Die französische Phonetik
La phonétique française

Vokale
Voyelles

Laut/Son	Beispiel/Exemple
[a]	bac
[ɑ]	classe
[e]	état
[ɛ]	caisse
[ə]	menace
[i]	diplôme
[o]	auto
[ɔ]	obtenir
[ø]	Europe
[œ]	cœur
[u]	coup
[y]	nature

Halbvokale
Semi-voyelles

Laut/Son	Beispiel/Exemple
[j]	pièce
[w]	boîte
[ɥ]	huile

Nasale
Nasales

Laut/Son	Beispiel/Exemple
[ɑ̃]	chanson
[ɛ̃]	afin
[ɔ̃]	bonbon
[œ̃]	aucun

Konsonanten
Consonnes

Laut/Son	Beispiel/Exemple
[b]	beau
[d]	du
[f]	feu
[g]	gant
[ʒ]	jour
[k]	cœur
[l]	loup
[m]	marché
[n]	nature
[ɲ]	digne
[ŋ]	camping
[p]	page
[ʀ]	règle
[s]	sel
[ʃ]	chef
[t]	timbre
[v]	vapeur
[z]	zèbre

Zeichen
Signe

[ˊ]	héros (h aspiré)

Das französische Alphabet
L'alphabet français

a	b	c	d	e	f	g	h	i	j	k	l	m	n
[ɑ]	[be]	[se]	[de]	[ø]	[ɛf]	[ʒe]	[aʃ]	[i]	[ʒi]	[ka]	[ɛl]	[ɛm]	[ɛn]

o	p	q	r	s	t	u	v	w	x	y	z
[o]	[pe]	[ky]	[ɛʀ]	[ɛs]	[te]	[y]	[ve]	[dubləve]	[iks]	[igʀɛk]	[zɛd]

Downloads

Für
Lehrerinnen und Lehrer

Arbeitsblätter für den Unterricht

Mit den Arbeitsblättern zum Schülerwörterbuch werden Schülerinnen und Schüler zu Nachschlageprofis! Mit Übungen zu Themen wie Lautschrift oder Navigieren im Wörterbuch trainieren Sie mit Ihren Schülerinnen und Schülern wichtige Nachschlagekompetenzen.

Unter diesem Link geht es zu den Downloads:

www.pons.de/schülerwörterbuch-französisch

Kostenlose

Für
Schülerinnen und Schüler

Französische Texte richtig schreiben

Ganz egal, ob **Bewerbungen, E-Mails, Aufsätze oder Berichte** – mit den Vorlagen von PONS schreibst du richtig gute französische Texte. Und für Schülerinnen und Schüler der Oberstufe bieten wir zusätzliche Formulierungen für Zusammenfassungen, Textanalysen und Stellungnahmen an.

Unter diesem Link geht es zu den Downloads:

www.pons.de/schülerwörterbuch-französisch

Inhalt und Aufbau Französisch–Deutsch

Die wichtigsten und gebräuchlichsten französischen Stichwörter sind blau hinterlegt.	**jouer** [ʒwe] <1> **I.** *vi* ❶ (*s'amuser*) spielen; …
Angabe der Aussprache in internationaler Lautschrift.	**dramatisation** [dʀamatizasjɔ̃] *f* Dramatisierung *f*
Hochgestellte arabische Ziffern unterscheiden gleich geschriebene Wörter mit unterschiedlicher Bedeutung.	**livre**[1] [livʀ] *m* ❶ (*ouvrage*) Buch *nt;* … **livre**[2] [livʀ] *f* ❶ (*unité monétaire*) Pfund *nt;* …
In Spitzklammern stehen Angaben zu abweichenden Pluralformen der Substantive und Adjektive.	**génial(e)** [ʒenjal, -jo] <-aux> *adj* ❶ (*ingénieux*) genial … **eau** [o] <x> *f* ❶ (*liquide*) Wasser *nt;* … **e-mail** [imel] <e-mails> *m* E-Mail *f o nt*
Bei Verben verweist eine Zahl oder die Markierung *irr* auf die Verbtabellen im Anhang.	**prendre** [pʀɑ̃dʀ] <13> **I.** *vt* + *avoir* ❶ (*saisir*) nehmen; … **aller**[1] [ale] <*irr*> **I.** *vi* + *être* ❶ (*se déplacer à pied*) [zu Fuß] gehen;
Die Tilde (~) ersetzt in Anwendungsbeispielen und in Redewendungen das Stichwort.	**faim** [fɛ̃] *f* ❶ Hunger *m;* **~ de loup** Bärenhunger; **donner ~ à qn** jdn hungrig machen; **ne pas manger à sa ~** sich nicht satt essen …
Römische Ziffern dienen zur Unterscheidung verschiedener Wortarten. Arabische Ziffern kennzeichnen die unterschiedlichen Bedeutungen eines Stichworts.	**additionner** [adisjɔne] <1> **I.** *vt* ❶ (*faire l'addition de*) zusammenzählen ❷ (*ajouter*) **~ qc à qc** einer S. (*dat*) etw zusetzen **II.** *vpr* **s'~** *erreurs:* sich summieren; *chiffres:* sich im Kopf addieren lassen; *problèmes:* hinzukommen
Ein Dreieck leitet den Block der festen Wendungen ein. Zur besseren Orientierung ist jeweils ein Ordnungswort durch Unterstreichung hervorgehoben.	**chat**[1] [ʃa] *m* (*animal*) Katze *f;* (*mâle*) Kater *m;* … *v. a.* **chatte** ▸ **~ échaudé craint l'<u>eau</u> froide** *prov* ein gebranntes Kind scheut das Feuer; **avoir un ~ dans la <u>gorge</u>** einen Frosch im Hals haben; …
Stilangaben und rhetorische Angaben kennzeichnen die Sprachebene und das Register.	**copinage** [kɔpinaʒ] *m péj fam* Vetternwirtschaft *f*

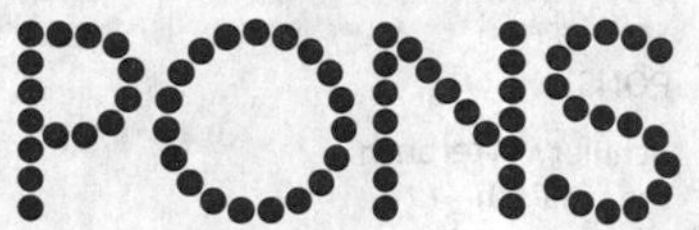

SCHÜLERWÖRTERBUCH

FRANZÖSISCH

Französisch – Deutsch

Deutsch – Französisch

Neubearbeitung 2020

PONS GmbH

Stuttgart

PONS

Schülerwörterbuch
Französisch

Entwickelt auf der Basis des
PONS Schülerwörterbuchs Französisch
ISBN 978-3-12-517542-6

Bearbeitet von: Dr. Michèle Moncharmont, Torsten Lasse, Dr. Christiane Wirth

App zum Buch
Die App zu diesem Titel können Sie im Rahmen unserer PONS Wörterbuch Bibliothek kostenfrei herunterladen. Bei Verwendung der App gelten die Nutzungsbedingungen, die Sie auch unter www.pons.de/app-zum-buch einsehen können. PONS verpflichtet sich, die dieses Buch ergänzende App mindestens bis Ende 2022 bereitzustellen. Einen Anspruch der Nutzung, der darüber hinausgeht, gibt es nicht. Weitere Informationen entnehmen Sie bitte unseren den Nutzungsbedingungen, die Sie unter www.pons.de/app-zum-buch einsehen können.

Download
PONS verpflichtet sich, den Zugriff auf das Download-Angebot, das zu diesem Buch gehört, mindestens bis Ende 2022 kostenlos zu gewährleisten. Einen Anspruch der Nutzung, der darüber hinausgeht, gibt es nicht.

1. Auflage 2020 (1,01 - 2020)

www.pons.de
E-Mail: kundenservice@pons.de

Projektleitung: Helen Schmidt
Sprachdatenverarbeitung: Dr. Wolfgang Schindler
Gestaltung: Petra Michel, Essen
Titelfoto: Shutterstock/wavebreakmedia
Logoentwurf: Erwin Poell, Heidelberg
Logoüberarbeitung: Sabine Redlin, Ludwigsburg
Satz: Olaf Mangold Text & Typo, Stuttgart
Druck: CPI books GmbH, Leck
Printed in Germany

ISBN 978-3-12-516237-2

Inhalt
Table des matières

Vorwort
Préface

Liebe Lehrerinnen und Lehrer, liebe Schülerinnen und Schüler,

wer aktuelle Texte lesen möchte, braucht ein aktuelles Wörterbuch. Ob im Deutschen *Barrierefreiheit*, *postfaktisch*, *taggen* oder im Französischen *balado* oder *zadiste* – dies sind nur einige Beispiele der über 7.000 neuen Stichwörter, die Sie in Ihrem Schülerwörterbuch finden. Und weil erfolgreiche Kommunikation nicht beim Stichwort aufhört, ist Ihr Schülerwörterbuch mit drei wichtigen Werkzeugen bestückt, die Sie beim Nachschlagen, Verstehen und Schreiben auf Französisch optimal unterstützen:

1. Wörterbuch-App: immer und überall nachschlagen

Mit dieser Ausgabe des Schülerwörterbuchs bekommen Sie Zugang zu einer kostenfreien Wörterbuch-App für iOS oder Android. Damit können Sie unterwegs schnell nachschlagen – einmal freigeschaltet und heruntergeladen, ist die App 100 % offline nutzbar. Auch die französische Aussprache können Sie trainieren, denn alle Stichwörter werden von Muttersprachlern vorgesprochen und können ‚auf Knopfdruck' angehört werden. Wie Sie Ihre persönliche App aktivieren, erfahren Sie auf der Innenseite des vorderen Buchdeckels.

2. Formulierungshilfen und Textmuster: einfach besser schreiben

Ob Bewerbungen, E-Mails oder Berichte – mit den Mustertexten und Formulierungshilfen im Wörterbuchanhang schreiben Sie richtig gute französische Texte. Und speziell für Schülerinnen und Schüler der Oberstufe bieten wir Satzbausteine für Aufsätze, Textanalysen und Zusammenfassungen an. Da im gedruckten Buch nicht für alles Platz ist, steht im Onlinebereich unter **www.pons.de/schülerwörterbuch-französisch** eine umfangreiche Sammlung von Textmustern und Satzbausteinen für Sie bereit.

3. Arbeitsblätter für den Unterricht: mit Erfolg nachschlagen

Um das Wörterbuch schnell und effektiv zu nutzen, ist es wichtig die Regeln des Nachschlagens zu kennen. Ob für den Einstieg oder für das Training mit fortgeschrittenen Wörterbuch-Nutzern – Sie finden die passenden Arbeitsblätter für Ihren Unterricht als Kopiervorlage zum Download unter **www.pons.de/schülerwörterbuch-französisch**.

Von der Klasse 5 bis zum Abitur: Mit diesem Schülerwörterbuch sind Sie für die komplette Schulkarriere optimal gerüstet. Wir wünschen Ihnen viel Freude beim Nachschlagen.

Ihre
PONS-Redaktion

Infokästen im französisch-deutschen Wörterbuchteil

Encadrés dans la partie français-allemand

Ausspräche

abbaye
accroc
aiguille
ail
alcool
almanach
amygdale
aplomb
aspect
asthme
automne
avant-hier
bacille
balbutier
baptême
bilinguisme
blanc
bourg
brut
but
caoutchouc
cerf
chaos
chips
chut
clef
clerc
clown
club
cocktail
coing
compter
condamner
crawl
croc
crucifix
cul
damner
designer
distinct
ecchymose
ennemi
escroc
estomac
étang
faon
faubourg
femme
fier
fils
flanc
flash
flirt
flux
forsythia
fournil
franc
fuel
funk
fusil
gageure
gars
gentiane
gentil
hall
handball
hareng
heurt
hier
hiver
hold-up
instinct
jonc
joug
krach
linguistique
long
macho
mail
mer
mille
moelle
muesli
Munich
nerf
non-stop
nounours
oblong
oignon
orang-outang
ours
outil
paon
Paris
pays
persil
petit-fils
petits-enfants
plomb
plus
poêle
poing
porc
poster
psychique
pub
puits
puzzle
rang
respect
sang
sangsue
saoul
schizophrénie
sculpture
second
sens
sept
shampo[o]ing
slow
solennel
succinct
suspect
tabac
tandis que
taon
tronc
ville
yacht
zinc
Zurich
zut

Land und Leute

abréviation
académie: Académie française
accent
allô
argot
armistice
arrondissement
assemblée : Assemblée nationale
baccalauréat
Bastille
beur, beurette
bleu : les bleus
bouquiniste
boxe : boxe française
café
C.A.P.
catéchisme
chanson : chanson française
cher
cohabitation
collège
colonie : colonies de vacances
comédie : Comédie-Française
concierge
concours
conduite : conduite accompagnée
conte : contes de Perrault
coq : coq gaulois
croissanterie
département
D.O.M.
école : école primaire
externe
fédéral : État fédéral
fête : fête nationale
francophonie
franglais
gendarmerie
grand : grandes écoles
halle : Les Halles
Hexagone
interne
jeûne : Jeûne fédéral
jour : jours fériés
laïcité
langue : langue d'oc
lutte : lutte suisse
lycée
madame
mademoiselle
Maghreb : le Maghreb
mardi gras
Marseillaise
maternelle
ministre : Premier ministre
monarchie : monarchie parlementaire
monsieur
Noël
note
péage
permanence
pétanque
poisson : poisson d'avril
président : Président de la République
presse
province
Québec
république
rugby
sénat
service : service militaire
terminale
tour : la tour Eiffel
tricolore : le drapeau tricolore

Grammatik & Co.

advenir
afin
alors
ancien
août
appuyer
après
asservir
aucun
avant
avril
beau
bien
canon
cent
certain
chambre
ciel
clé
connaître
contredire
court
craindre
date
décembre
délice
des
deuxième
dimanche
est-ce que
être
février
fleuve
fol
frire
gens
grand
ils
indéfini
interdire
janvier
jeudi
jouer
juin
jusque
lundi
m'
mai
mardi
mars
me
mercredi
mille
moins
mou
ne
nouveau
novembre
octobre
partitif
pas
pauvre
personne
pour
pourvu
prédire
presque
prévoir
qu'est-ce que

qu'est-ce qui
quoique
rivière
route
rue
s'
sacré
samedi
sans
septembre
si
t'
te
vendredi
vieil

Falsche Freunde

académicien
appartement
après-ski
attrape
balance
ballast
blâmer
châle
champignon
chiffre
clavier
coffre
décent
désintéressé
dirigeant
dissertation
état
fanfare
fidèle
filiale
flair
fontaine
garniture
gastronomie
geler
glace
gymnase
impotent
indiscutable
infusion
jaquette
lande
léger
mamie
manège
modération
monde
net
notice
originel
ouest
papy
paragraphe
partout
pédant
pénible
pensionnaire
pile
politesse
pommade
praline
promotion
rapiat
raquette
rate
régal
régie
régisseur
roc
romantique
sonnette
sortir
souterrain
spectacle
stock
tablette
tache
toupet
tourner
transparent
trésor
tricot
vanne
volontariat

Infokästen im deutsch-französischen Wörterbuchteil

Encadrés dans la partie allemand-français

Land und Leute

Abi: Abiball
Abitur
Beamte
Berlin: Berliner Filmfestspiele
Bescherung
Bierzelt
Bundeskanzler
Bundespräsident
Bundesrat
Bundestag
evangelisch
Fachhochschule
Fastnacht
Gesamtschule
Grundschule
Gymnasium
Hansestadt
Hauptschule
Kanton
Land: Bundesländer
Landtag
Maibaum
Matura
Ministerpräsident
Note
Numerus clausus
Oktober: 3. Oktober
Polterabend
Realschule
Sie
Staatsexamen
Stammtisch
Strandkorb
Tageszeitung
Verein
Volksfest
Volkshochschule
Wehrdienst
Wiedervereinigung
Zivildienst

Falsche Freunde

Akademiker
Apartment
Après-Ski
Attrappe
Balance
Ballast
blamieren
Champignon
Chiffre
desinteressiert
dezent
Dirigent
Dissertation
Etat
Fanfare
fidel
Filiale
Flair
Fontäne
Garnitur
Gastronomie
gelieren
Glas
Gymnasium
impotent
indiskutabel
Infusion
Jackett
Klavier
Koffer
Konkurs
leger
Mama
Manege
Moderation
Mond
nett
Notiz
originell
Osten
Papi
Paragraf
partout
pedantisch
penibel
Pensionär
Pille
Politesse
Pomade
Praline
Promotion
rabiat
Rakete
Rate
Regal
Regie
Regisseur
Rock
Romantik
Schal
Sonett
sortieren
Souterrain
Stock
Tablett
Tasche
Toupet
Transparent
Tresor
Trikot
turnen
Volontariat
Wanne

Tipps zur Benutzung deines Wörterbuchs

Renseignements pour utiliser ton dictionnaire

Wenn es darum geht, die richtige Übersetzung zu finden, kann dir dein Wörterbuch eine große Hilfe sein. Vorausgesetzt natürlich, du weißt, wie du all die Informationen, die darin stecken, richtig nutzen kannst. Dabei helfen dir diese Tipps.

Was ist ein Stichwort?

Stichwörter nennt man die fett gedruckten blauen Wörter, mit denen jeder Wörterbucheintrag beginnt. Alle Stichwörter sind alphabetisch geordnet.

pointure [pwɛ̃tyʀ] *f* Größe *f;* **quelle est votre ~?** welche Größe haben Sie?
point-virgule [pwɛ̃viʀgyl] <points-virgules> *m* Strichpunkt *m*
poire [pwaʀ] *f* Birne *f*

Bindestriche, Schrägstriche, Punkte, Kommas und Wortzwischenräume zählen nicht als Buchstaben; sie werden bei der alphabetischen Einordnung ignoriert.

Backslash ['bɛkslɛʃ] <-s, -s> *m* INFORM barre *f* oblique inverse [*o* inversée]
Backspace-Taste ['bɛkspeɪstastə] *f* INFORM touche *f* “retour arrière”
Backstein *m* brique *f*

Bei allen Substantiven, die ein natürliches Geschlecht haben und Personen bezeichnen, geben wir die feminine neben der maskulinen Form an.

programmeur, -euse [pʀɔgʀamœʀ, -øz] *m, f* Programmierer(in) *m(f)*
traducteur, -trice [tʀadyktœʀ, -tʀis] *m, f* (*interprète*) Übersetzer(in) *m(f)*

Arzt [aːɐ̯tst, *Pl:* 'ɛːɐ̯tstə] <-es, Ärzte> *m,* **Ärztin** *f* médecin *m,* docteur *m;* **zum ~ gehen** aller chez le médecin
Lehrer(in) ['leːrɐ] <-s, -> *m(f)* ❶ enseignant(e) *m(f);* …

Gruppen von Stichwörtern

Um möglichst viele Wörter in deinem Wörterbuch unterzubringen, haben wir zusammengesetzte Wörter, deren erster Wortteil gleich ist und die alphabetisch aufeinander folgen, in Gruppen zusammengefasst.

essuie-glace [esɥiglas] <essuie-glaces> *m* Scheibenwischer *m* **essuie-mains** [esɥimɛ̃] *m inv* Handtuch *nt* **essuie-tout** [esɥitu] *m inv* Küchentuch *nt*

Motorblock <-blöcke> *m* bloc-moteur *m* **Motorboot** *nt* bateau *m* à moteur **Motorhaube** *f* capot *m*

Ein Wort, mehrere Wortarten

Manche Wörter kommen z. B. als Adjektiv und als Substantiv vor. In diesem Wörterbuch findest du oft unterschiedliche Wortarten in einem Eintrag. Die Wortarten haben wir innerhalb des Eintrags mit einer blauen römischen Ziffer voneinander getrennt, damit du sie gut unterscheiden kannst.

assuré(e) [asyʀe] **I.** *adj* ❶ *démarche* sicher; *regard* fest ❷ (*garanti*) sicher **II.** *m(f)* Versicherte(r) *f(m)*

eintönig [ˈaintøːnɪç] **I.** *adj* monotone; *Stimme* monocorde **II.** *adv vortragen* de façon monotone

Ein Wort, mehrere Bedeutungen

Viele Wörter haben mehr als nur eine Bedeutung oder Verwendungsart. Klar, dass diese dann auch unterschiedlich übersetzt werden müssen. Die Ziffern ❶, ❷, ❸, ❹ usw. zeigen dir an, welche Bedeutung oder Verwendung an der jeweiligen Stelle behandelt wird. In manchen Einträgen findest du zusätzlich hinter der Ziffer eine schräg gedruckte Angabe, die dir helfen soll, noch besser zu verstehen, um welche Bedeutung es sich handelt.

script [skʀipt] *m* ❶ CINE Drehbuch *nt;* THEAT Regiebuch *nt* ❷ (*écriture*) Druckschrift *f;* **en ~** in Druckschrift ❸ (*retranscription*) Skript *nt*

Lösung [ˈløːzʊŋ] <-, -en> *f* ❶ (*das Lösen*) résolution *f* ❷ (*Ergebnis*) solution *f* ❸ (*Aufhebung*) *einer Verlobung* annulation *f; eines Vertrags* résiliation *f* ❹ CHEM solution *f*

Zusätzlich helfen dir Sachgebietsangaben, die richtige Übersetzung zu finden. Diese sind immer in Kapitälchen gedruckt.

lentille [lɑ̃tij] *f* ❶ BOT Linse *f* ❷ *pl* GASTR Linsen *Pl* ❸ OPT Linse *f;* **~s de contact** Kontaktlinsen *Pl*

Schub [ʃuːp, *Pl:* ˈʃyːbə] <-[e]s, Schübe> *m* ❶ PHYS poussée *f;* MED crise *f* ❷ (*Antrieb*) élan *m*

Eine Liste aller im Wörterbuch verwendeten Abkürzungen findest du ganz hinten auf der aufklappbaren Seite.

Ein Wort, mehrere Wörterbucheinträge

Es gibt auch Wörter mit mehreren, sehr unterschiedlichen Bedeutungen. In solchen Fällen führen wir jede Bedeutung als gesondertes Stichwort auf und kennzeichnen sie mit der hochgestellten Ziffer.

attachement[1] [ataʃmɑ̃] *m* (*affection*) Anhänglichkeit *f*
attachement[2] [ataʃmɑ̃] *m* INFORM Anlage *f*

Bank[1] [baŋk, *Pl:* ˈbɛŋkə] <-, Bänke> *f* ❶ banc *m* ❷ (*Werkbank*) établi *m*
Bank[2] <-, -en> *f* (*Geldinstitut, Spielbank*) banque *f* ▸ **eine sichere ~ sein** *Person, Projekt:* être bancable, être banquable

Redewendungen

Im Deutschen machen idiomatische Redewendungen natürlich keine Probleme. Aber wenn es ans Fremdsprachenlernen geht, können sie zu einer echten Herausforderung werden. Die Kunst besteht nämlich darin herauszufinden, unter welchem Stichwort man die betreffende Redewendung findet. Auch in deinem Wörterbuch haben wir viele Redewendungen aufgenommen. Sie sind jeweils durch das Symbol ▸ gekennzeichnet. Wenn du nun wissen möchtest, wie man eine bestimmte Redewendung übersetzt, überlege dir am besten, welches das wichtigste Wort der Wendung ist und schlage dann unter diesem Stichwort nach.

embarras [ɑ̃baʀa] *m* ❶ (*gêne*) Verlegenheit *f*, Befangenheit *f* ❷ (*tracas*) Unannehmlichkeit *f* ▸ **n'avoir que l'~ du choix** die Qual der Wahl haben; **mettre** [*o* **plonger**] **qn dans l'~** (*le mettre mal à l'aise*) jdn in Verlegenheit bringen; (*l'enfermer dans un dilemme*) jdn in Schwierigkeiten bringen

Feder [ˈfeːdɐ] <-, -n> *f* ❶ (*Vogelfeder*) plume *f*; (*Hutfeder*) plumet *m* ❷ TECH ressort *m* ❸ (*Schreibfeder*) plume *f* ▸ **sich mit fremden ~n schmücken** se parer des plumes du paon; **noch in den ~n liegen** *fam* être encore au plumard

Wörter ohne direkte Übersetzung

Es gibt immer wieder Wörter oder Wendungen, die nur in einer Sprache vorkommen und für die es daher auch keine genauen Übersetzungen gibt. Damit du dennoch verstehen kannst, um was es geht, geben wir in solchen Fällen eine ungefähre Übersetzung an, markiert durch das Zeichen „≈".

Manchmal ist es auch sinnvoll, den Ausdruck zu erklären statt zu übersetzen. Solche Erklärungen sind in schräger Schrift gedruckt.

RN [ɛʀɛn] *f abr de* **route nationale** ≈ Bundesstraße *f*

Kindergarten *m* ≈ école *f* maternelle

Besonders wichtige Wörter

Im französisch-deutschen Teil deines Wörterbuchs findest du immer wieder Stichwörter, die farbig unterlegt sind. Dies sind Wörter, die man oft benutzt und die daher besonders wichtig sind. Wenn du dir diese Wörter gut merkst, ist das schon fast die halbe Miete.

avoir [avwaʀ] <*irr*> **I.** *vt* ❶ (*devoir*) haben; …
école [ekɔl] *f* ❶ (*établissement*) Schule *f*; …

Unregelmäßige Wortformen

Im Französischen und im Deutschen gibt es Wörter mit unregelmäßigen Formen. Diese können z. B. auftreten, wenn man

- ein Wort steigert
- einen Satz in der Vergangenheit bilden will
- von der Mehrzahl (dem Plural) spricht

Diese unregelmäßigen Steigerungs-, Verb- und Pluralformen findest du in spitzen Klammern „< >“.

tre̲ten ['tre:tən] <trịtt, tra̲t, getre̲ten> **I.** *vt* + *haben* …

Bei den französischen Verben zeigt dir die Zahl in den spitzen Klammern, welches Musterverb im Anhang das entsprechende Konjugationsmuster zeigt.

changer [ʃɑ̃ʒe] <2a> **I.** *vt* …

Wichtige Symbole im Wörterbucheintrag

Um dein Wörterbuch so handlich wie möglich zu machen, setzen wir an manchen Stellen Symbole ein. Sie sparen Platz und liefern dir wichtige Informationen. Dies sind die Symbole, denen du beim Nachschlagen häufig begegnen wirst:

Symbol	Umschreibung des Symbols
~	steht in Anwendungsbeispielen und Redewendungen für das ganze, unveränderte Stichwort.
|	kennzeichnet trennbare deutsche Verben wie z. B. *an|strahlen* oder *zu|winken*.
*	kennzeichnet deutsche Verben, deren Vergangenheitsformen ohne *ge-* gebildet werden.

Die Lautschrift

Im französisch-deutschen Teil deines Wörterbuchs geben wir dir die Aussprache in eckigen Klammern an. Zur Bezeichnung der Aussprache wurden die Lautschriftzeichen des IPA (International Phonetic Alphabet) verwendet. Ganz vorn und ganz hinten in deinem Wörterbuch findest du ausklappbare Seiten mit einer Übersicht über die phonetischen Zeichen.

Sprachgebrauch

Natürlich sprichst du mit deinen Freunden anders als z. B. mit deinem Lehrer. Bei einem Vorstellungsgespräch sollte man sich gut ausdrücken können, aber wenn man so richtig sauer auf jemanden ist, rutscht einem auch schon mal ein vulgäres Schimpfwort heraus. All dies fasst man unter Sprachgebrauch zusammen.

Die folgende Tabelle zeigt dir, welche Bezeichnungen zum Sprachgebrauch in deinem Wörterbuch vorkommen.

Sprachgebrauch	Umschreibung des Sprachgebrauchs
arg	bezeichnet stark umgangssprachlichen, saloppen Sprachgebrauch.
fam	bezeichnet umgangssprachlichen Sprachgebrauch, wie er zwischen Familienmitgliedern und Freunden in zwangloser Unterhaltung verwendet wird.
euph	bezeichnet verhüllenden Sprachgebrauch; statt des eigentlichen Worts wird stellvertretend dieser beschönigende Ausdruck gebraucht.
fig	bezeichnet übertragenen Sprachgebrauch; das Wort oder die Wendung dient – in einem übertragenen Sinn – als Bild für das, was man ausdrücken will.
form	bezeichnet förmlichen Sprachgebrauch, wie er auf Formularen oder in formellen Ansprachen verwendet wird.
hum	bezeichnet scherzhaften Sprachgebrauch.
iron	bezeichnet ironischen Sprachgebrauch.
péj, pej	bezeichnet abwertenden Sprachgebrauch, der Sprecher drückt damit seine abschätzige Haltung aus.
prov	bezeichnet ein Sprichwort.
soutenu, geh	bezeichnet gehobenen Sprachgebrauch, sowohl in der gesprochenen als auch in der geschriebenen Sprache.
vulg	bezeichnet Wörter, die als vulgär gelten und daher tabu sind.

Regionale Angaben

Wie auch im Deutschen, werden manche französische Wörter oder Schreibweisen nur in bestimmten Regionen verwendet. Diese Wörter und Ausdrücke erkennst du an den besonderen Markierungen, die entweder neben dem Stichwort oder neben einer bestimmten Wendung stehen. Die folgende Tabelle zeigt dir, welche Bezeichnungen zum regionalen Sprachgebrauch in deinem Wörterbuch vorkommen.

Regionalbezeichnung	Der Ausdruck wird in diesem Land/in dieser Region benutzt:
A	Österreich
BELG	Belgien
CAN	Kanada
CH	Schweiz
MIDI	Südfrankreich
NDEUTSCH	Norddeutschland
NORD	Nordfrankreich
SDEUTSCH	Süddeutschland

Außerdem bezeichnet die Abkürzung DIAL Ausdrücke, die regional begrenzt sind.

Viel Spaß mit deinem Wörterbuch
wünscht dir deine
PONS-Redaktion

A

a¹ [a] *indic prés de* **avoir**

a² [a] *m* INFORM ***a commercial*** at[-Zeichen *nt*] *nt*

A, a [ɑ] *m inv* A *nt*, a *nt*

à [a] <à + le = au, à la, à + les = aux> *prép* ❶ *(introduit un complément de temps)* ***à 8 heures*** um acht [Uhr]; ***à Noël*** an Weihnachten; ***à l'arrivée*** bei der Ankunft; ***à quelle heure?*** um wie viel Uhr?; ***le cinq juin au matin*** am fünften Juni morgens ❷ *(indique une époque)* in +*dat;* ***au printemps*** im Frühling; ***aux premiers beaux jours*** an den ersten schönen Tagen ❸ *(indique une date ultérieure)* in +*dat;* ***on se verra aux prochaines vacances*** wir sehen uns in den nächsten Ferien; ***à mon retour*** bei meiner Rückkehr ❹ *(pour prendre date)* bis; ***à demain!*** bis morgen! ❺ *(jusque: temps)* bis; *(mesure)* bis zu +*dat,* bis an +*akk;* ***de 2 à 8 heures*** von 2 bis 8 Uhr ❻ *(introduit un complément de lieu: pour indiquer une direction)* in +*akk;* ***aller à l'école*** in die Schule gehen; ***aller à la poste*** auf die Post gehen; ***aller à Paris*** nach Paris fahren; ***aller à la mer/montagne*** ans Meer/ins Gebirge fahren; ***aller au Japon/aux États-Unis*** nach Japan/in die Vereinigten Staaten fliegen; ***s'asseoir à son bureau*** sich an seinen Schreibtisch setzen ❼ *(indique le lieu où l'on est)* in +*dat;* ***être à la piscine*** im Schwimmbad sein; ***être à la poste*** auf der Post sein; ***habiter à Paris*** in Paris leben; ***habiter aux États-Unis*** in den Vereinigten Staaten leben; ***habiter au troisième étage*** im dritten Stock wohnen; ***être assis à son bureau*** an seinem Schreibtisch sitzen; ***au coin de la rue*** an der Straßenecke; ***à la page 36*** auf Seite 36; ***à cinq minutes/trois kilomètres d'ici*** fünf Minuten/drei Kilometer von hier [entfernt]; ***à la télévision*** im Fernsehen; ***avoir mal à la tête*** Kopfschmerzen haben; ***à l'épaule*** an der Schulter; ***les larmes aux yeux*** mit Tränen in den Augen ❽ *(indique le nombre de personnes)* ***à 2/3/12*** zu zweit/dritt/zwölft; ***on peut tenir à 50 dans cette salle*** dieser Saal fasst bis zu 50 Personen ❾ *(par)* ***à l'heure*** in der Stunde; ***à la journée*** am Tag; ***7 litres aux 100*** 7 Liter auf 100; ***acheter au poids/à la douzaine*** nach Gewicht/im Dutzend [ein]kaufen; ***vendre au mètre*** meterweise verkaufen ❿ *(cause)* bei; ***à cette nouvelle, ...*** bei dieser Nachricht ... ⓫ *(conséquence)* zu; ***à ma plus grande surprise*** zu meiner größten Überraschung ⓬ *(d'après)* ***à la demande de qn*** auf jds Wunsch *akk* ⓭ *(indique une appartenance)* ***c'est à moi/lui*** das gehört mir/ihm; ***un ami à eux*** ein Freund von ihnen; ***avoir une maison à soi*** ein eigenes Haus haben ⓮ *(indique le moyen)* ***coudre/écrire qc à la machine*** etw auf der Maschine nähen/schreiben; ***cuisiner au beurre*** mit Butter kochen; ***à la loupe/au microscope*** durch die Lupe/unter dem Mikroskop; ***boire à la bouteille*** aus der Flasche trinken ⓯ *(introduit un superlatif)* ***elle est au plus mal*** es geht ihr sehr schlecht; ***venir au plus tôt*** möglichst bald kommen ⓰ *(au point de)* ***s'ennuyer à mourir*** sich zu Tode langweilen; ***c'est à devenir fou/mourir de rire*** das ist zum Verrücktwerden/Totlachen ⓱ *(complément indirect)* ***donner qc à qn*** jdm etw geben; ***jouer aux cartes*** Karten spielen; ***jouer au tennis*** Tennis spielen; ***penser à qn/qc*** an jdn/etw denken; ***parler/téléphoner à qn*** mit jdm sprechen/jdn anrufen; ***participer à qc*** an etw *dat* teilnehmen ⓲ *(locution verbale)* ***elle prend plaisir à faire qc*** es macht ihr Spaß etw zu tun; ***il se met à pleuvoir*** es fängt an zu regnen; ***c'est facile à faire*** das ist leicht [zu machen]; ***rien à faire!*** nichts zu machen!; ***maison à vendre*** Haus zu verkaufen

à + [aplys] *prép (fam)* bis dann!

abaissant(e) [abɛsɑ̃, ɑ̃t] *adj* erniedrigend; *rôle, tâche, travail* entwürdigend

abaisse-langue [abɛslɑ̃g] <abaisse-langue[s]> *m* Spatel *m o f*

abaissement [abɛsmɑ̃] *m* ❶ *d'une vitre, persienne, d'un volet* Herunterlassen *nt; d'un niveau, siège* Niedrigerstellen *nt* ❷ *de l'âge de la retraite* Herabsetzen *nt*

abaisser [abese] <1> **I.** *vt* ❶ *(faire descendre)* herunterlassen *rideau;* niedriger stellen *niveau;* herunterdrücken *manette* ❷ *(faire diminuer)* senken *température, prix;* herabsetzen *âge de la retraite* ❸ *(avilir)* erniedrigen **II.** *vpr* **s'~** ❶ *(descendre) vitre:* sich senken ❷ *(s'humilier)* sich erniedrigen

abajoue [abaʒu] *f d'un hamster, singe* Backentasche *f*

abandon [abɑ̃dɔ̃] *m* ① *d'une maison, d'un village* Verlassen *nt; d'un lieu* Aufgabe *f* ② *d'une personne* Verlassen *nt; d'un nouveau-né, animal* Aussetzen *nt; d'un véhicule* Stehenlassen *nt;* **~ *de famille*** Vernachlässigung *f* der Unterhaltspflicht; ***laisser qc à l'~*** etw verkommen lassen ③ *de déchets, d'un objet* Zurücklassen *nt* ④ *des études, d'une piste* Aufgabe *f; des recherches* Einstellung *f; d'une méthode* Verzicht *m* auf ⑤ *du pouvoir* Verzicht *m* auf; *de ses biens* Abtretung *f* ⑥ SPORT Aufgabe *f*

abandonné(e) [abɑ̃dɔne] *adj maison* verlassen; *enfant* ausgesetzt; *chat* herrenlos

abandonner [abɑ̃dɔne] <1> **I.** *vt* ① *(déserter)* verlassen *maison, poste;* aufgeben *lieu stratégique* ② *(quitter)* verlassen, im Stich lassen *femme, famille;* aussetzen *nouveau-né, animal;* stehen lassen *véhicule;* leer stehen lassen *maison;* ***se sentir abandonné*** sich allein gelassen fühlen ③ *(laisser derrière soi)* zurücklassen *déchets* ④ *(renoncer à)* aufgeben *combat, études, hypothèse;* abkommen von *méthode;* verzichten auf +*akk pouvoir, fonction;* nicht mehr [weiter] verfolgen *piste;* abtreten *biens, fortune* ⑤ *(laisser)* **~ *qn à son sort*** jdn seinem Schicksal überlassen **II.** *vi* aufgeben **III.** *vpr* ① *(se détendre)* ***s'~*** sich gehen lassen; *(couché)* entspannt daliegen ② *(se laisser aller à)* ***s'~ aux larmes*** seinen Tränen freien Lauf lassen; ***s'~ au désespoir*** sich der Verzweiflung hingeben

abasourdi(e) [abazuʀdi] **I.** *part passé de* **abasourdir II.** *adj* ① *(étonné)* verblüfft ② *(par un grand bruit)* betäubt

abasourdir [abazuʀdiʀ] <8> *vt* ① *(stupéfier)* sprachlos machen; ***être abasourdi*** verblüfft sein ② *(consterner)* bestürzen ③ *(assourdir)* benommen machen

abasourdissant(e) [abazuʀdisɑ̃, ɑ̃t] *adj bruit, ovation, vacarme* ohrenbetäubend; *nouvelle* bestürzend

abasourdissement [abazuʀdismɑ̃, abasuʀdismɑ̃] *m* ① *(stupéfaction)* Verblüffung *f* ② *(consternation)* Bestürzung *f*

abat-jour [abaʒuʀ] *m inv* Lampenschirm *m*

abats [aba] *mpl* Innereien *Pl*

abattant [abatɑ̃] *m* Klappe *f*

abattement [abatmɑ̃] *m* ① *(lassitude)* Mattigkeit *f* ② *(découragement)* Niedergeschlagenheit *f*

abattis [abati] *mpl* GASTR Klein *nt; d'une poule* Hühnerklein *nt*

abattoir [abatwaʀ] *m* Schlachthof *m*

abattre [abatʀ] <irr> **I.** *vt* ① *(faire tomber)* abreißen *mur, maison;* einreißen *cloison;* fällen *arbre;* abholzen *forêt;* abschießen *avion;* umwerfen *quille* ② *(a. fig)* **~ *son jeu*** seine Karten auf den Tisch legen ③ *(tuer)* schlachten *animal de boucherie;* töten *animal blessé;* erlegen *gibier* ④ *(assassiner)* ermorden ⑤ *(affaiblir)* **~ *qn*** *fièvre, maladie:* jdn schwächen; *temps:* jdn matt machen ⑥ *(décourager)* **~ *qn*** *souci:* jdn erdrücken; *tâche, travail:* jdn verzagen lassen ⑦ *(travailler vite et beaucoup)* **~ *de la besogne*** seine Arbeit flott erledigen ⑧ *(rabattre)* **~ *qc*** *vent, tornade:* etw niederfegen **II.** *vpr* **s'~** ① *(tomber)* umstürzen; ***s'~ sur le sol*** zu Boden fallen ② *(tomber brutalement) pluie:* niederprasseln; *vagues:* sich brechen; *rafales de vent:* fegen ③ *(fondre sur) aigle, personne:* sich stürzen auf +*akk; criquets, fourmis:* herfallen über +*akk; injures:* niederprasseln auf +*akk; malheur:* hereinbrechen über +*akk*

abattu(e) [abaty] **I.** *part passé de* **abattre II.** *adj* ① *(physiquement)* geschwächt ② *(moralement)* niedergeschlagen

abbaye [abei] *f* Abtei *f*

> **Aussprache**
> In **abbaye** wird das -ay- nicht wie in der Regelaussprache [ɛj] *(payer, balayer...)*, sondern als [ei] wie in *véhicule* artikuliert.

abbé [abe] *m* ① *(prêtre)* Priester *m* ② *(supérieur d'une abbaye)* Abt *m*

abbesse [abɛs] *f* Äbtissin *f*

abc [abese] *m (connaissances de base)* Einmaleins *nt,* Abc *nt*

a b c [ɑbese] *m inv* Abc *nt,* Einmaleins *nt*

abcès [apsɛ] *m* Abszess *m*

abdication [abdikasjɔ̃] *f* Abdankung *f*

abdiquer [abdike] <1> *vi* ① *(démissionner) roi, souverain:* abdanken ② *(renoncer)* aufgeben

abdomen [abdɔmɛn] *m* ① ANAT Bauch *m* ② ZOOL Hinterleib *m*

abdominal(e) [abdɔminal, -o] <-aux> *adj* Bauch-

abdominaux [abdɔmino] *mpl* Bauchmuskeln *Pl*

abécédaire [ɑbesedɛʀ] *m* Fibel *f*

abeille [abɛj] *f* Biene *f*

aberrant(e) [abeʀɑ̃, ɑ̃t] *adj* widersinnig; *idée* abwegig; *prix* irrsinnig

aberration [abeʀasjɔ̃] *f* Widersinnigkeit *f*

abêtir [abetiʀ] <8> *vt* verdummen

abêtissement [abetismɑ̃] *m* Verdummung *f*

abhorrer [abɔʀe] <1> *vt (littér)* verabscheuen

abîme [abim] *m* Abgrund *m;* ***un ~ se creuse*** eine [tiefe] Kluft tut sich auf; ***un ~ nous sépare*** uns trennen Welten

abîmer [abime] <1> **I.** *vt (détériorer)* beschädigen **II.** *vpr* ❶ *(se détériorer)* ***s'~*** sich abnutzen; *fruits, légumes:* verderben ❷ *(détériorer)* ***s'~ les yeux*** sich *dat* die Augen verderben; ***s'~ la santé*** seine Gesundheit ruinieren

abject(e) [abʒɛkt] *adj* niederträchtig, gemein

abjection [abʒɛksjɔ̃] *f* ❶ *sans pl (avilissement)* Schmach *f* ❷ *(acte méprisable)* Schandtat *f*

abjurer [abʒyʀe] <1> *vi* abschwören

ablatif [ablatif] *m* GRAM Ablativ *m*

ablation [ablasjɔ̃] *f d'une tumeur* operative Entfernung

ablette [ablɛt] *f* Ukelei *m*

abnégation [abnegasjɔ̃] *f* Selbstverleugnung *f*

abolement [abwamɑ̃] *m* Bellen *nt*

abois [abwa] *mpl* ▶ **être aux ~** in Bedrängnis sein

abolir [abɔliʀ] <8> *vt* abschaffen *esclavage, loi;* aufheben *frontières*

abolition [abɔlisjɔ̃] *f de l'esclavage, d'une loi* Abschaffung *f; des frontières* Aufhebung *f*

abominable [abɔminabl] *adj* ❶ *(horrible)* abscheulich ❷ *(très mauvais, insupportable)* scheußlich

abominablement [abɔminabləmɑ̃] *adv + verbe* miserabel, schauderhaft

abomination [abɔminasjɔ̃] *f* ❶ *(dégoût)* Abscheu *m o f;* ***avoir qn/qc en ~*** jdn/etw verabscheuen ❷ *(fait horrible)* abscheuliche Tat; *(acte particulièrement répugnant)* Gräueltat *f*

abondamment [abɔ̃damɑ̃] *adv* reichlich

abondance [abɔ̃dɑ̃s] *f (profusion)* Fülle *f* ▶ **en ~** in Hülle und Fülle

abondant(e) [abɔ̃dɑ̃, ɑ̃t] *adj nourriture* reichhaltig; *erreurs* zahlreich; ***des pluies ~es*** ergiebige Regenfälle *Pl*

abonder [abɔ̃de] <1> *vi* ❶ *(exister en grande quantité)* reichlich vorhanden sein ❷ *(être de même avis)* ***~ dans le sens de qn*** mit jdm [völlig] übereinstimmen

abonné(e) [abɔne] **I.** *adj (qui a un abonnement)* ***être ~ à un journal*** eine Zeitung abonniert haben, auf eine Zeitung abonniert werden CH; ***être ~ à un club*** Mitglied eines Klubs sein **II.** *m(f) d'un théâtre, journal* Abonnent(in) *m(f); d'un club* Mitglied *nt;* ***~ au téléphone*** Fernsprechteilnehmer(in) *m(f)*

abonnement [abɔnmɑ̃] *m* Abonnement *nt; (au téléphone)* Anschluss *m; (à un club)* Mitgliedschaft *f;* ***~ hebdomadaire/mensuel*** Wochen-/Monatskarte *f;* ***prendre un ~ à un journal/au théâtre*** eine Zeitung im Abonnement/ein Theaterabonnement bestellen

abonner [abɔne] <1> **I.** *vpr* ***s'~ à un journal/au théâtre*** eine Zeitung/einen Theaterplatz abonnieren; ***s'~ à un club*** einem Klub beitreten **II.** *vt* ***~ qn à un journal*** jdn für ein Zeitungsabonnement werben; ***~ qn à un club*** jdn als neues Mitglied werben

abord [abɔʀ] *m* ❶ *(alentours)* ***les ~s d'une ville*** die unmittelbare Umgebung einer Stadt ❷ *(attitude)* ***être d'un ~ facile/difficile*** umgänglich/schwer zugänglich sein; ***être d'un ~ agréable/froid*** warmherzig/kühl wirken ▶ **au premier ~** *(dès la première rencontre)* gleich zu Beginn [schon]; *(à première vue)* auf den ersten Blick; **[tout] d'~** *(temporel)* zu[aller]erst; *(avant tout)* in [aller]erster Linie; **d'~** *(fam):* ***d'~ tu n'avais qu'à le lui dire, toi!*** also, du hättest es ihm/ihr einfach nur sagen müssen!; ***et d'~, qui est-ce qui t'a dit ça?*** und überhaupt, wer hat dir das gesagt?

abordable [abɔʀdabl] *adj (bon marché)* erschwinglich

abordage [abɔʀdaʒ] *m (assaut)* Entern *nt*

aborder [abɔʀde] <1> **I.** *vt* ❶ *(accoster, évoquer)* ansprechen ❷ *(appréhender)* herangehen an *+akk vie, auteur, texte;* anpacken *épreuve* ❸ *(amorcer)* ***~ un carrefour*** sich einer Kreuzung nähern ❹ *(donner l'assaut) pirates:* entern; *navire:* festmachen an *+dat; (heurter)* kollidieren mit **II.** *vi* anlegen **III.** *vpr* **s'~** ❶ *(se rencontrer) personnes:* aufeinander zugehen ❷ *(heurter)* kollidieren

aborigène [abɔʀiʒɛn] *adj peuple* eingeboren

aboucher [abuʃe] <1> **I.** *vt* ineinanderstecken **II.** *vpr (littér)* ***s'~ avec qn*** sich mit jdm zusammentun

abouler [abule] <1> *vt (arg)* rausrücken *fam;* ***allez, aboule le fric!*** los, her mit der Kohle!

about [abu] *m* Endstück *nt*

abouter [abute] <1> *vt* miteinander ver-

A

binden, an den Enden miteinander verbinden *baguettes*

abouti(e) [abuti] *adj projet* erfolgreich abgeschlossen [*o* zu Ende geführt]; *expérience, tentative* gelungen

aboutir [abutiʀ] <8> *vi* ❶ *(réussir)* Erfolg haben; *projet:* erfolgreich abgeschlossen werden; ***ne pas ~*** erfolglos [geblieben] sein ❷ *(conduire à)* ***~ à/dans qc*** *rue:* zu etw führen ❸ *(se terminer par) démarche:* führen zu

aboutissement [abutismɑ̃] *m* Ergebnis *nt*

aboyer [abwaje] <6> *vi chien:* bellen

abracadabra [abʀakadabʀa] *m* Abrakadabra *nt*

abracadabrant(e) [abʀakadabʀɑ̃, ɑ̃t] *adj* ungewöhnlich

abraser [abʀɑze] <1> *vt* abschleifen

abrasif [abʀɑzif] *m* Schleifmittel *nt*

abrégé [abʀeʒe] *m* ❶ *(texte réduit)* gekürzte Fassung; ***mot en ~*** abgekürztes Wort ❷ *(ouvrage)* Abriss *m*

abrègement, abrégement [abʀɛʒmɑ̃] *m d'un mot* Abkürzung *f; d'un texte, travail* Kürzung *f*

abréger [abʀeʒe] <2a, 5> *vt* verkürzen *souffrances;* abkürzen *rencontre, mot;* kürzen *texte*

abreuver [abʀœve] <1> **I.** *vt* ❶ *(donner à boire)* tränken *animal* ❷ *(couvrir de)* ***~ qn de compliments*** jdn mit Komplimenten überhäufen **II.** *vpr* ❶ *(boire)* ***s'~*** *animal:* trinken ❷ *(se nourrir)* ***s'~ de romans*** in Romanen schwelgen

abreuvoir [abʀœvwaʀ] *m* ❶ *(lieu)* Tränke *f* ❷ *(auge)* Wassertrog *m* ❸ *(dans l'étable, le poulailler)* Tränkrinne *f* ❹ *(dans une cage)* [kleiner] Trinknapf *m*

abréviatif, -ive [abʀevjatif, -iv] *adj formule* Kurz-; ***signe ~*** Kürzel *nt*

abréviation [abʀevjasjɔ̃] *f* ❶ *(mot abrégé)* Abkürzung *f* ❷ *(action d'abréger)* Abkürzen *nt*

> **Land und Leute**
> In der französischen Umgangssprache werden häufig **abréviations** (Abkürzungen) verwendet, die mit -*o* enden. Dabei handelt es sich oft um Substantive, wie z. B. *apéro (apéritif), ophtalmo (ophtalmologiste), hosto (hôpital)* oder *dico (dictionnaire)*, in anderen Fällen um Adjektive oder Adverbien wie etwa *perso (personnel)* oder *rapido (rapidement)*.
> Manchmal steht in der salopperen Umgangssprache hinter dem -*o* noch ein -*s*, wobei es sich aber keineswegs um eine Pluralbildung handelt: *Allez, cassos!* – Komm, wir hauen ab!

abri [abʀi] *m* ❶ *(protection naturelle)* Schutz *m;* ***être à l'~ de qc*** vor etw *dat* sicher sein; ***être à l'~ des gelées/intempéries*** vor Frost/schlechtem Wetter geschützt sein; ***être à l'~ des balles*** an einem kugelsicheren Ort sein; ***se mettre à l'~ du vent*** sich gegen den Wind schützen; ***mettre qc à l'~*** etw in Sicherheit bringen ❷ *(souterrain)* Unterstand *m* ❸ *(lieu aménagé)* Hütte *f; (en montagne)* Schutzhütte; *(pour le bétail)* Unterstand *m;* ***~ de jardin*** kleiner [Geräte]-schuppen; ***être à l'~*** *personne:* in Sicherheit sein; *vélo, voiture:* untergestellt sein; ***mettre des papiers à l'~*** Papiere sicher aufbewahren ▶ **être à l'~ du besoin** keine finanziellen Sorgen [mehr] haben

abribus® [abʀibys] *m* Wartehäuschen *nt*

abricot [abʀiko] **I.** *m* Aprikose *f,* Marille *f* A **II.** *adj inv* aprikosenfarben

abricotier [abʀikɔtje] *m* Aprikosenbaum *m*

abrité(e) [abʀite] *adj* windgeschützt

abriter [abʀite] <1> **I.** *vt* ❶ *(protéger)* schützen vor +*dat* ❷ *(héberger)* beherbergen **II.** *vpr* ❶ ***s'~*** *(se protéger du danger)* in Deckung gehen; *population:* Schutz suchen; *(se protéger des intempéries)* sich unterstellen ❷ *(se protéger des critiques, reproches)* ***s'~ derrière qn/qc*** sich hinter jdm/etw verstecken

abrogation [abʀɔgasjɔ̃] *f d'une loi* Aufhebung *f*

abroger [abʀɔʒe] <2a> *vt* aufheben

abrupt [abʀypt] *m* Steilwand *f*

abrupt(e) [abʀypt] *adj* ❶ *(raide)* steil ❷ *ton* schroff

abruti(e) [abʀyti] **I.** *adj* ❶ *(fig)* ***être ~ de travail*** von der Arbeit [ganz] benommen sein ❷ *(fam: idiot)* blöd **II.** *m(f) (fam)* Idiot(in) *m(f)*

abrutir [abʀytiʀ] <8> *vt bruit, soleil:* [ganz] benommen machen; ***~ qn de travail*** jdn mit Arbeit überhäufen

abrutissant(e) [abʀytisɑ̃, ɑ̃t] *adj travail* stumpfsinnig; *musique* [ohren]betäubend

abrutissement [abʀytismɑ̃] *m* Benommenheit *f;* ***travailler jusqu'à l'~*** arbeiten, bis man nicht mehr klar denken kann

A.B.S. [ɑbeɛs] *m abr de* **Anti-lock Brake System** ABS *nt*

abscisse [apsis] *f* Abszisse *f*

absence [apsɑ̃s] *f* ❶ *(opp: présence)* Abwesenheit *f*; ***en l'~ de qn*** in jds Abwesenheit ❷ *(fait de manquer)* Abwesenheit *f*; ***les ~s de cet élève sont rares*** dieser Schüler fehlt selten ❸ *(manque)* ***l'~ de qc*** das Fehlen einer S. *gen*; ***~ d'humour*** Humorlosigkeit *f*; ***en l'~ de preuves*** aus Mangel an Beweisen ❹ *(inattention)* Geistesabwesenheit *f*

absent(e) [apsɑ̃, ɑ̃t] **I.** *adj* ❶ *(opp: présent)* abwesend; ***les élèves ~s*** die fehlenden Schüler; ***être ~ à une réunion/au cours*** bei einer Besprechung/im Unterricht fehlen; ***être ~ du bureau*** nicht im Büro sein ❷ *(qui manque)* ***être ~ de qc*** bei etw fehlen ❸ *(distrait)* [geistes]abwesend **II.** *m(f)* Abwesende(r) *f(m)*

absentéisme [apsɑ̃teism] *m d'un élève* häufiges Fernbleiben vom Unterricht

absenter [apsɑ̃te] <1> *vpr* ***s'~*** weggehen; ***je ne me suis absenté que deux minutes*** ich war nur zwei Minuten nicht da

abside [apsid] *f* Apsis *f*

absinthe [apsɛ̃t] *f* Absinth *m*

absolu [apsɔly] *m* ***l'~*** das Absolute

absolu(e) [apsɔly] *adj* ❶ *(total)* absolut; *confiance* uneingeschränkt; *amour* bedingungslos ❷ *(sans concession)* kategorisch ❸ *(opp: constitutionnel)* absolut ❹ GRAM absolut

absolument [apsɔlymɑ̃] *adv* ❶ *(à tout prix)* unbedingt ❷ *(totalement)* ganz; *nécessaire* unbedingt; *vrai* vollkommen; *faux* völlig; ***~ pas*** überhaupt nicht; ***~ rien*** absolut nichts ► **~!** genau!; ***mais ~!*** aber sicher!

absolution [apsɔlysjɔ̃] *f* REL Absolution *f*

absolutisme [apsɔlytism] *m* Absolutismus *m*

absolutiste [apsɔlytist] *adj* absolutistisch

absorbant(e) [apsɔʀbɑ̃, ɑ̃t] *adj* ❶ *(hydrophile)* saugfähig ❷ *(prenant)* ***travail*** ~ Arbeit, die einen sehr in Anspruch nimmt

absorber [apsɔʀbe] <1> **I.** *vt* ❶ *(consommer)* zu sich nehmen, einnehmen *médicament* ❷ *(s'imbiber)* aufsaugen, absorbieren *odeur* ❸ *(faire disparaître)* aufbrauchen *économies;* absorbieren *rayonnements* ❹ ECON übernehmen *concurrent* ❺ *(accaparer) travail:* in Anspruch nehmen; *observation de qc:* gefangen nehmen; ***être absorbé par une lecture*** in eine Lektüre völlig vertieft sein **II.** *vpr* ***s'~ dans un travail*** in einer Arbeit aufgehen

absorption [apsɔʀpsjɔ̃] *f* ❶ *(action de boire)* Trinken *nt* ❷ *(action de manger)* Verzehr *m* ❸ *(action d'avaler un médicament)* Einnahme *f* ❹ *(pénétration)* Absorption *f*; *de l'eau* Aufsaugen *nt* ❺ ECON Übernahme *f*

absoudre [apsudʀ] <irr> *vt* REL ***~ qn*** jdm [die] Absolution erteilen

abstenir [apstəniʀ] <9> *vpr* ❶ *(se refuser)* ***s'~ de qc*** auf etw *akk* verzichten ❷ *(ne pas voter)* ***s'~*** sich der Stimme *gen* enthalten

abstention [apstɑ̃sjɔ̃] *f* [Stimm]enthaltung *f*

abstentionnisme [apstɑ̃sjɔnism] *m* Wahlmüdigkeit *f*

abstentionniste [apstɑ̃sjɔnist] **I.** *adj électorat* wahlmüde **II.** *mf* Nichtwähler(in) *m(f)*

abstinence [apstinɑ̃s] *f* ❶ *(chasteté)* Enthaltsamkeit *f* ❷ *(sobriété)* Abstinenz *f*

abstinent(e) [apstinɑ̃, ɑ̃t] **I.** *adj* abstinent **II.** *m(f)* Abstinenzler(in) *m(f)*

abstraction [apstʀaksjɔ̃] *f* ❶ *(action d'abstraire)* Abstraktion *f*; ***faire ~ de qc*** etw außer Acht lassen ❷ *(idée)* abstrakte Vorstellung

abstraire [apstʀɛʀ] <irr> *vt* ❶ *(schématiser)* abstrahieren ❷ *(isoler par la pensée)* absehen von +*dat*

abstrait [apstʀɛ] *m* ❶ *(abstraction)* Abstrakte *nt* ❷ ART abstrakte Kunst ❸ *(peintre)* Abstrakte(r) *f(m)*

abstrait(e) [apstʀɛ, ɛt] *adj* abstrakt

absurde [apsyʀd] **I.** *adj* absurd **II.** *m* Absurde *nt*

absurdité [apsyʀdite] *f* ❶ *(caractère absurde)* Absurdität *f* ❷ *(bêtise)* Unsinn *m kein Pl*

abus [aby] *m* ❶ *(consommation excessive)* übermäßiger Genuss; ***~ d'alcool/de tabac*** übermäßiger Alkohol-/Tabakgenuss ❷ *(usage abusif)* Missbrauch *m*; ***~ sexuel sur qn*** sexueller Missbrauch von jdm; ***~ de biens sociaux*** Unterschlagung *f*; ***~ de pouvoir*** Amtsmissbrauch

abuser [abyze] <1> **I.** *vi* ❶ *(consommer avec excès)* übertreiben; ***~ de l'alcool/du tabac*** zu viel trinken/rauchen ❷ *(faire un usage excessif)* ***~ de son pouvoir*** seine Macht missbrauchen ❸ *(exploiter)* ***~ de la confiance de qn*** jds Vertrauen ausnutzen ❹ *(violer)* missbrauchen *geh* **II.** *vpr* ***si je ne m'abuse*** wenn ich [mich] nicht irre

abusif, -ive [abyzif, -iv] *adj* ❶ *(exagéré)* übermäßig; ***consommation abusive d'alcool*** Alkoholmissbrauch *m* ❷ *emploi d'un mot* falsch ❸ *licenciement* ungerechtfertigt

A

A

abusivement [abyzivmɑ̃] *adv* ❶ *(incorrectement) employer* falsch ❷ *(exagérément)* übermäßig
abysse [abis] *m* Tiefseegraben *m*
acabit [akabi] *m* ▶ **de cet** ~ *(péj)*: ***des gens de cet*** ~ Leute *Pl* dieses Schlags
acacia [akasja] *m* Akazie *f*
académicien(ne) [akademisjɛ̃, jɛn] *m(f)* Mitglied *nt* der Académie française

> **Falsche Freunde**
> Nicht verwechseln mit *der Akademiker – le diplômé de l'enseignement supérieur*!

académie [akademi] *f* ❶ *(société savante)* Akademie *f* ❷ *(école)* ~ ***de danse*** Tanzschule *f* ❸ *(circonscription)* ≈ Schulaufsichtsbezirk *m* ❹ *(service administratif d'une académie)* ≈ Oberschulamt *nt*
Académie [akademi] *f* Akademie *f*; ***l'~ française*** die Académie française

> **Land und Leute**
> Die **Académie française** in Paris ist mit der Pflege der französischen Sprache betraut. Die vierzig Mitglieder sind auf Lebenszeit gewählt, ebenso wie der *Secrétaire perpétuel*, der die *Académie* leitet. Die Sprachpflege besteht unter anderem in der Erarbeitung eines Wörterbuchs, das für die französische Sprache maßgeblich sein soll, und in der ‚Reinhaltung' der französischen Sprache: Die *Académie* bekämpft das Eindringen fremder Wörter ins Französische und schlägt offiziell französische Ersatzwörter vor (z. B. *logiciel* für *software*). Darüber hinaus vergibt die **Académie française** begehrte Literaturpreise.

académique [akademik] *adj* ❶ *(d'une société savante)* Akademie- ❷ *(de l'Académie française)* der Académie française
acajou [akaʒu] *m (bois)* Mahagoni[holz *nt*] *nt*
acanthe [akɑ̃t] *f* BOT Akanthus *m*, Bärenklau *f o m*
a cap[p]ella [akapela, akapɛlla] *adv* a cappella
acariâtre [akaʀjɑtʀ] *adj* mürrisch
acarien [akaʀjɛ̃] *m* Milbe *f*
accablant(e) [akablɑ̃, ɑ̃t] *adj* ❶ *(physiquement pénible)* drückend; *douleur* unerträglich ❷ *(psychiquement pénible)* deprimierend; *reproche* sehr schwer; *travail* erschöpfend ❸ *(accusateur)* belastend
accablement [akabləmɑ̃] *m* ❶ *(abattement physique)* Erschöpfung *f* ❷ *(abattement moral)* Niedergeschlagenheit *f*
accabler [akable] <1> *vt* ❶ *(abattre) douleur:* quälen; *nouvelle:* deprimieren; *dettes:* lasten auf +*dat; reproches:* bedrücken; ***être accablé de travail*** mit Arbeit überhäuft sein ❷ *(imposer)* ~ ***qn de reproches*** jdn mit Vorwürfen überschütten; ~ ***le peuple d'impôts*** dem Volk [viel zu] hohe Steuern aufbürden ❸ *(confondre) témoignage:* belasten
accalmie [akalmi] *f* ❶ METEO *de la pluie* [vorübergehendes] Nachlassen; *du vent* [kurze] Beruhigung ❷ *(trêve)* etwas ruhigere Phase
accaparant(e) [akapaʀɑ̃, ɑ̃t] *adj travail, enfant* anstrengend
accaparer [akapaʀe] <1> *vt* ❶ *(monopoliser)* [völlig] in Beschlag nehmen, an sich *akk* reißen *conversation;* mit Beschlag belegen *poste-clé;* auf sich *akk* ziehen *attention* ❷ *(occuper complètement) travail:* völlig in Anspruch nehmen
accéder [aksede] <5> *vi* ❶ *(parvenir à)* gelangen zu ❷ *(atteindre)* ~ ***à un poste*** eine Stelle erlangen; ~ ***en finale*** ins Finale kommen ❸ *(mener à)* führen zu ❹ *(consentir à)* bewilligen
accélérateur [akseleʀatœʀ] *m* ❶ AUT Gaspedal *nt;* ***donner un coup d'~*** aufs Gaspedal treten; ***appuyer sur l'~*** beschleunigen; ***lâcher l'~*** vom Gaspedal [herunter]gehen ❷ CHIM, PHYS Beschleuniger *m*
accélération [akseleʀasjɔ̃] *f* Beschleunigung *f*
accéléré [akseleʀe] *m* Zeitraffer *m*
accélérer [akseleʀe] <5> **I.** *vi* beschleunigen; ***vas-y, accélère!*** mach schon, gib Gas! **II.** *vt* beschleunigen; ~ ***l'allure/la cadence/le mouvement*** das Tempo beschleunigen **III.** *vpr* ***s'~*** *pouls:* sich beschleunigen; *travaux:* schneller gehen
accent [aksɑ̃] *m* ❶ *(signe sur les voyelles)* ***e ~ aigu/grave/circonflexe*** e Akut *m*/Gravis *m*/Zirkumflex *m* ❷ *(manière de prononcer)* Akzent *m* ❸ *(accentuation)* Akzent *m*, Betonung *f* ❹ *(intonation expressive)* Ton *m; (plus faible)* Unterton ▶ **mettre l'~ sur qc** etw [besonders] hervorheben

> **Land und Leute**
> Das Französische kennt drei verschiedene **accents**. Der *accent aigu* kommt

nur mit dem Buchstaben e vor (café, état). Der *accent grave* ist in der Regel auf dem a (là, voilà) und dem e (dès, mère) zu finden (einzige Ausnahme: où – wo). Der *accent circonflexe* kann mit allen Vokalen vorkommen (âge, bête, dîner, tôt, sûr).

accentuation [aksɑ̃tɥasjɔ̃] *f* ❶ *du chômage* Zunahme *f; des symptômes* Verschlimmerung *f* ❷ GRAM Setzen *nt* der Akzente ❸ LING Betonung *f*
accentué(e) [aksɑ̃tɥe] *adj* ❶ *voyelle* betont ❷ *traits* markant
accentuer [aksɑ̃tɥe] <1> **I.** *vt* ❶ *(tracer un accent)* einen Akzent setzen auf +*akk* ❷ *(prononcer un accent)* betonen ❸ *(intensifier)* betonen *effet;* verstärken *efforts;* vorantreiben *action;* unterstreichen *force, ressemblance;* erhöhen *risque* **II.** *vpr* ***s'~*** sich verstärken; *froid:* sich verschärfen; *risque:* sich erhöhen
acceptable [aksɛptabl] *adj* akzeptabel
acceptation [aksɛptasjɔ̃] *f* ❶ *(le fait d'accepter un traité)* Annahme *f* ❷ *(approbation d'une proposition)* Akzeptieren *nt* ❸ *(consentement)* Zustimmung *f*
accepter [aksɛpte] <1> **I.** *vt* ❶ *(prendre)* annehmen *cadeau;* akzeptieren *excuses;* übernehmen *responsabilité* ❷ *(accueillir favorablement)* akzeptieren; ***~ une thèse/une théorie*** einer These/Theorie zustimmen ❸ *(se soumettre à)* annehmen *échec, destin;* eingehen *risque* ❹ *(supporter)* akzeptieren, dulden *contradiction* **II.** *vi* ❶ *(être d'accord)* akzeptieren; ***~ de faire qc*** damit einverstanden sein etw zu tun ❷ *(tolérer)* dulden ❸ *(permettre)* zulassen
acception [aksɛpsjɔ̃] *f* Bedeutung *f*
accès [aksɛ] *m* ❶ *(entrée)* Eingang *m; (pour piétons)* Zugang *m; (pour véhicules)* Zufahrt *f;* ***~ interdit*** kein Zutritt ❷ *(action d'accéder à une position)* ***~ à un poste*** Zugang *m* zu einer Stelle ❸ *(crise)* Anfall *m;* ***~ d'humeur*** Launenhaftigkeit *f* ❹ INFORM Zugang *m,* Zugriff *m;* ***~ à Internet*** Internetzugang
accessibilité [aksesibilite] *f* Erreichbarkeit *f; (à un emploi, une profession)* Zugänglichkeit *f*
accessible [aksesibl] *adj* ❶ *(où l'on peut accéder)* zugänglich; ***être ~ à qn*** für jdn erreichbar sein ❷ *(compréhensible)* verständlich ❸ *(abordable)* erschwinglich
accession [aksesjɔ̃] *f* ***~ à qc*** Erlangen *nt* einer S. *gen;* ***~ à la propriété*** Erwerb *m* von [Wohnungs]eigentum
accessoire [akseswaʀ] **I.** *adj* nebensächlich; *avantage* zusätzlich; *frais* Neben- **II.** *m* ❶ *(pièce complémentaire)* Zubehörteil *nt;* ***les ~s*** das Zubehör ❷ COUT Accessoire *nt* ❸ THEAT, CINE Requisit *nt*
accessoirement [akseswaʀmɑ̃] *adv* nebenbei
accessoiriste [akseswaʀist] *mf* Requisiteur(in) *m(f)*
accident [aksidɑ̃] *m* Unfall *m;* ***~ du travail*** Arbeitsunfall; ***~ de parcours*** Missgeschick *nt;* ***avoir un ~*** verunglücken
accidenté(e) [aksidɑ̃te] **I.** *adj* ❶ *(inégal)* uneben; *région* hügelig; *relief* zerklüftet ❷ *(qui a eu un accident)* verunglückt; *voiture* Unfall- **II.** *m(f)* Verunglückte(r) *f(m);* ***~ de la circulation*** Opfer *nt* eines Verkehrsunfalls
accidentel(le) [aksidɑ̃tɛl] *adj* ❶ *(dû à un accident)* Unfall- ❷ *(dû au hasard)* zufällig
accidentellement [aksidɑ̃tɛlmɑ̃] *adv* ❶ *(dans un accident)* ***mourir ~*** tödlich verunglücken ❷ *(par hasard)* zufällig
acclamation [aklamasjɔ̃] *f* Jubel *m kein Pl,* Beifall *m kein Pl;* ***les ~s du public*** die Beifall[s]rufe des Publikums
acclamer [aklame] <1> *vt* ***~ qn*** jdm zujubeln
acclimatation [aklimatasjɔ̃] *f* Akklimatisierung *f*
acclimater [aklimate] <1> **I.** *vt* gewöhnen an +*akk,* heimisch machen *plante;* ***~ un animal dans un zoo*** ein Tier in einem Zoo eingewöhnen **II.** *vpr* ❶ *(s'adapter)* ***s'~*** sich gewöhnen an +*akk; plante:* heimisch werden ❷ *(s'habituer)* ***s'~ à une maison*** sich in einem Haus eingewöhnen
accointances [akwɛ̃tɑ̃s] *fpl* ***avoir des ~ avec des voyous/dans le Milieu*** Beziehungen zu Strolchen/zur Unterwelt haben
accolade¹ [akɔlad] *f* feierliche Umarmung
accolade² [akɔlad] *f* TYP geschweifte Klammer
accoler [akɔle] <1> *vt* anhängen an +*akk*
accommodant(e) [akɔmɔdɑ̃, ɑ̃t] *adj camarade* umgänglich
accommodation [akɔmɔdasjɔ̃] *f* ❶ *(adaptation)* ***~ à une nouvelle vie*** Anpassung *f* an ein neues Leben ❷ GASTR [Art *f* der] Zubereitung *f*
accommoder [akɔmɔde] <1> **I.** *vt* GASTR zubereiten, verwerten *restes* **II.** *vpr* ❶ *(s'arranger)* ***s'~ avec qn*** mit jdm auskommen ❷ *(se contenter de)* ***s'~ de qc***

mit etw zufrieden sein ❸ *(supporter)* ***s'~ de qc*** sich mit etw abfinden

accompagnateur, -trice [akɔ̃paɲatœʀ, -tʀis] *m, f* ❶ *(guide)* Begleiter(in) *m(f)* ❷ MUS Begleiter(in) *m(f)*

accompagnement [akɔ̃paɲmɑ̃] *m* ❶ GASTR Beilage *f* ❷ MUS Begleitung *f* ❸ *d'un groupe* Begleitung *f*

accompagner [akɔ̃paɲe] <1> **I.** *vt* ❶ *(aller avec)* begleiten ❷ MUS begleiten ❸ *(être joint à) notice explicative:* beiliegen ❹ GASTR ***un vin accompagne un plat*** ein Wein wird zu einem Gericht getrunken ❺ *(survenir en même temps)* einhergehen mit **II.** *vpr* ❶ MUS ***s'~ à la guitare*** sich auf der Gitarre begleiten ❷ *(aller avec)* ***s'~ de qc*** mit etw einhergehen

accompli [akɔ̃pli] *m* LING ***l'~*** das vollendete Geschehen

accompli(e) [akɔ̃pli] *adj* perfekt

accomplir [akɔ̃pliʀ] <8> **I.** *vt* ❶ *(s'acquitter de)* erledigen *travail;* erfüllen *tâche;* tun *devoir* ❷ *(exécuter)* ausführen *ordre;* vollbringen *miracle* ❸ *(réaliser)* erfüllen *vœu;* einlösen *promesse;* ausführen *projet* **II.** *vpr* ❶ *(s'épanouir)* ***s'~ dans qc*** in etw *dat* Erfüllung finden ❷ *(se produire)* ***s'~*** *prophétie:* sich erfüllen; *miracle:* geschehen

accomplissement [akɔ̃plismɑ̃] *m d'un travail, d'une tâche* Erledigung *f*

accord [akɔʀ] *m* ❶ *(consentement)* Einverständnis *nt;* ***faire qc d'un commun ~*** etw einmütig tun; ***donner son ~ à qn*** jdm seine Zustimmung geben ❷ *(convention)* Vereinbarung *f;* ***~ à l'amiable*** gütliche Einigung ❸ *(bonne intelligence)* [gutes] Einvernehmen; ***faire qc en ~ avec qn*** etw in Übereinstimmung mit jdm tun ❹ MUS Akkord *m; (sur une guitare)* Griff *m* ❺ LING ***faute d'~*** Kongruenzfehler *m* ▶ **entre eux c'est l'~ parfait** zwischen ihnen herrscht völlige Übereinstimmung; **faire qc en parfait ~ avec qn** etw im besten Einvernehmen mit jdm tun; **être d'~** einverstanden sein; **être d'~ avec qn sur qc** [sich *dat*] mit jdm über etw *akk* einig sein; **être en ~ avec soi-même** mit sich selbst im Einklang sein; **se mettre d'~ avec qn** sich mit jdm einigen; **tomber d'~ avec qn** sich mit jdm einigen; **tomber d'~ sur qc** sich auf etw *akk* einigen; **[c'est] d'~!** gut!

accordéon [akɔʀdeɔ̃] *m* Akkordeon *nt*

accordéoniste [akɔʀdeɔnist] *mf* Akkordeonspieler(in) *m(f)*

accorder [akɔʀde] <1> **I.** *vt* ❶ *(donner)* gewähren *crédit;* gewähren *délai;* erteilen *permission;* erweisen *faveur;* zubilligen *circonstances atténuantes;* schenken *confiance;* ***voulez-vous m'~ cette danse?*** darf ich Sie um diesen Tanz bitten? ❷ *(attribuer)* ***~ de la valeur à qc*** einer S. *dat* Wert beimessen; ***~ de l'importance à qc*** einer S. *dat* Gewicht beilegen, etw wichtig nehmen ❸ MUS stimmen ❹ GRAM angleichen an +*akk verbe, adjectif* **II.** *vpr* ❶ *(se mettre d'accord)* ***s'~ avec qn sur une solution*** sich mit jdm über eine Lösung einig werden ❷ *(s'entendre)* ***s'~ avec qn*** sich [gut] mit jdm verstehen ❸ *(s'octroyer)* ***s'~ une pause*** sich *dat* eine Pause gönnen ❹ GRAM ***s'~ avec qc*** *verbe, adjectif:* sich nach etw richten

accordeur [akɔʀdœʀ] *m* Stimmer(in) *m(f)*

accostage [akɔstaʒ] *m* ❶ NAUT Anlegen *nt* ❷ ESPACE Andocken *nt*

accoster [akɔste] <1> **I.** *vi* anlegen **II.** *vt* ❶ *(aborder)* ansprechen ❷ NAUT anlegen an +*dat quai* ❸ ESPACE andocken an +*dat*

accotement [akɔtmɑ̃] *m d'une route* Bankett *nt*

accouchement [akuʃmɑ̃] *m* ❶ MED Entbindung *f* ❷ *(élaboration difficile)* schwere Geburt *fam*

accoucher [akuʃe] <1> **I.** *vi* ❶ MED entbinden; ***~ d'une fille*** ein Mädchen zur Welt bringen ❷ *(fam: parler)* mit der Sprache herausrücken; ***allez, accouche!*** los, raus damit! **II.** *vt* ***~ qn*** jdn entbinden

accoucheur, -euse [akuʃœʀ, -øz] *m, f* Hebamme *f*

accouder [akude] <1> *vpr* ***s'~ à qc*** sich mit den Ellbogen auf etw *akk* stützen

accoudoir [akudwaʀ] *m* Armlehne *f*

accouplement [akupləmɑ̃] *m* ❶ ZOOL Paarung *f* ❷ *(péj: sexe)* Nummer *f fam* ❸ *(fait d'accoupler)* Ankuppeln *nt* ❹ *(dispositif)* Kupplung *f*

accoupler [akuple] <1> **I.** *vpr* ❶ ZOOL ***s'~*** sich paaren ❷ *(péj)* ***s'~*** *personnes:* es miteinander treiben *fam* **II.** *vt* ❶ ZOOL paaren mit ❷ *(mettre par deux)* paarweise anspannen *chevaux* ❸ TECH koppeln *générateurs;* kuppeln *locomotives*

accourir [akuʀiʀ] <irr> *vi + avoir o être personne:* herbeieilen; *animal:* angelaufen kommen

accoutrement [akutʀəmɑ̃] *m* Aufmachung *f*

accoutrer [akutʀe] <1> *vpr* ***s'~*** sich ausstaffieren

accoutumance [akutymɑ̃s] *f* Gewöhnung *f*

accoutumé(e) [akutyme] *adj* gewohnt

accoutumer [akutyme] <1> *vt* ***~ son***

mari à qc/à faire qc *(habituer)* seinen Mann an etw *akk* gewöhnen/daran gewöhnen, etw zu tun

accréditation [akʀeditasjɔ̃] *f d'une diplomate, d'un journaliste* Akkreditierung *f*

accréditer [akʀedite] <1> *vt* ❶ *(rendre crédible)* bestätigen *thèse* ❷ *(conférer une autorité)* akkreditieren *ambassadeur;* bevollmächtigen *médiateur*

accréditif [akʀeditif] *m* ECON, FIN Kreditbrief *m,* Akkreditiv *nt Fachspr.*

accro [akʀo] *abr de* **accroché I.** *adj (fam)* ❶ *(dépendant d'une drogue)* süchtig ❷ *(passionné)* ~ ***de jazz*** [ganz] verrückt auf Jazz *akk* **II.** *mf (fam)* ❶ *(drogué)* Junkie *m* ❷ *(passionné)* Fan *m*

accroc [akʀo] *m* ❶ *(déchirure)* Riss *m;* ***faire un ~ à sa chemise*** sich *dat* ein Loch ins Hemd reißen ❷ *(incident)* [unangenehmer] Zwischenfall; *(querelle)* Reiberei *f*

Aussprache

Das -c am Ende von **accroc** bleibt stumm.

accrochage [akʀɔʃaʒ] *m* ❶ *d'un tableau* Aufhängen *nt; d'un wagon* Ankoppeln *nt* ❷ *(collision)* [leichter] Zusammenstoß ❸ *(altercation)* Auseinandersetzung *f* ❹ MIL Zusammenstoß *m*

accroche [akʀɔʃ] *f* MEDIA Blickfang *m*

accrocher [akʀɔʃe] <1> **I.** *vt* ❶ *(suspendre)* aufhängen; ~ ***son manteau dans une penderie*** seinen Mantel an die Garderobe hängen ❷ *(déchirer)* hängen bleiben mit ❸ *(entrer en collision)* streifen ❹ *(attirer)* auf sich ziehen *regards;* anziehen *client* ❺ *(aborder)* ansprechen ❻ *(intéresser) film:* fesseln **II.** *vpr* ❶ *(se retenir)* ***s'~ à qc*** sich an etw *dat* festklammern ❷ *(se faire un accroc)* ***s'~ à qc*** an etw *dat* hängen bleiben ❸ *(persévérer)* ***s'~*** durchhalten ❹ *(fam: mettre ses espoirs dans)* ***s'~ à qc*** sich an etw *akk* klammern ❺ *(fam: se disputer)* ***s'~ avec qn*** sich mit jdm in die Haare kriegen **III.** *vi* ❶ *(fam: bien établir le contact)* ~ ***avec qn*** mit jdm warmwerden ❷ *(plaire)* [gut] ankommen

accrocheur, -euse [akʀɔʃœʀ, -øz] *adj* ***titre ~/publicité accrocheuse*** Titel, der/Werbung, die Aufmerksamkeit erregt

accroire [akʀwaʀ] <irr, déf> *vt, vi (littér)* ***en faire ~ à qn*** jdn hinters Licht führen; ***s'en laisser ~*** sich hinters Licht führen lassen

accroissement [akʀwasmɑ̃] *m du chômage* Anstieg *m; du chiffre d'affaires* Steigerung *f;* ~ ***de la population*** Bevölkerungszunahme *f*

accroître [akʀwɑtʀ] <irr> **I.** *vt* erhöhen, vermehren *patrimoine;* verstärken *pouvoir;* vergrößern *chances* **II.** *vpr* ***s'~*** *chômage, mécontentement:* zunehmen; *risque:* größer werden; *chances de succès:* steigen

accroupir [akʀupiʀ] <8> *vpr* ***s'~*** in die Hocke gehen; ***être accroupi*** kauern

accru(e) [akʀy] *adj* höher

accu [aky] *m souvent pl (fam) abr de* **accumulateur** Akku *m*

accueil [akœj] *m* ❶ *(fait de recevoir)* Empfang *m;* ***faire bon/mauvais ~ à qn*** jdn freundlich/unfreundlich empfangen ❷ *(lieu)* Rezeption *f* ❸ INFORM *(badge)* Home *nt;* ***page d'~*** Startseite *f,* Homepage *f*

accueillant(e) [akœjɑ̃, ɑ̃t] *adj personne* freundlich; *pièce* gastlich; *jardin* einladend

accueillir [akœjiʀ] <irr> *vt* ❶ *(recevoir)* empfangen ❷ *(héberger) hôte:* aufnehmen ❸ *(réagir à)* aufnehmen *nouvelle;* reagieren auf +*akk idée;* begrüßen *projet*

acculer [akyle] <1> *vt* drängen

accumulateur [akymylatœʀ] *m* ❶ *(pile rechargeable)* Akku *m* ❷ AUT Batterie *f*

accumulation [akymylasjɔ̃] *f* Anhäufung *f; de marchandises* Horten *nt; de preuves* Sammeln *nt; d'énergie* Speicherung *f*

accumuler [akymyle] <1> **I.** *vt* anhäufen, sammeln *preuves;* horten *marchandises;* speichern *énergie;* ~ ***des erreurs*** einen Fehler nach dem anderen begehen **II.** *vpr* ***s'~*** sich sammeln; *difficultés:* sich häufen; *vaisselle:* sich stapeln; *déchets:* sich auftürmen

accusateur, -trice [akyzatœʀ, -tʀis] **I.** *adj regard* anklagend; *document* belastend **II.** *m, f* Ankläger(in) *m(f)*

accusatif [akyzatif] *m* GRAM Akkusativ *m*

accusation [akyzasjɔ̃] *f* ❶ *(reproche)* Anschuldigung *f* ❷ JUR Klage *f,* Anklage *f;* ***mise en ~*** Anklageerhebung *f*

accusé [akyze] *m* ~ ***de réception*** Empfangsbestätigung *f*

accusé(e) [akyze] **I.** *m(f)* JUR Angeklagte(r) *f(m)* **II.** *adj visage, traits* markant

accusée [akyze] *f* Angeklagte *f*

accuser [akyze] <1> **I.** *vt* ❶ *(déclarer coupable)* anklagen; ~ ***qn d'un crime*** jdn beschuldigen, ein Verbrechen begangen zu haben; ~ ***qn d'un vol*** jdn des Diebstahls beschuldigen ❷ *(souligner)* unterstreichen ❸ *(montrer)* ***elle accuse la fatigue des***

jours passés man sieht ihr die Anstrengung der vergangenen Tage an **II.** *vpr* **s'~ de qc** ❶ *(se déclarer coupable)* sich einer S. *gen* bezichtigen ❷ *(se rendre responsable de)* sich *dat* die Schuld an etw *dat* geben, sich *dat* wegen etw Vorwürfe machen

ace [ɛs] *m* SPORT Ass *nt*

acerbe [asɛʀb] *adj ton, paroles* scharf, hart

acéré(e) [aseʀe] *adj griffes, couteau* scharf

acétate [asetat] *m* CHIM Azetat *nt*

acétique [asetik] *adj* ***acide ~*** Essigsäure *f*

acétone [asetɔn] *f* CHIM Azeton *nt*

achalandé(e) [aʃalɑ̃de] *adj* ***être bien ~*** *magasin:* eine große Auswahl haben

acharné(e) [aʃaʀne] *adj* fanatisch; *travailleur* verbissen; *joueur* leidenschaftlich; *combat* erbittert; ***être ~*** hartnäckig sein

acharnement [aʃaʀnəmɑ̃] *m* ❶ Hartnäckigkeit; *d'un combattant* Verbissenheit *f; d'un joueur* Leidenschaft *f* ❷ MED ***~ thérapeutique*** Lebensverlängerung *f* mit allen Mitteln, lebensverlängernde Maßnahmen *Pl*

acharner [aʃaʀne] <1> *vpr* ❶ *(persévérer)* ***s'~*** sich abmühen ❷ *(s'obstiner à résoudre, à comprendre)* ***s'~ sur un devoir*** sich an einer Aufgabe festbeißen; ***s'~ à faire qc*** sich darauf versteifen etw zu tun ❸ *(ne pas lâcher prise)* ***s'~ sur une victime*** von einem Opfer nicht ablassen ❹ *(poursuivre)* ***le sort/le destin s'acharne contre elle*** das Schicksal verfolgt sie ❺ *(détruire)* ***s'~ sur un objet*** einen Gegenstand blindwütig zerstören

achat [aʃa] *m* ❶ *(action)* Kauf *m; de biens durables* Anschaffung *f;* ***~ en ligne*** Onlineshopping *nt* ❷ *(chose achetée)* Kauf *m;* ***faire des ~s*** einkaufen

acheminement [aʃ(ə)minmɑ̃] *m* ❶ *(transport) du courrier, des voyageurs* Beförderung *f; des marchandises, troupes* Transport *m* ❷ *(avancement)* Voranschreiten *nt*

acheminer [aʃ(ə)mine] <1> **I.** *vt* ❶ *(transporter)* befördern *courrier, voyageurs;* befördern *marchandises;* weiterleiten *réfugiés* ❷ *(conduire)* umleiten *convoi* **II.** *vpr (aller en direction de)* ***s'~ vers le bois*** auf den Wald zugehen; ***s'~ vers Paris/le centre-ville*** *personne:* sich auf den Weg nach Paris/in die Innenstadt machen

acheter [aʃ(ə)te] <4> **I.** *vt* ❶ *(acquérir)* kaufen; ***~ qc à qn*** jdm etw kaufen; ***~ qc chez qn*** etw bei jdm [ein]kaufen ❷ *(péj)* kaufen *personne, votes;* sich *dat* erkaufen *silence, complicité de qn* **II.** *vpr* ***s'~ qc*** sich *dat* etw kaufen

acheteur, -euse [aʃtœʀ, -øz] *m, f* ❶ *(individuel)* Käufer(in) *m(f);* ***~ en ligne*** INFORM Onlinekunde *m,* Internetkunde *m* ❷ *(de profession)* Einkäufer(in) *m(f)* ▶ **être ~** [am Kauf] interessiert sein

achèvement [aʃɛvmɑ̃] *m* ❶ *d'un immeuble* Fertigstellung *f; d'une œuvre* Vollendung *f; des travaux* Abschluss *m* ❷ *(perfection)* Vollendung *f*

achever [aʃ(ə)ve] <4> *vt* ❶ *(accomplir)* beenden, abschließen *discours;* vollenden *œuvre;* austrinken *bouteille;* aufbrauchen *provisions;* beschließen *sa vie;* ***~ de faire qc*** etw zu Ende tun ❷ *(tuer)* töten ❸ *(épuiser)* ***ça m'a achevé!*** das hat mir den Rest gegeben! *fam*

achopper [aʃɔpe] <1> **I.** *vi (littér)* ***~ à un problème/sur une difficulté*** auf ein Problem/eine Schwierigkeit stoßen **II.** *vpr* ***s'~ à qc*** *(fig littér)* auf etw stoßen *fig*

acide [asid] **I.** *adj* ❶ *fruit, saveur* sauer; *critique* scharf; *remarque* bissig ❷ CHIM *solution* sauer **II.** *m* CHIM Säure *f;* ***~ aminé*** Aminosäure *f;* ***~ désoxyribonucléique*** Desoxyribonukleinsäure *f*

acidifier [asidifje] <1a> *vpr* **s'~** versauern

acidité [asidite] *f* ❶ *d'un fruit* saurer Geschmack; *d'une critique, remarque* Schärfe *f* ❷ CHIM Säuregehalt *m*

acidulé(e) [asidyle] *adj goût, bonbon* säuerlich

acier [asje] *m* ❶ *(métal)* Stahl *m* ❷ *(industrie)* ***l'~*** die Stahlindustrie

aciérie [asjeʀi] *f* Stahlwerk *nt*

acné [akne] *f* Akne *f*

acolyte [akɔlit] *m (péj)* Komplize *m*

acompte [akɔ̃t] *m* ❶ *(engagement d'achat)* Anzahlung *f* ❷ *(avance)* Vorschuss *m* ❸ *(fam: avant-goût)* Vorgeschmack *m*

aconit [akɔnit] *m* BOT Eisenhut *m*

acoquiner [akɔkine] <1> *vpr (péj)* ***s'~ avec qn*** sich mit jdm einlassen

Açores [asɔʀ] *fpl* ***les ~*** die Azoren

à-côté [akote] <à-côtés> *m* ❶ *(détail)* Nebensächlichkeit *f* ❷ *(gain occasionnel)* Zubrot *nt kein Pl* **à-coup** [aku] <à-coups> *m* ❶ *d'un moteur* Ruck *m,* Stoß *m;* ***par ~s*** stoßweise ❷ *(fluctuation)* Schwankung *f*

acouphène [akufɛn] *m* MED Tinnitus *m;* ***souffrir d'~s*** an Tinnitus *dat* leiden

acoustique [akustik] **I.** *adj* akustisch; ***isolation ~*** Schalldämmung *f* **II.** *f sans pl* ❶ *(science)* Akustik *f* ❷ *d'une salle* Akustik *f*

acquéreur [akeʀœʀ] *m* Käufer *m;* ***trouver***

[un] ~ ***pour qc*** einen Käufer für etw finden; ***se porter ~ de qc*** etw kaufen

acquérir [akeʀiʀ] <irr> **I.** *vt* ❶ *(devenir propriétaire)* erwerben ❷ *(obtenir)* sich *dat* aneignen *compétence;* erlangen *faveur;* erwerben *habileté;* sammeln *expérience* ❸ *(gagner)* ~ ***de l'importance*** an Wichtigkeit gewinnen **II.** *vpr (s'obtenir)* ***les connaissances s'acquièrent peu à peu*** das Know-how bekommt man nach und nach

acquêt [akɛ] *m* JUR Erwerb *m,* Gewinn *m;* ***communauté réduite aux ~s*** Zugewinngemeinschaft *f*

acquiescement [akjɛsmɑ̃] *m* Zustimmung *f,* Einwilligung *f*

acquiescer [akjese] <2> *vi* zustimmen

acquis [aki] *mpl (avantages sociaux)* Errungenschaften *Pl*

acquis(e) [aki, iz] **I.** *part passé de* **acquérir** **II.** *adj* ❶ *(obtenu)* erworben; *droit* wohlerworben; *habitude* angenommen; *richesse* erlangt; *expériences* gewonnen; *avantages* erkämpft ❷ *(reconnu)* feststehend; ***considérer qc comme ~*** etw als gesichert betrachten

acquisition [akizisjɔ̃] *f* ❶ *(action)* Erwerb *m;* ***faire l'~ de qc*** [sich *dat*] etw anschaffen ❷ *(objet acquis)* Kauf *m,* Anschaffung *f*

acquit [aki] *m* Quittung *f*

acquittement [akitmɑ̃] *m* ❶ JUR *d'un accusé* Freispruch *m* ❷ *d'une dette* Tilgung *f; d'une facture* Bezahlung *f; d'une taxe* Entrichtung *f* ❸ *d'une promesse* Einlösung *f; d'une tâche* Erfüllung; *d'une fonction* Ausübung *f; d'une mission* Ausführung *f*

acquitter [akite] <1> **I.** *vt* ❶ *(relaxer)* freisprechen *personne* ❷ *(payer)* bezahlen, begleichen *dette;* entrichten *taxe* ❸ *(signer)* quittieren *livraison* **II.** *vpr* ***s'~ d'une dette*** eine Schuld begleichen; ***s'~ d'une dette morale*** eine moralische Verpflichtung erfüllen; ***s'~ d'une fonction*** eine Funktion ausüben

acre [akʀ] *m* HIST Morgen *m,* Acre *m*

âcre [ɑkʀ] *adj* ❶ *vin, saveur* herb; *fumée* beißend; *odeur* streng ❷ *(fig)* bitter

âcreté [ɑkʀəte] *f d'une odeur* Schärfe *f; d'une saveur* Herbheit *f; de la fumée* beißender Geruch; *d'un parfum* strenger Geruch

acrimonie [akʀimɔni] *f* Groll *m*

acrobate [akʀɔbat] *mf* Akrobat(in) *m(f)*

acrobatie [akʀɔbasi] *f* ❶ *(tour)* Akrobatenstück *nt;* ~ ***aérienne*** *(discipline)* Kunstfliegen *nt; (figure)* Kunstflug *m* ❷ *pl (prouesses)* akrobatische Kunststücke *Pl* ❸ *(ruse)* Akrobatik *f*

acrobatique [akʀɔbatik] *adj* akrobatisch

acronyme [akʀɔnim] *m* Akronym *nt*

acrophobie [akʀofɔbi] *f* PSYCH Höhenangst *f*

acrylique [akʀilik] CHIM **I.** *adj* acrylhaltig **II.** *m* Acryl *nt*

acte [akt] *m* ❶ *(action)* Tat *f,* Handlung *f;* ~ ***d'agression*** aggressiver Akt; ~ ***de bravoure*** mutige Tat; ~ ***de charité*** Akt *m* der Nächstenliebe; ~ ***de terrorisme*** Terrorakt *m;* ~ ***de vandalisme*** Akt *m* blinder Zerstörungswut; ~ ***désespéré*** Verzweiflungstat; ~ ***gratuit*** unmotivierte Handlung; ~ ***héroïque*** Heldentat; ~ ***sexuel*** Geschlechtsakt *m;* ***faire ~ de candidature à qc*** für etw kandidieren; ***faire ~ de présence*** sich kurz blicken lassen; ***passer à l'~*** zur Tat schreiten; ***traduire qc en ~*** etw in die Tat umsetzen ❷ *(manifestation de volonté)* Rechtsgeschäft *nt; (document)* Urkunde *f; (contrat)* Vertrag *m;* ***l'Acte Unique Européen*** die Einheitliche Europäische Akte; ~ ***d'accusation*** Anklageschrift *f;* ~ ***de décès*** Sterbeurkunde; ~ ***de l'état civil*** standesamtliche Urkunde; ~ ***de mariage*** Heiratsurkunde; ~ ***de naissance*** Geburtsurkunde; ~ ***de succession/vente*** Erb-/Kaufvertrag; ~ ***d'origine*** CH Heimatschein CH; ~ ***de vente*** Kaufvertrag *m;* ***prendre ~ de qc*** *(écrire)* etw zu Protokoll nehmen; *(prendre connaissance de)* etw zur Kenntnis nehmen ❸ THEAT Akt *m*

acteur, -trice [aktœʀ, -tʀis] *m, f* ❶ THEAT, CINE Schauspieler(in) *m(f)* ❷ *(auteur)* Akteur(in) *m(f); d'un événement* Täter *m*

actif [aktif] *m* ❶ FIN Aktiva *Pl* ❷ LING Aktiv *nt;* ***à l'~*** im Aktiv

actif, -ive [aktif, -iv] **I.** *adj* ❶ *a.* PHYS, MIL *(dynamique)* aktiv ❷ FIN *marché* lebhaft ❸ ECON *population* erwerbstätig; ***vie active*** *(vie productive)* Lebensabschnitt der Erwerbsfähigkeit; *(vie mouvementée)* abwechslungsreiches Leben ❹ *(efficace)* wirksam; *poison* schnell wirkend ❺ LING aktivisch; ***la voix active*** das Aktiv **II.** *m, f (travailleur)* Erwerbstätige(r) *f(m)*

action [aksjɔ̃] *f* ❶ *(acte)* Tat *f* ❷ *sans pl (fait d'agir)* Handeln *nt,* Handlung *f; (démarche)* Vorgehen *nt,* Aktion *f; du gouvernement* Maßnahmen *Pl;* ***passer à l'~*** etwas unternehmen ❸ *(effet)* Wirkung *f; d'une loi* Auswirkung *f; du gouvernement* Eingreifen *nt;* ***sous l'~ du soleil*** durch

A

die Sonneneinstrahlung ❹ *(péripéties, intrigue)* Handlung *f;* ***ce film manque d'~*** dieser Film hat zu wenig Action *fam* ❺ *(lutte sociale)* Kampf *m; (mesure ponctuelle)* Aktion *f;* ***~ syndicale*** Kampf der Gewerkschaft/Gewerkschaften ❻ JUR Verfahren *nt;* ***~ judiciaire*** Gerichtsverfahren *nt;* ***entraver l'~ de la justice*** das Gerichtsverfahren behindern; ***intenter une ~ contre qn*** Klage gegen jdn erheben ❼ FIN Aktie *f*

actionnaire [aksjɔnɛʀ] *mf* Aktionär(in) *m(f)*

actionnement [aksjɔnmɑ̃] *m d'un levier* Betätigung *f; d'une machine* Ingangsetzung *f*

actionner [aksjɔne] <1> *vt* ❶ *(mettre en mouvement)* betätigen *levier;* in Gang setzen *moteur* ❷ JUR verklagen *personne*

activation [aktivasjɔ̃] *f* Aktivierung *f*

activement [aktivmɑ̃] *adv* aktiv

activer [aktive] <1> **I.** *vt* ❶ *(accélérer)* anregen *circulation sanguine;* anfachen *feu;* beschleunigen *processus;* vorantreiben *travaux* ❷ CHIM, INFORM aktivieren **II.** *vi (fam)* ein bisschen schneller machen; ***faire ~ qn*** jdn antreiben **III.** *vpr* **s'~** ❶ *(s'affairer)* geschäftig hin und her sausen ❷ *(fam: se dépêcher)* voranmachen ❸ *(bouger)* sich bewegen

activisme [aktivism] *m* PHILOS, POL Aktivismus *m*

activiste [aktivist] **I.** *adj* aktivistisch **II.** *mf* Aktivist(in) *m(f)*

activité [aktivite] *f* ❶ *sans pl (fait d'être actif)* Aktivität *f; d'un volcan* Tätigkeit *f; (agitation dans un lieu)* geschäftiges Treiben; *(dynamisme d'une personne)* Tätigkeitsdrang *m; (animation physique, intellectuelle)* Betätigung *f;* ***entrer en ~*** in Betrieb genommen werden; *volcan:* ausbrechen ❷ *(occupation)* Betätigung *f; (profession)* berufliche Tätigkeit; ***exercer une ~ commerciale*** *(être commerçant)* ein Handelsgewerbe betreiben; *(travailler dans une société)* eine kaufmännische Tätigkeit ausüben; ***avoir plusieurs ~s*** verschiedenen Beschäftigungen nachgehen; ***pratiquer une ~ sportive*** Sport treiben ❸ *sans pl (ensemble d'actes)* Tätigkeit *f; politique* Aktivität *f;* ***~ industrielle/commerciale*** produzierendes Gewerbe/Handelsgewerbe *nt;* ***~ syndicale*** gewerkschaftliche Aktivitäten; ***relancer l'~ économique*** die Wirtschaft ankurbeln

actrice [aktʀis] *f v.* **acteur**

actu [akty] *f (fam) abr de* **actualité** News *Pl*

actualisation [aktɥalizasjɔ̃] *f* Aktualisierung *f*

actualiser [aktɥalize] <1> *vt (mettre à jour)* aktualisieren

actualité [aktɥalite] *f* ❶ *sans pl d'un sujet* Aktualität *f;* ***être d'~*** aktuell sein ❷ *sans pl (événements)* Zeitgeschehen *nt;* ***l'~ économique*** das Neueste aus der Wirtschaft; ***l'~ sociale*** das Zeitgeschehen; ***l'~ quotidienne*** das Tagesgeschehen; ***l'~ sportive*** die Sportnachrichten ❸ *pl* TV, RADIO Nachrichten *Pl;* CINE Wochenschau *f*

actuel(le) [aktɥɛl] *adj* ❶ *régime* herrschend; *directeur* jetzig; *monde* von heute; *état, circonstances* gegenwärtig ❷ *(d'actualité)* aktuell

actuellement [aktɥɛlmɑ̃] *adv* im Moment

acuité [akɥite] *f* ❶ *de la douleur* Heftigkeit *f; du son* Intensität *f* ❷ *(sensibilité)* Schärfe *f*

acuponcteur, -trice [akypɔ̃ktœʀ, -tʀis] *m, f* Akupunkteur(in) *m(f)*

acuponcture [akypɔ̃ktyʀ] *f* Akupunktur *f*

acupuncteur, -trice [akypɔ̃ktœʀ, -tʀis] *m, f v.* **acuponcteur**

acupuncture [akypɔ̃ktyʀ] *f v.* **acuponcture**

acyclique [asiklik] *adj* BOT, CHIM azyklisch

adage [adaʒ] *m* geflügeltes Wort

adagio [ada(d)ʒjo] MUS **I.** *adv* adagio **II.** *m* Adagio *nt*

adaptable [adaptabl] *adj* passend

adaptateur [adaptatœʀ] *m* TECH Adapter *m*

adaptation [adaptasjɔ̃] *f* ❶ *sans pl (action de s'adapter)* Anpassung *f* ❷ CINE, THEAT Bearbeitung *f,* Adapt[at]ion *f*

adaptatrice [adaptatʀis] *f* CINE, THEAT Bearbeiterin *f*

adapter [adapte] <1> **I.** *vt* ❶ *(ajuster)* anbringen *embout;* ***~ une pièce à une autre*** ein Stück mit einem anderen verbinden ❷ *(accorder)* anpassen ❸ CINE, THEAT bearbeiten **II.** *vpr* ❶ *(s'habituer à)* ***s'~ à qn/qc*** sich jdm/einer S. anpassen; ***s'~ à un nouveau travail*** sich an eine neue Arbeit gewöhnen; ***s'~ à un nouveau pays*** sich in einem Land einleben ❷ *(s'ajuster à)* ***s'~ à qc*** *tuyau:* auf etw *akk* passen; *clé:* in etw *akk* passen

addenda[s] [adɛ̃da] *mpl* Addenda *Pl*

addictif, -ive [adiktif, -iv] *adj* Sucht-; ***comportement ~*** Suchtverhalten *nt;* ***substance addictive*** Suchtmittel *nt*

addiction [adiksjɔ̃] *f* Sucht *f;* **~ *à la nicotine*** Nikotinsucht

additif [aditif] *m (supplément)* Zusatz *m*

addition [adisjɔ̃] *f* ❶ *(somme)* Addition *f; de problèmes* Anhäufung *f* ❷ *(facture)* Rechnung *f* ❸ *(ajout)* Hinzufügen *nt*

additionnel(le) [adisjɔnɛl] *adj* Zusatz-, zusätzlich

additionner [adisjɔne] <1> **I.** *vt* ❶ *(faire l'addition de)* zusammenzählen ❷ *(ajouter)* **~ *qc à qc*** einer S. *dat* etw zusetzen **II.** *vpr* ***s'~*** *erreurs:* sich summieren; *chiffres:* sich im Kopf addieren lassen; *problèmes:* hinzukommen

adducteur [adyktœʀ] *m* ❶ ANAT, MED Adduktor *m Fachspr.* ❷ *(canal)* Zuflusskanal *m*

adduction [adyksjɔ̃] *f* TECH Zuleitung *f*

adepte [adɛpt] *mf d'une secte* Anhänger(in) *m(f); d'un sport* Fan *m*

adéquat(e) [adekwa, at] *adj* passend; *tenue* angemessen; *endroit* geeignet

adéquation [adekwasjɔ̃] *f* JUR *des indemnités, dépenses* Angemessenheit *f*

adhérence [adeʀɑ̃s] *f* Haftung *f; d'une colle* Klebekraft *f; d'une voiture* Straßenlage *f; d'une semelle* Halt *m*

adhérent(e) [adeʀɑ̃, ɑ̃t] **I.** *adj* ***être ~ à qc*** auf etw *dat* haften **II.** *m(f)* Mitglied *nt*

adhérer [adeʀe] <5> *vi* ❶ *(coller)* **~ *à qc*** an etw *dat* festkleben; *pneu:* auf etw *dat* haften ❷ *(approuver)* **~ *à une proposition*** einem Vorschlag zustimmen ❸ *(reconnaître)* **~ *à un idéal*** Anhänger(in) *m(f)* eines Ideals sein ❹ *(devenir membre de)* **~ *à un parti*** einer Partei beitreten

adhésif [adezif] *m* ❶ *(substance)* Klebstoff *m* ❷ *(pansement)* Heftpflaster *nt* ❸ *(papier collant)* Klebeband *nt*

adhésif, -ive [adezif, -iv] *adj* haftend; ***ruban ~*** Klebestreifen *m*

adhésion [adezjɔ̃] *f* ❶ *(approbation)* **~ *à qc*** Zustimmung *f* zu etw ❷ *(inscription)* **~ *à l'Union européenne*** Beitritt *m* in die Europäische Union ❸ *(fait d'être membre)* Mitgliedschaft *f*

ad hoc [adɔk] *adv* ad hoc

adieu [adjø] <x> **I.** *m* ❶ *(prise de congé)* **~ *à qn/qc*** Abschied *m* von jdm/etw; ***dire ~ à qn*** sich von jdm verabschieden; ***faire ses ~x à qn*** von jdm Abschied nehmen ❷ *pl (séparation)* Abschied *m* **II.** *interj* lebe wohl!/leben Sie wohl!; ***~, la belle vie/les beaux jours*** ade, du schönes Leben/du schöne Zeit

à-Dieu-va[t] [adjøva(t)] *interj* ❶ *(advienne que pourra)* auf gut Glück; ***~!*** komme, was wolle! ❷ NAUT *(vieilli)* ***~!*** ree!

adipeux, -euse [adipø, -øz] *adj* fettig

adiposité [adipozite] *f* MED Fettpolster *nt,* Fettablagerung *f,* Adipositas *f Fachspr.*

adjacent(e) [adʒasɑ̃, ɑ̃t] *adj maison, pays* benachbart

adjectif [adʒɛktif] *m* Adjektiv *nt;* **~ *épithète*** Attribut *nt*

adjectival(e) [adʒɛktival, -o] <-aux> *adj* adjektivisch

adjectivé(e) [adʒɛktive] *adj* als Adjektiv gebraucht

adjoindre [adʒwɛ̃dʀ] <irr> *vt (ajouter)* **~ *qc à une chose*** etw zu einer S. hinzufügen, einer S. *akk* etw hinzufügen

adjoint(e) [adʒwɛ̃, wɛ̃t] **I.** *adj* stellvertretend **II.** *m(f)* Assistent(in) *m(f); (remplaçant)* Stellvertreter(in) *m(f)*

adjonction [adʒɔ̃ksjɔ̃] *f* TECH ***l'~ à qc*** *(à l'extérieur)* das Anbringen an etw; *(à l'intérieur)* der Einbau in etw

adjudant [adʒydɑ̃] *m* MIL Hauptfeldwebel *m*

adjudant-chef [adʒydɑ̃ʃɛf] <adjudants-chefs> *m* MIL Oberfeldwebel *m*

adjudicataire [adʒydikatɛʀ] *mf (pendant une vente aux enchères)* Käufer(in) *m(f),* Ersteigerer *m*/Ersteigerin *f*

adjudication [adʒydikasjɔ̃] *f* ❶ *(vente aux enchères)* Versteigerung *f* ❷ *(appel d'offres, attribution)* [öffentliche] Ausschreibung ❸ *(attribution)* Zuschlag *m; d'un contrat* Vergabe *f*

adjuger [adʒyʒe] <2a> **I.** *vt* ❶ *(attribuer aux enchères)* **~ *un objet d'art à qn*** jdm einen Kunstgegenstand zusprechen; ***une fois, deux fois, trois fois, adjugé!*** zum Ersten, zum Zweiten, zum Dritten! ❷ *(décerner)* **~ *une prime à qn*** jdm eine Prämie zusagen ❸ *(confier à)* **~ *un marché à une entreprise*** ein Geschäft an eine Firma vergeben **II.** *vpr* ❶ *(obtenir)* ***s'~ des parts de marché*** sich *dat* Marktanteile sichern ❷ *(s'approprier)* ***s'~ qc*** sich *dat* etw aneignen

adjuration [adʒyʀasjɔ̃] *f* Beschwörung *f*

adjurer [adʒyʀe] <1> *vt (littér)* **~ *qn de faire qc*** jdn beschwören etw zu tun, jdn inständig [*o* flehentlich *geh*] bitten etw zu tun

adjuvant [adʒyvɑ̃] *m (médicament)* unterstützendes Mittel

ad libitum [adlibitɔm] nach Belieben

admettre [admɛtʀ] <irr> *vt* ❶ *(laisser entrer)* hineinlassen *personne, animal;* erlauben *visites* ❷ *(recevoir)* empfangen

A

❸ *(accueillir)* aufnehmen; *salle:* fassen ❹ *(inscrire)* zulassen; ***être admis quatrième à un examen*** eine Prüfung als Viertbeste(r) bestanden haben ❺ *(reconnaître)* zugeben; ***il est admis que …*** es ist bekannt, dass … ❻ *(accepter)* dulden, gelten lassen *excuse* ❼ *(supposer)* annehmen; ***admettons que …*** angenommen, dass …; ***en admettant que …*** vorausgesetzt, dass … ❽ *(permettre)* zulassen *plusieurs interprétations*

administrateur, **-trice** [administʀatœʀ, -tʀis] *m, f* ❶ *(gestionnaire)* Verwalter(in) *m(f)*, Geschäftsführer(in) *m(f)*; ~ ***de site*** INFORM Webmaster *m* ❷ *(légal)* Nachlassverwalter(in) *m(f)* ❸ THEAT [General]intendant(in) *m(f)* ❹ *(membre d'un conseil d'administration)* Mitglied *nt* des Verwaltungsrats ❺ INFORM Administrator(in) *m(f)*; ~ ***de site*** Webmaster *m*

administratif, **-ive** [administʀatif, -iv] *adj démarche* administrativ; ***services ~s*** Verwaltung *f*

administration [administʀasjɔ̃] *f* ❶ *sans pl (gestion)* Verwaltung *f*; *d'une entreprise* Leitung *f*; ~ ***publique/privée*** öffentliche Verwaltung/privater Träger ❷ *sans pl (service public)* ***l'Administration*** die Verwaltung ❸ *(secteur du service public)* [Verwaltungs]behörde *f*; ~ ***des Douanes*** Zollbehörde *f*; ~ ***des impôts*** Steuerbehörde *f*; ~ ***pénitentiaire*** Gefängnisverwaltung *f* ❹ *sans pl d'un médicament* Verabreichung *f*

administrativement [administʀativmɑ̃] *adv* ❶ *(vu sous un angle administratif)* verwaltungstechnisch gesehen ❷ *(par la voie administrative)* auf dem Verwaltungsweg; *(sur un chemin prescrit)* auf dem Dienstweg

administré(e) [administʀe] *m(f)* ***chers ~s!*** liebe Mitbürger!

administrer [administʀe] <1> *vt* ❶ *(gérer)* verwalten, führen *affaires, entreprise;* regieren *pays* ❷ *(donner)* ~ ***un remède à qn*** jdm eine Medizin verabreichen

admirable [admiʀabl] *adj* bewundernswert

admirablement [admiʀabləmɑ̃] *adv* bewundernswert; *se conduire* vorbildlich; *parler* sehr gut

admirateur, **-trice** [admiʀatœʀ, -tʀis] *m, f* Bewunderer *m*/Bewund[r]erin *f*; *d'une vedette* Verehrer(in) *m(f)*

admiratif, **-ive** [admiʀatif, -iv] *adj regard* bewundernd; *murmure* der Bewunderung

admiration [admiʀasjɔ̃] *f sans pl* Bewunderung *f*; ***avec*** ~ voller Bewunderung; ***être/rester/tomber en ~ devant qc*** etw voller Bewunderung betrachten; ***être/rester/tomber en ~ devant qn*** jdn sehr bewundern

admirer [admiʀe] <1> *vt* ❶ *(apprécier)* bewundern ❷ *(iron soutenu: s'étonner de)* erstaunt sein

admissibilité [admisibilite] *f (à un concours, examen)* Zulassungsanspruch *m*

admissible [admisibl] **I.** *adj* ❶ *(tolérable)* akzeptabel; *à un examen* zugelassen ❷ *(concevable)* vorstellbar **II.** *mf* [zur Abschlussprüfung] zugelassener Kandidat *m*/zugelassene Kandidatin *f*

admission [admisjɔ̃] *f* ❶ *sans pl (accès)* ~ ***dans un club/à l'Union européenne*** Aufnahme *f* in einem Klub/der Europäischen Union; ~ ***dans une discothèque*** Zutritt *m* zu einer Diskothek ❷ SCOL, UNIV Zulassung *f* ❸ AUT Einsaugen *nt*; *d'un gaz, de la vapeur* Einlass *m*

admonestation [admɔnɛstasjɔ̃] *f* JUR Verwarnung *f*

admonester [admɔnɛste] <1> *vt* JUR verwarnen

ADN [ɑdeɛn] *m* MED, BIO *abr de* **acide désoxyribonucléique** DNA *f*, DNS *f*; ***test*** ~ DNA-Analyse *f*

ado [ado] *mf (fam) abr de* **adolescent**

adolescence [adɔlesɑ̃s] *f* Jugend *f*

adolescent(e) [adɔlesɑ̃, ɑ̃t] **I.** *adj* jugendlich; ***être*** ~ jung sein **II.** *m(f)* Jugendliche(r) *f(m)*

à donf [adɔ̃f] *adv (fam)* volle Kanne *fam*

adonner [adɔne] <1> *vpr* ***s'~ à la boisson/au jeu*** dem Alkohol/dem Spiel verfallen

adopter [adɔpte] <1> *vt* ❶ *(prendre comme son enfant)* adoptieren; *(accepter)* annehmen ❷ *(s'approprier)* annehmen *coutumes;* einnehmen *point de vue;* ergreifen *mesure;* einführen *procédé;* sich einsetzen für *cause;* sich entscheiden für *projet* ❸ POL annehmen *motion;* verabschieden *loi*

adoptif, **-ive** [adɔptif, -iv] *adj* ***enfants/parents ~s*** Adoptivkinder/-eltern *Pl*

adoption [adɔpsjɔ̃] *f* ❶ JUR *d'un enfant* Adoption *f* ❷ *(approbation)* Annahme *f*; *d'une religion* Annehmen *nt*; *d'une cause* Verfechtung *f*; *d'une mesure* Ergreifen *nt*; *d'un procédé* Einführung *f*

adorable [adɔʀabl] *adj* ❶ *(joli) enfant* süß; *personne* äußerst hübsch; *endroit, objet* wundervoll ❷ *(gentil) enfant* [sehr] lieb; *personne* sehr nett; *sourire* reizend

adorablement [adɔʀabləmɑ̃] *adv* wundervoll, erstklassig

adorateur, **-trice** [adɔʀatœʀ, -tʀis] *m, f d'une divinité* Anbeter(in) *m(f); d'une divinité, femme* Verehrer(in) *m(f); d'un objet* Liebhaber(in) *m(f)*

adoration [adɔʀasjɔ̃] *f sans pl* Verehrung *f;* REL Anbetung *f;* ***être en ~ devant qn*** jdn anbeten

adorer [adɔʀe] <1> *vt* ❶ *(aimer)* sehr mögen, schwärmen für *musique, chanteur;* gern gehen in +*akk cinéma;* ***~ faire qc*** etw sehr gern tun ❷ REL anbeten

adosser [adose] <1> **I.** *vt* ***~ qc contre un mur*** etw gegen eine Wand stellen; ***~ une échelle contre le mur*** eine Leiter gegen die Wand lehnen; ***être adossé au mur*** *meuble:* an der Wand stehen; *échelle:* gegen die Wand lehnen **II.** *vpr* ***s'~ à qc*** *personne:* sich [mit dem Rücken] an etw *akk* lehnen; *bâtiment:* an etw *akk* gebaut sein

adoubement [adubmɑ̃] *m* Ritterschlag *m,* Aufnahme *f* in den Ritterstand

adouber [adube] <1> **I.** *vt* zum Ritter schlagen, in den Ritterstand erheben **II.** *vi* zurechtrücken *pièce;* ***j'adoube*** j'adoube *Fachspr.*

adoucir [adusiʀ] <8> **I.** *vt* mildern *saveur, dureté;* weich machen *linge;* enthärten *eau;* weich machen *peau;* dämpfen *voix;* abschwächen *contraste;* lindern *chagrin, peine;* erleichtern *épreuve;* versüßen *vie;* besänftigen *personne* **II.** *vpr* ***s'~*** *personne, saveur:* milder werden; *voix:* sanfter werden; *couleur:* gedämpfter werden; *peau:* weich werden; *pente:* abnehmen; ***la température s'est adoucie*** es ist milder geworden

adoucissant [adusisɑ̃] *m* Weichspüler *m*

adoucissement [adusismɑ̃] *m d'une saveur, acidité* Mildern *nt; de la voix* Dämpfen *nt; d'une surface, des aspérités* Glätten *nt;* ***~ de l'eau*** Wasserenthärtung *f;* ***~ de la peine*** Strafmilderung *f*

adoucisseur [adusisœʀ] *m* ***~ [d'eau]*** *(pour cuisiner)* Wasserfilter *m*

adrénaline [adʀenalin] *f* Adrenalin *nt*

adressable [adʀɛsabl] *adj* INFORM *fichier, programme* adressierbar

adressage [adʀɛsaʒ] *m a.* INFORM Adressierung *f*

adresse[1] [adʀɛs] *f* ❶ *(domicile)* Adresse *f,* Anschrift *f;* ***changer d'~*** umziehen ❷ INFORM Adresse *f;* ***~ électronique*** [*o* ***de messagerie***] E-Mail-Adresse

adresse[2] [adʀɛs] *f sans pl* ❶ *(habileté)* Geschick *nt,* Geschicklichkeit *f* ❷ *(tact)* Feingefühl *nt*

adresser [adʀese] <1> **I.** *vt* ❶ *(envoyer)* ***~ qc à qn*** etw an jdn schicken ❷ *(émettre)* ***~ un compliment à qn*** jdm ein Kompliment machen; ***~ la parole à qn*** jdn ansprechen ❸ *(diriger)* ***~ qn à un spécialiste*** jdn zu einem Spezialisten schicken **II.** *vpr* ❶ *(demander, parler à)* ***s'~ à qn*** sich an jdn wenden ❷ *(être destiné à)* ***s'~ à qn*** *remarque:* jdm gelten; *publicité:* sich an jdn richten; *littérature:* für jdn bestimmt sein

Adriatique [adʀijatik] *f* ***l'~*** die Adria

adroit(e) [adʀwa, wat] *adj* ❶ *(habile)* geschickt ❷ *(subtil)* geschickt

adroitement [adʀwatmɑ̃] *adv* geschickt

ADSL [adeɛsɛl] *m abr de* **asymmetric digital subscriber line** INFORM ADSL *nt*

adulation [adylasjɔ̃] *f (littér)* Vergötterung *f*

aduler [adyle] <1> *vt* ❶ *(flatter servilement)* lobhudeln ❷ *(fig vieilli)* beweihräuchern

adulte [adylt] **I.** *adj personne* erwachsen; *animal* ausgewachsen **II.** *mf* Erwachsene(r) *f(m);* ***réservé aux ~s*** nur für Erwachsene

adultère [adyltɛʀ] **I.** *adj* ehebrecherisch; ***femme ~*** Ehebrecherin *f* **II.** *m* Ehebruch *m*

adultérin(e) [adylteʀɛ̃, in] *adj* außerehelich; *enfant* unehelich

advenir [advəniʀ] <9> **I.** *vi* geschehen **II.** *vi impers* ❶ *(arriver)* ***quoi qu'il advienne*** was auch geschehen mag ❷ *(devenir, résulter de)* ***que va-t-il ~ de moi?*** was wird aus mir?

> **Grammatik und Co.**
> Das Verb wird nur in der Grundform **advenir** und in der 3. Person verwendet, z. B. *il advient, il advenait*.

adverbe [advɛʀb] *m* Adverb *nt*

adverbial(e) [advɛʀbjal, -jo] <-aux> *adj* adverbial

adversaire [advɛʀsɛʀ] *mf a.* SPORT, POL Gegner(in) *m(f)*

adverse [advɛʀs] *adj forces, camp* feindlich; *parti* oppositionell; *équipe* gegnerisch; ***partie ~*** Gegenpartei *f*

adversité [advɛʀsite] *f sans pl, (soutenu: détresse)* Unglück *nt,* Not *f*

ad vitam æternam [advitametɛʀnam] *(fam)* bis in alle Ewigkeit, endlos

aérateur [aeʀatœʀ] *m* Lüftungsanlage *f*
aération [aeʀasjɔ̃] *f sans pl* ❶ *d'une pièce* Lüften *nt* ❷ *(circulation d'air)* Belüftung *f* ❸ *(système)* Lüftung *f*
aéré(e) [aeʀe] *adj pièce* gelüftet; *(clair)* luftig
aérer [aeʀe] <5> **I.** *vt* ❶ *(ventiler)* [aus]lüften *literie;* [durch]lüften *pièce;* belüften *terre* ❷ *(alléger)* auflockern **II.** *vpr* ***s'~*** frische Luft schnappen *fam*
aérien(ne) [aeʀjɛ̃, jɛn] *adj* ❶ AVIAT Luft-; ***transport ~*** Lufttransport *m;* ***ligne/compagnie ~ne*** Fluglinie/-gesellschaft *f* ❷ *(en surface)* in der Luft; ***métro ~*** Hochbahn *f*
aérium [aeʀjɔm] *m* Sanatorium *nt*
aérobic [aeʀɔbik] *f* Aerobic *nt kein Art*
aérobie [aeʀɔbi] **I.** *adj* BIO, MED *glycolyse* aerob **II.** *m* BIO Aerobier *m*
aéroclub, aéro-club [aeʀoklœb] <aéro-clubs> *m* Aeroklub *m*
aérodrome [aeʀodʀom] *m* Flugplatz *m*
aérodynamique [aeʀodinamik] **I.** *adj véhicule* aerodynamisch; ***ligne ~*** Stromlinienform *f* **II.** *f* Aerodynamik *f*
aérodynamisme [aeʀodinamism] *m* Aerodynamik *f*
aérofrein [aeʀofʀɛ̃] *m* TECH Druckluftbremse *f*
aérogare [aeʀogaʀ] *f* Flughafen[gebäude *nt*] *m; (terminal)* Terminal *nt o m*
aéroglisseur [aeʀoglisœʀ] *m* Luftkissenfahrzeug *nt*
aérogramme [aeʀɔgʀam] *m* Aerogramm *nt*
aéromécanique [aeʀomekanik] *f* Flugmechanik *f*
aéronautique [aeʀonotik] **I.** *adj* [von] der Luftfahrt; ***secteur/industrie ~*** Flugzeugbau *m* **II.** *f sans pl* Luftfahrt *f*
aéronaval(e) [aeʀonaval] <s> *adj* zur Marine und zur Luftfahrt zugehörig
Aéronavale [aeʀonaval] *f* ***l'~*** *die Luftwaffe der französischen Marine*
aéronef [aeʀɔnɛf] *m (vieilli)* Luftschiff *nt*
aérophagie [aeʀofaʒi] *f* MED [krankhaftes] Luftschlucken *nt;* ***avoir de l'~*** Luft schlucken
aéroplane [aeʀɔplan] *m (vieilli)* Flugzeug *nt*
aéroport [aeʀopɔʀ] *m* Flughafen *m*
aéropostal(e) [aeʀopɔstal, o] <-aux> *adj* [von] der Luftpost
Aéropostale [aeʀopɔstal] *f ehemalige französische Luftpostgesellschaft (1927 - 1933)*
aérosol [aeʀosɔl] *m* ❶ *(pulvérisateur)* Spray *nt o m* ❷ MED Inhalationsapparat *m*
aérospatial(e) [aeʀospasjal, -jo] <-aux> *adj* ***recherche ~e*** [Welt]raumforschung *f;* ***industrie ~e*** Luft- und Raumfahrtindustrie *f*
aérospatiale [aeʀospasjal] *f* Luft- und Raumfahrtindustrie *f*
aérostat [aeʀɔsta] *m* AVIAT *(ballon)* Heißluftballon *m; (dirigeable)* Luftschiff *nt*
aérotechnique [aeʀotɛknik] **I.** *adj* flugtechnisch **II.** *f* Flugtechnik *f*
aérotrain [aeʀotʀɛ̃] *m* Schwebebahn *f*
affabilité [afabilite] *f* Freundlichkeit *f*
affable [afabl] *adj* freundlich
affabulation [afabylasjɔ̃] *f* Lügenmärchen *nt*
affabuler [afabyle] <1> **I.** *vt* erdichten **II.** *vi* träumen, spinnen *fam*
affaiblir [afebliʀ] <8> **I.** *vt* ❶ *a.* POL, MIL schwächen ❷ *(diminuer l'intensité)* dämpfen *bruit* **II.** *vpr* ***s'~*** nachlassen; *vent, personne:* schwächer werden; *sens d'un mot:* sich abschwächen; *autorité, pouvoir:* schwinden; *économie:* geschwächt werden; *monnaie:* fallen
affaiblissement [afeblismɑ̃] *m* Schwächung *f; d'un bruit* Abnahme *f; d'une monnaie* Abschwächung *f; de la conjoncture* Rückgang *m; de l'autorité* Schwund *m; des valeurs morales* Verfall *m; des sens* Verblassen *nt; de l'intérêt* Nachlassen *nt*
affaire [afɛʀ] *f* ❶ *(préoccupation)* Angelegenheit *f;* ***c'est mon/ton ~*** das ist meine/deine Sache; ***ce n'est pas mon/ton ~*** das geht mich/dich nichts an; ***faire son ~ de qc*** sich um etw kümmern ❷ *sans pl (problème)* Sache *f,* Angelegenheit *f;* ***embarquer qn dans une ~*** jdn in eine Sache verwickeln; ***se tirer d'~*** sich aus der Affäre ziehen; ***tirer qn d'~*** jdm aus der Klemme helfen *fam* ❸ *(scandale)* Affäre *f;* ***sale ~*** schmutzige Sache; ***~ de pots-de-vin*** Bestechungsaffäre *f;* ***étouffer une ~*** eine Angelegenheit vertuschen; ***tremper dans une ~*** in eine Sache verwickelt sein ❹ JUR Fall *m;* ***classer une ~*** eine Sache zu den Akten legen; ***plaider une ~*** eine Sache vor Gericht vertreten; ***résoudre une ~*** einen Fall lösen ❺ *(transaction)* Geschäft *nt* ❻ *sans pl (entreprise)* Geschäft *nt,* Betrieb *m* ❼ *pl (commerce)* Geschäft *nt,* Geschäfte *Pl;* ***être dans les ~s*** Geschäftsmann/-frau sein; ***parler ~s*** über das Geschäftliche reden; ***repas/relations d'~s*** Geschäftsessen *nt*/-beziehungen *Pl;* ***rendez-vous d'~s*** geschäftliche Verabredung ❽ *pl* POL Staatsgeschäfte *Pl;* ***~ d'État*** *(a. iron)* Staatsangelegenheit *f;* ***les Affaires***

étrangères die auswärtigen Angelegenheiten; *(ministère)* das Auswärtige Amt ❾ *pl (effets personnels)* ***prendre toutes ses*** ~ all seine Sachen mitnehmen *Pl* ▶ **la belle ~!** was soll's! *fam;* **c'est une ~ classée!** *(fam)* vergessen wir die Sache!; **avoir ~ à qn/qc** es mit jdm/etw zu tun haben; **en voilà une ~!** *(fam)* das ist doch kein Beinbruch!; **hors d'~** außer Gefahr

affairé(e) [afeʀe] *adj* sehr beschäftigt

affairement [afɛʀmɑ̃] *m* Geschäftigkeit *f;* ~ ***exagéré*** Aktivismus *m*

affairer [afeʀe] <1> *vpr* ***s'~*** geschäftig hin und her eilen

affairisme [afeʀism] *m* Geschäftemacherei *f*

affairiste [afeʀist] *mf (péj)* [gewissenloser] Geschäftemacher/[gewissenlose] Geschäftemacherin

affaissement [afɛsmɑ̃] *m* Senkung *f*

affaisser [afese] <1> *vpr* **s'~** ❶ *(baisser de niveau)* sich senken; *poutre:* durchhängen; *colonne vertébrale:* krumm werden ❷ *(s'écrouler) personne:* zusammenbrechen

affaler [afale] <1> *vpr* ***s'~ dans un fauteuil*** sich in einen Sessel fallen lassen; ***être affalé dans un fauteuil*** in einem Sessel zusammengesunken sein

affamé(e) [afame] *adj* hungrig; *population* hungernd

affamer [afame] <1> *vt* ❶ hungern lassen; MIL aushungern *population* ❷ *(donner faim)* hungrig machen

affect [afɛkt] *m* Affekt *m*

affectation [afɛktasjɔ̃] *f* ❶ *sans pl (mise à disposition)* ***l'~ d'une somme à qc*** die Verwendung einer Summe für etw ❷ *(nomination)* Einstellungsbescheid *m;* MIL Einberufungsbescheid *m;* ***l'~ de qn dans une région/un pays*** *(en parlant d'un fonctionnaire)* jds Versetzung *f* in eine Gegend/ein Land ❸ *(manque de naturel)* Affektiertheit *f*

affecté(e) [afɛkte] *adj* ❶ *sentiment* geheuchelt ❷ *personne, style* affektiert; *comportement* unnatürlich

affecter [afɛkte] <1> *vt* ❶ *(feindre)* vortäuschen, heucheln *sentiment, attitude* ❷ *(nommer)* ~ ***qn à un poste*** *(en parlant d'un fonctionnaire)* jdn in eine Position stellen; *(en parlant d'un professeur d'université)* jdn auf einen Lehrstuhl berufen; *(en parlant d'un militaire)* jdm eine Stelle zuteilen; ~ ***qn dans une région*** jdn in einer Gegend einsetzen; *(en parlant d'un militaire)* jdn in eine Gegend abkommandieren ❸ *(émouvoir)* ~ ***qn*** jdm nahegehen ❹ *(concerner)* treffen; *épidémie:* befallen; *événement:* sich auswirken auf *+akk* ❺ *(mettre à disposition)* ~ ***une somme à qc*** eine Summe für etw bereitstellen; ~ ***un bâtiment à qc*** ein Gebäude zu etw gebrauchen

affectif, -ive [afɛktif, -iv] *adj* emotional; *réaction* gefühlsbetont; *valeur* affektiv; ***vie affective*** Gefühlsleben *nt;* ***traumatisme*** ~ seelischer Schock; ***sur le plan*** ~ gefühlsmäßig

affection [afɛksjɔ̃] *f* ❶ *(tendresse)* Zuneigung *f;* ***prendre qn en*** ~ jdn lieb gewinnen ❷ MED Erkrankung *f* ❸ PSYCH Gefühlsregung *f*

affectionné(e) [afɛksjɔne] *adj* wohlgewogen; *(formule de politesse dans une lettre)* ergebene(r); ***votre ami*** ~ Ihr ergebener Freund

affectionner [afɛksjɔne] <1> *vt* bevorzugen, eine Vorliebe haben für

affectivité [afɛktivite] *f sans pl* Emotionalität *f,* Gefühle *Pl*

affectueusement [afɛktɥøzmɑ̃] *adv* liebevoll; ***je vous embrasse*** ~ liebe Grüße [und Küsse]

affectueux, -euse [afɛktɥø, -øz] *adj* liebevoll

afférent(e) [afeʀɑ̃, ɑ̃t] *adj* ADMIN *(form)* zusammenhängend; ***y*** ~ dazugehörig, diesbezüglich

affermage [afɛʀmaʒ] *m* JUR, FIN Verpachtung *f;* ~ ***d'entreprise*** Betriebsverpachtung, Betriebspacht *f*

affermir [afɛʀmiʀ] <8> *vt* ❶ *(consolider)* festigen, stärken, sichern *paix;* ausbauen *pouvoir;* ~ ***son autorité*** seiner Autorität Nachdruck verleihen; ~ ***qn dans son opinion*** jdn in seiner Meinung bestärken ❷ *(poser)* ~ ***la voix*** seiner Stimme einen festen Klang geben

affermissement [afɛʀmismɑ̃] *m* Festigung *f,* Stärkung *f; de l'État* Erstarken *nt*

afféterie [afɛtʀi] *f (littér)* Affektiertheit *f*

affichable [afiʃabl] *adj (sur écran)* darstellbar

affichage [afiʃaʒ] *m* ❶ *sans pl (action de poser des affiches)* Anschlagen *nt;* ~ ***électoral*** Wahlplakate *Pl;* ~ ***publicitaire*** Plakatwerbung *f* ❷ *(moyen de renseigner)* Bekanntmachung *f* durch Aushang; ~ ***des départs*** *(pour les avions)* Anzeigetafel *f* für die Abflüge; *(pour les trains)* Anzeigetafel der [Zug]abfahrtszeiten; ~ ***des prix*** Preisauszeichnung *f* ❸ INFORM Anzeige *f;*

A

~ ***électronique*** elektronische Anzeigetafel; ~ ***à cristaux liquides*** LCD-Anzeige

affiche [afiʃ] *f* ❶ *(feuille imprimée)* Plakat *nt; (poster)* Poster *nt;* ADMIN Aushang *m; (avis officiel)* [amtliche] Bekanntmachung; ~ ***électorale*** Wahlplakat *nt* ❷ *sans pl (programme théâtral)* [Theater]programm *nt; (distribution)* Besetzung *f;* ***être à l'~*** auf dem Spielplan stehen

afficher [afiʃe] <1> **I.** *vt* ❶ *(placarder)* aufhängen, aushängen *résultat d'un examen* ❷ THEAT aufführen ❸ INFORM, TECH anzeigen; *écran:* sichtbar machen; ***être affiché sur l'écran*** auf dem Bildschirm zu sehen sein ❹ *(montrer publiquement)* bekannt geben *opinions politiques* **II.** *vi* ***défense d'~!*** Plakate ankleben verboten! **III.** *vpr (s'exhiber)* ***s'~*** *quelque chose:* angezeigt werden; *personne:* sich zur Schau stellen; ***s'~ avec qn*** sich in aller Öffentlichkeit mit jdm zeigen

affichette [afiʃɛt] *f* kleines Plakat *nt*

afficheur [afiʃœʀ] *m* Plakatkleber *m*

affilé(e) [afile] *adj esprit* scharf

affilée [afile] ▶ d'~ ununterbrochen, ohne Pause

affiler [afile] <1> *vt* schärfen, schleifen *couteau*

affiliation [afiljasjɔ̃] *f* ❶ *(adhésion)* ~ ***à un parti*** Eintritt *m* in eine Partei; ~ ***à une fédération*** Beitritt *m* zu einer Föderation ❷ *(admission)* ~ ***à un parti/club*** Aufnahme *f* in einer Partei/einem Klub; ~ ***à une fédération*** Anschluss *m* an eine Föderation ❸ *(fait d'être membre)* ~ ***à qc*** Mitgliedschaft *f* in etw *dat,* Zugehörigkeit *f* zu etw *dat*

affilié(e) [afilje] **I.** *adj* ***être ~ à un syndicat*** Mitglied *nt* in einer Vereinigung sein; ***être ~ à un parti*** einer Partei angehören; ***être ~ à la Sécurité sociale*** in der gesetzlichen Krankenkasse sein **II.** *m(f)* Mitglied *nt*

affilier [afilje] <1a> *vt* ~ ***qn à une association*** jdn als Mitglied in einer Vereinigung aufnehmen

affiloir [afilwaʀ] *m (pierre)* Wetzstein *m;* ~ ***à couteaux*** Messerschärfer *m*

affinage [afinaʒ] *m d'un fromage* Reife[prozess *m*] *f*

affinement [afinmɑ̃] *m d'un fromage* Reifen *nt*

affiner [afine] <1> **I.** *vt* ❶ *(purifier)* reinigen, raffinieren *métal;* läutern *verre* ❷ *(achever la maturation)* reifen lassen *fromage* ❸ *(rendre plus fin)* ausbilden *odorat, ouïe;* verfeinern *style* **II.** *vpr* ***s'~*** *style, goût:* sich verfeinern; *odorat, ouïe:* sich ausbilden

affinité [afinite] *f* Gemeinsamkeit *f*

affirmatif, -ive [afiʀmatif, -iv] **I.** *adj* ❶ *(opp: négatif)* positiv; *geste, sourire* zustimmend; *ton* bestimmt; ***être ~*** sich sicher sein ❷ LING *proposition* affirmativ **II.** *interj (fam)* ja[wohl]; TELEC positiv

affirmation [afiʀmasjɔ̃] *f* ❶ *(déclaration)* Behauptung *f* ❷ *(opp: négation)* bejahende Aussage; GRAM affirmativer [Aussage]satz *m* ❸ *sans pl (manifestation)* ~ ***de qc*** Bekräftigung *f* einer S.

affirmative [afiʀmativ] *f sans pl* ***répondre par l'~*** bejahen

affirmativement [afiʀmativmɑ̃] *adv* mit ja

affirmer [afiʀme] <1> **I.** *vt* ❶ *(soutenir)* behaupten; ~ ***sur l'honneur que …*** bei seiner/ihrer Ehre [be]schwören, dass … ❷ *(manifester)* beweisen *originalité, autorité;* festigen *position* ❸ *(soutenu: proclamer)* betonen **II.** *vpr* ***s'~*** *autorité, personnalité:* sich festigen; *originalité, talent:* [deutlich] erkennbar werden

affixe [afiks] *m* LING Affix *nt*

affleurement [aflœʀmɑ̃] *m* ARCHIT *d'un sol* Abgleichen *nt*

affleurer [aflœʀe] <1> *vi (a. fig)* zum Vorschein kommen

affliction [afliksjɔ̃] *f* Betrübnis *f*

affligé(e) [afliʒe] *adj* ***être ~ de qn/qc*** unter jdm/etw *akk* leiden

affligeant(e) [afliʒɑ̃, ʒɑ̃t] *adj* traurig, betrüblich

affliger [afliʒe] <2a> **I.** *vt (littér: désoler) nouvelle, événement:* betrüben, bekümmern, traurig machen [*o* stimmen *geh*]; ~ ***qn*** jdm Kummer bereiten **II.** *vpr (littér)* ***je m'afflige de faire cela*** es betrübt [*o* bekümmert] mich, das zu tun

affluence [aflyɑ̃s] *f sans pl* Andrang *m; de visiteurs* Strom *m*

affluent [aflyɑ̃] *m* Zufluss *m*

affluer [aflye] <1> *vi* ❶ *(arriver en grand nombre)* [zusammen]strömen ❷ *(couler en abondance) sang:* strömen ❸ *(apparaître en abondance) argent:* fließen

afflux [afly] *m sans pl de clients* Ansturm *m; de capitaux* Zustrom *m; de produits étrangers* Zufuhr *f;* ~ ***de visiteurs*** Besucherstrom *m*

affolant(e) [afɔlɑ̃, ɑ̃t] *adj* beängstigend, erschreckend; *(fam: incroyable)* verrückt

affolé(e) [afɔle] *adj personne, foule* von panischer Angst ergriffen; *animal* zu Tode erschrocken; ***être ~*** in Panik sein *fam*

affolement [afɔlmɑ̃] *m sans pl* Panik *f*
affoler [afɔle] <1> **I.** *vt (effrayer)* ~ ***qn*** *nouvelle:* jdn sehr erschrecken; *cris, bruit:* jdm Angst einjagen; *(inquiéter)* jdn beunruhigen **II.** *vpr* ***s'~*** in Panik geraten
affranchi(e) [afʀɑ̃ʃi] *adj esclave, serf* freigelassen
affranchir [afʀɑ̃ʃiʀ] <8> *vt* ❶ *(avec des timbres)* frankieren ❷ HIST freilassen *esclave*
affranchissement [afʀɑ̃ʃismɑ̃] *m* ❶ *(action)* Frankieren *nt; (frais de port)* Porto *nt;* ***tarifs d'~*** Postgebühren *Pl* ❷ *d'un pays* Befreiung *f; d'un esclave* Freilassung *f*
affres [afʀ] *f pl* Qualen *Pl*
affrètement [afʀɛtmɑ̃] *m* ❶ *(mise en location)* Vermietung *f,* Verleih *m* ❷ *(prise en location)* Mieten *nt; d'un bateau, avion* Chartern *nt,* Mieten *nt;* ~ ***maritime*** Schiffsbefrachtung *f* ❸ COM *(contrat)* Seefrachtvertrag *m;* ***convention d'~ à temps*** Zeitcharter *m*
affréter [afʀete] <5> *vt* ❶ *(donner en location)* vermieten ❷ *(prendre en location)* mieten
affreusement [afʀøzmɑ̃] *adv* ❶ *(horriblement)* furchtbar; *blessé* sehr ❷ *(extrêmement)* furchtbar; *vexé* zutiefst; *inquiet* äußerst
affreux, -euse [afʀø, -øz] *adj* ❶ *(laid)* furchtbar hässlich ❷ *(horrible)* schrecklich; *mort* grauenvoll ❸ *(désagréable)* furchtbar; *temps* scheußlich
affriolant(e) [afʀijɔlɑ̃, ɑ̃t] *adj* ❶ *robe* erregend ❷ *occupation* verlockend
affrioler [afʀijɔle] <1> *vt* verlocken
affront [afʀɔ̃] *m (soutenu)* Beleidigung *f*
affrontement [afʀɔ̃tmɑ̃] *m* ❶ MIL Auseinandersetzung *f* ❷ POL Konfrontation *f*
affronter [afʀɔ̃te] <1> **I.** *vt* ❶ *a.* SPORT *(combattre)* ~ ***qn*** jdm gegenübertreten ❷ *(faire face à)* konfrontiert werden mit *situation difficile;* gerüstet sein für *hiver* **II.** *vpr* ***s'~*** aufeinandertreffen
affubler [afyble] <1> *vt (péj: habiller)* ~ ***qn de qc*** jdn mit etw ausstaffieren
affût [afy] *m* ❶ CHASSE *(endroit)* Hochsitz *m,* Ansitz *m;* ***chasser à l'~*** auf den Hochsitz gehen ❷ *(attente)* Warten *nt*
affûtage [afytaʒ] *m d'un couteau* Schleifen *nt*
affûter [afyte] <1> *vt* schärfen, anspitzen *crayon*
afghan [afgɑ̃] *m* Afghanisch *nt; v. a.* **allemand**
afghan(e) [afgɑ̃, an] *adj* afghanisch
Afghan(e) [afgɑ̃, an] *m(f)* Afghane *m*/Afghanin *f*
Afghanistan [afganistɑ̃] *m* ***l'~*** Afghanistan *nt*
aficionado [afisjɔnado] *m eines Sports, eines Autors* Fan *m*
afin [afɛ̃] *prép* ~ ***de gagner la course*** um das Rennen zu gewinnen; ~ ***qu'on puisse vous prévenir*** damit wir Ihnen Bescheid geben können

Grammatik und Co.
Nach **afin que** steht immer der Subjonctif:
Recule un peu ta voiture afin que je puisse sortir la mienne du garage. – Fahr dein Auto ein bisschen zurück, damit ich mit meinem aus der Garage fahren kann.

AFNOR [afnɔʀ] *f abr de* **Association Française de Normalisation** *private französische Normierungsinstitution*
a fortiori [afɔʀsjɔʀi] *adv (soutenu)* umso mehr, erst recht; ***il n'aura jamais terminé, ~ si vous ...*** er wird nie zum Ende kommen, vor allem [*o* und erst recht nicht], wenn Sie ...
AFP [aɛfpe] *f abr de* **Agence France Presse** *französische Nachrichtenagentur*
africain(e) [afʀikɛ̃, ɛn] *adj* afrikanisch
Africain(e) [afʀikɛ̃, ɛn] *m(f)* Afrikaner(in) *m(f)*
africanisation [afʀikanizasjɔ̃] *f* Afrikanisierung *f*
afrikaans [afʀikɑ̃s] *m* Afrikaans *nt; v. a.* **allemand**
Afrikan[d]er [afʀikanɛʀ, afʀikɑ̃dɛʀ] *m, f* Afrik[a]ander(in) *m(f)*
afrikans [afʀikɑ̃s] *m* ***l'~*** Afrikaans *nt; v. a.* **allemand**
Afrique [afʀik] *f* ***l'~*** Afrika *nt;* ***l'~ du Sud*** Südafrika; ***l'~ noire*** Schwarzafrika
afro [afʀo] *adj* Afro-
afro-américain(e) [afʀoameʀikɛ̃, ɛn] <afro-américains> *adj* afroamerikanisch
Afro-Américain(e) [afʀoameʀikɛ̃, ɛn] <Afro-Américains> *m(f)* Afroamerikaner(in) *m(f)*
after-shave [aftɛʀʃɛv] *m inv* Aftershave *nt*
afterwork [aftœʀwœʀk] *m [****soirée****]* ~ After-Work-Party *f,* Afterworkparty *f*
AG [aʒe] *f (fam) abr de* **assemblée générale** Hauptversammlung *f,* Generalversammlung

A

agaçant(e) [agasɑ̃, ɑ̃t] *adj* äußerst ärgerlich

agacement [agasmɑ̃] *m* Ärger *m*

agacer [agase] <2> *vt* ❶ *(énerver)* **~ qn** jdm auf die Nerven gehen *fam* ❷ *(taquiner)* ärgern

agaceries [agasʀi] *fpl* Avancen *Pl*

agate [agat] *f* ❶ *(minéral)* Achat *m* ❷ *(verre) achatähnlich marmoriertes Glas*

agave [agav] *m* BOT Agave *f*

âge [ɑʒ] *m* ❶ *(temps de vie)* Alter *nt;* ***arriver à l'~ adulte*** erwachsen werden; **~ *mental*** geistige Reife; ***avoir l'~ de faire qc*** alt genug sein etw zu tun; ***faire plus vieux que son ~*** älter aussehen, als man ist; ***elle a passé l'~ de voyager*** sie ist zu alt zum [Ver]reisen; ***prendre de l'~*** älter werden; ***à l'~ de 8 ans*** im Alter von 8 Jahren; ***quel ~ as-tu/a-t-il?*** wie alt bist du/ist er? ❷ *(ère)* Zeitalter *nt;* **~ *de la pierre*** Steinzeit *f* ▶ **le troisième ~** *(la vieillesse)* das Pensionsalter; *(les personnes)* die Senioren; **~ de la retraite** Pensionsalter *nt*

âgé(e) [ɑʒe] *adj* alt; ***les personnes ~es*** die alten Leute; ***être ~ de 10 ans*** 10 Jahre alt sein; ***avoir trois enfants ~s de 10, 7 et 2 ans*** drei Kinder im Alter von 10, 7 und 2 Jahren haben

agence [aʒɑ̃s] *f* ❶ *(succursale bancaire)* [Bank]niederlassung *f* ❷ *(représentation commerciale)* [Handels]vertretung *f; (pour les services)* Geschäftsstelle *f;* **~ *de presse*** Presseagentur *f;* **~ *de publicité*** Werbeagentur *f;* **~ *de pub*** eine Werbeagentur; **~ *de voyages*** Reisebüro *nt* ❸ *(bureau de placement)* Vermittlungsbüro *nt; (pour les photos, les voyages)* Agentur *f;* **~ *de mannequins*** Modelagentur ❹ *(organisme administratif)* ***l'Agence nationale pour l'emploi*** Arbeitsamt *nt,* ≈ Bundesanstalt *f* für Arbeit

agencement [aʒɑ̃smɑ̃] *m* ❶ *d'éléments* Zusammenfügen *nt,* Zusammensetzen *nt; de faits* Aneinanderreihung *f* ❷ LITTER *d'un roman, d'une phrase* Aufbau *m*

agencer [aʒɑ̃se] <2> **I.** *vt* ❶ *(ordonner)* zusammensetzen, zusammenfügen *éléments* ❷ *(structurer, combiner)* [auf]bauen, konstruieren *phrase;* aufbauen *roman;* aneinanderreihen *mots;* [aufeinander] abstimmen *couleurs* ❸ *(aménager)* aufteilen, einrichten *local;* ***être bien agencé*** gut angelegt sein ❹ *(équiper)* einrichten *cuisine* **II.** *vpr* ***s'~*** *pièces d'un puzzle:* zusammenpassen; *mots:* sich zusammensetzen

agenda [aʒɛ̃da] *m* [Taschen]kalender *m;* **~ *de bureau*** Terminkalender *m;* **~ *électronique*** Organizer *m*

agenouillement [aʒ(ə)nujmɑ̃] *m* Niederknien *nt*

agenouiller [aʒ(ə)nuje] <1> *vpr* ***s'~*** sich hinknien; *(pour prier)* niederknien; ***être agenouillé sur qc*** auf etw *dat* knien

agent [aʒɑ̃] *m* ❶ *(policier)* Polizist(in) *m(f);* **~ *de la circulation*** Verkehrspolizist; **~ *de la force publique*** Polizeibeamte(r) *m/*-beamtin *f;* **~ *de police*** Polizist ❷ *(représentant)* Vertreter(in) *m(f);* **~ *commercial*** Handelsvertreter; **~ *immobilier*** [Immobilien]makler(in) *m(f);* **~ *du littoral*** *Spezialist(in) für den [ökologischen] Küstenschutz;* **~ *technique*** Techniker(in) *m(f);* **~ *d'assurances*** Versicherungsvertreter ❸ ART, LITTER **~ *artistique*** Agent(in) *m(f)* ❹ *(espion)* Agent(in) *m(f);* **~ *secret*** Geheimagent ❺ ADMIN Bedienstete(r) *f(m);* **~ *administratif*** Verwaltungsangestellte(r) *f(m)* ❻ CHIM [Wirk]stoff *m*

agente [aʒɑ̃t] *f* Agentin *f,* Spionin *f*

agglomérat [aglɔmeʀa] *m* ❶ Ansammlung *f* ❷ GEOL Agglomerat *nt*

agglomération [aglɔmeʀasjɔ̃] *f* ❶ *(localité)* Ortschaft *f,* [An]siedlung *f* ❷ *(zone urbaine)* Ballungsraum *m,* Agglomeration *f* CH ❸ *(ville et banlieue)* Großraum *m* ❹ *de matériaux* Agglomeration *f,* Verdichten *nt*

aggloméré [aglɔmeʀe] *m* ARCHIT Pressstoff *m,* Pressmasse *f; (bois)* Pressholz *nt; (briquette)* Pressling *m,* Brikett *nt;* **~ *de béton*** Betonformstein *m*

agglomérer [aglɔmeʀe] <5> *vt* ❶ anhäufen *neige, sable* ❷ TECH pressen *bois*

agglutinant(e) [aglytinɑ̃, ɑ̃t] *adj cellule, bactérie, langue* agglutinierend

agglutination [aglytinasjɔ̃] *f* MED, LING Agglutination *f; des cellules, hématies* Verklumpung *f*

agglutiner [aglytine] <1> **I.** *vt* ❶ *(agglomérer)* zusammenkleben *matériaux* ❷ *(rassembler)* ***des gens sont agglutinés sur la place*** auf dem Platz haben sich Leute angesammelt **II.** *vpr* ❶ *(s'agglomérer)* ***s'~*** *globules, molécules:* verklumpen ❷ *(se rassembler)* ***s'~ sur une place*** sich auf einem Platz sammeln

aggravant(e) [agʀavɑ̃, ɑ̃t] *adj* erschwerend

aggravation [agʀavasjɔ̃] *f d'une crise* Zuspitzung *f; d'une situation* Verschlechterung *f; du chômage* Zunahme *f*

aggraver [agʀave] <1> **I.** *vt* ❶ *(faire empirer)* verschlimmern, erschweren *situation;*

verschärfen *crise;* vergrößern *difficultés;* ansteigen lassen *chômage* ❷ *(renforcer)* vergrößern *peine;* ***cela aggrave le mécontentement*** das steigert die Unzufriedenheit **II.** *vpr* ***s'~*** schlimmer werden; *pollution:* zunehmen; *conflit:* sich zuspitzen; *conditions sociales:* schlechter werden; *difficultés:* größer werden; *chômage:* ansteigen

agile [aʒil] *adj* geschickt

agilement [aʒilmɑ̃] *adv* agil

agilité [aʒilite] *f sans pl* ❶ *(aisance)* Beweglichkeit *f* ❷ *(fig) de l'esprit* Regheit *f*

agio [aʒjo] *m* FIN Überziehungszinsen *Pl*

à giorno [adʒɔʀno, aʒjɔʀno] taghell; ***le couloir est éclairé ~*** der Flur ist taghell erleuchtet

agir [aʒiʀ] <8> **I.** *vi* ❶ *(faire, être actif)* handeln; ***~ bien*** sich gut verhalten ❷ *(exercer une influence)* ***~ sur qn/qc*** jdn/etw beeinflussen ❸ *(opérer) médicament, poison:* wirken **II.** *vpr impers* ❶ *(il est question de)* ***il s'agit de qn/qc*** es handelt sich um jdn/etw; ***de quoi s'agit-il?*** worum handelt es sich? ❷ *(il faut)* ***il s'agit de faire qc*** es geht darum etw zu tun

agissant(e) [aʒisɑ̃, ɑ̃t] *adj personne* aktiv; *foi* tätig; *médicament* wirksam

agissements [aʒismɑ̃] *mpl (péj)* ❶ *(machinations)* Machenschaften *Pl* ❷ *(menées)* Umtriebe *Pl*

agitateur, -trice [aʒitatœʀ, -tʀis] *m, f* Agitator(in) *m(f)*

agitation [aʒitasjɔ̃] *f* ❶ *(animation)* geschäftiges Treiben ❷ *(excitation)* Aufregung *f* ❸ *(troubles)* Unruhe *f* ❹ *(mécontentement)* Unzufriedenheit *f*

agité(e) [aʒite] *adj* ❶ *(animé de mouvements)* bewegt ❷ *(nerveux)* unruhig ❸ *(excité)* aufgeregt ❹ *(troublé)* unsicher; *époque* bewegt

agiter [aʒite] <1> **I.** *vt (secouer)* schwenken *drapeau;* schütteln *bouteille;* ***~ son mouchoir*** mit dem Taschentuch winken; ***~ la main*** winken **II.** *vpr* **s'~** ❶ *(bouger)* sich bewegen ❷ *(s'exciter)* sich aufregen ❸ *(s'énerver)* unruhig sein/werden ❹ *(s'affairer)* [geschäftig] hin und her eilen; ***arrête de t'~ comme ça!*** hör auf so herumzurennen!

agneau, agnelle [aɲo, aɲɛl] <x> **I.** *m, f* Lamm *nt* **II.** *m, f (viande)* Lammfleisch *nt*

agnelet [aɲ(ə)lɛ] *m* Lämmchen *nt*

agnosticisme [agnɔstisism] *m* Agnostizismus *m*

agnostique [agnɔstik] **I.** *adj* agnostizistisch **II.** *mf* Agnostiker(in) *m(f)*

agonie [agɔni] *f* Todeskampf *m*

agonir [agɔniʀ] <8> *vt* beschimpfen

agonisant(e) [agɔnizɑ̃, ɑ̃t] *adj* ❶ sterbend; ***être ~(e)*** im Sterben liegen ❷ *(fig) régime* dem Untergang geweiht *geh*

agoniser [agɔnize] <1> *vi* im Sterben liegen

agoraphobie [agɔʀafɔbi] *f* Platzangst *f*

agrafage [agʀafaʒ] *m* ❶ *de feuilles* Zusammenheften *nt* ❷ MED Klammern *nt*

agrafe [agʀaf] *f* ❶ COUT Haken *m* ❷ *(pour papiers)* Heftklammer *f* ❸ MED Klammer *f*

agrafer [agʀafe] <1> *vt* ❶ *(attacher)* zusammenheften *feuilles* ❷ *(fermer)* ***~ une jupe*** einen Rock zuhaken

agrafeuse [agʀaføz] *f* ❶ *(pour papiers)* Heftgerät *nt* ❷ *(pour clouer)* Tacker *m*

agraire [agʀɛʀ] *adj* ***politique ~*** Agrarpolitik *f;* ***réforme ~*** Bodenreform *f*

agrandir [agʀɑ̃diʀ] <8> **I.** *vt* ❶ *(rendre plus grand)* größer machen ❷ *(rendre plus large)* erweitern ❸ *(développer)* vergrößern *entreprise* ❹ PHOT vergrößern **II.** *vpr* **s'~** ❶ *(se creuser, s'élargir)* größer werden; *passage:* breiter werden; *écart:* sich vergrößern ❷ *(se développer) entreprise:* sich vergrößern; *ville:* sich ausdehnen ❸ *(devenir plus nombreux) famille:* Zuwachs bekommen ❹ *(fam: se loger plus spacieusement)* sich vergrößern

agrandissement [agʀɑ̃dismɑ̃] *m* ❶ *(élargissement)* Vergrößerung *f* ❷ *(action d'agrandir)* Vergrößern *nt* ❸ *(résultat)* Vergrößerung *f*

agrandisseur [agʀɑ̃disœʀ] *m* Vergrößerungsapparat *m*

agréable [agʀeabl] *adj* ❶ *personne* sympathisch; ***il est ~ à vivre*** er ist umgänglich ❷ *(qui plaît, agrée)* angenehm; *situation* erfreulich; *sourire* gewinnend

agréablement [agʀeabləmɑ̃] *adv* angenehm

agréé(e) [agʀee] *adj expert* zugelassen

agréer [agʀee] <1> *vt (soutenu)* annehmen *remerciements;* ***veuillez ~, Madame/Monsieur, mes salutations distinguées*** ≈ mit freundlichen Grüßen

agrégat [agʀega] *m* GEOL Aggregat *nt*

agrégation [agʀegasjɔ̃] *f Staatsprüfung für Gymnasiallehrer*

agrégé(e) [agʀeʒe] **I.** *adj* ***être ~*** die „Agrégation" haben **II.** *m(f)* ❶ *(au lycée)* Gymnasiallehrer(in) *m(f)* mit „Agrégation" ❷ *(à l'université)* Dozent(in) *m(f)* mit „Agrégation"

agréger [agʀeʒe] <2a> *vt* ❶ MINER sich verfestigen ❷ *(admettre dans un corps [d'Etat])* aufnehmen *Person*

agrément [agʀemɑ̃] *m (approbation)* Zustimmung *f*

agrémenter [agʀemɑ̃te] <1> *vt* verschönern *pièce*

agrès [agʀɛ] *mpl* SPORT [Turn]geräte *Pl*

agresser [agʀese] <1> **I.** *vt* ❶ *(attaquer)* überfallen; ***se faire*** ~ überfallen werden ❷ *(insulter)* angreifen ❸ *(irriter)* belästigen ❹ *(menacer)* bedrohen **II.** *vi couleur:* aggressiv sein/wirken; *style:* provozieren

agresseur, -euse [agʀɛsœʀ, -øz] **I.** *m, f* ❶ *(personne)* Angreifer(in) *m(f)* ❷ *(État)* Aggressor *m* **II.** *app* ***État/pays*** ~ Aggressor *m*

agressif, -ive [agʀesif, -iv] *adj personne, comportement* aggressiv; *couleur* grell

agression [agʀesjɔ̃] *f* ❶ *(attaque, coups)* Überfall *m;* ***être victime d'une*** ~ überfallen werden; ~ ***verbale*** Beleidigung *f* ❷ *(nuisance)* ~ ***sonore*** Lärmbelästigung *f* ❸ MIL ***acte d'~*** Angriff *m*

agressivité [agʀesivite] *f* Aggressivität *f*

agricole [agʀikɔl] *adj* landwirtschaftlich; ***ouvrier*** ~ Landarbeiter *m;* ***machine*** ~ Landmaschine *f;* ***région*** ~ Agrarregion *f;* ***ingénieur*** ~ Diplomlandwirt(in) *m(f)*

agriculteur, -trice [agʀikyltœʀ, -tʀis] *m, f* Landwirt(in) *m(f)*

agriculture [agʀikyltyʀ] *f* Landwirtschaft *f*

agripper [agʀipe] <1> **I.** *vt* packen **II.** *vpr* ***s'~ à qn/qc*** sich an jdn/etw klammern

agrisylviculture [agʀisilvikyltyʀ] *f* Land- und Forstwirtschaft *f*

agroalimentaire [agʀoalimɑ̃tɛʀ] **I.** *adj* ***société*** ~ Nahrungsmittelfirma *f;* ***industrie*** ~ Nahrungsgüterindustrie *f* **II.** *m* Lebensmittelsektor *m*

agronome [agʀɔnɔm] *adj* ***ingénieur*** ~ Diplomlandwirt(in) *m(f)*

agronomie [agʀɔnɔmi] *f* Agrarwissenschaft *f*

agrotourisme [agʀotuʀism] *m* Agrotourismus *m*

agrume [agʀym] *m* Zitrusfrucht *f*

aguerrir [ageʀiʀ] <8> *vt* ~ ***au froid*** gegen Kälte abhärten

aguets [agɛ] ***être aux*** ~ auf der Lauer liegen

aguichant(e) [agiʃɑ̃, ɑ̃t] *adj* aufreizend

aguicher [agiʃe] <1> *vt* aufreizen

aguicheur, -euse [agiʃœʀ, -øz] *m, f* Verführer(in) *m(f)*

ah ['ɑ] *interj* ❶ *(de joie, d'admiration)* ~***!*** ah! ❷ *(de sympathie, de déception)* ~***!*** ach! ❸ *(iron)* ~ ~***!*** ach ja? ❹ *(rire)* ~***!*** ~***!*** haha! ❺ *interrog (étonnement)* ~***?*** ach ja? ▶ ~ **bon** *(résignation)* na ja; *(polémique)* aha; *(étonnement)* ach ja; ~ **non** ach nein; ~ ***non alors!*** o nein!; ~ **oui** *(confirmation)* doch, doch; *(polémique)* soso; *(évidence)* ach ja!; *(compréhension)* ach ja; ~ ***oui, je vois...*** Ach ja, ich verstehe

ahuri(e) [ayʀi] **I.** *adj* ❶ *(stupéfait)* verblüfft ❷ *(stupide)* begriffsstutzig **II.** *m(f) (péj fam)* Blödmann *m*

ahurir [ayʀiʀ] <8> *vt* verblüffen

ahurissant(e) [ayʀisɑ̃, ɑ̃t] *adj* ❶ *(stupéfiant)* verblüffend ❷ *(scandaleux)* unverschämt

ahurissement [ayʀismɑ̃] *m* Verblüffung *f*

ai [e] *indic prés de* **avoir**

aide [ɛd] *f* ❶ *(assistance)* Hilfe *f;* ~ ***médicale*** medizinische Versorgung; ***à l'~!*** [zu] Hilfe!; ***appeler à l'~*** um Hilfe rufen; ***appeler qn à l'~*** jdn zu Hilfe rufen; ***demander de l'~*** um Hilfe bitten ❷ *(fig)* ***à l'~ d'un couteau*** mithilfe eines Messers ❸ *(secours financier)* [finanzielle] Unterstützung; ~ ***sociale*** Sozialhilfe *f* ❹ TECH, AUT ***système d'~ au stationnement*** Einparkhilfe *f* ❺ *(aidant)* Aushilfe *f;* ~ ***familiale*** Haushalt[s]hilfe *f;* ~ ***maternelle*** Tagesmutter *f*

aide-comptable [ɛdkɔ̃tabl] <aides-comptables> *mf* Buchhaltungsgehilfe *m/* -gehilfin *f* **aide-mémoire** [ɛdmemwaʀ] *m inv* ❶ *(mémento)* kurzer Abriss ❷ *(feuille)* Merkzettel *m* **aide-ménagère** [ɛdmenaʒɛʀ] <aides-ménagères> *f* Haushaltshilfe *f*

aider [ede] <1> **I.** *vt* ❶ *(seconder)* ~ ***qn*** jdm helfen ❷ *(donner de l'argent)* ~ ***qn*** jdn [finanziell] unterstützen ❸ *(prêter assistance)* beistehen *+dat* **II.** *vi* ❶ *(être utile) personne:* [mit]helfen; *conseil:* erleichtern ❷ *(contribuer)* ~ ***à qc*** etw fördern; ***le temps aidant*** mit der Zeit **III.** *vpr* ❶ *(utiliser)* ***s'~ de qc*** etw zu Hilfe nehmen ❷ *(s'entraider)* ***s'~*** sich *dat* [gegenseitig] helfen

aide-soignant(e) [ɛdswaɲɑ̃, ɑ̃t] <aides-soignants> *m(f)* Pflegehelfer(in) *m(f)*

aie [ɛ] *subj prés de* **avoir**

aïe [aj] *interj* ❶ *(douleur)* ~***!*** au! ❷ *(problème, imprévu)* ~***!*** oje! ▶ ~ ~ ~***!*** *(fam)* auwei[a]!

aïeul(e) [ajœl] *m(f)* Ahn *m/* Ahne *f*

aïeux [ajø] *fpl (littér)* Ahnen *Pl geh,* Ureltern *Pl veraltet*

aigle [ɛgl] **I.** *mf* ZOOL Adler *m/* Adlerweibchen *f* **II.** *f* MIL Adler *m*

aiglefin [eglәfɛ̃] *m* Schellfisch *m*
aiglon(ne) [ɛglɔ̃, ɔn] *m(f)* ZOOL Adlerjunge(s) *nt*
aigre [ɛgʀ] *adj* ① *(acide)* sauer; *odeur* säuerlich ② *lait* sauer ③ *son* schrill ④ *critique, ton* scharf ⑤ *froid, vent* schneidend
aigre-doux, aigre-douce [ɛgʀәdu, ɛgʀәdus] <aigres-doux> *adj* süß-sauer
aigrefin [ɛgʀәfɛ̃] *m* Betrüger *m,* Gauner *m*
aigrelet(te) [ɛgʀәlɛ, ɛt] *adj* säuerlich
aigrement [ɛgʀәmɑ̃] *adv* bissig
aigrette [ɛgʀɛt] *f* ① *(oiseau)* Silberreiher *m* ② *(plumes)* Federbusch *m*
aigreur [ɛgʀœʀ] *f* ① *(acidité)* Säure *f* ② *(saveur aigre)* saurer Geschmack
aigri(e) [egʀi] *adj* verbittert
aigrir [egʀiʀ] <8> **I.** *vt* ~ ***le caractère de qn*** jdn verbittern **II.** *vpr* **s'~** ① *(devenir acide) lait, vin:* sauer werden ② *(devenir amer) personne:* verbittern
aigu, aiguë [egy] **I.** *adj* ① *(pointu)* spitz; *pointe* scharf ② *(coupant)* scharf ③ *voix* schrill; *note* hoch ④ *intelligence, perception* scharf ⑤ *(violent)* heftig; *(pénétrant)* stechend; ***avoir un sens ~ de qc*** einen ausgeprägten Sinn für etw haben ⑥ *crise* akut **II.** *m, fpl* ***~s*** hohe Töne *Pl,* Höhen *Pl*
aigue-marine [ɛgmaʀin] <aigues-marines> *f* Aquamarin *m*
aiguière [egjɛʀ] *f* HIST Wasserkanne *f*
aiguillage [egɥijaʒ] *m* ① *(dispositif)* Weiche *f* ② *(manœuvre)* Weichenstellen *nt* ③ *(orientation)* Weiterleitung *f*
aiguille [egɥij] *f* ① COUT Nadel *f;* ~ ***à coudre/tricoter*** Näh-/Stricknadel ② *d'une montre* Zeiger *m; d'une boussole* Nadel *f;* ~ ***de pin*** Kiefernnadel ③ MED *d'une seringue* [Injektions]nadel *f; de l'acupuncteur* Nadel *f* ④ GEOG [spitzer Berg]gipfel ⑤ ARCHIT [Turm]spitze *f* ⑥ *(aiguillage)* Weiche *f*

> **Aussprache**
> Normalerweise bleibt das -u- nach einem -g- stumm, bei **aiguille** und verwandten Wörtern wird es aber [ɥ] wie in *huit* gesprochen.

aiguillée [egɥije] *f* Nähfaden *m*
aiguiller [egɥije] <1> *vt* ① CHEMDFER umsetzen ② *(orienter)* ***mal ~ qn*** jdn in die falsche Richtung schicken; ~ ***qn vers/sur qc*** jdn zu etw hinführen
aiguillette [egɥijɛt] *f* GASTR *de canard* Filet *nt*
aiguilleur, -euse [egɥijœʀ, -øz] *m, f* Stellwerksleiter(in) *m(f)*
aiguillon [egɥijɔ̃] *m d'une abeille, guêpe* Stachel *m*
aiguillonner [egɥijɔne] <1> *vt* [mit dem Treibstock] antreiben
aiguiser [egize] <1> *vt* ① *(affiler)* schärfen *outil;* schleifen *couteau* ② *(stimuler)* anregen *appétit, sens;* verstärken *désir, sentiment;* schärfen *ouïe, toucher* ③ *(affiner)* schärfen *intelligence*
aïkido [aikido] *m* Aikido *nt*
ail [aj] *m* Knoblauch *m*

> **Aussprache**
> Bei **ail** wird das -ai- nicht als offenes e artikuliert, sondern als [aj] wie in *travail*. Das -l bleibt entgegen der Regel stumm.

aile [ɛl] *f* ① *(organe)* Flügel *m* ② *d'un véhicule* Kotflügel *m; d'un avion, aéronef* Tragfläche *f* ③ ARCHIT [Seiten]flügel *m* ④ POL ~ ***gauche/droite*** linker/rechter Flügel ▶ **voler de ses <u>propres</u> ~s** auf eigenen Füßen stehen
ailé(e) [ele] *adj* geflügelt *fig;* ***démarche ~e*** leichter Gang
aileron [ɛlʀɔ̃] *m* ① ANAT *de l'oiseau* Flügelspitze *f; du requin* [Rücken]flosse *f* ② GASTR *de dinde* Flügelstück *nt; de requin* Flosse *f* ③ AVIAT *d'un avion, aéronef* Querruder *nt* ④ AUT Heckflosse *f* ⑤ NAUT Hilfsruder *nt*
ailier [elje] *m* Flügelstürmer(in) *m(f);* ~ ***droit*** Rechtsaußen *m*
aille [aj] *subj prés de* **aller**
ailler [aje] <1> *vt* mit Knoblauch einreiben
ailleurs [ajœʀ] *adv* ① *(autre part)* woanders; ***regarder*** ~ woandershin schauen; ***nulle part*** ~ nirgendwo anders; ***partout*** ~ überall sonst ② *en loc adv* **d'~, ...** übrigens; ***par*** ~ *(sinon)* sonst; *(en outre)* außerdem ▶ **<u>être</u> ~** geistesabwesend sein; **va <u>voir</u> ~ si j'y suis** *(fam)* du kannst mich mal
ailloli [ajɔli] *m* Knoblauchmayonnaise *f*
aimable [ɛmabl] *adj* ① *(attentionné)* zuvorkommend; ***trop ~!*** *(iron)* tausend Dank! *fam* ② *(agréable, souriant)* nett
aimablement [ɛmabləmɑ̃] *adv* ① *(avec politesse)* höflich ② *(avec cordialité)* freundlich
aimant [ɛmɑ̃] *m* Magnet *m* ▶ **<u>attirer</u> qn comme un ~** auf jdn wie ein Magnet wirken
aimantation [ɛmɑ̃tasjɔ̃] *f* ① *(dans un*

A

champ magnétique) Anziehungskraft *f* ❷ *d'un morceau en fer, d'une aiguille de compas* Magnetisierung *f*

aimanter [ɛmɑ̃te] <1> *vt* magnetisieren; ***corps aimanté*** Magnet *m*

aimer [eme] <1> **I.** *vi (apprécier)* ***tu aimes?*** gefällt es dir?; ***moi, j'aime*** mir gefällt's **II.** *vt* ❶ *(éprouver de l'amour)* lieben; ***je t'aime*** ich liebe dich ❷ *(éprouver de l'affection)* [gern] mögen ❸ *(apprécier)* mögen ❹ *(prendre plaisir à)* lieben *nature;* ***bien*** ~ [*o* ~ ***assez***] ***qc*** etw mögen ❺ *(trouver bon)* mögen, gern essen *nourriture;* gern trinken *boisson* ❻ *(désirer, souhaiter)* ***j'aimerais faire qc*** ich würde gern etw tun ❼ *(préférer)* ~ ***autant*** [*o* ***mieux***] ***qc*** etw lieber mögen; ***j'aimerais mieux du fromage*** ich hätte lieber [etwas] Käse; ***ah bon! j'aime autant cela!*** aha! [das ist] schon besser!; ***j'aime mieux le football que le tennis*** mir gefällt Fußball besser als Tennis; ***j'aime autant m'en aller*** ich gehe lieber weg; ***j'aimerais mieux que*** +*subj* mir wäre es lieber, wenn **III.** *vpr* ❶ *(d'amour)* ***s'***~ sich lieben ❷ *(d'amitié)* ***s'***~ sich mögen ❸ *(se plaire)* ***s'***~ ***dans une robe*** sich *dat* in einem Kleid gefallen

aine [ɛn] *f* ANAT Leiste *f*

aîné(e) [ene] **I.** *adj* ❶ *(plus âgé de deux)* ältere(r, s) ❷ *(plus âgé de plusieurs)* älteste(r, s) ❸ *(premier-né)* älteste(r, s) **II.** *m(f)* ❶ *(plus âgé de deux)* Ältere(r, s) ❷ *(plus âgé parmi plusieurs)* Älteste(r, s); ***elle est mon ~e de 3 ans*** sie ist 3 Jahre älter als ich ❸ *(premier-né)* Älteste(r) *f(m)* **III.** *m(f) pl* CAN ***les ~s*** *(le troisième âge)* die Senioren *Pl*

ainsi [ɛ̃si] *adv* ❶ *(de cette manière)* so; ***c'est mieux*** ~ so ist es besser; ***et*** ~ ***de suite*** und so weiter; ***pour*** ~ ***dire*** sozusagen ❷ REL ~ ***soit-il!*** amen! ❸ *(par exemple)* so [zum Beispiel] ► ~ **donc** dann ... also; ~ **que** *(comparaison)* [so] wie; *(énumération)* und [auch]

air[1] [ɛʀ] *m* ❶ *sans pl (gaz)* Luft *f;* ~ ***conditionné*** Klimaanlage *f;* ***en plein*** ~ im Freien ❷ *sans pl (brise)* Lüftchen *nt* ❸ *pl (ciel)* ***les ~s*** Luft *f* ❹ AVIAT Luft *f* ❺ *(haut)* ***les mains en l'~!*** Hände hoch! ❻ *(atmosphère, ambiance)* ***être dans l'***~ in der Luft liegen; ***avoir besoin de changer d'***~ einen Klimawechsel brauchen ► **être libre comme l'**~ frei wie ein Vogel in der Luft sein; **des paroles en l'**~ leere Worte

air[2] [ɛʀ] *m* ❶ *(allure)* Aussehen *nt;* ***avoir l'~ distingué/d'une reine*** vornehm/wie eine Königin aussehen ❷ *(ressemblance)* ***un faux ~ de qn*** eine entfernte Ähnlichkeit mit jdm *dat* ❸ *(expression)* Miene *f;* ***d'un ~ décidé*** mit Entschiedenheit ❹ *(apparence)* ***avoir l'~ [d'être] triste*** einen traurigen Eindruck machen; ***le gâteau a l'~ délicieux*** der Kuchen sieht appetitlich aus; ***cette proposition m'a l'~ idiote*** dieser Vorschlag kommt mir dumm vor; ***ça m'en a tout l'***~ es sieht mir ganz danach aus; ***il a l'~ de faire froid*** es scheint kalt zu werden ► **sans en avoir l'**~ obwohl man es [gar] nicht vermuten würde; **prendre de grands ~s** sich aufspielen; **de quoi ai/aurais-je l'~?** wie stehe/stünde ich denn da?

air[3] [ɛʀ] *m* ❶ *(mélodie)* Melodie *f;* ~ ***populaire*** Volksweise *f* ❷ *(aria)* Arie *f* ❸ *(péj: discours)* Leier *f fam*

airain [ɛʀɛ̃] *m (vieilli littér)* Bronze *f*

airbag® [ɛʀbag] *m* Airbag *m;* ~ ***latéral*** Seiten-Airbag

airbus® [ɛʀbys] *m* Airbus *m*

aire [ɛʀ] *f* ❶ *(emplacement)* Platz *m;* ~ ***de jeux*** Spielplatz *m (an Autobahnrastplätzen);* ~ ***de repos*** Rastplatz *m* ❷ *(domaine)* ~ ***d'influence*** Einflussbereich *m* ❸ ANAT Bereich *m* ❹ MATH Flächeninhalt *m* ❺ *(nid)* Horst *m*

airelle [ɛʀɛl] *f* BOT Heidelbeere *f,* Blaubeere *f*

aisance [ɛzɑ̃s] *f* ❶ *(richesse)* Wohlstand *m* ❷ *(facilité, naturel)* Leichtigkeit *f*

aise [ɛz] *f* ***se sentir à l'***~ sich wohl fühlen; ***se mettre à l'***~ *(s'installer confortablement)* es sich *dat* bequem machen; *(enlever sa veste)* ablegen ► **prendre ses ~s** ganz ungeniert sein; *(iron)* sich ganz wie zu Hause fühlen

aisé(e) [eze] *adj* ❶ *(soutenu: facile)* einfach ❷ *(fortuné)* wohlhabend ❸ *style* flüssig; *ton* ungezwungen

aisément [ezemɑ̃] *adv (sans peine)* ohne Weiteres

aisselle [ɛsɛl] *f* Achselhöhle *f*

Aix-la-Chapelle [ɛkslaʃapɛl] Aachen *nt*

ajonc [aʒɔ̃] *m* Stechginster *m*

ajouré(e) [aʒuʀe] *adj* durchbrochen

ajournement [aʒuʀnəmɑ̃] *m d'un examen, d'une élection* Verschiebung *f*

ajourner [aʒuʀne] <1> *vt* verschieben *voyage, rendez-vous;* aufschieben *décision*

ajout [aʒu] *m* Zusatz *m*

ajouter [aʒute] <1> **I.** *vt* ❶ *(mettre en plus)* hinzufügen; ***ajoute deux assiettes!*** stell noch zwei Teller auf den Tisch! ❷ *(additionner)* ~ ***qc à qc*** etw zu etw dazurechnen ❸ *(dire en plus)* hinzufügen; ***sans*** ~

un mot ohne ein weiteres Wort; ***je n'ai rien à ~*** dem habe ich nichts hinzuzufügen **II.** *vpr* ***s'~ à qc*** zu etw [noch] hinzukommen
ajustage [aʒystaʒ] *m* Justierung *f*
ajusté(e) [aʒyste] *adj vêtement* tailliert
ajustement [aʒystəmɑ̃] *m* ❶ *d'un texte* [Ab]änderung *f; d'une jupe* Änderung ❷ TECH Passung *f* ❸ ECON Anpassung *f*
ajuster [aʒyste] <1> **I.** *vt* ❶ *(régler, adapter)* passend machen; TECH anpassen, richtig einstellen *ceinture de sécurité* ❷ *(viser)* zielen auf *+akk* **II.** *vpr* ❶ *(s'emboîter)* ***s'~ sur qc*** auf etw *akk* passen ❷ *(s'adapter)* ***s'~ à qc*** für etw passend sein
ajusteur, -euse [aʒystœʀ, -øz] *m, f* Einrichter(in) *m(f)*
alaise *v.* **alèse**
alambic [alɑ̃bik] *m* Destillierkolben *m*
alambiqué(e) [alɑ̃bike] *adj discours* kompliziert
alangui(e) [alɑ̃gi] **I.** *part passé de* **alanguir II.** *adj pose* ermattet; *attitude, air* träge
alanguir [alɑ̃giʀ] <8> **I.** *vt (soutenu)* ❶ *(affaiblir)* ermatten *geh* ❷ *(amollir)* träge werden lassen **II.** *vpr* ***s'~*** träge werden, schwach [*o* kraftlos] werden
alarmant(e) [alaʀmɑ̃, ɑ̃t] *adj* alarmierend
alarme [alaʀm] *f* ❶ *(signal)* Alarm *m;* ***donner*** [*o* ***sonner***] ***l'~*** Alarm auslösen *a. fig;* ***c'est une fausse ~*** das ist blinder Alarm ❷ *(dispositif)* Alarmanlage *f* ❸ *(trouble, agitation)* Aufregung *f*
alarmer [alaʀme] <1> **I.** *vt* alarmieren **II.** *vpr* ***s'~ de qc*** sich wegen etw ängstigen
alarmisme [alaʀmism] *m* Angstmacherei *f pej,* Panikmache *f pej*
alarmiste [alaʀmist] *adj* dramatisierend
Alaska [alaska] *m* ***l'Alaska*** Alaska
albanais [albanɛ] *m* Albanisch *nt; v. a.* **allemand**
albanais(e) [albanɛ, ɛz] *adj* albanisch
Albanais(e) [albanɛ, ɛz] *m(f)* Albaner(in) *m(f)*
Albanie [albani] *f* ***l'~*** Albanien *nt*
albâtre [albɑtʀ] *m* Alabaster *m*
albatros [albatʀos] *m* Albatros *m*
albinisme [albinism] *m* MED Albinismus *m*
albinos [albinos] *mf* Albino *m*
album [albɔm] *m* ❶ *(cahier)* Album *nt* ❷ *(volume illustré)* Bildband *m* ❸ *(illustré pour enfants)* Bilderbuch *nt* ❹ *(bande dessinée)* Comic[band *m*] *m* ❺ *(disque)* Album *nt*
albumen [albymɛn] *m* Eiklar *nt,* Albumen *nt Fachspr.;* ***l'~ de l'œuf*** das Eiweiß
albumine [albymin] *f* BIO Albumin *nt;* ***avoir de l'~*** Eiweiß im Urin haben
alcali [alkali] *m* CHIM Alkali *nt*
alcalin(e) [alkalɛ̃, in] *adj* alkalisch
alcalinoterreux, -euse [alkalinoteʀø, øz] *adj* CHIM ***métal ~*** Erdalkalimetall *nt*
alchimie [alʃimi] *f* Alchimie *f*
alchimiste [alʃimist] *mf* Alchimist(in) *m(f)*
alcool [alkɔl] *m* ❶ CHIM Alkohol *m;* ***~ à 90°*** 90-prozentiger Alkohol; ***~ à brûler*** [Brenn]spiritus *m* ❷ *(spiritueux)* Spirituose *f meist Pl;* ***tenir l'~*** trinkfest sein; ***ne pas supporter l'~*** keinen Alkohol vertragen

Aussprache

Bei **alcool** und verwandten Wörtern werden nicht beide -oo- artikuliert, sondern der Doppelvokal verschmilzt in der Aussprache zu einem offenen o.

alcoolémie [alkɔlemi] *f* Blutalkohol[spiegel] *m*
alcoolique [alkɔlik] **I.** *adj boisson* alkoholisch; *personne* alkoholabhängig **II.** *mf* Alkoholiker(in) *m(f)*
alcoolisé(e) [alkɔlize] *adj* alkoholhaltig
alcooliser [alkɔlize] <1> **I.** *vt (convertir en alcool)* in Alkohol verwandeln **II.** *vpr* ***s'~*** sich betrinken
alcoolisme [alkɔlism] *m* Alkoholismus *m*
alcootest® [alkɔtɛst] *m* ❶ *(appareil)* [Alkoholtest]röhrchen *nt* ❷ *(test)* Alkoholtest *m*
alcopops [alkopɔp] *mpl* Alcopops *Pl*
alcôve [alkov] *f* Alkoven *m*
aldéhyd [aldeid] *m* CHIM Aldehyd *nt*
al dente [aldɛnte] *adv o adj inv* al dente
aléas [alea] *mpl* Zufälligkeiten *Pl*
aléatoire [aleatwaʀ] *adj* ❶ *(incertain)* [rein] zufällig ❷ MATH, INFORM ***variable ~*** Zufallsvariable *f;* ***grandeur ~*** Zufallsgröße *f*
alémanique [alemanik] **I.** *adj* alemannisch; ***la Suisse ~*** die deutschsprachige Schweiz **II.** *m* Alemannisch *nt; v. a.* **allemand**
alentour [alɑ̃tuʀ] *adv* ringsumher
alentours [alɑ̃tuʀ] *mpl* ❶ *(abords)* Umgebung *f;* ***dans les ~*** in der Umgebung ❷ *(fig)* ***aux ~ de minuit*** gegen Mitternacht; ***aux ~ de 500 gens*** ungefähr 500 Leute
alerte [alɛʀt] **I.** *adj* schwungvoll; *vieillard* rüstig; *style* lebendig **II.** *f* ❶ *(alarme)* Alarm *m;* ***~ à la bombe*** Bombenalarm; ***donner l'~*** Alarm geben; ***être en [état***

A

d']~ in Alarmbereitschaft sein ❷ *(signes inquiétants)* Alarmsignal *nt*

alerter [alɛʀte] <1> *vt* ❶ *(donner l'alarme)* alarmieren ❷ *(informer)* in Kenntnis setzen ❸ *(attirer l'attention)* ***c'est ce qui m'a alerté*** genau dies hat mich aufmerksam gemacht

alèse [alɛz] *f (pour le lit)* Matratzenschoner *m,* Bettunterlage *f*

aléser [aleze] <5> *vt* ausbohren

alevin [alvɛ̃] *m* PECHE Setzling *m*

aleviner [alvine] <1> *vt* mit Jungfischen [*o* Setzlingen] besetzen

alexandrin [alɛksɑ̃dʀɛ̃] *m* Alexandriner *m*

alezan [alzɑ̃] *m (cheval)* [Rot]fuchs *m*

algarade [algaʀad] *f (fig)* Auseinandersetzung *f,* Disput *m*

algèbre [alʒɛbʀ] *f* Algebra *f*

algébrique [alʒebʀik] *adj* algebraisch

Alger [alʒe] Algier *nt*

Algérie [alʒeʀi] *f* ***l'***~ Algerien *nt*

algérien [alʒeʀjɛ̃] *m* Algerisch *nt; v. a.* **allemand**

algérien(ne) [alʒeʀjɛ̃, jɛn] *adj* algerisch

Algérien(ne) [alʒeʀjɛ̃, jɛn] *m(f)* Algerier(in) *m(f)*

algorithme [algɔʀitm] *m* Algorithmus *m*

algue [alg] *f* Alge *f*

alias [aljas] *adv* alias

alibi [alibi] *m* ❶ JUR Alibi *nt* ❷ *(prétexte)* Alibi *nt,* Ausrede *f*

alicament [alikamɑ̃] *m mit gesundheitsfördernden Stoffen angereichertes Lebensmittel*

aliénable [aljenabl] *adj* JUR *patrimoine, droit* veräußerbar, veräußerlich

aliénant(e) [aljenɑ̃, ɑ̃t] *adj* entfremdend

aliénation [aljenasjɔ̃] *f* ❶ PHILOS Entfremdung *f* ❷ *(perte)* Verlust *m* ❸ JUR Übertragung *f* ❹ MED ~ ***mentale*** Geistesgestörtheit *f*

aliéné(e) [aljene] *m(f)* Geisteskranke(r) *f(m)*

aliéner [aljene] <5> *vt* JUR *(donner)* übertragen

aligné(e) [aliɲe] *adj (disposé en ligne droite)* gerade; ***être ~(e)*** in einer Reihe stehen

alignement [aliɲ(ə)mɑ̃] *m* ❶ *(action d'aligner)* Aufstellen *nt* in einer Reihe ❷ *(rangée)* [schnurgerade] Reihe ❸ ARCHIT Flucht[linie] *f* ❹ *(mise en conformité)* Anpassung *f;* ~ ***monétaire*** Währungsangleichung *f,* Wechselkursangleichung *f*

aligner [aliɲe] <1> **I.** *vt* ❶ *(mettre en ligne)* in einer Reihe aufstellen, aufreihen *objets;* in Reih und Glied antreten lassen *soldats;* untereinanderschreiben *chiffres* ❷ *(péj: énoncer mécaniquement)* herunterleiern *fam mots* ❸ *(rendre conforme)* ~ ***une monnaie sur qc*** eine Währung an etw *akk* angleichen; ~ ***une politique sur qc*** eine Politik an etw *akk* anpassen **II.** *vpr* ❶ *(se mettre en ligne)* ***s'***~ sich [in einer Reihe] aufstellen ❷ *(être en ligne)* in einer Reihe stehen ❸ *(se conformer)* ***s'~ sur qn/qc*** sich nach jdm/etw richten ❹ POL ***s'~ sur qn/qc*** sich jdm/etw anpassen

aliment [alimɑ̃] *m* ❶ *(pour une personne)* Lebensmittel *nt;* ***des ~s*** Nahrung *f* ❷ *(pour un animal)* Futter[mittel *nt*] *nt*

alimentaire [alimɑ̃tɛʀ] *adj* ***industrie*** ~ Nahrungsmittelindustrie *f;* ***régime*** ~ Diät *f*

alimentation [alimɑ̃tasjɔ̃] *f* ❶ *d'une personne* Ernährung *f; d'un animal* Fütterung *f* ❷ *(produits pour une personne)* Nahrung *f* ❸ *(produits pour un animal)* Futter *nt* ❹ *(commerce)* Lebensmittelhandel *m;* ***magasin d'***~ Lebensmittelgeschäft *nt;* ~ ***animale*** Futtermittelhandel *m* ❺ *(industrie)* Nahrungsmittelindustrie *f;* ~ ***animale*** Futtermittelindustrie *f* ❻ *(approvisionnement)* ***l'~ d'une usine en charbon*** die Versorgung einer Fabrik mit Kohle; ***l'~ de la ville en eau*** die Wasserversorgung einer Stadt

alimenter [alimɑ̃te] <1> **I.** *vt* ❶ *(nourrir)* ernähren *personne;* füttern *animal* ❷ *(approvisionner)* ~ ***une ville en eau*** eine Stadt mit Wasser versorgen ❸ *(entretenir)* ~ ***la conversation*** *personne:* das Gespräch in Gang halten; *événement:* für Gesprächsstoff sorgen **II.** *vpr* ***s'***~ *personne, animal:* Nahrung zu sich nehmen

alinéa [alinea] *m* ❶ *(renfoncement)* Einzug *m* ❷ *(paragraphe)* Absatz *m*

aliter [alite] <1> *vt* ***être alité*** das Bett hüten müssen

alizé [alize] *m* Passat[wind *m*] *m*

Allah [a(l)la] *m* Allah *m*

allaitement [alɛtmɑ̃] *m* ~ ***maternel*** *d'un bébé* Stillen *nt; d'un animal* Säugen *nt;* ~ ***au biberon*** Füttern *nt* mit der Flasche

allaiter [alete] <1> **I.** *vi* stillen **II.** *vt* ***la femme allaite son bébé*** die Frau stillt ihr Baby; ***la femelle allaite ses petits*** das Weibchen säugt seine Jungen

allant [alɑ̃] *m* Schwung *m*

alléchant(e) [aleʃɑ̃, ɑ̃t] *adj odeur, plat* verlockend

allécher [aleʃe] <5> *vt* ❶ *(mettre en appétit)* anlocken ❷ *(tenter en faisant miroiter qc)* ködern *personne*

allée [ale] *f* ❶ *(chemin dans une forêt, un jardin)* Weg *m* ❷ *(chemin bordé d'arbres)* Allee *f* ❸ *(passage)* ~ ***centrale*** [Mittel]gang *m*
allégation [a(l)legasjɔ̃] *f (affirmation)* Angabe *f*
allégé(e) [aleʒe] *adj* fettarm; ***produits ~s*** Lightprodukte *Pl*
allégeance[1] [aleʒɑ̃s] *f (vieilli)* Erleichterung *f*
allégeance[2] [aleʒɑ̃s] *f* HIST ***serment d'~*** Treueeid *m*
allégement, allègement [alɛʒmɑ̃] *m des charges* Verringerung *f;* ~ ***des impôts*** steuerliche Entlastung
alléger [aleʒe] <2a, 5> *vt* ❶ *(rendre moins lourd)* leichter machen ❷ *(réduire)* senken *impôts;* entlasten *programmes scolaires*
allégorie [al(l)egɔʀi] *f* Allegorie *f*
allégorique [a(l)legɔʀik] *adj* allegorisch
allègre [a(l)lɛgʀ] *adj* munter
allégrement, allègrement [a(l)lɛgʀəmɑ̃] *adv* ❶ *(avec entrain)* beschwingt ❷ *(péj: avec légèreté, inconscience)* frisch-fröhlich
allégresse [a(l)legʀɛs] *f* ausgelassene Freude
allegro, allégro [al(l)egʀo] **I.** *adv* allegro **II.** *m* Allegro *nt*
alléguer [a(l)lege] <5> *vt (prétexter)* vorschützen
alléluia [al(l)eluja] **I.** *m* Halleluja *nt* **II.** *interj* halleluja
Allemagne [almaɲ] *f* ***l'~*** Deutschland *nt;* ***l'~ de l'Est/de l'Ouest*** Ost-/Westdeutschland; ***l'~ fédérale*** die Bundesrepublik Deutschland; ***la réunification des deux ~s*** die [Wieder]vereinigung Deutschlands; ***aller en ~*** nach Deutschland fahren
allemand [almɑ̃] *m* ***l'~*** Deutsch *nt,* das Deutsche; ***parler [l']~*** Deutsch sprechen; ***parler couramment [l']~*** fließend Deutsch sprechen; ***écrire en ~*** auf Deutsch schreiben; ***traduire en ~*** ins Deutsche übersetzen
allemand(e) [almɑ̃, ɑ̃d] *adj* deutsch; ***ces légumes sont ~s*** dieses Gemüse kommt aus Deutschland
Allemand(e) [almɑ̃, ɑ̃d] *m(f)* Deutsche(r) *f(m)*
aller[1] [ale] <irr> **I.** *vi + être* ❶ *(se déplacer à pied)* [zu Fuß] gehen; ***on a sonné; peux-tu y ~?*** es hat geklingelt; kannst du mal hingehen?; ***y ~ en courant/en nageant*** hinlaufen/hinschwimmen; ***~ et venir*** hin und her laufen; ***pour ~ à l'hôtel de ville?*** wie komme ich zum Rathaus? ❷ *(se déplacer à cheval)* reiten ❸ *(pour faire quelque chose)* ***~ à la boulangerie*** zum Bäcker gehen; ***~ se coucher/se promener*** schlafen gehen/spazieren gehen; ***~ voir qn*** jdn besuchen gehen; ***je vais voir ce qui se passe*** ich gehe [mal] nachsehen, was los ist; ***~ chercher les enfants à l'école*** die Kinder von der Schule abholen gehen ❹ *(rouler/voler)* fahren/fliegen ❺ *(faire un voyage)* reisen ❻ *(être acheminé)* ***~ à Paris*** *marchandise:* nach Paris geliefert werden; *courrier:* nach Paris gehen ❼ *(mener)* führen ❽ *(s'étendre, atteindre)* ***~ de ... à ...*** *étendue:* von ... bis ... gehen; ***~ jusqu'à la mer*** bis ans Meer gehen ❾ *(avoir sa place quelque part)* ***~ à la cave*** in den Keller kommen ❿ *(être conçu pour)* ***ce plat ne va pas au micro-ondes*** diese Schüssel ist nicht mikrowellenfest ⓫ *(oser)* ***~ jusqu'à faire qc*** so weit gehen etw zu tun ⓬ *(progresser)* ***~ vite*** *personne:* schnell vorankommen; *chose:* schnell vorangehen; *nouvelles:* sich schnell herumsprechen ⓭ *(se porter)* ***il va bien/mal/mieux*** ihm geht es gut/schlecht/besser; ***comment ça va/vas-tu/allez-vous?*** wie geht's?/wie geht es dir?/Ihnen?; ***comment va la santé?*** was macht die Gesundheit?; ***ça va pas[, la tête]?*** *(fam)* sonst geht's dir [noch] gut! ⓮ *(fonctionner, évoluer)* gehen; ***ça va les études?*** was macht das Studium?; ***tout va bien/mal*** alles geht gut/schief; ***quelque chose ne va pas*** da stimmt etwas nicht ⓯ *(connaître bientôt)* ***~ au-devant de difficultés*** sich auf Schwierigkeiten gefasst machen müssen ⓰ *(prévenir)* ***~ au-devant des désirs de qn*** jdm jeden Wunsch von den Augen ablesen ⓱ *(pour donner un âge approximatif)* ***~ sur ses 3 ans*** bald drei [Jahre alt] sein ⓲ *(convenir à qn)* ***ça va*** das ist gut; ***ça ira*** das passt schon; ***ça peut ~*** es geht schon; ***~ à qn*** jdm zusagen; ***ça [te] va?*** [bist du damit] einverstanden?; ***ça me va!*** einverstanden! ⓳ *(être seyant)* ***~ bien/mal à qn*** jdm gut/nicht stehen ⓴ *(être coordonné, assorti)* ***~ avec qc*** zu etw gehören; ***~ ensemble*** zusammengehören; ***~ bien avec qc*** gut zu etw passen ㉑ *(convenir, être adapté à)* ***cet outil va en toute circonstance*** dieses Werkzeug eignet sich für jeden Zweck ㉒ *(se dérouler)* ***ne pas ~ sans difficulté*** nicht ohne Schwierigkeiten ablaufen; ***laisser ~ les affaires*** die Sache laufen lassen *fam* ㉓ *(pour commencer, démarrer)* ***on y va?*** packen wir's an? ㉔ *impers (être en jeu)* ***il***

A

y va de notre vie es geht um unser Leben ㉕ *(ne rien faire)* ***se laisser ~*** *(se négliger)* sich gehen lassen; *(abandonner)* aufgeben; *(se décontracter)* sich entspannen ㉖ *(être)* ***il en va de même pour toi*** dasselbe gilt auch für dich ▶ **cela/il va sans dire que qn a bien fait qc** das/es versteht sich von selbst, dass jd etw wirklich gemacht hat; **cela va de soi** [das ist doch] selbstverständlich; **ça va [comme ça]!** *(fam)* das reicht!; **où allons-nous?** wo soll/wird das [noch] enden? **II.** *aux + être* ① *(pour exprimer le futur proche)* ***~ faire qc*** gleich etw tun; ***le train va partir*** der Zug fährt gleich ab; ***elle allait faire qc*** sie wollte gerade etw tun ② *(pour exprimer la crainte)* ***et s'il allait tout raconter?*** und wenn er nun alles erzählt?; ***ne va pas croire/imaginer que …*** glaub bloß nicht, dass … *fam* **III.** *vpr + être* **s'en ~** ① *(partir à pied)* [weg]gehen; *(en voiture, à vélo, en bateau)* [weg]fahren; *(en avion)* [weg]fliegen; ***s'en ~ en vacances/à l'étranger*** in Urlaub fahren/ins Ausland gehen ② *(disparaître)* *années:* verrinnen; *héritage:* zerrinnen; *fatigue:* verschwinden; *tache:* herausgehen; *cicatrice:* weggehen **IV.** *interj* ① *(invitation à agir)* ***vas-y/allons-y/allez-y!*** *(en route!)* los geht's! *fam; (au travail!)* [na] dann wollen wir mal! *fam;* ***vas-y/allez-y!*** *(pour encourager)* los! *fam,* mach/macht schon! *fam;* ***allons!*** nur Mut!; ***allons debout!*** auf geht's! *fam;* ***allez, presse-toi un peu!*** komm, beeil dich ein bisschen!; ***allez, allez, circulez!*** los, weitergehen/weiterfahren!; ***allez, au revoir!*** also dann, auf Wiedersehen!; ***allons/allez donc!*** *iron fam: vraiment?)* ach komm/kommen Sie! ② *(voyons!)* ***un peu de calme, allons!*** etwas Ruhe, bitte! ③ *(pour exprimer la résignation, la conciliation)* ***je le sais bien, va!*** schon gut, ich weiß es ja! *fam;* ***allez, allez, ça ne sera rien!*** schon gut, es wird nicht so schlimm! *fam;* ***va/allez savoir!*** tja! *fam* ④ *(non!?)* ***allez!*** *(fam)* [ach] komm! ⑤ *(d'accord!)* ***alors, va pour le ciné!*** also gut, dann gehen wir eben ins Kino!

aller[2] [ale] *m* ① *(trajet à pied)* Hinweg *m* ② *(trajet en voiture, train)* Hinfahrt *f;* ***après deux ~s et retours*** nach zweimaligem Hin- und Herfahren ③ *(trajet en avion)* Hinflug *m* ④ *(voyage)* Hinreise *f;* ***à l'~*** hinwärts ⑤ *(billet)* ***~ [simple]*** [einfache] Hinfahrt; ***un ~ pour Grenoble, s'il vous plaît*** bitte einmal Grenoble [Hinfahrt]; ***~ retour*** [Fahrkarte *f* für] Hin- und Rückfahrt *f* ⑥ *(fam: gifle)* ***un ~ retour*** ein paar hinter die Löffel

allergène [alɛʀʒɛn] MED **I.** *adj* allergieauslösend **II.** *m* Allergieauslöser *m*

allergie [alɛʀʒi] *f* Allergie *f*

allergique [alɛʀʒik] *adj* ① MED allergisch; ***être ~ aux pollens*** gegen Pollen allergisch sein ② *(fig)* ***être ~ au travail*** gegen Arbeit allergisch sein

allergologie [alɛʀgɔlɔʒi] *f* MED Allergologie *f Fachspr.*

allergologiste [alɛʀgɔlɔʒist], **allergologue** [alɛʀgɔlɔg] *mf* Allergologe *m*/Allergologin *f*

alliage [aljaʒ] *m* Legierung *f*

alliance [aljɑ̃s] *f* ① *(engagement mutuel)* Bündnis *nt;* ***faire ~*** sich verbünden ② *(union)* ***~ entre deux personnes*** Verbindung *f* zwischen zwei Personen; ***par ~*** angeheiratet; ***être [des] parents par ~*** verschwägert sein ③ *(combinaison)* Verbindung *f* ④ *(anneau)* Ehering *m* ⑤ REL Bund *m*

allié(e) [alje] **I.** *adj* ① POL verbündet ② JUR ***être ~ à qn*** mit jdm verschwägert sein **II.** *m(f)* ① POL Bündnispartner(in) *m(f)* ② *(ami)* Verbündete(r) *f(m)* ③ *pl* HIST ***les Alliés*** die Alliierten

allier [alje] <1> **I.** *vt* ① *(associer)* ***~ la grâce à la force*** Anmut mit Kraft vereinen *geh;* ***~ la bêtise à l'orgueil*** dumm und überheblich zugleich sein ② CHIM ***~ l'or à l'argent*** Gold mit Silber legieren **II.** *vpr* ① POL ***s'~ à qn*** sich mit jdm verbünden ② *(conclure une alliance avec)* ***s'~ à qn*** ein Bündnis mit jdm schließen ③ *(s'associer)* ***la grâce s'allie à la force*** die Anmut verbindet sich mit Kraft

alligator [aligatɔʀ] *m* Alligator *m*

allitération [a(l)liteʀasjɔ̃] *f* Alliteration *f*

allô [alo] *interj* hallo

Land und Leute
In der Regel meldet man sich in Frankreich am Telefon nicht mit seinem Namen, sondern nur mit **Allô?**. Der Anrufer nennt dann seinen Namen, indem er sagt: „C'est… [à l'appareil]", also zum Beispiel: „C'est Patrick à l'appareil."

alloc [alɔk] *f (fam) abr de* **allocation** *(somme)* Beihilfe *f,* Unterstützung *f;* *(~s familiales)* ≈ Kindergeld *nt;* ***toucher les ~s*** ≈ Kindergeld kriegen

allocataire [alɔkatɛʀ] *mf (titulaire)* Beihilfeberechtigte(r) *f(m)*, Leistungsberechtigte(r) *f(m)*; *(prestataire)* Beihilfeempfänger(in) *m(f)*

allocation [alɔkasjɔ̃] *f (somme)* Beihilfe *f*; ~ ***chômage/logement*** Arbeitslosen-/Wohngeld *nt*; ~ ***vieillesse*** Altersbeihilfe *f*; ***~s familiales*** Kindergeld *nt*, Familienbeihilfe *f* A

allocution [alɔkysjɔ̃] *f* Ansprache *f*

allogène [alɔʒɛn] *adj population humaine* zugewandert

allonge [alɔ̃ʒ] *f* ❶ ELEC Verlängerungskabel *nt* ❷ SPORT Reichweite *f*

allongement [alɔ̃ʒmɑ̃] *m* ❶ *(fait de s'allonger)* Verlängerung *f*; *d'un muscle* Streckung *f*; *des métaux* [Längs]dehnung *f*; *d'une voyelle* Längung *f* ❷ *(action d'allonger)* Verlängerung *f*; *d'un réseau de transport* Ausbau *m*

allonger [alɔ̃ʒe] <2a> **I.** *vi (devenir plus long)* ***les jours allongent à partir du 21 décembre*** ab dem 21. Dezember werden die Tage [wieder] länger **II.** *vt* ❶ *(rendre plus long)* verlängern ❷ *(étendre)* recken *cou*; [aus]strecken *bras* ❸ *(coucher)* [ausgestreckt] hinlegen *blessé*; ***être allongé*** [ausgestreckt] liegen ❹ *(diluer)* strecken, verlängern *sauce* **III.** *vpr* **s'~** ❶ *(devenir plus long)* *personne:* in die Höhe schießen; *ombres, taille:* länger werden; *métaux:* sich dehnen ❷ *(se prolonger) jours:* [wieder] länger werden; *durée moyenne de la vie:* zunehmen ❸ *(s'éterniser)* sich in die Länge ziehen ❹ *(s'étendre) route:* sich [dahin]ziehen ❺ *(se coucher)* sich hinlegen

allouer [alwe] <1> *vt (attribuer)* gewähren

allumage [alymaʒ] *m* AUT Zündung *f*

allumé(e) [alyme] *adj* ❶ *(en feu) bougie, alumette* angezündet ❷ *(en marche) lampe, écran* angemacht ❸ *(fig fam)* abgefahren *sl*

allume-cigare [alymsigaʀ] <allume-cigares> *m* Zigarettenanzünder *m* **allume-feu** [alymfø] <allume-feux *o* allume-feu> *m* Kohlen-/Grillkohlenanzünder *m*

allume-gaz [alymgaz] *m inv* Gasanzünder *m*

allumer [alyme] <1> **I.** *vt* ❶ *(faire brûler)* anzünden *feu;* anzünden *cigarette;* ***être allumé*** *feu, cigarette:* brennen ❷ *(mettre en marche)* anmachen *briquet;* einschalten *four;* anheizen *poêle* ❸ *(faire de la lumière)* anzünden *bougie;* anmachen *lampe;* einschalten *projecteur;* ~ ***le couloir*** im Flur [das] Licht [an]machen; ***la cuisine est allumé*** in der Küche brennt [das] Licht **II.** *vi* [das] Licht [an]machen **III.** *vpr* **s'~** ❶ *(s'enflammer) bûche, bois, papier:* [an]brennen; *briquet:* zünden ❷ *(devenir lumineux) lumière:* angehen; *yeux:* aufleuchten; *regard:* sich aufhellen ❸ *(se mettre en marche automatiquement) appareil:* sich einschalten ❹ *(être mis en marche) moteur:* eingeschaltet werden *fam* ❺ *(prendre naissance) sentiment:* aufflammen; *querelle:* sich entzünden

allumette [alymɛt] *f* Streichholz *nt*; ***gratter une*** ~ ein Streichholz anzünden

allumeur [alymœʀ] *m* ❶ AUT [Zünd]verteiler *m* ❷ TECH Zündvorrichtung *f*

allumeuse [alymøz] *f (péj fam)* Vamp *m*

allure [alyʀ] *f* ❶ *sans pl (vitesse)* Geschwindigkeit *f*; ***à toute*** ~ mit voller Geschwindigkeit ❷ *sans pl (apparence)* Aussehen *nt*; ***avoir de l'~*** *personne:* Stil haben; *chose:* elegant wirken ❸ *pl (airs)* Gebaren *nt*, Verhalten *nt*

allusif, -ive [a(l)lyzif, -iv] *adj* vielsagend, voller Anspielungen; ***parole*** [*o* ***phrase***] ***allusive*** Anspielung *f*

allusion [a(l)lyzjɔ̃] *f (sous-entendu)* Anspielung *f*; ***faire ~ à qn/qc*** eine Anspielung auf jdn/etw machen

alluvial(e) [a(l)lyvjal, jo] <-aux> *adj* angeschwemmt, alluvial *Fachspr.*; ***terrains alluviaux*** Schwemmland *nt*

alluvions [a(l)lyvjɔ̃] *f pl* Schwemmland *nt kein Pl*

almanach [almana] *m* Kalender *m*

> **Aussprache**
> Die Endung -ch in **almanach** wird nicht gesprochen.

aloès [alɔɛs] *m* BOT Aloe *f*; ~ ***vera*** Aloe Vera

aloi [alwa] ***de bon*** ~ gut; ***succès de bon*** ~ verdienter Erfolg; ***de mauvais*** ~ schlecht; ***succès de mauvais*** ~ unverdienter Erfolg

alors [alɔʀ] **I.** *adv* ❶ *(à ce moment-là)* damals; ***jusqu'~*** bis dahin ❷ *(par conséquent)* da; ***ma voiture était en panne, ~ j'ai pris l'autobus*** mein Auto war kaputt, da habe ich den Bus genommen ❸ *(dans ce cas)* ja dann; ***~, je comprends!*** ja dann verstehe ich das!; ***~, qu'est-ce qu'on fait?*** ja, was machen wir denn da? ❹ *(fam: impatience, indignation)* ***~, tu viens?*** also, kommst du jetzt [endlich]? ► **ça ~!** Na, so was!; **et ~?** *(suspense)* und dann?; ~ **là!** ja, dann!; **non, mais ~!** nein, also wirklich! *fam* **II.** *conj* ~ **que** +*indic* ❶ *(pendant que)* während ❷ *(tandis que)* wohingegen ❸ *(bien que)* obwohl

A

Grammatik und Co.
Nach **alors que** steht immer der Indikativ:
L'idée m'en est venue alors que je repassais. – *Das ist mir beim Bügeln eingefallen.*

alouette [alwɛt] *f* Lerche *f*
alourdir [aluʀdiʀ] <8> **I.** *vt* ❶ *(rendre plus lourd)* schwer[er] machen ❷ *(rendre pesant)* schwerfällig machen *démarche;* schwer machen *paupières, tête* ❸ *(augmenter)* erhöhen *impôts, charges* **II.** *vpr* ***s'~*** *paupières:* schwer werden; *démarche:* schwer[fällig] werden
alourdissement [aluʀdismɑ̃] *m* ❶ *(action)* Schwerermachen *nt; d'impôts, de charges* Erhöhung *f* ❷ *(lourdeur)* Schwere *f*
aloyau [alwajo] *m* Rinderlende *f,* Rindslende A, SDEUTSCH
alpaga [alpaga] *m* ❶ *(animal)* Alpaka *nt* ❷ *(tissu)* Alpaka *m*
alpage [alpaʒ] *m* Alm *f*
alpaguer [alpage] <1> *vt (fam) policier:* schnappen
alpe [alp] *f* Alm *f;* ***se trouver dans l'~*** auf der Alm sein
Alpes [alp] *fpl* ***les ~*** die Alpen
alpestre [alpɛstʀ] *adj* alpin
alpha [alfa] *m* Alpha *nt*
alphabet [alfabɛ] *m* Alphabet *nt,* Abc *nt*
alphabétique [alfabetik] *adj* alphabetisch; ***par ordre ~*** in alphabetischer Reihenfolge
alphabétisation [alfabetizasjɔ̃] *f* Alphabetisierung *f*
alphabétiser [alfabetize] <1> *vt* alphabetisieren *personne*
alphanumérique [alfanymeʀik] *adj* alphanumerisch
alphapage [alfapaʒ] *m* Organizer *m*
alpin(e) [alpɛ̃, in] *adj* GEOG ***chaîne ~e*** Alpenkette *f*
alpinisme [alpinism] *m* Bergsteigen *nt*
alpiniste [alpinist] *mf* Bergsteiger(in) *m(f)*
Al-Qaïda [alkaida] *f* die al-Qaida, die El Kaida
Alsace [alzas] *f* ***l'~*** das Elsass
alsacien [alzasjɛ̃] *m* Elsässisch *nt; v. a.* **allemand**
alsacien(ne) [alzasjɛ̃, jɛn] *adj* elsässisch
Alsacien(ne) [alzasjɛ̃, jɛn] *m(f)* Elsässer(in) *m(f)*
altération [alteʀasjɔ̃] *f* ❶ *d'un aliment* Verderben *nt; de la qualité* Minderung *f;* ***~ de la santé*** Verschlechterung *f* des Gesundheitszustandes ❷ *des traits* Entstellung *f*
altercation [altɛʀkasjɔ̃] *f* [heftiger] Wortwechsel
alter ego [altɛʀego] *m inv* Alter Ego *nt*
altérer [alteʀe] <5> *vt* ❶ beeinträchtigen *amitié, relation, santé;* verändern *couleur, métal;* mindern *qualité;* ***~ le caractère*** den Charakter nachteilig verändern ❷ entstellen *visage, traits*
altermondialisation [altɛʀmɔ̃djalizasjɔ̃] *f* Antiglobalisierung *f*
altermondialisme [altɛʀmɔ̃djalism] *m* Antiglobalisierungsbewegung *f,* Bewegung *f* der Globalisierungsgegner
altermondialiste [altɛʀmɔ̃djalist] **I.** *adj* Antiglobalisierungs- **II.** *mf* Globalisierungsgegner(in) *m(f)*
altermondialo [altɛʀmɔ̃djalo] *(fam) abr de* **altermondialiste**
alternance [altɛʀnɑ̃s] *f* ❶ *(succession)* Abfolge *f;* ***en ~ avec*** im Wechsel mit ❷ POL Regierungswechsel *m*
alternant(e) [altɛʀnɑ̃, ɑ̃t] *adj* abwechselnd, alternierend *geh*
alternateur [altɛʀnatœʀ] *m* Wechselstromgenerator *m;* AUT Lichtmaschine *f*
alternatif, -ive [altɛʀnatif, -iv] *adj* ❶ TECH ***mouvement ~*** Hin-und-her-Bewegung *f* ❷ ELEC ***courant ~*** Wechselstrom *m* ❸ *a.* POL *(qui offre un choix)* alternativ
alternative [altɛʀnativ] *f* Alternative *f*
alternativement [altɛʀnativmɑ̃] *adv* abwechselnd
alterné(e) [altɛʀne] *adj* wechselnd
alterner [altɛʀne] <1> **I.** *vi* abwechseln **II.** *vt* AGR ***~ les cultures*** Fruchtwechsel durchführen
altesse [altɛs] *f* Hoheit *f;* ***Son Altesse Royale*** *(form)* Seine/Ihre Königliche Hoheit; ***Votre Altesse*** *(form)* [Eure] Hoheit *form*
Altesse [altɛs] *f* Hoheit *f*
altier, -ière [altje, jɛʀ] *adj* hochmütig, stolz
altimètre [altimɛtʀ] *m* Höhenmesser *m*
altiste [altist] *mf* Bratschist(in) *m(f)*
altitude [altityd] *f* ❶ GEOG Höhe *f* [über dem Meeresspiegel], sich in 400 m Höhe befinden; *village:* in 400 m Höhe liegen; ***l'~ de ce mont est de 400 m*** dieser Berg ist 400 m hoch; ***avoir une faible ~*** *ville:* niedrig liegen; ***en ~*** *(en montagne)* im Gebirge; METEO in höheren Lagen ❷ AVIAT ***~ de vol de 9.000 m*** Flughöhe *f* von 9.000 m; ***voler à basse/haute ~*** in geringer/großer

Höhe fliegen; ***prendre de l'~*** an Höhe gewinnen

alto [alto] *m* ❶ *(instrument)* Bratsche *f* ❷ *(musicien)* Bratschist(in) *m(f)*

altruisme [altʀɥism] *m* Altruismus *m*

altruiste [altʀɥist] **I.** *adj* altruistisch **II.** *mf* Altruist(in) *m(f)*

alu [aly] *m (fam) abr de* **aluminium** Alu *nt*

alumine [alymin] *f* Tonerde *f;* ***acétate d'~*** essigsaure Tonerde

aluminium [alyminjɔm] *m* Aluminium *nt*

alunir [alyniʀ] <8> *vi* auf dem Mond landen

alunissage [alynisaʒ] *m* Mondlandung *f*

alvéole [alveɔl] *f* ❶ *(cellule de cire)* Wabe[nzelle] *f* ❷ *(cavité)* ***en forme d'~*** wabenförmig ❸ ANAT ~ ***dentaire/pulmonaire*** Zahnfach *nt*/Lungenbläschen *nt*

alvéolé(e) [alveɔle] *adj* ***texture ~e*** Porenstruktur *f;* ***carton*** ~ Wellpappe *f*

alzheimer [alzajmɛʀ] *m* MED Alzheimer *m*

amabilité [amabilite] *f* ❶ *(gentillesse)* Liebenswürdigkeit *f;* ***ayez l'~ de m'apporter un café*** wären Sie so freundlich mir einen Kaffee zu bringen ❷ *pl (politesses)* Höflichkeiten *Pl*

amadou [amadu] *m* Zunder *m*

amadouer [amadwe] <1> *vt* umstimmen; ***~ qn pour qu'il fasse qc*** jdn dazu bringen etw zu tun

amaigrir [amegʀiʀ] <8> *vt* ***être amaigri par qc*** durch etw abgemagert sein; *joues:* durch etw eingefallen sein

amaigrissant(e) [amegʀisɑ̃, ɑ̃t] *adj* gewichtsreduzierend

amaigrissement [amegʀismɑ̃] *m* Gewichtsverlust *m*

amalgame [amalgam] *m* ❶ *a.* MED *(alliage de métaux)* Amalgam *nt; (matière obturatrice)* Amalgamfüllung *f* ❷ *de matériaux* Gemisch *nt; de gens, de choses* Mischung *f; d'idées* Amalgam *nt*

amalgamer [amalgame] <1> *vt* amalgamieren *métal;* vermischen *éléments*

amande [amɑ̃d] *f* ❶ *(fruit)* Mandel *f;* ***en*** ~ mandelförmig ❷ *(graine)* Kern *m*

amandier [amɑ̃dje] *m* Mandelbaum *m*

amanite [amanit] *f* BIO Wulstling *m*

amant [amɑ̃] *m* Liebhaber *m; (seulement extraconjugal)* Geliebter *m;* ***les ~s*** die Liebenden

amarante [amaʀɑ̃t] *f* Fuchsschwanz *m,* Amarant *m*

amarrage [amaʀaʒ] *m d'un navire* Ankern *nt*

amarre [amaʀ] *f d'une barque* Halteleine *f; d'un ballon* Seil *nt; d'un cerf-volant* Schnur *f;* ***larguez les ~s!*** Leinen los!

amarrer [amaʀe] <1> *vt* vertäuen *bateau*

amaryllis [amaʀilis] *f* Amaryllis *f*

amas [amɑ] *m de pierres* Haufen *m; de papiers* Berg *m; de souvenirs* Flut *f*

amasser [amɑse] <1> **I.** *vt* anhäufen *objets, fortune;* horten *nourriture, argent;* sammeln *preuves, documents* **II.** *vi* ❶ *(thésauriser)* [Geld] horten ❷ *(accumuler)* ansammeln **III.** *vpr* ***s'~*** *personnes:* sich drängen; *problèmes:* sich häufen

amateur, -trice [amatœʀ, -tʀis] *rare au féminin* **I.** *adj* ***équipe*** ~ Amateurmannschaft *f;* ***peintre*** ~ Hobbymaler *m* **II.** *m, f* ❶ *(opp: professionnel)* Amateur(in) *m(f);* ***en*** ~ als Hobby ❷ *sans art (connaisseur)* ***~ d'art*** Kunstliebhaber(in) *m(f);* ***être ~ de films/de bons vins*** gerne Filme sehen/gute Weine trinken; ***en*** ~ aus Liebhaberei ❸ *(péj: dilettante)* Stümper(in) *m(f)* ❹ *(acheteur)* Interessent(in) *m(f);* ***ne pas être ~*** *(fam)* nicht interessiert sein

amateurisme [amatœʀism] *m* SPORT Amateursport *m*

amazone [amazon] *f* ❶ *(cavalière)* Reiterin *f;* ***en*** ~ im Damensitz ❷ *(guerrière)* Amazone *f*

ambages [ɑ̃baʒ] *fpl* ► <u>**sans**</u> ~ ohne Umschweife *Pl*

ambassade [ɑ̃basad] *f* ❶ *(institution, bâtiment)* Botschaft *f;* ***l'~ de France*** die französische Botschaft ❷ *(personnel)* Botschaftspersonal *nt*

ambassadeur, -drice [ɑ̃basadœʀ, -dʀis] *m, f* ❶ *(diplomate)* Botschafter(in) *m(f)* ❷ *(représentant)* Vertreter(in) *m(f)*

ambassadrice [ɑ̃basadʀis] *f* ❶ *(femme diplomate)* Botschafterin *f* ❷ *(représentante)* Vertreterin *f* ❸ *(vieilli: femme d'ambassadeur)* Frau *f* eines/des Botschafters

ambiance [ɑ̃bjɑ̃s] *f* ❶ *(climat)* Atmosphäre *f; (entre personnes)* Stimmung *f;* ***d'~*** *lumière, musique* gedämpft ❷ *(gaieté)* Stimmung *f*

ambiancer [ɑ̃bjɑ̃se] *vpr* **s'~** in Stimmung kommen, mitgehen *fig*

ambianceur [ɑ̃bjɑ̃sœʀ] *m* Stimmungskanone *f*

ambiant(e) [ɑ̃bjɑ̃, jɑ̃t] *adj idées, atmosphère* herrschend; *enthousiasme* allgemein; ***se boire à [la] température ~e*** bei Zimmertemperatur getrunken werden

ambidextre [ɑ̃bidɛkstʀ] *adj* ***être*** ~ beidhändig sein

ambigu, ambiguë [ɑ̃bigy] *adj* ❶ *(à double sens)* zweideutig; *(permettant*

A

plusieurs interprétations) mehrdeutig; *(contradictoire)* widersprüchlich ❷ *personnage* undurchsichtig
ambiguïté [ɑ̃biɡɥite] *f (double sens)* Zweideutigkeit *f; (permettant plusieurs interprétations)* Mehrdeutigkeit *f; (contradiction)* Widersprüchlichkeit *f; **sans ~** comportement, parler* unmissverständlich
ambitieux, -euse [ɑ̃bisjø, -jøz] **I.** *adj* ehrgeizig **II.** *m, f* ehrgeiziger Mensch
ambition [ɑ̃bisjɔ̃] *f* ❶ *(désir de réussite)* Ehrgeiz *m* ❷ *(euph: désir)* Wunsch *m*
ambitionner [ɑ̃bisjɔne] <1> *vt* anstreben *poste, prix*
ambivalence [ɑ̃bivalɑ̃s] *f* ❶ *(deux aspects cumulatifs)* Ambivalenz *f,* Mehrdeutigkeit *f* ❷ *(deux aspects contradictoires)* Zwiespältigkeit *f*
ambivalent(e) [ɑ̃bivalɑ̃, ɑ̃t] *adj* ambivalent
amble [ɑ̃bl] *m d'un cheval, d'un chameau* Passgang *m*
ambre [ɑ̃bʀ] *m ~ [**jaune**]* Bernstein *m*
ambré(e) [ɑ̃bʀe] *adj* ❶ *(jaune, doré)* bernsteinfarben; *teint* gebräunt ❷ *(parfumé)* nach Ambra duftend
ambulance [ɑ̃bylɑ̃s] *f* Krankenwagen *m*
ambulancier, -ière [ɑ̃bylɑ̃sje, -jɛʀ] *m, f (conducteur)* Krankenwagenfahrer(in) *m(f)*
ambulant(e) [ɑ̃bylɑ̃, ɑ̃t] *adj marchand* fliegend
ambulatoire [ɑ̃bylatwaʀ] *adj* ambulant
âme [ɑm] *f* ❶ REL Seele *f* ❷ *(qualité morale)* Wesen *nt* ❸ *(sensibilité)* Seele *f,* Herz *nt; **mettre toute son ~ à faire qc*** sein ganzes Herz daran hängen etw zu tun ❹ *(esprit, conscience)* Seele *f,* Psyche *f* ❺ *(personne)* Seele *f* ❻ TECH *d'un conducteur électrique* Seele *f; d'un violon* Stimmstock *m,* Seele ▸ **vendre son ~ au diable** dem Teufel seine Seele verkaufen; **être violoniste dans l'~** mit Leib und Seele Geiger sein
améliorable [ameljɔʀabl] *adj proposition* ausbauwürdig, verbesserungswürdig
amélioration [ameljɔʀasjɔ̃] *f* ❶ *pl (travaux)* Verbesserungen *Pl,* Verbesserungsmaßnahmen *Pl; (pour embellir)* Verschönerungen *Pl,* Verschönerungsarbeiten *Pl* ❷ *(progrès)* Verbesserung *f;* METEO [Wetter]besserung; *de la santé* Besserung *f; **apporter une ~ à qc*** eine Verbesserung an etw *dat* vornehmen
améliorer [ameljɔʀe] <1> **I.** *vt* ❶ ARCHIT sanieren; *(embellir)* verschönern ❷ *(rendre meilleur)* verbessern *conditions de travail, vie;* steigern *qualité, production;* aufbessern *budget* **II.** *vpr **s'~*** besser werden; *(dans son comportement)* sich bessern; *santé, temps:* sich bessern; ***tu ne t'améliores pas!** hum)* du wirst auch nicht besser!
amen [amɛn] *interj* amen
aménagement [amenaʒmɑ̃] *m* ❶ *(équipement)* Einrichtung *f* ❷ *(modification)* Umbau *m; (extension)* Ausbau *m* ❸ *d'un quartier, d'une usine* Errichtung *f; d'un jardin* Anlegen *nt* ❹ *(adaptation)* Anpassung *f* ❺ *(réorganisation)* Umstellung *f; **~ du temps de travail*** Arbeitszeitregelung *f* ❻ ADMIN Planung *f; **~ du territoire*** Raumordnung *f* ❼ POL *d'un texte de loi, décret* [Ab]änderung *f*
aménager [amenaʒe] <2a> *vt* ❶ *(équiper)* einrichten *pièce;* anbringen *étagère;* einbauen *placard* ❷ *(modifier par des travaux)* umbauen ❸ *(créer)* anlegen *parc;* errichten *quartier* ❹ *(adapter)* anpassen *finances;* umstellen *horaire* ❺ ADMIN ***~ une ville/le territoire*** Stadtplanungs-/Raumordnungsmaßnahmen durchführen ❻ POL [ab]ändern *texte de loi, décret*
amendable [amɑ̃dabl] *adj* POL [ab]änderbar; ***être ~*** [ab]geändert werden können
amende [amɑ̃d] *f* Geldstrafe *f; (p.-v.)* gebührenpflichtige Verwarnung
amendement [amɑ̃dmɑ̃] *m d'une loi* [Ab]änderungsantrag *m*
amender [amɑ̃de] <1> *vt* ❶ POL [ab]ändern ❷ AGR verbessern
amenée [am(ə)ne] *f (action)* Zufuhr *f; (dispositif)* Zuführung *f*
amener [am(ə)ne] <4> **I.** *vt* ❶ *(fam: apporter)* mitbringen ❷ *(mener)* ***~ qn à/chez qn*** jdn zu jdm bringen; ***qu'est-ce qui t'amène ici?*** was führt dich hierher? ❸ *(acheminer)* bringen *gaz, liquide* ❹ *(provoquer)* ***~ qc*** etw verursachen ❺ *(entraîner à)* ***~ qn à faire qc*** jdn dazu bringen etw zu tun ❻ *(introduire)* bringen *thème;* anbringen *citation, plaisanterie* ❼ *(diriger)* ***~ la conversation sur un sujet*** das Gespräch auf ein Thema bringen **II.** *vpr (fam: se rappliquer)* ***amène-toi!*** komm [schon] her!
aménité [amenite] *f d'un lieu* Annehmlichkeit *f; d'une personne* Liebenswürdigkeit *f*
amenuisement [amənɥizmɑ̃] *m* Schwinden *nt geh; des chances* Verringerung *f; des forces* Nachlassen *nt*
amenuiser [amənɥize] <1> **I.** *vt* ❶ *(affaiblir)* schwächen ❷ *(réduire)* verringern *chances, espoir* **II.** *vpr **s'~** forces:* nachlas-

sen; *ressources:* abnehmen; *valeur:* sich verringern

amer, **-ère** [amɛʀ] *adj* ❶ *(aigre)* bitter ❷ *(fig) parole* bitter; *déception, critique* herb; *souvenir* schmerzlich

amèrement [amɛʀmɑ̃] *adv* bitter; *critiquer* scharf

américain [ameʀikɛ̃] *m* amerikanisches Englisch; *v. a.* **allemand**

américain(e) [ameʀikɛ̃, ɛn] *adj* amerikanisch

Américain(e) [ameʀikɛ̃, ɛn] *m(f)* Amerikaner(in) *m(f)*

américanisation [ameʀikanizasjɔ̃] *f (action, résultat)* Amerikanisierung *f*

américaniser [ameʀikanize] <1> **I.** *vt* amerikanisieren **II.** *vpr* ***s'~*** zunehmend amerikanisch geprägt sein; *mode de vie:* sich amerikanischen Verhältnissen angleichen

américanisme [ameʀikanism] *m (idiotisme, emprunt)* Amerikanismus *m; (études)* Amerikanistik *f*

amérindien(ne) [ameʀɛ̃djɛ̃, jɛn] *adj* indianisch

Amérindien(ne) [ameʀɛ̃djɛ̃, jɛn] *m(f)* Indianer(in) *m(f)* [aus Nordamerika]

Amérique [ameʀik] *f* ***l'~*** Amerika *nt;* ***l'~ centrale/latine/du Nord/du Sud*** Mittel-/Latein-/Nord-/Südamerika

amerrir [ameʀiʀ] <8> *vi* wassern

amerrissage [ameʀisaʒ] *m* Wasserung *f,* Wassern *nt,* Wasserlandung *f;* ***~ forcé*** Notwasserung

amertume [amɛʀtym] *f* ❶ *(tristesse)* Bitterkeit *f;* ***être plein d'~*** [ganz] verbittert sein ❷ *(goût amer)* Bitterkeit *f,* bitterer Geschmack

améthyste [ametist] *f* Amethyst *m*

amétropie [ametʀɔpi] *f* MED Fehlsichtigkeit *f*

ameublement [amœbləmɑ̃] *m (meubles)* Möblierung *f; (avec tapis, rideaux)* Einrichtung *f*

ameuter [amøte] <1> *vt* alarmieren

ami(e) [ami] **I.** *m(f)* ❶ *(opp: ennemi)* Freund(in) *m(f);* ***~ des bêtes*** Tierfreund; ***mon cher ~/ma chère amie*** mein Lieber/meine Liebe; ***se faire des ~s*** Freunde finden ❷ *(amant)* Freund(in) *m(f);* ***petit ~*** [fester] Freund *m/*[feste] Freundin *f* **II.** *adj regard, parole* freundschaftlich; *pays* befreundet; ***être très ~ avec qn*** mit jdm eng befreundet sein

amiable [amjabl] *adj décision, constat* einvernehmlich; ***divorcer/s'arranger à l'~*** sich gütlich trennen/einigen

amiante [amjɑ̃t] *m* Asbest *m*

amibe [amib] *f* Amöbe *f*

amibiens [amibjɛ̃] *mpl* Amöben *Pl*

amical(e) [amikal, -o] <-aux> *adj* ❶ *rencontre, conseil* freundschaftlich; *attitude* freundlich; *sourire* herzlich ❷ SPORT ***match ~*** Freundschaftsspiel

amicale [amikal] *f (association)* Vereinigung *f*

amicalement [amikalmɑ̃] *adv* ❶ *(chaleureusement)* freundschaftlich; *recevoir* herzlich ❷ *(formule de fin de lettre)* herzliche Grüße

amidon [amidɔ̃] *m* Stärke *f*

amidonner [amidɔne] <1> *vt* stärken

amincir [amɛ̃siʀ] <8> **I.** *vt* schlank[er] machen, schlanker erscheinen lassen *hanches, taille* **II.** *vi (fam)* abnehmen **III.** *vpr* ***s'~*** *personne:* schlanker werden; *tissu, couche:* dünner werden

amincissant(e) [amɛ̃sisɑ̃, ɑ̃t] *adj* ***être ~*** *robe:* schlank machen

amincissement [amɛ̃sismɑ̃] *m du corps* Schlank[er]werden *nt; d'une couche de glace* Dünnerwerden *nt*

aminé(e) [amine] *adj v.* **acide**

amiral [amiʀal, -o] <-aux> *m* Admiral *m*

amirauté [amiʀote] *f* Admiralität *f*

amitié [amitje] *f* ❶ *(affection)* Freundschaft *f; (sympathie)* Zuneigung *f;* ***se lier d'~ avec qn*** sich mit jdm anfreunden; ***avoir de l'~ pour qn*** jdn mögen ❷ *(entente entre pays)* Freundschaft *f* ❸ *pl (formule de fin de lettre)* ***~s de Bernadette*** alles Liebe, Bernadette; ***faire toutes ses ~s à qn*** jdn herzlich grüßen lassen

ammoniac [amɔnjak] *m* Ammoniak *nt*

ammoniaque [amɔnjak] *f (liquide)* Salmiakgeist *m*

amnésie [amnezi] *f* Gedächtnisschwund *m*

amnésique [amnezik] **I.** *adj* an Gedächtnisschwund leidend **II.** *mf* an Gedächtnisschwund Leidende(r) *f(m)*

amniocentèse [amnjosɛ̃tɛz] *f* Fruchtwasseruntersuchung *f*

amnistie [amnisti] *f* Amnestie *f*

amnistier [amnistje] <1> *vt* amnestieren

amocher [amɔʃe] <1> **I.** *vt (fam)* ❶ *(abîmer)* ramponieren ❷ *(blesser)* [übel] zurichten **II.** *vpr (fam)* ***il s'est bien amoché*** *(il s'est blessé)* es hat ihn schwer erwischt

amoindrir [amwɛ̃dʀiʀ] <8> **I.** *vt* schwächen *autorité, confiance;* schmälern *mérite* **II.** *vpr* ***s'~*** *forces, facultés:* abnehmen; *fortune:* sich verringern

amolissant(e) [amɔlisɑ̃, ɑ̃t] *adj* erschlaffend

amollir [amɔliʀ] <8> *vt* ❶ *(rendre mou)* weich machen, schmelzen lassen *cire, beurre* ❷ *(rendre moins énergique: physiquement)* träge machen; *(moralement)* verweichlichen

amonceler [amɔ̃s(ə)le] <3> *vt* aufhäufen, auftürmen

amoncellement [amɔ̃sɛlmɑ̃] *m* Haufen *m*

amont [amɔ̃] *m d'un cours d'eau* Oberlauf *m; **aller vers l'~*** flussaufwärts gehen/fahren ▸**en ~ de Valence** oberhalb von Valence; **décision en ~** Vorentscheidung *f*

amoral(e) [amɔʀal, -o] <-aux> *adj* amoralisch

amorce [amɔʀs] *f* ❶ *d'une cartouche* Zündhütchen *nt; d'une mine* Zünder *m; **pistolet à ~s*** Knallpistole *f* ❷ *(appât)* Köder *m* ❸ INFORM Ladeprogramm *nt*

amorcer [amɔʀse] <2> **I.** *vt* ❶ *(garnir d'une amorce)* scharf machen *explosif* ❷ PECHE beködern ❸ *(mettre en état de fonctionner)* betriebsbereit machen *siphon* ❹ *(commencer à percer)* vorbohren *trou* ❺ *(ébaucher un mouvement)* ***~ un virage*** in eine Kurve gehen ❻ *(engager)* aufnehmen *conversation;* einleiten *réforme* **II.** *vpr **s'~** dialogue:* in Gang kommen; *baisse:* sich abzeichnen

amorçoir [amɔʀswaʀ] *m* PECHE Futterkorb *m*

amorphe [amɔʀf] *adj personne* energielos

amortir [amɔʀtiʀ] <8> *vt* ❶ *(affaiblir)* dämpfen *bruit, choc;* bremsen *chute* ❷ *(rembourser)* tilgen *dette* ❸ *(rentabiliser)* amortisieren *équipement, voiture; (inscrire au bilan)* abschreiben *équipement, voiture*

amortissable [amɔʀtisabl] *adj prêt, obligation* tilgbar; *immobilisations* abschreibungsfähig

amortissement [amɔʀtismɑ̃] *m d'un choc, bruit* Dämpfung *f*

amortisseur [amɔʀtisœʀ] *m* AUT Stoßdämpfer *m*

amour [amuʀ] **I.** *m* ❶ *(sentiment)* Liebe *f; **l'~ maternel*** die Mutterliebe; ***~ fissionnel*** *[Liebes-]Beziehung zwischen zwei getrennt lebenden Personen* ❷ *(acte)* Liebe *f; **pendant l'~*** während des Geschlechtsverkehrs; ***ils font l'~*** sie schlafen miteinander ❸ *(personne)* Liebe *f* ❹ *(attachement, altruisme)* ***~ du prochain/de la justice*** Nächsten-/Gerechtigkeitsliebe ❺ *(goût pour)* ***~ de la nature*** Liebe *f* zur Natur; ***~ du sport*** Sportbegeisterung *f* ❻ *(terme d'affection)* ***mon ~*** [mein] Liebling; ***être un ~*** *(fam)* ein [richtiger] Schatz sein ▸ **pour l'~ de Dieu** um Gottes willen; **vivre d'~ et d'eau fraîche** von Luft und Liebe leben **II.** *mpl f si poétique* Liebschaften *Pl; **comment vont tes ~s?*** was macht die Liebe? ▸ **à tes/vos ~s!** *(hum)* Gesundheit!

amouracher [amuʀaʃe] <1> *vpr (péj) **s'~ de qn*** sich in jdn vernarren

amoureusement [amuʀøzmɑ̃] *adv (avec amour, soin)* liebevoll

amoureux, -euse [amuʀø, -øz] **I.** *adj personne, regard* verliebt; ***la vie amoureuse de qn*** jds Liebesleben *nt; **être ~ de qn*** in jdn verliebt sein; ***tomber ~ de qn*** sich in jdn verlieben **II.** *m, f* ❶ *(soupirant)* Verehrer(in) *m(f); **un amoureux/une amoureuse*** ein Verliebter/eine Verliebte; ***des ~*** Verliebte *Pl; (sentiment plus profond)* Liebende *Pl; **un amoureux/une amoureuse*** ein Liebhaber/eine Liebhaberin; ***en ~*** in trauter Zweisamkeit ❷ *(passionné)* ***~ de la musique/de la nature*** Musikliebhaber *m*/Naturfreund *m*

amour-propre [amuʀpʀɔpʀ] <amours-propres> *m* Selbstachtung *f*

amovibilité [amɔvibilite] *f* INFORM *d'un lecteur de disquettes* Austauschbarkeit *f*

amovible [amɔvibl] *adj* abnehmbar; *(par boutons)* ausknöpfbar

ampère [ɑ̃pɛʀ] *m* Ampere *nt*

ampèremètre [ɑ̃pɛʀmɛtʀ] *m* PHYS Amperemeter *nt*

amphétamine [ɑ̃fetamin] *f* Amphetamin *nt*

amphi [ɑ̃fi] *m* UNIV *(fam) abr de* **amphithéâtre** Hörsaal

amphibie [ɑ̃fibi] BIO **I.** *adj* amphibisch **II.** *m* Amphibie *f*

amphibiens [ɑ̃fibjɛ̃] *mpl* Amphibien *Pl*

amphithéâtre [ɑ̃fiteɑtʀ] *m* ❶ ARCHIT Amphitheater *nt* ❷ UNIV Hörsaal *m* ❸ THEAT Rang *m*

amphore [ɑ̃fɔʀ] *f* Amphore *f*

ample [ɑ̃pl] *adj* ❶ *(large)* weit ❷ *mouvement* weit ausholend; *voix* weithin hörbar ❸ *projet, sujet* umfangreich; *récit, information* ausführlich; ***de plus ~s informations*** nähere Informationen

amplement [ɑ̃pləmɑ̃] *adv* ausführlich; ***être ~ suffisant*** völlig ausreichen

ampleur [ɑ̃plœʀ] *f* ❶ *d'un vêtement* Weite *f; d'une voix* Reichweite *f* ❷ *d'un récit* Ausführlichkeit *f; d'un sujet* Umfang *m; d'une catastrophe* Ausmaß *nt; **prendre de***

l'~ événement: an Bedeutung gewinnen; *manifestation:* sich ausweiten

ampli [ɑ̃pli] *m (fam) abr de* **amplificateur**

amplificateur [ɑ̃plifikatœʀ] *m* ❶ PHYS, RADIO Verstärker *m;* ~ ***basse/haute fréquence*** Nieder-/Hochfrequenzverstärker *m* ❷ PHOT Vergrößerungsapparat *m*

amplification [ɑ̃plifikasjɔ̃] *f* ❶ *(action) d'un mouvement* Ausweitung *f; d'un son* Verstärken *nt; d'une image* Vergrößern *nt* ❷ *(résultat) d'un son* Verstärkung *f; d'un texte, discours* Weitschweifigkeit *f*

amplifier [ɑ̃plifje] <1> **I.** *vt* ❶ *(augmenter)* verstärken, vergrößern *image* ❷ *(développer)* verstärken *échanges, coopération;* verbreiten *idée* ❸ *(exagérer)* aufblähen **II.** *vpr* ***s'~*** *bruit:* anschwellen; *échange:* sich intensivieren; *mouvement, scandale:* sich ausweiten; *tendance:* zunehmen; *idée:* sich ausbreiten

amplitude [ɑ̃plityd] *f* ❶ SCI Amplitude *f* ❷ *(ampleur)* Ausmaß *nt*

ampoule [ɑ̃pul] *f* ❶ ELEC [Glüh]birne *f* ❷ MED Ampulle *f* ❸ *(cloque)* Blase *f*

ampoulé(e) [ɑ̃pule] *adj style* aufgeblasen

amputation [ɑ̃pytasjɔ̃] *f* ❶ ANAT Amputation *f* ❷ *(diminution) d'un texte, budget* Kürzung *f; du territoire national* Verkleinerung *f; (mutilation) d'un texte* Verstümmelung *f*

amputé(e) [ɑ̃pyte] *m(f)* Amputierte(r) *f(m);* ***~(e) de la jambe/du bras*** Bein-/Armamputierte(r)

amputer [ɑ̃pyte] <1> *vt* ANAT amputieren; ***être amputé d'un bras*** armamputiert sein

amuïr [amɥiʀ] <8> *vpr* LING ***s'~*** *voyelle, consonne, syllabe:* verstummen

amulette [amylɛt] *f* Amulett *nt*

amusant(e) [amyzɑ̃, ɑ̃t] *adj* ❶ *(divertissant)* unterhaltsam; *travail, vacances* abwechslungsreich ❷ *(drôle)* amüsant ❸ *(curieux)* witzig *fam*

amuse-bouche [amyzbuʃ] <amuse-bouche[s]> *m* Appetithäppchen *nt*

amuse-gueule [amyzgœl] <amuse--gueule[s]> *m (fam)* Knabbereien *Pl*

amusement [amyzmɑ̃] *m* ❶ *(divertissement)* Zeitvertreib *m* ❷ *(plaisir)* Vergnügen *nt* ❸ *(moquerie)* Belustigung *f*

amuser [amyze] <1> **I.** *vt* ❶ *(divertir)* unterhalten; *activité:* Spaß machen ❷ *(faire rire)* amüsieren ❸ *(détourner l'attention)* ablenken **II.** *vpr* **s'~** ❶ *(jouer)* spielen; ***s'~ avec qn/qc*** mit jdm/etw spielen ❷ *(se divertir)* ***bien s'~*** sich gut amüsieren; *(à une soirée)* sich gut unterhalten; ***amuse--toi/amusez-vous bien!*** viel Spaß!; ***qn s'amuse à faire qc*** es macht jdm Spaß etw zu tun ❸ *(batifoler)* sich amüsieren ❹ *(traîner)* [herum]trödeln *fam*

amusette [amyzɛt] *f* BELG *(fam: personne frivole)* Luftikus *m hum*

amuseur, -euse [amyzœʀ, -øz] *m, f* ~ ***public*** Alleinunterhalter(in) *m(f); (à la télé)* Entertainer(in) *m(f)*

amygdale [amidal] *f* Mandel *f*

> **Aussprache**
> Das -g- in **amygdale** wird nicht gesprochen.

amygdalite [amidalit] *f* MED [Gaumen]mandelentzündung *f,* Tonsillitis *f Fachspr.*

an [ɑ̃] *m* ❶ *(durée)* Jahr *nt;* ***après cinq ~s de vie commune*** nach fünfjährigem Zusammenleben ❷ *(âge)* Jahr *nt;* ***avoir cinq ~s*** fünf [Jahre alt] sein; ***à quarante ~s*** mit vierzig [Jahren]; ***homme de cinquante ~s*** fünfzigjähriger Mann; ***fêter ses vingt ~s*** seinen/ihren zwanzigsten Geburtstag feiern ❸ *(point du temps)* Jahr *nt;* ***l'~ dernier/prochain*** letztes/nächstes Jahr; ***tous les ~s*** jedes Jahr; ***par ~*** jährlich; ***en l'~ 200 avant Jésus-Christ*** [im Jahr] 200 vor Christus; ***le nouvel ~, le premier de l'~*** Neujahr *nt,* der Neujahrstag; ***au nouvel ~*** an Neujahr

anabolisant [anabɔlizɑ̃] *m* MED Anabolikum *nt meist Pl*

anachronique [anakʀɔnik] *adj* anachronistisch *geh*

anachronisme [anakʀɔnism] *m* Anachronismus *m geh*

anaérobie [anaeʀɔbi] *adj* BIO *organisme, bactérie* anaerob *Fachspr.*, ohne Sauerstoff lebend

anagramme [anagʀam] *f* Anagramm *nt*

anal(e) [anal, -o] <-aux> *adj* anal

analeptique [analɛptik] **I.** *adj* MED stärkend **II.** *m* PHARM Analeptikum *nt Fachspr.*

analgésique [analʒezik] *m* Schmerzmittel *nt*

analogie [analɔʒi] *f* Analogie *f;* ***par ~*** analog

analogique [analɔʒik] *adj* INFORM *signal, données* analog

analogue [analɔg] *adj* analog, ähnlich

analphabète [analfabɛt] **I.** *adj* des Lesens und Schreibens unkundig **II.** *mf* Analphabet(in) *m(f)*

analphabétisme [analfabetism] *m* Analphabetismus *m*

A

analysable [analizabl] *adj* analysierbar, [genauer] bestimmbar; ***être ~*** sich bestimmen [*o* analysieren] lassen

analyse [analiz] *f* ❶ *(opp: synthèse)* Analyse *f;* ***faire l'~ de qc*** etw analysieren ❷ MED Untersuchung *f* ❸ MATH Analysis *f*

analyser [analize] <1> *vt* analysieren; GRAM bestimmen *mot;* MATH, MED untersuchen; ***se faire ~*** PSYCH eine Analyse machen

analyste [analist] *mf* ❶ *(technicien)* Analytiker(in) *m(f)* ❷ PSYCH [Psycho]analytiker(in) *m(f)*

analyste-programmeur, -euse [analist(ə)pʀɔgʀamœʀ, -øz] <analystes-programmeurs> *m, f* Systemanalytiker(in) *m(f)*

analytique [analitik] *adj* analytisch

anamnèse [anamnɛz] *f* MED Anamnese *f*

ananas [anana(s)] *m* Ananas *f*

anaphore [anafɔʀ] *f* Anapher *f*

anarchie [anaʀʃi] *f* ❶ POL Anarchie *f* ❷ *(pagaïe)* Chaos *nt* ❸ *(anarchisme)* Anarchismus *m*

anarchique [anaʀʃik] *adj* chaotisch

anarchisme [anaʀʃism] *m* Anarchie *f*

anarchiste [anaʀʃist] **I.** *adj* anarchistisch **II.** *mf* Anarchist(in) *m(f)*

anathème [anatɛm] *m* Exkommunikation *f*

anatomie [anatɔmi] *f* ❶ *(science)* Anatomie *f* ❷ *(fam: corps)* Körperbau *m*

anatomique [anatɔmik] *adj* anatomisch

anatomiste [anatɔmist] *mf* Anatom(in) *m(f)*

ancestral(e) [ɑ̃sɛstʀal, -o] <-aux> *adj* alt[überliefert]

ancêtre [ɑ̃sɛtʀ] **I.** *mf* ❶ *(aïeul)* Vorfahr(in) *m(f); (à l'origine d'une famille)* Urahn(in) *m(f)* ❷ *d'un genre artistique* Vorläufer(in) *m(f)* ❸ *(fam: vieillard)* alter Mann *m/*alte Frau *f* **II.** *mpl* HIST Vorfahren *Pl*

anchois [ɑ̃ʃwa] *m* Sardelle *f*

ancien [ɑ̃sjɛ̃] *m (objets)* Antiquitäten *Pl*

ancien(ne) [ɑ̃sjɛ̃, jɛn] **I.** *adj* ❶ *(vieux)* alt; *objet d'art* antik; *livre* antiquarisch ❷ *antéposé (ex-)* ehemalig ❸ *(antique)* antik ❹ *(qui a de l'ancienneté)* ***être ~ dans le métier*** schon lange im Beruf sein **II.** *m(f)* ❶ *(personne)* ***les ~s*** die Alten ❷ *(collaborateur)* ***être un ~ dans l'entreprise*** schon lange zum Unternehmen gehören

Grammatik und Co.

Steht **ancien** vor dem Substantiv, kann es zum einen etwas Überholtes ausdrücken: *un ancien ami - ein früherer Freund, ein ehemaliger Freund.* (Im Gegensatz zu: *un ami ancien - ein alter, langjähriger Freund.*)
Zum anderen kann es das wertsteigernde Alter ausdrücken: *un ancien tapis - ein alter, wertvoller Teppich*. (Der Gegensatz hierzu ist *un vieux tapis - ein alter, abgenutzter Teppich.*)

ancienne [ɑ̃sjɛn] *f* ❶ *(personne)* ***les ~s*** die Alten ❷ GASTR ***à l'~*** nach altem Rezept

anciennement [ɑ̃sjɛnmɑ̃] *adv* früher

ancienneté [ɑ̃sjɛnte] *f (dans la fonction publique)* Dienstalter *nt; (dans une entreprise)* Betriebszugehörigkeit *f*

anciens [ɑ̃sjɛ̃] *mpl* HIST Völker des Altertums

ancrage [ɑ̃kʀaʒ] *m* ❶ NAUT Ankerplatz *m* ❷ *(action, manière d'ancrer)* Verankerung *f*

ancre [ɑ̃kʀ] *f* Anker *m* ▸ **jeter l'~** vor Anker gehen; *(fig)* sich niederlassen

ancrer [ɑ̃kʀe] <1> *vt* ❶ verankern; ***être ancré dans la rade*** auf der Reede liegen ❷ *(enraciner)* ***être ancré dans qc*** in etw *akk* [fest] verankert sein

andalou(ne) [ɑ̃dalu, uz] *adj* andalusisch

Andalousie [ɑ̃daluzi] *f* ***l'~*** Andalusien *nt*

andante [ɑ̃dɑ̃t, andante] MUS **I.** *adv (indication de tempo)* andante **II.** *m (morceau)* Andante *nt*

Andes [ɑ̃d] *fpl* ***les ~*** die Anden *Pl*

andorran(e) [ɑ̃dɔʀɑ̃, an] *adj* andorranisch

Andorre [ɑ̃dɔʀ] *f* ***l'~*** Andorra *nt*

andouille [ɑ̃duj] *f Wurst aus Innereien von Schwein oder Kalb*

andouillette [ɑ̃dujɛt] *f Würstchen aus Innereien*

androgène [ɑ̃dʀɔʒɛn] BIO **I.** *adj* androgen **II.** *m* Androgen *nt*

androgyne [ɑ̃dʀɔʒin] BIO **I.** *adj* androgyn **II.** *mf* Zwitter *m*

âne [ɑn] *m* ❶ ZOOL Esel *m; v. a.* **ânesse** ❷ *(imbécile)* ***quel ~!*** so ein Esel! ▸ **être têtu comme un ~** störrisch wie ein Esel sein

anéantir [aneɑ̃tiʀ] <8> **I.** *vt* ❶ *(détruire)* vernichten *ennemi;* aufreiben *armée;* dem Erdboden gleichmachen *ville;* zunichtemachen *effort, espoir* ❷ *(déprimer, accabler)* niederdrücken; *mauvaise nouvelle:* niederschmettern **II.** *vpr* ***s'~*** *volonté:* ins Wanken geraten

anéantissement [aneɑ̃tismɑ̃] *m* ❶ *(disparition)* Zerstörung *f* ❷ *(fatigue)* Erschöpfung *f; (abattement)* Niedergeschlagenheit *f*

anecdote [anɛkdɔt] *f* Anekdote *f*

anecdotique [anɛkdɔtik] *adj* anekdotisch

anémie [anemi] *f* ❶ MED Blutarmut *f* ❷ *(crise)* Flaute *f*

anémié(e) [anemje] *adj* ***être** ~(e)* geschwächt sein, schwach sein

anémier [anemje] <1a> *vt (a. fig)* schwächen

anémique [anemik] *adj* anämisch

anémone [anemɔn] *f* Anemone *f*

ânerie [ɑnʀi] *f* Dummheit *f*

ânesse [ɑnɛs] *f* Eselin *f; v. a.* **âne**

anesthésiant [anɛstezjɑ̃] *m* PHARM Anästhetikum *nt;* ~ ***local*** Lokalanästhetikum

anesthésie [anɛstezi] *f* Narkose *f*

anesthésier [anɛstezje] <1> *vt* betäuben

anesthésique [anɛstezik] MED **I.** *adj* anästhetisch **II.** *m* Anästhetikum *nt*

anesthésiste [anɛstezist] *mf* Narkosearzt *m*/-ärztin *f*

aneth [anɛt] *m* BOT Dill *m*

anévrisme [anevʀism] *m* MED Aneurysma *nt Fachspr.*

anfractuosité [ɑ̃fʀaktɥozite] *f* Vertiefung *f*

ange [ɑ̃ʒ] *m* ❶ REL Engel *m* ❷ *(personne)* Engel *m* ►~ **gardien** Schutzengel *m; (garde du corps)* Leibwächter *m*

angélique[1] [ɑ̃ʒelik] *adj* engelhaft

angélique[2] [ɑ̃ʒelik] *f* BOT Engelwurz *f*

angelot [ɑ̃ʒ(ə)lo] *m* Putte *f*

angine [ɑ̃ʒin] *f* MED Angina *f*

anglais [ɑ̃glɛ] *m* Englisch *nt; v. a.* **allemand**

anglais(e) [ɑ̃glɛ, ɛz] *adj* englisch ►**filer à l'~e** sich [auf] französisch verabschieden

Anglais(e) [ɑ̃glɛ, ɛz] *m(f)* Engländer(in) *m(f)*

anglaise [ɑ̃glɛz] *f* Korkenzieherlocke *f,* Korkzieherlocke DIAL

angle [ɑ̃gl] *m* ❶ *(coin)* Ecke *f* ❷ GEOM Winkel *m* ❸ PHOT, OPT ***grand-~*** Weitwinkelobjektiv *nt;* ~ ***mort*** toter Winkel ❹ *(point de vue)* Blickwinkel *m*

Angleterre [ɑ̃glətɛʀ] *f* ***l'~*** England *nt*

anglican [ɑ̃glikɑ̃] *adj* anglikanisch

anglicanisme [ɑ̃glikanism] *m* Anglikanismus *m*

Angliche [ɑ̃gliʃ] *(fam)* **I.** *adj* englisch **II.** *mf* Engländer(in) *m(f)*

angliciser [ɑ̃glicize] <1> *vt* anglisieren

anglicisme [ɑ̃glisism] *m (emprunt)* Anglizismus *m*

angliciste [ɑ̃glisist] *mf* Anglist(in) *m(f)*

anglo-américain [ɑ̃gloameʀikɛ̃] *m* amerikanisches Englisch *nt* **anglo-canadien(ne)** [ɑ̃glokanadjɛ̃, jɛn] <anglo-canadiens> *adj* anglokanadisch **Anglo-Canadien(ne)** [ɑ̃glokanadjɛ̃, jɛn] <Anglo-Canadiens> *m(f)* Anglokanadier(in) *m(f)*

anglo-normand [ɑ̃glonɔʀmɑ̃] *m* ***l'~*** *(dialecte)* Anglonormannisch *nt,* das Anglonormannische, Anglofranzösisch *nt,* das Anglofranzösische; *v. a.* **allemand anglo-normand(e)** [ɑ̃glonɔʀmɑ̃, ɑ̃d] <anglo-normands> *adj* ❶ GEOG ***les îles Anglo-Normandes*** die Kanalinseln *Pl* ❷ ZOOL anglonormannisch

anglophile [ɑ̃glɔfil] **I.** *adj* anglophil **II.** *mf* Anglophile(r) *f(m)*

anglophobe [ɑ̃glɔfɔb] **I.** *adj* anglophob **II.** *mf* Englandgegner(in) *m(f)*

anglophone [ɑ̃glɔfɔn] **I.** *adj* englischsprechend; *(dont l'anglais est la langue maternelle)* englischsprachig **II.** *mf* Englischsprechende(r) *f(m); (dont l'anglais est la langue maternelle)* Englischsprachige(r) *f(m)*

anglo-saxon(ne) [ɑ̃glosaksɔ̃, ɔn] <anglo-saxons> *adj* angelsächsisch **Anglo-Saxon(ne)** [ɑ̃glosaksɔ̃, ɔn] <Anglo-Saxons> *m(f)* Angelsachse *m*/-sächsin *f*

angoissant(e) [ɑ̃gwasɑ̃, ɑ̃t] *adj* beängstigend

angoisse [ɑ̃gwas] *f* ❶ *(peur)* Angst *f; (malaise)* Angstzustand *m* ❷ PHILOS Angst *f*

angoissé(e) [ɑ̃gwase] **I.** *adj visage, voix* angsterfüllt; *geste* angstvoll; *(craintif)* ängstlich; *personne* verängstigt **II.** *m(f)* ängstlicher Mensch

angoisser [ɑ̃gwase] <1> *vt (inquiéter)* ~ ***qn*** jdm Angst einjagen; *situation, nouvelle, silence:* jdn ängstigen

Angola [ɑ̃gɔla] *m* ***l'~*** Angola *nt*

angora [ɑ̃gɔʀa] **I.** *adj* ***laine*** ~ Angorawolle *f* **II.** *m (chat)* Angorakatze *f; (lapin)* Angorahase *m; (laine)* Angorawolle *f*

anguille [ɑ̃gij] *f* Aal *m*

angulaire [ɑ̃gylɛʀ] *adj* eckig

anguleux, -euse [ɑ̃gylø, -øz] *adj menton* eckig

anicroche [anikʀɔʃ] *f* [kleiner] Zwischenfall

animal [animal, -o] <-aux> *m* ❶ *(bête)* Tier *nt;* ~ ***domestique*** Haustier; ***animaux sauvages*** wilde Tiere ❷ *(être humain)* [Lebe]wesen *nt* ❸ *(personne stupide)* Rindvieh *nt; (personne brutale)* Rohling *m*

animal(e) [animal, -o] <-aux> *adj* ❶ ZOOL, BIO *matières* tierisch; *fonctions* animalisch; ***règne*** ~ Tierreich *nt* ❷ *(rapporté à*

l'homme) tierhaft; *confiance* instinktiv ❸ *(péj: bestial)* animalisch

animalerie [animalʀi] *f (magasin)* Tierhandlung *f*

animalier, -ière [animalje, -jɛʀ] **I.** *adj* Tier-; ***documentaire*** ~ Tierfilm *m* **II.** *m, f (peintre)* Tiermaler(in) *m(f); (sculpteur)* Tierbildhauer(in) *m(f); (dans un laboratoire)* [Versuchs]tierpfleger(in) *m(f)* **III.** *app* ***peintre*** ~ Tiermaler *m*

animalité [animalite] *f* ❶ *(le règne animal)* Tierreich *nt* ❷ *(de l'homme)* das tierische Wesen

animateur, -trice [animatœʀ, -tʀis] *m, f* ❶ *d'un groupe* Betreuer(in) *m(f); d'un club de vacances* Animateur(in) *m(f); d'un club de sport* Leiter(in) *m(f)* ❷ *d'un débat, jeu* Leiter(in) *m(f);* RADIO, TV Moderator(in) *m(f)* ❸ *d'un projet* Motor *m* ❹ CINE Animator(in) *m(f)*

animation [animasjɔ̃] *f* ❶ *d'un bureau* [rege] Betriebsamkeit; *d'un quartier* lebhaftes Treiben ❷ *d'une discussion* Lebhaftigkeit *f;* ***mettre de l'~*** für Stimmung sorgen ❸ *(excitation)* Aufregung *f* ❹ *(conduite de groupe)* Leitung *f* ❺ CINE Animation *f*

animé(e) [anime] *adj discussion* lebhaft; *rue* belebt; ***dessin*** ~ Zeichentrickfilm *m;* ***être*** ~ Lebewesen *nt*

animer [anime] <1> **I.** *vt* ❶ *(mener)* leiten *entreprise, débat;* betreuen *groupe;* führen durch *émission* ❷ *(mouvoir)* bewegen ❸ *(égayer)* beleben **II.** *vpr* ***s'~*** *rue, yeux:* sich beleben; *conversation:* lebhaft werden; *statue:* lebendig werden

animisme [animism] *m* Animismus *m*

animosité [animozite] *f* Feindseligkeit *f*

anion [anjɔ̃] *m* PHYS Anion *nt*

anis [anis] *m* BOT, GASTR Anis *m*

anisette [anizɛt] *f* Anisette *m*

ankylose [ɑ̃kiloz] *f* Gelenkversteifung *f,* Ankylose *f Fachspr.*

ankyloser [ɑ̃kiloze] <1> *vt (a. fig)* steif werden lassen

annales [anal] *fpl* Annalen *Pl; (titre de périodiques)* Jahrbücher *Pl*

anneau [ano] <x> *m* ❶ *(cercle, bague)* Ring *m* ❷ *(maillon)* Glied *nt* ❸ ZOOL *d'un ver* Segment *nt* ❹ *pl* SPORT Ringe *Pl* ❺ ASTRON Ring *m*

année [ane] *f* ❶ *(durée)* Jahr *nt;* ~ ***civile/bissextile*** Kalender-/Schaltjahr; ***au cours des dernières ~s*** in den letzten Jahren; ***bien des ~s après*** Jahre später; ***dans les ~s à venir*** in den kommenden Jahren; ***pour de longues ~s*** auf Jahre hinaus; ***tout au long de l'~*** das ganze Jahr [über] ❷ *(âge)* Lebensjahr *nt* ❸ *(période d'activité)* ~ ***scolaire*** [Schul]jahr *nt;* ~ ***universitaire*** akademisches Jahr ❹ *(date)* Jahr *nt;* ***l'~ prochaine/dernière/passée*** nächstes/letztes/vergangenes Jahr; ~ ***de naissance*** Geburtsjahr; ***en début/en fin d'~*** [am] Anfang/Ende des Jahres; ***d'une ~ à l'autre*** von einem Jahr zum anderen; ***l'~ 1789*** [das Jahr] 1789; ***les ~s trente*** die dreißiger Jahre; ***2003, c'est une bonne ~ pour le Bordeaux*** 2003 ist beim Bordeaux ein guter Jahrgang; ***bonne ~!*** ein gutes neues Jahr!; ***bonne ~, bonne santé!*** ein gesundes neues Jahr!; ***souhaiter la bonne ~ à qn*** jdm ein gutes neues Jahr wünschen ▶ **les ~s folles** die Goldenen Zwanziger[jahre]

année-lumière [anelymjɛʀ] <années-lumière> *f* Lichtjahr *nt*

annelé(e) [an(ə)le] *adj* geringelt

annexe [anɛks] *f d'un livre* Anhang *m;* ~ ***d'un contrat/traité*** Zusatz *m* zu einem Vertrag; ***nous joignons en ~ de la présente ...*** als Anlage [zum vorliegenden Brief] fügen wir ... bei

annexer [anɛkse] <1> *vt* annektieren *territoire, pays*

annexion [anɛksjɔ̃] *f d'un pays, territoire* Annexion *f*

annihiler [aniile] <1> *vt* zunichtemachen *efforts, espoir*

anniversaire [anivɛʀsɛʀ] **I.** *adj* ***jour*** ~ Jahrestag *m;* ***cérémonie*** ~ Gedenkfeier *f; d'une association, entreprise* Jubiläumsfeier *f;* ***le jour ~ de leurs 50 ans de mariage*** ihr fünfzigster Hochzeitstag; ***la cérémonie ~ de l'armistice*** die Feier[lichkeiten] zum Jahrestag des Waffenstillstands **II.** *m d'une personne* Geburtstag *m; d'un événement* Jahrestag *m; (dans une association/entreprise)* Jubiläum *nt;* ***bon ~!*** alles Gute zum Geburtstag!

annonce [anɔ̃s] *f* ❶ *d'un événement imminent* Ankündigung *f; (information officielle)* ~ ***de qc*** Bekanntgabe *f* einer S. *gen; (transmise par les médias)* Meldung *f* einer S. *gen* ❷ *(texte)* Anzeige *f; (petite annonce)* Annonce *f,* Anzeige; ***les petites ~s*** *(rubrique)* die Kleinanzeigen; ***passer une ~ dans un journal*** eine Annonce in einer Zeitung aufgeben ❸ *(présage)* Vorbote *m; (indice)* Anzeichen *nt* ❹ JEUX Ansage *f*

annoncer [anɔ̃se] <2> **I.** *vt* ❶ *(communiquer)* bekannt geben, mitteilen *fait, décision; (à la radio, la TV)* melden *fait, décision;* ankündigen *événement imminent*

❷ *(signaler l'arrivée de qn)* ~ ***qn*** jdn melden ❸ *(prédire)* ankündigen ❹ *(être le signe de)* Vorbote sein für *printemps; signal:* verkünden ❺ JEUX ansagen **II.** *vpr* ❶ *(arriver)* ***s'~*** sich ankündigen; *été:* vor der Tür stehen ❷ *(se présenter)* ***bien/mal s'~*** gut/schlecht anfangen; ***ça s'annonce bien*** es sieht gut aus

annonceur, -euse [anɔ̃sœʀ, -søz] *m, f* ❶ *(speaker)* Sprecher(in) *m(f)* ❷ *(qui passe une petite annonce)* Inserent(in) *m(f)* ❸ *(bénéficiaire d'une publicité)* Werbetreibende(r) *f(m)* ❹ PRESSE Anzeigenkunde *m*/-kundin *f* ❺ *(sponsor)* Sponsor(in) *m(f)*

annonciateur, -trice [anɔ̃sjatœʀ, -tʀis] *adj* ***signe ~ de qc*** Vorzeichen für etw

Annonciation [anɔ̃sjasjɔ̃] *f* ***l'~*** Mariä Verkündigung

annotation [anɔtasjɔ̃] *f* Anmerkung *f*

annoter [anɔte] <1> *vt* mit Anmerkungen versehen

annuaire [anɥɛʀ] *m* Jahrbuch *nt;* ~ ***téléphonique*** [*o* ***des téléphones***] Telefonbuch

annuel(le) [anɥɛl] *adj* ❶ *(périodique)* jährlich; ***congé*** ~ Jahresurlaub *m;* ***rente ~le*** Jahresrente *f* ❷ *(qui dure un an)* einjährig

annuellement [anɥɛlmɑ̃] *adv* jährlich

annuité [anɥite] *f d'une dette* Jahresrate *f*

annulable [anylabl] *adj* JUR *mariage* annullierbar; *contrat, jugement* anfechtbar

annulaire [anylɛʀ] **I.** *m* Ringfinger *m* **II.** *adj* ringförmig

annulation [anylasjɔ̃] *f* ❶ *d'une commande* Stornierung *f; d'un rendez-vous* Absage *f* ❷ JUR *d'un examen, contrat* Annullierung *f; d'un jugement* Aufhebung *f*

annuler [anyle] <1> **I.** *vt* ❶ *(supprimer)* rückgängig machen, bereinigen *dette;* stornieren *voyage, commande;* absagen *rendez-vous* ❷ JUR aufheben *jugement;* annullieren *mariage* ❸ INFORM abbrechen **II.** *vpr* ***s'~*** sich [gegenseitig] aufheben

anoblir [anɔbliʀ] <8> *vt* adeln

anode [anɔd] *f* Anode *f*

anodin(e) [anɔdɛ̃, in] *adj personne, détail* unbedeutend

anomalie [anɔmali] *f* ❶ GRAM Unregelmäßigkeit *f* ❷ *(singularité)* Anomalie *f; (caractère inhabituel)* Ungewöhnliche(s) *nt; (caractère déviant)* Abnormität *f* ❸ BIO Anomalie *f* ❹ TECH Defekt *m*

ânon [anɔ̃] *m (très jeune âne)* Eselsfohlen *nt; (petit âne)* Eselchen *nt*

ânonnement [anɔnmɑ̃] *m* Stottern *nt*

ânonner [anɔne] <1> *vt, vi* stockend sprechen, stockend lesen, stockend aufsagen *poésie, leçon*

anonymat [anɔnima] *m* Anonymität *f;* ***rester dans l'~*** anonym bleiben

anonyme [anɔnim] *adj* anonym; *décor, vêtement* nichts sagend

anorak [anɔʀak] *m* Anorak *m*

anorexie [anɔʀɛksi] *f* ❶ *(perte d'appétit)* Appetitlosigkeit *f* ❷ *(refus de s'alimenter)* ~ ***mentale*** Magersucht *f*

anorexique [anɔʀɛksik] **I.** *adj personne* magersüchtig **II.** *mf* Magersüchtige(r) *f(m)*

anormal(e) [anɔʀmal, -o] <-aux> **I.** *adj* ❶ *(inhabituel)* ungewöhnlich ❷ *(non conforme à la règle)* anormal; *comportement* seltsam ❸ *(injuste)* nicht normal **II.** *m(f)* ❶ *(déséquilibré)* [psychisch] Gestörte(r) *f(m)* ❷ *(enfant arriéré)* entwicklungsgestörtes Kind

anormalement [anɔʀmalmɑ̃] *adv* ungewöhnlich

A.N.P.E. [ɑɛnpeø] *f abr de* **Agence nationale pour l'emploi** *(organisme national)* nationale Arbeitsvermittlung *(entspricht der Bundesanstalt für Arbeit); (agence locale)* Arbeitsamt *nt*

ANPE [ɑɛnpeø] *f abr de* **Agence nationale pour l'emploi** *(organisme national)* nationale Arbeitsvermittlung *f (entspricht der Bundesanstalt für Arbeit); (agence locale)* Arbeitsamt *nt*

anse [ɑ̃s] *f* Henkel *m*

antagonique [ɑ̃tagɔnik] *adj* gegensätzlich, antagonistisch

antagonisme [ɑ̃tagɔnism] *m* Gegensatz *m*

antagoniste [ɑ̃tagɔnist] *mf* Gegner(in) *m(f)*

antalgique [ɑ̃talʒik] **I.** *adj* MED schmerzstillend **II.** *m* PHARM Analgetikum *nt Fachspr.*

antan [ɑ̃tɑ̃] *adj* ***d'~*** früher, vergangen

antarctique [ɑ̃taʀktik] *adj* antarktisch

Antarctique [ɑ̃taʀktik] *m* ***l'~*** die Antarktis

antécédent [ɑ̃tesedɑ̃] *m* ❶ GRAM Bezugswort *nt* ❷ PHILOS Ursache *f* ❸ *pl* MED Vorgeschichte *f* ❹ *pl d'une personne* Vorleben *nt; d'une affaire* Vorgeschichte *f*

antécédent(e) [ɑ̃tesedɑ̃, ɑ̃t] *adj* ~ ***à qc*** einer S. *dat* vorausgehend

Antéchrist [ɑ̃tekʀist] *m* Antichrist *m*

antédiluvien(ne) [ɑ̃tedilyvjɛ̃, jɛn] *adj (fig)* vorsintflutlich *fam*

antémémoire [ɑ̃tememwaʀ] *f* INFORM Cache *m,* Cachespeicher *m*

antenne [ɑ̃tɛn] *f* ❶ *(pour capter)* Antenne *f;* ~ ***parabolique/télescopique*** Parabol-/Teleskopantenne *f* ❷ RADIO, TV Sen-

der *m; **une heure d'~*** eine Stunde Sendezeit; ***à l'~*** am Mikrofon; *invité:* im Studio; *correspondant:* auf Sendung ❸ TELEC ~ ***relais*** Mobilfunkantenne *f* ❹ ZOOL Fühler *m* ❺ *(poste avancé)* Vorposten *m*
antépénultième [ɑ̃tepenyltjɛm] *adj* vorvorletzte(r, s)
antéposé(e) [ɑ̃tepoze] *adj* vorangestellt
antérieur(e) [ɑ̃teʀjœʀ] *adj* ❶ *(précédent)* frühere(r, s); ***être ~ à qc*** vor etw *dat* liegen ❷ ANAT ***patte/membre ~*** Vorderpfote *f*/-bein *nt* ❸ LING palatal
antérieurement [ɑ̃teʀjœʀmɑ̃] *adv* früher
antérieurs [ɑ̃teʀjœʀ] *mpl* Vorderbeine *Pl*
antériorité [ɑ̃teʀjɔʀite] *f* ❶ *(dans le temps)* [zeitlich] früheres Vorhandensein ❷ GRAM Vorzeitigkeit *f*
anthologie [ɑ̃tɔlɔʒi] *f* Anthologie *f*
anthracite [ɑ̃tʀasit] *m* Anthrazit *m*
anthrax [ɑ̃tʀaks] *m* Milzbrand *m*
anthropoïde [ɑ̃tʀɔpɔid] *m* ZOOL Anthropoid[e] *m,* Menschenaffe *m*
anthropologie [ɑ̃tʀɔpɔlɔʒi] *f* Anthropologie *f*
anthropologue [ɑ̃tʀɔpɔlɔg] *mf* Anthropologe *m*/Anthropologin *f*
anthropophage [ɑ̃tʀɔpɔfaʒ] *mf* Kannibale *m*/Kannibalin *f*
antiadhésif, -ive [ɑ̃tiadezif, -iv] *adj* antihaftbeschichtet
antiaérien(ne) [ɑ̃tiaeʀjɛ̃, jɛn] *adj* ***canon/missile ~*** Flugabwehrkanone *f*/-rakete *f*
anti-âge [ɑ̃tiaʒ] *adj inv* Antifalten-, Anti-Aging-; ***crème ~*** Antifaltencreme *f,* Anti-Aging-Creme
antialcoolique [ɑ̃tialkɔlik] *adj* ***campagne ~*** Antialkoholkampagne *f*
antiallergique [ɑ̃tialɛʀʒik] PHARM **I.** *adj médicament* antiallergisch **II.** *m* Antiallergikum *nt*
antiaméricanisme [ɑ̃tiameʀikanism] *m* Antiamerikanismus *m*
antiatomique [ɑ̃tiatɔmik] *adj* ***abri ~*** Strahlenschutzbunker *m*
antiautoritaire [ɑ̃tiɔtɔʀitɛʀ] *adj* antiautoritär
antibiotique [ɑ̃tibjɔtik] MED **I.** *adj* antibiotisch **II.** *m* Antibiotikum *nt*
antiblocage [ɑ̃tiblɔkaʒ] *adj inv* Antiblockier-
antibrouillard [ɑ̃tibʀujaʀ] *m* Nebelscheinwerfer *m*
antibruit [ɑ̃tibʀɥi] *adj inv* Lärmschutz-
anticalcaire [ɑ̃tikalkɛʀ] *m* Enthärter *m*
anti-casse [ɑ̃tikas] *adj inv shampoing, masque* gegen brüchiges Haar
anticerne[s] [ɑ̃tisɛʀn] *m (crème)* Augencreme *f (gegen Schwellungen und Augenringe); (stick)* Abdeckstift *m*
antichambre [ɑ̃tiʃɑ̃bʀ] *f* Vorzimmer *nt*
antichar [ɑ̃tiʃaʀ] *adj* panzerbrechend
antichoc [ɑ̃tiʃɔk] *adj* stoßfest, stoßsicher, schlagfest
anticipation [ɑ̃tisipasjɔ̃] *f* ❶ *(prévision)* [gedankliche] Vorwegnahme ❷ LITTER, CINE Science-Fiction *f* ❸ FIN ~ ***de paiement*** Vorauszahlung *f;* ***par ~*** im Voraus
anticiper [ɑ̃tisipe] <1> **I.** *vi* ❶ *(devancer les faits)* vorgreifen ❷ *(se représenter à l'avance)* sich in die Zukunft versetzen; *(prévoir)* gedanklich vorwegnehmen **II.** *vt* ❶ *(prévoir)* vorhersehen *avenir, événement;* SPORT abschätzen *trajectoire* ❷ FIN im Voraus leisten
anticlérical(e) [ɑ̃tikleʀikal, -o] <-aux> **I.** *adj* antiklerikal **II.** *m(f)* Antiklerikale(r) *f(m)*
anticoagulant [ɑ̃tikɔagylɑ̃] *m* Mittel *nt* gegen die Blutgerinnung
anticolonialiste [ɑ̃tikɔlɔnjalist] *adj* antikolonialistisch
anticonceptionnel(le) [ɑ̃tikɔ̃sɛpsjɔnɛl] *adj produit* empfängnisverhütend; *information* zur Empfängnisverhütung; ***moyen ~*** Verhütungsmittel *nt;* ***pilule ~le*** Antibabypille *f*
anticonformisme [ɑ̃tikɔ̃fɔʀmism] *m* Nonkonformismus *m*
anticonformiste [ɑ̃tikɔ̃fɔʀmist] *adj* nonkonformistisch
anticonjoncturel(le) [ɑ̃tikɔ̃ʒɔ̃ktyʀɛl] *adj* ECON *mesure* antizyklisch
anticonstitutionnel(le) [ɑ̃tikɔ̃stitysjɔnɛl] *adj* verfassungswidrig
anticonstitutionnellement [ɑ̃tikɔ̃stitysjɔnɛlmɑ̃] *adv* verfassungswidrig
anticorps [ɑ̃tikɔʀ] *m* Antikörper *m*
anticorrosion [ɑ̃tikɔʀozjɔ̃] *adj inv produit, garantie* Rostschutz-, Korrosionsschutz-
anticyclique [ɑ̃tisiklik] *adj* ECON antizyklisch
anticyclone [ɑ̃tisiklon] *m (phénomène)* Hoch *nt; (zone)* Hochdruckgebiet *nt*
antidater [ɑ̃tidate] <1> *vt* zurückdatieren; ***chèque antidaté*** zurückdatierter Scheck *m*
antidémocratique [ɑ̃tidemɔkʀatik] *adj* ❶ *(peu démocratique)* undemokratisch ❷ *(opposé à la démocratie)* antidemokratisch
anti-dép [ɑ̃tidɛp] <anti-déps> *m (fam) abr de* **antidépresseur**
antidépresseur [ɑ̃tidepʀesœʀ] *m* Antidepressivum *nt*

antidérapant(**e**) [ɑ̃tideʀapɑ̃, ɑ̃t] *adj* rutschfest
antidote [ɑ̃tidɔt] *m* MED Gegenmittel *nt*
antidouleur [ɑ̃tidulœʀ] *adj inv* schmerzstillend
antiécologique [ɑ̃tiekolɔʒik] *adj* umweltfeindlich
anti-effraction [ɑ̃tiefʀaksjɔ̃] *adj inv porte, fenêtre* einbruchsicher
antifasciste [ɑ̃tifaʃist, ɑ̃tifasist] *adj* antifaschistisch
anti-feu [ɑ̃tifø] *adj inv* ***porte*** ~ Feuertür *f,* Feuerschutztür
antigang [ɑ̃tigɑ̃g] **I.** *adj* Bandenkriminalität bekämpfend **II.** *m Polizist einer Einheit gegen Bandenkriminalität*
antigel [ɑ̃tiʒɛl] *m* Frostschutzmittel *nt*
antigouvernemental(**e**) [ɑ̃tiguvɛʀnəmɑ̃tal, -o] <-aux> *adj* regierungsfeindlich
Antigua-et-Barbuda [ɑ̃tigwaebaʀbuda] Antigua und Barbuda *nt*
antihéros [ɑ̃tieʀo] *m* Antiheld *m*
antihistaminique [ɑ̃tiistaminik] *m* PHARM Antihistaminikum *nt Fachspr.*
anti-inflammatoire [ɑ̃tiɛ̃flamatwaʀ] <anti-inflammatoires> *adj* MED entzündungshemmend **anti-jeune[s]** [ɑ̃tiʒœn] <anti-jeune[s]> **I.** *adj politique, loi* jugendfeindlich **II.** *mf* Jugendgegner *m*
antillais(**e**) [ɑ̃tijɛ, jɛz] *adj* antillisch
Antillais(**e**) [ɑ̃tijɛ, ɛz] *m(f)* Bewohner(in) *m(f)* der Antillen
Antilles [ɑ̃tij] *fpl* ***les*** ~ die Antillen
antilope [ɑ̃tilɔp] *f* Antilope *f*
antimatière [ɑ̃timatjɛʀ] *f* Antimaterie *f*
antimilitarisme [ɑ̃timilitaʀism] *m* Antimilitarismus *m*
antimilitariste [ɑ̃timilitaʀist] *adj* antimilitaristisch
antimissile [ɑ̃timisil] *adj* Raketenabwehr-
antimite [ɑ̃timit] **I.** *adj* gegen Motten **II.** *m* Mottenschutzmittel *nt*
antimonarchique [ɑ̃timɔnaʀʃik] *adj* monarchiefeindlich
antimonarchiste [ɑ̃timɔnaʀʃist] **I.** *adj* monarchiefeindlich **II.** *mf* Gegner(in) *m(f)* der Monarchie
antimondialiste [ɑ̃timɔ̃djalist] *mf* Globalisierungsgegner(in) *m(f)*
antinucléaire [ɑ̃tinykleɛʀ] **I.** *adj* Anti-Atomkraft- **II.** *mf* Atomkraftgegner(in) *m(f)*
antioxydant [ɑ̃tiɔksidɑ̃] *m* CHIM Antioxidans *nt,* Antioxydans *nt*
antiparasite [ɑ̃tipaʀazit] **I.** *adj* zur Entstörung **II.** *m* Entstörungssystem *nt*
antipathie [ɑ̃tipati] *f* ~ ***pour qn/qc*** Abneigung *f* gegen jdn/etw
antipathique [ɑ̃tipatik] *adj* unsympathisch; *comportement* unfreundlich
antipatriotique [ɑ̃tipatʀijɔtik] *adj* unpatriotisch; *acte, parole, discours* vaterlandsfeindlich, gegen das Vaterland
antipelliculaire [ɑ̃tipelikylɛʀ] *adj* gegen Schuppen
antiphrase [ɑ̃tifʀɑz] *f* Antiphrase *f Fachspr.;* ***par*** ~ ironisch
anti-piratage [ɑ̃tipiʀataʒ] *adj inv* INFORM *document, fichier* kopiergeschützt; ***protection*** ~ Kopierschutz *m*
antipode [ɑ̃tipɔd] *m* GEOG Ort *m* auf der anderen Seite der Erdkugel
antipoison [ɑ̃tipwazɔ̃] *adj inv* ***centre*** ~ *Spezialklinik für Vergiftungen*
antipolio [ɑ̃tipɔljo] *adj inv abr de* **antipoliomyélitique** gegen Kinderlähmung
antipollution [ɑ̃tipɔlysjɔ̃] *adj inv* Umweltschutz-
anti-poussière [ɑ̃tipusjɛʀ] *adj inv* staubdicht
antiquaille [ɑ̃tikaj] *f (péj)* alter Kram *pej*
antiquaire [ɑ̃tikɛʀ] *mf* Antiquitätenhändler(in) *m(f)*
antique [ɑ̃tik] *adj* ❶ *(de l'Antiquité)* antik; *lieu* der Antike ❷ *(a. iron: très ancien)* uralt
antiquité [ɑ̃tikite] **I.** *f sans pl* ❶ HIST ***l'Antiquité*** *(ancienne civilisation)* das Altertum; *(civilisation gréco-romaine)* die Antike ❷ *(période très reculée)* Vorzeit *f* **II.** *fpl* ❶ *(œuvres d'art antiques)* Altertümer *Pl* ❷ *(objets, meubles anciens)* Antiquitäten *Pl*
antirabique [ɑ̃tiʀabik] *adj* Anti-Tollwut-, gegen die Tollwut wirkend
antiradiation [ɑ̃tiʀadjasjɔ̃] *adj* Strahlenschutz-; *bunker, couche protectrice* strahlensicher
antireflet [ɑ̃tiʀəflɛ] *adj verre* entspiegelt
antirides [ɑ̃tiʀid] *adj* gegen Falten
antirouille [ɑ̃tiʀuj] **I.** *adj inv* Rostschutz- **II.** *m* Rostschutzmittel *nt*
antisalissure [ɑ̃tisalisyʀ] *adj inv* Schmutz abweisend
antisèche [ɑ̃tisɛʃ] *f (fam)* Spickzettel *m*
antisémite [ɑ̃tisemit] *adj* antisemitisch
antisémitisme [ɑ̃tisemitism] *m* Antisemitismus *m*
antiseptique [ɑ̃tisɛptik] **I.** *adj* antiseptisch **II.** *m* Antiseptikum *nt*
antisismique [ɑ̃tisismik] *adj* erdbebenfest, erdbebensicher
antisocial(**e**) [ɑ̃tisɔsjal, -jo] <-aux> *adj* unsozial

A

anti-spam [ɑ̃tispam] <anti-spams> **I.** *adj* Spam-; ***filtre*** ~ Spamfilter *m* **II.** *m* Spamschutz *m*

antispasmodique [ɑ̃tispasmɔdik] *adj* krampflösend

antisportif, -ive [ɑ̃tispɔʀtif, -iv] *adj personne, esprit* unsportlich

antistatique [ɑ̃tistatik] *adj* antistatisch

antisystème [ɑ̃tisistɛm] *adj* gegen das Establishment, nonkonformistisch

antitabac [ɑ̃titaba] *adj inv* gegen das Rauchen

antitache[s] [ɑ̃titaʃ] *adj* schmutzabweisend

antiterroriste [ɑ̃titeʀɔʀist] *adj* antiterroristisch

antitétanique [ɑ̃titetanik] *adj* gegen Tetanus

antithèse [ɑ̃titɛz] *f* PHILOS Antithese *f*

antithétique [ɑ̃titetik] *adj* gegensätzlich, antithetisch

anti-transpirant(e) [ɑ̃titʀɑ̃spiʀɑ̃, ɑ̃t] *adj produit, effet* schweißhemmend

anti-tumoral(e) [ɑ̃titymɔʀal, o] <-aux> *adj* MED *thérapie* Tumor-

antitussif [ɑ̃titysif] *m* MED Hustenmittel *nt*

antivariolique [ɑ̃tivaʀjɔlik] *adj* ***vaccination*** ~ [Schutz]Impfung gegen Pocken

antiviral(e) [ɑ̃tiviʀal, o] <-aux> *adj* Antivirus-, gegen Viren gerichtet

anti-virus [ɑ̃tiviʀys] *inv* INFORM **I.** *adj* Antiviren- **II.** *m* Antivirenprogramm *nt*

antivirus [ɑ̃tiviʀys] *inv* INFORM **I.** *adj* Antiviren- **II.** *m* Antivirenprogramm *nt*

antivol [ɑ̃tivɔl] **I.** *adj inv* gegen Diebstahl **II.** *m d'une voiture* Lenkradschloss *nt; d'un vélo* [Fahrrad]schloss *nt*

antonyme [ɑ̃tɔnim] *m* LING Antonym *nt*

antre [ɑ̃tʀ] *m d'un animal* Höhle *f*

anus [anys] *m* After *m*

Anvers [ɑ̃vɛʀ] Antwerpen *nt*

anxiété [ɑ̃ksjete] *f a.* MED, PSYCH Angst *f; (trait de caractère)* Ängstlichkeit *f*

anxieusement [ɑ̃ksjøzmɑ̃] *adv* ängstlich

anxieux, -euse [ɑ̃ksjø, -jøz] **I.** *adj* ängstlich; *attente* bang **II.** *m, f* ängstlicher Mensch

anxiolytique [ɑ̃ksjɔlitik] **I.** *adj* angstlösend **II.** *m* angstlösendes Mittel *nt*

A.O.C. [ɑose] *abr de* **appellation d'origine contrôlée** kontrollierte Herkunftsbezeichnung *(Qualitätssiegel für Lebensmittel)*

aorte [aɔʀt] *f* Aorta *f*

août [u(t)] *m* ❶ August *m;* ***~ est un mois d'été*** der August ist ein Sommermonat ❷ *(pour indiquer la date, un laps de temps)* ***en*** ~ im August; ***début/fin*** ~ Anfang/Ende August; ***pendant tout le mois d'~*** den ganzen August über; ***le 15 ~, c'est l'Assomption*** der 15. August ist Mariä Himmelfahrt

Grammatik und Co.
Der französische Monatsname ist männlich; er wird ohne den bestimmten Artikel gebraucht.
Bei einer präzisen Datumsangabe steht der Artikel jedoch, und zwar wegen der Zahl:
elle est née le vingt – sie ist am Zwanzigsten geboren;
elle est née le vingt août – sie ist am zwanzigsten August geboren.
Die Aussprache lautet in der Regel [ut]; vereinzelt kann man aber auch [u] hören.

aoûtien(ne) [ausjɛ̃, jɛn] *m(f)* Augusturlauber(in) *m(f)*

apache [apaʃ] *mf* Apatsche *m*/Apatschin *f*

apaisant(e) [apɛzɑ̃, ɑ̃t] *adj* ❶ *(qui calme)* beruhigend ❷ *(qui ramène la paix)* beschwichtigend

apaisement [apɛzmɑ̃] *m* Beruhigung *f*

apaiser [apeze] <1> **I.** *vt* beruhigen, lindern *douleur;* stillen *faim, désir, soif;* zum Erliegen bringen *protestations;* dämpfen *colère;* zerstreuen *scrupules, craintes;* versöhnlich stimmen *dieux* **II.** *vpr* ***s'~*** *personne:* sich beruhigen; *douleur:* nachlassen; *colère, tempête:* sich legen

apanage [apanaʒ] *m* Vorrecht *nt*

aparté [apaʀte] *m (entretien)* vertrauliches Gespräch

apartheid [apaʀtɛd] *m* Apartheid *f*

apathie [apati] *f* Apathie *f*

apathique [apatik] *adj* apathisch

apatride [apatʀid] *mf* Staatenlose(r) *f(m)*

Apennin [apɛnɛ̃] *m* ***l'~*** der Apennin; ***les ~s*** die Apenninen

apercevoir [apɛʀsəvwaʀ] <12> **I.** *vt* ❶ *(entrevoir)* flüchtig wahrnehmen ❷ *(remarquer)* bemerken ❸ *(distinguer)* erkennen **II.** *vpr* ❶ *(se voir)* ***s'~*** sich sehen ❷ *(se rendre compte)* ***s'~ d'une erreur/des manigances de qn*** einen Fehler bemerken/jds Machenschaften durchschauen; ***s'~ de la présence de qn*** jdn bemerken; ***sans s'en*** ~ ohne es zu merken

aperçu [apɛʀsy] *m* ❶ *(idée générale)* kurzer Überblick ❷ INFORM Seitenansicht *f*

apéritif [apeʀitif] *m* Aperitif *m*

apéro [apeʀo] *m (fam) abr de* **apéritif**
aperture [apɛʀtyʀ] *f* LING Öffnung *f*
apesanteur [apəzɑ̃tœʀ] *f* Schwerelosigkeit *f*
à-peu-près [apøpʀɛ] *m inv (approximation)* vage Angabe; ***c'est de l'~*** das ist alles nur so ungefähr
apeuré(e) [apœʀe] *adj* verängstigt; *regard* ängstlich
aphone [afɔn, afon] *adj* ohne Stimme
aphorisme [afɔʀism] *m* Aphorismus *m*
aphrodisiaque [afʀɔdizjak] *m* Aphrodisiakum *nt*
aphte [aft] *m* MED Aphthe *f*
à-pic [apik] <à-pics> *m* Steilhang *m; (en bord de mer)* Kliff *nt*
apiculteur, -trice [apikyltœʀ, -tʀis] *m, f* Imker(in) *m(f)*
apiculture [apikyltyʀ] *f* Bienenzucht *f*
apitoiement [apitwamɑ̃] *m* **~ *sur qn*** Mitleid *nt* mit jdm
apitoyer [apitwaje] <6> *vpr* ***s'~ sur qn/qc*** jdn/etw bemitleiden
aplanir [aplaniʀ] <8> *vt (niveler)* einebnen
aplati(e) [aplati] *adj* platt [gedrückt]
aplatir [aplatiʀ] <8> **I.** *vt* platt drücken, abflachen *voûte;* glatt streichen *pli* **II.** *vpr* ❶ *(se plaquer)* ***s'~ sur la table*** sich flach auf den Tisch legen; ***s'~ contre le mur*** sich gegen die Wand drücken ❷ *(devenir plat)* ***s'~*** flach werden ❸ *(être rendu plat)* ***s'~*** flach gedrückt werden ❹ *(s'écraser)* ***s'~ contre qc*** gegen etw prallen
aplatissement [aplatismɑ̃] *m (action d'aplatir)* Abflachung *f*
aplomb [aplɔ̃] *m* ❶ *(équilibre)* Gleichgewicht *nt; (verticalité)* Lot *nt;* ***à l'~*** im Lot; ***d'~*** senkrecht ❷ *(assurance)* Selbstsicherheit *f*

Aussprache
Die Endung -b in **aplomb** wird nicht gesprochen.

à plus [aplys] *interj (fam)* bis dann
apnée [apne] *f* MED Atemstillstand *m;* SPORT Tauchen *nt* ohne Sauerstoffgerät
apnéiste [apneist] *mf* Apnoetaucher(in) *m(f)*
apocalypse [apɔkalips] *f* ❶ REL ***l'Apocalypse*** die Apokalypse ❷ *(désastre)* Apokalypse *f*
apocalyptique [apɔkaliptik] *adj* apokalyptisch
apocope [apɔkɔp] *f* Apokope *f*
apogée [apɔʒe] *m* Höhepunkt *m*
apolitique [apɔlitik] *adj* unpolitisch
Apollon [apɔlɔ̃] *m* ❶ Apollo *m* ❷ LITTER Apoll *m*
apologétique [apɔlɔʒetik] **I.** *m* Apologetik *f* **II.** *adj* apologetisch
apologie [apɔlɔʒi] *f (éloge)* Verherrlichung *f; (justification)* Verteidigung *f*
apologiste [apɔlɔʒist] *m, f* Apologet(in) *m(f)*
apoplexie [apɔplɛksi] *f* MED Gehirnschlag *m,* Apoplexie *f Fachspr.;* ***crise d'~*** Schlaganfall *m;* **~ *cérébrale*** Gehirnschlag *m*
apostasie [apɔstazi] *f* REL Lossagung *f*
apostat [apɔsta] *m* Abtrünniger *m*
a posteriori [a pɔsteʀjɔʀi] *adv* im Nachhinein, nachträglich
apostolat [apɔstɔla] *m* Berufung *f*
apostrophe [apɔstʀɔf] *f* ❶ *(signe)* Apostroph *m* ❷ *(interpellation)* barscher Zuruf ❸ *(figure de style)* Anrede *f,* Apostrophe *f*
apostropher [apɔstʀɔfe] <1> *vt (houspiller)* anfahren
apothéose [apɔteoz] *f* ❶ *(consécration)* Krönung *f; (sommet)* Höhepunkt *m* ❷ *(partie finale)* krönender Abschluss
apothicaire [apɔtikɛʀ] *m (vieilli)* Apotheker *m*
apôtre [apotʀ] *m* ❶ REL, HIST Jünger *m,* Apostel *m* ❷ *(propagateur d'une idée)* Verfechter(in) *m(f)*
apparaître [apaʀɛtʀ] <irr> *vi + être* ❶ *(se montrer)* erscheinen; *maison, animal:* auftauchen; *acteur:* auftreten ❷ *(surgir) idée:* aufkommen; *difficulté, fièvre:* auftreten; *obstacle:* auftauchen; *vérité:* zutage treten ❸ *(se révéler)* **~ *à qn*** *vérité:* jdm bewusst werden; ***laisser*** **~** erkennen lassen ❹ *(sembler)* **~ *grand à qn*** jdm groß scheinen ❺ *(se présenter)* **~ *comme qc à qn*** jdm wie etw erscheinen
apparat [apaʀa] *m* Pomp *m*
appareil [apaʀɛj] *m* ❶ *(machine, instrument)* Gerät *nt,* Apparat *m; (radio)* Radio[gerät *nt*] *nt; (télévision)* Fernsehapparat *m;* **~ *téléphonique*** Telefon *nt;* ***à l'~*** am Apparat; **~ *photo[graphique]*** Fotoapparat *m;* ***~s ménagers*** Haushaltsgeräte *Pl;* **~ *de mesure*** Messgerät ❷ *(prothèse)* Prothese *f; (dentaire)* Zahnspange *f; (dentier)* Gebiss *nt;* **~ *auditif*** Hörgerät *nt* ❸ *(avion)* Maschine *f* ❹ ANAT **~ *digestif*** Verdauungsapparat *m;* **~ *circulatoire*** Kreislaufsystem *nt;* **~ *respiratoire*** Atmungsorgane *Pl* ❺ POL Apparat *m* ❻ *pl* SPORT Geräte *Pl*

A

appareillage [apaʀɛjaʒ] *m* NAUT Auslaufen *nt*

appareiller [apaʀeje] <1> **I.** *vi* ablegen **II.** *vt* ❶ NAUT klarmachen ❷ *(assortir)* passend zusammenstellen

appareil photo [apaʀɛjfɔto] <appareils photo> *m* Fotoapparat *m;* **~ *numérique*** Digitalkamera *f,* digitale Kamera

apparemment [apaʀamɑ̃] *adv* anscheinend; *(vraisemblablement)* offensichtlich

apparence [apaʀɑ̃s] *f* ❶ *(aspect)* Anblick *m;* **~ *physique*** äußeres Erscheinungsbild ❷ *(ce qui semble être)* [An]schein *m* ▶ **sauver les ~s** den Schein wahren

apparent(e) [apaʀɑ̃, ɑ̃t] *adj* ❶ *(visible)* sichtbar; ***être ~*** zu erkennen sein ❷ *(évident, manifeste)* offensichtlich; *ruse* plump ❸ *(supposé, trompeur)* scheinbar

apparenté(e) [apaʀɑ̃te] *adj* ❶ *(ressemblant)* **~ *à qc*** einer S. *dat* ähnlich ❷ *(parent)* verwandt; **~ *à qn/qc*** mit jdm/etw verwandt

apparentement [apaʀɑ̃tmɑ̃] *m* Wahlbündnis *nt,* Listenverbindung *f*

apparenter [apaʀɑ̃te] <1> *vpr* **s'~ à qc** ❶ *(ressembler)* einer S. *dat* ähneln ❷ *(se lier par mariage)* in etw *akk* einheiraten

appariteur [apaʀitœʀ] *m (huissier)* Gerichtsvollzieher *m; (huissier de faculté)* Pedell *m*

apparition [apaʀisjɔ̃] *f* ❶ *d'une personne* Erscheinen *nt; d'un acteur* Auftritt *m* ❷ *sans pl d'un phénomène* Auftreten *nt; d'une étoile* Erscheinen *nt* ❸ *d'un être surnaturel* Erscheinung *f* ❹ *(fantôme)* Gespenst *nt,* Geist *m*

apparoir [apaʀwaʀ] *vi impers* hervorgehen; ***il appert de ...*** JUR es geht aus ... hervor

appart [apaʀt] *m (fam) abr de* **appartement**

appartement [apaʀtəmɑ̃] *m* ❶ *(habitation)* Wohnung *f* ❷ *(dans un hôtel)* Suite *f*

> **Falsche Freunde**
> Nicht verwechseln mit *das Apartment – le studio*!

appartenance [apaʀtənɑ̃s] *f* ❶ *(dépendance)* ***l'~ à un parti/une famille*** die Mitgliedschaft in einer Partei/Zugehörigkeit zu einer Familie ❷ MATH ***l'~ à qc*** das Enthaltensein in etw *dat*

appartenir [apaʀtəniʀ] <9> **I.** *vi* ❶ *(être la propriété de)* **~ *à qn*** jdm gehören ❷ *(faire partie de)* **~ *à qc*** einer S. *dat* angehören ❸ MATH **~ *à qc*** in etw *dat* enthalten sein **II.** *vi impers* ***il appartient à qn de faire qc*** es ist jds Sache, etw zu tun

appas [apa] *mpl d'une femme* Reize *Pl*

appât [apɑ] *m* Köder *m;* ***l'~ du gain*** die Verlockung des Geldes

appâter [apɑte] <1> *vt* ❶ CHASSE, PECHE ködern *poisson;* anlocken *oiseau, gibier* ❷ *(allécher)* locken

appauvrir [apovʀiʀ] <8> **I.** *vt* arm machen *personne;* verarmen lassen *pays;* verkümmern lassen *intelligence* **II.** *vpr* ***s'~*** verarmen; *intelligence:* verkümmern; *terre:* ausgelaugt werden

appauvrissement [apovʀismɑ̃] *m* Verarmung *f*

appeau [apo] *m (instrument)* Vogelpfeife *f; (oiseau)* Lockvogel *m* ▶ **se laisser prendre à l'~** sich hereinlegen lassen

appel [apɛl] *m* ❶ *(cri)* Ruf *m* ❷ *(signal)* Zeichen *nt* ❸ *(demande)* Appell *m;* ***faire ~ à qn/qc*** an jdn/etw appellieren; ***faire ~ à son courage/ses souvenirs*** seinen Mut zusammennehmen/sich zu erinnern versuchen ❹ *(exhortation)* **~ *à qc*** Aufforderung *f* zu etw; ***lancer un ~ à qn*** einen Appell an jdn richten ❺ *(vérification de présence)* namentlicher Aufruf; MIL Appell *m;* ***faire l'~*** die Namen aufrufen; ***il faut que je me paie l'~*** ich muss den Appell über mich ergehen lassen; MIL den Appell abhalten ❻ TELEC **~ *[téléphonique]*** [Telefon]anruf *m* ❼ *(élan)* Absprung *m* ❽ INFORM Aufruf *m* ▶ **faire ~** Berufung einlegen; **sans ~** endgültig; *juger* gnadenlos; **~ d'offres** Ausschreibung *f*

appelé(e) [aple] *m(f)* ❶ MIL Einberufene(r) *m* ❷ REL Berufene(r) *f(m)*

appeler [aple] <4> **I.** *vt* ❶ *(interpeller)* rufen, aufrufen *nom* ❷ *(faire venir)* [herbei]rufen; ***faire ~ qn*** jdn rufen lassen ❸ *(téléphoner à)* anrufen ❹ *(nommer)* **~ *qn Pierre/par son prénom*** jdn Pierre nennen/mit seinem Vornamen anreden ❺ *(réclamer) situation, conduite:* erforderlich machen; *affaires, devoir:* rufen ❻ *(désigner)* **~ *qn à une charge/un poste/une fonction*** jdm einen Auftrag erteilen/eine Stelle zuteilen/ jdn in ein Amt berufen ❼ *(se référer à)* ***en ~ à qc*** an etw *akk* appellieren ❽ INFORM aufrufen **II.** *vi (héler)* rufen; *(téléphoner)* anrufen **III.** *vpr* ❶ *(porter comme nom)* ***s'~*** heißen; ***comment t'appelles-tu/s'appelle cette plante?*** wie heißt du/diese Pflanze?; ***je m'appelle*** ich heiße ❷ *(être équivalent à)* ***cela s'ap-***

pelle faire qc (fam) das nennt man etw tun
appellation [apelasjɔ̃, apɛllasjɔ̃] *f* Bezeichnung *f;* ~ ***d'origine*** Herkunftsbezeichnung
appendice [apɛ̃dis] *m* Anhang *m*
appendicite [apɛ̃disit] *f* MED Blinddarmentzündung *f*
appentis [apɑ̃ti] *m* Pultdach *nt*
appesantir [apəzɑ̃tiʀ] <8> **I.** *vt* schwerer machen **II.** *vpr* ***s'~*** *(devenir lourd) tête:* schwer werden; *esprit:* träge werden; *geste, pas:* schwerfällig werden
appesantissement [apəzɑ̃tismɑ̃] *m* Schwere *f; d'une personne* Trägheit *f,* Schwerfälligkeit *f*
appétence [apetɑ̃s] *f* ❶ *(littér: désir)* Verlangen *nt,* Begierde *f* ❷ PECHE ***période d'~*** Beißzeit *f*
appétissant(e) [apetisɑ̃, ɑ̃t] *adj* ❶ *(alléchant)* appetitanregend; *nom* verlockend ❷ *(fam: attirant)* knackig
appétit [apeti] *m* ❶ *(faim)* Appetit *m;* ***avoir de l'~/bon ~*** Appetit/einen guten Appetit haben; ***bon ~!*** guten Appetit!; ***donner de/couper l'~ à qn*** jdm Appetit machen/den Appetit verderben ❷ *(fig)* ~ ***de richesses/vengeance*** Geld-/Rachgier *f;* ~ ***de gloire/pouvoir*** Ruhmsucht *f/* Machtgelüste *Pl;* ~ ***de savoir*** Wissensdurst *m*
applaudimètre [aplodimɛtʀ] *m* Applausmesser *m*
applaudir [aplodiʀ] <8> **I.** *vi* [Beifall] klatschen **II.** *vt* ~ ***qn/qc*** jdm applaudieren
applaudissements [aplodismɑ̃] *mpl* Applaus *m*
appli [apli] *f (fam)* TELEC, INET *abr de* **application** *d'un portable* App *f*
applicable [aplikabl] *adj* ~ ***à qn/qc*** anwendbar auf jdn/etw
applicateur [aplikatœʀ] **I.** *adj* zum Auftragen **II.** *m* Instrument *nt* zum Auftragen
application [aplikasjɔ̃] *f* ❶ *(pose)* Auftragen *nt,* Anbringen *nt* ❷ *(utilisation)* Anwendung *f* ❸ *d'une idée* Umsetzung *f; d'une décision* Ausführung *f; d'une mesure* Ergreifung *f;* ***mettre qc en ~*** etw praktisch anwenden ❹ TELEC, INET Anwendung *f; d'un portable* App *f*
applique [aplik] *f* Wandleuchte *f*
appliqué(e) [aplike] *adj* ❶ *(attentif et studieux)* fleißig ❷ *(soigné)* sorgfältig ❸ *(mis en pratique)* angewandt ❹ *(assené)* ***bien ~*** gut gezielt
appliquer [aplike] <1> **I.** *vt* ❶ *(poser)* ~ ***de la peinture sur qc*** Farbe auf etw *akk* auftragen; ~ ***son oreille sur qc*** sein Ohr an etw *akk* halten; ~ ***une échelle contre le mur*** eine Leiter an die Wand lehnen ❷ *(mettre en pratique)* [praktisch] anwenden, verabreichen *remède;* ausführen *décision;* befolgen *mode d'emploi, règlement* **II.** *vpr* ❶ *(se poser)* ***s'~ sur qc*** sich auf etw *akk* auftragen lassen ❷ *(correspondre à)* ***s'~ à qn/qc*** *remarque:* für jdn/etw gelten; *nom, titre:* zu jdm/etw passen ❸ *(s'efforcer)* ***s'~ à faire qc*** sich *dat* Mühe geben etw zu tun
appoint [apwɛ̃] *m* Zubrot *nt*
appointements [apwɛ̃tmɑ̃] *mpl* Bezüge *Pl*
appointer [apwɛte] <1> *vt* ❶ *(donner des appointements)* Gehalt [*o* Bezüge] auszahlen ❷ *(tailler en pointe)* zuspitzen *instrument, outil;* anspitzen *crayon*
appontage [apɔ̃taʒ] *m* Landung *f (auf einem Flugzeugträger)*
appontement [apɔ̃tmɑ̃] *m* Landungsbrücke *f*
apport [apɔʀ] *m* ❶ *(contribution)* ***l'~ de qn/qc à qc*** jds Beitrag/der Beitrag einer S. *gen* zu etw ❷ *(source)* ~ ***de vitamines/chaleur*** Vitamin-/Wärmezufuhr *f* ❸ FIN Einlage *f*
apporter [apɔʀte] <1> *vt* ❶ *(porter) personne:* bringen ❷ *(porter avec soi en un lieu) personne:* mitbringen; *vent, automne:* bringen ❸ *(fournir)* ~ ***une preuve à qc*** einen Beweis für etw liefern; ~ ***son concours/sa contribution à qc*** bei etw mitwirken/seinen Beitrag leisten zu etw ❹ *(procurer)* geben, spenden *consolation;* bereiten *ennuis;* bringen *soulagement* ❺ *(produire)* ~ ***une modification/un changement à qc*** eine Veränderung an etw *dat* vornehmen/für etw mit sich bringen ❻ *(mettre)* ~ ***du soin/beaucoup de précaution à qc*** bei etw Sorgfalt/große Vorsicht walten lassen ❼ *(profiter à)* ~ ***beaucoup à qn/qc*** *chose:* jdm/einer S. viel geben; *personne:* jdm viel geben
apposer [apoze] <1> *vt (appliquer)* ~ ***un timbre sur qc*** eine Briefmarke an etw *dat* aufkleben; ~ ***une signature sur qc*** eine Unterschrift unter etw *akk* setzen
apposition [apozisjɔ̃] *f* ❶ GRAM Apposition *f* ❷ *(application)* Anbringen *nt; d'un timbre* Aufkleben *nt;* ~ ***d'une signature sur un document*** Unterzeichnen *nt* eines Dokumentes
appréciable [apʀesjabl] *adj* beachtlich; *changement* spürbar
appréciation [apʀesjasjɔ̃] *f* ❶ *sans pl*

d'une distance Abschätzen *nt; d'une situation* Beurteilung *f,* Einschätzung *f; d'un objet de valeur* Schätzung *f* ② *(commentaire)* Bemerkung *f; (jugement)* Beurteilung *f*

apprécier [apʀesje] <1> **I.** *vt* ① *(évaluer)* abschätzen *distance, vitesse;* schätzen *objet, valeur;* einschätzen *importance* ② *(aimer)* schätzen **II.** *vi (fam)* ***il n'a pas apprécié!*** das hat ihm gar nicht gefallen!; ***je vous laisse ~*** ich lasse Sie selbst urteilen **III.** *vpr* ***s'~*** sich schätzen

appréhender [apʀeɑ̃de] <1> *vt* ① *(redouter)* ***~ de faire qc*** Angst haben etw zu tun ② *(arrêter)* fassen

appréhension [apʀeɑ̃sjɔ̃] *f* Befürchtung *f;* ***avec ~*** ängstlich

apprendre [apʀɑ̃dʀ] <13> **I.** *vt* ① *(être informé de)* erfahren, erfahren von *événement* ② *(annoncer)* ***qn/qc apprend une chose à qn*** jd teilt jdm eine S. mit/jd erfährt durch etw von einer S. ③ *(étudier)* lernen *leçon, langue;* erlernen *science, art, métier, technique* ④ *(devenir capable de)* ***~ à faire qc*** lernen etw zu tun ⑤ *(enseigner)* ***~ qc à qn*** jdm etw beibringen **II.** *vi* lernen **III.** *vpr* ***s'~*** sich erlernen lassen

apprenti(e) [apʀɑ̃ti] *m(f)* ① *(élève)* Lehrling *m,* Auszubildende(r) *f(m);* ***elle est ~e couturière*** sie macht eine Schneiderlehre ② *(débutant)* Anfänger(in) *m(f)*

apprentissage [apʀɑ̃tisaʒ] *m (formation)* Lehre *f;* ***être en ~ chez qn*** bei jdm in der Lehre sein; ***il fait son ~ de menuisier*** er macht eine Tischlerlehre

apprêt [apʀɛ] *m* TECH Appretur *f*

apprêté(e) [apʀete] *adj* affektiert

apprêter [apʀete] <1> **I.** *vt* TECH appretieren **II.** *vpr* ***s'~ à faire qc*** *(se préparer)* Vorbereitungen treffen um etw zu tun; *(être sur le point de)* im Begriff sein etw zu tun

apprivoisable [apʀivwazabl] *adj* zähmbar

apprivoiser [apʀivwaze] <1> *vt* ① *(dresser)* zähmen *animal* ② *(rendre plus doux)* zähmen *personne* ③ *(vaincre)* bezwingen

approbateur, -trice [apʀɔbatœʀ, -tʀis] *adj* zustimmend

approbation [apʀɔbasjɔ̃] *f* ① *(accord)* Zustimmung *f* ② *(jugement favorable)* Anerkennung *f; du public* Beifall *m*

approche [apʀɔʃ] *f* ① *d'une personne, d'un véhicule* Näherkommen *nt;* ***à l'~ de la ville*** wenn man sich der Stadt nähert; *(dans le passé)* als man sich der Stadt näherte ② *d'un événement, danger* [Heran]nahen *nt;* ***à l'~ du printemps*** wenn der Frühling naht; *(dans le passé)* als der Frühling nahte ③ *(manière d'aborder un sujet)* Vorgehensweise *f;* ***l'~ du problème*** der Problemansatz; ***une ~*** eine Einführung ④ *pl (parages)* Umgebung *f*

approcher [apʀɔʃe] <1> **I.** *vi personne:* näher kommen; *moment, date, jour:* näher rücken; *saison:* nahen; *nuit:* hereinbrechen; *orage:* [her]aufziehen **II.** *vt* ① *(mettre plus près)* ***~ une chose de qn/qc*** eine S. an jdn/etw näher heranschieben; ***elle approche son visage du sien*** sie nähert ihr Gesicht dem seinen/ihren ② *(venir plus près)* ***~ qn*** sich jdm nähern; ***ne m'approche pas!*** komm mir nicht zu nahe! **III.** *vpr* ***s'~ de qn/qc*** sich jdm/einer S. nähern

approfondi(e) [apʀɔfɔ̃di] *adj* gründlich; *connaissance* fundiert

approfondir [apʀɔfɔ̃diʀ] <8> *vt* ① *(creuser)* vertiefen ② *(étudier)* sich näher beschäftigen mit, erweitern *connaissances*

approfondissement [apʀɔfɔ̃dismɑ̃] *m* ① *(creusement)* Vertiefen *nt* ② *(étude)* nähere Betrachtung

appropriation [apʀɔpʀijasjɔ̃] *f* JUR Aneignung *f*

approprié(e) [apʀɔpʀije] *adj* ~ *[à qc]* [für etw] geeignet; *réponse, style* [zu etw] passend

approprier [apʀɔpʀije] <1> **I.** *vt* ***~ à qc*** einer S. *dat* anpassen **II.** *vpr* ***s'~ un bien*** sich *dat* einen Besitz aneignen; ***s'~ un droit*** sich *dat* ein Recht anmaßen

approuver [apʀuve] <1> *vt* ① *(agréer)* ***~ qn/qc*** jdm zustimmen/etw gutheißen; ***~ que*** *+subj* es begrüßen, dass ② JUR gegenzeichnen *contrat;* annehmen *projet de loi;* bestätigen *nomination;* genehmigen *procès-verbal*

approvisionnement [apʀɔvizjɔnmɑ̃] *m* ① *(ravitaillement)* ***~ en qc*** Versorgung *f* mit etw ② *(réserve)* ***~ en qc*** Vorrat *m* an etw *dat*

approvisionner [apʀɔvizjɔne] <1> **I.** *vt* ***~ une ville en qc*** eine Stadt mit etw versorgen; ***~ un magasin en qc*** ein Geschäft mit etw beliefern; ***~ un compte en qc*** ein Konto mit etw auffüllen **II.** *vpr* ***s'~ en qc*** sich mit etw versorgen

approximatif, -ive [apʀɔksimatif, -iv] *adj* ungefähr

approximation [apʀɔksimasjɔ̃] *f* [ungefähre] Schätzung; MATH Näherungswert *m*

approximativement [apʀɔksimativmɑ̃] *adv* ungefähr

appui [apɥi] *m* ① *(support)* Stütze *f* ② *(aide)* Unterstützung *f* ③ ARCHIT ***~ de***

fenêtre Fensterbank *f* ④ *(justification)* ***à l'~ de qc*** zum Beweis einer S. *gen*

appuie-tête [apɥitɛt] <appuie-tête[s]> *m* Kopfstütze *f*

appuyé(e) [apɥije] *adj* betont; *regard* eindringlich; *plaisanterie* dick aufgetragen

appuyer [apɥije] <6> **I.** *vi* ① *(presser)* drücken; ~ ***sur qc*** *(avec la main/le pied)* drücken/treten auf etw *akk* ② *(insister sur)* ~ ***sur qc*** *(prononciation)* etw betonen; *(argumentation)* etw hervorheben **II.** *vt* ① *(poser)* ~ ***qc contre/sur qc*** etw gegen etw lehnen/auf etw *akk* stützen ② *(presser)* ~ ***sa main/son pied sur qc*** mit der Hand auf etw *akk* drücken/mit dem Fuß auf etw *akk* treten ③ *(soutenir)* unterstützen **III.** *vpr* ① *(prendre appui)* ***s'~ contre qn/qc*** sich an jdn/etw [an]lehnen; ***s'~ sur qn/sur qc*** sich auf jdn/etw stützen ② *(compter sur)* ***s'~ sur qn/qc*** sich auf jdn/etw verlassen ③ *(se fonder sur)* ***s'~ sur qc*** *preuves:* sich auf etw *akk* stützen

Grammatik und Co.
Einige Formen des Verbs **appuyer** schreiben sich mit *y*, andere mit *i*.
Das *y* leitet immer direkt zu einer betonten Endungssilbe über, z. B. *nous appuyons* und *ils appuyaient*.
Das *i* steht immer vor einem unbetonten *e*, z. B. in *j'appuie* oder *ils appuieront*.

âpre [ɑpʀ] *adj (qui racle la gorge)* herb

âprement [ɑpʀəmɑ̃] *adv défendre* bitter; *lutter* hart; *reprocher* heftig

après [apʀɛ] **I.** *prép* ① *(temporel)* nach +*dat;* ***bien/peu*** ~ ***qc*** lange/kurz nach etw; ~ ***avoir fait qc*** nachdem jd etw getan hat ② *(plus loin que)* nach +*dat* ③ *(derrière)* hinter +*dat;* ***courir*** ~ ***l'autobus*** dem Bus hinterherrennen; ~ ***toi/vous!*** [bitte] nach dir/nach Ihnen! ④ *(fam: contre)* ***être furieux/en avoir*** ~ ***qn*** auf jdn wütend sein/sich mit jdm anlegen ⑤ *(chaque)* ***semaine ~ semaine, jour ~ jour*** Woche für Woche, Tag für Tag; ***page ~ page*** Seite für Seite ⑥ *(selon)* ***d'~ qn/qc*** nach jdm/etw; ***d'~ moi*** meiner Meinung nach **II.** *adv* ① *(plus tard, ensuite)* danach; *(par la suite)* nachher; ***aussitôt*** ~ gleich danach; ***longtemps/peu*** ~ viel später/bald darauf ② *(plus loin, derrière)* dahinter ③ *(dans un classement)* danach ④ *(à part ça)* ansonsten ⑤ *(fam: à la suite de)* hinterher ⑥ *(qui suit)* ***d'~*** danach ► **et** ~? *(fam)* [na] und?; ~ **tout** schließlich **III.** *conj* ~ ***que ...*** +*indic o subj* nachdem ...

Grammatik und Co.
Nach **après que** steht immer der Indikativ:
Après qu'il est arrivé, nous sommes partis. – Nachdem er ankam, sind wir gegangen.

après-11-septembre [apʀɛɔ̃zsɛptɑ̃bʀ] *sans pl m* ***l'~*** die Zeit nach dem 11. September *(dem Tag der Attentate auf das World Trade Center in New York und das Pentagon in Washington)*

après-Bourse [apʀɛbuʀs] *f* FIN Nachbörse *f*

après-demain [apʀɛdmɛ̃] *adv* übermorgen **après-guerre** [apʀɛgɛʀ] <après-guerres> *m* Nachkriegszeit *f* **après-midi** [apʀɛmidi] **I.** *m o f inv* Nachmittag *m;* ***cet[te]*** ~ heute Nachmittag; ***[dans] l'~*** am Nachmittag; ***4 heures de l'~*** 4 Uhr nachmittags **II.** *adv* ***mardi*** ~ [am] Dienstagnachmittag; ***demain*** ~ morgen Nachmittag; ***tou[te]s les lundis*** ~ jeden Montagnachmittag **après-mur** [apʀɛmyʀ] *m inv* ***l'~ [de Berlin]*** die Zeit nach der Wende **après-rasage** [apʀɛʀɑzaʒ] **I.** *m inv* Rasierwasser *nt* **II.** *adj inv lotion* Aftershave-

après-shampo[o]ing [apʀɛʃɑ̃pwɛ̃] <après-shampo[o]ings> **I.** *m (action, soin)* Haarspülung *f,* Pflegespülung; ***se faire un*** ~ sich *dat* eine Haarspülung machen **II.** *app* ***crème*** ~ Cremespülung *f*

après-ski [apʀɛski] *m inv* Schneestiefel *m*

Falsche Freunde
Nicht verwechseln mit *der Après-Ski – la soirée après le ski*!

après-vente [apʀɛvɑ̃t] *m inv* Kundendienst *m*

âpreté [ɑpʀəte] *f* ① *d'un vin* Herbheit *f* ② *du vent, paysage, d'une voix* Rauheit *f*

a priori [apʀijɔʀi] **I.** *adj inv* apriorisch **II.** *adv (au premier abord)* von vornherein; *(en principe)* a priori **III.** *m inv* Apriori *nt*

apr. J.-C. *abr de* **après Jésus-Christ** n. Chr.

à-propos [apʀɔpo] *m* ***esprit d'~*** Schlagfertigkeit *f*

A

apte [apt] *adj* ① *(capable)* geeignet ② MIL ***être ~ au service*** wehrdiensttauglich sein
aptitude [aptityd] *f* Eignung *f*
apurement [apyʀmɑ̃] *m* FIN Entschuldung *f*
aquabonisme [akwabɔnism] *m (fam)* Wurstigkeit *f*
aquaculture [akwakyltyʀ] *f* Aquakultur *f*
aquaplanage [akwaplanaʒ] *m*, **aquaplaning** [akwaplaniŋ] *m* Aquaplaning *nt*
aquarelle [akwaʀɛl] *f* ① *sans pl (technique)* Aquarellmalerei *f* ② *(tableau)* Aquarell *nt*
aquarelliste [akwaʀelist] *mf* Aquarellmaler(in) *m(f)*
aquarium [akwaʀjɔm] *m* Aquarium *nt*
aquatique [akwatik] *adj* Wasser-
aqueduc [akdyk] *m* Aquädukt *m o nt*
aqueux, -euse [akø, -øz] *adj* wasserhaltig; *solution* wässrig
aquilin [akilɛ̃] *adj* ***un nez ~*** eine Adlernase
aquilon [akilɔ̃] *m (littér)* Nordwind *m*
Aquitaine [akitɛn] *f* ***l'~*** Aquitanien *nt*
A.R. *abr de* **Altesse Royale** Kgl. Hoheit
arabe [aʀab] **I.** *adj* arabisch **II.** *m* Arabisch *nt; v. a.* **allemand**
Arabe [aʀab] *mf* Araber(in) *m(f)*
arabesque [aʀabɛsk] *f* Arabeske *f*
Arabie [aʀabi] *f* ***l'~ [Saoudite]*** [Saudi-]Arabien *nt*
arabique [aʀabik] *adj* arabisch; ***gomme ~*** Gummiarabikum *nt*
arable [aʀabl] *adj terre* Acker-
arabophone [aʀabɔfɔn] *adj* arabischsprachig; ***être ~*** Arabisch als Muttersprache haben
arachide [aʀaʃid] *f* ① *(plante)* Erdnuss *f* ② *(fruit)* ***des ~s salées*** CAN gesalzene Erdnüsse *Pl*
arachnéen(e) [aʀakneɛ̃, ɛn] *adj* ① *(de la nature des araignées)* spinnenartig ② *(fig)* hauchdünn [wie ein Spinnennetz]
araignée [aʀeɲe] *f* Spinne *f*
araméen(e) [aʀameɛ̃, ɛn] *adj* aramäisch
aratoire [aʀatwaʀ] *adj* Acker-; ***instruments ~s*** landwirtschaftliche Geräte
arbalète [aʀbalɛt] *f* Armbrust *f*
arbitrage [aʀbitʀaʒ] *m* ① *(fonction)* Schiedsrichteramt *nt; (acte)* Ausübung *f* des Schiedsrichteramtes ② *(juridiction)* Schiedsgerichtsbarkeit *f; (médiation)* Schlichtung *f* ③ *(sentence)* Schiedsspruch *m* ④ FIN Arbitrage *f*
arbitraire [aʀbitʀɛʀ] **I.** *adj* ① *(non motivé)* willkürlich; *valeur* beliebig ② *(tyrannique)* willkürlich; *autorité, pouvoir* auf Willkür beruhend **II.** *m* Willkür *f*
arbitrairement [aʀbitʀɛʀmɑ̃] *adv* willkürlich
arbitral(e) [aʀbitʀal] <-aux> *adj* JUR *jugement, négociation* schiedsrichterlich
arbitre [aʀbitʀ] *mf* ① SPORT Schiedsrichter(in) *m(f)* ② *(conciliateur)* Vermittler(in) *m(f)*
arbitrer [aʀbitʀe] <1> *vt* ① *(servir de conciliateur)* ~ ***qc*** bei etw schlichten ② SPORT ~ ***qc*** bei etw Schiedsrichter(in) sein
arborer [aʀbɔʀe] <1> *vt* hissen *drapeau*
arborescence [aʀbɔʀesɑ̃s] *f* INFORM Baumstruktur *f*
arboriculteur, -trice [aʀbɔʀikyltœʀ, -tʀis] *m, f* Baumpfleger(in) *m(f)*
arboriculture [aʀbɔʀikyltyʀ] *f* Baumzucht *f*
arbre [aʀbʀ] *m* ① BOT Baum *m* ② *(figure)* ~ ***généalogique*** Stammbaum *m* ③ TECH Welle *f*
arbrisseau [aʀbʀiso] <x> *m* Busch *m*
arbuste [aʀbyst] *m* Strauch *m*
arc [aʀk] *m* ① *(arme)* Bogen *m* ② GEOM, ARCHIT Bogen *m;* ~ ***de cercle*** Kreisbogen; ~ ***de triomphe*** Triumphbogen
arcade [aʀkad] *f* ① ARCHIT Arkade *f* ② ANAT ~ ***sourcilière*** Augenbrauenbogen *m*
arc-boutant [aʀkbutɑ̃] <arcs-boutants> *m* ARCHIT Strebebogen *m* **arc-bouter** [aʀkbute] <1> *vpr* ***s'~ contre qc*** sich gegen etw stemmen
arceau [aʀso] <x> *m* kleiner Bogen
arc-en-ciel [aʀkɑ̃sjɛl] <arcs-en-ciel> *m* Regenbogen *m*
archaïque [aʀkaik] *adj* archaisch; *mot, tournure* veraltet
archaïsme [aʀkaism] *m* ① *(caractère désuet)* Veraltetsein *nt* ② LING Archaismus *m*
archange [aʀkɑ̃ʒ] *m* Erzengel *m*
arche [aʀʃ] *f* ① *(forme)* Bogen *m* ② REL ~ ***de Noé*** Arche *f* Noah
archéologie [aʀkeɔlɔʒi] *f* Archäologie *f*
archéologique [aʀkeɔlɔʒik] *adj* archäologisch
archéologue [aʀkeɔlɔg] *mf* Archäologe *m*/Archäologin *f*
archéoptéryx [aʀkeɔpteʀiks] *m* Archäopterix *m o f*
archer, -ère [aʀʃe, -ɛʀ] *m, f* Bogenschütze *m*/-schützin *f*
archet [aʀʃɛ] *m* Bogen *m*
archétype [aʀketip] *m* Archetyp[us] *m*
archevêché [aʀʃəveʃe] *m* Erzbistum *nt*
archevêque [aʀʃəvɛk] *m* Erzbischof *m*
archibondé(e) [aʀʃibɔ̃de] *adj* brechend voll

A

archicomble [aʀʃikɔ̃bl] *adj* brechend voll
archiconnu(e) [aʀʃikɔny] *adj* überall bekannt
archidiacre [aʀʃidjakʀ] *m* Archidiakon *m*
archidifficile [aʀʃidifisil] *adj* äußerst schwierig
archiduc, **archiduchesse** [aʀʃidyk, aʀʃidyʃɛs] *m, f* Erzherzog(in) *m(f)*
archiduché [aʀʃidyʃe] *m* Erzherzogtum *nt*
archifaux, **archifausse** [aʀʃifo, aʀʃifos] *adj* grundfalsch
Archimède [aʀʃimɛd] *m* Archimedes *m*
archimillionnaire [aʀʃimiljɔnɛʀ] *adj* steinreich
archipel [aʀʃipɛl] *m* Archipel *m*, Inselgruppe *f*
archiplein(e) [aʀʃiplɛ̃, ɛn] *adj (fam)* brechend voll
architecte [aʀʃitɛkt] *mf* ❶ ARCHIT Architekt(in) *m(f)* ❷ *(créateur)* Schöpfer *m*
architectonique [aʀʃitɛktɔnik] **I.** *adj* architektonisch **II.** *f* Architektonik *f*
architectural(e) [aʀʃitɛktyʀal, -o] <-aux> *adj* architektonisch
architecture [aʀʃitɛktyʀ] *f* ❶ ARCHIT Architektur *f*, Baukunst *f*; *(style)* Baustil *m* ❷ *d'un texte* Aufbau *m* ❸ INFORM Struktur *f*
archivage [aʀʃivaʒ] *m* Archivierung *f*
archive [aʀʃiv] *f* INFORM Archiv *nt*
archiver [aʀʃive] <1> *vt* archivieren
archives [aʀʃiv] *fpl* ❶ *(documents publics)* Archiv *nt*; *(personnels)* Privatarchiv *nt* ❷ *(lieu)* Archiv *nt*; ***les Archives nationales*** das Nationalarchiv
archiviste [aʀʃivist] *mf* Archivar(in) *m(f)*
arçon [aʀsɔ̃] *m* Sattelbogen *m*
arctique [aʀktik] *adj* arktisch; *pôle* Nord-; *expédition* Nordpol-; *front* Polar-
Arctique [aʀktik] *m* ***l'~*** die Arktis
ardemment [aʀdamɑ̃] *adv* sehnlichst
Ardennes [aʀdɛn] *fpl* ***les ~*** die Ardennen *Pl*
ardent(e) [aʀdɑ̃, ɑ̃t] *adj* ❶ *(brûlant)* glühend ❷ *(violent)* brennend; *amour, lutte* heiß; *haine* wild; *vœu* sehnlichst; *imagination* lebhaft ❸ *(bouillant)* leidenschaftlich; *jeunesse* ungestüm; *amant, tempérament* feurig
ardeur [aʀdœʀ] *f* ❶ *(chaleur)* glühende Hitze ❷ *(force vive)* Heftigkeit *f*; *de la foi, conviction* Inbrunst *f*; *de la jeunesse, d'une passion* Feuer *nt* ❸ *(zèle)* Begeisterung *f*; *~* ***à qc*** Eifer *m* bei etw
ardillon [aʀdijɔ̃] *m* ❶ *d'une boucle de ceinture* Dorn *m* ❷ PECHE *d'un hameçon* Widerhaken *m*
ardoise [aʀdwaz] **I.** *f sans pl* Schiefer *m* **II.** *adj inv (couleur)* schieferfarben; *bleu, gris* schiefer-
ardoisier [aʀdwazje] *m* BELG *(couvreur)* Dachdecker(in) *m(f)*
ardu(e) [aʀdy] *adj problème, question* schwierig
are [aʀ] *m* Ar *nt*
arène [aʀɛn] *f* ❶ *(piste)* Arena *f* ❷ *pl (lieu de corrida)* Stierkampfarena *f*; *(amphithéâtre romain)* Amphitheater *nt* ❸ GEOL Sand *m*
arête [aʀɛt] *f* ❶ ZOOL *d'un poisson* Gräte *f* ❷ *(bord saillant)* Kante *f*; *du nez* Rücken *m*
argent [aʀʒɑ̃] **I.** *m* ❶ FIN Geld *nt*; ***~ de poche*** Taschengeld; ***payer en ~ comptant*** bar bezahlen ❷ *(métal)* Silber *nt* **II.** *adj inv (couleur)* Silber-
argenté(e) [aʀʒɑ̃te] *adj* ❶ *(ton)* silberfarben; *couleur, reflets* silbern; *cheveux* silbergrau ❷ *(recouvert d'argent)* versilbert
argenter [aʀʒɑ̃te] <1> *vt* versilbern
argenterie [aʀʒɑ̃tʀi] *f sans pl* Tafelsilber *nt*; *(vaisselle)* Silbergeschirr *nt*; *(couverts)* Silberbesteck *nt*
argentier [aʀʒɑ̃tje] *m* ❶ HIST ***le grand ~*** Schatzmeister *m*; *(hum)* Finanzminister *m* ❷ *(meuble)* Silberschrank *m*
argentin(e) [aʀʒɑ̃tɛ̃, in] *adj* argentinisch
Argentin(e) [aʀʒɑ̃tɛ̃, in] *m(f)* Argentinier(in) *m(f)*
Argentine [aʀʒɑ̃tin] *f* ***l'~*** Argentinien *nt*
argile [aʀʒil] *f* Ton *m*
argileux, -euse [aʀʒilø, -øz] *adj* tonhaltig
argot [aʀgo] *m* ❶ *sans pl (langue verte)* Argot *m o nt* ❷ *(langage particulier)* Jargon *m*

Land und Leute

Der **argot** ist einerseits eine Art französische Umgangssprache. Wer ihn benutzt, drückt sich salopper aus, als es mit einem Ausdruck aus der üblichen Umgangssprache, dem *français familier*, der Fall wäre.
Andererseits versteht man unter **argot** auch die lockere Ausdrucksweise einer bestimmten Personengruppe, also einen Jargon. Tatsächlich geht der Argot auf einen sehr speziellen Jargon zurück: Er war ursprünglich die Geheimsprache der Gauner. Beispiel: *T'as zieuté les poulagas? ≈ As-tu vu les policiers? – Hast du die Polizisten gesehen?*

argotique [aʀgɔtik] *adj* ***expression*** ~ Argotausdruck *m*

Argovie [aʀgɔvi] *f* ***l'~*** der Aargau

arguer [aʀgɥe] <1> *vt (littér)* ***~ que …*** geltend machen, dass …

argument [aʀgymɑ̃] *m (raisonnement, preuve)* Argument *nt*

argumentaire [aʀgymɑ̃tɛʀ] *m* Argumentationshilfe *f*

argumentation [aʀgymɑ̃tasjɔ̃] *f* Argumentation *f*

argumenter [aʀgymɑ̃te] <1> *vi* ***~ contre qn/qc*** gegen jdn/etw argumentieren

Argus [aʀgys] *m* AUT ≈ Schwacke-Liste *f;* ***ma voiture est cotée 20.000 euros à l'~*** mein Auto hat [noch] einen Zeitwert von 20.000 Euro

arguties [aʀgysi] *fpl* Haarspaltereien *Pl,* Spitzfindigkeiten *Pl*

aria [aʀja] *f* Arie *f;* ***~ d'opéra*** Opernarie

aride [aʀid] *adj* trocken; *climat* regenarm; *sol* trocken

aridité [aʀidite] *f sans pl* Trockenheit *f*

aristo [aʀisto] *mf (fam) abr de* **aristocrate** Blaublütige(r) *f(m)*

aristocrate [aʀistɔkʀat] *mf* Aristokrat(in) *m(f)*

aristocratie [aʀistɔkʀasi] *f* ❶ *(caste)* Aristokratie *f* ❷ *(régime)* Aristokratie *f*

aristocratique [aʀistɔkʀatik] *adj* aristokratisch

Aristote [aʀistɔt] *m* Aristoteles *m*

aristotélicien(ne) [aʀistɔtelisjɛ̃, jɛn] *adj* aristotelisch

arithmétique [aʀitmetik] **I.** *f* ❶ SCOL Rechnen *nt;* ***exercice d'~*** Rechenaufgabe *f* ❷ *(science)* Arithmetik *f* **II.** *adj* arithmetisch

arlequin [aʀləkɛ̃] *m* Harlekin *m*

armada [aʀmada] *f* Heer *nt*

armagnac [aʀmaɲak] *m* Armagnac *m*

armateur [aʀmatœʀ] *m* Reeder(in) *m(f)*

armature [aʀmatyʀ] *f* Gerüst *nt; d'une tente* Gestänge *nt*

arme [aʀm] *f* ❶ *(instrument)* Waffe *f;* ***~ à feu*** Schusswaffe *f;* ***~s de destruction massive*** Massenvernichtungswaffen ❷ *(corps de l'armée)* Waffengattung *f*

armé(e) [aʀme] *adj* bewaffnet

armée [aʀme] *f* ❶ *(institution)* ***l'~*** die Armee; ***être à l'~*** seinen Militärdienst absolvieren; ***~ de libération*** Befreiungstruppen *Pl;* ***~ du Salut*** Heilsarmee ❷ *(troupes)* Armee *f;* ***~ de terre*** Heer ❸ *(foule)* Heer *nt*

armement [aʀməmɑ̃] *m* ❶ *sans pl d'un pays, d'une armée* Aufrüstung *f; d'un soldat* Bewaffnung *f; d'un navire* Ausrüstung *f; d'un fusil* Laden *nt; d'un appareil photo* Spannen *nt* ❷ *d'un soldat, d'une troupe* Bewaffnung *f; d'un pays* Rüstung *f; d'un avion, bateau* Bordwaffen *Pl*

Arménie [aʀmeni] *f* ***l'~*** Armenien *nt*

arménien [aʀmenjɛ̃] *m* Armenisch *nt; v. a.* **allemand**

arménien(ne) [aʀmenjɛ̃, jɛn] *adj* armenisch

Arménien(ne) [aʀmenjɛ̃, jɛn] *m(f)* Armenier(in) *m(f)*

armer [aʀme] <1> **I.** *vt* ❶ *(munir d'armes)* bewaffnen *soldat, pays* ❷ *(équiper)* ausrüsten *soldat;* bestücken *bateau* ❸ *(aguerrir)* ***~ qn contre qc*** jdn gegen etw wappnen ❹ *(charger)* laden *fusil;* spannen *appareil photo* ❺ *(renforcer)* armieren *béton* **II.** *vpr* ❶ *(se munir d'armes)* ***s'~ contre qn/qc*** *soldat:* sich gegen jdn/etw bewaffnen; *pays, peuple:* gegen jdn/etw aufrüsten ❷ *(se munir de)* ***s'~ de patience*** sich mit Geduld wappnen

armistice [aʀmistis] *m* Waffenstillstand *m*

> **Land und Leute**
> Am 11. November wird in Frankreich der Feiertag **l'armistice** begangen. An diesem Tag wird des Waffenstillstands gedacht, der am 11.11.1918 den Ersten Weltkrieg beendete. Am *Arc de triomphe* in Paris findet am Grab des unbekannten Soldaten eine offizielle Kranzniederlegung statt.

armoire [aʀmwaʀ] *f* Schrank *m*

armoiries [aʀmwaʀi] *fpl* Wappen *nt*

armoricain(e) [aʀmɔʀikɛ̃, kɛn] *adj* armorikanisch

armure [aʀmyʀ] *f* ❶ MIL Rüstung *f* ❷ *(fig)* Panzer *m*

armurerie [aʀmyʀʀi] *f (commerce)* Waffenhandlung *f*

armurier [aʀmyʀje] *m* ❶ *(marchand)* Waffenhändler(in) *m(f)* ❷ *(fabricant)* Waffenhersteller(in) *m(f);* HIST Waffenschmied(in) *m(f)* ❸ MIL Waffenmeister *m*

ARN [ɑɛʀɛn] *m* BIO, CHIM *abr de* **acide ribonucléique** RNA *f,* RNS *f*

arnaque [aʀnak] *f (fam)* Betrug *m*

arnaquer [aʀnake] <1> *vt (fam: escroquer)* übers Ohr hauen

arnaqueur, -euse [aʀnakœʀ, -øz] *m, f (fam)* Betrüger(in) *m(f)*

arnica [aʀnika] *f* Arnika *f*

arobas [aʀɔbas] *m*, **arobase** [aʀɔbaz] *m* INFORM at *nt*
aromacologie [aʀɔmakɔlɔʒi] *f* Aromaforschung *f*
aromate [aʀɔmat] *m* Gewürzkraut *nt*
aromathérapie [aʀomateʀapi] *f* Aromatherapie *f*
aromatique [aʀɔmatik] *adj huile* aromatisch; *saveur, goût* würzig; ***plante ~*** Gewürzpflanze
aromatisant [aʀɔmatizɑ̃] *m* Geschmacksstoff *m*
aromatisé, **aromatisé** [aʀɔmatize] *adj **~(e) à l'orange** boisson, yaourt* mit Orangengeschmack
aromatiser [aʀɔmatize] <1> *vt* würzen *aliment;* parfümieren *savon*
arome, **arôme** [aʀom] *m* ❶ *du café* Aroma *nt; d'un vin* Bouquet *nt* ❷ *(additif alimentaire)* Aroma *nt*
arpège [aʀpɛʒ] *m* MUS Arpeggio *nt*
arpentage [aʀpɑ̃taʒ] *m* Vermessung *f*
arpenter [aʀpɑ̃te] <1> *vt* ❶ *(parcourir)* durchmessen *pièce* ❷ *(mesurer)* vermessen
arpenteur [aʀpɑ̃tœʀ] *m* Vermesser(in) *m(f)*
arpion [aʀpjɔ̃] *m (fam: pied)* Flosse *f fam*
arqué(e) [aʀke] *adj sourcils* geschwungen; *dos* gekrümmt; ***avoir les jambes ~es*** krumme Beine [*o* O-Beine *fam*] haben
arquer [aʀke] <1> **I.** *vt* biegen, krümmen **II.** *vpr **s'~*** krumm werden, sich krümmen
arrachage [aʀaʃaʒ] *m* Herausreißen *nt; des mauvaises herbes* Jäten *nt; d'un arbre* Entwurzeln *nt; des carottes, pommes de terre* Hacken *nt; d'une dent* Ziehen *nt*
arrachement [aʀaʃmɑ̃] *m* ❶ *(rare) d'un arbre* Herausreißen *nt* ❷ *(douleur)* Abschiedsschmerz *m*
arrache-pied [aʀaʃpje] *adv **d'~** lutter, travailler* unermüdlich
arracher [aʀaʃe] <1> **I.** *vt* ❶ *(extraire)* herausreißen *page, herbes, poil;* entwurzeln *arbre;* herausmachen *légumes;* herausziehen *clou;* ziehen *dent* ❷ *(déchirer)* abreißen *affiche;* ***~ un bras à qn*** *personne:* jdm den/einen Arm ausreißen; *chien:* jdm einen Arm abbeißen ❸ *(prendre)* ***~ qn à qn*** jdm jdn wegreißen; ***~ qn des mains/de l'emprise de qn*** jdn jds Händen entreißen/jds Einfluss entziehen; ***~ qc des mains de qn*** jdm etw aus den Händen reißen ❹ *(obtenir)* ***~ de l'argent à qn*** jdm Geld abringen; ***~ une larme à qn*** jdm eine Träne entlocken ❺ *(soustraire)* ***~ qn à son travail*** jdn aus seiner Arbeit herausreißen; ***~ qn à la mort*** jdn vor dem sicheren Tod bewahren **II.** *vi (fam) voix, sauce:* es in sich haben **III.** *vpr* ❶ *(se déchirer)* ***s'~ les cheveux*** sich *dat* die Haare ausreißen ❷ *(se disputer)* ***s'~ qn/qc*** sich um jdn/etw reißen ❸ *(fam: partir)* ***s'~*** abhauen
arracheur [aʀaʃœʀ] ▸ **mentir comme un ~ de dents** lügen, dass sich die Balken biegen *fam*
arracheuse [aʀaʃøz] *f (personne)* Erntearbeiterin *f*
arraisonnement [aʀɛzɔnmɑ̃] *m* NAUT *d'un navire* Durchsuchung *f; (contrôle)* Überprüfung *f*
arrangeant(e) [aʀɑ̃ʒɑ̃, ʒɑ̃t] *adj* umgänglich
arrangement [aʀɑ̃ʒmɑ̃] *m* ❶ *(agencement)* Zusammenstellung *f* ❷ *de fleurs* Zusammenstellen *nt; d'une coiffure* Zurechtmachen *nt; d'une entrevue* Organisation *f* ❸ *(accord)* Einigung *f* ❹ MUS Arrangement *nt*
arranger [aʀɑ̃ʒe] <2a> **I.** *vt* ❶ *(disposer)* ordnen, arrangieren *fleurs;* einrichten *pièce, appartement;* zurechtmachen *coiffure;* in Ordnung bringen *vêtement* ❷ *(organiser)* organisieren *voyage, réunion;* arrangieren *rencontre;* regeln *affaires* ❸ *(régler)* regeln ❹ *(contenter)* ***~ qn*** jdm gelegen kommen; ***si ça vous arrange*** wenn es Ihnen recht ist; ***ça l'arrange que*** *+subj* es passt ihm/ihr gut, dass ❺ *(réparer)* in Ordnung bringen ❻ *(fam: malmener)* übel zurichten **II.** *vpr* ❶ *(se mettre d'accord)* ***s'~ avec qn pour faire qc*** sich mit jdm einigen etw zu tun ❷ *(s'améliorer)* ***s'~*** *problème:* sich regeln; *situation, état de santé:* sich bessern ❸ *(se débrouiller)* ***s'~ pour que*** *+subj* es sich *dat* so einrichten, dass ❹ *(ajuster sa toilette)* ***s'~*** sich zurechtmachen; ***s'~ les cheveux/le maquillage*** sich *dat* die Frisur wiederherrichten/das Make-up erneuern
arrangeur, **-euse** [aʀɑ̃ʒœʀ, -øz] *m, f* MUS Arrangeur(in) *m(f)*
arrestation [aʀɛstasjɔ̃] *f* ❶ *(action)* Verhaftung *f* ❷ *(état)* Haft *f*
arrêt [aʀɛ] *m* ❶ *d'une machine, d'un moteur* Abstellen *nt; d'une centrale, d'un réacteur* Abschalten *nt; d'un véhicule* Anhalten *nt; des négociations, hostilités* Einstellen *nt; de la production* Einstellung *f;* ***~ cardiaque*** Herzstillstand *m;* ***~ des essais nucléaires*** Atomteststopp *m;* ***sans ~*** *(sans interruption)* unaufhörlich; *(fréquemment)* ständig ❷ *d'un train, automobiliste* Halt *m;* ***dix minutes d'~ à Nancy*** zehn Minuten

Aufenthalt in Nancy; ***le train est sans ~ de Paris à Lyon*** der Zug fährt von Paris nach Lyon durch; ***être à l'~*** *véhicule, chauffeur:* stehen; ***rester*** [*o* ***tomber***] ***en ~*** stehen bleiben ❸ *(station)* Haltestelle *f;* ***~ d'autobus*** Bushaltestelle *f* ❹ *(jugement)* Entscheid *m* ❺ *(sanction)* ***mettre qn aux ~s*** jdn unter Arrest stellen ► **~ de jeu** SPORT [Spiel]unterbrechung *f;* **~ de maladie** *(congé)* Beurlaubung *f* wegen Krankheit; *(certificat)* Arbeitsunfähigkeitsbescheinigung *f;* ***être en ~ de maladie*** krankgeschrieben sein; ***prescrire un ~ de maladie de 15 jours à qn*** jdn für zwei Wochen krankschreiben; **~ de travail** *(grève)* Arbeitsniederlegung *f; (congé)* Beurlaubung *f* wegen Krankheit; *(certificat)* Arbeitsunfähigkeitsbescheinigung *f;* ***être en ~ de travail*** krankgeschrieben sein

arrêté [aʀete] *m* Erlass *m;* ***~ d'expulsion*** *d'un étranger* Ausweisungsverfügung *f; d'un locataire* Räumungsbefehl *m*

arrêté(e) [aʀete] *adj décision, idée* fest; *(péj)* festgefahren

arrêter [aʀete] <1> **I.** *vi* ❶ *(stopper)* aufhören; ***~ de faire qc*** aufhören etw zu tun; ***arrête, je ne te crois pas!*** hör auf, ich glaub' dir nicht! ❷ *(s'interrompre)* ***~ de parler*** aufhören zu reden **II.** *vt* ❶ *(stopper)* anhalten, ausmachen *télé, machine;* ***au voleur, arrêtez-le!*** haltet den Dieb! ❷ *(déposer)* absetzen ❸ *(terminer)* aufhören mit ❹ *(interrompre)* unterbrechen ❺ *(bloquer)* aufhalten ❻ *(abandonner)* aufhören mit ❼ *(faire prisonnier)* verhaften ❽ *(fixer)* festlegen *détails, date* **III.** *vpr* ❶ *(s'immobiliser)* ***s'~*** *personne, moteur, montre:* stehen bleiben; *véhicule, chauffeur:* [an]halten ❷ *(séjourner)* Station machen ❸ *(s'interrompre)* ***s'~ de faire qc*** aufhören etw zu tun ❹ *(cesser)* ***s'~*** aufhören; *épidémie, inflation:* zum Stillstand kommen; *pluie, hémorragie, travail:* zum Erliegen kommen; ***s'~ de fumer*** aufhören zu rauchen

arrêt-maladie [aʀɛmaladi] <arrêts-maladie> *m (congé)* Beurlaubung *f* wegen Krankheit; *(certificat)* Arbeitsunfähigkeitsbescheinigung *f;* ***être en ~*** krank geschrieben sein

arrhes [aʀ] *f pl* Anzahlung *f*

arrière [aʀjɛʀ] **I.** *m* ❶ *sans pl d'un train* hinteres Teil; *d'une voiture, d'un bateau, avion* Heck *nt;* ***à l'~ de la voiture*** auf dem Rücksitz des Wagens ❷ *(pour une indication spatiale, temporelle)* ***être en ~ de qn/qc*** hinter jdm/etw sein; ***se pencher en ~*** sich zurückbeugen; ***regarder en ~*** *(derrière soi/vers le passé)* nach hinten sehen/zurücksehen; ***rester en ~*** hinten bleiben; ***aller en ~*** rückwärtsgehen ❸ SPORT Verteidiger(in) *m(f);* SPORT Schluss[spieler] *m;* ***jouer ~ centre/droit*** als Vorstopper/rechter Verteidiger spielen ❹ MIL ***l'~*** das Hinterland **II.** *adj inv* ***roue ~*** Hinterrad *nt;* ***siège ~*** Rücksitz *m*

arriéré [aʀjeʀe] *m* FIN Rückstand *m*

arrière-ban [aʀjɛʀbɑ̃] <arrière-bans> *m* HIST Heerbann *m*

arrière-boutique [aʀjɛʀbutik] <arrière-boutiques> *f* Hinterzimmer *nt* [des Ladens] **arrière-cour** [aʀjɛʀkuʀ] <arrière-cours> *f* Hinterhof *m*

arriérée [aʀjeʀe] *f* PSYCH [geistig] Zurückgebliebene *f* **arrière-garde** [aʀjɛʀgaʀd] <arrière-gardes> *f* Nachhut *f* **arrière-goût** [aʀjɛʀgu] <arrière-goûts> *m* Nachgeschmack *m* **arrière-grand-mère** [aʀjɛʀgʀɑ̃mɛʀ] <arrière-grands-mères> *f* Urgroßmutter *f* **arrière-grand-père** [aʀjɛʀgʀɑ̃pɛʀ] <arrière-grands-pères> *m* Urgroßvater *m* **arrière-grands-parents** [aʀjɛʀgʀɑ̃paʀɑ̃] *mpl* Urgroßeltern *Pl* **arrière-pays** [aʀjɛʀpei] *m inv* Hinterland *nt* **arrière-pensée** [aʀjɛʀpɑ̃se] <arrière-pensées> *f* Hintergedanke *m;* ***sans ~*** ohne Hintergedanken; *accepter* rückhaltlos, ohne Vorbehalt **arrière-petite-fille** [aʀjɛʀpətitfij] <arrière-petites-filles> *f* Urenkelin *f* **arrière-petit-fils** [aʀjɛʀpətifis] <arrière-petits-fils> *m* Urenkel *m* **arrière-petits-enfants** [aʀjɛʀpətizɑ̃fɑ̃] *mpl* Urenkel *Pl* **arrière-plan** [aʀjɛʀplɑ̃] <arrière-plans> *m (a. fig)* Hintergrund *m;* ***être à l'~*** im Hintergrund stehen **arrière-saison** [aʀjɛʀsɛzɔ̃] <arrière-saisons> *f* Nachsaison *f* **arrière-salle** [aʀjɛʀsal] <arrière-salles> *f* Hinterzimmer *nt* **arrière-train** [aʀjɛʀtʀɛ̃] <arrière-trains> *m* ❶ ZOOL Hinterteil *nt* ❷ *(fesses)* Hintern *m fam*

arrimage [aʀimaʒ] *m* NAUT *des marchandises* Verstauen *nt*

arrimer [aʀime] <1> *vt* festzurren *colis*

arrivage [aʀivaʒ] *m* ❶ *de marchandises* [eintreffende] Lieferung *f* ❷ *(marchandises)* [frische] Lieferung *f*

arrivant(e) [aʀivɑ̃, ɑ̃t] *m(f)* Ankommende(r) *f(m)*

arrivée [aʀive] *f* ❶ *(action)* Ankunft *f* ❷ *d'une course* Ziel *nt* ❸ *d'une gare, d'un aéroport* Ankunftshalle *f* ❹ *(robinet)* Anschluss *m*

arriver [aʀive] <1> **I.** *vi + être* ❶ *(venir)* ankommen; *produit:* auf den Markt kommen; ***comment arrive-t-on chez eux?*** wie kommt man zu ihnen? ❷ *(approcher)* kommen; *nuit:* hereinbrechen ❸ *(être acheminé)* ~ ***par un tuyau*** durch ein Rohr kommen ❹ *(terminer une compétition)* ~ ***[le] premier*** als Erster ankommen; ~ ***avant/après qn***, ~ ***devant/derrière qn*** vor/nach jdm ins Ziel kommen ❺ *(aller jusque)* ~ ***aux mollets*** *robe:* bis an die Waden gehen; ~ ***jusqu'à la maison*** *conduite, câble:* bis zum Haus gehen; ***il m'arrive à l'épaule*** er reicht mir bis zur Schulter; ~ ***jusqu'aux oreilles de qn*** *bruit, nouvelle:* bis zu jdm dringen ❻ *(atteindre)* ~ ***à qc*** *personne:* etw erreichen; ~ ***au terme de son existence*** am Ende seines Lebens anlangen ❼ *(réussir)* ***qn arrive à faire qc*** es gelingt jdm etw zu tun ❽ *(réussir socialement)* ***être arrivé*** es zu etwas gebracht haben ❾ *(survenir)* ***qu'est-ce qui est arrivé?*** was ist passiert? ❿ *(aboutir)* ***en ~ à faire qc*** schließlich etw tun **II.** *vi impers + être* ❶ *(survenir)* ***qu'est-ce qu'il t'est arrivé?*** was ist dir denn passiert? ❷ *(se produire de temps en temps)* ***il m'arrive de faire qc*** es kommt vor, dass ich etw tue

arriviste [aʀivist] *mf* Karrierist(in) *m(f)*

arrobas [aʀɔbas] *m,* **arrobase** [aʀɔbɑz] *f* INFORM at *nt*

arrogance [aʀɔgɑ̃s] *f* Arroganz *f*

arrogant(e) [aʀɔgɑ̃, ɑ̃t] *adj* arrogant

arroger [aʀɔʒe] <2a> *vpr* ***s'~ un droit*** sich *akk* ein Recht anmaßen

arrondir [aʀɔ̃diʀ] <8> **I.** *vt* ❶ *(rendre rond)* rund machen ❷ *(accroître)* aufbessern *fortune* ❸ *(simplifier)* ~ ***qc à qc*** *(vers le haut/le bas)* etw auf etw *akk* aufrunden/abrunden **II.** *vpr* **s'~** ❶ *(grossir)* [immer] runder werden ❷ *(devenir moins anguleux) relief:* sanfter werden; *paysage:* lieblicher werden ❸ *(augmenter) fortune:* sich vermehren

arrondissement [aʀɔ̃dismɑ̃] *m* Arrondissement *nt*

Land und Leute

In Paris, Lyon und Marseille heißen die Stadtbezirke **arrondissements**. Aber auch die Verwaltungsbezirke eines Departements werden so genannt. Paris ist in zwanzig durchnummerierte Arrondissements unterteilt. Diejenigen mit den niedrigen Nummern befinden sich im Zentrum. An der Postleitzahl kann man das Arrondissement ablesen: 75020 Paris steht für „Paris vingtième", also für das zwanzigste Arrondissement.

arrosage [aʀozaʒ] *m* ❶ *des rues, d'un jardin* Sprengen *nt* ❷ *(à l'arrosoir)* Gießen *nt*

arroser [aʀoze] <1> *vt* ❶ *(à l'arrosoir)* gießen ❷ *(au jet)* sprengen ❸ *(avec un produit)* besprühen ❹ *(mouiller) pluie:* nass machen ❺ *(couler à travers) fleuve:* fließen durch ❻ GASTR begießen *rôti, gâteau* ❼ *(fam: fêter)* begießen ❽ *(accompagner d'alcool)* ***ça a été un repas bien arrosé*** bei diesem Essen wurde reichlich getrunken

arroseur [aʀozœʀ] *m (appareil)* Rasensprenger *m*

arrosoir [aʀozwaʀ] *m* Gießkanne *f*

arsenal [aʀsənal, -o] <-aux> *m* ❶ *(lieu)* Waffenlager *nt* ❷ *(fam: matériel)* Arsenal *nt*

arsenic [aʀsənik] *m* Arsen *nt*

arsouille [aʀsuj] *m, f* Gauner *m*

art [aʀ] *m* ❶ ART Kunst *f;* ***l'~ moderne*** die moderne Kunst; ***les ~s décoratifs*** das Kunstgewerbe; ***les ~s premiers*** die ursprüngliche [*o* ethnologische] Kunst; ~ ***de vivre*** Lebenskunst; ~ ***déco*** Art deco *m o nt;* ~ ***visuel*** visuelle Kunst ❷ *sans pl (style)* Kunst *f;* ***l'~ nouveau*** der Jugendstil ❸ *sans pl (technique, talent)* Kunst *f;* ***avoir l'~ du compromis*** es meisterhaft verstehen Kompromisse zu schließen ► **le septième** ~ die Filmkunst

artère [aʀtɛʀ] *f* ❶ ANAT Arterie *f* ❷ *(voie de communication en ville)* Hauptverkehrsstraße *f; (dans un pays)* [Haupt]verkehrsader *f*

artériel(le) [aʀteʀjɛl] *adj* arteriell

artériosclérose [aʀteʀjoskleʀoz] *f* MED Arteriosklerose *f*

arthrite [aʀtʀit] *f* MED Arthritis *f*

arthrose [aʀtʀoz] *f* MED Arthrose *f*

artichaut [aʀtiʃo] *m* Artischocke *f*

article [aʀtikl] *m* ❶ *(marchandise)* Artikel *m* ❷ *(écrit)* Artikel *m;* ~ ***de fond*** Leitartikel *m;* ~ ***de journal*** Zeitungsartikel *m* ❸ JUR Paragraf *m* ❹ GRAM Artikel *m;* ~ ***défini/indéfini*** bestimmter/unbestimmter Artikel; ~ ***partitif*** Teilungsartikel

articulaire [aʀtikylɛʀ] *adj* Gelenk-

articulation [aʀtikylasjɔ̃] *f* ❶ ANAT, TECH Gelenk *nt* ❷ *(enchaînement)* logischer Übergang ❸ *(combinaison)* Zusammenspiel *nt* ❹ *(prononciation)* Artikulieren *nt*

articulatoire [aʀtikylatwaʀ] *adj* artikulatorisch, Artikulations-

articulé(e) [aʀtikyle] *adj* ① *(opp: rigide)* ***une poupée ~e*** eine Gliederpuppe; ***un bus*** ~ ein Gelenkbus ② *(opp: inarticulé)* artikuliert

articuler [aʀtikyle] <1> **I.** *vt (prononcer)* artikulieren *son;* hervorbringen *mot, phrase;* ***bien/mal*** ~ deutlich/undeutlich sprechen **II.** *vpr* ① ANAT, TECH ***s'~ sur qc*** beweglich auf etw *dat* sitzen; ***s'~ à qc*** *os:* durch ein Gelenk mit etw verbunden sein ② *(s'organiser)* ***bien s'~*** *parties d'un texte:* gut gegliedert sein

artifice [aʀtifis] *m* ① *(moyen ingénieux)* Trick *m* ② *souvent pl (tromperie)* List *f*

artificiel(le) [aʀtifisjɛl] *adj* ① *(fabriqué)* künstlich; *diamant* unecht; *parfum* synthetisch ② *(factice)* künstlich; *sourire, style* gekünstelt; *enthousiasme, gaieté* gespielt; *raisonnement* willkürlich

artificiellement [aʀtifisjɛlmɑ̃] *adv* künstlich

artificier [aʀtifisje] *m* ① *(fabricant, organisateur)* Feuerwerker(in) *m(f)* ② *(spécialiste du désamorçage)* [Bomben]entschärfer(in) *m(f)*

artillerie [aʀtijʀi] *f* Artillerie *f*

artilleur [aʀtijœʀ] *m* Artillerist *m*

artisan(e) [aʀtizɑ̃, an] *m(f)* Handwerker(in) *m(f);* ~ ***boulanger*** Bäckermeister(in) *m(f)*

artisanal(e) [aʀtizanal, -o] <-aux> *adj* handwerklich; *produit* handgearbeitet

artisanat [aʀtizana] *m* ① *(métier)* Handwerk *nt* ② *(les artisans)* Handwerker *Pl*

artiste [aʀtist] **I.** *mf* Künstler(in) *m(f); (au cirque)* Artist(in) *m(f); (personne non-conformiste)* Lebenskünstler **II.** *adj* ***milieu*** ~ Künstlermilieu *nt*

artistement [aʀtistəmɑ̃] *adv* kunstvoll, geschmackvoll

artistique [aʀtistik] *adj* künstlerisch; *arrangement* kunstvoll; ***directeur(-trice)*** ~ *d'une agence publicitaire* Artdirector(in) *m(f)*

aryen(ne) [aʀjɛ̃, jɛn] *adj* arisch

Aryen(ne) [aʀjɛ̃, jɛn] *m(f)* Arier(in) *m(f)*

as[1] [a] *indic prés de* **avoir**

as[2] [ɑs] *m* ① JEUX Ass *nt; (aux autres jeux)* Eins *f;* ~ ***de cœur*** Herz-Ass ② *(champion)* Ass *nt;* ~ ***du volant*** Ass im Fahren; ***l'~ des*** ~ das Spitzenass

ascendance [asɑ̃dɑ̃s] *f sans pl* ① *(origine)* Abstammung *f* ② ASTRON Aufgang *m;* METEO Aufwind *m*

ascendant [asɑ̃dɑ̃] *m sans pl* ~ ***sur qn/qc*** [starker] Einfluss auf jdn/etw

ascenseur [asɑ̃sœʀ] *m* Aufzug *m*

ascension [asɑ̃sjɔ̃] *f* ① *(montée)* Aufsteigen *nt; d'une montgolfière* Aufstieg *m; d'une monnaie* Anstieg *m;* ~ ***sociale*** sozialer Aufstieg ② SPORT Aufstieg *m;* ***faire l'~ d'une montagne*** einen Berg besteigen ③ *sans pl* REL ***l'Ascension*** Christi Himmelfahrt

ascensionnel(le) [asɑ̃sjɔnɛl] *adj* ① aufsteigend, Steig- ② *(ayant tendance à faire monter dans les airs)* emporsteigend

ascèse [asɛz] *f* Askese *f*

ascète [asɛt] *mf* Asket(in) *m(f)*

ascétique [asetik] *adj* asketisch

aseptisé(e) [asɛptize] *adj* ① *instrument* sterilisiert; *pansement* keimfrei; *chambre, plaie* desinfiziert ② *(fig)* steril

aseptiser [asɛptize] <1> *vt* sterilisieren *instrument;* keimfrei machen *pansement;* desinfizieren *chambre, plaie*

asexué(e) [asɛksɥe] *adj* ungeschlechtlich

asiatique [azjatik] *adj* asiatisch

Asiatique [azjatik] *mf* Asiat(in) *m(f)*

Asie [azi] *f* ***l'~*** Asien *nt;* ***l'~ centrale/Mineure*** Zentral-/Kleinasien

asile [azil] *m* ① REL, JUR, POL Asyl *nt* ② *(refuge)* Zufluchtsort *m;* ***offrir un ~ à qn*** jdm Unterschlupf gewähren

asocial(e) [asɔsjal, -jo] <-aux> **I.** *adj* unsozial; *enfant* verhaltensgestört **II.** *m(f)* Asoziale(r) *f(m)*

aspartam[e] [aspaʀtam] *m* Süßstoff *m*

aspect [aspɛ] *m* ① *sans pl d'une personne* Aussehen *nt; d'un objet, paysage* Anblick *m* ② *(trait de caractère)* Seite *f* ③ *(point de vue)* Aspekt *m*

> **Aussprache**
>
> Bei **aspect** wird die Endung -ct nicht als [kt] gesprochen, sondern bleibt stumm.

asperge [aspɛʀʒ] *f* ① *(légume)* Spargel *m* ② *(fam: personne)* Bohnenstange *f hum*

asperger [aspɛʀʒe] <2a> **I.** *vt* ~ ***qn/qc d'eau*** jdn/etw mit Wasser bespritzen **II.** *vpr* ***s'~ de parfum/d'eau*** sich mit Parfüm besprühen/mit Wasser bespritzen; ***s'~ le visage d'eau froide*** sich *dat* kaltes Wasser ins Gesicht spritzen

aspérité [aspeʀite] *f* ① *gén pl* Unebenheit *f* ② *(rugosité)* Rauigkeit *f*

asphalte [asfalt] *m* Asphalt *m*

asphalter [asfalte] <1> *vt* asphaltieren

asphyxiant(e) [asfiksjɑ̃, jɑ̃t] *adj* ① *air,*

fumée erstickend; *chaleur* drückend ❷ *(fig) ambiance* erdrückend

asphyxie [asfiksi] *f sans pl* ❶ *(suffocation)* Ersticken *nt;* ***mourir par ~*** ersticken ❷ *(fig)* Lähmung *f*

asphyxier [asfiksje] <1> **I.** *vt* ersticken **II.** *vpr* ***s'~*** ersticken; *(ne plus pouvoir respirer)* keine Luft mehr bekommen

aspic [aspik] *m* GASTR Sülze *f*

aspirant [aspiʀɑ̃] *m* MIL Offiziersanwärter(in) *m(f)*

aspirateur [aspiʀatœʀ] *m* Staubsauger *m;* ***passer l'~*** [*o* ***un coup d'~***] staubsaugen

aspirateur-balai [aspiʀatœʀbalɛ] <aspirateurs-balais> *m* Handstaubsauger *m*

aspiration [aspiʀasjɔ̃] *f* ❶ *sans pl (inspiration)* Einatmen *nt* ❷ TECH Saugen *nt,* Ansaugen; *d'un liquide, de poussières* Absaugen *nt* ❸ *(avec la bouche)* Saugen *nt,* Ziehen *nt* ❹ LING Aspiration *f* ❺ MED Absaugen *nt* ❻ *sans pl (élan)* Streben *nt;* ***~ à la liberté*** Streben *nt* nach Freiheit ❼ *pl (désirs)* Sehnsüchte *Pl*

aspiré(e) [aspiʀe] *adj* LING aspiriert

aspirer [aspiʀe] <1> **I.** *vt* ❶ *(inspirer)* einatmen; ***~ à pleins poumons*** tief durchatmen ❷ *(inhaler)* einatmen *air, gaz;* einsaugen *odeur* ❸ *(avec la bouche)* [ein]saugen ❹ LING aspirieren ❺ TECH absaugen **II.** *vi* ❶ *(désirer)* ***~ à qc*** sich nach etw sehnen ❷ *(chercher à obtenir)* ***~ à qc*** nach etw streben

aspirine [aspiʀin] *f* Aspirin® *nt*

assagir [asaʒiʀ] <8> **I.** *vt* ruhiger machen *personne;* zähmen *passions* **II.** *vpr* ***s'~*** *personne:* ruhiger werden; *passion:* sich legen

assaillant(e) [asajɑ̃, jɑ̃t] *m(f)* Angreifer(in) *m(f)*

assaillir [asajiʀ] <irr> *vt* angreifen

assainir [aseniʀ] <8> *vt* ARCHIT, FIN sanieren

assainissement [asenismɑ̃] *m* ARCHIT Sanierung *f; d'un marécage* Trockenlegung *f*

assainisseur [asɛnisœʀ] *m* Luftreiniger *m*

assaisonnement [asɛzɔnmɑ̃] *m* ❶ *sans pl (action, résultat)* Würzen *nt; d'une salade* Anmachen *nt* ❷ *(ingrédient)* Würze *f*

assaisonner [asɛzɔne] <1> *vt* ❶ *(épicer)* ***~ qc avec qc*** etw mit etw würzen; ***être trop assaisonné*** zu stark gewürzt sein; ***~ la salade*** den Salat anmachen ❷ *(relever)* schmackhaft machen ❸ *(agrémenter)* ***~ qc de qc*** etw mit etw würzen

assassin [asasɛ̃] *m* Mörder(in) *m(f)*

assassin(e) [asasɛ̃, in] *adj* ❶ *(séducteur)* unwiderstehlich ❷ *(qui tue)* mörderisch; *regard* vernichtend

assassinat [asasina] *m* ❶ *(action)* Ermordung *f* ❷ *(résultat)* Mord *m*

assassiner [asasine] <1> *vt* ermorden

assaut [aso] *m* ❶ MIL ***~ d'une forteresse*** Sturm *m* auf eine Festung; ***aller à l'~ de qc*** zum Sturm auf etw *akk* ansetzen; ***à l'~!*** Attacke! ❷ *(fig)* Stürmen *nt* ❸ *(ruée)* Ansturm *m*

assèchement [asɛʃmɑ̃] *m* Trockenlegung *f*

assécher [aseʃe] <5> *vt* ❶ *(mettre à sec)* trockenlegen ❷ *(vider)* leerlaufen lassen *réservoir;* entleeren *citerne*

ASSEDIC [asedik] *f pl abr de* **Association pour l'emploi dans l'industrie et le commerce** ❶ *(organisme) für die Zahlung der Arbeitslosenversicherung in Frankreich zuständige Organisation* ❷ *(régime d'assurance)* ≈ Arbeitslosenversicherung *f* ❸ *(cotisation)* ≈ Beitrag *m* für die Arbeitslosenversicherung ❹ *(indemnités)* ≈ Arbeitslosengeld *nt;* ***toucher les ~*** Arbeitslosengeld bekommen

assemblage [asɑ̃blaʒ] *m* ❶ *(action)* Montage *f;* COUT Zusammennähen *nt; d'une charpente* Aufbau *m; de pièces mécaniques* Zusammenbauen *nt; de pièces de bois* Zusammenfügen *nt; de feuilles* Zusammenheften *nt* ❷ *de couleurs, formes* Zusammenstellung *f; de charpente* Verbindung *f*

assemblée [asɑ̃ble] *f* ❶ *(réunion)* Versammlung *f* ❷ POL ***l'Assemblée nationale*** die Nationalversammlung; ***l'Assemblée fédérale*** CH Rat *m* CH

Land und Leute

Die **Assemblée nationale** ist die erste Kammer des französischen Parlaments. Sie setzt sich aus 577 Abgeordneten zusammen – 556 für das Mutterland Frankreich, 21 für die Überseegebiete. Die Abgeordneten werden nach dem Mehrheitswahlrecht für fünf Jahre gewählt.

assembler [asɑ̃ble] <1> **I.** *vt* ❶ *(monter)* zusammensetzen *pièces d'une machine, d'un puzzle;* zusammenbauen *meuble, moteur* ❷ *(réunir)* zusammenstellen *couleurs;* zusammennähen *vêtement, pièces d'étoffe;* zusammenheften *feuilles volantes* ❸ *(recueillir)* sammeln *pièces;* zusammentragen *idées, données* **II.** *vpr* ***s'~*** sich versammeln

assembleur [asɑ̃blœʀ] *m* INFORM Assembler *m*

A

assener [asene] <4> *vt*, **asséner** [asene] <5> *vt* verabreichen, versetzen *coup;* ~ ***des injures à qn*** jdm beleidigen
assentiment [asɑ̃timɑ̃] *m* Zustimmung *f*
asseoir [aswaʀ] <irr> **I.** *vt* ~ ***qn sur/dans/contre qc*** jdn auf/in/an etw *akk* setzen; ***faire ~ qn*** jdn bitten sich zu setzen; ***être/rester assis*** sitzen/sitzen bleiben; ***assis!*** *(à une personne/un chien)* hingesetzt!/sitz! **II.** *vpr* ***s'~*** sich [hin]setzen; ***asseyez-vous!*** setzt euch!/setzen Sie sich!
assermenté(e) [asɛʀmɑ̃te] *adj* vereidigt
assertion [asɛʀsjɔ̃] *f* Behauptung *f*
asservir [asɛʀviʀ] <8> *vt* unterwerfen, unterdrücken *peuple, presse*

> **Grammatik und Co.**
> Das Verb **asservir** wird nicht wie *servir* konjugiert, denn bei einigen Formen ist sein Stamm um *-iss-* erweitert, etwa bei *nous asservissons, il asservissait* oder *en asservissant.*
> Diese Stammerweiterung kommt bei *servir* nicht vor.

assesseur [asesœʀ] *mf* Beisitzer(in) *m(f)*
assez [ase] *adv* ❶ *(suffisamment)* genug; ***il y a ~ de place*** es ist genug Platz da; ***être ~ riche*** reich genug sein; ~ ***parlé!*** genug der Worte! ❷ *(plutôt)* ziemlich; ***aimer ~ les films de Bergman*** die Filme von Bergman ganz gerne sehen ❸ *(quantité suffisante)* ***c'est/ce n'est pas ~*** das reicht/reicht nicht ❹ *(de préférence, dans l'ensemble)* ***être ~ content de soi*** [eigentlich] ganz zufrieden mit sich sein ❺ SCOL ~ ***bien*** ≈ befriedigend ❻ *(exprimant la lassitude)* ~***!*** genug!; ***c'est ~!, c'en est ~!*** genug jetzt!; ***en voilà ~!*** jetzt ist es aber genug!; ***en avoir ~ de qn/qc*** von jdm/etw genug haben; ***j'en ai ~ de toi/de tes bêtises!*** jetzt reicht's mir aber mit dir/mit deinen Dummheiten!; ***en avoir plus qu'~ de qn/qc*** von jdm/etw endgültig genug haben
assidu(e) [asidy] *adj* ❶ *présence* regelmäßig; *élève, employé* immer anwesend; *lecteur* eifrig; *travail, soins* ständig ❷ *(empressé)* eifrig
assiduité [asidɥite] *f sans pl d'un élève* regelmäßige Anwesenheit; *d'un employé* regelmäßiges Erscheinen; ***son ~ dans le travail*** seine/ihre Beharrlichkeit bei der Arbeit; ***son ~ au travail*** sein/ihr regelmäßiges Erscheinen bei der Arbeit
assidûment [asidymɑ̃] *adv fréquenter* regelmäßig, eifrig
assiéger [asjeʒe] <2a, 5> *vt* ❶ MIL belagern *place, population;* einschließen *armée* ❷ *(prendre d'assaut)* belagern *guichet;* umlagern *personne, hôtel*
assiette [asjɛt] *f* ❶ GASTR Teller *m;* ~ ***plate/creuse*** flacher/tiefer Teller; ~ ***à soupe/à dessert*** Suppen-/Dessertteller; ~ ***de soupe/de crudités*** Teller Suppe/Rohkost ❷ *(base de calcul)* Bemessungsgrundlage *f*
assignation [asiɲasjɔ̃] *f* Vorladung *f*
assigner [asiɲe] <1> *vt* ❶ *(attribuer)* zuteilen ❷ *(fixer)* beimessen; ~ ***une cause à qc*** einer S. *dat* eine Ursache zuschreiben ❸ JUR ~ ***qn à résidence*** jdm einen Aufenthaltsort zuweisen; ~ ***qn en justice*** jdn vor Gericht zitieren; ~ ***un témoin à comparaître*** einen Zeugen vorladen
assimilable [asimilabl] *adj* ❶ *(comparable)* ~ ***à qn/qc*** vergleichbar mit jdm/etw ❷ *(qui peut être digéré) nourriture* verwertbar; *fig) connaissances* erwerbbar
assimilation [asimilasjɔ̃] *f* ❶ ~ ***à qc*** *(comparaison)* Vergleich *m* mit etw; *(amalgame)* Gleichsetzung *f* mit etw ❷ BIO Assimilation *f* ❸ *(fig) de connaissances* Aneignen *nt* ❹ *(intégration)* ~ ***à qc*** Eingliederung *f* in etw *akk*
assimiler [asimile] <1> **I.** *vt* ❶ *(confondre)* ~ ***qn/qc à qn/qc*** jdn/etw mit jdm/etw gleichsetzen; ~ ***qn à qc*** jdn mit etw vergleichen ❷ BIO assimilieren ❸ *(apprendre)* sich *dat* aneignen, aufnehmen *connaissances* ❹ *(intégrer)* eingliedern **II.** *vpr* ❶ *(s'identifier)* ***s'~ à qn*** sich mit jdm identifizieren ❷ *(s'apprendre)* ***cela s'assimile*** das kann man sich *dat* aneignen ❸ *(s'intégrer)* ***s'~ à qc*** sich in etw *akk* integrieren
assis(e) [asi, iz] **I.** *part passé de* **asseoir** **II.** *adj* ❶ *(position)* sitzend; ***être/rester ~*** sitzen/sitzen bleiben ❷ *(affermi)* ***être bien ~*** gefestigt sein
assise [asiz] *f* ❶ *(rangée)* Schicht *f* ❷ *souvent pl (fondement)* Grundlage *f* ❸ *pl (strates)* Schicht *f*
assises [asiz] *fpl* JUR *(cour)* Schwurgericht *nt*, Geschworenengericht *nt*
assistanat [asistana] *m* ❶ UNIV, SCOL Assistenz *f* ❷ *(prise en charge)* Unterstützung *f*
assistance [asistɑ̃s] *f* ❶ *(public)* Publikum *nt* ❷ *(secours)* Hilfe *f;* ***demander ~ à qn*** jdn um Hilfe bitten; ***prêter ~ à qn*** jdm Hilfe leisten ❸ *(dons)* ***prêter ~ à qn*** jdm helfen; *mécène:* jdn fördern ❹ *(aide organisée)* ~ ***médicale*** medizinische Be-

treuung *f;* ~ ***technique*** Entwicklungshilfe *f* ❺ *(type d'assurance)* [Versicherungs]-schutz *m*

assistant [asistɑ̃] *m* INFORM ~ ***personnel [électronique]*** Organizer *m*

assistant(e) [asistɑ̃, ɑ̃t] *m(f)* ❶ *(aide)* Assistent(in) *m(f);* MED [Arzt]helfer(in) *m(f);* ~ ***social*** Sozialarbeiter(in) *m(f)* ❷ *(public)* ***les ~s*** die Anwesenden *Pl*

assisté(e) [asiste] **I.** *adj* ❶ SOCIOL ***personne ~e*** Sozialhilfeempfänger(in) *m(f);* ***famille ~e*** Familie, die von der Sozialhilfe lebt; ***pays*** ~ Land, das Wirtschaftshilfe bekommt ❷ AUT ***direction ~e*** Servolenkung *f* ❸ INFORM ***dessin ~ par ordinateur*** Computer Aided Design *nt;* ***traduction ~e par ordinateur*** computergestützte Übersetzung **II.** *m(f) (péj: entreprise)* Subventionsempfänger(in) *m(f)*

assister [asiste] <1> **I.** *vi* ❶ *(être présent)* ~ ***à qc*** bei etw anwesend sein ❷ *(regarder)* ~ ***à qc*** sich *dat* etw ansehen ❸ *(être témoin de)* ~ ***à qc*** etw miterleben ❹ *(participer)* ~ ***à qc*** an etw *dat* teilnehmen **II.** *vt* ❶ *(aider)* ~ ***qn dans qc*** jdm bei etw helfen ❷ *(en chirurgie)* ~ ***qn dans qc*** jdn [bei etw] assistieren ❸ *(être aux côtés de)* beistehen ❹ JUR *curateur:* rechtlich vertreten

associatif, -ive [asɔsjatif, -iv] *adj* ❶ PSYCH, MATH assoziativ ❷ *(relatif à une association)* ***vie associative*** Vereinsleben *nt*

association [asɔsjasjɔ̃] *f* ❶ *(action d'associer)* Vereinigung *f* ❷ *(action de s'associer)* Zusammenschluss *m;* ***en ~ avec un ami*** gemeinsam mit einem Freund ❸ *(groupement)* Organisation *f;* *(opp: société)* Verein *m;* ~ ***économique/sportive*** Wirtschaftsverband *m*/Sportverein *m;* ~ ***politique*** politische Vereinigung ❹ *(assemblage)* ~ ***de qc à qc*** Verbindung *f* von etw mit etw

associé(e) [asɔsje] **I.** *m(f)* Gesellschafter(in) *m(f)* **II.** *adj gérant* teilhabend

associer [asɔsje] <1> **I.** *vt* ❶ *(faire participer)* ~ ***qn à sa joie*** jdn an seiner Freude teilhaben lassen; ~ ***qn à un travail*** jdn mitarbeiten lassen; ~ ***les travailleurs aux bénéfices*** die Arbeitnehmer am Gewinn beteiligen ❷ *(unir, lier)* [miteinander] verbinden *choses, personnes;* miteinander kombinieren *couleurs;* ~ ***qc avec qc*** etw mit etw verbinden **II.** *vpr* ❶ *(s'allier)* ***s'~*** sich zusammenschließen ❷ *(s'adjoindre)* ***s'~ un collaborateur*** einen Mitarbeiter hinzuziehen ❸ *(s'accorder)* ***s'~*** *choses:* sich zusammenfügen ❹ *(participer à)* ***s'~ à la joie de qn*** jds Freude teilen; ***s'~ au projet de qn*** sich an jds Vorhaben beteiligen

assoiffé(e) [aswafe] *adj* ❶ *(qui a soif)* [sehr] durstig ❷ *(avide)* ~ ***de lectures*** lesehungrig; ~ ***de vengeance*** rachsüchtig

assombri(e) [asɔ̃bʀi] *adj* ❶ *(obscurci)* dunkel ❷ *(triste, grave)* finster; *futur, avenir* düster; *jours* dunkel

assombrir [asɔ̃bʀiʀ] <8> **I.** *vt* ❶ *(obscurcir)* verdunkeln ❷ *(rembrunir, peser sur)* trübsinnig machen *personne;* verschlechtern *situation* **II.** *vpr* ***s'~*** sich verdunkeln; *couloir:* dunkel werden; *horizon, visage:* sich verfinstern; *personne:* trübsinnig werden; *situation:* sich verschlechtern

assommant(e) [asɔmɑ̃, ɑ̃t] *adj (fam)* nervtötend

assommer [asɔme] <1> **I.** *vt* ❶ *(étourdir)* bewusstlos schlagen, betäuben *animal* ❷ *(abasourdir)* ***cette nouvelle m'a assommé*** diese Nachricht hat mich sprachlos gemacht ❸ *(abrutir)* ***le soleil m'a assommé*** die Sonne machte mich benommen ❹ *(fam: ennuyer)* zu Tode langweilen **II.** *vpr* **s'~** ❶ *(se cogner)* sich *dat* eine Gehirnerschütterung holen ❷ *(fam: se battre)* sich halbtot schlagen

Assomption [asɔ̃psjɔ̃] *f* Mariä Himmelfahrt *f*

assorti(e) [asɔʀti] *adj couleurs, vêtements* passend; ***être ~ aux rideaux*** zum Vorhang passen; ***des personnes/choses sont bien/mal ~es*** Menschen/Dinge passen gut/schlecht zusammen

assortiment [asɔʀtimɑ̃] *m* ❶ *(mélange)* Sortiment *nt;* ~ ***de charcuterie*** Wurstplatte *f;* ~ ***de gâteaux*** Gebäckmischung *f* ❷ *(arrangement)* ~ ***de couleurs*** Farbkombination *f*

assortir [asɔʀtiʀ] <8> **I.** *vt* ❶ *(harmoniser)* zusammenstellen *couleurs, fleurs;* ~ ***les rideaux au tapis*** die Vorhänge auf den Teppich abstimmen ❷ *(réunir)* zusammenbringen *personnes* ❸ *(accompagner)* ~ ***son exposé d'anecdotes*** seinem Bericht Anekdoten *akk* hinzufügen **II.** *vpr* ***s'~*** zueinander passen

assoupi(e) [asupi] *adj* ❶ *(somnolent)* dösend ❷ *(affaibli)* abgekühlt; *douleur* gelindert

assoupir [asupiʀ] <8> **I.** *vt* ❶ *(endormir)* schläfrig machen ❷ *(affaiblir)* trüben, schwächen *sens, sensualité;* lindern *douleur;* abbauen *haine* **II.** *vpr* ***s'~*** dösen

assoupissement [asupismɑ̃] *m* Schläfrigkeit *f*

A

assouplir [asuplir] <8> **I.** *vt* ❶ *(rendre plus souple)* geschmeidig machen *cheveux, cuir;* weich machen *linge;* lockern *muscles* ❷ *(rendre moins rigoureux)* lockern *règlement* **II.** *vpr* **s'~** ❶ *(devenir plus souple) chaussures:* weich[er] werden; *cuir:* geschmeidig[er] werden; *personne:* gelenkig[er] werden ❷ *(devenir moins rigide)* umgänglich[er] werden

assouplissant(e) [asuplisɑ̃, ɑ̃t] *m(f)* Weichspüler *m*

assouplissement [asuplismɑ̃] *m du linge* Weichmachen *nt*

assourdir [asurdir] <8> **I.** *vt (abasourdir)* betäuben **II.** *vpr* ***s'~*** *bruit:* schwächer werden

assourdissant(e) [asurdisɑ̃, ɑ̃t] *adj* [ohren]betäubend

assourdissement [asurdismɑ̃] *m* ❶ *(surdité passagère)* vorübergehende Taubheit ❷ *(état de surdité)* Taubheit *f*

assouvir [asuvir] <8> *vt* stillen *faim, vengeance*

assouvissement [asuvismɑ̃] *m* ❶ *(action d'assouvir) curiosité, d'un désir* Stillung *f* ❷ *(résultat, état)* Befriedigung *f*

assujetti(e) [asyʒeti] **I.** *adj (soumis)* ***être ~ à qn*** jdm unterworfen sein; ***être ~ à l'impôt*** steuerpflichtig sein **II.** *m(f)* ADMIN ❶ *(à l'impôt)* Steuerpflichtige(r) *f(m)* ❷ *(à la sécurité sociale)* Beitragspflichtige(r) *f(m)*

assujettir [asyʒetir] <8> *vt (astreindre)* ***~ qn à l'impôt*** jdm eine Steuer auferlegen; ***son métier l'assujettit à une présence constante*** sein Beruf verpflichtet ihn zu ständiger Anwesenheit

assujettissement [asyʒetismɑ̃] *m (soutenu)* ❶ *(état de servitude)* Unterwerfung *f* ❷ *(état de soumission)* Anpassung *f;* ***~ à la mode*** Modezwang *m;* ***~ à l'impôt*** Steuerpflicht *f*

assumer [asyme] <1> **I.** *vt* ❶ *(exercer, supporter)* auf sich *akk* nehmen *risque;* übernehmen *tâche, responsabilité;* bekleiden *fonction;* ausfüllen *poste;* ertragen *douleur* ❷ *(accepter)* akzeptieren *condition;* stehen zu *instincts* **II.** *vpr* ❶ *(s'accepter)* ***s'~*** sich akzeptieren ❷ *(se supporter)* ***une amputation s'assume difficilement*** mit einer Amputation wird man schwer fertig **III.** *vi* dazu stehen

assurance [asyrɑ̃s] *f* ❶ *sans pl (aplomb)* Selbstbewusstsein *nt;* ***avec ~*** selbstsicher ❷ *(garantie)* Zusicherung *f* ❸ *(contrat)* Versicherung *f* ❹ *(société)* Versicherung[sgesellschaft] *f* ❺ SPORT Sicherung *f*

assurance-dépendance [asyrɑ̃sdepɑ̃dɑ̃s] *f* Pflegeversicherung *f*

assuré(e) [asyre] **I.** *adj* ❶ *démarche* sicher; *regard* fest ❷ *(garanti)* sicher **II.** *m(f)* Versicherte(r) *f(m)*

assurément [asyremɑ̃] *adv (soutenu)* gewiss

assurer [asyre] <1> **I.** *vt* ❶ *(affirmer, garantir, par un contrat d'assurance)* versichern ❷ *(se charger de)* gewährleisten *protection* ❸ *(rendre sûr)* sichern *avenir, fortune* ❹ *(accorder)* ***~ une retraite à qn*** jdm eine Rente zusichern ❺ SPORT sichern **II.** *vpr* ❶ *(contracter une assurance)* ***s'~ à la compagnie X contre qc*** sich bei der Gesellschaft X gegen etw versichern ❷ *(vérifier)* ***s'~ de qc*** sich von etw überzeugen ❸ *(gagner)* ***s'~ l'appui de qn*** sich jds Unterstützung *akk* sichern **III.** *vi (fam)* wissen, wo's langgeht

assureur [asyrœr] *m* Versicherungsträger *m*

aster [astɛr] *m* BOT Aster *f*

astérisque [asterisk] *m* Sternchen *nt*

astéroïde [asterɔid] *m* Asteroid *m*

asthmatique [asmatik] **I.** *adj* asthmatisch **II.** *mf* Asthmatiker(in) *m(f)*

asthme [asm] *m* Asthma *nt*

> **Aussprache**
> Das -th- in **asthme** und verwandten Wörtern wird nicht gesprochen.

asticot [astiko] *m (fam: ver)* Made *f*

asticoter [astikɔte] <1> *vt (fam)* nerven

astigmate [astigmat] *adj* astigmatisch

astiquer [astike] <1> *vt* putzen, polieren *meubles, pomme*

astral(e) [astral, -o] <-aux> *adj* ***signe ~*** Sternzeichen *nt*

astre [astr] *m* ❶ ASTRON Gestirn *nt* ❷ ASTROL Stern *m*

astreignant(e) [astrɛɲɑ̃, ɑ̃t] *adj* anstrengend; *horaire, règle* wenig Freiraum lassend

astreindre [astrɛ̃dr] <irr> *vt* ***~ qn à un travail*** jdn zu einer Arbeit zwingen

astreinte [astrɛ̃t] *f* ❶ *(contrainte)* Zwang *m* ❷ JUR Zwangsgeld *nt*

astringent [astrɛ̃ʒɑ̃] *m* adstringierendes Mittel *nt*

astrologie [astrɔlɔʒi] *f* Astrologie *f*

astrologique [astrɔlɔʒik] *adj* astrologisch

astrologue [astrɔlɔg] *mf* Astrologe *m*/Astrologin *f*

astronaute [astronot] *mf* Astronaut(in) *m(f)*

astronautique [astʀonotik] *f* Raumfahrt *f*
astronome [astʀɔnɔm] *mf* Astronom(in) *m(f)*
astronomie [astʀɔnɔmi] *f* Astronomie *f*
astronomique [astʀɔnɔmik] *adj* ❶ ASTRON astronomisch ❷ *nombre, prix* astronomisch [hoch] *fam*
astrophysique [astʀofizik] *f* Astrophysik *f*
astuce [astys] *f* ❶ *sans pl (qualité)* Raffiniertheit *f* ❷ *souvent pl (truc)* Trick *m* ❸ *gén pl (fam: plaisanterie)* Witz *m*
astucieusement [astysjøzmɑ̃] *adv éviter, défendre* geschickt; *répondre* klug
astucieux, -euse [astysjø, -jøz] *adj* schlau
asymétrie [asimetʀi] *f* Asymmetrie *f*
asymétrique [asimetʀik] *adj* asymmetrisch; *jambes* ungleich
atavique [atawik] *adj* atavistisch
atavisme [atawism] *m* Atavismus *m*
atchoum [atʃum] *interj* hatschi
atelier [atəlje] *m* ❶ *(lieu de travail)* Werkstatt *f*; *d'un artiste* Atelier *nt* ❷ IND *d'une usine* Produktionsanlage *f*; ***~ de fabrication*** Produktionsstätte *f*; ***~ de montage*** Montagehalle *f* ❸ *(ensemble des ouvriers)* Belegschaft *f* ❹ *(groupe de réflexion)* Arbeitsgruppe *f*
atermoiement [atɛʀmwamɑ̃] *m gén pl* ***des ~s*** Ausflüchte *Pl*
atermoyer [atɛʀmwaje] <6> *vt* ❶ JUR *(vieilli)* aufschieben, stunden *paiement, engagements* ❷ *(remettre à plus tard)* hinauszögern, Zeit zu gewinnen suchen
athée [ate] **I.** *adj* atheistisch **II.** *mf* Atheist(in) *m(f)*
athéisme [ateism] *m* Atheismus *m*
Athènes [atɛn] Athen *nt*
athlète [atlɛt] *mf* ❶ SPORT Leichtathlet(in) *m(f)* ❷ *(dans une compétition)* Wettkämpfer(in) *m(f)* ❸ *(dans l'Antiquité)* Athlet(in) *m(f)* ❹ *(personne musclée)* Kraftmensch *m*
athlétique [atletik] *adj* ❶ *(musclé)* athletisch ❷ SPORT *discipline* Leichtathletikwettkämpfe *Pl*
athlétisme [atletism] *m* Leichtathletik *f*
atlantique [atlɑ̃tik] *adj* atlantisch; ***côte ~*** Atlantikküste *f*
Atlantique [atlɑ̃tik] *m* ***l'~*** der Atlantik
atlantiste [atlɑ̃tist] *adj* POL proatlantisch
atlas [atlɑs] *m* GEOG, ANAT Atlas *m*
Atlas [atlas] *m* ***l'~*** der Atlas *m*
atmosphère [atmɔsfɛʀ] *f* ❶ *a.* METEO Atmosphäre *f* ❷ *(air)* Luft *f* ❸ *(ambiance)* Stimmung *f*
atmosphérique [atmɔsfeʀik] *adj* atmosphärisch; *phénomène* meteorologisch; ***pression ~*** Luftdruck *m*
atoll [atɔl] *m* Atoll *nt*
atome [atom] *m* PHYS Atom *nt*
atomique [atɔmik] *adj* ❶ PHYS atomar; ***énergie ~*** Kernenergie *f*, Atomenergie *f*; ***bombe ~*** Atombombe *f* ❷ CHIM atomisch
atomisation [atɔmizasjɔ̃] *f* Aufsplitterung *f*, Atomisierung *f*
atomiser [atɔmize] <1> *vt (pulvériser)* zerstäuben
atomiseur [atɔmizœʀ] *m* Zerstäuber *m*
atomiste [atɔmist] **I.** *adj* ***physicien(ne) ~*** Atomphysiker(in) *m(f)* **II.** *mf* Atomwissenschaftler(in) *m(f)*
atone [aton] *adj regard, œil* ausdruckslos
atout [atu] *m* ❶ *a.* JEUX Trumpf *m* ❷ *(qualité)* Pluspunkt *m*
âtre [ɑtʀ] *m* Feuerstelle *f*
atrium [atʀijɔm] *m* HIST Atrium *nt*
atroce [atʀɔs] *adj* ❶ *crime, image* grauenhaft; *vengeance, peur* furchtbar ❷ *(fam) musique, film* fürchterlich; *temps, repas* scheußlich; *personne* schrecklich
atrocement [atʀɔsmɑ̃] *adv* ❶ *(horriblement)* furchtbar ❷ *(fam: affreusement)* fürchterlich
atrocité [atʀɔsite] *f* ❶ *d'une action* Scheußlichkeit *f*, Abscheulichkeit *f*; *d'un crime* Grauenhaftigkeit *f* ❷ *pl (action)* Gräuel[taten *Pl*] *Pl* ❸ *(calomnie)* ***dire des ~s*** Gräuelmärchen erzählen
atrophie [atʀɔfi] *f* MED Rückbildung *f*
atrophié(e) [atʀɔfje] *adj* verkümmert
atrophier [atʀɔfje] <1> **I.** *vpr (diminuer)* ***s'~*** verkümmern **II.** *vt (faire dépérir)* verkümmern lassen *muscle*
attabler [atable] <1> *vpr* ***s'~*** sich zu Tisch setzen
attachant(e) [ataʃɑ̃, ɑ̃t] *adj personne, personnalité* fesselnd; *enfant* reizend
attache [ataʃ] *f* ❶ *(lien)* Befestigung *f* ❷ *(pour attacher des animaux)* Kette *f* ❸ *(pour attacher des plantes, des arbres)* Schnur *f* ❹ *(pour attacher un cadre)* Aufhänger *m* ❺ *gén pl (relations)* Verbindungen *Pl* ❻ BOT Ranke *f* ❼ ANAT Handgelenk *nt*; *d'un pied* Fußgelenk *nt*
attaché(e) [ataʃe] **I.** *adj* ❶ *(ligoté)* ***être ~ à qc*** an etw *akk* gefesselt sein ❷ *(lié par l'affection, l'habitude)* ***être ~ à qn/qc*** an jdm/etw hängen ❸ *(associé)* ***être ~ à qc*** *avantage, rétribution:* mit etw verbunden sein; *bonheur:* von etw abhängig sein **II.** *m(f)* Attaché *m*; ***~ d'ambassade*** Botschaftsrat *m*/-rätin *f*; ***~ de presse*** Pressesprecher(in) *m(f)*

attaché-case [ataʃekɛz] <attachés-cases> *m* Aktenkoffer *m*

attachement[1] [ataʃmɑ̃] *m (affection)* Anhänglichkeit *f*

attachement[2] [ataʃmɑ̃] *m* INFORM Anlage *f*

attacher [ataʃe] <1> **I.** *vt* ❶ *(fixer)* ***~ qn/qc à qc*** jdn/etw an etw *dat* festmachen ❷ *(fixer avec une corde, ficelle)* jdn/etw an etw *akk* anbinden; ***~ qn sur qc*** jdn an etw *akk* fesseln ❸ *(fixer avec des clous)* ***~ qn sur qc*** jdn an etw *akk* nageln ❹ *(mettre ensemble)* zusammenbringen, heften *feuilles de papier;* ***~ les mains à qn*** jdm die Hände [zusammen]binden ❺ *(fermer)* binden *lacets, tablier;* zumachen *montre, collier;* ***~ sa ceinture de sécurité*** sich anschnallen ❻ *(faire tenir)* ***~ ses cheveux avec un élastique*** seine Haare mit einem Gummiband zusammenbinden; ***~ un paquet avec de la ficelle/du ruban adhésif*** ein Paket mit einer Kordel zubinden/mit Klebeband zukleben ❼ *(maintenir)* ***des pinces à linge attachent les dessins à la ficelle*** die Zeichnungen werden mit Wäscheklammern an der Schnur befestigt ❽ *(lier affectivement)* ***~ qn à qn/qc*** jdn mit jdm/etw verbinden ❾ *(enchaîner)* ***~ qn à qn/qc*** jdn an jdn/etw binden ❿ *(attribuer)* ***~ de l'importance à qc*** einer S. *dat* Bedeutung beimessen; ***~ de la valeur à qc*** Wert auf etw *akk* legen; ***quel sens attaches-tu à ce mot?*** was verbindest du mit diesem Wort? **II.** *vi (fam) aliment, gâteau:* anbrennen **III.** *vpr* ❶ *(mettre sa ceinture de sécurité)* ***s'~*** sich anschnallen ❷ *(être attaché)* ***s'~ à qc*** mit etw [fest] verbunden sein ❸ *(s'encorder)* ***s'~ à une corde*** sich anseilen ❹ *(se fermer)* ***s'~ avec/par qc*** mit etw zugemacht werden ❺ *(se lier d'affection)* ***s'~ à qn/qc*** jdn/etw lieb gewinnen

attaquable [atakabl] *adj* ❶ MIL angreifbar ❷ JUR *jugement, testament* anfechtbar

attaquant(e) [atakɑ̃, ɑ̃t] *m(f)* Angreifer(in) *m(f)*

attaque [atak] *f* ❶ MIL Angriff *m;* ***~ aérienne*** Luftangriff; ***~ terroriste*** Terrorangriff ❷ *(acte de violence)* ***~ de qc*** Überfall *m* auf etw *akk* ❸ *(critique acerbe)* ***~ contre qn/qc*** Angriff *m* auf jdn/etw ❹ *(crise)* Anfall *m* ❺ SPORT Angriff *m; (joueurs)* Sturm *m* ❻ MUS Einsetzen *nt; (jazz)* Attacke *f* ❼ LING Ansatz *m*

attaquer [atake] <1> **I.** *vt* ❶ *(assaillir)* angreifen ❷ *(pour voler)* überfallen *personne, banque* ❸ SPORT angreifen ❹ *(critiquer)* ***~ qn sur qc*** jdn wegen etw angreifen ❺ JUR anfechten *jugement, testament;* ***~ une loi*** sich gegen ein Gesetz wenden; ***~ qn en justice*** jdn verklagen ❻ *(ronger)* angreifen *organe, fer;* auswaschen *falaise* ❼ *(commencer)* beginnen, anschneiden *sujet;* in Angriff nehmen *travail* ❽ MUS ***~ un morceau*** beginnen ein Stück zu spielen ❾ *(fam: commencer à manger)* ***~ un plat*** über ein Essen herfallen ❿ *(chercher à surmonter)* angehen *difficulté;* ***~ le mal à sa racine*** das Übel an der Wurzel packen **II.** *vpr* ❶ *(affronter)* ***s'~ à qn/qc*** jdn/etw angreifen ❷ *(chercher à résoudre)* ***s'~ à une difficulté*** ein Problem angehen ❸ *(commencer)* ***s'~ à qc*** etw in Angriff nehmen

attardé(e) [ataʀde] *adj (en retard)* verspätet

attarder [ataʀde] <1> **I.** *vt* aufhalten **II.** *vpr* ***s'~*** sich verspäten

atteindre [atɛ̃dʀ] <irr> *vt* ❶ *(toucher)* treffen *personne, cible* ❷ *(parvenir à, gagner, s'élever à, joindre par téléphone)* erreichen ❸ *(rattraper)* einholen ❹ *(avoir un effet nuisible sur)* ***la gelée a atteint les plantes*** der Frost hat die Pflanzen angegriffen ❺ *(blesser moralement)* treffen ❻ *(troubler intellectuellement)* irritieren ❼ *(émouvoir)* berühren; ***ça ne m'atteint pas!*** das trifft mich nicht!

atteint(e) [atɛ̃, ɛ̃t] *adj* ❶ *(malade)* ***être très ~*** *personne:* schwer krank sein; *organe:* stark angegriffen sein; ***le malade ~ du cancer*** der Krebspatient *m* ❷ *(fam: fou)* übergeschnappt

atteinte [atɛ̃t] *f* ❶ *(dommage causé)* ***~ à un droit*** Einschränkung *f* eines Rechts; ***c'est une ~ à ma réputation*** das schadet meinem Ansehen; ***~ à la sûreté de l'État*** Hochverrat *m* ❷ *pl de l'âge* Spuren *Pl; du froid* Beeinträchtigung *f* ❸ *(portée)* ***réputation hors d'~*** unantastbares Ansehen; ***se mettre hors d'~*** sich in Sicherheit bringen

attelage [at(ə)laʒ] *m* ❶ *de chevaux* Geschirr *nt; d'un véhicule de chemin de fer* Kupplung *f* ❷ *d'un cheval* Anspannen *nt; d'un bœuf* Einspannen *nt; d'un wagon* Anhängen *nt*

atteler [at(ə)le] <3> **I.** *vt (attacher)* anspannen *voiture, animal;* einspannen *bœuf* **II.** *vpr* ***s'~ à un travail*** sich an eine Arbeit machen *fam*

attelle [atɛl] *f* Schiene *f*

attenant(e) [at(ə)nɑ̃, ɑ̃t] *adj* angrenzend

attendre [atɑ̃dʀ] <14> **I.** *vt* ❶ *(patienter)* ***~ qn/qc*** auf jdn/etw warten ❷ *(ne rien* *faire avant de)* abwarten *moment favorable;* **~ *qn/qc pour faire qc*** auf jdn/etw warten um etw zu tun ❸ *(compter sur)* erwarten; **~ *un enfant*** ein Kind erwarten; ***n'~ que ça*** nur darauf warten; ***en attendant mieux*** in Erwartung eines Besseren ❹ *(être préparé)* **~ *qn*** *voiture, surprise:* auf jdn warten; *sort, déception:* jdm bevorstehen ❺ *(fam: se montrer impatient avec)* **~ *après qn*** auf jdn warten ❻ *(fam: avoir besoin de)* **~ *après qc*** auf etw *akk* warten ❼ *(jusqu'à)* ***mais en attendant*** doch bis dahin; ***en attendant que*** *+subj* [so lange] bis ❽ *(toujours est-il)* ***en attendant*** immerhin **II.** *vi* ❶ *(patienter)* warten; ***faire ~ qn*** jdn warten lassen; ***tu peux toujours ~!*** da kannst du lange warten! ❷ *(retarder)* ***sans ~*** sofort ❸ *(interjection)* ***attends!*** *(pour interrompre, pour réfléchir)* warte mal!; *(pour menacer)* na, warte! **III.** *vpr* ***s'~ à qc*** etw erwarten; *(en cas de chose désagréable)* auf etw *akk* gefasst sein; ***comme il fallait s'y ~*** wie zu erwarten war

attendri(e) [atɑ̃dʀi] *adj* gerührt

attendrir [atɑ̃dʀiʀ] <8> **I.** *vt* ❶ *(émouvoir)* rühren ❷ *(apitoyer)* Mitleid erregen, erweichen *cœur* ❸ GASTR weich machen **II.** *vpr* ❶ *(s'émouvoir)* ***se laisser ~*** sich erweichen lassen; ***il s'~ sur [le sort de] sa voisine*** das Schicksal seiner Nachbarin rührt ihn ❷ *(s'apitoyer)* ***s'~ sur soi-même*** sich selbst bemitleiden; ***il s'~ sur sa voisine*** er hat Mitleid mit seiner Nachbarin

attendrissant(e) [atɑ̃dʀisɑ̃, ɑ̃t] *adj* rührend

attendrissement [atɑ̃dʀismɑ̃] *m* Rührung *f*

attendrisseur [atɑ̃dʀisœʀ] *m* Fleischklopfer *m*

attendu(e) [atɑ̃dy] **I.** *part passé de* **attendre** **II.** *adj (espéré)* erwartet

attentat [atɑ̃ta] *m* **~ *contre qn/qc*** Attentat *nt* auf jdn/etw; **~ *suicide*** Selbstmordattentat *nt*

attente [atɑ̃t] *f* ❶ *(expectative)* ***l'~ de qn/qc*** das Warten auf jdn/etw; ***mise en ~*** Warteschleife *f;* ***file d'~*** Warteschlange *f;* ***salle d'~*** Wartesaal *m* ❷ *(espoir)* ***contre toute ~*** wider Erwarten; ***dans l'~ de qc*** in Erwartung einer S. *gen*

attenter [atɑ̃te] <1> *vi* **~ *à sa vie*** Selbstmord verüben; **~ *à la vie de qn*** jdm nach dem Leben trachten *geh*

attentif, -ive [atɑ̃tif, -iv] *adj* ❶ *(vigilant, prévenant)* aufmerksam ❷ *(veillant soigneusement)* ***être ~ aux différences*** auf Unterschiede *akk* achten

attention [atɑ̃sjɔ̃] *f* ❶ *(concentration)* Aufmerksamkeit *f;* ***avec ~*** aufmerksam ❷ *(intérêt)* Aufmerksamkeit *f;* ***à l'~ de qn*** zu jds Händen; ***prêter ~ à qn/qc*** jdm/einer S. Beachtung schenken ❸ *souvent pl (prévenance)* Aufmerksamkeit *f* ❹ *(soin)* ***faire ~ à qn/qc*** auf jdn/etw aufpassen; ***fais ~!*** pass [doch] auf! ❺ *(avertissement)* ***~!*** Vorsicht!; **~ *à la marche!*** Vorsicht Stufe!; ***mais ~! vous en êtes responsable!*** aber ich warne Sie/euch! Sie sind/Ihr seid dafür verantwortlich!; ***alors là, ~ [les yeux]!*** *(fam)* aber hallo!

attentionné(e) [atɑ̃sjɔne] *adj* **~ *envers qn*** aufmerksam jdm gegenüber

attentisme [atɑ̃tism] *m* POL Attentismus *m*

attentiste [atɑ̃tist] **I.** *adj personne* eine abwartende Haltung einnehmend, sich abwartend verhaltend; *position* abwartend **II.** *mf* Mann, der/Frau, die sich abwartend verhält

attentivement [atɑ̃tivmɑ̃] *adv* aufmerksam

atténuant(e) [atenɥɑ̃, ɑ̃t] *adj* mildernd; ***circonstances ~es*** mildernde Umstände

atténuation [atenɥasjɔ̃] *f d'un sentiment* Milderung *f*

atténuer [atenɥe] <1> **I.** *vt* lindern *douleur;* dämpfen *passion, bruit;* abschwächen *amertume, couleur;* verharmlosen *faute* **II.** *vpr* ***s'~*** sich mildern; *bruit, douleur:* nachlassen; *amertume:* sich abschwächen; *secousse sismique:* schwächer werden

atterrant(e) [ateʀɑ̃, ɑ̃t] *adj* bestürzend

atterré(e) [ateʀe] *adj* erschüttert

atterrer [ateʀe] <1> *vt nouvelle:* sehr betroffen machen

atterrir [ateʀiʀ] <8> *vi* ❶ AVIAT, NAUT *avion:* landen; *bateau:* anlegen ❷ *(fam: se retrouver)* landen ❸ *(fam: revenir sur terre)* ***atterris!*** wach auf!

atterrissage [ateʀisaʒ] *m* Landen *nt;* **~ *en catastrophe*** Bruchlandung *f*

attestation [atɛstasjɔ̃] *f* Bescheinigung *f;* **~ *d'assurance*** Versicherungsnachweis *m*

attester [atɛste] <1> *vt* ❶ *(certifier)* **~ *qc/que ...*** etw bestätigen/bestätigen, dass ... ❷ *(certifier par écrit)* **~ *qc/que ...*** etw bescheinigen/bescheinigen, dass ... ❸ *(être la preuve)* **~ *qc/que ...*** ein Beweis für etw sein/dafür sein, dass ...

attiédir [atjediʀ] <8> **I.** *vt* ❶ *(en refroidissant)* abkühlen ❷ *(en réchauffant)* erwärmen **II.** *vpr* **s'~** ❶ *(en se refroidissant)* ab-

kühlen ❷ *(en se réchauffant)* sich erwärmen ❸ *(devenir moins vif)* abkühlen, nachlassen

attifer [atife] <1> *vt (fam)* ausstaffieren, herausputzen

attirail [atiʀaj] *m (fam)* Zeug *nt*

attirance [atiʀɑ̃s] *f* Anziehungskraft *f;* ***éprouver une certaine/de l'~ pour qn*** sich zu jdm hingezogen fühlen

attirant(e) [atiʀɑ̃, ɑ̃t] *adj personne, physionomie* anziehend; *proposition* verlockend; *publicité* ansprechend

attirer [atiʀe] <1> **I.** *vt* ❶ PHYS anziehen ❷ *(tirer à soi)* zu sich [her]ziehen ❸ *(faire venir)* anziehen *personne;* anlocken *animal* ❹ *(allécher)* ködern ❺ *(intéresser) projet, pays:* ansprechen ❻ *(retenir)* ***~ le regard/l'attention*** Aufsehen/Aufmerksamkeit erregen ❼ *(procurer)* ***~ des ennuis à qn*** jdn in Schwierigkeiten bringen ❽ *(susciter)* ***~ sur soi la colère de toute la ville*** sich *dat* den Zorn der ganzen Stadt zuziehen **II.** *vpr* ❶ PHYS ***s'~*** sich anziehen ❷ *(se plaire)* ***s'~*** sich anziehen ❸ *(obtenir, susciter)* ***s'~ qn*** jdn gewinnen; ***s'~ de nombreux ennemis/amis*** sich *dat* viele Feinde/Freunde schaffen

attiser [atize] <1> *vt* schüren, anfachen

attitré(e) [atitʀe] *adj promoteur* beauftragt

attitude [atityd] *f* ❶ *(du corps)* Haltung *f* ❷ *(disposition)* [innere] Haltung ❸ *souvent pl (péj: affectation)* Getue *nt fam*

attouchement [atuʃmɑ̃] *m* ❶ *(toucher)* Berührung *f* ❷ *(caresse légère)* Streicheln *nt* ❸ *souvent pl (euph: caresse sexuelle)* unsittliche Berührung

attractif, -ive [atʀaktif, -iv] *adj (séduisant)* ansprechend; *épargne, programme* interessant

attraction [atʀaksjɔ̃] *f* ❶ *(séduction)* Anziehungskraft *f* ❷ *(divertissement)* Attraktion *f* ❸ *souvent pl d'une boîte de nuit* Darbietungen *Pl* ❹ PHYS Anziehungskraft *f* ❺ GRAM Angleichung *f*

attrait [atʀɛ] *m* Reiz *m*

attrape [atʀap] *f* Scherzartikel *m*

> **Falsche Freunde**
> Nicht verwechseln mit *die Attrappe – l'imitation*!

attrape-mouche [atʀapmuʃ] <attrape-mouches> *m* Fliegenfänger *m* **attrape-nigaud** [atʀapnigo] <attrape-nigauds> *m* Bauernfängerei *f*

attraper [atʀape] <1> **I.** *vt* ❶ *(capturer, saisir)* fangen *animal, personne;* ***~ qn/un animal par qc*** jdn/ein Tier an etw *dat* packen ❷ *(saisir au vol)* [auf]fangen; ***attrape!*** fang! ❸ *(atteindre)* ***~ qc*** an etw *akk* herankommen ❹ *(prendre sur le fait)* ***~ qn à faire qc*** jdn dabei ertappen, wie er etw tut *fam* ❺ *(tromper)* reinlegen *fam;* ***être bien attrapé*** schön reingefallen sein *fam* ❻ *(prendre à temps)* erreichen *bus, train* ❼ *(comprendre)* verstehen *bribes, paroles* ❽ *(savoir reproduire)* sich *dat* zu eigen machen *comportement, style;* annehmen *accent* ❾ *(avoir)* sich *dat* holen *maladie* ❿ *(recevoir)* bekommen *punition, amende* **II.** *vpr* **s'~** ❶ *(se transmettre) maladie contagieuse:* sich übertragen ❷ *(s'assimiler)* ***l'accent anglais, ça ne s'attrape qu'en Angleterre!*** den englischen Akzent bekommt man nur in England!

attrayant(e) [atʀɛjɑ̃, jɑ̃t] *adj paysage* reizvoll; *travail* interessant; *personne* anziehend

attribuer [atʀibɥe] <1> **I.** *vt* ❶ *(donner)* ***~ un prix à qn*** jdm einen Preis verleihen; ***~ une bourse d'études à qn*** jdm ein Stipendium geben ❷ *(considérer comme propre à)* ***~ un mérite à qn*** jdm ein Verdienst zuschreiben *geh;* ***~ de l'importance à qc*** einer S. *dat* Bedeutung *f* beimessen **II.** *vpr* ❶ *(s'approprier)* ***s'~ qc*** sich *dat* etw nehmen ❷ *(s'adjuger, revendiquer)* ***s'~ qc*** etw für sich in Anspruch nehmen

attribut [atʀiby] **I.** *m* ❶ *(propriété, symbole)* Attribut *nt,* Eigenschaft *f* ❷ LING ***~ du sujet*** prädikative Ergänzung zum Subjekt **II.** *adj* LING *adjectif* prädikativ

attribution [atʀibysjɔ̃] *f* ❶ *(action)* Zuweisung *f; d'une indemnité* Gewährung *f; d'un prix* Verleihung *f* ❷ *pl (compétences)* Zuständigkeit[sbereich *m*] *f*

attristant(e) [atʀistɑ̃] *adj* ❶ *(affligeant, désolant)* schlecht ❷ *(pénible, triste)* traurig ❸ *(déplorable)* beklagenswert

attrister [atʀiste] <1> **I.** *vt* traurig machen **II.** *vpr* ***s'~ devant qc*** angesichts einer S. *gen* traurig sein

attroupement [atʀupmɑ̃] *m* Menschenansammlung *f*

attrouper [atʀupe] <1> *vpr* ***s'~ sur la place*** auf dem Platz zusammenströmen

atypique [atipik] *adj* atypisch

au [o] = **à le** *v.* **à**

aubaine [obɛn] *f* Geschenk *nt* des Himmels

aube [ob] *f (point du jour)* Morgendämmerung *f;* ***à l'~*** im Morgengrauen

A

aubépine [obepin] *f* [eingriffeliger] Weißdorn *m*

auberge [obɛʀʒ] *f* [Land]gasthaus *nt;* ~ ***de jeunesse*** Jugendherberge *f* ▸ **être sorti de l'~** über den Berg sein

aubergine [obɛʀʒin] **I.** *f (légume)* Aubergine *f,* Melanzani *f* A **II.** *adj inv (couleur)* aubergine[farben]

aubergiste [obɛʀʒist] *mf* [Gast]wirt(in) *m(f)*

auburn [obœʀn] *adj inv* kastanienbraun

aucun(e) [okœ̃, yn] **I.** *adj antéposé* ❶ ~ ***... ne ..., ne ...*** ~ ***...*** kein(e); ***n'avoir ~e preuve*** gar keinen Beweis haben; ***en ~e façon*** keineswegs; ***sans faire ~ bruit*** ohne jeden Lärm ❷ *(dans une question)* irgendein(e) **II.** *pron* ~ ***ne ..., ne ...*** ~ keine(r, s); ***n'aimer ~ de ces romans*** keinen dieser Romane mögen

Grammatik und Co.
aucun wird immer mit *ne* verwendet: *Tu n'as aucune preuve. – Du hast gar keinen Beweis.*

aucunement [okynmɑ̃] *adv* keineswegs; ***n'avoir ~ envie*** überhaupt keine Lust haben; ***êtes-vous d'accord? – ~!*** sind Sie einverstanden? – nie und nimmer!

audace [odas] *f* ❶ *(témérité)* Kühnheit *f;* ***avoir de l'~*** kühn sein ❷ *(effronterie)* Dreistigkeit *f*

audacieux, -euse [odasjø, -jøz] **I.** *adj* ❶ *(hardi)* kühn ❷ *(effronté)* dreist ❸ *projet, mode* gewagt **II.** *m, f* Kühne(r) *f(m)*

au-dedans [odədɑ̃] **I.** *adv (intérieurement)* drinnen **II.** *prép* ❶ *(à l'intérieur de, sans mouvement)* ~ ***de qc*** innerhalb einer S. *gen* ❷ *(à l'intérieur de, avec mouvement)* ~ ***de qc*** in etw *akk* [hinein] **au-dehors** [odəɔʀ] **I.** *adv* ❶ *(à l'extérieur)* draußen; *sortir, se répandre* nach [dr]außen ❷ *(dans l'apparence extérieure)* äußerlich **II.** *prép* ❶ *(à l'extérieur de, sans mouvement)* ~ ***de qc*** außerhalb einer S. *gen* ❷ *(à l'extérieur de, avec mouvement)* ~ ***de qc*** aus etw [heraus] **au-delà** [od(ə)la] **I.** *adv être* weiter [hinten]; *aller, voir* weiter [nach hinten] **II.** *prép* ❶ *(de l'autre côté de, sans mouvement)* ~ ***de qc*** jenseits einer S. *gen* ❷ *(de l'autre côté de, avec mouvement)* ~ ***de qc*** auf die andere Seite einer S. *gen* ❸ *(dépassant)* ~ ***de qc*** über etw *akk* hinaus **III.** *m* Jenseits *nt* **au-dessous** [od(ə)su] **I.** *adv* darunter **II.** *prép* ❶ *(plus bas)* ~ ***de qn/qc*** unter jdm/etw ❷ *(au sud de)* ~ ***de Lyon*** unterhalb von Lyon ❸ *(inférieur, subordonné)* ***être ~ de qn*** unter jdm stehen ▸ **être ~ de tout** *personne:* ein Nichtsnutz sein; *concert:* das Letzte sein **au-dessus** [od(ə)sy] **I.** *adv* ❶ *(plus haut)* darüber ❷ *(mieux)* ***il n'y a rien ~*** das ist das Beste **II.** *prép* ❶ *(sans mouvement)* ~ ***de qn/qc*** über jdm/etw ❷ *(avec mouvement)* ~ ***de qn/qc*** über jdn/etw ❸ *(au nord de)* ~ ***de Lyon*** oberhalb von Lyon ❹ *(supérieur)* ***être ~ de qn*** über jdm stehen; ***être ~ de qc*** über etw *dat* stehen

au-devant [od(ə)vɑ̃] *prép* ***aller ~ des désirs de qn*** jds Wünschen entgegenkommen

audible [odibl] *adj (qu'on peut entendre)* hörbar

audience [odjɑ̃s] *f* ❶ *(entretien)* Audienz *f;* ***tenir ~*** eine Sitzung abhalten ❷ JUR Gerichtsverhandlung *f;* ***tenir ~*** tagen ❸ *(indice d'écoute)* Einschaltquote *f*

audimat [odimat] *m (taux d'écoute)* Einschaltquote *f*

audio [odjo] *adj inv* Audio-; ***cassette ~*** Audiokassette *f*

audionumérique [odjonymeʀik] *adj* digital

audiophile [odjofil] *mf* Hi-Fi-Liebhaber(in) *m(f)*

audioprothésiste [odjopʀɔtezist] *mf* Hörgeräteakustiker(in) *m(f)*

audiovisuel [odjovisɥɛl] *m* ❶ *(procédés)* Audio-Video-Technik *f* ❷ *(chaînes de télévision)* audiovisuelle Medien *Pl*

audiovisuel(le) [odjovisɥɛl] *adj* audiovisuell

audit [odit] *m* Revision *f*

auditeur, -trice [oditœʀ, -tʀis] *m, f* ❶ MEDIA Zuhörer(in) *m(f); d'une radio* Hörer(in) *m(f); d'une télévision* Zuschauer(in) *m(f)* ❷ *(métier)* Rechnungsprüfer(in) *m(f)* ❸ UNIV ~ ***libre*** Gasthörer(in) *m(f)* ❹ POL ~ ***au Conseil d'État*** *untere Charge im französischen Staatsrat*

auditif, -ive [oditif, -iv] **I.** *adj mémoire* auditiv; ***appareil ~*** Hörgerät *nt* **II.** *m, f* auditiver Typ *m*

audition [odisjɔ̃] *f* ❶ *(sens)* Hören *nt;* ***test d'~*** Hörtest *m* ❷ *(écoute)* Hören *nt* ❸ JUR *d'un témoin* Anhörung *f,* Vernehmung *f* ❹ THEAT, CINE *d'un acteur* Vorsprechen *nt; d'un chanteur* Vorsingen *nt; d'un musicien* Vorspielen *nt*

auditionner [odisjɔne] <1> **I.** *vt* vorsprechen lassen *acteur;* vorspielen lassen *musicien;* vorsingen lassen *chanteur* **II.** *vi*

A

acteur: vorsprechen; *musicien:* vorspielen; *chanteur:* vorsingen

auditoire [oditwaʀ] *m* Zuhörerschaft *f*

auditorium [oditɔʀjɔm] *m* ❶ RADIO, TV Sendesaal *m* ❷ *(salle de concert)* Konzertsaal *m*

auge [oʒ] *f* ❶ *(abreuvoir)* Tränke *f* ❷ *(mangeoire)* Futtertrog *m*

augmentation [ɔgmɑ̃tasjɔ̃] *f* Erhöhung *f; d'une production* Steigerung *f; du chômage, de l'inflation* Zunahme *f*

augmenter [ɔgmɑ̃te] <1> **I.** *vt* ❶ *(accroître)* erhöhen, aufbessern *revenus;* verstärken *intensité de la lumière;* vergrößern *misère* ❷ *(accroître le salaire)* **~ *qn de qc*** jds Gehalt/Lohn um etw erhöhen **II.** *vi* ❶ *(s'accroître)* wachsen; *nombre:* sich erhöhen; *salaire:* steigen; *douleur:* stärker werden ❷ *(devenir plus cher) impôts:* erhöht werden; *prix, loyer:* [an]steigen; *marchandise, vie:* teurer werden

augure[1] [ogyʀ] *m* ***être de bon/mauvais*** **~** Gutes/nichts Gutes verheißen

augure[2] [ogyʀ] *m* HIST Augur *m*

augurer [ogyʀe] <1> *vt* **~ *qc d'un signe*** etw aus einem Zeichen schließen

auguste [ogyst(ə)] *m* dummer August *m*

aujourd'hui [oʒuʀdɥi] *adv* ❶ *(opp: hier, demain)* heute; ***quel jour sommes-nous ~?*** den Wievielten haben wir heute?; ***à compter/dater/partir d'~*** ab heute; ***dès ~*** gleich heute; ***il y a ~ huit jours/un an que …*** heute vor acht Tagen/einem Jahr … ❷ *(actuellement)* heute; ***au jour d'~*** *(fam: actuellement)* heutzutage; *(jusqu'à maintenant)* bis heute ► **c'est pour ~ ou pour demain?** *(fam)* wird's bald?

aula [ola] *f* CH ❶ UNIV *(amphithéâtre)* Hörsaal *m* ❷ *(grande salle) d'un établissement scolaire* Aula *f*

aulne [o(l)n] *m* Erle *f*

aumône [omon] *f (don)* Almosen *nt*

aumônerie [omonʀi] *f* Seelsorge *f; (lieu)* Andachtsraum *m*

aumônier [omonje] *m* **~ *d'un lycée*** Religionsunterricht erteilender Geistlicher; **~ *d'une prison/d'un hôpital*** Gefängnis-/Krankenhauspfarrer *m*

aune *v.* **aulne**

auparavant [opaʀavɑ̃] *adv* vorher

auprès [opʀɛ] *prép* **~ de** ❶ *(a. fig: tout près, à côté de)* bei; ***être ~ de qn*** bei jdm sein; ***viens ~ de moi*** komm zu mir; ***viens t'asseoir ~ de moi!*** komm, setz dich zu mir!; **~ *de qc*** *(littér)* neben etw *dat o akk,* in der Nähe einer S. *gen* ❷ *(en comparaison de)* **~ *de qn/qc*** im Vergleich zu jdm/etw ❸ *(aux yeux de)* bei; **~ *de qn*** bei jdm; ***il est fort bien vu ~ de ses chefs*** er ist bei seinen Vorgesetzten recht gut angesehen

auprès de [opʀɛ də] *prép* ❶ *(tout près, à côté de)* ***être ~ qn*** bei jdm sein; ***viens t'asseoir ~ moi*** komm, setz dich zu mir ❷ *(en comparaison de)* **~ *qn/qc*** im Vergleich zu jdm/etw ❸ *(aux yeux de)* bei ❹ ADMIN *(fig)* bei

auquel [okɛl] = **à lequel** *v.* **lequel**

aura [ɔʀa] *f* Aura *f geh*

aurai [ɔʀɛ] *fut de* **avoir**

auréole [ɔʀeɔl] *f* ❶ *(tache)* Rand *m* ❷ *d'un astre* Hof *m* ❸ *d'un saint* Heiligenschein *m*

auréoler [ɔʀeɔle] <1> *vt* ❶ *(parer de)* **~ *qn de gloire*** jdn mit einem Glorienschein umgeben ❷ *(entourer)* einrahmen

auriculaire [ɔʀikylɛʀ] *m* kleiner Finger

aurochs [ɔʀɔk] *m* Auerochse *m*

aurore [ɔʀɔʀ] *f* ❶ *(aube)* Morgenröte *f; (heure du jour)* Morgengrauen *nt* ❷ ASTRON **~ *australe/boréale/polaire*** Süd-/Nord-/Polarlicht *nt*

auscultation [ɔskyltasjɔ̃] *f* Abhören *nt*

ausculter [ɔskylte] <1> *vt* abhören

auspices [ɔspis] *mpl (augure)* ***sous de bons/mauvais ~*** unter guten/schlechten Vorzeichen

aussi [osi] **I.** *adv* ❶ *(élément de comparaison)* **~ *… que*** so … wie; ***elle est ~ grande que moi*** sie ist [genau]so groß wie ich; ***il est ~ grand qu'il est bête*** er ist so dumm wie er lang ist *fam* ❷ *(également)* auch; ***c'est ~ mon avis*** das ist auch meine Meinung; ***bon appétit! – merci, vous ~!*** guten Appetit! – danke, gleichfalls!; ***ça peut tout ~ bien être faux!*** das kann genauso gut falsch sein! ❸ *(en plus)* auch noch; ***non seulement …, mais ~*** nicht nur …, sondern auch [noch] ❹ *(fam: non plus)* ***moi ~, je ne suis pas d'accord*** ich bin auch nicht einverstanden ❺ *(bien que)* **~ *riche soit-il*** so reich er auch sein mag ❻ *(autant [que])* ***Paul ~ bien que son frère*** Paul [eben]so wie sein Bruder ❼ *(d'ailleurs)* ***mais ~ …?*** aber auch …? **II.** *conj* **~** *[bien]* daher

aussitôt [osito] **I.** *adv* ❶ *(tout de suite)* sofort; **~ *après*** gleich danach ❷ *(sitôt)* gleich nach[dem]; **~ *dit,* ~ *fait*** gesagt, getan **II.** *conj* **~ *que …*** sobald …

austère [ostɛʀ] *adj* streng; *vie* asketisch

austérité [osteʀite] *f* ❶ *(caractère)* Strenge *f* ❷ *(rigueur)* ***mesure d'~*** Sparmaßnahmen *Pl;* ***période d'~*** harte Zeiten

austral(e) [ɔstʀal] <s> *adj hémisphère* südlich

Australie [ostʀali] *f* ***l'~*** Australien *nt*

australien(ne) [ostʀaljɛ̃, jɛn] *adj* australisch

Australien(ne) [ɔstʀaljɛ̃, jɛn] *m(f)* Australier(in) *m(f)*

autant [otɑ̃] *adv* ❶ *(tant)* so viel; ***comment peut-il dormir ~?*** wie kann er nur so viel schlafen?; ***~ d'argent*** so viel Geld ❷ *(relation d'égalité)* ***~ que*** *surprendre, valoir, aimer* ebenso [sehr] wie; *donner, travailler* ebenso viel wie; ***en faire ~*** dasselbe tun; ***d'~*** ebenso viel; ***la Bible ~ que le Coran*** die Bibel ebenso wie der Koran; ***~ de beurre que de farine*** genauso viel Butter wie Mehl; ***il n'y a pas ~ de neige que l'année dernière*** es liegt nicht so viel Schnee wie im letzten Jahr ❸ *(cela revient à)* ebenso gut; ***~ dire*** so gut wie ❹ *(sans exception)* ***ces personnes sont ~ de chômeurs*** diese Menschen sind alle arbeitslos; ***tous ~ que vous êtes*** alle, die ihr da seid ❺ *(pour comparer)* ***~ j'aime la mer, ~ je déteste la montagne*** so sehr ich das Meer liebe, so sehr hasse ich die Berge ❻ *(dans la mesure où)* ***[pour] ~ que*** +*subj* vorausgesetzt, dass; ***[pour] ~ que*** +*subj* soviel; ***~ que possible*** so weit wie möglich ❼ *(encore plus/moins [pour la raison que])* ***d'~ moins ... que ...*** umso weniger ... als ...; ***d'~ [plus] que ...*** zumal ...; ***d'~ mieux/moins/plus*** umso besser/weniger/mehr ▶ pour ~ trotzdem; ***il va mieux; il n'est pas remis pour ~*** es geht ihm besser; deswegen ist er aber noch lange nicht wieder gesund

autarcie [otaʀsi] *f* Autarkie *f*

autel [otɛl] *m* Altar *m*

auteur [otœʀ] *m* ❶ *(écrivain)* Autor(in) *m(f)* ❷ *(créateur)* Schöpfer(in) *m(f)* ❸ *(responsable)* Verursacher(in) *m(f)*; ***~ du crime*** Täter(in) *m(f)*; ***~ de l'attentat*** Attentäter

auteur-compositeur [otœʀkɔ̃pozitœʀ] <auteurs-compositeurs> *m* Texter(in) *m(f)* und Komponist(in) *m(f)*

authenticité [otɑ̃tisite] *f* ❶ *d'un document, d'une œuvre* Echtheit *f* ❷ *d'une interprétation* Glaubwürdigkeit *f*

authentification [otɑ̃tifikasjɔ̃] *f* ❶ Beurkundung *f* ❷ INFORM Authentifizierung *f*

authentifier [otɑ̃tifje] <1> *vt* beglaubigen *document, signature;* für echt befinden *tableau*

authentique [otɑ̃tik] *adj* ❶ *(véritable)* echt ❷ *(sincère)* unverfälscht; *émotion* echt

authentiquement [otɑ̃tikmɑ̃] *adv* wirklich

autisme [otism] *m* Autismus *m*

autiste [otist] **I.** *adj* autistisch **II.** *mf* Autist(in) *m(f)*

auto [oto] *f abr de* **automobile** Auto *nt;* ***~ tamponneuse*** Autoskooter *m*

autoamnistier [otoamnistje] <1> *vpr* ***s'~*** sich selbst amnestieren

autobiographie [otobjɔgʀafi] *f* Autobiografie *f*

autobiographique [otobjɔgʀafik] *adj* autobiografisch

autobloquant(e) [otoblɔkɑ̃, ɑ̃t] *adj porte* selbstverriegelnd

autobus [otobys] *m* [Auto]bus *m*

autocar [otokaʀ] *m* Reisebus *m;* ***~ longue distance*** Fernbus *m*

autocensure [otosɑ̃syʀ] *f* Selbstzensur *f*

autocentré(e) [otosɑ̃tʀe] *adj* selbstzentrierend, selbstbezogen

autochtone [otokton] **I.** *adj* einheimisch; *(indigène)* eingeboren **II.** *mf* Einheimische(r) *f(m)*

autocollant [otokɔlɑ̃] *m* Aufkleber *m,* Pickerl *nt* A; ***~ à bagages*** Gepäckaufkleber

autocollant(e) [otokɔlɑ̃, ɑ̃t] *adj* selbstklebend

autocrate [otokʀat] *mf* Autokrat(in) *m(f)*

autocritique [otokʀitik] *f* Selbstkritik *f*

autocuiseur [otokɥizœʀ] *m* Schnellkochtopf *m*

autodafé [otodafe] *m* HIST ***~ de livres*** Bücherverbrennung *f*

autodéfense [otodefɑ̃s] *f* Selbstverteidigung *f;* *(prévention)* Selbstschutz *m*

autodérision [otodeʀizjɔ̃] *f* Selbstironie *f*

autodestruction [otodɛstʀyksjɔ̃] *f* Selbstzerstörung *f*

autodétermination [otodetɛʀminasjɔ̃] *f* Selbstbestimmung *f*

autodétruire [otodetʀɥiʀ] <irr> *vpr* ***s'~*** *machine, cassette:* sich selbst vernichten; *personne:* sich [selbst] zugrunde richten

autodidacte [otodidakt] **I.** *adj* autodidaktisch **II.** *mf* Autodidakt(in) *m(f)*

autodiscipline [otodisiplin] *f* Selbstdisziplin *f*

autodrome [otodʀom] *m* Autorennbahn *f,* Rennstrecke *f*

autoécole, auto-école [otoekɔl] <auto-écoles> *f* Fahrschule *f*

autoévaluation [otoevalɥasjɔ̃] *f* Selbsteinschätzung *f*

autofiction [otofiksjɔ̃] *f* LITTER Autofiktion *f*
autofinancement [otofinɑ̃smɑ̃] *m* Eigenfinanzierung *f*
autofinancer [otofinɑ̃se] <2> **I.** *vt* selbst finanzieren **II.** *vpr* **s'~** sich selbst finanzieren
autofocus [otofɔkys] **I.** *adj* mit Autofokus **II.** *m* Automatikkamera *f*
autogène [otoʒɛn] *adj* PSYCH autogen; ***training*** ~ autogenes Training
autogestion [otoʒɛstjɔ̃] *f* Selbstverwaltung *f*
autographe [otogʀaf] *m* Autogramm *nt*
autoguidage [otogidaʒ] *m* TECH Selbststeuerung *f*
automate [ɔtɔmat] *m* Automat *m;* ~ ***bancaire*** Geldautomat, Bankomat® *m*
automatique [otomatik] **I.** *adj* automatisch **II.** *m* ① TELEC Selbstwählverkehr *m* ② *(pistolet)* Selbstladepistole *f* **III.** *f* AUT Auto *nt* mit Automatik[getriebe]
automatiquement [otomatikmɑ̃] *adv* automatisch
automatisation [otomatizasjɔ̃] *f* ① *(action)* Automatisierung *f* ② *(résultat)* Automation *f*
automatiser [otomatize] <1> *vt* automatisieren
automatisme [otomatism] *m* Automatismus *m*
automédication [otomedikasjɔ̃] *f* Selbstmedikation *f*
automitrailleuse [otomitʀɑjøz] *f* Radpanzer[fahrzeug *nt*] *m*
automnal(e) [otɔnal, -o] <-aux> *adj* herbstlich; *brume, fleurs* Herbst-
automne [otɔn] *m* Herbst *m;* ***cet*** ~ diesen Herbst; ***en*** ~ im Herbst; ***l'~, …*** im Herbst …; ***l'~ dernier*** [im] letzten Herbst

Aussprache
Das -m- ist entgegen der Regelaussprache in **automne** und verwandten Wörtern stumm.

automobile [otomɔbil] **I.** *adj* ① TECH ***voiture/véhicule*** ~ Kraftwagen *m*/Kraftfahrzeug *nt* ② *(relatif à la voiture)* Auto-; *industrie, salon* Automobil-; *assurance* Kraftfahrzeug-; ***sport*** ~ Motorsport- *m* **II.** *f* ① *(voiture)* Auto *nt* ② *(sport)* Motorsport *m* ③ *(industrie)* Auto[mobil]industrie *f*
automobilisme [ɔtɔmɔbilism, otomɔbilism] *m (sport)* Autosport *m*
automobiliste [otomɔbilist] *mf* Autofahrer(in) *m(f)*
automutilation [otomytilasjɔ̃] *f* Selbstverstümmelung *f*
autonettoyant(e) [otonetwajɑ̃, ɑ̃t] *adj* selbstreinigend
autonome [otonom] *adj* ① *(indépendant)* unabhängig; *état, province* autonom; *gestion* selbstständig; ***travailleur*** ~ CAN *(freelance)* Freiberufler *m* ② *vie* eigenständig; *personne* selbstständig; *existence* eigen ③ INFORM offline
autonomie [otonomi] *f* ① *(indépendance)* Autonomie *f; (sur le plan financier)* Unabhängigkeit *f; d'une personne* finanzielle Unabhängigkeit; ~ ***administrative*** Selbstverwaltung *f;* ~ ***financière*** *d'une administration* Finanzhoheit *f; d'une entreprise* finanzielle Selbstständigkeit ② TECH *d'un moyen de transport* Reichweite *f; d'une machine, d'une pile* Betriebsdauer *f*
autonomiste [otonomist] *mf* Anhänger(in) *m(f)* einer Autonomiebewegung
autopartage [otopaʀtaʒ] *m* Carsharing *nt*
autophoto [otofɔto] *f* CAN Selfie *nt*
autopompe [otopɔ̃p] *f* [Feuer]löschfahrzeug *nt*
autoportrait [otopɔʀtʀɛ] *m* Selbstporträt *nt*
autopsie [otɔpsi] *f* MED Autopsie *f; (ordonnée par un tribunal)* Obduktion *f*
autopsier [otɔpsje] <1a> *vt* ~ ***qn*** *médecin légiste:* jdn obduzieren
autoradio [otoʀadjo] *m* Autoradio *nt*
autorail [otoʀaj] *m* Schienenbus *m*
autoreverse [otoʀivœʀs] *adj inv* mit Autoreverse
autorisation [otoʀizasjɔ̃] *f* ① *(permission)* Erlaubnis *f; (de caractère officiel)* Genehmigung *f;* JUR Ermächtigung *f form* ② *(permis)* schriftliche Genehmigung *f;* ~ ***de sortie du territoire*** Ausreisegenehmigung *(für Minderjährige)*
autorisé(e) [otoʀize] *adj* ① *milieux, source, avis* maßgeblich ② *service, personne* befugt ③ *stationnement* erlaubt; *tournure* zulässig
autoriser [otoʀize] <1> *vt* ① *(permettre)* erlauben; ~ ***qn à faire qc*** jdm erlauben, etw zu tun; *(habiliter) titre, décret:* jdn berechtigen, etw zu tun; *personne:* jdn ermächtigen, etw zu tun ② *(rendre licite)* zulassen *stationnement;* genehmigen *manifestation, sortie* ③ *(donner lieu à)* erlauben *abus, excès;* Anlass geben zu *espoir*
autoritaire [otoʀitɛʀ] *adj* autoritär; *personne, ton a.* herrisch

autoritarisme [otɔʀitaʀism] *m d'un gouvernement* Autoritarismus *m*

autorité [otɔʀite] *f* ❶ *(pouvoir)* Autorität *f,* Macht *f;* ***agir avec ~*** bestimmt handeln; ***faire preuve d'~*** ein Machtwort sprechen; ~ ***de la loi*** gesetzliche Gewalt; ~ ***parentale*** elterliche Gewalt; ***avoir de l'~ sur qn*** Macht über jdn haben; ***être sous l'~ de qn*** *employé:* jdm unterstehen; *enfant:* unter jds Aufsicht *dat* stehen ❷ *(capacité de se faire obéir)* Autorität *f* ❸ *(influence, considération)* Ansehen *nt;* ***jouir d'une grande ~*** großes Ansehen genießen; ***faire ~*** *ouvrage:* als maßgebend gelten; *personne:* als Autorität gelten ❹ *(personne influente)* Autorität *f* ❺ *souvent pl (organisme)* Behörde *f;* ~ ***législative*** gesetzgebendes Organ; ***l'~ politique/les ~s politiques*** die politischen Organe; ***l'~ religieuse/les ~s religieuses*** die geistliche Obrigkeit ▸ **sous l'~ de qn** *travailler* unter jds Regie *dat*

autoroute [otɔʀut] *f* Autobahn *f;* ~ ***à péage*** gebührenpflichtige Autobahn; ~ ***du Soleil*** *Autobahn Paris-Marseille*

autoroutier, -ière [otɔʀutje, -jɛʀ] *adj* Autobahn-

autosatisfaction [otosatisfaksjɔ̃] *f* Selbstzufriedenheit *f*

autostop, auto-stop [otostɔp] *m sans pl* Trampen *nt;* ***faire de l'~*** trampen; ***prendre qn en ~*** jdn [als Anhalter/Anhalterin] mitnehmen

autostoppeur, auto-stoppeur, -euse [otostɔpœʀ, -øz] <auto-stoppeurs> *m, f* Tramper(in) *m(f)*

autosuggestion [otosygʒɛstjɔ̃] *f* Autosuggestion *f*

autour [otuʀ] **I.** *adv* darum [herum]; ***tout ~*** rundherum **II.** *prép* ❶ *(entourant)* ~ ***de qn/qc*** um jdn/etw herum; ***tout ~ de qn/qc*** ringsherum um jdn/etw ❷ *(à proximité de)* ~ ***de qn/qc*** in der Umgebung von jdm/etw ❸ *(environ)* ~ ***des 1000 euros*** um die 1000 Euro [herum]; ~ ***des 15 heures*** [so] gegen 15 Uhr

autre [otʀ] **I.** *adj antéposé* ❶ *(différent)* andere(r, s); ~ ***chose*** etwas anderes; ***d'une ~ manière*** anders; ***son avis est tout ~*** er/sie ist völlig anderer Meinung ❷ *(supplémentaire)* weitere(r, s) ❸ *(second des deux)* ***l'~ ...*** der/die/das andere ... ▸ **nous ~s ..., vous ~s ...** wir ..., ihr [dagegen] ... **II.** *pron indéf* ❶ andere(r); ***un ~/une ~ que*** ein anderer/eine andere als; ***tout ~ ... que*** ein ganz anderer/eine ganz andere ... als; ***quelqu'un d'~*** jemand anders; ***qui d'~?*** wer sonst? ❷ *(chose différente)* andere(r, s); ***d'~s*** andere; ***quelques ~s*** ein paar andere; ***quelque chose d'~*** etwas anderes; ***rien d'~*** nichts anderes; ***quoi d'~?*** was sonst? ❸ *(personne supplémentaire)* weitere(r, s); ***tu es une menteuse! – j'en connais une ~!*** du bist eine Lügnerin! – du ebenfalls! ❹ *(chose supplémentaire)* weitere(r, s) ❺ *(opp: l'un)* ***l'un l'~/l'une l'~/les uns les ~s*** einander ▸ **entre ~s** unter anderem; **une ~!** Zugabe!

autrefois [otʀəfwa] *adv* früher

autrement [otʀəmɑ̃] *adv* ❶ *(différemment)* anders; ***tout ~*** ganz anders; ***faire ~*** es anders machen; ***on ne peut pas faire ~*** es geht nicht anders; ***je ne pouvais pas faire ~*** mir blieb nichts anderes übrig ❷ *(sinon, sans quoi)* sonst ❸ *(à part cela)* sonst ▸ ~ **dit** mit anderen Worten

autrice *v.* **auteur 1.**

Autriche [otʀiʃ] *f* ***l'~*** Österreich *nt*

autrichien(ne) [otʀiʃjɛ̃, jɛn] *adj* österreichisch

Autrichien(ne) [otʀiʃjɛ̃, jɛn] *m(f)* Österreicher(in) *m(f)*

autruche [otʀyʃ] *f* ORN Strauß *m*

autrui [otʀɥi] *pron inv* ein anderer *m/*eine andere *f; (les autres)* andere; ***pour le compte d'~*** auf fremde Rechnung; ***le bien d'~*** fremdes [Hab und] Gut

auvent [ovɑ̃] *m* Vordach *nt*

auvergnat(e) [ovɛʀɲa, at] *adj* aus der Auvergne

Auvergnat(e) [ovɛʀɲa, at] *m(f)* Bewohner(in) *m(f)* der Auvergne; ***c'est un ~*** er stammt aus der Auvergne

Auvergne [ovɛʀɲ] *f* ***l'~*** die Auvergne

aux [o] = **à les** *v.* **à**

auxiliaire [ɔksiljɛʀ] **I.** *adj* ❶ *(annexe)* Hilfs-; *troupe* Hilfs-; *verbe, moteur* Hilfs-; *armée, service* Ersatz- ❷ *(non titulaire)* Hilfs-; ***personnel ~*** Hilfspersonal *nt; (temporaire)* Aushilfspersonal *nt* **II.** *mf* Hilfskraft *f* **III.** *m* GRAM Hilfsverb *nt;* ~ ***de mode*** Modalverb

avachi(e) [avaʃi] *adj* ❶ *personne* schlaff; *attitude* lasch; *air* lustlos ❷ *chaussures* ausgetreten; *sac, vêtement* ausgebeult

avachir [avaʃiʀ] <8> *vpr* ❶ *(s'affaisser)* ***s'~*** *muscles, traits:* erschlaffen; *silhouette:* zusammenfallen; *chaussures:* ausleiern ❷ *(fam: devenir amorphe)* träge werden

avachissement [avaʃismɑ̃] *m* ❶ *(action) d'une personne* Erlahmen *nt; des muscles* Erschlaffen *nt,* Erschlaffung *f;* ***éviter l'~ des pullovers*** verhindern, dass die Pullover die Fasson verlieren ❷ *(état) d'une personne* Schlaffheit *f,* Energielosigkeit *f; des muscles* Schlaffheit *f*

avais [avɛ] *imparf de* **avoir**

aval [aval] *m* ❶ *d'un cours d'eau* Unterlauf *m* ❷ *(soutien)* Unterstützung *f* ▶ **en ~ du pont** unterhalb der Brücke *gen*

avalanche [avalɑ̃ʃ] *f* ❶ *(masse de neige)* Lawine *f* ❷ *(accumulation)* ***une ~ d'injures*** ein Hagel von Schimpfwörtern; ***une ~ de dossiers*** ein Berg von Akten

avaler [avale] <1> **I.** *vt* ❶ *(absorber)* [hinunter]schlucken; *(par accident)* verschlucken ❷ *(manger)* zu sich nehmen ❸ *(dévorer)* hinunterschlingen *repas;* hinunterstürzen *liquide* ❹ *(fig)* verschlingen *roman, livre* ❺ *(encaisser)* einstecken *affront, injure;* hinnehmen *remarque* ❻ *(croire)* ***on peut lui faire ~ n'importe quoi*** er kauft einem alles ab *fam* **II.** *vi* schlucken

avance [avɑ̃s] *f* ❶ *(progression)* Vormarsch *m;* ***~ rapide*** Schnellvorlauf *m* ❷ *(opp: retard)* ***être en ~*** *personne, train:* zu früh da sein; ***arriver en ~ de cinq minutes*** fünf Minuten früher ankommen; ***être en ~ dans son programme*** weiter in seinem Programm sein als vorgesehen ❸ *(précocité)* ***être en ~ pour son âge*** seinem Alter voraussein; ***être en ~ sur qn*** jdm voraussein ❹ *(distance)* ***avoir de l'~ sur qn/qc*** einen Vorsprung vor jdm/etw haben ❺ *(somme sur un achat)* Anzahlung *f; (sur le salaire)* Vorschuss *m;* ***faire une ~ sur le loyer*** einen Teil der Miete im Voraus bezahlen ❻ *pl (approche amoureuse)* ***faire des ~s à qn*** bei jdm Annäherungsversuche machen ▶ **à l'~**, **d'~** im Voraus

avancé(e) [avɑ̃se] *adj* ❶ *(en avant dans l'espace)* vorspringend ❷ *(en avance dans le temps)* vorgeschritten; *travail, végétation, nuit* fortgeschritten; *âge* fortgeschritten; *civilisation, technique* hoch entwickelt; *idées, opinions* fortschrittlich; ***un enfant ~ pour son âge*** ein für sein Alter weit entwickeltes Kind; ***être ~ dans son travail*** in seiner Arbeit vorangekommen sein ▶ **ne pas être plus ~** nicht viel weiter als vorher sein

avancée [avɑ̃se] *f* ❶ *(saillie)* Vorsprung *m* ❷ *de l'ennemi* Vormarsch *m; des salaires* Anhebung *f*

avancement [avɑ̃smɑ̃] *m* ❶ *des travaux, des négociations* Vorankommen *nt; des sciences, technologies* Fortschreiten *nt* ❷ *(promotion)* Beförderung *f;* ***avoir de l'~*** befördert werden

avancer [avɑ̃se] <2> **I.** *vt* ❶ *(opp: retarder)* vorstellen *montre;* vorverlegen *rendez-vous, départ;* ***~ la date du départ d'un jour*** den Abreisetermin um einen Tag vorverlegen ❷ *(pousser en avant)* vorrücken *chaise, table;* vorfahren *voiture;* ***~ de huit cases*** JEUX acht Felder vorrücken ❸ *(affirmer)* behaupten, vorbringen *idée, thèse* ❹ *(faire progresser)* vorantreiben *travail* ❺ *(payer par avance)* im Voraus zahlen *argent; (prêter)* vorstrecken *argent* ▶ **ça t'avance/nous avance à quoi?** [und] was hast du/haben wir davon?; **ça ne t'avance/nous avance à rien!** das bringt dir/uns gar nichts [ein]! **II.** *vi* ❶ *(approcher) conducteur, voiture:* [weiter] vorfahren; *personne:* vorwärtskommen; ***avance vers moi!*** komm näher her! ❷ MIL *ennemi, armée:* vorrücken ❸ *(être en avance)* ***~ de 5 minutes*** *montre:* 5 Minuten vorgehen ❹ *(former une avancée, une saillie) rocher, balcon:* vorspringen ❺ *(progresser) personne:* vorankommen; *travail:* vorangehen; *nuit, jour:* voranschreiten; ***à mesure que l'on avance en âge*** mit zunehmendem Alter **III.** *vpr* ❶ ***s'~*** *(pour sortir d'un rang)* vortreten; *(pour continuer sa route)* weitergehen; *(en s'approchant)* näher kommen; ***s'~ vers qn/qc*** auf jdn/etw zugehen ❷ *(prendre de l'avance)* ***s'~ dans son travail*** mit der Arbeit vorankommen ❸ *(se risquer, anticiper)* ***s'~ trop*** sich zu weit vorwagen; ***là, tu t'avances trop!*** da bist du etwas zu voreilig!

avanie [avani] *f (vieilli)* Schmach *f geh;* ***faire subir des ~s à qn*** jdm [eine] Schmach antun

avant [avɑ̃] **I.** *prép* ❶ *(temporel)* vor *+dat;* ***bien/peu ~ qc*** lange/kurz vor etw *dat;* ***~ de faire qc*** bevor jd etw tut ❷ *(devant)* vor *+dat;* ***en ~ de qn/qc*** vor jdm/etw; ***passer ~ qc*** vor etw kommen ▶ **~ tout** vor allem **II.** *adv* ❶ *(devant)* vorher; ***passer ~*** vorgehen; ***en ~*** nach vorne ❷ *après compl (plus tôt)* vorher; ***plus/trop ~*** weiter vor/zu weit vor; ***le jour/l'année d'~*** am Tag[e]/das Jahr davor ▶ **en ~ [marche]!** nun los!; MIL vorwärts [marsch]! **III.** *conj* ***~ que*** *+subj* bevor; ***bien/juste ~ que*** *+subj* lange/kurz bevor **IV.** *m* ❶ *(partie antérieure)* Vorderteil *nt o m;* ***à l'~*** vorn[e]; ***à l'~ du train*** im vorderen Teil des Zugs; ***à l'~ du bateau*** auf dem Vorschiff; ***à l'~ du peloton*** im vorderen Feld; ***vers l'~*** nach vorn ❷ *(joueur)* Stürmer(in) *m(f)* ▶ **jouer à l'~** SPORT im Sturm spielen **V.** *adj inv* *(opp: arrière)* Vorder-; ***traction ~*** Frontantrieb *m;* ***le clignotant ~ droit*** der Blinker vorne rechts

Grammatik und Co.
Nach **avant que** steht immer der Subjonctif:
Ne pars pas avant que je [ne] revienne. - Geh nicht, bevor ich [nicht] wieder zurück bin.

avantage [avɑ̃taʒ] *m* ❶ *(intérêt)* Vorteil *m;* ***à son ~*** zu seinem/ihrem Vorteil; ***être à son ~*** vorteilhaft aussehen; ***tirer ~ de qc*** Vorteil aus etw ziehen; ***tourner à l'~ de qn*** sich zu jds Gunsten wenden; ***qc présente l'~ de faire qc*** etw bietet den Vorteil, etw zu tun ❷ *souvent pl (gain)* Vorteil *m;* ***~ en nature*** Sachleistung *f* ❸ *(supériorité)* Überlegenheit *f;* ***avoir l'~ sur qn*** jdm gegenüber im Vorteil sein ❹ SPORT Vorteil *m;* ***avoir l'~*** führen; ***prendre/perdre l'~ sur son adversaire*** *Boxer:* die Oberhand über seinen Gegner gewinnen/verlieren ❺ *(soutenu: plaisir)* Vergnügen *nt*

avantager [avɑ̃taʒe] <2a> *vt* ❶ *(favoriser)* begünstigen; ***~ qn par rapport à qn/au détriment de qn*** jdn [jdm gegenüber/zu jds Nachteil] begünstigen ❷ *(mettre en valeur)* ***~ qn*** *vêtement, coiffure:* für jdn vorteilhaft sein

avantageusement [avɑ̃taʒøzmɑ̃] *adv* günstig

avantageux, -euse [avɑ̃taʒø, -ʒøz] *adj* ❶ *(intéressant)* günstig ❷ *(favorable)* vorteilhaft; *termes* schmeichelhaft; *opinion, idée* positiv

avant-bras [avɑ̃bʀɑ] <avant-bras> *m* Unterarm *m* **avant-centre** [avɑ̃sɑ̃tʀ] <avants-centres> *m* Mittelstürmer(in) *m(f)* **avant-coureur** [avɑ̃kuʀœʀ] <avant-coureurs> *adj bruit* vorauseilend **avant-dernier, -ière** [avɑ̃dɛʀnje, -jɛʀ] <avant-derniers> **I.** *adj* vorletzte(r, s) **II.** *m, f* Vorletzte(r) *f(m)* **avant-garde** [avɑ̃gaʀd] <avant-gardes> *f* ART, LITTER Avantgarde *f* **avant-gardisme** [avɑ̃gaʀdism] <avant-gardismes> *m* Avantgardismus *m* **avant-gardiste** [avɑ̃gaʀdist] *mf* Avantgardist(in) *m(f)* **avant-goût** [avɑ̃gu] <avant-goûts> *m* ***~ de qc*** Vorgeschmack *m* auf etw **avant-guerre** [avɑ̃gɛʀ] <avant-guerres> *f* Vorkriegszeit *f* **avant-hier** [avɑ̃tjɛʀ] *adv* vorgestern

Aussprache
Bei **avant-hier** ist die Liaison zwischen *avant* und *hier* obligatorisch. Also: Das -t muss gesprochen werden.

avant-midi [avɑ̃midi] *m o f inv* CAN *(matinée)* Vormittag *m* **avant-poste** [avɑ̃pɔst] <avant-postes> *m* Vorposten *m* **avant-première** [avɑ̃pʀəmjɛʀ] <avant-premières> *f* Voraufführung *f* **avant-projet** [avɑ̃pʀɔʒɛ] <avant-projets> *m* Vorentwurf *m* **avant-propos** [avɑ̃pʀɔpo] <avant-propos> *m* Vorwort *nt* **avant-scène** [avɑ̃sɛn] <avant-scènes> *f* THEAT Proszenium *nt; (loge)* Proszeniumsloge *f* **avant-veille** [avɑ̃vɛj] <avant-veilles> *f* zwei Tage zuvor

avare [avaʀ] **I.** *adj* geizig; ***être ~ de qc*** geizig sein; ***être ~ de paroles*** wortkarg sein **II.** *mf* Geizhals *m*

avarice [avaʀis] *f* Geiz *m*

avarie [avaʀi] *f* Schaden *m*

avarié(e) [avaʀje] *adj* ❶ *(en panne)* beschädigt ❷ *(pourri)* verdorben

avarier [avaʀje] <1a> *vpr* ***s'~*** verderben, schlecht werden

avatar [avataʀ] *m* ❶ *gén pl* Unannehmlichkeit *f* ❷ INFORM Avatar *m*

AVC [avese] *m abr de* **Accident vasculaire cérébral** MED Schlaganfall *m*

avec [avɛk] **I.** *prép* ❶ *(ainsi que)* mit *+dat;* ***j'emporte trois valises ~ moi*** ich nehme drei Koffer mit ❷ *(contre)* mit *+dat* ❸ *(à cause de)* durch *+gen,* wegen *+gen;* ***~ la pluie, les routes sont glissantes*** bei dem Regen sind die Straßen rutschig; ***~ toutes ces histoires, j'ai oublié de faire les courses*** wegen all dieser Geschichten habe ich vergessen einzukaufen ❹ *(au moyen de, grâce à)* mit *+dat* ❺ *(manière)* mit *+dat;* ***agir ~ précaution*** vorsichtig handeln ❻ *(envers, à l'égard de)* mit *+dat,* zu *+dat;* ***être gentil/poli ~ qn*** nett/höflich zu jdm sein ❼ *(en ce qui concerne)* ***~ moi, vous pouvez avoir confiance*** auf mich können Sie vertrauen; ***~ ces gens on n'est jamais sûr de rien*** bei diesen Leuten ist man nie sicher ❽ *(d'après)* ***~ ma sœur, il faudrait ...*** nach dem, was meine Schwester sagt, müsste man ... ❾ *(en même temps que)* bei *+dat,* mit *+dat;* ***arriver ~ la nuit*** bei Nacht ankommen; ***se lever ~ le jour/soleil*** bei Tagesanbruch/mit der Sonne aufstehen ❿ *(malgré)* trotz *+dat o gen;*

~ ***la meilleure bonne volonté du monde …*** beim besten Willen … ⑪ *(qui possède)* mit +*dat* ▶ **et ~ ça …** *(fam)*: ***il est insolent et ~ ça paresseux*** er ist frech und dazu noch faul; **~ tout ça** *(fam)* bei all[e]dem; **et ~ cela [Madame/Monsieur]?** darf's sonst noch etwas sein? **II.** *adv (fam)* damit; ***tu viens ~?*** BELG kommst du mit? ▶ **il faut faire ~** damit muss man sich [eben] abfinden; *(en quantité)* es muss eben reichen

avenant(e) [av(ə)nɑ̃, ɑ̃t] *adj* ansprechend

avènement [avɛnmɑ̃] *m d'un roi* Thronbesteigung *f*

avenir [av(ə)niʀ] *m* ① *(futur)* Zukunft *f*; ***à l'~*** in Zukunft; ***dans un proche ~*** in naher Zukunft ② *(situation future, perspective)* ***l'~ de qn/qc*** jds Zukunft/die Zukunft einer S. *gen*; ***avoir un bel ~ devant soi*** schöne Zukunftsaussichten haben; ***prédire l'~*** die Zukunft vorhersagen; ***d'~*** mit Zukunft

avent [avɑ̃] *m* Advent *m*

aventure [avɑ̃tyʀ] *f* ① *(histoire)* Abenteuer *nt*; ***il m'est arrivé une ~*** mir ist etwas Unerwartetes passiert; ***j'ai eu une drôle d'~/une fâcheuse ~*** mir ist [da] etwas Merkwürdiges/Ärgerliches passiert; ***avoir l'esprit d'~*** abenteuerlustig sein; ***chercher [l']~*** auf Abenteuer aus sein; ***courir l'~*** auf der Jagd nach Abenteuer sein ② *(liaison)* [Liebes]abenteuer *nt* ▶ **dire la bonne ~ à qn** jdm die Zukunft voraussagen; **à l'~** aufs Geratewohl; ***partir à l'~*** ins Blaue [hinein] fahren *fam*

aventurer [avɑ̃tyʀe] <1> **I.** *vt* aufs Spiel setzen *argent, réputation* **II.** *vpr* ***s'~ sur la route*** sich auf die Straße wagen; ***s'~ dans une affaire risquée*** sich auf eine riskante Sache einlassen; ***s'~ sur un terrain glissant*** *(fig)* sich auf schwankenden Boden begeben

aventureusement [avɑ̃tyʀøzmɑ̃] *adv* in waghalsiger Weise

aventureux, -euse [avɑ̃tyʀø, -øz] *adj* ① *personne* abenteuerlustig; *vie* abenteuerlich ② *entreprise, projet* abenteuerlich

aventurier, -ière [avɑ̃tyʀje, -jɛʀ] *m, f* ① *(bourlingueur)* Abenteurer(in) *m(f)* ② *(intrigant)* skrupellose Person

avenu(e) [av(ə)ny] *adj* ① *(vieilli)* existent ② JUR ***nul et non ~*** null und nichtig; ***déclarer qc nul et non ~*** etwas für null und nichtig erklären

avenue [av(ə)ny] *f* Avenue *f*

avéré(e) [aveʀe] *adj* erwiesen

avérer [aveʀe] <5> *vpr* ***s'~ être qn/qc*** sich als jd/etw erweisen; ***s'~ exact/faux*** sich als richtig/falsch herausstellen; ***il s'avère que …*** es stellt sich heraus, dass …

avers [avɛʀ] *m d'une médaille, d'une monnaie* Vorderseite *f*

averse [avɛʀs] *f* ① *(pluie)* [Regen]schauer *m*; ***~ de grêle*** Hagelschauer *m* ② *(fig)* ***~ d'injures*** Flut *f* von Beschimpfungen

aversion [avɛʀsjɔ̃] *f* Abneigung *f*

averti(e) [avɛʀti] *adj* kompetent

avertir [avɛʀtiʀ] <8> *vt* ① *(informer)* ***~ qn*** jdn benachrichtigen; ***~ qn de qc*** jdn von etw in Kenntnis setzen ② *(mettre en garde)* warnen

avertissement [avɛʀtismɑ̃] *m* ① *(mise en garde)* Warnung *f* ② *(signal)* Warnsignal *nt* ③ *(sanction)* Verwarnung *f*

avertisseur [avɛʀtisœʀ] *m* Hupe *f*

aveu [avø] <x> *m* ① *(confession)* Geständnis *nt*; ***faire l'~ de qc à qn*** jdm etw [ein]gestehen ② *souvent pl* JUR Geständnis *nt*; ***arracher des ~x à qn*** von jdm ein Geständnis erpressen; ***faire des ~x complets*** ein volles Geständnis ablegen; ***passer aux ~x*** geständig werden

aveuglant(e) [avœglɑ̃, ɑ̃t] *adj* ① *lumière, soleil* grell; ***être ~*** *lumière:* blenden ② *(évident)* in die Augen springend

aveugle [avœgl] **I.** *adj* ① *(privé de la vue)* blind; ***être ~ d'un œil/des deux yeux*** auf einem Auge/beiden Augen blind sein; ***~ de naissance*** von Geburt an blind ② *(privé de discernement, de raison)* blind; *personne* verblendet ③ ARCHIT *fenêtre* blind; *façade, mur* ohne Fenster **II.** *mf* Blinde(r) *f(m)*; ***~ de naissance*** Blindgebor[e]ne(r) *f(m)* ▶ **en ~** unüberlegt

aveuglement [avœgləmɑ̃] *m* Blindheit *f*

aveuglément [avœglemɑ̃] *adv* ① *(en toute confiance)* blind[lings] ② *(sans discernement)* unüberlegt

aveugler [avœgle] <1> *vt* ① *(éblouir)* blenden ② *(priver de discernement)* blind machen

aveuglette [avœglɛt] ▶ **à l'~** wie ein Blinder [tastend]

avez [ave] *indic prés de* **avoir**

aviaire [avjɛʀ] *adj (spéc)* Vogel-; ***peste ~*** Geflügelpest *f*

aviateur, -trice [avjatœʀ, -tʀis] *m, f* Flieger(in) *m(f)*

aviation [avjasjɔ̃] *f* ① TRANSP Luftfahrt *f*; *(sport)* Flugsport *m*; ***compagnie d'~*** Fluggesellschaft *f*; ***~ civile*** zivile Luftfahrt; ***~ militaire*** Militärluftfahrt *f* ② MIL Luftwaffe *f*

avicole [avikɔl] *adj* ① *(relatif à l'élevage d'oiseaux)* Vogel-, Vogelzucht- ② *(relatif à l'élevage de volailles)* Geflügel-, Geflügelzucht-; ***ferme/exposition ~*** Geflügelfarm *f*/-ausstellung *f*

aviculteur, -trice [avikyltœʀ, -tʀis] *m, f* Vogelzüchter(in) *m(f); (éleveur de volailles)* Geflügelzüchter(in) *m(f)*

aviculture [avikyltyʀ] *f* Vogelzucht *f; (élevage de volailles)* Geflügelzucht *f*

avide [avid] *adj personne, regard, yeux* gierig; *curiosité* brennend; *lèvres* sinnlich; ***être ~ de qc*** gierig nach etw *dat* sein; ***~ d'argent/de pouvoir*** geldgierig/machthungrig; ***~ de connaissances*** wissbegierig; ***~ de vengeance*** rachsüchtig; ***être ~ d'apprendre*** lernbegierig sein

avidement [avidmɑ̃] *adv* gierig

avidité [avidite] *f* Gier *f*, Begierde *f; (cupidité)* Geldgier *f*

avilir [aviliʀ] <8> *vt* erniedrigen

avilissant(e) [avilisɑ̃, ɑ̃t] *adj* entwürdigend, erniedrigend

aviné(e) [avine] *adj* betrunken

avion [avjɔ̃] *m* Flugzeug *nt;* ***~ commercial*** Verkehrsflugzeug; ***~ militaire*** Militärflugzeug; ***~ postal*** Flugzeug für Luftposttransporte; ***~ sanitaire*** Flugzeug für Krankentransporte; ***~ supersonique*** Überschallflugzeug; ***~ à hélice*** Propellerflugzeug; ***~ à réaction*** Düsenflugzeug; ***~ de chasse*** Jagdflugzeug; ***~ de combat*** Kampfflugzeug; ***~ de ligne*** Linienmaschine *f;* ***~ de tourisme*** Privatflugzeug; ***~ de transport*** Transportflugzeug; ***aller/voyager en ~*** fliegen/mit dem Flugzeug reisen; ***voyage en ~*** Flugreise *f;* ***il est malade en ~*** ihm wird beim Fliegen übel; ***par ~*** POST mit Luftpost

avion-cargo [avjɔ̃kaʀgo] <avions-cargos> *m* Frachtflugzeug *nt*

avionnerie [avjɔnʀi] *f* CAN *(usine de constructions aéronautiques)* Flugzeugfabrik *f*

avionneur [avjɔnœʀ] *m* Flugzeugbauer *m*, Flugzeugkonstrukteur *m*

aviron [aviʀɔ̃] *m* ① *(rame)* Ruder *nt* ② *(sport)* Rudern *nt;* ***course d'~*** Ruderregatta *f;* ***faire de l'~*** rudern

avis [avi] *m* ① *(opinion)* Ansicht *f;* ***donner son ~*** seine Meinung abgeben; ***donne-moi ton ~*** sag mir deine Meinung; ***dire son ~ sur qc*** seine Meinung über etw *akk* äußern; ***changer d'~*** seine Meinung ändern; *(se raviser)* es sich *dat* anders überlegen; ***être d'~ de faire qc*** es für gut halten, etw zu tun; ***je suis d'~ qu'il vienne*** ich bin dafür, dass er kommt; ***être de l'~ de qn*** jds Meinung sein; ***si tu veux mon ~*** wenn du mich fragst; ***à mon/son humble ~*** meiner/seiner/ihrer bescheidenen Meinung nach; ***de l'~ de qn*** nach jds Meinung; ***de l'~ de tous*** nach allgemeiner Auffassung ② *(notification)* Mitteilung *f; (affiche officielle)* Bekanntmachung *f;* ***~ au lecteur*** Hinweis *m* für den Leser; ***~ à la population*** *(titre d'une affiche)* öffentliche Bekanntmachung; *(au haut-parleur)* allgemeine Durchsage; ***~ de décès/mariage*** Todes-/Heiratsanzeige *f;* ***~ de recherche*** *(écrit)* Suchanzeige *f; (radiodiffusé/télédiffusé)* Suchmeldung *f;* ***sauf ~ contraire*** sofern keine gegenteilige Mitteilung ergeht *form* ▶ **~ aux amateurs!** falls es jdn interessiert

avisé(e) [avize] *adj* klug

aviser [avize] <1> *vt* benachrichtigen; ***~ qn de qc*** jdm etw mitteilen, jdn von etw benachrichtigen

avitaminose [avitaminoz] *f* MED Vitaminmangel *m*, Avitaminose *f Fachspr.*

aviver [avive] <1> *vt* auffrischen *couleurs, teint*

av. J.-C. *abr de* **avant Jésus-Christ** v. Chr.

avocaillon [avokajɔ̃] *m (péj fam)* Rechtsverdreher(in) *m(f) hum sl*

avocat [avɔka] *m* Avocado *f*

avocat(e) [avɔka, at] *m(f)* [Rechts]anwalt *m*/-anwältin *f*, Advokat(in) *m(f)* A, CH; ***~ général*** [Ober]staatsanwalt *m*/-anwältin *f;* ***~ de la défense*** Anwalt der Verteidigung; ***~ de la partie civile*** Zivilverteidiger(in) *m(f)* ▶ **~ marron** *(péj)* Winkeladvokat(in) *m(f)*

avoine [avwan] *f* Hafer *m*

avoir [avwaʀ] <irr> **I.** *vt* ① *(devoir)* haben; ***~ qc à faire*** etw zu tun haben; ***j'ai des cachets à prendre*** ich muss Tabletten [ein]nehmen; ***ne pas ~ à faire qc*** *(ne pas devoir)* etw nicht tun sollen; *(ne pas avoir besoin)* etw nicht zu machen brauchen; ***tu n'as pas à t'occuper de ça*** darum hast du dich nicht zu kümmern; ***tu n'auras pas à prendre le taxi, je viendrai te chercher*** du brauchst kein Taxi zu nehmen, ich hole dich ab ② *(obtenir, attraper)* bekommen *renseignement, train;* bestehen *examen;* bekommen *logement, aide;* ***pouvez-vous m'~ ce livre?*** können Sie mir dieses Buch besorgen? ③ *(souffrir de)* haben *crise, maladie;* ***j'ai eu des vertiges*** mir wurde ganz schwindlig; ***~ une syncope*** ohnmächtig werden/sein ④ *(porter sur ou avec soi)* haben *canne, pipe;* aufha-

ben *chapeau;* anhaben *vêtement* ❺ *(être doté de)* haben; ***quel âge as-tu?*** wie alt bist du?; ~ ***15 ans*** 15 Jahre alt sein; ~ ***2 mètres de haut/large*** 2 Meter hoch/breit sein ❻ *(éprouver)* haben *faim, soif, peur* ❼ *(recevoir [chez soi])* ~ ***des amis chez soi*** Freunde bei sich haben; ~ ***de la visite*** Besuch haben ❽ *(assister, participer à)* ~ ***cours/sport*** Unterricht/Sport haben ❾ *(fam: rouler)* ***vous m'avez bien eu!*** Sie haben mich ganz schön reingelegt! ❿ *(fam: attraper, vaincre)* ***on les aura!*** wir kriegen sie schon noch! ▶ **en ~ après** *fam* **qn** etwas gegen jdn haben; **en ~ jusque-là de qc** *(fam)* die Nase voll von etw haben; **en ~ pour deux minutes/100 euros** zwei Minuten brauchen/es kostet jdn 100 Euro; **j'ai!** JEUX es kann losgehen!; SPORT lasst mich spielen!; **qu'est-ce qu'il/elle a?** was hat er/sie denn? **II.** *aux* ***il n'a rien dit*** er hat nichts gesagt; ***elle a couru/marché deux heures*** sie ist zwei Stunden gelaufen/gegangen; ***l'Italie a été battue par le Brésil*** Italien ist von Brasilien geschlagen worden **III.** *vt impers* ❶ *(exister)* ***il y a ...*** es gibt ...; ***en France, il y a 57 millions d'habitants*** Frankreich hat 57 Millionen Einwohner; ***il y a une plume à son chapeau*** an seinem Hut steckt eine Feder; ***il y a des jours où ...*** es gibt Tage, an denen ...; ***il y a 300 km de Nancy à Paris*** von Nancy nach Paris sind es 300 km; ***il y a champagne et champagne*** Champagner ist nicht gleich Champagner; ***il n'y a pas que l'argent dans la vie*** Geld ist nicht alles im Leben; ***qu'y a-t-il?*** [*o* ***qu'est-ce qu'il y a?***] – ***il y a que j'ai faim!*** was ist [denn] los? – na was wohl, ich habe Hunger!; ***il y a la vaisselle à faire*** das Geschirr muss gespült werden; ***il n'y a pas à discuter*** jetzt wird nicht diskutiert; ***il n'y a qu'à partir plus tôt*** wir müssen/ihr müsst nur früher losfahren; ***il n'y a que toi pour faire cela!*** das bringst nur du fertig! ❷ *(temporel)* ***il y a 3 jours/4 ans*** vor 3 Tagen/4 Jahren; *(durée)* [schon] seit 3 Tagen/4 Jahren ▶ **il n'y a plus rien à faire** da ist nichts mehr zu machen; **il n'y en a que pour lui/elle** alles dreht sich nur [noch] um ihn/sie; **il n'y a pas de quoi!** keine Ursache! **IV.** *m* ❶ *(crédit)* Guthaben *nt* ❷ *(bon d'achat)* Gutschein *m*

avoisinant(e) [avwazinɑ̃, ɑ̃t] *adj* benachbart; *rue* Nachbar-

avoisiner [avwazine] <1> *vt (a. fig)* ~ ***qc*** an etw *akk* grenzen

avons [avɔ̃] *indic prés de* **avoir**

avortement [avɔʀtəmɑ̃] *m* Schwangerschaftsabbruch *m; (provoqué)* Abtreibung *f; (spontané)* Fehlgeburt *f*

avorter [avɔʀte] <1> **I.** *vi* ❶ *(de façon volontaire)* abtreiben; *(de façon spontanée)* eine Fehlgeburt haben; ***se faire*** ~ abtreiben [lassen] ❷ *(échouer)* fehlschlagen; ***faire*** ~ ***qc*** etw zu Fall bringen **II.** *vt* ~ ***qn*** eine Abtreibung bei jdm vornehmen

avorton [avɔʀtɔ̃] *m (péj)* ***espèce d'~!*** elende Missgeburt!

avouable [avwabl] *adj* redlich

avoué [avwe] *m* [Rechts]anwalt *m*/-anwältin *f*

avoué(e) [avwe] *adj* erklärt; *bénéfice, revenu* eingestanden, zugestanden

avouer [avwe] <1> **I.** *vt* gestehen, eingestehen *erreur, méprise;* ~ ***faire qc*** zugeben, etw zu tun; ***je dois vous ~ que ...*** ich muss Ihnen gestehen, dass ... **II.** *vi* ❶ *(confesser)* gestehen ❷ *(admettre)* zugeben **III.** *vpr* ***s'~ coupable*** sich schuldig bekennen; ***s'~ vaincu*** sich geschlagen geben

avril [avʀil] *m* April *m* ▶ **poisson d'~** Aprilscherz *m;* ***poisson d'~!*** April, April!; *v. a.* **août**

> **Grammatik und Co.**
> Der französische Monatsname ist männlich; er wird ohne den bestimmten Artikel gebraucht.
> Bei einer präzisen Datumsangabe steht der Artikel jedoch, und zwar wegen der Zahl:
> *elle est née le dix – sie ist am Zehnten geboren;*
> *elle est née le dix avril – sie ist am zehnten April geboren.*

axe [aks] *m* ❶ *a.* GEOM Achse *f;* ~ ***de symétrie*** Symmetrieachse; ***dans l'~ de qc*** auf der Verlängerungsachse *gen* einer S. ❷ *d'une roue, pédale* Achse *f; d'un engrenage, d'une aiguille* Welle *f; de ciseaux* Bolzen *m* ❸ *d'un discours, d'une politique* allgemeine Richtung ❹ *(voie de circulation)* [Verkehrs]achse *f;* ~ ***ferroviaire*** Hauptverkehrsstrecke *f* [der Bahn]; ***grand*** ~ Hauptverkehrsachse *f,* Hauptverkehrsstrecke *f;* ~ ***routier*** Verkehrsader *f*

axel [aksɛl] *m* SPORT Axel *m*

axer [akse] <1> *vt* ~ ***qc sur qc*** etw auf etw *akk* ausrichten

axiome [aksjom] *m* Grundsatz *m*

ayant [ɛjɑ̃] *part prés de* **avoir**
ayant droit [ɛjɑ̃dʀwa] <ayants droit> *m* Anspruchsberechtigte(r) *f(m)*
ayurvéda [ajyʀveda, ajuʀveda] *m* Ayurveda *m*, Ayurweda *m*
ayurvédique [ajyʀvedik] *adj* ayurvedisch, ayurwedisch
azalée [azale] *f* BOT Azalee *f*
Azerbaïdjan [azɛʀbaidʒɑ̃] *m* Aserbaidschan *nt*
azimut [azimyt] *m* ASTRON Azimut *m o nt*
azote [azɔt] *m* Stickstoff *m*
aztèque [astɛk] *adj* aztekisch
Aztèque [astɛk] *mf* Azteke *m*/Aztekin *f*
azur [azyʀ] *m (littér)* ***ciel d'~*** azurblauer Himmel

B

Bb

B, b [be] *m inv* B *nt*, b *nt*
BA [biɛj] *m abr de* **Bachelor of Arts** B.A. *m*
baba[1] [baba] *m* GASTR ≈ Savarin *m*; ***~ au rhum*** ≈ Rum-Savarin *m (mit Rum und Sirup getränkter Hefekuchen)*
baba[2] [baba] *m* ▶ **l'avoir dans le ~** *(fam: être bien roulé)* der/die Gelackmeierte sein
babeurre [babœʀ] *m* Buttermilch *f*
babil [babil] *m* Plappern *nt*
babillage [babijaʒ] *m* ❶ *d'un bébé* Plappern *nt* ❷ *(bavardage incessant)* Geplapper *nt pej fam*
babiller [babije] <1> *vi bébé, enfant:* plappern
babines [babin] *fpl d'un animal* Lefzen *Pl*
babiole [babjɔl] *f (a. fig)* Kleinigkeit *f*
bâbord [bɑbɔʀ] *m* Backbord *nt*
babouin [babwɛ̃] *m* ZOOL Pavian *m*
baby-boom [babibum, bebibum] <baby-booms> *m* Babyboom *m* **baby-boomer, -euse** [bebibumœʀ, -øz] <baby-boomers> *m, f* Babyboomer *m* **baby-boum** [babibum, bebibum] <baby-boums> *v.* **baby-boom** **baby-foot**® [babifut] *m inv* Tischfußball[spiel *nt*] *m*
Babylone [babilɔn] Babylon *nt*
Babylonie [babilɔni] *f* HIST ***la ~*** Babylonien *nt*
babylonien(ne) [babilɔnjɛ̃, jɛn] *adj* babylonisch
babyphone [babifɔn] *m* Babyfon® *nt*
baby-sitter [babisitœʀ, bebisitœʀ] <baby-sitters> *mf* Babysitter *m* **baby-sitting** [babisitiŋ, bebisitiŋ] <baby-sittings> *m* Babysitting *nt*
bac[1] [bak] *m* ❶ *(récipient)* Behälter *m*; *d'un évier* [Spül]becken *nt* ❷ *(bateau)* Fähre *f*
bac[2] [bak] *m (fam) abr de* **baccalauréat** ≈ Abi *nt*; ~ ***blanc*** Probeabitur *nt (Vorbereitungsklausuren für das Abitur in Frankreich)*
baccalauréat [bakalɔʀea] *m* ≈ das Abitur *kein pl*, ≈ die Matur[a] CH, ≈ die Matura A

Land und Leute

Das **baccalauréat** ist die Abschlussprüfung des *lycée* und berechtigt zum Hochschulstudium. Termin und Inhalt der Prüfung werden in Frankreich vom Staat einheitlich für das ganze Land festgelegt.

bacchantes [bakɑ̃t] *fpl (fam)* Schnurrbart *m*
bâche [bɑʃ] *f* Plane *f*
bachelier, -ière [baʃəlje, -jɛʀ] *m, f* Abiturient(in) *m(f)*
bachelor [baʃ(ə)lɔʀ] *m* Bachelor *m*; ***passer un ~ en communication*** den [*o* einen] Bachelor in Kommunikationswissenschaften machen
bâcher [bɑʃe] <1> *vt* [mit einer Plane] abdecken
bachoter [baʃɔte] <1> *vi* pauken *fam*
bacille [basil] *m* Bazillus *m*

Aussprache

Das -ille- wird in **bacille** nicht wie in der Regelaussprache als [ij] *(fille, vanille…)* gesprochen, sondern als [il] wie z.B. in *avril*.

backgammon [bakgamɔn] *m* Backgammon *nt*
background [bakgʀaund] *m* Background *m*

B

bâcler [bakle] <1> *vt (fam)* hinschludern *devoir, travail*
bacon [bekɔn] *m* Lachsschinken *m*
bactéricide [bakteʀisid] **I.** *adj* bakterizid **II.** *m* Bakterizid *nt*
bactérie [bakteʀi] *f* Bakterie *f*
bactériologique [bakteʀjɔlɔʒik] *adj* bakteriologisch
badaboum [badabum] *interj* bums *fam*
badaud(e) [bado, od] *m(f)* Schaulustige(r) *f(m)*
baderne [badɛʀn] *f (fam)* ***vieille*** ~ alte(r) Trottel *m fam,* alte(r) Knacker *m fam*
Bade-Wurtemberg [badvyʀtɑ̃bɛʀg] *m* ***le*** ~ Baden-Württemberg *nt*
badge [badʒ] *m* Button *m*
badigeon [badiʒɔ̃] *m* Tünche *f*
badigeonner [badiʒɔne] <1> *vt* ❶ *(mettre du badigeon)* tünchen ❷ MED einpinseln
badin(e) [badɛ̃, in] *adj* scherzhaft
badinage [badinaʒ] *m* Scherzen *nt*
badiner [badine] <1> *vi* scherzen
badminton [badmintɔn] *m* Badminton *nt*
badois(e) [badwa, waz] *adj* badisch
Badois(e) [badwa, waz] *m(f)* Badener(in) *m(f),* Badenser(in) *m(f)*
BAFA [bafa] *m inv abr de* **Brevet d'aptitude aux fonctions d'animateur** *Befähigung als Betreuer(in) von Kindern und Jugendlichen [in Ferienzentren]*
baffe [baf] *f (fam)* Ohrfeige *f*
baffle [bafl] *m* Lautsprecherbox *f*
bafouer [bafwe] <1> *vt* verhöhnen
bafouillage [bafujaʒ] *m (fam)* Gestammel *nt*
bafouiller [bafuje] <1> *vt, vi (fam)* stammeln
bâfrer [bɑfʀe] <1> *vt (fam)* verschlingen
bagage [bagaʒ] *m* ❶ *pl* Gepäck *nt;* ***bagages à main*** Handgepäck *nt* ❷ *(connaissances)* Kenntnisse *Pl; (pour assumer une tâche)* Rüstzeug *nt*
bagagiste [bagaʒist] *mf* Kofferträger(in) *m(f)*
bagarre [bagaʀ] *f* ❶ *(pugilat)* Schlägerei *f* ❷ *(lutte)* Streit *m; (compétition)* Konkurrenzkampf *m*
bagarrer [bagaʀe] <1> **I.** *vi (fam)* kämpfen **II.** *vpr (fam)* ❶ ***se*** ~ ***avec qn*** sich mit jdm prügeln; *(se quereller)* sich mit jdm streiten ❷ *(s'opposer)* ***se*** ~ ***contre qn/qc*** sich jdm/einer S. widersetzen
bagarreur, -euse [bagaʀœʀ, -øz] *m, f (fam)* Raufbold *m*
bagatelle [bagatɛl] *f* ❶ *(somme)* Kleinigkeit *f* ❷ *(vétille)* Bagatelle *f*
bagel [begœl] *m* Bagel *m*
bagnard [baɲaʀ] *m* Sträfling *m*
bagne [baɲ] *m* ▶ **quel ~!** die reinste Sklavenarbeit!
bagnole [baɲɔl] *f (fam)* Karre *f*
bagou[t] [bagu] *m (fam)* Mundwerk *nt;* ***avoir du*** ~ ein großes Mundwerk haben
bague [bag] *f a.* TECH Ring *m;* ~ ***de fiançailles*** Verlobungsring *m*
baguenauder [bagnode] <1> *vi* ❶ *(vieilli: s'amuser)* Unfug treiben ❷ *(se promener)* bummeln, [umher]schlendern
baguer [bage] <1> *vt* beringen *animal*
baguette [bagɛt] *f* ❶ *(pain)* Baguette *f o nt* ❷ *(bâton)* Stab *m; d'un tambour* Schlegel *m; d'un chef d'orchestre* Taktstock *m* ❸ *(couvert chinois)* Stäbchen *nt* ❹ TECH [Profil]leiste *f*
bah [bɑ] *interj* pah
Bahamas [baamas] *fpl* ***les*** ~ die Bahamas *Pl*
Bahreïn [baʀɛjn] *m* Bahrain *nt*
bahut [bay] *m* ❶ *(buffet)* Anrichte *f* ❷ *(coffre)* Truhe *f* ❸ *(fam: lycée)* Penne *f* ❹ *(fam: camion)* Brummi *m*
bai(e) [bɛ] *adj cheval* [rot]braun
baie [bɛ] *f* ❶ GEOG Bucht *f* ❷ *(fenêtre)* ~ ***vitrée*** großes Glasfenster ❸ BOT Beere *f*
baignade [bɛɲad] *f* ❶ *(action)* Baden *nt* ❷ *(lieu)* Badeplatz *m*
baigner [beɲe] <1> **I.** *vt* baden **II.** *vi* ~ ***dans qc*** in etw *dat* schwimmen **III.** *vpr* ***se*** ~ baden; *(dans une piscine)* schwimmen
baigneur [bɛɲœʀ] *m (poupée)* Babypuppe *f*
baignoire [bɛɲwaʀ] *f* ❶ *(pour se baigner)* Badewanne *f* ❷ THEAT Parterreloge *f*
bail [baj, bo] <baux> *m d'un local commercial* Pachtvertrag *m; d'une maison* Mietvertrag *m*
bâillement [bɑjmɑ̃] *m* Gähnen *nt*
bâiller [bɑje] <1> *vi* ❶ *(action) personne:* gähnen ❷ *(être entrouvert) porte:* offen stehen; *col:* abstehen
bailleur, bailleresse [bajœʀ, bajʀɛs] *m, f* Verpächter(in) *m(f)*
bâillon [bɑjɔ̃] *m* Knebel *m*
bâillonner [bɑjɔne] <1> *vt* ❶ *(action)* knebeln ❷ *(fig)* mundtot machen *opposition, presse*
bain [bɛ̃] *m* ❶ *(action)* Bad *nt* ❷ *(eau)* [Bade]wasser *nt* ❸ *(baignoire)* [Bade]wanne *f* ❹ *(préparation)* Bad *nt* ❺ *(établissement)* Bad *nt* ❻ *(bassin)* ***grand/petit*** ~ Schwimmer-/Nichtschwimmerbecken *nt* ❼ *(exposition volontaire au soleil)* ~ ***de soleil*** Sonnenbad

bain-marie [bɛ̃maʀi] <bains-marie> *m* Wasserbad *nt*
baïonnette [bajɔnɛt] *f* Bajonett *nt*
baise [bɛz] *f* ❶ *(fam)* Bumsen *nt sl* ❷ BELG *(bise)* Kuss *m*
baisemain [bɛzmɛ̃] *m* Handkuss *m*
baiser[1] [beze] *m* ❶ *(bise)* Kuss *m* ❷ *(en formule)* ***bons ~s*** liebe Grüße
baiser[2] [beze] <1> **I.** *vt* ❶ *(soutenu)* küssen ❷ *(fam: coucher avec)* bumsen *vulg* ❸ *(fam: tromper)* [he]reinlegen **II.** *vi (fam)* bumsen *vulg*
baisse [bɛs] *f* ❶ *(le fait de baisser)* Rückgang *m; de pouvoir, d'influence* Schwinden *nt; de popularité* Einbuße *f; de pression* Abfall *m* ❷ FIN Baisse *f* ►**~ de tension** ELEC Spannungsabfall *m;* MED Blutdruckabfall *m*
baisser [bese] <1> **I.** *vt* ❶ *(faire descendre)* herunterlassen *store, rideau;* herunterkurbeln *vitre de voiture;* herunterschlagen *col* ❷ *(fixer plus bas)* tiefer hängen ❸ *(orienter vers le bas)* senken *tête;* niederschlagen *yeux* ❹ *(rendre moins fort)* leiser machen *son* ❺ *(réviser à la baisse)* senken *prix* **II.** *vi* ❶ *(diminuer de niveau, d'intensité) forces, mémoire, vue:* nachlassen; *vent:* abflauen; *niveau, rivière:* sinken; *baromètre:* fallen; *température:* zurückgehen ❷ ECON, FIN fallen; *prix:* sinken ❸ *(s'affaiblir) personne:* nachlassen **III.** *vpr* ***se ~*** sich bücken; *(pour esquiver)* sich ducken
bajoue [baʒu] *f* (Hänge-)Backe *f*
bakchich [bakʃiʃ] *m* Bakschisch *nt*
bal [bal] <s> *m* ❶ *(réunion populaire/d'apparat)* Ball *m* ❷ *(lieu)* Tanzlokal *nt*
balade [balad] *f (fam)* ❶ *(promenade à pied)* Spaziergang *m; (en voiture)* Spazierfahrt *f* ❷ *(excursion)* Ausflug *m*
balader [balade] <1> **I.** *vt (fam)* spazieren führen *animal;* spazieren gehen mit *personne* **II.** *vpr* ***se ~*** *(fam: se promener à pied)* spazieren gehen; *(en voiture)* spazieren fahren
baladeur [baladœʀ] *m* Walkman® *m;* ***~ MP3*** [*o* ***numérique***] MP3-Player *m*
baladeuse [baladøz] *f* Handlampe *f*
baladin(e) [baladɛ̃, in] *m(f)* ❶ *(vieilli: danseur, danseuse)* [Ballett]tänzer(in) *m(f)* ❷ *(bouffon)* Gaukler(in) *m(f)*
balado [balado] *m* CAN INET Podcast *m*
baladodiffusion [baladodifyzjɔ̃] *f* CAN Podcasting *nt*
balafre [balɑfʀ] *f (blessure)* Schmiss *m*
balai [balɛ] *m* ❶ *(ustensile)* Besen *m* ❷ ELEC *d'une dynamo* Bürste *f* ❸ AUT ***~ d'essuie-glace*** Scheibenwischerblatt *nt*
balai-brosse [balɛbʀɔs] <balais-brosses> *m* Schrubber *m*
balan [balɑ̃] *m* CH ***je suis sur le ~*** ich schwanke; *(incertain)* ich bin unsicher
balance [balɑ̃s] *f* ❶ *(instrument)* Waage *f;* ***~ de ménage*** Küchenwaage *f;* ***~ de précision*** Präzisionswaage *f* ❷ *(état d'équilibre)* ***~ des forces*** Gleichgewicht *nt* der Kräfte ❸ *(bilan)* ***~ commerciale*** Handelsbilanz *f*

Falsche Freunde
Nicht verwechseln mit *die Balance – l'équilibre*!

Balance [balɑ̃s] *f* Waage *f;* ***être*** [***du signe de la***] ***~*** Waage sein
balancé(e) [balɑ̃se] *adj* ❶ *(équilibré)* ausgewogen ❷ *(fam: bien bâti)* ***bien ~*** gut gebaut
balancelle [balɑ̃sɛl] *f* Hollywoodschaukel *f*
balancement [balɑ̃smɑ̃] *m* Hin- und Herschwanken *nt*
balancer [balɑ̃se] <2> **I.** *vt* ❶ *(ballotter)* schaukeln *personne;* ***~ les bras/ses jambes*** mit den Armen schlenkern/den Beinen baumeln ❷ *(tenir en agitant)* schwenken *sac, encensoir;* hin und her bewegen *branche, lustre, bateau* ❸ *(fam: envoyer)* schmeißen *objet* ❹ *(fam: se débarrasser)* wegschmeißen *objet;* feuern *employé* **II.** *vpr* ***se ~*** ❶ *bateau:* [hin und her] schaukeln; *branches:* sich hin und her bewegen ❷ *(sur une balançoire)* schaukeln
balancier [balɑ̃sje] *m d'une horloge* Pendel *nt; d'un funambule* Balancierstange *f*
balançoire [balɑ̃swaʀ] *f* Schaukel *f*
balayage [balɛjaʒ] *m* ❶ *(action)* Kehren *nt* ❷ INFORM Scannen *nt*
balayer [baleje] <7> *vt* ❶ *(ramasser)* zusammenkehren ❷ *(nettoyer)* fegen ❸ *(passer sur)* ***~ qc*** *faisceau lumineux:* über etw *akk* hingleiten; *vent:* über etw *akk* (hinweg)fegen ❹ INFORM scannen ❺ *(chasser) vent:* vor sich *dat* hertreiben *feuilles;* aus dem Weg räumen *obstacle;* ausräumen *doute*
balayette [balɛjɛt] *f* Handfeger *m,* Bartwisch *m* A
balayeur, -euse [balɛjœʀ, -jøz] *m, f* Straßenfeger(in) *m(f)*
balayeuse [balɛjøz] *f* [Straßen]kehrmaschine *f*
balayures [balejyʀ] *fpl* Kehricht *m*
balbutiement [balbysimɑ̃] *m* ❶ *(action)*

B

Stammeln *nt; d'un bébé* Brabbeln *nt* ❷ *pl (débuts)* Anfänge *Pl*

balbutier [balbysje] <1> **I.** *vi (bredouiller)* stammeln; *bébé:* brabbeln **II.** *vt (bredouiller)* stammeln *excuses; bébé:* brabbeln *mots*

> **Aussprache**
> Das -t- in **balbutier** und verwandten Wörtern wird als [s] ausgesprochen.

balcon [balkɔ̃] *m* ❶ ARCHIT Balkon *m; (balustrade)* [Balkon]brüstung *f* ❷ THEAT Balkon *m,* Rang *m*

balconnet [balkɔnɛ] *m* ❶ *(soutien-gorge)* Formbügel-BH *m* ❷ *d'un réfrigérateur* Türfach *nt*

baldaquin [baldakɛ̃] *m* Baldachin *m*

Bâle [bɑl] Basel *nt*

Baléares [baleaʀ] *fpl* ***les [îles]*** ~ die Balearen

baleine [balɛn] *f* ❶ ZOOL Wal *m* ❷ *(renfort)* ***~ de corset*** Korsettstange

baleinier [balenje] *m* Walfänger *m*

baleinière [balenjɛʀ] *f* Beiboot *nt,* Walfangboot *nt*

balèze [balɛz] *adj (fam)* kräftig, stämmig

Bali [bali] *m* Bali *nt;* ***à*** ~ auf Bali

balinais(e) [balinɛ, ɛz] *adj* balinesisch

Balinais(e) [balinɛ, ɛz] *m(f)* Balinese *m/* Balinesin *f*

balisage [balizaʒ] *m* ❶ *(action)* Markieren *nt; d'une piste d'atterrissage* Befeuern *nt* ❷ *d'un chemin, d'une piste de ski* Markierung *f; d'une route* Leitpfosten *Pl*

balise [baliz] *f* ❶ AVIAT, NAUT Bake *f; (signal lumineux)* Leuchtfeuer *nt* ❷ AUT Leitpfosten *m* ❸ INFORM Tag *m*

baliser[1] [balize] <1> *vt* ❶ *(signaliser)* markieren ❷ AVIAT, NAUT mit Baken markieren; *(avec des signaux lumineux)* befeuern

baliser[2] [balize] <1> *vi (fam)* Bammel haben

balistique [balistik] **I.** *adj* ballistisch **II.** *f* Ballistik *f*

baliverne [balivɛʀn] *f* Unsinn *m kein Pl*

balkanique [balkanik] *adj* Balkan-

Balkans [balkɑ̃] *mpl* ***les*** ~ der Balkan

ballade [balad] *f* Ballade *f*

ballant(e) [balɑ̃, ɑ̃t] *adj jambes* baumelnd; *bras* schlenkernd; ***rester les bras ~s*** *(fig)* untätig herumstehen

ballast [balast] *m* Schotter[bett *nt*] *m*

> **Falsche Freunde**
> Nicht verwechseln mit *der Ballast – le lest*!

balle [bal] *f* ❶ JEUX, SPORT Ball *m;* ***jouer à la*** ~ Ball spielen ❷ *(projectile)* Kugel *f* ❸ *(ballot)* Ballen *m* ❹ *pl* HIST *(fam: francs)* ***100 ~s*** 100 Kröten ❺ ***~ de golf*** Golfball *m;* ***~ de match*** Matchball *m;* ***~ de tennis*** Tennisball *m* ▶ **à deux** ~**s** *(fam)* nullachtfünfzehn; *fête, musique* lahm; **se tirer une ~ dans le pied** *(fam)* sich *dat* ins [eigene] Knie schießen

ballerine [balʀin] *f* ❶ *(danseuse)* Ballerina *f* ❷ *(chaussure)* Ballerinaschuh *m*

ballet [balɛ] *m* Ballett *nt*

ballon [balɔ̃] *m* ❶ JEUX, SPORT Ball *m;* ***jouer au*** ~ Ball spielen ❷ *(baudruche)* Luftballon *m* ❸ *(aérostat)* Ballon *m* ❹ GEOG Belchen *m* ❺ *(verre)* bauchiges Weinglas; *(contenu)* Glas *nt* ❻ *(appareil de production d'eau chaude)* ***~ d'eau chaude*** [Warmwasser]boiler *m* ❼ *(test)* ***~ d'essai*** Versuchsballon *m* ❽ MED ***~ d'oxygène*** Sauerstoffflasche *f*

ballonnement [balɔnmɑ̃] *m du ventre* Aufgeblähtsein *nt*

ballonner [balɔne] <1> *vt* aufblähen *ventre, estomac*

ballot [balo] *m* [kleiner] Ballen *m*

ballottage [balɔtaʒ] *m* ***être en*** ~ in die Stichwahl kommen

ballottement [balɔtmɑ̃] *m d'un corps* Schütteln *nt*

ballotter [balɔte] <1> **I.** *vi* hin- und herrutschen **II.** *vt voiture:* durchschütteln

ball-trap [baltʀap] <ball-traps> *m* Tontaubenschießen *nt*

balluchon [balyʃɔ̃] *m* Bündel *nt*

balnéaire [balneɛʀ] *adj* ***station*** ~ Seebad *nt*

balnéothérapie [balneoteʀapi] *f* MED Balneotherapie *f,* Bäderkur *f*

balourd [baluʀ] *m* ❶ *(maladroit)* Tollpatsch *m* ❷ TECH Unwucht *f*

balourd(e) [baluʀ, uʀd] *adj* unbeholfen

balourdise [baluʀdiz] *f* ❶ *(caractère)* Unbeholfenheit *f* ❷ *(acte ou propos)* Dummheit *f*

balsamique [balsamik] *adj* balsamisch; *vinaigre* Balsam-

balte [balt] *adj* ***les États ~s*** die Baltischen Staaten

Balte [balt] *mf* Balte *m/*Baltin *f*

Baltique [baltik] *f* ***la [mer]*** ~ die Ostsee

baluchon [balyʃɔ̃] *m v.* **balluchon**

balustrade [balystʀad] *f (en bois, métal)* Geländer *nt; (en maçonnerie)* Brüstung *f*

bambin(e) [bɑ̃bɛ̃] *m(f)* kleiner Junge *m/* kleines Mädchen *nt*

bambocher [bɑ̃bɔʃe] *vi* prassen

bambou [bɑ̃bu] *m* Bambus *m*

bamboula [bɑ̃bula] *f (fam)* Fete *f fam* ▶ **faire la ~** auf die Pauke hauen *fam*

ban [bɑ̃] *m* ❶ *pl de mariage* Aufgebot *nt* ❷ *(fam: applaudissements)* rhythmischer Beifall

banal(e) [banal] <s> *adj* banal; *choses, idée, affaire* alltäglich; *propos* abgedroschen; *personne* durchschnittlich

banalement [banalmɑ̃] *adv* einfach

banalisation [banalizasjɔ̃] *f* Banalisierung *f*

banaliser [banalize] <1> *vt* banalisieren

banalité [banalite] *f* ❶ *(platitude)* Banalität *f; de la vie* Stumpfsinnigkeit *f; d'un propos* Abgedroschenheit *f* ❷ *(propos)* Gemeinplatz *m*

banane [banan] *f* ❶ *(fruit)* Banane *f* ❷ *(pochette)* Gürteltasche *f*

bananeraie [bananʀɛ] *f* Bananenplantage *f*

bananier [bananje] *m* ❶ *(plante)* Bananenstaude *f* ❷ *(bateau)* Bananendampfer *m*

banc [bɑ̃] *m* ❶ *(meuble)* Bank *f* ❷ GEOL Schicht *f* ❸ *de poissons* Schwarm *m;* ***~ d'huîtres*** Austernbank ❹ TECH ***~ de menuisier*** Werkbank ❺ *(amas)* ***~ de sable*** Sandbank ❻ JUR ***~ des accusés*** Anklagebank

bancaire [bɑ̃kɛʀ] *adj* Bank-

bancal(e) [bɑ̃kal] <s> *adj* ❶ *meuble* wack[e]lig; *personne* hinkend ❷ *(fig) raisonnement* nicht stichhaltig

banco [bɑ̃ko] *m* JEUX ***faire ~*** allein gegen die Bank spielen

bandage [bɑ̃daʒ] *m* Verband *m*

bandant(e) [bɑ̃dɑ̃, ɑ̃t] *adj (fam)* aufregend; *(sexuellement)* anmachend *fam*

bande[1] [bɑ̃d] *f* ❶ *(long morceau étroit)* Streifen *m; de métal* Band *nt; d'un magnétophone* [Ton]band; CINE Film[streifen] *m* ❷ MED Binde *f* ▶ **~ dessinée** Comic *m*

bande[2] [bɑ̃d] *f* ❶ *de personnes* Gruppe *f; de loups, chiens* Rudel *nt; d'oiseaux* Schar *f* ❷ *(groupe constitué)* Bande *f;* ***~ d'amis*** Clique *f*

bande-annonce [bɑ̃danɔ̃s] <bandes-annonces> *f* Vorschau *f*

bandeau [bɑ̃do] <x> *m* ❶ *(dans les cheveux)* [Haar]band *nt* ❷ *(serre-tête)* Stirnband *nt* ❸ *(sur les yeux)* Binde *f*

bander [bɑ̃de] <1> **I.** *vt* ❶ *(panser)* verbinden ❷ *(tendre)* spannen **II.** *vi (fam)* einen Ständer haben

banderole [bɑ̃dʀɔl] *f* ❶ *(petite bannière)* Wimpel *m* ❷ *(bande avec inscription)* Spruchband *nt*

bande-son [bɑ̃dsɔ̃] <bandes-son> *f* ❶ *(sur la pellicule)* Tonspur *f* ❷ *(son)* Ton *m* **bande-vidéo** [bɑ̃dvideo] <bandes-vidéo> *f* Videoband *nt*

bandit [bɑ̃di] *m* ❶ *(malfaiteur)* Bandit *m* ❷ *(personne malhonnête)* Gauner *m*

banditisme [bɑ̃ditism] *m* Verbrechertum *nt*

bandoulière [bɑ̃duljɛʀ] *f* Schulterriemen *m*

bang [bɑ̃g] **I.** *interj* peng! **II.** *m inv* Knall *m*

bangladais(e) [bɑ̃gladɛ, ɛz] *adj* bangladeschisch

Bangladais(e) [bɑ̃gladɛ, ɛz] *m(f)* Bangladescher(in) *m(f)*

Bangladesh [bɑ̃gladɛʃ, bɛ̃gladɛʃ] *m* Bangladesch *nt*

banjo [bɑ̃(d)ʒo] *m* Banjo *nt*

banlieue [bɑ̃ljø] *f d'une ville* Vororte *Pl;* ***train de ~*** Nahverkehrszug *m*

banlieusard(e) [bɑ̃ljøzaʀ, aʀd] *m(f)* Vorstädter(in) *m(f)*

banni(e) [bani] **I.** *adj personne* verbannt **II.** *m(f)* ❶ *(exilé)* Verbannte(r) *f(m)* ❷ *(exclu)* Ausgestoßene(r) *f(m)*

bannière [banjɛʀ] *f* Banner *nt;* REL Prozessionsfahne *f*

bannir [baniʀ] <8> *vt* ❶ *(mettre au ban)* ***~ qn d'un pays*** jdn aus einem Land verbannen ❷ *(supprimer)* ächten; ***~ qc de qc*** etw aus etw verbannen

bannissement [banismɑ̃] *m* Verbannung *f*

banque [bɑ̃k] *f* ❶ FIN Bank *f;* ***la Banque de France*** die Bank von Frankreich; ***Banque centrale*** Zentralbank; ***Banque centrale européenne*** Europäische Zentralbank; ***Banque européenne d'investissement*** Europäische Investitionsbank ❷ *(service qui conserve des informations)* ***~ de données*** Datenbank *f;* ***~ d'informations génétiques*** Genbank

Banque centrale *f* Zentralbank *f;* ***~ nationale indépendante*** unabhängige nationale Zentralbank; ***~ européenne*** Europäische Zentralbank

banquer [bɑ̃ke] <1> *vi (fam)* blechen

banqueroute [bɑ̃kʀut] *f* Bankrott *m*

banquet [bɑ̃kɛ] *m* Bankett *nt geh*

banquette [bɑ̃kɛt] *f* ❶ *(siège)* [Sitz]bank *f;* ~ ***avant/arrière*** AUT Vordersitz *m*/Rückbank *f* ❷ ARCHIT [Fenster]bank *f* ❸ *(chemin)* schmaler Gehweg; *d'une voie* Bankett[e *f*] *nt*
banquier, -ière [bɑ̃kje, -jɛʀ] *m, f* ❶ FIN Bankier *m* ❷ JEUX Bankhalter(in) *m(f)*
banquise [bɑ̃kiz] *f* Packeis *nt*
baobab [baɔbab] *m* BOT Affenbrotbaum *m*
baptême [batɛm] *m* Taufe *f*

Aussprache
Das -p- wird in **baptême** und verwandten Wörtern nicht gesprochen.

baptiser [batize] <1> *vt* ❶ *(appeler)* ~ ***qn Pierre*** jdn auf den Namen Pierre taufen ❷ *(surnommer)* ~ ***qn "l'Asperge"*** jdm den Spitznamen „Bohnenstange" geben
baptismal(e) [batismal, -o] <-aux> *adj* Tauf-
baptistère [batistɛʀ] *m* Taufkapelle *f*
baquet [bakɛ] *m* Bottich *m*
bar[1] [baʀ] *m (café, comptoir, meuble)* Bar *f*
bar[2] [baʀ] *m* ZOOL Seebarsch *m*
bar[3] [baʀ] *m* PHYS Bar *nt*
baragouin [baʀagwɛ̃] *m (fam)* Kauderwelsch *nt*
baragouiner [baʀagwine] <1> **I.** *vt (fam: parler mal)* radebrechen *langue* **II.** *vi (fam)* Kauderwelsch reden
baraka [baʀaka] *f inv (fam)* Glück *nt*
baraque [baʀak] *f* ❶ *(cabane)* [Holz]baracke *f; (pour les outils de jardinage)* Schuppen *m* ❷ *(fam: maison)* Bude *f; (maison délabrée)* Bruchbude *f*
baraqué(e) [baʀake] *adj (fam)* breitschultrig
baraquement [baʀakmɑ̃] *m* Barackenlager *nt*
baratin [baʀatɛ̃] *m (fam)* Geschwätz *nt*
baratiner [baʀatine] <1> **I.** *vt (fam)* ❶ *(bonimenter)* ~ ***qn*** auf jdn einreden ❷ *(essayer de persuader)* bequatschen ❸ *(draguer)* anmachen **II.** *vi (fam)* dummes Zeug reden
baratineur, -euse [baʀatinœʀ, -øz] *(fam)* **I.** *adj* geschwätzig **II.** *m, f* Schwätzer(in) *m(f); (flatteur)* Süßholzraspler(in) *m(f)*
Barbade [baʀbad] *m* ***la*** ~ Barbados *nt*
barbant(e) [baʀbɑ̃, ɑ̃t] *adj (fam)* öde
barbaque [baʀbak] *f (fam)* [mieses] Fleisch *nt*
barbare [baʀbaʀ] **I.** *adj* ❶ *(cruel)* barbarisch ❷ *(grossier)* unkultiviert **II.** *m* ❶ *(brute)* Barbar *m* ❷ *(inculte)* [Kultur]banause *m*
barbaresque [baʀbaʀɛsk] *adj* HIST *(vieilli)* Berber-, Mahgreb-
barbarie [baʀbaʀi] *f* ❶ *(opp: civilisation)* Barbarei *f* ❷ *(cruauté)* Barbarei *f*
barbarisme [baʀbaʀism] *m* Barbarismus *m*
barbe [baʀb] *f* ❶ *(poils)* Bart *m* ❷ ZOOL Bart *m; d'un chat* Schnurrhaare *Pl* ❸ BOT Granne *f* ❹ GASTR ~ ***à papa*** Zuckerwatte *f* ❺ *pl* TECH Widerhaken *Pl*
barbeau [baʀbo] <x> *m* ❶ ZOOL Barbe *f* ❷ BOT Kornblume *f*
barbecue [baʀbəkju] *m* ❶ *(gril)* Holzkohlengrill *m* ❷ *(repas)* ***faire un*** ~ grillen
barbelé(e) [baʀbəle] **I.** *adj* ***fil de fer*** ~ Stacheldraht *m* **II.** *m(f)* Stacheldraht *m*
barber [baʀbe] <1> **I.** *vt (fam)* anöden **II.** *vpr (fam)* ***se*** ~ sich langweilen
barbiche [baʀbiʃ] *f* Spitzbart *m*
barbichette [baʀbiʃɛt] *f (fam)* Spitzbärtchen *nt*
barbier [baʀbje] *m* Barbier *m;* CAN Herrenfriseur *m*
barbiturique [baʀbityʀik] *m* BIO Barbiturat *nt*
barboter [baʀbɔte] <1> **I.** *vi* ~ ***dans qc*** in etw *dat* [herum]planschen **II.** *vt (fam)* klauen
barboteuse [baʀbɔtøz] *f* Strampelhöschen *nt*
barbouillage [baʀbujaʒ] *m* Geschmier[e] *nt*
barbouiller [baʀbuje] <1> **I.** *vt* ❶ *(enduire)* ~ ***qn/qc de qc*** jdn/etw mit etw beschmieren ❷ *(peindre)* beklecksen ❸ *(péj: écrire)* vollkritzeln *papier, page* ❹ *(fam: donner la nausée)* ***avoir l'estomac barbouillé*** einen verdorbenen Magen haben **II.** *vpr* ***se*** ~ ***le visage de confiture*** sich *dat* das Gesicht mit Marmelade vollschmieren
barbouze [baʀbuz] *f (fam)* Geheimagent *m*
barbu [baʀby] *m* Bärtige(r) *m*
barbu(e) [baʀby] *adj* bärtig
barbue [baʀby] *f* ZOOL Glattbutt *m*
barda [baʀda] *m (fam: affaires)* Kram *m*
bardane [baʀdan] *f* BOT Klette *f*
barde[1] [baʀd] *f* GASTR Speckscheibe *f*
barde[2] [baʀd] *m (personne)* Barde *m*
bardeau [baʀdo] <x> *m* Dachschindel *f*
barder [baʀde] <1> **I.** *vt* ❶ GASTR mit Speck[scheiben] umwickeln ❷ *(garnir)* ~ ***qn de décorations*** jdn mit Orden deko-

rieren **II.** *vi (fam)* ▶ **ça barde** es ist dicke Luft
barème [baʀɛm] *m* Tabelle *f;* SCOL Bewertungsmaßstab *m*
baril [baʀil] *m* ❶ *(récipient)* Fass *nt* ❷ *(unité de mesure)* Barrel *nt*
barillet [baʀijɛ] *m d'une montre* Federgehäuse *nt*
bariolé(e) [baʀjɔle] *adj* bunt bemalt
barioler [baʀjɔle] <1> *vt* bunt bemalen
barista [baʀista] *m* Barista *m*
barjo [baʀʒo] *adj pas de forme féminine (fam)* total verrückt
barmaid [baʀmɛd] *f* Bardame *f*
barman [baʀman, -mɛn] <s o -men> *m* Barkeeper *m*
baromètre [baʀɔmɛtʀ] *m* Barometer *nt*
barométrique [baʀɔmetʀik] *adj* Barometer-; ***échelle ~*** Barometerskala *f;* ***hauteur ~*** Barometerstand *m*
baron(ne) [baʀɔ̃, ɔn] *m(f)* Baron(in) *m(f)*
baroque [baʀɔk] **I.** *adj* ❶ ARCHIT barock; *église, musique, style* Barock- ❷ *(bizarre)* eigenartig **II.** *m* Barock *m o nt*
baroudeur [baʀudœʀ] *m (fam)* Haudegen *m*
barouf [baʀuf] *m (fam)* Heidenlärm *m*
barque [baʀk] *f* Kahn *m* ▶ **charger la ~** seine Möglichkeiten in einer Sache überschätzen
barquette [baʀkɛt] *f* ❶ *(tartelette) kleines Gebäck in Form eines Schiffchens* ❷ *(récipient)* Schale *f*
barrage [baʀaʒ] *m* ❶ *(barrière)* Sperre *f* ❷ ELEC [Stau]damm *m*
barre [baʀ] *f* ❶ *(pièce)* Stange *f;* ***~ de chocolat*** Schokoladenriegel *m;* ***~ aux céréales*** Müsliriegel ❷ *(au tribunal)* ***~ des témoins*** Zeugenstand *m* ❸ *(trait)* Strich *m* ❹ SPORT Latte *f; (en athlétisme)* [Sprung]latte *f;* ***~ fixe*** Reck *nt;* ***~s parallèles*** Barren *m;* ***~s asymétriques*** Stufenbarren ❺ *(pour la danse)* Stange *f* ❻ MUS ***~ de mesure*** Taktstrich *m* ❼ NAUT [Ruder]pinne *f* ❽ INFORM Leiste *f;* ***~ de défilement*** Bildlaufleiste; ***~ de menu*** Menüleiste; ***~ d'outils*** Symbolleiste; ***~ des tâches*** Taskleiste; ***~ de titre*** Titelleiste; ***~ d'espacement*** Leertaste *f*
barré [baʀe] *m* MUS Barré *nt*
barré(e) [baʀe] *adj rue* gesperrt; *porte* verriegelt
barreau [baʀo] <x> *m* ❶ *d'une échelle* Sprosse *f; d'une grille* [Gitter]stab *m* ❷ JUR Anwaltschaft *f*
barrer [baʀe] <1> **I.** *vt* ❶ *(bloquer)* versperren *chemin;* sperren *route;* verriegeln *porte* ❷ *(biffer)* durchstreichen ❸ NAUT steuern ❹ CAN *(fermer à clé)* abschließen **II.** *vi* steuern **III.** *vpr (fam)* ***se ~*** abhauen
barrette [baʀɛt] *f* ❶ *(pince)* [Haar]spange *f* ❷ *(bijou)* Anstecknadel *f* ❸ *(décoration)* Ordensspange *f*
barreur, -euse [baʀœʀ, -øz] *m, f* Steuermann *m/*-frau *f*
barricade [baʀikad] *f* Barrikade *f*
barricader [baʀikade] <1> **I.** *vt* verbarrikadieren *porte;* versperren *rue* **II.** *vpr* **se ~** ❶ *(derrière une barricade)* sich verbarrikadieren ❷ *(s'enfermer)* sich einschließen
barrière [baʀjɛʀ] *f* ❶ *(fermeture)* Absperrung *f; d'une clôture* Gatter *nt;* CHEMDFER Schranke *f* ❷ *(clôture)* Zaun *m* ❸ SPORT Hindernis *nt* ❹ *(séparation)* Barriere *f;* ***~ de rœsti[s]*** CH Röstigraben *m* CH
barrique [baʀik] *f* Fass *nt*
barrir [baʀiʀ] <8> *vi éléphant:* trompeten
barrissement [baʀismɑ̃] *m de l'éléphant* Trompeten *nt*
bar-tabac [baʀtaba] <bars-tabac> *m Bistro mit Tabakwarenverkauf*
baryton [baʀitɔ̃] *m* Bariton *m*
bas(ne) [bɑ, bɑs] **I.** *adj* ❶ *(de peu de hauteur)* niedrig; *stature* klein ❷ *branche, ciel* tief hängend; *plafond* niedrig ❸ *antéposé (inférieur)* niedrig; ***être ~*** *fleuve:* wenig Wasser führen ❹ *(opp: aigu)* tief ❺ *(peu intense)* leise ❻ *antéposé (dans une échelle)* niedrig ❼ *(dans la hiérarchie sociale)* niedrig; *peuple* einfach ❽ *(au moral)* niedrig; *sentiment* erbärmlich; *attaques* niederträchtig; *besogne* schmutzig **II.** *adv* ❶ *voler* tief; ***tomber très ~*** *thermomètre:* stark fallen ❷ *(au-dessous)* ***en ~*** *loger* unten ❸ *(ci-dessous)* ***voir plus ~*** siehe unten ❹ *(au pied de)* ***en ~ de la colline*** am Fuße des Hügels ❺ *(opp: aigu)* tief ❻ *(doucement)* leise
bas[1] [bɑ] *m* ❶ *(partie inférieure)* unterer Teil; *d'une maison* Erdgeschoss *nt* ❷ *(trivial)* Niedrige(s) *nt*
bas[2] [bɑ] *m* Strumpf *m*
basalte [bazalt] *m* GEOL Basalt *m*
basané(e) [bazane] *adj* ❶ *(bronzé)* braun gebrannt ❷ *(de couleur)* dunkel[häutig]
bas-côté [bɑkote] <bas-côtés> *m* ❶ *d'une route* [Straßen]rand *m; d'une autoroute* Seitenstreifen *m* ❷ ARCHIT *d'une église* Seitenschiff *nt*
bascule [baskyl] *f* ❶ *(balançoire)* Wippe *f* ❷ *(balance)* Waage *f*
basculer [baskyle] <1> **I.** *vi* ❶ *(tomber)* umkippen ❷ *(fig)* ***~ dans qc*** *(sombrer)* in etw *akk* abgleiten **II.** *vt* ❶ *(faire pivoter)*

[um]kippen ❷ *(faire tomber)* ~ ***qc dans qc*** etw in etw *akk* kippen ❸ ELEC umlegen

base [bɑz] *f* ❶ *d'une montagne* Fuß *m; d'une statue* Sockel *m; d'un monument* Fundament *nt* ❷ *(principe)* Grundlage *f* ❸ *(connaissances élémentaires)* ***la*** ~, ***les*** ~***s*** die Grundlagen ❹ *(composant principal)* Basis *f* ❺ MIL [Militär]basis *f;* ~ ***aérienne/navale*** Luftwaffen-/Flottenstützpunkt *m* ❻ MATH, GEOM Basis *f* ❼ LING [Wort]stamm *m* ❽ CHIM Base *f* ❾ INFORM ~ ***de données*** Datenbank *f*

base-ball [bɛzbol] *m* Baseball *m*

baser [bɑze] <1> **I.** *vt* ❶ *(fonder)* ~ ***qc sur qc*** etw auf etw *akk* stützen; ***être basé sur qc*** sich auf etw *akk* stützen ❷ MIL ***être basé à Strasbourg*** in Straßburg stationiert sein **II.** *vpr* ***se*** ~ ***sur qc*** sich auf etw *akk* stützen

bas-fond [bɑfɔ̃] <bas-fonds> *m* ❶ *(endroit)* Untiefe *f* ❷ *pl d'une ville* Elendsviertel *Pl*

basilic [bazilik] *m* Basilikum *nt*

basilique [bazilik] *f* Basilika *f*

basique [bazik] *adj* CHIM basisch

basket [baskɛt] *f* Basketballschuh *m*

basket[-ball] [baskɛt(bol)] *m* Basketball *m*

basketteur, -euse [basketœʀ, -øz] *m, f* Basketballspieler(in) *m(f)*

basoche [bazɔʃ] *f (péj fam)* Juristen *Pl*

Basquaise [baskɛz] *f* Baskin *f*

basque[1] [bask] **I.** *adj* baskisch; ***Pays*** ~ Baskenland *nt* **II.** *m* Baskisch *nt; v. a.* **allemand**

basque[2] [bask] *f (a. fig)* [Rock]schoß *m*

Basque [bask] *mf* Baske *m*/Baskin *f*

bas-relief [bɑʀəljɛf] <bas-reliefs> *m* ART Basrelief *nt* **Bas-Rhin** [bɑʀɛ̃] *m* ***le*** ~ Niederrhein *m*

basse [bɑs] *f* ❶ *(voix)* Bass *m* ❷ *(chanteur)* Bass *m*

Basse-Autriche [bɑsotʀiʃ] *f* ***la*** ~ Niederösterreich *nt*

Basse-Bavière [bɑsbavjɛʀ] *f* ***la*** ~ Niederbayern *nt*

basse-cour [bɑskuʀ] <basses-cours> *f* ❶ *(lieu)* Hühnerhof *m* ❷ *(animaux)* Kleinvieh *nt*

bassement [basmɑ̃] *adv se venger* niederträchtig; *penser* auf gemeine Weise

Basse-Saxe [bɑssaks] *f* ***la*** ~ Niedersachsen *nt*

bassesse [bɑsɛs] *f* Niederträchtigkeit *f; d'un sentiment* Erbärmlichkeit *f*

bassin [basɛ̃] *m* ❶ *(récipient)* Becken *nt* ❷ *d'une fontaine, piscine* Becken *nt; d'un jardin* [Garten]teich *m* ❸ *(dans un port)* Hafenbecken *nt* ❹ ANAT, GEOL, GEOG Becken *nt*

bassinant(e) [basinɑ̃, ɑ̃t] *adj (fam)* anödend *fam,* stinklangweilig *fam*

bassine [basin] *f* Wanne *f*

bassiner [basine] <1> *vt* besprühen *plante*

bassiste [bɑsist] *mf* Bassist(in) *m(f)*

basson [bɑsɔ̃] *m* ❶ *(instrument)* Fagott *nt* ❷ *(musicien)* Fagottist(in) *m(f)*

baster [baste] <1> *vi* CH *(céder, s'incliner)* nachgeben

bastide [bastid] *f* ❶ HIST *(ouvrage de fortification)* Festungsanlage *f* ❷ *(maison de campagne)* Landhaus *nt*

bastille [bastij] *f (château-fort)* Zwingburg *f;* ***la Bastille*** die Bastille

> **Land und Leute**
>
> Die im 14. Jahrhundert erbaute **Bastille** war ein berüchtigtes Staatsgefängnis in Paris. Bei dem berühmten „Sturm auf die Bastille" am 14. Juli 1789 wurden die Gefangenen befreit und das Gebäude zerstört. Dieser Tag markierte den Beginn der Französischen Revolution. Er ist heute Nationalfeiertag in Frankreich.

bastingage [bastɛ̃gaʒ] *m* Reling *f*

bastion [bastjɔ̃] *m* ❶ *(fortification)* Bastion *f* ❷ *(haut lieu)* Bollwerk *nt*

baston [bastɔ̃] *m o f (arg)* Prügelei *f fam*

bastringue [bastʀɛ̃g] *m (fam)* Krempel *m*

bas-ventre [bɑvɑ̃tʀ] <bas-ventres> *m* Unterleib *m*

bât [bɑ] *m* Packsattel *m*

bataclan [bataklɑ̃] *m (fam)* Krempel *m*

bataille [bataj] *f* ❶ *(pendant une guerre)* Schlacht *f* ❷ *(épreuve de force)* Kampf *m* ❸ *(bagarre)* Schlägerei *f* ❹ *(jeu) Kartenspiel, bei dem der gewinnt, der zuletzt alle Karten hat*

batailler [bataje] <1> *vi* ❶ *(se battre)* ~ ***pour qc*** um etw kämpfen ❷ *(argumenter)* streiten ❸ *(fam: faire des efforts)* sich abmühen

batailleur, -euse [batajœʀ, -jøz] **I.** *adj* ***être*** ~ ein Raufbold sein **II.** *m, f* Kämpfer(in) *m(f)*

bataillon [batajɔ̃] *m* ❶ MIL Bataillon *nt* ❷ *(grand nombre)* Heer *nt*

bâtard [bɑtaʀ] *m (pain)* Stangenbrot *nt (250 g schwer)*

bâtard(e) [bɑtaʀ, aʀd] **I.** *adj enfant* unehelich; *chien* nicht reinrassig **II.** *m(f)* ❶ *(en-*

fant) uneheliches Kind ❷ *(chien)* Promenadenmischung *f*

batave [batav] *adj (vieilli o hum)* holländisch

batavia [batavja] *f* Batavia *m*

bateau [bato] <x> **I.** *adj (fam)* abgedroschen **II.** *m (embarcation)* Schiff *nt;* **~ *pirate*** Piratenschiff

bateau-citerne [batositɛʀn] <bateaux-citernes> *m* Tanker *m* **bateau-mouche** [batomuʃ] <bateaux-mouches> *m kleines Vergnügungsschiff auf der Seine* **bateau-pilote** [batopilɔt] <bateaux-pilotes> *m* Lotsenboot *nt*

bateleur, -euse [batlœʀ, -øz] *m, f (vieilli)* Gaukler(in) *m(f)*

batelier, -ière [batəlje, -jɛʀ] *m, f* [Fluss]schiffer(in) *m(f)*

batellerie [batɛlʀi] *f* Binnenschifffahrt *f*

bâti [bɑti] *m* ❶ COUT Heftstiche *Pl* ❷ TECH Gestell *nt*

bâti(e) [bɑti] *adj* bebaut; ***être bien/mal ~*** eine gute/schlechte Figur haben

batifoler [batifɔle] <1> *vi (fam)* herumtollen

batik [batik] *m* Batik *m o f*

bâtiment [bɑtimɑ̃] *m* ❶ *(édifice)* Gebäude *nt* ❷ ECON Baugewerbe *nt* ❸ NAUT [großes] Schiff

bâtir [bɑtiʀ] <8> *vt* ❶ *(construire)* bauen ❷ *(fonder)* **~ *une théorie sur qc*** eine Theorie auf etw *akk* stützen ❸ COUT heften

bâtisse [bɑtis] *f* Kasten *m fam*

bâtisseur, -euse [bɑtisœʀ, -øz] *m, f* Erbauer(in) *m(f); (fig)* Gründer(in) *m(f)*

batiste [batist] *f* TEXTIL Batist *m*

bâton [bɑtɔ̃] *m* ❶ *(canne)* Stock *m;* **~ *de ski*** Skistock ❷ *(bâtonnet)* Stiel *m* ❸ *(stick)* Stift *m* ❹ *(trait vertical)* [senkrechter] Strich

bâtonnet [bɑtɔnɛ] *m* Stöckchen *nt; (pour examiner la gorge)* Spatel *m*

bâtonnier [bɑtɔnje] *m* Präsident(in) *m(f)* der Anwaltskammer

batracien [batʀasjɛ̃] *m* ZOOL Lurch *m*

battage [bataʒ] *m (publicité)* Rummel *m fam*

battant [batɑ̃] *m* ❶ *d'une cloche* Klöppel *m* ❷ *d'une fenêtre, porte* Flügel *m*

battant(e) [batɑ̃, ɑ̃t] **I.** *adj personne* einsatzfreudig **II.** *m(f)* Kämpfernatur *f*

batte [bat] *f* Schläger *m;* **~ *de base-ball*** Baseballschläger

battement [batmɑ̃] *m* ❶ *(bruit)* Schlagen *nt; de la pluie* Prasseln *nt* ❷ *(mouvement)* **~ *des cils*** Lidschlag *m; (dû à un éblouissement)* Blinzeln *nt* ❸ *du pouls, cœur* Schlagen *nt* ❹ *(intervalle de temps)* [verfügbare] Zeit; *(entre deux cours)* Pause *f*

batterie [batʀi] *f* ❶ ELEC Batterie *f; d'un portable* Akku *m;* ***je n'ai plus de ~*** mein Akku ist leer ❷ AUT, MIL Batterie *f* ❸ MUS Schlagzeug *nt* ❹ *(groupe)* **~ *de tests*** Testreihe *f* ❺ *(ensemble d'ustensiles)* **~ *de cuisine*** Topf- und Pfannenset *nt*

batteur [batœʀ] *m* ❶ *(mixeur)* [Hand]rührgerät *nt* ❷ MUS Schlagzeuger(in) *m(f)*

batteur-mixeur [batœʀmiksœʀ] <batteurs-mixeurs> *m* Handrührgerät *nt*

batteuse [batøz] *f* Dreschmaschine *f*

battre [batʀ] <irr> **I.** *vt* ❶ *(frapper)* schlagen ❷ *(vaincre)* schlagen ❸ *(travailler en tapant)* dreschen *blé;* schmieden *fer;* [aus]klopfen *tapis, matelas* ❹ *(mélanger, mixer)* schlagen *blanc d'œuf, crème;* verquirlen *œuf entier* ❺ *(frapper) vent, tempête:* peitschen ❻ *(parcourir en cherchant)* durchkämmen *campagne, région* ❼ MUS schlagen *mesure, tambour* **II.** *vi* ❶ *(cogner)* schlagen; *porte, volet:* klappern ❷ *(frapper)* **~ *contre qc*** gegen etw schlagen; *pluie:* gegen etw *akk* trommeln ❸ *(agiter)* **~ *des ailes*** mit den Flügeln schlagen; **~ *des cils*** blinzeln; **~ *des mains*** [in die Hände] klatschen **III.** *vpr* ❶ *(se bagarrer)* ***se ~*** kämpfen; ***se ~ contre qn*** mit jdm kämpfen ❷ *(se disputer)* ***se ~ avec qn pour qc*** sich mit jdm um etw streiten ❸ *(militer)* ***se ~ pour qc*** für etw streiten *geh* ❹ *(avoir des difficultés)* ***se ~ avec un problème*** sich mit einem Problem herumschlagen

battu(e) [baty] **I.** *part passé de* **battre** **II.** *adj (vaincu)* geschlagen

battue [baty] *f* Suchaktion *f;* CHASSE Treibjagd *f*

baudet [bodɛ] *m (fam)* Esel *m*

baudruche [bodʀyʃ] *f* ***ballon de ~*** Luftballon *m*

bauge [boʒ] *f* Schweinekoben *m; (taudis)* Schweinestall *m*

baume [bom] *m* Balsam *m*

baux [bo] *v.* **bail**

bauxite [boksit] *f* Bauxit *m*

bavard(e) [bavaʀ, aʀd] **I.** *adj* ❶ *(loquace)* redselig ❷ *(indiscret)* geschwätzig *pej* **II.** *m(f)* ❶ *(qui parle beaucoup)* Schwätzer(in) *m(f)* ❷ *(indiscret)* Klatschbase *f fam*

bavardage [bavaʀdaʒ] *m* ❶ *(papotage)* Plauderei *f* ❷ *(propos vides)* Geschwätz *nt fam* ❸ *(commérages)* Klatsch *m fam*

B

bavarder [bavaʀde] <1> *vi* ❶ *(papoter)* **~ avec qn** mit jdm plaudern ❷ *(divulguer un secret)* plaudern

bavarois [bavaʀwa] *m* ❶ *(dialecte)* Bairisch *nt; v. a.* **allemand** ❷ GASTR Bayerische Creme

bavarois(e) [bavaʀwa, waz] *adj* bay[e]risch; *dialecte* bairisch

Bavarois(e) [bavaʀwa, waz] *m(f)* Bayer(in) *m(f)*

bavasser [bavase] <1> *vi (péj fam)* quatschen *fam*

bave [bav] *f* ❶ *(salive)* Speichel *m; d'un animal enragé* Geifer *m* ❷ *des gastéropodes* Schleim *m*

baver [bave] <1> *vi* ❶ *(saliver)* geifern; *escargot, limace:* Schleim absondern ❷ *(couler) stylo, porte-plume:* auslaufen ❸ *(médire)* **~ sur qn/qc** gegen jdn/etw geifern ❹ *(être ahuri de)* **en ~ d'envie** Stielaugen machen *fam*

bavette [bavɛt] *f* ❶ *(bavoir)* Lätzchen *nt; d'un vêtement* Latz *m* ❷ *(viande) Steakfleisch aus dem oberen Teil des Bauchlappens*

baveux, -euse [bavø, -øz] *adj* ❶ *personne, animal* speichelnd; *escargot, limace* schleimig ❷ GASTR ***omelette baveuse*** nicht ganz gares Omelett

Bavière [bavjɛʀ] *f* ***la*** **~** Bayern *nt*

bavoir [bavwaʀ] *m* Latz *m*

bavure [bavyʀ] *f* ❶ *(tache)* Klecks *m* ❷ *(erreur)* Irrtum *m*

bayer [baje] <7> *vi* ▶ **~ aux corneilles** Maulaffen feilhalten *fam*

bazar [bazaʀ] *m* ❶ *(magasin)* Kaufhalle *f* ❷ *(souk)* Basar *m* ❸ *(fam: désordre)* Kuddelmuddel *nt; (amas d'objets hétéroclites)* Sammelsurium *nt*

bazarder [bazaʀde] <1> *vt (fam)* wegschmeißen; *(vendre)* verscherbeln

bazooka [bazuka] *m* Panzerfaust *f*

B.C.B.G. [besebeʒe] *adj abr de* **bon chic bon genre** chic und gestylt

BCE [beseø] *f abr de* **Banque centrale européenne** EZB *f*

bd *abr de* **boulevard**

B.D. [bede] *f (fam) abr de* **bande dessinée** Comic *m*

beach-volley [bitʃvɔlɛ] *m inv* Beachvolleyball *m*

béant(e) [beɑ̃, ɑ̃t] *adj yeux* [weit] aufgerissen; *blessure* klaffend; *gouffre, trou* gähnend

béarnais(e) [beaʀnɛ, ɛz] *adj* aus dem Béarn; ***sauce ~e*** Béarner Soße

Béarnais(e) [beaʀnɛ, ɛz] *m(f)* Bewohner(in) *m(f)* des Béarn

béarnaise [beaʀnɛz] **I.** *f* Sauce *f* béarnaise **II.** *app* mit Sauce béarnaise

béat(e) [bea, at] *adj air, sourire (heureux)* [glück]selig; *(content de soi)* selbstgefällig; *(niais)* dümmlich; *admiration, optimisme* naiv

béatement [beatmɑ̃] *adv* [glücks]selig

béatification [beatifikasjɔ̃] *f* Seligsprechung *f*

béatifier [beatifje] <1> *vt* selig sprechen

béatitude [beatityd] *f* Glücksgefühl *nt*

beau [bo] <x> *m* ❶ *(beauté)* ***le*** **~** das Schöne ❷ METEO ***le temps se met au ~*** das Wetter wird schön ▶ **être au ~ fixe** *baromètre:* auf Schön stehen; *temps:* beständig [schön] sein

beau, bel, belle [bo, bɛl] <x> *adj antéposé* ❶ *(opp: laid)* schön; *homme* gut aussehend ❷ *(qui plaît à l'esprit)* schön; *travail* gut ❸ *(agréable)* schön; *voyage* angenehm; ***la mer est belle*** das Meer ist ruhig ❹ *(intensif)* ordentlich ❺ *(sacré)* schön ▶ **qn a ~ faire qc** jd kann etw tun, so viel er/sie will; *(plusieurs fois)* jd kann etw tun, sooft er will; **il fait ~** es ist schön[es Wetter]; **se faire ~** sich schön machen; **de plus belle** umso schlimmer

Grammatik und Co.

Die männliche Singularform **bel** steht an Stelle von **beau** vor Vokalen oder stummem *h*:

un beau garçon – ein schöner Junge;
un bel acteur – ein schöner Schauspieler;
ce bel homme – dieser schöne Mann.

beauceron(ne) [bosʀɔ̃, ɔn] *adj* aus der Beauce [stammend]

beaucoup [boku] *adv* ❶ *(en grande quantité)* ***boire ~*** viel trinken; *(intensément)* ***ce film m'a ~ plu*** dieser Film hat mir sehr gut gefallen; *(fréquemment)* ***aller ~ au cinéma*** [sehr] oft ins Kino gehen ❷ *(plein de)* ***~ de neige*** viel Schnee; *(de nombreux)* ***~ de voitures*** viele Autos ❸ *(beaucoup de personnes)* ***~ pensent la même chose*** viele glauben dasselbe; *(beaucoup de choses)* ***il y a encore ~ à faire*** es gibt noch viel zu tun ❹ *avec un comparatif* ***~ plus rapide/petit*** viel schneller/kleiner ❺ *avec un adverbe* ***c'est ~ trop*** das ist viel zu viel

beauf [bof] *m (fam)* Schwager *m*

beau-fils [bofis] <beaux-fils> *m* ❶ *(gendre)* Schwiegersohn *m* ❷ *(fils du conjoint)*

Stiefsohn *m* **beau-frère** [bofʀɛʀ] <beaux-frères> *m* Schwager *m*

beau-papa [bopapa] <beaux-papas> *m* Schwiegerpapa *m* **beau-père** [bopɛʀ] <beaux-pères> *m* ❶ *(père du conjoint)* Schwiegervater *m* ❷ *(conjoint de la mère)* Stiefvater *m*

beauté [bote] *f (a. personne)* Schönheit *f*

beaux-arts [bozaʀ] *mpl* ***les ~*** die schönen Künste **beaux-enfants** [bozɑ̃fɑ̃] *mpl* Stiefkinder *Pl* **beaux-parents** [bopaʀɑ̃] *mpl* Schwiegereltern *Pl*

bébé [bebe] *m* Baby *nt*

bébé-éprouvette [bebeepʀuvɛt] <bébés-éprouvette> *m* Retortenbaby *nt* **bébé-médicament** [bebemedikamɑ̃] <bébés-médicaments> *m* Designerbaby *nt*

bébête [bebɛt] *adj (fam)* bisschen doof

bec [bɛk] *m* ❶ ORN *d'un oiseau* Schnabel *m* ❷ *(fam: bouche)* Schnabel *m* ❸ *d'une plume* Spitze *f; d'une clarinette, flûte* Mundstück *nt* ❹ BELG, CAN, CH *(fam: baiser)* Küsschen *nt*

bécane [bekan] *f (fam)* [Fahr]rad *nt*

bécarre [bekaʀ] *m* MUS Auflösungszeichen *nt*

bécasse [bekas] *f* ❶ ORN [Wald]schnepfe *f* ❷ *(fam: sotte)* dumme Gans

bécasseau [bekaso] <x> *m* ORN Strandläufer *m*

bécassine [bekasin] *f* ❶ ORN Sumpfschnepfe *f* ❷ *(fam: fille)* Gänschen *nt*

bec-de-cane [bɛkdəkan] <becs-de-cane> *m* [Tür]klinke *f; (bouton)* Türknauf *m*

bec-de-lièvre [bɛkdəljɛvʀ] <becs-de-lièvre> *m* Hasenscharte *f*

béchamel [beʃamɛl] *f* Béchamelsoße *f*

bêche [bɛʃ] *f* Spaten *m*

bêcher [beʃe] <1> **I.** *vt* AGR umgraben **II.** *vi* ❶ AGR umgraben ❷ *(fam: être fier)* hochnäsig sein

bêcheur, -euse [bɛʃœʀ, -øz] *m, f (péj: homme)* eingebildeter Schnösel; *(femme)* eingebildete Pute

bécot [beko] *m (vieilli fam)* Schmatz *m fam,* Küsschen *nt*

bécoter [bekɔte] <1> **I.** *vt (fam)* abknutschen **II.** *vpr (fam)* ***se ~*** knutschen

becquée [beke] *f* ***donner la ~ à qn*** jdn füttern

becquerel [bɛkʀɛl] *m* Becquerel *nt*

becqueter [bɛkte] <3> ORN **I.** *vt* aufpicken **II.** *vi* picken

becter [bɛkte] <1> *vi (fam)* futtern

bedaine [bədɛn] *f (fam)* Wampe *f*

bédé [bede] *f (fam)* Comic *m*

bedeau [bədo] <x> *m* Kirchendiener *m*

bédo [bedo] *m (fam)* Tüte *f fam,* Trompete *f fam;* ***fumer le ~*** eine Tüte [*o* Trompete] rauchen; *(habituellement)* kiffen *fam*

bedonnant(e) [bədɔnɑ̃, ɑ̃t] *adj (fam)* dick[bäuchig]

bédouin(e) [bedwɛ̃, in] *adj* Beduinen-; ***tente ~e*** Beduinenzelt *nt*

Bédouin(e) [bedwɛ̃, in] *m(f)* Beduine *m/* Beduinin *f*

bée [be] *adj v.* **bouche**

beefsteak [biftɛk] *v.* **bifteck**

beffroi [befʀwa] *m* Wach[t]turm *m; d'une église* Turm *m*

bégaiement [begɛmɑ̃] *m* Stottern *nt*

bégayant(e) [begɛjɑ̃, ɑ̃t] *adj* ❶ *(qui bégaie)* stotternd ❷ *(fig: qui s'exprime avec hésitation)* zögerlich

bégayer [begeje] <7> **I.** *vi* stottern **II.** *vt* stammeln

bégonia [begɔnja] *m* Begonie *f*

bègue [bɛg] **I.** *adj* stotternd **II.** *mf* Stotterer *m/*Stotterin *f*

bégueule [begœl] *adj* prüde

béguin [begɛ̃] *m* Haube *f*

beige [bɛʒ] **I.** *adj* beige **II.** *m* Beige *nt*

beigne [bɛɲ] *f* ❶ *(fam: claque)* Ohrfeige *f;* ***filer une ~ à qn*** jdm eine langen ❷ CAN *v.* **beignet**

beignet [bɛɲɛ] *m* Krapfen *m,* Buchtel *f* A

bel [bɛl] *v.* **beau**

Belarus [belaʀys] *m* ***le ~*** Weißrussland *nt*

Belarusse [belaʀys] *mf* Weißrusse *m/* Weißrussin *f*

bêlement [bɛlmɑ̃] *m (cri des moutons)* Blöken *nt*

bêler [bele] <1> *vi mouton:* blöken; *chèvre:* meckern

belette [bəlɛt] *f* ZOOL Wiesel *nt*

belge [bɛlʒ] *adj* belgisch

Belge [bɛlʒ] *mf* Belgier(in) *m(f)*

belgicisme [bɛlʒisism] *m* belgischer Ausdruck

Belgique [bɛlʒik] *f* ***la ~*** Belgien *nt*

Belgrade [bɛlgʀad] Belgrad *nt*

bélier [belje] *m* ❶ ZOOL Widder *m* ❷ MIL Rammbock *m*

Bélier [belje] *m* Widder *m; v. a.* **Balance**

Bélize [beliz] *m* Belize *nt*

belle [bɛl] *f* ❶ *(conquête)* Schöne *f; (petite amie)* Freundin *f* ❷ SPORT Entscheidungsspiel *nt* ▶ **la Belle au bois dormant** Dornröschen *nt*

belle-doche [bɛldɔʃ] <belles-doches> *f (péj fam: mère du conjoint)* Schwiegermutter *f; (nouvelle épouse du père)* Stiefmutter *f* **belle-famille** [bɛlfamij] <belles-familles> *f* angeheiratete Familie *f*

belle-fille [bɛlfij] <belles-filles> *f* ❶ *(bru)* Schwiegertochter *f* ❷ *(fille du conjoint)* Stieftochter *f* **belle-mère** [bɛlmɛʀ] <belles-mères> *f* ❶ *(mère du conjoint)* Schwiegermutter *f* ❷ *(conjointe du père)* Stiefmutter *f* **belle-sœur** [bɛlsœʀ] <belles-sœurs> *f* Schwägerin *f*

belliciste [belisist, bɛllisist] *adj* kriegstreiberisch, kriegslüstern

belligérant(e) [beliʒeʀɑ̃, ɑ̃t] **I.** *adj* Krieg führend **II.** *m(f) pl* Krieg führende Mächte *Pl*

belliqueux, -euse [belikø, -øz] *adj* ❶ *(guerrier)* kriegerisch; *discours* aggressiv ❷ *(querelleur)* streitlustig; *tempérament* hitzig; *personne* streitsüchtig

belote [bəlɔt] *f dem Schafkopf ähnliches französisches Kartenspiel*

belvédère [bɛlvedɛʀ] *m* ❶ *(édifice)* Belvedere *nt* ❷ *(point de vue)* Aussichtspunkt *m*

bémol [bemɔl] *m* MUS b *nt*

bémoliser [bemɔlize] <1> *vi (fig fam)* einen sanfteren Ton anschlagen *fig*, sachte machen *fig fam*

ben [bɛ̃] *adv (fam)* ***eh ~!*** Mensch [Meier]!

bénédicité [benedisite] *m* Tischgebet *nt*

bénédictin(e) [benediktɛ̃, in] **I.** *adj* Benediktiner- **II.** *m(f)* Benediktiner(in) *m(f)*

bénédictine [benediktin] *f* ❶ Benediktinerin *f* ❷ *(liqueur)* ***Bénédictine*** *milder Kräuterlikör*

Bénédictine [benediktin] *f (liqueur)* ***la ~*** der Benediktiner

bénédiction [benediksjɔ̃] *f* ❶ *(grâce)* Segen *m* ❷ *d'un(e) fidèle* Segnung *f*; *d'une cloche, d'un navire* Weihe *f*; ***~ nuptiale*** kirchliche Trauung ❸ *(assentiment)* Segen *m*

bénef [benɛf] *m (fam) abr de* **bénéfice** Profit *m*

bénéfice [benefis] *m* ❶ COM Profit *m* ❷ *(avantage)* Vorteil *m*

bénéficiaire [benefisjɛʀ] **I.** *mf* Empfänger(in) *m(f)*; *d'une mesure, réforme* Nutznießer(in) *m(f)*; CH *d'une retraite* Bezieher(in) *m(f)*, Bezüger(in) *m(f)* CH **II.** *adj entreprise* mit Gewinn arbeitend; *opération* einträglich

bénéficier [benefisje] <1> *vi* ***~ de qc*** von etw profitieren

bénéfique [benefik] *adj* günstig

Benelux [benelyks] *m* ***le ~*** die Benelux[staaten] *Pl*

benêt [bənɛ] *m* Dummkopf *m*

bénévolat [benevɔla] *m* Freiwilligkeit *f*; *(activité)* ehrenamtliche Tätigkeit

bénévole [benevɔl] **I.** *adj* ❶ *(volontaire)* freiwillig ❷ *(gratuit)* kostenlos; *fonction* ehrenamtlich **II.** *mf* Freiwillige(r) *f(m)*; *(dans une fonction)* Ehrenamtliche(r) *f(m)*

bénévolement [benevɔlmɑ̃] *adv* freiwillig; *(gratuitement)* unentgeltlich; *(dans une fonction)* ehrenamtlich

bengalais(e) [bɛ̃galɛ, ɛz] *adj* bengalesisch

Bengale [bɛ̃gal] *m* ***le ~*** Bengalen *nt*

bengali [bɛ̃gali] *m* ORN Prachtfink *m*

Bengladesh [bɑ̃gladɛʃ] *v.* **Bangladesh**

bénignité [beniɲite] *f* ❶ *d'une maladie* Gutartigkeit *f*, Harmlosigkeit *f* ❷ *(vieilli: qualité d'une personne)* Güte *f*

bénin, bénigne [benɛ̃, beniɲ] *adj* harmlos; *tumeur* gutartig; *punition* mild[e]

Bénin [benɛ̃] *m* ***le ~*** Benin *nt*

béninois(e) [beninwa, waz] *adj* beninisch

Béninois(e) [beninwa, waz] *m(f)* Beniner(in) *m(f)*

bénir [beniʀ] <8> *vt* ❶ REL segnen, weihen *cloche*; ***~ le mariage de qn*** jdn trauen ❷ *(remercier)* ***~ qn/qc*** jdn/etw preisen

bénit(e) [beni, it] *adj* geweiht

bénitier [benitje] *m* Weihwasserbecken *nt*

benjamin(e) [bɛ̃ʒamɛ̃, in] *m(f)* Jüngste(r) *f(m)*

benji [bɛnʒi] *m* Bungeejumping *nt*

benne [bɛn] *f* ❶ TECH *de charbon, minerai* Lore *f* ❷ *(container)* Kübel *m*; *d'un camion* Mulde *f* ❸ *d'un téléphérique* Kabine *f*

Benoît [bənwa] *m* Benedikt *m*

benzène [bɛ̃zɛn] *m* CHIM [Rein]benzol *nt*

benzine [bɛ̃zin] *f* Reinigungsbenzin *nt*

B.E.P. [beəpe] *m abr de* **brevet d'études professionnelles** ≈ Berufsschulabschluss *m*

B.E.P.C. [beøpese] *m abr de* **brevet d'études du premier cycle** ≈ Mittlere Reife

béqueter [bekte] <3> *v.* **becqueter**

béquille [bekij] *f* ❶ *(canne)* Krücke *f* ❷ *d'une moto, d'un vélo* Ständer *m*

berbère [bɛʀbɛʀ] **I.** *adj* berberisch **II.** *m* Berberisch *nt*; *v. a.* **allemand**

Berbère [bɛʀbɛʀ] *mf* Berber(in) *m(f)*

bercail [bɛʀkaj] *m* ***rentrer au ~*** *(hum)* in den Schoß der Familie zurückkehren; REL in den Schoß der Kirche zurückkehren

berçant(e) [bɛʀsɑ̃, sɑ̃t] *adj* CAN ***chaise ~e*** *(rocking-chair)* Schaukelstuhl *m*

berce [bɛʀs] *f* BELG *(berceau d'enfant)* Wiege *f*

berceau [bɛʀso] <x> *m* ❶ *(couffin)* Wiege *f; (à roues)* Stubenwagen *m* ❷ *d'une idée, technique* Geburtsstätte *f; d'une personne* Geburtsstätte *f* ❸ ARCHIT Rundbogen *m* ❹ *(dans le jardin)* Pergola *f*

bercement [bɛʀsəmɑ̃] *m* Wiegen *nt*

bercer [bɛʀse] <2> **I.** *vt* wiegen *personne;* [hin und her] wiegen *canot, navire* **II.** *vpr* ***se ~ d'illusions sur le compte de qn/qc*** sich in Illusionen über jdn/etw wiegen

berceuse [bɛʀsøz] *f* ❶ *(chanson)* Wiegenlied *nt* ❷ *(fauteuil)* Schaukelstuhl *m*

béret [beʀɛ] *m* ***~ basque*** Baskenmütze *f*

bérézina [beʀezina] *f (fam)* ***la ~*** der Wahnsinn; ***c'est la ~!*** das ist echt eine Katastrophe! *fam*

bergamote [bɛʀgamɔt] *f* BOT Bergamotte *f*

berge [bɛʀʒ] *f* ❶ *(rive)* Ufer *nt* ❷ *pl, (fam: années)* Jahre *Pl*

berger [bɛʀʒe] *m (chien)* Hirtenhund *m;* ***~ allemand*** Deutscher Schäferhund

berger, -ère [bɛʀʒe, ɛʀ] *m, f* Hirte *m*/Hirtin *f*

bergère [bɛʀʒɛʀ] *f (fauteuil)* Ohrensessel *m*

bergerie [bɛʀʒəʀi] *f* Schafstall *m*

bergeronnette [bɛʀʒəʀɔnɛt] *f* ORN Bachstelze *f*

berk [bɛʀk] *interj (fam)* bäh *fam*

Berlin [bɛʀlɛ̃] Berlin *nt*

berline [bɛʀlin] *f* ❶ AUT Limousine *f* ❷ *(dans les mines)* Lore *f*

Berlin-Est [bɛʀlɛ̃ɛst] Ostberlin *nt*

berlingot [bɛʀlɛ̃go] *m* ❶ *(bonbon) tetraederförmiges, weiß gestreiftes Frucht-/Gewürzbonbon* ❷ *(emballage)* Tetrapak® *m*

berlinois [bɛʀlinwa] *m* Berlinerisch *nt; v. a.* **allemand**

berlinois(e) [bɛʀlinwa, az] *adj* Berliner, aus Berlin

Berlinois(e) [bɛʀlinwa, az] *m(f)* Berliner(in) *m(f)*

Berlin-Ouest [bɛʀlɛ̃wɛst] Westberlin *nt*

berlue [bɛʀly] *f (fam)* ***dis donc, j'ai la ~*** ich seh' wohl nicht richtig

berme [bɛʀm] *f* Uferweg *m; (dans une fortification) schmaler Weg zwischen Mauern und Festungsgraben*

bermuda [bɛʀmyda] *m* Bermudashorts *Pl*

Bermudes [bɛʀmyd] *fpl* ***les [îles] ~*** die Bermudainseln *Pl,* die Bermudas *Pl*

bernache [bɛʀnaʃ] *f* ORN Wildgans *f*

berne [bɛʀn] ▶ **être en ~** auf halbmast [gesetzt] sein

Berne [bɛʀn] Bern *nt*

berner [bɛʀne] <1> *vt* an der Nase herumführen

berrichon(e) [bɛʀiʃɔ̃, ɔn] *adj* aus dem Berry

Berrichon(e) [bɛʀiʃɔ̃, ɔn] *m(f)* Bewohner(in) *m(f)* des Berry

besace [bəzas] *f* Umhängetasche *f*

bésef [bezɛf] *(fam)* ▶ **ça fait pas ~** das ist lausig wenig

bésicles [bezikl] *fpl (hum)* Brille *f*

besogne [bəzɔɲ] *f* Aufgabe *f; (travail)* Arbeit *f*

besogneux, -euse [bəzɔɲø, -øz] *adj* ❶ *(nécessiteux)* bedürftig ❷ *(affecté à de petits travaux)* bescheiden

besoin [bəzwɛ̃] *m* ❶ *(nécessité)* ***~s fondamentaux*** Grundbedürfnisse *Pl;* ***le ~ de sommeil de qn*** *(constant)* jds Bedarf *m* an Schlaf; *(momentané)* jds Bedürfnis *nt* nach Schlaf ❷ *pl (nécessités)* ***les ~s financiers de qn*** jds finanzielle Bedürfnisse *Pl* ❸ *(euph: nécessité d'uriner)* ***~ naturel*** Notdurft *f geh* ▶ **avoir ~ de qc/de faire qc** etw brauchen/etw machen müssen; **au ~** bei Bedarf; **dans le ~** Not leidend

bestial(e) [bɛstjal, -jo] <-aux> *adj* brutal; *instinct, avidité* tierisch

bestialement [bɛstjalmɑ̃] *adv* brutal; *copuler* wie ein Tier; *manger* wie ein Schwein

bestialité [bɛstjalite] *f* Bestialität *f*

bestiaux [bɛstjo] *mpl* Vieh *nt*

bestiole [bɛstjɔl] *f (fam)* Tier[chen] *nt*

best of [bɛstɔf] *m inv* Sampler *m*

best-seller [bɛstsɛlœʀ] <best-sellers> *m* Bestseller *m*

bêta [beta] *app* INFORM ***version ~*** Betaversion *f*

bêta, bêtasse [bɛta, bɛtas] *(fam)* **I.** *adj* dumm, dämlich *fam* **II.** *m, f* Dussel *m fam,* Dummkopf *m*

bêtabloquant [bɛtablɔkɑ̃] *m* Beta[rezeptoren]blocker *m*

bétail [betaj] *m sans pl* Vieh *nt*

bétaillère [betajɛʀ] *f* Viehtransporter *m*

bête [bɛt] **I.** *f* ❶ *(animal)* Tier *nt;* ***les ~s*** *(les animaux)* die Tiere; *(le bétail)* das Vieh; *(la vermine)* das Ungeziefer; *(les animaux féroces)* die wilden Tiere ❷ *(être humain)* Bestie *f* ❸ *(animalité)* ***la ~*** das Animalische **II.** *adj personne, histoire, question* dumm ▶ **c'est tout ~** es ist ganz einfach

bêtement [bɛtmɑ̃] *adv* ❶ *(stupidement)* dumm ❷ *(malencontreusement)* dummerweise ▶ **tout ~** ganz einfach

bêtifier [betifje] <1a> *vi* herumblödeln *fam*

bêtise [betiz] *f* ❶ *(a. acte)* Dummheit *f*

B

❷ *(parole)* Unsinn *m kein Pl* ❸ *(peccadille)* Lappalie *f*

bêtisier [bɛtizje] *m* Stilblütensammlung *f*

béton [betɔ̃] **I.** *adj inv (fam) excuse* wasserdicht **II.** *m* Beton *m*

bétonisation [betonizasjɔ̃] *f* Betonierung *f*

bétonnage [betɔnaʒ] *m (action de bétonner)* Betonnieren *nt*

bétonner [betɔne] <1> **I.** *vt* betonieren **II.** *vi* SPORT mauern

bétonneur, -euse [betɔnœʀ, -øz] *m, f* Betonmischer(in) *m(f)*

bétonnière [betɔnjɛʀ] *f* ❶ *(machine)* Betonmischmaschine *f* ❷ *(camion)* Transportmischer *m*

bette [bɛt] *f* Mangold *m*

betterave [bɛtʀav] *f* Rübe *f*

beuglement [bøgləmɑ̃] *m* ❶ *de la vache, du veau* Muhen *nt; du taureau, bœuf* Brüllen *nt* ❷ *(fig) de la radio, télé* Dröhnen *nt*

beugler [bøgle] <1> *vi* ❶ *(meugler) vache, veau:* muhen; *taureau, bœuf:* brüllen ❷ *(fig) radio, télé:* dröhnen

beur[e], beurette [bœʀ, bœʀɛt] *m, f (fam) in Frankreich geborenes Kind maghrebinischer Einwanderer*

Land und Leute

Mit **beur** und den weiblichen Formen **beur[e]** oder **beurette** werden die Kinder der Einwanderer aus den ehemaligen französischen Kolonien Tunesien, Algerien und Marokko bezeichnet. Die Einwanderer selbst verwenden diese Bezeichnungen auch und empfinden sie nicht als abwertend. Die Jugendkultur – besonders Musik, Film und Theater – wird von diesen französischen Staatsbürgerinnen und -bürgern arabischer Herkunft stark beeinflusst, wie man zum Beispiel am *raï* sehen kann, einer populären Musikrichtung nordafrikanischen Ursprungs.

beurre [bœʀ] *m* Butter *f;* ~ ***de cacah[o]uète*** Erdnussbutter

beurré(e) [bœʀe] *adj (fam)* blau

beurrer [bœʀe] <1> *vt* mit Butter bestreichen *tartine, toast;* einfetten *moule*

beurrier [bœʀje] *m* Butterdose *f*

beurrier, -ière [bœʀje, -jɛʀ] *adj* Butter-

beuverie [bœvʀi] *f* Trinkgelage *nt*

bévue [bevy] *f* Fehler *m*

bézef [bezɛf] *v.* **bésef**

Bhoutan [butɑ̃] *m* ***le*** ~ Bhutan *nt*

biais [bjɛ] *m* Umweg *m; (échappatoire)* Ausweg *m* ▶ **de** ~ schräg

biaiser [bjeze] <1> *vi* ausweichen

biathlon [biatlɔ̃] *m* Biathlon *nt*

bibelot [biblo] *m* Nippfigur *f*

biberon [bibʀɔ̃] *m* Flasche *f*

biberonner [bibʀɔne] <1> *vi (fam)* picheln

bibi [bibi] *pron pers (fam)* ich

bibine [bibin] *f (fam)* übles Gesöff

bible [bibl] *f* Bibel *f*

biblio [biblijo] *f (fam) abr de* **bibliothèque**

bibliobus [biblijobys] *m* Bücherbus *m*

bibliographie [biblijɔgʀafi] *f* Bibliografie *f*

bibliographique [biblijɔgʀafik] *adj* bibliografisch

bibliophile [biblijɔfil] *mf* Bücherliebhaber(in) *m(f)*

bibliothécaire [biblijɔtekɛʀ] *mf* Bibliothekar(in) *m(f)*

bibliothèque [biblijɔtɛk] *f* ❶ *(salle)* Bibliothek *f; (bibliothèque publique)* Bücherei *f;* ~***-en-ligne*** Onlinebibliothek ❷ *(étagère)* Bücherregal *nt; (armoire)* Bücherschrank *m* ❸ *(collection)* Büchersammlung *f*

biblique [biblik] *adj* biblisch; *auteur* Bibel-

bic® [bik] *m (fam: stylo à bille)* ≈ Kuli *m*

BIC [bik] *m abr de* **bank identifier code** BIC *m*

bicarbonate [bikaʀbɔnat] *m* Hydrogenkarbonat *nt*

bicentenaire [bisɑ̃tnɛʀ] *m* zweihundertster Jahrestag; *(festivités)* Zweihundertjahrfeier *f*

bicéphale [bisefal] *adj* ❶ *(à deux têtes)* zweiköpfig, doppelköpfig; ***l'aigle*** ~ der Doppeladler ❷ *(à deux chefs)* mit einer Doppelspitze [versehen]

biceps [bisɛps] *m* Bizeps *m*

biche [biʃ] *f* Hirschkuh *f*

bicher [biʃe] <1> *vi (fam: se réjouir)* happy sein *fam*

bichette [biʃɛt] *f* ***ma*** ~ mein Schätzchen

bichon(ne) [biʃɔ̃, ɔn] *m(f) (chien)* Malteser *m*

bichonner [biʃɔne] <1> **I.** *vt* herausputzen; *(prendre bien soin de)* [ver]hätscheln **II.** *vpr* ***se*** ~ sich fein machen

bicolore [bikɔlɔʀ] *adj* zweifarbig

bicoque [bikɔk] *f (péj fam)* Bruchbude *f*

bicorne [bikɔʀn] *m* Zweispitz *m*

bicross® [bikʀɔs] *m* ❶ *(bicyclette)* BMX[-Rad] *nt; (V.T.T.)* Mountainbike *nt* ❷ *(sport)* Mountainbiking *nt*

bicyclette [bisiklɛt] *f* [Fahr]rad *nt;* ***faire de la*** ~ Rad fahren

bidasse [bidas] *m (fam)* [einfacher] Soldat
bide [bid] *m (fam)* Wampe *f*
bidet [bidɛ] *m* ① *(cuvette)* Bidet *nt* ② *(fam: cheval)* Pferdchen *nt*
bidimensionnel(le) [bidimɑ̃sjɔnɛl] *adj* zweidimensional
bidoche [bidɔʃ] *f (fam)* Fleisch *nt*
bidon [bidɔ̃] **I.** *m* ① *(récipient)* Kanister *m; de lait* Kanne *f; (gourde)* [Trink]flasche *f;* MIL Feldflasche *f* ② *(fam: ventre)* Wampe *f* **II.** *adj inv (fam) attentat, attaque* Schein-
bidonnage [bidɔnaʒ] *m (fam)* Verfälschung *f*
bidonnant(e) [bidɔnɑ̃, ɑ̃t] *adj (fam)* spaßig
bidonner [bidɔne] <1> *vpr (fam)* ***se ~*** sich schieflachen
bidonville [bidɔ̃vil] *m* Slum *m*
bidouiller [biduje] <1> *vt (fam)* ***~ qc*** an etw *dat* herumbasteln
bidouilleur, -euse [bidujœʀ, -øz] *m, f (fam)* Bastler(in) *m(f)*
bidule [bidyl] *m (fam)* Dings[bums] *nt*
bielle [bjɛl] *f de voiture* Pleuel[stange *f*] *m; de locomotive* Pleuelgestänge *nt*
biélorusse [bjelɔʀys] *adj* weißrussisch
Biélorussie [bjelɔʀysi] *f* ***la ~*** Weißrussland *nt*
bien [bjɛ̃] **I.** *adv* ① *(beaucoup)* ***~ des gens*** viele Leute; ***il a ~ du mal à faire qc*** ihm fällt es sehr schwer, etw zu tun ② *(très)* sehr ③ *(au moins)* mindestens ④ *(plus)* ***c'est ~ mieux*** das ist viel besser; ***~ assez*** mehr als genug ⑤ *(de manière satisfaisante)* gut; ***tu ferais ~ de me le dire*** du sagst es mir wohl besser ⑥ *(comme il se doit)* richtig; *s'asseoir* anständig ⑦ *(vraiment)* sehr; *vouloir* gerne; *rire* viel; *boire* eine Menge; *imaginer, voir* gut; *avoir l'intention* sehr wohl; *compter sur* ganz bestimmt; ***aimer ~ qn/qc*** jdn/etw gernhaben; ***je veux ~, merci!*** gern, danke! ⑧ *(à la rigueur)* schon; ***il a ~ voulu nous recevoir*** er war so nett, uns zu empfangen; ***je vous prie de ~ vouloir faire qc*** ich bitte Sie, etw zu tun; ***j'espère ~!*** das will ich hoffen! ⑨ *(pourtant)* doch ⑩ *(en effet)* ja ⑪ *(aussi)* [doch] auch ⑫ *(effectivement)* wirklich ⑬ *(sans le moindre doute)* [sehr] wohl ⑭ *(typiquement)* ***c'est ~ toi*** das ist typisch für dich ⑮ *(probablement)* wohl; *(sûrement)* bestimmt ► **qn <u>va</u>** ~ jdm geht es gut; ***comment allez-vous? – ~ merci*** wie geht es Ihnen? – danke, gut; **<u>ou</u>** ~ oder [lieber]; ~ **<u>plus</u>** schlimmer noch; ~ **<u>que</u> tu sois trop jeune** obwohl du zu jung bist; **<u>tant</u> ~ que mal** mehr schlecht als recht **II.** *adj inv* ① *(satisfaisant)* ***être ~*** gut sein ② *(en forme)* ***qn est ~*** jdm geht es gut; ***se sentir ~*** sich wohl fühlen ③ *(à l'aise)* ***être ~*** es bequem haben; ***être ~ avec qn*** sich gut mit jdm verstehen ④ *(joli)* schön; *homme* gut aussehend ⑤ *(sympathique)* nett ⑥ *(comme il faut)* anständig ⑦ *(qui présente bien)* vornehm **III.** *m* ① *(capital physique ou moral)* Gut *nt;* ***le ~ général*** das [All]gemeinwohl ② *(capital matériel)* Eigentum *nt;* ***avoir du ~*** Vermögen haben ③ ECON ***~s de consommation*** Konsumgüter *Pl* ④ *(qualité morale)* ***le ~ et le mal*** das Gute und das Böse ⑤ JUR ***~s collectifs*** Kollektivgüter *Pl*

> **Grammatik und Co.**
> Nach **bien que** steht immer der Subjonctif:
> *Bien qu'il fasse chaud, elle a froid. – Obwohl es warm ist, friert sie.*

bien-aimé(e) [bjɛ̃neme] <bien-aimés> *adj* geliebt **bien-être** [bjɛ̃nɛtʀ] *m sans pl* Wohlbefinden *nt; (remise en forme, soins)* Wellness *f*
bienfaisance [bjɛ̃fəzɑ̃s] *f* Wohltätigkeit *f*
bienfaisant(e) [bjɛ̃fəzɑ̃, ɑ̃t] *adj personne* wohltätig; *climat, pluie* wohltuend
bienfait [bjɛ̃fɛ] *m* ① *(action généreuse)* Wohltat *f; du ciel, des dieux* Geschenk *nt* ② *pl de la science, civilisation* Errungenschaften *Pl; d'un traitement, de la paix* wohltuende Wirkung
bienfaiteur, -trice [bjɛ̃fɛtœʀ, -tʀis] *m, f* ① *(sauveur)* Wohltäter(in) *m(f)* ② *(mécène)* Gönner(in) *m(f)*
bien-fondé [bjɛ̃fɔ̃de] <bien-fondés> *m* Richtigkeit *f* **bien-fonds** [bjɛ̃fɔ̃] <biens-fonds> *m* JUR Grundbesitz *m;* ***les biens-fonds*** Liegenschaften *Pl*
bienheureux, -euse [bjɛ̃nœʀø, -øz] **I.** *adj* REL *personne* selig **II.** *m, f* Selige(r) *f(m)*
biennal(e) [bjɛnal, -o] <-aux> *adj* zweijährlich
bien-pensant, bien-pensante [bjɛ̃pɑ̃sɑ̃, bjɛ̃pɑ̃sɑ̃t] <bien-pensants> *adj* konformistisch
bienséance [bjɛ̃seɑ̃s] *f* Anstand *m*
bientôt [bjɛ̃to] *adv* ① *(prochainement)* bald; ***à ~!*** bis bald! ② *(rapidement)* bald
bienveillance [bjɛ̃vɛjɑ̃s] *f* Wohlwollen *nt*
bienveillant(e) [bjɛ̃vɛjɑ̃, jɑ̃t] *adj* wohlwollend
bienvenu(e) [bjɛ̃v(ə)ny] **I.** *adj* willkommen **II.** *m(f)* ***être le ~ pour qn/qc*** jdm/einer S. gelegen kommen **III.** *interj* CAN

(fam) **~e!** *(je vous en prie)* gern geschehen!

bienvenue [bjɛ̃v(ə)ny] *f* Willkommen *nt;* ***souhaiter la ~ à qn*** jdn [herzlich] willkommen heißen

bière[1] [bjɛʀ] *f (boisson)* Bier *nt;* ~ ***blonde/brune*** helles/dunkles Bier; ~ ***[à la] pression*** Bier vom Fass

bière[2] [bjɛʀ] *f (cercueil)* Sarg *m*

biffer [bife] <1> *vt* streichen

biffeton [biftɔ̃] *m (fam: billet de banque)* Scheinchen *nt fam*

bifidus [bifidys] *m* BIO Bifidusbakterium *nt*

bifocal(e) [bifɔkal, -o] <-aux> *adj* OPT Bifokal-

bifteck [biftɛk] *m* [Beef]steak *nt*

bifurcation [bifyʀkasjɔ̃] *f* ❶ *(embranchement)* Gabelung *f* ❷ BOT, ANAT Verzweigung *f*

bifurquer [bifyʀke] <1> *vi* ❶ *(se diviser)* sich gabeln ❷ *(changer de direction)* abbiegen

bigamie [bigami] *f* Bigamie *f*

bigarré(e) [bigaʀe] *adj tissu* bunt[gemustert]; *foule, langue, société* bunt gemischt

bigarreau [bigaʀo] <x> *m* BOT Knorpelkirsche *f*

big-bang [bigbɑ̃g] *m sans pl* Urknall *m*

bigler [bigle] <1> *vi (fam: loucher)* schielen

bigleux, -euse [biglø, -øz] *adj (fam)* ***être*** ~ *(loucher)* schielen

bigophone [bigɔfɔn] *m (fam)* Telefon *m*

bigorneau [bigɔʀno] <x> *m* ZOOL Strandschnecke *f*

bigot(e) [bigo, ɔt] **I.** *adj* bigott **II.** *m(f)* Frömmler(in) *m(f)*

bigoterie [bigɔtʀi] *f* Bigotterie *f*

bigoudi [bigudi] *m* Lockenwickler *m*

bigre [bigʀ] **I.** *m (fam)* Kerl *m;* ***ce ~ de fainéant!*** so ein Faulpelz! *fam* **II.** *interj* ***~!*** Donnerwetter!

bigrement [bigʀəmɑ̃] *adv (fam)* verdammt

bihebdomadaire [biɛbdɔmadɛʀ] *adj* ***être*** ~ *journal, revue:* zweimal wöchentlich erscheinen

bijou [biʒu] <x> *m* ❶ *(joyau)* Schmuckstück *nt;* ***des ~x*** Schmuck *m* ❷ *(chef-d'œuvre)* Kleinod *nt*

bijouterie [biʒutʀi] *f* ❶ *(boutique)* Juweliergeschäft *nt* ❷ *(art)* Goldschmiedekunst *f* ❸ *(commerce)* Schmuckgeschäft *nt* ❹ *(objets)* Schmuck[waren *Pl*] *m*

bijoutier, -ière [biʒutje, -jɛʀ] *m, f* Juwelier(in) *m(f)*

bikini® [bikini] *m* Bikini *m*

bilan [bilɑ̃] *m* ❶ FIN [Geschäfts]bilanz *f* ❷ *(résultat)* Bilanz *f* ❸ MED Untersuchung *f;* ~ ***de santé*** allgemeine Vorsorgeuntersuchung ❹ COM, ECON ***déposer le ~*** Konkurs anmelden

bilatéral(e) [bilateʀal, -o] <-aux> *adj* ❶ *(des deux côtés)* beidseitig; *stationnement* auf beiden Seiten ❷ MED doppelseitig ❸ JUR, POL bilateral

bile [bil] *f* ❶ ANAT Galle *f* ❷ *(amertume)* Verbitterung *f*

biler [bile] <1> *vpr (fam)* ***se*** ~ sich beunruhigen, sich Sorgen machen

bileux, -euse [bilø, -øz] *adj (fam)* besorgt

biliaire [biljɛʀ] *adj* Gallen-; ***calculs ~s*** Gallensteine *Pl*

bilingue [bilɛ̃g] **I.** *adj* zweisprachig **II.** *mf* Zweisprachige(r) *f(m)*

bilinguisme [bilɛ̃gɥism] *m* Zweisprachigkeit *f*

Aussprache

Normalerweise bleibt das -u- nach einem -g- stumm, bei **bilinguisme** wird es aber [ɥ] wie in *huit* gesprochen.

billard [bijaʀ] *m* ❶ *(jeu)* Billard[spiel *nt*] *nt* ❷ *(lieu)* Billardzimmer *nt;* *(table)* Billardtisch *m*

bille[1] [bij] *f* ❶ *(petite boule)* Murmel *f* ❷ *(au billard)* [Billard]kugel *f* ❸ TECH ***crayon*** [*o* ***stylo***] ***à ~*** Kugelschreiber *m;* ***roulement à ~s*** Kugellager *nt*

bille[2] [bij] *f* [Holz]klotz *m*

billet [bijɛ] *m* ❶ *(entrée)* Eintrittskarte *f* ❷ *d'autobus* Fahrschein *m; de train* Fahrkarte *f; d'avion* Flugticket *nt;* ~ ***aller/aller-retour*** Einzel-/Rückfahrkarte *f* ❸ *(numéro)* Los *nt* ❹ *(argent)* [Geld]schein *m* ❺ FIN ~ ***à ordre*** Eigenwechsel *m* ❻ *(message)* Zettel *m*

billetterie [bijɛtʀi] *f* ❶ *(caisse)* Kasse *f* ❷ *(distributeur de billets)* Geldautomat *m;* ~ ***automatique*** Fahrkartenautomat *m*

billion [biljɔ̃] *m (million de millions)* Billion *f*

billot [bijo] *m* Holzblock *m*

bimbo [bimbo] *f (fam)* Modetussi *f*

bimensuel(le) [bimɑ̃sɥɛl] *adj* ***être*** ~ *journal, revue:* zweimal im Monat erscheinen

bimestriel(le) [bimɛstʀijɛl] *adj* ***être*** ~ *journal, revue:* alle zwei Monate erscheinen

bimoteur [bimɔtœʀ] **I.** *adj inv avion, bateau* zweimotorig **II.** *m (avion)* zweimotoriges Flugzeug

B

binaire [binɛʀ] **I.** *adj* binär **II.** *m* Binärdatei *f*
biner [bine] <1> *vt* [durch]hacken
binette [binɛt] *f* Hacke *f*
bing [biŋ] *interj* peng
biniou [binju] *m* [bretonischer] Dudelsack
binôme [binom] *m* MATH Binom *nt*
bin's, binz [bins] *m (fam: désordre)* Chaos *nt; (affaire compliquée)* Zirkus *m fam*
bio [bjo] *adj (fam) abr de* **biologique** *agriculture, produit* biologisch, Bio-; ***aliments ~s*** Biokost *f;* ***supermarché ~*** Biosupermarkt *m*
biocarburant [bjokaʀbyʀɑ̃] *m* Biokraftstoff *m*
biochimie [bjoʃimi] *f* Biochemie *f*
biochimiste [bjoʃimist] *mf* Biochemiker(in) *m(f)*
biocombustible [bjokɔ̃bystibl] *m* Biotreibstoff *m*
biocompatibilité [bjokɔ̃patibilite] *f* ECOL Biokompatibilität *f,* biologische Verträglichkeit *f*
biocompatible [bjokɔ̃patibl] *adj* ECOL biologisch unbedenklich [*o* verträglich]
biodégradable [bjodegʀadabl] *adj* ECOL *détergents* biologisch abbaubar; *sachet, matière plastique* kompostierbar
biodégrader [bjodegʀade] *vpr* ECOL ***se ~*** sich biologisch abbauen
biodiesel [bjodjezɛl] *m* Biodiesel *m*
biodiversité [bjodivɛʀsite] *f* Artenvielfalt *f*
bioénergétique [bjoenɛʀʒetik] *f* PHYS Bioenergetik *f*
bioénergie [bjoenɛʀʒi] *f* PSYCH Bioenergetik *f*
bioéthique [bjoetik] *f* Bioethik *f*
biogaz [bjogaz] *m* Biogas *nt*
biographie [bjɔgʀafi] *f* Biografie *f*
biographique [bjɔgʀafik] *adj* biografisch
bio-industrie [bjoɛ̃dystʀi] *f* Bioindustrie *f*
biologie [bjɔlɔʒi] *f* Biologie *f*
biologique [bjɔlɔʒik] *adj conditions, agriculture* biologisch; ***aliments ~s*** Biokost *f;* ***label d'agriculture ~*** Biosiegel *nt*
biologiser [bjɔlɔʒize] <1> *vt (fam)* streng biologisch deuten/erklären
biologiste [bjɔlɔʒist] *mf* Biologe *m*/Biologin *f*
biomasse [bjomas] *f* Biomasse *f*
biométrie [bjɔmetʀi] *f* BIO, MED Biometrie *f*
biométrique [bjometʀik] *adj données, passeport* biometrisch
biophysique [bjofizik] *f* Biophysik *f*
biopic [bjopik] *m* CINE, TV Biopic *nt*
biopsie [bjɔpsi] *f* Biopsie *f*
biorythme [bjɔʀitm] *m* Biorhythmus *m*
biosphère [bjosfɛʀ] *f* Biosphäre *f*
biosynthèse [bjosɛ̃tɛz] *f* Biosynthese *f*
biotechnique [bjotɛknik] *f* Biotechnik *f*
biotechnologie [bjotɛknɔlɔʒi] *f* Biotechnologie *f*
bioterrorisme [bjoteʀɔʀism] *m* Bioterrorismus *m*
biotope [bjɔtɔp] *m* Biotop *nt*
biovigilance [bjoviʒilɑ̃s] *f Überwachung der Auswirkungen gentechnisch veränderter Lebensmittel*
bip [bip] *m* ❶ *(signal)* Tonzeichen *nt;* ***~ sonore*** Pfeifton *m* ❷ *(fam: appareil)* Piepser *m*
biparti(e) [bipaʀti] *adj,* **bipartite** [bipaʀtit] *adj gouvernement, système* Zweiparteien-; *accord* bilateral
bipartition [bipaʀtisjɔ̃] *f* Zweiteilung *f*
bipède [bipɛd] **I.** *adj* zweifüßig **II.** *m* Zweifüßer *m; (hum: homme)* Zweibeiner *m*
biper [bipe] <1> *vt (fam)* anpiepsen
biphasé(e) [bifaze] *adj* zweiphasig
biplace [biplas] **I.** *adj* zweisitzig **II.** *m* Zweisitzer *m*
biplan [biplɑ̃] *m* Doppeldecker *m*
bipolaire [bipɔlɛʀ] *adj* PHYS *(a. fig)* bipolar
bique [bik] *f (fam)* Ziege *f*
biquet(te) [bikɛ, ɛt] *m(f) (fam)* ▶ **mon ~/ ma ~te** mein Schätzchen
birbe [biʀb] *m (fam)* ***vieux ~*** alter Knacker *pej fam*
biréacteur [biʀeaktœʀ] *m* zweistrahliges Flugzeug *nt*
bis [bis] **I.** *adv* ❶ MUS da capo ❷ ***n° 12 ~*** Nr. 12a ▶ **~!** Zugabe! **II.** *m* Dakapo *nt*
bis(e) [bi, biz] *adj* graubraun; ***pain ~*** Mischbrot *nt*
bisaïeul(e) [bizajœl] *m(f)* Urgroßvater *m*/-mutter *f*
bisannuel(le) [bizanɥɛl] *adj plante* zweijährig; *(biennal)* zweijährlich
bisbille [bizbij] *f (fam)* Zwist *m,* Kabbelei *f fam*
biscornu(e) [biskɔʀny] *adj forme* bizarr; *idée, esprit* verschroben
biscoteau [biskɔto] <x> *m (fam)* Bizeps *m*
biscotte [biskɔt] *f* Zwieback *m*
biscuit [biskɥi] *m* ❶ *(gâteau sec)* Keks *m* ❷ *(pâtisserie)* Biskuit *m* ❸ *(céramique)* Biskuitporzellan *nt*
biscuiterie [biskɥitʀi] *f (fabrication)* Keksherstellung *f; (entreprise)* Keksfabrik *f*
bise[1] [biz] *f (vent du Nord)* kalter Nordwind
bise[2] [biz] *f (fam)* Küsschen *nt;* ***se faire***

la ~ sich Küsschen geben; ***grosses ~s!*** viele Grüße und Küsse!

biseau [bizo] <x> *m* [abgeschrägte] Kante

biseauter [bizote] <1> *vt* ❶ TECH abschrägen, facettieren *miroir, diamant* ❷ JEUX zinken

bisexualité [bisɛksɥalite] *f* ❶ BOT, ZOOL Zweigeschlechtigkeit *f* ❷ PSYCH *d'une personne* Bisexualität *f*

bisexuel(le) [bisɛksɥɛl] *adj* bisexuell

bismuth [bismyt] *m* Wismut *nt*

bison [bizɔ̃] *m* Bison *m; (d'Europe)* Wisent *m* ▸ **Bison futé** *Informationssystem zum Vermeiden und Umfahren von Staus*

bisou [bizu] *m (fam)* Küsschen *nt*

bisounours [bizunuʀs] **I.** *adj* weltfremd, naiv **II.** *mf (fam)* naiver, weltfremder Mensch; ***on ne vit pas chez les*** ~ wir leben in keiner Fantasiewelt

bisque [bisk] *f* ~ ***de homard*** feine Hummersuppe

bisquer [biske] <1> *vi* sich ärgern, fuchsig werden *fam;* ***faire ~ qn*** jdn auf die Palme bringen *fam*

bissectrice [bisɛktʀis] *f* MATH Winkelhalbierende *f*

bisser [bise] <1> *vt* wiederholen *vers, chanson;* ~ ***un musicien*** eine Zugabe von einem Musiker fordern

bissextile [bisɛkstil] *adj* ***année*** ~ Schaltjahr *nt*

bistouri [bistuʀi] *m* Skalpell *nt*

bistro[t] [bistʀo] *m (fam)* Kneipe *f*

bistrotier, -ière [bistʀɔtje, -jɛʀ] *m, f* Bistrobetreiber(in) *m(f)*

bit [bit] *m* INFORM Bit *nt*

bite [bit] *f (vulg)* Schwanz *m*

bitte [bit] *f* NAUT Poller *m*

bitume [bitym] *m* ❶ *(asphalte)* Asphalt *m* ❷ *(fam: trottoir)* Trottoir *m*

bitumer [bityme] <1> *vt* asphaltieren

biture [bityʀ] *f (fam)* ~ ***express*** Komatrinken *nt,* Komasaufen *nt sl* ▸ **prendre une** ~ sich *dat* einen antrinken

biturer [bityʀe] <1> *vpr (fam)* ***se*** ~ sich besaufen *vulg*

bivalent(e) [bivalɑ̃, ɑ̃t] *adj* CHIM zweiwertig, bivalent *Fachspr.*

bivouac [bivwak] *m* Biwak *nt*

bivouaquer [bivwake] <1> *vi* biwakieren

biz[z] [biz] *m (fam) abr de* **bizness** Business *nt*

bizarre [bizaʀ] **I.** *adj* seltsam **II.** *m* Bizarre(s) *nt*

bizarrement [bizaʀmɑ̃] *adv* seltsam

bizarrerie [bizaʀʀi] *f d'une personne* seltsame Art; *d'une idée, initiative* Eigenartigkeit *f*

bizarroïde [bizaʀɔid] *adj (fam)* komisch

bizness *v.* **business**

biznessman *v.* **businessman**

bizutage [bizytaʒ] *m Brauch an den „grandes écoles", die Neulinge zu schikanieren*

bizuter [bizyte] <1> *vt (arg)* schikanieren

blablabla [blablabla] *m (fam)* Blabla *nt,* Geschwafel *nt*

black [blak] *(fam)* **I.** *adj* schwarz; ***la musique*** ~ die schwarze Musik, die Musik der Schwarzen; ***~, blanc, beur*** *inv* multikulturell, Multikulti- *fam;* ***la France ~, blanc, beur*** das multikulturelle Frankreich, Frankreich, das Multikultiland *fam* **II.** *mf (personne)* Schwarze(r) *f(m)* ▸ **au** ~ schwarz, illegal; **travailler au** ~ schwarzarbeiten

blackbouler [blakbule] <1> *vt* POL ***se faire*** ~ eine Niederlage erleiden

black-out [blakaut] *m inv* ❶ MIL Verdunkelung *f* ❷ *(fig)* Nachrichtensperre *f*

blafard(e) [blafaʀ, aʀd] *adj teint, visage* bleich

blague [blag] *f (fam)* ❶ *(histoire drôle)* Witz *m* ❷ *(farce)* Streich *m* ❸ *(tabatière)* Tabaksbeutel *m* ▸ **sans ~!** im Ernst!

blaguer [blage] <1> *vi* Witze machen

blagueur, -euse [blagœʀ, -øz] **I.** *adj sourire, air* spöttisch; ***être*** ~ immer Witze machen **II.** *m, f* Spaßvogel *m*

blaireau [blɛʀo] <x> *m* ❶ ZOOL Dachs *m* ❷ *(pour la barbe)* Rasierpinsel *m* ❸ *(fam)* dummer Spießer *m pej*

blairer [bleʀe] <1> *vt (fam)* riechen

blâmable [blɑmabl] *adj* tadelnswert

blâme [blɑm] *m* ❶ *(désapprobation)* Tadel *m* ❷ *(sanction)* Verweis *m*

blâmer [blɑme] <1> *vt* ❶ *(désapprouver)* tadeln, rügen *personne;* verurteilen *attitude, conduite* ❷ *(condamner moralement)* ~ ***qn*** jdm die Schuld geben ❸ *(sanctionner)* ~ ***un élève*** einem Schüler einen Verweis erteilen

Falsche Freunde

Nicht verwechseln mit *jdn blamieren – faire honte à qn*!

blanc [blɑ̃] **I.** *m* ❶ *(couleur)* Weiß *nt;* ***se marier en*** ~ in Weiß heiraten ❷ TYP, INFORM Leerstelle *f* ❸ *(espace vide dans une traduction, un devoir)* Lücke *f* ❹ *(espace vide sur une cassette)* unbespielte Stelle *f* ❺ *(vin)* Weißwein *m* ❻ *(linge)*

Weißwäsche *f* ❼ *(fard blanc)* weiße Schminke *f* ❽ GASTR ~ ***d'œuf*** Eiweiß *nt;* ~ ***de poulet*** Hähnchenbrust *f* ❾ ANAT ***le ~ de l'œil*** das Weiße im Auge ❿ TYP Tipp-Ex® *nt* ⓫ *(maladie)* Mehltau *m* **II.** *adv* ***laver plus*** ~ weißer waschen; ***voter*** ~ einen leeren Stimmzettel abgeben

Aussprache
Das -c am Ende von **blanc** bleibt stumm.

blanc, blanche [blɑ̃, blɑ̃ʃ] *adj* ❶ *(de couleur blanche, pâle, non bronzé)* weiß ❷ *(non écrit)* leer; *feuille* unbeschrieben ❸ *(propre)* sauber; ***salle blanche*** [*o* ***propre***] Reinraum *m* ❹ *(innocent)* unschuldig ❺ *(fictif)* ***mariage*** ~ Scheinheirat *f,* Scheinehe *f;* ***examen*** ~ Probeklausur *f*
Blanc, Blanche [blɑ̃, blɑ̃ʃ] *m, f* Weiße(r) *f(m)*
blanc-bec [blɑ̃bɛk] <blancs-becs> *m* *(fam)* Grünschnabel *m*
blanchâtre [blɑ̃ʃɑtʀ] *adj* weißlich
blanche [blɑ̃ʃ] *f* ❶ MUS halbe Note ❷ *(boule de billard)* weiße Kugel
Blanche-Neige [blɑ̃ʃnɛʒ] *f* Schneewittchen *nt*
blancheur [blɑ̃ʃœʀ] *f* Weiß *nt; du visage, teint* Blässe *f*
blanchiment [blɑ̃ʃimɑ̃] *m d'un mur, d'une façade* Weißen *nt;* ~ ***de l'argent*** Geldwäsche *f*
blanchir [blɑ̃ʃiʀ] <8> **I.** *vt* ❶ *(rendre blanc)* weiß machen, weißen *mur;* bleichen *linge, draps;* weiß werden lassen *cheveux* ❷ *(nettoyer)* waschen *linge* ❸ *(disculper)* ~ ***qn*** jdn reinwaschen ❹ *(légaliser)* waschen *argent* ❺ GASTR blanchieren *légumes* **II.** *vi* weiße Haare bekommen; ~ ***sous l'effet de la lumière/au lavage*** durch das Licht/das Waschen bleichen **III.** *vpr* ***se*** ~ sich reinwaschen
blanchissage [blɑ̃ʃisaʒ] *m du linge* Waschen *nt*
blanchisserie [blɑ̃ʃisʀi] *f* Wäscherei *f*
blanquette [blɑ̃kɛt] *f* Frikassee *nt*
blasé(e) [blɑze] **I.** *adj* blasiert **II.** *m(f)* blasierter Mensch
blaser [blɑze] <1> **I.** *vt* ***être blasé(e)*** gelangweilt sein, abgestumpft sein **II.** *vpr* ***se ~ de qc*** einer S. *gen* überdrüssig werden
blason [blɑzɔ̃] *m* Wappen *nt*
blasphématoire [blasfematwaʀ] *adj* blasphemisch
blasphème [blasfɛm] *m* Blasphemie *f*
blasphémer [blasfeme] <5> **I.** *vi* Gott lästern **II.** *vt* verfluchen; *(soutenu: porter préjudice à qc)* verhöhnen
blatte [blat] *f* Schabe *f*
blazer [blazɛʀ, blazœʀ] *m* Blazer *m*
blé [ble] *m* ❶ *(plante)* Weizen *m; (grain)* Getreide *nt* ❷ *(fam: argent)* Knete *f*
bled [blɛd] *m (péj fam)* Kaff *nt*
blême [blɛm] *adj visage* bleich
blêmir [blemiʀ] <8> *vi personne:* bleich werden; *horizon:* hell werden
blennorragie [blenɔʀaʒi] *f* MED Gonorrhö[e] *f*
blessant(e) [blesɑ̃, ɑ̃t] *adj* verletzend
blessé(e) [blese] **I.** *adj* ❶ MED verletzt; *soldat* verwundet ❷ *(offensé)* verletzt **II.** *m(f)* Verletzte(r) *f(m);* MIL Verwundete(r) *f(m)*
blesser [blese] <1> **I.** *vt* ❶ MED verletzen; MIL verwunden ❷ *(meurtrir) chaussures:* drücken ❸ *(offenser)* verletzen, beleidigen *oreille, vue* **II.** *vpr* ***se*** ~ sich verletzen
blessure [blesyʀ] *f* ❶ *(lésion)* Verletzung *f;* MIL Verwundung *f; (plaie)* Wunde *f* ❷ *(soutenu: offense)* Wunde *f;* ~ ***d'amour-propre*** verletzte Eitelkeit *kein Pl*
blet(te) [blɛ, blɛt] *adj poire, nèfle* überreif
blette [blɛt] *f* Mangold *m*
bleu [blø] *m* ❶ *(couleur)* Blau *nt;* ~ ***ciel*** Himmelblau; ~ ***clair/foncé*** Hell-/Dunkelblau ❷ *(marque)* blauer Fleck ❸ *(vêtement)* blauer Arbeitsanzug ❹ *(fromage)* Blauschimmelkäse *m* ❺ CHIM ~ ***de méthylène*** Methylenblau *nt* ❻ *pl* SPORT ***les ~s*** *die französische Fußballnationalmannschaft*
bleu(e) [blø] *adj* ❶ *(de couleur bleue)* blau ❷ GASTR *steak* englisch

Land und Leute
Les bleus, der Spitzname für die französische Fußballnationalmannschaft, leitet sich von den blauen Trikots der Spieler ab. Die Fans rufen zur Unterstützung ihrer Mannschaft: „Allez les bleus!"

bleuâtre [bløɑtʀ] *adj* bläulich
bleue [blø] *f* ***la grande*** ~ das Mittelmeer
bleuet [bløɛ] *m* Kornblume *f*
bleuir [bløiʀ] <8> **I.** *vt* ***avoir les mains/les lèvres toutes bleuies par le froid*** von der Kälte ganz blaue Hände/Lippen haben **II.** *vi* blau werden; *visage:* blau anlaufen
bleuté(e) [bløte] *adj* bläulich

blindage [blɛ̃daʒ] *m* Panzerung *f*
blindé [blɛ̃de] *m* Panzer *m*
blindé(e) [blɛ̃de] *adj* ❶ *porte, voiture* gepanzert ❷ *(fam: endurci)* ***être ~ contre qc*** gegen etw abgehärtet sein ❸ *(fam: ivre)* breit
blinder [blɛ̃de] <1> *vt* ❶ *(renforcer)* panzern *véhicule, porte* ❷ *(fam: endurcir)* ***~ qn contre qc*** jdn gegen etw abhärten
blister [blistɛʀ] *m* Blisterpackung *f*
blizzard [blizaʀ] *m* Blizzard *m*
bloc [blɔk] *m* ❶ *(masse de matière)* Block *m* ❷ *(cahier, carnet)* Block *m* ❸ *(ensemble)* Gruppe *f*; *(pâté de maisons)* [Häuser]block *m*; *(immeuble)* [Wohn]block *m* ❹ *(union)* Block *m*; ~ ***monétaire*** Währungsblock ▶ **en** ~ im Ganzen
blocage [blɔkaʒ] *m* ❶ *des roues, freins* Blockieren *nt*; *d'une pièce mobile, d'un boulon* Feststellen *nt*; *d'un écrou* Anziehen *nt*; *d'une vis* Festdrehen *nt*; *de la porte* Versperren *nt*; *(avec une cale)* Verkeilen *nt* ❷ ECON *des prix, salaires* Stopp *m*; *d'un crédit, des commandes* Sperre *f* ❸ PSYCH innerer Widerstand ❹ INFORM ~ ***du système*** Systemabsturz *m*
bloc-cuisine [blɔkkɥizin] <blocs-cuisines> *m* Küchenzeile *f* **bloc-cylindres** [blɔksilɛ̃dʀ] <blocs-cylindres> *m* Zylinderblock *m* **bloc-évier** [blɔkevje] <blocs-éviers> *m* Spülzeile *f*
blockbuster [blɔkbœstœʀ] *m* Blockbuster *m*, Kassenschlager *m*
blockhaus [blɔkos] *m* Bunker *m*
bloc-moteur [blɔkmɔtœʀ] <blocs-moteurs> *m* TECH Motorgetriebeblock *m*; *de la voiture* Motorblock *m* **bloc-notes** [blɔknɔt] <blocs-notes> *m* Notizblock *m*
blocus [blɔkys] *m* Blockade *f*
blog [blɔg] *m* INFORM Blog *m o nt*, Weblog *nt*
blogosphère [blɔgosfɛʀ] *f* INET Blogosphäre *f*
blogue [blɔg] *m* INFORM Blog *m o nt*, Weblog *nt*
bloguer [blɔge] <1> *vi* INFORM bloggen
blogueur, -euse [blɔgœʀ, -øz] *m, f* INFORM Blogger(in) *m(f)*
blond [blɔ̃] *m (couleur)* Blond *nt*; ~ ***cendré*** Aschblond; ~ ***foncé*** Dunkelblond
blond(e) [blɔ̃, blɔ̃d] **I.** *adj* blond; *tabac, bière, cigarette* hell **II.** *m(f) (personne)* Blonde(r) *f(m)*; *(femme)* Blondine *f*
blondasse [blɔ̃das] *adj (péj)* strohblond
blonde [blɔ̃d] *f (bière)* helles Bier; *(cigarette)* Zigarette *f* aus hellem Tabak
blondinet(te) [blɔ̃dinɛ, ɛt] *m(f)* Blondschopf *m*
blondir [blɔ̃diʀ] <8> *vi cheveux:* blond werden
bloquer [blɔke] <1> **I.** *vt* ❶ *(immobiliser)* blockieren, versperren *passage, route, porte;* festdrehen *vis;* fest anziehen *écrou;* feststellen *pièce mobile, boulon;* ***être bloqué dans l'ascenseur*** im Fahrstuhl festsitzen ❷ ECON sperren, zum Stocken bringen *négociations* ❸ *(regrouper)* zusammenlegen *jours de congés;* zusammenfassen *paragraphes* ❹ SPORT stoppen *balle* **II.** *vpr* **se** ~ ❶ *(s'immobiliser)* klemmen; *roues, freins:* blockieren ❷ PSYCH sich innerlich sperren ❸ INFORM *programme:* abstürzen **III.** *vi* PSYCH *(fam)* abblocken
blottir [blɔtiʀ] <8> *vpr* ***se ~ contre qn*** sich an jdn kuscheln; ***se ~ dans un coin*** sich in eine Ecke kauern
blouse [bluz] *f* ❶ *(tablier)* [Arbeits]kittel *m* ❷ *(corsage)* Bluse *f*
blouson [bluzɔ̃] *m* Blouson *m o nt* ▶ ~ **noir** Rocker *m*
blue-jean [bludʒin] <blue-jeans> *m* [Blue]jeans *f*
blues [blus] *m inv* ❶ *(musique)* Blues *m* ❷ *(cafard)* ***avoir un coup de ~*** schwermütig sein
bluff [blœf] *m* Bluff *m*
bluffer [blœfe] <1> *vt, vi* bluffen
boa [bɔa] *m* Boa *f*
bob [bɔb] *m* ❶ SPORT Bob *m* ❷ *(chapeau)* Stoffhut *m*
bobard [bɔbaʀ] *m (fam)* [Lügen]märchen *nt*
bobine [bɔbin] *f* ❶ *(cylindre)* Spule *f*; *de fil* Rolle *f* ❷ ELEC ~ ***d'allumage*** Zündspule ❸ *(fam: mine)* Flunsch *m*
bobiner [bɔbine] <1> *vt* ***~ qc sur qc*** etw auf etw *akk* spulen
bobo[1] [bobo] *m (fam)* Wehwehchen *nt*
bobo[2] [bobo] *inv abr de* **bourgeois bohème I.** *adj* Bobo- **II.** *mf* Bobo *mf meist Pl*
bobsleigh [bɔbslɛg] *m v.* **bob**
bocage [bɔkaʒ] *m* Bocage *m (Landschaftstyp im Westen Frankreichs)*
bocal [bɔkal, -o] <-aux> *m* Glas *nt*
Boche [bɔʃ] *mf (péj fam)* Boche *mf (aus dem 2. Weltkrieg stammende abwertende Bezeichnung für einen Deutschen/eine Deutsche)*
bock [bɔk] *m (verre d'1/8 litre)* Bierglas *nt*; *(contenu)* Glas *nt* Bier
body [bɔdi] <bodys *o* bodies> *m (sous-vêtement)* Body *m*

bodyboard [bɔdibɔʀd] *m* SPORT Bodyboard *nt* **bodybuilding** [bɔdibildiŋ] *m* Bodybuilding *nt*

bœuf [bœf, bø] *m* ❶ ZOOL Rind *nt* ❷ *(opp: taureau, vache)* Ochse *m* ❸ *(viande)* Rindfleisch *nt*

bof [bɔf] *interj* na ja

bogue [bɔg] *m o f* INFORM Programmfehler *m,* Bug *m*

bohème [bɔɛm] **I.** *adj* unkonventionell **II.** *mf* Bohemien *m* **III.** *f* Boheme *f*

Bohême [bɔɛm] *f* ***la*** ~ Böhmen *nt*

bohémien(ne) [bɔemjɛ̃, jɛn] *m(f) (péj)* Zigeuner(in) *m(f) pej*

boille [bɔj] *f* CH *(récipient à lait)* Milchkanne *f*

boire [bwaʀ] <irr> **I.** *vt* ❶ *(avaler un liquide)* trinken; *(finir de boire)* austrinken; ~ ***à la bouteille*** aus der Flasche trinken ❷ *(s'imprégner de)* aufsaugen **II.** *vi* ❶ *(se désaltérer)* trinken; ~ ***à la santé de qn*** auf jds Wohl trinken ❷ *(être alcoolique)* trinken **III.** *vpr* ***se*** ~ sich trinken lassen; ***se*** ~ ***à l'apéritif*** als Aperitif getrunken werden

bois [bwa] **I.** *m* ❶ *(forêt)* [kleiner] Wald ❷ *(matériau)* Holz *nt* ❸ *(gravure)* Holzschnitt *m* ▶ **toucher du** ~ [dreimal] auf Holz klopfen **II.** *mpl* ❶ MUS Holzblasinstrumente *Pl* ❷ *des cervidés* Geweih *nt*

boisé(e) [bwaze] *adj* bewaldet

boiser [bwaze] <1> *vt* aufforsten, bewalden *région*

boiserie [bwazʀi] *f* [Holz]täfelung *f*

boisson [bwasɔ̃] *f* ❶ *(liquide buvable)* Getränk *nt* ❷ *(alcoolisme)* Alkoholismus *m*

boîte [bwat] *f* ❶ *(récipient)* Schachtel *f; (en carton)* Karton *m; (en bois)* Kiste *f;* ~ ***à outils*** Werkzeugkasten *m;* ~ ***en plastique*** Plastikdose *f* ❷ *(conserve)* Dose *f;* ~ ***de conserves*** Konservendose; ***en*** ~ aus der Dose ❸ *(fam: discothèque)* Disko *f;* ~ ***de nuit*** Nachtklub *m* ❹ *(fam: entreprise)* Laden *m* ❺ MED ~ ***crânienne*** Schädel *m* ❻ AVIAT ~ ***noire*** Flugschreiber *m* ❼ AUT ~ ***à gants*** Handschuhfach *nt;* ~ ***de vitesses*** [Schalt]getriebe *nt* ❽ INFORM ~ ***de dialogue*** Dialogfeld *nt;* ~ ***d'envoi*** Postausgang *m;* ~ ***de réception*** Posteingang *m;* ~ ***aux lettres*** *[**électronique**]* Mailbox *f;* ~ ***à rythmes*** Drumcomputer *m* ❾ *(contenu d'une boîte)* ~ ***à*** [*o* ***aux***] ***lettres*** Briefkasten *m* ❿ *(casier)* ~ ***postale*** Postfach *nt*

boiter [bwate] <1> *vi* ❶ *(clopiner)* hinken; *(temporairement)* humpeln ❷ *(fig) raisonnement:* nicht stichhaltig sein; *comparaison:* hinken

boiteux, -euse [bwatø, -øz] *adj* ❶ *(bancal)* wack[e]lig; *personne* hinkend; *(temporairement)* humpelnd ❷ *(fig) explication, raisonnement* wenig überzeugend; *paix* unsicher

boîtier [bwatje] *m* ❶ *(boîte)* Gehäuse *nt; (pour des instruments)* Kasten *m; (pour des cassettes)* Plastikkassette *f* ❷ ELEC ~ ***de mixage*** kleines Mischpult; ~ ***de télécommande*** Fernbedienung *f*

boitiller [bwatije] <1> *vi* leicht hinken; *(temporairement)* leicht humpeln

bol [bɔl] *m* ❶ *(récipient)* Schale *f;* ***un*** ~ ***de lait*** eine Schale Milch ❷ *(fam: chance)* Schwein *nt;* ***avoir du*** ~ Schwein haben ❸ CAN *(cuvette)* ~ ***de toilette*** Toilettenschüssel *f* ▶ **en avoir ras le** ~ *(fam)* die Nase voll haben

bolchevik [bɔlʃəvik, bɔlʃevik] *mf* HIST Bolschewik(in) *m(f)*

bolchevique [bɔlʃəvik, bɔlʃevik] *adj* HIST bolschewistisch

boléro [bɔleʀo] *m (danse, gilet)* Bolero *m*

bolet [bɔlɛ] *m* BOT Röhrling *m*

bolide [bɔlid] *m* Rennwagen *m*

Bolivie [bɔlivi] *f* ***la*** ~ Bolivien *nt*

bolos [bɔlɔs] *m (fam: personne naïve et stupide)* Loser *m*

bolosser [bɔlɔse] <1> *vt (fam)* verprügeln *fam;* ***se faire*** ~ verprügelt werden *fam*

bombance [bɔ̃bɑ̃s] *f* ***faire*** ~ *(fam)* ein großes Ess- und Trinkgelage machen

bombardement [bɔ̃baʀdəmɑ̃] *m* ❶ MIL ~ ***de qc*** Bombardierung *f* einer S. *gen,* Bombenangriff *m* auf etw *akk;* ~ ***aérien*** Luftangriff ❷ *(fig)* ***cela s'est terminé par un*** ~ ***de projectiles*** es flogen Wurfgeschosse durch die Gegend ❸ PHYS Beschuss *m* [des Atomkerns mit Elementarteilchen]

bombarder [bɔ̃baʀde] <1> *vt* ❶ MIL bombardieren; ~ ***qn de tomates*** jdn mit Tomaten bewerfen ❷ PHYS ~ ***qc de qc*** etw mit etw beschießen ❸ *(fam: nommer à un poste)* ~ ***qn directeur*** jdn auf den Posten des Direktors katapultieren

bombardier [bɔ̃baʀdje] *m* Bomber *m*

bombe [bɔ̃b] *f* ❶ MIL Bombe *f;* ~ ***atomique*** Atombombe; ~ ***humaine*** menschliche Bombe; ~ ***lacrymogène*** Tränengas *nt* ❷ *(atomiseur)* Spraydose *f;* ~ ***aérosol*** Spraydose *f* ❸ *(casquette)* Reitkappe *f* ❹ GASTR ~ ***glacée*** Eisbombe *f*

bombé(e) [bɔ̃be] *adj* gewölbt

bomber [bɔ̃be] <1> **I.** *vt* ❶ *(gonfler)*

[he]rausstrecken *fam poitrine, torse* ❷ *(fam: peindre)* ~ ***qc sur qc*** etw auf etw *akk* sprühen ❸ *(passer un insecticide)* versprühen **II.** *vi bois:* sich verziehen; *mur, planche:* sich wölben

bôme [bom] *f* NAUT Rah[e] *f*

bon [bɔ̃] **I.** *m* ❶ *(coupon d'échange)* Gutschein *m; (formulaire)* Schein *m;* ~ ***de caisse*** Kassenzettel ❷ FIN ~ ***du Trésor*** Schatzanweisung *f* ❸ *(ce qui est bon)* Gute(s) *nt* ❹ *(personne)* Gute(r) *f(m)* ▶ **avoir du** ~ seine Vorzüge haben **II.** *adv* ***sentir*** ~ duften ▶ **il fait** ~ es ist mild

bon(ne) [bɔ̃, bɔn] <meilleur> *adj antéposé* ❶ *(opp: mauvais)* gut; ***être*** ~ ***en latin/maths*** gut in Latein/Mathe sein ❷ *(adéquat, correct)* richtig; *remède, conseil* gut; ***tous les moyens sont ~s*** alle Mittel sind recht ❸ *(valable)* gültig ❹ *(agréable)* gut; *soirée, surprise, moment, vacances, week-end* schön; *eau* sehr angenehm ❺ *(délicieux)* gut; *(comestible)* gut; ***être très*** ~ sehr gut schmecken ❻ *(intensif de quantité)* gut ❼ *(être fait pour)* ***c'est*** ~ ***à savoir*** das ist gut zu wissen ❽ *(être destiné à)* ***être*** ~ ***pour qc*** reif für etw sein *fam* ❾ *(moralement)* gut; ***il n'a pas de ~nes lectures/fréquentations*** er liest nichts Anständiges/er hat keine anständigen Freunde ▶ **c'est** ~ *(a bon goût)* das schmeckt gut; *(fait du bien)* das tut gut; *(ça ira comme ça)* das reicht; *(tant pis)* macht nichts; **n'être** ~ **à rien** zu nichts zu gebrauchen sein; **à quoi ~?** wozu?; **pour de ~?** wirklich?

bonasse [bɔnas] *adj* [all]zu gutmütig

bonbon [bɔ̃bɔ̃] *m* Bonbon *m o nt;* ~ ***acidulé*** saurer Drops; ~ ***à la menthe*** Pfefferminzbonbon

bonbonne [bɔ̃bɔn] *f* [bauchige] Korbflasche; ~ ***de gaz*** Gasflasche *f*

bonbonnière [bɔ̃bɔnjɛʀ] *f* Bonbonniere *f*

bond [bɔ̃] *m* ❶ *d'une personne, d'un animal* Satz *m;* SPORT Sprung *m;* ~ ***en avant*** ECON Sprung *m* nach vorn ❷ *(rebond)* ***faire plusieurs ~s*** mehrmals hochspringen

bonde [bɔ̃d] *f* ❶ *du tonneau* Spundloch *nt; de l'évier, de la baignoire* Abflussloch *nt* ❷ *du tonneau* Spund *m; de l'évier, de la baignoire* Stöpsel *m*

bondé(e) [bɔ̃de] *adj* überfüllt

bondir [bɔ̃diʀ] <8> *vi* ❶ *(sauter)* [hoch]springen; ~ ***hors du lit*** aus dem Bett springen; ~ ***à la porte*** an die Tür stürzen ❷ *(sursauter)* empört sein; ~ ***de joie*** Freudensprünge machen *fam; **faire*** ~ ***qn*** jdn rasend machen

bondissement [bɔ̃dismɑ̃] *m d'un animal* [Auf]springen *nt*

bonheur [bɔnœʀ] *m* ❶ *(état)* Glück *nt* ❷ *(chance)* Glück *nt;* ***le*** ~ ***de vivre*** die Lebensfreude; ***porter*** ~ ***à qn*** jdm Glück bringen ▶ **ne pas connaître son** ~ nicht wissen, wie gut man es hat; **par** ~ zum Glück

bonhomie [bɔnɔmi] *f* Herzlichkeit *f*

bonhomme [bɔnɔm, bɔ̃zɔm] <bonshommes> *m* ❶ *(fam: homme)* Mann *m; (plutôt négatif)* Kerl *m;* ~ ***de neige*** Schneemann *m* ❷ *(petit garçon)* ***petit*** ~ kleiner Mann ❸ *(dessin)* Männchen *nt*

boni [bɔni] *m* Gewinn *m*

boniche [bɔniʃ] *f (péj fam)* Dienstmädchen *nt*

bonification [bɔnifikasjɔ̃] *f* ❶ *d'un vin* Verbesserung *f* ❷ *(bonus)* Bonus *m;* SPORT Zeitgutschrift *f*

bonifier [bɔnifje] <1> **I.** *vt* verbessern *terres* **II.** *vpr* ***se*** ~ *vin:* besser werden

boniment [bɔnimɑ̃] *m* ❶ *d'un vendeur, camelot* Anpreisen *nt* der Ware ❷ *(mensonges)* Lügengeschichte *f*

bonimenteur, -euse [bɔnimɑ̃tœʀ, -øz] *m, f (vieilli)* Lügner(in) *m(f)*

bonjour [bɔ̃ʒuʀ] **I.** *interj* ❶ *(salutation)* guten Tag/Morgen; ***dire*** ~ ***à qn*** jdm guten Tag sagen ❷ CAN *(bonne journée)* einen schönen Tag noch **II.** *m* ***donner bien le*** ~ ***à qn de la part de qn*** jdm von jdm einen schönen Gruß bestellen

bonne [bɔn] *f* Dienstmädchen *nt;* ~ ***d'enfants*** Kindermädchen *nt; v. a.* **bon**

bonne-maman [bɔnmamɑ̃] <bonnes-mamans> *f* Großmama *f,* Großmutti *f*

bonnement [bɔnmɑ̃] *adv* ▶ **tout** ~ ganz einfach

bonnet [bɔnɛ] *m* ❶ *(coiffure)* Mütze *f; du nourrisson* Häubchen *nt; du bébé* Mützchen *nt;* ~ ***de bain*** Badekappe *f* ❷ *du soutien-gorge* Körbchen *nt*

bonneterie [bɔnɛtʀi, bɔn(ə)tʀi] *f* Wirk- und Strickwaren *Pl; (fabrication)* Wirk- und Strickwarenindustrie *f*

bonniche [bɔniʃ] *f v.* **boniche**

bon-papa [bɔ̃papa] <bons-papas> *m* Großpapa *m,* Großpapi *m*

bonsaï [bɔ̃(d)zaj] *m* Bonsai *m*

bonsoir [bɔ̃swaʀ] *interj (en arrivant)* guten Abend; *(en partant)* auf Wiedersehen; *(avant le coucher)* gute Nacht

bonté [bɔ̃te] *f* Güte *f;* ***avec*** ~ gütig

bonus [bɔnys] *m* Schadenfreiheitsrabatt *m*

bonze [bɔ̃z] *m* Bonze *m*

bookmaker [bukmɛkœʀ] *m* Buchmacher *m*

boom [bum] *m* Boom *m;* ~ ***démographique*** Bevölkerungsexplosion *f*

boomerang [bumʀɑ̃g] *m* Bumerang *m*

booster [buste] <1> *vt (fam)* entscheidend verbessern *article de journal, critique;* spürbar anheben *retraites, pensions;* kräftig ankurbeln *croissance, économie;* aufpeppen *cheveux, look;* pushen *ventes, audimat;* ~ ***une équipe*** ein Team nach vorne bringen

boot [but] *m* INFORM Hochfahren *nt,* Booten *nt*

booter [bute] <1> *vi* INFORM [hoch]booten

boots [buts] *fpl* Boots *Pl*

bord [bɔʀ] *m* Rand *m; d'une table, d'un trottoir* Kante *f; d'un lac, d'une rivière* Ufer *nt; de la mer* Küste *f;* ***au ~ de [la] mer*** am Meer; *d'un chapeau* Krempe *f* ▶ **passer par-dessus** ~ über Bord gehen; **virer de** ~ wenden; *(fig)* umschwenken; **à** ~ an Bord; **au** ~ **du lac** am Seeufer

bordeaux [bɔʀdo] **I.** *m* Bordeaux[wein *m*] *m* **II.** *app inv* weinrot

bordée [bɔʀde] *f* Breitseite *f*

bordel [bɔʀdɛl] **I.** *m* ❶ *(vulg: maison close)* Puff *m fam* ❷ *(fam: désordre)* Saustall *m* **II.** *interj (fam)* verdammt noch mal!

bordelais(e) [bɔʀd(ə)lɛ, ɛz] *adj* aus Bordeaux

bordélique [bɔʀdelik] *adj (fam)* chaotisch

border [bɔʀde] <1> *vt* ❶ *(longer)* säumen *geh rivière, route;* ***être bordé de qc*** *route, rivière:* von etw gesäumt sein *geh; place:* von etw eingesäumt sein *geh* ❷ COUT ~ ***un mouchoir de dentelle*** ein Taschentuch mit Spitze besetzen ❸ *(couvrir)* zudecken *enfant, malade;* machen *lit (indem man die Laken unter der Matratze feststeckt)* ❹ NAUT einholen *voile*

bordereau [bɔʀdəʀo] <x> *m (formulaire)* Schein *m;* ~ ***d'achat*** [Kauf]beleg *m;* ~ ***de livraison*** Lieferschein; *(liste)* Liste *f; (facture)* Rechnung *f*

bordier [bɔʀdje] *m* CH *(riverain)* Anlieger *m,* Anstößer *m* CH

bordure [bɔʀdyʀ] *f* ❶ *(bord)* Rand *m; d'un quai, trottoir* Kante *f; (empiècement)* Bordüre *f* ❷ *(rangée)* Reihe *f* ❸ *(rangée de pavés)* Einfassung *f*

bore [bɔʀ] *m* CHIM Bor *nt*

boréal(e) [bɔʀeal, -o] <s o -aux> *adj* nördlich

borgne [bɔʀɲ] *adj* ❶ *(éborgné)* einäugig ❷ ARCHIT *pièce* ohne Fenster; *fenêtre* ohne Ausblick ❸ *(mal famé)* anrüchig

borne [bɔʀn] *f* ❶ *(pierre)* Grenzstein *m;* ~ ***kilométrique*** Kilometerstein ❷ *(protection)* Steinpfosten *m* ❸ *pl (limite)* Grenzen *Pl;* ***dépasser les ~s*** *personne:* zu weit gehen; *ignorance, bêtise:* grenzenlos sein ❹ *(fam: distance de 1 km)* Kilometer *m* ❺ ELEC [Anschluss]klemme *f*

borné(e) [bɔʀne] *adj* beschränkt; *personne* borniert

borner [bɔʀne] <1> **I.** *vt* ❶ *(limiter)* begrenzen, die Grenze bilden zu *terrain* ❷ *(fig)* ~ ***son ambition à qc*** seinen Ergeiz auf etw beschränken **II.** *vpr* ***se ~ à qc*** *(se limiter à)* sich auf etw *akk* beschränken; *(se contenter de)* sich mit etw begnügen

bosniaque [bɔsnjak] *adj* bosnisch

Bosniaque [bɔsnjak] *mf* Bosnier(in) *m(f)*

Bosnie [bɔsni] *f* ***la*** ~ Bosnien *nt*

Bosnie-Herzégovine [bɔsniɛʀzegɔvin] *f* ***la*** ~ Bosnien-Herzegowina *nt*

bosquet [bɔskɛ] *m* Baumgruppe *f*

boss [bɔs] *m (fam)* Boss *m*

bossage [bɔsaʒ] *m* ARCHIT Bosse *f*

bosse [bɔs] *f* ❶ *(déformation)* Beule *f* ❷ *du chameau* Höcker *m* ❸ *(difformité)* Buckel *m* ❹ *(accident de terrain)* [leichte] Erhebung ❺ *(don)* ***avoir la ~ de la musique*** *(fam)* ein kleines Musikgenie sein

bosseler [bɔsle] <3> *vt* einbeulen, verbeulen

bosser [bɔse] <1> **I.** *vi (fam: travailler dur)* schuften; *(bûcher)* büffeln **II.** *vt (fam)* büffeln *matière*

bosseur, -euse [bɔsœʀ, -øz] *m, f (fam)* Arbeitstier *nt*

bossu(e) [bɔsy] **I.** *adj* buck[e]lig; *(voûté)* krumm **II.** *m(f)* Buck[e]lige(r) *f(m)*

botanique [bɔtanik] **I.** *adj* botanisch **II.** *f* Botanik *f*

botaniste [bɔtanist] *mf* Botaniker(in) *m(f)*

Botswana [bɔtswana] *m* ***le*** ~ Botswana *nt*

botte [bɔt] *f* ❶ *(chaussure)* Stiefel *m* ❷ *de légumes, fleurs* Bund *nt; de foin, paille (en gerbe)* Bündel *nt; (au carré)* Ballen *m* ❸ *(en escrime)* Stoß *m*

botté(e) [bɔte] *adj* gestiefelt

botter [bɔte] <1> *vt* ~ ***le derrière/les fesses à qn*** jdn in den Hintern treten *fam*

bottier [bɔtje] *m* Maßschuhmacher(in) *m(f)*

bottillon [bɔtijɔ̃] *m* Halbstiefel *m*

bottin® [bɔtɛ̃] *m* Telefonbuch *nt*

bottine [bɔtin] *f* Stiefelette *f*

bouc [buk] *m* ❶ ZOOL Ziegenbock *m* ❷ *(barbe)* Spitzbart *m* ▶ ~ **émissaire** Sündenbock *m*

boucan [bukɑ̃] *m (fam)* Radau *m*

B

bouchage [buʃaʒ] *m* Verschließen *nt; (manière)* Verschluss *m*

bouche [buʃ] *f* ❶ ANAT Mund *m; d'un animal* Maul *nt;* ***parler la ~ pleine*** mit vollem Mund sprechen ❷ *d'un volcan* Kraterloch *nt; d'un tuyau* Öffnung *f; d'un canon* Mündung *f;* ***~ de métro*** Metroeingang *m* ❸ *pl* GEOG ***les ~s du Rhône*** die Mündung der Rhone ▶ ~ **bée** bass erstaunt; **être une fine ~** ein Feinschmecker sein; **faire la fine ~** wählerisch sein

bouché(e) [buʃe] *adj* ❶ METEO *temps* trüb[e]; *ciel* verhangen ❷ *(sans avenir)* ohne Zukunft ❸ *(fam) personne* beschränkt

bouche-à-bouche [buʃabuʃ] *m sans pl* Mund-zu-Mund-Beatmung *f.* **bouche-à-nez** [buʃane] *m inv* MED Mund-zu-Nase-Beatmung *f*

bouchée [buʃe] *f* ❶ *(petit morceau)* Bissen *m; (ce qui est dans la bouche)* Mundvoll *m* ❷ GASTR ***~ au chocolat*** Praline *f* ▶ **pour une ~ de pain** für ein Butterbrot *fam*

boucher [buʃe] <1> **I.** *vt* zukorken *bouteille;* zumachen *trou;* zuschütten *trous de la route;* zuschmieren *fente;* verstopfen *toilettes, évier;* ***avoir le nez bouché*** eine verstopfte Nase haben **II.** *vpr* ***se ~*** *évier:* verstopfen; ***se ~ le nez/les oreilles*** sich *dat* die Nase/Ohren zuhalten; ***se ~ les yeux*** *(fig)* die Augen verschließen

boucher, -ère [buʃe, -ɛʀ] *m, f* ❶ *(commerçant)* Fleischer(in) *m(f),* Metzger(in) *m(f)* SDEUTSCH, Schlachter(in) *m(f)* NDEUTSCH ❷ *(péj: chirurgien)* Metzger *m*

bouchère [buʃɛʀ] *f (femme du boucher)* Fleischersfrau *f,* Metzgersfrau *f* SDEUTSCH

boucherie [buʃʀi] *f* ❶ *(magasin)* Metzgerei *f* ❷ *(métier)* Metzgerhandwerk *nt* ❸ *(massacre)* Gemetzel *nt*

boucherie-charcuterie [buʃʀiʃaʀkytʀi] <boucheries-charcuteries> *f* Fleisch- und Wurstwarengeschäft *nt*

bouche-trou [buʃtʀu] <bouche-trous> *m* ❶ *(personne)* Lückenbüßer(in) *m(f)* ❷ MEDIA [Lücken]füller *m*

bouchon [buʃɔ̃] *m* ❶ *d'une bouteille* Korken *m;* ***~ de liège*** [echter] Korken; *d'une carafe, d'un évier* Stöpsel *m; d'un bidon, tube, radiateur* Verschluss *m; d'un réservoir* Deckel *m;* ***sentir le ~*** *vin:* nach Korken schmecken ❷ PECHE Schwimmer *m* ❸ *(embouteillage)* [Verkehrs]stau *m*

bouchonner [buʃɔne] <1> *vi (fam)* stauen

bouclage [buklaʒ] *m* ❶ *(fam: action d'enfermer)* Einschließen *nt* ❷ POL, MIL *d'un quartier* Abriegelung *f* ❸ PRESSE *d'un journal* Redaktionsschluss *m*

boucle [bukl] *f* ❶ *de soulier, ceinture, d'un harnais* Schnalle *f;* ***~ d'oreille*** Ohrring *m* ❷ *(qui s'enroule)* ***~ de cheveux*** Haarlocke *f* ❸ *(forme géométrique)* Schleife *f; d'une rivière* Windung *f* ❹ INFORM Schleife *f* ❺ AVIAT Looping *m o nt* ❻ *(en voiture, à pied)* Rundstrecke *f*

bouclé(e) [bukle] *adj cheveux, poils* lockig

boucler [bukle] <1> **I.** *vt* ❶ *(attacher)* zumachen *ceinture;* ***~ la ceinture de sécurité*** den Sicherheitsgurt anlegen ❷ *(fam: fermer)* schließen *magasin, porte, bagages* ❸ *(terminer)* beenden *affaire, enquête;* abschließen *recherches, dossier;* fertig stellen *travail* ❹ *(équilibrer)* ausgleichen *budget* ❺ *(encercler)* abriegeln *quartier* ❻ *(fam: enfermer)* einsperren ❼ *(friser, onduler)* ***~ ses cheveux*** sich *dat* Locken in die Haare machen **II.** *vi* ❶ *(friser)* ***ses cheveux bouclent naturellement*** er/sie hat Naturlocken ❷ INFORM eine Schleife machen **III.** *vpr* ❶ *(se faire des boucles)* ***se ~*** sich *dat* die Haare eindrehen ❷ *(s'enfermer)* ***se ~ dans sa chambre*** sich in seinem Zimmer einschließen

bouclette [buklɛt] *f* [Ringel]löckchen *nt*

bouclier [buklije] *m* ❶ MIL Schild *m* ❷ *(protection)* Schutzschild *m,* Schutz *m;* ***~ fiscal*** FIN Deckelung *f* der Steuerquote

Bouddha [buda] *m* Buddha *m*

bouddhisme [budism] *m* Buddhismus *m*

bouddhiste [budist] **I.** *adj* buddhistisch **II.** *mf* Buddhist *m*

bouder [bude] <1> **I.** *vi* schmollen **II.** *vt* ❶ *(montrer du mécontentement à qn)* ***~ qn*** jdm schmollend begegnen ❷ *(ne plus rechercher qc)* ***~ un produit*** ein Produkt unbeachtet lassen

bouderie [budʀi] *f* Schmollen *nt*

boudeur, -euse [budœʀ, -øz] **I.** *adj* beleidigt **II.** *m, f* jd, der schmollt

boudin [budɛ̃] *m* ❶ *(charcuterie)* ***~ noir*** ≈ Blutwurst *f,* ≈ Blunze[n] *f* SDEUTSCH, A *fam;* ***~ blanc*** *aus Geflügelfleisch, Milch, Ei und Brotkrume hergestellte Wurst* ❷ *(fam: fille grosse et disgracieuse)* Pummel *m*

boudiné(e) [budine] *adj* ❶ *doigt* Wurst- *fam* ❷ *(serré dans un vêtement étriqué)* beengt

boudiner [budine] <1> *vt (fam)* beengen

boudoir [budwaʀ] *m (gâteau)* Löffelbiskuit *m*

boue [bu] *f* Schlamm *m,* Gatsch *m* A

bouée [bwe] *f* ❶ *(balise)* Boje *f* ❷ *(protec-*

tion gonflable) Schwimmreifen *m; ~ **de sauvetage*** Rettungsring *m; (fig)* Rettungsanker *m*

boueux, -euse [bwø, -øz] *adj chaussures, chemin, eau* schlammig

bouffant(e) [bufɑ̃, ɑ̃t] *adj **des manches ~es*** Puffärmel *Pl*

bouffe [buf] *f (fam)* Essen *nt*

bouffée [bufe] *f* ❶ *(souffle) **tirer des ~s de sa pipe*** seine Pfeife paffen *fam; ~ **d'air frais/chaud*** frische Brise/Schwall *m* heißer Luft ❷ *(haleine) **des ~s d'ail*** Knoblauchfahne *f* ❸ *(poussée) ~ **de chaleur/fièvre*** [Hitze]wallung *f*/Fieberanfall *m*

bouffer [bufe] <1> **I.** *vi* ❶ *(fam: manger)* fressen ❷ *(se gonfler)* sich bauschen **II.** *vt (fam)* ❶ *(manger)* futtern ❷ *(consommer)* schlucken *essence, huile;* fressen *kilomètres*

bouffi(e) [bufi] *adj* ❶ *visage* aufgedunsen; *yeux* verquollen; *mains* angeschwollen ❷ *(péj) **être ~ d'orgueil*** aufgeblasen sein *fam*

bouffir [bufiʀ] <8> **I.** *vt* aufquellen [*o* anschwellen] lassen *visage* **II.** *vi personne:* [krankhaft] zunehmen; *corps:* sich aufblähen; *yeux:* aufquellen

bouffon(ne) [bufɔ̃, ɔn] **I.** *adj* spaßig **II.** *m(f)* Narr *m,* Kasper *m*

bouffonnerie [bufɔnʀi] *f* Drolligkeit *f; d'une scène, pièce* [derbe] Komik

bouge [buʒ] *m* ❶ *(bar mal famé)* Spelunke *f pej* ❷ *(taudis)* Loch *nt pej fam*

bougeoir [buʒwaʀ] *m* Kerzenleuchter *m (mit Griff)*

bougeotte [buʒɔt] *f **avoir la ~*** *(fam: ne pas tenir en place)* kein Sitzfleisch haben

bouger [buʒe] <2a> **I.** *vi* ❶ *(remuer)* sich bewegen ❷ *(protester) ~ **devant qn/qc*** gegen jdn/etw aufbegehren ❸ *(fam) **faire ~ qc*** etw ins Rollen bringen ❹ *(se déplacer, voyager) **je ne bouge pas d'ici!*** ich rühre mich nicht vom Fleck! **II.** *vt* ❶ *(déplacer)* umstellen *meuble, objet* ❷ *(remuer)* bewegen *bras, doigt, tête* **III.** *vpr* **se ~** *(fam)* ❶ *(se remuer)* sich bewegen ❷ *(faire un effort)* sich anstrengen

bougie [buʒi] *f* ❶ *(chandelle)* Kerze *f* ❷ AUT Zündkerze *f*

bougnoul(e) [buɲul] *m(f) (péj fam)* Kameltreiber(in) *m(f)*

bougnoul[e] [buɲul] *m (péj fam)* ❶ Kameltreiber(in) *m(f)* ❷ *(Maghrébin)* Nordafrikaner *m,* Araber *m (rassistische Beleidigung)*

bougon(ne) [bugɔ̃, ɔn] **I.** *adj* mürrisch **II.** *m(f)* Miesepeter *m fam*

bougonner [bugɔne] <1> *vi ~ **contre qn/qc*** über jdn/etw murren

bougre, bougresse [bugʀ, bugʀɛs] *m, f (fam)* Kerl *m*

bougrement [bugʀəmɑ̃] *adv (vieilli fam)* unheimlich *fam,* verdammt *fam*

boui-boui [bwibwi] <bouis-bouis> *m (péj fam)* Spelunke *f*

bouillabaisse [bujabɛs] *f* GASTR Bouillabaisse *f*

bouillant(e) [bujɑ̃, jɑ̃t] *adj* ❶ *(qui bout)* kochend ❷ *(très chaud)* kochend heiß ❸ *(fougueux)* ungestüm

bouille [buj] *f (fam)* Gesicht *nt*

bouilli(e) [buji] **I.** *part passé de* **bouillir** **II.** *adj légumes, viande, poisson* gekocht; *eau* abgekocht; *lait* aufgekocht

bouillie [buji] *f* Brei *m*

bouillir [bujiʀ] <irr> **I.** *vi* ❶ *(être en ébullition)* kochen ❷ *(porter à ébullition)* zum Kochen bringen ❸ *(laver à l'eau bouillante, stériliser)* [aus]kochen ❹ *(s'emporter) ~ **de colère/de rage*** vor Wut kochen **II.** *vt* ❶ *(porter à ébullition)* zum Kochen bringen *lait, eau;* [aus]kochen *linge* ❷ *(cuire à l'eau)* kochen *viande, légumes*

bouilloire [bujwaʀ] *f* [Wasser]kessel *m*

bouillon [bujɔ̃] *m* ❶ *(soupe)* Brühe *f* ❷ *(bouillonnement)* Aufkochen *nt* ❸ BIO *~ **de culture*** Nährbrühe *f; (fig)* Nährboden *m*

bouillon-cube [bujɔ̃kyb] <bouillon-cubes> *m* Brühwürfel *m*

bouillonnant(e) [bujɔnɑ̃, ɑ̃t] *adj* ❶ sprudelnd; ***des bains ~s*** ein Whirlpool ❷ *(imaginatif)* überschäumend; *imagination* blühend

bouillonnement [bujɔnmɑ̃] *m* ❶ *(ébullition)* Sprudeln *nt* ❷ *(fig) des idées* Überschäumen *nt*

bouillonner [bujɔne] <1> *vi* ❶ *(produire des bouillons)* brodeln ❷ *(être énervé) ~ **de rage/colère*** vor Wut schäumen *geh* ❸ *(être imaginatif) ~ **d'idées*** vor Ideen überschäumen

bouillotte [bujɔt] *f* Wärmflasche *f*

boulange [bulɑ̃ʒ] *f (fam) abr de* **boulangerie** Bäckerei *f; (métier)* Bäckerhandwerk *nt*

boulanger, -ère [bulɑ̃ʒe, -ɛʀ] **I.** *m, f* Bäcker(in) *m(f)* **II.** *app* Bäcker-

boulangère [bulɑ̃ʒɛʀ] *f (femme d'un boulanger)* Bäckersfrau *f*

boulangerie [bulɑ̃ʒʀi] *f* ❶ *(magasin)* Bäckerei *f* ❷ *(usine) ~ **industrielle*** Brotfabrik *f* ❸ *(métier)* Bäckerei *f*

boulangerie-pâtisserie [bulɑ̃ʒʀipɑtisʀi]

B

B

<boulangeries-pâtisseries> *f* Bäckerei-Konditorei *f*

boulanger-pâtissier [bulɑ̃ʒepɑtisje] <boulangers-pâtissiers> *m* Bäcker und Konditor *m*

boule [bul] *f* ❶ *(sphère)* Kugel *f* ❷ *(objet de forme ronde)* **~ de glace** Eiskugel; **~ de naphtaline** Mottenkugel; **~ de neige** Schneeball *m;* **~ de laine** Wollknäuel *m;* **~ de coton** Wattebausch *m;* **~ à thé** Teeei *nt* ❸ *pl, (fam: testicules)* Eier *Pl* ❹ *pl* JEUX **jeu de ~s** Boule[spiel] *nt;* **jouer aux ~s** Boule spielen ❺ *(tête)* **perdre la ~** *(fam: devenir fou)* überschnappen; *(s'affoler)* durchdrehen

bouleau [bulo] <x> *m* BOT Birke *f*

bouledogue [buldɔg] *m* ZOOL Bulldogge *f*

bouler [bule] <1> *vi* **envoyer qn/qc ~** *(fam)* jdn/etw rausschmeißen *fam*

boulet [bulɛ] *m* ❶ *(boule de métal pour charger les canons)* [Kanonen]kugel *f; (boule de métal attachée aux pieds des condamnés)* [Eisen]kugel *f* ❷ *(fardeau)* Last *f* ❸ *(charbon)* Eierbrikett *nt* ❹ *(fam: casse-pieds)* Plagegeist *m*

boulette [bulɛt] *f* ❶ *(petite boule)* Kügelchen *nt;* **~ de pétrole** Ölklumpen *m* ❷ GASTR Frikadelle *f*

boulevard [bulvaʀ] *m* Boulevard *m*

bouleversant(e) [bulvɛʀsɑ̃, ɑ̃t] *adj spectacle, récit* erschütternd

bouleversement [bulvɛʀsəmɑ̃] *m* grundlegende Veränderung; *(dans la vie d'une personne)* Erschütterung *f*

bouleverser [bulvɛʀse] <1> *vt* ❶ *(causer une émotion violente)* [zutiefst] erschüttern *personne* ❷ *(apporter des changements brutaux)* völlig verändern *carrière, vie;* umstoßen *emploi du temps, programme* ❸ *(mettre sens dessus dessous)* völlig durcheinanderbringen *fam maison, pièce*

boulgour [bulguʀ] *m* GASTR Bulgur *m*

boulier [bulje] *m* Rechenmaschine *f*

boulimie [bulimi] *f* ❶ MED Bulimie *f* ❷ *(désir intense)* **avoir une ~ de voyage** große Reiselust verspüren

boulimique [bulimik] **I.** *adj* ❶ *(vorace)* gefräßig ❷ *(insatiable)* unersättlich **II.** *mf* an Bulimie Leidende(r) *f(m)*

bouliste [bulist] *mf* Boulespieler(in) *m(f)*

boulodrome [bulodʀom] *m* Bouleplatz *m*

boulon [bulɔ̃] *m* Schraubenbolzen *m* [mit Mutter]

boulonner [bulɔne] <1> **I.** *vt* zusammenschrauben **II.** *vi (fam: travailler)* schuften

boulot [bulo] *m (fam: travail)* Arbeit *f; (emploi)* Job *m;* **petit ~** Gelegenheitsjob

boum[1] [bum] **I.** *interj* bum[s] **II.** *m (bruit sonore)* Bums *m fam*

boum[2] [bum] *f (fam)* Fete *f*

boumer [bume] <1> *vi (fam)* **alors, ça boume?** na, alles klar? *fam*

bouquet [bukɛ] *m* ❶ *de fleurs* Strauß *m; de persil, thym* Bund *nt* ❷ *d'un feu d'artifice* krönende Schlussgarbe ❸ *d'un vin* Blume *f* ❹ *(grosse crevette)* Riesengarnele *f*

bouquetin [buktɛ̃] *m* ZOOL Steinbock *m*

bouquin [bukɛ̃] *m (fam)* Schmöker *m*

bouquiner [bukine] <1> *vi (fam)* schmökern

bouquiniste [bukinist] *mf* Bouquinist(in) *m(f),* Straßenbuchhändler(in) *m(f)*

Land und Leute

Die **bouquinistes** sind Antiquare und Straßenbuchhändler an den Seineufern in Paris oder auch an den Ufern der Saône in Lyon.

bourbe [buʀb] *f* Morast *m,* Schlamm *m*

bourbeux, -euse [buʀbø, -øz] *adj* morastig

bourbier [buʀbje] *m* Schlammloch *nt*

bourbon [buʀbɔ̃] *m* Bourbon *m*

bourbonien(ne) [buʀbɔnjɛ̃, jɛn] *adj* bourbonisch

Bourbons [buʀbɔ̃] *mpl* HIST **les ~** die Bourbonen *Pl*

bourde [buʀd] *f (fam: bévue)* Schnitzer *m*

bourdon [buʀdɔ̃] *m* ❶ ZOOL Hummel *f* ❷ MUS *große Glocke, die dunkel klingt; d'un orgue* Bordun *m*

bourdonnement [buʀdɔnmɑ̃] *m d'un insecte* Summen *nt; d'un moteur* Brummen *nt; des voix* Gemurmel *nt*

bourdonner [buʀdɔne] <1> *vi moteur:* brummen; *insecte:* summen; *hélice:* surren

bourg [buʀ] *m* Marktflecken *m*

Aussprache

Die Endung -g in **bourg** wird nicht gesprochen.

bourgade [buʀgad] *f* kleiner Marktflecken *m*

bourge [buʀʒ] *mf (péj fam) abr de* **bourgeois II. 2.** Spießer(in) *m(f)*

bourgeois(e) [buʀʒwa, waz] **I.** *adj* ❶ *(relatif à la bourgeoisie)* bürgerlich; **classe ~e** Bürgertum *nt* ❷ *(péj: étroitement conservateur)* spießbürgerlich **II.** *m(f)* ❶ *(qui appartient à la bourgeoi-

sie) Bürgerliche(r) *f(m)* ❷ *(péj)* Spießbürger(in) *m(f)* ❸ *(citoyen)* Bürger(in) *m(f)*

bourgeoise [buʀʒwaz] *f* ❶ Bürgerliche *f* ❷ *(péj)* Spießbürgerin *f pej* ❸ *(fam: femme)* ***ma/ta ~*** meine/deine Alte *fam*

bourgeoisement [buʀʒwazmɑ̃] *adv* bürgerlich; *(péj)* spießbürgerlich *pej*

bourgeoisie [buʀʒwazi] *f* ❶ *(classe sociale)* Bürgertum *nt* ❷ HIST Bourgeoisie *f*

bourgeon [buʀʒɔ̃] *m d'un arbre, d'une plante* Knospe *f*

bourgeonner [buʀʒɔne] <1> *vi* ❶ BOT *arbre:* Knospen treiben ❷ *(fig)* ***son visage bourgeonne*** er/sie bekommt Pickel im Gesicht

bourgmestre [buʀgmɛstʀ] *m* BELG *(maire)* Bürgermeister *m*

bourgogne [buʀgɔɲ] *m* Burgunder[wein *m*] *m*

Bourgogne [buʀgɔɲ] *f* ***la ~*** Burgund *nt*

bourguignon(ne) [buʀgiɲɔ̃, ɔn] *adj* burgundisch; GASTR Burgunder-

Bourguignon(ne) [buʀgiɲɔ̃, ɔn] *m(f)* Burgunder(in) *m(f)*

bourlinguer [buʀlɛ̃ge] <1> *vi (fig fam)* [viel] herumreisen

bourlingueur, -euse [buʀlɛ̃gœʀ, -øz] **I.** *m, f* Globetrotter *m* **II.** *adj* Globetrotter-

bourrade [buʀad] *f* Stoß *m*

bourrage [buʀaʒ] *m* ❶ *d'un coussin, matelas* Füllen *nt; d'une pipe* Stopfen *nt* ❷ *(fig fam: gavage intellectuel)* stures [Ein]pauken *pej* ❸ TECH ***~ de papier*** Papierstau *m*

bourrasque [buʀask] *f* ❶ METEO *de vent* Bö *f; de neige* Gestöber *nt* ❷ *(fig) d'injures, de mots, paroles* Hagel *m*

bourratif, -ive [buʀatif, -iv] *adj (fam) aliment* sättigend

bourre [buʀ] *f* ❶ *(matière de remplissage)* Füllung *f* ❷ *(duvet des bourgeons)* Flaum *m* ❸ *d'une arme, cartouche* Pfropfen *m*

bourré(e) [buʀe] *adj* ❶ *(plein à craquer)* randvoll; *portefeuille* prall; ***être ~ de fautes/préjugés/complexes*** voller Fehler/Vorurteile/Komplexe sein ❷ *(trop plein)* ***une valise ~e*** ein vollgestopfter Koffer *fam* ❸ *(fam: ivre)* besoffen

bourreau [buʀo] <x> *m* ❶ *(exécuteur)* Henker *m* ❷ *(tortionnaire)* Peiniger *m;* ***~ d'enfants*** *jd, der Kinder misshandelt;* ***~ des cœurs*** *(iron)* Herzensbrecher *m;* ***~ de travail*** Arbeitstier *nt*

bourrée [buʀe] *f* Bourrée *f (alter franz. Volkstanz)*

bourreler [buʀ(ə)le] <3> *vt* quälen, peinigen; ***bourrelé(e) de remords*** von Vorwürfen gepeinigt

bourrelet [buʀlɛ] *m* ❶ *(pour isoler)* Abdichtung *f* ❷ ANAT *de chair, graisse* Wulst *m o f*

bourrelier, -ière [buʀəlje, -jɛʀ] *m, f* Sattler(in) *m(f)*

bourrer [buʀe] <1> **I.** *vt* ❶ *(remplir)* vollstopfen, stopfen *pipe* ❷ *(gaver)* ***~ qn de nourriture*** jdn mit Essen vollstopfen **II.** *vpr* ***se ~ de qc*** sich mit etw vollstopfen **III.** *vi* sättigen

bourriche [buʀiʃ] *f* Korb *m (ohne Henkel, mit Deckel)*

bourrichon [buʀiʃɔ̃] *m (fam)* ***monter le ~ à qn*** jdn aufhetzen

bourricot [buʀiko] *m (fam)* Esel *m*

bourrin [buʀɛ̃] *m (fam)* Gaul *m fam*

bourrique [buʀik] *f (fam)* Esel(in) *m(f)*
▶ **faire tourner qn en ~** jdn wahnsinnig machen

bourru(e) [buʀy] *adj (peu aimable)* mürrisch

bourse[1] [buʀs] *f* ❶ *(porte-monnaie)* Geldbeutel *m* ❷ *(allocation)* ***~ d'études*** Stipendium *nt;* ***~ de mérite*** leistungsabhängiges Stipendium ❸ *pl* ANAT Hodensack *m*

Bourse[2] [buʀs] *f* FIN ***la Bourse*** *(lieu)* die Börse; *(ensemble des cours)* die [Börsen]kurse; ***jouer à la Bourse*** [an der Börse] spekulieren

boursiconaute [buʀsikɔnot] *mf* [Online]-börsenspekulant(in) *m(f)*

boursicoter [buʀsikɔte] <1> *vi (fam)* kleine Börsengeschäfte machen

boursier, -ière[1] [buʀsje, -jɛʀ] **I.** *adj* ***étudiant ~/étudiante boursière*** Stipendiat(in) *m(f)* **II.** *m, f* Stipendiat(in) *m(f)*

boursier, -ière[2] [buʀsje, -jɛʀ] **I.** *adj (relatif à la Bourse)* Börsen- **II.** *m, f (professionnel de la Bourse)* Börsenmakler(in) *m(f)*

boursouflé(e) [buʀsufle] *adj* ❶ *peau, main* [an]geschwollen; *visage* aufgedunsen ❷ *style, discours* schwülstig

boursoufler [buʀsufle] <1> *vt* anschwellen

boursouflure [buʀsuflyʀ] *f de la peau, du visage* Schwellung *f; d'une surface, peinture* Blase *f*

bousculade [buskylad] *f* ❶ *(remous de foule)* Gedränge *nt* ❷ *(précipitation)* Eile *f*

bousculer [buskyle] <1> **I.** *vt* ❶ *(heurter)* anstoßen *personne;* umwerfen *livres, chaises* ❷ *(mettre sens dessus dessous)* völlig durcheinanderbringen ❸ *(modifier brutalement)* von Grund auf ändern *conception, traditions;* umstoßen *projet* ❹ *(exercer une*

B

pression sur qn) jdn drängen **II.** *vpr* **se ~** ① *(se pousser mutuellement)* sich drängeln ② *(être en confusion) sentiments:* hin und her gerissen sein

bouse [buz] *f* Kuhfladen *m*

bouseux [buzø] *m (péj fam)* Bauer *m*

bousiller [buzije] <1> *vt (fam)* kaputt machen

boussole [busɔl] *f* [Magnet]kompass *m*

boustifaille [bustifaj] *f (fam)* Fressen *nt pej vulg*

bout [bu] *m* ① *du doigt, nez* Spitze *f; d'un objet* Ende *nt;* ***de ~ en ~*** ganz; ***~ à ~*** aneinander; ***jusqu'au ~*** bis zum Schluss; ***tenir jusqu'au ~*** durchhalten ② *(limite)* Ende *nt;* ***tout au ~*** ganz hinten ③ *(morceau)* Stück[chen *nt*] *nt;* ***~ d'essai*** CINE Probeaufnahmen *Pl* ④ *(terme)* nach +*dat;* ***au ~ d'un moment/d'une année*** nach einer Weile/einem Jahr ▶ **savoir qc sur le ~ des doigts** etw im Schlaf können; **tenir le bon ~** es bald geschafft haben; **joindre les deux ~s** mit seinem Geld auskommen; **à ~ de bras** mit gestreckten Armen; **à tout ~ de champ** alle naselang *fam;* **être à ~ de nerfs/forces** mit seinen Nerven/Kräften am Ende sein *fam;* **être à ~ de souffle** außer Atem sein; **mettre qn à ~** jdm zusetzen; **venir à ~ de qc/qn** mit etw/jdm fertig werden; **au ~ du compte** letzten Endes

boutade [butad] *f* Bonmot *nt*

boute-en-train [butɑ̃tʀɛ̃] *m inv* Stimmungskanone *f fam*

bouteille [butɛj] *f* ① *(récipient)* Flasche *f;* ***~ consignée/non consignée*** Pfand-/Einwegflasche; ***~ de lait*** Milchflasche; ***boire à la ~*** aus der Flasche trinken ② *(contenu)* Flasche *f;* ***~ de vin*** Flasche Wein; ***une bonne ~*** ein guter Tropfen *m*

boutique [butik] *f* ① *(magasin)* Laden *m* ② *(magasin de prêt-à-porter)* [Mode]boutique *f* ③ *(fam: entreprise)* Geschäft *nt*

boutiquier, -ière [butikje, -jɛʀ] *m, f* Ladenbesitzer(in) *m(f)*

bouton [butɔ̃] *m* ① COUT *de vêtement* Knopf *m* ② *de la radio, télé, sonnette* Knopf *m; de porte* Knauf *m; d'un interrupteur* Schalter *m* ③ MED ***~ de fièvre*** Fieberbläschen *nt;* ***~ d'acné*** Aknepickel *m* ④ BOT Knospe *f;* ***~ d'or*** *(fam)* Butterblume *f* ⑤ INFORM, ELEC Schaltfläche *f;* ***~ droit/gauche de la souris*** rechte/linke Maustaste; ***~ stop*** Stopptaste

bouton-d'or [butɔ̃dɔʀ] <boutons-d'or> *m* BOT Butterblume *f*

boutonnage [butɔnaʒ] *m* Knöpfen *nt*

boutonné(e) [butɔne] *adj* zugeknöpft; ***robe ~e derrière*** hinten geknöpftes Kleid

boutonner [butɔne] <1> **I.** *vt* zuknöpfen **II.** *vi* pick[e]lig werden **III.** *vpr* ***se ~*** *vêtement:* zugeknöpft werden; *personne:* seine Knöpfe zumachen

boutonneux, -euse [butɔnø, -øz] *adj* pick[e]lig

boutonnière [butɔnjɛʀ] *f* Knopfloch *nt*

bouton-poussoir [butɔ̃puswaʀ] <boutons-poussoirs> *m* Druckschalter *m*

bouton-pression [butɔ̃pʀesjɔ̃] <boutons-pression> *m* Druckknopf *m*

bouturage [butyʀaʒ] *m* BOT Vermehrung *f* durch Stecklinge

bouture [butyʀ] *f* Steckling *m*

bouvreuil [buvʀœj] *m* ORN Dompfaff *m*

bovidés [bɔvide] *mpl* wiederkäuende Paarhufer *Pl*

bovin(e) [bɔvɛ̃, in] **I.** *adj (qui concerne le bœuf)* Rinder- **II.** *m(f) pl* Rinder *Pl*

bowling [buliŋ] *m* Bowling *nt*

box [bɔks] <es> *m* ① *(dans une écurie)* Box *f; (dans un garage)* Stellplatz *m* ② JUR ***~ des accusés*** Anklagebank *f*

boxe [bɔks] *f* Boxen *nt*

> **Land und Leute**
> Die Kampfsportart **boxe française** erlaubt den Einsatz von Fäusten und Füßen, ähnlich wie beim Kickboxen.

boxer [bɔkse] <1> *vt, vi* boxen

boxer-short [bɔksœʀʃɔʀt] <boxers-shorts> *m* Boxershorts *Pl*

boxeur, -euse [bɔksœʀ, -øz] *m, f* Boxer(in) *m(f);* ***~ amateur/professionnel*** Amateur-/Berufsboxer

box-office [bɔksɔfis] <box-offices> *m* Kassenschlager *fam*

boxon [bɔksɔ̃] *m (fam)* Durcheinander *nt*

boyau [bwajo] <x> *m* ① ANAT Darm *m* ② *(tranchée)* Verbindungsgraben *m* ③ *(chambre à air)* Schlauch *m* ④ *d'une raquette, d'un violon* Saite *f*

boycott [bɔjkɔt] *m,* **boycottage** [bɔjkɔtaʒ] *m* Boykott *m*

boycotter [bɔjkɔte] <1> *vt* boykottieren

boy-scout [bɔjskut] <boy-scouts> *m* Pfadfinder *m*

BP [bepe] *abr de* **boîte postale** Postfach *nt*

brabançon(ne) [bʀabɑ̃sɔ̃, ɔn] *adj* aus Brabant

Brabant [bʀabɑ̃] *m* ***le ~*** Brabant

bracelet [bʀaslɛ] *m* Armband *nt; (rigide)* Armreif *m*

bracelet-montre [bʀaslɛmɔ̃tʀ] <bracelets-montres> *m* Armbanduhr *f*

braconnage [bʀakɔnaʒ] *m* CHASSE Wilderei *f*

braconner [bʀakɔne] <1> *vi* CHASSE wildern; PECHE ohne Angelschein angeln

braconnier, -ière [bʀakɔnje, -ijɛʀ] *m, f* CHASSE Wilderer *m;* PECHE Angler(in) *m(f)* ohne Angelschein

brader [bʀade] <1> *vt* ❶ COM verschleudern ❷ *(se débarrasser de)* verscherbeln *fam*

braderie [bʀadʀi] *f (foire)* Trödelmarkt *m; (liquidation)* [Straßen]verkauf *m* zu Schleuderpreisen; *(soldes)* Ausverkauf *m*

braguette [bʀagɛt] *f* Hosenschlitz *m*

braillard(e) [bʀajaʀ, -jaʀd] **I.** *adj (fam) bébé, enfant* plärrend **II.** *m(f) (fam)* Schreihals *m*

braille [bʀaj] *m* Blindenschrift *f*

braillement [bʀajmɑ̃] *m (cri)* Brüllen *nt*

brailler [bʀaje] <1> **I.** *vi* brüllen **II.** *vt* brüllen; *ivrogne, foule:* grölen

brainstorming [bʀɛnstɔʀmiŋ] *m* Brainstorming *nt*

braire [bʀɛʀ] <irr> *vt âne:* iahen

braise [bʀɛz] *f* Glut *f*

braisé(e) [bʀeze] *adj* GASTR gedämpft; ***poisson ~*** gedämpfter Fisch

braiser [bʀeze] <1> *vt* schmoren

brame [bʀɑm] *m,* **bramement** [bʀɑmmɑ̃] *m* Röhren *nt*

bramer [bʀɑme] <1> *vi* ❶ ZOOL *cerf, daim:* röhren ❷ *(se plaindre)* jammern

brancard [bʀɑ̃kaʀ] *m* ❶ *(civière)* Tragbahre *f* ❷ *(bras d'une civière, d'une brouette)* Holm *m* ❸ *(pour attacher un cheval)* Deichselstange *f*

brancardier, -ière [bʀɑ̃kaʀdje, -jɛʀ] *m, f* Träger(in) *m(f)*

branchage [bʀɑ̃ʃaʒ] *m* Geäst *nt*

branche [bʀɑ̃ʃ] *f* ❶ BOT *d'un arbre* Ast *m* ❷ *d'une paire de lunettes* Bügel *m; d'un chandelier* Arm *m; de ciseaux* Schneide *f; d'un compas* Nadel *f* ❸ *(famille)* Linie *f* ❹ *d'enseignement, d'une science* Zweig *m; de l'économie, de profession* Branche *f*

branché(e) [bʀɑ̃ʃe] *adj (fam)* up to date; ***être ~ cinéma/moto*** *(adorer)* auf Kino/Motorräder abfahren

branchement [bʀɑ̃ʃmɑ̃] *m* ❶ *(action)* Verbindung *f* ❷ *(circuit)* Anschluss *m;* ***~ électrique/téléphonique*** Strom-/Telefonanschluss; ***~ Internet*** Internetanschluss

brancher [bʀɑ̃ʃe] <1> **I.** *vt* ❶ *(raccorder)* ***~ le téléphone sur le réseau*** das Telefon an das Netz anschließen ❷ *(faire parler)* ***~ la conversation sur un autre sujet*** die Unterhaltung auf ein anderes Thema lenken **II.** *vpr* ***se ~ sur qc*** etw einschalten

branchies [bʀɑ̃ʃi] *fpl* Kiemen *Pl*

branchitude [bʀɑ̃ʃityd] *f (fam)* angesagte Leute [*o* Kreise] *Pl*

Brandebourg [bʀɑ̃dbuʀ] *m* ***le ~*** Brandenburg *nt;* ***la porte de ~*** das Brandenburger Tor

brandebourgeois(e) [bʀɑ̃dbuʀʒwa, waz] *adj* brandenburgisch

Brandebourgeois(e) [bʀɑ̃dbuʀʒwa, waz] *m(f)* Brandenburger(in) *m(f)*

brandir [bʀɑ̃diʀ] <8> *vt* drohend schwingen *arme;* schwenken *drapeau*

brandy [bʀɑ̃di] *m* Brandy *m*

branlant(e) [bʀɑ̃lɑ̃, ɑ̃t] *adj* wack[e]lig

branle [bʀɑ̃l] *m* Schwingen *nt*

branle-bas [bʀɑ̃lbɑ] *m inv (fig)* Trubel *m*

branler [bʀɑ̃le] <1> **I.** *vi* wackeln **II.** *vpr (vulg)* ***se ~*** sich *dat* einen runterholen

branleur, -euse [bʀɑ̃lœʀ, -øz] *m, f (fam: paresseux)* Faulpelz *m*

braquage [bʀakaʒ] *m des roues* Einschlagen *nt*

braquer [bʀake] <1> **I.** *vt* ❶ AUT ***~ le volant à droite*** nach rechts einschlagen ❷ *(diriger)* ***~ le regard/l'arme sur qn*** den Blick/die Waffe auf jdn richten ❸ *(fam: attaquer)* überfallen *banque, magasin* ❹ *(provoquer l'hostilité)* ***~ le collègue contre le chef/projet*** den Kollegen gegen den Chef/das Projekt aufbringen **II.** *vi* ***~ bien/mal*** *voiture:* einen kleinen/großen Wendekreis haben **III.** *vpr* ***se ~*** auf stur schalten *fam*

braquet [bʀakɛ] *m* SPORT Übersetzung *f;* ***changer de ~*** einen anderen Gang nehmen

braqueur, -euse [bʀakœʀ, -øz] *m, f (arg)* Räuber(in) *m(f) (bei einem bewaffneten Überfall)*

bras [bʀa] *m* ❶ *(membre)* Arm *m;* ***se donner le ~*** sich unterhaken; ***~ dessus ~ dessous*** untergehakt ❷ *(main-d'œuvre)* Arbeitskraft *f* ❸ TECH *d'un levier* Arm *m; d'un électrophone* Tonarm; *d'un fauteuil* Armlehne *f; d'un brancard* Holm *m* ❹ GEOG Arm *m;* ***~ de mer*** Meeresarm ▸ **rester les ~ <u>ballants</u>** untätig herumsitzen/-stehen; **<u>baisser</u> les ~** das Handtuch werfen

brasero [bʀazeʀo] *m* Kohlenbecken *nt*

brasier [bʀɑzje] *m (fig)* Inferno *nt*

bras-le-corps [bʀaləkɔʀ] ▸ **<u>prendre</u> à ~**

B

in die Arme schließen *enfant;* anpacken *problème*

brassage [bʀasaʒ] *m de la bière* Brauen *nt*

brassard [bʀasaʀ] *m* Armbinde *f*

brasse [bʀas] *f* Brustschwimmen *nt;* **~ *papillon*** Delfinschwimmen *nt*

brassée [bʀase] *f* einen Arm voll[er]

brasser [bʀase] <1> *vt* ❶ *(mélanger)* mischen, durchkneten *pâte* ❷ *(fig)* **~ *de l'argent/des affaires*** mit großen Summen umgehen/große Geschäfte machen ❸ *(fabriquer)* brauen *bière*

brasserie [bʀasʀi] *f* ❶ *(restaurant)* Café-Restaurant ❷ *(industrie)* Braugewerbe *nt; (entreprise)* Brauerei *f*

brasseur [bʀasœʀ] *m* [Bier]brauer *m*

brassière [bʀasjɛʀ] *f* ❶ *(sous-vêtement)* Hemdchen *nt* ❷ *(chandail)* Jäckchen *nt* ❸ CAN *(fam: soutien-gorge)* BH *m* ❹ NAUT **~ *de sauvetage*** Schwimmweste *f*

bravache [bʀavaʃ] *m (péj)* Großmaul *nt pej fam*

bravade [bʀavad] *f* ❶ *(ostentation de bravoure)* Imponiergehabe *nt* ❷ *(attitude de défi insolent)* dreiste Herausforderung

brave [bʀav] *adj* ❶ *(courageux)* mutig; *soldat* tapfer ❷ *antéposé (honnête)* anständig ❸ *(naïf)* [lieb und] gut

bravement [bʀavmɑ̃] *adv* tapfer, mutig

braver [bʀave] <1> *vt* ❶ *(défier)* **~ *un adversaire*** einem Gegner die Stirn bieten; **~ *le danger/la mort*** der Gefahr/dem Tod ins Auge sehen ❷ *(ne pas respecter)* sich hinwegsetzen über +*akk convenances, loi*

bravo [bʀavo] **I.** *interj* bravo **II.** *m* Bravo[ruf *m*] *nt*

bravoure [bʀavuʀ] *f* Mut *m*

break [bʀɛk] *m* ❶ AUT Kombi[wagen *m*] *m* ❷ SPORT Break *m o nt* ❸ *(fam: pause)* Pause *f*

brebis [bʀəbi] *f* [Mutter]schaf *nt* ▶ **~ galeuse** schwarzes Schaf

brèche [bʀɛʃ] *f (dans une clôture, une haie, un mur)* Öffnung *f; (dans une coque)* Loch *nt; (sur une lame)* Scharte *f; (sur le front)* Bresche *f*

bredouille [bʀəduj] *adj (sans rien)* mit leeren Händen; *(sans succès)* unverrichteter Dinge

bredouiller [bʀəduje] <1> **I.** *vi* stottern; *(parler confusément)* wirres Zeug brabbeln *fam* **II.** *vt* murmeln

bref [bʀɛf] *m* Briefing *nt*

bref, brève [bʀɛf, bʀɛv] **I.** *adj* kurz; *(concis)* knapp; ***soyez ~!*** fassen Sie sich kurz!; ***d'un ton ~*** in scharfem Ton **II.** *adv* ***en ~*** kurz; ***enfin ~*** kurz und gut

brelan [bʀəlɑ̃] *m* JEUX Dreier *m*

breloque [bʀəlɔk] *f* [Armband]anhänger *m*

Brême [bʀɛm] Bremen

Brésil [bʀezil] *m* ***le ~*** Brasilien

brésilien(ne) [bʀeziljɛ̃, jɛn] *adj* brasilianisch

Brésilien(ne) [bʀeziljɛ̃, jɛn] *m(f)* Brasilianer(in) *m(f)*

Bretagne [bʀətaɲ] *f* ***la ~*** die Bretagne

bretelle [bʀətɛl] *f* ❶ COUT *de pantalon* Hosenträger *m; de soutien-gorge* Träger *m; de sac* Trageriemen *m* ❷ *(bifurcation d'autoroute)* Auffahrt *f*/Abfahrt *f;* **~ *d'accès*** Auffahrt *f;* **~ *de contournement*** Umgehung *f;* **~ *de raccordement*** Zubringer *m*

breton [bʀətɔ̃] *m* Bretonisch *nt; v. a.* **allemand**

breton(ne) [bʀətɔ̃, ɔn] *adj* bretonisch

Breton(ne) [bʀətɔ̃, ɔn] *m(f)* Bretone *m*/Bretonin *f*

bretzel [bʀɛtzɛl] *m* Brezel *f*

breuvage [bʀœvaʒ] *m* ❶ *(péj: boisson d'une composition spéciale)* Gebräu *nt* ❷ CAN *(boisson non alcoolisée)* nichtalkoholisches Getränk

brève [bʀɛv] *adj v.* **bref**

brevet [bʀəvɛ] *m* ❶ *(diplôme)* Diplom *nt* ❷ *(certificat)* [Abschluss]zeugnis *nt;* **~ *des collèges*** ≈ Mittlere Reife; **~ *d'invention*** Patent *nt;* MIL, NAUT, AVIAT Schein *m*

brevetable [bʀəvətabl] *adj* patentierbar

breveté(e) [bʀəv(ə)te] *adj* ❶ *invention* patentiert ❷ *ingénieur, interprète* Diplom-

breveter [bʀəv(ə)te] <3> *vt* patentieren; ***faire ~ qc*** etw patentieren lassen

bréviaire [bʀevjɛʀ] *m* Brevier *nt*

brévité [bʀevite] *f* LING *d'une syllabe, d'une voyelle* Kürze *f*

Brexit [bʁɛksit] *m no pl* POL Brexit *m*

bribe [bʀib] *f souvent pl (fig) de conversation* Wortfetzen *m; d'une langue* Brocken *m; d'une fortune, d'un héritage* kümmerlicher Rest

bric-à-brac [bʀikabʀak] *m inv* Durcheinander *nt*

bric et de broc [dəbʀikedəbʀɔk] ***de ~*** von da und dort

bricolage [bʀikɔlaʒ] *m* ❶ *(travail d'amateur)* Heimwerken *nt; (travail manuel)* Basteln *nt* ❷ *(mauvais travail)* Pfusch *m pej fam*

bricole [bʀikɔl] *f* ❶ *(objet de peu de valeur)* Plunder *m pej fam* ❷ *(petit événement)* Lappalie *f fam*

bricoler [bʀikɔle] <1> **I.** *vi* ❶ *(effectuer des*

petits travaux) basteln; ***savoir ~*** [handwerklich] geschickt sein ❷ *(péj: faire du mauvais travail)* pfuschen *fam* ❸ *(ne pas avoir de travail fixe)* Gelegenheitsarbeiten verrichten **II.** *vt* ❶ *(construire, installer)* [zusammen]basteln ❷ *(réparer tant bien que mal)* herumbasteln an +*dat*

bricoleur, -euse [bʀikɔlœʀ, -øz] **I.** *adj* [handwerklich] geschickt **II.** *m, f* Heimwerker(in) *m(f)*

bride [bʀid] *f* ❶ *(pièce de harnais)* Zügel *m* ❷ *d'un bonnet, d'une cape* Band *nt;* TECH Flansch *m*

bridé(e) [bʀide] *adj* ***des yeux ~s*** Schlitzaugen *Pl*

brider [bʀide] <1> *vt* ❶ *(mettre la bride)* [auf]zäumen *cheval* ❷ *(réprimer)* zügeln, bremsen *passion, enthousiasme;* kurzhalten *personne* ❸ TECH flanschen *tuyau*

bridge [bʀidʒ] *m* ❶ *(jeu de cartes)* Bridge *nt* ❷ *(prothèse dentaire)* Brücke *f*

brie [bʀi] *m* Brie[käse *m*] *m*

briefer [bʀife] <1> *vt* instruieren

briefing [bʀifiŋ] *m* Instruktion *f,* Information *f*

brièvement [bʀijɛvmɑ̃] *adv (de manière succincte)* kurz und bündig; *(pour peu de temps)* kurz

brièveté [bʀijɛvte] *f (courte longueur)* Kürze *f; (courte durée)* kurze Dauer *f*

brigade [bʀigad] *f* ❶ MIL Brigade *f;* ***~ antidrogue*** Abteilung *f* zur Drogenbekämpfung; ***~ des stupéfiants*** Rauschgiftdezernat ❷ *(équipe)* ***~ du matin*** Frühschicht *f* ❸ POL ***les ~s rouges*** die Roten Brigaden

brigadier [bʀigadje] *m de gendarmerie* Brigadeführer *m; d'artillerie, de cavalerie* Gefreite(r) *m*

brigand [bʀigɑ̃] *m (péj)* Betrüger *m*

brigandage [bʀigɑ̃daʒ] *m* schwerer Raub *m*

briguer [bʀige] <1> *vt (solliciter)* sich bemühen um *emploi*

brillamment [bʀijamɑ̃] *adv* glänzend

brillance [bʀijɑ̃s] *f* Glanz *m*

brillant [bʀijɑ̃] *m* ❶ *(diamant)* Brillant *m* ❷ *(aspect brillant)* ***le ~*** *d'un objet* der Glanz; *d'un propos, du langage* die Brillanz

brillant(e) [bʀijɑ̃, jɑ̃t] *adj* ❶ *(étincelant)* glänzend; *couleurs* leuchtend; *plan d'eau* glitzernd ❷ *(qui a de l'allure)* glänzend; *discours, candidat* brillant; *élève* glänzend; *cérémonie, représentation* glanzvoll; *victoire* glorreich

briller [bʀije] <1> *vi* ❶ *(rayonner) soleil, étoile:* scheinen; *diamant:* funkeln; *éclair, yeux, visage:* leuchten; *chaussures, cheveux:* glänzen ❷ *(se mettre en valeur)* ***~ par qc*** durch etw glänzen ❸ *(vanter)* ***faire ~ un voyage à qn*** jdm eine Reise in den leuchtendsten Farben ausmalen

brimade [bʀimad] *f* Schikane *f*

brimer [bʀime] <1> *vt (faire subir des vexations)* schikanieren; *(désavantager)* benachteiligen

brin [bʀɛ̃] *m* ❶ *(mince tige)* Stiel *m;* ***~ de paille*** Strohhalm *m;* ***~ de muguet*** Maiglöckchen *nt* ❷ *(filament)* ***~ de laine*** [kurzer] Wollfaden ❸ *(petite quantité)* ***un ~ d'espoir*** ein Funke *m* Hoffnung

brindezingue [bʀɛ̃dzɛ̃g] *adj (vieilli fam: ivre)* beduselt *hum*

brindille [bʀɛ̃dij] *f* Reis *nt geh*

bringue[1] [bʀɛ̃g] *f (péj fam: grande fille)* ***grande ~*** Bohnenstange *f*

bringue[2] [bʀɛ̃g] *f (fam: fête)* Fete *f*

bringuebaler, brinquebaler [bʀɛ̃g(ə)bale] <1> **I.** *vi (fam)* hin- und herwanken, hin- und herschwanken *fam* **II.** *vt (fam)* mitschleppen; ***être bringuebalé(e)*** [*o* ***brinquebalé(e)***] ***de droite à gauche*** hin- und hergeschoben werden

brio [bʀijo] *m* Bravour *f*

brioche [bʀijɔʃ] *f* Brioche *f*

brioché(e) [bʀijɔʃe] *adj pâte, pain* Hefe-

brique[1] [bʀik] **I.** *f* ❶ *(matériau)* Ziegelstein *m;* ***maison de ~*** Backsteinhaus *nt* ❷ *(matière ayant cette forme)* ***~ de savon/tourbe*** Stück *nt* Seife/Torfballen *m* ❸ *(fam: euros)* 10.000 Euro **II.** *app inv (couleur)* ziegelrot

brique®[2] [bʀik] *f (emballage)* Tetra Pak® *m*

briquer [bʀike] <1> *vt* [auf Hochglanz] polieren

briquet [bʀikɛ] *m* Feuerzeug *nt*

briqueterie [bʀik(ə)tʀi, bʀikɛtʀi] *f* Ziegelei *f*

briquette [bʀikɛt] *f* Brikett *nt*

bris [bʀi] *m* Bruch *m*

brisant [bʀizɑ̃] *m* ❶ *(rocher)* [Felsen]klippe *f* ❷ *(écume)* Gischt *m o f*

brise [bʀiz] *f* Brise *f*

brisées [bʀize] *fpl* ▶ **aller** [*o* **marcher**] **sur les ~ de qn** jdm ins Gehege [*o* in die Quere] kommen

brise-fer [bʀizfɛʀ] *m o f inv (fam)* Tollpatsch *m,* Tölpel *m*

brise-glace [bʀizglas] *m inv* Eisbrecher *m* **brise-jet** [bʀizʒɛ] *m inv* Wasserstrahlregler *m* **brise-lames** [bʀizlam] *m inv* Wellenbrecher *m* **brise-mottes** [bʀizmɔt] *m inv* Schollenbrecher *m*

briser [bʀize] <1> **I.** *vt* ❶ *(casser)* zerbre-

B

chen *vaisselle, vase;* zerreißen *collier, chaîne;* einschlagen *vitre, carreau* ❷ *(mater)* brechen *grève, révolte, blocus* ❸ *(anéantir)* zerstören *espoir, illusions, amitié;* brechen *forces, volonté, silence;* **~ *le cœur à qn*** *(fig)* jdm das Herz brechen ❹ *(fatiguer) voyage:* ermüden ❺ *(interrompre)* durchbrechen *monotonie, ennui;* unterbrechen *conversation;* brechen *silence* ▶ **être brisé** CAN *(être en panne)* defekt sein **II.** *vpr* ❶ *(se casser)* ***se ~*** *vitre, porcelaine:* zerbrechen; ***mon cœur se brise*** mir bricht das Herz ❷ *(échouer)* ***se ~ contre/sur qn/qc*** *résistance, assauts:* an jdm/etw scheitern; *vagues:* sich an etw *dat* brechen

brise-tout [bʀiztu] *m inv* Tollpatsch *m*

briseur, -euse [bʀizœʀ, -øz] *m, f* ***~ de grève*** Streikbrecher *m*

brise-vent [bʀizvɑ̃] <brise-vent[s]> *m* Windschutz *m*

bristol [bʀistɔl] *m* Bristolkarton *m*

brisure [bʀisyʀ] *f (cassure)* Bruch *m,* Bruchstelle *f*

britannique [bʀitanik] *adj* britisch

Britannique [bʀitanik] *mf* Brite *m*/Britin *f*

broc [bʀo] *m* Krug *m*

brocante [bʀɔkɑ̃t] *f (foire)* Trödelmarkt *m*

brocanteur, -euse [bʀɔkɑ̃tœʀ, -øz] *m, f* Trödler(in) *m(f)*

brocart [bʀɔkaʀ] *m* TEXTIL Brokat *nt*

broche [bʀɔʃ] *f* ❶ *(bijou)* Brosche *f,* Anstecknadel *f* ❷ GASTR [Brat]spieß *m* ❸ MED Stift *m*

brocher [bʀɔʃe] <1> *vt* broschieren *livre*

brochet [bʀɔʃɛ] *m* Hecht *m*

brochette [bʀɔʃɛt] *f* ❶ GASTR Spieß *m,* Schaschlik *m o nt* ❷ *(iron: groupe de personnes)* [ganzer] Schwung *m fam* ❸ *(petite broche)* ***~ de décorations*** Ordensspange *f*

brochure [bʀɔʃyʀ] *f* Broschüre *f*

brocoli [bʀɔkɔli] *m* Brokkoli *Pl*

brodequin [bʀɔd(ə)kɛ̃] *m* Bergschuh *m*

broder [bʀɔde] <1> **I.** *vt* besticken *étoffe;* sticken *motif* **II.** *vi* ❶ COUT sticken ❷ *(affabuler)* fabulieren

broderie [bʀɔdʀi] *f* Stickerei *f*

brodeur [bʀɔdœʀ] *m* Sticker *m*

brodeuse [bʀɔdøz] *f* ❶ Stickerin *f* ❷ *(machine)* Stickmaschine *f*

brome [bʀom] *m* CHIM Brom *nt*

bromure [bʀɔmyʀ] *m* CHIM Bromid *nt*

bronche [bʀɔ̃ʃ] *f* ANAT Bronchie *f*

broncher [bʀɔ̃ʃe] <1> *vi* aufmucken *fam*

bronchite [bʀɔ̃ʃit] *f* MED Bronchitis *f*

brontosaure [bʀɔ̃tɔsɔʀ] *m* Brontosaurus *m*

bronzage [bʀɔ̃zaʒ] *m* [Sonnen]bräune *f*

bronze [bʀɔ̃z] *m* Bronze *f*

bronzé(e) [bʀɔ̃ze] *adj* braun gebrannt

bronzer [bʀɔ̃ze] <1> **I.** *vt* ART, TECH mit Bronze überziehen **II.** *vi* bräunen **III.** *vpr* sich bräunen

bronzette [bʀɔ̃zɛt] *f* ***faire ~*** *(fam)* sich sonnen

brossage [bʀɔsaʒ] *m des cheveux* Bürsten *nt; des vêtements* Abbürsten *nt;* ***~ des dents*** Zähneputzen *nt*

brosse [bʀɔs] *f* ❶ *(ustensile)* Bürste *f;* ***~ à cheveux*** Haarbürste; ***~ à dents*** Zahnbürste ❷ *(pinceau)* Quast *m* ❸ *(coupe de cheveux)* Bürsten[haar]schnitt *m*

brosser [bʀɔse] <1> **I.** *vt* ❶ *(épousseter)* abbürsten ❷ *(esquisser)* schildern *situation;* zeichnen *portrait* **II.** *vpr* ***se ~*** sich abbürsten; ***se ~ les cheveux*** sich *dat* die Haare bürsten; ***se ~ les dents*** sich *dat* die Zähne putzen

brou [bʀu] *m de la noix* grüne Außenschale

brouet [bʀuɛ] *m* Schleimsuppe *f*

brouette [bʀuɛt] *f* Schubkarre *f*

brouhaha [bʀuaa] *m* Lärm *m*

brouillage [bʀujaʒ] *m* Störung *f;* ***~ sonore/visuel*** Ton-/Bildstörung *f*

brouillard [bʀujaʀ] *m (épais)* Nebel *m; (léger)* Dunst *m*

brouille [bʀuj] *f* Streit *m*

brouillé(e) [bʀuje] *adj* ❶ *(fâché)* ***être ~ avec qn*** mit jdm zerstritten sein ❷ *(nul)* ***être ~ avec les chiffres*** *(fam)* mit Zahlen auf Kriegsfuß stehen *hum* ❸ *(atteint)* ***avoir le teint ~*** mitgenommen aussehen; ***avoir les idées ~es*** keine klaren Gedanken fassen können

brouiller [bʀuje] <1> **I.** *vt* ❶ *(rendre trouble)* trüben ❷ *(embrouiller)* ***~ les idées/l'esprit à qn*** jdn verwirren ❸ *(mettre en désordre)* durcheinanderbringen *dossiers, papiers;* mischen *cartes;* verwischen *pistes* ❹ *(rendre inintelligible)* stören *émission, émetteur;* verstellen *combinaison d'un coffre* ❺ *(fâcher)* ***des querelles d'héritage ont brouillé les deux frères*** Streitereien um das Erbe haben die beiden Brüder entzweit **II.** *vpr* ❶ *(se fâcher)* ***se ~ avec qn*** sich mit jdm zerstreiten ❷ *(se troubler)* ***ma vue se brouille*** ich sehe alles ganz verschwommen; ***mes idées se brouillent*** ich kann keinen klaren Gedanken fassen ❸ *(se couvrir)* ***se ~*** *ciel:* sich bedecken

brouillon [bʀujɔ̃] *m* [erster] Entwurf *m; (pour une lettre, un discours)* Konzept *nt*

brouillon(ne) [bʀujɔ̃, jɔn] *adj* ❶ *(désordonné)* schlampig *pej fam* ❷ *(peu clair)* wirr
broussaille [bʀusɑj] *f* Gestrüpp *nt*
broussailleux, -euse [bʀusɑjø, -jøz] *adj* voller Gestrüpp; *jardin* verwildert
brousse [bʀus] *f (contrée tropicale)* Busch *m*
brouter [bʀute] <1> **I.** *vt* abweiden; *cervidés:* abäsen **II.** *vi* weiden; *cervidé:* äsen
broutille [bʀutij] *f (fig)* Lappalie *f*
brownie [bʀoni] *m* GASTR Brownie *m*
broyer [bʀwaje] <6> *vt* ❶ *(écraser)* zerkleinern *aliments;* [zer]mahlen *céréales* ❷ *(détruire)* zerkleinern *ordures*
broyeur [bʀwajœʀ] *m* Zerkleinerungsmaschine *f*
broyeur, -euse [bʀwajœʀ, -jøz] *adj insecte, mandibules* beißend-kauend
bru [bʀy] *f (vieilli)* Schwiegertochter *f*
Bruges [bʀyʒ] Brügge
brugnon [bʀyɲɔ̃] *m* Nektarine *f*
bruine [bʀɥin] *f* Nieselregen *m*
bruiner [bʀɥine] <1> *vi impers* ***il bruine*** es nieselt
bruire [bʀɥiʀ] <irr, défec> *vi vent:* säuseln
bruissement [bʀɥismɑ̃] *m des feuilles, du vent* Säuseln *nt; d'un ruisseau* [leises] Plätschern *nt; du tissu, papier* Rascheln *nt; des insectes* Summen *nt*
bruit [bʀɥi] *m* ❶ *(son)* Geräusch *nt; de vaisselle* Klappern *nt; de ferraille* Scheppern *nt* ❷ *(vacarme)* Lärm *m* ❸ *(rumeur)* Gerücht *nt;* ***le ~ court que ...*** es geht das Gerücht um, dass ... ▶ ***faire du ~*** Aufsehen erregen
bruitage [bʀɥitaʒ] *m* Geräuschkulisse *f;* ***~ des films*** akustische Untermalung von Filmen
brûlage [bʀylaʒ] *m des herbes* Verbrennen *nt,* Abbrennen *nt*
brûlant(e) [bʀylɑ̃, ɑ̃t] *adj* ❶ *(très chaud)* glühend heiß; *plat, liquide* kochend heiß ❷ *(passionné)* leidenschaftlich; *regard* feurig ❸ *(délicat)* heiß
brûlé [bʀyle] *m* ❶ *(résultat)* Verbrannte(s) *nt;* GASTR Angebrannte(s) *nt* ❷ *(blessé)* ***grand ~*** Verletzter mit schweren Verbrennungen
brûlé(e) [bʀyle] *adj* verbrannt; *plat* angebrannt
brûlée [bʀyle] *f (blessée)* ***grande ~*** Verletzte *f* mit schweren Verbrennungen
brûle-gueule [bʀylgœl] *m inv* Stummelpfeife *f* **brûle-parfum** [bʀylpaʀfœ̃] *m inv* Räuchergefäß *nt* **brûle-pourpoint** [bʀylpuʀpwɛ̃] ▶ ***à ~*** ohne Umschweife

brûler [bʀyle] <1> **I.** *vi* ❶ *(se consumer)* brennen ❷ GASTR anbrennen ❸ *(être très chaud)* heiß sein ❹ *(être irrité) bouche, yeux, gorge:* brennen ❺ *(être dévoré)* ***~ de soif*** vor Durst umkommen; ***~ de faire qc*** darauf brennen, etw zu tun ❻ *(être proche du but)* ***tu brûles!*** du bist ganz nah dran! **II.** *vt* ❶ *(détruire par le feu)* verbrennen, niederbrennen *forêt, maison* ❷ *(pour chauffer, éclairer)* verfeuern *bois, charbon;* abbrennen *allumette;* verbrauchen *électricité* ❸ *(endommager) bougie, cigarette, fer à repasser:* ansengen; *liquide bouillant:* verbrühen; *gel:* erfrieren lassen; *soleil:* verbrennen; *acide:* angreifen ❹ *(irriter)* ***le sable brûle les pieds*** man verbrennt sich die Füße im heißen Sand ❺ *(ne pas respecter)* überfahren *stop, signal;* überspringen *étape;* ***~ un feu rouge*** bei Rot über die Ampel fahren ❻ *(consommer)* verbrauchen *calories* ❼ GASTR anbrennen lassen **III.** *vpr* ***se ~*** sich verbrennen; ***se ~ qc*** sich *dat* etw verbrennen
brûlerie [bʀylʀi] *f* Kaffeerösterei *f*
brûleur [bʀylœʀ] *m* Brenner *m*
brûlure [bʀylyʀ] *f* ❶ *(blessure)* Verbrennung *f; (plaie)* Brandwunde *f* ❷ *(tache)* Brandfleck *m; (trou)* Brandloch *nt* ❸ *(irritation)* ***~s d'estomac*** Sodbrennen *nt*
brume [bʀym] *f* ❶ *(brouillard)* [leichter] Nebel ❷ *(en mer)* Nebel *m* ❸ *pl (fig)* ***les ~s de l'alcool*** der Alkoholnebel
brumeux, -euse [bʀymø, -øz] *adj* ❶ METEO diesig ❷ *(confus)* unklar
brumisateur® [bʀymizatœʀ] *m* Zerstäuber *m*
brun [bʀœ̃] *m (couleur)* Braun *nt*
brun(e) [bʀœ̃, bʀyn] **I.** *adj* ❶ *(opp: blond)* braun; *cheveux, peau, tabac, bière* dunkel; ***cheveux ~ clair/foncé*** hell-/dunkelbraunes Haar; ***être ~*** dunkelhaarig sein ❷ *(bronzé)* braun [gebrannt] **II.** *m(f)* Dunkelhaarige(r) *f(m)*
brunante [bʀynɑ̃t] *f* CAN *(crépuscule)* Abenddämmerung *f;* ***à la ~*** in der [Abend]dämmerung, bei Einbruch der Dunkelheit
brunâtre [bʀynɑtʀ] *adj* bräunlich
brunch [bʀœnʃ] <[e]s> *m* Brunch *m*
brune [bʀyn] *f* ❶ *(cigarette)* Zigarette *f* aus dunklem Tabak ❷ *(bière)* dunkles Bier
Brunei [bʀynɛj] *m* ***le ~*** Brunei *nt*
brunir [bʀyniʀ] <8> **I.** *vi* braun werden; *cheveux:* dunkler werden **II.** *vt* bräunen, dunkel beizen *boiserie*
brunissage [bʀynisaʒ] *m* TECH Polieren *nt*
Brunswick [bʀœ̃svik] Braunschweig *nt*

bruschetta [bʀusketa, bʀuskɛtta] *f* GASTR Bruschetta *f*

brushing® [bʀœʃiŋ] *m* Föhnfrisur *f*

brusque [bʀysk] *adj* ❶ *(soudain)* plötzlich ❷ *personne, ton* barsch; *manières* ungehobelt; *geste* heftig

brusquement [bʀyskəmɑ̃] *adv* plötzlich

brusquer [bʀyske] <1> *vt* ❶ *(précipiter)* überstürzen, voreilig angehen *affaire* ❷ *(bousculer)* brüsk behandeln; *(parler durement)* anfahren

brusquerie [bʀyskəʀi] *f* Barschheit *f*

brut(e) [bʀyt] **I.** *adj* ❶ *(naturel)* Roh-; *champagne* brut; *diamant* ungeschliffen; *toile* ungebleicht ❷ *(fig) fait* nackt; *idée* unausgereift ❸ ECON Brutto- **II.** *adv* brutto

Aussprache
Bei **brut** und ähnlichen einsilbigen Wörtern wird das -t am Ende gesprochen.

brutal(e) [bʀytal, -o] <-aux> *adj* ❶ *(violent)* brutal; *manières* ungehobelt; *instinct* tierisch ❷ *langage, réponse* unverblümt; *franchise, réalisme* schonungslos; *vérité* nackt ❸ *choc* schwer; *coup* hart; *mort* plötzlich; *décision* [unerwartet] streng

brutalement [bʀytalmɑ̃] *adv* ❶ *(violemment)* brutal ❷ *(sans ménagement)* unverblümt ❸ *(soudainement)* [ur]plötzlich

brutaliser [bʀytalize] <1> *vt* brutal behandeln

brutalité [bʀytalite] *f* ❶ *sans pl (violence)* Brutalität *f; de paroles, d'un jeu* Härte *f* ❷ *pl (actes violents)* ***être victime de ~s*** ein Opfer der Gewalt sein ❸ *sans pl (soudaineté)* Plötzlichkeit *f*

brute [bʀyt] *f* ❶ *(violent)* brutaler Kerl ❷ *(rustre)* Rüpel *m*

Bruxelles [bʀy(k)sɛl] Brüssel *nt*

bruxellois(e) [bʀyksɛlwa, waz] *adj* aus Brüssel

bruyamment [bʀyjamɑ̃, bʀɥijamɑ̃] *adv* ❶ *(avec bruit)* laut ❷ *(avec insistance)* lautstark

bruyant(e) [bʀyjɑ̃, bʀɥijɑ̃, jɑ̃t] *adj* laut; *réunion, foule* lärmend

bruyère [bʀyjɛʀ, bʀɥijɛʀ] *f* Heidekraut *nt*

BTS [beteɛs] *m abr de* **brevet de technicien supérieur** Ingenieurdiplom *nt*

bu(e) [by] *part passé de* **boire**

buanderie [bɥɑ̃dʀi] *f* Waschküche *f*

bubble tea [bœbəl ti] <- -s> *m* Bubbletea *m*

Bucarest [bykaʀɛst] Bukarest *nt*

buccal(e) [bykal, -o] <-aux> *adj* Mund-

buccodentaire [bykodɑ̃tɛʀ] *adj hygiène* Mund- und Zahn-

bûche [byʃ] *f* ❶ *(bois)* [Holz]scheit *nt* ❷ GASTR ***~ de Noël*** *Weihnachtscremerolle*

bûcher[1] [byʃe] *m* ❶ *(amas de bois)* Scheiterhaufen *m* ❷ *(local)* Holzschuppen *m*

bûcher[2] [byʃe] <1> **I.** *vi (fam)* büffeln **II.** *vt (fam)* pauken

bûcheron(ne) [byʃʀɔ̃, ɔn] *m(f)* Holzfäller(in) *m(f)*

bûcheur, -euse [byʃœʀ, -øz] **I.** *adj (fam)* fleißig **II.** *m, f (fam)* Arbeitstier *nt*

bucolique [bykɔlik] *adj* bukolisch; *existence* naturverbunden; *paysage* idyllisch

Budapest [bydapɛst] Budapest *nt*

budget [bydʒɛ] *m* FIN Budget *nt;* ***le ~ de l'Etat*** der Staatshaushalt

budgétaire [bydʒetɛʀ] *adj* Haushalts-

budgétiser [bydʒetize] <1> *vt* budgetieren

buée [bɥe] *f* ***se couvrir de ~*** beschlagen

buffet [byfɛ] *m* ❶ GASTR Büfett *nt* ❷ *(meuble)* ***~ de cuisine*** Küchenbüfett *nt;* ***~ de la gare*** *(lieu de restauration)* Bahnhofsgaststätte *f*

buffle [byfl] *m* Büffel *m*

bug [bœg] *m* INFORM Programmfehler *m*

buggy [bygi] *m* Buggy *m*

building [b(y)ildiŋ] *m* Hochhaus *nt*

buis [bɥi] *m* BOT Buchs *m;* *(arbuste)* Buchs[baum] *m*

buisson [bɥisɔ̃] *m* Busch *m*

bulbe [bylb] *m* ❶ BOT Zwiebel *f* ❷ ARCHIT Zwiebel *f* ❸ ANAT ***~ pileux/rachidien*** Haarzwiebel *f*/verlängertes Rückenmark

bulbeux, -euse [bylbø, -øz] *adj* Zwiebel-, zwiebelförmig

bulgare [bylgaʀ] **I.** *adj* bulgarisch **II.** *m* Bulgarisch *nt; v. a.* **allemand**

Bulgare [bylgaʀ] *mf* Bulgare *m*/Bulgarin *f*

Bulgarie [bylgaʀi] *f* ***la ~*** Bulgarien *nt*

bulldozer [byldɔzɛʀ, buldozœʀ] *m* Bulldozer *m*

bulle [byl] *f* ❶ PHYS, MED Blase *f* ❷ *(dans une bande dessinée)* Sprechblase *f* ❸ *(décret)* Bulle *f*

buller [byle] <1> *vi (fam)* faulenzen

bulletin [byltɛ̃] *m* ❶ *(communiqué)* Bericht *m* ❷ *(journal)* Bulletin *nt;* *(rubrique)* Bericht *m;* ***~ d'information*** Nachrichten *Pl* ❸ POL ***~ de vote*** Stimmzettel *m* ❹ SCOL ***~ scolaire*** Schulzeugnis *nt* ❺ *(certificat)* Schein *m;* ***~ de paye*** *d'un ouvrier* Lohnzettel *m; d'un employé* Gehaltszettel *m*

bulletin-réponse [byltɛ̃ʀepɔ̃s] <bulletins-réponses> *m* Teilnahmekarte *f*

bull-terrier [bultɛʀje] <bull-terriers> *m* Bullterrier *m*

bungalow [bœ̃galo] *m* Bungalow *m*

bunker [bunkœʀ] *m* Bunker *m*

buraliste [byʀalist] *mf* Tabak[waren]händler(in) *m(f)*

bureau [byʀo] <x> *m* ❶ *(meuble)* Schreibtisch *m* ❷ *(pièce)* Büro *nt,* Arbeitszimmer *nt* ❸ *(lieu de travail)* Büro *nt* ❹ *(service)* Büro *nt;* ~ ***de renseignements*** Auskunftsbüro; ~ ***des objets trouvés*** Fundbüro ❺ *(comité)* ~ ***exécutif*** Exekutivausschuss *m* ❻ *(établissement réservé au public)* ~ ***de change*** Wechselstube *f;* ~ ***de poste*** Postamt *nt;* ~ ***de tabac*** Tabak[waren]laden *m;* ~ ***de vote*** Wahllokal *nt* ❼ MIL Abteilung *f* ❽ INFORM Arbeitsoberfläche *f,* Desktop *m*

bureaucrate [byʀokʀat] *mf* Bürokrat(in) *m(f)*

bureaucratie [byʀokʀasi] *f* Bürokratie *f*

bureaucratique [byʀokʀatik] *adj* bürokratisch

bureautique® [byʀotik] *f* Bürokommunikation *f*

burette [byʀɛt] *f* ❶ TECH Ölkanne *f* ❷ CHIM Bürette *f* ❸ REL Messkännchen *nt*

burin [byʀɛ̃] *m* ❶ *(outil)* [Gravier]nadel *f* ❷ *(gravure)* [Stahl]stich *m* ❸ *(ciseau)* Meißel *m*

buriné(e) [byʀine] *adj visage* zerfurcht; *traits* scharf

burka [buʀka] *f* Burka *f*

Burkina-Faso [byʀkinafaso] *m* ***le*** ~ Burkina Faso *nt*

burkini [byʀkini, buʀkini] *m* Burkini *m*

burlesque [byʀlɛsk] **I.** *adj* ❶ THEAT, CINE burlesk ❷ *(extravagant)* grotesk **II.** *m* Burleske *nt;* CINE Slapstick *m*

burn[-]out [bœʀnaut] <burn[-]outs> *m* MED Burn-out-Syndrom *nt*

burnous [byʀnu(s)] *m* Burnus *m*

burqa [byʀka, buʀka] *f* Burka *f*

burqini [byʀkini, buʀkini] *m v.* **burkini**

bus[1] [bys] *m abr de* **autobus** Bus *m;* ~ ***de ligne*** Linienbus *m*

bus[2] [bys] *m* INFORM ~ ***de données*** Datenbus *m*

bus[3] [by] *passé simple de* **boire**

busard [byzaʀ] *m* ORN Weihe *f*

buse[1] [byz] *f* ORN Bussard *m*

buse[2] [byz] *f* TECH Düse *f*

business [biznɛs] *m* Geschäft *nt*

businessman [biznɛsman, -mɛn] <s *o* -men> *m* Geschäftsmann *m*

busqué(e) [byske] *adj nez* Haken-

buste [byst] *m* ❶ *(torse)* Oberkörper *m* ❷ *(poitrine de femme)* Brust *f* ❸ *(sculpture)* Büste *f*

bustier [bystje] *m* ❶ *(sous-vêtement)* Bustier *nt* ❷ *(vêtement)* Korsage *f*

but [by(t)] *m* ❶ *(destination, objectif)* Ziel *nt* ❷ SPORT Tor *nt;* ~ ***en or*** Golden Goal *nt;* ***les ~s*** *(cage)* das Tor

Aussprache

Bei **but** kann das -t am Ende gesprochen werden.

butane [bytan] *m* Butan[gas] *nt*

buté(e) [byte] *adj* trotzig

butée [byte] *f* TECH Anschlag *m*

buter [byte] <1> **I.** *vi* ❶ *(heurter)* ~ ***contre qc*** gegen etw stoßen ❷ *(faire face à une difficulté)* ~ ***contre qc*** über etw *akk* stolpern **II.** *vt* ❶ *(énerver)* verärgern ❷ *(fam: tuer)* umlegen **III.** *vpr* ***se ~ sur qc*** sich auf etw *akk* versteifen

buteur [bytœʀ] *m* Torjäger *m*

butin [bytɛ̃] *m* Beute *f; d'une fouille* Fund *m*

butiner [bytine] <1> *vi* Nektar sammeln

butoir [bytwaʀ] *m* ❶ CHEMDFER Prellbock *m* ❷ TECH Anschlag *m*

butor [bytɔʀ] *m* ❶ *(péj: rustre)* Flegel *m,* Rüpel *m* ❷ ORN Rohrdommel *f*

butte [byt] *f* ❶ *(colline)* [An]höhe *f;* ***la butte Montmartre*** der Hügel, auf dem Montmartre liegt ❷ *(tas de terre)* [Erd]hügel *m*

butyrique [bytiʀik] *adj* CHIM *acide* Butter-; *fermentation* Buttersäure-; ***matière grasse*** ~ Milchfett *nt*

buvable [byvabl] *adj* ❶ *(potable)* trinkbar; ***ne pas être*** ~ ungenießbar sein ❷ *(fig fam: insupportable)* ***ce type n'est pas*** ~ dieser Typ ist entsetzlich

buvais [byvɛ] *imparf de* **boire**

buvant [byvɑ̃] *part prés de* **boire**

buvard [byvaʀ] *m* Löschblatt *nt*

buvette [byvɛt] *f* ❶ *(local)* Bar *f; (en plein air)* Getränkekiosk *m* ❷ *(thermale)* Trinkhalle *f*

buveur, -euse [byvœʀ, -øz] *m, f* ❶ *(alcoolique)* Trinker(in) *m(f)* ❷ *d'un restaurant* Gast *m*

buvez [byve], **buvons** [byvɔ̃] *indic prés et impératif de* **boire**

buzz [bœz] *m* INFORM Buzz *m*

by-pass [bajpas] *inv m* MED Bypass *m*

byte [bajt] *m* INFORM Byte *nt*

byzantin(e) [bizɑ̃tɛ̃, in] *adj* byzantinisch

Cc

C

C, c [se] *m inv* C *nt*, c; ***le c cédille*** das C mit Cedille
c' <*devant "a"* ç'> *pron dém v.* **ce**
ça [sa] *pron dém* ❶ *(fam: pour désigner ou renforcer)* das; ***qu'est-ce que c'est que ~?*** was ist denn das?; ***ah ~ non!*** das auf gar keinen Fall!; *v. a.* **cela** ❷ *(fam: répétitif)* ***les haricots? si, j'aime ~*** Bohnen? doch, die esse ich gern; ***le fer, ~ rouille*** Eisen rostet nun eben mal ❸ *(péj: personne)* ***et ~ vote!*** und so etwas wählt! *fam* ▶ **~ par exemple!, ~ alors!** na, so was!; **c'est toujours ~** immerhin etwas; **c'est ~** [ganz] genau; **c'est comme ~** so ist es nun [ein]mal; **~ va?** wie geht's?; **dire comme ~** nur so sagen; **pas de ~!** ausgeschlossen!; **pour ~ oui** das kann man wohl sagen; *v. a.* **cela**
çà [sa] ***~ et là*** hier und da; ***courir ~ et là*** hierhin und dorthin laufen
cabale [kabal] *f* Intrige *f;* ***former une ~ contre qn*** gegen jdn intrigieren
caban [kabɑ̃] *m* Caban *m (modischer kurzer Herrenmantel)*
cabane [kaban] *f* ❶ Hütte *f; (péj)* [Bruch]bude *f* ❷ *(fam: prison)* Kittchen *nt,* Knast *m*
cabanon [kabanɔ̃] *m* Schuppen *m*
cabaret [kabaʀɛ] *m* ❶ Nachtlokal *nt* ❷ CAN *(plateau)* Tablett *nt*
cabaretier, -ière [kabaʀ(ə)tje, -jɛʀ] *m, f (vieilli)* Schankwirt(in) *m(f)*
cabas [kabɑ] *m* Einkaufstasche *f*
cabillaud [kabijo] *m* Kabeljau *m*
cabine [kabin] *f* ❶ *d'un camion* Fahrerhaus *nt; d'un avion, véhicule spatial* Cockpit *nt;* ***~ spatiale*** Raumkapsel *f* ❷ *(petit local)* Kabine *f;* ***~ téléphonique*** Telefonzelle *f;* ***~ de douche*** Duschkabine *f;* ***~ d'essayage*** Umkleidekabine
cabinet [kabinɛ] *m* ❶ *pl (toilettes)* Toilette *f;* ***être aux ~s*** auf der Toilette sein ❷ *d'un médecin* Praxis *f; d'un avocat* Kanzlei *f* ❸ POL Kabinett *nt* ❹ *(endroit isolé)* ***~ particulier*** [kleines] Nebenzimmer; ***~ de toilette*** [kleiner] Waschraum; ***~ de travail*** Arbeitszimmer
câblage [kɑblaʒ] *m* ❶ TV, ELEC Verkabelung *f* ❷ *(fabrication d'un câble)* Kabelherstellung *f* ❸ *(envoi) d'une dépêche* Kabeln *nt*
câble [kɑbl] *m* ❶ Kabel *nt;* ***poser un ~*** ein Kabel legen; ***~ métallique*** Drahtseil *nt;* ***~ de charge*** Ladekabel; ***~ du téléphone*** Telefonkabel ❷ TV Kabelfernsehen *nt;* ***avoir le ~*** verkabelt sein
câblé(e) [kɑble] *adj fil* gezwirnt; *ville, maison* verkabelt
câbler [kɑble] <1> *vt* ❶ *(transmettre)* nach Übersee telegrafieren ❷ TV verkabeln
câblodistribution [kablodistʀibysjɔ̃] *f* Kabelfernsehen *nt*
cabochard(e) [kabɔʃaʀ, aʀd] *adj (fam)* dickköpfig
caboche [kabɔʃ] *f (fam)* Schädel *m*
cabosser [kabɔse] <1> *vt* verbeulen
cabot [kabo] *m (péj fam: chien)* Köter *m*
cabotage [kabɔtaʒ] *m* Küstenschifffahrt *f*
caboteur [kabɔtœʀ] *m* Küstenschiff *nt*
cabotin(e) [kabɔtɛ̃, in] *m(f) (fam)* Wichtigtuer *m*
caboulot [kabulo] *m (vieilli fam)* Spelunke *f*
cabrer [kɑbʀe] <1> *vt* steigen lassen *cheval;* hochziehen *avion*
cabri [kabʀi] *m* Zicklein *nt;* ***sauter comme un ~*** Luftsprünge machen
cabriole [kabʀijɔl] *f* Luftsprung *m; d'un danseur, cheval* Kapriole *f*
cabriolet [kabʀijɔlɛ] *m* Cabrio[let] *nt*
caca [kaka] *m (enfantin fam)* ***faire ~*** Aa machen ▶ **~ d'oie** gelbgrün
cacahouète, cacahuète [kakawɛt] *f* Erdnuss *f* ▶ **partir en ~** *(fam fig)* schiefgehen, den Bach runtergehen *fam fig*
cacao [kakao] *m* Kakao *m*
cacaoté(e) [kakaɔte] *adj* kakaohaltig
cacatoès [kakatɔɛs] *m* Kakadu *m*
cachalot [kaʃalo] *m* Pottwal *m*
cache [kaʃ] *m* ❶ PHOT, CINE Maske *f;* ***mettre un ~ sur qc*** etw abdecken ❷ INFORM Cache[speicher] *m;* ***sauvegarder qc en ~*** etw im Cache speichern
caché(e) [kaʃe] *adj lieu, refuge* abgeschieden
cache-cache [kaʃkaʃ] *m inv* Versteckspiel *nt* **cache-cœur** [kaʃkœʀ] <cache-cœurs> *m (chemisier)* Wickelbluse *f; (pour bébé)* Wickelhemdchen *nt* **cache-col** [kaʃkɔl] *m inv* Halstuch *nt*
cachemire [kaʃmiʀ] **I.** *m* Kaschmir *m* **II.** *app* persisch-indisch
cache-misère [kaʃmizɛʀ] *m inv* Übermantel *m (zum Verdecken schlechter Kleider)*
cache-nez [kaʃne] *m inv* Schal *m* **cache-pot** [kaʃpo] <cache-pots> *m* Über-

topf *m; (en papier)* Manschette *f* [für Blumentöpfe] **cache-prise** [kaʃpʀiz] <cache-prise[s]> *m* Kindersicherung *f* [für Steckdosen]

cacher[1] [kaʃe] <1> **I.** *vt* ① *(dissimuler)* verstecken ② *(masquer)* verdecken ③ *(ne pas laisser voir)* verbergen ④ *(garder secret)* **~ *qc à qn*** jdm etw verheimlichen **II.** *vpr* ① *(se dissimuler)* ***se ~*** sich verstecken; *chose:* sich verbergen; ***va te ~!*** verschwinde! ② *(être introuvable)* ***mais où se cache le directeur?*** wo steckt denn der Direktor? ③ *(tenir secret)* ***ne pas se ~ de qc*** kein[en] Hehl aus etw machen

cacher[2] [kaʃɛʀ] *adj v.* **casher**

cache-radiateur [kaʃʀadjatœʀ] <cache-radiateurs> *m* Heizkörperverkleidung *f*

cache-sexe [kaʃsɛks] <cache-sexe[s]> *m* Minislip *m*

cachet [kaʃɛ] *m* ① MED Tablette *f* ② *(tampon)* Stempel *m;* ~ ***officiel*** Amtssiegel *nt* ③ *(rétribution)* Honorar *nt; d'un acteur* Gage *f* ▸ **avoir du ~** eine besondere Note haben

cache-tampon [kaʃtɑ̃pɔ̃] *m inv* Versteckspiel *nt (bei dem ein Gegenstand versteckt wird)*

cacheter [kaʃte] <3> *vt* versiegeln

cachette [kaʃɛt] *f* Versteck *nt* ▸ **en ~** heimlich; **en ~ de qn** ohne jds Wissen; *(en cas d'action répréhensible)* hinter jds Rücken *dat*

cachot [kaʃo] *m (cellule)* Kerker *m*

cachotterie [kaʃɔtʀi] *f gén pl* Geheimniskrämerei *f;* ***faire des ~s à qn*** jdm gegenüber heimlichtun

cachottier, -ière [kaʃɔtje, -jɛʀ] **I.** *adj* heimlichtuend **II.** *m, f* Heimlichtuer(in) *m(f)*

cacique [kasik] *m* Schüler(in) *m(f)* mit dem besten Ergebnis in der Zulassungsprüfung der Ecole normale supérieure

cacochyme [kakɔʃim] *adj (hum vieilli) vieillard, constitution* schwächlich

cacophonie [kakɔfɔni] *f* Missklang *m*

cactus [kaktys] *m* Kaktus *m*

c.-à-d. *abr de* **c'est-à-dire** d.h.

cadastre [kadastʀ] *m* ① *(registre)* Kataster *m o nt* ② *(service)* Katasteramt *nt*

cadavéreux, -euse [kadaveʀø, -øz] *adj (littér) teint* leichenblass

cadavérique [kadaveʀik] *adj teint* [asch]fahl, blass

cadavre [kadɑvʀ] *m d'une personne* Leiche *f; d'un animal* Kadaver *m* ▸ **être un ~ ambulant** *(fam)* aussehen wie der Tod

caddie®[1] [kadi] *m (chariot)* Einkaufswagen *m*

caddie[2] [kadi] *m* SPORT Caddie *m*

cadeau [kado] <x> *m* Geschenk *nt;* ***~ de Noël/d'anniversaire*** Weihnachts-/Geburtstagsgeschenk; ***faire ~ de qc à qn*** jdm etw schenken; ***en ~*** als Zugabe

cadenas [kadnɑ] *m* Vorhängeschloss *nt*

cadenasser [kadnɑse] <1> *vt* mit einem Vorhängeschloss verschließen

cadence [kadɑ̃s] *f* ① *(rythme)* Rhythmus *m;* ***marquer la ~*** den Takt schlagen; ***en ~*** im Takt ② *(vitesse)* Tempo *nt; du travail à la chaîne* Takt *m*

cadencé(e) [kadɑ̃se] *adj* rhythmisch

cadencer [kadɑ̃se] <2> *vt* ① rhythmisch gestalten, rhythmisieren; ***~ son pas*** Schritt halten ② TECH, INFORM takten

cadet(te) [kadɛ, ɛt] **I.** *adj* ① *(le plus jeune)* jüngste(r, s) ② *(le plus jeune de deux)* jüngere(r, s) ③ *(plus jeune que qn)* jüngere(r, s) **II.** *m(f)* ① *(dernier-né)* Jüngste(r) *f(m);* ***le ~ des garçons*** der jüngste Junge ② *(plus jeune que qn)* Jüngere(r) *f(m);* ***c'est ma ~te*** das ist meine jüngere Schwester; ***elle est ma ~te de trois mois*** sie ist drei Monate jünger als ich ③ SPORT Nachwuchsspieler(in) *m(f)* ④ MIL, HIST Kadett *m* ▸ **c'est le ~ de mes soucis** das ist meine geringste Sorge

cadmium [kadmjɔm] *m* CHIM Kadmium *nt,* Cadmium *nt*

cadrage [kɑdʀaʒ] *m* Bildeinstellung *f*

cadran [kadʀɑ̃] *m* ① Zifferblatt *nt; d'un baromètre, compteur* Skala *f; d'un téléphone* Wählscheibe *f;* ***~ solaire*** Sonnenuhr *f* ② CAN *(fam: réveil)* Wecker *m*

cadre [kɑdʀ] *m* ① *(encadrement)* Rahmen *m;* ***mettre un tableau dans un ~*** ein Gemälde [ein]rahmen ② *(environnement)* Umgebung *f;* ***dans un ~ de verdure*** im Grünen ③ *(limites)* Rahmen *m;* ***cela entre bien dans le ~ de ses fonctions*** das fällt genau in seinen Aufgabenbereich; ***dans le ~ de qc*** im Rahmen einer S. *gen* ④ *(responsable hiérarchique)* leitende(r) Angestellte(r) *f(m);* ***~ moyen/supérieur*** mittlere/obere Führungskraft

cadrer [kɑdʀe] <1> *vi* ***~ avec qc*** mit etw übereinstimmen

cadreur [kɑdʀœʀ] *m* Kameramann *m*/Kamerafrau *f*

caduc, caduque [kadyk] *adj* ① *(périmé)* überholt ② BOT abwerfbar; ***à feuilles ~s*** im Winter die Blätter verlierend

caducité [kadysite] *f* ① *(vieilli littér) d'une personne* Verfall *m* ② *d'une institution* Veraltetsein *nt*

cafard [kafaʀ] *m* ① *(insecte)* [Küchen]schabe *f* ② *(spleen)* Depressionen *Pl;* ***avoir le*** ~ trübsinnig sein; ***donner le*** ~ ***à qn*** jdn trübsinnig machen

cafardage [kafaʀdaʒ] *m* [Ver]petzen *nt*

cafarder [kafaʀde] <1> *vi (fam: dénoncer)* petzen

C

cafardeur, -euse [kafaʀdœʀ, -øz] *m, f* Petze *f fam*

cafardeux, -euse [kafaʀdø, -øz] *adj* schwermütig

café [kafe] *m* ① *(boisson)* Kaffee *m;* ~ ***crème/filtre*** Milch-/Filterkaffee; ~ ***liégeois*** *Mokkaeis, Mokkasoße und Schlagsahne;* ~ ***décaféiné/serré*** koffeinfreier/starker Kaffee; ~ ***au lait*** Milchkaffee ② *(établissement)* Bar *f,* Café *nt; (coffeeshop)* Coffeeshop *m;* ~ ***avec terrasse*** Straßencafé; ~ ***électronique*** Internetcafé ③ *(plante)* Kaffee *m;* ~ ***en grains*** ungemahlener Kaffee ④ *(arôme)* ***au*** ~ Mokka- ⑤ *(moment du repas)* ***au*** ~ beim Kaffee ⑥ CH *(dîner)* ***un*** ~ ***complet*** ein leichtes Nachtessen CH

Land und Leute

Der französische **café** ist ähnlich stark wie ein Espresso und wird in kleinen Tassen serviert. Ein **café crème** ist ein Milchkaffee. Er wird mit aufgeschäumter Milch in einer größeren Tasse serviert. Ein **café au lait** ist die einfache Variante eines Milchkaffees: mit Milch, die nicht unbedingt aufgeschäumt oder erwärmt ist, und in dem Mischungsverhältnis zwischen Kaffee und Milch, das man bevorzugt. In der Gastronomie wird der Begriff *café au lait* allerdings kaum verwendet.

café-bar [kafebaʀ] <cafés-bars> *m* kleine Bar, kleines Lokal

café-concert [kafekɔ̃sɛʀ] <cafés-concerts> *m* Bar *f* mit Varieté-Darbietungen

caféine [kafein] *f* Koffein *nt*

café-restaurant [kafeʀɛstɔʀɑ̃] <cafés-restaurants> *m* Bar *f* mit Restaurationsbetrieb **café-tabac** [kafetaba] <cafés-tabacs> *m* Bar *f* mit Tabakladen

cafétéria [kafeteʀja] *f* Cafeteria *f*

café-théâtre [kafeteɑtʀ] <cafés-théâtres> *m* Kleinkunstbühne *f*

cafetière [kaftjɛʀ] *f* Kaffeekanne *f;* ~ ***électrique*** Kaffeemaschine *f*

cafouillage [kafujaʒ] *m (fam)* totales Chaos *nt*

cafouiller [kafuje] <1> *vi (fam)* ① *(agir avec confusion)* Murks machen ② *(s'embrouiller)* chaotisch werden

cafter [kafte] *vt (fam)* verpetzen

cage [kaʒ] *f* ① *(pour enfermer)* Käfig *m; d'un chien* Zwinger *m;* ~ ***à lapin*** Kaninchenstall *m; (péj fam: H.L.M.)* Hasenstall ② SPORT Tor *nt* ③ ANAT ~ ***thoracique*** Brustkorb *m* ④ TECH ~ ***d'ascenseur*** Aufzugschacht *m;* ~ ***d'escalier*** Treppenhaus *nt*

cageot [kaʒo] *m* ① *(emballage)* [Obst]kiste *f* ② *(fam: fille)* hässliches Entlein

cagette [kaʒɛt] *f* [Obst]kiste *f*

cagibi [kaʒibi] *m* Abstellkammer *f*

cagneux, -euse [kaɲø, -øz] *adj genoux* nach innen gerichtet

cagnotte [kaɲɔt] *f* ① *(caisse)* gemeinsame Kasse ② *(fam: économies)* Notgroschen *m*

cagoule [kagul] *f* ① *(couvre-chef)* Kapuzenmütze *f* ② *(masque)* Maske *f* ③ *(capuchon)* Kapuze *f*

cagoulé(e) [kagule] *adj* maskiert; *(encagoulé)* vermummt

cahier [kaje] *m* ① SCOL [Schreib]heft *nt;* ~ ***de brouillon*** Schmierheft; ~ ***d'exercices*** Übungsheft; ~ ***de textes*** Aufgabenheft ② TYP gefalzter Druckbogen ③ *pl (publication)* Zeitschrift *f,* Heft *nt*

cahin-caha [kaɛ̃kaa] *adv (fam)* so lala

cahot [kao] *m* Stoß *m*

cahotant(e) [kaɔtɑ̃, ɑ̃t] *adj route* holp[e]rig

cahoter [kaɔte] <1> *vi* holpern

cahoteux, -euse [kaɔtø, -øz] *adj chemin* uneben, holprig

cahute [kayt] *f* Hütte *f*

caïd [kaid] *m* ① *(malfaiteur)* [Gangster]boss *m* ② *(fam: meneur)* Anführer(in) *m(f)* ③ *(fam: ponte)* hohes Tier

caillassage [kajasaʒ] *m (fam)* Steinewerfen *nt*

caillasse [kajas] *f (fam: cailloux)* Kies *m*

caillasser [kajase] <1> *vt (fam)* Steine schmeißen auf +*akk,* Steine schmeißen nach

caille [kaj] *f (oiseau)* Wachtel *f*

caillé(e) [kaje] *adj sang* geronnen

cailler [kaje] <1> **I.** *vi* ① gerinnen ② *(fam: avoir froid)* sich *dat* einen abfrieren **II.** *vt* gerinnen lassen **III.** *vpr* **se** ~ ① gerinnen ② *(fam: avoir froid) personne:* sich *dat* einen abfrieren

caillot [kajo] *m* Gerinnsel *nt*

caillou [kaju] <x> *m (pierre)* Kiesel[stein *m*] *m*

caillouteux, -euse [kajutø, -øz] *adj* steinig

caïman [kaimɑ̃] *m* ZOOL Kaiman *m*

Caïn [kaɛ̃] *m* Kain *m*

Caire [kɛʀ] *m* ***le*** ~ Kairo *nt*

caisse [kɛs] *f* ① *(boîte)* Kiste *f*, Kasten *m;* ~ ***à outils*** Werkzeugkasten ② *(dépôt d'argent, guichet)* Kasse *f;* ~ ***enregistreuse*** Registrierkasse; ~ ***noire*** Geheimfonds *m;* ***faire la*** [*o* ***sa***] ~ Kasse[nsturz] machen; ***tenir la*** ~ die Kasse führen; ***passer à la*** ~ zur Kasse gehen; ~ ***d'épargne*** Sparkasse ③ *(organisme de gestion)* Kasse *f;* ~ ***d'assurance maladie*** Krankenkasse ④ *d'une horloge* Gehäuse *nt; d'un tambour* Resonanzkörper *m; d'une voiture* Karosserie *f;* ***grosse*** ~ große Trommel ⑤ *(fam: voiture)* Kiste, Karre *f*, Kiste *f;* ***tourner en*** ~ cruisen ▶ **à fond la** ~ *(fam)* volle Kanne, mit Karacho

caissette [kɛsɛt] *f* Kistchen *nt*

caissier, **-ière** [kesje, -jɛʀ] *m, f* Kassierer(in) *m(f)*

caisson [kɛsɔ̃] *m* Kiste *f;* ~ ***à roulettes*** Rollcontainer *m*

cajoler [kaʒɔle] <1> *vt* liebkosen; *(pour obtenir qc)* umschmeicheln

cajolerie [kaʒɔlʀi] *f gén pl* Zärtlichkeiten *Pl*

cajoleur, **-euse** [kaʒɔlœʀ, -øz] *adj* zärtlich; *voix* sanft

cajou [kaʒu] *m* Cashewnuss *f*

cake [kɛk] *m* englischer [Tee]kuchen

cal [kal] *m* Schwiele *f*

calamar [kalamaʀ] *m* Tintenfisch *m*

calamité [kalamite] *f* Katastrophe *f*

calandre [kalɑ̃dʀ] *f* AUT Kühlergrill *m*

calanque [kalɑ̃k] *f* [kleine] Felsbucht

calcaire [kalkɛʀ] **I.** *adj* kalkhaltig; *dépôt, roche* Kalk-; *relief* Kalkstein- **II.** *m* GEOL Kalk[stein] *m*

calcanéum [kalkaneɔm] *m* ANAT Fersenbein *nt*, Calcaneus *m Fachspr.*

calcification [kalsifikasjɔ̃] *f* Verkalkung *f*

calcifié(**e**) [kalsifje] *adj* verkalkt

calciné(**e**) [kalsine] *adj* verkohlt

calciner [kalsine] <1> *vt* CHIM kalzinieren

calcium [kalsjɔm] *m* Kalzium *nt*

calcul[1] [kalkyl] *m* ① *(opération)* Berechnung *f;* ~ ***des bénéfices/du chiffre d'affaires*** Gewinn-/Umsatzermittlung *f;* ***faire le*** ~ ***de*** berechnen; ***faire une erreur de*** ~ [*o* ***un mauvais*** ~] sich verrechnen; ~ ***mental*** Kopfrechnen *nt* ② *(arithmétique)* ~ ***algébrique*** algebraisches Rechnen; ~ ***différentiel/intégral*** Differenzial-/Integralrechnung *f* ③ *pl (estimation)* Berechnung *f;* ***d'après mes*** ~***s*** nach meiner Schätzung *f;* ***faire rentrer qc dans ses*** ~***s*** etw [mit] einkalkulieren

calcul[2] [kalkyl] *m* MED Stein *m*

calculable [kalkylabl] *adj* berechenbar

calculateur [kalkylatœʀ] *m* Rechner *m*

calculatrice [kalkylatʀis] *f* Rechner *m;* ~ ***de poche*** Taschenrechner

calculer [kalkyle] <1> **I.** *vi* ① ~ ***mentalement*** im Kopf rechnen ② *(compter ses sous)* mit dem Geld rechnen; ~ ***au plus juste*** sehr knapp kalkulieren **II.** *vt* ① *(déterminer par le calcul)* ausrechnen ② *(évaluer, prévoir)* einkalkulieren *risque;* ausrechnen *chances;* ***tout bien calculé*** alles in allem ③ *(étudier)* genau durchdenken *attitude;* wohl überlegen *geste*

calculette [kalkylɛt] *f* Taschenrechner *m*

cale[1] [kal] *f* NAUT Laderaum *m*

cale[2] [kal] *f (coin)* Keil *m*

calé(**e**) [kale] *adj (fam: fort)* ***être*** ~ ***en qc*** in etw *dat* etwas draufhaben

calèche [kalɛʃ] *f* Kalesche *f*

caleçon [kalsɔ̃] *m* ① *(pour homme)* Unterhose *f;* ~ ***de bain*** Badehose; ***des*** ~***s longs*** lange Unterhosen *Pl* ② *(pour femme)* Leggin[g]s *Pl*

calembour [kalɑ̃buʀ] *m* Kalauer *m;* ***faire un*** ~ kalauern

calembredaine [kalɑ̃bʀədɛn] *f souvent pl (plaisanterie)* alberner Spaß *m*

calendes [kalɑ̃d] *fpl* Kalenden *Pl (erster Tag des altrömischen Monats)*

calendos [kalɑ̃dos] *m (fam)* Camembert *m*

calendrier [kalɑ̃dʀije] *m* ① Kalender *m;* ***consulter le*** ~ im Kalender nachsehen; ~ ***de l'avent*** Adventskalender ② *(programme)* Zeitplan *m*, Programm *nt;* ~ ***des examens*** Prüfungstermine *Pl*

cale-pied [kalpje] <cale-pieds> *m* Rennbügel *m*

calepin [kalpɛ̃] *m* Notizbuch *nt*

caler [kale] <1> **I.** *vi* ① AUT *conducteur:* den Motor abwürgen; *moteur:* absterben ② *(fam: être rassasié)* bis obenhin voll sein **II.** *vt* ① *(fixer avec une cale)* mit einem Keil fixieren, aufbocken *véhicule;* unterlegen *meuble* ② *(rendre stable)* ~ ***un malade*** einen Kranken stützen; ~ ***qc contre qc*** etw gegen etw lehnen ③ AUT abwürgen **III.** *vpr* ***se*** ~ sich zurechtsetzen

calfeutrage [kalføtʀaʒ] *m* Abdichten *nt*

calfeutrer [kalføtʀe] <1> **I.** *vt* abdichten **II.** *vpr* ***se*** ~ sich verkriechen; *(rester au chaud)* in der warmen Stube bleiben

calibre [kalibʀ] *m* ① *(diamètre)* Durchmesser *m; d'un projectile* Kaliber *nt; des fruits, œufs* Größe *f* ② *d'une personne* For-

mat *nt;* ***de gros*** ~ bedeutend; ***un escroc de ce*** ~ ein Betrüger seines Schlages
calibrer [kalibʀe] <1> *vt* kalibrieren
calice [kalis] *m* BOT [Blüten]kelch *m*
calife [kalif] *m* Kalif *m*
Californie [kalifɔʀni] *f* ***la*** ~ Kalifornien *nt*
califourchon [kalifuʀʃɔ̃] ***à*** ~ rittlings; ***monter à*** ~ im Herrensitz reiten
câlin [kɑlɛ̃] *m* Zärtlichkeit *f;* ***faire un ~ à qn/au chat*** *(fam)* mit jdm schmusen/die Katze streicheln
câlin(e) [kɑlɛ̃, in] *adj* ❶ *(qui aime les caresses)* anschmiegsam ❷ *(caressant)* zärtlich
câliner [kɑline] <1> *vt* ~ ***qn*** zu jdm zärtlich sein
câlinerie [kɑlinʀi] *f* Zärtlichkeit *f;* ***faire des ~s à qn*** zu jdm zärtlich sein
calleux, -euse [kalø, -øz] *adj* schwielig
call-girl [kolgœʀl] <call-girls> *f* Callgirl *nt*
calligraphie [ka(l)ligʀafi] *f* ❶ *(technique)* Kalligrafie *f* ❷ *(écriture élégante)* Schönschrift *f*
calligraphier [ka(l)ligʀafje] <1> *vt* in Schönschrift schreiben
callosité [kalozite] *f* Hornhaut *f*
calmant [kalmɑ̃] *m* ❶ *(tranquillisant)* Beruhigungsmittel *nt* ❷ *(antidouleur)* Schmerzmittel *nt*
calmant(e) [kalmɑ̃, ɑ̃t] *adj* ❶ *(tranquillisant)* beruhigend; ***tisane ~e*** Beruhigungstee *m* ❷ *(antidouleur)* schmerzstillend
calmar [kalmaʀ] *m v.* **calamar**
calme [kalm] **I.** *adj* ❶ ruhig; *temps* windstill; *lieu* still ❷ *(réfléchi)* besonnen **II.** *m* ❶ *(sérénité)* Ruhe *f,* Gelassenheit *f;* ***rester*** ~ sich nicht aufregen; ***du ~!*** Ruhe bewahren! ❷ *(tranquillité)* Ruhe *f;* ***du ~!*** Ruhe bitte! ❸ METEO Windstille *f* ▸ **le ~ avant la tempête** die Ruhe vor dem Sturm; ~ **plat** *a.* ECON Flaute *f*
calmement [kalməmɑ̃] *adv* ruhig
calmer [kalme] <1> **I.** *vt* ❶ *(apaiser)* beruhigen *personne, esprits;* entschärfen *discussion* ❷ *(soulager)* lindern *douleur;* dämpfen *colère;* senken *fièvre;* zügeln *impatience;* beruhigen *nerfs;* stillen *faim* **II.** *vpr* ***se*** ~ sich beruhigen; *discussion:* an Schärfe verlieren; *tempête:* nachlassen; *crainte:* sich verflüchtigen
calomniateur, -trice [kalɔmnjatœʀ, -tʀis] *adj* verleumderisch
calomnie [kalɔmni] *f* Verleumdung *f*
calomnier [kalɔmnje] <1a> *vt* verleumden
calomnieux, -euse [kalɔmnjø, -jøz] *adj* verleumderisch
calorie [kalɔʀi] *f* Kalorie *f*
calorifère [kalɔʀifɛʀ] *adj tuyau* Wärme ausstrahlend
calorifique [kalɔʀifik] *adj* wärmeerzeugend
calorifuge [kalɔʀifyʒ] *adj* wärmeisolierend
calorique [kalɔʀik] *adj* Kalorien-; ***valeur*** ~ Kaloriengehalt *m*
calot [kalo] *m (coiffure)* Feldmütze *f*
calotte [kalɔt] *f* ❶ *(fam: gifle)* Ohrfeige *f* ❷ ANAT ~ ***crânienne*** Schädeldecke *f* ❸ GEOG ~ ***glaciaire*** Eiskappe *f*
calque [kalk] *m* ❶ *(copie)* Pause *f* ❷ *(papier)* Pauspapier *nt*
calquer [kalke] <1> *vt* durchpausen; *(imiter)* nachahmen
calter [kalte] <1> *vi (fam)* abhauen *fam*
calumet [kalymɛ] *m* Kalumet *nt* ▸ **fumer le ~ de la paix** die Friedenspfeife rauchen
calvados [kalvados] *m* Calvados *m*
calvaire [kalvɛʀ] *m* ❶ *(épreuve)* Martyrium *nt* ❷ *(croix)* Bildstock *m* ❸ *(peinture)* Kreuzigungsgruppe *f*
calvinisme [kalvinism] *m* Calvinismus *m*
calviniste [kalvinist] *adj* calvinistisch
calvitie [kalvisi] *f* ❶ *(tonsure)* Glatze *f* ❷ *(phénomène)* Kahlköpfigkeit *f*
camaïeu [kamajø] <x> *m* Farbschattierungen *Pl (der gleichen Grundfarbe)*
camarade [kamaʀad] *mf* ❶ *(collègue)* Kamerad(in) *m(f);* ~ ***de classe*** Klassenkamerad(in) *m(f);* ~ ***d'études*** Kommilitone *m/* Kommilitonin *f* ❷ POL Genosse *m/*Genossin *f*
camaraderie [kamaʀadʀi] *f* Kameradschaft *f*
Camargue [kamaʀg] *f* ***la*** ~ die Camargue
Cambodge [kɑ̃bɔdʒ] *m* ***le*** ~ Kambodscha *nt*
cambouis [kɑ̃bwi] *m* [gebrauchtes] Schmieröl; ***couvert de*** ~ ölverschmiert
cambré(e) [kɑ̃bʀe] *adj* ***être très*** ~ *personne:* ein starkes Hohlkreuz haben
cambrer [kɑ̃bʀe] <1> *vt* wölben *pied*
cambriolage [kɑ̃bʀijɔlaʒ] *m* Einbruch[sdiebstahl] *m*
cambrioler [kɑ̃bʀijɔle] <1> *vt* ~ ***qc*** in etw *akk* einbrechen; ***qn se fait*** ~ bei jdm wird eingebrochen
cambrioleur, -euse [kɑ̃bʀijɔlœʀ, -øz] *m, f* Einbrecher(in) *m(f)*
cambrousse [kɑ̃bʀus] *f (fam)* ***en pleine*** ~ mitten in der Pampa; ***débarquer de sa*** ~ gerade aus seinem Kuhdorf kommen
cambrure [kɑ̃bʀyʀ] *f* ANAT ~ ***de la taille*** Hohlkreuz *nt*
cambuse [kɑ̃byz] *f (fam: logis)* Bude *f fam*
came [kam] *f (fam: drogue)* Stoff *m*

camé(**e**) [kame] *m(f) (fam)* Fixer(in) *m(f)*
camée [kame] *m (pierre)* Kamee *f*
caméléon [kameleɔ̃] *m* ZOOL Chamäleon *nt*
camélia [kamelja] *m* BOT Kamelie *f*
camelot [kamlo] *m* Straßenhändler *m*
camelote [kamlɔt] *f (fam)* Ramsch *m*
camembert [kamɑ̃bɛʀ] *m* ❶ *(fromage)* Camembert *m* ❷ ECON Tortengrafik *f*
camer [kame] <1> *vpr (fam)* ***se*** **~** fixen
caméra [kameʀa] *f* Kamera *f;* ***~ de télévision*** Fernsehkamera *f;* ***~ vidéo*** Videokamera *f*
caméraman [kameʀaman, -mɛn] <s *o* -men> *m* Kameramann *m/*-frau *f*
Cameroun [kamʀun] *m* ***le*** **~** Kamerun *nt*
caméscope [kameskɔp] *m* Camcorder *m*
camion [kamjɔ̃] *m* Lastwagen *m,* Lkw *m;* ***maquillé(e) comme un ~ volé*** überschminkt
camion-citerne [kamjɔ̃sitɛʀn] <camions--citernes> *m* Tankwagen *m*
camionnette [kamjɔnɛt] *f* Lieferwagen *m*
camionneur [kamjɔnœʀ] *m* Lastwagenfahrer(in) *m(f)*
camisole [kamizɔl] *f* Mieder *nt*
camomille [kamɔmij] *f* ❶ *(fleur)* Kamille *f* ❷ *(tisane)* Kamillentee *m*
camouflage [kamuflaʒ] *m* MIL Tarnung *f*
camoufler [kamufle] <1> *vt* ❶ MIL tarnen ❷ *(tenir secret)* verheimlichen, vertuschen *faute*
camouflet [kamuflɛ] *m* Schmach *f*
camp [kɑ̃] *m* ❶ *(campement)* [Zelt]lager *nt;* ***~ de nudistes*** FKK-Anlage *f* ❷ MIL [Truppen]lager *nt;* ***lever le ~*** abziehen; ***~ de concentration*** Konzentrationslager ❸ SPORT Seite *f* ❹ POL Lager *nt* ► **ficher** [*o* **foutre**] **le ~** *(fam)* abhauen; **fiche-moi le ~!** *(fam)* lass mich in Ruhe!
campagnard(**e**) [kɑ̃paɲaʀ, aʀd] **I.** *adj* ländlich **II.** *m(f)* Landbewohner(in) *m(f)*
campagne [kɑ̃paɲ] *f* ❶ *(opp: ville)* Land *nt;* ***à la ~*** auf dem Land[e]; ***en pleine ~*** weit draußen auf dem Land[e] ❷ *(paysage)* ländliche Gegend; ***dans nos ~s*** in unsere(r) Gegend; ***en rase ~*** auf freiem Feld ❸ MIL Feldzug *m,* Kampf *m* ❹ *(action de communication)* Kampagne *f;* ***~ électorale*** Wahlkampagne, Wahlkampf *m;* ***~ publicitaire*** Werbekampagne
campagnol [kɑ̃paɲɔl] *m* ZOOL Wühlmaus *f*
campanule [kɑ̃panyl] *f* Glockenblume *f*
campé(**e**) [kɑ̃pe] *adj* breitbeinig dastehend
campement [kɑ̃pmɑ̃] *m* ❶ *(ensemble de tentes)* Lager *nt* ❷ *(lieu)* Lagerplatz *m*
camper [kɑ̃pe] <1> **I.** *vi* ❶ *(monter une tente)* campen ❷ *(être installé provisoirement)* kampieren *fam* **II.** *vpr* ***se ~ devant qn/qc*** sich vor jdm/etw aufstellen
campeur, -euse [kɑ̃pœʀ, -øz] *m, f* Camper *m*
camphre [kɑ̃fʀ] *m* Kampfer *m*
camping [kɑ̃piŋ] *m* ❶ *(action de camper)* Zelten *nt,* Camping *nt;* ***faire du ~*** zelten ❷ *(lieu)* [***terrain de***] **~** Campingplatz *m*
camping-car [kɑ̃piŋkaʀ] <camping-cars> *m* Wohnmobil *nt* **camping-gaz®** [kɑ̃piŋgɑz] *m inv* Gaskocher *m*
campus [kɑ̃pys] *m* Universitätsgelände *nt;* ***~ virtuel*** virtuelle Universität
camus(**e**) [kamy, yz] *adj (péj) nez* breit [und kurz]; *face, visage* platt gedrückt
Canada [kanada] *m* ***le*** **~** Kanada *nt*
canadair® [kanadɛʀ] *m* Löschflugzeug *nt*
canadianisme [kanadjanism] *m* Ausdruck *m* aus dem kanadischen Französisch
canadien(**ne**) [kanadjɛ̃, jɛn] *adj* kanadisch
Canadien(**ne**) [kanadjɛ̃, jɛn] *m(f)* Kanadier(in) *m(f)*
canadienne [kanadjɛn] *f* ❶ *(veste)* lammfellgefütterte Jacke *f (aus Stoff oder Leder)* ❷ *(tente)* kleines [Zweimann]zelt *nt*
canaille [kanɑj] **I.** *adj air, manière* pöbelhaft **II.** *f* ❶ *(fripon)* Halunke *m* ❷ *(hum: enfant)* Schlingel *m*
canaillerie [kanɑjʀi] *f* ❶ *(action malhonnête)* Schurkenstreich *m* ❷ *(polissonnerie)* Derbheit *f*
canal [kanal, -o] <-aux> *m* Kanal *m*
canalisation [kanalizasjɔ̃] *f* ❶ *(tuyauterie)* Rohrleitung *f;* ***~ d'eau/de gaz*** Wasser-/Gasleitung ❷ *(égouts)* Kanalisation *f*
canaliser [kanalize] <1> *vt* ❶ *(rendre navigable)* kanalisieren ❷ *(centraliser)* kanalisieren *énergie;* dirigieren *foule*
canapé [kanape] *m* ❶ *(meuble)* Sofa *nt,* Couch *f;* ***~ convertible*** Schlafcouch ❷ GASTR Häppchen *nt*
canapé-lit [kanapeli] <canapés-lits> *m* Schlafcouch *f*
canard [kanaʀ] *m* ❶ *(oiseau)* Ente *f* ❷ *(opp: cane)* Erpel *m* ❸ *(fam: journal)* Blatt *nt; péj)* Käseblatt ❹ MUS ***faire un ~*** falsch spielen
canarder [kanaʀde] <1> *vt (fam)* unter Beschuss nehmen
canari [kanaʀi] **I.** *adj inv* ***jaune ~*** gelbgrün **II.** *m* Kanarienvogel *m*
Canaries [kanaʀi] *fpl* ***les*** [***îles***] **~** die Kanaren, die kanarischen Inseln
canasson [kanasɔ̃] *m (péj)* Gaul *m*
cancan [kɑ̃kɑ̃] *m* ❶ *pl (racontars)*

Klatsch *m kein Pl* ❷ *(danse)* ***french ~*** French-Cancan *m*

cancaner [kɑ̃kane] <1> *vi* klatschen *fam,* tratschen *fam*

cancanier, -ière [kɑ̃kanje, -jɛʀ] *adj* klatschhaft

cancer [kɑ̃sɛʀ] *m* Krebs *m;* ***~ généralisé*** Krebs, der Metastasen gebildet hat; ***avoir un ~ du sang/du sein*** Blut-/Brustkrebs haben

Cancer [kɑ̃sɛʀ] *m* ASTROL Krebs *m; v. a.* **Balance**

cancéreux, -euse [kɑ̃seʀø, -øz] **I.** *adj* Krebs- **II.** *m, f* Krebskranke(r) *f(m)*

cancérigène [kɑ̃seʀiʒɛn] *adj,* **cancérogène** [kɑ̃seʀɔʒɛn] *adj* Krebs erregend

cancérisation [kɑ̃seʀizasjɔ̃] *f* MED Bildung *f* eines Krebstumors *(aus einem gutartigen Tumor)*

cancérologie [kɑ̃seʀɔlɔʒi] *f* Krebsforschung *f*

cancérologue [kɑ̃seʀɔlɔg] *mf* Krebsspezialist(in) *m(f)*

cancre [kɑ̃kʀ] *m (fam)* fauler Schüler *m/* faule Schülerin *f*

cancrelat [kɑ̃kʀəla] *m* Kakerlak *m*

candélabre [kɑ̃delɑbʀ] *m* [mehrarmiger] Kerzenständer *m*

candeur [kɑ̃dœʀ] *f* Arglosigkeit *f*

candi [kɑ̃di] *adj v.* **sucre**

candidat(e) [kɑ̃dida, at] *m(f)* ❶ *(à un examen, un jeu, aux élections)* Kandidat(in) *m(f)* ❷ *(au baccalauréat)* Abiturient(in) *m(f)* ❸ *(à un poste)* Bewerber(in) *m(f);* ***être ~ à un poste*** sich um eine Stelle bewerben

candidature [kɑ̃didatyʀ] *f* ❶ *(aux élections)* Kandidatur *f;* ***poser sa ~ aux élections*** bei den Wahlen kandidieren ❷ *(à un poste, un jeu)* Bewerbung *f;* ***~ spontanée*** Initiativbewerbung; ***poser sa ~ à un poste*** sich um eine Stelle bewerben; ***retenir une ~*** eine Bewerbung berücksichtigen

candide [kɑ̃did] *adj* ❶ *(ingénu)* unverdorben ❷ *(péj: crédule)* gutgläubig

cane [kan] *f (opp: mâle)* Entenweibchen *nt*

caner [kane] <1> *vi* ❶ + *avoir (fam: flancher)* schlapp machen *fam; (psychiquement)* kneifen *fam* ❷ + *être (fam: mourir)* verrecken *vulg,* krepieren *fam*

caneton [kantɔ̃] *m* Entenküken *nt*

canette [kanɛt] *f* [Bier]dose *f*

canevas [kanvɑ] *m* ❶ *(toile)* Kanevas *m* ❷ *(esquisse)* Grundgerüst *nt,* [grober] Rahmen

caniche [kaniʃ] *m* Pudel *m*

caniculaire [kanikylɛʀ] *adj chaleur* unerträglich

canicule [kanikyl] *f* ❶ *(période)* Hundstage *Pl* ❷ *(chaleur)* Hitze *f*

canidés [kanide] *mpl* ZOOL Familie *f* der Hunde, Canidae *Pl Fachspr.*

canif [kanif] *m* Taschenmesser *nt,* Feitel *m* A

canin(e) [kanɛ̃, in] *adj* ***races ~es*** Hunderassen *Pl*

canine [kanin] *f* Eckzahn *m*

caniveau [kanivo] <x> *m* Rinnstein *m*

cannabis [kanabis] *m* Cannabis *m*

canne [kan] *f* ❶ *(bâton)* [Spazier]stock *m* ❷ *(tige)* ***~ à sucre*** Zuckerrohr *nt* ❸ *(gaule)* ***~ à pêche*** Angelrute *f*

canné(e) [kane] *adj* [rohr]geflochten

cannelé(e) [kanle] *adj* kanneliert

cannelle [kanɛl] *f* Zimt *m*

cannelure [kanlyʀ] *f d'une colonne, d'un meuble* Kannelur *f*

cannibale [kanibal] **I.** *adj* kannibalisch **II.** *mf* Kannibale *m/*Kannibalin *f*

cannibalisme [kanibalism] *m* Kannibalismus *m*

canoë [kanɔe] *m* ❶ *(embarcation)* Kanu *nt* ❷ *(sport)* Kanufahren *nt*

canoéiste [kanɔeist] *mf* Kanufahrer(in) *m(f)*

canoë-kayak [kanɔekajak] <canoës-kayaks> *m* Kajak *m o nt;* ***faire du ~*** Kajak fahren

canon [kanɔ̃] **I.** *adj inv (fam)* super; ***super ~*** echt stark **II.** *m* ❶ *(arme)* Kanone *f* ❷ *d'un fusil* Lauf *m* ❸ *(machine)* ***~ à neige*** Schneekanone *f*

> **Grammatik und Co.**
> Das Adjektiv **canon** ist unveränderlich: *des filles super canon – supertolle Mädchen.*

cañon [kaɲɔn] *m* Cañon *m*

canonique [kanɔnik] *adj* kanonisch

canonisation [kanɔnizasjɔ̃] *f* Heiligsprechung *f,* Kanonisierung *f*

canoniser [kanɔnize] <1> *vt* heiligsprechen

canonnade [kanɔnad] *f* Kanonenfeuer *nt*

canot [kano] *m* Boot *nt;* ***~ pneumatique/à moteur/de sauvetage*** Schlauch-/Motor-/Rettungsboot

canotage [kanɔtaʒ] *m* Bootfahren *nt*

canoter [kanɔte] <1> *vi* Boot fahren; CAN Kanusport betreiben, Kanu fahren

canotier [kanɔtje] *m (chapeau)* [flacher] Strohhut
cantatrice [kɑ̃tatʀis] *f* [Opern]sängerin *f*
cantine [kɑ̃tin] *f* Kantine *f*
cantinière [kɑ̃tinjɛʀ] *f* HIST Marketenderin *f*
cantique [kɑ̃tik] *m* ❶ *(chant religieux)* [Kirchen]lied *nt* ❷ *(chant d'action de grâce)* Loblied *nt*
canton [kɑ̃tɔ̃] *m* ❶ *(en France)* ≈ Land-/Stadtkreis *m* ❷ *(en Suisse)* Kanton *m*
cantonade [kɑ̃tɔnad] *f* ***crier qc à la ~*** etw in den Raum rufen
cantonal(e) [kɑ̃tɔnal, -o] <-aux> **I.** *adj* ❶ *(en France)* ***élections ~es*** ≈ Kreiswahlen *Pl* ❷ *(en Suisse)* kantonal; ***autorités ~es*** Kantonsbehörden *Pl* **II.** *m(f) pl* ≈ Kreiswahlen *Pl*
cantonnement [kɑ̃tɔnmɑ̃] *m* Einquartierung *f*
cantonner [kɑ̃tɔne] <1> **I.** *vt (reléguer)* ***~ qn dans qc*** jdn auf etw *akk* beschränken **II.** *vpr* ❶ *(s'isoler)* ***se ~ dans le silence*** sich in Schweigen hüllen ❷ *(se limiter)* ***se ~ dans qc*** sich auf etw *akk* beschränken
cantonnier [kɑ̃tɔnje] *m* Straßenarbeiter *m*
canular [kanylaʀ] *m (fam)* Scherz *m*
canule [kanyl] *f* Kanüle *f*
canyon *v.* **cañon**
canyoning [kanjɔniŋ] *m* SPORT Canyoning *nt*
CAO [seao] *abr de* **conception assistée par ordinateur** CAD *nt*
caoua [kawa] *m (fam)* Käffchen *nt fam*
caoutchouc [kautʃu] *m* ❶ *(matière)* Gummi *m o nt,* Kautschuk *m* ❷ *(élastique)* Gummi[ring] *m;* ***~ [pour cheveux]*** Haargummi *m o nt* ❸ *(plante)* Gummibaum *m*

Aussprache
Das -c am Ende von **caoutchouc** bleibt stumm.

caoutchouteux, -euse [kautʃutø, -øz] *adj* gummiartig, kautschukartig
cap [kap] *m* ❶ *(pointe de terre)* Kap *nt* ❷ *(direction)* Kurs *m;* ***mettre le ~ sur qc*** Kurs auf etw *akk* nehmen
C.A.P. [seape] *m abr de* **certificat d'aptitude professionnelle** *Zeugnis für eine abgeschlossene Berufsausbildung (z. B. Gesellenbrief)*

Land und Leute
Das *Certificat d'aptitude professionnelle* (**C.A.P.**) ist das Abschlusszeugnis über die berufliche Qualifikation. Nach einer erfolgreichen Lehre und einem Abschluss an einem *lycée professionnel*, einer beruflichen Schule, erhält man sein **C.A.P.**

capable [kapabl] *adj* fähig; ***être ~ de faire qc*** *personne:* fähig sein etw zu tun; *chose:* etw tun können
capacité [kapasite] *f* ❶ *(contenance)* Fassungsvermögen *nt* ❷ INFORM Kapazität *f;* ***~ d'une mémoire*** Speicherkapazität ❸ *(faculté)* Fähigkeit *f;* ***~s intellectuelles*** geistige Fähigkeiten *Pl;* ***posséder une grande ~ de travail*** sehr leistungsfähig sein ❹ *(puissance)* ***~ de production*** Produktionskapazität *f* ❺ SCOL ***~ en droit*** *Universitätsabschluss nach einem vereinfachten zweijährigen Jurastudium, zu dem Personen ohne Abitur zugelassen sind*
cape [kap] *f (vêtement)* Umhang *m,* Cape *nt* ▶ **rire sous** ~ sich *dat* [eins] ins Fäustchen lachen
capeline [kaplin] *f Damenhut mit breiter Krempe*
C.A.P.E.S. [kapɛs] *m abr de* **certificat d'aptitude au professorat de l'enseignement secondaire** ≈ *Staatsexamen für das Lehramt an höheren Schulen*
capésien(ne) [kapesjɛ̃, jɛn] *m(f) Student, der/Studentin, die sich auf das C.A.P.E.S. vorbereitet*
Capétien(ne) [kapesjɛ̃, jɛn] *m(f)* Kapetinger(in) *m(f)*
capharnaüm [kafaʀnaɔm] *m (fam)* Rumpelkammer *f*
capillaire [kapilɛʀ] **I.** *adj* ❶ *(pour les cheveux)* ***lotion*** ~ Haarwasser *nt* ❷ ANAT ***vaisseau*** ~ Kapillargefäß *nt* **II.** *m* Kapillargefäß *nt*
capillarité [kapilaʀite] *f* PHYS Kapillarität *f*
capitaine [kapitɛn] *m* ❶ MIL Hauptmann *m;* ***"mon ~"*** „Herr Hauptmann"; ***~ des pompiers*** Brandmeister *m* ❷ NAUT, AVIAT, SPORT Kapitän *m*
capitainerie [kapitɛnʀi] *f* NAUT Büro *nt* des Hafenkapitäns
capital [kapital, -o] <-aux> *m* ❶ *(somme d'argent)* Kapital *nt;* ***société anonyme au ~ de 55 millions*** Aktiengesellschaft mit 55 Millionen Grundkapital ❷ *pl* FIN Gelder *Pl* ❸ *(richesse)* ***~ artistique/intellectuel*** Kunstschatz *m*/geistiges Kapital
capital(e) [kapital, -o] <-aux> *adj* wesentlich; ***attacher une importance ~e à qc*** etw für überaus wichtig halten

capitale [kapital] *f* ① *(ville)* Hauptstadt *f* ② *(lettre)* Großbuchstabe *m; **en ~s d'imprimerie*** in großen Druckbuchstaben
capitaliser [kapitalize] <1> *vt* FIN kapitalisieren
capitalisme [kapitalism] *m* Kapitalismus *m*
capitaliste [kapitalist] *mf* Kapitalist(in) *m(f)*
capital-risque [kapitalʀisk] *m* ECON Risikokapital *nt*
capiteux, -euse [kapitø, -øz] *adj parfum, vin* berauschend
capitonner [kapitɔne] <1> *vt* polstern
capitulation [kapitylasjɔ̃] *f* ① Kapitulation *f* ② *(fig)* Nachgeben *nt*
capituler [kapityle] <1> *vi* kapitulieren
caporal [kapɔʀal, -o] <-aux> *m* Gefreite(r) *m*
caporal-chef [kapɔʀalʃɛf] <caporaux-chefs> *m* Obergefreite(r) *m*
capot [kapo] *m* AUT Motorhaube *f*
capote [kapɔt] *f* ① AUT *d'une voiture* Verdeck *nt* ② *(manteau)* Kapuzenmantel *m* ③ *(fam: préservatif)* ~ *[**anglaise**]* Pariser *m*
capoter [kapɔte] <1> **I.** *vt **faire ~ un projet de loi** (fam)* ein Gesetzesvorhaben kippen **II.** *vi (fam) auto, avion:* sich überschlagen
cappuccino [kaputʃino] *m* Cappuccino *m*
câpre [kɑpʀ] *f* Kaper *f*
caprice [kapʀis] *m* ① *(fantaisie)* Laune *f* ② *(amourette)* Liebschaft *f* ③ *pl (changement)* Launen *Pl* ④ *(exigence d'un enfant)* Quengelei *f; **faire un ~*** einen Wutanfall haben; ***passer à qn tous ses ~s*** jdm alles durchgehen lassen
capricieux, -euse [kapʀisjø, -jøz] *adj* ① *personne* launisch ② *chose* unzuverlässig; *temps* unbeständig
Capricorne [kapʀikɔʀn] *m* Steinbock *m; v. a.* **Balance**
caprin(e) [kapʀɛ̃, in] *adj race, espèce* Ziegen-
capsule [kapsyl] *f* ① *d'une bouteille* Kron[en]korken *m* ② *(médicament)* Kapsel *f; ~ **de café*** Kaffeekapsel ③ ESPACE ~ ***spatiale*** Raumkapsel *f*
captage [kaptaʒ] *m* ① *(action) d'une source* Fassen *nt; d'une émission* Empfang *m; ~ **de l'eau potable/d'eau potable*** Trinkwassergewinnung *f* ② *(résultat) d'une source* Fassung *f*
captation [kaptasjɔ̃] *f* JUR Erschleichen *nt; ~ **d'héritage*** Erbschleicherei *f*
CAPTCHA [kaptʃa] *m* INFORM Captcha *m*
capter [kapte] <1> *vt* ① *(canaliser)* fassen *source;* einfangen *énergie* ② *(recevoir)* empfangen *émission* ③ *(chercher à obtenir)* gewinnen; ~ ***l'attention de qn*** jdn fesseln ④ *(fam: comprendre)* kapieren, checken
capteur [kaptœʀ] *m* Sensor *m*
captieux, -euse [kapsjø, -øz] *adj (littér)* trügerisch; *raisonnement, discours, argument* fadenscheinig, Schein-
captif, -ive [kaptif, -iv] *adj personne, animal* gefangen [gehalten]
captivant(e) [kaptivɑ̃, ɑ̃t] *adj* fesselnd
captiver [kaptive] <1> *vt* fesseln
captivité [kaptivite] *f* Gefangenschaft *f*
capture [kaptyʀ] *f* ① *d'un animal* [Ein]fangen *nt* ② INFORM ~ ***d'écran*** Screenshot *m*
capturer [kaptyʀe] <1> *vt* fassen *personne;* einfangen *animal*
capuche [kapyʃ] *f* Kapuze *f*
capuchon [kapyʃɔ̃] *m* ① *(capuche)* Kapuze *f* ② *(bouchon)* [Verschluss]kappe *f*
capucin [kapysɛ̃] *m* Kapuziner[mönch] *m*
capucine [kapysin] *f* Kapuzinernonne *f*
Cap-Vert [kapvɛʀ] *m* Kap Verde *nt*
caquet [kakɛ] *m* Geschwätz *nt*
caquetage [kaktaʒ] *m d'une poule* Gackern *nt; d'une personne* Geschwätz *nt,* Geplapper *nt*
caqueter [kakte] <3> *vi poule:* gackern
car[1] [kaʀ] *m* Bus *m; ~ **de ramassage scolaire*** Schulbus
car[2] [kaʀ] *conj* denn
carabine [kaʀabin] *f* Karabiner *m; ~ **à air comprimé*** Luftgewehr *nt*
carabiné(e) [kaʀabine] *adj (fam) grippe, migraine* gewaltig
carabinier [kaʀabinje] *m (en Italie)* Karabiniere *m; (en Espagne)* Zollbeamter *m*
caraco [kaʀako] *m (sous-vêtement)* Trägerhemdchen *nt*
caracoler [kaʀakɔle] <1> *vi cheval:* tänzeln
caractère [kaʀaktɛʀ] *m* ① *(tempérament)* Charakter *m,* Wesen *nt; **avoir un ~ de cochon** (fam)* unausstehlich sein; ***ce n'est pas dans son ~ de faire qc*** es ist nicht seine/ihre Art etw zu tun ② *(fermeté)* Charakter[stärke *f*] *m; **de** ~ homme, femme* mit Charakter; ***avoir beaucoup de ~*** willensstark sein ③ *(personne)* [starke] Persönlichkeit ④ *(nature)* Eigenheit *f; **présenter tous les ~s de qc*** alle Merkmale einer S. *gen* aufweisen ⑤ *(cachet) **sans ~*** farblos ⑥ *(symbole)* [Schrift]zeichen *nt; **écrire en gros/petits ~s*** mit großer/kleiner Schrift schreiben; ***~s***

d'imprimerie Druckschrift *f;* ***en ~s gras/italiques*** fett/kursiv

caractériel(le) [kaʀaktеʀjɛl] **I.** *adj personne* verhaltensgestört; ***des troubles ~s*** Verhaltensstörungen *Pl* **II.** *m(f)* Verhaltensgestörte(r) *f(m)*

caractérisation [kaʀakteʀizasjɔ̃] *f* Charakterisierung *f; (manière dont une chose est caractérisée)* Charakteristik *f*

caractérisé(e) [kaʀakteʀize] *adj maladie* ausgeprägt

caractériser [kaʀakteʀize] <1> **I.** *vt* ❶ *(être typique de)* kennzeichnen; ***avec la franchise qui le caractérise*** mit der für ihn charakteristischen Offenheit ❷ *(définir)* charakterisieren *personnage, œuvre* **II.** *vpr* ***se ~ par qc*** sich durch etw auszeichnen

caractéristique [kaʀakteʀistik] **I.** *adj* ***être ~ de qn/qc*** charakteristisch für jdn/etw sein **II.** *f* typisches Merkmal; ***~s techniques*** technische Daten *Pl*

carafe [kaʀaf] *f* Karaffe *f*

carafon [kaʀafɔ̃] *m* kleine Karaffe

caraïbe [kaʀaib] *adj* karibisch

Caraïbes [kaʀaib] *fpl* ***les ~*** die Karibik

carambolage [kaʀɑ̃bɔlaʒ] *m* [Massen]karambolage *f*

carambole [kaʀɑ̃bɔl] *f* BOT Karambole *f,* Sternfrucht *f*

caramboler [kaʀɑ̃bɔle] <1> **I.** *vt* ***~ qc*** mit etw zusammenstoßen [*o* zusammenprallen] **II.** *vpr* ***se ~*** zusammenstoßen, aufeinanderprallen

carambouillage [kaʀɑ̃bujaʒ] *m* Betrug *m (Verkauf einer Ware, die dem Verkäufer nicht gehört)*

caramel [kaʀamɛl] *m* ❶ *(bonbon)* Karamellbonbon *m o nt* ❷ *(substance)* Karamell *m*

caraméliser [kaʀamelize] <1> **I.** *vt* karamellisieren **II.** *vi, vpr* karamellieren

carapace [kaʀapas] *f d'un crabe, d'une tortue* Panzer *m*

carapater [kaʀapate] <1> *vpr (fam)* ***se ~*** verduften *fam,* abhauen *fam*

carat [kaʀa] *m* Karat *nt*

caravane [kaʀavan] *f* ❶ *(nomades)* Karawane *f* ❷ *(véhicule)* Wohnwagen *m* ❸ *(groupe)* Kolonne *f*

caravaning [kaʀavaniŋ] *m* Wohnwagentourismus *m*

caravelle [kaʀavɛl] *f* Karavelle *f*

carbonate [kaʀbɔnat] *m* Karbonat *nt*

carbone [kaʀbɔn] *m* Kohlenstoff *m*

carbonique [kaʀbɔnik] *adj* CHIM *acide* Kohlen-

carbonisation [kaʀbɔnizasjɔ̃] *f* CHIM Karbonisation *f; des bois* Verkohlen *nt*

carbonisé(e) [kaʀbɔnize] *adj* verkohlt

carboniser [kaʀbɔnize] <1> *vt* verkohlen

carburant [kaʀbyʀɑ̃] *m* Treibstoff *m*

carburateur [kaʀbyʀatœʀ] *m* Vergaser *m*

carbure [kaʀbyʀ] *m* ***~ métallique*** Karbid *nt*

carburer [kaʀbyʀe] <1> *vi moteur:* vergasen

carcan [kaʀkɑ̃] *m* HIST Halseisen *nt*

carcasse [kaʀkas] *f* ❶ *(squelette)* Gerippe *nt* ❷ *(fam: corps)* ***ma vieille ~*** meine alten Knochen ❸ *d'un bateau* Gerippe *nt; d'un édifice* Skelett *nt*

carcéral(e) [kaʀseʀal, -o] <-aux> *adj* Gefängnis-

carcinogène [kaʀsinɔʒɛn] *adj* Krebs erregend

carcinome [kaʀsinom] *m* MED Krebsgeschwulst *f,* Karzinom *nt Fachspr.*

cardamome [kaʀdamɔm] *f* BOT, GASTR Kardamom *m o nt*

cardan [kaʀdɑ̃] *m* Kardanantrieb *m*

carder [kaʀde] <1> *vt* karden

cardiaque [kaʀdjak] **I.** *adj* ***malaise ~*** Herzanfall *m* **II.** *mf* Herzkranke(r) *f(m)*

cardigan [kaʀdigɑ̃] *m* Strickjacke *f*

cardinal [kaʀdinal, -o] <-aux> *m* Kardinal *m*

cardinal(e) [kaʀdinal, -o] <-aux> *adj* MATH Kardinal-

cardiogramme [kaʀdjɔgʀam] *m* Kardiogramm *nt*

cardiologie [kaʀdjɔlɔʒi] *f* Kardiologie *f*

cardiologue [kaʀdjɔlɔg] *mf* Herzspezialist(in) *m(f)*

cardiovasculaire [kaʀdjovaskylɛʀ] *adj* Herz und Gefäße betreffend

carême [kaʀɛm] *m* ❶ *(jeûne)* Fasten *nt* ❷ *(période)* Fastenzeit *f*

carence [kaʀɑ̃s] *f* MED Mangel *m;* ***~ alimentaire*** einseitige Ernährung

carène [kaʀɛn] *f* [Schiffs]kiel *m*

caréner [kaʀene] <5> *vt* kielholen *bateau*

caressant(e) [kaʀesɑ̃, ɑ̃t] *adj personne* anschmiegsam; *voix* zärtlich

caresse [kaʀɛs] *f* Streicheln *nt;* ***faire des ~s à qn/un animal*** jdn/ein Tier streicheln

caresser [kaʀese] <1> *vt* ❶ *(faire des caresses)* streicheln; ***~ qc*** zärtlich über etw *akk* streichen ❷ *(effleurer)* ***~ qc*** etw sanft berühren ❸ *(nourrir)* hegen

car-ferry [kaʀfeʀi] <car-ferrys *o* car-ferries> *m* Autofähre *f*

cargaison [kaʀgɛzɔ̃] *f* ❶ *(chargement)* La-

C

dung *f* ❷ *(fam: grande quantité)* ***des ~s d'histoires drôles*** Unmengen von lustigen Geschichten
cargo [kaʀgo] *m* Frachtschiff *nt*
caribou [kaʀibu] *m* ZOOL Karibu *nt*
caricatural(e) [kaʀikatyʀal, -o] <-aux> *adj* grotesk
caricature [kaʀikatyʀ] *f* Karikatur *f;* ***faire la ~ de qn/qc*** jdn/etw karikieren
caricaturer [kaʀikatyʀe] <1> *vt* karikieren
caricaturiste [kaʀikatyʀist] *mf* Karikaturist(in) *m(f)*
carie [kaʀi] *f* Karies *f*
carié(e) [kaʀje] *adj* von Karies befallen; ***avoir une dent ~e*** einen schlechten Zahn haben
carillon [kaʀijɔ̃] *m* ❶ *d'une église* Glockenspiel *nt* ❷ *d'une porte d'entrée* Türglocke *f*
carillonner [kaʀijɔne] <1> *vi cloche, horloge:* läuten, schlagen
carillonneur [kaʀijɔnœʀ] *m* Glöckner *m*
cariste [kaʀist] *m* Gabelstaplerfahrer(in) *m(f)*
caritatif, -ive [kaʀitatif, -iv] *adj* karitativ
carlin [kaʀlɛ̃] *m* ZOOL Mops *m*
carlingue [kaʀlɛ̃g] *f* AVIAT [Piloten]kanzel *f*
carmélite [kaʀmelit] *f* Karmelit[er]in *f*
carmin [kaʀmɛ̃] **I.** *adj inv* karm[es]in[rot] **II.** *m* ❶ *(colorant)* Karm[es]in *nt* ❷ *(couleur)* Karm[es]inrot *nt*
carnage [kaʀnaʒ] *m* ❶ *(tuerie)* Blutbad *nt* ❷ *(fam: dévastation)* Verwüstung *f*
carnassier [kaʀnasje] *m* Fleischfresser *m*
carnassier, -ière [kaʀnasje, -jɛʀ] *adj* Fleisch fressend
carnaval [kaʀnaval] <s> *m* Karneval *m,* Fasching *m* SDEUTSCH
carnavalesque [kaʀnavalɛsk] *adj* ❶ *(de carnaval)* ***tenue ~*** Karnevalskostüm *nt* ❷ *(grotesque)* närrisch
carne [kaʀn] *f (péj fam: viande)* ***c'est de la ~!*** das ist zäh wie Leder!
carné(e) [kaʀne] *adj produits* Fleisch-; ***régime ~*** Fleischkost *f*
carnet [kaʀnɛ] *m* ❶ *(calepin)* Heft *nt;* ***~ d'adresses*** Adressbuch *nt;* ***~ de notes*** Zeugnisheft; ***~ d'épargne*** CH *(livret)* Sparbuch *nt,* Sparheft CH; ***~ de santé*** Gesundheitspass *m* ❷ *(paquet)* ***~ de tickets*** Fahrscheinheft *nt;* ***~ de timbres*** Briefmarkenheftchen *nt;* ***~ de chèques*** Scheckheft
carnivore [kaʀnivɔʀ] **I.** *adj* Fleisch fressend; ***animal ~*** Fleischfresser *m* **II.** *m* Fleischfresser *m*
carnotset [kaʀnɔtsɛ] *m* CH Partykeller *m*
carolingien(ne) [kaʀɔlɛ̃ʒjɛ̃, jɛn] *adj* karolingisch
Carolingien(ne) [kaʀɔlɛ̃ʒjɛ̃, jɛn] *m(f)* Karolinger(in) *m(f)*
carotide [kaʀɔtid] *f* Halsschlagader *f*
carotte [kaʀɔt] **I.** *f* Karotte *f,* Möhre *f;* ***~ rouge*** CH *(betterave)* rote Rübe, Rande *f* CH **II.** *adj inv* ***avoir les cheveux ~*** fuchsrote Haare haben
carotter [kaʀɔte] <1> *vt (fam)* klauen
carpe [kaʀp] *f* Karpfen *m* ▶ **muet comme une ~** stumm wie ein Fisch
carpette [kaʀpɛt] *f (tapis)* Läufer *m*
carquois [kaʀkwa] *m* [Pfeil]köcher *m*
carre [kaʀ] *f d'un ski* [Stahl]kante *f*
carré [kaʀe] *m* ❶ MATH Quadrat *nt;* ***élever un nombre au ~*** eine Zahl ins Quadrat erheben; ***quatre/six au ~*** vier/sechs im Quadrat ❷ JEUX ***un ~ d'as*** vier Asse ❸ *(parcelle)* ***~ de terre*** Stück *nt* Land
carré(e) [kaʀe] *adj* ❶ *(rectangulaire)* quadratisch ❷ *épaules* breit ❸ MATH ***mètre/kilomètre ~*** Quadratmeter *m*/-kilometer *m*
carreau [kaʀo] <x> *m* ❶ *(vitre)* [Fenster]scheibe *f;* ***faire les ~x*** die Fenster putzen ❷ *(carrelage)* Fliese *f* ❸ *(motif sur tissu)* Karo *nt; (sur papier)* Kästchen *nt;* ***à grands/petits ~x*** groß/klein kariert ❹ JEUX Karo *nt;* ***as de ~*** Karoass *nt* ▶ **se tenir à ~** vorsichtig sein
carrefour [kaʀfuʀ] *m* ❶ *de routes* Kreuzung *f* ❷ *(point de rencontre)* Treffpunkt *m;* ***Strasbourg, ~ de l'Europe*** Straßburg, Drehscheibe *f* Europas ❸ *(situation décisive)* Scheideweg *m*
carrelage [kaʀlaʒ] *m* ❶ *(action)* Fliesen *nt* ❷ *(revêtement)* Fliesen *Pl*
carreler [kaʀle] <3> *vt* fliesen
carrelet [kaʀlɛ] *m* Scholle *f*
carreleur, -euse [kaʀlœʀ, -øz] *m, f* Fliesenleger(in) *m(f)*
carrément [kaʀemɑ̃] *adv (fam)* ❶ *(franchement)* ***y aller ~*** drauflosgehen ❷ *(complètement)* geradezu
carrer [kaʀe] <1> *vpr* ***se ~ dans un fauteuil*** sich [bequem] in einem Sessel zurechtsetzen
carrier [kaʀje] *m (entrepreneur)* Betreiber *m* eines Steinbruchs; *(travailleur)* Arbeiter *m* in einem Steinbruch
carrière[1] [kaʀjɛʀ] *f* Laufbahn *f;* ***faire ~*** Karriere machen
carrière[2] [kaʀjɛʀ] *f* ***~ de pierres*** Steinbruch *m;* ***~ de sable*** Sandgrube *f*
carriériste [kaʀjeʀist] *mf (péj)* Karrieremacher(in) *m(f)*
carriole [kaʀjɔl] *f* Karren *m*
carrossable [kaʀɔsabl] *adj* befahrbar

carrosse [kaʀɔs] *m* Karosse *f*
carrosserie [kaʀɔsʀi] *f* ❶ AUT Karosserie *f* ❷ *(métier)* Karosseriebau *m*
carrossier [kaʀɔsje] *m* Karosseriebauer(in) *m(f)*
carrousel [kaʀuzɛl] *m* TECH kreisförmiges Förderband
carrure [kaʀyʀ] *f* ❶ *(largeur du dos)* Schulterbreite *f*; ***être trop étroit/large de ~*** *veste:* an den Schultern zu eng/weit sein ❷ *(envergure)* Format *nt*
cartable [kaʀtabl] *m* ❶ SCOL Schultasche *f* ❷ CAN *(classeur à anneaux)* Ringordner *m*
carte [kaʀt] *f* ❶ GEOG [Land]karte *f*; ***~ au 1/25.000*** Karte im Maßstab 1:25.000; ***~ routière*** Straßenkarte; ***~ en relief*** Reliefkarte ❷ JEUX ***~ à jouer*** Spielkarte *f*; ***jouer aux ~s*** Karten spielen; ***tirer les ~s à qn*** jdm die Karten legen ❸ POST ***~ postale*** Ansichtskarte *f*, [Post]karte ❹ GASTR [Speise]karte *f* ❺ *(bristol)* ***~ de visite*** Visitenkarte *f* ❻ *(moyen de paiement)* ***~ à mémoire/à puce*** Magnet-/Chipkarte *f*; ***~ bancaire/de crédit*** Kreditkarte; ***~ de téléphone*** Telefonkarte ❼ *(document)* ***~ d'électeur*** Wahlschein *m*; ***~ d'étudiant*** Studentenausweis *m*; ***~ [nationale] d'identité*** Personalausweis; ***~ de sécurité sociale*** Sozialversicherungskarte *f*; ***~ de séjour*** Aufenthaltserlaubnis *f*; ***~ grise*** Kraftfahrzeugschein ▶ **jouer ~s sur table** mit offenen Karten spielen; **jouer sa dernière ~** seine letzte Karte ausspielen; **brouiller les ~s** [bewusst] Verwirrung stiften; **donner** [*o* **laisser**] **~ blanche à qn** jdm freie Hand lassen
cartel [kaʀtɛl] *m* Kartell *nt*
carter [kaʀtɛʀ] *m d'une machine* Gehäuse *nt*
carte-réponse [kaʀt(ə)ʀepɔ̃s] <cartes-réponses> *f* Antwortkarte *f*; ***~ affranchie*** frankierte [*o* freigemachte] Antwortkarte
carterie [kaʀtəʀi] *f* Kartengeschäft *nt*
cartésien(ne) [kaʀtezjɛ̃, jɛn] *adj* ❶ PHILOS kartesianisch ❷ *esprit* rational; *personne* verstandesbetont
carte-vue [kaʀtvy] <cartes-vues> *f* BELG Ansichtskarte *f*
cartilage [kaʀtilaʒ] *m* Knorpel *m*
cartilagineux, -euse [kaʀtilaʒinø, -øz] *adj viande* knorp[e]lig
cartographe [kaʀtɔgʀaf] *mf* Kartograf(in) *m(f)*, Kartenzeichner(in) *m(f)*
cartographie [kaʀtɔgʀafi] *f* Kartografie *f*
cartomancien(ne) [kaʀtɔmɑ̃sjɛ̃, jɛn] *m(f)* Kartenleger(in) *m(f)*
carton [kaʀtɔ̃] *m* ❶ *(matière)* Pappe *f*, Karton *m* ❷ *(emballage)* Karton *m*; ***un ~ de lait*** eine Packung Milch ❸ ***~ à dessin*** Zeichenmappe *f* ▶ **~ jaune/rouge** Gelbe/Rote Karte; **faire un ~** *(fam: avoir du succès)* einen Bombenerfolg haben; *(gagner)* haushoch gewinnen; **taper le ~** *(fam)* Karten spielen
cartonnage [kaʀtɔnaʒ] *m (emballage)* Verpackung *f*, Verpackungsmaterial *nt*
cartonné(e) [kaʀtɔne] *adj* kartoniert
cartonner [kaʀtɔne] <1> *vi (fam: réussir)* ein Knüller sein
carton-pâte [kaʀtɔ̃pɑt] *m* Pappmachee *nt*
cartouche [kaʀtuʃ] *f* ❶ *d'un fusil* Patrone *f*; ***~ à blanc*** Platzpatrone ❷ ***~ de cigarettes*** Stange *f* Zigaretten ❸ ***~ d'encre*** Tintenpatrone *f*; ***~ de toner*** Tonerkartusche
cartouchière [kaʀtuʃjɛʀ] *f* ❶ *(ceinture)* Patronengürtel *m* ❷ *(sac)* Patronentasche *f*
cas [kɑ] *m* ❶ *(circonstance)* Fall *m*; ***~ difficile*** schwierige Angelegenheit; ***~ d'urgence*** Notfall; ***~ limite*** Grenzfall; ***c'est bien le ~*** das ist tatsächlich der Fall; ***dans ce ~*** in diesem Fall; ***dans le ~ contraire*** andernfalls; ***dans le ~ présent*** im vorliegenden Fall; ***dans tous les ~*** auf jeden Fall; ***en tout ~*** auf jeden Fall; ***en aucun ~*** auf keinen Fall ❷ *(hypothèse)* ***au ~/dans le ~/pour le ~ où qn ferait qc*** für den Fall, dass jd etw tut; ***en ~ de*** im Falle von; ***en ~ d'absence*** bei Abwesenheit; ***en ~ de besoin*** wenn nötig; ***en ~ de pluie*** falls es regnen sollte ❸ MED, JUR, LING Fall *m*
casanier, -ière [kazanje, -jɛʀ] *adj personne* häuslich
casaque [kazak] *f* Jockeydress *m*
casbah [kazba] *f* Kasba[h] *f*
cascade [kaskad] *f* ❶ *(chute d'eau)* Wasserfall *m* ❷ *(fig)* ***~ d'applaudissements*** Beifallssturm *m*; ***~ de rires*** Lachsalve *f* ❸ CINE Stunt *m*
cascadeur, -euse [kaskadœʀ, -øz] *m, f* CINE Stuntman *m*/-girl *f*
case [kɑz] *f* ❶ *d'un formulaire, damier* Feld *nt*; ***avancer de huit ~s*** acht Felder vorrücken; ***~ spéciale*** Spezialfeld; ***~ départ*** Start *m* ❷ *(casier)* Fach *nt* ❸ *(hutte)* Hütte *f* ▶ **il lui manque une ~** *(fam)* er hat nicht alle Tassen im Schrank
casemate [kazmat] *f* Bunker *m*
caser [kɑze] <1> **I.** *vt* ❶ *(loger)* unterbringen ❷ *(marier)* unter die Haube bringen **II.** *vpr* **se ~** ❶ *(se loger)* unterkommen ❷ *(se marier)* heiraten

C

caserne [kazɛʀn] *f* Kaserne *f*
cash [kaʃ] *adv (fam)* cash
casher [kaʃɛʀ] *adj inv* koscher
casier [kɑzje] *m* ❶ *(case)* Fach *nt;* ~ ***à bouteilles*** Flaschenregal *nt* ❷ JUR ~ ***judiciaire*** Strafregister *nt;* ***avoir un ~ judiciaire vierge*** nicht vorbestraft sein ❸ PECHE Korb *m*
casino [kazino] *m* [Spiel]casino *nt*
casque [kask] *m* ❶ *(protection)* Helm *m; d'un motocycliste* Sturzhelm; ~ ***de cycliste*** Fahrradhelm; ~ ***de moto*** Motorradhelm ❷ *(séchoir)* [Trocken]haube *f* ❸ MUS Kopfhörer *m* ▸ ~ **bleu** Blauhelm *m*
casqué(e) [kaske] *adj* behelmt
casquer [kaske] <1> *vi (fam)* blechen
casquette [kaskɛt] *f* Schirmmütze *f*
cassable [kasabl] *adj* zerbrechlich
cassant(e) [kɑsɑ̃, ɑ̃t] *adj* ❶ *(fragile)* bruchempfindlich ❷ *ton* scharf
cassation [kɑsasjɔ̃] *f* JUR *d'un testament, d'un acte* Ungültigkeitserklärung *f*
casse [kɑs] **I.** *f* ❶ *(dégât)* Schaden *m; (pendant un transport)* Bruchschaden; ***payer la ~*** für den Schaden aufkommen ❷ *(bagarre)* ***il va y avoir de la ~*** *(fam)* gleich wird es eine Schlägerei geben ❸ *(commerce du ferrailleur)* Schrottplatz *m* **II.** *m (fam)* Bruch *m;* ***faire un ~*** einen Bruch machen
cassé(e) [kɑse] *adj vieillard* gekrümmt; *voix* rau
casse-cou [kɑsku] *m inv (fam)* Draufgänger(in) *m(f)* **casse-croûte** [kɑskʀut] *m inv (fam)* Imbiss *m* **casse-dalle** [kɑsdal] <casse-dalle, casse-dalles> *m (fam)* Imbiss *m; (sandwich)* belegtes Brot *nt,* Stulle *f* NDEUTSCH **casse-gueule** [kɑsgœl] *inv m (fam)* ***c'est un vrai ~!*** *(endroit glissant)* das ist die reinste Rutschbahn!
cassement [kɑsmɑ̃] *m (fam: cambriolage)* Bruch *m fam* **casse-noisettes** [kɑsnwazɛt] *m inv* Nussknacker *m* **casse-noix** [kɑsnwa] *m inv* Nussknacker *m* **casse-pieds** [kɑspje] *inv* **I.** *adj (fam)* ❶ *(importun)* nervig; ***ce que tu peux être ~, bon sang!*** Mensch, kannst du einen nerven! ❷ *(ennuyeux)* langweilig **II.** *mf (fam)* Nervensäge *f* **casse-pipe** [kɑspip] *m sans pl (fam)* ▸ **c'est le ~ assuré!** das geht garantiert daneben!
casser [kɑse] <1> **I.** *vt* ❶ *(briser)* zerbrechen, kaputt machen *objet;* abbrechen *branche;* knacken *noix;* ~ ***qc en deux*** etw in zwei Teile brechen ❷ *(troubler)* stören *ambiance;* ~ ***le moral à qn*** *(fam)* jds Moral untergraben ❸ ECON zum Stillstand bringen *croissance;* ~ ***les prix*** die Preise radikal senken ❹ POL, SOCIOL brechen *grève* ❺ JUR kassieren, aufheben *jugement;* für ungültig erklären *mariage* ❻ MIL degradieren ▸ ~ **les pieds à qn** *(fam)* jdm auf die Nerven gehen; **à tout ~** *(fam: extraordinaire)* toll; **ça ne casse rien** *(fam)* das ist nichts Besonderes **II.** *vi objet:* kaputtgehen; *branche:* abbrechen; *fil:* [ab]reißen **III.** *vpr* ❶ *(se rompre)* ***se ~*** zerbrechen; *branche:* abbrechen; ***se ~ en mille morceaux*** in tausend Stücke zerspringen ❷ *(être fragile)* ***se ~/ne pas se ~*** zerbrechlich/unzerbrechlich sein ❸ *(se briser)* ***se ~ un bras*** sich *dat* einen Arm brechen; ***se ~ une dent*** sich *dat* einen Zahn abbrechen ❹ *(fam: se fatiguer)* ***ne pas se ~*** sich *dat* keinen abbrechen; ***se ~ la tête*** sich den Kopf zerbrechen ❺ *(fam: s'en aller)* abhauen
casserole [kasʀɔl] *f* [Stiel]kasserolle *f*
casse-tête [kɑstɛt] *m inv* ❶ *(problème)* knifflige Aufgabe; ***être un vrai ~ pour qn*** für jdn eine harte Nuss sein; ~ ***chinois*** kniffliges Problem ❷ *(jeu)* Geduld[s]spiel *nt*
cassette [kasɛt] *f* Kassette *f;* ~ ***vidéo*** Videokassette; ~ ***D.A.T.*** DAT-Kassette
casseur, -euse [kɑsœʀ, -øz] *m, f* ❶ *(ferrailleur)* Schrotthändler(in) *m(f)* ❷ *(au cours d'une manifestation)* Randalierer(in) *m(f)*
cassis [kasis] *m (fruit)* Schwarze Johannisbeere
cassonade [kasɔnad] *f* brauner Zucker *m*
cassoulet [kasulɛ] *m weißer Bohneneintopf mit Würstchen und Fleisch aus Südwestfrankreich*
cassure [kɑsyʀ] *f* ❶ *(brisure)* Bruch *m,* Bruchstelle *f* ❷ *d'une amitié* Bruch *m*
castagne [kastaɲ] *f (arg)* Prügelei *f*
castagnettes [kastaɲɛt] *fpl* Kastagnetten *Pl*
caste [kast] *f* Kaste *f*
castel [kastɛl] *m* kleines Schloss *nt*
caster [kaste] <1> *vt* casten
casteur, -euse [kastœʀ, -øz] *m, f* Caster(in) *m(f)*
castillan [kastijɑ̃] *m* ***le ~*** Kastilisch *nt,* das Kastilische; *v. a.* **allemand**
castillan(e) [kastijɑ̃, an] *adj* aus Kastilien [stammend], kastilisch
casting [kastiŋ] *m* CINE, THEAT Casting *nt*
castor [kastɔʀ] *m* ❶ *(animal)* Biber *m* ❷ *(fourrure)* Biberpelz *m*
castrat [kastʀa] *m* Kastrat *m*
castration [kastʀasjɔ̃] *f* Kastration *f*
castrer [kastʀe] <1> *vt* kastrieren

cataclysme [kataklism] *m* ❶ *(catastrophe naturelle)* [Natur]katastrophe *f* ❷ *(calamité)* Katastrophe *f*
catacombes [katakɔ̃b] *fpl* Katakomben *Pl*
catadioptre [katadjɔptʀ] *m* Rückstrahler *m*
catalan [katalɑ̃] *m* ***le*** ~ Katalanisch *nt*, das Katalanische; *v. a.* **allemand**
catalan(e) [katalɑ̃, an] *adj* aus Katalonien, katalanisch
Catalogne [katalɔɲ] *f* ***la*** ~ Katalonien *nt*
catalogue [katalɔg] *m* Katalog *m*
cataloguer [katalɔge] <1> *vt* ❶ *(classer)* katalogisieren ❷ *(péj)* abstempeln
catalyse [kataliz] *f* Katalyse *f*
catalyser [katalize] <1> *vt* ❶ CHIM katalysieren ❷ *(déclencher)* wachrufen *haine*
catalyseur [katalizœʀ] *m* CHIM Katalysator *m*
catalytique [katalitik] *adj* ❶ katalytisch ❷ AUT ***pot*** ~ Katalysator *m*
catamaran [katamaʀɑ̃] *m* Katamaran *m*
cataphote® [katafɔt] *m* *d'une bicyclette* Rückstrahler *m*
cataplasme [kataplasm] *m* MED Breiumschlag *m*
catapulte [katapylt] *f* AVIAT, HIST Katapult *nt*
catapulter [katapylte] <1> *vt* *a.* AVIAT katapultieren
cataracte [kataʀakt] *f* MED grauer Star *m*
catarrhe [kataʀ] *m* MED Katarr[h] *m*
catastrophe [katastʀɔf] *f* Katastrophe *f*; ~ ***ferroviaire*** schweres Eisenbahnunglück; ~ ***naturelle*** Naturkatastrophe *f*; ***faire qc en*** ~ etw überstürzt tun; ***atterrir en*** ~ notlanden
catastrophé(e) [katastʀɔfe] *adj (fam)* entsetzt
catastropher [katastʀɔfe] <1> *vt (fam)* in Katastrophenstimmung versetzen
catastrophique [katastʀɔfik] *adj* katastrophal
catch [katʃ] *m* Catchen *nt*
catcheur, -euse [katʃœʀ, -øz] *m, f* Catcher(in) *m(f)*
catéchiser [kateʃize] <1> *vt* ~ ***qn*** *(enseigner le catéchisme)* jdm Religionsunterricht erteilen
catéchisme [kateʃism] *m* ❶ *(enseignement)* Religionsunterricht *m* ❷ *(livre)* Katechismus *m* ❸ *(dogme)* Lehre *f*

Land und Leute
Es gibt in Frankreich an den staatlichen Schulen keinen Religionsunterricht. Die Unterweisung in christlicher Religionslehre, **le catéchisme**, findet in kirchlichen Einrichtungen statt.

catégorie [kategɔʀi] *f* ❶ *(groupe)* Kategorie *f*; ~ ***grammaticale*** Wortart *f*; ~ ***socio-professionnelle*** Berufsstand *m*; ~ ***d'âge*** Altersklasse *f* ❷ SPORT Klasse *f* ❸ *(qualité)* ***de 1ère*** ~ *produit alimentaire* Güteklasse *f* 1; *hôtel* erster Klasse
catégorique [kategɔʀik] *adj* kategorisch; ***être*** ~ ***sur qc*** auf etw *dat* bestehen
catégoriquement [kategɔʀikmɑ̃] *adv* kategorisch
caténaire [katenɛʀ] *f* Oberleitung *f*
cathédrale [katedʀal] *f* Kathedrale *f*; ***la*** ~ ***de Cologne*** der Kölner Dom; ***la*** ~ ***de Strasbourg*** das Straßburger Münster
Catherine [kat(ə)ʀin(ə)] *f* ❶ Katharina *f*, Kathrin *f* ❷ HIST ~ ***de Médicis*** Katharina von Medici; ~ ***la Grande*** Katharina die Große
cathode [katɔd] *f* PHYS Kathode *f*
cathodique [katɔdik] *adj* ***génération*** ~ Fernsehgeneration *f*
catholicisme [katɔlisism] *m* Katholizismus *m*
catholique [katɔlik] **I.** *adj* ❶ REL katholisch ❷ *(fig fam)* ***ne pas être très*** ~ etwas zwielichtig sein, nicht ganz hasenrein sein **II.** *mf* Katholik(in) *m(f)*
catimini [katimini] ▸ **en** ~ [klamm]heimlich; ***partir en*** ~ sich davonstehlen
cauchemar [koʃmaʀ] *m (a. fig)* Alptraum *m*; ***faire un*** ~ einen Alptraum haben
cauchemardesque [koʃmaʀdɛsk] *adj* alptraumhaft
caudal(e) [kodal, -o] <-aux> *adj* ***appendice*** ~ Schwanz *m*
causal(e) [kozal, -o] <s o -aux> *adj* kausal
causalité [kozalite] *f* Kausalität *f*
causant(e) [kozɑ̃, ɑ̃t] *adj* gesprächig
cause [koz] **I.** *f* ❶ *(raison)* Ursache *f*, Grund *m*; ***fermé pour*** ~ ***de maladie*** wegen Krankheit geschlossen; ***et pour*** ~! und zwar aus gutem Grund ❷ JUR Fall *m*, [Rechts]sache *f*; ***plaider une*** ~ einen Fall vertreten; ***en tout état de*** ~ in jedem Fall ❸ *(ensemble d'intérêts)* Sache *f*, Angelegenheit *f*; ***pour la bonne*** ~ für einen guten Zweck; ***défendre une*** ~ sich für eine Sache einsetzen ▸ **mettre qc en** ~ etw *akk* infrage stellen; **mettre qn en** ~ jdn beschuldigen **II.** *prép* **à** ~ **de** wegen +*gen*
causer¹ [koze] <1> *vt (provoquer)* verursa-

chen; ~ ***de la joie à qn*** jdm Freude bereiten

causer[2] [koze] <1> *vt, vi* ❶ *(parler)* reden; *(s'entretenir)* sich unterhalten; *(sans façon)* plaudern; ***assez causé!*** *(fam)* genug geredet!; ***je te/vous cause!*** *(fam)* ich rede mit dir/euch!; ***cause toujours!*** *(fam)* red' du nur! ❷ *(fam: médire)* ***faire*** ~ für Gesprächsstoff sorgen

causerie [kozʀi] *f* Unterhaltung *f*

causette [kozɛt] *f* ***faire la*** ~ *(fam)* einen [kleinen] Schwatz halten

causeur, -euse [kozœʀ, -øz] *m, f* [sehr] gesprächige Person

causse [kos] *m* Kalk[stein]plateau *nt;* ***les Causses*** *Kalkplateau südlich des Zentralmassivs*

causticité [kostisite] *f* CHIM Ätzkraft *f*

caustique [kostik] *adj* CHIM ätzend

cauteleux, -euse [kotlø, -øz] *adj manière* durchtrieben; *personne, air* abgefeimt, verschlagen

cautère [kotɛʀ] *m* ► **c'est un ~ sur une jambe de bois** das ist ein sinnloses Unterfangen

cautériser [koteʀize] <1> *vt* ausbrennen *blessure*

caution [kosjɔ̃] *f* ❶ *(garantie)* Bürgschaft *f;* ***se porter ~ pour qn*** für jdn bürgen ❷ *(somme)* Kaution *f;* ***être libéré sous ~*** gegen Kaution freigelassen werden ❸ *(appui)* Rückhalt *m;* ***apporter sa ~ à qn/qc*** jdm/einer S. Rückendeckung *f* geben

cautionnement [kosjɔnmɑ̃] *m* ❶ *(garantie)* Sicherheit *f;* JUR Bürgschaft *f; (pour une location)* [hinterlegte] Kaution ❷ *(action de payer)* Sicherheitsleistung *f; (pour une location)* Kautionszahlung *f* ❸ *(somme d'argent)* Kaution *f;* FIN, COM Haftsumme *f*

cautionner [kosjɔne] <1> *vt* JUR bürgen für *personne*

cavalcade [kavalkad] *f (défilé)* [Um]zug *m*

cavale [kaval] *f (arg)* [Gefängnis]ausbruch *m*

cavaler [kavale] <1> *vi (fam: courir)* Gas geben

cavalerie [kavalʀi] *f* MIL Kavallerie *f*

cavaleur, -euse [kavalœʀ, -øz] **I.** *adj (fam)* ***être ~*** *homme:* ein Schürzenjäger sein; *femme:* scharf auf Männer sein **II.** *m, f (fam)* ❶ *(homme)* Schürzenjäger *m* ❷ *(femme)* scharfe Frau

cavalier [kavalje] *m* ❶ MIL Kavallerist *m* ❷ JEUX Pferd *nt* ❸ *(titre de politesse)* Kavalier *m*

cavalier, -ière [kavalje, -jɛʀ] **I.** *adj* ❶ *(péj: impertinent)* unverschämt ❷ *(réservé aux cavaliers)* ***piste cavalière*** Reitweg *m* **II.** *m, f* ❶ SPORT Reiter(in) *m(f)* ❷ *(au bal)* Tanzpartner(in) *m(f)*

cavalière [kavaljɛʀ] *f* ❶ SPORT Reiterin *f* ❷ *(au bal)* Tanzpartnerin *f*

cavalièrement [kavaljɛʀmɑ̃] *adv* unverschämt

cave [kav] *f* ❶ *(local souterrain)* Keller *m;* ~ ***voûtée*** Kellergewölbe *nt* ❷ *(provision de vins)* Weinkeller *m* ❸ *pl (propriété)* ***~s viticoles*** Weinkellerei *f* ❹ *(cabaret)* Kellerbar *f* ► **de la ~ au grenier** in allen Ecken

caveau [kavo] <x> *m (tombeau)* Gruft *f*

caverne [kavɛʀn] *f* Höhle *f*

caverneux, -euse [kavɛʀnø, -øz] *adj* ausgehöhlt

caviar [kavjaʀ] *m* GASTR Kaviar *m*

caviarder [kavjaʀde] <1> *vt* zensieren

caviste [kavist] *mf* Kellermeister(in) *m(f)*

cavité [kavite] *f (caverne)* Höhle *f*

C.B.[1] [sebe] *f abr de* **Carte Bancaire** Bankkarte *f; (en Allemagne)* ≈ EC-Karte

C.B.[2] [sibi] *f abr de* **Citizen's band** CB-Funk *m*

C.C.P. [sesepe] *m abr de* **compte chèques postal** ≈ Postgirokonto *nt*

CD [sede] *m abr de* **Compact Disc** CD *f*

C.D.I. [sedei] *m abr de* **centre de documentation et d'information** *Bibliothek und Dokumentationszentrum einer französischen Schule*

C.D.-I.® [sedei] *m abr de* **Compact Disc Interactive** CD-I *f,* CD-Interaktiv *f*

CD-ROM [sedeʀɔm] *m abr de* **Compact Disc Read Only Memory** CD-ROM *f;* ***introduire un ~ dans le lecteur de CD-ROM*** eine CD-ROM in das CD-ROM-Laufwerk einlegen

ce[1] [sə] *<devant 'en' et formes de 'être' commençant par une voyelle* c', *devant a* ç'*> pron dém* ❶ *(pour désigner)* ***c'est un beau garçon*** das ist ein hübscher Junge; ***ce sont de bons souvenirs*** das sind schöne Erinnerungen; ***c'est beau, la vie*** das Leben ist schön; ***c'est moi/lui/nous*** ich/er/wir; ***qui est-ce? – c'est moi*** wer ist da? – ich [bin es]; ***à qui est ce livre? – c'est à lui*** wem gehört das Buch? – [es gehört] ihm ❷ *(dans une question)* ***qui est-ce?, c'est qui?*** *(fam)* wer ist das?; *(au téléphone)* wer ist da?; ***qui est-ce qui/que*** wer/wen; ***qu'est-ce [que c'est]?, c'est quoi?*** *(fam)* was ist das?; ***qu'est-ce qui/que*** was; ***c'est qui*** [*o* ***qui c'est***] ***ce Monsieur?*** *(fam)* wer ist dieser Mann?; ***est-ce vous?, c'est vous?*** *(fam)* sind Sie es? ❸ *(pour insister)* ***c'est plus tard qu'elle y songea*** erst später fiel es ihr ein; ***c'est maintenant qu'on en a besoin*** gerade jetzt braucht man es; ***c'est en tombant que l'objet a explosé*** [in dem Moment,] als es fiel, explodierte das Ding; ***c'est vous qui le dites!*** das sagen Sie!; ***c'est un scandale de voir cela*** es ist ein Skandal das mit ansehen zu müssen; ***c'est à elle de faire qc*** *(c'est à son tour)* sie ist dran [etw zu tun]; *(c'est son rôle)* sie soll etw tun; ***c'est à vous de prendre cette décision*** diese Entscheidung müssen Sie selbst treffen ❹ *(pour expliquer)* ***c'est que ...*** nämlich ...; *(dans une réponse)* eigentlich ...; *(pour préciser la raison)* das heißt ... ❺ *(devant une relative)* ***voilà tout ce que je sais*** das ist alles, was ich weiß; ***dis-moi ce dont tu as besoin*** sag mir, was du brauchst; ***ce à quoi je ne m'attendais pas*** worauf ich nicht gefasst war; ***ce à quoi j'ai pensé*** woran ich gedacht habe; ***ce que c'est idiot!*** das ist vielleicht idiotisch! *fam;* ***ce que*** [*o* ***qu'est-ce que***] ***ce paysage est beau!*** was für eine schöne Landschaft!; ***qu'est-ce qu'on s'amuse!*** *(fam)* so eine Gaudi!; ***ce qu'il parle bien*** *(fam)* er spricht aber gut ▶ **et ce** und zwar; **à ce qu'on dit, qn a fait qc** [wie] es heißt, hat jd etw getan; **sur ce** daraufhin; ***sur ce, je vous dis au revoir*** damit verabschiede ich mich

ce[2] [sə] *adj dém* ❶ *(pour désigner)* diese(r, s); ~ ***vase/tableau/cet homme*** diese Vase/dieses Bild/dieser Mann; *v. a.* **cette** ❷ *(intensif, péjoratif)* ~ ***garçon-là*** der Junge da; ***comment peut-il raconter ~ mensonge!*** wie kann er nur so eine Lüge erzählen! ❸ *(avec étonnement)* so ein(e); ~ ***toupet!*** was für eine Frechheit! ❹ *(en opposition)* ~ ***livre-ci ...*** ~ ***livre-là*** dieses Buch hier ... jenes Buch dort ❺ *(temporel)* heute; ~ ***jour-là*** an jenem Tag; ~ ***mois-ci*** diesen/in diesem Monat

CE [seø] *f abr de* **Communauté européenne** HIST EG *f*

CE1 [seøœ̃] *m abr de* **cours élémentaire première année** *zweite Grundschulklasse*

CE2 [seødø] *m abr de* **cours élémentaire deuxième année** *dritte Grundschulklasse*

C.E.C.A. [seka] *f abr de* **Communauté européenne du charbon et de l'acier** EGKS *f*

ceci [səsi] *pron dém* dieses [hier]; ~ ***explique cela*** das eine erklärt das andere; ***il a ~ d'agréable qu'il est gai*** das Sympathische an ihm ist, dass er [so] fröhlich ist; ***à ~ près qu'il ment*** außer, dass er lügt; *v. a.* **cela**

cécité [sesite] *f* Blindheit *f*

céder [sede] <5> **I.** *vt* ❶ *(abandonner au profit de qn)* ~ ***qc à qn*** jdm etw überlassen; ~ ***son tour à qn*** jdm den Vorrang lassen ❷ *(vendre)* veräußern, übertragen *créance* **II.** *vi* ❶ *(renoncer)* nachgeben ❷ *(capituler)* aufgeben; *troupes:* zurückweichen ❸ *(succomber)* nachgeben; ~ ***à la tentation*** der Versuchung erliegen ❹ *(se rompre)* nachgeben; *chaise:* zusammenbrechen; *corde:* reißen

cédérom [sedeʀɔm] *m* CD-ROM *f*

CEDEX [sedɛks] *m abr de* **courrier d'entreprise à distribution exceptionnelle** *Sammelpostamt für gesondert zugestellte Firmen- und Behördenpost*

cédille [sedij] *f* Cedille *f (kommaähnliches, diakritisches Zeichen unter einem c/C)*

cèdre [sɛdʀ] *m* ❶ *(arbre)* Zeder *f* ❷ *(bois)* Zedernholz *nt*

CEE [seəə] *f abr de* **Communauté économique européenne** HIST EWG *f*

cégétiste [seʒetist] *mf* C.G.T. Mitglied *nt*

CEI [seøi] *f abr de* **Communauté des États indépendants** HIST GUS *f*

ceindre [sɛ̃dʀ] <irr> *vt (entourer)* ~ ***une ville de murailles*** eine Stadt mit einer Stadtmauer umgeben

ceint(e) [sɛ̃, ɛ̃t] *part passé de* **ceindre**

ceinture [sɛ̃tyʀ] *f* ❶ *(pour la taille)* Gürtel *m* ❷ *(partie d'un vêtement)* Bund *m; d'une robe* Taille *f* ❸ AUT, AVIAT [Sicherheits]gurt *m;* ***attacher sa ~ de sécurité*** sich anschnallen ❹ *(écharpe)* Gürtel *m; (personne)* Träger(in) *m(f)* eines Gürtels ❺ *(zone environnante)* Gürtel *m* ❻ *(route périphérique)* Ring[straße *f*] *m*

ceinturer [sɛ̃tyʀe] <1> *vt* umklammern *personne*

ceinturon [sɛ̃tyʀɔ̃] *m* MIL Koppel *nt*

cela [s(ə)la] *pron dém* ❶ *(pour désigner)* das; ~ ***te plaît?*** gefällt dir das?; ***pour ~*** deshalb; ***après ~*** danach; ***je ne pense qu'à ~*** ich denke an nichts anderes ❷ *(pour renforcer)* ***qui/quand/où ~?*** wer/wann/wo [sagst du/sagen Sie]?; ***comment ~?*** wie [das]?; ~ ***fait dix jours que j'attends*** ich warte jetzt schon seit zehn Tagen ▶ **c'est ~ même** ganz genau; **si ce n'est que ~** wenn es weiter nichts ist; **et avec ~?** was darf es sonst noch sein?; **sans ~** ansonsten; *v. a.* **ça, ceci**

célébration [selebʀasjɔ̃] *f* ❶ *(fête)* Feier[lichkeiten *Pl*] *f*; ~ ***du mariage*** Trauung *f*; ~ ***du bicentenaire de la Révolution*** Zweihundertjahrfeier der Revolution ❷ REL *d'un office* Zelebration *f*; ***pendant la ~ de la messe*** während der Messe

C

célèbre [selɛbʀ] *adj* berühmt; ~ ***dans le monde entier*** weltberühmt; ***se rendre ~ par qc*** durch etw berühmt werden

célébrer [selebʀe] <5> *vt* ❶ *(fêter)* feiern ❷ *(vanter)* rühmen *exploit* ❸ REL ~ ***un office*** eine Messe halten

célébrissime [selebʀisim] *adj (très célèbre)* hochberühmt

célébrité [selebʀite] *f* Berühmtheit *f*

celer [səle, sele] <4> *vt (littér)* ~ ***qc à qn*** jdm etw verheimlichen [*o* verhehlen *geh*]

céleri [sɛlʀi] *m* Sellerie *m o f*

céleri-rave [sɛlʀiʀav] <céleris-raves> *m* Sellerie[knolle *f*] *m o f*

célérité [seleʀite] *f* Schnelligkeit *f*

céleste [selɛst] *adj* ❶ *(relatif au ciel)* ***corps ~*** Himmelskörper *m* ❷ *(divin)* himmlisch; *colère* göttlich ❸ *(merveilleux)* himmlisch

célibat [seliba] *m* Ehelosigkeit *f*; *d'un prêtre* Zölibat *nt o m*

célibataire [selibatɛʀ] **I.** *adj* ledig; *mère, père* alleinerziehend **II.** *mf* Junggeselle *m*/-gesellin *f*, Single *m*

celle, celui [sɛl] <s> *pron dém* ❶ + *prép* ~ ***de Paul est plus jolie*** der[jenige]/die[jenige]/das[jenige] von Paul ist schöner ❷ + *pron rel* ~ ***que tu as achetée est moins chère*** der, den/das, das/die, die du gekauft hast, ist billiger ❸ + *adj/part passé/part prés/inf (en opposition)* der/die/das + *rel*; ***cette marchandise est meilleure que ~ que vous vendez*** diese Ware ist besser als die, die Sie verkaufen

celle-ci, celui-ci [sɛlsi] <celles-ci> *pron dém* ❶ *(en désignant) chose:* diese(r, s) [hier]; *personne:* diese [hier] ❷ *(référence à un antécédent)* diese; ***il écrit à sa sœur – ~ ne répond pas*** er schreibt seiner Schwester – diese antwortet nicht ❸ *(en opposition)* ~ ***est moins chère que celle-là*** diese(r,s) ist billiger als jene(r,s); *(avec un geste)* diese(r,s) [hier] ist billiger als diese(r, s) [da]; *v. a.* **celle-là**

celle-là, celui-là [sɛlla] <celles-là> *pron dém* ❶ *(en désignant) chose:* diese(r, s) [da]; *personne:* diese [da] ❷ *(référence à un antécédent)* ***ah! je la retiens ~ alors!*** *(fam)* das verzeihe ich ihr nie!; ***elle est bien bonne ~!*** das ist ein bisschen dick aufgetragen! ❸ *(en opposition) v.* **celle-ci**

celles, ceux [sɛl] *pl pron dém* ❶ + *prép* die[jenigen] + *präp*; ~ ***d'entre vous*** diejenigen von Ihnen ❷ + *pron rel* ~ ***qui ont fini peuvent sortir*** die[jenigen], die fertig sind, können gehen ❸ + *adj/part passé/part prés/inf* die; *v. a.* **celle**

celles-ci, ceux-ci [sɛlsi] *pl pron dém* ❶ *(pour distinguer)* diese [hier] ❷ *(référence à un antécédent)* diese; *v. a.* **celle-ci** ❸ *(en opposition)* ~ ***sont moins chères que celles-là*** diese sind billiger als jene; *(avec un geste)* diese hier sind billiger als diese da; *v. a.* **celles-là**

celles-là, ceux-là [sɛlla] *pl pron dém* ❶ *(en désignant)* diese [da] ❷ *(référence à un antécédent)* ***ah! je les retiens ~ alors!*** *(fam)* das verzeihe ich ihnen nie! ❸ *(en opposition)* diese da; *v. a.* **celles-ci**

cellier [selje] *m* Vorratsraum *m*

cellophane® [selɔfan] *f* Zellophan *nt*, Cellophan® *nt*; *(emballage)* Frischhaltefolie *f*

cellulaire [selylɛʀ] **I.** *adj* ❶ BIO ***division ~*** Zellteilung *f* ❷ *(relatif à la prison)* ***régime ~*** [Einzel]haft *f*; ***fourgon ~*** Gefangenentransporter *m* **II.** *m* CAN *(téléphone portable)* Handy *nt*

cellule [selyl] *f* Zelle *f*; ~ ***photoélectrique*** Fotozelle; ~ ***souche*** MED Stammzelle

cellulite [selylit] *f* MED Zellulitis *f*

cellulose [selyloz] *f* Zellulose *f*

celte [sɛlt] *adj* keltisch

Celte [sɛlt] *mf* Kelte *m*/Keltin *f*

celtique [sɛltik] **I.** *adj* keltisch **II.** *m* Keltisch *nt*; *v. a.* **allemand**

celui, celle [səlɥi] <ceux> *pron dém* der[jenige]/die[jenige]/das[jenige]; *v. a.* **celle**

celui-ci, celle-ci [səlɥisi] <ceux-ci> *pron dém chose:* diese(r, s) [hier]; *personne:* dieser [hier]; *v. a.* **celle-ci, celui-là**

celui-là, celle-là [səlɥila] <ceux-là> *pron dém* ❶ *(en désignant) chose:* diese(r, s) [da]; *personne:* dieser [da]; *(avec un geste)* ~ ***est meilleur*** diese(r, s) [da/dort] ist besser ❷ *(référence à un antécédent) v.* **celle-là** ❸ *(en opposition) v.* **celui-ci, celle-ci**

cendre [sɑ̃dʀ] *f* Asche *f*

cendré(e) [sɑ̃dʀe] *adj cheveux* aschblond

cendrée [sɑ̃dʀe] *f* SPORT Aschenbahn *f*

cendrier [sɑ̃dʀije] *m* Aschenbecher *m*

Cendrillon [sɑ̃dʀijɔ̃] *f* Aschenputtel *nt*

Cène [sɛn] *f* REL ***la ~*** das letzte Abendmahl

censé(e) [sɑ̃se] *adj* ❶ *(présumé en train de faire qc)* ***être ~ faire qc*** [eigentlich] etw tun wollen ❷ *(présumé capable de faire qc)* ***je suis ~ connaître la réponse*** ich bin der/die Einzige, der/die die Antwort kennt ❸ *(présumé devoir faire qc)* ***je te le***

dis, mais tu n'es pas ~ le savoir ich sage es dir, aber eigentlich darfst du es gar nicht wissen

censément [sɑ̃semɑ̃] *adv (apparement)* offensichtlich, anscheinend

censeur [sɑ̃sœʀ] *mf* ❶ MEDIA Kritiker(in) *m(f)* ❷ POL Zensor(in) *m(f)* ❸ SCOL *Beamter/Beamtin, der/die an Gymnasien für die Schulordnung zuständig ist*

censure [sɑ̃syʀ] *f* ❶ Zensur *f* ❷ POL Misstrauensvotum *nt;* ***déposer une motion de*** ~ einen Misstrauensantrag stellen

censurer [sɑ̃syʀe] <1> *vt* zensieren; ***être censuré*** auf dem Index stehen

cent[1] [sɑ̃] **I.** *num* [ein]hundert; ***cinq ~s*** fünfhundert; ~ ***un*** hundert[und]eins/-einer ▶ **avoir ~ fois raison** absolut Recht haben; **pour** ~ Prozent *nt;* ***~ pour ~*** hundertprozentig **II.** *m inv* Hundert *f; v. a.* **cinq, cinquante**

> **Grammatik und Co.**
> Ab der Zahl 200 schreibt sich **cent** mit *-s*, wenn kein weiteres Zahlwort folgt. Es schreibt sich ohne *-s*, wenn ein Zahlwort folgt:
> *Il coûte deux cents euros et celui-là deux cent cinquante. – Es kostet 200 Euro und das da 250.*

cent[2] [sɛnt] *m* FIN Cent *m*

centaine [sɑ̃tɛn] *f* ❶ *(environ cent)* ***une ~ de personnes*** etwa hundert Personen; ***des ~s de personnes*** Hunderte *Pl* von Personen; ***plusieurs ~s de manifestants*** mehrere Hundert Demonstranten; ***par ~s*** zu Hunderten ❷ *(cent unités)* Hunderter *m*

centaure [sɑ̃tɔʀ] *m* HIST Zentaur *m*

centenaire [sɑ̃tnɛʀ] **I.** *adj* hundertjährig; ***être*** ~ hundert Jahre alt sein **II.** *mf* Hundertjährige(r) *f(m)* **III.** *m* ❶ *d'une personne* hundertster Geburtstag; *d'un événement* hundertster Jahrestag ❷ *(cérémonie)* Hundertjahrfeier *f*

centésimal(e) [sɑ̃tezimal, -o] <-aux> *adj* hundertteilig

centième [sɑ̃tjɛm] **I.** *adj antéposé* hundertste(r, s) **II.** *mf* ***le/la*** ~ der/die/das Hundertste **III.** *m (fraction)* Hundertstel *nt* **IV.** *f* THEAT hundertste Aufführung; *v. a.* **cinquième**

centigramme [sɑ̃tigʀam] *m* hundertstel Gramm *nt,* Zentigramm

centilitre [sɑ̃tilitʀ] *m* Zentiliter *m o nt;* ***25 ~s*** ein viertel Liter

centime [sɑ̃tim] *m* ❶ HIST Centime *m* ❷ ~ *[d'euro]* Cent *m;* ***une pièce de 50 ~s*** eine Fünfzigcentmünze ▶ **ne pas avoir un ~ sur soi** keinen Pfennig [bei sich *dat*] haben

centimètre [sɑ̃timɛtʀ] *m* ❶ *(unité)* Zentimeter *m o nt* ❷ *(ruban)* Zentimetermaß *nt*

centrafricain(e) [sɑ̃tʀafʀikɛ̃, ɛn] *adj* zentralafrikanisch

centrage [sɑ̃tʀaʒ] *m* TYP, INFORM *d'un texte, d'une illustration* Zentrierung *f*

central [sɑ̃tʀal, -o] <-aux> *m* TELEC [Telefon]zentrale *f*

central(e) [sɑ̃tʀal, -o] <-aux> *adj* ❶ *(situé au centre)* zentral; ***partie ~e*** Mittelstück *nt* ❷ *(important)* zentral; ***le personnage*** ~ die Hauptperson

centrale [sɑ̃tʀal] *f* ❶ ELEC Kraftwerk *nt;* ~ ***électrique*** Elektrizitätswerk ❷ POL Arbeitnehmerorganisation *f;* ~ ***syndicale*** Gewerkschaft *f* ❸ COM Zentrale *f* ❹ *(prison)* Strafvollzugsanstalt *f* ❺ SCOL ***la Centrale*** *Hochschule für die Ingenieurausbildung*

centralisation [sɑ̃tʀalizasjɔ̃] *f* ❶ *de la politique* Zentralisierung *f; des secours* zentrale Koordination; *des renseignements* zentrale Erfassung ❷ *(résultat)* Zentralisation *f*

centralisé(e) [sɑ̃tʀalize] *adj* zentralstaatlich; ***dirigé(e) de manière ~e*** zentralstaatlich gelenkt

centraliser [sɑ̃tʀalize] <1> *vt* zentralisieren *pouvoir;* sammeln *information;* koordinieren *secours*

centralisme [sɑ̃tʀalism] *m* Zentralismus *m*

centre [sɑ̃tʀ] *m* ❶ *d'un cercle* Mittelpunkt *m; d'une ville* Mitte *f,* Zentrum *nt;* ***le ~ de la ville*** die Innenstadt; ~ ***de gravité*** PHYS Schwerpunkt *m* ❷ POL Mitte; ~ ***gauche/droit*** gemäßigte Linke/Rechte ❸ *(lieu d'activités)* Zentrum *nt;* ~ ***ferroviaire*** Eisenbahnknotenpunkt *m* ❹ *(organisme)* Zentrum *nt;* ~ ***aéré*** Ferien- und Freizeitzentrum; ~ ***commercial/culturel*** Einkaufs-/Kulturzentrum; ~ ***équestre/sportif*** Reit-/Sportzentrum; ~ ***hospitalier régional/universitaire*** Landes/Universitätsklinik *f;* ~ ***d'achats*** CAN *(centre commercial)* Einkaufszentrum; ~ ***d'appels*** Callcenter *nt;* ~ ***de détention pour jeunes*** Jugendstrafanstalt *f;* ~ ***d'entraînement*** Trainingszentrum; ~ ***de fitness*** Fitnessstudio *f;* ~ ***de vacances*** Ferienlager *nt* ❺ *(terrain)* Mittelfeld *nt; (joueur)* Mittelstürmer *m; (passe)* Flanke *f* ❻ *(point essentiel)* Mittelpunkt *m;* ***être***

C

au ~ des préoccupations de qn jds Hauptsorge sein; ~ ***d'intérêt*** [Themen]-schwerpunkt

centre[-]ville [sɑ̃tʀəvil] <centres-villes> *m* Stadtzentrum *nt*

centre-avant [sɑ̃tʀavɑ̃] <centres-‑avants> *m* SPORT BELG *(avant-centre)* Mittelstürmer(in) *m(f)*

centrer [sɑ̃tʀe] <1> *vt* ① *(a. fig: placer au centre)* zentrieren; ~ ***son discours sur un sujet*** ein Thema in den Mittelpunkt seiner Rede stellen ② SPORT [zur Mitte] flanken

centre-ville, centre ville [sɑ̃tʀəvil] <centres-villes *o* centres villes> *m* Stadtzentrum *nt; v. a.* **centre**

centrifuge [sɑ̃tʀifyʒ] *adj* zentrifugal; ***force*** ~ Zentrifugalkraft *f*

centrifugeuse [sɑ̃tʀifyʒøz] *f* Zentrifuge *f*

centripète [sɑ̃tʀipɛt] *adj* PHYS zentripetal

centrisme [sɑ̃tʀism] *m* Politik *f* der Mitte

centriste [sɑ̃tʀist] *adj convictions politiques* gemäßigt, in der politischen Mitte angesiedelt

centuple [sɑ̃typl] **I.** *adj* hundertfach; ***mille est un nombre ~ de dix*** tausend ist das Hundertfache von zehn **II.** *m (a. fig)* Hundertfache(s) *nt;* ***rendre une dette à qn au*** ~ jdm eine Schuld mit Zins und Zinseszins zurückzahlen

centupler [sɑ̃typle] <1> *vi* sich verhundertfachen

cep [sɛp] *m* Rebstock *m*

cépage [sepaʒ] *m* Rebsorte *f*

cèpe [sɛp] *m* Steinpilz *m,* Herrenpilz A

cependant [s(ə)pɑ̃dɑ̃] *adv* doch

céphalée [sefale] *f* MED Kopfschmerz *m;* ~ ***de tension*** Spannungskopfschmerz

céramique [seʀamik] **I.** *adj* keramisch **II.** *f* ① *(objet)* Keramik *f* ② *(art)* Töpferei *f* ③ MED ~ ***dentaire*** Zahnkeramik *f*

cerceau [sɛʀso] <x> *m* Reifen *m*

cercle [sɛʀkl] *m* ① *(forme géométrique, groupe)* Kreis *m* ② *(groupe sportif)* Club *m,* Klub *m* ③ MIL ~ ***des officiers*** Offizierscasino *nt* ▶ ~ **vicieux** Teufelskreis *m*

cercueil [sɛʀkœj] *m* Sarg *m*

céréale [seʀeal] *f* ① AGR Getreide *nt;* ***les ~s*** das Getreide ② *(petit-déjeuner) Haferflocken, Cornflakes, Müsli etc.*

céréalier [seʀealje] *m (producteur de céréales)* Getreideanbauer(in) *m(f)*

cérébral(e) [seʀebʀal, -o] <-aux> **I.** *adj* ① ANAT ***les hémisphères cérébraux*** die Großhirnhälften; ***hémorragie ~e*** [Ge]hirnblutung *f;* ***congestion ~e*** Schlaganfall *m;* ***tronc*** *m* ~ Hirnstamm *m* ② *(intellectuel)* geistig **II.** *m(f)* ***être un pur*** ~ ein reiner Verstandesmensch sein

cérémonial [seʀemɔnjal] <s> *m* Zeremoniell *nt*

cérémonie [seʀemɔni] *f* Zeremonie *f,* Feier[lichkeiten *Pl*] *f*

cérémonieusement [seʀemɔnjøzmɑ̃] *adv souvent péj* feierlich; *(sans cordialité)* förmlich

cérémonieux, -euse [seʀemɔnjø, -jøz] *adj* zeremoniell

cerf [sɛʀ] *m* ZOOL Hirsch *m*

Aussprache

Das -f ist entgegen der Regelaussprache in **cerf** stumm.

cerfeuil [sɛʀfœj] *m* Kerbel *m*

cerf-volant [sɛʀvɔlɑ̃] <cerfs-volants> *m* ① *(jouet)* Drachen *m;* ***faire voler un*** ~ einen Drachen steigen lassen ② ZOOL Hirschkäfer *m*

cerise [s(ə)ʀiz] **I.** *f* Kirsche *f* **II.** *adj inv [**rouge**]* ~ kirschrot

cerisier [s(ə)ʀizje] *m* ① *(arbre)* Kirschbaum *m* ② *(bois)* Kirschbaumholz *nt,* Kirsche *f*

cerne [sɛʀn] *m* ① *pl* Ringe *Pl* unter den Augen ② BOT *d'un arbre* Jahresring *m*

cerné(e) [sɛʀne] *adj* ***avoir les yeux ~s*** Ringe *Pl* unter den Augen haben

cerneau [sɛʀno] <x> *m* Nusskern *m*

cerner [sɛʀne] <1> *vt* ① *(a. fig: entourer d'un trait)* umreißen ② *(encercler)* umstellen *ennemi* ③ *(évaluer)* erfassen *problème;* einschätzen *difficulté; (fam)* einordnen *personne*

certain(e) [sɛʀtɛ̃, ɛn] **I.** *adj* sicher; ***être sûr et ~*** hundertprozentig sicher sein; ***j'en suis sûr et ~!*** davon bin ich überzeugt!; ***un plaisir ~*** ein sicheres Vergnügen **II.** *adj indéf* ① *pl antéposé (quelques)* gewisse *Pl,* bestimmte *Pl* ② *(bien déterminé)* ***un ~ endroit*** eine bestimmte Stelle **III.** *pron pl* manche *Pl,* einige *Pl;* ***~s d'entre vous*** manche unter Ihnen/euch; ***aux yeux de ~s*** in den Augen einiger Leute

Grammatik und Co.

Beim Adjektiv **certain** ändert sich die Bedeutung je nachdem, ob es vor oder hinter dem Substantiv steht:
une preuve certaine – ein sicherer Beweis;

un certain nombre de gens – eine gewisse Anzahl von Leuten.

certainement [sɛʀtɛnmɑ̃] *adv* ❶ *(selon toute apparence)* sicher[lich] ❷ *(sans aucun doute)* zweifellos

certes [sɛʀt] *adv (pour exprimer une réserve: en début de phrase)* zugegeben …; *(au milieu de la phrase)* sicher; *(dans une négation)* bestimmt; ***c'est le plus doué, ~! mais …*** er ist zwar der Begabteste, aber …

certificat [sɛʀtifika] *m* ❶ *(attestation)* Bescheinigung *f;* ***~ médical*** ärztliches Attest; ***~ de naissance*** Geburtsurkunde *f;* ***~ de scolarité*** Schulbescheinigung ❷ *(diplôme)* Zeugnis *nt; (d'études universitaires)* Diplom *nt;* ***délivrer un ~ à qn*** jdm ein Zeugnis ausstellen

certification [sɛʀtifikasjɔ̃] *f* JUR Gültigkeitsvermerk *m*

certifier [sɛʀtifje] <1> *vt* ❶ versichern ❷ JUR beglaubigen; ***cette copie est certifiée conforme à l'original*** diese Kopie ist beglaubigt; *(mention sur le tampon)* Kopie entspricht dem Original

certitude [sɛʀtityd] *f* Sicherheit *f,* Gewissheit *f*

cérumen [seʀymɛn] *m* Ohrenschmalz *nt*

cerveau [sɛʀvo] <x> *m* ❶ ANAT Gehirn *nt* ❷ *(esprit)* Kopf *m,* Verstand *m* ❸ *d'une organisation* [Schalt]zentrale *f* ❹ *(personne)* kluger Kopf; *(célébrité)* großer Geist ❺ *(organisateur)* Kopf *m*

cervelas [sɛʀvəla] *m* Zervelatwurst *f*

cervelet [sɛʀvəlɛ] *m* ANAT Kleinhirn *nt*

cervelle [sɛʀvɛl] *f* ❶ *(fam: esprit)* Verstand *m;* ***ne rien avoir dans la ~*** nichts im Kopf *m* haben ❷ GASTR Hirn *nt*

cervical(e) [sɛʀvikal, -o] <-aux> **I.** *adj* ANAT ***vertèbres ~es*** Halswirbel *Pl* **II.** *m(f) pl* ***les ~es*** die Halswirbel *Pl*

cervidés [sɛʀvide] *m pl* ZOOL [die Familie der] Hirsche *Pl*

Cervin [sɛʀvɛ̃] *m* ***le ~*** das Matterhorn

cervoise [sɛʀvwaz] *f* HIST Bier *nt (das bis ins Mittelalter verbreitet war und keinen Hopfen enthält)*

ces [se] *adj dém pl* ❶ *(pour désigner)* diese; ***~ tableaux/dames*** diese Bilder/Damen; *v. a.* **cette** ❷ *(fam: intensif, péjoratif)* ***il a de ~ idées!*** er hat vielleicht Ideen!; ***comment peut-il raconter ~ mensonges*** wie kann er nur solche Lügen auftischen! ❸ *(avec étonnement)* diese; ***~ mensonges!*** diese Lügen! ❹ *(en opposition)* diese; ***~ gens-ci … ~ gens-là*** die Leute hier … die Leute dort ❺ *(temporel)* ***~ nuits-ci*** diese Nächte; ***~ jours-ci*** zur Zeit; ***dans ~ années-là*** in jenen Jahren

CES [seøɛs] *m* ❶ *abr de* **collège d'enseignement secondaire** ≈ Schule *f* der Sekundarstufe I ❷ *(emploi) abr de* **contrat emploi-solidarité** ≈ ABM-Stelle *f*

César [sezaʀ] *m* HIST ***Jules ~*** Julius Cäsar

césarienne [sezaʀjɛn] *f* MED Kaiserschnitt *m*

cessant(e) [sesɑ̃, ɑ̃t] *adj* ▶ **toute chose** [*o* **affaire**] **~e** vordringlich, besonders wichtig

cessation [sesasjɔ̃] *f* Einstellen *nt*

cesse [sɛs] ▶ **sans ~** *(sans interruption)* ständig

cesser [sese] <1> **I.** *vt* einstellen; ***cessez ces cris!*** hört mit dem Geschrei auf! *fam;* ***faire ~ qc*** etw beenden; ***~ de fumer*** das Rauchen aufgeben **II.** *vi* aufhören; *combat, travail:* eingestellt werden; *conflit:* ein Ende finden; *fièvre:* fallen

cessez-le-feu [sesel(ə)fø] *m inv (prolongé)* Waffenruhe *f; (momentané)* Waffenpause *f*

cession [sesjɔ̃] *f* Übertragung *f*

c'est-à-dire [sɛtadiʀ] *conj* ❶ *(à savoir)* das bedeutet [also] ❷ *(justification)* eigentlich ❸ *(rectification)* besser gesagt

césure [sezyʀ] *f (en poésie, a. fig)* Zäsur *f*

cet [sɛt] *adj dém v.* **ce**

CET [seøte] *m abr de* **collège d'enseignement technique** ≈ Berufsfachschule *f*

cétacé [setase] *m* ZOOL Wal *m*

cette [sɛt] *adj dém* ❶ *(pour désigner)* diese(r, s); ***~ chaise/dame*** dieser Stuhl/diese Dame; ***en ~ dernière semaine de l'avent*** in dieser letzten Adventswoche; ***alors, ~ grippe, comment ça va?*** na, wie geht's [mit] deiner/Ihrer Grippe? ❷ *(intensif, péjoratif)* ***~ fille-là*** das Mädchen da; ***comment peut-il raconter ~ histoire!*** wie kann er nur so eine Geschichte erzählen! ❸ *(avec étonnement)* so ein(e); ***~ chance!*** was für ein Glück! ❹ *(en opposition)* ***~ version-ci … ~ version-là*** diese Fassung hier … jene Fassung dort ❺ *(temporel)* ***~ nuit*** heute Nacht; ***~ semaine*** diese Woche; ***~ semaine-là*** in der Woche

ceux, celles [sø] *pl pron dém* die[jenigen]; *v. a.* **celles**

ceux-ci, celles-ci [søsi] *pl pron dém* ❶ *(pour distinguer)* diese [hier] ❷ *(référence à un antécédent)* diese; *v. a.* **celle-ci** ❸ *(en opposition) v.* **ceux-là, celles-ci**

ceux-là, celles-là [søla] *pl pron dém* ❶ *(en désignant)* diese da ❷ *(référence à*

un antécédent) v. **celle-là** ③ *(en opposition)* diese da; *v. a.* **ceux-ci, celles-ci**
Cévennes [sevɛn] *f pl* ***les*** ~ die Cevennen
cévenol(e) [sev(ə)nɔl] *adj* aus den Cevennen
Ceylan [selɑ̃] *f* HIST Ceylon *nt*
cf., Cf. [kɔ̃fɛʀ] *abr de* **confer** vgl.
CFA [seɛfɑ] *adj abr de* **communauté financière africaine** ***franc*** ~ CFA-Franc *m*
CFC [seɛfse] *m abr de* **chlorofluorocarbone** FCKW *m*
ch [ʃəvo] *abr de* **cheval-vapeur** PS *f*
chacal [ʃakal] <s> *m* ZOOL Schakal *m*
chacun(e) [ʃakœ̃, ʃakyn] *pron* ① *(chose ou personne dans un ensemble défini)* jede(r, s) [Einzelne]; *(de deux personnes)* jede(r) von beiden; ***~/~e de nous*** jeder/jede [Einzelne] von uns; ***~ à sa façon*** jeder auf seine Weise; ***~ [à] son tour*** einer nach dem anderen ② *(toute personne)* jede(r) ▸ **~ ses goûts** *(prov)* über Geschmack lässt sich [nicht] streiten
chafouin(e) [ʃafwɛ̃, in] *adj mine, visage* hinterhältig, verschlagen, heimtückisch
chagrin [ʃagʀɛ̃] *m (peine)* Kummer *m*
chagriner [ʃagʀine] <1> *vt* ***~ qn*** jdm Kummer machen
chah [ʃa] *m v.* **schah**
chahut [ʃay] *m* Aufruhr *m; (bruit)* Krach *m;* ***faire du*** ~ ein Spektakel veranstalten
chahuter [ʃayte] <1> **I.** *vi élèves:* ein Spektakel veranstalten; *enfants:* herumtoben; *(faire du bruit)* Radau machen *fam* **II.** *vt* ① *(bousculer par plaisir)* fertigmachen *fam* ② *(troubler par du chahut)* ***~ un professeur*** den Unterricht eines Lehrers stören
chahuteur, -euse [ʃaytœʀ, -øz] *adj* aufsässig
chai [ʃɛ] *m* [Wein]lager *nt*
chaîne [ʃɛn] *f* ① *(bijou)* Kette *f* ② *(dispositif métallique)* Kette *f;* ***~ de bicyclette/sûreté*** Fahrrad-/Sicherheitskette ③ *pl* AUT Schneeketten *Pl* ④ *de personnes* Kette *f;* ***faire la*** ~ eine Kette bilden; ***réaction en*** ~ Kettenreaktion *f* ⑤ IND [Fließ]band *nt;* ***~ de montage*** [Montage]band *nt* ⑥ *(émetteur)* Sender *m; (programme)* Programm *nt;* ***~ câblée*** Kabelkanal *m;* ***sur la 3e*** ~ im dritten Programm ⑦ *(appareil stéréo)* Anlage *f;* ***~ haute-fidélité*** [*o* ***hi-fi***] [*o* ***stéréo***] Hi-Fi-Anlage ⑧ *(groupement)* ***~ de magasins*** Ladenkette *f;* ***~ de montagnes*** Gebirgskette *f*
chaînette [ʃɛnɛt] *f* Kettchen *nt*
chaînon [ʃɛnɔ̃] *m (a. fig)* [Ketten]glied *nt*
chair [ʃɛʀ] **I.** *f* ① *(viande)* Fleisch *nt;* ***~ à pâté*** [*o* ***saucisse***] Hackepeter *m fam* ② *(pulpe)* [Frucht]fleisch *nt* ③ *(corps opposé à esprit)* Fleisch *nt,* Leib *m* ④ *(instinct sexuel)* Fleischeslust *f;* ***les plaisirs de la*** ~ die sinnlichen Freuden **II.** *adj inv* hautfarben
chaire [ʃɛʀ] *f* ① *(tribune)* Rednerpult *nt; du prêtre* Kanzel *f* ② UNIV Lehrstuhl *m*
chaise [ʃɛz] *f* Stuhl *m*
chaland [ʃalɑ̃] *m (péniche)* Lastkahn *m*
châle [ʃɑl] *m* [Schulter]tuch *nt*

Falsche Freunde
Nicht verwechseln mit *der Schal – l'écharpe*!

chalet [ʃalɛ] *m* Chalet *nt* CH
chaleur [ʃalœʀ] *f* ① *(température élevée)* Wärme *f; (très élevée)* Hitze *f;* ***vague de*** ~ Hitzewelle *f;* ***sous l'effet de la*** ~ unter der Wärme-/Hitzeeinwirkung; ***il fait une ~ accablante*** es ist drückend heiß ② ANAT Körperwärme *f* ③ *(fig)* Wärme *f; d'un accueil* Herzlichkeit *f;* ***avec*** ~ herzlich
chaleureusement [ʃalœʀøzmɑ̃] *adv* warm
chaleureux, -euse [ʃalœʀø, -øz] *adj* warm; *accueil* herzlich; *soirée* gemütlich
châlit [ʃɑli] *m* Bettgestell *nt*
challenge [ʃalɑ̃ʒ, tʃalɛndʒ] *m* Pokalwettbewerb *m*
challenger [tʃalɛndʒœʀ] *m,* **challengeur** [ʃalɑ̃ʒœʀ] *m* Herausforderer *m*
chaloupe [ʃalup] *f* Beiboot *nt*
chalumeau [ʃalymo] <x> *m (pour souder)* Schweißbrenner *m; (pour découper)* Schneidbrenner *m*
chalut [ʃaly] *m* PECHE [Grund]schleppnetz *nt*
chalutier [ʃalytje] *m* Fischkutter *m*
chamade [ʃamad] ▸ **qn a le cœur qui bat la** ~ jds Herz schlägt bis zum Hals[e]
chamaille [ʃamɑj] *f* Gezänk *nt*
chamailler [ʃamɑje] <1> *vpr* ***se*** ~ *enfants:* sich zanken
chamaillerie [ʃamɑjʀi] *f (fam)* Gezanke *nt*
chamailleur, -euse [ʃamɑjœʀ, -jøz] *adj* zänkisch
chamarré(e) [ʃamaʀe] *adj* geschmückt, überladen *pej*
chambard [ʃɑ̃baʀ] *m* Krawall *m*
chambardement [ʃɑ̃baʀdəmɑ̃] *m (fam)* Durcheinander *nt*
chambarder [ʃɑ̃baʀde] <1> *vt (fam)* über den Haufen werfen *projets, habitudes*

chambouler [ʃɑ̃bule] <1> *vt (fam)* über den Haufen werfen *projets, programme*

chambranle [ʃɑ̃bʀɑ̃l] *m d'une porte, fenêtre* Rahmen *m*

chambre [ʃɑ̃bʀ] *f* ① *(pièce où l'on couche)* Schlafzimmer *nt;* **~ *individuelle/double*** Einzel-/Doppelzimmer; **~ *d'amis*** Gästezimmer; ***faire ~ à part*** getrennte Schlafzimmer haben ② *(pièce spéciale)* **~ *forte*** Tresorraum *m;* **~ *froide*** Kühlraum ③ POL, JUR Kammer *f* ④ COM **~ *syndicale*** Arbeitgeberverband *m;* **~ *de commerce et d'industrie*** Industrie- und Handelskammer *f* ⑤ *(tuyau)* **~ *à air*** Schlauch *m*

Grammatik und Co.
Ein Raum, der mit **chambre** bezeichnet wird, ist immer ein Zimmer mit einer Schlafgelegenheit.

chambrée [ʃɑ̃bʀe] *f* MIL Stube *f*

chambrer [ʃɑ̃bʀe] <1> *vt* ① *(tempérer)* auf Zimmertemperatur bringen ② *(fam: se moquer de)* aufziehen

chambrette [ʃɑ̃bʀɛt] *f* Zimmerchen *nt*

chameau [ʃamo] <x> *m* ① ZOOL Kamel *nt* ② *(fam: femme)* Biest *nt; (homme)* Schuft *m*

chamelier [ʃaməlje] *m* Kameltreiber(in) *m(f)*

chamois [ʃamwa] **I.** *adj inv* chamois **II.** *m* ① ZOOL Gämse *f* ② *(cuir)* Gamsleder *nt;* ***peau de*** **~** Ledertuch *nt*

champ [ʃɑ̃] *m* ① AGR *de céréales, fleurs* Feld *nt; de pommes de terre, betteraves* Acker *m;* ***travailler dans les*** [*o* ***aux***] ***~s*** auf dem Feld arbeiten ② *pl (campagne)* Land *nt;* ***vie des ~s*** Landleben *nt;* ***couper à travers ~s*** querfeldein gehen; ***vivre en pleins ~s*** auf dem flachen Land leben; ***fleurs des ~s*** Wiesenblumen *Pl* ③ MIL **~ *de bataille*** Schlachtfeld *nt;* **~ *de Mars*** *früher: Exerzier- und Paradeplatz, heute: Park am Fuß des Eiffelturms in Paris* ④ PHYS Feld *nt* ▶ **laisser du ~ libre à qn** jdm freie Hand lassen; **laisser le ~ libre à qn** jdm das Feld überlassen; **sur le ~** sofort

champagne [ʃɑ̃paɲ] *m* Champagner *m*

Champagne [ʃɑ̃paɲ] *f* ***la*** **~** die Champagne

Champenois(e) [ʃɑ̃pənwa, waz] *m(f) (originaire)* jemand, der aus der Champagne kommt; *(habitant)* jemand, der in der Champagne wohnt

champêtre [ʃɑ̃pɛtʀ] *adj* ländlich

champignon [ʃɑ̃piɲɔ̃] *m* ① BOT, GASTR Pilz *m;* **~ *de Paris*** Champignon *m* ② *(moisissure)* Schimmel[pilz *m*] *m* ③ MED Pilz[erkrankung *f*] *m* ④ *(fam: accélérateur)* Gaspedal *nt*

Falsche Freunde
Nicht verwechseln mit *der Champignon – le champignon de Paris*!

champignonnière [ʃɑ̃piɲɔnjɛʀ] *f* Pilzkultur *f*

champion(ne) [ʃɑ̃pjɔ̃, -jɔn] **I.** *adj (fam)* ***être*** **~** [einsame] Spitze sein **II.** *m(f) (a. fig: vainqueur)* Meister(in) *m(f)*, Champion *m; (sportif éminent)* Ass *nt;* **~ *du monde de boxe*** Boxweltmeister

championnat [ʃɑ̃pjɔna] *m* Meisterschaft *f;* **~ *du monde*** Weltmeisterschaft

chance [ʃɑ̃s] *f* ① *(bonne fortune)* Glück *nt;* ***coup de*** **~** Glücksfall *m;* ***avoir de la*** **~** Glück haben; *(toujours)* ein Glückskind sein; ***avoir de la ~ de faire qc*** Glück haben, dass man etw tut; ***porter ~ à qn*** jdm Glück bringen; ***la ~ a tourné*** das Glück hat sich gewendet; ***par*** **~** glücklicherweise; ***bonne ~!*** viel Glück!; ***pas de ~!*** *(fam)* [so ein] Pech!; ***quelle ~!*** ein Glück! ② *(hasard)* Glück *nt;* ***par*** **~** [rein] zufällig ③ *(probabilité, possibilité de succès)* Chance *f;* ***tenter sa*** **~** sein Glück versuchen; ***mettre toutes les ~s de son côté*** nichts dem Zufall überlassen; ***rater une*** **~** eine Gelegenheit verpassen

chancelant(e) [ʃɑ̃slɑ̃, ɑ̃t] *adj (a. fig) objet* wack[e]lig; *pas, démarche* schwankend

chanceler [ʃɑ̃s(ə)le] <3> *vi* schwanken, taumeln

chancelier [ʃɑ̃səlje] *m* ① *(garde des Sceaux en France)* ≈ Justizminister(in) *m(f)* ② *(Premier ministre en Allemagne/Autriche)* [Bundes]kanzler(in) *m(f)*

chancellerie [ʃɑ̃sɛlʀi] *f* ① *(ministère de la Justice en France)* Justizministerium *nt* ② *(service du Premier ministre en Allemagne/Autriche)* [Bundes]kanzleramt *nt*

chanceux, -euse [ʃɑ̃sø, -øz] *adj* ***être*** **~** Glück haben

chandail [ʃɑ̃daj] *m* Pullover *m*

Chandeleur [ʃɑ̃d(ə)lœʀ] *f* REL ***la*** **~** [Mariä] Lichtmess

chandelier [ʃɑ̃dəlje] *m* Leuchter *m; (bougeoir)* Kerzenständer *m*

chandelle [ʃɑ̃dɛl] *f* ① *(bougie)* Kerze *f;* ***dîner aux ~s*** bei Kerzenlicht essen ② SPORT ***faire la*** **~** eine Kerze machen

C

❸ *(montée)* ***faire une ~*** einen hohen Ball spielen; SPORT eine Kerze schießen; ***monter en ~*** AVIAT steil nach oben ziehen ▶ **devoir une fière ~ à qn** jdm zu großem Dank verpflichtet sein *form;* **voir trente-six ~s** Sterne sehen *fam;* **tenir la ~ à qn** *(hum)* das fünfte Rad am Wagen sein

chanfrein [ʃɑ̃fʀɛ̃] *m* ARCHIT Schrägkante *f*

change [ʃɑ̃ʒ] *m* ❶ *(échange d'une monnaie)* [Geld]wechsel *m;* ***bureau de ~*** Wechselstube *f* ❷ *(taux du change)* [Wechsel]kurs *m*

changeant(e) [ʃɑ̃ʒɑ̃, ɑ̃t] *adj temps, humeur* wechselhaft

changement [ʃɑ̃ʒmɑ̃] *m* ❶ *(modification)* Veränderung *f;* ***~ en bien/mal*** Veränderung zum Guten/Schlechten; ***~ d'heure*** Zeitumstellung *f;* ***~ de temps*** Wetteränderung; ***avoir besoin de ~*** Abwechslung brauchen ❷ *(substitution)* ***~ de gouvernement*** Regierungswechsel *m;* ***~ d'adresse*** Adressenänderung *f;* ***~ de direction*** Richtungswechsel; ***un ~ d'attitude*** eine veränderte Haltung ❸ TRANSP ***il n'y a aucun ~*** man muss kein einziges Mal umsteigen; ***~ de file*** Spurwechsel *m;* ***~ de vitesse*** Gangschaltung *f* ❹ TECH ***~ de vitesse*** Gangschaltung *f*

changer [ʃɑ̃ʒe] <2a> **I.** *vt* ❶ *(modifier)* verändern *personne, société, comportement;* ändern *date;* ***ne ~ en rien qc*** an etw *dat* nichts ändern ❷ *(déplacer)* ***~ qc de place*** etw umstellen; ***~ qn de poste*** jdn versetzen ❸ *(remplacer)* ersetzen *personne;* [aus]wechseln *chose, joueur de football;* ***~ les draps*** die Betten frisch beziehen ❹ *(échanger)* ***~ pour*** [*o* ***contre***] ***qc*** gegen etw [aus]tauschen ❺ *(convertir)* ***~ contre qc*** in etw umtauschen ❻ *(divertir)* ***~ qn de qc*** für jdn Abwechslung von etw sein; ***cela m'a changé les idées*** das hat mich auf andere Gedanken gebracht ▶ **pour [pas] ~** *(fam)* wie üblich **II.** *vi* ❶ *(se transformer)* sich verändern ❷ *(évoluer) temps, personne:* sich ändern ❸ *(se modifier)* ***~ de qc*** etw ändern; ***~ de forme*** eine andere Form annehmen; ***~ de caractère*** seinen Charakter verändern ❹ *(substituer)* ***~ de voiture*** sich *dat* einen neuen Wagen anschaffen; ***~ de chemise*** das Hemd wechseln; ***~ de métier*** den Beruf wechseln ❺ *(déménager)* ***~ d'adresse*** umziehen; ***~ de ville*** [in eine andere Stadt] [um]ziehen ❻ AUT ***~ de vitesse*** einen anderen Gang einlegen; ***~ à Paris*** in Paris umsteigen; ***~ de train/bus/d'avion à Berlin*** in Berlin den Zug/Bus/das Flugzeug wechseln ❼ *(faire un échange)* ***~ avec qn*** mit jdm tauschen; ***~ de place avec qn*** [den Platz] mit jdm tauschen ❽ *(pour exprimer le franchissement)* ***~ de trottoir*** auf die andere [Straßen]seite [über]wechseln; ***~ de file*** [*o* ***voie***] die [Fahr]spur wechseln **III.** *vpr* ***se ~*** sich umziehen

changeur [ʃɑ̃ʒœʀ] *m* ***~ de monnaie*** Wechselautomat *m*

chanoine [ʃanwan] *m* Domherr *m*

chanson [ʃɑ̃sɔ̃] *f* ❶ MUS Lied *nt;* ***~ à la mode, ~ populaire*** Schlager *m;* ***la ~ française*** das französische Chanson ❷ *(fam: rengaine)* Leier *f* ▶ **ça, c'est une autre ~!** das steht auf einem anderen Blatt!; **c'est toujours la même ~!** *(fam)* es ist immer das gleiche Lied!; **connaître la ~** *(fam)* die Leier schon kennen

Land und Leute

Das **chanson française** ist ein typisch französisches Musikgenre mit sozialkritischen, humoristischen bzw. poetischen Texten. Wichtige Vertreter waren unter anderem Charles Aznavour, Jacques Brel, Édith Piaf, Juliette Gréco, später auch Patricia Kaas. Ab den 1990er Jahren entwickelte sich die neuere Richtung *Nouvelle Chanson*, die sich einerseits durch eine größere stilistische Vielfalt auszeichnet, andererseits aber bewusst auf charakteristische Elemente des klassischen Chansons zurückgreift. Bekannte Vertreter sind z. B. Benjamin Biolay, Émilie Simon, Sébastien Tellier, Zaz, Carla Bruni sowie Yann Tiersen, der durch seine Musik für den Film *Die fabelhafte Welt der Amélie* der *Nouvelle Chanson* einen regelrechten Popularitätsschub einbrachte.

chansonnette [ʃɑ̃sɔnɛt] *f* Liedchen *nt*

chansonnier [ʃɑ̃sɔnje] *m* Kabarettist(in) *m(f)*

chant [ʃɑ̃] *m* ❶ *(action de chanter, musique vocale)* Gesang *m;* ***apprendre le ~*** Gesangsunterricht nehmen ❷ *(chanson)* Lied *nt;* ***~ populaire*** Volkslied; ***~ de Noël*** Weihnachtslied ❸ *du coq* Krähen *nt; du grillon* Zirpen *nt; des oiseaux* Zwitschern *nt*

chantage [ʃɑ̃taʒ] *m* Erpressung *f;* ***faire du ~ à qn*** jdn erpressen; ***faire du ~ à qc*** etw als Erpressungsmittel benutzen

chantant(**e**) [ʃɑ̃tɑ̃, ɑ̃t] *adj accent* singend
chanter [ʃɑ̃te] <1> **I.** *vi* ❶ *(produire des sons)* singen; *oiseau:* singen; *coq:* krähen; *poule:* gackern; *insecte:* zirpen; ***faire ~ son violon*** seine Geige zum Klingen bringen ❷ *(menacer)* ***faire ~*** erpressen ▶ **comme ça te/vous chante** *(fam)* wie du lustig bist/Sie lustig sind/ihr lustig seid; **si ça te/vous chante** wenn du Lust hast/Sie Lust haben/ihr Lust habt **II.** *vt* ❶ *(interpréter)* singen; ~ ***à qn*** jdm [vor]singen ❷ *(célébrer)* besingen *mérites, printemps* ❸ *(raconter)* ***qu'est-ce que tu me/nous chantes là?*** was willst du mir/uns da weismachen?
chanterelle [ʃɑ̃tʀɛl] *f* Pfifferling *m,* Eierschwamm *m* A
chanteur, **-euse** [ʃɑ̃tœʀ, -øz] **I.** *adj oiseau* Sing- **II.** *m, f* Sänger(in) *m(f)*
chantier [ʃɑ̃tje] *m* ❶ *(lieu)* Baustelle *f; (travaux)* Bauarbeiten *Pl;* ~ ***interdit [au public]*** Betreten der Baustelle verboten; ***être en*** ~ im Bau sein ❷ *(fam: désordre)* Durcheinander *nt;* ***quel ~!*** *(fam)* was für ein Chaos! ▶ **avoir en** ~ in Arbeit haben; **être en** ~ *roman, enquête:* in Arbeit sein
chantilly [ʃɑ̃tiji] *f* geschlagene süße Sahne
chantonner [ʃɑ̃tɔne] <1> *vi* leise singen, summen
chantre [ʃɑ̃tʀ] *m* REL Vorsänger(in) *m(f)*
chanvre [ʃɑ̃vʀ] *m* Hanf *m*
chaos [kao] *m* Chaos *nt*

Aussprache
Das -s am Ende von **chaos** bleibt stumm.

chaotique [kaɔtik] *adj* chaotisch
chapardage [ʃapaʀdaʒ] *m (fam)* [kleiner] Diebstahl
chaparder [ʃapaʀde] <1> *vt, vi (fam)* stibitzen
chape [ʃap] *f (de béton)* Estrich *m; (d'asphalte)* Asphaltdecke *f*
chapeau [ʃapo] <x> *m* *(couvre-chef)* Hut *m;* ~ ***haut-de-forme*** Zylinder *m;* ~ ***melon*** Melone *f;* ~ ***de sécurité*** CAN *(casque)* Schutzhelm *m;* ~ ***de soleil*** Sonnenhut *m* ▶ **~!** *(fam)* Hut ab!; **partir sur les ~x de roues** *(fam)* mit quietschenden Reifen anfahren; *fig)* losdüsen
chapeauté(**e**) [ʃapote] *adj* mit Hut
chapeauter [ʃapote] <1> *vt (fam)* ~ ***qn*** jds Vorgesetzter sein; ~ ***un parti*** einer Partei *dat* vorstehen
chapelain [ʃaplɛ̃] *m* [Haus]kaplan *m*
chapelet [ʃaplɛ] *m* ❶ REL *(objet)* Rosenkranz *m* ❷ *(prières)* Rosenkranz[gebete *Pl*] *m*
chapelier, **-ière** [ʃapəlje, -jɛʀ] *m, f (fabricant)* Hutmacher(in) *m(f); (vendeur)* Hutverkäufer(in) *m(f)*
chapelle [ʃapɛl] *f* ❶ *(lieu de culte)* Kapelle *f* ❷ *(partie d'une église)* Seitenkapelle *f* ❸ *(catafalque déposé)* ~ ***ardente*** Leichenhalle *f*
chapelure [ʃaplyʀ] *f* Paniermehl *nt*
chaperon [ʃapʀɔ̃] *m* Begleiter *m*
chaperonner [ʃapʀɔne] <1> *vt (hum)* ~ ***qn*** für jdn den Anstandswauwau spielen *fam*
chapiteau [ʃapito] <x> *m* ❶ *(tente de cirque)* Zirkuszelt *nt* ❷ *(tente pour une manifestation)* Festzelt *nt* ❸ *(le cirque)* Zirkus[welt *f*] *m* ❹ *(couronnement)* Kapitell *nt*
chapitre [ʃapitʀ] *m* Kapitel *nt*
chapitrer [ʃapitʀe] <1> *vt (soutenu: réprimander)* ~ ***qn*** jdm die Leviten lesen
chapka [ʃapka] *f* Pelzmütze *f* mit Ohrenklappen, Schapka *f*
chapon [ʃapɔ̃] *m* Kapaun *m*
chaque [ʃak] *adj inv* ❶ *(qui est pris séparément)* jede(r, s); ~ ***élève*** jeder Schüler/jede Schülerin ❷ *(fam: chacun)* je[weils]; ***un peu de*** ~ ein bisschen von allem ❸ *(tous/toutes les)* alle; ~ ***été*** jeden Sommer; ~ ***fois*** jedes Mal; ***à ~ fois que …*** jedes Mal wenn …
char [ʃaʀ] *m* ❶ MIL Panzer *m* ❷ *(voiture décorée)* Wagen *m* ▶ **arrête ton ~!** *(fam)* nun mach aber mal einen Punkt!
charabia [ʃaʀabja] *m (fam)* Kauderwelsch *nt*
charade [ʃaʀad] *f* Scharade *f*
charbon [ʃaʀbɔ̃] *m* ❶ *(combustible)* Kohle *f;* ~ ***de bois*** Holzkohle ❷ MED Kohle[tabletten *Pl*] ❸ *(fusain)* [Zeichen]kohle *f* ▶ **au ~!** *(fam)* an die Arbeit!
charbonnier, **-ière** [ʃaʀbɔnje, -jɛʀ] *adj* Kohlen-
charcuter [ʃaʀkyte] <1> *vt (péj fam)* übel zurichten
charcuterie [ʃaʀkytʀi] *f* ❶ *(boutique)* Fleischerei *f,* Metzgerei *f* SDEUTSCH *(für Fleisch und Wurst vom Schwein)* ❷ *(spécialité)* Wurst[waren *Pl*] *f (aus Schweinefleisch)*
charcutier, **-ière** [ʃaʀkytje, -jɛʀ] *m, f* Fleischer(in) *m(f),* Metzger(in) *m(f)* SDEUTSCH, Schlachter(in) *m(f)* NDEUTSCH
charcutière [ʃaʀkytjɛʀ] *f* ❶ *(personne)* Fleischerin *f,* Metzgerin *f* SDEUTSCH, Schlachterin *f* NDEUTSCH ❷ *(femme du*

charcutier) Fleischersfrau *f,* Metzgersfrau *f* SDEUTSCH

chardon [ʃaʀdɔ̃] *m* Distel *f*

chardonneret [ʃaʀdɔnʀɛ] *m* Distelfink *m*

charentais(e) [ʃaʀɑ̃tɛ, ɛz] *adj* [aus] der Charente

Charentais(e) [ʃaʀɑ̃tɛ, ɛz] *m(f)* Bewohner(in) *m(f)* der Charente

charentaise [ʃaʀɑ̃tɛz] *f* Filzhausschuh *m*

charge [ʃaʀʒ] *f* ❶ *(fardeau)* Last *f; d'un camion* Ladung *f;* ***~ utile*** Nutzlast; ***~ maximale*** zulässiges Gesamtgewicht; *d'un camion* [Höchst]nutzlast ❷ *(responsabilité)* Belastung *f;* ***avoir la ~ de faire qc*** die Aufgabe haben etw zu tun; ***avoir la ~ de qn/qc*** für jdn/etw verantwortlich sein; ***être à [la] ~ de qn*** jdm gegenüber unterhaltsberechtigt sein; ***personnes à ~*** unterhaltsberechtigte Angehörige; ***prendre qn en ~*** für jdn sorgen; ***prendre qc en ~*** etw übernehmen; ***à ~ pour qn de faire qc*** mit der Auflage für jdn, etw zu tun ❸ *(fonction)* Amt *nt;* ***occuper une ~*** ein Amt bekleiden ❹ *souvent pl (obligations financières)* Kosten *Pl* ❺ JUR Anklagepunkt *m;* ***les ~s*** das Belastungsmaterial ❻ MIL Angriff *m,* Attacke *f*

chargé(e) [ʃaʀʒe] **I.** *adj* ❶ *(qui porte une charge)* ***~ de qc*** mit etw beladen; ***voyageur très ~*** Reisender *m* mit schwerem Gepäck ❷ *(plein)* voll; *journée* [gut] ausgefüllt; *classe* überfüllt ❸ *(responsable)* ***~ de qn/qc*** zuständig für jdn/etw; ***~ de faire qc*** damit beauftragt etw zu tun ❹ *fusil* geladen; *batterie* [auf]geladen; ***mon appareil photo n'est pas ~*** in meinem Fotoapparat ist kein Film ❺ *conscience* belastet; *casier judiciaire* lang ❻ MED *estomac* [über]voll; *langue* belegt ❼ *(rempli)* ***le ciel restera ~*** es bleibt bewölkt ❽ *style* überladen ❾ *(riche)* ***être ~ de qc*** reich an etw *dat* sein; ***~ d'histoire*** geschichtsträchtig; ***~ de sens*** bedeutungsvoll ❿ *(fam: drogué, dopé)* vollgedröhnt, vollgepumpt *sl* **II.** *m(f)* ***~ de cours*** Dozent *m*

chargement [ʃaʀʒəmɑ̃] *m* ❶ *(action)* Beladen *nt; d'une arme* Laden *nt; d'une marchandise* Einladen; *d'un film* Einlegen *nt* ❷ *(marchandises)* Ladung *f* ❸ *(fret)* Fracht *f* ❹ INFORM Laden *nt*

charger [ʃaʀʒe] <2a> **I.** *vt* ❶ *(faire porter une charge)* verladen *marchandise;* ***~ qn/qc de qc*** jdn/etw mit etw beladen; ***~ sur/dans qc*** auf etw *akk* [auf]laden/in etw *akk* [ein]laden ❷ *(attribuer une mission à)* ***~ qn de qc*** jdn mit etw beauftragen; ***être chargé de qc*** für etw verantwortlich sein; ***il m'a chargé de vous saluer*** er hat mir Grüße für Sie aufgetragen ❸ *(accuser)* ***~ qn de qc*** jdn mit etw belasten ❹ *(attaquer)* angreifen ❺ TECH laden *arme;* [auf]laden *batterie;* ***~ un appareil photo*** einen Film in einen Fotoapparat einlegen ❻ INFORM laden **II.** *vi (attaquer)* zum Angriff übergehen **III.** *vpr* ❶ *(s'occuper de)* ***se ~ de qn/qc*** sich um jdn/etw kümmern; ***se ~ de faire qc*** es übernehmen etw zu tun ❷ *(s'alourdir)* ***se ~*** viel Gepäck mitnehmen

chargeur [ʃaʀʒœʀ] *m* Docker *m;* TECH Ladegerät *nt;* ***~ portatif*** Powerbank *f*

chariot [ʃaʀjo] *m* ❶ *(plate-forme tractée)* Wagen *m* ❷ AGR Fuhrwerk *nt* ❸ *(petit engin de transport)* Wagen *m;* ***~ élévateur*** Gabelstapler *m* ❹ *(caddy à bagages)* Kofferkuli *m* ❺ COM Einkaufswagen *m* ❻ GASTR Servierwagen *m*

charismatique [kaʀismatik] *adj* charismatisch

charisme [kaʀism] *m* Charisma *nt*

charitable [ʃaʀitabl] *adj* wohltätig; ***œuvre ~*** karitative Einrichtung

charitablement [ʃaʀitabləmɑ̃] *adv* freundlicherweise

charité [ʃaʀite] *f* ❶ *(amour du prochain)* Nächstenliebe *f* ❷ *(action)* Wohltätigkeit *f;* ***demander la ~*** um eine milde Gabe bitten; ***vivre de la ~ publique*** von der Fürsorge leben ❸ *(bonté)* ***avoir la ~ de faire qc*** die Güte besitzen etw zu tun

charivari [ʃaʀivaʀi] *m* Krach *m*

charlatan [ʃaʀlatɑ̃] *m* ❶ *(escroc)* Scharlatan *m* ❷ *(guérisseur)* Quacksalber *m* ❸ *(mauvais médecin)* Kurpfuscher *m*

Charlemagne [ʃaʀləmaɲ(ə)] *m* Karl der Große

Charles [ʃaʀl(ə)] *m* Karl *m*

Charles-Quint [ʃaʀləkɛ̃] *m* Karl V., Karl der Fünfte

charlot [ʃaʀlo] *m (fam)* Clown *m,* Kasper *m*

charlotte [ʃaʀlɔt] *f* ❶ GASTR Charlotte *f* ❷ *(bonnet de plastique)* Duschhaube *f*

charmant(e) [ʃaʀmɑ̃, ɑ̃t] *adj* ❶ *(agréable)* reizend ❷ *(ravissant)* charmant ❸ *antéposé (iron)* entzückend

charme [ʃaʀm] *m* ❶ *d'une personne* Charme *m; d'un lieu* Zauber *m;* ***avoir son ~*** auch seinen Reiz haben; ***faire du ~ à qn*** jdn zu bezirzen versuchen ❷ *souvent pl (beauté)* Reize *Pl* ❸ *(envoûtement)* Zauber *m,* Bann *m;* ***être sous le ~ de qn/qc*** jds Charme erliegen/unter dem Bann einer S. *gen* stehen

charmé(e) [ʃaʀme] *adj* ***être ~ de qc*** sich [sehr] über etw *akk* freuen

charmer [ʃaʀme] <1> *vt* ① *(enchanter)* bezaubern ② *(envoûter)* verzaubern

charmeur, -euse [ʃaʀmœʀ, -øz] **I.** *adj sourire, manières* bezaubernd; *air* einschmeichelnd **II.** *m, f* ① *(séducteur)* Charmeur *m*/Circe *f* ② *(magicien)* Magier(in) *m(f)*; ***~ de serpents*** Schlangenbeschwörer(in) *m(f)*

charnel(le) [ʃaʀnɛl] *adj* ① *(corporel)* fleischlich ② *(sexuel)* körperlich

charnier [ʃaʀnje] *m* Massengrab *nt*

charnière [ʃaʀnjɛʀ] **I.** *f* ① *(gond)* Scharnier *nt* ② *(point de jonction)* Angelpunkt *m*; ***être à la ~ de deux époques*** sich am Übergang von einer Epoche zur anderen befinden **II.** *adj* ① *(de transition)* Übergangs- ② *(décisif)* entscheidend; ***date ~*** bedeutendes Datum

charnu(e) [ʃaʀny] *adj lèvre* wulstig; *fruit* fleischig

charognard [ʃaʀɔɲaʀ] *m* ① *(animal)* Aasfresser *m* ② *(vautour)* [Aas]geier *m* ③ *(personne)* Aasgeier *m fam*

charogne [ʃaʀɔɲ] *f* ① *(cadavre)* Aas *nt* ② *(péj fam)* gemeines Aas

charpente [ʃaʀpɑ̃t] *f* ① *(bâti)* Gerüst *nt*; *d'un bateau* Gerippe *nt*; *d'une maison* Balkenwerk *nt*; ***~ du toit*** Dachstuhl *m* ② *d'une personne* Körperbau *m*

charpenté(e) [ʃaʀpɑ̃te] *adj personne* kräftig [gebaut]

charpentier [ʃaʀpɑ̃tje] *m* Zimmermann *m*

charpie [ʃaʀpi] *f* ***faire de la ~ avec qc*** etw zerfetzen

charretée [ʃaʀte] *f* Wagenladung *f*

charretier [ʃaʀtje] *m* Fuhrmann *m*

charrette [ʃaʀɛt] *f* Karren *m*

charrier [ʃaʀje] <1> **I.** *vt* ① *(transporter)* ***~ qc*** etw fahren; *rivière:* etw mit sich führen ② *(fam)* auf den Arm nehmen **II.** *vi (fam)* übertreiben; ***[il ne] faut pas ~!*** *(fam)* das geht echt zu weit!

charrue [ʃaʀy] *f* Pflug *m* ▸ **mettre la ~ avant** [*o* **devant**] **les bœufs** das Pferd beim Schwanz aufzäumen

charte [ʃaʀt] *f* Charta *f*, Urkunde *f*; ***Charte des Nations Unies*** Charta der Vereinten Nationen

charter [ʃaʀtɛʀ] **I.** *m* ① *(vol)* Charter[flug *m*] *m* ② *(avion)* Chartermaschine *f* **II.** *app inv* Charter-

chartreuse [ʃaʀtʀøz] *f* Kartäuserin *f*

chas [ʃɑ] *m* Öhr *nt*

chasse¹ [ʃas] *f* ① *(action)* Jagd *f*; ***~ à courre*** Hetzjagd; ***~ au trésor*** Schnitzeljagd; ***la ~ est ouverte/fermée*** die Jagdsaison ist eröffnet/beendet; ***aller à la ~*** auf die Jagd gehen; ***faire la ~ à un criminel/aux souris*** Jagd auf einen Verbrecher/Mäuse machen ② *(poursuite)* ***~ aux sorcières*** Hexenjagd *f*; ***prendre qn/qc en ~*** jds Verfolgung/die Verfolgung einer S. *gen* aufnehmen ③ *(lieu)* Jagdrevier *nt*; ***~ gardée*** privates Jagdrevier ④ AVIAT Jagdverbände *Pl*; ***pilote de ~*** Jagdflieger *m* ⑤ ***qui va à la ~ perd sa place*** *(prov)* weggegangen - Platz vergangen

chasse² [ʃas] *f (fam: chasse d'eau)* [Wasser]spülung *f*; ***tirer la ~*** spülen

châsse [ʃɑs] *f* REL Reliquienschrein *m*

chassé-croisé [ʃasekʀwaze] <chassés-croisés> *m* Hin und Her *nt*

chasse-neige [ʃasnɛʒ] *m inv* ① *(véhicule)* Schneepflug *m* ② *(en ski)* ***descendre en ~*** [im] [Schnee]pflug hinunterfahren

chasser [ʃase] <1> **I.** *vi* ① *(aller à la chasse)* jagen ② *(déraper)* wegrutschen **II.** *vt* ① *(aller à la chasse)* jagen ② *(faire partir)* ***~ qn/qc de qc*** jdn/etw aus etw vertreiben ③ *(fig)* vertreiben *idées noires*

chasseur [ʃasœʀ] *m* ① MIL Jäger *m* ② *(avion)* Jagdflugzeug *nt* ③ *(groom)* Hotelboy *m* ④ *(fig)* ***~ de têtes*** Headhunter *m*

chasseur, -euse [ʃasœʀ, -øz] *m, f* Jäger(in) *m(f)*

chasseur-bombardier [ʃasœʀbɔ̃baʀdje] <chasseurs-bombardiers> *m* Jagdbomber *m*

chasseuse [ʃasøz] *f* ① *(personne qui va à la chasse)* Jägerin *f*; ***~ de phoques*** Robbenjägerin, Robbenfängerin *f*; ***~ de gros gibiers*** Großwildjägerin ② *(fig)* ***~ d'autographes/d'images*** Autogramm-/Motivjägerin *f*; ***~ de bonnes affaires*** Schnäppchenjägerin *fam*

chassieux, -euse [ʃasjø, -jøz] *adj yeux* verklebt

châssis [ʃɑsi] *m* ① TECH, AUT Chassis *nt*, Fahrwerk *nt* ② *d'une fenêtre* Rahmen *m*; *d'une toile* Blendrahmen

chaste [ʃast] *adj a. antéposé* keusch

chasteté [ʃastəte] *f* Keuschheit *f*

chasuble [ʃazybl] *f* REL Messgewand *nt*

chat¹ [ʃa] *m (animal)* Katze *f*; *(mâle)* Kater *m*; ***~ de gouttière*** gewöhnliche Katze ▸ **~ échaudé craint l'eau froide** *(prov)* ein gebranntes Kind scheut das Feuer; **avoir un ~ dans la gorge** einen Frosch im Hals haben; **quand le ~ n'est pas là, les souris dansent** *(prov)* wenn die Katze aus dem Haus ist, tanzen die Mäuse; **il n'y a**

pas un ~ dans la rue es ist keine Menschenseele auf der Straße; *v. a.* **chatte**
chat² [tʃat] *m* INFORM Chat *m*
châtaigne [ʃɑtɛɲ] *f* ❶ *(fruit)* Esskastanie *f* ❷ *(fam)* ***je lui ai flanqué une de ces ~s!*** ich hab ihm/ihr vielleicht eine verpasst!
châtaignier [ʃɑteɲe] *m* ❶ *(arbre)* Kastanie[nbaum *m*] *f* ❷ *(bois)* Kastanie[nholz *nt*] *f*
châtain [ʃɑtɛ̃] *adj pas de forme féminine* [kastanien]braun; ***être ~ clair*** hellbraunes Haar haben
château [ʃɑto] <x> *m* ❶ *(palais)* Schloss *nt* ❷ *(forteresse)* ~ *[fort]* Burg *f* ❸ *(belle maison)* Herrensitz *m* ❹ *(fig)* ~ ***d'eau*** Wasserturm *m;* ~ ***de cartes*** Kartenhaus *nt;* ~ ***de sable*** Sandburg *f*
chateaubriand, châteaubriant [ʃatobʀijɑ̃] *m* Rinderfilet Chateaubriand *nt*
châtelain(e) [ʃɑt(ə)lɛ̃, ɛn] *m(f)* HIST Schlossherr(in) *m(f)*
chat-huant [ʃayɑ̃] <chats-huants> *m* Waldkauz *m*
châtié(e) [ʃɑtje] *adj* gewählt, gepflegt; ***s'exprimer dans un langage ~*** sich sehr gewählt ausdrücken
châtier [ʃɑtje] <1> *vt (soutenu: punir)* bestrafen
chatière [ʃatjɛʀ] *f (pour chat)* Katzenklappe *f*
châtiment [ʃɑtimɑ̃] *m* Strafe *f*
chatoiement [ʃatwamɑ̃] *m* Schillern *nt*
chaton [ʃatɔ̃] *m a.* BOT Kätzchen *nt*
chatouillement [ʃatujmɑ̃] *m* Kitzeln *nt*
chatouiller [ʃatuje] <1> *vt* ❶ *(faire des chatouilles)* kitzeln; ***elle lui chatouille le bras*** sie kitzelt ihn am Arm ❷ *(flatter)* kitzeln, reizen *curiosité;* ***ça chatouille le palais*** das ist ein Gaumenkitzel
chatouilles [ʃatuj] *fpl* Kitzeln *nt;* ***faire des ~ à qn*** jdn kitzeln
chatouilleux, -euse [ʃatujø, -jøz] *adj* ❶ kitz[e]lig; ***être ~ de qc*** an etw *dat* kitz[e]lig sein ❷ *(susceptible)* empfindlich
chatouillis [ʃatuji] *m (fam)* Kitzeln *nt;* ***faire des ~ à qn*** jdn kitzeln
chatoyant(e) [ʃatwajɑ̃, ɑ̃t] *adj* schillernd
chatoyer [ʃatwaje] <6> *vi* schillern
châtrer [ʃɑtʀe] <1> *vt* kastrieren
chatroom [tʃatʀum] *m* INET Chatroom *m*
chatte [ʃat] *f* Katze *f; v. a.* **chat**
chatter [tʃate] <1> *vi* INFORM chatten
chatterie [ʃatʀi] *f gén pl (caresses)* Liebkosungen *Pl;* ***faire des ~s à qn*** jdn streicheln
chatterton [ʃatɛʀtɔn] *m* Isolierband *nt*
chaud [ʃo] **I.** *m (chaleur)* Wärme *f; (chaleur extrême)* Hitze *f;* ***il/elle a ~*** ihm/ihr ist [es] warm/heiß; ***il fait ~*** es ist warm/heiß; ***tenir ~ à qn*** jdn warm halten; ***crever de ~*** *(fam)* vor Hitze umkommen; ***au ~*** im Warmen; ***garder*** [*o* ***tenir***] ***qc au ~*** etw warm halten ▶ **ne faire ni ~ ni froid à qn** jdn kaltlassen; **il/elle a eu ~** *(fam)* er/sie ist mit dem Schrecken davongekommen **II.** *adv* ▶ **reportage à ~** brandaktuelle Reportage; **faire qc à ~** etw unverzüglich tun
chaud(e) [ʃo, ʃod] *adj* ❶ *(opp: froid)* warm; *(très chaud)* heiß; ***repas ~*** warme Mahlzeit; ***vin ~*** Glühwein *m;* ***chocolat ~*** heiße Schokolade ❷ *antéposé discussion* hitzig; ***avec les plus ~es recommandations*** mit den wärmsten Empfehlungen; ***l'alerte a été ~e*** es wurde brenzlig *fam* ❸ *couleur, ton* warm ❹ *(fam: sensuel)* heiß
chaudement [ʃodmɑ̃] *adv* ❶ *(contre le froid)* warm ❷ *féliciter* herzlich; *recommander* wärmstens
chaudière [ʃodjɛʀ] *f* Kessel *m*
chaudron [ʃodʀɔ̃] *m* [Koch]kessel *m*
chaudronnerie [ʃodʀɔnʀi] *f* ❶ *(industrie, corporation)* Eisen-, Blech- und Metallwarenindustrie *f* ❷ *(usine)* Eisen-, Blech- und Metallwarenfabrik *f*
chaudronnier [ʃodʀɔnje] *m (artisan)* Kupferschmied *m*
chauffage [ʃofaʒ] *m* ❶ *(installation)* Heizung *f;* ~ ***central*** Zentralheizung; ~ ***compris*** einschließlich Heizkosten *Pl;* ~ ***à l'énergie solaire*** Solarheizung ❷ *(action)* Heizen *nt*
chauffagiste [ʃofaʒist] *mf* Heizungsmonteur(in) *m(f)*
chauffant(e) [ʃofɑ̃, ɑ̃t] *adj* Heiz-; ***brosse ~e*** Lockenstab *m*
chauffard [ʃofaʀ] *m* Verkehrsrowdy *m*
chauffe [ʃof] *f* ❶ *(lieu)* Feuerraum *m; d'un navire* Maschinenraum *m* ❷ *(action)* Heizen *nt; d'un moteur* Warmlaufen *nt*
chauffe-biberon [ʃofbibʀɔ̃] <chauffe-biberons> *m* Flaschenwärmer *m* **chauffe-eau** [ʃofo] *m inv* Durchlauferhitzer *m*
chauffe-plat [ʃofpla] <chauffe-plats> *m* Warmhalteplatte *f*
chauffer [ʃofe] <1> **I.** *vi* ❶ *(être sur le feu)* warm werden; *(très chaud)* heiß werden ❷ *(devenir chaud)* warm werden; *(très chaud)* heiß werden; *moteur:* warm laufen ❸ *(mettre du chauffage)* heizen ▶ **ça va ~** *(fam)* es wird was setzen **II.** *vt* ❶ wärmen *personne;* erwärmen *pièce;* heizen *maison;* heiß machen *eau;* ***faire ~*** [auf]wärmen; ***mettre à ~*** warm stellen; ***faire ~ le four*** den Backofen vorheizen ❷ TECH zum Glü-

hen bringen; ~ ***à blanc*** weiß glühen ❸ *(mettre dans l'ambiance)* aufheizen **III.** *vpr* ***se ~ au soleil*** sich in der Sonne [auf]wärmen; ***se ~ au gaz/charbon*** mit Gas/Kohle heizen

chaufferie [ʃofʀi] *f* Heiz[ungs]raum *m*

chauffeur [ʃofœʀ] *m* ❶ *(conducteur)* Fahrer(in) *m(f)*; ~ ***routier*** Fernfahrer; ~ ***de taxi*** Taxifahrer ❷ *(personnel)* Fahrer *m*, Chauffeur *m* ▶ ~ **du dimanche** *(fam)* Sonntagsfahrer *m pej*

chauffeuse [ʃoføz] *f* Sessel *m*

chauler [ʃole] <1> *vt* kalken

chaume [ʃom] *m* Stroh *nt*

chaumière [ʃomjɛʀ] *f* strohgedeckte Hütte

chaussée [ʃose] *f* Fahrbahn *f*, Straße *f* ▶ **"~ déformée"** „Fahrbahnschäden" *Pl*; ~ **glissante** Straßenglätte *f*

chausse-pied [ʃospje] <chausse-pieds> *m* Schuhlöffel *m*

chausser [ʃose] <1> **I.** *vt* ❶ *(mettre)* anziehen *chaussures;* anschnallen *skis;* ***être chaussé de bottes*** Stiefel tragen ❷ *(mettre une chaussure)* ~ ***un enfant*** einem Kind Schuhe anziehen ❸ *(aller)* ***bien/mal*** ~ *chaussure:* gut/schlecht sitzen **II.** *vi* ~ ***du 38/42*** Schuhgröße 38/42 haben; ***du combien chaussez-vous?*** welche Schuhgröße haben Sie? **III.** *vpr* ***se*** ~ [sich *dat*] Schuhe anziehen; ***se ~ chez qn*** seine Schuhe bei jdm kaufen

chaussette [ʃosɛt] *f* ❶ *(socquette)* Socke *f*, Socken *m* SDEUTSCH; ***en ~s*** in Socken ❷ *(mi-bas)* Kniestrumpf *m*

chausseur [ʃosœʀ] *m* ❶ *(marchand)* Schuh[waren]händler(in) *m(f)* ❷ *(fabricant)* Schuhfabrikant(in) *m(f)*, Schuhhersteller(in) *m(f)*

chausson [ʃosɔ̃] *m* ❶ *(chaussure)* Hausschuh *m;* ***des ~s pour bébés*** Babyschuhe; ~ ***de danse*** Ballettschuh ❷ GASTR ~ ***aux pommes*** Apfeltasche *f*

chaussure [ʃosyʀ] *f* ❶ *(soulier)* Schuh *m;* ~ ***de football*** Fußballschuh; ***~s à talons*** Schuhe mit hohen Absätzen; ***~s à crampons*** Spikes *Pl;* ~ ***de ski*** Skistiefel *m* ❷ *(industrie)* Schuhfabrikation *f* ❸ *(commerce)* Schuhhandel *m* ▶ **trouver ~ à son pied** den Richtigen/die Richtige finden

chauve [ʃov] **I.** *adj* kahl[köpfig]; ***être*** ~ eine Glatze haben **II.** *m* Mann *m* mit einer Glatze

chauve-souris [ʃovsuʀi] <chauves-souris> *f* Fledermaus *f*

chauvin(e) [ʃovɛ̃, in] **I.** *adj* chauvinistisch **II.** *m(f)* Chauvinist(in) *m(f)*

chauvinisme [ʃovinism] *m* Chauvinismus *m*

chaux [ʃo] *f* Kalk *m*

chavirer [ʃaviʀe] <1> **I.** *vi* ❶ *(se retourner)* kentern; ***faire*** ~ zum Kentern bringen ❷ *(s'émouvoir)* ~ ***de bonheur/douleur*** von Glück/Schmerz überwältigt sein **II.** *vt* ❶ *(renverser)* zum Kentern bringen ❷ *(bouleverser)* ***être tout chaviré*** ganz außer sich sein

check-list [(t)ʃɛklist] <check-lists> *f* Checklist[e] *f*, Prüfliste

check-up [(t)ʃɛkœp] *m inv* MED, TECH Checkup *m*

chef [ʃɛf] *m* ❶ *(responsable)* Chef(in) *m(f)*, Vorgesetzte(r) *f(m); d'une tribu* Häuptling *m;* ***rédacteur/ingénieur en ~*** Chefredakteur(in) *m(f)*/-ingenieur(in) *m(f);* ~ ***d'État*** Staatsoberhaupt *nt;* ~ ***d'entreprise*** Firmenchef; ~ ***d'orchestre*** Dirigent(in) *m(f);* ~ ***de produit*** Produktmanager(in) *m(f);* ***jouer au petit*** ~ *(fam)* sich als Chef aufspielen ❷ *(meneur)* [An]führer(in) *m(f)* ❸ *(fam)* Ass *nt;* ***se débrouiller comme un*** ~ das fabelhaft machen ❹ *(sergent-chef)* Feldwebel *m;* ***oui ~!*** zu Befehl! ❺ *(cuisinier)* Chefkoch *m*/-köchin *f*

chef-d'œuvre [ʃɛdœvʀ] <chefs-d'œuvre> *m* Meisterwerk *nt*

chef-lieu [ʃɛfljø] <chefs-lieux> *m* Hauptstadt *f*, Hauptort *m*

cheftaine [ʃɛftɛn] *f* Führerin *f*

cheik [ʃɛk] *m* Scheich *m*

chelem [ʃlɛm] *m* Schlemm *m*

chemin [ʃ(ə)mɛ̃] *m* ❶ *(voie)* Weg *m;* ***demander son ~ à qn*** jdn nach dem Weg fragen; ***prendre le ~ de la gare*** in Richtung Bahnhof gehen; ***rebrousser*** ~ umkehren; ~ ***faisant, en*** ~ unterwegs; ***se tromper de*** ~ *(à pied)* sich verlaufen; *(en voiture)* sich verfahren ❷ *(distance à parcourir)* Strecke *f*, Weg[strecke]; ***un bon bout de*** ~ eine ganz nette Strecke *fam;* ***faire le ~ à pied/bicyclette/en voiture*** die Strecke zu Fuß zurücklegen/mit dem Rad/Auto fahren ❸ *(méthode, voie)* Weg *m;* ***le ~ de la réussite*** der Weg zum Erfolg; ***en prendre/ne pas en prendre le*** ~ auf dem besten Weg dahin sein/nichts dergleichen tun; ***ça en prend/n'en prend pas le*** ~ es sieht ganz/nicht danach aus ▶ **tous les ~s mènent à Rome** *(prov)* alle Wege führen nach Rom; **le droit** ~ der rechte Weg; **ne pas y aller par quatre ~s** *(en parlant)* keine Umschweife machen

C

chemin de fer [ʃ(ə)mɛ̃dəfɛʀ] <chemins de fer> *m* Eisenbahn *f*
cheminée [ʃ(ə)mine] *f* ❶ *(à l'extérieur)* Schornstein *m,* Kamin *m* SDEUTSCH ❷ *(dans une pièce)* [offener] Kamin ❸ *(encadrement)* Kamin[einfassung *f*] *m;* ***sur la ~*** auf dem/den Kaminsims ❹ *(conduit)* Kamin[schacht] *m* ❺ GEOL *d'un volcan* Schlot *m*
cheminement [ʃ(ə)minmɑ̃] *m* Dahinwandern *nt*
cheminer [ʃ(ə)mine] <1> *vi* ❶ seines Weges ziehen ❷ *(fig) pensée:* sich entwickeln
cheminot [ʃ(ə)mino] *m* Eisenbahner *m*
chemise [ʃ(ə)miz] *f* ❶ *(vêtement)* Hemd *nt;* ***~ de nuit*** Nachthemd ❷ *(dossier)* [Akten]mappe *f,* Aktendeckel *m* ▶ **y laisser jusqu'à sa dernière ~** bei etw [noch] sein letztes Hemd verlieren; **qn se fiche de qc comme de sa première ~** *(fam)* etw kümmert jdn nicht im Geringsten
chemiserie [ʃ(ə)mizʀi] *f* Hemdengeschäft *nt*
chemisette [ʃ(ə)mizɛt] *f* kurzärmeliges Hemd
chemisier [ʃ(ə)mizje] *m* Bluse *f*
chenal [ʃənal, -o] <-aux> *m* Fahrrinne *f*
chenapan [ʃ(ə)napɑ̃] *m (hum: enfant)* Frechdachs *m,* Strolch *m*
chêne [ʃɛn] *m* ❶ *(arbre)* Eiche *f* ❷ *(bois)* Eiche[nholz *nt*] *f*
chéneau [ʃeno] <x> *m* Dachrinne *f*
chêne-liège [ʃɛnljɛʒ] <chênes-lièges> *m* Korkeiche *f*
chenet [ʃ(ə)nɛ] *m* Kaminbock *m*
chenil [ʃ(ə)nil] *m* ❶ *(lieu d'élevage)* Zwinger *m* ❷ *(lieu de garde)* Hundeheim *nt*
chenille [ʃ(ə)nij] *f* ❶ ZOOL Raupe *f* ❷ *(attraction foraine)* Berg-und-Tal-Bahn *f* ❸ TECH Raupe[nkette *f*] *f*
cheptel [ʃɛptɛl] *m* Viehbestand *m*
chèque [ʃɛk] *m* ❶ *(pièce bancaire)* Scheck *m;* ***~ sans provision*** ungedeckter Scheck; ***~ bancaire/postal*** Bank-/Postscheck; ***faire un ~ de 100 euros à qn*** jdm einen Scheck über 100 Euro ausstellen ❷ *(bon)* Gutschein *m*
chèque-restaurant [ʃɛkʀɛstɔʀɑ̃] <chèques-restaurant> *m* Essensgutschein *m (für bestimmte Restaurants)* **chèque-vacances** [ʃɛkvakɑ̃s] <chèques-vacances> *m Berechtigungsgutschein für verbilligten Urlaub, zu dem der Arbeitgeber einen Zuschuss als freiwillige Sozialleistung zahlt*
chéquier [ʃekje] *m* Scheckheft *nt*

cher, chère [ʃɛʀ] **I.** *adj* ❶ *(coûteux)* teuer; ***moins ~*** billiger; ***être trop ~ pour ce que c'est*** seinen Preis nicht wert sein ❷ *(aimé)* lieb; ***c'est mon plus ~ désir*** das ist mein innigster Wunsch ❸ *antéposé* liebe(r, s); ***~ Monsieur*** lieber Herr X; ***chère Madame*** liebe Frau X; ***~s tous*** Ihr Lieben **II.** *m, f appellatif* ***mon ~/ma chère*** mein Lieber/meine Liebe **III.** *adv* ❶ *(opp: bon marché)* teuer; ***acheter qc trop ~*** für etw zu viel bezahlen; ***avoir pour pas ~*** *(fam)* billig erstehen; ***coûter ~*** teuer sein; ***revenir ~ à qn*** jdn viel kosten; ***valoir ~*** viel [Geld] wert sein ❷ *(fig)* ***coûter ~ à qn*** jdn teuer zu stehen kommen; ***payer ~ qc*** sich *dat* etw teuer erkaufen; ***payer*** [*o* ***donner***] ***~ pour connaître la clef de l'énigme*** viel dafür geben, des Rätsels Lösung zu kennen

> **Land und Leute**
> Bei der höflichen Anrede mit **cher**, z. B. am Briefanfang, wird der Nachname der angesprochenen Person nicht erwähnt:
> *Cher Monsieur – Lieber Herr Dupont/Frérot/...; Chère Madame – Liebe Frau Dupont/Frérot/...* Im Deutschen dagegen muss der Nachname immer genannt werden.

chercher [ʃɛʀʃe] <1> **I.** *vt* ❶ suchen, suchen nach *personne, objet, compromis;* ***~ qn des yeux*** nach jdm Ausschau halten; ***~ qc dans qc*** etw in etw *dat* suchen ❷ *(ramener, rapporter)* ***aller*** [*o* ***passer***] ***~*** [ab]holen; ***venir ~*** [ab]holen; ***envoyer un enfant ~ qn/qc*** ein Kind jdn/etw holen schicken ▶ **~ qn** *(fam)* mit jdm Streit suchen; **tu l'as** [**bien**] **cherché!** du hast es ja so gewollt!; **qu'est-ce que tu vas ~** [**là**]! wie kommst du denn darauf! **II.** *vi* ❶ ***~ à faire qc*** versuchen etw zu tun; ***~ à ce que*** *+subj* bestrebt sein, dass ❷ *(fouiller)* ***~ dans qc*** in etw *dat* herumstöbern ❸ *(réfléchir)* nachdenken ▶ **ça peut aller ~ loin!** *(fam)* das kann teuer werden!
chercheur, -euse [ʃɛʀʃœʀ, -øz] *m, f* ❶ *(savant)* Forscher(in) *m(f)* ❷ *(aventurier)* ***~ d'or*** Goldgräber(in) *m(f)*
chercheuse [ʃɛʀʃøz] *f* ❶ *(scientifique)* Forscherin *f* ❷ *(personne en quête)* ***~ d'or*** Goldsucherin *f,* Goldgräberin *f;* ***~ de trésors*** Schatzsucherin
chère [ʃɛʀ] *f (soutenu)* Speise *f geh,*

Mahl *nt geh* ▶ **faire bonne ~** *(soutenu)* gut speisen *geh*

chèrement [ʃɛʀmɑ̃] *adv payer, vendre* teuer

chéri(e) [ʃeʀi] **I.** *adj* geliebt **II.** *m(f)* ❶ *(personne aimée)* Liebling *m,* Schatz *m* ❷ *(péj: favori)* ***le ~/la ~e de qn*** jds Liebling *m*

chérir [ʃeʀiʀ] <8> *vt (aimer)* [zärtlich] lieben

chérot [ʃeʀo] *adj (fam)* ***ça fait ~*** das ist happig

cherté [ʃɛʀte] *f (vieilli)* hoher Preis; ***~ de la vie*** hohe Lebenshaltungskosten

chérubin [ʃeʀybɛ̃] *m* REL Cherub *m*

chétif, -ive [ʃetif, -iv] *adj arbre* kümmerlich; *personne* schmächtig

cheval [ʃ(ə)val, -o] <-aux> **I.** *m* ❶ ZOOL Pferd *nt* ❷ SPORT ***faire du/monter à ~*** reiten; ***promenade à ~*** Ausritt *m* ❸ AUT, FIN ***~ fiscal*** *Kfz-Steuereinheit;* ***elle fait combien de chevaux, votre voiture?*** wie viel PS hat Ihr Wagen? ❹ JEUX Pferd *nt* ❺ *(figure)* ***chevaux de bois*** Pferdekarussell *nt;* ***~ à bascule*** Schaukelpferd *nt* **II.** *adv* ▶ **être à ~ sur la chaise** rittlings auf dem Stuhl sitzen; **être à ~ sur les principes** ein Prinzipienreiter sein; **le paiement de la facture est à ~ sur deux mois** die Zahlung der Rechnung erstreckt sich über zwei Monate

chevaleresque [ʃ(ə)valʀɛsk] *adj* ritterlich

chevalerie [ʃ(ə)valʀi] *f* Rittertum *nt*

chevalet [ʃ(ə)valɛ] *m de peintre* Staffelei *f; d'un violon* Steg *m*

chevalier [ʃ(ə)valje] *m* Ritter *m*

chevalière [ʃ(ə)valjɛʀ] *f* Siegelring *m*

chevalin(e) [ʃ(ə)valɛ̃, in] *adj* Pferde-

cheval-vapeur [ʃ(ə)valvapœʀ] <chevaux-vapeur> *m* Pferdestärke *f*

chevauchée [ʃ(ə)voʃe] *f* Ausritt *m*

chevauchement [ʃ(ə)voʃmɑ̃] *m* Überschneidung *f,* Überlappung *f*

chevaucher [ʃ(ə)voʃe] <1> **I.** *vt* ***~ qc*** auf etw *dat* reiten **II.** *vpr* ***se ~*** *dents:* übereinanderstehen; *emplois du temps:* sich überschneiden **III.** *vi* reiten

chevelu(e) [ʃəvly] **I.** *adj* mit langen Haaren **II.** *m(f) (péj)* Langhaarige(r) *f(m)*

chevelure [ʃəvlyʀ] *f* ❶ *(cheveux)* Haare *Pl,* Haar *nt* ❷ *d'une comète* Schweif *m*

chevet [ʃ(ə)vɛ] *m* Kopfende *nt;* ***table de ~*** Nachttisch *m;* ***être au ~ de qn*** an jds Bett *dat* sitzen

cheveu [ʃ(ə)vø] <x> *m* [Kopf]haar *nt;* ***avoir les ~x courts/longs*** kurze/lange Haare haben; ***n'avoir plus un ~ sur la tête*** eine Platte haben *fam* ▶ **avoir un ~ sur la langue** lispeln; **comme un ~ sur la soupe** völlig ungelegen; **couper les ~x en quatre** Haarspalterei betreiben; **c'était à un ~ près, il s'en est fallu d'un ~** es ging um Haaresbreite daneben; **être tiré par les ~x** an den Haaren herbeigezogen sein

cheville [ʃ(ə)vij] *f* ❶ ANAT Knöchel *m* ❷ *(tige pour assembler)* Zapfen *m* ❸ *(tige pour boucher)* Dübel *m* ▶ **ne pas arriver à la ~ de qn** jdm nicht das Wasser reichen können *fam*

chèvre [ʃɛvʀ] **I.** *f* ❶ *(animal)* Ziege *f* ❷ *(femelle)* Geiß *f* **II.** *m (fromage)* Ziegenkäse *m*

chevreau [ʃəvʀo] <x> *m* ❶ *(animal)* Zicklein *nt* ❷ *(cuir)* Ziegenleder *nt*

chèvrefeuille [ʃɛvʀəfœj] *m* Jelängerjelieber *nt*

chevreuil [ʃəvʀœj] *m* ❶ *(animal)* Reh *nt* ❷ *(mâle)* Rehbock *m* ❸ GASTR Reh *nt*

chevrier, -ière [ʃəvʀije, -jɛʀ] *m, f* Ziegenhirt(in) *m(f)*

chevron [ʃəvʀɔ̃] *m* ❶ *(poutre)* [Dach]sparren *m* ❷ *(galon)* Chevron *m*

chevronné(e) [ʃəvʀɔne] *adj* versiert

chevrotant(e) [ʃəvʀɔtɑ̃, ɑ̃t] *adj* zitt[e]rig

chevrotement [ʃəvʀɔtmɑ̃] *m* Zittern *nt*

chevroter [ʃəvʀɔte] <1> *vi voix:* zittern, zittrig sein; *vieillard, chanteur:* eine zitternde Stimme haben; *chèvre:* meckern

chevrotine [ʃəvʀɔtin] *f* [Reh]posten *m*

chewing-gum [ʃwiŋgɔm] <chewing-gums> *m* Kaugummi *m o nt*

chez [ʃe] *prép* ❶ *(au logis de qn)* ***~ qn*** bei jdm [zu Hause]; ***~ nous*** bei uns; ***je vais/rentre ~ moi*** ich gehe nach Hause; ***tu es/restes ~ toi*** du bist/bleibst zu Hause; ***je viens ~ toi*** ich komme zu dir; ***passer ~ qn*** bei jdm vorbeigehen; ***aller ~ le coiffeur*** zum Frisör gehen; ***faites comme ~ vous!*** fühlt euch/fühlen Sie sich wie zu Hause!; ***à côté*** [*o* ***près***] ***de ~ moi*** in meiner Nähe ❷ *(dans le pays de qn)* ***ils rentrent ~ eux, en Italie*** sie kehren nach Italien zurück; ***bien de ~ nous*** *(fam)* ganz wie bei uns; ***~ qn*** bei jdm ❸ *(dans la personne)* ***~ les Durand*** in der Familie Durand; ***~ Corneille*** bei Corneille; ***c'est une habitude ~ lui*** das ist eine Gewohnheit von ihm ▶ **... de ~ ...** *(fam)* ... ohne Ende, so was von ...; ***grave de ~ grave*** krass ohne Ende, so was von krass

chez-moi [ʃemwa] *m inv,* **chez-soi** [ʃeswa] *m inv* eigene vier Wände *Pl*

chiadé(e) [ʃjade] *adj (fam) problème* verzwickt

chialer [ʃjale] <1> *vi (fam)* heulen

C

chiant(e) [ʃjɑ̃, ʃjɑ̃t] *adj (fam)* nervtötend, beschissen *sl*
chiasse [ʃjas] *f (vulg)* Dünnschiss *m*
chic [ʃik] **I.** *m sans pl* Schick *m* ▶ **bon ~ bon genre** *(iron)* geschniegelt und gebügelt; ***quartier bon ~ bon genre*** Schickimicki-Viertel *nt;* **avoir le ~ pour faire qc** ein Händchen für etw haben *fam*/die seltene Begabung haben etw zu tun **II.** *adj inv* ❶ *(élégant)* schick; *allure* vornehm ❷ *(sélect)* vornehm ❸ *(fam: gentil)* ***~ type*** feiner Kerl; ***ce n'est pas très ~ de sa part*** das ist nicht gerade nett von ihm/ihr ❹ *antéposé (fam: agréable)* toll **III.** *interj (fam)* ~ [***alors***]***!*** klasse!
chicane [ʃikan] *f* ❶ *(obstacle)* Straßenhindernis *nt* in Zickzackform ❷ *(querelle)* Streiterei *f*
chicaner [ʃikane] <1> **I.** *vi* ***~ sur qc*** wegen etw streiten **II.** *vt* ***~ qn sur qc*** jdn wegen etw maßregeln **III.** *vpr (fam)* ***se ~*** sich kabbeln
chicanerie [ʃikanʀi] *f gén pl (querelle)* Streiterei *f;* ***c'est pure ~!*** das ist reine Schikane!
chicaneur, -euse [ʃikanœʀ, -øz] **I.** *adj personne* streitsüchtig; ***je n'ai pas l'esprit ~*** ich bin ein friedliebender Mensch **II.** *m, f* Streithahn *m,* Zänker(in) *m(f),* Rabulist(in) *m(f) pej geh*
chicanier, -ière [ʃikanje, -jɛʀ] *adj personne* streitsüchtig; *prescriptions, mesures, comportement* schikanös
chicha [ʃiʃa] *f* Wasserpfeife *f,* Shisha *f*
chiche [ʃiʃ] **I.** *adj* ❶ *(avare de)* ***être ~ d'explications*** mit Erklärungen geizen ❷ *(pas grand-chose)* ***c'est un peu ~*** das ist kümmerlich ❸ *(capable)* ***t'es pas ~ de faire qc!*** *(fam)* du traust dich doch nie etw zu tun! **II.** *interj (fam)* ***~ que …?*** *(capable)* wetten, dass …?; ***~!*** *(pari accepté)* die Wette gilt!
chichement [ʃiʃmɑ̃] *adv* ***vivre ~*** kümmerlich leben
chichi [ʃiʃi] *m gén pl* ***en voilà un ~!*** das ist vielleicht ein Getue!
chichiteux, -euse [ʃiʃitø, -øz] *adj (fam)* geziert
chichon [ʃiʃɔ̃] *m (arg)* Gras *nt,* Haschisch *nt*
chicorée [ʃikɔʀe] *f* ❶ *(plante)* Endivie *f* ❷ *(café)* Kaffeeersatz *m*
chicot [ʃiko] *m* [Zahn]stumpf *m*
chié(e) [ʃje] *adj (fam)* ❶ *(super)* super ❷ *(incroyable)* ***être ~*** unverschämt sein
chiée [ʃje] *f (fam)* ***une ~*** [*o* ***des ~s***] ***d'amis/de problèmes*** ein Haufen *m* Freunde/ein Berg *m* Probleme

chien [ʃjɛ̃] **I.** *m* ❶ *(animal)* Hund *m;* ***~ bâtard*** Promenadenmischung *f;* ***~ de race*** Rassehund; [***attention***] ***~ méchant!*** Vorsicht! Bissiger Hund!; *v. a.* **chienne** ❷ *d'un fusil* Hahn *m* ▶ **s'entendre** [*o* **vivre**] **comme ~ et chat avec qn** mit jdm wie Hund und Katze leben; **entre ~ et loup** in der Abenddämmerung; **vie de ~** Hundeleben *nt fam;* **temps de ~** Sauwetter *nt fam;* **métier de ~** Saujob *m fam;* **avoir un caractère de ~** ein schwieriger Mensch sein; **il a un mal de ~ pour finir son travail** ihn kostet es wahnsinnige Mühe seine Arbeit zu beenden **II.** *adj inv (avare)* geizig; ***ne pas être ~ avec qn*** jdm gegenüber recht großzügig sein
chien-assis [ʃjɛ̃asi] *m* ARCHIT Dachgaube *f*
chien-chien [ʃjɛ̃ʃjɛ̃] <chiens-chiens> *m (iron fam)* Schoßhündchen *nt*
chiendent [ʃjɛ̃dɑ̃] *m* Quecke *f*
chienlit [ʃjɑ̃li] *f* Chaos *nt*
chien-loup [ʃjɛ̃lu] <chiens-loups> *m* Wolfshund *m*
chienne [ʃjɛn] *f* Hündin *f* ▶ **~ de vie** Hundeleben *nt fam; v. a.* **chien**
chier [ʃje] <1a> *vt, vi (vulg)* scheißen ▶ **être à ~** *(fam)* zum Kotzen sein *sl*
chiffe [ʃif] *f* Waschlappen *m fam;* ***c'est une ~ molle*** er/sie ist eine Memme *fam*
chiffon [ʃifɔ̃] *m* ❶ *(tissu)* Lappen *m,* Fetzen *m* ❷ *(document sans valeur)* ***ce devoir est un vrai ~*** diese Hausaufgabe ist hingeschmiert *fam* ❸ *pl (fam: vêtements de femme)* Klamotten *Pl;* ***parler*** [*o* ***causer***] ***~s*** über Klamotten reden
chiffonné(e) [ʃifɔne] *adj* ❶ *(froissé)* zerknittert; *papier* zerknüllt ❷ *(fig)* ***avoir la mine ~e*** angegriffen aussehen
chiffonner [ʃifɔne] <1> **I.** *vt* ❶ *(froisser)* zerknittern, zerknüllen *papier* ❷ *(chagriner)* bedrücken **II.** *vpr* ***se ~*** knittern
chiffonnier, -ière [ʃifɔnje, -jɛʀ] *m, f* ▶ **se battre** [*o* **se disputer**] **comme des ~s** sich heftig schlagen
chiffrable [ʃifʀabl] *adj* ***être difficilement ~*** sich nur schwer in Zahlen ausdrücken lassen
chiffrage [ʃifʀaʒ] *m* Berechnung *f,* Beziffern *nt*
chiffre [ʃifʀ] *m* ❶ Ziffer *f,* Zahl *f;* ***~ romain*** römische Zahl; ***à/de trois ~s*** dreistellig ❷ *(montant)* Summe *f,* Betrag *m;* ***~ d'affaires*** Umsatz *m* ❸ *des naissances* [An]zahl *f* ❹ *(statistiques)* ***les ~s*** die Zahlen; ***en ~s ronds*** in runden Zahlen; ***les ~s du chômage*** die Arbeitslosenzahl ❺ *d'un*

coffre-fort [Zahlen]kombination *f; d'un message* Code *m,* Code *m*

Falsche Freunde
Nicht verwechseln mit *die Chiffre – la référence*!

chiffrement [ʃifʀəmɑ̃] *m (codage)* Codierung *f*
chiffrer [ʃifʀe] <1> **I.** *vt* ❶ *(numéroter)* beziffern ❷ *(évaluer)* beziffern ❸ *(coder)* verschlüsseln **II.** *vi (fam)* ***ça chiffre*** das läppert sich **III.** *vpr* ***se ~ à qc*** sich auf etw *akk* belaufen
chiffres-clés [ʃifʀekle] *mpl* ECON Schlüsseldaten *Pl*
chignole [ʃiɲɔl] *f* ❶ *(perceuse)* Handbohrmaschine *f* ❷ *(péj fam: voiture)* [Klapper]kiste *f*
chignon [ʃiɲɔ̃] *m* Hochfrisur *f; (en boule)* [Haar]knoten *m*
chihuahua [ʃiwawa] *m* ZOOL Chihuahua *m*
chiite [ʃiit] *adj* schiitisch
Chiite [ʃiit] *mf* Schiite *m/*Schiitin *f*
chikungunya [ʃikunɡuɲa] *m* Chikungunya-Virus *nt*
Chili [ʃili] *m* ***le*** ~ Chile *nt*
chilien(ne) [ʃiljɛ̃, jɛn] *adj* chilenisch
Chilien(ne) [ʃiljɛ̃, jɛn] *m(f)* Chilene *m/*Chilenin *f*
chiller [ʃile] *vi (fam)* chillen *fam*
chimère [ʃimɛʀ(ə)] *f (utopie)* Hirngespinst *nt*
chimérique [ʃimeʀik] *adj* ***c'est un esprit*** ~ er/sie ist ein Fantast
chimie [ʃimi] *f* Chemie *f*
chimio [ʃimjo] *f (fam) abr de* **chimiothérapie**
chimiothérapie [ʃimjoteʀapi] *f* Chemotherapie *f*
chimique [ʃimik] *adj* chemisch; ***produits ~s*** Chemikalien *Pl*
chimiquement [ʃimikmɑ̃] *adv* chemisch
chimiste [ʃimist] *mf* Chemiker(in) *m(f)*
chimpanzé [ʃɛ̃pɑ̃ze] *m* Schimpanse *m*
chinchilla [ʃɛ̃ʃila] *m* Chinchilla *f o nt*
chine[1] [ʃin] *m* ❶ *(porcelaine)* chinesisches Porzellan ❷ *(papier)* Chinapapier *nt*
chine[2] [ʃin] *f (brocante)* Antiquitäten *Pl*
Chine [ʃin] *f* ***la*** ~ China *nt*
chiné(e) [ʃine] *adj* meliert
chiner [ʃine] <1> *vt* TEXTIL ~ ***qc*** ein buntes Muster in etw *akk* weben
Chinetoque [ʃintɔk] *mf (péj fam)* Schlitzauge *nt*
chinois [ʃinwa] *m* ❶ *(langue)* Chinesisch *nt; v. a.* **allemand** ❷ *(chose incompréhensible)* ***pour moi c'est du*** ~ das ist chinesisch für mich *fam* ❸ GASTR trichterförmiges Sieb
chinois(e) [ʃinwa, waz] *adj* chinesisch
Chinois(e) [ʃinwa, waz] *m(f)* Chinese *m/*Chinesin *f*
chinoiser [ʃinwaze] <1> *vi* pingelig sein *fam*
chinoiserie [ʃinwazʀi] *f* ❶ *(bibelot)* ***des ~s*** chinesische Kunstgegenstände ❷ *pl (complication)* Spitzfindigkeiten *Pl*
chiot [ʃjo] *m* Welpe *m*
chiotte [ʃjɔt] *m o f (fam)* ❶ *pl* Klo *nt fam;* ***cuvette des*** ~ Kloschüssel *f fam,* Klomuschel *f* A *fam* ❷ *(voiture)* Schlitten *m fam* ❸ ► **aux ~s, l'arbitre!** Schiedsrichter, raus!
chiottes [ʃjɔt] *fpl (fam)* Klo *nt*
chiper [ʃipe] <1> *vt (fam)* klauen
chipie [ʃipi] *f* ❶ *(mégère)* zänkisches Weib; ***vieille*** ~ alte Hexe *fam* ❷ *(petite fille)* Luder *nt*
chipoter [ʃipɔte] <1> *vi* ❶ *(ergoter)* ~ ***sur qc*** wegen etw nörgeln ❷ *(marchander)* ~ ***sur le prix*** um den Preis einer S. *gen* feilschen
chips [ʃips] *f gén pl* [Kartoffel]chip *m*

Aussprache
Der Wortanfang von **chips** wird nur als [ʃ] gesprochen, nicht als [tʃ]. Der restliche Teil wird wie im Deutschen artikuliert.

chique [ʃik] *f (tabac)* Kautabak *m*
chiqué [ʃike] *m (fam)* ❶ *(affectation)* Affentheater *nt;* ***faire du*** ~ [*o* ***tout au*** ~] nur so tun, als ob ❷ *(bluff)* Schau *f;* ***c'est du*** ~ das ist reine Angabe
chiquenaude [ʃiknod] *f* Schubs *m*
chiquer [ʃike] <1> *vi* Tabak kauen
chiraquien(ne) [ʃiʀakjɛ̃, jɛn] **I.** *adj* Chirac-; ***parti/projet*** ~ Chirac-Partei *f/*Chirac-Plan *m* **II.** *m(f)* Chirac-Anhänger(in) *m(f)*
chiromancie [kiʀɔmɑ̃si] *f* Handlesekunst *f*
chiromancien(ne) [kiʀɔmɑ̃sjɛ̃, jɛn] *m(f)* Chiromant(in) *m(f)*
chiropracteur [kiʀɔpʀaktœʀ] *m,* **chiropraticien(ne)** [kiʀɔpʀatisjɛ̃, jɛn] *m* Chiropraktiker(in) *m(f)*
chirurgical(e) [ʃiʀyʀʒikal, -o] <-aux> *adj* chirurgisch
chirurgie [ʃiʀyʀʒi] *f* Chirurgie *f;* ~ ***esthétique*** Schönheitschirurgie
chirurgien(ne) [ʃiʀyʀʒjɛ̃, jɛn] *m(f)* Chi-

rurg(in) *m(f)*; ~ ***dentiste*** Zahnarzt *m*/-ärztin

chiure [ʃjyʀ] *f souvent pl* ~***[s] de mouches*** Fliegendreck *m*

Chleuh [ʃlø] *mf (péj fam)* Boche *mf (abwertende Bezeichnung für Deutsche aus dem 2. Weltkrieg)*

chlinguer [ʃlɛ̃ge] <1> *vi v.* **schlinguer**

chlore [klɔʀ] *m* Chlor *nt*

chloré(e) [klɔʀe] *adj* chlorhaltig; ***non*** ~ chlorfrei

chlorofluorocarbone [klɔʀoflyɔʀokaʀbɔn] *m* Fluorchlorkohlenwasserstoff *m*

chloroforme [klɔʀɔfɔʀm] *m* Chloroform *nt*

chlorophylle [klɔʀɔfil] *f* Chlorophyll *nt*

chlorure [klɔʀyʀ] *m* ~ ***de sodium*** Natriumchlorid *nt,* Kochsalz *nt*

chnoque [ʃnɔk] *m (fam) v.* **schnock**

choc [ʃɔk] **I.** *m* ① *(émotion brutale)* Schock *m*; ***être en état de*** ~ unter Schock stehen ② *(fig) des idées* Aufeinanderprallen *nt*; ~ ***culturel*** Kulturschock *m* ③ *(coup)* Stoß *m*; ***ce matériau ne résiste pas aux*** ~***s*** dieses Material ist nicht stoßfest ④ *(heurt)* Aufprall *m* ⑤ *(collision)* Zusammenstoß *m* ▶ **traitement de** ~ Schocktherapie *f* **II.** *app* ***argument***-~ stichhaltiges Argument; ***mode***-~ Supermode *f*; ***prix***-~ Preisknüller *m fam*

chochotte [ʃɔʃɔt] **I.** *adj (fam: snob)* ***être*** ~ sich zieren *pej* **II.** *f (fam)* ▶ **faire la** [*o* **sa**] ~ herumdrucksen

chocolat [ʃɔkɔla] **I.** *m* ① *(produit)* Schokolade *f*; ***barre de*** ~ Schokoladenriegel *m*; ***en*** ~ aus Schokolade; ~ ***en poudre*** Kakaopulver *nt* ② *(boisson)* Kakao *m*; ~ ***liégeois*** *Schokoladeneis, Schokoladensoße mit Schlagsahne* ③ *(friandise)* Praline *f* **II.** *adj inv (couleur)* schokoladenfarben

chocolaté(e) [ʃɔkɔlate] *adj* ***crème*** ~***e*** Schokoladencreme *f*

chocolaterie [ʃɔkɔlatʀi] *f* Schokoladenfabrik *f*

chocolatier, -ière [ʃɔkɔlatje, -jɛʀ] **I.** *adj* ***industrie chocolatière*** Schokoladenindustrie *f* **II.** *m, f* ① *(producteur)* Schokoladenfabrikant(in) *m(f)* ② *(commerçant)* Schokoladen[groß]händler(in) *m(f)*

chocottes [ʃɔkɔt] *fpl (fam)* ***avoir les*** ~ Manschetten haben

chœur [kœʀ] *m* ① *(chanteurs)* Chor *m* ② *(groupe)* Schar *f*; ***s'écrier en*** ~ im Chor rufen; ***déclarer en*** ~ einstimmig erklären

choir [ʃwaʀ] <irr> *vi* ***laisser*** ~ ***qn*** *(fam)* jdn stehen lassen

choisi(e) [ʃwazi] *adj* ① *morceau* ausgewählt ② *langage* gewählt

choisir [ʃwaziʀ] <8> **I.** *vi* ① *(faire son choix)* ~ ***entre qn et qn/qc et qc*** zwischen jdm und jdm/etw und etw wählen ② *(trancher)* sich entscheiden **II.** *vt* ① *(faire le choix de)* [aus]wählen, wählen *métier;* ~ ***qn/qc pour faire qc*** jdn/etw wählen um etw zu tun; ~ ***qc plutôt qu'autre chose*** etw einer S. *dat* vorziehen; ~ ***qn entre deux personnes/parmi plusieurs personnes*** sich zwischen zwei Menschen für jdn entscheiden/ jdn unter mehreren Menschen auswählen ② *(se décider à)* ~ ***de faire qc*** sich entscheiden etw zu tun ③ *(élire)* wählen; *(désigner)* bestimmen; ~ ***qc comme point de départ*** etw als Ausgangspunkt wählen **III.** *vpr* ***se*** ~ ***qn/qc*** sich für jdn/etw entscheiden

choix [ʃwa] *m* ① *d'un ami, cadeau* Wahl *f*; ***faire un bon/mauvais*** ~ eine gute/schlechte Wahl treffen; ***de mon/son*** ~ [nach] meiner/seiner/ihrer Wahl; ***à ton/leur*** ~ wie du willst/wie sie wollen; ***un dessert au*** ~ ein Dessert nach Wahl; ***sans*** ~ wahllos; ***laisser le*** ~ ***à qn*** jdm die Wahl lassen ② *(décision)* ***c'est un*** ~ ***à faire*** das ist eine Entscheidung, die getroffen werden muss; ***arrêter*** [*o* ***fixer***] [*o* ***porter***] ***son*** ~ ***sur qc*** sich für etw entscheiden ③ *(variété)* Auswahl *f*; ***au*** ~ zur Auswahl ④ *(qualité)* ***de*** ~ bester Qualität; ***premier/second*** ~ erste/zweite Wahl

choléra [kɔleʀa] *m* Cholera *f*

cholestérol [kɔlɛsteʀɔl] *m* Cholesterin *nt*

chômage [ʃomaʒ] *m* Arbeitslosigkeit *f*; ~ ***temporaire*** zeitweilige Arbeitslosigkeit; ***être au*** ~ arbeitslos sein; ***s'inscrire au*** ~ sich arbeitslos melden; ***toucher le*** ~ *(fam)* Arbeitslosengeld kriegen

chômé(e) [ʃome] *adj* ***jour*** ~ arbeitsfreier Tag *m*

chômer [ʃome] <1> *vi* ① *(être sans travail)* arbeitslos sein ② *(ne pas travailler)* nicht arbeiten

chômeur, -euse [ʃomœʀ, -øz] *m, f* Arbeitslose(r) *f(m)*

chope [ʃɔp] *f* ① *(verre)* Humpen *m* ② *(contenu)* Humpen *m*

choper [ʃɔpe] <1> *vt (fam: attraper)* sich *dat* holen *grippe*

chopine [ʃɔpin] *f (fam)* Halbliterflasche *f* Wein

choquant(e) [ʃɔkɑ̃, ɑ̃t] *adj* schockierend

choquer [ʃɔke] <1> **I.** *vi* Aufsehen erregen **II.** *vt* ① *(scandaliser)* schockieren; ***être***

choqué de voir que … schockiert sein, zu sehen, dass … ❷ *(offusquer)* verletzen *pudeur;* ~ ***le bon goût*** gegen den guten Geschmack verstoßen ❸ *(commotionner)* ~ ***qn*** jdn zutiefst erschüttern **III.** *vpr* ***se ~ facilement*** schnell schockiert sein; ***je ne me choque plus de rien*** mich kann nichts mehr erschüttern

choral [kɔʀal] <s> *m* Choral *m*

choral(e) [kɔʀal] <-aux *o* s> *adj* Chor-

chorale [kɔʀal] *f* Chor *m*

chorégraphe [kɔʀegʀaf] *mf* Choreograf(in) *m(f)*

chorégraphie [kɔʀegʀafi] *f* Choreografie *f*

chorégraphique [kɔʀegʀafik] *adj* choreografisch

choriste [kɔʀist] *mf* Chormitglied *nt*

chorus [kɔʀys] *m* MUS Chorus *m*

chose [ʃoz] **I.** *f* ❶ *(objet abstrait)* Sache *f; (objet matériel)* Ding *nt,* Sache; ***appeler les ~s par leur nom*** die Dinge beim [rechten] Namen nennen; ***ne pas faire les ~s à moitié*** keine halben Sachen machen; ***chaque ~ en son temps*** alles zu seiner Zeit; ***les meilleures ~s ont une fin*** alles hat einmal ein Ende; ***c'est la moindre des ~s*** das ist das wenigste ❷ *(ensemble d'événements, de circonstances)* ***les ~s*** die Dinge; ***comment les ~s se sont-elles passées?*** wie haben sich die Dinge zugetragen?; ***voyons où en sont les ~s!*** lasst uns mal sehen, wie es [so] steht; ***les ~s étant ce qu'elles sont*** [so] wie die Dinge [nun einmal] liegen; ***au point où en sont les ~s*** [so] wie die Dinge im Moment liegen; ***les ~s se gâtent*** die Sache läuft schief ❸ *(ce dont il s'agit)* Sache *f;* ***comment a t il pris la ~?*** wie hat er es aufgenommen?; ***encore une ~*** eine Sache noch; ***c'est ~ faite*** das ist erledigt; ***mettre les ~s au point*** die Dinge auf den Punkt bringen; ***c'est tout autre ~*** das ist etwas ganz anderes ❹ *(paroles)* ***j'ai deux/plusieurs ~s à vous dire*** ich habe Ihnen Verschiedenes zu sagen; ***vous lui direz bien des ~s de ma part*** richten Sie ihm/ihr [bitte] viele Grüße von mir aus; ***parler de ~s et d'autres*** von diesem und jenem reden; ***passer à autre ~*** zu etwas anderem übergehen ▶ **voilà autre ~!** *(fam)* auch das noch!; **faire bien les ~s** großzügig sein; **pas grand-~** nicht viel; **avant toute ~** vor allem; **~ promise, ~ due** *prov)* was man versprochen hat, muss man auch halten; **être porté sur la ~** nur an das eine denken; **la ~ publique** das Gemeinwesen; **à peu de ~s près** so ungefähr **II.** *m (fam: truc)* Dingsda *nt,* Dingsbums *nt;* ***monsieur Chose*** Herr Dings[da] **III.** *adj inv (fam)* ***avoir l'air tout ~*** [ganz] verwirrt aussehen; ***être*** [*o* ***se sentir***] ***tout ~*** sich nicht ganz auf dem Damm fühlen

chou [ʃu] <x> *m* ❶ *(légume)* Kohl *m;* ***~ de Bruxelles*** Rosenkohl ❷ GASTR ***~ à la crème*** Windbeutel *m* ▶ **faire ~ blanc** Pech haben; **rentrer dans le ~ à qn** über jdn herfallen

chouan [ʃwɑ̃] *m königstreuer Republikgegner zur Zeit der Französischen Revolution*

choucas [ʃukɑ] *m* Dohle *f*

chouchou [ʃuʃu] *m (élastique)* Haargummi *nt*

chouchou(te) [ʃuʃu, ut] *m(f) (fam)* Herzchen *nt;* ***~ de qn*** jds Liebling *m*

chouchoute [ʃuʃut] *f (fam)* Herzchen *nt fam;* ***la ~ du prof*** der Liebling des Lehrers

chouchouter [ʃuʃute] <1> *vt (fam)* verhätscheln *enfant*

choucroute [ʃukʀut] *f* Sauerkraut *nt;* ***~ garnie*** *Sauerkraut mit Speck und Wurst* ▶ **pédaler dans la ~** *(fam)* sich vergeblich abstrampeln

chouette[1] [ʃwɛt] *adj (fam)* klasse

chouette[2] [ʃwɛt] *f (oiseau)* Eule *f*

chou-fleur [ʃuflœʀ] <choux-fleurs> *m* Blumenkohl *m*

chouïa [ʃuja] *m (fam)* ***un ~*** ein wenig [*o* bisschen]

chouille [ʃuj] *f (fam)* Party *f;* ***faire la ~*** Party machen

chou-rave [ʃuʀav] <choux-raves> *m* Kohlrabi *m*

chouraver [ʃuʀave] <1> *vt,* **chourer** [ʃuʀe] <1> *vt (fam)* klauen *fam*

choyer [ʃwaje] <6> *vt* ***~ qn*** für jdn liebevoll sorgen

chrétien(ne) [kʀetjɛ̃, jɛn] **I.** *adj* christlich; ***être ~*** Christ sein **II.** *m(f)* Christ(in) *m(f)*

chrétiennement [kʀetjɛnmɑ̃] *adv agir* christlich; *élever* im christlichen Glauben, christlich; *vivre, mourir* als [guter] Christ

chrétienté [kʀetjɛ̃te] *f* Christenheit *f*

christ [kʀist] *m (crucifix)* Christusfigur *f,* Christus *m*

Christ [kʀist] *m* ***le ~*** Christus *m;* ***la naissance du ~*** die Geburt Christi

christianisation [kʀistjanizasjɔ̃] *f* Christianisierung *f*

christianiser [kʀistjanize] <1> *vt* christianisieren

christianisme [kʀistjanism] *m* Christentum *nt*

Christophe [kʀistɔf(ə)] *m* ❶ Christoph *m* ❷ HIST ~ ***Colomb*** Christoph Kolumbus ❸ REL ***Saint*** ~ Christophorus
chromatique [kʀɔmatik] *adj* MUS, OPT chromatisch

C

chrome [kʀom] *m (métal)* Chrom *nt*
chromé(e) [kʀome] *adj* verchromt
chromer [kʀome] <1> *vt* verchromen
chromo [kʀomo] *m (péj)* Kitschbild *nt*
chromosome [kʀomozom] *m* Chromosom *nt*
chronique [kʀɔnik] **I.** *adj* ❶ *maladie* chronisch ❷ *problème* andauernd **II.** *f* ❶ LITTER Chronik *f* ❷ MEDIA Kolumne *f;* RADIO Kommentar *m;* ~ ***littéraire*** Feuilleton *nt* ▶ **défrayer la** ~ von sich reden machen
chroniqueur, -euse [kʀɔnikœʀ, -øz] *m, f* ❶ LITTER Chronist(in) *m(f)* ❷ MEDIA ~ ***littéraire*** Feuilletonist(in) *m(f);* ~ ***financier/ sportif*** Wirtschafts-/Sportredakteur
chrono [kʀɔno] *m (fam) abr de* **chronomètre** Stoppuhr *f*
chronologie [kʀɔnɔlɔʒi] *f* Chronologie *f*
chronologique [kʀɔnɔlɔʒik] *adj* chronologisch
chronométrage [kʀɔnɔmetʀaʒ] *m* Zeitmessung *f*
chronomètre [kʀɔnɔmɛtʀ] *m* Stoppuhr *f*
chronométrer [kʀɔnɔmetʀe] <5> *vt* stoppen
chronométreur, -euse [kʀɔnɔmetʀœʀ, -øz] *m, f* Zeitnehmer(in) *m(f)*
chrysalide [kʀizalid] *f* Puppe *f*
chrysanthème [kʀizɑ̃tɛm] *m* Chrysantheme *f*
chti [ʃti], **chtimi**, **ch'timi** [ʃtimi] *(fam)* **I.** *adj pas de forme féminine* aus Nordfrankreich; ***elle est*** ~ sie kommt aus Nordfrankreich **II.** *mf* Nordfranzose *m/*-französin *f*
chu(e) [ʃy] *part passé de* **choir**
CHU [seaʃy] *m abr de* **centre hospitalier universitaire** Universitätsklinik[um *nt*] *f*
chuchotement [ʃyʃɔtmɑ̃] *m* Flüstern *nt; (en cachette)* Tuscheln *nt*
chuchoter [ʃyʃɔte] <1> *vt, vi* flüstern
chuintement [ʃɥɛ̃tmɑ̃] *m* ❶ *(défaut de prononciation) fehlerhafte Aussprache, bei der „s" wie „sch" gesprochen wird* ❷ *(sifflement)* Zischen *nt*
chuinter [ʃɥɛ̃te] <1> *vi* „s" wie „sch" aussprechen
chus [ʃy] *passé simple de* **choir**
chut [ʃyt] *interj* pst

Aussprache
Bei **chut** und ähnlichen einsilbigen Wörtern wird das -t am Ende gesprochen.

chute [ʃyt] *f* ❶ *d'une personne* Fall *m,* Sturz *m; des feuilles* [Ab]fallen *nt;* ~ ***des cheveux*** Haarausfall; ***faire une ~ de cinq mètres*** fünf Meter in die Tiefe stürzen; ***en ~ libre*** im freien Fall ❷ *d'un gouvernement* Fall *m,* Sturz *m; du dollar* Sturz ❸ GEOG ~ ***d'eau*** Wasserfall *m;* ***les ~s du Niagara*** die Niagarafälle ❹ METEO ~ ***de neige*** Schneefall *m* ❺ *(baisse rapide)* ~ ***de pression*** Druckabfall *m;* ~ ***de température*** Temperatursturz *m* ❻ *(déchets)* Fetzen *m* ❼ *(pente)* Neigung *f* ❽ *d'une histoire* Schluss *m;* ~ ***du rideau*** Ende *nt* der Vorstellung
chuter [ʃyte] <1> *vi* ❶ *(fam: tomber)* stürzen ❷ *(fam: échouer) candidat:* durchfallen; *joueur:* verlieren ❸ *(baisser)* sinken
Chypre [ʃipʀ] *f [l'île de]* ~ Zypern *nt*
chypriote [ʃipʀijɔt] *adj v.* **cypriote**
ci [si] *adv* ***comme ~ comme ça*** *(fam)* so lala; ~ ***et ça*** dies und das; ***à cette heure-~*** zu dieser Zeit; *v. a.* **ceci, celui**
ciabatta [tʃ(j)abata] *f* Ciabatta *f o nt*
ci-après [siapʀɛ] *adv* nachstehend
cibiste [sibist] *mf* CB-Funker(in) *m(f)*
cible [sibl] **I.** *f* ❶ SPORT Zielscheibe *f;* ***atteindre la*** ~ das Ziel treffen ❷ COM, MEDIA Zielgruppe *f* ❸ *(fig)* ***servir de ~ aux quolibets*** Zielscheibe *f* für spöttische Bemerkungen sein **II.** *adj* ***langue*** ~ Zielsprache *f*
cibler [sible] <1> *vt* ❶ *(circonscrire)* ~ ***des personnes*** Menschen gezielt ansprechen ❷ *(définir)* bestimmen; ***émission ciblée*** auf ein bestimmtes Publikum ausgerichtete Sendung
ciboire [sibwaʀ] *m* Messkelch *m*
ciboulette [sibulɛt] *f* Schnittlauch *m*
ciboulot [sibulo] *m (fam)* Hirn *nt*
cicatrice [sikatʀis] *f* Narbe *f*
cicatrisation [sikatʀizasjɔ̃] *f* Vernarbung *f*
cicatriser [sikatʀize] <1> **I.** *vt* ❶ vernarben lassen ❷ *(fig)* ***être cicatrisé*** überwunden sein **II.** *vi, vpr* vernarben
cicérone [siseʀɔn] *m (hum vieilli)* Fremdenführer *m*
ci-contre [sikɔ̃tʀ] *adv* nebenstehend **ci-dessous** [sid(ə)su] *adv* [weiter] unten **ci-dessus** [sid(ə)sy] *adv* [weiter] oben **ci-devant** [sid(ə)vɑ̃] *adv* ehemals, einst-

mals *(bei Titeln aus der Zeit vor der Französischen Revolution)*

cidre [sidʀ] *m* Cidre *m*

Cie *abr de* **compagnie** Co

ciel [sjɛl, sjø] <cieux *o* s> *m* ❶<s> Himmel *m* ❷REL Himmel *m*; ***grâce au*** ~ Gott sei Dank ▸ **au nom du ~!** um Himmels willen!; **remuer ~ et terre** Himmel und Hölle/Erde in Bewegung setzen; **à ~ ouvert** unter freiem Himmel; **aide-toi, le ~ t'aidera** *(prov)* hilf dir selbst, so hilft dir Gott; **tomber du ~ à qn** jdm wie gerufen kommen

> **Grammatik und Co.**
> Das Wort **ciel** hat zwei verschiedene Pluralformen: *ciels* für den sichtbaren Himmel (im Gegensatz zur Erde) und *cieux* für den Himmel im religiösen oder dichterischen Sinn (als Gegenteil der Hölle oder des irdischen Daseins):
> *de beaux ciels étoilés – schöne Sternenhimmel;*
> *Notre Père qui êtes au cieux – Vater unser im Himmel.*

cierge [sjɛʀʒ] *m (chandelle)* Kerze *f* ▸ **se tenir droit comme un** ~ sich kerzengerade halten

cieux [sjø] *pl de* **ciel**

cigale [sigal] *f* Zikade *f*

cigare [sigaʀ] *m* Zigarre *f* ▸ **ne rien avoir dans le** ~ *(fam)* nur Stroh in der Birne haben

cigarette [sigaʀɛt] *f* Zigarette *f*

cigarillo [sigaʀijo] *m* Zigarillo *nt o m*

ci-gît [siʒi] hier ruht

cigogne [sigɔɲ] *f* Storch *m*

ciguë [sigy] *f* Schierling *m*

ci-inclus [siɛ̃kly] in der Anlage; ***la copie ~e*** die beiliegende Kopie **ci-joint** [siʒwɛ̃] anbei; ***les documents ~s*** die beiliegenden Dokumente

cil [sil] *m* Wimper *f*

cillement [sijmɑ̃] *m* Blinzeln *nt*

ciller [sije] <1> *vi* ~ ***des yeux*** mit den Augen zwinkern

cime [sim] *f d'un arbre* Wipfel *m*; *d'une montagne* Gipfel *m*

ciment [simɑ̃] *m* Zement *m*

cimenter [simɑ̃te] <1> *vt* ❶ zementieren ❷ *(fig)* festigen

cimetière [simtjɛʀ] *m* Friedhof *m*

ciné [sine] *m (fam) abr de* **cinéma**

cinéaste [sineast] *m* Filmemacher(in) *m(f)*

cinéclub, ciné-club [sineklœb] <ciné-clubs *o* ciné-clubs> *m* Filmclub *m*

cinéma [sinema] *m* ❶ *(art)* Kino *nt*; ~ ***muet/parlant*** Stumm-/Tonfilm *m*; ***faire du*** ~ in der Filmbranche arbeiten ❷ *(salle)* Kino *nt*; ***salle f de*** ~ Kinosaal *m* ▸ **arrête ton** ~ *(fam)* hör auf mit dem Theater; **faire tout un** ~ *(fam)* ein Affentheater veranstalten

cinémascope® [sinemaskɔp] *m* Cinemascope® *nt*

cinémathèque [sinematɛk] *f* Filmarchiv *nt*

cinématographique [sinematɔgʀafik] *adj* Film-

ciné-parc, cinéparc [sineparк] <ciné-parcs *o* ciné-parcs> *m* Autokino *nt*

cinéphile [sinefil] *mf* Kinofreund(in) *m(f)*

cinéraire [sineʀɛʀ] *f* BOT Zinerarie *f*

cinétique [sinetik] *adj* kinetisch

cinglant(e) [sɛ̃glɑ̃, ɑ̃t] *adj pluie* peitschend

cinglé(e) [sɛ̃gle] **I.** *adj (fam)* bekloppt **II.** *m(f) (fam)* ***quel ~/quelle ~e!*** was für ein Spinner/eine blöde Ziege!

cingler [sɛ̃gle] <1> *vt* ❶ *(frapper)* ~ ***le visage à qn*** jdm ins Gesicht schlagen ❷ *(fouetter)* ins Gesicht peitschen

cinoche [sinɔʃ] *m (fam)* Kintopp *m*

cinq [sɛ̃k, *devant une consonne:* sɛ̃] **I.** *num* ❶ fünf; ***en ~ exemplaires*** in fünffacher Ausfertigung; ***dans ~ jours*** heute in fünf Tagen; ***de ~ heures/jours*** fünfstündig/-tägig; ***faire qc un jour sur*** ~ alle fünf Tage etw tun; ***un Français/foyer sur*** ~ jeder fünfte Franzose/Haushalt; ***vendre qc par*** ~ etw im Fünferpack verkaufen; ***rentrer ~ par*** ~ [jeweils] zu fünft hineingehen; ***à*** ~ zu fünft ❷ *(dans l'indication de l'âge, la durée)* ***avoir/avoir bientôt ~ ans*** fünf [Jahre alt] sein/werden; ***à ~ ans*** mit fünf [Jahren]; ***personne/période de ~ ans*** Fünfjährige(r)/Zeitraum von fünf Jahren ❸ *(dans l'indication de l'heure)* ***il est ~ heures*** es ist fünf [Uhr]; ***il est dix heures ~/moins*** ~ es ist fünf [Minuten] nach/vor zehn; ***toutes les ~ heures*** alle fünf Stunden ❹ *(dans l'indication de la date)* ***le ~ mars*** der fünfte März; ***arriver le ~ mars*** am fünften März kommen; ***arriver le*** ~ am Fünften kommen; ***nous sommes*** [*o* ***on est***] ***le ~ mars*** wir haben den fünften März; ***nous sommes*** [*o* ***on est***] ***le*** ~ wir haben den Fünften; ***le vendredi ~ mars*** am Freitag, den fünften März; ***Aix, le ~ mars*** Aix, den fünften März; ***tous les ~ du mois*** jeweils am 5. des Monats ❺ *(dans l'indication de l'ordre)* ***arriver*** ~

ou sixième als Fünfte(r) oder Sechste(r) kommen ❻ *(dans les noms de personnages)* ***Charles V*** Karl der Fünfte ▶ **c'était moins ~!** *(fam)* das war knapp!; **en ~ sec** in null Komma nichts *fam* **II.** *m inv* ❶ Fünf *f;* ***deux et trois font ~*** zwei und drei macht fünf; ***compter de ~ en ~*** in Fünferschritten zählen ❷ *(numéro)* Nummer *f* fünf, Fünf *f;* ***habiter [au] 5, rue de l'église*** [in der] Kirchstraße [Nummer] 5 wohnen ❸ TRANSP ***le ~*** die Linie fünf ❹ JEUX Fünf *f;* ***le ~ de cœur*** die Herzfünf ❺ SCOL ***avoir ~ sur dix/sur vingt*** ≈ eine Vier/eine Sechs haben ▶ **~ sur ~** einwandfrei **III.** *f (table/chambre/... numéro cinq)* Fünf *f* **IV.** *adv (dans une énumération)* fünftens; *(dans un ordre du jour)* Punkt fünf

cinquantaine [sɛ̃kɑ̃tɛn] *f* ❶ *(environ cinquante)* ***une ~ de personnes/pages*** etwa fünfzig Personen/Seiten ❷ *(âge approximatif)* ***avoir la ~*** [*o* ***une ~ d'années***] ungefähr fünfzig [Jahre alt] sein; ***approcher de la ~*** auf die Fünfzig zugehen; ***avoir largement dépassé la ~*** weit über fünfzig [Jahre alt] sein

cinquante [sɛ̃kɑ̃t] **I.** *num* ❶ fünfzig; ***à ~ à l'heure*** [*o* ***kilomètres à l'heure***] mit fünfzig Stundenkilometern ❷ *(dans l'indication des époques)* ***les années ~*** die Fünfzigerjahre ▶ **je ne répéterai pas ~ fois la même chose!** ich sage nicht hundertmal das Gleiche! **II.** *m inv* ❶ *(cardinal)* Fünfzig *f* ❷ *(taille de confection)* ***faire du ~*** ≈ Größe 48 tragen; *v. a.* **cinq**

cinquantenaire [sɛ̃kɑ̃tnɛʀ] *m* fünfzigjähriges Jubiläum

cinquantième [sɛ̃kɑ̃tjɛm] **I.** *adj antéposé* fünfzigste(r, s) **II.** *mf* ***le/la ~*** der/die/das Fünfzigste **III.** *m (fraction)* Fünfzigstel *nt; v. a.* **cinquième**

cinquième [sɛ̃kjɛm] **I.** *adj antéposé* fünfte(r, s); ***la ~ page avant la fin*** die fünftletzte Seite; ***arriver ~/obtenir la ~ place*** Fünfte(r) werden; ***le ~ centenaire*** das fünfhundertjährige Jubiläum **II.** *mf* ***le/la ~*** der/die/das Fünfte; ***être le/la ~ de la classe*** der/die Fünftbeste [in] der Klasse sein **III.** *m* ❶ *(fraction)* Fünftel *nt;* ***les trois ~s du gâteau*** drei Fünftel des Kuchens ❷ *(étage)* fünfter Stock; ***habiter au ~*** im fünften Stock wohnen ❸ *(arrondissement)* ***habiter dans le ~*** im fünften Arrondissement wohnen ❹ *(dans une charade)* fünfte Silbe **IV.** *f* ❶ *(vitesse)* fünfter Gang; ***passer en ~*** den fünften Gang einlegen ❷ SCOL ≈ siebte Klasse; ***élève de ~*** ≈ Siebtklässler(in) *m(f);* ***professeur de ~*** ≈ Lehrer(in) *m(f)* einer siebten Klasse

cinquièmement [sɛ̃kjɛmmɑ̃] *adv* fünftens

cintre [sɛ̃tʀ] *m* ❶ *(portemanteau)* [Kleider]bügel *m* ❷ ARCHIT Bogen *m;* ***plein ~*** Rundbogen

cintré(e) [sɛ̃tʀe] *adj* ❶ *chemise* tailliert ❷ ARCHIT *porte* mit Rundbogen; *galerie* mit Rundbögen; ***fenêtre ~e*** Rundbogenfenster *nt*

cintrer [sɛ̃tʀe] <1> *vt (ajuster à la taille)* taillieren; ***cintré*** tailliert

C.I.O. [seio] *m abr de* **Comité International Olympique** IOK *nt,* IOC *nt*

cirage [siʀaʒ] *m* ❶ *(produit)* Schuhcreme *f* ❷ *des chaussures* Putzen *nt; d'un parquet* Bohnern *nt* ▶ **être dans le ~** *(fam: être inconscient)* ganz weg sein; *(ne rien comprendre)* nicht mehr durchblicken

circoncire [siʀkɔ̃siʀ] <irr> *vt* beschneiden *enfant*

circoncis(e) [siʀkɔ̃si, iz] *adj* beschnitten

circoncision [siʀkɔ̃sizjɔ̃] *f* Beschneidung *f*

circonférence [siʀkɔ̃feʀɑ̃s] *f* [Kreis]umfang *m; (pourtour)* Peripherie *f*

circonflexe [siʀkɔ̃flɛks] *adj v.* **accent**

circonscription [siʀkɔ̃skʀipsjɔ̃] *f* ❶ ADMIN [Verwaltungs]bezirk *m;* ***~ électorale*** Wahlkreis *m* ❷ POL Wahlkreis *m* ❸ TELEC ***~ tarifaire*** Tarifzone *f*

circonscrire [siʀkɔ̃skʀiʀ] <irr> *vt* ❶ *(délimiter)* abgrenzen ❷ *(borner)* ***~ les recherches à un secteur*** die Nachforschungen auf ein Gebiet beschränken ❸ *(empêcher l'extension de)* eindämmen *incendie* ❹ *(cerner)* umreißen *sujet*

circonspect(e) [siʀkɔ̃spɛ(kt), ɛkt] *adj termes* besonnen

circonspection [siʀkɔ̃spɛksjɔ̃] *f* Umsichtigkeit *f*

circonstance [siʀkɔ̃stɑ̃s] *f* ❶ *souvent pl (conditions)* Umstand *m;* ***les ~s d'un accident*** die Einzelheiten eines Unfalls; ***en toutes ~s*** unter allen Umständen; ***~s indépendantes de notre volonté*** unvorhergesehene Umstände ❷ *(occasion)* Gelegenheit *f;* ***air de ~*** dem Anlass entsprechend

circonstancié(e) [siʀkɔ̃stɑ̃sje] *adj* ausführlich

circonstanciel(le) [siʀkɔ̃stɑ̃sjɛl] *adj* GRAM ***subordonnée ~le*** Adverbialsatz *m;* ***complément ~ de temps/lieu/manière*** Umstandsbestimmung *f* der Zeit/des Ortes/der Art und Weise

circonvenir [siʀkɔ̃vniʀ] <9> *vt* umgarnen

circuit [siʀkɥi] *m* ❶ *(itinéraire touristique)*

Rundfahrt *f* ❷ *(parcours)* Strecke *f,* Weg *m* ❸ SPORT Rennstrecke *f* ❹ *(jeu)* Spielzeugautorennbahn *f* ❺ ELEC Stromkreis *m* ❻ ECON Kreislauf *m;* ~ ***de distribution*** Verkaufsnetz *nt*

circulaire [siʀkylɛʀ] **I.** *adj fenêtre* kreisrund; *mouvement, scie* Kreis- **II.** *f* Rundschreiben *nt*

circulation [siʀkylasjɔ̃] *f* ❶ *(trafic)* Verkehr *m;* ~ ***interdite*** *(aux piétons)* kein Durchgang; *(aux voitures)* keine Durchfahrt; ***faire la*** ~ den Verkehr regeln; ***la*** ~ ***est difficile*** die Verkehrsbedingungen sind schlecht ❷ ECON Umlauf *m,* Verkehr *m;* ***mettre en*** ~ in Umlauf bringen; ***retirer de la*** ~ aus dem Verkehr ziehen ❸ MED Blutkreislauf *m;* ***bonne/mauvaise*** ~ gute/schlechte Durchblutung

circulatoire [siʀkylatwaʀ] *adj* ***appareil*** ~ Kreislaufsystem *nt*

circuler [siʀkyle] <1> *vi* ❶ *(aller et venir)* herumgehen; ~ ***en voiture*** mit dem Auto unterwegs sein; ***circulez!*** weiterfahren[, nicht stehen bleiben]!/weitergehen[, nicht stehen bleiben]! ❷ *(passer de main en main)* in Umlauf sein ❸ *(couler)* fließen ❹ *(se renouveler)* ***l'air circule dans la pièce*** die Luft zirkuliert im Zimmer ❺ *(se répandre) nouvelle:* kursieren; ***faire*** ~ ***qc*** etw in Umlauf bringen

cire [siʀ] *f* Wachs *nt*

ciré [siʀe] *m* Ölzeug *nt*

cirer [siʀe] <1> *vt* polieren *chaussures, meuble;* [wachsen und] bohnern *parquet* ▶ **j'en ai rien à ~, moi, de toutes tes histoires!** *(fam)* mit deinen Geschichten habe ich nichts am Hut

cireur [siʀœʀ] *m* ~ *[**de chaussures**]* Schuhputzer *m*

cireuse [siʀøz] *f (appareil ménager)* Bohnermaschine *f*

cireux, -euse [siʀø, -øz] *adj* wächsern

cirque [siʀk] *m* Zirkus *m*

cirrhose [siʀoz] *f* Zirrhose *f*

cirrus [siʀys] *m* Zirrus[wolke *f*] *m*

cisaille [sizɑj] *f* Schere *f*

cisailler [sizɑje] <1> *vt* ❶ *(couper)* [zer]schneiden ❷ *(élaguer)* [be]schneiden

ciseau [sizo] <x> *m* ❶ *pl (instrument)* Schere *f;* ***une paire de ~x*** eine Schere ❷ *(outil)* Meißel *m;* ~ ***à bois*** [Stech]beitel *m*

ciseler [sizle] <4> *vt* ziselieren

ciselure [sizlyʀ] *f (art)* Ziselieren *nt*

Cisjordanie [sisʒɔʀdani] *f* ***la*** ~ Westjordanland *nt,* Cisjordanien *f* CH

cistercien(ne) [sistɛʀsjɛ̃, jɛn] *adj* zisterziensisch; ***couvent/monastère*** ~ Zisterzienserkloster *nt*

citadelle [sitadɛl] *f* Festung *f,* Zitadelle *f*

citadin(e) [sitadɛ̃, in] **I.** *adj* städtisch; ***la vie ~e*** das Leben in der Stadt **II.** *m(f)* Städter(in) *m(f)*

citation [sitasjɔ̃] *f* ❶ *(extrait)* Zitat *nt* ❷ JUR [Vor]ladung *f* ❸ MIL Belobigung *f*

cité [site] *f* ❶ *(ville)* Stadt *f* ❷ *(vieux quartier)* Altstadt *f* ❸ *(immeubles)* Siedlung *f;* ~ ***universitaire*** Studenten[wohn]heim *nt* ❹ HIST Stadtstaat *m*

cité-dortoir [sitedɔʀtwaʀ] <cités-dortoirs> *f* Schlafstadt *f fam*

citer [site] <1> *vt* ❶ *(rapporter)* zitieren ❷ *(énumérer)* nennen ❸ *(reconnaître les mérites)* lobend erwähnen; ~ ***en exemple*** als Beispiel nehmen ❹ JUR vorladen

citerne [sitɛʀn] *f* ❶ *(réservoir)* Tank *m* ❷ *(pour l'eau de pluie)* Zisterne *f*

cithare [sitaʀ] *f* MUS Zither *f*

citoyen(ne) [sitwajɛ̃, jɛn] **I.** *m(f)* [Staats]bürger(in) *m(f);* ~ ***d'honneur*** Ehrenbürger **II.** *adj* bürgernah

citoyenneté [sitwajɛnte] *f* Staatsbürgerschaft *f;* ***la*** ~ ***allemande*** die deutsche Staatsbürgerschaft

citrine [sitʀin] *f* Zitrin *m*

citron [sitʀɔ̃] **I.** *m* ❶ *(fruit)* Zitrone *f;* ~ ***pressé*** *frisch gepresster Zitronensaft mit Wasser* ❷ *(fam: tête)* Birne *f* **II.** *adj inv [**jaune**]* ~ zitronengelb

citronnade [sitʀɔnad] *f* Zitronenwasser *nt*

citronné(e) [sitʀɔne] *adj* Zitronen-; ***être*** ~ nach Zitrone schmecken/riechen

citronnelle [sitʀɔnɛl] *f* BOT Zitronenmelisse *f*

citronnier [sitʀɔnje] *m* ❶ *(arbre)* Zitronenbaum *m* ❷ *(bois)* Zitronenholz *nt*

citrouille [sitʀuj] *f* BOT Kürbis *m;* ***graine f de*** ~ Kürbiskern *m* ▶ **ne rien avoir dans la** ~ *(fam)* nichts in der Birne haben

civet [sivɛ] *m in Wein geschmortes Wildragout*

civette [sivɛt] *f* ZOOL Zibetkatze *f*

civière [sivjɛʀ] *f* [Trag]bahre *f*

civil [sivil] *m* ❶ *(personne)* Zivilist *m* ❷ *(vie civile)* ***dans le*** ~ im Zivilleben

civil(e) [sivil] *adj* ❶ *(relatif au citoyen)* Zivil-; ***année ~e*** Kalenderjahr *nt;* ***guerre ~e*** Bürgerkrieg *m* ❷ *(opp: religieux)* ***mariage*** ~ standesamtliche Trauung ❸ JUR bürgerlich; ***procédure ~e*** Zivilverfahren *nt;* ***responsabilité ~e*** zivilrechtliche Haftung; ***se porter partie ~e*** als Nebenkläger auftreten

civilement [sivilmɑ̃] *adv* ❶ JUR zivilrecht-

lich ❷ *(opp: religieusement)* standesamtlich
civilisation [sivilizasjɔ̃] *f* ❶ *(culture)* Kultur *f* ❷ *(action)* Zivilisierung *f* ❸ *(état)* Zivilisation *f*
C
civilisé(e) [sivilize] *adj société, pays* zivilisiert
civiliser [sivilize] <1> **I.** *vt* ❶ *(policer)* zivilisieren ❷ *(fam: rendre plus sociable)* Umgangsformen beibringen **II.** *vpr (fam)* ***se ~*** zivilisierter werden
civilité [sivilite] *f (vieilli)* ❶ *(observation des convenances)* Höflichkeit *f* ❷ *pl (démonstration de politesse)* Höflichkeitsbezeigung *f*
civique [sivik] *adj* [staats]bürgerlich; ***droits ~s*** bürgerliche Ehrenrechte; ***instruction ~*** Gemeinschaftskunde *f*
civisme [sivism] *m* staatsbürgerliches Pflichtgefühl
clabaudage [klabodaʒ] *m* ❶ *(aboiements)* Gekläff *nt* ❷ *(criaillerie)* Gekeife *nt*
clabauder [klabode] <1> *vi* ❶ *(aboyer)* kläffen ❷ *(fig)* keifen
clac [klak] *interj* klapp
clafoutis [klafuti] *m Süßspeise, die aus einem Eierkuchenteig und Kirschen besteht*
claie [klɛ] *f* [Stroh-/Weiden-]geflecht *nt*
clair [klɛʀ] **I.** *adv* ❶ *(distinctement)* klar; ***tu ne vois pas ~*** du siehst wohl schlecht *fam;* ***voir ~ dans qc*** *(fig)* etw durchschauen ❷ *(sans ambiguïté)* deutlich; ***parler ~ et net*** ganz offen sprechen **II.** *m (clarté)* Schein *m;* ***~ de lune*** Mondschein ▶ **le plus ~ de son/mon temps** die meiste Zeit; **tirer au ~** [auf]klären; **en ~** im Klartext; ***émission en ~*** unverschlüsselte Sendung
clair(e) [klɛʀ] *adj* ❶ *(lumineux)* klar; *flamme, pièce* hell ❷ *(opp: foncé)* hell; *bleu* hell- ❸ *(peu consistant)* dünn ❹ *(intelligible, transparent)* klar; *explication* einleuchtend; ***avoir les idées ~es*** logisch denken ❺ *(évident)* deutlich; ***c'est ~!*** das ist [ganz] klar! ▶ **ne pas être ~** *(fam: être saoul)* beschwipst sein; *(être suspect)* nicht ganz koscher sein; *(être fou)* nicht mehr [ganz] richtig ticken
claire [klɛʀ] *f* ❶ *(bassin)* Austernpark *m* ❷ *(huître)* Auster *f* aus einem Austernpark
clairement [klɛʀmɑ̃] *adv* deutlich
clairet [klɛʀɛ] *adj vin* leicht; *(fam) soupe* dünn
claire-voie [klɛʀvwa] <claires-voies> *f* Lattenzaun *m*
clairière [klɛʀjɛʀ] *f* Lichtung *f*
clair-obscur [klɛʀɔpskyʀ] <clairs-obscurs> *m* ❶ ART Helldunkel *nt* ❷ *(lumière tamisée)* Halbdunkel *nt*
clairon [klɛʀɔ̃] *m* ❶ *(instrument)* Bügelhorn *nt* ❷ *(personne)* Hornist(in) *m(f)*
claironnant(e) [klɛʀɔnɑ̃, ɑ̃t] *adj* schmetternd
claironner [klɛʀɔne] <1> **I.** *vt (iron)* ausposaunen **II.** *vi* Bügelhorn spielen
clairsemé(e) [klɛʀsəme] *adj* ❶ *(dispersé)* vereinzelt ❷ *(peu dense)* spärlich
clairvoyance [klɛʀvwajɑ̃s] *f* Weitblick *m*
clairvoyant(e) [klɛʀvwajɑ̃, jɑ̃t] *adj* weit blickend
clamer [klɑme] <1> *vt* hinausschreien
clameur [klɑmœʀ] *f* Geschrei *nt*
clampin(e) [klɑ̃pɛ̃, in] *(fam)* **I.** *adj* faul **II.** *m(f)* Faulenzer(in) *m(f)*
clan [klɑ̃] *m* ❶ *(péj)* Clique *f* ❷ HIST Klan *m*
clandestin(e) [klɑ̃dɛstɛ̃, in] **I.** *adj* geheim; *commerce* illegal; ***passager ~*** blinder Passagier; ***mouvement ~*** Untergrundbewegung *f* **II.** *m(f)* illegaler Einwanderer *m*/illegale Einwanderin *f*
clandestinement [klɑ̃dɛstinmɑ̃] *adv* heimlich
clandestinité [klɑ̃dɛstinite] *f* ❶ *(fait de ne pas être déclaré)* Heimlichkeit *f* ❷ *(vie cachée)* Untergrund *m;* ***entrer dans la ~*** in den Untergrund gehen
clap [klap] *m* CINE, TV Klappe *f*
clapet [klapɛ] *m* ❶ TECH [Klappen]ventil *nt* ❷ *(fam: bouche)* Klappe *f*
clapier [klapje] *m* ❶ *(cage)* Kaninchenstall *m* ❷ *(péj: logement)* Loch *nt*
clapotement [klapɔtmɑ̃] *m* Plätschern *nt*
clapoter [klapɔte] <1> *vi* plätschern
clapotis [klapɔti] *m v.* **clapotement**
clappement [klapmɑ̃] *m* ❶ *(action)* Schnalzen *nt* ❷ *(résultat)* Schnalzer *m*
clapper [klape] <1> *vi* schnalzen; ***~ de la langue*** mit der Zunge schnalzen
claquage [klakaʒ] *m* MED Muskel[faser]riss *m*
claquant(e) [klakɑ̃, ɑ̃t] *adj (fam)* total anstrengend
claque[1] [klak] *f* ❶ *(tape: sur la joue)* Ohrfeige *f; (sur l'épaule)* Klaps *m* ❷ THEAT Claque *f* ▶ **j'en ai/il en a sa ~** *(fam)* mir/ihm reicht's; **prendre une de ces ~s** *(fam)* [ordentlich] eins draufkriegen
claque[2] [klak] *m* Chapeau claque *m*
claqué(e) [klake] *adj (fam)* fix und fertig
claquement [klakmɑ̃] *m d'un volet* [Zu]schlagen *nt; d'une porte* Zuschlagen; ***~ du fouet*** Knallen *nt* mit der Peitsche
claquemurer [klakmyʀe] <1> *vpr* ***se ~*** sich einigeln

claquer [klake] <1> **I.** *vt* ❶ *(jeter violemment)* knallen ❷ *(fam: dépenser)* verpulvern ❸ *(fam: fatiguer)* [fix und] fertig machen **II.** *vi* ❶ *(produire un bruit sec) drapeau:* schlagen; *porte, volet:* [zu]schlagen; *fouet:* knallen; ~ ***des dents*** mit den Zähnen klappern; ~ ***des mains*** in die Hände klatschen ❷ *(fam: mourir)* abkratzen ❸ *(fam: se casser) élastique:* reißen; *verre:* zerspringen **III.** *vpr* ❶ MED *(fam)* ***se ~ un muscle*** sich *dat* einen Muskel[faser]riss zuziehen ❷ *(fam: se fatiguer)* ***se ~*** sich total verausgaben

claquettes [klakɛt] *fpl (danse)* Stepptanz *m;* ***faire des ~*** steppen

clarification [klaʀifikasjɔ̃] *f d'une question* Klärung *f*

clarifier [klaʀifje] <1> **I.** *vt* ❶ *(rendre intelligible)* ~ ***un fait*** Licht in eine Sache bringen ❷ *(rendre transparent)* klären *liquide* **II.** *vpr* ***se ~*** *fait:* sich klären

clarinette [klaʀinɛt] *f* MUS Klarinette *f*

clarté [klaʀte] *f* ❶ *d'une étoile* Helligkeit *f; d'une bougie* Schein *m; du ciel* Helle *f* ❷ *(transparence)* Reinheit *f* ❸ *(éclat)* Frische *f* ❹ *(opp: confusion)* Klarheit *f;* ***s'exprimer avec ~*** sich klar ausdrücken

clash [klaʃ] *m* Konflikt *m*

classe [klɑs] *f* ❶ *(groupe)* Klasse *f;* ***~s moyennes*** Mittelstand *m;* ***~ ouvrière/dirigeante*** Arbeiterklasse/Oberschicht *f;* ***~ d'âge*** Altersklasse ❷ *(rang)* ***de grande/première ~*** erstklassig; ***billet de première/deuxième ~*** Fahrschein *m* erster/zweiter Klasse ❸ *(fam: élégance)* ***être ~*** Klasse sein; ***c'est ~!*** das ist todschick! ❹ *(niveau)* Klasse *f; (élèves)* [Schul]klasse; *(cours)* Unterricht *m; (salle)* Klasse[nzimmer *nt*]; ***en ~*** in der Klasse; ***~ de cinquième/seconde*** ≈ 8./11. Klasse; ***~ terminale*** ≈ Abitur-/13. Klasse; ***passer dans la ~ supérieure*** versetzt werden; ***faire [la] ~*** unterrichten; ***être en ~, avoir ~*** Unterricht haben; ***aller en ~*** zur Schule gehen; ***demain, il n'y a pas ~*** morgen ist keine Schule; *(séjour)* ***~ verte*** *Schullandheim mit Unterricht in Biologie;* ***~ préparatoire*** Vorbereitungsklasse [auf eine der „grandes écoles"] ❺ MIL Jahrgang *m;* ***faire ses ~s*** die Grundausbildung machen; *(fig)* lernen

classé(e) [klɑse] *adj* ❶ *(protégé)* unter Denkmalschutz stehend ❷ *(réglé)* abgeschlossen ❸ *(de valeur)* klassifiziert

classement [klɑsmɑ̃] *m* ❶ *(rangement)* Einordnen *nt,* Einteilung *f* ❷ *d'un élève* Einstufung *f; d'un joueur* Ranglistenplatz *m; d'un hôtel* Kategorie *f* ❸ *(place sur une liste)* Rangfolge *f* ❹ *(liste par ordre de mérite)* Wertung *f*

classer [klɑse] <1> **I.** *vt* ❶ *(ordonner)* ordnen; *timbres* sortieren ❷ *(répartir)* ***~ parmi qn/qc*** zu jdm/etw zählen ❸ *(ranger selon la performance)* einstufen ❹ *(régler)* ad acta legen ❺ *(mettre dans le patrimoine national)* unter Denkmalschutz stellen *monument;* zum Landschaftsschutzgebiet erklären *site* ❻ *(péj: juger définitivement)* einordnen **II.** *vpr (obtenir un certain rang)* ***se ~ premier*** sich als Erster platzieren

classeur [klɑsœʀ] *m (dossier)* [Akten]ordner *m*

classicisme [klasisism] *m* ART Klassik *f*

classification [klasifikasjɔ̃] *f* Klassifizierung *f;* ***~ périodique des éléments*** Periodensystem *nt*

classifier [klasifje] <1> *vt* klassifizieren

classique [klasik] **I.** *adj* ❶ ART klassisch ❷ *(habituel)* typisch; *produit* herkömmlich; ***c'est [le coup] ~!*** *(fam)* das ist [ganz] typisch! ❸ SCOL humanistisch; ***filière ~*** humanistischer Zweig **II.** *m* ❶ *(auteur, œuvre)* Klassiker *m;* ***connaître ses ~s*** *(hum)* in der Schule aufgepasst haben ❷ *(musique)* Klassik *f*

claudication [klodikasjɔ̃] *f (littér)* Hinken *nt*

claudiquer [klodike] <1> *vi (hum littér)* hinken

clause [kloz] *f* Klausel *f*

claustral(e) [klostʀal, o] <-aux> *adj vie* klösterlich, Kloster-

claustration [klostʀasjɔ̃] *f* Zurückgezogenheit *f;* ***vivre dans la ~*** äußerst zurückgezogen leben

claustrer [klostʀe] <1> *vpr* ❶ ***se ~*** *(s'isoler)* sich ganz zurückziehen ❷ *(se murer)* ***se ~ dans qc*** sich hinter etw *dat* verschanzen

claustrophobe [klostʀɔfɔb] **I.** *adj* ***être ~*** unter Klaustrophobie leiden **II.** *mf* unter Klaustrophobie Leidende(r) *f(m)*

claustrophobie [klostʀɔfɔbi] *f* Klaustrophobie *f*

clavecin [klavsɛ̃] *m* MUS Cembalo *nt*

clavette [klavɛt] *f* TECH Keil *m*

clavicule [klavikyl] *f* ANAT Schlüsselbein *nt*

clavier [klavje] *m* Tastatur *f*

> **Falsche Freunde**
> Nicht verwechseln mit *das Klavier – le piano*!

C

clé [kle] *f* ❶ *(instrument)* Schlüssel *m;* **~ *de contact*** Zündschlüssel; ***fermer à ~*** abschließen ❷ *(outil)* Schlüssel *m; (moyen d'accéder à)* ***la ~ du succès*** der Schlüssel zum Erfolg; ***la ~ de l'énigme*** des Rätsels Lösung *f* ❸ *(signe)* Schlüssel *m; (pièce)* Klappe *f* ❹ SPORT Hebel *m* ❺ INFORM **~ *USB*** USB-Stick *m;* **~ *Internet*** Surfstick *m*

Grammatik und Co.
Die beiden Varianten **la clé** und **la clef** unterscheiden sich nur in der Schreibung, nicht in der Aussprache. Allerdings ist die Schreibweise **la clé** viel gebräuchlicher als die zweite.

clean [klin] *adj (fam)* ❶ *(propre)* proper ❷ *(bien)* schwer in Ordnung ❸ *(opp: speedé)* clean
clébard [klebaʀ] *m* Köter *m*
clebs [klɛps] *m (fam) v.* **clébard**
clef [kle] *f v.* **clé**

Aussprache
Das -f ist entgegen der Regelaussprache in **clef** stumm.

clématite [klematit] *f* BOT Klematis *f*
clémence [klemɑ̃s] *f* Milde *f*
clément(e) [klemɑ̃, ɑ̃t] *adj* mild
clémentine [klemɑ̃tin] *f* Klementine *f*
clenche [klɑ̃ʃ] *f* ❶ *(bras de levier) d'un loquet* Riegel *m* ❷ BELG *(poignée de porte)* Klinke *f,* Türgriff *m*
cleptomane [klɛptɔman] *mf* Kleptomane *m*/Kleptomanin *f*
cleptomanie [klɛptɔmani] *f* Kleptomanie *f*
clerc [klɛʀ] *m* ❶ *de notaire* Schreiber *m* ❷ *(clergé)* Geistliche(r) *m,* Kleriker *m*

Aussprache
Das -c am Ende von **clerc** bleibt stumm.

clergé [klɛʀʒe] *m* Klerus *m*
clérical(e) [kleʀikal, -o] <-aux> *adj* geistlich
clic [klik] **I.** *interj* klick **II.** *m* Klick *m;* **~ *sur la souris*** INFORM Mausklick; ***[être] à portée de ~*** INFORM per Mausklick [zu haben/zu erreichen sein]
clic-clac [klikklak] *m inv* Klappsofa *nt*
cliché [kliʃe] *m* ❶ *(banalité)* Klischee *nt* ❷ *(photo)* Abzug *m*

client(e) [klijɑ̃, jɑ̃t] *m(f)* ❶ *(acheteur)* Kunde *m*/Kundin *f* ❷ *d'un restaurant* Gast *m; d'un avocat* Klient(in) *m(f); d'un médecin* Patient(in) *m(f)* ❸ ECON Abnehmer(in) *m(f)*
clientèle [klijɑ̃tɛl] *f* Kundschaft *f,* Kunden *Pl; d'un avocat* Klientel *f; d'un médecin* Patienten *Pl; d'un restaurant* Gäste *Pl*
clignement [kliɲ(ə)mɑ̃] *m* Blinzeln *nt*
cligner [kliɲe] <1> **I.** *vt* ❶ *(fermer à moitié)* zusammenkneifen ❷ *(ciller)* **~ *des yeux*** blinzeln; **~ *de l'œil*** zwinkern **II.** *vi yeux, paupières:* sich schnell schließen und öffnen
clignotant [kliɲɔtɑ̃] *m* AUT Blinker *m; **mettre le/son ~*** blinken
clignotant(e) [kliɲɔtɑ̃, ɑ̃t] *adj* Blink-
clignotement [kliɲɔtmɑ̃] *m des yeux* Blinzeln *nt; d'une lampe* Blinken *nt; d'une ampoule* Flackern *nt*
clignoter [kliɲɔte] <1> *vi* ❶ *(ciller)* ***ses yeux** [o **paupières**] **clignotaient*** er/sie blinzelte ❷ *(éclairer)* blinken; *lampe:* flackern
clignoteur [kliɲɔtœʀ] *m* BELG *(clignotant)* Blinker *m*
clim [klim] *f (fam) abr de* **climatisation** Klimaanlage *f*
climat [klima] *m* ❶ METEO Klima *nt* ❷ *(ambiance)* Atmosphäre *f*
climatique [klimatik] *adj* klimatisch; ***changement ~*** Klimaänderung *f*
climatisation [klimatizasjɔ̃] *f* ❶ *(action)* Klimatisierung *f* ❷ *(dispositif)* Klimaanlage *f*
climatiser [klimatize] <1> *vt* klimatisieren
climatiseur [klimatizœʀ] *m* Klimaanlage *f*
climatologie [klimatɔlɔʒi] *f* Klimatologie *f,* Klimaforschung *f*
clin d'œil [klɛ̃dœj] <clins d'œil *o* clins d'yeux> *m* Augenzwinkern *nt; **faire un ~*** zwinkern; ***faire un ~ à qn*** jdm zuzwinkern ▶ **en un ~** im Nu
clinicien(ne) [klinisjɛ̃, jɛn] *m(f)* praktizierender Arzt *m*/praktizierende Ärztin *f*
clinique [klinik] **I.** *adj* klinisch **II.** *f (établissement)* [Privat]klinik *f*
clinquant(e) [klɛ̃kɑ̃, ɑ̃t] *adj* überladen
clip [klip] *m* ❶ TV Clip *m* ❷ *(bijou)* Klipp *m,* Clip *m*
clipser [klipse] <1> *vpr **se ~ sur qc*** an etw *dat* befestigt werden, in etw *akk* gesteckt werden
cliquable [klikabl] *adj* INFORM anklickbar
clique [klik] *f (fam péj)* Clique *f* ▶ **prendre ses ~s et ses claques** seine Siebensachen packen und gehen
cliquer [klike] <1> **I.** *vi* INFORM klicken;

~ ***sur un symbole avec la souris*** ein Symbol mit der Maus anklicken **II.** *vt* INFORM *(fermer)* wegklicken *image, fenêtre*
cliques [klik] *fpl* ▸ **prendre ses ~ et ses claques** *(fam)* mit Kind und Kegel flüchten, mit Sack und Pack verschwinden
cliqueter [klik(ə)te] <3> *vi monnaie, clés:* klimpern; *verre:* klirren
cliquetis [klik(ə)ti] *m de la monnaie, clés* Klimpern *nt; de verres* Klirren *nt*
clitoris [klitɔʀis] *m* ANAT Klitoris *f*
clivage [klivaʒ] *m des groupes* Spaltung *f*
cloaque [klɔak] *m* Kloake *f*
clochard(e) [klɔʃaʀ, aʀd] *m(f)* Stadtstreicher(in) *m(f)*
cloche[1] [klɔʃ] *f* Glocke *f*
cloche[2] [klɔʃ] **I.** *adj (fam)* ❶ *(maladroit)* tollpatschig ❷ *(stupide)* dämlich **II.** *f (fam)* ❶ *(maladroit)* Tollpatsch *m* ❷ *(idiot)* Dussel *m* ❸ *(clochards)* Pennerleben *nt pej*
cloche-pied [klɔʃpje] ***à*** ~ auf einem Bein
clocher[1] [klɔʃe] *m* Kirchturm *m*
clocher[2] [klɔʃe] <1> *vi (fam)* nicht stimmen
clocheton [klɔʃtɔ̃] *m* Türmchen *nt*
clochette [klɔʃɛt] *f* Glöckchen *nt*
clodo [klodo] *m (fam) abr de* **clochard**
cloison [klwazɔ̃] *f* [Zwischen]wand *f*
cloisonnement [klwazɔnmɑ̃] *m (séparation idéologique, sociale)* Abgrenzung *f*
cloisonner [klwazɔne] <1> *vt* durch Zwischenwände abtrennen
cloître [klwatʀ] *m* ❶ ARCHIT Kreuzgang *m* ❷ *(monastère)* Kloster *nt*
cloîtrer [klwatʀe] <1> **I.** *vt* ❶ REL in ein Kloster stecken ❷ *(fig)* einsperren **II.** *vpr* ***se ~ dans une maison*** sich in einem Haus einschließen
clonage [klɔnaʒ] *m* Klonen *nt*
clone [klon] *m* BIO, INFORM Klon *m;* ***être le ~ de qn*** *(fig)* der Klon [*o* das Ebenbild] von jemandem sein *geh*
cloner [klone] <1> *vt* klonen
clope [klɔp] *m o f (fam)* ❶ *(cigarette)* Glimmstängel *m* ❷ *(mégot)* Kippe *f*
cloper [klɔpe] <1> *vi (fam)* qualmen
clopin-clopant [klɔpɛ̃klɔpɑ̃] *adv (fam)* humpelnd
clopiner [klɔpine] <1> *vi* humpeln
clopinettes [klɔpinɛt] *fpl (fam)* ***manger des*** ~ [fast] nichts essen
cloporte [klɔpɔʀt] *m* ZOOL [Keller]assel *f*
cloque [klɔk] *f* Blase *f*
cloquer [klɔke] <1> *vi* Blasen bilden; *peau:* Brandblasen bilden
clore [klɔʀ] <irr> *vt* schließen, [be]enden
clos [klo] *m (vignoble)* [eingefriedeter] Weinberg
clos(e) [klo, kloz] **I.** *part passé de* **clore** **II.** *adj* ❶ *(fermé)* geschlossen; ***trouver porte ~e*** vor verschlossenen Türen stehen ❷ *(achevé)* erledigt
clôture [klotyʀ] *f* ❶ *(enceinte)* Zaun *m; d'arbustes* Hecke *f; (en ciment)* [Umfassungs]mauer *f* ❷ *d'un festival* Ende *nt; d'un débat* Beendigung *f;* ~ ***d'un compte*** Kontoabschluss *m*
clôturer [klotyʀe] <1> *vt* ❶ *(entourer)* einfrieden ❷ *(finir)* [be]schließen
clou [klu] *m* ❶ *(pointe)* Nagel *m* ❷ *(attraction)* Höhepunkt *m* ❸ *pl (fam: passage)* Zebrastreifen *m* ❹ GASTR ~ ***de girofle*** Gewürznelke *f* ▸ **ne pas valoir un ~** *(fam)* keinen Pfifferling wert sein; **des ~s!** *(fam)* nichts da!
cloud [klod] *m* INET Cloud *f*
clouer [klue] <1> *vt* ❶ *(fixer)* annageln, zusammennageln *planches;* vernageln *caisse;* ~ ***le tableau sur le mur*** das Bild an die Wand nageln ❷ *(fam: immobiliser)* ~ ***qn au lit*** jdn ans Bett fesseln
clouté(e) [klute] *adj* mit Nägeln beschlagen; ***pneus ~s*** Spikesreifen *Pl*
clown [klun] *m* Clown *m*

Aussprache
Das -ow- in **clown** wird [u] gesprochen.

clownerie [klunʀi] *f* Alberei *f;* ***faire des ~s*** herumalbern
club [klœb] *m* ❶ *(association)* Klub *m;* ~ ***de théâtre*** Theater-AG *f;* ~ ***d'écriture*** Schreibklub; ~ ***de volley*** Volleyballverein *m* ❷ SPORT Golfschläger *m*

Aussprache
Im englischen Wort **club** wird das -u- zu [œ] und das -b am Ende gesprochen.

cluse [klyz] *f* Schlucht *f*
cm *abr de* **centimètre** cm
CM1 [seɛmœ̃] *m abr de* **cours moyen première année** *vierte Grundschulklasse*
CM2 [seɛmdø] *m abr de* **cours moyen deuxième année** *fünfte Grundschulklasse*
C.M.U. [seɛmy] *f abr de* **couverture maladie universelle** *Krankenfürsorgekasse, die bei Menschen mit sehr geringem Einkommen sämtliche Kosten für die medizinische Versorgung übernimmt*
CNRS [seɛnɛʀɛs] *m abr de* **Centre national de la recherche scientifique** *natio-*

nales Forschungszentrum für Wissenschaft und Technik

C.N.T E. [seɛnteø] *f abr de* **Centre national de téléenseignement** ≈ Landeszentrale *f* für Fernunterricht

coaccusé(e) [koakyze] *m(f)* Mitangeklagte(r) *f(m)*

coacher [kotʃe] *vt* coachen

coagulation [kɔagylasjɔ̃] *f* MED [Blut]gerinnung *f*

coaguler [kɔagyle] <1> **I.** *vt* zum Gerinnen bringen **II.** *vi, vpr* gerinnen

coaliser [kɔalize] <1> *vt* verbünden

coalition [kɔalisjɔ̃] *f* Bündnis *nt,* Koalition *f*

coassement [kɔasmɑ̃] *m* Quaken *nt*

coasser [kɔase] <1> *vi* quaken

coauteur [kootœʀ] *m* LITTER Koautor(in) *m(f)*

cobalt [kɔbalt] *m* CHIM Kobalt *nt*

cobaye [kɔbaj] *m* ❶ *(animal)* Meerschweinchen *nt* ❷ *(fig)* Versuchskaninchen *nt fam*

Coblence [kɔblɑ̃s] Koblenz *nt*

cobra [kɔbʀa] *m* ZOOL Kobra *f*

coca [kɔka] **I.** *m o f (plante)* Koka[strauch *m*] *f* **II.** *f (drogue)* Kokain *nt*

coca[-cola]® [kɔkakɔla] *m* [Coca-]Cola® *f*

cocaïne [kɔkain] *f* Kokain *nt*

cocaïnomane [kɔkainɔman] *mf* Kokainsüchtige(r) *f(m)*

cocarde [kɔkaʀd] *f* Kokarde *f*

cocardier, -ière [kɔkaʀdje, -jɛʀ] *adj* hurrapatriotisch

cocasse [kɔkas] *adj (fam)* drollig

cocasserie [kɔkasʀi] *f* ❶ *(drôlerie)* Drolligkeit *f* ❷ *(histoire cocasse)* lustige [*o* komische] Geschichte

coccinelle [kɔksinɛl] *f* ❶ ZOOL Marienkäfer *m* ❷ AUT Käfer *m*

coccyx [kɔksis] *m* ANAT Steißbein *nt*

coche [kɔʃ] *m* ▶ **rater le ~** *(fam)* die Gelegenheit verpassen

cocher¹ [kɔʃe] <1> *vt* ankreuzen

cocher² [kɔʃe] *m d'une voiture à cheval* Kutscher *m*

cochère [kɔʃɛʀ] *adj v.* **porte**

cochon [kɔʃɔ̃] *m* ❶ *(animal)* Schwein *nt* ❷ GASTR Schweinefleisch *nt* ❸ *(cobaye)* ~ ***d'Inde*** Meerschweinchen *nt*

cochon(ne) [kɔʃɔ̃, ɔn] **I.** *adj (fam)* ❶ *(sale)* schmuddelig ❷ *(obscène)* schweinisch; ***histoires ~nes*** Zoten *Pl;* ***film*** ~ Porno *m* **II.** *m(f) (péj fam)* ❶ *(personne sale)* Ferkel *nt* ❷ *(vicieux)* Schwein *nt;* ***vieux*** ~ Lustmolch *m*

cochonnaille [kɔʃɔnaj] *f souvent pl (fam)* Fleisch- und Wurstwaren *Pl (aus Schweinefleisch)*

cochonne [kɔʃɔn] *f (péj fam)* ❶ *(personne sale, vicieuse)* Ferkel *nt fam,* Schwein *nt sl* ❷ *(saloppe)* Aas *nt sl;* ***cette ~ de voisine*** dieses Aas von einer Nachbarin

cochonner [kɔʃɔne] <1> *vt (fam)* ❶ *(bâcler)* hinpfuschen ❷ *(salir)* dreckig machen

cochonnerie [kɔʃɔnʀi] *f (fam)* ❶ *(nourriture)* Dreckszeug *nt* ❷ *(toc)* Schund *m* ❸ *souvent pl (fam: obscénités)* Schweinereien *Pl* ❹ *pl (saletés)* Dreck *m;* ***ne fais pas de ~s sur la table*** ferkle nicht auf dem Tisch rum

cochonnet [kɔʃɔnɛ] *m* ❶ ZOOL Ferkel *nt* ❷ *(aux boules)* Zielkugel *f*

cocker [kɔkɛʀ] *m* Cockerspaniel *m*

cockpit [kɔkpit] *m* Cockpit *nt*

cocktail [kɔktɛl] *m* ❶ *(boisson)* Cocktail *m;* ~ ***de bienvenue*** Begrüßungscocktail ❷ *(réunion)* Cocktailparty *f* ❸ *(mélange)* Mischung *f;* ~ ***Molotov*** Molotowcocktail *m*

Aussprache
In Anglizismen wie **cocktail** wird die Endung -ail als [ɛl] gesprochen.

coco [koko] *m* ❶ *(terme affectueux)* ***mon [petit]*** ~ mein Schatz *m* ❷ *(péj: type)* Früchtchen *nt fam*

cocon [kɔkɔ̃] *m* ZOOL Kokon *m*

cocooning [kɔkuniŋ] *m* Cocooning *nt,* starkes Bedürfnis nach Häuslichkeit

cocorico [kɔkɔʀiko] *m* Kikeriki *nt*

cocoter [kɔkɔte] <1> *vi (fam)* stinken

cocotier [kɔkɔtje] *m* Kokospalme *f*

cocotte [kɔkɔt] *f* ❶ *(marmite)* Topf *m* ❷ *(enfantin)* Putput *nt;* ***~ en papier*** gefalteter Papiervogel ❸ *(fam: terme affectueux)* ***ma*** ~ mein Schatz *m*

cocotte-minute® [kɔkɔtminyt] <cocottes-minute> *f* ≈ Sicomatic® *m*

cocu(e) [kɔky] **I.** *adj (fam)* betrogen; ***faire*** ~ betrügen **II.** *m(f) (fam)* betrogener Ehemann *m*/betrogene Ehefrau *f*

cocufier [kɔkyfje] <1a> *vt (fam)* betrügen *époux, épouse*

codage [kɔdaʒ] *m* Codieren *nt*

code [kɔd] *m* ❶ *(chiffrage)* Code *m;* ***~ postal*** Postleitzahl *f;* ***faites votre*** ~ geben Sie Ihre Geheimzahl ein ❷ *(permis)* theoretische Fahrprüfung ❸ *(feux)* Abblendlicht *nt;* ***mettre ses ~s, se mettre en ~[s]***

abblenden ❹ JUR Gesetzbuch *nt;* ~ ***de la route*** Straßenverkehrsordnung *f*

code-barre [kɔdbaʀ] <codes-barres> *m* Strichcode *m;* ~ ***européen*** EAN-Code *m*

codécision [kodesizjɔ̃] *f* POL *de l'Union européenne* gemeinsamer Entschluss *m*

codéfendeur, codéfenderesse [kɔdefɑ̃dœʀ, kɔdefɑ̃dʀɛs] *m, f* JUR Mitbeklagte(r) *f(m)*

coder [kɔde] <1> *vt* verschlüsseln

codétenu(e) [kodet(ə)ny] *m(f)* Mithäftling *m*

codex [kɔdɛks] *m [französisches] Arzneibuch*

codifier [kɔdifje] <1> *vt* kodifizieren

coefficient [kɔefisjɑ̃] *m* ❶ MATH, PHYS Koeffizient *m* ❷ *(facteur)* ~ ***d'erreur*** Fehlerquote *f;* ~ ***annuel*** CH Steuer[an]satz *m,* Steuerfuß *m* CH

coéquipier, -ière [koekipje, -jɛʀ] *m, f* Mannschaftskamerad(in) *m(f)*

coercition [koɛʀsisjɔ̃] *f* JUR Zwang *m*

cœur [kœʀ] *m* ❶ ANAT Herz *nt;* ***mon ~ bat*** mein Herz klopft ❷ *d'un débat* Kernpunkt *m;* ***le ~ d'une salade*** die Herzblätter eines Salatkopfs; ***au ~ de la forêt*** mitten im Wald; ***en plein ~ de l'hiver*** im tiefsten Winter; ***au ~ de l'Europe*** in Herzen Europas ▸ **avoir le ~ sur la main** sehr freigiebig sein; **avoir un ~ d'or/de pierre** ein Herz aus Gold/Stein haben; **faire qc de bon ~** etw [von Herzen] gern tun; **qn a le ~ gros** jdm ist das Herz schwer; **qn a mal au ~** jdm ist schlecht; **si le ~ lui/vous en dit** *(fam)* wenn er/sie Lust [dazu] hat/Sie Lust [dazu] haben; **fendre le ~** das Herz brechen; **prendre à ~** sich *dat* etw zu Herzen nehmen; **soulever le ~** den Magen umdrehen; **tenir à ~** sehr am Herzen liegen; **par ~** *apprendre* auswendig; *connaître* [in- und] auswendig; *réciter* aus dem Kopf; **sans ~** herzlos

coexistence [kɔɛgzistɑ̃s] *f* Nebeneinanderbestehen *nt*

coexister [kɔegziste] <1> *vi* nebeneinander bestehen

coffrage [kɔfʀaʒ] *m* Verschalen *nt*

coffre [kɔfʀ] *m* ❶ *(meuble)* Truhe *f;* ~ ***à jouets*** Spielzeugkiste *f;* ~ ***à outils*** Werkzeugkasten *m* ❷ AUT Kofferraum *m* ❸ *(coffre-fort)* Safe *m,* Tresor *m*

Falsche Freunde

Nicht verwechseln mit *der Koffer* – *la valise*!

coffre-fort [kɔfʀəfɔʀ] <coffres-forts> *m* Safe *m,* Tresor *m*

coffrer [kɔfʀe] <1> *vt (fam)* ins Kittchen bringen

coffret [kɔfʀɛ] *m* Schatulle *f;* ~ ***à bijoux*** Schmuckkästchen *nt*

cogestion [koʒɛstjɔ̃] *f* Mitbestimmung *f*

cogitation [kɔʒitasjɔ̃] *f (hum vieilli)* Denken *nt;* ***des ~s*** Überlegungen *Pl*

cogiter [kɔʒite] <1> *vi (iron)* scharf nachdenken

cognac [kɔɲak] *m* Cognac *m*

cognassier [kɔɲasje] *m* Quitte[nbaum *m*] *f*

cognée [kɔɲe] *f* [Holzfäller]axt *f*

cogner [kɔɲe] <1> **I.** *vt (heurter)* ~ ***qn/qc*** an jdn/etw [an]stoßen **II.** *vi* ❶ *(taper)* zuschlagen; ~ ***à/sur/contre qc*** an/auf/gegen etw *akk* schlagen ❷ *(heurter)* ~ ***contre qc*** *volet, caillou:* gegen etw schlagen ❸ *(fam) soleil:* brennen **III.** *vpr* ***se ~ qc contre qc*** sich etw *akk* an etw *dat* stoßen

cognition [kɔgnisjɔ̃] *f* ❶ PHILOS Erkenntnis *f* ❷ MED Kognition *f*

cohabitation [koabitasjɔ̃] *f* Zusammenleben *nt;* POL Kohabitation *f*

Land und Leute

Als **cohabitation** wird ein besonderes politisches Kräfteverhältnis in der französischen Regierung bezeichnet: Wenn der direkt vom Volk gewählte Präsident aus einem anderen politischen Lager stammt als die Partei, die die Parlamentswahlen gewinnt und daraufhin die Regierung bildet, spricht man von einer **cohabitation**. Sowohl der Präsident als auch der Premierminister müssen dann versuchen, die Regierungsgeschäfte kooperativ und effektiv zu führen, ohne sich ständig gegenseitig zu blockieren.

cohabiter [koabite] <1> *vi (vivre ensemble)* zusammen unter einem Dach leben; POL kohabitieren

cohérence [koeʀɑ̃s] *f d'un propos* Zusammenhang *m; d'un raisonnement* Kohärenz *f*

cohérent(e) [koeʀɑ̃, ɑ̃t] *adj ensemble* kohärent; *conduite* konsequent; *texte* [logisch] zusammenhängend

cohésion [koezjɔ̃] *f (solidarité)* Zusammenhalt *m,* Geschlossenheit *f;* ~ ***sociale*** sozialer Zusammenhalt

cohorte [koɔʀt] *f de touristes, fans* Schar *f*

cohue [kɔy] *f* ❶ *(foule)* [Menschen]menge *f* ❷ *(bousculade)* Gedränge *nt*
coi(te) [kwa, kwat] *adj* ***rester*** ~ völlig sprachlos sein
coiffe [kwaf] *f* [Trachten]haube *f*

C

coiffé(e) [kwafe] *adj* ❶ *(peigné)* frisiert ❷ *(chapeauté)* mit Kopfbedeckung; ***être ~ de qc*** etw tragen
coiffer [kwafe] <1> **I.** *vt* ❶ *(peigner)* frisieren ❷ *(mettre un chapeau)* aufsetzen ❸ *(dépasser)* überholen **II.** *vpr* ❶ *(se peigner)* ***se ~*** sich frisieren ❷ *(mettre un chapeau)* ***se ~ de qc*** [sich *dat*] etw aufsetzen
coiffeur, -euse [kwafœʀ, -øz] *m, f* Friseur(in) *m(f)*
coiffeuse [kwaføz] *f* Frisierkommode *f*
coiffure [kwafyʀ] *f* ❶ *(façon d'être peigné)* Frisur *f* ❷ *(chapeau)* Kopfbedeckung *f* ❸ *(métier)* Frisörhandwerk *nt*
coin [kwɛ̃] *m* ❶ *(angle)* Ecke *f*; *de l'œil, de la bouche* Winkel *m;* ***mettre au ~*** in die Ecke stellen; ***au ~ de la rue*** an der [Straßen]ecke; ***regard/sourire en ~*** verschlagener Blick/hämisches Lächeln ❷ *(petit espace)* ~ ***cuisine/repas*** Koch-/Essecke *f;* ***un ~ à l'ombre*** ein Plätzchen *nt* im Schatten; ***un ~ perdu*** ein entlegener Winkel ▸ **aux quatre ~s du monde** in allen Ecken [und Enden] der Welt; **ça t'en/vous en bouche un ~!** *(fam)* da staunste/staunt ihr[, was]?
coincé(e) [kwɛ̃se] *adj (fam)* verklemmt
coincer [kwɛ̃se] <2> **I.** *vt* ❶ *(caler)* ***~ entre deux chaises*** zwischen zwei Stühle *akk* klemmen ❷ *(immobiliser)* ***~ qc*** *personne:* etw einklemmen; *grain de sable, panne:* etw blockieren ❸ *(acculer)* ***~ qn contre un mur*** jdn gegen eine Mauer/Wand drücken ❹ *(fam: attraper)* schnappen ❺ *(fam: coller)* in Verlegenheit bringen **II.** *vi (poser problème)* klemmen **III.** *vpr* ***se ~ le doigt*** sich *dat* den Finger einklemmen
coïncidence [kɔɛ̃sidɑ̃s] *f* Zufall *m*
coïncident(e) [kɔɛ̃sidɑ̃, ɑ̃t] *adj* ❶ *(concomitant)* zeitgleich ❷ GEOM kongruent
coïncider [kɔɛ̃side] <1> *vi* ❶ *(être concomitant)* [zeitlich] zusammenfallen ❷ *(correspondre)* übereinstimmen
coin-coin [kwɛ̃kwɛ̃] *m inv* Quakquak *nt*
coing [kwɛ̃] *m* Quitte *f*

Aussprache
Die Endung -g in **coing** wird nicht gesprochen.

coïnventeur, -trice [kɔɛ̃vɑ̃tœʀ, -tʀis] *m, f* Miterfinder(in) *m(f)*
coït [kɔit] *m* Koitus *m*
coke [kɔk] *f (fam) abr de* **cocaïne** Koks *m*
col [kɔl] *m* ❶ *d'un vêtement* Kragen *m;* ***~ roulé*** Rollkragen ❷ GEOG [Gebirgs]pass *m* ❸ *(goulot)* Hals *m* ❹ ANAT ***~ de l'utérus*** Gebärmutterhals *m;* ***~ du fémur*** Oberschenkelhals
colchique [kɔlʃik] *m* BOT Herbstzeitlose *f*
coléoptère [kɔleɔptɛʀ] *m* ZOOL Käfer *m*
colère [kɔlɛʀ] *f* ❶ *(irritation)* Wut *f;* ***être rouge de ~*** rot vor Wut sein ❷ *(accès d'irritation)* Wutausbruch *m;* ***être/se mettre en ~ contre qn*** auf jdn wütend sein/werden; ***piquer une ~*** *(fam)* einen Koller kriegen; ***en ~*** aufgebracht
coléreux, -euse [kɔleʀø, -øz] *adj,* **colérique** [kɔleʀik] *adj* jähzornig
colibri [kɔlibʀi] *m* Kolibri *m*
colifichet [kɔlifiʃɛ] *m* Tand *m*
colimaçon [kɔlimasɔ̃] *m* ZOOL Schnecke *f*
colin [kɔlɛ̃] *m* Seehecht *m*
colin-maillard [kɔlɛ̃majaʀ] *m sans pl* ***jouer à ~*** Blindekuh spielen
colique [kɔlik] *f* ❶ *(diarrhée)* Durchfall *m* ❷ *gén pl (douleurs)* Kolik *f*
colis [kɔli] *m* Paket *nt*
Colisée [kɔlize] *m* HIST ***le ~*** das Kolosseum
colistier, -ière [kolistje, -jɛʀ] *m, f* Mitkandidat(in) *m(f)* [auf der gleichen Liste]
collabo [ko(l)labɔ] *m (fam) abr de* **collaborateur**
collaborateur, -trice [ko(l)labɔʀatœʀ, -tʀis] *m, f* ❶ *(membre du personnel)* Mitarbeiter(in) *m(f)* ❷ *(intervenant occasionnel)* freier Mitarbeiter *m*/freie Mitarbeiterin *f* ❸ *(pendant une guerre)* Kollaborateur(in) *m(f)*
collaboration [ko(l)labɔʀasjɔ̃] *f* ❶ *(coopération)* Zusammenarbeit *f;* ***en ~ avec*** in Zusammenarbeit mit ❷ *(contribution)* ***~ à qc*** Mitarbeit *f* an etw *dat;* ***apporter sa ~ à qc*** an etw *dat* mitarbeiten ❸ *(pendant une guerre)* Kollaboration *f*
collaborer [ko(l)labɔʀe] <1> *vi* ❶ ***~ avec qn*** mit jdm zusammenarbeiten; ***~ à qc*** an etw *dat* mitarbeiten ❷ *(pendant une guerre)* kollaborieren
collage [kɔlaʒ] *m d'une étiquette* Aufkleben *nt; d'une affiche* Ankleben *nt*
collagène [kɔlaʒɛn] *m* Kollagen *nt*
collant [kɔlɑ̃] *m* ❶ *(bas)* Strumpfhose *f* ❷ *(body: pour la gymnastique)* Gymnastikanzug *m; (pour la danse, l'acrobatie)* Trikot *nt*
collant(e) [kɔlɑ̃, ɑ̃t] *adj* ❶ *(moulant)* haut-

eng ❷ *(poisseux)* klebrig ❸ *(fam: importun)* aufdringlich; ***être vraiment*** ~ eine richtige Klette sein

collapsus [kɔlapsys] *m* MED *(état pathologique)* Kollaps *m;* ~ ***cardiovasculaire*** Kreislaufversagen *nt*

collatéral(e) [kɔ(l)lateʀal, -o] <-aux> *adj artère* Neben-; *nef* Seiten-

collation [kɔlasjɔ̃] *f* Imbiss *m*

colle [kɔl] *f* ❶ *(matière)* Klebstoff *m;* ~ ***universelle*** Alleskleber *m* ❷ *(masse)* Kleister *m* ❸ *(punition)* Nachsitzen *nt;* ***avoir une*** ~ nachsitzen müssen

collecte [kɔlɛkt] *f (quête)* Sammlung *f*

collecter [kɔlɛkte] <1> *vt* sammeln *dons*

collecteur [kɔlɛktœʀ] *m (égout)* Hauptkanal *m*

collectif, -ive [kɔlɛktif, -iv] *adj* ❶ *(commun)* gemeinsam; *travail* Gemeinschafts-; ***équipements ~s*** öffentliche Einrichtungen ❷ LING Sammel-; ***nom*** ~ Kollektivum *nt*

collection [kɔlɛksjɔ̃] *f* ❶ *(réunion d'objets)* Sammlung *f;* ~ ***de timbres*** Briefmarkensammlung; ***faire la*** ~ ***de qc*** etw sammeln ❷ *(série)* ~ ***de livres*** Bücherreihe *f;* ***toute la*** ~ ***des œuvres de X*** die gesammelten Werke von X ❸ *(modèles)* Kollektion *f*

collectionner [kɔlɛksjɔne] <1> *vt* sammeln

collectionneur, -euse [kɔlɛksjɔnœʀ, -øz] *m, f* Sammler(in) *m(f)*

collectivement [kɔlɛktivmɑ̃] *adv* ❶ *(dans la totalité)* ***s'adresser*** ~ ***au personnel*** sich an das ganze [*o* gesamte] Personal richten ❷ *(ensemble) démissionner, protester* geschlossen

collectivisation [kɔlɛktivizasjɔ̃] *f* Kollektivierung *f*

collectivisme [kɔlɛktivism] *m* Kollektivismus *m*

collectivité [kɔlɛktivite] *f* ❶ *(société)* Gemeinschaft *f* ❷ JUR Körperschaft *f;* ***~s locales*** Gebietskörperschaften *Pl* ❸ *(communauté)* Kollektiv *nt*

collector [kɔlɛktɔʀ] *m* Sammlerstück *nt;* ***édition*** ~ Sammleredition *f*

collectrice [kɔlɛktʀis] *f* Sammlerin *f*

collège [kɔlɛʒ] *m* SCOL Collège *nt,* ≈ Realschule *f;* ***aller au*** ~ auf das Collège gehen; ***Collège de France*** *universitätsähnliche Lehranstalt, deren Vorlesungen von jedermann besucht werden können, an der jedoch keine Diplome vergeben werden*

Land und Leute

Im Anschluss an die Grundschule, im Alter von elf Jahren, beginnt für alle französischen Schulkinder das **collège**, auch *école secondaire* genannt. Es handelt sich hierbei um eine vierklassige Gesamtschule, in der ganztägig unterrichtet wird. Die Klassen, die die Schülerinnen und Schüler durchlaufen, heißen *sixième*, *cinquième*, *quatrième* und *troisième*. Das Abschlusszeugnis, mit dem man danach abgehen kann, ist das *brevet des collèges*. Danach haben die Schüler z. B. die Möglichkeit, zum *Lycée* zu wechseln.

collégial(e) [kɔleʒjal, -o] <-aux> *adj* kollegial; ***direction ~e*** kollegiale Leitung

collégien(ne) [kɔleʒjɛ̃, jɛn] *m(f) (élève)* Schüler(in) *m(f)* eines Collège, ≈ Realschüler(in) *m(f)*

collègue [kɔ(l)lɛg] *mf* Kollege *m*/Kollegin *f*

coller [kɔle] <1> **I.** *vt* ❶ *(fixer)* kleben, aufkleben *timbre, étiquette;* ankleben *affiche, papier peint;* zukleben *enveloppe;* zusammenkleben *pièces* ❷ *(presser)* ~ ***à*** [*o* ***contre***] ***qc*** an etw *akk* drücken ❸ *(fam: donner)* ~ ***un devoir à qn*** jdm eine Aufgabe aufbrummen; ~ ***une baffe à qn*** jdm eine kleben ❹ *(fam: embarrasser par une question)* ~ ***qn*** jdm eine knifflige Frage stellen ❺ *(fam: suivre)* ~ ***qn*** wie eine Klette an jdm hängen ❻ *(fam: planter)* ~ ***quelque part*** irgendwohin pflanzen ❼ *(fam: rester)* ***être collé quelque part*** irgendwo hocken **II.** *vi* ❶ *(adhérer)* kleben; ***qc qui colle*** etw Klebriges ❷ *(mouler)* hauteng [sein] ❸ *(fam: suivre)* ~ ***à qc*** sich dicht an etw *akk* halten ❹ *(s'adapter)* ~ ***à la route*** gut auf der Straße liegen; ~ ***au sujet*** das Thema treffend darstellen ❺ *(fam: bien marcher)* hinhauen; ***entre eux, ça ne colle pas*** zwischen den beiden haut es nicht hin **III.** *vpr* ❶ *(s'accrocher)* ***se*** ~ ***à qn*** sich an jdn schmiegen ❷ *(se presser)* ***se*** ~ ***à*** [*o* ***contre***] ***qc*** sich gegen etw drücken

collerette [kɔlʀɛt] *f* Halskrause *f*

collet [kɔlɛ] *m (piège, nœud coulant)* Schlinge *f*

colleter [kɔlte] <3> *vpr* ***se*** ~ ***avec qn*** sich mit jdm schlagen [*o* prügeln]; ***se*** ~ ***avec qc*** sich mit etw herumschlagen

collier [kɔlje] *m* ❶ *(bijou)* Halskette *f; (rigide)* Collier *nt* ❷ *d'un chien* Halsband *nt; d'un cheval* Kum[me]t *nt* ❸ *(barbe)* Krause *f*

collimateur [kɔlimatœʀ] *m* ▶ **avoir qn dans le** ~ jdn im Visier haben

colline [kɔlin] *f* Hügel *m*

collision [kɔlizjɔ̃] *f* Zusammenstoß *m*

collocation [kɔ(l)lɔkasjɔ̃] *f* ❶ JUR Rangzuweisung *f* [der Gläubiger bei Konkursverfahren] ❷ JUR BELG *(internement)* Internierung *f* ❸ LING Kollokation *f*

colloque [kɔ(l)lɔk] *m* Kolloquium *nt*

collusion [kɔ(l)lyzjɔ̃] *f* [geheime] Absprache

collyre [kɔliʀ] *m* Augentropfen *Pl*

colmater [kɔlmate] <1> *vt* abdichten *fuite;* zuspachteln *fissure;* schließen *brèche*

colo [kɔlɔ] *f (fam) abr de* **colonie de vacances** Ferienlager *nt*

coloc [kolɔk] *(fam)* **I.** *mf (colocataire)* Mitbewohner(in) *m(f)* **II.** *m (colocation)* WG *f*

colocataire [kolɔkatɛʀ] *mf* Mitbewohner(in) *m(f)*

Cologne [kɔlɔɲ] Köln *nt*

Colomb [kɔlɔ̃] *m* ***Christophe*** ~ Christoph Kolumbus

colombage [kɔlɔ̃baʒ] *m* Fachwerk *nt;* ***maison à*** ~ Fachwerkhaus *nt*

colombe [kɔlɔ̃b] *f* Taube *f*

Colombie [kɔlɔ̃bi] *f* ***la*** ~ Kolumbien *nt*

colombophile [kɔlɔ̃bɔfil] *mf* Brieftaubenzüchter(in) *m(f)*

colon [kɔlɔ̃] *m* ❶ Kolonist(in) *m(f)* ❷ *(enfant)* Kind *nt* im Ferienlager

côlon [kolɔ̃] *m* ANAT Grimmdarm *m*

colonel [kɔlɔnɛl] *m* Oberst *m*

colonial [kɔlɔnjal, -jo] <-aux> *m* Kolonist *m*

coloniale [kɔlɔnjal] *f* ❶ Kolonistin *f* ❷ *(armée)* Kolonialtruppen *Pl*

colonialisme [kɔlɔnjalism] *m* Kolonialismus *m*

colonialiste [kɔlɔnjalist] *adj* kolonialistisch; ***politique*** ~ Kolonialpolitik *f,* kolonialistische Politik

colonie [kɔlɔni] *f* ❶ *(territoire, communauté)* Kolonie *f* ❷ *(centre)* ~ ***de vacances*** Ferienlager *nt*

Land und Leute

Da die Schulferien in Frankreich wesentlich länger dauern als der Urlaub der Eltern, haben Kinder und Jugendliche die Möglichkeit, unter Aufsicht älterer Jugendlicher, sogenannter *animateurs/animatrices*, mehrere Wochen in einem Ferienlager zu verbringen. Solche **colonies de vacances** gibt es auf dem Lande, am Meer und in den Bergen.

colonisateur, -trice [kɔlɔnizatœʀ, -tʀis] **I.** *adj* Kolonial- **II.** *m, f* Kolonisator(in) *m(f)*

colonisation [kɔlɔnizasjɔ̃] *f* Kolonisation *f*

colonisé [kɔlɔnize] *adj* kolonisiert

coloniser [kɔlɔnize] <1> *vt* kolonisieren

colonnade [kɔlɔnad] *f* Säulengang *m*

colonne [kɔlɔn] *f* ❶ ARCHIT Säule *f;* ~ ***Morris*** Litfaßsäule ❷ *(section)* Spalte *f;* ***cinq ~s à la une*** die ganze Titelseite ❸ *(file)* Reihe *f* ❹ MIL Kolonne *f* ❺ ANAT ~ ***vertébrale*** Wirbelsäule *f*

colorant [kɔlɔʀɑ̃] *m* Farbstoff *m*

colorant(e) [kɔlɔʀɑ̃, ɑ̃t] *adj* Färbe-; ***shampooing*** ~ Tönung *f*

coloration [kɔlɔʀasjɔ̃] *f* ❶ *(processus)* [Ein]färben *nt* ❷ *(teinte)* Farbe *f;* ***prendre une ~ rouge*** sich rot färben ❸ *(nuance)* Färbung *f*

coloré(e) [kɔlɔʀe] *adj* ❶ gefärbt; *foule* bunt[gemischt] ❷ *(fig) style* farbig; *description* lebendig

colorer [kɔlɔʀe] <1> **I.** *vt* färben **II.** *vpr* ***se*** ~ sich färben

coloriage [kɔlɔʀjaʒ] *m* Ausmalen *nt*

colorier [kɔlɔʀje] <1> *vt* ❶ *(jeu)* ausmalen ❷ ART kolorieren

coloris [kɔlɔʀi] *m* ❶ *(teinte)* Farbgebung *f* ❷ *(couleur)* Farbe *f*

colorisation [kɔlɔʀizasjɔ̃] *f* Kolorierung *f*

coloriser [kɔlɔʀize] <1> *vt* kolorieren

coloriste [kɔlɔʀist] *mf* Kolorist(in) *m(f)*

colossal(e) [kɔlɔsal, -o] <-aux> *adj* monumental

colosse [kɔlɔs] *m* ❶ *(géant)* Hüne *m,* Koloss *m* ❷ *(fig)* Gigant *m*

colportage [kɔlpɔʀtaʒ] *m (métier)* ***le ~ de qc*** das Hausieren mit etw

colporter [kɔlpɔʀte] <1> *vt* ❶ *(vendre)* hausieren mit ❷ *(péj: répandre)* [überall] herumerzählen

colporteur, -euse [kɔlpɔʀtœʀ, -øz] *m, f* Hausierer(in) *m(f)*

coltiner [kɔltine] <1> *vpr (fam)* ***se ~ qn/qc*** sich jdn/etw aufhalsen

columbarium [kɔlɔ̃baʀjɔm] *m* Urnenhalle *f*

colvert [kɔlvɛʀ] *m* ZOOL Stockente *f*

colza [kɔlza] *m* Raps *m*

com [kɔm] *f (fam) abr de* **commission** Provision *f;* ***travailler à la*** ~ auf Provision arbeiten

C.O.M. [kom] *m abr de* **collectivités**

d'outre-mer französische Gebietskörperschaften in Übersee *Pl*
coma [kɔma] *m* Koma *nt;* ***être dans le ~*** im Koma liegen
comateux, -euse [kɔmatø, -øz] *adj* komatös
combat [kɔ̃ba] *m* Kampf *m*
combatif, -ive [kɔ̃batif, -iv] *adj* kämpferisch
combativité [kɔ̃bativite] *f* Kampfgeist *m*
combattant(e) [kɔ̃batɑ̃, ɑ̃t] *m(f)* Kämpfer(in) *m(f);* ***ancien ~*** Veteran *m*
combattre [kɔ̃batʀ] <irr> **I.** *vt* kämpfen gegen *ennemi;* bekämpfen *incendie, maladie* **II.** *vi* ***~ contre qn/qc/pour qc*** gegen jdn/etw/für etw kämpfen **III.** *vpr* ***se ~*** sich bekämpfen
combe [kɔ̃b] *f* GEOG Schlucht *f*
combi [kɔ̃bi] *f (fam) abr de* **combinaison de ski** Skianzug *m*
combien [kɔ̃bjɛ̃] **I.** *adv* ❶ *(concernant la quantité)* wie viel; ***~ d'argent*** wie viel Geld; ***~ de temps*** wie lange; ***depuis ~ de temps*** seit wann; ***~ coûte cela?*** wie viel kostet das?; ***ça fait ~?*** *(fam)* wie viel macht das?; ***je vous dois ~?*** was macht das? ❷ *(concernant le nombre)* wie viele; ***~ de personnes/kilomètres*** wie viele Personen/Kilometer; ***~ de fois*** wie oft **II.** *m* ❶ *(en parlant de la date)* ***nous sommes le ~?*** *(fam)* den Wievielten haben wir heute? ❷ *(en parlant d'un intervalle)* ***le bus passe tous les ~?*** *(fam)* wie oft fährt der Bus? **III.** *mf* ***le/la ~?*** der/die Wievielte?
combientième [kɔ̃bjɛ̃tjɛm] *mf (fam)* Wievielte(r)
combinaison [kɔ̃binɛzɔ̃] *f* ❶ *(assemblage)* Kombination *f* ❷ CHIM Verbindung *f* ❸ *(code)* [Zahlen]kombination *f* ❹ *(sous-vêtement)* Unterrock *m* ❺ *(vêtement)* Overall *m;* ***~ de plongée*** Taucheranzug *m;* ***~ de ski*** Skianzug ❻ *(stratagème)* Dreh *m fam;* ***avoir/trouver une ~*** den Dreh wissen/finden
combinard(e) [kɔ̃binaʀ, aʀd] *adj (péj fam)* ausgebufft *pej sl*
combinat [kɔ̃bina] *m* ECON Kombinat *nt,* Industrievereinigung *f*
combine [kɔ̃bin] *f (fam)* Dreh *m;* ***connaître la ~*** den [richtigen] Dreh heraushaben ▸ **être dans la ~** Bescheid wissen
combiné [kɔ̃bine] *m* ❶ TELEC Hörer *m* ❷ *(épreuve)* ***~ alpin/nordique*** alpine/nordische Kombination
combiner [kɔ̃bine] <1> **I.** *vt* ❶ *(réunir)* ***~ qc avec qc*** etw mit etw kombinieren ❷ CHIM ***~ qc avec qc*** etw mit etw verbinden ❸ *(organiser)* ausarbeiten *plan;* aushecken *mauvais coup* **II.** *vpr* ❶ *(s'assembler)* ***se ~ avec qc*** sich mit etw kombinieren lassen ❷ CHIM ***se ~ avec qc*** sich mit etw verbinden ❸ *(s'arranger)* ***bien/mal se ~*** sich gut/schlecht anlassen
comble[1] [kɔ̃bl] *m* ❶ *(summum)* Gipfel *m;* ***c'est le*** [*o* ***un***] ***~!*** das ist [doch] der Gipfel! ❷ *souvent pl (grenier)* Dachboden *m;* ***sous les ~s*** unter dem Dach
comble[2] [kɔ̃bl] *adj* [brechend] voll
combler [kɔ̃ble] <1> *vt* ❶ *(boucher)* auffüllen ❷ *(rattraper)* aufholen *retard;* ausgleichen *déficit;* schließen *lacune* ❸ *(satisfaire)* wunschlos glücklich machen *personne;* erfüllen *vœu* ❹ *(couvrir, remplir de)* ***~ qn de cadeaux*** jdn mit Geschenken überhäufen; ***~ qn de joie*** jdn mit Freude erfüllen
combustible [kɔ̃bystibl] **I.** *adj* brennbar **II.** *m* Brennstoff *m;* ***pile ~*** Brennstoffzelle *f*
combustion [kɔ̃bystjɔ̃] *f* Verbrennung *f*
comédie [kɔmedi] *f* ❶ *(pièce)* Komödie *f;* ***~ musicale*** Musical *nt* ❷ *(film)* [Film]komödie *f* ❸ *(simulation)* Theater *nt*

> **Land und Leute**
> Die **Comédie-Française** wurde 1680 von Ludwig XIV. als königliches Theater gegründet. Die Truppe besteht aus *pensionnaires* (Schauspielern, die ein Jahr fest angestellt sind) und *sociétaires* (ständigen Mitgliedern bis zum Ruhestand). Gespielt werden heute vor allem Klassiker, aber auch modernere Stücke.

comédien(ne) [kɔmedjɛ̃, jɛn] **I.** *m(f)* ❶ *(acteur)* Schauspieler(in) *m(f)* ❷ *(hypocrite)* Heuchler(in) *m(f)* **II.** *adj* ***être un peu ~*** ein bisschen/gern Theater spielen
comédon [kɔmedɔ̃] *m* Mitesser *m*
comestible [kɔmɛstibl] *adj* essbar
comète [kɔmɛt] *f* Komet *m*
comice [kɔmis] *m* ***~ agricole*** ≈ [regionaler] Bauernverband
coming-out [kɔmiŋaut] <coming-out[s]> *m* Coming-out *nt;* ***faire son ~*** sein Coming-out haben
comique [kɔmik] **I.** *adj* ❶ *(amusant)* lustig ❷ THEAT, CINE, LITTER Komödien-; ***acteur ~*** Komiker *m* **II.** *m* ❶ *(auteur)* Komödiendichter(in) *m(f)* ❷ *(interprète)* Komiker(in) *m(f)* ❸ *(genre)* Komik *f*

C

comité [kɔmite] *m (réunion)* Komitee *nt;* ~ ***directeur*** Vorstand *m;* ~ ***d'experts*** Sachverständigenausschuss *m;* ~ ***d'entreprise*** ≈ Betriebsrat *m;* ***Comité des régions*** Ausschuss *m* der Regionen; ***Comité économique et social*** Wirtschafts- und Sozialausschuss *m*

commandant(e) [kɔmɑ̃dɑ̃, ɑ̃t] *m(f)* ❶ *(chef)* Chef(in) *m(f); (grade)* Major(in) *m(f);* ~ ***en chef*** Oberbefehlshaber *m* ❷ NAUT Kommandant(in) *m(f)*

commande [kɔmɑ̃d] *f* ❶ *(achat)* Bestellung *f;* ***passer une*** ~ eine Bestellung aufgeben ❷ *(marchandise)* Bestellung *f* ❸ TECH ~ ***à distance*** Fernbedienung ❹ INFORM Befehl *m* ► **prendre les ~s** das Steuer übernehmen; **de** ~ *sourire* gekünstelt; **sur** ~ *vendre* auf Bestellung; *pleurer* auf Kommando

commandement [kɔmɑ̃dmɑ̃] *m* ❶ Befehlsgewalt *f,* Kommando *nt* ❷ *(état-major)* ***le haut*** ~ das Oberkommando ❸ *(ordre)* Befehl *m* ❹ REL Gebot *nt*

commander [kɔmɑ̃de] <1> **I.** *vt* ❶ *(passer commande)* ~ ***qc à qn*** etw bei jdm bestellen ❷ *(exercer son autorité)* [herum *fam*]kommandieren ❸ *(ordonner)* ~ ***qc à qn*** jdm etw befehlen ❹ *(diriger)* leiten ❺ *(faire fonctionner)* in Gang setzen **II.** *vi* ❶ *(passer commande)* bestellen ❷ *(exercer son autorité)* befehlen **III.** *vpr* ❶ ***se*** ~ ***de l'extérieur*** von außen zu bedienen sein ❷ *(contrôler)* ***ne pas se*** ~ *sentiments:* sich nicht erzwingen lassen

commandeur [kɔmɑ̃dœʀ] *m* Kommandeur(in) *m(f)*

commanditaire [kɔmɑ̃ditɛʀ] *m* COM Kommanditist(in) *m(f)*

commandite [kɔmɑ̃dit] *f (société)* Kommanditgesellschaft *f*

commanditer [kɔmɑ̃dite] <1> *vt* finanzieren

commando [kɔmɑ̃do] *m* Kommando *nt*

comme [kɔm] **I.** *conj* ❶ *(au moment où)* [gerade] als ❷ *(étant donné que)* da ❸ *(de même que)* wie auch; ***hier*** ~ ***aujourd'hui*** gestern wie heute ❹ *(exprimant une comparaison)* wie; ***il était*** ~ ***mort*** er war wie tot; ***grand/petit*** ~ ***ça*** so groß/klein; ~ ***si*** als ob ❺ *(en tant que)* als; ***apprécier qn*** ~ ***collègue*** jdn als Kollege/Kollegin schätzen; ~ ***plat principal*** als Hauptgericht ❻ *(tel que)* wie; ***je n'ai jamais vu un film*** ~ ***celui-ci*** ich habe noch nie einen Film wie diesen gesehen ❼ *(quel genre de)* was für...?; ***qu'est-ce que tu fais*** ~ ***sport?*** was für Sport treibst du? ► **...** ~ **tout** *(fam)* echt ...; ***il est mignon*** ~ ***tout!*** er ist echt süß!; ~ **pas un** *(fam)* wie kaum einer **II.** *adv* ❶ *(exclamatif)* wie; ~ ***c'est gentil!*** wie nett! ❷ *(manière)* wie; ***tu sais*** ~ ***il est*** du weißt ja, wie er ist; ***savoir*** ~ wissen wie (sehr); ~ **ça** so; ***c'est*** ~ ***ça*** so ist es nun mal; ***il n'est pas*** ~ ***ça*** so ist er nicht ► ~ **ci** ~ **ça** so lala *fam;* ~ **quoi** *(disant que)* wonach; *(ce qui prouve)* was zeigt, dass

commémoratif, -ive [kɔmemɔʀatif, -iv] *adj* Gedenk-

commémoration [kɔmemɔʀasjɔ̃] *f* Gedenkfeier *f;* ***en*** ~ ***de qc*** zum Gedenken an etw *akk*

commémorer [kɔmemɔʀe] <1> *vt* ~ ***qc*** einer S. *gen* gedenken

commencement [kɔmɑ̃smɑ̃] *m* Anfang *m* ► **il y a un** ~ **à tout** es ist noch kein Meister vom Himmel gefallen

commencer [kɔmɑ̃se] <2> **I.** *vt* ~ ***qc*** [mit] etw anfangen **II.** *vi* ❶ *(débuter) événement:* anfangen ❷ *(faire en premier)* ~ ***par qc*** mit etw anfangen; ~ ***par faire qc*** erst einmal etw tun ► **ça commence bien** *(iron)* das fängt ja gut an; **ça commence à bien faire** jetzt reicht es aber; **pour** ~ zunächst

comment [kɔmɑ̃] *adv* ❶ *(de quelle façon)* wie; ~ ***ça va?*** wie geht's dir?; ***et toi,*** ~ ***tu t'appelles?*** und du? Wie heißt du?; ~ ***est-ce que ça s'appelle en français?*** wie heißt es auf Französisch? ❷ *(invitation à répéter)* ~***?*** wie bitte? ► [**mais**] ~ **donc!** [aber] selbstverständlich!; ~ **cela?** wieso?; **et** ~**!** und ob!

commentaire [kɔmɑ̃tɛʀ] *m* ❶ RADIO, TV Kommentar *m* ❷ *(explication)* ~ ***composé*** Interpretation *f* ❸ *(péj: remarque)* Kommentar *m;* ***sans*** ~***!*** ohne Kommentar!; ***pas de*** ~***s!*** kein Kommentar!

commentateur, -trice [kɔmɑ̃tatœʀ, -tʀis] *m, f* Kommentator(in) *m(f)*

commenter [kɔmɑ̃te] <1> *vt* kommentieren *événement;* interpretieren *texte*

commérage [kɔmeʀaʒ] *m souvent pl* Gerede *nt kein Pl*

commerçant(e) [kɔmɛʀsɑ̃, ɑ̃t] **I.** *adj* ❶ ***rue*** ~***e*** Geschäftsstraße *f* ❷ *(habile)* geschäftstüchtig **II.** *m(f) (personne)* Geschäftsmann *m/*-frau *f,* Händler(in) *m(f);* ***petit*** ~ Einzelhändler; ~ ***en gros*** Großhändler

commerce [kɔmɛʀs] *m* ❶ *(activité)* Handel *m;* ~ ***électronique*** E-Commerce *m;* ~ ***éthique*** [*o* ***équitable***] fairer Handel; ***faire du*** ~ Handel treiben; ***dans le*** ~ im Handel; ***école de*** ~ Handelsschule *f;*

chambre de ~ Handelskammer *f;* ***employé de ~*** kaufmännischer Angestellter ❷ *(magasin)* Geschäft *nt;* ***tenir un ~*** ein Geschäft führen; ~ ***de détail*** Einzelhandel *m;* ~ ***en gros*** Großhandel

commercer [kɔmɛʀse] <2> *vi* ~ ***avec qn*** mit jdm handeln [*o* Handel treiben]

commercial(e) [kɔmɛʀsjal, -jo] <-aux> **I.** *adj* ❶ Handels-; ***centre ~*** Einkaufszentrum *nt* ❷ *(péj)* kommerziell ausgerichtet **II.** *m(f)* kaufmännische(r) Angestellte(r) *f(m)*

commerciale [kɔmɛʀsjal] *f (véhicule)* Kombi[wagen *m*] *m*

commercialisation [kɔmɛʀsjalizasjɔ̃] *f* Vermarktung *f*

commercialiser [kɔmɛʀsjalize] <1> *vt* ❶ *(vendre)* vermarkten ❷ *(lancer)* auf den Markt bringen

commère [kɔmɛʀ] *f (péj)* Klatschbase *f fam*

commettre [kɔmɛtʀ] <irr> *vt* begehen *délit, faute;* verüben *attentat*

comminatoire [kɔminatwaʀ] *adj* drohend; ***peine ~*** JUR Strafandrohung *f*

commis [kɔmi] *m* kleine(r) Angestellte(r) *f(m)*, Gehilfe *m*/Gehilfin *f*

commisération [kɔmizeʀasjɔ̃] *f* Mitleid *nt*

commissaire [kɔmisɛʀ] *m* ❶ *(policier)* Kommissar(in) *m(f);* ***madame le ~*** Frau Kommissarin; ***monsieur le ~*** Herr Kommissar ❷ *(membre d'une commission)* Kommissionsmitglied *nt; de l'UE* Kommissar *m*

commissaire-priseur, -euse [kɔmisɛʀpʀizœʀ, -øz] <commissaires-priseurs> *m, f* Auktionator(in) *m(f)*

commissariat [kɔmisaʀja] *m* Revier *nt,* Wache *f*

commission [kɔmisjɔ̃] *f* ❶ ADMIN Kommission *f;* ~ ***d'examen*** Prüfungskommission; ***Commission européenne*** Europäische Kommission ❷ *(message)* Nachricht *f;* ***faire une ~ à qn*** jdm etwas ausrichten ❸ *(mission)* Aufgabe *f* ❹ *pl (courses)* Einkäufe *Pl;* ***faire les ~s*** einkaufen ❺ COM Provision *f;* ***la ~ prélevée par la banque*** die von der Bank erhobene Gebühr

commissionnaire [kɔmisjɔnɛʀ] *m (coursier)* Bote *m*/Botin *f*

commissure [kɔmisyʀ] *f* ~ ***des lèvres*** Mundwinkel *m*

commode[1] [kɔmɔd] *adj* ❶ *(pratique)* praktisch ❷ *souvent négatif (facile)* einfach; ***ce serait trop ~!*** so einfach geht's nun auch wieder nicht! ❸ *(d'un caractère facile)* ***ses parents n'ont pas l'air ~*** seine/ihre Eltern scheinen nicht sehr umgänglich zu sein

commode[2] [kɔmɔd] *f* Kommode *f*

commodément [kɔmɔdemɑ̃] *adv* bequem

commodité [kɔmɔdite] *f* ❶ *(agrément)* Komfort *m* ❷ *(simplification)* Vereinfachung *f;* ***pour plus de ~*** bequemlichkeitshalber ❸ *pl (éléments de confort)* Annehmlichkeiten *Pl*

commotion [komosjɔ̃] *f* ❶ *(traumatisme)* Erschütterung *f* ❷ *(émotion)* Schock *m*

commotionner [komosjɔne] <1> *vt* erschüttern

commuer [kɔmɥe] <1> *vt* umwandeln

commun [kɔmœ̃] *m* ▶ **le ~ des mortels** die Normalsterblichen; **hors du ~** außergewöhnlich; **en ~** zusammen; ***faire qc en ~*** etw gemeinsam tun

commun(e) [kɔmœ̃, yn] *adj* ❶ *(comparable)* gemeinsam; ***n'avoir rien de ~ avec qn/qc*** mit jdm nichts gemein haben/mit etw nicht zu vergleichen sein ❷ *(collectif)* Gemeinschafts- ❸ *(général)* Gemein- ❹ *(courant)* [weit] verbreitet ❺ *(trivial)* gewöhnlich

communal(e) [kɔmynal, -o] <-aux> *adj fonds* kommunal; *forêt* Gemeinde-

communautaire [kɔmynotɛʀ] *adj* ❶ *(commun)* gemeinschaftlich ❷ *(de l'UE)* der Europäischen Union; ***la politique ~*** die EU-Politik

communauté [kɔmynote] *f* ❶ *(groupe)* Gemeinschaft *f;* ***Communauté [économique] européenne*** Europäische [Wirtschafts]gemeinschaft ❷ REL [Kirchen]gemeinde *f* ❸ *(identité)* Übereinstimmung *f*

commune [kɔmyn] *f* Gemeinde *f,* Kommune *f*

communément [kɔmynemɑ̃] *adv* gemeinhin

communiant(e) [kɔmynjɑ̃, jɑ̃t] *m(f)* Kommunikant(in) *m(f);* ***premier ~*** Erstkommunikant

communicable [kɔmynikabl] *adj document* einsehbar; *renseignement* mitteilbar

communicant(e) [kɔmynikɑ̃, ɑ̃t] *adj pièces, salles* miteinander verbunden; ***vases ~s*** kommunizierende Röhren *Pl*

communicatif, -ive [kɔmynikatif, -iv] *adj* ❶ *(contagieux)* ansteckend ❷ *(expansif)* mitteilsam

communication [kɔmynikasjɔ̃] *f* ❶ *(transmission)* Mitteilung *f* ❷ *(jonction)* Verbindung *f; (conversation)* Gespräch *nt;* ***être en ~ avec qn*** mit jdm sprechen; ***prendre une ~*** ein Gespräch annehmen ❸ *(message)* Nachricht *f* ❹ *(relation)* Verständigung *f,* Kommunikation *f* ❺ *(liaison)* ***moyen de ~*** Verkehrsmittel *nt;* ***les moyens de ~ technologiques*** die Kommunikationstechnologien/-techniken

communier [kɔmynje] <1> *vi* REL kommunizieren

C

communion [kɔmynjɔ̃] *f* ❶ *(sacrement)* Kommunion *f* ❷ *(cérémonie)* ***~ solennelle*** feierliche Erstkommunion ❸ *(accord)* Übereinstimmung *f*

communiqué [kɔmynike] *m* Kommuniqué *nt;* ***~ officiel*** [regierungs]amtliche Mitteilung; ***~ de presse*** Pressemitteilung *f*

communiquer [kɔmynike] <1> **I.** *vt* ❶ *(faire connaître)* mitteilen; ***~ une demande à qn*** jdm eine Bitte mitteilen ❷ *(transmettre)* ***~ un dossier à qn*** jdm eine Akte aushändigen **II.** *vi* ❶ *(correspondre)* ***~ avec qn*** mit jdm kommunizieren *geh* ❷ TELEC ***~ avec qc*** mit etw verbunden sein

communisme [kɔmynism] *m* Kommunismus *m*

communiste [kɔmynist] **I.** *adj* kommunistisch **II.** *mf* Kommunist(in) *m(f)*

commutateur [kɔmytatœʀ] *m* Schalter *m*

commutatif, -ive [kɔmytatif, -iv] *adj* vertauschbar

commutation [kɔmytasjɔ̃] *f* ***~ de peine*** Strafmilderung *f*

commuter [kɔmyte] <1> **I.** *vt* TECH umschalten **II.** *vi* LING, MATH ***~ avec qc*** mit etw vertauschbar sein, mit etw kommutieren *Fachspr.*

Comores [kɔmɔʀ] *fpl* ***les ~*** die Komoren *Pl*

compacité [kɔ̃pasite] *f* Kompaktheit *f*

compact [kɔ̃pakt] *m* CD *f*

compact(e) [kɔ̃pakt] *adj* ❶ *(dense)* fest; *foule* dicht[gedrängt] ❷ *(petit)* Kompakt-

compagne [kɔ̃paɲ] *f* Lebensgefährtin *f;* ***~ de classe*** Klassenkameradin *f*

compagnie [kɔ̃paɲi] *f* ❶ *(présence)* Gesellschaft *f* ❷ *(société)* Gesellschaft *f;* ***~ de téléphonie mobile*** Mobilfunknetzanbieter *m* ❸ *(troupe)* Truppe *f* ❹ MIL Kompanie *f* ▶ **fausser ~ à qn** jdn einfach stehen lassen; **tenir ~ à qn** jdm Gesellschaft leisten; **en ~ de qn** in jds Begleitung

compagnon [kɔ̃paɲɔ̃] *m* ❶ *(concubin)* Lebensgefährte *m* ❷ *(ouvrier)* [Handwerks]geselle *m*

comparable [kɔ̃paʀabl] *adj* vergleichbar

comparaison [kɔ̃paʀɛzɔ̃] *f* ❶ Vergleich *m;* ***faire une ~ entre qn/qc et qn/qc*** einen Vergleich zwischen jdm/etw und jdm/etw anstellen; ***en ~*** vergleichsweise; ***en ~ de/par ~ à*** [*o* ***avec***] im Vergleich zu; ***sans ~*** unvergleichlich ❷ GRAM Steigerung *f*

comparaître [kɔ̃paʀɛtʀ] <irr> *vi* ***~ devant qn*** vor jdm erscheinen

comparatif [kɔ̃paʀatif] *m* GRAM Komparativ *m*

comparatif, -ive [kɔ̃paʀatif, -iv] *adj* ❶ Vergleichs- ❷ GRAM Komparativ-

comparativement [kɔ̃paʀativmɑ̃] *adv* vergleichsweise

comparé(e) [kɔ̃paʀe] *adj droit, grammaire* vergleichend; ***~ à*** verglichen mit

comparer [kɔ̃paʀe] <1> **I.** *vt* vergleichen; ***~ qn/qc à*** [*o* ***avec***] ***qn/qc*** jdn/etw mit jdm/etw vergleichen **II.** *vi* vergleichen **III.** *vpr* ***se ~ à*** [*o* ***avec***] ***qn*** sich mit jdm vergleichen

comparse [kɔ̃paʀs] *mf (péj)* Komparse *m/* Komparsin *f*

compartiment [kɔ̃paʀtimɑ̃] *m* ❶ *(casier)* Fach *nt* ❷ TRANSP Abteil *nt*

compartimenter [kɔ̃paʀtimɑ̃te] <1> *vt* ❶ *(subdiviser)* unterteilen ❷ *(structurer logiquement)* streng auseinanderhalten *questions, problèmes*

comparution [kɔ̃paʀysjɔ̃] *f* Erscheinen *nt*

compas [kɔ̃pɑ] *m* ❶ GEOM Zirkel *m* ❷ NAUT, AVIAT Kompass *m* ▶ **avoir le ~ dans l'œil** ein gutes Augenmaß haben

compassé(e) [kɔ̃pɑse] *adj (soutenu) air* aufgesetzt; *personne* steif

compassion [kɔ̃pasjɔ̃] *f (soutenu)* Mitgefühl *nt*

compatibilité [kɔ̃patibilite] *f* ❶ *(concordance)* ***~ entre qc et qc*** Vereinbarkeit *f* von etw und etw ❷ INFORM, MED Kompatibilität *f*

compatible [kɔ̃patibl] *adj* ❶ *(conciliable)* vereinbar ❷ INFORM, MED kompatibel

compatir [kɔ̃patiʀ] <8> *vi (soutenu)* Anteil nehmen

compatissant(e) [kɔ̃patisɑ̃, ɑ̃t] *adj personne, parole* mitfühlend

compatriote [kɔ̃patʀijɔt] *mf* Landsmann *m/*Landsmännin *f;* ***nos ~s*** unsere Landsleute

compensable [kɔ̃pɑ̃sabl] *adj* ❶ *(réparable)* ausgleichbar; ***ces pertes sont difficilement ~s*** diese Verluste sind nur schwer auszugleichen ❷ JUR, FIN aufrechenbar

compensation [kɔ̃pɑ̃sasjɔ̃] *f* ❶ *(dédommagement)* Gegenleistung *f;* ***~ financière*** Entschädigung *f* ❷ *(équilibre)* Ausgleich *m* ❸ FIN *d'une dette* Verrechnung *f* ▶ **en ~** dafür

compensatoire [kɔ̃pɑ̃satwaʀ] *adj droits, montants* Ausgleichs-

compenser [kɔ̃pɑ̃se] <1> **I.** *vt* ❶ *(équilibrer)* **~ *qc par qc*** etw mit etw kompensieren ❷ *(dédommager)* ***pour*** **~** als Entschädigung dafür ❸ *(remercier)* ***pour*** **~** als Dankeschön dafür **II.** *vpr* ***se*** **~** sich ausgleichen

compère [kɔ̃pɛʀ] *m* Kumpan *m*

compétence [kɔ̃petɑ̃s] *f* ❶ *(capacité)* Kompetenz *f,* [Sach]kenntnis *f;* ***avec*** **~** sachkundig ❷ *(responsabilité)* Zuständigkeit *f;* ***cela ne relève pas de ma*** **~** dafür bin ich nicht zuständig

compétent(e) [kɔ̃petɑ̃, ɑ̃t] *adj* ❶ *(capable)* ***être*** **~ *en qc*** kompetent in etw *dat* sein ❷ *(habile)* zuständig

compétiteur, -trice [kɔ̃petitœʀ, -tʀis] *m, f* SPORT Herausforderer *m*/Herausforderin *f*

compétitif, -ive [kɔ̃petitif, -iv] *adj* wettbewerbsfähig

compétition [kɔ̃petisjɔ̃] *f* ❶ Konkurrenz *f,* Wettbewerb *m;* ***être en*** **~ *avec qn*** mit jdm im Wettstreit liegen; COM mit jdm in Konkurrenz stehen ❷ *(activité)* Leistungssport *m; (épreuve)* Wettkampf *m*

compétitivité [kɔ̃petitivite] *f* Wettbewerbsfähigkeit *f*

compil [kɔ̃pil] *f abr de* **compilation** Sampler *m*

compilateur [kɔ̃pilatœʀ] *m* INFORM Compiler *m*

compilation [kɔ̃pilasjɔ̃] *f* ❶ MUS Sampler *m* ❷ *(action)* Kompilieren *nt; (logiciels)* Programmpaket *nt*

compiler [kɔ̃pile] <1> *vt* INFORM kompilieren

complainte [kɔ̃plɛ̃t] *f* Klagelied *nt*

complaire [kɔ̃plɛʀ] <irr> *vpr* ***se*** **~ *dans qc*** Gefallen an etw *akk* finden

complaisamment [kɔ̃plɛzamɑ̃] *adv* ❶ *(obligeamment)* liebenswürdigerweise, gefälligerweise ❷ *(avec autosatisfaction)* selbstgefällig

complaisance [kɔ̃plɛzɑ̃s] *f* ❶ *(soutenu: obligeance)* Liebenswürdigkeit *f;* ***par*** **~** aus Gefälligkeit *f* ❷ *(péj: indulgence)* Nachsicht *f* ❸ *(autosatisfaction)* Selbstgefälligkeit *f*

complaisant(e) [kɔ̃plɛzɑ̃, ɑ̃t] *adj* gütig, hilfsbereit

complément [kɔ̃plemɑ̃] *m* ❶ *(ce qui s'ajoute)* ***un*** **~ *d'information*** zusätzliche Informationen *Pl* ❷ GRAM Ergänzung *f;* **~ *du verbe*** Verbergänzung; **~ *circonstanciel de temps/lieu*** Umstandsbestimmung *f* der Zeit/des Ortes; **~ *d'attribution*** Dativobjekt *nt;* **~ *du nom*** Genitivobjekt; **~ *d'objet direct*** direktes Objekt

complémentaire [kɔ̃plemɑ̃tɛʀ] **I.** *adj* ergänzend; *renseignement* zusätzlich **II.** *f* zusätzliche Rentenversicherung *f*

complet, -ète [kɔ̃plɛ, -ɛt] *adj* ❶ *(entier)* vollständig; *pain* Vollkorn-; ***les œuvres complètes*** die gesammelten Werke ❷ *(total)* völlig; ***succès/échec*** **~** voller Erfolg/totaler Misserfolg ❸ *(achevé)* vollendet ❹ *(qui possède toutes les fonctions)* ***être*** **~** mit allem ausgestattet sein ❺ *(plein)* voll; *hôtel* voll belegt; *parking* besetzt; ***afficher*** **~** ausverkauft sein ▶ **au [grand]** **~** vollzählig

complètement [kɔ̃plɛtmɑ̃] *adv* ❶ *(entièrement)* vollständig ❷ *(absolument)* völlig

compléter [kɔ̃plete] <5> **I.** *vt* vervollständigen **II.** *vpr* ***se*** **~** sich ergänzen

complétif, -ive [kɔ̃pletif, -iv] *adj* ergänzend; ***proposition complétive*** Ergänzungssatz *m,* Objektsatz *m*

complexe [kɔ̃plɛks] **I.** *adj* ❶ *(compliqué)* komplex; *situation* schwierig ❷ GRAM zusammengesetzt **II.** *m* ❶ PSYCH Komplex *m;* ***sans [aucun]*** **~** ohne Komplexe ❷ ECON Komplex *m;* **~ *touristique*** Touristenzentrum *nt*

complexé(e) [kɔ̃plɛkse] *adj (fam)* ❶ PSYCH voller Komplexe ❷ *(coincé)* verklemmt

complexer [kɔ̃plɛkse] <1> *vt* **~ *qn*** bei jdm Komplexe hervorrufen

complexion [kɔ̃plɛksjɔ̃] *f* ❶ *(littér: constitution)* Körperbau *m* ❷ *(vieilli: caractère)* Naturell *nt,* Veranlagung *f*

complexité [kɔ̃plɛksite] *f* Komplexität *f*

complication [kɔ̃plikasjɔ̃] *f* ❶ *(difficulté)* Schwierigkeit *f* ❷ MED Komplikation *f*

complice [kɔ̃plis] **I.** *adj* ❶ *(acolyte)* ***être*** **~ *d'un vol*** Komplize *m* bei einem Diebstahl sein ❷ *(de connivence)* verständnisinnig **II.** *mf* Komplize *m*/Komplizin *f*

complicité [kɔ̃plisite] *f* ❶ *(participation)* Mittäterschaft *f;* **~ *de vol*** JUR Beihilfe *f* zum Diebstahl ❷ *(connivence)* [geheimes] Einverständnis

compliment [kɔ̃plimɑ̃] *m* ❶ *(éloge)* Kompliment *nt* ❷ *(félicitations)* Glückwunsch *m;* ***tous mes*** **~*s!*** herzlichen Glückwunsch! ❸ *pl (politesse)* Empfehlung *f;* ***avec les*** **~*s de qn*** mit jds freundlichen Grüßen

complimenter [kɔ̃plimɑ̃te] <1> *vt* ❶ *(congratuler)* **~ *qn pour qc*** jdn zu etw beglückwünschen ❷ *(faire l'éloge)* **~ *qn pour*** [*o* ***sur***] ***qc*** jdm für etw Komplimente machen

C

compliqué(**e**) [kɔ̃plike] *adj* ❶ *(ardu)* kompliziert; *problème* schwierig; ***c'est pas ~*** *(fam)* das ist [ganz] einfach ❷ *(qui aime la complication)* umständlich
compliquer [kɔ̃plike] <1> **I.** *vt* erschweren **II.** *vpr* ❶ *(devenir plus compliqué)* ***se ~*** *choses:* komplizierter werden; *situation:* sich zuspitzen; *maladie:* sich verschlimmern; ***ça se complique*** *(fam)* jetzt wird's kompliziert ❷ *(rendre plus compliqué)* ***se ~ la vie*** sich *dat* das Leben [unnötig] schwer machen
complot [kɔ̃plo] *m* Komplott *nt*
comploter [kɔ̃plɔte] <1> **I.** *vt* ausklügeln; ***~ de faire qc*** heimlich planen etw zu tun; ***qu'est-ce que vous complotez?*** was heckt ihr [wieder] aus? *fam* **II.** *vi* ***~ contre qn*** gegen jdn ein Komplott schmieden
comploteur, **-euse** [kɔ̃plɔtœʀ, -øz] *m, f* Verschwörer(in) *m(f)*
complotiste [kɔ̃plɔtist] **I.** *adj* Verschwörungstheorien anhängend **II.** *mf* Anhänger (in) *m(f)* von Verschwörungstheorien
comportement [kɔ̃pɔʀtəmɑ̃] *m* Verhalten *nt;* ***avoir un ~ étrange*** sich merkwürdig benehmen
comportementaliste [kɔ̃pɔʀtəmɑ̃talist] *adj* behavioristisch
comporter [kɔ̃pɔʀte] <1> **I.** *vt* ❶ *(être constitué de)* bestehen aus ❷ *(inclure)* ***~ qc*** etw aufweisen; *appareil:* mit etw ausgestattet sein **II.** *vpr* **se ~** ❶ *(se conduire)* sich benehmen ❷ *(réagir)* sich verhalten
composant [kɔ̃pozɑ̃] *m* ❶ CHIM Bestandteil *m* ❷ ELEC Bauelement *nt*
composant(**e**) [kɔ̃pozɑ̃, ɑ̃t] *adj* ***élément ~*** Bestandteil *m*
composante [kɔ̃pozɑ̃t] *f* Komponente *f*
composé [kɔ̃poze] *m* CHIM Verbindung *f*
composer [kɔ̃poze] <1> **I.** *vt* ❶ *(constituer)* zusammenstellen, aufstellen *équipe* ❷ *(créer)* kreieren *plat;* komponieren *musique;* verfassen *texte* ❸ *(former)* bilden **II.** *vi* MUS komponieren **III.** *vpr* ***se ~ de qc*** aus etw bestehen
composite [kɔ̃pozit] *adj* [bunt]gemischt, zusammengewürfelt
compositeur, **-trice** [kɔ̃pozitœʀ, -tʀis] *m, f* Komponist(in) *m(f)*
composition [kɔ̃pozisjɔ̃] *f* ❶ *(organisation)* Zusammenstellung *f* ❷ ART, LITTER, MUS *d'une musique* Komponieren *nt; d'un texte* Schreiben *nt* ❸ *(œuvre)* Komposition *f;* ***une œuvre de ma/ta/sa ~*** eine Eigenkomposition; ***la ~ française*** der [französische] Aufsatz ❹ *d'un texte* Aufbau *m; d'un tableau* Komposition *f*

compost [kɔ̃pɔst] *m* Kompost *m*
composter [kɔ̃pɔste] <1> *vt* entwerten
composteur [kɔ̃pɔstœʀ] *m* Entwerter *m*
compote [kɔ̃pɔt] *f* Kompott *nt*
compotier [kɔ̃pɔtje] *m* *(plat)* Kompottschüssel *f*
compréhensible [kɔ̃pʀeɑ̃sibl] *adj* verständlich
compréhensif, **-ive** [kɔ̃pʀeɑ̃sif, -iv] *adj* verständnisvoll
compréhension [kɔ̃pʀeɑ̃sjɔ̃] *f* ❶ *(clarté)* Verständlichkeit *f* ❷ *(tolérance)* Verständnis *nt* ❸ *(intelligence)* Auffassungsgabe *f*
comprendre [kɔ̃pʀɑ̃dʀ] <13> **I.** *vt* ❶ *(saisir)* verstehen; ***faire ~ qc à qn*** *(expliquer)* jdm etw klarmachen; *(dire indirectement)* jdm etw zu verstehen geben; ***ne ~ rien à rien*** *(fam)* überhaupt nichts kapieren ❷ *(concevoir)* ***~ qn/qc*** jdn/etw verstehen ❸ *(s'apercevoir de)* ***~ qc*** sich *dat* über etw *akk* im Klaren sein ❹ *(comporter)* bestehen aus ❺ *(inclure)* ***~ qn/qc*** jdn/etw mit einschließen **II.** *vi* verstehen; ***il ne faut pas chercher à ~*** da gibt es nichts zu verstehen; ***se faire ~*** sich klar [und deutlich] ausdrücken **III.** *vpr* **se ~** ❶ *(être compréhensible)* verständlich sein ❷ *(communiquer)* sich verständigen ❸ *(s'accorder) personnes:* sich [gut] verstehen
comprenette [kɔ̃pʀənɛt] *f* ***avoir la ~ un peu dure*** *(fam)* schwer von Begriff sein *fam*
compresse [kɔ̃pʀɛs] *f* Kompresse *f*
compresser [kɔ̃pʀese] <1> *vt* zusammendrücken
compresseur [kɔ̃pʀesœʀ] *m* Kompressor *m*
compressible [kɔ̃pʀesibl] *adj* PHYS verdichtbar
compression [kɔ̃pʀesjɔ̃] *f* ❶ PHYS Komprimierung *f* ❷ *(réduction)* Reduzierung *f;* ***~ de personnel*** Personalabbau *m;* ***~s budgétaires*** Haushaltskürzungen *Pl* ❸ INFORM Komprimierung *f*
comprimé [kɔ̃pʀime] *m* Tablette *f*
comprimé(**e**) [kɔ̃pʀime] *adj* ❶ ***être ~ dans qc*** *personne* in etw *dat* eingezwängt sein ❷ PHYS ***air ~*** Pressluft *f;* ***carabine à air ~*** Luftgewehr *nt*
comprimer [kɔ̃pʀime] <1> *vt* ❶ *(presser)* komprimieren ❷ *(serrer)* ***la ceinture lui comprime le ventre*** der Gürtel schnürt ihm/ihr den Bauch ein ❸ *(réduire)* reduzieren ❹ INFORM komprimieren
compris(**e**) [kɔ̃pʀi, iz] **I.** *part passé de* **comprendre** **II.** *adj* ❶ *(inclus)* inklusive; ***être ~ dans le prix*** im Preis inbegriffen

sein; ***T.V.A.*** ***~e*** inklusive MwSt.; ***[la] T.V.A. non ~e*** ohne Mehrwertsteuer ❷ *(situé)* ***être ~ entre cinq et sept pour cent*** zwischen fünf und sieben Prozent liegen; ***période ~e entre 1920 et 1930*** Zeitabschnitt *m* von 1920 bis 1930

compromettant(e) [kɔ̃pʀɔmetɑ̃, ɑ̃t] *adj* kompromittierend

compromettre [kɔ̃pʀɔmɛtʀ] <irr> **I.** *vt* ❶ *(impliquer)* kompromittieren ❷ *(menacer)* gefährden, schädigen *réputation* **II.** *vpr* ***se ~ avec qn/dans qc*** wegen jdm/einer S. ins Gerede kommen

compromis [kɔ̃pʀɔmi] *m* Kompromiss *m*

compromission [kɔ̃pʀɔmisjɔ̃] *f* Zugeständnis *nt*

comptabiliser [kɔ̃tabilize] <1> *vt* FIN [ver]buchen; ***~ qc dans qc*** etw zu etw zählen

comptabilité [kɔ̃tabilite] *f* ❶ *(discipline)* Rechnungswesen *nt* ❷ *(comptes)* Buchführung *f* ❸ *(service)* Buchhaltung *f*

comptable [kɔ̃tabl] *mf* Buchhalter(in) *m(f)*

comptage [kɔ̃taʒ] *m* Zählung *f*

comptant [kɔ̃tɑ̃] **I.** *m sans pl* Barzahlung *f* **II.** *adv payer* bar

compte [kɔ̃t] *m* ❶ *sans pl (calcul)* Zählung *f; des points* [Aus]zählung; ***~ à rebours*** Countdown *m* ❷ *sans pl (résultat)* Ergebnis *nt;* ***avez-vous le bon ~ de chaises?*** *(suffisamment)* haben Sie genug Stühle?; *(le même nombre)* sind noch alle Stühle da?; ***le ~ est bon*** es stimmt; ***le ~ y est*** *(fam)* es haut hin; ***cela fait un ~ rond*** es macht eine runde Summe ❸ *(note)* Rechnung *f;* ***faire le ~*** die Rechnung machen ❹ *(écritures comptables)* Konto *nt;* ***faire les ~s*** Bilanz ziehen; ***tenir les ~s*** die Finanzen regeln ❺ *(compte en banque)* Konto *nt;* ***~ chèque*** Scheckkonto; ***~ chèque postal*** Postgirokonto; ***~ courant*** Girokonto; ***~ [d']épargne*** Sparkonto; ***ouvrir/fermer un ~*** ein Konto eröffnen/auflösen ❻ INFORM, INET *(compte d'utilisateur)* Account *m o nt;* ***créer un ~*** sich *dat* ein [*o* einen] Account einrichten ▶ **les bons ~s font les bons amis** *(prov)* ≈ Genauigkeit in Geldsachen erhält die Freundschaft; **au bout du ~** schließlich; **en fin de ~** letzten Endes; **être loin du ~** sich [ganz schön] vertan haben; **tout ~ fait** alles in allem; **son ~ est bon!** *(fam)* er kriegt, was er verdient!; **s'en tirer à bon ~** [noch] billig davon kommen; **mettre qc sur le ~ de qn/qc** jdn/etw für etw verantwortlich machen; **rendre ~ de qc à qn** jdm über etw *akk* Rechenschaft ablegen; **se rendre ~ de qc** *(s'apercevoir)* etw bemerken; *(comprendre)* sich *dat* über etw *akk* im Klaren sein; **tu te rends ~!** *(imagine)* kannst du dir das vorstellen!; **tenir ~ de qc** etw berücksichtigen; **à ce ~-là** in diesem Fall; **demander** [*o* **réclamer**] **des ~s à qn** jdn zur Rechenschaft ziehen; **à son ~** selbstständig; **pour le ~ de qn/qc** in jds Auftrag/im Auftrag einer S.

compte-gouttes [kɔ̃tgut] *m inv* Pipette *f* ▶ **au ~** in Etappen

compter [kɔ̃te] <1> **I.** *vt* ❶ *(chiffrer)* zählen; *(totaliser)* zusammenzählen, [aus]zählen *voix* ❷ *(mesurer)* ***~ son argent*** mit seinem Geld geizen; ***être compté*** rar sein ❸ *(facturer)* berechnen; ***~ 100 euros à qn pour le dépannage*** jdm 100 Euro für die Reparatur berechnen ❹ *(prévoir)* ***~ 200 g/100 euros par personne*** 200 g/100 Euro pro Person rechnen ❺ *(prendre en compte)* berücksichtigen; SCOL anrechnen *faute;* *(ajouter)* [mit]zählen; ***dix personnes sans ~ les enfants*** zehn Personen, die Kinder nicht mitgerechnet ❻ *(ranger parmi)* ***~ qn/qc parmi*** [*o* ***au nombre de***] ***...*** jdn/etw zu ... zählen ❼ *(comporter)* haben; ***la ville compte 10.000 habitants*** die Stadt zählt 10.000 Einwohner ❽ *(avoir l'intention de)* ***~ faire qc*** beabsichtigen etw zu tun; *(espérer)* damit rechnen etw zu tun **II.** *vi* ❶ *(énumérer)* zählen ❷ *(calculer)* rechnen; ***~ sur ses doigts*** an den Fingern abzählen; ***~ large*** großzügig rechnen ❸ *(être économe)* ***dépenser sans ~*** ausgeben ohne aufs Geld zu sehen ❹ *(tenir compte de)* ***~ avec qn/qc*** mit jdm/etw rechnen ❺ *(s'appuyer)* ***~ sur qn/qc*** auf jdn/etw zählen; ***tu peux ~ [là-]dessus!*** darauf kannst du dich verlassen!; ***n'y comptez pas avant mardi!*** rechnen Sie nicht vor Dienstag damit! ❻ *(avoir de l'importance)* zählen; ***~ pour qn*** jdm etwas bedeuten; ***ce qui compte, c'est d'être en bonne santé*** was zählt, ist die Gesundheit **III.** *vpr (s'inclure)* ***se ~*** sich mitzählen

Aussprache

Das -p- wird in **compter** und verwandten Wörtern nicht gesprochen.

compte rendu [kɔ̃tʀɑ̃dy] *m* Bericht *m;* TV, RADIO Berichterstattung *f*

compte-tours [kɔ̃tuʀ] *m inv* Drehzahlmesser *m*

compteur [kɔ̃tœʀ] *m* ❶ ~ *[de vitesse]* Tachometer *m* ❷ *(compteur d'électricité)* Zähler *m*; ***relever le*** ~ den Zähler ablesen ❸ INFORM ~ ***de visites*** Zugriffszähler *m*

comptine [kɔ̃tin] *f* Abzählreim *m*

comptoir [kɔ̃twaʀ] *m* Theke *f*; *d'une banque, société* Schalter *m*

compulser [kɔ̃pylse] <1> *vt* nachschlagen in +*dat*

compulsif, -ive [kɔ̃pylsif, -iv] *adj* PSYCH zwanghaft, Zwangs-; ***acte*** ~ [*o* ***obsessionnel***] Zwangshandlung *f*

comte [kɔ̃t] *m* Graf *m*

comté [kɔ̃te] *m* Grafschaft *f*

comtesse [kɔ̃tɛs] *f* Gräfin *f*

Comtois(e) [kɔ̃twa, waz] *m(f)* Einwohner(in) *m(f)* der Franche-Comté; ***être*** ~*(e)* aus der Franche-Comté stammen

con(ne) [kɔ̃, kɔn] **I.** *adj parfois inv (fam)* bescheuert **II.** *m(f) (fam: homme)* [Voll]idiot *m*; *(femme)* blöde Ziege; ***pauvre*** [*o* ***sale*** *péj*] ~***!*** Scheißkerl *m vulg*; ***pauvre*** [*o* ***sale*** *péj*] ~***ne*** dumme Zicke; ***faire le*** ~ Scheiße machen *vulg*; ***oh! le*** ~***/la*** ~***ne!*** ach du grüne Neune!

conard [kɔnaʀ] *m (fam) v.* **connard**

conasse [kɔnas] *f (fam) v.* **connasse**

concasser [kɔ̃kɑse] <1> *vt* zerkleinern *roche*; zerstoßen *épices*; schroten *grain*

concave [kɔ̃kav] *adj* konkav

concéder [kɔ̃sede] <5> *vt* zugestehen, zubilligen *droit, privilège*

concentration [kɔ̃sɑ̃tʀasjɔ̃] *f* ❶ Konzentration *f* ❷ *(accumulation)* Ansammlung *f*

concentré [kɔ̃sɑ̃tʀe] *m* GASTR Konzentrat *nt*; ~ ***de tomate*** Tomatenmark *nt*

concentré(e) [kɔ̃sɑ̃tʀe] *adj* ❶ *(condensé)* konzentriert; ***lait*** ~ Kondensmilch *f* ❷ *(attentif)* konzentriert

concentrer [kɔ̃sɑ̃tʀe] <1> **I.** *vt (rassembler)* konzentrieren **II.** *vpr* ***se*** ~ ***sur qn/qc*** sich auf jdn/etw konzentrieren

concentrique [kɔ̃sɑ̃tʀik] *adj* konzentrisch

concept [kɔ̃sɛpt] *m* Konzept *nt*

concept-clé [kɔ̃sɛptkle] <concepts-clés> *m* Schlüsselbegriff *m*

conception [kɔ̃sɛpsjɔ̃] *f* ❶ *sans pl* BIO Empfängnis *f* ❷ *sans pl (élaboration)* Konzeption *f*; *d'un produit* Entwicklung *f*; ~ ***assistée par ordinateur*** Computer Aided Design *nt* ❸ *sans pl (idée)* Auffassung *f*, Vorstellung *f* ▶ **Immaculée Conception** Unbefleckte Empfängnis

conceptuel(le) [kɔ̃sɛptɥɛl] *adj* konzeptuell, Konzept-

concernant [kɔ̃sɛʀnɑ̃] *prép (quant à)* bezüglich +*gen*, hinsichtlich +*gen*; COM betreffs +*gen*

concerner [kɔ̃sɛʀne] <1> *vt* betreffen; ***en*** [*o* ***pour***] ***ce qui concerne qn/qc*** was jdn/etw betrifft[, so]

concert [kɔ̃sɛʀ] *m* ❶ MUS Konzert *nt* ❷ *(fig)* ~ ***de sifflets*** Pfeifkonzert *nt*; ~ ***d'exclamations*** großes Geschrei ▶ **agir de ~ avec qn** mit jdm gemeinsam vorgehen; **décider qc de ~ avec qn** etw im Einvernehmen mit jdm entscheiden

concertation [kɔ̃sɛʀtasjɔ̃] *f* Abstimmung *f*

concerté(e) [kɔ̃sɛʀte] *adj plan* [vorher miteinander] abgestimmt

concerter [kɔ̃sɛʀte] <1> *vpr* ***se*** ~ ***sur qc*** sich hinsichtlich einer S. *gen* besprechen

concertiste [kɔ̃sɛʀtist] *mf* Konzertmusiker(in) *m(f)*

concerto [kɔ̃sɛʀto] *m* Konzert *nt*, Concerto *nt*

concessif, -ive [kɔ̃sesif, -iv] *adj* konzessiv

concession [kɔ̃sesjɔ̃] *f* ❶ *(compromis)* Zugeständnis *nt* ❷ ADMIN Nutzungsrecht *nt*; COM Konzession *f* ❸ *(terrain exploité)* zur Nutzung freigegebenes Grundstück

concessionnaire [kɔ̃sesjɔnɛʀ] *mf* COM Vertragshändler(in) *m(f)*

concevable [kɔ̃s(ə)vabl] *adj* denkbar

concevoir [kɔ̃s(ə)vwaʀ] <12> **I.** *vt* ❶ *(soutenu: engendrer)* zeugen ❷ *(se représenter)* begreifen, erarbeiten *solution*; ~ ***qc comme qc*** etw als etw auffassen ❸ *(élaborer)* konzipieren ❹ *(comprendre)* verstehen; ***on conçoit sa déception*** seine/ihre Enttäuschung ist verständlich **II.** *vpr* ❶ *(se comprendre)* ***cela se conçoit facilement*** das kann man gut verstehen ❷ *(soutenu: être imaginé)* ***se*** ~ ins Auge gefasst werden

concierge [kɔ̃sjɛʀʒ] *mf* Hausmeister(in) *m(f)*, Abwart *m*/Abwärtin *f* CH

> **Land und Leute**
>
> Die/Der **concierge** kümmert sich um alle anfallenden Dienste in größeren Wohnhäusern. Sie/Er verteilt die Post, putzt die Treppen, sorgt für die Müllabfuhr und gibt Auskünfte. Heute ist dieser Beruf im Aussterben begriffen.

concile [kɔ̃sil] *m* Konzil *nt*

conciliable [kɔ̃siljabl] *adj* vereinbar; ***être*** ~ sich vereinbaren lassen

conciliabule [kɔ̃siljabyl] *m* ***tenir des*** ~***s avec qn*** mit jdm tuscheln

conciliant(e) [kɔ̃siljɑ̃, jɑ̃t] *adj personne* entgegenkommend
conciliateur, -trice [kɔ̃siljatœʀ, -tʀis] *adj* vermittelnd
conciliation [kɔ̃siljasjɔ̃] *f* Ausgleich *m;* ***tentative de ~*** Vermittlungsversuch *m*
concilier [kɔ̃silje] <1> **I.** *vt (harmoniser)* [miteinander] in Einklang bringen **II.** *vpr* ***se ~ l'amitié de qn*** [sich *dat*] jds Freundschaft erwerben
concis(e) [kɔ̃si, iz] *adj* kurz und bündig; ***soyez ~*** fassen Sie sich kurz
concision [kɔ̃sizjɔ̃] *f sans pl* Knappheit *f*
concitoyen(ne) [kɔ̃sitwajɛ̃, jɛn] *m(f)* Mitbürger(in) *m(f)*
concluant(e) [kɔ̃klyɑ̃, ɑ̃t] *adj* stichhaltig
conclure [kɔ̃klyʀ] <irr> **I.** *vt* ❶ *(signer)* [ab]schließen *marché, pacte;* treffen *accord* ❷ *(terminer)* abschließen, beschließen *discours;* beenden *repas* ❸ *(déduire)* ***~ qc de qc*** etw aus etw schließen ▶ **qc est enfin conclu** etw ist [endlich] unter Dach und Fach, etw ist [endlich] in trockenen Tüchern **II.** *vi (terminer)* zum Schluss kommen; ***pour ~*** um abzuschließen; ***~ par qc*** mit etw schließen **III.** *vpr* ***se ~ par qc*** mit etw [ab]schließen
conclusion [kɔ̃klyzjɔ̃] *f* ❶ *d'un accord* Abschluss *m; d'un mariage* Schließen *nt* ❷ *(fin)* Ende *nt,* Schluss *m;* ***en ~*** letzten Endes; ***~, …*** Fazit … ❸ *d'une fable* Moral *f; d'une thèse* [Schluss]folgerung *f;* ***[en] arriver à la ~ que …*** zu dem Schluss kommen, dass …
concocter [kɔ̃kɔkte] <1> *vt (hum)* aushecken *fam*
concombre [kɔ̃kɔ̃bʀ] *m* Gurke *f*
concordance [kɔ̃kɔʀdɑ̃s] *f* ❶ *(accord)* Übereinstimmung *f* ❷ GRAM ***~ des temps*** Zeitenfolge *f*
concordant(e) [kɔ̃kɔʀdɑ̃, ɑ̃t] <1> *adj pl* ***des choses sont ~es entre elles*** Dinge stimmen miteinander überein
concordat [kɔ̃kɔʀda] *m* Konkordat *nt*
concorde [kɔ̃kɔʀd] *f sans pl* Eintracht *f*
concorder [kɔ̃kɔʀde] <1> *vi* übereinstimmen
concourir [kɔ̃kuʀiʀ] <irr> *vi* ❶ *(soutenu: contribuer)* ***~ à qc*** zu etw beitragen ❷ *(être en compétition)* ***~ à qc*** am Wettbewerb um etw teilnehmen
concours [kɔ̃kuʀ] *m* ❶ *(compétition)* Wettbewerb *m;* SPORT Wettkampf *m* ❷ *(jeu)* Preisausschreiben *nt* ❸ SCOL, UNIV Aufnahmeprüfung *f* ❹ *(aide)* Beitrag *m;* ***prêter son ~ à qc*** seinen Teil zu etw beitragen ❺ *(coïncidence)* ***~ de circonstances*** Zusammentreffen *nt* von Umständen

Land und Leute
Zahlreiche Auswahlverfahren für Studienplätze, Beamtenstellen sowie für Beförderungen finden in Frankreich in Form von **concours** statt. Dies sind einheitliche Prüfungen, bei denen eine von vornherein feststehende Zahl von Plätzen oder Posten vergeben wird. Die Auslese ist in der Regel sehr streng, besonders, wenn über die Zulassung zum Studium an den Elitehochschulen, den *grandes écoles*, entschieden wird.

concret [kɔ̃kʀɛ] *m sans pl* Konkrete(s) *nt*
concret, -ète [kɔ̃kʀɛ, -ɛt] *adj* konkret
concrètement [kɔ̃kʀɛtmɑ̃] *adv* konkret
concrétisation [kɔ̃kʀetizasjɔ̃] *f* Konkretisierung *f*
concrétiser [kɔ̃kʀetize] <1> **I.** *vt* ❶ *(réaliser)* verwirklichen *rêve, projet* ❷ *(matérialiser)* veranschaulichen **II.** *vpr* ***se ~*** *projet:* konkrete Formen annehmen; *rêve:* wahr werden; *promesse:* sich erfüllen
conçu(e) [kɔ̃sy] *part passé de* **concevoir**
concubin(e) [kɔ̃kybɛ̃, in] *m(f)* Lebensgefährte/-gefährtin *m/f*
concubinage [kɔ̃kybinaʒ] *m* Lebenspartnerschaft *f,* wilde Ehe *veraltet;* ***~ notoire*** eingetragene Lebenspartnerschaft
concupiscent(e) [kɔ̃kypisɑ̃, ɑ̃t] *adj (hum)* lüstern
concurremment [kɔ̃kyʀamɑ̃] *adv* ❶ *(conjointement)* ***~ avec qn/qc*** zusammen mit jdm/etw ❷ *(simultanément)* zugleich, gleichzeitig
concurrence [kɔ̃kyʀɑ̃s] *f* ❶ *sans pl (compétition)* Konkurrenz *f;* COM Wettbewerb *m;* ***~ déloyale*** unlauterer Wettbewerb; ***défier toute ~*** die Konkurrenz unterbieten; ***être en ~*** miteinander konkurrieren ❷ *sans pl (les concurrents)* ***la ~*** die Konkurrenz
concurrencer [kɔ̃kyʀɑ̃se] <2> *vt* ***~ qn/qc*** mit jdm/etw konkurrieren
concurrent(e) [kɔ̃kyʀɑ̃, ɑ̃t] **I.** *adj* konkurrierend **II.** *m(f)* Konkurrent(in) *m(f)*
concurrentiel(le) [kɔ̃kyʀɑ̃sjɛl] *adj* konkurrenzfähig
condamnable [kɔ̃danabl] *adj* verwerflich
condamnation [kɔ̃danasjɔ̃] *f* ❶ *sans pl (action)* Verurteilung *f; (peine)* Strafe *f;* ***~ avec sursis*** Bewährungsstrafe ❷ *(réprobation)* Verurteilung *f* ❸ *(fermeture)*

Schließen *nt*; ***la ~ des portes se fait automatiquement*** die Türen schließen selbsttätig

condamné(e) [kɔ̃dɑne] *m(f)* Strafgefangene(r) *f(m)*; ***~ à mort*** zum Tode Verurteilte(r) *f(m)*

condamner [kɔ̃dɑne] <1> *vt* ❶ JUR ***~ qn à 10 ans de prison*** jdn zu 10 Jahren Haft verurteilen ❷ *(fig)* ***~ qn*** jdm keine Chancen [mehr] geben; ***qn est condamné*** jd ist ein hoffnungsloser Fall ❸ *(obliger)* ***~ qn à faire qc*** jdn dazu zwingen etw zu tun ❹ *(fermer: avec pierres)* zumauern; *(avec bois)* vernageln, sperren *rue*; *(à clé)* verriegeln

Aussprache
Das -m- ist entgegen der Regelaussprache in **condamner** und verwandten Wörtern stumm.

condensateur [kɔ̃dɑ̃satœʀ] *m* ELEC Kondensator *m*

condensation [kɔ̃dɑ̃sasjɔ̃] *f sans pl* Kondensation *f*

condensé [kɔ̃dɑ̃se] *m* Kondensat *nt*

condenser [kɔ̃dɑ̃se] <1> *vt* kondensieren

condescendance [kɔ̃desɑ̃dɑ̃s] *f* Herablassung *f*

condescendant(e) [kɔ̃desɑ̃dɑ̃, ɑ̃t] *adj* herablassend

condescendre [kɔ̃desɑ̃dʀ] <14> *vt indirect (littér)* ***~ à une invitation*** geruhen eine Einladung anzunehmen *geh*; ***~ aux souhaits de qn*** jds Wünschen nachgeben

condiment [kɔ̃dimɑ̃] *m (a. fig)* würzige Zutat

condisciple [kɔ̃disipl] *mf* Kommilitone *m*/Kommilitonin *f*

condition [kɔ̃disjɔ̃] *f* ❶ *(exigence)* Bedingung *f*, Voraussetzung *f*; ***~ sine qua non*** *(soutenu)* Voraussetzung *f*; ***les ~s d'admission à qc*** die Aufnahmebedingungen für etw; ***remplir toutes les ~s*** alle Bedingungen erfüllen; ***à ~ de faire qc/que*** +*subj* unter der Bedingung etw zu tun/, dass; ***sans ~[s]*** bedingungslos ❷ *pl* COM Preise *Pl*; ***~s de livraison*** Lieferbedingungen *Pl* ❸ *sans pl* SOCIOL Situation *f* ❹ *sans pl (forme)* Kondition *f*; ***être en excellente ~*** in ausgezeichneter Verfassung *f* sein; ***se mettre en ~ pour qc*** SPORT sich auf etw *akk* vorbereiten; PSYCH sich auf etw *akk* einstimmen ❺ *pl (cadre)* ***~s de travail/vie*** Arbeits-/Lebensbedingungen *Pl* ❻ *pl (circonstances)* Umstände *Pl*; ***dans ces ~s*** unter diesen Bedingungen ❼ *(rang social)* soziale Stellung; ***des gens de toutes les ~s*** Menschen aus allen gesellschaftlichen Schichten

conditionné(e) [kɔ̃disjɔne] *adj* ❶ *(soumis à des conditions)* Bedingungen unterworfen ❷ PSYCH konditioniert ❸ *produit* verpackt

conditionnel [kɔ̃disjɔnɛl] *m* Konditional *m*; ***~ présent*** Konditionalpräsens *nt*

conditionnel(le) [kɔ̃disjɔnɛl] *adj* ❶ an eine Bedingung gebunden ❷ GRAM Bedingungs-

conditionnelle [kɔ̃disjɔnɛl] *f* Konditionalsatz *m*

conditionnement [kɔ̃disjɔnmɑ̃] *m* Präsentation *f*, Aufmachung *f*

conditionner [kɔ̃disjɔne] <1> *vt* ❶ *(emballer)* verpacken ❷ *(traiter)* haltbar machen

condoléances [kɔ̃dɔleɑ̃s] *f pl (form)* Beileidsbezeigung *f*; ***sincères ~*** aufrichtiges Beileid; ***[toutes] mes ~!*** mein Beileid!

condor [kɔ̃dɔʀ] *m* Kondor *m*

conducteur, -trice [kɔ̃dyktœʀ, -tʀis] **I.** *adj* PHYS leitend **II.** *m, f* Fahrer(in) *m(f)*; ***~ de TGV*** TGV-Lokführer(in) *m(f)*

conductibilité [kɔ̃dyktibilite] *f* Leitfähigkeit *f*

conduction [kɔ̃dyksjɔ̃] *f* PHYS, ELEC ***~ électrique*** Leitung *f* von Elektrizität; ***~ thermique*** Wärmeleitung *f*

conductivité [kɔ̃dyktivite] *f* ELEC Leitfähigkeit *f*

conductrice [kɔ̃dyktʀis] *f* Fahrerin *f*, Fahrzeuglenkerin *f* CH; *(conductrice d'un train)* Zugführerin *f*; ***~ de bus*** Omnibusfahrerin *f*

conduire [kɔ̃dɥiʀ] <irr> **I.** *vi* ❶ fahren ❷ *(aboutir)* ***~ à la catastrophe*** zu einer Katastrophe führen **II.** *vt* ❶ AUT steuern ❷ *(emmener)* ***~ qn en ville*** jdn in die Stadt bringen ❸ *(mener)* ***~ qn à faire qc*** jdn dazu bringen etw zu tun; ***où cela va-t-il nous ~?*** wo soll [uns] das nur hinführen? ❹ *(guider)* führen ❺ *(diriger)* leiten, führen *pays*; anführen *groupe* **III.** *vpr* ❶ *(se comporter)* ***se ~*** sich benehmen ❷ AUT ***se ~ facilement*** sich leicht fahren lassen

conduit [kɔ̃dɥi] *m (fermé)* Röhre *f*, [Rohr]leitung *f*; *(ouvert)* Rinne *f*

conduite [kɔ̃dɥit] *f* ❶ *sans pl* AUT ***~ à droite/à gauche*** Rechts-/Linksverkehr *m* ❷ *(façon de conduire)* Fahrstil *m*; ***leçon de ~*** Fahrstunde *f*; ***~ accompagnée*** *für Jugendliche ab 16 erlaubtes Fahren im Beisein eines erwachsenen Führerscheinbesitzers* ❸ *sans pl (responsabilité)*

Führung *f,* Leitung *f* ❹ *(comportement)* Benehmen *nt* ❺ *(tuyau)* Leitung *f*

Land und Leute

Jugendliche dürfen in Frankreich bereits ab einem Alter von 15 Jahren in Begleitung eines Erwachsenen, in der Regel eines Elternteils, mit einer Sondergenehmigung Auto fahren. Die sogenannte **conduite accompagnée** erkennen andere Verkehrsteilnehmer an einer Plakette, auf dem ein kleines Männchen am Steuer neben einem größeren zu sehen ist. Um zum begleiteten Fahren zugelassen zu werden, müssen die Jugendlichen eine Art vorläufige Prüfung bestehen, den sogenannten *(examen du) code*.

cône [kon] *m* Kegel *m;* ***en [forme de] ~*** kegelförmig

confection [kɔ̃fɛksjɔ̃] *f* ❶ GASTR Zubereitung *f* ❷ *sans pl (prêt-à-porter)* Bekleidungsindustrie *f*

confectionner [kɔ̃fɛksjɔne] <1> *vt* ❶ GASTR zubereiten ❷ *(fabriquer)* anfertigen

confédéral(e) [kɔ̃fedeʀal, -o] <-aux> *adj* eine [*o* die] Konföderation betreffend; CH eidgenössisch

confédération [kɔ̃fedeʀasjɔ̃] *f* ❶ POL Konföderation *f,* Staatenbund *m;* ***Confédération helvétique*** Schweizerische Eidgenossenschaft *f* ❷ *(syndicat)* Zusammenschluss *m; (groupement)* Vereinigung *f,* Verband *m*

confédéré(e) [kɔ̃fedeʀe] *m(f)* CH Eidgenosse *m/*-genossin *f*

confédérer [kɔ̃fedeʀe] <5> **I.** *vt* zu einem Bund zusammenschließen **II.** *vpr* ***se ~*** *nations, cantons:* eine Konföderation bilden

conférence [kɔ̃feʀɑ̃s] *f* ❶ *(exposé)* Vortrag *m;* ***tenir une ~ sur qc*** einen Vortrag über etw *akk* halten ❷ *(réunion)* Besprechung *f; a.* POL Konferenz *f;* ***être en ~*** in einer Sitzung sein; ***~ au sommet*** Gipfelkonferenz; ***~ de presse*** Pressekonferenz; ***~ de rédaction*** Redaktionskonferenz

conférencier, -ière [kɔ̃feʀɑ̃sje, -jɛʀ] *m, f* Vortragende(r) *f(m),* Redner(in) *m(f)*

conférer [kɔ̃feʀe] <5> *vt* verleihen; ***~ un sens à qc*** einer S. *dat* einen Sinn verleihen

confesse [kɔ̃fɛs] *f* ***aller à ~*** zur Beichte gehen

confesser [kɔ̃fese] <1> **I.** *vi* die Beichte abnehmen **II.** *vt* beichten *péché;* eingestehen *erreur;* ***~ qn*** jdm die Beichte abnehmen **III.** *vpr* ***se ~ à qn*** bei jdm beichten; ***aller se ~*** zur Beichte gehen

confesseur [kɔ̃fesœʀ] *m* Beichtvater *m*

confession [kɔ̃fesjɔ̃] *f* ❶ *(sacrement)* Beichte *f;* ***entendre qn en ~*** jdm die Beichte abnehmen ❷ *(religion)* Konfession *f,* Bekenntnis *nt* ❸ *(aveu)* Geständnis *nt*

confessionnal [kɔ̃fesjɔnal, -o] <-aux> *m* Beichtstuhl *m*

confessionnel(le) [kɔ̃fesjɔnɛl] *adj* konfessionell

confetti [kɔ̃feti] *m* Konfetti *nt*

confiance [kɔ̃fjɑ̃s] *f sans pl* Vertrauen *nt;* ***question de ~*** POL Vertrauensfrage *f;* ***personne de ~*** Vertrauensperson *f;* ***avoir pleine ~ en qn/dans qc*** volles Vertrauen in jdn/in etw *akk* haben; ***inspirer ~ à qn*** einen Vertrauen erweckenden Eindruck auf jdn machen; ***perdre/reprendre ~ [en soi]*** sein Selbstvertrauen verlieren/wiedererlangen

confiant(e) [kɔ̃fjɑ̃, jɑ̃t] *adj* ❶ *(sans méfiance)* vertrauensselig; ***~ en** [o **dans**] **qn/qc*** auf jdn/etw vertrauend ❷ *(sûr de soi)* selbstbewusst

confidence [kɔ̃fidɑ̃s] *f* vertrauliche Mitteilung; ***être dans la ~*** [in ein Geheimnis] eingeweiht sein; ***mettre qn dans la ~*** jdn ins Vertrauen ziehen

confident(e) [kɔ̃fidɑ̃, ɑ̃t] *m(f)* Vertraute(r) *f(m)*

confidentialité [kɔ̃fidɑ̃sjalite] *f des informations* Vertraulichkeit *f*

confidentiel(le) [kɔ̃fidɑ̃sjɛl] *adj* ❶ *(secret)* vertraulich ❷ *(restreint)* für einen kleinen Kreis bestimmt

confidentiellement [kɔ̃fidɑ̃sjɛlmɑ̃] *adv* im Vertrauen

confier [kɔ̃fje] <1> **I.** *vt* ❶ *(dévoiler)* mitteilen ❷ *(remettre)* anvertrauen; ***~ une mission à qn*** jdn mit einem Auftrag betrauen **II.** *vpr (se confesser)* ***se ~ à qn*** sich jdm anvertrauen

configuration [kɔ̃figyʀasjɔ̃] *f* Beschaffenheit *f*

configurer [kɔ̃figyʀe] <1> *vt* INFORM konfigurieren

confiné(e) [kɔ̃fine] *adj (reclus)* eingesperrt

confiner [kɔ̃fine] <1> *vt (enfermer)* einsperren

confins [kɔ̃fɛ̃] *mpl* ***aux ~ de qc et de qc*** an der Grenze von etw und etw

confiote [kɔ̃fjɔt] *f (fam)* Marmelade *f*

confirmand [kɔ̃fiʀmɑ̃] *m (dans l'église*

protestante) Konfirmand(in) *m(f); (dans l'église catholique)* Firmling *m*

confirmation [kɔ̃fiʀmasjɔ̃] *f* ❶ *(preuve, document)* Bestätigung *f* ❷ *(catholique)* Firmung *f; (protestante)* Konfirmation *f*

confirmé(e) [kɔ̃fiʀme] *adj* bewährt

confirmer [kɔ̃fiʀme] <1> **I.** *vt* ❶ *(certifier)* bestätigen ❷ *(renforcer)* **~ *qn dans son opinion*** jdn in seinen Ansichten bestätigen ❸ *(catholique)* firmen; *(protestant)* konfirmieren **II.** *vpr (être exact)* ***se ~*** sich bewahrheiten

confiscation [kɔ̃fiskasjɔ̃] *f* JUR Beschlagnahme *f*, Konfiszierung *f*

confiserie [kɔ̃fizʀi] *f (sucrerie)* Süßigkeit *f*

confiseur, -euse [kɔ̃fizœʀ, -øz] *m, f* Süßwarenfabrikant(in) *m(f)*

confisquer [kɔ̃fiske] <1> *vt* **~ *un objet*** einen Gegenstand abnehmen; *police:* einen Gegenstand beschlagnahmen

confit [kɔ̃fi] *m* **~ *d'oie*** Gänse-Confit *nt (im eigenen Fett gebratenes Fleisch)*

confit(e) [kɔ̃fi, it] *adj fruits* kandiert; *condiments* eingelegt; *viande* eingemacht

confiture [kɔ̃fityʀ] *f* Marmelade *f*, Konfitüre *f*; **~ *de fraises*** Erdbeermarmelade

conflagration [kɔ̃flagʀasjɔ̃] *f (soutenu)* Aufruhr *m*, Umwälzung *f*

conflictuel(le) [kɔ̃fliktɥɛl] *adj pulsions, intérêts* entgegengesetzt

conflit [kɔ̃fli] *m* Konflikt *m*; ***~s sociaux*** soziale Spannungen *Pl*

confluence [kɔ̃flɥɑ̃s] *f (action) de deux fleuves* Zusammenfließen *nt; (lieu)* Zusammenfluss *m*

confluent [kɔ̃flyɑ̃] *m* Zusammenfluss *m*

confluer [kɔ̃flye] <1> *vi* zusammenfließen

confondant(e) [kɔ̃fɔ̃dɑ̃, ɑ̃t] *adj* erstaunlich; *ressemblance* frappierend

confondre [kɔ̃fɔ̃dʀ] <14> **I.** *vi* sich irren **II.** *vt (mêler)* durcheinanderbringen; ***j'ai dû vous ~ avec une autre*** ich hab' Sie mit jemand anderem verwechselt **III.** *vpr* ❶ *(se mêler)* ***se ~ dans l'esprit de qn*** im Kopf von jdm durcheinandergeraten ❷ *(prodiguer)* ***se ~ en remerciements*** sich vieltausendmal bedanken

conformation [kɔ̃fɔʀmasjɔ̃] *f d'un squelette, corps* Bau *m; d'une molécule* Aufbau *m*; **~ *anatomique*** Körperbau *m*

conforme [kɔ̃fɔʀm] *adj* ❶ *(correspondant)* ***être ~ à qc*** einer S. *dat* entsprechen; ***certifié ~*** [amtlich] beglaubigt ❷ *(en accord avec)* ***être ~ à qc*** mit etw übereinstimmen; ***~ à la loi*** gesetzmäßig ❸ *(conformiste)* angepasst

conformé(e) [kɔ̃fɔʀme] *adj* ***bien ~(e)*** wohlgebildet; ***mal ~(e)*** missgestaltet

conformément [kɔ̃fɔʀmemɑ̃] *adv* **~ *aux termes de votre courrier du ...*** *(form)* mit Bezug auf Ihr Schreiben vom …

conformisme [kɔ̃fɔʀmism] *m* Konformismus *m*, Angepasstheit *f*

conformiste [kɔ̃fɔʀmist] *adj* angepasst

conformité [kɔ̃fɔʀmite] *f* Übereinstimmung *f*; ***en ~ avec l'original*** originalgetreu; ***être en ~ avec les normes en vigueur*** den gültigen Normen entsprechen

confort [kɔ̃fɔʀ] *m* ❶ *sans pl* Komfort *m* ❷ *(commodité)* ***offrir un grand ~ d'utilisation*** benutzerfreundlich sein ❸ *sans pl (bien-être)* Wohlbefinden *nt*; ***aimer son ~*** die Bequemlichkeit lieben

confortable [kɔ̃fɔʀtabl] *adj* ❶ *maison, voiture* komfortabel; *lit, vêtement* bequem ❷ *(agréable)* angenehm; *(financièrement)* [finanziell] gesichert ❸ *(important)* beachtlich *fam*

confortablement [kɔ̃fɔʀtabləmɑ̃] *adv* ❶ bequem ❷ *(largement)* ***vivre ~*** nicht schlecht leben

conforter [kɔ̃fɔʀte] <1> *vt* stärken *régime politique;* bestärken *thèse;* ***être conforté dans son opinion*** in seiner Meinung bestärkt werden

confraternel(le) [kɔ̃fʀatɛʀnɛl] *adj* ❶ *(entre confrères)* brüderlich; ***amitié ~le*** Bruderliebe *f* ❷ *(entre consœurs)* schwesterlich

confrère [kɔ̃fʀɛʀ] *m* Kollege *m*

confrérie [kɔ̃fʀeʀi] *f* Bruderschaft *f*

confrontation [kɔ̃fʀɔ̃tasjɔ̃] *f* Konfrontation *f*, Aufeinandertreffen *nt*

confronter [kɔ̃fʀɔ̃te] <1> **I.** *vt* ❶ JUR **~ *qn avec qn*** jdn jdm gegenüberstellen ❷ *(mettre en face de)* konfrontieren **II.** *vpr* ***se ~ à qc*** vor etw *dat* stehen

confus(e) [kɔ̃fy, yz] *adj* ❶ *(indistinct)* undeutlich ❷ *(embrouillé)* konfus ❸ *(embarrassé)* verlegen; ***je suis ~!*** das ist mir sehr/so peinlich!

confusément [kɔ̃fyzemɑ̃] *adv* undeutlich

confusion [kɔ̃fyzjɔ̃] *f* ❶ *sans pl (embarras)* Verlegenheit *f* ❷ *(erreur)* Verwechslung *f*; ***il y a ~!*** da muss eine Verwechslung vorliegen!; ***prêter à ~*** verwirrend sein ❸ *sans pl (agitation)* Unruhe *f; (désordre)* Durcheinander *nt*; ***jeter*** [*o* ***mettre***] ***la ~*** Verwirrung *f* stiften

congé [kɔ̃ʒe] *m* ❶ Urlaub *m*; SCOL [Schul]ferien *Pl*; UNIV Semesterferien; ***~s payés*** bezahlter Urlaub; ***avoir 2 jours de ~*** 2 Tage

Urlaub haben; ***être en ~ de maladie*** krankgeschrieben sein; ~ *[de]* ***maternité*** Mutterschaftsurlaub ❷ *(licenciement)* ***donner son ~ à qn*** jdn entlassen ❸ *(salutation)* ***prendre ~ de qn/qc*** sich von jdm/etw verabschieden

congédiement [kɔ̃ʒedimɑ̃] *m* Entlassung *f*

congédier [kɔ̃ʒedje] <1> *vt* entlassen *employé;* hinauskomplimentieren *visiteur*

congélateur [kɔ̃ʒelatœʀ] *m* Tiefkühltruhe *f;* ***compartiment*** ~ Gefrierfach *nt*

congélation [kɔ̃ʒelasjɔ̃] *f* ❶ *(surgélation)* Einfrieren *nt* ❷ *(passage à l'état solide) de l'eau* [Ge]frieren *nt; de l'huile* Erstarren *nt*

congeler [kɔ̃ʒ(ə)le] <4> **I.** *vt* ❶ PHYS zum Gefrieren bringen ❷ GASTR einfrieren; ***être congelé*** tiefgefroren sein **II.** *vpr* ***se*** ~ gefrieren

congénère [kɔ̃ʒenɛʀ] *mf souvent pl (péj)* Artgenosse *m/*-genossin *f*

congénital(e) [kɔ̃ʒenital, -o] <-aux> *adj (a. fig)* angeboren

congère [kɔ̃ʒɛʀ] *m* Schneewehe *f*

congestion [kɔ̃ʒɛstjɔ̃] *f* MED Schlaganfall *m;* ***~ cérébrale*** [Ge]hirnschlag *m;* ***~ pulmonaire*** [leichte] Lungenentzündung

conglomérat [kɔ̃glɔmeʀa] *m* ❶ GEOL Konglomerat *nt* ❷ ECON Mischkonzern *m*

Congo [kɔ̃gɔ] *m* ***le*** ~ der Kongo

congratulations [kɔ̃gʀatylasjɔ̃] *fpl* Glückwünsche *Pl,* Gratulation *f*

congratuler [kɔ̃gʀatyle] <1> *vt (soutenu)* ***~ qn*** jdm seine Glückwünsche darbringen

congre [kɔ̃gʀ] *m* Meeraal *m*

congrégation [kɔ̃gʀegasjɔ̃] *f* Kongregation *f*

congrès [kɔ̃gʀɛ] *m* Kongress *m,* Tagung *f;* ***le Congrès*** POL der Kongress

congressiste [kɔ̃gʀesist] *mf* Kongressteilnehmer(in) *m(f)*

congruent(e) [kɔ̃gʀyɑ̃, ɑ̃t] *adj* ❶ *idée* passend ❷ MATH *figures* kongruent

conifère [kɔnifɛʀ] *m* Nadelbaum *m*

conique [kɔnik] *adj* kegelförmig

conjectural(e) [kɔ̃ʒɛktyʀal, o] <-aux> *adj* spekulativ, auf Vermutungen beruhend

conjecture [kɔ̃ʒɛktyʀ] *f* Vermutung *f*

conjecturer [kɔ̃ʒɛktyʀe] <1> *vt* vermuten

conjoint(e) [kɔ̃ʒwɛ̃, wɛ̃t] *m(f) (form)* [Ehe]gatte *m/*-gattin *f*

conjointement [kɔ̃ʒwɛ̃tmɑ̃] *adv* zusammen

conjonctif, -ive [kɔ̃ʒɔ̃ktif, -iv] *adj tissu* Binde-

conjonction [kɔ̃ʒɔ̃ksjɔ̃] *f* ❶ GRAM Konjunktion *f,* Bindewort *nt;* ***~ de coordination*** beiordnende Konjunktion; ***~ de subordination*** unterordnende Konjunktion ❷ *sans pl (réunion)* Vereinigung *f*

conjonctive [kɔ̃ʒɔ̃ktiv] *f* ANAT Bindehaut *f*

conjonctivite [kɔ̃ʒɔ̃ktivit] *f* Bindehautentzündung *f*

conjoncture [kɔ̃ʒɔ̃ktyʀ] *f* ❶ *sans pl (situation)* Bedingungen *Pl,* Situation *f* ❷ *sans pl* ECON Konjunktur *f;* ***basse/haute ~*** Konjunkturflaute *f*/Hochkonjunktur

conjoncturel(le) [kɔ̃ʒɔ̃ktyʀɛl] *adj crise, cycle* Konjunktur-

conjugaison [kɔ̃ʒygɛzɔ̃] *f* Konjugation *f*

conjugal(e) [kɔ̃ʒygal, -o] <-aux> *adj* ehelich; *lit, vie* Ehe-

conjugué(e) [kɔ̃ʒyge] *adj efforts* vereint; *action* gemeinsam

conjuguer [kɔ̃ʒyge] <1> **I.** *vt* ❶ GRAM konjugieren ❷ *(unir)* vereinigen **II.** *vpr* GRAM ***se*** ~ konjugiert werden

conjuration [kɔ̃ʒyʀasjɔ̃] *f* Verschwörung *f*

conjuré(e) [kɔ̃ʒyʀe] *m(f)* Verschwörer(in) *m(f)*

conjurer [kɔ̃ʒyʀe] <1> *vt* ❶ *(éviter)* abwenden *échec, crise* ❷ *(supplier)* beschwören

connaissable [kɔnɛsabl] *adj* der Erkenntnis zugänglich

connaissance [kɔnɛsɑ̃s] *f* ❶ *sans pl (fait de connaître)* Kenntnis *f;* ***il est porté à la ~ du public que …*** es wird hiermit öffentlich mitgeteilt, dass …; ***prendre ~ de qc*** etw zur Kenntnis nehmen; ***à ma ~*** meines Wissens; ***pas à ma ~*** nicht, dass ich wüsste; ***en ~ de cause*** in Kenntnis der Sachlage ❷ *pl (choses apprises)* Kenntnisse *Pl,* Wissen *nt;* ***avoir une bonne ~ des langues*** gute Sprachkenntnisse haben; ***approfondir ses ~s*** sein Wissen vertiefen ❸ *(personne)* Bekannte(r) *f(m),* Bekanntschaft *f;* ***faire la ~ de qn*** die Bekanntschaft von jdm machen; ***je suis enchanté de faire votre ~*** ich bin sehr erfreut *form,* Sie kennenzulernen ❹ *(lucidité)* Bewusstsein *nt;* ***perdre ~*** das Bewusstsein verlieren; ***sans ~*** bewusstlos

connaissement [kɔnɛsmɑ̃] *m* COM Frachtbrief *m*

connaisseur, -euse [kɔnɛsœʀ, -øz] **I.** *adj* Kenner- **II.** *m, f* Kenner(in) *m(f);* ***être très ~ en la matière*** sich auf diesem Gebiet sehr gut auskennen

connaître [kɔnɛtʀ] <irr> **I.** *vt* ❶ kennen *mot;* wissen *nom, adresse;* ***on connaît les meurtriers?*** weiß man, wer die Mörder sind?; ***vous connaissez la nouvelle?*** wissen Sie schon das Neueste?; ***comme je***

C

te connais, ... wie ich dich kenne, ...; ***ça me connaît!*** *(fam)* da kenn' ich mich aus!; ***on connaît la musique*** das ist immer dasselbe; ~ ***qc comme le fond de sa poche*** etw wie seine Westentasche kennen ❷ *(comprendre)* ~ ***son métier*** sein Handwerk verstehen; ~ ***l'allemand*** Deutsch können; ***ne rien*** ~ ***à qc*** von etw nichts verstehen ❸ *(rencontrer)* kennenlernen; ***faire*** ~ ***qn à qn*** jdn mit jdm bekannt machen ❹ *(éprouver)* erleben; ~ ***un succès fou*** *personne:* einen Riesenerfolg haben; *film:* ein Riesenerfolg sein; ***ne*** ~ ***aucune exception*** ausnahmslos gültig sein **II.** *vpr* ❶ *(se fréquenter)* ***se*** ~ ***depuis longtemps*** sich schon lange kennen ❷ *(connaître ses possibilités)* ***se*** ~ sich kennen; ***tel que je me connais*** wie ich mich kenne ❸ *(être spécialiste)* ***s'y*** ~ etwas davon verstehen; ***s'y*** ~ ***en ordinateurs*** sich [gut] mit Computern auskennen

Grammatik und Co.

Das Verb **connaître** wird nicht wie *naître* konjugiert. Die beiden Verben haben z. B. völlig unterschiedliche Partizipien:
j'ai connu – je suis né(e).
In Bezug auf die Schreibung gilt folgende Regel: Das *î* steht immer nur vor *t*.
Die Verbformen ohne *t* schreiben sich mit *i*, z. B. *je connais cette ville* – *ich kenne diese Stadt.*

connard [kɔnaʀ] *m (fam)* [Voll]idiot *m*

connasse [kɔnas] *f (péj vulg)* blöde Ziege *f*

connecté(e) [konɛkte] *adj* online; ***être*** ~***(e)***/***non*** ~***(e)*** online/offline sein

connecter [kɔnɛkte] <1> **I.** *vt* anschließen an *+akk;* ~ ***des ordinateurs en réseau*** Computer vernetzen **II.** *vpr* ***se*** ~ ***au réseau*** sich ins Netz einloggen; ***se*** ~ ***à Internet*** sich ins Internet einloggen

connecteur [kɔnɛktœʀ] *m* INFORM Steckplatz *m;* ~ ***d'alimentation électrique*** Stromanschluss

connectique [kɔnɛktik] *f* ELEC, INFORM Anschlusstechnik *f,* Verbindungstechnik *f*

connerie [kɔnʀi] *f* ❶ *sans pl (fam: stupidité)* Schwachsinn *m* ❷ *(fam: acte)* Quatsch *m kein Pl;* ***tout ça, c'est des*** ~***s!*** das ist [doch/ja] alles Blödsinn *m* !

connexe [kɔ̃nɛks] *adj affaires, idées* zusammenhängend

connexion [kɔnɛksjɔ̃] *f* ❶ *(relation)* Zusammenhang *m,* Verbindung *f* ❷ *(à un circuit)* Anschluss *m; (entre deux appareils)* Verbindung *f* ❸ INFORM Verbindung *f*

connivence [kɔnivɑ̃s] *f* heimliches Einverständnis

connotation [kɔnɔtasjɔ̃] *f* Konnotation *f*

connoter [kɔnɔte] <1> *vt* die Vorstellung hervorrufen von, konnotieren *Fachspr.;* ~ ***une valeur poétique*** *mot:* eine poetische Konnotation haben

connu(e) [kɔny] **I.** *part passé de* **connaître** **II.** *adj* bekannt

conque [kɔ̃k] *f* ZOOL [See]muschel *f*

conquérant(e) [kɔ̃keʀɑ̃, ɑ̃t] **I.** *adj esprit* eroberungslustig; *air* selbstbewusst **II.** *m(f)* Eroberer *m*

conquérir [kɔ̃keʀiʀ] <irr> *vt* erobern, für sich gewinnen *personne*

conquête [kɔ̃kɛt] *f* Eroberung *f;* ***partir à la*** ~ ***de qc*** ausziehen [um] etw zu erobern

conquis(e) [kɔ̃ki, iz] *part passé de* **conquérir**

consacré(e) [kɔ̃sakʀe] *adj* ❶ *église* geweiht ❷ *(adéquat)* üblich ❸ *(célèbre)* anerkannt

consacrer [kɔ̃sakʀe] <1> **I.** *vt* ❶ *(donner)* widmen *vie, livre;* ~ ***son argent à qc*** sein Geld für etw verwenden ❷ REL weihen **II.** *vpr* ***se*** ~ ***à qn/qc*** sich jdm/einer S. widmen

consanguin(e) [kɔ̃sɑ̃gɛ̃, in] *adj mariage, union* zwischen Blutsverwandten

consanguinité [kɔ̃sɑ̃g(ɥ)inite] *f* ❶ *(parenté du même père)* Verwandtschaft *f* väterlicherseits ❷ *(parenté héréditaire)* Blutsverwandtschaft *f* ❸ *(union consanguine)* Inzucht *f*

consciemment [kɔ̃sjamɑ̃] *adj* bewusst

conscience [kɔ̃sjɑ̃s] *f* ❶ *sans pl* PSYCH Bewusstsein *nt;* ***avoir/prendre*** ~ ***de qc*** sich *dat* einer S. *gen* bewusst sein/werden; ***perdre*** ~ das Bewusstsein verlieren; ***reprendre*** ~ wieder zu sich kommen ❷ *sans pl (connaissance)* ***la*** ~ ***de qc*** das Wissen um etw ❸ *sans pl (sens moral)* Gewissen *nt; (sens du devoir)* Gewissenhaftigkeit *f;* ***avoir la*** ~ ***en paix*** ein ruhiges Gewissen haben; ***qc donne bonne/mauvaise*** ~ ***à qn*** jd hat bei etw ein gutes/schlechtes Gewissen

consciencieusement [kɔ̃sjɑ̃sjøzmɑ̃] *adv* gewissenhaft

consciencieux, -euse [kɔ̃sjɑ̃sjø, -jøz] *adj* gewissenhaft

conscient(e) [kɔ̃sjɑ̃, jɑ̃t] *adj* ❶ *(informé)* bewusst; ***être*** ~ ***de qc/d'avoir fait qc*** sich *dat* einer S. *gen* bewusst sein/sich *dat* [der Tatsache] bewusst sein etw gemacht zu haben ❷ *(lucide)* bei Bewusstsein

conscription [kɔ̃skʀipsjɔ̃] *f* Konskription *f*

conscrit [kɔ̃skʀi] *m* Wehrpflichtige(r) *m*

consécration [kɔ̃sekʀasjɔ̃] *f sans pl des efforts* Anerkennung *f; d'une carrière* Krönung *f*

consécutif, -ive [kɔ̃sekytif, -iv] *adj* ❶ *(à la file)* aufeinanderfolgend; ***être ~ à qc*** die Folge von etw sein ❷ *(résultant de)* ***~ à qc*** durch eine S. hervorgerufen

consécutivement [kɔ̃sekytivmɑ̃] *adv* ❶ *(sans interruption)* nacheinander ❷ *(par suite de)* ***~ à qc*** wegen einer S. *gen,* infolge einer S. *gen*

conseil [kɔ̃sɛj] *m* ❶ *(recommandation)* Rat[schlag *m*] *m;* ***donner des ~s à qn*** jdm Ratschläge erteilen; ***demander ~ à qn*** jdn um Rat fragen; ***faire qc sur le ~ de qn*** etw auf jds Rat hin tun ❷ *(personne)* Berater(in) *m(f)* ❸ *(assemblée: privée)* Vorstand *m; (publique)* Verwaltungsrat *m;* ***Conseil exécutif*** CH Regierungsrat CH; ***Conseil fédéral*** CH Bundesrat CH; ***~ général*** *oberstes Exekutivorgan eines Departements;* ***~ municipal*** Gemeinderat; ***~ régional*** Regionalrat; ***Conseil national*** CH Nationalrat CH; ***~ de l'Europe*** Europarat; ***~ de classe*** Schulkonferenz *f;* ***~ des jeunes*** Rat der Jugendlichen; ***~ de discipline*** Disziplinarausschuss *m;* SCOL Schulvorstand; ***passer en ~ de guerre*** vor das Kriegsgericht gestellt werden; ***Conseil de l'Union européenne*** Rat der Europäischen Union; ***~ européen*** Europäischer Rat; ***Conseil de sécurité*** Sicherheitsrat; ***Conseil des ministres*** Ministerrat; ***Conseil d'État*** ≈ Bundesverwaltungsgericht *nt*

conseiller [kɔ̃seje] <1> **I.** *vt* ❶ *(recommander)* ***~ un vin*** jdm einen Wein empfehlen; ***~ la prudence à qn*** jdm zur Vorsicht raten ❷ *(inciter)* ***~ à qn de faire qc*** jdm gebieten etw zu tun ❸ *(guider)* ***~ qn dans qc*** jdn bei etw beraten **II.** *vt impers* ***il est conseillé à qn de faire qc*** es empfiehlt sich für jdn etw zu tun

conseiller, -ère [kɔ̃seje, -ɛʀ] *m, f* ❶ *(qui donne des conseils)* Ratgeber(in) *m(f)* ❷ *m (expert)* ***~ en entreprise*** Unternehmensberater(in) *m(f)* ❸ *m* ADMIN, POL Rat *m*/Rätin *f;* ***~ municipal*** Gemeinderat; ***~ fédéral*** CH Bundesrat CH ❹ SCOL ***~ d'orientation*** Berufsberater *m* [für Schüler]

consensuel(le) [kɔ̃sɑ̃sɥɛl] *adj* ***en accord*** ~ in gegenseitigem Einvernehmen

consensus [kɔ̃sɛ̃sys] *m* Konsens *m;* ***recueillir un large ~*** breite Zustimmung finden

consentant(e) [kɔ̃sɑ̃tɑ̃, ɑ̃t] *adj* ***être ~*** einverstanden sein

consentement [kɔ̃sɑ̃tmɑ̃] *m* Zustimmung *f*

consentir [kɔ̃sɑ̃tiʀ] <10> **I.** *vi (accepter)* ***~ à qc*** einer S. *dat* zustimmen; ***~ à faire qc/à ce que*** *+subj* damit einverstanden sein etw zu tun/, dass **II.** *vt (accorder)* gewähren

conséquence [kɔ̃sekɑ̃s] *f* Folge *f;* ***avoir qc pour*** [*o* ***comme***] ~ etw zur Folge haben; ***tirer les ~s de qc*** die Konsequenzen aus etw ziehen; ***sans ~*** ohne Folgen; ***accident sans ~*** harmloser Unfall; ***en ~*** *(donc)* infolgedessen; *(conformément à cela)* [dem]entsprechend; ***en ~ de qc*** infolge einer S. *gen*

conséquent(e) [kɔ̃sekɑ̃, ɑ̃t] *adj* ❶ *(cohérent)* konsequent; ***par ~*** folglich ❷ *(fam: considérable)* beachtlich

conservateur [kɔ̃sɛʀvatœʀ] *m* Konservierungsstoff *m*

conservateur, -trice [kɔ̃sɛʀvatœʀ, -tʀis] **I.** *adj* ❶ POL konservativ ❷ GASTR ***agent ~*** Konservierungsstoff *m* **II.** *m, f* ❶ *d'un musée* Verwalter(in) *m(f)* ❷ POL Konservative(r) *f(m)*

conservation [kɔ̃sɛʀvasjɔ̃] *f d'un aliment* Konservieren *nt; d'un monument* Instandhaltung *f; d'un aliment* Aufbewahrung *f; des archives* Pflege *f*

conservatisme [kɔ̃sɛʀvatism] *m* Konservatismus *m*

conservatoire [kɔ̃sɛʀvatwaʀ] *m* MUS Konservatorium *nt;* THEAT Schauspielschule *f*

conserve [kɔ̃sɛʀv] *f* Konserve *f;* ***des petits pois en ~*** Erbsen aus der Dose; ***mettre qc en ~*** *(industriellement)* etw zu Konserven verarbeiten; *(à la maison)* etw einmachen

conservé(e) [kɔ̃sɛʀve] *adj (fam)* erhalten

conserver [kɔ̃sɛʀve] <1> **I.** *vt* ❶ *(garder)* aufbewahren *papiers, aliments;* instand halten *monument* ❷ GASTR konservieren ❸ *(ne pas perdre)* behalten, pflegen *tradition;* beibehalten *habitude;* nicht aufgeben *espoir;* ***~ son calme*** Ruhe bewahren **II.** *vi (fam)* ***qc/ça conserve*** etw/das hält jung **III.** *vpr* ***se ~*** *aliment:* sich halten

conserverie [kɔ̃sɛʀvəʀi] *f* ❶ *(fabrique)* Konservenfabrik *f* ❷ *(industrie)* Konservenindustrie *f*

considérable [kɔ̃sideʀabl] *adj* beachtlich; ***un travail ~*** viel Arbeit

C

considérablement [kɔ̃sideʀabləmɑ̃] *adv* beachtlich
considérant [kɔ̃sideʀɑ̃] *m* JUR Beweggrund *m*
considération [kɔ̃sideʀasjɔ̃] *f* ❶ *pl (raisonnement)* Überlegungen *Pl*, Erwägungen *Pl* ❷ *(estime)* Ansehen *nt* ❸ *(attention)* ***digne de*** ~ beachtenswert; ***en ~ de qc*** in Anbetracht einer S. *gen;* ***prendre qn/qc en*** ~ jdn/etw berücksichtigen
considérer [kɔ̃sideʀe] <5> **I.** *vt* ❶ *(étudier)* nachdenken über +*akk*, überdenken, bedenken *détail;* ***tout bien considéré*** nach reiflicher Erwägung; ***considérant que ...*** wenn man bedenkt, dass ... ❷ *(estimer)* ***être considéré*** geschätzt werden ❸ *(contempler)* [eingehend] betrachten ❹ *(penser)* ~ ***que ...*** finden, dass ... ❺ *(tenir pour)* ~ ***qn comme un traître*** jdn als einen Verräter betrachten **II.** *vpr (se tenir pour)* ***se ~ comme le responsable*** sich für den Verantwortlichen halten
consignation [kɔ̃siɲasjɔ̃] *f de marchandises, d'argent* Hinterlegung *f*
consigne [kɔ̃siɲ] *f* ❶ *sans pl* TRANSP Gepäckaufbewahrung *f;* ~ ***automatique*** Schließfach *nt* ❷ *sans pl* COM Pfand *nt* ❸ *(instructions)* Anweisungen *Pl*, Vorschriften *Pl*
consigné(e) [kɔ̃siɲe] *adj bouteille* Pfand-; *emballage* Mehrweg-
consigner [kɔ̃siɲe] <1> *vt* ❶ *(mettre à la consigne)* zur Aufbewahrung geben *bagages* ❷ *(facturer)* ***qc est consigné*** auf etw *akk* wird Pfand erhoben ❸ *(enregistrer)* notieren
consistance [kɔ̃sistɑ̃s] *f* Beschaffenheit *f*, Konsistenz *f;* ***prendre*** ~ *pâte:* fest[er] werden; *liquide:* dick[er] werden; ***nouvelle sans*** ~ *(fig)* Nachricht ohne Grundlage *f*
consistant(e) [kɔ̃sistɑ̃, ɑ̃t] *adj* ❶ *(épais)* dickflüssig ❷ *(fam: substantiel)* gehaltvoll ❸ *(fondé)* nicht unbegründet; *argument* stichhaltig
consister [kɔ̃siste] <1> *vi* ❶ *(se composer de)* ~ ***en qc*** aus etw bestehen ❷ *(être)* ~ ***en qc*** in etw *dat* bestehen; ~ ***à faire qc*** darin bestehen etw zu tun
consœur [kɔ̃sœʀ] *f* Kollegin *f; v. a.* **confrère**
consolable [kɔ̃sɔlabl] *adj* ***ne pas être*** ~ untröstlich sein; ***facilement*** ~ leicht zu trösten
consolant(e) [kɔ̃sɔlɑ̃, ɑ̃t] *adj* tröstlich
consolation [kɔ̃sɔlasjɔ̃] *f* Trost *m*
console [kɔ̃sɔl] *f* ❶ *(meuble)* Konsole *f* ❷ TECH Konsole *f;* ~ ***de mixage*** Mischpult *nt*
consoler [kɔ̃sɔle] <1> **I.** *vt* trösten **II.** *vpr* ***se*** ~ sich trösten
consolidation [kɔ̃sɔlidasjɔ̃] *f sans pl* ❶ *(action de rendre plus solide)* Sicherung *f; d'un mur, d'une façade* Befestigung *f* ❷ MED *d'une fracture* Zusammenwachsen *nt* ❸ FIN, JUR Konsolidierung *f*
consolider [kɔ̃sɔlide] <1> **I.** *vt* ❶ *(rendre solide)* sichern, befestigen *mur;* verstärken *table* ❷ *(fig)* festigen *position* ❸ FIN konsolidieren **II.** *vpr* **se** ~ ❶ *position:* gefestigt werden ❷ MED zusammenwachsen
consommable [kɔ̃sɔmabl] *adj* essbar
consommateur, -trice [kɔ̃sɔmatœʀ, -tʀis] *m, f* ❶ *(acheteur)* Verbraucher(in) *m(f)* ❷ *(client)* Gast *m*
consommateur-citoyen, consommatrice-citoyenne [kɔ̃sɔmatœʀsitwajɛ̃, kɔ̃sɔmatʀissitwajɛn] <consommateurs-citoyens> *m, f* [ethisch] bewusster Konsument *m*/[ethisch] bewusste Konsumentin *f*
consommation [kɔ̃sɔmasjɔ̃] *f* ❶ *sans pl* Verbrauch *m;* ECON Konsum *m;* ~ ***de qc*** Verbrauch an etw *dat;* ECON Konsum *m* an etw *dat;* ~ ***d'énergie*** Energieverbrauch; ***maison à faible ~ d'énergie*** Niedrigenergiehaus *nt* ❷ *sans pl (action de boire, de manger)* Verzehr *m;* ***impropre à la*** ~ nicht zum Verzehr geeignet ❸ *(boisson)* Getränk *nt*
consommé [kɔ̃sɔme] *m* [Kraft]brühe *f*
consommer [kɔ̃sɔme] <1> **I.** *vi* ❶ *(boire)* etwas zu sich *dat* nehmen ❷ *(acheter)* konsumieren **II.** *vt* ❶ GASTR zu sich *dat* nehmen ❷ *(user)* verbrauchen **III.** *vpr* ***qc se consomme chaud*** etw wird warm gegessen; *boisson:* etw wird warm getrunken; ***à ~ avant le ...*** mindestens haltbar bis ...
consomption [kɔ̃sɔ̃psjɔ̃] *f* MED *(vieilli)* Auszehrung *f*
consonance [kɔ̃sɔnɑ̃s] *f* MUS Konsonanz *f*
consonne [kɔ̃sɔn] *f* Konsonant *m*
consortium [kɔ̃sɔʀsjɔm] *m* Konsortium *nt*
conspirateur, -trice [kɔ̃spiʀatœʀ, -tʀis] *m, f* Verschwörer(in) *m(f)*
conspiration [kɔ̃spiʀasjɔ̃] *f* Verschwörung *f*
conspirer [kɔ̃spiʀe] <1> *vi* konspirieren
conspuer [kɔ̃spɥe] <1> *vt* ausbuhen *personne*
constamment [kɔ̃stamɑ̃] *adv* ❶ *(sans discontinuer)* ununterbrochen ❷ *(très fréquemment)* ständig
constance [kɔ̃stɑ̃s] *f* Beständigkeit *f*

Constance [kɔ̃stɑ̃s] Konstanz *nt;* ***le lac de ~*** der Bodensee

constant(e) [kɔ̃stɑ̃, ɑ̃t] *adj* ① *(invariable)* konstant ② *(continuel)* ständig

constante [kɔ̃stɑ̃t] *f* MATH Konstante *f*

constat [kɔ̃sta] *m* Protokoll *nt;* ***~ à l'amiable*** Unfallaufnahme *f (ohne die Polizei hinzuzuziehen)*

constatation [kɔ̃statasjɔ̃] *f* Feststellung *f;* ***arriver à la ~ que …*** zum Ergebnis kommen, dass …

constater [kɔ̃state] <1> *vt* feststellen

constellation [kɔ̃stelasjɔ̃] *f* ASTRON Sternbild *nt*

constellé(e) [kɔ̃stele] *adj* ***~ de taches*** voller Flecken

consternant(e) [kɔ̃stɛʀnɑ̃, ɑ̃t] *adj* erschütternd

consternation [kɔ̃stɛʀnasjɔ̃] *f* Betroffenheit *f,* Bestürzung *f*

consterné(e) [kɔ̃stɛʀne] *adj* bestürzt

consterner [kɔ̃stɛʀne] <1> *vt* betroffen machen

constipation [kɔ̃stipasjɔ̃] *f* Verstopfung *f*

constipé(e) [kɔ̃stipe] *adj* ① MED verstopft ② *(fam)* verklemmt

constiper [kɔ̃stipe] <1> *vt* ***~ qn*** bei jdm [eine] Verstopfung verursachen

constituant(e) [kɔ̃stitɥɑ̃, ɑ̃t] *adj* ① POL verfassunggebend ② *(constitutif)* ***les éléments ~s de qc*** die Bestandteile einer S. *gen*

constitué(e) [kɔ̃stitɥe] *adj* ① *(composé)* ***être ~ de qc*** aus etw bestehen ② *(conformé)* ***bien ~*** gut entwickelt

constituer [kɔ̃stitɥe] <1> **I.** *vt* ① *(composer)* bilden ② *(former)* bilden *gouvernement;* anlegen *dossier;* gründen *société* ③ *(représenter)* darstellen **II.** *vpr* ① *(s'instituer)* ***se ~ témoin*** als Zeuge auftreten ② *(accumuler)* ***se ~*** zusammensparen *fam*

constitutif, -ive [kɔ̃stitytif, -iv] *adj* ***les éléments ~s de qc*** die Bestandteile einer S. *gen*

constitution [kɔ̃stitysjɔ̃] *f* ① POL Verfassung *f;* ***la Constitution*** die Französische Verfassung ② *sans pl d'un groupe* Bildung *f; d'une bibliothèque* Einrichtung *f; d'un dossier* Anlage *f* ③ *sans pl (composition)* Zusammensetzung *f*

constitutionnalité [kɔ̃stitysjɔnalite] *f* JUR Verfassungsmäßigkeit *f,* Rechtsstaatlichkeit *f*

constitutionnel(le) [kɔ̃stitysjɔnɛl] *adj* verfassungskonform

constitutionnellement [kɔ̃stitysjɔnɛlmɑ̃] *adv correct, douteux* verfassungsrechtlich

constriction [kɔ̃stʀiksjɔ̃] *f* ① *(action)* Zusammenschnüren *nt* ② *des vaisseaux sanguins* Verengung *f*

constructeur [kɔ̃stʀyktœʀ] *m* ① *(ingénieur)* Konstrukteur(in) *m(f); (firme)* Hersteller *m* ② *(bâtisseur)* Baumeister(in) *m(f)*

constructible [kɔ̃stʀyktibl] *adj* ① *terrain* bebaubar ② GEOM *droite, polygone* konstruierbar

constructif, -ive [kɔ̃stʀyktif, -iv] *adj* konstruktiv

construction [kɔ̃stʀyksjɔ̃] *f* ① *sans pl (action)* Bau *m; (secteur)* Bauwesen *nt;* ***être en ~*** im Bau sein; ***la ~ de l'Europe*** *(fig)* der Aufbau Europas ② *(édifice)* Bauwerk *nt,* Konstruktion *f* ③ IND ***~ mécanique*** Maschinenbau *m*

construire [kɔ̃stʀɥiʀ] <irr> **I.** *vt* ① *(bâtir)* bauen ② *(fabriquer)* herstellen ③ *(élaborer)* aufstellen **II.** *vpr* LING ***se ~ avec le datif*** den Dativ verlangen; ***ce verbe se construit avec l'indicatif*** nach diesem Verb steht der Indikativ

consul [kɔ̃syl] *m* Konsul(in) *m(f)*

consulat [kɔ̃syla] *m* Konsulat *nt*

Consulat [kɔ̃syla] *m* HIST ***le ~*** das Konsulat

consultable [kɔ̃syltabl] *adj* ***être ~*** eingesehen werden können

consultant(e) [kɔ̃syltɑ̃, ɑ̃t] **I.** *adj* beratend **II.** *m(f)* Berater(in) *m(f)*

consultatif, -ive [kɔ̃syltatif, -iv] *adj* beratend

consultation [kɔ̃syltasjɔ̃] *f* ① *sans pl d'un ouvrage* Nachschlagen *nt* in +*dat; d'un agenda, d'un horaire* Nachsehen *nt* in +*dat* ② *(séance)* Beratung *f; (médicale)* Sprechstunde *f* ③ POL ***~ de l'opinion*** Meinungsumfrage *f* ④ CH *(prise de position)* Stellungnahme *f,* Vernehmlassung *f* CH

consulter [kɔ̃sylte] <1> **I.** *vi* Sprechstunde haben **II.** *vt* ① *(demander avis)* zu Rate ziehen, aufsuchen *médecin* ② *(regarder)* sehen auf +*akk montre;* nachschlagen in +*dat ouvrage;* nachsehen in +*dat agenda* ③ POL ***~ l'opinion*** eine Meinungsumfrage durchführen **III.** *vpr* ***se ~*** sich beraten

consumer [kɔ̃syme] <1> **I.** *vt (brûler)* verbrennen **II.** *vpr* ***se ~*** verbrennen; *cigarette:* herunterbrennen

contact [kɔ̃takt] *m* ① *sans pl (toucher)* Kontakt *m,* Berührung *f;* ***au ~ de l'air*** an der Luft; ***des choses entrent/sont en ~*** Dinge kommen/stehen [miteinander] in Berührung ② *(rapport)* Kontakt *m;* ***au ~ de qn*** im Umgang *m* mit jdm; ***entrer en*** [*o* ***prendre***] ***~ avec qn/qc*** mit jdm/etw Kontakt aufnehmen; ***rester en ~ avec***

qn/qc mit jdm/etw in Verbindung *f* bleiben ❸ ELEC, AUT Kontakt *m;* ***faux*** [*o* ***mauvais***] ~ Wackelkontakt; ***couper/mettre le*** ~ den Motor abstellen/anlassen

contacter [kɔ̃takte] <1> *vt* ~ ***qn/qc*** sich mit jdm/etw in Verbindung setzen

C

contagieux, -euse [kɔ̃taʒjø, -jøz] *adj* ansteckend

contagion [kɔ̃taʒjɔ̃] *f* Ansteckung *f*

container [kɔ̃tɛnɛʀ] *m* Behälter *m*

contamination [kɔ̃taminasjɔ̃] *f d'une personne* Ansteckung *f*

contaminer [kɔ̃tamine] <1> *vt personne:* anstecken; *virus:* infizieren, verseuchen *milieu*

conte [kɔ̃t] *m* Märchen *nt*

Land und Leute
Was in Deutschland die Gebrüder Grimm sind, ist in Frankreich Charles Perrault (1628-1703). Von den **contes de Perrault** sind bei uns vor allem *Le Petit Chaperon rouge – Rotkäppchen, La Belle au bois dormant – Dornröschen* und *Le Chat botté – Der gestiefelte Kater* bekannt.

contemplatif, -ive [kɔ̃tɑ̃platif, -iv] *adj* kontemplativ

contemplation [kɔ̃tɑ̃plasjɔ̃] *f sans pl* Betrachtung *f;* ***être/rester en ~ devant qc*** betrachtend vor etw *dat* stehen/verweilen

contempler [kɔ̃tɑ̃ple] <1> **I.** *vt* betrachten **II.** *vpr* ***se*** ~ sich betrachten

contemporain(e) [kɔ̃tɑ̃pɔʀɛ̃, ɛn] **I.** *adj* ❶ *(de la même époque)* ***être ~ de qn*** ein Zeitgenosse/eine Zeitgenossin von jdm sein; ***être ~ de qc*** zur gleichen Zeit wie etw entstanden sein ❷ *art* zeitgenössisch; *histoire* der Gegenwart; *français* heutig **II.** *m(f)* Zeitgenosse *m*/-genossin *f*

contenance [kɔ̃t(ə)nɑ̃s] *f* ❶ *d'un récipient* Inhalt *m; d'un réservoir* Fassungsvermögen *nt* ❷ *(attitude)* Haltung *f*

contenant [kɔ̃t(ə)nɑ̃] *m* Behältnis *nt*

conteneur [kɔ̃t(ə)nœʀ] *m* Container *m*

contenir [kɔ̃t(ə)niʀ] <9> **I.** *vt* ❶ *(renfermer)* enthalten ❷ *(maîtriser)* unterdrücken *rire;* in Schach halten *foule* **II.** *vpr* ***se*** ~ sich beherrschen

content(e) [kɔ̃tɑ̃, ɑ̃t] *adj* ❶ *(heureux)* ***~ de qc*** erfreut über etw *akk;* ***très*** ~ glücklich; ***être ~ pour qn*** sich für jdn freuen; ***être ~ de faire qc/que*** +*subj* sich freuen etw zu tun/, dass ❷ *(satisfait)* ***~ de qn/qc*** zufrieden mit jdm/etw; ***être ~ de soi*** selbstgefällig sein

contentement [kɔ̃tɑ̃tmɑ̃] *m sans pl* Zufriedenheit *f*

contenter [kɔ̃tɑ̃te] <1> **I.** *vt* zufrieden stellen *personne;* befriedigen *besoin;* ***on ne peut pas toujours ~ tout le monde!*** man kann es nicht immer allen recht machen! **II.** *vpr* ***se ~ de qc*** sich mit etw zufriedengeben

contentieux [kɔ̃tɑ̃sjø] *m* JUR Streitsache *f*

contenu [kɔ̃t(ə)ny] *m* ❶ Inhalt *m* ❷ INFORM, INET *(ensemble de connaissances ou d'informations)* Content *m*

contenu(e) [kɔ̃t(ə)ny] *adj* unterdrückt

conter [kɔ̃te] <1> *vt* ***ne pas s'en laisser ~*** sich *akk* nichts vormachen lassen

contestable [kɔ̃tɛstabl] *adj* zweifelhaft; *argument* fraglich

contestataire [kɔ̃tɛstatɛʀ] **I.** *adj* oppositionell; *mouvement* Protest- **II.** *mf* Systemgegner(in) *m(f)*

contestation [kɔ̃tɛstasjɔ̃] *f* Einwand *m;* ***faire de la*** ~ protestieren

conteste [kɔ̃tɛst] *adv* ***sans*** ~ zweifelsohne

contester [kɔ̃tɛste] <1> **I.** *vi* widersprechen **II.** *vt (discuter)* anzweifeln; ***ne pas ~ que*** +*subj* nicht bestreiten, dass; ***être contesté*** umstritten sein

conteur, -euse [kɔ̃tœʀ, tøz] *m, f* Märchendichter(in) *m(f)*

contexte [kɔ̃tɛkst] *m* ❶ LING Kontext *m,* Zusammenhang *m* ❷ *(situation)* Kontext *m,* Rahmen *m;* ***le ~ familial*** der familiäre Hintergrund; ***dans le ~ actuel*** in der augenblicklichen Lage

contextuel(le) [kɔ̃tɛkstɥɛl] *adj sens* kontextabhängig, kontextuell *geh*

contigu, contiguë [kɔ̃tigy] *adj territoires* aneinanderstoßend

continence [kɔ̃tinɑ̃s] *f* Enthaltsamkeit *f*

continent [kɔ̃tinɑ̃] *m* ❶ GEOG Kontinent *m* ❷ *(opp: île)* Festland *nt*

continental(e) [kɔ̃tinɑ̃tal, -o] <-aux> *adj* Kontinental-

contingence [kɔ̃tɛ̃ʒɑ̃s] *f* ❶ *pl (bagatelles)* Belanglosigkeiten *Pl,* Lappalien *Pl* ❷ *pl (facteurs non prévisibles)* Eventualitäten *Pl* ❸ PHILOS Zufällige(s) *nt,* Akzidens *nt Fachspr.*

contingences [kɔ̃tɛ̃ʒɑ̃s] *fpl* Belanglosigkeiten *Pl*

contingent [kɔ̃tɛ̃ʒɑ̃] *m* ❶ MIL [Truppen]kontingent *nt* ❷ a. COM *(part)* [An]teil *m*

continu [kɔ̃tiny] *m sans pl* ***en*** ~ ohne Pause; ***lecture en*** ~ INET Streaming *nt*

continu(**e**) [kɔ̃tiny] *adj ligne* durchgehend; *effort, bruit* kontinuierlich

continuateur, **-trice** [kɔ̃tinɥatœʀ, -tʀis] *m, f* ***être le ~ d'une personne/réforme*** jds Werk fortsetzen/eine Reform weiterführen

continuation [kɔ̃tinɥasjɔ̃] *f* Weiterführung *f;* ***bonne ~!*** weiterhin viel Erfolg!

continuel(**le**) [kɔ̃tinɥɛl] *adj (fréquent)* ständig; *(ininterrompu)* ununterbrochen; ***faire des efforts ~s pour arriver à qc*** sich ständig darum bemühen etw zu erreichen

continuellement [kɔ̃tinɥɛlmɑ̃] *adv (fréquemment)* ständig; *(sans s'arrêter)* ununterbrochen

continuer [kɔ̃tinɥe] <1> **I.** *vi* ① *(se poursuivre)* weitergehen; *bruit, pluie:* anhalten; ***tout a continué comme avant*** alles lief weiter wie bisher ② *(poursuivre)* weitermachen; *(à pied)* weitergehen; *(en voiture)* weiterfahren; ~ ***à lire*** weiterlesen ③ *(persister)* ~ ***à croire que …*** [*o* ***de***] nach wie vor glauben, dass …; ***si tu continues, je vais me fâcher!*** wenn du so weitermachst, werde ich böse!; ~ ***à faire qc*** [*o* ***de***] fortfahren etw zu tun **II.** *vt* ① *(poursuivre)* fortsetzen, weiterführen *politique;* fortfahren mit *exposé* ② *(prolonger)* verlängern

continuité [kɔ̃tinɥite] *f* Kontinuität *f*

continûment [kɔ̃tinymɑ̃] *adv* ununterbrochen

contorsionner [kɔ̃tɔʀsjɔne] <1> *vpr* ***se ~*** sich verrenken

contorsionniste [kɔ̃tɔʀsjɔnist] *mf* Schlangenmensch *m*

contour [kɔ̃tuʀ] *m* Umrisse *Pl,* Konturen *Pl; d'un dessin* Linien *Pl*

contourner [kɔ̃tuʀne] <1> *vt* ① *(faire le tour)* ~ ***qc*** *route:* um etw herumführen; *personne:* um etw herumgehen; *(en véhicule)* um etw herumfahren ② *(éluder)* umgehen

contraceptif [kɔ̃tʀasɛptif] *m* Verhütungsmittel *nt*

contraceptif, **-ive** [kɔ̃tʀasɛptif, -iv] *adj* empfängnisverhütend; ***pilule contraceptive*** [Antibaby]pille *f*

contraception [kɔ̃tʀasɛpsjɔ̃] *f* [Empfängnis]verhütung *f*

contractant [kɔ̃tʀaktɑ̃] *m* JUR Vertragspartner(in) *m(f)*

contractant(**e**) [kɔ̃tʀaktɑ̃, ɑ̃t] *adj* vertragschließend; ***les parties ~es*** die Vertragspartner

contracté(**e**) [kɔ̃tʀakte] *adj* ① *(tendu)* angespannt ② LING zusammengezogen

contracter [kɔ̃tʀakte] <1> **I.** *vt* ANAT anspannen; ***le froid contracte qc*** bei Kälte zieht sich etw zusammen **II.** *vpr* ***se ~*** sich zusammenziehen; *visage:* sich verzerren

contraction [kɔ̃tʀaksjɔ̃] *f* ① *(action)* Zusammenziehen *nt; (exagérée)* Verkrampfen *nt* ② *(état)* Anspannung *f*

contractuel(**le**) [kɔ̃tʀaktɥɛl] *m(f) (agent)* Hilfspolizist *m*/Politesse *f*

contradicteur [kɔ̃tʀadiktœʀ] *m* Widersacher(in) *m(f)*

contradiction [kɔ̃tʀadiksjɔ̃] *f sans pl* Widerspruch *m;* ***être en ~ avec qn*** nicht jds Meinung sein; ***être en ~ avec qc*** im Widerspruch zu etw stehen

contradictoire [kɔ̃tʀadiktwaʀ] *adj (incompatible)* widersprüchlich; *influences* gegensätzlich

contraignable [kɔ̃tʀɛɲabl] *adj* JUR erzwingbar

contraignant(**e**) [kɔ̃tʀɛɲɑ̃, ɑ̃t] *adj* zwingend; *horaire* streng [festgelegt]

contraindre [kɔ̃tʀɛ̃dʀ] <irr> **I.** *vt* ~ ***qn à qc*** jdn zu etw zwingen **II.** *vpr* ***se ~ à qc*** sich zu etw zwingen

contraint(**e**) [kɔ̃tʀɛ̃, ɛ̃t] *adj* gezwungen

contrainte [kɔ̃tʀɛ̃t] *f* Zwang *m;* ~ ***sociale*** soziale Verpflichtung; ***être soumis à des ~s*** unter Zwang stehen; ***sous la ~*** unter Zwang

contraire [kɔ̃tʀɛʀ] **I.** *adj* ① *(opposé)* entgegengesetzt; *preuve* Gegen-; ***avoir des opinions ~s*** gegensätzlicher Meinung sein ② *(incompatible)* ~ ***à l'usage*** gegen die Gewohnheit; ~ ***aux intérêts*** unvereinbar mit den Interessen; ~ ***à la loi*** gesetzeswidrig ③ *(défavorable)* ungünstig **II.** *m* Gegenteil *nt;* ***bien*** [*o* ***tout***] ***au ~*** ganz im Gegenteil

contrairement [kɔ̃tʀɛʀmɑ̃] *adv* ~ ***à qn/qc*** im Gegensatz zu jdm/entgegen etw; ~ ***à ce que je croyais*** entgegen dem, was ich glaubte

contralto [kɔ̃tʀalto] *m* Kontraalt *m*

contrariant(**e**) [kɔ̃tʀaʀjɑ̃, jɑ̃t] *adj* ① *(opp: docile)* widerspenstig ② *(fâcheux)* ärgerlich

contrarié(**e**) [kɔ̃tʀaʀje] *adj* ① *(combattu) amour* verhindert ② *(fâché)* ***être ~ par qn*** wegen jdm verärgert [*o* erbost] sein

contrarier [kɔ̃tʀaʀje] <1> *vt* ① *(fâcher)* ärgern ② *(gêner)* durchkreuzen *projets*

contrariété [kɔ̃tʀaʀjete] *f sans pl* Verärgerung *f*

contraste [kɔ̃tʀast] *m* ① Gegensatz *m,*

Kontrast *m; **par** ~* im Gegensatz dazu ❷ TV Kontrast *m*

contraster [kɔ̃tʀaste] <1> *vi* ~ ***avec qc*** im Gegensatz zu etw stehen

contrat [kɔ̃tʀa] *m* Vertrag *m;* ~ ***à durée déterminée/indéterminée*** befristeter/unbefristeter Vertrag; ***passer/conclure un ~ avec qn*** mit jdm einen Vertrag [ab]schließen; ~ ***de location*** Mietvertrag; ~ ***de travail*** Arbeitsvertrag

contravention [kɔ̃tʀavɑ̃sjɔ̃] *f* ❶ *(infraction)* ~ ***à qc*** Verstoß *m* gegen etw; ***être en*** ~ einen Verstoß begehen ❷ *(procès-verbal)* Strafmandat *nt* ❸ *(amende)* Geldstrafe *f*

contre [kɔ̃tʀ] **I.** *prép* ❶ *(proximité, contact: avec mouvement)* an +*akk; (sans mouvement)* an +*dat;* ***venir tout ~ qn*** sich [eng] an jdn schmiegen; ***serrés les uns ~ les autres*** dicht aneinandergedrängt; ***danser joue ~ joue*** Wange an Wange tanzen ❷ *(opposition)* gegen; ***avoir quelque chose ~ qn/qc*** etwas gegen jdn/etw haben; ***être furieux ~ qn*** auf jdn wütend sein; ~ ***toute attente*** wider Erwarten ❸ *(échange)* gegen; ***échanger un sac ~ une montre*** eine Tasche gegen eine Uhr [ein]tauschen ❹ *(proportion)* zu +*dat,* gegen; ***ils se battaient à dix ~ un*** sie waren zehn gegen einen; ***le projet de loi a été adopté à 32 voix ~ 24*** der Gesetzentwurf wurde mit 32 zu 24 Stimmen angenommen **II.** *adv (opposition)* dagegen; ***je n'ai rien ~*** ich habe nichts dagegen; ***par ~*** dagegen **III.** *m* SPORT Konter *m*

contre-allée [kɔ̃tʀale] <contre-allées> *f* Seitenallee *f* **contre-attaque** [kɔ̃tʀatak] <contre-attaques> *f* Gegenangriff *m* **contre-attaquer** [kɔ̃tʀatake] <1> *vi* zum Gegenschlag ausholen, einen Gegenangriff starten

contrebalancer [kɔ̃tʀəbalɑ̃se] <2> **I.** *vt* ❶ *(équilibrer)* aufwiegen ❷ *(compenser)* ausgleichen **II.** *vpr* ***s'en*** ~ *(fam)* sich darüber lustig machen

contrebande [kɔ̃tʀəbɑ̃d] *f* ❶ *(activité)* Schmuggel *m;* ***faire de la*** ~ schmuggeln ❷ *(marchandise)* Schmuggelware *f*

contrebandier, -ière [kɔ̃tʀəbɑ̃dje, -jɛʀ] *m, f* Schmuggler(in) *m(f)*

contrebas [kɔ̃tʀəbɑ] *adv* ***en ~ de qc*** unterhalb einer S. *gen*

contrebasse [kɔ̃tʀəbɑs] *f* Kontrabass *m*

contrebassiste [kɔ̃tʀəbɑsist] *mf* Kontrabassist(in) *m(f)*

contrebraquer [kɔ̃tʀəbʀake] <1> *vi* gegenlenken

contrecarrer [kɔ̃tʀəkaʀe] <1> *vt* vereiteln

contrecœur [kɔ̃tʀəkœʀ] *adv* ***à*** ~ widerwillig

contrecoup [kɔ̃tʀəku] *m* Folge *f;* ***par*** ~ als Folge davon

contre-courant [kɔ̃tʀəkuʀɑ̃] <contre-courants> *m* Gegenströmung *f;* ***à*** ~ gegen den Strom

contredanse [kɔ̃tʀədɑ̃s] *f (fam)* ❶ *(procès-verbal)* Strafzettel *m fam* ❷ *(amende)* Geldstrafe *f*

contredire [kɔ̃tʀədiʀ] <irr> **I.** *vt* ~ ***qn/qc*** jdm/einer S. widersprechen **II.** *vpr* ***se*** ~ sich *dat* widersprechen

> **Grammatik und Co.**
>
> Die 2. Person Plural von **contredire** lautet *vous contredisez* (im Gegensatz zu *vous dites*):
>
> *Vous vous contredisez vous-même! – Sie widersprechen sich selbst!*

contrée [kɔ̃tʀe] *f (littér: pays)* Land *nt; (région)* Gegend *f*

contre-espionnage [kɔ̃tʀɛspjɔnaʒ] *m sans pl* [Spionage]abwehr *f* **contre-exemple** [kɔ̃tʀɛgzɑ̃pl] <contre-exemples> *m* Gegenbeispiel *nt* **contre-expertise** [kɔ̃tʀɛkspɛʀtiz] <contre-expertises> *f* Gegengutachten *nt*

contrefaçon [kɔ̃tʀəfasɔ̃] *f* ❶ *(action)* Fälschen *nt* ❷ *(chose)* Fälschung *f*

contrefacteur [kɔ̃tʀəfaktœʀ] *m* JUR Fälscher(in) *m(f);* ~ ***de brevet*** Patentverletzer(in) *m(f)*

contrefaire [kɔ̃tʀəfɛʀ] <irr> *vt* ❶ *(imiter)* fälschen ❷ *(déguiser)* verstellen

contrefait(e) [kɔ̃tʀəfɛ, ɛt] *adj (imité)* gefälscht

contreficher [kɔ̃tʀəfiʃe] <1> *vpr (fam)* ***se ~ de qc*** auf etw *akk* pfeifen

contre-fil [kɔ̃tʀəfil] <contre-fils> *m* ▶ à ~ gegen den Strich

contre-filet [kɔ̃tʀəfilɛ] *m* Lende *f*

contrefort [kɔ̃tʀəfɔʀ] *m* ❶ ARCHIT Strebepfeiler *m* ❷ GEOG Ausläufer *Pl;* ***les ~s des Alpes*** die Voralpen

contre-indication [kɔ̃tʀɛ̃dikasjɔ̃] *f* Gegenanzeige *f* **contre-indiqué(e)** [kɔ̃tʀɛ̃dike] *adj* ❶ MED ***être*** ~ nicht geeignet sein ❷ *(déconseillé)* nicht ratsam **contre-interrogatoire** [kɔ̃tʀɛ̃tɛʀɔgatwaʀ] *m* Kreuzverhör *nt* **contre-jour** [kɔ̃tʀəʒuʀ] *m (éclairage)* Gegenlicht *nt;* ***à*** ~ gegen das Licht

contremaître, contremaîtresse [kɔ̃tʀəmɛtʀ, kɔ̃tʀəmɛtʀɛs] *m, f* Vorarbeiter(in) *m(f)*

contre-manifestation [kɔ̃tʀəmanifɛstasjɔ̃] <contre-manifestations> *f* Gegendemonstration *f*

contremarque [kɔ̃tʀəmaʀk] *f* THEAT Karte *f* für den Wiedereintritt

contre-offensive [kɔ̃tʀɔfɑ̃siv] *f* Gegenangriff *m*

contrepartie [kɔ̃tʀəpaʀti] *f (compensation)* Gegenleistung *f; (dédommagement)* ~ ***financière*** Entschädigung *f;* ***en*** ~ als Gegenleistung/Entschädigung; *(par contre)* andererseits

contre-performance [kɔ̃tʀəpɛʀfɔʀmɑ̃s] <contre-performances> *f* schlechte Leistung *f*

contrepèterie [kɔ̃tʀəpɛtʀi] *f* [zotiger] Schüttelreim *m*

contre-pied [kɔ̃tʀəpje] *m sans pl* ❶ *(contraire)* [genaues] Gegenteil ❷ SPORT ***prendre qn à*** ~ jdn durch Täuschungsmanöver verwirren

contre-plaqué [kɔ̃tʀəplake] *m sans pl* Sperrholz *nt*

contre-plongée [kɔ̃tʀəplɔ̃ʒe] *f* Aufnahme *f* von unten

contrepoids [kɔ̃tʀəpwa] *m* Gegengewicht *nt*

contre-poil [kɔ̃tʀəpwal] *adv* ❶ ***à*** ~ gegen den Strich ❷ ▶ **prendre qn à** ~ jdn vor den Kopf stoßen

contrepoison [kɔ̃tʀəpwazɔ̃] *m* Gegengift *nt*

contre-prestation [kɔ̃tʀəpʀɛstasjɔ̃] <contre-prestations> *f* JUR Gegenleistung *f*

contre-productif, **-ive** [kɔ̃tʀəpʀɔdyktif, -iv] *adj* kontraproduktiv

contre-proposition [kɔ̃tʀəpʀɔpozisjɔ̃] <contre-propositions> *f* Gegenvorschlag *m*

contrer [kɔ̃tʀe] <1> **I.** *vi* JEUX Kontra sagen **II.** *vt* ~ ***qn/qc*** jdm Kontra geben/etw durchkreuzen; SPORT jdn/etw kontern

contre-réforme [kɔ̃tʀəʀefɔʀm] *f* Gegenreformation *f*

contre-révolution [kɔ̃tʀəʀevɔlysjɔ̃] <contre-révolutions> *f* Gegenrevolution *f*

contresens [kɔ̃tʀəsɑ̃s] *m* Fehlinterpretation *f; (dans une traduction)* Übersetzungsfehler *m*

contresigner [kɔ̃tʀəsiɲe] <1> *vt* gegenzeichnen

contretemps [kɔ̃tʀətɑ̃] *m* ***j'ai eu un*** ~ mir ist etwas dazwischengekommen; ***à*** ~ ungelegen; MUS nicht im Takt

contre-terrorisme [kɔ̃tʀəteʀɔʀism] *f* Terrorismusbekämpfung *f*

contre-valeur [kɔ̃tʀəvalœʀ] *f* Gegenwert *m*

contrevenant(**e**) [kɔ̃tʀəv(ə)nɑ̃, ɑ̃t] *m(f)* Zuwiderhandelnde(r) *f(m)*

contrevenir [kɔ̃tʀəv(ə)niʀ] <9> *vi* ~ ***à qc*** gegen etw verstoßen

contrevent [kɔ̃tʀəvɑ̃] *m (volet)* [Fenster]laden *m*

contre-vérité [kɔ̃tʀəveʀite] *f* Unwahrheit *f*

contribuable [kɔ̃tʀibɥabl] *mf* Steuerzahler(in) *m(f)*

contribuer [kɔ̃tʀibɥe] <1> *vi* ~ ***à qc*** zu etw beitragen

contributif, **-ive** [kɔ̃tʀibytif, -iv] *adj* Steuer-, steuerlich

contribution [kɔ̃tʀibysjɔ̃] *f* ❶ *(participation)* ~ ***à qc*** Beitrag *m* zu etw; ***mettre qn à*** ~ ***pour qc*** jds Dienste bei etw in Anspruch nehmen ❷ *pl (impôts)* Steuern *Pl* ❸ *pl (service)* Steuerbehörde *f*

contrit(**e**) [kɔ̃tʀi] *adj* reuevoll

contrôlable [kɔ̃tʀolabl] *adj* ❶ *(vérifiable)* überprüfbar ❷ *(maîtrisable)* kontrollierbar

contrôle [kɔ̃tʀol] *m* ❶ *des passeports* Kontrolle *f; de la caisse* Prüfung *f; (douane)* Zoll *m;* ***passer un*** ~ durch eine Kontrolle durchkommen; ~ ***d'identité*** Ausweiskontrolle; ~ ***technique*** ≈ TÜV; ~ ***antidopage*** Dopingkontrolle *f* ❷ *sans pl (surveillance)* Aufsicht *f,* Überwachung *f;* ***exercer un*** ~ ***sur qc*** etw überwachen ❸ SCOL Arbeit *f,* Test *m;* ~ ***de géographie*** Erdkundetest; ~ ***continu*** UNIV kontinuierliche Leistungskontrolle ❹ *(maîtrise)* ***garder/perdre le*** ~ ***de qc*** die Kontrolle über etw *akk* behalten/verlieren; ~ ***de l'État*** Staatsaufsicht *f*

contrôler [kɔ̃tʀole] <1> **I.** *vt* ❶ *(vérifier)* kontrollieren, überprüfen *liste, affirmation;* prüfen *comptes* ❷ *(surveiller)* beaufsichtigen *opération;* überwachen *prix* ❸ *(maîtriser)* unter Kontrolle haben, bestimmen *jeu;* ~ ***le ballon*** im Ballbesitz sein; ~ ***la situation*** Herr der Lage sein **II.** *vpr* ***se*** ~ sich beherrschen

contrôleur, **-euse** [kɔ̃tʀolœʀ, -øz] *m, f* ❶ TRANSP Kontrolleur(in) *m(f)* ❷ FIN, ECON Prüfer(in) *m(f);* ~***(-euse) de gestion*** Controller(in) *m(f)*

contrôleuse [kɔ̃tʀoløz] *f* ❶ TRANSP Kontrolleurin *f;* ~ ***d'autobus/de bus/de tram*** Omnibus-/Bus-/Straßenbahnschaffnerin *f* ❷ ECON, JUR Prüferin *f*

contrordre [kɔ̃tʀɔʀdʀ] *m* Gegenbefehl *m*

controuvé(**e**) [kɔ̃tʀuve] *adj (littér) nouvelle, fait* erfunden, erlogen

controversable [kɔ̃tʀɔvɛʀsabl] *adj (discutable) question* strittig; *opinion* anfechtbar

controverse [kɔ̃tʀɔvɛʀs] *f* Kontroverse *f*

controversé(e) [kɔ̃tʀɔvɛʀse] *adj* umstritten

contumace [kɔ̃tymas] *adv* ***par ~*** in Abwesenheit

contusion [kɔ̃tyzjɔ̃] *f* Prellung *f,* Quetschung *f*

convaincant(e) [kɔ̃vɛ̃kɑ̃, ɑ̃t] *adj* überzeugend

convaincre [kɔ̃vɛ̃kʀ] <irr> **I.** *vt* ❶ *(persuader)* überzeugen; ***~ qn de qc*** jdn von etw überzeugen ❷ *(prouver la culpabilité)* ***~ qn de trahison/crime*** jdn des Verrats/Verbrechens überführen **II.** *vpr* ***se ~ de qc*** sich von etw überzeugen

convaincu(e) [kɔ̃vɛ̃ky] **I.** *part passé de* **convaincre II.** *adj* ***~ de qc*** überzeugt von etw

convainquant(e) [kɔ̃vɛ̃kɑ̃, ɑ̃t] *adj argument* überzeugend; *preuve* schlagend

convalescence [kɔ̃valesɑ̃s] *f* Genesung *f*

convalescent(e) [kɔ̃valesɑ̃, ɑ̃t] **I.** *m(f)* Genesende(r) *f(m)* **II.** *adj* auf dem Wege der Besserung

convenable [kɔ̃vnabl] *adj* ❶ *(adéquat)* passend; *distance* angemessen ❷ *(correct)* korrekt; ***il n'est pas ~ de faire qc*** es gehört sich nicht etw zu tun ❸ *salaire* angemessen; *vin* ordentlich

convenablement [kɔ̃vnabləmɑ̃] *adv* ❶ *habillé* passend; *être équipé* entsprechend ❷ *se tenir, s'exprimer, s'habiller* korrekt ❸ *(de manière acceptable)* ordentlich

convenance [kɔ̃vnɑ̃s] *f* ❶ *pl (bon usage)* Anstand *m;* ***respecter les ~s*** die Form wahren ❷ *(agrément)* ***qn trouve qc à sa ~*** etw ist ganz nach jds Wunsch *m*

convenir[1] [kɔ̃vniʀ] <9> **I.** *vi* ❶ *(aller)* ***~ à qn*** jdm passen; *climat, nourriture:* jdm bekommen ❷ *(être approprié)* ***~ à qc*** zu etw passen; ***c'est tout à fait l'homme qui convient*** er ist genau der richtige Mann; ***trouver les mots qui conviennent*** die passenden Worte finden **II.** *vi impers* ***il convient de faire qc*** es ist angebracht etw zu tun; ***comme il convient*** wie es sich gehört

convenir[2] [kɔ̃vniʀ] <9> **I.** *vi* ❶ *(s'entendre)* ***~ de qc*** sich auf etw *akk* einigen ❷ *(reconnaître)* ***~ de qc*** etw zugeben **II.** *vt impers* ***il est convenu que*** *+subj* es ist abgemacht, dass; ***comme convenu*** wie vereinbart **III.** *vt (reconnaître)* ***~ que …*** zugeben, dass …

convention [kɔ̃vɑ̃sjɔ̃] *f* ❶ *(accord)* Abkommen *nt* ❷ *(règle)* Konvention *f;* ***de ~*** konventionell; ***sourire de ~*** Lächeln *nt* aus Höflichkeit; ***par ~*** in der Regel

conventionné(e) [kɔ̃vɑ̃sjɔne] *adj établissement* Vertrags-; *médecin* Kassen-

conventionnel(le) [kɔ̃vɑ̃sjɔnɛl] *adj* konventionell

conventionnellement [kɔ̃vɑ̃sjɔnɛlmɑ̃] *adv* ❶ *(par convention)* üblicherweise, in der Regel ❷ *(selon les conventions)* höflich [distanziert]

conventuel(le) [kɔ̃vɑ̃tɥɛl] *adj* klösterlich

convenu(e) [kɔ̃vny] **I.** *part passé de* **convenir II.** *adj* vereinbart; ***c'était une chose ~e!*** es war eine abgemachte Sache!

convergence [kɔ̃vɛʀʒɑ̃s] *f* ❶ *des lignes* Zusammenlaufen *nt; des intérêts* Übereinstimmung *f* ❷ *(UE)* Konvergenz *f*

convergent(e) [kɔ̃vɛʀʒɑ̃, ʒɑ̃t] *adj lignes, routes* zusammenlaufend; *points de vue, intérêts* übereinstimmend

converger [kɔ̃vɛʀʒe] <2a> *vi intérêts:* übereinstimmen; *efforts:* sich auf das gleiche Ziel richten; ***les regards convergent sur/vers qn/qc*** die Blicke richten sich auf jdn/etw

convers(e) [kɔ̃vɛʀ, ɛʀs] *adj* REL ***frère ~*** Laienbruder *m;* ***sœur ~e*** Laienschwester *f*

conversation [kɔ̃vɛʀsasjɔ̃] *f* ❶ Unterhaltung *f,* Gespräch *nt;* ***~ téléphonique*** Telefongespräch; ***être en grande ~ avec qn*** ein langes Gespräch mit jdm führen; ***faire la ~ à qn*** mit jdm plaudern; ***détourner la*** [*o* ***changer de***] ***~*** vom Thema ablenken ❷ *(manière de discuter)* ***avoir de la ~*** *(fam)* unterhaltsam sein

converser [kɔ̃vɛʀse] <1> *vi (soutenu)* ***~ avec qn*** sich mit jdm unterhalten, mit jdm talken; ***ils/elles conversent*** sie unterhalten sich

conversion [kɔ̃vɛʀsjɔ̃] *f* ❶ REL Übertritt *m,* Konvertieren *nt* ❷ FIN Umtausch *m* ❸ PHYS, MATH ***~ de qc en qc*** Umwandlung *f* von etw in etw *akk*

converti(e) [kɔ̃vɛʀti] **I.** *adj* bekehrt **II.** *m(f)* Konvertit(in) *m(f)* ▶ **prêcher un ~** offene Türen einrennen

convertible [kɔ̃vɛʀtibl] **I.** *adj* ***~ en qc*** konvertierbar in etw *akk* **II.** *m* Bettcouch *f*

convertir [kɔ̃vɛʀtiʀ] <8> **I.** *vt* ❶ *(amener)* ***~ qn à une religion*** jdn zu einer Religion bekehren ❷ *(transformer)* ***~ des dollars en euros/une tonne en kilogrammes*** Dollar in Euro/eine Tonne in Kilogramm umrechnen ❸ INFORM konvertieren **II.** *vpr (adopter)* ***se ~*** konvertieren; ***se ~ au catholicisme*** zum katholischen Glauben übertreten

convertisseur [kɔ̃vɛʀtisœʀ] *m* ELEC, PHYS

Konverter *m;* ~ ***numérique analogique*** Digital-Analog-Wandler *m*

convexe [kɔ̃vɛks] *adj* konvex

conviction [kɔ̃viksjɔ̃] *f* ❶ *(opinion)* Überzeugung *f;* ***les ~s politiques de qn*** jds politische Einstellung ❷ *(certitude)* ***il manque de ~*** ihm fehlt es an Überzeugungskraft *f;* ***avec/sans ~*** überzeugend/nicht überzeugend; ***avoir la ~ de qc*** von etw überzeugt sein

convier [kɔ̃vje] <1> *vt (soutenu)* ❶ *(inviter)* ~ ***qn à un repas*** jdn zu einem Essen laden *geh* ❷ *(inciter)* ~ ***qn à donner son avis*** jdn um seine Meinung bitten

convive [kɔ̃viv] *mf gén pl* Gast *m*

convivial(e) [kɔ̃vivjal, -jo] <-aux> *adj* ❶ gesellig ❷ INFORM benutzerfreundlich

convivialité [kɔ̃vivjalite] *f sans pl* ❶ *(agrément)* [harmonisches] Zusammenleben *nt; d'une réunion* Geselligkeit *f* ❷ INFORM Benutzerfreundlichkeit *f*

convocation [kɔ̃vɔkasjɔ̃] *f* ❶ *(action)* Einberufung *f; d'une personne* Einladung *f* ❷ JUR Vorladung *f;* ***se rendre à une ~*** einer Vorladung Folge leisten ❸ SCOL [schriftliche] Aufforderung [zu erscheinen] ❹ MIL Einberufung *f,* Einberufungsbefehl *m*

convoi [kɔ̃vwa] *m* ❶ *(véhicules)* Konvoi *m;* ~ ***militaire*** Militärkolonne *f* ❷ *(personnes)* Transport *m; de nomades* Karawane *f* ❸ CHEMDFER Zug *m;* ~ ***de marchandises*** Güterzug ❹ *(cortège funèbre)* Leichenzug *m*

convoiter [kɔ̃vwate] <1> *vt* begehren

convoitise [kɔ̃vwatiz] *f* Begierde *f*

convoler [kɔ̃vɔle] <1> *vi (hum)* ~ ***en justes noces*** in den Hafen der Ehe einlaufen

convoquer [kɔ̃vɔke] <1> *vt* ❶ bestellen, einberufen *assemblée;* ***être convoqué pour l'examen*** zur Prüfung antreten müssen ❷ MIL einberufen ❸ JUR vorladen

convoyer [kɔ̃vwaje] <6> *vt* den Transport bewachen; ~ ***des tableaux/de l'or*** den Transport von Bildern/Gold bewachen

convoyeur [kɔ̃vwajœʀ] *m* TECH Förderer *m*

convoyeuse [kɔ̃vwajøz] *f* Begleiterin *f (bei Sicherheitstransporten);* ~ ***de fonds*** Begleiterin *f* von Geldtransporten

convulsé(e) [kɔ̃vylse] *adj visage* verzerrt

convulser [kɔ̃vylse] <1> *vt* verzerren *visage, traits*

convulsif, -ive [kɔ̃vylsif, -iv] *adj* krampfhaft; *toux* krampfartig

convulsion [kɔ̃vylsjɔ̃] *f gén pl* ❶ *(crise)* ***~s sociales*** soziale Wirren *Pl* ❷ MED Zuckung *f*

cooccupant(e) [kɔɔkypɑ̃, ɑ̃t] *m(f)* ***locataire*** ~ Mitbewohner *m*

cool [kul] *adj (fam)* ❶ *(décontracté) personne* locker; *tenue* lässig ❷ *(excellent)* cool; ***super*** ~ total cool; ***c'est ~!*** das sieht cool aus! ▸ **un mec à la ~** ein cooler Typ

coolie [kuli] *m* Kuli *m*

coopérant(e) [kɔɔpeʀɑ̃, ɑ̃t] **I.** *m(f)* Entwicklungshelfer(in) *m(f);* MIL *Wehrdienstpflichtiger, der seinen Ersatzdienst als Entwicklungshelfer leistet* **II.** *adj (coopératif)* kooperativ

coopératif, -ive [kɔ(ɔ)peʀatif, -iv] *adj* ❶ *(qui coopère)* kooperativ ❷ ECON genossenschaftlich

coopération [kɔɔpeʀasjɔ̃] *f* ❶ *(collaboration)* ~ ***de qn à un projet*** jds Mitarbeit *f* bei einem Projekt; ***apporter sa ~ à un projet*** bei einem Projekt mitwirken ❷ POL Kooperation *f,* Zusammenarbeit *f* ❸ *sans pl* MIL *Ersatzdienst als Entwicklungshelfer;* ***la*** ~ die [staatliche] Entwicklungshilfe

coopérative [kɔ(ɔ)peʀativ] *f* ❶ *(groupement)* Genossenschaft *f* ❷ *(local)* Genossenschaftszentrale *f*

coopérer [kɔɔpeʀe] <5> *vi (collaborer)* zusammenarbeiten; ~ ***à qc*** bei etw mitwirken

coordinateur, -trice [kɔɔʀdinatœʀ, -tʀis] *m, f v.* **coordonnateur**

coordination [kɔɔʀdinasjɔ̃] *f* ❶ *sans pl (action)* Koordination *f* ❷ *sans pl* GRAM Beiordnung *f*

coordonnateur, -trice [kɔɔʀdɔnatœʀ, -tʀis] **I.** *adj* koordinierend; *bureau* Koordinations- **II.** *m, f* Koordinator(in) *m(f);* ***être ~ de qc*** etw koordinieren

coordonné(e) [kɔɔʀdɔne] **I.** *adj* ❶ *(opp: désordonné)* koordiniert ❷ *(assorti)* aufeinander abgestimmt **II.** *m(f) pl* Ensemble *nt*

coordonnée [kɔɔʀdɔne] *f* ❶ *pl (fam: renseignements)* ***les ~s de qn*** jds Adresse *f* und Telefonnummer *f;* ***laissez-moi vos ~s*** sagen Sie mir, wie [und wo] ich Sie erreichen kann ❷ GEOM Koordinate *f*

coordonner [kɔɔʀdɔne] <1> *vt (harmoniser)* koordinieren

copain, copine [kɔpɛ̃, kɔpin] *m, f (fam)* Freund(in) *m(f),* Kamerad(in) *m(f);* ***de vieux ~s*** alte Kumpel *Pl;* ***avec sa bande de ~s*** mit seiner/ihrer Clique; ***être très ~/copine avec qn*** mit jdm eng befreundet sein; ***petit ~/petite copine*** [fester] Freund/[feste] Freundin

coparentalité [kopaʀɑ̃talite] *f* gemeinsames Sorgerecht *nt*

copeau [kɔpo] <x> *m* Span *m*

C

C

Copenhague [kɔpɛnag] Kopenhagen *nt*
Copernic [kɔpɛʀnik] *m* Kopernikus *m*
copiage [kɔpjaʒ] *m sans pl* ❶ SCOL Abschreiben *nt* ❷ ART Kopieren *nt*
copie [kɔpi] *f* ❶ *(double)* Kopie *f;* **~ *certifiée conforme*** beglaubigte Kopie; **~ *de sécurité*** [*o* ***de sauvegarde***] INFORM Sicherheitskopie ❷ *(produit)* Imitation *f* ❸ *(feuille double)* Doppelbogen *m* ❹ *(devoir)* Arbeit *f;* ***rendre sa ~/[une] ~ blanche*** seine Arbeit/ein leeres Blatt abgeben ❺ PRESSE Manuskript *nt*
copier [kɔpje] <1> **I.** *vt* ❶ *(transcrire)* **~ *qc dans un livre*** etw aus einem Buch abschreiben; ***tu me copieras cent fois: ...*** du schreibst [mir] hundert Mal: ... ❷ *(photocopier)* [foto]kopieren ❸ *(imiter)* nachmachen ❹ *(plagier)* kopieren **II.** *vi* SCOL **~ *sur qn*** bei jdm abschreiben
copier-coller [kɔpjekɔle] **I.** *vt* <1> INFORM mit Kopieren und Einfügen bearbeiten, mit Copy-and-paste bearbeiten **II.** *m* INFORM Kopieren *nt* und Einfügen *nt*, Copy-and-paste *nt*
copieur [kɔpjœʀ] *m (appareil)* Kopierer *m*
copieur, -euse [kɔpjœʀ, -jøz] *m, f* SCOL Abschreiber(in) *m(f)*
copieusement [kɔpjøzmɑ̃] *adv* reichlich
copieux, -euse [kɔpjø, -jøz] *adj* reichlich
copilote [kopilɔt] *mf* ❶ AVIAT Kopilot(in) *m(f)* ❷ AUT Beifahrer(in) *m(f)*
copinage [kɔpinaʒ] *m (péj fam)* Vetternwirtschaft *f*
copine [kɔpin] *f v.* **copain**
copinerie [kɔpinʀi] *f (ensemble de copains)* Freundeskreis *m,* Kumpel *Pl fam*
coprocesseur [kopʀɔsesœʀ] *m* INFORM Koprozessor *m*
coproduction [kopʀɔdyksjɔ̃] *f* Koproduktion *f*
copropriétaire [kopʀɔpʀijetɛʀ] *mf (d'un bien indivis/divis)* Miteigentümer(in) *m(f)*/Teileigentümer(in) *m(f)*
copropriété [kopʀɔpʀijete] *f* Gemeinschaftseigentum *nt*/Teileigentum *nt*
copulation [kɔpylasjɔ̃] *f* BIO Kopulation *f,* Begattung *f*
copuler [kɔpyle] <1> *vi animal:* kopulieren; *personne:* Geschlechtsverkehr haben
copyright [kɔpiʀajt] *m inv* Copyright *nt,* Urheberrecht *nt*
copyrighté(e) [kɔpiʀajte] *adj* urheberrechtlich geschützt
coq [kɔk] *m* ❶ ZOOL, GASTR Hahn *m;* **~ *au vin*** Coq au Vin *nt (Hähnchen in Rotweinsauce)* ❷ SPORT ***poids ~*** Bantamgewicht[ler *m*] *nt* ▶ **passer** [*o* **sauter**] **du ~ à l'âne** von einem Thema zum anderen springen

> **Land und Leute**
> Der **coq gaulois** ist das Symbol für das französische Volk (lat. *gallus* ≈ *gaulois* und *coq*). Der Hahn löste einst die Lilie – das Symbol der Bourbonen – ab und wurde offizielles Emblem Frankreichs.

coq-à-l'âne [kɔkalɑn] *m inv* Gedankensprung *m*
coquard, coquart [kɔkaʀ] *m (fam)* Veilchen *nt*
coque [kɔk] *f* ❶ TECH *d'un navire* Rumpf *m; d'une voiture* [selbsttragende] Karosserie ❷ ZOOL Herzmuschel *f* ❸ *(protection)* **~ *de portable*** Handyhülle *f,* Natelhülle CH
coquelet [kɔklɛ] *m* Hähnchen *nt*
coquelicot [kɔkliko] *m* [Klatsch]mohn *m* ▶ **être rouge comme un ~** rot wie eine Tomate sein
coqueluche [kɔklyʃ] *f* MED Keuchhusten *m*
coquet(te) [kɔkɛ, ɛt] *adj* ❶ *(élégant)* ***être ~*** eitel sein ❷ *(charmant)* nett ❸ *(fam: important)* stolz
coquetier [kɔktje] *m* Eierbecher *m*
coquettement [kɔkɛtmɑ̃] *adv* ❶ *s'habiller* kess ❷ *meubler, aménager* hübsch
coquetterie [kɔkɛtʀi] *f* ❶ *d'une personne* Eitelkeit *f; d'une toilette* Schick *m* ❷ *(désir de plaire)* Koketterie *f*
coquillage [kɔkijaʒ] *m* Muschel *f*
coquille [kɔkij] *f* ❶ ZOOL Gehäuse *nt; de l'escargot* [Schnecken]haus *nt; des mollusques* Schale *f; d'un œuf* [Eier]schale; **~ *Saint-Jacques*** [Jakobs]pilgermuschel *f;* GASTR Jakobsmuschel ❷ TYP Druckfehler *m* ❸ *(récipient)* Schälchen *nt (das Gefäß kann muschelförmig oder die Schale einer Jakobsmuschel sein)* ❹ ART Muschelornament *nt*
coquillettes [kɔkijɛt] *fpl* Hörnchen *Pl*
coquin(e) [kɔkɛ̃, in] **I.** *adj* ❶ *(espiègle)* schelmisch ❷ *(grivois)* anzüglich **II.** *m(f)* Frechdachs *m,* Schelm *m*
cor[1] [kɔʀ] *m* MUS Horn *nt* ▶ **réclamer qn/qc à ~ et à cri** lauthals nach jdm schreien/etw lauthals fordern
cor[2] [kɔʀ] *m* MED Hühnerauge *nt*
corail[1] [kɔʀaj, kɔʀo] <coraux> **I.** *m* ❶ GASTR Rogen *m* ❷ *(polype)* Koralle *f* **II.** *app inv* korallenrot
corail®[2] [kɔʀaj] *adj inv* CHEMDFER Großraum-; ***train ~*** ≈ Intercity *m*

corallien(ne) [kɔʀaljɛ̃, jɛn] *adj* aus Korallen; ***récif*** ~ Korallenriff *m*
Coran [kɔʀɑ̃] *m* ***le*** ~ der Koran
coranique [kɔʀanik] *adj* koranisch; *loi a.* des Koran; *école* Koran-
corbeau [kɔʀbo] <x> *m* ① ORN Rabe *m* ② *(fam: dénonciateur)* anonymer Briefschreiber *m*/anonyme Briefschreiberin *f*
corbeille [kɔʀbɛj] *f (panier)* Korb *m;* ~ ***à papier/pain*** Papier-/Brotkorb; ~ ***de fruits*** Korb [mit] Obst
corbillard [kɔʀbijaʀ] *m* Leichenwagen *m*
cordage [kɔʀdaʒ] *m* ① *(corde)* Tau *nt* ② NAUT Takelage *f* ③ SPORT Bespannung *f*
corde [kɔʀd] *f* ① *(lien, câble)* Strick *m; d'un alpiniste, équilibriste, d'une balançoire* Seil *nt; d'un bateau* Leine *f;* ~ ***à linge*** Wäscheleine; ~ ***à sauter*** Springseil ② MUS Saite *f; pl* Streichinstrumente *Pl* ③ SPORT *d'une raquette* Saite *f; d'un arc, d'une arbalète* Sehne *f;* ~ ***lisse*** [Kletter]seil *nt;* ***grimper*** [*o* ***monter***] ***à la*** ~ am Seil hochklettern ④ *sans pl (bord de piste)* innere Bahnbegrenzung; SPORT Innenbahn *f* ⑤ ANAT ~***s vocales*** Stimmbänder *Pl* ▶ **avoir plus d'une ~** [*o* **plusieurs ~s**] **à son arc** mehrere Eisen im Feuer haben; **il pleut** [*o* **tombe**] **des ~s** es regnet Bindfäden *fam*
cordée [kɔʀde] *f* Seilschaft *f*
cordelette [kɔʀdəlɛt] *f* dünne Schnur *f*
cordeliers [kɔʀdəlje] *mpl* HIST, REL ***les ~s*** die Franziskaner *Pl*
corder [kɔʀde] <1> *vt* verschnüren *malle;* kordieren *manche, raquette de tennis*
cordial(e) [kɔʀdjal, -jo] <-aux> *adj* herzlich
cordialement [kɔʀdjalmɑ̃] *adv* herzlich
cordialité [kɔʀdjalite] *f sans pl* Herzlichkeit *f,* Warmherzigkeit *f*
cordillère [kɔʀdijɛʀ] *f* Gebirgskette *f;* ~ ***des Andes*** Andenkordilleren *Pl*
cordon [kɔʀdɔ̃] *m* ① *(petite corde)* Schnur *f; d'un tablier* Band *nt* ② *(décoration)* [Ordens]band *nt,* Kordon *m* ③ GEOG ~ ***littoral*** Küstenstreifen *m* ④ ANAT ~ ***ombilical*** Nabelschnur *f*
cordon-bleu [kɔʀdɔ̃blø] <cordons-bleus> *m (fam)* fabelhafter Koch *m*/fabelhafte Köchin *f*
cordonnerie [kɔʀdɔnʀi] *f (métier)* Schusterei *f; (atelier)* Schuhmacherei *f*
cordonnet [kɔʀdɔnɛ] *m* dünne Schnur *f*
cordonnier, -ière [kɔʀdɔnje, -jɛʀ] *m, f* Schuster(in) *m(f)*
Corée [kɔʀe] *f* ***la*** ~ Korea *nt;* ***la*** ~ ***du Nord*** Nordkorea; ***la*** ~ ***du Sud*** Südkorea
coréen [kɔʀeɛ̃] *m* Koreanisch *nt; v. a.* **allemand**
coréen(ne) [kɔʀeɛ̃, ɛn] *adj* koreanisch
Coréen(ne) [kɔʀeɛ̃, ɛn] *m(f)* Koreaner(in) *m(f)*
coreligionnaire [kɔʀ(ə)liʒjɔnɛʀ] *mf* Glaubensgenosse *m*/-genossin *f*
coriace [kɔʀjas] *adj* zäh; *personne* unerbittlich
coriandre [kɔʀjɑ̃dʀ] *f* Koriander *m*
coricide [kɔʀisid] *m* Mittel *nt* gegen Hühneraugen
cormoran [kɔʀmɔʀɑ̃] *m* Kormoran *m*
corne [kɔʀn] *f* ① ZOOL Horn *nt;* ***les ~s*** *d'un cerf* das Geweih; *d'un escargot* die Hörner ② *(pli)* Eselsohr *nt* ③ *sans pl (callosité)* Hornhaut *f* ▶ **avoir des ~s** *(fam)* [von seinem Partner] betrogen werden
cornée [kɔʀne] *f* ANAT Hornhaut *f* [des Auges]
corneille [kɔʀnɛj] *f* Krähe *f*
cornemuse [kɔʀnəmyz] *f* MUS Dudelsack *m*
corner¹ [kɔʀne] <1> *vt* ~ ***une page*** die Ecke einer Seite umknicken; ***être tout corné*** lauter Eselsohren haben
corner² [kɔʀnɛʀ] *m* SPORT Eckball *m*
cornet [kɔʀnɛ] *m* GASTR [Papier]tüte *f; d'une glace* Waffeltüte; ***un ~ de glace*** eine Tüte Eis
corn-flakes [kɔʀnflɛks] *mpl* Cornflakes *Pl*
corniaud [kɔʀnjo] **I.** *adj (fam)* doof **II.** *m* ① *(chien)* Promenadenmischung *f* ② *(fam: imbécile)* Kamel *nt*
corniche [kɔʀniʃ] *f* ① ARCHIT Sims *nt o m* ② *(escarpement)* [Fels]vorsprung *m* ③ *(route) Straße an einer Steilküste, einem Steilhang*
cornichon [kɔʀniʃɔ̃] *m* ① GASTR Gürkchen *nt* ② *(fam: personne)* Blödmann *m*
corniste [kɔʀnist] *mf* Hornist(in) *m(f)*
cornu(e) [kɔʀny] *adj* gehörnt, mit Hörnern
cornue [kɔʀny] *f (récipient)* Retorte *f*
corollaire [kɔʀɔlɛʀ] *m* [logische] Folge, Konsequenz *f*
corolle [kɔʀɔl] *f* Blütenkrone *f*
coron [kɔʀɔ̃] *m* Bergarbeitersiedlung *f*
coronaire [kɔʀɔnɛʀ] *adj* ANAT Herzkranz-
corporatif, -ive [kɔʀpɔʀatif, -iv] *adj* korporativ
corporation [kɔʀpɔʀasjɔ̃] *f* ① *(association)* Körperschaft *f; de notaires* Berufsverband *m; d'artisans* Innung *f* ② HIST *d'artisans* Zunft *f; de commerçants* Gilde *f*
corporel(le) [kɔʀpɔʀɛl] *adj* ① *(physique)* körperlich; ***expression ~le*** Gymnastik *f;*

C

soins ~s Körperpflege *f* ❷ JUR materiell; ***biens ~s*** Sachgüter *Pl*

corps [kɔʀ] *m* ❶ ANAT Körper *m; **trembler de tout son ~*** am ganzen Körper zittern; ***~ et âme*** mit Leib und Seele; ***~ à corps*** Nahkampf *m* ❷ *(tronc)* Rumpf *m; **jusqu'au milieu du ~*** bis zur Taille ❸ *(cadavre)* Leiche *f* ❹ *(défunt)* Leichnam *m* ❺ CHIM Substanz *f;* ***~ simple/composé*** [chemisches] Element/[chemische] Verbindung ❻ *(groupe)* Körperschaft *f;* ***~ diplomatique*** diplomatisches Korps; ***réunion du ~ enseignant*** Lehrerkonferenz *f;* ***~ médical*** Ärzteschaft *f;* ***~ de métier*** Berufsverband *m; des artisans* Innung *f* ❼ MIL ***~ d'armée*** Armeekorps *nt;* ***chef de ~*** Regiments-/Bataillonskommandeur *m* ❽ *(partie essentielle)* Hauptteil *m; d'un bâtiment* Haupttrakt *m; d'un violon* Klangkörper *m* ❾ ASTRON ***~ céleste*** Himmelskörper *m* ► **avoir du ~** *vin:* körperreich sein; **prendre ~** Gestalt annehmen

corpulence [kɔʀpylɑ̃s] *f* Beleibtheit *f;* ***de ~ moyenne*** von mittlerer Statur; ***être de forte ~*** korpulent sein

corpulent(e) [kɔʀpylɑ̃, ɑ̃t] *adj* korpulent

corpus [kɔʀpys] *m* Korpus *nt*

correct(e) [kɔʀɛkt] *adj* ❶ *(exact)* korrekt; ***c'est ~*** CAN *(ça va)* [das] ist/geht in Ordnung ❷ *(convenable)* korrekt; ***être ~ avec qn*** jdn korrekt behandeln ❸ *(fam: acceptable)* annehmbar

correctement [kɔʀɛktəmɑ̃] *adv* richtig; *se conduire, s'habiller* korrekt; ***gagner ~ sa vie*** recht ordentlich verdienen

correcteur [kɔʀɛktœʀ] *m* Regler *m;* ***~ liquide*** Korrekturflüssigkeit *f;* ***~ orthographique*** Rechtschreibprüfung *f*

correcteur, -trice [kɔʀɛktœʀ, -tʀis] **I.** *adj ruban* Korrektur-; *mesure* korrigierend **II.** *m, f* SCOL, TYP Korrektor(in) *m(f)*

correctif [kɔʀɛktif] *m* ❶ *(atténuation)* ***~ à qc*** Korrektiv *nt* für etw, Ausgleich *m* einer S. *gen;* ***il faut apporter un ~ à qc*** etw muss korrigiert [*o* [ab]gemildert] werden; ***être le ~ de qc*** der Ausgleich für etw sein ❷ *(rectificatif)* Richtigstellung *f*

correctif, -ive [kɔʀɛktif, -iv] *adj* ❶ Korrektur-, korrigierend ❷ MED *gymnastique* Kranken-

correction [kɔʀɛksjɔ̃] *f* ❶ *(action)* Korrektur *f*/Verbesserung *f;* ***faire la ~ de qc*** etw korrigieren/verbessern ❷ *(châtiment)* Schläge *Pl;* ***recevoir une bonne ~*** eine ordentliche Tracht Prügel *Pl* bekommen ❸ *(justesse)* Korrektheit *f,* Richtigkeit *f* ❹ *(bienséance)* Korrektheit *f;* ***avec ~*** korrekt; ***être d'une parfaite ~*** sich vollkommen korrekt verhalten

correctionnel(le) [kɔʀɛksjɔnɛl] *adj* Straf-; ***tribunal ~*** Strafkammer *f*

correctionnelle [kɔʀɛksjɔnɛl] *f (fam)* ***passer en ~*** sich vor der Strafkammer verantworten müssen

correctrice [kɔʀɛktʀis] *f* Korrektorin *f*

corrélatif [kɔʀelatif] *m* GRAM Korrelat *nt*

corrélatif, -ive [kɔʀelatif, -iv] *adj* ❶ *(correspondant)* entsprechend, damit verbunden; ***deux choses sont corrélatives*** zwei Dinge bedingen einander ❷ LING korrelativ

corrélation [kɔʀelasjɔ̃] *f* [direkter] Zusammenhang *m*

corres [kɔʀɛs] *mf (fam) abr de* **correspondant(e)**

correspondance [kɔʀɛspɔ̃dɑ̃s] *f* ❶ *(échange de lettres)* Briefwechsel *m* ❷ COM Schriftverkehr *m* ❸ TRANSP Anschluss *m;* ***nous avons une ~ à Stuttgart*** wir steigen in Stuttgart um

correspondancier, -ière [kɔʀɛspɔ̃dɑ̃sje, -jɛʀ] *m, f* Korrespondent(in) *m(f)*

correspondant(e) [kɔʀɛspɔ̃dɑ̃, ɑ̃t] **I.** *adj* entsprechend **II.** *m(f)* ❶ *(contact)* Briefpartner(in) *m(f); d'un jeune* Brieffreund(in) *m(f)* ❷ *(au téléphone)* Gesprächspartner *m* ❸ COM [Geschäfts]partner *m* ❹ MEDIA Korrespondent(in) *m(f);* ***~ de guerre*** Kriegsberichterstatter(in) *m(f)*

correspondre [kɔʀɛspɔ̃dʀ] <14> **I.** *vi* ❶ *(être en contact)* ***~ avec qn*** mit jdm im Briefwechsel stehen; ***~ par fax/courrier électronique*** per Fax/E-Mail korrespondieren ❷ TRANSP ***~ avec qc*** Anschluss an etw *akk* haben ❸ *(aller avec)* ***~ à qc*** zu etw gehören; ***ci-joint un chèque correspondant à la facture*** anbei ein Scheck über den Rechnungsbetrag ❹ *(s'accorder avec)* ***sa version des faits ne correspond pas à la réalité*** seine Darstellung entspricht nicht der Wahrheit ❺ *(être typique)* ***~ à qn*** zu jdm passen ❻ *(être l'équivalent de)* ***ce mot correspond exactement au terme anglais*** dieses Wort entspricht genau dem englischen Begriff **II.** *vpr* ***se ~*** sich entsprechen

corrida [kɔʀida] *f* Stierkampf *m*

corridor [kɔʀidɔʀ] *m* Korridor *m,* Gang *m*

corrigé [kɔʀiʒe] *m* SCOL Lösung *f*

corrigeable [kɔʀiʒabl] *adj* korrigierbar

corriger [kɔʀiʒe] <2a> **I.** *vt* ❶ *(relever les fautes)* korrigieren ❷ *(supprimer les fautes)* verbessern ❸ *(rectifier)* korrigieren, revidieren *théorie, prévisions;* abstellen

*mauvaise habitude; ~ **à la hausse/à la baisse*** nach oben/nach unten korrigieren ❹ *(punir)* schlagen; ***se faire ~ par qn*** von jdm Schläge beziehen **II.** *vpr (devenir raisonnable)* ***se ~*** sich bessern
corroborer [kɔʀɔbɔʀe] <1> *vt* erhärten
corroder [kɔʀɔde] <1> *vt (oxyder)* angreifen
corrompre [kɔʀɔ̃pʀ] <irr> *vt (acheter)* bestechen
corrompu(e) [kɔʀɔ̃py] **I.** *part passé de* **corrompre II.** *adj* ❶ *(malhonnête)* korrupt ❷ *(perverti)* verdorben
corrosif, -ive [kɔʀozif, -iv] *adj* ❶ *(caustique)* ätzend ❷ *(acerbe)* bissig
corrosion [kɔʀozjɔ̃] *f* Korrosion *f*
corrupteur, -trice [kɔʀyptœʀ, -tʀis] *m, f* Bestecher(in) *m(f)*
corruptible [kɔʀyptibl] *adj* korrupt
corruption [kɔʀypsjɔ̃] *f* ❶ *(délit)* Korruption *f*, Bestechung *f* ❷ *sans pl (dégradation)* Korruption *f; des mœurs* Verfall *m* ❸ *(résultat)* Korruptheit *f*
corsage [kɔʀsaʒ] *m* Bluse *f; d'une robe* Oberteil *nt*
corsaire [kɔʀsɛʀ] *m* ❶ *(marin)* Korsar *m*, Freibeuter *m* ❷ *(navire)* Kaperschiff *nt* ❸ *(pantalon)* Caprihose *f*
corse [kɔʀs] **I.** *adj* korsisch **II.** *m* Korsisch *nt; v. a.* **allemand**
Corse [kɔʀs] **I.** *f **la ~*** Korsika *nt* **II.** *mf* Korse *m*/Korsin *f*
corsé(e) [kɔʀse] *adj* ❶ *(épicé)* scharf [gewürzt]; *vin* vollmundig; *café* aromatisch ❷ *(scabreux)* schlüpfrig ❸ *(excessif)* gesalzen ❹ *(compliqué)* knifflig
corser [kɔʀse] <1> **I.** *vt* würzen *mets;* komplizieren *situation;* spannender machen *récit* **II.** *vpr **se ~*** spannend werden
corset [kɔʀsɛ] *m* Mieder *nt*, Korsett *nt*
corseter [kɔʀsəte] <4> *vt* einengen
corso [kɔʀso] *m* Korso *m*
cortège [kɔʀtɛʒ] *m* Zug *m;* REL Prozession *f;* ***~ nuptial*** Hochzeitszug; ***~ funèbre*** Trauerzug
cortex [kɔʀtɛks] *m* ANAT Rinde *f;* ***~ cérébral*** Großhirn *nt*
cortisone [kɔʀtizɔn] *f* Kortison *nt*
corvée [kɔʀve] *f* ❶ *(obligation pénible)* lästige Pflicht; ***être de ~ de qc*** mit etw dran sein; ***quelle ~!*** wie lästig! ❷ MIL Arbeitsdienst *m* ❸ HIST Fron[arbeit *f*] *f* ❹ CH *(travail non payé, fait de plein gré)* Fronarbeit *f* CH
coryza [kɔʀiza] *m (spéc)* Schnupfen *m*
cosaque [kɔzak] *m* Kosak *m*
cosignataire [kosiɲatɛʀ] *adj* mitunterzeichnend; ***les personnes ~s*** die Mitunterzeichner
cosinus [kɔsinys] *m* MATH Kosinus *m*
cosmétique [kɔsmetik] *adj* kosmetisch; ***les soins ~s*** die Schönheitspflege
cosmique [kɔsmik] *adj* kosmisch; *fusée* [Welt]raum-
cosmonaute [kɔsmɔnot] *mf* Kosmonaut(in) *m(f)*
cosmopolite [kɔsmɔpɔlit] *adj* kosmopolitisch
cosmos [kɔsmos] *m* Kosmos *m*
cossard(e) [kɔsaʀ, aʀd] **I.** *adj (fam)* faul **II.** *m(f) (fam)* Faulpelz *m*, Faulenzer(in) *m(f)*
cosse [kɔs] *f* BOT Hülse *f*
cossu(e) [kɔsy] *adj* wohlhabend
costal(e) [kɔstal, o] <-aux> *adj* Rippen-
Costa Rica [kɔstaʀika] *m* Costa Rica *nt*
costaud [kɔsto] *m **c'est du ~!*** *(fam)* das ist was Solides!
costaud(e) [kɔsto, od] *adj (fam)* ❶ *(fort)* kräftig ❷ *(solide)* robust
costume [kɔstym] *m* ❶ *(complet)* [Herren]anzug *m;* ***~ sur mesure*** Maßanzug ❷ *d'époque, de théâtre* Kostüm *nt; d'un pays* Tracht *f*
costumé(e) [kɔstyme] *adj* kostümiert
costumer [kɔstyme] <1> *vpr **se ~ en clown*** sich als Clown verkleiden
costumier, -ière [kɔstymje, -jɛʀ] *m, f* ❶ *(loueur)* Kostümverleiher(in) *m(f)* ❷ *(fabricant)* Kostümschneider(in) *m(f)* ❸ THEAT, CINE Gewandmeister(in) *m(f)*
cosy [kozi] *adj inv* gemütlich, behaglich
cotation [kɔtasjɔ̃] *f* FIN [Börsen]notierung *f*
cote [kɔt] *f* ❶ FIN [Kurs]notierung *f* ❷ *(popularité)* Beliebtheit *f;* ***avoir la ~ avec*** [*o* ***auprès de***] ***qn*** *(fam)* bei jdm hoch im Kurs stehen ❸ SPORT *d'un cheval* Gewinnquote *f*
côte [kot] *f* ❶ *(littoral)* Küste *f;* ***la ~ atlantique*** die Atlantikküste ❷ *(pente qui monte)* Steigung *f;* ***démarrer en ~*** am Berg anfahren ❸ *(pente qui descend)* [Ab]hang *m* ❹ *(vigne)* ***les ~s du Rhône*** die Weinberge des Rhônetals ❺ ANAT Rippe *f* ❻ GASTR Kotelett *nt;* ***~ de bœuf*** T-Bone-Steak *nt* ▶ ~ à ~ Seite *f* an Seite
coté(e) [kɔte] *adj* beliebt
côté [kote] **I.** *m* ❶ *(partie latérale)* Seite *f;* ***des deux ~s de qc*** auf beiden/beide Seiten einer S. *gen;* ***sauter de l'autre ~ du ruisseau*** über den Bach springen; ***du ~ de …*** im Bereich von … ❷ *(aspect)* Seite *f;* ***le ~ pratique*** die praktische Seite; ***par certains ~s*** in mancher Hinsicht

❸ *(direction)* Seite *f,* Richtung *f; suivi d'un subst sans art* -seite; ~ ***cour*** zum Hof hin; ***de quel ~ allez-vous?*** in welche Richtung gehen Sie?; ***du ~ de la mer*** vom Meer her/in Richtung Meer; ***du ~ opposé*** aus der entgegengesetzten/in die entgegengesetzte Richtung ❹ *(parti)* Seite *f;* ***du ~ de qn*** auf jds Seite *akk o dat;* ***mettre qn de son ~*** jdn auf seine Seite bringen; ***aux ~s de qn*** an jds Seite *dat;* ***de mon ~*** ich meinerseits; ***du ~ paternel*** [*o* ***du père***] väterlicherseits ▶ **d'un ~ ..., de l'autre** [~] [*o* **d'un autre** ~] einerseits ..., andererseits; **de ce ~** *(fam)* in dieser Hinsicht; **mettre de l'argent de ~** Geld auf die Seite legen; **laisser qn/qc de ~** jdn links liegen/etw beiseitelassen **II.** *adv* ❶ *(à proximité)* ***à ~*** *chambre* nebenan; *clé* daneben ❷ *(en comparaison)* ***à ~*** daneben ❸ *(en plus)* ***à ~*** nebenher ❹ *(voisin)* ***les gens [d'] à ~*** die Leute von nebenan; ***nos voisins [d'] à ~*** unsere direkten Nachbarn; ***la maison d'à ~*** das Nachbarhaus ▶ **passer à ~ de qc** etw verfehlen **III.** *prép* ❶ *(à proximité de)* ***à ~ de qn/qc*** neben jdm/jdn/etw; ***à ~ de Paris*** bei Paris; ***juste*** [*o* ***tout***] ***à ~ de qc*** direkt neben etw *akk o dat* ❷ *(en comparaison de)* ***à ~ de qn/qc*** gemessen an jdm/etw ❸ *(hors de)* ***à ~ de qc*** neben etw *akk o dat;* ***répondre à ~ de la question*** mit seiner Antwort daneben liegen; *(intentionnellement)* der Frage ausweichen; ***être à ~ du sujet*** das Thema verfehlen

coteau [kɔto] <x> *m* ❶ *(versant)* Hang *m* ❷ *(vignoble)* Weinberg *m*

Côte d'Azur [kotdazyʀ] *f* ***la ~*** die Côte d'Azur

Côte d'Ivoire [kotdivwaʀ] *f* ***la ~*** die Elfenbeinküste

côtelé(e) [kot(ə)le] *adj* gerippt

côtelette [kotlɛt] *f* GASTR Kotelett *nt*

coter [kɔte] <1> *vt* ❶ FIN [an der Börse] notieren ❷ *(apprécier)* ***être coté*** einen [festen] Schätzwert haben; ***la voiture est cotée à l'Argus*** das Auto steht auf der Zeitwerttabelle ❸ SPORT ***être coté à 5 contre 1*** [mit einer Gewinnquote von] 5 zu 1 gewettet werden

coterie [kɔtʀi] *f (péj)* Clique *f pej,* Sippschaft *f*

côtier, -ière [kotje, -jɛʀ] *adj* Küsten-

cotillons [kɔtijɔ̃] *mpl* Partyartikel *Pl (Konfetti, Papierschlangen, -hütchen etc.)*

cotisation [kɔtizasjɔ̃] *f* Beitrag *m;* ~ ***ouvrière/patronale*** Arbeitnehmer-/Arbeitgeberanteil *m* [an der Sozialversicherung]

cotiser [kɔtize] <1> **I.** *vi* ~ ***à qc*** [seine] Beiträge zu etw entrichten **II.** *vpr* ***se ~ pour faire qc*** zusammenlegen um etw zu tun

coton [kɔtɔ̃] *m* ❶ Baumwolle *f* ❷ *(fil)* [Baumwoll]garn *nt* ❸ *(ouate)* Wattebausch *m;* ***du ~*** Watte *f* ▶ **avoir les jambes en ~** weiche Knie haben

cotonnade [kɔtɔnad] *f* Baumwollstoff *m*

coton-tige® [kɔtɔ̃tiʒ] <cotons-tiges> *m* Wattestäbchen *nt*

côtoyer [kotwaje] <6> **I.** *vt (soutenu)* ❶ *(fréquenter)* ~ ***qn*** mit jdm verkehren; ***être amené à ~ beaucoup de gens*** mit vielen Leuten in Kontakt kommen ❷ *(longer)* ~ ***qc*** neben etw *dat* verlaufen **II.** *vpr* ***se ~*** *(soutenu)* ❶ *(se fréquenter)* miteinander verkehren ❷ *(se toucher)* aneinandergrenzen

cotylédon [kɔtiledɔ̃] *m d'une plante* Keimblatt *nt*

cou [ku] *m* Hals *m;* ***je fais ... cm de tour de ~*** ich trage Kragengröße ... ▶ **se casser** [*o* **se rompre**] **le ~** *(se blesser grièvement)* sich *dat* alle Knochen brechen; *(se tuer/échouer)* sich *dat* das Genick brechen

couard(e) [kwaʀ, aʀd] *(littér)* **I.** *adj* feige **II.** *m(f)* Feigling *m,* Memme *f veraltet*

couardise [kwaʀdiz] *f (littér)* Feigheit *f*

couchage [kuʃaʒ] *m* Liegefläche *f*

couchant [kuʃɑ̃] **I.** *adj* untergehend; ***au soleil ~*** bei Sonnenuntergang *m* **II.** *m* Westen *m*

couche [kuʃ] *f* ❶ *a.* GEOL, METEO, SOCIOL *(épaisseur)* Schicht *f;* ***passer deux ~s de peinture sur qc*** etw mit einem Doppelanstrich *m* versehen ❷ *(lange)* Windel *f;* ~ ***jetable*** Wegwerfwindel ❸ MED ***fausse ~*** Fehlgeburt *f;* ***faire une fausse ~*** eine Fehlgeburt haben ❹ *pl* Wochenbett *nt;* ***en ~s*** bei der Entbindung

couché(e) [kuʃe] *adj* ❶ *(étendu)* liegend; ***être ~*** liegen; ***rester ~*** liegen bleiben ❷ *(au lit)* ***être déjà ~*** bereits im Bett sein; ***rester ~*** im Bett bleiben

couche-culotte [kuʃkylɔt] <couches-culottes> *f* Windelhöschen *nt*

coucher [kuʃe] <1> **I.** *vi* ❶ *(dormir)* schlafen; ~ ***à l'hôtel*** im Hotel übernachten ❷ *(fam: avoir des relations sexuelles)* ~ ***avec qn*** mit jdm schlafen **II.** *vt* ❶ *(mettre au lit)* ins Bett bringen ❷ *(offrir un lit)* ***on peut vous ~ si vous voulez*** ihr könnt bei uns übernachten, wenn ihr möchtet ❸ *(étendre)* legen, liegend lagern *bouteille;*

umlegen *blés* **III.** *vpr* ❶ *(aller au lit)* ***se*** ~ ins Bett gehen; ***envoyer qn se*** ~ jdn ins Bett schicken ❷ *(s'allonger)* ***se*** ~ sich [hin]legen ❸ *(se courber sur)* ***se*** ~ ***sur qc*** sich tief über etw *akk* beugen ❹ *(disparaître)* ***le soleil se couche*** die Sonne geht unter **IV.** *m* ❶ *(fait d'aller au lit)* Schlafengehen *nt;* ***c'est l'heure du*** ~ es ist Schlafenszeit ❷ *(crépuscule)* Untergang *m;* ***au*** ~ ***du soleil*** bei Sonnenuntergang

couche-tard [kuʃtaʀ] *mf inv (fam)* Nachtmensch *m,* Nachteule *f*

couche-tôt [kuʃto] *mf inv (fam)* ***c'est une*** ~ sie geht mit den Hühnern schlafen

couchette [kuʃɛt] *f* Liege[wagen]platz *m;* ***compartiment*** *[à]* ***~s*** Liegewagenabteil *nt*

couci-couça [kusikusa] *adv (fam)* so lala

coucou [kuku] **I.** *m* ❶ *(oiseau)* Kuckuck *m* ❷ *(pendule)* Kuckucksuhr *f* ❸ *(péj: vieil avion)* [alte] Mühle *fam* ❹ BOT Schlüsselblume *f* **II.** *interj* kuckuck

coude [kud] *m* ❶ ANAT Ell[en]bogen *m* ❷ *(courbure)* Biegung *f* ▶ **jouer des ~s** die Ell[en]bogen gebrauchen; **lever le** ~ *(fam)* gerne einen heben; **se serrer les ~s** zusammenhalten; ~ **à** ~ Seite an Seite

coudé(e) [kude] *adj* gebogen, gekrümmt; ***être ~(e)*** eine Krümmung [*o* ein Knie] haben

cou-de-pied [kudpje] <cous-de-pied> *m* Rist *m*

couder [kude] <1> *vt* biegen, krümmen, biegen *tuyau*

coudoyer [kudwaje] <6> *vt* ❶ *(frôler)* ~ ***qn*** mit jdm auf Tuchfühlung sein ❷ *(côtoyer)* ~ ***qn*** mit jdm Kontakt haben; ~ ***qc*** Seite an Seite mit etw stehen

coudre [kudʀ] <irr> **I.** *vi* nähen **II.** *vt* ❶ *(assembler)* zusammennähen ❷ *(fixer)* ~ ***un bouton à qc*** einen Knopf an etw *akk* annähen; ~ ***une pièce sur qc*** ein Teil auf etw *akk* aufnähen

coudrier [kudʀije] *m* BOT Haselstrauch *m*

couenne [kwan] *f* Schwarte *f*

couette [kwɛt] *f* ❶ *(édredon)* Federbett *nt,* Steppdecke *f* ❷ *gén pl (coiffure)* Rattenschwanz *m fam*

couffin [kufɛ̃] *m* [Baby]tragekorb *m*

couillon(ne) [kujɔ̃, jɔn] *m(f) (fam)* Blödmann *m*

couillonner [kujɔne] <1> *vt (fam)* reinlegen

couillu [kujy] *m (fam)* harter Kerl; ***c'est un*** ~ der ist kein Weichei

couillu(e) [kujy] *adj (fam) personne* ganz schön mutig; *livre, film* ganz schön gewagt

couinement [kwinmɑ̃] *m du rat, porc* Quieken *nt; du lièvre, lapin* Fiepen *nt; d'une personne* Wimmern *nt;* ***les ~s*** das Gequieke/Gefiepe/Gewimmer

couiner [kwine] <1> *vi rat, porc:* quieken; *lièvre:* fiepen; *personne:* wimmern; *porte:* quietschen

coulant(e) [kulɑ̃, ɑ̃t] *adj* ❶ *(fam)* kulant ❷ *(fluide)* flüssig; *fromage* so weich, dass er läuft ❸ *style* flüssig

coulée [kule] *f* ~ ***de lave*** Lavastrom *m*

couler [kule] <1> **I.** *vi* ❶ *(s'écouler)* fließen; *(faiblement)* rinnen; *(fortement)* strömen ❷ *(préparer)* ***faire*** ~ ***un bain à qn*** jdm ein Bad einlassen ❸ *(fuir) robinet:* tropfen; *récipient:* lecken; *stylo:* auslaufen ❹ *(goutter)* laufen; *œil:* tränen ❺ *(sombrer)* untergehen **II.** *vt* ❶ *(verser)* ~ ***du plomb dans un moule*** Blei in eine Form gießen ❷ *(sombrer)* versenken ❸ *(faire échouer)* auflaufen lassen *fam* **III.** *vpr* ***se*** ~ ***dans qc*** in etw *akk* schlüpfen

couleur [kulœʀ] **I.** *f* ❶ *(teinte)* Farbe *f;* ***d'une seule*** ~ einfarbig; ***de plusieurs ~s*** mehrfarbig ❷ *(peinture)* Farbe *f* ❸ *(teint)* ***changer de*** ~ die Farbe ändern/wechseln; ***prendre des ~s*** Farbe bekommen ❹ *(linge)* Buntwäsche *f* ❺ POL [politische] Couleur *f* ▶ **passer par toutes les ~s de l'arc-en-ciel** abwechselnd rot und blass werden; **c'est un personnage haut en** ~ er/sie ist äußerst originell **II.** *adj sans pl* ~ ***rose*** rosafarben

couleuvre [kulœvʀ] *f* ZOOL Natter *f*

coulis [kuli] *m* GASTR *de crustacés* Fond *m; de légumes, fruits* Püree *nt;* ~ ***de framboises*** Himbeersoße *f*

coulissant(e) [kulisɑ̃, ɑ̃t] *adj* Schiebe-

coulisse [kulis] *f* ❶ *souvent pl* THEAT Kulisse *f;* ***dans les ~s*** [*o* **la** ~], **en** ~ *(lieu)* hinter den Kulissen; *(direction)* hinter die Kulissen ❷ *d'une porte* [Führungs]schiene *f; d'un tiroir* Schubleiste *f*

coulisser [kulise] <1> *vi* [in einer Schiene] laufen; ~ ***sur qc*** auf etw *dat* laufen

couloir [kulwaʀ] *m* ❶ *(corridor)* Gang *m,* Flur *m* ❷ CHEMDFER, AVIAT Gang *m* ❸ SPORT Bahn *f* ❹ GEOG Schlucht *f* ❺ TRANSP ~ ***aérien*** Luftkorridor *m;* ~ ***d'autobus*** Bus[- und Taxi]spur *f*

coulpe [kulp] *f* ▶ **battre sa** ~ *(littér)* sich an die Brust schlagen

coup [ku] *m* ❶ *(agression)* Schlag *m;* ***donner un*** ~ ***à qn*** jdn schlagen; ***être noir de ~s*** grün und blau geschlagen sein; ~ ***de bâton*** Stockhieb *m;* ~ ***de poing/de pied*** Faustschlag/Fußtritt *m;* ~ ***de couteau***

Messerstich *m; **d'un ~ de dent*** mit einem Biss *m* ❷ *(bruit)* Klopfen *nt,* Pochen *nt; **frapper trois ~s*** dreimal klopfen; ***~ de sifflet*** Pfiff *m* ❸ *(heurt)* Stoß *m* ❹ *(décharge)* Schuss *m; **~ de feu*** Schuss; ***revolver à six ~s*** Revolver *m* mit sechs Schuss ❺ *(choc moral)* Schlag *m; **être un ~ pour qn*** jdn hart treffen; ***porter un ~ à qn*** jdm einen Schlag versetzen; ***c'est un ~ rude pour qn*** das ist ein schwerer Schlag für jdn ❻ *(action rapide)* ***d'un ~ de crayon*** mit wenigen schnellen [Bleistift]strichen *Pl; **passer un ~ d'éponge sur qc*** mit dem Schwamm über etw *akk* wischen; ***se donner un ~ de peigne*** sich *dat* rasch die Haare kämmen; ***donner un ~ de fer à qc*** etw [auf]bügeln; ***donner un ~ de frein*** plötzlich bremsen; ***~ de fil*** [*o* ***téléphone***] Anruf *m* ❼ SPORT Hieb *m,* Schlag *m; **le ~ droit*** die Vorhand; ***~ franc*** *(au foot)* Freistoß *m; (au basket)* Freiwurf *m; **donner le ~ d'envoi à qc*** etw anpfeifen ❽ JEUX Zug *m* ❾ *(manifestation brusque)* ***~ de tonnerre*** Donnerschlag *m; **~ de vent*** Windstoß *m; **~ de foudre*** Liebe *f* auf den ersten Blick; ***~ de soleil*** Sonnenbrand *m* ❿ *(accès)* ***avoir un ~ de cafard*** down sein *fam* ⓫ *(action)* Coup *m; **~ d'État*** Staatsstreich *m; **~ de maître*** Meisterleistung *f; **être sur un ~*** gerade etwas aushecken; ***calculer son ~*** die Sache genau berechnen ⓬ *(action désagréable)* ***ça c'est un ~ des enfants*** das haben die Kinder verbrochen; ***~ de vache*** *(fam)* übler Streich; ***il nous fait le ~ [à] chaque fois*** das bringt er jedes Mal; ***faire/mijoter un mauvais ~*** ein [krummes] Ding drehen/aushecken ⓭ *(quantité bue)* Schluck *m; **boire un ~*** *(fam)* einen trinken ⓮ *(événement)* ***~ de chance*** [*o* ***veine***] Glück[sfall *m*] *nt* ▶ **avoir un ~ dans l'aile** einen sitzen haben *fam;* **avoir un [véritable] ~ de cœur pour qc** sich [richtig] in etw *akk* verlieben; **prendre un ~ de froid** sich erkälten; **sur le ~ de trois/quatre heures** gegen drei/vier Uhr; **qn a le ~ de main** jd hat den Bogen raus; **donner un ~ de main à qn** jdm zur Hand gehen; **jeter** [*o* **lancer**] **un ~ d'œil à qn** jdm einen Blick zuwerfen; **jeter un ~ d'œil sur le feu** ein Auge auf das Feuer *akk* haben; **avoir un ~ de pompe** [*o* **barre**] *(fam)* einen Durchhänger haben; **~ de tête** [plötzliche] Anwandlung; **passer en ~ de vent** auf einen Sprung *m* vorbeikommen *fam;* **prendre un ~ de vieux** *(fam)* mit einem Schlag älter werden; **tenir le ~** *(fam) personne:* durchhalten; *objet, voiture:* es aushalten; **ça vaut le ~ de faire qc** es lohnt sich etw zu tun; **du même ~** gleichzeitig; **du premier ~** auf Anhieb; **d'un seul ~** auf ein Mal; **tout à ~** plötzlich; **après ~** im Nachhinein; **du ~** *(fam)* darum; **tout d'un ~** ganz plötzlich; **sur le ~** *(aussitôt)* sofort; *(au début)* im ersten Moment; **à tous les ~s** jedes Mal; *(à tout propos)* bei jeder Gelegenheit

coupable [kupabl] **I.** *adj* ❶ *(fautif)* ***plaider non ~*** sich nicht schuldig bekennen ❷ *(condamnable)* verwerflich **II.** *mf* ❶ *(responsable)* Schuldige(r) *f(m)* ❷ *(malfaiteur)* Täter(in) *m(f)*

coupage [kupaʒ] *m* Verschnitt *m*

coupant(e) [kupɑ̃, ɑ̃t] *adj* scharf

coup-de-poing [kudpwɛ̃] *adj inv opération, politique* knallhart

coupe [kup] *f* ❶ *(verre)* Trinkschale *f; **une ~ de champagne*** ein Glas *nt* Champagner ❷ *(récipient)* Schale *f* ❸ SPORT Pokal *m; (épreuve)* Pokal[wettbewerb *m*] *m; **la ~ du monde de football*** die Fußballweltmeisterschaft

coupé [kupe] *m* AUT Coupé *nt*

coupe-circuit [kupsiʀkɥi] <coupe-circuits> *m* Sicherung *f* **coupe-faim** [kupfɛ̃] <coupe-faim[s]> *m* Appetitzügler *m* **coupe-feu** [kupfø] <coupe-feu[x]> **I.** *m* [Brand]schneise *f; (mur)* Brandmauer *f* **II.** *app inv* ***porte ~*** Brandschutztür *f* **coupe-file** [kupfil] <coupe-files> *m* Passierschein *m* **coupe-gorge** [kupgɔʀʒ] <coupe-gorge[s]> *m (établissement)* Spelunke *f*

coupelle [kupɛl] *f* Schälchen *nt*

coupe-ongle [kupɔ̃gl] <coupe-ongles> *m* Nagelknipser *m* **coupe-papier** [kuppapje] *m inv* Brieföffner *m*

couper [kupe] <1> **I.** *vi* ❶ *(être tranchant)* schneiden; ***attention, ça coupe!*** Achtung, das ist scharf! ❷ *(prendre un raccourci)* abkürzen ❸ *(interrompre)* unterbrechen; ***ne coupez pas!*** TELEC bleiben Sie am Apparat!; ***coupez!*** CINE Schnitt! ❹ JEUX abheben ❺ *(être mordant)* schneiden ❻ *(fam: échapper à)* ***~ à une corvée*** um eine Arbeit [he]rumkommen **II.** *vt* ❶ *(trancher)* schneiden, zuschneiden *tissu;* abschneiden *tête, branche;* durchschneiden *gorge;* aufschneiden *volaille;* zerlegen *poisson;* fällen *arbre; **~ les cheveux à qn*** jdm die Haare schneiden ❷ *(isoler)* isolieren; ***être coupé de toute civilisation*** von jeglicher Zivilisation abgeschnitten sein ❸ *(raccourcir)* kürzen *texte;*

schneiden *film;* herausnehmen *passage* ❹ *(interrompre)* unterbrechen *ligne téléphonique;* abbrechen *communication;* **~ *l'eau/l'électricité à qn*** jdm das Wasser/den Strom abstellen ❺ *(mettre un terme)* abbrechen *relations;* senken *fièvre;* nehmen *faim;* **~ *les ponts avec qn*** die Beziehung zu jdm abbrechen ❻ *(bloquer)* versperren *route;* **~ *les vivres à qn*** jdm die finanzielle Unterstützung entziehen; **~ *la respiration à qn*** jdm den Atem nehmen ❼ *(diluer)* verdünnen ❽ *(mordre)* ***le froid me coupe le visage*** die Kälte schneidet mir ins Gesicht ❾ JEUX abheben ❿ *(scinder)* trennen *mot;* unterteilen *paragraphe* ▸ **ça me/te la coupe!** *(fam)* da bin ich/bist du platt! **III.** *vpr* ❶ *(se blesser)* ***se*** ~ sich schneiden; ***se ~ la main*** sich *akk o dat* in die Hand schneiden ❷ *(trancher)* ***se ~ les ongles*** sich *dat* die Nägel schneiden; ***se ~ du pain*** sich *dat* Brot abschneiden ❸ *(se contredire)* ***se*** ~ sich *dat* widersprechen ❹ *(être coupé)* ***bien se*** ~ sich gut schneiden lassen ▸ **se ~ en quatre pour qn** sich für jdn ins Zeug legen

couper-coller [kupekɔle] <1> INFORM **I.** *vt* mit Ausschneiden und Einsetzen bearbeiten, mit Copy-and-paste bearbeiten **II.** *m* Ausschneiden *nt* und Einsetzen, Copy-and-paste *nt*

couperet [kupʀɛ] *m* Schlachtermesser *nt*

couperose [kupʀoz] *f* Kupferrose *f*

couperosé(e) [kupʀoze] *adj visage, nez* blaurot

coupeur, -euse [kupœʀ, -øz] *m, f* COUT Zuschneider(in) *m(f)*

coupe-vent [kupvɑ̃] <coupe-vent[s]> *m* ❶ *(vêtement)* Windjacke *f* ❷ *(abri)* Windschutz *m*

couple [kupl] **I.** *m* [Liebes]paar *nt* **II.** *f* CAN *(fam)* ***une ~ de qc*** *(quelques)* ein paar etw

couplé [kuple] *m* Zweierwette *f* im Pferdetoto

coupler [kuple] <1> *vt* aneinanderhängen *bateaux, péniches;* koppeln *bielles, roues*

couplet [kuplɛ] *m* Strophe *f*

coupole [kupɔl] *f* Kuppel *f*

coupon [kupɔ̃] *m* ❶ COUT Stoffrest *m* ❷ *(bon)* Abschnitt *m* ❸ FIN Coupon *m*

coupon-réponse [kupɔ̃ʀepɔ̃s] <coupons-réponse> *m* Antwortkarte *f*

coupure [kupyʀ] *f* ❶ *(blessure)* Schnittwunde *f* ❷ PRESSE **~ *de journal*** [*o* ***de presse***] Zeitungsausschnitt *m* ❸ LITTER, CINE Kürzung *f* ❹ *(interruption)* **~ *d'électricité*** *(involontaire)* Unterbrechung *f* der Stromversorgung; *(volontaire)* Abschaltung *f* des Stroms ❺ *(billet)* ***petites ~s*** kleine Scheine *Pl* ❻ *(changement)* ***une ~ dans la vie de qn*** ein [tiefer] Einschnitt in jds Leben

cour [kuʀ] *f* ❶ *d'un bâtiment* Hof *m;* **~ *de l'école*** Schulhof ❷ *(courtisans)* Hof *m* ❸ *d'un puissant* Hofstaat *m hum* ❹ JUR ***la Cour suprême*** der oberste Gerichtshof; **~ *d'appel*** Berufungsgericht *nt;* **~ *d'assises*** Schwurgericht; **~ *de cassation*** Kassations[gerichts]hof ▸ **faire la ~ à qn** jdm den Hof machen

courage [kuʀaʒ] *m* ❶ *(bravoure)* Mut *m;* ***bon ~!*** nur Mut!; ***perdre*** ~ den Mut verlieren; ***[du] ~!*** nur Mut! ❷ *(ardeur)* Eifer *m;* ***avec*** ~ eifrig ▸ **prendre son ~ à deux mains** sich *dat* ein Herz fassen

courageusement [kuʀaʒøzmɑ̃] *adv* tapfer

courageux, -euse [kuʀaʒø, -ʒøz] *adj* ❶ *(opp: lâche)* mutig; *soldat, attitude* tapfer ❷ *(travailleur)* tatkräftig ▸ **~, mais pas téméraire!** man muss ja nicht gleich Kopf und Kragen riskieren!

couramment [kuʀamɑ̃] *adv* ❶ *parler* fließend; *lire* flüssig ❷ *(souvent)* häufig

courant [kuʀɑ̃] *m* ❶ ELEC Strom *m* ❷ *(cours d'eau)* Strömung *f;* **~ *marin*** Meeresströmung; ***descendre/remonter le*** ~ stromabwärts/stromaufwärts fahren ❸ *(dans l'air)* Luftstrom *m;* **~ *d'air*** [Luft]zug *m; (gênant)* Durchzug; ***il y a un ~ d'air*** es zieht ❹ *(mouvement)* Strömung *f*, Bewegung *f;* ***un ~ de sympathie*** eine Sympathiewelle; ***un ~ de pensée*** eine Denkweise ❺ *(cours)* ***dans le ~ de la journée*** im Laufe des Tages ▸ **être au ~ de qc** über etw *akk* auf dem Laufenden sein; **mettre** [*o* **tenir**] **qn au ~ de qc** jdn über etw *akk* auf dem Laufenden halten

courant(e) [kuʀɑ̃, ɑ̃t] *adj* ❶ *(habituel)* normal; *dépenses* laufend; *procédé* üblich; *usage* geläufig; ***modèle*** ~ *(standard)* Standardmodell *nt;* ***langage ~, langue ~e*** Umgangssprache *f* ❷ *(en cours)* laufend; *prix* handelsüblich; ***le 3*** ~ am 3. dieses Monats

courante [kuʀɑ̃t] *f (fam)* Dünnpfiff *m sl*

courbatu(e) [kuʀbaty] *adj* ***être*** ~ Muskelkater haben

courbature [kuʀbatyʀ] *f souvent pl* Muskelkater *m kein Pl*

courbaturer [kuʀbatyʀe] <1> *vt* ***ça m'a courbaturé(e)*** davon habe ich Muskelkater [bekommen]; ***être complètement courbaturé(e)*** *(fam)* ganz kreuzlahm sein *fam*

C

courbe [kuʀb] **I.** *adj* gebogen; *ligne, trajectoire, surface* gekrümmt **II.** *f* GEOG, FIN Kurve *f; d'une route, d'un fleuve* Biegung *f; des reins* Wölbung *f*
courbé(e) [kuʀbe] *adj* krumm
courber [kuʀbe] <1> **I.** *vi* ~ ***sous qc*** *personne:* den Rücken wegen etw krümmen; *bois:* sich unter etw *dat* biegen **II.** *vt* ❶ *(plier)* biegen ❷ *(pencher)* ~ ***le dos/les épaules*** den Rücken krümmen/die Schultern hängen lassen; ~ ***la tête devant qn*** sich jdm beugen **III.** *vpr* **se** ~ ❶ *(se baisser)* den Rücken krümmen; *(à cause de l'âge)* einen krummen Rücken haben; *(pour saluer)* sich verbeugen ❷ *(ployer)* sich biegen
courbette [kuʀbɛt] *f* ***faire des ~s à qn*** vor jdm katzbuckeln
courbure [kuʀbyʀ] *f des sourcils, du nez* Bogen *m*
coureur, -euse [kuʀœʀ, -øz] *m, f* ❶ SPORT Läufer(in) *m(f);* AUT, SPORT Fahrer(in) *m(f)* ❷ *(coureur de jupons)* Schürzenjäger *m*
courge [kuʀʒ] *f* Kürbis *m*
courgette [kuʀʒɛt] *f* Zucchini *f*
courir [kuʀiʀ] <irr> **I.** *vi* ❶ *(se mouvoir, se dépêcher)* laufen; *(plus vite)* rennen; ~ ***partout*** überall herumrennen; ~ ***faire qc*** schnell etw tun gehen; ~ ***chercher le médecin*** schnell den Arzt holen; ***bon, j'y cours*** gut, ich laufe schnell hin ❷ *(participer à une course)* starten ❸ *(se répandre)* umgehen; ***faire ~ le bruit que ...*** das Gerücht in Gang setzen, dass ... ❹ *(se diriger vers)* ~ ***à la faillite*** kurz vor dem Bankrott stehen ▶ **laisse** ~**!** *(fam)* vergiss es!; **tu peux toujours ~!** da kannst du lange warten!; **rien ne sert de ~, il faut partir à point!** *prov)* das nutzt jetzt auch nichts mehr!; **faire qc en courant** etw in aller Eile tun **II.** *vt* ❶ *(participer à une course)* ~ ***qc*** bei etw starten ❷ *(parcourir)* durchstreifen *campagne;* befahren *mers;* bereisen *monde* ❸ *(fréquenter)* ~ ***les bars*** in den Kneipen herumziehen; ~ ***les filles*** hinter den Mädchen her sein *fam*
couronne [kuʀɔn] *f* ❶ *a.* BOT, MED, FIN Krone *f* ❷ *(pour décorer)* Kranz *m* ❸ *(pain)* kranzförmiges Brot
couronné [kuʀɔne] *adj* preisgekrönt
couronnement [kuʀɔnmɑ̃] *m* Krönung *f*
couronner [kuʀɔne] <1> *vt* ❶ krönen ❷ *(récompenser)* auszeichnen ❸ *(décorer)* schmücken ❹ *(consacrer)* krönen *carrière;* ***couronné de succès*** von Erfolg gekrönt
courriel [kuʀjɛl] *m* INFORM CAN E-Mail *f o nt*
courrier [kuʀje] *m* ❶ *(lettres)* Post *f;* ~ ***interne*** Hauspost; ***faire son*** ~ seine Post erledigen ❷ *(nom)* ***le ~ ...*** der ... Kurier; ***le ~ économique*** *(rubrique)* der Wirtschaftsteil; ***le ~ du cœur*** die Spalte „Leser fragen um Rat"; ***le ~ des lecteurs*** die Leserbriefe ❸ *(personne)* [Eil]bote *m* ❹ INFORM ~ ***électronique*** E-Mail *nt*
courriériste [kuʀjeʀist] *mf* Kolumnist(in) *m(f)*
courroie [kuʀwa] *f* Riemen *m*
courroucé(e) [kuʀuse] *adj (littér) dieux, personne* erzürnt; *air, voix* zornig, wütend; *flots* tobend
courroux [kuʀu] *m (littér)* Zorn *m*
cours [kuʀ] *m* ❶ *(déroulement)* Verlauf *m; des saisons* Ablauf; *du temps* Lauf; ***au ~ de qc*** im Laufe einer S. *gen;* ***le mois en ~*** der laufende Monat ❷ *(leçon)* Unterricht *m; (leçon privée)* Kurs *m;* UNIV Seminar *nt;* ~ ***magistral*** Vorlesung *f;* ~ ***particulier*** [*o* ***privé***] Privatunterricht; *(pour rattraper)* Nachhilfeunterricht; ***faire ~ de qc à qn*** jdn in etw *dat* unterrichten; ***suivre un ~*** [*o* ***des ~***] einen Kurs besuchen; ~ ***de maths*** *(fam)* Mathe-Stunde *f* ❸ *(école)* Schule *f* ❹ FIN *d'une monnaie* Kurs *m; de produits* Preis *m;* ***avoir ~*** gültig sein ❺ *(courant)* ~ ***d'eau*** Wasserlauf *m;* ***suivre son ~*** seinen Lauf nehmen
course [kuʀs] *f* ❶ *(action de courir)* Laufen *nt;* ***marcher au pas de ~*** im Laufschritt gehen; ***c'est la ~!*** *(fam)* das ist Stress! ❷ *(épreuve)* Rennen *nt; (à pied)* Lauf *m;* ***vélo de ~*** Rennrad *nt;* ***faire la ~ avec qn*** mit jdm um die Wette laufen; ~ ***contre la montre*** Zeitfahren *nt; (fig)* Wettlauf gegen die Zeit; ~ ***de fond*** Langstreckenlauf; ~ ***à pied*** Laufsport *m;* ~ ***de vitesse*** Sprint *m;* ~ ***en sac*** Sackhüpfen *nt* ❸ JEUX ***les ~s*** das [Pferde]rennen; ***jouer*** [*o* ***parier***] ***aux ~s*** beim [Pferde]rennen wetten ❹ *(déplacement)* Fahrt *f;* ~ ***en taxi*** Taxifahrt ❺ *(commission)* ***les ~s*** die Besorgungen *Pl;* ***faire les*** [*o* ***ses***] ***~s*** Besorgungen machen; ***faire une ~*** *(régler qc)* eine Besorgung machen; *(faire un achat)* einen Einkauf tätigen ❻ *(ruée)* ***la ~ aux armements*** das Wettrüsten
course-poursuite [kuʀsəpuʀsɥt] <courses-poursuites> *f* Verfolgungsjagd *f;* ***une ~ effrénée*** eine wilde Verfolgungsjagd
courser [kuʀse] <1> *vt (form)* verfolgen; ***se faire ~ par qn*** von jdm verfolgt werden
coursier, -ière [kuʀsje, -jɛʀ] *m, f* Laufbursche *m*
coursive [kuʀsiv] *f* [schmaler] Gang

court [kuʀ] *m* ~ ***de tennis*** Tennisplatz *m*

court(**e**) [kuʀ, kuʀt] **I.** *adj* ❶ *(opp: long)* kurz ❷ *(concis)* kurz; ***c'est un peu ~!*** das ist ein bisschen wenig! **II.** *adv* ❶ *(opp: long)* kurz; ***s'habiller*** ~ kurze Kleider tragen ❷ *(concis)* ***faire*** ~ sich kurzfassen; ***tout*** ~ ganz einfach ► **être à ~ de qc** von etw nicht genug haben

Grammatik und Co.
Das Adjektiv **court**(e) steht meistens nach dem Substantiv, auf das es sich bezieht:
une phrase courte – ein kurzer Satz.
Manchmal steht es aber auch vor dem Substantiv:
un court récit – ein kurzer Bericht. Die Bedeutung des Adjektivs ändert sich hierdurch nicht.

courtage [kuʀtaʒ] *m* ❶ *(profession)* Maklergeschäft *nt* ❷ *(commission)* Maklergebühr *f*

court-bouillon [kuʀbujɔ̃] <courts-bouillons> *m* Brühe *f* **court-circuit** [kuʀsiʀkɥi] <courts-circuits> *m* Kurzschluss *m* **court-circuiter** [kuʀsiʀkɥite] <1> *vt* ELEC kurzschließen

courtier, **-ière** [kuʀtje, -jɛʀ] *m, f* Makler(in) *m(f)*

courtisan [kuʀtizɑ̃] *m* Höfling *m; (fig)* Schmeichler *m*

courtisane [kuʀtizan] *f* HIST, LITTER Kurtisane *f*

courtiser [kuʀtize] <1> *vt* ~ ***qn*** jdm den Hof machen

court-métrage [kuʀmetʀaʒ] <courts-métrages> *m* Kurzfilm *m*

courtois(**e**) [kuʀtwa, waz] *adj* höflich

courtoisement [kuʀtwazmɑ̃] *adv* höflich

courtoisie [kuʀtwazi] *f* Höflichkeit *f*

couru(**e**) [kuʀy] **I.** *part passé de* **courir** **II.** *adj (recherché)* ***ce bar est ~ du tout Paris*** ganz Paris geht in diese Bar ► **c'est ~ d'avance** das ist doch von vornherein klar

couscous [kuskus] *m* Kuskus *m o nt*

couscoussier [kuskusje] *m* Kuskustopf *m*

cousin(**e**) [kuzɛ̃, in] *m(f)* Cousin *m*/Cousine *f*, Kusine *f*; ***~s germains*** Vettern *Pl* ersten Grades

coussin [kusɛ̃] *m* ❶ Kissen *nt;* ~ ***d'air*** Luftkissen; ~ ***de sécurité*** Airbag *m* ❷ BELG *(oreiller)* Kopfkissen *nt* ❸ *(partie rembourrée)* Polster *nt*

coussinet [kusinɛ] *m* kleines Kissen

cousu(**e**) [kuzy] **I.** *part passé de* **coudre** **II.** *adj* genäht

coût [ku] *m* Kosten *Pl; d'une marchandise* Preis *m;* ~ *de la vie* Lebenshaltungskosten *Pl*

coûtant [kutɑ̃] *adj* ***prix*** ~ Selbstkostenpreis *m*

couteau [kuto] <x> *m* ❶ *(ustensile)* Messer *nt;* ~ ***à steak*** Steakmesser; ~ ***de cuisine/suisse*** Küchen-/Schweizermesser ❷ *(coquillage)* Messermuschel *f* ► **mettre le ~ sous** [*o* **sur**] **la gorge de qn** jdm die Pistole auf die Brust setzen; **remuer** [*o* **retourner**] **le ~ dans la plaie** Salz in die Wunde streuen

couteau-scie [kutosi] <couteaux-scies> *m* Sägemesser *nt*

coutellerie [kutɛlʀi] *f* Schneidwarenindustrie *f*

coûter [kute] <1> *vt* kosten; ***ça m'a coûté 10 euros*** das hat mich 10 Euro gekostet; ***ça coûte cher*** das ist teuer; ***ça coûte combien?*** wie viel kostet das? ► **ça va me ~ cher de faire qc** das wird mich teuer zu stehen kommen etw zu tun

coûteux, **-euse** [kutø, -øz] *adj* kostspielig

coutil [kuti] *m* Drillich *m*

coutume [kutym] *f (usage)* Brauch *m; (habitude)* Gewohnheit *f;* ***c'est la*** ~ das ist so üblich; ***avoir ~ de faire qc*** es gewohnt sein etw zu tun

coutumier, **-ière** [kutymje, -jɛʀ] *adj* üblich, gewöhnlich

couture [kutyʀ] *f* ❶ *(action)* Nähen *nt*, Schneidern *nt* ❷ *(ouvrage)* Näharbeit *f* ❸ *(profession)* Konfektion[sindustrie *f*] *f;* ***la haute*** ~ die Haute Couture; ***une maison de*** ~ ein Modesalon ❹ *(suite de points)* Naht *f* ► **se faire battre à plate[s] ~[s]** haushoch geschlagen werden; **examiner** [*o* **inspecter**] **qn/qc sous toutes les ~s** jdn/etw genauestens untersuchen

couturier [kutyʀje] *m* Modeschöpfer *m*

couturière [kutyʀjɛʀ] *f (à son compte)* Schneider[meister]in *f; (en atelier)* Näherin *f*

couv [kuv] *f (fam) abr de* **couverture** Cover *nt*

couvain [kuvɛ̃] *m d'abeilles* Brut *f*

couvée [kuve] *f (œufs)* Gelege *nt; (poussins)* Brut *f*

couvent [kuvɑ̃] *m* Kloster *nt*

couver [kuve] <1> **I.** *vi feu:* schwelen; *émeute:* sich zusammenbrauen **II.** *vt* ❶ [aus]brüten ❷ *(materner)* umhegen; ~ ***qn des yeux*** [*o* ***du regard***] jdn nicht aus den Augen lassen ③ *(porter)* mit sich *dat* herumtragen ④ *(nourrir)* hegen

couvercle [kuvɛʀkl] *m* Deckel *m*

couvert [kuvɛʀ] *m* ① *(ustensiles)* Besteck *nt;* ***mettre le ~*** den Tisch decken ② *(place)* Gedeck *nt;* ***je mets combien de ~s?*** für wie viele Personen soll ich decken? ③ *(prétexte)* ***sous le ~ de qc*** unter dem Deckmantel *m* einer S. *gen*

couvert(e) [kuvɛʀ, ɛʀt] **I.** *part passé de* **couvrir II.** *adj* ① *(habillé)* ***être trop ~*** zu warm angezogen sein ② *(protégé)* ***être ~*** *(par qc)* zugedeckt sein; *(par qn)* Rückendeckung bekommen ③ *(assuré)* ***être ~ par une assurance*** bei einer Versicherung versichert sein ④ *(opp: en plein air)* überdacht ⑤ METEO *ciel* bedeckt; *temps* trüb ⑥ *(recouvert)* ***~ de feuilles/poussière*** mit Laub/Staub bedeckt ⑦ *(plein de)* ***être ~ de sang*** voller Blut sein ⑧ *(caché)* ***s'exprimer à mots ~s*** in Andeutungen sprechen

couverture [kuvɛʀtyʀ] *f* ① *d'un lit* [Bett]decke *f* ② *(toiture)* ***~ de tuiles*** Bedachung *f* aus Ziegeln ③ *d'un cahier* Umschlag *m; d'un livre* Deckel *m; d'un magazine* Titelblatt *nt;* ***faire la*** [*o* ***être en***] ***~ d'un magazine*** auf der Titelseite stehen ④ PRESSE ***la ~ d'un événement*** die Berichterstattung über ein Ereignis ⑤ ADMIN, FIN Absicherung *f* durch eine Bank ⑥ *(prétexte)* Deckmantel *m*

couveuse [kuvøz] *f* ① *(poule)* Bruthenne *f* ② *(incubateur)* ***~ artificielle*** *(pour œufs)* Brutapparat *m; (pour prématurés)* Brutkasten *m*

couvre-chef [kuvʀəʃɛf] <couvre-chefs> *m* Kopfbedeckung *f* **couvre-feu** [kuvʀəfø] <couvre-feux> *m (signal)* Alarm *m; (période)* Sperrstunde *f* **couvre-lit** [kuvʀəli] <couvre-lits> *m* Tagesdecke *f* **couvre-livre** [kuvʀəlivʀ] <couvre-livres> *m* Buchhülle *f*

couvreur, -euse [kuvʀœʀ, -øz] *m, f* Dachdecker(in) *m(f)*

couvrir [kuvʀiʀ] <11> **I.** *vt* ① *(mettre sur)* abdecken, zudecken *récipient, personne;* decken *toit;* einbinden *livre* ② *(recouvrir)* ***~ qc*** *couverture, toile:* etw zudecken; ***qc couvre qn*** jd ist mit etw zugedeckt; ***~ de qc*** mit etw bedecken ③ *(habiller)* ***~ qn*** jdn warm anziehen ④ *(cacher)* verdecken *visage;* übertönen *son* ⑤ *(protéger)* ***~ qn*** hinter jdm stehen ⑥ *(garantir)* ausschalten *risque;* ***~ les frais*** *personne:* die Kosten übernehmen; *somme:* die Kosten decken ⑦ *(parcourir)* zurücklegen ⑧ *(relater)* berichten über *+akk* ⑨ *(combler)* ***~ qn de baisers*** jdn mit Küssen bedecken; ***~ qn de cadeaux*** jdn mit Geschenken überhäufen; ***~ qn de reproches*** jdn mit Vorwürfen überschütten **II.** *vpr* ① ***se ~*** *(s'habiller)* sich anziehen; *(mettre un chapeau)* seinen Kopf bedecken; ***couvre-toi, il fait froid!*** zieh [dir] was an, es ist kalt! ② *(se protéger)* ***se ~*** sich absichern ③ METEO ***le ciel se couvre*** [***de nuages***] der Himmel bewölkt sich ④ *(se remplir de)* ***se ~ de bourgeons*** viele Knospen entwickeln; ***se ~ de taches*** sich bekleckern

cover-girl [kɔvœʀgœʀl] <cover-girls> *f* Covergirl *nt*

covoiturage [kovwatyʀaʒ] *m* Fahrgemeinschaftssystem *nt*

cow-boy [kobɔj, kaobɔj] <cow-boys> *m* Cowboy *m*

coyote [kɔjɔt] *m* Koyote *m*

CP [sepe] *m abr de* **cours préparatoire** *erste Grundschulklasse*

C.P.E. [sepeø] *m* SCOL *abr de* **conseiller principal d'éducation** pädagogische Fachkraft *f (an französischen Schulen)*

crabe [kʀɑb] *m* Taschenkrebs *m*

crac [kʀak] *interj* knack

crachat [kʀaʃa] *m* Spucke *f*

craché(e) [kʀaʃe] *adj* ▶ **c'est lui tout ~** *(fam: très ressemblant)* er/sie ist ihm wie aus dem Gesicht geschnitten; *(typique de qn)* das sieht ihm ähnlich

crachement [kʀaʃmɑ̃] *m* ① *(expectoration) de salive* Ausspucken *nt;* ***~ de sang*** Blutspucken *nt* ② *(rejet) d'étincelles* Sprühen *nt; de flammes* Hochschießen *nt,* Hochschlagen *nt; de gaz, de vapeur* Ausströmen *nt*

cracher [kʀaʃe] <1> **I.** *vi* ① *(expectorer)* [aus]spucken ② *(baver)* klecksen ▶ **ne pas ~ sur qn/qc** *(fam)* jdn/etw nicht verachten **II.** *vt* ① *(rejeter)* ausspucken, spucken *sang;* verspritzen *venin* ② *(émettre)* ausstoßen *fumée;* speien *lave*

cracheur [kʀaʃœʀ] *m* ***~ de feu*** Feuerschlucker *m*

crachin [kʀaʃɛ̃] *m* Sprühregen *m*

crachoir [kʀaʃwaʀ] *m* Spucknapf *m*

crachotement [kʀaʃɔtmɑ̃] *m* Knacken *nt,* Knistern *nt*

crachoter [kʀaʃɔte] <1> *vi robinet:* tropfen

crack[1] [kʀak] *m (fam)* Ass *nt*

crack[2] [kʀak] *m (drogue)* Crack *nt o m*

cracker [cʁake] *vt* INFORM hacken; ***~ un smartphone*** ein Smartphone hacken

cracker [kʀakœʀ] *m* INFORM Hacker *m*

cracra [kʀakʀa] *adj inv (fam) abr de* **crasseux** dreckig
crade [kʀɑd], **cradingue** [kʀadɛ̃g], **crado** [kʀɑdo] *adj (fam)* dreckig *fam,* versifft *sl*
craie [kʀɛ] *f* Kreide *f;* ~ ***gras*** Wachsmalstift *m*
craignos [kʀɛɲos] *adj (fam)* mies *fam*
craindre [kʀɛ̃dʀ] <irr> **I.** *vt* ❶ *(redouter)* ~ ***qn/qc*** jdn/etw fürchten ❷ *(pressentir)* [be]fürchten ❸ *(être sensible à)* ~ ***la chaleur*** hitzeempfindlich sein **II.** *vi (avoir peur pour)* ~ ***pour qn/qc*** Angst um jdn/etw haben; ***il n'y a rien à*** ~ es besteht kein Grund zur Sorge; ***ça ne craint rien*** da kann man unbesorgt sein; *(ce n'est pas fragile)* das ist unempfindlich ▶ **ça craint!** *(fam)* das ist nicht ganz koscher!

Grammatik und Co.
Nach **craindre que** stehen immer *ne* und der Subjonctif:
Je crains qu'elle ne vienne en retard. – Ich fürchte, dass sie zu spät kommt.

crainte [kʀɛ̃t] *f* ❶ *(peur)* ~ ***de qn/qc*** Furcht *f* vor jdm/etw; ***soyez sans ~[s]!*** seien Sie unbesorgt!; ***de*** [*o* ***dans la***] [*o* ***par***] ~ ***de qc*** aus Furcht vor etw *dat* ❷ *(pressentiment)* Befürchtungen *Pl;* ***avoir des ~s au sujet de qn/qc*** um jdn/etw besorgt sein
craintif, -ive [kʀɛ̃tif, -iv] *adj* ängstlich
craintivement [kʀɛ̃tivmɑ̃] *adv* ängstlich
cramer [kʀame] <1> *vi (fam) maison:* abbrennen
cramine [kʁamin] *f* CH *(froid intense)* Eiseskälte *f*
cramoisi(e) [kʀamwazi] *adj* purpurrot
crampe [kʀɑ̃p] *f* [Muskel]krampf *m*
crampillon [kʀɑ̃pijɔ̃] *m* Krampe *f*
crampon [kʀɑ̃pɔ̃] *m* SPORT Steigeisen *nt; (de foot)* Stollen *m*
cramponner [kʀɑ̃pɔne] <1> **I.** *vt (fam)* ~ ***qn*** sich wie eine Klette an jdn hängen **II.** *vpr* ❶ *(se tenir)* ***se ~ à qn/qc*** sich an jdm/etw festklammern ❷ *(fig)* ***se ~ à la vie*** sich ans Leben klammern
cran[1] [kʀɑ̃] *m* ❶ *d'une arme* Kimme *f;* ***hausser/baisser qc d'un*** ~ etw [um] ein Loch höher/tiefer stellen ❷ *(trou)* Loch *nt* ❸ *(coiffure)* Welle *f*
cran[2] [kʀɑ̃] *m (fam)* ***avoir du*** ~ Mumm haben
crâne [kʀɑn] *m* Schädel *m* ▶ **ne rien avoir dans le** ~ nichts im Kopf haben; **bourrer le ~ à qn** *(fam)* jdn endlos belabern; **se bourrer le ~ avec qc** sich *dat* wegen etw den Kopf zermartern
crâner [kʀɑne] <1> *vi (fam)* eine Schau abziehen
crâneur, -euse [kʀɑnœʀ, -øz] **I.** *adj* angeberisch *fam* **II.** *m, f* Angeber(in) *m(f)*
crânien(ne) [kʀɑnjɛ̃, jɛn] *adj* Schädel-
crapahuter [kʀapayte] <1> *vi (fam)* kraxeln
crapaud [kʀapo] *m* ZOOL Kröte *f*
crapoter [kʀapɔte] <1> *vi (fam)* paffen
crapule [kʀapyl] *f* Schuft *m*
crapuleusement [kʀapyløzmɑ̃] *adv* auf niederträchtige [*o* gemeine] Weise
crapuleux, -euse [kʀapylø, -øz] *adj* niederträchtig
craquant(e) [kʀakɑ̃, ɑ̃t] *adj (fam: irrésistible)* toll; *(mignon)* süß
craque [kʀak] *f (fam)* Aufschneiderei *f;* ***raconter des ~s*** aufschneiden
craqueler [kʀakle] <3> **I.** *vt* rissig werden lassen **II.** *vpr* ***se*** ~ Risse bekommen
craquellement [kʀakɛlmɑ̃] *m (état)* Risse *Pl; (action)* Rissigwerden *nt*
craquelure [kʀaklyʀ] *f* Riss *m*
craquement [kʀakmɑ̃] *m d'un arbre, de la banquise* Krachen *nt; du bois qui brûle, d'une boiserie* Knacken *nt*
craquer [kʀake] <1> **I.** *vi* ❶ *(faire un bruit) bonbon:* krachen; *chaussures, parquet:* knarren; *feuilles mortes:* rascheln; *neige:* knirschen; *bois, disque:* knacken; ***faire ~ une allumette*** ein Zündholz anreißen; ***faire ~ ses doigts*** mit den Fingern knacken ❷ *(céder) branche, glace:* brechen; *(se déchirer) vêtement:* reißen; *(aux coutures)* [auf]platzen ❸ *(s'effondrer) personne:* zusammenbrechen; *nerfs:* versagen ❹ *(s'attendrir)* schwachwerden ▶ **plein à** ~ zum Bersten voll **II.** *vt* anreißen *allumette*
crash [kʀaʃ] <[e]s> *m* INFORM Absturz *m;* ~ ***de disque dur*** Festplattenabsturz
crasher [kʀaʃe] <1> *vpr (fam) avion:* ***se*** ~ abstürzen; ***se ~ contre la tour*** am Turm zerschellen
crasse [kʀas] *f (saleté)* Dreck *m*
crasseux, -euse [kʀasø, -øz] *adj* schmutzig
cratère [kʀatɛʀ] *m* Krater *m*
cravache [kʀavaʃ] *f* [Reit]gerte *f*
cravacher [kʀavaʃe] <1> **I.** *vt* ~ ***un animal*** einem Tier die Peitsche geben **II.** *vi* ❶ *(à cheval)* sein Pferd mit Peitschenhieben antreiben ❷ *(fam: travailler dur)* schuften *fam*
cravate [kʀavat] *f* Krawatte *f*

C

cravater [kʀavate] <1> **I.** *vt (fam: attraper)* schnappen *fam* **II.** *vpr* ***se*** ~ [sich *dat*] eine Krawatte umbinden

crawl [kʀol] *m* Kraulen *nt*

Aussprache
Das englische Wort **crawl** wird mit geschlossenem o gesprochen.

crawler [kʀole] <1> *vi* kraulen; ***dos crawlé*** Rückenkraulen *nt*

crayon [kʀɛjɔ̃] *m* Bleistift *m;* ~ ***feutre*** Filzstift; ~ ***gras*** Wachsmalstift; ~ ***khôl*** Kajalstift; ~ ***optique*** Lichtgriffel *m;* ~ ***de couleur*** Buntstift; ~ ***pour les yeux*** Eyeliner *m*

crayonner [kʀɛjɔne] <1> *vt* [mit dem Bleistift] zu Papier bringen

créance [kʀeɑ̃s] *f* FIN ~ ***exigible*** fällige Schuld

créancier, **-ière** [kʀeɑ̃sje, -jɛʀ] *m, f* FIN Gläubiger(in) *m(f)*

créateur, **-trice** [kʀeatœʀ, -tʀis] **I.** *adj* schöpferisch **II.** *m, f* ❶ Schöpfer(in) *m(f)* ❷ REL ***le Créateur*** der Schöpfer

créatif, **-ive** [kʀeatif, -iv] *adj* kreativ

création [kʀeasjɔ̃] *f* ❶ *sans pl* REL ***la Création*** die Schöpfung ❷ *(monde)* Schöpfung *f,* Universum *nt* ❸ ART Werk *nt; d'un couturier, cuisinier* Kreation *f* ❹ *(invention)* Herstellung *f* ❺ ECON ~ ***d'emploi*** Schaffung *f* eines Arbeitsplatzes; ~ ***d'entreprise*** Firmengründung *f*

créativité [kʀeativite] *f* Kreativität *f*

créature [kʀeatyʀ] *f* ❶ *(être animé)* Lebewesen *nt* ❷ *(être humain)* menschliche Kreatur

crécelle [kʀesɛl] *f* Knarre *f*

crèche [kʀɛʃ] *f* ❶ REL Krippe *f* ❷ *(pouponnière)* Kinderkrippe *f*

crécher [kʀeʃe] <5> *vi (fam)* wohnen

crédibiliser [kʀedibilize] <1> *vt* glaubwürdig machen

crédibilité [kʀedibilite] *f* Glaubwürdigkeit *f*

crédible [kʀedibl] *adj* glaubhaft

crédit [kʀedi] *m* ❶ *(paiement échelonné)* Ratenzahlung *f;* ***acheter/vendre à*** ~ auf Raten *Pl* kaufen/verkaufen ❷ *(prêt)* Kredit *m;* ***accorder un*** ~ ***à qn*** jdm einen Kredit gewähren ❸ *(banque)* Bankinstitut *nt* ❹ *(opp: débit)* Guthaben *nt;* ***la somme est portée*** [*o* ***mise***] ***au*** ~ ***de votre compte*** die Summe wird Ihrem Konto gutgeschrieben ❺ *pl* POL Gelder *Pl* ❻ *(confiance)* Ansehen *nt;* ***jouir d'un grand*** ~ ***auprès de qn*** großes Ansehen bei jdm haben

crédit-bail [kʀedibaj] <crédits-bails> *m* Leasing *nt*

créditer [kʀedite] <1> *vt* ~ ***un compte de cent euros*** einem Konto hundert Euro gutschreiben

créditeur, **-trice** [kʀeditœʀ, -tʀis] *m, f* Gläubiger(in) *m(f)*

credo [kʀedo] *m* REL Glaubensbekenntnis *nt*

crédule [kʀedyl] *adj* gutgläubig

crédulité [kʀedylite] *f* Gutgläubigkeit *f*

créer [kʀee] <1> **I.** *vt* ❶ *(réaliser)* schaffen *emploi, œuvre;* gründen *entreprise;* kreieren *produit;* erschaffen *monde;* THEAT uraufführen ❷ *(provoquer)* schaffen *besoins;* bereiten *problèmes* **II.** *vi* schöpferisch tätig sein **III.** *vpr* ***se*** ~ ***des besoins*** sich *dat* Bedürfnisse schaffen; ***se*** ~ ***des problèmes*** sich *dat* Probleme bereiten

crémaillère [kʀemajɛʀ] *f* ▶ **pendre la** ~ eine Einweihungsparty geben

crémant [kʀemɑ̃] *m* ≈ Sekt *m*

crématoire [kʀematwaʀ] **I.** *adj* ***four*** ~ Verbrennungsofen *m* **II.** *m* Krematorium *nt*

crematorium, **crématorium** [kʀematɔʀjɔm] *m* Krematorium *nt*

crème [kʀɛm] **I.** *adj inv* cremefarben **II.** *f* ❶ *(produit laitier)* Rahm *m;* ~ ***chantilly*** Schlagsahne *f;* ~ ***fraîche*** Crème fraîche *f* ❷ *(entremets)* Creme *f;* ~ ***glacée*** Eiscreme ❸ *(liqueur)* ~ ***de cassis*** Johannisbeerlikör *m* ❹ *(surface d'un café express)* Crema *f* ❺ *(produit de soins)* Creme *f;* ~ ***à raser*** Rasiercreme; ~ ***anti-âge*** Antifaltencreme ❻ *(le meilleur)* gesellschaftliche Elite; ***c'est la*** ~ ***des hommes*** er ist der Beste aller Männer **III.** *m* Milchkaffee *m*

crémerie [kʀɛmʀi] *f* Milch- und Käsegeschäft *nt* ▶ **changer de** ~ woanders hingehen

crémeux, **-euse** [kʀemø, -øz] *adj* cremig

crémier, **-ière** [kʀemje, -jɛʀ] *m, f* Milch- und Käsehändler(in) *m(f)*

créneau [kʀeno] <x> *m* ❶ AUT [Park]lücke *f;* ***faire un*** ~ einparken ❷ COM Marktlücke *f* ❸ *(intervalle de temps)* Zeitfenster *nt*

crénelé(**e**) [kʀenle] *adj mur, rempart* mit Schießscharten

créole [kʀeɔl] **I.** *adj* kreolisch **II.** *m* Kreol *nt; v. a.* **allemand**

Créole [kʀeɔl] *mf* Kreole *m*/Kreolin *f*

crêpage [kʀɛpaʒ] *m des cheveux* Toupieren *nt* ▶ ~ **de chignon** *(fam)* Rauferei *f*

crêpe [kʀɛp] *f* GASTR Crêpe *f*, Pfannkuchen *m* ▶ **retourner qn comme une ~** *(fam)* jdn herumkriegen
crêper [kʀepe] <1> *vt* ❶ TEXTIL kreppen ❷ toupieren *cheveux*
crêperie [kʀɛpʀi] *f* Crêperie *f*
crépi [kʀepi] *m* [Rau]putz *m*
crêpier [kʀepje] *m* Crêpebäcker *m*
crêpière [kʀepjɛʀ] *f* *(plaque)* Crêpeeisen *nt*; *(poêle)* Crêpepfanne *f*
crépir [kʀepiʀ] <8> *vt* verputzen
crépitement [kʀepitmɑ̃] *m de la pluie, de l'eau* Prasseln *nt*; *du feu* Knistern *nt*; *d'une arme* Rattern *nt*; *d'une radio* Knacken *nt*
crépiter [kʀepite] <1> *vi feu:* knistern; *arme:* knattern
crépon [kʀepɔ̃] *m* Krepon *m*
crépu(e) [kʀepy] *adj* gekräuselt
crépusculaire [kʀepyskylɛʀ] *adj (littér)* Dämmer-; ***lueur/lumière ~*** Dämmerschein *m*/-licht *nt*
crépuscule [kʀepyskyl] *m* Dämmerung *f*
crescendo [kʀeʃɛndo] <[s]> *m* MUS Crescendo *nt*
cresson [kʀesɔ̃, kʀəsɔ̃] *m* Kresse *f*; ***cresson** m **de fontaine*** Brunnenkresse *f*
crétacé [kʀetase] *m* Kreidezeit *f*
Crète [kʀɛt] *f* ***la ~*** Kreta *nt*
crête [kʀɛt] *f* ❶ ZOOL Kamm *m* ❷ *d'une montagne* Grat *m*; *d'un toit* First *m*; *d'une vague* Kamm *m*
crétin(e) [kʀetɛ̃, in] *(fam)* **I.** *adj* blöd[e] **II.** *m(f)* Depp *m*
crétiniser [kʀetinize] *vt* verdummen
creuser [kʀøze] <1> **I.** *vt* ❶ *(excaver)* ausheben, ziehen *sillon;* bohren *tunnel* ❷ *(évider)* graben *tombe;* aushöhlen *pomme, falaise;* ***~ le sable*** im Sand graben ▶ **~ l'estomac** hungrig machen; **~ une question** eine Frage vertiefen **II.** *vi* hungrig machen **III.** *vpr* ***se ~*** einfallen; *roche:* ausgehöhlt werden ▶ **se ~ la tête** sich *dat* den Kopf zerbrechen
creuset [kʀøzɛ] *m* [Schmelz]tiegel *m*
creux [kʀø] *m* ❶ *(cavité)* Höhle *f*, Loch *nt*; *(dans un terrain)* Mulde *f*; ***le ~ d'une vague*** das Wellental; ***le ~ des reins*** ANAT das Kreuz; ***le ~ de l'aisselle*** ANAT die Achselhöhle; ***le ~ de la main*** die hohle Hand ❷ *(manque d'activité)* Zeit *f* außerhalb des Stoßbetrieb[e]s ❸ *(fam: faim)* ***avoir un ~*** Kohldampf *m* haben
creux, -euse [kʀø, -øz] *adj* ❶ *(vide)* hohl; *ventre, tête* leer ❷ *(vain)* nichts sagend; *paroles* leer ❸ *(concave)* nach innen gewölbt ❹ *(rentré)* eingefallen; ***avoir les yeux ~*** hohläugig sein ❺ *(sans activité)* ruhig; ***les heures creuses*** die Zeiten außerhalb des Stoßbetrieb[e]s
crevaison [kʀəvɛzɔ̃] *f* Reifenpanne *f*
crevant(e) [kʀəvɑ̃, ɑ̃t] *adj (fam)* mörderisch
crevard [kʀəvaʀ] *m (fam)* Loser *m*
crevasse [kʀəvas] *f* ❶ *(fissure: d'une roche)* Spalte *f*; *(d'un mur)* [tiefer] Riss ❷ *(gerçure)* Riss *m*
crevassé(e) [kʀəvase] *adj mur, sol* rissig
crevasser [kʀəvase] <1> **I.** *vt* rissig machen **II.** *vpr* ***se ~*** rissig werden
crève [kʀɛv] *f (fam)* böse Erkältung; ***avoir/attraper la ~*** total erkältet sein/sich *dat* den Tod holen
crevé(e) [kʀəve] *adj (fam: fatigué)* kaputt
crève-cœur [kʀɛvkœʀ] <crève-cœurs> *m* Kummer *m*, [tiefes] Leid
crève-la-faim [kʀɛvlafɛ̃] *m inv (fam)* Hungerleider(in) *m(f)*
crever [kʀəve] <4> **I.** *vi* ❶ *(éclater) ballon:* platzen; *sac:* aufplatzen; *abcès:* aufbrechen ❷ AUT eine Reifenpanne haben ❸ *(être plein de)* ***~ de jalousie*** vor Eifersucht *dat* platzen ❹ *(fam: souffrir)* ***~ de froid/de faim*** vor Kälte/Hunger umkommen; ***~ d'envie de qc*** ganz wild auf etw *akk* sein; ***une chaleur à ~*** eine mörderische Hitze **II.** *vt* ❶ *(percer)* aufstechen *abcès;* kaputt stechen *ballon, pneu* ❷ *(fam: exténuer)* schinden **III.** *vpr (fam)* ***se ~*** sich kaputtmachen; ***se ~ au travail*** sich abrackern, sich abplacken
crevette [kʀəvɛt] *f* Garnele *f*
cri [kʀi] *m* Schrei *m*; ***pousser un ~*** einen Schrei ausstoßen ▶ **le dernier ~** *(fam)* der letzte Schrei
criaillement [kʀi(j)ɑjmɑ̃] *m souvent pl* ❶ *(cris désagréables)* Gekreisch[e] *nt*, Geschrei *nt*; *d'un bébé* Plärren *nt* ❷ ORN *de la perdrix, pintade* Schreien *nt*; *de l'oie* Schnattern *nt*, Geschnatter *nt*; *du paon, de la mouette* Kreischen *nt*
criant(e) [kʀijɑ̃, jɑ̃t] *adj* ❶ *injustice* himmelschreiend ❷ *preuve* offenkundig
criard(e) [kʀijaʀ, jaʀd] *adj* ❶ *personne* ständig schreiend; *voix* keifend ❷ *(tapageur)* grell
crible [kʀibl] *m* [grobes] Sieb *nt* ▶ **passer qc au ~** etw genau unter die Lupe nehmen *fam*
criblé(e) [kʀible] *adj* ❶ *(percé)* ***~ de balles*** von Kugeln durchsiebt ❷ *(couvert de)* ***~ de boutons*** voller Pickel; ***~ de dettes*** hochverschuldet
cribler [kʀible] <1> *vt (percer)* ***~ qn de***

C

balles jdn mit Kugeln durchsieben; ~ ***qc de trous*** etw durchlöchern
cric [kʀik] *m* Winde *f*
cricket [kʀikɛt] *m* Kricket *nt,* Kricketspiel *nt*
cricri, cri-cri [kʀikʀi] *m* ❶ *(cri du grillon)* Zirpen *nt* ❷ *(grillon)* Grille *f*
criée [kʀije] *f* ***vente à la*** ~ Versteigerung *f*
crier [kʀije] <1> **I.** *vi* ❶ *(hurler)* schreien; *bébé a.:* weinen; ~ ***de peur*** vor Angst schreien ❷ *(fam: se fâcher)* ~ ***contre/après qn*** jdn anschreien ❸ *(émettre des sons) mouette:* schreien; *oiseau:* zwitschern; *cochon:* quieken; *oie:* schnattern; *souris:* piepsen ❹ *(dénoncer)* ~ ***au scandale*** etw als Skandal bezeichnen **II.** *vt* ❶ *(à voix forte)* rufen; ~ ***qc à qn*** jdm etw zurufen ❷ *(proclamer)* ~ ***son innocence*** seine Unschuld beteuern ▶ **sans** ~ **gare** ohne Vorwarnung *f*
crieur, -euse [kʀijœʀ, -øz] *m, f (marchand)* Straßenhändler(in) *m(f),* fliegender Händler *m*/fliegende Händlerin *f*
crime [kʀim] *m* ❶ *(meurtre)* Mord *m;* ***heure du*** ~ Tatzeit *f* ❷ JUR ~ ***contre qn/qc*** Verbrechen *nt* gegen jdn/etw ❸ *(faute morale)* ***c'est un ~!*** das ist kriminell!
criminalité [kʀiminalite] *f sans pl* Kriminalität *f*
criminel(le) [kʀiminɛl] **I.** *adj* kriminell **II.** *m(f)* ❶ *(assassin)* Mörder(in) *m(f)* ❷ *(coupable)* Verbrecher(in) *m(f)*
criminellement [kʀiminɛlmɑ̃] *adv* ❶ *agir* kriminell; *abuser, se taire* in krimineller [*o* verbrecherischer] Weise ❷ JUR *poursuivre* strafrechtlich
criminologie [kʀiminɔlɔʒi] *f sans pl* Kriminologie *f*
crin [kʀɛ̃] *m* ❶ *(poil)* Pferde-/Eselshaar *nt* ❷ *sans pl (matière)* Rosshaar *nt*
crinière [kʀinjɛʀ] *f* Mähne *f*
crique [kʀik] *f* kleine Bucht
criquet [kʀikɛ] *m* Heuschrecke *f;* ~ ***pèlerin*** Wanderheuschrecke
crise [kʀiz] *f* ❶ MED ~ ***cardiaque*** Herzanfall *m;* ~ ***d'appendicite*** Blinddarmentzündung *f;* ***faire une ~ de nerfs*** einen Nervenzusammenbruch bekommen ❷ ECON, POL, FIN Krise *f* ▶ **faire sa** ~ *(fam)* ausrasten; **piquer une** ~ **[de colère]** *(fam)* einen Wutanfall bekommen
crispant(e) [kʀispɑ̃, ɑ̃t] *adj* nervtötend
crispation [kʀispasjɔ̃] *f* Zucken *nt; d'un muscle* Krampf *m*
crispé(e) [kʀispe] *adj* verkrampft; *poing* geballt
crisper [kʀispe] <1> **I.** *vt* ❶ *(contracter)* ***l'effort crispe ses muscles*** seine/ihre Muskeln sind vor Anstrengung angespannt; ***la douleur lui crispait le visage*** der Schmerz verzerrte sein/ihr Gesicht ❷ *(agacer)* ~ ***qn*** jdm auf die Nerven fallen *fam* **II.** *vpr* **se** ~ ❶ *(se contracter)* sich verkrampfen ❷ *(se serrer) main:* sich verkrampfen; *poing:* sich ballen
crissement [kʀismɑ̃] *m des pneus, de la craie* Quietschen *nt; des freins* Kreischen *nt; des pas* Knirschen *nt; d'un tissu* Rascheln *nt*
crisser [kʀise] <1> *vi pneus:* quietschen; *gravier, pas:* knirschen; *freins:* kreischen
cristal [kʀistal, -o] <-aux> *m* ❶ MINER [Quarz]kristall *m* ❷ *(verre)* Kristall *nt* ❸ *pl (cristallisation)* Kristalle *Pl*
cristallin [kʀistalɛ̃] *m de l'œil* Linse *f*
cristallisation [kʀistalizasjɔ̃] *f* ❶ *sans pl a.* CHIM Kristallisierung *f* ❷ *(fig littér: concrétisation)* Verwirklichung *f*
cristallisé [kʀistalize] *adj* kristallisiert; ***du sucre*** ~ [Kristall]zucker *m*
cristalliser [kʀistalize] <1> CHIM **I.** *vi* Kristalle *Pl* bilden **II.** *vt* auskristallisieren **III.** *vpr* **se** ~ Kristalle bilden
critère [kʀitɛʀ] *m* Kriterium *nt*
critérium [kʀiteʀjɔm] *m* SPORT Kriterium *nt*
critiquable [kʀitikabl] *adj* kritisierbar
critique [kʀitik] **I.** *adj* kritisch **II.** *f* Kritik *f;* ***faire la ~ d'un livre/film*** ein Buch/einen Film rezensieren; ***la ~ a bien accueilli son livre*** sein/ihr Buch kam bei den Kritikern gut an **III.** *mf* Kritiker(in) *m(f)*
critiquer [kʀitike] <1> *vt* ❶ *(condamner)* kritisieren ❷ *(juger)* rezensieren
croassement [kʀɔasmɑ̃] *m du corbeau* Krächzen *nt*
croasser [kʀɔase] <1> *vi* krächzen
croate [kʀɔat] *adj* kroatisch
Croate [kʀɔat] *mf* Kroate *m*/Kroatin *f*
Croatie [kʀɔasi] *f* ***la*** ~ Kroatien *nt*
croc [kʀo] *m* Fangzahn *m;* ***le chien montre les ~s*** der Hund fletscht die Zähne

Aussprache
Das -c am Ende von **croc** bleibt stumm.

croc-en-jambe [kʀɔkɑ̃ʒɑ̃b] <crocs-en--jambe> *m* ❶ *(vieilli: mouvement)* ***faire un ~ à qn*** jdm ein Bein stellen ❷ *(manœuvre)* ***faire un ~ à qn*** jdm Knüppel zwischen die Beine werfen
croche [kʀɔʃ] *f* MUS Achtel *nt,* Achtelnote *f*
croche-pied [kʀɔʃpje] <croche-pieds> *m* ***faire un ~ à qn*** jdm ein Bein stellen

crocher [kʀɔʃe] <1> *vt* CH *(fixer solidement)* befestigen

crochet [kʀɔʃɛ] *m* ❶ *(pour accrocher)* [Wand]haken *m* ❷ *(aiguille)* Häkelhaken *m* ❸ SPORT Haken *m* ❹ *pl* TYP eckige Klammern *Pl* ❺ *pl (dent)* Giftzähne *Pl* ❻ *(détour)* ***faire un ~*** *route:* einen Knick machen; *personne:* einen Umweg machen ► **vivre aux ~s de qn** jdm auf der Tasche liegen

crocheter [kʀɔʃte] <4> *vt* mit dem Dietrich öffnen *porte, serrure*

crochu(e) [kʀɔʃy] *adj bec* gekrümmt; *doigts* verkrümmt; ***avoir le nez ~*** eine Hakennase haben

croco [kʀɔko] *m (fam) abr de* **crocodile**

crocodile [kʀɔkɔdil] *m* ❶ Krokodil *nt* ❷ *(cuir)* Krokodilleder *nt*

crocus [kʀɔkys] *m* Krokus *m*

croire [kʀwaʀ] <irr> **I.** *vt* ❶ *(tenir pour vrai)* glauben; ***faire ~ qc à qn*** jdn etw *akk* glauben machen ❷ *(avoir confiance en qn)* ***~ qn*** jdm trauen; ***~ qn, car il ne ment jamais*** jdm glauben, denn er lügt niemals; ***je te/vous crois!*** *(fam)* na klar! ❸ *(s'imaginer)* sich einbilden ❹ *(supposer)* ***c'est à ~ qu'il va pleuvoir*** wahrscheinlich wird es morgen regnen; ***il faut ~ que …*** es ist anzunehmen, dass …; ***il croit que …*** glaubt er, dass … ❺ *(estimer)* ***~ qn capable*** jdn für fähig halten; ***on l'a crue morte*** man hielt sie für tot ► **ne pas en ~ ses oreilles/yeux** seinen Ohren/Augen nicht trauen; **ne pas ~ si bien dire** den Nagel auf den Kopf treffen **II.** *vi* ❶ REL glauben; ***~ en Dieu*** an Gott *akk* glauben ❷ *(faire confiance à qn)* ***~ en qn*** an jdn glauben ❸ *(être convaincu de qc)* ***~ à qc*** an etw *akk* glauben; ***~ en qc*** in etw *akk* vertrauen ❹ *(ajouter foi à)* ***~ à la réincarnation*** an die Reinkarnation glauben; ***~ au Père Noël*** *(fam)* wohl noch an den Weihnachtsmann glauben ► **je vous prie de ~ à l'expression de ma considération distinguée, veuillez ~ à mes sentiments les meilleurs** *(form)* mit freundlichen Grüßen **III.** *vpr* ***se ~ intelligent*** sich für intelligent halten; ***se ~ tout permis*** glauben sich alles erlauben zu können; ***qu'est-ce qu'il se croit, celui-là?*** wofür hält er sich denn?

croisade [kʀwazad] *f* HIST Kreuzzug *m*

croisé(e) [kʀwaze] *adj* ***les bras ~s*** verschränkte Arme ► **rester les bras ~s** Däumchen drehen; **mots ~s** Kreuzworträtsel *nt*

croisée [kʀwaze] *f* Fenster *nt* ► **à la ~ des chemins** am Scheideweg

croisement [kʀwazmɑ̃] *m* ❶ *sans pl* ***feux de ~*** Abblendlicht *nt* ❷ *(intersection)* Kreuzung *f* ❸ *(mélange)* Kreuzung *f*

croiser [kʀwaze] <1> **I.** *vt* ❶ *(mettre en croix)* verschränken *bras;* übereinanderschlagen *jambes;* falten *mains* ❷ *(couper)* kreuzen *route, regard;* begegnen *véhicule* ❸ *(passer à côté de qn)* ***~ qn*** jdm begegnen; ***~ qc*** *regard:* auf etw *akk* fallen; ***son regard a croisé le mien*** unsere Blicke sind sich begegnet ❹ BIO, ZOOL kreuzen **II.** *vpr* **se ~** ❶ *(passer l'un à côté de l'autre) personnes:* sich treffen; *regards:* sich begegnen ❷ *(se couper)* sich kreuzen

croiseur [kʀwazœʀ] *m* NAUT Kreuzer *m*

croisière [kʀwazjɛʀ] *f* Kreuzfahrt *f*

croisiériste [kʀwazjeʀist] *mf* Kreuzfahrtteilnehmer(in) *m(f)*

croisillon [kʀwazijɔ̃] *m d'une fenêtre* Sprosse *f*

croissance [kʀwasɑ̃s] *f sans pl a.* ECON Wachstum *nt;* ***~ zéro*** Nullwachstum *nt; d'un enfant* Entwicklung *f*

croissant [kʀwasɑ̃] *m* ❶ GASTR Croissant *nt,* Hörnchen *nt* ❷ *sans pl (forme)* ***~ de lune*** Mondsichel *f* ❸ *(symbole)* Halbmond *m*

croissant(e) [kʀwasɑ̃, ɑ̃t] *adj* wachsend; *nombre* steigend

croissanterie [kʀwasɑ̃tʀi] *f* Croissanterie *f*

> **Land und Leute**
>
> Eine **croissanterie** ist ein Laden, in dem vor allem Blätterteig- und Hefegebäck wie *croissants*, *brioches* und *pains au chocolat* verkauft wird.

croître [kʀwatʀ] <irr> *vi* ❶ *(grandir)* wachsen ❷ *(augmenter) choses:* zunehmen; *colère:* wachsen; *chômage:* ansteigen

croix [kʀwa] *f* Kreuz *nt;* ***~ gammée*** Hakenkreuz *nt;* ***~ de la Légion d'honneur*** Kreuz *nt* der Ehrenlegion; ***faire un signe de ~*** sich bekreuzigen; ***"mettre une ~ dans la case qui convient"*** „das zutreffende Feld bitte ankreuzen" ► **faire une ~ sur qc** *(fam)* etw abschreiben

Croix-Rouge [kʀwaʀuʒ] *f* ***la ~*** das Rote Kreuz

croquant(e) [kʀɔkɑ̃, ɑ̃t] *adj* knackig; *biscuit* knusprig

croque-madame [kʀɔkmadam] *m inv getoastetes Käse-Schinken-Sandwich mit Spiegelei*

croque-mitaine [kʀɔkmitɛn] <croque-

-mitaines> *m (personnage imaginaire)* Kinderschreck *m*, schwarzer Mann *m*
croque-monsieur [kʀɔkməsjø] *m inv* *getoastetes Käse-Schinken-Sandwich* **croque-mort** [kʀɔkmɔʀ] <croque-morts> *m (fam)* Leichenbestatter *m*

C

croquer [kʀɔke] <1> **I.** *vt* ❶ *(manger)* knabbern *biscuit;* zerbeißen *bonbons;* ~ ***une pomme*** in einen Apfel beißen ❷ *(fam: dépenser)* verschleudern ❸ *(dessiner)* skizzieren ▶ **être à** ~ zum Anbeißen sein *fam* **II.** *vi* ❶ *(être croustillant) salade:* knacken; *bonbons:* krachen ❷ *(mordre)* ~ ***dans une pomme*** [kräftig] in einen Apfel beißen
croquet [kʀɔkɛ] *m* SPORT Krocket *nt*
croquette [kʀɔkɛt] *f* Krokette *f;* ~ ***de poisson*** Fischbällchen *nt*
croquis [kʀɔki] *m* Skizze *f*
cross [kʀɔs] *m (course à pied)* Geländelauf *m; (course de moto)* Querfeldeinwettbewerb *m*
crosse [kʀɔs] *f* ❶ *d'un fusil* Kolben *m; d'un revolver* Griff *m* ❷ REL Bischofsstab *m* ❸ SPORT Schläger *m*
crotale [kʀɔtal] *m* Klapperschlange *f*
crotte [kʀɔt] *f* ❶ *de cheval* Pferdeapfel *m; de chien* Hundehaufen *m; de nez* Popel *m fam* ❷ GASTR ~ ***en chocolat*** Schoko[laden]praline *f*
crotté(e) [kʀɔte] *adj* schmutzig
crottin [kʀɔtɛ̃] *m* ❶ *d'un âne* Mist *m; d'un cheval* Pferdeapfel *m* ❷ *(fromage) kleiner, runder Ziegenkäse*
croulant(e) [kʀulɑ̃, ɑ̃t] *adj mur, maison* baufällig
crouler [kʀule] <1> *vi* ❶ *(s'écrouler)* einstürzen ❷ *(fig)* ~ ***sous les fruits*** *arbre:* sich unter dem Gewicht der Früchte biegen; ~ ***sous le travail*** von der Arbeit erdrückt werden; ~ ***sous les applaudissements*** von tosendem Beifall dröhnen ❸ *(s'effondrer)* zusammenbrechen
croupe [kʀup] *f d'un cheval* Kruppe *f; (fam) d'une femme* Hintern *m* ▶ **monter en** ~ hinten aufsitzen
croupetons [kʀup(ə)tɔ̃] *adv* ***à*** ~ hockend; ***se tenir à*** ~ hocken
croupier, -ière [kʀupje, -jɛʀ] *m, f* Croupier *m*
croupion [kʀupjɔ̃] *m* Sterz *m*
croupir [kʀupiʀ] <8> *vi* ❶ *eau:* stehen und dabei faulig werden; *détritus:* verfaulen; ***eau croupie*** fauliges Wasser *nt* ❷ *(végéter)* ~ ***en prison*** im Gefängnis verfaulen
croupissant [kʀupisɑ̃, ɑ̃t] *adj eaux* stehend
croustade [kʀustad] *f* [Krusten]pastete *f*
croustillant(e) [kʀustijɑ̃, jɑ̃t] *adj* ❶ GASTR knusprig ❷ *(grivois)* pikant
croustille [kʀustij] *f* CAN [Kartoffel]chips *m*
croustiller [kʀustije] <1> *vi* knusprig sein
croûte [kʀut] *f* ❶ *sans pl de pain, fromage* Rinde *f* ❷ GASTR Teigmantel *m;* ***pâté en*** ~ Blätterteigpastete *f* ❸ *sans pl (couche)* Schicht *f;* MED Schorf *m; de sang* Kruste *f* ❹ *(sédiment)* Belag *m* ❺ GEOL ~ ***terrestre*** Erdkruste *f* ▶ **casser la** ~ *(fam)* etw essen; **gagner sa** ~ *(fam)* seine Brötchen *Pl* verdienen
croûter [kʀute] <1> *vt, vi (fam)* essen, futtern *fam*
croûton [kʀutɔ̃] *m* ❶ *(extrémité)* Kanten *m* NDEUTSCH, Knäuschen *nt* SDEUTSCH ❷ *(pain frit)* Croûton *m* ▶ **vieux** ~ *(fam)* verknöcherte(r) Alte(r) *f(m)*
croyable [kʀwajabl] *adj* ***c'est à peine*** ~ es ist kaum zu glauben
croyance [kʀwajɑ̃s] *f* ❶ *sans pl (le fait de croire)* ***la*** ~ ***dans/en qc*** der Glaube an/in etw *akk* ❷ *(ce que l'on croit)* ~ ***religieuse*** Glaube *m*
croyant [kʀwajɑ̃] *part prés de* **croire**
croyant(e) [kʀwajɑ̃, ɑ̃t] **I.** *adj* religiös **II.** *m(f)* Gläubige(r) *f(m)*
CRS [seɛʀɛs] *m abr de* **compagnie républicaine de sécurité** ≈ Bereitschaftspolizei *f; (policier)* Bereitschaftspolizist(in) *m(f);* ***les*** ~ die Bereitschaftspolizei
cru [kʀy] *m* ❶ *(terroir)* [Wein]anbaugebiet *nt* ❷ *(vin)* ***un grand*** ~ ein großer Wein; ***un des grands ~s de Bourgogne*** einer der besten Burgunder ❸ *(invention)* ***c'est de mon propre*** ~ es ist meine eigene Erfindung
cru(e) [kʀy] **I.** *part passé de* **croire** **II.** *adj* ❶ *aliments* roh ❷ *(vif)* grell ❸ *(direct)* ungeschminkt
crû(e) [kʀy] *part passé de* **croître**
cruauté [kʀyote] *f sans pl* Grausamkeit *f*
cruche [kʀyʃ] *f* ❶ Krug *m* ❷ *(fam: sot)* Trottel *m*
crucial(e) [kʀysjal, -jo] <-aux> *adj* entscheidend
crucifier [kʀysifje] <1> *vt* kreuzigen
crucifix [kʀysifi] *m* Kruzifix *nt*

Aussprache
Die Endung -x in **crucifix** wird nicht gesprochen.

crucifixion [kʀysifiksjɔ̃] *f (supplice)* Kreuzigung *f;* ART Kreuzigung[sgruppe *f*] *f*

cruciforme [kʀysifɔʀm] *adj* ❶ ARCHIT kreuzförmig ❷ TECH ***tournevis*** ~ Kreuzschlitzschraubendreher *m*
cruciverbiste [kʀysivɛʀbist] *mf* Kreuzworträtselfan *m*
crudité [kʀydite] *f pl* GASTR [Gemüse]rohkost *f;* ***assiette de ~s*** ≈ Salatplatte *f*
crue [kʀy] *f* Hochwasser *nt*
cruel(le) [kʀyɛl] *adj* ❶ *(méchant)* grausam ❷ *sort* grausam; *épreuve* schwer
cruellement [kʀyɛlmɑ̃] *adv (méchamment)* grausam
crûment [kʀymɑ̃] *adv* unverblümt, direkt
crus [kʀy] *passé simple de* **croire**
crûs [kʀy] *passé simple de* **croître**
crustacé [kʀystase] *m* Krustentier *nt*
cryptage [kʀiptaʒ] *m* INFORM Verschlüsselung *f*
crypte [kʀipt] *f* Krypta *f*
crypté(e) [kʀipte] *adj* verschlüsselt; ***chaîne ~e*** Privatsender, der ein verschlüsseltes Programm sendet
crypter [kʀipte] <1> *vt* verschlüsseln
cryptogramme [kʀiptɔgʀam] *m* verschlüsselter Text, Kryptogramm *nt*
CSG [seɛsʒe] *f abr de* **contribution sociale généralisée** *Sozialsteuer zum Ausgleich des Defizits der „Sécurité Sociale"*
Cuba [kyba] *m* Kuba *nt*
cubain(e) [cybɛ̃, ɛn] *adj* kubanisch
Cubain(e) [cybɛ̃, ɛn] *m(f)* Kubaner(in) *m(f)*
cube [kyb] *m* ❶ ***mètre*** ~ Kubikmeter *m* ❷ GEOM Würfel *m* ❸ *(jouet)* Holzklötzchen *nt* ❹ MATH Kubikzahl *f;* ***élever ces chiffres au*** ~ diese Zahlen in die dritte Potenz erheben
cubique [kybik] *adj* ❶ würfelförmig ❷ MATH ***racine*** ~ Kubikwurzel *f*
cubisme [kybism] *m* ART Kubismus *m*
cubiste [kybist] *mf* ART Kubist(in) *m(f)*
cubitus [kybitys] *m* Elle *f*
cucu[l] [kyky] **I.** *adj inv (fam)* doof; *personne* einfältig; *film* kitschig **II.** *m (enfantin)* Popo *m*
cuculte [kykylt] *adj (fam) film* kultig
cueillette [kœjɛt] *f sans pl* Ernten *nt; des fruits* Pflücken *nt; des champignons* Sammeln *nt*
cueilleur, -euse [kœjœʀ, -øz] *m, f* Pflücker(in) *m(f)*
cueillir [kœjiʀ] <irr> *vt* ❶ pflücken *fleurs;* ernten *légumes;* sammeln *champignons;* lesen *raisins* ❷ *(fam: arrêter)* schnappen ❸ *(fam: prendre au passage)* auflesen
cui-cui [kɥikɥi] *interj* piep, piep
cuiller, cuillère [kɥijɛʀ] *f* ❶ *(ustensile)* Löffel *m;* ~ ***à café*** [*o* ***à thé*** CAN] Teelöffel; ~ ***à soupe*** [*o* ***à table*** CAN] Esslöffel ❷ *(contenu)* ***une ~ d'huile*** ein Löffel *m* Öl ▶ **ne pas y aller avec le dos de la ~** nicht zimperlich sein; **être à ramasser à la petite ~** *(fam)* fix und fertig sein
cuillerée, cuillérée [kɥijeʀe] *f* ~ ***à café*** Teelöffel *m;* ~ ***à soupe*** Esslöffel
cuir [kɥiʀ] *m sans pl* Leder *nt* ▶ **~ chevelu** Kopfhaut *f*
cuirasse [kɥiʀas] *f* ❶ MIL Panzer[ung *f*] *m* ❷ HIST [Brust]harnisch *m* ▶ **le défaut de la ~** die verwundbare Stelle
cuirassé [kɥiʀase] *m* Panzerkreuzer *m*
cuirassier [kɥiʀasje] *m* ❶ HIST Kürassier *m* ❷ MIL Panzerbataillon *nt*
cuire [kɥiʀ] <irr> **I.** *vt* ❶ kochen; *(à la vapeur)* garen; *(à l'étouffée)* schmoren *viande;* dünsten *légumes; (au four)* braten *viande;* backen *pain, gâteau; (à la poêle)* frittieren; ***faire ~ qc au bain-marie*** etw im Wasserbad garen; ***faire ~ qc au four*** etw im Ofen zubereiten ❷ TECH brennen ▶ **être dur à ~** hartgesotten sein **II.** *vi* ❶ GASTR *viande:* schmoren; *légumes:* garen; *pâtes:* kochen; *pain, gâteau:* backen ❷ *(fam: avoir très chaud)* glühen ❸ *(brûler)* brennen
cuisant(e) [kɥizɑ̃, ɑ̃t] *adj déception* bitter
cuisine [kɥizin] *f* ❶ *(pièce)* Küche *f; (meubles)* Einbauküche ❷ *(art culinaire)* Kochkunst *f; (nourriture)* Küche *f,* Essen *nt;* ***livre de*** ~ Kochbuch *nt;* ***recette de*** ~ [Koch]rezept *nt;* ***aimer la bonne*** ~ gerne gut essen; ***faire la*** ~ kochen
cuisiné(e) [kɥizine] *adj* ***plats ~s*** Fertiggerichte *Pl*
cuisiner [kɥizine] <1> **I.** *vi (faire la cuisine)* kochen **II.** *vt* ❶ *(préparer des plats)* kochen ❷ *(fam: interroger)* ~ ***qn*** jdn ausquetschen
cuisinette [kɥizinɛt] *f* Kochecke *f*
cuisinier, -ière [kɥizinje, -jɛʀ] *m, f* Koch *m*/Köchin *f*
cuisinière [kɥizinjɛʀ] *f* ❶ *(appareil)* [Küchen]herd *m* ❷ *(personne)* Köchin *f*
cuissage [kɥisaʒ] *m* ❶ HIST Recht *nt* der ersten Nacht ❷ *(fam: harcèlement sexuel)* Belästigung *f*
cuissarde [kɥisaʀd] *f* kniehoher Stiefel *m; d'un pêcheur* Anglerstiefel, Watstiefel
cuisse [kɥis] *f* ❶ ANAT Schenkel *m* ❷ GASTR *de lièvre, volaille* Keule *f; de grenouille* Schenkel *m*
cuisseau [kɥiso] <x> *m de veau* Keule *f* [mit Lendenstück]
cuisson [kɥisɔ̃] *m* ❶ *sans pl* Kochen *nt,* Garen *nt; de la viande* Schmoren *nt; des*

légumes Dünsten *nt; d'un rôti* Braten *nt; du pain, gâteau* Backen *nt;* ***et la ~: bien cuit, à point, saignant, bleu?*** wie möchten Sie es: gut durchgebraten, medium, englisch, blutig? ❷ *(durée)* Gar-/Koch-/Brat-/Backzeit *f* ❸ *sans pl* TECH Brennen *nt*

cuissot [kɥiso] *m du sanglier, chevreuil* Keule *f*

cuistot [kɥisto] *m (fam)* Koch *m*

cuit(**e**) [kɥi, kɥit] **I.** *part passé de* **cuire** **II.** *adj* ❶ GASTR gar; *légumes, jambon* gekocht; *steak* gebraten; *gâteau, pain* gebacken; ***ne pas être [assez] ~*** nicht gar/nicht durchgebraten/nicht durchgebacken sein; ***être trop ~*** zerkocht/zu stark gebraten/zu stark gebacken sein; ***une baguette bien ~e*** ein dunkles Baguette ❷ TECH gebrannt; ***terre ~e*** Terrakotta *f* ► **c'est ~** *(fam)* es ist aus und vorbei; **c'est du tout ~** *(fam)* das ist ein Klacks; **être ~** *(fam)* am Ende sein

cuite [kɥit] *f (fam)* Rausch *m;* ***prendre une ~*** sich *dat* einen antrinken, sich *dat* die Kante geben; ***tenir une sacrée ~*** ganz schön einen sitzen haben

cuiter [kɥite] <1> *vpr (fam)* ***se ~*** sich besaufen

cuivre [kɥivʀ] *m* ❶ *(métal et ustensiles)* Kupfer *nt* ❷ *pl* MUS Blech[blas]instrumente *Pl*

cuivré(**e**) [kɥivʀe] *adj* ❶ kupferfarben ❷ *(sonore)* volltönend

cul [ky] *m sans pl (fam: derrière)* Hintern *m* ► **s'entendre comme ~ et chemise** *(fam)* ein Herz und eine Seele sein; **coûter la peau du ~** *(fam)* den letzten Pfennig kosten; **boire ~ sec** *(fam)* auf ex trinken; **avoir du ~** Dusel haben; **ne pas avoir du ~** echt Pech haben; **parle à mon ~ [ma tête est malade]** *(fam)* gib dir keine Mühe, dein Geschwätz interessiert mich nicht

Aussprache

Das -l am Ende von **cul** bleibt stumm.

culasse [kylas] *f* ❶ *d'un moteur* Zylinderkopf *m* ❷ *d'un fusil* Verschluss *m*

culbute [kylbyt] *f* ❶ *(galipette)* ***faire une ~*** einen Purzelbaum schlagen ❷ *(chute)* ***faire des ~s dans l'escalier*** kopfüber die Treppe hinunterfallen

culbuter [kylbyte] <1> **I.** *vi (tomber)* stürzen **II.** *vt (faire tomber)* umwerfen

cul-de-jatte [kydʒat] <culs-de-jatte> *mf* beinloser Krüppel

cul-de-sac [kydsak] <culs-de-sac> *m* Sackgasse *f*

culinaire [kylinɛʀ] *adj* ***art ~*** Kochkunst *f;* ***émission ~*** Kochsendung *f,* Kochshow *f*

culminant(**e**) [kylminɑ̃, ɑ̃t] *adj (fig)* ***point ~ de qc*** Höhepunkt *m* einer S. *gen*

culminer [kylmine] <1> *vi (avoir une hauteur de)* ***le pic culmine à 8.000 m*** der Berggipfel liegt bei 8.000 m

culot [kylo] *m* ❶ *d'une ampoule* Sockel *m; d'un obus* Boden *m* ❷ *(fam: assurance)* Frechheit *f;* ***avoir du ~*** unverschämt sein; ***avoir un sacré ~*** unglaublich dreist sein; ***avoir le ~ de faire qc*** die Frechheit haben etw zu tun

culotte [kylɔt] *f* ❶ *(slip)* Slip *m,* Unterhose *f* ❷ *(short)* kurze Hose[n] ❸ SPORT lange Hose[n]; ***~[s] de golf*** Knickerbocker *Pl;* ***~[s] de cheval*** Reithose[n]; *(fig)* Fettpolster *Pl* an den Oberschenkeln

culotté(**e**) [kylɔte] *adj (fam: effronté)* dreist; *(audacieux)* draufgängerisch

culpabilisation [kylpabilizasjɔ̃] *f* Erwecken *nt* von Schuldgefühlen

culpabiliser [kylpabilize] <1> **I.** *vt* ***~ qn*** bei jdm Schuldgefühle wecken **II.** *vi* sich schuldig fühlen **III.** *vpr* ***se ~*** sich *dat* Vorwürfe *Pl* machen

culpabilité [kylpabilite] *f sans pl* Schuld *f*

culte [kylt] *m* ❶ *sans pl (vénération)* Kult *m* ❷ *sans pl (cérémonie: chrétienne)* Gottesdienst *m; (païenne)* Kultfeier *f; (religion)* Religion *f* ❸ *(office protestant)* [Predigt]gottesdienst *m* ❹ *(fig)* ***vouer un ~ à qn*** jdn verehren; ***avoir le ~ de l'argent*** das [liebe] Geld anbeten; ***~ de la personnalité*** Personenkult *m*

cul-terreux [kyteʀø] <culs-terreux> *m (péj fam)* Bauerntrampel *m o nt*

cultivable [kyltivabl] *adj* bebaubar

cultivateur, **-trice** [kyltivatœʀ, -tʀis] *m, f* Landwirt(in) *m(f)*

cultivé(**e**) [kyltive] *adj* gebildet

cultiver [kyltive] <1> **I.** *vt* ❶ AGR anbauen; ***des terrains cultivés*** bebaute Felder *Pl;* ***des plantes cultivées*** Kulturpflanzen *Pl* ❷ *(exercer)* trainieren *mémoire;* fördern *don;* ***~ son esprit*** sich [weiter]bilden ❸ *(entretenir)* pflegen **II.** *vpr* ***se ~ en faisant qc*** sich bilden, indem man etw tut

cultuel(**le**) [kyltɥɛl] *adj* Kult-; ***édifice ~*** Kultbau *m;* ***communauté ~le*** Kultgemeinschaft *f*

culture [kyltyʀ] *f* ❶ *sans pl* Anbau *m;* ***~ de la vigne*** Weinbau ❷ *sans pl d'un champ* Bebauen *nt; d'un verger* Bewirtschaftung *f; biologique* Anbau *m* ❸ *pl (ter-*

res cultivées) Felder *Pl* ❹ BIO Kultur *f* ❺ *sans pl (savoir)* Bildung *f; (connaissances spécialisées)* Wissen *nt;* ~ ***générale*** Allgemeinbildung; ***ministre de la Culture*** Kultusminister *m* ❻ *(civilisation)* Kultur *f* ❼ SPORT ~ ***physique*** Gymnastik *f*

culturel(le) [kyltyʀɛl] *adj* ***échange*** ~ Kulturaustausch *m; revendications, identité, manifestations* kulturell; ***voyage*** ~ Bildungsreise *f*

culturisme [kyltyʀism] *m sans pl* Bodybuilding *nt*

cumin [kymɛ̃] *m* Kümmel *m*

cumul [kymyl] *m sans pl* Häufung *f*

cumuler [kymyle] <1> *vt* kumulieren; ~ ***des mandats*** mehrere Ämter innehaben

cumulonimbus [kymylonɛ̃bys] *m* METEO Gewitterwolke *f*

cumulus [kymylys] *m (nuage)* Haufenwolke *f*

cunéiforme [kyneifɔʀm] *adj os* keilförmig; ***écriture*** ~ Keilschrift *f*

cunnilingus [kynilɛ̃gys] *m* Cunnilingus *m*

cupcake [kœpkɛk] *m* Cupcake *m*

cupide [kypid] *adj (vieilli) personne* [geld]gierig; *air, regard* gierig

cupidité [kypidite] *f sans pl (soutenu)* Habgier *f*

curable [kyʀabl] *adj* heilbar

curage [kyʀaʒ] *m* Reinigung *f;* ~ ***des égouts*** Abwasserreinigung

curateur, -trice [kyʀatœʀ, -tʀis] *m, f* JUR *d'un mineur, aliéné* Vormund *m*

curatif, -ive [kyʀatif, -iv] *adj* ***vertu curative d'une plante*** Heilkraft *f* einer Pflanze

curcuma [kyʀkyma] *m* BOT Kurkuma *f,* Gelbwurzel *f*

cure [kyʀ] *f* Kur *f;* ~ ***de désintoxication*** Entziehungskur; ~ ***thermale*** Thermalkur

curé [kyʀe] *m* Pfarrer(in) *m(f);* ~ ***de campagne*** Landpfarrer

cure-dent [kyʀdɑ̃] <cure-dents> *m* Zahnstocher *m*

cure-dent[s] [kyʀdɑ̃] <cure-dents> *m* Zahnstocher *m* **cure-pipe** [kyʀpip] <cure-pipes> *m* Pfeifenreiniger *m*

curer [kyʀe] <1> **I.** *vt* reinigen **II.** *vpr* ***se*** ~ ***les ongles*** sich *dat* die Nägel sauber machen

cureton [kyʀtɔ̃] *m (péj)* Pfaffe *m*

curie [kyʀi] *f* REL Kurie *f*

curieusement [kyʀjøzmɑ̃] *adv* seltsam, merkwürdig

curieux, -euse [kyʀjø, -jøz] **I.** *adj* ❶ *(indiscret)* neugierig ❷ *(intéressé)* ***être*** ~ ***de qc*** sich für etw interessieren; ***être*** ~ ***de faire qc*** [zu] gerne etw tun wollen; ***être*** ~ ***d'apprendre qc*** auf etw *akk* gespannt sein; ***être*** ~ ***de savoir*** wissen wollen ❸ *(étrange)* seltsam; ***ce qui est ~, c'est que ...*** das Seltsame [daran] ist, dass ...; ***chose curieuse, ...*** seltsamerweise **II.** *m, f* ❶ *sans pl (indiscret)* Schnüffler(in) *m(f) fam;* ***c'est un*** ~ der steckt in alles seine Nase *fam* ❷ *pl (badauds)* Schaulustige(n) *Pl;* ***se protéger des*** ~ sich vor neugierigen Blicken schützen

curiosité [kyʀjozite] *f* ❶ *sans pl (intérêt)* Neugier[de] *f,* Interesse *nt* ❷ *sans pl (indiscrétion)* Neugier[de] *f;* ***il a été puni de sa*** ~ das hat er nun von seiner Neugier[de] ❸ *(site)* Sehenswürdigkeit *f;* ~ ***touristique*** Touristenattraktion *f* ❹ *(objet rare)* Rarität *f*

curiste [kyʀist] *mf* Kurgast *m*

curling [kœʀliŋ] *m sans pl* SPORT Eis[stock]schießen *nt*

curriculum [vitæ] [kyʀikylɔm(vite)] *m inv* Lebenslauf *m*

curry [kyʀi] *m sans pl* Curry *nt o m*

curseur [kyʀsœʀ] *m* ❶ INFORM Cursor *m* ❷ *d'une règle, balance* Schieber *m*

cursif, -ive [kyʀsif, -iv] *adj* ❶ TYP ***lettre cursive*** kursiver Buchstabe *m* ❷ *(rapide) lecture* flüchtig

cursus [kyʀsys] *m* UNIV Studiengang *m*

customiser [kœstɔmize] <1> *vt* ~ ***qc*** einer S. eine persönliche Note verleihen

cutané(e) [kytane] *adj* ***maladie ~e*** Hautkrankheit *f*

cuti [kyti] *f* ► virer sa ~ *(fam)* sein Leben umkrempeln *fam*

cutter [kœtœʀ, kytɛʀ] *m* Cutter[Messer *nt*] *m*

cuve [kyv] *f (fermée)* Tank *m; (ouverte)* Bottich *m;* ~ ***à vin*** Bütte *f*

cuvée [kyve] *f* ❶ *(quantité)* ***vin de la même*** ~ Wein *m* aus demselben [Gär]bottich/[Gär]tank ❷ *(produit)* Jahrgang *m*

cuver [kyve] <1> **I.** *vi* seinen Rausch ausschlafen; *vin:* gären **II.** *vt* ~ ***son vin*** *(fam)* seinen Rausch ausschlafen

cuvette [kyvɛt] *f* ❶ *(récipient)* Waschschüssel *f* ❷ *d'un évier* Becken *nt* ❸ GEOG Kessel *m*

CV *abr de* **cheval fiscal** *Kfz-Steuereinheit*

C.V. [seve] *m abr de* **curriculum vitæ**

cyanure [sjanyʀ] *m* CHIM Zyanid *nt*

cyberboutique [sibɛʀbutik] *f* [Internet-]Shopping-Mall *f*

cybercâble [sibɛʀkɑbl] *m* Internetzugang *m,* Internetleitung *f*

C

C

cybercafé [sibɛʀkafe] *m* Internetcafé *nt*
cybercasino [sibɛʀkazino] *m* INFORM Internetcasino *nt*
cybercriminalité [sibɛʀkʀiminalite] *f* Internetkriminalität *f*
cyberculture [sibɛʀkyltyʀ] *f* Internetkultur *f*
cyberdépendance [sibɛʀdepɑ̃dɑ̃s] *f* Internetsucht *f*
cyberéconomie [sibɛʀekɔnɔmi] *f* Internetwirtschaft *f*
cyberespace [sibɛʀɛspas] *m* Cyberspace *m*
cyberguerre [sibɛʀgɛʀ] *m* INET Cyberwar *m*
cyberjournaliste [sibɛʀʒuʀnalist] *mf* Onlinejournalist(in) *m(f)*
cybermarché [sibɛʀmaʀʃe] *m* elektronischer Marktplatz *m*
cybermonde [sibɛʀmɔ̃d] *m* Internetworld *f*
cybernaute [sibɛʀnot] *mf* Internetsurfer(in) *m(f)*
cybernétique [sibɛʀnetik] *f* Kybernetik *f*
cyberprof [sibɛʀpʀɔf] *mf (fam)* Onlinelehrer(in) *m(f)*
cybersexe [sibɛʀsɛks] *m* Cybersex *m*
cyberspace [sibɛʀspas] *m* Cyberspace *m*
cyclable [siklabl] *adj v.* **piste**
cyclamen [siklamɛn] *m* Alpenveilchen *nt*
cycle [sikl] *m* ❶ BIO, MED Zyklus *m*; ~ ***menstruel*** Periode *f* ❷ ASTRON, ECON Kreislauf *m* ❸ SCOL ***premier*** ~ Sekundarstufe I *f*, Unter- und Mittelstufe; ***deuxième*** ~ Sekundarstufe II; ~ ***d'orientation*** Orientierungsstufe *f (8. und 9. Schuljahr als Orientierung für die Wahl des Abiturtyps)* ❹ UNIV ***premier*** ~ Grundstudium *nt*; ***deuxième*** ~ Hauptstudium; ***troisième*** ~ Doktorandenstudium
cyclique [siklik] *adj* zyklisch
cyclisme [siklism] *m sans pl* Radsport *m*
cycliste [siklist] **I.** *adj* ***course*** ~ Radrennen *nt*; ***coureur*** ~ Radrennfahrer *m* **II.** *mf* Radfahrer(in) *m(f)* **III.** *m* Radlerhose *f*
cyclo-cross [siklokʀɔs] *m inv* SPORT Querfeldeinrennen *nt*
cyclomoteur [siklomɔtœʀ] *m* Mofa *nt*
cyclomotoriste [siklomɔtɔʀist] *mf* Mopedfahrer(in) *m(f)*
cyclone [siklon] *m* ❶ *(tempête)* Zyklon *m* ❷ METEO Tief[druckgebiet *nt*] *nt*
cyclope [siklɔp] *m* Zyklop *m*
cyclopéen(ne) [siklɔpeɛ̃, ɛn] *adj (gigantesque)* riesenhaft
cyclotourisme [sikloturism] *m sans pl* Radwandern *nt*
cyclotron [siklɔtʀɔ̃] *m* PHYS Zyklotron *nt*
cygne [siɲ] *m* Schwan *m*
cylindre [silɛ̃dʀ] *m* ❶ *(rouleau)* Walze *f* ❷ MATH, AUT, TECH Zylinder *m*; ***une quatre/six ~s*** *(fam)* ein Vier-/Sechszylinder
cylindrée [silɛ̃dʀe] *f* ❶ *sans pl (volume)* Hubraum *m* ❷ *(voiture)* ***petite*** ~ Auto *nt* mit kleinem Hubraum; ***une grosse*** ~ *(moto)* eine große Maschine
cylindrique [silɛ̃dʀik] *adj* zylindrisch
cymbale [sɛ̃bal] *f sans pl* MUS Becken *nt*
cynique [sinik] **I.** *adj* ❶ zynisch ❷ PHILOS kynisch **II.** *mf* ❶ Zyniker(in) *m(f)* ❷ PHILOS Kyniker(in) *m(f)*
cyniquement [sinikmɑ̃] *adv* zynisch
cynisme [sinism] *m* ❶ *sans pl* Zynismus *m*; ***avec*** ~ zynisch ❷ PHILOS Kynismus *m*
cynodrome [sinodʀom] *m* Hunderennbahn *f*
cynorhodon, cynorrhodon [sinɔʀɔdɔ̃] *m* BOT Hagebutte *f*
cyprès [sipʀɛ] *m* Zypresse *f*
cypriote [sipʀijɔt] *adj* zypriotisch
Cypriote [sipʀijɔt] *mf* Zypriot(in) *m(f)*
cyrillique [siʀilik] *adj alphabet, caractères* kyrillisch
cystite [sistit] *f* Blasenentzündung *f*
cytise [sitiz] *m* BOT Goldregen *m*

Dd

D, d [de] *m inv* D *nt*, d *nt*
d' *v.* **de**
da [da] *interj (vieilli)* ▶ **oui** ~! *(hum)* aber ja doch!
DAB [dab] *m abr de* **distributeur automatique de billets** Geldautomat *m*
d'abord [dabɔʀ] *v.* **abord**
d'accord [dakɔʀ] *v.* **accord**
dactylo [daktilo] **I.** *mf abr de* **dactylographe** Schreibkraft *f*; ***être*** ~ als Schreibkraft arbeiten **II.** *f abr de* **dactylographie:** ***apprendre la*** ~ Schreibmaschine *f* schreiben lernen; ***cours de*** ~ Schreibmaschinenkurs *m*
dactylographie [daktilɔgʀafi] *f sans pl v.* **dactylo II.**
dactylographier [daktilɔgʀafje] <1> *vt* auf der [Schreib]maschine schreiben *lettre, texte;* ***un C.V. dactylographié*** ein maschinengeschriebener Lebenslauf
dactylographique [daktilɔgʀafik] *adj* ***des travaux ~s*** Schreibarbeiten *Pl*
dada[1] [dada] *m (fam)* ***avoir un*** ~ ein Steckenpferd haben
dada[2] [dada] *adj inv* ART, LITTER dadaistisch
dadais [dadɛ] *m* ***grand*** ~ Tollpatsch *m*
dadaïsme [dadaism] *m* Dadaismus *m*
dague [dag] *f* ❶ *(poignard)* Dolch *m* ❷ *(bois, défense) d'un cerf* Spieß *m; d'un sanglier* Hauer *m*
dahlia [dalja] *m* Dahlie *f*
daigner [deɲe] <1> *vt* ~ ***faire qc*** sich herablassen etw zu tun
daim [dɛ̃] *m* ❶ ZOOL Damwild *nt; (mâle)* Damhirsch *m* ❷ *(cuir)* Wildleder *nt*
dais [dɛ] *m* Baldachin *m*
dallage [dalaʒ] *m sans pl* Plätteln *nt*
dalle [dal] *f (plaque)* [Stein]platte *f*, [Boden]fliese *f* ▶ **avoir la** ~ *(fam)* Kohldampf haben; **que** ~! *(fam)* Pustekuchen!; **[n']y comprendre que** ~ *(fam)* nur Bahnhof verstehen; **[n']y voir que** ~ *(fam)* die Hand nicht vor [den] Augen sehen können
daller [dale] <1> *vt* fliesen, pflastern *trottoir, cour, sol*
daltonien(ne) [daltɔnjɛ̃, jɛn] *adj* farbenblind
daltonisme [daltɔnism] *m sans pl* Farbenblindheit *f*
dame [dam] **I.** *f* ❶ *(femme)* Dame *f*; *(personne de sexe féminin)* Frau *f* ❷ *(femme de qualité)* Dame *f*; ***grande*** ~ feine Dame; ***la première ~ de France*** Frankreichs First Lady *f* ❸ *pl (jeu)* Damespiel *nt*; ***jouer aux ~s*** Dame spielen ❹ JEUX Dame *f*; ***~ de trèfle*** Kreuzdame **II.** *interj (fam)* ~! na!; ***~ oui/non!*** na klar/ach was!
damer [dame] <1> *vt* fest stampfen *terre*
damier [damje] *m* ❶ JEUX Damebrett *nt* ❷ *(dessin)* Schachbrettmuster *nt*; ***une nappe à ~, blanche et rouge*** ein rot-weiß kariertes Tischtuch
damnation [dɑnasjɔ̃] *f sans pl* Verdammnis *f*
damné(e) [dɑne] **I.** *adj antéposé, (fam)* verdammt **II.** *m(f)* Verdammte(r) *f(m)*
damner [dɑne] <1> *vt* verdammen

> **Aussprache**
> Das -m- ist entgegen der Regelaussprache in **damner** und verwandten Wörtern stumm.

dancing [dɑ̃siŋ] *m* Tanzlokal *nt*
dandiner [dɑ̃dine] <1> *vpr* ***se*** ~ *canard, personne:* watscheln
Danemark [danmaʀk] *m* ***le*** ~ Dänemark *nt*
danger [dɑ̃ʒe] *m* Gefahr *f*; ***les ~s de la route*** die Gefahren im Straßenverkehr; ***pas de ~!*** bestimmt nicht!; ***attention ~!*** Vorsicht!; ~ ***de mort!*** Lebensgefahr!; ***courir un*** ~ sich in Gefahr begeben; ***mettre qc en*** ~ etw in Gefahr bringen ▶ **un [vrai]** ~ **public** *(fam)* eine Gefahr für die Allgemeinheit
dangereusement [dɑ̃ʒʀøzmɑ̃] *adv* gefährlich
dangereux, -euse [dɑ̃ʒʀø, -øz] *adj* gefährlich; *émission, lecture* schädlich; *entreprise, jeu* riskant; ***un fou*** ~ ein gemeingefährlicher Verrückter; ***zone dangereuse*** Gefahrenzone *f*
dangerosité [dɑ̃ʒʀozite] *f* Gefahr *f*; *d'un produit* Gefährlichkeit *f*
danois [danwa] *m* Dänisch *nt*; *v. a.* **allemand**
danois(e) [danwa, waz] *adj* dänisch
Danois(e) [danwa, waz] *m(f)* Däne *m*/Dänin *f*
dans [dɑ̃] *prép* ❶ *(local, sans changement de lieu)* in +*dat*; ***jouer ~ la cour*** im Hof spielen; ~ ***le grenier*** auf dem Dachboden ❷ *(à travers)* durch +*akk*; ***regarder ~ une longue vue*** durch ein Fernglas sehen; ***ren-***

trer ~ un arbre gegen einen Baum fahren ❸ *(à l'intérieur de)* in *+dat,* innerhalb *+gen;* ***porter qn ~ ses bras*** jdn auf dem Arm tragen ❹ *(contenant)* aus *+dat;* ***boire ~ un verre*** aus einem Glas trinken ❺ *(futur)* in *+dat;* ***~ combien de temps?*** wann? ❻ *(dans un délai de)* innerhalb von *+dat,* binnen *+dat;* ***~ les délais*** termingemäß; ***~ une heure*** in einer Stunde ❼ *(dans le courant de)* im Laufe *+gen* ❽ *(état, manière, cause)* in *+dat;* ***~ ces conditions*** unter diesen Bedingungen; ***travailler ~ les ordinateurs*** im Bereich Computer arbeiten ❾ *(environ)* ungefähr, [so] um die

D

dansant(e) [dɑ̃sɑ̃, ɑ̃t] *adj rythme, mélodie* Tanz-; *reflet, lueur* tanzend; ***soirée ~e*** Tanzabend *m*

danse [dɑ̃s] *f* Tanz *m,* Tanzen *nt;* ***~ classique*** Ballett *nt* ▶ **mener la ~** der Anführer/die Anführerin sein

danser [dɑ̃se] <1> **I.** *vi* ❶ ART tanzen ❷ *(remuer) flammes, reflets:* flackern **II.** *vt* tanzen

danseur, -euse [dɑ̃sœʀ, -øz] *m, f* Tänzer(in) *m(f);* ***~ étoile*** erster Tänzer/erste Tänzerin

danseuse [dɑ̃søz] *f* ❶ Tänzerin *f;* ***~ de ballet/de claquettes*** Ballett-/Stepptänzerin; ***~ de corde*** Seiltänzerin; ***~ de solos*** Solotänzerin; ***~ étoile*** Primaballerina *f,* Vortänzerin *f,* erste Tänzerin ❷ ▶ **en ~** in den Pedalen stehend

Danube [danyb] *m* ***le ~*** die Donau

danubien(ne) [danybjɛ̃, jɛn] *adj* Donau-

dard [daʀ] *m* Stachel *m*

darder [daʀde] <1> *vt* abschießen *flèche*

dare-dare [daʀdaʀ] *adv (fam)* schnurstracks

daron(ne) [daʁɔ̃, daʁɔn] *m(f) (fam: père/mère)* Alte(r) *f(m) sl*

dartre [daʀtʀ] *f* [Haut]flechte *f*

darwinisme [daʀwinism] *m* BIO Darwinismus *m*

datation [datasjɔ̃] *f* Datierung *f*

date [dat] *f* ❶ *(jour)* Datum *nt;* ***~ de naissance/de mariage*** Geburts-/Hochzeitstag *m;* ***~ limite d'envoi*** Einsendeschluss *m;* ***à quelle ~?*** wann?; ***amitié de longue ~*** langjährige Freundschaft; ***en ~ du 10 mai*** vom 10. Mai ❷ *(événement)* Datum *nt;* ***les grandes ~s de l'Histoire*** die bedeutenden Ereignisse der Geschichte

Grammatik und Co.

Das Datum, **la date**, wird immer mit dem bestimmten Artikel *le* angegeben. Im Gegensatz zum Deutschen verwendet man danach aber die Grundzahl und nicht die Ordnungszahl.

Aujourd'hui on est le combien? – [On est] le treize. – Der Wievielte ist heute? – Der Dreizehnte.

Die einzige Ausnahme bildet der Erste eines Monats: *le 1er (le premier).*

Le 1er mai, c'est un jour férié. – Der 1. Mai ist ein Feiertag.

dater [date] <1> **I.** *vt* datieren; ***être daté du ...*** das Datum vom ... tragen **II.** *vi* ❶ *(remonter à)* ***cette décision date de quelques minutes*** diese Entscheidung ist einige Minuten alt; ***à ~ d'aujourd'hui*** ab heute; ***~ dans la vie de qn*** ein Einschnitt in jds Leben *dat* sein ❷ *(être démodé)* veraltet sein ▶ **ne pas ~ d'hier** nicht neu sein

dateur [datœʀ] *m* ❶ *d'une montre* Datumsanzeiger *m* ❷ *(tampon)* Datumsstempel *m*

datif [datif] *m* Dativ *m,* Wemfall *m*

datte [dat] *f* Dattel *f*

dattier [datje] *m* Dattelpalme *f*

daube [dob] *f* GASTR Schmorbraten *m*

dauphin [dofɛ̃] *m* ZOOL Delfin *m*

dauphine [dofin] *f* ❶ Kronprinzessin *f,* Thronfolgerin *f* ❷ HIST *Gemahlin des französischen Thronfolgers*

Dauphiné [dofine] *m* ***le ~*** die Dauphiné

dauphinois(e) [dofinwa, waz] *adj* aus der Dauphiné

daurade *v.* **dorade**

davantage [davɑ̃taʒ] *adv* ❶ *(plus)* mehr; ***bien ~ de ...*** viel mehr ... ❷ *(plus longtemps)* länger

DDASS [das] *f abr de* **direction départementale d'action sanitaire et sociale** DDASS

de[1] [də, dy, de] <d', de la, du, des> *prép* ❶ *(point de départ)* von [... aus]; ***~ ... à ...*** von ... bis ... ❷ *(origine)* aus; ***venir ~ Paris/d'Angleterre*** aus Paris/aus England stammen; ***le vin d'Italie*** italienischer Wein; ***tu es d'où?*** woher bist du?; ***le train ~ Paris*** *(provenance)* der Zug aus Paris; *(destination)* der Zug nach Paris; ***~ Berlin à Paris*** von Berlin bis Paris ❸ *(appartenance)* des, der, des *+gen;* ***la femme d'Antoine*** Antoines Frau ❹ *(détermination)* ***la couleur du ciel*** die Farbe des Himmels ❺ *sans art (matière)* aus; ~ [*o* ***en***] ***bois*** aus Holz ❻ *(spécificité)* ***roue ~ secours*** Ersatzrad *nt* ❼ *souvent non traduit (partie)* ***la majorité des Français*** die Mehrheit der Franzosen ❽ *avec un conte-*

nant, âge, poids, temps (contenu) ***un sac ~ pommes de terre*** ein Sack Kartoffeln; ***combien ~ kilos?*** wie viel Kilo?; ***un billet ~ cent euros*** ein Hundert-Euro-Schein; ***une jeune fille ~ 20 ans*** ein zwanzigjähriges Mädchen; ***avancer/reculer ~ 3 pas*** 3 Schritte vor-/zurückgehen; ***gagner 60 euros ~ l'heure*** 60 Euro in der Stunde verdienen ❾ *souvent non traduit ou par comp (identification)* ***la Ville ~ Paris*** die Stadt Paris ❿ *(qualification)* von einem/einer; ***cet idiot ~ Durand*** dieser Dummkopf von Durand; ***chienne ~ vie*** Hundeleben *nt* ⓫ *(parmi)* ***le plus doué ~ nous*** der Begabteste von uns ⓬ *(qualité)* von *+dat;* ***ce film est d'un ennui/d'un triste!*** dieser Film ist vielleicht langweilig/traurig! *fam* ⓭ *(particule nobiliaire)* von; ***le général ~ Gaulle*** der General de Gaulle ⓮ *après un nom dérivé de verbe (complément de nom)* des, der, des; ***la crainte ~ qn/qc*** die Angst vor jdm/etw ⓯ *+ compl d'un verbe (agent)* von *+dat;* ***~ quoi ...?*** von was ...?; ***~ qui?*** von wem? ⓰ *(cause)* ***mourir ~ qc*** an etw *dat* sterben ⓱ *(temporel)* ***~ nuit*** nachts; ***ne rien faire ~ la journée*** den ganzen Tag über nichts tun; ***~ temps en temps*** von Zeit zu Zeit; ***~ loin en loin*** hier und da ⓲ *(manière)* mit; ***~ mémoire*** aus dem Gedächtnis ⓳ *(moyen)* mit; ***faire signe ~ la main*** [mit der Hand] winken ⓴ *(introduction d'un complément)* ***c'est à toi ~ jouer*** du bist dran; ***j'évite ~ sortir de la maison*** ich vermeide es aus dem Haus zu gehen

de[2] [də, dy, de] <d', de la, du, des> *art partitif, non traduit* ***du vin/~ la bière/des gâteaux*** Wein/Bier/Kekse; ***il ne boit pas ~ vin/d'eau*** er trinkt keinen Wein/kein Wasser

dé[1] [de] *m* ❶ *(jeu)* Würfel *m;* ***jeter les ~s*** würfeln; ***jouer aux ~s*** würfeln ❷ *(cube)* ***couper qc en ~s*** etw in Würfel schneiden ▶ **les ~s sont jetés** die Würfel sind gefallen

dé[2] [de] *m* ***~ à coudre*** Fingerhut *m*

deal [dil] *m (fam)* Deal *m*

dealer[1] [dilœʀ] *m (fam)* Dealer(in) *m(f)*

dealer[2] [dile] <1> *vt (fam)* ***~ qc*** mit etw dealen, etw verticken

dealeur, -euse [dilœʀ, -øz] *m, f v.* **dealer**[1]

déambulateur [deɑ̃bylatœʀ] *m* Gehhilfe *f; (muni de roulettes)* Rollator *m*

déambuler [deɑ̃byle] <1> *vi* auf und ab wandern

débâcle [debɑkl] *f* Zusammenbruch *m*

déballage [debalaʒ] *m* ❶ *d'un paquet* Auspacken *nt* ❷ *de marchandises, d'objets* Ausstellung *f* ❸ *(fam: désordre)* Chaos *nt* ❹ *(péj fam: divulgations)* Erguss *m*

déballer [debale] <1> *vt* ❶ *(sortir)* auspacken ❷ *(fam: raconter)* ausplaudern *secrets;* ***~ sa science*** sein/ihr Wissen anbringen

débandade [debɑ̃dad] *f* Auseinanderlaufen *nt*

débander [debɑ̃de] <1> **I.** *vt* ❶ MED ***~ le bras à qn*** jdm den Verband vom Arm nehmen ❷ *(enlever le bandeau)* ***~ les yeux à qn*** jdm die Binde [von den Augen] abnehmen **II.** *vi (fam)* schlaff werden

débaptiser [debatize] <1> *vt* umtaufen *personne*

débarbouillage [debaʀbujaʒ] *m* Gesichtswäsche *f*

débarbouiller [debaʀbuje] <1> **I.** *vt* ***~ qn*** jdm das Gesicht waschen **II.** *vpr* ***se ~*** sich *dat* das Gesicht waschen

débarcadère [debaʀkadɛʀ] *m* Landungsbrücke *f*

débardeur [debaʀdœʀ] *m (pull sans bras)* Pullunder *m*

débarqué(e) [debaʀke] *adj (fam: arrivé)* angekommen, gelandet *fam*

débarquement [debaʀkəmɑ̃] *m* ❶ *des marchandises* Ausladen *nt; des voyageurs* Aussteigen *nt* ❷ *des troupes* Landung *f*

débarquer [debaʀke] <1> **I.** *vt* NAUT löschen *marchandises;* an Land setzen *passagers* **II.** *vi* ❶ *(opp: embarquer) passager:* mit dem Schiff ankommen; NAUT von Bord gehen; *troupes:* landen ❷ *(fam: arriver)* ***~ chez qn*** bei jdm aufkreuzen ❸ *(fam: ne pas être au courant)* auf dem Mond leben

débarras [debaʀɑ] *m* Abstellraum *m* ▶ **bon ~!** den/die/das wären wir los!

débarrasser [debaʀɑse] <1> **I.** *vt* ausräumen *pièce;* entrümpeln *grenier;* abdecken *table;* ***~ qn de son manteau*** jdm aus dem Mantel helfen **II.** *vpr* ❶ *(ôter)* ***se ~ de son manteau*** seinen Mantel ablegen ❷ *(donner ou vendre)* ***se ~ de vieux livres*** alte Bücher weggeben ❸ *(liquider)* ***se ~ d'une affaire*** sich einer Sache *gen* entledigen ❹ *(éloigner)* ***se ~ de qn*** sich *dat* jdn vom Hals schaffen

débat [deba] *m* ❶ *(discussion)* Diskussion *f* ❷ *(discussion entre deux candidats)* Streitgespräch *nt* ❸ *pl* POL Debatte *f* ❹ JUR [Haupt]verhandlung *f*

débatteur [debatœʀ] *m* Debattenteilnehmer(in) *m(f),* Debatter(in) *m(f)*

débattre [debatʀ] <irr> **I.** *vt* ***~ qc*** über

etw *akk* diskutieren, etw erörtern ▶ <u>**à**</u> ~ auszuhandeln **II.** *vi* ~ ***de qc*** über etw *akk* verhandeln **III.** *vpr* ***se*** ~ um sich schlagen

débauche [deboʃ] *f* ❶ *(vice)* Ausschweifung *f;* ***scènes de*** ~ unzüchtige Szenen *Pl* ❷ *(abondance, excès)* verschwenderische Fülle

débauché(e) [deboʃe] *m(f)* Wüstling *m*

débaucher [deboʃe] <1> **I.** *vt* ❶ *(détourner d'un travail pour son compte)* abwerben ❷ *(hum fam: pour aller s'amuser)* ~ ***qn*** jdn vom Arbeiten abhalten; ~ ***qn pour faire qc*** jdn dazu verleiten etw zu tun ❸ *(licencier)* entlassen **II.** *vpr* ***se*** ~ ausschweifen

débecter [debɛkte] <1> *vt (fam)* anwidern, anekeln

débile [debil] **I.** *adj* ❶ *(fam: stupide)* schwachsinnig; ***c'est*** ~***!*** das ist doch Schwachsinn! ❷ *(atteint de débilité)* geistig behindert ❸ *corps* geschwächt; *enfant* schwächlich; *santé* schwach **II.** *mf* ❶ MED geistig Behinderte(r) *f(m);* ~ ***mental*** Geistesgestörter ❷ *(péj fam: imbécile)* Spinner(in) *m(f)*

débilisant(e) [debilizɑ̃, ɑ̃t] *adj émission, publicité* schwachsinnig, idiotisch

débilitant(e) [debilitɑ̃, ɑ̃t] *adj* ❶ *(affaiblissant) climat* deprimierend ❷ *(fig: démoralisant) atmosphère* demoralisierend

débilité [debilite] *f* ❶ MED *de l'esprit* geistige Behinderung; *du corps* Hinfälligkeit *f* ❷ *(fam: stupidité)* Schwachsinn *m*

débine [debin] *f (fam)* Klemme *f,* Not *f* ▶ <u>**tomber**</u> **dans la** ~ in die Klemme geraten

débiner [debine] <1> *vt (fam)* heruntermachen

débit [debi] *m* ❶ COM Absatz *m;* ***avoir du*** ~ einen großen Umsatz haben ❷ *d'un tuyau, robinet* Durchflussmenge *f; d'une rivière* Wasserführung *f* ❸ *(élocution)* Redefluss *m* ❹ FIN Soll *nt;* ***le*** ~ ***et le crédit*** [das] Soll und Haben

débitable [debitabl] *adj compte* belastbar

débitant(e) [debitɑ̃, ɑ̃t] *m(f)* ~***(e) de boissons*** Schankwirt(in) *m(f);* ~***(e) de tabac*** Tabak[waren]händler(in) *m(f)*

débiter [debite] <1> *vt* ❶ FIN ~ ***un compte de 100 euros*** ein Konto mit 100 Euro belasten ❷ *(vendre)* verkaufen, ausschenken *boissons* ❸ *(péj: dire)* herunterleiern *discours, poème* ❹ *(produire)* ausstoßen ❺ *(écouler)* ***le robinet/le tuyau débite une grande quantité d'eau*** der Hahn/das Rohr lässt eine große Wassermenge durchlaufen ❻ *(découper)* zerschneiden *bois, tissu;* zerlegen *viande*

débiteur, -trice [debitœʀ, -tʀis] **I.** *adj compte* Debet- **II.** *m, f* Schuldner(in) *m(f);* ***être le*** ~ ***de qn*** in jds *dat* Schuld sein

déblaiement [deblɛmɑ̃] *m* Räumung *f*

déblatérer [deblateʀe] <5> *vi (fam)* ~ ***contre qn/qc*** über jdn/etw vom Leder ziehen

déblayage [deblɛjaʒ] *m* Aufräumen *nt*

déblayer [debleje] <7> *vt (débarrasser)* freimachen

déblocage [deblɔkaʒ] *m* ❶ TECH *d'un frein, mécanisme* Lösen *nt* ❷ ECON *du crédit, des prix* Freigabe *f* ❸ *de la situation* Verbesserung *f; d'une crise* Überwindung *f*

débloquer [deblɔke] <1> **I.** *vt* ❶ TECH lösen *frein, vis;* lockern *écrou;* entriegeln *serrure;* wieder aufbekommen *porte* ❷ ECON freigeben *crédit, marchandise* ❸ *(trouver une issue à)* ~ ***une crise*** eine Krise überwinden **II.** *vi (fam)* überschnappen **III.** *vpr* TECH ***se*** ~ *vis:* sich lockern; *serrure, porte:* wieder aufgehen

déboguer [debɔge] <1> *vt* INFORM ~ ***qc*** einen Systemfehler in etw beheben

débogueur [debogœʀ] *m* INFORM Debugger *m Fachspr.*

déboires [debwaʀ] *mpl* Enttäuschungen *Pl*

déboisement [debwazmɑ̃] *m* Abholzen *nt*

déboiser [debwaze] <1> *vt* abholzen

déboîtement [debwatmɑ̃] *m* ❶ MED *d'une épaule* Verrenkung *f* ❷ *d'un véhicule* Ausscheren *nt*

déboîter [debwate] <1> *vt* ❶ MED ***sa chute lui a déboîté une épaule*** er hat sich bei seinem Sturz die Schulter verrenkt ❷ *(démonter)* aus den Angeln heben *porte*

débonnaire [debɔnɛʀ] *adj* gutmütig

débordant(e) [debɔʀdɑ̃, ɑ̃t] *adj activité* rastlos; *imagination* blühend; *enthousiasme, joie* überschwänglich

débordé(e) [debɔʀde] *adj* ❶ *(submergé)* überlastet; ***être*** ~ ***d'occupations*** voll ausgelastet sein ❷ *(détaché du bord) drap* herausgerutscht; *lit* in Unordnung geraten

débordement [debɔʀdəmɑ̃] *m* ❶ *d'un liquide* Überlaufen *nt; d'une rivière* Übertreten *nt* ❷ *(flot, explosion)* ~ ***de paroles*** Wortschwall *m* ❸ *gén pl (désordres)* Ausschreitungen *Pl* ❹ *pl (excès)* Exzesse *Pl*

déborder [debɔʀde] <1> **I.** *vi* ❶ *(sortir) liquide:* überlaufen; *lac, rivière:* über die Ufer treten; *récipient:* überlaufen ❷ *(être plein de)* ~ ***de joie*** außer sich vor Freude sein ❸ *(dépasser les limites)* ***les arbres débordent sur le terrain voisin*** die Bäume ragen in das Nachbargelände hinein **II.** *vt* ❶ *(dépasser)* ***une maison déborde les autres [maisons]*** ein Haus steht vor ❷ *(aller au-delà de)* überschreiten *temps imparti* ❸ MIL, POL, SPORT ***se laisser*** ~ sich von der Flanke her angreifen lassen ❹ *(être dépassé)* ***être débordé par qn/qc*** jds/einer S. nicht mehr Herr werden ❺ *(tirer les draps)* ~ ***un drap/une couverture*** ein Betttuch/eine Bettdecke unter der Matratze herausziehen

débouchage [debuʃaʒ] *m d'une bouteille* Öffnen *nt*, Entkorken *nt; d'un tuyau* Freimachen *nt*

débouché [debuʃe] *m* ❶ *(marché)* Absatzmarkt *m* ❷ *pl (perspectives)* Berufsaussichten *Pl* ❸ *(issue)* Zugang *m; d'une rue* [Ein]mündung *f*

déboucher [debuʃe] <1> **I.** *vt* ❶ *(désobstruer)* freibekommen *nez;* ~ ***un lavabo*** ein Waschbecken frei machen ❷ *(ouvrir)* öffnen, entkorken *bouteille;* aufschrauben *tube* **II.** *vpr* ***se*** ~ *tuyau, lavabo, nez:* frei werden **III.** *vi* ❶ *(sortir) piéton:* hervorkommen; *véhicule:* herausgefahren kommen ❷ *(sortir à grande vitesse) véhicule:* herausgeschossen kommen ❸ *(aboutir)* ~ ***dans/sur une rue*** *personne:* auf eine Straße stoßen; *voie:* in eine Straße [ein]münden ❹ *(aboutir à)* ~ ***sur qc*** zu etw führen; *conversation:* bei etw anlangen

déboucheur [debuʃœʀ] *m (produit)* Abflussreiniger *m*

déboucler [debukle] <1> *vt* aufschnallen *ceinture*

débouler [debule] <1> *vi (fig fam: faire irruption)* ~ ***chez qn*** bei jdm hereingestolpert kommen

déboulonnage [debulɔnaʒ] *m*, **déboulonnement** [debulɔnmɑ̃] *m* TECH Abschrauben *nt*

déboulonner [debulɔne] <1> *vt* abschrauben

débourrer [debuʀe] <1> *vt* ❶ *(dépiler)* enthaaren *cuir* ❷ *(vider)* reinigen *pipe*

débourser [debuʀse] <1> *vt* ausgeben

déboussoler [debusɔle] <1> *vt (fam)* verstören

debout [d(ə)bu] *adj o adv inv* ❶ *(en position verticale)* stehend; *manger, voyager* im Stehen; ***être/rester*** ~ stehen/stehen bleiben; ***se mettre*** ~ aufstehen; ***poser/ranger qc*** ~ etw [aufrecht] hinstellen; ***tenir ~ tout seul*** *personne:* stehen können; *chose:* von alleine stehen bleiben ❷ *(levé)* ***être/rester*** ~ auf sein/aufbleiben ❸ *(opp: malade, fatigué)* ***ne plus tenir*** ~ nicht mehr stehen können ❹ *(en bon état)* ***tenir encore*** ~ *construction:* noch stehen; *institution:* noch existieren ▶ **dormir** ~ im Stehen [ein]schlafen; **des histoires à dormir** ~ Märchen *Pl;* ***raconter des histoires à dormir*** ~ was [*o* einen] vom Pferd erzählen *fam;* **tenir** ~ *théorie, histoire:* Hand und Fuß haben

débouter [debute] <1> *vt* ~ ***qn de sa plainte*** jds Klage zurückweisen

déboutonner [debutɔne] <1> **I.** *vt* aufknöpfen *chemise, gilet;* aufmachen *bouton* **II.** *vpr* ***se*** ~ *personne:* sein Hemd/seinen Mantel/... aufknöpfen; *vêtement:* aufgehen

débraillé(e) [debʀɑje] *adj personne, tenue* schlampig

débrailler [debʀaje] <1> *vpr* ***se*** ~ sich entblößen; *(fig) conversation:* jede Zurückhaltung vermissen lassen

débrancher [debʀɑ̃ʃe] <1> *vt* ~ ***une lampe*** den Stecker einer Lampe herausziehen

débrayage [debʀɛjaʒ] *m* AUT Auskuppeln *nt*

débrayer [debʀeje] <7> *vi* ❶ AUT [aus]kuppeln ❷ *(faire grève)* die Arbeit niederlegen

débridé(e) [debʀide] *adj* ungezügelt

débris [debʀi] *mpl* ❶ *(fragments)* Scherbe *f* ❷ *(restes)* Überreste *Pl*

débrouillard(e) [debʀujaʀ, jaʀd] **I.** *adj (fam)* gewitzt; ***être*** ~ sich *dat* zu helfen wissen **II.** *m(f) (fam)* Schlaukopf *m*

débrouillardise [debʀujaʀdiz] *f* Schlauheit *f*

débrouiller [debʀuje] <1> **I.** *vt* ❶ *(démêler)* entwirren *écheveau, fil* ❷ *(élucider)* Klarheit bringen in +*akk affaire* ❸ *(fam: former)* ~ ***qn*** jdm das Nötigste beibringen **II.** *vpr (fam)* ***se*** ~ zurechtkommen; ***se ~ pour faire qc*** es schaffen etw zu tun

débroussailler [debʀusɑje] <1> *vt* ❶ *(défricher)* ~ ***un terrain*** das Gestrüpp von einem Gelände entfernen ❷ *(éclaircir)* Licht bringen in +*akk affaire, texte*

débusquer [debyske] <1> *vt* aufscheuchen *animal*

début [deby] *m* ❶ *(commencement)* Anfang *m*, Beginn *m;* ***au ~ de qc*** am Anfang/zu Beginn von etw; ***du ~ à la fin*** von Anfang bis Ende ❷ *pl* ***les ~s de qn dans/à qc*** jds erste Schritte in/auf etw *dat;* ***faire ses ~s*** debütieren

débutant(e) [debytɑ̃, ɑ̃t] **I.** *adj joueur, footballeur* unerfahren; *pianiste* ange-

D

hend **II.** *m(f)* ❶ *(élève, ouvrier)* Anfänger(in) *m(f)* ❷ *(acteur)* Debütant(in) *m(f)*

débuter [debyte] <1> **I.** *vi* anfangen; **~ *au théâtre*** beim Theater debütieren **II.** *vt* beginnen

déca [deka] *m (fam) abr de* **décaféiné** Koffeinfreie(r) *m*

deçà [dəsa] *adv* ***en ~ de qc*** diesseits einer S. *gen*

décacheter [dekaʃte] <3> *vt* öffnen *lettre*

décade [dekad] *f* Dekade *f*

décadence [dekadɑ̃s] *f d'une civilisation* Niedergang *m; des mœurs* Verfall *m; d'une personne* Dekadenz *f;* ***tomber en ~*** verfallen

décadent(e) [dekadɑ̃, ɑ̃t] *adj art, civilisation* untergehend; *personne* dekadent

décaféiné [dekafeine] *m* koffeinfreier Kaffee *m*

décaféiner [dekafeine] <1> *vt* entkoffeinieren

décaisser [dekese] <1> *vt* ❶ *(retirer d'une caisse)* auspacken ❷ *(payer)* auszahlen

décalage [dekalaʒ] *m* ❶ *d'un horaire* [zeitliche] Verschiebung ❷ *(écart temporel)* Zeitabstand *m* ❸ *(écart spatial)* Versetzung *f;* ***il y a un ~ entre ces deux maisons*** diese zwei Häuser stehen versetzt ❹ *(différence)* Diskrepanz *f; (plus fort)* Kluft *f*

décalcification [dekalsifikasjɔ̃] *f* MED Kalziumverlust *m*

décalcomanie [dekalkɔmani] *f* Abziehbild *nt*

décalé(e) [dekale] *adj* ❶ *(non aligné)* ***la maison est ~e*** das Haus steht versetzt ❷ *(bancal)* ***le meuble est ~*** das Möbelstück steht schief ❸ *(inattendu)* unerwartet ❹ *(déphasé)* ***être [complètement] ~*** *(dans le temps)* einen ungewöhnlichen Rhythmus haben; *(dans une société)* vollkommen unorthodox sein

décaler [dekale] <1> **I.** *vt* ❶ *(avancer/retarder)* **~ *qc d'un jour*** etw um einen Tag verschieben ❷ *(déplacer)* [ein bisschen] weiter schieben *meuble, appareil;* versetzen *titre, paragraphe* **II.** *vpr* ***se ~*** sich einen Platz weiter setzen

décalitre [dekalitʀ] *m* Dekaliter *m*

décalque [dekalk] *m* ❶ *(reproduction)* Pause *f* ❷ *(imitation)* Nachahmung *f*

décalquer [dekalke] <1> *vt* ❶ *(copier)* **~ *qc sur qc*** etw aus etw abpausen ❷ *(reporter)* **~ *qc sur qc*** etw auf etw *akk* abpausen

décamper [dekɑ̃pe] <1> *vi (fam)* sich aus dem Staub machen

décan [dekɑ̃] *m* ASTROL Dekade *f*

décanat [dekana] *m* Dekanat *nt*

décaniller [dekanije] <1> *vi (fam)* abhauen *fam,* verduften *fam*

décanter [dekɑ̃te] <1> *vt* klären *liquide*

décapage [dekapaʒ] *m d'une pièce métallique* Beizen *nt; d'une peinture, du bois* Abbeizen *nt*

décapant [dekapɑ̃] *m* ❶ *(pour métal)* Beizmittel *nt* ❷ *(pour peinture)* Abbeizmittel *nt*

décapant(e) [dekapɑ̃, ɑ̃t] *adj* ❶ *produit* Abbeiz-; *pouvoir, vertu* ätzend ❷ *article, humour* ätzend; *analyse* schonungslos

décaper [dekape] <1> *vt* beizen *métal;* abbeizen *bois, meuble*

décapiter [dekapite] <1> *vt* ❶ *(étêter)* köpfen *condamné;* köpfen *fleur* ❷ *(fig)* führerlos machen *parti, réseau*

décapotable [dekapɔtabl] **I.** *adj* mit aufklappbarem Verdeck **II.** *f* Cabriolet *nt*

décapoter [dekapɔte] <1> *vt* **~ *une voiture*** das Verdeck eines Autos zurückklappen

décapsuler [dekapsyle] <1> *vt* öffnen *bouteille*

décapsuleur [dekapsylœʀ] *m* Flaschenöffner *m*

décarcasser [dekaʀkase] <1> *vpr (fam)* ***se ~ pour qn*** sich für jdn abrackern

décathlon [dekatlɔ̃] *m* Zehnkampf *m*

décati(e) [dekati] **I.** *part passé de* **décatir** **II.** *adj (fam: personne)* gealtert, verblüht *geh*

décatir [dekatiʀ] <8> *vpr (fam)* ***se ~*** seine Frische verlieren

décauser [dekoze] <1> *vt* BELG **~ *qn*** *(dire du mal de qn)* über jdn schlecht sprechen, jdn schlechtmachen

décéder [desede] <5> *vi + être (form)* versterben *geh;* **~ *de qc*** an etw *dat* sterben

décelable [des(ə)labl] *adj* erkennbar, nachweisbar

déceler [des(ə)le] <4> *vt* ❶ *(découvrir)* entdecken, herausfinden *cause, raison;* aufdecken *intrigue, lacune;* wahrnehmen *sentiment, fatigue* ❷ *(être l'indice de)* erkennen lassen

décélération [deseleʀasjɔ̃] *f* Verlangsamung *f*

décélérer [deseleʀe] <5> *vi* sich verlangsamen

décembre [desɑ̃bʀ] *m* Dezember *m; v. a.* **août**

Grammatik und Co.

Der französische Monatsname ist männlich; er wird ohne den bestimm-

ten Artikel gebraucht.
Bei einer präzisen Datumsangabe steht der Artikel jedoch, und zwar wegen der Zahl:
elle est née le vingt – sie ist am Zwanzigsten geboren;
elle est née le vingt décembre – sie ist am zwanzigsten Dezember geboren.

décemment [desamɑ̃] *adv s'exprimer, se comporter* anständig
décence [desɑ̃s] *f* Anstand *m;* ***choquer la*** ~ anstößig sein
décennie [deseni] *f* Jahrzehnt *nt*
décent(e) [desɑ̃, ɑ̃t] *adj* anständig

Falsche Freunde
Nicht verwechseln mit *dezent – discret (discrète)*!

décentralisation [desɑ̃tʀalizasjɔ̃] *f* Dezentralisierung *f*
décentralisé(e) [desɑ̃tʀalize] *adj* dezentralisiert
décentraliser [desɑ̃tʀalize] <1> **I.** *vt* dezentralisieren **II.** *vpr* ***se*** ~ dezentralisiert werden
décentrer [desɑ̃tʀe] <1> **I.** *vt* dezentrieren **II.** *vpr* ***se*** ~ sich dezentrieren
déception [desɛpsjɔ̃] *f* Enttäuschung *f*
décerner [desɛʀne] <1> *vt* ~ ***un prix à qn*** jdm einen Preis verleihen
décès [desɛ] *m (form)* ❶ *(mort)* Ableben *nt* ❷ ADMIN Sterbefall *m*
décevant(e) [des(ə)vɑ̃, ɑ̃t] *adj* enttäuschend; ***se montrer/se révéler*** ~ die Erwartungen enttäuschen
décevoir [des(ə)vwaʀ] <12> *vt* enttäuschen; ***qc déçoit qn*** jd ist von etw enttäuscht
déchaîné(e) [deʃene] *adj passions* hemmungslos; *instincts* ungezügelt; *vent* entfesselt; *mer* tosend; *foule, enfant* außer Rand und Band; ***être ~ contre qn/qc*** gegen jdn/etw aufgebracht sein
déchaînement [deʃɛnmɑ̃] *m de la tempête* Wüten *nt; de la mer* Toben *nt; de la haine, violence* Ausbruch *m; des passions* Entfesselung *f*
déchaîner [deʃene] <1> **I.** *vt* entfesseln *passions;* entfachen *enthousiasme, conflit;* auslösen *indignation, conflit* **II.** *vpr* ***se*** ~ toben; ***se ~ contre qn/qc*** gegen jdn/etw wüten
déchanter [deʃɑ̃te] <1> *vi (fam)* seine Illusionen aufgeben
décharge [deʃaʀʒ] *f* ❶ *(dépôt)* Mülldeponie *f,* Müllkippe *f* ❷ *de carabine* Schüsse *Pl; de plombs* Ladung *f* ❸ ELEC Schlag *m* ❹ MED ~ ***d'adrénaline*** Adrenalinstoß *m* ❺ JUR Entlastung *f*
déchargement [deʃaʀʒəmɑ̃] *m d'un camion, d'un wagon* Ausladen *nt; d'un navire* Löschen *nt*
décharger [deʃaʀʒe] <2a> **I.** *vt* ❶ *(débarrasser de sa charge)* ausladen *voiture;* löschen *bateau* ❷ *(enlever, débarquer)* von Bord gehen lassen *passagers* ❸ *(libérer)* ~ ***qn d'un travail*** jdm eine Arbeit abnehmen ❹ *(soulager)* erleichtern; ~ ***sa colère sur qn*** seinen Zorn an jdm auslassen ❺ *(tirer)* ~ ***son revolver sur qn*** auf jdn abfeuern ❻ ELEC entladen *batterie, accumulateur* ❼ JUR entlasten **II.** *vpr* ❶ *(se libérer)* ***se ~ du travail sur qn*** die Arbeit auf jdn abwälzen ❷ ELEC ***se*** ~ sich entladen **III.** *vi (fam: éjaculer)* spritzen
décharné(e) [deʃaʀne] *adj visage* abgezehrt
déchaussé(e) [deʃose] *adj dent* locker
déchausser [deʃose] <1> **I.** *vt* abschnallen *skis;* ~ ***qn*** jdm die Schuhe ausziehen **II.** *vpr* **se** ~ ❶ *(enlever ses chaussures)* seine Schuhe ausziehen ❷ MED *dent:* locker werden
dèche [dɛʃ] *f (fam)* Misere *f*
déchéance [deʃeɑ̃s] *f* ❶ *(déclin)* Verfall *m; d'une civilisation* Untergang *m;* ~ ***morale/physique*** seelische Zerrüttung/körperlicher Verfall ❷ JUR *d'un souverain* Absetzung *f; de l'autorité paternelle* Aberkennung *f*
déchets [deʃɛ] *mpl (restes, ordures)* Abfall *m;* ~ ***biodégradables*** Biomüll *m;* ~ ***nucléaires*** Atommüll *m;* ~ ***toxiques*** Giftmüll *m*
déchetterie [deʃɛtʀi] *f* Müllverwertungsanlage *f*
déchiffonner [deʃifɔne] <1> **I.** *vt* glätten **II.** *vpr* ***se*** ~ sich aushängen
déchiffrable [deʃifʀabl] *adj* entzifferbar; ***être*** ~ zu entziffern sein; ~ ***par machine*** *code* maschinenlesbar
déchiffrage [deʃifʀaʒ] *m* ❶ Entziffern *nt* ❷ MUS Notenlesen *nt*
déchiffrement [deʃifʀəmɑ̃] *m de hiéroglyphes, d'un texte codé* Entzifferung *f,* Entschlüsselung *f*
déchiffrer [deʃifʀe] <1> **I.** *vt* ❶ *(décrypter)* entschlüsseln *message, code* ❷ *(comprendre)* entziffern *hiéroglyphes, texte* ❸ MUS

~ ***un morceau*** ein Stück vom Blatt spielen/singen ❹ *(déceler)* durchschauen *intentions;* erraten *sentiments* **II.** *vi* MUS Noten lesen

déchiqueté(e) [deʃikte] *adj feuille* gezackt; *côte* zerklüftet; *sommet* gezackt

déchiqueter [deʃikte] <3> *vt* zerfetzen

déchirant(e) [deʃiʀɑ̃, ɑ̃t] *adj spectacle, adieux* herzzerreißend

déchiré(e) [deʃiʀe] *adj* zerrissen

déchirement [deʃiʀmɑ̃] *m* ❶ *d'un muscle* Riss *m* ❷ *(souffrance)* großer Kummer ❸ *(divisions)* Zwietracht *f*

déchirer [deʃiʀe] <1> **I.** *vt* ❶ *(déchiqueter)* zerreißen *papier, tissu;* ***~ qc en morceaux*** etw in Stücke reißen ❷ *(faire un accroc)* aufreißen *pantalon* ❸ *(couper)* aufreißen *enveloppe* ❹ *(troubler)* zerreißen *silence* ❺ *(faire souffrir)* ***~ qn*** jdm das Herz zerreißen ❻ *(diviser)* spalten *parti, pays* **II.** *vpr* ❶ *(rompre)* ***se ~*** *sac:* [auf]reißen; *vêtement:* einen Riss bekommen; *nuage:* aufreißen; *cœur:* brechen ❷ MED ***se ~ un muscle*** sich *dat* einen Muskelriss zuziehen ❸ *(se quereller)* ***se ~*** sich gegenseitig zerfleischen

déchirure [deʃiʀyʀ] *f* ❶ *d'un vêtement* Riss *m* ❷ MED ***~ ligamentaire/musculaire*** Bänder-/Muskel[faser]riss *m* ❸ *du ciel* Spalt *m*

déchoir [deʃwaʀ] <irr> *vi personne:* tief sinken

déchu(e) [deʃy] **I.** *part passé de* **déchoir** **II.** *adj souverain* gestürzt

de-ci [dəsi] *adv* ▶ ~ **de-là** hier und da

décibel [desibɛl] *m* Dezibel *nt*

décidé(e) [deside] *adj air, personne* entschlossen; *ton* bestimmt; ***c'est ~, ...*** jetzt steht es fest, ...

décidément [desidemɑ̃] *adv* ❶ *(après répétition d'une expérience désagréable)* also wirklich ❷ *(après hésitation ou réflexion)* ***oui, ~, c'est bien lui le meilleur!*** ja, er ist entschieden der Bessere!

décider [deside] <1> **I.** *vt* ❶ *(prendre une décision)* beschließen; ***~ de faire qc*** beschließen etw zu tun ❷ *(persuader)* ***~ qn à faire qc*** jdn dazu bewegen etw zu tun **II.** *vi* ***~ de qc*** etw bestimmen **III.** *vpr* ❶ *(être fixé)* ***se ~*** *chose, événement:* sich entscheiden ❷ *(prendre une décision)* ***se ~*** sich entscheiden; ***se ~ à faire qc*** sich dazu entschließen etw zu tun ❸ METEO ***va-t-il enfin se ~ à neiger?*** wird es endlich schneien?

décideur, -euse [desidœʀ, -øz] *m, f* Entscheidungsträger(in) *m(f)*

décigramme [desigʀam] *m* Dezigramm *nt*

décilitre [desilitʀ] *m* Deziliter *m*

décimal(e) [desimal, -o] <-aux> *adj* Dezimal-

décimale [desimal] *f* Dezimale *f,* Dezimalstelle *f*

décimer [desime] <1> *vt* dezimieren

décimètre [desimɛtʀ] *m* Dezimeter *m o nt*

décisif, -ive [desizif, -iv] *adj moment, preuve, bataille* entscheidend; *argument* ausschlaggebend; *intervention, rôle* maßgeblich; *ton* entschieden

décision [desizjɔ̃] *f* ❶ *(choix)* Entscheidung *f;* ***prendre une ~*** einen Entschluss fassen ❷ *(choix fait par une assemblée)* Beschluss *m* ❸ *(choix fait par un tribunal)* Entscheid *m;* ***~ administrative*** behördliche Verfügung ❹ *(fermeté)* Bestimmtheit *f;* ***esprit de ~*** Entschlusskraft *f*

décisionnaire [desizjɔnɛʀ] **I.** *adj rôle* entscheidend **II.** *mf* Entscheidungsträger(in) *m(f)*

déclamation [deklamasjɔ̃] *f (art de déclamer)* Vortragskunst *f*

déclamer [deklame] <1> *vt* vortragen *poème, vers*

déclaration [deklaʀasjɔ̃] *f* ❶ *(discours)* [öffentliche] Erklärung; ***faire une ~*** eine Erklärung abgeben ❷ *(propos)* Aussage *f;* ***~ des droits de l'homme et du citoyen*** Erklärung der Menschen- und Bürgerrechte ❸ *(témoignage)* Aussage *f* ❹ *(aveu d'amour)* ***~ d'amour*** Liebeserklärung *f* ❺ *d'un décès, changement de domicile* Meldung *f; d'une naissance* Anzeige *f* ❻ *(formulaire)* ***~ d'accident/de sinistre*** Unfall-/Schadensmeldung *f*

déclaré(e) [deklaʀe] *adj socialiste, athée, ennemi* erklärt

déclarer [deklaʀe] <1> **I.** *vt* ❶ *(annoncer)* ***~ son amour à qn*** jdm seine Liebe erklären; ***~ qn coupable*** jdn für schuldig erklären; ***~ la guerre*** den Krieg erklären ❷ *(enregistrer)* anmelden *employé, marchandise;* melden *décès, naissance;* ***[vous n'avez] rien à ~?, vous avez quelque chose à ~?*** haben Sie etwas zu verzollen? **II.** *vpr* ❶ *(se manifester)* ***se ~*** *incendie, orage:* ausbrechen; *fièvre, maladie:* zum Ausbruch kommen ❷ *(se prononcer)* ***se ~ pour/contre qn/qc*** sich für/gegen jdn/etw aussprechen ❸ *(se dire)* ***se ~ l'auteur du crime*** erklären der Täter zu sein ❹ *(faire une déclaration d'amour)* ***se ~ à qn*** sich jdm erklären

déclassé(e) [deklase] **I.** *adj* ❶ SPORT deklassiert, abgeschlagen ❷ CHEMDFER *billet* heruntergestuft ❸ COM *porcelaine* ausgemustert **II.** *m(f)* Deklassierte(r) *f(m)*

déclasser [deklɑse] <1> *vt* herunterstufen *route, hôtel*

déclenchement [deklɑ̃ʃmɑ̃] *m* Auslösen *nt; des hostilités* Ausbruch *m*

déclencher [deklɑ̃ʃe] <1> **I.** *vt* ❶ TECH auslösen ❷ *(provoquer)* auslösen *conflit, réaction;* einleiten *offensive* **II.** *vpr* **se ~** *mécanisme:* in Gang kommen; *attaque, grève:* ausbrechen

déclencheur [deklɑ̃ʃœʀ] *m* Auslöser *m;* **~ *à retardement*** Selbstauslöser *m*

déclic [deklik] *m* ❶ *(mécanisme)* Auslöseknopf *m* ❷ *(bruit)* Klicken *nt* ► **c'est/ça a été le ~** der Groschen fällt/ist gefallen *fam*

déclin [deklɛ̃] *m des forces physiques et mentales* Nachlassen *nt; de la popularité* Abnahme *f; du jour* Abnehmen *nt; du soleil* Untergehen *nt; d'une civilisation* Niedergang *m;* ***le ~ de l'Occident*** der Untergang des Abendlandes

déclinaison [deklinɛzɔ̃] *f* GRAM, ASTRON Deklination *f*

décliner [dekline] <1> **I.** *vt* ❶ *(refuser)* zurückweisen ❷ GRAM deklinieren ❸ *(dire)* angeben **II.** *vi* ❶ *(baisser) jour:* sich neigen *geh; forces, prestige:* schwinden *geh* ❷ ASTRON *soleil, lune:* untergehen; *astre:* [vom Himmelsäquator] abweichen **III.** *vpr* **se ~** GRAM dekliniert werden

déclivité [deklivite] *f* Gefälle *nt*

déclouer [deklue] <1> *vt* abmachen, losmachen *planche*

décocher [dekɔʃe] <1> *vt* **~ *un regard/une œillade*** jdm einen Blick zuwerfen

décodage [dekɔdaʒ] *m d'une information, d'un message* Decodierung *f*

décoder [dekɔde] <1> *vt* decodieren *message*

décodeur [dekɔdœʀ] *m* Decoder *m*

décoiffer [dekwafe] <1> **I.** *vt* **~ *qn*** jds Haare durcheinanderbringen; ***être tout décoiffé*** ganz zerzaust sein **II.** *vi* ► **ça décoiffe** *(fam)* [das ist der reine] Wahnsinn

décoincer [dekwɛ̃se] <2> *vt* ❶ *(dégager)* herausziehen *pied, doigt, tiroir;* aufziehen *porte;* herausbekommen *pièce, jeton* ❷ *(fam: détendre)* locker machen *personne*

décolérer [dekɔleʀe] <5> *vi* ***ne pas ~*** immer noch wütend sein

décollage [dekɔlaʒ] *m* ❶ *d'un avion* Start *m* ❷ *d'un papier peint, timbre-poste* Ablösen *nt; d'un pansement adhésif* Entfernen *nt* ❸ ECON *d'une industrie, d'un pays* Boom *m;* **~ *économique*** wirtschaftlicher Aufschwung

décollement [dekɔlmɑ̃] *m (fait d'être décollé)* Abgehen *nt; d'un papier peint, d'une moquette* Ablösen *nt*

décoller [dekɔle] <1> **I.** *vt* **~ *un timbre de l'enveloppe*** eine Briefmarke vom Umschlag ablösen **II.** *vi* ❶ AVIAT **~ *de qc*** von etw abfliegen; ***nous décollons à 13 h*** wir fliegen um 13 Uhr ab ❷ ECON *pays:* einen wirtschaftlichen Aufschwung erleben; *économie:* einen Aufschwung erleben; *production:* anlaufen; *affaires, commerce:* florieren; *science:* sich entwickeln ❸ *(fam: partir, sortir)* ***ne pas ~ du lit*** nicht aus dem Bett hochkommen; ***ne pas ~ de devant la télé*** nicht vom Fernseher wegkommen; ***ne pas ~ de chez qn*** bei jdm hängen bleiben ❹ *(fam: maigrir)* vom Fleisch fallen **III.** *vpr* **se ~** *carrelage, timbre:* sich lösen; *rétine:* sich ablösen

décolleté [dekɔlte] *m* Dekolletee *nt,* Ausschnitt *m;* **~ *plongeant*** tiefes Dekolletee

décolleté(e) [dekɔlte] *adj* ❶ *vêtement* [tief] ausgeschnitten ❷ *personne* dekolletiert

décolonisation [dekɔlɔnizasjɔ̃] *f* ❶ *(indépendance)* Dekolonisation *f* ❷ *(fig) d'une administration* Entbürokratisierung *f*

décoloniser [dekɔlɔnize] <1> *vt* in die Unabhängigkeit entlassen *pays, habitants*

décolorant [dekɔlɔʀɑ̃] *m* Entfärber *m*

décolorant(e) [dekɔlɔʀɑ̃, ɑ̃t] *adj action, pouvoir* bleichend; ***produit ~*** Entfärbungsmittel *nt;* ***shampooing ~*** aufhellendes Shampoo

décoloration [dekɔlɔʀasjɔ̃] *f* Entfärben *nt; des cheveux* Aufhellen *nt; des rideaux, de la tapisserie* Verschießen *nt; d'une matière* Verblassen *nt*

décoloré(e) [dekɔlɔʀe] *adj cheveux, poils* gebleicht; *couleur* verwaschen; *rideaux, vêtement* verschossen; *papier, affiches* vergilbt; *lèvres* farblos

décolorer [dekɔlɔʀe] <1> **I.** *vt* **~ *des tissus/vêtements avec qc*** Stoffe/Kleidungsstücke mit etw entfärben; **~ *des cheveux avec qc*** Haare mit etw bleichen **II.** *vpr* ❶ *(perdre sa couleur)* **se ~** *cheveux:* [aus]bleichen; *étoffe: (au soleil)* ausbleichen; *(au lavage)* die Farbe verlieren ❷ *(enlever la couleur)* ***se ~ les cheveux*** sich *dat* die Haare aufhellen

décombres [dekɔ̃bʀ] *mpl (a. fig)* Trümmer *Pl*

décommander [dekɔmɑ̃de] <1> **I.** *vt* absagen *rendez-vous, réunion;* abbestellen

D

marchandise; ~ ***qn*** jdm absagen **II.** *vpr* ***se*** ~ absagen

décompenser [dekɔ̃pɑ̃se] <1> *vi (fam: se défouler)* sich abreagieren *fam*

décomplexé(e) [dekɔ̃plɛkse] *adj (fam)* ohne Hemmungen

décomplexer [dekɔ̃plɛkse] <1> *vt (fam)* ~ ***qn*** jdm seine Hemmungen nehmen

D

décomposable [dekɔ̃pozabl] *adj* zerlegbar; ***ce texte est ~ en trois parties*** dieser Text kann in drei Teile untergliedert werden

décomposé(e) [dekɔ̃poze] *adj* ❶ *substance organique* zersetzt; *cadavre* verwest ❷ *visage, traits* entstellt

décomposer [dekɔ̃poze] <1> **I.** *vt* ❶ *(diviser)* ~ ***un élément en ses composants*** ein Element in seine Bestandteile zerlegen ❷ *(analyser)* analysieren *idée, problème, savoir* ❸ *(détailler)* im Einzelnen zeigen ❹ *(altérer)* zersetzen *substance, morale;* entstellen *visage, traits* **II.** *vpr* ❶ *(se diviser)* ***se ~ en qc*** sich in etw *akk* zerlegen lassen ❷ *(pouvoir s'analyser)* ***se ~ en qc*** *problème, idée, savoir:* sich in etw *akk* aufgliedern lassen ❸ *(se détailler)* ***se ~ en qc*** *mouvement, procédure:* aus etw bestehen ❹ *(s'altérer)* ***se*** ~ *substance organique:* sich zersetzen; *cadavre:* verwesen; *visage, traits:* sich verzerren; *société:* zerfallen

décomposition [dekɔ̃pozisjɔ̃] *f* ❶ CHIM, PHYS, MATH ~ ***d'un élément en ses composants*** Zerlegung *f* eines Elements in seine Bestandteile ❷ *d'un problème, d'une difficulté* Aufgliederung *f* ❸ *d'une substance organique* Zersetzung *f; d'un cadavre* Verwesung *f* ❹ *(altération)* ***la ~ de son visage*** sein/ihr entstelltes Gesicht ❺ *d'un mouvement* Vorführung *f* im Einzelnen ❻ *d'une civilisation, d'un État* Auflösung *f; des valeurs, de la société* Zerfall *m*

décompresser [dekɔ̃pʀese] <1> *vi (fam)* ausspannen

décompression [dekɔ̃pʀesjɔ̃] *f* ❶ *(dilatation)* Druckverminderung *f;* ***la soupape de ~*** das Überdruckventil ❷ *(fam: détente)* Entspannung *f*

décomprimer [dekɔ̃pʀime] <1> *vt* TECH ~ ***de l'air*** den Luftdruck vermindern

décompte [dekɔ̃t] *m* ❶ *des bulletins de vote* Auszählung *f; des points* Zusammenzählen *nt;* ***faire le ~ de qc*** etw zusammenrechnen ❷ *(facture)* Abrechnung *f* ❸ *(déduction)* Abzug *m*

décompter [dekɔ̃te] <1> *vt* [aus]zählen *votes*

déconcentration [dekɔ̃sɑ̃tʀasjɔ̃] *f* ADMIN Dekonzentration *f*

déconcentré(e) [dekɔ̃sɑ̃tʀe] *adj* unkonzentriert

déconcentrer [dekɔ̃sɑ̃tʀe] <1> **I.** *vt* ❶ ADMIN, ECON dekonzentrieren ❷ *(dévier l'attention de qn)* aus dem Konzept bringen *personne;* ~ ***son attention de qc*** seine/ihre Aufmerksamkeit von etw ablenken **II.** *vpr* ***se*** ~ sich aus dem Konzept bringen lassen

déconcertant(e) [dekɔ̃sɛʀtɑ̃, ɑ̃t] *adj* verwirrend

déconcerter [dekɔ̃sɛʀte] <1> *vt* verwirren

déconditionner [dekɔ̃disjɔne] <1> *vt (soustraire à une habitude)* entwöhnen

déconfit(e) [dekɔ̃fi, it] *adj personne* niedergeschlagen

déconfiture [dekɔ̃fityʀ] *f (fam: faillite)* Pleite *f*

décongélation [dekɔ̃ʒelasjɔ̃] *f* Auftauen *nt*

décongeler [dekɔ̃ʒ(ə)le] <4> *vt, vi* auftauen

décongestionner [dekɔ̃ʒɛstjɔne] <1> *vt* ❶ MED zum Abschwellen bringen, freimachen *poumons, nez* ❷ *(désengorger)* entlasten *réseau routier*

déconnecter [dekɔnɛkte] <1> **I.** *vt* ❶ ELEC unterbrechen ❷ INFORM ausloggen, verlassen *serveur, réseau* ❸ *(séparer)* ~ ***qn/qc du monde environnant*** jdn/etw von der Umgebung fernhalten; ***déconnecté du monde*** weltfremd **II.** *vi (fam)* abschalten **III.** *vpr* ***se ~ de son travail*** von der Arbeit Abstand gewinnen; ***se ~ de ses soucis*** seine Sorgen vergessen

déconner [dekɔne] <1> *vi (fam)* ❶ *(dire des bêtises)* Mist reden ❷ *(faire des bêtises)* Mist machen ❸ *(être détraqué)* ~ ***complètement*** [total] durchdrehen; ***déconne pas!*** spinn nicht rum! ▶ **faut pas ~!** da hört sich doch alles auf!

déconnexion [dekɔnɛksjɔ̃] *f* ❶ *des centres nerveux* Störung *f* ❷ ELEC Abschaltung *f* ❸ INFORM Abmeldung *f*

déconseillé(e) [dekɔ̃seje] *adj* nicht empfehlenswert; ***il est ~ de faire qc*** es ist nicht ratsam etw zu tun

déconseiller [dekɔ̃seje] <1> **I.** *vt* ~ ***un livre à un ami*** einem Freund von einem Buch abraten **II.** *vi* ~ ***à un collègue de faire qc*** einem Kollegen davon abraten etw zu tun

déconsidération [dekɔ̃sideʀasjɔ̃] *f (littér)* Verruf *m,* Misskredit *m*

déconsidérer [dekɔ̃sideʀe] <5> **I.** *vt* in

Misskredit bringen; ***être complètement déconsidéré auprès de qn*** bei jdm völlig in Verruf gekommen sein **II.** *vpr* ***se ~ auprès de qn/aux yeux de qn*** sich bei jdm/in jds Augen in Verruf bringen

décontamination [dekɔ̃taminasjɔ̃] *f d'une personne, d'un lieu* Dekontamination *f; d'une rivière* Entgiftung *f; de l'atmosphère* Entlastung *f* von Umweltgiften

décontaminer [dekɔ̃tamine] <1> *vt* dekontaminieren *lieu, personne;* entgiften *atmosphère, rivière;* INFORM von Viren befreien *disquettes*

décontenancé(e) [dekɔ̃t(ə)nɑ̃se] *adj* fassungslos

décontenancer [dekɔ̃t(ə)nɑ̃se] <2> *vt* aus der Fassung bringen

décontracté(e) [dekɔ̃tʀakte] **I.** *adj* ❶ *partie du corps, personne* entspannt ❷ *(fam: sûr de soi)* ungezwungen; *péj)* zu lässig ❸ *(fam) atmosphère, situation* entspannt; *tenue* zwanglos; *style, ton, air* locker; *péj)* zu lässig **II.** *adv (fam) s'habiller* lässig; *conduire* entspannt

décontracter [dekɔ̃tʀakte] <1> **I.** *vt* entspannen **II.** *vpr* ***se ~*** sich entspannen

décontraction [dekɔ̃tʀaksjɔ̃] *f* ❶ *du corps, d'une personne* Entspannung *f* ❷ *(désinvolture)* Ungezwungenheit *f; péj)* Lässigkeit *f*

déconvenue [dekɔ̃v(ə)ny] *f* Enttäuschung *f*

décor [dekɔʀ] *m* ❶ *(agencement)* Dekor *m o nt,* Ausstattung *f* ❷ THEAT Bühnenbild *nt,* Kulisse *f;* CINE Szenenaufbau *m* ❸ *(cadre)* Umgebung *f; (arrière-plan)* Hintergrund *m;* ***dans un ~ de verdure*** im Grünen; ***un ~ de hautes montagnes/de rocailles*** eine Gebirgs-/Felslandschaft ❹ *(style)* Stil *m;* ***~ Empire/Louis XV*** [im] Empirestil/[im] Louis-quinze-Stil ❺ *(art de la décoration)* Dekoration *f* ▶ **changer de ~** THEAT das Bühnenbild wechseln; **envoyer qn dans le ~** *(fam: provoquer un accident)* jdn von der Fahrbahn [ab]drängen; **planter le ~** den Rahmen abstecken

décorateur, -trice [dekɔʀatœʀ, -tʀis] *m, f* ❶ *(designer)* Dekorateur(in) *m(f);* ***~ d'intérieurs*** Innenausstatter(in) *m(f)* ❷ CINE, THEAT Bühnenbildner(in) *m(f)*

décoratif, -ive [dekɔʀatif, -iv] *adj* ❶ *(ornemental)* dekorativ; ***motifs ~s*** Verzierungen *Pl* ❷ *(fam) homme, femme, invité* repräsentabel ❸ *(péj) fonction, rôle* repräsentativ

décoration [dekɔʀasjɔ̃] *f* ❶ *(fait de décorer)* Schmücken *nt,* Dekorieren *nt* ❷ *(résultat)* Dekoration *f;* ***~s de Noël*** Weihnachtsdekoration; *(du sapin)* Christbaumschmuck *m* ❸ *(art)* Innenarchitektur *f* ❹ *(distinction honorifique)* Auszeichnung *f*

décorder [dekɔʀde] <1> *vpr* SPORT ***se ~*** sich losbinden

décoré(e) [dekɔʀe] *adj* ❶ *lieu, plat* verziert; *vitrines* dekoriert ❷ *personne* [mit einem Orden] ausgezeichnet

décorer [dekɔʀe] <1> *vt* ❶ *(embellir)* ***~ un plat de qc*** ein Gericht mit etw garnieren; ***~ une vitrine de qc*** ein Schaufenster mit etw dekorieren ❷ *(agrémenter)* [ver]zieren ❸ *(médailler)* ***~ qn d'une médaille*** jdn mit einer Medaille auszeichnen

décortiquer [dekɔʀtike] <1> *vt* ❶ *(enlever l'enveloppe)* schälen *marrons, graines, arbre;* [ab]schälen *tige;* knacken *noix, noisettes* ❷ *(détailler)* analysieren *texte;* ganz genau unter die Lupe nehmen *affaire*

décorum [dekɔʀɔm] *m sans pl* Etikette *f*

découcher [dekuʃe] <1> *vi* auswärts schlafen

découdre [dekudʀ] <irr> *vt* abtrennen *boutons;* auftrennen *ourlet*

découler [dekule] <1> *vi* ***~ de qc*** von etw kommen

découpage [dekupaʒ] *m* ❶ *(fait de trancher avec un couteau)* Zerschneiden *nt; d'un gâteau, d'une viande* Aufschneiden *nt; d'une volaille* Tranchieren *nt* ❷ *(couper suivant un contour, tracé)* [Zu]schneiden *nt; d'un papier* [Aus]schneiden *nt; (à la presse)* [Aus]stanzen *nt* ❸ *souvent pl (images)* Ausschneidebilder *Pl;* ***faire des ~s*** Bilder ausschneiden ❹ ADMIN, POL Einteilung *f;* ***~ électoral*** Einteilung *f* in Wahlkreise ❺ CINE *d'un film* Cutten *nt*

découpe [dekup] *f* ❶ COUT Passe *f* ❷ TECH Zuschneiden *nt; (avec une scie)* Aussägen *nt* ❸ *(atelier de découpe) Ort, wo man Holz zuschneiden lassen kann*

découpé(e) [dekupe] *adj côte, relief* zerklüftet; *sommet, feuille* gezackt

découper [dekupe] <1> **I.** *vt* ❶ *(trancher)* aufschneiden, zerschneiden *gâteau, viande;* tranchieren *volaille;* abschneiden *tranche de saucisson* ❷ *(couper suivant un contour, tracé: avec des ciseaux, au cutter)* zuschneiden *tissu, moquette; (à la scie)* aussägen *images, motif; (à la presse)* [aus]stanzen; ***~ un article dans qc*** einen Artikel aus etw ausschneiden **II.** *vpr (se profiler)* ***se ~ dans/sur qc*** sich von etw abheben

découragé(e) [dekuʀaʒe] *adj* entmutigt

découragéant(e) [dekuʀaʒɑ̃, ʒɑ̃t] *adj* entmutigend

découragement [dekuʀaʒmɑ̃] *m* Mutlosigkeit *f*

décourager [dekuʀaʒe] <2a> **I.** *vt* ❶ *(démoraliser)* entmutigen ❷ *(dissuader)* **~ *qn de la création d'une entreprise*** jdn davon abhalten eine Firma zu gründen ❸ *(empêcher de faire)* verhindern *questions, critique;* lähmen *bonne volonté;* nicht aufkommen lassen *familiarité* **II.** *vpr* ***se ~*** den Mut verlieren

décousu [dekuzy] *m sans pl* Zusammenhanglosigkeit *f*

décousu(e) [dekuzy] *adj* ❶ COUT *couture* aufgetrennt ❷ *conversation, récit, devoir* unzusammenhängend; *idées* wirr; *style* holprig

découvert(e) [dekuvɛʀ, ɛʀt] **I.** *adj* ❶ *(nu)* bloß ❷ *lieu* offen[liegend]; *zone* frei **II.** *m(f)* ❶ FIN Defizit *nt; d'un compte* Überziehung *f;* **~ *autorisé*** Überziehungskredit *m;* ***je suis à ~*** ich bin im Soll *fam* ❷ *(terrain)* freies Gelände ▶ **à ~** FIN ungedeckt; *compte* überzogen; *(ouvertement)* offen; *parler* offen; *(à la vue de qn)* frei; MIL ohne Deckung

découverte [dekuvɛʀt] *f* Entdeckung *f,* Erkundung *f;* ***faire la ~ de qc, être à la ~ de qc*** etw entdecken; ***partir à la ~ de qc*** etw erkunden gehen ▶ **c'est pas une ~!** *(fam)* das ist nichts Neues!

découvreur, -euse [dekuvʀœʀ, -øz] *m, f* Entdecker(in) *m(f)*

découvrir [dekuvʀiʀ] <11> **I.** *vt* ❶ *(trouver, deviner, percer, déceler)* entdecken; **~ *du pétrole*** auf Erdöl *akk* stoßen; **~ *que …*** herausfinden, dass … ❷ *(apprendre à connaître)* entdecken, kennenlernen *auteur, œuvre* ❸ *(enlever la couverture)* aufdecken *enfant, malade* ❹ *(ouvrir)* **~ *une casserole*** den Deckel von einem Topf abnehmen ❺ *(enlever ce qui couvre)* aufdecken, enthüllen *statue* ❻ *(mettre au jour)* ausgraben *ruines, objet* ❼ *(apercevoir)* entdecken *panorama, personne* ❽ *(laisser voir)* zeigen *jambes, épaules;* zum Vorschein kommen lassen *ciel, racines, terre* ❾ *(révéler)* **~ *un secret à son ami*** seinem/ihrem Freund ein Geheimnis verraten **II.** *vpr* ❶ *(enlever sa couverture)* ***se ~*** sich aufdecken; *(enlever son vêtement)* sich ausziehen; *(enlever son chapeau)* den Hut abnehmen; *(pour saluer)* den Hut ziehen ❷ *(s'exposer aux attaques)* ***se ~*** *armée:* die Deckung verlassen; *boxeur, escrimeur:* sich *dat* eine Blöße geben ❸ *(se confier)* ***se ~ à qn*** sich jdm offenbaren; *(a. fig: abattre son jeu)* die Karten aufdecken ❹ *(apprendre à se connaître)* ***se ~ lui-même*** sich selbst entdecken ❺ *(apprendre)* ***se ~ des dons/un goût pour qc*** seine Begabung/Vorliebe für etw entdecken ❻ *(apparaître)* ***se ~*** *panorama, paysage:* zu erkennen sein; *secret:* entdeckt werden; *vérité:* an den Tag kommen ❼ *(s'éclaircir)* ***le ciel se découvre*** der Himmel hellt sich auf

décrasser [dekʀɑse] <1> *vt* ❶ *(nettoyer)* [gründlich] reinigen, [gründlich] scheuern *planchers* ❷ *(laver)* gründlich waschen *personne, mains*

décrédibiliser [dekʀedibilize] <1> *vt* diskreditieren, unglaubwürdig machen

décrépit(e) [dekʀepi, it] *adj personne* altersschwach

décrépitude [dekʀepityd] *f d'une maison* Verfall *m; (fig) d'un empire, d'une nation* Niedergang *m*

décret [dekʀɛ] *m* POL [Rechts]verordnung *f;* **~ *sur qc*** Verordnung über etw *akk*

décréter [dekʀete] <5> **I.** *vt* ❶ POL anordnen, verordnen *mesures;* verhängen *état d'urgence* ❷ *(fig)* **~ *que …*** bestimmen, dass … **II.** *vpr* ***qc/ça ne se décrète pas*** etw/das lässt sich nicht erzwingen

décrier [dekʀije] <1a> *vt (littér)* verunglimpfen *geh,* verreißen, verunglimpfen *geh œuvre, livre, auteur;* ***peintre décrié*** verrufener Maler

décrire [dekʀiʀ] <irr> *vt* ❶ *(dépeindre)* beschreiben, schildern *événement, situation;* **~ *qn/qc à qn*** jdm jdn/etw beschreiben ❷ *(tracer)* beschreiben *cercle*

décrispation [dekʀispasjɔ̃] *f d'une crise politique* Entschärfung *f*

décrisper [dekʀispe] <1> *vt* entschärfen *situation, affrontement*

décrochage [dekʀɔʃaʒ] *m des rideaux* Abnehmen *nt; d'un tableau* Abnehmen, Abhängen *nt; d'un wagon* Abkoppeln *nt,* Abhängen *nt*

décrochement [dekʀɔʃmɑ̃] *m d'une muraille* Nische *f*

décrocher [dekʀɔʃe] <1> **I.** *vt* ❶ *(dépendre)* abnehmen *rideaux, linge;* abhängen *wagon;* losmachen *laisse, sangle;* aufmachen *volets;* **~ *le téléphone*** *(pour répondre)* den [Telefon]hörer abheben; *(pour ne pas être dérangé)* den [Telefon]hörer danebenlegen ❷ *(fam: obtenir)* kriegen, sich *dat* holen *prix;* sich *dat* angeln, ergattern *poste* ❸ SPORT abhängen *fam concurrents, peloton* **II.** *vpr* ***se ~*** *personne, poisson:* sich losmachen *fam; vêtement, tableau:* [vom

Haken] runterfallen *fam* **III.** *vi* ❶ *(au téléphone)* den [Telefon]hörer abnehmen; ***tu peux ~?*** kannst du mal [d]rangehen? *fam* ❷ *(fam)* ~ ***de qc*** *(se désintéresser) militant:* von etw abspringen ❸ *(ne plus écouter)* abschalten ❹ *(se détacher) armée, troupes:* sich absetzen ❺ AVIAT *avion:* überziehen ❻ RADIO *émetteur:* umschalten

décroiser [dekʀwaze] <1> *vt* nebeneinanderstellen *jambes;* wieder fallen lassen *bras;* entwirren *fils*

décroissance [dekʀwasɑ̃s] *f* Abnahme *f; de la natalité* Rückgang *m*

décroissant(e) [dekʀwasɑ̃, ɑ̃t] *adj intensité, vitesse* abnehmend; *bruit* schwindend; ***à vitesse ~e*** mit herabgesetzter Geschwindigkeit

décroître [dekʀwatʀ] <irr> *vi + avoir o être* abnehmen; *jours:* kürzer werden; *vitesse:* abnehmen

décrotter [dekʀɔte] <1> *vt (enlever la boue)* ~ ***des chaussures*** den Schmutz von den Schuhen abmachen

décrottoir [dekʀɔtwaʀ] *m* Fußabstreifer *m*

décrue [dekʀy] *f des eaux* Sinken *nt*

décrypter [dekʀipte] <1> *vt* entziffern *hiéroglyphe*

déçu(e) [desy] **I.** *part passé de* **décevoir** **II.** *adj* enttäuscht **III.** *m(f) souvent pl* Enttäuschte(r) *f(m);* ***~ de la politique*** Politikverdrossene(r) *m*

déculottée [dekylɔte] *f (fam: défaite)* Schlappe *f fam;* ***prendre*** [*o* ***recevoir***] ***une*** ~ eine Schlappe einstecken *fam*

déculotter [dekylɔte] <1> *vt* ❶ ~ ***qn*** jdm die Hosen ausziehen ❷ *(vider)* ausklopfen *pipe*

déculpabilisation [dekylpabilizasjɔ̃] *f* Befreiung *f* vom Schuldgefühl

déculpabiliser [dekylpabilize] <1> *vt* entschuldbar machen *action, situation;* ~ ***qn*** jdm das Schuldgefühl nehmen

décupler [dekyple] <1> **I.** *vi prix, quantité, valeur:* sich verzehnfachen **II.** *vt* ❶ verzehnfachen ❷ *(fig)* beträchtlich steigern *énergie, force, sentiment*

dédaigner [dedeɲe] <1> *vt* ~ ***qn*** jdn verachten, auf jdn herabsehen

dédaigneusement [dedɛɲøzmɑ̃] *adv* verächtlich

dédaigneux, -euse [dedɛɲø, -øz] *adj comportement, personne* herablassend; *regard, air* verächtlich

dédain [dedɛ̃] *m* Verachtung *f;* ***avec*** ~ verächtlich

dédale [dedal(ə)] *m de rues, chemins* Gewirr *nt*

dedans [d(ə)dɑ̃] **I.** *adv + verbe de mouvement* hinein; + *verbe d'état* darin; *(dans un lieu)* innen; ***de*** ~ *venir* von drinnen; *ouvrir* von innen; *voir* von drinnen; ***en*** ~ innen; *(fig)* im Inneren; ***en ~ de lui-même, il réprouve cet acte*** im Innersten seines Herzens missbilligt er diese Tat ▶ **mettre en plein** ~ ins Schwarze treffen; **mettre qn** ~ *(fam)* jdn [he]reinlegen; **rentrer** [**en plein**] ~ *(fam: en voiture)* [voll] reinfahren; *(à pied)* [voll] reinrennen; **lui rentrer** ~ *(fam: frapper)* [voll] auf jdn losgehen; ***ils se sont rentrés*** ~ die sind aufeinander losgegangen **II.** *m sans pl* ❶ *(intérieur, âme, cœur)* Innere(s) *nt* ❷ *(face interne)* ***le ~ de qc*** die Innenseite einer S. *gen*

dédicace [dedikas] *f* ❶ *(sur une photo, un livre)* Widmung *f; (sur un monument)* Inschrift *f* ❷ *d'une église, d'un temple* Weihe *f*

dédicacer [dedikase] <2> *vt* ~ ***un roman à ses parents*** seinen/ihren Eltern einen Roman widmen

dédier [dedje] <1> *vt* ~ ***une œuvre/sa vie à qn/qc*** jdm/etw ein Werk/sein Leben widmen

dédire [dediʀ] <irr> *vpr* ***se*** ~ das Gesagte zurücknehmen

dédit [dedi] *m* JUR Rücktritt *m*

dédommagement [dedɔmaʒmɑ̃] *m* Entschädigung *f*

dédommager [dedɔmaʒe] <2a> **I.** *vt* ***~ une victime de qc*** ein Opfer für etw entschädigen **II.** *vpr* ***se ~ de qc*** sich schadlos für etw halten

dédouanement [dedwanmɑ̃] *m* Verzollung *f*

dédouaner [dedwane] <1> *vt* verzollen *marchandise*

dédoublement [dedubləmɑ̃] *m d'une classe, d'un fil* Teilung *f*

dédoubler [deduble] <1> *vt* ❶ teilen *classe;* ausbauen *autoroute;* ~ ***les trains*** Sonderzüge einsetzen ❷ *(enlever la doublure)* ~ ***un manteau*** das Futter aus einem Mantel heraustrennen

dédramatiser [dedʀamatize] <1> *vt, vi* entdramatisieren

déductible [dedyktibl] *adj* FIN ***être ~ des impôts*** von der Steuer absetzbar sein

déductif, -ive [dedyktif, -iv] *adj* deduktiv; ***avoir un esprit*** ~ deduktiv denken können

déduction [dedyksjɔ̃] *f* ❶ COM Abzug *m;* FIN Absetzung *f;* ***~ d'impôt*** Steuerabzug; ***moins la ~ de 10%*** abzüglich 10%; ***entrer en ~ de qc*** von etw abgezogen werden ❷ *(réflexion)* Schlussfolgerung *f;* *(conclusion)* Deduktion *f*

déduire [dedɥiʀ] <irr> **I.** *vt* ❶ *(retrancher)* abziehen *acompte, frais* ❷ *(conclure)* ableiten; ~ ***de qc qu'il a réussi*** aus etw folgern, dass er Erfolg hatte **II.** *vpr* ***se*** ~ ***de qc*** sich aus etw ableiten lassen

déesse [deɛs] *f* Göttin *f*

défaillance [defajɑ̃s] *f* ❶ *d'une personne (physique, morale)* Schwäche *f;* *(intellectuelle)* Black-out *nt o m;* ~ ***humaine*** menschliches Versagen ❷ *d'un moteur, système* Versagen *nt; d'un appareil* Defekt *m; d'une loi* Schwachstelle *f* ❸ JUR *d'un témoin* Nichterscheinen *nt* vor Gericht; *d'un contractant* Nichteinhaltung *f* des Vertrages ▸ **avoir une** ~ *(s'évanouir)* einen Schwächeanfall erleiden; *(s'assoupir)* einen toten Punkt haben; *(perdre la mémoire)* ein[en] Black-out haben; *(céder)* eine Schwäche haben; **tomber en** ~ in Ohnmacht fallen

défaillant(e) [defajɑ̃, jɑ̃t] *adj* ❶ *(insuffisant)* schwach; *forces* geschwächt; *mémoire* nachlassend ❷ *personne* geschwächt; *voix* zitternd; *main* unsicher ❸ *(absent)* nicht erschienen

défaillir [defajiʀ] <irr> *vi qualités, mémoire:* nachlassen; *forces, volonté:* schwinden

défaire [defɛʀ] <irr> **I.** *vt* ❶ *(détacher pour ouvrir)* aufmachen; *(dénouer)* lösen *nœud, corde; (pour enlever)* ausziehen *chaussures, manteau;* abmachen *skis, bretelles* ❷ *(enlever ce qui est fait)* aufmachen, auftrennen *ourlet;* wieder aufmachen *rangs d'un tricot;* auseinandernehmen *construction;* ~ ***le lit*** *(pour changer de drap/se coucher)* das Bett abziehen/aufdecken; *(mettre en désordre)* das Bett zerwühlen ❸ *(détacher)* losbinden *corde;* herausziehen *prise* ❹ *(mettre en désordre)* durcheinanderbringen ❺ *(déballer)* auspacken ❻ *(rompre)* auflösen *contrat;* zunichtemachen *plan, projet;* zerstören *mariage* ❼ *(battre)* besiegen *armée* ❽ *(débarrasser)* ~ ***qn d'une habitude*** jdm eine Verhaltensweise abgewöhnen **II.** *vpr* ❶ *(se détacher)* ***se*** ~ *paquet, ourlet:* aufgehen; *nœud, lacets:* aufgehen; *bouton:* abgehen; *coiffure:* in Unordnung geraten ❷ *(fig)* ***se*** ~ *amitié, relation:* zerbrechen ❸ *(se séparer)* ***se*** ~ ***de qn/qc*** jdn/etw loswerden

défaisance [defəzɑ̃s] *f* JUR, ECON Rechtsübergang *m;* ***société de*** ~ Auffanggesellschaft *f*

défait(e) [defɛ, defɛt] **I.** *part passé de* **défaire** **II.** *adj mine, visage, air* abgespannt

défaite [defɛt] *f* Niederlage *f*

défaitisme [defetism] *m* Defätismus *m pej geh*

défaitiste [defetist] **I.** *adj* defätistisch *pej geh* **II.** *mf* Defätist(in) *m(f) pej geh*

défalcation [defalkasjɔ̃] *f* FIN Abzug *m*

défalquer [defalke] <1> *vt* abziehen

défatiguer [defatige] <1> **I.** *vt* munter machen, entspannen **II.** *vpr* ***se*** ~ munter werden, sich entspannen

défaut [defo] *m (travers)* Fehler *m;* ~ ***de fabrication*** Fabrikationsfehler; ~ ***de preuves*** Mangel *m* an Beweisen *dat;* ***faire*** ~ fehlen ▸ **y a comme un** ~ *(fam)* da stimmt was nicht; **être en** ~ *personne:* im Unrecht sein; *(être en infraction)* sich rechtswidrig verhalten; *mémoire:* nachlassen; **mettre qn en** ~ jdn ertappen; **à** ~ notfalls; **par** ~ abgerundet

défaveur [defavœʀ] *f* Ungnade *f*

défavorable [defavɔʀabl] *adj* ❶ *conditions, temps* ungünstig ❷ *(opp: en faveur de)* ***être*** ~ ***à un projet*** einem Vorhaben ablehnend gegenüberstehen ❸ *(qui ne convient pas)* ***le climat est*** ~ ***à qn/qc*** das Klima bekommt jdm/einer S. nicht

défavorablement [defavɔʀabləmɑ̃] *adv* ungünstig

défavorisé(e) [defavɔʀize] *adj* benachteiligt; ***un milieu*** ~ ein sozial schwaches Milieu

défavoriser [defavɔʀize] <1> *vt* ~ ***Jean par rapport à Paul*** Jean im Vergleich zu Paul benachteiligen

défécation [defekasjɔ̃] *f (form)* Stuhlgang *m*

défection [defɛksjɔ̃] *f d'un partisan, ami* Abfall *m,* Abtrünnigwerden *nt*

défectueux, -euse [defɛktɥø, -øz] *adj appareil, outil* defekt; *prononciation, orthographe* fehlerhaft; *organisation* schlecht

défectuosité [defɛktyɔzite] *f* Schadhaftigkeit *f,* Mangel *m; d'une marchandise* Fehlerhaftigkeit *f*

défendable [defɑ̃dabl] *adj* MIL ***être*** ~ verteidigt werden können

défendeur, -deresse [defɑ̃dœʀ, -dəʀɛs] *m, f* JUR Beklagte(r) *f(m)*

défendre[1] [defɑ̃dʀ] <14> **I.** *vt* verteidigen; ~ ***un acteur contre qn/qc*** einen Schauspieler gegen jdn/etw verteidigen; ~ ***une cause*** sich für eine Sache einsetzen **II.** *vpr* ❶ *(se protéger)* ***se*** ~ ***contre un agresseur*** sich gegen einen Angreifer wehren ❷ *(se préserver)* ***se*** ~ ***de la chaleur*** sich vor der Hitze schützen ❸ *(se débrouiller)* ***se ~ en qc*** in etw *dat* zurechtkommen ❹ *(résister aux assauts de l'âge)* ***se ~*** sich [gut] halten ❺ *(fam: être défendable)* ***se ~*** *idée, projet:* sich vertreten lassen

défendre[2] [defɑ̃dʀ] <1> **I.** *vt (interdire)* ***~ qu'on fasse qc*** untersagen, dass man etw macht **II.** *vpr* ❶ *(s'interdire)* ***se ~ tout plaisir*** sich *dat* jedes Vergnügen versagen ❷ *(se retenir)* ***ne pouvoir se ~ de qc*** sich einer S. *gen* nicht erwehren *geh* können

défendu(**e**) [defɑ̃dy] **I.** *part passé de* **défendre** **II.** *adj* verboten

défenestration [defənɛstʀasjɔ̃] *f* Fenstersturz *m,* Defenestration *f Fachspr.;* ***~ de Prague*** HIST Prager Fenstersturz

défenestrer [def(ə)nɛstʀe] <1> *vt* aus dem Fenster stürzen

défense[1] [defɑ̃s] *f* ❶ *(fait de défendre)* Verteidigung *f; (protection)* Schutz *m;* ***~ d'une théorie*** Vertreten *nt* einer Theorie; ***la meilleure ~, c'est l'attaque*** Angriff ist die beste Verteidigung; ***légitime ~*** Notwehr *f;* ***prendre la ~ de qn/qc*** jdn/etw verteidigen; ***sans ~*** ausgeliefert ❷ PSYCH ***l'instinct/les réflexes de ~*** der Abwehrinstinkt/die Abwehrreflexe ❸ ANAT Abwehrkräfte *Pl;* ***~s immunitaires*** Immunabwehrkräfte *Pl* ❹ *pl (dispositifs militaires)* Verteidigungsstellungen *Pl;* ***~ civile*** *(en cas d'attaque aérienne, de guerre atomique)* [ziviler] Luftschutz; *(organisation non-violente)* ziviler Ungehorsam ❺ POL ***le ministre de la Défense*** der Verteidigungsminister; ***la Défense nationale*** die Landesverteidigung ❻ SPORT ***être bon en ~*** ein guter Verteidiger sein

défense[2] [defɑ̃s] *f (interdiction)* Verbot *nt;* ***~ de fumer*** Rauchen verboten; ***~ de se pencher au-dehors*** nicht aus dem Fenster lehnen

défense[3] [defɑ̃s] *f* ZOOL *d'un éléphant* Stoßzahn *m; d'un sanglier* Hauer *m; d'un morse* Eckzahn *m*

défenseur [defɑ̃sœʀ] *mf* ❶ MIL, JUR, SPORT Verteidiger(in) *m(f)* ❷ *(partisan)* Anhänger(in) *m(f); d'un projet* Befürworter(in) *m(f);* ***~ des droits de l'Homme*** Verteidiger *m* der Menschenrechte; ***~ de l'environnement*** Umweltschützer *m*

défensif, -ive [defɑ̃sif, -iv] *adj* ❶ *guerre, tactique, arme* Verteidigungs-; *alliance* Verteidigungs- ❷ *attitude, jeu* defensiv

défensive [defɑ̃siv] *f (attitude de défense)* Defensive *f;* ***être sur la ~*** in der Defensive sein

déféquer [defeke] <5> *vi (form)* den Darm entleeren

déférence [defeʀɑ̃s] *f* Respekt *m,* Ehrerbietung *f geh;* ***avec ~*** respektvoll, ehrerbietig *geh;* ***par ~ pour*** [*o* ***à l'égard de***] ***qn*** aus Respekt vor jdm

déférent(**e**) [defeʀɑ̃, ɑ̃t] *adj* respektvoll

déférer [defeʀe] <5> *vt* ***~ qn à la justice*** jdn vor Gericht *akk* bringen

déferlement [defɛʀləmɑ̃] *m des vagues* Brechen *nt; de la mer* Brandung *f;* ***~ d'enthousiasme*** Woge *f* der Begeisterung

déferler [defɛʀle] <1> *vi vagues:* sich brechen; *mer:* branden; ***la foule déferle dans la rue/sur la place*** die Menge strömt auf die Straße/auf den Platz

défi [defi] *m (provocation, challenge)* Herausforderung *f;* ***~ à la science*** Herausforderung für die Wissenschaft; ***mettre qn au ~ de prouver le contraire*** wetten, dass jd nicht das Gegenteil beweisen kann

défiance [defjɑ̃s] *f* Misstrauen *nt*

défiant(**e**) [defjɑ̃, jɑ̃t] *adj* misstrauisch

défibrillateur [defibʀilatœʀ] *m* MED Defibrillator *m*

déficeler [defis(ə)le] <3> *vt* ***~ un paquet*** ein Paket aufschnüren

déficience [defisjɑ̃s] *f* ❶ *(faiblesse)* Schwäche *f;* ***une ~ rénale*** eine Niereninsuffizienz ❷ *(manque)* ***~ en magnésium/calcium*** Magnesium-/Kalziummangel *m*

déficient(**e**) [defisjɑ̃, jɑ̃t] **I.** *adj intelligence* schwach ausgeprägt; *raisonnement* unterdurchschnittlich; *forces, personne* schwach; ***un enfant ~*** *(intellectuellement)* ein geistig zurückgebliebenes Kind; *(physiquement)* ein körperlich zurückgebliebenes Kind **II.** *m(f)* ***~ mental*** geistig Behinderte(r) *f(m)*

déficit [defisit] *m* ❶ FIN Fehlbetrag *m;* ***~ de la balance des paiements*** Zahlungsbilanzdefizit; ***combler le ~*** das Defizit ausgleichen; ***être en ~*** ein Defizit aufweisen ❷ *(perte)* ***~ de qc*** Verlust *m* einer S. *gen; (insuffisance)* ***~ démocratique*** Mangel *m* an Demokratie ❸ MED *(manque)* ***~ hormonal/immunitaire*** Hormon-/Immunschwäche *f;* ***~ en fer*** Eisenmangel *m*

déficitaire [defisitɛʀ] *adj budget, entreprise* defizitär; *année* verlustreich; *récolte* mager

défier [defje] <1> **I.** *vt* ❶ *(provoquer)* herausfordern; ***~ qn aux échecs*** jdn zu einer Partie Schach herausfordern ❷ *(parier)* ***je te défie de faire ça*** ich wette, dass du das nicht tun kannst ❸ *(braver)* ***~ l'autorité*** sich der Autorität *dat* widersetzen; *(provoquer)* ***~ qc*** mit etw spielen ❹ *(soutenir*

D

D

l'épreuve de) ~ ***la raison/le bon sens*** der Vernunft/dem Verstand widersprechen; ***des prix défiant toute concurrence*** Preise, die außer Konkurrenz stehen **II.** *vpr* ***se ~ de qn/qc*** jdm/einer S. misstrauen

défiguration [defigyʀasjɔ̃] *f* Entstellung *f; d'un monument* Verunstaltung *f*

défigurer [defigyʀe] <1> *vt* ❶ *(abîmer le visage de qn)* entstellen ❷ *(enlaidir)* verunstalten *monument, paysage* ❸ *(travestir)* falsch wiedergeben *faits, vérité;* verunstalten *article, texte*

défilé [defile] *m* ❶ *(cortège)* Umzug *m;* ~ ***de mode*** Modenschau *f;* MIL [Militär]parade *f;* ***c'est le ~ chez elle/à l'A.N.P.E.!*** bei ihr/auf dem Arbeitsamt ist vielleicht ein Andrang! ❷ *(succession)* ~ ***d'images/de souvenirs*** Reihe *f* von Bildern/Erinnerungen ❸ *(gorge)* Schlucht *f*

défilement [defilmɑ̃] *m* Ablauf *m;* INFORM Scrollen *nt;* ***molette de ~*** Scrollrad *nt*

défiler [defile] <1> **I.** *vi* ❶ *(marcher en colonne, file) majorettes:* vorbeimarschieren; *soldats, armée:* vorbeimarschieren; *cortège, manifestants:* vorbeiziehen; *mannequins:* sich auf dem Laufsteg präsentieren ❷ *(se succéder) voitures, rames:* vorbeifahren; *souvenirs, images:* vorüberziehen; *jours:* dahinziehen ❸ *(passer en continu) bande, film:* [ab]laufen; *texte:* durchlaufen; *paysage:* vorbeiziehen ❹ INFORM ***faire ~ qc vers le haut/bas*** etw nach oben/unten blättern [*o* scrollen] **II.** *vpr (fam: se dérober)* ***se ~*** sich drücken; *(s'éclipser)* sich verdrücken

défini(e) [defini] *adj* ❶ *(déterminé)* bestimmt; ***bien/mal ~*** *mot, terme* gut/schlecht definiert; *douleur* ganz bestimmt/undefinierbar ❷ GRAM *article* bestimmt

définir [definiʀ] <8> **I.** *vt* ❶ *(donner la définition de)* definieren *concept, terme* ❷ *(expliquer)* genau beschreiben *sensation;* erläutern *position* ❸ *(décrire)* charakterisieren ❹ *(déterminer)* festlegen *modalités, objectifs;* bestimmen *politique* **II.** *vpr* ***se ~ comme un conservateur*** sich selbst als konservativ bezeichnen

définissable [definisabl] *adj* definierbar, bestimmbar

définitif [definitif] *m (fam)* ***c'est du ~*** das ist was Endgültiges; *(relation sérieuse)* das ist was Festes

définitif, -ive [definitif, -iv] *adj* ❶ *(opp: provisoire)* endgültig; *refus, décision* definitiv; *victoire* entscheidend ❷ *argument* schlüssig; *jugement* rechtskräftig ▶ **en définitive** letzten Endes

définition [definisjɔ̃] *f* ❶ LING, MATH Definition *f;* ~ ***d'un mot*** Begriffsbestimmung *f;* ***par ~*** definitionsgemäß ❷ *(caractérisation)* Charakterisierung *f* ❸ TV ~ ***de l'image*** Bildauflösung *f;* ***[à] haute ~*** hochauflösend, mit hoher Bildauflösung

définitivement [definitivmɑ̃] *adv* endgültig; *s'installer, quitter* für immer

défiscaliser [defiskalize] <1> *vt* von der Steuer befreien

déflagration [deflagʀasjɔ̃] *f* Verpuffung *f*

déflation [deflasjɔ̃] *f* Deflation *f*

déflationniste [deflɑsjɔnist] *adj* deflationär

déflecteur [deflɛktœʀ] *m* Ausstellfenster *nt*

déflexion [deflɛksjɔ̃] *f* ❶ PHYS *d'un rayon* Ablenkung *f* ❷ MED *de la tête du fœtus* Deflexion *f Fachspr.* ❸ PSYCH Zerstreutheit *f*, Geistesabwesenheit *f*

défloraison [deflɔʀɛzɔ̃] *f* Verblühen *nt*

défloration [deflɔʀasjɔ̃] *f* Entjungferung *f*

déflorer [deflɔʀe] <1> *vt* entjungfern

défonce [defɔ̃s] *f (fam)* Trip *m*

défoncé(e) [defɔ̃se] *adj* ❶ *(détérioré)* beschädigt; *canapé, sommier, matelas* kaputt; *(déformé) route, chaussée* uneben ❷ *(fam: sous l'effet de la drogue)* ***être ~*** auf dem Trip sein

défoncer [defɔ̃se] <2> **I.** *vt* ❶ *(casser en enfonçant)* eindrücken, einschlagen *porte, vitre* ❷ *(enlever le fond)* ~ ***qc*** den Boden einer S. *gen* ausschlagen ❸ *(détériorer)* ***les chars défoncent la route*** die Panzer beschädigen die Straße schwer ❹ *(fam: droguer)* ~ ***qn*** *drogue:* jdn high machen **II.** *vpr* ***se ~*** ❶ *(se détériorer) sol:* aufreißen ❷ *(fam: se droguer)* sich einen Trip reinziehen ❸ *(fam: se donner du mal)* sich abschinden

déforcer [defɔʀse] <1> *vt* BELG *(déprimer)* deprimieren

déforestation [defɔʀɛstasjɔ̃] *f* Zerstörung *f* des Waldes

déformant(e) [defɔʀmɑ̃, ɑ̃t] *adj* ***miroir ~*** Zerrspiegel *m*

déformation [defɔʀmasjɔ̃] *f d'une pièce, d'un objet* Verformung *f; d'un nom* Abänderung *f; de pensées, faits* Verzerrung *f; d'un caractère* Veränderung *f;* MED Deformierung *f* ▶ ~ **professionnelle** Abfärben *nt* des Berufs auf das Privatleben

déformer [defɔʀme] <1> **I.** *vt* ❶ *(altérer)* verformen, deformieren *jambes, doigts;* austreten *chaussures;* verziehen *bouche*

❷ *(fausser)* falsch darstellen *faits;* falsch wiedergeben *pensées;* verderben *goût;* **~ *l'ouïe*** dem Gehörsinn schaden; **~ *la voix*** die Stimme verzerren **II.** *vpr* **se ~** *chaussures:* sich verformen; *vêtement:* die Form verlieren; *étagère:* sich verziehen

défoulement [defulmɑ̃] *m* Abreagieren *nt*

défouler [defule] <1> **I.** *vpr* **se ~** sich abreagieren; *enfant, jeune:* sich austoben **II.** *vt* ❶ *(libérer son agressivité)* **~ *son ressentiment sur qn/qc*** seine/ihre Abneigung an jdm/etw abreagieren ❷ *(décontracter)* ***la course me défoule*** beim Laufen kann ich mich abreagieren

défraîchi(e) [defʀeʃi] *adj couleur* verblasst

défraîchir [defʀeʃiʀ] <8> *vpr* **se ~** *tissu:* nicht mehr neu aussehen

défranchi(e) [defʀɑ̃ʃi] *adj* BELG *(intimidé)* eingeschüchtert

défrayer [defʀeje] <7> *vt* **~ *qn du trajet*** jdm die Unkosten für die Reise erstatten

défrichage [defʀiʃaʒ] *m,* **défrichement** [defʀiʃmɑ̃] *m d'une forêt* Rodung *f; d'un terrain* Urbarmachung *f*

défricher [defʀiʃe] <1> *vt* roden *forêt*

défriser [defʀize] <1> *vt* ❶ *(fam: gêner)* fuchsen ❷ *(enlever la frisure)* entkrausen; *temps, pluie:* glatt machen; **~ *qn*** jds Frisur zerstören

défroisser [defʀwase] <1> *vt vêtement, feuille de papier* glätten

défroqué [defʀɔke] *m* ehemaliger Mönch

défunt(e) [defœ̃, œ̃t] **I.** *adj (littér)* verstorben **II.** *m(f) (littér)* Verstorbene(r) *f(m)*

dégagé(e) [degaʒe] *adj* ❶ *ciel* wolkenlos; *sommet* sichtbar; *vue* frei; *route* frei ❷ *(découvert)* frei; *nuque* ausrasiert ❸ *(décontracté)* lässig; *ton, manière* ungezwungen

dégagement [degaʒmɑ̃] *m* ❶ *d'une poterie, personne, d'un objet* Bergung *f; d'un boulon, membre* Herausziehen *nt* ❷ *d'une route, rue* Räumung *f* ❸ *(émanation)* **~ *de gaz*** Ausströmen *nt* von Gas; **~ *de chaleur*** Wärmeabgabe *f* ❹ *d'un appartement* Flur *m; d'un lotissement* freier Platz

dégager [degaʒe] <2a> **I.** *vt* ❶ *(libérer)* bergen *objet enfoui;* enthüllen *objet couvert;* herausziehen *objet coincé;* **~ *des personnes ensevelies de qc*** Verschüttete *Pl* aus etw befreien ❷ *(désobstruer)* freimachen *bronches, nez;* räumen *rue, couloir;* ***dégagez la piste!*** *(fam)* Platz da! ❸ *(faire apparaître)* frei lassen *cou, épaules* ❹ *(soustraire à une obligation)* **~ *sa responsabilité*** die Verantwortung ablehnen ❺ *(fam: enlever)* **~ *des jouets de la table*** Spielzeug vom Tisch wegräumen ❻ *(produire)* verströmen *odeur, parfum;* freisetzen *gaz;* abgeben *fumée* ❼ SPORT klären ❽ ECON, FIN bereitstellen *crédits;* erzielen *profits, bénéfices* ❾ *(extraire)* **~ *une idée de qc*** einen Gedanken [aus etw] herausarbeiten ❿ *(mettre en valeur)* ***cette robe dégage bien sa taille*** dieses Kleid lässt ihre Taille gut zur Geltung kommen **II.** *vpr* ❶ *(se libérer)* **se ~** *passage, voie d'accès:* sich leeren; *voie respiratoire:* frei werden; ***le ciel se dégage*** der Himmel hellt sich auf ❷ *(fig)* ***se ~ de ses obligations*** sich aus seinen Verpflichtungen lösen; ***se ~*** *(fam: trouver du temps libre)* sich frei nehmen ❸ *(émaner)* ***se ~ de qc*** *fumée:* aus etw aufsteigen; *gaz, vapeur:* aus etw entweichen; *odeur:* von etw ausgehen ❹ *(ressortir)* ***se ~ de qc*** *idée:* sich in etw *dat* abzeichnen; *impression, mystère:* von etw ausgehen; *vérité:* sich zeigen in etw **III.** *vi (fam)* ❶ *(sentir mauvais)* miefen ❷ *(déguerpir)* verschwinden; *(s'écarter)* Platz machen; ***dégage de là!*** hau ab [hier]! *fam* ► **cette fille, elle dégage!** dieses Mädchen haut einen um!

dégaine [degɛn] *f (péj fam)* ***quelle ~!*** *(air, accoutrement bizarre)* wie der/die aussieht!

dégainer [degene] <1> *vt, vi* ziehen

dégarni(e) [degaʀni] *adj* ***front ~*** Stirnglatze *f*

dégarnir [degaʀniʀ] <8> *vpr* **se ~** ❶ *(se vider) lieu:* sich leeren ❷ *(perdre ses cheveux)* [allmählich] eine Glatze bekommen

dégât [degɑ] *m* ❶ *pl (détérioration)* Schaden *m,* Schäden *Pl;* **~*s collatéraux*** *(euph)* Kollateralschaden *m;* **~*s matériels*** Sachschaden *m* ❷ *sing* ADMIN Schaden *m* ❸ *sing, (fam: casse)* Katastrophe *f* ► **il y a du ~!** *(fam)* das ist vielleicht eine Verwüstung!; ***il va y avoir du ~!*** gleich gibt's ein Unglück! *fam;* **faire des ~s** *(faire tourner les têtes)* manche Herzen brechen; *(ne pas se contrôler)* großen Schaden anrichten; **limiter les ~s** das Schlimmste verhindern; **bonjour les ~s!** da haben wir den Salat! *fam*

dégazage [degazaʒ] *m* Ablassen *nt* von Ölrückständen; **~ *sauvage*** illegales Ablassen von Altöl

dégazer [degaze] <1> **I.** *vi* Ölrückstände ablassen **II.** *vt* entlüften *mine*

dégel [deʒɛl] *m* ❶ *(fonte des glaces)* Tauwetter *nt;* ***c'est le ~*** es taut ❷ *(détente)* Tauwetter *nt* ❸ *(reprise)* Belebung *f* ❹ *(déblocage)* Freigabe *f*

dégeler [deʒ(ə)le] <4> **I.** *vt* ❶ *(faire fondre)* auftauen ❷ *(réchauffer)* aufwärmen

D

pieds, mains ❸ *(détendre)* aus der Reserve locken *personne;* auflockern *atmosphère;* entspannen *rapports* ❹ *(débloquer)* freigeben *crédits, dossier* **II.** *vi* ❶ *(fondre)* auftauen ❷ *impers* ***il dégèle*** es taut **III.** *vpr* ❶ *(être moins réservé)* ***se ~*** auftauen ❷ *(se réchauffer)* ***se ~ les pieds/mains*** sich *dat* die Füße/Hände aufwärmen

dégénéré(e) [deʒeneʀe] **I.** *adj* ❶ MED geistesgestört ❷ *(dénaturé)* degeneriert **II.** *m(f)* *(physiquement)* degenerierter Mensch; *(intellectuellement)* Geistesgestörte(r) *f(m)*

dégénérer [deʒeneʀe] <5> *vi* ❶ *(perdre ses qualités) espèce, race:* degenerieren ❷ *(se dégrader)* degenerieren; *goût, qualité:* sich verschlechtern; ***à chaque fois, ça dégénère!*** das artet jedes Mal aus! ❸ *(se changer en)* ***~ en qc*** in etw *akk* ausarten

dégénérescence [deʒeneʀesɑ̃s] *f* Entartung *f,* Degeneration *f*

dégingandé(e) [deʒɛ̃gɑ̃de] *adj* schlaksig *fam*

dégivrage [deʒivʀaʒ] *m d'un réfrigérateur* Abtauen *nt; d'une vitre* Enteisung *f*

dégivrer [deʒivʀe] <1> *vt* abtauen *réfrigérateur;* enteisen *vitres, avion*

déglacer [deglase] <2> *vt* GASTR ***~ qc au vin*** etw mit Wein ablöschen

déglinguer [deglɛ̃ge] <1> *vt (fam: abîmer)* kaputt machen

déglutir [deglytiʀ] <8> **I.** *vt* hinunterschlucken **II.** *vi* schlucken

déglutition [deglytisjɔ̃] *f* [Hinunter]schlucken *nt*

dégoiser [degwaze] <1> **I.** *vt (péj fam)* verzapfen *fam* **II.** *vi (fam)* ***~ sur qn/qc*** über jdn/etw quatschen *fam*

dégommer [degɔme] <1> *vt (fam: licencier)* rauswerfen, hinauswerfen

dégonflé(e) [degɔ̃fle] *adj* nicht aufgepumpt; *pneu* platt

dégonflement [degɔ̃fləmɑ̃] *m d'un ballon, pneu* Herauslassen *nt* der Luft; *d'une tuméfaction* Abschwellen *nt*

dégonfler [degɔ̃fle] <1> **I.** *vt* ❶ *(décompresser)* zum Abschwellen bringen *enflure;* ***~ un ballon/pneu*** die Luft aus einem Ball/Reifen [heraus]lassen ❷ *(diminuer)* senken *prix, budget* ❸ *(minimiser)* herunterspielen *importance de qc* **II.** *vpr* ***se ~*** ❶ *(se décompresser) ballon, pneu:* [die] Luft verlieren; *enflure:* abschwellen ❷ *(fam: avoir peur)* Bammel kriegen; *(reculer)* kneifen **III.** *vi enflure:* abschwellen

dégorger [degɔʀʒe] <2a> *vi* ❶ *(se déverser)* ***~ dans qc*** *égouts, rivière:* in etw *akk* fließen ❷ GASTR *concombres, aubergines:* Wasser ziehen; *poisson, viande:* wässern

dégoter [degɔte] <1> *vt (fam: trouver)* aufgabeln; ***mais où est-ce que tu l'as dégoté?*** Mensch, wo hast du denn den aufgegabelt?

dégoulinant(e) [degulinɑ̃, ɑ̃t] *adj (péj)* triefend; ***ce film est ~ de bons sentiments*** dieser Film trieft vor Schmalz

dégouliner [deguline] <1> *vi liquide, confiture:* *(goutte à goutte)* [herab]tropfen; *(en filet)* laufen

dégourdi(e) [deguʀdi] **I.** *part passé de* **dégourdir** **II.** *adj enfant* aufgeweckt, pfiffig; *adulte* geschickt **III.** *m(f)* aufgewecktes Kind *nt*

dégourdir [deguʀdiʀ] <8> **I.** *vt* ❶ *(opp: engourdir)* wieder beweglich machen *membres* ❷ *(affranchir)* selbstständig[er] machen **II.** *vpr* ❶ *(se donner de l'exercice)* ***se ~*** sich auflockern; ***se ~ les jambes*** sich *dat* die Beine vertreten ❷ *(perdre sa gaucherie)* ***se ~*** sich machen *fam*

dégoût [degu] *m* ❶ *(écœurement)* ***~ d'un aliment*** Ekel *m* vor einem Nahrungsmittel; ***avec ~*** angeekelt ❷ *(aversion)* ***~ pour qn/qc*** Widerwillen *m* gegen jdn/etw ❸ *(lassitude)* Überdruss *m;* ***il a un ~ de lui-même*** er ist seiner Selbst überdrüssig

dégoûtant(e) [degutɑ̃, ɑ̃t] **I.** *adj* ❶ *(écœurant)* widerlich ❷ *(sale)* [ekelhaft] dreckig ❸ *(abject, ignoble)* gemein; *propos, attitude, magouille* verabscheuungswürdig; ***c'est ~ de faire qc/qu'il ait fait ça*** es ist abscheulich etw zu tun/, dass er das getan hat ❹ *(grivois, licencieux)* widerlich; *histoire* obszön **II.** *m(f)* *(fam)* ❶ *(personne sale)* Ferkel *nt* ❷ *(vicieux)* fieser Kerl

dégoûtation [degutasjɔ̃] *f* ❶ *(répugnance)* Widerwille *m,* Ekel *m* ❷ *(chose sâle, horreur)* Scheußlichkeit *f*

dégoûté(e) [degute] **I.** *adj personne, mine* angewidert; ***je suis ~*** *(scandalisé)* ich bin empört; *(lassé)* ich bin es leid; ***être ~ de la vie/de vivre*** des Lebens überdrüssig sein/lebensüberdrüssig sein ▸ **n'être pas ~** nicht gerade zimperlich sein **II.** *m(f)* Angewiderte(r) *f(m)* ▸ **faire le ~** [angewidert] die Nase rümpfen; *(jouer le difficile)* wählerisch sein

dégoûter [degute] <1> **I.** *vt* ❶ *nourriture, odeur:* anekeln ❷ *(ôter l'envie de)* ***~ qn*** es jdm verleiden; ***~ qn du sport*** jdm den Sport verleiden **II.** *vpr* ***se ~ de qn/qc*** jdn/etw leid sein/werden

dégoutter [degute] <1> *vi (couler) eau, sueur:* [herab]tropfen
dégradant(e) [degʀadɑ̃, ɑ̃t] *adj* erniedrigend
dégradation [degʀadasjɔ̃] *f* ❶ *(dégâts)* Beschädigung *f; de l'environnement* Zerstörung *f;* **~s** Schäden *Pl;* ***causer des ~s à qc*** etw beschädigen ❷ *(détérioration)* Verschlechterung *f* ❸ *d'une personne* Erniedrigung *f* ❹ MIL Degradierung *f*
dégradé [degʀade] *m* ❶ *de couleurs* Abstufung *f* ❷ *(coupe de cheveux)* Stufenschnitt *m*
dégrader [degʀade] <1> **I.** *vt* ❶ *(détériorer)* beschädigen *édifice, route;* verschlechtern *situation, climat social;* ***~ l'environnement*** die Umwelt [nach und nach] zerstören ❷ *(faire un dégradé)* abstufen ❸ MIL degradieren **II.** *vpr* **se ~** ❶ *(s'avilir)* sich erniedrigen ❷ *(se détériorer) édifice:* verfallen; *(à cause des intempéries)* verwittern; *situation, climat social, temps:* sich verschlechtern
dégrafer [degʀafe] <1> **I.** *vt* **~ *qc*** etw aufmachen **II.** *vpr* ***une robe se dégrafe*** der Verschluss eines Kleides geht auf
dégraissage [degʀɛsaʒ] *m d'un bouillon, d'une sauce* Abschöpfen *nt* des Fettes
dégraissant [degʀɛsɑ̃] *m (solvant)* Fettlöser *m; (détachant)* Fleck[en]entferner *m*
dégraissant(e) [degʀɛsɑ̃, ɑ̃t] *adj (solvant)* fettlösend; ***produit ~*** Fettlöser *m*
dégraisser [degʀese] <1> *vt* ❶ *(nettoyer)* entfetten *métal, laine* ❷ *(enlever la graisse)* entfetten *cheveux;* **~ *un bouillon*** das Fett von einer Bouillon abschöpfen ❸ ECON *(fam)* abbauen *effectifs;* gesundschrumpfen *entreprise*
degré[1] [dəgʀe] *m* ❶ *(intensité)* Grad *m,* Stufe *f; de l'échelle de Richter* Stärke *f;* ***jusqu'à un certain ~*** bis zu einem gewissen Grad; ***au dernier/plus haut ~*** im höchsten Maß ❷ *(dans la hiérarchie)* Stufe *f* ❸ MED *d'une brûlure* Grad *m* ❹ SOCIOL, MATH Grad *m* ❺ LING Steigerungsstufe *f* ❻ SCOL ***l'enseignement du premier/second ~*** das Grundschulwesen/das höhere Schulwesen ► **~ zéro [d'une civilisation/culture]** Anfangsstadium *nt* [einer Zivilisation/Kultur]; **à ce ~ de bêtise, ...** wenn jemand so dumm ist, ...; **par ~[s]** nach und nach; *avancer, procéder* schrittweise
degré[2] [dəgʀe] *m* ❶ MATH *d'un angle* Grad *m* ❷ *(température)* Grad *m* ❸ *d'un alcool* [Volum]prozent *nt;* ***~ en alcool*** Alkoholgehalt *m* ❹ GEOG Grad *m* ❺ MUS Stufe *f*
dégressif, -ive [degʀesif, -iv] *adj* degressiv
dégrèvement [degʀɛvmɑ̃] *m* Steuerermäßigung *f*
dégriffé(e) [degʀife] *adj* ohne Markenzeichen
dégringolade [degʀɛ̃gɔlad] *f (fam) d'une monnaie* Sturz *m; des titres* Fall *m*
dégringoler [degʀɛ̃gɔle] <1> **I.** *vi (fam)* ❶ *(s'effondrer) actions, monnaie:* [stark] fallen; *notes:* [rapide] absinken ❷ *(tomber)* ***~ de qc*** von etw [he]runterpurzeln **II.** *vt (fam)* [he]runtersausen *escalier*
dégrisement [degʀizmɑ̃] *m d'une personne ivre* Ausnüchterung *f,* Nüchternwerden *nt*
dégriser [degʀize] <1> *vt (désenivrer)* nüchtern machen
dégrossir [degʀosiʀ] <8> *vt* grob bearbeiten, [grob] behauen *pierre*
déguenillé(e) [deg(ə)nije] *adj* zerlumpt
déguerpir [degɛʀpiʀ] <8> *vi* sich davonmachen
dégueu [degø] *adj inv (fam) abr de* **dégueulasse**
dégueulasse [degœlas] *adj (fam)* ❶ *(sale)* [total] verdreckt ❷ *(dégoûtant)* fies ❸ *(mauvais)* mies; *temps* scheußlich; *aliment* ekelhaft
dégueulasser [degœlase] <1> *(fam)* **I.** *vt* verdrecken **II.** *vpr* ***se ~*** sich dreckig machen
dégueuler [degœle] <1> *(vulg)* **I.** *vi* kotzen *sl* **II.** *vt* rauskotzen *sl*
dégueulis [degøli] *m (vulg)* Kotze *f*
déguisé(e) [degize] *adj* ❶ *(costumé)* verkleidet; *(pour le carnaval)* kostümiert; ***~ en femme*** als Frau [verkleidet] ❷ *voix, écriture* verstellt; *ambition, sentiment* versteckt; *dévaluation* verschleiert
déguisement [degizmɑ̃] *m* ❶ *(travestissement)* Verkleidung *f* ❷ *(costume)* [Masken]kostüm *nt*
déguiser [degize] <1> **I.** *vt* ❶ *(costumer)* ***~ un enfant en pirate*** ein Kind als Pirat verkleiden ❷ *(contrefaire)* verstellen *voix, écriture;* verschleiern *vérité* **II.** *vpr* ***se ~ en qc*** sich als etw verkleiden
dégustation [degystasjɔ̃] *f de fruits de mer, fromage* Kostprobe *f; de vin, café* Verkostung *f,* Probe *f*
déguster [degyste] <1> **I.** *vt* ❶ *(goûter)* probieren ❷ *(savourer)* genießen **II.** *vi* ❶ *(savourer)* genießen ❷ *(fam: subir: des coups)* [et]was abbekommen; *(des douleurs)* was mitmachen; *(des réprimandes)* was zu hören bekommen

déhanchement [deɑ̃ʃmɑ̃] *m* Schwingen *nt* der Hüften

déhancher [deɑ̃ʃe] <1> *vpr* ***se*** ~ die Hüften schwingen

dehors [dəɔʀ] **I.** *adv* ❶ *(à l'extérieur)* draußen ❷ *(pas chez soi)* außer Haus ▶ **ficher qn/qc** ~ *(fam)* jdn/etw rausschmeißen; **mettre qn** ~ jdn hinauswerfen; **passer par** ~ außen herumgehen; **au** ~ äußerlich; **de** ~ von draußen; **se pencher en** ~ sich hinauslehnen; **rester en** ~ sich heraushalten; **en** ~ **de** *(à l'extérieur de)* außerhalb; *(mis à part)* abgesehen von; ***être en ~ du sujet*** nicht zur Sache gehören; **~!** raus! **II.** *m* ❶ *(extérieur)* ***les bruits du*** ~ die Geräusche von draußen; ***des gens du*** ~ Leute von außerhalb ❷ *gén pl d'une personne* Äußere(s) *nt kein Pl*

déification [deifikasjɔ̃] *f* Vergötterung *f*

déité [deite] *f* Gottheit *f*

déjà [deʒa] **I.** *adv* ❶ *(dès maintenant)* schon; ***il était ~ parti*** er war schon weg; ***~?*** schon? ❷ *(auparavant)* schon [einmal]; ***à cette époque*** ~ damals schon ❸ *(intensif)* schon; ***il est ~ assez paresseux!*** der ist so schon faul genug!; ***c'est ~ quelque chose!*** das ist doch [immerhin] schon etwas! *fam* ❹ *(à la fin d'une question)* noch [gleich] **II.** *conj (fam)* ~ ***que …*** schon genug, dass …

déjanté(e) [deʒɑ̃te] *(fam)* **I.** *adj* ❶ *personne* abgedreht *fam,* durchgeknallt *fam;* ***il est complètement*** ~ er ist voll abgedreht *fam; (génial) film, musique* abgefahren ❷ *(fou)* ***être*** ~ ein Rad abhaben, abgedreht sein *sl* **II.** *m(f)* Durchgeknallte(r) *f(m)*

déjections [deʒɛksjɔ̃] *fpl (excréments)* Exkremente *Pl;* ~ ***canines*** Hundekot *m*

déjeté(e) [dej(ə)te] *adj* ❶ *(dévié)* krumm ❷ BELG *(fam: en désordre)* unordentlich, durcheinander

déjeuner [deʒœne] <1> **I.** *vi* ❶ *(à midi)* zu Mittag essen; ***inviter qn à*** ~ jdn zum Mittagessen einladen ❷ *(le matin)* frühstücken **II.** *m (repas de midi)* Mittagessen *nt;* ***au*** ~ zum Mittagessen

déjouer [deʒwe] <1> *vt* vereiteln

déjuger [deʒyʒe] <2a> *vpr* ***se*** ~ seine Meinung ändern

délabré(e) [delabʀe] *adj maison, mur* verfallen; *façade* verwittert; *santé* zerrüttet

délabrement [delabʀəmɑ̃] *m d'une maison, d'un mur* Verfall *m*

délabrer [delabʀe] <1> **I.** *vt* ruinieren *santé* **II.** *vpr* ❶ *(se dégrader)* ***se*** ~ *maison, mur:* verfallen; *santé:* sich verschlechtern; *affaires:* schlechter laufen ❷ *(se ruiner)* ***se ~ qc*** sich *dat* etw kaputt machen; ***se ~ la santé*** sich *dat* die Gesundheit ruinieren

délacer [delase] <2> *vt* aufschnüren

délai [delɛ] *m* ❶ *(temps accordé)* Zeit *f,* Zeitspanne *f; (date butoir)* Frist *f;* ***dernier*** ~ äußerste Frist; ***disposer d'un ~ de sept jours*** sieben Tage Zeit haben ❷ *(sursis)* Aufschub *m* ▶ **à bref** ~ kurzfristig; **dans les plus brefs ~s** innerhalb kürzester Frist; **dans les ~s** termingerecht; **dans un ~ de** innerhalb von; **sans** ~ unverzüglich

délai-congé [delɛkɔ̃ʒe] <délais-congés> *m* Kündigungsfrist *f*

délaissé(e) [delese] *adj* ❶ *(abandonné)* im Stich gelassen ❷ *(négligé)* vernachlässigt

délaissement [delɛsmɑ̃] *m* ❶ *(abandon)* Verlassen *nt* ❷ JUR *(renonciation)* Abtretung *f,* Verzicht *m* ❸ *(isolement)* Vereinsamung *f*

délaisser [delese] <1> *vt* ❶ *(négliger)* vernachlässigen ❷ *(abandonner)* verlassen, im Stich lassen *enfant;* aufgeben *activité*

délassant(e) [delɑsɑ̃, ɑ̃t] *adj* entspannend

délassement [delɑsmɑ̃] *m* Entspannung *f*

délasser [delɑse] <1> **I.** *vt* ~ ***qn/qc*** entspannend auf jdn/etw wirken; *exercice:* jdm Entspannung bringen **II.** *vi* entspannen **III.** *vpr* ***se*** ~ sich entspannen

délateur, -trice [delatœʀ, -tʀis] *m, f* Denunziant(in) *m(f)*

délation [delasjɔ̃] *f* Denunziation *f*

délavé(e) [delave] *adj* ❶ *couleur* wässrig; *yeux* hell; ***ses yeux d'un bleu*** ~ seine/ihre wasserblauen Augen ❷ *(éclairci par des lavages)* verwaschen; *(à l'eau de Javel)* [vor]gebleicht ❸ *(détrempé)* aufgeweicht

délaver [delave] <1> **I.** *vt* ❶ *(diluer)* verdünnen *peinture, couleur* ❷ *(éclaircir)* bleichen *jean;* abwaschen *inscription* **II.** *vpr* ***se*** ~ *peinture:* sich abwaschen; *inscription:* verblassen

délayage [delɛjaʒ] *m* Anrühren *nt*

délayer [deleje] <7> *vt (diluer)* ~ ***la farine/le plâtre dans qc*** das Mehl/den Gips mit etw anrühren

délectable [delɛktabl] *adj (littér)* köstlich

délectation [delɛktasjɔ̃] *f (plaisir sensuel)* Genuss *m; (plaisir intellectuel)* Genugtuung *f*

délecter [delɛkte] <1> *vpr* ***se ~ à qc*** sich an etw *dat* ergötzen *geh;* ***se ~ de qc/à faire qc*** etw genießen/es genießen, etw zu tun

délégation [delegasjɔ̃] *f* ❶ *d'élus* Abordnung *f;* ~ ***syndicale*** Gewerkschaftsdelegation; ***venir en*** ~ als Abordnung kommen ② *(mandat)* Vollmacht *f;* ***en vertu d'une*** ~ kraft [einer] Vollmacht; ***par*** ~ im Auftrag ③ *(agence de l'État)* Ressort *nt* ④ COM ~ ***commerciale*** *(filiale)* Vertretung *f;* *(représentants)* Handelsdelegation *f*

délégué(**e**) [delege] **I.** *adj* abgeordnet; ***les membres ~s*** die Abgeordneten **II.** *m(f)* *d'une association, d'un parti* Delegierte(r) *f(m)*, Vertreter(in) *m(f)*

déléguer [delege] <5> *vt* ~ ***qn à un congrès*** jdn zu einem Kongress entsenden

délestage [delɛstaʒ] *m* ELEC [kurzzeitige] Stromabschaltung

délester [delɛste] <1> *vt* ① ELEC ~ ***qc*** [kurzzeitig] den Strom in etw *dat* abstellen ② TRANSP entlasten

délétère [deletɛʀ] *adj* schädlich, gefährlich

délibération [delibeʀasjɔ̃] *f* ① *de l'assemblée* Debatte *f;* *du jury* Beratung *f* ② *(décision)* Beschluss *m* ③ *(réflexion)* Überlegung *f;* ***après mûre ~/mille ~s*** nach reiflicher Überlegung

délibéré [delibeʀe] *m* Beratung *f*

délibérément [delibeʀemɑ̃] *adv* absichtlich

délibérer [delibeʀe] <5> *vi* ① *(débattre)* ~ ***sur qc*** über etw *akk* beraten ② *(décider)* einen Beschluss fassen ③ *(réfléchir)* ~ ***sur qc*** etw überlegen

délicat(**e**) [delika, at] *adj* ① *peau, parfum, couleur* zart; *visage, traits, nez* fein; *mets* delikat; *arôme* mild ② *geste* behutsam ③ *(fragile)* empfindlich; *enfant* zart; *santé* schwach; *objet* zerbrechlich ④ *(difficile)* heikel; *opération* schwierig; ***il est ~ de faire qc*** es ist [äußerst] heikel etw zu tun ⑤ *(raffiné, sensible)* feinfühlig; *odorat, oreilles* empfindlich; *palais* fein; *esprit* feinsinnig ⑥ *(plein de tact)* taktvoll; *geste* aufmerksam; *comportement, procédés* rücksichtsvoll

délicatement [delikatmɑ̃] *adv* fein

délicatesse [delikatɛs] *f* ① *(finesse)* Zartheit *f;* *d'un objet, travail* Feinheit *f* ② *(douceur)* Behutsamkeit *f* ③ *d'une opération, situation* Schwierigkeit *f* ④ *(raffinement)* Finesse *f* ⑤ *(tact)* Feingefühl *nt;* ***manque de*** ~ Mangel *m* an Taktgefühl; ***avec/sans*** ~ taktvoll/taktlos

délice [delis] **I.** *m (jouissance)* Genuss *m;* ***avec*** ~ genussvoll **II.** *f pl* Freuden *Pl;* ***faire les ~s de qn*** eine wahre Wonne für jdn sein

Grammatik und Co.
Im Plural kann **délice** weiblich sein:
des délices merveilleuses – wunderbare Genüsse.

délicieusement [delisjøzmɑ̃] *adv* herrlich

délicieux, **-euse** [delisjø, -jøz] *adj* ① *(exquis)* köstlich; *sensation, sentiment* [höchst] wohltuend ② *(charmant)* reizend

délictueux, **-euse** [deliktɥø, -øz] *adj* strafbar

délié(**e**) [delje] *adj (littér)* ① *(agile) doigts* beweglich ② *(fin)* *écriture* fein; *esprit* scharf ③ *(élancé)* *taille* schmal

délier [delje] <1a> *vt* ① *(détacher)* losbinden, lösen *corde* ② *(dégager)* ~ ***qn d'une promesse*** jdn von einem Versprechen entbinden

délimitation [delimitasjɔ̃] *f* Abgrenzung *f;* ~ ***des frontières*** Festlegung *f* der Grenzen

délimiter [delimite] <1> *vt* ① *(borner)* *clôture, borne:* ~ ***qc*** etw begrenzen; *personne:* die Grenzen einer S. *gen* festsetzen ② *(fig)* abgrenzen *responsabilités;* eingrenzen *sujet*

délinquance [delɛ̃kɑ̃s] *f* Kriminalität *f;* ***grande*** ~ Schwerverbrechen *Pl;* ~ ***juvénile*** Jugendkriminalität; ***petite*** ~ leichte Straftaten *Pl*

délinquant(**e**) [delɛ̃kɑ̃, ɑ̃t] **I.** *adj* straffällig; ***enfance/jeunesse ~e*** straffällige Kinder/Jugendliche *Pl* **II.** *m(f)* Straffällige(r) *f(m);* ~ ***primaire*** Ersttäter(in) *m(f)*

déliquescent(**e**) [delikesɑ̃, ɑ̃t] *adj* *atmosphère, société* dekadent

délirant(**e**) [deliʀɑ, ɑt] *adj* *histoire, idée* [völlig] verrückt; *enthousiasme, joie* wahnsinnig

délire [deliʀ] *m* ① *(divagation)* Delirium *nt;* *(dû à la fièvre)* [Fieber]wahn *m;* ***crise de*** ~ Wahnsinnsanfall *m* ② *(exaltation)* Wahn *m;* ***une foule en*** ~ eine tobende Menge ► **c'est le ~ total!** *(fam)* das ist der absolute Wahnsinn!; **c'est du ~!** *(fam)* das ist Wahnsinn! *fam*

délirer [deliʀe] <1> *vi* ① MED delirieren ② *(être exalté)* ~ ***de joie/d'enthousiasme*** außer sich vor Freude/Begeisterung sein ③ *(dérailler)* Unsinn reden

délit [deli] *m* Straftat *f;* ~ ***informatique*** Datenmissbrauch *m;* ~ ***d'initié*** Insidergeschäft *nt;* ~ ***mineur*** Bagatelldelikt; ***flagrant*** ~ Straftat, bei der der Täter auf frischer Tat ertappt wird

délivrance [delivʀɑ̃s] *f* ① *(soulagement)*

D

Erleichterung *f*; ***l'heure de la*** ~ die Stunde der Erlösung ② *(libération)* Befreiung *f* ③ ADMIN *d'un certificat, passeport* Ausstellung *f*; *d'une somme d'argent* Aushändigung *f* ④ MED Nachgeburt *f*

délivrer [delivʀe] <1> **I.** *vt* ① *(libérer)* ~ ***l'otage de qc*** die Geisel aus etw befreien ② *(a. fig: débarrasser)* ~ ***qn d'un raseur*** jdn von einer Nervensäge befreien ③ ADMIN ausstellen *certificat, passeport* **II.** *vpr* ***se*** ~ ***de ses liens*** sich von seinen Fesseln befreien

délocalisation [delɔkalizasjɔ̃] *f* Verlagerung *f* ins Ausland

délocaliser [delɔkalize] <1> *vt* auslagern

déloger [delɔʒe] <2a> *vt* vertreiben, ausquartieren *locataire, habitant;* aufscheuchen *animal*

déloyal(e) [delwajal, -jo] <-aux> *adj adversaire, attitude* unfair; *ami* treulos; *procédé* unlauter

déloyauté [delwajote] *f* ① *(manque de sens de la justice)* Unfairness *f* ② *(manque d'honnêteté)* Unredlichkeit *f*

delta [dɛlta] *m* Delta *nt;* ***le*** ~ ***du Nil*** das Nildelta

deltaplane® [dɛltaplan] *m* ① *(appareil)* Drachen *m* ② *(sport)* Drachenfliegen *nt;* ***faire du*** ~ Drachen fliegen

deltoïde [dɛltɔid] ANAT **I.** *adj muscle* deltaförmig **II.** *m* Deltamuskel *m*

déluge [delyʒ] *m* ① *(averse)* Sturzregen *m* ② REL Sintflut *f* ③ *(fig)* ~ ***de compliments*** Flut *f* von Komplimenten; ~ ***de protestations*** Hagel *m* von Protesten

déluré(e) [delyʀe] *adj enfant, air* aufgeweckt

démagogie [demagɔʒi] *f* Demagogie *f*

démagogique [demagɔʒik] *adj* demagogisch

démagogue [demagɔg] *mf* Demagoge *m*/Demagogin *f*

demain [dəmɛ̃] *adv* morgen; ~ ***soir*** morgen Abend; ***le temps pour*** ~ das Wetter von morgen; ~ ***en huit*** morgen in acht Tagen; ***à*** ~***!*** bis morgen!

démancher [demɑ̃ʃe] <1> *vpr* ① ***se*** ~ *outil, pince:* den Griff verlieren; *hache, marteau:* den Stiel verlieren; *couteau:* das Heft verlieren ② *(fam: se désarticuler)* ***se*** ~ ***qc*** sich *dat* etw ausrenken [*o* auskugeln]

demande [d(ə)mɑ̃d] *f* ① *(souhait, prière)* Bitte *f*; ~ ***en mariage*** Heiratsantrag *m;* ~ ***de rançon de 3.000 euros*** Lösegeldforderung *f* über 3.000 Euro ② ADMIN Antrag *m;* ~ ***d'emploi*** Stellengesuch *nt;* ***faire une*** ~ einen Antrag stellen ③ PSYCH ~ ***de qc*** Bedürfnis *nt* nach etw ④ ECON ~ ***en qc*** Nachfrage *f* nach etw ⑤ JUR ~ ***en qc*** [Klage]antrag *m* auf etw *akk;* ***faire une*** ~ ***en dommages-intérêts*** auf Schadenersatz klagen ⑥ *(formulaire)* [Antrags]formular *nt* ▶ **à la** ~ nach Bedarf; **à la** ~ **de qn** *(souhait)* auf jds Wunsch [hin]; *(requête)* auf jds Antrag [hin]; **sur** [**simple**] ~ auf Anfrage

demandé(e) [d(ə)mɑ̃de] *adj* ***être*** ~ gefragt sein

demander [d(ə)mɑ̃de] <1> **I.** *vt* ① *(solliciter)* ~ ***qc*** um etw bitten; ~ ***conseil*** um Rat fragen; ~ ***un renseignement à qn*** jdn um eine Auskunft bitten; ~ ***à qn de faire qc*** jdn [darum] bitten etw zu tun; ~ ***pardon à qn*** jdn um Verzeihung bitten ② *(appeler)* rufen *médecin, plombier* ③ *(vouloir parler à)* sprechen wollen *employé; (au téléphone)* verlangen *personne, poste* ④ *(s'enquérir de)* ~ ***à qn*** jdn fragen; ~ ***le chemin/l'heure à qn*** jdn nach dem Weg/der Uhrzeit fragen ⑤ *(nécessiter)* erfordern *efforts, travail;* brauchen *soin, eau;* ~ ***qc à qn*** etw von jdm erfordern ⑥ *(exiger)* ~ ***de l'obéissance à qn*** von jdm Gehorsam verlangen; ~ ***la liberté*** die Freiheit fordern; ***en*** ~ ***beaucoup/trop à qn*** viel/zu viel von jdm verlangen ⑦ *(rechercher)* suchen *ouvrier, caissière;* ***on demande du personnel qualifié*** es werden Fachkräfte gesucht ⑧ *(exiger un prix)* ~ ***un prix pour qc*** einen Preis für etw verlangen ▶ **ne pas** ~ **mieux que de faire qc** sich nichts mehr wünschen als etw zu tun; **qn ne demande qu'à faire qc** jd möchte [ja] gerne etw tun **II.** *vi* ~ ***à qn si*** jdn fragen, ob; ~ ***après qn*** *(fam)* nach jdm fragen ▶ **il n'y a qu'à** ~ man braucht doch nur zu fragen; **je demande à voir** das möchte ich erst mal sehen **III.** *vpr* ***se*** ~ ***ce que/comment*** sich fragen, was/wie ▶ **c'est à se** ~ **si** *(fam)* da muss man sich fragen, ob

demandeur, -euse [d(ə)mɑ̃dœʀ, -øz] *m, f* ① TELEC Anrufer(in) *m(f)* ② *(requérant)* Antragsteller(in) *m(f);* ~ ***d'emploi*** Arbeit[s]suchende(r) *f(m)* ▶ **être** ~ **de qc** an etw interessiert sein

démangeaison [demɑ̃ʒɛzɔ̃] *f gén pl* ① *(irritation)* Juckreiz *m kein Pl,* Jucken *nt kein Pl;* ***il a des*** ~***s*** es juckt ihn ② *(fig fam: désir)* ***ça me donne des*** ~***s de faire qc*** es juckt mich etw zu tun

démanger [demɑ̃ʒe] <2a> **I.** *vt* jucken; ***ça me démange dans le dos*** es juckt mich im Rücken **II.** *vi (avoir envie)* ***la main me démange*** es juckt mir in den Fingern; ***ça***

me/le démange de faire qc *(fam)* mich/ihn juckt es etw zu tun

démantèlement [demɑ̃tɛlmɑ̃] *m* Zerstörung *f; d'un cartel, d'une organisation* Zerschlagung *f*

démanteler [demɑ̃t(ə)le] <4> *vt* zerstören, zerschlagen *cartel, organisation*

démantibuler [demɑ̃tibyle] <1> *vt (fam)* kaputt machen

démaquillage [demakijaʒ] *m* Abschminken *nt*

démaquillant [demakijɑ̃] *m* Make-up-Entferner *m*

démaquillant(e) [demakijɑ̃, jɑ̃t] *adj* Reinigungs-; ***lait*** ~ Reinigungsmilch *f*

démaquiller [demakije] <1> **I.** *vt* abschminken **II.** *vpr* ***se ~ le visage*** sich *dat* das Gesicht abschminken

démarcation [demaʀkasjɔ̃] *f (a. fig)* Abgrenzung *f;* ***ligne de*** ~ Grenzlinie *f;* MIL Demarkationslinie *f*

démarchage [demaʀʃaʒ] *m* Kundenwerbung *f* [durch Vertreterbesuche]

démarche [demaʀʃ] *f* ❶ *(allure)* Gang *m* ❷ *d'une argumentation* Entwicklung *f; d'une personne* Methode *f,* Vorgehen *nt* ❸ *(intervention)* Schritt *m;* ***faire des ~s*** Schritte unternehmen

démarcher [demaʀʃe] <1> *vt* ~ ***qn*** bei jdm einen Vertreterbesuch machen; ~ ***les gens par téléphone*** Kunden per Telefon werben

démarcheur, -euse [demaʀʃœʀ, -øz] *m, f* Vertreter(in) *m(f)*

démarque [demaʀk] *f* COM Entfernen *nt* des Markenzeichens *(mit der Folge einer Preissenkung)*

démarqué(e) [demaʀke] *adj* ❶ *(dégriffé)* ohne Markenzeichen ❷ *(soldé)* herabgesetzt

démarquer [demaʀke] <1> **I.** *vt* COM ~ ***qc*** *(dégriffer)* das Markenzeichen von etw entfernen; *(solder)* etw herabsetzen **II.** *vpr* ❶ SPORT ***se*** ~ sich freispielen ❷ *(prendre ses distances)* ***se ~ de qn/qc*** sich von jdm/etw distanzieren

démarrage [demaʀaʒ] *m* ❶ *d'un moteur* Anlassen *nt,* Starten *nt* ❷ *(départ)* Anfahren *nt* ❸ SPORT Spurt *m;* ***placer un*** ~ losspurten ❹ *(lancement)* Start *m* ❺ INFORM ~ ***à chaud/à froid*** Warm-/Kaltstart *m* ▸ **au** ~ beim Anfahren; *(fig)* anfangs

démarrer [demaʀe] <1> **I.** *vi* ❶ *(mettre en marche)* den Motor anlassen; ***je n'ai pas réussi à*** ~ mein Auto ist nicht angesprungen ❷ *(se mettre en marche) voiture:* anspringen; *machine:* anlaufen; ***faire ~ qc*** etw anlassen ❸ *(partir)* anfahren ❹ *(débuter) campagne, exposition:* beginnen; *conversation:* in Gang kommen; *industrie, économie:* in Schwung kommen; ~ ***bien/mal en maths*** einen guten/schlechten Anfang in Mathe machen ❺ SPORT losspurten **II.** *vt* ❶ *(mettre en marche)* anlassen ❷ *(fam: lancer)* starten, ins Leben rufen *mouvement;* in Gang setzen *processus* ❸ *(fam: commencer)* ~ ***le travail/les peintures*** mit der Arbeit/dem Anstreichen beginnen ❹ INFORM ~ ***un logiciel*** ein Programm starten

démarreur [demaʀœʀ] *m* Anlasser *m*

démasquer [demaske] <1> **I.** *vt* entlarven *voleur, traître;* enttarnen *espion;* enthüllen *plan;* aufdecken *fraude, trahison* **II.** *vpr* ***se*** ~ seine Maske fallen lassen

démêlant [demelɑ̃] *m* Spülung *f*

démêlé [demele] *m* Auseinandersetzung *f*

démêler [demele] <1> *vt* ❶ *(défaire)* entwirren *fil;* auskämmen *cheveux* ❷ *(éclaircir)* aufklären *affaire;* durchschauen *intentions, plans*

démembrer [demɑ̃bʀe] <1> *vt* zerstückeln, [auf]teilen *pays, propriété*

déménagement [demenaʒmɑ̃] *m* ❶ *(changement de domicile)* Umzug *m* ❷ *(fait de quitter le logement)* Auszug *m* ❸ *(déplacement de meubles)* Umräumen *nt* ❹ *(fait de vider une pièce)* Ausräumen *nt*

déménager [demenaʒe] <2a> **I.** *vi* ❶ *(changer de domicile)* umziehen; ~ ***à Paris/rue de ...*** nach Paris/in die ... Straße [um]ziehen ❷ *(quitter un logement)* ausziehen ❸ *(fam: partir)* ***faire ~ qn*** jdn vor die Tür setzen ❹ *(fam: déraisonner)* spinnen **II.** *vt* ❶ *(transporter ailleurs)* [um]räumen *meubles; (pour débarrasser)* wegräumen *meubles, objet* ❷ *(vider)* ausräumen *maison, pièce*

déménageur [demenaʒœʀ] *m* ❶ *(débardeur)* Möbelpacker(in) *m(f)* ❷ *(entrepreneur)* Spediteur(in) *m(f)*

démence [demɑ̃s] *f* Wahnsinn *m,* Demenz *f Fachspr.;* ***patient(e) atteint(e) de*** ~ Demenzpatient(in) *m(f);* ***être atteint(e) de*** ~ an Demenz *dat* leiden ▸ **c'est de la ~!** das ist [heller] Wahnsinn!

démener [dem(ə)ne] <4> *vpr* ❶ *(se débattre)* ***se*** ~ um sich schlagen ❷ *(faire des efforts)* ***se ~ pour faire qc*** sich *dat* [große] Mühe geben um etw zu tun

dément(e) [demɑ̃, ɑ̃t] *m(f)* Geisteskranke(r) *f(m)*

démenti [demɑ̃ti] *m* Dementi *nt*

démentiel(le) [demɑ̃sjɛl] *adj* verrückt
démentir [demɑ̃tiʀ] <10> **I.** *vt* ❶ *(contredire)* ~ ***qn*** jdm widersprechen ❷ *(nier)* dementieren; ~ ***faire qc*** bestreiten etw zu tun ❸ *(infirmer)* entkräften, widerlegen *prévisions* **II.** *vi* dementieren **III.** *vpr* ***ne pas se*** ~ *amitié, succès:* nicht nachlassen
démerdard(e) [demɛʀdaʀ, aʀd] *adj (fam)* gewieft
démerder [demɛʀde] <1> *vpr (fam: se débrouiller)* ***se*** ~ ***pour faire qc*** es irgendwie hinbekommen etw zu tun
démériter [demeʀite] <1> *vi* sich als unwürdig erweisen
démesure [deməzyʀ] *f* Maßlosigkeit *f*
démesuré(e) [deməzyʀe] *adj* maßlos; *importance, orgueil* übermäßig; *proportions* unverhältnismäßig; ***des bras/pieds*** ~***s*** überlange Arme/übergroße Füße
démesurément [deməzyʀemɑ̃] *adv grand, long* unverhältnismäßig
démettre [demɛtʀ] <irr> **I.** *vt* ❶ *(luxer)* verrenken *bras, poignet;* auskugeln *épaule* ❷ *(révoquer)* ~ ***qn de ses fonctions/de son poste*** jdn seines Amtes/Dienstes entheben **II.** *vpr* ❶ *(se luxer)* ***se*** ~ ***le bras*** sich *dat* den Arm verrenken; ***se*** ~ ***l'épaule*** sich *dat* die Schulter auskugeln ❷ *(renoncer à)* ***se*** ~ ***de qc*** von etw zurücktreten
demeurant [dəmœʀɑ̃] ▶ **au** ~ alles in allem
demeure [d(ə)mœʀ] *f* Wohnsitz *m* ▶ **conduire qn [jusqu']à sa dernière** ~ jdn zu seiner letzten Ruhestätte geleiten
demeuré(e) [dəmœʀe] **I.** *adj* [geistig] zurückgeblieben **II.** *m(f)* Schwachsinnige(r) *f(m); (fig)* Schwachkopf *m;* ***le*** ~ ***du village*** der Dorftrottel
demeurer [dəmœʀe] <1> *vi* ❶ + *avoir (habiter)* wohnen; ***demeurant à*** wohnhaft in +*dat* ❷ + *avoir (subsister)* weiterbestehen ❸ + *être (rester)* bleiben; ~ ***ministre/une énigme*** weiterhin Minister/ein Rätsel bleiben ❹ *impers* ***il demeure que ...*** Tatsache ist jedoch, dass ...
demi [d(ə)mi] *m* ❶ *(fraction)* ***un*** ~ ein Halb; ***trois*** ~***s*** drei Halbe ❷ *(bière)* Bier *nt*
demi(e) [d(ə)mi] **I.** *m(f) (moitié)* Hälfte *f* **II.** *adj* ***une heure/deux heures et*** ~***e*** eineinhalb/zweieinhalb Stunden; ***avoir quatre ans et*** ~ viereinhalb [Jahre alt] sein; ***être à*** ~ ***satisfait*** halbzufrieden sein; ***un verre/une bouteille à*** ~ ***plein*** ein halb volles Glas/eine halb volle Flasche; ***être à*** ~ ***plein*** halb voll sein; ***n'être qu'à*** ~ ***rassuré*** nur teilweise beruhigt sein; ***ouvrir à*** ~ ***les yeux*** die Augen halb aufmachen; ***ne pas faire les choses à*** ~ keine halben Sachen machen
demi-bouteille [d(ə)mibutɛj] <demi-bouteilles> *f* halbe Flasche **demi-canton** [d(ə)mikɑ̃tɔ̃] <demi-cantons> *m* CH Halbkanton *m* CH **demi-cercle** [d(ə)misɛʀkl] <demi-cercles> *m* Halbkreis *m* **demi-dieu** [d(ə)midjø] <demi-dieux> *m* Halbgott *m* **demi-douzaine** [d(ə)miduzɛn] <demi-douzaines> *f* halbes Dutzend
demie [d(ə)mi] *f (heure)* ***neuf heures et*** ~ halb neun; ***sonner les heures et les*** ~***s*** zu jeder ganzen und halben Stunde schlagen; ***partir à la*** ~ um halb gehen; ***il est la*** ~ ***passée*** es ist schon nach halb
demi-finale [d(ə)mifinal] <demi-finales> *f* Halbfinale *nt* **demi-finaliste** [d(ə)mifinalist] <demi-finalistes> *mf* Teilnehmer(in) *m(f)* am Halbfinale **demi-frère** [d(ə)mifʀɛʀ] <demi-frères> *m* Halbbruder *m* **demi-heure** [d(ə)mijœʀ] <demi-heures> *f* halbe Stunde **demi-jour** [d(ə)miʒuʀ] *m inv* Halbdunkel *nt* **demi-journée** [d(ə)miʒuʀne] <demi-journées> *f* halber Tag
démilitarisation [demilitaʀizasjɔ̃] *f* Entmilitarisierung *f*
démilitariser [demilitaʀize] <1> *vt* entmilitarisieren
demi-litre [d(ə)militʀ] <demi-litres> *m* ❶ *(contenu)* halber Liter ❷ *(contenant)* Halbliterflasche *f* **demi-lune** [d(ə)milyn] <demi-lunes> **I.** *adj inv meuble* halbrund **II.** *f* ❶ ASTRON Halbmond *m* ❷ ARCHIT halbkreisförmiger Platz *m;* ***en*** ~ halbkreisförmig ❸ MIL Außenwerk *nt (einer Festung)* **demi-mesure** [d(ə)mim(ə)zyʀ] <demi-mesures> *f* Halbheit *f* **demi-mot** [d(ə)mimo] <demi-mots> *m* ***à*** ~ andeutungsweise
déminage [deminaʒ] *m* Entminung *f*
déminer [demine] <1> *vt* entminen
démineur [deminœʀ] *m* Mitglied *nt* eines Minenräumkommandos
demi-pension [d(ə)mipɑ̃sjɔ̃] <demi-pensions> *f* ❶ *(hôtel)* Halbpension *f;* ***en*** ~ mit Halbpension ❷ SCOL [Schul]kantine *f* **demi-pensionnaire** [d(ə)mipɑ̃sjɔnɛʀ] <demi-pensionnaires> *mf Schüler, der/Schülerin, die in der [Schul]kantine isst* **demi-place** [d(ə)miplas] <demi-places> *f* TRANSP Fahrkarte *f* zum halben Preis **demi-portion** [d(ə)mipɔʀsjɔ̃] <demi-portions> *f (a. fig)* halbe Portion *f*

demi-queue [d(ə)mikø] *m inv* Stutzflügel *m*

démis(e) [demi, iz] **I.** *part passé de* **démettre II.** *adj poignet* verrenkt

demi-saison [d(ə)misɛzɔ̃] <demi-saisons> *f* Übergangszeit *f* **demi-sel** [d(ə)misɛl] *m* Frischkäse *m* **demi-siècle** [d(ə)misjɛkl] <demi-siècles> *m* halbes Jahrhundert *nt* **demi-sœur** [d(ə)misœʀ] <demi-sœurs> *f* Halbschwester *f* **demi-sommeil** [d(ə)misɔmɛj] <demi-sommeils> *m* Halbschlaf *m*

démission [demisjɔ̃] *f* ❶ *d'un ministre* Rücktritt *m; d'un salarié* Kündigung *f* ❷ *(renoncement)* Kapitulation *f*

démissionnaire [demisjɔnɛʀ] *adj* zurückgetreten

démissionner [demisjɔne] <1> *vi (se démettre)* ~ ***d'une fonction*** von einem Amt zurücktreten; ~ ***de son poste*** seine Stelle kündigen

demi-tarif [d(ə)mitaʀif] <demi-tarifs> *m* halber Preis; ***à*** ~ zum halben Preis **demi-teinte** [d(ə)mitɛ̃t] <demi-teintes> *f* ***en*** ~ in gebrochenen Farbtönen **demi-ton** [d(ə)mitɔ̃] <demi-tons> *m* Halbton *m* **demi-tour** [d(ə)mituʀ] <demi-tours> *m d'une personne* Kehrtwendung *f; de manivelle* halbe Umdrehung; ***faire*** ~ umkehren; *(en voiture)* wenden

démo [demo] *f abr de* **démonstration** [Kurz]präsentation *f*

démobilisateur, -trice [demɔbilizatœʀ, -tʀis] *adj* demotivierend

démobilisation [demɔbilizasjɔ̃] *f* MIL Demobilisierung *f*

démobiliser [demɔbilize] <1> *vt* MIL demobilisieren

démocrate [demɔkʀat] **I.** *adj* demokratisch **II.** *mf* Demokrat(in) *m(f)*

démocrate-chrétien(ne) [demɔkʀatkʀetjɛ̃, jɛn] <démocrates-chrétiens> *adj* christlich-demokratisch

démocratie [demɔkʀasi] *f* Demokratie *f*

démocratique [demɔkʀatik] *adj* demokratisch

démocratiquement [demɔkʀatikmɑ̃] *adv* demokratisch

démocratisation [demɔkʀatizasjɔ̃] *f* Demokratisierung *f*

démocratiser [demɔkʀatize] <1> *vt* demokratisieren

démodé(e) [demɔde] *adj* altmodisch; *procédé, théorie* überholt

démoder [demɔde] <1> *vpr* ***se*** ~ aus der Mode kommen

démographie [demɔgʀafi] *f* ❶ *(science)* Demografie *f,* Bevölkerungswissenschaft *f* ❷ *(évolution de la population)* Bevölkerungsentwicklung *f*

démographique [demɔgʀafik] *adj données, étude* demografisch; *croissance, poussée* Bevölkerungs-

demoiselle [d(ə)mwazɛl] *f (jeune fille)* Fräulein *nt; iron)* [junge] Dame

démolir [demɔliʀ] <8> **I.** *vt* ❶ *(détruire)* abreißen, niederreißen *mur;* kaputt machen *jouet, objet* ❷ *(fam: frapper)* zusammenschlagen ❸ *(fam: critiquer)* verreißen ❹ *(fam: saper le moral)* fertigmachen ❺ *(fam: endommager)* kaputt machen *estomac* **II.** *vpr (fam)* ***se*** ~ ***l'estomac/la santé*** sich *dat* den Magen kaputt machen/die Gesundheit ruinieren

démolisseur, -euse [demɔlisœʀ, -øz] *m, f* Abbrucharbeiter(in) *m(f)*

démolition [demɔlisjɔ̃] *f* ❶ *d'une maison* Abbruch *m; d'un mur* Niederreißen *nt;* ***être en*** ~ [gerade] abgerissen werden ❷ *(fig)* Zerstörung *f; d'une idée* Zunichtemachen *nt; d'une institution* Beseitigung *f*

démon [demɔ̃] *m* Teufel *m; (enfant)* kleiner Teufel

démoniaque [demɔnjak] *adj* dämonisch

démonstrateur, -trice [demɔ̃stʀatœʀ, -tʀis] *m, f* Vorführer(in) *m(f)*

démonstratif [demɔ̃stʀatif] *m* Demonstrativpronomen *nt*

démonstration [demɔ̃stʀasjɔ̃] *f* ❶ *a.* MATH *(preuve)* Beweis *m* ❷ *(argumentation)* Beweisführung *f* ❸ *(présentation)* Demonstration *f,* Vorführung *f* ❹ COM *d'un produit* Vorführung *f;* ***faire la*** ~ ***de qc*** etw vorführen ❺ *gén pl (manifestation)* ~***s de joie*** Freudenbekundungen *Pl*

démontable [demɔ̃tabl] *adj* zerlegbar

démontage [demɔ̃taʒ] *m* Zerlegen *nt*

démonté(e) [demɔ̃te] *adj mer* aufgewühlt

démonte-pneu [demɔ̃t(ə)pnø] <démonte-pneus> *m* Montiereisen *nt*

démonter [demɔ̃te] <1> **I.** *vt* ❶ *(défaire)* zerlegen, abbauen *auvent, tente;* abmontieren *pneu;* aushängen *porte* ❷ SPORT *cheval:* abwerfen ❸ *(déconcerter)* aus der Fassung bringen **II.** *vpr* ***se*** ~ ❶ *(être démontable) appareil, meuble:* sich zerlegen lassen; *(accidentellement)* auseinanderfallen ❷ *(se troubler)* die Fassung verlieren; ***sans se*** ~ ohne sich aus der Fassung bringen zu lassen

démontrable [demɔ̃tʀabl] *adj* beweisbar; ***être*** ~ beweisbar sein, sich beweisen lassen

démontrer [demɔ̃tʀe] <1> **I.** *vt* ~ ***que …***

beweisen, dass ... **II.** *vpr* ***se*** ~ sich beweisen lassen

démoralisant(e) [demɔʀalizɑ̃, ɑ̃t] *adj* deprimierend

démoralisation [demɔʀalizasjɔ̃] *f* Demoralisierung *f*

démoraliser [demɔʀalize] <1> **I.** *vt, vi* entmutigen **II.** *vpr* ***se*** ~ den Mut verlieren

D

démordre [demɔʀdʀ] <14> *vi* ***ne pas ~ de qc*** sich nicht von etw abbringen lassen

démotivant(e) [demɔtivɑ̃, ɑ̃t] *adj* demotivierend

démotivation [demɔtivasjɔ̃] *f* Demotivation *f*

démotivé(e) [demɔtive] *adj* demotiviert

démotiver [demɔtive] <1> **I.** *vt* ~ ***qn*** jdm die Motivation nehmen **II.** *vpr* ***se*** ~ die Motivation verlieren

démoulage [demulaʒ] *m* Herausnehmen *nt* aus der Form

démouler [demule] <1> *vt* aus der Form nehmen

démultiplier [demyltiplije] <1a> *vt* ❶ TECH untersetzen ❷ *(accroître l'effet)* steigern, verstärken

démuni(e) [demyni] *adj* ❶ *(pauvre)* mittellos ❷ *(impuissant)* ~ ***devant qn/qc*** hilflos jdm/etw gegenüber ❸ *(privé de)* ***être ~ de qc*** etw nicht besitzen; ~ ***d'intérêt/de protection*** ohne Interesse/schutzlos

démunir [demyniʀ] <8> *vt (priver)* ~ ***qn de l'argent*** jdm Geld wegnehmen

démystification [demistifikasjɔ̃] *f* ❶ *(fait de détromper)* Aufklärung *f* ❷ *(démythification)* Entmystifizierung *f*

démystifier [demistifje] <1a> *vt* aufklären

dénatalité [denatalite] *f* Geburtenrückgang *m*

dénationaliser [denasjɔnalize] <1> *vt* reprivatisieren

dénaturé(e) [denatyʀe] *adj* entartet

dénaturer [denatyʀe] <1> *vt* verfälschen *goût, saveur*

dénazification [denazifikasjɔ̃] *f* Entnazifizierung *f*

dénazifier [denazifje] <1a> *vt* entnazifizieren

dénégation [denegasjɔ̃] *f* Abstreiten *nt*

déneigement [denɛʒmɑ̃] *m* Schneeräumung *f*

déni [deni] *m* ▶ ~ **de <u>justice</u>** Rechtsverweigerung *f*

déniaiser [denjeze] <1> *vt* ~ ***qn*** jdn aufwecken

dénicher [deniʃe] <1> *vt* ausfindig machen, aufstöbern *bistrot, objet rare*

denier [dənje] *m* ▶ **les ~s <u>publics</u>** die öffentlichen Gelder

dénier [denje] <1a> *vt* abstreiten, zurückweisen *responsabilité, faute*

dénigrement [denigʀəmɑ̃] *m* Verunglimpfung *f*

dénigrer [denigʀe] <1> *vt* schlechtmachen *action, personne*

dénivellation [denivelasjɔ̃] *f* Höhenunterschied *m*

dénombrable [denɔ̃bʀabl] *adj* zählbar

dénombrement [denɔ̃bʀəmɑ̃] *m* Zählung *f*

dénombrer [denɔ̃bʀe] <1> *vt* zählen

dénominateur [denɔminatœʀ] *m* MATH Nenner *m*

dénominatif [denɔminatif] *m* GRAM Denominativ *nt*

dénomination [denɔminasjɔ̃] *f* Bezeichnung *f*

dénommé(e) [denɔme] *adj antéposé* ***un ~/une ~e Durand*** ein gewisser [Herr] Durand/eine gewisse [Frau] Durand; ***le ~/la ~e Durand*** benannter/benannte Durand

dénommer [denɔme] <1> *vt* bezeichnen; ***c'est ainsi que l'on dénomme ...*** so nennt man ...

dénoncer [denɔ̃se] <2> **I.** *vt* ❶ *(trahir)* ~ ***un complice à qn*** einen Komplizen an jdn verraten; ~ ***un opposant politique à qn*** einen Oppositionellen bei jdm denunzieren; ~ ***qn à la police*** jdn bei der Polizei anzeigen ❷ *(s'élever contre)* anprangern *abus, injustice* **II.** *vpr* ***se*** ~ sich melden; ***se ~ à la police*** sich [der Polizei *dat*] stellen

dénonciateur, -trice [denɔ̃sjatœʀ, -tʀis] *m, f* ❶ *d'une personne* Denunziant(in) *m(f)* ❷ *d'une injustice* Ankläger(in) *m(f)*

dénonciation [denɔ̃sjasjɔ̃] *f* ❶ *(délation)* Anzeige *f; (dans une dictature)* Denunzierung *f*, Denunziation *f;* ***sur*** ~ infolge von Denunzierung ❷ *(accusation)* Anprangerung *f*

dénoter [denɔte] <1> *vt* ~ ***qc*** von etw zeugen

dénouement [denumɑ̃] *m* Ausgang *m; de l'enquête* Ergebnis *nt*

dénouer [denwe] <1> **I.** *vt* aufknoten *ficelle, lacets;* aufbinden *nœud;* lösen *intrigue, affaire* **II.** *vpr* ***se*** ~ sich lösen

dénoyauter [denwajote] <1> *vt* entsteinen

denrée [dɑ̃ʀe] *f* Essware *f*

dense [dɑ̃s] *adj* ❶ *a.* PHYS dicht; *foule* dichtgedrängt ❷ *(condensé)* komplex; *style* gedrängt

densité [dɑ̃site] *f* Dichte *f*

dent [dɑ̃] *f* ❶ ANAT *de l'homme, animal* Zahn *m;* ~ ***creuse/gâtée*** hohler/schlechter Zahn; ~ ***de devant*** Vorderzahn; ~ ***de lait*** Milchzahn; ~ ***de sagesse*** Weisheitszahn; ***faire ses ~s*** zahnen; ***se laver les ~s*** sich die Zähne putzen; ***une brosse à ~s*** eine Zahnbürste ❷ *(fig) d'une fourchette* Zinke *f; d'un peigne, engrenage* Zahn *m* ❸ *(sommet de montagne)* Zacke *f* ► **en ~s de scie** gezackt; *(fig)* mit ständigem Auf und Ab; **armé jusqu'aux ~s** bis an die Zähne bewaffnet; **avoir les ~s longues** sehr ehrgeizig sein; *(être avide)* gierig sein; **avoir une ~ contre qn** etwas gegen jdn haben; **grincer des ~s** mit den Zähnen knirschen; **être sur les ~s** in äußerster Anspannung sein; **se faire les ~s** Erfahrung sammeln; **n'avoir rien à se mettre sous la ~** nichts zu beißen haben

dentaire [dɑ̃tɛʀ] *adj* ***plaque/prothèse*** ~ Zahnbelag *m*/Zahnersatz *m;* ***cabinet*** ~ Zahnarztpraxis *f;* ***soins ~s*** zahnärztliche Behandlung

dental(e) [dɑ̃tal, -o] <-aux> *adj* dental

denté(e) [dɑ̃te] *adj* gezahnt

dentelé(e) [dɑ̃t(ə)le] *adj* gezackt

dentelle [dɑ̃tɛl] *f* Spitze *f*

dentellière [dɑ̃təljɛʀ] *f* Spitzenklöpplerin *f*

dentier [dɑ̃tje] *m* Gebiss *nt*

dentifrice [dɑ̃tifʀis] *m* Zahnpasta *f*

dentiste [dɑ̃tist] *mf* Zahnarzt *m*/-ärztin *f*

dentition [dɑ̃tisjɔ̃] *f* Gebiss *nt*

dénucléarisé(e) [denykleaʀize] *adj* atomwaffenfrei

dénudé(e) [denyde] *adj dos, épaules* entblößt; *montagne, arbre* kahl; *câble électrique* abisoliert

dénuder [denyde] <1> **I.** *vt* ❶ *(dévêtir)* entkleiden ❷ *(laisser voir)* unbedeckt lassen *dos, bras* ❸ ELEC abisolieren *câble* **II.** *vpr* **se** ~ *personne:* sich entblößen; *arbre:* kahl werden; ***son crâne commence à se*** ~ sein/ihr Haar wird schütter

dénué(e) [denɥe] *adj* ***être ~ de qc*** einer S. *gen* entbehren; ***être ~ d'intérêt*** uninteressant sein

dénuement [denymɑ̃] *m* Elend *nt*

dénutri(e) [denytʀi] MED **I.** *adj* mangelernährt **II.** *m(f)* Mangelernährte(r) *f(m)*

dénutrition [denytʀisjɔ̃] *f* Unterernährung *f*

déodorant [deɔdɔʀɑ̃] *m* Deodorant *nt;* ~ ***en aérosol*** Deospray *nt o m*

déodorant(e) [deɔdɔʀɑ̃, ɑ̃t] *adj* deodorierend

déontologie [deɔ̃tɔlɔʒi] *f* Ethik *f;* ~ ***médicale*** Berufsethik des Arztes

déontologue [deɔ̃tɔlɔg] *mf* Ethiker(in) *m(f)*

dépacser [depakse] <1> *vi den Vertrag über die eheähnliche Lebensgemeinschaft (PACS) auflösen*

dépannage [depanaʒ] *m* ❶ *d'une machine, voiture* Reparatur *f;* ***service de*** ~ Pannenhilfe *f* ❷ *(solution provisoire)* Behelf *m;* ***à titre de*** ~ behelfsweise

dépanner [depane] <1> *vt* ❶ *(réparer)* reparieren *machine, voiture;* ~ ***qn*** jds Panne beheben; *(remorquer)* jdn abschleppen ❷ *(fam: aider)* ~ ***qn*** jdm aushelfen

dépanneur, -euse [depanœʀ, -øz] *m, f* Mechaniker(in) *m(f)*

dépanneuse [depanøz] *f* Abschleppwagen *m*

dépaqueter [depakte] <3> *vt* auspacken

dépareillé(e) [depaʀeje] *adj collection* unvollständig

déparer [depaʀe] <1> *vt* entstellen *paysage, visage*

départ [depaʀ] *m* ❶ *d'une personne (à pied)* Weggehen *nt; (en avion)* Abflug *m; (en voiture, bateau)* Abfahrt *f,* Abreise *f; d'un train, bateau* Abfahrt *f;* ~ ***précipité*** überstürzter Aufbruch; ~ ***en vacances*** Abreise in die Ferien; ***les grands ~s en vacances*** die Ferienreisewelle; ***tableau des ~s et des arrivées*** Anzeigetafel *f* für Abfahrt und Ankunft ❷ SPORT Start *m;* ~ ***en flèche*** Blitzstart; ***faux*** ~ Fehlstart; ***donner le*** ~ das Startsignal geben ❸ *(lieu)* ***quai de ~ des grandes lignes*** Abfahrtsgleis *nt* der Fernzüge ❹ *(démission)* Rücktritt *m; (licenciement)* Entlassung *f,* ~ ***à la retraite*** Pensionierung *f;* ***après mon ~ du gouvernement*** nach meinem Austritt aus der Regierung ❺ *(début, origine)* Beginn *m,* Anfang *m;* ***de*** ~ *idée* anfänglich; *point* Ausgangs-; ***au*** ~ zu Beginn ► **prendre un bon/mauvais** ~ *cheval:* einen guten/schlechten Start haben; *personne:* gut/schlecht anfangen; **prendre un nouveau** ~ **[dans la vie]** einen Neuanfang machen; **au** ~ **de Paris** ab Paris; **être sur le** ~ im Aufbruch sein

départager [depaʀtaʒe] <2a> **I.** *vt* ~ ***les candidats*** zwischen den Kandidaten entscheiden; ~ ***les bons et les mauvais*** die Guten von den Schlechten trennen **II.** *vpr* ***les concurrents peuvent se*** ~ zwischen den Konkurrenten fällt eine Entscheidung

département [depaʀtəmɑ̃] *m* ❶ ADMIN Departement *nt;* ~ ***d'outre-mer*** Überseedepartement ② *d'un musée, d'une entreprise* Abteilung *f;* UNIV Fachbereich *m* ③ ADMIN, POL CH Direktion *f* CH

Land und Leute
Ein französisches **département** ist eine Verwaltungseinheit, also ein Teil des Staatsgebiets mit eigenen Zuständigkeiten, z. B. im sozialen und medizinischen Bereich. In Frankreich gibt es 101 Departements: 96 im Mutterland und fünf in Übersee (*départements d'outremer* oder *D.O.M.* genannt).

départemental(e) [depaʀtəmɑ̃tal, -o] <-aux> *adj* Departements-; ***route ~e*** ≈ Landstraße *f*

départir [depaʀtiʀ] <10> *vpr* ***se ~ d'une idée*** eine Idee aufgeben; ***se ~ de son opinion*** von seiner Meinung abweichen; ***se ~ de sa bonne humeur/de son calme*** die gute Laune/die Ruhe verlieren

dépassé(e) [depɑse] *adj* ① *(démodé)* überholt ② *(désorienté)* ***être ~ par qc*** bei etw nicht mehr mitkommen *fam*

dépassement [depɑsmɑ̃] *m d'un véhicule* Überholen *nt*

dépasser [depɑse] <1> **I.** *vt* ① *(doubler)* überholen ② *(aller plus loin que: à pied)* vorbeigehen an +*dat; (en véhicule)* vorbeifahren an +*dat* ③ *(outrepasser)* überschreiten ④ *(aller plus loin en quantité)* überschreiten *dose;* ***~ qn de dix centimètres*** zehn Zentimeter größer als jd sein; ***cela dépasse mes moyens*** das übersteigt meine Möglichkeiten ⑤ *(surpasser)* übertreffen; ***~ l'attente de qn*** jds Erwartungen übertreffen ▶ **ça me/le dépasse!** das ist mir/ihm zu hoch! *fam* **II.** *vi* ① *(doubler)* überholen; ***défense de ~!*** Überholverbot! ② *(être trop haut, trop long) bâtiment, tour:* hervorragen; *vêtement:* hervorschauen; ***~ de qc*** *vêtement:* unter etw *dat* hervorschauen **III.** *vpr* ***se ~*** sich selbst übertreffen

dépassionner [depasjɔne] <1> *vt* versachlichen

dépatouiller [depatuje] <1> *vpr (fam)* ***se ~ de qc*** aus etw herauskommen

dépaysé(e) [depeize] *adj* fremd

dépaysement [depeizmɑ̃] *m* ① *(désorientation)* Fremdheit *f; (changement)* Umstellung *f* ② *(changement salutaire)* [willkommene] Abwechslung

dépayser [depeize] <1> *vt* ① *(désorienter)* verwirren ② *(changer les idées)* ablenken

dépeçage [depəsaʒ] *m* Zerlegen *nt*

dépecer [depəse] <2> *vt* zerlegen *animal*

dépêche [depɛʃ] *f* Nachricht *f*

dépêcher [depeʃe] <1> **I.** *vpr* ***se ~ de faire qc*** sich beeilen etw zu tun **II.** *vt (form)* ***~ qn auprès de qn*** jdn zu jdm entsenden

dépeindre [depɛ̃dʀ] <irr> *vt* schildern

dépenaillé(e) [dep(ə)naje] *adj personne* zerlumpt

dépendance [depɑ̃dɑ̃s] *f (assujettissement)* Abhängigkeit *f;* ***~ à l'égard de qn/qc*** Abhängigkeit von jdm/etw

dépendant(e) [depɑ̃dɑ̃, ɑ̃t] *adj* abhängig; ***être ~ de la drogue*** drogenabhängig sein

dépendre [depɑ̃dʀ] <14> **I.** *vi* ① *(être sous la dépendance de)* ***~ de qn/qc*** von jdm/etw abhängig sein ② *(faire partie de)* ***~ de qc*** *terrain:* zu etw gehören ③ *(relever de)* ***~ de qn/qc*** jdm/etw unterstehen ④ *(être conditionné par)* ***~ de qc/qn*** von jdm/etw abhängen; ***ça dépend*** *(fam)* das kommt drauf an; ***ça dépend du temps*** das hängt vom Wetter ab **II.** *vt (décrocher)* abnehmen

dépens [depɑ̃] *mpl* ***aux ~ de qn/qc*** auf jds Kosten *akk*/auf Kosten einer S. *gen*

dépense [depɑ̃s] *f* ① *(frais)* Ausgabe *f;* ***~s publiques*** öffentliche Ausgaben; ***~s de l'État*** Staatsausgaben; ***~ en électricité*** *(consommation)* Stromverbrauch *m; (frais)* Stromkosten *Pl;* ***engager des ~s*** Unkosten haben; ***faire face à des ~s*** Ausgaben bestreiten; ***se lancer dans de grosses ~s*** sich in ungeheure Unkosten stürzen ② *(usage)* Aufwand *m;* ***~ nerveuse*** nervliche Belastung; ***~ physique*** körperliche Anstrengung ▶ **ne pas regarder à la ~** nicht aufs Geld sehen

dépenser [depɑ̃se] <1> **I.** *vt* ① *(débourser)* ausgeben ② *(consommer)* verbrauchen *électricité, énergie* ③ *(user)* ***~ son temps à faire qc*** kostbare Zeit aufwenden um etw zu machen **II.** *vpr* ***se ~*** sich verausgaben; *enfant:* sich austoben ▶ **se ~ sans compter** sich abplagen; **se ~ sans compter pour qc** *(s'engager)* sich voll und ganz für etw einsetzen

dépensier, -ière [depɑ̃sje, -jɛʀ] **I.** *adj* verschwenderisch **II.** *m, f* Verschwender(in) *m(f)*

déperdition [depɛʀdisjɔ̃] *f* ***~ d'énergie*** Energieverlust *m*

dépérir [depeʀiʀ] <8> *vi personne:* dahinvegetieren; *animal:* eingehen

dépêtrer [depetʀe] <1> *vt (fam)* herausholen; ~ ***qn d'une situation*** jdm aus der Klemme helfen

dépeuplement [depœpləmɑ̃] *m* ~ ***d'une région*** Entvölkerung *f* einer Region

dépeupler [depœple] <1> **I.** *vt* entvölkern *pays, région* **II.** *vpr* ***une ville se dépeuple*** die Bevölkerung einer Stadt geht zurück

déphasé(e) [defɑze] *adj (fam)* ***être*** ~ neben sich *dat* stehen

dépiauter [depjote] <1> *vt (fam)* schälen *fruit*

dépilatoire [depilatwaʀ] *adj* Enthaarungs-

dépistage [depistaʒ] *m d'un malfaiteur* Aufspüren *nt; d'une maladie* Erkennung *f;* ~ ***précoce*** Früherkennung *f;* ~ ***du cancer*** Krebsvorsorge *f;* ***test de ~ du Sida*** Aidstest *m*

dépister [depiste] <1> *vt* aufspüren *personne, animal*

dépit [depi] *m* Ärger *m;* ***par*** ~ aus Trotz ▸ **en ~ du bon sens** unsinnig, gegen den gesunden Menschenverstand

dépité(e) [depite] *adj* bitter enttäuscht

dépiter [depite] <1> *vt* ärgern

déplacé(e) [deplase] *adj intervention, présence* unpassend; *geste, propos* anstößig

déplacement [deplasmɑ̃] *m* ❶ *d'un objet* Umstellen *nt; d'un os* Verschiebung *f* ❷ *(voyage)* [Geschäfts]reise *f;* ***être en*** ~ unterwegs sein ❸ *(mouvement)* Bewegung *f* ❹ *(mutation)* Versetzung *f* ▸ **cela vaut le** ~ dafür lohnt sich der Weg

déplacer [deplase] <2> **I.** *vt* ❶ *(changer de place)* an einen anderen Platz legen/stellen *objet;* umstellen *meuble* ❷ MED verschieben *vertèbre;* verrenken *articulation;* ~ ***une vertèbre à qn*** jdm etw ausrenken ❸ *(muter)* versetzen *fonctionnaire* ❹ *(réinstaller)* umsiedeln *population* ❺ TECH ~ ***de l'air*** Luft verdrängen ❻ *(éluder)* ~ ***une question*** einer Frage ausweichen **II.** *vpr* ❶ *(être en mouvement)* ***se*** ~ *personne, animal:* sich fortbewegen; *cyclone:* sich bewegen ❷ *(se décaler)* ***se*** ~ *(en position debout)* zur Seite gehen; *(en position assise)* zur Seite rücken ❸ *(voyager)* ***se*** ~ reisen; ***se ~ en avion/voiture*** fliegen/mit dem Auto fahren ❹ MED ***se ~ une articulation*** sich *dat* ein Gelenk verrenken

déplaire [deplɛʀ] <irr> **I.** *vi (ne pas plaire)* ~ ***à qn*** jdm missfallen; *(irriter)* jdn verstimmen ▸ **n'en déplaise à qn** *(iron)* ob es jdm gefällt oder nicht **II.** *vpr* ***se ~ en ville/dans un emploi*** sich in der Stadt/bei einer Arbeit nicht wohl fühlen

déplaisant(e) [deplɛzɑ̃, ɑ̃t] *adj* unangenehm

déplaisir [deplɛziʀ] *m* ***à mon grand*** ~ zu meinem großen Ärger

déplanter [deplɑ̃te] <1> *vt* ausgraben

déplâtrage [deplɑtʀaʒ] *m* MED Abnehmen *nt* [*o* Entfernen *nt*] des/eines Gipsverbandes

dépliage [deplijaʒ] *m* Auseinanderfalten *nt*

dépliant [deplijɑ̃] *m* Faltprospekt *m*

déplier [deplije] <1> **I.** *vt* auffalten *drap, vêtement;* auseinanderfalten *plan, journal;* ausstrecken *jambes* **II.** *vpr* ***se*** ~ sich öffnen; ***ce canapé peut se*** ~ diese Couch ist ausziehbar

déploiement [deplwamɑ̃] *m* ❶ *d'une aile* Ausbreiten *nt; d'un drapeau* Hissen *nt* ❷ *de richesses* Zurschaustellen *nt,* Zurschaustellung *f* ❸ *(dépense)* ~ ***d'énergie*** Aufwand *m* an Energie

déplorable [deplɔʀabl] *adj effet, fin* bedauerlich

déplorablement [deplɔʀabləmɑ̃] *adv* erbärmlich [schlecht], sehr schlecht, verdammenswert

déplorer [deplɔʀe] <1> *vt* ❶ *(regretter)* bedauern ❷ *(enregistrer)* ***on déplore des victimes*** Opfer sind zu beklagen *geh*

déployer [deplwaje] <7> **I.** *vt* ❶ *(déplier)* ausbreiten *ailes, carte, drapeau;* setzen *voile* ❷ *(mettre en œuvre)* einsetzen *énergie, ingéniosité;* aufbringen *courage;* *(étaler)* zur Schau stellen *charmes, richesses* **II.** *vpr* ❶ *(se déplier)* ***se*** ~ *ailes:* sich ausbreiten; *drapeau, tissu:* sich entfalten; *voile:* sich blähen ❷ *(se disperser) soldats, troupes:* ausschwärmen; *cortège:* sich auseinanderziehen

déplumer [deplyme] <1> *vpr* ***se*** ~ die Federn verlieren

dépoli(e) [depɔli] *adj* matt

dépolitiser [depɔlitize] <1> *vt* entpolitisieren *vie, entreprise*

dépolluer [depɔlɥe] <1> *vt* säubern *lieu;* sanieren *rivière, mer*

dépollution [depɔlysjɔ̃] *f* Säuberung *f; d'une rivière, de la mer* Sanierung *f*

dépopulation [depɔpylasjɔ̃] *f* Bevölkerungsrückgang *m*

déportation [depɔʀtasjɔ̃] *f* HIST Verschleppung *f,* Deportation *f,* Deportierung *f;* ***en*** ~ im Lager

déporté(e) [depɔʀte] *m(f)* Deportierte(r) *f(m),* Zwangsverschleppte(r) *f(m)*

déporter [depɔʀte] <1> **I.** *vt* ❶ *(exiler)* deportieren; *(bannir)* verbannen ❷ *(faire dévier)* abdrängen *voiture, vélo* **II.** *vpr* AUT ***se*** ~ ausscheren

D

déposant(e) [depozɑ̃, ɑ̃t] *m(f)* JUR Zeuge *m*/Zeugin *f*
dépose [depoz] *f d'un chauffe-eau, d'un appareil* Abmontieren *nt; d'un élément de cuisine a.* Abbauen *nt; d'une machine* Zerlegen *nt; d'un moteur, de la plomberie* Ausbauen *nt; de rideaux* Abnehmen *nt*
déposer [depoze] <1> **I.** *vt* ❶ *(poser)* abstellen *fardeau;* niederlegen *gerbe;* abladen *ordures* ❷ *(conduire, livrer)* absetzen, abladen *ordures* ❸ *(déposer, décanter) crues:* ablagern *boue; vent:* tragen *sable* ❹ *(confier)* abgeben *bagages, carte de visite;* hinterlegen *lettre, document;* abgeben *paquet, colis* ❺ FIN einzahlen *argent;* hinterlegen *valeur, titre;* einreichen *chèque* ❻ *(faire enregistrer)* anmelden *brevet;* eintragen lassen *marque;* einbringen *projet de loi;* einreichen *réclamation, rapport;* *~ **plainte*** Anzeige erstatten ❼ *(démonter)* abmontieren *appareil;* ausbauen *moteur* ❽ *(abdiquer)* niederlegen *couronne; ~ **le pouvoir*** abtreten ❾ *(destituer) ~ **qn*** jdn absetzen **II.** *vi* ❶ *(témoigner)* aussagen ❷ *(laisser un dépôt) vin, eau:* sich setzen **III.** *vpr **se** ~ lie, poussière:* sich absetzen
dépositaire [depozitɛʀ] *m* Verwahrer(in) *m(f); d'un secret* Mitwisser(in) *m(f)*
déposition [depozisjɔ̃] *f (témoignage)* [Zeugen]aussage *f*
déposséder [depɔsede] <5> *vt* enteignen *personne*
dépossession [depɔsesjɔ̃] *f* Enteignung *f*
dépôt [depo] *m* ❶ *d'un projet de loi* Einbringen *nt; d'une plainte* Erheben *nt; d'une marque déposée* Eintragen *nt; d'un brevet* Anmeldung *f* ❷ FIN *d'un chèque* Einreichen *nt; d'argent, d'espèces* Einzahlung *f,* Einzahlen *nt; de titres* Hinterlegung *f,* Hinterlegen *nt; (avoir)* Einlage *f; ~ **de bilan*** Konkursanmeldung *f* ❸ *d'objets précieux, d'un testament* Hinterlegung *f,* Hinterlegen *nt; d'un vêtement* Abgabe *f; **laisser qc en ~ chez qn*** etw bei jdm in Verwahrung geben ❹ *d'une gerbe* Niederlegung *f* ❺ *(sédiment)* Ablagerung *f* ❻ *d'autobus* Depot *nt; ~ **d'ordures*** Mülldeponie *f,* Kehrichtdeponie *f* CH
dépoter [depɔte] <1> *vt* umtopfen
dépotoir [depɔtwaʀ] *m* Müllhalde *f*
dépouille [depuj] *f d'un animal à fourrure* Fell *nt; d'un serpent* Haut *f*
dépouillé(e) [depuje] *adj* ❶ *(sobre)* karg; *style* knapp; *texte* nüchtern ❷ *(exempt)* ***être ~ de qc*** ohne etw sein
dépouillement [depujmɑ̃] *m d'un scrutin* [Aus]zählen *nt; du courrier* Durchsehen *nt*
dépouiller [depuje] <1> **I.** *vt* ❶ *(ouvrir)* [aus]zählen *scrutin;* durchsehen *courrier* ❷ *(dévaliser)* berauben; *~ **qn de ses biens*** jdn [seiner Güter] berauben ❸ *(déshabiller) ~ **qn de ses vêtements*** jdn entkleiden **II.** *vpr* ❶ *(se déshabiller) **se ~ de ses vêtements*** seine Kleidung ablegen ❷ *(faire don) **se ~ de sa fortune*** sein Vermögen weggeben
dépourvu(e) [depuʀvy] *adj* ❶ *(privé) **être ~ de qc*** ohne etw sein; ***être ~*** *(être sans ressources)* mittellos sein; ***être ~ de bon sens*** nicht ganz bei Verstand sein *fam* ❷ *(ne pas être équipé) **être ~ de chauffage*** keine Heizung haben ▶ **prendre qn au** ~ jdn überrumpeln
dépoussiérage [depusjeʀaʒ] *m* Entstauben *nt; (fig)* Auffrischung *f*
dépoussiérer [depusjeʀe] <5> *vt* ❶ *(nettoyer)* abstauben ❷ *(rajeunir)* auffrischen
dépravation [depʀavasjɔ̃] *f* Verfall *m*
dépravé(e) [depʀave] *adj goût, personne* verdorben
dépraver [depʀave] <1> *vt* verderben *goût, personne*
dépréciatif, -ive [depʀesjatif, -iv] *adj* LING abwertend; ***suffixe*** ~ pejoratives Suffix
dépréciation [depʀesjasjɔ̃] *f d'une marchandise* Wertminderung *f*
déprécier [depʀesje] <1a> *vt* ❶ *(faire perdre de la valeur)* abwerten *monnaie; ~ **une marchandise*** den Wert einer Ware mindern ❷ *(minimiser)* unterschätzen
déprédation [depʀedasjɔ̃] *f gén pl* Verwüstung *f*
dépressif, -ive [depʀesif, -iv] **I.** *adj* depressiv **II.** *m, f* Depressive(r) *f(m)*
dépression [depʀesjɔ̃] *f* ❶ *(découragement)* [moralisches] Tief; PSYCH Depression *f; **faire une ~ nerveuse*** einen Nervenzusammenbruch haben ❷ METEO Tief *nt* ❸ ECON Konjunkturtief *nt*
dépressurisation [depʀesyʀizasjɔ̃] *f* Druckabfall *m*
déprimant(e) [depʀimɑ̃, ɑ̃t] *adj* deprimierend
déprime [depʀim] *f (fam)* Katzenjammer *m; **être en pleine*** ~ total am Ende sein
déprimé(e) [depʀime] *adj personne* deprimiert
déprimer [depʀime] <1> **I.** *vt (démoraliser)* deprimieren **II.** *vi (fam)* deprimiert sein
déprivatisation [depʀivatizasjɔ̃] *f* Verstaatlichung *f,* Entprivatisierung *f*

déprogrammation [depʀɔgʀamasjɔ̃] *f d'une émission* Absetzung *f*

déprogrammer [depʀɔgʀame] <1> *vt* ❶ MEDIA aus dem Programm nehmen *émission, spectacle* ❷ INFORM umprogrammieren *robot*

dépuceler [depys(ə)le] <3> *vt (fam)* entjungfern

depuis [dəpɥi] **I.** *prép* ❶ *(à partir de)* seit; **~ quelle date?** seit wann?; **~ Paris, ...** seit Paris ...; **ce concert est retransmis ~ nos studios** dieses Konzert wird aus unseren Studios übertragen; **~ ma fenêtre** von meinem Fenster aus; **toutes les tailles ~ le 36** alle Größen ab [Größe] 36; **~ mon plus jeune âge** seit meiner frühesten Kindheit; **~ le début jusqu'à la fin** vom Anfang bis zum Ende; **~ que ...** seit[dem] ... ❷ *(durée, distance)* seit; **~ longtemps** seit Langem; **~ peu** seit Kurzem; **~ 10 minutes** *être parti(e)* seit 10 Minuten; **je n'ai pas été au théâtre ~ des siècles** ich war schon ewig nicht mehr im Theater; **~ cela** seitdem **II.** *adv* seither

dépuratif [depyʀatif] *m* Blutreinigungsmittel *nt*

dépuration [depyʀasjɔ̃] *f* Läuterung *f*; **~ du sang** Blutreinigung *f*; **avoir un effet de ~ du sang** blutreinigend wirken

députation [depytasjɔ̃] *f* Entsendung *f*

député(e) [depyte] *m(f) (parlementaire)* Abgeordnete(r) *f(m)*

déracinement [deʀasinmɑ̃] *m* ❶ *d'un arbre, d'une personne* Entwurzelung *f* ❷ *(élimination) d'une habitude* Aufgeben *nt*

déraciner [deʀasine] <1> *vt* ❶ *(arracher)* entwurzeln *arbre, peuple* ❷ *(éliminer)* ausrotten *préjugé*; **~ une habitude** eine Gewohnheit ablegen

déraillement [deʀɑjmɑ̃] *m d'un train* Entgleisung *f*

dérailler [deʀɑje] <1> *vi* ❶ *(sortir des rails) train:* entgleisen; **faire ~ un train** einen Zug zum Entgleisen bringen ❷ *(fam: déraisonner)* Unsinn reden; **il déraille complètement** der spinnt total ❸ *(mal fonctionner) machine, appareil:* nicht richtig funktionieren

dérailleur [deʀɑjœʀ] *m* Kettenschaltung *f*

déraison [deʀɛzɔ̃] *f (littér)* Unvernunft *f*, Unverstand *m*

déraisonnable [deʀɛzɔnabl] *adj* unvernünftig

déraisonner [deʀɛzɔne] <1> *vi* faseln *pej fam*

dérangé(e) [deʀɑ̃ʒe] *adj* ❶ *(fam: fou)* verwirrt ❷ MED **être ~** eine Magenverstimmung haben; **avoir l'intestin ~** Darmbeschwerden haben ❸ *(désordonné)* unaufgeräumt

dérangement [deʀɑ̃ʒmɑ̃] *m* ❶ *(gêne)* Störung *f*; **~ intestinal** Darmbeschwerden *Pl*; **excusez-moi du ~!** entschuldigen Sie die Störung!; **causer du ~ à qn** jdm Umstände bereiten ❷ *(incident technique)* **être en ~** *ligne:* gestört sein; *téléphone:* nicht richtig funktionieren

déranger [deʀɑ̃ʒe] <2a> **I.** *vt* ❶ *(gêner)* stören, aufscheuchen *animal*; **~ qn pour un service** jdn [wegen eines Gefallens] bemühen ❷ *(mettre en désordre)* in Unordnung bringen, durcheinanderbringen *objet, affaires;* zerzausen *coiffure* ❸ *(perturber)* umstoßen *projets*; **ce repas m'a dérangé l'estomac** von dem Essen habe ich eine Magenverstimmung **II.** *vi* ❶ *(arriver mal à propos)* stören ❷ *(mettre mal à l'aise)* für Unbehagen sorgen **III.** *vpr* ❶ *(se déplacer)* **se ~** sich bemühen; **se ~ pour qn** etwas für jdn tun; **je me suis dérangé pour rien** mein Gang war umsonst ❷ *(interrompre ses occupations)* **se ~ pour qn** sich *dat* wegen jdm Umstände machen

dérapage [deʀapaʒ] *m* AUT Schleudern *nt*

déraper [deʀape] <1> *vi* ❶ *(glisser)* ausrutschen; *semelles:* rutschen; *voiture:* ins Schleudern geraten ❷ *(dévier) personne:* abweichen; *conversation:* abgleiten; **~ vers la politique** *roman, discussion:* in die Politik abrutschen ❸ ECON *prix, politique économique:* außer Kontrolle geraten

dératé(e) [deʀate] *m(f)* ▸ **courir comme un ~** wie ein Wilder rennen

dératisation [deʀatizasjɔ̃] *f* Rattenbekämpfung *f*

dératiser [deʀatize] <1> *vt* von Ratten befreien

dératiseur, -euse [deʀatizœʀ, -øz] *m, f* Rattenjäger(in) *m(f)*, Rattenbekämpfer(in) *m(f)*

derby [dɛʀbi] *m* Derby *nt*, Lokalderby *nt*

derechef [dəʀəʃɛf] *adv (littér)* wiederum

déréglé(e) [deʀegle] *adj* ❶ *estomac* verstimmt; *pouls* unregelmäßig; *appétit* gestört; **être ~** *machine, mécanisme:* nicht in Ordnung sein; *temps:* verrückt spielen *fam* ❷ *habitudes* unstet; *vie, existence* ausschweifend; *mœurs* unmoralisch

dérèglement [deʀɛgləmɑ̃] *m de l'appétit, d'une machine* Störung *f*

déréglementation [deʀɛgləmɑ̃tasjɔ̃] *f* Deregulierung *f*

déréglementer [deʀɛgləmɑ̃te] <1> *vt* deregulieren

dérégler [deʀegle] <5> **I.** *vt* ❶ *(déranger)* verstellen *machine;* verändern *climat;* durcheinanderbringen *appétit;* ***ça a déréglé mon estomac*** das hat mir den Magen verdorben ❷ *(pervertir)* verderben *mœurs* **II.** *vpr* ❶ *(mal fonctionner)* ***se ~*** *machine:* sich verstellen; *climat:* sich verändern ❷ *(se pervertir) mœurs:* verfallen

dérider [deʀide] <1> *vt* aufheitern

dérision [deʀizjɔ̃] *f* Spott *m*

dérisoire [deʀizwaʀ] *adj* lächerlich

dérivatif [deʀivatif] *m* Ablenkung *f*

dérivation [deʀivasjɔ̃] *f d'un cours d'eau, d'une route* Umleitung *f*

dérive [deʀiv] *f* ❶ *d'un avion, bateau* Abdrift *f;* GEOG Verschiebung *f; (fig) d'une politique* Abdriften *nt; d'une monnaie* Abgleiten *nt; de l'économie* Abflauen *nt;* ***être à la ~*** *bateau:* dahintreiben ❷ *(dispositif)* AVIAT Seitenleitwerk *nt;* NAUT [Haupt]schwert *nt* ▶ **partir à la ~** sich treiben lassen; **à la ~** haltlos

dérivé [deʀive] *m* CHIM Derivat *nt*

dérivée [deʀive] *f* Ableitung *f*

dériver [deʀive] <1> **I.** *vt (détourner)* umleiten **II.** *vi* ❶ LING ***~ de qc*** aus etw kommen ❷ *(s'écarter) barque:* abtreiben

dériveur [deʀivœʀ] *m* Sturmsegel *nt*

dermatologie [dɛʀmatɔlɔʒi] *f* Dermatologie *f*

dermatologue [dɛʀmatɔlɔg] *mf* Hautarzt *m/*-ärztin *f*

derme [dɛʀm] *m* Lederhaut *f*

dernier, -ière [dɛʀnje, -jɛʀ] **I.** *adj* ❶ *antéposé (ultime)* letzte(r, s); ***le ~ étage*** das oberste Stockwerk; ***la dernière marche*** *(la plus haute)* die oberste Stufe; *(la plus basse)* die unterste Stufe; ***avant le 15 mai, ~ délai*** bis spätestens 15. Mai; ***arriver ~*** *(dans une course, une réunion)* als Letzte(r) eintreffen; *(dans un classement)* Letzte(r) sein; ***être ~ en classe*** der/die Schlechteste in der Klasse sein; ***examiner qc dans les ~s détails*** etw bis ins kleinste Detail prüfen; ***c'était la dernière chose à faire*** das war das Schlimmste, was man machen konnte ❷ *antéposé (le plus récent)* letzte(r, s); *mode, nouvelle, édition* neueste(r, s); *événement* jüngste(r, s); ***ces ~s temps/jours*** in letzter Zeit/in den letzten Tagen; ***aux dernières nouvelles*** nach [den] neuesten Nachrichten; ***le ~ cri*** der letzte Schrei ❸ *postposé (antérieur)* letzte(r, s); ***l'an ~ à cette époque*** letztes Jahr um diese Zeit; ***au siècle ~*** im letzten Jahrhundert **II.** *m, f* ***le ~*** *(dans le temps)* der Letzte; *(pour le mérite)* der Schlechteste; ***son petit ~*** ihr/sein Jüngster; ***c'est le ~ de mes soucis*** das ist meine geringste Sorge; ***habiter au ~*** ganz oben wohnen; ***ils ont été tués jusqu'au ~*** sie sind bis auf den Letzten getötet worden; ***être le ~ des imbéciles*** der Letzte sein; ***en ~*** als Letzter ▶ **rira bien qui rira le ~** *(prov)* wer zuletzt lacht, lacht am besten

dernière [dɛʀnjɛʀ] *f* ❶ *(représentation)* ***la ~*** die Schlussvorstellung ❷ *(fam: histoire, nouvelle)* ***la ~*** das Neueste

dernièrement [dɛʀnjɛʀmɑ̃] *adv* neulich

dernier-né, dernière-née [dɛʀnjene, dɛʀnjɛʀne] <derniers-nés> *m, f* Letztgeborene(r) *f(m);* ***la dernière-née des voitures Renault*** der neueste Renault

dérobade [deʀɔbad] *f* Ausweichmanöver *nt*

dérobé(e) [deʀɔbe] *adj escalier, porte* Geheim-

dérobée [deʀɔbe] *f* ***à la ~*** heimlich

dérober [deʀɔbe] <1> *vt (voler)* stehlen, entlocken *secret;* rauben *baiser*

dérogation [deʀɔgasjɔ̃] *f* Ausnahme *f;* ***par ~*** aufgrund einer Sonderregelung

déroger [deʀɔʒe] <2a> *vi* ***~ à une loi*** gegen ein Gesetz verstoßen

dérouillée [deʀuje] *f (fam)* Haue *f kein Pl fam*

dérouiller [deʀuje] <1> **I.** *vt (ôter la rouille)* entrosten **II.** *vi (fam: recevoir une correction)* etwas einstecken müssen **III.** *vpr* ***se ~ les muscles*** die Muskeln spielen lassen

déroulant(e) [deʀulɑ̃, ɑ̃t] *adj* INFORM Drop-down-; ***menu ~*** Drop-down-Menü *nt*

déroulement [deʀulmɑ̃] *m* ❶ *d'une cérémonie* Verlauf *m; d'un crime* Ablauf *m;* ***pendant le ~ du film*** während der Film lief ❷ *d'un rouleau, tuyau* Abrollen *nt; d'une bobine, cassette* Abspulen *nt*

dérouler [deʀule] <1> **I.** *vt (dévider)* abrollen *tuyau, rouleau;* abspulen *bobine, cassette;* herablassen *store* **II.** *vpr* ***se ~*** ❶ *(s'écouler) vie, manifestation:* verlaufen; *crime, événement:* sich abspielen; *action, film:* spielen; *cérémonie, concert:* stattfinden ❷ *(se dévider) bobine, cassette:* sich abwickeln

déroutant(e) [deʀutɑ̃, ɑ̃t] *adj* verwirrend

déroute [deʀut] *f* Flucht *f; (effondrement)* Zusammenbruch *m*

dérouter [deʀute] <1> *vt* ❶ *(écarter de sa route)* umleiten ❷ *(déconcerter)* verwirren, aus dem Konzept bringen *orateur, candidat*

derrick [dɛʀik] *m* Bohrturm *m*

derrière [dɛʀjɛʀ] **I.** *prép (sans mouvement)* hinter +*dat; (avec mouvement)* hinter +*akk;* ***être ~ qn*** hinter jdm sein; *(dans un classement)* hinter jdm kommen; *(dans une compétition)* hinter jdm liegen; *(soutenir qn)* hinter jdm stehen; *(suivre qn)* hinter jdm her sein; ***regarder ~ soi*** sich umsehen; ***avoir qn/qc ~ soi*** jdn/etw hinter sich *dat* haben; ***faire qc ~ qn*** *fig)* etw hinter jds Rücken *dat* tun; ***laisser qn/qc ~ soi*** *(abandonner)* jdn/etw zurücklassen; *(après la mort)* etw hinterlassen; SPORT jdn/etw hinter sich *dat* lassen; ***de ~ qc*** hinter etw *dat* vor; ***par ~*** von hinten; ***par ~ qc*** hinter etw *dat* herum; ***passez par ~!*** gehen Sie hinten herum! **II.** *adv* hinten; ***de ~*** von hinten; ***là ~*** da hinten; ***marcher ~*** am Ende gehen; ***rester loin ~*** weit zurückbleiben; ***courir ~*** hinterherlaufen **III.** *m* ❶ *d'une maison* Rückseite *f;* ***la porte de ~*** die Hintertür; ***la poche de ~ du pantalon*** die Gesäßtasche ❷ *(fam: postérieur)* Hintern *m* ► **botter le ~ à qn** jdm den Hintern versohlen *fam*

des[1] [de] **I.** *art déf pl contracté* ***les pages ~ livres*** die Seiten der Bücher; *v. a.* **de II.** *art partitif, non traduit* ***je mange ~ épinards*** ich esse Spinat

des[2] [de, də] <*devant adjectif* de> *art indéf pl, non traduit* ***j'ai acheté ~ pommes, ~ poires et de beaux brugnons*** ich habe Äpfel, Birnen und schöne Nektarinen gekauft

Grammatik und Co.

Der unbestimmte Artikel **des** hat die Nebenform **de**. Sie wird verwendet, wenn vor dem Substantiv ein Adjektiv steht: *j'ai acheté du raisin et de belles pommes – ich habe Trauben und schöne Äpfel gekauft.*

dès [dɛ] *prép (à partir de)* bereits; ***~ lors*** *(à partir de ce moment-là)* seitdem; *(par conséquent)* infolgedessen; ***~ maintenant*** ab sofort; ***~ que …*** sobald …; ***~ le matin …*** schon morgens …; ***~ l'époque romaine …*** schon zu Zeiten der Römer …; ***~ mon retour je ferai …*** gleich nach meiner Rückkehr werde ich …; ***~ le 14 août, …*** gleich am 14. August …; ***~ Valence*** schon ab Valence; ***~ le premier verre*** schon nach dem ersten Glas

désabusé(e) [dezabyze] *adj expression, geste* enttäuscht

désaccord [dezakɔʀ] *m* ❶ *(mésentente)* Unstimmigkeit *f* ❷ *(divergence)* Uneinigkeit *f;* ***un ~ d'idées*** eine Meinungsverschiedenheit; ***être en ~ avec qn/qc sur qc*** mit jdm/etw in etw *dat* nicht einig sein ❸ *(désapprobation)* Missbilligung *f* ❹ *(contradiction)* Diskrepanz *f*

désaccordé(e) [dezakɔʀde] *adj* verstimmt

désaccorder [dezakɔʀde] <1> **I.** *vt* verstimmen **II.** *vpr* ***se ~*** sich verstimmen

désaccoutumance [dezakutymɑ̃s] *f* Entwöhnung *f*

désaccoutumer [dezakutyme] <1> *vt* ***~ l'enfant d'une mauvaise habitude*** dem Kind eine schlechte Angewohnheit abgewöhnen

désadapté(e) [dezadapte] *adj* unangepasst

désaffecté(e) [dezafɛkte] *adj église, école* geschlossen

désaffection [dezafɛksjɔ̃] *f* Unbeliebtheit *f*

désagréable [dezagʀeabl] *adj* unangenehm

désagréablement [dezagʀeabləmɑ̃] *adv* unangenehm

désagrégation [dezagʀegasjɔ̃] *f d'une roche* Verwitterung *f*

désagréger [dezagʀeʒe] <2a, 5> **I.** *vt* ❶ *(désintégrer)* zersetzen ❷ *(décomposer)* sprengen *groupe, parti* **II.** *vpr* ***se ~*** *corps chimique:* zerfallen; *roche:* verwittern; *foule:* sich auflösen

désagrément [dezagʀemɑ̃] *m* Unannehmlichkeit *f*

désaltérant(e) [dezalteʀɑ̃, ɑ̃t] *adj* durststillend

désaltérer [dezalteʀe] <5> **I.** *vt, vi* den Durst stillen **II.** *vpr* ***se ~*** seinen Durst stillen

désamiantage [dezamjɑ̃taʒ] *m* Asbestsanierung *f*

désamianter [dezamjɑ̃te] <1> *vt* von Asbest sanieren

désamorcer [dezamɔʀse] <2> *vt* sichern *arme;* entschärfen *bombe*

désappointé(e) [dezapwɛ̃te] *adj* enttäuscht

désappointement [dezapwɛ̃tmɑ̃] *m* Enttäuschung *f*

désappointer [dezapwɛ̃te] <1> *vt* enttäuschen

désapprendre [dezapʀɑ̃dʀ] <irr> *vt* verlernen

D

désapprobateur, -trice [dezapʀɔbatœʀ, -tʀis] *adj* missbilligend
désapprobation [dezapʀɔbasjɔ̃] *f* Missbilligung *f;* ***manifester sa ~*** sein Missfallen zum Ausdruck bringen
désapprouver [dezapʀuve] <1> **I.** *vt* missbilligen *comportement;* ablehnen *entreprise, projet* **II.** *vi* nicht einverstanden sein
désarçonner [dezaʀsɔne] <1> *vt* aus der Fassung bringen *candidat, orateur*
désargenté(e) [dezaʀʒɑ̃te] *adj (fam)* ***être ~*** pleite/blank sein
désarmant(e) [dezaʀmɑ̃, ɑ̃t] *adj* entwaffnend
désarmement [dezaʀməmɑ̃] *m d'une personne, population* Entwaffnung *f; d'un pays* Abrüstung *f; d'un navire* Auflegen *nt,* Abrüstung
désarmer [dezaʀme] <1> *vt* ❶ entwaffnen *personne;* abrüsten *pays* ❷ abtakeln, abrüsten *navire*
désarroi [dezaʀwa] *m* ❶ *(trouble)* Verwirrung *f* ❷ *(désespoir)* Verzweiflung *f*
désarticuler [dezaʀtikyle] <1> *vt* ❶ ausrenken *genou, bras;* auskugeln *épaule* ❷ *(détraquer)* kaputt machen
désassembler [dezasɑ̃ble] <1> *vt* TECH auseinandernehmen
désassorti(e) [dezasɔʀti] *adj* ungleich
désastre [dezastʀ] *m* ❶ *(catastrophe)* Katastrophe *f* ❷ *(dégât)* Schaden *m* ❸ *(échec complet)* Reinfall *m fam*
désastreux, -euse [dezastʀø, -øz] *adj* ❶ *(catastrophique)* verheerend ❷ *(nul)* miserabel
désavantage [dezavɑ̃taʒ] *m* Nachteil *m; (physique)* Handikap *nt;* ***à son ~*** zu seinen/ihren Ungunsten; *changer* zu seinem/ihrem Nachteil; ***être à son ~*** sich nicht von seiner besten Seite zeigen; ***tourner au ~ de qn*** sich gegen jdn wenden
désavantager [dezavɑ̃taʒe] <2a> *vt* ***qc désavantage qn*** etw benachteiligt jdn
désavantageux, -euse [dezavɑ̃taʒø, -jøz] *adj* nachteilig
désaveu [dezavø] <x> *m (rétractation)* Widerruf *m*
désavouer [dezavwe] <1> *vt* verleugnen *ouvrage, collaborateur;* abstreiten *paroles*
désaxé(e) [dezakse] *adj personne* gestört
désaxer [dezakse] <1> *vt (faire sortir de son axe)* verziehen
descendance [desɑ̃dɑ̃s] *f* ❶ *(postérité)* Nachkommenschaft *f* ❷ *(origine)* Abstammung *f*
descendant(e) [desɑ̃dɑ̃, ɑ̃t] **I.** *adj chemin* abschüssig; *gamme* absteigend **II.** *m(f)* Nachkomme *m*
descendeur, -euse [desɑ̃dœʀ, -øz] *m, f* SPORT Abfahrtsläufer(in) *m(f)*
descendre [desɑ̃dʀ] <14> **I.** *vi + être* ❶ *(par un escalier, un chemin: vu d'en haut/d'en bas)* hinuntergehen/herunterkommen; ***~ à la cave/par l'escalier*** in den Keller/über die Treppe hinuntergehen ❷ *(en véhicule, par l'ascenseur: vu d'en haut/d'en bas)* hinunterfahren/herunterkommen; ***~ en voiture/par l'ascenseur*** mit dem Auto/mit dem Aufzug herunterfahren ❸ *(opp: grimper, escalader: vu d'en haut/d'en bas)* hinunterklettern/herunterklettern ❹ *(quitter, sortir)* aussteigen; *cavalier:* absteigen; ***~ du bateau*** von Bord gehen; ***~ de la voiture/du train*** aus dem Auto/dem Zug [aus]steigen; ***~ du cheval*** vom Pferd steigen ❺ *(voler)* tiefer fliegen; *(pour se poser, vu d'en haut/d'en bas) oiseau:* hinunterfliegen; *parachutiste:* hinuntergleiten ❻ *(aller, se rendre)* ***~ en ville*** in die Stadt gehen/fahren ❼ *(faire irruption)* ***~ dans un bar*** *police, justice:* in einer Bar eine Razzia machen; *voyous:* [in] eine Bar stürmen ❽ *(loger)* ***~ à l'hôtel/chez qn*** im Hotel/bei jdm absteigen ❾ *(être issu de)* ***~ de qn/d'une famille pauvre*** von jdm abstammen/aus einer armen Familie stammen ❿ *(aller en pente)* ***~ en pente douce*** *route, chemin:* leicht abwärtsführen; *vignoble, terrain:* sanft abfallen ⓫ *(aller de haut en bas) ballon, voiture:* hinunterrollen; *avalanche:* niedergehen; ***~ dans la plaine*** *rivière:* in die Ebene [hinunter]fließen; *route:* in die Ebene [hinunter]führen ⓬ *(baisser) marée:* zurückgehen; *niveau de l'eau, prix, taux:* sinken; *baromètre, thermomètre:* fallen ⓭ MUS ***~ jusqu' au mi/plus bas*** *voix:* bis zum E/tiefer heruntergehen ⓮ *(atteindre)* ***~ à/jusqu'à*** *robe, cheveux:* bis zu etw gehen; *puits, tunnel, sous-marin:* [bis] auf etw *akk* hinuntergehen ► **~ dans la rue** auf die Straße gehen; **ça fait ~** *(fam)* das hilft verdauen **II.** *vt + avoir* ❶ *(se déplacer à pied: vu d'en haut)* hinuntergehen *escalier, colline; (vu d'en bas)* herunterkommen ❷ *(se déplacer en véhicule: vu d'en haut/d'en bas)* hinunterfahren/herunterkommen *rue, route* ❸ *(porter en bas: vu d'en haut)* hinunterbringen; *(vu d'en bas)* herunterbringen; ***~ qc à la cave*** etw in den Keller bringen ❹ *(baisser)* herunterlassen *stores, rideaux;* tiefer hängen *tableau, étagère* ❺ *(fam: déposer)* ***~ qn à l'école*** jdn an

der Schule aussteigen lassen ❻ *(fam: abattre)* herunterholen *avion;* abknallen *personne* ❼ *(fam: critiquer)* verreißen *film, auteur* ❽ *(fam: boire)* herunterkippen; *(manger)* verputzen ❾ MUS ~ ***la gamme*** *chanteur:* die Tonleiter abwärtssingen; *joueur:* die Tonleiter abwärtsspielen ► ~ **en flammes** *(fam)* herunterreißen

descente [desɑ̃t] *f* ❶ *d'une pente (à pied, en escalade)* Abstieg *m; (en voiture, à ski)* Abfahrt *f; d'un fleuve* Fahrt *f* stromabwärts ❷ AVIAT Landung *f* ❸ *(arrivée)* ***à la ~ d'avion/de bateau*** bei der Ankunft im Flughafen/Hafen; ***accueillir qn à la ~ de l'avion/du train*** jdn am Flughafen/auf dem Bahnsteig begrüßen ❹ *(action de descendre au fond de)* ~ ***dans qc*** Hinuntersteigen *nt* in etw *akk* ❺ *(attaque brusque)* ***une ~ de police*** eine Polizeikontrolle; ***faire une ~ dans un bar*** *(fam)* eine Razzia in einer Bar machen ❻ *(pente)* Gefälle *nt;* ***dans la ~/les ~s*** auf abfallender Strecke ❼ *(action de porter en bas, déposer: vu d'en haut)* Hinunterbringen *nt,* Hinuntertragen *nt; (vu d'en bas)* Herunterholen *nt,* Heruntertragen *nt* ► ~ **aux enfers** Höllenfahrt *f;* **avoir une bonne ~** *(fam)* einen ordentlichen Schluck vertragen können

descripteur [dɛskʀiptœʀ] *m* ❶ *(narrateur)* beschreibender Erzähler *m* ❷ INFORM Deskriptor *m*

descriptif [dɛskʀiptif] *m* Beschreibung *f*

descriptif, -ive [dɛskʀiptif, -iv] *adj* beschreibend; *musique* tonmalerisch

description [dɛskʀipsjɔ̃] *f* Beschreibung *f; d'un événement* Schilderung *f*

désembuer [dezɑ̃bɥe] <1> *vt* frei machen *vitre*

désemparé(e) [dezɑ̃paʀe] *adj personne* hilflos

désemparer [dezɑ̃paʀe] <1> ► **sans ~** unablässig

désemplir [dezɑ̃pliʀ] <8> *vi* ***ne pas ~*** immer voll sein

désenchanté(e) [dezɑ̃ʃɑ̃te] *adj* ernüchtert

désenclaver [dezɑ̃klave] <1> *vt* mit der Außenwelt verbinden *région, ville*

désencombrer [dezɑ̃kɔ̃bʀe] <1> *vt* ~ ***une route/voie de qc*** eine Straße/Spur von etw räumen

désencrasser [dezɑ̃kʀase] <1> *vt* reinigen, säubern

désendettement [dezɑ̃dɛtmɑ̃] *m* Entschuldung *f*

désendetter [dezɑ̃dete] <1> *vpr* ***se ~*** seine Schulden tilgen

désenfler [dezɑ̃fle] <1> **I.** *vt* zum Abschwellen bringen **II.** *vi* abschwellen **III.** *vpr* ***se ~*** abschwellen

désengagement [dezɑ̃gaʒmɑ̃] *m* Disengagement *nt*

désengager [dezɑ̃gaʒe] <2a> *vpr* ***se ~*** sich zurückziehen

désennuyer [dezɑ̃nɥije] <6> *(littér)* **I.** *vt* ~ ***qn*** jdm die Langeweile vertreiben **II.** *vpr* ***se ~*** sich die Langeweile vertreiben

désensibiliser [desɑ̃sibilize] <1> *vt* desensibilisieren

déséquilibre [dezekilibʀ] *m* ❶ *des forces, valeurs* Ungleichgewicht *nt; d'une construction, d'une personne* mangelndes Gleichgewicht; ~ ***entre l'offre et la demande*** Missverhältnis *nt* zwischen Angebot und Nachfrage; ***être en ~*** *personne, objet:* wackelig sein; ***créer un ~*** das Gleichgewicht stören ❷ PSYCH ~ ***mental*** psychische Störungen *Pl*

déséquilibré(e) [dezekilibʀe] **I.** *adj personne* unausgeglichen; PSYCH psychisch gestört; *balance* unausgeglichen; *quantités* nicht ausgewogen **II.** *m(f) (personne)* psychisch Gestörte(r) *f(m)*

déséquilibrer [dezekilibʀe] <1> *vt* aus dem Gleichgewicht bringen *personne, objet*

désert [dezɛʀ] *m* ❶ GEOG Wüste *f* ❷ *(lieu dépeuplé)* Einöde *f,* Einschicht *f* A ► **prêcher dans le ~** tauben Ohren predigen

désert(e) [dezɛʀ, ɛʀt] *adj* ❶ *(sans habitant)* unbewohnt; *île, maison* verlassen ❷ *(peu fréquenté)* menschenleer

déserter [dezɛʀte] <1> **I.** *vt* ❶ *(quitter)* verlassen *lieu, son poste* ❷ *(abandonner, renier)* verraten *cause;* austreten aus +*dat syndicat, parti;* nicht teilnehmen an +*dat réunions* **II.** *vi* MIL desertieren

déserteur [dezɛʀtœʀ] **I.** *m* MIL Deserteur *m* **II.** *adj* desertiert

désertification [dezɛʀtifikasjɔ̃] *f* GEOG Versteppung *f*

désertion [dezɛʀsjɔ̃] *f* MIL Fahnenflucht *f*

désertique [dezɛʀtik] *adj climat, plante* Wüsten-; *région* öde

désespérant(e) [dezɛspeʀɑ̃, ɑ̃t] *adj (décourageant)* ***être ~*** *notes, comportement:* zum Verzweifeln sein

désespéré(e) [dezɛspeʀe] **I.** *adj* verzweifelt; *cas* hoffnungslos; *situation* ausweglos **II.** *m(f)* Verzweifelte(r) *f(m)*

désespérément [dezɛspeʀemɑ̃] *adv appeler, lutter* verzweifelt

désespérer [dezɛspeʀe] <5> **I.** *vi* verzwei-

D

feln; ~ ***de qc*** die Hoffnung auf etw *akk* aufgeben; ***c'est à*** ~ es ist zum Verzweifeln **II.** *vt* ❶ *(affliger)* verzweifeln lassen ❷ *(décourager)* zur Verzweiflung bringen **III.** *vpr* ***se*** ~ verzweifeln

désespoir [dezɛspwaʀ] *m* ❶ *(perte ou absence d'espoir)* Hoffnungslosigkeit *f* ❷ *(détresse, désespérance)* Verzweiflung *f;* ***faire le ~ de qn*** jdn zur Verzweiflung bringen ▶ **en ~ de cause** in letzter Verzweiflung

D

déshabillage [dezabijaʒ] *m* Ausziehen *nt*

déshabillé [dezabije] *m (vêtement)* Negligé *nt*

déshabillé(e) [dezabije] *adj* ausgezogen; *scène, séquence* Nackt-

déshabiller [dezabije] <1> **I.** *vt* ausziehen *personne, poupée* **II.** *vpr* **se** ~ ❶ *(se dévêtir)* sich ausziehen ❷ *(se mettre à l'aise)* ablegen

déshabituer [dezabitɥe] <1> **I.** *vt* ~ ***qn de qc*** jdm etw abgewöhnen **II.** *vpr* ***se ~ de qc*** sich *dat* etw abgewöhnen

désherbage [dezɛʀbaʒ] *m* Unkrautjäten *nt*

désherbant [dezɛʀbɑ̃] *m* Unkrautvertilgungsmittel *nt*

désherber [dezɛʀbe] <1> *vi* Unkraut jäten

déshérité(e) [dezeʀite] **I.** *adj* ❶ *(privé d'héritage)* enterbt ❷ *(désavantagé)* benachteiligt **II.** *m(f) pl* ***les ~s*** die Armen

déshériter [dezeʀite] <1> *vt* ❶ JUR enterben ❷ *(priver d'avantages)* benachteiligen

déshonneur [dezɔnœʀ] *m* Schande *f*

déshonorant(e) [dezɔnɔʀɑ̃, ɑ̃t] *adj conduite, trafic* unehrenhaft; *échec, accusation* entehrend

déshonorer [dezɔnɔʀe] <1> **I.** *vt* ❶ *(porter atteinte à l'honneur de)* Schande bringen über +*akk famille;* in Misskredit bringen *profession;* entehren *femme* ❷ *(défigurer)* verunstalten *monument, paysage* **II.** *vpr* ***se*** ~ seine Ehre verlieren

déshumaniser [dezymanize] <1> *vt* entmenschlichen

déshydratation [dezidʀatasjɔ̃] *f* MED Wasserverlust *m;* TECH Wasserentzug *m,* Dehydratation *nt Fachspr.*

déshydrater [dezidʀate] <1> **I.** *vt* ❶ MED austrocknen ❷ TECH dehydratisieren *légumes, lait* **II.** *vpr* ***se*** ~ Flüssigkeit verlieren

desiderata [dezideʀata] *mpl* Wünsche *Pl*

design [dezajn] *m* Design *nt*

désignation [deziɲasjɔ̃] *f* Bezeichnung *f*

designer[1] [dizajnœʀ, dezajnœʀ] *mf* Designer(in) *m(f)*

Aussprache

Der Anglizismus **designer** wird nach der englischen Aussprache artikuliert, die Endung -er allerdings französisch als [œʀ] gesprochen.

designer[2] [dizajne] <1> *vt* designen *chaise, produit*

désigner [deziɲe] <1> *vt* ❶ *(montrer, indiquer)* ~ ***qn/qc*** auf jdn/etw hinweisen; ~ ***qn/qc du doigt*** mit dem Finger auf jdn/etw zeigen ❷ *(signaler)* ~ ***qn à l'attention de qn*** jds Aufmerksamkeit auf jdn lenken ❸ *(choisir)* ~ ***qn comme qc*** jdn zu etw ernennen ❹ *(qualifier)* ***être tout désigné pour qc*** besonders geeignet sein für etw ❺ *(dénommer)* ~ ***qn par son nom*** jdn beim Namen nennen; ~ ***qc sous qc*** etw mit etw bezeichnen

désillusion [dezi(l)lyzjɔ̃] *f* Enttäuschung *f*

désillusionner [dezi(l)lyzjɔne] <1> *vt* ~ ***qn*** jdn enttäuschen

désincarcération [dezɛ̃kaʀseʀasjɔ̃] *f* Befreiung *f;* ***matériel de*** ~ Schneidgerät *nt*

désincarné(e) [dezɛ̃kaʀne] *adj (fig) doctrine* wirklichkeitsfremd

désincruster [dezɛ̃kʀyste] <1> *vt* ❶ TECH ~ ***qc*** den Kesselstein aus etw entfernen ❷ *(nettoyer)* porentief reinigen *peau*

désinence [dezinɑ̃s] *f* Endung *f*

désinfectant [dezɛ̃fɛktɑ̃] *m* Desinfektionsmittel *nt*

désinfectant(e) [dezɛ̃fɛktɑ̃, ɑ̃t] *adj* desinfizierend

désinfecter [dezɛ̃fɛkte] <1> *vt* desinfizieren

désinfection [dezɛ̃fɛksjɔ̃] *f* Desinfektion *f*

désinflation [dezɛ̃flasjɔ̃] *f* Rückgang *m* der Inflation

désinformation [dezɛ̃fɔʀmasjɔ̃] *f* Desinformation *f*

désinsectiser [dezɛ̃sɛktize] <1> *vt* von Ungeziefer befreien

désintégration [dezɛ̃tegʀasjɔ̃] *f* ❶ *d'une famille* Auflösung *f; d'un parti* Zerfall *m* ❷ GEOL Verwitterung *f* ❸ PHYS *d'une matière* Zerfall *m*

désintégrer [dezɛ̃tegʀe] <5> **I.** *vt* ❶ *(fig)* auflösen *famille, parti* ❷ GEOL verwittern lassen ❸ PHYS spalten **II.** *vpr* **se** ~ ❶ *(se désagréger) parti:* zerfallen; *famille, équipe:* sich auflösen ❷ GEOL verwittern ❸ PHYS sich spalten

désintéressé(e) [dezɛ̃teʀese] *adj* ❶ *per-*

sonne, acte, attitude uneigennützig ❷ *esprit, jugement* unvoreingenommen

Falsche Freunde
Nicht verwechseln mit *desinteressiert* – *peu intéressé*!

désintéressement [dezɛ̃teʀɛsmɑ̃] *m* ❶ Selbstlosigkeit *f,* Uneigennützigkeit *f;* ***avec ~*** selbstlos, uneigennützig ❷ *(dédommagement)* Abfindung *f*

désintéresser [dezɛ̃teʀese] <1> **I.** *vt (dédommager)* ***~ qn*** jdm eine Abfindung zahlen **II.** *vpr* ***se ~ de qn/qc*** das Interesse an jdm/etw verlieren

désintérêt [dezɛ̃teʀɛ] *m* Desinteresse *nt;* ***son ~ pour qc*** sein/ihr Desinteresse an etw *dat*

désintoxication [dezɛ̃tɔksikasjɔ̃] *f* MED Entgiftung *f; d'un drogué, alcoolique* Entwöhnung *f*

désintoxiquer [dezɛ̃tɔksike] <1> **I.** *vt* ❶ MED entwöhnen *drogué, alcoolique;* ***se faire ~*** sich einer Entziehungskur unterziehen ❷ *(purifier l'organisme)* entgiften *citadin, fumeur;* ***~ de la propagande publicitaire*** *(fig)* von der Werbepropaganda befreien **II.** *vpr* **se ~** ❶ MED *alcoolique, toxicomane:* eine Entziehungskur machen ❷ *(s'oxygéner)* Sauerstoff tanken *fam*

désinvolte [dezɛ̃vɔlt] *adj mouvement, attitude* ungezwungen

désinvolture [dezɛ̃vɔltyʀ] *f* Ungezwungenheit *f*

désir [deziʀ] *m* ❶ *(souhait)* Wunsch *m;* ***~ de qc*** Wunsch nach etw; ***vos ~s sont des ordres*** *(hum)* Ihr Wunsch sei mir Befehl ❷ *(appétit sexuel)* Verlangen *nt*

désirable [deziʀabl] *adj* ❶ *(souhaitable)* wünschenswert ❷ *(excitant)* begehrenswert

désirer [deziʀe] <1> *vt* ❶ *(souhaiter)* wünschen; ***je désire/désirerais un café*** ich möchte [gerne] einen Kaffee [haben]; ***désirer qc*** [sich] etw wünschen/haben wollen ❷ *(convoiter)* begehren ▶ **se faire ~** auf sich warten lassen; **laisser à ~** zu wünschen übrig lassen

désireux, -euse [deziʀø, -øz] *adj* ***être ~ de qc*** nach etw streben

désistement [dezistəmɑ̃] *m* POL Rücktritt *m*

désister [deziste] <1> *vpr* ***se ~*** POL zurücktreten

désobéir [dezɔbeiʀ] <8> *vi* ***~ à qn*** jdm nicht gehorchen; *soldat:* jds Befehl verweigern; ***~ à la loi*** das Gesetz nicht beachten; ***~ à un ordre*** sich einem Befehl widersetzen

désobéissance [dezɔbeisɑ̃s] *f* ***~ à qn*** Ungehorsam *m* gegenüber jdm; ***~ à un ordre/une loi*** Nichtbeachtung *f* eines Befehls/eines Gesetzes

désobéissant(e) [dezɔbeisɑ̃, ɑ̃t] *adj* ungehorsam

désobligeant(e) [dezɔbliʒɑ̃, ʒɑ̃t] *adj attitude, propos* unfreundlich

désobliger [dezɔbliʒe] <2a> *vt* kränken, vor den Kopf stoßen

désodorisant [dezɔdɔʀizɑ̃] *m* De[s]odorant *nt*

désodorisant(e) [dezɔdɔʀizɑ̃, ɑ̃t] *adj* desodorierend

désodoriser [dezɔdɔʀize] <1> *vt* ***~ le couloir*** den unangenehmen Geruch im Korridor beseitigen

désœuvré(e) [dezœvʀe] *adj* untätig

désœuvrement [dezœvʀəmɑ̃] *m* Untätigkeit *f*

désolant(e) [dezɔlɑ̃, ɑ̃t] *adj spectacle, nouvelle* traurig

désolation [dezɔlasjɔ̃] *f* Trostlosigkeit *f*

désolé(e) [dezɔle] *adj* ❶ *(éploré)* untröstlich ❷ *(navré)* ***je suis vraiment ~*** es tut mir wirklich leid ❸ *(désert et triste)* trostlos

désoler [dezɔle] <1> *vt* traurig machen, betrüben

désolidariser [desɔlidaʀize] <1> *vpr* ***se ~ de qn/qc*** sich von jdm/etw distanzieren

désopilant(e) [dezɔpilɑ̃, ɑ̃t] *adj* wahnsinnig lustig

désordonné(e) [dezɔʀdɔne] *adj* ❶ *(qui manque d'ordre)* unordentlich; *maison, pièce* unaufgeräumt ❷ *(qui manque d'organisation)* chaotisch ❸ *(incontrôlé)* unkontrolliert; *élans* unkoordiniert; *fuite, combat* ungeordnet

désordre [dezɔʀdʀ] *m* ❶ *sans pl d'une personne, d'un lieu* Unordnung *f;* ***le Tiercé dans le ~*** die Dreierwette in beliebiger Reihenfolge ❷ *de l'esprit, des idées* Durcheinander *nt* ❸ *(absence de discipline)* Unruhe *f;* ***semer le ~*** Unruhe verbreiten ❹ *gén pl* POL Unruhen *Pl*

désorganiser [dezɔʀganize] <1> *vt* durcheinanderbringen *service, projets*

désorienté(e) [dezɔʀjɑ̃te] *adj* verwirrt

désorienter [dezɔʀjɑ̃te] <1> *vt* ❶ *(égarer)* verwirren *personne;* vom Kurs abbringen *avion;* ***être désorienté*** die Orientierung verlieren ❷ *(déconcerter)* verunsichern

désormais [dezɔʀmɛ] *adv* von nun an

D

désosser [dezɔse] <1> *vt* GASTR von den Knochen lösen *viande*
despote [dɛspɔt] **I.** *adj* despotisch **II.** *m (a. fig)* Despot *m*
despotique [dɛspɔtik] *adj* despotisch
despotisme [dɛspɔtism] *m* POL Despotismus *m,* Gewaltherrschaft *f*
desquels, desquelles [dekɛl] *pron v.* **lequel**
dessaisir [desezIʀ] <8> *vpr* ***se ~ de qc*** etw abgeben
dessaler [desale] <1> *vt* entsalzen
dessèchement [desɛʃmɑ̃] *m de la peau, du sol* Austrocknung *f*
dessécher [deseʃe] <1> **I.** *vt* ❶ *(rendre sec)* austrocknen *terre, peau, bouche;* verdorren lassen *végétation;* trocknen *plantes;* dörren *fruits;* ***mes lèvres sont desséchées*** ich habe trockene Lippen ❷ *(rendre maigre)* auszehren *personne, corps* ❸ *(rendre insensible)* abstumpfen *personne* **II.** *vpr* **se ~** ❶ *(devenir sec) bouche, lèvres:* trocken werden; *terre, peau:* austrocknen; *végétation:* verdorren ❷ *(maigrir)* dürr werden ❸ *(devenir insensible)* abstumpfen
dessein [desɛ̃] *m (littér)* Plan *m,* Absicht *f;* ***nourrir de grands ~s/de noirs ~s*** *(littér)* große Pläne schmieden/finstere Absichten hegen; ***avoir*** [*o* ***nourrir*** *littér*] ***le ~ de faire qc*** die Absicht haben [*o* hegen *geh*] etw zu tun; ***à ~*** absichtlich, mit Absicht; ***dans le ~ de faire qc*** in der Absicht etw zu tun
desseller [desele] <1> *vt* absatteln
desserrage [deseʀaʒ] *m* Lockern *nt*
desserré(e) [deseʀe] *adj vis, nœud, lacet* locker; *ceinture, cravate* gelockert; *frein* gelöst; *col* offen
desserrer [deseʀe] <1> **I.** *vt* ❶ *(dévisser)* lockern ❷ *(relâcher)* lockern *étau, cravate;* weiter machen *ceinture;* lösen *frein à main* ❸ *(écarter)* öffnen *poing* **II.** *vpr* **se ~** *vis, étau, nœud:* sich lockern; *frein à main:* sich lösen; *personnes:* auseinanderrücken; *rangs:* sich auflösen
dessert [desɛʀ] *m (mets, moment)* Nachtisch *m,* Dessert *nt;* ***au ~*** beim Nachtisch
desserte [desɛʀt] *f* ❶ *(meuble)* Serviertisch *m* ❷ TRANSP ***~ de qc*** [Verkehrs]verbindung *f* zu etw; ***~ aérienne/postale*** Luftverbindung *f*/Lieferung *f* der Postsendungen
desservir [desɛʀviʀ] <irr> *vt* ❶ *(débarrasser)* abräumen *table* ❷ *(nuire à)* ***~ qn/qc*** jdm/einer S. schaden ❸ TRANSP *bus, train:* anfahren; *compagnie aérienne:* anfliegen; *bateau:* anlaufen; *ligne, autoroute, voie ferrée:* nach etw führen; ***le train dessert cette gare/ce village*** der Zug hält an diesem Bahnhof/in diesem Dorf; ***être desservi par qc*** Anschluss *m* an etw *akk* haben
dessiller [desije] <1> **I.** *vt* ***~ les yeux à qn sur qn/qc*** jdm in Bezug auf jdn/etw die Augen öffnen **II.** *vpr* ***ses yeux se dessillent*** es fällt ihm/ihr wie Schuppen von den Augen
dessin [desɛ̃] *m* ❶ *(image)* Zeichnung *f;* ***~[s] animé[s]*** Zeichentrickfilm *m* ❷ *(activité)* Zeichnen *nt* ❸ *(motif)* Muster *nt* ❹ *du visage* Züge *Pl; des veines* Verlauf *m* ► **il faut te/vous <u>faire</u> un ~?** *(fam)* brauchst du/braucht ihr eine Extraerklärung?
dessinateur, -trice [desinatœʀ, -tʀis] *m, f* ❶ ART Zeichner(in) *m(f)* ❷ IND Designer(in) *m(f)*
dessiner [desine] <1> **I.** *vi* ***~ au crayon*** mit dem Bleistift zeichnen **II.** *vt* ❶ ART zeichnen; ***~ qn/qc*** jdn/etw zeichnen/malen ❷ TECH zeichnen *plan d'une maison;* entwerfen *meuble, véhicule;* gestalten *jardin* ❸ *(souligner)* betonen *contours, formes* ❹ *(former)* beschreiben *courbe, virages*
dessoûler [desule] <1> *vi* nüchtern werden
dessous [d(ə)su] **I.** *adv* ❶ *(sous)* d[a]runter ❷ *(fig)* ***agir [par] en ~*** heimlich vorgehen **II.** *prép* ❶ *(sous)* ***en ~ de qc*** unterhalb einer S. *gen,* unter etw *dat;* ***d'en ~*** *(fam) voisin, appartement* von unten; ***habiter en ~ de chez qn*** unter jdm wohnen ❷ *(plus bas que)* ***en ~ de qc*** unter einer S. *dat;* ***être en ~ de tout*** *personne:* miserabel sein; *travail, comportement:* unter aller Kritik sein **III.** *m* ❶ *d'une assiette, langue* Unterseite *f; d'une étoffe* linke Seite; *des pieds, chaussures* Sohle *f;* ***le voisin/l'étage du ~*** der Nachbar von unten/die untere Etage ❷ *pl* TEXTIL Dessous *Pl,* [Damen]unterwäsche *f* ❸ *pl d'une affaire, de la politique* Hintergründe *Pl*
dessous-de-plat [d(ə)sud(ə)pla] *m inv* [Schüssel]untersetzer *m* **dessous-de-table** [d(ə)sud(ə)tabl] *m inv* Schmiergeld *nt*
dessus [d(ə)sy] **I.** *adv (sur qn/qc)* darauf; ***mettre ~*** darauf stellen/darauf legen; ***elle lui a tapé/tiré ~*** sie hat auf ihn eingeschlagen/geschossen **II.** *prép* ***enlever de ~ qc*** von etw herunternehmen **III.** *m de la tête, du pied* Oberseite *f;* ***le voisin/l'étage du ~*** der Nachbar von oben/die obere Etage ► **<u>avoir</u> le ~** überlegen sein; **<u>prendre</u>/**

reprendre le ~ sich [wieder] fangen; *(après une maladie)* [wieder] auf die Beine kommen

dessus-de-lit [d(ə)syd(ə)li] *m inv* Tagesdecke *f*

déstabilisateur, -trice [destabilizatœʀ, -tʀis] *adj* destabilisierend

déstabilisation [destabilizasjɔ̃] *f* Destabilisierung *f*

déstabiliser [destabilize] <1> *vt* destabilisieren *Etat, économie;* verunsichern *personne*

destin [dɛstɛ̃] *m* Schicksal *nt*

destinataire [dɛstinatɛʀ] *mf* Empfänger(in) *m(f); d'un mandat* Zahlungsempfänger

destination [dɛstinasjɔ̃] *f* ❶ *(lieu)* Ziel *nt; d'une lettre* Bestimmungsort *m;* ***arriver à ~*** am Ziel ankommen; ***le train/les voyageurs à ~ de Hambourg*** der Zug/die Reisenden nach Hamburg ❷ *d'un édifice, d'une personne* Bestimmung *f; d'une somme, d'un appareil* Verwendungszweck *m*

destinée [dɛstine] *f* Schicksal *nt*

destiner [dɛstine] <1> **I.** *vt* ❶ *(réserver à, attribuer)* ***~ un poste à qn*** eine Stelle für jdn vorsehen; ***être destiné à qn*** *fortune, emploi, ballon:* für jdn bestimmt sein; *livre:* für jdn bestimmt sein; *remarque, allusion:* sich an jdn richten ❷ *(prévoir un usage)* ***~ un local à qc*** ein Lokal für etw bestimmen ❸ *(vouer)* ***~ qn à être avocat/son successeur*** jdn dazu ausersehen Anwalt/sein Nachfolger zu werden **II.** *vpr* ***se ~ à la politique*** sich der Politik verschreiben; ***se ~ à faire qc*** [fest] vorhaben etw zu tun

destituer [dɛstitɥe] <1> *vt* absetzen *ministre, souverain;* entlassen *fonctionnaire, officier;* ***~ qn de ses fonctions*** jdn seines Amtes entheben

destitution [dɛstitysjɔ̃] *f* Absetzung *f; d'un fonctionnaire* [Dienst]entlassung *f; d'un ministre* Amtsenthebung *f*

destroy [dɛstʀɔj] *adj inv (fam)* total fertig

destructeur, -trice [dɛstʀyktœʀ, -tʀis] **I.** *adj critique, idée* destruktiv; *action, feu, guerre* zerstörerisch; *fléau* verheerend **II.** *m, f (personne)* Zerstörer(in) *m(f)*

destructible [dɛstʀyktibl] *adj* zerstörbar

destructif, -ive [dɛstʀyktif, -iv] *adj* destruktiv

destruction [dɛstʀyksjɔ̃] *f* ❶ *d'un immeuble, d'un objet* Zerstörung *f; d'archives, de preuves* Vernichtung *f* ❷ *d'un peuple* Vernichtung *f; de rats, d'insectes* Vertilgung *f* ❸ *des tissus organiques* Zerstörung *f*

déstructurer [destʀyktyʀe] <1> *vt* ***~ qc*** die Struktur einer S. *gen* auflösen

désuet, -ète [dezɥɛ, -ɛt] *adj coutume, vêtement* altmodisch

désuétude [dezɥetyd] *f* ***tomber en ~*** *expression:* außer Gebrauch kommen

désuni(e) [dezyni] *adj* zerstritten

désunion [dezynjɔ̃] *f d'un parti, d'une famille* Uneinigkeit *f*

désunir [dezyniʀ] <8> *vt* auseinanderbringen *couple;* entzweien *famille, équipe*

détachable [detaʃabl] *adj partie, capuche* abtrennbar; *feuilles* abreißbar

détachage [detaʃaʒ] *m* Reinigung *f*

détachant [detaʃɑ̃] *m* Fleckentferner *m*

détaché(e) [detaʃe] *adj air, œil* gleichgültig

détachement [detaʃmɑ̃] *m* Gleichgültigkeit *f*

détacher[1] [detaʃe] <1> **I.** *vt* ❶ *(délier, libérer)* losmachen *prisonnier, chien; (en enlevant un lien)* losbinden *prisonnier, chien* ❷ *(défaire)* lösen *cheveux, nœud;* aufmachen *lacet, ceinture* ❸ *(arracher, retirer)* ablösen *timbre;* abreißen *feuille, pétale* ❹ ADMIN ***~ qn à Paris/en province*** jdn einstweilig nach Paris/in die Provinz versetzen ❺ *(ne pas lier)* voneinander absetzen *lettres, notes* ❻ *(détourner)* ***être détaché de qn/qc*** sich von jdm/etw gelöst haben **II.** *vpr* ❶ *(se libérer)* ***se ~*** sich befreien ❷ *(se séparer)* ***se ~ de qc*** *bateau, satellite:* sich von etw trennen; *(par accident)* sich von etw lösen ❸ *(se défaire)* ***se ~*** *chaîne, lacet:* aufgehen ❹ *(prendre ses distances)* ***se ~ de qn*** sich [gefühlsmäßig] von jdm lösen; ***se ~ de qc*** sich nicht mehr für etw interessieren

détacher[2] [detaʃe] <1> *vt* ***~ qc*** etw reinigen

détail [detaj] <s> *m* ❶ *d'une description, d'un récit* Einzelheit *f,* Detail *nt; d'un tableau* Ausschnitt *m;* ***dans les moindres ~s*** bis ins kleinste Detail ❷ *sans pl des dépenses, d'un compte* detaillierte Aufstellung ❸ *sans pl* COM ***commerce de ~*** Einzelhandel *m;* ***vente au ~*** Verkauf *m* im Einzelhandel ❹ *(accessoire)* Nebensache *f;* ***à un ~ près*** bis auf eine Kleinigkeit

détaillant(e) [detajɑ̃, jɑ̃t] *m(f)* Einzelhändler(in) *m(f)*

détaillé(e) [detaje] *adj explications, récit* ausführlich; *plan* detailliert

détailler [detaje] <1> *vt* ❶ COM einzeln verkaufen *articles;* in kleineren Mengen verkaufen *marchandise* ❷ *(couper en morceaux)* in [Einzel]stücke schneiden *tissu* ❸ *(faire le détail de)* ausführlich erörtern

D

plan, histoire, raisons ❹ *(énumérer)* einzeln aufführen *défauts, points*

détaler [detale] <1> *vi (fam)* sich aus dem Staub machen

détartrage [detaʀtʀaʒ] *m* Entkalkung *f;* ~ ***des dents*** Entfernung *f* des Zahnsteins

détartrant [detaʀtʀɑ̃] *m* Entkalker *m*

détartrer [detaʀtʀe] <1> *vt* entkalken *chaudière, conduit*

détaxe [detaks] *f* Steuerermäßigung *f*

détaxer [detakse] <1> *vt* ~ ***qc*** *(exonérer)* die Steuern für etw aufheben; *(réduire)* die Steuern für etw senken; ***être détaxé*** steuerfrei [*o* steuerermäßigt] sein

détecter [detɛkte] <1> *vt* aufspüren *objets cachés, personne;* ausfindig machen *fuite de gaz, mines;* aufdecken *erreur, mensonge;* AVIAT, NAUT orten *avion, bateau*

détecteur [detɛktœʀ] *m* ~ ***de fumée*** Rauchmelder *m*

détection [detɛksjɔ̃] *f* Auffinden *nt; (par radar)* Ortung *f*

détective [detɛktiv] *mf* Detektiv(in) *m(f)*

déteindre [detɛ̃dʀ] <irr> *vi* die Farbe verlieren; ~ ***sur qc*** auf etw *akk* abfärben

dételer [det(ə)le] <3> *vt* ausspannen *bœuf, cheval*

détendre [detɑ̃dʀ] <14> **I.** *vt (relâcher)* lockern *arc, ressort, corde;* entspannen *muscle, situation;* auflockern *atmosphère* **II.** *vpr* ***se*** ~ *(se relâcher) ressort:* sich lockern; *arc, corde:* an Spannung verlieren; *muscle, personne, situation:* sich entspannen; *atmosphère:* sich auflockern

détendu(e) [detɑ̃dy] *adj* entspannt; *corde, ressort* locker

détenir [det(ə)niʀ] <9> *vt* ❶ *(posséder)* besitzen *objet, pouvoir;* im Besitz einer S. *gen* sein *objets volés, document;* innehaben *poste, position;* verfügen über +*akk preuve, majorité, secret;* halten *record, titre* ❷ *(retenir prisonnier)* gefangen halten

détente [detɑ̃t] *f (relâchement)* Entspannung *f* ▶ **être dur à la** ~ *(fam: être lent à réagir)* eine lange Leitung haben

détenteur, -trice [detɑ̃tœʀ, -tʀis] *m, f d'un objet, d'un document* Besitzer(in) *m(f); d'un compte, d'un brevet* Inhaber(in) *m(f);* ~ ***du pouvoir/du titre/du record*** Machthaber *m*/Titelträger *m*/Rekordhalter *m*

détention [detɑ̃sjɔ̃] *f* ❶ *d'un document, d'une somme* Besitz *m; d'un secret* Wahrung *f;* ~ ***d'armes*** Waffenbesitz *m* ❷ *(incarcération)* Haft *f;* ~ ***provisoire*** Untersuchungshaft *f*

détenu(e) [det(ə)ny] *m(f)* Häftling *m,* Inhaftierte(r) *f(m);* ~ ***politique*** politischer Gefangener

détergent [detɛʀʒɑ̃] *m* Reinigungsmittel *nt*

détérioration [deteʀjɔʀasjɔ̃] *f d'un appareil, de marchandises* Beschädigung *f; des conditions de vie, des relations* Verschlechterung *f*

détériorer [deteʀjɔʀe] <1> **I.** *vt* ❶ *(endommager)* beschädigen *appareil, marchandise;* ***être détérioré*** schadhaft sein ❷ *(nuire à)* verschlechtern *climat social, relations;* schaden +*dat santé* **II.** *vpr* **se** ~ ❶ *(s'abîmer) appareil, marchandise:* Schaden nehmen ❷ *(se dégrader) temps, conditions, santé:* sich verschlechtern; *pouvoir d'achat:* abnehmen

déterminant(e) [detɛʀminɑ̃, ɑ̃t] *adj action, rôle, événement* entscheidend; *argument, raison* ausschlaggebend

détermination [detɛʀminasjɔ̃] *f* ❶ *d'une grandeur, d'une date* Bestimmung *f; de l'heure, du lieu* Festlegung *f; de la cause, de l'origine* Ermittlung *f* ❷ *(décision)* Entschluss *m* ❸ *(fermeté)* Entschlossenheit *f* ❹ PHILOS Determinierung *f*

déterminé(e) [detɛʀmine] *adj* ❶ *idée, lieu, but* bestimmt; *moment, heure, quantité* festgelegt ❷ *(décidé)* entschlossen

déterminer [detɛʀmine] <1> **I.** *vt* ❶ *(définir, préciser)* bestimmen *sens, inconnue, distance;* ermitteln *adresse, coupable, cause* ❷ *(convenir de)* festlegen *détails, date, lieu* ❸ *(décider)* ~ ***qn à qc*** jdn zu etw bewegen ❹ *(motiver, entraîner)* verursachen *retards, crise;* hervorrufen *phénomène, révolte* **II.** *vpr (se décider)* ***se*** ~ ***à faire qc*** sich dazu entschließen etw zu tun

déterminisme [detɛʀminism] *m* Determinismus *m*

déterré(e) [deteʀe] *m(f)* ▶ **avoir une mine de** ~ *(fam)* leichenblass aussehen

déterrer [deteʀe] <1> *vt* ❶ *(exhumer)* ausgraben *arbre, trésor, personne;* freilegen *mine, obus* ❷ *(dénicher)* ausgraben *vieux manuscrit;* aufstöbern *loi*

détersif, -ive [detɛʀsif, -iv] *adj* reinigend

détestable [detɛstabl] *adj personne, comportement* abscheulich

détester [detɛste] <1> **I.** *vt* ❶ *(haïr)* hassen ❷ *(ne pas aimer)* nicht leiden können *personne, animal;* [ganz und] gar nicht mögen *aliment* **II.** *vpr* ***qn se déteste*** jd kann sich [selbst] nicht leiden

détonant(e) [detɔnɑ̃, ɑ̃t] *adj* ***gaz*** ~ Knallgas *nt*

détonateur [detɔnatœʀ] *m* Zündkapsel *f*

détonation [detɔnasjɔ̃] *f d'une arme à feu* Knall *m*
détoner [detɔne] <1> *vi* detonieren
détonner [detɔne] <1> *vi couleurs:* nicht zusammenpassen
détortiller [detɔʀtije] <1> *vt* auseinanderwickeln
détour [detuʀ] *m* ❶ *(sinuosité)* Biegung *f*; ***au ~ du chemin*** hinter der Wegbiegung ❷ *(trajet plus long)* Umweg *m*; ***le château vaut le ~*** das Schloss ist einen Umweg wert ❸ *(biais)* Ausflucht *f*; ***parler sans ~*** ohne Umschweife reden ▶ **au ~ d'une conversation** im Laufe der Unterhaltung
détourné(e) [detuʀne] *adj* ❶ *(faisant un détour) **sentier** ~* Umweg *m* ❷ *reproche, allusion* versteckt
détournement [detuʀnəmɑ̃] *m* ❶ *(déviation)* Umleitung *f*; ***~ d'avion*** Flugzeugentführung *f* ❷ *(vol)* Unterschlagung *f*; ***~ de fonds*** Unterschlagung *f* von Geldern; ***~ de mineur*** Verführung *f* Minderjähriger
détourner [detuʀne] <1> **I.** *vt* ❶ *(changer la direction de)* umleiten *rivière, circulation; (par la contrainte)* entführen *avion;* abwenden *coup;* ablenken *tir* ❷ *(tourner d'un autre côté)* abwenden *tête, visage, regard* ❸ *(dévier)* abwenden *colère, fléau;* verfremden *texte;* ***~ qn de sa route*** jdn von seinem Weg abbringen ❹ *(distraire)* ***~ qn de qc*** jdn von etw ablenken; *(dissuader)* ***~ qn de qc*** jdn von etw abbringen ❺ *(soustraire)* unterschlagen *somme, fonds* **II.** *vpr* ❶ *(tourner la tête)* ***se ~*** sich abwenden ❷ *(se détacher)* ***se ~ de qn/qc*** sich von jdm/etw abwenden ❸ *(s'égarer)* ***se ~ de sa route*** vom Weg abkommen; *(prendre une autre route)* von der Route abweichen
détracteur, -trice [detʀaktœʀ, -tʀis] *m, f* Gegner(in) *m(f)*
détraqué(e) [detʀake] **I.** *adj* ❶ *appareil, mécanisme* gestört ❷ *santé, estomac* angegriffen ❸ *(fam: dérangé)* übergeschnappt **II.** *m(f) (fam)* Verrückte(r) *f(m)*
détraquement [detʀakmɑ̃] *m* ❶ *(dérèglement)* Störung *f* ❷ *(fig fam) d'une société* Zerrüttung *f*
détraquer [detʀake] <1> **I.** *vt* ❶ *(abîmer)* kaputt machen *appareil* ❷ *(fam: déranger)* angreifen *santé;* verderben *estomac;* durcheinanderbringen *personne;* kaputt machen *nerfs* **II.** *vpr* **se ~** ❶ *(être abîmé) montre:* kaputtgehen *fam* ❷ *(être dérangé) estomac:* leiden; METEO *temps:* schlecht werden ❸ *(fam: rendre malade)* ***se ~ l'estomac*** sich *dat* den Magen verderben
détrempé(e) [detʀɑ̃pe] *adj sol, chemin* aufgeweicht
détresse [detʀɛs] *f* ❶ *(sentiment)* Verzweiflung *f*; ***cri de ~*** verzweifelter Hilferuf ❷ *(situation difficile)* Not *f*
détriment [detʀimɑ̃] *m* ***au ~ de qc*** auf Kosten einer S. *gen*
détritus [detʀity(s)] *mpl* Abfall *m*
détroit [detʀwa] *m* Meerenge *f*; ***~ de Gibraltar*** Straße *f* von Gibraltar
détromper [detʀɔ̃pe] <1> **I.** *vt* ***~ qn*** jdn über seinen Irrtum aufklären **II.** *vpr* ***détrompe-toi/détrompez-vous!*** da irrst du dich/irren Sie sich gewaltig!
détrôner [detʀone] <1> *vt* ❶ *(destituer)* entthronen *souverain* ❷ *(supplanter)* verdrängen *rival;* ablösen *chanteur, mode*
détrousser [detʀuse] <1> *vt (hum)* ausplündern
détruire [detʀɥiʀ] <irr> **I.** *vt* ❶ *(démolir)* zerstören, niederreißen *clôture, mur* ❷ *(anéantir)* vernichten *armes, population;* entsorgen *déchets;* zerstören *machin* ❸ *(ruiner, anéantir)* zerstören *personne, illusions;* ruinieren *santé, réputation;* zunichtemachen *plans, espoirs;* abschaffen *capitalisme, dictature* **II.** *vi* zerstören **III.** *vpr* ***se ~*** *effets contraires, mesures:* sich gegenseitig aufheben; *personne:* sich [selbst] zugrunde richten
dette [dɛt] *f* ❶ *(somme d'argent)* [Geld]schuld *f* ❷ FIN Zahlungsverpflichtung *f* ❸ *(devoir)* Schuld *f*; ***avoir une ~ envers qn*** in jds Schuld *dat* stehen *geh*
deuil [dœj] *m* ❶ *(affliction)* Trauer *f* ❷ *(décès)* Trauerfall *m* ❸ *(signes du deuil)* ***porter/quitter le ~*** Trauer[kleidung] tragen/die Trauerkleidung ablegen *f* ❹ *(durée)* Trauer[zeit] *f*; ***~ national*** Staatstrauer *f*
deux [dø] **I.** *num* ❶ zwei; ***tous les ~*** alle beide; ***à ~*** zu zweit ❷ *(quelques)* ***habiter à ~ pas d'ici*** um die Ecke wohnen; ***il ne faut que ~ minutes pour aller à la gare*** [bis] zum Bahnhof sind es nur ein paar Minuten; ***j'ai ~ mots à vous dire!*** ich hätte [da] ein Wörtchen mit Ihnen zu reden! **II.** *m inv* ❶ *(cardinal)* Zwei *f*; ***se casser en ~*** entzweibrechen ❷ *(aviron à deux rameurs)* ***un ~ avec/sans barreur*** ein Zweier mit/ohne Steuermann ▶ **jamais ~ sans trois** *(prov)* aller guten Dinge sind drei; *(un malheur n'arrive jamais seul)* ein Unglück kommt selten allein; **c'est clair comme ~ et ~ font quatre** das ist doch sonnenklar *fam;* [**il n'**] **y en a pas ~**

[**comme lui/elle**] *(fam)* es gibt keinen Besseren/keine Bessere [als ihn/sie]; **à nous ~!** [und] nun zu uns beiden!; **en moins de ~** *(fam)* in Null Komma nichts; **entre les ~** halb und halb; *v. a.* **cinq**

deux-en-un [døzɑ̃nœ̃] *m* Two-in-one *nt*

deuxième [døzjɛm] **I.** *adj antéposé* zweite(r, s); ***vingt-~*** zweiundzwanzigste(r, s) **II.** *mf* ***le/la ~*** der/die/das Zweite **III.** *f (vitesse)* zweiter Gang; *v. a.* **cinquième**

> **Grammatik und Co.**
> Für **deuxième** gilt die Regel, dass es dann verwendet wird, wenn es von den gezählten Dingen (oder Phänomenen) mehr als zwei gibt:
> *habiter au deuxième étage – im zweiten Stock wohnen;*
> *passer la deuxième vitesse – in den zweiten Gang schalten.*

deuxièmement [døzjɛmmɑ̃] *adv* zweitens

deux-pièces [døpjɛs] *m inv* ❶ *(appartement)* Zweizimmerwohnung *f* ❷ *(maillot de bain)* Bikini *m* ❸ *(vêtement féminin)* zweiteiliges Kleid **deux-points** [døpwɛ̃] *mpl inv* GRAM Doppelpunkt *m* **deux-roues** [døʀu] *m inv* Zweirad *nt* **deux-temps** [døtɑ̃] *m inv* Zweitakter *m*

deuzio [døzjo] *adv* zweitens

dévaler [devale] <1> *vi (vu d'en haut/vu d'en bas)* ~ ***de qc*** *personne:* etw hinunterrennen/herunterrennen; *skieur:* etw hinuntersausen/heruntersausen

dévaliser [devalize] <1> *vt* ❶ *(voler)* ausplündern *personne;* ausrauben *banque* ❷ *(fam: vider)* plündern *réfrigérateur, magasin*

dévalorisant(e) [devalɔʀizɑ̃, ɑ̃t] *adj* abwertend

dévalorisation [devalɔʀizasjɔ̃] *f du dollar* Entwertung *f; d'une voiture* Wertminderung *f*

dévaloriser [devalɔʀize] <1> **I.** *vt* ❶ *(dévaluer)* entwerten; ***être dévalorisé*** eine Wertminderung erfahren; *pouvoir d'achat:* geschwächt sein ❷ *(déprécier)* abwerten *mérite, talent;* herabsetzen *personne;* ***être dévalorisé*** *métier:* an Ansehen verloren haben **II.** *vpr* **se ~** ❶ *(se déprécier) monnaie, marchandise:* an Wert verlieren ❷ *(se dénigrer) personne:* sich selbst herabsetzen

dévaluation [devalɥasjɔ̃] *f* FIN Abwertung *f*

dévaluer [devalɥe] <1> **I.** *vt* FIN abwerten **II.** *vpr* **se ~** ❶ FIN [im Wert] fallen ❷ *(se dévaloriser)* an Wert verlieren

devancement [dəvɑ̃smɑ̃] *m* Zuvorkommen *nt*

devancer [d(ə)vɑ̃se] <2> *vt* ❶ *(distancer)* ***~ qn de qc*** einen Vorsprung von etw vor jdm haben ❷ *(être le premier)* übertreffen *rival, concurrent* ❸ *(précéder)* ***~ qn*** jdm zuvorkommen ❹ *(aller au devant de)* zuvorkommen *+dat personne, question* ❺ *(anticiper)* im Voraus leisten *paiement*

devancier, -ière [d(ə)vɑ̃sje, -jɛʀ] *m, f* Vorgänger(in) *m(f)*

devant [d(ə)vɑ̃] **I.** *prép* ❶ *(en face de)* vor *+dat; (avec mouvement)* vor *+akk;* ***ma voiture est ~ la porte*** mein Wagen steht vor dem Haus; ***passer ~ qn/qc*** an jdm/etw vorbeigehen ❷ *(en avant de)* vor *+dat; (avec mouvement)* vor *+akk;* ***passer ~ qn*** vor jdn gehen; ***aller droit ~ soi*** geradeaus gehen ❸ *(face à, en présence de)* ***~ qn*** *s'exprimer, pleurer* vor jdm; ***~ le danger*** *reculer* vor der Gefahr; ***~ la gravité de la situation*** in Anbetracht der schwierigen Lage; ***mener/emporter ~ Nantes 2 à 0*** gegen Nantes mit 2 zu 0 führen/gewinnen ▸ **avoir du temps ~ soi** [genug] Zeit haben **II.** *adv* ❶ *(en face)* davor; ***mets-toi ~*** stell dich davor; ***en passant ~, regarde si le magasin est ouvert!*** wenn du vorbeikommst, schau, ob der Laden auf hat! ❷ *(en avant)* vorn[e]; *(avec mouvement)* nach vorn[e]; ***passer qc ~*** etw nach vorn[e] weitergeben; ***être loin ~*** weit vorn[e] sein; ***s'asseoir ~*** sich vorne hinsetzen **III.** *m d'un vêtement* Vorderteil *nt; d'un bateau* Bug *m; d'une maison* Vorderfront *f; d'un objet* Vorderseite *f* ▸ **être sur le ~ de la scène** im Mittelpunkt des Interesses stehen; **prendre les ~s** dem zuvorkommen

devanture [d(ə)vɑ̃tyʀ] *f* ***en ~*** im Schaufenster

dévastateur, -trice [devastatœʀ, -tʀis] *adj orage, inondation, effet* verheerend; *torrent* verwüstend; *virus* todbringend; *passion* zerstörerisch

dévastation [devastasjɔ̃] *f* Verwüstung *f*

dévaster [devaste] <1> *vt* verwüsten *pays, les terres;* vernichten *récoltes; (fig)* zugrunde richten *âme*

déveine [devɛn] *f (fam)* Pech *nt*

développé(e) [dev(ə)lɔpe] *adj* entwickelt; *odorat, vue* gut ausgebildet

développement [devlɔpmɑ̃] *m* ❶ *(croissance)* Entwicklung *f,* Wachstum *nt; de bactéries, d'une espèce* Vermehrung *f*

❷ ECON *de l'industrie, d'une affaire* Entwicklung *f; de la production* Steigerung *f;* ***le ~ durable*** ECOL die nachhaltige Entwicklung; ***être en plein ~*** *économie, entreprise:* einen bedeutenden Aufschwung erleben; ***pays en voie de ~*** Entwicklungsland *nt* ❸ *des relations* Ausbau *m; des connaissances* Erweiterung *f; d'une maladie* Fortschreiten *nt; d'une épidémie, d'une crise* Ausweitung *f* ❹ *de l'intelligence* Entwicklung *f; d'une civilisation* [Weiter]entwicklung *f;* ***~ de l'esprit*** geistige Entfaltung ❺ *pl d'une action, d'un incident* Folgen *Pl* ❻ *d'un thème, problème* Erläuterung *f; du raisonnement* Ausführung *f;* SCOL *d'une dissertation* Hauptteil *m;* MUS Weiterführung *f* ❼ PHOT Entwickeln *nt*

développer [dev(ə)lɔpe] <1> **I.** *vt* ❶ *(faire progresser)* entwickeln, ausbilden *germe, mémoire, adresse;* aufbauen *organisme, muscle;* fördern *créativité;* wecken *attention;* erweitern *connaissances* ❷ *(faire croître)* ausbauen *usine, secteur;* ***~ un pays*** die Entwicklung eines Landes fördern ❸ *(mettre au point)* entwickeln *technique, machine* ❹ *(exposer en détail)* ausführen *thème;* darlegen *aspect;* darlegen *pensée, plan;* ausarbeiten *chapitre;* MUS weiterführen *thème* ❺ MATH entwickeln *fonction;* durchführen *calcul* ❻ PHOT ***faire ~*** entwickeln lassen ❼ MED ***qn développe une maladie*** eine Krankheit kommt bei jdm zum Ausbruch **II.** *vpr* **se ~** ❶ *a.* ECON, TECH sich entwickeln; *personnalité:* sich ausbilden; *plante, tumeur:* wachsen ❷ *(s'intensifier) échanges:* zunehmen; *haine:* stärker werden; *relations:* sich entwickeln ❸ *(se propager)* sich ausbreiten; *usage:* üblich werden

développeur, -euse [dev(ə)lɔpœʀ, -øz] *m, f* ❶ PHOT [Film]entwickler(in) *m(f)* ❷ INFORM Software-Entwickler(in) *m(f)*

devenir [dəv(ə)niʀ] <9> **I.** *vi + être* ❶ *(se faire)* werden; ***~ ingénieur*** Ingenieur(in) *m(f)* werden; ***~ riche*** reich werden; ***qu'est-ce que tu deviens?*** *(fam)* was treibst du denn so? ❷ *(se transformer)* ***il devient une star*** aus ihm wird ein Star **II.** *m (soutenu)* ❶ *(évolution)* Werden *nt,* Entstehen *nt* ❷ *(avenir)* zukünftige Entwicklung

dévergondage [devɛʀgɔ̃daʒ] *m (comportement)* lockeres [*o* ausschweifendes] Leben

dévergondé(e) [devɛʀgɔ̃de] *adj personne* schamlos

dévergonder [devɛʀgɔ̃de] <1> *vpr* ***se ~*** sich *dat* Ausschweifungen *Pl* hingeben

déverrouiller [deveʀuje] <1> *vt* entsichern *arme à feu;* freischalten *téléphone*

déversement [devɛʀsəmɑ̃] *m* ❶ *d'un liquide* Abfließen *nt* ❷ *(action)* Ableiten *nt*

déverser [devɛʀse] <1> **I.** *vt* ❶ *(verser)* gießen *liquide* ❷ *(décharger)* [aus]schütten *sable, ordures;* werfen *bombes* **II.** *vpr* ***se ~ dans une rivière*** sich in einen Fluss *akk* ergießen

dévêtir [devetiʀ] <irr> **I.** *vt* ausziehen **II.** *vpr* ***se ~*** *(se déshabiller)* sich ausziehen

déviance [devjɑ̃s] *f* PSYCH auffällige [*o* von der Norm abweichende] Verhaltensweise *f*

déviant(e) [devjɑ̃, jɑ̃t] *adj* von der Norm abweichend

déviation [devjasjɔ̃] *f* ❶ *de la circulation* Umleitung *f; d'un projectile* Ablenken *nt; d'une aiguille aimantée* Abweichen *nt; d'un rayon lumineux* Brechung *f* ❷ *(chemin)* Umleitung *f* ❸ *de la colonne vertébrale* Verkrümmung *f* ❹ *(attitude différente)* Abweichung *f*

déviationniste [devjasjɔnist] *adj* nicht linientreu

dévider [devide] <1> *vt* abwickeln *câble, pelote*

dévidoir [devidwaʀ] *m* ❶ Trommel *f,* Rolle *f* ❷ *(ustensile de jardinage sur roues)* Schlauchwagen *m*

dévier [devje] <1> **I.** *vi véhicule:* abdriften; *bateau:* abtreiben; *aiguille magnétique:* abweichen **II.** *vt* umleiten *circulation;* ablenken *coup, balle;* brechen *rayon lumineux;* in eine andere Richtung lenken *conversation*

devin, devineresse [dəvɛ̃, dəvin(ə)ʀɛs] *m, f* Wahrsager(in) *m(f)*

deviner [d(ə)vine] <1> **I.** *vt* ❶ *(trouver)* erraten *réponse, secret;* lösen *énigme* ❷ *(pressentir)* [er]ahnen *sens, pensée;* erraten *idée, pensée;* durchschauen *intention;* vorhersehen *réaction;* spüren *menace, danger* ❸ *(entrevoir)* erahnen **II.** *vpr* ❶ *(se trouver)* ***se ~ facilement*** *réponse, solution:* leicht zu erraten sein ❷ *(transparaître)* ***se ~*** *tendance, goût:* sich abzeichnen

devinette [d(ə)vinɛt] *f (énigme)* Rätsel *nt; (question)* Scherzfrage *f; pl (jeux)* Rätsel *Pl;* ***jouer aux ~s*** ein Ratespiel *nt* machen

devis [d(ə)vi] *m* Kostenvoranschlag *m*

dévisager [devizaʒe] <2a> *vt* anstarren

devise [d(ə)viz] *f* ❶ *(règle de conduite)* Motto *nt* ❷ *(formule)* Losung *f* ❸ *(monnaie)* Devisen *Pl,* Sorten *Pl*

D

deviser [d(ə)vize] <1> *vi (soutenu)* ~ ***de qc*** über etw *akk* [miteinander] plaudern

dévisser [devise] <1> **I.** *vi* SPORT abstürzen **II.** *vt* abschrauben *écrou, couvercle;* aufschrauben *tube;* abmontieren *roue* **III.** *vpr* **se** ~ ❶ *(pouvoir être enlevé(e)/ouvert(e))* sich abschrauben/aufschrauben lassen ❷ *(se desserrer)* sich lockern

D

de visu [devizy] *adv* ***s'assurer*** ~ ***que...*** sich mit eigenen Augen davon überzeugen, dass ...

dévitaliser [devitalize] <1> *vt* den Nerv abtöten *dent*

dévoilement [devwalmɑ̃] *m d'une statue, d'un secret* Enthüllung *f*

dévoiler [devwale] <1> **I.** *vt* ❶ *(découvrir)* enthüllen *statue, plaque;* entblößen *charmes, rondeurs* ❷ *(révéler)* enthüllen, verraten *intention;* aufdecken *scandale, perfidie* ❸ *(détordre)* gerade biegen **II.** *vpr* **se** ~ ❶ *(apparaître) mystère, fourberie:* offenkundig werden ❷ *(révéler sa vraie nature)* sein wahres Gesicht zeigen

devoir [d(ə)vwaʀ] <irr> **I.** *vt* ❶ *(avoir à payer)* schulden *argent;* ~ ***qc à qn*** jdm etw schulden ❷ *(être redevable de)* ~ ***un succès à qn/qc*** jdm/einer S. einen Erfolg verdanken ❸ *(être tenu à)* ~ ***une partie à qn*** jdm ein Spiel schuldig sein **II.** *aux* ❶ *(nécessité)* ~ ***faire qc*** etw tun müssen ❷ *(obligation exprimée par autrui)* sollen ❸ *(fatalité)* müssen ❹ *(prévision)* ***normalement, il doit arriver ce soir*** er müsste eigentlich heute Abend ankommen ❺ *(hypothèse)* müssen; ***il doit se faire tard, non?*** es wird wohl spät werden, oder? **III.** *vpr* ***se*** ~ ***de faire qc*** es sich *dat* schuldig sein etw zu tun; ***comme il se doit*** *(comme c'est l'usage)* wie es sich gehört; *(comme prévu)* wie erwartet **IV.** *m* ❶ *(obligation morale)* Pflicht *f;* ***sens du*** ~ Pflichtbewusstsein *nt;* ***de*** ~ *homme, femme* pflichtbewusst; ***par*** ~ aus Pflichtgefühl *nt* ❷ *(ce que l'on doit faire)* Aufgabe *f;* ~ ***conjugal*** eheliche Pflicht ❸ *(devoir surveillé)* [Klassen]arbeit *f;* ~ ***sur table*** SCOL Klassenarbeit; UNIV Klausur *f;* ***faire un*** ~ ***de math*** eine Mathearbeit schreiben; ~***s à la maison*** *pl* Hausaufgabe *f* ▶ **manquer à son** ~ seiner Pflicht nicht nachkommen

dévolu [devɔly] *m* ▶ **jeter son** ~ **sur qn/qc** ein Auge auf jdn/etw werfen *fam*

dévolu(e) [devɔly] *adj* ~*(e)* ***à qn/qc*** *budget* jdm/einer S. gewährt [*o* zugeteilt]; *droit, pouvoirs* jdm/einer S. übertragen; *part, succession* jdm/einer S. zufallend [*o* zukommend]

dévorant(e) [devɔʀɑ̃, ɑ̃t] *adj (littér)* verzehrend; *jalousie* nagend; *curiosité* brennend

dévorer [devɔʀe] <1> **I.** *vi personne:* das Essen hinunterschlingen **II.** *vt* ❶ *(avaler) personne:* verschlingen; *animal:* fressen ❷ *(lire)* verschlingen ❸ *(regarder)* ~ ***des yeux*** mit den Augen verschlingen ❹ *(faire disparaître)* vernichten; *flammes:* verschlingen ❺ *(tourmenter) tâche:* auffressen; *remords, peur, soif:* quälen

dévot(e) [devo, ɔt] *adj (pieux)* fromm

dévotion [devosjɔ̃] *f* ❶ Frömmigkeit *f* ❷ *(culte)* ~ ***à Saint François*** Verehrung *f* des heiligen Franziskus

dévoué(e) [devwe] *adj* ergeben

dévouement [devumɑ̃] *m* ❶ *(attachement)* Ergebenheit *f* ❷ *(action de se sacrifier)* ~ ***à qn/qc*** Aufopferung *f* für jdn/etw

dévouer [devwe] <1> *vpr* ***se*** ~ sich [auf]opfern

dévoyé(e) [devwaje] **I.** *adj* auf die schiefe Bahn geraten **II.** *m(f)* ein auf die schiefe Bahn geratener Mensch

dextérité [dɛksteʀite] *f* ❶ *(adresse)* Geschicklichkeit *f; (des doigts)* Fingerfertigkeit *f* ❷ *(adresse d'esprit)* Gewandtheit *f*

dézipper [dezipe] <1> *vt* INFORM entzippen *fichier, données*

dg *abr de* **décigramme** dg

diabète [djabɛt] *m* Zuckerkrankheit *f,* Diabetes *m;* ***avoir du*** ~ an Diabetes leiden

diabétique [djabetik] **I.** *adj* zuckerkrank **II.** *mf* Diabetiker(in) *m(f),* Zuckerkranke(r) *f(m)*

diable [djɑbl] *m* ❶ *(démon)* Teufel *m* ❷ *(personne)* ***petit/vrai*** ~ kleiner/regelrechter Teufel ❸ *(chariot)* Sackkarre *f* ❹ *(marmite)* Römertopf *m* ▶ **avoir le** ~ **au corps** den Teufel im Leib haben; **tirer le** ~ **par la queue** am Hungertuch nagen; **allez au** ~**!** scheren Sie sich doch zum Teufel!; **au** ~ **qc!** zum Teufel mit etw!; **signer un pacte avec le** ~ einen Pakt mit dem Teufel schließen; **se faire l'avocat du** ~ den Advocatus Diaboli spielen

diablement [djɑbləmɑ̃] *adv (fam)* höllisch

diablerie [djɑbləʀi] *f* Teufelei *f*

diablesse [djɑblɛs] *f* Teufelin *f*

diablotin [djɑblɔtɛ̃] *m* Teufelchen *nt*

diabolique [djabɔlik] *adj* diabolisch

diabolo [djabɔlo] *m* Diabolo *nt*

diaconat [djakɔna] *m* REL Diakonat *nt*

diacre [djakʀ] *m* Diakon *m*

diadème [djadɛm] *m* Diadem *nt*

diagnostic [djagnɔstik] *m a.* MED Diagno-

se *f; (jugement)* Beurteilung *f;* **~ de qc** Diagnose auf etw *akk*
diagnostiquer [djagnɔstike] <1> *vt* ❶ MED feststellen ❷ *(fig)* diagnostizieren *geh*
diagonal(e) [djagɔnal, -o] <-aux> *adj* diagonal
diagonale [djagɔnal] *f* Diagonale *f*
diagramme [djagʀam] *m* Diagramm *nt*
dialectal(e) [djalɛktal, o] <-aux> *adj* mundartlich; ***expression ~e*** Dialektausdruck *m*
dialecte [djalɛkt] *m* Mundart *f;* ***s'exprimer en ~*** Dialekt sprechen
dialectique [djalɛktik] *f* Dialektik *f*
dialer [dialœʀ] *m* INFORM, TELEC Dialer *m*
dialogue [djalɔg] *m* Gespräch *nt; (de caractère officiel)* Unterredung *f*
dialoguer [djalɔge] <1> **I.** *vi* ❶ *(converser)* **~ *avec qn*** *(parler)* ein Gespräch mit jdm führen; *(négocier)* einen Dialog mit jdm führen ❷ INFORM **~ *avec qc*** im Dialog mit etw stehen **II.** *vt* in Dialogform verfassen
dialyse [djaliz] *f* Dialyse *f*
diam [djam] *m abr de* **diamant** Diamant *m*
diamant [djamɑ̃] *m* Diamant *m;* **~ *brut*** Rohdiamant; ***~s de sang*** [*o* ***de conflits***] Blutdiamanten
diamantaire [djamɑ̃tɛʀ] *mf* ❶ *(tailleur)* Diamantschleifer(in) *m(f)* ❷ *(commerçant)* Diamantenhändler(in) *m(f)*
diamétralement [djametʀalmɑ̃] *adv* diametral
diamètre [djamɛtʀ] *m* Durchmesser *m*
diantre [djɑ̃tʀ] *interj (vieilli: étonnement)* Teufel; *(dans une question)* zum Teufel, zum Kuckuck ► **comment/où/pourquoi/qui ~?** wie/wo/warum/wer zum Teufel [*o* zum Kuckuck] ?; ***que ~!*** Mensch!
diapason [djapazɔ̃] *m* ❶ *(instrument)* Stimmgabel *f; (sifflet)* Stimmpfeife *f* ❷ *(note)* Kammerton *m* ❸ *(registre)* [Stimm-/Ton]register *nt*
diaphane [djafan] *adj* durchscheinend
diaphragme [djafʀagm] *m* ANAT Zwerchfell *nt*
diapo [djapo] *f abr de* **diapositive** Dia *nt*
diapositive [djapozitiv] *f* Diapositiv *nt;* ***séance de ~s*** Lichtbild[er]vortrag *m;* ***passer des ~s*** Dias zeigen
diarrhée [djaʀe] *f* Durchfall *m*
diaspora [djaspɔʀa] *f* Diaspora *f*
diatribe [djatʀib] *f* **~ *contre qn/qc*** Beschimpfung *f* einer Person/S.
dico [diko] *m (fam) abr de* **dictionnaire** Wörterbuch *nt*
dictaphone® [diktafɔn] *m* Diktafon *nt,* Diktiergerät *nt*
dictateur, -trice [diktatœʀ, -tʀis] *m, f* Diktator(in) *m(f)*
dictatorial(e) [diktatɔʀjal, -jo] <-aux> *adj pouvoir, régime* diktatorisch
dictature [diktatyʀ] *f* ❶ POL Diktatur *f* ❷ *(autoritarisme)* Tyrannei *f*
dictée [dikte] *f* ❶ *(action)* Diktieren *nt,* Diktat *nt* ❷ SCOL Diktat *nt;* ***faire une ~*** ein Diktat schreiben
dicter [dikte] <1> *vt* ❶ *(faire écrire)* diktieren ❷ *(imposer) personne:* vorschreiben, aufzwingen *volonté, vues; circonstance, événement:* zwingen
diction [diksjɔ̃] *f* Sprechweise *f*
dictionnaire [diksjɔnɛʀ] *m* Wörterbuch *nt*
dicton [diktɔ̃] *m* sprichwörtliche Redensart
didacticiel [didaktisjɛl] *m* INFORM Lernsoftware *f*
didactique [didaktik] *adj* didaktisch
didascalie [didaskali] *f* Regieanweisung *f*
dièse [djɛz] *m* MUS Kreuz *nt*
diesel [djezɛl] *m* Diesel[motor] *m*
diète [djɛt] *f* Schonkost *f;* ***être/mettre à la ~*** Diät essen/auf Diät setzen
diététicien(ne) [djetetisjɛ̃, jɛn] *m(f)* Ernährungsberater(in) *m(f)*
diététique [djetetik] **I.** *adj* Diät-; *aliment* diätetisch **II.** *f* Ernährungswissenschaft *f*
dieu [djø] <x> *m* ❶ *(divinité)* Gott *m* ❷ *sans pl* ***Dieu le père*** Gott Vater *m;* ***le bon Dieu*** *(fam)* der liebe Gott ❸ *(objet d'un culte)* Abgott *m* ► **ni Dieu, ni maître** weder Herr noch Meister; **Dieu merci!** Gott sei Dank!; **bon Dieu de bon Dieu!** *(fam)* meine Güte!; **Dieu soit loué!** Gott sei Dank!; **Dieu sait** weiß Gott; **Oh, mon Dieu!** Oh, mein Gott!
Dieu [djø] *m* ❶ Gott *m;* **~ *le père*** Gott Vater *m;* ***le bon ~*** *(fam)* der liebe Gott *fam;* ***prier ~*** zu Gott beten ❷ ► **ne craindre ni ~ ni diable** weder Tod noch Teufel fürchten; **~ merci!** Gott sei Dank!; **bon ~ de bon ~!** *(fam)* Donnerwetter noch einmal!, meine Güte! *fam;* **mon ~!** mein Gott!, um Gottes willen!; **~ sait** weiß Gott; **~ m'en garde!** Gott bewahre!
diffamateur, -trice [difamatœʀ, -tʀis] *adj* verleumderisch
diffamation [difamasjɔ̃] *f* Diffamierung *f*
diffamatoire [difamatwaʀ] *adj* diffamierend
diffamer [difame] <1> *vt* in Verruf *akk* bringen
différé [difeʀe] *m* TV Aufzeichnung *f*
différemment [difeʀamɑ̃] *adv* anders

D

différence [difeʀɑ̃s] *f* ❶ *(dissemblance)* **~ avec qn/qc** Unterschied *m* zu jdm/etw; ***faire la ~*** *personne:* sich abheben; *chose:* den Ausschlag geben; ***à la ~ de qn/qc*** im Unterschied zu jdm/etw ❷ *(écart)* ***une ~ de 20 euros*** eine Differenz von 20 Euro
différenciation [difeʀɑ̃sjasjɔ̃] *f* Differenzierung *f*
différencier [difeʀɑ̃sje] <1> **I.** *vt* auseinanderhalten **II.** *vpr* ❶ *(se distinguer)* ***se ~ du copain par qc*** sich vom Kumpel durch *akk*/in etw *dat* unterscheiden ❷ BIO ***se ~*** sich differenzieren
différend [difeʀɑ̃] *m* ❶ *(divergence d'opinions)* Meinungsverschiedenheit *f* ❷ *(conflit d'intérêts)* Streitigkeit *f*
différent(e) [difeʀɑ̃, ɑ̃t] *adj* ❶ *(autre)* andere(r, s), unterschiedlich; **~ *de*** anders als ❷ *pl, antéposé (divers)* verschieden
différentiation [difeʀɑ̃sjasjɔ̃] *f a.* MATH Differenzieren *nt*
différentiel [difeʀɑ̃sjɛl] *m* TECH Differenzial[getriebe *nt*] *nt*
différer [difeʀe] <5> **I.** *vi* ❶ *(être différent)* unterschiedlich sein ❷ *(avoir une opinion différente)* ***deux personnes diffèrent sur qc*** die Meinungen zweier Personen *dat* gehen in etw *dat* auseinander **II.** *vt* verschieben, verlängern *échéance;* vertagen *jugement;* aufschieben *livraison, paiement*
difficile [difisil] *adj* ❶ *(ardu)* schwierig; ***morceau ~ d'exécution*** schwer aufzuführendes Stück ❷ *(incommode)* schwierig; ***~ d'accès*** schwer zugänglich ❸ *(qui donne du souci)* schwer[wiegend] ❹ *(contrariant, exigeant)* schwierig; *cheval* schwer zu führen; **~ *à vivre*** schwer zu ertragen ▶ **faire le/la ~** Schwierigkeiten machen; **être ~ sur la nourriture** beim Essen heikel sein
difficilement [difisilmɑ̃] *adv (malaisément)* schwierig; *(à peine)* kaum; *(péniblement)* schwer
difficulté [difikylte] *f* ❶ *sans pl (complexité)* Schwierigkeit *f;* ***de ~ croissante*** mit steigendem Schwierigkeitsgrad ❷ *(peine)* ***avec ~*** mit Mühe *f* ❸ *(problème, obstacle)* Schwierigkeit *f;* ***en ~*** *adolescent, famille, élève* in Schwierigkeiten *dat; alpiniste, avion* in Not *dat; entreprise* in [finanziellen] Schwierigkeiten *dat;* ***être/mettre/se retrouver en ~*** in Schwierigkeiten *dat* sein/*akk* bringen/*akk* geraten
difforme [difɔʀm] *adj* missgestaltet; *membre, bête, arbre* unförmig
diffraction [difʀaksjɔ̃] *f* Beugung *f*
diffus(e) [dify, yz] *adj* ❶ *(disséminé)* unbestimmt; *lumière* diffus; *chaleur* angenehm überschlagen ❷ *(sans netteté)* diffus; *sentiments, souvenirs* vage ❸ *style* unklar; *écrivain* mit unklaren Ansichten
diffuser [difyze] <1> **I.** *vt* ❶ *(répandre)* verbreiten *lumière, bruit, idée* ❷ *(retransmettre)* senden, übertragen *concert, discours* ❸ *(commercialiser)* vertreiben ❹ *(distribuer)* verteilen *tract, photo;* in Umlauf *akk* bringen *pétition, document* **II.** *vpr* ***se ~*** *bruit, chaleur, odeur:* sich verbreiten
diffuseur, -euse [difyzœʀ, -øz] *m, f* COM *de livres, d'un éditeur* Vertreiber(in) *m(f); d'une marque* Vertriebshändler(in) *m(f)*
diffusion [difyzjɔ̃] *f* ❶ *de la chaleur, lumière* Verbreitung *f* ❷ MEDIA Ausstrahlung *f,* Sendung *f; d'un concert, discours* Übertragung *f* ❸ *(commercialisation)* Vertrieb *m* ❹ *de tracts, photos* Verteilen *nt* ❺ *d'un poison, gaz* Ausbreitung *f*
digérer [diʒeʀe] <5> **I.** *vi* verdauen; ***bien/mal ~*** eine gute/schlechte Verdauung haben **II.** *vt* ❶ ANAT verdauen ❷ *(assimiler)* [geistig] verarbeiten ❸ *(fam: accepter)* schlucken *affront* **III.** *vpr* ***bien/mal se ~*** leicht/schwer verdaulich sein
digeste [diʒɛst] *adj* bekömmlich
digestif [diʒɛstif] *m* Verdauungsschnaps *m*
digestif, -ive [diʒɛstif, -iv] *adj* Verdauungs-
digestion [diʒɛstjɔ̃] *f* Verdauung *f*
digicode [diʒikɔd] *m* elektrisches Türschloss *nt*
digital(e) [diʒital, -o] <-aux> *adj* Finger-
digitale [diʒital] *f* BOT Fingerhut *m*
digitalisation [diʒitalizasjɔ̃] *f* Digitalisierung *f*
digitaliser [diʒitalize] <1> *vt* digitalisieren
digne [diɲ] *adj (qui mérite)* **~ *de ce nom*** dieses Namens würdig
dignement [diɲ(ə)mɑ̃] *adv* würdig
dignitaire [diɲitɛʀ] *mf* Würdenträger(in) *m(f)*
dignité [diɲite] *f* ❶ *(noblesse)* Würde *f;* **~ *humaine*** Menschenwürde *f* ❷ *(amour-propre)* Selbstachtung *f* ❸ *(titre)* Würde *f*
digression [digʀesjɔ̃] *f* Abschweifung *f*
digue [dig] *f* Damm *m*
diktat [diktat] *m* Diktat *nt geh*
dilapidation [dilapidasjɔ̃] *f* Vergeudung *f,* Verschwendung *f*
dilapider [dilapide] <1> *vt* vergeuden, verschleudern *fortune, patrimoine*
dilatation [dilatasjɔ̃] *f* PHYS Dilatation *f*
dilater [dilate] <1> **I.** *vt* ❶ *(augmenter le*

volume de) ausdehnen ❷ *(agrandir un conduit, orifice)* weiten, blähen *narines* **II.** *vpr* **se ~** *métal, corps:* sich [aus]dehnen; *pupille, cœur, poumons:* sich weiten; *narines:* sich blähen

dilatoire [dilatwaʀ] *adj* ausweichend, hinhaltend

dilemme [dilɛm] *m* Dilemma *nt*

dilettante [diletɑ̃t] *mf* Dilettant(in) *m(f)*

dilettantisme [diletɑ̃tism] *m (a. péj)* Dilettantismus *m*

diligence [diliʒɑ̃s] *f (voiture)* [Reise-/Post]kutsche *f*

diligent(e) [diliʒɑ̃, ʒɑ̃t] *adj (littér)* eifrig, engagiert

diluant [dilɥɑ̃] *m* Verdünnungsmittel *nt*

diluer [dilɥe] <1> **I.** *vt* ❶ *(étendre, délayer)* **~ avec de l'eau/dans de l'eau** mit Wasser verdünnen/in Wasser *dat* auflösen ❷ *(affaiblir)* **~ qc** etw verwässern **II.** *vpr* **se ~** ❶ *(se délayer)* sich auflösen ❷ *(fig) identité, personnalité:* verloren gehen; *manifestation:* sich auflösen

dilution [dilysjɔ̃] *f de la peinture* Verdünnen *nt,* Verdünnung *f; du sucre* Auflösen *nt,* Auflösung *f*

diluvien(ne) [dilyvjɛ̃, jɛn] *adj* sintflutartig

dimanche [dimɑ̃ʃ] *m* ❶ *(veille de lundi)* Sonntag *m;* **~ de l'Avent/de Pâques/des Rameaux** Advents-/Oster-/Palmsonntag; **~, on part en vacances** am Sonntag fahren wir in Urlaub; **le ~** sonntags; **tous les ~s** jeden Sonntag; **ce ~** diesen Sonntag; **ce ~-là, …** an diesem Sonntag …; **~ matin** [am] Sonntagmorgen; **le ~ matin** am Sonntagmorgen; **~ dans la nuit** Sonntagnacht ❷ *(jour férié)* **promenade du ~** Sonntagsspaziergang *m,* sonntäglicher Spaziergang; **mettre les habits du ~** seinen Sonntagsstaat anziehen

Grammatik und Co.

Das Wort **dimanche** ist männlich; es wird ohne den bestimmten Artikel und ohne Präposition gebraucht, wenn eine präzise Angabe gemacht wird und ein ganz bestimmter Sonntag gemeint ist: *Dimanche, j'irai à la plage. – Am Sonntag gehe ich an den Strand.*
Geht es jedoch um mehrere Sonntage, weil eine Wiederholung oder etwas Gewohnheitsmäßiges ausgedrückt wird, steht der bestimmte Artikel.: *Elle va toujours à l'église le dimanche. – Sonntags geht sie immer in die Kirche.*

dîme [dim] *f* HIST Zehnt[e] *m*

dimension [dimɑ̃sjɔ̃] *f* ❶ *(taille)* Größe *f* ❷ *pl (mesures)* Dimension[en *Pl*] *f;* **prendre les ~s de la table** den Tisch abmessen ❸ *(importance)* Dimension *f;* **prendre la ~ de qc** *personne:* die Bedeutung einer S. erfassen; *chose:* das Ausmaß von etw annehmen; **à la ~ de qc** einer S. *dat* angemessen ❹ *(aspect)* Tragweite *f*

diminué(e) [diminɥe] *adj* **être très ~ mentalement/physiquement** psychisch/körperlich sehr geschwächt sein

diminuer [diminɥe] <1> **I.** *vi* nachlassen; *bruit, vent, lumière:* schwächer werden; *forces:* schwinden; *nombre, brouillard, niveau de l'eau:* zurückgehen; *jours:* kürzer werden; *fièvre:* abklingen; **faire ~** reduzieren; **~ de cinq euros** um fünf Euro billiger werden; **~ de longueur/de largeur/d'épaisseur** kürzer/schmaler/dünner werden **II.** *vt* ❶ *(réduire)* verringern, senken *impôts, prix;* verkürzen *durée;* kürzen *salaire, rideau;* zurückdrehen *gaz, chauffage;* **~ qn** *(réduire son salaire)* jds Gehalt *nt* kürzen; **faire ~ un nombre de qc** eine Anzahl von etw zurückgehen lassen ❷ *(affaiblir)* mindern *autorité;* schmälern *mérite;* dämpfen *ardeur, joie;* eindämmen *violence;* schwächen *forces;* lindern *souffrance* ❸ *(discréditer)* herabsetzen **III.** *vpr* **se ~** *(se rabaisser)* sich selbst erniedrigen

diminutif [diminytif] *m* Verkleinerungsform *f*

diminutif, -ive [diminytif, -iv] *adj* Diminutiv-

diminution [diminysjɔ̃] *f* ❶ *de l'appétit, de la chaleur* Nachlassen *nt; des forces, des chances* Schwinden *nt; de la circulation, de l'autorité* Abnahme *f; du nombre, de la fièvre* Rückgang *m; des impôts, prix* Sinken *nt; de la température* Rückgang; **en ~** *nombre, température* zurückgehend ❷ *de la consommation* Einschränkung *f; d'une durée* Verkürzung *f; des prix, impôts* Senkung *f; des salaires* Kürzung *f*

dinar [dinaʀ] *m* Dinar *m*

dînatoire [dinatwaʀ] *adj* **apéritif ~** später, ausgiebiger Aperitif *(anstelle des Abendessens)*

dinde [dɛ̃d] *f* ZOOL Truthenne *f;* GASTR Pute *f*

dindon [dɛ̃dɔ̃] *m* Truthahn *m*

dindonneau [dɛ̃dɔno] <x> *m* junger Truthahn

dîner [dine] <1> **I.** *vi* zu Abend essen **II.** *m* Abendessen *nt;* **au ~** zum Abendessen

dînette [dinɛt] *f* Puppengeschirr *nt*

D

D

dîneur, -euse [dinœʀ, -øz] *m, f* Gast *m*
ding [diŋ] *interj (d'une cloche)* bimbam
dingue [dɛ̃g] **I.** *adj (fam)* ❶ *en attribut (fou) personne:* ***être ~*** übergeschnappt; ***~ de qn/qc*** verrückt nach jdm/auf etw *akk* ❷ *en épithète (extraordinaire)* wahnsinnig **II.** *mf (fam)* ❶ *(fou)* Bekloppte(r) *f(m)* ❷ *(fan)* ***~ du foot*** Fußballfanatiker(in) *m(f)*
dinosaure [dinɔzɔʀ] *m (a. fig)* Dinosaurier *m*
diocèse [djɔsɛz] *m* Diözese *f*
diode [djɔd] *f* Diode *f;* ***~ électroluminescente*** Leuchtdiode, LED *f*
dioptrie [djɔptʀi] *f* OPT Dioptrie *f*
dioxine [diɔksin, djɔksin] *f* Dioxin *nt*
dioxyde [diɔksid, djɔksid] *m* Dioxid *nt;* ***~ de carbone*** Kohlendioxid *nt*
diphtérie [diftеʀi] *f* Diphtherie *f*
diphtongue [diftɔ̃g] *f* Diphthong *m*
diplomate [diplɔmat] **I.** *adj* diplomatisch **II.** *mf* Diplomat(in) *m(f)*
diplomatie [diplɔmasi] *f* ❶ *(relations extérieures)* Diplomatie *f* ❷ *(carrière)* Diplomatenlaufbahn *f* ❸ *(personnel)* Diplomatie *f* ❹ *(habileté)* diplomatisches Geschick
diplomatique [diplɔmatik] *adj* diplomatisch
diplomatiquement [diplɔmatikmɑ̃] *adv* diplomatisch
diplôme [diplom] *m* ❶ SCOL, UNIV Diplom *nt;* ***~ de fin d'études*** Abschlusszeugnis *nt;* ***~ d'ingénieur/d'infirmière*** Ingenieursdiplom/Abschluss *m* als Krankenschwester; ***avoir obtenu son ~*** sein Diplom gemacht haben; ***préparer un ~ d'agronomie/d'agronome*** eine Ausbildung in Agronomie *dat*/als Agronom machen ❷ *(prix, titre)* Auszeichnung *f*
diplômé(e) [diplome] **I.** *adj* mit einem Diplom/einer Abschlussprüfung versehen; ***très ~*** hoch qualifiziert **II.** *m(f)* ***~ d'une université*** Absolvent *m* einer Universität *gen*
dire [diʀ] <irr> **I.** *vt* ❶ *(exprimer) personne:* sagen, ausdrücken *peur;* verraten *projets; loi:* sagen; *journal:* schreiben; *visage:* ausdrücken; *test, sondage:* aussagen; ***dis voir, ..., dis donc, ...*** sag mal, ...; ***~ qc à qn*** jdm etw sagen; ***~ que non/oui*** nein/ja sagen; ***~ du bien/mal de qn/qc*** über jdn/etw nur Gutes/Schlechtes sagen; ***qu'est-ce que tu dis de ça?*** was sagst du dazu?; ***c'est vous qui le dites!*** *(fam)* das sagen Sie!; ***que ~?*** was soll man da denn sagen?; ***..., comment ~, ...*** ..., wie soll ich sagen, ...; ***entre nous soit dit, ...*** unter uns gesagt, ...; ***dis, comment tu t'appelles, toi?*** sag, wie heißt denn du? ❷ *(prétendre)* sagen; ***il dit être malade*** er sagt, er sei krank; ***on dit que qn a fait qc*** es heißt, jd hat etw getan; ***quoi qu'on [en] dise*** was immer man auch sagt; ***entendre ~ qc*** [von etw] hören ❸ *(faire savoir)* ausrichten lassen ❹ *(ordonner)* ***~ à qn de venir*** jdm sagen, er/sie soll kommen ❺ *(plaire)* ***cela me dit/ne me dit rien*** das sagt mir zu/nicht zu; ***ça vous dit d'aller voir ce film?*** habt ihr Lust den Film anzusehen? ❻ *(croire, penser)* ***je veux ~ que qn a fait qc*** ich meine, jd hat etw getan; ***On dirait que...*** Man könnte sagen, dass.../Es ist, als ob...; ***qui aurait dit cela!/que ...*** wer hätte das gedacht!/hätte gedacht, dass ... ❼ *(reconnaître)* ***il faut ~ que ...*** man muss sagen, dass ... ❽ *(réciter)* beten *chapelet;* lesen *messe;* sprechen *prière;* aufsagen *poème* ❾ *(signifier)* ***vouloir ~*** bedeuten; *mot:* heißen; ***ce qui veut ~ que ...*** was heißt, dass ...; *allusion, attitude:* zu bedeuten haben ❿ *(traduire)* ***comment dit-on ... en allemand?*** was heißt ... auf Deutsch?; ***on dit*** man sagt/so wird etwas ausgedrückt ⓫ *(évoquer)* bekannt vorkommen; ***quelque chose me dit que ...*** ich habe [irgendwie] das Gefühl, dass ... ⓬ JEUX ansagen ▶ **disons** sagen wir [mal]; **je ne te/vous le fais pas ~!** allerdings!; **ce qui est dit est dit** ein Mann, ein Wort; **eh ben dis/dites donc!** *(fam)* sag/sagt bloß! **II.** *vpr* ❶ *(penser)* ***se ~ que ...*** sich *dat* sagen, dass ... ❷ *(se prétendre)* ***se ~ médecin/malade*** behaupten Arzt/krank zu sein ❸ *(l'un(e) à l'autre)* ***se ~ qc*** sich *dat* etw sagen ❹ *(s'employer)* ***qc se dit/ne se dit pas en français*** etw sagt man/sagt man nicht im Französischen ❺ *(être traduit)* heißen; ***comment se dit ... en allemand?*** was heißt ... auf Deutsch? ❻ *(se croire)* ***on se dirait au paradis*** man glaubt im Paradies *nt* zu sein **III.** *m gén pl* Gerede *nt; d'un témoin* Aussage *f;* ***au ~/selon les ~s de qn*** nach jds Worten
direct [diʀɛkt] *m* ❶ MEDIA Livesendung *f;* ***en ~*** *émission* Direkt-; *chanter* live; *retransmettre* direkt; ***être en ~*** direkt übertragen werden ❷ CHEMDFER Direktverbindung *f* ❸ SPORT Gerade *f*
direct(e) [diʀɛkt] *adj* direkt; *vente, accès, rapport* Direkt-; *héritier* in direkter Linie; *propos* unmissverständlich
directement [diʀɛktəmɑ̃] *adv* direkt

directeur, **-trice** [diʀɛktœʀ, -tʀis] **I.** *adj idée, ligne, principe* Leit-; *rôle* führend; *roue* Lenk- **II.** *m, f* Direktor(in) *m(f)*, Leiter(in) *m(f); d'un théâtre* Intendant(in) *m(f); d'une école primaire* Rektor(in) *m(f)*, Schulleiter; *~(-trice)* ***artistique*** *d'une agence publicitaire* Artdirector(in) *m(f)*

directif, **-ive** [diʀɛktif, -iv] *adj* autoritär

direction [diʀɛksjɔ̃] *f* ❶ *(orientation)* Richtung *f;* ***prendre la ~ de Nancy*** in Richtung Nancy gehen/fahren ❷ *(action)* Leitung *f; d'un groupe, pays* Führung *f* ❸ *(fonction)* Direktion *f*, Leitung *f* ❹ *(bureau)* Direktion[sabteilung *f*] *f* ❺ AUT Lenkung *f*, Steuerung *f*

directive [diʀɛktiv] *f gén pl* Richtlinie *f*

directoire [diʀɛktwaʀ] *m (organe de gestion)* Vorstand *m*

directorial(**e**) [diʀɛktɔʀjal, -jo] <-aux> *adj* des Direktors

directrice [diʀɛktʀis] *v.* **directeur**

dirigeable [diʀiʒabl] *m* Luftschiff *nt*

dirigeant(**e**) [diʀiʒɑ̃, ʒɑ̃t] **I.** *adj* führend; *fonction* leitend; *pouvoir, rôle* Führungs- **II.** *m(f)* führende Persönlichkeit; ***les ~s*** *(dans une entreprise/un parti/un club/un pays)* die Führung

Falsche Freunde
Nicht verwechseln mit *der Dirigent – le chef d'orchestre*!

diriger [diʀiʒe] <2a> **I.** *vi* die Leitung haben **II.** *vt* ❶ *(gouverner)* leiten *administration, journal;* führen, leiten *entreprise;* führen *syndicat, personnes;* dirigieren *musicien, orchestre;* [an]führen *mouvement;* steuern *manœuvre;* steuern *instincts* ❷ *(être le moteur de) chose:* bestimmen ❸ *(piloter)* lenken *voiture;* steuern *avion, bateau* ❹ *(faire aller)* ***~ qn vers la gare*** jdn in Richtung *akk* Bahnhof schicken; ***~ vers qn/qc*** auf jdn/etw richten; ***~ un bateau sur Marseille*** ein Schiff nach Marseille steuern; ***être dirigé vers*** *véhicule, convoi:* über etw *akk* geleitet werden ❺ *(orienter)* ***~ une arme contre qn/qc*** eine Waffe auf jdn/etw richten **III.** *vpr* ❶ *(aller)* ***se ~ vers qn/qc*** *personne:* auf jdn/etw zugehen; *véhicule:* auf jdn/etw zufahren; *(fig)* sich auf jdn/eine S. zubewegen; ***se ~ vers Marseille*** *avion, bateau:* Kurs *m* auf Marseille nehmen ❷ *(s'orienter)* ***se ~ vers le nord*** *aiguille:* nach Norden *m* zeigen; ***se ~ vers la médecine*** SCOL, UNIV die medizinische Laufbahn einschlagen

dis [di] *indic prés et passé simple de* **dire**

discal(**e**) [diskal, -o] <-aux> *adj* ***hernie ~e*** Bandscheibenvorfall *m*

discernable [disɛʀnabl] *adj* erkennbar, wahrnehmbar

discernement [disɛʀnəmɑ̃] *m* Gespür *nt*

discerner [disɛʀne] <1> *vt* ❶ *(percevoir)* wahrnehmen ❷ *(saisir)* erkennen, aufdecken *mobiles d'un crime;* durchschauen *mobiles d'un acte* ❸ *(différencier)* ***~ qc de qc*** etw von etw unterscheiden

disciple [disipl] *m* ❶ *(élève)* Schüler(in) *m(f)* ❷ *(adepte)* Anhänger(in) *m(f)*

disciplinable [disiplinabl] *adj* disziplinierbar

disciplinaire [disiplinɛʀ] *adj* disziplinarisch

discipline [disiplin] *f* ❶ SCOL, UNIV Fach *nt* ❷ *(règle, obéissance)* Disziplin *f* ❸ SPORT Disziplin *f*

discipliné(**e**) [disipline] *adj* diszipliniert; ***peu ~*** undiszipliniert

discipliner [disipline] <1> *vt (faire obéir)* ***~ la classe*** in der Klasse für Disziplin sorgen

disc-jockey *v.* **disque-jockey**

disco [disko] **I.** *m* Diskosound *m* **II.** *adj inv* ***musique ~*** Diskomusik *f*

discographie [diskɔgʀafi] *f* Diskografie *f*

discontinu(**e**) [diskɔ̃tiny] *adj ligne* gestrichelt; *effort* nicht kontinuierlich

discontinuer [diskɔ̃tinɥe] <1> *vi* ***travailler sans ~*** ununterbrochen arbeiten

discontinuité [diskɔ̃tinɥite] *f* zeitweilige Unterbrechung *f*

disconvenir [diskɔ̃v(ə)niʀ] <9> *vi* bestreiten; ***ne pas ~ de qc*** etw nicht bestreiten; ***je n'en disconviens pas*** das bestreite ich ja gar nicht

discordance [diskɔʀdɑ̃s] *f* Widersprüchlichkeit *f*

discordant(**e**) [diskɔʀdɑ̃, ɑ̃t] *adj (incompatible)* widersprüchlich; *opinions* unterschiedlich; *caractères* gegensätzlich; *couleurs* sich beißend; *sons* disharmonisch; *cri* schrill

discorde [diskɔʀd] *f (littér)* Zwietracht *f*

discothèque [diskɔtɛk] *f* ❶ *(boîte de nuit)* Diskothek *f* ❷ *(collection)* Schallplattensammlung *f* ❸ *(meuble)* [Schall]plattenschrank *m* ❹ *(organisme de prêt)* Mediothek *f*

discount [diskɔnt, diskaunt] *m* ***faire du ~*** Discountgeschäfte machen

D

D

discounter, discounteur [diskuntœʀ, diskauntœʀ] *m* Discounter *m*
discoureur, -euse [diskuʀœʀ, -øz] *m, f (péj)* Schwätzer(in) *m(f)*
discourir [diskuʀiʀ] <irr> *vi* ~ ***sur qc*** lange Reden über etw *akk* halten
discours [diskuʀ] *m* ❶ *(allocution)* Rede *f; (écrit)* Abhandlung *f;* ***faire un*** ~ eine Rede halten; ~ ***télévisé*** Fernsehansprache *f* ❷ *(propos)* Reden *nt* ❸ *(bavardage)* Gerede *nt kein Pl fam;* ***beaux*** ~ *(péj)* schöne Worte *Pl*
discourtois(e) [diskuʀtwa, waz] *adj (soutenu)* unhöflich
discrédit [diskʀedi] *m* Misskredit *m kein Pl*
discréditer [diskʀedite] <1> *vt* ~ ***qn/qc auprès de qn*** jdn/etw bei jdm in Misskredit bringen
discret [diskʀɛ, -ɛt] *adj* ❶ *(réservé)* diskret; *personne, attitude* zurückhaltend; *(qui garde les secrets)* diskret ❷ *(sobre)* dezent; *cadre* schlicht ❸ *(retiré)* ruhig
discrètement [diskʀɛtmɑ̃] *adv faire la cour, avertir* diskret; *observer* unauffällig; *s'habiller, se maquiller* dezent; *parler, frapper* leise
discrétion [diskʀesjɔ̃] *f* ❶ *(réserve, silence)* Diskretion *f;* ~ ***assurée*** Diskretion zugesichert ❷ *(sobriété)* Dezenz *f; d'une toilette* unauffällige Eleganz; *d'un maquillage* Unauffälligkeit *f; des décors* Schlichtheit *f;* ***se maquiller avec*** ~ sich dezent schminken
discrimination [diskʀiminasjɔ̃] *f (ségrégation)* Diskriminierung *f;* ~ ***raciale*** Rassendiskriminierung *f;* ***sans*** ~ ohne Unterschied
discriminatoire [diskʀiminatwaʀ] *adj* diskriminierend
discriminer [diskʀimine] <1> *vt (péj littér)* diskriminieren
disculper [diskylpe] <1> **I.** *vt* ~ ***qn de qc*** jdn von etw entlasten **II.** *vpr* ***se*** ~ sich entlasten
discussion [diskysjɔ̃] *f* ❶ *(conversation)* Gespräch *nt* ❷ *d'un problème* Besprechung *f;* ~ ***sur qc*** Diskussion *f* über etw *akk;* ***être en*** ~ diskutiert werden; *question:* besprochen werden ❸ *(querelle)* Streit *m*
discutable [diskytabl] *adj théories* anfechtbar; *goût* zweifelhaft
discutailler [diskytaje] <1> *vi (péj)* endlose Diskussionen führen
discuté(e) [diskyte] *adj* umstritten
discuter [diskyte] <1> **I.** *vt* ❶ *(débattre)* diskutieren; ~ ***un projet de loi*** über einen Gesetzesentwurf beraten ❷ *(contester)* infrage stellen *ordre, autorité;* ~ ***le prix*** über den Preis verhandeln **II.** *vi* ❶ *(bavarder)* ~ ***de qc avec qn*** sich mit jdm über etw *akk* unterhalten; ~ ***d'un problème*** ein Problem diskutieren/besprechen ❷ *(négocier)* ~ ***avec qn*** mit jdm verhandeln ❸ *(contester)* ***on ne discute pas!*** keine Widerrede! **III.** *vpr* ***se*** ~ Gegenstand einer Diskussion sein; ***ça se discute*** darüber lässt sich streiten
disent [diz] *indic et subj prés de* **dire**
disert(e) [dizɛʀ, ɛʀt] *adj (littér)* redegewandt
disette [dizɛt] *f* Hungersnot *f*
diseur, -euse [dizœʀ, -øz] *m, f (vieilli)* Redner(in) *m(f),* Erzähler(in) *m(f);* ~***(-euse) de bonne aventure*** Wahrsager(in) *m(f)*
diseuse [dizøz] *f* ~ ***de bonne aventure*** Wahrsagerin *f*
disgrâce [disgʀɑs] *f* Ungnade *f*
disgracier [disgʀasje] <1a> *vt (vieilli)* ~ ***qn*** jdm seine Gunst entziehen *geh*
disgracieux, -euse [disgʀasjø, -jøz] *adj démarche* plump
disjoindre [disʒwɛ̃dʀ] <irr> *vt (disloquer)* lockern
disjoint(e) [disʒwɛ̃, wɛ̃t] *adj planche* lose
disjoncter [disʒɔ̃kte] <1> **I.** *vi (fam)* ❶ ELEC ***ça a disjoncté!*** die Sicherung ist durchgebrannt! ❷ *(débloquer)* ausrasten **II.** *vt* ELEC unterbrechen
disjoncteur [disʒɔ̃ktœʀ] *m* Unterbrecher *m*
dislocation [dislɔkasjɔ̃] *f* Auseinanderfallen *nt*
disloquer [dislɔke] <1> **I.** *vt* ❶ *(démolir)* auseinandernehmen, zerrütten *parti;* auseinanderreißen *famille;* zum Zerfall bringen *empire;* aufteilen *domaine* ❷ *(disperser)* auflösen *manifestation* **II.** *vpr* ❶ *(se défaire)* ***se*** ~ *meuble, voiture, jouet:* in die Brüche gehen; *empire:* zerfallen; *famille:* auseinanderbrechen; *manifestation, assemblage, parti, société:* sich auflösen ❷ MED ***se*** ~ ***qc*** sich *dat* etw auskugeln
disons [dizɔ̃] *indic prés et impératif de* **dire**
disparaître [dispaʀɛtʀ] <irr> *vi + avoir* ❶ *(ne plus être là)* verschwinden ❷ *(passer, s'effacer) trace:* sich verlieren; *tache:* herausgehen; *douleur:* vergehen; *espoir:* schwinden; *crainte, soucis:* verschwinden; *colère:* verrauchen; ***faire*** ~ ***les traces*** die Spuren verwischen ❸ *(ne plus exister) obstacle:* aus dem Weg geräumt werden;

(s'éteindre) culture: untergehen; *espèce:* aussterben; *mode, dialecte, coutume:* verschwinden; *(mourir) personne:* versterben; *(dans un naufrage)* untergehen; ***faire ~ qn*** jdn beseitigen

disparate [dispaʀat] *adj couleurs, garderobe* bunt zusammengewürfelt

disparité [dispaʀite] *f d'une œuvre* Vielschichtigkeit *f*

disparition [dispaʀisjɔ̃] *f* ❶ *(opp: apparition)* Verschwinden *nt; d'une coutume* Aussterben *nt; du soleil, d'une culture* Untergang *m; d'un obstacle* Beseitigung *f* ❷ *(mort)* Versterben *nt;* ***~ des espèces*** Artensterben *nt*

disparu(e) [dispaʀy] **I.** *part passé de* **disparaître II.** *adj* ***être porté ~*** als vermisst gelten **III.** *m(f)* ❶ *(défunt)* Verstorbene(r) *f(m)* ❷ *(porté manquant)* Vermisste(r) *f(m)*

dispatcher [dispatʃe] <1> *vt* verteilen

dispendieux, -euse [dispɑ̃djø, -jøz] *adj* kostspielig, aufwendig

dispensaire [dispɑ̃sɛʀ] *m öffentliches Gesundheitsamt für Schutzimpfungen und Vorsorgeuntersuchungen*

dispense [dispɑ̃s] *f* Sondererlaubnis *f;* ***~ de qc*** Befreiung *f* von etw

dispenser [dispɑ̃se] <1> **I.** *vt* ❶ *(exempter)* ***~ qn de qc*** jdn von etw befreien; ***se faire ~ de qc*** sich von etw befreien lassen ❷ *(distribuer)* ***~ qc à qn*** jdm etw zuteilwerden lassen **II.** *vpr* ***se ~ de qc*** etw unterlassen; ***qn se dispenserait bien de qc*** jd könnte gut auf etw *akk* verzichten

disperser [dispɛʀse] <1> **I.** *vt* ❶ *(éparpiller)* zerstreuen, verstreuen *papiers, cendres;* zersprengen *troupes* ❷ *(répartir)* verteilen **II.** *vpr* **se ~** ❶ *(partir dans tous les sens)* sich zerstreuen ❷ *(se déconcentrer)* sich verzetteln *fam*

dispersion [dispɛʀsjɔ̃] *f* Zerstreuen *nt; des graines, cendres* Verstreuen *nt; d'un attroupement* Auseinandersprengen *nt; de l'esprit* Zerstreuung *f*

disponibilité [dispɔnibilite] *f sans pl* Verfügbarkeit *f*

disponible [dispɔnibl] *adj* verfügbar; *article* vorrätig; *appartement, place* frei

disposé(e) [dispoze] *adj* ***être bien/mal ~*** gut/schlecht gelaunt sein; ***être ~ à faire qc*** bereit sein etw zu tun

disposer [dispoze] <1> **I.** *vt* ❶ *(arranger, placer)* anordnen, aufstellen *joueurs, soldats* ❷ *(engager)* ***~ qn à faire qc*** jdn dazu bringen etw zu tun **II.** *vi* ❶ *(avoir à sa disposition)* ***~ de qc*** über etw *akk* verfügen ❷ *(soutenu: aliéner)* ***~ de qn/qc*** über jdn/etw verfügen **III.** *vpr* ***se ~ à faire qc*** gerade etw tun wollen

dispositif [dispozitif] *m* ❶ *(mécanisme)* Vorrichtung *f* ❷ *(ensemble de mesures)* Reihe *f* von Maßnahmen

disposition [dispozisjɔ̃] *f* ❶ *sans pl (agencement)* Anordnung *f; d'un article, texte* Gliederung *f* ❷ *d'une loi, d'un contrat* Bestimmung *f; d'un testament* Verfügung *f* ▸ **avoir qc à sa ~** etw zu seiner Verfügung haben; **prendre des ~s pour qc** Vorkehrungen für etw treffen

disproportion [dispʀɔpɔʀsjɔ̃] *f* Missverhältnis *nt*

disproportionné(e) [dispʀɔpɔʀsjɔne] *adj corps* schlecht proportioniert; *réactions* unangemessen

dispute [dispyt] *f* Streit *m*

disputer [dispyte] <1> **I.** *vt* ❶ *(fam: gronder)* ***~ qn*** jdn ausschimpfen ❷ *(contester)* ***~ qc à qn*** jdm etw streitig machen ❸ SPORT austragen *match;* ***être très disputé*** hart umkämpft sein **II.** *vpr* ❶ *(se quereller)* ***se ~ avec qn*** sich mit jdm streiten ❷ *(lutter pour)* ***se ~ qc*** sich um etw streiten; ***se ~ le marché*** um Marktanteile kämpfen ❸ SPORT ***se ~*** ausgetragen werden

disquaire [diskɛʀ] *m* Schallplattenhändler(in) *m(f)*

disqualification [diskalifikasjɔ̃] *f* Disqualifikation *f*

disqualifier [diskalifje] <1> **I.** *vt* disqualifizieren **II.** *vpr* ***se ~*** sich disqualifizieren

disque [disk] *m* ❶ *(objet rond)* Scheibe *f;* ***~ de coton*** Wattepad *nt* ❷ MUS [Schall]platte *f;* ***~ compact*** CD *f;* ***mettre un ~*** eine Platte auflegen ❸ *(engin)* Diskus *m; (discipline)* Diskuswurf *m* ❹ INFORM ***~ dur*** Festplatte *f;* ***~ optique compact*** CD-ROM *f* ▸ **change de ~!** *(fam)* leg eine andere Platte auf!

disque-jockey [diskʒɔkɛ] <disque--jockeys> *m* Discjockey *m*

disquette [diskɛt] *f* Diskette *f*

dissection [disɛksjɔ̃] *f* Sezieren *nt*

dissemblable [disɑ̃blabl] *adj* unähnlich, ungleich

dissémination [diseminasjɔ̃] *f* Verstreuung *f*

disséminer [disemine] <1> **I.** *vt* verstreuen **II.** *vpr* **se ~** ❶ *(se disperser)* sich verteilen ❷ *(se répandre)* sich ausbreiten

dissension [disɑ̃sjɔ̃] *f* Meinungsverschiedenheit *f*

dissentiment [disɑ̃timɑ̃] *m* Meinungsverschiedenheit *f,* Dissens *m*

disséquer [diseke] <5> *vt* sezieren *cadavre;* zerlegen *structure*
dissertation [disɛʀtasjɔ̃] *f* Aufsatz *m*

Falsche Freunde
Nicht verwechseln mit *die Dissertation* - *la thèse de doctorat*!

D

disserter [disɛʀte] <1> *vi* ~ ***sur qc*** sich über etw *akk* auslassen
dissidence [disidɑ̃s] *f* Spaltung *f*
dissident(**e**) [disidɑ̃, ɑ̃t] **I.** *adj* abtrünnig; ***un groupe*** ~ eine Splittergruppe **II.** *m(f)* Dissident(in) *m(f)*
dissimilitude [disimilityd] *f* Unähnlichkeit *f,* Unterschiedlichkeit *f*
dissimulateur, **-trice** [disimylatœʀ, -tʀis] **I.** *adj* heuchlerisch **II.** *m, f* Heuchler(in) *m(f)*
dissimulation [disimylasjɔ̃] *f* ❶ *sans pl (duplicité)* Heuchelei *f* ❷ *(action de cacher)* Verbergen *nt; de bénéfices, revenus* Unterschlagung *f*
dissimulé(**e**) [disimyle] *adj sentiments* heuchlerisch, falsch; *personne* unaufrichtig
dissimuler [disimyle] <1> **I.** *vt* ❶ *(cacher)* verstecken, verbergen *visage, difficultés* ❷ *(masquer)* ~ ***ses sentiments à qn*** seine Gefühle vor jdm verbergen ❸ *(taire)* ~ ***qc à qn/à qn que ...*** jdm etw verschweigen/jdm verschweigen, dass ... ❹ FIN unterschlagen **II.** *vi* ***savoir*** ~ sich gut verstellen können **III.** *vpr* ***se*** ~ sich verbergen; ***se*** ~ ***que ...*** sich *dat* nicht darüber im Klaren sein, dass ...
dissipation [disipasjɔ̃] *f* Disziplinlosigkeit *f; du patrimoine* Verschwendung *f; de la brume* Auflösung *f*
dissipé(**e**) [disipe] *adj* undiszipliniert
dissiper [disipe] <1> **I.** *vt* ❶ *(faire disparaître)* vertreiben ❷ *(lever)* zerstreuen, ausräumen *soupçons, doutes;* zerstören *illusions;* aufklären *malentendu* ❸ *(dilapider)* verschwenden ❹ SCOL ablenken **II.** *vpr* ***se*** ~ *brume:* sich auflösen; *doutes, craintes, soupçons:* sich zerstreuen; *inquiétude:* verfliegen; SCOL sich leicht ablenken lassen
dissociable [disɔsjabl] *adj* voneinander trennbar
dissocier [disɔsje] <1> *vt (envisager séparément)* ~ ***qc de qc*** etw getrennt von etw betrachten
dissolu(**e**) [disɔly] *adj (littér) mœurs* locker; *vie* ausschweifend; *personne* zügellos
dissolution [disɔlysjɔ̃] *f* ❶ *(action)* Auflösung *f* ❷ *(liquide)* Lösung *f*
dissolvant [disɔlvɑ̃] *m (produit)* Lösungsmittel *nt; (pour les ongles)* Nagellackentferner *m*
dissolvant(**e**) [disɔlvɑ̃, ɑ̃t] *adj* auflösend
dissonance [disɔnɑ̃s] *f* Dissonanz *f*
dissoudre [disudʀ] <irr> **I.** *vt* auflösen **II.** *vpr* ***se*** ~ sich auflösen; *mariage:* auseinandergehen
dissuader [disɥade] <1> *vt* ~ ***qn de qc*** *(par la persuasion)* jdn von etw abbringen; *(par la peur)* jdn von etw abschrecken
dissuasif, **-ive** [disɥazif, -iv] *adj* abschreckend
dissuasion [disɥazjɔ̃] *f* Abschreckung *f*
dissymétrique [disimetʀik] *adj* asymmetrisch
distance [distɑ̃s] *f* ❶ *(éloignement)* Entfernung *f;* ***la*** ~ ***entre Nancy et Paris/de la terre à la lune*** die Entfernung zwischen Nancy und Paris/von der Erde zum Mond; ***à quelle*** ~ ***est Cologne?*** wie weit ist Köln entfernt?; ***à une*** ~ ***de cent mètres*** hundert Meter weit [entfernt]; ***commande à*** ~ Fernsteuerung *f;* ***commandé à*** ~ ferngesteuert; ***relation à*** ~ Fernbeziehung *f* ❷ GEOM Abstand *m* ❸ SPORT Distanz *f* ❹ *(écart)* Kluft *f* ▶ **prendre ses ~s à l'égard de qn** sich von jdm distanzieren; **tenir qn à** ~ jdn auf Distanz halten; **à** ~ *(dans l'espace)* aus der Entfernung; *(dans le temps)* mit Abstand; **à cinq ans de** ~ fünf Jahre später
distancer [distɑ̃se] <2> *vt* ❶ SPORT abhängen, disqualifizieren *trotteur* ❷ *(surpasser)* in den Schatten stellen
distancier [distɑ̃sje] <1a> **I.** *vt* distanzieren *adversaire* **II.** *vpr* ***se*** ~ sich distanzieren
distant(**e**) [distɑ̃, ɑ̃t] *adj* ❶ *(réservé)* distanziert ❷ *(éloigné)* entfernt; ***ces deux événements sont ~s de plusieurs années*** diese beiden Ereignisse liegen mehrere Jahre auseinander
distendre [distɑ̃dʀ] <14> *vt* ausleiern, stark dehnen *peau;* lockern *liens*
distension [distɑ̃sjɔ̃] *f d'un ligament* Überdehnung *f; de la peau* Erschlaffung *f,* starke Ausdehnung; *d'une courroie, des liens* Lockerung *f*
distillateur, **-trice** [distilatœʀ, -tʀis] *m, f* Destillateur(in) *m(f); de cognac* Branntweinbrenner(in) *m(f)*
distillation [distilasjɔ̃] *f* Destillation *f; d'un alcool* Brennen *nt*
distiller [distile] <1> *vt* destillieren
distillerie [distilʀi] *f* Brennerei *f*
distinct(**e**) [distɛ̃, ɛ̃kt] *adj* ❶ *(différent)*

verschieden; ***bien*** ~ durchaus verschieden ❷ *(net)* deutlich

Aussprache
Bei **distinct** wird die Endung -ct nicht als [kt] gesprochen, sondern bleibt stumm.

distinctement [distɛ̃ktəmɑ̃] *adv* deutlich
distinctif, -ive [distɛ̃ktif, -iv] *adj* charakteristisch; ***signe*** ~ Kennzeichen *nt*
distinction [distɛ̃ksjɔ̃] *f* ❶ *(différenciation)* Unterscheidung *f* ❷ *(décoration, honneur)* Auszeichnung *f;* ~ ***honorifique*** Ehrentitel *m* ❸ *(élégance)* Vornehmheit *f;* ***être d'une grande*** ~ sehr vornehm sein
distingué(e) [distɛ̃ge] *adj* ❶ *(élégant)* vornehm; ***ça fait très*** ~ das wirkt sehr vornehm ❷ *(éminent)* berühmt
distinguer [distɛ̃ge] <1> **I.** *vt* ❶ *(percevoir)* erkennen ❷ *(différencier)* ~ ***qn de qn/qc de qc*** jdn von jdm/etw von etw unterscheiden ❸ *(caractériser)* ***sa grande taille le distingue*** er unterscheidet sich durch seine Größe ❹ *(isoler)* unterscheiden ❺ *(honorer)* auszeichnen **II.** *vi (faire la différence)* ~ ***entre qn et qn/entre qc et qc*** zwischen jdm und jdm/zwischen etw *dat* und etw *dat* unterscheiden **III.** *vpr* ❶ *(différer)* ***se*** ~ ***de qn/qc par qc*** sich durch etw von jdm/etw unterscheiden ❷ *(s'illustrer)* ***se*** ~ ***par qc*** sich durch etw auszeichnen
distinguo [distɛ̃go] *m* Unterscheidung *f*
distorsion [distɔʀsjɔ̃] *f* PHYS Verzerrung *f*
distraction [distʀaksjɔ̃] *f* ❶ *sans pl (inattention)* Unaufmerksamkeit *f* ❷ *(étourderie)* Unachtsamkeit *f* ❸ *sans pl (dérivatif)* Abwechslung *f* ❹ *gén pl (passe-temps)* Zeitvertreib *m*
distraire [distʀɛʀ] <irr> **I.** *vt* ❶ *(délasser)* unterhalten ❷ *(déranger)* ~ ***qn de qc*** jdn von etw ablenken **II.** *vpr* ***se*** ~ sich amüsieren
distrait(e) [distʀɛ, ɛt] **I.** *part passé de* **distraire II.** *adj* zerstreut; ***avoir l'air*** ~ einen zerstreuten Eindruck machen
distraitement [distʀɛtmɑ̃] *adv* geistesabwesend
distrayant(e) [distʀɛjɑ̃, jɑ̃t] *adj* unterhaltsam
distribanque® [distʀibɑ̃k] *m* Bankomat® *m,* Geldautomat *m*
distribuer [distʀibɥe] <1> *vt* ❶ *(donner)* ~ ***qc à qn*** etw an jdn verteilen; ~ ***des coups/gifles*** Schläge/Ohrfeigen austeilen; ~ ***le courrier*** die Post austragen ❷ FIN ~ ***des dividendes aux actionnaires*** Dividenden an die Aktionäre ausschütten ❸ COM vertreiben; ~ ***de l'électricité à qn/qc*** jdn/etw mit Strom versorgen ❹ MEDIA verleihen ❺ *(arranger, répartir)* anordnen *éléments, mots;* aufteilen *pièces;* aufstellen *joueurs de foot*
distributeur [distʀibytœʀ] *m* Automat *m;* ~ ***de billets*** Geldautomat
distributeur, -trice [distʀibytœʀ, -tʀis] *m, f* ❶ *(personne)* ~ ***de prospectus*** Verteiler(in) *m(f)* von Prospekten ❷ COM Vertreiber(in) *m(f); (entreprise)* Vertriebsgesellschaft *f; (diffuseur)* Verkaufsstelle *f;* ~ ***agréé/exclusif*** Vertragshändler *m*/Alleinvertreter *m* ❸ CINE Filmverleiher(in) *m(f)*
distribution [distʀibysjɔ̃] *f* ❶ *(répartition)* Verteilung *f; du courrier* Zustellung *f; des cartes* Ausgeben *nt; des tâches* Zuteilung *f* ❷ FIN *des dividendes* Ausschüttung *f; des actions* Ausgabe *f;* ~ ***des prix*** Preisverteilung *f* ❸ COM Vertrieb *m;* ***la*** ~ ***d'eau*** die Wasserversorgung *f* ❹ MEDIA Verleih *m;* CINE, THEAT [Rollen]besetzung *f* ❺ *des éléments, mots* Anordnung *f; des pièces, de l'appartement* Aufteilung *f; des joueurs* Aufstellung *f*
district [distʀikt] *m* Bezirk *m*
dit [di] *indic prés de* **dire**
dit(e) [di, dit] **I.** *part passé de* **dire II.** *adj le Sage, le Bègue* mit dem Beinamen; *touristique, socialiste* sogenannt
dites [dit] *indic prés de* **dire**
dithyrambique [ditiʀɑ̃bik] *adj* überschwänglich
diurétique [djyʀetik] *adj* diuretisch
diurne [djyʀn] *adj animal* tagaktiv
diva [diva] *f* Diva *f*
divagation [divagasjɔ̃] *f gén pl* wirres Gerede *nt kein Pl*
divaguer [divage] <1> *vi* ❶ *(délirer) malade:* fantasieren ❷ *(fam: déraisonner)* spinnen
divan [divɑ̃] *m* Diwan *m*
divergence [divɛʀʒɑ̃s] *f* Divergenz *f*
divergent(e) [divɛʀʒɑ̃, ʒɑ̃t] *adj* voneinander abweichend
diverger [divɛʀʒe] <2a> *vi* ❶ *(s'écarter)* auseinandergehen ❷ *(s'opposer)* ~ ***de qc*** von etw abweichen
divers(e) [divɛʀ, ɛʀs] **I.** *adj* ❶ *paysages, coutumes* verschiedenartig; *hypothèses, personnes* verschieden ❷ *mouvements, intérêts* unterschiedlich ❸ *toujours au pl (plusieurs)* mehrere; ***à ~es reprises*** mehr-

D

mals **II.** *m(f) pl (autres)* Sonstige(s) *nt; (frais)* sonstige Kosten *Pl*

diversement [divɛʀsəmɑ̃] *adv* unterschiedlich

diversification [divɛʀsifikasjɔ̃] *f* Diversifikation *f*

diversifié(e) [divɛʀsifje] *adj* vielfältig; *goût, offre* vielseitig

D

diversifier [divɛʀsifje] <1> *vt* diversifizieren

diversion [divɛʀsjɔ̃] *f a.* MIL Ablenkung *f*

diversité [divɛʀsite] *f (variété)* Verschiedenartigkeit *f; (multiplicité)* Vielfalt *f*

divertir [divɛʀtiʀ] <8> **I.** *vt (délasser)* unterhalten; *(changer les idées de qn)* ablenken **II.** *vpr* ***se*** ~ sich amüsieren

divertissant(e) [divɛʀtisɑ̃, ɑ̃t] *adj* unterhaltsam; ***qn trouve ~ de faire qc*** es bereitet jdm Vergnügen etw zu tun

divertissement [divɛʀtismɑ̃] *m* ❶ *sans pl (action)* Unterhaltung *f; (passe-temps)* Beschäftigung *f* ❷ MUS Divertimento *nt*

dividende [dividɑ̃d] *m* FIN Dividende *f*

divin(e) [divɛ̃, in] *adj* ❶ REL göttlich ❷ *beauté* bezaubernd

divinateur, -trice [divinatœʀ, -tʀis] **I.** *adj* ❶ *(divinatoire) pouvoir, science* Wahrsage- ❷ *(clairvoyant) esprit, instinct* hellseherisch **II.** *m, f* Wahrsager(in) *m(f)*

divination [divinasjɔ̃] *f* Wahrsagen *nt*

divinatoire [divinatwaʀ] *adj* ❶ *art* wahrsagend; *science* vorhersagend ❷ *instinct* intuitiv

divinement [divinmɑ̃] *adv* wundervoll

diviniser [divinize] <1> *vt* ~ ***qn/qc*** jdn/etw als Gottheit verehren

divinité [divinite] *f sans pl* Göttlichkeit *f*

diviser [divize] <1> **I.** *vt* ❶ *(fractionner)* [ein]teilen; ~ ***qc en qc*** etw in etw *akk* teilen; ~ ***qc entre plusieurs personnes*** etw unter mehreren Personen aufteilen; ***divisé par*** geteilt durch ❷ MATH dividieren ❸ *(désunir)* entzweien, spalten *groupe, population, parti* ► ~ **pour** <u>**régner**</u> *(prov)* teile und herrsche! **II.** *vpr* ❶ *(se séparer)* ***se ~ en qc*** *cellule, route:* sich in etw *akk* teilen; *parti:* sich in etw *akk* spalten ❷ *(être divisible)* ***se*** ~ *nombre:* teilbar sein; *ouvrage:* sich gliedern

diviseur [divizœʀ] *m* Teiler *m*

divisible [divizibl] *adj* ~ ***par qc*** teilbar durch etw

division [divizjɔ̃] *f* ❶ *(fractionnement)* ~ ***en qc*** *d'un pays* Gliederung *f* in etw *akk; des tâches* Verteilung *f; (classement)* Einteilung *f* in etw *akk* ❷ *(désaccord)* Unstimmigkeiten *Pl* ❸ *(action)* Dividieren *nt; (résultat)* Division *f;* ***faire une*** ~ dividieren ❹ *(subdivision)* Teil *m;* ~ ***administrative*** Verwaltungsbezirk *m* ❺ MIL Division *f* ❻ SPORT Liga *f* ❼ *d'une entreprise* Abteilung *f* ❽ BIO ~ ***cellulaire*** Zellteilung *f*

divisionnaire [divizjɔnɛʀ] *adj* ***commissaire*** ~ Oberkommissar(in) *m(f)*

divorce [divɔʀs] *m* [Ehe]scheidung *f;* ~ ***avec qn*** Scheidung von jdm; ***demander le*** ~ die Scheidung einreichen

divorcé(e) [divɔʀse] **I.** *adj* ~ ***de qn*** von jdm geschieden **II.** *m(f)* Geschiedene(r) *f(m)*

divorcer [divɔʀse] <2> *vi* ~ ***de qn*** sich von jdm scheiden lassen

divulgation [divylgasjɔ̃] *f d'un secret* Preisgabe *f*

divulguer [divylge] <1> *vt* ~ ***un secret à qn*** jdm ein Geheimnis verraten

dix [dis, *devant une voyelle:* diz, *devant une consonne:* di] **I.** *num* zehn ► **répéter/recommencer ~** <u>**fois**</u> **la même chose** immer wieder dasselbe wiederholen/machen **II.** *m inv* Zehn *f; v. a.* **cinq**

dix-huit [dizɥit, *devant une consonne:* dizɥi] **I.** *num* achtzehn **II.** *m inv* Achtzehn *f; v. a.* **cinq** **dix-huitième** [dizɥitjɛm] <dix-huitièmes> **I.** *adj antéposé* achtzehnte(r, s) **II.** *mf* ***le/la*** ~ der/die/das Achtzehnte **III.** *m (fraction)* Achtzehntel *nt; v. a.* **cinquième**

dixième [dizjɛm] **I.** *adj antéposé* zehnte(r, s) **II.** *mf* ***le/la*** ~ der/die/das Zehnte **III.** *m (fraction)* Zehntel *nt;* ***les neuf ~s des gens*** neunzig Prozent der Menschen; *v. a.* **cinquième**

dixièmement [dizjɛmmɑ̃] *adv* zehntens

dix-neuf [diznœf] **I.** *num* neunzehn **II.** *m inv* Neunzehn *f; v. a.* **cinq** **dix-neuvième** [diznœvjɛm] <dix-neuvièmes> **I.** *adj antéposé* neunzehnte(r, s) **II.** *mf* ***le/la*** ~ der/die/das Neunzehnte **III.** *m (fraction)* Neunzehntel *nt; v. a.* **cinquième** **dix-sept** [dissɛt] **I.** *num* siebzehn **II.** *m inv* Siebzehn *f; v. a.* **cinq** **dix-septième** [dissɛtjɛm] <dix-septièmes> **I.** *adj antéposé* siebzehnte(r, s) **II.** *mf* ***le/la*** ~ der/die/das Siebzehnte **III.** *m (fraction)* Siebzehntel *nt; v. a.* **cinquième**

dizaine [dizɛn] *f* ❶ *(environ dix)* ***une ~ de personnes/pages*** etwa zehn Personen/Seiten; ***quelques/plusieurs ~s de personnes*** ein paar/mehrere Dutzend Personen ❷ *(âge approximatif)* ***avoir une ~ d'années*** ungefähr zehn [Jahre alt] sein; ***approcher de la*** ~ auf die Zehn zugehen;

avoir largement dépassé la ~ weit über zehn [Jahre alt] sein
D.J. [didʒɛ, didʒi] *m abr de* **disque-jockey** DJ *m*
djembé [dʒœmbe] *m* MUS Djembe *f*
djette [didʒɛt] *f (fam)* DJane *f*
djeuns, djeun's, djeunz [dʒœns] *mpl (fam)* Teenies *Pl*
Djibouti [dʒibuti] *m* ***le*** ~ Dschibuti *nt*
djihadiste [dʒiadist] **I.** *adj* djihadistisch **II.** *mf* Djihadist(in) *m(f)*
dl *abr de* **décilitre** dl
dm *abr de* **décimètre** dm
DM [dœtʃmaʀk] *abr de* **Deutsche Mark** HIST DM
do [do] *m inv (majeur)* C *nt; (mineur)* c *nt;* ~ ***dièse*** *(majeur)* Cis *nt; (mineur)* cis *nt;* ~ ***bémol*** *(majeur)* Ces *nt; (mineur)* ces *nt*
doberman [dɔbɛʀman] *m* Dobermann *m*
doc [dɔk] *f (fam) abr de* **documentation** Doku *f*
docile [dɔsil] *adj* folgsam; *air* sanft
docilement [dɔsilmɑ̃] *adv se comporter* folgsam
docilité [dɔsilite] *f* Folgsamkeit *f*
dock [dɔk] *m* ❶ *(bassin)* Hafenbecken *nt; de carénage* Dock *nt* ❷ *souvent pl (entrepôt)* Lagerhaus *nt*
docker [dɔkɛʀ] *m* Hafenarbeiter *m*
docte [dɔkt] *adj (hum) connaisseur* gelehrt; *ton* schulmeisterlich
doctement [dɔktəmɑ̃] *adv (hum) parler* schulmeisterlich
docteur [dɔktœʀ] *m* Doktor *m*
doctoral(e) [dɔktɔʀal, -o] <-aux> *adj (péj)* schulmeisterlich
doctorant(e) [dɔktɔʀɑ̃, ɑ̃t] *m(f)* Doktorand(in) *m(f)*
doctorat [dɔktɔʀa] *m* ~ ***en*** Doktorwürde *f* in +*dat;* ***un doctorat*** ein Doktortitel; ~ ***d'État*** Habilitation *f*
doctoresse [dɔktɔʀɛs] *f (vieilli)* Ärztin *f*
doctrinaire [dɔktʀinɛʀ] *adj* doktrinär
doctrinal(e) [dɔktʀinal, o] <-aux> *adj* eine Doktrin betreffend; *débat, querelle* über eine Doktrin
doctrine [dɔktʀin] *f* Doktrin *f*
docudrame [dɔkydʀam] *m* TV Dokudrama *nt*
docufiction [dokyfiksjɔ̃] *m* Dokudrama *nt*
document [dɔkymɑ̃] *m* ❶ *(pièce écrite)* Dokument *nt; (d'un historien)* Quelle *f; (d'un comptable)* Beleg *m; pl* Unterlagen *Pl* ❷ *(preuve)* Dokument *nt; (pour la police)* Beweisstück *nt*
documentaire [dɔkymɑ̃tɛʀ] **I.** *adj* dokumentarisch **II.** *m* Dokumentarfilm *m*
documentaliste [dɔkymɑ̃talist] *mf* Dokumentalist(in) *m(f)*
documentariste [dɔkymɑ̃taʀist] *mf* Dokumentarist *m; d'un film* Dokumentarfilmer(in) *m(f)*
documentation [dɔkymɑ̃tasjɔ̃] *f* Dokumentation *f*, eine Materialsammlung
documenter [dɔkymɑ̃te] <1> **I.** *vt* ~ ***qn sur qn/qc*** jdn über jdn/etw informieren **II.** *vpr* ***se*** ~ ***sur qn/qc*** sich *dat* Informationsmaterial über jdn/etw beschaffen
dodeliner [dɔdline] <1> *vi* ~ ***de la tête*** den Kopf hin und her bewegen
dodo [dodo] *m (enfantin fam)* ***faire*** ~ heia machen; ***le dodo*** *(fam)* das Schlafen
dodu(e) [dɔdy] *adj (fam)* gut genährt; *bras, poule* fleischig
dogmatique [dɔgmatik] *adj* dogmatisch
dogmatiser [dɔgmatize] <1> *vi* ❶ REL dogmatisieren ❷ *(fig)* ~ ***sur qc*** sich in einem dogmatischen Ton über etw äußern
dogme [dɔgm] *m* Dogma *nt*
doigt [dwa] *m* ❶ ANAT *de la main, d'un gant* Finger *m;* ~ ***de pied*** Zeh *m;* ***compter sur ses ~s*** mit den Fingern zählen; ***lever le*** ~ sich melden ❷ *(mesure)* Fingerbreit *m* ▸ **être à deux ~s de la mort** mit einem Fuß im Grab[e] stehen; **faire qc les ~s dans le nez** *(fam)* etw mit links machen; **se cacher derrière son petit ~** sich vor der Wahrheit verstecken; **être à un ~ de faire qc** kurz davorstehen etw zu tun; **filer entre les ~s de qn** *argent:* jdm zwischen den Fingern zerrinnen; *personne:* jdm durch die Maschen schlüpfen; **mettre le ~ sur qc** den Kern einer S. *gen* treffen
doigté [dwate] *m* ❶ MUS Fingersatz *m* ❷ *(savoir-faire)* Fingerspitzengefühl *nt*
dois [dwa] *indic prés de* **devoir**
doit [dwa] **I.** *indic prés de* **devoir II.** *m* Soll *nt*
doivent [dwav] *indic et subj prés de* **devoir**
doléances [dɔleɑ̃s] *fpl* Beschwerden *Pl*
dolent(e) [dɔlɑ̃, ɑ̃t] *adj (littér)* wehleidig
dollar [dɔlaʀ] *m* Dollar *m;* ~ ***canadien*** kanadischer Dollar
dolmen [dɔlmɛn] *m* Dolmen *m*
D.O.M. [dɔm] *m abr de* **département d'outre-mer** überseeisches Departement *nt*

Land und Leute

Die **D.O.M.** sind frühere französische Kolonialgebiete in Übersee, die heute den Status von Departements haben.

Sie werden - unter Berücksichtigung landesspezifischer Besonderheiten - wie alle anderen Departements verwaltet. Es gibt fünf **D.O.M.**: Französisch-Guayana, die Antilleninseln Guadeloupe und Martinique, die im Indischen Ozean gelegene Insel La Réunion sowie die zu den Komoren gehörende Inselgruppe Mayotte, die 2011 Departement-Status erhielt.

D

domaine [dɔmɛn] *m* ❶ *(terre)* Ländereien *Pl;* ***~ familial*** Familienbesitz *m* ❷ FIN ***le Domaine*** das Staatsvermögen ❸ *(sphère)* Gebiet *nt,* Bereich *m;* ***~ d'activité*** Betätigungsfeld *nt,* Branche *f* ❹ INFORM Domäne *f,* Domain *f*

domanial(e) [dɔmanjal, -jo] <-aux> *adj* ***biens domaniaux*** Staatsvermögen *nt*

dôme [dom] *m* [Außen]kuppel *f*

domestication [dɔmɛstikasjɔ̃] *f d'un animal sauvage* Zähmung *f*

domesticité [dɔmɛstisite] *f* ❶ *(personnel de service)* Hausangestellte *Pl* ❷ *(rare) d'un animal* Zahmheit *f*

domestique [dɔmɛstik] **I.** *adj* ❶ *(opp: sauvage)* zahm; ***animal ~*** Haustier *nt* ❷ *(ménager)* häuslich; ***économie ~*** Hauswirtschaft *f kein Pl* ❸ ECON ***marché ~*** Binnenmarkt *m* **II.** *mf* Hausangestellte(r) *f(m)*

domestiquer [dɔmɛstike] <1> *vt* nutzbar machen *énergie solaire, vent, marées*

domicile [dɔmisil] *m* ❶ *(demeure)* Wohnung *f* ❷ ADMIN Wohnsitz *m;* ***sans ~ fixe*** ohne festen Wohnsitz ► **à ~** *livrer* ins Haus; *recevoir* zu Hause; *envoi* nach Hause; ***travail à ~*** Heimarbeit *f;* ***visite à ~*** Hausbesuch *m*

domiciliation [dɔmisiljasjɔ̃] *f d'un chèque* Zahlungsort *m*

domicilier [dɔmisilje] <1> *vt (form)* ***être domicilié à Paris*** seinen Wohnsitz in Paris haben

Domien(ne) [domjɛ̃, ɛn] *m(f)* Bewohner(in) *m(f)* eines D.O.M.

dominant(e) [dɔminɑ̃, ɑ̃t] *adj* dominierend; *opinion, vent* vorherrschend; *position, nation* führend

dominante [dɔminɑ̃t] *f (caractéristique)* dominierendes Merkmal

dominateur, -trice [dɔminatœʀ, -tʀis] *adj* herrisch

domination [dɔminasjɔ̃] *f (suprématie)* Vormacht *f*

dominer [dɔmine] <1> **I.** *vt* ❶ *(être le maître de)* ***~ qn/qc*** über jdn/etw herrschen ❷ *(contrôler)* zügeln, zurückhalten *larmes;* unterdrücken *chagrin;* beherrschen *sujet* ❸ *(surpasser)* übertreffen ❹ *(surplomber)* überragen ❺ *(être plus fort que) orateur, voix:* übertönen; *passion du jeu:* überwiegen **II.** *vi* ❶ *(prédominer)* vorherrschen ❷ *(commander, être le meilleur)* den Ton angeben; *(sur les mers)* überlegen sein; SPORT dominieren **III.** *vpr* ***se ~*** sich beherrschen

dominicain(e) [dɔminikɛ̃, ɛn] **I.** *adj* ❶ REL Dominikaner- ❷ GEOG dominikanisch **II.** *m(f)* REL Dominikaner(in) *m(f)*

Dominicain(e) [dɔminikɛ̃, ɛn] *m(f)* GEOG Dominikaner(in) *m(f)*

dominical(e) [dɔminikal, -o] <-aux> *adj* ***repos ~*** Sonntagsruhe *f kein Pl*

Dominique [dɔminik] *f* ***la ~*** Dominica *nt*

domino [dɔmino] *m* Dominostein *m*

dommage [dɔmaʒ] *m* ❶ *(préjudice)* Schaden *m;* ***~s corporels*** Personenschaden *m;* ***~s matériels*** Sachschaden *m;* ***~ et intérêts*** Schaden[s]ersatz *m kein Pl* ❷ *pl (dégâts)* Schäden *Pl* ► **c'est bien ~!** das ist sehr schade!; **quel ~!** wie schade!

dommageable [dɔmaʒabl] *adj* ***~ à qn/qc*** schädlich für jdn/etw

dommages-intérêts [dɔmaʒzɛ̃teʀɛ] *mpl* Schaden[s]ersatz *m kein Pl*

dompter [dɔ̃(p)te] <1> *vt* bändigen, dressieren *cheval, fauve;* unterwerfen *rebelles;* niederschlagen *rébellion;* zügeln *imagination, passions;* überwinden *peur*

dompteur, -euse [dɔ̃(p)tœʀ, -øz] *m, f* Dompteur *m*/Dompteuse *f*

D.O.M.-T.O.M. [dɔmtɔm] *mpl abr de* **départements et territoires d'outre-mer** HIST überseeische Departements *Pl* und Gebiete *Pl*

don [dɔ̃] *m* ❶ *(action)* Schenkung *f; (action charitable)* Spenden *nt* ❷ *(cadeau)* Geschenk *nt; (cadeau charitable)* Spende *f;* ***~ d'organe*** Organspende; ***faire un ~ à qn*** jdm eine Spende zukommen lassen ❸ *(aptitude)* Begabung *f;* ***avoir le ~ de faire qc*** das Talent haben, etw zu tun

donateur, -trice [dɔnatœʀ, -tʀis] *m, f* Spender(in) *m(f)*

donation [dɔnasjɔ̃] *f* Schenkung *f*

donc [dɔ̃k] *conj* also; *(en interrogative)* denn; *(en impérative)* doch; ***si ~ je ne suis pas là à 20 heures*** sollte ich also um 20 Uhr noch nicht da sein

donf [dɔ̃f] *adv (fam)* ► **à ~** volle Kanne

donjon [dɔ̃ʒɔ̃] *m* Bergfried *m*

donnant [dɔnɑ̃] ***avec qn, c'est ~ ~*** jd tut nichts ohne Gegenleistung

donne [dɔn] *f* JEUX Geben *nt*
donné(e) [dɔne] *adj (déterminé)* bestimmt ▶ **étant ~ qc** in Anbetracht einer S. *gen;* **c'est ~** *(fam)* das ist geschenkt
données [dɔne] *fpl* ❶ *(élément d'appréciation)* Angabe *f* ❷ SCOL **~ du problème** Problemstellung *f* ❸ INFORM, ADMIN Daten *Pl*
donner [dɔne] <1> **I.** *vt* ❶ *(remettre)* **~ qc à qn** jdm etw geben ❷ *(offrir)* jdm etw schenken ❸ *(communiquer)* **~ de ses nouvelles** von sich hören lassen; **~ le bonjour à qn** jdm Grüße ausrichten ❹ MUS angeben *note, ton* ❺ SCOL **~ des devoirs à qn** jdm Hausaufgaben aufgeben ❻ *(causer)* **~ faim/soif** hungrig/durstig machen; **ça lui donne chaud** davon wird ihm/ihr heiß; **qn/qc lui donne envie de faire qc** er/sie bekommt durch jdn/etw Lust etw zu tun ❼ *(conférer)* **cette couleur te donne un air sévère** diese Farbe lässt dich streng aussehen ❽ *(attribuer)* **~ qc à qn** jdm etw zuschreiben ❾ *(produire) arbre:* tragen; *vigne:* geben; *recherches:* ergeben ❿ *(faire faire)* **~ aux élèves des devoirs à faire** den Schülern Hausaufgaben aufgeben ⓫ *(faire passer pour)* **~ qc pour certain** etw als sicher darstellen; **~ qn perdant** in jdm den Verlierer sehen ⓬ *(échanger)* **~ qc pour qc** etw für etw [her]geben **II.** *vi (s'ouvrir sur)* **~ sur qc** *pièce, fenêtre:* auf etw *akk* hingehen; *porte:* zu etw hinführen **III.** *vpr* ❶ *(se dévouer)* **se ~ à qn/qc** sich jdm/einer S. widmen ❷ *(faire l'amour)* **se ~ à qn** sich jdm hingeben
donneur, -euse [dɔnœʀ, -øz] *m, f a.* MED Spender(in) *m(f);* **~ de sang** Blutspender
dont [dɔ̃] *pron rel* ❶ *compl* dessen/deren ❷ *(partie d'un tout)* von denen; **cet accident a fait six victimes, ~ deux enfants** dieser Unfall forderte sechs Opfer, darunter zwei Kinder
dopage [dɔpaʒ] *m* Doping *nt*
dopant [dɔpɑ̃] *m* Dopingmittel *nt*
dope [dɔp] *f (fam)* Dope *nt*
doper [dɔpe] <1> **I.** *vt* ❶ *(stimuler)* aufputschen; SPORT dopen ❷ auf Touren bringen *économie;* pushen *ventes* **II.** *vpr* **se ~** Aufputschmittel nehmen; SPORT sich dopen
doping [dɔpiŋ] *m* Doping *nt;* **soupçon de ~** Dopingverdacht *m*
dorade [dɔʀad] *f* ZOOL Goldbrasse *f*
doré(e) [dɔʀe] *adj* ❶ *(avec de l'or)* vergoldet ❷ *blés, lumière* golden; *pain, gâteau* goldbraun; *peau* gebräunt ❸ *(agréable)* golden; **une prison ~e** ein goldener Käfig
dorénavant [dɔʀenavɑ̃] *adv* von jetzt an
dorer [dɔʀe] <1> **I.** *vt* ❶ *(recouvrir d'or)* vergolden ❷ *(colorer)* golden färben *moissons;* bräunen *peau* ❸ GASTR mit Eigelb bestreichen *gâteau* **II.** *vi* GASTR knusprig braun werden **III.** *vpr* **se faire ~ au soleil** sich in der Sonne bräunen lassen
dorloter [dɔʀlɔte] <1> *vt* verwöhnen
dormant [dɔʀmɑ̃] *m d'une fenêtre, porte* Rahmen *m*
dormant(e) [dɔʀmɑ̃, ɑ̃t] *adj* **eau ~e** stehendes Gewässer
dormeur, -euse [dɔʀmœʀ, -øz] *m, f* ❶ *(endormi)* Schläfer(in) *m(f)* ❷ *(qui dort beaucoup)* Langschläfer(in) *m(f)*
dormir [dɔʀmiʀ] <irr> *vi* ❶ *(sommeiller)* schlafen ❷ *(être négligé) capitaux, richesses minières:* brachliegen; *dossier, réclamations, affaire:* [unbearbeitet] liegen bleiben ❸ *(être calme, sans bruit) maison, nature:* ruhig sein ▶ **ça ne l'empêche pas de ~** *(fam)* das juckt ihn/sie überhaupt nicht
dorsal(e) [dɔʀsal, -o] <-aux> *adj* Rücken-
dortoir [dɔʀtwaʀ] *m* Schlafsaal *m*
dorure [dɔʀyʀ] *f* Vergoldung *f*
doryphore [dɔʀifɔʀ] *m* Kartoffelkäfer *m*
dos [do] *m* ❶ ANAT Rücken *m* ❷ *(fig) d'une chaise* Lehne *f; d'un couteau, livre, vêtement* Rücken *m; de la main* Handrücken *m; d'un papier écrit* Rückseite *f* ▶ **ne pas y aller avec le ~ de la cuillère** *(fam)* jdn/etw nicht mit Glacéhandschuhen anfassen; **en avoir plein le ~** *(fam)* die Nase voll haben; **n'avoir rien à se mettre sur le ~** nichts anzuziehen haben; **être sur le ~ de qn** *(fam)* ständig auf jdm herumhacken; **faire qc dans le ~ de qn** etw hinter jds Rücken *dat* tun; **faire qc sur le ~ de qn** etw auf jds Kosten *akk* tun
dosage [dozaʒ] *m (a. fig)* Dosierung *f*
dos d'âne [dodɑn] *m inv* Bodenwelle *f*
dose [doz] *f* ❶ BIO Dosis *f* ❷ GASTR Menge *f;* **trois ~s de farine pour une ~ de sucre** drei Teile Mehl auf einen Teil Zucker ▶ **une bonne ~ de courage** eine gehörige Portion Mut; **par petites ~s** in kleinen Dosen
doser [doze] <1> *vt* ❶ BIO dosieren *médicament;* abmessen *ingrédients;* mischen *cocktail* ❷ *(mesurer)* gut dosieren
dosette [dozɛt] *f (sachet, minidose)* Pad *nt;* **~ de café** Kaffeepad
doseur [dozœʀ] *m* Dosierhilfe *f*
dossard [dosaʀ] *m* Startnummer *f*
dossier [dosje] *m* ❶ *(appui pour le dos)* [Rücken]lehne *f* ❷ *(classeur)* [Akten]ord-

D

ner *m* ❸ ADMIN Akte[n *Pl*] *f*; ~ ***de candidature*** Bewerbungsunterlagen *Pl*

dot [dɔt] *f* Aussteuer *f*

dotation [dɔtasjɔ̃] *f* ❶ *(action)* ***la ~ en qc*** die Zuteilung von etw ❷ ADMIN finanzielle Ausstattung *f*

doté(e) [dɔte] *adj* ***être ~ de qc*** *machine:* mit etw ausgestattet sein; *personne:* etw haben

doter [dɔte] <1> *vt* ~ ***qn*** jdm eine Aussteuer mitgeben

douane [dwan] *f* ❶ *(administration)* Zoll[behörde *f*] *m* ❷ *(poste)* Zoll[station *f*] *m*, Zollstelle *f*; ***être saisi en ~*** vom Zoll beschlagnahmt werden ❸ *(droit)* Zoll[gebühren *Pl*] *m*

douanier, -ière [dwanje, -jɛʀ] **I.** *adj* Zoll- **II.** *m, f* Zollbeamte(r) *m*/-beamtin *f*

doublage [dublaʒ] *m* ❶ CINE *d'un acteur* Doubeln *nt; d'un film* Synchronisation *f* ❷ COUT *d'une étoffe* Unterlegen *nt; d'un vêtement* Füttern *nt*

double [dubl] **I.** *adj* doppelt; ~ ***personnalité*** gespaltene Persönlichkeit **II.** *adv compter, voir* doppelt **III.** *m* ❶ *(quantité)* Doppelte(s) *nt*; ***il a mis le ~ de temps*** er hat doppelt so viel Zeit gebraucht ❷ *(copie)* Kopie *f*, Duplikat *nt*; *(écrit à la main)* Abschrift *f*; *(écrit au carbone)* Durchschlag *m*; ***un ~ de clé*** ein Zweitschlüssel *m* ❸ *(exemplaire identique)* Dublette *f*; *(personne)* Doppelgänger(in) *m(f)*; ***en ~*** doppelt ❹ SPORT Doppel *nt*; ~ ***mixte*** gemischtes Doppel

doublé(e) [duble] *adj* ❶ COUT *vêtement* gefüttert ❷ CINE *acteur* gedoubelt; *film* synchronisiert

double-clic [dubləklik] <doubles-clics> *m* INFORM Doppelklick *m* **double-cliquer** [dubləklike] <1> *vi* doppelt klicken

doublement [dubləmɑ̃] *m* Verdoppelung *f*

doubler [duble] <1> **I.** *vt* ❶ *(multiplier par deux)* verdoppeln ❷ *(mettre en double)* doppelt nehmen *fil, papier* ❸ *(garnir intérieurement)* füttern *vêtement;* ausschlagen *boîte;* verstärken *paroi* ❹ SCOL BELG wiederholen *année, classe* ❺ MEDIA doubeln *acteur;* synchronisieren *film;* ~ ***qn*** THEAT für jdn einspringen ❻ *(dépasser)* überholen *véhicule;* ***se faire ~*** überholt werden ❼ *(fam: tromper)* übers Ohr hauen **II.** *vi (être multiplié par deux) nombre, prix:* sich verdoppeln **III.** *vpr* ***se ~ de qc*** mit etw einhergehen

double-toit [dublətwa] <doubles-toits> *m* ❶ doppeltes Dach *nt* ❷ *(partie d'une tente)* Überzelt *nt*, Außenzelt

doublure [dublyʀ] *f* ❶ COUT *d'un vêtement* Futter *nt* ❷ CINE Double *nt;* THEAT zweite Besetzung

douce [dus] *v.* **doux**

douce-amère [dusamɛʀ] <douces-amères> **I.** *adj v.* **doux-amer II.** *f* BOT Bittersüß *m*

douceâtre [dusɑtʀ] *adj* süßlich

doucement [dusmɑ̃] *adv* ❶ *(avec précaution)* sacht[e]; *(sans bruit)* leise; *(avec délicatesse)* behutsam; *(faiblement)* schwach ❷ *(graduellement)* allmählich; *appuyer* mit Gefühl ❸ *(médiocrement)* mittelmäßig

doucereux, -euse [dusʀø, -øz] *adj (vieilli) manières, personne* übertrieben freundlich, scheinheilig

doucettement [dusɛtmɑ̃] *adv partir* gemächlich, in aller Ruhe

douceur [dusœʀ] *f* ❶ *d'une étoffe* Geschmeidigkeit *f; d'un fruit* Süße *f; de la lumière, température* Milde *f; d'une musique* Wohlklang *m*; ***en ~*** sachte ❷ *d'un caractère* Sanftmut *f; de la vie* Annehmlichkeiten *Pl* ❸ *gén pl (friandises)* Süßigkeiten *Pl; (plat sucré)* Süßspeise *f* ❹ *pl (amabilités)* Schmeicheleien *Pl*

douche [duʃ] *f* Dusche *f* ► ~ **écossaise** Wechselbad *nt*

doucher [duʃe] <1> **I.** *vt* ❶ *(tremper)* [ab]duschen ❷ *(décevoir)* dämpfen *enthousiasme* **II.** *vpr* ***se ~*** [sich] duschen

doudou [dudu] *m (enfantin fam)* ❶ *(pièce de tissus)* Kuscheltuch *nt; (peluche)* Kuscheltier *nt fam*, Schmusetier *fam; (coussin)* Kuschelkissen *nt fam*, Schmusekissen *nt fam* ❷ *(en créole antillais)* weibliche Schönheit *f (von den Antillen)*

doudoune [dudun] *f* Daunenjacke *f*

doué(e) [dwe] *adj* begabt; ***être ~ de/pour qc*** mit/für etw begabt sein

douer [due] <1> *vt* ~ ***qn de qc*** jdn mit etw ausstatten

douille [duj] *f* TECH Tülle *f*

douillet(te) [dujɛ, jɛt] *adj* ❶ *(sensible)* zimperlich; *(pleurnicheur)* wehleidig ❷ *(confortable)* behaglich

douillette [dujɛt] *m* CAN *(duvet)* Daunendecke *f*

douillettement [dujɛtmɑ̃] *adv* behaglich

douleur [dulœʀ] *f* ❶ *(physique)* Schmerz *m*; ***de ~*** vor Schmerz[en] *dat* ❷ *(moral)* Schmerz *m*, Leid *nt*; ***avoir la ~ de faire qc*** etw mit Schmerz/Trauer tun

douloureuse [duluʀøz] *f (fam)* Rechnung *f*

douloureux, -euse [duluʀø, -øz] *adj* ❶ *blessure, opération, maladie* schmerzhaft; *partie du corps* schmerzend ❷ *souvenir, événement* schmerzlich; *regard* schmerzerfüllt ▶ **un réveil ~** ein böses Erwachen

doute [dut] *m* Zweifel *m;* ***ne laisser aucun ~ sur qc*** keinen Zweifel an etw *dat* lassen ▶ **mettre qc en ~** etw in Zweifel ziehen; ***sans*** **~** sicherlich; **sans ~ que qn a fait qc** wahrscheinlich hat jd etw getan

douter [dute] <1> **I.** *vi* ❶ *(être incertain)* **~ *de qc*** an etw *dat* zweifeln; ~ ***que*** *+subj* bezweifeln, dass ❷ *(se méfier)* ~ ***de qn/qc*** jdm/etw misstrauen ▶ **à n'en pas ~** ohne jeden Zweifel; **ne ~ de rien** *(iron)* vor nichts zurückschrecken **II.** *vpr (pressentir)* ***se ~ de qc*** etw vermuten; ***je m'en doute*** das kann ich mir denken

douteux, -euse [dutø, -øz] *adj* ❶ *issue, résultat, origine* ungewiss; *sens* nicht eindeutig ❷ *(péj) goût, mœurs* zweifelhaft

douve [duv] *f* ❶ *(fossé) d'un château* Wassergraben *m* ❷ *(planche)* Daube *f*

doux [du] *m (temps)* milde Witterung *nt*

doux, douce [du, dus] **I.** *adj* ❶ *(au toucher)* weich ❷ *(au goût)* süß; *piment* edelsüß; *vin* lieblich; *moutarde* Delikatess-; *tabac* mild; ***les drogues douces*** die leichten Drogen ❸ *(à l'oreille)* sanft; *consonne* weich; *accents, musique* melodisch ❹ *(à la vue)* weich ❺ *(à l'odorat)* lieblich ❻ *(clément)* mild ❼ *(gentil, patient)* freundlich ❽ *(modéré)* mild; *croissance* allmählich; *fiscalité* maßvoll; *gestes* ruhig; *pente* sanft; ***à feu*** **~** auf kleiner Flamme ❾ *vie, souvenir, visage* angenehm; *espoir* zart; *caresse* zärtlich ▶ **se la couler douce** *(fam)* eine ruhige Kugel schieben **II.** *adv* ▶ **ça va tout ~** *(fam)* es geht so lala; **en douce** *(fam)* klammheimlich

doux-amer, douce-amère [duzamɛʀ, dusamɛʀ] <doux-amers> *adj* bittersüß

douzaine [duzɛn] *f* ❶ *(douze)* Dutzend *nt;* ***à la*** **~** im Dutzend; *(en grande quantité)* dutzendweise ❷ *(environ douze)* ***une ~ de personnes/choses*** etwa zwölf Personen/Dinge

douze [duz] **I.** *num* zwölf **II.** *m inv* Zwölf *f; v. a.* **cinq**

douzième [duzjɛm] **I.** *adj antéposé* zwölfte(r, s) **II.** *mf* ***le/la*** **~** der/die/das Zwölfte **III.** *m* Zwölftel *nt; v. a.* **cinquième**

downloader [dɔnlode] *vt* INFORM herunterladen, downloaden *Fachspr.*

doyen(ne) [dwajɛ̃, jɛn] *m(f)* ❶ *(aîné)* Älteste(r) *f(m)* ❷ UNIV Dekan(in) *m(f)*

drache [dʀaʃ] *f* BELG *(averse)* heftiger Regen *m,* Wolkenbruch *m*

draconien(ne) [dʀakɔnjɛ̃, jɛn] *adj* drakonisch

dragage [dʀagaʒ] *m d'une rivière* Ausbaggern *nt*

dragée [dʀaʒe] *f* Dragee *nt*

dragon [dʀagɔ̃] *m* Drache *m*

dragonne [dʀagɔn] *f d'une épée* Quaste *f*

drag-queen [dʀagkwin] <drag-queens> *f* Drag-Queen *f*

drague [dʀag] *f (filet)* Schleppnetz *nt*

draguer [dʀage] <1> *vt* ❶ *(pêcher)* mit dem Schleppnetz fangen ❷ *(dégager)* ausbaggern *chenal, sable;* räumen *mines* ❸ *(fam: racoler)* anmachen, anbandeln mit A; ***se faire*** **~** angemacht werden; *(chercher l'aventure)* sich abschleppen lassen

dragueur [dʀagœʀ] *m (navire)* Baggerschiff *nt*

dragueur, -euse [dʀagœʀ, -øz] *m, f (fam)* Aufreißer(in) *m(f) sl*

dragueuse [dʀagøz] *f (fam)* Mädchen *nt*/Frau *f* auf Männerfang, Aufreißerin *f sl*

drainage [dʀɛnaʒ] *m a.* MED Drainage *f*

drainer [dʀene] <1> *vt a.* MED dränieren

dramatique [dʀamatik] *adj* ❶ THEAT ***l'art*** **~** die Schauspielkunst; ***le genre*** **~** das Drama ❷ *histoire, récit* dramatisch

dramatiquement [dʀamatikmɑ̃] *adv* dramatisch

dramatisation [dʀamatizasjɔ̃] *f* Dramatisierung *f*

dramatiser [dʀamatize] <1> *vt, vi* dramatisieren

dramaturge [dʀamatyʀʒ] *m* Bühnenautor(in) *m(f)*

drame [dʀam] *m* ❶ *(pièce)* Drama *nt,* Schauspiel *nt* ❷ *(événement)* Drama *nt;* ***tourner au*** **~** tragisch ausgehen

drap [dʀa] *m* ❶ *de lit* Bettlaken *nt;* ***~ de bain*** Badetuch *nt* ❷ TEXTIL angerauter Wollstoff ▶ **être dans de beaux ~s** *(fam)* in der Tinte sitzen

drapé [dʀape] *m* Faltenwurf *m*

drapeau [dʀapo] <x> *m* Fahne *f,* Flagge *f*

draper [dʀape] <1> **I.** *vt* ❶ *(envelopper)* **~ *qc/qn de qc*** etw/jdn mit etw umhüllen ❷ *(plisser)* drapieren *étoffe* **II.** *vpr* ***se ~ dans une cape*** sich in einen Umhang hüllen

drap-housse [dʀa] <draps-housses> *m* Spann[bett]laken *nt*

drapier, -ière [dʀapje, -jɛʀ] *m, f* Tuchfabrikant(in) *m(f)*

drastique [dʀastik] *adj purgatif, mesure* drastisch

D

dreadlocks [dʀɛdlɔks] *fpl* Dreadlocks *Pl*
Dresde [dʀɛsd] Dresden *nt*
dressage [dʀesaʒ] *m* ❶ *d'un animal* Dressur *f; (péj) d'un enfant* Drill *m pej* ❷ *d'un échafaudage* Aufbau *m; d'une tente* Aufschlagen *nt*
dresser [dʀese] <1> **I.** *vt* ❶ *(établir)* aufstellen *bilan, liste;* zeichnen *carte, plan;* auflisten *inventaire;* erteilen *procuration;* ausstellen *procès-verbal* ❷ *(ériger)* errichten *barrière, monument;* aufbauen *échafaudage;* aufschlagen *tente* ❸ *(lever)* aufrichten *buste;* heben *menton, tête;* spitzen *oreilles* ❹ *(disposer)* anrichten *plat;* aufstellen *piège;* schmücken *autel* ❺ *(dompter)* dressieren *animal;* abrichten *chien; péj)* drillen *enfant, soldat* ❻ *(mettre en opposition)* **~ *qn contre qn/qc*** jdn gegen jdn/etw aufwiegeln **II.** *vpr* ❶ *(se mettre droit)* ***se ~*** sich aufrichten ❷ *(s'élever)* ***se ~*** *bâtiment, statue:* sich erheben ❸ *(s'insurger)* ***se ~ contre qn/qc*** sich gegen jdn/etw auflehnen
dresseur, -euse [dʀesœʀ, -øz] *m, f* Dresseur(in) *m(f)*
dressoir [dʀeswaʀ] *m* Anrichte *f*
DRH [deɛʀaʃ] **I.** *f abr de* **direction des ressources humaines** HRM *nt* **II.** *mf abr de* **directeur(-trice) des ressources humaines** HR-Manager(in) *m(f)*
dribble [dʀibl] *m* Dribbling *nt*
dribbler [dʀible] <1> *vt, vi* **~ *qn*** an jdm vorbeidribbeln
driver, driveur [dʀajvœʀ] *m* ❶ *(jockey)* Trabrennfahrer *m* ❷ INFORM Treiber *m*
drogue [dʀɔg] *f (a. fig)* Droge *f,* Rauschgift *nt;* **~ *douce/dure*** weiche/harte Droge
drogué(e) [dʀɔge] *m(f)* Drogensüchtige(r) *f(m),* Rauschgiftsüchtige(r) *f(m)*
droguer [dʀɔge] <1> **I.** *vt* **~ *qn*** jdm Drogen/zu viele Medikamente verabreichen **II.** *vpr* ***se ~*** Drogen/zu viele Medikamente nehmen
droguerie [dʀɔgʀi] *f* Drogerie *f*
droguiste [dʀɔgist] *mf* Drogist(in) *m(f)*
droit [dʀwa] **I.** *m* ❶ *(prérogative)* Recht[sanspruch *m*] *nt;* ***~s civiques*** Bürgerrechte *Pl;* ***de quel ~*** mit welchem Recht; ***avoir ~ à qc*** Recht[sanspruch] auf etw *akk* haben; ***avoir le ~ de faire qc*** das Recht haben etw zu tun; ***être en fin de ~s*** keinen Anspruch auf Arbeitslosengeld mehr haben; ***~ de garde*** Sorgerecht *nt* ❷ *(règles)* Recht *nt; (études juridiques)* Rechtswissenschaft *f;* ***faire son ~*** Jura studieren; ***~ civil*** Zivilrecht; ***~ public*** öffentliches Recht ❸ *pl (taxe)* Gebühr *f* **II.** *adv* ❶ *(opp: courbé)* aufrecht ❷ *(en ligne droite)* geradeaus ❸ *(opp: penché)* gerade; *écrire* steil; *tenir* gerade ▸ **aller ~ à la catastrophe** geradewegs auf die Katastrophe zusteuern; **marcher ~** parieren; **tout ~** geradeaus
droit(e) [dʀwa, dʀwat] *adj* ❶ *(opp: gauche)* rechte(r, s) ❷ *(non courbe)* gerade ❸ *(non penché)* gerade; ***angle ~*** rechter Winkel; ***être ~*** *pieu, récipient, tour:* gerade stehen; *chapeau:* gerade sitzen; *tableau:* gerade hängen ❹ *(honnête, loyal)* aufrichtig; *chemin* recht
droite [dʀwat] *f* ❶ GEOM Gerade *f* ❷ POL Rechte *f;* ***un parti de ~*** eine rechte Partei; ***l'extrême ~*** die Rechtsextremisten *Pl* ❸ *(côté droit)* Rechte *f,* rechte Seite; ***à ~*** [nach] rechts; ***tourner à ~*** rechts abbiegen; ***de ~*** auf der rechten Seite; ***par la ~*** von rechts; ***serrez à ~!*** rechts fahren!
droitier, -ière [dʀwatje, -jɛʀ] **I.** *m, f (personne)* Rechtshänder(in) *m(f)* **II.** *adj* POL *(fam)* rechtslastig
droiture [dʀwatyʀ] *f* Aufrichtigkeit *f*
drôle [dʀol] *adj* ❶ *(comique)* lustig ❷ *(fam: bizarre)* komisch, merkwürdig ▸ **ça n'a vraiment rien de ~!** das ist wirklich nicht komisch!; **ça me fait tout ~** dabei habe ich ein ganz komisches Gefühl
drôlement [dʀolmɑ̃] *adv* ❶ *(bizarrement)* komisch ❷ *(fam: rudement)* ganz schön
drôlerie [dʀolʀi] *f* Spaß *m*
D.R.O.M. [dʀɔm] *mpl abr de* **départements et régions d'outre-mer** französische Departements *Pl* und Regionen in Übersee
dromadaire [dʀɔmadɛʀ] *m* Dromedar *nt*
dru(e) [dʀy] *adj barbe, herbe* dicht
drugstore [dʀœgstɔʀ] *m* Drugstore *m*
druide [dʀɥid] *m* Druide *m*
druidique [dʀɥidik] *adj* druidisch
dry [dʀaj] *adj inv martini* trocken
DSL [deɛsɛl] *f abr de* **Digital Subscriber Line** INFORM DSL *nt*
du [dy] = **de le** *v.* **de**
dû [dy] <dus> *m (ce à quoi on a droit)* Anrecht *nt; (ce que l'on doit)* Schuld *f*
dû, due [dy] <dus> **I.** *part passé de* **devoir II.** *adj* ❶ *(que l'on doit)* schuldig ❷ *(imputable)* ***être ~ à qc*** von etw herrühren ❸ *(mérité)* ***être ~ à qn*** jdm zustehen
dual(e) [dɥal, dyal] *adj société* zweigeteilt
dualité [dɥalite] *f* Dualität *f*
dubitatif, -ive [dybitatif, -iv] *adj* zweifelnd

duc [dyk] *m* Herzog *m*
ducasse [dykas] *f* BELG, NORD *(fête patronale ou publique, kermesse)* Kirmes *f,* Kirchweih *f*
duché [dyʃe] *m* Herzogtum *nt*
duchesse [dyʃɛs] *f* Herzogin *f*
duel [dɥɛl] *m (a. fig)* Duell *nt*
duettiste [dɥetist] *mf* MUS Sänger(in) *m(f)* eines Duetts; THEAT Partner(in) *m(f)* in einem Duo
dûment [dymɑ̃] *adv* vorschriftsmäßig
dumping [dœmpiŋ] *m* Dumping *nt;* ***pratiquer le*** ~ Dumping betreiben; ~ ***fiscal/social*** Steuer-/Sozialdumping
dune [dyn] *f* Düne *f*
Dunkerque [dœ̃kɛʀk] Dünkirchen *nt*
duo [dɥo, dyo] *m (pour instruments)* Duo *nt; (pour voix)* Duett *nt*
duodénum [dɥɔdenɔm] *m* ANAT Zwölffingerdarm *m,* Duodenum *nt Fachspr.*
dupe [dyp] *f* Betrogene(r) *f(m)*
duper [dype] <1> *vt* hinters Licht führen
duperie [dypʀi] *f* Schwindel *m*
duplex [dyplɛks] *m* ❶ ARCHIT ***appartement en*** ~ Maisonettewohnung *f* ❷ MEDIA Konferenzschaltung *f*
duplicata [dyplikata] *m* Duplikat *nt*
duplicité [dyplisite] *f* Falschheit *f*
duquel, de laquelle [dykɛl] <desquel(le)s> = **de lequel** *v.* **lequel**
dur(e) [dyʀ] **I.** *adj* ❶ *(ferme)* hart; *porte, serrure* schwergängig; *viande* zäh; *sommeil* fest ❷ *(difficile)* schwer; *personne* schwierig; *côte* steil; *temps, vie* hart ❸ *(pénible)* extrem; *combat, punition* hart; *lumière* hart; ***Dur, dur!*** Das ist hart! ❹ *(fort)* hart ❺ *(sévère)* ernst; *critique* hart **II.** *adv travailler* hart; ***taper*** ~ *soleil:* heiß brennen **III.** *m(f)* ❶ *(personne inflexible)* unnachgiebiger Mensch ❷ *(fam: personne sans peur)* harter Bursche ❸ TECH ***bâtiment en*** ~ Massivbau *m* ▶ **un** ~ **à cuire** *(fam)* eine harte Nuss; **jouer les** ~**s** *(fam)* den starken Mann markieren
durabilité [dyʀabilite] *f d'un objet* Dauerhaftigkeit *f; d'une construction* Solidität *f; d'un effet, d'une influence* Nachhaltigkeit *f*
durable [dyʀabl] *adj chose* dauerhaft; *souvenir* bleibend; *construction* solide; *effet, influence* nachhaltig
durablement [dyʀabləmɑ̃] *adv* auf Dauer
durant [dyʀɑ̃] *prép* ❶ *(au cours de)* während *+gen;* ~ ***l'hiver*** den Winter über ❷ *(tout au long de)* ***travailler sa vie*** ~ sein Leben lang arbeiten
durcir [dyʀsiʀ] <8> **I.** *vt* ❶ *(rendre dur)* hart machen *terre;* härten *acier; fig)* hart machen *traits, visage* ❷ *(rendre intransigeant)* verhärten *attitude, position;* verschärfen *loi* **II.** *vi aliment, pâte:* hart werden; *colle, peinture:* aushärten **III.** *vpr* **se** ~ ❶ *(devenir dur)* hart werden; *colle:* aushärten ❷ *(devenir intransigeant)* sich verhärten
durcissement [dyʀsismɑ̃] *m* ❶ *(solidification)* Hartwerden *nt; du ciment* Abbinden *nt; de la colle* Aushärten *nt* ❷ *(raffermissement)* Verhärtung *f; d'un conflit* Verschärfung *f*
dure [dyʀ] *f* unnachgiebige Person, sture Person *pej* ▶ **coucher sur la** ~ auf dem blanken Boden schlafen; **une** ~ **à cuire** *(fam)* eine harte Nuss *fam;* **en entendre de** ~**s** harte Worte zu hören bekommen; **être élevé(e) à la** ~ streng erzogen werden; **en voir de** ~**s** Schweres durchmachen
durée [dyʀe] *f* ❶ Dauer *f;* ***un chômeur de longue*** ~ ein Langzeitarbeitsloser *m* ❷ *(permanence)* Dauerhaftigkeit *f*
durement [dyʀmɑ̃] *adv* hart
durer [dyʀe] <1> *vi* ❶ *+ compl de temps (avoir une certaine durée)* dauern ❷ *+ compl de temps (se prolonger)* [an]dauern; *conversation, maladie:* dauern; *tempête, soleil:* anhalten; *mode:* sich halten ❸ *(se conserver, résister) personne:* sich halten; *matériel, vêtement:* haltbar sein ▶ **faire** ~ **les choses** die Dinge in die Länge ziehen; **ça ne peut plus** ~ so kann das nicht weitergehen; **pourvuque ça dure!** wenn es nur so bliebe!
dureté [dyʀte] *f* ❶ *(fermeté)* Härte *f* ❷ *(difficulté)* Schwierigkeit *f* ❸ *de l'hiver* Strenge *f* ❹ *des traits, du cœur* Härte *f; d'un châtiment, d'une critique* Härte *f*
durillon [dyʀijɔ̃] *m* Schwiele *f*
dus [dy] *passé simple de* **devoir**
duvet [dyvɛ] *m* ❶ *(plume)* Daune *f* ❷ *d'une personne, feuille* Flaum *m* ❸ *(sac de couchage)* [Daunen]schlafsack *m*
DVD [devede] *m inv abr de* **Digital Versatile Disc** DVD *f*
dynamique [dinamik] **I.** *adj* dynamisch **II.** *f* Dynamik *f*
dynamisant(e) [dinamizɑ̃, ɑ̃t] *adj* stimulierend
dynamiser [dinamize] <1> *vt* mobilisieren
dynamisme [dinamism] *m d'une entreprise* Dynamik *f; d'une personne* Dynamik *f,* Schaffenskraft *f*
dynamite [dinamit] *f* Dynamit *nt*
dynamiter [dinamite] <1> *vt (a. fig)* sprengen

D

dynamo [dinamo] *f* Dynamo *m*
dynastie [dinasti] *f (a. fig)* Dynastie *f*
dysenterie [disɑ̃tʀi] *f* MED Ruhr *f*
dysfonctionnement [disfɔ̃ksjɔnmɑ̃] *m* Funktionsstörung *f*
dysfonctionner [disfɔ̃ksjɔne] <1> *vi organe, glande, institution:* nicht richtig funktionieren
dyslexie [dislɛksi] *f* Legasthenie *f*
dyslexique [dislɛksik] **I.** *adj* legasthenisch **II.** *mf* Legastheniker(in) *m(f)*

E

Ee

E, e [ø] *m inv* E *nt*, e *nt*
eau [o] <x> *f* ❶ *(liquide)* Wasser *nt*; ***un verre d'~*** ein Glas Wasser; ***~ du robinet*** Leitungswasser; ***~ minérale*** Mineralwasser; ***~ de table*** Tafelwasser; ***~ de source*** Quellwasser; ***~ de toilette*** Eau de toilette *nt*; ***fermer/ouvrir l'~*** den Wasserhahn zu-/aufdrehen ❷ *(étendue de l'eau)* Gewässer *nt*; ***au bord de l'~*** am Wasser ▸ **être clair comme de l'~ de roche** sonnenklar sein
eau-de-vie [od(ə)vi] <eaux-de-vie> *f* Schnaps *m* **eau-forte** [ofɔʀt] <eaux-fortes> *f* ART Ätzradierung *f*
ébahi(e) [ebai] *adj* verblüfft
ébahir [ebaiʀ] <8> *vt* verblüffen; ***être ébahi de qc*** über etw verblüfft sein *akk*
ébahissement [ebaismɑ̃] *m* Verblüffung *f*
ébats [eba] *mpl des animaux, enfants* Herumtollen *nt*
ébattre [ebatʀ] <irr> *vpr* ***s'~*** herumtollen
ébauche [eboʃ] *f d'une œuvre* Entwurf *m*; *d'un tableau* Skizze *f*; *d'un sourire* Andeutung *f*
ébaucher [eboʃe] <1> *vt* entwerfen *œuvre;* skizzieren *peinture*
ébène [ebɛn] *f* Ebenholz *nt*
ébéniste [ebenist] *mf* Kunsttischler(in) *m(f)*
ébénisterie [ebenist(ə)ʀi] *f* Kunsttischlerei *f*
éberlué(e) [ebɛʀlɥe] *adj (fam)* perplex
éblouir [ebluiʀ] <8> *vt* blenden
éblouissant(e) [ebluisɑ̃, ɑ̃t] *adj* ❶ *(aveuglant)* grell; *blancheur* strahlend ❷ *(merveilleux)* glänzend
éblouissement [ebluismɑ̃] *m* Blendung *f*
ébonite [ebɔnit] *f* Ebonit® *nt*
éborgner [ebɔʀɲe] <1> *vt* ***~ qn*** jdm ein Auge ausstechen
éboueur [ebuœʀ] *m* Müllmann *m fam*
ébouillanter [ebujɑ̃te] <1> *vpr* ***s'~ qc*** sich *dat* etw verbrühen
éboulement [ebulmɑ̃] *m* Einsturz *m*
ébouler [ebule] <1> *vpr* ***s'~*** einstürzen
éboulis [ebuli] *m* Geröll *nt kein Pl*
ébouriffant(e) [ebuʀifɑ̃, ɑ̃t] *adj (fam) nouvelle* unglaublich
ébouriffé(e) [ebuʀife] *adj* zerzaust
ébranlement [ebʀɑ̃lmɑ̃] *m* ❶ *(a. fig: secousse)* Erschütterung *f* ❷ *(départ) du train* ruckartiges Anfahren
ébranler [ebʀɑ̃le] <1> **I.** *vt (a. fig: secouer)* erschüttern **II.** *vpr* ***s'~*** *convoi:* sich in Bewegung setzen; *train:* ruckartig anfahren
ébréché(e) [ebʀeʃe] *adj assiette* angeschlagen; *dent* abgebrochen
ébrécher [ebʀeʃe] <5> *vt* ❶ *(fêler)* anschlagen *assiette* ❷ *(fig fam: diminuer)* angreifen *économies*
ébriété [ebʀijete] *f (form)* Trunkenheit *f*
ébrouer [ebʀue] <1> *vpr* ***s'~*** *cheval:* schnauben
ébruitement [ebʀɥitmɑ̃] *m d'une affaire* Verbreitung *f*
ébruiter [ebʀɥite] <1> **I.** *vt* ausplaudern **II.** *vpr* ***s'~*** sich herumsprechen
ébullition [ebylisjɔ̃] *f* ❶ *d'un liquide* [Auf]kochen *nt*; ***porter à ~*** zum Kochen bringen ❷ *(fig)* ***en ~*** *quartier, esprit* in Aufruhr
écaille [ekaj] *f* ZOOL Schuppe *f*
écailler [ekaje] <1> *vt* [ab]schuppen *poisson*
écailleux, -euse [ekajø, -øz] *adj* ❶ *(qui a des écailles) peau* schuppig ❷ *(qui s'écaille)* abblätternd; *ardoises* brüchig
écaler [ekale] <1> *vt* knacken *noix;* schälen *œuf dur*
écarlate [ekaʀlat] *adj* scharlachrot
écarquiller [ekaʀkije] <1> *vt* ***~ les yeux devant qc*** angesichts einer S. *gen* die Augen aufreißen
écart [ekaʀ] *m* ❶ *(distance)* Abstand *m* ❷ *de prix* Unterschied *m*; *de cours* Abwei-

chung *f;* **~s de salaire** Lohngefälle *nt* ③ *(contradiction)* Diskrepanz *f* ④ *(mouvement brusque)* **faire un ~** zur Seite ausweichen ▶ **faire le grand ~** [einen] Spagat machen; **mettre qn à l'~** jdn ausschließen; **vivre à l'~** zurückgezogen leben

écarté(e) [ekaʀte] *adj* ① *lieu* abgelegen ② *bras* weit offen; *dents* auseinanderstehend; *jambes* gespreizt

écarteler [ekaʀtəle] <4> *vt* ① HIST vierteilen ② *(tirailler)* **être écartelé entre deux choses** zwischen zwei Dingen hin- und hergerissen sein

écartement [ekaʀtəmɑ̃] *m* Abstand *m*

écarter [ekaʀte] <1> **I.** *vt* ① *(séparer)* zur Seite schieben *objets;* zur Seite ziehen *rideaux;* ausbreiten *bras;* spreizen *doigts, jambes* ② *(exclure)* ablehnen *plan;* zurückweisen *objection;* verwerfen *idée;* abwenden *danger;* **~ qn de qc** jdn von etw ausschließen ③ *(éloigner)* **~ qn de qc** jdn von etw wegführen; *(fig)* jdn von etw abhalten **II.** *vpr* ① *(se séparer)* **s'~** *foule:* sich teilen ② *(s'éloigner)* **s'~ de qc** sich von etw entfernen; **s'~ du sujet** vom Thema abschweifen; **écarte-toi/écartez-vous [de là]!** mach'/machen Sie Platz!

ecchymose [ekimoz] *f* Bluterguss *m*

Aussprache

Das ecchy- in **ecchymose** wird [eki] gesprochen.

ecclésiastique [eklezjastik] **I.** *adj* kirchlich; *vie* geistlich **II.** *m* Geistliche(r) *m*

écervelé(e) [esɛʀvəle] *adj* gedankenlos

échafaud [eʃafo] *m* Schafott *nt*

échafaudage [eʃafodaʒ] *m* ① *(construction)* Gerüst *nt* ② *(empilement) de livres* Stapel *m*

échafauder [eʃafode] <1> *vt* entwerfen *projets*

échalote [eʃalɔt] *f* Schalotte *f*

échancré(e) [eʃɑ̃kʀe] *adj robe* ausgeschnitten

échancrure [eʃɑ̃kʀyʀ] *f d'une robe* Ausschnitt *m*

échange [eʃɑ̃ʒ] *m* ① *(action d'échanger)* **~ de qc contre qc** [Aus]tausch *m* einer S. *gen* gegen etw; **~ standard** Einbau *m* von Ersatzteilen; **faire un ~ avec qn** mit jdm tauschen; **en ~ de qc** [als Gegenleistung] für etw; *(à la place de)* statt einer S. *gen* ② *gén pl* ECON Handel *m* ③ SCOL **~s scolaires** Schüleraustausch *m* ▶ **~ de coups** Handgreiflichkeiten *Pl;* **vifs ~s** heftiger Wortwechsel

échangeable [eʃɑ̃ʒabl] *adj* austauschbar; *vêtement* umtauschbar

échanger [eʃɑ̃ʒe] <2a> *vt* austauschen *adresses, idées;* wechseln *anneaux, regards;* tauschen *timbres;* umtauschen *marchandise;* **~ qc avec qn contre qc** etw mit jdm gegen etw tauschen; **~ des sourires** einander zulächeln

échangeur [eʃɑ̃ʒœʀ] *m* Kreuzung *f (auf mehreren Ebenen)*

échangisme [eʃɑ̃ʒism] *m* Partnertausch *m*

échantillon [eʃɑ̃tijɔ̃] *m* ① COM [Waren]probe *f,* Muster *nt* ② FIN Stichprobe *f*

échantillonnage [eʃɑ̃tijɔnaʒ] *m* [repräsentativer] Querschnitt *m*

échappatoire [eʃapatwaʀ] *f (subterfuge)* Ausflucht *f; (issue)* Ausweg *m*

échappée [eʃape] *f* SPORT Ausreißversuch *m*

échappement [eʃapmɑ̃] *m* Abgas *nt*

échapper [eʃape] <1> **I.** *vi* ① *(s'enfuir)* **~ à qn** jdm entkommen; **~ à un danger** einer Gefahr *dat* entgehen; **faire ~ qn** jdm zur Flucht verhelfen ② *(se soustraire à)* **~ à qc** sich einer S. *dat* entziehen, sich vor etw *dat* drücken; **~ au contrôle** der Kontrolle entgehen; **~ à la mort** dem Tod entrinnen ③ *(être oublié)* **~ à qn** jdm entfallen sein ④ *(ne pas être remarqué)* **~ à [o à l'attention de] qn** jdm entgehen; **laisser ~ une faute** einen Fehler übersehen ⑤ *(ne pas être compris)* **le problème échappe à qn** jd versteht das Problem nicht ⑥ *(glisser des mains)* **~ à qn** jdm entgleiten *geh;* **laisser ~ qc** etw fallen lassen ⑦ *(dire par inadvertance)* **~ à qn** *gros mot, paroles:* jdm entfahren; **un cri/soupir lui a échappé** er/sie schrie/seufzte auf **II.** *vpr* ① *(s'évader)* **s'~ de qc** aus etw ausbrechen; *souris:* aus etw entwischen ② *(s'esquiver)* **s'~ de qc** sich von etw wegschleichen ③ *(sortir)* **s'~ de qc** *fumée:* aus etw herausdringen; *gaz:* aus etw entweichen; *flammes:* aus etw herausschlagen; *cri:* entfahren

écharde [eʃaʀd] *f* [Holz]splitter *m*

écharpe [eʃaʀp] *f* ① *(vêtement)* Schal *m* ② *du maire* Schärpe *f* ③ *(bandage)* Schlinge *f*

écharper [eʃaʀpe] <1> *vt* zerstückeln

échasse [eʃɑs] *f* ORN Strandreiter *m*

échassier [eʃɑsje] *m* ORN Stelzvogel *m*

échauder [eʃode] <1> *vt* abbrühen *volaille*

échauffement [eʃofmɑ̃] *m* ① *de l'atmos-*

phère, du sol Erwärmung *f* ❷ SPORT Aufwärmen *nt*

échauffer [eʃofe] <1> *vpr* **s'~** ❶ SPORT sich aufwärmen ❷ *(s'énerver)* sich aufregen

échauffourée [eʃofuʀe] *f* Schlägerei *f*

échéance [eʃeɑ̃s] *f* ❶ *(date limite)* Fälligkeit *f;* ***date d'~*** Verfallsdatum *nt;* ***arriver*** [*o* ***venir***] ***à ~ le 15 du mois*** am 15. des Monats fällig werden ❷ *(délai)* Fälligkeitsfrist *f* ❸ *(règlement)* fällige Zahlung ▶ **à brève** [*o* **courte**] ~ kurzfristig

échéant(e) [eʃeɑ̃, ɑ̃t] *adj annuité* fällig [werdend]

échec¹ [eʃɛk] *m de négociations* Scheitern *nt; de recherches* Erfolglosigkeit *f; d'un spectacle* Misserfolg *m* ▶ **aller à** [*o* **courir au devant de**] **l'~** keine Aussicht auf Erfolg haben

échec² [eʃɛk] *m pl (jeu)* Schach *nt;* ***jeu d'~s*** Schachspiel *nt;* ***jouer aux ~s*** Schach spielen ▶ [**être**] **~ et mat** schachmatt [sein]

échelle [eʃɛl] *f* ❶ *(escabeau)* Leiter *f* ❷ *(proportion, rapport)* Maßstab *m;* ***à l'~ de 1:100.000*** im Maßstab 1:100.000 *(eins zu hunderttausend);* ***à l'~ de l'enfant*** kindgemäß; ***à l'~ nationale/communale*** [*o* ***de la nation/commune***] auf nationaler/kommunaler Ebene ❸ *de la hiérarchie* Stufenleiter *f* ❹ *(graduation)* Skala *f;* ~ ***de Richter*** Richter-Skala *f;* ~ ***des températures*** Temperaturskala ▶ **être en haut** [*o* **au sommet**]/**en bas de l'~** ganz oben/unten stehen; ***être parvenu au sommet de l'~*** [***sociale***] zu den oberen Zehntausend gehören; **sur une grande ~** in großem Umfang

échelon [eʃlɔ̃] *m* ❶ *(barreau)* Sprosse *f* ❷ ADMIN *de la hiérarchie* Stufe *f,* Ebene *f;* ***passer par tous les ~s administratifs*** alle Dienstränge durchlaufen; ***être au premier/dernier ~*** auf der niedrigsten/höchsten Lohnstufe stehen; ***descendre d'un ~ dans la hiérarchie*** zurückgestuft werden; ***gravir*** [*o* ***grimper***] ***un ~*** beruflich aufsteigen

échelonnement [eʃ(ə)lɔnmɑ̃] *m* MIL Staff[e]lung *f*

échelonner [eʃ(ə)lɔne] <1> **I.** *vt* ❶ *(étaler)* [gleichmäßig] verteilen *paiements;* ~ ***ses versements*** in Raten zahlen ❷ *(graduer)* staffeln *salaires;* allmählich steigern *difficultés* ❸ *(disposer à intervalles réguliers)* in gleichem Abstand aufstellen **II.** *vpr* **s'~** in gleichem Abstand aufgestellt sein

échevelé(e) [eʃəv(ə)le] *adj personne* zerzaust

échine [eʃin] *f* ~ ***dorsale*** Rückgrat *nt*

échiner [eʃine] <1> *vpr* ***s'~ à qc*** sich bei etw abschinden

échiquier [eʃikje] *m* ❶ *(aux échecs)* Schachbrett *nt* ❷ *(fig)* ***sur l'~ européen*** im europäischen Kräftespiel

écho [eko] *m* ❶ *d'une montagne* Echo *nt;* ***ça fait*** [***de l'***] ~ es hallt wider ❷ *(rubrique)* Klatschspalte *f* ❸ *(effet)* Echo *nt;* ***rester sans ~*** keine Resonanz finden ▶ **avoir eu des ~s de qc** von etw [schon] gehört haben

échographie [ekɔgʀafi] *f* Ultraschalluntersuchung *f*

échoir [eʃwaʀ] <irr> *vi + être dettes:* fällig sein

échoppe [eʃɔp] *f* [Verkaufs]bude *f*

échouer [eʃwe] <1> **I.** *vi* scheitern; ~ ***à l'examen*** die Prüfung nicht bestehen **II.** *vt* ***faire ~ qc*** etw vereiteln

éclabousser [eklabuse] <1> *vt* bespritzen

éclaboussure [eklabusyʀ] *f* Spritzer *m*

éclair [eklɛʀ] **I.** *m* ❶ METEO Blitz *m;* ~ ***de chaleur*** Wetterleuchten *nt* ❷ PHOT [Licht]blitz *m* ❸ GASTR Eclair *m* ❹ *(bref moment)* ~ ***de bon sens*** [*o* ***de génie***] Geistesblitz *m;* ~ ***de lucidité*** lichter Moment; ***dans un ~ de colère*** in einem Wutanfall ▶ **en un ~** blitzschnell **II.** *app inv* ***visite ~*** Kurzbesuch *m*

éclairage [eklɛʀaʒ] *m* ❶ *(illumination)* Beleuchtung *f;* ~ ***électrique*** elektrisches Licht ❷ *(fig)* ***apparaître sous un tout autre ~*** in einem ganz anderen Licht erscheinen; ***sous cet ~*** so betrachtet

éclairagiste [eklɛʀaʒist] *mf* CINE, THEAT Beleuchter(in) *m(f)*

éclaircie [eklɛʀsi] *f* METEO [kurze] Aufheiterung

éclaircir [eklɛʀsiʀ] <8> **I.** *vt* ❶ *(rendre clair)* aufhellen ❷ *(élucider)* klären *situation;* aufdecken *meurtre;* lösen *énigme;* ~ ***une affaire*** Licht in eine Sache bringen **II.** *vpr* ❶ *(se dégager)* ***s'~*** *temps:* aufklaren ❷ *(rendre plus distinct)* ***s'~ la gorge*** [*o* ***la voix***] sich räuspern ❸ *(devenir compréhensible)* ***s'~*** *idée:* klarer werden; *mystère:* sich aufklären

éclaircissement [eklɛʀsismɑ̃] *m d'une situation* Klärung *f; d'un malentendu* Beseitigung *f*

éclairé(e) [ekleʀe] *adj (averti)* aufgeklärt; ***agir en esprit ~*** sich aufgeschlossen geben

éclairer [ekleʀe] <1> **I.** *vt* ❶ *(fournir de la lumière)* erhellen; ~ ***qn*** jdm leuchten ❷ *(donner de la luminosité)* heller erscheinen lassen ❸ *(expliquer)* erläutern *texte;*

klären *situation* ❹ *(instruire)* ~ ***un collègue sur*** [*o* ***au sujet de***] ***qn/qc*** einen Kollegen über jdn/etw aufklären **II.** *vi* leuchten; ***peu/beaucoup*** ~ wenig/viel Licht geben **III.** *vpr* ❶ *(se fournir de la lumière)* ***s'~ à l'électricité/au gaz*** elektrisches Licht/Gaslicht haben ❷ *(devenir lumineux)* ***s'~*** *visage:* sich aufhellen ❸ *(se clarifier)* ***s'~*** *situation:* sich [auf]klären

éclaireur, -euse [eklɛʀœʀ, -øz] *m, f* MIL Aufklärer(in) *m(f)*

éclat [ekla] *m* ❶ *(fragment)* Splitter *m* ❷ *(bruit)* ~ ***de joie*** Freudenausbruch *m;* ***partir d'un ~ de rire*** in schallendes Gelächter ausbrechen ❸ *(scandale)* Eklat *m* ❹ *d'un métal* Glanz *m; d'un astre* heller Schein; *d'une couleur* Leuchtkraft *f; d'un diamant* Feuer *nt* ▶ **rire aux ~s** schallend lachen; **voler** [*o* **partir**] **en ~s** zersplittern

éclatant(e) [eklatɑ̃, ɑ̃t] *adj* ❶ *(radieux)* strahlend; *santé* blühend ❷ *(remarquable)* eklatant; *succès* durchschlagend; *victoire* glänzend; *revanche* erfolgreich

éclate [eklat] *f (fam)* ***c'est l'~ totale*** da geht voll die Party ab

éclatement [eklatmɑ̃] *m* Explosion *f*

éclater [eklate] <1> **I.** *vi* ❶ *(exploser) bombe:* explodieren ❷ *(déborder) tête:* platzen *fam,* bersten *geh;* ~ ***de santé*** vor Gesundheit strotzen ❸ *(crever) pneu:* platzen ❹ *(se fragmenter) structure:* auseinanderbrechen; *verre:* zerspringen ❺ *(commencer) orage:* losbrechen ❻ *(survenir brusquement) nouvelle:* wie eine Bombe einschlagen; ***le scandale a éclaté*** es kam zu einem Skandal ❼ *coup de feu, détonation:* krachen; *cris, rires:* erschallen; ~ ***de rire*** in lautes Gelächter ausbrechen ❽ *(se manifester)* ~ ***dans les yeux*** [*o* ***sur le visage***] ***de qn*** *bonne foi, mauvaise foi:* jdm im Gesicht geschrieben stehen; ~ ***en pleurs*** in Tränen ausbrechen; ***faire ~ le scandale*** einen Skandal auslösen; ***laisser ~ sa colère*** seiner Wut *dat* freien Lauf lassen ❾ *(s'emporter)* ***qn éclate*** jdm platzt der Kragen *fam;* ***faire ~ qn*** jdn zur Weißglut bringen; ~ ***de colère/rage*** vor Wut *dat* platzen *fam;* ~ ***en menaces*** Drohungen ausstoßen **II.** *vt (fam: fracasser)* verprügeln *fam;* ***je vais lui ~ la gueule*** ich werde ihm eine in die Fresse hauen *sl* **III.** *vpr (fam: se défouler)* ***s'~*** sich prima amüsieren; ***qn s'éclate à faire*** [*o* ***en faisant***] ***qc*** jdm macht es einen Mordsspaß etw zu tun

éclectique [eklɛktik] *adj* eklektisch

éclectisme [eklɛktism] *m* Eklektizismus *m*

éclipse [eklips] *f* Finsternis *f*

éclipser [eklipse] <1> *vt* ASTRON verfinstern, verdunkeln

éclopé(e) [eklɔpe] *adj personne* gehbehindert; *animal* lahm

éclore [eklɔʀ] <irr> *vi* + *être* ❶ *bourgeon:* aufbrechen ❷ *poussin:* ausschlüpfen; *amour:* aufkeimen

éclosion [eklozjɔ̃] *f d'une couvée* Ausschlüpfen *nt; d'un bourgeon* Aufbrechen *nt*

écluse [eklyz] *f* Schleuse *f*

écluser [eklyze] <1> *vt* TECH regulieren *canal;* schleusen *bateau*

éclusier, -ière [eklyzje, -jɛʀ] *m, f* Schleusenwärter(in) *m(f)*

éco [eko] *adj (fam) abr de* **économique**

écobilan [ekobilɑ̃] *m* Ökobilanz *f*

écocitoyen(ne) [ekositwajɛ̃, ɛn] <écocitoyens> **I.** *adj* umweltbewusst **II.** *m(f)* umweltbewusster Mensch *m*

écocitoyenneté [ekositwajɛnte] *f sans pl* Umweltbewusstsein *nt; (comportement)* umweltbewusstes Verhalten *nt*

écocompatibilité [ekokɔ̃patibilite] *f* Umweltverträglichkeit *f*

écocompatible [ekokɔ̃patibl] *adj* umweltverträglich

écoemballage [ekoɑ̃balaʒ] *m* umweltfreundliche Verpackung

écœurant(e) [ekœʀɑ̃, ɑ̃t] *adj* ❶ *(trop sucré)* widerlich süß ❷ *(trop gras)* widerlich fett ❸ *(physiquement)* Ekel erregend; *personne* abstoßend ❹ *(moralement)* widerwärtig ❺ *(décourageant)* empörend; *facilité* unerhört; *injustice* himmelschreiend ▶ **en ~** CAN *(très, beaucoup)* sehr

écœurement [ekœʀmɑ̃] *m* ❶ *(nausée)* Übelkeit *f* ❷ *(dégoût)* Ekel *m* ❸ *(découragement)* ***ressentir un immense ~*** völlig entmutigt sein

écœurer [ekœʀe] <1> *vt, vi* ❶ *(dégoûter) goût:* widerlich sein; *nourriture:* widerlich schmecken; *odeur:* widerlich riechen; ~ ***qn*** jdn anekeln ❷ *(indigner)* anekeln ❸ *(décourager) injustice:* empören; *déception:* entmutigen

écohabitat [ekoabita] *m* Ökotop *nt*

éco-industrie [ekoɛ̃dystʀi] <éco-industries> *f* Umweltschutzindustrie *f*

écolabel [ekolabɛl] *m* COM Ökolabel *nt*

école [ekɔl] *f* ❶ *(établissement)* Schule *f;* ~ ***cantonale*** CH Kantonsschule CH; ~ ***commerciale*** Handelsschule; ~ ***hôtelière*** Hotelfachschule; ~ ***laïque*** weltliche Schule; ~ ***libre*** Privatschule; ~ ***maternelle*** Vorschule *f;* ***École nationale d'administration*** *staatliche Verwaltungshochschule;*

~ pour adultes ≈ Volkshochschule; ***~ du soir*** Abendschule; ***~ de la vie*** Schule des Lebens; ***~ primaire*** [*o* ***élémentaire***] Grundschule; ***~ privée*** Privatschule; ***~ professionnelle*** Berufsschule; ***~ publique*** öffentliche Schule; ***~ secondaire*** höhere Schule; *(en Suisse)* Sekundarschule CH; ***~ technique*** Berufsfachschule; ***aller à l'~*** zur Schule gehen; ***renvoyer qn de l'~*** jdn von der Schule [ver]weisen; ***retirer qn de l'~*** jdn von der Schule nehmen ❷ *(enseignement)* Unterricht *m;* ***manquer l'~*** den Unterricht versäumen; ***sécher l'~*** *(fam)* [die Schule] schwänzen ❸ *(système scolaire)* Schulsystem *m;* ***entrer à l'~*** in die Schule kommen; ***mettre qn à l'~*** jdn einschulen ❹ ART, LITTER Schule *f;* ***~ de pensée*** Lehrmeinung *f*

Land und Leute

Die französischen Kinder kommen mit sechs Jahren in die **école primaire**, die fünf Klassen hat *(cours préparatoire, cours élémentaire* 1 und 2 sowie *cours moyen* 1 und 2).

Mit elf Jahren wechseln die Kinder aufs *collège*, das vier Jahre dauert. Erst danach gabelt sich der gemeinsame Bildungsweg. Die Jugendlichen können nach dem *collège* entweder die Schule verlassen oder die drei Klassen des *lycée* durchlaufen, um das *baccalauréat* abzulegen.

écolier, -ière [ekɔlje, -jɛʀ] *m, f* Schüler(in) *m(f)*

écolo [ekɔlo] *(fam)* **I.** *adj abr de* **écologique** ökologisch; *pratique* umweltbewusst; ***parti*** ~ Ökopartei *f;* ***mouvement*** ~ Umweltbewegung *f;* ***groupe*** ~ Umweltschutzgruppe *f;* ***être*** ~ grün sein **II.** *mf abr de* **écologiste** Umweltschützer(in) *m(f)*

écologie [ekɔlɔʒi] *f* Ökologie *f;* ***les partisans de l'~*** die Umweltschützer

écologique [ekɔlɔʒik] *adj solution* umweltfreundlich; *société* umweltbewusst; ***catastrophe*** ~ Umweltkatastrophe *f*

écologiste [ekɔlɔʒist] **I.** *m, f* ❶ *(ami de la nature)* Umweltschützer(in) *m(f)* ❷ POL Grüne(r) *f(m)* ❸ *(spécialiste de l'écologie)* Ökologe *m*/Ökologin *f* **II.** *adj pratique, politique* umweltbewusst; ***politique/mouvement*** ~ Umweltpolitik *f*/-bewegung *f;* ***parti*** ~ grüne Partei; ***groupe*** ~ Umweltschutzgruppe *f;* ***être*** ~ grün sein

écologue [ekɔlɔg] *mf* Ökologe *m*/Ökologin *f*

e-commerce [ikɔmɛʀs] *m* E-Commerce *m*

écomusée [ekɔmyse] *m* ≈ Freilichtmuseum *nt*

éconduire [ekɔ̃dɥiʀ] <irr> *vt* ❶ *(renvoyer)* hinauskomplimentieren ❷ *(repousser)* abweisen

économe [ekɔnɔm] *adj* ***être*** ~ sparsam sein

économie [ekɔnɔmi] *f* ❶ *(vie économique)* Wirtschaft *f;* ***l'~ nationale*** die Volkswirtschaft; ***l'~ internationale*** die Weltwirtschaft; ***~ capitaliste*** kapitalistische Wirtschaft; ***~ libérale*** freie Marktwirtschaft; ***~ mixte*** gemischtwirtschaftliches System; ***~ politique*** Volkswirtschaft[slehre *f*]; ***~ privée*** Privatwirtschaft; ***~ publique*** Volkswirtschaft; ***~ de libre entreprise*** Unternehmerwirtschaft; ***~ de marché*** [freie] Marktwirtschaft; ***~ de troc*** Tauschhandel *m* ❷ *(science)* Wirtschaftswissenschaften *Pl* ❸ *(gain)* Gewinn *m* ❹ *pl (épargne)* Ersparnisse *Pl* ► **il n'y a pas de petites ~s** wer den Pfennig nicht ehrt, ist des Talers nicht wert *prov*

économique [ekɔnɔmik] *adj* ❶ *(bon marché)* sparsam [im Verbrauch]; *vacances* preiswert; *procédé* ökonomisch; ***classe*** ~ Economyklasse *f* ❷ *(qui a rapport à l'économie)* wirtschaftlich; ***crise*** ~ Wirtschaftskrise *f;* ***sciences ~s*** Wirtschaftswissenschaften *Pl*

économiquement [ekɔnɔmikmɑ̃] *adv* sparsam

économiser [ekɔnɔmize] <1> *vt, vi* ❶ *(épargner)* sparen; ***~ sur qc*** an etw *dat* sparen ❷ *(utiliser en moins)* einsparen ❸ *(ménager)* ***~ qc*** mit etw haushalten

économiseur [ekɔnɔmizœʀ] *m* INFORM ***~ d'écran*** Bildschirmschoner *m*

économiste [ekɔnɔmist] *mf* Wirtschaftsexperte *m*/-expertin *f*

écoper [ekɔpe] <1> *vt* ❶ NAUT [aus]schöpfen *eau* ❷ *(fam)* abbekommen *coup*

écorce [ekɔʀs] *f d'un arbre* Rinde *f*

écorché(e) [ekɔʀʃe] *m(f)* ► **être un ~ vif/une ~e vive** überempfindlich sein

écorcher [ekɔʀʃe] <1> **I.** *vt* ❶ *(égratigner)* ***être écorché*** *genou:* aufgeschürft sein; *visage:* zerkratzt sein ❷ *(faire mal)* ***~ les oreilles*** in den Ohren weh tun ❸ *(érafler)* zerschrammen ❹ *(déformer)* falsch aussprechen *nom;* entstellen *vérité;* ***~ le français*** sehr schlecht Französisch sprechen **II.** *vpr (s'égratigner)* ***s'~*** sich *dat* die Haut abschürfen; ***s'~ qc*** sich *dat* etw zerkratzen

écorchure [ekɔʀʃyʀ] *f* Hautabschürfung *f*
écoresponsable [ekɔʀɛspɔ̃sabl] *adj* umweltbewusst
écorner [ekɔʀne] <1> *vt* ~ ***un livre*** Eselsohren in ein Buch *akk* machen
écossais [ekɔsɛ] *m* Schottisch *nt; v. a.* **allemand**
écossais(e) [ekɔsɛ, ɛz] *adj* schottisch; ***jupe ~e*** Schottenrock *m;* ***tissu*** ~ Schotten *m*
Écossais(e) [ekɔsɛ, ɛz] *m(f)* Schotte *m*/ Schottin *f*
Écosse [ekɔs] *f* ***l'~*** Schottland *nt*
écosser [ekɔse] <1> *vt* aushülsen
écosystème [ekosistɛm] *m* Ökosystem *nt*
écotaxe [ekɔtaks] *f* Ökosteuer *f*
écotourisme [ekotuʀism] *m* Ökotourismus *m*
écoulement [ekulmɑ̃] *m* ❶ *d'un liquide* Ablaufen *nt* ❷ *du temps* Verrinnen *nt geh* ❸ COM *des stocks* Absatz *m; des produits* Vertrieb *m*
écouler [ekule] <1> **I.** *vt* ❶ COM absetzen *marchandises* ❷ *(mettre en circulation)* in Umlauf bringen *faux billets* **II.** *vpr* **s'~** ❶ *(s'épancher) liquide:* ablaufen; ***s'~ dans/de qc*** in etw *akk*/aus etw fließen ❷ *(passer) temps:* vergehen ❸ *(disparaître) fonds:* schwinden ❹ *(se vendre) marchandises:* Absatz finden
écourter [ekuʀte] <1> *vt* ❶ *(raccourcir)* kürzen ❷ *(abréger)* abkürzen *séjour;* verkürzen *attente;* kurz machen *adieux* ❸ *(tronquer)* ***être écourté*** *citation:* verstümmelt sein
écoute [ekut] *f* ❶ RADIO, TV ***avoir une grande ~*** eine hohe Einschaltquote haben ❷ *(surveillance)* ***~s téléphoniques*** telefonische Überwachung ► **être à l'~ de qn** für jdn da sein; **être à l'~ d'une radio** einen Sender hören; **rester à l'~** *(à la radio, au téléphone)* dranbleiben
écouter [ekute] <1> **I.** *vt* ❶ *(prêter l'oreille)* zuhören; ~ ***les informations*** Nachrichten hören; ~ ***qn chanter*** jdm beim Singen zuhören; ***faire ~ un disque à qn*** jdm eine Platte vorspielen ❷ *(tenir compte de)* ~ ***qn/qc*** auf jdn/etw hören; ***qn/qc est écouté*** jd/etw wird beachtet; ***se faire ~ de qn*** sich *dat* bei jdm Gehör verschaffen ❸ *(obéir)* ~ ***qn*** auf jdn hören **II.** *vi* zuhören ► **écoute/écoutez [voir]!** hör/hört mal! **III.** *vpr (s'observer avec complaisance)* ***trop s'~*** sich gehen lassen; ***aimer s'~ parler*** sich [selbst] gern reden hören
écouteur [ekutœʀ] *m* ❶ *du téléphone* Hörer *m* ❷ *pl (casque)* Kopfhörer *m*
écoutille [ekutij] *f* NAUT Luke *f*
écrabouiller [ekʀabuje] <1> *vt (fam)* zerquetschen
écran [ekʀɑ̃] *m* ❶ *(protection)* Schutz *m,* Abschirmung *f;* ~ ***radar*** Radarschirm *m* ❷ TV Bildschirm *m; [**petit**]* ~ Fernsehen *nt;* ***à l'~*** im Fernsehen; ***sur les ~s*** auf dem Bildschirm ❸ CINE Leinwand *f;* ***~ de cinéma*** Kinoleinwand *f; [**grand**]* ~ Kino *nt;* ~ ***panoramique*** Breitwand *f;* ***~ de projection*** Bildwand *f;* ***à l'~*** im Kino ❹ *(moniteur)* Monitor *m; d'un ordinateur* Bildschirm *m;* ~ ***15 pouces*** 15-Zoll-Monitor
écrasant(e) [ekʀazɑ̃, ɑ̃t] *adj poids* erdrückend; *nombre* überwältigend; *défaite* vernichtend
écrasé(e) [ekʀaze] *adj nez* breit
écrasement [ekʀazmɑ̃] *m* ❶ *(action d'écraser)* Zerdrücken *nt* ❷ *(anéantissement)* Vernichtung *f* ❸ INFORM *d'un fichier* Überschreiben *nt*
écraser [ekʀaze] <1> **I.** *vt* ❶ *(broyer)* zerdrücken, pürieren *légumes;* ausdrücken *cigarette;* ***être écrasé par la foule*** von der [Menschen]menge erdrückt werden ❷ *(appuyer fortement sur)* ~ ***la pédale d'accélérateur*** das Gaspedal ganz durchtreten ❸ *(tuer)* ~ ***qn/qc*** *conducteur:* jdn/etw überfahren; *avalanche:* jdn/etw erdrücken ❹ *(accabler)* ~ ***qn*** *douleur:* jdn übermannen; *impôt:* jdn erdrücken ❺ *(dominer)* ~ ***qn en math*** jdm in Mathematik *dat* haushoch überlegen sein; ~ ***qn par son savoir*** jdn an Wissen überragen ❻ *(vaincre)* niederschlagen *rébellion;* vernichten *ennemi;* völlig brechen *résistance;* haushoch schlagen *équipe adverse* **II.** *vi (fam: ne pas insister)* den Mund halten **III.** *vpr* ❶ *(heurter de plein fouet)* ***s'~ au*** [*o* ***sur le***] ***sol*** am Boden zerschellen; ***s'~ contre un arbre*** frontal gegen einen Baum prallen ❷ *(se crasher)* ***s'~*** abstürzen ❸ *(se serrer)* ***s'~ dans qc*** sich in etw *akk* hineinzwängen; ***s'~ contre le mur/sur le sol*** sich flach gegen die Wand/auf den Boden drücken ❹ *(fam: se taire)* ***s'~ devant qn*** in jds Gegenwart *dat* den Mund halten ❺ *(ne pas protester)* sich vor jdm klein machen *fam*
écraseur, -euse [ekʀazœʀ, -øz] *m, f (fam: chauffard)* Raser(in) *m(f)*
écrémer [ekʀeme] <5> *vt* entrahmen
écrevisse [ekʀəvis] *f* [Fluss]krebs *m*
écrier [ekʀije] <1> *vpr* ***s'~*** schreien
écrin [ekʀɛ̃] *m* Schmuckkästchen *nt*
écrire [ekʀiʀ] <irr> **I.** *vt* ❶ *(tracer)* ~ ***qc***

E

dans/sur qc etw in/auf etw *akk* schreiben ❷ *(inscrire)* ***les devoirs sont écrits au tableau*** die Hausaufgaben stehen an der Tafel ❸ *(orthographier)* ***comment écrit-on ce mot?*** wie schreibt man dieses Wort? ❹ *(rédiger)* verfassen **II.** *vi* ❶ *(tracer)* schreiben; ***~ à la main/machine/au stylo*** mit der Hand/Maschine/dem Füller schreiben ❷ *(rédiger)* ***~ qc à qn*** jdm etw schreiben ▶ **il est écrit que cela arrivera** es ist vorbestimmt, dass dies eintreten wird **III.** *vpr* ***s'~*** geschrieben werden; ***ce mot s'écrit avec y*** dieses Wort schreibt sich mit y

écrit [ekʀi] *m* ❶ *(document)* Schriftstück *nt* ❷ *(ouvrage)* Schrift *f;* ***~ diffamatoire*** Schmähschrift ❸ *(épreuve, examen)* Schriftliche(s) *nt,* [Prüfungs]klausur *f;* ***l'~*** das Schriftliche ▶ **par** ~ schriftlich

écriteau [ekʀito] <x> *m* [Hinweis]schild *nt*

écritoire [ekʀitwaʀ] *f* Schreibzeug *nt*

écriture [ekʀityʀ] *f* ❶ *(façon d'écrire)* [Hand]schrift *f* ❷ *(alphabet)* Schrift *f;* ***~ chiffrée*** Geheimschrift ❸ *(style)* Schreibweise *f* ❹ REL ***l'Écriture sainte, les Saintes Écritures*** die Heilige Schrift

écrivain [ekʀivɛ̃] *m* Schriftsteller(in) *m(f)*

écrivaine [ekʀivɛn] *f* CAN Schriftstellerin *f*

écrou [ekʀu] *m* [Schrauben]mutter *f*

écrouer [ekʀue] <1> *vt* inhaftieren

écroulement [ekʀulmɑ̃] *m* Zusammenbruch *m*

écrouler [ekʀule] <1> *vpr* **s'~** ❶ *(tomber) maison:* einstürzen; *arbre:* umstürzen; *rocher:* herabfallen ❷ *(baisser brutalement) cours de la bourse:* zusammenbrechen ❸ *(prendre fin brutalement) empire:* zusammenbrechen; *projet:* sich zerschlagen; *fortune:* plötzlich verloren gehen; *gouvernement:* stürzen; *théorie:* in sich *dat* zusammenstürzen ❹ *(s'affaler)* zusammenbrechen; ***s'~ dans un fauteuil*** sich in einen Sessel fallen lassen

écru(e) [ekʀy] *adj* naturfarben

ecstasy [ɛkstazi] *f* Ecstasy *nt*

ECU [eky] *m* HIST *abr de* **European Currency Unit** Ecu *m o f*

écu [eky] *m* ❶ *(monnaie ancienne)* ≈ Taler *m* ❷ *(bouclier)* [Wappen]schild *m*

écueil [ekœj] *m* Klippe *f*

écuelle [ekɥɛl] *f* Napf *m*

écume [ekym] *f* ❶ *(mousse)* Schaum *m; des vagues* Gischt *f;* ***~ de mer*** MINER Meerschaum ❷ *(bave)* Geifer *m*

écumer [ekyme] <1> *vt* ❶ *(enlever l'écume)* ***~ qc*** den Schaum von etw abschöpfen ❷ *(piller)* plündern *région;* ***~ les côtes/mers*** Seeräuberei betreiben

écumeur [ekymœʀ] *m* ***~ de mer*** Seeräuber *m*

écumeux, -euse [ekymø, -øz] *adj* schaumig

écumoire [ekymwaʀ] *f* Schaumlöffel *m*

écureuil [ekyʀœj] *m* Eichhörnchen *nt*

écurie [ekyʀi] *f* [Pferde]stall *m*

écusson [ekysɔ̃] *m* ❶ *(blason)* Wappenschild *m o nt* ❷ ZOOL Panzer *m*

écuyer, -ère [ekɥije, -ɛʀ] *m, f* ❶ HIST *(gentilhomme, titre à la cour)* [Schild]knappe *m,* Junker *m* ❷ *(cavalier)* [guter] Reiter *m/*[gute] Reiterin *f*

eczéma [ɛgzema] *m* Ekzem *nt*

édam [edam] *m (fromage)* Edamer *m*

éden [edɛn] *m* Eden *nt geh*

édenté(e) [edɑ̃te] *adj* zahnlos

EDF [ødeɛf] *f abr de* **Électricité de France** *Französische Elektrizitätsgesellschaft*

édicter [edikte] <1> *vt* verfügen

édicule [edikyl] *m* ❶ *(rare) d'une église* Kapelle *f* ❷ *(kiosque)* Häuschen *nt*

édifiant(e) [edifjɑ̃, jɑ̃t] *adj (exemplaire)* beispielhaft

édification [edifikasjɔ̃] *f* Bau *m*

édifice [edifis] *m* ❶ *(bâtiment)* Gebäude *nt* ❷ *(ensemble organisé)* Struktur *f;* ***~ social d'un État*** soziales Gefüge eines Staates

édifier [edifje] <1> *vt* errichten *temple, palais*

Édimbourg [edɛ̃buʀ] Edinburg

édit [edi] *m* HIST, POL Edikt *nt,* Erlass *m*

éditer [edite] <1> *vt* herausgeben

éditeur [editœʀ] *m* INFORM Editor *m;* ***~ de textes*** Texteditor

éditeur, -trice [editœʀ, -tʀis] **I.** *adj* ***maison éditrice*** Verlag *m;* ***la maison éditrice Klett*** der Klettverlag **II.** *m, f* Herausgeber(in) *m(f)*

édition [edisjɔ̃] *f* ❶ *d'un disque* Herausgabe *f; d'un livre* Veröffentlichung *f* ❷ *(livre)* Ausgabe *f,* Auflage *f;* ***~ complète*** Gesamtausgabe; ***~ revue et corrigée*** neu bearbeitete Auflage ❸ *(métier)* ***travailler dans l'~*** im Verlagswesen tätig sein ❹ *(établissement)* ***les ~s*** der Verlag ❺ *(tirage)* Ausgabe *f;* ***~ spéciale*** Extrablatt *nt* ❻ INFORM Edition *f*

éditique [editik] *m* INFORM Desktop-Publishing *nt*

éditorial [editɔʀjal, -jo] <-aux> *m* Leitartikel *m*

éditorialiste [editɔʀjalist] *mf* Leitartikler(in) *m(f)*

éditrice [editʀis] *f (propriétaire d'une maison d'édition)* Verlegerin *f; (directrice de la publication)* Herausgeberin *f;* ~ ***de presse*** Zeitungsverlegerin
édredon [edʀədɔ̃] *m* Daunenbett *nt*
éducable [edykabl] *adj* belehrbar
éducateur, -trice [edykatœʀ, -tʀis] **I.** *adj fonction* erzieherisch; ***personne éducatrice*** Erzieher(in) *m(f)* **II.** *m, f* Erzieher(in) *m(f);* ~ ***social*** Sozialpädagoge *m/* -pädagogin *f;* ~ ***de rue*** Streetworker(in) *m(f)*
éducatif, -ive [edykatif, -tiv] *adj* ***jeu*** ~ Lernspiel *nt;* ***méthode éducative*** Lehr-/Erziehungsmethode *f;* ***système*** ~ Bildungssystem *nt*
éducation [edykasjɔ̃] *f* ❶ *(pédagogie)* Erziehung *f;* ***l'Éducation nationale*** das Schul- und Hochschulwesen ❷ *(bonnes manières)* Kinderstube *f;* ***être sans*** ~ kein Benehmen haben ❸ *(culture générale)* Bildung *f* ❹ *(enseignement)* ~ ***physique*** Sport[unterricht] *m* ❺ *(initiation)* ~ ***sexuelle*** Sexualerziehung *f* ▶ **donner une ~ à qn** jdn erziehen
édulcorant [edylkɔʀɑ̃] *m* Süßstoff *m*
édulcorer [edylkɔʀe] <1> *vt* süßen
éduquer [edyke] <1> *vt (former)* erziehen
effaçable [efasabl] *adj* [aus]löschbar
efface [efas] *f* CAN *(gomme)* Radiergummi *m*
effacé(e) [efase] *adj* ❶ *(estompé)* verblasst ❷ *(discret)* zurückhaltend; *rôle* unbedeutend
effacement [efasmɑ̃] *m* ❶ *d'une inscription* [Aus]löschen *nt* ❷ *(suppression d'information)* Löschen *nt*
effacer [efase] <2> **I.** *vt* ❶ *(faire disparaître)* [aus]löschen, verwischen *trace;* korrigieren *faute d'orthographe;* entfernen *tache;* ~ ***qc avec une*** [*o* ***la***] ***gomme*** etw ausradieren ❷ *(supprimer une information)* abwischen *tableau noir;* löschen *disquette* ❸ *(faire oublier)* auslöschen, zerstreuen *crainte;* wiedergutmachen *faute;* ~ ***qc de sa mémoire*** etw aus seinem Gedächtnis streichen **II.** *vpr* **s'**~ ❶ *(s'estomper)* verblassen; *crainte:* sich verflüchtigen ❷ *(se laisser enlever) tache:* sich entfernen lassen ❸ *(se faire petit)* zur Seite treten; ***s'~ devant qn*** hinter jdm zurückstehen
effaceur [efasœʀ] *m* Tintenkiller *m*
effarant(e) [efaʀɑ̃, ɑ̃t] *adj* unerhört
effaré(e) [efaʀe] *adj personne* verstört
effarement [efaʀmɑ̃] *m* Fassungslosigkeit *f*
effarer [efaʀe] <1> *vt* aus der Fassung bringen
effarouchement [efaʀuʃmɑ̃] *m* Verscheuchen *nt*
effaroucher [efaʀuʃe] <1> *vt* ❶ *(mettre en fuite)* aufschrecken, aufscheuchen, verscheuchen *animal* ❷ *(faire peur)* einschüchtern
effectif [efɛktif] *m d'une armée, d'un parti* Stärke *f; d'une entreprise* Belegschaft *f;* ***vérifier l'~ de la classe*** überprüfen, ob die Klasse vollständig ist
effectif, -ive [efɛktif, -iv] *adj aide* wirksam; *pouvoir* tatsächlich; *travail* effektiv; ***être ~ à partir du 1***[er] ***janvier*** am 1. Januar in Kraft treten
effectivement [efɛktivmɑ̃] *adv* ❶ *(concrètement)* wirksam; *travailler* effektiv ❷ *(réellement)* tatsächlich
effectuer [efɛktɥe] <1> **I.** *vt (faire)* tätigen, vornehmen *investissement;* zurücklegen *parcours;* durchführen *réforme* **II.** *vpr (se faire, s'exécuter)* **s'**~ *mouvement:* ausgeführt werden; *paiement:* erfolgen; *parcours:* zurückgelegt werden; *transaction:* abgewickelt werden
efféminé(e) [efemine] *adj* verweiblicht, unmännlich
effervescence [efɛʀvesɑ̃s] *f* ❶ *(bouillonnement)* Sprudeln *nt* ❷ *(agitation)* Aufregung *f*
effervescent(e) [efɛʀvesɑ̃, ɑ̃t] *adj liquide* sprudelnd
effet [efɛ] *m* ❶ *(résultat)* Wirkung *f;* ~ ***boule de neige*** Schneeballeffekt *m;* ~ ***secondaire*** Nebenwirkung *f;* ***être l'~ de qc*** die Folge von etw sein; ***avoir*** [*o* ***faire***] ***l'~ d'une bombe*** wie eine Bombe einschlagen; ***sous l'~ de qc*** unter der Wirkung von etw; ***agir sous l'~ de la colère*** im Zorn handeln ❷ *(impression)* Eindruck *m;* ***faire ~ sur qn*** auf jdn Eindruck machen ❸ *(phénomène)* Effekt *m;* **~s *spéciaux*** Spezialeffekte *Pl;* ~ ***de serre*** Treibhauseffekt *m* ▶ ~ **bœuf** Riesenaufsehen *nt;* **en** ~ tatsächlich; *(pour justifier ses propos)* nämlich; *(pour confirmer le propos d'un tiers)* in der Tat
efficace [efikas] *adj* wirksam; *personne* kompetent
efficacement [efikasmɑ̃] *adv* effizient
efficacité [efikasite] *f* Wirk[ungs]kraft *f,* Wirksamkeit *f; d'une méthode* Effizienz *f; d'une machine* Leistungsfähigkeit *f; d'une personne* Tüchtigkeit *f*
efficience [efisjɑ̃s] *f* Leistungsfähigkeit *f*
efficient(e) [efisjɑ̃, jɑ̃t] *adj* ❶ effizient; *col-*

E

laborateur, ouvrier tüchtig, fähig; ***financièrement** ~* finanziell leistungsfähig ❷ PHILOS ***cause ~e*** Wirkursache *f Fachspr.*

effigie [efiʒi] *f* Bildnis *nt*

effilé(e) [efile] *adj* spitz zulaufend

effiler [efile] <1> **I.** *vt* ❶ *(effilocher)* ausfransen ❷ *(couper en amincissant)* ausdünnen *cheveux* ❸ *(amincir)* spitz zulaufen lassen **II.** *vpr* **s'~** ❶ *(s'effilocher)* ausfransen ❷ *(s'amincir)* spitz zulaufen

E

effilocher [efilɔʃe] <1> *vt* zerfasern

efflanqué(e) [eflɑ̃ke] *adj* [bis auf die Knochen] abgemagert

effleurement [eflœʀmɑ̃] *m* flüchtige Berührung *f*

effleurer [eflœʀe] <1> *vt* ❶ *(a. fig)* flüchtig berühren ❷ *(passer par la tête)* ~ ***qn*** jdm in den Sinn kommen

effluent [eflyɑ̃] *m (cours d'eau)* Wasserlauf *m;* ~ ***urbain*** *(eaux usées)* Abwasser *nt*

effluent(e) [eflyɑ̃, ɑ̃t] *adj* entspringend

effluve [eflyv] *m souvent pl* Wohlgeruch *m,* Duft *m*

effondré(e) [efɔ̃dʀe] *adj personne* völlig gebrochen

effondrement [efɔ̃dʀəmɑ̃] *m* ❶ *d'un mur* Einsturz *m; du sol* [Ab]senkung *f; d'un sportif* Zusammenbruch *m* ❷ *d'une civilisation* Untergang *m; des prix* Sturz *m; d'une fortune* Verlust *m; d'un projet* Scheitern *nt*

effondrer [efɔ̃dʀe] <1> *vpr* **s'~** ❶ *(s'écrouler) pont:* einstürzen; *plancher:* einbrechen; *sol:* sich absenken ❷ *(être anéanti) empire:* zusammenbrechen; *civilisation:* untergehen; *preuve:* entkräftet werden; *fortune:* plötzlich verloren gehen; *projet:* sich zerschlagen; *argumentation:* in sich *dat* zusammenbrechen ❸ *(baisser brutalement) cours de la bourse:* stürzen ❹ *(craquer) personne:* zusammenbrechen ❺ INFORM *ordinateur:* abstürzen

efforcer [efɔʀse] <2> *vpr* ***s'~ de faire qc*** sich bemühen etw zu tun

effort [efɔʀ] *m* ❶ *(physique)* Anstrengung *f* ❷ *(intellectuel)* Bemühung *f;* ***faire un ~ d'attention*** sich *dat* [große] Mühe geben aufzupassen ▶ **n'épargner aucun ~ pour faire qc** keine Mühe scheuen, etw zu tun; **faire un ~ sur soi-même pour faire qc** sich zusammenreißen, um etw zu tun

effraction [efʀaksjɔ̃] *f* Einbruch *m*

effrangé(e) [efʀɑ̃ʒe] *adj tapis, châle* mit Fransen; *bas de pantalon* ausgefranst

effrayant(e) [efʀɛjɑ̃, ɑ̃t] *adj* ❶ *(qui fait peur)* furchtbar; *silence* beängstigend ❷ *(fam: extrême)* unheimlich

effrayer [efʀeje] <7> **I.** *vt (faire très peur à)* erschrecken; ***il est effrayé à l'idée de qc*** ihm wird bei etw angst und bange **II.** *vpr (craindre)* ***s'~ de qc*** über etw *akk* erschrecken

effréné(e) [efʀene] *adj* wild

effritement [efʀitmɑ̃] *m* Abbröckeln *nt*

effriter [efʀite] <1> *vt érosion:* bröck[e]lig machen

effroi [efʀwa] *m (littér)* Schrecken *m,* Entsetzen *nt;* ***être glacé(e) d'~*** starr vor Schreck[en] [*o* Entsetzen] sein

effronté(e) [efʀɔ̃te] **I.** *adj* dreist **II.** *m(f)* unverschämte Person

effrontément [efʀɔ̃temɑ̃] *adv* dreist, unverschämt

effronterie [efʀɔ̃tʀi] *f* Dreistigkeit *f,* Unverschämtheit *f;* ***avec ~*** dreist

effroyable [efʀwajabl] *adj* ❶ *(épouvantable)* grauenhaft ❷ *(fam: incroyable)* furchtbar

effroyablement [efʀwajabləmɑ̃] *adv* furchtbar, schrecklich

effusion [efyzjɔ̃] *f* Gefühlsausbruch *m*

égailler [egeje] <1> *vpr* ***s'~*** *animaux, personnes:* auseinanderlaufen

égal(e) [egal, -o] <-aux> **I.** *adj* ❶ *(de même valeur)* gleich; ***de prix ~*** gleich teuer; ***nous sommes tous égaux devant la loi*** vor dem Gesetz sind wir alle gleich; ***la partie est très ~e*** das Spiel ist sehr ausgeglichen ❷ *(sans variation)* ***être d'humeur ~e*** ausgeglichen sein ▶ **être/rester ~ à soi-même** sich *dat* selbst treu sein/bleiben **II.** *m(f)* ***la femme est l'~e de l'homme*** die Frau ist dem Mann ebenbürtig; ***considérer qn comme son ~*** jdn als seinesgleichen betrachten ▶ **qn n'a pas son ~ pour faire qc** niemand tut etw besser als jd; **négocier** [*o* **traiter**] **d'~ à ~** gleichberechtigt miteinander verhandeln; **sans ~** ohnegleichen

égalable [egalabl] *adj* ***qn est difficilement ~*** es ist schwer, jdm gleichzukommen; ***qc est difficilement ~*** etw ist schwer[lich] nachzumachen

également [egalmɑ̃] *adv* ❶ *(pareillement)* gleich[ermaßen] ❷ *(aussi)* ebenfalls

égaler [egale] <1> *vt* ❶ MATH ***deux plus deux égale[nt] quatre*** zwei plus zwei ist vier ❷ *(être pareil)* ***~ qn/qc*** jdm/etw in nichts nachstehen; ***~ qn/qc en beauté/grosseur*** jdm/einer S. an Schönheit/Größe *dat* gleichkommen

égalisation [egalizasjɔ̃] *f* ❶ *des revenus*

Anpassung *f; des couches sociales* Angleichung *f* ② SPORT Ausgleich *m*

égaliser [egalize] <1> **I.** *vt* ausgleichen, [einander] angleichen *revenus* **II.** *vi* den Ausgleich erzielen **III.** *vpr* ***s'~*** sich [einander] angleichen

égalitaire [egalitɛʀ] *adj* egalitär *geh*

égalité [egalite] *f* ① *(absence de différences)* Gleichheit *f; des adversaires* Ebenbürtigkeit *f;* ***~ des forces*** Gleichgewicht *nt* der Kräfte; ***~ des chances*** Chancengleichheit; ***~ des droits*** Gleichberechtigung *f* ② *(absence de variations)* ***~ d'humeur*** Ausgeglichenheit *f* ③ MATH [Deckungs]gleichheit *f,* Kongruenz *f* ▶ **être à ~** *match:* unentschieden stehen; *joueurs:* punktgleich sein

égard [egaʀ] *m pl* Achtung *f,* Aufmerksamkeit *f* ▶ **à cet ~** in dieser Hinsicht; **avoir des ~s pour qn, être plein d'~s pour qn** jdm gegenüber rücksichtsvoll sein; **à l'~ de qn** jdm gegenüber; **par ~ pour qn/qc** mit Rücksicht auf jdn/etw

égaré(e) [egaʀe] *adj* ① *(perdu)* verirrt; *objet* verlegt ② *(troublé)* verstört

égarement [egaʀmɑ̃] *m* geistige Verwirrung

égarer [egaʀe] <1> **I.** *vt* ① *(induire en erreur)* in die Irre führen ② *(perdre)* verlegen ③ *(faire perdre la raison)* um den Verstand bringen **II.** *vpr* **s'~** ① *(se perdre)* sich verirren; ***s'~ du droit chemin*** vom rechten Weg abkommen; ***la lettre s'est égarée*** der Brief ist verloren gegangen ② *(divaguer)* abschweifen; ***s'~ dans les détails*** sich in Einzelheiten verlieren

égayer [egeje] <7> *vt* aufheitern

égérie [eʒeʀi] *f d'un artiste* Muse *f*

égide [eʒid] *f a.* HIST Ägide *f*

églantier [eglɑ̃tje] *m* Heckenrosenstrauch *m*

églantine [eglɑ̃tin] *f* Heckenrose *f*

églefin [egləfɛ̃] *m* Schellfisch *m*

église [egliz] *f* ① *(édifice)* Kirche *f;* ***se marier à l'~*** sich kirchlich trauen lassen ② *(communauté)* ***l'Église*** die [römisch-katholische] Kirche; ***l'Église protestante/catholique*** die evangelische/katholische Kirche; ***appartenir à l'Église*** katholisch sein

ego [ego] *m inv* Ego *nt*

égocentrique [egosɑ̃tʀik] *adj* egozentrisch

égocentrisme [egosɑ̃tʀism] *m* Egozentrik *f*

égoïsme [egɔism] *m* Egoismus *m*

égoïste [egɔist] **I.** *adj* egoistisch **II.** *mf* Egoist(in) *m(f)*

égoïstement [egɔistəmɑ̃] *adv agir, se comporter* egoistisch, selbstsüchtig

égorgement [egɔʀʒəmɑ̃] *m* Durchschneiden *nt* der Kehle; REL Schächten *nt*

égorger [egɔʀʒe] <2a> **I.** *vt* ① *(couper la gorge)* ***~ qn/un animal avec qc*** jdm die Kehle/einem Tier die Gurgel mit etw durchschneiden ② *(fam: ruiner)* schröpfen **II.** *vpr* ***s'~*** sich [gegenseitig] umbringen

égosiller [egozije] <1> *vpr* ***s'~*** *personne:* sich heiser schreien; *oiseau:* aus voller Kehle singen

égout [egu] *m* [Abwasser]kanal *m;* ***les ~s*** die Kanalisation; ***bouche d'~*** Gully *m o nt;* ***eaux d'~*** Abwässer *Pl*

égoutier [egutje] *m* Kanalarbeiter *m*

égoutter [egute] <1> **I.** *vt* ***faire ~ qc*** etw abtropfen lassen **II.** *vpr* ***s'~*** abtropfen

égouttoir [egutwaʀ] *m* ***~ à vaisselle*** Abtropfkorb *m*

égratigner [egʀatiɲe] <1> **I.** *vt* zerkratzen **II.** *vpr* ***s'~ qc*** sich *dat* etw aufschürfen

égratignure [egʀatiɲyʀ] *f* Kratzer *m*

égrener [egʀəne] <4> *vt* ① enthülsen *cosse;* entkörnen *épi;* abbeeren *grappe, raisin;* egrenieren *coton* ② herunterbeten *chapelet*

égrotant(e) [egʀɔtɑ̃, ɑ̃t] *adj (littér)* kränklich

Égypte [eʒipt] *f* ***l'~*** Ägypten *nt*

égyptien [eʒipsjɛ̃] *m* Ägyptisch *nt;* ***l'~ moderne*** das Neuägyptische; *v. a.* **allemand**

égyptien(ne) [eʒipsjɛ̃, jɛn] *adj* ägyptisch

Égyptien(ne) [eʒipsjɛ̃, jɛn] *m(f)* Ägypter(in) *m(f)*

égyptologie [eʒiptɔlɔʒi] *f* Ägyptologie *f*

égyptologue [eʒiptɔlɔg] *mf* Ägyptologe *m*/Ägyptologin *f*

eh [e, ɛ] *interj* he!; ***~ oui!*** tja!/In der Tat!; ***~ bien ça par exemple!*** na so was! *fam;* ***~ bien!*** *(fam)* nun gut!; ***Eh bien, …*** nun, …

éhonté(e) [eɔ̃te] *adj* schamlos

éjaculation [eʒakylasjɔ̃] *f* Samenerguss *m,* Ejakulation *f*

éjaculer [eʒakyle] <1> *vi* ejakulieren

éjectable [eʒɛktabl] *adj* ***siège ~*** Schleudersitz *m*

éjecter [eʒɛkte] <1> *vt* ① *(rejeter) machine:* auswerfen ② *(projeter)* ***être éjecté de qc*** aus etw [heraus]geschleudert werden ③ *(fam: expulser)* rauswerfen

élaboration [elabɔʀasjɔ̃] *f d'un plan* Ausarbeitung *f*

E

élaborer [elabɔʀe] <1> **I.** *vt (composer)* ausarbeiten *plan* **II.** *vpr* ***s'~*** Form annehmen
élagage [elagaʒ] *m* Ausästen *nt*
élaguer [elage] <1> *vt* ausschneiden, auslichten *arbre*
élan [elɑ̃] *m* ❶ *(mouvement)* ***prendre son ~*** Schwung *m* holen; *(en courant)* Anlauf *m* nehmen; ***prendre de l'~*** ausholen ❷ *(accès)* ***~ de tendresse*** Anwandlung *f* von Zärtlichkeit; ***~ d'enthousiasme*** überschwängliche Begeisterung *f* ▸ ~ vital Lebensdrang *m*
élancé(e) [elɑ̃se] *adj* schlank
élancement [elɑ̃smɑ̃] *m* stechender Schmerz
élancer[1] [elɑ̃se] <2> **I.** *vi* stechen **II.** *vt* stechen *personne*
élancer[2] [elɑ̃se] <2> *vpr* ❶ *(se précipiter)* ***s'~ vers qn/qc*** sich auf jdn/etw stürzen; ***s'~ à la poursuite de qn*** jdm hinterherrennen ❷ *(prendre son élan)* ***s'~*** Schwung holen; ***s'~ dans les airs*** sich in die Lüfte schwingen
élargir [elaʀʒiʀ] <8> **I.** *vt* ❶ *(rendre plus large)* verbreitern, weiten *chaussures* ❷ COUT weiter machen *jupe* ❸ *(développer)* erweitern *horizon;* ausdehnen *débat* **II.** *vpr* ***s'~*** *fleuve:* breiter werden; *chaussures:* sich weiten; *horizon:* sich erweitern **III.** *vi pull:* sich weiten
élargissement [elaʀʒismɑ̃] *m* ❶ *d'une route* Verbreiterung *f; d'une jupe* Weitermachen *nt* ❷ POL ***~ de l'UE/de l'OTAN vers l'Est*** Osterweiterung *f* der EU/der Nato
élasticité [elastisite] *f d'un caoutchouc, muscle* Elastizität *f; de la peau* Geschmeidigkeit *f*
élastique [elastik] **I.** *adj* elastisch; *pas* federnd; *loi* dehnbar **II.** *m a.* COUT Gummi[band *nt*] *nt*
Elbe [ɛlb] *f* ***l'~*** die Elbe
eldorado [ɛldɔʀado] *m* Eldorado *nt*
e-learning [ilœʀniŋ] *m abr de* **electronic learning** E-Learning *nt*
électeur, -trice [elɛktœʀ, -tʀis] *m, f* Wähler(in) *m(f)* ▸ grands ~s *Wahlversammlung für die Senatswahlen*
électif, -ive [elɛktif, -iv] *adj critère* ausgewählt
élection [elɛksjɔ̃] *f* ❶ Wahl *f;* ***~s européennes*** Europawahlen *Pl;* ***~s législatives*** Parlamentswahlen *Pl;* ***~ présidentielle*** Präsidentenwahl; ***second tour des ~s*** zweiter Wahlgang ❷ *(choix)* ***patrie/pays d'~*** Wahlheimat *f*
électoral(e) [elɛktɔʀal, -o] <-aux> *adj* ***circonscription ~e*** Wahlbezirk *m;* ***liste ~*** Wählerliste *f*
électorat [elɛktɔʀa] *m* Wählerschaft *f*
électricien(ne) [elɛktʀisjɛ̃, jɛn] *m(f)* Elektriker(in) *m(f)*
électricité [elɛktʀisite] *f* ❶ *(courant)* Strom *m;* ***se chauffer à l'~*** elektrisch heizen ❷ *(installation)* elektrische Leitungen *Pl;* ***allumer/éteindre l'~*** *(fam)* das Licht an-/ausmachen ❸ PHYS Elektrizität *f;* ***~ statique*** statische Aufladung ▸ **il y a de l'~ dans l'air** es liegt Spannung in der Luft
électrification [elɛktʀifikasjɔ̃] *f* Elektrifizierung *f*
électrifier [elɛktʀifje] <1a> *vt* elektrifizieren *ligne de chemin de fer*
électrique [elɛktʀik] *adj cuisinière* elektrisch; *pile* [elektrisch] geladen; ***centrale ~*** Stromkraftwerk *nt;* ***moteur ~*** Elektromotor *m;* ***voiture ~*** Elektroauto *nt,* E-Auto *nt,* Stromer *m fam*
électrisation [elɛktʀizasjɔ̃] *f* ELEC Elektrisieren *nt,* Elektrisierung *f*
électriser [elɛktʀize] <1> *vt* elektrisieren *a. fig*
électroaimant [elɛktʀoɛmɑ̃] *m* Elektromagnet *m*
électrochimie [elɛktʀoʃimi] *f* Elektrochemie *f*
électrochoc [elɛktʀoʃɔk] *m* Elektroschock *m*
électrocuter [elɛktʀɔkyte] <1> **I.** *vt* ***être électrocuté*** einen [elektrischen] Schlag bekommen **II.** *vpr* ***s'~ avec qc*** von etw einen [elektrischen Schlag] bekommen; *(être mort)* von etw einen tödlichen Stromstoß bekommen
électrocution [elɛktʀɔkysjɔ̃] *f* [tödlicher] elektrischer Schlag; ***condamner qn par ~*** jdn zum Tod auf dem elektrischen Stuhl verurteilen
électrode [elɛktʀɔd] *f* Elektrode *f*
électro-encéphalogramme [elɛktʀoɑ̃sefalɔgʀam] <électro-encéphalogrammes> *m* Elektroenzephalogramm *nt*
électrogène [elɛktʀɔʒɛn] *adj* stromerzeugend
électrolyse [elɛktʀɔliz] *f* Elektrolyse *f*
électromagnétique [elɛktʀomaɲetik] *adj* elektromagnetisch
électroménager [elɛktʀomenaʒe] **I.** *adj* ***appareil ~*** elektrisches Haushaltsgerät **II.** *m* ❶ *(appareils)* elektrische Haushaltsgeräte *Pl* ❷ *(commerce)* Elektrohandel *m*
électron [elɛktʀɔ̃] *m* Elektron *nt*

électronicien(**ne**) [elɛktʀɔnisjɛ̃, jɛn] *m(f)* Elektroniker(in) *m(f)*

électronique [elɛktʀɔnik] **I.** *adj* elektronisch; ***calculateur*** ~ Elektronenrechner *m;* ***monnaie*** ~ Cybercash *nt* **II.** *f* Elektronik *f*

électrophone [elɛktʀɔfɔn] *m* [Schall]plattenspieler *m*

électrotechnicien(**ne**) [elɛktʀɔtɛknisjɛ̃, jɛn] *m(f)* Elektrotechniker(in) *m(f)*

électrotechnique [elɛktʀɔtɛknik] **I.** *adj institut* elektrotechnisch **II.** *f* Elektrotechnik *f*

élégamment [elegamɑ̃] *adv s'habiller* elegant

élégance [elegɑ̃s] *f sans pl* ❶ *(esthétique)* Eleganz *f; d'un intérieur* geschmackvoller Stil; *d'un mouvement* Anmut *f; d'une théorie* Nachvollziehbarkeit *f* ❷ *d'une personne* Korrektheit *f;* ***perdre avec*** ~ mit Anstand verlieren

élégant(**e**) [elegɑ̃, ɑ̃t] *adj* elegant; *intérieur* stilvoll; *style* klar; *solution* nachvollziehbar

élément [elemɑ̃] **I.** *m* ❶ *(composant)* Element *nt,* Bestandteil *m* ❷ *(mobilier)* Element *nt,* [Einzel]teil *nt;* ***~s préfabriqués*** Fertig[bau]teile *Pl* ❸ *d'un problème* Element *nt,* Komponente *f* ❹ *(groupe dans une collectivité)* Teil *m;* ***très bons ~s*** ausgezeichnete Kräfte ❺ CHIM Element *nt* ▸ **être dans son** ~ in seinem Element sein **II.** *mpl* ❶ *(principes de base)* Grundbegriffe *Pl* ❷ *(connaissances sommaires)* Grundkenntnisse *Pl* ❸ *(forces naturelles)* Naturgewalten *Pl;* ***les quatre ~s*** die vier Elemente

élémentaire [elemɑ̃tɛʀ] *adj (simple, de base)* elementar; *problème* elementar; *exercice* einfach; ***niveau*** ~ Grundstufe *f;* ***principes ~s*** Grundprinzipien *Pl* ▸ **~, mon cher Watson!** *(fam)* das ist doch ganz klar, mein lieber Watson!; **c'est ~!** *(fam: c'est évident)* das weiß doch jeder!; *(c'est bien le moins qu'on puisse faire)* das ist doch das Mindeste!

éléphant [elefɑ̃] *m* Elefant *m;* ~ ***mâle/femelle*** Elefantenbulle *m*/Elefantenkuh *f* ▸ **comme un ~ dans un magasin de porcelaine** *(fam)* wie ein Elefant im Porzellanladen

éléphanteau [elefɑ̃to] <x> *m* Elefantenkalb *nt*

éléphantesque [elefɑ̃tɛsk] *adj (fam)* unglaublich massig

élevage [el(ə)vaʒ] *m* ❶ *(action)* Zucht *f,* Aufzucht *f;* ~ ***en batterie*** [*o* ***en masse***] Massentierhaltung *f* ❷ *(ensemble d'animaux)* Zucht *f* ❸ *(exploitation)* Zuchtbetrieb *m*

élévateur [elevatœʀ] *m* [Lasten]aufzug *m*

élévation [elevasjɔ̃] *f* ❶ *(accession)* Erhebung *f;* ~ ***de qn à une dignité*** jds Einsetzung *f* in ein Amt ❷ *(hausse)* Ansteigen *nt;* ~ ***de la température*** Temperaturanstieg *m*

élève [elɛv] *mf* Schüler(in) *m(f)*

élevé(**e**)[1] [el(ə)ve] *adj* ❶ *(haut)* hohe(r, s) ❷ *(noble)* gepflegt; *opinion* hoch; ***être de condition ~e*** zu den besseren Kreisen gehören

élevé(**e**)[2] [el(ə)ve] **I.** *adj (éduqué)* ***bien/mal*** ~ gut/schlecht erzogen **II.** *m(f)* ***un mal*** ~ ein Flegel *m*

élever[1] [el(ə)ve] <4> **I.** *vt* ❶ *(ériger)* errichten *monument;* hochziehen *mur* ❷ *(porter vers le haut)* hochheben ❸ *(porter plus haut)* heben *niveau, ton;* erheben *voix* ❹ *(promouvoir)* ~ ***qn à un rang*** jdn in einen Rang erheben ❺ *(susciter)* äußern *critique, doute;* erheben *objection* ❻ MATH ~ ***un nombre au carré*** eine Zahl ins Quadrat erheben **II.** *vpr* ❶ *(être construit)* ***s'~*** *mur, édifice:* stehen ❷ *(se dresser)* ***s'~ à 10/100 mètres*** *plateau:* 10/100 Meter hoch liegen ❸ *(se faire entendre)* ***s'~*** zu hören sein ❹ *(surgir)* ***s'~*** *discussion:* entstehen; *doutes:* aufkommen ❺ *(se chiffrer)* ***s'~ à 1000 euros*** sich auf 1000 Euro *akk* belaufen ❻ *(mépriser)* ***s'~ au-dessus des injures*** sich über Beleidigungen hinwegsetzen ❼ *(socialement)* ***s'~ par son seul travail*** sich aus eigener Kraft hocharbeiten ❽ *(s'opposer à)* ***s'~ contre qc*** sich gegen etw wenden

élever[2] [el(ə)ve] <4> *vt* ❶ *(prendre soin de)* aufziehen *personne, animal;* ***être élevé chez qn*** bei jdm aufwachsen ❷ *(éduquer)* erziehen ❸ *(faire l'élevage de)* züchten *animaux*

éleveur, **-euse** [el(ə)vœʀ, -øz] *m, f* [Vieh]züchter(in) *m(f)*

éleveuse [el(ə)vøz] *f* ❶ [Vieh]züchterin *f* ❷ *(couveuse)* Schirmglucke *f*

éligibilité [eliʒibilite] *f* Wählbarkeit *f,* passives Wahlrecht *nt*

éligible [eliʒibl] *adj* wählbar

élimé(**e**) [elime] *adj* ~ ***à qc*** an etw *dat* abgewetzt

élimination [eliminasjɔ̃] *f* Beseitigung *f; d'un adversaire* Ausschaltung *f; des déchets* Entsorgung *f*

éliminatoire [eliminatwaʀ] **I.** *adj* ❶ SCOL, UNIV *note, faute* zum Ausschluss führend; ***épreuve*** ~ Auswahlprüfung *f* ❷ SPORT

match ~ Ausscheidungsspiel *nt* **II.** *f souvent pl* Ausscheidungs[wett]kämpfe *Pl*

éliminer [elimine] <1> **I.** *vt* ❶ *(faire disparaître)* beseitigen *erreurs;* aus dem Weg räumen *obstacle;* entfernen *tartre* ❷ *(tuer)* eliminieren ❸ *(écarter)* aussondern *pièces défectueuses* ❹ ECON, POL ausschalten ❺ SCOL, UNIV wiederholen lassen *élève;* ***il a été éliminé à l'oral*** er ist im Mündlichen durchgefallen ❻ SPORT ~ ***qn de la course*** jdn aus dem Rennen werfen; *(pour dopage)* jdn [für ein Rennen] sperren; ***être éliminé*** ausscheiden; *(pour dopage)* gesperrt werden ❼ *(rejeter)* ausschließen *possibilité* ❽ IND entsorgen *déchets* **II.** *vpr* ***s'~ facilement*** *tache:* leicht zu entfernen sein

élire [eliʀ] <irr> *vt* wählen; ***il a été élu président*** er wurde zum Präsidenten gewählt

élision [elizjɔ̃] *f* Streichung *f*

élitaire [elitɛʀ] *adj* elitär

élite [elit] *f* Elite *f;* ***université d'~*** Eliteuniversität *f*

élitisme [elitism] *m* Elitesystem *nt*

élitiste [elitist] *adj* ***école*** ~ Eliteschule *f*

élixir [eliksiʀ] *m* Elixier *nt*

elle [ɛl] *pron pers* ❶ *(fém)* sie; ~ ***est grande*** sie ist groß; ***lui est là, mais pas*** ~ er ist da, aber sie nicht ❷ *interrog, non traduit* ***Sophie a-t-~ ses clés?*** hat Sophie ihre Schlüssel?; *v. a.* **il** ❸ *(répétitif)* ***regarde la lune comme ~ est ronde*** sieh mal, wie rund der Mond ist; ***la vache, ~ fait meuh*** die Kuh macht muh; *v. a.* **il** ❹ *(fam: pour renforcer)* ***la mer, ~ aussi, est polluée*** auch das Meer ist verschmutzt; ***~, elle n'a pas ouvert la bouche*** die hat den Mund nicht aufgemacht; ***c'est ~ qui l'a dit*** das hat die gesagt; ***il veut l'aider, ~?*** der möchte er helfen? ❺ *avec une préposition* ***avec/sans*** ~ mit ihr/ohne sie; ***à ~ seule*** sie allein; ***la maison est à*** ~ das Haus gehört ihr; ***c'est à ~ de décider*** sie muss entscheiden; ***c'est à ~!*** sie ist dran! ❻ *dans une comparaison* sie; ***il est comme*** ~ er ist wie sie; ***plus fort qu'~*** stärker als sie ❼ *(soi)* sich; ***elle ne pense qu'à*** ~ sie denkt nur an sich; *v. a.* **lui**

elle-même [ɛlmɛm] *pron pers (elle en personne)* sie selbst; *v. a.* **lui-même**

elles [ɛl] *pron pers* ❶ *(fém pl)* sie; ~ ***sont grandes*** sie sind groß; ***eux sont là, mais pas*** ~ sie sind da, aber sie nicht ❷ *interrog, non traduit* ***les filles, sont-~ venues?*** sind die Mädchen gekommen? ❸ *(répétitif)* ***regarde les fleurs comme ~ sont belles*** sieh mal, wie schön die Blumen sind; *v. a.* **il** ❹ *(fam: pour renforcer)* ***~, elles n'ont pas ouvert la bouche*** die haben den Mund nicht aufgemacht; ***c'est ~ qui l'ont dit*** die haben das gesagt; ***il veut les aider, ~?*** denen möchte er helfen? ❺ *avec une préposition* ***avec/sans*** ~ mit ihnen/ohne sie; ***à ~ seules*** sie allein ❻ *dans une comparaison* sie; ***ils sont comme*** ~ sie sind wie sie ❼ *(soi)* sich; *v. a.* **elle**

elles-mêmes [ɛlmɛm] *pron pers (elles en personne)* sie selbst; *v. a.* **moi-même, nous-mêmes**

ellipse [elips] *f* LING, GEOM Ellipse *f*

elliptique [eliptik] *adj* elliptisch; *tournure, formule* unvollständig; ***vélo*** ~ Crosstrainer *m*

élocution [elɔkysjɔ̃] *f* Aussprache *f;* ***avoir une ~ lente/rapide*** langsam/schnell sprechen

éloge [elɔʒ] *m* ❶ *(louange)* Lob *nt* ❷ *(dithyrambe)* Lobrede *f;* ***faire l'~ de qn*** eine Lobrede auf jdn halten

élogieux, -euse [elɔʒjø, -jøz] *adj paroles* lobend

éloigné(e) [elwaɲe] *adj* ❶ *(dans l'espace)* ~ ***de qc*** fern von etw; ***se tenir ~ de qc*** sich von etw fernhalten ❷ *(isolé)* entlegen ❸ *(dans le temps)* fern; *passé* weit zurückliegend ❹ *(différent)* ~ ***de qc*** weit entfernt von etw ❺ *parent* entfernt

éloignement [elwaɲmɑ̃] *m* ❶ *(distance)* ***l'~*** die Entfernung ❷ *(séparation d'avec)* ***l'~ de qn*** jds Abwesenheit *f;* ***prendre de l'~*** Abstand nehmen ❸ *(recul)* der [zeitliche] Abstand ❹ *(fait de se tenir à l'écart)* ~ ***de qc*** Rückzug *m* von etw

éloigner [elwaɲe] <1> **I.** *vt* ❶ *(mettre à distance)* fernhalten ❷ *(détourner)* ~ ***qn du sujet*** jdn vom Thema abbringen; ~ ***qn de la vie politique*** jdn von der Politik abhalten ❸ *(dans le temps)* ***chaque jour qui passe nous éloigne de notre jeunesse*** mit jedem Tag entfernen wir uns mehr von unserer Jugend ❹ *(écarter)* zerstreuen *soupçons;* bannen *danger* ❺ *(détacher)* ~ ***qn de qn*** jdn von jdm entfernen **II.** *vpr* ❶ *(devenir de plus en plus lointain)* ***s'~*** *nuages:* verschwinden; *bruit:* leiser werden; *vent, tempête:* nachlassen ❷ *(aller ailleurs)* ***s'~*** sich entfernen ❸ *(aller plus loin)* ***ne t'éloigne pas trop, s'il te plaît!*** geh bitte nicht zu weit weg! ❹ *(dans le temps)* ***s'~ de qc*** etw hinter sich *dat* zurücklassen ❺ *(s'estomper)* ***s'~*** *souvenir:*

sich verflüchtigen; *danger:* abnehmen ❻ *(s'écarter de)* ***s'~ du sujet*** vom Thema abkommen ❼ *(prendre ses distances par rapport à)* ***s'~ de qn/qc*** auf Distanz zu jdm/etw gehen
élongation [elɔ̃gasjɔ̃] *f* Zerrung *f*
éloquence [elɔkɑ̃s] *f (verve)* Eloquenz *f geh*
éloquent(e) [elɔkɑ̃, ɑ̃t] *adj* ❶ *(persuasif) discours* eloquent *geh; orateur* redegewandt ❷ *(significatif) geste, regard* vielsagend; *silence* beredt
élu(e) [ely] **I.** *part passé de* **élire II.** *adj* gewählt **III.** *m(f)* ❶ POL Abgeordnete(r) *f(m)* ❷ REL Auserwählte(r) *f(m),* Auserkorene(r) *f(m)*
élucidation [elysidasjɔ̃] *f* Aufklärung *f*
élucider [elyside] <1> *vt* aufklären
élucubrations [elykybʀasjɔ̃] *f pl (péj)* Hirngespinste *Pl*
éluder [elyde] <1> *vt* umgehen
Élysée [elize] *m* ***l'~*** der Élysée-Palast
e-mail [imel] <e-mails> *m* E-Mail *f o nt*
émail [emaj, emo] <-aux> *m* ❶ *sans pl (vernis)* Glasur *f* ❷ *(sur métal)* Email *nt*
émaillé(e) [emaje] *adj* emailliert
émanation [emanasjɔ̃] *f souvent pl (exhalaison)* Ausdünstung *f*
émancipateur, -trice [emɑ̃sipatœʀ, -tʀis] **I.** *adj mouvement* emanzipatorisch **II.** *m, f* Emanzipator(in) *m(f)*
émancipation [emɑ̃sipasjɔ̃] *f* Emanzipation *f*
émancipé(e) [emɑ̃sipe] *adj* emanzipiert
émanciper [emɑ̃sipe] <1> *vpr* ***s'~*** sich emanzipieren
émaner [emane] <1> *vi* ***~ de qn/qc*** *autorité, charme:* von jdm/etw ausgehen
émargement [emaʀʒəmɑ̃] *m d'un contrat* Abzeichnen *nt,* Unterschreiben *nt;* ***feuille d'~*** Anwesenheitsliste *f*
émasculer [emaskyle] <1> *vt* kastrieren
emballage [ɑ̃balaʒ] *m* ❶ *sans pl (action d'emballer)* Verpacken *nt* ❷ *(paquet)* [Ver]packung *f*
emballant(e) [ɑ̃balɑ̃, ɑ̃t] *adj (fam: enthousiasmant)* toll
emballement [ɑ̃balmɑ̃] *m* überschwängliche Begeisterung *f*
emballer [ɑ̃bale] <1> **I.** *vt* ❶ *(empaqueter)* einpacken ❷ *(fam: enthousiasmer)* ***être emballé par qc*** ganz hin und weg von etw sein ❸ AUT überdrehen, aufheulen lassen *moteur* ❹ *(fam: séduire)* einwickeln **II.** *vpr* ❶ *(fam: s'enthousiasmer)* ***s'~ pour qc*** Feuer und Flamme für etw sein ❷ *(fam: s'emporter)* ***s'~*** sich aufregen ❸ *(partir à une allure excessive)* ***s'~*** *animal:* durchgehen; *moteur:* aufheulen
embarcadère [ɑ̃baʀkadɛʀ] *m* Anlegestelle *f*
embarcation [ɑ̃baʀkasjɔ̃] *f* Boot *nt*
embardée [ɑ̃baʀde] *f* AUT schnelles Ausweichen *nt*
embargo [ɑ̃baʀgo] *m* Embargo *nt*
embarquement [ɑ̃baʀkəmɑ̃] *m* ❶ *des marchandises* Verladen *nt* ❷ NAUT Einschiffen *nt* ❸ AVIAT ~ ***immédiat, porte 5!*** begeben Sie sich an Ausgang Nr. 5!
embarquer [ɑ̃baʀke] <1> **I.** *vi* ❶ an Bord gehen; ~ ***dans l'avion*** ins Flugzeug steigen ❷ CAN *(monter)* ~ ***dans l'autobus/dans une voiture*** in den Bus einsteigen/in einem Wagen steigen **II.** *vt* ❶ *(prendre à bord d'un bateau)* einschiffen, verladen *marchandises* ❷ *(à bord d'un véhicule)* einsteigen lassen *passagers;* verladen *animaux* ❸ *(voler)* mitgehen lassen *fam* ❹ *(fam: arrêter)* schnappen *voleur* ► **elle est mal embarquée** *(fam)* für sie sieht's schlecht aus **III.** *vpr* ❶ *(monter à bord d'un bateau)* ***s'~*** sich einschiffen ❷ *(s'engager)* ***s'~ dans qc*** sich auf etw *akk* einlassen
embarras [ɑ̃baʀa] *m* ❶ *(gêne)* Verlegenheit *f,* Befangenheit *f* ❷ *(tracas)* Unannehmlichkeit *f* ► **n'avoir que l'~ du choix** die Qual der Wahl haben; **mettre** [*o* **plonger**] **qn dans l'~** *(le mettre mal à l'aise)* jdn in Verlegenheit bringen; *(l'enfermer dans un dilemme)* jdn in Schwierigkeiten bringen
embarrassant(e) [ɑ̃baʀasɑ̃, ɑ̃t] *adj* ❶ *(délicat)* unangenehm ❷ *(ennuyeux)* misslich ❸ *(encombrant)* sperrig
embarrassé(e) [ɑ̃baʀase] *adj* ❶ *personne* verlegen; *air, sourire* betreten ❷ *(encombré)* ~ ***de qc*** mit etw vollgestellt
embarrasser [ɑ̃baʀase] <1> **I.** *vt* ❶ *(déconcerter)* in Verlegenheit bringen ❷ *(tracasser)* Mühe machen ❸ *(gêner dans ses mouvements)* behindern ❹ *(encombrer)* versperren *couloir* **II.** *vpr* ❶ *(s'encombrer)* ***s'~ de qn/qc*** sich mit jdm/etw belasten ❷ *(se soucier)* ***s'~ de qc*** sich mit etw abgeben
embauche [ɑ̃boʃ] *f* ❶ *(recrutement)* Einstellung *f* ❷ *(travail)* Beschäftigung *f;* ***offre d'~*** Stellenangebot *nt*
embaucher [ɑ̃boʃe] <1> *vt, vi* ECON einstellen
embaucheur, -euse [ɑ̃boʃœʀ, -øz] *m, f (employeur)* Arbeitgeber(in) *m(f)*
embauchoir [ɑ̃boʃwaʀ] *m* Schuhspanner *m*

E

embaumer [ɑ̃bome] <1> *vi fleur, fruit:* duften

embellie [ɑ̃beli] *f* METEO Aufheiterung *f*

embellir [ɑ̃beliʀ] <8> **I.** *vi* schöner werden **II.** *vt* schöner aussehen lassen *personne;* verschönern *maison, ville;* beschönigen *réalité*

embellissement [ɑ̃belismɑ̃] *m sans pl d'un lieu, édifice* Verschönerung *f*

E

embêtant [ɑ̃bɛtɑ̃] *m (fam)* ***l'~, c'est qu'il est sourd*** das Dumme ist, dass er taub ist

embêtant(e) [ɑ̃bɛtɑ̃, ɑ̃t] *adj (fam)* ❶ *(agaçant)* lästig ❷ *(fâcheux)* dumm

embêtement [ɑ̃bɛtmɑ̃] *m (fam)* Scherereien *Pl*

embêter [ɑ̃bete] <1> **I.** *vt (fam)* ❶ *(importuner)* auf die Palme bringen ❷ *(contrarier)* nerven; ***être embêté*** dumm dastehen ❸ *(casser les pieds)* anöden **II.** *vpr (fam)* ❶ *(s'ennuyer)* ***s'~*** sich [zu Tode] langweilen ❷ *(se démener)* ***s'~ à faire qc*** sich ins Zeug legen um etw zu machen ▶ **ne pas s'~** *(n'être pas à plaindre)* nicht übel leben; *(en profiter)* sich köstlich amüsieren

emblée [ɑ̃ble] *adv* ***d'~*** auf Anhieb

emblématique [ɑ̃blematik] *adj* sinnbildlich; ***figure ~ de qc*** Symbol *nt* einer S. *gen*

emblème [ɑ̃blɛm] *m* Emblem *nt*

embobiner [ɑ̃bɔbine] <1> *vt (fam)* einwickeln

emboîtage [ɑ̃bwataʒ] *m d'un livre* Schuber *m; (étui)* Kassette *f*

emboîtement [ɑ̃bwatmɑ̃] *m* Ineinanderpassen *nt,* Ineinandergreifen *nt*

emboîter [ɑ̃bwate] <1> **I.** *vt* zusammensetzen **II.** *vpr* ***des choses s'emboîtent les unes dans les autres*** Dinge passen ineinander

embolie [ɑ̃bɔli] *f* Embolie *f*

embonpoint [ɑ̃bɔ̃pwɛ̃] *m* Leibesfülle *f*

embouché(e) [ɑ̃buʃe] *adj* ***être mal ~*** keine Kinderstube haben

embouchure [ɑ̃buʃyʀ] *f* GEOG Mündung *f*

embourber [ɑ̃buʀbe] <1> **I.** *vt* ***~ qc*** mit etw im Schlamm stecken bleiben **II.** *vpr* ❶ *(s'enliser)* ***s'~*** im Schlamm stecken bleiben ❷ *(s'empêtrer)* ***s'~ dans qc*** sich in etw *akk* verstricken ❸ *(s'enfoncer)* ***s'~ dans qc*** in etw *dat* stecken bleiben

embourgeoisement [ɑ̃buʀʒwazmɑ̃] *m* Verbürgerlichung *f*

embourgeoiser [ɑ̃buʀʒwaze] <1> *vpr* ***s'~*** verbürgerlichen

embout [ɑ̃bu] *m d'une chaussure* Kappe *f; d'un parapluie* Spitze *f*

embouteillage [ɑ̃butɛjaʒ] *m* AUT [Verkehrs]stau *m*

emboutir [ɑ̃butiʀ] <8> *vt* AUT [hinten] rammen

embranchement [ɑ̃bʀɑ̃ʃmɑ̃] *m* ❶ *(point de jonction)* Schnittpunkt *m* ❷ *(ramification)* Abzweigung *f*

embrassade [ɑ̃bʀasad] *f* Kuss *m* [mit Umarmung]; ***~ [fraternelle]*** Bruderkuss

embrassades [ɑ̃bʀasad] *fpl* Küsse [und Umarmungen] *Pl*

embrassé(e) [ɑ̃bʀase] *adj* LITTER *rimes* umarmend

embrassement [ɑ̃bʀasmɑ̃] *m souvent pl (littér)* Umarmung *f*

embrasser [ɑ̃bʀase] <1> **I.** *vt* ❶ *(donner un baiser)* küssen; ***va l'~!*** geh und gib ihm/ihr ein Küsschen! ❷ *(saluer)* ***je t'/vous embrasse*** viele Grüße ❸ *(prendre dans les bras)* umarmen **II.** *vpr* ***s'~*** ❶ *(donner un baiser)* sich küssen ❷ *(prendre dans ses bras)* sich umarmen

embrasure [ɑ̃bʀazyʀ] *f* Öffnung *f*

embrayage [ɑ̃bʀɛjaʒ] *m* Kupplung *f;* ***voiture à ~ automatique*** Wagen *m* mit Automatikschaltung

embrayer [ɑ̃bʀeje] <7> *vi* ❶ AUT einkuppeln ❷ *(commencer à parler)* ***~ sur qn/qc*** auf jdn/etw zu sprechen kommen

embrigadement [ɑ̃bʀigadmɑ̃] *m (péj) de partisans* Rekrutierung *f*

embrigader [ɑ̃bʀigade] <1> *vt (péj)* ❶ *(endoctriner)* einspannen *fam* ❷ *(enrôler)* ***~ qn dans qc*** jdn für etw rekrutieren

embringuer [ɑ̃bʀɛ̃ge] <1> *vt (fam)* ***être embringué dans qc*** in etw *akk* verwickelt sein

embrocher [ɑ̃bʀɔʃe] <1> *vt* auf den [Brat]spieß stecken *viande*

embrouille [ɑ̃bʀuj] *f* Verwirrspiel *nt*

embrouillé(e) [ɑ̃bʀuje] *adj* verworren

embrouiller [ɑ̃bʀuje] <1> **I.** *vt* ❶ *(rendre confus)* kompliziert machen *chose* ❷ *(faire perdre le fil)* verwirren *personne* **II.** *vpr* ❶ *(s'empêtrer)* ***s'~ dans un récit*** in einem Bericht den Faden verlieren; ***s'~ dans des explications*** sich in Erklärungen *dat* verstricken ❷ *(devenir confus)* ***s'~*** durcheinandergeraten

embroussaillé(e) [ɑ̃bʀusaje] *adj terrain* mit Gestrüpp zugewachsen; *sourcils* buschig

embrumé(e) [ɑ̃bʀyme] *adj* in Nebel gehüllt, im Nebel liegend, nebelverhangen *geh*

embruns [ɑ̃bʀœ̃] *mpl* Gischt *m o f*

embryon [ɑ̃bʀijɔ̃] *m* Embryo *m*

embryonnaire [ɑ̃bʀijɔnɛʀ] *adj vie* embryonal
embûche [ɑ̃byʃ] *f* ❶ *(vieilli: piège)* Hinterhalt *m* ❷ *pl (difficultés)* Tücken *Pl*
embûches [ɑ̃byʃ] *fpl* Fallstricke *Pl;* ***sujet plein d'~*** Thema *nt* voller Tücken
embuer [ɑ̃bɥe] <1> *vt* beschlagen
embuscade [ɑ̃byskad] *f* ***dresser une ~ à qn*** jdn in einen Hinterhalt locken
embusquer [ɑ̃byske] <1> *vt* ***être embusqué*** im Hinterhalt liegen
éméché(**e**) [emeʃe] *adj (fam)* beschwipst
émeraude [emʀod] **I.** *adj inv* smaragdfarben **II.** *f* Smaragd *m*
émergence [emɛʀʒɑ̃s] *f* [plötzliches] Auftauchen
émergent(**e**) [emɛʀʒɑ̃, ɑ̃t] *adj* ***les pays ~s*** die Schwellenländer
émerger [emɛʀʒe] <2a> *vi* ❶ *(sortir)* ***~ de qc*** *plongeur:* aus etw auftauchen; *soleil:* hinter etw *dat* hervorkommen ❷ *(être apparent)* herausragen; ***terres émergées*** festes Land ❸ *(fam: se réveiller)* munter werden ❹ *(sortir du stress)* relaxen *fam*
émeri [emʀi] *m* ***papier [d']~*** Schleifpapier *nt*
émérite [emeʀit] *adj professeur* emeritiert
émerveillement [emɛʀvɛjmɑ̃] *m* Entzückung *f*
émerveiller [emɛʀveje] <1> **I.** *vt* entzücken **II.** *vpr* ***s'~ de*** [*o* ***devant***] ***qc*** in Entzückung über etw *akk* geraten
émetteur [emetœʀ] *m* MEDIA, LING Sender *m*
émetteur, -trice [emetœʀ, -tʀis] **I.** *adj* ❶ MEDIA ***poste ~*** Sendegerät *nt;* ***station émettrice*** Sendestation *f* ❷ FIN ausgebend **II.** *m, f* FIN *d'un chèque* Aussteller(in) *m(f)*
émetteur-récepteur [emetœʀʀesɛptœʀ] <émetteurs-récepteurs> *m* kombiniertes Sende- und Empfangsgerät
émettre [emɛtʀ] <irr> **I.** *vi* MEDIA ausstrahlen **II.** *vt* ❶ *(produire)* von sich geben *son;* verbreiten *odeur;* abgeben *lumière;* aussenden *radiations* ❷ *(formuler)* äußern *opinion;* aufstellen *hypothèse* ❸ FIN ausgeben, ausstellen *chèque*
émeu [emœ] *m* Emu *m*
émeute [emøt] *f* Aufruhr *m,* Tumult *m*
émeutier, -ière [emœtje, -jɛʀ] *m, f* Aufrührer(in) *m(f)*
émiettement [emjɛtmɑ̃] *m* Zersplitterung *f,* Zersplittern *nt; d'un empire* Zerfall *m*
émietter [emjete] <1> **I.** *vt* zerbröckeln **II.** *vpr* ***s'~*** zerbröckeln
émigrant(**e**) [emigʀɑ̃, ɑ̃t] *m(f)* Auswanderer *m/*Auswanderin *f,* Emigrant(in) *m(f)*
émigration [emigʀasjɔ̃] *f* ❶ *(expatriation)* Auswanderung *f* ❷ POL Emigration *f*
émigré(**e**) [emigʀe] *m(f)* Emigrant(in) *m(f)*
émigrer [emigʀe] <1> *vi* auswandern
émincé(**e**) [emɛ̃se] *adj oignon* fein geschnitten
émincer [emɛ̃se] <2> *vt* in dünne Scheiben schneiden
éminemment [eminamɑ̃] *adv respectable* höchst
éminence [eminɑ̃s] *f* GEOG Anhöhe *f*
éminent(**e**) [eminɑ̃, ɑ̃t] *adj* hervorragend
émir [emiʀ] *m* Emir *m*
émirat [emiʀa] *m* Emirat *nt;* ***les Émirats arabes unis*** die Vereinigten Arabischen Emirate
émirati(**e**) [emiʀati] *adj* aus den arabischen Emiraten [stammend]
émissaire [emisɛʀ] *m* Abgesandte(r) *f(m)* [mit geheimem Auftrag]
émission [emisjɔ̃] *f* ❶ MEDIA Sendung *f;* ***~ radiophonique/télévisée*** Radio-/Fernsehsendung; ***~ en différé*** Aufzeichnung *f;* ***~ en direct*** Livesendung ❷ PHYS Emission *f* ❸ FIN Ausgabe *f,* Emission *f; d'un chèque* Ausstellung *f* ❹ POST *d'un timbre-poste* Ausgabe *f*
emmagasiner [ɑ̃magazine] <1> *vt* [ein]lagern
emmailloter [ɑ̃majɔte] <1> *vt* ***~ qn/qc dans qc*** etw mit etw umwickeln
emmanchure [ɑ̃mɑ̃ʃyʀ] *f* Armausschnitt *m*
emmêler [ɑ̃mele] <1> **I.** *vt (enchevêtrer)* durcheinanderbringen **II.** *vpr* ❶ *(s'enchevêtrer)* ***s'~*** sich verwickeln ❷ *(s'embrouiller)* ***s'~ dans un récit*** sich in einem Bericht verzetteln; ***s'~ dans des explications*** sich in Erklärungen *akk* verstricken
emménagement [ɑ̃menaʒmɑ̃] *m* Einzug *m* [in eine Wohnung]
emménager [ɑ̃menaʒe] <2a> *vi* ***~ dans un logement*** in eine Wohnung einziehen
emmener [ɑ̃m(ə)ne] <4> *vt* ❶ *(conduire)* ***~ qn au cinéma*** jdn zum Kino bringen ❷ *(prendre avec soi)* mitnehmen ❸ *(comme prisonnier)* abführen ❹ *(comme otage)* entführen ❺ *(fam: emporter)* mitnehmen
emmerdant(**e**) [ɑ̃mɛʀdɑ̃, ɑ̃t] *adj (fam)* ❶ *(agaçant)* nervig ❷ *(fâcheux)* blöd ❸ *(ennuyeux)* stinklangweilig
emmerde [ɑ̃mɛʀd] *f (fam)* Mordsärger *m kein Pl*

E

emmerdement [ɑ̃mɛʀdəmɑ̃] *m (fam)* Schererei *f*

emmerder [ɑ̃mɛʀde] <1> **I.** *vt (fam)* ❶ *(énerver)* nerven ❷ *(contrarier) problème:* verrückt machen; ***être emmerdé*** in der Klemme sitzen ❸ *(barber)* ankotzen *vulg* ▶ [**eh bien, moi**] **je vous/t'emmerde!** rutscht/rutsch mir doch den Buckel runter! **II.** *vpr (fam)* ❶ *(s'ennuyer)* ***s'~*** Däumchen drehen ❷ *(se démener)* ***s'~ à faire qc*** sich abrackern um etw zu tun ▶ **il/elle ne s'emmerde pas!** es juckt ihn/sie nicht groß

E

emmerdeur, -euse [ɑ̃mɛʀdœʀ, -øz] *m, f (fam)* ❶ *(raseur)* Langweiler(in) *m(f)* ❷ *(personne agaçante)* Nervensäge *f*

emmitoufler [ɑ̃mitufle] <1> **I.** *vt* ***être emmitouflé dans qc*** in etw *akk* eingemummt sein **II.** *vpr* ***s'~ dans qc*** sich in etw *akk* einmummen

emmurer [ɑ̃myʀe] <1> *vt* einmauern

émoi [emwa] *m (littér)* ❶ *(trouble amoureux)* Erregung *f,* Herzklopfen *nt;* ***être en ~*** erregt sein ❷ *(émotion née de la peur)* innere Unruhe ❸ *(agitation)* Aufregung *f*

emoji [emoʒi] *m* TELEC Emoji *nt*

émoluments [emɔlymɑ̃] *mpl* ADMIN Bezüge *Pl*

émoticone [emɔtikon] *m,* **émoticône** *f* TELEC Emoticon *nt*

émotif, -ive [emɔtif, -iv] *adj personne* feinfühlig; ***choc ~*** Schock *m*

émotion [emosjɔ̃] *f* ❶ *(surprise, chagrin)* Aufregung *f;* ***causer une vive ~ à qn*** jdn stark aufwühlen; ***donner des ~s à qn*** *(fam)* jdn schocken ❷ *(joie)* freudige Erregung ❸ *(trouble causé par la beauté)* Ergriffenheit *f* ❹ *(sentiment)* Emotion *f* ▶ **~s fortes** Nervenkitzel *m*

émotionné(e) [emosjɔne] *adj (fam)* ***être ~(e)*** sehr aufgeregt sein

émotionnel(le) [emosjɔnɛl] *adj choc* emotional; *réaction* gefühlsmäßig

émotivité [emotivite] *f* [starke] Erregbarkeit

émoulu(e) [emuly] *adj* ▶ **être frais ~ de l'école** direkt [*o* frisch] von der Schule kommen

émousser [emuse] <1> *vt* ***être émoussé*** stumpf sein

émoustillant(e) [emustijɑ̃, jɑ̃t] *adj décolleté, film, sourire* aufregend

émoustiller [emustije] <1> *vt* aufheitern

émouvant(e) [emuvɑ̃, ɑ̃t] *adj* bewegend

émouvoir [emuvwaʀ] <irr> **I.** *vt* ❶ *(bouleverser)* bewegen; ***~ qn [jusqu'] aux larmes*** jdn zu Tränen rühren ❷ *(changer de sentiment)* ***se laisser ~ par qn/qc*** sich von jdm/durch etw erweichen lassen **II.** *vpr* ***s'~ de qc*** sich über etw *akk* aufregen

empaillé(e) [ɑ̃paje] *adj* ❶ *animal* ausgestopft; *siège* mit Stroh bespannt ❷ *(fam: empoté)* ***avoir l'air ~*** dusslig aussehen

empailleur, -euse [ɑ̃pajœʀ, -jøz] *m, f* ❶ *de chaises* Polsterer *m/*Polsterin *f* ❷ *d'animaux* Tierpräparator(in) *m(f)*

empaler [ɑ̃pale] <1> *vt* ❶ *(supplicier)* pfählen ❷ *(mettre en broche)* aufspießen *mouton*

empaquetage [ɑ̃paketaʒ] *m* Verpackung *f*

empaqueter [ɑ̃pak(ə)te] <3> *vt* einpacken

emparer [ɑ̃paʀe] <1> *vpr* ❶ *(saisir)* ***s'~ de qc*** etw an sich *akk* reißen; ***s'~ d'un objet*** sich eines Gegenstands bemächtigen *geh;* ***s'~ d'une information*** sich *dat* eine Information verschaffen ❷ *(conquérir)* ***s'~ d'un territoire*** ein Gebiet einnehmen; ***s'~ du pouvoir*** die Macht an sich reißen; ***s'~ d'un marché*** einen Markt erobern ❸ *(envahir)* ***s'~ de qn*** jdn überrennen

empâter [ɑ̃pɑte] <1> *vt* ***être empâté*** *langue:* schwer sein

empathie [ɑ̃pati] *f* PSYCH Empathie *f*

empattement [ɑ̃patmɑ̃] *m* AUT Radstand *m*

empêché(e) [ɑ̃peʃe] *adj* verhindert

empêchement [ɑ̃pɛʃmɑ̃] *m* ***avoir un ~*** verhindert sein

empêcher [ɑ̃peʃe] <1> **I.** *vt* ❶ *(faire obstacle à)* verhindern; ***~ que*** *+subj* verhindern, dass ❷ *(opp: permettre à)* ***~ qn de faire qc*** jdn [daran] hindern etw zu tun ▶ **n'empêche** *(fam)* aber trotzdem; [**il**] **n'empêche que c'est arrivé** trotzdem/dennoch ist es passiert **II.** *vpr* ***ne pas pouvoir s'~ de faire qc*** ganz einfach etw tun müssen

empêcheur, -euse [ɑ̃pɛʃœʀ, -øz] *m, f* ▶ **~ de tourner en rond** Spielverderber *m*

empereur [ɑ̃pʀœʀ] *m* Kaiser *m; v. a.* **impératrice**

empesage [ɑ̃pəzaʒ] *m du linge* Stärken *nt*

empesé(e) [ɑ̃pəze] *adj* ❶ *(amidonné) col* gestärkt ❷ *(fig: guindé) air, démarche* gestelzt

empester [ɑ̃pɛste] <1> **I.** *vi* stinken **II.** *vt* ❶ *(empuantir)* verpesten ❷ *(répandre une mauvaise odeur de)* ***~ qc*** nach etw stinken

empêtrer [ɑ̃petʀe] <1> *vpr* ***s'~ dans qc*** sich in etw *dat* verfangen

emphatique [ɑ̃fatik] *adj a.* LING emphatisch *geh*

empiècement [ɑ̃pjɛsmɑ̃] *m* COUT Einsatz *m*

empiètement [ɑ̃pjɛtmɑ̃] *m* ~ ***d'un terrain sur un autre*** Ausdehnung *f* [*o* Hinüberreichen *nt*] eines Gebiets auf ein anderes

empiéter [ɑ̃pjete] <5> *vi* ❶ *(usurper)* ~ ***sur qc*** in etw *akk* eingreifen ❷ *(déborder dans l'espace) terrain:* sich ausdehnen; *verger:* hinüber-/herüberreichen; *route:* verlaufen; *mer:* sich hineinfressen ❸ *(déborder dans le temps)* sich überschneiden; *personne:* überziehen

empiffrer [ɑ̃pifʀe] <1> *vpr (fam)* ***s'~ de qc*** sich *dat* mit etw den Bauch vollschlagen

empilement [ɑ̃pilmɑ̃] *m* [Auf]stapeln *nt*

empiler [ɑ̃pile] <1> **I.** *vt* [auf]stapeln **II.** *vpr* ***s'~*** sich stapeln

empire [ɑ̃piʀ] *m* POL Kaiserreich *nt,* Imperium *nt;* ***le premier/second Empire*** *erstes/zweites französisches Kaiserreich;* ~ ***romain d'Occident*** weströmisches Reich; ***le Saint Empire romain germanique*** das Heilige Römische Reich Deutscher Nation; ~ ***colonial*** Kolonialreich *nt;* ***Empire britannique*** britisches Empire ▶ **avoir de l'~ sur soi-même** Selbstbeherrschung haben; **pas pour un ~** nicht um alles in der Welt; **sous l'~ de qc** unter dem Einfluss einer S. *gen*

empirer [ɑ̃piʀe] <1> *vi* sich verschlimmern

empirique [ɑ̃piʀik] *adj* empirisch

empirisme [ɑ̃piʀism] *m a.* PHILOS Empirismus *m*

emplacement [ɑ̃plasmɑ̃] *m* ❶ *(endroit)* Stelle *f* ❷ *(place)* Standort *m; d'un tombeau* Stätte *f* ❸ *(réservé à la construction)* Bauplatz *m* ❹ *(dans un parking)* Parkplatz *m* ❺ *(sur un camping)* [Stell]platz *m*

emplafonner [ɑ̃plafɔne] **I.** *vt (fam: emboutir)* eindrücken **II.** *vpr (fam)* ***s'~*** zusammenstoßen

emplette [ɑ̃plɛt] *f souvent pl* Einkauf *m;* ***faire des ~s*** Einkäufe machen

emplettes [ɑ̃plɛt] *fpl* ▶ **faire des ~** Einkäufe *Pl* machen

emplir [ɑ̃pliʀ] <8> **I.** *vt (littér)* füllen *lieu;* ~ ***de joie*** mit Freude erfüllen **II.** *vpr (littér)* ***s'~ de personnes/choses*** sich mit Menschen/Dingen füllen

emploi [ɑ̃plwa] *m* ❶ *(poste)* [Arbeits-]Stelle *f,* Arbeitsplatz *m;* ***un ~ d'informaticienne*** eine Arbeitsstelle als Informatikerin; ~ ***à mi-temps/à temps partiel/à plein temps*** Halbtags-/Teilzeit-/Ganztagsstelle *f* ❷ ECON ***l'~*** die Beschäftigung; ***situation/politique de l'~*** Beschäftigungslage *f*/-politik *f;* ***être sans ~*** arbeitslos sein ❸ *(utilisation)* Gebrauch *m; d'un appareil* Bedienung *f; d'une somme* Verwendung *f;* ***en avoir l'~*** Verwendung dafür haben; ***être d'un ~ facile/délicat*** leicht/vorsichtig zu handhaben sein ❹ LING Gebrauch *m;* ***ce mot a différents ~s*** das Wort hat verschiedene Bedeutungen ▶ **~ du temps** Terminkalender *m;* SCOL Stundenplan *m;* **faire double ~** überflüssig sein

employé(e) [ɑ̃plwaje] *m(f)* Angestellte(r) *f(m);* ~ ***de magasin*** [Laden]verkäufer; ~ ***des postes*** Postbeamter

employer [ɑ̃plwaje] <6> **I.** *vt* ❶ *(faire travailler)* beschäftigen; ***être employé par qn*** bei jdm beschäftigt sein ❷ *(utiliser)* verwenden *produit;* anwenden *force;* ~ ***du temps à qc*** Zeit für etw aufwenden ❸ LING gebrauchen **II.** *vpr* ❶ LING ***s'~*** gebraucht werden ❷ *(se consacrer)* ***s'~ à faire qc*** sich sehr bemühen etw zu tun

employeur, -euse [ɑ̃plwajœʀ, -jøz] *m, f* Arbeitgeber(in) *m(f)*

empocher [ɑ̃pɔʃe] <1> *vt* einstecken *argent*

empoignade [ɑ̃pwaɲad] *f (bagarre)* Auseinandersetzung *f*

empoigner [ɑ̃pwaɲe] <1> **I.** *vt* packen *personne* **II.** *vpr* ***s'~*** sich verprügeln

empoisonnant(e) [ɑ̃pwazɔnɑ̃, ɑ̃t] *adj (fam)* ❶ *(insupportable)* blöd ❷ *(assommant)* sterbenslangweilig

empoisonnement [ɑ̃pwazɔnmɑ̃] *m* ❶ *(intoxication)* Vergiftung *f;* ~ ***dû à des champignons*** Pilzvergiftung ❷ *sans pl (crime)* Vergiftung *f*

empoisonner [ɑ̃pwazɔne] <1> **I.** *vt* ❶ *(intoxiquer)* ~ ***qn/un animal avec qc*** jdn/ein Tier mit etw vergiften; ***être mort empoisonné*** an einer Vergiftung gestorben sein ❷ *(contenir du poison)* ***être empoisonné*** vergiftet sein ❸ *(être venimeux)* ***être empoisonné*** *propos:* heimtückisch sein ❹ *(gâter)* schwer machen *vie* ❺ *(empuantir)* verpesten *air* ❻ *(fam: embêter)* ~ ***qn avec qc*** jdm mit etw auf den Wecker gehen **II.** *vpr* ❶ *(s'intoxiquer)* ***s'~ avec qc*** sich mit etw vergiften ❷ *(fam: s'ennuyer)* ***qu'est-ce qu'on s'empoisonne ici!*** hier ist es ja totlangweilig! ❸ *(fam: se démener)* ***s'~ à faire qc*** sich fast umbringen um etw zu tun

E

empoisonneur, -euse [ɑ̃pwazɔnœʀ, -øz] *m, f (criminel)* Giftmörder(in) *m(f)*
emporté(e) [ɑ̃pɔʀte] *adj* leicht aufbrausend
emportement [ɑ̃pɔʀtəmɑ̃] *m* ***avec ~*** voller Wut
emporte-pièce [ɑ̃pɔʀt(ə)pjɛs] *m* ▸ ***à l'~*** *style* bissig
emporter [ɑ̃pɔʀte] <1> **I.** *vt* ❶ *(prendre avec soi)* mitnehmen; ***tous les plats à ~*** alle Gerichte auch zum Mitnehmen ❷ *(enlever)* wegnehmen, wegtragen *blessé* ❸ *(transporter)* ***~ qn vers qc*** jdn zu etw bringen ❹ *(entraîner, arracher)* ***~ qc*** *vent:* etw fortwehen; ***~ qn*** *enthousiasme:* jdn mit [sich] reißen; *récit, rêve:* jdn entführen; ***être emporté par qc*** von etw gepackt werden ❺ *(faire mourir)* dahinraffen *geh* ▸ ***l'~ sur qn/qc*** den Sieg über jdn/etw davontragen; ***les inconvénients l'emportent sur les avantages*** die Nachteile überwiegen die Vorteile **II.** *vpr* ***s'~ contre qn/qc*** sich über jdn/etw erregen
empoté(e) [ɑ̃pɔte] *adj (fam)* ❶ *(maladroit)* tollpatschig; ***un garçon ~ de ses mains*** ein Junge mit zwei linken Händen ❷ *(lent)* lahm
empoter [ɑ̃pɔte] <1> *vt* eintopfen
empreint(e) [ɑ̃pʀɛ̃, ɛ̃t] *adj* ***~ de qc*** von etw geprägt
empreinte [ɑ̃pʀɛ̃t] *f* ❶ *(trace)* Abdruck *m;* ***des ~s*** [Fuß]spuren *Pl;* ***~s digitales*** Fingerabdrücke *Pl* ❷ *(marque durable)* Gepräge *nt geh;* ***marquer qn/qc de son ~*** jdn/etw prägen
empressé(e) [ɑ̃pʀese] *adj* beflissen
empressement [ɑ̃pʀɛsmɑ̃] *m* [Dienst]beflissenheit *f,* Übereifer *m*
empresser [ɑ̃pʀese] <1> *vpr* ❶ *(se hâter de)* ***s'~ de faire qc*** sich beeilen etw zu tun ❷ *(faire preuve de zèle)* ***s'~ auprès*** [*o* ***autour***] ***de qn*** sich eifrig um jdn bemühen
emprise [ɑ̃pʀiz] *f d'une personne* [beherrschender] Einfluss; *d'une drogue* Macht *f;* ***avoir agi sous l'~ de la colère/jalousie*** im Zorn/aus Eifersucht gehandelt haben
emprisonnement [ɑ̃pʀizɔnmɑ̃] *m* Inhaftierung *f*
emprisonner [ɑ̃pʀizɔne] <1> *vt* ❶ *(incarcérer)* inhaftieren ❷ *(enfermer)* ***~ qn/un animal dans qc*** jdn/ein Tier in etw *akk* einsperren ❸ *(serrer fermement)* einzwängen; *main, bras:* umklammern ❹ *(enlever toute liberté)* ***~ qn/qc par qc*** jdn/etw durch etw einengen
emprunt [ɑ̃pʀœ̃] *m* ❶ *(somme)* Darlehen *nt; (auprès d'une banque)* Kredit *m* ❷ *(emprunt public)* Anleihe *f;* ***~ d'État*** Staatsanleihe; ***souscrire à un ~*** eine Anleihe zeichnen ❸ *(objet emprunté)* Leihgabe *f;* ***fiche d'~*** Leihschein *m*
emprunté(e) [ɑ̃pʀœ̃te] *adj* linkisch
emprunter [ɑ̃pʀœ̃te] <1> **I.** *vi* FIN ein Darlehen aufnehmen **II.** *vt* ❶ *(se faire prêter)* leihen, ausleihen *livre;* ***je peux t'~ 1000 euros/ta voiture?*** kannst du mir 1000 Euro/deinen Wagen leihen? ❷ *(imiter)* ***~ une idée/un exemple à qn*** eine Idee/ein Beispiel von jdm übernehmen ❸ *(prendre)* benutzen *passage souterrain;* nehmen *autoroute*
emprunteur, -euse [ɑ̃pʀœ̃tœʀ, -øz] *m, f* ❶ *(qui emprunte qc)* Entleiher(in) *m(f)* ❷ FIN Kreditnehmer(in) *m(f)*
ému(e) [emy] *adj* bewegt; ***~ jusqu'aux larmes*** zu Tränen gerührt
émulation [emylasjɔ̃] *f* ❶ Wetteifer *m;* ***esprit d'~*** Wettbewerbsgeist *m* ❷ INFORM Emulation *f*
émule [emyl] *mf (littér)* ❶ *(concurrent)* Wetteiferer *m*/Wetteiferin *f* ❷ *(imitateur)* Nacheiferer *m*/Nacheiferin *f;* ***faire des ~s*** Nacheiferer finden
émuler [emyle] <1> *vt* INFORM emulieren
émulsifiant [emylsifjɑ̃] *m* Emulgator *m*
émulsion [emylsjɔ̃] *f* Emulsion *f*
en [ɑ̃] **I.** *prép* ❶ *(lieu)* in +*dat;* ***~ ville*** in der Stadt; ***habiter ~ Meurthe et Moselle/Corse*** im Departement Meurthe et Moselle/auf Korsika wohnen; ***~ Allemagne*** in Deutschland; ***~ mer/~ bateau*** auf See/auf dem Schiff; ***~ pleine mer*** auf hoher See; ***être ~ 5ᵉ*** in der „5ᵉ" [Klassenstufe] sein; ***elle se disait ~ elle-même que...*** sie dachte bei sich, dass...; ***elle aime ~ lui sa gentillesse*** sie mag die freundliche Art an ihm ❷ *(direction)* in +*akk;* ***aller ~ ville*** in die Stadt fahren; ***aller ~ Rhénanie*** ins Rheinland gehen; ***aller ~ Normandie/Iran*** in die Normandie gehen/in den Iran gehen; ***aller ~ France/Corse*** nach Frankreich/Korsika gehen; ***passer ~ seconde*** in die "seconde" versetzt werden ❸ *(date, moment)* ***~ [l'an] 2022*** im Jahre 2022; ***~ été/automne/hiver*** im Sommer/Herbst/Winter; ***~ avril 2022*** im April 2022; ***~ dix minutes/deux jours/mois*** innerhalb von zehn Minuten/zwei Tagen/Monaten; ***~ semaine*** die Woche über; ***~ ce dimanche de la Pentecôte*** am heutigen Pfingstsonntag; ***de jour ~ jour*** von Tag zu Tag; ***samedi ~ huit*** Samstag in acht Tagen ❹ *(manière d'être, de faire)* ***être ~ bonne/mauvaise santé*** bei

guter/schlechter Gesundheit sein; ***être/se mettre ~ colère*** wütend sein/werden; ***être ~ réunion/déplacement*** in einer Sitzung/unterwegs sein; ***être parti ~ voyage*** auf Reisen sein; ***~ deuil*** in Trauer; ***des cerisiers ~ fleurs*** blühende Kirschbäume; ***une voiture ~ panne*** ein Wagen mit einer Panne; ***écouter ~ silence*** schweigend zuhören; ***peindre qc ~ blanc*** etw weiß [an]streichen ❺ *changer, convertir* in *+akk; se déguiser* als ❻ *(en tant que)* als; ***~ bon démocrate, je m'incline*** als guter Demokrat gebe ich nach; ***il l'a traité ~ ami*** er hat ihn wie einen Freund behandelt ❼ *gérondif (simultanéité)* beim + *Infin;* ***~ sortant*** beim Hinausgehen ❽ *gérondif (condition)* wenn; ***~ travaillant beaucoup, tu réussiras*** wenn du viel arbeitest, wirst du Erfolg haben ❾ *gérondif (concession)* obgleich; ***il lui souriait tout ~ la maudissant intérieurement*** auch wenn er sie innerlich verfluchte, lächelte er sie an ❿ *gérondif (manière)* ***~ chantant/courant*** singend/im Laufschritt ⓫ *(état, forme)* ***~ morceaux*** in Stücken; ***~ vrac*** lose; ***du café ~ grains/~ poudre*** ungemahlener/gemahlener Kaffee; ***deux boîtes ~ plus/~ trop*** zwei Dosen mehr/zu viel; ***~ trois actes*** in drei Akten; ***~ si mineur*** in h-Moll ⓬ *(fait de)* ***être ~ laine/bois*** aus Wolle/Holz sein ⓭ *(moyen de transport)* mit + *art;* ***~ train/voiture*** mit dem Zug/Auto; ***~ vélo*** *(fam)* mit dem Rad ⓮ *(partage, division)* in *+akk;* ***je coupe le gâteau ~ six*** ich schneide den Kuchen in sechs Stücke ⓯ *(pour indiquer le domaine)* in *+dat;* ***~ math/allemand*** in Mathe/Deutsch; ***~ économie*** im Bereich der Wirtschaft; ***fort ~ math*** gut in Mathe ⓰ *après certains verbes* ***croire ~ qn*** an jdn glauben; ***avoir confiance ~ qn*** Vertrauen zu jdm haben; ***espérer ~ des temps meilleurs*** auf bessere Zeiten hoffen; ***parler ~ son nom*** in seinem/ihrem Namen sprechen ▶ **s'~ aller** weggehen/-fahren; **~ arrière** nach hinten/rückwärts; **~ plus, ...** außerdem ...; **~ plus** zusätzlich; **~ plus de...** über ... hinaus **II.** *pron* ❶ *(pour des indéfinis, des quantités)* davon; ***as-tu un stylo? – oui, j'~ ai un/non, je n'~ ai pas*** hast du einen Kuli? – ja, ich habe einen/nein, ich habe keinen ❷ *tenant lieu de subst* ***j'~ connais qui feraient mieux de ...*** ich kenne welche, die besser daran täten, ... ❸ *(de là)* ***j'~ viens*** ich komme von dort ❹ *(de cela)* ***on ~ parle*** man spricht darüber; ***j'~ ai besoin*** ich brauche es; ***je m'~ souviens*** ich erinnere mich daran; ***j'~ suis fier/sûr/content*** ich bin stolz darauf/dessen sicher/damit zufrieden; ***j'~ conclus que ...*** ich schließe daraus, dass ... ❺ *(à cause de cela)* ***elle ~ est malade*** sie ist deshalb ganz krank; ***j'~ suis malheureux*** ich bin unglücklich darüber ❻ *annonce ou reprend un subst* ***j'~ vends, des livres*** ich verkaufe Bücher; ***vous ~ avez, de la chance!*** Sie haben ja wirklich [ein] Glück! ❼ *avec valeur de possessif* ***ne jette pas cette rose, je voudrais ~ garder les pétales*** wirf die Rose nicht weg, ich möchte die/ihre Blütenblätter aufheben

E.N.A. [ena] *f abr de* **École nationale d'administration** *staatliche Hochschule zur Ausbildung der hohen Verwaltungsbeamten*

enamouré(e) [ɑ̃namuʀe], **énamouré(e)** [enamuʀe] *adj (hum)* verliebt

énarque [enaʀk] *mf (fam) ehemaliger Schüler/ehemalige Schülerin der E.N.A.*

encablure [ɑ̃kablyʀ] *f* NAUT Kabellänge *f Fachspr.*

encadré [ɑ̃kadʀe] *m* Kasten *m*

encadrement [ɑ̃kadʀəmɑ̃] *m* ❶ *(cadre)* Rahmen *m* ❷ *(prise en charge)* Betreuung *f;* ***personnel d'~*** Betreuungspersonal *nt*

encadrer [ɑ̃kadʀe] <1> *vt* ❶ *(mettre dans un cadre)* [ein]rahmen ❷ *(entourer)* umranden, in einen Kasten setzen *annonce, éditorial;* umrahmen *visage;* einkreisen *cible* ❸ *(s'occuper de)* betreuen; *(diriger)* anleiten ❹ MIL [an]führen ❺ *(fam: dans un carambolage)* **~ qc** in etw *akk* hineinfahren ▶ **ne pas pouvoir ~ qn** *(fam)* jdn nicht riechen können

encaissable [ɑ̃kɛsabl] *adj* kassierbar, eintreibbar *Fachspr.*

encaissé(e) [ɑ̃kese] *adj* GEOG tief eingeschnitten

encaissement [ɑ̃kɛsmɑ̃] *m* Einkassieren *nt*

encaisser [ɑ̃kese] <1> **I.** *vi* ❶ *(toucher de l'argent)* kassieren ❷ *(fam: savoir prendre des coups)* einiges einstecken können **II.** *vt* ❶ *(percevoir)* [ein]kassieren, einlösen *chèque* ❷ *(fam: recevoir, supporter)* einstecken; ***c'est dur [o difficile] à ~*** das ist schwer zu verkraften ▶ **ne pas [pouvoir] ~ qn/qc** *(fam)* jdn/etw nicht verknusen können

encanailler [ɑ̃kanaje] <1> *vpr (hum)* **s'~** schlechten Umgang haben

encapuchonner [ɑ̃kapyʃɔne] <1> *vt* ***être encapuchonné(e)*** eine Kapuze aufhaben
encart [ɑ̃kaʀ] *m* Beilage *f*
en-cas [ɑ̃kɑ] *m inv* Imbiss *m*
encastrable [ɑ̃kastʀabl] *adj* zum Einbauen
encastrer [ɑ̃kastʀe] <1> **I.** *vt* **~ *qc dans/sous qc*** etw in etw *akk*/unter etw *dat* einbauen **II.** *vpr* ***s'~ dans/sous qc*** genau in/unter etw *akk* passen; *automobile:* sich in etw *akk* verkeilen
encaustique [ɑ̃kostik] *f* [Bohner]wachs *nt*
encaustiquer [ɑ̃kostike] <1> *vt* [ein]wachsen
enceinte[1] [ɑ̃sɛ̃t] *adj* schwanger; ***être ~ de qn*** von jdm schwanger sein; ***être ~ de son troisième enfant*** zum dritten Mal schwanger sein; ***être ~ de trois mois*** im dritten Monat schwanger sein
enceinte[2] [ɑ̃sɛ̃t] *f* ❶ *(fortification, rempart)* Ringmauer *f* ❷ *(espace clos)* abgeschlossener Bereich; *d'une ville, d'un tribunal* Innere(s) *nt,* Innenraum *m; d'une foire, d'un parc naturel* Gelände *nt* ❸ *(haut-parleur)* Lautsprecherbox *f;* ***~s acoustiques*** Lautsprecher *Pl*
encens [ɑ̃sɑ̃] *m* Weihrauch *m;* ***bâtonnet d'~*** Räucherstäbchen *nt*
encenser [ɑ̃sɑ̃se] <1> *vt* weihräuchern
encensoir [ɑ̃sɑ̃swaʀ] *m* Rauchfass *nt*
encéphale [ɑ̃sefal] *m* Gehirn *nt*
encerclement [ɑ̃sɛʀkləmɑ̃] *m* Einkreisung *f*
encercler [ɑ̃sɛʀkle] <1> *vt* ❶ *(cerner)* einkreisen; ***des curieux encerclaient le blessé*** Neugierige standen um den Verletzten herum ❷ *(être disposé autour de)* einschließen ❸ *(entourer)* einrahmen
enchaînement [ɑ̃ʃɛnmɑ̃] *m* ❶ *(succession)* **~ *de circonstances*** Verkettung *f* von Umständen; **~ *des événements*** Abfolge *f* der Ereignisse ❷ *(structure logique)* Herleitung *f* ❸ *(transition)* **~ *entre qc et qc*** Überleitung *f* von etw zu etw
enchaîner [ɑ̃ʃene] <1> **I.** *vt* ❶ *(attacher avec une chaîne)* **~ *des personnes l'une à l'autre*** Menschen aneinanderketten ❷ *(mettre bout à bout)* aneinanderreihen *idées* **II.** *vpr* ❶ *(s'attacher avec une chaîne)* ***des personnes s'enchaînent à qc/l'une à l'autre*** Menschen ketten sich an etw *akk* an/aneinander ❷ *(se succéder)* ineinander übergehen **III.** *vi (continuer)* **~ *sur qc*** mit etw fortfahren
enchanté(e) [ɑ̃ʃɑ̃te] *adj* ❶ *(ravi)* hocherfreut; ***être ~ de qc*** sich über etw *akk* [sehr] freuen; ***être ~ de faire qc/que*** *+subj* sich [sehr] freuen etw zu tun/, dass ❷ *(magique)* verzaubert; ***la Flûte ~e de Mozart*** die Zauberflöte von Mozart ▸ **~ de faire votre connaissance** es freut mich Ihre Bekanntschaft zu machen; **~!** sehr erfreut!
enchantement [ɑ̃ʃɑ̃tmɑ̃] *m* ❶ *(ravissement)* Entzücken *nt* ❷ *(sortilège)* Zauber *m*
enchanter [ɑ̃ʃɑ̃te] <1> *vt* ❶ *(ravir)* bezaubern ❷ *(ensorceler)* verzaubern
enchanteur, -teresse [ɑ̃ʃɑ̃tœʀ, -tʀɛs] *m, f* Zauberer *m*/Zauberin *f*
enchâsser [ɑ̃ʃɑse] <1> *vt* TECH [ein]fassen
enchère [ɑ̃ʃɛʀ] *f gén pl (offre d'achat)* Gebot *nt;* ***les ~s sont ouvertes*** es kann geboten werden; ***acheter aux ~s*** ersteigern; ***mettre*** [*o* ***vendre***] ***aux ~s*** versteigern; ***faire monter les ~s*** den Preis/die Preise hochtreiben; *(fig)* sich teuer verkaufen
enchérir [ɑ̃ʃeʀiʀ] <8> *vi* **~ *sur qn/qc*** jdn/etw überbieten; **~ *de 1000 euros sur l'offre précédente*** das vorhergehende Gebot um 1000 Euro überbieten
enchevêtré(e) [ɑ̃ʃ(ə)vetʀe] *adj* verschlungen; *fils* [ineinander] verwickelt; *idées, intrigue* verworren; *phrases* verschachtelt; *liens, problèmes* verwickelt
enchevêtrement [ɑ̃ʃ(ə)vɛtʀəmɑ̃] *m* wirres Durcheinander; *de branches, ruelles* Gewirr *nt; de pensées* Wirrwarr *m; de phrases* Verschachtelung *f; d'une intrigue* Verwick[e]lung *f; de liens* Verflechtung *f meist Pl*
enchevêtrer [ɑ̃ʃ(ə)vetʀe] <1> *vpr* ***s'~*** *branches:* sich [ineinander] verschlingen; *fils:* sich verwickeln; *pensées:* wild durcheinandergehen; ***phrases enchevêtrées*** verschachtelte Sätze, Schachtelsätze *Pl*
enclave [ɑ̃klav] *f* Enklave *f*
enclaver [ɑ̃klave] <1> *vt* ❶ *(contenir comme enclave)* einschließen, umschließen; ***être enclavé dans qc*** eine Enklave in etw *dat* bilden ❷ *(encastrer)* **~ *qc dans qc*** etw in etw *akk* einpassen
enclenchement [ɑ̃klɑ̃ʃmɑ̃] *m* Einrasten *nt; d'un mécanisme* Einschalten *nt*
enclencher [ɑ̃klɑ̃ʃe] <1> **I.** *vt* ❶ TECH einrasten lassen, einlegen *vitesse* ❷ *(engager)* in Gang setzen **II.** *vpr* ***s'~*** *levier de commande:* einrasten; *mécanisme:* sich einschalten
enclin(e) [ɑ̃klɛ̃, in] *adj* ***être ~ à qc/faire qc*** zu etw neigen/dazu neigen etw zu tun
enclos [ɑ̃klo] *m* ❶ *(espace)* eingefriedetes Grundstück; *(pour le bétail)* eingezäunte Weide; *(pour des chevaux)* Koppel *f* ❷ *(pe-*

tit domaine) kleines Stück Land ❸ *(clôture)* Einfriedung *f geh*

enclume [ɑ̃klym] *f* Amboss *m*

encoche [ɑ̃kɔʃ] *f* Kerbe *f*

encodage [ɑ̃kɔdaʒ] *m* [En]codierung *f,* Verschlüsselung *f*

encoder [ɑ̃kɔde] <1> *vt* [en]codieren

encolure [ɑ̃kɔlyʀ] *f* ❶ *d'un animal, d'une personne* Hals *m;* ***forte*** ~ kräftiger Nacken; ***l'emporter*** [*o* ***gagner***] ***d'une*** ~ *cheval:* mit einer Halslänge siegen ❷ *d'une robe* [Hals]ausschnitt *m* ❸ *(tour de cou)* Kragenweite *f*

encombrant(e) [ɑ̃kɔ̃bʀɑ̃, ɑ̃t] *adj* ❶ *(embarrassant)* sperrig ❷ *(importun)* lästig ❸ *(iron) personne* unliebsam; *passé* belastend

encombre [ɑ̃kɔ̃bʀ] ▶ **sans** ~ [ganz] problemlos

encombré(e) [ɑ̃kɔ̃bʀe] *adj* ❶ versperrt; *route* verstopft ❷ *pièce* vollgestopft; *table* vollgestellt ❸ *lignes téléphoniques* überlastet

encombrement [ɑ̃kɔ̃bʀəmɑ̃] *m* ❶ *d'une rue* Verstopfung *f; des lignes téléphoniques* Überlastung *f* ❷ *(embouteillage)* Stau *m*

encombrer [ɑ̃kɔ̃bʀe] <1> **I.** *vt* ❶ *(bloquer)* verstopfen, versperren *passage* ❷ *(s'amonceler sur)* ***des choses encombrent une table/pièce*** ein Tisch/Zimmer ist voller Sachen ❸ *(surcharger)* überladen **II.** *vpr (s'embarrasser de)* ***ne pas s'~ de qn/qc*** sich nicht mit jdm/etw belasten

encontre [ɑ̃kɔ̃tʀ] ▶ **aller à l'~ de qc** im Gegensatz zu etw stehen

encorder [ɑ̃kɔʀde] <1> *vpr* ***s'~*** sich anseilen

encore [ɑ̃kɔʀ] **I.** *adv* ❶ *(continuation)* noch; ***le chômage augmente*** ~ die Arbeitslosigkeit steigt noch weiter [an]; ***en être ~ à qc*** immer noch bei etw sein; ***hier/ce matin*** ~ noch gestern/heute Morgen ❷ *(répétition)* noch ein[mal]; ***je peux essayer ~ une fois?*** darf ich es noch einmal versuchen?; ***voulez-vous ~ une tasse de thé?*** wollen Sie noch eine Tasse Tee?; ***c'est ~ de ma faute*** und ich bin wieder schuld; ***c'est ~ moi!*** ich bin's noch mal [*o* schon wieder!] ! ❸ + *nég* ***pas ~/~ pas*** noch nicht; ***elle n'est ~ jamais partie*** sie ist noch nie weggewesen ❹ + *comp* ~ ***mieux/moins/plus*** noch besser/weniger/mehr; ***il aime ~ mieux qc*** ihm ist etw immer noch lieber ❺ *(renforcement)* ***non seulement ..., mais ~*** nicht nur ..., sondern auch [noch]; ~ ***et toujours*** immer wieder; ***mais ~?*** und weiter? ❻ *(objection)* ~ ***faut-il le savoir!*** das muss man allerdings wissen! ❼ *(restriction)* ~ ***heureux que*** +*subj* ich kann/wir können immer[hin] noch froh sein, dass; ***..., et ~!*** ..., und [selbst] das noch nicht einmal!; ***si ~ on avait son adresse!*** wenn wir wenigstens seine/ihre Adresse hätten! ▶ **quoi ~?** *(qu'est-ce qu'il y a?)* was denn noch?; *(pour ajouter qc)* sonst noch etwas?; **et puis quoi ~!** sonst fehlt dir nichts? *iron fam* **II.** *conj* ***il acceptera, ~ que, avec lui, on ne sait jamais*** *(fam)* er wird annehmen, obwohl, bei ihm weiß man nie

encourageant(e) [ɑ̃kuʀaʒɑ̃, ɑ̃t] *adj* ermutigend

encouragement [ɑ̃kuʀaʒmɑ̃] *m* ❶ Ermutigung *f,* Aufmunterung *f;* ~ ***à qc*** Ermunterung zu etw ❷ SCOL *Belobigung, die dazu ermuntert weiterhin gute und noch bessere Leistungen zu zeigen*

encourager [ɑ̃kuʀaʒe] <2a> *vt* ❶ ermuntern *élève;* ~ ***qn d'un regard/geste*** jdn mit einem Blick/einer Geste ermutigen; ~ ***un sportif en criant*** einen Sportler durch Zurufe anfeuern ❷ *(inciter à)* ~ ***qn à qc*** jdn zu etw ermuntern [*o* ermutigen]; ~ ***qn à faire qc*** jdn dazu ermuntern etw zu tun ❸ *(soutenir)* unterstützen

encourir [ɑ̃kuʀiʀ] <irr> *vt* ~ ***un châtiment/une amende*** mit Bestrafung/einer Geldstrafe rechnen müssen

encouru(e) [ɑ̃kuʀy] **I.** *part passé de* **encourir II.** *adj peine* verhängt

encrassement [ɑ̃kʀasmɑ̃] *m* Verunreinigung *f*

encrasser [ɑ̃kʀase] <1> **I.** *vt* verunreinigen; *suie, fumée:* verrußen; *calcaire:* verkalken **II.** *vpr* ***s'~*** verschmutzen; *chaudière:* verkalken; *cheminée:* verrußen

encre [ɑ̃kʀ] *f (pour écrire)* Tinte *f;* ~ ***sympathique*** unsichtbare Tinte; ***à l'~*** mit Tinte; ~ ***de Chine*** Tusche *f;* ~ ***d'imprimerie*** Druckerschwärze *f;* ~ ***en poudre*** Toner *m* ▶ **qc a fait couler de l'~** [*o* **beaucoup d'~**] über etw *akk* ist [schon] viel Tinte verspritzt worden

encrer [ɑ̃kʀe] <1> *vt* [mit Tinte/Tusche] tränken *tampon*

encrier [ɑ̃kʀije] *m* Tintenfass *nt;* TYP Farbbehälter *m*

encroûter [ɑ̃kʀute] <1> *vt* ❶ *(couvrir d'une croûte)* mit einer Kruste bedecken/überziehen ❷ *(abêtir)* verknöchern lassen

enculé [ɑ̃kyle] *m (vulg)* Arschloch *nt*

enculer [ɑ̃kyle] <1> *vt (vulg)* in den Arsch ficken

encyclopédie [ɑ̃siklɔpedi] *f* ❶ *(ouvrage général)* Enzyklopädie *f* ❷ *(ouvrage spécialisé)* Lexikon *nt* ▶ ~ **vivante** wandelndes Lexikon
encyclopédique [ɑ̃siklɔpedik] *adj* enzyklopädisch; *esprit* universal
endémique [ɑ̃demik] *adj* ❶ MED, BIO endemisch *Fachspr.* ❷ *(permanent)* ständig, dauernd

E

endetté(e) [ɑ̃dete] *adj* ~ ***de 2.000 euros*** mit 2.000 Euro verschuldet
endettement [ɑ̃dɛtmɑ̃] *m* Verschuldung *f;* ~ ***public*** Staatsverschuldung
endetter [ɑ̃dete] <1> **I.** *vt* in Schulden stürzen **II.** *vpr* ***s'~ de mille euros auprès de qn*** sich bei jdm mit tausend Euro verschulden
endeuiller [ɑ̃dœje] <1> *vt* in Trauer versetzen *personne, famille*
endiablé(e) [ɑ̃djable] *adj danse* wild; *rythme* rasend; *vitalité* leidenschaftlich
endiguer [ɑ̃dige] <1> *vt* eindämmen *fleuve, violence*
endimanché(e) [ɑ̃dimɑ̃ʃe] *adj* sonntäglich gekleidet
endimancher [ɑ̃dimɑ̃ʃe] <1> *vpr* ***s'~*** sich sonntäglich kleiden
endive [ɑ̃div] *f* Chicorée *m o f*
endoctrinement [ɑ̃dɔktʀinmɑ̃] *m* Indoktrinierung
endoctriner [ɑ̃dɔktʀine] <1> *vt* indoktrinieren
endogène [ɑ̃dɔʒɛn] *adj* SCI endogen *Fachspr.*
endolori(e) [ɑ̃dɔlɔʀi] *adj* schmerzend; *personne* von Schmerzen gepeinigt; ***j'ai le bras/dos*** ~ ich habe Schmerzen im Arm/Rücken
endommagement [ɑ̃domaʒmɑ̃] *m* [Be]schädigung *f; de la récolte* Beeinträchtigung *f*
endommager [ɑ̃dɔmaʒe] <2a> *vt* [be]schädigen, beeinträchtigen *récolte*
endormant(e) [ɑ̃dɔʀmɑ̃, ɑ̃t] *adj* einschläfernd
endormi(e) [ɑ̃dɔʀmi] **I.** *adj* ❶ schlafend; *passion* schlummernd; ***il est encore tout*** ~ er ist noch ganz verschlafen ❷ *bras, jambe* eingeschlafen ❸ *(fam) personne* lahm; *esprit* träge; *regard* verschlafen **II.** *m(f) (fam)* Schlafmütze *f*
endormir [ɑ̃dɔʀmiʀ] <irr> **I.** *vt* ❶ *(faire dormir)* zum [Ein]schlafen bringen; *chaleur, bercement:* schläfrig machen ❷ *(anesthésier)* betäuben ❸ *(ennuyer)* ~ ***qn*** einschläfernd auf jdn wirken ❹ *(faire disparaître)* betäuben *douleur;* zerstreuen *soupçons;* einschläfern *vigilance* ❺ *(tromper)* ~ ***qn avec*** [*o* ***par***] ***qc*** jdn mit etw einlullen *fam* **II.** *vpr* **s'~** ❶ *(s'assoupir)* einschlafen ❷ *(devenir très calme) ville:* zur Ruhe kommen ❸ *(s'atténuer)* nachlassen; *faculté, sens:* einschlafen
endormissement [ɑ̃dɔʀmismɑ̃] *m* ❶ *(fait de s'endormir)* Einschlafen *nt;* ***difficulté d'~*** Einschlafstörung *f* ❷ *(somnolence)* ***en état d'~*** im Dämmerzustand; ***six semaines d'~*** sechs Wochen Dämmerschlaf ❸ *(apathie)* Trägheit *f*
endoscope [ɑ̃dɔskɔp] *m* Endoskop *nt*
endoscopie [ɑ̃dɔskɔpi] *f* Spiegelung *f*
endosser [ɑ̃dose] <1> *vt* übernehmen *responsabilité;* ~ ***les conséquences*** für die Folgen geradestehen; ***faire ~ qc à qn*** jdm etw zuschieben
endroit[1] [ɑ̃dʀwa] *m* ❶ *(lieu)* Stelle *f;* ***le/un bon ~ pour faire qc*** der richtige/ein geeigneter Ort um etw zu tun; ***à*** [*o* ***en***] ***plusieurs ~s*** an mehreren Stellen; ***par ~s*** stellenweise ❷ *(localité)* Ort *m;* ***un ~ peu sûr*** eine unsichere Gegend ▶ ~ **sensible** empfindliche Stelle; *(moralement)* wunder Punkt
endroit[2] [ɑ̃dʀwa] *m d'un vêtement* rechte Seite; *d'un tapis, d'une étoffe* Oberseite *f;* ***être à l'~*** *vêtement:* richtig herum sein; *feuille:* mit der Vorderseite nach oben liegen; ***tricoter qc à l'~*** etw rechts stricken
enduire [ɑ̃dɥiʀ] <irr> **I.** *vt* ~ ***de qc*** mit etw bestreichen/einreiben/einlassen SDEUTSCH, A; ~ ***le papier peint de colle*** Leim auf die Tapete auftragen **II.** *vpr* ***s'~ de qc*** sich mit etw einreiben; ***s'~ de crème*** sich eincremen
enduit [ɑ̃dɥi] *m* Spachtel[kitt *m*] *m*
endurable [ɑ̃dyʀabl] *adj* ***ne pas être ~*** nicht auszuhalten sein; *situation:* nicht [länger] tragbar sein
endurance [ɑ̃dyʀɑ̃s] *f* [körperliche] Ausdauer
endurant(e) [ɑ̃dyʀɑ̃, ɑ̃t] *adj* ausdauernd
endurci(e) [ɑ̃dyʀsi] *adj* ❶ *cœur* hart; *personne* hartherzig; *criminel* hartgesotten ❷ *célibataire* eingefleischt; *fumeur* unverbesserlich; *joueur* leidenschaftlich ❸ *(résistant)* ~ ***au froid*** gegen Kälte abgehärtet; ~ ***aux privations*** an Entbehrungen gewöhnt
endurcir [ɑ̃dyʀsiʀ] <8> **I.** *vt* ❶ *(physiquement)* ~ ***qn à qc*** jdn gegen etw abhärten; ~ ***qn aux privations*** jdn an Entbehrungen gewöhnen ❷ *(moralement)* verhärten **II.** *vpr* ❶ *(physiquement)* ***s'~ à qc*** sich gegen etw abhärten

❷ *(moralement)* ***s'~*** verhärten; ***s'~ contre qn/qc*** jdm/einer S. gegenüber gefühllos werden

endurcissement [ɑ̃dyʀsismɑ̃] *m* ❶ *(résistance) à la douleur, au froid* Abhärtung *f* ❷ *(insensibilité)* Verhärtung *f*

endurer [ɑ̃dyʀe] <1> *vt* ertragen, hinnehmen *insulte;* auf sich *akk* nehmen *privations*

enduro [ɑ̃dyʀo] **I.** *m (épreuve)* Prüfung *f* auf Geländetauglichkeit **II.** *f (moto)* Enduro *f*

énergétique [enɛʀʒetik] *adj* ❶ ECON Energie-; ***besoins ~s*** Energiebedarf *m;* ***vecteur ~*** Energieträger *m;* ***diagnostic de performance ~*** Energieausweis *m,* Energiepass *m;* ***la construction à efficacité ~*** das energieeffiziente Bauen ❷ ANAT ***valeur ~*** Energiegehalt *m;* ***aliment ~*** Kraftnahrung *f*

énergie [enɛʀʒi] *f* ❶ *(force)* Energie *f; d'un style* Kraft *f;* ***pédaler avec ~*** kräftig in die Pedale treten; ***style plein d'~*** lebendiger Stil; ***avoir de l'~ à revendre*** voller Energie stecken ❷ IND Energieträger *m;* ***forme d'~*** Energieform *f;* ***~ atomique*** [*o* ***nucléaire***] Atomenergie [*o* Kernenergie]; ***~ solaire*** Sonnenenergie; ***~ thermique*** Wärmeenergie

énergique [enɛʀʒik] *adj* energisch

énergiquement [enɛʀʒikmɑ̃] *adv* energisch; *frotter, secouer* kräftig

énergisant(e) [enɛʀʒizɑ̃, ɑ̃t] *adj action* belebend; *médicament* energiespendend, vitalisierend; *boisson* Energy-; ***boisson énergisante*** Energydrink

énergivore [enɛʀʒivɔʀ] *adj production, méthode* energieaufwendig

énergumène [enɛʀgymɛn] *m (fam)* verrückter Kerl

énervant(e) [enɛʀvɑ̃, ɑ̃t] *adj* nervtötend; *travail, attente* zermürbend

énervé(e) [enɛʀve] *adj* ❶ *(agacé)* gereizt ❷ *(excité)* aufgeregt ❸ *(nerveux)* nervös

énervement [enɛʀvəmɑ̃] *m* ❶ *(agacement)* Gereiztheit *f* ❷ *(surexcitation)* Unruhe *f* ❸ *(nervosité)* Nervosität *f*

énerver [enɛʀve] <1> **I.** *vt* ❶ *(agacer)* ***~ qn*** jdm auf die Nerven gehen *fam* ❷ *(exciter)* ***~ qn*** jdn unruhig machen **II.** *vpr* ***s'~ après qn/qc*** sich über jdn/etw aufregen; ***ne nous énervons pas!*** nur keine Aufregung!

enfance [ɑ̃fɑ̃s] *f* ❶ *(période)* Kindheit *f;* ***petite ~*** frühe Kindheit; ***première ~*** früheste Kindheit; ***dès la petite ~*** von klein auf ❷ *sans pl (les enfants)* Kinder *Pl* ▸ **[re]tomber en ~** [wieder] kindisch werden

enfant [ɑ̃fɑ̃] *mf* ❶ *(opp: adulte)* Kind *nt;* ***petit ~*** kleines Kind; ***jeune ~*** Kleinkind; ***~ trouvé*** Findelkind; ***attendre un ~*** ein Kind erwarten; ***faire un ~*** ein Kind kriegen ❷ *(fils ou fille de qn)* Kind *nt;* ***~ légitime/naturel/adoptif*** eheliches/uneheliches Kind/Adoptivkind; ***~ unique*** Einzelkind ❸ *pl (descendants)* Nachkommen *Pl* ❹ *(par rapport à l'origine)* ***c'est un ~ de la ville*** er ist ein Stadtkind ▸ **~ de chœur** Ministrant *m;* ***ne pas être un ~ de chœur*** *(fig)* kein Unschuldsengel *m* sein; **~ du premier/deuxième lit** Kind *nt* aus erster/zweiter Ehe; **être bon ~** gutmütig sein; *public:* wohlwollend sein; **~ gâté/pourri** verwöhntes/verzogenes Kind; **~ prodige** Wunderkind *nt;* **l'~ prodigue** der verlorene Sohn; **il n'y a plus d'~s!** das ist die Jugend von heute!; **les ~s s'amusent!** wie die kleinen Kinder!; **ne fais/faites pas l'~!** sei/seid nicht kindisch!

enfantement [ɑ̃fɑ̃tmɑ̃] *m* ❶ *(vieilli)* Niederkunft *f geh* ❷ *(littér: création)* Geburt *f geh*

enfanter [ɑ̃fɑ̃te] <1> *vt, vi* ❶ *(littér: accoucher)* gebären, niederkommen *geh;* ***elle enfantera un fils*** sie wird einen Sohn gebären ❷ *(créer)* hervorbringen, entstehen lassen

enfantillage [ɑ̃fɑ̃tijaʒ] *m* Albernheit *f*

enfantin(e) [ɑ̃fɑ̃tɛ̃, in] *adj* ❶ *(relatif à l'enfant) rires* kindlich; ***chanson ~e*** Kinderlied *nt* ❷ *(simple)* kinderleicht

enfariné(e) [ɑ̃faʀine] *adj* bemehlt

enfer [ɑ̃fɛʀ] *m* ❶ REL Hölle *f* ❷ *pl (lieu)* Unterwelt *f* ❸ *(situation)* Hölle *f;* ***c'est l'~*** [*o* ***un véritable ~***] das ist die Hölle [auf Erden] ▸ **d'~** *(fam)* heiß; ***avoir un look d'~*** *(fam)* irre toll aussehen; ***bruit d'~*** Höllenlärm *m*

enfermer [ɑ̃fɛʀme] <1> **I.** *vt* ❶ *(mettre dans un lieu fermé)* einschließen; ***~ de l'argent*** Geld wegschließen ❷ *(mettre en prison)* einsperren ❸ *(maintenir)* ***~ qn/qc dans un rôle*** jdn/etw auf eine Rolle festlegen; ***être enfermé dans ses contradictions*** sich in seinen eigenen Widersprüchen verfangen haben ❹ *(entourer)* umschließen ▸ **être bon à ~** eingesperrt gehören; **être enfermé dehors** *(fam)* ausgesperrt sein; **être/rester enfermé chez soi** nicht aus dem Haus kommen/gehen **II.** *vpr* ❶ *(s'isoler)* ***s'~ dans qc*** sich in etw *akk o dat* einschließen ❷ *(se cantonner)*

E

sich verschließen; ***s'~ dans le silence*** sich in Schweigen hüllen

enferrer [ɑ̃fεʀe] <1> *vpr* ***s'~ dans des mensonges*** sich in Lügen verstricken

enficher [ɑ̃fiʃe] <1> *vt* ***~ la prise*** den Stecker in die Steckdose stecken

enfilade [ɑ̃filad] *f de couloirs, portes* [lange] Reihe

enfiler [ɑ̃file] <1> **I.** *vt* ❶ *(traverser par un fil)* einfädeln *aiguille;* auffädeln *perles* ❷ *(passer)* überziehen *pull-over* **II.** *vpr (fam)* ❶ *(s'envoyer)* ***s'~ une boisson*** ein Getränk hinunterkippen ❷ *(se taper)* ***s'~ tout le travail*** die ganze Arbeit machen [müssen]

E

enfin [ɑ̃fɛ̃] *adv* ❶ *(fin d'une attente)* endlich; ***te voilà ~!*** da bist du ja endlich! ❷ *(fin d'une énumération)* schließlich ❸ *(pour corriger ou préciser)* genauer gesagt; ***elle est jolie, ~, à mon sens*** sie ist hübsch, jedenfalls meiner Meinung nach ❹ *(marquant la gêne)* na ja; ***tu as fait ce travail? – ben oui ... euh ... ~ non*** hast du deine Arbeit gemacht? – natürlich ... äh ... eigentlich [noch] nicht ❺ *(bref)* kurzum ❻ *(pour clore la discussion)* ***~, on verra bien*** na ja, wir werden es ja sehen; ***~, tu fais pour le mieux*** du tust jedenfalls, was du kannst ❼ *(tout de même)* schließlich; ***comment, tu ne sais pas la réponse! ~, c'est facile!*** was, du weißt die Antwort nicht! Das ist doch ganz einfach! ❽ *(marque l'irritation)* also wirklich!; ***~, c'est quelque chose, quand même!*** das ist doch wirklich allerhand!; ***~, à quoi tu penses?*** wo denkst du denn hin! ▶ **~ bref** kurz und gut; **~ passons** sei's drum *fam;* **~ voilà, je n'en sais pas plus** ja, mehr weiß ich auch nicht; **ce n'est certes pas beaucoup, mais ~, c'est toujours ça** es ist sicherlich nicht viel, aber schließlich besser als nichts; **~ quoi** *(fam)* also wirklich

enflammé(e) [ɑ̃flɑme] *adj* ❶ leidenschaftlich; *paroles a.* glühend; *nature a.* feurig ❷ MED entzündet

enflammer [ɑ̃flɑme] <1> **I.** *vt* ❶ *(mettre le feu à)* entzünden ❷ *(exalter)* entflammen, anregen *imagination* **II.** *vpr* ❶ ***s'~*** *(prendre feu)* sich entzünden ❷ *(s'animer) personne:* in helle Begeisterung geraten

enflé(e) [ɑ̃fle] *adj* MED [an]geschwollen

enfler [ɑ̃fle] <1> **I.** *vt (faire augmenter)* anschwellen lassen *doigts, rivière;* lauter werden lassen *voix* **II.** *vi* anschwellen; ***à cause de la cortisone, son corps a tendance à ~*** wegen des Kortisons quillt sein Körper immer mehr auf **III.** *vpr* ***s'~*** anschwellen

enflure [ɑ̃flyʀ] *f* ❶ MED Schwellung *f* ❷ *(péj fam)* Idiot *m*

enfoiré [ɑ̃fwaʀe] *m (vulg)* Arschloch *nt*

enfoncé(e) [ɑ̃fɔ̃se] *adj yeux* tief liegend

enfoncement [ɑ̃fɔ̃smɑ̃] *m d'une pièce* Nische *f; d'une falaise* Vertiefung *f*

enfoncer [ɑ̃fɔ̃se] <2> **I.** *vt* ❶ *(planter)* hineinschlagen *clou;* hineindrücken *punaise;* hineinstechen *couteau;* hineinstoßen *coude* ❷ *(mettre)* ***~ ses mains dans qc*** die/seine Hände tief in etw *akk* hineinstecken; ***~ son chapeau sur ses yeux*** den Hut tief ins Gesicht ziehen ❸ *(briser en poussant)* eindrücken *porte* ❹ *(aggraver la situation de)* ***~ qn dans la dépendance*** jdn in die Abhängigkeit treiben ❺ *(fam: laisser se perdre)* niedermachen, reinrasseln lassen *candidat* **II.** *vi* ***~ dans qc*** in etw *dat* einsinken **III.** *vpr* ❶ *(aller vers le fond)* ***s'~ dans la neige/les sables mouvants*** im Schnee/Treibsand einsinken; ***s'~ dans un liquide*** in einer Flüssigkeit *dat* versinken ❷ *(se creuser)* ***s'~*** *mur, maison:* sich senken; *sol, matelas:* [zu sehr] nachgeben ❸ *(se planter)* ***s'~ une aiguille dans le bras*** sich *dat* eine Nadel in den Arm stechen ❹ *(pénétrer)* ***s'~ dans qc*** *vis:* in etw *akk* eindringen ❺ *(s'engager)* ***s'~ dans l'obscurité*** in die Dunkelheit eintauchen ❻ *(s'installer au fond)* ***s'~ dans un fauteuil*** es sich *dat* in einem Sessel bequem machen ❼ *(fam: se perdre)* ***s'~*** sich reinreißen

enfonceur, -euse [ɑ̃fɔ̃sœʀ, -øz] *m, f* ▶ **c'est un ~/une enfonceuse de porte[s] ouverte[s]** er/sie rennt offene Türen ein

enfoui(e) [ɑ̃fwi] **I.** *part passé de* **enfouir** **II.** *adj* ❶ *(recouvert)* ***~ dans/sous qc*** in/unter etw *dat* vergraben ❷ *(caché)* völlig versteckt

enfouir [ɑ̃fwiʀ] <8> **I.** *vt* ❶ *(mettre en terre)* vergraben ❷ *(cacher)* verstecken **II.** *vpr* ❶ *(se blottir)* ***s'~ sous ses couvertures*** sich unter der Decke vergraben ❷ *(se réfugier)* ***s'~ dans un trou/terrier*** sich in einem Loch/seinem Bau verkriechen

enfouissement [ɑ̃fwismɑ̃] *m* Vergraben *nt; des semences* Untergraben *nt;* ***~ de l'engrais vert*** Gründüngung *f*

enfourcher [ɑ̃fuʀʃe] <1> *vt* ***~ son cheval/vélo*** sein Pferd besteigen/aufs Fahrrad steigen; ***~ une chaise*** sich rittlings auf einen Stuhl setzen

enfournement [ɑ̃fuʀnəmɑ̃] *m* Hineinschieben *nt* in den Ofen

enfourner [ɑ̃fuʀne] <1> *vt* ❶ *(mettre au four)* in den [Back]ofen schieben ❷ *(fam: ingurgiter)* in sich *akk* hineinschaufeln

enfreindre [ɑ̃fʀɛ̃dʀ] <irr> *vt* ~ ***qc*** gegen etw verstoßen

enfuir [ɑ̃fɥiʀ] <irr> *vpr (fuir)* ***s'~ quelque part*** irgendwohin fliehen [*o* flüchten]; ***s'~ de qc*** aus etw fliehen

enfumé(e) [ɑ̃fyme] *adj bar* rauchig, verräuchert

enfumer [ɑ̃fyme] <1> *vt* ❶ *(emplir de fumée)* verräuchern *pièce* ❷ *(incommoder par la fumée)* einräuchern *personnes*

engagé(e) [ɑ̃gaʒe] **I.** *adj* ~ ***dans qc*** in etw engagiert *dat* **II.** *m(f)* ❶ MIL Freiwillige(r) *f(m)* ❷ SPORT Teilnehmer(in) *m(f)*

engageant(e) [ɑ̃gaʒɑ̃, ɑ̃t] *adj avenir* verlockend; *aspect, paroles* einladend; *mine* verführerisch; *sourire* gewinnend

engagement [ɑ̃gaʒmɑ̃] *m* ❶ *(promesse)* Verpflichtung *f;* ***honorer*** [*o* ***tenir***] ***un ~/ses ~s*** einen Vertrag einhalten/seine Verpflichtungen erfüllen ❷ *(embauche)* Einstellung *f,* Anstellung *f* ❸ MIL Verpflichtung *f* [zum Militärdienst] ❹ THEAT, CINE Engagement *nt;* ***signer un ~ de cinq ans*** sich für fünf Jahre verpflichten ❺ POL Engagement *nt* ❻ *(coup d'envoi)* Anspiel *nt* ❼ *(inscription)* Anmeldung *f* ❽ *gén pl (dépense)* Verbindlichkeit *f* ▶ **sans ~ de votre part** unverbindlich für Sie

engager [ɑ̃gaʒe] <2a> **I.** *vt* ❶ *(mettre en jeu)* ~ ***qc*** mit etw bürgen; ~ ***sa parole*** sein Wort geben; ~ ***son honneur/sa vie*** seine Ehre/sein Leben einsetzen; ~ ***sa responsabilité*** die Verantwortung übernehmen; POL die Vertrauensfrage stellen ❷ *(lier)* verpflichten ❸ *(embaucher)* anstellen, einstellen *représentant;* engagieren *comédien* ❹ *(commencer)* eröffnen *bataille, débat* ❺ *(faire prendre une direction à)* ***le camion est mal engagé*** der Lkw hat Schwierigkeiten beim Rangieren **II.** *vpr* ❶ *(promettre)* ***s'~ à faire qc*** sich [dazu] verpflichten etw zu tun; ***s'~ vis-à-vis de*** [*o* ***sur***] ***la Constitution*** einen Eid auf die Verfassung schwören; ***s'~ sur une question*** sich in einer Frage festlegen ❷ *(louer ses services)* ***être prêt à s'~ comme n'importe quoi*** bereit sein jede beliebige Stelle anzunehmen; ***s'~ dans qc*** *(s'enrôler)* in den Dienst einer S. *gen* treten; *(choisir)* sich für etw entscheiden; ***s'~*** MIL sich [freiwillig] verpflichten ❸ *(pénétrer)* ***s'~ dans une rue*** in eine Straße einbiegen ❹ *(se lancer)* ***s'~ dans qc*** sich auf etw *akk* einlassen ❺ *(prendre position)* ***s'~ dans la lutte contre qc*** sich im Kampf gegen etw engagieren ❻ *(commencer)* ***s'~*** *processus, négociation:* in Gang kommen

engelure [ɑ̃ʒlyʀ] *f* Frostbeule *f*

engendrer [ɑ̃ʒɑ̃dʀe] <1> *vt* zeugen

engin [ɑ̃ʒɛ̃] *m* ❶ *(fam: machin)* Ding *nt* ❷ TECH [Bau]maschine *f,* Gerät *nt* ❸ MIL Kriegsgerät *nt;* ~ ***de guerre*** Kriegsgerät; ~ ***atomique*** Atomrakete *f;* ~ ***spatial*** Raumflugkörper *m* ❹ *(fam: objet encombrant)* Apparat *m* ❺ *(véhicule)* Wagen *m*

englober [ɑ̃glɔbe] <1> *vt* [mit] einbeziehen

engloutir [ɑ̃glutiʀ] <8> **I.** *vi* schlingen **II.** *vt* ❶ *(dévorer)* verschlingen ❷ *(dilapider)* verprassen; ~ ***sa fortune dans qc*** sein Vermögen in etw *akk* hineinstecken ❸ *(faire disparaître)* versenken; *inondation:* überfluten; *vagues:* verschlingen; *éruption:* unter sich *dat* begraben; *brume:* verschlucken **III.** *vpr* ***s'être englouti dans la mer*** im Meer versunken sein

engluer [ɑ̃glye] <1> **I.** *vt* mit Leim bestreichen **II.** *vpr* ***s'~ les doigts de qc*** sich *dat* die Finger mit etw klebrig machen

engorgement [ɑ̃gɔʀʒəmɑ̃] *m d'un conduit, tuyau, d'une route* Verstopfung *f*

engorger [ɑ̃gɔʀʒe] <2a> *vt* verstopfen *conduit, tuyau, route*

engouement [ɑ̃gumɑ̃] *m* Schwärmerei *f*

engouer [ɑ̃gwe] <1> *vpr* ***s'~ de qn/qc*** für jdn/etw schwärmen

engouffrer [ɑ̃gufʀe] <1> **I.** *vt* ❶ *(entraîner) tempête:* mit sich reißen ❷ *(fam: devorer)* runterschlingen ❸ *(dilapider)* ~ ***de l'argent dans qc*** Geld in etw *akk* hineinstecken **II.** *vpr* ***des personnes s'engouffrent dans qc*** Menschen stürzen sich in etw *akk*

engourdi(e) [ɑ̃guʀdi] *adj* ❶ *doigts* klamm ❷ *(de froid)* steif ❸ *esprit* träge

engourdir [ɑ̃guʀdiʀ] <8> **I.** *vt* ❶ *(ankyloser)* klamm werden lassen *doigts, mains* ❷ *(affaiblir)* benommen machen *personne;* schwächen *volonté;* betäuben *esprit* **II.** *vpr* **s'~** ❶ *(s'ankyloser)* steif werden; *bras:* eingeschlafen ❷ *(s'affaiblir) personne:* schläfrig werden; *esprit:* träge werden; *facultés, sentiment:* nachlassen

engourdissement [ɑ̃guʀdismɑ̃] *m* Steifwerden *nt,* Gefühlloswerden *nt*

engrais [ɑ̃gʀɛ] *m* Dünger *m;* ~ ***chimiques*** [*o* ***industriels***] Kunstdünger; ~ ***organiques*** Naturdünger

E

engraisser [ɑ̃gʀese] <1> *vt* ❶ *(rendre plus gras)* mästen ❷ *(fertiliser)* düngen
engranger [ɑ̃gʀɑ̃ʒe] <2a> *vt (mettre en grange)* einfahren
engrenage [ɑ̃gʀənaʒ] *m (enchaînement)* Verkettung *f;* ~ ***de la violence*** Gewaltspirale *f* ▶ **être pris dans un/l'~** in ein/das Räderwerk geraten
engrosser [ɑ̃gʀose] <1> *vt (vulg)* ~ ***qn*** jdm ein Kind machen *fam*
engueulade [ɑ̃gœlad] *f (fam)* Anpfiff *m;* ***avoir une ~ avec qn*** Krach mit jdm haben; ***passer une ~ à qn*** jdn zur Schnecke machen
engueuler [ɑ̃gœle] <1> **I.** *vt (fam)* anschnauzen **II.** *vpr (fam)* ❶ *(se crier dessus)* ***s'~*** sich anbrüllen ❷ *(se disputer)* ***s'~ avec qn*** sich mit jdm krachen
enguirlander [ɑ̃giʀlɑ̃de] <1> *vt* mit Girlanden schmücken
enhardir [ɑ̃aʀdiʀ] <8> **I.** *vt* ermutigen **II.** *vpr* ***s'~*** mutiger werden; ***s'~ à poser une question*** sich *dat* ein Herz fassen und eine Frage stellen; ***s'~ à sortir seul*** sich *dat* ein Herz fassen und allein ausgehen
énième [ɛnjɛm] *adj* ***le/la*** ~ der/die/das x-te; ***pour la ~ fois*** zum x-ten Mal
énigmatique [enigmatik] *adj air, regard* geheimnisvoll; *personnage, mort* rätselhaft; *sourire* unergründlich
énigme [enigm] *f* Rätsel *nt*
enivrant(e) [ɑ̃nivʀɑ̃, ɑ̃t] *adj* berauschend; *parfum* betäubend
enivrement [ɑ̃nivʀəmɑ̃] *m (fig littér)* Rausch *m*
enivrer [ɑ̃nivʀe] <1> *vpr* ❶ *(se soûler)* ***s'~*** sich betrinken ❷ *(fig)* ***s'~ de qc*** sich an etw *dat* berauschen
enjambée [ɑ̃ʒɑ̃be] *f* großer Schritt *m*
enjambement [ɑ̃ʒɑ̃bmɑ̃] *m* Zeilensprung *m,* Enjambement *nt*
enjamber [ɑ̃ʒɑ̃be] <1> *vt (franchir)* ~ ***un fossé*** einen großen Schritt über einen Graben hinweg machen; ~ ***un mur*** über eine Mauer hinwegsteigen
enjeu [ɑ̃ʒø] <x> *m* ❶ *(argent)* Einsatz *m* ❷ *(fig)* ***être l'~ de qc*** bei etw auf dem Spiel stehen
enjôler [ɑ̃ʒole] <1> *vt* ~ ***qn par qc*** jdn mit etw umgarnen *fam*
enjôleur, -euse [ɑ̃ʒolœʀ, -øz] *adj paroles* [ein]schmeichelnd
enjolivement [ɑ̃ʒɔlivmɑ̃] *m* ❶ *(ornement)* Verzierung *f* ❷ LITTER *d'un texte* Ausschmückung *f*
enjoliver [ɑ̃ʒɔlive] <1> *vt* [ver]zieren
enjoliveur [ɑ̃ʒɔlivœʀ] *m* Radkappe *f*
enjoué(e) [ɑ̃ʒwe] *adj* heiter
enjouement [ɑ̃ʒumɑ̃] *m* Heiterkeit *f*
enlacer [ɑ̃lase] <2> **I.** *vt* umschlingen **II.** *vpr* ❶ *(s'étreindre)* ***s'~*** sich umarmen ❷ *(entourer)* ***s'~ autour de qc*** sich um etw schlingen
enlaidir [ɑ̃lediʀ] <8> **I.** *vi (devenir laid)* hässlich werden **II.** *vt (rendre laid)* entstellen *personne;* verunstalten *paysage*
enlevé(e) [ɑ̃lve] *adj portrait, récit* lebendig
enlèvement [ɑ̃lɛvmɑ̃] *m* Entführung *f*
enlever [ɑ̃lve] <4> **I.** *vt* ❶ *(déplacer)* herunternehmen, wegstellen; ~ ***les draps d'un lit*** ein Bett abziehen; ***enlève tes mains de tes poches!*** nimm die Hände aus den Taschen! ❷ *(faire disparaître)* entfernen *tache;* streichen *mot* ❸ *(ôter)* ~ ***l'envie/le goût à qn de faire qc*** jdm die Lust nehmen etw zu tun; ~ ***la garde des enfants à qn*** jdm das Sorgerecht für die Kinder entziehen ❹ *(retirer)* abnehmen *chapeau, montre;* abnehmen, absetzen *lunettes;* ausziehen *vêtement, chaussures* ❺ *(kidnapper)* entführen **II.** *vpr* **s'~** ❶ *(disparaître) tache:* herausgehen ❷ *(se détacher)* abgehen ❸ *(fam: se pousser)* ***enlève-toi de là!*** verzieh dich!
enlisement [ɑ̃lizmɑ̃] *m* ❶ *d'un bateau* Stranden *nt; d'une voiture* Steckenbleiben *nt* ❷ *(marasme)* Stocken *nt*
enliser [ɑ̃lize] <1> *vpr* **s'~** ❶ *(s'enfoncer)* stecken bleiben ❷ *(stagner)* ins Stocken geraten
enluminure [ɑ̃lyminyʀ] *f* Buchmalerei *f*
enneigé(e) [ɑ̃neʒe] *adj* verschneit; *village, voiture* eingeschneit
enneigement [ɑ̃nɛʒmɑ̃] *m* Schneedecke *f*
ennemi(e) [en(ə)mi] **I.** *adj* feindlich; *frères* verfeindet **II.** *m(f)* Feind(in) *m(f);* ~ ***public numéro un*** Staatsfeind Nummer eins; ~ ***héréditaire*** Erbfeind; ~ ***juré*** [*o* ***mortel***] Todfeind ▶ **passer à l'~** [zum Feind] überlaufen

Aussprache

Bei **ennemi** wird das Anfangs-e als geschlossenes e gesprochen und nicht als Nasal.

ennoblir [ɑ̃nɔbliʀ] <8> *vt* erheben *fig*
ennoblissement [ɑ̃nɔblismɑ̃] *m* IND Vered[e]lung *f*
ennui [ɑ̃nɥi] *m* ❶ *(désœuvrement)* Lang[e]weile *f;* ***tromper son*** ~ sich *dat* die Langeweile vertreiben ❷ *(lassitude)*

Lustlosigkeit *f* ❸ *souvent pl (problème)* Problem *nt,* Unannehmlichkeit *f;* ***avoir beaucoup d'~s*** viel Ärger haben ►**l'~, c'est que** das Dumme ist [nur], dass

ennuyé(e) [ɑ̃nɥije] *adj* verärgert; ***être bien ~*** ziemlich besorgt sein; ***être ~ de qc*** [*o* ***par qc***] verärgert über etw *akk* sein; ***qn est ~ de devoir faire qc*** jdm ist es unangenehm etw tun zu müssen; ***être ~ que*** +*subj* verstimmt darüber sein, dass

ennuyer [ɑ̃nɥije] <6> **I.** *vt* ❶ *(lasser)* langweilen, fadisieren A ❷ *(être peu attrayant)* ***~ qn*** jdm lästig sein ❸ *(être gênant)* ***ça ennuie qn de devoir faire qc*** es ist jdm unangenehm etw tun zu müssen ❹ *(irriter)* ***~ qn avec qc*** jdm mit etw lästig sein ❺ *(déplaire)* stören **II.** *vpr* ***s'~*** sich langweilen, sich fadisieren A

ennuyeux, -euse [ɑ̃nɥijø, -jøz] *adj* ❶ *(lassant)* langweilig; ***~ à mourir*** todlangweilig ❷ *(contrariant)* ärgerlich

énoncé [enɔ̃se] *m* Wortlaut *m*

énoncer [enɔ̃se] <2> *vt* klar darlegen

énonciation [enɔ̃sjasjɔ̃] *f* LING Äußerung *f*

enorgueillir [ɑ̃nɔʀgœjiʀ] <8> *vpr* ***s'~ de qc*** stolz auf etw *akk* sein

énorme [enɔʀm] *adj* ❶ riesig; *erreur* krass; *différence* himmelweit ❷ *(très gros)* ***être ~*** enorm dick sein *fam* ❸ *(incroyable)* unglaublich; ***mensonge ~*** faustdicke Lüge

énormément [enɔʀmemɑ̃] *adv* sehr; ***~ d'argent/de gens*** sehr viel Geld/viele Leute

énormité [enɔʀmite] *f* ❶ *(propos extravagant)* [ausgemachter] Unsinn *kein Pl* ❷ *(ineptie)* albernes Geschwätz *kein Pl* ❸ *(grosse faute)* haarsträubender Fehler

enquérir [ɑ̃keʀiʀ] <irr> *vpr (littér)* ❶ *(s'informer)* ***s'~ de qn/qc auprès de qn*** sich bei jdm über jdn/etw informieren ❷ *(demander des nouvelles)* ***s'~ de qn/qc*** sich nach jdm/etw erkundigen

enquête [ɑ̃kɛt] *f* ❶ *(étude)* ***~ sur qc*** Untersuchung *f* über etw ❷ *(sondage d'opinions)* [Meinungs]umfrage *f;* ***~ statistique*** statistische Erhebung ❸ ADMIN, JUR Untersuchung *f,* Ermittlungen *Pl;* ***ouvrir une ~*** eine Untersuchung einleiten

enquêter [ɑ̃kete] <1> *vi* ❶ *(s'informer)* ***~ sur qn/qc*** Erkundigungen über jdn/etw einziehen ❷ *(faire une enquête)* ***~ sur qc*** eine Untersuchung über etw *akk* durchführen ❸ *(faire un sondage)* ***~ sur qn/qc*** eine [Meinungs]umfrage über jdn/etw durchführen ❹ ADMIN, JUR ***~ sur qn*** eine Untersuchung gegen jdn einleiten; ***la police va ~ sur qc*** die Polizei wird in einer S. *dat* ermitteln

enquêteur, -euse [ɑ̃kɛtœʀ, -øz] *m, f (policier)* Untersuchungsbeamte(r) *m*/-beamtin *f*

enquiquinant(e) [ɑ̃kikinɑ̃, ɑ̃t] *adj (fam)* nervig

enquiquiner [ɑ̃kikine] <1> **I.** *vt (fam: importuner)* ***~ qn avec qc*** jdn mit etw nerven **II.** *vpr (fam)* ❶ *(s'ennuyer)* ***s'~*** sich langweilen ❷ *(se donner du mal)* ***s'~ avec qc/à faire qc*** sich mit etw herumplagen/sich plagen um etw zu tun

enquiquineur, -euse [ɑ̃kikinœʀ, -øz] *m, f (fam)* Nervensäge *f*

enracinement [ɑ̃ʀasinmɑ̃] *m d'une plante* Anwurzeln *nt; d'un individu* Verwurzelung *f*

enraciner [ɑ̃ʀasine] <1> **I.** *vt* einpflanzen *plante* **II.** *vpr* ***s'~*** *personne:* Wurzeln schlagen

enragé(e) [ɑ̃ʀaʒe] **I.** *adj* tollwütig **II.** *m(f)* Besessene(r) *f(m)*

enrageant(e) [ɑ̃ʀaʒɑ̃, ɑ̃t] *adj* nervtötend

enrager [ɑ̃ʀaʒe] <2a> *vi* rasend werden [vor Wut]

enraiement [ɑ̃ʀɛmɑ̃] *m d'une épidémie, de l'inflation* Eindämmung *f*

enrayage [ɑ̃ʀɛjaʒ] *m* ❶ *(vieilli: blocage) des roues* Blockieren *nt* ❷ *(arrêt accidentel) d'une arme à feu* Ladehemmung *f*

enrayer [ɑ̃ʀeje] <7> **I.** *vt* bremsen *chômage;* eindämmen *épidémie* **II.** *vpr* ***s'~*** Ladehemmung haben

enregistrable [ɑ̃ʀəʒistʀabl] *adj image, son* aufnehmbar

enregistré(e) [ɑ̃ʀəʒistʀe] *adj* eingetragen; ***~(e)/non ~(e) officiellement*** [*o* ***publiquement***] amtlich eingetragen/nicht eingetragen

enregistrement [ɑ̃ʀ(ə)ʒistʀəmɑ̃] *m* ❶ MEDIA Aufnahme *f; d'une émission* Aufzeichnung *f;* ***~ pirate*** Raubkopie *f;* ***~ du son*** Tonaufnahme *f* ❷ *(action)* Speicherung *f* ❸ *(document)* Datensatz *m* ❹ TRANSP Abfertigung *f*

enregistrer [ɑ̃ʀ(ə)ʒistʀe] <1> **I.** *vt* ❶ MEDIA aufnehmen; ***~ sur cassette*** auf Kassette aufnehmen ❷ INFORM speichern ❸ *(mémoriser)* registrieren ❹ *(noter par écrit)* ***~ qc dans qc*** etw in etw *dat* festhalten; ***~ une déclaration*** eine Aussage zu Protokoll nehmen; ***~ une commande*** eine Bestellung aufnehmen ❺ TRANSP abfertigen; ***faire ~ ses bagages*** sein/das Gepäck aufgeben ❻ *(constater)* verzeichnen *évolution;* re-

E

gistrieren, verzeichnen *phénomène* **II.** *vi* ❶ MEDIA aufnehmen ❷ INFORM speichern
enregistreur [ɑ̃ʀ(ə)ʒistʀœʀ] *m* Schreiber *m*
enrhumé(e) [ɑ̃ʀyme] *adj* erkältet
enrhumer [ɑ̃ʀyme] <1> *vpr* ***s'~*** [einen] Schnupfen bekommen, sich erkälten
enrichi(e) [ɑ̃ʀiʃi] *adj (devenu riche)* neureich; ***personne ~e*** Neureiche(r) *f(m)*
enrichir [ɑ̃ʀiʃiʀ] <8> **I.** *vt* ❶ *(rendre riche)* reich/reicher machen ❷ *(augmenter)* ***~ une collection de nouveaux tableaux*** eine Sammlung um neue Bilder erweitern **II.** *vpr* **s'~ de qc** ❶ *(devenir riche)* sich an etw *dat* bereichern ❷ *(s'améliorer)* durch etw bereichert werden ❸ *(augmenter)* um etw reicher werden
enrichissant(e) [ɑ̃ʀiʃisɑ̃, ɑ̃t] *adj* bereichernd
enrichissement [ɑ̃ʀiʃismɑ̃] *m* Reich[er]werden *nt*
enrobé(e) [ɑ̃ʀɔbe] *adj (fam) personne* gut gepolstert
enrober [ɑ̃ʀɔbe] <1> *vt* ***~ qc de qc*** etw mit etw überziehen
enrôlement [ɑ̃ʀolmɑ̃] *m* Anwerbung *f*
enrôler [ɑ̃ʀole] <1> **I.** *vt* ❶ *(recruter)* ***~ qn dans qc*** jdn zu etw einziehen ❷ MIL anwerben **II.** *vpr* ***s'~ dans qc*** sich zu etw melden; ***s'~ dans un groupe*** sich einer Gruppe anschließen; ***s'~ dans un parti*** einer Partei beitreten
enroué(e) [ɑ̃ʀwe] *adj* heiser
enrouement [ɑ̃ʀumɑ̃] *m* Heiserkeit *f*
enrouer [ɑ̃ʀwe] <1> *vt* heiser machen; ***être enroué*** heiser sein
enroulement [ɑ̃ʀulmɑ̃] *m d'un cordon, ruban* Aufwickeln *nt*
enrouler [ɑ̃ʀule] <1> **I.** *vt* aufwickeln *câble* **II.** *vpr* ***s'~ autour de/sur qc*** sich um/auf etw *akk* wickeln; ***s'~ sur soi-même*** sich einrollen
enrouleur [ɑ̃ʀulœʀ] *m* ***~ de câble*** Kabeltrommel *f*
ensablement [ɑ̃sɑbləmɑ̃] *m* Versanden *nt*, Versandung *f*
ensabler [ɑ̃sɑble] <1> *vpr* ***s'~*** *(s'échouer) bateau:* auf Sand laufen; *véhicule:* im Sand stecken bleiben
ensanglanté(e) [ɑ̃sɑ̃glɑ̃te] *adj* blutverschmiert, voller Blut; *vêtement* blutgetränkt
ensanglanter [ɑ̃sɑ̃glɑ̃te] <1> *vt* mit Blut beflecken, mit Blut tränken *vêtement*
enseignant(e) [ɑ̃sɛɲɑ̃, ɑ̃t] **I.** *adj* ***le corps ~*** die Lehrerschaft; *(d'une institution précise)* der Lehrkörper; ***le milieu ~*** die Lehrer **II.** *m(f)* Lehrer(in) *m(f)*
enseigne [ɑ̃sɛɲ] *f* [Aushänge]schild *nt;* ***~ lumineuse*** [Neon]leuchtschild
enseignement [ɑ̃sɛɲ(ə)mɑ̃] *m* ❶ Unterricht *m;* ***l'~ des langues vivantes*** der Fremdsprachenunterricht; ***~ élémentaire*** Grundschulunterricht ❷ *(profession)* Lehrberuf *m*, Lehramt *nt* ❸ *(institution)* Schulwesen *nt*, Unterrichtswesen *nt;* ***~ général*** *(institution)* allgemeinbildendes Schulwesen; *(action)* allgemeinbildender Unterricht; ***~ laïque*** bekenntnisfreies [staatliches] Unterrichtswesen; ***~ obligatoire*** Schulpflicht *f;* ***~ professionnel*** *(institution)* Berufsschulwesen *nt; (action)* Berufsschulunterricht *m;* ***~ public*** staatliches Schulwesen; ***~ secondaire*** *(institution)* Sekundarbereich *m; (action)* weiterführender Unterricht *m;* ***~ supérieur*** *(institution)* Hochschulwesen *nt; (action)* Hochschulunterricht *m;* ***~ technique*** *(institution)* Fachschulwesen *nt; (action)* Fachschulunterricht *m;* ***~ universitaire*** *(institution)* Hochschulwesen *nt; (action)* Hochschulunterricht *m* ❹ *(leçon)* Lehre *f;* ***tirer un ~ de qc*** aus etw eine Lehre ziehen
enseigner [ɑ̃seɲe] <1> *vt* lehren; ***~ le français/les mathématiques à qn*** jdn Französisch lehren
ensemble [ɑ̃sɑ̃bl] **I.** *adv* ❶ *(opp: seul)* zusammen; ***travailler ~*** zusammenarbeiten; ***tous ~*** alle zusammen ❷ *(en commun)* gemeinsam ❸ *(l'un avec l'autre)* miteinander ❹ *(en même temps)* zugleich ▸ **aller bien/mal ~** gut/schlecht zusammenpassen; ***aller ~*** zusammengehören **II.** *m* ❶ *(totalité)* Gesamtheit *f;* ***l'~ du personnel/des questions*** die gesamte Belegschaft/sämtliche Fragen ❷ *(unité)* [harmonische] Einheit; ***former un ~ harmonieux*** ein harmonisches Ganzes bilden ❸ *(groupement)* ***~ de lois*** Gesetzespaket *nt;* ***~ de bâtiments/d'habitations*** Gebäude-/Wohnkomplex *m* ❹ MUS Ensemble *nt* ❺ MATH Menge *f* ❻ *(vêtement)* Ensemble *nt* ❼ *(groupe d'habitations)* ***grand ~*** Großwohnanlage *f* ▸ **impression/vue d'~** Gesamteindruck *m*/-ansicht *f;* ***donner une idée d'~ de qc*** etw grob umreißen; **l'électorat dans son ~/les spectateurs dans leur ~** das Gros der Wählerschaft/Zuschauer; **dans l'~** im Großen und Ganzen
ensemblier, -ière [ɑ̃sɑ̃blije, -jɛʀ] *m, f* ❶ *(décorateur)* Innenarchitekt(in) *m(f)*

❷ CINE Filmgestalter(in) *m(f)* ❸ TV Szenenbildner(in) *m(f)*

ensemencer [ɑ̃s(ə)mɑ̃se] <2> *vt* besäen *terre*

enserrer [ɑ̃seʀe] <1> *vt* ❶ *(enfermer)* umschließen ❷ *(littér: entourer étroitement)* einschnüren

ensevelir [ɑ̃səvliʀ] <8> *vt* *(recouvrir)* **~ *qn/qc sous qc*** jdn/etw unter etw *dat* begraben

ensevelissement [ɑ̃səv(ə)lismɑ̃] *m d'une ville* Begrabensein *nt*

ensoleillé(e) [ɑ̃sɔleje] *adj* sonnig

ensoleillement [ɑ̃sɔlɛjmɑ̃] *m* Sonnenbestrahlung *f*

ensoleiller [ɑ̃sɔleje] <1> *vt* aufhellen *pièce*

ensommeillé(e) [ɑ̃sɔmeje] *adj personne* schlaftrunken; *paysage, ville* verschlafen

ensorcelant(e) [ɑ̃sɔʀsəlɑ̃, ɑ̃t] *adj regard, sourire* bezaubernd

ensorceler [ɑ̃sɔʀsəle] <3> *vt* verzaubern

ensorceleur, euse [ɑ̃sɔʀsəlœʀ, -øz] **I.** *adj* bezaubernd, betörend **II.** *m, f (séducteur)* unwiderstehlicher Mann/unwiderstehliche Frau

ensorcellement [ɑ̃sɔʀsɛlmɑ̃] *m* Zauber *m*

ensuite [ɑ̃sɥit] *adv* ❶ *(par la suite)* danach ❷ *(derrière en suivant)* dahinter; ***d'accord, mais ~?*** einverstanden, aber was dann? ❸ *(en plus)* außerdem

ensuivre [ɑ̃sɥivʀ] <irr, défec> *vpr* ***s'~*** sich ergeben; ***la crise qui s'ensuivit*** die Krise, die daraus erwuchs

entacher [ɑ̃taʃe] <1> *vt* **~ *l'honneur de qn*** jds Ehre beflecken [*o* beschmutzen]

entaille [ɑ̃taj] *f* ❶ *(encoche)* Kerbe *f* ❷ *(coupure)* [tiefe] Schnittwunde

entailler [ɑ̃taje] <1> **I.** *vt* ❶ *(faire une entaille)* einkerben ❷ *(blesser)* **~ *qc à qn*** jdm eine [tiefe] Schnittwunde an etw *dat* zufügen **II.** *vpr* ***s'~ qc avec*** [*o* ***de***] ***qc*** sich *dat* mit etw [tief] in etw *akk* schneiden

entame [ɑ̃tam] *f de pain, jambon* Anschnitt *m*

entamer [ɑ̃tame] <1> *vt* ❶ *(prendre le début de)* anschneiden *fromage;* aufmachen, öffnen *bouteille* ❷ *(attaquer)* schneiden ❸ *(amorcer)* einleiten, aufnehmen *négociations;* anstellen *poursuites*

entarter [ɑ̃taʀte] <1> *vt* **~ *qn*** eine Sahnetorte auf jdn werfen

entartrage [ɑ̃taʀtʀaʒ] *m d'une chaudière* Kesselsteinbildung *f; des dents* Zahnsteinbildung *f*

entartrer [ɑ̃taʀtʀe] <1> *vt* verkalken lassen

entassement [ɑ̃tasmɑ̃] *m* ❶ *d'objets* Anhäufung *f* ❷ *(pile)* Durcheinander *nt* ❸ *(encombrement)* Zusammengedrängtsein *nt*

entasser [ɑ̃tase] <1> **I.** *vt* ❶ *(amonceler)* anhäufen, horten *argent* ❷ *(serrer)* zusammenpferchen **II.** *vpr* ❶ *(s'amonceler)* ***s'~*** sich türmen ❷ *(se serrer)* ***s'~ dans qc*** sich in etw *dat* zusammendrängen

entendement [ɑ̃tɑ̃dmɑ̃] *m* Begriffsvermögen *nt*

entendeur [ɑ̃tɑ̃dœʀ] *m* ▶ **à bon ~, salut!** *(prov)* wer Ohren hat zu hören …

entendre [ɑ̃tɑ̃dʀ] <14> **I.** *vi* hören; ***se faire ~*** sich *dat* Gehör verschaffen **II.** *vt* ❶ *(percevoir)* hören; **~ *qn parler/la pluie tomber*** jdn reden/den Regen fallen hören; ***je l'ai entendu dire*** ich habe es gehört ❷ *(écouter)* **~ *qn/qc*** jdn/etw anhören ❸ *(comprendre)* verstehen; ***ne pas ~ la plaisanterie*** keinen Spaß verstehen; ***laisser*** [*o* ***donner à***] **~ *que …*** zu verstehen geben, dass …; ***qu'est-ce que vous entendez par là?*** was wollen Sie damit sagen? ❹ *(vouloir)* **~ *faire qc*** gedenken etw zu tun; ***faites comme vous l'entendez!*** tun Sie, was Sie für richtig halten! ▶ **tu entendras/vous entendrez parler de moi** du wirst/Sie werden noch von mir hören; **~ parler de qn/qc** von jdm/etw hören; **à qui veut l'~** jedem, der es hören will; **je ne veux rien ~!** ich will nichts davon wissen!; **à ~ les gens** wenn man die Leute so reden hört; **je l'entends d'ici** ich höre ihn/sie jetzt schon; **qu'est-ce que j'entends?** was muss ich [da] hören? **III.** *vpr* ❶ *(avoir de bons rapports)* ***s'~ avec qn*** sich mit jdm verstehen ❷ *(se mettre d'accord)* ***s'~ sur qc*** sich über etw *akk* verständigen; ***s'~ pour faire qc*** sich darauf einigen etw zu tun ❸ *(s'y connaître)* ***s'y ~ en qc*** etw von etw verstehen ❹ *(être audible)* ***s'~*** zu hören sein ▶ **on ne s'entend plus parler** man versteht sein eigenes Wort nicht mehr; **entendons-nous bien!** damit wir uns richtig verstehen!

entendu(e) [ɑ̃tɑ̃dy] **I.** *part passé de* **entendre II.** *adj* ❶ *(convenu)* abgemacht; ***il est [bien] ~ que …*** es versteht sich von selbst, dass … ❷ *(complice)* wissend ▶ **bien ~** selbstverständlich; **comme de bien ~** wie könnte es anders sein

entente [ɑ̃tɑ̃t] *f* ❶ *(amitié)* Einvernehmen *nt* ❷ *(fait de s'accorder)* Verständigung *f* ❸ *(accord)* Übereinkunft *f;* ***arriver*** [*o* ***parvenir***] ***à une ~*** eine Einigung erzielen ❹ ECON Kartell *nt* ❺ POL Entente *f,* Bündnis *nt*

E

entériner [ɑ̃teʀine] <1> *vt* billigen
entérite [ɑ̃teʀit] *f* [Dünn]darmentzündung *f*
enterrement [ɑ̃tɛʀmɑ̃] *m* Beerdigung *f*
enterrer [ɑ̃teʀe] <1> **I.** *vt* ❶ *(inhumer)* begraben ❷ *(assister à l'enterrement)* ***hier il a enterré sa mère*** gestern war er auf der Beerdigung seiner Mutter ❸ *(enfouir)* vergraben ❹ *(oublier, faire oublier)* begraben *affaire* ❺ *(renoncer à)* begraben ▸ **il nous enterrera tous** *(hum)* [d]er wird uns noch alle überleben **II.** *vpr* ***s'~ à la campagne*** sich aufs Land zurückziehen
entêtant(e) [ɑ̃tɛtɑ̃, ɑ̃t] *adj parfum* schwer
en-tête [ɑ̃tɛt] <en-têtes> *f d'un journal* Kopf *m; d'un papier à lettres* [gedruckter] Briefkopf
entêté(e) [ɑ̃tete] **I.** *adj personne* eigensinnig **II.** *m(f)* eigensinniger Mensch
entêtement [ɑ̃tɛtmɑ̃] *m* Eigensinn[igkeit *f*] *m*
entêter [ɑ̃tete] <1> *vpr* ***s'~ dans qc*** sich auf etw *akk* versteifen; ***s'~ à faire qc*** sich darauf versteifen etw zu tun
enthousiasmant(e) [ɑ̃tuzjasmɑ̃, ɑ̃t] *adj perspective, idée* verlockend; *spectacle* Begeisterung weckend
enthousiasme [ɑ̃tuzjasm] *m* Begeisterung *f,* Enthusiasmus *m*
enthousiasmer [ɑ̃tuzjasme] <1> **I.** *vt* in Begeisterung versetzen **II.** *vpr* ***s'~ pour qn/qc*** sich für jdn/etw begeistern
enthousiaste [ɑ̃tuzjast] **I.** *adj* begeistert **II.** *mf* Enthusiast(in) *m(f)*
enticher [ɑ̃tiʃe] <1> *vpr* ***s'~ de qn/qc*** für jdn/etw schwärmen
entier [ɑ̃tje] *m* Ganze(s) *nt* ▸ **la nation dans son ~** die ganze Nation; **en ~** ganz
entier, -ière [ɑ̃tje, -jɛʀ] *adj* ❶ *(dans sa totalité)* ganz; ***dans le monde ~*** auf der ganzen Welt ❷ *(absolu)* völlig; ***ma confiance en lui est entière*** er hat mein vollstes Vertrauen ❸ *personne* heil; *objet* ganz; *collection* vollständig ❹ *(non réglé)* ***la question reste entière*** die Frage bleibt unbeantwortet ❺ *personne* unnachgiebig; ***être ~ dans ses opinions*** kategorisch in seinen Ansichten sein ▸ **être tout ~ à qc** ganz in etw *akk* vertieft sein; **tout ~** ganz
entièrement [ɑ̃tjɛʀmɑ̃] *adv* völlig
entièreté [ɑ̃tjɛʀte] *f* BELG *(totalité)* Gesamtheit *f*
entité [ɑ̃tite] *f* PHILOS Wesenheit *f*
entôler [ɑ̃tole] <1> *vt (fam)* austricksen *fam,* reinlegen *fam*
entonner [ɑ̃tɔne] <1> *vt* anstimmen
entonnoir [ɑ̃tɔnwaʀ] *m* Trichter *m*
entorse [ɑ̃tɔʀs] *f* Verstauchung *f* ▸ **faire une ~ à qc** gegen etw verstoßen
entortiller [ɑ̃tɔʀtije] <1> **I.** *vt* ❶ *(enrouler)* ***~ qc autour de qc*** etw um etw [herum]wickeln ❷ *(fam: enjôler)* einwickeln **II.** *vpr* ❶ *(s'enrouler)* ***s'~ autour de qc*** sich um etw ranken ❷ *(s'envelopper)* ***s'~ dans qc*** sich in etw *akk* einwickeln ❸ *(s'embrouiller)* ***s'~ dans qc*** sich in etw *akk* verstricken
entourage [ɑ̃tuʀaʒ] *m* Umgebung *f*
entouré(e) [ɑ̃tuʀe] *adj* ❶ *(admiré)* umschwärmt ❷ *(aidé)* umsorgt ❸ *(accompagné)* ***être bien/mal ~*** von den richtigen/nicht von den richtigen Leuten umgeben sein
entourer [ɑ̃tuʀe] <1> **I.** *vt* ❶ *(être autour)* umgeben; *police:* umstellen; *ennemi:* einkreisen; ***la foule entoure le chanteur*** die Menge umringt den Sänger; ***être entouré d'arbres/de jeunes*** von Bäumen/jungen Leuten umgeben sein ❷ *(mettre autour)* ***~ un mot*** ein Wort einkreisen; ***~ un jardin d'une clôture*** einen Garten einzäunen ❸ *(fig)* ***~ qc de mystère*** etw mit einem Geheimnis umgeben ❹ *(soutenir)* ***~ qn*** jdm zur Seite stehen; ***~ qn de soins*** jdn liebevoll pflegen **II.** *vpr* ***s'~ de bons amis/d'objets d'art*** sich mit guten Freunden/Kunstgegenständen umgeben; ***s'~ de garanties/précautions*** sich nach allen Seiten absichern
entourloupe [ɑ̃tuʀlup] *f,* **entourloupette** [ɑ̃tuʀlupɛt] *f (fam)* [fauler] Trick *m;* ***faire une ~ à qn*** jdn austricksen
entournure [ɑ̃tuʀnyʀ] *f* ▸ **être gêné aux ~s** sich beengt fühlen
entracte [ɑ̃tʀakt] *m* THEAT, CINE Pause *f*
entraide [ɑ̃tʀɛd] *f* [gegenseitige] Hilfe
entraider [ɑ̃tʀede] <1> *vpr* ***s'~*** sich [gegenseitig] helfen
entrailles [ɑ̃tʀɑj] *fpl* Eingeweide *Pl*
entrain [ɑ̃tʀɛ̃] *m* Schwung *m,* Elan *m*
entraînant(e) [ɑ̃tʀɛnɑ̃, ɑ̃t] *adj* mitreißend
entraînement [ɑ̃tʀɛnmɑ̃] *m* ❶ *(pratique)* Übung *f;* ***c'est une question d'~*** das ist Übungssache ❷ SPORT Training *nt*
entraîner [ɑ̃tʀene] <1> **I.** *vt* ❶ *(emporter)* mit sich [fort]reißen ❷ *(emmener)* ziehen; ***~ qn vers la sortie*** jdn zum Ausgang schieben ❸ *(inciter)* ***~ qn à*** [*o* ***dans***] ***qc*** jdn zu etw verleiten; ***~ qn à faire qc*** jdn dazu verleiten etw zu tun ❹ *(causer)* zur Folge haben ❺ *(stimuler) éloquence, musique:* mitreißen ❻ *(exercer)* trainieren *joueur* **II.** *vpr* ***s'~ à*** [*o* ***pour***] ***qc/à faire qc*** sich in etw *dat*/darin üben etw zu tun

entraîneur, **-euse** [ɑ̃tʀɛnœʀ, -øz] *m, f* SPORT Trainer(in) *m(f)*
entraîneuse [ɑ̃tʀɛnøz] *f* ❶ SPORT Trainerin *f;* ~ ***intérimaire*** Interimstrainerin; ~ ***d'hommes*** ≈ Mensch, der andere mitreißen kann ❷ *(aguicheuse)* Animierdame *f*
entrapercevoir [ɑ̃tʀapɛʀsəvwaʀ] <12> *vt* [nur] flüchtig sehen
entrave [ɑ̃tʀav] *f* Hemmnis *nt*
entraver [ɑ̃tʀave] <1> *vt* ~ ***qn/qc dans qc*** jdn/etw bei etw behindern
entre [ɑ̃tʀ] *prép* ❶ *(position dans l'intervalle)* zwischen +*dat;* ***il était assis ~ les deux enfants*** er saß zwischen den beiden Kindern ❷ *(mouvement vers l'intervalle)* zwischen +*akk;* ***il s'assit ~ les deux enfants*** er setzte sich zwischen die beiden Kinder ❸ *(parmi des choses)* zwischen +*dat;* ***choisir ~ plusieurs solutions*** zwischen mehreren Lösungen wählen ❹ *(parmi des personnes)* unter +*dat,* von +*dat;* ***je le reconnaîtrais ~ tous*** ich würde ihn unter Tausenden wiedererkennen; ***la plupart d'~ eux/elles*** die meisten von ihnen; ~ ***autres*** unter anderem; ~ ***nous*** unter uns [gesagt]; ~ ***hommes*** unter Männern ❺ *(à travers)* durch +*akk;* ***passer ~ les mailles du filet*** durch die Maschen des Netzes schlüpfen ❻ *(dans)* in +*akk;* ***remettre son sort ~ les mains de son médecin*** sein Schicksal in die Hände seines Arztes legen ❼ *(indiquant une relation)* zwischen +*dat;* ***ils se sont disputés ~ eux*** sie haben sich gestritten
entrebâillement [ɑ̃tʀəbajmɑ̃] *m* Spalt *m*
entrebâiller [ɑ̃tʀəbaje] <1> *vt* einen Spalt[breit] öffnen
entrechoquer [ɑ̃tʀəʃɔke] <1> *vt* gegeneinanderschlagen
entrecôte [ɑ̃tʀəkot] *f* Entrecote *nt*
entrecoupé(e) [ɑ̃tʀəkupe] *adj voix* stockend
entrecouper [ɑ̃tʀəkupe] <1> *vt* ~ ***qc de qc*** etw mit etw unterbrechen
entrecroiser [ɑ̃tʀəkʀwaze] <1> **I.** *vt* [miteinander] verflechten **II.** *vpr* ***s'~*** ineinander verschlungen sein; *routes:* sich kreuzen
entre-déchirer [ɑ̃tʀədeʃiʀe] <1> *vpr* ***s'~*** *animaux:* sich [gegenseitig] zerreißen
entre-deux [ɑ̃tʀədø] *m sans pl (fig)* Zwischenbereich *m* **entre-deux-guerres** [ɑ̃tʀədøgɛʀ] *m inv* ***l'~*** die Zeit zwischen den beiden Weltkriegen **entre-deux-tours** [ɑ̃tʀədøtuʀ] *m inv* POL *Zeit[raum] zwischen den beiden Wahlgängen einer Wahl*

entrée [ɑ̃tʀe] *f* ❶ *d'une personne* Eintreten *nt; d'un acteur* Auftritt *m; d'un train* Einfahrt *f;* ***à l'~ de qn*** bei jds Eintreten; ***faire une ~ triomphale*** einen triumphalen Einzug halten; ~ ***en scène*** Auftritt ❷ *(accès)* Eingang *m,* Eingangsbereich *m;* ***à l'~ de qc*** am Eingang einer S. *gen;* ~ ***principale*** Haupteingang; ~ ***de service*** Dienstboteneingang ❸ *(droit d'entrer)* Zutritt *m;* ~ ***interdite*** kein Zutritt; ~ ***interdite à tout véhicule*** Einfahrt verboten ❹ *d'un appartement* Diele *f; d'un hôtel, immeuble* Eingangshalle *f; d'une maison* Hausflur *m* ❺ *(billet)* Eintrittskarte *f,* Eintritt *m;* ~ ***non payante*** Freikarte *f* ❻ *(somme perçue)* Eintrittspreis *m* ❼ *(adhésion)* Eintritt *m,* Beitritt *m* ❽ *(admission)* ~ ***dans un club*** Aufnahme *f* in einen Klub ❾ *(commencement)* ~ ***en action*** Eingreifen *nt;* ~ ***en fonction*** Amtsantritt *m;* ~ ***en matière*** Einleitung *f;* ~ ***en vigueur*** Inkrafttreten *nt* ❿ GASTR erster Gang; ***en*** [*o* ***comme***] ~ als Vorspeise ⓫ TYP *d'un dictionnaire* Eintrag *m* ⓬ INFORM Eingabe *f*
entrefaite [ɑ̃tʀəfɛt] *m* Zeitpunkt *m* ▸ **sur ces ~s** in diesem Augenblick
entrefilet [ɑ̃tʀəfilɛ] *m* kurze [Zeitungs]notiz *f*
entregent [ɑ̃tʀəʒɑ̃] *m* ▸ **avoir de l'~** die Menschen zu nehmen wissen *fig*
entrejambe [ɑ̃tʀəʒɑ̃b] *m* Schritt *m*
entrelacement [ɑ̃tʀəlasmɑ̃] *m* ❶ *(action)* Ineinanderschlingen *nt* ❷ *(résultat)* Verschlungensein *nt*
entrelacer [ɑ̃tʀəlase] <2> **I.** *vt* ineinanderschlingen, miteinander verweben *fils* **II.** *vpr* ***s'~*** sich [ineinander] verschlingen, ***s'~ autour de qc*** [sich] um etw ranken
entrelacs [ɑ̃tʀəla] *m gén pl* ART Flechtwerk *nt*
entrelarder [ɑ̃tʀəlaʀde] <1> *vt* GASTR spicken
entremêler [ɑ̃tʀəmele] <1> **I.** *vt (fig)* ~ ***qc de qc*** etw in etw *akk* einstreuen **II.** *vpr* ***s'~*** durcheinandergeraten; ***s'~ à*** [*o* ***avec***] ***qc*** mit etw abwechseln
entremets [ɑ̃tʀəmɛ] *m* Süßspeise *f*
entremetteur, **-euse** [ɑ̃tʀəmetœʀ, -øz] *m, f (péj)* Kuppler(in) *m(f)*
entremettre [ɑ̃tʀəmɛtʀ] <irr> *vpr* ***s'~ dans qc*** vermittelnd in etw *akk* eingreifen
entremise [ɑ̃tʀəmiz] *f* Vermittlung *f*
entrepont [ɑ̃tʀəpɔ̃] *m* Zwischendeck *nt*
entreposer [ɑ̃tʀəpoze] <1> *vt* [ein]lagern, unterstellen *meubles;* ~ ***qc en douane***

etw unter Zollverschluss lagern; ***marchandise entreposée*** Lagergut *nt*

entrepôt [ɑ̃tʀəpo] *m* Lagerhalle *f*

entreprenant(e) [ɑ̃tʀəpʀənɑ̃, ɑ̃t] *adj* ❶ *(dynamique)* unternehmungslustig ❷ *(galant)* galant

entreprenaute [ɑ̃tʀəpʀənot] *mf (sur Internet)* Unternehmensgründer(in) *m(f)*

entreprendre [ɑ̃tʀəpʀɑ̃dʀ] <13> *vt (commencer)* unternehmen, in Angriff nehmen *étude, travail*

E

entrepreneur, -euse [ɑ̃tʀəpʀənœʀ, -øz] *m, f* ❶ *(créateur d'entreprise)* Unternehmer(in) *m(f)*; ***petit ~*** mittelständischer Unternehmer ❷ TECH Bauunternehmer(in) *m(f)*

entreprise [ɑ̃tʀəpʀiz] *f* ❶ *(firme)* Unternehmen *nt*, Betrieb *m*, Firma *f*; ***~ familiale*** Familienbetrieb; ***~ individuelle*** Einzelunternehmen; ***petites et moyennes ~s*** klein- und mittelständische Betriebe *Pl;* ***~ privée*** Privatunternehmen; ***~ publique*** staatliches Unternehmen; ***~ de construction*** Baufirma; ***~ de transports*** Speditionsfirma ❷ *(opération)* Unternehmen *nt*, Unternehmung *f*; ***se lancer dans une vaste ~*** sich in ein gewagtes Unternehmen stürzen

entrer [ɑ̃tʀe] <1> **I.** *vi + être* ❶ *(pénétrer)* eintreten; *(vu de l'intérieur)* hereinkommen; *(vu de l'extérieur)* hineingehen; ***défense d'~!*** Eintritt verboten!; ***faire ~ qn/un animal*** jdn hereinbitten/ein Tier hereinholen; ***laisser ~ qn/un animal*** jdn/ein Tier herein-/hineinlassen ❷ *(pénétrer dans un lieu)* ***~ dans qc*** etw betreten; *chien:* in etw *akk* [herein-]/[hinein]laufen; ***le bateau entre dans le port*** das Schiff läuft [in den Hafen] ein; ***le train entre en gare*** der Zug fährt [in den Bahnhof] ein ❸ *(aborder)* ***~ dans les détails*** ins Detail gehen; ***~ dans le vif du sujet*** sofort zum Kern der Sache kommen ❹ *(fam: heurter)* ***~ dans qc*** gegen etw laufen/fahren ❺ *(s'engager dans)* ***~ dans un club*** Mitglied eines Klubs werden; ***~ dans un parti*** einer Partei beitreten; ***~ dans l'armée/la police*** zur Armee/zur Polizei gehen; ***~ dans la vie active*** ins Erwerbsleben eintreten ❻ *(être admis)* ***~ à l'hôpital/l'école/en sixième*** ins Krankenhaus/in die Schule/die 1. Klasse des Gymnasiums kommen; ***~ en apprentissage/à l'université*** eine Lehre/sein Studium beginnen; ***faire ~ qn dans un club*** jdn [als neues Mitglied] in einen Klub einführen; ***faire ~ qn dans une entreprise*** jdm eine Stelle in einem Unternehmen verschaffen ❼ *(s'enfoncer)* ***la clé n'entre pas dans le trou de la serrure*** der Schlüssel passt nicht ins Schlüsselloch ❽ *(s'associer à)* ***~ dans la discussion*** sich an der Diskussion beteiligen ❾ *(faire partie de)* ***~ dans la composition d'un produit*** Bestandteil eines Produkts sein ❿ *(comme verbe-support)* ***~ en application*** in Kraft treten; ***~ en contact avec qn*** mit jdm Kontakt aufnehmen; ***~ en collision avec qn/qc*** mit jdm/etw zusammenstoßen; ***~ en guerre*** in den Krieg eintreten; ***~ en scène*** auftreten; ***~ en ligne de compte*** in Betracht kommen; ***le nouveau ministre entre en fonction*** der neue Minister tritt sein Amt an ▶ **ne faire qu'~ et sortir** nur kurz vorbeischauen **II.** *vt + avoir* ❶ *(faire pénétrer)* ***~ qc dans qc*** etw in etw *akk* hineinbringen; ***~ l'armoire par la fenêtre*** den Schrank durch das Fenster hineinschaffen ❷ INFORM eingeben

entre-temps [ɑ̃tʀətɑ̃] *adv* inzwischen

entretenir [ɑ̃tʀət(ə)niʀ] <9> **I.** *vt* ❶ *(maintenir en bon état)* instand halten, pflegen *beauté, voiture;* in Ordnung halten *vêtement* ❷ *(faire vivre)* ***~ qn*** für jds Unterhalt aufkommen; ***~ une maîtresse*** sich eine Mätresse halten *pej;* ***se faire ~ par qn*** sich von jdm aushalten lassen ❸ *(faire durer)* unterhalten *correspondance, relations;* hegen *doute, espoir;* lebendig halten *souvenirs;* aufrechterhalten *illusions;* nicht ausgehen lassen *feu;* ***~ sa forme*** sich fit halten ❹ *(parler à)* ***~ qn de qn/qc*** jdm von jdm/etw erzählen **II.** *vpr* ❶ *(converser)* ***s'~ avec qn de qn/qc*** sich mit jdm über jdn/etw unterhalten ❷ *(se conserver en bon état)* ***s'~*** *personne:* sich fit halten; *moquette, meuble:* gepflegt werden müssen

entretenu(e) [ɑ̃tʀət(ə)ny] **I.** *part passé de* **entretenir II.** *adj* ❶ gepflegt; *maison* gut instand gehalten ❷ *(pris en charge)* ***c'est une femme ~e/un homme ~*** sie/er lässt sich aushalten

entretien [ɑ̃tʀətjɛ̃] *m* ❶ *de la peau, d'un vêtement* Pflege *f; d'une maison* Instandhaltung *f; d'une machine* Wartung *f;* ***sans ~*** wartungsfrei ❷ *(discussion en privé)* Gespräch *nt*, Unterhaltung *f*

entretuer [ɑ̃tʀətɥe] <1> *vpr* ***s'~*** sich gegenseitig umbringen

entrevoir [ɑ̃tʀəvwaʀ] <irr> *vt* ❶ *(voir: indistinctement)* undeutlich sehen; *(brièvement)* [nur] flüchtig sehen ❷ *(pressentir)* vorhersehen; ***~ une amélioration*** Anzeichen einer Besserung sehen

entrevue [ɑ̃tʀəvy] *f* Unterredung *f*
entrouvert(e) [ɑ̃tʀuvɛʀ, ɛʀt] *adj* halb geöffnet
entrouvrir [ɑ̃tʀuvʀiʀ] <11> **I.** *vt* ein wenig öffnen **II.** *vpr* ***s'~*** sich ein wenig öffnen
entuber [ɑ̃tybe] <1> *vt (fam)* übers Ohr hauen
énumération [enymeʀasjɔ̃] *f* Aufzählung *f;* ***faire une ~ de qc*** etw aufzählen
énumérer [enymeʀe] <5> *vt* aufzählen
envahir [ɑ̃vaiʀ] <8> *vt* ❶ MIL einfallen in +*akk pays* ❷ *(se répandre, infester)* ***~ les rues*** auf die Straßen strömen; ***~ un terrain de football*** einen Fußballplatz stürmen; ***~ un terrain*** *insectes:* über ein Gelände herfallen; *mauvaises herbes:* ein Gelände überwuchern; *eau:* ein Gelände überschwemmen; ***~ le marché*** *nouveau produit:* den Markt überschwemmen; ***être envahi par les touristes*** *ville:* von Touristen überlaufen sein ❸ *(gagner)* ***~ qn*** *doute, terreur:* jdn überkommen ❹ *(importuner)* belästigen
envahissant(e) [ɑ̃vaisɑ̃, ɑ̃t] *adj personne* aufdringlich
envahissement [ɑ̃vaismɑ̃] *m* ❶ MIL ***l'~ de l'Europe par les Huns*** der Einfall der Hunnen in Europa ❷ *(fait d'occuper, de proliférer)* Überhandnehmen *nt;* ***l'~ du stade/magasin*** der Ansturm auf das Stadion/den Laden
envahisseur, -euse [ɑ̃vaisœʀ, -øz] *m, f* ❶ *(ennemi qui envahit)* Eindringling *m* ❷ MIL Angreifer(in) *m(f)*
enveloppe [ɑ̃vlɔp] *f* ❶ POST [Brief]umschlag *m;* ***~ autocollante*** [*o* ***autoadhésive***] selbstklebender [Brief]umschlag; ***être/mettre sous ~*** sich in einem [verschlossenen] [Brief]umschlag befinden/ in einen [Brief]umschlag stecken ❷ *(protection)* [Schutz]hülle *f* ❸ *(budget)* Gelder *Pl;* ***une ~ de 14 millions*** [Geld]mittel in Höhe von 14 Millionen; ***~ budgétaire*** Haushaltsmittel *Pl*
enveloppé(e) [ɑ̃vlɔpe] *adj* rundlich
enveloppement [ɑ̃vlɔpmɑ̃] *m* ❶ MED Umschlag *m* ❷ MIL Umzingelung *f*
envelopper [ɑ̃vlɔpe] <1> **I.** *vt* einpacken *verre;* ***~ un bébé dans une couverture*** ein Baby in eine Decke einwickeln; ***être enveloppé dans*** [*o* ***de***] ***qc*** *personne:* in etw *akk* [ein]gehüllt sein; *bébé, objet:* in etw *akk* [ein]gewickelt sein **II.** *vpr* ***s'~ dans son manteau*** sich in den/seinen Mantel hüllen
envenimé(e) [ɑ̃v(ə)nime] *adj propos* böswillig
envenimer [ɑ̃v(ə)nime] <1> **I.** *vt (aggraver)* verschlimmern **II.** *vpr* ***s'~*** *(se détériorer) situation, conflit:* sich zuspitzen
envergure [ɑ̃vɛʀgyʀ] *f* ❶ *(dimension) d'un avion, oiseau* Spannweite *f* ❷ *(valeur, ampleur)* Tragweite *f;* ***avoir de l'~*** *personne:* Format haben
envers [ɑ̃vɛʀ] **I.** *prép* ***~ qn/qc*** jdm/einer S. gegenüber; ***avoir une dette ~ qn*** *(financière)* jdm Geld schulden; *(morale)* in jds Schuld stehen; ***son mépris ~ qn/qc*** seine/ihre Verachtung für jdn/etw **II.** *m d'une feuille de papier* Rückseite *f; d'une étoffe, d'un vêtement* linke Seite; *d'une assiette, feuille d'arbre* Unterseite *f* ▸ **l'~ du décor** die Kehrseite der Medaille; **à l'~** *(dans le mauvais sens)* verkehrt herum; *(à rebours)* umgekehrt; *(de bas en haut)* auf dem Kopf; *(à reculons)* rückwärts; *(en désordre)* durcheinander; ***tout marche à l'~*** alles geht schief *fam*
envi [ɑ̃vi] ▸ **à l'~** *(littér)* um die Wette; ***les gâteaux étaient appétissants à l'~*** eine Torte sah leckerer aus als die andere
enviable [ɑ̃vjabl] *adj* beneidenswert
envie [ɑ̃vi] *f* ❶ *(désir, besoin)* Lust *f;* ***ses ~s de voyage*** seine/ihre Reiselust; ***avoir ~ de cacahuètes*** Lust auf Erdnüsse haben; ***avoir ~ de faire qc*** Lust haben etw zu tun; ***avoir ~ de faire pipi/d'aller au W.-C.*** *(fam)* mal aufs Klo müssen; ***~ de vomir*** Brechreiz *m;* ***brûler d'~ de qc*** *(form)* auf etw *akk* ganz versessen sein; ***mourir d'~ de faire qc*** darauf brennen etw zu tun; ***l'~ lui prend*** [*o* ***vient***] ***d'aller à la piscine*** er/sie bekommt Lust ins Schwimmbad zu gehen; ***ça me donne ~ de partir en vacances*** da bekomme ich Lust zu verreisen; ***avec tes histoires tu me donnes ~ de rire*** wenn man deine Geschichten hört, möchte man lachen; ***l'~ lui en est passée*** [*o* ***lui a passé***] ihm/ihr ist die Lust dazu vergangen ❷ *(convoitise)* Begierde *f* ❸ *(péché capital)* Wollust *f* ❹ *(jalousie)* Neid *m* ▸ **faire ~ à qn** *personne, réussite:* jdn neidisch machen; *nourriture:* jdm Appetit machen; ***ça fait ~*** da kann man neidisch werden; *(met en appétit)* da läuft einem das Wasser im Mund zusammen
envier [ɑ̃vje] <1> *vt* beneiden; ***~ qn pour sa richesse/d'être riche*** jdn um seinen Reichtum beneiden/jdn darum beneiden, dass er reich ist; ***je ne t'envie pas pour ton succès*** ich gönne dir deinen Erfolg ▸ **n'avoir rien à ~ à qn/à qc** jdm/einer S. in nichts nachstehen

E

envieux, -euse [ɑ̃vjø, -jøz] **I.** *adj* neidisch; ~ ***de qn/qc*** neidisch auf jdn/etw **II.** *m, f* Neider(in) *m(f)*; ***tu n'es qu'un*** ~ du bist ja nur neidisch
environ [ɑ̃viʀɔ̃] **I.** *adv* ungefähr **II.** *mpl d'une ville* Umgebung *f*; ***Reims et ses ~s*** Reims und Umgebung; ***dans les ~s du château*** in der Nähe des Schlosses; ***aux ~s de Pâques*** um Ostern [herum]; ***aux ~s de 100 euros*** an die 100 Euro
environnant(e) [ɑ̃viʀɔnɑ̃, ɑ̃t] *adj* der Umgebung
environnement [ɑ̃viʀɔnmɑ̃] *m* ❶ *(milieu écologique)* Umwelt *f* ❷ *(environs)* Umgebung *f* ❸ *(milieu social)* Umfeld *nt*
environnemental(e) [ɑ̃viʀɔnmɑ̃tal, o] <-aux> *adj* Umwelt-, umweltbezogen; ***politique ~e*** Umweltpolitik *f*; ***questions ~es*** Umweltfragen *Pl*; ***mesure en matière de politique ~e*** umweltpolitische Maßnahme
environner [ɑ̃viʀɔne] <1> *vt* umgeben
envisageable [ɑ̃vizaʒabl] *adj* denkbar
envisager [ɑ̃vizaʒe] <2a> *vt* ❶ *(considérer)* in Betracht ziehen *question, situation*; ~ ***l'avenir/la mort*** der Zukunft/dem Tod entgegensehen ❷ *(projeter)* ~ ***un voyage pour qn*** eine Reise für jdn planen; ~ ***de faire qc*** planen etw zu tun ❸ *(prévoir)* rechnen mit *orage, visite*; ~ ***que*** +*subj* davon ausgehen, dass
envoi [ɑ̃vwa] *m* ❶ *d'un paquet, d'une lettre* [Ab]schicken *nt*; *d'une marchandise, commande* Versand *m*; *de vivres* Sendung *f* ❷ *(colis, courrier)* Sendung *f*; ~ ***contre remboursement*** Nachnahmesendung; ~ ***recommandé*** Einschreiben *nt*
envol [ɑ̃vɔl] *m d'un oiseau* Auffliegen *nt* ▶ **prendre son** ~ *oiseau:* auffliegen
envolée [ɑ̃vɔle] *f des oiseaux* Auffliegen *nt*
envoler [ɑ̃vɔle] <1> *vpr* **s'**~ ❶ *(quitter le sol)* wegfliegen; *avion:* abfliegen; ***s'~ dans le ciel*** *ballon:* in die Höhe steigen ❷ *(augmenter) monnaie, prix:* hochschnellen ❸ *(fig fam: disparaître)* sich in Luft auflösen; *paroles, peur, temps:* verfliegen
envoûtant(e) [ɑ̃vutɑ̃, ɑ̃t] *adj musique, regard* betörend; *atmosphère* bezaubernd
envoûtement [ɑ̃vutmɑ̃] *m* Bann *m*
envoûter [ɑ̃vute] <1> *vt* in seinen Bann ziehen
envoyé(e) [ɑ̃vwaje] *m(f)* ❶ PRESSE Korrespondent(in) *m(f)*; ~ ***spécial*** Sonderberichterstatter ❷ POL, REL Abgesandte(r) *f(m)*; *(diplomate, missionnaire)* Gesandte(r) *m*/Gesandtin *f*
envoyer [ɑ̃vwaje] <irr> **I.** *vt* ❶ *(expédier)* verschicken, versenden *marchandises;* einreichen *démission;* entsenden *député;* ~ ***un colis/une lettre à qn*** jdm ein Paket/einen Brief schicken; ~ ***ses amitiés/félicitations à qn*** jdm eine Gruß-/Glückwunschkarte schicken [*o* senden]; ~ ***qn à la poste/chez qn*** jdn zur Post/zu jdm schicken; ~ ***qn faire des courses*** jdn einkaufen schicken ❷ *(lancer)* werfen *ballon; (avec le pied)* schießen *ballon;* schlagen *balle de tennis;* versetzen *coup de pied;* geben *gifle, signal;* ~ ***un baiser à qn*** jdm eine Kusshand zuwerfen; ~ ***un ballon à qn*** *(avec la main/le pied)* jdm den Ball zuwerfen/zuschießen [*o* zuspielen] ▶ ~ **balader qn** *(fam)* jdn abwimmeln; ~ **valdinguer qn/qc contre le mur** *(fam)* jdn/etw wegschleudern/gegen die Wand schleudern; ~ **tout promener** *(fam)* alles hinschmeißen **II.** *vpr (se transmettre)* ***s'~ des vœux/des baisers*** sich *dat* Glückwunschkarten schicken/Kusshändchen zuwerfen
enzyme [ɑ̃zim] *m o f* Enzym *nt*
éolien(ne) [eɔljɛ̃, jɛn] *adj* Wind-
éolienne [eɔljɛn] *f (machine)* Windrad *nt*
épagneul(e) [epaɲœl] *m(f)* Spaniel *m*
épais(ne) [epɛ, ɛs] **I.** *adj* ❶ dick; ***cette planche est épaisse de 4 cm*** dieses Brett ist 4 cm dick ❷ *forêt, brouillard* dicht ❸ *liquide* dickflüssig **II.** *adv* ▶ **il n'y en a pas** ~ *(fam)* viel ist nicht da
épaisseur [epɛsœʀ] *f* ❶ *(dimension)* Stärke *f*; *d'une couche, couverture* Dicke *f*; *de la neige* Höhe *f*; ***avoir une ~ de 7 cm*** [*o* ***7 cm d'~***] 7 cm dick sein ❷ *(grosseur)* Dicke *f* ❸ *(couche)* Schicht *f*; *d'un papier* Lage *f* ❹ *d'un liquide* Dickflüssigkeit *f* ❺ *(densité)* Dichte *f*
épaissir [epesiʀ] <8> **I.** *vi liquide:* eindicken **II.** *vpr* ***s'~*** *(devenir plus consistant) liquide, air:* dicker werden; *forêt, brouillard:* dichter werden
épanchement [epɑ̃ʃmɑ̃] *m* MED Erguss *m*
épancher [epɑ̃ʃe] <1> **I.** *vt (form)* ausschütten *cœur;* loswerden, sich *dat* von der Seele reden *sentiment, secret* **II.** *vpr* ❶ MED ***s'~ de qc*** *sang:* aus etw herausfließen ❷ *(form: se confier)* ***s'~*** sein Herz ausschütten; ***s'~ auprès de qn*** sich jdm anvertrauen [*o* mitteilen]
épandage [epɑ̃daʒ] *m du fumier, d'un engrais* Verteilen *nt*
épandre [epɑ̃dʀ] <14> **I.** *vt* verteilen *engrais, fumier* **II.** *vpr* ***s'~*** sich ausbreiten
épanoui(e) [epanwi] *adj* ❶ *fleur* aufgeblüht; *sourire, visage* strahlend; *corps* wohl-

geformt ❷ *caractère, personne* ausgeglichen

épanouir [epanwiʀ] <8> *vpr* **s'~** ❶ *(s'ouvrir) fleur:* aufblühen ❷ *(devenir joyeux) visage:* sich erhellen ❸ *(trouver le bonheur)* aufblühen ❹ *(prendre des formes) beauté:* sich entfalten; *corps d'une femme:* Rundungen bekommen ❺ *(se développer) personne, compétence:* sich entfalten; ***s'~ dans un travail*** in einer Arbeit [ganz] aufgehen

épanouissant(e) [epanwisɑ̃, ɑ̃t] *adj* bereichernd

épanouissement [epanwismɑ̃] *m d'une fleur* Aufblühen *nt; d'un corps* Heranreifen *nt; d'un esprit, d'une beauté* Entfaltung *f; d'une personne* Selbstverwirklichung *f; d'un style, art* Blüte[zeit *f*] *f*

épargnant(e) [epaʀɲɑ̃, ɑ̃t] *m(f)* Sparer(in) *m(f)*

épargne [epaʀɲ] *f* ❶ *(action)* Sparen *nt* ❷ *(sommes)* Ersparnisse *Pl*

épargne-logement [epaʀɲlɔʒmɑ̃] *f sans pl* Bausparen *nt*

épargner [epaʀɲe] <1> **I.** *vt* ❶ *(économiser, mettre de côté)* sparen *argent* ❷ *(compter, ménager)* schonen *forces;* ***n'~ ni son temps ni sa peine*** weder Zeit noch Mühe scheuen; ***ne rien ~ pour faire qc*** nichts unversucht lassen um etw zu tun ❸ *(éviter)* ***~ un discours à qn*** jdn mit einer Rede verschonen; ***être épargné à qn*** jdm erspart bleiben ❹ *(laisser vivre)* verschonen; ***être épargné par qc*** von etw verschont bleiben **II.** *vpr* ***s'~ qc*** sich *dat* etw ersparen

éparpillement [epaʀpijmɑ̃] *m* ❶ *(dissémination. état)* Verstreutsein *nt, (action)* Verstreuen *nt* ❷ *(fig: dispersion)* Verzetteln *nt*

éparpiller [epaʀpije] <1> **I.** *vt* ❶ *(disséminer)* [überall] verteilen *personnes;* [überall] verstreuen *miettes* ❷ *(disperser inefficacement)* vergeuden *forces, talent;* ***~ ses efforts/son attention*** sich verzetteln/leicht ablenken lassen **II.** *vpr* **s'~** ❶ *(se disséminer) foule:* sich zerstreuen; *maisons:* verstreut sein ❷ *(se disperser) personne:* sich verzetteln

épars(e) [epaʀ, aʀs] *adj maisons* vereinzelt; *cheveux* zerzaust

épatant(e) [epatɑ̃, ɑ̃t] *adj (fam)* toll

épate [epat] *f (fam)* ► **le faire à l'~** bluffen

épaté(e) [epate] *adj (fam)* platt

épatement [epatmɑ̃] *m* ❶ *(écrasement) du nez* Eindrücken *nt,* Plattdrücken *nt* ❷ *(surprise)* Verblüffung *f,* Plattsein *nt fam*

épater [epate] <1> *vt (fam: stupéfier)* verblüffen; ***ça t'épate, hein?*** da bist du platt, was?

épaulard [epolaʀ] *m* Schwertwal *m*

épaule [epol] *f* ANAT Schulter *f;* ***hausser les ~s*** mit den Schultern zucken

épauler [epole] <1> **I.** *vt* ❶ *(aider)* ***~ qn*** jdm unter die Arme greifen ❷ *(appuyer)* anlegen *arme* **II.** *vi* anlegen **III.** *vpr* ❶ *(s'entraider)* ***s'~*** sich *dat* [gegenseitig] helfen ❷ *(s'appuyer)* ***s'~ contre qn/qc*** sich gegen jdn/etw lehnen

épaulette [epolɛt] *f* COUT Schulterpolster *nt*

épave [epav] *f* ❶ *(débris)* Strandgut *nt* ❷ *(véhicule)* Wrack *nt* ❸ *(personne)* [menschliches] Wrack *fam*

épeautre [epotʀ] *m* Dinkel *m*

épée [epe] *f a.* SPORT Schwert *nt*

épeler [ep(ə)le] <3> *vt, vi* buchstabieren

épellation [epelasjɔ̃, epɛllasjɔ̃] *f (rare) d'un nom* Buchstabieren *nt*

épépiner [epepine] <1> *vt* entkernen

éperdu(e) [epɛʀdy] *adj personne* außer sich, bestürzt

éperdument [epɛʀdymɑ̃] *adv* ❶ *(follement)* über alle Maßen *geh* ❷ *(totalement)* völlig

éperlan [epɛʀlɑ̃] *m* Stint *m*

éperon [ep(ə)ʀɔ̃] *m* Sporn *m*

éperonner [ep(ə)ʀɔne] <1> *vt* ***~ un cheval*** einem Pferd die Sporen geben

épervier [epɛʀvje] *m* ZOOL Sperber *m*

éphèbe [efɛb] *m (iron)* schöner Jüngling

éphémère [efemɛʀ] *adj bonheur* von kurzer Dauer; *vie, beauté* vergänglich; *instant* flüchtig

éphéméride [efemeʀid] *f (calendrier)* Abreißkalender *m*

épi [epi] *m (de maïs)* Kolben *m*

épice [epis] *f* Gewürz *nt*

épicé(e) [epise] *adj* ❶ GASTR gewürzt ❷ *(grivois) histoire* pikant

épicéa [episea] *m* Fichte *f*

épicentre [episɑ̃tʀ] *m* Epizentrum *nt*

épicer [epise] <2> *vt* ❶ *(assaisonner)* würzen ❷ *(corser)* ***~ une histoire de qc*** eine Geschichte mit etw würzen

épicerie [episʀi] *f (magasin)* Lebensmittelgeschäft *nt;* ***la petite ~ du coin*** der Tante-Emma-Laden [gleich] um die Ecke *fam;* ***~ fine*** Feinkostgeschäft *nt*

épicier, -ière [episje, -jɛʀ] *m, f* ❶ Lebensmittelhändler(in) *m(f)* ❷ *(péj)* Krämerseele *f*

épicurien(ne) [epikyʀjɛ̃, jɛn] *adj* epikureisch

E

épidémie [epidemi] *f* Epidemie *f,* Seuche *f*
épidémique [epidemik] *adj maladie* hochgradig ansteckend
épiderme [epidɛʀm] *m* [Ober]haut *f*
épidermique [epidɛʀmik] *adj* Oberhaut-
épier [epje] <1> **I.** *vt* [heimlich] beobachten; ~ ***qn*** jdm nachspionieren; ~ ***un bruit*** einem Geräusch lauschen; ***le chat épie la souris*** die Katze lauert der Maus auf **II.** *vpr* ***s'~*** sich *dat* [gegenseitig] nachspionieren
épieu [epjø] <x> *m* Speer *m*
épigramme [epigʀam] *f* Epigramm *nt*
épigraphe [epigʀaf] *f* Inschrift *f*
épilateur [epilatœʀ] *m* Epiliergerät *nt*
épilation [epilasjɔ̃] *f* Epilieren *nt*
épilatoire [epilatwaʀ] *adj crème* Enthaarungs-, Haarentfernungs-
épilepsie [epilɛpsi] *f* Epilepsie *f*
épileptique [epilɛptik] *adj* epileptisch; ***personne*** ~ Epileptiker *m*
épiler [epile] <1> *vt* enthaaren, epilieren *jambes*
épilogue [epilɔg] *m* LITTER Epilog *m; d'un roman* Nachwort *nt*
épiloguer [epilɔge] <1> *vi* ~ ***sur qc*** sich lang und breit über etw *akk* auslassen
épinard [epinaʀ] *m* Spinat *m*
épine [epin] *f d'un hérisson, cactus* Stachel *m; d'un buisson* Dorn *m* ▶ **enlever** [*o* **ôter**] [*o* **retirer**] **à qn une belle ~ du pied** jdm aus einer ziemlichen Notlage helfen
épinette[1] [epinɛt] *f* MUS Spinett *nt*
épinette[2] CAN *v.* **épicéa**
épineux [epinø] *m* Dornenstrauch *m*
épingle [epɛ̃gl] *f* [Steck]nadel *f;* ~ ***à cheveux*** Haarnadel; ~ ***à nourrice*** Sicherheitsnadel ▶ **tirer son ~ du jeu** *(s'en sortir)* sich geschickt aus der Affäre ziehen; *(réussir)* eine gute Figur machen; **être tiré à quatre ~s** wie aus dem Ei gepellt sein
épingler [epɛ̃gle] <1> *vt* ❶ ~ ***des photos au mur*** Fotos an die Wand pinnen *fam* ❷ *(fam: attraper)* schnappen
Épiphanie [epifani] *f sans pl* ***l'~*** das Fest der Heiligen Drei Könige
épiphénomène [epifenɔmɛn] *m* Begleiterscheinung *f*
épique [epik] *adj poésie, style* episch; ***poème*** ~ Epos *nt*
épiscopal(e) [episkɔpal, -o] <-aux> *adj* bischöflich
épiscopat [episkɔpa] *m* ***l'~*** die Bischöfe *Pl*
épisode [epizɔd] *m* ❶ *(événement, action: mineur)* Episode *f; (marquant)* Ereignis *nt,* Erlebnis *nt* ❷ *d'un film, feuilleton* Folge *f;* ***roman/film à ~s*** Fortsetzungsroman *m/* mehrteiliger Film ▶ **par ~s** zeitweise
épisodique [epizɔdik] *adj* gelegentlich
épisodiquement [epizɔdikmɑ̃] *adv* gelegentlich
épistolaire [epistɔlɛʀ] *adj roman, littérature* Brief-
épitaphe [epitaf] *f* Grabinschrift *f*
épithète [epitɛt] *f* GRAM Attribut *nt*
épizootie [epizɔɔti, epizooti] *f* Tierepidemie *f*
éploré(e) [eplɔʀe] *adj* ❶ *personne* in Tränen aufgelöst ❷ *visage, voix* bekümmert; *veuve* untröstlich
épluchage [eplyʃaʒ] *m des fruits, légumes* Schälen *nt*
épluche-légume[s] [eplyʃlegym] <épluche-légumes> *m* Schälmesser *nt,* [Gemüse]schäler *m*
éplucher [eplyʃe] <1> *vt* ❶ schälen *fruits, légumes;* pulen NDEUTSCH *crevettes;* putzen *salade* ❷ *(fig)* [genau] unter die Lupe nehmen *comptes*
éplucheur [eplyʃœʀ] *m* [Gemüse]schäler *m,* Schälmesser *nt*
épluchure [eplyʃyʀ] *f souvent pl* Schalen *Pl;* ***une*** ~ ein Stück Schale *f*
éponge [epɔ̃ʒ] *f* Schwamm *m* ▶ **jeter l'~** das Handtuch werfen; **passer l'~ sur qc** großzügig über etw *akk* hinweggehen; ***passons l'~!*** Schwamm drüber! *fam*
éponger [epɔ̃ʒe] <2a> **I.** *vt* abwischen *table;* wischen *sol;* aufwischen *liquide* **II.** *vpr* ***s'~ le front*** sich *dat* die Stirn abtupfen
épopée [epɔpe] *f* LITTER Epos *nt*
époque [epɔk] *f* Zeit *f,* Epoche *f;* ***l'~ glaciaire/moderne/révolutionnaire*** die Eiszeit/die Moderne/die Zeit der Revolution; ***la Belle Époque*** die Belle Epoque; ***à l'~*** [*o* ***à cette ~***] damals; ***à l'~ de qn/qc*** zu jds Zeit/zur Zeit einer S. *gen;* ***à cette ~ de l'année*** um diese Jahreszeit ▶ **vivre avec son ~** mit der Zeit gehen; **d'~** [stil]echt; ***véhicule d'~*** Oldtimer *m*
époumoner [epumɔne] <1> *vpr* ***s'~ à faire qc*** sich *dat* die Lunge aus dem Hals schreien um etw zu tun
épousailles [epuzaj] *fpl (hum)* Hochzeit *f,* Verehelichung *f Fachspr.*
épouse [epuz] *f v.* **époux**
épouser [epuze] <1> *vt* ❶ *(se marier avec)* heiraten ❷ *(partager)* teilen *idées, point de vue;* vertreten *intérêts;* ~ ***une cause*** für eine Sache eintreten ❸ *(s'adapter à)* ~ ***les***

formes du corps *robe:* wie angegossen sitzen

époussetage [epustaʒ] *m* Abstauben *nt,* Staubwischen *nt*

épousseter [epuste] <3> *vt* abstauben

époustouflant(e) [epustuflɑ̃, ɑ̃t] *adj (fam)* unglaublich

époustoufler [epustufle] <1> *vt (fam)* umhauen

épouvantable [epuvɑ̃tabl] *adj* schrecklich; *temps* scheußlich

épouvantablement [epuvɑ̃tabləmɑ̃] *adv mentir* entsetzlich

épouvantail [epuvɑ̃taj] <s> *m (a. fig)* Vogelscheuche *f*

épouvante [epuvɑ̃t] *f* Entsetzen *nt,* Grauen *nt;* ***film d'~*** Horrorfilm *m*

épouvanter [epuvɑ̃te] <1> **I.** *vt* ❶ *(horrifier)* in Angst und Schrecken versetzen; ***être épouvanté de qc*** entsetzt über etw *akk* sein ❷ *(inquiéter)* ~ ***qn*** jdm Angst machen; ***il est épouvanté de faire qc*** ihm graut davor etw zu tun **II.** *vpr* ❶ *(prendre peur)* ***s'~*** erschrecken ❷ *(redouter)* ***il s'épouvante de qc*** ihm graut vor etw *dat*

époux, -ouse [epu, -uz] *m, f (form)* Gatte *m*/Gattin *f;* ***les ~*** die Eheleute; ***Mme Dumas, épouse Meier*** Frau Meier, geborene Dumas

éprendre [epʀɑ̃dʀ] <13> *vpr (littér)* sein Herz an jdn/etw verlieren *geh*

épreuve [epʀœv] *f* ❶ *(test)* Prüfung *f,* Probe *f;* ~ ***d'endurance/de résistance*** Belastungsprobe *f*/Härtetest *m;* ***mettre qn/qc à l'~/à rude ~*** jdn/etw auf die Probe/auf eine harte Probe stellen ❷ *(examen)* Prüfung *f* ❸ SPORT Wettkampf *m; (en course auto, cyclisme)* Rennen *nt* ❹ *(moment difficile)* Prüfung *f;* ***dure*** [*o* ***rude***] ~ harte Prüfung ❺ *(adversité, malheur)* Unglück *nt,* harte Zeit ▶ ~ **de force** Kraftprobe *f,* Machtprobe *f;* **résister à l'~ du temps/vent** dem Wetter/Wind standhalten; **être à l'~ du feu/de l'eau** feuer-/wasserfest sein; **à l'~ des balles/des bombes** kugel-/bombensicher; **à toute ~** bewährt; *nerfs, santé* eisern; *courage, optimisme* unerschütterlich; *patience, énergie* unermüdlich

épris(e) [epʀi, iz] *adj* ~ ***de qn*** in jdn verliebt, von jdm angetan

éprouvant(e) [epʀuvɑ̃, ɑ̃t] *adj* anstrengend; *climat* hart; *chaleur* drückend

éprouvé(e) [epʀuve] *adj* ❶ *personne* mitgenommen; *pays, région* hart getroffen; ***être très ~*** viel durchmachen ❷ *(confirmé)* bewährt

éprouver [epʀuve] <1> *vt* ❶ *(ressentir)* verspüren *besoin, envie;* haben *sentiment;* empfinden *tendresse, douleur* ❷ *(subir)* erleben *malheur;* mitmachen, durchmachen *désagréments* ❸ *(tester)* prüfen, auf die Probe stellen *bonne foi* ❹ *(ébranler: physiquement, moralement)* mitnehmen; *(matériellement)* schwer treffen

éprouvette [epʀuvɛt] *f* Reagenzglas *nt*

E.P.S. [øpeɛs] *f abr de* **éducation physique et sportive** Sportunterricht *m,* Sport *m*

épuisant(e) [epɥizɑ̃, ɑ̃t] *adj* anstrengend

épuisé(e) [epɥize] *adj* ❶ *(éreinté)* [völlig] erschöpft; ***être ~ de fatigue*** todmüde sein ❷ *filon, gisement* [völlig] abgebaut; *terre* ausgelaugt; *réserves* aufgebraucht; *stock, ressources* erschöpft ❸ *édition, livre* vergriffen; *article* ausverkauft

épuisement [epɥizmɑ̃] *m* ❶ *(fatigue)* Erschöpfung *f* ❷ *d'un gisement, filon* völliger Abbau; *du sol* Auslaugung *f; des réserves, ressources* Erschöpfung *f* ❸ *(vente totale)* Ausverkauf *m;* ***jusqu'à ~ du stock*** [*o* ***des stocks***] solange der Vorrat reicht

épuiser [epɥize] <1> **I.** *vt* ❶ *(fatiguer)* strapazieren ❷ *(tarir, venir à bout de)* aufbrauchen *économies;* erschöpfen, aufbrauchen *réserves;* auslaugen *sol, terre;* erschöpfend behandeln *sujet;* ausschöpfen *possibilités, ressources* ❸ *(vendre totalement)* ausverkaufen *stock, articles* **II.** *vpr* ❶ *(se tarir)* ***s'~*** *réserves:* zu Ende gehen; *sol:* verarmen; *source:* versiegen; *forces:* nachlassen ❷ *(se fatiguer)* ***s'~ sur qc*** sich bei etw verausgaben; ***s'~ à faire qc*** sich abmühen etw zu tun

épuisette [epɥizɛt] *f* Kescher *m*

épurateur [epyʀatœʀ] TECH **I.** *adj appareil* reinigend **II.** *m* Reiniger *m; d'eau* Aufbereiter *m*

épuration [epyʀasjɔ̃] *f* CHIM Reinigung *f; de l'eau* Aufbereitung *f*

épure [epyʀ] *f (ébauche)* Aufriss *m,* Skizze *f; d'un roman* Entwurf *m*

épuré(e) [epyʀe] *adj forme* schlicht; *langue, style* rein

épurer [epyʀe] <1> *vt* reinigen, aufbereiten *huile, eau*

équarrir [ekaʀiʀ] <8> *vt* zerlegen

Équateur [ekwatœʀ] *m* ❶ ***l'~*** Äquator *m* ❷ *(République d'Équateur)* Ecuador *nt*

équation [ekwasjɔ̃] *f* ❶ MATH Gleichung *f;* ~ ***du premier/second degré*** einfache/quadratische Gleichung ❷ *(problème)* Problem *nt*

équatorial(e) [ekwatɔʀjal, -jo] <-aux> *adj climat* äquatorial; *forêt, région* Äquatorial-
équerre [ekɛʀ] *f* Geodreieck *nt*
équestre [ekɛstʀ] *adj* Reit-
équeuter [ekøte] <1> *vt* entstielen
équidistant(e) [ekɥidistɑ̃, ɑ̃t] *adj* gleich weit weg
équilatéral(e) [ekɥilateʀal, -o] <-aux> *adj triangle* gleichseitig

E

équilibrage [ekilibʀaʒ] *m des roues* Auswuchten *nt*
équilibre [ekilibʀ] *m* ❶ *a.* POL, ECON Gleichgewicht *nt; en ~* im Gleichgewicht; ***être en ~ sur le bord de la table*** halb auf der Tischkante stehen; ***mettre qc en ~*** etw ausbalancieren; ***rompre l'~ entre deux choses*** zwei Dinge aus dem Gleichgewicht bringen ❷ PSYCH seelisches Gleichgewicht; ***faire preuve d'~*** ausgeglichen sein
équilibré(e) [ekilibʀe] *adj* ❶ *balance* austariert; *chargement* gleichmäßig verteilt; *repas* ausgewogen; *budget* ausgeglichen ❷ *personne, esprit* ausgeglichen
équilibrer [ekilibʀe] <1> **I.** *vt* ❶ *(mettre en équilibre)* austarieren *balance;* gleichmäßig verteilen *charge, pouvoirs;* gleichmäßig beladen *véhicule;* ausgleichen *budget;* gut einteilen *emploi du temps;* ***bien ~ ses repas*** sich sehr ausgewogen ernähren ❷ *(stabiliser)* ***~ qn/qc*** jdm/einer S. Halt geben; ***~ l'existence de qn*** jds Leben ins Gleichgewicht bringen ❸ *(contrebalancer)* ausgleichen **II.** *vpr* ***s'~*** sich die Waage halten
équilibriste [ekilibʀist] *mf* Akrobat(in) *m(f)*
équinoxe [ekinɔks] *m* Tagundnachtgleiche *f*
équipage [ekipaʒ] *m d'un avion, bateau* Besatzung *f*
équipe [ekip] *f* ❶ SPORT Mannschaft *f;* ***faire ~ avec qn*** mit jdm in einer Mannschaft sein ❷ *(groupe)* Team *nt;* ***~ de recherche*** Suchmannschaft; ***l'~ de jour/nuit/du matin/soir*** die Tages-/Nacht-/Früh-/Spätschicht; ***en ~*** im Team; SCOL in Gruppen
équipée [ekipe] *f (aventure)* [abenteuerliches] Unterfangen
équipement [ekipmɑ̃] *m* ❶ *(action)* Ausrüstung *f; d'un hôtel, hôpital* Einrichtung *f;* ***l'~ industriel de la région*** die Industrialisierung der Gegend; ***plan d'~ de la région*** Landesentwicklungsprogramm *nt* ❷ *(matériel)* Ausrüstung *f; d'une voiture* Ausstattung *f* ❸ *souvent pl (installations)* Anlage *f;* ***des ~s sportifs/collectifs*** Sportanlagen/öffentliche Einrichtungen ❹ ADMIN ***l'Equipement [du territoire]*** ≈ die Landesplanungsbehörde
équiper [ekipe] <1> *vpr* ***s'~ en qc*** sich mit etw ausrüsten
équipier, -ière [ekipje, -jɛʀ] *m, f* [Mannschafts]kamerad(in) *m(f)*
équitable [ekitabl] *adj* gerecht
équitablement [ekitabləmɑ̃] *adv* gerecht
équitation [ekitasjɔ̃] *f* Reiten *nt;* ***faire de l'~*** reiten
équité [ekite] *f d'un jugement, d'une loi* Angemessenheit *f*
équivalence [ekivalɑ̃s] *f* ❶ *(valeur égale)* Gleichwertigkeit *f* ❷ UNIV Äquivalenz *f;* ***elle obtient une ~ pour qc*** ihr wird etw anerkannt
équivalent [ekivalɑ̃] *m* Entsprechende(s) *nt; d'un mot* Entsprechung *f;* ***être l'~ de six euros*** sechs Euro entsprechen; ***accepter serait l'~ de céder*** anzunehmen käme einem Nachgeben gleich; ***sans ~*** ohnegleichen
équivalent(e) [ekivalɑ̃, ɑ̃t] *adj part, forme* gleich; *diplôme* gleichwertig; *expression* gleichbedeutend; ***elle gagne un salaire ~ au mien*** ihr Lohn entspricht meinem
équivaloir [ekivalwaʀ] <irr> *vi* ***~ à qc*** einer S. *dat* entsprechen
équivoque [ekivɔk] *adj* ❶ *(ambigu)* zweideutig ❷ *(louche)* zwielichtig, suspekt
érable [eʀabl] *m* Ahorn *m;* ***sirop*** *m* ***d'~*** Ahornsirup *m*
éradication [eʀadikasjɔ̃] *f* Ausrotten *nt*
éradiquer [eʀadike] <1> *vt* ausrotten
érafler [eʀɑfle] <1> **I.** *vt* ***~ qc*** zerkratzen; *balle:* streifen; ***être éraflé*** *genou:* aufgeschürft sein **II.** *vpr* ***s'~ qc*** sich *dat* etw zerkratzen; ***s'~ le genou*** sich *dat* das Knie aufschürfen
éraflure [eʀɑflyʀ] *f* Schramme *f*
éraillé(e) [eʀɑje] *adj voix* rau
érailler [eʀɑje] <1> **I.** *vt* verschleißen *tissu;* angreifen *voix* **II.** *vpr* ***s'~*** *voix:* heiser [*o* rau] werden; *tissu:* sich abwetzen; ***s'~ la voix à force de crier/chanter/parler*** sich heiser schreien/singen/reden
Érasme [eʀasm(ə)] *m* Erasmus *m*
ère [ɛʀ] *f* ❶ Zeitalter *nt,* Ära *f;* ***~ industrielle*** Industriezeitalter ❷ *(espace de temps qui commence à un point fixe)* Zeitrechnung *f;* ***avant notre ~*** vor unserer Zeitrechnung ❸ GEOL ***~ tertiaire/quaternaire*** Tertiär *nt*/Quartär *nt*
érection [eʀɛksjɔ̃] *f d'un pénis* Erektion *f*
éreintant(e) [eʀɛ̃tɑ̃, ɑ̃t] *adj* aufreibend
éreinté(e) [eʀɛ̃te] *adj* [völlig] erschöpft
éreinter [eʀɛ̃te] <1> *vt* [völlig] erschöpfen

érémiste [eRemist] *mf* Sozialhilfeempfänger(in) *m(f)*
ergonomie [ɛRgɔnɔmi] *f* Ergonomie *f*
ergonomique [ɛRgɔnɔmik] *adj* ergonomisch
ergot [ɛRgo] *m d'un coq* Sporn *m; d'un chien* Afterklaue *f*
ergotage [ɛRgɔtaʒ] *m* ❶ *(action d'ergoter)* Haarspalterei *f pej* ❷ *(critique pointilleuse)* Kleinkariertheit *f*
ergoter [ɛRgɔte] <1> *vi* ~ ***sur qc*** an etw *dat* herumnörgeln
ergoteur, -euse [ɛRgɔtœR, -øz] *m, f* Nörgler(in) *m(f),* Krittler(in) *m(f) fam*
ergothérapeute [ɛRgoteRapøt] *mf* Ergotherapeut(in) *m(f)*
ergothérapie [ɛRgoteRapi] *f* Ergotherapie *f*
ériger [eRiʒe] <2a> **I.** *vt (form)* ❶ *(dresser, élever)* errichten *monument* ❷ *(élever au rang de)* ~ ***qn en martyr/qc en règle générale*** jdn zu einem Märtyrer machen/etw zu einer Regel erheben **II.** *vpr (form)* ***s'~ en moraliste/juge*** sich als Moralapostel aufspielen/sich zum Richter machen
ermitage [ɛRmitaʒ] *m* Einsiedelei *f*
ermite [ɛRmit] *m* Eremit *m,* Einsiedler *m*
éroder [eRɔde] <1> *vt vent:* erodieren, abtragen; *pluie, eau:* auswaschen; *mer:* unterspülen *falaise*
érogène [eRɔʒɛn] *adj zone* erogen
érosion [eRɔzjɔ̃] *f* GEOL Erosion *f*
érotique [eRɔtik] *adj* erotisch
érotisme [eRɔtism] *m* Erotik *f*
errance [eRɑ̃s] *f (littér)* Umherirren *nt; d'un naufragé* Irrfahrt *f; de l'âme* Verirrungen *Pl*
errant(e) [eRɑ̃, ɑ̃t] *adj personne, animal* umherirrend; *regard* ziellos; ***vie ~e*** Nomadenleben *nt*
erratique [eRatik] *adj* ❶ MED *(instable)* unregelmäßig; *douleur* wandernd ❷ GEOL *roche* erratisch
erratum [eRatɔm, eRata] <errata> *m* Druckfehler *m*
errements [ɛRmɑ̃] *mpl (form)* Fehler *Pl,* Irrtümer *Pl*
errer [eRe] <1> *vi* umherirren; *animal:* streunen *pej,* umherirren
erreur [eRœR] *f* ❶ *(faute)* Fehler *m* ❷ *(idée/opinion erronée)* Irrtum *m;* ~ ***d'ordinateur/de système*** Computer-/Systemfehler; ~ ***d'appréciation/de jugement*** Fehleinschätzung *f*/Fehlurteil *nt;* ***raccrochez! c'est une ~ [de numéro]*** legen Sie auf! Sie haben sich verwählt; ~ ***judiciaire*** Justizirrtum; ~ ***médicale*** [ärztlicher] Kunstfehler; ***il y a ~/n'y a pas d'~*** hier liegt ein/kein Irrtum vor; ***j'ai commis une ~*** mir ist ein Fehler unterlaufen; ***excusez-moi; c'est une ~ de ma part*** entschuldigen Sie, der Fehler liegt bei mir; ***être dans l'~*** im Irrtum sein; ***faire ~*** sich irren; ***induire qn en ~*** jdn irreführen; ***par ~*** aus Versehen; ***sauf ~ de ma part*** wenn ich mich nicht täusche ► **~ de jeunesse** Jugendsünde *f;* **il y a ~ sur la personne** hier liegt eine Verwechslung vor; **l'~ est humaine** *(prov)* Irren ist menschlich
erroné(e) [eRɔne] *adj* irrig
ersatz [ɛRsats] *m inv* ~ ***de café/savon*** Kaffee-/Seifenersatz *m*
éructation [eRyktasjɔ̃] *f (littér: renvoi)* Aufstoßen *nt*
éructer [eRykte] <1> **I.** *vi (littér)* aufstoßen **II.** *vt (form)* ausstoßen *injures, menaces*
érudit(e) [eRydi, it] *adj ouvrage, personne* gelehrt
érudition [eRydisjɔ̃] *f* Gelehrsamkeit *f*
éruption [eRypsjɔ̃] *f* GEOL Ausbruch *m*
érythème [eRitɛm] *m* Hautreizung *f*
Érythrée [eRitRe] *f* ***l'~*** Eritrea *nt*
es [ɛ] *indic prés de* **être**
ès [ɛs] *prép devant un pl (form)* ***docteur ~ sciences*** Doktor *m* der Naturwissenschaften
ESB [øɛsbe] *f abr de* **encéphalopathie spongiforme bovine** BSE
esbigner [ɛsbiɲe] <1> *vpr (vieilli fam)* ***s'~*** sich davonmachen, sich vom Acker machen *fam*
esbroufe [ɛsbRuf] *f (fam)* Angeberei *f,* wichtigtuerisches Gehabe; ***un joli coup d'~*** ein toller Bluff
esbroufer [ɛsbRufe] <1> *vt (fam)* bluffen *fam*
escabeau [ɛskabo] <x> *m* [Tritt]leiter *f*
escadre [ɛskadR] *f* Geschwader *nt*
escadrille [ɛskadRij] *f de bombardement* Staffel *f*
escadron [ɛskadRɔ̃] *m de cavalerie* Schwadron *f; de chasseurs, gendarmerie* Staffel *f*
escalade [ɛskalad] *f* ❶ *(ascension)* Erklettern *nt;* ***faire l'~ d'une montagne*** auf einen Berg steigen ❷ *(sport)* Bergsteigen/Klettern *nt,* Klettersport *m;* ***faire de l'~*** klettern ❸ *(surenchère)* [schneller] Anstieg; ***au Pérou, c'est l'~ de la violence*** in Peru eskaliert die Gewalt
escalader [ɛskalade] <1> *vt* ❶ *(monter)* steigen auf +*akk montagne* ❷ *(franchir)* steigen über +*akk grille, mur*
escalator [ɛskalatɔR] *m* Rolltreppe *f*

E

escale [ɛskal] *f* ❶ *(arrêt, lieu)* Zwischenstopp *m* ❷ *(arrêt)* Zwischenlandung *f;* ~ ***technique*** Zwischenstopp zum Auftanken; ***s'effectuer sans*** ~ direkt sein; *(lieu)* Zwischenlandeplatz *m*

escalier [ɛskalje] *m sing o pl* Treppe *f;* ~ ***roulant*** Rolltreppe; ~ ***de service*** Hintertreppe; ***être dans l'***~ im Treppenhaus sein; ***tomber dans les*** **~*s*** [*o* ***l'***~] die Treppe hinunter-/herunterfallen

E

escalope [ɛskalɔp] *f* Schnitzel *nt*

escamotable [ɛskamɔtabl] *adj antenne* einschiebbar

escamoter [ɛskamɔte] <1> *vt* ❶ *(rentrer)* einfahren *train d'atterrissage;* einziehen *antenne* ❷ *(faire disparaître)* verschwinden lassen

escampette [ɛskɑ̃pɛt] *f v.* **poudre**

escapade [ɛskapad] *f* Eskapade *f;* *(fugue)* Ausreißen *nt*

escarcelle [ɛskaʀsɛl] *f (hum)* Geldbeutel *m,* Geldkatze *f veraltet*

escargot [ɛskaʀgo] *m* ❶ ZOOL, GASTR Schnecke *f;* ~ ***de Bourgogne*** Weinbergschnecke ❷ *(personne, véhicule)* lahme Ente *fam;* ***rouler comme un*** ~ im Schneckentempo fahren *fam*

escarmouche [ɛskaʀmuʃ] *f* MIL Gefecht *nt*

escarpé(e) [ɛskaʀpe] *adj montagne* steil [aufragend]

escarpement [ɛskaʀpəmɑ̃] *m d'une côte, montagne* Schroffheit *f*

escarpin [ɛskaʀpɛ̃] *m* Pumps *m*

escarpolette [ɛskaʀpɔlɛt] *f* Schaukel *f*

escarre [ɛskaʀ] *f* MED wund gelegene Stelle *f*

escient [esjɑ̃] *m* ***à bon/mauvais*** ~ zu Recht/Unrecht

esclaffer [ɛsklafe] <1> *vpr* ***s'***~ schallend [los]lachen

esclandre [ɛsklɑ̃dʀ] *m* Skandal *m*

esclavage [ɛsklavaʒ] *m* Sklaverei *f;* ~ ***moderne*** moderne Sklaverei

esclavagiste [ɛsklavaʒist] **I.** *adj* ***être*** ~ die Sklaverei befürworten; ***société*** ~ Sklavenhaltergesellschaft *f* **II.** *mf* Anhänger(in) *m(f)* der Sklaverei

esclave [ɛsklav] **I.** *adj* versklavt; ~ ***de qn/qc*** jdm/einer S. verfallen **II.** *mf* Sklave *m/* Sklavin *f*

escogriffe [ɛskɔgʀif] *m (fam)* ungehobelter Bursche

escompte [ɛskɔ̃t] *m* COM Skonto *nt o m*

escompter [ɛskɔ̃te] <1> *vt* FIN diskontieren

escorte [ɛskɔʀt] *f* Eskorte *f; d'un prisonnier* Wache *f*

escorter [ɛskɔʀte] <1> *vt* ❶ *(accompagner)* geleiten *personne* ❷ *(protéger)* eskortieren

escouade [ɛskwad] *f* Schar *f*

escrime [ɛskʀim] *f* Fechten *nt*

escrimer [ɛskʀime] <1> *vpr* ***s'***~ ***sur qc*** sich mit etw abquälen

escrimeur, -euse [ɛskʀimœʀ, -øz] *m, f* Fechter(in) *m(f)*

escroc [ɛskʀo] *m* Betrüger(in) *m(f)*

> **Aussprache**
> Das -c am Ende von **escroc** bleibt stumm.

escroquer [ɛskʀɔke] <1> *vt* ~ ***une signature à qn*** eine Unterschrift von jdm ergaunern

escroquerie [ɛskʀɔkʀi] *f* Betrug *m,* Schwindel *m*

esgourde [ɛsguʀd] *f (arg)* Ohr *nt,* Lauscher *m fam meist Pl;* ***ouvre tes*** **~*s!*** sperr deine Löffel auf! *fam*

ésotérique [ezɔteʀik] *adj* esoterisch

ésotérisme [ezɔteʀism] *m* Esoterik *f*

espace [ɛspas] **I.** *m* ❶ *(place)* Platz *m;* ***avoir assez d'***~ ***pour danser*** genügend Platz zum Tanzen haben; ~ ***vide*** Zwischenraum *m;* ~ ***publicitaire*** Werbefläche *f* ❷ *(zone)* Gebiet *nt; fig)* Raum *m;* ~ ***vert*** Grünfläche *f* ❸ *(cosmos)* Weltraum *m;* GEOM Raum *m;* ~ ***aérien*** Luftraum *m* ❹ *(distance)* Abstand *m,* Zwischenraum *m* ❺ *(durée)* Zeitraum *m;* ~ ***de temps*** Zeitraum; ***l'***~ ***d'un été/moment*** einen Sommer/Augenblick lang ❻ TYP, INFORM Leerstelle *f* **II.** *f* TYP Leerzeichen *nt*

espacement [ɛspasmɑ̃] *m* Abstand *m,* Zwischenraum *m*

espacer [ɛspase] <2> **I.** *vt (séparer)* auseinandersetzen *élèves;* ~ ***les lignes un peu plus*** etwas mehr Abstand zwischen den Zeilen lassen; ***il espace ses visites*** seine Besuche werden immer seltener **II.** *vpr (devenir plus rare)* ***s'***~ seltener werden

espadon [ɛspadɔ̃] *m* ZOOL Schwertfisch *m*

espadrille [ɛspadʀij] *f* ❶ Espandrillo *m* ❷ CAN *(basket)* Turnschuh *m;* **~*s de tennis*** Tennisschuhe *Pl*

Espagne [ɛspaɲ] *f* ***l'***~ Spanien *nt*

espagnol [ɛspaɲɔl] *m* Spanisch *nt; v. a.* **allemand**

espagnol(e) [ɛspaɲɔl] *adj* spanisch

Espagnol(e) [ɛspaɲɔl] *m(f)* Spanier(in) *m(f)*

espagnolette [ɛspaɲɔlɛt] *f* Espagnoletteverschluss *m (Drehstangenverschluss für Fenster)*

espalier [ɛspalje] *m* BOT Spalier *nt*

espèce [ɛspɛs] *f* ❶ *(catégorie)* Art *f;* **~ animale/de rosiers** Tier-/Rosenart; **~ canine** Hunderasse *f;* **l'~ [humaine]** das Menschengeschlecht ❷ *(souvent péj: sorte)* Art *f;* **c'est un(e) ~ de pot de chambre** das ist so eine Art Nachttopf *fam;* **~ d'imbécile!** *(fam)* [du/Sie/so ein] Blödmann!/[du/Sie/so eine] blöde Kuh!; **de ton/cette/de la pire ~** *(fam)* von deiner/dieser/der schlimmsten Sorte ❸ *pl (argent liquide)* Bargeld *nt;* **régler** [*o* **payer**] **en ~s** bar bezahlen

espérance [ɛspeʀɑ̃s] *f* ❶ *(confiance)* Zuversicht *f* ❷ *(espoir)* Hoffnung *f;* **donner de grandes ~s** viel versprechend sein; **fonder** [*o* **bâtir**] **de grandes ~s sur qn/qc** große Hoffnungen auf jdn/etw setzen; **répondre à toutes les ~s** allen Erwartungen entsprechen; **contre toute ~** entgegen jeglicher Hoffnung; **dans l'~ de faire qc/que** *+subj* in der Hoffnung etw zu tun/, dass ❸ *(durée)* **~ de vie** Lebenserwartung *f*

espéranto [ɛspeʀɑ̃to] *m* Esperanto *nt*

espérer [ɛspeʀe] <5> **I.** *vt* ❶ *(souhaiter)* hoffen auf *+akk;* **je l'espère bien** das hoffe ich [doch] sehr; **nous espérons vous revoir bientôt** wir hoffen Sie bald wiederzusehen; **j'espère n'avoir rien oublié** ich hoffe, ich habe nichts vergessen ❷ *(compter sur)* rechnen mit *+dat,* erwarten; **ne plus ~ qn** mit jdm nicht mehr rechnen; **espères-tu qu'il te vienne en aide?** erwartest du [wirklich], dass er dir helfen kommt? **II.** *vi* hoffen, **espérons!** hoffen wir's! *fam,* hoffentlich!; **~ en l'avenir** Hoffnung in die Zukunft setzen

esperluette [ɛspɛʀlɥɛt] *f* TYP Et-Zeichen *nt*

espiègle [ɛspjɛgl] *adj enfant, sourire* schelmisch

espièglerie [ɛspjɛgləʀi] *f* Schalk *m*

espion(ne) [ɛspjɔ̃, jɔn] **I.** *m(f)* Spion(in) *m(f);* **arrête de jouer les ~s!** hör auf herumzuspionieren! *fam* **II.** *app satellite-, avion-* Spionage-

espionnage [ɛspjɔnaʒ] *m* Spionage *f;* **les services d'~** der Spionagedienst; **~ industriel** Industriespionage; **d'~** *film, roman* Spionage-

espionne [ɛspjɔn] *f* Spionin *f;* **super ~** Topspionin

espionner [ɛspjɔne] <1> *vt* ausspionieren, [heimlich] belauschen *conversation;* **~ qn** jdm nachspionieren

esplanade [ɛsplanad] *f* [großer, freier] [Vor]platz

espoir [ɛspwaʀ] *m* ❶ Hoffnung *f;* **sans ~** hoffnungslos; *amour* aussichtslos; **conserver l'~/ne pas perdre ~** die Hoffnung nicht aufgeben; **enlever tout ~ à qn** jdm jede Hoffnung nehmen; **avoir le ferme** [*o* **bon**] **~ d'y parvenir** zuversichtlich sein, dass man es schaffen wird; **fonder** [*o* **placer**] **de grands ~s sur** [*o* **en**] **qn/qc** große Hoffnungen auf jdn/etw setzen; **tu as encore l'~ qu'il réussisse?** glaubst du wirklich noch, dass er es schafft?; **je garde l'~ qu'il viendra** ich gebe die Hoffnung nicht auf, dass er kommt; **dans l'~ de faire qc** in der Hoffnung etw zu tun ❷ *(personne, chose)* Hoffnung *f;* **les ~s de la boxe française** der Nachwuchs des französischen Boxsports ▶ **l'~ fait vivre** *(prov)* der Mensch lebt von der Hoffnung

esprit [ɛspʀi] *m* ❶ *(pensée)* Geist *m,* Verstand *m;* **avoir l'~ clair/vif** einen klaren/regen Verstand haben; **avoir l'~ étroit/large** engstirnig/großzügig sein; **avoir l'~ libre/pratique** ein unabhängig denkender/praktischer Mensch sein ❷ *(tête)* **avoir qn/qc à** [*o* **dans**] **l'~** jdn/etw im Sinn haben; **une idée me traverse l'~** eine Idee geht mir durch den Kopf; **une idée/un mot me vient à l'~** mir fällt [gerade] etw/ein Wort ein; **dans mon/son ~** meiner/seiner/ihrer Meinung nach; **avoir l'~ ailleurs** mit seinen Gedanken woanders sein; **faible** [*o* **simple**] **d'~** minderbemittelt ❸ *(humour)* Geist *m,* Witz *m;* **plein d'~** äußerst geistreich; **faire de l'~** witzig sein wollen ❹ *(personne)* **~ fort** [*o* **libre**] Freidenker(in) *m(f);* **faire** [*o* **jouer**] **l'~ fort** den starken Mann/die starke Frau markieren; **un grand ~** ein großer Geist; **petit ~** Kleingeist; **~ retors** durchtriebener Kerl ❺ *(humeur)* **les ~s** die Gemüter *Pl* ❻ *(caractère)* **avoir bon/mauvais ~** umgänglich/aufsässig sein ❼ *(intention, prédisposition)* Sinn *m;* **il a l'~ à qc** ihm ist nach etw zumute; **dans cet ~** in diesem Sinne; **l'~ français** die französische Wesensart; **avoir l'~ de compétition/de contradiction/d'équipe** Kampf-/Widerspruchs-/Mannschaftsgeist haben; **avoir l'~ de famille** Familiensinn haben; **avoir l'~ d'observation** eine gute Beobachtungsgabe haben; **avoir l'~ d'organisation** ein Organisationstalent sein; **l'~ de sacrifice** die Opferbereitschaft; **avoir l'~ d'entreprise** unternehmungslustig sein ▶ **les grands ~s se rencon-**

E

trent *(fam)* zwei Seelen [und] ein Gedanke; **faire du mauvais** ~ *(par des remarques)* abfällige Bemerkungen machen; *(par son comportement)* sich destruktiv verhalten; **avoir l'~ mal tourné** eine schmutzige Fantasie haben; **reprendre ses ~s** *(retrouver sa contenance)* sich wieder fassen; **rester jeune d'~** geistig jung bleiben

esprit-de-vin [ɛspʀidvɛ̃] *m* CHIM Weingeist *m*, Spiritus *m*

E

esquimau, -aude [ɛskimo, -od] <x> *adj* Eskimo-; ***le peuple ~*** die Eskimos *Pl*

esquimau®1 [ɛskimo] <x> *m* GASTR *Eis am Stiel mit Schokoladenüberzug*

esquimau2 [ɛskimo] *m* Eskimoisch *nt; v. a.* **allemand**

Esquimau, -aude [ɛskimo, -od] *m, f* Eskimo *m*/Eskimofrau *f*

esquintant(e) [ɛskɛ̃tɑ̃, ɑ̃t] *adj (fam)* [sehr] anstrengend, aufreibend

esquinté(e) [ɛskɛ̃te] *adj (fam)* kaputt

esquinter [ɛskɛ̃te] <1> **I.** *vt (fam)* ❶ *(abîmer)* kaputt machen *chose;* vermöbeln *personne;* ramponieren *voiture* ❷ *(épuiser)* ruinieren *santé* **II.** *vpr (fam)* ***s'~*** *chose:* kaputtgehen; *personne:* sich kaputtmachen; ***s'~ les yeux*** sich *dat* die Augen verderben; ***s'~ à faire qc*** sich damit abplagen etw zu tun

esquisse [ɛskis] *f* ❶ ART, IND Skizze *f*, Entwurf *m*; ***dessiner une ~ de qc*** etw skizzieren ❷ *d'un sourire* Andeutung *f*; *d'un regret* Spur *f* ❸ *(présentation rapide)* Abriss *m*, Überblick *m*

esquisser [ɛskise] <1> **I.** *vt* ❶ ART skizzieren ❷ *(amorcer)* andeuten *sourire;* ***ne pas ~ un geste pour aider qn*** keine Anstalten machen jdm zu helfen ❸ *(présenter rapidement)* skizzieren **II.** *vpr* ***s'~*** *silhouette, solution:* sich abzeichnen; ***s'~ sur le visage de qn*** *sourire:* über jds Gesicht *akk* huschen

esquive [ɛskiv] *f* Ausweichen *nt;* ***avoir une bonne ~*** *boxeur:* geschickt ausweichen; ***tu as vraiment l'art de l'~*** *(fig)* du verstehst dich wirklich auf Ausweichmanöver

esquiver [ɛskive] <1> **I.** *vt (éviter)* [geschickt] ausweichen *+dat* **II.** *vpr* ***s'~*** sich wegstehlen

essai [esɛ] *m* ❶ *gén pl (test)* Versuch *m*; *d'un appareil, médicament* Test *m*; ***~s nucléaires*** Atom[waffen]tests *Pl;* ***faire l'~ de qc*** etw ausprobieren; ***à l'~*** auf Probe; ***mettre qn à l'~*** jdn auf die Probe stellen ❷ *(tentative)* Versuch *m*; ***ne pas en être à son premier ~*** das nicht zum ersten Mal machen ❸ SPORT Versuch *m*; *(en sport automobile)* Trainingsrunde *f* ❹ LITTER Essay *m o nt* ▶ **marquer/transformer un ~** SPORT einen Versuch erzielen/verwandeln

essaim [esɛ̃] *m* Schwarm *m*

essaimage [esɛmaʒ] *m d'abeilles* [Aus]schwärmen *nt*; *(prolifération)* Ausbreitung *f*

essaimer [eseme] <1> *vi abeilles:* schwärmen

essayage [esɛjaʒ] *m* Anprobe *f*

essayer [eseje] <7> **I.** *vt* ❶ *(tester)* [an]probieren *chaussures, vêtement;* [aus]probieren, versuchen *nourriture, médicament, méthode;* ausprobieren *boucher, coiffeur;* ***~ un médicament sur qn/une souris*** an jdm/einer Maus ein Medikament testen ❷ *(tenter)* ***~ qc*** es mit etw versuchen **II.** *vi* versuchen; ***ça ne coûte rien d'~*** Probieren kostet nichts **III.** *vpr* ***s'~ à une chose/activité/à faire qc*** sich an einer Sache *dat*/in einer Tätigkeit *dat* versuchen/ sich darin versuchen etw zu tun

essayeur, -euse [esejœʀ, -jøz] *m, f* Prüfer(in) *m(f)*, Tester(in) *m(f)*

essayiste [esejist] *mf* Essayist(in) *m(f)*

essence [esɑ̃s] *f* ❶ *(carburant)* Benzin *nt;* ***prendre de l'~*** tanken; ***tondeuse/tronçonneuse à ~*** Motorrasenmäher *m*/ Motorsäge *f* ❷ *(nature profonde)* Wesentliche(s) *nt;* ***l'~ du livre*** der Kern des Buches; ***par ~*** wesensgemäß

essentiel [esɑ̃sjɛl] *m* ❶ *(le plus important)* ***l'~*** das Wesentliche; ***pour l'~*** im Wesentlichen; ***tu es en bonne santé? c'est l'~*** du bist gesund? das ist die Hauptsache; ***l'~ est que*** *+subj* das Wichtigste ist, dass; ***aller à l'~*** zur Sache kommen ❷ *(la plus grande partie)* ***l'~ de qc*** das Gros einer S. *gen;* ***il passe l'~ du temps à se plaindre*** er verbringt die meiste Zeit damit sich zu beklagen

essentiel(le) [esɑ̃sjɛl] *adj* ❶ *(capital)* wesentlich; *changement* grundlegend ❷ *(indispensable)* ***être ~ à*** [*o* ***pour***] ***qc/pour faire qc*** unentbehrlich für etw sein/unentbehrlich sein um etw zu tun; *précaution, démarche:* unverzichtbar für etw sein/unverzichtbar sein um etw zu tun; ***~ à la vie*** lebensnotwendig ❸ PHILOS essenziell

essentiellement [esɑ̃sjɛlmɑ̃] *adv* im Wesentlichen

esseulé(e) [esœle] *adj (littér) personne* einsam und verlassen, verloren

essieu [esjø] <x> *m* AUT, TECH [Rad]achse *f*

essor [esɔʀ] *m* Aufschwung *m; d'un art, d'une civilisation* Aufblühen *nt*
essorage [esɔʀaʒ] *m* Schleudern *nt*
essorer [esɔʀe] <1> *vt, vi* schleudern
essoreuse [esɔʀøz] *f (à linge)* [Wäsche]-schleuder *f*
essoufflement [esufləmɑ̃] *m* Atemlosigkeit *f; (dégradation) de la bourse, des affaires* Abflauen *nt*
essouffler [esufle] <1> **I.** *vt* außer Atem bringen; ***être complètement essoufflé*** völlig außer Atem sein **II.** *vpr* ***s'~ à faire qc*** außer Atem kommen, wenn man etw tut; *(fig)* bei etw nicht mehr mithalten können
essuie-glace [esɥiglas] <essuie-glaces> *m* Scheibenwischer *m* **essuie-mains** [esɥimɛ̃] *m inv* Handtuch *nt* **essuie-tout** [esɥitu] *m inv* Küchentuch *nt*
essuyage [esɥijaʒ] *m de la vaisselle* Abtrocknen *nt; des meubles* Abwischen *nt,* Abstauben *nt*
essuyer [esɥije] <6> **I.** *vt* ❶ *(sécher)* abtrocknen, trocknen *geh larmes* ❷ *(éponger)* wegwischen, aufwischen *de l'eau par terre* ❸ *(nettoyer)* abstauben, abwischen *meubles;* abputzen *chaussures* ❹ *(subir)* erleiden *échec, perte;* hinnehmen müssen *reproches, coups;* bekommen *refus* **II.** *vpr* ❶ *(se sécher)* ***s'~*** sich abtrocknen ❷ *(se nettoyer)* ***s'~ les pieds*** sich *dat* die Füße abputzen
est[1] [ɛ] *indic prés de* **être**
est[2] [ɛst] **I.** *m sans pl* ❶ Osten *m;* ***les régions de l'~*** die Gebiete im Osten; ***l'Europe de l'~*** Osteuropa *nt;* ***à l'~*** *(vers le point cardinal)* nach Osten; *(dans/vers la région)* im/in den Osten; ***à l'~ de qc*** östlich von etw; ***dans l'~ de*** im Osten von; ***vers l'~*** nach Osten; ***d'~ en ouest*** von Ost[en] nach West[en] ❷ POL ***l'Est*** der Osten; ***les pays de l'Est*** die osteuropäischen Staaten; ***le bloc de l'Est*** der Ostblock; ***le conflit entre l'Est et l'Ouest*** der Ost-West-Konflikt **II.** *adj inv* Ost-; *longitude, partie* östlich
estafette [ɛstafɛt] *f* Melder *m*
estafilade [ɛstafilad] *f* Schnittwunde *f*
est-allemand(e) [ɛstalmɑ̃, ɑ̃d] <est-allemands> *adj* ostdeutsch
estaminet [ɛstamine] *m* NORD, BELG *(bistrot)* Kneipe *f*
estampage [ɛstɑ̃paʒ] *m* TECH Prägen *nt;* ***être réalisé(e) par ~*** *dessin:* [ein]geprägt sein
estampe [ɛstɑ̃p] *f* ART Grafik *f; (sur métal)* Stich *m*
estamper [ɛstɑ̃pe] <1> *vt* TECH prägen *cuir, métal*
estampille [ɛstɑ̃pij] *f* Stempel *m*
est-ce que [ɛskə] *adv ne se traduit pas* ***où ~ tu vas?*** wohin gehst du?

> **Grammatik und Co.**
> Fragesätze, die mit **est-ce que** oder **est-ce qu'** beginnen, haben dieselbe Wortstellung wie Aussagesätze:
> *est-ce que tu rentres à la maison? – gehst du nach Hause?;*
> *tu rentres à la maison – du gehst nach Hause.*

esthète [ɛstɛt] *mf* Ästhet(in) *m(f)*
esthéticien(ne) [ɛstetisjɛ̃, jɛn] *m(f)* Kosmetiker(in) *m(f)*
esthétique [ɛstetik] **I.** *adj* ästhetisch, schön **II.** *f* Ästhetik *f*
esthétiquement [ɛstetikmɑ̃] *adv* ästhetisch; ***~ parlant*** ästhetisch gesehen
esthétisme [ɛstetism] *m* ART Ästhetizismus *m*
estimable [ɛstimabl] *adj* ❶ *personne* respektabel; *travail* lobenswert ❷ *résultats* anständig ❸ *(évaluable)* schätzbar
estimatif, -ive [ɛstimatif, -iv] *adj bilan, coûts* geschätzt; ***devis ~*** Kostenvoranschlag *m*
estimation [ɛstimasjɔ̃] *f des dégâts* Schätzung *f; d'une somme* Veranschlagung *f;* ***une première ~ des résultats*** eine erste Hochrechnung der Ergebnisse; ***faire une ~ de qc*** etw schätzen; ***faire une ~ rapide de qc*** etw kurz überschlagen
estime [ɛstim] *f* [Hoch]achtung *f;* ***digne d'~*** achtenswert; ***l'~ de soi-même*** die Selbstachtung; ***avoir l'~ de qn*** von jdm geschätzt werden; ***avoir de l'~ pour qn*** jdn schätzen
estimer [ɛstime] <1> **I.** *vt* ❶ *(évaluer)* schätzen *dégâts;* veranschlagen, schätzen *coûts, somme;* beurteilen *résultat;* ***être estimé à cent euros/vingt morts*** auf hundert Euro/zwanzig Tote geschätzt werden ❷ *(considérer)* ***~ qc inutile*** etw für unnötig halten; ***~ avoir le droit de donner son avis*** glauben das Recht zu haben seine Meinung zu sagen; ***ne pas ~ que*** *+subj* nicht glauben, dass ❸ *(respecter)* ***~ qn pour ses qualités humaines*** jdn wegen seiner menschlichen Qualitäten achten; ***être estimé de tous*** von allen hoch geschätzt werden; ***savoir ~ un service à sa juste valeur*** einen Gefallen ge-

E

bührend zu schätzen wissen **II.** *vpr* ***s'~ trahi*** sich verraten glauben; ***s'~ heureux d'avoir été sélectionné*** sich glücklich schätzen, ausgewählt worden zu sein

estival(e) [ɛstival, -o] <-aux> *adj mode, période* Sommer-

estivant(e) [ɛstivɑ̃, ɑ̃t] *m(f)* Sommerurlauber(in) *m(f)*

estoc [ɛstɔk] *m* ► **frapper d'~ et de taille** sich mit allen Mitteln schlagen, mit vollem Einsatz kämpfen

estomac [ɛstɔma] *m* Magen *m;* ***avoir mal à l'~*** Magenschmerzen haben ► **il a l'~ dans les talons** ihm hängt der Magen in den Kniekehlen *fam;* **caler l'~ à qn** jdn satt machen; **creuser l'~ à qn** jdn hungrig machen; **avoir l'~ noué** ein flaues Gefühl im Magen haben; **peser** [*o* **rester** *fam*] **sur l'~ à qn** jdm schwer im Magen liegen

Aussprache
Das -c am Ende von **estomac** bleibt stumm.

estomaqué(e) [ɛstɔmake] *adj (fam)* platt, baff *fam*

estomaquer [ɛstɔmake] <1> *vt (fam)* verblüffen

estompé(e) [ɛstɔ̃pe] *adj contours, image* verschwommen, unscharf; *couleur, teinte* zart

estomper [ɛstɔ̃pe] <1> *vt* verschwommen erscheinen lassen, verwischen *contours, dessin*

Estonie [ɛstɔni] *f* ***l'~*** Estland *nt*

estonien [ɛstɔnjɛ̃] *m* Estnisch *nt; v. a.* **allemand**

estonien(ne) [ɛstɔnjɛ̃, jɛn] *adj* estnisch

Estonien(ne) [ɛstɔnjɛ̃, jɛn] *m(f)* Estländer(in) *m(f),* Este *m*/Estin *f*

estrade [ɛstʀad] *f* Podium *nt; (à l'université)* Katheder *nt; d'un orchestre* Bühne *f*

estragon [ɛstʀagɔ̃] *m* Estragon *m*

estropié(e) [ɛstʀɔpje] *adj* verkrüppelt

estropier [ɛstʀɔpje] <1a> *vt* zum Krüppel machen

estuaire [ɛstɥɛʀ] *m* Mündung *f*

estudiantin(e) [ɛstydjɑ̃tɛ̃, in] *adj* studentisch

esturgeon [ɛstyʀʒɔ̃] *m* Stör *m*

et [e] *conj* ❶ *(relie des termes, des propositions)* und ❷ *(plus)* und ❸ *(dans des indications d'heures)* nach; ***à quatre heures ~ demie*** um halb fünf ❹ *(aussi bien ... que)* ***~ son mari ~ son amant ...*** sowohl ihr Mann als auch ihr Freund ... ❺ *(et qui plus est)* und zwar ❻ *(en début de phrase)* und; ***~ le public d'applaudir*** *(soutenu)* daraufhin applaudierte das Publikum ► **~ alors!** na und!

étable [etabl] *f* Stall *m*

établi(e) [etabli] *adj* ❶ *ordre* allgemeingültig; ***c'est un usage bien ~*** dies ist allgemein üblich ❷ *vérité, fait* allgemein bekannt ❸ CH *(installé)* niedergelassen CH

établir [etabliʀ] <8> **I.** *vt* ❶ aufbauen *usine;* einrichten *centre de vacances;* aufschlagen *quartier général* ❷ *(dans un emploi, un état)* ***~ qn à un poste*** jdm eine Stelle verschaffen; ***tous mes enfants sont établis*** meine Kinder sind alle versorgt ❸ *(fixer)* zusammenstellen *liste;* ausarbeiten *emploi du temps;* festsetzen *prix* ❹ *(rédiger)* ausstellen *facture, chèque;* aufnehmen *constat* ❺ *(faire)* anstellen *comparaison;* herstellen *rapport* ❻ *(déterminer)* ermitteln *circonstances;* feststellen *identité* ❼ SPORT aufstellen *record* **II.** *vpr* **s'~** ❶ *(s'installer)* sich niederlassen; *colonisateur:* sich ansiedeln ❷ *(professionnellement)* sich niederlassen; ***s'~ à son compte*** sich selb(st)ständig machen ❸ *(s'instaurer) usage:* sich einbürgern; *relations:* sich entwickeln; *régime:* sich etablieren; ***le silence s'établit/s'établit de nouveau*** es wird still/es kehrt wieder Ruhe ein ❹ *(se rendre indépendant)* sich etablieren; ***tous mes enfants se sont établis*** alle meine Kinder sind etwas geworden

établissement [etablismɑ̃] *m (institution)* Einrichtung *f,* Anstalt *f; (hôtel)* Haus *nt; d'une banque, société* Niederlassung *f;* ***aux ~s Dupond*** bei [der Firma] Dupond; ***~ scolaire, ~ d'enseignement*** Lehranstalt *f;* ***~ d'enseignement secondaire*** Schule *f* der Mittel- und Oberstufe

étage [etaʒ] *m d'une maison* Stock[werk *nt*] *m,* Etage *f;* ***immeuble à*** [*o* ***de***] ***trois/quatre ~s*** drei-/vierstöckiges Haus; ***à l'~*** oben

étager [etaʒe] <2a> *vt* auftürmen *objets*

étagère [etaʒɛʀ] *f* ❶ *(tablette)* [Regal]brett *nt* ❷ *(meuble)* Regal *nt*

étai [etɛ] *m* Stützbalken *m*

étain [etɛ̃] *m* Zinn *nt*

étais [etɛ] *imparf de* **être**

étal [etal] <s> *m* Marktstand *m*

étalage [etalaʒ] *m* COM Ausstellen/-legen *nt*

étalagiste [etalaʒist] *mf* [Schaufenster]dekorateur(in) *m(f)*

étalement [etalmɑ̃] *m de papiers* Ausbreiten *nt*

étaler [etale] <1> **I.** *vt* ❶ *(éparpiller)* ausbreiten ❷ *(déployer)* auseinanderfalten *carte, journal;* ausrollen *tapis* ❸ *(exposer pour la vente)* auslegen ❹ *(étendre)* auftragen *peinture;* verteilen *gravier* ❺ *(dans le temps)* verteilen; ***être étalé dans le temps*** *réforme:* sich über einen bestimmten Zeitraum erstrecken ❻ *(exhiber)* prahlen mit *connaissances;* zur Schau stellen *luxe* ❼ *(fam: échouer)* ***se faire ~ à un examen*** bei einer Prüfung durchfallen **II.** *vpr* ❶ *(s'étendre)* ***bien/mal s'~*** *beurre:* sich gut/schlecht streichen lassen; *peinture:* sich gut/schlecht verarbeiten lassen ❷ *(dans l'espace)* ***s'~*** *plaine, ville:* sich ausbreiten/-dehnen ❸ *(s'afficher)* ***s'~*** *inscription, nom:* prangen ❹ *(s'exhiber)* ***s'~*** *luxe:* zur Schau gestellt werden ❺ *(se vautrer)* ***s'~*** es sich *dat* bequem machen ❻ *(fam: tomber)* ***s'~*** auf die Nase fallen ❼ *(dans le temps)* ***s'~ dans le temps*** sich über einen bestimmten Zeitraum erstrecken

étalon [etalɔ̃] *m (cheval)* Zuchthengst *m*

étalonner [etalɔne] <1> *vt* eichen

étambot [etɑ̃bo] *m du gouvernail* Achtersteven *m*

étamine [etamin] *f* BOT Staubblatt *nt*

étanche [etɑ̃ʃ] *adj* wasserdicht

étanchéité [etɑ̃ʃeite] *f* ***vérifier l'~ de qc*** überprüfen, ob etw wasserdicht ist

étancher [etɑ̃ʃe] <1> *vt* stillen *sang*

étang [etɑ̃] *m* Teich *m*

> **Aussprache**
> Die Endung -g in **étang** wird nicht gesprochen.

étant [etɑ̃] *part prés de* **être**

étape [etap] *f* ❶ *(trajet)* Etappe *f* ❷ *(lieu d'arrêt)* Etappenziel *nt* ❸ *(lieu de repos)* Rastplatz *m;* ***faire ~*** Pause machen; *voyageurs:* haltmachen ❹ *(période dans la vie)* Abschnitt *m* ❺ *(période dans une évolution)* Phase *f; (dans la résolution d'un problème)* Schritt *m;* ***~ de la vie*** Lebensabschnitt *m;* ***d'~ en ~*** Schritt für Schritt; ***faire qc par ~s*** etw schrittweise machen; ***il ne faut pas brûler les ~s!*** man soll nichts überstürzen!

état [eta] *m* ❶ *(manière d'être)* Zustand *m; des recherches* Stand *m;* ***~ d'urgence*** Notstand; ***~ de choses*** Sachlage *f;* ***dans l'~ actuel des choses*** beim gegenwärtigen Stand der Dinge; ***~ mental/physique*** geistige/körperliche Verfassung; ***~ de santé*** Gesundheitszustand; ***~ d'esprit*** Einstellung *f;* ***être en ~*** *stylo:* in Ordnung sein; *machine, appareil:* betriebsbereit sein; *machine à écrire:* funktionstüchtig sein; *appartement, maison:* bezugsfertig sein; ***être en ~ de marche*** *voiture, bicyclette:* fahren; *appareil, machine:* funktionieren; ***être en ~ de faire qc*** in der Lage sein etw zu tun ❷ *des recettes, dépenses* Verzeichnis *nt,* Aufstellung *f* ▶ **en tout ~ de cause** *(dans tous les cas)* unter allen Umständen; *(quoi qu'il en soit)* auf alle Fälle; **~ civil** Personenstand *m; (service)* Standesamt *nt,* ≈ Einwohnermeldeamt *nt;* ***vérifier l'~ civil de qn*** jds Personalien überprüfen; **ne pas être dans son ~ normal** nicht man selbst sein; **être dans un ~ second** nicht ganz bei sich sein *fam;* **avoir des ~s d'âme** Gefühle haben; *(être amoureux)* Liebeskummer haben; **être dans tous ses ~s** in heller Aufregung sein; **être en ~ de choc** MED unter Schock stehen; *(être sous le coup de l'émotion)* schockiert sein

> **Falsche Freunde**
> Nicht verwechseln mit *der Etat – le budget*!

État [eta] *m* POL Staat *m;* ***~ de droit*** Rechtsstaat; ***~s membres de l'UE*** EU-Mitgliedstaaten *Pl*

étatique [etatik] *adj dirigisme* Staats-

étatiser [etatize] <1> *vt* verstaatlichen

état major [etamaʒɔʀ] <états-majors> *m* MIL Generalstab *m*

État-providence [etapʀɔvidɑ̃s] *m sans pl* Wohlfahrtsstaat *m*

états-unien(ne) [etazynjɛ̃, jɛn] *adj* US-amerikanisch **États-Unien(ne)** [etazynjɛ̃, jɛn] *m(f)* US-Amerikaner(in) *m(f)*

États-Unis [etazyni] *mpl* ***les ~ d'Amérique*** die Vereinigten Staaten von Amerika

étau [eto] <x> *m* Schraubstock *m*

étayage [etɛjaʒ] *m d'une façade, d'un plafond* Abstützung *f*

étayer [eteje] <7> *vt* [ab]stützen

etc. [ɛtseteʀa] *abr de* **et cætera, et cetera** etc.

été[1] [ete] *m* Sommer *m; v. a.* **automne**

été[2] [ete] *part passé de* **être**

éteindre [etɛ̃dʀ] <irr> **I.** *vt* ❶ ausmachen, abstellen *radio;* abdrehen *chauffage;* abschalten *four;* ausblasen *bougie;* löschen *feu;* ausdrücken *cigarette* ❷ *(éteindre la* *lumière de)* ~ ***la pièce/l'escalier*** im Zimmer/auf der Treppe das Licht ausmachen **II.** *vi* das Licht ausmachen **III.** *vpr* ***s'~*** *(cesser de brûler)* ausgehen

éteint(e) [etɛ̃, ɛ̃t] **I.** *part passé de* **éteindre II.** *adj bougie, cigarette, volcan* erloschen

étendard [etɑ̃daʀ] *m* Standarte *f*

étendre [etɑ̃dʀ] <14> **I.** *vt* ❶ *(coucher)* hinlegen ❷ *(poser à plat)* ausrollen *tapis;* ~ ***une couverture sur qn*** eine Decke über jdm ausbreiten ❸ *(faire sécher)* aufhängen ❹ *(déployer)* ausstrecken *bras, jambes;* ausbreiten *ailes* ❺ *(fam: faire tomber)* zu Boden strecken ❻ *(fam: coller à un examen)* durchrasseln lassen; ***se faire*** ~ durchrasseln **II.** *vpr* ❶ *(se reposer)* ***s'~*** sich hinlegen ❷ *(s'allonger)* ***s'~*** sich ausstrecken ❸ *(s'appesantir)* ***s'~ sur qc*** sich über etw *akk* auslassen ❹ *(occuper)* ***s'~*** sich erstrecken ❺ *(augmenter)* ***s'~*** *épidémie, incendie:* um sich greifen; *tache:* sich vergrößern; *ville, pouvoir:* wachsen; *connaissances, cercle:* sich erweitern ❻ *(s'appliquer)* ***s'~ à qn/qc*** für jdn/etw gelten

étendu(e) [etɑ̃dy] **I.** *part passé de* **étendre II.** *adj* ❶ *personne, jambes* ausgestreckt; *ailes* ausgebreitet ❷ *(vaste)* ausgedehnt; *plaine, vue* weit; *ville* groß ❸ *(considérable)* umfangreich; *pouvoir* weit reichend; *signification* umfassend; *vocabulaire* reich

étendue [etɑ̃dy] *f* ❶ *d'un pays* Ausdehnung *f* ❷ *(espace)* Weite *f,* Fläche *f;* ***de vastes ~s de forêts*** große Waldgebiete ❸ *d'une catastrophe* Ausmaß *nt;* ***l'~ des connaissances de qn*** jds umfassende Kenntnisse

éternel(le) [etɛʀnɛl] *adj* ❶ *(qui dure longtemps)* ewig; *regrets* tief; *recommencement* ständig ❷ *antéposé (inévitable)* unvermeidlich ❸ *antéposé (péj: sempiternel)* ewig

Éternel [etɛʀnɛl] *m sans pl* ***l'~*** der Ewige, der ewige Gott

éternellement [etɛʀnɛlmɑ̃] *adv* ewig; *(depuis toujours)* schon immer; *(sans arrêt)* immer

éterniser [etɛʀnize] <1> **I.** *vt (faire traîner)* in die Länge ziehen **II.** *vpr* **s'~** ❶ *(traîner)* sich hinziehen ❷ *(fam: s'attarder)* ewig bleiben; ***s'~ sur un sujet*** sich endlos über ein Thema auslassen

éternité [etɛʀnite] *f* Ewigkeit *f*

éternuement [etɛʀnymɑ̃] *m gén pl* Niesen *nt kein Pl*

éternuer [etɛʀnɥe] <1> *vi* niesen

êtes [ɛt] *indic prés de* **être**

étêter [etete] <1> *vt* kappen *arbre*

éthane [etan] *m* CHIM Äthan *nt*

éther [etɛʀ] *m* Äther *m*

Éthiopie [etjɔpi] *f* ***l'~*** Äthiopien *nt*

éthiopien [etjɔpjɛ̃] *m* Äthiopisch *nt; v. a.* **allemand**

éthiopien(ne) [etjɔpjɛ̃, jɛn] *adj* äthiopisch

Éthiopien(ne) [etjɔpjɛ̃, jɛn] *m(f)* Äthiopier(in) *m(f)*

éthique [etik] *adj* ethisch

ethnie [ɛtni] *f* Volksstamm *m*

ethnique [ɛtnik] *adj* ethnisch

ethnographie [ɛtnɔgʀafi] *f* Ethnografie *f*

ethnologie [ɛtnɔlɔʒi] *f* Ethnologie *f*

ethnologue [ɛtnɔlɔg] *mf* Ethnologe *m/* Ethnologin *f*

éthologie [etɔlɔʒi] *f* Verhaltensforschung *f*

éthylène [etilɛn] *m* CHIM Äthylen *nt*

éthylique [etilik] *adj* Alkohol-

éthylisme [etilism] *m* Alkoholismus *m*

étiage [etjaʒ] *m* Niedrigwasser *nt*

étincelant(e) [etɛ̃s(ə)lɑ̃, ɑ̃t] *adj* ❶ *(scintillant)* glitzernd ❷ *couleurs* leuchtend ❸ *regard* strahlend; *yeux (de joie)* leuchtend; *(de haine)* funkelnd

étinceler [etɛ̃s(ə)le] <3> *vi* ❶ *(à la lumière) or, diamant:* funkeln; *couteau, lame:* blitzen; *étoile:* blinken ❷ *(de propreté) vitre:* blitzen ❸ *(lancer comme des étincelles) yeux: (de joie)* strahlen; *(de haine)* blitzen

étincelle [etɛ̃sɛl] *f* ❶ *(parcelle incandescente)* Funke[n] *m* ❷ *(lueur)* ***des ~s s'allument dans les yeux de qn*** jds Augen beginnen zu leuchten ❸ *(un petit peu de)* ***une ~ de génie*** ein Funken Genie; ***une ~ d'intelligence*** eine Spur Intelligenz ▶ **cela fait des ~s** *(fam)* es funkt; **faire/ne pas faire des ~s** *(fam: obtenir de brillants résultats)* glänzen/nicht gerade glänzen

étincellement [etɛ̃sɛlmɑ̃] *m* Funkeln *nt*

étioler [etjɔle] <1> *vt* verkümmern lassen *plantes*

étique [etik] *adj* abgemagert

étiquetage [etiktaʒ] *m* Etikettierung *f,* Beschriftung *f;* ~ ***des produits alimentaires*** Lebensmittelauszeichnung *f*

étiqueter [etikte] <3> *vt* ❶ *(mettre une étiquette)* etikettieren ❷ *(classer)* ~ ***qn comme qc*** jdn als etw abstempeln

étiquette [etikɛt] *f* ❶ *(marque)* Etikett *nt; (sur un paquet)* Aufschrift *f* ❷ *(adhésif)* Aufkleber *m; de prix* Preisschild *nt* ❸ *(protocole)* ***l'~*** die Etikette ❹ *(label)* Label *nt*

étirage [etiʀaʒ] *m d'un fils de fer* Ziehen *nt; de tôles* Strecken *nt,* Ausschmieden *nt*

étirer [etiʀe] <1> *vpr* **s'~** ❶ *(s'allonger)* sich strecken ❷ *(se distendre) textile:* sich dehnen

étoffe [etɔf] *f* Stoff *m*

étoffé(e) [etɔfe] *adj* LITTER *style* reich, üppig

étoffer [etɔfe] <1> *vt* LITTER ausbauen, ausschmücken *récit*

étoile [etwal] *f* ❶ Stern *m;* ***~ filante*** Sternschnuppe *f;* ***~ du berger*** Abendstern ❷ *(objet, figure)* Stern *m;* ***en ~*** sternförmig ❸ *d'un hôtel, général* Stern *m;* ***restaurant cinq ~s*** Fünf-Sterne-Restaurant ❹ ZOOL ***~ de mer*** Seestern ▶ **coucher** [*o* **dormir**] **à la belle ~** unter freiem Himmel schlafen; **avoir foi** [*o* **être confiant(e)**] **en son ~** an seinen Stern glauben

étoilé(e) [etwale] *adj nuit* stern[en]klar

étole [etɔl] *f* Stola *f*

étonnamment [etɔnamɑ̃] *adv* ❶ *(de manière inattendue)* erstaunlicherweise ❷ *antéposé (singulièrement) bien, petit* erstaunlich

étonnant [etɔnɑ̃] *m* ***l'~ est que*** *+subj* das Erstaunliche daran ist, dass

étonnant(e) [etɔnɑ̃, ɑ̃t] *adj* ❶ *(surprenant)* erstaunlich; ***c'est ~, …*** das ist aber merkwürdig, …; ***ce n'est pas ~*** das ist kein Wunder ❷ *(remarquable)* erstaunlich gut; *personne, maturité* erstaunlich

étonné(e) [etɔne] *adj* erstaunt; ***être ~*** sich wundern

étonnement [etɔnmɑ̃] *m* Verwunderung *f,* Erstaunen *nt*

étonner [etɔne] <1> **I.** *vt* erstaunen **II.** *vpr* ***s'~ de qc*** sich über etw *akk* wundern, über etw *akk* erstaunt sein; ***s'~ [de ce] que*** *+subj* sich darüber wundern, dass

étouffant(e) [etufɑ̃, ɑ̃t] *adj* ❶ *chaleur* drückend; *air* stickig ❷ *(pesant)* bedrückend

étouffé(e) [etufe] *adj personne* erstickt; *bruit, son* gedämpft; *rires* unterdrückt

étouffe-chrétien [etufkʀetjɛ̃] <étouffe-chrétiens> *m (fam)* Pampe *f (pappiges, stopfendes Essen)*

étouffée [etufe] *f* ***cuire à l'~*** dünsten

étouffement [etufmɑ̃] *m sans pl* Ersticken *nt*

étouffer [etufe] <1> **I.** *vt* ❶ *(priver d'air)* ersticken; ***cette chaleur m'étouffe*** diese Hitze bringt mich um *fam;* ***la fureur étouffe qn*** die Wut schnürt jdm die Kehle zu ❷ *(arrêter)* löschen *feu* ❸ *(atténuer)* dämpfen *bruit* ❹ *(dissimuler)* unterdrücken *bâillement;* ersticken *sanglot;* vertuschen *scandale* ❺ *(faire taire)* aus der Welt schaffen *rumeur;* zum Schweigen bringen *opposition* ❻ *(réprimer)* niederschlagen *révolte;* ***~ un complot dans l'œuf*** einen Komplott im Keim ersticken ▶ **ce n'est pas la politesse qui l'étouffe** *(fam)* er/sie zeichnet sich nicht gerade durch Höflichkeit aus **II.** *vi* ❶ *(mourir)* ersticken ❷ *(suffoquer)* keine Luft mehr bekommen; ***on étouffe ici!*** hier erstickt man ja! **III.** *vpr* ***s'~*** ersticken

étourderie [etuʀdəʀi] *f* ❶ *sans pl (caractère)* Unbesonnenheit *f* ❷ *(acte)* Leichtsinn *m*

étourdi(e) [etuʀdi] **I.** *adj* leichtsinnig **II.** *m(f)* leichtsinniger Mensch

étourdiment [etuʀdimɑ̃] *adv* gedankenlos

étourdir [etuʀdiʀ] <8> **I.** *vt* ❶ *(assommer)* betäuben; ***ce choc à la tête l'a étourdi*** er war von dem Schlag auf den Kopf ganz benommen ❷ *(abrutir)* ***~ qn*** *bruit:* halb taub machen; *mouvement:* ganz schwind[e]lig machen; *paroles:* ganz benommen machen ❸ *(enivrer)* ***~ qn*** *parfum:* regelrecht betäuben; ***le vin l'étourdit*** der Wein steigt ihr/ihm zu Kopf **II.** *vpr* ***s'~*** sich betäuben

étourdissant(e) [etuʀdisɑ̃, ɑ̃t] *adj bruit* [ohren]betäubend; *succès* überwältigend; *personne* umwerfend; *rythme* atemberaubend

étourdissement [etuʀdismɑ̃] *m* Schwindelgefühl *nt,* Schwindelanfall *m;* ***une odeur lui cause des ~s*** ihr/ihm wird von einem Geruch schwind[e]lig

étourneau [etuʀno] <x> *m* ORN Star *m*

étrange [etʀɑ̃ʒ] *adj* seltsam, komisch

étrangement [etʀɑ̃ʒmɑ̃] *adv* ❶ seltsam ❷ *(beaucoup, très)* sehr

étranger [etʀɑ̃ʒe] *m (pays)* ***l'~*** das Ausland; ***séjour à l'~*** Auslandsaufenthalt *m*

étranger, -ère [etʀɑ̃ʒe, -ɛʀ] **I.** *adj* ❶ *(d'un autre pays)* ausländisch; *politique* Außen-; *affaires* auswärtig; *travailleur* Gast-; *langue, corps* Fremd- ❷ *(d'un autre groupe)* fremd; ***être ~ à la famille*** nicht zur Familie gehören ❸ *(non familier)* fremd; *usage, notion* unbekannt ❹ *(extérieur)* ***être ~ au sujet*** nicht zum Thema gehören; ***être ~ à une affaire/un complot*** in eine Affäre/ein Komplott nicht verwickelt sein **II.** *m, f* ❶ *(d'un autre pays)* Ausländer(in) *m(f)* ❷ *(d'une autre région)* Fremde(r) *f(m)*

étrangère [etʀɑ̃ʒɛʀ] *f* ❶ *(d'un autre pays)* Ausländerin *f* ❷ *(d'une autre région, d'un autre groupe)* Fremde *f*

étrangeté [etʀɑ̃ʒte] *f sans pl (originalité)* Seltsamkeit *f,* Eigenartigkeit *f*

étranglé(e) [etʀɑ̃gle] *adj voix* erstickt

E

étranglement [etʀɑ̃gləmɑ̃] *m* Erwürgen *nt,* Erdrosseln *nt*
étrangler [etʀɑ̃gle] <1> **I.** *vt* ❶ *(tuer)* erwürgen; ~ ***un animal*** einem Tier den Hals umdrehen ❷ *(serrer le cou)* ~ ***qn*** *cravate:* jdm den Hals zuschnüren ❸ *(empêcher qn de parler)* ~ ***qn*** *émotion, fureur:* jdm die Kehle zuschnüren **II.** *vpr* **s'~ avec qc** ❶ *(mourir)* sich mit etw strangulieren ❷ *(en mangeant)* sich an etw *dat* verschlucken
étrave [etʀav] *f* NAUT Steven *m*
être [ɛtʀ] <irr> **I.** *vi* ❶ *(pour qualifier)* sein ❷ *(pour indiquer la date, la période)* ***quel jour sommes-nous?*** was ist heute für ein Tag?; ***on est le 2 mai/mercredi*** es ist der 2. Mai/Mittwoch ❸ *(pour indiquer le lieu)* sein; ***le stylo est là, sur le bureau*** der Kuli liegt da, auf dem Schreibtisch; ***le vase est là, sur la table*** die Vase steht da, auf dem Tisch; ***les clés sont là, dans la serrure*** die Schlüssel stecken da, im Schloss; ***les clés sont là, au crochet*** die Schlüssel hängen da, am Haken ❹ *(appartenir)* ~ ***à qn*** jdm gehören ❺ *(travailler)* ~ ***dans l'enseignement/le textile*** im Bildungswesen/in der Textilindustrie beschäftigt sein ❻ *(pour indiquer l'activité en cours)* ~ ***toujours à faire qc*** ständig dabei sein etw zu tun ❼ *(pour exprimer une étape d'une évolution)* ***où en es-tu de tes maths?*** wie weit bist du mit deinen Matheaufgaben?; ***en ~ à faire qc*** gerade dabei sein etw zu tun; *(en arriver à)* so weit gekommen sein, dass man etw tut; ***j'en suis à me demander si …*** ich frage mich inzwischen, ob … ❽ *(être absorbé par, attentif à)* ~ ***tout à son travail*** sich ganz seiner Arbeit widmen; ***ne pas ~ à ce qu'on fait*** nicht [ganz] bei der Sache sein ❾ *(pour exprimer l'obligation)* ~ ***à faire*** erledigt werden müssen; ***ce livre est à lire absolument*** dieses Buch muss man unbedingt gelesen haben ❿ *(provenir)* ~ ***de qn*** *enfant, œuvre:* von jdm sein; ~ ***d'une région/famille*** aus einer Region/einer Familie kommen ⓫ *(être vêtu/chaussé de)* ~ ***en costume/pantoufles*** einen Anzug/Pantoffeln tragen; ~ ***tout en rouge*** ganz in Rot [gekleidet] sein ⓬ *au passé (aller)* ***avoir été faire/acheter qc*** etw gemacht/gekauft haben ⓭ *(exister)* sein; ***la voiture la plus économique qui soit*** das sparsamste Auto, das es gibt ▶ **je suis à toi/vous tout de suite** ich stehe dir/Ihnen sofort zur Verfügung; ~ **à la cocaïne** kokainsüchtig sein; ~ **au techno** ein Technofreak sein; **n'y ~ pour rien** nichts damit zu tun haben; **ça y est** *(c'est fini)* so; *(je comprends)* ach so; *(je te l'avais dit)* siehst du; *(pour calmer qn)* [ist] schon gut; ***ça y est, voilà qu'il pleut!*** jetzt haben wir die Bescherung, es regnet!; ***ça y est?*** *(alors)* was ist?; **n'est-ce pas?** nicht wahr? **II.** *vi impers* ❶ ***il est impossible/étonnant …*** es ist unmöglich/erstaunlich, … ❷ *(pour indiquer l'heure)* ***il est dix heures/midi/minuit*** es ist zehn [Uhr]/zwölf Uhr mittags/Mitternacht **III.** *aux* ❶ *(comme auxiliaire du passé actif)* ~ ***venu*** gekommen sein; ***s'~ rencontrés*** sich getroffen haben ❷ *(comme auxiliaire du passif)* ***le sol est lavé chaque jour*** der Boden wird jeden Tag geputzt **IV.** *m* ❶ *(opp: chose)* ~ ***vivant*** Lebewesen *nt* ❷ *(opp: animal)* ~ ***humain*** Mensch *m*

Grammatik und Co.
In den zusammengesetzten Zeiten wird **être** mit **avoir** konjugiert:
Elle a été satisfaite. – Sie ist zufrieden gewesen.

étreindre [etʀɛ̃dʀ] <irr> *vt* ❶ umarmen *ami;* umklammern, packen *adversaire* ❷ *angoisse:* packen
étreinte [etʀɛ̃t] *f d'un ami* Umarmung *f; d'un adversaire* Umklammerung *f*
étrenner [etʀene] <1> *vt* einweihen
étrennes [etʀɛn] *fpl* Neujahrsgeschenk *nt*
étrier [etʀije] *m* Steigbügel *m*
étriller [etʀije] <1> *vt* striegeln *cheval*
étriper [etʀipe] <1> *vt* ❶ ausnehmen ❷ *(fam)* verdreschen *personne*
étriqué(e) [etʀike] *adj vêtement* zu eng
étroit(e) [etʀwa, wat] *adj* ❶ eng; *rue* schmal; ***qn est à l'~ dans un vêtement*** jdm ist ein Kleidungsstück zu eng; ***vivre à l'~*** *(modestement)* ein karges Leben führen; ***être logé à l'~*** auf engem Raum leben ❷ *surveillance* streng
étroitement [etʀwatmɑ̃] *adv serré* eng, fest; *être logé* beengt
étroitesse [etʀwatɛs] *f* ❶ ***l'~ de sa jupe la gênait*** ihr enger Rock behinderte sie ❷ *(péj) des vues, pensées* Beschränktheit *f*
étron [etʀɔ̃] *m de chien* Kot *m*
étude [etyd] **I.** *f* ❶ *(apprentissage)* Lernen *nt,* Studieren *nt;* ***ne pas aimer les ~s*** nicht gern lernen; ***l'~ des mathématiques/sciences*** das Studium der Mathematik/der Naturwissenschaften ❷ *de la nature* Studium *nt,* Erforschung *f; d'un dos-*

sier Studium; *d'un projet* Prüfung *f*, Untersuchung *f*; ~ ***d'une question*** Beschäftigung *f* mit einer Frage; ~ ***de marché*** Marktstudie *f* ❸ *(ouvrage)* ~ ***sur qc*** Studie über etw *akk* ❹ *d'un notaire* Kanzlei *f*, Büro *nt* ❺ *(moment)* ≈ Hausaufgabenbetreuung *f* in der Schule **II.** *fpl* ❶ SCOL Schulbildung *f*; ***~s primaires/secondaires*** Grundschulbildung/Mittelstufen- und Oberstufenbildung; ***faire des ~s*** eine Schule besuchen ❷ UNIV Studium *nt*; ***~s supérieures*** Studium; ***faire des ~s*** studieren

étudiant(e) [etydjɑ̃, jɑ̃t] **I.** *adj* studentisch; *vie, révolte* Studenten- **II.** *m(f)* Student(in) *m(f)*

étudié(e) [etydje] *adj* ❶ *(soigné)* ***jeu d'un acteur très ~*** gut einstudierte Rolle ❷ *(avantageux)* ***conditions très ~es*** sehr günstige Bedingungen

étudier [etydje] <1> **I.** *vt* ❶ *(apprendre)* lernen *leçon;* [er]lernen *langue;* nacharbeiten *cours;* [ein]studieren *rôle; (à l'université)* studieren; ~ ***le piano/le violon*** Klavier-/Geigespielen lernen ❷ *(faire des recherches)* untersuchen, beobachten *nature;* erforschen, erkunden *région* ❸ *(en vue d'une décision, d'une action)* studieren, bearbeiten *dossier;* prüfen *plan;* sich befassen mit *question* ❹ SCOL sich beschäftigen mit *sujet;* lesen, sich beschäftigen mit *texte, auteur* ❺ *(observer)* studieren *personne* **II.** *vi* studieren **III.** *vpr* **s'~** ❶ *(s'analyser)* sich selbst beobachten ❷ *(s'observer mutuellement)* sich [gegenseitig] beobachten

étui [etɥi] *m* Etui *nt*

étuve [etyv] *f (à désinfection)* Sterilisator *m*

étuvée [etyve] *f v.* **étouffée**

étymologie [etimɔlɔʒi] *f* Etymologie *f*

étymologique [etimɔlɔʒik] *adj* etymologisch

eu(e) [y] *part passé de* **avoir**

EUA [øya] *mpl abr de* **États-Unis d'Amérique** USA

eucalyptus [økaliptys] *m* Eukalyptus *m*

eucharistie [økaʀisti] *f* ***l'~*** die Eucharistie

eugénique [øʒenik] SCI, MED **I.** *adj stérilisation* eugenisch **II.** *f* Eugenik *f*

euh [ø] *interj* ❶ *en tête d'un énoncé* hm ❷ *interrompant une énonciation (trou de mémoire)* äh; *(émotion, auto-correction)* ach

eunuque [ønyk] *m* Eunuch *m*

euphémique [øfemik] *adj expression* euphemistisch

euphémisant(e) [øfemizɑ̃, -ɑ̃t] *adj* beschönigend, euphemistisch

euphémisme [øfemism] *m* Euphemismus *m*

euphonie [øfɔni] *f* LING, MUS Eufonie *f*, Wohlklang *m*

euphorie [øfɔʀi] *f* Euphorie *f*

euphorique [øfɔʀik] *adj* euphorisch

euphorisant(e) [øfɔʀisɑ̃] *adj* aufputschend

EUR *abr de* **euro** EUR

eurasien(ne) [øʀazjɛ̃, jɛn] *adj* eurasisch

Eurasien(ne) [øʀazjɛ̃, jɛn] *m(f)* Eurasier(in) *m(f)*

euro [øʀo] **I.** *m* Euro *m inv;* ***billet de dix ~s*** Zehn-Euro-Schein *m* **II.** *app* ***la zone ~*** die Eurozone, die Euroländer *Pl*

eurochèque [øʀoʃɛk] *m* Eurocheque *m*

eurocrate [øʀɔkʀat] *mf (souvent péj)* Eurokrat(in) *m(f)*

eurodéputé(e) [øʀɔdepyte] *m(f)* Europaabgeordnete(r) *f(m)*

eurodevise [øʀod(ə)viz] *f* Euro-Währung *f*

euromissile [øʀomisil] *m* Mittelstreckenrakete *f*

euro-obligation [øʀoɔbligasjɔ̃] *f* FIN Eurobond *m*

Europe [øʀɔp] *f* ***l'~*** Europa *nt;* ***l'~ centrale/de l'Est/l'Ouest*** Mittel-/Ost-/Westeuropa *nt;* ***l'~ des Quinze*** die 15 Mitgliedsländer der EU; ***faire l'~*** ein vereintes Europa schaffen

européanisation [øʀɔpeanizasjɔ̃] *f* Europäisierung *f*

européaniser [øʀɔpeanize] <1> **I.** *vt* europäisieren **II.** *vpr* ***s'~*** europäisiert werden

européen(ne) [øʀɔpeɛ̃, ɛn] **I.** *adj* ❶ GEOG *continent* europäisch; ***les fleuves ~s*** die Flüsse Europas ❷ POL, ECON europäisch; *parlement, élections* Europa-; ***l'Union ~ne*** die Europäische Union **II.** *m(f) pl (les élections européennes)* die Wahl zum Europaparlament

Européen(ne) [øʀɔpeɛ̃, ɛn] *m(f)* Europäer(in) *m(f)*

europhobe [øʀɔfɔb] *adj* europafeindlich

euroscepticisme [øʀosɛptisism] *m* POL *Vorbehalt gegenüber der europäischen Union*

eurosceptique [øʀosɛptik] **I.** *adj* euroskeptisch **II.** *mf* Euroskeptiker(in) *m(f)*

eurosignal [øʀosiɲal] *m* Notruf *m*

eus [y] *passé simple de* **avoir**

euskarien(ne) [øskaʀjɛ̃, jɛn] *adj peuple, langue* baskisch

euthanasie [øtanazi] *f* Euthanasie *f*

eux [ø] *pron pers, pl masc ou mixte*

❶ *(fam: pour renforcer)* ***~, ils n'ont pas ouvert la bouche*** die haben den Mund nicht aufgemacht; ***c'est ~ qui l'ont dit*** das haben die gesagt; ***il veut les aider, ~?*** denen möchte er helfen? ❷ *avec une préposition* ***avec/sans*** ~ mit ihnen/ohne sie; ***à ~ seuls*** sie allein; ***la maison est à*** ~ das Haus gehört ihnen; ***c'est à ~ de décider*** sie müssen entscheiden; ***c'est à ~!*** sie sind dran! ❸ *dans une comparaison* sie; ***elles sont comme*** ~ sie sind wie sie; ***plus fort qu'***~ stärker als sie ❹ *(soi)* sich; *v. a.* **lui**

eux-mêmes [ømɛm] *pron pers (eux en personne)* sie selbst; *v. a.* **moi-même, nous-mêmes**

évacuation [evakɥasjɔ̃] *f* ❶ *des habitants* Evakuierung *f; des blessés* Abtransport *m; d'une salle de tribunal* Räumung *f* ❷ *(action de quitter)* Räumung *f; d'un bateau* Verlassen *nt* ❸ *(écoulement)* Abfließen *nt;* ***système d'***~ Ablauf *m;* ***l'~ des eaux usées se fait ...*** das Abwasser wird ... geleitet ❹ CH *(action de vider)* ***~ des ordures*** Kehrichtabfuhr *f* CH

évacué(e) [evakɥe] *m(f) gén pl* Evakuierte(r) *f(m)*

évacuer [evakɥe] <1> *vt* ❶ MIL räumen *ville* ❷ *(faire partir)* evakuieren *habitants;* abtransportieren *blessés* ❸ *(quitter)* räumen, verlassen *bateau* ❹ *(vider)* ablassen *les eaux usées*

évadé(e) [evade] *m(f)* entflohener Häftling *m*

évader [evade] <1> *vpr* ❶ ***s'~ de qc*** aus etw ausbrechen ❷ *(fuir)* ***s'~ du réel*** vor der Realität flüchten

évaluable [evalɥabl] *adj* abschätzbar, berechenbar

évaluation [evalɥasjɔ̃] *f* ❶ *des coûts* Überschlag *m; des risques* Abschätzung *f; des chances* Einschätzung *f; d'une fortune* Schätzung *f* ❷ *des dégâts* Schätzung *f;* ***~ des connaissances*** SCOL Klassenarbeit *f*

évaluer [evalɥe] <1> *vt* schätzen *poids;* abschätzen *distance;* einschätzen *chances*

évanescent(e) [evanesɑ̃, ɑ̃t] *adj (littér)* schwindend; *impression* sich verflüchtigend

évangélique [evɑ̃ʒelik] *adj* evangelisch

évangélisateur, -trice [evɑ̃ʒelizatœʀ, -tʀis] **I.** *adj mission* das Evangelium verkündend **II.** *m, f* Verkünder(in) *m(f)* des Evangeliums

évangélisation [evɑ̃ʒelizasjɔ̃] *f* Evangelisierung *f*

évangéliser [evɑ̃ʒelize] <1> *vt* zum Christentum bekehren *peuple, pays*

évangéliste [evɑ̃ʒelist] *m* Evangelist *m*

évangile [evɑ̃ʒil] *m (texte, livre)* Evangelium *nt*

Évangile [evɑ̃ʒil] *m* ***l'***~ das Evangelium

évanoui(e) [evanwi] *adj* ❶ *personne* ohnmächtig; ***tomber*** ~ in Ohnmacht fallen ❷ *bonheur* vergangen; *rêve* geplatzt

évanouir [evanwiʀ] <8> *vpr* ❶ *(perdre connaissance)* ***s'~ de qc*** von etw ohnmächtig werden ❷ *(disparaître)* ***s'***~ *image, fantôme:* [ver]schwinden; *illusions:* schwinden; *espoirs:* zerrinnen

évanouissement [evanwismɑ̃] *m* Ohnmacht[sanfall *m*] *f*

évaporation [evapɔʀasjɔ̃] *f* Verdampfung *f*

évaporé(e) [evapɔʀe] *adj* zerstreut

évaporer [evapɔʀe] <1> *vpr* ***s'***~ *eau, parfum:* verdunsten

évasé(e) [evɑze] *adj jupe* ausgestellt

évasement [evɑzmɑ̃] *m d'un trou* Vergrößerung *f,* Erweiterung *f;* ***l'~ de cet entonnoir est trop faible*** der Trichter ist oben nicht breit genug

évaser [evɑze] <1> *vt* vergrößern, erweitern *trou*

évasif, -ive [evazif, -iv] *adj réponse* ausweichend; *geste* vage; ***devenir*** ~ ausweichen; ***rester*** ~ sich bedeckt halten

évasion [evazjɔ̃] *f* ***~ de qn de prison*** jds Ausbruch *m* aus dem Gefängnis

évasivement [evazivmɑ̃] *adv* ausweichend

évêché [eveʃe] *m* Bistum *nt*

éveil [evɛj] *m* ❶ *(état éveillé)* ***tenir qn en*** ~ jdn wach halten ❷ *(réveil)* ***~ des sens/d'un sentiment chez qn*** Erwachen *nt* der Sinne bei jdm/eines Gefühls in jdm

éveillé(e) [eveje] *adj* ❶ *(en état de veille)* wach ❷ *(alerte)* aufgeweckt; ***esprit*** ~ heller Kopf

éveiller [eveje] <1> **I.** *vt* ❶ *(faire naître)* erregen *attention;* wachrufen *désir;* wecken *soupçons* ❷ *(développer)* fördern *intelligence* **II.** *vpr* ❶ *(naître)* ***s'~ chez*** [*o* ***en***] ***qn*** *amour:* in jdm erwachen; *soupçon:* sich in jdm regen ❷ *(éprouver pour la première fois)* ***s'~ à l'amour*** *personne:* seine ersten Erfahrungen in der Liebe machen ❸ *(se mettre à fonctionner)* ***s'***~ *esprit:* sich zu entwickeln beginnen

événement, évènement [evɛnmɑ̃] *m* ❶ Ereignis *nt;* ***les ~s de mai 1968*** *die politischen Unruhen im Mai 1968;* ***avant les ~s en Allemagne de l'est*** vor der Wende ❷ *(spectacle, manifestation)* Event *m o nt*

▶ créer l'~ Aufsehen erregen; **elle est dépassée par les ~s** ihr wächst alles über den Kopf
événementiel [evɛnmɑ̃sjɛl] *m (secteur d'activité)* Eventbereich *m*
éventail [evɑ̃taj] <s> *m* Fächer *m*; *~ des prix* Preisspanne *f*; *~ des salaires* Lohnskala *f*
éventé(e) [evɑ̃te] *adj terrasse* windig
éventer [evɑ̃te] <1> *vt* lüften, aufdecken *secret*
éventration [evɑ̃tʀasjɔ̃] *f* MED Darmdurchbruch *m*
éventrer [evɑ̃tʀe] <1> *vt* ❶ *(tuer) ~ qn/un animal* jdm/einem Tier den Bauch aufschlitzen ❷ *(ouvrir)* aufreißen *sac;* aufbrechen *porte;* aufschlitzen *matelas*
éventualité [evɑ̃tɥalite] *f* ❶ *(caractère) dans l'~ d'une guerre* im Falle eines Krieges ❷ *(possibilité)* Eventualität *f*, Möglichkeit *f*
éventuel(le) [evɑ̃tɥɛl] *adj* möglich; *successeur a.* potenziell
éventuellement [evɑ̃tɥɛlmɑ̃] *adv* eventuell
évêque [evɛk] *m* Bischof *m*
évertuer [evɛʀtɥe] <1> *vpr s'~ à faire qc* sich abquälen etw zu tun
éviction [eviksjɔ̃] *f* Ausschaltung *f*
évidé(e) [evide] *adj* hohl, ausgehöhlt
évidemment [evidamɑ̃] *adv* ❶ *(en tête de phrase)* natürlich ❷ *(en réponse)* na klar *fam* ❸ *(comme on peut le voir)* offenbar
évidence [evidɑ̃s] *f* ❶ *sans pl (caractère)* Offensichtlichkeit *f*, Offenkundigkeit *f*; *de toute [o à l']* ~ ganz offensichtlich ❷ *(fait)* klare Tatsache; *c'est une ~* das liegt doch auf der Hand; *se rendre à l'~* sich den Tatsachen beugen; *refuser de se rendre à l'~* etwas nicht wahrhaben wollen ❸ *(vue) être bien en ~ objet:* gut sichtbar sein; *se mettre en ~* sich in den Vordergrund drängen
évident(e) [evidɑ̃, ɑ̃t] *adj* ❶ *progrès* klar [erkennbar]; *signe* eindeutig; *bonne volonté* unbestreitbar; *c'est ~ pour qn* das ist jdm klar ❷ *(compréhensible)* offensichtlich; *il est ~ que ...* es versteht sich von selbst, dass ... ▶ **c'est pas ~!** *(fam: difficile)* das ist gar nicht so einfach!
évider [evide] <1> *vt* aushöhlen
évier [evje] *m* Spüle *f*
évincement [evɛ̃smɑ̃] *m* JUR Vertreibung *f*; *d'un rival* Verdrängung *f*
évincer [evɛ̃se] <2> *vt* JUR vertreiben
évitable [evitabl] *adj* vermeidbar
éviter [evite] <1> **I.** *vt* ❶ *(se soustraire à)* vermeiden *erreur;* meiden *endroit;* *~ de faire qc* es vermeiden etw zu tun; *évite de passer par Lyon* fahr möglichst nicht über Lyon ❷ *(se dérober à)* sich *dat* ersparen *sort;* sich entziehen +*dat corvée;* *~ de faire qc* sich davor hüten etw zu tun; *pour ~ d'aller en prison* um dem Gefängnis zu entgehen; *pour ~ d'avoir à éplucher les légumes* um kein Gemüse schälen zu müssen ❸ *(fuir)* ausweichen +*dat regard;* *~ qn* jdn meiden; *(essayer de ne pas rencontrer)* jdm aus dem Weg gehen ❹ *(empêcher) personne:* vermeiden; *~ qc* etw verhindern; *~ que* +*subj* verhindern, dass ❺ *(esquiver)* ausweichen +*dat obstacle, coup* ❻ *(épargner) ~ qc à qn* jdm etw ersparen **II.** *vpr* ❶ *s'~* sich meiden; *(essayer de ne pas se rencontrer)* sich aus dem Weg gehen ❷ *(ne pas avoir) s'~ des soucis/tracas* sich *dat* Sorgen/Mühen ersparen
évocateur, -trice [evɔkatœʀ, -tʀis] *adj style* anschaulich
évocation [evɔkasjɔ̃] *f de souvenirs* Wachrufen *nt*
évolué(e) [evɔlɥe] *adj pays, société* [hoch] entwickelt; *idées, personne* liberal
évoluer [evɔlɥe] <1> *vi* ❶ *(changer) chose, monde:* sich entwickeln; *sciences:* sich [weiter] entwickeln; *goûts, situation:* sich ändern; *la crise évolue lentement vers une solution* für die Krise zeichnet sich allmählich eine Lösung ab ❷ *(se transformer)* sich verändern; *~ vers qc* sich zu etw hin entwickeln; *ce séjour l'a fait ~* durch diesen Aufenthalt ist er/sie gereift ❸ MED *maladie:* fortschreiten
évolutif, -ive [evɔlytif, -iv] *adj maladie* fortschreitend
évolution [evɔlysjɔ̃] *f* ❶ *d'une personne, d'un phénomène* Entwicklung *f*; *des goûts, comportements* Veränderung *f*, Wandel *m*; *des sciences* [Weiter]entwicklung *f*; *l'~ des techniques* der technische Fortschritt ❷ MED *d'une maladie* Fortschreiten *nt*; *d'une tumeur* Ausbreiten *nt* ❸ BIO Evolution *f*; *théorie de l'~* Evolutionstheorie *f*
évolutionnisme [evɔlysjɔnism] *m* BIO Evolutionslehre *f*
évoquer [evɔke] <1> *vt* ❶ *(rappeler à la mémoire)* erinnern an +*akk personne;* in Erinnerung rufen *fait, enfance;* wachrufen *souvenirs* ❷ *(décrire)* schildern ❸ *(faire allusion à)* erwähnen *problème;* anschneiden *question, sujet* ❹ *(faire penser à) ce*

mot n'évoque rien pour moi mit diesem Wort verbinde ich nichts

ex [ɛks] *mf (fam)* Ex *mf*

ex, ex. [ɛks] *abr de* **exemple** Bsp.

exacerbation [ɛgzasɛʀbasjɔ̃] *f d'une douleur* Verschlimmerung *f; d'un désir* Steigerung *f*

exacerbé(e) [ɛgzasɛʀbe] *adj* übersteigert

exacerber [ɛgzasɛʀbe] <1> *vt* anstacheln *jalousie*

E

exact(e) [ɛgzakt] *adj* ❶ *(précis)* genau; *description* präzis[e]; *définition, valeur* exakt; *mot* treffend; *calculs, réponse* korrekt; ***c'est*** [*o* ***il est***] ***~ que ...*** das ist richtig, dass ... ❷ *(ponctuel)* pünktlich

exactement [ɛgzaktəmɑ̃] *adv* genau; ***c'est ~ ce que*** das ist haargenau das, was *fam*

exaction [ɛgzaksjɔ̃] *f pl (violences)* Ausschreitungen *Pl*

exactitude [ɛgzaktityd] *f* ❶ *(précision)* Korrektheit *f; des mesures* Genauigkeit *f;* ***avec ~*** *calculer* genau ❷ *(ponctualité)* Pünktlichkeit *f;* ***avec ~*** *arriver* pünktlich; ***être d'une parfaite ~*** die Pünktlichkeit in Person sein

ex æquo [ɛgzeko] **I.** *adj inv* ***être ~ en qc*** in etw gleich stehen; *équipes:* die gleiche Punktzahl haben **II.** *adv classer* gleich; *arriver* gleichzeitig; ***premiers/premier prix ~*** zwei erste Preise **III.** *mpl* Kandidaten *Pl* mit gleicher Punktzahl; *(dans le sport)* Sportler *Pl* mit gleicher Punktzahl

exagération [ɛgzaʒeʀasjɔ̃] *f* Übertreibung *f*

exagéré(e) [ɛgzaʒeʀe] *adj* übertrieben; *prix* überhöht; ***être un peu ~*** ein bisschen zu weit gehen

exagérément [ɛgzaʒeʀemɑ̃] *adv* übertrieben

exagérer [ɛgzaʒeʀe] <5> **I.** *vt* ❶ *(par rapport à la réalité)* überbewerten *mérites;* hochspielen *défauts* ❷ *(par rapport à la normale)* übertreiben *attitude;* ***il ne faut rien ~, n'exagérons rien*** man soll nichts übertreiben **II.** *vi* ❶ *(amplifier en parlant)* übertreiben ❷ *(abuser)* es übertreiben

exaltant(e) [ɛgzaltɑ̃, ɑ̃t] *adj* erhebend, begeisternd

exaltation [ɛgzaltasjɔ̃] *f* Begeisterung *f*

exalté(e) [ɛgzalte] *adj* schwärmerisch, überschwänglich; *personne* exaltiert

exalter [ɛgzalte] <1> *vt (faire vibrer)* anregen *esprit;* begeistern *personne*

exam [ɛgzam] *m abr de* **examen** Examen *nt*

examen [ɛgzamɛ̃] *m* ❶ *des faits* [Über]prüfung *f; d'une proposition, question* Prüfung; *des empreintes digitales* Untersuchung *f;* ***~ d'un problème*** Auseinandersetzung *f* mit einem Problem ❷ MED, BIO Untersuchung *f* ❸ SCOL Prüfung *f;* UNIV [Abschluss]examen *nt;* ***~ d'entrée/de passage*** Aufnahme-/Versetzungsprüfung

examinateur, -trice [ɛgzaminatœʀ, -tʀis] *m, f* Prüfer(in) *m(f)*

examiner [ɛgzamine] <1> **I.** *vt* ❶ *(étudier)* prüfen, [über]prüfen *faits, causes;* einsehen *dossier;* genau durchlesen *texte, ouvrage;* genau untersuchen *lieux d'un crime;* untersuchen *objet* ❷ *(regarder attentivement)* mustern ❸ MED untersuchen *patient* ❹ SCOL, UNIV prüfen **II.** *vpr* ***s'~ dans un miroir*** sich im Spiegel betrachten

exaspérant(e) [ɛgzaspeʀɑ̃, ɑ̃t] *adj* nervenaufreibend

exaspération [ɛgzaspeʀasjɔ̃] *f* Verzweiflung *f*

exaspérer [ɛgzaspeʀe] <5> *vt* ***~ qn avec qc*** jdn mit etw zur Verzweiflung bringen

exaucer [ɛgzose] <2> *vt* ❶ *(écouter) Dieu:* erhören ❷ *(réaliser)* erfüllen *désir, souhait*

excédant(e) [ɛksedɑ̃, ɑ̃t] *adj* lästig

excédent [ɛksedɑ̃] *m* Überschuss *m;* ***~ de bagages*** Gepäckübergewicht *nt*

excédentaire [ɛksedɑ̃tɛʀ] *adj* überschüssig

excéder [ɛksede] <5> *vt* überschreiten *poids, durée;* übersteigen *moyens, forces*

excellemment [ɛkselamɑ̃] *adv (littér)* [ganz] ausgezeichnet, hervorragend, exzellent *geh*

excellence [ɛkselɑ̃s] *f* Vorzüglichkeit *f;* ***l'~ de son goût*** sein/ihr ausgezeichneter Geschmack ▶ **par ~** par excellence *geh*, schlechthin

excellent(e) [ɛkselɑ̃, ɑ̃t] *adj* [ganz] ausgezeichnet; *vin* köstlich; *professeur* hervorragend *geh*, [ganz] ausgezeichnet

exceller [ɛksele] <1> *vi* ***~ à cuisiner/écrire*** [ganz] ausgezeichnet kochen/schreiben

excentré(e) [ɛksɑ̃tʀe] *adj région, quartier* abgelegen

excentricité [ɛksɑ̃tʀisite] *f sans pl* Exzentrizität *f; d'un vêtement* Extravaganz *f;* ***l'~ de son comportement/caractère*** sein/ihr exzentrisches Verhalten/Wesen

excentrique [ɛksɑ̃tʀik] **I.** *adj personne, manières* exzentrisch; *tenue* extravagant **II.** *mf* Exzentriker(in) *m(f)*

excepté [ɛksɛpte] *prép* außer +*dat,* bis auf +*akk;* ***~ que/si*** außer, dass; ***avoir tout prévu, ~ ce cas*** mit allem gerechnet haben, nur damit nicht

excepter [ɛksɛpte] <1> *vt* ~ ***qn de qc*** jdn von etw ausnehmen; ***tous les devoirs, sans en ~ un seul, sont mauvais*** die Arbeiten sind alle schlecht, ohne Ausnahme

exception [ɛksɛpsjɔ̃] *f (action)* Ausnahme *f; (cas)* Ausnahme[fall *m*] *f;* ***régime d'~*** Sonderregelung *f;* ***faire ~ à la règle*** eine Ausnahme von der Regel bilden; ***faire une ~ pour qn*** bei jdm eine Ausnahme machen; ***à l'~ de qn/qc*** abgesehen von jdm/etw; ***sauf ~*** von Ausnahmen abgesehen

exceptionnel(le) [ɛksɛpsjɔnɛl] *adj* ❶ *(extraordinaire)* außergewöhnlich; *réussite* außerordentlich/-gewöhnlich; *occasion* einmalig ❷ *(occasionnel)* Sonder; ***mesures exceptionnelles*** Sondermaßnahmen *Pl,* außergewöhnliche Maßnahmen; ***à titre ~*** ausnahmsweise

exceptionnellement [ɛksɛpsjɔnɛlmɑ̃] *adv* ❶ *(à titre exceptionnel)* ausnahmsweise ❷ *(très)* außergewöhnlich

excès [ɛksɛ] *m* ❶ *(surplus)* ***~ de vitesse*** Geschwindigkeitsüberschreitung *f;* ***~ de zèle*** Übereifer *m* ❷ *pl (abus)* Exzesse *Pl,* Ausschweifungen *Pl* ❸ *(violences)* Ausschreitungen *Pl* ▶ **tomber dans l'~ inverse** ins andere Extrem [ver]fallen; **pousser qc à l'~** etw auf die Spitze treiben; **avec/sans ~** *manger, dépenser* übermäßig/in Maßen

excessif, -ive [ɛksesif, -iv] *adj* ❶ übertrieben; *prix* überhöht ❷ *tempérament* überschäumend; ***être ~ dans son jugement*** zu hart urteilen

excessivement [ɛksesivmɑ̃] *adv* äußerst; *manger* unmäßig; ***être ~ cher*** überteuert sein

excipient [ɛksipjɑ̃] *m* Grundstoff *m*

exciser [ɛksize] <1> *vt* herausschneiden *tumeur;* beschneiden *fille*

excision [ɛksizjɔ̃] *f* ❶ *d'un cor, tissu* Herausschneiden *nt* ❷ *(ablation rituelle)* ***~ d'une fille*** Beschneidung *f* eines Mädchens

excitabilité [ɛksitabilite] *f (qualité)* Erregbarkeit *f; (réaction)* Reizempfindung *f*

excitant(e) [ɛksitɑ̃, ɑ̃t] *adj* ❶ aufregend; *livre, projet* spannend ❷ *café* anregend; *médicament* stimulierend

excitation [ɛksitasjɔ̃] *f* Aufregung *f,* Erregung *f*

excité(e) [ɛksite] **I.** *adj* aufgeregt **II.** *m(f)* Hitzkopf *m*

exciter [ɛksite] <1> **I.** *vt* ❶ *(provoquer)* erregen, wecken *désir, curiosité* ❷ *(aviver)* anspornen, anregen *imagination;* verschlimmern *douleur* ❸ *(passionner)* ***~ qn*** *idée:* jdn reizen; *sensation:* jdn in Hochstimmung versetzen; *travail:* jdn begeistern ❹ *(mettre en colère)* ***~ qn*** *personne:* ärgern; *alcool:* aggressiv machen; *chaleur:* nervös machen ❺ *(troubler sexuellement)* erregen **II.** *vpr* **s'~ sur qc** ❶ *(s'énerver)* sich über etw *akk* aufregen ❷ *(fam: s'acharner)* sich an etw *dat* festbeißen

exclamatif, -ive [ɛksklamatif, -iv] *adj* ***phrase exclamative*** Ausrufesatz *m*

exclamation [ɛksklamasjɔ̃] *f* Ausruf *m;* ***~ de douleur/de joie*** Schmerzens-/Freudenschrei *m;* ***point d'~*** Ausrufezeichen *nt*

exclamer [ɛksklame] <1> *vpr* ***s'~ de joie*** freudig ausrufen

exclu(e) [ɛkskly] **I.** *part passé de* **exclure** **II.** *adj* ❶ *(impossible)* ***il n'est pas ~ que*** *+subj* es ist nicht ausgeschlossen, dass ❷ *(non compris)* ***mardi ~*** außer Dienstag **III.** *m(f)* ***les ~s*** die [von der Gesellschaft] Ausgeschlossenen

exclure [ɛksklyʀ] <irr> **I.** *vt* ❶ ***~ qn d'un parti/d'une équipe*** jdn aus einer Partei/einer Mannschaft ausschließen; ***~ qn d'une salle/de l'école*** jdn des Saales/von der Schule verweisen ❷ *(écarter)* ausschließen *possibilité;* ausschalten *élément;* verwerfen *hypothèse* **II.** *vpr* ***s'~*** sich [gegenseitig] ausschließen

exclus [ɛkskly] *mpl* ***les exclus*** die Mitglieder sozialer Randgruppen

exclusif, -ive [ɛksklyzif, -iv] *adj* ausschließlich; *droit, privilège* alleinig; ***reportage ~*** Exklusivbericht *m*

exclusion [ɛksklyzjɔ̃] *f* ❶ Ausschluss *m; du lycée* [Schul]verweis *m;* ***~ sociale*** soziale Ausgrenzung ❷ INET ***~ de responsabilité*** Disclaimer *m*

exclusivement [ɛksklyzivmɑ̃] *adv* ❶ *(seulement)* ausschließlich ❷ *(uniquement)* nur ❸ *(exclu)* exklusive

exclusivité [ɛksklyzivite] *f d'une marque* Alleinvertrieb *m; d'un livre* Exklusivrecht *nt;* ***une ~ XY*** *(produit)* ein geschütztes Produkt von XY; *(scoop)* eine Exklusivmeldung von XY ▶ **en ~** ausschließlich

excommunication [ɛkskɔmynikasjɔ̃] *f* REL Exkommunikation *f*

excommunier [ɛkskɔmynje] <1a> *vt* exkommunizieren

excréments [ɛkskʀemɑ̃] *mpl* Kot *m*

excroissance [ɛkskʀwasɑ̃s] *f* Wucherung *f*

excursion [ɛkskyʀsjɔ̃] *f* Ausflug *m,* Exkursion *f*

excusable [ɛkskyzabl] *adj* verzeihlich

E

excuse [ɛkskyz] *f* ❶ *(raison)* Entschuldigung *f* ❷ *(prétexte)* Ausrede *f;* ***la belle ~!*** schöne Ausrede! ❸ *pl (regret)* ***mille ~s!*** ich bitte Tausend Mal um Entschuldigung!

excuser [ɛkskyze] <1> **I.** *vt* ❶ entschuldigen *faute, retard;* ***excuse-moi/excusez-moi!*** entschuldige/entschuldigen Sie [bitte]! ❷ *(justifier)* in Schutz nehmen *personne;* entschuldigen *conduite* ▸ **vous êtes tout excusé** machen Sie sich darüber keine Gedanken **II.** *vpr* ***s'~ de qc*** sich für etw entschuldigen ▸ **je m'excuse de vous déranger** entschuldigen Sie bitte die Störung

E

exécrable [ɛgzekʀabl] *adj* scheußlich

exécrer [ɛgzekʀe] <1> *vt* verabscheuen

exécutable [ɛgzekytabl] *adj* ❶ *(réalisable) projet* durchführbar ❷ INFORM ausführbar ❸ JUR *réforme, revendication* durchsetzbar; *sentence* vollstreckbar

exécutant(e) [ɛgzekytɑ̃, ɑ̃t] *m(f) (agent)* Befehlsempfänger(in) *m(f)*

exécuter [ɛgzekyte] <1> *vt* ❶ *a.* INFORM *(effectuer)* ausführen, durchführen *projet;* erledigen *travail;* vollziehen, vollstrecken *peine;* ***~ les dernières volontés de qn*** jds Letzten Willen erfüllen ❷ *(tuer)* hinrichten ❸ *(assassiner)* umbringen

exécuteur, -trice [ɛgzekytœʀ, -tʀis] *m, f* Ausführende(r) *f(m)*

exécutif [ɛgzekytif] *m* Exekutive *f*

exécution [ɛgzekysjɔ̃] *f* ❶ Ausführung *f; d'un travail, d'un programme* Durchführung *f; d'une commande* Erledigung *f;* ***mettre une loi à ~*** ein Gesetz ausführen; ***mettre une menace à ~*** eine Drohung wahr machen ❷ JUR *d'un jugement* Vollstreckung *f; d'une peine* Vollzug *m* ❸ *(mise à mort)* Hinrichtung *f*

exécutoire [ɛgzekytwaʀ] *adj* JUR exekutiv

exégèse [ɛgzeʒɛz] *f* Interpretation *f,* Auslegung *f;* REL Exegese *f; (commentaire)* Kommentar *m*

exégète [ɛgzeʒɛt] *m* Interpret(in) *m(f);* REL Exeget *m;* ***se faire l'~ d'un texte*** einen Text auslegen

exemplaire [ɛgzɑ̃plɛʀ] **I.** *adj* ❶ *conduite, personne* beispielhaft, exemplarisch ❷ *châtiment* exemplarisch **II.** *m* ❶ *d'un livre* Exemplar *nt;* ***en deux ~s*** in zweifacher Ausfertigung *f* ❷ *(spécimen)* Exemplar *nt*

exemplarité [ɛgzɑ̃plaʀite] *f d'un comportement* Vorbildlichkeit *f*

exemple [ɛgzɑ̃pl] *m* ❶ *(modèle)* Beispiel *nt,* Vorbild *nt;* ***citer qn/qc en ~*** jdn/etw als Beispiel hinstellen; ***donner l'~*** mit gutem Beispiel vorangehen; ***prendre ~ sur qn*** sich *dat* an jdm ein Beispiel nehmen ❷ *(illustration)* Beispiel *nt;* ***par ~*** zum Beispiel ❸ *(châtiment)* ***faire un ~*** ein Exempel statuieren ▸ **[ça/tiens] par ~!** *(fam: indignation)* das ist doch nicht zu fassen!; *(surprise)* na, so [et]was!

exempt(e) [ɛgzɑ̃(pt), ɑ̃(p)t] *adj* ❶ *(dispensé) personne:* befreit ❷ *(dépourvu)* frei

exempter [ɛgzɑ̃(p)te] <1> *vt personne:* befreien; *(réformer)* freistellen

exemption [ɛgzɑ̃psjɔ̃] *f d'une charge* Befreiung *f*

exercé(e) [ɛgzɛʀse] *adj œil, voix* geübt

exercer [ɛgzɛʀse] <2> **I.** *vt* ❶ *(pratiquer)* ausüben *métier;* bekleiden *fonction* ❷ *(mettre en usage)* ausüben *pouvoir;* entfalten *talent;* ***~ son droit*** sein Recht geltend machen ❸ *(entraîner)* schulen, trainieren *oreille, mémoire;* bilden *jugement;* entwickeln *goût;* ***~ les élèves à lire à voix basse*** die Schüler an leises Lesen gewöhnen **II.** *vi* tätig sein; *médecin:* praktizieren **III.** *vpr* ❶ *(s'entraîner)* ***s'~*** üben; SPORT trainieren; ***s'~ à la trompette*** Trompete üben ❷ *(se manifester)* ***s'~ dans un domaine*** *habileté, influence:* sich auf einem Gebiet zeigen ❸ *(agir sur)* ***être exercé sur*** *pouvoir:* ausgeübt werden auf *+akk*

exercice [ɛgzɛʀsis] *m* ❶ SCOL, MUS, SPORT Übung *f;* ***~ à trous*** Lückentest *m;* ***faire des*** [*o* ***ses***] ***~s au piano*** Klavier üben ❷ *sans pl (activité physique)* Bewegung *f;* ***faire*** [*o* ***prendre***] ***de l'~*** sich *dat* Bewegung verschaffen ❸ *d'un métier, du pouvoir* Ausübung *f; d'une fonction* Bekleidung *f; d'un droit* Geltendmachung *f form;* ***dans l'~ de ses fonctions*** in Ausübung seines Amtes ▸ **en ~** im Dienst; POL amtierend

exergue [ɛgzɛʀg] *m* ***en ~*** als Inschrift

ex-femme [ɛksfam] <ex-femmes> *f* ***mon ~*** meine frühere Frau

exfiltrer [ɛksfiltʀe] <1> *vt* zurückschleusen; ***~ un agent vers un pays*** einen Agenten in ein Land zurückschleusen

exfolier [ɛksfɔlje] <1a> **I.** *vt (rare)* in Platten ablösen *ardoise* **II.** *vpr* MED ***s'~*** sich ablösen; *peau:* [sich] abschilfern, sich schälen

exhalaison [ɛgzalɛzɔ̃] *f* Ausdünstung *f*

exhaler [ɛgzale] <1> *vt* ❶ *(répandre)* ausströmen ❷ *(laisser échapper)* ausstoßen *soupir*

exhaussement [ɛgzosmɑ̃] *m d'un mur* Erhöhen *nt*

exhausteur [ɛgzostœʀ] *m* CHIM *de goût, saveur* Geschmacksverstärker *m*

exhaustif, -ive [ɛgzostif, -iv] *adj* erschöpfend

exhaustivité [ɛgzostivite] *f d'un exposé* Vollständigkeit *f*

exhiber [ɛgzibe] <1> *vt* vorzeigen, vorlegen *document*

exhibition [ɛgzibisjɔ̃] *f d'un animal* Vorführung *f; d'un athlète* Darbietung *f*

exhibitionnisme [ɛgzibisjɔnism] *m (a. fig)* Exhibitionismus *m*

exhibitionniste [ɛgzibisjɔnist] *mf* Exhibitionist(in) *m(f)*

exhortation [ɛgzɔʀtasjɔ̃] *f* [Er]mahnung *f*

exhorter [ɛgzɔʀte] <1> *vt (littér)* ***~ qn à l'obéissance*** jdn zum Gehorsam [er]mahnen

exhumation [ɛgzymasjɔ̃] *f d'un corps* Exhumierung *f; de ruines* Ausgrabung *f*

exhumer [ɛgzyme] <1> *vt* exhumieren *corps*

exigeant(e) [ɛgziʒɑ̃, ʒɑ̃t] *adj* anspruchsvoll; *enfant* anstrengend; ***être ~ à l'égard de qn*** hohe Ansprüche an jdn stellen

exigence [ɛgziʒɑ̃s] *f* ❶ *(caractère)* anspruchsvolles Wesen ❷ *pl (prétentions)* [An]forderungen *Pl,* Ansprüche *Pl* ❸ *pl (impératifs)* ***~s de la mode*** Modezwänge *Pl*

exiger [ɛgziʒe] <2a> *vt* ❶ *(réclamer)* verlangen; ***~ beaucoup de qn*** hohe Ansprüche an jdn stellen; ***~ trop de qn*** jdn überfordern; ***~ que*** *+subj* verlangen, dass ❷ *(nécessiter) personne, animal, plante:* brauchen; *travail, circonstances:* erfordern

exigible [ɛgziʒibl] *adj impôt* fällig

exigu, exiguë [ɛgzigy] *adj logement* winzig [klein]

exiguïté [ɛgzigɥite] *f* ❶ *(vieilli) d'un repas* Dürftigkeit *f* ❷ *d'un espace* Enge *f*

exil [ɛgzil] *m* Exil *nt,* Verbannung *f;* ***condamner qn à l'~*** jdn verbannen

exilé(e) [ɛgzile] **I.** *adj* ❶ *(expatrié)* emigriert ❷ *(chassé)* ausgebürgert; *(banni)* verbannt ❸ *(retiré)* zurückgezogen **II.** *m(f)* ❶ *(expatrié)* Emigrant(in) *m(f)* ❷ *(banni)* Verbannte(r) *f(m);* ***~ politique*** politischer Flüchtling

exiler [ɛgzile] <1> **I.** *vt* verbannen **II.** *vpr* ***s'~*** ins Exil gehen; ***s'~ de/en France*** aus/nach Frankreich auswandern

existant(e) [ɛgzistɑ̃, ɑ̃t] *adj* bestehend

existence [ɛgzistɑ̃s] *f* ❶ *(vie)* Leben *nt,* Dasein *nt,* Existenz *f; (mode de vie)* Lebensweise *f* ❷ *d'une institution* Bestehen *nt*

existentialisme [ɛgzistɑ̃sjalism] *m* Existenzialismus *m*

existentiel(le) [ɛgzistɑ̃sjɛl] *adj* existenziell

exister [ɛgziste] <1> **I.** *vi* ❶ *(vivre)* leben ❷ *(être)* bestehen; ***ce mot existe*** dieses Wort gibt es; ***continuer d'~*** fortbestehen **II.** *vi impers* ***il existe qc*** es gibt etw

ex-mari [ɛksmaʀi] <ex-maris> *m* ***mon ~*** mein früherer Mann **ex-ministre** [ɛksministʀ] <ex-ministres> *mf* früherer [*o* ehemaliger] Minister/frühere [*o* ehemalige] Ministerin, Ex-Minister(in) *m(f) fam*

exode [ɛgzɔd] *m* [Massen]auswanderung *f;* ***~ rural*** Landflucht *f*

exonération [ɛgzɔneʀasjɔ̃] *f* ***~ d'impôts*** Steuerbefreiung *f*

exonérer [ɛgzɔneʀe] <5> *vt* FIN ***être exonéré de la T.V.A.*** nicht der Mehrwertsteuer unterliegen

exorbitant(e) [ɛgzɔʀbitɑ̃, ɑ̃t] *adj* übertrieben

exorbité(e) [ɛgzɔʀbite] *adj* ***yeux ~s*** Glupschaugen *Pl; (de stupéfaction)* weit aufgerissene Augen *Pl*

exorciser [ɛgzɔʀsize] <1> *vt* exorzieren

exorcisme [ɛgzɔʀsism] *m* Exorzismus *m,* [Teufels]austreibung *f*

exorde [ɛgzɔʀd] *f* ❶ *(préambule) d'un discours* Einleitung *f,* Exordium *nt* ❷ *(ouverture) d'une œuvre* Eröffnung *f*

exotique [ɛgzɔtik] *adj* exotisch

exotisme [ɛgzɔtism] *m* Exotik *f*

expansible [ɛkspɑ̃sibl] *adj* PHYS ausdehnbar

expansif, -ive [ɛkspɑ̃sif, -iv] *adj* gesprächig

expansion [ɛkspɑ̃sjɔ̃] *f* ECON Expansion *f;* ***~ démographique*** Bevölkerungsanstieg *m;* ***~ économique*** Wirtschaftswachstum *nt;* ***être en pleine ~*** expandieren; ***secteur en pleine ~*** Wachstumsbranche *f*

expatriation [ɛkspatʀijasjɔ̃] *f (action de s'expatrier)* Emigration *f,* Auswanderung *f; (action d'expatrier)* Ausbürgerung *f*

expatrié(e) [ɛkspatʀije] *m(f)* Emigrant(in) *m(f)*

expatrier [ɛkspatʀije] <1> **I.** *vt* ausbürgern *personne* **II.** *vpr* ***s'~*** auswandern

expectative [ɛkspɛktativ] *f (littér)* ***être dans l'~ de qc*** etw abwarten

expectoration [ɛkspɛktɔʀasjɔ̃] *f* MED ❶ *(toux)* Husten *m* ❷ *(crachat)* Auswurf *m*

expectorer [ɛkspɛktɔʀe] <1> *vt* aushusten, auswerfen

expédient [ɛkspedjɑ̃] *m* Ausweg *m*

expédier [ɛkspedje] <1> *vt (envoyer)* [ab]schicken, [ver]senden *lettre, marchandise;* aufgeben *colis;* ***~ qc par bateau*** etw verschiffen

E

expéditeur, -trice [ɛkspeditœʀ, -tʀis] **I.** *m, f* Absender(in) *m(f)* **II.** *adj* ***bureau ~*** Versandstelle *f*

expéditif, -ive [ɛkspeditif, -iv] *adj* ❶ *(rapide)* schnell [zum Ziel führend]; ***justice expéditive*** Schnellverfahren *nt* ❷ *(trop rapide)* übereilt

expédition [ɛkspedisjɔ̃] *f* ❶ *(envoi)* Aufgabe *f; d'une lettre* [Ab]schicken *nt; d'une marchandise, d'un colis* Versand *m* ❷ *(mission)* Expedition *f;* SCI Forschungsreise *f;* MIL Feldzug *m* ❸ *des affaires courantes* Erledigung *f*

expéditionnaire [ɛkspedisjɔnɛʀ] *mf* COM Expedient(in) *m(f)*

expérience [ɛkspeʀjɑ̃s] *f* ❶ *sans pl (pratique)* Erfahrung *f;* ***par ~*** aus Erfahrung; ***avoir l'~ des hommes*** Menschenkenntnis haben ❷ *(événement)* Erlebnis *nt;* ***~ amoureuse*** Liebesgeschichte *f* ❸ *(essai)* Experiment *nt,* Versuch *m;* ***~s sur les animaux*** Tierversuche *Pl*

expérimental(e) [ɛkspeʀimɑ̃tal, -o] <-aux> *adj données, science* empirisch; *musique* experimentell

expérimentalement [ɛkspeʀimɑ̃talmɑ̃] *adv* experimentell

expérimentation [ɛkspeʀimɑ̃tasjɔ̃] *f* Experimentieren *nt*

expérimenté(e) [ɛkspeʀimɑ̃te] *adj* erfahren

expérimenter [ɛkspeʀimɑ̃te] <1> *vt* ***~ un médicament sur qn/un animal*** ein Medikament an jdm/einem Tier ausprobieren

expert(e) [ɛkspɛʀ, ɛʀt] **I.** *adj cuisinière, médecin* erfahren; *technicien* fachkundig; ***être ~ en*** [*o* ***dans***] ***qc*** sich in etw *dat* auskennen **II.** *m(f)* ❶ *(spécialiste)* Experte *m/* Expertin *f* ❷ *(pour évaluer un objet)* Sachverständige(r) *f(m); (pour évaluer des dommages)* Gutachter(in) *m(f)*

expert-comptable, experte-comptable [ɛkspɛʀkɔ̃tabl] <experts-comptables> *m, f* Buchprüfer(in) *m(f)*

expertise [ɛkspɛʀtiz] *f* ❶ *(estimation de la valeur)* Schätzung *f* ❷ *(examen)* Begutachtung *f* [durch einen Sachverständigen]; ***~ judiciaire*** gerichtliches Gutachten

expertiser [ɛkspɛʀtize] <1> *vt* ❶ *(étudier l'authenticité)* begutachten ❷ *(estimer)* schätzen

expiation [ɛkspjasjɔ̃] *f (littér)* Sühne *f,* Buße *f*

expiatoire [ɛkspjatwaʀ] *adj victime* Sühne-, Buß-

expier [ɛkspje] <1a> *vt* büßen für *crime*

expiration [ɛkspiʀasjɔ̃] *f* ❶ ANAT Ausatmen *nt* ❷ *d'un délai, mandat* Ablauf *m,* Ende *nt*

expirer [ɛkspiʀe] <1> **I.** *vt* ***~ qc*** etw ausatmen **II.** *vi (s'achever) mandat, délai:* ablaufen

explétif [ɛkspletif] *m* GRAM Füllwort *nt*

explicable [ɛksplikabl] *adj* erklärbar

explicatif, -ive [ɛksplikatif, -iv] *adj commentaire* erklärend; ***note explicative*** Erläuterung *f;* ***notice explicative*** Gebrauchsanweisung *f*

explication [ɛksplikasjɔ̃] *f* ❶ *(indication)* Erklärung *f* ❷ *(commentaire, annotation)* Erläuterung *f;* ***~ de texte*** Textinterpretation *f* ❸ *(discussion)* Aussprache *f* ❹ *(raison)* Begründung *f* ❺ *pl (mode d'emploi)* Gebrauchsanweisung *f*

explicite [ɛksplisit] *adj* eindeutig, klar

explicitement [ɛksplisitmɑ̃] *adv* [klar und] deutlich

expliquer [ɛksplike] <1> **I.** *vt* ❶ *(faire connaître)* erklären; ***~ que ...*** erklären, dass ...; ***tu lui as bien expliqué que ...?*** du hast ihm doch gesagt, dass ...? ❷ *(faire comprendre)* erklären *fonctionnement;* interpretieren *texte* ❸ *(donner la cause)* erklären; ***~ à qn pourquoi/comment qn a fait qc*** jdm erklären, warum/wie jd etw getan hat ▶ ***je t'explique pas!*** *(fam)* es ist kaum zu beschreiben! **II.** *vpr* ❶ *(se faire comprendre)* ***s'~*** sich ausdrücken ❷ *(justifier)* ***s'~ sur son retard*** sich für sein Zuspätkommen entschuldigen; ***s'~ sur son choix*** seine Wahl rechtfertigen ❸ *(rendre des comptes à)* ***s'~ devant le tribunal*** sich vor Gericht verantworten; ***s'~ devant les gendarmes*** sich der Polizei stellen; ***s'~ devant son père*** seinem Vater Rede und Antwort stehen ❹ *(avoir une discussion)* ***s'~ avec son fils sur qc*** sich mit seinem Sohn über etw *akk* aussprechen ❺ *(comprendre)* ***s'~ qc*** sich *dat* etw erklären können ❻ *(être compréhensible)* ***s'~ par qc*** mit etw zu erklären sein

exploit [ɛksplwa] *m* ❶ *(prouesse)* [Helden]tat *f;* SPORT Leistung *f* ❷ *(iron)* Leistung *f,* Kunststück *nt*

exploitable [ɛksplwatabl] *adj terre, domaine* [landwirtschaftlich] nutzbar

exploitant(e) [ɛksplwatɑ̃, ɑ̃t] *m(f)* ***~ agricole*** Landwirt(in) *m(f);* ***gros/petit ~*** Groß-/Kleinbauer

exploitation [ɛksplwatasjɔ̃] *f* ❶ *d'une ferme* Bewirtschaftung *f; de ressources naturelles* Nutzung *f; d'une mine* Abbau *m* ❷ *(bien)* Betrieb *m* ❸ *d'une situation* Ausnutzung *f; d'une idée* Verwertung *f; de*

données Auswertung *f* ❹ *(abus)* Ausbeutung *f; de la crédulité* Ausnutzen *nt*
exploité(e) [ɛksplwate] *m(f)* Ausgebeutete(r) *f(m)*
exploiter [ɛksplwate] <1> *vt* ❶ *(faire valoir)* bewirtschaften *terre;* nutzen *ressources;* ausbeuten *mine* ❷ *(utiliser)* nutzen *situation;* verwerten *idée;* auswerten *résultats* ❸ *(abuser)* ~ ***qn*** jdn ausbeuten; ~ ***qc*** etw ausnutzen
exploiteur, -euse [ɛksplwatœʀ, -øz] *m, f* Ausbeuter(in) *m(f)*
explorateur [ɛksplɔʀatœʀ] *m* INFORM Browser *m;* ~ ***de réseau*** Internetbrowser
explorateur, -trice [ɛksplɔʀatœʀ, -tʀis] *m, f* Forscher(in) *m(f)*
exploration [ɛksplɔʀasjɔ̃] *f* ❶ Erforschung *f* ❷ INFORM Browsen *nt*
exploratoire [ɛksplɔʀatwaʀ] *adj* ❶ MED *technique* Forschungs- ❷ POL *entretiens* prüfend
exploratrice [ɛksplɔʀatʀis] *f* Forscherin *f,* Forschungsreisende *f;* ~ ***des fonds marins*** Tiefseeforscherin
explorer [ɛksplɔʀe] <1> *vt* erforschen *pays*
exploser [ɛksploze] <1> **I.** *vi* ❶ explodieren ❷ *(fig) personne:* explodieren; ***laisser sa colère*** ~ seinem Zorn freien Lauf lassen **II.** *vt (fam: casser, démolir accidentellement) voiture* kaputt machen
explosibilité [ɛksplozibilite] *f* Explosivität *f*
explosible [ɛksplozibl] *adj mélange* explosiv
explosif [ɛksplozif] *m* Sprengstoff *m*
explosion [ɛksplozjɔ̃] *f* ❶ *d'une bombe* Explosion *f* ❷ *(manifestation soudaine)* ~ ***de joie, colère*** Freuden-/Wutausbruch *m;* ~ ***démographique*** Bevölkerungsexplosion *f*
expo [ɛkspo] *f abr de* **exposition** Ausstellung *f*
export [ɛkspɔʀ] *m* Export *m,* Ausfuhr *f*
exportable [ɛkspɔʀtabl] *adj* exportierbar
exportateur [ɛkspɔʀtatœʀ] *m (pays)* Exportland *nt*
exportateur, -trice [ɛkspɔʀtatœʀ, -tʀis] **I.** *adj* exportierend **II.** *m, f (personne)* Exporteur(in) *m(f)*
exportation [ɛkspɔʀtasjɔ̃] *f* ❶ *(action)* Export *m,* Ausfuhr *f* ❷ *pl (biens)* Export *m,* Ausfuhr *f* ❸ INFORM Übertragung *f,* Transfer *m*
exporter [ɛkspɔʀte] <1> *vt* ❶ exportieren ❷ INFORM ~ ***des fichiers sur qc*** Dateien auf etw *akk* transferieren
exposant [ɛkspozɑ̃] *m* MATH Exponent *m*
exposant(e) [ɛkspozɑ̃, ɑ̃t] *m(f) (dans une foire)* Aussteller(in) *m(f)*
exposé [ɛkspoze] *m* ❶ *(discours)* Referat *nt;* ***faire un ~ sur qc*** ein Referat über etw *akk* halten ❷ *(description)* Darstellung *f*
exposer [ɛkspoze] <1> **I.** *vt* ❶ *(montrer)* ausstellen *tableau;* auslegen *marchandise* ❷ *(décrire)* darlegen ❸ *(mettre en péril)* aufs Spiel setzen *vie, honneur;* ~ ***qn au ridicule*** jdn der Lächerlichkeit *dat* preisgeben ❹ *(disposer)* ~ ***qc au soleil*** etw der Sonne *dat* aussetzen; ~ ***un film à la lumière*** einen Film belichten; ***une pièce bien exposée*** ein helles Zimmer **II.** *vpr* ***s'~ à qc*** sich einer Sache *dat* aussetzen
exposition [ɛkspozisjɔ̃] *f* ❶ *de marchandise* Ausstellen *nt* ❷ *a.* ART *(présentation, foire)* Ausstellung *f* ❸ *(orientation)* ~ ***au sud*** Ausrichtung *f* nach Süden ❹ *(action de soumettre à qc)* Aussetzen *nt;* PHOT Belichtung *f*
exprès [ɛkspʀɛ] *adv* ❶ *(intentionnellement)* absichtlich ❷ *(spécialement)* ***[tout]*** ~ eigens
express [ɛkspʀɛs] *adj* ***café*** ~ Espresso *m;* ***train*** ~ Schnellzug *m*
expressément [ɛkspʀesemɑ̃] *adv* ausdrücklich
expressif, -ive [ɛkspʀesif, -iv] *adj* ausdrucksvoll
expression [ɛkspʀesjɔ̃] *f* ❶ *(action)* Ausdruck *m;* ***mode d'~*** Ausdrucksweise *f* ❷ *(mots)* ~ ***familière/figée*** umgangssprachlicher/feststehender Ausdruck ❸ ART, MUS Ausdruck *m;* ***absence d'~*** Ausdruckslosigkeit *f* ▶ **veuillez agréer l'~ de mes sentiments distingués** mit freundlichen Grüßen
expressionnisme [ɛkspʀesjɔnism] *m* Expressionismus *m*
expressionniste [ɛkspʀesjɔnist] **I.** *adj* expressionistisch **II.** *mf* Expressionist(in) *m(f)*
expressivité [ɛkspʀesivite] *f* ❶ *d'un regard* Ausdruck *m* ❷ LING *du langage* Ausdruckskraft *f,* Expressivität *f geh*
expresso [ɛkspʀeso] *m* Espresso *m;* ***machine à ~[s]*** Espressomaschine *f*
exprimable [ɛkspʀimabl] *adj* ***qc n'est pas*** ~ etw kann man nicht in Worten ausdrücken
exprimer [ɛkspʀime] <1> **I.** *vt* ❶ *(faire connaître)* ausdrücken, zum Ausdruck bringen *pensée, sentiment;* äußern *opinion, désir;* ~ ***sa reconnaissance à qn*** jdm gegenüber seine Dankbarkeit zum Ausdruck

E

bringen ❷ *(indiquer)* ~ ***qc*** *signe:* für etw stehen; ~ ***qc en mètres/euros*** etw in Metern/Euro *dat* angeben **II.** *vpr* ❶ *(parler)* ***s'~ en français*** sich auf Französisch ausdrücken; ***ne pas s'~*** nichts sagen; ***s'~ par gestes*** sich durch Gesten verständlich machen ❷ *(se manifester)* ***s'~ dans qc*** *volonté:* in etw *dat* zum Ausdruck kommen; ***s'~ sur un visage*** sich auf einem Gesicht zeigen

expropriation [ɛkspʀɔpʀijasjɔ̃] *f* Enteignung *f*

exproprier [ɛkspʀɔpʀije] <1a> *vt* enteignen

expulser [ɛkspylse] <1> *vt* ausweisen, abschieben *étranger;* verweisen *élève, joueur;* ~ ***un locataire de son appartement*** einen Mieter zur Räumung seiner Wohnung zwingen

expulsion [ɛkspylsjɔ̃] *f d'un élève* Verweisung *f* von der Schule; *d'un étranger* Ausweisung *f,* Abschiebung *f; d'un locataire* Zwangsräumung *f; d'un joueur* Platzverweis *m*

expurger [ɛkspyʀʒe] <2a> *vt* zensieren, purgieren *Fachspr.;* ***édition expurgée*** zensierte Ausgabe, gereinigte Fassung

exquis(e) [ɛkski, iz] *adj* ausgezeichnet; *goût, manières, parfum* erlesen

exsangue [ɛgsɑ̃g] *adj* ❶ *(littér: pâle)* blutleer ❷ *(fig) pays* ausgeblutet

extase [ɛkstɑz] *f* Ekstase *f*

extasier [ɛkstɑzje] *vpr* ***s'~ sur qn/qc*** über jdn/etw in Ekstase geraten

extatique [ɛkstatik] *adj air* verzückt; *joie* überschwänglich

extensibilité [ɛkstɑ̃sibilite] *f* ❶ *d'un tissu* Dehnbarkeit *f* ❷ INFORM *d'un système d'exploitation* Ausbaufähigkeit *f*

extensible [ɛkstɑ̃sibl] *adj* dehnbar

extensif, -ive [ɛkstɑ̃sif, -iv] *adj culture* extensiv

extension [ɛkstɑ̃sjɔ̃] *f* ❶ *d'un ressort* Dehnen *nt; d'un bras* Strecken *nt; de cheveux* Haarverlängerung *f* ❷ *d'une ville* Ausdehnung *f; d'un incendie, d'une épidémie* Ausbreitung *f* ❸ INFORM ~ ***de mémoire*** Speichererweiterung *f* ►**prendre de l'~** *incendie, épidémie:* um sich greifen; *grève:* sich ausweiten; *affaires:* sich vergrößern; **par** ~ im weiteren Sinne

exténuant(e) [ɛkstenɥɑ̃, ɑ̃t] *adj* anstrengend

exténuer [ɛkstenɥe] <1> *vt* erschöpfen

extérieur [ɛksteʀjœʀ] *m* ❶ *(monde extérieur)* Außenwelt *f* ❷ *(dehors)* Außenseite *f;* ***peindre l'~ de la maison*** das Haus von außen streichen; ***à l'~ de la ville*** außerhalb der Stadt *gen;* ***aller à l'~*** nach draußen gehen; ***de l'~*** von außen

extérieur(e) [ɛksteʀjœʀ] *adj* ❶ äußere(r, s); *bruit* von außen kommend; *activité* außerhäuslich ❷ POL, COM ***politique ~e*** Außenpolitik *f* ❸ *réalité* äußere(r, s); ***univers*** ~ Außenwelt *f* ❹ *(visible)* äußerlich; ***aspect*** ~ äußere Erscheinung

extérieurement [ɛksteʀjœʀmɑ̃] *adv* ❶ *(à l'extérieur)* äußerlich ❷ *(en apparence)* nach außen hin

extériorisation [ɛksteʀjɔʀizasjɔ̃] *f* Äußerung *f;* ~ ***d'un sentiment*** Gefühlsäußerung *f*

extérioriser [ɛksteʀjɔʀize] <1> **I.** *vt* ausdrücken **II.** *vpr* ***s'~*** sich äußern; *personne:* aus sich herausgehen; *colère, joie:* zum Ausdruck kommen

extermination [ɛkstɛʀminasjɔ̃] *f* Vernichtung *f,* Ausrottung *f*

exterminer [ɛkstɛʀmine] <1> *vt* ausrotten

externat [ɛkstɛʀna] *m* SCOL Externat *nt*

externe [ɛkstɛʀn] **I.** *adj surface* äußere(r,s) **II.** *mf* SCOL Externe(r) *f(m)*

> **Land und Leute**
> In Frankreich sind Ganztagsschulen die Regel. Die meisten Schülerinnen und Schüler essen in der Schulkantine zu Mittag, und ein Teil von ihnen wohnt die Woche über im *internat*, über das manche Schulen verfügen. Als **externes** werden die Schülerinnen und Schüler bezeichnet, die diese beiden (kostenpflichtigen) Angebote – Verpflegung und Unterbringung – nicht in Anspruch nehmen, weil sie zu Hause wohnen und dort auch zu Mittag essen.

extincteur [ɛkstɛ̃ktœʀ] *m* Feuerlöscher *m*

extinction [ɛkstɛ̃ksjɔ̃] *f* ❶ *d'un incendie* Löschen *nt; des lumières* Ausmachen *nt;* ~ ***des feux/lumières*** Zapfenstreich *m* ❷ *(disparition)* Aussterben *nt;* ~ ***de voix*** völlige Heiserkeit

extirpation [ɛkstiʀpasjɔ̃] *f* ❶ [völlige] Beseitigung *f; de mauvaises herbes* Ausreißen *nt; d'une tumeur* [vollständige] Entfernung, Exstirpation *f Fachspr.* ❷ *(fig) du racisme* Ausrottung *f*

extirper [ɛkstiʀpe] <1> *vt* [völlig] entfernen, ausreißen *mauvaises herbes*

extorquer [ɛkstɔʀke] <1> *vt* ~ ***de l'argent à qn*** von jdm Geld erpressen

extorsion [ɛkstɔʀsjɔ̃] *f* Erpressung *f*

extra [ɛkstʀa] **I.** *adj inv* ❶ *(qualité)* erstklassig ❷ *(fam: formidable)* toll, stark, super; ***c'est ~!*** das ist einfach klasse! **II.** *m (gâterie)* ***un*** ~ etwas Besonderes
extraconjugal(e) [ɛkstʀakɔ̃ʒygal, -o] <-aux> *adj* außerehelich
extraction [ɛkstʀaksjɔ̃] *f du pétrole, charbon* Förderung *f,* Gewinnung *f*
extrader [ɛkstʀade] <1> *vt* ausliefern
extradition [ɛkstʀadisjɔ̃] *f* Auslieferung *f*
extrafin(e) [ɛkstʀafɛ̃, fin] *adj* extrafein
extrafort(e) [ɛkstʀafɔʀ, fɔʀt] *adj* extrastark
extraire [ɛkstʀɛʀ] <irr> *vt* ❶ *(sortir)* herausholen, fördern *charbon, pétrole;* abbauen *marbre;* ziehen *dent;* ***passage extrait d'un livre*** Auszug *m* aus einem Buch ❷ *(séparer)* gewinnen; ~ ***le jus de qc*** den Saft aus etw [her]auspressen
extrait [ɛkstʀɛ] *m* ❶ *(fragment)* Auszug *m;* ~ ***de compte*** Kontoauszug; ~ ***de naissance*** Geburtsurkunde *f* ❷ *(concentré)* Extrakt *m o nt;* ~ ***de lavande*** Lavendelöl *nt*
extralucide [ɛkstʀalysid] *adj* ***voyante*** ~ Hellseherin *f*
extraordinaire [ɛkstʀaɔʀdinɛʀ] *adj* ❶ *(opp: ordinaire)* außerordentlich; *dépenses* Sonder- ❷ *(insolite)* ungewöhnlich; *nouvelle, histoire* sonderbar ❸ *(exceptionnel)* außergewöhnlich
extraordinairement [ɛkstʀaɔʀdinɛʀmɑ̃] *adv* ❶ *(inhabituellement)* ungewöhnlicherweise ❷ *(peu probablement)* zufälligerweise ❸ *(bizarrement)* merkwürdig ❹ *(extrêmement)* außerordentlich
extraparlementaire [ɛkstʀapaʀləmɑ̃tɛʀ] *adj* außerparlamentarisch
extraplat(e) [ɛkstʀapla, at] *adj* besonders schmal
extrapolation [ɛkstʀapɔlasjɔ̃] *f (généralisation)* [Schluss]folgerung *f; (en statistique)* Extrapolation *f*
extrapoler [ɛkstʀapɔle] <1> *vi* verallgemeinern
extrascolaire [ɛkstʀaskɔlɛʀ] *adj* außerschulisch
extraterrestre [ɛkstʀatɛʀɛstʀ] *mf* Außerirdische(r) *f(m)*
extravagance [ɛkstʀavagɑ̃s] *f* ❶ *d'une personne* exzentrisches Wesen; *d'une conduite, d'un costume* Extravaganz *f; d'un projet* Ausgefallenheit *f* ❷ *(action)* Verrücktheit *f* ❸ *(idée)* verrückte Idee
extravagant(e) [ɛkstʀavagɑ̃, ɑ̃t] **I.** *adj personne* exzentrisch; *robe, idée* extravagant; *prix* überhöht **II.** *m(f)* exzentrischer Mensch
extraverti(e) [ɛkstʀavɛʀti] PSYCH **I.** *adj* extravertiert **II.** *m(f)* Extravertierte(r) *f(m)*
extrême [ɛkstʀɛm] **I.** *adj* ❶ *(au bout d'un espace, d'une durée)* äußerste(r, s); ***date*** ~ letzter Termin ❷ *(excessif)* extrem; *moyen* äußerste(r, s); ***d'~ droite/gauche*** rechts-/linksradikal **II.** *m* ❶ *(dernière limite)* Extrem *nt;* ***à l'~*** *scrupuleux* zutiefst ❷ *pl (opposé)* Extreme *Pl,* [äußerste] Gegensätze *Pl* ❸ *pl* MATH äußerste Glieder ▶ **pousser qc à l'~** etw auf die Spitze treiben
extrêmement [ɛkstʀɛmmɑ̃] *adv* äußerst; *jaloux* maßlos
extrême-onction [ɛkstʀɛmɔ̃ksjɔ̃] <extrêmes-onctions> *f* Letzte Ölung *f* **Extrême-Orient** [ɛkstʀɛmɔʀjɑ̃] *m* ***l'~*** der Ferne Osten
extrémisme [ɛkstʀemism] *m* Extremismus *m*
extrémiste [ɛkstʀemist] **I.** *adj* POL radikal; ***leader*** ~ Extremistenführer *m* **II.** *mf* Radikale(r) *f(m),* Extremist(in) *m(f)*
extrémité [ɛkstʀemite] *f* ❶ *(bout)* äußerstes Ende; *d'un segment* Endpunkt *m;* ~ ***de la forêt/d'une ville*** Wald-/Stadtrand *m;* ***à l'~ de la rue*** ganz am Ende der Straße ❷ *pl (mains, pieds)* Extremitäten *Pl*
exubérance [ɛgzybeʀɑ̃s] *f* ❶ *(vitalité)* Überschwänglichkeit *f; d'un enfant* Übermut *m* ❷ *(surabondance)* Fülle *f; de la végétation* Üppigkeit *f*
exubérant(e) [ɛgzybeʀɑ̃, ɑ̃t] *adj personne* überschwänglich
exultation [ɛgzyltasjɔ̃] *f* LITTER, REL Frohlocken *nt,* Jubel *m*
exulter [ɛgzylte] <1> *vi* frohlocken *geh*
exutoire [ɛgzytwaʀ] *m* ~ ***à qc*** Ventil *nt* für etw
ex-voto [ɛksvɔto] *m inv* Votivbild *nt*
eye-liner [ajlajnœʀ] <eye-liners> *m* Eyeliner *m* **eye-shadow** [ajʃɛdo] <eye-shadows> *m* Lidschatten *m*

E

Ff

F

F, f [ɛf] *m inv* F *nt,* f *nt*

F ❶ HIST *abr de* **franc** F ❷ CHIM *abr de* **fluor** F ❸ *(appartement)* ***F2/F3*** 2-/3-Zimmer-Wohnung

fa [fa] *m inv* MUS F *nt,* f *nt; v. a.* **do**

fable [fɑbl] *f* LITTER Fabel *f*

fabricant(e) [fabʀikɑ̃, ɑ̃t] *m(f)* ❶ *(artisan, industriel)* Hersteller(in) *m(f)* ❷ *(propriétaire)* Fabrikant(in) *m(f)*

fabricateur, -trice [fabʀikatœʀ, -tʀis] *m, f (péj)* Erfinder(in) *m(f)*

fabrication [fabʀikasjɔ̃] *f* Herstellung *f; artisanale* [handwerkliche] Anfertigung *f;* ***défaut de ~*** Fabrikationsfehler *m;* ***secret de ~*** Betriebsgeheimnis *nt* ▶ **de ma/sa ~** selbst gemacht

fabrique [fabʀik] *f* Fabrik *f*

fabriquer [fabʀike] <1> **I.** *vt* ❶ herstellen ❷ *(fam: faire)* ***mais qu'est-ce que tu fabriques?*** was machst du denn da?; *(avec impatience)* was machst du denn so lange? ❸ *(inventer)* erfinden **II.** *vpr* ❶ ***se ~*** hergestellt werden ❷ *(se construire)* ***se ~ une table avec qc*** sich *dat* aus etw einen Tisch bauen ❸ *(s'inventer)* ***se ~ qc*** sich *dat* etw ausdenken

fabulateur, -trice [fabylatœʀ, -tʀis] *m, f* Geschichtenerzähler(in) *m(f)*

fabulation [fabylasjɔ̃] *f* Erfinden *nt* von Geschichten

fabuler [fabyle] <1> *vi* Geschichten erfinden

fabuleusement [fabyløzmɑ̃] *adv* sagenhaft

fabuleux, -euse [fabylø, -øz] *adj* ❶ *(fantastique)* sagenhaft ❷ *(fam: incroyable)* unglaublich; *personne* fabelhaft ❸ LITTER sagenumwoben *geh;* ***animal ~*** Fabelwesen *nt;* ***récit ~*** Sage *f*

fabuliste [fabylist] *mf* Fabeldichter(in) *m(f)*

fac [fak] *f (fam) abr de* **faculté** Uni *f*

façade [fasad] *f* ❶ *d'un édifice* Fassade *f; d'un magasin* Schaufensterfront *f* ❷ *(région côtière)* Küste *f* ❸ *(apparence trompeuse)* Fassade *f*

face [fas] *f* ❶ *(visage)* Gesicht *nt* ❷ *(côté)* Seite *f;* GEOM, MINER Fläche *f; d'une montagne, de l'estomac* Wand *f* ❸ *(côté d'une monnaie)* Vorderseite *f;* ***pile ou ~?*** Kopf oder Zahl? ❹ *(aspect)* Seite *f;* ***changer la ~ du monde*** die Welt verändern ❺ *(indiquant une orientation)* ***de ~*** *photographier* von vorne; *attaquer* frontal; *aborder* direkt; ***être en ~ de qn*** [direkt] vor jdm stehen; *(assis)* jdm gegenübersitzen; ***être en ~ de qc*** einer S. *dat* gegenüberliegen; ***en ~ de qn/qc*** gegenüber von jdm/etw; ***le voisin d'en ~*** der Nachbar von gegenüber; ***regarder bien en ~*** geradeaus schauen ❻ *(indiquant une circonstance)* ***~ à cette crise …*** angesichts *gen* dieser Krise … ▶ **être** [*o* **se trouver**] **~ à ~ avec qn/qc** jdm/einer S. gegenüberstehen; *(fig)* mit jdm/etw konfrontiert werden; **faire ~** handeln; **regarder la mort en ~** einer Gefahr ins Auge sehen; **il faut voir les choses en ~** man muss den Tatsachen ins Auge sehen

face-à-face [fasafas] *m inv* Streitgespräch *nt;* ***~ télévisé*** Fernsehduell *nt*

facétie [fasesi] *f* Scherz *m*

facétieux, -euse [fasesjø, -jøz] **I.** *adj* spaßig **II.** *m, f* Spaßvogel *m*

facette [fasɛt] *f (a. fig)* Facette *f*

fâché(e) [fɑʃe] *adj* ❶ *(en colère)* verärgert ❷ *(navré)* ***qn est ~ de qc*** etw tut jdm leid ❸ *(en mauvais termes)* ***être ~ avec qn*** mit jdm zerstritten sein; ***être ~ avec qc*** *(fam)* mit etw auf Kriegsfuß stehen

fâcher [fɑʃe] <1> **I.** *vt (irriter)* verärgern **II.** *vpr* ❶ *(se mettre en colère)* ***se ~*** sich ärgern; ***se ~ contre qn*** mit jdm schimpfen ❷ *(se brouiller)* ***se ~ avec qn*** sich mit jdm überwerfen *geh*

fâcherie [fɑʃʀi] *f* Unstimmigkeit *f*

fâcheusement [fɑʃøzmɑ̃] *adv* unangenehm

fâcheux, -euse [fɑʃø, -øz] *adj* ❶ *(regrettable)* unglückselig; *contretemps* widrig; ***il est ~ que*** +*subj* es ist bedauerlich, dass ❷ *(déplaisant)* unerfreulich

facho [faʃo] *adj (fam) abr de* **fasciste** faschistisch

facial(e) [fasjal, -jo] <-aux> *adj* ***muscle ~*** Gesichtsmuskel *m*

faciès [fasjɛs] *m (mine)* Gesicht[sausdruck *m*] *nt;* ***avoir le ~ de quelqu'un qui*** aussehen wie jemand, der

facile [fasil] **I.** *adj* ❶ *(simple)* leicht; ***avoir le contact ~*** kontaktfreudig sein; ***c'est plus ~ de faire qc*** es ist leichter etw zu tun; ***c'est ~ comme bonjour*** [*o* ***tout***] das ist [doch] kinderleicht ❷ *(péj) plaisanterie* billig; ***c'est un peu ~!*** da machst du es dir/er es sich/… ein bisschen leicht!

❸ *(conciliant)* umgänglich **II.** *adv (fam)* ❶ *(sans difficulté)* locker; ***faire qc ~*** etw mit links tun ❷ *(au moins)* gut und gerne

facilement [fasilmɑ̃] *adv* ❶ *(sans difficulté)* leicht ❷ *(au moins)* mindestens

facilité [fasilite] *f* ❶ *(opp: difficulté)* Leichtigkeit *f;* ***~ d'emploi*** Benutzerfreundlichkeit *f;* ***être d'une grande ~*** sehr leicht sein; ***pour plus de ~, ...*** der Einfachheit halber ... ❷ *(aptitude)* Begabung *f;* ***~ de caractère*** Umgänglichkeit *f;* ***avoir des ~s*** begabt sein; ***avoir une grande ~ à s'exprimer*** sehr sprachgewandt sein ❸ *sans pl (péj)* Bequemlichkeit *f;* ***céder à la ~*** den bequemen Weg gehen ❹ *pl (occasion)* Gelegenheit *f* ❺ *(possibilité)* Möglichkeit *f*

faciliter [fasilite] <1> *vt* erleichtern

façon [fasɔ̃] *f* ❶ *(manière)* ***~ de faire qc*** Art [und Weise] *f* etw zu tun; ***~ de se tenir*** Haltung *f;* ***~ d'agir*** Handlungsweise *f;* ***de*** [*o* ***d'une***] ***~ très impolie*** sehr unfreundlich; ***de*** [*o* ***d'une***] ***~ plus rapide que d'habitude*** schneller als sonst ❷ *pl (comportement)* Benehmen *nt;* ***avoir des ~s de ...*** sich wie ein(e) ... benehmen; ***faire des ~s*** sich anstellen *fam* ❸ *(travail)* Verarbeitung *f, (phase)* Verarbeitungsphase *f;* ***travailler à ~*** Lohnarbeit leisten ❹ *(forme)* Machart *f; d'une robe, coiffure* Schnitt *m* ❺ *+ subst (imitation)* ***un sac ~ croco*** eine Tasche aus Krokodillederimitat ▸ **en aucune** ~ auf keinen Fall; **d'une ~ générale** im Allgemeinen; **de toute** ~ auf jeden Fall; **de toutes les ~s** in jeder Beziehung; **dire à qn sa ~ de penser** jdm seine Meinung sagen; [**c'est une**] **~ de parler** das sagt man halt so; **faire un jeu à la ~ de qn/qc** wie jd/etw spielen; **à ma ~** auf meine Art/Weise; **faire qc de ~ à ce que qn fasse qc** etw tun, damit jd etw tut; **de ma/ta/sa ~** selbst gemacht; *gâteau* selbst gebacken; **sans ~** *repas* zwanglos; *personne* natürlich; ***non merci, sans ~*** nein danke, wirklich nicht

faconde [fakɔ̃d] *f (littér: facilité de parole)* Beredsamkeit *f,* Redegewandtheit *f; (bavardage)* Redseligkeit *f,* Geschwätzigkeit *f*

façonnage [fasɔnaʒ] *m* Bearbeitung *f; d'un bloc de pierre* Behauen *nt*

façonnement [fasɔnmɑ̃] *m du caractère* Formung *f,* Formen *nt; de l'esprit* Bildung *f*

façonner [fasɔne] <1> **I.** *vt* ❶ *(travailler)* bearbeiten, behauen *pierre* ❷ *(faire)* [an]fertigen, schnitzen *statuette de bois;* zimmern *table* ❸ *(usiner)* herstellen; ***~ qc dans un bloc de marbre*** etw in einen Marmorblock hauen **II.** *vpr* **se ~** ❶ *(se travailler) bois, métal:* bearbeitet werden ❷ *(se fabriquer)* gemacht werden

fac-similé [faksimile] <fac-similés> *m (reproduction)* Faksimile *nt*

facteur [faktœʀ] *m* ❶ *(agent, élément)* Faktor *m;* ***être un ~ de dépression*** Mitursache *f* für Depressionen sein ❷ MATH Faktor *m*

facteur, -trice [faktœʀ, -tʀis] *m, f* ❶ POST Briefträger(in) *m(f)* ❷ *(fabricant)* ***~ d'orgues*** Orgelbauer *m*

factice [faktis] *adj* ❶ *(faux)* falsch; *fleur* künstlich ❷ *(affecté)* gekünstelt; *sourire* aufgesetzt; *gaieté* gespielt

factieux, -euse [faksjø, -jøz] **I.** *adj (vieilli) personne* aufrührerisch, aufwieglerisch **II.** *m, f* Aufrührer(in) *m(f),* Aufwiegler(in) *m(f)*

faction [faksjɔ̃] *f* ❶ *(groupe)* aufrührerische Gruppe ❷ *(garde)* ***être de/en ~*** Wache schieben *fam* ❸ *(surveillance)* ***être/rester en ~*** auf der Lauer liegen/ Ausschau halten

factoriel(le) [faktɔʀjɛl] *adj* MATH Faktoren-

factorielle [faktɔʀjɛl] *f* MATH Fakultät *f;* ***~ sept*** sieben Fakultät

factotum [faktɔtɔm] *m* Faktotum *nt*

factrice [faktʀis] *f v.* **facteur**

factuel(le) [faktɥɛl] *adj* sachbezogen; ***données ~les*** Fakten *Pl*

facturation [faktyʀasjɔ̃] *f* ❶ *(action)* Inrechnungstellung *f* ❷ *(service)* Rechnungsabteilung *f*

facture¹ [faktyʀ] *f* ❶ COM Rechnung *f* ❷ *(fam)* ***la ~ du chômage*** die Kosten der Arbeitslosigkeit; ***qui va payer la ~?*** wer soll das bezahlen?

facture² [faktyʀ] *f* ❶ ART *d'un tableau, poème* Aufbau *m; d'une pièce de théâtre* Anlage *f* ❷ *(fabrication)* ***~ d'orgue*** Orgelbau *m*

facturer [faktyʀe] <1> *vt* **~ une réparation à qn** ❶ *(établir une facture)* jdm eine Rechnung über eine Reparatur ausstellen ❷ *(faire payer)* jdm eine Reparatur berechnen

facultatif, -ive [fakyltatif, -iv] *adj* fakultativ; ***matière facultative*** Wahlfach *nt*

faculté¹ [fakylte] *f* UNIV Fachbereich *m;* ***~ de droit*** juristische Fakultät

faculté² [fakylte] *f* ❶ *(disposition)* Fähigkeit *f* ❷ *pl (dispositions intellectuelles)* geistige Kräfte ❸ *(compréhension)* Auffassungsgabe *f* ❹ *(possibilité)* ***la ~ de faire qc*** die Möglichkeit etw zu tun; *(droit)* das Recht etw zu tun

F

fada [fada] **I.** *adj (fam)* verrückt **II.** *m, f (fam)* Spinner *m*

fadaise [fadɛz] *f gén pl* ❶ *(balivernes)* dummes Zeug *kein Pl* ❷ *(propos)* Plattheiten *Pl*

fadasse [fadas] *adj (a. fig fam)* fade; *couleur* langweilig

fade [fad] *adj* ❶ *(sans saveur)* fad[e]; ***c'est ~*** das schmeckt nach nichts ❷ *(sans éclat)* matt; *lumière* trüb; *couleur* blass; ***d'un blond ~*** aschblond ❸ *(sans intérêt)* fad[e]; *personne* langweilig; *propos* abgeschmackt; *traits* nichts sagend

F

fadeur [fadœʀ] *f* ❶ *(manque de saveur)* Geschmacklosigkeit *f* ❷ *(manque d'éclat)* Farblosigkeit *f; d'une couleur* Blässe *f; d'un visage* Ausdruckslosigkeit *f* ❸ *(fig) d'un roman* Geistlosigkeit *f*

fagot [fago] *m* Reisigbündel *nt* ▶ **de derrière les ~s** edel

fagoter [fagɔte] <1> *vt (péj)* unmöglich anziehen

faiblard(e) [fɛblaʀ, aʀd] *adj (péj fam)* schwach

faible [fɛbl] **I.** *adj* ❶ *(sans force)* schwach ❷ *(après une maladie)* geschwächt; ***~ de constitution*** schwächlich; ***sa vue est ~*** er/sie hat schlechte Augen; ***être ~ du cœur*** ein schwaches Herz haben ❸ *(influençable, sans volonté)* ***~ de caractère*** charakterschwach ❹ *(trop indulgent)* ***~ avec qn*** nachsichtig mit jdm ❺ *antéposé (restreint)* gering; *protestation, résistance, espoir* schwach; ***à une ~ majorité*** mit knapper Mehrheit; ***à ~ altitude*** in tiefer Lage; ***avoir de ~s chances de s'en tirer*** nur wenig Chancen haben davonzukommen; ***être de ~ rendement*** *terre:* wenig Ertrag geben ❻ *(peu perceptible)* schwach ❼ *(médiocre)* schwach; ***le terme est ~*** das ist noch gelinde ausgedrückt ❽ *(sans défense)* schwach ❾ ECON ***économiquement ~*** finanzschwach **II.** *m, f* ❶ Schwache(r) *f(m)* ❷ *(personne sans volonté)* Schwächling *m* ❸ ECON ***les économiquement ~s*** die wirtschaftlich Schwachen ❹ *(bête)* ***~ d'esprit*** geistig Zurückgebliebene(r) *f(m)* **III.** *m sans pl* Schwäche *f;* ***avoir un ~ pour qn/qc*** ein Faible für jdn/etw haben

faiblement [fɛbləmɑ̃] *adv* ❶ *(mollement)* schwach ❷ *(légèrement)* leicht; ***bière ~ alcoolisée*** Bier mit geringem Alkoholgehalt

faiblesse [fɛblɛs] *f* ❶ *(manque de force)* Schwäche *f* ❷ *(après une maladie)* geschwächter Zustand ❸ *(due à la constitution)* Schwächlichkeit *f; de la voûte* geringe Tragfähigkeit; ***avoir une ~*** einen Schwächeanfall bekommen ❹ *(manque de volonté)* Willensschwäche *f; (grande indulgence)* ***~ pour*** [*o* ***à l'égard de***] ***qn/qc*** Nachsicht *f* mit jdm/gegenüber etw; ***par ~*** aus Schwäche ❺ *d'un raisonnement, d'une argumentation* Schwäche *f;* ***la ~ du revenu des agriculteurs*** das geringe Einkommen der Landwirte ❻ *(manque d'intensité)* ***la ~ du bruit*** das schwache Geräusch; ***la ~ de sa vue*** seine/ihre Sehschwäche ❼ *(médiocrité)* Schwäche *f;* ***~ d'esprit*** geistige Beschränktheit ❽ *souvent pl (défaillance)* Schwäche *f* ❾ *(syncope)* Schwächeanfall *m*

faiblir [febliʀ] <8> *vi personne:* schwach werden; *cœur, pouls, lumière:* schwächer werden; *espoir, force:* schwinden; *résistance, ardeur, vent:* nachlassen; *revenu, rendement:* sinken; *chances, écart:* sich verringern

faïence [fajɑ̃s] *f* Fayence *f*

faille[1] [faj] *subj prés de* **falloir**

faille[2] [faj] *f* ❶ GEOG Verwerfung *f* ❷ *(crevasse)* Spalte *f* ❸ *(défaut)* Schwachstelle *f;* ***il y a une ~ dans leur amitié*** ihre Freundschaft hat einen Riss bekommen; ***volonté sans ~*** unerschütterlicher Wille; ***détermination sans ~*** unerbittliche Entschlossenheit

faillibilité [fajibilite] *f (soutenu)* Fehlbarkeit *f geh*

faillible [fajibl] *adj* fehlbar

faillir [fajiʀ] <irr> *vi* ❶ *(manquer)* ***il a failli acheter ce livre*** er hätte das Buch beinahe gekauft ❷ *(manquer à)* ***~ à son devoir/à la tradition*** seine Pflicht verletzen/gegen die Tradition verstoßen; ***~ à sa parole*** sein Wort brechen ❸ *(faire défaut)* ***ma mémoire n'a pas failli*** mein Gedächtnis hat mich nicht im Stich gelassen

faillite [fajit] *f* ❶ COM Konkurs *m* ❷ *(échec)* Scheitern *nt;* ***c'est la ~ de mes espérances*** alle meine Hoffnungen sind zunichte ❸ JUR ***~ personnelle*** *Verlust von Fähigkeiten und Rechten wegen schuldhafter Herbeiführung eines Konkurses*

faim [fɛ̃] *f* ❶ Hunger *m;* ***~ de loup*** Bärenhunger; ***donner ~ à qn*** jdn hungrig machen; ***ne pas manger à sa ~*** sich nicht satt essen ❷ *(famine)* Hungersnot *f* ❸ *(désir ardent)* ***avoir ~ de qc*** Verlangen *nt* nach etw haben ▶ **laisser qn sur sa ~** jds Erwartungen nicht erfüllen; **rester sur sa ~** *(après un repas)* nicht satt sein; *(ne* *pas être satisfait)* in seinen Erwartungen enttäuscht sein

fainéant(e) [fɛneɑ̃, ɑ̃t] **I.** *adj* faul **II.** *m(f)* Faulenzer(in) *m(f)*

fainéanter [fɛneɑ̃te] <1> *vi* faulenzen

fainéantise [fɛneɑ̃tiz] *f* ❶ *(caractère)* Faulheit *f* ❷ *(mode de vie)* Faulenzerei *f*

faire [fɛʀ] <irr> **I.** *vt* ❶ *(fabriquer)* machen *objet, vêtement;* bauen *maison, nid;* herstellen *produit;* backen *gâteau;* ***le bébé fait ses dents*** das Baby zahnt; **~ *le repas*** das Essen zubereiten ❷ *(mettre au monde)* **~ *un enfant/des petits*** ein Kind/Junge bekommen ❸ *(évacuer)* **~ *ses besoins*** seine Notdurft verrichten ❹ *(être l'auteur de)* machen *faute, offre, cadeau;* schreiben *livre;* abhalten *conférence;* halten *discours;* erlassen *loi;* treffen *prévisions;* **~ *un chèque à qn*** jdm einen Scheck ausstellen; **~ *une visite à qn*** jdm einen Besuch abstatten; **~ *une promesse à qn*** jdm ein Versprechen geben; **~ *la guerre contre qn*** gegen jdn Krieg führen; **~ *la paix*** Frieden schließen; **~ *l'amour à qn*** mit jdm schlafen; **~ *une farce à qn*** jdm einen Streich spielen; **~ *la bise à qn*** jdn mit Wangenkuss begrüßen; **~ *du bruit*** Lärm machen; *(fig)* Aufsehen erregen; **~ *l'école buissonnière*** die Schule schwänzen; **~ *étape*** eine Pause machen [unterwegs]; **~ *grève*** streiken; **~ *signe à qn*** jdm zuwinken; **~ *sa toilette*** sich waschen ❺ *(avoir une activité)* machen, erledigen *tâche, travail;* ableisten *service militaire;* ausüben *métier;* ***je n'ai rien à ~*** ich habe nichts zu tun; ***qu'est-ce qu'ils peuvent bien ~?*** was in aller Welt treiben die bloß?; **~ *une bonne action*** ein gutes Werk tun; **~ *du théâtre/jazz*** Theater/Jazz spielen; **~ *du violon/du piano*** Geige/Klavier spielen; **~ *de la politique*** Politik betreiben; **~ *du sport*** Sport treiben; **~ *de l'escalade*** klettern; **~ *de la voile*** segeln; **~ *du tennis*** Tennis spielen; **~ *du vélo/canoë*** Fahrrad/Kanu fahren; **~ *du cheval*** reiten; **~ *du patin à roulettes*** Rollschuh laufen; **~ *du skate/ski*** Skateboard/Ski fahren; **~ *un petit jogging*** etwas joggen; **~ *du camping*** zelten, campen; **~ *de la couture/du tricot*** nähen/stricken; **~ *des photos*** Fotos machen, fotografieren; **~ *du cinéma*** in der Filmbranche arbeiten; ***ne ~ que bavarder*** nur schwatzen; ***que faites-vous dans la vie?*** was tun Sie beruflich? ❻ *(étudier)* besuchen *école;* **~ *des études*** studieren; **~ *son droit*** Jura studieren; **~ *de la recherche*** Forschung betreiben; **~ *du français*** Französisch lernen; ***il veut ~ médecin*** er will Arzt werden ❼ *(préparer)* **~ *un café à qn*** jdm einen Kaffee machen; **~ *ses bagages*** seine Koffer packen; **~ *la cuisine*** kochen ❽ *(nettoyer, ranger)* putzen *argenterie, chaussures;* aufräumen *chambre, salle à manger;* machen *lit;* **~ *le ménage*** *(nettoyer)* putzen; *(mettre de l'ordre)* aufräumen; **~ *la vaisselle*** abspülen ❾ *(accomplir)* machen *mouvement, promenade;* teilnehmen an +*dat tournoi;* **~ *un shampoing à qn*** jdm die Haare waschen; **~ *un pansement à qn*** jdm einen Verband anlegen; **~ *le plein [d'essence]*** voll tanken; **~ *un bon score*** ein gutes Ergebnis erzielen; **~ *un numéro de téléphone*** eine Nummer wählen; **~ *les courses*** (die) Einkäufe machen/einkaufen; **~ *la manche*** *(fam)* betteln [gehen]; **~ *le portrait de qn*** jdn beschreiben; **~ *bon voyage*** eine gute Reise haben ❿ MED *(fam)* **~ *de la fièvre*** Fieber haben ⓫ *(parcourir)* zurücklegen *distance, trajet;* bereisen *pays;* machen *circuit;* abklappern *fam magasins;* *(à pied)* abgehen *rue;* *(avec un véhicule)* abfahren *rue;* **~ *[le trajet] Nancy-Paris en trois heures*** die Strecke Nancy-Paris in drei Stunden schaffen; **~ *toute la ville pour trouver qc*** in der ganzen Stadt herumlaufen um etw zu finden; **~ *des zigzags/du stop*** Zickzacklinien/per Anhalter fahren ⓬ *(offrir à la vente)* führen *produit* ⓭ *(cultiver)* anbauen ⓮ *(fixer un prix)* ***[pour] combien faites-vous ce fauteuil?*** für wie viel verkaufen Sie diesen Sessel?; ***ils/elles font combien?*** wie viel kosten sie? ⓯ *(feindre, agir comme)* **~ *le pitre*** [*o* ***le clown***] den Clown spielen; **~ *l'idiot*** [*o* ***l'imbécile***] *(vouloir amuser)* Blödsinn machen; *(faire mine de ne pas comprendre)* sich dumm stellen; *(se conduire stupidement)* sich wie ein Idiot benehmen; **~ *l'enfant*** sich kindisch benehmen; ***il a fait comme s'il ne me voyait pas*** er hat so getan, als ob er mich nicht sähe ⓰ *(tenir un rôle)* **~ *le Père Noël*** den Weihnachtsmann spielen ⓱ *(donner une qualité, transformer)* **~ *qn son héritier*** jdn als Erben einsetzen; ***il a fait de lui une star*** er hat aus ihm einen Star gemacht; ***je vous fais juge*** urteilen Sie selbst ⓲ *(causer)* **~ *plaisir à qn*** *personne:* jdm Freude machen; **~ *le bonheur de qn*** jds Glück sein; **~ *du bien/mal à qn*** jdm gut tun/schaden; ***ça ne fait rien*** das macht nichts; **~ *honte à qn*** jdm ein schlechtes Gewissen einjagen; ~ ***de nombreuses victimes*** zahlreiche Menschenleben fordern; ***qu'est-ce que ça peut bien te ~?*** was geht dich das an? ⑲ *(servir de)* ***la cuisine fait salle à manger*** die Küche dient als Esszimmer; ***cet hôtel fait aussi restaurant*** dieses Hotel verfügt auch über ein Restaurant ⑳ *(laisser quelque part)* ***qu'ai-je bien pu ~ de mes lunettes?*** wo habe ich nur meine Brille gelassen? ㉑ *(donner comme résultat)* machen; ***deux et deux font quatre*** zwei und zwei macht vier ㉒ *(habituer)* ~ ***qn à qc*** jdn an etw *akk* gewöhnen ㉓ *(devenir)* ***il fera un excellent avocat*** aus ihm wird mal ein ausgezeichneter Anwalt; ***cette branche fera une belle canne*** aus diesem Ast kann man einen schönen Stock machen ㉔ *(dire)* machen; ***il a fait "non" en hochant la tête*** er sagte „nein" und schüttelte den Kopf; ~ ***comprendre qc à qn*** jdm etw begreiflich machen ㉕ *(avoir pour conséquence)* ~ ***que qn a été sauvé*** zur Folge haben, dass jd gerettet wurde ㉖ *(être la cause de)* ~ ***chavirer un bateau*** ein Boot zum Kentern bringen; ***la pluie fait pousser l'herbe*** der Regen lässt das Gras wachsen ㉗ *(aider à)* ~ ***faire pipi à un enfant*** einem Kind beim Wasser lassen helfen ㉘ *(inviter à)* ~ ***venir un médecin*** einen Arzt kommen lassen; ***dois-je le ~ monter?*** soll ich ihn heraufbitten?; ~ ***entrer/sortir le chien*** den Hund rein-/rauslassen; ~ ***voir qc à qn*** jdm etw herzeigen ㉙ *(charger de)* ~ ***réparer/changer qc par qn*** etw von jdm reparieren/ändern lassen; ~ ***faire qc à qn*** jdn etw tun lassen ㉚ *(forcer, inciter à)* ~ ***ouvrir qc*** etw öffnen lassen; ~ ***payer qn*** jdn zahlen lassen ㉛ *(pour remplacer un verbe déjà énoncé)* ***qn le fait/l'a fait*** jd tut es/hat es getan ㉜ *(dire)* sagen; ***"sans doute", fit-il*** „zweifellos", sagte er **II.** *vi* ① *(agir)* ~ ***vite*** sich beeilen; ~ ***attention à qc*** auf etw aufpassen; ~ ***de son mieux*** sein Bestes tun; ***tu peux mieux ~*** du kannst das noch besser; ***il a bien fait de ne rien dire*** er hat gut daran getan nichts zu sagen; ***tu fais bien de me le rappeler*** gut, dass du mich daran erinnerst; ***tu ferais mieux/bien de te taire*** du bist besser/am besten still; ~ ***comme si de rien n'était*** so tun, als ob nichts gewesen wäre ② *(fam: durer)* ***ce manteau me fera encore un hiver*** der Mantel hält noch einen Winter; ***ce disque fait une heure d'écoute*** die Schallplatte dauert eine Stunde ③ *(paraître)* ~ ***vieux/paysan*** alt/wie ein Bauer aussehen; ***ce tableau ferait mieux dans l'entrée*** dieses Bild würde sich im Eingang besser machen ④ *(rendre)* ~ ***bon/mauvais effet*** einen guten/schlechten Eindruck machen; ~ ***désordre*** *pièce:* unordentlich sein ⑤ *(mesurer, peser)* ~ ***1,2 m de long/de large/de haut*** 1,2 m lang/breit/hoch sein; ~ ***trois kilos*** drei Kilo wiegen; ~ ***... cm de tour de cou*** Kragengröße ... tragen/haben; ~ ***70 litres*** 70 Liter fassen; ~ ***60 W*** 60 W haben; ~ ***8 euros*** 8 Euro machen; ***ça fait peu*** das ist wenig ⑥ *(être incontinent)* ~ ***dans la culotte*** in die Hose machen ▸ **l'homme à tout ~** der Mann für alles; **~ partie de qc** zu etw gehören; **~ la queue** *(fam)* Schlange stehen/anstehen; **~ la une** *(fam)* auf der Titelseite sein; **~ manger qn** jdn füttern; **ne ~ que passer** nur kurz vorbeikommen; **il fait bon vivre** es lässt sich gut leben; **faites comme chez vous!** *iron)* fühlen Sie sich [ganz] wie zu Hause!; **ne pas s'en ~** *(fam)* sich keine Sorgen machen; **se ~ mal** sich wehtun; **qn [n']en a rien à ~** *(fam: ne s'y intéresse pas)* das interessiert jdn nicht; *(s'en fout)* jdm ist das völlig egal; **rien n'y fait** da hilft nichts; **ça ne se fait pas** das macht man nicht/das gehört sich nicht; **tant qu'à ~** wenn es schon sein muss **III.** *vi impers* ① METEO ***il fait chaud/froid/jour/nuit*** es ist warm/kalt/Tag/Nacht; ***il fait beau/mauvais*** es ist schön[es Wetter]/schlechtes Wetter; ***il fait [du] soleil*** die Sonne scheint; ***il fait du brouillard*** es ist neblig; ***il fait dix degrés*** es sind zehn Grad ② *(temps écoulé)* ***cela fait bien huit ans*** das ist gut acht Jahre her; ***cela fait deux ans que nous ne nous sommes pas vus*** wir haben uns zwei Jahre lang nicht gesehen ③ *(pour indiquer l'âge)* ***ça me fait 40 ans*** *(fam)* ich bin 40 [Jahre alt] **IV.** *vpr* ① ***se ~ une robe*** sich *dat* ein Kleid machen; ***se ~ 1000 euros par mois*** *(fam)* 1000 Euro im Monat verdienen; ***se ~ une idée exacte de qc*** sich *dat* eine genaue Vorstellung von etw machen; ***se ~ des illusions*** sich *dat* Illusionen machen; ***se ~ une opinion personnelle*** sich *dat* eine eigene Meinung bilden; ***se ~ une raison de qc*** sich mit etw abfinden; ***se ~ des amis*** Freunde gewinnen ② *(action réciproque)* ***se ~ des caresses*** sich streicheln; ***se ~ des politesses*** Höflichkeiten austauschen ③ *(fam: se taper)* ***il faut se le ~ celui-là!*** der geht einem ganz schön auf den Geist!; ***je me le/la suis fait(e)*** *(avoir couché* *avec)* mit dem/der bin ich schon ins Bett gegangen; ***je vais me le ~ celui-là!*** *(le brutaliser)* den werde ich mir vornehmen! ❹ *(se former)* ***se ~*** *fromage, vin:* seinen vollen Geschmack entwickeln; ***se ~ tout seul*** *homme politique:* sich aus eigener Kraft hocharbeiten ❺ *(devenir)* ***se ~ vieux*** alt werden; ***se ~ beau/rare*** sich schön machen/rarmachen; ***se ~ curé*** Priester werden ❻ *(s'habituer à)* ***se ~ à la discipline*** sich an die Disziplin gewöhnen ❼ *(être à la mode)* ***se ~*** *activité:* gang und gäbe sein; *look, vêtement:* Mode sein; ***ça se fait beaucoup de ~ qc*** es ist weit verbreitet etw zu tun ❽ *(arriver, se produire)* ***se ~*** stattfinden; *film, livre:* zustande kommen; ***mais finalement ça ne s'est pas fait*** aber letztlich kam es nicht dazu ❾ *impers* ***comment ça se fait?*** wie kommt das?; ***il se fait tard*** es ist/wird spät ❿ *(agir en vue de)* ***se ~ maigrir*** eine Abmagerungskur machen; ***se ~ vomir*** sich [selbst] zum Erbrechen bringen; ***je te conseille de te ~ oublier*** ich rate dir dich zurückzuhalten ⓫ *(sens passif)* ***se ~ opérer*** operiert werden; ***qn se fait retirer son permis*** jdm wird der Führerschein entzogen; ***qn se fait voler qc*** jdm wird etw gestohlen ⓬ *(se fabriquer)* ***se ~*** erfolgen ▶ **ne pas s'en ~** *(fam: ne pas s'inquiéter)* sich *dat* keine Sorgen machen; *(ne pas se gêner)* keine Hemmungen haben; **t'en fais pas!** *(fam)* mach dir nichts draus!

faire-part [fɛʀpaʀ] *m inv* Anzeige *f*

faire-valoir [fɛʀvalwaʀ] *m inv* ***servir de ~ à qn*** jdm Geltung verschaffen

fair-play [fɛʀplɛ] **I.** *m inv* Fairness *f* **II.** *adj inv* fair

faisabilité [fəzabilite] *f* Machbarkeit *f*

faisable [fəzabl] *adj* machbar

faisan(e) [fəzɑ̃, an] *m(f)* Fasan *m*

faisandé(e) [fəzɑ̃de] *adj* mit Hautgout

faisceau [fɛso] <x> *m* ❶ ***~ lumineux*** Lichtkegel *m;* NAUT Leuchtfeuer *nt;* ***~ laser*** Laserstrahl *m* ❷ *(fagot)* Bündel *nt* ❸ *(ensemble)* ***~ de faits*** Reihe *f* von Tatsachen

faiseur, -euse [fəzœʀ, -øz] *m, f (péj)* ❶ *(auteur)* ***~ de belles phrases*** Schwätzer *m;* ***~ de bons mots*** Witzbold *m* ❷ *(vantard)* Aufschneider(in) *m(f)*

faisselle [fɛsɛl] *f* ❶ *(passoire)* Abtropfsieb *nt (für die Molke des Quarks)* ❷ *(fromage blanc)* Quark *m*

fait [fɛ] *m* ❶ Tatsache *f;* ***un ~ nouveau*** ein neues Element ❷ *(événement)* Ereignis *nt;* *(phénomène)* Phänomen *nt;* ***les ~s se sont passés à minuit*** der Vorfall ereignete sich um Mitternacht ❸ JUR ***les ~s*** *(action criminelle, délit)* die Tat; *(éléments constitutifs)* der Tatbestand; *(état des choses)* der Sachverhalt; ***~s de guerre*** Kriegshandlungen *Pl* ❹ *(conséquence)* ***être le ~ de qc*** die Folge von etw sein; ***c'est le ~ du hasard si*** es ist [ein] Zufall, dass ❺ RADIO, PRESSE ***~ divers*** [Lokal]nachricht *f,* vermischte Nachrichten *Pl; (à la radio, télé)* Meldung *f; (événement)* Ereignis *nt;* ***~s divers*** *(rubrique)* Verschiedenes *nt* ▶ **prendre ~ et cause pour qn** Partei für jdn ergreifen; **les ~s et gestes de qn** jds Tun und Treiben; **être sûr de son ~** sich seiner Sache sicher sein; **aller [droit] au ~** ohne Umschweife zur Sache kommen; **être le ~ de qn** jdm zuzuschreiben sein; **mettre qn au ~ de qc** jdn über etw *akk* unterrichten; **prendre qn sur le ~** jdn auf frischer Tat ertappen; **en venir au ~** zum Kern der Sache kommen; **au ~** *(à propos)* übrigens; **tout à ~** ganz, völlig; **de ~** *(en réalité)* tatsächlich; ***gouvernement de ~*** De-facto-Regierung *f;* **de ce ~** deshalb; **du ~ de qc** wegen einer S. *gen;* **du ~ que qn fait toujours qc** da jd etw immer tut; **en ~** in Wirklichkeit; **en ~ de qc** *(en matière de)* was etw betrifft; *(en guise de)* anstelle von etw

fait(e) [fɛ, fɛt] **I.** *part passé de* **faire II.** *adj* ❶ *(propre à)* ***être ~ pour qc*** für etw geeignet sein; ***être ~s l'un pour l'autre*** wie füreinander geschaffen sein; ***être ~ pour faire qc*** *(être approprié à)* wie für etw geschaffen sein; *(être destiné à)* etw tun sollen; ***être ~ pour*** *(fam)* das Zeug dazu haben ❷ *(constitué)* ***avoir la jambe bien ~e*** schöne Beine haben; ***c'est une femme bien ~e*** diese Frau hat eine gute Figur ❸ *ongles* lackiert; *yeux* geschminkt ❹ *fromage* reif ❺ *(fam: pris)* ***être ~*** geliefert sein ❻ *(tout prêt)* ***des plats tout ~s*** Fertiggerichte *Pl;* ***expression toute ~e*** feststehender Ausdruck ▶ **c'est bien ~ pour toi/lui** das geschieht dir/ihm recht; **c'est toujours ça de ~** das ist immerhin etwas; **vite ~ bien ~** ganz schnell; **c'en est ~ de notre vie calme** unser ruhiges Leben ist dahin; **c'est comme si c'était ~** wird sofort erledigt

faîte [fɛt] *m de l'arbre* Wipfel *m; d'une montagne* Gipfel *m;* ***~ du toit*** [Dach]first *m*

faitout, fait-tout [fɛtu] *m inv* [Koch]topf *m*

faix [fɛ] *m* ❶ *(littér)* [schwere] Last *f,* Bürde *f geh;* ***plier sous le ~*** sich unter der

Last beugen ❷ *(tassement d'une maison)* Senkung *f*

fakir [fakiʀ] *m* Fakir *m*

falaise [falɛz] *f* ❶ *(paroi)* Felswand *f* ❷ *(côte)* Steilküste *f* ❸ *(rocher)* Felsen *m*

falbalas [falbala] *mpl* ❶ *(péj: colifichets)* Firlefanz *m* ❷ *(grandes toilettes)* Abendkleider *Pl*

fallacieux, **-euse** [falasjø, -jøz] *adj (littér)* trügerisch; *promesse, prétexte* falsch; *raisonnement, argument* fadenscheinig

falloir [falwaʀ] <irr> **I.** *vi impers* ❶ *(besoin)* ***il faut qn/qc pour faire qc*** man braucht jdn/etw um etw zu tun; ***il me faudra du temps*** ich werde Zeit brauchen ❷ *(devoir)* ***il faut faire qc*** man muss etw tun; ***que faut-il faire?*** was sollen wir tun?; ***il a bien fallu!*** es musste sein!; ***il me/te faut faire qc*** ich muss/du musst etw tun; ***il faut que ...*** *+subj* jd muss ... ❸ *(être probablement)* ***il faut être fou pour parler ainsi*** man muss schon verrückt sein um so zu reden ❹ *(se produire fatalement)* ***j'ai fait ce qu'il fallait*** ich habe [das] getan, was sein musste; ***il fallait que ça arrive*** das musste ja so kommen ❺ *(faire absolument)* ***il fallait me le dire*** du hättest es mir sagen sollen; ***il faut l'avoir vu*** das muss man gesehen haben; ***il ne faut surtout pas lui en parler*** du darfst ihm/ihr auf keinen Fall etwas davon sagen ▶ **il faut te/vous dire que...** allerdings muss ich dir/Ihnen sagen, dass...; **[il] faut se le/la faire** [*o* **farcir**] *(fam)* der/die geht einem ganz schön auf den Geist; **il le faut** es muss sein; **comme il faut** wie es sich gehört; **il ne fallait pas!** das war doch nicht nötig! **II.** *vpr impers (manquer)* ***il s'en faut de qc*** etw fehlt; ***nous avons failli nous rencontrer, il s'en est fallu de peu*** beinahe hätten wir uns getroffen; ***il s'en faut de beaucoup*** noch lange nicht; ***il s'en faut de qc que*** *+subj* etw fehlt, damit

falot(e) [falo, ɔt] *adj personne* unscheinbar; *lueur* blass

falsificateur, **-trice** [falsifikatœʀ, -tʀis] *m, f* Fälscher(in) *m(f)*; ***~(-trice) de chèques*** Scheckbetrüger(in) *m(f)*

falsification [falsifikasjɔ̃] *f d'un document, d'une monnaie, signature* Fälschen *nt; de la vérité, d'une marchandise* Verfälschen *nt*

falsifier [falsifje] <1> *vt* fälschen *document, monnaie, signature;* verfälschen *histoire;* verdrehen *vérité*

falzar [falzaʀ] *m (fam)* Hose *f*

famé(e) [fame] *adj **mal ~*** verrufen

famélique [famelik] *adj* abgemagert

fameusement [famøzmɑ̃] *adv (fam: très)* sagenhaft

fameux, **-euse** [famø, -øz] *adj* ❶ besagt ❷ *(excellent)* köstlich; *idée* glänzend; *travail* erstklassig ❸ *antéposé (souvent iron: énorme) problème* ungeheuer; *raclée* gehörig; *erreur* gewaltige ❹ *(célèbre)* berühmt ▶ **ne pas être ~** nicht gerade besonders sein

familial(e) [familjal, -jo] <-aux> *adj atmosphère, problème, milieu* familiär; ***vie ~e*** Familienleben *nt;* ***maison ~e*** Einfamilienhaus *nt;* ***lien ~*** Familienbande *Pl*

familiariser [familjaʀize] <1> **I.** *vt* ***~ qn avec qc*** jdn mit etw vertraut machen **II.** *vpr* ***se ~ avec une méthode*** sich mit einer Methode vertraut machen; ***se ~ avec une ville*** sich in einer Stadt einleben; ***se ~ avec une langue*** sich *dat* eine Sprache aneignen; ***se ~ avec qn*** mit jdm vertraut werden

familiarité [familjaʀite] *f* ❶ *(bonhomie)* Vertraulichkeit *f* ❷ *(habitude de)* ***~ avec qn/qc*** Vertrautheit *f* mit jdm/etw ❸ *(amitié)* Vertrautheit *f* ❹ *pl (péj: paroles)* Vertraulichkeiten *Pl* ❺ *(comportement)* Zudringlichkeit *f*

familier [familje] *m* häufiger Besucher; *d'un club* Stammgast *m;* ***~ de la maison*** Freund *m* des Hauses

familier, **-ière** [familje, -jɛʀ] *adj* ❶ ***~ à qn*** jdm vertraut; *problème, spectacle* jdm bekannt; *expression* jdm geläufig; ***cette technique m'est familière*** mit dieser Technik kenne ich mich aus ❷ *(routinier)* üblich; ***le mensonge lui est devenu ~*** er/sie hat sich daran gewöhnt zu lügen ❸ *conduite, entretien* ungezwungen; *personne* umgänglich ❹ *expression, style* umgangssprachlich ❺ *(péj: cavalier)* ***~ avec qn*** allzu vertraulich gegenüber jdm ❻ *(domestique)* ***des animaux ~s*** Haustiere *Pl*

familièrement [familjɛʀmɑ̃] *adv* ❶ *(en langage courant)* umgangssprachlich ❷ *(simplement)* einfach; *parler* ungezwungen ❸ *(amicalement)* ungezwungen ❹ *(péj: cavalièrement)* allzu vertraulich

famille [famij] *f* ❶ *(parenté: sens restreint)* Familie *f; (sens large)* Verwandtschaft *f;* ***~ d'accueil*** Gastfamilie; ***avoir de la ~*** *(parenté)* Verwandte haben; *(famille proche)* Angehörige haben; *(femme/mari et enfants)* Familie haben; ***en ~*** im [engsten] Familienkreis; ***nous sommes en ~*** wir sind unter uns; ***~ décomposée***

et recomposée Patchworkfamilie ❷ *a.* BOT, ZOOL *(communauté)* Familie *f*

famine [famin] *f* Hungersnot *f* ▶ **crier** ~ über Hunger klagen; *estomac:* knurren

fan [fan] *mf* Fan *m,* Anhänger(in) *m(f)*

fana [fana] *abr de* **fanatique I.** *adj (fam)* ***être ~ de qn/qc*** nach jdm/auf etw *akk* verrückt sein **II.** *mf (fam)* Fan *m;* ***~ d'ordinateur*** Computerfreak *m*

fanal [fanal, -o] <-aux> *m* ❶ *(lanterne)* Laterne *f* ❷ *d'une locomotive, d'un navire* Positionslicht *nt*

fanatique [fanatik] **I.** *adj* fanatisch **II.** *mf* ❶ *(passionné)* begeisterter Anhänger *m/* begeisterte Anhängerin *f;* ***~ de football*** Fußballfanatiker *m* ❷ *(militant)* Fanatiker(in) *m(f);* ***~ de qc*** fanatischer Anhänger einer S. *gen*

fanatiser [fanatize] <1> *vt* fanatisch machen

fanatisme [fanatism] *m* Fanatismus *m*

fane [fan] *f souvent pl* AGR *(tiges et feuilles)* Kraut *nt kein Pl (der abgeernteten Pflanzen); (feuilles)* Blätter *Pl*

fané(e) [fane] *adj fleur* verwelkt; *couleur* verblasst; *étoffe, beauté* verblichen

faner [fane] <1> **I.** *vpr* ***se ~*** *fleur:* verwelken; *couleur:* verblassen **II.** *vt* ❶ ausbleichen *couleur, étoffe;* verblühen lassen *beauté;* welken lassen *plantes* ❷ *(retourner)* wenden *foin* **III.** *vi* Heu machen

fanes [fan] *fpl* Kraut *nt; de radis* Blätter *Pl*

fanfare [fɑ̃faʀ] *f* ❶ *(orchestre)* Blaskapelle *f;* ***~ militaire*** Militärkapelle ❷ *(air)* Fanfare *f* ▶ **annoncer qc en** ~ etw groß ankündigen; **arriver en** ~ mit großem Tamtam auftreten

> **Falsche Freunde**
> Nicht verwechseln mit *die Fanfare – le clairon*!

fanfaron(ne) [fɑ̃faʀɔ̃, ɔn] **I.** *adj* großtuerisch **II.** *m(f)* Angeber(in) *m(f);* ***faire le ~*** sich aufspielen

fanfaronnade [fɑ̃faʀɔnad] *f* Wichtigtuerei *f*

fanfaronner [fɑ̃faʀɔne] <1> *vi* sich aufspielen

fanfreluche [fɑ̃fʀəlyʃ] *f gén pl (souvent péj)* Firlefanz *m kein Pl fam*

fangeux, -euse [fɑ̃ʒø, -øz] *adj (littér)* ❶ schlammig; *mare* schlickerig; *eau* trüb ❷ *(fig: abject)* verdorben

fanion [fanjɔ̃] *m* ❶ *d'un club* Wimpel *m; d'une voiture officielle* Flagge *f* ❷ *(petit drapeau de marquage)* Fähnchen *nt*

fantaisie [fɑ̃tezi] *f* ❶ *(caprice)* Laune *f;* ***à*** [*o* ***selon***] ***sa ~*** *(comme il lui plaît)* wie es ihm/ihr gefällt; *(selon son humeur)* nach Lust und Laune ❷ *(extravagance)* Marotte *f* ❸ *(délire, idée)* Spinnerei *f fam* ❹ *(imagination)* Fantasie *f* ❺ *(originalité)* Einfallsreichtum *m;* ***être plein de ~*** *personne:* originelle Ideen haben; *décoration, histoire:* sehr originell sein; ***être dépourvu de ~*** einfallslos sein; ***sa vie manque de ~*** sein/ihr Leben ist eintönig ❻ *(qui sort de la norme, original)* ***bijoux ~*** origineller Schmuck; ***bouton ~*** Zierknopf *m* ▶ **s'offrir** [*o* **se payer**] **une petite ~** sich *dat* eine kleine Extravaganz leisten

fantaisiste [fɑ̃tezist] **I.** *adj* ❶ *(peu sérieux)* frei erfunden; *explication, hypothèse* aus der Luft gegriffen ❷ *(peu fiable)* unzuverlässig ❸ *(anticonformiste)* unkonventionell ❹ *(bizarre)* komisch **II.** *mf* ❶ *(personne peu sérieuse)* Luftikus *m* ❷ *(anticonformiste)* unkonventioneller Mensch

fantasmagorie [fɑ̃tasmagɔʀi] *f* Trugbild *nt*

fantasmagorique [fɑ̃tasmagɔʀik] *adj* bizarr, phantasmagorisch *geh*

fantasme [fɑ̃tasm] *m* Wunschvorstellung *f;* ***vivre dans ses ~s*** in einer Traumwelt leben

fantasmer [fɑ̃tasme] <1> *vi* fantasieren; *(rêver)* träumen

fantasque [fɑ̃task] *adj* launisch; *(bizarre)* seltsam; *(excentrique)* exzentrisch

fantassin [fɑ̃tasɛ̃] *m* Infanterist *m*

fantastique [fɑ̃tastik] **I.** *adj* ❶ fantastisch, *atmosphère* unwirklich; *événement, rêve* irreal; ***animal/personnage ~*** Fabeltier *nt/* Fabelwesen *nt* ❷ *(fam: formidable)* fantastisch; *personne, réalisation* großartig; *richesse, progrès* ungeheuer[lich] **II.** *m* Übernatürliche(s) *nt*

fantastiquement [fɑ̃tastikmɑ̃] *adv* ungeheuer, außerordentlich

fantoche [fɑ̃tɔʃ] *m* ❶ *(tiré d'en bas)* Hampelmann *m* ❷ *(tiré d'en haut)* Marionette *f*

fantomatique [fɑ̃tomatik] *adj* gespenstisch

fantôme [fɑ̃tom] **I.** *m* ❶ *(spectre)* Gespenst *nt* ❷ *(illusion, souvenir)* Phantom *nt;* ***les ~s du passé*** die Schatten der Vergangenheit **II.** *app* ❶ ***train ~*** Geisterbahn *f;* ***le "Vaisseau ~"*** der „Fliegende Holländer" ❷ *administration* vorgetäuscht;

F

cabinet ~ Schattenkabinett *nt;* ***société*** ~ Scheinfirma *f*

faon [fɑ̃] *m* [Reh]kitz *nt; du cerf* Hirschkalb *nt*

Aussprache
Das -aon in **faon** wird als [ɑ̃] gesprochen.

FAQ [fak] *f* INFORM *abr de* **foire aux questions** FAQ *Pl*

F

far [faʀ] *m* ~ ***breton*** *Auflauf mit Backpflaumen*

faramineux, -euse [faʀaminø, -øz] *adj (fam)* wahnsinnig

farandole [faʀɑ̃dɔl] *f* ❶ *(danse)* Farandole *f (provenzalischer Volkstanz)* ❷ *(cortège dansant)* Polonaise *f*

faraud(e) [faʀo, od] **I.** *adj* eingebildet; ***être tout(e) ~(e) de qc*** mächtig stolz auf etw sein **II.** *m(f)* Angeber(in) *m(f)*

farce[1] [faʀs] *f* ❶ *(tour)* Streich *m* ❷ *(plaisanterie)* Scherz *m* ❸ THEAT Farce *f* ❹ *(chose peu sérieuse)* Farce *f* ❺ *(objet)* ***~s et attrapes*** Scherzartikel *Pl*

farce[2] [faʀs] *f* GASTR Füllung *f*

farceur, -euse [faʀsœʀ, -øz] **I.** *m, f* Spaßvogel *m* **II.** *adj* ***être*** ~ ein ganz schöner Schelm sein

farci(e) [faʀsi] *adj* GASTR gefüllt

farcir [faʀsiʀ] <8> **I.** *vt* ❶ GASTR ~ ***qc de qc*** etw mit etw füllen ❷ *(péj: bourrer)* ~ ***qc de qc*** etw mit etw vollstopfen *fam* **II.** *vpr (péj fam)* ❶ ***se*** ~ ***qc*** etw zu ertragen haben; ***se*** ~ ***qn*** jdn auf dem Hals haben; ***il faut se le ~!*** der geht einem ganz schön auf den Geist! ❷ *(se payer)* ***se ~ la vaisselle*** sich um das Geschirr kümmern müssen

fard [faʀ] *m* Schminke *f;* ~ ***à joues*** Rouge *nt;* ~ ***à paupières*** Lidschatten *m* ▶ **piquer un** ~ *(fam)* einen roten Kopf bekommen; **sans** ~ schlicht; ***dire qc sans*** ~ ganz offen sagen

farde [faʀd] *f* BELG *(dossier)* Ordner *m*

fardé(e) [faʀde] *adj* geschminkt

fardeau [faʀdo] <x> *m* ❶ *(charge)* Last *f* ❷ *(chose pénible)* Last *f;* ~ ***des impôts*** steuerliche Belastung; ***qn plie sous le ~ de qc*** etw lastet [schwer] auf jdm

farder [faʀde] <1> **I.** *vt* schminken **II.** *vpr* ***se*** ~ sich schminken

fardoches [faʀdɔʃ] *fpl* CAN *(broussailles)* Gestrüpp *nt*

farfelu(e) [faʀfəly] **I.** *adj (fam)* verrückt **II.** *m(f) (fam)* Spinner(in) *m(f)*

farfouiller [faʀfuje] <1> *vi (fam)* ~ ***dans qc*** in etw *dat* herumstöbern

faribole [faʀibɔl] *f* ❶ *(stupide idée)* Unsinn *m kein Pl* ❷ *pl (balivernes)* Nichtigkeiten *Pl;* ***dire*** [*o* ***raconter***] ***des ~s*** Belanglosigkeiten von sich geben, dummes Zeug reden [*o* erzählen] *fam*

farine [faʀin] *f* Mehl *nt*

fariner [faʀine] <1> *vt* in Mehl wälzen *poisson;* mit Mehl bestäuben *plaque de four*

farineux [faʀinø] *m* stärkehaltiges Nahrungsmittel *nt*

farineux, -euse [faʀinø, -øz] *adj* ❶ *(couvert de farine)* bemehlt ❷ *pomme, pomme de terre* mehlig; *fromage* bröckelig

farniente [faʀnjɛnte, faʀnjɑ̃t] *m* Dolcefarniente *nt*

farouche [faʀuʃ] *adj* ❶ *(timide)* scheu ❷ *(peu sociable)* unzugänglich; *air* unnahbar; ***ne pas être*** ~ sich nicht zieren ❸ *(violent, hostile)* grimmig; *adversaire, lutte* erbittert; *haine* wild ❹ *(opiniâtre)* eisern; *résistance* heftig

farouchement [faʀuʃmɑ̃] *adv* heftig

fart [faʀt] *m* [Ski]wachs *nt*

fartage [faʀtaʒ] *m* Wachsen *nt*

farter [faʀte] <1> *vt* wachsen

Far West [faʀwɛst] *m* ***le*** ~ der Wilde Westen

fascicule [fasikyl] *m* ❶ *(livret)* Heft *nt;* ***être publié par ~s*** in mehreren Einzelheften erscheinen ❷ *(fascicule d'information)* Broschüre *f*

fascinant(e) [fasinɑ̃, ɑ̃t] *adj* faszinierend

fascination [fasinasjɔ̃] *f* ❶ *(envoûtement)* Verzauberung *f* ❷ *(séduction)* Faszination *f*

fasciner [fasine] <1> *vt* ❶ *(hypnotiser)* in seinen Bann schlagen ❷ *(séduire)* faszinieren; ***se laisser ~ par de belles promesses*** sich von schönen Versprechungen beeindrucken lassen

fascisant(e) [faʃizɑ̃, ɑ̃t] *adj* faschistoid

fascisme [faʃism, fasism] *m* Faschismus *m*

fasciste [faʃist, fasist] **I.** *adj* faschistisch **II.** *mf* Faschist(in) *m(f)*

fasse [fas] *subj prés de* **faire**

faste[1] [fast] *m* Prunk *m*

faste[2] [fast] *adj* ❶ *(favorable)* günstig ❷ *(couronné de succès)* erfolgreich; ***jour*** ~ Glückstag *m*

fast-food [fastfud] <fast-foods> *m* Fastfood-Restaurant *nt,* Schnellimbissrestaurant *nt*

fastidieux, -euse [fastidjø, -jøz] *adj* eintönig; *détails* uninteressant; *énumération* ellenlang *fam*

fastoche [fastɔʃ] *adj (fam)* total einfach
fastueusement [fastɥøzmɑ̃] *adv* prachtvoll
fastueux, -euse [fastɥø, -øz] *adj cadre, décor* prächtig; *fête* glanzvoll; *vie* luxuriös
fat(e) [fa(t), fat] *adj personne* eingebildet; *air* blasiert
fatal(e) [fatal] *adj* ❶ verhängnisvoll; ***être ~ à qn*** jdm zum Verhängnis werden ❷ *(mortel)* tödlich; ***porter un coup ~ à qn/qc*** jdm/einer S. den Todesstoß versetzen ❸ *(inévitable)* unabwendbar; ***conséquence ~e*** zwangsläufige Folge; ***il est ~ que*** *+subj* es ist unvermeidlich, dass ❹ *(marqué par le destin)* schicksalhaft; *air, regard* unglückselig ❺ *beauté* verhängnisvoll; ***femme ~e*** Femme fatale
fatalement [fatalmɑ̃] *adv* zwangsläufig
fatalisme [fatalism] *m* Fatalismus *m*
fataliste [fatalist] **I.** *adj* fatalistisch **II.** *mf* Fatalist(in) *m(f)*
fatalité [fatalite] *f* ❶ *(destin hostile)* Schicksal *nt* ❷ *(inévitabilité)* Unabwendbarkeit *f;* ***ne pas être une ~*** kein unabwendbares Schicksal sein
fatidique [fatidik] *adj* schicksalhaft
fatigabilité [fatigabilite] *f* MED Ermüdbarkeit *f*
fatigant(e) [fatigɑ̃, ɑ̃t] *adj* ermüdend; ***~ pour les nerfs*** nervenaufreibend
fatigue [fatig] *f* ❶ *d'une personne* Müdigkeit *f; des yeux* Ermüdung *f* ❷ *(état d'épuisement)* Erschöpfung *f;* ***se remettre des ~s de qc*** sich von den Anstrengungen einer S. *gen* erholen ❸ *d'un mécanisme, moteur* Abnutzung *f*
fatigué(e) [fatige] *adj* ❶ müde; *foie, cœur* strapaziert ❷ *chaussures* ausgetreten; *vêtement* abgetragen ❸ *(excédé)* ***être ~ de qn*** jds überdrüssig sein; ***être ~ de qc*** etw *akk* leid sein
fatiguer [fatige] <1> **I.** *vt* ❶ *(causer de la fatigue) travail, marche:* anstrengen; *personne:* überanstrengen ❷ *(déranger)* belasten *foie, organisme* ❸ *(excéder)* ***~ qn*** jdm lästig sein ❹ *(ennuyer)* jdn langweilen **II.** *vi* ❶ *(peiner) machine, moteur:* Ermüdungserscheinungen zeigen; *cœur:* ermüden ❷ *(s'user) pièce, joint:* sich abnutzen; *poutre:* nachgeben ❸ *(fam: en avoir assez)* die Schnauze voll haben **III.** *vpr* ❶ ***se ~*** *personne:* sich überanstrengen; *cœur:* ermüden ❷ *(se lasser)* ***se ~ de qc*** einer S. *gen* überdrüssig werden; ***se ~ à faire qc*** es leid sein etw zu tun ❸ *(s'évertuer)* ***se ~ à faire qc*** sich *dat* [große] Mühe geben etw zu tun

fatma [fatma] *f maghrebinische Hausangestellte*
fatras [fatʀa] *m* wirres Durcheinander; *(choses sans valeurs, inutiles)* Kram *m fam;* ***un ~ d'idées*** eine Unmenge von Ideen
fatuité [fatɥite] *f* Überheblichkeit *f*
faubourg [fobuʀ] *m* Vorort *m*

> **Aussprache**
> Die Endung -g in **faubourg** wird nicht gesprochen.

fauchage [foʃaʒ] *m* Mähen *nt*
fauche [foʃ] *f sans pl (fam)* Diebstahl *m;* ***il y a beaucoup de ~*** es wird viel geklaut
fauché(e) [foʃe] *adj (fam)* ***être ~*** pleite sein; ***être trop ~ pour faire qc*** zu knapp bei Kasse sein um etw zu tun
faucher [foʃe] <1> *vt* ❶ *(couper)* mähen ❷ *(abattre)* ***~ qn*** *véhicule:* erfassen; *(mortellement)* überfahren; *mort:* hinwegraffen; *tirs:* niedermähen ❸ *(fam: voler)* ***~ qc à qn*** jdm etw klauen ❹ *(fig)* ***~ qn à qn*** jdn jdm wegschnappen
faucheuse [foʃøz] *f* Mähmaschine *f*
faucille [fosij] *f* Sichel *f*
faucon [fokɔ̃] *m* ORN, POL Falke *m*
faudra [fodʀa] *fut de* **falloir**
faufil [fofil] *m* COUT Heftfaden *m*
faufiler [fofile] <1> *vpr* ***se ~ dans un passage étroit*** durch einen engen Durchgang schlüpfen; ***se ~ parmi la foule*** sich durch die Menge schlängeln; ***se ~ dans une réunion*** sich in eine Versammlung [ein]schleichen
faune[1] [fon] *f* ❶ ZOOL Fauna *f* ❷ *(pej: personnes)* Bande *f*
faune[2] [fon] *m* HIST Faun *m*
faussaire [fosɛʀ] *mf* Fälscher(in) *m(f)*
fausse [fos] *adj v.* **faux**
faussé(e) [fose] *adj* verbogen; *porte* verzogen
faussement [fosmɑ̃] *adv* fälschlicherweise, zu Unrecht
fausser [fose] <1> *vt* ❶ *(altérer)* verfälschen; *(intentionnellement)* fälschen, entstellen *réalité* ❷ *(déformer)* verbiegen
fausseté [foste] *f* Unrichtigkeit *f*
faut [fo] *indic prés de* **falloir**
faute [fot] *f* ❶ *(erreur)* Fehler *m;* ***~ de frappe*** Tippfehler ❷ *(mauvaise action)* Fehler *m* ❸ *(manquement à des lois, règles)* Vergehen *nt;* ***~ de goût*** Geschmacksverirrung *f;* ***commettre une ~ envers qc*** sich *dat* einer S. gegenüber et-

F

was zuschulden kommen lassen; ***faire un sans ~*** einen Volltreffer landen *fam;* ***sans ~*** ganz sicher ❹ *(responsabilité)* ***faire retomber*** [*o* ***rejeter***] ***la ~ sur qn*** jdm die Schuld zuschieben; ***c'est [de] la ~ de qn/qc*** daran ist jd/etw schuld; ***c'est [de] ma ~*** das ist meine Schuld; ***c'est la faute à qn*** *(fam)* das ist die Schuld von jdm; ***alors à qui la ~?*** wer ist denn dann schuld? ❺ SPORT Fehler *m; (agression)* Foul *nt* ❻ JUR ~ ***pénale*** Verletzung *f* des Strafgesetzes ❼ *(par manque de)* ~ ***de temps*** aus Zeitmangel; ~ ***de preuves*** aus Mangel an Beweisen; ~ ***de mieux*** mangels Alternative ► **être en ~** schuldig sein; **prendre qn en ~** jdn erwischen *fam;* **~ de quoi** sonst

F

fauter [fote] <1> *vi (vieilli fam)* einen Fehltritt begehen [*o* tun]

fauteuil [fotœj] *m* ❶ *(siège)* Sessel *m;* ~ ***roulant/à bascule*** Roll-/Schaukelstuhl *m* ❷ *(place dans une assemblée)* Sitz *m;* ~ ***de maire*** Amt *nt* des Bürgermeisters

fauteur [fotœʀ] *m* ~ ***de désordre/troubles*** Unruhestifter(in) *m(f)*

fautif, **-ive** [fotif, -iv] **I.** *adj* ❶ *(coupable)* schuldig; ***être ~*** schuld sein ❷ *(avec des fautes)* fehlerhaft; *citation, calcul* falsch; *mémoire* lückenhaft **II.** *m, f* Schuldige(r) *f(m)*

fauve [fov] **I.** *adj* ❶ *(couleur)* fahlgelb ❷ *(sauvage)* ***bête ~*** wildes Tier; ***odeur ~*** bestialischer Geruch **II.** *m* ❶ *(couleur)* Fahlgelb *nt* ❷ *(animal)* Raubtier *nt*

fauverie [fovʀi] *f (dans un zoo)* Raubtiergehege *nt; (dans un cirque)* Raubtierkäfig *m*

fauvette [fovɛt] *f* Grasmücke *f*

fauvisme [fovism] *m* ART Fauvismus *m*

faux, **fausse** [fo, fos] *adj* ❶ *antéposé (imité)* falsch; *marbre, perle* unecht; *papiers* gefälscht; *signature* gefälscht; *meuble, tableau* nachgemacht; ***fausse monnaie*** Falschgeld *nt* ❷ *antéposé barbe, dents, nom* falsch ❸ *antéposé (simulé)* gespielt; *dévotion, humilité* vorgetäuscht; *modestie, pudeur* falsch ❹ *antéposé (mensonger)* falsch; ~ ***serment*** *(intentionnel)* Meineid *m; (involontaire)* Falscheid *m* ❺ *antéposé col* falsch; *fenêtre, porte* blind; ~ ***plafond*** Zwischendecke *f* ❻ *postposé (fourbe)* falsch; *regard* trügerisch; *attitude* unaufrichtig ❼ *antéposé ami, prophète* falsch ❽ *(erroné)* falsch; *affirmation* irrtümlich; *thermomètre* fehlerhaft; ***un instrument est ~*** ein Instrument ist verstimmt ❾ *antéposé (non fondé)* falsch; *crainte* unbegründet ❿ *postposé (ambigu)* unangenehm ⓫ *antéposé (maladroit)* ***une fausse manœuvre*** ein falscher Handgriff; *(au volant)* ein falsches Lenkmanöver; ***faire fausse route*** sich verfahren; ***faire un ~ pas*** *(en marchant)* ungeschickt auftreten ⓬ *(qui détonne)* ***fausse note*** falscher Ton

faux[1] [fo] *f (outil)* Sense *f*

faux[2] [fo] **I.** *m* ❶ Falsche(s) *nt;* ***discerner le vrai du ~*** das Wahre vom Unwahren unterscheiden ❷ *(falsification, imitation)* Fälschung *f* **II.** *adv* falsch

faux-filet [fofilɛ] <faux-filets> *m* Lende[nstück *nt*] *f* **faux-fuyant** [fofɥijɑ̃] <faux-fuyants> *m* Ausflucht *f* **faux-monnayeur** [fomɔnɛjœʀ] <faux-monnayeurs> *m* Falschmünzer(in) *m(f)* **faux-semblant** [fosɑ̃blɑ̃] <faux-semblants> *m* ***user de ~s*** sich verstellen **faux-sens** [fosɑ̃s] <faux-sens> *m* Fehlinterpretation *f*

favela [favela] *f souvent pl* Favela *f*

faveur [favœʀ] *f* ❶ *(bienveillance)* Gunst *f* ❷ *(considération)* ***être en ~ auprès de qn*** bei jdm gut angesehen sein; *artiste, auteur:* bei jdm beliebt sein; ***gagner la ~ du public*** die Gunst des Publikums gewinnen; ***voter en ~ de qn*** für jdn stimmen; ***se déclarer*** [*o* ***se prononcer***] ***en ~ de qn/qc*** sich für jdn/etw aussprechen; ***en ma/ta ~*** zu meinen/deinen Gunsten ❸ *(bienfait)* Gefallen *m* ► **de ~** Sonder-; **en ~ de qc** wegen etw

favorable [favɔʀabl] *adj* günstig; *terrain* geeignet; ***jouir d'un préjugé ~*** Vorteile haben; ***donner un avis ~*** sich positiv äußern; ***être ~ à qn/qc*** jdm wohlgesinnt sein/etw befürworten; *circonstances:* günstig für jdn/etw sein; *suffrages:* zu jds Gunsten/zugunsten einer S. *gen* sein; *opinion:* jdn unterstützen/etw befürworten; ***être ~ à ce que*** *+subj* dafür sein, dass

favorablement [favɔʀabləmɑ̃] *adv* positiv

favori(te) [favɔʀi, it] **I.** *adj* ***lecture ~te*** Lieblingslektüre *f* **II.** *m(f)* ❶ *(préféré)* Liebling *m* ❷ *(athlète)* Favorit(in) *m(f)* ❸ *(cheval)* Favorit *m*

favoris [favɔʀi] *mpl* Koteletten *Pl*

favorisé(e) [favɔʀize] *adj* begünstigt; *classe sociale* privilegiert

favoriser [favɔʀize] <1> *vt* ❶ begünstigen, unterstützen *ambition, commerce;* bevorzugen *personne;* ***les familles les plus favorisées*** die sozial bessergestellten Familien ❷ *(aider)* unterstützen

favorite [favɔʀit] *adj v.* **favori**

favoritisme [favɔʀitism] *m* POL Günstlingswirtschaft *f*
fax [faks] *m abr de* **téléfax** Fax *nt*
faxer [fakse] <1> *vt* faxen
fayot [fajo] *m (fam: haricot)* grüne Bohne
fayot[t]age [fajotaʒ] *m (fam)* Einschmeichelei *f fam,* Arschkriecherei *f vulg*
fayoter [fajɔte] <1> *vi (arg)* sich einschmeicheln, sich lieb Kind machen *fam*
FB HIST *abr de* **franc belge** *abr de* **franc**
FC [ɛfse] *m abr de* **football club** FC *m*
fébrifuge [febʀifyʒ] PHARM **I.** *adj remède* Fieber senkend **II.** *m* Fiebermittel *nt*
fébrile [febʀil] *adj* ❶ *(fiévreux)* fiebrig; *personne* fieberkrank ❷ *(agité)* fieberhaft; *mouvement, personne* hektisch
fébrilement [febʀilmɑ̃] *adv* hektisch
fébrilité [febʀilite] *f* ❶ *(activité débordante)* Betriebsamkeit *f* ❷ *(excitation)* Hektik *f; **faire qc avec ~*** etw in hektischer Aufregung tun
fécal(e) [fekal, -o] <-aux> *adj* fäkal; ***les matières ~es*** Fäkalien *Pl*
fécond(e) [fekɔ̃, ɔ̃d] *adj* ❶ *(productif)* fruchtbar; *esprit* kreativ; *idée* zündend; *écrivain, siècle* produktiv; *conversation, sujet* ergiebig ❷ *(prolifique)* fruchtbar; ***~ en surprises*** voller Überraschungen; ***~ en événements*** ereignisreich
fécondation [fekɔ̃dasjɔ̃] *f* Befruchtung *f; des fleurs* Bestäubung *f; **~ artificielle*** künstliche Befruchtung; ***~ in vitro*** In-vitro-Fertilisation *f*
féconder [fekɔ̃de] <1> *vt* befruchten, bestäuben *fleur*
fécondité [fekɔ̃dite] *f* Fruchtbarkeit *f; d'un artiste, écrivain* Produktivität *f; d'un sujet* Ergiebigkeit *f; **taux de ~*** Geburtenrate *f*
fécule [fekyl] *f* Stärke *f*
féculent [fekylɑ̃] *m* stärkehaltiges Nahrungsmittel
fédéral(e) [fedeʀal, -o] <-aux> *adj* ❶ *régime* bundesstaatlich; *(en Suisse)* eidgenössisch; ***gouvernement ~*** Bundesregierung *f; **district ~** (aux USA)* Bundesstaat *m* ❷ *(central)* ***union ~e*** Zentralverband *m*

Land und Leute

Belgien ist eine konstitutionelle Monarchie mit einer föderativen Staatsform, d. h. es ist ein **État fédéral**, der sich aus den Gemeinschaften (eine flämische, eine französische und eine deutschsprachige) und den Regionen (Flandern, Wallonien, Brüssel) zusammensetzt. Staatsoberhaupt ist seit 2013 König Philippe.

fédéraliser [fedeʀalize] <1> *vt* föderalisieren *États*
fédéralisme [fedeʀalism] *m* Föderalismus *m*
fédéraliste [fedeʀalist] **I.** *adj* föderalistisch **II.** *mf* Föderalist(in) *m(f)*
fédérateur, -trice [fedeʀatœʀ, -tʀis] *adj **thème ~*** gemeinsames Thema; ***jouer un rôle ~*** eine vermittelnde Rolle spielen
fédération [fedeʀasjɔ̃] *f* ❶ Bündnis *nt; **~ européenne*** europäische Gemeinschaft ❷ *(associations)* Verband *m; **~ syndicale*** Gewerkschaftsbund
fédéré(e) [fedeʀe] *adj* föderiert; *(au sein d'une association)* vereinigt
fédérer [fedeʀe] <5> *vt* vereinigen, in einer Föderation zusammenschließen *États*
fée [fe] *f* Fee *f*
feed-back [fidbak] *m inv* TECH Feedback *nt*
feeling [filiŋ] *m* Gespür *nt*
féerie [fe(e)ʀi] *f* ❶ *(ravissement)* ***véritable ~*** zauberhaftes Schauspiel; ***la ~ d'une soirée d'été*** der Zauber eines Sommerabends ❷ THEAT, CINE Märchenspiel *nt*
féerique [fe(e)ʀik] *adj* märchenhaft
feignant(e) [fɛɲɑ̃, ɑ̃t] *m(f) v.* **fainéant**
feindre [fɛ̃dʀ] <irr> *vt* vortäuschen *colère, innocence;* heucheln *étonnement, joie, tristesse; (prétexter)* vorschützen *maladie; **~ l'indifférence*** gleichgültig tun; ***~ d'être malade** (simuler)* so tun, als ob man krank wäre
feint(e) [fɛ̃, fɛ̃t] **I.** *part passé de* **feindre** **II.** *adj* gespielt; *maladie* vorgeschoben
feinte [fɛ̃t] *f* Täuschungsmanöver *nt*
feinter [fɛ̃te] <1> *vt* ❶ SPORT täuschen ❷ *(fam: rouler)* hereinlegen
fêlé(e) [fele] *adj* ❶ *assiette, vitre* gesprungen; *bras, côte* angebrochen; *voix* brüchig ❷ *(fam: dérangé)* ***avoir le cerveau ~*** einen Sprung in der Schüssel haben; ***tu es complètement ~!*** du bist ja völlig bekloppt!
fêler [fele] <1> **I.** *vt **son opération à la gorge a fêlé sa voix*** seine/ihre Stimme ist durch die Operation rau geworden **II.** *vpr **se ~*** einen Sprung/Sprünge bekommen; ***se ~ qc*** sich *dat* etw anbrechen
félicitations [felisitasjɔ̃] *fpl* Glückwünsche *Pl; **avec les ~ du jury*** summa cum laude; ***recevoir les ~ de qn à l'occasion***

F

de qc von jdm zu etw beglückwünscht werden

féliciter [felisite] <1> **I.** *vt* ~ ***qn de*** [*o* ***pour***] ***qc*** jdm zu etw gratulieren; ~ ***qn de faire qc*** jdm gratulieren, dass er etw getan hat **II.** *vpr* ***se*** ~ ***de qc*** über etw *akk* froh sein

félin [felɛ̃] *m* Raubkatze *f*

félin(e) [felɛ̃, in] *adj race* der Katzen; *démarche, grâce* katzenartig

félon(ne) [felɔ̃, ɔn] HIST **I.** *adj vassal* treubrüchig; *acte* treulos **II.** *m(f)* Treubrüchige(r) *f(m)*

félonie [felɔni] *f* ❶ HIST Treuebruch *m;* ***commettre un acte de*** ~ einen Treuebruch begehen ❷ *(littér)* Treulosigkeit *f*

fêlure [felyʀ] *f* ❶ *(fissure)* Sprung *m* ❷ *(fig)* Bruch *m*

femelle [fəmɛl] **I.** *adj animal, organe* weiblich; ***léopard*** ~ Leopardenweibchen *nt* **II.** *f* ❶ ZOOL Weibchen *nt* ❷ *(péj fam)* Weibsbild *nt*

féminin [feminɛ̃] *m* GRAM Femininum *nt*

féminin(e) [feminɛ̃, in] *adj* ❶ *population, sexe* weiblich ❷ *femme, mode* weiblich ❸ *voix* Frauen-; *vêtements, mode* Damen-; *condition, revendication* der Frauen; ***football*** ~ SPORT Damenfußball *m* ❹ GRAM *article, genre* weiblich

féminisation [feminizasjɔ̃] *f* ~ ***de l'enseignement*** *(action)* Steigerung *f* des Frauenanteils im Lehramt; *(résultat)* Zunahme *f* des Frauenanteils im Lehramt

féminiser [feminize] <1> **I.** *vt* verweiblichen *homme;* sehr weiblich wirken lassen *femme;* ~ ***une profession*** Frauen Zugang zu einem Beruf verschaffen **II.** *vpr* **se** ~ ❶ *(se faire femme)* fraulicher werden ❷ *(comporter de plus en plus de femmes)* ***un parti politique se féminise*** der Frauenanteil in einer politischen Partei steigt

féminisme [feminism] *m* Feminismus *m*

féministe [feminist] **I.** *adj idée, revendication* feministisch; ***mouvement*** ~ Frauenbewegung *f* **II.** *mf* Feminist(in) *m(f)*

féminité [feminite] *f* Weiblichkeit *f*

femme [fam] *f* ❶ *(opp: homme)* Frau *f;* ***une ~-image*** eine Frau, wie sie auf dem Bild erscheint/Modellfrau; ***vêtements de*** [*o* ***pour***] ***~s*** Damenbekleidung *f;* ***t'as vu la bonne ~ là-bas!*** *(fam)* hast du die Tante dahinten gesehen! ❷ *(épouse)* Frau *f,* Ehefrau; ***une ~ accomplie*** eine perfekte Hausfrau [und Mutter]; ***ma/ta bonne ~*** *(péj fam)* meine/deine Alte ❸ *(adulte)* Frau *f* ❹ *(profession)* ***une ~ auteur/ingénieur/médecin*** eine Autorin/Ingenieurin/Ärztin; ~ ***politique*** Politikerin *f;* ~ ***au foyer*** Hausfrau; ~ ***de chambre*** Zimmermädchen *nt;* ~ ***d'État*** Staatsfrau; ~ ***de lettres*** Schriftstellerin *f;* ~ ***de ménage*** Putzfrau, Bedienerin *f* A; ~ ***de service*** *(pour le nettoyage)* Putzfrau; *(à la cantine)* Kantinenangestellte *f (an der Essensausgabe);* ~ ***d'intérieur*** tüchtige Hausfrau

> **Aussprache**
> Das erste -e- in **femme** wird als [a] gesprochen.

femme-enfant [famɑ̃fɑ̃] <femmes-enfants> *f* Kindfrau *f*

femmelette [famlɛt] *f (péj)* Schwächling *m*

femme-objet [famɔbʒɛ] *f (objet sexuel)* Frau *f* als Lustobjekt

femme-quota <femmes-quota> *f (péj)* Quotenfrau *f*

fémoral(e) [femɔʀal, o] <-aux> *adj* ANAT [Ober]schenkel-, femoral

fémur [femyʀ] *m* Oberschenkelknochen *m*

FEN [fɛn] *f abr de* **Fédération de l'Éducation nationale** *französische Lehrergewerkschaft*

fenaison [fənɛzɔ̃] *f* Heuernte *f*

fendant(e) [fɑ̃dɑ̃, ɑ̃t] *adj (fam) histoire, personne* urkomisch, zum Schießen [*o* Totlachen] *fam*

fendillé(e) [fɑ̃dije] *adj* rissig

fendiller [fɑ̃dije] <1> *vpr* **se** ~ rissig werden

fendre [fɑ̃dʀ] <14> **I.** *vt* ❶ *(couper en deux)* spalten *bois* ❷ *(fissurer)* zum Springen bringen *glace;* spalten *pierre, rochers* **II.** *vpr* ❶ *(se fissurer)* **se** ~ *mur, terre:* Risse bekommen; *verre, glace:* Sprünge bekommen ❷ *(se blesser)* **se** ~ **la lèvre** sich *dat* die Lippe aufschlagen

fendu(e) [fɑ̃dy] *adj* ❶ *crâne* gespalten; *lèvre* aufgeplatzt ❷ *(fissuré)* angebrochen; *assiette, verre* gesprungen ❸ *jupe, veste* geschlitzt

fenêtre [f(ə)nɛtʀ] *f* Fenster *nt;* ~ ***pop-up*** INFORM Pop-up-Fenster

fenil [fəni(l)] *m* Heuboden *m,* Heubühne *f* CH

fennec [fenɛk] *m* ZOOL Fennek *m*

fenouil [fənuj] *m* Fenchel *m*

fente [fɑ̃t] *f* ❶ *d'un mur, rocher* Spalt *m;* *(moins profonde)* Riss *m* ❷ *(interstice)* Schlitz *m*

féodal [feɔdal, -o] <-aux> *m* HIST Feudalherr *m*

féodal(e) [feɔdal, -o] <-aux> *adj* feudal[istisch]
féodalité [feɔdalite] *f* HIST Feudalismus *m*
fer [fɛʀ] *m* ❶ *(métal, sels de fer)* Eisen *nt;* ***en*** [*o* ***de***] ~ aus Eisen ❷ *d'une lance, flèche* Eisenspitze *f;* ~ ***à cheval*** Hufeisen *nt;* ***en ~ à cheval*** hufeisenförmig ❸ *(appareil)* ~ ***à onduler*** Lockenstab *m;* ~ ***à repasser*** Bügeleisen *nt* ▸ **tomber les quatre ~s en l'air** *(fam)* auf den Rücken fallen; **le ~ de lance d'une organisation** das Zugpferd einer Organisation; **battre le ~ tant qu'il est chaud** die Gelegenheit beim Schopf ergreifen; **discipline/main/santé/volonté de ~** eiserne Disziplin/Hand/Gesundheit/eiserner Wille
ferai [f(ə)ʀɛ] *fut de* **faire**
fer-blanc [fɛʀblɑ̃] <fers-blancs> *m* [Weiß]blech *nt*
ferblantier [fɛʀblɑ̃tje] *m* Klempner(in) *m(f)*
férié(e) [feʀje] *adj* ***jour*** ~ Feiertag *m*
fermage [fɛʀmaʒ] *m* Pacht *f*
ferme[1] [fɛʀm] **I.** *adj* ❶ *(consistant)* fest; *seins, peau* straff ❷ *(assuré)* sicher; *voix, pas* fest; *main* ruhig ❸ *(résolu)* bestimmt ❹ *personne* standhaft; *intention, résolution* fest; *volonté* unerschütterlich; ***être ~ avec qn*** jdm gegenüber bestimmt auftreten ❺ COM *achat, commande, prix* verbindlich ❻ FIN *cours, marché* unverändert **II.** *adv* ❶ *boire* ordentlich; *travailler* hart; *s'ennuyer* fürchterlich ❷ *discuter* heftig ❸ COM *acheter, commander* verbindlich ❹ *(avec opiniâtreté)* ***tenir ~*** *(contre l'ennemi)* standhalten; *(dans des négociations)* hart bleiben
ferme[2] [fɛʀm] *f* ❶ *(bâtiment)* Bauernhaus *nt* ❷ *(exploitation)* Bauernhof *m,* Gehöft *nt*
fermé(e) [fɛʀme] *adj* ❶ *(opp: ouvert)* geschlossen; *(à clé)* verschlossen; *col, route* gesperrt; *bouche, yeux, vêtement* geschlossen; *robinet* zugedreht; ***mer ~e*** Binnenmeer *nt* ❷ *(privé)* geschlossen; *club, cercle* exklusiv ❸ *personne* verschlossen; *air, visage* undurchdringlich ❹ *(insensible à)* ***être ~ à qc*** keinen Sinn für etw haben
fermement [fɛʀməmɑ̃] *adv* ❶ *tenir, tirer* fest ❷ *croire, être décidé* fest; *expliquer* bestimmt
ferment [fɛʀmɑ̃] *m* BIO Gärstoff *m;* ***~s lactiques*** Milchsäurebakterien *Pl*
fermentation [fɛʀmɑ̃tasjɔ̃] *f* BIO Gärung *f*
fermenter [fɛʀmɑ̃te] <1> *vi jus:* gären; *pâte:* arbeiten
fermer [fɛʀme] <1> **I.** *vi* ❶ *(être, rester fermé)* schließen ❷ *(pouvoir être fermé)* ***bien/mal ~*** *vêtement:* gut/schlecht zugehen; *boîte, porte:* gut/schlecht schließen **II.** *vt* ❶ *(opp: ouvrir)* schließen, zumachen *fam porte, yeux;* zuziehen *rideau;* zuschieben *tiroir;* zuklappen *livre;* ***~ la main/le poing*** eine Faust machen; ***~ une maison à clé*** ein Haus abschließen ❷ *(boutonner)* zuknöpfen ❸ *(cacheter)* zukleben *enveloppe* ❹ *(arrêter)* zudrehen *robinet;* abschalten *électricité;* ausschalten *télévision;* ausmachen *lumière* ❺ *(interrompre l'activité de)* schließen *école, usine* ❻ *(barrer, bloquer)* versperren *passage, accès;* sperren *aéroport, frontière* ❼ *(rendre inaccessible)* ***~ une carrière à qn*** jdm eine Karriere verbauen; ***~ son cœur à la détresse des autres*** sein Herz vor der Not der anderen verschließen ❽ *(clore)* auflösen *compte;* ***fermez la parenthèse!*** Klammer zu! ▸ **la ferme!** *(fam)* halt/haltet die Klappe! **III.** *vpr* ❶ *(se refermer)* ***se ~*** *porte, yeux:* zufallen; *plaie:* verheilen ❷ *(passif)* ***se ~*** *boîte:* sich schließen lassen; *appareil:* ausgeschaltet werden; ***se ~ par devant*** *robe:* vorne zugemacht werden *fam* ❸ *(refuser l'accès à)* ***se ~ à qn/qc*** *personne, pays:* sich jdm/einer S. verschließen
fermeté [fɛʀməte] *f* ❶ *d'une chair, peau* Festigkeit *f* ❷ *d'un style* Prägnanz *f* ❸ *(courage)* Standhaftigkeit *f* ❹ *(autorité)* Bestimmtheit *f;* *(dans l'éducation de qn)* Strenge *f;* ***~ de caractère*** Charakterstärke *f;* ***~ du jugement*** Urteilskraft *f;* ***parler/affirmer avec ~*** mit Nachdruck sprechen/nachdrücklich betonen ❺ FIN *d'un cours, marché, d'une monnaie* Stabilität *f*
fermette [fɛʀmɛt] *f* kleines Bauernhaus
fermeture [fɛʀmətyʀ] *f* ❶ *d'un sac, vêtement* Verschluss *m;* ***avec ~ à clé*** abschließbar; ***~ automatique*** automatischer Türschließer; ***~ éclair®*** Reißverschluss ❷ *d'une porte, d'un magasin, guichet* Schließen *nt;* *d'une école, frontière* Schließung *f;* *d'une entreprise, d'un aéroport* Stilllegung *f;* ***~ annuelle*** Betriebsferien *Pl;* ***après la ~ des bureaux/du magasin*** nach Büro-/Ladenschluss *m*
fermier, -ière [fɛʀmje, -jɛʀ] **I.** *adj beurre* Land-; *poulet, canard* vom Bauernhof **II.** *m, f* ❶ *(agriculteur)* Bauer *m*/Bäuerin *f* ❷ *(locataire)* Pächter(in) *m(f)*
fermoir [fɛʀmwaʀ] *m* Verschluss *m*
féroce [feʀɔs] *adj* ❶ *animal* wild ❷ *personne* unbarmherzig; *critique* scharf; *satire*

F

bissig; *air, regard* böse ❸ *appétit, envie* riesig
férocité [feʀɔsite] *f* ❶ *d'un animal* Grausamkeit *f* ❷ *d'un dictateur* Brutalität *f* ❸ *d'un combat* Heftigkeit *f; d'un regard* Wildheit *f* ❹ *d'une critique, attaque* Schärfe *f; **se moquer avec ~ de qn*** sich in schonungsloser Weise über jdn lustig machen
ferraille [fɛʀɑj] *f* ❶ *(vieux métaux)* Schrott *m; **être bon à mettre à la ~*** schrottreif sein; ***mettre une voiture à la ~*** ein Auto verschrotten lassen ❷ *(fam: monnaie)* Kleingeld *nt*
ferrailleur, -euse [fɛʀɑjœʀ, -jøz] *m, f* Schrotthändler(in) *m(f)*
ferré(e) [feʀe] *adj cheval* beschlagen; *bâton, soulier* [mit Eisen] beschlagen
ferrer [feʀe] <1> *vt* beschlagen *cheval;* mit Eisen beschlagen *souliers, canne*
ferreux, -euse [fɛʀø, -øz] *adj* eisenhaltig
ferronnerie [fɛʀɔnʀi] *f* Kunstschmiedearbeiten *Pl*
ferroviaire [fɛʀɔvjɛʀ] *adj* Eisenbahn-
ferrure [feʀyʀ] *f d'un meuble, d'une porte* [Eisen]beschlag *m; d'un cheval* Hufbeschlag *m*
ferry [feʀi] <ferries> *m abr de* **ferry-boat, car-ferry**
ferry-boat [feʀibot] <ferry-boats> *m* Fähre *f*
fertile [fɛʀtil] *adj* ❶ *(riche)* fruchtbar ❷ *(prodigue)* fruchtbar; ***~ en aventures*** *roman, vie:* reich an Abenteuern *dat*
fertilisant [fɛʀtilizɑ̃] *m* Dünger *m,* Düngemittel *nt*
fertilisation [fɛʀtilizasjɔ̃] *f* Fruchtbarmachung *f*
fertiliser [fɛʀtilize] <1> *vt* fruchtbar machen
fertilité [fɛʀtilite] *f* ❶ *d'une région, terre* Fruchtbarkeit *f* ❷ *(créativité)* ***~ d'esprit/d'imagination*** Einfallsreichtum *m*
féru(e) [feʀy] *adj **être ~ de cinéma/de musique classique*** ein Kinofan/Liebhaber klassischer Musik sein
férule [feʀyl] *f (vieilli) **être sous la ~ de qn*** unter jds Fuchtel *dat* stehen *fam*
fervent(e) [fɛʀvɑ̃, ɑ̃t] **I.** *adj* ❶ *(fidèle)* fromm; *disciple* leidenschaftlich; *prière* inbrünstig ❷ *(ardent)* begeistert; *admirateur, passion* glühend **II.** *m(f)* ***~ de football*** Fußballanhänger; ***~ de musique*** Musikliebhaber
ferveur [fɛʀvœʀ] *f* ❶ REL *d'une prière, foi* Inbrunst *f; d'une personne* Eifer *m* ❷ *(ardeur)* Eifer *m; **remercier qn avec ~*** jdm überschwänglich danken
fesse [fɛs] *f* Hinterbacke *f; **les ~s*** das Gesäß ▸ **avoir qn aux ~s** *(fam)* jdn auf dem Hals haben; **serrer les ~s** *(fam)* Bammel haben
fessée [fese] *f **donner** [o **flanquer** fam] **une ~ à qn*** jdm eine Tracht Prügel geben
fesser [fese] <1> *vt **~ un enfant*** ein Kind übers Knie legen
fessier [fesje] **I.** *adj muscle* Gesäß- **II.** *m (hum fam)* Hinterteil *nt*
festin [fɛstɛ̃] *m* Festessen *nt*
festival [fɛstival] <s> *m* Festspiele *Pl,* Festival *nt; **le ~ de Cannes*** das Filmfestival von Cannes
festivalier, -ière [fɛstivalje, -jɛʀ] *m, f* Festspielbesucher(in) *m(f)*
festivités [fɛstivite] *fpl* Festveranstaltungen *Pl*
fest-noz [fɛstnoz] *m inv traditionelles bretonisches Fest*
festoyer [fɛstwaje] <6> *vi* schlemmen
feta [feta] *f* Feta[käse] *m*
fêtard(e) [fɛtaʀ, aʀd] *m(f) (fam)* Nachtschwärmer(in) *m(f)*
fête [fɛt] *f* ❶ *(religieuse, civile)* Fest *nt* ❷ *(jour férié)* Feiertag *m; **~ des Mères/Pères*** Mutter-/Vatertag *m; **~ du travail*** Tag *m* der Arbeit ❸ *(jour du prénom)* Namenstag *m* ❹ *pl (congé)* Feiertage *Pl* ❺ *(kermesse)* ***~ foraine*** Jahrmarkt *m; **~ de la bière à Munich*** Münchner Oktoberfest ❻ *(réception)* Fest *nt,* Feier *f,* Fete *f; (entre amis)* Party *f; **un jour de ~*** ein Feiertag/Festtag *m* ▸ **elle n'est pas à la ~** *(fam)* ihr ist nicht wohl in ihrer Haut; **faire ~ à qn** jdn freudig begrüßen; **faire la ~** *(fam: participer à une fête)* einen draufmachen *fam;* **ambiance/air/atmosphère de ~** *(solennel)* festliche Stimmung/Atmosphäre; *(gai)* fröhliche Stimmung/Atmosphäre; **village en ~** feierndes Dorf; **le collège en ~** das „Collège" feiert

Land und Leute

Der 14. Juli ist die **fête nationale** zum Gedenken an die Französische Revolution im Jahr 1789. An diesem Feiertag sind die Städte mit Fahnen geschmückt, und in Paris findet auf den Champs-Elysées eine große Militärparade statt. Abends gibt es überall in Frankreich Feuerwerke.
Belgiens Nationalfeiertag ist der

21. Juli, die Schweiz feiert am 1. August und Kanada am 1. Juli.

Fête-Dieu [fɛtdjø] <Fêtes-Dieu> *f* ***la*** ~ Fronleichnam *m*

fêter [fete] <1> *vt* ❶ *(célébrer)* feiern ❷ *(faire fête à)* feierlich empfangen

fétiche [fetiʃ] **I.** *m* ❶ *(amulette)* Fetisch *m* ❷ *(mascotte)* Maskottchen *nt* **II.** *app film* Kult-; ***objet*** ~ Talisman *m*

fétichisme [fetiʃism] *m* Fetischismus *m*

fétichiste [fetiʃist] **I.** *adj* fetischistisch **II.** *mf* Fetischist(in) *m(f)*

fétide [fetid] *adj* ❶ *(malodorant)* übel riechend ❷ *(infect) émanations* stinkend; *odeur* widerlich

fétu [fety] *m* ~ ***de paille*** Strohhalm *m*

feu [fø] <x> *m* ❶ *(source de chaleur)* Feuer *nt;* ~ ***de camp*** Lagerfeuer ❷ *(incendie)* Feuer *nt;* ***mettre le*** ~ ***à qc*** etw anzünden ❸ *souvent pl (lumière)* ***les ~x des projecteurs*** das Scheinwerferlicht; ***être sous le ~ des projecteurs*** im Rampenlicht stehen ❹ *souvent pl* AUT Licht *nt* ❺ AVIAT, NAUT Lichter *Pl* ❻ TRANSP ~ ***tricolore/de signalisation*** Verkehrsampel *f;* ***passer au ~ rouge*** bei Rot durchfahren; ***le ~ est [au] rouge*** die Ampel ist rot ❼ *(brûleur d'un réchaud: à gaz)* Flamme *f;* ***à ~ doux/vif*** *(réchaud à gaz)* auf kleiner/starker Flamme; *(réchaud électrique)* bei schwacher/starker Hitze ❽ *(soutenu: ardeur)* Intensität *f;* ***dans le ~ de l'action*** im Eifer des Gefechts ❾ *(spectacle)* ~ ***d'artifice*** Feuerwerk *nt* ▶ **y a pas le ~ au lac!** *(fam)* kein Grund, jetzt [so] rumzuhektiken! *fam,* bloß keine Hektik!; **ne pas faire long ~** *personne:* nicht lange bleiben werden; *chose:* nicht lange dauern; **faire mijoter qn à petit ~** jdn auf die Folter spannen; ~ **vert** *(permission)* grünes Licht; **y'a pas le ~** *(fam)* immer mit der Ruhe; **être [pris] entre deux ~x** in der Klemme sitzen; **péter le ~** vor Energie sprühen; **n'y voir que du ~** nichts merken; **tempérament de ~** hitziges Naturell

feuillage [fœjaʒ] *m* ❶ *(ensemble de feuilles)* Laub *nt* ❷ *(rameaux coupés)* grüne Zweige *Pl*

feuille [fœj] *f* ❶ *d'un arbre, d'une fleur, salade* Blatt *nt* ❷ *d'aluminium, or* Folie *f; de carton* Bogen *m; de contreplaqué* Platte *f* ❸ *(feuille de papier)* Blatt [Papier] *nt* ❹ *(formulaire)* ~ ***de maladie*** ≈ Krankenschein *m;* ~ ***de paie*** Gehaltsabrechnung *f;* ~ ***de soins*** (ärztlicher) Behandlungsschein; ~ ***d'impôt*** *(déclaration d'impôt)* Steuererklärung *f; (avis d'imposition)* Steuerbescheid *m* ❺ *(Excel)* [Arbeits]blatt *nt* ❻ *(journal)* ~ ***de chou*** *(péj fam)* Käseblatt *nt* ▶ ~ **de route** POL Roadmap *f,* Projektplan *m;* **trembler comme une ~** wie Espenlaub zittern

feuille-morte [fœjmɔʀt] *adj inv* rotbraun

feuillet [fœjɛ] *m* Blatt *nt*

feuilleté [fœjte] *m* GASTR Blätterteiggebäck *nt*

feuilleté(e) [fœjte] *adj* ❶ *(triplex)* ***verre*** ~ Verbundglas *nt* ❷ GASTR ***pâte ~e*** Blätterteig *m*

feuilleter [fœjte] <3> *vt* ❶ *(tourner les pages)* durchblättern ❷ *(parcourir)* überfliegen

feuilleton [fœjtɔ̃] *m* ❶ PRESSE Fortsetzungsroman *m* ❷ TV ~ ***télévisé*** Fernsehserie *f* ❸ *(événement à rebondissements)* lange Geschichte

feuillu [fœjy] *m* Laubbaum *m*

feuillu(e) [fœjy] *adj* ❶ *(chargé de feuilles)* [dicht] belaubt ❷ *(opp: résineux)* Laub tragend; ***arbre*** ~ Laubbaum *m*

feuillure [fœjyʀ] *f* Falz *m*

feuler [føle] <1> *vi tigre:* brüllen; *chat:* fauchen

feutre [føtʀ] *m* ❶ *(étoffe)* Filz *m* ❷ *(stylo)* Filzstift *m* ❸ *(chapeau)* Filzhut *m*

feutré(e) [føtʀe] *adj* ❶ *(fait de feutre)* verfilzt ❷ *bruit* gedämpft; *pas* leise; ***marcher à pas ~s*** auf leisen Sohlen gehen

feutrer [føtʀe] <1> *vi, vpr [se]* ~ verfilzen

fève [fɛv] *f* Saubohne *f*

février [fevʀije] *m* Februar *m; v. a.* **août**

Grammatik und Co.

Der französische Monatsname ist männlich; er wird ohne den bestimmten Artikel gebraucht.
Bei einer präzisen Datumsangabe steht der Artikel jedoch, und zwar wegen der Zahl:
elle est née le onze – sie ist am Elften geboren;
elle est née le onze février – sie ist am elften Februar geboren.

FF[1] HIST *abr de* **franc français** *abr de* **franc**

FF[2] [ɛfɛf] *f* SPORT *abr de* **Fédération française** Französischer Verband

FFI [ɛfɛfi] *fpl* HIST *abr de* **Forces françaises de l'intérieur** *Widerstandstruppen der Gaullisten im Zweiten Weltkrieg*

fi [fi] *interj (vieilli)* pfui ▶ **faire ~ de qc** *(vieilli)* etw verschmähen

fiabilité [fjabilite] *f d'un appareil, dispositif* Betriebssicherheit *f; d'un système, d'une méthode* Zuverlässigkeit *f; d'une personne* Zuverlässigkeit *f*

fiable [fjabl] *adj machine, matériel* betriebssicher; *méthode, statistique, personne* zuverlässig

fiacre [fjakʀ] *m* [Pferde]droschke *f*

fiançailles [fjɑ̃sɑj] *fpl* Verlobung *f*

fiancé(e) [fjɑ̃se] **I.** *adj* verlobt **II.** *m(f)* Verlobte(r) *f(m)*

fiancer [fjɑ̃se] <2> **I.** *vt* **~ *qn avec* [*o* *à*] *qn*** jdn mit jdm verloben **II.** *vpr* ***se ~ avec* [*o* *à*] *qn*** sich mit jdm verloben

fiasco [fjasko] *m* Fiasko *nt;* ***être un ~*** ein Reinfall sein; *pièce:* ein Flop sein

fibre [fibʀ] *f* ① TEXTIL, IND *d'un bois, muscle, d'une plante, viande* Faser *f* ② *(sensibilité)* ***avoir la ~ sensible*** sensibel sein

fibreux, -euse [fibʀø, -øz] *adj* faserig

fibrome [fibʀom] *m* MED Fibrom *nt*

ficelage [fislaʒ] *m* ① *(action de ficeler)* Verschnüren *nt* ② *(résultat)* Verschnürung *f*

ficelé(e) [fis(ə)le] *adj (fam)* ▶ **être mal ~** *(fam) personne:* geschmacklos angezogen sein; **être bien/mal ~** *intrigue, travail:* gut/schlecht gemacht sein

ficeler [fis(ə)le] <3> *vt* [ver]schnüren *paquet;* [mit einem Bindfaden] umwickeln *rôti;* fesseln *prisonnier*

ficelle [fisɛl] *f* ① *(corde mince)* Schnur *f; (en cuisine)* Bindfaden *m* ② *(pain)* dünnes Baguette ▶ **connaître toutes les ~s du métier** alle Kniffe des Berufes kennen; **tirer les ~s** die Fäden in der Hand halten

fiche [fiʃ] *f* ① *(piquet)* Pflock *m* ② *(carte)* [Kartei]karte *f* ③ *(feuille, formulaire)* Blatt *nt;* ***~ de paie*** Gehaltsabrechnung *f;* ***~ d'état civil*** Auszug *m* aus dem Personenstandsregister; ***~ technique*** technische Daten *Pl* ④ CH *(dossier)* Akte *f,* Fiche *f* CH

fiche-horaire [fiʃɔʀɛʀ] <fiches-horaires> *f* Fahrplanauszug *m*

ficher[1] [fiʃe] <1> **I.** *vt part passé: fichu, (fam)* ① *(faire)* treiben; ***ne rien ~*** keinen Finger krumm machen ② *(donner)* verpassen *claque, coup;* ***en ~ une à qn*** jdm eine runterhauen ③ *(mettre)* ***~ qc par terre*** etw auf den Boden schmeißen; ***~ qn dehors/à la porte*** jdn rauswerfen/vor die Tür setzen; ***~ qn en colère* [*o* *en rogne*]** jdn auf die Palme bringen ④ *(se désintéresser)* ***j'en ai rien à fiche!*** das ist mir piepegal! ▶ **~ un coup à qn** jdm einen schweren Schlag versetzen; **je t'en fiche!** von wegen! **II.** *vpr part passé: fichu, (fam)* ① *(se mettre)* ***fiche-toi ça dans le crâne!*** lass dir das gesagt sein! ② *(se flanquer)* ***se ~ un coup de marteau*** sich *dat* mit einem Hammer hauen ③ *(se moquer)* ***se ~ de qn*** jdn auf den Arm nehmen ④ *(se désintéresser)* ***qn se fiche de qn/qc*** jd/etw ist jdm piepegal

ficher[2] [fiʃe] <1> **I.** *vt (inscrire)* registrieren **II.** *vpr* ***se ~ dans qc*** *arête:* in etw *dat* stecken bleiben; *flèche, pieu, piquet:* sich in etw *akk* bohren

fichier [fiʃje] *m* ① *du personnel, d'une bibliothèque* Kartei *f* ② INFORM Datei *f*

fichier-texte [fiʃjetɛkst] <fichiers-textes> *m* INFORM Textdatei *f*

fichtre [fiʃtʀ] *interj (vieilli fam: admiratif)* Donnerwetter, alle Achtung; *(contrarié)* verdammt *fam,* verflixt *fam* ▶ **je n'en sais ~ rien** ich hab keinen blassen Schimmer *fam;* **~ non!** nie und nimmer!, nie im Leben!, verflixt noch mal, nein! *fam*

fichtrement [fiʃtʀəmɑ̃] *adv (vieilli fam)* verdammt *fam*

fichu [fiʃy] *m* Schal *m*

fichu(e) [fiʃy] **I.** *part passé de* **ficher II.** *adj (fam)* ① *antéposé caractère, métier* mies; ***quel ~ temps!*** so ein Sauwetter! ② *antéposé problème, question* verflixt; *habitude, idée* [sau]blöd ③ *(en mauvais état)* ***être ~*** *vêtement, appareil:* hin sein ④ *(gâché)* ***être ~*** *vacances, soirée:* im Eimer sein ⑤ *(perdu)* ***être ~*** *personne:* geliefert sein ⑥ *(condamné)* verloren sein; *(discrédité)* erledigt sein ⑦ *(habillé)* zurechtgemacht ⑧ *(capable)* ***être/n'être pas ~ de faire qc*** imstande/nicht imstande sein etw zu tun ▶ **être bien/mal ~** *(bien bâti(e))* gut/schlecht gemacht sein; ***elle est bien ~e*** sie ist gut gebaut; ***il est mal ~*** *(malade)* er fühlt sich elend

fictif, -ive [fiktif, -iv] *adj* ① *(imaginaire)* fiktiv ② *(faux)* falsch; *concurrence, contrat* Schein-; *vente* Pro-forma-

fiction [fiksjɔ̃] **I.** *f* ① *(imagination)* Fantasie *f* ② *(fait imaginé)* [freie] Erfindung; ***film de ~*** frei erfundener Film ③ *(œuvre d'imagination)* frei erfundene Geschichte **II.** *adj* ① *(futuriste)* futuristisch ② *(imaginaire)* rein fiktiv

fidèle [fidɛl] **I.** *adj* ① *(constant)* treu ② *(qui ne trahit pas qc)* ***être ~ à une habitude*** einer Gewohnheit treu sein; ***être ~ à une promesse*** ein Versprechen halten ③ *historien, narrateur* wahrheitsgetreu; *récit* wirklichkeitsgetreu; *reproduction* originalgetreu; *traduction* wortgetreu; *souvenir* klar ❹ *mémoire* zuverlässig; *montre* genau **II.** *mf* ❶ *d'un homme politique* Anhänger(in) *m(f)*; *d'un magasin* Stammkunde *m*/-kundin *f* ❷ REL ***les ~s*** die Gläubigen

Falsche Freunde
Nicht verwechseln mit *fidel* – *joyeux(joyeuse)*!

fidèlement [fidɛlmɑ̃] *adv* ❶ *servir, obéir* treu ❷ *(régulièrement)* regelmäßig ❸ *(d'après l'original)* genau; *traduire* wortgetreu

fidéliser [fidelize] <1> *vt* als Stammkunden gewinnen

fidélité [fidelite] *f* ❶ *(dévouement)* Treue *f*; ***la ~ à*** [*o* ***envers***] ***qn*** die Treue zu jdm; ***carte de ~*** Kundenkarte *f* ❷ *(attachement)* ***~ à une habitude*** Festhalten *nt* an einer Gewohnheit ❸ *d'une copie, traduction, d'un portrait* Genauigkeit *f*

Fidji [fidʒi] *f* ***les Îles*** *f pl* ~ Fidschi *nt*

fiduciaire [fidysjɛʀ] JUR, ECON **I.** *adj administration* treuhänderisch; *société, administration* Treuhand- **II.** *m* Treuhänder(in) *m(f)*

fief [fjɛf] *m* ❶ POL *d'un parti* Hochburg *f* ❷ HIST Lehen *nt*

fieffé(e) [fjefe] *adj antéposé (fam)* ***être un ~ menteur*** ein abgefeimter Lügner sein

fiel [fjɛl] *m* Boshaftigkeit *f*

fielleux, -euse [fjelø, øz] *adj* boshaft, bitterböse

fiente [fjɑ̃t] *f* Kot *m*

fier [fje] <1> *vpr* ***se ~ à qn*** sich auf jdn verlassen; ***se ~ à des promesses*** Versprechungen *dat* trauen

fier, fière [fjɛʀ] **I.** *adj* ***~ de qn/qc*** stolz auf jdn/etw **II.** *m, f* ► **faire le ~ avec qn** *(crâner)* sich jdm gegenüber aufspielen; *(être méprisant)* überheblich jdm gegenüber tun

Aussprache
In der Regelaussprache wird die Endung -er als geschlossenes e gesprochen *(aimer, léger...)*, aber bei **fier** wird es zu [ɛʀ].

fier-à-bras [fjɛʀabʀɑ] <fiers-à-bras> *m* Angeber *m*

fièrement [fjɛʀmɑ̃] *adv* stolz

fiérot(e) [fjeʀo,ɔt] *adj* ❶ *(prétentieux)* prahlerisch ❷ *(fier)* ***être tout(e) ~(e) de qc*** ganz stolz auf etw sein

fierté [fjɛʀte] *f* Stolz *m*; ***tirer une ~ de qc*** stolz auf etw *akk* sein

fiesta [fjɛsta] *f (fam)* Fete *f*

fièvre [fjɛvʀ] *f* ❶ MED Fieber *nt* ❷ *(vive agitation)* Hektik *f* ❸ *(désir ardent)* Feuereifer *m*

fiévreusement [fjevʀøzmɑ̃] *adv* fieberhaft

fiévreux, -euse [fjevʀø, -øz] *adj* ❶ MED *personne, joues* fiebrig; *yeux* fiebrig glänzend ❷ *activité, excitation* fieberhaft

fifille [fifij] *f* Töchterchen *nt*; ***c'est la ~ à son papa*** sie ist Papas [kleiner] Liebling

fifre [fifʀ] *m* MUS ❶ *(instrument)* Querpfeife *f* ❷ *(musicien)* Querpfeifer(in) *m(f)*

figé(e) [fiʒe] *adj* ❶ *attitude, morale, regard* starr; *sourire* ausdruckslos ❷ LING *expression* fest[stehend]; *forme* unveränderlich

figer [fiʒe] <2a> **I.** *vt* ❶ *(durcir)* fest werden lassen *graisse, sauce* ❷ *(horrifier)* ***~ qn*** *surprise, terreur:* jdn erstarren lassen **II.** *vpr* ❶ *(durcir)* ***se ~*** *graisse, huile:* fest werden; *sauce:* dick werden; *sang:* gerinnen; *visage:* erstarren; *sourire:* gefrieren ❷ *(s'immobiliser)* ***se ~ dans une attitude de refus*** sich beharrlich weigern

fignolage [fiɲɔlaʒ] *m* Ausfeilen *nt*

fignoler [fiɲɔle] <1> *(fam)* **I.** *vi* herumbasteln **II.** *vt* ausfeilen

figue [fig] *f* Feige *f*

figuier [figje] *m* Feigenbaum *m*

figurant(e) [figyʀɑ̃, ɑ̃t] *m(f)* ❶ CINE, THEAT Statist(in) *m(f)* ❷ *(potiche)* Randfigur *f*

figuratif, -ive [figyʀatif, -iv] *adj* ❶ *art, peinture* gegenständlich ❷ *plan* bildlich

figuration [figyʀasjɔ̃] *f* ❶ CINE, THEAT Arbeit *f* als Statist ❷ *(représentation)* bildliche Darstellung ► **faire de la ~** als Statist(in) arbeiten; *(en politique)* eine Nebenrolle spielen

figure [figyʀ] *f* ❶ *(visage, mine)* Gesicht *nt* ❷ *(personnage)* [große] Persönlichkeit ❸ *(image)* Figur *f*; GEOM grafische Darstellung; ***livre orné de ~s*** Buch *nt* mit Abbildungen ❹ SPORT Figur *f*; ***~s imposées/libres*** Pflicht *f*/Kür *f* ► **faire bonne/mauvaise ~** *(se montrer sous un bon/mauvais jour)* eine gute/schlechte Figur machen; *(s'en sortir bien/mal)* gut/schlecht abschneiden; **casser la ~ à qn** *(fam)* jdn verhauen; **se casser la ~** *(fam)* hinfliegen; *(d'en haut)* runterfliegen; **faire ~ de favori** als Favorit gelten; **prendre ~** Gestalt annehmen

figuré(e) [figyʀe] *adj* ❶ *sens* übertragen ❷ *langage* bilderreich

figurer [figyʀe] <1> **I.** *vi* ❶ THEAT, CINE als Statist(in) auftreten; ***ne faire que ~*** SPORT,

POL nur eine Statistenrolle spielen; *(dans un classement)* nur unter ferner liefen rangieren ❷ *(être mentionné)* stehen **II.** *vt (représenter)* darstellen **III.** *vpr* ***se ~ qn/qc*** sich *dat* jdn/etw vorstellen; ***je l'aime, figure-toi!*** ich liebe ihn/sie, ob du's glaubst oder nicht!

figurine [figyʀin] *f* Figürchen *nt*

fil [fil] *m* ❶ *(brin)* Faden *m; de haricot* Faser *f;* ***~ de fer*** Eisendraht *m; (personne maigre)* Bohnenstange *f;* ***~ de fer barbelé*** Stacheldraht ❷ *d'un téléphone, d'une lampe* Schnur *f* ❸ *(conducteur électrique)* Leitung *f; (corde à linge)* [Wäsche]leine *f* ❹ *pl d'une affaire* Fäden *Pl* ❺ *(enchaînement)* ***suivre le ~ de la conversation*** der Unterhaltung *dat* folgen ▶ **de ~ en aiguille** nach und nach; **ne pas avoir inventé le ~ à couper le beurre** *(fam)* nicht [gerade] das Pulver erfunden haben; **être cousu de ~ blanc** fadenscheinig sein; **donner du ~ à retordre à qn** jdm sehr zu schaffen machen; **au ~ de l'eau** [*o* **du courant**] flussabwärts; **au ~ des ans** im Laufe der Jahre

filage [filaʒ] *m* Spinnen *nt*

filaire [filɛʀ] **I.** *adj* TELEC Kabel-; ***réseau ~*** Kabelnetz *nt* **II.** *f* ZOOL Fadenwurm *m*

filament [filamɑ̃] *m* ELEC Glühfaden *m*

filamenteux, -euse [filamɑ̃tø, -øz] *adj* faserig

filandreux, -euse [filɑ̃dʀø, -øz] *adj* ❶ *viande* sehnig, flachsig A ❷ *discours* langatmig

filasse [filas] *adj inv (péj) cheveux* strohig; ***cheveux d'un blond ~*** strohblonde Haare

filateur [filatœʀ] *m (directeur)* Leiter *m* einer Spinnerei; *(propriétaire)* Spinnereibesitzer *m*

filature [filatyʀ] *f* ❶ *(usine)* Spinnerei *f* ❷ *(action)* Spinnen *nt* ❸ *(surveillance)* Beschattung *f;* ***prendre qn en ~*** jdn beschatten

file [fil] *f* ❶ *(colonne)* Reihe *f; (d'attente)* Schlange *f;* ***se mettre à*** [*o* ***prendre***] ***la ~*** sich [hinten] anstellen ❷ *(voie de circulation)* [Fahr]spur *f;* ***prendre*** [*o* ***se mettre dans***] ***la ~ de droite*** sich rechts einordnen ▶ **en ~ indienne** im Gänsemarsch; **à la ~** hintereinander

filer [file] <1> **I.** *vi* ❶ *(s'abîmer) maille:* laufen; *collant:* eine Laufmasche haben ❷ *(s'écouler lentement) essence, sirop:* rinnen; *sable:* rieseln ❸ *(aller vite) personne:* rennen; *(en voiture)* rasen; *véhicule:* rasen; *étoile:* vorbeiziehen; *temps:* verfliegen ❹ *(fam: partir vite)* verschwinden, loseilen/lossausen; *(se retirer)* sich verziehen; ***~ à l'anglaise*** sich auf Französisch verabschieden/grußlos weggehen; ***laisser ~ qn*** jdn entwischen lassen; ***laisser ~ une chance*** sich *dat* eine Chance entgehen lassen; ***il faut que je file*** ich muss los **II.** *vt* ❶ *(tisser)* spinnen ❷ *(surveiller)* ***~ qn*** jdn beschatten ❸ *(fam: donner)* ***~ de l'argent à qn*** jdm Geld geben; ***~ une claque à qn*** jdm eine Ohrfeige verpassen; ***~ une maladie à qn*** jdn mit einer Krankheit anstecken

filet [filɛ] *m* ❶ *(réseau de maille)* Netz *nt;* ***~ à mots*** Mindmap *f;* ***~ de protection*** Sicherheitsnetz ❷ GASTR Filet *nt* ❸ *(petite quantité)* ***~ d'huile*** Schuss *m* Öl; ***~ de sang*** dünner Blutfaden; ***~ d'eau*** Wasserstrahl *m;* ***~ d'air*** schwacher Luftzug

filetage [filtaʒ] *m* Gewinde *nt*

fileur, -euse [filœʀ, -øz] *m, f* Spinner(in) *m(f)*

filial(e) [filjal, -jo] <-aux> *adj amour, piété* kindlich

filiale [filjal] *f* Tochtergesellschaft *f*

> **Falsche Freunde**
> Nicht verwechseln mit *die Filiale* – *la succursale*!

filiation [filjasjɔ̃] *f* ❶ *(descendance)* Abstammung *f* ❷ *des idées* Zusammenhang *m; des mots* Herkunft *f*

filière [filjɛʀ] *f* ❶ *(suite de formalités)* Dienstweg *m* ❷ UNIV Studiengang *m* ❸ *de la drogue, du trafic* Ring *m*

filiforme [filifɔʀm] *adj jambes, personne* spindeldürr; *antennes* fadenförmig

filigrane [filigʀan] *m d'un billet de banque, timbre* Wasserzeichen *nt* ▶ **lire en ~** zwischen den Zeilen lesen; **apparaître en ~** deutlich werden

fille [fij] *f* ❶ *(opp: garçon)* Mädchen *nt,* Gitsch[e] *f* A; ***jeune ~*** junges Mädchen ❷ *(opp: fils)* Tochter *f* ❸ *(prostituée)* Dirne *f* ▶ **être bien la ~ de son père** ganz der Vater sein

fillette [fijɛt] *f* kleines Mädchen

filleul(e) [fijœl] *m(f)* Patenkind *nt*

film [film] *m* ❶ *(pellicule)* Film *m* ❷ *(œuvre)* [Spiel]film; *(à la télé)* [Fernseh]film; ***~ vidéo*** Videofilm; ***~ d'action*** Actionfilm ❸ *(mince couche)* Film *m;* ***~ plastique*** Plastikfolie *f*

filmage [filmaʒ] *m* Filmen *nt; des scènes* Drehen *nt*

film-culte [filmkylt] <films-culte> *m* Kultfilm *m*

filmer [filme] <1> *vt, vi* filmen
filmique [filmik] *adj* filmisch, Film-; ***l'univers ~*** die Filmwelt, die Welt des Films
filmographie [filmɔgʀafi] *f* Filmverzeichnis *nt*
filon [filɔ̃] *m* ❶ MINER Ader *f* ❷ *(fam: travail)* lukrativer Job
filou [filu] *m (fam)* ❶ *(personne malhonnête)* Gauner *m* ❷ *(enfant, chien espiègle)* Schlingel *m*
filouter [filute] <1> *vt (fam)* übers Ohr hauen
fils [fis] *m (opp: fille)* Sohn *m;* ***Dupont ~*** Dupont junior; ***Alexandre Dumas ~*** Alexandre Dumas der Jüngere ▶ **de père en fils** von Generation zu Generation; **être bien le ~ de son père** ganz der Vater sein

Aussprache
Bei **fils** wird das -s am Ende gesprochen, das -l- bleibt stumm.

filtrage [filtʀaʒ] *m* Filtern *nt*
filtrant(e) [filtʀɑ̃, ɑ̃t] *adj* Filter-
filtrat [filtʀa] *m* CHIM Filtrat *nt*
filtration [filtʀasjɔ̃] *f* Filtration *f*
filtre [filtʀ] *m* Filter *m o nt;* ***~ à particules*** AUT [Ruß]partikelfilter *m*
filtrer [filtʀe] <1> **I.** *vi (pénétrer) liquide, information:* durchsickern; *lumière:* durchscheinen **II.** *vt* ❶ filtern *liquide, lumière, son* ❷ *(contrôler)* genau überprüfen *informations*
fin [fɛ̃] *f* ❶ *(issue)* Ende *nt;* ***~ de série*** Restposten *m;* ***~ de siècle*** Jahrhundertwende *f;* ***la ~ du monde*** der Weltuntergang; ***mettre ~ à qc*** einer S. *dat* ein Ende setzen, etw beenden; ***mettre ~ à ses jours*** sich *dat* das Leben nehmen; ***à la ~*** am Ende, schließlich; ***sans ~*** endlos; ***être en ~ de droits*** keinen Anspruch auf Arbeitslosengeld mehr haben ❷ *(mort)* Ende *nt* ❸ *(but)* ***~ en soi*** eigentlicher Zweck; ***arriver*** [*o* ***parvenir***] ***à ses ~s*** sein Ziel erreichen ▶ **en ~ de compte** letztlich; **c'est la ~ des haricots** *(fam: tout est perdu)* jetzt ist alles aus; *(c'est le bouquet)* das ist doch das Allerletzte; **arrondir ses ~s de mois** sein Gehalt aufbessern; **la ~ justifie les moyens** *prov)* der Zweck heiligt die Mittel; **à toutes ~s utiles** für alle Fälle
fin(e) [fɛ̃, fin] **I.** *adj* ❶ *(opp: épais)* fein; *couche, étoffe, pinceau, pointe, tranche* dünn ❷ *traits, visage* fein; *jambes, taille* schlank ❸ *(recherché)* fein ❹ *(de qualité supérieure)* erlesen; *vin* erstklassig; *lingerie* Fein- ❺ *personne* klug; *(dans ses remarques)* feinsinnig; *(dans ses actes)* geschickt; *humour, nuance* fein; *esprit, observation* scharfsinnig; *remarque* geistreich ❻ *antéposé cuisinier, tireur* ausgezeichnet; ***~ connaisseur*** Spezialist *m;* ***~ gourmet*** Feinschmecker *m* ▶ **le ~ du ~** das Beste vom Besten **II.** *adv* ❶ *(complètement)* völlig; *prêt* ganz ❷ *écrire* fein
final(e) [final, -o] <s *o* -aux> *adj (qui vient à la fin)* letzte(r, s), endgültig; *point, discours, accord* Schluss-; *consonne, résultat* End-
finale[1] [final] *f* ❶ SPORT Finale *nt;* ***arriver en ~*** ins Finale kommen ❷ GRAM *(syllabe)* Endsilbe *f; (voyelle)* Endvokal *m*
finale[2] [final] *m* MUS ***le ~*** das Finale; *d'une symphonie* der Schlusssatz
finalement [finalmɑ̃] *adv* ❶ *(pour finir)* schließlich ❷ *(en définitive)* letztlich
finaliste [finalist] **I.** *adj joueur* am Endspiel teilnehmend **II.** *mf* Finalist(in) *m(f)*
finalité [finalite] *f* ❶ PHILOS Zweckbestimmtheit *f* ❷ *(but)* Zweck *m*
finance [finɑ̃s] *f* ❶ *pl d'une personne, d'un pays* Finanzen *Pl;* ***l'état de mes ~s*** meine finanzielle Lage ❷ *(ministère)* ***les Finances*** das Finanzministerium; ***Monsieur X est aux Finances*** Herr X ist Finanzminister ▶ **moyennant ~** gegen Entgelt
financement [finɑ̃smɑ̃] *m* Finanzierung *f*
financer [finɑ̃se] <2> **I.** *vi (hum)* blechen *fam* **II.** *vt* finanzieren
financier [finɑ̃sje] *m* Finanzier *m*
financier, -ière [finɑ̃sje, jɛʀ] *adj problèmes* finanziell; *crise, politique* Finanz-; ***établissement ~*** Geldinstitut *nt;* ***soucis ~s*** Geldsorgen *Pl*
financièrement [finɑ̃sjɛʀmɑ̃] *adv* finanziell [gesehen]
finasser [finase] <1> *vi* mit Tricks arbeiten; ***~ avec qn*** jdn hereinlegen
finasserie [finasʀi] *f* Trick *m*
finaud(e) [fino, od] **I.** *adj* pfiffig **II.** *m(f)* Pfiffikus *m*
fine [fin] *f* feiner Weinbrand
finement [finmɑ̃] *adv* ❶ *brodé, ciselé* [sehr] fein ❷ *(astucieusement)* clever; *manœuvrer, faire remarquer, observer* geschickt
finesse [finɛs] *f* ❶ *des cheveux, d'une pointe de stylo* Feinheit *f; d'une aiguille, tranche* Dünne *f* ❷ *d'un visage* Feinheit *f; des mains, de la taille* Zierlichkeit *f* ❸ *d'une broderie, porcelaine* Feinheit *f; d'un aliment* [Aus]erlesenheit *f* ❹ *d'un goût, de l'odorat*

Feinheit *f; d'une ouïe* Schärfe *f* ❺ *d'une personne* Scharfsinn *m; d'une allusion* Spitzfindigkeit *f;* ***~ d'esprit*** Scharfsinnigkeit *f* ❻ *pl d'une langue, d'un art* Feinheiten *Pl*

fini [fini] *m* ❶ *d'un produit* sorgfältige Verarbeitung; ***qc manque de ~*** einer S. *dat* fehlt der letzte Schliff ❷ MATH, PHILOS ***le ~*** das Endliche

fini(e) [fini] *adj* ❶ *(terminé)* ***être ~*** zu Ende sein; *travail, études:* beendet sein; ***~s les bavardages*** Schluss mit dem Geschwätz; ***tout est ~ entre nous*** es ist aus zwischen uns ❷ *personne* erledigt ❸ *(opp: infini)* begrenzt; *nombre* endlich ❹ *(péj) menteur, voleur* ausgemacht ❺ *(cousu)* ***bien/mal ~*** gut/schlecht gearbeitet

F

finir [finiʀ] <8> **I.** *vi* ❶ *rue, propriété:* enden; *vacances, spectacle:* zu Ende sein; *contrat:* auslaufen; ***bien/mal ~*** ein gutes/böses Ende nehmen; ***n'en pas ~*** kein Ende nehmen ❷ *(terminer)* aufhören; ***avoir fini*** fertig sein; ***laissez-moi ~ [de parler]!*** lassen Sie mich ausreden!; ***je finirai par le plus important ...*** zum Abschluss nun das Wichtigste ...; ***en ~ avec qc*** eine Lösung für etw finden; ***en avoir fini avec une affaire*** eine Angelegenheit erledigt haben ❸ SPORT ***~ bien/mal*** sich gut/schlecht schlagen; ***~ à la quatrième place*** auf Platz vier kommen ❹ *(en venir à)* ***~ par faire qc*** schließlich [doch] [*o* zu guter Letzt] etw tun; ***tu finis par m'ennuyer avec ...*** allmählich gehst du mir auf die Nerven mit ... ❺ *(se retrouver)* ***~ en prison*** im Gefängnis enden; ***~ dans un accident de voiture*** bei einem Autounfall ums Leben kommen **II.** *vt* ❶ *(arriver au bout de)* beenden; ***~ son repas/ses devoirs*** zu Ende essen/seine Aufgaben fertig machen; ***~ de manger/de s'habiller*** fertig essen/sich fertig anziehen; ***~ le mois*** in diesem Monat mit dem Geld auskommen ❷ *(consommer, utiliser jusqu'au bout)* aufessen *plat;* leer essen *assiette;* leer trinken *fam bouteille, verre;* auftragen *vêtement* ❸ SPORT meistern *match, course;* ***~ un marathon*** bei einem Marathon[lauf] bis zum Ende durchhalten; ***~ une course à la quatrième place*** bei einem Rennen auf Platz vier kommen ❹ *(passer la fin de)* ***~ ses jours à la campagne*** den Rest seiner Tage auf dem Land verbringen ❺ *(cesser)* aufhören mit, beenden *dispute;* ***~ de se plaindre*** aufhören, sich zu beklagen; ***on n'a pas fini de parler de qc*** man wird noch von etw sprechen ❻ *(être le dernier élément de)* abschließen ❼ *(fignoler)* ***~ un ouvrage*** einem Werk den letzten Schliff geben

finish [finiʃ] *m inv* SPORT Endspurt *m;* ***match au ~*** *Kampf, der durch K.o. oder Aufgabe beendet wird*

finissage [finisaʒ] *m* ❶ TECH *d'une pièce d'usinage* Endbearbeitung *f* ❷ TEXTIL *d'une étoffe* Appretur *f*

finisseur, -euse [finisœʀ, -øz] *m, f* ❶ TECH Fertigbearbeiter(in) *m(f)* ❷ SPORT Sportler(in) *m(f)* mit starkem Finish [*o* Endspurt]

finition [finisjɔ̃] *f* ❶ *d'un meuble, d'une œuvre d'art* Fertigstellung *f* ❷ *(résultat)* Verarbeitung *f* ❸ *gén pl* TECH Feinarbeiten *Pl*

finlandais(e) [fɛ̃lɑ̃dɛ, ɛz] *adj* finnisch

Finlandais(e) [fɛ̃lɑ̃dɛ, ɛz] *m(f)* Finne *m*/Finnin *f*

Finlande [fɛ̃lɑ̃d] *f* ***la ~*** Finnland *nt*

finnois [finwa] *m* Finnisch *nt; v. a.* **allemand**

finnois(e) [finwa, waz] *adj* finnisch

Finnois(e) [finwa, waz] *m(f)* Finne *m*/Finnin *f*

fiole [fjɔl] *f* ❶ Phiole *f* ❷ *(fam)* Kopf *m*

fiord [fjɔʀd] *m* Fjord *m*

fioriture [fjɔʀityʀ] *f* Schnörkel *m;* ***sans ~s*** ohne Umschweife

firent [fiʀ] *passé simple de* **faire**

firmament [fiʀmamɑ̃] *m* Firmament *nt*

firme [fiʀm] *f* Firma *f*

fis [fi] *passé simple de* **faire**

fisc [fisk] *m* Fiskus *m*

fiscal(e) [fiskal, -o] <-aux> *adj* Steuer-

fiscalement [fiskalmɑ̃] *adv* steuerlich; ***~ intéressant(e)*** *placement financier* steuergünstig

fiscalisation [fiskalizasjɔ̃] *f* Besteuerung *f*

fiscaliser [fiskalize] <1> *vt* besteuern *revenus*

fiscalité [fiskalite] *f* Steuerwesen *nt*

fissa [fisa] *adv (arg)* ***fais ~!*** mach schnell!, dalli, dalli! *fam*

fission [fisjɔ̃] *f* Spaltung *f*

fissuration [fisyʀasjɔ̃] *f d'un mur* Rissbildung *f*

fissure [fisyʀ] *f* ❶ *d'un mur, d'un sol* Riss *m; d'un vase* Sprung *m* ❷ *(fig)* Bruch *m*

fissurer [fisyʀe] <1> **I.** *vt éclair:* Risse verursachen in +*dat* **II.** *vpr* ***se ~*** rissig werden

fiston [fistɔ̃] *m (fam)* Sohnemann *m*

fistule [fistyl] *f* Fistel *f*

fit [fi] *passé simple de* **faire**

fîtes [fit] *passé simple de* **faire**

fitness [fitnɛs] *m* Fitness *f*; ***le club de ~*** das Fitnessstudio

fixage [fiksaʒ] *m* ❶ TECH Fixieren *nt* ❷ PHOT Fixage *f*

fixateur [fiksatœʀ] *m* PHOT Fixiermittel *nt*

fixatif [fiksatif] *m* Fixiermittel *nt*

fixatif, -ive [fiksatif, -iv] *adj* fixierend

fixation [fiksasjɔ̃] *f* ❶ *(pose)* Befestigung *f*; *des nomades* Sesshaftwerden *nt* ❷ *(détermination)* Festsetzung *f* ❸ *(obsession)* Fixierung *f*; ***faire une ~ sur qn/qc*** auf jdn/etw fixiert sein; ***tourner à la ~*** zur fixen Idee werden ❹ *(dispositif)* Befestigungsvorrichtung *f*; ***~ de sécurité*** Sicherheitsbindung *f*

fixe [fiks] **I.** *adj* ❶ fest; *point* Fix- ❷ *regard* starr ❸ *idée* fix ❹ *revenu, prix* fest **II.** *m* festes Gehalt **III.** *interj* ***~!*** stillgestanden!

fixé(e) [fikse] *adj* ❶ PSYCH *personne* fixiert ❷ *(renseigné)* ***être ~ sur le compte de qn*** wissen, was man von jdm zu halten hat ❸ *(décidé)* ***ne pas encore être ~*** noch nicht so recht wissen

fixement [fiksəmɑ̃] *adv* ***regarder qn/qc ~*** jdn/etw anstarren

fixer [fikse] <1> **I.** *vt* ❶ *personne:* befestigen ❷ *(retenir)* ansiedeln *population* ❸ *(regarder)* ***~ qn/qc*** *personne:* auf jdn/etw starren; *regard:* auf jdn/etw starr gerichtet sein ❹ *(arrêter)* ***~ son attention sur qc*** seine Aufmerksamkeit auf etw *akk* richten ❺ *(définir)* festlegen *règle, conditions;* stecken *limites* ❻ *(renseigner)* ***~ le collègue sur une date*** den Kollegen von einem Termin in Kenntnis setzen ❼ *(conserver)* festhalten *image, souvenir* ❽ CHIM, PHOT fixieren ❾ *(arranger)* ausmachen *rendez-vous, délai* **II.** *vpr* ❶ ***se ~ au mur*** an der Wand befestigt werden ❷ *(se déposer)* ***se ~*** sich ablagern ❸ *(s'établir)* ***se ~ à Paris*** sich in Paris niederlassen ❹ *(se poser)* ***se ~ sur qn/qc*** *attention:* sich auf jdn/etw richten; *choix:* auf jdn/etw fallen ❺ *(se définir)* ***se ~ un but*** sich *dat* ein Ziel setzen

fixette [fiksɛt] *f (fam)* ▸ **faire une ~ sur qc** [voll] auf etw fixiert sein

fixité [fiksite] *f* Unbeweglichkeit *f*

fjord [fjɔʀd] *m v.* **fiord**

flac [flak] *interj* platsch

flacon [flakɔ̃] *m* Fläschchen *nt; de parfum* Flakon *m*

flagada [flagada] *adj inv (fam)* ***être ~*** fix und fertig sein

flagellation [flaʒelasjɔ̃, flaʒɛllasjɔ̃] *f* Geißelung *f*

flageller [flaʒele] <1> **I.** *vt* geißeln **II.** *vpr* ***se ~*** sich geißeln

flageoler [flaʒɔle] <1> *vi* wanken; *jambes:* zittern

flageolet [flaʒɔlɛ] *m* MUS Flageolett *nt*

flagorner [flagɔʀne] <1> *vt (littér)* ***~ qn*** jdm unterwürfig schmeicheln

flagrant(e) [flagʀɑ̃, ɑ̃t] *adj* offenkundig; *injustice* himmelschreiend

flair [flɛʀ] *m du chien* Geruchssinn *m* ▸ **avoir du ~** *animal, personne:* eine feine Nase haben; **manquer de ~** keinen guten Riecher haben *fam*

> **Falsche Freunde**
>
> Nicht verwechseln mit *das Flair – l'ambiance*!

flairer [fleʀe] <1> *vt* ❶ *(renifler)* beschnuppern ❷ *(sentir) animal:* wittern ❸ *(pressentir) animal, personne:* wittern

flamand [flamɑ̃] *m* Flämisch *nt; v. a.* **allemand**

flamand(e) [flamɑ̃, ɑ̃d] *adj* flämisch

Flamand(e) [flamɑ̃, ɑ̃d] *m(f)* Flame *m*/Flämin *f*

flamant [flamɑ̃] *m* Flamingo *m*

flambant(e) *v.* **neuf**

flambé(e) [flɑ̃be] *adj* ❶ GASTR flambiert ❷ *(fam: fichu)* ***être ~*** *personne:* erledigt sein; *affaire:* gegessen sein

flambeau [flɑ̃bo] <x> *m* Fackel *f*

flambée [flɑ̃be] *f* ❶ *(feu)* [hell] loderndes Feuer *nt* ❷ *de violence* Aufflammen *nt; du dollar* plötzlicher Anstieg; ***~ de colère*** Wutausbruch *m;* ***~ de terrorisme*** Terrorwelle *f*

flamber [flɑ̃be] <1> **I.** *vi* brennen; *maison:* lichterloh brennen **II.** *vt* ❶ *(pour éliminer qc)* absengen ❷ GASTR flambieren

flambeur [flɑ̃bœʀ] *m (arg)* Vabanquespieler *m geh*

flamboyant [flɑ̃bwajɑ̃] *m* BOT Flammenbaum *m*

flamboyant(e) [flɑ̃bwajɑ̃, jɑ̃t] *adj* ❶ *incendie* lodernd; *couleur* leuchtend; *soleil* glühend; *chrome* funkelnd; *source de lumière* hell leuchtend ❷ ART spätgotisch

flamboyer [flɑ̃bwaje] <6> *vi* [auf]lodern; *soleil:* glühen; *couleur:* leuchten; *source de lumière:* hell leuchten; *chrome:* funkeln

flamenco [flamɛnko] **I.** *adj* Flamenco- **II.** *m* Flamenco *m*

flamme [flam] *f* ❶ Flamme *f* ❷ *pl (brasier)* Feuer *nt;* ***être en ~s*** in Flammen stehen ❸ *des yeux* Feuer *nt* ❹ *(pavillon)* Wimpel *m* ❺ POST Werbestempelaufdruck *m* ❻ *(ampoule)* Kerzenbirne *f* ▸ **descendre**

F

qn/qc en ~s jdn/etw niedermachen; **ça va péter des ~s** *(fam)* da wird die Hölle los sein
flammé(e) [flame] *adj* geflammt
flammèche [flamɛʃ] *f* brennendes Teilchen
flan [flɑ̃] *m* ❶ *(préparé au four)* Flan *m* ❷ *(crème)* Pudding *m*
flanc [flɑ̃] *m* ❶ *du corps, d'un navire* Seite *f; d'une montagne* Hang *m* ❷ MIL Flanke *f* ▶ **être sur le ~** *(fam)* flachliegen; **mettre qn sur le ~** *(fam)* jdn fertigmachen; **tirer au ~** *(fam)* sich drücken

F

Aussprache
Das -c am Ende von **flanc** bleibt stumm.

flancher [flɑ̃ʃe] <1> *vi (fam) personne:* kneifen; *cœur, mémoire:* nicht mehr mitmachen
Flandre [flɑ̃dʀ] *f* ***la ~/les ~s*** Flandern *nt*
flanelle [flanɛl] *f* Flanell *m*
flâner [flɑne] <1> *vi* ❶ *(se promener)* bummeln, schlendern ❷ *(musarder)* herumtrödeln
flânerie [flɑnʀi] *f* ❶ *(promenade)* Umherschlendern *nt* ❷ *(musardise)* Herumtrödeln *nt; (au lit)* Herumliegen *nt*
flâneur, -euse [flɑnœʀ, -øz] **I.** *adj* bumm[e]lig **II.** *m, f* Müßiggänger *m*
flanqué(e) [flɑ̃ke] *adj* ❶ ***être ~(e) d'une maison*** an ein Haus angrenzen ❷ *(péj) personne:* ***être ~(e) de qn*** jdn dabei haben
flanquer [flɑ̃ke] <1> **I.** *vt (fam)* ❶ schmeißen *chose;* schubsen *personne;* ***~ qn à la porte/dehors*** jdn rausschmeißen ❷ *(mettre)* ***~ qn au pensionnat*** jdn ins Heim stecken ❸ *(donner)* ***~ une gifle à qn*** jdm eine runterhauen; ***~ la frousse à qn*** jdm eine Heidenangst einjagen **II.** *vpr (fam)* ❶ ***se ~ des gifles*** sich *dat* Ohrfeigen verpassen ❷ *(se mettre)* ***se ~ dans une situation délicate*** sich *akk* in eine heikle Lage bringen ❸ *(tomber)* ***se ~ par terre*** hinfliegen
flapi(e) [flapi] *adj (fam)* hundemüde
flaque [flak] *f* Pfütze *f; de sang* Lache *f*
flash [flaʃ] <es> *m* ❶ *(appareil)* Blitz *m; (éclair)* Blitz[licht *nt*] *m* ❷ RADIO, TV Kurznachricht *f* ❸ CINE Flash *m;* ***~ d'information, ~ info*** Kurznachrichten *Pl*

Aussprache
Das -a- im englischen Wort **flash** und verwandten Wörtern wird nicht englisch als [æ] gesprochen, sondern als [a].

flash-back [flaʃbak] *m inv* Rückblende *f*
flasher [flaʃe] <1> *(fam)* **I.** *vt (au radar)* blitzen *fam;* ***se faire ~*** geblitzt werden *fam* **II.** *vi* ❶ ***~ sur qn/qc*** voll auf jdn/etw abfahren *fam* ❷ *(attirer la vue) vêtements, chaussures:* echt schrill sein *fam* ❸ *(être excellent)* flashen
flasque [flask] **I.** *adj* schlaff **II.** *f* Flachmann *m fam* **III.** *m* [Metall]scheibe *f; de mécanique* Backe *f*
flatter [flate] <1> **I.** *vt* ❶ ***~ qn/la vanité de qn*** jdm/jds Eitelkeit schmeicheln; ***être flatté de qc*** sich durch etw geschmeichelt fühlen ❷ *(caresser)* streicheln *animal* ❸ *(être agréable à)* verwöhnen *palais* **II.** *vpr* ❶ ***se ~ de qc*** sich einer S. *gen* rühmen ❷ *(aimer à croire)* ***se ~ de faire qc*** sich *dat* einbilden etw zu tun
flatterie [flatʀi] *f* Schmeichelei *f*
flatteur, -euse [flatœʀ, -øz] **I.** *adj* schmeichelhaft **II.** *m, f* Schmeichler(in) *m(f)*
flatulence [flatylɑ̃s] *f* Blähung *nt*
FLE [flœ] *m* UNIV, SCOL *abr de* **français langue étrangère** Französisch *nt* als Fremdsprache
fléau [fleo] <x> *m* ❶ *(calamité)* Plage *f* ❷ *(partie d'une balance)* Waagebalken *m* ❸ AGR Dreschflegel *m*
fléchage [fleʃaʒ] *m (résultat)* Pfeilmarkierung *f*
flèche[1] [flɛʃ] *f* ❶ *(arc)* Pfeil *m* ❷ *(signe d'orientation)* Pfeil *m* ❸ *(critique acerbe)* spitze Bemerkung ❹ *(toit pointu)* [Turm]spitze *f* ❺ *d'une charrue* Balken *m; d'une grue* [Dreh]arm *m; d'un cargo* Ladebaum *m* ❻ GEOM Pfeil *m* ❼ PHYS *d'une trajectoire* Scheitelpunkt *m* ❽ INFORM ***~ de la souris*** Mauszeiger *m* ▶ **c'est une sacrée ~!** er/sie ist von der schnellen Sorte; **en ~** blitzschnell
flèche[2] [flɛʃ] *f* ***~s de lard*** Speckseite *f*
flécher [fleʃe] <5> *vt* mit Pfeilen markieren
fléchette [fleʃɛt] *f* ❶ *(petite flèche)* kleiner Pfeil ❷ *pl (jeu)* Darts *nt*
fléchir [fleʃiʀ] <8> **I.** *vt* ❶ *(plier)* beugen *bras, genoux* ❷ *(faire céder)* erweichen *personne* **II.** *vi* ❶ *(se plier)* sich beugen, sich krümmen ❷ *(diminuer)* nachlassen; *exigences:* geringer werden; *sévérité:* milder werden; *volonté:* schwächer werden; *prix, cours:* fallen ❸ *(céder)* schwachwerden, sich erweichen lassen
fléchissement [fleʃismɑ̃] *m* ❶ *du bras, de*

la jambe Beugen *nt; d'une poutre, planche* [Durch]biegen *nt* ❷ *de la production, natalité* Rückgang *m; des prix* Sinken *nt* ❸ *de la volonté* Nachlassen *nt*

flegmatique [flɛgmatik] **I.** *adj comportement* gelassen; *personne* phlegmatisch **II.** *mf* gelassener Mensch *m*

flegme [flɛgm] *m* ❶ *(placidité)* Gelassenheit *f* ❷ *(lourdeur)* Phlegma *nt*

flemmard(e) [flemaʀ, aʀd] *(fam)* **I.** *adj* faul **II.** *m(f)* Faulpelz *m*

flemmarder [flemaʀde] <1> *vi (fam)* faulenzen, Däumchen drehen

flemme [flɛm] *f (fam)* Faulheit *f;* ***avoir la ~ de faire la vaisselle*** zu faul zum Abwaschen sein

flétan [fletɑ̃] *m* ZOOL Heilbutt *m*

flétri(e) [fletʀi] **I.** *part passé de* **flétrir** **II.** *adj plante* welk; *fleur* verwelkt

flétrir [fletʀiʀ] <8> **I.** *vt* ❶ [ver]welken lassen *fleur* ❷ *(rider)* welk werden lassen *visage* ❸ HIST brandmarken **II.** *vpr* **se ~** ❶ *plante, fleur:* verwelken ❷ *(se rider) visage:* welk werden

flétrissement [fletʀismɑ̃] *m* BOT Welken *nt*

flétrissure [fletʀisyʀ] *f d'une feuille, plante* Verwelktsein *nt*

fleur [flœʀ] *f* ❶ Blume *f* ❷ *(partie d'une plante)* Blüte *f;* ***en ~[s]*** blühend ❸ *(objet, motif, dessin décoratif)* Blume *f;* ***à ~s*** *chapeau* blumengeschmückt; *tissu, papier* geblümt ❹ *(partie du cuir)* Haarseite *f* ❺ *gén pl* BIO *de vin* Schimmelüberzug *m;* ***~ de sel*** *oberste Kristallschicht bei der Salzgewinnung* ❻ *(compliment)* ***jeter des ~s à qn*** *(fam)* jdm Komplimente machen ❼ *sans pl, (soutenu: ce qu'il y a de meilleur)* ***la [fine] ~ de la ville*** die Oberschicht der Stadt ▸ **à** [*o* **dans**] **la ~ de l'<u>âge</u>** in der Blüte seiner/ihrer Jahre; **la ~ au <u>fusil</u>** mit wehenden Fahnen; **être belle/fraîche <u>comme</u> une ~** schön/frisch wie der junge Morgen sein; **~ <u>bleue</u>** sentimental; **<u>à</u> ~ d'eau** auf Höhe der Wasseroberfläche; **sensibilité <u>à</u> ~ de peau** Überempfindlichkeit *f;* **arriver** [*o* **s'amener**] **<u>comme</u> une ~** *(fam)* einfach so mittendrin aufkreuzen; **faire qc <u>comme</u> une ~** *(fam)* etw spielend tun

fleurer [flœʀe] <1> **I.** *vi (littér)* ***~ bon*** duften **II.** *vt (littér)* ❶ duften nach ❷ *(faire penser à)* ***~ l'intrigue*** nach einer Intrige riechen

fleuret [flœʀɛ] *m* Florett *nt*

fleurette [flœʀɛt] ▸ **<u>conter</u> ~** [**à une femme**] *(hum)* Süßholz raspeln *fam*

fleuri(e) [flœʀi] *adj* ❶ *(en fleurs)* blühend ❷ *(couvert, garni de fleurs)* blütenbedeckt; *balcon* blumengeschmückt ❸ *(avec des motifs floraux)* geblümt ❹ *teint* rosig ❺ *(qui sent les fleurs)* blumig ❻ *style* blumenverziert

fleurir [flœʀiʀ] <8> **I.** *vi* ❶ *(mettre des fleurs)* blühen ❷ *(s'épanouir) amitié:* aufblühen ❸ *(hum: se couvrir de poils)* leichten Flaum bekommen **II.** *vt (orner, décorer)* [mit Blumen] schmücken *table, tombe;* ***~ sa boutonnière d'un œillet*** sich *dat* eine Nelke ins Knopfloch stecken

fleuriste [flœʀist] *mf* ❶ *(vendeur)* Blumenhändler(in) *m(f)* ❷ *(qui prépare les bouquets)* Florist(in) *m(f)*

fleuron [flœʀɔ̃] *m* ❶ ART *d'une couronne* stilisierte Blume; *de ferronnerie* Eisenzacke *f* ❷ BOT [Einzel]blüte *f* ▸ **<u>être</u> le** [**plus beau**] **~ d'une collection** das Schmuckstück einer Sammlung sein

fleuve [flœv] *m* ❶ Fluss *m; (très grand)* Strom *m;* ***~ côtier*** *Fluss, der ins Meer mündet* ❷ *(flot)* ***~ de lave/de boue*** Lavastrom *m*/Schlammlawine *f;* ***~ de paroles*** Redeschwall *m;* ***~ de larmes*** Bäche *Pl* von Tränen

Grammatik und Co.

Das Wort **fleuve** bezeichnet immer einen Fluss, der Nebenflüsse aufnimmt und ins Meer mündet.

flexibilité [flɛksibilite] *f* ❶ *(souplesse)* Biegsamkeit *f* ❷ *(adaptabilité)* Flexibilität *f*

flexible [flɛksibl] **I.** *adj* ❶ *(souple)* biegsam ❷ *(adaptable)* flexibel **II.** *m d'un aspirateur, d'une douche* Schlauch *m; d'une machine, d'un moteur* Welle *f*

flexion [flɛksjɔ̃] *f* ❶ *(mouvement corporel)* Beugen *nt;* ***~ du genou*** Kniebeuge *f* ❷ LING Flexion *f* ❸ PHYS Biegung *f; d'un ressort* Federung *f*

flexitarien(ne) [flɛksitaʁjɛ̃, flɛksitaʁjɛn] *m(f)* Flexitarier(in) *m(f)*

flibustier [flibystje] *m* Freibeuter(in) *m(f)*

flic [flik] *m (fam)* Polizist *m*

flicage [flikaʒ] *m (fam)* Bespitzelung *f*

flicaille [flikɑj] *f (péj fam)* Bullen *Pl*

flic flac [floc] [flikflak(flɔk)] pitsch, patsch

flingue [flɛ̃g] *m (fam)* Knarre *f*

flinguer [flɛ̃ge] <1> **I.** *vt (fam)* ❶ *(tuer)* abknallen ❷ *(critiquer)* runtermachen **II.** *vpr (fam)* **se ~** sich *dat* eine Kugel in den Kopf jagen

flip [flip] *m (fam)* ▶ **se** **faire** **un** ~ ausrasten *fam*
flippant(e) [flipɑ̃, ɑ̃t] *adj (fam)* Horror-; ***des moments ~s*** Horrorzeit *f;* ***de la musique ~e*** Musik, die einen runterzieht/runterzog/...; ***la situation économique est ~e*** die wirtschaftliche Lage ist alarmierend
flipper[1] [flipœʀ] *m* Flipper *m*
flipper[2] [flipe] <1> *vi (fam)* ❶ *(être angoissé)* eine Mordsangst haben ❷ *(être excité)* ausflippen
flique [flik] *adj* ***ça fait*** ~ *(fam)* das geht einem/mir/ihm/... auf den Zeiger
fliquer [flike] <1> *vt (fam)* [auf Schritt und Tritt] bewachen *jeunes*
flirt [flœʀt] *m* ❶ *(amourette)* Flirt *m* ❷ *(petite histoire d'amour)* kurze Romanze ❸ *(personne)* Schwarm *m fam*

Aussprache
In Anlehnung an die englische Aussprache wird in **flirt** und **flirter** das -i- als [œ] gesprochen.

flirter [flœʀte] <1> *vi* ❶ flirten ❷ *(fig)* ~ ***avec les idées d'extrême gauche*** linksextremen Ideen [durchaus] zugeneigt sein
floc [flɔk] ▶ **faire** ~ [~] *caillou qui tombe dans l'eau:* plumps machen; *bottes qui ont pris l'eau:* platsch machen
flocon [flɔkɔ̃] *m* ❶ *de neige* Flocke *f* ❷ *de coton, bourre* Flocke *f; (soutenu) de brume, fumée* Schwaden *Pl* ❸ GASTR Flocke *f;* ***~s de maïs*** Cornflakes *Pl*
floconneux, -euse [flɔkɔnø, -øz] *adj* flockig
flonflons [flɔ̃flɔ̃] *mpl (fam)* Klänge *Pl*
flop [flɔp] ***faire*** ~ platsch machen *fam*
flopée [flɔpe] *f (fam) de gamins* Haufen *m; de badauds* Menge *f; de touristes* Masse *f*
floraison [flɔʀɛzɔ̃] *f* ❶ Blüte *f;* ***avoir plusieurs ~s*** mehrmals blühen ❷ *(fleurs)* Blütenpracht *f* ❸ *(époque)* Blüte[zeit *f*] *f* ❹ *(épanouissement)* Blütezeit *f; de talents* Aufblühen *nt*
floral(e) [flɔʀal, -o] <-aux> *adj* ❶ *(avec des fleurs)* Blumen- ❷ *(de la fleur)* Blüten-
floralies [flɔʀali] *fpl* Blumenschau *f*
flore [flɔʀ] *f* Flora *f*
florès [flɔʀɛs] *(vieilli soutenu)* ▶ **faire** ~ Erfolg haben
florifère [flɔʀifɛʀ] *adj* blütenreich
florilège [flɔʀilɛʒ] *m* Auswahl *f*
florin [flɔʀɛ̃] *m* HIST *(monnaie)* Gulden *m*
florissait [flɔʀisɛ] *imparf de* **fleurir**
florissant(e) [flɔʀisɑ̃, ɑ̃t] *adj* ❶ *(prospère)* blühend ❷ *santé* blühend; *teint* rosig
flot [flo] *m* ❶ Flut *f* ❷ *(soutenu) d'images, de souvenirs* Fülle *f; de personnes* Scharen *Pl; de larmes, de sang* Bäche *Pl; de joie* Woge *f;* ~ ***de paroles*** Wortschwall *m;* ***couler à ~s*** in Strömen fließen; ***entrer à ~s*** *lumière:* hereinfluten ❸ *sans pl (marée montante)* Flut *f* ▶ **un** ~ **de** **sang** **monte** **au visage de qn** die Röte steigt jdm ins Gesicht; **être** **à** ~ *bateau:* flott sein; *personne: (avoir suffisamment d'argent)* flüssig sein; *(être à jour dans son travail)* fertig sein; **se maintenir/se remettre** **à** ~ sich *akk* über Wasser halten; **mettre/remettre qc** **à** ~ etw wieder auf die Beine bringen
flottage [flɔtaʒ] *m* Flößen *nt*
flottaison [flɔtɛzɔ̃] *f* ***ligne de*** ~ Wasserlinie *f*
flottant(e) [flɔtɑ̃, ɑ̃t] *adj* ❶ [auf dem Wasser] schwimmend; *glace, bois* Treib- ❷ *(dans l'air)* flatternd; *crinière* wehend; *chevelure* fliegend; ***brume ~e*** Nebelschwaden *Pl* ❸ *(instable)* schwankend ❹ FIN *monnaie* fluktuierend; *dette* schwebend
flotte[1] [flɔt] *f* ❶ MIL, ECON Flotte *f* ❷ *(ensemble des avions civils)* ~ ***aérienne*** Luftflotte *f*
flotte[2] [flɔt] *f (fam)* ❶ *(eau)* Wasser *nt* ❷ *(pluie)* Regen *m*
flottement [flɔtmɑ̃] *m* ❶ *d'un drapeau* Flattern *nt* ❷ *(hésitation)* Schwanken *nt*
flotter [flɔte] <1> **I.** *vi* ❶ *(être porté sur un liquide)* schwimmen ❷ *(être en suspension dans l'air) brouillard:* hängen; *parfum:* schweben ❸ *(onduler)* flattern ❹ *(être ample)* ***sa jupe flotte autour d'elle*** der Rock ist [ihr] [viel] zu weit ❺ *(hésiter)* zögern **II.** *vi impers (fam: pleuvoir)* schütten **III.** *vt* flößen *bois*
flotteur [flɔtœʀ] *m* TECH Schwimmer *m*
flou [flu] **I.** *m* ❶ Verschwommenheit *f* ❷ CINE, PHOT ~ ***artistique*** weiche Manier; *(iron)* gewollte Unklarheit ❸ *d'une coiffure, d'une mode* weiche fließende Linie ❹ *d'une pensée* Unbestimmtheit *f; d'une argumentation* Unklarheit *f* **II.** *adv* verschwommen
flou(e) [flu] *adj* ❶ verschwommen; *photo* unscharf ❷ *vêtement, coiffure* locker ❸ *idée, pensée* vage; *relation* in der Schwebe; *rôle* nicht genau definiert
flouer [flue] <1> *vt (fam)* reinlegen
flouse [fluz] *v.* **flouze**
flouter [flute] <1> *vt* TV, MEDIA unkenntlich machen, verpixeln *fam*

flouze [fluz] *m (fam: argent)* Kohle *f sl*

fluctuant(e) [flyktɥɑ̃, ɑ̃t] *adj* ❶ *personne* wankelmütig; *opinion* wechselnd ❷ *prix* schwankend, fluktuierend

fluctuation [flyktɥasjɔ̃] *f* ❶ *gén pl* Fluktuation *f; de l'opinion* Schwanken *nt kein Pl* ❷ FIN Streuung *f*

fluctuer [flyktɥe] <1> *vi* schwanken

fluet(te) [flyɛ, ɛt] *adj* ❶ *(frêle)* dünn; *enfant* zart ❷ *voix* zart

fluide [flyid, flɥid] **I.** *adj* ❶ *(qui s'écoule facilement)* flüssig ❷ *(ample)* fließend ❸ *(difficile à saisir)* flüchtig **II.** *m* ❶ CHIM Flüssigkeit *f;* ***mécanique des ~s*** Strömungslehre *f* ❷ *(force occulte)* Fluidum *nt;* ***avoir un ~ magnétique*** magnetische Kräfte besitzen

fluidifier [flɥidifje] <1> *vt* verflüssigen

fluidité [flɥidite] *f* ❶ *du sang* Dünnflüssigkeit *f; d'un style* Flüssigkeit *f; d'une pensée* Flüchtigkeit *f;* ***~ du trafic*** Verkehrsfluss *m* ❷ ECON *d'un marché* Lebhaftigkeit *f*

fluo [flyɔ] *adj sans pl abr de* **fluorescent**

fluor [flyɔʀ] *m* Fluor *nt*

fluoré(e) [flyɔʀe] *adj* mit Fluor angereichert

fluorescence [flyɔʀesɑ̃s] *f* Fluoreszenz *f*

fluorescent(e) [flyɔʀesɑ̃, ɑ̃t] *adj* fluoreszierend; *couleur* leuchtend; ***tube ~*** Neonröhre *f*

flûte [flyt] **I.** *f* ❶ *(instrument)* Flöte *f* ❷ *(pain)* Stangenbrot *nt* ❸ *(verre)* Flöte *f* **II.** *interj (fam)* verflixt

flûté(e) [flyte] *adj* hell, schrill; *voix* flötend, hell

flûtiste [flytist] *mf* Flötist(in) *m(f)*

fluvial(e) [flyvjal, -jo] <-aux> *adj* Fluss-; *port* Binnen-; *transport* auf Binnenwasserstraßen

flux [fly] *m* ❶ Flut *f;* ***le ~ et le reflux*** *(marée)* Ebbe *f* und Flut *f; (alternance)* Auf *nt* und Ab *nt* ❷ *(écoulement)* ***~ de sang*** Blutung *f* ❸ *(action de couler)* Fluss *m*

> **Aussprache**
>
> Das -x am Ende von **flux** bleibt stumm.

fluxion [flyksjɔ̃] *f des gencives, de poitrine* Entzündung *f*

FM [ɛfɛm] *f abr de* **Frequency Modulation** Frequenzmodulation *f*

FMI [ɛfɛmi] *m abr de* **Fonds monétaire international** IWF *m*

F.N. [ɛfɛn] *m* POL *abr de* **Front national** FN *m*

foc [fɔk] *m* Fock *f*

focal(e) [fɔkal, -o] <-aux> *adj distance, plan* Brenn-

focale [fɔkal] *f* Brennweite *f*

focaliser [fɔkalize] <1> **I.** *vt* ❶ PHYS fokussieren ❷ *(concentrer)* ***~ son attention sur qn/qc*** sein Augenmerk auf jdn/etw richten **II.** *vpr* ❶ PHYS ***se ~*** sich bündeln ❷ *(se concentrer)* ***se ~ sur qn/qc*** sich auf jdn/etw konzentrieren

foehn [føn] *m (vent)* Föhn *m*

fœtal(e) [fetal, -o] <-aux> *adj* des Fötus; *position* Embryonal-

fœtus [fetys] *m* Fötus *m*

fofolle [fɔfɔl] *adj v.* **foufou**

foi [fwa] *f* ❶ *(croyance)* ***~ en qn*** Glaube[n] *m* an jdn; ***avoir la ~*** gläubig sein; ***il n'y a que la ~ qui sauve*** *(iron)* wer's glaubt, wird selig ❷ *(confiance)* ***avoir ~ dans*** [*o* ***en***] ***qn/qc*** *(soutenu)* Vertrauen *nt* zu jdm/in etw *akk* haben; ***avoir ~ en l'avenir*** an die Zukunft glauben; ***accorder*** [*o* ***ajouter***] [*o* ***prêter***] ***~ à qn/qc*** jdm/einer S. *dat* Glauben schenken ▸ **la ~ du charbonnier** die Leichtgläubigkeit; **sous la ~ du serment** unter Eid; **être de bonne/mauvaise ~** aufrichtig/unaufrichtig sein; JUR gutgläubig/böswillig sein; **avoir la ~** *(croire en ce qu'on fait)* mit Überzeugung bei der Sache sein; **faire ~** maßgebend sein; **ma ~** na ja; **ma ~ oui/non** aber ja/nein; **c'est ma ~ vrai** da haben Sie Recht

foie [fwa] *m* ❶ Leber *f;* ***avoir mal au ~*** eine Magenverstimmung haben ❷ GASTR ***~ gras*** Leberpastete *f* ▸ **avoir les ~s** *(fam)* [Wahnsinns]schiss haben

foin [fwɛ̃] *m* ❶ *sans pl* Heu *nt* ❷ *(herbe sur pied)* Wiesengras *nt* ▸ **être bête à manger du ~** *(fam)* dumm wie Bohnenstroh sein; **faire du ~** [*o* **un de ces ~s**] [*o* **un ~ de tous les diables**] *(fam)* einen Heidenkrach machen

foirade [fwaʀad] *f (fam)* Reinfall *m fam,* Flop *m*

foire [fwaʀ] *f* ❶ *(grand marché)* [Waren]markt *m* ❷ *(exposition commerciale)* [Waren]messe *f* ❸ *(fête foraine)* Jahrmarkt *m;* ***~ du Trône*** *ein traditioneller Pariser Jahrmarkt* ❹ *(fam: endroit bruyant)* Rummel *m* ▸ **faire la ~** *(fam)* durchfeiern

foire-exposition [fwaʀɛkspozisjɔ̃] <foires-expositions> *f* Messe *f,* Ausstellung *f*

foirer [fwaʀe] <1> *vi* ❶ *(fam: rater)* schiefgehen ❷ *(fam: être défectueux) écrou, vis:* nicht greifen; *obus, fusée:* nicht losgehen

foireux, -euse [fwaʀø, -øz] **I.** *adj (fam)* feige **II.** *m, f (fam)* Hosenscheißer(in) *m(f)*

fois [fwa] *f* ❶ ***une ~*** einmal/ein Mal; ***une ~ par an*** [*o* ***l'an***] einmal im Jahr; ***de cinq ~*** um das Fünffache; ***d'autres/les autres ~*** sonst; ***[à] chaque ~*** jedes Mal; ***à chaque ~ que*** jedes Mal wenn; ***c'est la dernière ~*** das ist das letzte Mal; ***en plusieurs ~*** in mehreren Etappen; ***tant de ~*** so oft; ***il était une ~ ...*** es war einmal ...; ***pour la première ~*** zum ersten Mal; ***pour une ~*** ausnahmsweise; ***trente-six ~*** x-mal; ***une dernière ~*** ein letztes Mal ❷ *dans un comparatif* ***deux ~ plus/moins vieux que qn/qc*** doppelt/halb so alt wie jd/etw; ***cinq ~ plus élevé que*** um das Fünffache höher als; ***exiger cinq ~ le prix*** den fünffachen Preis verlangen; ***cinq ~ plus d'argent/de personnes*** fünfmal so viel Geld/so viel Personen ❸ *(comme multiplicateur)* ***9 ~ 3 font 27*** 9 mal 3 ist 27; ***une ~ et demie plus grand*** anderthalbmal so groß ▶ **s'y prendre** [*o* **reprendre**] **à deux ~** es nicht in einem Zug schaffen; **plutôt deux ~ qu'une** herzlich gern[e]; **neuf ~ sur dix** fast immer; **c'est trois ~ rien** das ist nicht der Rede wert; **un** [**seul**] **enfant/bateau à la ~** ein Kind/Schiff nach dem anderen; [**tout**] **à la ~** gleichzeitig; **des ~** *(fam)* ab und zu; **des ~ qu'il viendrait!** *(fam)* für den Fall, dass er doch noch kommt!; **non mais des ~!** *(fam)* jetzt reicht es aber!; **une ~, deux ~, trois ~** *(dans une vente aux enchères)* zum Ersten, zum Zweiten, zum Dritten; *(pour menacer)* [ich zähle bis drei:] eins, zwei, drei; **une ~** [**qu'il fut**] **parti, ...** als er schließlich weg war, ...; **une ~ que tu auras lavé la vaisselle** sobald du den Abwasch gemacht hast; **une ~ propre, la table peut être repeinte** wenn der Tisch [erst einmal] sauber ist, kann er neu gestrichen werden

foison [fwazɔ̃] ▶ **à ~** in Hülle und Fülle

foisonnant(e) [fwazɔnɑ̃, ɑ̃t] *adj (abondant)* umfangreich

foisonnement [fwazɔnmɑ̃] *m* Fülle *f*

foisonner [fwazɔne] <1> *vi* reichlich vorhanden sein

fol [fɔl] *adj v.* **fou**

Grammatik und Co.
Die männliche Singularform **fol** steht an Stelle von **fou** vor Vokalen oder stummem *h*:
un fou rire – ein Lachanfall;
un fol été – ein verrückter Sommer;
un fol héroïsme – ein verrückter Heldenmut.

folâtre [fɔlɑtʀ] *adj* ausgelassen

folâtrer [fɔlɑtʀe] <1> *vi* sich tummeln

foldingue [fɔldɛ̃g] *(fam)* **I.** *adj* verrückt, durchgeknallt *sl* **II.** *mf* Spinner(in) *m(f)*

folichon(ne) [fɔlifɔ̃, ɔn] *adj (fam)* ***ne pas être ~*** nicht gerade umwerfend sein

folie [fɔli] *f* ❶ *(démence)* Wahnsinn *m* ❷ *(déraison)* Verrücktheit *f* ❸ *(passion)* ***~ de qc*** Manie *f* für etw; ***avoir la ~ de qc*** verrückt nach etw *dat* sein; ***aimer qn/qc à la ~*** jdn/etw wahnsinnig lieben ❹ *(conduite, paroles)* Torheit *f*; ***~ des grandeurs*** Größenwahn *m*; ***faire une ~/des ~s*** *(faire une dépense excessive)* unsinnig viel Geld ausgeben; *(se conduire mal)* aus der Rolle fallen ❺ HIST Lustschloss *nt*

folié(e) [fɔlje] *adj* aus mehreren Schichten bestehend

folio [fɔljo] *m* TYP ❶ *(feuillet)* Folio[blatt *nt*] *nt* ❷ *(numéro)* Seitenzahl *f*

foliole [fɔljɔl] *f* [Einzel]blatt *nt*

folklo [fɔlklo] *adj inv (fam) abr de* **folklorique**

folklore [fɔlklɔʀ] *m* ❶ *(tradition populaire)* Folklore *f* ❷ *(cérémonial)* Sitten und Gebräuche *Pl* ❸ *(péj: cinéma)* [Affen]theater *nt*

folklorique [fɔlklɔʀik] *adj* ❶ *chant* folkloristisch; *danse, groupe* Folklore- ❷ *(péj fam: farfelu)* ein bisschen komisch

folle [fɔl] **I.** *adj v.* **fou II.** *f (fam: homosexuel)* ***[grande]*** ~ Tunte *f fam*, Tucke *f sl*

follement [fɔlmɑ̃] *adv* wahnsinnig *fam*; *amoureux* unsterblich; *comique* irrsinnig

follet(te) [fɔlɛ, ɛt] *adj* ❶ *(déraisonnable)* wirr ❷ *(fig: capricieux)* launisch ❸ ▶ **esprit ~** Kobold *m*; **feu ~** Irrlicht *nt*; **poil ~** Flaum *m*

fomentateur, -trice [fɔmɑ̃tatœʀ, -tʀis] *m, f* Aufrührer(in) *m(f)*, Aufwiegler(in) *m(f)*

fomenter [fɔmɑ̃te] <1> *vt (littér)* schmieden *complot;* anstiften *troubles, assassinat*

foncé(e) [fɔ̃se] *adj* dunkel; *bleu, rouge* dunkel-

foncer [fɔ̃se] <2> **I.** *vt* ❶ *(rendre plus foncé)* dunkler machen ❷ *(creuser)* graben, ausschachten *puits* ❸ GASTR den Boden auslegen **II.** *vi* ❶ ***~ sur qn/qc*** auf jdn/etw losgehen ❷ *(fam: aller très vite: en courant)* [los]wetzen; *(en agissant très vite)* fix machen ❸ *(devenir plus foncé)* dunkler werden

fonceur, **-euse** [fɔ̃sœʀ, -øz] *m, f* ❶ *(fam: personne dynamique)* dynamische Person *f* ❷ *(audacieux)* Draufgänger(in) *m(f) fam*

foncier, **-ière** [fɔ̃sje, -jɛʀ] *adj* ❶ Grund-; *revenus* aus Liegenschaften *Pl* ❷ *défaut* grundlegend; *erreur* gründlich; *problème* grundsätzlich; *qualité, gentillesse* angeboren

foncièrement [fɔ̃sjɛʀmɑ̃] *adv* von Grund auf

fonction [fɔ̃ksjɔ̃] *f* ❶ Funktion *f*; ***qn a pour ~ de faire qc*** jds Aufgabe ist es, etw zu tun; ***faire ~ de qc*** als etw dienen; ***faire ~ de qn*** jds Rolle übernehmen ❷ *(activité professionnelle)* Tätigkeit *f* ❸ *(charge)* Amt *nt*; ***logement de ~*** Dienstwohnung *f* ❹ MATH, TECH, INFORM Funktion *f* ❺ CHIM Wirkung *f* ▶ **la ~ publique** der öffentliche Dienst; **être ~ de qc** von etw abhängen; **en ~ de qc** einer S. *dat* entsprechend; ***en ~ du temps*** je nach Wetter[lage]

fonctionnaire [fɔ̃ksjɔnɛʀ] *mf* Beamte(r) *m*/Beamtin *f*

fonctionnalité [fɔ̃ksjɔnalite] *f* ❶ *sans pl* Funktionalität *f* ❷ *gén pl* INFORM Funktionen *Pl*

fonctionnariat [fɔ̃ksjɔnaʀja] *m* Berufsbeamtentum *nt*

fonctionnariser [fɔ̃ksjɔnaʀize] <1> *vt* ❶ *(assimiler aux fonctionnaires)* in den Staatsdienst übernehmen *entreprise, personne* ❷ *(bureaucratiser)* bürokratisieren *service, Etat*

fonctionnel(le) [fɔ̃ksjɔnɛl] *adj* ❶ funktionsgerecht, funktionell ❷ MED, MATH Funktions-

fonctionnement [fɔ̃ksjɔnmɑ̃] *m* Funktionieren *nt*

fonctionner [fɔ̃ksjɔne] <1> *vi* funktionieren, laufen; *organe, administration:* arbeiten; ***~ à la bière*** *(fam)* ohne Bier nicht über die Runden kommen

fond [fɔ̃] *m* ❶ *d'un récipient, tiroir* Boden *m*; *de la mer* Grund *m*; *d'un violon, d'une guitare* Resonanzboden *m*; *d'une vallée* Sohle *f*; ***les ~s sous-marins*** die Tiefsee ❷ *d'une pièce, d'un couloir* hinterer Teil; *d'une armoire* Rückwand *f*; ***au ~ de qc*** in der Tiefe von etw; ***au ~ du sac*** [ganz] unten in der Tasche; ***au ~ du jardin*** [ganz] am Ende des Gartens; ***au [fin] ~ du monde/de qc*** am Ende der Welt/im hintersten Winkel einer S. *gen*; ***au ~ de la cour*** hinten im Hof ❸ ANAT Innere(s) *nt*; ***examiner le ~ de la gorge*** in den Hals schauen ❹ THEAT *d'une estrade, scène* Hintergrund *m* ❺ *du cœur, de l'âme* Innere(s) *nt*; ***avoir un bon ~*** einen guten Kern haben; ***regarder qn au ~ des yeux*** jdm tief in die Augen schauen; ***du ~ du cœur*** von ganzem Herzen ❻ *(degré le plus bas)* ***~ de la misère*** tiefstes Elend; ***être au ~ de l'abîme*** am Boden zerstört sein ❼ *des choses* Wesentliche(s) *nt*; *d'un problème* Kern *m*; ***expliquez le ~ de votre pensée*** sagen Sie, was Sie wirklich denken; ***aller au ~ des choses*** den Dingen auf den Grund gehen ❽ *(opp: forme)* Inhalt *m* ❾ *de vin, d'apéritif* [kleiner] Schluck; *d'huile, de bouteille, verre* Rest *m* ❿ *(hauteur d'eau)* [Wasser]tiefe *f* ⓫ *(pièce rapportée)* Boden *m* ⓬ *(arrière-plan: sonore)* Hintergrund *m*; *(visuel)* Untergrund *m* ⓭ GASTR Fond *m*; ***~ de tarte*** Tortenboden *m* ⓮ *(résistance)* Ausdauer *f*; *(course)* Langstreckenlauf *m*; ***ski de ~*** [Ski]langlauf *m* ⓯ *(base)* ***~ de teint*** Grundierung *f* ▶ **le ~ de l'air est frais** es weht ein kühles Lüftchen; **user ses ~s de culotte sur les bancs de l'école** die Schulbank drücken; **connaître qc comme le ~ de sa poche** etw wie seine Westentasche kennen; **faire** [*o* **vider**] **les ~s de tiroir** *(fam)* sein letztes Geld zusammenkratzen; **avoir un ~ de qc** eine Spur von etw besitzen; ***il y a un grand ~ de vérité dans tout ça*** dahinter steckt viel Wahres; **à ~** voll und ganz; *nettoyer, remanier* gründlich; *respirer* tief; *connaître* in- und auswendig; **à ~ la caisse** *(fam)* mit einem Affenzahn; **être à ~ de cale** *(fam)* pleite sein; **à ~ de train** im Eiltempo; **au** [*o* **dans le**] **~, ...** *(fam)* im Grunde genommen ...; **de ~** Haupt-; *article* Leit-; **de ~ en comble** von Grund aus; **sur le ~** grundsätzlich

fondamental [fɔ̃damɑ̃tal] <-aux> *m* Grundton *m*

fondamental(e) [fɔ̃damɑ̃tal, -o] <-aux> *adj* ❶ grundlegend; *élément, propriété, loi* Grund-; *opération* Haupt- ❷ *(essentiel)* wesentlich ❸ SCI *recherche* Grundlagen- ❹ MUS *son, accord* Grund-; *fréquence* Haupt- ❺ LING ***l'allemand ~*** der deutsche Grundwortschatz

fondamentalement [fɔ̃damɑ̃talmɑ̃] *adv* von Grund auf; *modifier* grundlegend; *opposé, faux* grund-

fondamentalisme [fɔ̃damɑ̃talism] *m* Fundamentalismus *m*

fondamentaliste [fɔ̃damɑ̃talist] **I.** *adj* fundamentalistisch **II.** *mf* REL Fundamentalist(in) *m(f)*

fondant [fɔ̃dɑ̃] *m* ❶ weiches Bonbon

F

❷ *(glaçage)* Fondant *m o nt* ❸ TECH Schmelzsubstanz *f*

fondant(e) [fɔ̃dɑ̃, ɑ̃t] *adj* ❶ *(qui fond)* schmelzend; ***neige ~e*** Pappschnee *m* ❷ *poire* saftig ❸ *(tendre)* zart

fondateur, -trice [fɔ̃datœʀ, -tʀis] *m, f d'une usine, ville* Gründer(in) *m(f); d'une théorie, science* Begründer(in) *m(f); d'une bourse, d'un prix* Stifter(in) *m(f); d'une œuvre* Initiator(in) *m(f)*

fondation [fɔ̃dasjɔ̃] *f* ❶ *(fait de fonder)* Gründung *f* ❷ *(création par don ou legs)* Stiftung *f* ❸ *(établissement)* Stiftung *f* ❹ *pl* ARCHIT *d'un bâtiment* Fundament *nt*

fondé(e) [fɔ̃de] **I.** *adj* ***être bien ~*** *crainte, critique:* berechtigt sein; *opinion:* fundiert sein; *confiance:* gerechtfertigt sein; *pressentiment:* nicht unbegründet sein; ***être ~ à faire qc*** allen Grund haben etw zu tun **II.** *m(f)* ***~ de pouvoir*** Handlungsbevollmächtigte(r) *f(m)*

fondement [fɔ̃dmɑ̃] *m* ❶ *pl* Grundlagen *Pl* ❷ *(motif, raison)* Grundlage *f;* ***ne reposer sur aucun ~*** völlig unbegründet sein ❸ PHILOS Grundlage *f*

fonder [fɔ̃de] <1> **I.** *vt* ❶ gründen ❷ *(financer)* stiften *prix;* ins Leben rufen *dispensaire, institution* ❸ *(faire reposer)* ***~ une décision sur qc*** eine Entscheidung mit etw begründen **II.** *vpr* ***se ~ sur qc*** *personne:* sich auf etw *akk* berufen; *attitude, raisonnement:* durch etw *akk* begründet sein

fonderie [fɔ̃dʀi] *f* ❶ *(usine)* [Metall]gießerei *f* ❷ *(fabrication)* [Metall]gießen *nt*

fondeur [fɔ̃dœʀ] *m* ❶ *(de profession)* [Metall]gießer(in) *m(f)* ❷ *(maître)* Meister(in) *m(f)* in einer [Metall]gießerei

fondeur, -euse [fɔ̃dœʀ, -øz] *m, f (au ski)* Langläufer(in) *m(f)*

fondre [fɔ̃dʀ] <14> **I.** *vi* ❶ schmelzen ❷ *(se dissoudre)* ***~ dans un liquide*** zerfließen; ***~ sous la langue*** auf der Zunge zergehen ❸ *(s'attendrir)* ***~ de pitié/en larmes*** vor Mitleid *dat* vergehen/in Tränen ausbrechen ❹ *(fam: maigrir)* ***~ de 10 kilos*** 10 Kilo abspecken ❺ *(diminuer rapidement) argent, muscles:* dahinschwinden; *(diminuer partiellement)* [zusammen]schrumpfen; ***~ devant qc*** *sentiment:* angesichts einer S. schwinden ❻ *(dissiper)* ***faire ~ sa colère*** seine Wut abflauen lassen ❼ *(se précipiter)* ***~ sur qn/qc*** *oiseau, ennemi:* sich auf jdn/etw stürzen; ***~ sur qn*** *(fig) ennuis:* auf jdn zukommen; *soucis:* jdn befallen; *malheurs:* über jdn hereinbrechen **II.** *vt* ❶ schmelzen, einschmelzen *bijoux, argenterie;* zerlassen *beurre* ❷ *(fabriquer)* gießen ❸ *(fusionner)* ***~ qc dans qc*** etw mit etw vereinigen ❹ *(incorporer)* ***~ qc dans qc*** etw in etw *akk* einfügen **III.** *vpr* ❶ ***se ~ en qc*** sich zu etw vereinigen ❷ *(former un tout avec)* ***se ~ dans qc*** in etw *dat* aufgehen ❸ *(disparaître)* ***se ~ dans qc*** in etw *dat* verschwinden; *appel:* in etw *dat* untergehen

fondrière [fɔ̃dʀijɛʀ] *f (trou plein d'eau)* [Wasser]loch *nt; (trou plein de boue)* [Schlamm]loch; *(trou dans la rue)* Schlagloch

fonds [fɔ̃] *m* ❶ *(commerce)* Geschäft *nt* ❷ *(terrain)* Grundstück *nt* ❸ *(organisme)* Fonds *m;* ***Fonds monétaire international*** Weltwährungsfonds *m* ❹ *(capital)* Vermögen *nt;* ***~ de grève*** Streikkasse *f;* ***~ publics*** [*o* ***d'État***] öffentliche Gelder *Pl;* ***~ de roulement*** Umlaufvermögen *nt;* ***gérer les ~*** die Gelder verwalten; ***prêter qc à ~ perdu*** etw ohne Aussicht auf Rückzahlung verleihen; ***rentrer dans ses ~*** *(fam)* sein Geld zurückbekommen ❺ *(ressources)* Stoff *m; d'une langue* Wortschatz *m* ❻ *d'une bibliothèque* Bestand *m* ❼ *(qualités physiques ou intellectuelles)* Potenzial *nt*

fondu [fɔ̃dy] *m* CINE ***~ enchaîné*** Überblendung *f*

fondu(e) [fɔ̃dy] **I.** *part passé de* **fondre** **II.** *adj couleurs, tons* ineinander übergehend; *fromage* Schmelz-; ***neige ~e*** Schneeregen *m; (au sol)* Pappschnee *m*

fondue [fɔ̃dy] *f* Fondue *nt;* ***~ savoyarde*** Käsefondue

fongicide [fɔ̃ʒisid] *m* Fungizid *nt*

fongique [fɔ̃ʒik] *adj* MED, AGR Pilz-; ***attaque ~*** Pilzbefall *m;* ***infection ~*** Pilzinfektion *f*

font [fɔ̃] *indic prés de* **faire**

fontaine [fɔ̃tɛn] *f* ❶ *(construction)* [Spring]brunnen *m,* Dorfbrunnen *m* ❷ *(source)* Brunnen *m* ❸ *(creux dans la farine)* Mulde *f* ▸ **pleurer comme une ~** *(hum)* wie ein Schlosshund heulen *fam*

Falsche Freunde
Nicht verwechseln mit *die Fontäne – le jet d'eau*!

fonte [fɔ̃t] *f* ❶ *d'un métal* Schmelzen *nt* ❷ *(fabrication)* Gießen *nt* ❸ *(métal)* Gusseisen *nt*

fonts [fɔ̃] *mpl* ***~ baptismaux*** Taufstein *m*

foot [fut] *m sans pl abr de* **football** Fußball *m*

football [fut(bol)] *m sans pl* Fußball *m*

footballeur, **-euse** [futbolœʀ, -øz] *m, f* Fußballspieler(in) *m(f)*

footing [futiŋ] *m* Joggen *nt*; ***faire du/son*** ~ joggen

for [fɔʀ] ▶ **en/dans mon/son ~ intérieur** in meinem/seinem/ihrem tiefsten Inneren

forage [fɔʀaʒ] *m* Bohrung *f*

forain(e) [fɔʀɛ̃, ɛn] **I.** *adj attraction, baraque* Jahrmarkts-; *marchand* fliegend; ***fête ~e*** Jahrmarkt *m* **II.** *m(f)* Schausteller(in) *m(f)*

forban [fɔʀbɑ̃] *m* ❶ *(pirate)* Seeräuber *m* ❷ *(fam: escroc)* Halunke *m*

forçat [fɔʀsa] *m* ❶ zur Zwangsarbeit verurteilter Sträfling ❷ *(condamné aux galères)* Galeerensträfling *m* ▶ **~ du travail** Arbeitstier *nt*; **travailler comme un ~** wie ein Wilder schuften *fam*

force [fɔʀs] *f* ❶ *a.* PHYS Kraft *f* ❷ *(courage)* Kraft *f*; ***~ d'âme*** Seelengröße *f* ❸ *(niveau intellectuel)* Geistesgabe *f* ❹ *(pouvoir)* Stärke *f*; ***~ de dissuasion*** Abschreckungspotenzial *nt*; ***~ publique*** öffentliche Gewalt; ***employer la ~*** Gewalt anwenden; ***l'union fait la ~*** Einigkeit macht stark ❺ *gén pl (ensemble de personnes)* Kräfte *Pl*; ***~ de vente*** Außendienst *m*; ***~ électorale*** Wählerpotenzial *nt* ❻ MIL ***~ de frappe*** *schlagwortartige Bezeichnung für die französische Atomstreitmacht*; ***~s d'intervention*** Einsatztruppen *Pl*; ***~s d'occupation*** Besatzungsmacht *f*; ***~s de l'ordre*** Polizei *f*; ***~[s] armée[s]/militaire[s]*** Streitkräfte *Pl* ❼ *de l'habitude, de la loi* Macht *f*; *d'un argument, préjugé* Stärke *f*; ***avoir/faire/prendre ~ de loi*** Gesetzeskraft haben/bekommen; ***avoir ~ exécutoire*** rechtskräftig sein; ***par la ~ des choses*** zwangsläufig ❽ *(principe d'action)* Kraft *f*; *de la nature, du mal, des ténèbres* Kräfte *Pl* ❾ *d'un choc, coup* Wucht *f*; *du vent, d'un tremblement de terre* Stärke *f*; *d'une carte* Wert *m*; *d'un désir, d'une passion* Heftigkeit *f*; *d'un sentiment* Tiefe *f*; *de l'égoïsme, de la haine* Ausmaß *nt*; ***~ du son/bruit*** Lautstärke *f*; ***frapper avec ~*** heftig schlagen; ***avec un vent de ~ 7*** bei Windstärke 7 ❿ TECH *d'un câble, mur, d'une barre* Stabilität *f* ⓫ *d'un moteur* Leistungskraft *f*; *d'un médicament, poison* Wirkungskraft *f* ⓬ *d'un style, terme* Ausdruckskraft *f*; ***dans toute la ~ du terme*** im wahrsten Sinne des Wortes ⓭ CHIM Stärke *f* ⓮ *sans pl (électricité)* [elektrischer] Strom ▶ **être dans la ~ de l'âge** in den besten Jahren sein; **avoir une ~ de cheval** *(fam)* Bärenkräfte haben; **c'est une ~ de la nature** er/sie steckt voller Vitalität; **être de ~ à faire qc** in der Lage sein etw zu tun; **à ~** mit der Zeit; ***à ~ de pleurer*** durch das viele Weinen; **faire qc avec ~** etw mit Nachdruck tun; **faire qc de ~** etw unter Zwang tun; **faire qc par ~** etw gezwungenermaßen tun

forcé(e) [fɔʀse] **I.** *part passé de* **forcer** **II.** *adj* ❶ *bain, mariage* unfreiwillig; *travail* Zwangs-; *atterrissage* Not-; ***envoi ~*** nicht bestellte Ware ❷ *attitude* steif; *rire, sourire* gezwungen; *amabilité, gaieté* aufgesetzt ❸ *(fam: inévitable)* zwangsläufig ❹ LITTER, ART *style, trait* unnatürlich; *comparaison, effet* erzwungen ▶ **c'était ~!** *(fam)* das war abzusehen!

forcément [fɔʀsemɑ̃] *adv* zwangsläufig; ***pas ~*** nicht unbedingt; ***~!*** na klar! *fam*

forcené(e) [fɔʀsəne] **I.** *adj* ❶ *(très violent)* gewaltig ❷ *(démesuré)* wahnsinnig; *partisan* leidenschaftlich **II.** *m(f)* Verrückte(r) *f(m)*; ***être un ~ du vélo*** *(fam)* ein passionierter Radfahrer sein; ***être un ~ du boulot*** *(fam)* arbeitswütig sein

forceps [fɔʀsɛps] *m sans pl* Geburtszange *f*

forcer [fɔʀse] <2> **I.** *vt* ❶ *(obliger)* ***~ qn à faire qc*** jdn zwingen etw zu tun ❷ *(tordre)* verbiegen ❸ *(enfoncer)* aufbrechen *coffre, porte, serrure;* durchbrechen *barrage;* ***~ l'entrée de qc*** sich *dat* Zugang zu etw verschaffen ❹ *(susciter)* hervorrufen *admiration, estime;* erregen *attention;* einflößen *respect;* wecken *sympathie, confiance* ❺ *(vouloir obtenir plus de qc)* zu Höchstleistungen antreiben *cheval;* auf Hochtouren bringen *moteur* ❻ *(vouloir infléchir)* manipulieren *conscience;* erzwingen *consentement, succès;* herausfordern *destin* ❼ *(intensifier)* heben *voix;* beschleunigen *pas* ❽ *(exagérer)* übermäßig aufrunden *dépense, note* **II.** *vi* ❶ sich überanstrengen ❷ *(agir avec force)* ***~ sur qc*** etw mit Gewalt tun ❸ *(fam: abuser)* ***~ sur les pâtisseries*** es mit dem Gebäck übertreiben ❹ *(supporter un effort excessif) moteur:* zu stark beansprucht werden **III.** *vpr* ***se ~ à faire qc*** sich Mühe geben etw zu tun; ***se ~ à qc*** sich zu etw *dat* zwingen; ***ne pas se ~ pour faire qc*** sich nicht darum reißen etw zu tun *fam*

forcing [fɔʀsiŋ] *m sans pl* ❶ SPORT schneller Vorstoß ❷ *(fam: déploiement d'énergie)* Kraftakt *m*; ***faire le ~ pour obtenir qc*** *(fam)* nicht locker lassen, bis man etw

F

erreicht; ***faire qc au*** ~ etw unter Aufbietung aller Kräfte tun

forcir [fɔʀsiʀ] <8> *vi* ❶ *(devenir plus fort)* kräftiger werden ❷ *(grossir)* zunehmen

forer [fɔʀe] <1> *vt* ❶ *(faire un trou dans)* bohren *trou, puits* ❷ ausheben *excavation*

forestier, -ière [fɔʀɛstje, -jɛʀ] **I.** *adj* Wald- **II.** *m, f* Förster(in) *m(f)*

foret [fɔʀɛ] *m* Bohrer *m*

forêt [fɔʀɛ] *f* ❶ Wald *m* ❷ *(grande quantité)* Unmenge *f*

forêt-noire [fɔʀɛnwaʀ] <forêts-noires> *f* *(gâteau)* Schwarzwälder Kirschtorte *f*

Forêt-Noire [fɔʀɛnwaʀ] *f* GEOG ***la*** ~ der Schwarzwald

foreuse [fɔʀøz] *f* TECH Bohrmaschine *f*

forfait [fɔʀfɛ] *m* ❶ *(prix fixé)* Pauschale *f* ❷ TELEC *(payé par avance)* Prepaid-Vertrag *m;* ~ ***illimité*** Flatrate *f* ❸ FIN Vorsteuersatz *m* ❹ SPORT ***le*** ~ ***de neige*** die Schneepauschale ▶ **déclarer** ~ aussteigen

forfaitaire [fɔʀfɛtɛʀ] *adj indemnité* pauschal festgesetzt; *montant, prix* Pauschal-

forfaiture [fɔʀfetyʀ] *f* ❶ JUR Amtsmissbrauch *m* ❷ HIST Treubruch *m*

forge [fɔʀʒ] *f* ❶ *(fourneau)* Schmiedeofen *m* ❷ *(atelier)* Schmiede *f* ❸ *pl* *(usine)* Hütte[nwerk *nt*] *f*

forger [fɔʀʒe] <2a> **I.** *vt* ❶ *(façonner)* schmieden ❷ *(inventer)* erfinden *excuse, prétexte* **II.** *vpr* ❶ ***se*** ~ ***une réputation/un idéal*** sich *dat* einen Namen machen/ein Ideal schaffen ❷ *(s'inventer)* ***se*** ~ ***un prétexte*** sich *dat* einen Vorwand ausdenken

forgeron [fɔʀʒəʀɔ̃] *m* Schmied *m*

formaldéhyde [fɔʀmaldeid] *m* CHIM Formaldehyd *m*

formaliser [fɔʀmalize] <1> **I.** *vpr* ***se*** ~ ***de qc*** Anstoß an etw *dat* nehmen **II.** *vt* formalisieren

formalisme [fɔʀmalism] *m (péj)* Überbetonung *f* der Form

formaliste [fɔʀmalist] **I.** *adj* formalistisch; *personne* [sehr] formell **II.** *m* Formalist(in) *m(f)*

formalité [fɔʀmalite] *f* ❶ ADMIN, JUR Formalität *f;* ~ ***administrative*** Verwaltungsformalität; ***sans autre*** ~ kurzerhand ❷ *(démarche de peu d'importance)* [reine] Formsache

format [fɔʀma] *m* Format *nt;* ~ ***grand aigle/jésus/raisin*** *französische Papierformate: 74 x 105/56 x 72/50 x 64 cm*

formatage [fɔʀmataʒ] *m* INFORM Formatierung *f*

formater [fɔʀmate] <1> *vt* INFORM formatieren

formateur, -trice [fɔʀmatœʀ, -tʀis] **I.** *adj* formend; *expérience, influence* für die Erziehung förderlich **II.** *m, f* Ausbilder(in) *m(f)*

formation [fɔʀmasjɔ̃] *f* ❶ *d'une équipe* Aufstellung *f* ❷ LING *d'un mot, du pluriel* Bildung *f* ❸ GEOM *d'un cercle, cylindre* Konstruktion *f* ❹ *du monde, des dunes* Entstehung *f; du capitalisme* Entwicklung *f; d'une couche* Bildung *f; d'un embryon* Entwicklung; *d'un os, d'un système nerveux* Herausbildung *f* ❺ *(apprentissage professionnel)* Ausbildung *f;* ~ ***professionnelle*** Berufsausbildung; ~ ***continue*** [*o* ***permanente***] Weiterbildung *f;* ~ ***en ligne*** E-Learning *nt* ❻ *(éducation morale et intellectuelle)* Bildung *f; du caractère, goût* Herausbildung *f* ❼ *(groupe de personnes)* Gruppe *f; (dans le domaine politique)* Gruppierung *f;* MIL Truppe *f;* SPORT Mannschaft *f* ❽ *(disposition)* Formation *f; (sur le champ de bataille)* Aufstellung *f* ❾ GEOL, BOT Formation *f* ❿ *(puberté)* Reifezeit *f*

forme [fɔʀm] *f* ❶ *(aspect extérieur)* Form *f;* ***en*** ~ ***de croix/de cœur*** kreuz-/herzförmig; ***sous la*** ~ ***de qn/qc*** in jds Gestalt/in der Gestalt einer S. *gen;* ***sous toutes ses*** **~s** in all seinen/ihren Erscheinungsformen ❷ *(silhouette)* Gestalt *f* ❸ *pl* *(galbe du corps)* Rundungen *Pl* ❹ *(variante)* Form *f* ❺ *(condition physique, intellectuelle)* Form *f,* Kondition *f;* ***être en pleine*** ~ *(physiquement)* fit wie ein Turnschuh sein *fam* ❻ *pl (bienséance)* [Umgangs]formen *Pl* ❼ ART, LITTER, MUS [Ausdrucks]form *f* ❽ LING, JUR Form *f* ▶ **sans autre** ~ **de procès** kurzerhand; **en bonne** [**et due**] ~ ordnungsgemäß; [**y**] **mettre les ~s** sich höflich ausdrücken; **prendre** ~ *projet:* Gestalt annehmen; **faire qc dans les ~s** etw ordnungsgemäß tun

formé(e) [fɔʀme] *adj* ❶ *fruit* voll ausgebildet; *jeune fille* voll entwickelt ❷ *mot, phrase* ***bien/mal*** *~(e)* richtig/falsch gebildet

formel(le) [fɔʀmɛl] *adj* ❶ *déclaration, engagement* ausdrücklich; *refus* entschieden; *ordre* strikt; *preuve* eindeutig; ***être*** ~ ***sur qc*** sich in Bezug auf etw *akk* klar ausdrücken ❷ ART, LITTER, LING Form- ❸ *(de pure forme)* formell ❹ PHILOS formal

formellement [fɔʀmɛlmɑ̃] *adv* ❶ *(expressément)* ausdrücklich ❷ *(concernant la forme)* formal

former [fɔʀme] <1> **I.** *vt* ❶ *(façonner)* formen ❷ *(créer, organiser)* gründen *association, parti;* bilden *coalition;* schmieden *complot* ❸ *(assembler des éléments)* bilden *équipes;* zusammenstellen *cortège;* zusammentragen *collection;* aufbauen *armée* ❹ *(concevoir)* entwickeln *idée, pensée;* entwerfen *projet;* äußern *vœu;* hegen *dessein* ❺ *(constituer)* bilden ❻ *(produire, donner)* herausbilden, hervorbringen *fleur* ❼ *(instruire)* ausbilden *personne; voyage, épreuve:* schulen, formen *caractère* ❽ *(prendre l'aspect, la forme de)* bilden *cercle;* machen *boucle* **II.** *vpr* ❶ ***se ~*** sich bilden; *fruits:* wachsen; *images:* entstehen ❷ *(se disposer)* ***se ~ en colonne*** sich in Kolonnen aufstellen ❸ *(s'instruire)* ***se ~*** sich bilden

formica® [fɔʀmika] *m* ≈ Resopal® *nt*

formidable [fɔʀmidabl] *adj* ❶ *(fam: très bien)* toll, klasse, hervorragend ❷ *(hors du commun)* ungeheuer; *dépense, détonation* gewaltig; ***c'est ~!*** das ist ja irre!

formidablement [fɔʀmidabləmɑ̃] *adv* unheimlich

formol [fɔʀmɔl] *m* Formalin® *nt*

formulaire [fɔʀmylɛʀ] *m* ❶ Formular *nt,* Drucksorte *f* A ❷ *(recueil de formules)* Formelsammlung *f*

formulation [fɔʀmylasjɔ̃] *f* Formulierung *f*

formule [fɔʀmyl] *f* ❶ Formulierung *f* ❷ *(paroles rituelles)* Formel *f;* ***~ de politesse*** [Höflichkeits]floskel *f* ❸ *(choix, possibilité)* Angebot *nt;* ***~ à soixante euros*** Menü *nt* zu sechzig Euro ❹ *(façon de faire)* Methode *f* ❺ SCI, CHIM Formel *f;* ***la ~ magique*** CH die Zauberformel CH ❻ AUT, SPORT ***~ I*** Formel *f* I

formuler [fɔʀmyle] <1> *vt* ❶ formulieren *demande, pensée;* abfassen *requête* ❷ *(mettre en formule)* in einer Formel zusammenfassen

forniquer [fɔʀnike] <1> *vi* ***~ avec qn*** mit jdm Unzucht treiben

fors [fɔʀ] *prép (vieilli)* außer, nur nicht ▶ **tout est sauvé, ~ l'honneur** alles ist gerettet, nur nicht die Ehre

forsythia [fɔʀsisja] *m* Forsythie *f*

Aussprache
Das -th- in **forsythia** wird als [s] gesprochen.

fort [fɔʀ] **I.** *adv* ❶ *frapper* kräftig; *parler, crier* laut; *sentir* streng riechen; ***son cœur battait très ~*** er/sie hatte starkes Herzklopfen; ***le vent souffle ~*** es weht ein starker Wind; ***respirez ~!*** tief einatmen! ❷ *(beaucoup)* ***avoir ~ à faire*** alle Hände voll zu tun haben; ***ça me déplaît ~*** das missfällt mir sehr; ***j'en doute ~*** das möchte ich stark bezweifeln ❸ *antéposé (très)* sehr ❹ *(fam: bien)* gut; ***toi, ça ne va pas ~*** dir geht's nicht besonders ▶ **~ bien!** na gut!; **se faire ~ de faire qc** sich *dat* zutrauen, etw zu tun; **y aller [un peu/trop] ~** *(fam)* zu weit gehen **II.** *m* ❶ *(forteresse)* Fort *nt* ❷ *(spécialité)* ***la cuisine, ce n'est pas mon ~*** Kochen ist nicht gerade meine Stärke ❸ *(milieu, cœur)* ***au plus ~ de l'été*** im Hochsommer; ***au plus ~ de la bataille*** auf dem Höhepunkt der Schlacht

fort(e) [fɔʀ, fɔʀt] **I.** *adj* ❶ *(robuste)* kräftig; *personne, animal* stark, kraftvoll ❷ *postposé (puissant)* stark; *monnaie* hart; ***être ~ de sa supériorité*** sich *dat* seiner Überlegenheit sicher sein; ***être ~ de l'appui de qn*** auf jds Hilfe *akk* bauen können ❸ *postposé carton, fil, papier* dick ❹ *(de grande intensité)* stark; *mer* aufgewühlt; *lumière* hell; *averse, battement* heftig; *rythme* schnell; ***~e chaleur*** [Affen]hitze *f fam* ❺ *(pour le goût)* stark; *moutarde, sauce* scharf ❻ *(pour l'odorat)* stark ❼ *(pour les sensations/sentiments)* groß; *colère* heftig; *dégoût, désir, ferveur, douleur, émotion, rhume* stark; *fièvre* hoch ❽ MUS *temps* betont ❾ LING stimmlos ❿ *œuvre* groß; *phrase, geste politique* bedeutend; *présomption* stark; ***exprimer son opinion en termes très ~s*** seine Meinung sehr deutlich zum Ausdruck bringen; ***dire qc haut et ~*** etw laut und deutlich sagen ⓫ *(important quantitativement)* hoch; *différence* groß; *baisse, hausse* stark; ***il y a de ~es chances pour que*** +*subj* es bestehen gute Chancen, dass; ***faire payer le prix ~*** den vollen Preis zahlen lassen ⓬ *(doué)* gut; ***être ~*** gut sein; *(dans sa profession)* sein Handwerk verstehen; *(dans un sport/jeu)* gut sein/spielen; ***être très ~ sur un sujet*** über ein Thema gut Bescheid wissen; ***ne pas être très ~ en cuisine*** nicht besonders gut kochen können; ***être très ~ pour critiquer*** *iron)* sehr gut im Kritisieren sein ⓭ *plaisanterie* gewagt; *terme* hart; ***cette histoire est un peu ~e*** diese Geschichte kann man kaum glauben ⓮ *(euph) chevilles, jambes* kräftig; *personne* stark; *poitrine* groß; ***être un peu ~ des hanches*** ziemlich breit um die Hüften sein ⓯ *postposé (courageux)* stark; ***une âme ~e*** eine in sich gefestigte Person ▶ **c'est plus ~ que moi** ich kann nicht anders; **le [*o* ce qu'il y**

a de] **plus ~, c'est que** *(iron)* das Beste ist, dass; **c'est trop** [*o* **un peu**] **~!** das gibt's doch nicht!; **elle est ~e, celle-là!** *(fam)* das schlägt dem Fass den Boden aus! **II.** *m(f)* *(personne)* Starke(r) *f(m)* ► **~ en thème** *(fam)* Musterschüler *m*

forte [fɔʀt] **I.** *f* *(personne)* Starke *f* **II.** *adv* MUS forte

fortement [fɔʀtəmɑ̃] *adv* ❶ *(vigoureusement)* fest; *secouer* kräftig; ***s'exprimer ~*** seinen Worten großen Nachdruck verleihen ❷ *(vivement)* ***insister ~ sur qc*** nachdrücklich auf etw *dat* bestehen; ***je suis ~ attiré par cela*** das reizt mich sehr ❸ *(beaucoup)* sehr; ***il est ~ question de qc*** etw wird ernsthaft in Erwägung gezogen

F

forteresse [fɔʀtəʀɛs] *f* ❶ *(lieu fortifié)* Festung *f* ❷ *(fig)* Hochburg *f* ❸ MIL **~ *volante*** Jagdbomber *m*

fortiche [fɔʀtiʃ] *adj* *(fam)* ❶ *(calé)* ***être ~ en math*** in Mathe echt was loshaben ❷ *(malin)* ***c'est pas ~ d'avoir fait cela*** es war nicht gerade clever das zu tun

fortifiant [fɔʀtifjɑ̃] *m* *(remède)* Stärkungsmittel *nt*

fortifiant(e) [fɔʀtifjɑ̃, jɑ̃t] *adj* *remède* stärkend; ***nourriture ~e*** Kraftnahrung *f*

fortification [fɔʀtifikasjɔ̃] *f* Befestigungsanlage *f*

fortifier [fɔʀtifje] <1> **I.** *vt* ❶ *(rendre vigoureux)* kräftigen ❷ *(affermir)* stärken *volonté;* festigen *amitié;* **~ *qn dans sa conviction*** jdn in seiner/ihrer Überzeugung bestärken ❸ MIL befestigen **II.** *vi* *(tonifier)* stärken **III.** *vpr* **se ~** ❶ *(devenir fort)* *santé:* sich stabilisieren; *personne:* *(par des exercices)* [seinen Körper] trainieren; *(après une maladie)* wieder zu Kräften kommen ❷ *(s'affermir)* *amitié, croyance:* sich festigen ❸ MIL sich verschanzen

fortin [fɔʀtɛ̃] *m* kleines Fort

fortuit(e) [fɔʀtɥi, it] *adj* zufällig; *remarque* willkürlich; ***cas ~*** Zufall *m*

fortuitement [fɔʀtɥitmɑ̃] *adv* zufällig[erweise]

fortune [fɔʀtyn] *f* ❶ *(richesse)* Vermögen *nt;* ***avoir de la ~*** wohlhabend sein; ***faire ~*** reich werden ❷ *(fam: grosse somme)* Vermögen *nt* ❸ *(magnat)* ***les grandes ~s*** die oberen Zehntausend ❹ *(chance)* Glück *nt;* ***la bonne ~*** der glückliche Zufall ► **faire contre mauvaise ~ bon cœur** gute Miene zum bösen Spiel machen; **de ~** behelfsmäßig

fortuné(e) [fɔʀtyne] *adj* *(riche)* wohlhabend

forum [fɔʀɔm] *m* ❶ *a.* HIST *(débat)* Forum *nt* ❷ *(place)* Platz *m* ❸ INFORM Newsgroup *f;* **~ *de discussion sur Internet*** Internetforum *nt*

fosse [fos] *f* ❶ *(cavité)* Grube *f* ❷ GEOL Graben *m* ❸ *(tombe)* Grab *nt* ❹ *(charnier)* Massengrab *nt* ❺ ANAT **~*s nasales*** Nasen[neben]höhlen *Pl*

fossé [fose] *m* ❶ *(tranchée)* Graben *m* ❷ *(écart)* Kluft *f;* **~ *des générations*** Generationskonflikt *m;* ***un ~ culturel sépare ces deux peuples*** zwischen den Kulturen dieser beiden Völker liegen Welten

fossette [fosɛt] *f* Grübchen *nt*

fossile [fosil] **I.** *adj* ❶ GEOL fossil ❷ *(péj fam: démodé)* angestaubt; *objet* vorsintflutlich; *personne* verknöchert **II.** *m* ❶ GEOL Fossil *nt* ❷ *(fig fam)* Grufti *m*

fossilifère [fosilifɛʀ] *adj* fossilienhaltig

fossilisation [fosilizasjɔ̃] *f* Versteinerung *f*

fossiliser [fosilize] <1> **I.** *vt* *(rendre fossile)* versteinern **II.** *vpr* **se ~** ❶ *(devenir fossile)* versteinern ❷ *(fig fam)* einrosten

fossoyeur [foswajœʀ] *m* Totengräber *m*

fou, fol, folle [fu, fɔl] **I.** *adj* ❶ *(dément)* verrückt, wahnsinnig; ***devenir ~ furieux*** einen Tobsuchtsanfall bekommen ❷ *(dérangé)* ***être ~ à lier*** völlig übergeschnappt sein *fam;* ***ne pas être ~*** *(fam)* doch nicht verrückt sein *fam;* ***devenir ~*** durchdrehen *fam;* ***c'est à devenir ~, il y a de quoi devenir ~*** das ist [ja] zum Verrücktwerden; ***il me rendra ~*** er bringt mich noch ins Irrenhaus *fam;* ***ils sont ~s, ces Romains!*** *hum)* die spinnen, die Römer! ❸ *(idiot)* ***qn est/serait ~ de faire qc*** jd ist/wäre verrückt, etw zu tun; ***il faut être ~ pour faire cela*** man muss ganz schön dumm sein, um das zu tun ❹ *désir, rires* unbändig; *tentative* vergeblich; *idée, projet* verrückt; *amour* wahnsinnig; *imagination, jeunesse* wild; *dépense* unvernünftig; *joie* überschäumend; *regard* irr; ***folle audace*** Tollkühnheit *f;* ***passer une folle nuit*** eine heiße Nacht verbringen; ***avoir le ~ rire*** einen Lachkrampf bekommen; ***les rumeurs les plus folles*** die wildesten Gerüchte ❺ *(éperdu)* ***être ~ de chagrin*** vor Kummer *dat* fast den Verstand verlieren; ***être ~ de désir*** ein wahnsinniges Verlangen verspüren *fam;* ***être ~ de colère*** außer sich vor Wut *dat* sein ❻ *(amoureux)* ***être ~ de qn*** ganz verrückt nach jdm sein *fam;* ***être ~ de jazz*** ganz versessen auf Jazz *akk* sein *fam* ❼ *(énorme, incroyable)* wahnsinnig *fam;* ***un argent ~*** ein Heidengeld *nt fam;* ***il y avait un monde*** ~ es waren irrsinnig [*o* wahnsinnig] viele Leute da *fam* ❽ *(exubérant)* ***être tout*** ~ außer Rand und Band sein *fam;* ***devenir tout*** ~ ganz aus dem Häuschen geraten *fam* ❾ *(en désordre, incontrôlé)* widerspenstig; ***un camion*** ~ ein außer Kontrolle geratener Lastwagen; ***un cheval*** ~ ein wild gewordenes Pferd **II.** *m, f* ❶ *(dément)* Wahnsinnige(r) *f(m);* MED Geistesgestörte(r) *f(m)* ❷ *(écervelé)* ***jeune*** ~ junger Irrer *fam;* ***vieux*** ~ närrischer Alter; ***crier/travailler comme un*** ~ wie ein Irrer schreien/arbeiten ❸ *(personne exubérante)* ***faire le*** ~ *(faire, dire des bêtises)* Blödsinn machen; *(se défouler)* sich austoben; ***arrête de faire le ~!*** lass den Quatsch! *fam* ❹ JEUX Läufer *m* ❺ *(bouffon)* Narr *m* ▶ **s'amuser comme un petit** ~ *(fam)* sich königlich amüsieren

foucade [fukad] *f (littér)* Laune *f;* ***ne travailler que par ~s*** [ganz] nach Lust und Laune arbeiten; ***c'est une fille à ~s*** sie hat ihre Launen, sie ist launenhaft

foudre[1] [fudʀ] *f* ❶ METEO Blitz[schlag] *m* ❷ *pl, (soutenu) d'une personne* Zorn *m* ▶ **un coup de** ~ Liebe auf den ersten Blick; ***avoir le coup de ~ pour qc*** von etw auf den ersten Blick begeistert sein

foudre[2] [fudʀ] *m* ~ ***de guerre*** großer Kriegsheld; ~ ***d'éloquence*** großer Redner

foudre[3] [fudʀ] *m (tonneau)* großes [Lager]fass

foudroyant(e) [fudʀwajɑ̃, jɑ̃t] *adj* ❶ *(soudain)* plötzlich; *succès* durchschlagend; *vitesse, progrès* rasant; *nouvelle* umwerfend; ***attaque ~e*** Blitzangriff *m* ❷ *(mortel)* tödlich ❸ *(réprobateur)* vernichtend

foudroyer [fudʀwaje] <6> *vt* ❶ *(frapper par la foudre)* ***être foudroyé*** *personne:* vom Blitz erschlagen werden; *chose, animal:* vom Blitz getroffen werden ❷ *(électrocuter)* ***être foudroyé*** einen elektrischen Schlag bekommen ❸ *(tuer)* tödlich treffen; ***la maladie l'a foudroyé(e)*** die Krankheit hat ihn/sie dahingerafft ❹ *(abattre, rendre stupéfait)* ~ ***qn*** *malheur:* jdn niederschmettern; *surprise:* jdn sprachlos machen

fouet [fwɛ] *m* ❶ *(verge)* Peitsche *f* ❷ GASTR Schneebesen *m* ❸ *(châtiment)* ***donner le ~ à qn*** jdn mit der Peitsche schlagen ▶ **de plein** ~ mit voller Wucht

fouetter [fwete] <1> **I.** *vt* ❶ *(frapper)* mit der Peitsche schlagen *personne, animal;* ***la pluie fouette les vitres*** der Regen schlägt gegen die Scheiben; ***le vent me fouette au visage*** der Wind peitscht mir ins Gesicht ❷ GASTR schlagen ❸ *(stimuler)* anstacheln *amour-propre, orgueil;* [er]wecken *désir;* beflügeln *imagination;* ~ ***le sang*** den Kreislauf anregen **II.** *vi (frapper)* ***la pluie fouette contre les vitres*** der Regen schlägt gegen die Fensterscheiben

foufou, fofolle [fufu, fɔfɔl] *adj (fam)* ***être un peu*** ~ *personne:* leicht verrückt sein; *chien:* ein bisschen verspielt sein

fougère [fuʒɛʀ] *f* BOT Farn *m*

fougue [fug] *f* Schwung *m*

fougueusement [fugøzmɑ̃] *adv s'empoigner, se battre* heftig; *s'embrasser* leidenschaftlich; *défendre* vehement

fougueux, -euse [fugø, -øz] *adj réponse, attaque* heftig; *tempérament, personne* aufbrausend; *orateur, intervention* leidenschaftlich; *cheval* feurig; *discours* flammend

fouille [fuj] *f* ❶ *(inspection)* Durchsuchung *f;* ~ ***corporelle*** Leibesvisitation *f* ❷ *pl (archéologie)* [Aus]grabungen *Pl* ❸ *(excavation)* Baugrube *f*

fouillé(e) [fuje] *adj commentaire* ausführlich; *étude* eingehend; *travail* gewissenhaft

fouille merde [fujmɛʀd] <fouille-merdes> *mf (fam)* Schmierfink *m*

fouiller [fuje] <1> **I.** *vt* ❶ *(inspecter)* durchsuchen *lieu, poches;* absuchen *horizon;* durchforsten *dossier;* eingehend erörtern *problème;* ~ ***la vie de qn*** sich eingehend mit jds Lebensgeschichte befassen; ~ ***l'obscurité des yeux*** versuchen in der Dunkelheit etwas zu erkennen; ~ ***la pièce des yeux*** [*o* ***du regard***] das Zimmer genau in Augenschein nehmen ❷ *(creuser)* ~ ***qc*** *animal:* in etw *dat* wühlen; *archéologue:* in etw *dat* graben **II.** *vi* ❶ *(inspecter)* ~ ***dans qc*** in etw *dat* herumwühlen; ~ ***dans ses souvenirs*** in seinen Erinnerungen kramen *fam* ❷ *(creuser) animal:* wühlen; *archéologue:* [Aus]grabungen machen **III.** *vpr* ***se*** ~ seine Taschen durchwühlen

fouillis [fuji] *m* Unordnung *f;* ~ ***de lianes*** Geflecht *nt* von Lianen; ***le texte fait vraiment*** ~ der Text ist völlig ungeordnet

fouine [fwin] *f* ZOOL Steinmarder *m* ▶ **c'est une vraie** ~ das ist ein elender Schnüffler/eine elende Schnüfflerin *fam*

fouiner [fwine] <1> *vi (fam)* herumschnüffeln; ***être sans cesse à ~ partout*** seine Nase ständig in alles [hinein]stecken müssen

fouineur, -euse [fwinœʀ, -øz] *m, f* Schnüffler(in) *m(f)*

foulant(e) [fulɑ̃, ɑ̃t] *adj (fig fam) travail* anstrengend

foulard [fulaʀ] *m* ❶ *(fichu)* Kopftuch *nt* ❷ *(écharpe)* Halstuch *nt* ❸ *(tissu)* [leichter] Seidenstoff *m*

foule [ful] *f* ❶ *(multitude de personnes)* [Menschen]menge *f;* ***il y a/n'y a pas*** ~ es sind viele/wenige Leute da; ***ce n'était pas la grande*** ~ ***aux guichets*** der große Ansturm auf die Schalter blieb aus ❷ *(grand nombre)* ***une*** ~ ***de gens/questions*** eine Menge Leute/Fragen ❸ *(peuple)* ***la*** ~ die breite Masse

foulée [fule] *f* ❶ SPORT Schritt *m; d'un cheval* Auftreten *nt (beim Trab oder Galopp); d'un coureur* Tritt *m;* ***à grandes/petites*** ~***s*** mit großen/kleinen Schritten; ***allonger la*** ~ größere Schritte machen; ***rester dans la*** ~ ***de qn*** jdm dicht auf den Fersen bleiben ❷ *(style)* Laufstil *m* ▶ **dans la** ~ **de qc** gleich im Anschluss an etw *akk*

fouler [fule] <1> **I.** *vt (écraser)* keltern *raisin;* TECH walken *cuir, drap, peau* **II.** *vpr* ❶ *(se tordre)* ***se*** ~ ***la cheville*** sich *dat* den Knöchel verstauchen ❷ *(iron fam: se fatiguer)* ***se*** ~ sich ins Zeug legen

foultitude [fultityd] *f (fam)* Menge *f;* ***une*** ~ ***de livres*** jede Menge Bücher *fam*

foulure [fulyʀ] *f* MED Verstauchung *f*

four [fuʀ] *m* ❶ GASTR Backofen *m;* ~ ***[à] micro-ondes*** Mikrowellenherd *m;* ***ce plat ne va pas au*** ~ diese Schüssel ist nicht feuerfest ❷ TECH Ofen *m;* ~ ***électrique*** Elektroherd *m* ❸ *(fam: échec)* Flop *m* ▶ **il fait noir comme dans un** ~ es ist stockdunkel *fam*

fourbe [fuʀb] *adj* falsch; *gentillesse* geheuchelt

fourberie [fuʀbəʀi] *f* Hinterlist *f*

fourbi [fuʀbi] *m (fam)* ❶ *(attirail)* Krempel *m* ❷ *(truc)* Dingsbums *nt*

fourbir [fuʀbiʀ] <8> *vt* ❶ *(astiquer)* blank putzen, polieren ❷ *(préparer soigneusement)* ~ ***ses arguments*** an seiner Argumentation feilen

fourbu(e) [fuʀby] *adj* erschöpft

fourche [fuʀʃ] *f* ❶ *(outil)* Gabel *f* ❷ SPORT ~ ***de bicyclette*** Radgabel *f* ❸ *d'un chemin* Gabelung *f* ❹ COUT *d'un pantalon* Schritt *m*

fourcher [fuʀʃe] <1> *vi cheveux:* sich [an den Spitzen] spalten; ***[c'est] ma langue [qui] a fourché*** ich habe mich versprochen

fourchette [fuʀʃɛt] *f* ❶ GASTR, JEUX Gabel *f* ❷ *(marge)* Spanne *f;* ***se situer dans une*** ~ ***de 41 à 47%*** sich zwischen 41 und 47% bewegen ▶ **être une solide** ~ ein guter Esser sein

fourchu(e) [fuʀʃy] *adj branche* gegabelt; ***cheveux*** ~***s*** gespaltene Haarspitzen *Pl*

fourgon [fuʀgɔ̃] *m* ❶ CHEMDFER Güterwagen *m;* ~ ***à bagages*** Gepäckwagen *m* ❷ *(voiture)* Kastenwagen *m;* MIL Proviantwagen *m;* ~ ***de police*** Einsatzfahrzeug *nt;* ~ ***blindé*** Panzerwagen *m;* ~ ***funéraire*** Leichenwagen *m*

fourgonnette [fuʀgɔnɛt] *f* Lieferwagen *m*

fourgon-pompe [fuʀgɔ̃pɔ̃p] <fourgons-pompes> *m* Löschfahrzeug *nt*

fourguer [fuʀge] <1> *vt (fam)* ❶ *(vendre)* ~ ***qc à qn*** etw an jdn verkloppen ❷ *(refiler)* ~ ***qc à qn*** jdm etw andrehen

fourme [fuʀm] *f französische Käsesorte*

fourmi [fuʀmi] *f* ❶ ZOOL Ameise *f* ❷ *(symbole d'activité)* Arbeitstier *nt* ▶ **qn a des** ~**s dans les jambes** jdm sind die Beine eingeschlafen

fourmilier [fuʀmilje] *m* ZOOL Ameisenbär *m*

fourmilière [fuʀmiljɛʀ] *f* ❶ ZOOL Ameisenhaufen *m* ❷ *(foule grouillante)* geschäftiges Treiben

fourmillement [fuʀmijmɑ̃] *m* ❶ *(agitation)* Gewimmel *nt* ❷ *(foisonnement)* Fülle *f* ❸ *(picotement)* Kribbeln *nt;* ***j'ai des*** ~***s dans les bras*** es kribbelt mir in den Armen

fourmiller [fuʀmije] <1> *vi* ❶ *(abonder)* ***les moustiques/fautes fourmillent*** es wimmelt von Stechmücken/Fehlern; ***la forêt fourmille de champignons*** der Wald ist voller Pilze *gen;* ***elle fourmille de projets*** sie hat viele Pläne [im Kopf] ❷ *(picoter)* ***j'ai les pieds qui [me] fourmillent*** mir sind die Füße eingeschlafen

fournaise [fuʀnɛz] *f* ❶ *(foyer ardent)* starkes Feuer ❷ *(lieu surchauffé)* Brutkasten *m fam* ❸ *(lieu de combat)* Getümmel *nt*

fourneau [fuʀno] <x> *m* ❶ *(cuisinière)* [Küchen]herd *m;* ~ ***à charbon*** Kohle[n]ofen *m* ❷ *(chaufferie)* Schmelzofen *m;* ***haut*** ~ Hochofen *m*

fournée [fuʀne] *f* ❶ *(série cuite)* ~ ***de pains*** Schub *m* Brote ❷ *(fam: groupe compact)* Ladung *f;* ~ ***de touristes*** Trupp *m* Touristen; ***par*** ~***s*** schubweise

fourni(e) [fuʀni] *adj* ❶ *barbe* dicht; *chevelure* üppig; *cheveux* voll; *sourcils* buschig ❷ *(approvisionné)* gut ausgestattet; ***être bien*** ~ *magasin:* eine große Auswahl haben; *table:* reich gedeckt sein; ***sa garde-***

robe est bien ~e er/sie hat viel anzuziehen

fournil [fuʀni] *m* Backstube *f*

Aussprache
Das -l ist entgegen der Regelaussprache in **fournil** stumm.

fourniment [fuʀnimɑ̃] *m* ❶ *(équipement du soldat)* Ausrüstung *f* ❷ *(fam: fourbi)* Zeug *nt fam*

fournir [fuʀniʀ] <8> **I.** *vt* ❶ *(approvisionner)* **~ *un client/un commerce en qc*** einen Kunden/ein Geschäft mit etw beliefern ❷ *(procurer)* **~ *qc à des réfugiés*** Flüchtlinge mit etw versorgen; **~ *un logement/travail à qn*** jdm eine Unterkunft/Arbeit beschaffen; **~ *un prétexte à qn*** jdm einen Vorwand liefern; **~ *un renseignement à qn*** jdm eine Auskunft erteilen; **~ *l'occasion à qn*** jdm die Gelegenheit bieten; **~ *le vivre et le couvert à qn*** jdm Kost und Logis gewähren; **~ *des précisions*** nähere Angaben machen ❸ *(présenter)* liefern *alibi, preuve;* vorlegen *autorisation;* vorzeigen *pièce d'identité* ❹ *(produire)* hervorbringen; **~ *un gros effort*** sich sehr anstrengen; ***la centrale fournit de l'énergie*** das Kraftwerk liefert Energie; ***les abeilles fournissent du miel*** die Bienen produzieren Honig; ***ce vignoble fournit un vin renommé*** von diesem Weinberg kommt ein berühmter Wein **II.** *vi (subvenir à)* ***le magasin n'arrivait plus à ~*** das Geschäft konnte den Bedarf nicht mehr decken **III.** *vpr* ***se ~ en charbon chez qn*** [seine] Kohle von jdm beziehen

fournisseur [fuʀnisœʀ] *m* INFORM Provider *m;* **~ *d'accès Internet*** Internet-Provider

fournisseur, -euse [fuʀnisœʀ, -øz] **I.** *m, f* ❶ *(détaillant)* Händler(in) *m(f)* ❷ *(producteur)* Anbieter(in) *m(f)* ❸ *(livreur)* Lieferant(in) *m(f)* **II.** *adj* ***des pays ~s*** Exportländer *Pl*

fourniture [fuʀnityʀ] *f* ❶ *(livraison)* Lieferung *f;* **~ *de documents*** Beschaffung *f* von Dokumenten ❷ *pl (accessoires)* Ausstattung *f;* COUT Utensilien *Pl;* ***~s scolaires*** Schulbedarf *m;* **~ *de bureau*** Büromaterial *nt*

fourrage [fuʀaʒ] *m* [Vieh]futter *nt*

fourrager [fuʀaʒe] <2a> *vi (fam)* **~ *dans qc*** in etw *dat* herumwühlen

fourrager, -ère [fuʀaʒe, -ɛʀ] *adj* Futter-

fourré [fuʀe] *m* Gestrüpp *nt*

fourré(e) [fuʀe] *adj* ❶ *(doublé de fourrure)* gefüttert ❷ GASTR *bonbons, gâteau* gefüllt

fourreau [fuʀo] <x> *m* ❶ *d'une épée* Scheide *f; d'un parapluie* Hülle *f* ❷ *(robe moulante)* hautenges Kleid

fourrer [fuʀe] <1> **I.** *vt* ❶ *(fam: mettre)* **~ *qc dans qc*** etw in etw *akk* hineinstecken; ***qui a bien pu lui ~ cette idée dans la tête?*** wer hat ihm/ihr diesen Floh ins Ohr gesetzt? ❷ *(garnir)* **~ *qc avec du lapin*** etw mit Kaninchenfell füttern ❸ GASTR **~ *qc au chocolat*** etw mit Schokolade füllen **II.** *vpr (fam: se mettre)* ***se ~ sous les couvertures*** sich unter der Bettdecke verkriechen; ***se ~ les doigts dans le nez*** sich *dat* die Finger in die Nase stecken; ***être tout le temps fourré au café*** wieder mal im Café rumhängen; ***quelle idée s'est-il fourré dans la tête?*** was hat er sich *dat* da in den Kopf gesetzt? ► **ne plus savoir où se ~** [vor Scham] am liebsten im Boden versinken wollen; **s'en ~ jusque-là** sich *dat* den Bauch vollschlagen

fourre-tout [fuʀtu] *m inv* ❶ *(péj: local)* Rumpelkammer *f fam* ❷ *(sac)* Reisetasche *f*

fourreur, -euse [fuʀœʀ, -øz] *m, f* Kürschner(in) *m(f)*

fourrière [fuʀjɛʀ] *f* ❶ *(pour voitures)* Abstellplatz *m* für amtlich abgeschleppte Fahrzeuge; ***tu vas retrouver ta voiture à la ~!*** dein Auto wird bestimmt abgeschleppt! ❷ *(pour animaux)* Tierheim *nt*

fourrure [fuʀyʀ] *f* Pelz *m*

fourvoyer [fuʀvwaje] <6> *vpr* ***se ~ dans qc*** sich in etw *dat* verirren

foutaise [futɛz] *f (fam)* ❶ *(chose sans valeur)* Mist *m* ❷ *(futilité)* Lappalie *f;* ***quelle ~!*** was für 'n Quatsch!

foutoir [futwaʀ] *m (péj vulg)* Saustall *m*

foutre [futʀ] <14> **I.** *vt (fam)* ❶ *(faire)* ***ne rien ~*** stinkfaul sein; ***qu'est-ce que tu fous?*** was treibst du [bloß]? ❷ *(donner)* **~ *une baffe à qn*** jdm eine runterhauen; ***fous-moi la paix!*** lass mich in Ruhe!; ***ce temps de cochon me fout le cafard*** dieses Sauwetter macht mich fertig ❸ *(mettre)* **~ *qc dans sa poche*** etw in seine Hosentasche stecken; **~ *qc par terre*** etw auf den Boden schmeißen; ***son arrivée a tout foutu par terre*** seine/ihre Ankunft hat alles vermasselt ► **je n'en ai rien à ~!** das ist mir piepegal!; **~ qn dedans** jdn drankriegen; ***ce qui m'a foutu dedans, c'est que ...*** was mich irregeführt hat, war, dass ...; **ça la fout mal** das ist dumm; **qu'est-ce que ça peut me/te ~?** was geht mich/dich das an?; **je t'en fous!** von wegen!; **je t'en foutrais [de cela]!** schlag dir das mal schön aus dem Kopf! **II.** *vpr (fam)* ❶ *(se mettre)* ***se ~ un coup de marteau sur les doigts*** sich *dat* mit dem Hammer auf die Finger hauen; ***foutez-vous par terre!*** legt euch auf den Boden!; ***fous-toi ça dans le crâne!*** schreib dir das hinter die Ohren! ❷ *(se moquer)* ***se ~ de qn*** jdn auf die Schippe nehmen; ***il se fout de notre gueule!*** er verarscht uns! *vulg* ❸ *(se désintéresser)* ***se ~ de qn/qc*** auf jdn/etw pfeifen; ***ton beau-frère, je m'en fous*** dein Schwager, der kann mich mal *vulg;* ***qn se fout que*** *+subj* es ist jdm völlig schnuppe, ob ► **va te faire ~!** *(va te faire voir)* mach dass du wegkommst!; *(rien à faire)* [da ist] nichts zu wollen!; **se ~ dedans** sich total verhauen; **s'en ~ jusque-là** sich *dat* den Bauch vollschlagen

foutrement [futʀəmɑ̃] *adv (fam)* verdammt

foutu(e) [futy] **I.** *part passé de* **foutre** **II.** *adj (fam)* ❶ *(perdu)* kaputt; ***être ~*** *chose:* im Eimer sein; *personne:* erledigt sein; *malade:* es nicht mehr lange machen ❷ *antéposé (maudit)* mies ❸ *(vêtu)* ***comment es-tu encore ~ ce matin?*** wie siehst du denn heute Morgen wieder aus? ❹ *(capable)* ***être/ne pas être ~ de faire qc*** es hinkriegen/es nicht hinkriegen, etw zu tun ► **être bien/mal ~** *personne:* gut/schlecht gebaut sein; *travail, appareil:* gut/schlecht gemacht sein; **être mal ~** nicht auf dem Damm sein; **~ pour ~** das war wohl nichts

fox-terrier [fɔkstɛʀje] <fox-terriers> *m* Foxterrier *m*

fox-trot [fɔkstʀɔt] *m inv* Foxtrott *m*

foyer [fwaje] *m* ❶ *(famille)* Heim *nt,* [häuslicher] Herd *m;* ***~ paternel*** Elternhaus *nt;* ***les jeunes ~s*** die jungen Paare; ***fonder un ~*** eine Familie gründen; ***retrouver un ~*** ein neues Zuhause finden ❷ *(résidence)* Heim *nt;* ***~ d'étudiants*** Studentenwohnheim; ***~ d'urgence*** Notunterkunft *f* ❸ *(salle de réunion)* Aufenthaltsraum *m* ❹ THEAT Foyer *nt* ❺ *(âtre)* Feuerstelle *f* ❻ *(cheminée)* Kamin *m* ❼ *d'une civilisation* Zentrum *nt;* ***~ lumineux*** Lichtquelle *f;* ***~ de crise/d'épidémies*** Krisen-/Seuchenherd *m;* ***ce quartier est un ~ de voyous*** dieses Viertel ist ein Ganovennest ❽ *(incendie)* Brand *m* ❾ *d'une chaudière* Feuerung *f; d'un four, fourneau* Feuerstelle *f* ❿ MATH, PHYS, OPT Brennpunkt *m* ► **renvoyer un soldat dans ses ~s** einen Soldaten aus dem Wehrdienst entlassen

frac [fʀak] *m* Frack *m*

fracas [fʀaka] *m* Krach *m;* ***~ du tonnerre*** Krachen *nt* des Donners; ***~ de la ville*** Lärm *m* der Stadt; ***à grand ~*** lautstark

fracassant(e) [fʀakasɑ̃, ɑ̃t] *adj* ohrenbetäubend

fracasse [fʀakas] *adj (fam)* fix und alle *fam*

fracasser [fʀakase] <1> **I.** *vt* ***~ qc à qn*** jdm etw zertrümmern **II.** *vpr* ***se ~*** zerspringen; ***[aller] se ~ contre un arbre*** an einem Baum zerschellen

fracking [fʀɛkiŋ] *m* GEOL fracking *m*

fraction [fʀaksjɔ̃] *f* ❶ MATH Bruch *m* ❷ *d'un groupe, d'une somme* Teil *m;* ***une ~ de seconde*** der Bruchteil einer Sekunde ❸ REL Brotbrechen *nt*

fractionnement [fʀaksjɔnmɑ̃] *m* Zersplitterung *f; d'un patrimoine, paiement* Aufteilung *f*

fractionner [fʀaksjɔne] <1> **I.** *vt* ❶ *(diviser)* aufgliedern ❷ *(partager)* zerlegen; ***~ le/un paiement*** in Raten zahlen **II.** *vpr* ***se ~ en plusieurs groupes*** sich in mehrere Gruppen aufspalten

fractionnisme [fʀaksjɔnism] *m* POL Splittergruppenbildung *f*

fracture [fʀaktyʀ] *f* ❶ MED [Knochen]bruch *m;* ***se faire une ~ du poignet*** sich das Handgelenk brechen ❷ GEOL Bruch *m* ❸ *(rupture)* Bruch *m;* ***~ sociale*** die soziale Kluft

fracturer [fʀaktyʀe] <1> **I.** *vt* ❶ *(briser)* aufbrechen *porte, voiture* ❷ MED brechen **II.** *vpr* MED ***se ~ le bras*** sich *dat* den Arm brechen

fragile [fʀaʒil] *adj* ❶ *(cassant)* zerbrechlich ❷ *personne, santé* zart; *organisme* anfällig; *estomac* empfindlich; *cœur* schwach ❸ *(précaire)* vergänglich; *argument, preuve* nicht stichhaltig; *équilibre* labil; *hypothèse* auf schwachen Füßen stehend; *paix* unsicher; *économie* instabil ❹ *bâtiment* baufällig

fragilisé(e) [fʀaʒilize] *adj santé* angegriffen

fragiliser [fʀaʒilize] <1> *vt* schwächen, angreifen *cheveux*

fragilité [fʀaʒilite] *f* ❶ *(facilité à se casser)* Zerbrechlichkeit *f* ❷ *(faiblesse)* Anfälligkeit *f; d'un corps* Schwäche *f; d'une personne* Zartheit *f;* ***être d'une grande ~ morale*** psychisch kaum belastbar sein; ***les ~s d'un système*** die Schwachstellen eines Systems ❸ *(précarité)* Vergänglichkeit *f; des arguments* Dürftigkeit *f; d'un équilibre, d'une économie* Labilität *f; d'une* *hypothèse* Fraglichkeit *f; de la paix* Unsicherheit *f; d'une preuve* mangelnde Stichhaltigkeit

fragment [fʀagmɑ̃] *m* ❶ *(débris)* Teil *nt;* ***des ~s d'os*** Knochensplitter *Pl* ❷ *(morceau de verre)* Splitter *m* ❸ *(extrait d'une œuvre)* Passage *f; (œuvre incomplète)* Fragment *nt* ❹ *d'une vie* Abschnitt *m*

fragmentaire [fʀagmɑ̃tɛʀ] *adj connaissance, exposé* lückenhaft; *effort* vereinzelt; *travail* bruchstückhaft

fragmentation [fʀagmɑ̃tasjɔ̃] *f d'une roche* Zersplitterung *f; d'un pays* Teilung *f;* BIO Teilung *f; d'un problème* Gliederung *f*

fragmenter [fʀagmɑ̃te] <1> **I.** *vt* **~ *qc en qc*** etw in etw *akk* aufteilen; **~ *son travail*** sich *dat* seine Arbeit einteilen **II.** *vpr* ***se ~*** [zer]brechen

fraîche [fʀɛʃ] **I.** *adj v.* **frais II.** *f* ***à la ~*** *(le matin)* in der Morgenfrische; *(le soir)* in der Abendkühle

fraîchement [fʀɛʃmɑ̃] *adv (récemment)* frisch; *arrivé* gerade

fraîcheur [fʀɛʃœʀ] *f* ❶ *(sensation agréable)* Kühle *f;* ***chercher la ~*** Kühlung suchen ❷ *d'un accueil* Kühle *f* ❸ *d'une fleur, d'un teint* Frische *f; d'une couleur, fresque* Leuchtkraft *f; d'une robe* frische Farben *Pl; d'un livre* lebhafter Stil ❹ *(bonne forme)* Fitness *f; d'une équipe* ausgezeichnete Form ❺ *d'un produit alimentaire* Frische *f* ❻ *d'un sentiment* Echtheit *f; d'une impression* Lebendigkeit *f; d'une idée* Originalität *f*

fraîchir [fʀeʃiʀ] <8> *vi air, temps:* sich abkühlen; *eau:* abkühlen; *vent:* auffrischen

frais [fʀɛ] **I.** *mpl* ❶ Kosten *Pl;* **~ *de scolarité*** Schulgeld *nt;* ***faux ~*** Nebenkosten; ***tous ~ compris*** einschließlich aller Unkosten ❷ COM, ECON **~ *généraux*** allgemeine Unkosten *Pl;* **~ *de gestion*** Verwaltungskosten; **~ *de main d'œuvre*** Lohnkosten ❸ JUR **~ *de justice*** Gerichtskosten *Pl;* **~ *de garde*** *(garde d'enfants)* [Kinder]betreuungskosten; *(dépôt)* Aufbewahrungsgebühren *Pl* ▶ **faire les ~ de la conversation** Gesprächsthema Nummer eins sein; **aux ~ de la princesse** *(hum)* ohne einen Pfennig zu bezahlen; *(aux dépens de l'entreprise/de l'Etat)* auf Geschäfts-/Staatskosten; **à grands ~** mit hohem Kostenaufwand; *(avec beaucoup de peine)* mit großer Mühe; **à moindre ~** mit geringem Kostenaufwand; *(avec peu de mal)* mit geringem Aufwand; **arrêter les ~** *(fam)* es sein lassen; *(cesser de se donner du mal)* sich *dat* die Mühe sparen; **en être pour ses ~** sich vergeblich bemühen; **faire des ~, faire les ~ de qc** für etw bezahlen; **à peu de ~** ohne große Unkosten; *(avec peu de mal)* mit wenig Aufwand; ***s'en tirer à peu de ~*** glimpflich davonkommen *fam* **II.** *m (fraîcheur)* frische Luft; ***mettre une bouteille de vin au ~*** eine Flasche Wein kalt stellen; ***à conserver*** [*o* ***garder***] ***au ~*** kühl lagern; ***être au ~*** *personne:* im Kühlen sitzen; *chose:* gut gekühlt sein ▶ **mettre qn au ~** *(fam)* jdn einbuchten

frais, fraîche [fʀɛ, fʀɛʃ] *adj* ❶ *(légèrement froid)* kühl; ***servir qc très ~*** etw gut gekühlt servieren ❷ *(opp: avarié, sec, en conserve)* frisch ❸ *(peu cordial)* kühl ❹ *fleur, teint, parfum* frisch; *couleur* leuchtend; *son, voix* klar ❺ *(en forme)* fit; *(reposé, sain)* frisch aussehend; ***être ~ et dispos*** frisch und munter sein ❻ *(récent)* frisch; ***l'encre est encore fraîche*** die Tinte ist noch feucht; ***une nouvelle toute fraîche*** eine ganz aktuelle Nachricht; ***des nouvelles fraîches*** neueste Nachrichten ❼ *(iron fam: dans une sale situation)* ***eh bien, nous voilà ~!*** jetzt sitzen wir ganz schön in der Tinte! ❽ *ame, joie* rein; *sentiment* echt

fraise [fʀɛz] **I.** *f* ❶ *(fruit)* Erdbeere *f;* ***confiture de ~[s]*** Erdbeermarmelade *f;* ***à la ~*** mit Erdbeergeschmack; ***glace à la ~*** Erdbeereis *nt* ❷ *(collerette)* Halskrause *f* ❸ *(fam: figure)* Fresse *f;* ***ramener sa ~*** *(fam)* seinen Senf dazugeben **II.** *adj inv* erdbeerfarben

fraiser [fʀeze] <1> *vt* TECH [aus]fräsen

fraiseur, -euse [fʀɛzœʀ, -øz] *m, f* TECH Fräser(in) *m(f)*

fraiseuse [fʀɛzøz] *f* TECH Fräsmaschine *f*

fraisier [fʀezje] *m* Erdbeerpflanze *f*

framboise [fʀɑ̃bwaz] *f* ❶ *(fruit)* Himbeere *f* ❷ *(eau-de-vie)* Himbeergeist *m*

framboisier [fʀɑ̃bwazje] *m* Himbeerstrauch *m*

franc [fʀɑ̃] *m* ❶ HIST *(monnaie)* **~ *français*** französischer Franc; **~ *belge*** belgischer Franken; ***ancien/nouveau ~*** [*o* **~ *lourd***] alter/neuer Franc ❷ *(monnaie)* **~ *suisse*** Schweizer Franken *m*

Aussprache
Das -c am Ende von **franc** bleibt stumm.

franc, franche [fʀɑ̃, fʀɑ̃ʃ] *adj* ❶ *personne, regard* aufrichtig; *rire, gaieté* ungezwungen; *contact* locker; ***pour être ~*** ehrlich gesagt;

F

être ~ avec qn [ganz] offen mit jdm reden ② *couleur* rein; *hostilité* offen; *situation* eindeutig; ***un oui ~ et massif*** ein klares und deutliches Ja; ***aimer les situations franches*** für klare Verhältnisse sein ③ *antéposé (véritable)* rein; *succès* klar ④ *(libre)* frei; ***port ~*** Freihafen *m*

franc, franque [fʀɑ̃, fʀɑ̃k] *adj* fränkisch; ***la langue franque*** das Fränkische; ***les rois ~s*** die Frankenkönige

Franc, Franque [fʀɑ̃, fʀɑ̃k] *m, f* Franke *m*/Fränkin *f*

français [fʀɑ̃sɛ] *m* ① Französisch *nt;* ***le ~ familier*** das umgangssprachliche Französisch; ***le ~ standard*** das Standardfranzösisch; *v. a.* **allemand** ② THEAT ***le Français*** *verkürzter Name für das Théâtre Français (Comédie-Française) in Paris* ▶ **en bon ~** *(iron)* auf gut Deutsch *fam;* **tu ne comprends pas/vous ne comprenez pas le ~?** *(fam)* du kapierst/Sie kapieren wohl nicht?; **je parle [le] ~ pourtant** ich drücke mich doch deutlich genug aus

français(e) [fʀɑ̃sɛ, ɛz] *adj* französisch

Français(e) [fʀɑ̃sɛ, ɛz] *m(f)* Franzose *m*/Französin *f*

française [fʀɑ̃sɛz] *f* ***à la ~*** französisch, auf französische Art und Weise

France [fʀɑ̃s] *f* ***la ~*** Frankreich *nt* ▶ **de ~ et de Navarre** *(hum)* weit und breit; **être assez/très vieille ~** *(dans ses attitudes)* von der alten Schule sein; *(dans ses vêtements)* sich klassisch anziehen

Francfort [fʀɑ̃kfɔʀ] *m* Frankfurt *nt*

Franche-Comté [fʀɑ̃ʃkɔ̃te] *f* ***la ~*** die Franche-Comté

franchement [fʀɑ̃ʃmɑ̃] *adv* ① *(sincèrement)* offen ② *(sans hésiter)* ***entrer ~ dans le sujet*** gleich zur Sache kommen ③ *(clairement)* klar ④ *(vraiment)* wirklich ▶ **~!** mal [ganz] ehrlich!; *(refus indigné)* also wirklich!

franchir [fʀɑ̃ʃiʀ] <8> *vt* ① *(passer par-dessus)* ***~ un fossé*** über einen Graben springen; ***~ un obstacle*** *personne:* ein Hindernis überwinden; *animal:* über ein Hindernis springen; ***~ un ruisseau*** *personne, animal:* einen Bach überqueren; *(d'un bond)* einen Satz über einen Bach machen; *pont:* einen Bach überspannen; ***~ la voie*** das Gleis überschreiten; ***~ des pas décisifs*** entscheidende Schritte einleiten ② *(aller au-delà)* passieren, durchbrechen *barrage;* überschreiten *seuil;* ***~ la ligne d'arrivée*** durchs Ziel laufen; ***ta renommée a franchi les frontières*** du bist bis weit über die Grenzen hinaus berühmt ③ *(surmonter)* bestehen *examen, épreuve;* meistern *difficulté;* ***la réforme a franchi le premier obstacle*** die Reform hat die erste Hürde genommen ④ *(parcourir, traverser)* überqueren *col;* ***la gloire de qn a franchi les siècles*** jds Ruhm hat die Jahrhunderte überdauert; ***une étape importante vient d'être franchie*** eine wichtige Etappe ist gemeistert

franchisage [fʀɑ̃ʃizaʒ] *m* COM Franchising *nt*

franchise [fʀɑ̃ʃiz] *f* ① *d'un regard, d'une personne* Offenheit *f;* ***en toute ~*** frei heraus ② *(des assurances)* Selbstbeteiligung *f* ③ *(exonération)* [Gebühren]freiheit *f;* ***~ de bagages*** Freigepäck *nt;* ***en ~*** zollfrei ④ *(montant)* Freibetrag *m*

franchissable [fʀɑ̃ʃisabl] *adj obstacle* überwindbar; ***la limite est ~*** die Grenze kann überschritten werden; ***la rivière est ~*** der Fluss kann überquert werden

franchissement [fʀɑ̃ʃismɑ̃] *m* ① *de la barre* Überspringen *nt* ② *d'une frontière* Überschreiten *nt; d'une rivière* Überqueren *nt*

francilien(ne) [fʀɑ̃siljɛ̃, jɛn] *adj* [aus] der Ile-de-France

Francilien(ne) [fʀɑ̃siljɛ̃, jɛn] *m(f)* Bewohner(in) *m(f)* der Île-de-France

francique [fʀɑ̃sik] **I.** *adj* fränkisch **II.** *m* ***le ~*** Fränkisch *nt,* das Fränkische; *v. a.* **allemand**

franciscain(e) [fʀɑ̃siskɛ̃, ɛn] **I.** *adj* franziskanisch **II.** *m(f)* Franziskaner(in) *m(f)*

franciser [fʀɑ̃size] <1> *vt* franzö[si]sieren

franc-jeu [fʀɑ̃ʒø] <francs-jeux> *m rare* Fairness *f,* Fairplay *nt*

franc-maçon(ne) [fʀɑ̃masɔ̃, ɔn] <francs-maçons> *m(f)* Freimaurer *m* **franc-maçonnerie** [fʀɑ̃masɔnʀi] <franc-maçonneries> *f* ① *(société secrète)* Freimaurerei *f* ② *(camaraderie)* Bund *m*

franco [fʀɑ̃ko] *adv* ① COM [fracht]frei ② *(fam: carrément)* ohne Umschweife

franco-allemand(e) [fʀɑ̃koalmɑ̃, ɑ̃d] <franco-allemands> *adj* deutsch-französisch **franco-français(e)** [fʀɑ̃kofʀɑ̃sɛ, ɛz] <franco-français> *adj* ① *(entre deux groupes de français)* unter [*o* zwischen] den Franzosen ② *(fam: franchouillard)* typisch französisch

François [fʀɑ̃swa] *m* Franz *m*

Franconie [fʀɑ̃kɔni] *f* ***la ~*** Franken *nt*

franconien(ne) [fʀɑ̃kɔnjɛ̃, jɛn] *adj* fränkisch

Franconien(ne) [fʀɑ̃kɔnjɛ̃, jɛn] *m(f)* Franke *m*/Fränkin *f*

francophile [fʀɑ̃kɔfil] **I.** *adj* frankophil **II.** *mf* Frankophile(r) *f(m)*
francophilie [fʀɑ̃kɔfili] *f* Frankreichfreundlichkeit *f*
francophobe [fʀɑ̃kɔfɔb] **I.** *adj* frankreichfeindlich **II.** *mf* Franzosenhasser(in) *m(f)*
francophobie [fʀɑ̃kɔfɔbi] *f* Frankreichfeindlichkeit *f*
francophone [fʀɑ̃kɔfɔn] **I.** *adj* französischsprachig, Französisch sprechend **II.** *mf* Frankofone(r) *f(m)*
francophonie [fʀɑ̃kɔfɔni] *f* Frankofonie *f*, Französisch sprechende Welt *f*

Land und Leute
Als **francophonie** bezeichnet man die Gesamtheit aller französischsprachigen Länder. Diese Staaten befinden sich in Afrika, Amerika, Asien und Europa. Sie veranstalten regelmäßig Gipfeltreffen, um Fragen zu erörtern, die mit der Pflege und der Verbreitung der französischen Sprache zu tun haben. Die Frankophonie umfasst derzeit insgesamt 57 Mitgliedsstaaten mit etwa 220 Millionen Französisch-Sprechern (darunter ca. 115 Millionen Muttersprachler).

franc-parler [fʀɑ̃paʀle] <francs-parlers> *m* Freimut *m*; ***avoir son*** ~ kein Blatt vor den Mund nehmen **franc-tireur** [fʀɑ̃tiʀœʀ] <francs-tireurs> *m* MIL Freischärler(in) *m(f)*
frange [fʀɑ̃ʒ] *f* ❶ *(bordure)* Rand *m*; ~ ***côtière*** Küstenstrich *m* ❷ *(mèche)* Pony *m* ❸ *(partie marginale)* Randgruppe *f*
frangin(e) [fʀɑ̃ʒɛ̃, ʒin] *m(f) (fam)* Bruder-/Schwesterherz *nt*
frangipane [fʀɑ̃ʒipan] *f* ❶ *(crème)* Mandelcreme *f* ❷ *(gâteau)* Mandelkuchen *m*
franglais [fʀɑ̃glɛ] *m* Franglais *nt (mit Anglizismen durchsetztes Französisch)*

Land und Leute
Franglais ist ein künstlich gebildetes Wort aus *français* und *anglais* und beschreibt eine Form der französischen Sprache, die viele Anglizismen enthält. Von offizieller Seite versucht man in Frankreich, englische Spracheinflüsse zu unterbinden. In verschiedenen Bereichen von Verwaltung und Wirtschaft ist der alleinige Gebrauch des Französischen vorgeschrieben bzw. die Verwendung englischer Wörter per Gesetz verboten. Trotzdem werden im Alltag sehr häufig englische Ausdrücke verwendet – die man oft auch aus dem Deutschen kennt, z. B. *blog*, *burn[-]out*, *corn-flakes*, *cyberspace* oder *mail*.

franque [fʀɑ̃k] *adj v.* **franc**
franquette [fʀɑ̃kɛt] ▶ **à la bonne** ~ *(fam)* ganz einfach
franquisme [fʀɑ̃kism] *m* Franco-Regime *nt*
franquiste [fʀɑ̃kist] **I.** *adj* francofreundlich; ***l'Espagne*** ~ Spanien unter Franco **II.** *mf* Anhänger(in) *m(f)* Francos
frappant(e) [fʀapɑ̃, ɑ̃t] *adj contraste* auffallend; *exemple* treffend; *preuve, argument* schlagend; *ressemblance* verblüffend; ***un détail*** ~ ein Detail, das ins Auge springt
frappe [fʀap] *f* ❶ *d'une monnaie* Prägung *f* ❷ *d'une dactylo, pianiste* Anschlag *m*; *d'un boxeur* Schlag *m*; *d'un footballeur* Schuss *m* ❸ *(exemplaire dactylographié)* [mit Maschine geschriebenes] Manuskript; ***être à la*** ~ gerade geschrieben werden
frappé(e) [fʀape] *adj* ❶ *(saisi)* ~ ***de stupeur*** wie vor den Kopf geschlagen; ~ ***de panique*** von Panik ergriffen ❷ *(refroidi)* [eis]gekühlt; ***café*** ~ Kaffee Frappee *m* ❸ *(fam: fou)* bekloppt
frapper [fʀape] <1> **I.** *vt* ❶ *(heurter, cogner)* ~ ***qn au visage*** jdn ins Gesicht schlagen; ***la pierre l'a frappé(e) à la tête*** der Stein hat ihn/sie am Kopf getroffen; ***la pluie frappe les vitres*** der Regen klopft gegen die Scheiben ❷ *(avec un couteau)* ~ ***qn*** auf jdn einstechen ❸ *(saisir)* ~ ***qn d'horreur*** jdn in Schrecken *akk* versetzen; ~ ***qn de stupeur*** jdn bestürzen ❹ *(affliger)* ~ ***qn*** *maladie:* jdn befallen; *mesure, impôt:* jdn betreffen; *sanction, malheur:* jdn treffen; ***cette nouvelle tragique l'a beaucoup frappée*** diese tragische Nachricht war ein furchtbarer Schlag für sie; ***être frappé d'amnésie*** an Gedächtnisschwund leiden ❺ *(étonner)* beeindrucken, anregen *imagination;* ***être frappé de la ressemblance*** über die Ähnlichkeit verblüfft sein ❻ TECH prägen *médaille, monnaie* ❼ *(glacer)* kühlen *champagne, café* **II.** *vi* ❶ *(avant d'entrer)* ~ ***[à la porte]*** anklopfen ❷ *(donner des coups)* zuschlagen ❸ *(taper)* ~ ***dans ses mains*** in die Hände klatschen; ~ ***du poing sur la table*** mit der Faust auf den Tisch hauen *fam*

F

III. *vpr (se donner des coups)* ***se ~ le front/la poitrine*** sich *dat* an die Stirn tippen/auf die Brust schlagen

frasque [fʀask] *f* ❶ *(bêtise)* Dummheit *f;* ***~s de jeunesse*** jugendlicher Leichtsinn ❷ *(dans un couple)* Seitensprung *m*

fraternel(le) [fʀatɛʀnɛl] *adj* ❶ *(de frère)* brüderlich ❷ *(de sœur)* Schwester- ❸ *(affectueux)* freundschaftlich; *amitié* innig

fraternellement [fʀatɛʀnɛlmɑ̃] *adv (hum)* brüderlich; ***s'aimer ~*** wie Bruder und Schwester sein

fraternisation [fʀatɛʀnizasjɔ̃] *f* Verbrüderung *f*

fraterniser [fʀatɛʀnize] <1> *vi* ❶ sich verbrüdern ❷ *(sympathiser)* Freundschaft schließen

fraternité [fʀatɛʀnite] *f* Brüderlichkeit *f;* ***la ~ humaine*** die Zusammengehörigkeit der Menschen; ***~ d'armes*** Waffenbrüderschaft *f;* ***~ d'esprit*** Geistesverwandtschaft *f*

fratricide [fʀatʀisid] **I.** *adj* brudermörderisch/schwestermörderisch; ***guerre ~*** Bruderkrieg *m;* ***haine ~*** brüderlicher/schwesterlicher Hass **II.** *m* ❶ *(meurtre d'un frère)* Brudermord *m* ❷ *(meurtre d'une sœur)* Schwestermord *m* **III.** *mf (personne)* Brudermörder(in)/Schwestermörder *m(f)*

fraude [fʀod] *f* Betrug *m;* ***~ douanière*** Zollvergehen *nt;* ***~ fiscale*** Steuerhinterziehung *f;* ***~ sur les vins*** Weinpanscherei *f* ▸ **en ~** auf betrügerische Weise; ***fumer en ~*** heimlich rauchen; ***passer des marchandises à la frontière en ~*** Waren über die Grenze schmuggeln

frauder [fʀode] <1> **I.** *vt (tromper)* betrügen; ***~ le fisc*** [*o* ***les impôts***] Steuern hinterziehen; ***~ la douane*** Zollbetrug begehen **II.** *vi (tricher)* ***~ à un examen*** bei einer Prüfung täuschen; ***~ sur le poids des denrées*** beim Wiegen der Lebensmittel betrügen

fraudeur, -euse [fʀodœʀ, -øz] *m, f* ❶ *(escroc)* Betrüger(in) *m(f)* ❷ *(à la frontière)* Schmuggler(in) *m(f)*

frauduleusement [fʀodyløzmɑ̃] *adv* auf betrügerische Weise

frauduleux, -euse [fʀodylø, -øz] *adj* betrügerisch; *concurrence, moyen* unlauter; *dossier* gefälscht; *banquier* unredlich; ***trafic ~*** Schmuggel *m*

frayer [fʀeje] <7> **I.** *vt (ouvrir)* ***~ à qn un passage dans la foule*** jdm einen Weg durch die Menge bahnen; ***~ la voie au progrès*** dem Fortschritt den Weg bereiten **II.** *vi* ❶ *(se reproduire)* laichen ❷ *(fréquenter)* ***~ avec qn*** mit jdm verkehren **III.** *vpr* ***se ~ un passage/une voie/un chemin*** sich *dat* einen Weg bahnen; *(fig)* sich hocharbeiten

frayeur [fʀɛjœʀ] *f* Schreck[en] *m*

freak [fʀik] *m* Freak *m*

fredaine [fʀədɛn] *f* Dummheit *f;* ***des ~s de jeunesse*** Dummejungenstreiche *Pl fam*

fredonner [fʀədɔne] <1> *vt* summen

free-lance [fʀilɑ̃s] <free-lances> **I.** *mf* Freiberufler(in) *m(f);* ***travailler en ~*** freiberuflich arbeiten **II.** *adj inv journaliste, styliste* freiberuflich

freezer [fʀizœʀ] *m* Gefrierfach *nt*

frégate [fʀegat] *f (bateau)* Fregatte *f*

frein [fʀɛ̃] *m* ❶ *(dispositif)* Bremse *f* ❷ *(entrave, limite)* ***être/mettre un ~ à qc*** etw bremsen; ***sans ~*** ungezügelt ▸ **ronger son ~** vor Ungeduld fast vergehen

freinage [fʀɛnaʒ] *m* ❶ *(action)* Bremsen *nt* ❷ *de la hausse des prix* Drosselung *f*

freiner [fʀene] <1> **I.** *vi* bremsen **II.** *vt* ❶ *(ralentir, entraver)* behindern ❷ *(modérer)* bremsen *personne, ambitions;* einschränken *offre;* drosseln *hausse des prix, production;* ***~ le succès de qn*** jds Erfolg *dat* einen Riegel vorschieben **III.** *vpr (fam: se modérer)* ***se ~*** sich mäßigen

frelater [fʀəlate] <1> *vt* verfälschen, panschen *vin*

frêle [fʀɛl] *adj personne, corps, espoirs, tige* schwach; *bateau* nicht stabil; ***silhouette ~*** zierliche Gestalt

frelon [fʀəlɔ̃] *m* ZOOL Hornisse *f*

freluquet [fʀəlykɛ] *m* Schnösel *m pej fam*

frémir [fʀemiʀ] <8> *vi* ❶ *(soutenu: frissonner)* ***~ d'impatience/de colère*** vor Ungeduld/Wut *dat* beben; ***~ d'horreur*** [vor Entsetzen *dat*] erschauern; ***~ tout entier*** am ganzen Körper zittern; ***faire ~ qn*** *récit:* jdn schaudern lassen; *criminel:* jdn in Angst und Schrecken versetzen ❷ *(s'agiter légèrement) feuillage:* zittern; *ailes:* vibrieren ❸ *(être sur le point de bouillir) eau:* sieden

frémissant(e) [fʀemisɑ̃, ɑ̃t] *adj voix* zitternd; *eau* siedend; ***être ~ de colère/désir*** vor Wut/Verlangen *dat* beben

frémissement [fʀemismɑ̃] *m* ❶ *(soutenu) des lèvres, du corps, d'une personne* Zittern *nt;* ***~ d'horreur*** Entsetzensschauer *m;* ***~ de fièvre*** Schüttelfrost *m* ❷ *d'une corde, des ailes* Vibrieren *nt; de l'eau* leichte Bewegung; *du feuillage* Zittern *nt* ❸ *des feuilles* Rascheln *nt* ❹ ECON, POL leichter Anstieg

french cancan [fʀɛnʃkɑ̃kɑ̃] <french cancans> *m* Cancan *m*
frêne [fʀɛn] *m* BOT Esche *f*
frénésie [fʀenezi] *f* Leidenschaft *f;* ~ ***de consommation*** Kaufrausch *m;* ***avec*** ~ leidenschaftlich; ***applaudir avec*** ~ stürmischen Beifall spenden
frénétique [fʀenetik] *adj* ❶ *(passionné)* übersteigert; *personne* besessen; *passion* wild; ***enthousiasme*** ~ wahrer Begeisterungssturm ❷ *(au rythme déchaîné)* wild; *applaudissements* stürmisch; *personne* leidenschaftlich
frénétiquement [fʀenetikmɑ̃] *adv* stürmisch
fréquemment [fʀekamɑ̃] *adv* oft
fréquence [fʀekɑ̃s] *f* ❶ *(nombre)* Häufigkeit *f* ❷ PHYS Frequenz *f*
fréquent(e) [fʀekɑ̃, ɑ̃t] *adj* häufig
fréquentable [fʀekɑ̃tabl] *adj lieu, personne* akzeptabel; ***une rue peu*** ~ eine Straße, in der man sich [besser] nicht aufhalten sollte; ***un type peu*** ~ ein Typ, dem man [lieber] aus dem Wege gehen sollte
fréquentation [fʀekɑ̃tasjɔ̃] *f* ❶ *(action)* häufiger Besuch; ~ ***d'une personne*** Umgang *m* mit einem Menschen; ***la*** ~ ***de l'exposition est satisfaisante*** die Ausstellung ist gut besucht ❷ *gén pl (relation)* Umgang *m;* ***il choisit ses*** ~***s*** er sucht sich die Leute, mit denen er verkehrt, gut aus
fréquenté(e) [fʀekɑ̃te] *adj établissement, lieu* viel besucht; *promenade, rue* belebt; ***ce lieu est bien*** ~ *(qualitatif)* an diesem Ort verkehren anständige Leute; *(quantitatif)* dieser Ort ist gut besucht
fréquenter [fʀekɑ̃te] <1> **I.** *vt* ❶ *(aller fréquemment dans)* besuchen *école,* häufig besuchen *bars, théâtres;* ~ ***la maison de qn*** in jds Haus *dat* verkehren ❷ *(avoir des relations avec)* ~ ***qn*** mit jdm verkehren **II.** *vpr* ❶ *(par amitié)* ***se*** ~ sich häufig sehen ❷ *(par amour)* ***se*** ~ miteinander gehen *fam*
frère [fʀɛʀ] *m* ❶ *(opp: sœur)* Bruder *m;* ~ ***siamois*** siamesischer Zwilling; ***partager en*** ~***s*** brüderlich teilen; ***ressembler à qn comme un*** ~ jdm sehr ähnlich sehen; ***se ressembler comme des*** ~***s jumeaux*** sich aufs Haar gleichen ❷ *(compagnon)* Bruder *m;* ~ ***d'infortune*** Leidensgenosse *m;* ~ ***maçon*** Freimaurer *m* ❸ *(semblable)* Bruder *m;* ***les hommes sont tous*** ~***s*** alle Menschen sind Brüder ❹ REL Bruder *m;* ***être élevé chez les*** ~***s*** in einer Klosterschule erzogen werden ❺ *(fam: objet)* Pendant *nt*
frérot [fʀeʀo] *m (fam)* Brüderchen *nt*
fresque [fʀɛsk] *f (peinture)* Fresko *nt*
fret [fʀɛ(t)] *m* NAUT, AVIAT ❶ *(prix)* Frachtkosten *Pl* ❷ *(chargement)* Ladung *f*
fréteur [fʀetœʀ] *m (armateur)* Reeder *m*
frétillant(e) [fʀetijɑ̃, jɑ̃t] *adj* ❶ *poisson* zappelnd; *queue* wedelnd ❷ *(fig)* ***être*** ~ ***d'impatience*** vor Ungeduld *dat* ganz zappelig sein *fam;* ***être*** ~ ***de joie*** vor Freude in die Luft springen
frétiller [fʀetije] <1> *vi* ❶ *(remuer) poisson:* zappeln; ***le chien frétille de la queue*** der Hund wedelt mit dem Schwanz ❷ *(fig)* ~ ***d'impatience*** vor Ungeduld *dat* zappeln; ~ ***de joie*** vor Freude *dat* in die Luft springen
fretin [fʀətɛ̃] *m* junge Fische ▶ **menu** ~ *(péj)* kleine Fische *fam*
freudien(ne) [fʀødjɛ̃, jɛn] **I.** *adj* freudianisch; ***la doctrine*** ~***ne*** die Lehre Freuds **II.** *m(f)* Freudianer(in) *m(f)*
friable [fʀijabl] *adj pâte* mürbe; *roche, sol* bröckelig
friand [fʀijɑ̃] *m* ❶ *(pâté) kleine Blätterteigpastete* ❷ *(dessert) kleiner Kuchen mit Mandelpaste*
friand(e) [fʀijɑ̃, jɑ̃d] *adj* ~ ***de chocolat/nouveautés*** versessen auf Schokolade/Neuigkeiten
friandise [fʀijɑ̃diz] *f* Süßigkeit *f;* ***donne-moi une*** ~***!*** gib mir etwas zum Naschen!
Fribourg [fʀibuʀ] *m* Freiburg *nt*
fric [fʀik] *m (fam: argent)* Kohle *f sl,* Knete *f sl*
fricassée [fʀikase] *f* Frikassee *nt*
fric-frac [fʀikfʀak] *m inv (fam)* Einbruch *m*
friche [fʀiʃ] *f* AGR Brachland *nt;* ***être en*** ~ brachliegen
fricot [fʀiko] *m (fam)* Eintopf *m; péj)* Fraß *m fam*
fricoter [fʀikɔte] <1> **I.** *vt (péj)* im Schilde führen **II.** *vi (hum fam)* ~ ***avec qn*** etwas mit jdm haben
friction [fʀiksjɔ̃] *f* ❶ *(frottement)* Abreiben *nt;* ~ ***de cheveux*** Kopfhautmassage *f;* ***se faire faire une*** ~ sich *dat* die Kopfhaut massieren lassen ❷ PHYS Reibung *f* ❸ *gén pl (désaccord)* Reibereien *Pl fam*
frictionner [fʀiksjɔne] <1> **I.** *vt* ❶ *(frotter)* abreiben ❷ *(fig)* ***je vais lui*** ~ ***les oreilles/la tête!*** *(fam)* ich werd' ihm eine Abreibung verpassen! *fam* **II.** *vpr* ***se*** ~ sich abreiben
Fridolin [fʀidɔlɛ̃] *mf (péj fam)* Boche *mf (abwertende Bezeichnung für Deutsche aus dem 2. Weltkrieg)*
frigidaire® [fʀiʒidɛʀ] *m* Kühlschrank *m*

F

frigide [fʀiʒid] *adj* frigid[e]
frigidité [fʀiʒidite] *f* Frigidität *f*
frigo [fʀigo] *m (fam) abr de* **frigidaire**
frigorifier [fʀigɔʀifje] <1> *vt* ❶ *(fam: avoir très froid)* ***être frigorifié*** völlig durchgefroren sein ❷ *(congeler)* einfrieren
frigorifique [fʀigɔʀifik] *adj* Kühl-; *machine* Kälte-
frileusement [fʀiløzmɑ̃] *adv* ❶ *(en raison du froid)* fröstelnd ❷ *(craintivement)* ängstlich
F
frileux, -euse [fʀilø, -øz] *adj* ❶ *(sensible au froid)* kälteempfindlich; *personne* verfroren ❷ *(craintif)* ängstlich
frilosité [fʀilozite] *f* ❶ *(sensibilité au froid)* Kälteempfindlichkeit *f* ❷ *(manque d'audace)* ~ ***du marché bancaire*** Zurückhaltung *f* auf dem Geldmarkt
frime [fʀim] *f (fam)* ❶ *(bluff)* Theater *nt* ❷ *(vantardise)* Angeberei *f;* ***pour la*** ~ zum Schein
frimer [fʀime] <1> *vi (fam)* ❶ *(fanfaronner)* eine Show abziehen ❷ *(se vanter)* angeben
frimeur, -euse [fʀimœʀ, -øz] *m, f (fam)* Angeber(in) *m(f)*
frimousse [fʀimus] *f (fam)* [Puppen]gesicht *nt*
fringale [fʀɛ̃gal] *f* ❶ *(fam: faim)* Kohldampf *m;* ***j'ai été pris d'une vraie*** ~ mich überkam ein regelrechter Heißhunger ❷ *(envie)* ~ ***de lectures*** Lesehunger *m;* ***avoir une*** ~ ***de bandes dessinées*** versessen auf Comics sein
fringant(e) [fʀɛ̃gɑ̃, ɑ̃t] *adj personne* munter; *personne âgée* rüstig; *cheval* feurig
fringué(e) [fʀɛ̃ge] *adj (fam)* ausstaffiert; ***être bien*** ~ sich in Schale geworfen haben; ***c'est un mec*** ~ ***comme un ministre*** der Typ hat echt piekfeine Klamotten an
fringuer [fʀɛ̃ge] <1> **I.** *vt (fam)* ausstaffieren **II.** *vpr (fam)* ***se*** ~ sich anziehen
fringues [fʀɛ̃g] *fpl (fam)* Klamotten *Pl*
fripe [fʀip] *f gén pl* ❶ *(vieux vêtements)* alte Kleider *Pl* ❷ *(vêtements d'occasion)* Kleider *Pl* aus zweiter Hand
fripé(e) [fʀipe] *adj* zerknittert
friper [fʀipe] <1> **I.** *vt* zerknittern **II.** *vpr* ***se*** ~ knittern
friperie [fʀipʀi] *f* ❶ *(péj: vieux habits)* alte Klamotten ❷ *(commerce)* Secondhandshop *m*
fripier, -ière [fʀipje, -jɛʀ] *m, f* Inhaber(in) *m(f)* eines Secondhandshops
fripon(ne) [fʀipɔ̃, ɔn] **I.** *adj (fam) air, visage* spitzbübisch; ***il a le regard*** ~ [*o* ***les yeux*** ~***s***] ihm schaut der Schalk aus den Augen **II.** *m(f) (fam: malin)* Schelm(in) *m(f);* ***petit*** ~***!*** du kleiner Schlingel! *fam*
fripouille [fʀipuj] *f (fam)* Spitzbube *m;* ***petite*** ~***!*** *(hum)* du kleiner Gauner!
friqué(e) [fʀike] *adj (fam) gens* gut betucht
frire [fʀiʀ] <irr> **I.** *vt* ❶ *(dans une poêle)* [***faire***] ~ ***qc*** etw braten ❷ *(dans une friteuse)* [***faire***] ~ ***qc*** etw frittieren **II.** *vi* [in Fett schwimmend] braten

Grammatik und Co.
Von dem Verb **frire** sind nur der Infinitiv und das Partizip Perfekt *frit, frite* gebräuchlich. Das Partizip ist auch in dem Begriff *les pommes de terre frites* (oder kurz: *les frites*) enthalten – auf Deutsch: *die Pommes frites*.

frisbee® [fʀizbi] *m* Frisbee® *nt*
frise [fʀiz] *f* ARCHIT Fries *m*
frisé(e) [fʀize] *adj cheveux* kraus; *animal* mit krausem Fell; ***personne*** ~***e*** Mensch *m* mit lockigem Haar; ***être*** ~ ***comme un mouton*** einen Krauskopf haben
Frisé [fʀize] *mf (péj fam)* Boche *mf (abwertende Bezeichnung für Deutsche aus dem 2. Weltkrieg)*
frisée [fʀize] *f (salade)* Friseesalat *m*
friser [fʀize] <1> **I.** *vt* ❶ *(mettre en boucles)* in Locken legen *cheveux;* zwirbeln *moustache;* ~ [***les cheveux à***] ***qn*** jdm Locken machen ❷ *(frôler)* ~ ***la mort/l'accident*** dem Tod/dem Unglück mit knapper Not entgehen; ~ ***le ridicule*** *situation, remarque:* ans Lächerliche grenzen; *personne:* sich lächerlich machen; ~ ***la soixantaine*** knapp sechzig sein; ~ ***les 10%*** fast die 10%-Grenze erreichen **II.** *vi cheveux:* sich kräuseln; ***qn frise*** *(naturellement)* jd hat Naturlocken; *(à l'humidité)* jds Haare kräuseln sich **III.** *vpr (se faire des boucles)* ***se faire*** ~ sich *dat* Locken machen lassen
frisette [fʀizɛt] *f* ❶ *(bouclette)* Löckchen *nt* ❷ *(planche)* dünne Holzlatte
frisotter [fʀizɔte] <1> *vi cheveux:* kraus werden; *personne:* einen Lockenkopf bekommen
frisquet(te) [fʀiskɛ, ɛt] *adj (fam)* frisch
frisson [fʀisɔ̃] *m* Beben *nt;* ~ ***de dégoût*** Schauder *m;* ***avoir des*** ~***s*** Schüttelfrost *m* haben; ***un*** ~ ***parcourt qn*** ein Schau[d]er überläuft jdn ▶ **le grand** ~ *(émotion intense)* [Nerven]kitzel *m; (orgasme)* Orgasmus *m;* ***donner le grand*** ~ ***à qn*** ein

großer Nervenkitzel für jdn sein; **qn en a le ~** jdm läuft es dabei kalt über den Rücken

frissonnant(e) [fʀisɔnɑ̃, ɑ̃t] *adj* zitternd, erschauernd

frissonnement [fʀisɔnmɑ̃] *m (littér)* ❶ *(léger frisson)* leichtes Zittern [*o* Beben], leichter Schauder ❷ *(bruissement) des ailes* Vibrieren *nt; du feuillage* Rascheln *nt*

frissonner [fʀisɔne] <1> *vi (avoir des frissons)* ~ ***de désir/plaisir*** vor Verlangen/Lust *dat* beben *geh;* ~ ***de froid/peur*** vor Kälte/Angst *dat* zittern; ***il frissonne d'horreur*** es schaudert ihn; ***être frissonnant de fièvre*** Schüttelfrost *m* haben

frisure [fʀizyʀ] *f* Löckchen *Pl;* ~ ***légère*** leichte Welle

frit(e) [fʀi, fʀit] **I.** *part passé de* **frire II.** *adj (fam: fichu)* erledigt

frite [fʀit] *f* ***des ~s*** Pommes frites *Pl;* ***cornet de ~s*** *Pommes in einer Papiertüte* ▶ **avoir la ~** *(fam)* gut drauf sein

friter [fʀite] *vpr (fam)* ***se*** ~ sich prügeln *fam*

friterie [fʀitʀi] *f* ❶ *(boutique)* Pommesbude *fam* ❷ *(atelier de friture)* Bratküche *f*

friteuse [fʀitøz] *f* GASTR Fritteuse *f*

friture [fʀityʀ] *f* ❶ *(aliments)* frittierte Speise ❷ *(graisse)* Frittüre *f (heißes Fett zum Frittieren)* ❸ *(action)* Frittieren *nt* ❹ RADIO, TELEC Rauschen *nt;* ***il y a de la ~ sur la ligne*** es rauscht in der Leitung

Fritz [fʀits] *mf inv (péj fam) aus dem Zweiten Weltkrieg stammende abwertende Bezeichnung für einen Deutschen/eine Deutsche*

frivole [fʀivɔl] *adj personne* leichtfertig; *discours* nichts sagend; *spectacle* flach; *occupation* nutzlos; *lecture* seicht

frivolité [fʀivɔlite] *f d'une personne* Leichtfertigkeit *f; d'une conversation, d'un discours* Oberflächlichkeit *f; d'une occupation* Nutzlosigkeit *f*

froc [fʀɔk] *m (fam: pantalon)* Hose *f* ▶ **baisser son ~ devant qn** *(fam)* vor jdm den Schwanz einziehen; **faire dans son ~** *(fam)* sich *dat* ins Hemd machen

froid [fʀwa] **I.** *m* ❶ *(température)* Kälte *f;* ***qn a*** ~ jdm ist kalt; ***avoir ~ aux pieds*** kalte Füße haben; ***il fait*** ~ es ist kalt; ***attraper*** [*o* ***prendre***] [***un coup de***] ~ sich erkälten; ***crever*** *fam* [*o* ***mourir***] ***de*** ~ erfrieren; *(avoir très froid)* sich fast zu Tode frieren ❷ *(brouille)* Verstimmung *f;* ***être en ~ avec qn*** ein unterkühltes Verhältnis zu jdm haben; ***jeter un*** ~ *personne:* eine frostige Stimmung verbreiten; *intervention, remarque:* wie eine kalte Dusche wirken ▶ **~ de canard** [*o* **loup**] *(fam)* Saukälte *f;* **qn en a ~ dans le dos** jdm läuft es kalt den Rücken herunter; **ne pas avoir ~ aux yeux** entschlossen sein **II.** *adv* ▶ **à** ~ TECH kalt; *(sans préparation)* unvorbereitet; *(sans émotion)* emotionslos; *(avec insensibilité)* kaltblütig; ***démarrage à*** ~ Kaltstart *m*

froid(e) [fʀwa, fʀwad] *adj* ❶ *(opp: chaud)* kalt ❷ *(distant, calme, indifférent)* kühl; ***il entra dans une colère ~e*** ihn packte die kalte Wut; ***laisser ~ qn*** jdn kaltlassen; ***prendre un air*** ~ eine eisige Miene aufsetzen; ***rester ~ comme le marbre*** ungerührt bleiben

froidement [fʀwadmɑ̃] *adv* ❶ *(sans chaleur)* kühl; *accueillir, recevoir* frostig ❷ *(avec sang-froid)* nüchtern; *réagir* gelassen ❸ *(avec insensibilité)* kaltblütig

froideur [fʀwadœʀ] *f d'un comportement, d'une réaction* Kälte *f; d'un accueil* Frostigkeit *f;* ***accueillir qc avec*** ~ etw mit großer Zurückhaltung aufnehmen

froidure [fʀwadyʀ] *f (littér)* Kälte *f*

froissable [fʀwasabl] *adj* ***être*** ~ leicht knittern

froissement [fʀwasmɑ̃] *m* ❶ *(bruit)* Rascheln *nt* ❷ *(claquage)* ~ ***d'un muscle*** Muskelzerrung *f* ❸ *(blessure)* Kränkung *f*

froisser [fʀwase] <1> **I.** *vt* ❶ *(chiffonner)* zerknittern *tissu, papier;* verbiegen *tôles* ❷ *(blesser)* kränken *personne, orgueil* **II.** *vpr* ❶ *(se chiffonner)* ***se*** ~ knittern ❷ *(se claquer)* ***se ~ un muscle*** sich *dat* eine Muskelzerrung zuziehen ❸ *(se vexer)* ***se*** ~ gekränkt sein; ***être froissé*** gekränkt sein, angerührt sein A

frôlement [fʀolmɑ̃] *m* ❶ *(contact léger)* leichte Berührung ❷ *(frémissement)* Rascheln *nt*

frôler [fʀole] <1> **I.** *vt* ❶ *(effleurer)* streifen ❷ *(passer très près)* fast berühren; ~ ***le ridicule*** *personne:* sich lächerlich machen; *remarque, situation:* ans Lächerliche grenzen; ***le thermomètre frôle les 20°*** das Thermometer erreicht fast 20° ❸ *(éviter de justesse)* ~ ***la mort*** dem Tod mit knapper Not entgehen **II.** *vpr* ***se*** ~ *(avec contact)* sich leicht berühren; *(sans contact)* haarscharf aneinander vorbeigehen

fromage [fʀɔmaʒ] *m* Käse *m;* ~ ***blanc*** Quark *m* ▶ **faire un ~ de qc** *(fam)* aus etw eine Staatsakt machen

fromager, -ère [fʀɔmaʒe, -ɛʀ] **I.** *adj industrie, production* Käse-; ***association froma-***

gère Verband *m* der Käsehersteller **II.** *m, f* Käsehersteller(in) *m(f)*
fromagerie [fʀɔmaʒʀi] *f* ❶ *(industrie)* Käseindustrie *f* ❷ *(lieu de fabrication)* Käserei *f*
froment [fʀɔmɑ̃] *m* Weizen *m*
frometon [fʀɔmtɔ̃] *m (fam)* Käse *m*
fronce [fʀɔ̃s] *f* COUT Kräuselfalte *f*
froncement [fʀɔ̃smɑ̃] *m des sourcils* Hochziehen *nt; du nez* Rümpfen *nt*
froncer [fʀɔ̃se] <2> *vt* ❶ COUT raffen ❷ *(plisser)* hochziehen *sourcils;* rümpfen *nez*
fronces [fʀɔ̃s] *fpl* Falte *f;* ***à*** ~ gerafft
frondaison [fʀɔ̃dɛzɔ̃] *f* BOT ❶ *(apparition des feuilles)* Blattbildung *f* ❷ *(feuillage)* Laub *nt*
fronde[1] [fʀɔ̃d] *f* Schleuder *f*
fronde[2] [fʀɔ̃d] *f* ❶ *(insurrection)* Revolte *f* ❷ HIST ***la Fronde*** die Fronde
fronde[3] [fʀɔ̃d] *f* BOT Farnwedel *m*
frondeur, -euse [fʀɔ̃dœʀ, -øz] *adj* widerspenstig; ***avoir une mentalité frondeuse*** oft und gerne widersprechen
front [fʀɔ̃] *m* ❶ ANAT Stirn *f* ❷ *(façade)* Front *f; d'une montagne* Vorderseite *f;* ***~ de mer*** Strandpromenade *f* ❸ MIL, METEO Front *f* ❹ POL Front *f;* ***front national*** *französische rechtsextremistische Partei;* ***Front populaire*** Volksfront *f* ▶ **faire ~ commun/offrir un ~ commun contre qn/qc** gemeinsame Front gegen jdn/etw machen; **marcher le ~ haut** den Kopf hochtragen; **baisser le ~** sich schämen; **relever le ~** sich wieder aufrichten; **de ~** *(côte à côte)* nebeneinander; *(de face):* ***attaquer un problème de ~*** ein Problem direkt angehen; ***se heurter de ~*** frontal aufprallen; *(simultanément)* gleichzeitig
frontal [fʀɔ̃tal, -o] <-aux> *m* MED Stirnbein *nt*
frontal(e) [fʀɔ̃tal, -o] <-aux> *adj* ❶ MED *muscle, veine* Stirn-; ***os ~*** Stirnbein *nt* ❷ *attaque, collision* Frontal-
frontalier, -ière [fʀɔ̃talje, -jɛʀ] **I.** *adj* Grenz- **II.** *m, f* Grenzbewohner(in) *m(f)*
frontière [fʀɔ̃tjɛʀ] **I.** *f* ❶ GEOG, POL [Landes]grenze *f* ❷ *(limite)* Grenze *f;* ***à la ~ du rêve et de la réalité*** am Übergang *m* zwischen Traum und Wirklichkeit **II.** *app inv* ***ville ~*** Grenzstadt *f;* ***gare ~*** Grenzbahnhof *m*
frontispice [fʀɔ̃tispis] *m* TYP Frontispiz *nt*
fronton [fʀɔ̃tɔ̃] *m* [Front]giebel *m*
frottement [fʀɔtmɑ̃] *m* ❶ *(bruit)* Reiben *nt,* reibendes Geräusch ❷ *(contact)* Reiben *nt;* ***des traces de ~ sur le plancher*** Schleifspuren auf dem Boden; ***étoffe usée par les ~s*** durchgescheuerter Stoff ❸ PHYS Reibung *f* ❹ *pl (frictions)* Reibereien *Pl*
frotter [fʀɔte] <1> **I.** *vi* ***~ contre qc*** an etw reiben *dat; porte:* über etw *akk* scheuern **II.** *vt* ❶ *(astiquer)* polieren *chaussures, meubles* ❷ *(nettoyer)* sauber reiben; *(avec une brosse)* [aus]bürsten, schrubben *fam partie du corps, plancher;* blank reiben *carreaux;* rubbeln *linge;* ***~ ses semelles sur le paillasson*** sich *dat* die Schuhe [am Fußabstreifer] abtreten ❸ *(cirer)* blank bohnern *parquet* ❹ *(frictionner: pour laver)* gründlich säubern; *(pour sécher)* trocken reiben; *(pour réchauffer)* warm reiben ❺ *(gratter)* anzünden *allumette;* ***~ qc contre/sur qc*** etw an etw *dat* reiben; ***~ qc à la toile émeri*** etw abschmirgeln ❻ *(enduire)* ***~ qc d'ail*** etw mit Knoblauch einreiben **III.** *vpr* ❶ ***se ~*** *(se laver)* sich gründlich waschen ❷ *(se sécher)* ***se ~*** sich abfrottieren ❸ *(se nettoyer)* ***se ~ les ongles*** sich *dat* die Nägel bürsten ❹ *(se gratter)* ***se ~ les yeux/le nez*** sich *dat* die Augen/die Nase reiben; ***se ~ contre les jambes de qn*** jdm um die Beine streichen; ***se ~ contre un arbre*** sich an einem Baum reiben ❺ *(entrer en conflit)* ***se ~ à qn*** sich mit jdm anlegen
frottis [fʀɔti] *m* MED Abstrich *m*
froufrou [fʀufʀu] *m* ❶ *(bruit)* Rascheln *nt (von Seidenkleidern)* ❷ *pl (dentelles)* Rüschen *Pl* ❸ *(dessous)* Reizwäsche *f*
froufroutant(e) [fʀufʀutɑ̃, ɑ̃t] *adj* raschelnd
froufrouter [fʀufʀute] <1> *vi* rascheln
froussard(e) [fʀusaʀ, aʀd] **I.** *adj (fam)* ängstlich **II.** *m(f) (fam)* Angsthase *m*
frousse [fʀus] *f (fam)* Schiss *m*
fructifier [fʀyktifje] <1> *vi* ❶ *(produire) terre, arbre, idée:* Früchte tragen; ***~ tardivement*** spät tragen ❷ *(rapporter) capital:* Gewinn bringen; ***faire ~ qc*** etw gewinnbringend anlegen
fructose [fʀyktoz] *m* BIO, CHIM Fruktose *f,* Fruchtzucker *m*
fructueux, -euse [fʀyktɥø, -øz] *adj collaboration* fruchtbar; *lecture* lohnend; *recherches, efforts, essai, travaux* erfolgreich; *opération financière, commerce* gewinnbringend
frugal(e) [fʀygal, -o] <-aux> *adj repas, nourriture* karg; *vie* bescheiden; *personne* genügsam
frugalité [fʀygalite] *f d'un repas* Kargheit *f; d'une personne* Genügsamkeit *f*

fruit [fʀɥi] *m* ❶ *pl* Obst *nt,* Obstsorte *f; **jus de ~[s]*** Fruchtsaft *m; **~s rouges/confits*** rote/kandierte Früchte ❷ BIO Frucht *f* ❸ *(crustacés)* ***~s de mer*** Meeresfrüchte *Pl* ❹ *de l'expérience, de la réflexion* Ergebnis *nt; d'un effort, du travail* Früchte *Pl; d'une union, de l'amour* Frucht *f; **être le ~ du hasard*** reiner Zufall sein; ***le ~ d'une imagination délirante*** der Auswuchs einer krankhaften Fantasie; ***porter ses ~s*** Früchte tragen; *effort:* fruchten ▶ ~ **défendu** verbotene Frucht
fruité(e) [fʀɥite] *adj* fruchtig [schmeckend]
fruiterie [fʀɥitʀi] *f (magasin)* Obstgeschäft *nt*
fruitier, -ière [fʀɥitje, -jɛʀ] **I.** *adj **arbre ~*** Obstbaum *m* **II.** *m, f* Obst- und Gemüsehändler(in) *m(f)*
fruitière [fʀɥitjɛʀ] *f* ❶ *(marchande)* Obsthändlerin *f; (vendeuse)* Obstverkäuferin *f* ❷ CH *(fromagère)* Käseherstellerin *f* ❸ CH *(coopérative)* Käsereigenossenschaft *f* ❹ CH *(fromagerie)* Käserei *f*
frusques [fʀysk] *fpl (fam)* Klamotten *Pl*
fruste [fʀyst] *adj personne* ungebildet; *manières* ungehobelt
frustrant(e) [fʀystʀɑ̃, ɑ̃t] *adj* frustrierend
frustration [fʀystʀasjɔ̃] *f* Frustration *f; **toutes ces ~s*** der ganze Frust *fam*
frustré(e) [fʀystʀe] **I.** *adj* frustriert **II.** *m(f) (fam)* Frustrierte(r) *f(m)*
frustrer [fʀystʀe] <1> *vt* ❶ *a.* PSYCH frustrieren ❷ *(priver)* ***~ qn de qc*** jdn um etw bringen; ***un enfant frustré d'amour maternel*** ein Kind, dem die Mutterliebe fehlt
FS [ɛfɛs] *m abr de* **franc suisse** sFr
fuchsia [fyʃja, fyksja] **I.** *m* ❶ BOT Fuchsie *f* ❷ *(couleur)* Fuchsienrot *nt* **II.** *adj inv* pinkfarben
fucus [fykys] *m* BOT Blasentang *m*
fuel [fjul] *m* ❶ *(combustible)* ***~ domestique*** Heizöl *nt; **se chauffer au ~*** mit Öl heizen ❷ *(carburant)* Diesel[kraftstoff *m*] *m*

Aussprache
Das -ue- in **fuel** wird als [ju] gesprochen.

fugace [fygas] *adj* flüchtig; *beauté* vergänglich
fugitif, -ive [fyʒitif,-iv] **I.** *adj* ❶ *(en fuite)* entflohen ❷ *(éphémère)* flüchtig; ***être ~*** *bonheur:* nicht lange währen **II.** *m, f* Flüchtige(r) *f(m)*
fugitivement [fyʒitivmɑ̃] *adv* flüchtig
fugue [fyg] *f* ❶ *d'un mineur* Ausreißen *nt; d'un adulte* Verschwinden *nt; **un mineur en ~*** ein minderjähriger Ausreißer; ***faire une ~/des ~s*** [von zu Hause]/immer wieder [von zu Hause] weglaufen; *adulte:* eine Zeit lang/immer wieder eine Zeit lang verschwinden ❷ MUS Fuge *f*
fuguer [fyge] <1> *vi (fam)* ausreißen
fugueur, -euse [fygœʀ,-øz] **I.** *m, f* Ausreißer(in) *m(f)* **II.** *adj **enfant ~*** [gewohnheitsmäßiger] Ausreißer/[gewohnheitsmäßige] Ausreißerin
fuir [fɥiʀ] <irr> **I.** *vi* ❶ *(s'enfuir)* ***~ d'un pays*** aus einem Land fliehen ❷ *(détaler)* weglaufen; ***~ devant qn/qc*** vor jdm/etw fliehen; ***faire ~ qn*** jdn in die Flucht schlagen ❸ *(se dérober)* ***~ devant qc*** sich einer S. *dat* entziehen ❹ *(ne pas être étanche) récipient:* undicht sein; *robinet d'eau:* tropfen ❺ *(s'échapper) liquide:* auslaufen; *gaz:* ausströmen **II.** *vt (éviter)* fliehen vor +*dat,* flüchten vor +*dat danger;* ***~ ses responsabilités*** sich der Verantwortung *dat* entziehen; ***~ qc*** vor etw fliehen, sich von etw abwenden; ***~ la présence de qn*** jdm aus dem Weg gehen
fuite [fɥit] *f* ❶ Flucht *f; **prendre la ~*** die Flucht ergreifen; *chauffeur accidenté:* Fahrerflucht begehen; ***prisonnier en ~*** entflohener Strafgefangener; ***être en ~*** *accusé:* flüchtig sein ❷ *(dérobade)* ***~ devant qc*** Flucht *f* vor etw *dat;* ***chercher la ~ dans qc*** Zuflucht in etw *dat* suchen ❸ *d'un récipient, tuyau* undichte Stelle; ***avoir une ~*** undicht sein ❹ *(perte)* Austreten *nt; d'eau* Auslaufen *nt; de gaz* Ausströmen *nt;* ***~ d'eau*** *(sur une canalisation)* Wasserrohrbruch; ***il y a une ~ d'eau quelque part*** irgendwo tritt Wasser aus; ***il y a une ~ de gaz quelque part*** irgendwo strömt Gas aus; ***il y a une ~*** da läuft etwas aus ❺ *d'une information* Durchsickern *nt; **l'auteur de la ~*** die undichte Stelle; ***en raison de ~s répétées*** da wiederholt Informationen durchgesickert sind/waren
fulgurant(e) [fylgyʀɑ̃, ɑ̃t] *adj* ❶ *vitesse* rasend; *progrès* rasend schnell; *réplique* blitzschnell ❷ *douleur* stechend ❸ *lueur* gleißend; *regard* wütend
fulminant(e) [fylminɑ̃, ɑ̃t] *adj* ❶ *(furieux)* wütend; ***~ de colère*** [*o* ***de rage***] wutentbrannt ❷ *(menaçant)* drohend; ***une lettre ~e*** ein Drohbrief *m*
fulminer [fylmine] <1> *vi* fuchsteufelswild sein *fam;* ***~ contre qn/qc*** gegen jdn/etw wettern

fumage[1] [fymaʒ] *m* GASTR Räuchern *nt*
fumage[2] [fymaʒ] *m* AGR Düngen *nt* [mit Mist]
fumant(e) [fymɑ̃, ɑ̃t] *adj* ❶ *(qui dégage de la fumée)* qualmend ❷ *(qui dégage de la vapeur)* dampfend; ***être encore ~*** noch rauchen/dampfen ❸ *(fam: sensationnel)* toll
fumasse [fymas] *adj (fam)* wutschnaubend
fumé(e) [fyme] *adj* ❶ GASTR geräuchert; ***saumon ~*** Räucherlachs *m* ❷ *verre, plastique* rauchfarben; *verres de lunettes* getönt; ***en verre ~*** aus Rauchglas
fume-cigarette [fymsigaʀɛt] <fume-cigarettes> *m* Zigarettenspitze *f*
fumée [fyme] *f* ❶ Rauch *m; (nuage épais)* Qualm *m; **~s industrielles/d'échappement*** Industrie-/Autoabgase *Pl; **la ~ ne vous gêne pas?*** stört es Sie, wenn ich rauche?; ***avaler la ~*** Lungenzüge machen ❷ *(vapeur: légère)* Dunst *m; (épaisse)* Dampf *m*
fumer [fyme] <1> **I.** *vi* ❶ *(aspirer de la fumée de tabac)* rauchen ❷ *(dégager de la fumée)* rauchen; *bougie:* rußen ❸ *(dégager de la vapeur)* dampfen; *acide:* Dämpfe entwickeln **II.** *vt* ❶ *(aspirer de la fumée de tabac)* rauchen ❷ GASTR räuchern
fumet [fymɛ] *m* ❶ *(odeur)* Duft *m* ❷ *d'un vin* Blume *f*
fumette [fymɛt] *f (fam)* Kifferei *f*
fumeur, -euse [fymœʀ, -øz] **I.** *m, f* Raucher(in) *m(f)* **II.** *app* TRANSP ***compartiment ~s*** Raucherabteil *nt; **siège ~s*** Raucherplatz *m; **zone ~/non-~*** Raucherbereich *m*/Nichtraucherbereich
fumeux, -euse [fymø, -øz] *adj théorie, explication, idées* verworren
fumier [fymje] *m* ❶ *(engrais naturel)* Mist *m,* Stallmist ❷ *(fam: salaud)* Mistkerl *m*
fumigation [fymigasjɔ̃] *f* ❶ MED Inhalation *f; **faire des ~s*** inhalieren ❷ *(pour désinfecter)* Ausräuchern *nt*
fumigène [fymiʒɛn] *adj **grenade ~*** Nebelgranate *f; **bombe ~*** Rauchbombe *f; **engin/appareil ~*** Raucherzeuger *m*/Räucherapparat *m*
fumiste [fymist] **I.** *adj (péj fam)* unseriös **II.** *mf* ❶ *(péj fam: plaisantin)* Nichtsnutz *m* ❷ *(qui se moque du monde)* Schaumschläger(in) *m(f)* ❸ *(ouvrier)* Ofensetzer(in) *m(f)*
fumisterie [fymistəʀi] *f (fam)* ❶ *(mystification)* Schwindel *m* ❷ *(farce)* Schau *f*
fumoir [fymwaʀ] *m* Rauchsalon *m*

fun [fɔn] *m* CAN *(amusement)* Vergnügen *nt,* Fun *m*
funambule [fynɑ̃byl] *mf* Seiltänzer(in) *m(f)*
funboard [fœnbɔʀd] *m* ❶ *(planche à voile)* Funboard *nt* ❷ *(sport)* Funboard-Surfen *nt*
funèbre [fynɛbʀ] *adj* ❶ *(funéraire)* ***marche ~*** Trauermarsch *m; **décoration ~*** Sargschmuck *m; **oraison ~*** Grabrede *f; **veillée ~*** Totenwache *f* ❷ *(lugubre)* finster; *idées* trüb[sinnig]; ***mine ~*** Trauermiene *f; **silence ~*** Grabesstille *f*
funérailles [fyneʀaj] *fpl* Bestattung *f geh; **~s nationales*** Staatsbegräbnis *nt*
funéraire [fyneʀɛʀ] *adj **dalle ~*** Grabplatte *f; **monument ~*** Grabmal *nt*
funérarium [fyneʀaʀjɔm] *m* Aufbahrungsraum *m*
funeste [fynɛst] *adj* ❶ *(fatal)* verhängnisvoll; *jour* unselig; *suites, coup* fatal; ***être ~ à qn/qc*** jdm zum Verhängnis werden/einer S. *dat* schaden ❷ *pressentiment, vision* dunkel; ***de ~s pressentiments*** Todesahnungen *Pl* ❸ *(triste)* traurig
funiculaire [fynikylɛʀ] *m* [Draht]seilbahn *f,* [Stand]seilbahn
funk [fœnk] *adj inv* Funk-; ***musique ~*** Funk *m*

Aussprache
Das -u- im englischen Wort **funk** wird im Französischen zu [œ], die Endung -nk wird gesprochen.

fur [fyʀ] ▶ **au ~ et à mesure** nach und nach; ***passer des photos au ~ et à mesure*** ein Foto nach dem anderen weitergeben; ***au ~ et à mesure qu'on approche/progresse dans notre travail*** je näher man kommt/je weiter die Arbeit fortschreitet
furax [fyʀaks] *adj (fam: furieux)* wutschnaubend
furet [fyʀɛ] *m* Frettchen *nt*
fureter [fyʀ(ə)te] <4> *vi* [herum]schnüffeln *fam*
fureteur [fyʀ(ə)tœʀ] *m* CAN INFORM Browser *m*
fureteur, -euse [fyʀ(ə)tœʀ, -øz] **I.** *m, f* Schnüffler(in) *m(f) pej fam* **II.** *adj regard* suchend
fureur [fyʀœʀ] *f* ❶ Wut *f,* Zorn *m; **mettre qn en ~*** jdn zur Raserei bringen; ***être en ~ contre qn*** wütend auf jdn sein; ***des accès de ~ incontrôlables*** Tobsuchtsanfälle *Pl; **avec ~*** wütend ❷ *des éléments naturels, vagues* Urgewalt *f; d'une attaque* Heftig-

keit *f* ▶ **faire** ~ *chanson, mode:* Furore machen; *danse, sport:* groß in Mode sein; **la** ~ **de vivre** die Gier nach Leben

furibard(e) [fyʀibaʀ, -aʀd] *adj (fam),* **furibond(e)** [fyʀibɔ̃, ɔ̃d] *adj regard, ton* wütend; *personne* wutentbrannt

furie [fyʀi] *f* ❶ *(violence)* Heftigkeit *f; d'un combat* Verbissenheit *f;* ***en*** ~ *mer* tosend; *personne, animal* wutschäumend; ***être en*** ~ vor Wut schäumen; ***mettre qn en*** ~ jdn in helle Wut versetzen ❷ *(péj: femme déchaînée)* Furie *f*

furieusement [fyʀjøzmɑ̃] *adv* ❶ *(avec violence)* wütend ❷ *(iron: extrêmement)* unheimlich *fam*

furieux, -euse [fyʀjø, -jøz] *adj* ❶ *(en colère)* wütend, zornig; *animal* wütend ❷ *(violent)* wütend; *combat, résistance* erbittert ❸ *(hum) envie, appétit* unheimlich *fam*

furoncle [fyʀɔ̃kl] *m* Furunkel *m o nt*

furtif, -ive [fyʀtif, -iv] *adj* ❶ *(rapide)* flüchtig ❷ *(à la dérobée)* verstohlen; *mouvement* unmerklich

furtivement [fyʀtivmɑ̃] *adv* heimlich

fus [fy] *passé simple de* **être**

fusain [fyzɛ̃] *m* ❶ *(dessin)* Kohlezeichnung *f* ❷ *(crayon)* [Zeichen]kohle *f* ❸ BOT Pfaffenhütchen *nt*

fuseau [fyzo] <x> *m* ❶ *d'une fileuse* Spindel *f; d'une dentellière* Klöppel *m* ❷ *(pantalon)* Steghose *f* ❸ GEOG ~ ***horaire*** Zeitzone *f*

fusée [fyze] *f* Rakete *f*

fuselage [fyz(ə)laʒ] *m* [Flugzeug]rumpf *m*

fuselé(e) [fyz(ə)le] *adj* [lang und] schlank

fuser [fyze] <1> *vi* [hervor]sprudeln; *liquide, vapeur:* herausschießen; *étincelles:* sprühen; *lumière:* aufflammen; *rires, cris:* laut werden; *coups de feu:* zu hören sein; ***des questions fusent*** es hagelt Fragen; ***le pétrole fuse*** die Ölfontäne schießt empor

fusible [fyzibl] *m* Sicherung *f*

fusil [fyzi] *m* ❶ *(arme)* Gewehr *nt* ❷ *(à chevrotines)* Flinte *f; (à balles)* Büchse *f;* ~ ***sous-marin*** Harpune *f* ❸ *(aiguisoir)* Wetzstahl *m* ▶ **changer son ~ d'épaule** *(changer de méthode/d'opinion)* seine Taktik/Meinung ändern; *(retourner sa veste)* ins andere Lager wechseln; **être un bon** ~ ein guter Schütze sein

Aussprache

Das -l ist entgegen der Regelaussprache in **fusil** stumm.

fusilier [fyzilje] *m* ~ ***marin*** Marineinfanterist *m*

fusillade [fyzijad] *f* ❶ *(coups de feu)* Schießerei *f* ❷ *(exécution)* Erschießung *f*

fusiller [fyzije] <1> *vt* erschießen

fusil-mitrailleur [fyzimitʀɑjœʀ] <fusils--mitrailleurs> *m* Schnellfeuergewehr *nt*

fusion [fyzjɔ̃] *f* ❶ *des atomes* Fusion *f; d'un métal* Schmelzen *nt; de la glace* Schmelze *f;* ***en*** ~ [schmelz]flüssig ❷ ECON, POL *de sociétés* Fusion *f; d'organisations, de partis* Zusammenschluss *m* ❸ *de cœurs, corps, d'esprits* Vereinigung *f* ❹ INFORM *de fichiers* Vereinigen *nt;* ***obtenir la ~ de deux fichiers*** zwei Dateien vereinigen

fusionnel(le) [fyzjɔnɛl] *adj couple, relation* symbiotisch

fusionner [fyzjɔne] <1> **I.** *vi sociétés:* fusionieren; *partis, organisations:* sich vereinigen **II.** *vt* INFORM vereinigen

fût [fy] *m* Fass *nt*

futaie [fytɛ] *f* ❶ *(groupe d'arbres)* Gruppe *f* hochstämmiger Bäume ❷ *(forêt)* ***haute*** ~ [alter] Hochwald

futaille [fytaj] *f* ❶ *(tonneau)* Fass *nt;* ~ ***de vin*** Weinfass *nt* ❷ *(ensemble de fûts)* Fässer *Pl*

futal [fytal] *m (fam: pantalon)* Hose *f*

futé(e) [fyte] **I.** *adj* clever **II.** *m(f)* ***petit*** ~ Schlaumeier *m*

fute-fute [fytfyt] <futes-futes> *adj (fam)* gerissen *fam,* pfiffig

futile [fytil] *adj* ❶ *(inutile, creux)* belanglos; *occupation* unnütz; *propos* nichts sagend; *conversation* seicht; *prétexte* unsinnig; ***pour une raison*** ~ wegen einer Lappalie; ***il était ~ de faire qc*** es war sinnlos, etw zu tun ❷ *personne, esprit* oberflächlich

futilité [fytilite] *f* ❶ *sans pl d'une occupation* Sinnlosigkeit *f; d'une conversation, d'un propos* Banalität *f; d'une vie* Leere *f* ❷ *sans pl d'une personne, d'un esprit* Oberflächlichkeit *f; d'un raisonnement* Unsinnigkeit *f* ❸ *pl (bagatelles)* Nichtigkeiten *Pl*

futur [fytyʀ] *m* ❶ *(avenir)* Zukunft *f* ❷ LING Futur *nt;* ~ ***proche/simple*** nahes/einfaches Futur

futur(e) [fytyʀ] **I.** *adj* ❶ *(ultérieur)* [zu]künftige(r, s); ***les temps ~s*** kommende Zeiten; ***dans une vie ~e*** in einem späteren Leben; ***l'évolution ~e*** die künftige Entwicklung ❷ *antéposé collaborateur, époux* [zu]künftige(r, s); ~ ***ex époux/ex fumeur*** [zu]künftiger Exmann/Ex-Raucher; ***une ~e maman*** eine werdende Mutter ❸ *antéposé (devenu tel par la*

F

suite) spätere(r, s) **II.** *m(f) (fam: fiancé)* Zukünftige(r) *f(m)*
futuriste [fytyʀist] *adj* futuristisch
futurologie [fytyʀɔlɔʒi] *f* Zukunftsforschung *f*
futurologue [fytyʀɔlɔg] *mf* Zukunftsforscher(in) *m(f)*
fuyais [fɥijɛ] *imparf de* **fuir**
fuyant [fɥijɑ̃] *part prés de* **fuir**
fuyant(e) [fɥijɑ̃, ɑ̃t] *adj* ❶ *attitude* ausweichend; *regard* unstet; ***être ~*** *personne:* sich nie festlegen; ***prendre un air ~*** nicht reagieren ❷ *menton, front* fliehend
fuyard(e) [fɥijaʀ, aʀd] *m(f)* ❶ *(fugitif)* Flüchtige(r) *f(m)* ❷ *(déserteur)* Fahnenflüchtige(r) *m*
fuyez [fɥije], **fuyons** [fɥijɔ̃] *indic prés et impératif de* **fuir**

G Gg

g *abr de* **gramme** g
G, g [ʒe] *m inv* G *nt,* g *nt*
G-8 [ʒeɥit] *m* POL ***le ~*** die G8-Staaten *Pl*
gabardine [gabaʀdin] *f* Gabardine *m o f*
gabarit [gabaʀi] *m* ❶ *(dimension)* Größe *f; d'un véhicule* Maße *Pl* ❷ *(fam: stature)* Statur *f*
gabegie [gabʒi] *f* Misswirtschaft *f;* ***c'est la vraie ~ ici*** hier geht wirklich alles drunter und drüber
gabelle [gabɛl] *f* HIST Salzsteuer *f*
Gabon [gabɔ̃] *m* ***le ~*** Gabun *nt*
gabonais(e) [gabɔnɛ, ɛz] *adj* gabunisch
Gabonais(e) [gabɔnɛ, ɛz] *m(f)* Gabuner(in) *m(f)*
gâcher [gɑʃe] <1> *vt* verderben *plaisir, vacances;* verpfuschen *vie;* vergeuden *temps, argent;* ***~ le métier*** die Preise verderben
gâchette [gɑʃɛt] *f d'une arme* Abzug *m;* ***appuyer sur la ~*** abdrücken ▸ ***avoir la ~ facile*** einen nervösen Finger haben *fam*
gâchis [gɑʃi] *m* ❶ *(gaspillage)* Vergeudung *f* ❷ *(mauvais résultat)* Schlamassel *m o nt fam*
gadget [gadʒɛt] *m* ❶ *(bidule)* Spielerei *f;* ***des ~s*** Schnickschnack *m fam* ❷ *(innovation)* neumodische Ideen *Pl*
gadoue [gadu] *f* Matsch *m*
gaélique [gaelik] **I.** *adj* gälisch **II.** *m* ***le ~*** Gälisch *nt,* das Gälische; *v. a.* **allemand**
gaffe[1] [gaf] *f (fam)* Schnitzer *m,* Patzer *m; (en société)* Fauxpas *m;* ***faire une ~*** einen Bock schießen
gaffe[2] [gaf] *f (fam)* ▸ ***faire ~*** aufpassen
gaffer[1] [gafe] <1> *vt* NAUT mit dem Bootshaken an Land/Bord ziehen *poisson*
gaffer[2] [gafe] <1> *vi (fam: commettre une bévue)* sich *dat* einen Schnitzer leisten
gaffeur, -euse [gafœʀ, -øz] **I.** *adj (fam)* ungeschickt **II.** *m, f (fam)* Tollpatsch *m*
gag [gag] *m* Gag *m*
gaga [gaga] **I.** *adj (fam)* ❶ *(gâteux)* gaga ❷ *(fou)* ***être ~ de qn*** [ganz] verrückt nach jdm sein **II.** *m* ***vieux ~*** *(fam)* alter Trottel
gage [gaʒ] *m* ❶ ***~ de qc*** *(garantie)* Garantie *f* für etw; *(témoignage)* Beweis *m* für etw ❷ *(dépôt)* Pfand *nt;* ***mettre qc en ~*** etw verpfänden; ***sur ~*** gegen Pfand ❸ JEUX Strafe *f* ❹ *pl (salaire)* Lohn *m; d'un acteur, artiste* Gage *f*
gager [gaʒe] <2a> *vt (littér)* wetten; ***je gage que c'est lui*** ich wette, dass er es ist
gageure [gaʒyʀ] *f* Ding *nt* der Unmöglichkeit

Aussprache
Das -eu- in **gageure** wird entgegen der Regelaussprache als [y] gesprochen.

gagnant(e) [gaɲɑ̃, ɑ̃t] **I.** *adj carte, coup* spielentscheidend; ***billet ~*** Gewinnlos *nt;* ***cheval ~*** Siegerpferd *nt* ▸ ***donner un animal ~*** auf den Sieg eines Tieres setzen; ***partir ~*** Favorit sein **II.** *m(f)* Sieger(in) *m(f); d'un jeu* Gewinner(in) *m(f)*
gagne [gaɲ] *f (fam)* ***faire partie de la ~*** auf der Gewinnerstraße sein
gagne-pain [gaɲpɛ̃] *m inv* Broterwerb *m;* ***être le ~ de qn*** jds Lebensunterhalt sein; ***perdre son ~*** brotlos werden **gagne-petit** [gaɲpəti] *mf inv (péj)* armer Schlucker
gagner [gaɲe] <1> **I.** *vi* ❶ *(vaincre)* ***~ à qc*** bei etw gewinnen; ***on a gagné!*** [wir haben] gewonnen! ❷ *(trouver un avantage)* ***est-ce que j'y gagne?*** bringt mir das [et]was? ❸ *(avoir une meilleure position)* ***~ à être connu*** beim näheren Kennenler-

nen gewinnen; ***y ~ en clarté*** dadurch an Klarheit *dat* gewinnen **II.** *vt* ❶ *(s'assurer)* verdienen *argent, récompense;* sich *dat* etw holen *prix* ❷ *(remporter)* gewinnen *lot, argent* ❸ *(économiser)* gewinnen *place;* gutmachen, einsparen *temps* ❹ *(obtenir comme résultat)* [sich *dat*] erwerben *réputation* ❺ *(conquérir)* gewinnen *ami, confiance;* ***~ qn à sa cause*** jdn von seiner Sache überzeugen; ***être gagné par la gentillesse de qn*** von jds Freundlichkeit eingenommen sein/werden ❻ *(atteindre)* erreichen *lieu;* ***~ la gare*** zum Bahnhof gehen/gelangen ❼ *(avancer) incendie, épidémie:* ***~ qc*** auf etw *akk* übergreifen ❽ *(envahir)* ***~ qn*** *maladie:* jdn befallen; *fatigue, peur:* jdn überkommen; ***le froid la gagnait*** Kälte kroch in ihr hoch; ***l'envie me gagne de tout laisser tomber*** allmählich würde ich am liebsten alles hinwerfen; ***être gagné par le sommeil/un sentiment*** vom Schlaf/einem Gefühl übermannt werden; ***se laisser ~ par le découragement*** in Mutlosigkeit verfallen ▶ **c'est toujours ça de gagné** das ist besser als nichts; **c'est gagné!** *(iron)* Volltreffer!

gagneur, -euse [gaɲœʀ, -øz] *m, f* Gewinner(in) *m(f)*

gai(e) [ge, gɛ] *adj* fröhlich, heiter; *personne* fröhlich, vergnügt; *événement* lustig; *ambiance* ausgelassen; *vêtement, pièce* freundlich; *couleur* fröhlich ▶ **c'est ~!** *(iron)* na toll!; **ça va être ~!** das kann ja heiter werden!

gaiement [gemɑ̃, gɛmɑ̃] *adv* fröhlich ▶ **allons-y ~!** *(iron)* na, dann wollen wir mal! *fam*

gaieté [gete] *f* Fröhlichkeit *f,* Heiterkeit *f; d'une personne* gute Laune; *(caractère)* Frohsinn *m* ▶ **ne pas faire qc de ~ de cœur** etw nicht gerade frohen Herzens tun

gaillard [gajaʀ] *m* ❶ *(costaud)* Kerl *m fam* ❷ *(fam: lascar)* Bürschchen *nt;* ***mon ~!*** [mein] Freundchen!

gaillard(e) [gajaʀ, aʀd] *adj personne* rüstig

gaîment [gemɑ̃, gɛmɑ̃] *adv v.* **gaiement**

gain [gɛ̃] *m* ❶ *(profit)* Gewinn *m;* ***tirer un ~ d'une lecture*** aus einer Lektüre Nutzen ziehen ❷ *(économie)* Einsparung *f;* ***~ de place/temps*** Platz-/Zeitgewinn *m;* ***~ d'argent*** [Geld]ersparnis *f* ▶ **donner ~ de cause à qn** jdm Recht geben; JUR zu jds Gunsten entscheiden; **obtenir ~ de cause** Recht bekommen; JUR seinen Fall gewinnen; **être âpre au ~** profitgierig sein

gaine [gɛn] *f* ❶ *(ceinture)* Hüfthalter *m* ❷ *(étui)* Hülle *f; d'un couteau, d'une épée* Scheide *f; d'un pistolet* Halfter *nt o f;* ***~ de câble/d'aération*** Kabelmantel *m*/Lüftungsschacht *m*

gaîté *v.* **gaieté**

gala [gala] *m* [Gala]empfang *m;* ***~ de bienfaisance*** Wohltätigkeitsveranstaltung *f*

galactique [galaktik] *adj* galaktisch

galamment [galamɑ̃] *adv* galant

galant(e) [galɑ̃, ɑ̃t] *adj* ❶ *(courtois)* zuvorkommend ❷ *(d'amour)* ***rendez-vous ~*** Rendezvous *nt*

galanterie [galɑ̃tʀi] *f* Höflichkeit *f,* Ritterlichkeit *f*

galaxie [galaksi] *f* Galaxie *f,* Milchstraßensystem *nt;* ***la Galaxie*** die Galaxis

Galaxie [galaksi] *f (la Voie lactée)* ***la ~*** die Galaxis

galbe [galb] *m* perfekte Rundung, weiche Linienführung

galbé(e) [galbe] *adj objet* harmonisch gerundet, geschwungen; ***des jambes bien ~es*** wohlgeformte Beine *Pl*

gale [gal] *f* ❶ *(chez les hommes)* Krätze *f* ❷ *(chez les animaux)* Räude *f* ▶ **être mauvais comme la ~** richtig bösartig sein; **ne pas avoir la ~** nicht beißen

galéjade [galeʒad] *f* Übertreibungen *Pl*

galéjer [galeʒe] <5> *vi* MIDI Märchen erzählen, übertreiben

galère [galɛʀ] *f* ❶ *(fam: corvée)* ***c'est [la] ~*** [das ist] echt ätzend; ***quelle ~!*** so eine Plackerei!; ***sortir de cette ~*** diese Schinderei beenden ❷ HIST Galeere *f* ▶ **et vogue la ~!** und dann komme, was da wolle!

galérer [galeʀe] <5> *vi (fam)* ❶ *(chercher)* herumsuchen, herumprobieren ❷ *(travailler dur)* sich abstrampeln

galerie [galʀi] *f* ❶ *(souterrain)* Gang *m; d'une mine* Stollen *m;* ***~ d'aération*** Wetterschacht *m* ❷ *(corridor)* Gang *m* ❸ COM ***~ marchande*** Geschäftspassage *f* ❹ *(balcon)* Galerie *f* ❺ ART Galerie *f;* ***~ d'art*** Kunsthalle *f;* ***~ de peinture*** Gemäldegalerie ❻ AUT Dachgepäckträger *m* ▶ **amuser la ~** für Unterhaltung sorgen; **épater la ~** sich in Szene setzen

galérien [galeʀjɛ̃] *m* Galeerensklave *m*

galeriste [galʀist] *mf* Galerist(in) *m(f)*

galet [galɛ] *m* [großer] [Kiesel]stein *m*

galette [galɛt] *f (crêpe)* Galette *f;* ***~ de pétrole*** Ölplacken *m*

galeux, -euse [galø, -øz] *adj* räudig

galimatias [galimatja] *m (propos)* [verworrenes] Geschwätz *nt*

galion [galjɔ̃] *m* HIST Galeone *f*

galipette [galipɛt] *f (fam)* Purzelbaum *m*

G

Galles *v.* **pays**
gallicisme [ga(l)lisism] *m* ❶ Spracheigentümlichkeit *f* des Französischen ❷ *(traduction calquée)* Gallizismus *m*
gallinacé [galinase] *m* Hühnervogel *m*
gallois [galwa] *m* Walisisch *nt; v. a.* **allemand**
gallois(e) [galwa, waz] *adj* walisisch
Gallois(e) [galwa, waz] *m(f)* Waliser(in) *m(f)*
gallon [galɔ̃] *m* Gallone *f*
gallo-romain(e) [ga(l)lorɔmɛ̃, ɛn] <gallo-romains> *adj* galloromanisch
galoche [galɔʃ] *f* [Holz]pantine *f*
galon [galɔ̃] *m* ❶ *pl* MIL Tresse *f* ❷ COUT Borte *f*, Litze *f* ▶ **prendre du ~** befördert werden
galonner [galɔne] <1> *vt* mit Borte [*o* Tresse] versehen
galop [galo] *m* Galopp *m;* ***au ~*** im Galopp; ***se mettre au ~*** *cheval:* in Galopp fallen; ***partir au ~*** davongaloppieren ▶ **arriver au [triple] ~** angerast kommen
galopade [galɔpad] *f* wildes Gerenne
galopant(e) [galɔpɑ̃, ɑ̃t] *adj inflation* galoppierend
galoper [galɔpe] <1> *vi* galoppieren
galopin [galɔpɛ̃] *m (fam)* ❶ *(gamin des rues)* Gassenjunge *m* ❷ *(garnement)* Lausbub *m*
galure [galyʀ], **galurin** [galyʀɛ̃] *m (fam: chapeau)* Deckel *m fam*
galvanique [galvanik] *adj* galvanisch
galvaniser [galvanize] <1> *vt* begeistern, mitreißen
galvaudé(e) [galvode] *adj* abgedroschen
galvauder [galvode] <1> *vt* kompromittieren *réputation*
gambade [gɑ̃bad] *f souvent pl* Luftsprung *m;* ***faire des ~s*** Luftsprünge machen
gambader [gɑ̃bade] <1> *vi* herumtollen; *animal:* herumspringen
gambas [gɑ̃bas] *fpl* Gambas *Pl (große Garnelen)*
gambe [gɑ̃b] *f* ❶ NAUT Leine *f* ❷ MUS ***viole de ~*** Gambe *f*
gamberge [gɑ̃bɛʀʒ] *f (arg)* Grübelei *f*
gamberger [gɑ̃bɛʀʒe] <2a> *vi (arg)* grübeln
gambette [gɑ̃bɛt] *f (fam)* Beinchen *nt*
Gambie [gɑ̃bi] *f* ***la ~*** Gambia *nt*
Gameboy® [gɛmbɔj] *m* Gameboy® *m*
gamelle [gamɛl] *f d'un campeur* [Camping]topf *m; d'un soldat* Blechnapf *nt, Blechgeschirr nt; d'un ouvrier* Henkelmann *m fam; d'un chien* [Fress]napf *m* ▶ **prendre une ~** *(fam)* hinfliegen
gamepad [gɛmpad] *m* Gamepad *nt*
gameplay [gɛmplɛ] *m* INFORM *(fonctionnement du jeu)* Spielmodus *m*, Spielverlauf *m; (plaisir)* Spielvergnügen *nt*
gamète [gamɛt] *f* BIO Geschlechtszelle *f*, Gamet *m Fachspr.*
gamin(e) [gamɛ̃, in] **I.** *adj* kindisch; *air* jungenhaft **II.** *m(f) (fam)* ***un ~*** ein Kind *nt;* ***une gamine*** ein Mädchen *nt*
gaminerie [gaminʀi] *f* Kinderei *f*
gamma [ga(m)ma] *m inv* Gamma *nt*
gamme [gam] *f* ❶ MUS Tonleiter *f* ❷ *(série)* Palette *f;* ***~ de produits*** Produktsortiment *nt*
Gand [gɑ̃] Gent *nt*
gang [gɑ̃g] *m* Gang *f*
ganglion [gɑ̃glijɔ̃] *m* Lymphknoten *m*
gangrène [gɑ̃gʀɛn] *f* ❶ *(infection de plaie)* [Wund]brand *m* ❷ *(fig)* [Krebs]geschwür *nt*
gangrener [gɑ̃gʀəne] <4>, **gangréner** [gɑ̃gʀene] *vt (fig)* vergiften *esprits*
gangreneux, -euse [gɑ̃gʀənø, -øz], **gangréneux, -euse** [gɑ̃gʀenø, -øz] *adj* brandig
gangster [gɑ̃gstɛʀ] *m* Gangster *m*
gangstérisme [gɑ̃gsteʀism] *m* Gangstertum *nt*
ganse [gɑ̃s] *f* Paspel *f*
gant [gɑ̃] *m* [Finger]handschuh *m;* ***~ de toilette*** Waschlappen *nt* ▶ **aller à qn comme un ~** *vêtement:* jdm wie angegossen passen; *rôle:* jdm auf den Leib geschrieben sein; **prendre des ~s avec qn** jdn mit Glacéhandschuhen anfassen; **retourner qn comme un ~** jdn völlig umstimmen
gantelet [gɑ̃t(ə)lɛ] *m* ❶ CHASSE Handschuh *m* ❷ *d'un cordonnier, d'un relieur* Handleder *nt*
garage [gaʀaʒ] *m* ❶ *(abri)* Garage *f;* ***~ à vélos*** Fahrradabstellraum *m* ❷ *(entreprise)* Reparaturwerkstatt *f*
garagiste [gaʀaʒist] *mf* ❶ *(qui tient un garage)* Werkstattbesitzer(in) *m(f);* ***chez le ~*** in der Werkstatt ❷ *(mécanicien)* Automechaniker(in) *m(f)*
garant [gaʀɑ̃] *m* Garantie *f*
garant(e) [gaʀɑ̃, ɑ̃t] *m(f)* Bürge *m*/Bürgin *f;* ***se porter ~ de qc*** sich für etw verbürgen; JUR für etw Bürgschaft leisten; ***ça, je m'en porte ~!*** das kann ich garantieren!
garante [gaʀɑ̃t] *f* Bürgin *f; (signataire)* Unterzeichnerin *f;* ***être ~ de qn/qc*** JUR für jdn bürgen/für etw haften

garantie [garɑ̃ti] *f* ❶ *(bulletin de garantie)* Garantie *f; **qc est encore sous** ~* auf etw *akk* ist noch Garantie ❷ *(gage, caution)* Sicherheit *f; ~ **de paiement*** Bürgschaftserklärung *f; (par une banque)* Bankbürgschaft *f* ❸ *(sûreté) **sans** ~* ohne Gewähr ❹ *(assurance) ~ **contre les risques*** Risikoversicherung *f* ❺ *(certitude) **pouvez-vous me donner votre ~ que …*** können Sie mir zusichern, dass … ❻ *(précaution) **prendre des ~s*** sich absichern

garantir [garɑ̃tiʀ] <8> *vt* ❶ *(répondre de)* garantieren; ***être garanti*** feststehen ❷ *(par contrat) ~ **qc à qn*** jdm eine Garantie auf etw *akk* geben; ***qc est garanti un an*** etw hat ein Jahr Garantie ❸ JUR bürgen für *paiement, créance* ❹ *(assurer)* gewährleisten ❺ *(iron) **je te garantis que …*** du kannst sicher sein, dass …

garce [gaʀs] *f (péj fam)* [durchtriebenes] Luder

garçon [gaʀsɔ̃] *m* ❶ *(enfant)* Junge *m* ❷ *(jeune homme)* junger Mann; ***être beau** ~* ein hübscher Kerl sein; *~ **d'honneur*** Brautführer *m* ❸ *(fils)* Junge *m fam* ❹ *(serveur)* Kellner *m; ~!* Herr Ober! ❺ *(employé subalterne) ~ **coiffeur/boucher*** Friseur-/Metzgergehilfe *m* ▸ **c'est un véritable ~ manqué** an ihr ist ein Junge verloren gegangen; **mauvais** ~ Ganove *m;* **vieux** ~ alter Junggeselle

garçonnet [gaʀsɔnɛ] *m* kleiner Junge *m*

garçonnière [gaʀsɔnjɛʀ] *f (vieilli)* Junggesellenwohnung *f*

garde[1] [gaʀd] *f* ❶ *sans pl (surveillance)* Bewachung *f; **avoir la ~ de qn*** jdn bewachen; ***faire des ~s** [o **avoir la ~**] **d'enfants*** Kinder hüten; ***à la ~ de qn*** in jds Obhut *dat; **confier qn à la ~ de qn*** jdn jdm anvertrauen ❷ JUR *d'enfants* Sorgerecht *f; **il est laissé à la ~ de la mère*** die Mutter bekommt das Sorgerecht für ihn; *~ **à vue*** Polizeigewahrsam *m* ❸ *(veille)* Wache *f* ❹ *(permanence: le week-end)* Wochenenddienst *m; (de nuit)* Nachtdienst *m; **infirmière de** ~ (la nuit)* Nachtschwester *f; (le week-end)* Schwester, die Bereitschaftsdienst hat; ***être de** ~ médecin:* Notdienst haben; *pharmacie:* Bereitschaftsdienst haben ❺ *(patrouille)* Wache *f; **la relève de la** ~* die Wachablösung; *~ **républicaine** Gendarmeriekorps in Paris zur Bewachung der Regierungsgebäude und zum Ehrendienst* ▸ **la vieille** ~ die alte Garde; **être sur ses ~s** auf der Hut sein; **mettre qn en ~ contre qn/qc** jdn vor jdm/etw warnen; **monter la** ~ Wache halten; *soldat:* [auf] Wache stehen; **prendre ~ à qn/qc** auf jdn/etw achten; *(se méfier)* sich vor jdm/etw in Acht nehmen; ***sans y prendre** ~* ohne es zu merken; **en ~!** en garde!

garde[2] [gaʀd] *m* ❶ *d'une propriété* Wächter *m,* Hüter *m; ~ **champêtre*** [von der Gemeinde angestellter] Hilfspolizist; *~ **forestier*** Forsthüter; *~ **des Sceaux*** Justizminister *m; ~ **du corps*** Leibwächter ❷ *(sentinelle)* Wache *f; (soldat)* Gardist *m*

gardé(e) [gaʀde] *adj* bewacht ▸ **chasse ~e** privates Jagdrevier

garde-à-vous [gaʀdavu] *m inv ~!* stillgestanden!; ***être au** ~* strammstehen; ***se mettre au** ~* Hab[t]achtstellung einnehmen

garde-barrière [gaʀd(ə)baʀjɛʀ] <gardes-barrières> *mf* Bahnwärter(in) *m(f)*

garde-boue [gaʀdəbu] *m inv* Schutzblech *nt* **garde-chasse** [gaʀdəʃas] <gardes-chasse[s]> *mf* Jagdaufseher(in) *m(f)*

garde-chiourme [gaʀdəʃjuʀm] <gardes-chiourme> *mf* Gefängniswärter(in) *m(f)* **garde-côte** [gaʀdəkot] <garde--côtes> *m* Wasser[schutz]polizeiboot *nt*

garde-fou [gaʀdəfu] <garde-fous> *m* Geländer *nt* **garde-malade** [gaʀd(ə)malad] <gardes-malades> *mf* Krankenpfleger(in) *m(f)* **garde-manger** [gaʀd(ə)mɑ̃ʒe] *m inv* Vorratsschrank *m*

garde-meuble [gaʀdəmœbl] <garde--meubles> *m* Möbellager *nt*

gardénia [gaʀdenja] *m* Gardenie *f*

garden-party [gaʀdɛnpaʀti] <garden--partys *o* garden-parties> *f* Gartenparty *f; **donner une** ~* eine Gartenparty machen [*o* veranstalten]

garde-pêche [gaʀdəpɛʃ] <gardes-pêche> *mf* Fischereiaufseher(in) *m(f)*

garde-port [gaʀdəpɔʀ] <gardes-ports> *mf* Hafenmeister(in) *m(f)*

garder [gaʀde] <1> **I.** *vt* ❶ *(surveiller)* bewachen, aufpassen auf +*akk banque, bagages;* hüten, (be)hüten *maison, enfant, animal;* betreuen *personne âgée; **donner à** ~* anvertrauen ❷ *(stocker)* aufbewahren, lagern *marchandises; ~ **sous clé*** unter Verschluss halten ❸ *(ne pas perdre)* behalten, beibehalten *défaut, manie;* nicht aufgeben *espoir;* zurückbehalten *séquelles* ❹ *(réserver)* aufheben, freihalten *place* ❺ *(tenir)* beibehalten *rythme;* wahren *distance; ~ **les yeux fermés*** die Augen geschlossen halten; *~ **le moteur en marche*** den Motor [weiter]laufen lassen ❻ *(retenir)* festhalten ❼ *(conserver sur soi)* anbehalten *manteau, chaussures, montre;* aufbehalten *chapeau,* *lunettes, masque;* umbehalten *écharpe* ❽ *(ne pas dévoiler)* für sich behalten *secret, réflexions* ❾ *(ne pas quitter)* hüten *lit, chambre* ▶ **ne rien pouvoir ~** nichts bei sich behalten **II.** *vpr* ❶ *(se conserver)* ***se ~*** *aliment:* sich halten; ***ça se garde au frais*** das muss kühl gelagert werden ❷ *(s'abstenir)* ***se ~ de faire qc*** sich hüten etw zu tun

garderie [gaʀdəʀi] *f* [Kinder]tagesstätte *f*

garde-robe [gaʀdəʀɔb] <garde-robes> *f* Garderobe *f*

gardeur, -euse [gaʀdœʀ, -øz] *m, f d'animaux* Hirte *m*/Hirtin *f*

G

gardien(ne) [gaʀdjɛ̃, jɛn] *m(f)* ❶ *(surveillant)* Wächter(in) *m(f); d'un immeuble* Hausmeister(in) *m(f); d'un entrepôt* Aufseher(in) *m(f); d'un zoo, cimetière* Wärter(in) *m(f);* ***~ de musée/prison*** Museums-/Gefängniswärter; ***~ de nuit*** Nachtwächter; ***gardienne d'enfants*** Kindergärtnerin *f* ❷ *(défenseur)* Hüter(in) *m(f);* ***~ de l'ordre public*** Ordnungshüter; ***~ de la paix*** [Verkehrs]polizist ❸ SPORT ***~ de but*** Torwart *m*

gardiennage [gaʀdjenaʒ] *m* ❶ *(d'immeuble)* Hausmeistertätigkeit *f* ❷ *(de locaux)* Wachdienst *m;* ***société de ~*** Wach- und Schließgesellschaft *f*

gardienné(e) [gaʀdjene] *adj* bewacht; ***parc ~*** bewachter Park

gare[1] [gaʀ] *f* Bahnhof *m;* ***~ centrale*** Hauptbahnhof; ***~ routière*** [Omni]busbahnhof; ***~ de marchandises*** Güterbahnhof; ***~ de triage*** Rangierbahnhof; ***entrer en ~*** einfahren

gare[2] [gaʀ] *interj* ***~ à toi!*** pass bloß auf! *fam* ▶ **sans crier ~** ohne Vorwarnung

garenne [gaʀɛn] *f (bois)* Hasenwäldchen *nt*

garer [gaʀe] <1> **I.** *vt* parken, abstellen; ***laisser sa voiture garée devant la maison*** sein Auto vor dem Haus parken; ***il est garé à 100 m*** er parkt 100 m entfernt **II.** *vpr* **se ~** ❶ *(parquer)* parken ❷ *(se ranger)* ausweichen

gargantuesque [gaʀgɑ̃tɥɛsk] *adj* unersättlich

gargariser [gaʀgaʀize] <1> *vpr* ❶ *(se rincer)* ***se ~*** gurgeln ❷ *(péj fam: savourer)* ***se ~ de qc*** sich an etw *dat* hochziehen

gargarisme [gaʀgaʀizm] *m* Gurgeln *nt*

gargote [gaʀgɔt] *f (péj)* mieses Restaurant

gargouille [gaʀguj] *f* Wasserspeier *m*

gargouillement [gaʀgujmɑ̃] *m* Gluckern *nt*

gargouiller [gaʀguje] <1> *vi* gluckern; *estomac:* knurren

gargouillis [gaʀguji] *m v.* **gargouillement**

garnement [gaʀnəmɑ̃] *m* Bengel *m*

garni(e) [gaʀni] *adj* ❶ GASTR mit Beilage ❷ *(rempli)* ***portefeuille bien ~*** prall gefüllte Brieftasche

garnir [gaʀniʀ] <8> *vt* ❶ *(orner)* schmücken ❷ *(équiper)* ***~ qc de qc*** etw mit etw versehen ❸ *(renforcer)* verstärken ❹ *(remplir)* ***être garni de qc*** mit etw gefüllt sein

garnison [gaʀnizɔ̃] *f* Garnison *f;* ***être en ~ à Strasbourg*** in Straßburg stationiert sein

garniture [gaʀnityʀ] *f* ❶ *(ornement)* Besatz *m,* Verzierung *f* ❷ GASTR Beilage *f* ❸ *(renfort)* Verstärkung *f* ❹ AUT Innenausstattung *f;* ***~ de frein*** Bremsbelag *m*

Falsche Freunde
Nicht verwechseln mit *die Garnitur – la parure*!

Garonne [gaʀɔn] *f* ***la ~*** die Garonne

garrigue [gaʀig] *f* BOT Garigue *f*

garrot [gaʀo] *m* ❶ MED Druckverband *m* ❷ *d'un cheval* Widerrist *m*

gars [gɑ] *m (fam)* Kerl *m;* ***salut les ~!*** hallo, Jungs!

Aussprache
In **gars** werden das -r- und -s nicht gesprochen.

Gascogne [gaskɔɲ] *f* ***la ~*** die Gascogne

gascon [gaskɔ̃] *m* ***le ~*** das Gascognische

Gascon(ne) [gaskɔ̃, ɔn] *m(f)* Gascogner(in) *m(f)*

gasoil, gas-oil [gazwal] *m* Diesel *m,* Dieselöl *nt*

gaspillage [gaspijaʒ] *m* Verschwendung *f*

gaspiller [gaspije] <1> *vt* verschwenden, verschleudern *fortune;* vergeuden *eau, temps, talent*

gaspilleur, -euse [gaspijœʀ, -øz] *m, f* Verschwender(in) *m(f)*

gastéropodes [gasteʀɔpɔd] *mpl* ZOOL Gastropoden *Pl Fachspr.*

gastrique [gastʀik] *adj* ***troubles ~s*** Magenbeschwerden *Pl*

gastrite [gastʀit] *f* MED Gastritis *f*

gastroentérite [gastʀoɑ̃teʀit] *f* MED Magen-Darm-Entzündung *f*

gastroentérologie [gastʀoɑ̃teʀɔlɔʒi] *f* MED Gastroenterologie *f*

gastro-intestinal(e) [gastʀoɛ̃tɛstinal, -o]

<gastro-intestinaux> *adj* MED Magen--Darm-
gastronome [gastʀɔnɔm] *mf* Feinschmecker(in) *m(f)*
gastronomie [gastʀɔnɔmi] *f* [feine] Kochkunst *f*

Falsche Freunde
Nicht verwechseln mit *die Gastronomie – la restauration*!

gastronomique [gastʀɔnɔmik] *adj restaurant* Feinschmecker-; *guide* Gastronomie-
gâté(e) [gate] *adj* ❶ *dent, fruit* faul ❷ *enfant* verwöhnt
gâteau [gɑto] <x> **I.** *m* Kuchen *m; (individuel)* Gebäck *nt;* ~ ***sec*** Keks *m;* ~ ***d'anniversaire*** Geburtstagskuchen; ~ ***de riz*** Reispudding *m;* ~ ***au chocolat/à la crème*** Schokoladenkuchen/Cremetorte *f;* ~ ***aux fruits*** Obsttorte; ***faire un*** ~ einen Kuchen backen ▶ **c'est pas du ~!** *(fam)* das ist kein Zuckerschlecken **II.** *app inv (fam) maman, papa* total in sein/ihr Kind vernarrt; ***grand-mère*** ~ Bilderbuchoma *f*
gâter [gɑte] <1> **I.** *vt* ❶ *(combler)* verwöhnen *personne* ❷ *(endommager)* ***gâté*** *fruits, dent:* faul ▶ **être gâté** Glück haben; **cela ne gâte rien** *(euph)* das kann nichts schaden **II.** *vpr* ***se*** ~ *viande:* schlecht werden; *fruits:* faulen; *ambiance, temps:* umschlagen; *situation, choses:* sich verschlechtern
gâterie [gɑtʀi] *f* Süßigkeiten *Pl*
gâteux, -euse [gɑtø, -øz] **I.** *adj* ❶ *(péj: sénile)* verkalkt *fam* ❷ *(fou de)* närrisch **II.** *m, f (péj)* kindische(r) Alte(r)
gauche [goʃ] **I.** *adj* ❶ *(opp: droit)* linke(r, s) ❷ *(maladroit)* linkisch; *geste* ungeschickt **II.** *m* ***un crochet du*** ~ ein linker Haken **III.** *f* ❶ Linke *f,* linke Seite; ***à*** ~ links; ***à la*** ~ ***de qn*** zu jds Linken; ***sur la*** ~ ***de qc*** auf der linken Seite einer S. *gen;* ***tiroir de*** ~ linke Schublade; ***de*** ~ ***à droite*** von links nach rechts ❷ POL ***la*** ~ die Linke; ***idées de*** ~ linke Ansichten; ***partis de*** ~ Linksparteien *Pl;* ***l'extrême*** ~ die Linksextremisten *Pl*
gauchement [goʃmɑ̃] *adv* auf ungeschickte Weise
gaucher, -ère [goʃe, -ɛʀ] **I.** *adj* linkshändig **II.** *m, f* Linkshänder(in) *m(f)*
gaucherie [goʃʀi] *f* Unbeholfenheit *f,* linkisches Benehmen
gauchir [goʃiʀ] <8> **I.** *vi planche, règle:* sich verziehen **II.** *vt* ❶ *(déformer) planche* verziehen ❷ *(fig)* verfälschen *idées;* verdrehen *faits*
gauchisme [goʃism] *m* Linksextremismus *m*
gauchiste [goʃist] *mf* Linksextreme(r) *f(m)*
gaudriole [godʀijɔl] *f (fam)* ❶ *pl (plaisanterie)* zweideutige Witze *Pl* ❷ *(aventure sexuelle)* Liebesabenteuer *Pl*
gaufre [gofʀ] *f* Waffel *f*
gaufrette [gofʀɛt] *f* [Eis]waffel *f*
gaufrier [gofʀije] *m* Waffeleisen *nt*
gaule [gol] *f* [lange] Stange *f*
Gaule [gol] *f* ***la*** ~ Gallien *nt*
gauler [gole] <1> *vt* herunterschlagen
gaullien(ne) [goljɛ̃, jɛn] *adj* ***le mythe*** ~ der Mythos de Gaulle
gaullisme [golism] *m* Gaullismus *m*
gaulliste [golist] *mf* Gaullist(in) *m(f)*
gaulois(e) [golwa, waz] *adj* gallisch; *humour* derb
Gaulois(e) [golwa, waz] *m(f)* Gallier(in) *m(f)*
gauloiserie [golwazʀi] *f* derber Witz *m*
gausser [gose] <1> *vpr (littér: se moquer)* ***se*** ~ ***de qn/qc*** sich über jdn/etw lustig machen
gavage [gavaʒ] *m d'une oie* Stopfen *nt*
gaver [gave] <1> **I.** *vt* ❶ *(engraisser)* stopfen *oie* ❷ *(bourrer)* ~ ***qn de qc*** jdn mit etw vollstopfen *fam* ▶ **ça me gave!** *(fam)* das stinkt mir! **II.** *vpr* ***se*** ~ ***de qc*** sich mit etw vollstopfen *fam*
gavroche [gavʀɔʃ] *m* [Pariser] Straßenjunge *m*
gay [gɛ] **I.** *adj inv* homosexuell **II.** *m* Schwule(r) *m fam*
gaz [gɑz] *m* ❶ *(vapeur invisible)* Gas *nt;* ~ ***toxique*** Giftgas; ~ ***naturel*** Erdgas; ~ ***lacrymogène*** Tränengas; ~ ***de combat*** chemische Kampfstoffe *Pl;* ~ ***d'échappement*** Abgas; ~ ***de pétrole liquéfié*** Autogas ❷ *pl (flatulence)* Winde *Pl;* ***avoir des*** ~ Blähungen haben
gaze [gɑz] *f* ❶ *(tissu)* Gaze *f* ❷ *(pansement)* [Verband]mull *m*
gazé(e) [gɑse] *m(f)* Giftgasopfer *nt*
gazelle [gazɛl] *f* Gazelle *f*
gazer [gɑze] <1> *vt* ❶ *(intoxiquer par un gaz de combat)* durch Giftgas töten/kampfunfähig machen ❷ *(exterminer)* vergasen
gazeux, -euse [gɑzø, -øz] *adj* ❶ *(relatif au gaz)* gasförmig ❷ *(qui contient du gaz)* ***eau gazeuse*** Mineralwasser *nt* mit Kohlensäure
gazier [gɑzje] *m* ❶ *(ouvrier)* Arbeiter *m* ei-

G

nes Gaswerks ❷ *(employé)* Angestellte(r) *f(m)* eines Gaswerks
gazinière [gazinjɛʀ] *f* Gasherd *m*
gazoduc [gazodyk] *m* [Fern]gasleitung *f*
gazole [gazɔl] *m* Diesel[öl *nt*] *m*
gazomètre [gazɔmɛtʀ] *m* Gasometer *m*
gazon [gazɔ̃] *m* Rasen *m*
gazouillement [gazujmɑ̃] *m d'un oiseau* Zwitschern *nt*
gazouiller [gazuje] <1> *vi bébé:* lallen; *oiseau:* zwitschern
gazouillis [gazuji] *m v.* **gazouillement**
geai [ʒɛ] *m* Häher *m*
géant [ʒeɑ̃] *m* ❶ *(génie)* führende Größe ❷ COM Gigant *m*
géant(e) [ʒeɑ̃, ɑ̃t] **I.** *adj* riesig **II.** *m(f)* *(être immense)* Riese *m*/Riesin *f*
gecko [ʒeko] *m* Gecko *m*
geignard(e) [ʒɛɲaʀ, aʀd] **I.** *adj* *(péj fam)* weinerlich; ***enfant*** ~ Heulpeter *m* **II.** *m(f)* *(péj fam)* Jammerlappen *m*
geindre [ʒɛ̃dʀ] <irr> *vi* stöhnen
geisha [gɛ(j)ʃa] *f* Geisha *f*
gel [ʒɛl] *m* ❶ METEO Frost *m* ❷ *(blocage)* Einfrieren *nt;* ~ ***des salaires*** Lohnstopp *m* ❸ *(crème)* Gel *nt*
gélatine [ʒelatin] *f* Gelatine *f*
gélatineux, -euse [ʒelatinø, -øz] *adj* gallertartig
gelé(e) [ʒ(ə)le] *adj* ❶ *(pris par la glace)* *rivière* zugefroren; *terre* [hart]gefroren ❷ *(endommagé par le froid)* erfroren
gelée [ʒ(ə)le] *f* ❶ METEO Frost *m;* ~ ***blanche*** Reif *m* ❷ GASTR Gelee *nt,* Aspik *m*
geler [ʒ(ə)le] <4> **I.** *vt* ❶ METEO gefrieren lassen, erfrieren lassen *bourgeons;* ***ce vent me gèle*** mir ist eiskalt in diesem Wind ❷ ECON einfrieren **II.** *vi* ❶ METEO gefrieren; *rivière:* zufrieren; *fleurs:* erfrieren; ***la récolte a gelé*** die Ernte hat Frost bekommen ❷ *(avoir froid)* frieren; ***on gèle ici!*** hier erfriert man ja!; ***gelé*** eiskalt; *personne* durchgefroren ❸ *impers* ***il gèle*** es friert

Falsche Freunde
Nicht verwechseln mit *gelieren* – *se gélifier*!

gélule [ʒelyl] *f* Gelatinekapsel *f*
gelure [ʒ(ə)lyʀ] *f* Erfrierung *f*
Gémeaux [ʒemo] *mpl* Zwillinge *Pl; v. a.* **Balance**
gémellaire [ʒemel(l)ɛʀ] *adj* Zwillings-; ***grossesse*** ~ Zwillingsschwangerschaft *f*
gémir [ʒemiʀ] <8> *vi* stöhnen; ~ ***sur son sort*** über sein Schicksal jammern
gémissant(e) [ʒemisɑ̃, ɑ̃t] *adj* klagend
gémissement [ʒemismɑ̃] *m* Stöhnen *nt*
gémonies [ʒemɔni] *fpl* ▸ **vouer aux** ~ *(littér)* öffentlich anprangern
gênant(e) [ʒɛnɑ̃, ɑ̃t] *adj* störend, hinderlich; *question, situation* unangenehm, peinlich; *personne* lästig
gencive [ʒɑ̃siv] *f* Zahnfleisch *nt*
gendarme [ʒɑ̃daʀm] *m* ❶ *(policier)* Polizist(in) *m(f),* Gendarm *m,* [Militär]Polizist *m (in ländlichen Gebieten und kleinen Ortschaften);* ~ ***mobile*** Bereitschaftspolizist ❷ *(fam: personne autoritaire)* Feldwebel *m* ▸ **jouer au** ~ **et au voleur** [*o* **aux ~s et aux voleurs**] Räuber und Gendarm spielen
gendarmer [ʒɑ̃daʀme] <1> *vpr* ***se*** ~ ***contre qn/qc*** sich gegen jdn/etw zur Wehr setzen
gendarmerie [ʒɑ̃daʀməʀi] *f* ❶ *(corps militaire)* Gendarmerie *f* ❷ *(bâtiment)* Gendarmerie[kaserne *f*] *f*

Land und Leute
Die **gendarmerie** gehört zu den französischen Streitkräften, erfüllt aber zum größten Teil polizeiliche Funktionen. Wenn man in Frankreich die Polizei braucht, wendet man sich in den größeren Städten an ein *commissariat de police*, in kleineren Orten oder auf dem Land dagegen an die **gendarmerie**. Sie ist in fast jedem Dorf vertreten.

gendre [ʒɑ̃dʀ] *m* Schwiegersohn *m*
gène [ʒɛn] *m* Gen *nt*
gêne [ʒɛn] *f* ❶ *(malaise)* Beschwerden *Pl* ❷ *(ennui)* ***devenir une*** ~ ***pour qn*** zur Last für jdn werden ❸ *(trouble)* Befangenheit *f,* Verlegenheit *f* ▸ **être dans la** ~ in Geldverlegenheit sein; **être sans** ~ keine Hemmungen kennen
gêné(e) [ʒene] *adj personne, sourire* verlegen; *silence* betreten
généalogie [ʒenealɔʒi] *f* Genealogie *f; d'une personne* Abstammung *f*
généalogique [ʒenealɔʒik] *adj* genealogisch
généalogiste [ʒenealɔʒist] *mf* Genealoge *m*/Genealogin *f*
gêner [ʒene] <1> **I.** *vt* ❶ *(déranger)* stören ❷ *(entraver)* ~ ***les piétons*** die Fußgänger behindern; ***être gêné dans ses mouvements*** in seiner Bewegungsfreiheit eingeschränkt sein ❸ *(mettre mal à l'aise)* verlegen machen; ***gêné*** verlegen; *silence* betre-

ten; ***être gêné*** sich genieren; ***ça gêne qn de faire qc/que*** +*subj* es ist jdm peinlich etw zu tun/dass; ***ça me gêne de vous dire ça*** ich sage Ihnen das nur äußerst ungern **II.** *vpr* ***se ~ pour faire qc*** sich genieren etw zu tun; ***ne pas se ~ pour dire qc*** etw [ganz] offen sagen; ***ne vous gênez pas pour moi!*** nur keine Umstände meinetwegen!; ***vas-y! ne te gêne pas!*** *(iron fam)* nur zu! tu dir keinen Zwang an

général [ʒeneʀal, -o] <-aux> *m* General *m;* ***mon ~!*** Herr General!; ***~ en chef*** Oberbefehlshaber *m*

général(e) [ʒeneʀal, -o] <-aux> *adj* ❶ *(commun)* allgemein, generell ❷ *(collectif)* allgemein; ***grève ~e*** Generalstreik *m;* ***assemblée ~e*** Hauptversammlung *f;* ***le conseil ~*** die Ratsversammlung des Departements; ***en règle ~e*** in der Regel ❸ *(vague)* vage ❹ *(qui embrasse l'ensemble)* ***directeur ~*** Generaldirektor *m;* ***procureur ~*** Generalstaatsanwalt *m/*-anwältin *f;* ***quartier ~*** Hauptquartier *nt* ❺ *(total)* ***atteint de paralysie ~e*** vollständig gelähmt ▶ **en ~** im Allgemeinen, in der Regel; **d'une façon ~e** im Allgemeinen; *(dans l'ensemble)* insgesamt

générale [ʒeneʀal] *f* THEAT Generalprobe *f*

généralement [ʒeneʀalmɑ̃] *adv* ❶ *(habituellement)* im Allgemeinen ❷ *(opp: en détail)* allgemein

généralisation [ʒeneʀalizasjɔ̃] *f* Verallgemeinerung *f; d'un conflit* Ausweitung *f; d'une mesure* allgemeine Anwendung

généralisé(e) [ʒeneʀalize] *adj mesure* allgemein angewandt; *infection* systemisch; *méfiance* allgemein

généraliser [ʒeneʀalize] <1> **I.** *vt* ❶ *(rendre général)* verallgemeinern ❷ *(répandre)* allgemein einführen *méthode, mesure;* allgemein verbreiten *coutume;* ***généralisé*** *méfiance* allgemein; *infection* systemisch; ***un cancer généralisé*** ein Krebs, der Metastasen gebildet hat **II.** *vpr* ***se ~*** *mesure:* allgemein angewandt werden; *procédé:* allgemein eingeführt werden; ***le cancer s'est généralisé*** der Tumor hat Metastasen gebildet

généraliste [ʒeneʀalist] *adj* ***médecin ~*** Arzt *m/*Ärztin *f* für Allgemeinmedizin

généralité [ʒeneʀalite] *f gén pl (idées générales)* Allgemeine(s) *nt; péj)* Gemeinplätze *Pl*

générateur, -trice [ʒeneʀatœʀ, -tʀis] **I.** *adj* ***~ de qc*** zu etw führend, etw erzeugend; ***être ~ de richesse*** Reichtum bringen **II.** *m, f* Generator *m*

génération [ʒeneʀasjɔ̃] *f* ❶ *(individus du même âge)* Generation *f;* ***~ précaire*** Generation *f* Praktikum ❷ *(reproduction)* ***~ spontanée*** Urzeugung *f*

génératrice [ʒeneʀatʀis] *f* ELEC Generator *m;* ***~ de chauffage*** Heizgenerator *m;* ***~ d'éclairage*** Lichtmaschine *f;* ***~ d'électricité*** Stromerzeuger *m,* [Strom]generator *m*

générer [ʒeneʀe] <5> *vt* ❶ *(produire)* erzeugen ❷ INFORM generieren

généreusement [ʒeneʀøzmɑ̃] *adv* ❶ *(avec libéralité)* großzügig ❷ *(avec abondance)* reichlich

généreux, -euse [ʒeneʀø, -øz] *adj* ❶ *(libéral)* großzügig ❷ *terre* fruchtbar; *vin* edel ❸ *(hum) formes, poitrine* üppig; *décolleté* großzügig

générique [ʒeneʀik] **I.** *m* Vorspann *m; (à la fin)* Nachspann *m* **II.** *adj* ***terme ~*** Oberbegriff *m*

générosité [ʒeneʀozite] *f* ❶ *(libéralité)* Großzügigkeit *f,* Großmut *m,* Freigiebigkeit *f* ❷ *(magnanimité)* Hochherzigkeit *f* ❸ *pl (cadeau)* großzügige Geschenke

genèse [ʒənɛz] *f* ❶ *(production)* Entstehung *f; d'un phénomène* Auftreten *nt; d'une idée* Aufkommen *nt* ❷ REL ***la Genèse*** die Schöpfungsgeschichte

genêt [ʒənɛ] *m* Ginster *m*

généticien(ne) [ʒenetisjɛ̃, jɛn] *m(f)* Genetiker(in) *m(f)*

génétique [ʒenetik] **I.** *adj* genetisch; *mutation, recherche* Gen-; ***manipulation ~*** Genmanipulation *f;* ***patrimoine ~*** Erbgut *nt;* ***théorie ~*** Vererbungstheorie *f* **II.** *f* Genetik *f*

génétiquement [ʒenetikmɑ̃] *adv* genetisch

gêneur, -euse [ʒɛnœʀ, -øz] *m, f* Störenfried *m*

Genève [ʒ(ə)nɛv] Genf *nt;* ***de ~*** Genfer

genevois(e) [ʒənvwa, waz] *adj* genferisch, Genfer

Genevois(e) [ʒənvwa, waz] *m(f)* Genfer(in) *m(f)*

genévrier [ʒənevʀije] *m* BOT Wacholder *m*

génial(e) [ʒenjal, -jo] <-aux> *adj* ❶ *(ingénieux)* genial ❷ *(fam: formidable)* super, toll, großartig

génialement [ʒenjalmɑ̃] *adv* auf geniale Weise

génie [ʒeni] *m* ❶ *(esprit)* Genie *nt;* ***de ~*** genial; ***avoir du ~*** Genie besitzen ❷ *(don)* ***avoir le ~ de dire qc*** die Gabe haben etw zu sagen ❸ HIST Geist *m* ❹ MIL Pioniertruppe *f* ❺ *(art)* ***~ civil*** Bauingeni-

eurwesen *nt;* ~ ***génétique*** Gentechnologie *f*
genièvre [ʒənjɛvʀ] *m* Wacholder *m*
génique [ʒenik] *adj* Gen-; ***thérapie*** ~ Gentherapie *f*
génisse [ʒenis] *f* Färse *f*
génital(e) [ʒenital, -o] <-aux> *adj* Geschlechts-
géniteur [ʒenitœʀ] *m (animal mâle)* männliches Zuchttier
génitif [ʒenitif] *m* Genitiv *m*
génitrice [ʒenitʀis] *f (hum: mère)* Erzeugerin *f*
génocide [ʒenɔsid] *m* Völkermord *m*

G

génoise [ʒenwaz] *f* ❶ *(pâte)* Biskuitmasse *f* ❷ *(gâteau)* Biskuit[kuchen *m*] *nt o m*
génome [ʒenom] *m* Genom *nt*
génothèque [ʒenɔtɛk] *f (banque)* Genbank *f*
genou [ʒ(ə)nu] <x> *m* Knie *nt;* ***sur les ~x de qn*** auf jds Schoß; ***à ~x*** auf Knien ► **être sur les ~x** *(fam)* auf dem Zahnfleisch gehen; **faire du ~ à qn** jdn [heimlich] mit dem Knie anstoßen *(als Annäherungsversuch)*
genouillère [ʒənujɛʀ] *f* Knieschutz *m;* MED Knieschoner *m*
genre [ʒɑ̃ʀ] *m* ❶ *(sorte)* Art *f,* Sorte *f;* ***elle n'est pas mon*** ~ sie ist nicht mein Typ *fam;* ***dans le*** ~ in der Art ❷ *(allure)* Art *f* ❸ ART Gattung *f;* ~ ***dramatique*** Drama *nt;* ~ ***comique*** Komödie *f;* ~ ***littéraire*** literarische Gattung ❹ *(espèce)* ~ ***humain*** Menschengeschlecht *nt* ❺ GRAM Genus *nt* ► **c'est pas le ~ de la maison** *(hum fam)* das ist hier nicht so üblich; **ça fait mauvais ~** das macht sich schlecht; **unique en son ~** einzig in seiner Art; **se donner un ~** unbedingt auffallen wollen; **ce n'est pas mon ~** das liegt mir nicht; **ce n'est pas son ~** *(c'est inhabituel)* das ist doch gar nicht seine Art!; **de ce/du même ~** in dieser Art/von derselben Art; ***des trucs de ce*** ~ solche Dinge; **être du ~** Fachmann auf dem Gebiet sein; **en tout ~** [*o* **tous ~s**] jeder Art
gens [ʒɑ̃] *m o f pl* Leute *Pl;* ***honnêtes*** ~ brave Bürger; ***petites*** ~ einfache Leute; ~ ***d'armes*** Soldaten *Pl;* ~ ***de cœur*** Menschen *Pl* mit Herz; ~ ***de lettres*** Literaten *Pl;* ~ ***de maison*** Hausangestellte[n] *Pl;* ~ ***du monde*** Leute *Pl* von Welt

Grammatik und Co.
Das Wort **gens** weist mehrere Besonderheiten auf:
- Es kommt nur im Plural vor.
- Es ist männlich *(tous les gens)*, aber wenn man es mit einem Adjektiv verwendet, das vorangestellt wird, steht dieses in der weiblichen Form *(les vieilles gens)*.
- Ferner bezeichnet *gens* – wie auch das deutsche Wort *Leute* – Menschen beiderlei Geschlechts, aber im Sonderfall von *jeunes gens* ist es auch der Plural von *jeune homme* und bezeichnet ausschließlich Männer.

gent [ʒɑ̃(t)] *f (hum)* ***la ~ féminine*** das schöne Geschlecht
gentiane [ʒɑ̃sjan] *f* Enzian *m*

Aussprache
Das -t- in **gentiane** wird als [s] gesprochen.

gentil(le) [ʒɑ̃ti, ij] *adj* ❶ *(aimable)* nett, freundlich; ~ ***avec qn*** nett zu jdm ❷ *(joli)* niedlich ❸ *(sage)* brav, artig ❹ *(hum: coquet)* ***~le somme*** hübsches Sümmchen ► **c'est** [**bien**] **~, mais …** *(fam)* schön und gut, aber …

Aussprache
Das -l ist entgegen der Regelaussprache in **gentil** stumm.

gentilhomme [ʒɑ̃tijɔm, ʒɑ̃tizɔm] <gentilshommes> *m* Edelmann *m*
gentillesse [ʒɑ̃tijɛs] *f* ❶ *(qualité)* Freundlichkeit *f;* ***avoir la ~ de faire qc*** so nett sein etw zu tun ❷ *(action, parole)* Liebenswürdigkeit *f*
gentillet(te) [ʒɑ̃tijɛ, ɛt] *adj* ganz hübsch; *(ordinaire)* recht nett
gentiment [ʒɑ̃timɑ̃] *adv* ❶ *(aimablement)* freundlich, nett; ***je vous préviens*** ~ ich rate Ihnen im Guten ❷ *(sagement)* brav, ruhig
gentleman [dʒɛntləman, ʒɑ̃tləman, -mɛn] <s *o* -men> *m* Gentleman *m*
génuflexion [ʒenyflɛksjɔ̃] *f* Kniebeuge *f*
géo [ʒeo] *f (fam) abr de* **géographie**
géographe [ʒeɔgʀaf] *mf* Geograf(in) *m(f)*
géographie [ʒeɔgʀafi] *f* Geografie *f,* Erdkunde *f*
géographique [ʒeɔgʀafik] *adj* geografisch; ***carte*** ~ Landkarte *f*

géographiquement [ʒeɔgʀafikmɑ̃] *adv* geografisch gesehen

geôle [ʒol] *f gén pl (littér)* Kerker *m*

geôlier, -ière [ʒolje, -jɛʀ] *m, f (littér)* Kerkermeister(in) *m(f)*

géologie [ʒeɔlɔʒi] *f* Geologie *f*

géologique [ʒeɔlɔʒik] *adj* geologisch

géologue [ʒeɔlɔg] *mf* Geologe *m*/Geologin *f*

géomètre [ʒeɔmɛtʀ] *mf* Geometer *m*

géométrie [ʒeɔmetʀi] *f* Geometrie *f;* ***~ dans l'espace*** Geometrie des Raumes

géométrique [ʒeɔmetʀik] *adj* geometrisch

géophysicien(ne) [ʒeofizisjɛ̃, jɛn] *m(f)* Geophysiker(in) *m(f)*

géophysique [ʒeofizik] *f* Geophysik *f*

géopolitique [ʒeopɔlitik] *f* Geopolitik *f*

Géorgie [ʒeɔʀʒi] *f* **la ~** ❶ *(au Caucase)* Georgien *nt* ❷ *(aux Etats-Unis)* Georgia *nt*

géorgien(ne) [ʒeɔʀʒjɛ̃, ɛn] *adj* ❶ *(du Caucase)* georgisch ❷ *(des Etats-Unis)* aus Georgia

Géorgien(ne) [ʒeɔʀʒjɛ̃, ɛn] *m(f)* ❶ *(du Caucase)* Georgier(in) *m(f)* ❷ *(des Etats-Unis)* Einwohner(in) *m(f)* von Georgia

géothermie [ʒeotɛʀmi] *f* Geothermik *f*

géothermique [ʒeotɛʀmik] *adj* geothermisch

gérance [ʒeʀɑ̃s] *f* ❶ *d'une entreprise* Geschäftsführung *f; d'une succursale* Leitung *f; d'un fonds de commerce* Pacht *f; d'un immeuble* Verwaltung *f;* ***mettre/prendre en ~*** verpachten/pachten ❷ *(durée)* Pachtdauer *f*

géranium [ʒeʀanjɔm] *m* Geranie *f*

gérant(e) [ʒeʀɑ̃, ɑ̃t] *m(f) d'une entreprise* Geschäftsführer(in) *m(f); d'un capital, immeuble* Verwalter(in) *m(f); d'un fonds de commerce* Pächter(in) *m(f),* Betreiber(in) *m(f),* Inhaber(in) *m(f); d'une succursale* Leiter(in) *m(f)*

gerbe [ʒɛʀb] *f* ❶ *(de blé)* Garbe *f; (de fleurs)* Strauß *m;* ***déposer une ~*** einen Kranz niederlegen ❷ *(d'eau)* Wasserstrahl *m,* Fontäne *f; (d'écume)* Gischt *m o f*

gerber [ʒɛʀbe] <1> **I.** *vt* TECH stapeln **II.** *vi (fam)* kotzen *vulg*

gercer [ʒɛʀse] <2> *vi* aufspringen, rissig werden

gerçure [ʒɛʀsyʀ] *f* ***avoir des ~s aux mains*** rissige Hände haben

gérer [ʒeʀe] <5> *vt* ❶ *(diriger)* leiten *entreprise, succursale;* führen *magasin;* verwalten *immeuble, capital* ❷ INFORM verwalten ❸ *(coordonner)* in den Griff bekommen *fam crise;* sinnvoll gestalten *temps libre*

gériatrie [ʒeʀjatʀi] *f* MED Altersheilkunde *f*

germain(e) [ʒɛʀmɛ̃, ɛn] *adj (relatif à la Germanie)* germanisch

Germain(e) [ʒɛʀmɛ̃, ɛn] *m(f)* Germane *m*/Germanin *f*

Germanie [ʒɛʀmani] *f* ***la ~*** Germanien *nt;* ***peuple de la ~ de l'Est*** ostgermanisches Volk

germanique [ʒɛʀmanik] *adj* ❶ *(teuton)* germanisch ❷ *(allemand)* deutsch; ***les pays ~s*** die deutschsprachigen Länder

germanisme [ʒɛʀmanism] *m* LING Germanismus *m*

germaniste [ʒɛʀmanist] *mf* LING Germanist(in) *m(f)*

germanophile [ʒɛʀmanɔfil] *adj* deutschfreundlich

germanophobe [ʒɛʀmanɔfɔb] *adj* deutschfeindlich, germanophob

germanophone [ʒɛʀmanɔfɔn] **I.** *adj* deutschsprachig; ***être ~*** Deutsch als Muttersprache haben **II.** *mf* Deutschsprachige(r) *f(m)*

germe [ʒɛʀm] *m* ❶ *(semence)* Keim *m;* ***en ~*** im Keim; ***~ de blé*** Weizenkeim *m* ❷ MED Krankheitserreger *m*

germer [ʒɛʀme] <1> *vi* keimen; *idée, sentiment* aufkeimen

germination [ʒɛʀminasjɔ̃] *f* BOT Keimen *nt*

gérondif [ʒeʀɔ̃dif] *m* Gerundium *nt*

gérontologie [ʒeʀɔ̃tɔlɔʒi] *f* MED Altersforschung *f*

gérontologue [ʒeʀɔ̃tɔlɔg] *mf* MED Gerontologe *m*/Gerontologin *f*

gésier [ʒezje] *m* [Muskel]magen *m;* ***salade de ~s*** Geflügelmagensalat *m*

gésir [ʒeziʀ] <irr, défec> *vi* ▸ ci-gît hier ruht

gestation [ʒɛstasjɔ̃] *f* ❶ *(grossesse)* Trächtigkeit *f* ❷ *(durée)* Tragezeit *f* ❸ *(genèse)* [Heran]reifen *nt,* Entstehen *nt;* ***être en ~*** heranreifen

geste [ʒɛst] *m* ❶ *(mouvement)* Geste *f;* ***~ de la main*** Handbewegung *f* ❷ *(action)* Geste *f;* ***~ héroïque*** Heldentat *f;* ***~ d'amour*** Zeichen *nt* der Liebe ▸ **joindre le ~ à la parole** seinen Worten Taten folgen lassen; **faire un ~** seinem Herzen einen Stoß geben; ***il n'a pas fait un ~ pour m'aider*** er hat keinen Finger gerührt um mir zu helfen

gesticulation [ʒɛstikylasjɔ̃] *f* ❶ *(gestes désordonnés)* Gestikulieren *nt* ❷ *(agitation stérile)* geschäftiges Getue *nt*

gesticuler [ʒɛstikyle] <1> *vi* gestikulieren
gestion [ʒɛstjɔ̃] *f* ❶ *(administration)* Verwaltung *f; d'une entreprise* Geschäftsführung *f;* ***mauvaise*** ~ Misswirtschaft *f;* ~ ***d'entreprise*** Unternehmensführung; ~ ***des entreprises*** UNIV Betriebswirtschaft[slehre] *f;* ~ ***des stocks*** Lagerwirtschaft *f* ❷ INFORM Verwaltung *f*
gestionnaire [ʒɛstjɔnɛʀ] **I.** *mf* Geschäftsführer(in) *m(f)* **II.** *m* ~ ***de fichiers*** Dateimanager *m*
gestuel(le) [ʒɛstɥɛl] *adj* gestisch; ***langage*** ~ Gebärdensprache *f*
gestuelle [ʒɛstɥɛl] *f* Gestik *f*
geyser [ʒɛzɛʀ] *m* Geysir *m*
Ghana [gana] *m* ***le*** ~ Ghana *nt*
ghetto [geto] *m* Ghetto *nt*
ghettoïsation [getoizasjɔ̃] *f* Ghettoisierung *f geh*
G.I.A. [ʒeia] *m abr de* **groupe islamique armé** bewaffnete islamische Gruppe
gibbon [ʒibɔ̃] *m* Gibbon *m*
gibecière [ʒib(ə)sjɛʀ] *f (vieilli)* Umhängetasche *f; d'un chasseur* Jagdtasche
gibelotte [ʒiblɔt] *f Kaninchenfrikassee in Weißwein*
gibet [ʒibɛ] *m* Galgen *m*
gibier [ʒibje] *m* ❶ *(animaux de chasse)* Wild *nt;* ***gros*** ~ Großwild ❷ *(fig)* ~ ***de potence*** Galgenvogel *m fam*
giboulée [ʒibule] *f* Schauer *m*
giclée [ʒikle] *f* Spritzer *m*
gicler [ʒikle] <1> *vi eau:* [heraus]spritzen; *boue:* [auf]spritzen
gicleur [ʒiklœʀ] *m* Vergaserdüse *f*
GIF, **gif** [gif] *m abr de* **Graphics Interchange Format** GIF *nt*
gifle [ʒifl] *f* Ohrfeige *f*
gifler [ʒifle] <1> *vt* ❶ *(battre)* ohrfeigen ❷ *(fouetter)* ***la pluie me giflait la figure*** der Regen peitschte mir ins Gesicht
gigahertz [ʒigaɛʀts] *m inv* PHYS Gigahertz *nt*
gigantesque [ʒigɑ̃tɛsk] *adj* riesig, gigantisch
gigantisme [ʒigɑ̃tism] *m (caractère démesuré)* Riesenhaftigkeit *f,* gigantisches Ausmaß *nt*
giga-octet [ʒigaɔktɛ] <giga-octets> *m* Gigabyte *nt*
GIGN [ʒeiʒeɛn] *m abr de* **Groupe d'intervention de la gendarmerie nationale** *Spezialeinheit zur Bekämpfung des Terrorismus*
gigolo [ʒigɔlo] *m (péj)* Gigolo *m*
gigot [ʒigo] *m* Keule *f,* Schlögel *m* A
gigoter [ʒigɔte] <1> *vi (fam)* herumzappeln; *bébé:* strampeln
gilet [ʒilɛ] *m* ❶ *(vêtement sans manches)* Weste *f;* ~ ***de sauvetage*** Schwimmweste; ~ ***de sécurité*** Warnweste *f;* ~ ***pare-balles*** kugelsichere Weste ❷ *(lainage)* Strickjacke *f*
gin [dʒin] *m* Gin *m*
gingembre [ʒɛ̃ʒɑ̃bʀ] *m* Ingwer *m*
gingival(e) [ʒɛ̃ʒival, -o] <-aux> *adj* Zahnfleisch-
gingivite [ʒɛ̃ʒivit] *f* Zahnfleischentzündung *f*
girafe [ʒiʀaf] *f* Giraffe *f*
giratoire [ʒiʀatwaʀ] *adj* ***sens*** ~ Kreisverkehr *m*
girl [gœʀl] *f* Girl *nt*
girlie [gœʀli] *adj inv* Girlie-
girofle [ʒiʀɔfl] *m v.* **clou**
giroflée [ʒiʀɔfle] *f* Goldlack *m*
girolle [ʒiʀɔl] *f* Pfifferling *m,* Eierschwammerl *nt* A
giron [ʒiʀɔ̃] *m* Schoß *m* ▶ **pleurer dans le ~ de qn** *(fam)* sich bei jdm ausheulen
girond(e) [ʒiʀɔ̃, ɔ̃d] *adj* rundlich, mollig *fam*
girouette [ʒiʀwɛt] *f* ❶ *(plaque placée au sommet d'un édifice)* Wetterhahn *m* ❷ *(fam: personne)* unbeständiger Mensch
gisant [ʒizɑ̃] *m* ART liegende Figur
gisement [ʒizmɑ̃] *m* Vorkommen *nt*
gitan(e) [ʒitɑ̃, an] *m(f) (péj)* Zigeuner(in) *m(f) pej*
gîte [ʒit] *m* Unterkunft *f;* ~ ***rural*** Ferienunterkunft auf dem Lande, Unterkunftsmöglichkeit *f* für Touristen; ~ ***d'étape*** [Wander]hütte *f*
gîter [ʒite] <1> *vi* Schlagseite haben
givrant(e) [ʒivʀɑ̃, ɑ̃t] *adj* raureifbildend
givre [ʒivʀ] *m* [Rau]reif *m*
givré(e) [ʒivʀe] *adj* ❶ *(couvert de givre)* bereift; *fenêtre* vereist ❷ *(fam: fou)* ***être*** ~ einen Knall haben
givrer [ʒivʀe] <1> **I.** *vt* mit Raureif überziehen *arbre* **II.** *vi, vpr [se]* ~ vereisen
glabre [glɑbʀ] *adj* bartlos
glaçage [glasaʒ] *m d'une photographie* Glanztrocknen *nt; d'un tissu* Appretieren *nt*
glaçant(e) [glasɑ̃, ɑ̃t] *adj* ❶ *(vieilli) vent* eisig ❷ *(fig) manières* unterkühlt, frostig
glace [glas] *f* ❶ *(eau congelée)* Eis *nt* ❷ GASTR [Speise]eis *nt;* ~ ***à la fraise*** Erdbeereis; ~ ***au chocolat*** Schokolade[n]eis ❸ *(miroir)* Spiegel *m* ❹ *(vitre)* [Glas]scheibe *f* ▶ **rompre la ~** das Eis brechen

Falsche Freunde
Nicht verwechseln mit *das Glas – le verre*!

glacé(e) [glase] *adj* ❶ *(très froid)* eiskalt; *personne* durch[ge]froren ❷ GASTR *fruit, marrons* kandiert; *gâteau* mit Zuckerguss; ***café/chocolat ~/crème ~e*** Eiskaffee *m*/Eisschokolade *f*/Eis[krem *f*] *nt*; ***servir ~*** eisgekühlt servieren ❸ *(recouvert d'un apprêt brillant)* ***papier ~*** Glanzpapier *nt* ❹ *accueil* frostig; *regard* eiskalt

glacer [glase] <2> **I.** *vt* ❶ *(refroidir)* zu Eis erstarren lassen ❷ *(impressionner)* ***~ qn d'effroi*** jdn vor Schreck *dat* erstarren lassen **II.** *vpr* ***se ~*** erstarren, gefrieren

glaciaire [glasjɛʀ] *adj* ***période ~*** Eiszeit *f*; ***érosion ~*** Gletschererosion *f*

glacial(e) [glasjal, -jo] <s *o* -aux> *adj* ❶ *(très froid)* eiskalt, eisig ❷ *(inamical)* eisig; *sourire, accueil* frostig

glaciation [glasjasjɔ̃] *f* Glazial[zeit *f*] *nt*

glacier [glasje] *m* ❶ GEOL Gletscher *m* ❷ *(métier)* Eiskonditor *m*

glacière [glasjɛʀ] *f* ❶ *(coffre)* Kühlbox *f* ❷ *(fam: lieu)* Eiskeller *m*

glaçon [glasɔ̃] *m* ❶ *(petit cube)* Eiswürfel *m* ❷ *(fam: personne)* Eisberg *m* ❸ *pl (pieds, mains)* Eisklötze *Pl*

gladiateur [gladjatœʀ] *m* Gladiator *m*

glaïeul [glajœl] *m* Gladiole *f*

glaire [glɛʀ] *f a.* MED Schleim *m*

glaise [glɛz] *f* Lehm *m*

glaiseux, -euse [glɛzø, -øz] *adj* lehmig

glaive [glɛv] *m* Schwert *nt*

glam [glam] *adj inv (fam)* glamourös, Glamour-

glamoureux, -euse [glamuʀø, -øz] *adj* glamourös

glamouriser [glamuʀize] <1> *vt* ***~ qc*** einer S. Glamour verleihen

gland [glɑ̃] *m* Eichel *f*

glande [glɑ̃d] *f* Drüse *f*

glander [glɑ̃de] <1> *vi (fam)* herumgammeln

glandeur, -euse [glɑ̃dœʀ, -øz] *m, f (fam)* Nichtstuer(in) *m(f)*

glaner [glane] <1> *vt (recueillir)* zusammentragen

glaneur, -euse [glanœʀ, -øz] *m, f* Ährenleser(in) *m(f)*

glapir [glapiʀ] <8> *vi chiot:* kläffen

glapissement [glapismɑ̃] *m du renard* Bellen *nt*

Glaris [glaʀis] Glarus *nt*

glas [glɑ] *m* ❶ *(tintement)* Totengeläut *nt*; ***sonner le ~*** die Totenglocke läuten ❷ *(fig)* ***sonner le ~ de qc*** das Ende einer S. *gen* ankündigen

glaucome [glokom] *m* MED grüner Star

glauque [glok] *adj* ❶ *(verdâtre)* graugrün ❷ *(lugubre)* düster

glissade [glisad] *f (action de glisser par jeu)* Schlittern *nt*

glissant(e) [glisɑ̃, ɑ̃t] *adj* ❶ *(qui glisse)* glatt; ***chaussée ~e!*** Straßenglätte *f*! ❷ *(dangereux)* unberechenbar, heikel

glisse [glis] *f* ❶ *(façon de glisser)* Gleiten *nt*; ***les sports de ~*** die Gleitsportarten *Pl* ❷ *(qualité du ski)* Gleitfähigkeit *f* ❸ CH *(luge)* Schlitten *m*

glissement [glismɑ̃] *m* ***~ de terrain*** Erdrutsch *m*

glisser [glise] <1> **I.** *vi* ❶ *(être glissant)* rutschig sein ❷ *(se déplacer)* ***~ sur l'eau/sur la neige*** über das Wasser/den Schnee gleiten; ***~ dans l'eau*** im Wasser gleiten; ***faire ~ qc sur la glace*** etw über das Eis schieben ❸ *(tomber)* ***~ [le long] de qc*** von etw abrutschen; ***se laisser ~*** hinunterrutschen ❹ *(déraper)* rutschen; ***~ sur le verglas*** auf Glatteis *dat* ausrutschen; *véhicule:* auf Glatteis *dat* [weg]rutschen ❺ *(échapper de)* ***ça m'a glissé des mains*** es ist mir aus den Händen gerutscht ❻ *(ne faire qu'une impression faible)* ***~ sur qn*** *critique, remarque:* von jdm abgleiten **II.** *vt* schieben, zuwerfen *regard*; ***~ qc à qn*** jdm etw zuschieben; *(dire)* jdm etw zuflüstern; ***~ qc dans la conversation*** etw in die Unterhaltung einfließen lassen **III.** *vpr* ❶ *(pénétrer)* ***se ~*** schlüpfen; ***se ~ dans la maison*** sich ins Haus schleichen ❷ *(s'insinuer)* ***se ~ dans qc*** sich in etw *akk* [ein]schleichen

glissière [glisjɛʀ] *f* ***~ de sécurité*** Leitplanke *f*

global(e) [glɔbal, -o] <-aux> *adj* global; ***vue ~e*** Überblick *m*, Übersicht *f*; ***somme ~e*** Gesamtsumme *f*

globalement [glɔbalmɑ̃] *adv* alles in allem, insgesamt

globalisation [glɔbalizasjɔ̃] *f* Pauschalisierung *f*

globaliser [glɔbalize] <1> *vt* pauschalisieren

globalité [glɔbalite] *f* Gesamtheit *f*, Totalität *f*

globe [glɔb] *m* Kugel *f*; ELEC Kugelleuchte *f*; GEOG Globus *m*; ***~ oculaire*** Augapfel *m*

globe-trotter [glɔbtʀɔtœʀ, -tʀɔtɛʀ] <globe-trotters> *mf* Globetrotter(in) *m(f)*

globulaire [glɔbylɛʀ] **I.** *adj* ❶ *(de la forme d'un globe)* kugelförmig ❷ *(concernant les globules)* Blutkörperchen- **II.** *f* BOT Kugelblume *f*

globule [glɔbyl] *m* Blutkörperchen *nt*

globuleux, -euse [glɔbylø, -øz] *adj yeux* hervorstehend

gloire [glwaʀ] *f* ❶ *(célébrité)* Ruhm *m; **en pleine** ~* auf dem Gipfel seines/ihres Ruhms ❷ *(mérite)* Verdienst *nt* ❸ *(personne)* Berühmtheit *f* ▸ **à la ~ de qn/qc** zu jds Ehre/um etw zu ehren; **pour la ~** aus reinem Idealismus

glorieusement [glɔʀjøzmɑ̃] *adv* ruhmreich, rühmenswert, ruhmwürdig; ***annoncer qc*** ~ etw stolz verkünden

glorieux, -euse [glɔʀjø, -jøz] *adj* ruhmreich

glorification [glɔʀifikasjɔ̃] *f* Glorifizierung *f*

glorifier [glɔʀifje] <1> **I.** *vt* rühmen, ehren *mémoire;* verherrlichen *héros, victoire;* [lob]preisen *Dieu* **II.** *vpr **se ~ de qc*** sich einer S. *gen* rühmen

gloriole [glɔʀjɔl] *f* Selbstgefälligkeit *f*

gloser [gloze] <1> *vi ~ **sur qn/qc*** über jdn/etw seine Bemerkungen machen

gloss [glɔs] *m* Lipgloss *nt*

glossaire [glɔsɛʀ] *m* Glossar *nt*

glotte [glɔt] *f* Stimmritze *f*

glouglou [gluglu] *m (fam) **faire** ~* gluckern

gloussement [glusmɑ̃] *m* ❶ *(cri)* Glucken *nt* ❷ *(fam: rire)* Glucksen *nt*

glousser [gluse] <1> *vi* ❶ *(pousser des gloussements) poule:* glucken ❷ *(fam: rire) personne:* glucksen

glouton(ne) [glutɔ̃, ɔn] **I.** *adj* gefräßig **II.** *m(f)* Vielfraß *m fam*

gloutonnerie [glutɔnʀi] *f* Gefräßigkeit *f*

glu [gly] *f* ❶ *(colle)* Leim *m* ❷ *(fam: personne)* Klette *f*

gluant(e) [glyɑ̃, ɑ̃t] *adj* klebrig

glucide [glysid] *m* Kohle[n]hydrat *nt*

glucose [glykoz] *m* Traubenzucker *m*

gluten [glytɛn] *m* Gluten *nt; **sans** ~* glutenfrei, ohne Gluten

glycémie [glisemi] *f* BIO, CHIM Blutzucker *m*

glycérine [gliseʀin] *f* Glyzerin *nt*

glycine [glisin] *f* Glyzinie *f*

G.M.T. [ʒeɛmte] *abr de* **Greenwich mean time** WEZ; ***à 15 h*** ~ um 15 Uhr WEZ

gnangnan [ɲɑ̃ɲɑ̃] *adj inv (fam) **être** ~ personne:* eine Tranfunzel sein

gnaque [ɲak] *f (fam)* ▸ **avoir la ~** Biss haben

gnocchi [ɲɔki] *mpl* Gnocchi *Pl (italienische Gries- oder Kartoffelklößchen)*

gnognot[t]e [ɲɔɲɔt] *f (fam)* ▸ **c'est pas de la ~** das ist wertloses Zeug/das ist nicht von Pappe *fam*

gnôle [ɲol] *f (fam)* Schnaps *m*

gnome [gnom] *m* Gnom *m*

gnon [ɲɔ̃] *m (fam)* Schlag *m,* Hieb *m*

gnou [gnu] *m* ZOOL Gnu *nt*

go [go] ▸ **tout de ~** *(fam)* mir nichts, dir nichts

Go *m abr de* **giga-octet** GB *nt*

GO [ʒeo] *fpl abr de* **grandes ondes** LW *Pl*

goal [gol] *m* Torwart *m,* Torhüter *m*

gobelet [gɔblɛ] *m* Becher *m*

gober [gɔbe] <1> *vt* ❶ *(avaler en aspirant)* schlürfen *huître;* ausschlürfen *œuf* ❷ *(fam: croire)* fressen

goberger [gɔbɛʀʒe] <2a> *vpr (fam) **se** ~* sich *dat* den Bauch vollschlagen

godasse [gɔdas] *f (fam)* Latschen *m*

godet [gɔdɛ] *m* ❶ *(gobelet)* Becher *m* ❷ *(pour la peinture)* Farbnapf *m*

godiche [gɔdiʃ] *adj (fam)* dämlich

godille [gɔdij] *f* Wedeln *nt* ▸ **à la ~** schlampig

godiller [gɔdije] <1> *vi* NAUT wricken

godillot [gɔdijo] *m (fam: grosse chaussure)* Treter *m*

godiveau [gɔdivo] <x> *m* GASTR Fleischklößchen *nt*

goéland [gɔelɑ̃] *m* große Möwe *f*

goélette [gɔelɛt] *f* Schoner *m*

goémon [gɔemɔ̃] *m* Tang *m*

gogo [gogo] ▸ **à ~** *(fam)* in rauen Mengen

go-go dancer [gogodɛnsœʀ] *mf* Go-go-Tänzer(in) *m(f)*

gogol(e) [gogɔl] *adj (fam)* bescheuert

goguenard(e) [gɔg(ə)naʀ, aʀd] *adj* spöttisch

goguenardise [gɔg(ə)naʀdiz] *f* Spott *m,* spöttische Art

goguette [gɔgɛt] *f* ▸ **en ~** *(fam: gai)* gut aufgelegt

goinfre [gwɛ̃fʀ] **I.** *adj* verfressen *fam* **II.** *mf (péj)* Fressack *m fam*

goinfrer [gwɛ̃fʀe] <1> *vpr (péj fam) **se ~ de qc*** sich *dat* den Bauch mit etw vollschlagen *fam*

goinfrerie [gwɛ̃fʀəʀi] *f (péj)* Gefräßigkeit *f*

goitre [gwatʀ] *m* Kropf *m*

goji [gɔʒi] *m* Goji[beere] *f*

golden [gɔldɛn] *f* Golden Delicious *m*

golf [gɔlf] *m* Golf[spiel *nt*] *nt*

golfe [gɔlf] *m* Golf *m*

golfeur, -euse [gɔlfœʀ, -øz] *m, f* Golf[spiel]er(in) *m(f)*
gomina® [gɔmina] *f* Pomade *f*
gominer [gɔmine] <1> *vpr* ***se*** ~ sich *dat* Pomade ins Haar schmieren
gommage [gɔmaʒ] *m* Ausradieren *nt*
gomme [gɔm] *f* ❶ *(bloc de caoutchouc)* [Radier]gummi *m o nt* ❷ *(substance)* Gummi *m o nt* ▶ **mettre la** ~ *(fam)* [voll] Stoff geben
gommé(e) [gɔme] *adj* gummiert
gommer [gɔme] <1> *vt* ausradieren, wegradieren; *(de sa mémoire)* streichen
gond [gɔ̃] *m* [Tür]angel *f* ▶ **sortir de ses ~s** [vor Wut] außer sich geraten
gondolant(e) [gɔ̃dɔlɑ̃, ɑ̃t] *adj (fam)* zum Kugeln *fam*
gondole [gɔ̃dɔl] *f* Gondel *f*
gondoler [gɔ̃dɔle] <1> *vi* sich wellen; *planche:* sich verziehen
gondolier, -ière [gɔ̃dɔlje, -jɛʀ] *m, f* Gondoliere *m*
gonflable [gɔ̃flabl] *adj* aufblasbar
gonflage [gɔ̃flaʒ] *m des pneus* Aufpumpen *nt; d'un ballon* Aufblasen *nt*
gonflant(e) [gɔ̃flɑ̃, ɑ̃t] *adj* ❶ *(bouffant) cheveux* locker und füllig ❷ *(fam: exaspérant)* nervtötend
gonflé(e) [gɔ̃fle] *adj* ❶ *(rempli)* aufgeblasen; *visage* [an]geschwollen, aufgedunsen; *yeux* verquollen ❷ *(fam: culotté)* dreist, frech
gonflement [gɔ̃fləmɑ̃] *m d'un pneu* Aufpumpen *nt; d'un ballon* Aufblasen *nt; d'une plaie, d'un organe* Schwellung *f*
gonfler [gɔ̃fle] <1> **I.** *vt* aufpumpen *pneus;* aufblasen *ballon;* blähen *voiles;* ~ ***les poumons*** tief Luft holen **II.** *vi bois:* [auf]quellen; *membre:* anschwellen; *pâte:* aufgehen; *riz:* quellen **III.** *vpr* ***se*** ~ *poitrine:* schwellen; *voiles:* sich [auf]blähen; *ballon:* sich füllen
gonflette [gɔ̃flɛt] *f (péj fam)* Bodybuilding *nt*
gonfleur [gɔ̃flœʀ] *m* Luftpumpe *f*
gong [gɔ̃(g)] *m* Gong *m*
gonzesse [gɔ̃zɛs] *f (péj fam)* Tussi *f*
google[u]r, -euse [guglœʀ, -øz] *m, f* Google-Nutzer(in) *m(f)*
googler [gugle] <1> *vi* INFORM googeln
gore [gɔʀ] *adj inv* Horror-
goret [gɔʀɛ] *m* Ferkel *nt*
gorge [gɔʀʒ] *f* ❶ *(partie du cou)* Hals *m*, Kehle *f* ❷ GEOG Schlucht *f* ▶ **faire des ~s chaudes de qc** *(fam)* sich in Klatschereien über etw *akk* ergehen; **à ~ déployée** aus Leibeskräften; **avoir la ~ nouée** [*o* **serrée**] einen Kloß im Hals haben *fam;* **prendre qn à la** ~ *fumée:* jdn im Hals kratzen; *odeur:* jdn in der Nase beißen; *(émouvoir)* jdn zutiefst erschüttern; *(financièrement)* jdm das Messer an die Kehle setzen *fam;* **rester à qn en travers de la** ~ jdm im Hals[e] stecken bleiben
gorgé(e) [gɔʀʒe] *adj* ***fruits ~s de soleil*** von der Sonne verwöhnte Früchte; ***terre ~e d'eau*** wasserdurchtränkte Erde
gorgée [gɔʀʒe] *f* Schluck *m*
gorger [gɔʀʒe] <2a> *vt* stopfen *oie*
gorgonzola [gɔʀgɔ̃zɔla] *m* Gorgonzola *m*
gorille [gɔʀij] *m* Gorilla *m*
gosier [gozje] *m* Kehle *f; d'un oiseau* Schlund *m*
gospel [gɔspɛl] *m* Gospel[song] *m*
gosse [gɔs] *mf (fam)* Kleine(r) *f(m);* ***un*** ~ ein Bengel *m;* ***une*** ~ eine Göre; ***sale*** ~ Rotzbengel ▶ **être beau** ~ ein hübsches Kind sein
gothique [gɔtik] **I.** *adj* gotisch **II.** *m* Gotik *f*
gouache [gwaʃ] *f* Temperafarbe *f*
gouaille [gwɑj] *f (fam)* Spottlust *f*
gouailleur, -euse [gwɑjœʀ, -øz] *adj (fam)* spöttisch
gouape [gwap] *f (arg: voyou)* Schlägertype *f fam;* ***une petite*** ~ ein kleiner Ganove
gouda [guda] *m* Gouda *m*
goudron [gudʀɔ̃] *m* Teer *m; (pour les routes)* Asphalt *m*
goudronnage [gudʀɔnaʒ] *m* Teeren *nt*
goudronner [gudʀɔne] <1> *vt* teeren *route;* ***être goudronné*** asphaltiert sein
gouffre [gufʀ] *m* ❶ *(abîme)* Abgrund *m* ❷ *(chose ruineuse)* Fass *nt* ohne Boden
gougnafier [guɲafje] *m (fam)* Trottel *m pej fam*
gouine [gwin] *f (péj fam)* Lesbe *f*
goujat [guʒa] *m* Rüpel *m*, Flegel *m*
goujaterie [guʒatʀi] *f* Rüpelhaftigkeit *f*
goujon [guʒɔ̃] *m* Gründling *m* ▶ **taquiner le** ~ *(fam)* angeln
goulache, goulasch [gulaʃ] *m o f* Gulasch *m o nt*
goulafre [gulafʀ] *m* NORD, BELG *(glouton)* Vielfraß *m*
goulée [gule] *f (fam) d'eau* großer Schluck *m; de purée* Mund *m* voll
goulet [gulɛ] *m* ~ ***d'étranglement*** Engpass *m*
gouleyant(e) [gulɛjɑ̃, ɑ̃t] *adj* ❶ *vin* süffig ❷ *(fig)* angenehm
goulot [gulo] *m* ❶ *(col d'une bouteille)*

Hals *m;* ***boire au*** ~ aus der Flasche trinken ❷ *(goulet)* ~ ***d'étranglement*** Engpass *m*

goulu(e) [guly] *adj* gefräßig

goulûment [gulymɑ̃] *adv* gierig

goupille [gupij] *f* Stift *m,* Splint *m*

goupiller [gupije] <1> **I.** *vt (fam)* aushecken; ***bien ~ son coup*** die Sache geschickt einfädeln **II.** *vpr (fam)* ***bien/mal se ~*** klappen/nicht klappen

goupillon [gupijɔ̃] *m* ❶ REL Weih[wasser]wedel *m* ❷ *(brosse)* Flaschenbürste *f*

gourance [guʀɑ̃s], **gourante** [guʀɑ̃t] *f (fam)* Patzer *m fam*

gourbi [guʀbi] *m* ❶ *(habitation africaine simple) einfache Lehmhütte in Nordafrika* ❷ *(péj fam)* Bruchbude *f fam*

gourd(e) [guʀ, guʀd] *adj* starr vor Kälte, steifgefroren

gourde [guʀd] *f* ❶ *(bouteille)* Trinkflasche *f* ❷ *(fam: personne)* Dussel *m*

gourdin [guʀdɛ̃] *m (bâton)* Knüppel *m*

gourer [guʀe] <1> *vpr (fam)* ***se ~ de qc*** sich in etw *dat* vertun

gourmand(e) [guʀmɑ̃, ɑ̃d] **I.** *adj* ***être ~*** ein Gourmand *m* sein; *(de sucreries)* eine Naschkatze sein *fam* **II.** *m(f)* Gourmand *m,* Schlemmer(in) *m(f); (de sucreries)* Naschkatze *f fam*

gourmandise [guʀmɑ̃diz] *f* Schwelgerei *f; (défaut)* Gier[igkeit *f*] *f;* ***manger par/avec ~*** aus purer Lust/gierig essen

gourme [guʀm] ▶ **jeter sa ~** sich *dat* die Hörner *Pl* abstoßen

gourmet [guʀmɛ] *m* Gourmet *m,* Feinschmecker(in) *m(f)*

gourmette [guʀmɛt] *f* Gliederarmband *nt* [mit Namensplakette]

gourou [guʀu] *m* Guru *m*

gousse [gus] *f* ~ ***de vanille*** Vanilleschote *f;* ~ ***d'ail*** Knoblauchzehe *f*

goût [gu] *m* ❶ *sans pl (sens)* Geschmack[ssinn *m*] *m* ❷ *sans pl (saveur)* Geschmack *m;* ***être sans ~*** nach nichts schmecken; ***avoir un ~ de qc*** nach einer S. *dat* schmecken ❸ *sans pl (envie)* Lust *f;* ***par ~*** zum Vergnügen; ~ ***de vivre*** Lebenslust, Lebensfreude *f;* ~ ***d'entreprendre*** Unternehmungslust; ~ ***d'écrire*** Freude *f* am Schreiben; ***prendre ~ à qc*** Gefallen an etw *dat* finden; ***reprendre ~ à qc*** wieder Spaß an etw *dat* haben; ***ne plus avoir ~ à rien*** zu nichts mehr Lust haben ❹ *sans pl (penchant)* ~ ***pour les maths*** Interesse *nt* an der Mathematik; ~ ***pour la boisson*** Vorliebe *f* für den Alkohol; ~ ***du risque*** Risikobereitschaft *f;* ***être affaire de ~*** Geschmackssache sein ❺ *pl (préférences)* Geschmack *m;* ***avoir des ~s de luxe*** einen Hang zum Luxus haben ❻ *sans pl (jugement)* Geschmack *m;* ***avec ~*** geschmackvoll; ***avoir bon ~*** Geschmack haben; ***être de mauvais ~*** geschmacklos sein; ***trouver qn/qc à son ~*** jdn/etw nach seinem Geschmack finden; ***une femme de ~*** eine Frau mit Geschmack ❼ *(avis)* ***à mon ~*** meiner Meinung nach, meines Erachtens ▶ **être au ~ du jour** modisch sein; **tous les ~s sont dans la nature** *(prov)* die Geschmäcker sind verschieden; **chacun ses ~s** *(prov)* jeder nach seinem Geschmack

goûter [gute] <1> **I.** *vi* ❶ *(prendre le goûter) enfant:* [nachmittags] eine Kleinigkeit essen ❷ *(essayer)* ~ ***à qc*** etw probieren ❸ *(toucher)* ~ ***aux plaisirs de la vie*** die Freuden des Lebens kennenlernen **II.** *vt* ❶ *(essayer)* probieren, kosten ❷ *(savourer)* genießen **III.** *m kleine Zwischenmahlzeit für Kinder und Jugendliche am Spätnachmittag*

goutte [gut] *f* ❶ *(très petite quantité, de forme arrondie)* Tropfen *m;* ~ ***à*** ~ tröpfchenweise; ***qn a la ~ au nez*** *(fam)* jdm läuft die Nase ❷ *sans pl (petite quantité)* ~ ***d'huile/de kirsch*** Tropfen *m* Öl/Schluck *m* Kirschwasser ❸ MED Gicht *f* ▶ **c'est la ~ d'eau qui fait déborder le vase** *(prov)* das ist der Tropfen, der das Fass zum Überlaufen bringt; **c'est une ~ d'eau dans la mer** das ist nur ein Tropfen auf den heißen Stein; **se ressembler comme deux ~s d'eau** sich gleichen wie ein Ei dem anderen; **passer entre les ~s** nicht/kaum nass werden

goutte-à-goutte [gutagut] *m inv* Tropf *m*

goutter [gute] <1> *vi* tropfen; *canalisation:* undicht sein; ***le toit/le plafond goutte*** es tropft durch das Dach/von der Decke

gouttière [gutjɛʀ] *f* Dachrinne *f*

gouvernable [guvɛʀnabl] *adj* regierbar

gouvernail [guvɛʀnaj] *m* ❶ *(barre)* Ruder *nt* ❷ *(fig)* ***tenir le ~*** das Steuer fest in der Hand haben

gouvernant(e) [guvɛʀnɑ̃, ɑ̃t] *adj classe* herrschend; ***parti ~*** regierende Partei, Regierungspartei

gouvernante [guvɛʀnɑ̃t] *f* ❶ *(bonne)* Haushälterin *f* ❷ *(préceptrice)* Gouvernante *f,* Erzieherin *f*

gouvernants [guvɛʀnɑ̃] *mpl* Entscheidungsträger *Pl*

gouverne [guvɛʀn] *f* ***pour ta ~*** zu deiner Orientierung

gouvernement [guvɛʀnəmɑ̃] *m* Regierung *f*; ***entrer/être au ~*** an die Regierung kommen/an der Regierung sein

gouvernemental(e) [guvɛʀnəmɑ̃tal, -o] <-aux> *adj journal* regierungsfreundlich; *parti, politique* Regierungs-

gouverner [guvɛʀne] <1> **I.** *vi* regieren **II.** *vt* ❶ *(diriger)* regieren ❷ *(maîtriser)* beherrschen

gouverneur [guvɛʀnœʀ] *m* Gouverneur *m*

goyave [gɔjav] *f* Guave *f*

GPL [ʒepeɛl] *m abr de* **gaz de pétrole liquéfié** Autogas *nt*

GPS [ʒepeɛs] *m abr de* **Global Positioning System** GPS *nt; (dans les voitures)* Navigationsgerät *nt,* Navi *nt fam*

GR [ʒeɛʀ] *m abr de* [**sentier de**] **grande randonnée** *markierter Wanderweg*

grabataire [gʀabatɛʀ] **I.** *adj* bettlägerig **II.** *m, f* Bettlägerige(r) *f(m)*

grabuge [gʀabyʒ] *m* ***faire du ~*** *(fam)* Krach schlagen; ***il y a du ~*** *(fam)* es kracht

grâce [gʀɑs] *f* ❶ *sans pl (charme)* Anmut *f,* Grazie *f;* ***avoir de la ~*** anmutig sein; ***avec ~*** anmutig, graziös; *parler* charmant ❷ *sans pl (faveur)* Gunst *f;* ***trouver ~ aux yeux de qn*** Gnade *f* vor jds Augen finden ❸ *sans pl (clémence)* Gnade *f;* ***crier/demander ~*** um Gnade bitten/flehen ❹JUR Begnadigung *f* ▸ **à la ~ de Dieu** auf gut Glück; *(exclamation)* komme, was wolle!; **faire qc de bonne/mauvaise ~** etw bereitwillig/widerwillig tun; **faire ~ à qn de qc** jdm etw erlassen; *(épargner)* jdm etw ersparen; **rendre ~ à qn** jdm Dank sagen; **~ à lui/elle** dank seiner/ihrer, dank ihm/ihr; **~ à qc** dank einer S. *dat o gen*

gracier [gʀasje] <1> *vt* begnadigen

gracieusement [gʀasjøzmɑ̃] *adv* ❶ *(charmant)* charmant ❷ *(gratuitement)* unentgeltlich

gracieux, -euse [gʀasjø, -jøz] *adj* ❶ *(charmant)* anmutig, graziös ❷ *(aimable)* freundlich ❸ *(gratuit)* kostenlos

gracile [gʀasil] *adj (littér)* grazil *geh,* zierlich

gradation [gʀadasjɔ̃] *f* schrittweise Steigerung

grade [gʀad] *m* Dienstgrad *m;* UNIV Grad *m; de capitaine* Rang *m;* ***monter en ~*** befördert werden ▸ **en prendre pour son ~** *(fam)* eins aufs Dach kriegen

gradé(e) [gʀade] *m(f)* unterer Dienstgrad

gradin [gʀadɛ̃] *m souvent pl* ❶ *d'un stade, théâtre* [Zuschauer]ränge *Pl* ❷ *(plan d'un terrain)* ***cultures en ~s*** Terrassenanbau *m*

gradins [gʀadɛ̃] *mpl* [Zuschauer]ränge *Pl*

graduation [gʀadɥasjɔ̃] *f* Gradeinteilung *f*

gradué(e) [gʀadɥe] *adj* abgestuft

graduel(le) [gʀadɥɛl] *adj introduction* schrittweise; *amélioration* allmählich

graduellement [gʀadɥɛlmɑ̃] *adv* ❶ *(par degrés)* Schritt für Schritt ❷ *(peu à peu)* allmählich

graduer [gʀadɥe] <1> *vt* ❶ *(augmenter graduellement)* allmählich steigern; ***les difficultés sont graduées*** der Schwierigkeitsgrad steigt; ***gradué*** abgestuft ❷ *(diviser en degrés)* graduieren, in Einheiten unterteilen; ***gradué*** mit einer Skala

graffiter [gʀafite] <1> *vt* mit Graffiti versehen *palissade, mur*

graffiti [gʀafiti] <[s]> *m* Graffiti *nt;* ***couvrir de ~[s]*** mit Graffiti besprühen

graille [gʀaj] *f (fam)* Essen *nt,* Futter *nt fam*

grailler [gʀɑje] <1> *vi* ❶ *corneille:* krächzen ❷ *(fam: manger)* futtern

graillon [gʀɑjɔ̃] *m* Geruch *m* von Bratfett

grain [gʀɛ̃] *m* ❶ *sing o pl (petite chose arrondie)* Korn *nt;* ***~ de beauté*** Leberfleck *m* ❷ *(graine)* Körnchen *nt; d'une grenade* Kern *m; (pour les poules)* Körner *Pl;* ***~ de café*** Kaffeebohne *f;* ***~ de poivre/de moutarde*** Pfeffer-/Senfkorn *nt;* ***~ de cassis*** Johannisbeere *f;* ***~ de raisin*** [Wein]traube *f;* ***en ~s*** *café, poivre* ungemahlen ❸ *(particule)* Korn *nt,* Körnchen *nt;* ***~ de poussière*** Staubkorn ❹ *(texture)* Korn *nt; de la peau* Beschaffenheit *f; d'un cuir* Narbe *f* ❺ *sans pl (petite quantité)* Spur *f,* Quäntchen *nt* ❻METEO [Regen]schauer *m* ▸ **~ de sable** *(fig)* Störfaktor *m;* **être un ~ de sable dans l'engrenage** Sand im Getriebe sein; **mettre son ~ de sel** *(fam)* seinen Senf dazugeben; **avoir un ~** *(fam)* eine Meise haben *fig;* **veiller au ~** auf der Hut sein

graine [gʀɛn] *f* ❶ *(semence)* Samen *m* ❷AGR Saatgut *nt* ▸ **~ de voyou** Teufelsbrut *f;* **être de la mauvaise ~** ein sauberes Früchtchen sein *iron fam;* **casser la ~** *(fam)* futtern; **monter en ~** *plante:* ins Kraut schießen; *(fam) enfant:* in die Höhe schießen *fam;* **en prendre de la ~** *(fam)* sich *dat* daran ein Beispiel nehmen

grainetier, -ière [gʀɛntje, -jɛʀ] *m, f* Getreide- und Futtermittelhändler(in) *m(f)*

graissage [gʀɛsaʒ] *m* Schmieren *nt*

graisse [gʀɛs] *f* ❶ *(matière grasse)* Fett *nt* ❷ *(lubrifiant)* Schmierfett *nt*

graisser [gʀese] <1> *vt* schmieren *engrenage, machine*

G

graisseux, -euse [gʀɛsø, -øz] *adj* fettig; *cahier, nappe* speckig

graminée [gʀamine] *f (herbe)* Gras *nt*

grammaire [gʀa(m)mɛʀ] *f* Grammatik *f*

grammatical(e) [gʀamatikal, -o] <-aux> *adj analyse* grammati[kali]sch; *exercice* Grammatik-

grammaticalement [gʀamatikalmɑ̃] *adv* grammati[kali]sch

gramme [gʀam] *m* Gramm *nt* ▸ **ne pas avoir un ~ de bon sens** [*o* **de jugeote**] *(fam)* keinen Funken Verstand haben

grand(e) [gʀɑ̃, gʀɑ̃d] **I.** *adj* ① *(dont la taille dépasse la moyenne)* groß; *arbre* hoch; *jambe, avenue* lang; **~ *format*** Großformat *nt;* ***un ~ verre d'eau*** ein volles Glas Wasser; ***~e entreprise*** Großunternehmen *nt;* **~ *magasin*** Kauf-/Warenhaus *nt* ② *(extrême)* groß; *buveur, fumeur* stark; *travailleur* tüchtig; *collectionneur* eifrig; **~ *blessé/malade/invalide*** Schwerverletzter/-kranker/-behinderter; **~ *brûlé*** Mensch *m* mit schweren Verbrennungen; ***faire un ~ froid*** sehr kalt sein ③ *(intense)* groß; *bruit, cri* laut; *vent* heftig, stark; *coup* gewaltig; *soupir* tief; ***avoir ~ besoin de*** dringend brauchen ④ *(fameux)* groß; *vin* besondere(r, s); *homme* bedeutend ⑤ *(respectable)* nobel; ***~e dame/~ monsieur*** große Dame/hoher Herr; ***la ~e dame de la chanson*** die Grande Dame des Chansons; ***la "Grande Nation"*** die „große Nation" *(Name für Frankreich);* ***~es écoles*** Elite-Hochschulen *Pl* ⑥ *(généreux)* groß; ***~s sentiments*** edle Gesinnung ⑦ *(exagéré)* ***employer de ~s mots*** große Worte machen; ***faire de ~es phrases*** große Reden schwingen; ***faire de ~s gestes*** wild gestikulieren; ***prendre de ~s airs*** vornehm tun ▸ **au ~ jamais** nie und nimmer **II.** *adv* ***ouvrir tout ~ qc*** etw ganz weit aufmachen; ***voir ~*** großzügig planen **III.** *m(f)* ① *(personne/objet grands)* Große(r) *f(m)* ② *(personne importante)* ***un ~ du football*** ein bedeutender Fußballspieler ③ ECON Spitzenunternehmen *nt*

Grammatik und Co.

Beim Adjektiv **grand** ändert sich die Bedeutung je nachdem, ob es vor oder hinter dem Substantiv steht:

un grand homme – ein großartiger Mann;

un homme grand – ein großer Mann.

grand-angle [gʀɑ̃tɑ̃gl] <grands-angles> *m* Weitwinkel[objektiv *nt*] *m* **grand-chose** [gʀɑ̃ʃoz] ***pas ~*** nicht viel **grand-duc** [gʀɑ̃dyk] <grands-ducs> *m* Großherzog *m* **grand-duché** [gʀɑ̃dyʃe] <grands-duchés> *m* Großherzogtum *nt* **Grande-Bretagne** [gʀɑ̃dbʀətaɲ] *f* ***la ~*** Großbritannien *nt* **grande-duchesse** [gʀɑ̃ddyʃɛs] <grandes-duchesses> *f* Großherzogin *f*

Land und Leute

Die **grandes écoles** sind Hochschulen unterschiedlicher Fachrichtungen (z. B. Verwaltungs- oder Ingenieurwesen). Am bekanntesten ist die École Normale Supérieure in Paris (Natur- und Geisteswissenschaften). Um an diesen Hochschulen studieren zu können, muss man bereits ein zweijähriges Universitätsstudium oder einen ebenso langen Vorbereitungskurs *(les classes préparatoires)* vorweisen können. Außerdem muss man sich einem strengen Auswahlverfahren stellen. Die Absolventinnen und Absolventen dieser Hochschulen sind bei der Besetzung von Führungspositionen in Politik und Wirtschaft sehr gefragt.

grandement [gʀɑ̃dmɑ̃] *adv* sehr; *avoir raison* völlig; ***contribuer ~ à qc*** einen großen Beitrag zu etw leisten

grandeur [gʀɑ̃dœʀ] *f* ① *(dimension)* Größe *f;* ***être de la ~ de qc*** so groß wie etw sein; ***de quelle ~ est …?*** wie groß ist …?; ***de même ~*** gleich groß; **~ *nature*** in Lebensgröße ② *(puissance)* Größe *f* ③ *(générosité)* [menschliche] Größe; **~ *d'âme*** Seelengröße *f*

grand-faim [gʀɑ̃fɛ̃] *f* ▸ **avoir ~** großen Hunger haben

grandiloquence [gʀɑ̃dilɔkɑ̃s] *f* hochtrabende Ausdrucksweise *f*

grandiloquent(e) [gʀɑ̃dilɔkɑ̃, ɑ̃t] *adj* schwülstig; *personne* hochtrabend redend

grandiose [gʀɑ̃djoz] *adj* großartig

grandir [gʀɑ̃diʀ] <8> **I.** *vi* ① *(devenir plus grand)* [auf]wachsen, groß werden; **~ *de dix centimètres*** zehn Zentimeter wachsen ② *(devenir plus mûr)* reifer werden ③ *(augmenter)* wachsen; *foule:* anwachsen; ***l'obscurité grandit*** es wird [immer] dunkler ④ *(fig)* ***sortir grandi de qc*** gestärkt aus etw hervorgehen; **~ *en sagesse*** weiser werden **II.** *vt* ① *(rendre plus grand)* größer machen *personne;* vergrößern *chose* ❷ *(ennoblir)* ***qc grandit qn*** jd gewinnt durch etw **III.** *vpr* ❶ *(se rendre plus grand)* ***se ~*** sich größer machen ❷ *(s'élever)* ***se ~ par qc*** durch etw gewinnen

grandissant(e) [gʀɑ̃disɑ̃, ɑ̃t] *adj* wachsend

grandissime [gʀɑ̃disim] *adj (fam)* riesig

grand-maman [gʀɑ̃mamɑ̃] <grands-mamans> *f (fam)* Großmama *f,* Oma *f*

grand-mère [gʀɑ̃mɛʀ] <grand[s]-mères> *f* Großmutter *f* ▶ **il ne faut pas pousser ~ dans les orties** nun mach[t] mal halblang **grand-messe** [gʀɑ̃mɛs] <grand[s]-messes> *f* Hochamt *nt* **grand-oncle** [gʀɑ̃tɔ̃kl] <grands-oncles> *m* Großonkel *m* **grand-papa** [gʀɑ̃papa] <grands-papas> *m (fam)* Großpapa *m,* Opa *m* **grand-peine** [gʀɑ̃pɛn] ▶ **avoir ~ à faire qc** Mühe haben etw zu tun; **à ~** mit Mühe und Not **grand-père** [gʀɑ̃pɛʀ] <grands-pères> *m* Großvater *m* **grand-rue** [gʀɑ̃ʀy] <grand-rues> *f* Hauptstraße *f* **grand-soif** [gʀɑ̃swaf] *f* ▶ **avoir ~** großen Durst haben

grands-parents [gʀɑ̃paʀɑ̃] *mpl* Großeltern *Pl*

grand-tante [gʀɑ̃tɑ̃t] <grands-tantes> *f* Großtante *f* **grand-voile** [gʀɑ̃vwal] <grand[s]-voiles> *f* Großsegel *nt*

grange [gʀɑ̃ʒ] *f* Scheune *f*

granit[e] [gʀanit] *m* Granit *m*

granité [gʀanite] *m* ❶ *(tissu)* Krepp *nt* ❷ *(sorbet)* Eis *nt* mit kleinen Stückchen

granité(e) [gʀanite] *adj* körnig

granitique [gʀanitik] *adj* Granit-, granithaltig

granulé [gʀanyle] *m* Granulat *nt*

granulé(e) [gʀanyle] *adj* körnig; *surface* gekörnt

granuleux, -euse [gʀanylø, -øz] *adj* körnig, gekörnt; *cuir* genarbt; *peau, roche* rau

graphe [gʀaf] *m* Graph *m*

grapheur [gʀafœʀ] *m* Grafikprogramm *nt*

graphie [gʀafi] *f* Schreibweise *f*

graphique [gʀafik] **I.** *adj* grafisch; ***carte ~*** Grafikkarte *f;* ***arts ~s*** Grafik *f* **II.** *m* Schaubild *nt*

graphiquement [gʀafikmɑ̃] *adv* grafisch

graphisme [gʀafism] *m* ❶ *(écriture)* Handschrift *f,* Schriftzüge *Pl* ❷ *(aspect d'une lettre)* Schriftbild *nt* ❸ ART grafische Gestaltung; *d'un artiste* Zeichenstil *m*

graphiste [gʀafist] *mf* Grafiker(in) *m(f)*

graphite [gʀafit] *m* Grafit *m*

graphologie [gʀafɔlɔʒi] *f sans pl* Grafologie *f*

graphologue [gʀafɔlɔg] *mf* Grafologe *m/* Grafologin *f*

grappe [gʀap] *f* Traube *f;* ***~ de raisin*** Weintraube

grappillage [gʀapijaʒ] *m* ❶ *des fruits* [Ab]pflücken *nt,* [Nach]lese *f* ❷ *(fig) des idées, nouvelles* Aufschnappen *nt fam*

grappiller [gʀapije] <1> *vt* ❶ *(cueillir)* einzeln [ab]pflücken *fruits, fleurs* ❷ *(prendre au hasard)* aufschnappen *fam nouvelles, idées;* herausschlagen *fam argent*

grappin [gʀapɛ̃] *m* ▶ **mettre le ~ sur qn** *(fam)* jdn nicht aus den Klauen lassen

gras [gʀɑ] **I.** *m* ❶ GASTR Fett *nt,* Fette(s) *nt* ❷ *(graisse)* Fett *nt* ❸ *(partie charnue)* ***~ de la jambe*** Wade *f* **II.** *adv* fett

gras(ne) [gʀɑ, gʀɑs] *adj* ❶ *(formé de graisse)* fett; ***acides ~*** Fettsäuren; ***matières ~ses*** Fette *Pl;* ***40% de matières ~ses*** 40% Fett *nt;* ***corps ~*** Fett[stoff *m*] *nt* ❷ *(gros)* fett; *visage, main* fleischig ❸ *(graisseux)* fettig; *chaussée* glitschig; *terre, boue* lehmig ❹ *(imprimé)* ***en [caractère] ~*** fett gedruckt ❺ BOT ***plante ~se*** Fettpflanze *f,* Sukkulente *f* ❻ *voix* rau, belegt; *rire* ordinär; *toux* schleimig

gras-double [gʀɑdubl] <gras-doubles> *m* Kutteln *Pl*

grassement [gʀɑsmɑ̃] *adv payer* reichlich

grassouillet(te) [gʀasujɛ, jɛt] *adj (fam)* pummelig

grat[t]ouiller [gʀatuje] <1> *vt (fam)* kratzen

gratifiant(e) [gʀatifjɑ̃, jɑ̃t] *adj travail* befriedigend

gratification [gʀatifikasjɔ̃] *f* Gratifikation *f*

gratifier [gʀatifje] <1> *vt* ***~ qn d'une récompense*** jdm eine Belohnung zuteilwerden lassen; ***~ qn d'un sourire*** jdm ein Lächeln schenken

gratin [gʀatɛ̃] *m* ❶ GASTR Gratin *nt* ❷ *sans pl, (fam: haute société)* Crème *f* de la crème *iron*

gratiné(e) [gʀatine] *adj* ❶ GASTR überbacken, gratiniert ❷ *(fam) raclée* anständig; *aventure* verrückt

gratinée [gʀatine] *f mit Käse überbackene Zwiebelsuppe*

gratiner [gʀatine] <1> *vt [**faire**] **~ qc*** etw überbacken

gratis [gʀatis] **I.** *adj (fam)* kostenlos, gratis *nur präd* **II.** *adv (fam)* umsonst, gratis

gratitude [gʀatityd] *f* Dankbarkeit *f*

gratos [gʀatos] *adj inv (fam)* gratis, umsonst

G

gratouiller [gʀatuje] <1> *vt (fam)* jucken; ***ça gratouille?*** *(fam)* juckt es?

grattage [gʀataʒ] *m* ① Abkratzen *nt* ② *(au jeu)* Rubbeln *nt*

gratte-ciel [gʀatsjɛl] *m inv* Wolkenkratzer *m*

grattement [gʀatmɑ̃] *m* Kratzen *nt*

gratte-papier [gʀatpapje] <gratte-papier[s]> *mf (péj)* schlecht bezahlter Kopist

gratter [gʀate] <1> **I.** *vi* ① *(racler)* kratzen ② *(récurer)* scheuern **II.** *vt* ① *(racler)* [herum]kratzen an +*dat bouton;* abkratzen *mur, table;* schaben *carottes;* anzünden *allumette;* scharren auf +*dat sol;* ausradieren *mot;* ~ ***le dos à qn*** jdn am Rücken kratzen ② *(démanger)* kratzen; *cicatrice:* jucken; ***ça me gratte à la jambe*** mein Bein juckt **III.** *vpr* ***se ~ jusqu'au sang*** sich blutig kratzen; ***se ~ qc*** sich an etw *dat* kratzen ▸ **tu peux toujours te ~!** *(fam)* du kannst mich mal!

grattoir [gʀatwaʀ] *m* ① *(outil)* Schaber *m,* Kratzer *m* ② *(surface)* Reibfläche *f*

gratuit(e) [gʀatɥi, ɥit] *adj* ① *(gratis)* frei; *consultation* kostenlos, unentgeltlich; *supplément* Gratis-; ***enseignement*** ~ kostenloser Schulbesuch; ***à titre*** ~ kostenlos, gratis ② *(arbitraire)* willkürlich; *supposition* ungerechtfertigt; *accusation* grundlos; *acte* unmotiviert; *cruauté* unnötig

gratuité [gʀatɥite] *f* ① *(caractère gratuit)* ~ ***de l'enseignement*** Schulgeldfreiheit *f;* ~ ***des soins médicaux*** kostenlose medizinische Versorgung ② *d'une affirmation* Willkürlichkeit *f; d'un acte* Unmotiviertheit *f*

gratuitement [gʀatɥitmɑ̃] *adv* ① *(gratis)* kostenlos; *entrer, voyager* ohne etwas zu bezahlen ② *(sans motif)* willkürlich; *agir* unmotiviert; *risquer sa vie* grundlos; *commettre un crime* ohne Motiv

gratuitiel [gʀatɥisjɛl] *m* CAN Freeware *f*

gravats [gʀava] *mpl* [Bau]schutt *m*

grave [gʀav] **I.** *adj* ① *(sérieux)* ernst; *accident, responsabilité* schwer; *menace, ennuis* ernsthaft; *faute, raison* schwerwiegend, gravierend; *nouvelles* schlimm; *sanction* hart; ***blessé*** ~ Schwerverletzter *m;* ***des choses ~s*** etwas Ernstes; ***ce n'est pas*** ~ das ist nicht schlimm ② *(digne)* feierlich ③ LING ***accent*** ~ Accent *m* grave ④ *son, note* tief; *voix* dunkel ⑤ *(fam: troublé mentalement)* total durchgeknallt **II.** *m* ***les ~s et les aigus*** die Tiefen und Höhen

graveleux, -euse [gʀavlø, -øz] *adj propos* sehr anstößig, zotig

gravement [gʀavmɑ̃] *adv* ① *(dignement)* ernst; *marcher* würdevoll ② *(fortement)* schwer

graver [gʀave] <1> **I.** *vt* ① *(tracer en creux)* (ein)gravieren; ~ ***qc sur/dans qc*** etw in etw *akk* [ein]ritzen ② *(à l'eau-forte)* radieren; ~ ***qc sur cuivre/sur bois*** etw in Kupfer *akk* stechen/in Holz *akk* schneiden ③ *(fixer)* ~ ***qc dans sa mémoire*** [*o* ***son esprit***] sich *dat* etw fest einprägen **II.** *vpr* ***se ~ dans la mémoire de qn*** sich jdm fest einprägen

graveur [gʀavœʀ] *m* ~ ***de CD*** CD-Brenner *m*

graveur, -euse [gʀavœʀ, -øz] *m, f* ART Graveur(in) *m(f)*

gravier [gʀavje] *m* Kies *m*

gravillon [gʀavijɔ̃] *m* Splitt *m;* AUT Rollsplitt

gravir [gʀaviʀ] <8> *vt* ① *(grimper)* [hinauf]klettern auf +*akk* ② *(fig)* ~ ***les échelons*** aufsteigen

gravissime [gʀavisim] *adj maladie* sehr ernst; *erreur* gravierend

gravitation [gʀavitasjɔ̃] *f* Gravitation *f*

gravité [gʀavite] *f* ① *(sévérité)* Ernst *m;* ***avec*** ~ ernst; *regarder* mit ernster Miene ② *d'une situation* Ernst *m; d'une faute* Schwere *f; d'une catastrophe, sanction* Ausmaß *nt;* ***un accident sans*** ~ ein leichter Unfall; ***voir la ~ du problème*** sehen, wie ernst das Problem ist ③ PHYS Schwerkraft *f*

graviter [gʀavite] <1> *vi* ① *(tourner autour)* ~ ***autour de qc*** um etw kreisen ② *(fig)* ~ ***autour de qn*** sich ständig in jds Umkreis aufhalten

gravure [gʀavyʀ] *f* ① *sans pl (technique)* Gravieren *nt; (à l'eau-forte)* Radieren *nt* ② *(œuvre)* Gravur *f; (sur cuivre)* Kupferstich *m; (sur bois)* Holzschnitt *m; (à l'eau-forte)* Radierung *f* ③ *(reproduction)* Stich *m;* ~ ***de mode*** Modezeichnung *f*

gré [gʀe] ▸ **de ~ ou de force** wohl oder übel; **de bon ~** bereitwillig; **bon ~ mal ~** wohl oder übel; **de mauvais ~** widerwillig; **de mon/son plein ~** aus freien Stücken; **savoir ~ à qn de qc** *(soutenu)* jdm für etw verbunden sein; **trouver qn/qc à son ~** jdn/etw nach seinem Geschmack finden; **au ~ de** je nach +*dat;* ***au ~ de sa fantaisie*** nach Lust und Laune; **au ~ de qn** *(de l'avis de)* jds Meinung *dat* nach; *(selon les désirs de)* nach jds Wünschen; **contre le ~ de qn** gegen jds Willen

grèbe [gʀɛb] *m* ZOOL Taucher *m*

grec [gʀɛk] *m* Griechisch *nt;* ***le ~ ancien/moderne*** Alt-/Neugriechisch; *v. a.* **allemand**

grec, **grecque** [gʀɛk] *adj* griechisch
Grec, **Grecque** [gʀɛk] *m, f* Grieche *m*/ Griechin *f*
Grèce [gʀɛs] *f* ***la*** ~ Griechenland *nt*
gréco-romain(**e**) [gʀekoʀɔmɛ̃, ɛn] <gréco-romains> *adj* griechisch-römisch
grecque [gʀɛk] *f (ornement)* Mäander *m*
gredin(**e**) [gʀədɛ̃, in] *m(f) (fam)* Schelm *m*
gréement [gʀemɑ̃] *m sans pl* NAUT Takelung *f*
gréer [gʀee] <1> *vt* NAUT auftakeln
greffage [gʀefaʒ] *m sans pl* BOT Veredelung *f*, Pfropfen *nt*
greffe [gʀɛf] *f* ❶ MED Transplantation *f*, Verpflanzung *f* ❷ BOT Veredelung *f*, Pfropfung *f*; *(greffon)* Pfropfreis *nt*, Edelreis *nt*
greffer [gʀefe] <1> **I.** *vt* ❶ MED ~ ***qc à qn*** jdm etw transplantieren ❷ BOT veredeln; ~ ***qc sur qc*** etw auf etw *akk* pfropfen **II.** *vpr* ***se*** ~ ***sur qc*** zu etw hinzukommen
greffier, **-ière** [gʀefje, -jɛʀ] *m, f* Justizbeamter *m*/-beamtin *f*
greffon [gʀefɔ̃] *m* BOT Pfropfreis *nt*
grégaire [gʀegɛʀ] *adj* ***instinct*** ~ Herdentrieb *m*
grégorien(**ne**) [gʀegɔʀjɛ̃, jɛn] *adj* gregorianisch
grêle [gʀɛl] **I.** *adj* dürr; *apparence* schmächtig; *son, voix* dünn **II.** *f* Hagel *m*
grêlé(**e**) [gʀele] *adj* pockennarbig
grêler [gʀele] <1> *vi impers* ***il grêle*** es hagelt
grêlon [gʀɛlɔ̃] *m* Hagelkorn *nt*
grelot [gʀəlo] *m* Glöckchen *nt*
grelottement [gʀəlɔtmɑ̃] *m* [leichtes] Zittern *nt*; *(plus fort)* Schlottern *nt*
grelotter [gʀəlɔte] <1> *vi* ~ ***de qc*** *(légèrement/fortement)* vor etw *dat* zittern/schlottern; ~ ***de fièvre*** Schüttelfrost haben
greluche [gʀəlyʃ] *f (péj fam)* Tussi *f*
grenade [gʀənad] *f* ❶ MIL Granate *f* ❷ BOT Granatapfel *m*
Grenade [gʀənad] *f* ***la*** ~ Grenada *nt*
grenadier [gʀənadje] *m* BOT Granatapfelbaum *m*
grenadine [gʀənadin] *f* Grenadine *f*
grenaille [gʀənɑj] *f sans pl* Schrot *nt o m*
grenat [gʀəna] *adj inv* granatfarben
grenier [gʀənje] *m d'une maison* Speicher *m*, [Dach]boden *m*; *d'une ferme* Speicher
grenouillage [gʀənujaʒ] *m (fam)* Schiebung *f fam*
grenouille [gʀənuj] *f* ❶ *(rainette)* Frosch *m* ❷ *(fig fam)* ~ ***de bénitier*** Betbruder *m*/-schwester *f*
grenouillère [gʀənujɛʀ] *f* Strampelhose *f*
grenu(**e**) [gʀəny] *adj peau, roche* rau; *marbre, papier* körnig, gekörnt; *cuir* genarbt
grès [gʀɛ] *m* ❶ *(roche)* Sandstein *m* ❷ *(poterie)* Steingut *nt*; ***cruche en*** ~ Steinkrug *m*
grésil [gʀezil] *m* Graupeln *Pl*
grésillement [gʀezijmɑ̃] *m* Rauschen *nt*; *de la friture* Brutzeln *nt*
grésiller [gʀezije] <1> *vi* brutzeln; ***la radio/le disque/téléphone grésille*** es rauscht im Sender/bei der Wiedergabe/in der Leitung
grève [gʀɛv] *f* Streik *m*; ***appel à la*** ~ Streikaufruf *m*; ~ ***sur le tas*** Sitzstreik; ~ ***de la faim*** Hungerstreik; ~ ***du zèle*** Bummelstreik; ***être en*** ~, ***faire*** ~ streiken; ***se mettre en*** ~ in den Streik treten; ***en*** ~ *entreprise* bestreikt; *ouvrier* streikend
grever [gʀəve] <4> *vt* ~ ***de qc*** mit etw belasten
gréviste [gʀevist] *mf* Streikende(r) *f(m)*; ~***s de la faim*** Menschen *Pl* im Hungerstreik
gribouillage [gʀibujaʒ] *m* Gekritzel *nt*
gribouiller [gʀibuje] <1> **I.** *vi* ~ ***sur qc*** auf etw *akk o dat* kritzeln **II.** *vt* ~ ***qc sur qc*** etw auf etw *akk* kritzeln; ~ ***qc à qn*** jdm etw [hin]kritzeln
gribouillis [gʀibuji] *m v.* **gribouillage**
grief [gʀijɛf] *m* Klage[punkt *m*] *f*, Beschwerde *f*; ***nourrir des ~s contre qn*** *(soutenu)* einen Groll gegen jdn hegen
grièvement [gʀijɛvmɑ̃] *adv* schwer
griffe [gʀif] *f* ❶ *(ongle pointu)* Kralle *f*; ***faire ses ~s*** die Krallen wetzen ❷ *(marque)* Markenzeichen *nt* ❸ *(signature)* Unterschrift *f* ▶ **toutes ~s dehors** aggressiv; **arracher qn des ~s de qn** jdn aus jds Klauen befreien; **être entre les ~s de qn** in jds Klauen *dat* sein; **montrer les ~s** die Krallen zeigen; **porter la ~ de qn** jds Stempel tragen; **reconnaître la ~ de qn** jds Handschrift erkennen; **rentrer ses ~s** einlenken; **tomber entre les ~s de qn** in jds Klauen *akk* geraten
griffé(**e**) [gʀife] *adj* ***vêtements ~s*** Markenkleidung *f*
griffer [gʀife] <1> *vt* kratzen *personne;* zerkratzen *visage, voiture*
griffonnage [gʀifɔnaʒ] *m* Gekritzel *nt*
griffonner [gʀifɔne] <1> **I.** *vi* ~ ***sur qc*** auf etw *akk o dat* kritzeln **II.** *vt* ~ ***qc sur qc*** etw auf etw *akk* kritzeln; ~ ***qc à qn*** jdm etw hinkritzeln
griffure [gʀifyʀ] *f* Kratzer *m*
grignotage [gʀiɲɔtaʒ] *m* ❶ *(action de manger)* Knabbern *nt* ❷ *(réduction) des*

libertés Beschneiden *nt; des salaires* Aufzehren *nt fig; des espaces* allmähliches Verschwinden *nt*
grignotement [gʀiɲɔtmɑ̃] *m* Knabbern *nt*
grignoter [gʀiɲɔte] <1> **I.** *vi personne:* eine Kleinigkeit essen; *animal:* knabbern **II.** *vt* ❶ *(manger du bout des dents)* ~ ***qc*** *personne:* etw knabbern; *animal:* an etw + *dat* [herum]nagen; *(entièrement)* etw fressen ❷ *(restreindre)* beschneiden *libertés;* aufzehren *capital;* einschränken *espaces*
grigou [gʀigu] *m (fam)* Geizkragen *m fam*
grigri, gri-gri [gʀigʀi] <gris-gris> *m* Talisman *m*
gril [gʀil] *m* Grill *m;* ***cuire sur le*** ~ grillen ▶ **être sur le** ~ *(fig fam)* auf heißen Kohlen sitzen
grillade [gʀijad] *f* Gegrillte(s) *nt;* ***faire des ~s*** grillen
grillage [gʀijaʒ] *m* ❶ *(treillis métallique)* [Draht]gitter *nt* ❷ *(clôture)* Drahtzaun *m*
grillager [gʀijaʒe] <2a> *vt* vergittern *fenêtre*
grille [gʀij] *f* ❶ *(clôture)* Drahtzaun *m* ❷ *(porte)* Gittertür *f* ❸ *(treillis)* Gitter *nt; d'un château fort* Fallgitter *nt; d'un four* [Feuer]rost *m; d'aération* Luftschlitz *m* ❹ *(tableau)* ~ ***d'horaires*** Stundenplan *m;* ~ ***des rémunérations*** [*o* ***salaires***] Besoldungstabelle *f;* ~ ***des tarifs*** Tariftabelle *f;* ~ ***des programmes de télévision*** Fernsehprogramm *nt;* ~ ***de loto*** Lottoschein *m;* ~ ***de mots croisés*** Kreuzworträtsel *nt*
grille-pain [gʀijpɛ̃] *m inv* Toaster *m*
griller [gʀije] <1> **I.** *vi* ❶ *(cuire) viande, poisson:* gegrillt werden; *pain:* getoastet werden; ***faire*** ~ grillen, rösten *café, châtaignes;* toasten *pain* ❷ *(brûler)* ~ ***d'envie de faire qc*** darauf brennen etw zu tun ❸ *(fam: avoir chaud)* vor Hitze fast umkommen **II.** *vt* ❶ *(faire cuire)* grillen, rösten *café, châtaignes;* toasten *pain* ❷ *(détruire)* ~ ***qc*** *soleil, feu:* etw verbrennen; ***le gel a grillé les bourgeons*** die Knospen sind erfroren ❸ ELEC ***être grillé*** durchgebrannt sein ❹ *(brûler)* überfahren *feu rouge* ❺ *(fam: fumer)* paffen ▶ **être grillé auprès de qn** *(fam)* bei jdm unten durch sein
grillon [gʀijɔ̃] *m* Grille *f*
grimace [gʀimas] *f* Grimasse *f,* Fratze *f;* ***faire la*** ~ das Gesicht verziehen; ***faire des ~s*** Grimassen schneiden; ~ ***de douleur/colère*** schmerz-/wutverzerrtes Gesicht; ~ ***de dégoût*** angewiderte Miene
grimacer [gʀimase] <2> *vi* Grimassen schneiden; ~ ***de douleur*** das Gesicht vor Schmerz *dat* verziehen
grimage [gʀimaʒ] *m* THEAT *(maquillage)* Schminken *nt; (résultat)* Maske *f*
grimer [gʀime] <1> *vt, vpr* ~ ***qn/se*** ~ jdn/sich schminken
grimoire [gʀimwaʀ] *m* Zauberbuch *nt*
grimpant(e) [gʀɛ̃pɑ̃, ɑ̃t] *adj* ***rosier*** ~ Kletterrose *f*
grimpée [gʀɛ̃pe] *f* Aufstieg *m; (à vélo)* Bergfahrt *f;* ***la*** ~ ***du col*** der Aufstieg/die Fahrt zum Pass
grimper [gʀɛ̃pe] <1> **I.** *vi* ❶ *(escalader)* ~ ***sur une paroi*** eine Felswand hinaufklettern; ~ ***sur le toit/à*** [*o* ***dans***] ***l'arbre/à l'échelle*** auf das Dach/den Baum/die Leiter klettern; ~ ***à l'assaut de l'Everest*** den Gipfel des Everest erklimmen; ~ ***le long de qc*** *plante:* sich an etw *dat* emporranken ❷ *(monter)* ~ ***dans la montagne*** *route:* bergauf führen; ***ça grimpe dur!*** es geht steil bergauf! ❸ *(augmenter)* klettern **II.** *vt (vu d'en haut/d'en bas)* hochkommen/hinaufsteigen *escalier;* ~ ***la côte*** den Abhang hochkommen/hinaufklettern; *(à vélo, en voiture)* den Abhang hochkommen/hinauffahren
grimpette [gʀɛ̃pɛt] *f (fam)* kurzer Aufstieg
grimpeur, -euse [gʀɛ̃pœʀ, -øz] *m, f* ❶ *(alpiniste)* Kletterer *m*/Kletterin *f* ❷ *(cycliste)* Bergfahrer(in) *m(f)*
grinçant(e) [gʀɛ̃sɑ̃, ɑ̃t] *adj ton* schrill; *humour* beißend
grincement [gʀɛ̃smɑ̃] *m d'une roue, porte* Quietschen *nt;* ~ ***de dents*** Zähneknirschen *nt*
grincer [gʀɛ̃se] <2> *vi* quietschen; *parquet:* knarren; *craie:* kratzen ▶ ~ **des dents** mit den Zähnen knirschen
grincheux, -euse [gʀɛ̃ʃø, -øz] **I.** *adj enfants* quengelig *fam; personne* griesgrämig **II.** *m, f* Griesgram *m*
gringalet [gʀɛ̃galɛ] *m (péj)* mickriges Kerlchen
griotte [gʀijɔt] *f* Weichselkirsche *f*
grippage [gʀipaʒ] *m* Klemmen *nt,* Festsitzen *nt; d'un moteur* Festfressen *nt; d'un système* Stockung *f*
grippal(e) [gʀipal, -o] <-aux> *adj* grippal
grippe [gʀip] *f* Grippe *f;* ~ ***A*** Schweinegrippe *f;* ~ ***aviaire*** Vogelgrippe *f;* ~ ***intestinale*** Darmgrippe *f* ▶ **prendre qn en** ~ jdn nicht mehr riechen können *fam*
grippé(e) [gʀipe] *adj* grippekrank
gripper [gʀipe] <1> *vi, vpr [se]* ~ klem-

men, festsitzen; *moteur:* sich festfressen; *système:* stocken

grippe-sou [gʀipsu] <grippe-sous> *m* *(fam)* Pfennigfuchser(in) *m(f)*

gris [gʀi] *m* Grau *nt*

gris(e) [gʀi, gʀiz] *adj* ❶ *(entre le blanc et le noir)* grau; ~ ***anthracite*** anthrazitfarben ❷ METEO grau; *temps* trüb

grisaille [gʀizaj] *f* ❶ *(monotonie)* Öde *f*, Eintönigkeit *f*; ~ ***de la vie quotidienne*** grauer Alltag ❷ *de l'aube, du paysage* Grau *nt*

grisant(e) [gʀizɑ̃, ɑ̃t] *adj vin, succès* berauschend; *parfum* betörend

grisâtre [gʀizɑtʀ] *adj* gräulich

gris-bleu [gʀiblø] *adj inv* blaugrau

grisé [gʀize] *m* Schraffur *f*

griser [gʀize] <1> **I.** *vt, vi* berauschen; ~ ***[qn]*** *vin:* [jdn] betrunken machen; *flatteries, succès:* [jdm] zu Kopf steigen; *bonheur:* [jdn] berauschen; ***se laisser ~ par la vitesse*** dem Geschwindigkeitsrausch verfallen **II.** *vpr (s'étourdir)* ***se ~ de qc*** sich an etw *dat* berauschen

griserie [gʀizʀi] *f* Rausch *m*

grisonnant(e) [gʀizɔnɑ̃, ɑ̃t] *adj personne* leicht ergraut; *cheveux, tempes* grau meliert

grisonner [gʀizɔne] <1> *vi* ergrauen

Grisons [gʀizɔ̃] *mpl* ***les*** ~ Graubünden *nt*

grisou [gʀizu] *m* ***coup de*** ~ Schlagwetterexplosion *f*

gris-vert [gʀivɛʀ] *adj inv* graugrün

grive [gʀiv] *f* Drossel *f* ▸ **faute de ~s, on mange des merles** *(prov)* in der Not frisst der Teufel Fliegen *fam*

grivois(e) [gʀivwa, waz] *adj* schlüpfrig, anzüglich

grivoiserie [gʀivwazʀi] *f* *(paroles, histoire)* schlüpfrige [*o* anzügliche] Geschichte *f*

grizzli, grizzly [gʀizli] <s> *m* Grizzlybär *m*

grog [gʀɔg] *m* Grog *m*

groggy [gʀɔgi] *adj inv (fam)* groggy

grogne [gʀɔɲ] *f* Murren *nt*

grognement [gʀɔɲmɑ̃] *m du chien* Knurren *nt; du cochon* Grunzen *nt; de l'ours* Brummen *nt; d'une personne* Murren *nt*

grogner [gʀɔɲe] <1> *vi* ❶ *(pousser son cri) chien:* knurren; *cochon:* grunzen; *ours:* brummen ❷ *(ronchonner)* murren; *enfant:* quengeln *fam;* ~ ***contre*** [*o* ***après***] ***qn*** über jdn maulen *fam*

grognon(ne) [gʀɔɲɔ̃, ɔn] *adj* mürrisch; *enfant* quengelig

groin [gʀwɛ̃] *m du porc* Schnauze *f*

grolle [gʀɔl] *f (fam)* Latschen *m*

grommeler [gʀɔmle] <3> **I.** *vi* murren; ~ ***dans sa barbe*** vor sich *akk* hin murmeln **II.** *vt* ~ ***des injures contre qn*** gegen jdn leise Flüche ausstoßen

grondement [gʀɔ̃dmɑ̃] *m d'un canon* Donner *m; du tonnerre* Grollen *nt; d'un torrent* Tosen *nt; d'un moteur* Dröhnen *nt; d'un chien* Knurren *nt*

gronder [gʀɔ̃de] <1> **I.** *vi* ❶ *(émettre un son menaçant)* grollen; *canon:* donnern; *chien:* knurren ❷ *(être près d'éclater) révolte:* gären **II.** *vt* ausschimpfen, schimpfen mit

gronderie [gʀɔ̃dʀi] *f (fam)* Schelte *f*

grondeur, -euse [gʀɔ̃dœʀ, -øz] *adj* ❶ ***d'un ton*** ~ in wütendem Ton; ***être ~(-euse)*** *personne:* verärgert sein; *voix:* verärgert klingen ❷ *(bruyant) torrent, vent* tosend, brausend

groom [gʀum] *m* Page *m*, Hoteljunge *m*

gros [gʀo] **I.** *m* ❶ COM Großhandel *m;* ***commerçant en*** ~ Großhändler *m;* ***prix de*** ~ Großhandelspreis *m* ❷ *(la plus grande partie)* ***le ~ du travail*** der Großteil der Arbeit; ***le ~ de l'assistance*** die große Mehrheit des Publikums; ***le ~ de la troupe*** das Gros der Truppe; ***le ~ de l'orage est passé*** der schlimmste Sturm ist vorbei; ***faire le plus*** ~ das Gröbste machen ▸ **en** ~ COM en gros; *(à peu près)* ungefähr; *(dans l'ensemble)* im Großen und Ganzen; *(schématiquement)* in groben Zügen **II.** *adv* ❶ *(beaucoup)* viel; *jouer, parier* mit hohem Einsatz; ***je donnerais ~ pour savoir …*** ich würde viel darum geben, wenn ich wüsste … ❷ *écrire* groß ▸ **il y a ~ à parier que** ich gehe jede Wette ein, dass

gros(ne) [gʀo, gʀos] **I.** *adj* ❶ *(épais)* dick; *manteau, couverture* dick, schwer; *poitrine, lèvres* voll; *foie* vergrößert; ~ ***comme le poing*** faustgroß ❷ *(de taille supérieure)* groß; ***en ~ caractères*** in großen Buchstaben ❸ *(corpulent)* dick ❹ *averse, fièvre* stark; *sécheresse* lang; *appétit* groß; *soupir* tief, schwer; *voix* laut; ***~ses bises*** viele Grüße/Küsse! ❺ *faute, dépenses* groß; *dégâts, opération* schwer; *récolte* reich; ***acheter par ~ses quantités*** große Mengen kaufen; ~ ***client*** Großkunde *m* ❻ *buveur, mangeur* stark; *joueur* eifrig; *fainéant* groß; ~ ***malin*** Schlaumeier *m fam;* ~ ***nigaud!*** *(fam)* du Dummkopf! ❼ *(peu raffiné)* grob; *plaisanterie* derb; *rire* laut; ~ ***rouge*** billiger Rotwein ❽ *(exagéré)* übertrieben; ***c'est un peu ~!*** das ist ganz schön dick aufgetragen! *fam* ❾ *travaux* schwer, grob; ~ **œuvre** Rohbau *m* ⑩ *(plein)* ~ **de chagrin** voller Kummer; **le cœur ~ de désirs** das Herz voller Wünsche ⑪ *mer* bewegt ⑫ *(enceinte)* schwanger **II.** *m(f)* Dicke(r) *f(m)*; ~ **plein de soupe** *(péj fam)* Fettwanst *m*

gros-cul [gʀoky] <gros-culs> *m (fam)* Brummi *m*

groseille [gʀozɛj] *f* Johannisbeere *f*; ~ **à maquereau** Stachelbeere *f*

groseillier [gʀozeje] *m* Johannisbeerstrauch *m*

gros-grain [gʀogʀɛ̃] <gros-grains> *m* TEXTIL *(ruban)* Seidenripsband *nt* **Gros-Jean** [gʀoʒɑ̃] ▶ **être** ~ **comme devant** *(fam)* [genau]so klug wie vorher sein **gros-porteur** [gʀopɔʀtœʀ] <gros-porteurs> *adj* **avion** ~ Großraumflugzeug *nt*

grosse [gʀos] *f (femme)* Dicke *f*

grossesse [gʀosɛs] *f* Schwangerschaft *f*; ~ **extra-utérine** Bauchhöhlenschwangerschaft; **test de** ~ Schwangerschaftstest *m*

grosseur [gʀosœʀ] *f* ❶ *(dimension)* Dicke *f*; *d'un fil* Stärke *f*; *d'un caillou* Größe *f*; **de la ~ du poing** faustgroß ❷ *(boule)* Schwellung *f*

grossier, -ière [gʀosje, -jɛʀ] *adj* ❶ *(imparfait)* grob; *instrument* primitiv; *réparation* notdürftig; *imitation* schlecht; *manières* ungehobelt; *personne* unkultiviert; *ruse, plaisanterie* plump; *mensonge a.* grob; *faute* krass; *erreur* schwer ❷ *(malpoli)* flegelhaft; **se montrer ~ envers qn** sich jdm gegenüber unmöglich benehmen; **quel ~ personnage!** was für ein Flegel! ❸ *postposé (vulgaire)* derb

grossièrement [gʀosjɛʀmɑ̃] *adv* ❶ *(de façon imparfaite)* grob; *emballer, réparer* notdürftig; *exécuter* oberflächlich; *imiter* schlecht; *se tromper* schwer, gewaltig *fam*; *calculer* grob ❷ *(de façon impolie)* flegelhaft; *répondre* grob; *insulter* wüst

grossièreté [gʀosjɛʀte] *f* ❶ *sans pl (qualité)* Grobheit *f*; *(plus fort)* Flegelhaftigkeit *f*; **agir avec ~** sich wie ein Flegel verhalten; **répondre avec ~** grob antworten ❷ *(remarque)* Grobheit *f*; **débiter des ~s** unflätig daherreden

grossir [gʀosiʀ] <8> **I.** *vi* ❶ *(devenir plus gros) personne, animal:* zunehmen, dicker werden; *point, nuage:* größer werden; *fruit:* wachsen; *ganglions, tumeur:* wachsen, größer werden; **le sucre fait ~** Zucker macht dick ❷ *(augmenter en nombre) foule:* größer werden; *nombre:* zunehmen ❸ *(augmenter en intensité) bruit faible:* lauter werden; *bruit fort:* anschwellen **II.** *vt* ❶ *(rendre plus gros)* dick machen; *loupe, microscope:* vergrößern ❷ *(augmenter en nombre)* anwachsen lassen *foule, nombre de chômeurs;* verstärken *équipe* ❸ *(exagérer)* übertreiben, aufbauschen *événement, fait*

grossissant(e) [gʀosisɑ̃, ɑ̃t] *adj flot* ansteigend

grossissement [gʀosismɑ̃] *m* ❶ *d'une personne* Gewichtszunahme *f*; *d'un muscle* Größerwerden *nt* ❷ OPT Vergrößerung *f*

grossiste [gʀosist] *mf* Großhändler(in) *m(f)*

grosso modo [gʀosomɔdo] *adv (pour l'essentiel)* im Großen und Ganzen, im Wesentlichen; *expliquer, décrire* in groben Zügen; *calculer, estimer* ungefähr; **il y avait 200 personnes ~** grob gerechnet waren es 200 Leute

grotesque [gʀɔtɛsk] *adj* grotesk

grotesquement [gʀɔtɛskəmɑ̃] *adv* grotesk

grotte [gʀɔt] *f* Höhle *f*; *(artificielle, peu profonde)* Grotte *f*

grouillant(e) [gʀujɑ̃, jɑ̃t] *adj foule, masse* wimmelnd

grouillement [gʀujmɑ̃] *m* Gewimmel *nt*

grouiller [gʀuje] <1> **I.** *vi foule:* lebhaft durcheinanderlaufen; **la place grouille de touristes** auf dem Platz wimmelt es von Touristen **II.** *vpr (fam)* **se ~** schnell machen

groupe [gʀup] *m* ❶ *(ensemble de personnes)* Gruppe *f*; **réduction de ~** Gruppenermäßigung *f*; **travail en ~** Gruppenarbeit *f*, Teamarbeit *f*; **par ~s** in Gruppen; **par ~s de quatre** in Vierergruppen ❷ MUS [Musik]band *f*; ~ **de rock** Rockgruppe *f*; ~ **musical** Musikensemble *nt* ❸ POL ~ **parlementaire** ≈ Fraktion *f*; ~ **de pression** Lobby *f* ❹ *(ensemble de choses)* ~ **électrogène/frigorifique** Strom-/Kühlaggregat *nt* ❺ ECON Konzern *m*; ~ **financier** Bankenkonzern; ~ **industriel** Industriekonzern ❻ MED ~ **sanguin** Blutgruppe *f*

groupement [gʀupmɑ̃] *m* ~ **syndical/professionnel** Gewerkschafts-/Berufsverband *m*; ~ **de capitaux** Kapitalzusammenlegung *f*; ~ **d'entreprises** Zusammenschluss *m* mehrerer Unternehmen; ~ **d'intérêts** Interessengemeinschaft *f*; ~ **d'intérêt économique** wirtschaftlicher Interessenverband; ~ **d'achat** Einkaufsgenossenschaft *f*

grouper [gʀupe] <1> **I.** *vt* ❶ *(réunir)* in Gruppen einteilen *personnes;* gruppieren, zusammenstellen *objets, idées;* zusammenlegen *ressources* ❷ *(classer)* ordnen; ***~ dans une catégorie*** in eine Kategorie einordnen **II.** *vpr* ***se ~*** eine Gruppe bilden; *personnes, partis:* sich zusammenschließen; ***se ~ autour de qn*** sich um jdn gruppieren

groupie [gʀupi] *mf* Groupie *nt*

groupuscule [gʀupyskyl] *m (péj)* Splittergruppe *f*

gruau [gʀyo] *m* Grütze *f*

grue [gʀy] *f* ❶ TECH Kran *m* ❷ ORN Kranich *m*

gruger [gʀyʒe] <2a> *vt* betrügen

grumeau [gʀymo] <x> *m* Klümpchen *nt;* ***faire des ~x*** klumpen

grunge [gʀœnʒ] **I.** *adj* Grunge- **II.** *m* Grunge *m;* ***la mode ~*** der Grunge-Look **III.** *mf* Grunger(in) *m(f)*

grungy [gʀœnʒi] *adj inv (fam)* grungig; ***être ~*** im Grunge-Look herumlaufen

grutier, -ière [gʀytje, -jɛʀ] *m, f* Kranführer(in) *m(f)*

gruyère [gʀyjɛʀ] *m* Greyerzer *m,* Gruyère *m*

Guadeloupe [gwadlup] *f* ***la ~*** [die Insel] Guadeloupe

guadeloupéen(ne) [gwadlupeɛ̃, ɛn] *adj* aus Guadeloupe

Guadeloupéen(ne) [gwadlupeɛ̃, ɛn] *m(f)* Einwohner(in) *m(f)* von Guadeloupe

guano [gwano] *m* ZOOL Guano *m; (provenant de poissons)* Fisch-Guano

Guatemala [gwatemala] *m* ***le ~*** Guatemala *nt*

gué [ge] *m* Furt *f;* ***traverser à ~*** eine Furt durchqueren

guenilles [gənij] *fpl* Lumpen *Pl*

guenon [gənɔ̃] *f* Affenweibchen *nt,* Äffin *f; v. a.* **singe**

guépard [gepaʀ] *m* Gepard *m*

guêpe [gɛp] *f* Wespe *f*

guêpier [gepje] *m* Wespennest *nt* ▸ **se fourrer dans un ~** in Schwierigkeiten geraten

guêpière [gepjɛʀ] *f* Torselett *nt*

guère [gɛʀ] *adv* ❶ *(pas beaucoup)* ***ne ~ manger*** fast gar nichts essen; ***ne plus ~ lire*** kaum noch lesen; ***n'être ~ poli*** nicht besonders höflich sein; ***ne ~ se soucier de qc*** sich kaum um etw sorgen; ***il n'y a ~ de monde*** es ist kaum jemand da; ***ça ne va ~ mieux*** es geht mir/ihm/... nicht viel besser; ***ce n'est ~ pire*** das ist nicht viel schlimmer; ***on ne lui donne ~ plus de 40 ans*** man schätzt ihn/sie auf knapp über 40; ***~ plus*** kaum mehr; ***~ plus raisonnable*** nicht viel vernünftiger ❷ *(pas souvent)* ***ne faire plus ~ qc*** etw nur noch selten tun; ***cela ne se dit ~*** das wird kaum gebraucht ❸ *(pas longtemps)* ***ça ne dure ~*** das dauert nicht lange ❹ *(seulement)* ***je ne peux ~ demander qu'à mes parents*** ich kann höchstens meine Eltern fragen

guéri(e) [geʀi] *adj* wieder gesund, auskuriert

guéridon [geʀidɔ̃] *m* rundes[, einbeiniges] Tischchen *nt*

guérilla [geʀija] *f* Guerillakrieg *m*

guérillero, guérilléro [geʀijeʀo] *m* Guerillero *m,* Untergrundkämpfer(in) *m(f)*

guérir [geʀiʀ] <8> **I.** *vt* ❶ MED heilen; ***~ qn d'une maladie*** jdn von einer Krankheit heilen ❷ PSYCH ***~ qn de sa timidité*** jdn von seiner Schüchternheit befreien; ***être guéri d'une habitude*** eine Gewohnheit abgelegt haben **II.** *vi* wieder gesund werden; *plaie:* [zu]heilen; *blessure:* [ver]heilen; *rhume:* weggehen **III.** *vpr* ❶ MED ***se ~*** sich erfolgreich behandeln lassen; *(tout seul)* sich kurieren ❷ *(se débarrasser)* ***se ~ de qc*** sich von etw frei machen

guérison [geʀizɔ̃] *f* ❶ *(processus)* Genesung *f; d'une blessure* Heilung *f;* ***être en voie de ~*** sich auf dem Weg der Besserung befinden ❷ *(résultat)* Heilung *f*

guérissable [geʀisabl] *adj maladie* heilbar

guérisseur, -euse [geʀisœʀ, -øz] *m, f* Heilpraktiker(in) *m(f); (rebouteux)* Heiler(in) *m(f)*

guérite [geʀit] *f* MIL Schilderhäuschen *nt*

guerre [gɛʀ] *f* ❶ *(lutte armée entre groupes/États)* Krieg *m;* ***~ froide*** Kalter Krieg; ***~ civile/mondiale*** Bürger-/Weltkrieg; ***la Première Guerre mondiale, la Grande ~, la ~ de 14*** der Erste Weltkrieg; ***la Seconde Guerre mondiale*** der Zweite Weltkrieg; ***~ sainte*** Heiliger Krieg; ***~ économique*** Wirtschaftskrieg; ***~ des étoiles*** Krieg der Sterne; ***l'après-~*** die Nachkriegszeit; ***ministre de la ~*** Kriegsminister *m;* ***déclarer la ~*** den Krieg erklären; ***entrer en ~ contre un pays*** in den Krieg gegen ein [anderes] Land eintreten; ***faire la ~ à qn/à un pays*** gegen jdn/ein Land Krieg führen; ***partir pour la ~*** in den Krieg ziehen ❷ *(fig)* ***déclarer la ~ à qc*** einer S. *dat* den Kampf ansagen; ***faire la ~ à qc*** etw bekämpfen; ***partir en ~ contre qc*** gegen etw zu Felde ziehen ▸ **de ~ lasse, il a cédé** er war es [einfach] leid und hat eben nachgegeben; **à la ~ comme à la ~** es gibt Schlimmeres

guerrier, -ière [gɛʀje, -jɛʀ] **I.** *adj* kriege-

risch; ***exploits ~s*** Heldentaten *Pl* **II.** *m, f* Krieger(in) *m(f)*
guerroyer [gɛʀwaje] <6> *vi* ***~ contre qn*** gegen jdn Krieg führen
guet [gɛ] ▶ **faire le ~** aufpassen
guet-apens [gɛtapɑ̃] *m inv* Hinterhalt *m*
guêtre [gɛtʀ] *f* Gamasche *f*
guetter [gete] <1> *vt* ❶ *(épier)* ***~ une victime/proie*** einem Opfer/einer Beute auflauern; ***~ les allées et venues de qn*** beobachten, wann jd kommt und geht ❷ *(attendre)* abwarten *occasion, signal;* ***~ qn/qc*** nach jdm/etw Ausschau halten ❸ *(menacer)* ***~ qn*** *maladie:* jdn bedrohen; *danger, mort:* auf jdn lauern
guetteur [getœʀ] *m* ❶ HIST [Turm]wächter *m,* Späher *m* ❷ MIL Wach[t]posten *m; (éclaireur)* Späher *m*
gueulante [gœlɑ̃t] *f* ▶ **pousser une ~ contre qn** *(fam)* auf jdn eine Schimpfkanonade loslassen
gueulard(e) [gœlaʀ] *m(f) (fam)* Schreihals *m*
gueule [gœl] *f* ❶ *(bouche d'un animal)* Maul *nt* ❷ *(fam: figure)* Fresse *f vulg;* ***avoir une bonne/sale ~*** nett/fies aussehen ❸ *(bouche humaine)* ***avoir une grande ~*** *(fam)* eine große Klappe haben; ***être une grande ~*** *(fam)* ein Großmaul sein; ***[ferme] ta ~!*** *(fam)* halt die Klappe! ▶ **avoir la ~ de bois** *(fam)* einen Kater haben; **faire une ~ d'enterrement** *(fam)* mit [einer] Trauermiene herumlaufen; **se jeter dans la ~ du loup** sich in die Höhle des Löwen wagen; **avoir de la ~** *(fam)* [absolute] Spitze sein; **casser la ~ à qn** *(fam)* jdm eins in die Fresse hauen *vulg;* **se casser la ~** *(fam) personne:* hinfliegen; **faire la ~ à qn** *(fam)* auf jdn sauer sein; **faire une sale ~** *(fam)* stinksauer sein; **se fendre la ~** *(fam)* sich kaputtlachen; **se foutre de la ~ de qn** *(fam)* sich über jdn kaputtlachen; *(traiter avec culot)* jdn veräppeln; **se soûler la ~** *(fam)* sich besaufen
gueule-de-loup [gœldəlu] <gueules-de-loup> *f* BOT Löwenmäulchen *nt*
gueulement [gœlmɑ̃] *m (fam)* Gebrüll *nt; (cri de colère)* Gezeter *nt pej,* Geschrei *nt;* ***pousser des ~s*** [vor Schmerzen] brüllen
gueuler [gœle] <1> **I.** *vi (fam)* ❶ *(crier)* [wie verrückt] brüllen, [herum]schreien ❷ *(protester)* [herum]meckern **II.** *vt (fam)* brüllen
gueuleton [gœltɔ̃] *m (fam)* [tolles] Fressgelage
gueuse[1] [gøz] *f (vieilli: prostituée)* Dirne *f*
gueuse[2] [gøz] *f belgische Starkbiersorte*
gueux [gø] *m (vieilli: vagabond)* Landstreicher *m; (miséreux)* Bettler *m*
gugusse [gygys] *m (clown)* Komiker *m; péj fam: charlot)* Komiker *m,* Clown *m* ▶ **faire le ~, jouer les ~s** herumalbern
gui [gi] *m* Mistel *f*
guibol[l]e [gibɔl] *f (fam: jambe)* Hachse *f*
guichet [giʃɛ] *m* Schalter *m;* ***~ d'information*** Informationsschalter; ***~ d'enregistrement*** Check-in-Schalter *m;* ***~ automatique [d'une banque]*** Geldautomat *m* ▶ **jouer à ~s fermés** vor ausverkauftem Haus spielen
guichetier, -ière [giʃ(ə)tje, -jɛʀ] *m, f* Schalterbeamte(r) *m*/-beamtin *f*
guidage [gidaʒ] *m* ❶ TECH Führung *f* ❷ AVIAT Steuerung *f*
guide [gid] **I.** *mf* ❶ *(cicérone)* Führer(in) *m(f);* ***~ touristique*** Reiseführer, Fremdenführer; ***~ de montagne*** Bergführer ❷ *(conseiller)* Ratgeber(in) *m(f)* **II.** *m (livre)* Führer *m; (conseils pratiques)* Handbuch *nt,* Ratgeber *m;* ***~ touristique/gastronomique*** Reise-/Restaurantführer
guide-interprète [gidɛ̃tɛʀpʀɛt] <guides-interprètes> *mf* Fremdenführer(in) *m(f)* und Dolmetscher(in) *m(f)*
guider [gide] <1> *vt* ❶ *(accompagner)* führen ❷ *(indiquer le chemin)* ***~ qn*** jdm den Weg weisen ❸ *(conseiller)* ***~ qn*** jdm zur Seite stehen ❹ *(diriger)* steuern, lenken; ***se laisser ~ par qc*** sich von etw leiten lassen
guidon [gidɔ̃] *m* Lenker *m*
guigne [giɲ] *f (fam)* Pech *nt*
guigner [giɲe] <1> *vt* ***~ qn/qc*** einen verstohlenen Blick auf jdn/etw werfen
guignol [giɲɔl] *m* Kasper *m;* ***faire le ~*** herumalbern
guilde [gild] *f* HIST Gilde *f*
guili [gili] *m* ***faire des ~s à qn*** *(fam)* [bei] jdm killekille machen
guili-guili [giligili] *inv* ***faire ~ à qn*** *(fam)* [bei] jdm killekille machen
Guillaume [gijom] *m* Wilhelm *m*
guillemets [gijmɛ] *mpl* Anführungszeichen *Pl;* ***entre ~*** in Anführungszeichen; ***mettre qc entre ~*** etw in Anführungszeichen setzen; ***ouvrez/fermez les ~!*** Anführungszeichen unten/oben!
guilleret(te) [gijʀɛ, ɛt] *adj (gai)* munter
guillotine [gijɔtin] *f* Guillotine *f,* Fallbeil *nt*
guillotiner [gijɔtine] <1> *vt* guillotinieren
guimauve [gimov] *f* ❶ ***pâte de ~*** *den Marshmallows ähnelnde Süßigkeit aus Schaumzucker* ❷ BOT Eibisch *m*

guimbarde [gɛ̃baʀd] *f (fam: voiture)* [alte] Klapperkiste *f*
guincher [gɛ̃ʃe] <1> *vi (fam)* schwofen
guindé(e) [gɛ̃de] *adj* steif, verkrampft
guinder [gɛ̃de] <1> **I.** *vt* ❶ NAUT hochhieven *mât, charge* ❷ *(donner un aspect guindé) allure, vêtements:* steif [*o* verkrampft] wirken lassen **II.** *vpr* **se ~** ❶ sich verkrampfen ❷ *(devenir emphatique) style:* steif [*o* gekünstelt] werden
Guinée [gine] *f* ***la*** ~ Guinea *nt*
Guinée-Bissau [ginebisao] *f* Guinea-Bissau *nt* **Guinée-Équatoriale** [ginekwatɔʀjal] *f* ***la*** ~ Äquatorialguinea *nt*
guingois [gɛ̃gwa] ▸ **de** ~ schief
guinguette [gɛ̃gɛt] *f* Heurige *m* A *(Gartenwirtschaft und Tanzlokal außerhalb der Stadt)*
guirlande [giʀlɑ̃d] *f* Girlande *f;* ***~ lumineuse*** Lichterkette *f*
guise [giz] ▸ **à ma/sa ~** wie es mir/ihm/ihr gefällt; ***à votre ~!*** [ganz] wie Sie wollen!; **en ~ de** als
guitare [gitaʀ] *f* Gitarre *f;* ***~ basse*** Bassgitarre
guitariste [gitaʀist] *mf* Gitarrist(in) *m(f)*
gus [gys] *m (fam)* Kerl *m,* Typ *m*
gustatif, -ive [gystatif, -iv] *adj* Geschmacks-
guttural(e) [gytyʀal, -o] <-aux> *adj* guttural
Guyane [gɥijan] *f* ***la*** ~ Guyana *nt*
gym [ʒim] *f (fam) abr de* **gymnastique**
gymnase [ʒimnɑz] *m* Turnhalle *f*

Falsche Freunde
Nicht verwechseln mit *das Gymnasium – (die Oberstufe)* ≈ le lycée!

gymnaste [ʒimnast] *mf* Turner(in) *m(f)*
gymnastique [ʒimnastik] *f* ❶ *(sport)* Turnen *nt,* Sport[unterricht *m*] *m* ❷ *(exercices)* Gymnastik *f* ❸ *(discipline)* Kunstturnen *nt* ❹ *(travail)* ~ ***intellectuelle*** geistiges Training
gynéco [ʒineko] *mf (fam) abr de* **gynécologue**
gynécologie [ʒinekɔlɔʒi] *f* Frauenheilkunde *f,* Gynäkologie *f*
gynécologique [ʒinekɔlɔʒik] *adj* gynäkologisch
gynécologue [ʒinekɔlɔg] *mf* Frauenarzt *m*/-ärztin *f,* Gynäkologe *m*/Gynäkologin *f*
gypse [ʒips] *m* Gips *m*
gyrophare [ʒiʀofaʀ] *m* Blaulicht *nt*
gyropilote [ʒiʀopilɔt] *m* AVIAT Autopilot *m*
gyroscope [ʒiʀɔskɔp] *m* TECH Gyroskop *m*

Hh

h *abr de* **heure**
H, h [aʃ, ´aʃ] *m inv* H *nt*, h *nt*; ***le ~ muet*** das stumme H
ha [´a] *abr de* **hectare** ha
habile [abil] *adj* ❶ *(adroit)* geschickt; ***être ~ au tricot*** gut stricken können ❷ *(malin)* schlau, clever
habilement [abilmɑ̃] *adv* geschickt
habileté [abilte] *f* ❶ *(adresse)* Geschicklichkeit *f*, Geschick *nt*; *(dextérité) d'une dactylo, d'un voleur* Fingerfertigkeit *f* ❷ *(ruse)* Raffiniertheit *f*
habilitation [abilitasjɔ̃] *f* ❶ JUR Ermächtigung *f* ❷ *(autorisation officielle)* Befugnis *f*
habiliter [abilite] <1> *vt* ***~ qn à faire qc*** jdn ermächtigen, etw zu tun
habillage [abijaʒ] *m* ❶ Anziehen *nt*, Ankleiden *nt* ❷ TECH *(action de recouvrir)* Verkleidung *f*; *d'un produit* Verpackung *f*; *d'un appareil, d'une montre* Einmontieren *nt* [ins Gehäuse]
habillé(e) [abije] *adj* ❶ *(vêtu)* ***être bien/mal ~*** gut/schlecht gekleidet sein; ***être ~ d'un short*** Shorts tragen ❷ *vêtements* festlich
habillement [abijmɑ̃] *m (ensemble des vêtements)* Kleidung *f*; ***industrie de l'~*** Bekleidungsindustrie *f*
habiller [abije] <1> **I.** *vt* ❶ *(vêtir)* anziehen ❷ *(déguiser)* ***~ qn en qc*** jdn als etw verkleiden ❸ *(fournir en vêtements)* einkleiden ❹ *(recouvrir, décorer)* beziehen *fauteuil;* verkleiden *mur* **II.** *vpr* ❶ *(se vêtir)* ***s'~*** sich anziehen; *(mettre des vêtements de cérémonie)* sich fein machen; ***s'~ de qc*** sich in etw kleiden ❷ *(se déguiser)* ***s'~ en qc*** sich als etw verkleiden ❸ *(acheter ses vêtements)* ***s'~ de neuf*** sich neu einkleiden
habilleur, -euse [abijœʀ, -jøz] *m, f* THEAT Garderobier *m*/Garderobiere *f*
habit [abi] *m* ❶ *pl (vêtements)* Kleidung *f*, Kleider *Pl* ❷ *(costume de fête)* Frack *m* ❸ *(uniforme)* ***~ militaire*** Uniform *f*
habitable [abitabl] *adj* bewohnbar
habitacle [abitakl] *m* ❶ AUT Fahrgastzelle *m* ❷ *(poste de pilotage)* Cockpit *nt*
habitant(e) [abitɑ̃, ɑ̃t] *m(f) (occupant)* Einwohner(in) *m(f)*; *d'une maison, d'une île* Bewohner(in) *m(f)* ▸ **loger chez l'~** privat untergebracht sein
habitat [abita] *m* ❶ BOT Standort *m* ❷ ZOOL Lebensraum *m* ❸ GEOG Siedlungsform *f* ❹ *(conditions de logement)* Wohnverhältnisse *Pl*
habitation [abitasjɔ̃] *f* ❶ *(demeure)* Wohnung *f* ❷ *(logis)* Behausung *f*; ***~ à loyer modéré*** Sozialwohnung *f*
habiter [abite] <1> **I.** *vi* wohnen; ***~ à la campagne/en ville/à Rennes*** auf dem Land/in der Stadt/in Rennes wohnen; ***~ au numéro 17*** in Nummer 17 wohnen; ***~ dans un appartement/une maison*** in einer Wohnung/einem Haus wohnen **II.** *vt* ❶ *(occuper)* ***~ qc*** etw bewohnen/in etw wohnen; ***~ [le] 17, rue Leblanc*** in der Rue Leblanc [Nummer] 17 wohnen ❷ *(fig soutenu)* ***~ qn/qc*** in jdm/etw leben
habitude [abityd] *f* ❶ *(pratique)* Gewohnheit *f*; *(manie)* Angewohnheit *f*; ***avoir l'~ de qc*** an etw *akk* gewöhnt sein/etw gewohnt sein; *(s'y connaître)* sich mit/in etw *dat* auskennen; ***faire perdre une ~ à qn*** jdm etw abgewöhnen; ***d'~*** gewöhnlich; ***plus tôt que d'~*** früher als sonst ❷ *(coutume)* Brauch *m*; ***l'~ veut que*** +*subj* es ist Brauch, dass
habitué(e) [abitɥe] *m(f) d'un magasin* Stammkunde *m*/-kundin *f*; *d'un café, restaurant* Stammgast *m*
habituel(le) [abitɥɛl] *adj* üblich
habituellement [abitɥɛlmɑ̃] *adv* gewöhnlich
habituer [abitɥe] <1> **I.** *vt* ❶ *(accoutumer)* ***~ qn/un animal à qc*** jdn/ein Tier an etw *akk* gewöhnen ❷ *(avoir l'habitude)* ***être habitué à qc*** an etw *akk* gewöhnt sein **II.** *vpr* ***s'~ à qn/qc*** sich an jdn/etw gewöhnen
hâblerie [´ablǝʀi] *f* Protzerei *f*
hâbleur, -euse [´ɑblœʀ, -øz] **I.** *adj* prahlerisch **II.** *m, f* Aufschneider(in) *m(f)*
hache [´aʃ] *f (à manche long)* Axt *f*; *(à manche court)* Beil *nt* ▸ **déterrer/enterrer la ~ de guerre** das Kriegsbeil ausgraben/begraben
haché(e) [´aʃe] *adj* ❶ *(coupé menu)* klein gehackt; ***viande ~e*** Hackfleisch *nt*, Faschierte(s) *nt* A; ***bifteck ~*** Hacksteak *nt* ❷ *(fig) style, phrases* abgehackt
hacher [´aʃe] <1> *vt* ❶ *(couper)* zerkleinern, [klein] hacken *fines herbes, légumes;* durch [den Wolf] drehen *viande* ❷ *(entrecouper)* unterbrechen *phrase, discours*
hachette [´aʃɛt] *f* kleine Axt

H

hache-viande [´aʃvjɑ̃d] *m inv* Fleischwolf *m,* Faschiermaschine *f* A
hachis [´aʃi] *m* ❶ *(chair à saucisse)* Mett *nt* ❷ *(plat)* ~ ***de légumes*** klein gehacktes Gemüse
hachisch [´aʃiʃ] *m v.* **haschich**
hachoir [´aʃwaʀ] *m* ❶ *(couteau)* Hackbeil *nt; (avec lame courbe)* Wiegemesser *nt* ❷ *(machine)* ~ ***à viande*** Fleischwolf *m*
hachurer [´aʃyʀe] <1> *vt* schraffieren
hachures [´aʃyʀ] *f pl* Schraffierung *f*
hacker [´akœʀ] *m* INFORM Hacker *m*
haddock [´adɔk] *m* geräucherter Schellfisch
hagard(e) [´agaʀ, aʀd] *adj* verstört
haie [´ɛ] *f* ❶ *(clôture)* Hecke *f* ❷ SPORT Hürde *f;* ***gagner aux 110 mètres ~s*** den Hürdenlauf über 110 Meter gewinnen ❸ *de personnes* Spalier *nt*
haillon [´ɑjɔ̃] *m gén pl* Lumpen *Pl*
haine [´ɛn] *f* Hass *m;* ***la ~ de qc*** der Hass auf etw *akk*
haineusement [´ɛnøzmɑ̃] *adv regarder* hasserfüllt
haineux, -euse [´ɛnø, -øz] *adj* ❶ *(plein de haine)* hasserfüllt ❷ *(plein de méchancete)* gehässig
haïr [´aiʀ] <irr> *vt* hassen
haïssable [´aisabl] *adj personne* hassenswert; *comportement* verabscheuungswürdig; *temps* scheußlich
Haïti [´aiti] *f* Haiti *nt*
halage [´alaʒ] *m (par un bateau)* Schleppen *nt*
halal [alal] *adj inv* halal
hâle [´ɑl] *m* [Sonnen]bräune *f*
hâlé(e) [´ɑle] *adj* [sonnen]gebräunt
haleine [alɛn] *f (souffle)* Atem *m;* ***mauvaise ~*** Mundgeruch *m;* ***reprendre ~*** Luft holen; *(s'arrêter)* verschnaufen ▶ ***de longue ~*** langwierig
haler [´ale] <1> *vt* ❶ NAUT einholen ❷ *(remorquer)* treideln *péniche*
hâler [´ɑle] <1> *vt* bräunen
haletant(e) [´al(ə)tɑ̃, ɑ̃t] *adj personne, respiration* keuchend; *chien* hechelnd
halètement [´alɛtmɑ̃] *m d'une personne* Keuchen *nt; d'un chien* Hecheln *nt*
haleter [´al(ə)te] <4> *vi coureur:* keuchen, nach Luft schnappen; *chien:* hecheln
hall [´ol] *m* Halle *f; (entrée)* Eingangshalle

Aussprache
hall wird mit geschlossenem o gesprochen.

hallage [´alaʒ] *m* Marktgebühr *f,* Marktgeld *nt*
halle [´al] *f* ❶ *(partie d'un marché)* Markthalle *f* ❷ HIST ***les Halles*** die Pariser Markthallen

Land und Leute
Les Halles, die weltberühmten Markthallen von Paris, befanden sich bis zu ihrem Umzug 1969 nach Rungis im ersten Arrondissement von Paris. Neben ihrem ursprünglichen Gelände befinden sich heute ein Einkaufszentrum, *le Forum*, und ein Museum, *le Centre Beaubourg*, auch *Centre Pompidou* genannt.

hallucinant(e) [a(l)lysinɑ̃, ɑ̃t] *adj ressemblance* verblüffend; *spectacle* atemberaubend
hallucination [a(l)lysinasjɔ̃] *f* ❶ MED Halluzination *f* ❷ *(vision)* Sinnestäuschung *f*
hallucinatoire [a(l)lysinatwaʀ] *adj* halluzinatorisch
halluciné(e) [a(l)lysine] *adj* ❶ *(qui a des hallucinations)* an Halluzinationen leidend ❷ *(bizarre)* irr
halluciner [a(l)lysine] <1> *vi* ***j'hallucine!*** *(fam)* ich glaube, ich spinne!
hallucinogène [a(l)lysinɔʒɛn] **I.** *adj* halluzinogen *Fachspr.* **II.** *m* Halluzinogen *nt Fachspr.*
halo [´alo] *m* ❶ ASTRON Hof *m* ❷ PHOT Lichthof
halogène [alɔʒɛn] **I.** *m* Halogen *nt* **II.** *app* Halogen-; ***lampe/phare ~*** Halogenlampe *f*/-scheinwerfer *m*
halte [´alt] **I.** *f* ❶ *(pause)* Halt *m; (repos)* Pause *f;* ***faire une ~*** *(s'arrêter)* Halt machen; *(se reposer)* eine Pause machen ❷ CHEMDFER Haltepunkt *m* **II.** *interj* ***~!*** halt!
haltère [altɛʀ] *m* Hantel *f*
haltérophile [alteʀɔfil] *mf* Gewichtheber(in) *m(f)*
haltérophilie [alteʀɔfili] *f* Gewichtheben *nt*
hamac [´amak] *m* Hängematte *f*
Hambourg [´ɑ̃buʀ] Hamburg *nt*
hambourgeois(e) [´ɑ̃buʀʒwa, waz] *adj* hamburgisch, Hamburger
Hambourgeois(e) [´ɑ̃buʀʒwa, waz] *m(f)* Hamburger(in) *m(f)*
hamburger [´ɑ̃buʀgœʀ, ´ɑ̃bœʀgœʀ] *m* GASTR Hamburger *m*
hameau [´amo] <x> *m* Weiler *m*

hameçon [amsɔ̃] *m* Angelhaken *m*
hameçonnage [am(ə)sɔnaʒ] *m* INFORM Phishing *nt*
hammam [ˊamam] *m* Hammam *m,* [türkisches] Dampfbad *nt*
hampe [ˊɑ̃p] *f* Schaft *m; d'un drapeau* Stange *f*
hamster [ˊamstɛʀ] *m* ZOOL Hamster *m*
han [ˊɑ̃] **I.** *m* ächzender Laut, Stöhnen *nt* **II.** *interj* ah
hanche [ˊɑ̃ʃ] *f* Hüfte *f;* ***balancer les ~s*** sich in den Hüften wiegen *geh*
handball, hand-ball [ˊɑ̃dbal] *m* Handball *m*

Aussprache
Der Germanismus **handball** wird im ersten Teil des Wortes mit französischem Nasal gesprochen. Der zweite Teil wird wie im Deutschen [bal] artikuliert.

handballeur, -euse [ˊɑ̃dbalœʀ, -øz] *m, f* Handballspieler(in) *m(f)*
handicap [(ˊ)ɑ̃dikap] *m* ❶ SPORT Handikap *nt,* Vorgabe *f* ❷ MED Behinderung *f* ❸ *(désavantage)* Handikap *nt; (retard)* Rückstand *m*
handicapé(e) [ˊɑ̃dikape] **I.** *adj* behindert **II.** *m(f)* Behinderte(r) *f(m);* ***~ physique*** Körperbehinderter
handicaper [ˊɑ̃dikape] <1> *vt* ***~ qn/qc dans qc*** für jdn/etw bei etw ein Handikap sein
handisport [ˊɑ̃dispɔʀ] *adj* Behinderten-
hangar [ˊɑ̃gaʀ] *m* ❶ AGR, CHEMDFER [offener] Schuppen ❷ *(entrepôt)* Lagerhalle *f* ❸ AVIAT, NAUT ***~ à avions*** Hangar *m;* ***~ à bateaux*** Bootshaus *nt*
hanneton [ˊan(ə)tɔ̃] *m* ZOOL Maikäfer *m*
Hanovre [ˊanɔvʀ] Hannover *nt*
Hanse [ˊɑ̃s] *f* HIST Hanse *f*
hanséatique [ˊɑ̃seatik] *adj* hanseatisch, Hanse-
hanter [ɑ̃te] <1> *vt* ❶ *(fréquenter un lieu)* ***~ qc*** *fantôme:* in etw *dat* spuken ❷ *(obséder)* ***~ qn*** jdm keine Ruhe lassen
hantise [ˊɑ̃tiz] *f* ***~ de qc*** [panische] Angst vor etw *dat*
happer [ˊape] <1> *vt* ❶ *(saisir brusquement)* ***~ qn/qc*** *train, voiture:* jdn/etw erfassen ❷ *(attraper)* ***~ qc*** *animal:* etw schnappen
happy end [ˊapiɛnd] <happy ends> *m o f* Happyend *nt*
hara-kiri [ˊaʀakiʀi] <hara-kiris> *m* Harakiri *nt;* ***[se] faire ~*** Harakiri begehen
harangue [ˊaʀɑ̃g] *f* ❶ *(discours solennel)* [feierliche] Rede ❷ *(sermon)* Moralpredigt *f*
haranguer [ˊaʀɑ̃ge] <1> *vt* ***~ qn*** eine [feierliche] Ansprache an jdn halten
haras [ˊaʀɑ] *m* Gestüt *nt*
harassant(e) [aʀasɑ̃, ɑ̃t] *adj* ermüdend, aufreibend; *journée* [sehr] anstrengend
harassé(e) [ˊaʀase] *adj* erschöpft, ausgelaugt
harasser [ˊaʀase] <1> *vt* ***être harassé de travail*** mit Arbeit überhäuft werden
harcelant(e) [ˊaʀsəlɑ̃, ɑ̃t] *adj personne* lästig, aufdringlich; *question* lästig; *soucis* quälend
harcèlement [ˊaʀsɛlmɑ̃] *m* ❶ MIL ***guerre de ~*** Kleinkrieg *m;* ***tir de ~*** Störfeuer *nt* ❷ *(tracasserie)* Belästigung *f;* ***~ moral*** Mobbing *nt;* ***~ sexuel*** sexuelle Belästigung
harceler [ˊaʀsəle] <4> *vt* ❶ *(poursuivre)* ***~ qn*** jdn bedrängen ❷ *(importuner)* belästigen
harceleur, -euse [ˊaʀsəlœʀ, -øz] *m, f* Belästiger(in) *m(f),* Stalker(in) *m(f)*
harde [ˊaʀd] *f* Rudel *nt*
hardes [ˊaʀd] *f pl (péj)* Klamotten *Pl fam*
hardeur, -euse [ˊaʀdœʀ, -øz] *m, f* Pornodarsteller(in) *m(f)*
hardi(e) [ˊaʀdi] *adj* ❶ *(audacieux)* mutig; *entreprise* kühn ❷ *(original)* kühn
hardiesse [ˊaʀdjɛs] *f* ❶ *(audace)* Unerschrockenheit *f* ❷ *(originalité)* Kühnheit *f*
hardiment [ˊaʀdimɑ̃] *adv* ❶ *(courageusement)* kühn ❷ *regarder* unerschrocken ❸ *(effrontément)* dreist
hard rock [aʀdʀɔk] *m* ***le ~*** Hardrock *m*
hardware [ˊaʀdwɛʀ] *m* INFORM Hardware *f*
harem [ˊaʀɛm] *m* Harem *m*
hareng [ˊaʀɑ̃] *m* Hering *m;* ***~ saur*** Bückling *m*

Aussprache
Die Endung -g in **hareng** wird nicht gesprochen.

harengère [ˊaʀɑ̃ʒɛʀ] *f (péj) lautes, ordinäres Weib;* ***crier comme une ~*** keifen wie ein Marktweib
hargne [ˊaʀɲ] *f* ❶ *(comportement agressif)* Gereiztheit *f; (colère)* Zorn *m* ❷ *(méchanceté)* Gehässigkeit *f*
hargneusement [ˊaʀɲøzmɑ̃] *adv répondre* gereizt; *critiquer* scharf; *aboyer* bösartig
hargneux, -euse [ˊaʀɲø, -øz] *adj per-*

sonne, ton gereizt; *(méchant)* gehässig; *caractère* zänkisch; *chien* bissig

haricot [ˈaʀiko] *m (légume)* Bohne *f;* ~ ***vert*** grüne Bohne ▶ **c'est la fin des ~s!** *(fam)* jetzt ist alles aus!

harki [ˈaʀki] *m algerischer Soldat in einer Hilfstruppe der französischen Armee*

harmonica [aʀmɔnika] *m* [Mund]harmonika *f*

harmonie [aʀmɔni] *f* ❶ MUS Harmonielehre *f* ❷ *(fanfare)* Blasorchester *nt* ❸ *(accord)* Harmonie *f; des vues, sentiments* Übereinstimmung *f;* ***être en ~ avec qc*** gut zu etw passen; *idées, opinion:* mit etw in Einklang stehen

harmonieusement [aʀmɔnjøzmɑ̃] *adv* harmonisch

harmonieux, -euse [aʀmɔnjø, -jøz] *adj* harmonisch; *instrument, voix* wohlklingend

harmonique [aʀmɔnik] *adj* harmonisch

harmonisation [aʀmɔnizasjɔ̃] *f* ❶ *des instruments* Stimmen *nt* ❷ ECON Harmonisierung *f,* Angleichung *f*

harmoniser [aʀmɔnize] <1> **I.** *vt* ❶ *(accorder)* miteinander in Einklang bringen *intérêts, idées;* aufeinander abstimmen *actions, couleurs* ❷ MUS harmonisieren **II.** *vpr* ***s'~*** [miteinander] harmonieren

harmonium [aʀmɔnjɔm] *m* MUS Harmonium *nt*

harnachement [ˈaʀnaʃmɑ̃] *m* ❶ *(harnais)* Geschirr *nt* ❷ *(fam: accoutrement)* [schwere] Montur

harnacher [ˈaʀnaʃe] <1> *vt* ❶ *(mettre le harnais)* anschirren *animal* ❷ *(péj)* ***être harnaché de qc*** mit etw ausstaffiert sein

harnais [ˈaʀnɛ], **harnois** [ˈaʀnwa] *m* CAN ❶ *d'un cheval* Geschirr *nt* ❷ *d'un plongeur* Gurte *Pl*

harpagon [aʀpagɔ̃] *m* Geizhals *m pej*

harpe [ˈaʀp] *f* MUS Harfe *f*

harpie [ˈaʀpi] *f* ▶ **vieille ~** *(péj)* alter Drachen *fam*

harpiste [ˈaʀpist] *mf* Harfenspieler(in) *m(f)*

harpon [ˈaʀpɔ̃] *m* Harpune *f*

harponner [ˈaʀpɔne] <1> *vt* ❶ PECHE harpunieren ❷ *(fam: attraper)* erwischen *fam malfaiteur*

hasard [ˈazaʀ] *m* ❶ *(évènement fortuit)* Zufall *m* ❷ *(fatalité)* Zufall *m,* Schicksal *nt;* ***il faut faire la part du ~*** man muss [immer] mit Überraschungen rechnen ❸ *pl (aléas, risque)* ***les ~s de la guerre*** die Wirren *Pl* des Krieges ▶ **à tout ~** für alle Fälle; ***essayer qc à tout ~*** etw auf gut Glück versuchen; **au ~** aufs Geratewohl; **comme par ~** *(iron)* [ganz] zufällig; **par ~** zufällig

hasarder [ˈazaʀde] <1> **I.** *vt (tenter, avancer)* wagen *démarche, remarque, question* **II.** *vpr* ❶ *(s'aventurer)* ***se ~ dans un quartier/la rue*** sich in ein Viertel/auf die Straße wagen ❷ *(se risquer à)* ***se ~ à faire qc*** es wagen, etw zu tun

hasardeux, -euse [ˈazaʀdø, -øz] *adj* gewagt; *affirmation* kühn

hasch [ˈaʃ] *m abr de* **haschich** *(fam)* Hasch *nt*

haschich, haschisch [ˈaʃiʃ] *m* Haschisch *nt o m*

hashtag [aʃtag] *m* INET Hashtag *m*

hâte [ˈɑt] *f* Eile *f,* Hast *f;* ***à la ~*** hastig; ***sans ~*** gemächlich; ***avoir ~ de faire qc*** es kaum erwarten können, etw zu tun

hâter [ˈɑte] <1> **I.** *vt* beschleunigen **II.** *vpr* ***se ~*** sich beeilen

hâtif, -ive [ˈɑtif, -iv] *adj* ❶ *(trop rapide)* übereilt; *conclusion* voreilig; *travail* zu hastig gemacht ❷ *croissance, développement* zu schnell; *fruit, légume* sehr früh [reifend]

hâtivement [ˈɑtivmɑ̃] *adv conclure, décider* übereilt; *répondre* hastig; *partir* überstürzt; *travailler* zu hastig

hauban [ˈobɑ̃] *m d'un pont* Schrägseil *nt*

hausse [ˈos] *f* ❶ *des prix, salaires* Anhebung *f* ❷ *(processus)* Anstieg *m;* ***être en nette ~*** deutlich steigen; ***jouer à la ~*** auf Hausse spekulieren

haussement [ˈosmɑ̃] *m* ~ ***d'épaules*** Achselzucken *nt*

hausser [ˈose] <1> **I.** *vt* ❶ *(surélever)* erhöhen *mur;* aufstocken *maison* ❷ *(amplifier)* ~ ***le ton/la voix*** den Ton/die Stimme heben ❸ *(augmenter)* erhöhen *prix* ❹ *(soulever)* heben, hochziehen *sourcils;* ~ ***les épaules*** mit den Schultern zucken **II.** *vpr* ***se ~ de toute sa taille*** sich zu seiner vollen Größe aufrichten; ***se ~ sur la pointe des pieds*** sich auf die Zehenspitzen stellen

haussière [osjɛʀ] *f* NAUT Trosse *f*

haut [ˈo] **I.** *m* ❶ *(hauteur)* Höhe *f;* ***avoir un mètre de ~*** einen Meter hoch sein ❷ *(altitude)* Höhe *f;* ***être à un mètre de ~*** sich in einem Meter Höhe befinden; ***appeler du ~ de la tribune/du balcon*** von der Tribüne/vom Balkon herunterrufen; ***du ~ de …*** von … herab/herunter ❸ *d'une caisse, d'un mur* oberer Teil; *d'un pyjama* Oberteil *nt;* ***l'étagère du ~*** das oberste Regalbrett; ***les voisins du ~*** die Nachbarn von oben ❹ *d'un arbre* Wipfel *m; d'une montagne* Gipfel *m* ▶ **des ~s et des bas**

H

Höhen und Tiefen **II.** *adv* ❶ *(opp: bas)* hoch ❷ *(ci-dessus)* ***voir plus*** ~ siehe [weiter] oben ❸ *(fort)* laut ❹ *(franchement)* laut [und deutlich] ❺ *(à un haut degré)* ***un fonctionnaire ~ placé*** ein hoher Beamter; ***viser trop*** ~ zu hoch hinaus wollen ❻ MUS ***chanter trop*** ~ zu hoch singen ▸ **parler ~ et clair** [laut und] deutlich reden; *(sans ambiguïté)* eine deutliche Sprache sprechen; **regarder/traiter qn de ~** jdn von oben herab betrachten/behandeln; **d'en** ~ von oben; **en** ~ *(sans mouvement)* oben; *(avec mouvement)* nach oben; **en ~ de** oben in/auf +*dat*

haut(e) [´o, ´ot] *adj* ❶ *(grand)* hoch; ***être ~ de plafond*** eine hohe Decke haben; ***de ~e taille*** groß; ***le plus ~ étage*** das oberste Stockwerk ❷ *(en position élevée)* hoch ❸ GEOG *montagne, plateau* Hoch-; *Rhin* Ober-; ***marée ~e*** Flut *f;* ***la mer est ~e*** es ist Flut; ***en ~e mer*** auf hoher See; ***la ville ~e*** die Oberstadt ❹ *(intense, fort)* hoch; *densité* groß; *fréquence, tension* Hoch-; ***à voix ~e*** laut; ***courant à ~e tension*** Starkstrom *m* ❺ *prix* hoch ❻ *(supérieur)* obere(r/s), hoch; ~ ***commandement*** Oberkommando *nt;* ***la ~e société*** die Oberschicht; ***au plus ~ niveau*** auf höchster Ebene; ***en ~ lieu*** höheren Orts ❼ *(très grand)* hoch; ***jouir d'une ~e considération*** hoch geschätzt werden; ***être de la plus ~e importance*** äußerst wichtig sein ❽ LING ***le ~ allemand*** [das] Hochdeutsch

hautain(e) [´otɛ̃, ɛn] *adj personne* hochmütig, eingebildet; *air, manière, ton* herablassend

hautbois [´obwa] *m* MUS Oboe *f*

haut-de-forme [´od(ə)fɔʀm] *m inv* Zylinder *m*

haute [´ot] *f (fam)* Hautevolee *f*

Haute-Bavière [´otbavjɛʀ] *f* ***la*** ~ Oberbayern *nt*

haute-fidélité [´otfidelite] **I.** *f sans pl* High Fidelity *f* **II.** *adj inv chaîne* Hi-Fi-

hautement [´otmɑ̃] *adv* äußerst, höchst; ***pays ~ industrialisé*** hoch industrialisiertes Land

haute-technologie [´ottɛknɔlɔʒi] *f* Hightech *f o nt,* Hochtechnologie *f*

hauteur [´otœʀ] *f* ❶ *d'une montagne, d'un mur* Höhe *f;* GEOM Höhe; ***quelle est la ~ de ce mur?*** wie hoch ist diese Mauer?; ***la ~ est de 3 mètres*** die Höhe beträgt 3 Meter ❷ *(altitude)* Höhe *f* ❸ SPORT ***saut en ~*** Hochsprung *m* ❹ *(même niveau)* ***être à ~ des yeux*** in Augenhöhe sein; ***à la ~ du carrefour*** in Höhe der Kreuzung ❺ *(colline)* Anhöhe *f,* Hügel *m* ❻ *(noblesse)* Größe *f* ❼ *(arrogance)* Hochmut *m* ▸ **être à la ~ de qn/qc** jdm/einer S. gewachsen sein

haut-fond [´ofɔ̃] <hauts-fonds> *m* Untiefe *f* **haut-le-cœur** [´ol(ə)kœʀ] *m inv* Übelkeit *f;* ***il a un*** ~ ihm ist schlecht **haut-le-corps** [´ol(ə)kɔʀ] *m inv* ***avoir un*** ~ hochfahren **haut-lieu** [´oljø] <hauts-lieux> *m* Hochburg *f* **haut-parleur** [´opaʀlœʀ] <haut-parleurs> *m* Lautsprecher *m*

havane [´avan] **I.** *adj inv* hellbraun **II.** *m (cigare)* Havanna[zigarre] *f*

Havane [´avan] *f* ***la*** ~ Havanna *nt*

hâve [´av] *adj personne* abgezehrt; *visage, teint* eingefallen

havre [´avʀ] *m* kleiner Hafen *m;* ***~ de paix*** Oase *f* des Friedens

hayon [´ɛjɔ̃] *m* AUT Heckklappe *f*

hé [he, ´e] *interj (pour appeler)* he *fam,* he, du da/Sie da *fam*

heaume [´om] *m* Helm *m*

hebdo [ɛbdo] *m (fam) abr de* **hebdomadaire**

hebdomadaire [ɛbdɔmadɛʀ] **I.** *adj réunion* wöchentlich; *revue* Wochen-; ***"fermeture ~ le lundi"*** „montags geschlossen" **II.** *m* Wochenzeitschrift *f*

hébergement [ebɛʀʒəmɑ̃] *m* ❶ Unterbringung *f,* Unterkunft *f* ❷ INFORM Web-Hosting *nt*

héberger [ebɛʀʒe] <2a> *vt* ❶ *(loger provisoirement)* beherbergen, [bei sich *dat*] unterbringen *ami* ❷ *(accueillir)* aufnehmen *réfugiés*

hébergeur [ebɛʀʒœʀ] *m* INFORM Web-Hoster *m*

hébété(e) [ebete] *adj personne* benommen; *air, regard* stumpfsinnig

hébétement [ebetmɑ̃] *m* Benommenheit *f*

hébétude [ebetyd] *f* LITTER Abgestumpftheit *f*

hébraïque [ebʀaik] *adj* hebräisch

hébreu [ebʀø] *m* Hebräisch *nt* ▸ **c'est de l'~ pour qn** das sind böhmische Dörfer für jdn; *v. a.* **allemand**

hébreu [ebʀø] <x> *adj* hebräisch

Hébreux [ebʀø] *mpl* ***les*** ~ die Hebräer

HEC [´aʃøse] *abr de* [**École des**] **hautes études commerciales** *Elitehochschule für Betriebswirtschaft*

hécatombe [ekatɔ̃b] *f* ❶ *(massacre)* Blutbad *nt* ❷ *(fort pourcentage d'échec)* verheerende Niederlage

hectare [ɛktaʀ] *m* Hektar *m o nt*

hecto [ɛkto] *m (fam) abr de* **hectolitre**
hectogramme [ɛktɔgʀam] *m* Hektogramm *nt*
hectolitre [ɛktɔlitʀ] *m* Hektoliter *m*
hédonisme [edɔnism] *m* Hedonismus *m*
hédoniste [edɔnist] *adj* hedonistisch
hégémonie [eʒemɔni] *f* Hegemonie *f*
hein [´ɛ̃] *interj (fam)* ❶ *(comment?)* hä? ❷ *(renforcement de l'interrogation)* **..., ~?** ..., nicht wahr?/oder? ❸ *(marque l'étonnement)* **~? qu'est-ce qui se passe?** nanu? was ist denn da los? ❹ *(n'est-ce pas?)* **tu en veux bien, ~?** du willst doch, oder [*o* nicht] ?; **..., ~?** ..., nicht?/ja?/nicht wahr?
hélas [elɑs] *interj (soutenu)* ach, leider
héler [´ele] <5> *vt* **~ un porteur/taxi** einen Gepäckträger/ein Taxi [herbei]rufen/herbeiwinken
hélianthe [eljɑ̃t] *m* BOT Sonnenblume *f*, Helianthus *m Fachspr.*
hélice [elis] *f* ❶ TECH *d'un avion* Propeller *m; d'un bateau* [Schiffs]schraube *f* ❷ GEOM Spirale *f;* **escalier en ~** Wendeltreppe *f*
hélico [eliko] *m (fam) abr de* **hélicoptère**
hélicoptère [elikɔptɛʀ] *m* Hubschrauber *m;* **~ de sauvetage** Rettungshubschrauber *m*
héliogravure [eljogʀavyʀ] *f* TYP Tiefdruckverfahren *nt*
héliomarin(e) [eljomaʀɛ̃, in] *adj cure* auf der Heilkraft von Sonne und Seeluft basierend
héliport [elipɔʀ] *m* Hubschrauberlandeplatz *m*, Heliport *m*
héliporté(e) [elipɔʀte] *adj blessé, troupe* per Hubschrauber befördert
hélitreuillage [elitʀœjaʒ] *m* Rettung *f* mit dem Hubschrauber
hélium [eljɔm] *m* CHIM Helium *nt*
hellène [ɛllɛn, elɛn] *adj* hellenisch
Hellène [ɛllɛn, elɛn] *mf* **les ~s** die Hellenen
hellénique [elenik, ɛllenik] *adj* hellenisch, altgriechisch
helléniste [elenist, ɛllenist] *mf* Hellenist(in) *m(f)*, Gräzist(in) *m(f)*
helvète [ɛlvɛt] *adj* helvetisch
Helvète [ɛlvɛt] *mf* Helvetier(in) *m(f)*
helvétique [ɛlvetik] *adj* schweizerisch, Schweizer; **la Confédération ~** die Schweizer Eidgenossenschaft
helvétisme [ɛlvetism] *m* LING Helvetismus *m*
hem [hɛm, ´ɛm] *interj* ❶ *(hé, holà)* he [da] *fam* ❷ *(hein)* wie? *fam* ❸ *(hum)* hm, hm
hématologie [ematɔlɔʒi] *f* MED Hämatologie *f*
hématome [ematom] *m* MED Bluterguss *m*
hémicycle [emisikl] *m* ❶ *d'un théâtre, parlement* Halbrund *nt;* **en ~** halbkreisförmig ❷ *(salle)* halbrunder Saal mit ansteigenden Sitzreihen; *de l'Assemblée nationale* Plenarsaal *m*
hémiplégie [emipleʒi] *f* MED halbseitige Lähmung
hémiplégique [emipleʒik] **I.** *adj* MED halbseitig gelähmt **II.** *mf* MED halbseitig Gelähmte(r) *f(m)*
hémisphère [emisfɛʀ] *m* ❶ GEOG [Erd]halbkugel *f* ❷ ANAT Gehirnhälfte *f*
hémisphérique [emisfeʀik] *adj* halbkugelförmig
hémoglobine [emɔglɔbin] *f* MED Hämoglobin *nt*
hémogramme [emɔgʀam] *m* MED Blutwert *m*
hémophile [emɔfil] *m* MED Bluter *m*
hémophilie [emɔfili] *f* MED Bluterkrankheit *f*
hémorragie [emɔʀaʒi] *f* ❶ MED [starke] Blutung ❷ *(perte: en hommes)* Aderlass *m;* **~ démographique** Bevölkerungsschwund *m*
hémorroïde [emɔʀɔid] *f gén pl* MED Hämorrhoide *f*
henné [´ene] *m* Henna *f o nt*
hennir [´eniʀ] <8> *vi* wiehern
hennissement [´enismɑ̃] *m* Wiehern *nt*
Henri [ɑ̃ʀi] *m* Heinrich *m*
hep [´ɛp, hɛp] *interj* hallo
hépatique [epatik] **I.** *adj* Leber-; **colique ~** Gallenkolik *f* **II.** *mf* MED Leberkranke(r) *f(m)*
hépatite [epatit] *f* MED **~ [virale]** [infektiöse] Leberentzündung *f*
heptagone [ɛptagɔn, ɛptagon] *m* Siebeneck *nt*
héraldique [eʀaldik] *adj* Wappen-, heraldisch; **science ~** Wappenkunde *f*
herbacé(e) [ɛʀbase] *adj* krautig
herbage [ɛʀbaʒ] *m* ❶ *(herbe)* Gras *nt* ❷ *(pâturage)* Weide *f*
herbager [ɛʀbaʒe] <2a> *vt* weiden [lassen] *animaux*
herbager, -ère [ɛʀbaʒe, -ʒɛʀ] AGR **I.** *adj paysage* Weide- **II.** *m, f* Viehhalter(in) *m(f)*
herbe [ɛʀb] *f* ❶ BOT Gras *nt;* **mauvaise ~** Unkraut *nt* ❷ MED, GASTR Kraut *nt;* **fines ~s** Küchenkräuter *Pl;* **les ~s de Provence** die Kräuter der Provence; **~s médicinales** [*o* **officinales**] Heilkräuter *Pl* ▶ **couper**

l'~ **sous le[s] pied[s] de qn** jdn aus dem Feld schlagen

herbeux, -euse [ɛʀbø, -øz] *adj* grasbewachsen

herbicide [ɛʀbisid] **I.** *adj* ***produit*** **~** Unkrautbekämpfungsmittel *nt* **II.** *m* Unkrautbekämpfungsmittel *nt*

herbier [ɛʀbje] *m* Herbarium *nt*

herbivore [ɛʀbivɔʀ] **I.** *adj* Pflanzen fressend **II.** *m* Pflanzenfresser *m*

herboriser [ɛʀbɔʀize] <1> *vi* Pflanzen sammeln

herboriste [ɛʀbɔʀist] *mf* [Heil]kräuterhändler(in) *m(f)*

herboristerie [ɛʀbɔʀistəʀi] *f* [Heil]kräuterladen *m*

H

hercule [ɛʀkyl] *m* Kraftmensch *m;* ***avoir une force d'*****~** ein [wahrer] Herkules sein

Hercule [ɛʀkyl(ə)] *m* Herkules *m,* Herakles *m*

herculéen(ne) [ɛʀkyleɛ̃, ɛn] *adj* Herkules-

hère [ˊɛʀ] *m* ▶ **pauvre** ~ armer Teufel

héréditaire [eʀeditɛʀ] *adj* ❶ *(transmissible)* erblich; *(transmis)* ererbt; ***maladie*** **~** Erbkrankheit *f* ❷ JUR *biens, monarchie* Erb-; *titre* erblich ❸ *(fig) aversion* tief sitzend; *ennemi* Erb-

hérédité [eʀedite] *f (transmission)* Vererbung *f; (patrimoine héréditaire)* Erbanlagen *Pl;* ***avoir une*** **~** ***chargée*** [*o* ***une lourde*** ~] erblich [vor]belastet sein

hérésie [eʀezi] *f* ❶ *a.* REL *(opinion scandaleuse)* Ketzerei *f* ❷ *(comportement scandaleux)* Freveltat *f geh*

hérétique [eʀetik] **I.** *adj* ❶ REL ketzerisch ❷ *(opp: conformiste)* ketzerisch **II.** *mf a.* REL Ketzer(in) *m(f)*

hérissé(e) [ˊeʀise] *adj* ❶ *(dressé)* gesträubt; *barbe* struppig; **~ *de poils*** behaart ❷ *(piquant)* stachelig

hérissement [ˊeʀismɑ̃] *m* ❶ *des poils, des plumes* Sträuben *nt* ❷ *(disposition)* Aufstellung *f*

hérisser [ˊeʀise] <1> **I.** *vt* ❶ *(dresser)* sträuben *poils, plumes;* aufrichten *piquants* ❷ *(faire dresser)* ***la peur lui hérisse les poils*** vor Angst sträuben sich ihm/ihr die Haare ❸ *(remplir)* **~ *qc de qc*** etw mit etw spicken ❹ *(irriter)* wütend machen **II.** *vpr* **se ~** ❶ *(se dresser)* ***ses poils se hérissent*** ihm/ihr sträuben sich die Haare ❷ *(dresser ses poils, plumes) chat:* sein Fell sträuben; *oiseau:* sich aufplustern ❸ *(se fâcher)* wütend werden

hérisson [ˊeʀisɔ̃] *m* ZOOL Igel *m*

héritage [eʀitaʒ] *m* ❶ *(succession)* Erbschaft *f,* Erbe *nt;* ***laisser qc en*** **~ *à qn*** jdm etw vererben ❷ *(fig) d'une civilisation, de coutumes* Erbe *nt*

hériter [eʀite] <1> *vt, vi* **~ *[qc] de qn*** [etw] von jdm erben

héritier, -ière [eʀitje, -jɛʀ] *m, f* ❶ *(a. fig)* Erbe *m*/Erbin *f* ❷ *(fam: enfant)* Stammhalter *m*

hermaphrodite [ɛʀmafʀɔdit] *m* BIO Zwitter *m*

hermétique [ɛʀmetik] *adj* ❶ *(étanche)* hermetisch; *(à l'air)* luftdicht; *(à l'eau)* wasserdicht; *récipient* hermetisch [verschlossen] ❷ *poésie, écrivain* schwer verständlich; *visage* verschlossen

hermétiquement [ɛʀmetikmɑ̃] *adv* hermetisch

hermine [ɛʀmin] *f* ❶ ZOOL Hermelin *nt* ❷ *(fourrure)* Hermelin *m*

herniaire [ˊɛʀnjɛʀ] *adj* Bruch-

hernie [ˊɛʀni] *f* [Eingeweide]bruch *m;* **~ *discale*** Bandscheibenvorfall *m*

Hérode [eʀɔd(ə)] *m* Herodes *m* ▶ **être vieux comme ~** *(fam)* von Anno dazumal sein

héroïne[1] [eʀɔin] *f (drogue)* Heroin *nt*

héroïne[2] [eʀɔin] *f v.* **héros**

héroïnomane [eʀɔinɔman] *mf* Heroinsüchtige(r) *f(m)*

héroïque [eʀɔik] *adj* ❶ *(digne d'un héros)* heldenhaft ❷ *(légendaire)* ***les temps*** **~*s*** ***du cinéma*** die Pionierzeit des Films

héroïquement [eʀɔikmɑ̃] *adv* heldenhaft, heroisch

héroïsme [eʀɔism] *m* Heldenmut *m*

héron [ˊeʀɔ̃] *m* ORN Reiher *m*

héros, héroïne [ˊeʀo, eʀɔin] *m, f* ❶ *d'un événement* Hauptperson *f; d'un livre, film* Held(in) *m(f),* Hauptfigur *f* ❷ *(personne courageuse)* Held(in) *m(f)* ❸ HIST Heros *m,* Heroe *m*/Heroin *f geh*

herpès [ɛʀpɛs] *m* MED Herpes *m*

herse [ˊɛʀs] *f* ❶ AGR Egge *f* ❷ *d'une forteresse* Fallgitter *nt*

hertz [ɛʀts] *m* Hertz *nt*

hésitant(e) [ezitɑ̃, ɑ̃t] *adj* ❶ *(indécis)* zögernd, unschlüssig; *électeur* unentschlossen ❷ *(peu assuré)* zögernd

hésitation [ezitasjɔ̃] *f* ❶ *(incertitude)* Zögern *nt kein Pl,* Unschlüssigkeit *f* ❷ *(arrêt)* ***réciter avec/sans*** **~** stockend/ohne zu stocken vortragen

hésiter [ezite] <1> *vi* ❶ *(balancer)* zögern; **~ *à faire qc*** zögern, etw zu tun ❷ *(marquer un arrêt en parlant)* stocken

Hesse [ˊɛs] *f* ***la*** **~** Hessen *nt*

hétéro [eteʀo] *abr de* **hétérosexuel(le)** **I.** *adj (fam)* hetero **II.** *mf (fam)* Hetero *mf*

hétéroclite [eteʀɔklit] *adj ensemble, objets* [bunt] zusammengewürfelt; *œuvre, bâtiment* uneinheitlich

hétérogène [eteʀɔʒɛn] *adj* heterogen

hétérosexuel(le) [eteʀosɛksɥɛl] **I.** *adj* heterosexuell **II.** *m(f)* Heterosexuelle(r) *f(m)*

hêtre [´ɛtʀ] *m* ❶ BOT Buche *f* ❷ *(bois)* Buche[nholz *nt*] *f*

heu [´ø] *interj* ❶ *(pour ponctuer à l'oral)* äh; ***vous êtes Madame, ~ ... – Madame Giroux!*** Sie sind Frau, äh ... – Frau Giroux! ❷ *(embarras)* hm; ***~ ... comment dirais-je?*** hm ... wie soll ich sagen?

heur [œʀ] ▶ **avoir l'~ de plaire à qn** *(vieilli)* das Glück haben, jdm zu gefallen

heure [œʀ] *f* ❶ *(mesure de durée)* Stunde *f;* ***une ~ et demie*** anderthalb Stunden; ***une demi-~*** eine halbe Stunde; ***une ~ de cours*** eine Stunde Unterricht; ***24 ~s sur 24*** rund um die Uhr; ***pendant deux ~s*** zwei Stunden [lang]; ***des ~s [entières]*** stundenlang; ***travailler/être payé à l'~*** stundenweise arbeiten/bezahlt werden; ***une ~ de retard*** eine Stunde Verspätung ❷ *(indication chiffrée)* ***dix ~s du matin/du soir*** zehn Uhr morgens/abends; ***à trois ~s*** um drei [Uhr]; ***il est trois ~s/trois ~s et demie*** es ist drei [Uhr]/halb vier; ***6 ~s moins 20*** 20 vor 6 ❸ *(point précis du jour)* ***il est quelle ~?*** *(fam)* wie spät ist es?/wie viel Uhr ist es?; ***vous avez l'~, s'il vous plaît?*** können Sie mir bitte sagen, wie spät/wie viel Uhr es ist?; ***regarder l'~*** auf die Uhr schauen; ***à quelle ~?*** um wie viel Uhr?; ***à la même ~*** zur selben Zeit ❹ *(distance)* ***être à deux ~s de qc*** zwei Stunden von etw entfernt sein ❺ *(moment dans la journée)* ***~ de fermeture*** *(d'un magasin)* Ladenschluss *m; (d'un café, restaurant)* Polizeistunde *f;* ***~ d'affluence*** TRANSP Hauptverkehrszeit *f,* Stoßzeit *f;* COM Hauptgeschäftszeit *f;* ***~s de réception au public*** Öffnungszeiten *Pl* für den Publikumsverkehr; ***à ~ fixe*** zu einer bestimmten Zeit; ***à toute ~*** jederzeit; ***à cette ~-ci*** zu dieser Zeit; ***à l'~ où*** gerade als/zu der Zeit als; ***en première ~*** in der ersten Stunde; ***il est/c'est l'~ de faire qc*** es ist Zeit, etw zu tun; ***jusqu'à une ~ avancée*** bis spät in die Nacht; ***arriver avant l'~*** vorzeitig ankommen ❻ *(moment dans le cours des événements)* ***des ~s mémorables*** denkwürdige Stunden; ***traverser des ~s critiques/difficiles*** schwierige Zeiten durchmachen; ***problèmes de l'~*** aktuelle Probleme; ***l'~ est grave*** die Lage ist ernst; ***à l'~ actuelle*** *(en ce moment précis)* jetzt; *(à l'époque actuelle)* zurzeit ▶ **l'~ H** die Stunde X; **de bonne ~** *(tôt)* früh [am Morgen]; *(précocement)* frühzeitig; [**les nouvelles de**] **dernière ~** letzte Meldungen; **être/ne pas être à l'~** *personne:* pünktlich/unpünktlich sein; *montre:* richtig/falsch gehen; **tout à l'~** *(il y a peu de temps)* [so]eben, vorhin; *(dans peu de temps)* gleich; **à tout à l'~!** bis gleich!; **sur l'~** auf der Stelle

heureusement [øʀøzmɑ̃] *adv* ❶ *(par bonheur)* zum Glück, glücklicherweise ❷ *(favorablement)* ***se terminer ~*** gut ausgehen, glücklich enden

heureux, -euse [øʀø, -øz] **I.** *adj* ❶ *(rempli de bonheur)* glücklich; ***être ~ de qc*** sich über etw *akk* freuen; ***être ~ de faire qc*** glücklich sein, etw zu tun ❷ *(chanceux)* glücklich; ***être ~ au jeu*** Glück im Spiel haben ❸ *(favorable)* glücklich; *circonstances* günstig; *résultat* erfreulich ❹ *(réussi)* treffend; *effet* günstig; *mélange* gelungen ▶ **encore ~!** zum Glück! **II.** *m, f* ▶ **faire un ~** *(fam)* jemandem [eine] Freude machen

heurt [´œʀ] *m* ❶ *(conflit)* Zusammenstoß *m* ❷ *(soutenu) d'un portail* Schlagen *nt*

> **Aussprache**
> Die Endung -t in **heurt** wird nicht gesprochen.

heurter [´œʀte] <1> **I.** *vi* ***~ à la porte*** an die Tür klopfen **II.** *vt* ❶ *(entrer rudement en contact)* ***~ qn*** *personne:* mit jdm zusammenstoßen; *(en voiture)* jdn anfahren; *voiture:* jdn streifen; ***~ qc*** *personne:* gegen etw stoßen; *(en tombant)* auf etw *akk* aufschlagen; *objet:* auf etw *akk* [auf]prallen; *voiture:* gegen etw *akk* fahren ❷ *(choquer)* vor den Kopf stoßen *personne;* verletzen *sentiments* ❸ *(être en opposition avec)* verstoßen gegen *intérêts, convenances* **III.** *vpr* ❶ *(buter contre)* ***se ~ à qc*** auf etw *akk* stoßen ❷ *(se cogner contre)* ***se ~ à [o contre] qn/qc*** mit jdm zusammenstoßen/gegen etw stoßen; ***se ~*** *véhicules:* zusammenstoßen ❸ *(entrer en conflit)* ***se ~ avec qn*** mit jdm aneinandergeraten

heurtoir [´œʀtwaʀ] *m d'une porte* Türklopfer *m*

hévéa [evea] *m* BOT Kautschukbaum *m*

hexagonal(e) [ɛgzagɔnal, -o] <-aux> *adj* sechseckig

H

hexagone [ɛgzagon, ɛgzagɔn] *m* Sechseck *nt*
Hexagone [ɛgzagon, ɛgzagɔn] *m* ***l'~*** Frankreich *nt*

Land und Leute
Die Umrisse Frankreichs ähneln einem Sechseck, weshalb der Begriff **l'Hexagone** häufig an Stelle von *la France* verwendet wird.

hexamètre [ɛgzamɛtʀ] *m* Hexameter *m*
Hezbollah [ˊɛsbɔl(l)a] *m* REL, POL ❶ *(groupement)* Hisbollah *f* ❷ *(partisan)* Hisbollah *m*

hiatus [ˊjatys] *m* ❶ *a.* LING Hiatus *m* ❷ *(décalage)* Kluft *f*
hibernal(e) [ibɛʀnal, o] <-aux> *adj* Winter-; ***sommeil ~*** Winterschlaf *m*
hibernation [ibɛʀnasjɔ̃] *f* Winterschlaf *m;* ***sommeil ~*** Winterschlaf *m*
hiberner [ibɛʀne] <1> *vi* Winterschlaf halten
hibiscus [ibiskys] *m* BOT Hibiskus *m*
hibou [ˊibu] <x> *m* ORN Eule *f*
hic [ˊik] *m (fam)* Haken *m*
hideur [ˊidœʀ] *f d'un crime, d'une action* Abscheulichkeit *f; d'une personne* Hässlichkeit *f*
hideusement [ˊidøzmɑ̃] *adv* scheußlich
hideux, -euse [ˊidø, -øz] *adj vêtement, objets* scheußlich; *visage* hässlich; *monstre, être* abscheulich
hier [jɛʀ] *adv* ❶ *(la veille)* gestern; ***la matinée d'~*** der gestrige Vormittag ❷ *(passé récent)* ***ne se connaître que d'~*** sich erst seit Kurzem kennen

Aussprache
In der Regelaussprache wird die Endung -er als geschlossenes e gesprochen *(aimer, léger...)*, aber bei **hier** wird es zu [ɛʀ].

hiérarchie [jeʀaʀʃi] *f* Hierarchie *f*
hiérarchique [ˊjeʀaʀʃik] *adj* hierarchisch; ***par la voie ~*** auf dem Dienstweg
hiérarchiser [ˊjeʀaʀʃize] <1> *vt* gewichten, in eine Rangordnung bringen *problèmes, besoins;* ***être hiérarchisé*** *société:* hierarchisch aufgebaut sein
hiératique [jeʀatik] *adj* ❶ REL, ART sakral ❷ *(solennel)* feierlich
hiéroglyphe [ˊjeʀɔglif] *m (a. fig)* Hieroglyphe *f*
hi-fi [ˊifi] **I.** *adj inv* Hi-Fi-; ***chaîne ~*** Hi-Fi-Anlage *f* **II.** *f sans pl* Hi-Fi *f,* High Fidelity *f*
high-tech [ˊajtɛk] **I.** *adj inv* Hightech- **II.** *f sans pl* Hightech *f o nt*
hilarant(e) [ilaʀɑ̃, ɑ̃t] *adj* sehr komisch
hilare [ilaʀ] *adj* ausgelassen fröhlich; *visage* strahlend
hilarité [ilaʀite] *f* Heiterkeit *f*
Himalaya [imalaja] *m* ***l'~*** der Himalaja
himalayen(ne) [imalajɛ̃, jɛn] *adj* ❶ *(de l'Himalaya)* Himalaja- ❷ *(fig: immense)* riesig
hindi [ˊindi, indi] *m* Hindi *nt; v. a.* **allemand**
hindou(e) [ɛ̃du] *adj* hinduistisch
Hindou(e) [ɛ̃du] *m(f)* REL Hindu *m*
hindouisme [ɛ̃duism] *m* Hinduismus *m*
hip [ˊip] *interj* ***~ ~ ~! hourra!*** hipp, hipp, hurra!
hip-hop [ˊipɔp] *inv* **I.** *adj* Hip-Hop- **II.** *m* Hip-Hop *m*
hippie [ˊipi] <hippies> **I.** *adj* Hippie- **II.** *mf* Hippie *m*
hippique [ipik] *adj* Pferde-; ***concours ~*** Reit- [und Fahr]turnier *nt*
hippisme [ipism] *m* Pferdesport *m*
hippocampe [ipɔkɑ̃p] *m* ZOOL Seepferdchen *nt*
hippodrome [ipodʀom] *m* [Pferde]rennbahn *f*
hippopotame [ipɔpɔtam] *m* Nil-, Flusspferd *nt*
hipster [ˊipstœʁ] *m* Hipster *m*
hirondelle [iʀɔ̃dɛl] *f* ORN Schwalbe *f*
hirsute [iʀsyt] *adj tête* zerzaust; *barbe* struppig
hispanique [ispanik] *adj* spanisch
hispanisme [ispanism] *m* LING Hispanismus *f*
hispano-américain [ispanoameʀikɛ̃] *m* ***l'~*** Hispanoamerikanisch *nt; v. a.* **allemand**
hispano-américain(e) [ispanoameʀikɛ̃, ɛn] <hispano-américains> *adj* hispanoamerikanisch
hispanophone [ispanɔfɔn] *adj* spanischsprechend
hisser [ˊise] <1> **I.** *vt* hissen *drapeau;* hissen, setzen *voiles* **II.** *vpr (grimper)* ***se ~ sur le mur*** sich auf die Mauer hochziehen
histoire [istwaʀ] *f* ❶ *sans pl (science, événements)* Geschichte *f* ❷ *(étude du passé)* Geschichte *f; d'une expression* [Entstehungs]geschichte ❸ *(récit)* Geschichte *f; (conte)* Märchen *nt; (blague)* Witz *m; (propos mensonger)* Lügengeschichte *f*

❹ *(fam: affaire)* Geschichte *f*; ***le meilleur de l'~*** der Witz bei der Sache; ***c'est toujours la même ~, avec toi!*** es ist immer das alte Lied mit dir! ❺ *(fam: complications)* Schwierigkeiten *Pl;* *(problèmes)* Ärger *m;* ***faire toute une ~ pour qc*** ein [furchtbares] Theater wegen etw machen; ***vie sans ~s*** unauffälliges Leben ▶ **~ de faire qc** *(fam)* einfach nur, um etw zu tun

historien(ne) [istɔʀjɛ̃, jɛn] *m(f)* Historiker(in) *m(f),* Geschichtswissenschaftler(in) *m(f)*

historiographie [istɔʀjɔgʀafi] *f* ❶ *(discipline)* Historiografie *f geh* ❷ *(ensemble d'ouvrages)* Geschichtsschreibung *f*

historique [istɔʀik] **I.** *adj* historisch, geschichtlich, Geschichts- **II.** *m d'un mot, d'une institution* [Entstehungs]geschichte *f; d'une affaire* chronologischer Überblick

historiquement [istɔʀikmɑ̃] *adv* historisch

hitlérien(ne) [itleʀjɛ̃, jɛn] *adj* Hitler-

hit-parade [ˈitpaʀad] <hit-parades> *m* ❶ MEDIA Hitparade *f* ❷ *(fig)* Hitliste *f*

HIV [ˈaʃive] *m abr de* **Human Immunodeficiency Virus** HIV *nt,* Aidsvirus *nt*

hiver [ivɛʀ] *m* Winter *m;* ***station de sports d'~*** Wintersportort *m; v. a.* **automne**

Aussprache
In der Regelaussprache wird die Endung -er als geschlossenes e gesprochen *(aimer, léger...)*, aber bei **hiver** wird es zu [ɛʀ].

hivernage [ivɛʀnaʒ] *m* AGR *du bétail* Überwintern *nt*

hivernal(e) [ivɛʀnal, -o] <-aux> *adj* winterlich

hivernale [ivɛʀnal] *f* Winterbesteigung *f*

hiverner [ivɛʀne] <1> *vi navires, animaux:* überwintern

H.L.M. [ˈaʃɛlɛm] **I.** *m o f inv abr de* **habitation à loyer modéré** Block *m* mit Sozialwohnungen **II.** *app inv **cité** ~* Siedlung *f* mit Sozialwohnungen

ho [ˈo] *interj* he [Sie/du]!

hoax [oks] *m* INFORM Hoax *m (Kettenbrief, meist mit falscher Virenwarnung)*

hoaxer [oksœʀ] *m* INFORM Hoaxer *m*

hobby [ˈɔbi] <s *o* hobbies> *m* Hobby *nt*

hochement [ˈɔʃmɑ̃] *m* ~ ***de tête*** *(pour approuver)* Kopfnicken *nt; (pour désapprouver)* Kopfschütteln *nt*

hocher [ˈɔʃe] <1> *vt* ~ ***la tête*** *(pour approuver)* [mit dem Kopf] nicken; *(pour désapprouver)* den Kopf schütteln

hochet [ˈɔʃɛ] *m* Rassel *f*

hockey [ˈɔkɛ] *m* Hockey *nt*

hockeyeur, -euse [ˈɔkɛjœʀ, -øz] *m, f* SPORT Hockeyspieler(in) *m(f)*

holà [ˈɔla] **I.** *interj* ***~! [pas si vite!]*** halt!, stopp! **II.** *m* ▶ **mettre le ~ à qc** einer S. *dat* ein Ende machen

holding [ˈɔldiŋ] *m o f* ECON Holding *f*

hold-up [ˈɔldœp] *m inv* [bewaffneter] Raubüberfall

Aussprache
Im Unterschied zur englischen Aussprache wird bei **hold-up** im Französischen der zweite Teil des Worts nicht [ap], sondern [œp] gesprochen.

hollandais [ˈɔllɑ̃dɛ] *m* Holländisch *nt; v. a.* **allemand**

hollandais(e) [ˈɔllɑ̃dɛ, ɛz] *adj* holländisch

Hollandais(e) [ˈɔllɑ̃dɛ, ɛz] *m(f)* Holländer(in) *m(f)*

hollande [ˈɔllɑ̃d] *m* Holländer [Käse] *m*

Hollande [ˈɔllɑ̃d] *f **la** ~* Holland *nt*

holocauste [olokost] *m (génocide)* Holocaust *m;* ***le mémorial de l'~*** das Holocaustmahnmal

hologramme [ɔlɔgʀam] *m* Hologramm *nt*

holographie [ɔlɔgʀafi] *f* Holografie *f*

homard [ˈɔmaʀ] *m* Hummer *m*

home [ˈom] *m* BELG *(centre d'hébergement)* Heim *nt*

home cinéma [ˈomsinema] *m* DVD-Heimkino *nt*

homéopathe [ɔmeɔpat, omeopat] *mf* Homöopath(in) *m(f)*

homéopathie [ɔmeɔpati] *f* Homöopathie *f*

homéopathique [ɔmeɔpatik] *adj* homöopathisch

Homère [ɔmɛːʀ(ə)] *m* HIST Homer *m*

homérique [ɔmeʀik] *adj* ❶ *poèmes* homerisch ❷ *(fig) rire* homerisch, schallend

home-trainer [ˈomtʀɛnœʀ] <home-trainers> *m* Heimtrainer *m*

homicide [ɔmisid] *m* Tötung *f,* Totschlag *m;* ***~ par imprudence*** [*o* ***involontaire***] fahrlässige Tötung; ***~ volontaire*** Totschlag *m*

hommage [ɔmaʒ] *m* ❶ *(témoignage de respect)* Huldigung *f geh; (œuvre ou manifestation en l'honneur de qn)* Hommage *f* ❷ *pl, (soutenu: compliments)* ***mes ~s,***

Madame! guten Tag, gnädige Frau!; *(au revoir)* ich empfehle mich, gnädige Frau!

homme [ɔm] *m* ❶ *(adulte, opp: femme)* Mann *m; **jeune** ~* junger Mann; ***coiffeur pour ~s*** Herrenfriseur *m;* ***vêtements d'~** [o **pour ~s**]* Herren[be]kleidung *f;* ***~ politique*** Politiker *m;* ***~ de loi*** Jurist *m;* ***~ de main*** Handlanger *m; (dans des besognes criminelles)* Helfershelfer *m;* ***~ d'État*** Staatsmann ❷ *(être humain)* Mensch *m* ❸ *(viril moralement, sexuellement)* [richtiger] Mann *m;* ***~ à femmes*** Frauenheld *m* ❹ *pl (soldats, personnel)* Männer *Pl,* Leute *Pl* ▶ **~ à tout faire** Mädchen *nt* für alles; **entre ~s** unter Männern

homme-grenouille [ɔmgʀənuj] <hommes-grenouilles> *m* Froschmann *m*

homme-orchestre [ɔmɔʀkɛstʀ] <hommes-orchestres> *m* Einmannorchester *nt*

homme-sandwich [ɔmsɑ̃dwitʃ] <hommes-sandwichs> *m* Sandwichmann *m*

homo [omo] *abr de* **homosexuel(le) I.** *adj (fam)* homo **II.** *mf (fam)* Homo *m*/Lesbe *f*

homogène [ɔmɔʒɛn] *adj* homogen

homogénéisation [ɔmɔʒeneizasjɔ̃] *f a.* TECH Homogenisierung *f*

homogénéiser [ɔmɔʒeneize] <1> *vt* GASTR, CHIM homogenisieren

homogénéité [ɔmɔʒeneite] *f* Homogenität *f*

homologation [ɔmɔlɔgasjɔ̃] *f* JUR Beglaubigung *f*

homologie [ɔmɔlɔʒi] *f* Entsprechung *f; (spéc)* Homologie *f*

homologue [ɔmɔlɔg] *adj (équivalent)* entsprechend

homologuer [ɔmɔlɔge] <1> *vt* ❶ *(reconnaître officiellement)* [amtlich/staatlich] genehmigen *prix;* [offiziell] anerkennen *record* ❷ *(déclarer conforme aux normes)* [amtlich/staatlich] zulassen *siège-auto*

homonyme [ɔmɔnim] *m* ❶ LING Homonym *nt* ❷ *(personne)* Namensvetter *m*/-schwester *f*

homonymie [ɔmɔnimi] *f* LING Homonymie *f*

homoparentalité [ɔmɔpaʀɑ̃talite] *f* homosexuelle Elternschaft *f*

homophobe [ɔmɔfɔb] *adj* homosexuellenfeindlich, homophob

homosexualité [ɔmɔsɛksɥalite] *f* Homosexualität *f*

homosexuel(le) [ɔmɔsɛksɥɛl] **I.** *adj* homosexuell; *relation* homosexuell, gleichgeschlechtlich **II.** *m(f)* Homosexuelle(r) *f(m)*

Honduras [ˊɔ̃dyʀas] *m **le** ~* Honduras *nt*

hongre [ˊɔ̃gʀ] *adj cheval* kastriert; ***poulain ~*** Fohlenwallach *m*

Hongrie [ˊɔ̃gʀi] *f **la** ~* Ungarn *nt*

hongrois [ˊɔ̃gʀwa] *m* Ungarisch *nt; v. a.* **allemand**

hongrois(e) [ˊɔ̃gʀwa, waz] *adj* ungarisch

Hongrois(e) [ˊɔ̃gʀwa, waz] *m(f)* Ungar(in) *m(f)*

honnête [ɔnɛt] *adj* ❶ *(probe)* ehrlich; *commerçant, entreprise* korrekt ❷ *(franc)* aufrichtig; ***soyez ~ avec vous-même!*** machen Sie sich *dat* doch nichts vor! ❸ *(honorable)* anständig; *intention, propos* ehrlich; *méthodes* korrekt ❹ *(vertueux)* anständig ❺ *(acceptable)* recht ordentlich; *prix* angemessen; *repas* annehmbar; *marché* korrekt

honnêtement [ɔnɛtmɑ̃] *adv* ❶ *payer, gagner sa vie* anständig ❷ *gérer une affaire* auf ehrliche Weise

honnêteté [ɔnɛtte] *f* ❶ *(probité)* Ehrlichkeit *f; (en affaire, en pensée)* Redlichkeit *f* ❷ *(franchise)* Ehrlichkeit *f,* Aufrichtigkeit *f* ❸ *d'une conduite, d'un procédé* Korrektheit *f; d'une intention* Ehrenhaftigkeit *f*

honneur [ɔnœʀ] *m* ❶ *sans pl (principe moral)* Ehre *f;* ***promettre sur l'~ que ...*** sein Ehrenwort [dafür] geben, dass ... ❷ *sans pl (réputation)* Ehre *f,* Ansehen *nt;* ***être tout à l'~ de qn*** jdm ganz zur Ehre gereichen ❸ *(privilège)* Ehre *f;* ***nous avons l'~ de vous faire part de la naissance ...*** *(form)* wir haben die Ehre, die Geburt ... bekannt zu geben *form;* ***j'ai l'~ de solliciter un poste de ...*** *(form)* [hiermit] bewerbe ich mich um die Stelle als ...; ***j'ai l'~ de vous informer que ...*** *(form)* ich freue mich, Ihnen mitteilen zu können, dass ...; ***à toi l'~!*** du darfst anfangen! ❹ *pl (marques de distinctions)* Ehren *Pl,* Ehrungen *Pl;* ***rendre les derniers ~s à qn*** *(form)* jdm die letzte Ehre erweisen ❺ *(considération)* ***faire un grand ~ à qn en faisant qc*** jdm eine große Ehre erweisen, indem man etw tut ▶ **faire les ~s de la maison à qn** jdn gebührend [bei sich] empfangen; *(faire visiter les lieux)* jdn durch sein Haus/seine Wohnung führen; **être à l'~** hoch im Kurs stehen; **faire ~ à un repas** sich *dat* ein Essen gut schmecken lassen; **en quel ~?** *hum)* wozu?

honnir *v.* **mal**

honorabilité [ɔnɔʀabilite] *f* Ehrenhaftigkeit *f; d'une personne* Ehrbarkeit *f*

honorable [ɔnɔʀabl] *adj* ❶ *(respectable)* ehrenhaft; *personne* ehrenwert; *profession* ehrbar ❷ *résultat* ganz gut; *fortune* ansehnlich

honorablement [ɔnɔʀabləmɑ̃] *adv* auf ehrenhafte Weise

honoraire [ɔnɔʀɛʀ] **I.** *adj membre* Ehren-; *professeur* emeritiert; *conseiller* ehrenamtlich **II.** *mpl* Honorar *nt*

honorer [ɔnɔʀe] <1> **I.** *vt* ❶ *(traiter avec considération)* ehren ❷ *(faire honneur)* ~ ***qn*** *sentiments, conduite:* jdm Ehre machen ❸ *(célébrer)* ~ ***la mémoire de qn*** jds Andenken in Ehren halten ❹ *(respecter)* einhalten *engagement* ❺ COM einlösen *chèque* **II.** *vpr* ***s'~ d'être qc*** stolz [darauf] sein, etw zu sein

honorifique [ɔnɔʀifik] *adj* Ehren-, ehrenamtlich

honte [ˊɔ̃t] *f* ❶ *(déshonneur)* Schande *f;* ***[c'est] la ~!*** *(fam)* so eine Blamage! ❷ *sans pl (sentiment d'humiliation)* Scham *f;* ***avoir ~*** sich schämen; ***avoir ~ de qn/qc*** sich für jdn/einer S. *gen* schämen ▶ **faire ~ à qn** jdm ein schlechtes Gewissen machen [*o* einjagen]; **mourir de ~** sich zu Tode schämen

honteusement [ˊɔ̃tøzmɑ̃] *adv se conduire* schändlich

honteux, -euse [ˊɔ̃tø, -øz] *adj* ***être ~ de qc*** sich einer S. *gen*/für etw schämen

hooligan [ˊuligan] *m* Hooligan *m*

hop [ˊɔp] *interj* ❶ *(pour faire sauter)* hopp; ***~!*** Hopp!; ***~ là!*** Hopp!/Hopp, hopp!, hoppla! ❷ *(pour marquer une action brusque)* hopp, husch

hôpital [ɔpital, -o] <-aux> *m* Krankenhaus *nt,* Klinik *f;* ~ ***militaire*** Lazarett *nt*

hoquet [ˊɔkɛ] *m* Schluckauf *m kein Pl; (un ou plusieurs)* Schluchzer *m*

hoqueter [ˊɔkte] <3> *vi* den Schluckauf haben; *(sangloter)* schluchzen

Horace [ɔʀas(ə)] *m* HIST Horaz *m*

horaire [ɔʀɛʀ] **I.** *adj* Stunden-, pro Stunde **II.** *m* ❶ *(répartition du temps)* Zeitplan *m;* ~ ***de travail*** Arbeitsplan *m;* ~ ***mobile*** [*o* ***flexible***] gleitende Arbeitszeit ❷ *des trains, bus* Fahrplan *m,* Fahrplanangabe *f; des vols* Flugplan *m; des cours* Stundenplan *m*

horde [ˊɔʀd] *f* Horde *f*

horions [ˊɔʀjɔ̃] *m* Schläge *Pl;* ***recevoir des ~*** Prügel beziehen

horizon [ɔʀizɔ̃] *m* ❶ *sans pl (ligne)* Horizont *m* ❷ *(étendue)* Aussicht *f,* [Aus]blick *m;* ***changer d'~*** die [gewohnte] Umgebung wechseln ❸ *(perspectives)* Horizont *m;* ***ouvrir des ~s insoupçonnés à qn*** jdm ungeahnte Perspektiven eröffnen

horizontal(e) [ɔʀizɔ̃tal, -o] <-aux> *adj* waag[e]recht, horizontal

horizontale [ɔʀizɔ̃tal] *f* ❶ MATH Waag[e]rechte *f* ❷ *(position)* ***être à l'~*** waagerecht sein/liegen

horizontalement [ɔʀizɔ̃talmɑ̃] *adv* waag[e]recht

horloge [ɔʀlɔʒ] *f (appareil)* Uhr *f;* ~ ***[à affichage] analogique/numérique*** Analog-/Digitaluhr ▶ ~ **parlante** Zeitansage *f*

horloger, -ère [ɔʀlɔʒe, -ɛʀ] **I.** *adj* Uhren- **II.** *m, f* Uhrmacher(in) *m(f)*

horlogerie [ɔʀlɔʒʀi] *f* ❶ *(secteur économique)* Uhrenindustrie *f; (commerce)* Uhrenhandel *m* ❷ *(magasin)* ~ ***bijouterie*** Uhren- und Schmuckgeschäft *nt*

hormonal(e) [ɔʀmɔnal, -o] <-aux> *adj* hormonal, hormonell

hormone [ɔʀmɔn] *f* Hormon *nt*

horodateur [ɔʀɔdatœʀ] *m* Parkscheinautomat *m*

horoscope [ɔʀɔskɔp] *m* Horoskop *nt*

horreur [ɔʀœʀ] *f* ❶ *(sensation de dégoût)* ~ ***de la violence*** Abscheu *m* vor der Gewalt ❷ *(sensation d'épouvante)* Entsetzen *nt,* Schrecken *m,* Horror *m;* ***film d'~*** Horrorfilm *m;* ***faire ~ à qn*** Widerwillen bei jdm erregen; *paroles, idées:* bei jdm Entsetzen hervorrufen ❸ *d'un crime, supplice* Abscheulichkeit *f,* Grauenhaftigkeit *f* ❹ *(aversion)* ***avoir ~ de qn/qc*** jdn/etw verabscheuen; *(détester)* jdn/etw nicht ausstehen können ❺ *(fam: chose laide)* Scheußlichkeit *f;* ***quelle ~!, l'~!*** wie schrecklich!, wie entsetzlich!; ***c'est l'~!*** es/das ist entsetzlich! ❻ *pl (grossièretés, actions infâmes)* Abscheulichkeiten *Pl,* grässliche Dinge *Pl*

horrible [ɔʀibl] *adj* ❶ *(abominable)* abscheulich, grauenhaft; *spectacle* grauenhaft; *accident, cris* schrecklich ❷ *(extrême)* schrecklich, fürchterlich ❸ *(très laid)* abscheulich ❹ *(très mauvais)* scheußlich

horriblement [ɔʀibləmɑ̃] *adv triste, cher, chaud* furchtbar

horrifiant(e) [ɔʀifjɑ̃, ɑ̃t] *adj* entsetzlich

horrifier [ɔʀifje] <1> *vt* ~ ***qn*** jdn entsetzen

horripilant(e) [ɔʀipilɑ̃, ɑ̃t] *adj* in den Wahnsinn treibend

horripiler [ɔʀipile] <1> *vt* fürchterlich nerven

hors [ˊɔʀ] *prép* ❶ *(à l'extérieur de, sans mouvement)* außer(halb); ~ ***de*** außerhalb von; ***habiter/vivre ~ de qc*** außerhalb einer S. *gen* wohnen/leben; ***tomber/être projeté ~ de qc*** aus etw *dat* herausfallen/-geschleudert werden; ~ ***d'ici!*** hinaus!

H

❷ *(au-delà de)* ~ ***d'atteinte/de portée*** außer Reichweite ▶ ~ **de combat** kampfunfähig, außer Gefecht; ~ **de danger** außer Gefahr; ~ **de prix** unerschwinglich; **être ~ de soi** außer sich sein
hors-bord [ˊɔʀbɔʀ] *m inv* ❶ *(moteur)* Außenbordmotor *m* ❷ *(bateau)* Außenborder *m* **hors-d'œuvre** [ˊɔʀdœvʀ] *m inv* Vorspeise *f* **hors-jeu** [ˊɔʀʒø] *m inv* SPORT Abseits *nt* **hors-la-loi** [ˊɔʀlalwa] *m inv* Bandit *m,* Gesetzlose(r) *f(m)*
hortensia [ɔʀtɑ̃sja] *m* BOT Hortensie *f*
horticole [ɔʀtikɔl] *adj* Garten[bau]-
horticulteur, -trice [ɔʀtikyltœʀ, -tʀis] *m, f* Gärtner(in) *m(f)*
horticulture [ɔʀtikyltyʀ] *f (production)* Gartenbau *m*
hospice [ɔspis] *m* ❶ *(asile)* [Alten]pflegeheim *nt* ❷ *(mouroir)* Hospiz *nt*
hospitalier, -ière [ɔspitalje, -jɛʀ] *adj* ❶ *(à l'hôpital)* Krankenhaus-, zum Krankenhaus gehörig; ***personnel*** ~ Pflegepersonal *nt* ❷ *(accueillant)* gastfreundlich
hospitalisation [ɔspitalizasjɔ̃] *f (action)* Einweisung *f* ins Krankenhaus; *(séjour)* Krankenhausaufenthalt *m*
hospitaliser [ɔspitalize] <1> *vt* ~ ***qn*** jdn in ein Krankenhaus einweisen
hospitalité [ɔspitalite] *f* Gastfreundschaft *f*
hostie [ɔsti] *f* REL Hostie *f*
hostile [ɔstil] *adj* feindlich; *attitude* feindselig; ***être ~ à qn*** jdm nicht wohlgesinnt sein; ***être ~ à qc*** einer S. *dat* ablehnend gegenüberstehen
hostilité [ɔstilite] *f* ❶ *(inimitié)* Feindseligkeit *f,* Feindschaft *f* ❷ *pl* MIL ***les ~s*** die Kampfhandlungen *Pl*
hosto [ɔsto] *m (fam: hôpital)* Krankenhaus *nt*
hot-dog [ˊɔtdɔg] <hot-dogs> *m* GASTR Hotdog *m o nt*
hôte [ot] **I.** *mf d'une personne, ville* Gast *m; d'un hôtel* [Hotel]gast **II.** *m* INFORM Host *m*
hôte, hôtesse [ot, otɛs] *m, f (soutenu: maître de maison)* Gastgeber(in) *m(f)*
hôtel [ɔtɛl, otɛl] *m* ❶ *(hôtellerie)* Hotel *nt* ❷ *(riche demeure)* herrschaftliches Stadthaus *nt* ▶ ~ **Matignon** *Amtssitz des französischen Premierministers;* ~ **de ville** Rathaus *nt*
hôtel-Dieu [ɔtɛldjø, otɛldjø] <hôtels-Dieu> *m* Hospiz *nt* für Kranke
hôtelier, -ière [ɔtəlje, otəlje, -jɛʀ] **I.** *adj* Hotel-; ***industrie hôtelière*** Hotel- und Gaststättengewerbe *nt* **II.** *m, f* Hotelbesitzer(in) *m(f),* Hotelier *m*
hôtellerie [ɔtɛlʀi, otɛlʀi] *f (profession)* Hotelgewerbe *nt*
hôtel-restaurant [ɔtɛlʀɛstɔʀɑ̃, otɛlʀɛstɔʀɑ̃] <hôtels-restaurants> *m* Hotel *nt* mit Restaurant
hôtesse [otɛs] *f* ❶ *v.* **hôte** ❷ *(profession)* ~ ***d'accueil*** *(d'une entreprise)* Empfangssekretärin *f; (d'un hôtel)* Empfangsdame *f; (dans une exposition)* Hostess *f;* ~ ***de l'air*** Stewardess *f*
hot-line [ˊɔtlajn] <hot-line[s]> *f* Hotline *f*
hotte [ˊɔt] *f* ❶ *d'une cheminée* Rauchfang *m;* ~ ***aspirante*** [Dunst]abzugshaube *f* ❷ *(panier)* Kiepe *f*
hou [ˊu] *interj* ❶ *(pour faire honte)* pfui; *(pour conspuer)* buh ❷ *(pour faire peur)* hu ▶ **~, ~!** hallo!
houblon [ˊublɔ̃] *m* Hopfen *m*
houe [ˊu] *f* Hacke *f*
houille [ˊuj] *f* Steinkohle *f*
houiller, -ère [ˊuje, -ɛʀ] *adj* Steinkohlen-, steinkohlenhaltig
houle [ˊul] *f* Seegang *m*
houlette [ˊulɛt] ▶ **être sous la ~ de qn** unter jds Führung *dat* stehen
houleux, -euse [ˊulø, -øz] *adj* ❶ *mer* bewegt, stürmisch ❷ *séance* turbulent; *salle* unruhig
houligan *v.* **hooligan**
houppe [ˊup] *f* ~ ***de cheveux*** [Haar]büschel *nt*
houppette [ˊupɛt] *f* Puderquaste *f*
hourdis [ˊuʀdi] *m (dans un colombage)* Mauerwerk *nt; (dans un sol)* Estrich *m*
hourra [ˊuʀa] **I.** *interj* hurra **II.** *m* Hurra *nt;* ***pousser des ~s*** in Hurrageschrei ausbrechen
houspiller [ˊuspije] <1> *vt* ausschimpfen
housse [ˊus] **I.** *f* [Schutz]hülle *f;* ~ ***de siège*** [Schon]bezug *m;* ~ ***de couette*** Bettbezug; ~ ***portable*** Handyhülle *f,* Natelhülle *f* CH **II.** *app* ***robe*** ~ *(robe courte)* Hängerkleid *nt; (robe longue)* Sackkleid
houx [ˊu] *m* BOT Stechpalme *f*
hovercraft [ˊɔvœʀkʀaft] *m* Luftkissenfahrzeug *nt*
HS [aʃɛs] *abr de* **hors service** ▶ **être ~** *(fam)* groggy sein
hublot [ˊyblo] *m d'un bateau* Bullauge *nt; d'un avion* Fenster *nt; d'un appareil ménager* Sichtfenster *nt*
huche [ˊyʃ] *f* Kasten *m*
hue [ˊy] *interj (avancer)* hü!; *(tourner à droite)* hott!
huées [ˊɥe] *f pl (cris de réprobation)* Buhrufe *Pl*
huer [ˊɥe] <1> *vt* auspfeifen

huguenot(**e**) [ˈygno, ɔt] *m(f)* Hugenotte *m*/Hugenottin *f*

huilage [ɥilaʒ] *m (trempage dans l'huile)* Tränken *nt* in Öl; *(graissage)* Schmieren *nt*

huile [ɥil] *f* ❶ GASTR Öl *nt;* ~ ***d'olive/de tournesol*** Oliven-/Sonnenblumenöl ❷ *(hydrocarbure)* Motoröl *nt* ❸ *(lait)* ~ ***solaire*** Sonnenöl *nt* ❹ *(peinture à l'huile)* ***peint à l'~*** in Öl gemalt ► **~ de coude** *(fam)* Mumm *m;* **jeter de l'~ sur le feu** Öl ins Feuer gießen

huilé(**e**) [ɥile] *adj* ***bien*** ~ gut laufend

huiler [ɥile] <1> *vt* ölen, [mit Öl] schmieren *mécanisme;* einfetten *moule*

huileux, **-euse** [ɥilø, -øz] *adj (péj) plat, surface* ölig

huis [ɥi] ► **à ~ clos** hinter verschlossenen Türen; JUR unter Ausschluss der Öffentlichkeit

huissier [ɥisje] *m (officier ministériel)* Gerichtsvollzieher(in) *m(f),* Exekutor(in) *m(f)* A

huit [ˈɥit, *devant une consonne:* ˈɥi] **I.** *num* acht **II.** *m inv* Acht *f* ► **le grand ~** die Achterbahn; *v. a.* **cinq**

huitaine [ˈɥitɛn] *f* ❶ *(ensemble d'environ huit éléments)* ***une ~ de personnes/pages*** etwa acht Personen/Seiten ❷ *(une semaine)* ***dans une*** ~ in etwa acht Tagen

huitante [ˈɥitɑ̃t] *num* CH *(quatre-vingts)* achtzig; *v. a.* **cinq, cinquante**

huitième [ˈɥitjɛm] **I.** *adj antéposé* achte(r, s) **II.** *mf* ***le/la*** ~ der/die/das Achte **III.** *m* ❶ *(fraction)* Achtel *nt* ❷ SPORT ***~ de finale*** Achtelfinale *nt; v. a.* **cinquième**

huitièmement [ˈɥitjɛmmɑ̃] *adv* achtens

huître [ɥitʀ] *f* Auster *f*

huîtrier, **-ière** [ɥitʀije, -jɛʀ] **I.** *adj* Austern- **II.** *m, f* Austernzüchter(in) *m(f)*

hulotte [ˈylɔt] *f* ORN Waldkauz *m*

hululement [ˈylylmɑ̃] *m* Schrei *m*

hululer [ˈylyle] <1> *vi oiseau de nuit:* schreien

hum [ˈœm] *interj (pour exprimer le doute, la gêne, une réticence)* hm ► **~, ~!** *(pour s'éclaircir la voix, attirer l'attention)* hm, hm

humain(**e**) [ymɛ̃, ɛn] *adj* ❶ *(propre à l'homme)* menschlich; *chair, vie, dignité* Menschen-; ***les êtres ~s*** die Menschen ❷ *(compatissant, sensible)* menschlich, human

humainement [ymɛnmɑ̃] *adv* ❶ *traiter* menschenwürdig ❷ *(avec les capacités humaines)* ***faire tout ce qui est ~ possible*** alles Menschenmögliche tun

humanisation [ymanizasjɔ̃] *f* Humanisierung *f*

humaniser [ymanize] <1> **I.** *vt* menschenwürdiger gestalten *conditions de vie, travail* **II.** *vpr* ***s'~*** menschlich[er] werden

humanisme [ymanism] *m* Humanismus *m*

humaniste [ymanist] *adj* humanistisch

humanitaire [ymanitɛʀ] *adj organisation* humanitär; ***l'aide*** ~ die humanitäre Hilfe

humanité [ymanite] *f* ❶ *(le genre humain)* Menschheit *f* ❷ *sans pl (bonté)* Menschlichkeit *f*

humanoïde [ymanɔid] **I.** *adj* menschenähnlich **II.** *m* menschenähnliches Wesen

humble [œ̃bl] *adj* ❶ *postposé (modeste)* unscheinbar ❷ *(déférent)* ehrfurchtsvoll, ehrfürchtig ❸ *antéposé (pauvre, sans prétention)* einfach; *travaux* niedrig

humblement [œ̃bləmɑ̃] *adv* demütig

humecter [ymɛkte] <1> **I.** *vt* anfeuchten *doigts, timbre, linge* **II.** *vpr* ***s'~ les lèvres*** sich *dat* die Lippen befeuchten

humer [ˈyme] <1> *vt* [tief] einatmen *air frais, odeur;* riechen an +*dat plat;* ***un animal hume l'air*** ein Tier schnuppert

humérus [ymeʀys] *m* ANAT Oberarmknochen *m*

humeur [ymœʀ] *f* ❶ *(état d'âme, envie)* Stimmung *f,* Laune *f;* ***être de bonne/mauvaise*** ~ gut/schlecht gelaunt sein; ***être/se sentir d'~ à faire qc*** dazu aufgelegt sein, etw zu tun ❷ *(tempérament)* Wesen *nt* ❸ *(irritation)* schlechte Laune; ***répondre avec*** ~ unwirsch antworten ► **passer son ~ sur qn** seine schlechte Laune an jdm auslassen

humide [ymid] *adj* ❶ *(qui a pris l'humidité)* feucht ❷ METEO *climat* feucht; *temps* nass; ***il fait une chaleur/un froid*** ~ es ist feuchtwarm/nasskalt

humidificateur [ymidifikatœʀ] *m* Luftbefeuchter *m*

humidifier [ymidifje] <1> *vt* befeuchten

humidité [ymidite] *f* Feuchtigkeit *f*

humiliant(**e**) [ymiljɑ̃, jɑ̃t] *adj* demütigend; *échec* schimpflich

humiliation [ymiljasjɔ̃] *f* ❶ *sans pl (état)* Demütigung *f* ❷ *(affront)* Kränkung *f*

humilier [ymilje] <1> **I.** *vt* demütigen, erniedrigen **II.** *vpr* ***s'~ devant qn*** sich vor jdm erniedrigen

humilité [ymilite] *f* Demut *f*

humoriste [ymɔʀist] *mf* Humorist(in) *m(f)*

humoristique [ymɔʀistik] *adj* humoristisch

humour [ymuʀ] *m* Humor *m*

H

humus [ymys] *m* Humus *m*
hune [´yn] *f* NAUT Mars *m*
Huns [œ̃] *mpl* HIST Hunnen *Pl*
huppe [´yp] *f* Haube *f,* Schopf *m*
huppé(e) [´ype] *adj* ❶ ZOOL Hauben-; ***alouette ~e*** Haubenlerche *f* ❷ *(fam) personne, restaurant* piekfein
hure [´yʀ] *f* ❶ Kopf *m;* ***~ du sanglier*** Wildschweinkopf ❷ GASTR Presskopf *m*
hurlant(e) [´yʀlɑ̃, ɑ̃t] *adj* schreiend
hurlement [´yʀləmɑ̃] *m d'une personne* Schrei *m; de la foule* Geschrei *nt; des loups, du vent* Heulen *nt*
hurler [´yʀle] <1> **I.** *vi* ❶ *(pousser des hurlements) animal:* heulen; ***~ de qc*** vor etw *dat* schreien ❷ *(dire en criant)* schreien, brüllen ❸ *(produire un son semblable à un hurlement) vent:* heulen; *freins:* kreischen **II.** *vt* hinausschreien *injures;* ausstoßen *menaces*
hurluberlu(e) [yʀlybɛʀly] *m(f) (fam)* Luftikus *m*
hurrah [´uʀa] *interj v.* **hourra**
hussard [´ysaʀ] *m* Husar *m*
hussarde [´ysaʀd] ▶ **à la ~** ohne Rücksicht[nahme]
hutte [´yt] *f* Hütte *f*
hybride [ibʀid] **I.** *adj* ❶ BIO hybrid, Bastard- ❷ *(composite)* gemischt; ***solution ~*** unbefriedigende Kompromisslösung ❸ AUT Hybrid-; ***voiture ~*** Hybridauto *nt* **II.** *m* BIO Hybride *m o f,* Bastard *m*
hydratant(e) [idʀatɑ̃, ɑ̃t] *adj* Feuchtigkeits-
hydratation [idʀatasjɔ̃] *f* Hydratation *f*
hydrate [idʀat] *m* CHIM Hydrat *nt;* ***~ de calcium*** Löschkalk *m*
hydrater [idʀate] <1> **I.** *vt* ❶ *(en cosmétique)* mit Feuchtigkeit versorgen ❷ CHIM mit Wasser verbinden **II.** *vpr* CHIM ***s'~*** ein Hydrat bilden
hydraulique [idʀolik] **I.** *adj* ❶ *frein, machine* hydraulisch ❷ *installation, travaux* Kanalisations-; ***énergie ~*** Wasserkraft *f* **II.** *f sans pl* Hydraulik *f*
hydravion [idʀavjɔ̃] *m* Wasserflugzeug *nt*
hydrocarbure [idʀokaʀbyʀ] *m* CHIM Kohlenwasserstoff *m*
hydrocéphalie [idʀosefali] *f* MED Wasserkopf *m*
hydrocution [idʀɔkysjɔ̃] *f* MED Kaltwasserschock *m*
hydroélectrique, hydro-électrique [idʀoelɛktʀik] *adj* hydroelektrisch; ***centrale ~*** Wasserkraftwerk *nt*
hydrogène [idʀɔʒɛn] *m* CHIM Wasserstoff *m*
hydroglisseur [idʀoglisœʀ] *m* Gleitboot *nt*
hydrolyse [idʀɔliz] *f* CHIM Hydrolyse *f*
hydrophile [idʀɔfil] *adj* ***coton ~*** Watte *f*
hydrothérapie [idʀɔteʀapi] *f* MED Wasserbehandlung *f,* Hydrotherapie *f Fachspr.*
hyène [jɛn, ´jɛn] *f* ZOOL Hyäne *f*
hygiaphone® [iʒjafɔn] *m* Sprechmembran *f (bei Schaltern)*
hygiène [iʒjɛn] *f sans pl* ❶ *(principes)* Gesundheitslehre *f* ❷ *(pratique)* Hygiene *f,* Sauberkeit *f* ❸ *(bonnes conditions sanitaires)* Hygiene *f,* Sauberkeit *f;* ***les services d'~*** das Gesundheitsamt ❹ *des cheveux, du bébé* Pflege *f;* ***articles d'~*** [Körper]pflegemittel *Pl*
hygiénique [iʒjenik] *adj* ❶ *(de propreté)* hygienisch; ***papier ~*** Toilettenpapier *nt* ❷ *(sain)* Gesundheits-
hygromètre [igʀɔmɛtʀ] *m* METEO Luftfeuchtigkeitsmesser *m*
hygrométrie [igʀɔmetʀi] *f* Luftfeuchtigkeitsmessung *f*
hymen [imɛn] *m* ANAT Jungfernhäutchen *nt*
hymne [imn] *m* Hymne *f*
hyper [ipɛʀ] *m abr de* **hypermarché**
hyperbole [ipɛʀbɔl] *f* MATH, LITTER Hyperbel *f*
hyperglycémie [ipɛʀglisemi] *f* MED erhöhter Blutzuckergehalt
hyperlien [ipɛʀljɛ̃] *m* INFORM Hyperlink *m*
hyper-malin, -maligne [ipɛʀmalɛ̃, maliɲ] *adj (fam)* oberschlau *iron fam;* ***arrête de jouer les ~s!*** red' nicht so oberschlau daher! *iron fam*
hypermarché [ipɛʀmaʀʃe] *m* großer Supermarkt *m*
hypermétrope [ipɛʀmetʀɔp] *adj* weitsichtig
hypernerveux, -euse [ipɛʀnɛʀvø, -øz] *adj* übernervös
hyperonyme [ipeʀɔnim] *m* Oberbegriff *m*
hypersensibilité [ipɛʀsɑ̃sibilite] *f* Überempfindlichkeit *f*
hypersensible [ipɛʀsɑ̃sibl] *adj* hypersensibel
hypersimple [ipɛʀsɛ̃pl] *adj (fam)* supereinfach *fam*
hypertendu(e) [ipɛʀtɑ̃dy] *adj (fam)* ❶ *(très stressé)* ***être ~*** *personne:* überreizt sein ❷ *(difficile)* ***être ~*** *ambiance:* sehr angespannt sein
hypertension [ipɛʀtɑ̃sjɔ̃] *f* MED erhöhter Blutdruck
hypertexte [ipɛʀtɛkst] *m* INFORM Hypertext *m*

H

hyperthermie [ipɛʀtɛʀmi] *f* MED Wärmestauung *f (bei hohen Außentemperaturen)*
hypertrophie [ipɛʀtʀɔfi] *f* MED, BIO übermäßige Vergrößerung *f*
hypertrophié(e) [ipɛʀtʀɔfje] *adj* ❶ MED, BIO hypertroph *Fachspr.* ❷ *(fig)* übersteigert
hypnose [ipnoz] *f* Hypnose *f*
hypnotique [ipnɔtik] *adj* hypnotisch
hypnotiser [ipnɔtize] <1> *vt (a. fig)* hypnotisieren
hypnotiseur, -euse [ipnɔtizœʀ, -øz] *m, f* Hypnotiseur(in) *m(f)*
hypoallergénique [ipoalɛʀʒenik], **hypoallergique** [ipoalɛʀʒik] *adj* MED, PHARM antiallergisch
hypocalorique [ipokalɔʀik] *adj* kalorienarm
hypocondriaque [ipɔkɔ̃dʀijak] *adj (péj) personne* hypochondrisch
hypocrisie [ipɔkʀizi] *f* Heuchelei *f,* Scheinheiligkeit *f*
hypocrite [ipɔkʀit] **I.** *adj* heuchlerisch, scheinheilig **II.** *mf* Heuchler(in) *m(f)*
hypocritement [ipɔkʀitmɑ̃] *adv* heuchlerisch
hypodermique [ipodɛʀmik] *adj* ANAT, MED subkutan
hypoglycémie [ipoglisemi] *f* MED verminderter Blutzuckergehalt *m*
hypophyse [ipɔfiz] *f* ANAT Hirnanhangdrüse *f,* Hypophyse *f*
hypotension [ipotɑ̃sjɔ̃] *f* MED [zu] niedriger Blutdruck
hypoténuse [ipɔtenyz] *f* MATH Hypotenuse *f*
hypothécaire [ipɔtekɛʀ] *adj* hypothekarisch [gesichert], Hypotheken-
hypothèque [ipɔtɛk] *f* Hypothek *f*
hypothéquer [ipɔteke] <5> *vt* ❶ FIN mit einer Hypothek belasten *maison;* hypothekarisch sichern *créance* ❷ *(engager)* **~ *l'avenir*** die Zukunft [im Voraus] belasten
hypothermie [ipotɛʀmi] *f* MED Unterkühlung *f*
hypothèse [ipɔtɛz] *f* ❶ *(supposition)* Hypothese *f,* Annahme *f* ❷ *(éventualité, cas)* ***dans l'~ où*** angenommen, dass; ***dans cette*** ~ in diesem Fall ❸ *(en logique et science)* Hypothese *f*
hypothétique [ipɔtetik] *adj (en logique et science)* hypothetisch
hystérie [isteʀi] *f* Hysterie *f;* ~ ***collective*** Massenhysterie
hystérique [isteʀik] **I.** *adj* hysterisch **II.** *mf* Hysteriker(in) *m(f),* Wahnsinnige(r) *f(m)*

I i

I, i [i] *m inv* I *nt,* i *nt*
IBAN [ibɑ̃] *m abr de* **international bank account number** ***code*** *m* ~ IBAN *f*
Ibères [ibɛʀ] *mpl* Iberer *Pl*
ibérique [ibeʀik] *adj* iberisch
Ibérique [ibeʀik] *mf* Iberer(in) *m(f)*
ibid. [ibid] *adv abr de* **ibidem** ibid., ib.
ibidem [ibidɛm] *adv* ibidem
ibis [ibis] *m* ORN Ibis *m*
iceberg [ajsbɛʀg, isbɛʀg] *m* ❶ GEOG Eisberg *m* ❷ GASTR Eisbergsalat *m*
ici [isi] *adv* ❶ *(en ce lieu)* hier; ***c'est ~ que qn a fait qc*** hier hat jd etw getan; ***~ et là*** hier und da; ***Madame la directrice, ~ présente, va …*** die [hier] anwesende Direktorin wird … ❷ *(de ce lieu)* ***d'~*** von hier, hiesig; ***les gens d'~*** die Einheimischen; ***par*** ~ hier [in der Gegend]; ***d'~ à Paris/au musée*** von hier [aus] bis Paris/zum Museum; ***près/loin d'~*** in der Nähe/weit von hier [entfernt]; ***à partir d'~*** von hier an; ***sortez d'~!*** raus hier! ❸ *(vers ce lieu)* hierher; ***viens ~ immédiatement!*** komm sofort [hier]her!; ***jusqu'~*** bis hierher; ***par*** ~ hier entlang; *(monter)* hier hinauf; *(descendre)* hier hinunter; ***passer par ~*** hier vorbeikommen ❹ *(temporel)* ***jusqu'~*** bis jetzt; ***d'~*** von jetzt an; ***d'~ peu*** bald, in Kürze; ***d'~ là*** bis dahin; ***d'~ [à] 2019/[à] demain/[à] lundi*** bis 2019/morgen/Montag; ***d'~ [à] la semaine prochaine*** bis zur nächsten Woche; ***d'~ une semaine/quelques semaines*** in einer Woche/einigen Wochen; ***d'~ [à ce] qu'il accepte, cela peut durer*** bis [dass] er akzeptiert, das kann dauern; ***mais d'~ à ce qu'il abandonne, je n'aurais jamais imaginé!*** aber, dass er [so einfach] aufgibt, das hätte ich nie gedacht!
ici-bas [isibɑ] *adv (hum)* hier unten, auf dieser Erde
icône [ikon] *f* INFORM Icon *nt*

iconique [ikɔnik] *adj* ① HIST naturgetreu ② LING *mot* bildhaft

iconoclaste [ikɔnɔklast] *mf* Bilderstürmer(in) *m(f)*

iconographie [ikɔnɔgʀafi] *f* Illustration *f*, Bebilderung *f*

id. [id] *abr de* **idem** id.

idéal [ideal, -o] <-aux o s> *m* ① *(modèle)* Ideal *nt;* ~ ***de justice/liberté*** ideale Vorstellung von Gerechtigkeit/Freiheit; ~ ***de beauté*** Schönheitsideal; ***personne sans*** ~ Mensch *m* ohne Ideale ② *sans pl (le mieux)* ***l'~ serait que tu ne dises rien*** das Beste wäre, wenn du nichts sagtest; ***dans l'~*** im Idealfall

idéal(e) [ideal, -o] <-aux o s> *adj* ① *(fam: rêvé)* ideal; ***beauté ~e*** vollkommene Schönheit; ***des vacances ~es*** ein Traumurlaub ② *(imaginaire)* ideal

idéalement [idealmɑ̃] *adv* ideal

idéalisation [idealizasjɔ̃] *f* Idealisierung *f*

idéaliser [idealize] <1> *vt* idealisieren

idéalisme [idealism] *m* Idealismus *m*

idéaliste [idealist] *mf* Idealist(in) *m(f)*

idée [ide] *f* ① *(projet, inspiration)* Idee *f; (suggestion)* Idee, Einfall *m;* ~ ***lumineuse*** glänzende Idee; ***être plein d'~s*** voller Ideen stecken; ~ ***de génie*** geniale Idee; *(iron)* glorreiche Idee; ***donner l'~ à qn de faire qc*** jdn auf die Idee bringen, etw zu tun; ***quelle drôle d'~!*** [was für eine] komische Idee!; ***tu as de ces ~s!*** du hast [vielleicht] Ideen! *fam* ② *(opinion)* Meinung *f;* ***~s politiques/révolutionnaires*** politische/revolutionäre Ansichten *Pl;* ***avoir les/des ~s larges*** liberale Ansichten haben; ***avoir une haute ~ de qn/soi-même*** eine hohe Meinung von jdm/von sich selbst haben ③ *(pensée)* ~ ***fixe*** fixe Idee; ***~s noires*** trübsinnige Gedanken *Pl;* ***l'~ de qc/que qn est mort/qn ait pu faire ça*** der Gedanke an etw *akk*/[daran], dass jd tot ist/jd dies hätte tun können; ***à l'~ de qc*** bei dem Gedanken an etw *akk;* ***suivre/perdre le fil de ses ~s*** seinem Gedankengang folgen/den Faden verlieren; ***sauter d'une ~ à l'autre*** Gedankensprünge machen; ***se faire à l'~ que qn est mort*** sich an den Gedanken gewöhnen, dass jd tot ist; ***avoir une ~ [de] derrière la tête*** *(fam)* einen Hintergedanken haben; ***se changer les ~s*** auf andere Gedanken kommen ④ *(concept, notion)* Idee *f;* ~ ***reçue*** überkommene Vorstellung; ~ ***de qc*** Vorstellung *f* von etw; ***se faire une ~ de qc*** sich *dat* eine Vorstellung von etw machen; ***ne pas avoir la moindre ~ de qc*** nicht die leiseste Ahnung von etw haben; ***Aucune ~!*** Keine Ahnung!; ***donner une ~ de qc à qn*** jdm eine Vorstellung von etw geben; ***avoir ~ de ce que ...*** sich *dat* vorstellen können, dass ...; ***on n'a pas ~!, a-t-on ~!*** das ist unglaublich!; ***tu n'as pas ~ de ce que ...*** du kannst dir nicht vorstellen, was ... ⑤ *(esprit)* ***qc vient à l'~ de qn*** etw kommt jdm in den Sinn; ***venir à l'~ de faire qc*** in den Sinn kommen etw zu tun ⑥ *(thème)* Idee *f;* ~ ***générale d'un film/roman*** Grundidee eines Films/Buches ▸ **se faire des ~s** *(s'imaginer des choses)* sich *dat* unnütz Sorgen machen; *(se faire des illusions)* sich *dat* falsche Hoffnungen machen

idée-cadeau [idekado] <idées-cadeau> *f* Geschenkidee *f*, Geschenktipp *m* **idée-vacances** [idevakɑ̃s] <idées-vacances> *f* Ferientipp *m*

idem [idɛm] *adv (de même)* dasselbe

identifiant [idɑ̃tifjɑ̃] *m* INFORM Benutzername *m*

identification [idɑ̃tifikasjɔ̃] *f* Identifizierung *f*

identifier [idɑ̃tifje] <1> **I.** *vt* ~ ***qn*** jdn identifizieren **II.** *vpr* ***s'~ à qn/qc*** sich mit jdm/etw identifizieren

identique [idɑ̃tik] *adj* identisch, gleich; ***un véhicule ~*** ein Fahrzeug des gleichen Typs; ***être ~ à qc*** identisch mit etw sein; ***il reste toujours ~ à lui-même*** er bleibt sich *dat* immer [selbst] treu

identiquement [idɑ̃tikmɑ̃] *adv (opp: différemment)* identisch, [vollkommen] gleich

identité [idɑ̃tite] *f* ① *d'une personne* Identität *f;* ***établir/vérifier l'~ de qn*** jds Personalien feststellen/überprüfen; ***sous une fausse ~*** unter falschem Namen ② *d'une société* Erscheinungsbild *nt;* ~ ***graphique*** Produktdesign *nt*, CD *nt;* ~ ***visuelle*** Firmendesign *nt*, CI *nt*

idéologie [ideɔlɔʒi] *f* Ideologie *f*

idéologique [ideɔlɔʒik] *adj* ideologisch

idéologue [ideɔlɔg] *mf* Ideologe *m*/Ideologin *f*

idiomatique [idjɔmatik] *adj* idiomatisch

idiome [idjom] *m* Idiom *nt*

idiot(e) [idjo, idjɔt] **I.** *adj* dumm, blöd[e] *fam; action* idiotisch; ***ce type est complètement ~*** der Typ ist ein Vollidiot *fam* ▸ **ne pas vouloir mourir ~** nicht dumm sterben wollen *fam* **II.** *m(f)* Idiot(in) *m(f);* ***tu me prends pour un ~?*** hältst du mich für blöd? *fam;* ~ ***du village*** *(fam)* Dorftrot-

tel *m fam* ▶ **faire** l'~ *(faire mine de ne pas comprendre)* sich dumm stellen; *(vouloir amuser)* Blödsinn machen; *(se conduire stupidement)* sich wie ein Idiot benehmen
idiotie [idjɔsi] *f* Dummheit *f*
idoine [idwan] *adj (iron)* passend, geeignet; ***~ à qc*** genau richtig [*o* passend] für etw
idolâtre [idɔlɑtʀ] **I.** *adj* ❶ *(qui rend un culte aux idoles)* götzendienerisch ❷ *(littér)* abgöttisch; ***vouer à qn un amour ~*** jdn abgöttisch lieben **II.** *mf* Götzendiener(in) *m(f)*
idolâtrer [idɔlɑtʀe] <1> *vt (littér)* vergöttern
idolâtrie [idɔlɑtʀi] *f* ❶ Götzendienst *m* ❷ *(amour passionné)* abgöttische Liebe
idole [idɔl] *f* Idol *nt,* Abgott *m; **faire de qn son ~*** jdn zu seinem Idol machen
idylle [idil] *f* Idylle *f*
idyllique [idilik] *adj* idyllisch
iench [jɛ̃ʃ] *m (arg)* Kläffer *m sl*
if [if] *m* Eibe *f*
IFOP [ifɔp] *m abr de* **institut français d'opinion publique** *französisches Meinungsforschungsinstitut*
igloo, iglou [iglu] *m* Iglu *nt o m*
ignare [iɲaʀ] *adj* völlig unwissend
igné(e) [iɲe, igne] *adj* ❶ *(littér)* brennend; *substance* brennbar ❷ GEOL *roches* eruptiv
ignifuge [iɲifyʒ, ignifyʒ] **I.** *adj coffre-fort, récipient, bâtiment* feuersicher; *produit* feuerabweisend **II.** *m* Flammenhemmstoff *m*
ignition [iɲisjɔ̃, ignisjɔ̃] *f* CHIM Verbrennung *f; **substance en ~*** verbrennende Substanz
ignoble [iɲɔbl] *adj* gemein, niederträchtig; *procédé* scheußlich; ***propos ~s*** Gemeinheiten *Pl*
ignoblement [iɲɔbləmɑ̃] *adv* ❶ gemein, niederträchtig ❷ *(très mal)* entsetzlich schlecht
ignominie [iɲɔmini] *f* ❶ *(acte)* Schandtat *f* ❷ *(opprobre)* Schande *f*
ignominieusement [iɲɔminjøzmɑ̃] *adv (soutenu)* schändlich; ***tromper qn ~*** jdn auf schändliche Weise betrügen
ignominieux, -euse [iɲɔminjø, -jøz] *adj (soutenu)* schändlich
ignorance [iɲɔʀɑ̃s] *f* ❶ *(manque d'instruction)* Unwissenheit *f* ❷ *(méconnaissance)* Unkenntnis *f; **dans l'~ de qc*** in Unkenntnis einer S. *gen*
ignorant(e) [iɲɔʀɑ̃, ɑ̃t] **I.** *adj* ❶ *(inculte)* unwissend; ***être ~ en qc*** sich in etw *dat* nicht auskennen ❷ *(qui n'est pas au courant)* ***être ~ des événements*** über die Ereignisse *akk* nicht informiert sein **II.** *m(f)* Ignorant(in) *m(f); **faire l'~*** sich dumm stellen; ***parler en ~ de qc*** von etw wie der Blinde von der Farbe reden
ignoré(e) [iɲɔʀe] *adj* unbekannt
ignorer [iɲɔʀe] <1> **I.** *vt* ❶ *(opp: savoir)* nicht kennen; ***ne pas ~ qc*** etw sehr wohl kennen; ***n'~ rien de qc*** etw sehr wohl wissen ❷ *(négliger)* ignorieren ▶ **nul n'est censé ~ la loi** Unkenntnis schützt vor Strafe nicht; **afin que nul n'en ignore** zur allgemeinen Beachtung **II.** *vpr* **s'~** ❶ *(feindre de ne pas se connaître)* ***des personnes s'ignorent*** Menschen ignorieren sich ❷ *(devoir être connu)* ***qc ne s'ignore pas*** etw sollte man kennen
iguane [igwan] *m* Leguan *m*
il [il] *pron pers* ❶ *(masc)* er; ***~ est grand*** er ist groß ❷ *interrog, non traduit* ***Louis a-t-~ ses clés?*** hat Louis seine Schlüssel?; ***le courrier est-~ arrivé?*** ist die Post schon da? ❸ *(répétitif)* ***~ est beau, ce costume*** der Anzug ist schön; ***regarde le soleil, ~ se couche*** sieh mal, die Sonne geht unter; ***l'oiseau, ~ fait cui-cui*** der Vogel ruft zizidä ❹ *impers* es; ***~ est possible qu'elle vienne*** es ist möglich, dass sie kommt; ***~ pleut*** es regnet; ***~ faut que je parte*** ich muss gehen; ***~ y a deux ans*** vor zwei Jahren; ***~ paraît qu'elle vit là-bas*** es scheint, dass sie dort lebt; *v. a.* **avoir**
île [il] *f* Insel *f*
Île-de-France [ildəfʀɑ̃s] *f **l'~*** die Ile-de-France
Îles [il] *fpl **les ~ (Antilles)*** die Antillen
illégal(e) [i(l)legal, -o] <-aux> *adj* illegal, ungesetzlich
illégalement [i(l)legalmɑ̃] *adv* illegal
illégalité [i(l)legalite] *f* Illegalität *f*
illégitime [i(l)leʒitim] *adj* ❶ *(non conforme au droit)* unrechtmäßig ❷ *enfant* unehelich ❸ *(non justifié)* ungerechtfertigt
illégitimement [i(l)leʒitimmɑ̃] *adv* ❶ JUR auf unrechtmäßige Weise; ***les enfants qu'il avait eus ~*** seine unehelichen Kinder ❷ *(injustement)* ungerechtfertigterweise
illégitimité [i(l)leʒitimite] *f* Unrechtmäßigkeit *f,* Illegitimität *f geh*
illettré(e) [i(l)letʀe] *adj* analphabetisch
illettrisme [i(l)letʀism] *m* Analphabetentum *nt*
illicite [i(l)lisit] *adj* unerlaubt
illicitement [i(l)lisitmɑ̃] *adv* verbotenerweise

illico [i(l)liko] *adv (fam)* auf der Stelle ▶ ~ **presto** dalli, dalli

illimité(e) [i(l)limite] *adj* ❶ *(sans bornes)* unbegrenzt; *confiance a.* grenzenlos; *pouvoirs* uneingeschränkt; *reconnaissance* unendlich ❷ *durée* unbegrenzt; *congé* unbefristet; ***forfait*** ~ TELEC, INET Flat[rate] *f*

illisibilité [i(l)lizibilite] *f* ❶ *(opp: lisibilité) d'une écriture* Unleserlichkeit *f* ❷ *(opp: lisibilité) d'un ouvrage* Unlesbarkeit *f*

illisible [i(l)lizibl] *adj* ❶ *(indéchiffrable)* unleserlich ❷ *(incompréhensible)* nicht lesbar

illisiblement [i(l)lizibləmɑ̃] *adv* unleserlich

illogique [i(l)lɔʒik] *adj* unlogisch

illogiquement [i(l)lɔʒikmɑ̃] *adv* unlogisch

illogisme [i(l)lɔʒism] *m* Mangel *m* an Logik; ***comporter de nombreux ~s*** voller logischer Fehler sein

illumination [i(l)lyminasjɔ̃] *f* ❶ *d'une rue, d'un quartier* Beleuchtung *f; (au moyen de projecteurs)* Anstrahlung *f* ❷ *pl (lumières festives)* Festbeleuchtung *f*

illuminé(e) [i(l)lymine] *adj* ❶ *(très éclairé)* festlich beleuchtet; *(au moyen de projecteurs)* angestrahlt ❷ *visage* strahlend

illuminer [i(l)lymine] <1> **I.** *vt* ❶ *(éclairer) personne:* beleuchten; *lustre:* erleuchten; *éclair:* erhellen ❷ *(faire resplendir)* ***la colère illumine ses yeux*** Zorn blitzt aus seinen/ihren Augen; ***la fierté/la joie illumine ses traits*** er/sie strahlt vor Stolz/Freude **II.** *vpr* **s'~** ❶ *(s'éclairer vivement) vitrine:* beleuchtet werden; *monument:* angestrahlt werden ❷ *(resplendir) personne:* strahlen; ***à cette nouvelle, son visage s'est illuminé*** bei der Nachricht strahlte er/sie übers ganze Gesicht; ***ses yeux s'illuminaient de joie/colère*** seine/ihre Augen strahlten vor Freude/blitzten vor Zorn

illusion [i(l)lyzjɔ̃] *f* ❶ *(erreur des sens)* Täuschung *f;* ~ ***d'optique*** optische Täuschung; ~ ***de qc*** Illusion *f* von etw; ***donner l'~ de qc*** die Illusion von etw vermitteln ❷ *(croyance fausse)* Illusion *f;* ***donner à qn l'~ de faire qc*** jdm die Illusion vermitteln, etw zu tun; ***se faire des ~s sur qn/qc*** sich *dat* über jdn/etw Illusionen machen

illusionner [i(l)lyzjɔne] <1> **I.** *vpr* ***s'~ sur qn/qc*** sich *dat* über jdn/etw Illusionen machen **II.** *vt* ~ ***qn sur qc*** jdn über etw *akk* täuschen

illusionnisme [il(l)yzjɔnism] *m* Kunst *f* der Illusion, Zauberkunst *f*

illusionniste [i(l)lyzjɔnist] *mf* Zauberkünstler(in) *m(f)*

illusoire [i(l)lyzwaʀ] *adj* illusorisch; *promesse* leer; ***rêve*** ~ Wunschtraum *m*

illustrateur, -trice [i(l)lystʀatœʀ, -tʀis] *m, f* Illustrator(in) *m(f)*

illustratif, -ive [i(l)lystʀatif, -iv] *adj* illustrativ; ***être ~(-ive) de qc*** etw illustrieren, etw veranschaulichen

illustration [i(l)lystʀasjɔ̃] *f* ❶ *(dessin, exemple)* Illustration *f* ❷ *(action d'illustrer)* Illustrierung *f*

illustre [i(l)lystʀ] *adj* berühmt

illustré [i(l)lystʀe] *m* Illustrierte *f*

illustré(e) [i(l)lystʀe] *adj* illustriert; ***journal*** ~ Illustrierte *f*

illustrer [i(l)lystʀe] <1> **I.** *vt* ❶ *(orner)* ~ ***qc de qc*** etw mit etw illustrieren ❷ *(enrichir)* ~ ***qc de*** [*o* ***par***] ***qc*** etw durch etw illustrieren **II.** *vpr* **s'~** ❶ *(se rendre célèbre)* sich *dat* einen Namen machen ❷ *(péj: se faire remarquer)* auffallen

îlot [ilo] *m* ❶ *(petite île)* kleine Insel ❷ *(pâté de maisons)* Häuserblock *m* ❸ *(groupe isolé)* Insel *f*

îlotier, -ière [ilotje, -jɛʀ] *m, f für bestimmten Häuserblock zuständiger Polizist/zuständige Polizistin*

ils [il] *pron pers* ❶ *(pl masc ou mixte)* sie; ~ ***sont grands*** sie sind groß ❷ *interrog, non traduit* ***les enfants sont-~ là?*** sind die Kinder da? ❸ *(répétitif)* ***regarde les paons comme ~ sont beaux*** sieh mal, wie schön die Pfauen sind; *v. a.* **il**

Grammatik und Co.

Das männliche Personalpronomen **ils** steht für ein männliches Substantiv im Plural:

je cherche mon feutre, où est-il? – ich suche meinen Filzstift, wo ist er?;
je cherche mes feutres, où sont-ils? – ich suche meine Filzstifte, wo sind sie?

Es steht aber auch für mehrere Substantive beiderlei Geschlechts, also für einen „gemischten" Plural:

Paul et Anne sont déjà là, ils t'attendent. – Paul und Anne sind schon da, sie warten auf dich.

image [imaʒ] *f* ❶ *(dessin)* Bild *nt;* ~ ***de marque*** Image *nt;* ~ ***de diaporama*** Folie *f* ❷ *(reflet)* Spiegelbild *nt* ❸ *(fig)* Vorstellung *f;* ***se faire une ~ de qn/qc*** sich ein Bild von jdm/etw machen ▶ **femme-~** Modellfrau *f;* **sage comme une ~** sehr artig; **être l'~ de qn** ganz jds Ebenbild sein; **à l'~ de qn/qc** so wie jd/etw

imagé(e) [imaʒe] *adj langage, style* anschaulich

imagerie [imaʒʀi] *f* TECH Bildherstellung *f*

imaginable [imaʒinabl] *adj* vorstellbar, denkbar

imaginaire [imaʒinɛʀ] **I.** *adj* imaginär, unwirklich; *crainte, maladie* eingebildet; ***animal ~*** Fabeltier *nt* **II.** *m* ***l'~*** das Imaginäre

imaginatif, -ive [imaʒinatif, -iv] *adj* fantasievoll

imagination [imaʒinasjɔ̃] *f* ❶ *(représentation de l'esprit)* Vorstellungskraft *f*, Vorstellung *f*; ***dépasser l'~*** die Vorstellungskraft übersteigen ❷ *(invention)* Fantasie *f*; ***vous ne manquez pas d'~!*** Sie haben wohl zu viel Fantasie!

imaginer [imaʒine] <1> **I.** *vt* ❶ *(se représenter)* sich *dat* vorstellen; ***ne pas ~ que*** *+subj* sich *dat* nicht vorstellen können, dass ❷ *(croire, supposer)* glauben; ***~ que qn a*** [*o* ***ait***] ***fait qc*** vermuten, dass jd etw getan hat ❸ *(inventer)* sich *dat* ausdenken; ***~ qc*** sich *dat* etw ausdenken; ***~ qc*** sich *dat* etw denken/etw erfinden ❹ *(concevoir l'idée de)* ***~ de faire qc*** in Erwägung ziehen, etw zu tun **II.** *vpr* ❶ *(se représenter)* ***s'~ qn/qc autrement*** sich *dat* jdn/etw anders vorstellen ❷ *(se voir)* ***s'~ à la plage/dans vingt ans*** sich [in Gedanken] am Strand/in zwanzig Jahren sehen ❸ *(croire faussement)* ***s'~ qc*** sich *dat* etw einbilden; ***s'~ faire qc/que …*** sich *dat* einbilden, etw zu tun/dass …

imam [imam] *m* Imam *m*

imbattable [ɛ̃batabl] *adj champion, équipe* unschlagbar; ***être ~*** *prix, record:* nicht zu unterbieten sein

imbécile [ɛ̃besil] **I.** *adj* sehr dumm **II.** *mf* Idiot(in) *m(f)*, Dummkopf *m fam*; ***faire l'~*** *(vouloir paraître stupide)* sich dumm stellen; *(se conduire stupidement)* sich blöd benehmen *fam* ▶ **il n'y a que les ~s qui ne changent pas d'avis** nur die Dummen lernen nichts dazu

imbécillité [ɛ̃besilite] *f* Dummheit *f*

imberbe [ɛ̃bɛʀb] *adj* bartlos

imbiber [ɛ̃bibe] <1> *vt* [durch]tränken; ***des chaussures imbibées d'eau*** völlig durchnässte Schuhe; ***imbibé de sang*** mit Blut getränkt

imbrication [ɛ̃bʀikasjɔ̃] *f* ❶ *(chevauchement)* sich überlappende Anordnung ❷ *(enchevêtrement)* Ineinandergreifen *nt*; *des problèmes* Verkettung *f*

imbriquer [ɛ̃bʀike] <1> *vt* ineinanderschieben *pièces*

imbroglio [ɛ̃bʀɔglijo, ɛ̃bʀɔljo] *m* Durcheinander *nt*

imbu(e) [ɛ̃by] *adj (souvent péj)* ***~ de soi-même*** von sich selbst überzeugt

imbuvable [ɛ̃byvabl] *adj* ❶ *boisson* nicht trinkbar ❷ *(fig fam: détestable)* unerträglich

IMC [iɛmse] *m abr de* **Indice de masse corporelle** BMI *m*

IME [iɛmø] *m abr de* **Institut monétaire européen** EWI *nt*

IMG [iɛmʒe] *f abr de* **interruption médicale de grossesse** medizinisch indizierter Schwangerschaftsabbruch *m*

imitable [imitabl] *adj* nachahmbar

imitateur, -trice [imitatœʀ, -tʀis] *m, f* ❶ *(personne qui imite)* Nachahmer(in) *m(f)* ❷ *(comédien)* Imitator(in) *m(f)*

imitatif, -ive [imitatif, -iv] *adj* nachahmend

imitation [imitasjɔ̃] *f* ❶ *(action)* Imitation *f*; ***à l'~ de qn/qc*** nach jds Vorbild/nach dem Vorbild einer S. ❷ *(plagiat)* Imitation *f* ❸ *d'une signature* Fälschung *f*; ***[en] ~*** Imitat *nt* ▶ **pâle ~** farbloser Abklatsch

imiter [imite] <1> *vt* ❶ *(reproduire)* nachahmen, kopieren; ***~ qn*** jdn nachahmen ❷ *(prendre pour modèle)* ***~ sa mère/son père*** seiner Mutter/seinem Vater nacheifern; ***un exemple à ~*** ein nachahmenswertes Beispiel ❸ *(singer, reproduire)* nachmachen, fälschen *signature* ❹ *(avoir l'aspect de)* ***~ qc*** einer S. *dat* nachempfunden sein

immaculé(e) [imakyle] *adj* makellos

immanent(e) [imanɑ̃, ɑ̃t] *adj* immanent

immangeable [ɛ̃mɑ̃ʒabl] *adj* ungenießbar

immanquable [ɛ̃mɑ̃kabl] *adj* unvermeidbar

immanquablement [ɛ̃mɑ̃kabləmɑ̃] *adv* unvermeidbar

immatériel(le) [i(m)mateʀjɛl] *adj* immateriell

immatriculation [imatʀikylasjɔ̃] *f d'un étudiant* Immatrikulation *f*; *d'une voiture* Zulassung *f*; ***~ d'un commerçant au registre du commerce*** Eintragung *f* eines Händlers in das Handelsregister; ***~ à la Sécurité sociale*** Anmeldung *f* bei der Sozialversicherung

immatriculer [imatʀikyle] <1> *vt* eintragen; ***se faire ~ à l'université*** sich an der Universität einschreiben; ***faire ~ une voiture*** ein Auto anmelden; ***être immatriculé 4589 VM 54*** *voiture:* auf das amt-

I

liche Kennzeichen 4589 VM 54 zugelassen sein; ***être immatriculé dans la Manche*** ein Kennzeichen vom Departement der Manche tragen

immature [imatyʀ] *adj* unreif

immaturité [imatyʀite] *f* Unreife *f*

immédiat [imedja] *m* unmittelbare Zukunft ▶ **dans** [*o* **pour**] **l'~** im Augenblick

immédiat(e) [imedja, jat] *adj* ❶ *(très proche)* unmittelbar; *contact, voisin* direkt; *soulagement, effet* sofortig; *avenir* unmittelbar [bevorstehend] ❷ *(sans intermédiaire)* unmittelbar, direkt ❸ *(qui s'impose)* dringlich; ***mesures ~es*** Sofortmaßnahmen *Pl*

immédiatement [imedjatmɑ̃] *adv* ❶ *(tout de suite)* sofort ❷ *(sans intermédiaire)* unmittelbar

immémorial(e) [i(m)memɔʀjal, jo] <-aux> *adj (soutenu)* uralt; ***depuis des temps immémoriaux*** seit Menschengedenken

immense [i(m)mɑ̃s] *adj* ❶ *mer* unermesslich weit; *espace, monde* unermesslich groß ❷ *(énorme)* enorm, immens; *avantage, influence, mérite* unglaublich; *fortune, foule, chantier* riesig; *chagrin, gloire* ungeheuer

immensément [i(m)mɑ̃semɑ̃] *adv riche* ungeheuer

immensité [i(m)mɑ̃site] *f d'une plaine, de la mer* unermessliche Weite; *de l'univers* Unendlichkeit *f*

immergé(e) [imɛʀʒe] *adj rocher, terres* unter Wasser liegend

immerger [imɛʀʒe] <2a> *vt* ~ ***un trésor/corps dans qc*** einen Schatz/einen Körper in etw *dat* versenken

immérité(e) [imeʀite] *adj* unverdient

immersion [imɛʀsjɔ̃] *f* Eintauchen *nt*

immettable [ɛ̃metabl] *adj vêtement* nicht tragbar

immeuble [imœbl] *m* [Wohn]haus *nt*, Gebäude *nt;* ~ ***à usage locatif*** Mietshaus

immigrant(e) [imigʀɑ̃, ɑ̃t] **I.** *adj* ***les populations ~es*** die Einwanderer, die Zuwanderer **II.** *m(f)* Einwanderer *m*/Einwanderin *f*, Zuwanderer/Zuwanderin

immigration [imigʀasjɔ̃] *f* Einwanderung *f*, Zuwanderung *f;* ~ ***choisie*** kontrollierte Einwanderung [*o* Zuwanderung]

immigré(e) [imigʀe] **I.** *adj* eingewandert; ***travailleur*** ~ Gastarbeiter *m* **II.** *m(f)* Einwanderer *m*/Einwanderin *f*, Immigrant(in) *m(f)*

immigrer [imigʀe] <1> *vi* einwandern

imminence [iminɑ̃s] *f* unmittelbares Bevorstehen

imminent(e) [iminɑ̃, ɑ̃t] *adj* unmittelbar bevorstehend; *conflit, danger* drohend; ***être*** ~ unmittelbar bevorstehen; *conflit, danger:* drohen

immiscer [imise] <2> *vpr* ***s'~ dans qc*** sich in etw *akk* einmischen

immixtion [imiksjɔ̃] *f* ~ ***dans qc*** Einmischung *f* in etw *akk*

immobile [i(m)mɔbil] *adj* ❶ *(fixe)* unbeweglich; *personne a.* reg[ungs]los; *partie, pièce a.* fest ❷ *(qui n'évolue pas)* starr

immobilier [imɔbilje] *m* ***l'~*** das Immobiliengeschäft; ***travailler dans l'~*** im Immobiliengeschäft sein

immobilier, -ière [imɔbilje, -jɛʀ] *adj agent, annonce, société, vente, ensemble* Immobilien-; *placement a.* in Immobilien; *crédit, saisie* Immobiliar-; *crise* im Immobiliengeschäft; *revenus* aus Immobilien; ***biens ~s*** Immobilien *Pl;* ***promoteur*** ~ Bauträger *m*

immobilisation [imɔbilizasjɔ̃] *f* ❶ *d'un véhicule* Stehenbleiben *nt; d'une machine a.* Stillstehen *nt;* ***attendez l'~ totale du convoi!*** warten Sie [so lange], bis der Zug stillsteht!; ***entraîner l'~ de la circulation*** den Verkehr lahmlegen ❷ MED *d'un membre, d'une fracture* Ruhigstellung *f*

immobiliser [imɔbilize] <1> **I.** *vt* ❶ *(stopper)* anhalten *camions;* lahmlegen *circulation* ❷ *(paralyser)* lähmen *personne;* ~ ***qn de peur*** jdn vor Angst erstarren lassen ❸ MED ruhig stellen *membre; fracture, grippe:* lahmlegen ❹ SPORT im Haltegriff halten **II.** *vpr* ***s'~*** *personne, machine, train:* stehen bleiben; *voiture:* liegen bleiben; ***s'~ de peur*** vor Angst erstarrt sein; ***s'~ de surprise*** vor Freude wie gelähmt sein

immobilisme [imɔbilism] *m* Fortschrittsfeindlichkeit *f*

immobilité [imɔbilite] *f* ❶ *(inertie)* Reg[ungs]losigkeit *f* ❷ *(immuabilité)* Starre *f*

immodéré(e) [imɔdeʀe] *adj désir, usage* unmäßig

immoler [imɔle] <1> *vt* ~ ***qn/un animal à qn*** jdm jdn/ein Tier opfern

immonde [i(m)mɔ̃d] *adj* ❶ *(d'une saleté extrême)* widerwärtig ❷ *crime, personne* gemein; *action* schändlich; *propos* schmutzig

immondices [i(m)mɔ̃dis] *f pl* Müll *m*

immoral(e) [i(m)mɔʀal, -o] <-aux> *adj* unmoralisch; *conduite a.* unsittlich; *personne a.* sittenlos

immoralisme [i(m)mɔʀalism] *m* Unmo-

ral *f;* PHILOS Immoralismus *m,* Gesinnungslosigkeit *f pej*
immoralité [i(m)mɔʀalite] *f* Unsittlichkeit *f; d'une personne a.* unsittliches Verhalten; *d'une politique, société* Unmoral *f*
immortaliser [imɔʀtalize] <1> **I.** *vt* unsterblich machen **II.** *vpr* ***s'~ par qc*** durch etw unsterblich werden
immortalité [imɔʀtalite] *f* Unsterblichkeit *f*
immortel(le) [imɔʀtɛl] *adj* ❶ REL unsterblich ❷ *(soutenu) amour, gloire, monument* ewig; *souvenir, principe* unauslöschlich; *personne* unvergessen
immortelle [imɔʀtɛl] *f* Strohblume *f*
immotivé(e) [i(m)mɔtive] *adj* grundlos, unbegründet
immuable [imɥabl] *adj* unveränderlich
immuablement [imɥabləmɑ̃] *adv couler* unaufhörlich; *fidèle* unverändert; ***être ~ fidèle à ses convictions*** seinen Überzeugungen immer treu bleiben
immunisation [imynizasjɔ̃] *f* Immunisierung *f*
immuniser [imynize] <1> *vt (a. fig)* ***~ qn contre qc*** jdn gegen etw immun machen
immunitaire [imynitɛʀ] *adj* ***système ~*** Immunsystem *nt*
immunité [imynite] *f* Immunität *f*
immunodéficience [imynodefisjɑ̃s] *f* MED Immunschwäche *f*
immunologie [imynɔlɔʒi] *f* BIO, MED Immunologie *f*
i-mode [imɔd] *m* INFORM i-mode® *m*
impact [ɛ̃pakt] *m* ❶ *d'une balle* Einschuss *m;* ***point d'~*** *(d'une balle)* Einschussstelle *f* ❷ *(influence)* Einfluss *m;* ***~ publicitaire/médiatique*** Werbe-/Medienwirksamkeit *f;* ***avoir de l'~ sur qn/qc*** Einfluss auf jdn/etw haben; *intervention, nouvelle:* sich auf jdn/etw auswirken
impair [ɛ̃pɛʀ] *m* ❶ *(opp: pair)* ungerade Zahl; ***miser sur l'~*** *(à la roulette)* auf Impair setzen ❷ *(gaffe)* Fauxpas *m;* ***commettre*** [*o* ***faire***] ***un ~*** einen Fauxpas begehen
impair(e) [ɛ̃pɛʀ] *adj* ungerade
impalpable [ɛ̃palpabl] *adj danger, sentiment* nicht greifbar
imparable [ɛ̃paʀabl] *adj argument* unwiderlegbar
impardonnable [ɛ̃paʀdɔnabl] *adj erreur, faute* unverzeihlich; ***elle est ~ de se tromper encore*** es ist unverzeihlich [von ihr], dass sie sich erneut irrt
imparfait [ɛ̃paʀfɛ] *m* Imperfekt *nt,* Imparfait *nt;* ***à l'~*** im Imperfekt
imparfaitement [ɛ̃paʀfɛtmɑ̃] *adv* ❶ *(partiellement)* nur teilweise, unvollkommen ❷ *(médiocrement)* unzulänglich
impartial(e) [ɛ̃paʀsjal, -jo] <-aux> *adj arbitre, juge* unparteiisch
impartialement [ɛ̃paʀsjalmɑ̃] *adv* unvoreingenommen; *juger* unparteiisch
impartialité [ɛ̃paʀsjalite] *f* Unvoreingenommenheit *f*
impartir [ɛ̃paʀtiʀ] <8> *vt* ADMIN, JUR bewilligen
impasse [ɛ̃pɑs] *f (a. fig)* Sackgasse *f;* ***s'engager dans une ~*** in eine Sackgasse geraten; ***être dans l'~*** in einer Sackgasse stecken ▸ **faire l'~ sur qc** etw auslassen
impassibilité [ɛ̃pasibilite] *f* Gefasstheit *f*
impassible [ɛ̃pasibl] *adj personne* gefasst; *visage* unbewegt; ***rester ~*** die Fassung bewahren
impassiblement [ɛ̃pasibləmɑ̃] *adv* unbewegt; *réagir* gefasst
impatiemment [ɛ̃pasjamɑ̃] *adv* ungeduldig
impatience [ɛ̃pasjɑ̃s] *f* Ungeduld *f;* ***brûler d'~ de faire qc*** darauf brennen, etw zu tun *fam;* ***avec ~*** ungeduldig
impatient(e) [ɛ̃pasjɑ̃, jɑ̃t] **I.** *adj* ungeduldig; ***être ~ de faire qc*** darauf brennen, etw zu tun **II.** *m(f)* Ungeduldige(r) *f(m)*
impatienter [ɛ̃pasjɑ̃te] <1> **I.** *vt* ***~ qn avec*** [*o* ***par***] ***qc*** jdn mit etw ungeduldig machen; ***vous commencez à m'~*** ich bin mit meiner Geduld bald am Ende **II.** *vpr* ***s'~ de qc*** wegen etw ungeduldig werden; ***s'~ contre qn/qc*** sich über jdn/etw aufregen
impavide [ɛ̃pavid] *adj (littér)* furchtlos, unerschrocken
impayable [ɛ̃pɛjabl] *adj (fam: drôle)* zum Schießen
impayé [ɛ̃peje] *m* ausstehende Zahlung *f*
impec [ɛ̃pɛk] *adj inv (fam) abr de* **impeccable** optimal
impeccable [ɛ̃pekabl] *adj* ❶ *(très propre)* tadellos ❷ *(irréprochable)* vorbildlich; *attitude, conduite* tadellos ❸ *(fam: parfait)* ***~!*** astrein!, Spitze!
impeccablement [ɛ̃pekabləmɑ̃] *adv* tadellos
impénétrable [ɛ̃penetʀabl] *adj* undurchdringlich
impénitent(e) [ɛ̃penitɑ̃, ɑ̃t] *adj* unverbesserlich
impensable [ɛ̃pɑ̃sabl] *adj* undenkbar
imper [ɛ̃pɛʀ] *m (fam) abr de* **imperméable**
impératif [ɛ̃peʀatif] *m* LING Imperativ *m*

impérativement [ɛ̃peʀativmɑ̃] *adv* unbedingt

impératrice [ɛ̃peʀatʀis] *f* Kaiserin *f; v. a.* **empereur**

imperceptible [ɛ̃pɛʀsɛptibl] *adj* ❶ *(indécelable)* nicht wahrnehmbar; ***être ~ à qn*** für jdn nicht wahrnehmbar sein; ***être ~ à l'oreille*** nicht hörbar sein; ***être ~ à l'œil*** für das menschliche Auge nicht erkennbar sein ❷ *(infime, minime)* unmerklich

imperceptiblement [ɛ̃pɛʀsɛptibləmɑ̃] *adv* unmerklich

imperfection [ɛ̃pɛʀfɛksjɔ̃] *f* ❶ *sans pl (opp: perfection)* Unvollkommenheit *f* ❷ *souvent pl d'une matière* Fehler *m,* Mängel *Pl; d'un roman, plan* Schwachstelle *f; d'un visage, de la peau* Unebenheit *f*

impérial(e) [ɛ̃peʀjal, -jo] <-aux> *adj* ❶ *(d'empereur)* kaiserlich; ***dignité ~*** Kaiserwürde *f* ❷ *(dominateur, altier)* herrisch

impérialisme [ɛ̃peʀjalism] *m* Imperialismus *m*

impérialiste [ɛ̃peʀjalist] **I.** *adj* imperialistisch **II.** *mf* Imperialist(in) *m(f)*

impérieusement [ɛ̃peʀjøzmɑ̃] *adv* dringend

impérieux, -euse [ɛ̃peʀjø, -jøz] *adj* herrisch

impérissable [ɛ̃peʀisabl] *adj* unvergänglich

imperméabilisation [ɛ̃pɛʀmeabilizasjɔ̃] *f* Imprägnieren *nt*

imperméabiliser [ɛ̃pɛʀmeabilize] <1> *vt* imprägnieren; ***ce produit imperméabilise les chaussures*** dieses Produkt imprägniert die Schuhe

imperméabilité [ɛ̃pɛʀmeabilite] *f* Wasserundurchlässigkeit *f*

imperméable [ɛ̃pɛʀmeabl] **I.** *adj sol* wasserundurchlässig; *tissu, toile* wasserdicht **II.** *m* Regenmantel *m*

impersonnalité [ɛ̃pɛʀsɔnalite] *f* ❶ GRAM *d'un verbe* Unpersönlichkeit *f* ❷ *(objectivité) d'un jugement* Unparteilichkeit *f*

impersonnel(le) [ɛ̃pɛʀsɔnɛl] *adj* ❶ *(neutre)* unpersönlich ❷ *(opp: personnalisé)* allgemeingültig

impertinemment [ɛ̃pɛʀtinamɑ̃] *adv (effrontément)* unverschämt

impertinence [ɛ̃pɛʀtinɑ̃s] *f* Unverschämtheit *f; **avec ~*** unverschämt; ***arrête tes ~s!*** sei nicht so unverschämt!

impertinent(e) [ɛ̃pɛʀtinɑ̃, ɑ̃t] **I.** *adj* unverschämt, frech **II.** *m(f)* unverschämter Mensch

imperturbable [ɛ̃pɛʀtyʀbabl] *adj* unerschütterlich; ***il est d'un caractère ~*** ihn kann nichts erschüttern

imperturbablement [ɛ̃pɛʀtyʀbabləmɑ̃] *adv* unerschütterlich

impétigo [ɛ̃petigo] *m* Eiterflechte *f*

impétueusement [ɛ̃petɥøzmɑ̃] *adv (littér)* ungestüm, stürmisch

impétueux, -euse [ɛ̃petɥø, -øz] *adj (fougueux)* ungestüm; *caractère, personne, jeunesse a.* stürmisch; *orateur* feurig

impétuosité [ɛ̃petɥozite] *f (soutenu)* ❶ *(fougue)* Ungestüm *nt veraltet; d'une passion* Heftigkeit *f* ❷ *(violence)* Heftigkeit *f; d'un ouragan, d'une tempête* Gewalt *f,* Heftigkeit

impitoyable [ɛ̃pitwajabl] *adj* unerbittlich; *personne a.* hartherzig; *jugement a.* unbarmherzig; *critique* schonungslos; *haine* erbittert; *regard* mitleid[s]los

impitoyablement [ɛ̃pitwajabləmɑ̃] *adv* mitleid[s]los

implacable [ɛ̃plakabl] *adj ennemi, juge* unerbittlich

implacablement [ɛ̃plakabləmɑ̃] *adv* unerbittlich; *critiquer* schonungslos; ***être ~ brûlant*** *soleil:* erbarmungslos brennen; ***analyser ~ les comptes*** die Abrechnungen mit peinlicher Genauigkeit prüfen

implant [ɛ̃plɑ̃] *m* Implantat *nt*

implantation [ɛ̃plɑ̃tasjɔ̃] *f* Ansied[e]lung *f*

implanter [ɛ̃plɑ̃te] <1> **I.** *vt* ❶ *(introduire)* ansiedeln; ***être implanté*** *industrie:* angesiedelt sein; *personne:* sesshaft sein; *arbre:* eingepflanzt sein; *système:* eingeführt sein ❷ *(enraciner)* ***être implanté dans qc*** *habitudes, préjugés:* tief in etw *dat* verwurzelt sein ❸ MED ***~ qc à qn*** jdm etw implantieren **II.** *vpr* **s'~** ❶ *(se fixer)* sich ansiedeln; *immigrants a.:* sesshaft werden; *parti politique:* Fuß fassen ❷ *(s'installer) idées, préjugés:* sich festsetzen; *usages:* sich einbürgern

implémenter [ɛ̃plemɑ̃te] <1> *vt* INFORM implementieren

implication [ɛ̃plikasjɔ̃] *f* ❶ *gén pl (conséquence)* Folge *f* ❷ *(mise en cause)* ***~ de qn dans qc*** jds Verwicklung *f* in etw *akk*

implicite [ɛ̃plisit] *adj* implizit; ***mais c'était le sens ~ de ses propos*** aber das war es, was er eigentlich damit gemeint hatte

implicitement [ɛ̃plisitmɑ̃] *adv* implizit

impliquer [ɛ̃plike] <1> **I.** *vt* ❶ *(signifier)* bedeuten ❷ *(demander)* erfordern *de la concentration* ❸ *(mêler)* ***~ qn dans qc*** jdn in etw *akk* verwickeln ❹ *(avoir pour* *conséquence)* implizieren **II.** *vpr* ***s'~ dans qc*** sich für etw einsetzen

implorant(e) [ɛ̃plɔʀɑ̃, ɑ̃t] *adj (littér)* flehend

implorer [ɛ̃plɔʀe] <1> *vt* ❶ *(supplier)* ***~ qn de faire qc*** jdn anflehen, etw zu tun ❷ *(solliciter)* ***~ qc*** um etw flehen

imploser [ɛ̃ploze] <1> *vi* implodieren

impoli(e) [ɛ̃pɔli] **I.** *adj* unhöflich; ***~ envers qn*** unhöflich jdm gegenüber **II.** *m(f)* unhöflicher Mensch

impoliment [ɛ̃pɔlimɑ̃] *adv* unhöflich

impolitesse [ɛ̃pɔlitɛs] *f* Unhöflichkeit *f;* ***avec ~*** unhöflich

impondérable [ɛ̃pɔ̃deʀabl] *adj événement* unvorhersehbar

impopulaire [ɛ̃pɔpylɛʀ] *adj* unpopulär; ***se rendre ~*** sich unbeliebt machen

impopularité [ɛ̃pɔpylaʀite] *f* Unbeliebtheit *f*

import [ɛ̃pɔʀ] *m abr de* **importation** Import *m*

importable[1] [ɛ̃pɔʀtabl] *adj (qu'on peut importer)* importierbar

importable[2] [ɛ̃pɔʀtabl] *adj (immettable)* nicht tragbar; ***ce complet est devenu ~*** den Anzug kann man nicht mehr tragen

importance [ɛ̃pɔʀtɑ̃s] *f* ❶ *(rôle)* Bedeutung *f,* Wichtigkeit *f; d'une personne* Einfluss *m;* ***de la dernière ~*** höchst wichtig; ***accorder*** [*o* ***attacher***] ***de l'~ à qc*** einer S. *dat* Bedeutung beimessen; ***se donner de l'~*** *(péj)* sich wichtigmachen; ***être d'~*** von Bedeutung sein; ***prendre de l'~*** an Bedeutung gewinnen; ***sans ~*** unwichtig ❷ *(ampleur)* Ausmaß *nt*

important [ɛ̃pɔʀtɑ̃] *m* Wichtige(s) *nt*

important(e) [ɛ̃pɔʀtɑ̃, ɑ̃t] **I.** *adj* ❶ *(considérable)* wichtig; *personnage a.* einflussreich; ***quelque chose d'~*** etwas Wichtiges ❷ *(gros)* beträchtlich; *dégâts, retard a.* erheblich; *somme a.* ansehnlich; ***une quantité ~e*** eine größere Menge ❸ *(péj)* wichtigtuerisch *fam;* ***prendre des airs ~s*** sich wichtigmachen *fam* **II.** *m(f)* ***faire l'~*** *(péj)* sich wichtigmachen *fam*

importateur, -trice [ɛ̃pɔʀtatœʀ, -tʀis] **I.** *adj* ***un pays ~ de blé*** ein Getreide importierendes Land **II.** *m, f* Importeur *m*

importation [ɛ̃pɔʀtasjɔ̃] *f* Import *m;* ***marchandise d'~*** Importware *f;* ***c'est de la viande d'~*** das ist importiertes Fleisch

importer[1] [ɛ̃pɔʀte] <1> *vt* ❶ COM importieren ❷ *(introduire)* einführen; ***~ qc*** etw importieren/einführen

importer[2] [ɛ̃pɔʀte] <1> *vi* ❶ *(être important)* ***la seule chose qui importe, c'est que ...*** das einzige, was zählt, ist ...; ***cela importe peu/beaucoup*** das ist von geringer/großer Bedeutung; ***peu importe[nt] les difficultés!*** welche Schwierigkeiten sich mir auch immer in den Weg stellen werden!; ***qu'importe qc*** was bedeutet etw schon; ***peu importe que*** +*subj* es spielt keine Rolle, ob; ***qu'importe si ...*** was macht es schon, wenn ... ❷ *(intéresser)* ***~ fort peu à qn*** jdn überhaupt nicht interessieren; ***ce qui m'importe, c'est ...*** was für mich zählt, ist ... ▶ **n'importe comment** *(par tous les moyens)* irgendwie; **n'importe lequel/laquelle** irgendeiner/irgendeine; **n'importe** *(cela m'est égal)* [ist mir] egal; *(néanmoins)* nichtsdestotrotz; **n'importe où** irgendwo[hin]; ***suivre qn n'importe où*** jdm überallhin folgen; **n'importe quand** irgendwann; ***vous pouvez venir n'importe quand*** Sie können kommen, wann Sie wollen; **n'importe quel** + *subst* irgendein(e, r); ***acheter à n'importe quel prix*** zu jedem Preis kaufen; ***n'importe quel élève ...*** jeder x-beliebige Schüler ...; **n'importe qui** irgendwer; ***n'importe qui pourrait ...*** jeder x-beliebige könnte ...; **n'importe quoi** irgendwas; ***dire n'importe quoi*** *(des bêtises)* Unsinn reden

import-export [ɛ̃pɔʀɛkspɔʀ] <imports-exports> *m* Import-Export *m*

importun(e) [ɛ̃pɔʀtœ̃, yn] *adj (soutenu) arrivée, visite* ungelegen; *curiosité, demande* aufdringlich; *plainte, lamentation* unangebracht

importuner [ɛ̃pɔʀtyne] <1> *vt (soutenu)* ***~ qn*** jdn belästigen

imposable [ɛ̃pozabl] *adj* steuerpflichtig

imposant(e) [ɛ̃pozɑ̃, ɑ̃t] *adj* ❶ *(majestueux)* imposant; *stature a.* stattlich; *bâtiment, monument a.* gewaltig ❷ *(considérable)* beachtlich; *somme a.* ansehnlich

imposé(e) [ɛ̃poze] *adj prix, date* vorgeschrieben; ***le minimum ~ par la loi*** der gesetzlich vorgeschriebene Mindestsatz

imposer [ɛ̃poze] <1> **I.** *vt* ❶ *(exiger)* erfordern *décision;* verlangen *repos;* ***~ qc à qn*** etw von jdm erfordern ❷ *(prescrire)* fordern, verlangen, festsetzen *date;* ***~ qc à qn*** jdm etw auferlegen; ***~ à qn de faire qc*** von jdm verlangen, etw zu tun ❸ *(faire accepter de force)* ***~ le silence à qn*** jdm Ruhe gebieten; ***~ sa volonté à qn*** jdm seinen Willen aufzwingen; ***il sait ~ son autorité*** er weiß sich durchzusetzen ❹ *(faire reconnaître)* durchsetzen *produit* ❺ FIN steuerlich veranlagen *per-*

sonne; besteuern *revenu, marchandise;* ***être imposé sur qc*** *personne:* nach etw steuerlich veranlagt werden; *revenu, marchandise:* nach etw besteuert werden **II.** *vpr* ❶ *(devenir indispensable)* ***s'~ à qn*** *prudence, repos:* zwingend geboten sein; *solution:* sich jdm aufdrängen; ***ça s'impose*** das ist ein Muss; ***ça ne s'imposait vraiment pas*** das wäre doch wirklich nicht nötig gewesen ❷ *(être importun)* ***s'~*** sich aufdrängen ❸ *(se faire reconnaître)* ***s'~*** sich durchsetzen ❹ *(se donner comme devoir)* ***s'~ qc*** sich *dat* etw zur Pflicht machen; ***il s'est imposé de ne plus fumer*** er hat sich *dat* vorgenommen, nicht mehr zu rauchen

imposition [ɛ̃pozisjɔ̃] *f* Besteuerung *f*

impossibilité [ɛ̃pɔsibilite] *f* Unmöglichkeit *f;* ***il y a ~ à ce que*** *+subj* es ist unmöglich, dass; ***il est*** [*o* ***se trouve***] ***dans l'~ de faire qc*** er ist außerstande, etw zu tun; ***mettre qn dans l'~ de faire qc*** es jdm unmöglich machen, etw zu tun

impossible [ɛ̃pɔsibl] **I.** *adj* ❶ *(irréalisable)* unmöglich; ***être ~ à qn*** jdm unmöglich sein ❷ *(insupportable)* unmöglich; ***rendre la vie ~ à qn*** jdm das Leben unerträglich machen ❸ *(fam: invraisemblable)* unmöglich; ***à des heures ~s*** zu den unmöglichsten Zeiten **II.** *m* Unmögliche(s) *nt;* ***tenter l'~*** alles nur Mögliche versuchen; ***faire l'~ pour qn/qc*** das Menschenmögliche für jdn/etw tun

imposteur [ɛ̃pɔstœʀ] *m* Hochstapler *m*

imposture [ɛ̃pɔstyʀ] *f (littér)* Betrug *m*

impôt [ɛ̃po] *m* Steuer *f;* ***~ sur le revenu*** Einkommen[s]steuer; ***~ sur les salaires*** Lohnsteuer; ***~ foncier*** Grundsteuer; ***~s locaux*** Kommunalsteuern *Pl*

impotence [ɛ̃pɔtɑ̃s] *f* [Geh]behinderung *f*

impotent(e) [ɛ̃pɔtɑ̃, ɑ̃t] **I.** *adj* bewegungsunfähig **II.** *m(f)* [Körper]behinderte(r) *f(m)*

Falsche Freunde
Nicht verwechseln mit *impotent* – *impuissant*!

impraticable [ɛ̃pʀatikabl] *adj route, piste* unbefahrbar

imprécis(e) [ɛ̃pʀesi, iz] *adj* ungenau; *souvenir, contour* undeutlich; *limites* unklar; *évaluation* ungefähr; ***n'avoir que des souvenirs fort ~ de qc*** sich an etw nur noch dunkel erinnern

imprécision [ɛ̃pʀesizjɔ̃] *f* Ungenauigkeit *f*

imprégnation [ɛ̃pʀeɲasjɔ̃] *f* ❶ *d'une étoffe, d'un bois* Imprägnierung *f* ❷ *(pénétration)* Beeinflussung *f,* Durchdringung *f*

imprégner [ɛ̃pʀeɲe] <5> **I.** *vt* ❶ *(imbiber)* imprägnieren *bois, étoffe;* ***~ un tampon de qc*** einen Wattebausch mit etw tränken; ***une odeur imprègne une pièce*** ein Duft erfüllt ein Zimmer ❷ *(marquer) atmosphère:* ergreifen; *sentiment a.:* erfüllen; ***l'amertume imprégnait ses paroles*** Bitterkeit sprach aus seinen Worten; ***être imprégné de préjugés*** von Vorurteilen geprägt sein; ***être imprégné d'un souvenir*** von einer Erinnerung erfüllt sein; ***une lettre imprégnée d'ironie*** ein Brief voller Ironie **II.** *vpr* ***s'~ d'eau*** sich mit Wasser vollsaugen; ***s'~ d'une odeur*** einen Duft annehmen

imprenable [ɛ̃pʀənabl] *adj forteresse, château* uneinnehmbar

imprésario [ɛ̃pʀezaʀjo, ɛ̃pʀesaʀjo, -ʀii] <s *o* imprésarii> *m* [Theater-, Konzert]agent *m*

impression [ɛ̃pʀesjɔ̃] *f (sentiment)* Eindruck *m;* ***avoir l'~*** den Eindruck haben; ***avoir l'~ que ...*** den Eindruck haben, dass ...; ***faire une forte ~ sur qn*** auf jdn großen Eindruck machen; ***laisser à qn une ~*** bei jdm einen Eindruck hinterlassen; ***l'~ que ...*** der Eindruck, dass ...; ***avoir l'~ de faire qc*** den Eindruck haben etw zu tun; ***donner à qn l'~ de faire qc*** auf jdn den Eindruck machen, etw zu tun ▶ **une ~ de déjà-vu** ein Déjà-vu-Erlebnis *nt*

impressionnable [ɛ̃pʀesjɔnabl] *adj* empfindsam, sensibel

impressionnant(e) [ɛ̃pʀesjɔnɑ̃, ɑ̃t] *adj* ❶ *(imposant)* beeindruckend ❷ *(considérable)* beachtlich

impressionner [ɛ̃pʀesjɔne] <1> *vt* ***~ qn*** jdn beeindrucken; *films d'horreur:* jdm Angst machen; ***être impressionné par qn/qc*** von jdm/etw beeindruckt sein; ***se laisser ~ par qn/qc*** sich von jdm/etw beeindrucken lassen

impressionnisme [ɛ̃pʀesjɔnism] *m* Impressionismus *m*

impressionniste [ɛ̃pʀesjɔnist] **I.** *adj* impressionistisch **II.** *mf* Impressionist(in) *m(f)*

imprévisible [ɛ̃pʀevizibl] **I.** *adj* unvorhersehbar; *personne* unberechenbar **II.** *m* ***l'~*** das Unvorhersehbare

imprévoyance [ɛ̃pʀevwajɑ̃s] *f* Sorglosigkeit *f;* ***quelle ~!*** wie kurzsichtig!

imprévoyant(e) [ɛ̃pʀevwajɑ̃, jɑ̃t] *adj* sorglos

imprévu [ɛ̃pʀevy] *m* ❶ *(ce à quoi on ne s'attend pas)* ***l'~*** das Unerwartete; ***j'aime l'~*** ich liebe Überraschungen *Pl;* ***des vacances pleines d'~s*** Ferien *Pl* voller Überraschungen ❷ *(incident fâcheux)* Zwischenfall *m;* ***il y a eu un ~*** es ist etwas Unvorhergesehenes dazwischengekommen; ***en cas d'~*** falls etwas dazwischenkommt

imprévu(e) [ɛ̃pʀevy] *adj* unvorhergesehen

imprimante [ɛ̃pʀimɑ̃t] *f* Drucker *m;* ***~ [à] laser*** Laserdrucker; ***~ à jet d'encre*** Tintenstrahldrucker; ***~ 3D*** 3-D-Drucker, 3D-Drucker

imprimé [ɛ̃pʀime] *m* ❶ POST Infopost *f* ❷ *(formulaire)* [vorgedrucktes] Formular ❸ *(tissu)* bedruckter Stoff ❹ *(ouvrage imprimé)* Druckwerk *nt*

imprimé(e) [ɛ̃pʀime] *adj* ❶ PRESSE gedruckt ❷ TEXTIL bedruckt

imprimer [ɛ̃pʀime] <1> *vt* ❶ TEXTIL drucken, bedrucken *tissu* ❷ PRESSE veröffentlichen

imprimerie [ɛ̃pʀimʀi] *f* ❶ *(technique)* Buchdruck *m* ❷ *(établissement)* [Buch]druckerei *f*

imprimeur, -euse [ɛ̃pʀimœʀ, -øz] *m, f* ❶ *(ouvrier)* [Buch]drucker(in) *m(f)* ❷ *(propriétaire)* ***le manuscrit est chez l'~*** das Manuskript ist in der Druckerei

improbabilité [ɛ̃pʀɔbabilite] *f* Unwahrscheinlichkeit *f*

improbable [ɛ̃pʀɔbabl] *adj* unwahrscheinlich

improductif, -ive [ɛ̃pʀɔdyktif, -iv] *adj population* nicht erwerbstätig; *personnel* unproduktiv

impromptu [ɛ̃pʀɔ̃pty] *m* MUS Impromptu *nt*

imprononçable [ɛ̃pʀɔnɔ̃sabl] *adj* unaussprechlich

impropre [ɛ̃pʀɔpʀ] *adj* ungeeignet

improprement [ɛ̃pʀɔpʀəmɑ̃] *adv* nicht korrekt; ***s'exprimer ~*** sich falsch ausdrücken

impropriété [ɛ̃pʀɔpʀijete] *f* falscher Gebrauch *m*

improvisation [ɛ̃pʀɔvizasjɔ̃] *f* Improvisation *f*

improvisé(e) [ɛ̃pʀɔvize] *adj* improvisiert; *excursion* spontan

improviser [ɛ̃pʀɔvize] <1> **I.** *vt* erfinden *excuse* **II.** *vi* improvisieren **III.** *vpr* ❶ *(opp: se préparer)* ***s'~*** improvisiert werden; ***un tel discours ne s'improvise pas*** eine solche Rede hält man nicht aus dem Stegreif ❷ *(devenir subitement)* ***s'~ infirmière*** als Krankenschwester einspringen *fam;* ***on ne s'improvise pas artiste*** man wird nicht von einem auf den anderen Tag Künstler

improviste [ɛ̃pʀɔvist] ▶ **à** l'~ *(inopinément)* überraschend; *(sans préparation)* auf die Schnelle *fam;* ***prendre qn à l'~*** jdn überraschen; ***arriver à l'~*** unangemeldet vorbeikommen

imprudemment [ɛ̃pʀydamɑ̃] *adv* unvorsichtig

imprudence [ɛ̃pʀydɑ̃s] *f* Unvorsichtigkeit *f; d'une personne, action a.* Leichtsinn *m;* ***par ~*** fahrlässig; ***avoir l'~ de faire qc*** so unvorsichtig sein, etw zu tun

imprudent(e) [ɛ̃pʀydɑ̃, ɑ̃t] **I.** *adj* ❶ *personne* unvorsichtig ❷ *(dangereux)* unvorsichtig; *action, parole a.* unbesonnen **II.** *m(f)* leichtsinniger Mensch

impubère [ɛ̃pybɛʀ] *adj* vorpubertär

impudemment [ɛ̃pydamɑ̃] *adv* unverschämt, schamlos

impudence [ɛ̃pydɑ̃s] *f* Unverschämtheit *f*

impudent(e) [ɛ̃pydɑ̃, ɑ̃t] *adj* unverschämt

impudeur [ɛ̃pydœʀ] *f* Schamlosigkeit *f*

impudicité [ɛ̃pydisite] *f (littér)* Schamlosigkeit *f*

impudique [ɛ̃pydik] *adj geste, acte, attitude* schamlos; *regard* lüstern

impuissance [ɛ̃pɥisɑ̃s] *f* ❶ *(faiblesse)* Machtlosigkeit *f;* ***être dans l'~ de faire qc*** nicht in der Lage sein, etw zu tun; ***être réduit à l'~*** machtlos sein; ***les malfaiteurs furent rapidement réduits à l'~*** die Täter konnten schnell unschädlich gemacht werden ❷ *(sur le plan sexuel)* Impotenz *f*

impuissant [ɛ̃pɥisɑ̃] *m* Impotente(r) *m*

impuissant(e) [ɛ̃pɥisɑ̃, ɑ̃t] *adj* ❶ *(faible)* machtlos; *effort* fruchtlos; ***être ~ face à qc*** angesichts einer S. machtlos sein; ***~ à faire qc*** nicht in der Lage, etw zu tun ❷ *(sexuellement)* impotent

impulser [ɛ̃pylse] <1> *vt* anregen, in Schwung bringen; ***~ un secteur industriel*** einen Industriezweig ankurbeln

impulsif, -ive [ɛ̃pylsif, -iv] **I.** *adj* impulsiv **II.** *m, f* impulsiver Mensch

impulsion [ɛ̃pylsjɔ̃] *f a.* TECH, ELEC Impuls *m*

impulsivement [ɛ̃pylsivmɑ̃] *adv* impulsiv

impulsivité [ɛ̃pylsivite] *f* Impulsivität *f*

impunément [ɛ̃pynemɑ̃] *adv* ungestraft

impuni(e) [ɛ̃pyni] *adj* ungestraft

impunité [ɛ̃pynite] *f* Straffreiheit *f;* ***~ zéro*** Null-Toleranz-Politik *f*

impur(e) [ɛ̃pyʀ] *adj* unrein; *eau* schmutzig, verschmutzt

I

impureté [ɛ̃pyʀte] *f* Verschmutzung *f*
imputable [ɛ̃pytabl] *adj* ~ ***à qn/qc*** jdm/einer S. zuzuschreiben
imputation [ɛ̃pytasjɔ̃] *f* Beschuldigung *f*
imputer [ɛ̃pyte] <1> *vt* ~ ***la faute à qn/qc*** den Fehler jdm/einer S. zuschreiben
in [in] *adj inv (fam)* in
inabordable [inabɔʀdabl] *adj* unerschwinglich; ***des loyers ~s*** horrende Mieten
inaccentué(e) [inaksɑ̃tɥe] *adj* unbetont
inacceptable [inaksɛptabl] *adj* nicht akzeptabel; *projet, proposition a.* unannehmbar
inaccessible [inaksesibl] *adj* ❶ *sommet* nicht ersteigbar; ~ ***à qn/qc*** für jdn/etw unerreichbar; ***la côte/l'île est ~ aux bateaux*** die Küste/Insel kann von Schiffen nicht angelaufen werden ❷ *personne* unnahbar ❸ *(insensible)* ***être ~ à qc*** für etw unempfänglich sein ❹ *(trop cher)* unerschwinglich; ***les loyers sont ~s*** die Mieten sind horrend ❺ *(incompréhensible)* unbegreiflich; ***ce sont des poèmes pratiquement ~s*** diese Gedichte kann man kaum verstehen
inaccoutumé(e) [inakutyme] *adj* ungewohnt
inachevé(e) [inaʃ(ə)ve] *adj* unfertig; ***la symphonie ~e de Schubert*** die Unvollendete von Schubert
inactif, -ive [inaktif, -iv] **I.** *adj* ❶ *(oisif)* untätig; ***ne pas rester ~*** *personne:* nicht untätig bleiben; *personne* nicht arbeitend; ***être ~*** *personne:* nicht arbeiten können ❷ *(inefficace)* unwirksam **II.** *m, f* Nichterwerbstätige(r) *f(m)*
inaction [inaksjɔ̃] *f* Untätigkeit *f*
inactivité [inaktivite] *f* Untätigkeit *f*
inadaptable [inadaptabl] *adj* nicht anpassungsfähig [*o* -bereit], nicht integrierbar
inadaptation [inadaptasjɔ̃] *f* ~ ***à qc*** mangelnde Anpassung[sfähigkeit] an etw *akk*
inadapté(e) [inadapte] *adj médicament* unwirksam; ~ ***à qc*** ungeeignet für etw
inadéquat(e) [inadekwa, kwat] *adj (soutenu)* inadäquat, unangemessen
inadéquation [inadekwasjɔ̃] *f d'un mot, d'une mesure* Unangemessenheit *f*
inadmissible [inadmisibl] *adj* untragbar; ***il est ~ que tout n'ait pas été tenté*** es ist skandalös, dass nicht alles versucht wurde
inadvertance [inadvɛʀtɑ̃s] *f (soutenu: erreur d'inattention)* Versehen *nt;* ***ces fautes d'orthographe ne sont que des ~s*** diese Rechtschreibfehler sind nur Flüchtigkeitsfehler; ***par ~*** versehentlich
inaliénable [inaljenabl] *adj* unveräußerlich
inaltérable [inalteʀabl] *adj* unveränderlich
inamical(e) [inamikal, -o] <-aux> *adj* unfreundlich
inamovible [inamɔvibl] *adj* unkündbar
inanimé(e) [inanime] *adj* unbelebt
inanité [inanite] *f* Belanglosigkeit *f*
inaperçu(e) [inapɛʀsy] *adj* ▶ **passer** ~ unbemerkt bleiben; ***tu ne vas pas passer ~, comme ça!*** so fällst du bestimmt auf; ***cet entretien passé presque ~ à l'étranger*** dieses Gespräch, von dem die ausländische Öffentlichkeit kaum Notiz genommen hat
inapplicable [inaplikabl] *adj* nicht anwendbar; *théorie a.* nicht umsetzbar; *mesure* nicht durchführbar; ~ ***à qc*** nicht anwendbar auf etw *akk;* ***cette mesure est ~ à la réalité*** diese Maßnahme ist in der Praxis nicht durchführbar
inappliqué(e) [inaplike] *adj* nachlässig
inappréciable [inapʀesjabl] *adj* unschätzbar
inapproprié(e) [inapʀɔpʀije] *adj* ungeeignet
inapte [inapt] *adj* unfähig
inaptitude [inaptityd] *f* Unfähigkeit *f*
inarticulé(e) [inaʀtikyle] *adj* unartikuliert
inassouvi(e) [inasuvi] *adj appétit, désir* unbefriedigt; *faim, passion, ambition* ungestillt
inassouvissable [inasuvisabl] *adj (littér: insatiable)* unersättlich, unstillbar
inattaquable [inatakabl] *adj forteresse* uneinnehmbar; *personne, point de vue* unangreifbar; *argument* unwiderlegbar; *jugement, thèse* unanfechtbar
inatteignable [inatɛɲabl] *adj (inaccessible)* unerreichbar
inattendu [inatɑ̃dy] *m* ***l'~*** das Unerwartete
inattendu(e) [inatɑ̃dy] *adj* unerwartet; ***c'est vraiment ~ de sa part*** das hatte man von ihm/ihr wirklich nicht erwartet
inattentif, -ive [inatɑ̃tif, -iv] *adj* unaufmerksam; ~ ***à qc*** *(insouciant de)* unachtsam einer S. *dat* gegenüber
inattention [inatɑ̃sjɔ̃] *f (distraction)* Unaufmerksamkeit *f;* ***une faute d'~*** ein Flüchtigkeitsfehler; ***par ~*** aus Versehen *nt*
inaudible [inodibl] *adj* nicht hörbar; *(péj)* nicht anzuhören; ***ici, les émissions de cette station sont ~s*** hier kann man diesen Sender nicht empfangen; ***cette musique est vraiment ~*** *(inécoutable)* diese Musik kann man sich *dat* wirklich nicht anhören

inaugural(e) [inogyʀal, -o] <-aux> *adj* ***cérémonie ~e*** Eröffnungszeremonie *f;* ***discours ~ d'un congrès*** Eröffnungsrede *f* eines Kongresses; ***discours ~ d'un professeur qui prend ses fonctions*** Antrittsrede *f* eines Professors, der sein Amt übernimmt

inauguration [inogyʀasjɔ̃] *f d'une exposition, ligne aérienne* feierliche Eröffnung; *d'une statue, plaque commémorative, d'un monument* Enthüllung *f; d'une usine, route, de locaux* Einweihung *f*

inaugurer [inogyʀe, inɔgyʀe] <1> *vt* ❶ *(ouvrir solennellement)* [feierlich] eröffnen *exposition, ligne aérienne;* enthüllen *monument, plaque commémorative;* einweihen *bâtiment, usine, locaux, école;* [für den Verkehr] freigeben *route* ❷ *(introduire)* einleiten *période, politique, ère;* einführen *méthode* ❸ *(utiliser pour la première fois)* einweihen *maison, machine, voiture*

inavouable [inavwabl] *adj* nicht hinnehmbar; *mœurs* unerhört; *motifs* unmoralisch

inavoué(e) [inavwe] *adj sentiment, amour* uneingestanden; *acte, crime* nicht gestanden

inca [ɛ̃ka] *adj* ***l'Empire ~*** das Reich der Inkas

incalculable [ɛ̃kalkylabl] *adj* ❶ *(considérable)* beträchtlich; *nombre* unermesslich groß ❷ *(imprévisible)* unberechenbar; ***les difficultés risquent d'être ~s*** wir laufen Gefahr, dass die Probleme uns über den Kopf wachsen

incandescence [ɛ̃kɑ̃desɑ̃s] *f* [Weiß]glühen *nt;* ***chauffer qc jusqu'à l'~*** etw erhitzen, bis es glüht

incandescent(e) [ɛ̃kɑ̃desɑ̃, ɑ̃t] *adj* [weiß] glühend

incantation [ɛ̃kɑ̃tasjɔ̃] *f* Beschwörungsformel *f*

incantatoire [ɛ̃kɑ̃tatwaʀ] *adj* beschwörend

incapable [ɛ̃kapabl] **I.** *adj* unfähig; ***c'est un homme tout à fait*** ~ er ist völlig unfähig; ***être ~ de qc*** zu etw nicht fähig sein; ***être ~ de faire qc*** nicht fähig sein, etw zu tun **II.** *mf* unfähiger Mensch

incapacité [ɛ̃kapasite] *f* ❶ *(inaptitude)* Unfähigkeit *f;* ***~ de*** [*o* ***à***] ***faire qc*** Unfähigkeit, etw zu tun; ***être dans l'~ de faire qc*** nicht in der Lage sein, etw zu tun; ***~ d'exercice*** Geschäftsunfähigkeit ❷ *(convalescence)* ***~ [de travail]*** Arbeitsunfähigkeit *f;* ***j'ai eu deux mois d'~*** ich war zwei Monate lang krankgeschrieben

incarcération [ɛ̃kaʀseʀasjɔ̃] *f* Inhaftierung *f*

incarcérer [ɛ̃kaʀseʀe] <5> *vt* inhaftieren

incarnation [ɛ̃kaʀnasjɔ̃] *f* Inkarnation *f*

incarné(e) [ɛ̃kaʀne] *adj* fleischgeworden

incarner [ɛ̃kaʀne] <1> **I.** *vt* verkörpern **II.** *vpr* REL ***s'~ dans qn/qc*** in jdm/etw leibhaftig werden

incartade [ɛ̃kaʀtad] *f* Eskapade *f*

Incas [ɛ̃ka] *mpl* ***les ~*** die Inkas

incassable [ɛ̃kɑsabl] *adj* unzerbrechlich

incendiaire [ɛ̃sɑ̃djɛʀ] *adj* ❶ ***bombe ~*** Brandbombe *f;* ***projectiles ~s*** Brandgeschosse *Pl;* ***mélange ~*** Brandsatz *m* ❷ *(virulent) article, discours* aufwieglerisch, Hetz-

incendie [ɛ̃sɑ̃di] *m* [Groß]brand *m,* Gebäudebrand *m* ▸~ **criminel** Brandstiftung *f*

incendié(e) [ɛ̃sɑ̃dje] **I.** *adj* ❶ *(détruit)* abgebrannt ❷ *(ruiné)* brandgeschädigt **II.** *m(f)* Brandopfer *nt*

incendier [ɛ̃sɑ̃dje] <1> *vt* ❶ *(mettre en feu)* in Brand setzen ❷ *(fam: engueuler)* anschnauzen; ***se faire ~ par qn*** von jdm angeschnauzt werden

incertain(e) [ɛ̃sɛʀtɛ̃, ɛn] *adj* ❶ *(opp: assuré)* unsicher; *(indécis)* unschlüssig; ***être ~ sur la conduite à suivre*** unsicher sein, wie man sich verhalten soll; ***être ~ de pouvoir faire qc*** nicht sicher sein, ob man etw tun kann ❷ *(douteux)* ungewiss; *temps* unbeständig; *origine* unbestimmt; ***la date est encore ~e*** das Datum steht noch nicht fest

incertitude [ɛ̃sɛʀtityd] *f* Ungewissheit *f; d'une personne* Unsicherheit *f;* ***laisser qn dans l'~*** jdn im Ungewissen lassen

incessamment [ɛ̃sesamɑ̃] *adv* unverzüglich

incessant(e) [ɛ̃sesɑ̃, ɑ̃t] *adj a. antéposé* unaufhörlich; *réclamations, critiques, coups de fil* ständig; *bruit, pluie* anhaltend; *efforts* stetig

incessible [ɛ̃sesibl] *adj* JUR nicht abtretbar; *droit, privilège, titre* unveräußerlich

inceste [ɛ̃sɛst] *m* Inzest *m*

incestueux, -euse [ɛ̃sɛstɥø, -øz] *adj* inzestuös

inchangé(e) [ɛ̃ʃɑ̃ʒe] *adj* unverändert

incidemment [ɛ̃sidamɑ̃] *adv* nebenbei

incidence [ɛ̃sidɑ̃s] *f* ***~ de qc sur qc*** Auswirkung *f* einer S. *gen* auf etw *akk*

incident [ɛ̃sidɑ̃] *m* ❶ *(anicroche)* Zwischenfall *m;* ***~ de parcours*** kleine Panne; ***~ technique*** Betriebsstörung *f;* ***sans ~*** reibungslos ❷ *(péripétie)* Vorfall *m* ▸**l'~ est clos** der Fall ist erledigt

incident(**e**) [ɛ̃sidɑ̃, ɑ̃t] *adj* beiläufig; *question, remarque* Zwischen-
incinérateur [ɛ̃sineʀatœʀ] *m* Verbrennungsofen *m*
incinération [ɛ̃sineʀasjɔ̃] *f* Verbrennung *f*
incinérer [ɛ̃sineʀe] <5> *vt* einäschern *cadavre*
inciser [ɛ̃size] <1> *vt* aufschneiden *abcès*
incisif, **-ive** [ɛ̃sizif, -iv] *adj* bissig
incision [ɛ̃sizjɔ̃] *f a.* MED Einschnitt *m*
incisive [ɛ̃siziv] *f* Schneidezahn *m*
incitation [ɛ̃sitasjɔ̃] *f* Ansporn *m*
inciter [ɛ̃site] <1> *vt* ~ ***qn à l'action/au travail*** jdn zum Handeln/zur Arbeit ermuntern; ~ ***qn à l'achat*** jdn zum Kaufen verführen; ~ ***qn à la méfiance*** jdm Misstrauen einflößen
incivil(**e**) [ɛ̃sivil] *adj (littér) comportement, personne* ungehobelt *pej*
inclassable [ɛ̃klɑsabl] *adj (hors catégorie)* schwer einzuordnen
inclément(**e**) [ɛ̃klemɑ̃, ɑ̃t] *adj* ❶ *(vieilli) juge* unbarmherzig ❷ *(fig littér) temps* unfreundlich
inclinable [ɛ̃klinabl] *adj* verstellbar
inclinaison [ɛ̃klinɛzɔ̃] *f d'une pente, route* Gefälle *nt; d'un toit, mur* Schräge *f*
inclination [ɛ̃klinasjɔ̃] *f* Neigung *f*
incliné(**e**) [ɛ̃kline] *adj* ❶ *pente, terrain* abschüssig; *toit* schräg; ***plan*** ~ schiefe Ebene ❷ *(penché)* schief; *arbre, tête* geneigt; ~ ***vers qc*** gegen etw geneigt
incliner [ɛ̃kline] <1> **I.** *vt* beugen *buste, corps;* schräg halten *bouteille;* verstellen *dossier d'une chaise;* ~ ***la tête*** den Kopf neigen; *(pour acquiescer)* nicken **II.** *vpr* ❶ *(se courber)* ***s'~ devant qn/qc*** sich vor jdm/etw verneigen ❷ *(céder)* ***s'~ devant qn/qc*** sich jdm/einer S. beugen
inclure [ɛ̃klyʀ] <irr> *vt* ~ ***qc dans qc*** etw einer S. *dat* beifügen
inclus(**e**) [ɛ̃kly, ɛ̃klyz] *adj* einschließlich *+gen;* ***jusqu'au dix mars*** ~ bis einschließlich zehnten März; ***le service est*** ~ die Bedienung ist inbegriffen
inclusion [ɛ̃klyzjɔ̃] *f* ~ ***dans qc*** Einbeziehung *f* in etw *akk*
inclusivement [ɛ̃klyzivmɑ̃] *adv* einschließlich
incoercible [ɛ̃kɔɛʀsibl] *adj (littér)* nicht zu bändigen; *désir* unstillbar; *besoin, toux* nicht zu unterdrücken; *rire* hemmungslos
incognito [ɛ̃kɔɲito] **I.** *adv* inkognito **II.** *m* Inkognito *nt;* ***garder l'~*** sein Inkognito wahren; ***dans l'~*** inkognito
incohérence [ɛ̃kɔeʀɑ̃s] *f* ❶ *de propos, d'une œuvre* Zusammenhang[s]losigkeit *f; d'une conduite, personne* Inkonsequenz *f; d'un raisonnement* Inkohärenz *f geh* ❷ *(illogisme)* Ungereimtheit *f; (contradiction)* Widerspruch *m*
incohérent(**e**) [ɛ̃kɔeʀɑ̃, ɑ̃t] *adj* ungereimt; *texte, histoire* unzusammenhängend; *comportement* inkonsequent; *gestes* unmotiviert
incollable [ɛ̃kɔlabl] *adj* ❶ *(qui ne colle pas)* ***du riz*** ~ Reis, der nicht klebt ❷ *(fam: imbattable)* unschlagbar
incolore [ɛ̃kɔlɔʀ] *adj* farblos
incomber [ɛ̃kɔ̃be] <1> *vi* ~ ***à qn*** jdm zufallen
incommensurable [ɛ̃kɔmɑ̃syʀabl] *adj* unermesslich
incommodant(**e**) [ɛ̃kɔmɔdɑ̃, ɑ̃t] *adj* unangenehm
incommode [ɛ̃kɔmɔd] *adj* unbequem
incommodément [ɛ̃kɔmɔdemɑ̃] *adv* ❶ *installé, logé* unbequem ❷ *(de façon peu pratique)* unzweckmäßig; *situé* ungünstig
incommoder [ɛ̃kɔmɔde] <1> *vt* ~ ***qn*** *bruit, fumée:* jdn stören
incommodité [ɛ̃kɔmɔdite] *f (littér)* ❶ *d'un logement, d'un meuble* Unzweckmäßigkeit *f* ❷ *(désagrément)* Unannehmlichkeit *f*
incommunicabilité [ɛ̃kɔmynikabilite] *f* Verständigungsschwierigkeiten *Pl*
incommunicable [ɛ̃kɔmynikabl] *adj caractères, droits* unübertragbar
incomparable [ɛ̃kɔ̃paʀabl] *adj* unvergleichlich
incomparablement [ɛ̃kɔ̃paʀabləmɑ̃] *adv* unübertrefflich
incompatibilité [ɛ̃kɔ̃patibilite] *f* Unvereinbarkeit *f;* ***l'~ des groupes sanguins*** die Unverträglichkeit der Blutgruppen
incompatible [ɛ̃kɔ̃patibl] *adj* unvereinbar; *caractères* unverträglich; *groupes sanguins, médicaments* unverträglich; ***~s entre eux*** nicht miteinander vereinbar; ~ ***avec qc*** unvereinbar mit etw
incompétence [ɛ̃kɔ̃petɑ̃s] *f* Inkompetenz *f;* ~ ***en*** [*o* ***dans***] [*o* ***sur***] ***qc*** mangelnder Sachverstand in etw *dat*
incompétent(**e**) [ɛ̃kɔ̃petɑ̃, ɑ̃t] *adj* inkompetent; ***être*** ~ ***en*** [*o* ***dans***] [*o* ***sur***] ***qc*** sich in etw *dat* nicht auskennen
incomplet, **-ète** [ɛ̃kɔ̃plɛ, -ɛt] *adj* unvollständig; *œuvre, travail* unvollendet
incomplètement [ɛ̃kɔ̃plɛtmɑ̃] *adv* nicht vollständig; *renseigné* ungenügend
incompréhensible [ɛ̃kɔ̃pʀeɑ̃sibl] *adj* ❶ *(déconcertant)* unverständlich; *personne* undurchschaubar ❷ *(inintelligible)*

unverständlich ❸ *(impénétrable)* unbegreiflich; *mystère* rätselhaft
incompréhensif, -ive [ɛ̃kɔ̃pʀeɑ̃sif, -iv] *adj* verständnislos; ***se montrer ~ à l'égard de qn*** kein Verständnis für jdn zeigen
incompréhension [ɛ̃kɔ̃pʀeɑ̃sjɔ̃] *f* Unverständnis *nt;* ***~ entre deux/plusieurs personnes*** fehlendes Verständnis zwischen zwei/mehreren Menschen
incompressible [ɛ̃kɔ̃pʀesibl] *adj* FIN, JUR nicht einschränkbar
incompris(e) [ɛ̃kɔ̃pʀi, iz] **I.** *adj* nicht verstanden; *œuvre d'art* unverstanden; *artiste, génie* verkannt **II.** *m(f)* Unverstandene(r) *f(m)*
inconcevable [ɛ̃kɔ̃svabl] *adj* *(inimaginable)* unvorstellbar; *(incompréhensible)* unbegreiflich; *(incroyable)* unglaublich; ***il est ~ d'imaginer que ce sera ainsi*** es ist unvorstellbar, dass es so sein wird
inconciliable [ɛ̃kɔ̃siljabl] *adj intérêts, tendances* unvereinbar
inconditionnel(le) [ɛ̃kɔ̃disjɔnɛl] *adj* bedingungslos
inconditionnellement [ɛ̃kɔ̃disjɔnɛlmɑ̃] *adv* bedingungslos
inconfort [ɛ̃kɔ̃fɔʀ] *m* Mangel *m* an Komfort
inconfortable [ɛ̃kɔ̃fɔʀtabl] *adj* ❶ *maison* ohne Komfort; *lit, siège, position* unbequem ❷ *situation* misslich
inconfortablement [ɛ̃kɔ̃fɔʀtabləmɑ̃] *adv* unbequem
incongru(e) [ɛ̃kɔ̃gʀy] *adj* unpassend
incongruité [ɛ̃kɔ̃gʀɥite] *f d'une remarque* Unangebrachtheit *f; d'un geste, d'une parole* Unschicklichkeit *f*
inconnaissable [ɛ̃kɔnɛsabl] **I.** *adj* unergründlich; ***l'avenir nous est ~*** wir kennen die Zukunft nicht **II.** *m* ***l'~*** PHILOS das Unergründliche
inconnu [ɛ̃kɔny] *m* ***l'~*** das Unbekannte
inconnu(e) [ɛ̃kɔny] **I.** *adj* ❶ *(ignoré)* unbekannt; ***il est ~ ici*** er ist hier nicht bekannt ❷ *(nouveau)* unbekannt; *joie* nie gekannt; *odeur, parfum* ungewöhnlich **II.** *m(f)* Unbekannte(r) *f(m);* ***devant des ~s*** vor Fremden; ***être un ~ pour qn*** für jdn ein Fremder sein ▸ **illustre** ~ *(iron)* völlig Unbekannter
inconnue [ɛ̃kɔny] *f* MATH Unbekannte *f*
inconsciemment [ɛ̃kɔ̃sjamɑ̃] *adv* ❶ *(sans s'en rendre compte)* unbewusst ❷ *(à la légère)* unüberlegt
inconscience [ɛ̃kɔ̃sjɑ̃s] *f* ❶ *(légèreté)* Leichtsinn *m* ❷ *(irresponsabilité)* Leichtfertigkeit *f* ❸ *(ignorance)* ***l'~ du danger*** das Unwissen um die Gefahr ❹ *(évanouissement)* Bewusstlosigkeit
inconscient [ɛ̃kɔ̃sjɑ̃] *m* PSYCH Unbewusste(s) *nt*
inconscient(e) [ɛ̃kɔ̃sjɑ̃, jɑ̃t] **I.** *adj* ❶ *(évanoui)* bewusstlos ❷ *(qui ne se rend pas compte)* leichtsinnig; ***être ~ de qc*** sich *dat* einer S. *gen* nicht bewusst sein ❸ *(machinal, irréfléchi)* unbewusst; *effort, élan* spontan **II.** *m(f)* *(irresponsable)* Leichtsinnige(r) *f(m)*
inconsciente [ɛ̃kɔ̃sjɑ̃t] *f* ❶ *(folle)* Geistesgestörte *f* ❷ *(irresponsable)* Leichtsinnige *f*
inconséquence [ɛ̃kɔ̃sekɑ̃s] *f* Inkonsequenz *f*
inconséquent(e) [ɛ̃kɔ̃sekɑ̃, ɑ̃t] *adj* inkonsequent
inconsidéré(e) [ɛ̃kɔ̃sideʀe] *adj* unbesonnen
inconsidérément [ɛ̃kɔ̃sideʀemɑ̃] *adv* ohne zu überlegen, leichtsinnigerweise
inconsistance [ɛ̃kɔ̃sistɑ̃s] *f d'une argumentation* Unhaltbarkeit *f,* mangelnde Stichhaltigkeit; *d'un caractère* Haltlosigkeit *f; d'un roman, scénario* Inhaltslosigkeit *f*
inconsistant(e) [ɛ̃kɔ̃sistɑ̃, ɑ̃t] *adj argumentation* unhaltbar, nicht stichhaltig
inconsolable [ɛ̃kɔ̃sɔlabl] *adj* ❶ *(désespéré)* untröstlich; ***~ de qc*** untröstlich über etw *akk* ❷ *chagrin, malheur, peine* unermesslich
inconstance [ɛ̃kɔ̃stɑ̃s] *f* Unbeständigkeit *f*
inconstant(e) [ɛ̃kɔ̃stɑ̃, ɑ̃t] *adj* wankelmütig
inconstitutionnel(le) [ɛ̃kɔ̃stitysjɔnɛl] *adj* JUR verfassungswidrig
incontestable [ɛ̃kɔ̃tɛstabl] *adj* unbestreitbar; *principe, réussite, droit* unbestritten; *fait, preuve* nicht zu leugnen; *qualité* einwandfrei; ***il est ~ que c'est cher*** es ist nicht zu leugnen, dass es teuer ist
incontestablement [ɛ̃kɔ̃tɛstabləmɑ̃] *adv* zweifellos
incontesté(e) [ɛ̃kɔ̃tɛste] *adj* unbestritten; *champion, leader* unangefochten; *personne* allgemein anerkannt
incontinence [ɛ̃kɔ̃tinɑ̃s] *f* MED ~ ***[d'urine]*** unkontrollierter Harnfluss *m,* Inkontinenz *f Fachspr.*
incontinent(e) [ɛ̃kɔ̃tinɑ̃, ɑ̃t] *adj* an Inkontinenz leidend
incontournable [ɛ̃kɔ̃tuʀnabl] *adj* unvermeidlich; *fait, exigence* unumgänglich; ***ce problème est ~*** an diesem Problem

kommt niemand vorbei; ***cet homme est*** ~ an diesem Mann führt kein Weg vorbei

incontrôlable [ɛ̃kɔ̃tʀolabl] *adj* ❶ *(invérifiable)* nicht nachprüfbar ❷ *(irrépressible)* unkontrollierbar; *besoin, envie, passion* unbezwingbar; *attirance* unwiderstehlich; *mouvement* unwillkürlich ❸ *(ingouvernable)* unkontrollierbar; ***devenir*** ~ außer Kontrolle geraten

incontrôlé(e) [ɛ̃kɔ̃tʀole] *adj* unkontrolliert

inconvenance [ɛ̃kɔ̃v(ə)nɑ̃s] *f d'une proposition, question* Unschicklichkeit *f*

inconvenant(e) [ɛ̃kɔ̃v(ə)nɑ̃, ɑ̃t] *adj conduite, proposition* unpassend

inconvénient [ɛ̃kɔ̃venjɑ̃] *m* ❶ *(opp: avantage)* Nachteil *m; d'une situation* negative Begleiterscheinung ❷ *gén pl (conséquence fâcheuse)* unangenehme Folge ❸ *(obstacle)* ***l'~, c'est que c'est cher*** das Problem ist, dass es teuer ist ▶ **il n'y a pas d'~ à faire qc/à ce que qc soit fait** es spricht nichts dagegen, etw zu tun/dass etw getan wird; **ne pas voir d'~ à qc/à ce que qn fasse qc** nichts gegen etw haben/dagegen haben, dass jd etw tut; **sans** ~ ohne Weiteres; *(sans danger)* ohne Risiko

incorporation [ɛ̃kɔʀpɔʀasjɔ̃] *f (annexion)* ~ ***de qn/qc à qc*** jds Eingliederung *f*/die Eingliederung einer S. *gen* in etw *akk*

incorporé(e) [ɛ̃kɔʀpɔʀe] *adj* TECH eingebaut

incorporel(le) [ɛ̃kɔʀpɔʀɛl] *adj* körperlos

incorporer [ɛ̃kɔʀpɔʀe] <1> *vt* ❶ GASTR, TECH *(mélanger)* beimengen *sucre;* unterheben *blancs battus en neige;* ~ ***du sucre à la pâte*** dem Teig Zucker beimengen ❷ *(intégrer)* ~ ***qn/qc dans qc*** jdn/etw in etw *akk* einschließen

incorrect(e) [ɛ̃kɔʀɛkt] *adj* ❶ *(défectueux)* nicht richtig; *montage* fehlerhaft; ***une lecture ~e*** ein ungenaues Durchlesen ❷ *(inconvenant)* unpassend; *langage, ton* unangemessen ❸ *(impoli)* ungehörig; ***se montrer*** ~ sich unkorrekt verhalten ❹ *(déloyal)* ~ ***en qc/avec qn*** nicht seriös in etw *dat*/mit jdm

incorrectement [ɛ̃kɔʀɛktəmɑ̃] *adv* ❶ *(de façon défectueuse)* fehlerhaft ❷ *(de façon inconvenante)* unkorrekt

incorrection [ɛ̃kɔʀɛksjɔ̃] *f* ❶ *(faute)* Fehler *m* ❷ *(manque de correction)* Unkorrektheit *f*

incorrigible [ɛ̃kɔʀiʒibl] *adj a. antéposé* unverbesserlich

incorruptibilité [ɛ̃kɔʀyptibilite] *f* ❶ Unbestechlichkeit *f* ❷ *(caractère inaltérable) d'un matériau, d'une substance* Haltbarkeit *f*

incorruptible [ɛ̃kɔʀyptibl] *adj* unbestechlich

incrédibilité [ɛ̃kʀedibilite] *f* Unglaubwürdigkeit *f*

incrédule [ɛ̃kʀedyl] *adj* ungläubig

incrédulité [ɛ̃kʀedylite] *f* Ungläubigkeit *f*

increvable [ɛ̃kʀəvabl] *adj* ❶ *(fam: infatigable)* nicht kleinzukriegen; *appareil, voiture* unverwüstlich; ***être vraiment*** ~ wirklich nicht totzukriegen sein ❷ *pneu* pannensicher; ***un ballon*** ~ ein Ball, der nicht kaputtgeht

incriminer [ɛ̃kʀimine] <1> *vt* beschuldigen

incroyable [ɛ̃kʀwajabl] *adj a. antéposé* ❶ *(extraordinaire)* unglaublich; ***c'est ~ de voir à quel point tout a changé*** es ist unglaublich, wie sehr sich alles verändert hat ❷ *(bizarre)* unglaublich; ***si ~ que cela puisse paraître*** so unwahrscheinlich das auch scheinen mag ▶ ~ **mais vrai** kaum zu glauben, aber wahr

incroyablement [ɛ̃kʀwajabləmɑ̃] *adv* unglaublich

incroyance [ɛ̃kʀwajɑ̃s] *f* Unglaube[n] *m*

incroyant(e) [ɛ̃kʀwajɑ̃, jɑ̃t] *adj* ungläubig

incrustation [ɛ̃kʀystasjɔ̃] *f* INFORM Pop-up-Menü *nt*

incruster [ɛ̃kʀyste] <1> **I.** *vt* ART mit Einlegearbeit verzieren; ~ ***qc de diamants/mosaïques*** etw mit [eingesetzten] Diamanten/[eingelegten] Mosaiken verzieren; ***être incrusté de qc*** mit etw eingelegt sein **II.** *vpr* ❶ *(fam: s'installer à demeure)* ***s'~ chez qn*** sich bei jdm einnisten ❷ *(adhérer fortement)* ***s'~*** *coquillage, odeur:* sich festsetzen ❸ *(se graver)* ***ce souvenir s'est incrusté dans ma mémoire*** diese Erinnerung hat sich mir eingeprägt

incubateur [ɛ̃kybatœʀ] *m* MED Brutkasten *m*

incubation [ɛ̃kybasjɔ̃] *f* Bebrütung *f*

incuber [ɛ̃kybe] <1> *vt* bebrüten *œufs*

inculpation [ɛ̃kylpasjɔ̃] *f* JUR Anklagepunkt *m*

inculpé(e) [ɛ̃kylpe] *m(f)* JUR Angeklagte(r) *f(m)*

inculper [ɛ̃kylpe] <1> *vt* ~ ***qn de qc*** gegen jdn Anklage wegen einer S. *gen* erheben

inculquer [ɛ̃kylke] <1> *vt* ~ ***qc à qn*** jdm etw einprägen

inculte [ɛ̃kylt] *adj* brachliegend

incultivable [ɛ̃kyltivabl] *adj* nicht nutzbar

inculture [ɛ̃kyltyʀ] *f* Bildungsmangel *m*

incurable [ɛ̃kyʀabl] *adj* ❶ MED unheilbar ❷ *(incorrigible)* unverbesserlich; *ignorance* unendlich; *paresse* chronisch

incursion [ɛ̃kyʀsjɔ̃] *f* ***l'~ des troupes ennemies dans le pays*** der Einfall der feindlichen Truppen ins Land

incurvé(e) [ɛ̃kyʀve] *adj* gebogen; *tracé* gekrümmt

indatable [ɛ̃databl] *adj ouvrage* nicht datierbar

Inde [ɛ̃d] *f* ***l'~*** Indien *nt*

indéboulonnable [ɛ̃debulɔnablə] *adj (fam)* ***être ~*** sattelfest sein

indécemment [ɛ̃desamɑ̃] *adv* schamlos

indécence [ɛ̃desɑ̃s] *f* Anstößigkeit *f*

indécent(e) [ɛ̃desɑ̃, ɑ̃t] *adj* anstößig; *personne* schamlos

indéchiffrable [ɛ̃deʃifʀabl] *adj* ❶ *(illisible)* nicht zu entziffern ❷ *(incompréhensible)* schwer durchschaubar; *monde* unbegreiflich; *énigme* unlösbar; *visage* unergründlich

indéchirable [ɛ̃deʃiʀabl] *adj tissu* unzerreißbar

indécis(e) [ɛ̃desi, iz] *adj* ❶ *(hésitant)* unentschlossen; ***être ~ sur*** [*o* ***quant à***] ***qc*** sich *dat* über etw *akk* unschlüssig sein; ***être ~ entre qc et qc*** zwischen etw und etw *dat* schwanken ❷ *(douteux)* unentschieden; *question* ungelöst; *résultat, victoire* ungewiss; *temps* wechselhaft

indécision [ɛ̃desizjɔ̃] *f* Unentschlossenheit *f;* ***~ sur*** [*o* ***quant à***] ***qc*** Unentschlossenheit in Bezug auf etw *akk;* ***dans l'~ il préfère attendre*** wenn er unentschlossen ist, wartet er lieber ab

indécomposable [ɛ̃dekɔ̃pozabl] *adj* ❶ *(qu'on ne peut décomposer)* nicht zerlegbar ❷ *(fig: qu'on ne peut analyser)* untrennbar

indécrottable [ɛ̃dekʀɔtabl] *adj (fam: incorrigible)* unverbesserlich

indéfectible [ɛ̃defɛktibl] *adj (littér) amour, attachement* unvergänglich; *confiance, volonté* unerschütterlich; *soutien, lien* beständig

indéfendable [ɛ̃defɑ̃dabl] *adj* nicht zu verteidigen

indéfini(e) [ɛ̃defini] *adj* ❶ *(indéterminé)* unbestimmt ❷ *espace, nombre, progrès, temps* unbegrenzt

Grammatik und Co.

Die unbestimmten Artikel *un* und *une* im Singular sowie *des* im Plural drücken, wie ihr Name sagt, eine Unbestimmtheit aus. Man verwendet die **articles indéfinis**, wenn man keine genaue Aussage machen will oder kann:
un chien – ein Hund;
une femme – eine Frau;
des arbres – Bäume.

indéfiniment [ɛ̃definimɑ̃] *adv* auf unbegrenzte Zeit

indéfinissable [ɛ̃definisabl] *adj* undefinierbar; *charme* eigen; *émotion, malaise, trouble* unerklärlich

indéformable [ɛ̃defɔʀmabl] *adj* formbeständig

indélébile [ɛ̃delebil] *adj* ❶ *(ineffaçable)* nicht zu entfernen; *couleur* waschecht; *rouge à lèvres* kussecht; ***encre ~*** dokumentenechte Tinte ❷ *impression, marque, souvenir* unauslöschlich

indélicat(e) [ɛ̃delika, at] *adj* gewissenlos

indélicatesse [ɛ̃delikatɛs] *f* ❶ Skrupellosigkeit *f* ❷ *(grossièreté)* Taktlosigkeit *f*

indemne [ɛ̃dɛmn] *adj* unversehrt; ***sortir ~ de qc*** etw ohne Schaden überstehen; ***sortir ~ de l'accident*** bei dem Unfall nicht verletzt werden

indemnisable [ɛ̃dɛmnizabl] *adj* zu entschädigen; ***les dommages sont ~s*** für die Schäden ist aufzukommen

indemnisation [ɛ̃dɛmnizasjɔ̃] *f* Schaden[s]ersatz *m; (dédommagement versé par l'État)* Entschädigung *f;* ***~ des dommages de guerre*** Reparationszahlungen *Pl* für die Kriegsschäden

indemniser [ɛ̃dɛmnize] <1> *vt* ❶ *(rembourser)* ***~ qn de qc*** jdm etw erstatten; ***j'ai été indemnisé*** man hat mir die Kosten erstattet ❷ *(compenser)* ***~ qn pour qc*** jdm Schaden[s]ersatz für etw leisten; *État:* jdn für etw entschädigen; *assurances, assureur:* [jdm] den Schaden für etw zahlen

indemnité [ɛ̃dɛmnite] *f* ❶ *(réparation)* Schaden[s]ersatz *m; (payé par l'État)* Entschädigung *f; (forfait)* Abfindung *f;* ***~ de guerre*** Kriegsentschädigung ❷ *(prime)* Zulage *f;* ***~ de chômage*** Arbeitslosengeld *nt;* ***~ de déplacement*** Reisekostenvergütung *f;* ***~ de logement*** Wohnungsgeld *nt; d'un maire, conseiller régional* Bezüge *Pl; (journalière)* Krankengeld *nt; (en cas de maternité)* Mutterschaftshilfe *f*

indémodable [ɛ̃demɔdabl] *adj vêtement* zeitlos

indémontrable [ɛ̃demɔ̃tʀabl] *adj* nicht beweisbar

indéniable [ɛ̃denjabl] *adj* unleugbar

indéniablement [ɛ̃denjabləmɑ̃] *adv* zweifellos

indépendamment [ɛ̃depɑ̃damɑ̃] *adv (en dehors de cela)* unabhängig davon ▶ **~ de qc** *(outre)* zusätzlich zu etw; *(abstraction faite de)* ungeachtet einer S. *gen; (sans dépendre de)* unabhängig von etw

indépendance [ɛ̃depɑ̃dɑ̃s] *f* ❶ *(liberté)* Unabhängigkeit *f;* ~ ***d'idées*** Eigenständigkeit *f* der Gedanken; ~ ***de caractère*** Charakterstärke *f;* ***en toute ~ d'esprit*** ganz unvoreingenommen ❷ *(autonomie, souveraineté)* Unabhängigkeit *f;* ***la guerre de l'~ grecque*** der griechische Freiheitskrieg; ***accéder à l'~*** die Unabhängigkeit erlangen; ***proclamer son ~*** seine Unabhängigkeit erklären

indépendant(e) [ɛ̃depɑ̃dɑ̃, ɑ̃t] *adj* ❶ *(libre)* unabhängig; *(qui se débrouille tout seul)* selb[st]ständig; *(qui est son propre maître)* eigenständig ❷ *(souverain)* unabhängig ❸ *(à son compte)* selb[st]ständig; *artiste, architecte, photographe* freischaffend; *collaborateur, journaliste* frei ❹ *(indocile)* eigenwillig ❺ *chambre* separat; *questions, systèmes* voneinander unabhängig ❻ *(sans liaison avec)* ***~ de qn/qc*** von jdm/etw unabhängig; ***pour des raisons ~es de notre volonté*** aus Gründen, die außerhalb unserer Kontrolle liegen

indépendantiste [ɛ̃depɑ̃dɑ̃tist] *adj* POL separatistisch

indéracinable [ɛ̃deʀasinabl] *adj* tief sitzend

indéréglable [ɛ̃deʀeglabl] *adj* TECH *mécanisme* absolut zuverlässig; *horloge* genau

indescriptible [ɛ̃dɛskʀiptibl] *adj a. antéposé* unbeschreiblich

indésirable [ɛ̃deziʀabl] **I.** *adj* unerwünscht **II.** *mf* unerwünschte Person

indestructible [ɛ̃dɛstʀyktibl] *adj* unzerstörbar; *foi, solidarité* unerschütterlich; *liaison, amour* dauerhaft; *personne* nicht unterzukriegen *fam;* ***impression ~*** bleibender Eindruck

indéterminable [ɛ̃detɛʀminabl] *adj* ❶ SCI *grandeur* unbestimmt ❷ *(indéfinissable)* unbestimmbar

indétermination [ɛ̃detɛʀminasjɔ̃] *f* ❶ *(indécision)* Unentschlossenheit *f; (permanente)* Entschlusslosigkeit *f* ❷ *(imprécision)* Unbestimmtheit *f*

indéterminé(e) [ɛ̃detɛʀmine] *adj* ❶ *(non précisé)* unbestimmt; *date* nicht festgesetzt ❷ *(incertain)* unbestimmt; *sens, termes* vage ❸ *(indistinct)* verschwommen ❹ *(indécis)* ***être ~ sur qc*** in Bezug auf etw *akk* unentschlossen sein

indétrônable [ɛ̃detʀonablə] *adj* unschlagbar

index [ɛ̃dɛks] *m* ❶ *(doigt)* Zeigefinger *m* ❷ *(table alphabétique)* Verzeichnis *nt*

indexation [ɛ̃dɛksasjɔ̃] *f* ECON, FIN Indexierung *f*

indexé(e) [ɛ̃dɛkse] *adj* ECON, FIN indexgebunden

indexer [ɛ̃dɛkse] <1> *vt* ECON, FIN ***~ qc sur qc*** etw an etw *akk* koppeln

indic [ɛ̃dik] *m (arg) abr de* **indicateur** Spitzel *m*

indicateur, -trice [ɛ̃dikatœʀ, -tʀis] **I.** *adj panneau, plaque* Hinweis-; ***poteau ~*** Wegweiser *m;* ***tableau ~*** Anzeigetafel *f;* ***borne indicatrice*** Markierungsstein *m* **II.** *m, f* Spitzel *m;* ***~ de police*** Polizeispitzel

indicatif [ɛ̃dikatif] *m* ❶ TELEC Vorwahlnummer *f,* Vorwahl *f;* ***~ départemental*** Ortsnetzkennzahl *f;* ***l'~ de la France*** die Vorwahl von Frankreich ❷ LING Indikativ *m*

indicatif, -ive [ɛ̃dikatif, -iv] *adj* ❶ *(qui renseigne)* annähernd; *vote* aufschlussreich; ***prix ~*** Richtpreis *m;* ***à titre ~*** zur Kenntnisnahme; ***ce chiffre n'est qu'~*** das ist nur ein Näherungswert ❷ LING ***mode ~*** Indikativ *m*

indication [ɛ̃dikasjɔ̃] *f* ❶ *(information)* Hinweis *m;* ***~ sur qc*** Hinweis auf etw *akk;* ***sur les ~s de qn*** auf jds Angaben hin ❷ *d'une adresse, d'un numéro, prix* Angabe *f; d'un virage dangereux* Signalisierung *f* ❸ *(prescription)* Anweisung *f;* ***~ scénique*** Regieanweisung *f* ❹ *(indice)* Hinweis *m;* ***~ de qc*** Anzeichen *nt* für etw ▶ **sauf ~ contraire** wenn nichts Gegenteiliges verlautet

indice [ɛ̃dis] *m* ❶ *(signe)* Anzeichen *nt; (constatation)* Indiz *nt* ❷ *(trace)* Spur *f* ❸ *(preuve)* Beweis *m;* JUR Indiz *nt* ❹ ECON, FIN, MED Indexzahl *f,* Index *m;* ***~ des prix*** Preisindex; ***~ de masse corporelle*** Body-Mass-Index ❺ TV ***~ d'écoute*** Einschaltquote *f*

indicible [ɛ̃disibl] **I.** *adj (littér)* unaussprechlich; *charme* unbeschreiblich **II.** *m (littér)* ***l'~*** das Unaussprechliche

indien(ne) [ɛ̃djɛ̃, jɛn] *adj* ❶ *(d'Inde)* indisch ❷ *(d'Amérique)* indianisch

Indien(ne) [ɛ̃djɛ̃, jɛn] *m(f)* ❶ *(habitant de l'Inde)* Inder(in) *m(f)* ❷ *(indigène d'Amérique)* Indianer(in) *m(f); d'Amérique du Sud* Indio *m*/Indiofrau *f*

indifféremment [ɛ̃difeʀamɑ̃] *adv* in gleicher Weise

indifférence [ɛ̃difeʀɑ̃s] *f* ❶ *(insensibilité)* Gleichgültigkeit *f* ❷ *(apathie)* Desinteresse *nt* ❸ *(détachement)* Teilnahmslosigkeit *f*

indifférencié(e) [ɛ̃difeʀɑ̃sje] *adj* unterschiedslos

indifférent(e) [ɛ̃difeʀɑ̃, ɑ̃t] **I.** *adj* ❶ *attitude, personne* gleichgültig; *regard, visage* unbeteiligt; ***une mère ~e*** eine gefühllose Mutter; ***être ~ à qc*** einer S. *dat* gleichgültig gegenüberstehen; ***être ~ à une personne*** kein Interesse an einem Menschen zeigen; ***laisser qn ~*** jdn unberührt lassen ❷ *(égal)* ***être ~ à qn*** jdm gleichgültig sein **II.** *m(f)* Gleichgültige(r) *f(m)*

indifférer [ɛ̃difeʀe] <5> *vt (fam)* ***ton avis m'indiffère*** deine Meinung ist mir egal

indigence [ɛ̃diʒɑ̃s] *f* Bedürftigkeit *f*

indigène [ɛ̃diʒɛn] *adj* ❶ einheimisch; ***les populations ~s*** die Einheimischen ❷ *(opp: blanc)* eingeboren

indigent(e) [ɛ̃diʒɑ̃, ʒɑ̃t] *adj* bedürftig

indigeste [ɛ̃diʒɛst] *adj cuisine, nourriture* ungenießbar *präd,* schwer verdaulich *attr*

indigestion [ɛ̃diʒɛstjɔ̃] *f* Magenverstimmung *f;* ***avoir une ~ de qc*** sich *dat* mit etw den Magen verdorben haben *fam*

indignation [ɛ̃diɲasjɔ̃] *f* Empörung *f*

indigne [ɛ̃diɲ] *adj* ❶ *(qui ne mérite pas)* ***être ~ de qn/qc*** jds/einer S. nicht würdig sein; ***être ~ de faire qc*** es nicht wert sein, etw zu tun ❷ *(inconvenant)* ***être ~ de qn*** *action, attitude, sentiment:* unter jds Würde *dat* sein ❸ *(odieux)* unwürdig; ***un époux/fils ~*** ein Ehegatte/Sohn, der diesen Namen nicht verdient; ***une mère ~*** eine Rabenmutter

indigné(e) [ɛ̃diɲe] *adj* empört; ***~ de qc*** entrüstet über etw *akk*

indignement [ɛ̃diɲ(ə)mɑ̃] *adv* schändlich

indigner [ɛ̃diɲe] <1> **I.** *vt* empören **II.** *vpr* ***s'~ contre qn/contre*** [*o* ***de***] ***qc*** sich über jdn/etw empören; ***s'~ de faire qc/[de ce] que qc se produise*** sich darüber entrüsten, etw zu tun/dass etw geschieht

indignité [ɛ̃diɲite] *f* ❶ *(bassesse)* Unwürdigkeit *f* ❷ *(traitement, acte)* Schändlichkeit *f,* Gemeinheit *f*

indigo [ɛ̃digo] *m* Indigo *m o nt*

indiqué(e) [ɛ̃dike] *adj* ❶ *(conseillé)* ratsam ❷ *(adéquat)* geeignet; ***être tout ~*** genau das Richtige sein; ***le Louvre est le lieu tout ~*** der Louvre ist genau der richtige Ort ❸ *(fixé)* angegeben; *date* festgelegt

indiquer [ɛ̃dike] <1> *vt* ❶ *(désigner)* ***~ qc à qn*** jdm etw zeigen; *écriteau, flèche, horloge:* jdm etw anzeigen; ***~ qn/qc de la main*** mit dem Finger auf jdn/etw deuten; ***qu'indique le panneau?*** was steht auf dem Schild? ❷ *(recommander)* ***~ qn/qc à qn*** jdm jdn/etw nennen ❸ *(dire)* ***~ à qn qc*** jdm etw angeben; *(expliquer)* jdm etw erklären; ***~ à qn comment y aller/ce que cela représente*** jdm sagen, wie er/sie dorthin kommt/was das darstellt ❹ *(révéler)* ***~ qc/que qn est passé*** auf etw *akk* hinweisen/darauf hinweisen, dass jd vorübergegangen ist ❺ *(marquer)* kennzeichnen ▶ **rien n'indique qu'il est** [*o* **soit**] **parti** nichts spricht dafür, dass er gegangen ist; **tout indique qu'il n'est plus là** alles deutet darauf hin, dass er nicht mehr da ist

indirect(e) [ɛ̃diʀɛkt] *adj* indirekt; ***par des moyens ~s*** auf Umwegen

indirectement [ɛ̃diʀɛktəmɑ̃] *adv* indirekt

indiscernable [ɛ̃disɛʀnabl] *adj* nicht zu unterscheiden; *différences, nuances* nicht erkennbar

indiscipline [ɛ̃disiplin] *f* Disziplinlosigkeit *f*

indiscipliné(e) [ɛ̃disipline] *adj* undiszipliniert

indiscret, -ète [ɛ̃diskʀɛ, -ɛt] **I.** *adj* ❶ *(curieux)* neugierig ❷ *(bavard)* indiskret; ***des commérages ~s*** Klatsch ❸ *(inconvenant)* indiskret; *familiarité, démarche* plump; *présence* lästig **II.** *m, f (personne bavarde)* schwatzhafter Mensch; *(personne curieuse)* Neugierige(r) *f(m)*

indiscrétion [ɛ̃diskʀesjɔ̃] *f* ❶ *(curiosité)* Indiskretion *f;* ***sans ~, peut-on savoir si …*** kann man - ohne indiskret sein zu wollen - erfahren, ob … ❷ *(tendance à divulguer)* Schwatzhaftigkeit *f* ❸ *(acte, bavardage)* Indiskretion *f;* ***commettre beaucoup d'~s*** sehr indiskret sein

indiscutable [ɛ̃diskytabl] *adj fait* unumstößlich; *succès, supériorité, réalité* unbestreitbar; *personne, crédibilité* über jeden Zweifel erhaben; *témoignage* hieb- und stichfest; ***il est ~ que …*** es besteht kein Zweifel darüber, dass …

> **Falsche Freunde**
> Nicht verwechseln mit *indiskutabel* – *innacceptable*!

indiscutablement [ɛ̃diskytabləmɑ̃] *adv* zweifellos

indiscuté(e) [ɛ̃diskyte] *adj* unbestritten

indispensable [ɛ̃dispɑ̃sabl] **I.** *adj* unbedingt notwendig; *précautions* unerlässlich; *devoir* unvermeidlich; *objet, personne* unentbehrlich; ***savoir se rendre*** ~ sich unentbehrlich machen; ***il est ~ de faire qc/que qc soit fait*** man muss unbedingt etw tun/es muss unbedingt etw getan werden; ***il est ~ que nous prenions une assurance*** wir müssen unbedingt eine Versicherung abschließen; ***être ~ à qn/qc*** [*o* ***pour qc***] für jdn unentbehrlich/für etw unerlässlich sein **II.** *m* ***l'~*** das Nötigste; ***faire l'~*** das Notwendigste tun

indisponibilité [ɛ̃dispɔnibilite] *f d'une personne* mangelnde Verfügbarkeit

indisponible [ɛ̃dispɔnibl] *adj* nicht verfügbar

indisposé(e) [ɛ̃dispoze] *adj* unpässlich

indisposer [ɛ̃dispoze] <1> *vt* verstimmen

indisposition [ɛ̃dispozisjɔ̃] *f* Unpässlichkeit *f*

indissociable [ɛ̃disɔsjabl] *adj* untrennbar

indissoluble [ɛ̃disɔlybl] *adj* unauflöslich

indistinct(e) [ɛ̃distɛ̃, ɛ̃kt] *adj murmure, vision* undeutlich; *couleur* undefinierbar; *objet, voix* nicht deutlich wahrnehmbar

indistinctement [ɛ̃distɛ̃ktəmɑ̃] *adv prononcer, apercevoir* undeutlich

individu [ɛ̃dividy] *m* Person *f,* Individuum *nt;* ***drôle d'~*** *(a. péj)* komischer Kauz

individualisation [ɛ̃dividɥalizasjɔ̃] *f* Individualisierung *f*

individualisé(e) [ɛ̃dividɥalize] *adj* individuell; *style* persönlich geprägt; *groupe musical* mit eigenem Stil; *voiture, appartement* auf individuelle Bedürfnisse abgestimmt; *salaire* leistungsbezogen

individualiser [ɛ̃dividɥalize] <1> **I.** *vt* ❶ *(personnaliser)* dem Einzelfall anpassen *attitude;* auf individuelle Bedürfnisse abstimmen *appartement, voiture;* ***~ son style*** einer S. *dat* eine eigene Prägung geben ❷ *(particulariser)* voneinander unterscheiden **II.** *vpr* ***s'~*** *(se différencier) cellule:* eine neue Einheit bilden; *forme, manière, style:* individuell werden; *(s'accentuer)* charakteristischer werden

individualisme [ɛ̃dividɥalism] *m* Individualismus *m*

individualiste [ɛ̃dividɥalist] **I.** *adj* ❶ PHILOS individualistisch ❷ *(péj)* egozentrisch **II.** *mf* ❶ *(non conformiste)* Individualist(in) *m(f)* ❷ *(péj)* Egozentriker(in) *m(f)*

individualité [ɛ̃dividɥalite] *f* ❶ *(personnalité)* Persönlichkeit *f* ❷ *(caractère)* Individualität *f* ❸ *(être)* Einzelwesen *nt* ❹ *(particularité)* Eigenart *f;* ***avoir un style d'une forte ~*** einen ganz eigenen Stil haben

individuel(le) [ɛ̃dividɥɛl] **I.** *adj* persönlich; *propriété* privat, Privat-, persönlich; *responsabilité, initiative* eigen, Eigen-; *épreuve, réclamation* einzeln; *destin, cas* Einzel-; ***maison ~le*** Einfamilienhaus *nt;* ***sport ~*** Einzelwettkampf *m* **II.** *m(f) (sportif)* Einzelkämpfer(in) *m(f)*

individuellement [ɛ̃dividɥɛlmɑ̃] *adv* einzeln

indivis(e) [ɛ̃divi[z], iz] *adj* JUR gemeinschaftlich; ***copropriétaires ~*** Gesamthänder *Pl;* ***succession ~e*** ungeteilte Erbengemeinschaft *f,* ungeteilter Nachlass *m*
► **par ~** gemeinschaftlich

indivisible [ɛ̃divizibl] *adj* unteilbar

Indochine [ɛ̃dɔʃin] *f* HIST ***l'~*** Indochina *nt*

indochinois(e) [ɛ̃dɔʃinwa, waz] *adj* HIST indochinesisch

Indochinois(e) [ɛ̃dɔʃinwa, waz] *m(f)* HIST Indochinese *m*/-chinesin *f*

indocile [ɛ̃dɔsil] *adj* aufsässig; *cheval* störrisch; *pensée* widerspenstig

indo-européen(ne) [ɛ̃doœʀɔpeɛ̃, ɛn] <indo-européens> *adj* indogermanisch, indoeuropäisch **Indo-européen(ne)** [ɛ̃doœʀɔpeɛ̃, ɛn] <Indo-européens> *m(f)* Indogermane *m*/-germanin *f,* Indoeuropäer(in) *m(f)*

indolence [ɛ̃dɔlɑ̃s] *f* Trägheit *f*

indolent(e) [ɛ̃dɔlɑ̃, ɑ̃t] *adj* träge; *caractère* phlegmatisch

indolore [ɛ̃dɔlɔʀ] *adj* schmerzlos; ***être ~*** nicht wehtun

indomptable [ɛ̃dɔ̃tabl] *adj animal* unzähmbar

indompté(e) [ɛ̃dɔ̃te] *adj* ❶ wild; *cheval* ungezähmt; *peuple* ungebändigt ❷ *joie* unbändig

Indonésie [ɛ̃donezi] *f* ***l'~*** Indonesien *nt*

indu(e) [ɛ̃dy] *adj* unpassend

indubitable [ɛ̃dybitabl] *adj* unzweifelhaft

indubitablement [ɛ̃dybitabləmɑ̃] *adv* ganz ohne Zweifel

induction [ɛ̃dyksjɔ̃] *f* Induktion *f;* ***cuisinière à ~*** Induktionsherd *m*

induire [ɛ̃dɥiʀ] <irr> *vt* ***~ qn/qc à qc/à faire qc*** jdn/etw zu etw treiben/dazu treiben, etw zu tun

induit [ɛ̃dɥi] *m* ELEC Anker *m*

induit(e) [ɛ̃dɥi, ɥit] *adj* ELEC *circuit, fil* induziert; ***courant ~*** Induktionsstrom *m*

indulgence [ɛ̃dylʒɑ̃s] *f* Nachsicht *f*

indulgent(e) [ɛ̃dylʒɑ̃, ʒɑ̃t] *adj* ❶ *(clément)* nachsichtig; ***être ~ envers l'accusé*** gegenüber dem Angeklagten Milde walten lassen ❷ *(bienveillant)* wohlwollend

indûment [ɛ̃dymɑ̃] *adv* unberechtigt[erweise]

industrialisation [ɛ̃dystʀijalizasjɔ̃] *f* Industrialisierung *f;* ~ ***de qc*** Produktionsbeginn *m* für etw

industrialiser [ɛ̃dystʀijalize] <1> **I.** *vt* industrialisieren *région, pays, agriculture;* vermarkten *découverte;* ~ ***un nouveau produit*** die Produktion eines neuen Produkts aufnehmen **II.** *vpr* ***s'***~ *pays, région, secteur:* industrialisiert werden

industrie [ɛ̃dystʀi] *f* ❶ ECON Industrie *f* ❷ *(secteur spécialisé)* Wirtschaftszweig *m,* -industrie *f;* ~ ***cinématographique*** Filmgewerbe *nt;* ~ ***du livre*** Buch- und Pressewesen *nt*

industriel(le) [ɛ̃dystʀijɛl] **I.** *adj* industriell; *activité, équipement, secteur, entreprise* Industrie-; ***véhicule*** ~ Nutzfahrzeug *nt; région, société, ville, zone* Industrie-; *pain* industriell hergestellt; ***le design*** ~ das Industriedesign **II.** *m(f)* Industrielle(r) *f(m);* ***un grand*** ~ ein Großindustrieller

industriellement [ɛ̃dystʀijɛlmɑ̃] *adv fabriqué* industriell

industrieux, -euse [ɛ̃dystʀijø, jøz] *adj (littér)* geschickt

inébranlable [inebʀɑ̃labl] *adj* ❶ *(solide)* sicher ❷ *(inflexible)* unerschütterlich; *résolution* fest; ***qn est*** ~ ***dans sa résolution*** jds Entschluss ist unwiderruflich; ***être*** ~ ***dans ses convictions*** von seiner Meinung felsenfest überzeugt sein

inédit [inedi] *m* ❶ *(ouvrage)* unveröffentlichtes Werk *nt* ❷ *(chose nouvelle)* Neuheit *f*

inédit(e) [inedi, it] *adj* ❶ *(non publié)* unveröffentlicht ❷ *(nouveau)* ganz neu

ineffaçable [inefasabl] *adj* ❶ *(indélébile)* nicht zu entfernen ❷ *(inoubliable)* unauslöschlich; *souvenir* unvergesslich

inefficace [inefikas] *adj* unwirksam; *démarche* erfolglos; *employé* unfähig; *machine* nicht leistungsfähig

inefficacité [inefikasite] *f* Wirkungslosigkeit *f; d'une démarche, d'un secours* Erfolglosigkeit *f*

inégal(e) [inegal, -o] <-aux> *adj* ❶ *(différent)* ungleich; ***de grandeur ~e*** von ungleicher Größe ❷ *(changeant)* unausgeglichen; ***être d'une humeur*** ~ unausgeglichen sein

inégalable [inegalabl] *adj qualité* unerreichbar

inégalé(e) [inegale] *adj* unerreicht

inégalement [inegalmɑ̃] *adv* ungleich

inégalitaire [inegalitɛʀ] *adj* ***une société*** ~ eine Gesellschaft, die große soziale Unterschiede aufweist; ***politique fiscale*** ~ unsoziale Steuerpolitik

inégalité [inegalite] *f* ❶ *(différence)* Ungleichheit *f;* ***l'~ entre l'offre et la demande*** das Missverhältnis zwischen Angebot und Nachfrage ❷ *(disproportion)* Ungleichheit *f; des forces* Missverhältnis *nt;* ~ ***des chances*** Chancenungleichheit

inélégance [inelegɑ̃s] *f* ❶ Mangel *m* an Eleganz ❷ *(manque de courtoisie)* Unhöflichkeit *f,* Taktlosigkeit *f*

inélégant(e) [inelegɑ̃, ɑ̃t] *adj* ❶ unelegant ❷ *(discourtois)* unhöflich, taktlos

inéligible [ineliʒibl] *adj* nicht wählbar

inéluctable [inelyktabl] *adj* unausweichlich

inéluctablement [inelyktabləmɑ̃] *adv* unausweichlich

inemployé(e) [inɑ̃plwaje] *adj* unbenutzt; *moyens, talents* ungenutzt

inénarrable [inenaʀabl] *adj* unbeschreiblich

inéprouvé(e) [inepʀuve] *adj* unerprobt; *vertu* noch nie auf die Probe gestellt; *émotion, sentiment* bisher unbekannt

inepte [inɛpt] *adj* dumm

ineptie [inɛpsi] *f* Dummheit *f*

inépuisable [inepɥizabl] *adj* ❶ *(intarissable)* unerschöpflich; *source* nie versiegend; *terre* dauerhaft fruchtbar ❷ *indulgence, patience* unendlich; *curiosité* unstillbar

inéquitable [inekitabl] *adj* ❶ ungerecht ❷ JUR *exigence* unbillig

inerte [inɛʀt] *adj corps* leblos

inertie [inɛʀsi] *f a.* PHYS Trägheit *f*

inespéré(e) [inɛspeʀe] *adj* ❶ *chance, secours, succès* unverhofft ❷ *profit* unerwartet hoch; *résultat* unerwartet gut

inesthétique [inɛstetik] *adj* unästhetisch

inestimable [inɛstimabl] *adj* unschätzbar; *objet* von unschätzbarem Wert

inévitable [inevitabl] **I.** *adj* ❶ *(certain, fatal)* unvermeidlich; *accident* unabwendbar ❷ *(nécessaire)* unvermeidbar; *opération* unumgänglich; ***il est ~ que cela se produise*** es ist nicht zu vermeiden, dass das vorkommt ❸ *antéposé (hum: habituel)* unvermeidlich **II.** *m* ***l'~*** das Unvermeidliche

inévitablement [inevitabləmɑ̃] *adv* zwangsläufig

inexact(e) [inɛgzakt] *adj* ❶ *(erroné)* ungenau; *théorie* unrichtig ❷ *(déformé)* ungenau; ***très ~/le plus*** ~ völlig falsch; ***non, c'est*** ~ nein, das stimmt nicht; ***il est ~ de***

I

faire qc es ist nicht [ganz] richtig, etw zu tun ❸ *(opp: ponctuel)* unpünktlich
inexactement [inɛgzaktəmɑ̃] *adv* ungenau
inexactitude [inɛgzaktityd] *f* ❶ *(caractère erroné)* Unrichtigkeit *f* ❷ *(manque de précision)* Ungenauigkeit *f*
inexcusable [inɛkskyzabl] *adj* unverzeihlich; *personne* nicht zu entschuldigen; ***qn est ~ de faire qc*** es ist unverzeihlich von jdm, etw zu tun
inexécutable [inɛgzekytabl] *adj* nicht ausführbar; JUR nicht vollstreckbar
inexistant(e) [inɛgzistɑ̃, ɑ̃t] *adj* ❶ *(qui n'existe pas)* nicht vorhanden; ***la télévision était encore ~e*** das Fernsehen existierte noch nicht ❷ *(imaginaire)* nicht vorhanden ❸ *(péj: nul)* bedeutungslos; *résultat* gleich null, bedeutungslos; *aide* unnütz
inexistence [inɛgzistɑ̃s] *f* Nichtvorhandensein *nt*
inexorable [inɛgzɔʀabl] *adj* unerbittlich
inexorablement [inɛgzɔʀabləmɑ̃] *adv* unweigerlich
inexpérience [inɛkspeʀjɑ̃s] *f* Unerfahrenheit *f*
inexpérimenté(e) [inɛkspeʀimɑ̃te] *adj* unerfahren
inexpiable [inɛkspjabl] *adj* ❶ *(impardonnable) crime, faute* nicht wieder gut zu machen ❷ *(implacable) haine* wild; *guerre, lutte* gnadenlos
inexplicable [inɛksplikabl] *adj* unerklärlich
inexpliqué(e) [inɛksplike] *adj* nicht geklärt; *catastrophe, disparition* nicht aufgeklärt, nicht geklärt
inexploitable [inɛksplwatabl] *adj documents* nicht verwertbar; *gisement* nicht abbaufähig; *richesses* nicht nutzbar
inexploité(e) [inɛksplwate] *adj gisement, richesses* nicht ausgebeutet; *talent* ungenutzt
inexploré(e) [inɛksplɔʀe] *adj* unerforscht
inexpressif, -ive [inɛkspʀesif, -iv] *adj regard, visage* ausdruckslos
inexprimable [inɛkspʀimabl] *adj* unaussprechlich; *surprise, soulagement, émotion* unbeschreiblich
inexprimé(e) [inɛkspʀime] *adj* unausgesprochen
inexpugnable [inɛkspyɲabl] *adj (soutenu)* uneinnehmbar
in extremis [inɛkstʀemis] **I.** *adv* im letzten Augenblick **II.** *adj inv sauvetage, succès* in letzter Minute
inextricable [inɛkstʀikabl] *adj* ❶ *a. antéposé (enchevêtré)* unentwirrbar ❷ *(embrouillé) affaire* verzwickt
inextricablement [inɛkstʀikabləmɑ̃] *adv* ausweglos
infaillibilité [ɛ̃fajibilite] *f* Unfehlbarkeit *f*
infaillible [ɛ̃fajibl] *adj* ❶ *(fiable)* unfehlbar; *instrument* zuverlässig; *signe* untrüglich ❷ *(prévu)* sicher; *accident* vorprogrammiert ❸ *(qui ne peut se tromper)* unfehlbar; *instinct* untrüglich
infailliblement [ɛ̃fajibləmɑ̃] *adv* unweigerlich
infaisable [ɛ̃fəzabl] *adj* nicht machbar
infalsifiable [ɛ̃falsifjabl] *adj* fälschungssicher
infamant(e) [ɛ̃famɑ̃, ɑ̃t] *adj* übel
infâme [ɛ̃fɑm] *adj a. antéposé acte, conduite* schändlich
infamie [ɛ̃fami] *f* Schande *f*
infant(e) [ɛ̃fɑ̃, ɑ̃t] *m(f) (titre)* Infant(in) *m(f)*
infanterie [ɛ̃fɑ̃tʀi] *f* MIL Infanterie *f*
infanticide [ɛ̃fɑ̃tisid] *adj* ***mère ~*** Kindesmörderin *f*
infantile [ɛ̃fɑ̃til] *adj* kindisch
infantilisant(e) [ɛ̃fɑ̃tilizɑ̃, ɑ̃t] *adj* verdummend
infantiliser [ɛ̃fɑ̃tilize] <1> *vt* verdummen
infantilisme [ɛ̃fɑ̃tilism] *m* ❶ kindisches Benehmen *nt* ❷ MED, PSYCH Infantilismus *m Fachspr.*
infarctus [ɛ̃faʀktys] *m* MED Infarkt *m*
infatigable [ɛ̃fatigabl] *adj* unermüdlich; *amour, patience* unendlich
infatigablement [ɛ̃fatigabləmɑ̃] *adv* unermüdlich
infatuation [ɛ̃fatɥasjɔ̃] *f* Selbstgefälligkeit *f*
infatué(e) [ɛ̃fatɥe] *adj* eingebildet
infécond(e) [ɛ̃fekɔ̃, ɔ̃d] *adj (soutenu)* ❶ *animal, plante, terre* unfruchtbar; *femme* steril ❷ *théorie, travail* unergiebig; *esprit* unproduktiv
infécondité [ɛ̃fekɔ̃dite] *f* Unfruchtbarkeit *f*
infect(e) [ɛ̃fɛkt] *adj* ❶ *(répugnant)* widerlich; *nourriture* ekelhaft; *lieu, logement* übel ❷ *(fam: ignoble)* gemein
infecter [ɛ̃fɛkte] <1> *vpr* MED ***s'~*** sich entzünden
infectieux, -euse [ɛ̃fɛksjø, -jøz] *adj* ansteckend
infection [ɛ̃fɛksjɔ̃] *f* Infektion *f*, Entzündung *f*
inférence [ɛ̃feʀɑ̃s] *f* ❶ *(déduction)* logische Schlussfolgerung *f* ❷ INFORM ***moteur d'~*** Prozessor *m*

inférer [ɛ̃feʀe] <5> *vt (littér)* ~ ***qc de qc*** etw aus etw *dat* folgern [*o* schließen]; ~ ***de qc que …*** aus etw folgern [*o* schließen], dass …

inférieur(e) [ɛ̃feʀjœʀ] **I.** *adj* ❶ *(dans l'espace)* untere(r, s); *lèvre, mâchoire* Unter- ❷ *(en qualité)* niedriger; ***être ~ à qn*** jdm unterlegen sein; ***être ~ à qc*** hinter etw *dat* zurückbleiben; ***se sentir ~*** sich minderwertig fühlen ❸ *(en quantité)* geringer; ***~ à qn/qc*** geringer als jd/etw; ***huit est ~ à dix*** acht ist kleiner als zehn; ***~ en qc*** geringer an etw *dat;* ***~ en nombre*** zahlenmäßig unterlegen **II.** *m(f)* Untergebene(r) *f(m);* ***être l'~ de qn en qc*** jdm in etw *dat* unterlegen sein

inférioriser [ɛ̃feʀjɔʀize] *vt* ❶ *(complexer)* erniedrigen ❷ *(rabaisser)* heruntermachen *fam*

infériorité [ɛ̃feʀjɔʀite] *f* ❶ *(moindre force)* Unterlegenheit *f* ❷ *(moindre valeur)* Minderwertigkeit *f;* ***~ en poids*** geringeres Gewicht ❸ *(subordination)* Untergebenheit *f*

infernal(e) [ɛ̃fɛʀnal, -o] <-aux> *adj* ❶ höllisch; *divinité* der Hölle; ***puissance ~e*** Höllenmacht *f* ❷ *(diabolique)* teuflisch

infertile [ɛ̃fɛʀtil] *adj* unfruchtbar

infestation [ɛ̃fɛstasjɔ̃] *f* Befall *m*

infester [ɛ̃fɛste] <1> *vt* heimsuchen

infidèle [ɛ̃fidɛl] **I.** *adj* ❶ *(perfide)* untreu *präd,* treulos; ***être ~ à qn*** jdm untreu sein; ***être ~ à sa parole/ses devoirs*** wortbrüchig/pflichtvergessen sein ❷ *(inexact)* unzuverlässig; *mémoire* schlecht; *narrateur, traduction* ungenau; *récit* nicht wahrheitsgetreu; ***être ~*** ungenau sein ❸ REL ungläubig **II.** *mf* REL Ungläubige(r) *f(m)*

infidélité [ɛ̃fidelite] *f* ❶ *sans pl (déloyauté)* Untreue *f; d'un ami* Treulosigkeit *f;* REL Unglaube *m* ❷ *d'un conjoint* Seitensprung *m; d'un ami* Treulosigkeit *f;* ***~ à qn*** Untreue *f* jdm gegenüber; ***faire des ~s à qn*** jdm untreu sein/werden ❸ *(inexactitude)* Unzuverlässigkeit *f; d'une description* Ungenauigkeit *f;* ***~ à la description des faits*** Abweichung *f* von den Tatsachen

infiltration [ɛ̃filtʀasjɔ̃] *f d'un liquide* Einsickern *nt*

infiltrer [ɛ̃filtʀe] <1> **I.** *vt* unterwandern **II.** *vpr* ***s'~*** eindringen

infime [ɛ̃fim] *adj* winzig [klein]; *minorité* verschwindend [klein]

infini [ɛ̃fini] *m* ❶ *(immensité)* Unendlichkeit *f* ❷ MATH ***tendre vers l'~*** gegen unendlich streben ▸ **à** l'~ endlos

infini(e) [ɛ̃fini] *adj* ❶ *a.* MATH *(qui n'a pas de limite)* unendlich ❷ *(immense)* unendlich [groß]; *étendue, durée, longueur* endlos ❸ *(extrême)* unendlich; *reconnaissance* grenzenlos; *richesses* unermesslich ❹ *lutte, propos, temps* endlos, ewig

infiniment [ɛ̃finimɑ̃] *adv* ❶ *(sans borne)* unendlich; *vaste* grenzenlos; *plus grand, plus petit* [unendlich] viel ❷ *(extrêmement)* außerordentlich; *regretter* unendlich ❸ *(beaucoup de)* ***~ de tendresse/d'attention*** unendlich viel Zärtlichkeit/Aufmerksamkeit

infinité [ɛ̃finite] *f* ❶ *(caractère de ce qui est infini)* Unendlichkeit *f* ❷ *(très grand nombre)* ***une ~ de choses*** eine Unmenge von Dingen

infinitésimal(e) [ɛ̃finitezimal, -o] <-aux> *adj dose, quantité* unendlich klein

infinitif [ɛ̃finitif] *m* Infinitiv *m*

infinitif, -ive [ɛ̃finitif, -iv] *adj* ***proposition infinitive*** Infinitivsatz *m;* ***le mode ~*** der Infinitiv

infinitude [ɛ̃finityd] *f* Endlosigkeit *f*

infirme [ɛ̃fiʀm] **I.** *adj (à la suite d'un accident)* behindert; *(pour cause de vieillesse)* [alters]schwach; ***~ de qc*** gelähmt an etw *dat* **II.** *mf* Behinderte(r) *f(m);* ***~ de guerre*** Kriegsbeschädigte(r) *f(m)*

infirmer [ɛ̃fiʀme] <1> *vt* widerlegen

infirmerie [ɛ̃fiʀməʀi] *f* Krankenstation *f; d'une école* Krankenzimmer *nt*

infirmier, -ière [ɛ̃fiʀmje, -jɛʀ] *m, f* Krankenpfleger *m*/-schwester *f;* ***école d'infirmières*** Krankenpflegeschule *f*

infirmité [ɛ̃fiʀmite] *f* Behinderung *f*

inflammable [ɛ̃flamabl] *adj* leicht entflammbar

inflammation [ɛ̃flamasjɔ̃] *f* MED Entzündung *f*

inflammatoire [ɛ̃flamatwaʀ] *adj* MED entzündlich

inflation [ɛ̃flasjɔ̃] *f* Inflation *f*

inflationniste [ɛ̃flasjɔnist] *adj* inflationistisch

infléchir [ɛ̃fleʃiʀ] <8> **I.** *vt* PHYS brechen *rayon lumineux* **II.** *vpr* ***s'~*** *étagère:* sich [durch]biegen

inflexible [ɛ̃flɛksibl] *adj* unbeugsam, unnachgiebig; *loi, règle* unumstößlich

inflexiblement [ɛ̃flɛksibləmɑ̃] *adv* ❶ unerbittlich, unnachgiebig ❷ *(inébranlablement)* unerschütterlich

inflexion [ɛ̃flɛksjɔ̃] *f* ❶ *du tronc, corps* Beugen *nt; de la tête* Neigen *nt* ❷ *(changement de direction)* Biegung *f*

infliger [ɛ̃fliʒe] <2a> *vt* ❶ *(donner)* ***~ une***

amende à qn pour qc gegen jdn wegen etw eine Geldbuße verhängen; ***~ un châtiment à qn*** jdn züchtigen ❷ *(faire subir)* zufügen, versetzen *coups;* auferlegen *hum politique;* ***~ un récit à qn*** jdn mit einem Bericht behelligen; ***~ sa présence à qn*** sich jdm aufdrängen

influençable [ɛ̃flyɑ̃sabl] *adj* beeinflussbar; ***c'est un homme très ~*** er ist sehr leicht zu beeinflussen

influence [ɛ̃flyɑ̃s] *f* ❶ *(effet)* Einfluss *m; des mesures* [Aus]wirkung *f; d'un médicament* Wirkung; ***des luttes d'~*** Machtkämpfe *Pl;* ***sous l'~ de la colère*** im Zorn; ***sous l'~ de la boisson*** unter Alkoholeinfluss ❷ *(autorité)* Einfluss *m;* ***avoir de l'~*** einflussreich sein; ***avoir/exercer de l'~ sur qn/qc*** auf jdn/etw Einfluss haben/ausüben; *chose:* auf jdn/etw Auswirkungen haben; ***subir l'~ de qn*** unter jds Einfluss *dat* stehen; ***sous ~*** unter fremdem Einfluss

I

influencer [ɛ̃flyɑ̃se] <2> *vt* ***~ qn*** jdn beeinflussen; *mesures:* sich auf jdn auswirken

influent(e) [ɛ̃flyɑ̃, ɑ̃t] *adj* einflussreich

influer [ɛ̃flye] <1> *vi* ***~ sur qc*** *personne:* etw beeinflussen

info [ɛ̃fo] *f (fam) abr de* **information** Meldung *f;* ***les ~s*** die Nachrichten

infographiste [ɛ̃fogʀafist] *mf* Computergrafiker(in) *m(f)*

infogroupe [ɛ̃fogʀup] *m* INFORM Newsgroup *f*

infonaute [ɛ̃fonot] *adj* Internet-

infondé(e) [ɛ̃fɔ̃de] *adj* unbegründet

informateur, -trice [ɛ̃fɔʀmatœʀ, -tʀis] *m, f* Informant(in) *m(f)*

informaticien(ne) [ɛ̃fɔʀmatisjɛ̃, jɛn] *m(f)* Informatiker(in) *m(f)*

informatif, -ive [ɛ̃fɔʀmatif, -iv] *adj* informativ; ***brochure/réunion informative*** Informationsbroschüre *f*/-treffen *nt*

information [ɛ̃fɔʀmasjɔ̃] *f* ❶ *(renseignement)* Information *f,* Auskunft *f;* ***prendre des ~s sur qn/qc*** Auskünfte über jdn/etw einholen; ***une réunion d'~*** eine Informationsveranstaltung ❷ *souvent pl (nouvelles)* Nachricht *f;* ***les ~s de vingt heures*** die Achtuhrnachrichten; ***~s sportives*** Meldungen vom Sport; ***magazine d'~*** Nachrichtenmagazin *nt;* ***les ~s routières*** Hinweise für Autofahrer ❸ *sans pl (fait d'informer)* Information *f;* ***assurer l'~ de qn en matière de qc*** sicherstellen, dass jd zu/über etw *akk* Informationen erhält; ***faire de l'~*** Informationsarbeit *f* leisten ❹ *(ensemble des médias)* Nachrichtenwesen *nt* ❺ *pl* INFORM, TECH Daten *Pl*

informatique [ɛ̃fɔʀmatik] **I.** *adj* ***industrie ~*** Computerindustrie *f;* ***saisie ~*** Datenerfassung *f* **II.** *f* Informatik *f,* EDV *f*

informatisation [ɛ̃fɔʀmatizasjɔ̃] *f de l'information* Computerisierung *f; d'une entreprise* Umstellung *f* auf EDV

informatisé(e) [ɛ̃fɔʀmatize] *adj gestion, poste de travail* computerisiert; ***fichier ~*** Datei *f;* ***système ~*** EDV-System; ***communication ~e*** Computerkommunikation *f*

informatiser [ɛ̃fɔʀmatize] <1> **I.** *vt* computerisieren *information, secteur;* auf EDV umstellen *gestion, entreprise* **II.** *vpr* ***s'~*** auf EDV umgestellt werden

informe [ɛ̃fɔʀm] *adj* formlos

informé [ɛ̃fɔʀme] *m* ▸ **jusqu'à plus ample ~** bis auf Weiteres; JUR bis zur weiteren Ermittlung der Umstände

informel(le) [ɛ̃fɔʀmɛl] *adj* informell

informer [ɛ̃fɔʀme] <1> **I.** *vt* ***~ qn*** jdn informieren; ***~ qn que …*** jdm mitteilen, dass …; ***être informé de qc*** über etw *akk* informiert sein; ***des personnes bien informées/milieux bien informés*** gut unterrichtete Leute/Kreise; ***tenir qn informé*** jdn auf dem Laufenden halten **II.** *vi* informieren **III.** *vpr* ***s'~*** sich informieren; ***s'~ de qc*** sich über etw *akk* informieren; ***s'~ sur qn*** Erkundigungen über jdn einziehen; ***s'~ si qn a fait qc*** fragen, ob jd etw getan hat

informulé(e) [ɛ̃fɔʀmyle] *adj* unausgesprochen

inforoute [ɛ̃foʀut] *f* INFORM Datenautobahn *f*

infortune [ɛ̃fɔʀtyn] *f (littér: malheur)* Unglück *nt; (adversité)* Missgeschick *nt*

infortuné(e) [ɛ̃fɔʀtyne] **I.** *adj (littér)* unglücklich, unglückselig **II.** *m(f) (littér)* Unglückselige(r) *f(m)*

infos [ɛ̃fo] *fpl* ***les ~*** *(fam)* die Nachrichten

infra [ɛ̃fʀa] *adv* ***voir ~*** siehe [weiter] unten

infraction [ɛ̃fʀaksjɔ̃] *f* Vergehen *nt;* ***~ au code de la route*** Verkehrsdelikt; ***~ à la loi*** Gesetzesverstoß *m*

infranchissable [ɛ̃fʀɑ̃ʃisabl] *adj* unüberwindlich

infrarouge [ɛ̃fʀaʀuʒ] *adj* infrarot

infrastructure [ɛ̃fʀastʀyktyʀ] *f* Infrastruktur *f;* ***~ routière*** Straßennetz *nt*

infréquentable [ɛ̃fʀekɑ̃tabl] *adj (péj) personne* geächtet

infroissable [ɛ̃fʀwasabl] *adj* knitterfrei

infructueux, -euse [ɛ̃fʀyktɥø, -øz] *adj* fruchtlos

infus(e) [ɛ̃fy, yz] *adj (littér)* angeboren ▶ **avoir la science ~e** *(iron)* die Weisheit mit Löffeln gefressen haben
infuser [ɛ̃fyze] <1> *vt* ziehen lassen *Tee*
infusion [ɛ̃fyzjɔ̃] *f* ❶ *(tisane)* Kräutertee *m;* ~ ***de camomille*** Kamillentee *m* ❷ *(action d'infuser)* Aufgießen *nt*

Falsche Freunde
Nicht verwechseln mit *die Infusion – la perfusion*!

ingénier [ɛʒenje] <1a> *vpr* ***s'~ à faire qc*** mit allen Mitteln versuchen, etw zu tun
ingénierie [ɛ̃ʒeniʀi] *f* Projektplanung *f*
ingénieur [ɛ̃ʒenjœʀ] *mf* Ingenieur(in) *m(f)*
ingénieur-produit [ɛ̃ʒenjœʀpʀɔdɥi] <ingénieurs-produits> *m* Produktingenieur(in) *m(f)*
ingénieusement [ɛ̃ʒenjøzmɑ̃] *adv* geschickt, mit viel Geschick *nt*
ingénieux, -euse [ɛ̃ʒenjø, -jøz] *adj* genial
ingéniosité [ɛ̃ʒenjozite] *f* Genialität *f*
ingénu [ɛ̃ʒeny] *m* Naivling *m*
ingénue [ɛ̃ʒeny] *f* ❶ Naivling *m* ❷ THEAT Naive *f;* ***jouer les ~s*** die Naive spielen
ingénuité [ɛ̃ʒenɥite] *f* Unschuld *f*
ingénument [ɛ̃ʒenymɑ̃] *adv (innocemment)* offen
ingérable [ɛ̃ʒeʀabl] *adj situation* unkontrollierbar
ingérence [ɛ̃ʒeʀɑ̃s] *f* Einmischung *f*
ingérer [ɛ̃ʒeʀe] <5> *vt* einnehmen *médicament*
ingestion [ɛ̃ʒɛstjɔ̃] *f d'un médicament* Einnahme *f;* ~ ***d'un aliment*** Nahrungsaufnahme *f*
ingouvernable [ɛ̃guvɛʀnabl] *adj pays, peuple* unregierbar; *parlement* mehrheitsunfähig
ingrat(e) [ɛ̃gʀa, at] **I.** *adj* ❶ *(opp: reconnaissant)* undankbar; ~ ***envers qn*** undankbar jdm gegenüber ❷ *métier, sujet* undankbar; *vie* mühevoll ❸ *(dépourvu de charme)* unattraktiv **II.** *m(f)* undankbarer Mensch
ingratitude [ɛ̃gʀatityd] *f* Undank *m;* ~ ***de qn/qc*** jds Undank/Undankbarkeit einer S. *gen;* ***faire preuve d'~*** sich als undankbar erweisen
ingrédient [ɛ̃gʀedjɑ̃] *m d'un mélange* Bestandteil *m; d'une recette* Zutat *f*
inguérissable [ɛ̃geʀisabl] *adj maladie* unheilbar
ingurgiter [ɛ̃gyʀʒite] <1> *vt* ❶ *(avaler)* hinunterschlingen *nourriture;* hinunterschütten *boisson;* ***faire ~ qc à qn*** jdm etw verabreichen ❷ *(apprendre)* pauken *connaissances, science;* ***faire ~ un poème à qn*** jdm ein Gedicht eintrichtern *fam*
inhabile [inabil] *adj (littér)* ❶ *(qui manque de diplomatie)* ungeschickt; *personne* ungeschickt, ungewandt; *démarche* unangebracht ❷ *(maladroit manuellement)* unbeholfen, linkisch
inhabileté [inabilte] *f (littér) d'une démarche* Ungeschicktheit *f; d'une personne* Ungeschicklichkeit *f,* Unbeholfenheit *f*
inhabitable [inabitabl] *adj* unbewohnbar
inhabité(e) [inabite] *adj* unbewohnt
inhabituel(le) [inabitɥɛl] *adj* ungewöhnlich
inhalateur [inalatœʀ] *m* Inhalationsapparat *m*
inhalation [inalasjɔ̃] *f* Einatmen *nt*
inhaler [inale] <1> *vt* einatmen
inhérent(e) [ineʀɑ̃, ɑ̃t] *adj* ***être ~ à qc*** einer S. *dat* innewohnen
inhibé(e) [inibe] *adj (complexé)* gehemmt
inhiber [inibe] <1> *vt* lähmen *volonté*
inhibition [inibisjɔ̃] *f* Hemmung *f*
inhospitalier, -ière [inɔspitalje, -jɛʀ] *adj* ungastlich; *lieu* unwirtlich; *peuple* wenig gastfreundlich; *chambre* unwohnlich
inhumain(e) [inymɛ̃, ɛn] *adj* unmenschlich
inhumanité [inymanite] *f* Unmenschlichkeit *f,* Inhumanität *f geh*
inhumation [inymasjɔ̃] *f* Beerdigung *f,* Bestattung *f geh*
inhumer [inyme] <1> *vt* bestatten *geh,* beisetzen *form*
inimaginable [inimaʒinabl] *adj* unvorstellbar
inimitable [inimitabl] *adj* unnachahmlich
inimitié [inimitje] *f* Feindschaft *f*
ininflammable [inɛ̃flamabl] *adj matière, tissu* feuerfest
inintelligemment [inɛ̃teliʒamɑ̃] *adv* unklug, ohne Sinn und Verstand
inintelligence [inɛ̃teliʒɑ̃s] *f* Mangel *m* an Intelligenz, Begriffsstutzigkeit *f*
inintelligent(e) [inɛ̃teliʒɑ̃, ʒɑ̃t] *adj* nicht besonders intelligent; *personne* begriffsstutzig
inintelligibilité [inɛ̃teliʒibilite] *f d'un texte* Unverständlichkeit *f*
inintelligible [inɛ̃teliʒibl] *adj* unverständlich
inintéressant(e) [inɛ̃teʀesɑ̃, ɑ̃t] *adj* uninteressant
ininterrompu(e) [inɛ̃teʀɔ̃py] *adj* ununter-

brochen; *vacarme* ständig; *sommeil* ungestört; *spectacle* ohne Unterbrechung
inique [inik] *adj* [höchst] ungerecht
iniquité [inikite] *f* Ungerechtigkeit *f*
initial(e) [inisjal, -jo] <-aux> *adj* anfänglich; *cause, état* ursprünglich; *choc, feuillets* erste(r, s); ***position ~e*** Ausgangsposition *f;* ***lettre ~e*** Anfangsbuchstabe *m*
initiale [inisjal] *f* Anfangsbuchstabe *m;* ***les ~s*** die Initialen *Pl*
initialement [inisjalmɑ̃] *adv* anfänglich
initialisation [inisjalizasjɔ̃] *f* INFORM Initialisierung *f*
initialiser [inisjalize] <1> *vt* initialisieren
initiateur, -trice [inisjatœʀ, -tʀis] *m, f* Urheber(in) *m(f)*
initiation [inisjasjɔ̃] *f* Einführung *f;* ***cours d'~*** Anfängerkurs *m;* ***~ à qc*** Einführung in etw *akk*
initiatique [inisjatik] *adj* ***être ~*** der Einführung dienen
initiative [inisjativ] *f* ❶ *(idée première)* Einfall *m;* ***avoir l'~ de qc*** die Idee zu etw haben; ***~ privée*** Privatinitiative *f;* ***de sa/leur propre ~*** aus eigenem Antrieb; ***prendre des ~s*** die Initiative ergreifen; ***à*** [*o* ***sur***] ***l'~ de qn*** auf jds Initiative *akk* [hin] ❷ *(trait de caractère)* Initiative *f;* ***avoir de l'~*** Unternehmungsgeist besitzen
initié(e) [inisje] **I.** *adj* eingeweiht **II.** *m(f)* Eingeweihte(r) *f(m),* Insider(in) *m(f);* ***délit d'~*** FIN Insidergeschäft *nt,* Insiderhandel *m*
initier [inisje] <1a> *vt* ❶ ***~ qn à un art*** jdn in eine Kunst einführen; ***~ qn à un secret*** jdn in ein Geheimnis einweihen ❷ *(impulser)* in die Wege leiten
injecté(e) [ɛ̃ʒɛkte] *adj* ▶ **~ de sang** *yeux* blutunterlaufen
injecter [ɛ̃ʒɛkte] <1> *vt* einspritzen
injecteur [ɛ̃ʒɛktœʀ] *m* Einspritzdüse *f*
injection [ɛ̃ʒɛksjɔ̃] *f d'un liquide* Einspritzen *nt,* Injektion *f*
injoignable [ɛ̃ʒwaɲabl] *adj* nicht erreichbar
injonction [ɛ̃ʒɔ̃ksjɔ̃] *f* JUR Anordnung *f;* ***~ de faire qc*** Aufforderung, etw zu tun; ADMIN Weisung, etw zu tun
injure [ɛ̃ʒyʀ] *f* Beleidigung *f,* Beschimpfung *f*
injurier [ɛ̃ʒyʀje] <1> **I.** *vt* beleidigen, beschimpfen, beschmutzen *mémoire* **II.** *vpr* ***s'~*** sich [gegenseitig] beschimpfen
injurieux, -euse [ɛ̃ʒyʀjø, -jøz] *adj* beleidigend
injuste [ɛ̃ʒyst] *adj* ungerecht
injustement [ɛ̃ʒystəmɑ̃] *adv (à tort)* zu Unrecht
injustice [ɛ̃ʒystis] *f* Ungerechtigkeit *f;* ***avec ~*** ungerecht
injustifiable [ɛ̃ʒystifjabl] *adj* durch nichts zu rechtfertigen
injustifié(e) [ɛ̃ʒystifje] *adj* ungerechtfertigt
inlassable [ɛ̃lɑsabl] *adj* unermüdlich
inlassablement [ɛ̃lɑsabləmɑ̃] *adv* unermüdlich
inline skating [inlajnsketiŋ] *m* Inlineskating *nt*
inné(e) [i(n)ne] *adj* angeboren
innocemment [inɔsamɑ̃] *adv* in aller Unschuld; *(sans penser à mal)* unschuldig
innocence [inɔsɑ̃s] *f* ❶ *(opp: culpabilité)* Unschuld *f* ❷ *(candeur)* Unschuld *f; (naïveté)* Arglosigkeit *f;* ***abuser de l'~ de qn*** jds Arglosigkeit ausnutzen; ***en toute ~*** in aller Unschuld ❸ *(caractère inoffensif)* Harmlosigkeit *f*
innocent(e) [inɔsɑ̃, ɑ̃t] **I.** *adj* ❶ *(opp: coupable)* unschuldig; ***être ~ de qc*** einer S. *gen* nicht schuldig sein ❷ *(anodin)* harmlos; *jeux, plaisanterie* unschuldig ❸ *(candide)* unschuldig ❹ *(naïf)* naiv ❺ *(inoffensif)* ***l'article n'est pas ~*** hinter dem Artikel steckt mehr; ***ce n'est pas ~ si qn fait qc*** jd tut etw nicht ohne Hintergedanken **II.** *m(f)* Unschuldige(r) *f(m);* ***faire l'~*** den Unschuldigen spielen
innocenter [inɔsɑ̃te] <1> *vt* ***~ qn de vol*** jdn vom Diebstahl entlasten
innocuité [inɔkɥite] *f d'une substance* Unschädlichkeit *f*
innombrable [i(n)nɔ̃bʀabl] *adj* unzählig, zahllos *attr*
innommable [i(n)nɔmabl] *adj* unbeschreiblich
innovateur, -trice [inɔvatœʀ, -tʀis] **I.** *adj méthode* neu; *politique* der Erneuerung; ***une action innovatrice*** eine Neuerung; ***être ~*** innovativ sein **II.** *m, f* Neuerer *m/* Neuerin *f,* Innovator(in) *m(f)*
innovation [inɔvasjɔ̃] *f* Neuerung *f,* Innovation *f*
innover [inɔve] <1> **I.** *vt* neu einführen **II.** *vi* ***~ en*** [*o* ***en matière de***] ***qc*** Neuerungen in etw *dat* einführen
inobservable [inɔpsɛʀvabl] *adj* nicht zu erkennen, nicht sichtbar
inobservation [inɔpsɛʀvasjɔ̃] *f (littér)* Missachtung *f*
inoccupation [inɔkypasjɔ̃] *f (littér) d'une personne* Untätigkeit *f,* Müßiggang *m geh*
inoccupé(e) [inɔkype] *adj* ❶ *(vide)* frei; *terrain* unbebaut; *maison* leer [stehend] ❷ *(oisif)* untätig

inoculer [inɔkyle] <1> *vt* ~ ***qc à qn*** jdn mit etw infizieren

inodore [inɔdɔʀ] *adj* geruchlos; ***être*** ~ nicht duften

inoffensif, -ive [inɔfɑ̃sif, -iv] *adj* harmlos; *piqûre* ungefährlich; *remède* unbedenklich

inondable [inɔ̃dabl] *adj* überschwemmungsgefährdet

inondation [inɔ̃dasjɔ̃] *f* ❶ *(débordement d'eaux)* Überschwemmung *f; d'un fleuve* Hochwasser *nt* ❷ *de marchandises, de produits* Schwemme *f*

inonder [inɔ̃de] <1> **I.** *vt* ❶ *(couvrir d'eaux)* überschwemmen; ***être inondé*** *personnes:* hochwassergeschädigt sein; *lieu:* überschwemmt sein ❷ *(tremper)* ~ ***qn/qc de qc*** jdn/etw mit etw überschütten; ~ ***qn/qc*** *chose:* über jdn/etw strömen ❸ *(submerger)* ~ ***qn de qc*** jdn mit etw überschütten; ~ ***un pays de qc*** ein Land mit etw überschwemmen; ~ ***les rues*** durch die Straßen strömen **II.** *vpr* ***s'~ de qc*** sich mit etw überschütten

inopérable [inɔpeʀabl] *adj* inoperabel

inopérant(e) [inɔpeʀɑ̃, ɑ̃t] *adj* unwirksam

inopiné(e) [inɔpine] *adj* unerwartet

inopinément [inɔpinemɑ̃] *adv* unerwartet

inopportun(e) [inɔpɔʀtœ̃, yn] *adj* *demande* ungelegen

inopportunité [inɔpɔʀtynite] *f* Ungelegenheit *f;* ***sentir l'~ de qc*** merken, dass etw ungelegen kommt

inorganique [inɔʀganik] *adj* anorganisch

inorganisé(e) [inɔʀganize] *adj* unorganisiert

inoubliable [inublijabl] *adj* unvergesslich

inouï(e) [inwi] *adj* ❶ *(inconnu)* unerhört ❷ *(fam: formidable)* ***être*** ~ *personne:* unglaublich sein

inox [inɔks] *m abr de* **inoxydable** [rostfreier] Edelstahl *m*

inoxydable [inɔksidabl] *adj* rostfrei

in petto [inpeto] *adv* insgeheim, im Stillen

input [input] *m* Input *m o nt*

inqualifiable [ɛ̃kalifjabl] *adj* unbeschreiblich; *agression* abscheulich

inquiet, -ète [ɛ̃kjɛ, -ɛt] **I.** *adj* ❶ *(anxieux)* beunruhigt; *caractère, personne* ängstlich; ***c'est un caractère*** ~ er/sie hat ein ängstliches Gemüt; ***ne sois pas*** ~ mach dir keine Sorgen; ***être ~ de qc*** wegen etw beunruhigt sein; ***être ~ au sujet de*** [*o* ***pour***] ***la fille/la maison*** des Mädchens/des Hauses wegen besorgt sein; ***qn est ~ que*** *+subj* jd fürchtet, dass ❷ *(qui dénote l'appréhension)* ängstlich; *regard, attente* bang; *geste* unsicher **II.** *m, f* [ewig] besorgter Mensch

inquiétant(e) [ɛ̃kjetɑ̃, ɑ̃t] *adj* ❶ *(alarmant)* beunruhigend; ***devenir*** ~ [allmählich] Besorgnis erregende Formen annehmen ❷ *(patibulaire)* Furcht erregend

inquiéter [ɛ̃kjete] <5> **I.** *vt* ~ ***qn*** jdn beunruhigen **II.** *vpr* ❶ *(s'alarmer)* ***s'~*** sich beunruhigen, sich *dat* Sorgen machen, unruhig werden ❷ *(se soucier de)* ***s'~ au sujet de la fille/la maison*** sich *dat* des Mädchens/des Hauses wegen Sorgen machen; ***s'~ de savoir si/qui*** sich *dat* Gedanken darüber machen, ob/wer

inquiétude [ɛ̃kjetyd] *f* Beunruhigung *f kein Pl,* Sorge *f;* ***plonger qn dans l'~*** jdn in Sorge versetzen; ***avoir des ~s au sujet de la fille/la maison*** sich *dat* des Mädchens/des Hauses wegen Sorgen machen; ***soyez sans*** ~ machen Sie sich *dat* keine Sorgen; ***être sans ~ sur qc*** keine Sorgen mit etw haben

inquisiteur, -trice [ɛ̃kizitœʀ, -tʀis] *m, f* HIST, REL *(a. péj)* Inquisitor(in) *m(f)*

inquisition [ɛ̃kizisjɔ̃] *f* HIST, REL *(a. péj)* ***l'Inquisition*** die Inquisition

inracontable [ɛ̃ʀakɔ̃tabl] *adj histoire* nicht wiederholbar; *événement* nicht mit Worten zu beschreiben

insaisissable [ɛ̃sezisabl] *adj* ❶ nicht zu fassen ❷ *(fam: qu'on ne parvient pas à rencontrer)* nicht zu erwischen

insalubre [ɛ̃salybʀ] *adj climat* ungesund; *quartier* heruntergekommen

insalubrité [ɛ̃salybʀite] *f* Gesundheitsschädlichkeit *f*

insanité [ɛ̃sanite] *f d'une personne* Unvernunft *f; d'un propos, d'un acte* Unsinnigkeit *f;* ***dire des ~s*** Unsinn von sich geben

insatiable [ɛ̃sasjabl] *adj* unersättlich; *soif* unstillbar; *curiosité* nicht zu befriedigen

insatisfaction [ɛ̃satisfaksjɔ̃] *f* ~ ***devant qc*** Unzufriedenheit *f* mit etw

insatisfait(e) [ɛ̃satisfɛ, ɛt] **I.** *adj* ❶ *(mécontent)* ~ ***de qn/qc*** unzufrieden mit jdm/etw ❷ *(inassouvi)* unbefriedigt **II.** *m(f)* ***un éternel*** ~ jd, der ewig unzufrieden ist

inscription [ɛ̃skʀipsjɔ̃] *f* ❶ *(texte)* Inschrift *f; d'un poteau indicateur,* Aufschrift *f;* ~ ***funéraire*** Grabinschrift ❷ *(immatriculation)* Anmeldung *f;* ***les ~s sont closes le 31 mars*** Anmeldeschluss *m* ist der 31. März; ~ ***de qn à une école*** jds Anmeldung an einer Schule; ~ ***de qn à un concours*** jds [An]meldung zu einem Wett-

I

bewerb; ~ ***de qn à un club*** jds Eintritt *m* in einen Club

inscrire [ɛ̃skʀiʀ] <irr> **I.** *vt* ❶ *(noter)* ~ ***qc dans*** [*o* ***sur***] ***un carnet*** [sich *dat*] etw in einem Heft aufschreiben; ~ ***qc sur une enveloppe*** etw auf einen Briefumschlag schreiben; ~ ***qc à l'ordre du jour*** etw auf die Tagesordnung setzen; ***être inscrit dans*** [*o* ***sur***] ***qc*** auf etw *dat* stehen; ***être inscrit dans ma mémoire*** sich fest eingeprägt haben; ***être inscrit sur mon visage*** auf meinem Gesicht geschrieben stehen ❷ *(immatriculer)* ~ ***qn à une école*** jdn an einer Schule anmelden; ~ ***qn dans un club*** jdn in einem Verein anmelden; ~ ***qn sur une liste*** jdn in eine Liste eintragen; *(pour prendre rendez-vous)* jdn auf einer Liste vormerken; ***être inscrit à la faculté*** an der Universität eingeschrieben sein; ***être inscrit dans un club*** Mitglied in einem Club sein **II.** *vpr* ❶ *(s'immatriculer)* ***s'~ à une école*** sich an einer Schule anmelden; ***s'~ à une faculté*** sich an einer Universität einschreiben; ***s'~ à un parti/club*** einer Partei/einem Club beitreten; ***s'~ sur une liste*** sich in eine Liste eintragen; ***se faire ~ au tennis*** sich zum Tennis anmelden ❷ *(s'insérer dans)* ***s'~ dans le cadre de qc*** *décision, mesure, projet:* im Rahmen von etw geschehen ❸ *(apparaître)* ***s'~ sur l'écran*** auf dem Bildschirm erscheinen

inscrit(e) [ɛ̃skʀi, it] **I.** *part passé de* **inscrire** **II.** *adj candidat* gemeldet; *député* zu einer Fraktion gehörig; *électeur* in die Wählerliste eingetragen **III.** *m(f)* Angemeldete(r) *f(m); à un examen* [gemeldeter] Kandidat *m/*[gemeldete] Kandidatin *f; à un parti* [eingetragenes] Mitglied; *sur une liste électorale* Wahlberechtigte(r) *f(m); à une faculté* [immatrikulierter] Student *m/*[immatrikulierte] Studentin *f*

insecte [ɛ̃sɛkt] *m* Insekt *nt*

insecticide [ɛ̃sɛktisid] *m* Insekten[vertilgungs]mittel *nt*

insectivore [ɛ̃sɛktivɔʀ] *adj* Insekten fressend

insécurité [ɛ̃sekyʀite] *f* Unsicherheit *f;* ~ ***sociale*** soziale Unsicherheit

INSEE [inse] *m abr de* **institut national de la statistique et des études économiques** *nationales Institut für Statistik und Wirtschaftsplanung*

insémination [ɛ̃seminasjɔ̃] *f* Befruchtung *f*

inséminer [ɛ̃semine] <1> *vt* künstlich befruchten *femme;* besamen *animal*

insensé(e) [ɛ̃sɑ̃se] *adj* absurd; *personne* verrückt; *acte* unsinnig ▶ **c'est ~!** das ist Unsinn!

insensibiliser [ɛ̃sɑ̃sibilize] <1> *vt* ~ ***qn/qc*** jdn narkotisieren/etw betäuben

insensibilité [ɛ̃sɑ̃sibilite] *f* Unempfindlichkeit *f*

insensible [ɛ̃sɑ̃sibl] *adj* ❶ *(physiquement)* ***être*** ~ *personne:* nichts spüren; *lèvres, membre:* gefühllos sein; ~ ***à la douleur/chaleur*** schmerz-/wärmeunempfindlich ❷ *(moralement)* gefühllos; ~ ***aux compliments*** gleichgültig gegenüber Komplimenten; ***laisser qn*** ~ jdn gleichgültig lassen

insensiblement [ɛ̃sɑ̃sibləmɑ̃] *adv* unmerklich

inséparable [ɛ̃sepaʀabl] *adj amis* unzertrennlich; *idées* eng miteinander verknüpft; ***être ~ de qc*** mit etw untrennbar verbunden sein

inséparablement [ɛ̃sepaʀabləmɑ̃] *adv* untrennbar; ***faire qc*** ~ etw immer gemeinsam tun

insérer [ɛ̃seʀe] <5> **I.** *vt* einfügen **II.** *vpr* ***s'~ dans qc*** *personne:* sich in etw *akk* integrieren

insertion [ɛ̃sɛʀsjɔ̃] *f* Eingliederung *f;* ***centre*** [***d'hébergement et***] ***d'~*** Übergangslager *nt;* ~ ***dans qc*** Integration *akk* in etw; ***l'~ sociale de qn*** jds [Wieder]eingliederung in die Gesellschaft

insidieusement [ɛ̃sidjøzmɑ̃] *adv* hinterhältig

insidieux, -euse [ɛ̃sidjø, -jøz] *adj* ❶ *question, promesse* hinterhältig; *personne* hinterlistig ❷ *maladie* heimtückisch

insigne [ɛ̃siɲ] *m* Abzeichen *nt*

insignifiance [ɛ̃siɲifjɑ̃s] *f* Bedeutungslosigkeit *f*

insignifiant(e) [ɛ̃siɲifjɑ̃, jɑ̃t] *adj* unbedeutend

insinuant(e) [ɛ̃sinɥɑ̃, ɑ̃t] *adj* schmeichlerisch

insinuation [ɛ̃sinɥasjɔ̃] *f* ❶ *(allusion)* Anspielung *f* ❷ *(accusation sournoise)* Unterstellung *f*

insinuer [ɛ̃sinɥe] <1> **I.** *vt (laisser entendre)* andeuten; *(accuser)* unterstellen **II.** *vpr* ❶ *(pénétrer)* ***s'~ dans qc*** in etw *akk* [ein]dringen ❷ *(se glisser)* ***s'~ dans qc*** *personne:* sich durch etw schlängeln; *idée, sentiment:* sich in etw *akk* einschleichen; ***s'~ dans l'esprit de qn*** jdn beschleichen

insipide [ɛ̃sipid] *adj* geschmacklos

insistance [ɛ̃sistɑ̃s] *f* Beharrlichkeit *f;* ~ ***à***

faire qc Hartnäckigkeit, wenn es darum geht, etw zu tun; ~ ***à ne pas faire qc*** hartnäckige Weigerung, etw zu tun; ***avec*** ~ beharrlich

insistant(**e**) [ɛ̃sistɑ̃, ɑ̃t] *adj* dringend; *ton* drängend; *rumeur* hartnäckig; *regard* eindringlich; *curiosité* aufdringlich

insister [ɛ̃siste] <1> *vi* ❶ *(s'obstiner)* nicht nachgeben; ***inutile d'*** ~ gib's auf/geben Sie es auf; ***n'insistez pas!*** Hören Sie auf!; ***je n'ai pas insisté*** ich habe nicht weiter darauf bestanden; ~ ***à*** [*o* ***pour***] ***faire qc*** darauf bestehen, etw zu tun; ~ ***sur qc*** auf etw bestehen ❷ *(persévérer)* durchhalten ❸ *(mettre l'accent sur)* ~ ***sur qc*** etw betonen ▶ **sans** ~ ohne besonderen Nachdruck

insociable [ɛ̃sɔsjabl] *adj* ungesellig

insolation [ɛ̃sɔlasjɔ̃] *f (coup de chaleur)* Sonnenstich *m*

insolemment [ɛ̃sɔlamɑ̃] *adv* ❶ respektlos, frech ❷ *(d'une façon provocante)* unverschämt

insolence [ɛ̃sɔlɑ̃s] *f* ❶ *(impertinence)* Frechheit *f;* ***avec*** ~ frech ❷ *(arrogance)* Unverschämtheit *f*

insolent(**e**) [ɛ̃sɔlɑ̃, ɑ̃t] **I.** *adj* ❶ *(impertinent)* frech ❷ *(arrogant)* anmaßend; *exigence* unverschämt ❸ *(provocant)* unverschämt **II.** *m(f)* freche Person; ***petit*** ~ kleiner Frechdachs

insolite [ɛ̃sɔlit] *adj (inhabituel)* ungewöhnlich

insolubilité [ɛ̃sɔlybilite] *f* ❶ Unlöslichkeit *f* ❷ *(fig)* Unlösbarkeit *f*

insoluble [ɛ̃sɔlybl] *adj* ❶ *(qui ne peut se dissoudre)* unlöslich ❷ *(qui ne peut être résolu)* unlösbar

insolvabilité [ɛ̃sɔlvabilite] *f* Zahlungsunfähigkeit *f,* Insolvenz *f*

insolvable [ɛ̃sɔlvabl] *adj* zahlungsunfähig

insomniaque [ɛ̃sɔmnjak] **I.** *adj* an Schlaflosigkeit leidend; ***être*** ~ Schlafstörungen haben **II.** *mf* jd, der an Schlaflosigkeit leidet

insomnie [ɛ̃sɔmni] *f* Schlaflosigkeit *f;* ***avoir des*** ~***s*** unter Schlafstörungen leiden

insondable [ɛ̃sɔ̃dabl] *adj abîme* bodenlos, unermesslich tief

insonore [ɛ̃sɔnɔʀ] *adj* schalldämmend

insonorisation [ɛ̃sɔnɔʀizasjɔ̃] *f* Schalldämmung *f*

insonorisé(**e**) [ɛ̃sɔnɔʀize] *adj* schalldicht

insonoriser [ɛ̃sɔnɔʀize] <1> *vt* schalldicht machen

insouciance [ɛ̃susjɑ̃s] *f* Sorglosigkeit *f;* ***vivre dans l'***~ ein unbekümmertes Leben führen

insouciant(**e**) [ɛ̃susjɑ̃, jɑ̃t] **I.** *adj* unbekümmert; *vie* sorglos; ***être*** ~ ***du lendemain*** in den Tag hinein leben; ***être*** ~ ***du danger*** sich keine Gedanken über die Gefahr machen **II.** *m(f) (péj)* leichtsinniger Mensch

insoucieux, -euse [ɛ̃susjø, -jøz] *adj (littér)* sorgenfrei, unbekümmert

insoumis(**e**) [ɛ̃sumi, iz] *adj* widerspenstig

insoumission [ɛ̃sumisjɔ̃] *f* Widerstand *m*

insoupçonnable [ɛ̃supsɔnabl] *adj* über jeden Verdacht erhaben

insoupçonné(**e**) [ɛ̃supsɔne] *adj* ungeahnt

insoutenable [ɛ̃sutnabl] *adj (insupportable)* unerträglich

inspecter [ɛ̃spɛkte] <1> *vt* ❶ *(contrôler)* kontrollieren *fonctionnaire;* ~ ***un professeur*** den Unterricht eines Lehrers begutachten ❷ *(examiner attentivement)* inspizieren *lieu*

inspecteur, -trice [ɛ̃spɛktœʀ, -tʀis] *m, f* Inspektor(in) *m(f);* ~ ***de police*** Polizeiinspektor; ~ ***des finances*** ≈ Generalinspektor; ~ ***des écoles maternelles*** Schulrat *m (für den Vorschulbereich);* ~ ***des travaux finis*** *(hum)* Drückeberger *m fam;* ~ ***des Ponts et Chaussées*** ≈ Oberregierungsbaurat *(Leiter der obersten Straßenaufsichtsbehörde);* ~ ***du travail*** Gewerbeaufsichtsbeamte(r) *m;* ~ ***général*** SCOL ≈ Regierungsschulrat *(für alle Lehrer eines Faches zuständiger Beamter bei der Schulbehörde);* ~ ***pédagogique régional*** SCOL ≈ Oberschulrat *(für die Lehrer eines Faches in einer Region zuständiger Beamter);* ~ ***d'Académie*** SCOL ≈ Schulamtsdirektor *m;* ~ ***primaire*** Schulrat *(für den Grundschulbereich)*

inspection [ɛ̃spɛksjɔ̃] *f* ❶ *(contrôle)* Kontrolle *f; des lieux* Inspizierung *f* ❷ *(visite d'un inspecteur)* Inspektion *f; d'un professeur* [Unterrichts]besuch *m* ❸ *(corps de fonctionnaires)* Behörde *f;* ~ ***des Finances*** Finanzaufsichtsbehörde; ~ ***du Travail*** Gewerbeaufsichtsamt *nt;* ~ ***académique*** ≈ Oberschulamt *nt;* ~ ***générale*** SCOL *oberste Schulaufsichtsbehörde;* ~ ***primaire*** SCOL *Schulaufsichtsbehörde für den Grundschulbereich;* ~ ***régionale*** SCOL ≈ Schulamt *nt*

inspirant(**e**) [ɛ̃spiʀɑ̃, ɑ̃t] *adj* ***être*** ~*(e)* inspirierend sein

inspirateur, -trice [ɛ̃spiʀatœʀ, -tʀis] *m, f d'un acte* Inspirator(in) *m(f) geh; d'une décision* Ideengeber(in) *m(f); d'une doctrine* Vordenker(in) *m(f)*

inspiration [ɛ̃spiʀasjɔ̃] *f* ❶ *(intuition)* Eingebung *f* ❷ *(souffle créateur)* Inspiration *f;*

avoir de l'~/ne pas avoir [*o* ***manquer***] ***d'~*** Ideen/keine Ideen haben; ***chercher l'~*** auf eine Eingebung warten; ***suivre son ~/l'~ de qn*** seiner/jds Eingebung folgen ❸ *(opp: expiration)* Einatmen *nt;* ***faire*** [*o* ***prendre***] ***une grande ~*** tief einatmen ▶ **selon l'~ du moment** nach Lust und Laune; **d'~ médiévale/orientale** vom Mittelalter/orientalisch beeinflusst; **sous l'~ de qn/qc** unter jds Einfluss *dat/*unter dem Einfluss einer S. *gen*

inspiré(e) [ɛ̃spiʀe] *adj* ~ ***de qc*** von etw beeinflusst

inspirer [ɛ̃spiʀe] <1> **I.** *vt* ❶ ANAT einatmen ❷ *(susciter)* ~ ***du dégoût/de l'inquiétude*** Ekel/Besorgnis erregend sein; ~ ***de la confiance*** *personne:* Vertrauen einflößen; ~ ***le dégoût à qn*** jdm Ekel einflößen; ~ ***la prudence à qn*** jdn zur Vorsicht mahnen ❸ *(suggérer)* ~ ***une idée à qn*** jdn auf eine Idee bringen; ~ ***un roman à qn*** jdn zu einem Roman inspirieren; ~ ***à qn de faire qc*** jdn [dazu] veranlassen, etw zu tun ❹ *(être à l'origine de)* veranlassen, anregen *décision;* inspirieren *œuvre;* als Vorbild dienen für *personnage de roman;* ***être inspiré par qc*** *chose:* von etw beeinflusst sein; ***être inspiré par qn*** *opération, attentat, conjuration:* von jdm angestiftet sein ❺ *(rendre créatif)* ~ ***qn*** jdn inspirieren; *(fam: plaire)* jdn begeistern **II.** *vpr* ***s'~ de qn/qc*** sich von jdm/etw inspirieren lassen, sich an jdm/etw orientieren; *film, livre:* einer S. *dat* als Vorlage dienen; ***un film qui s'inspire d'un roman*** ein Film nach einem Roman **III.** *vi* einatmen

instabilité [ɛ̃stabilite] *f* ❶ *d'un caractère, d'une personne (de comportement)* Unbeständigkeit *f; (psychique)* Labilität *f;* ~ ***des prix*** Preisschwankungen *Pl;* ***l'~ du temps*** Unbeständigkeit des Wetters ❷ *(précarité)* Instabilität *f; d'une situation* Unsicherheit *f;* ~ ***ministérielle*** ständiger Wechsel der Minister

instable [ɛ̃stabl] *adj* ❶ *(inconstant)* wechselhaft; *temps* unbeständig; *personne (dans son comportement)* unbeständig; *(dans son psychisme)* labil; *(qui ne tient pas en place)* rastlos ❷ *régime politique* instabil; *paix, situation* unsicher; *objet* wackelig

installateur, -trice [ɛ̃stalatœʀ, -tʀis] *m, f* Installateur(in) *m(f)*

installation [ɛ̃stalasjɔ̃] *f* ❶ *(mise en place)* Installation *f; d'une machine* Montage *f; d'un campement, meuble* Aufstellen *nt;* ~ ***de l'eau/du gaz*** Wasser-/Gasinstallation ❷ *gén pl (équipement)* Anlagen *Pl;* ***~s électriques/sanitaires*** Elektro-/Sanitäranlagen; ~ ***de fortune*** behelfsmäßige Einrichtung ❸ *(emménagement)* Einzug *m*

installé(e) [ɛ̃stale] *adj* ❶ *appartement, atelier* eingerichtet; ***être bien ~*** sich gemütlich eingerichtet haben ❷ *(qui jouit d'une situation confortable)* etabliert; ***c'est un homme ~*** er ist ein gemachter Mann; ***être ~*** sich etabliert haben

installer [ɛ̃stale] <1> **I.** *vt* ❶ *(mettre en place)* installieren, verlegen *câbles, tuyaux;* anschließen *téléphone;* einen -anschluss bekommen *eau courante, électricité;* aufstellen *meuble;* aufhängen, aufstellen *barrage* ❷ *(caser, loger)* hinstellen *chose;* [unter]bringen *personne;* ~ ***qn dans un fauteuil*** jdn in einen Sessel setzen; ~ ***qn dans un lit*** jdn in ein Bett legen; ***être installé en Bretagne*** sich in der Bretagne niedergelassen haben ❸ *(établir officiellement)* einsetzen **II.** *vpr* ❶ *(s'asseoir)* ***s'~*** sich setzen; *(commodément)* es sich *dat* bequem machen ❷ *(se loger)* ***s'~*** sich einrichten; ***s'~ chez qn*** sich bei jdm einquartieren ❸ *(s'établir)* ***s'~*** sich niederlassen; *médecin:* sich niederlassen; *commerçant, patron d'un restaurant:* ein Geschäft/Restaurant eröffnen; ***s'~ à la campagne*** aufs Land ziehen

instamment [ɛ̃stamɑ̃] *adv* inständig

instance [ɛ̃stɑ̃s] *f* ❶ *gén pl* Instanz *f; d'un parti* Gremium *nt* ❷ JUR ***être en ~ de divorce*** in Scheidung leben ❸ *(insistance)* Drängen *nt kein Pl,* dringende Bitte *f;* ***sur les ~s de qn*** auf jds Drängen *akk* [hin]

instant [ɛ̃stɑ̃] *m* Augenblick *m,* Moment *m;* ***à chaque*** [*o* ***tout***] ~ ständig; ***au même ~*** im selben Augenblick; ***vivre dans l'~*** nur dem Augenblick leben; ***à l'~*** [***même***] *(juste avant)* [gerade] eben; *(juste après)* sofort; ***à l'~ où qn a fait qc*** in dem Moment, als jd etw getan hat; ***dans l'~*** [***même***] augenblicklich; ***dans un ~*** gleich; ***dès l'~ que …*** sobald …; ***dès l'~ où qn a fait qc*** *(puisque)* da [ja] jd etw getan hat; *(dès que)* sobald jd etw getan hat; ***de tous les ~s*** ständig; ***d'un ~ à l'autre*** jeden Augenblick; ***en un ~*** im Nu; ***par ~s*** ab und zu; ***pour l'~*** im Moment; ***pendant un ~*** einen Augenblick lang; ***un ~!*** einen Augenblick!

instantané(e) [ɛ̃stɑ̃tane] *adj* ❶ *(immédiat)* unmittelbar; *mort* augenblicklich; *réponse* prompt; ***être ~*** *réponse:* prompt kommen; *mort:* sofort eintreten; ***l'effet d'un médicament est ~*** eine Arznei wirkt sofort ❷ GASTR ***potage ~/soupe ~e*** Instantsuppe *f;* ***café*** ~ Pulverkaffee *m*

instantanément [ɛ̃stɑ̃tanemɑ̃] *adv* augenblicklich

instar [ɛ̃staʀ] ▶ **à l'~ de qn** [genau] wie jd

instauration [ɛ̃stɔʀasjɔ̃] *f* Einführung *f; d'un gouvernement* Bildung *f; d'un processus* Einleitung *f*

instaurer [ɛ̃stɔʀe] <1> **I.** *vt* bilden *gouvernement;* kreieren *mode;* knüpfen *liens;* einleiten *processus* **II.** *vpr* ***s'~*** sich einbürgern; *état d'esprit:* sich breit machen; *doute:* sich einnisten; ***s'~ entre des personnes*** *collaboration:* zwischen Menschen zustande kommen; *débat:* zwischen Menschen in Gang kommen

instigateur, -trice [ɛ̃stigatœʀ, -tʀis] *m, f* ~ ***de qc*** Verantwortlicher für etw, Initiator einer S. *gen; d'un complot* Anstifter einer S. *gen*

instigation [ɛ̃stigasjɔ̃] *f* Anstiftung *f;* ***obéir aux ~s de qn*** sich von jdm aufhetzen lassen

instinct [ɛ̃stɛ̃] *m* ❶ *(tendance innée)* Instinkt *m;* ~ ***grégaire/sexuel*** Herden-/Geschlechtstrieb *m;* ~ ***maternel*** Mutterinstinkt; ~ ***de propriété*** Revierverhalten *nt;* ***d'*** [*o* ***par***] ~ instinktiv ❷ *(sentiment spontané)* Instinkt *m;* ~ ***des affaires*** Geschäftssinn *m*

Aussprache
Bei **instinct** wird die Endung -ct nicht als [kt] gesprochen, sondern bleibt stumm.

instinctif, -ive [ɛ̃stɛ̃ktif, -iv] *adj* spontan

instinctivement [ɛ̃stɛ̃ktivmɑ̃] *adv* instinktiv

instit [ɛ̃stit] *mf (fam) abr de* **instituteur(-trice)** [Grundschul]lehrer(in) *m(f)*

instituer [ɛ̃stitɥe] <1> *vt* ❶ einführen, einrichten *organisation, ordre* ❷ ADMIN, JUR einsetzen

institut [ɛ̃stity] *m* Institut *nt;* ***Institut monétaire européen*** Europäisches Währungsinstitut; ***Institut de France*** *die fünf französischen Akademien für Wissenschaft und Kunst;* ~ ***universitaire de formation des maîtres*** pädagogische Hochschule; ***Institut universitaire de technologie*** Fachhochschule *f;* ~ ***de beauté*** Schönheitssalon *m*

instituteur, -trice [ɛ̃stitytœʀ, -tʀis] *m, f* [Grundschul]lehrer(in) *m(f);* ~ ***spécialisé*** Sonderschullehrer

institution [ɛ̃stitysjɔ̃] *f* ❶ *(établissement d'enseignement)* Institut *nt* ❷ *(création, fondation)* Einrichtung *f; d'un régime* Errichtung *f; d'une mesure, d'un usage* Einführung *f* ❸ *(chose instituée)* Einrichtung *f; a.* POL Institution *f*

institutionnaliser [ɛ̃stitysjɔnalize] <1> *vt* institutionalisieren

institutionnel(le) [ɛ̃stitysjɔnɛl] *adj* institutionell

instructeur, -trice [ɛ̃stʀyktœʀ, -tʀis] *m, f a.* MIL Ausbilder(in) *m(f)*

instructif, -ive [ɛ̃stʀyktif, -iv] *adj* lehrreich, informativ *geh*

instruction [ɛ̃stʀyksjɔ̃] *f* ❶ *(enseignement)* ~ ***civique*** Gemeinschaftskunde[unterricht *m*] *f* ❷ *(prescription) a.* MIL Instruktion *f;* ADMIN Verordnung *f; (interne)* Dienstanweisung *f* ❸ *gén pl (mode d'emploi)* Gebrauchsanweisung *f*

instruire [ɛ̃stʀɥiʀ] <irr> *vt* ❶ ~ ***les enfants sur qc*** die Kinder über etw *akk* belehren, die Kinder etw lehren *geh* ❷ *(informer)* ~ ***qn d'une nouvelle*** jdn von einer Neuigkeit [*o* über eine Neuigkeit] unterrichten ❸ JUR ermitteln in +*dat affaire*

instruit(e) [ɛ̃stʀɥi, it] **I.** *part passé de* **instruire II.** *adj* gebildet

instrument [ɛ̃stʀymɑ̃] *m* ❶ *(outil)* Werkzeug *nt;* ~ ***de travail*** Arbeitsgerät *nt* ❷ MUS ~ ***de musique*** Musikinstrument *nt;* ***jouer d'un*** ~ ein [Musik]instrument spielen ❸ *(moyen)* Instrument *nt,* Mittel *nt;* ~ ***de propagande/sélection*** Propaganda-/Selektionsinstrument; ***être l'~ de qn*** jds Werkzeug sein

instrumental(e) [ɛ̃stʀymɑ̃tal, -o] <-aux> *adj* ❶ instrumentell *geh* ❷ MUS *morceau, version, musique* Instrumental-

instrumentation [ɛ̃stʀymɑ̃tasjɔ̃] *f* MUS Instrumentierung *f*

instrumentiste [ɛ̃stʀymɑ̃tist] *mf* MUS Instrumentalist(in) *m(f)*

insu [ɛ̃sy] ▶ **à l'~ de qn** *(en cachette)* ohne jds Wissen

insubmersible [ɛ̃sybmɛʀsibl] *adj* unsinkbar

insubordination [ɛ̃sybɔʀdinasjɔ̃] *f* Ungehorsam *m;* MIL Gehorsamsverweigerung *f,* Insubordination *f;* ~ ***ouvrière*** Arbeitsverweigerung *f*

insubordonné(e) [ɛ̃sybɔʀdɔne] *adj* ungehorsam; *militaire, troupes* den Gehorsam verweigernd

insuccès [ɛ̃syksɛ] *m* Misserfolg *m*

insuffisamment [ɛ̃syfizamɑ̃] *adv* unzureichend, ungenügend

insuffisance [ɛ̃syfizɑ̃s] *f* ~ ***de qc*** Knappheit *f* an etw *dat*

insuffisant(e) [ɛ̃syfizɑ̃, ɑ̃t] *adj* ❶ *(en quantité)* ungenügend; *moyens, personnel* zu wenig; *nombre, dimension* nicht groß genug, nicht ausreichend; ***être en nombre*** ~ nicht genügend Leute sein; ***être*** ~ nicht ausreichen; *nombre, dimension:* nicht groß genug sein ❷ *(en qualité)* unzureichend; *candidat, élève* zu schwach; *travail* ungenügend

insuffler [ɛ̃syfle] <1> *vt* ~ ***de la peur/du courage à qn*** jdm Angst/Mut *akk* einflößen

insulaire [ɛ̃sylɛʀ] *mf* Inselbewohner(in) *m(f)*

insularité [ɛ̃sylaʀite] *f* Insellage *f*

insuline [ɛ̃sylin] *f* Insulin *nt*

insultant(e) [ɛ̃syltɑ̃, ɑ̃t] *adj air, personne* unverschämt; *paroles, soupçon* beleidigend; *ton* unverschämt; ***être*** ~ ***pour qn/qc*** beleidigend für jdn/etw sein

insulte [ɛ̃sylt] *f* Beleidigung *f;* ~ ***à la mémoire/religion*** Verunglimpfung *f* des Andenkens/Glaubens

insulter [ɛ̃sylte] <1> **I.** *vt* beleidigen, beschimpfen **II.** *vpr* ***s'***~ *personnes:* sich [gegenseitig] beleidigen

insupportable [ɛ̃sypɔʀtabl] *adj* ❶ *(intolérable)* unerträglich ❷ *(désagréable)* unausstehlich

insupporter [ɛ̃sypɔʀte] <1> *vt (fam)* ~ ***qn*** jdm auf die Nerven gehen *fam*

insurgé(e) [ɛ̃syʀʒe] *m(f)* Aufständische(r) *f(m)*

insurger [ɛ̃syʀʒe] <2a> *vpr* ***s'***~ ***contre qn/qc*** sich gegen jdn/etw auflehnen

insurmontable [ɛ̃syʀmɔ̃tabl] *adj* unüberwindbar

insurpassable [ɛ̃syʀpɑsabl] *adj* unübertrefflich; *performance, bêtise* unschlagbar

insurrection [ɛ̃syʀɛksjɔ̃] *f* Aufstand *m*

insurrectionnel(le) [ɛ̃syʀɛksjɔnɛl] *adj force* aufständisch

intact(e) [ɛ̃takt] *adj* ❶ *objet* unversehrt, intakt; *argent* vollständig; *produit* einwandfrei; *richesse* unberührt ❷ *honneur, réputation* makellos

intangibilité [ɛ̃tɑ̃ʒibilite] *f* Unantastbarkeit *f,* Unverletzlichkeit *f*

intangible [ɛ̃tɑ̃ʒibl] *adj* unantastbar

intarissable [ɛ̃taʀisabl] *adj* unerschöpflich; *eau, puits* nie versiegend

intégral(e) [ɛ̃tegʀal, -o] <-aux> *adj* vollständig

intégralement [ɛ̃tegʀalmɑ̃] *adv* vollständig

intégralité [ɛ̃tegʀalite] *f* Vollständigkeit *f*

intégrant(e) [ɛ̃tegʀɑ̃, ɑ̃t] *adj* ▸ **être une partie** ~**e de qc** fest zu etw gehören

intégration [ɛ̃tegʀasjɔ̃] *f* ❶ *économique, européenne, politique* Integration *f* ❷ *(assimilation)* ~ ***dans qc*** Integration *f* [*o* Eingliederung *f*] in etw *akk* ❸ UNIV *(fam: admission)* ~ ***à qc*** Aufnahme *f* in etw *akk*

intègre [ɛ̃tɛgʀ] *adj vie* ehrenhaft, unbescholten

intégré(e) [ɛ̃tegʀe] *adj* integriert; ~***(e) à*** [*o* ***dans***] ***qc*** in etw *akk* integriert; ***une cuisine*** ~***e*** eine Einbauküche *f*

intégrer [ɛ̃tegʀe] <5> *vpr* ***s'***~ ***à*** [*o* ***dans***] ***qc*** *personne, chose:* sich in etw *akk* integrieren

intégrisme [ɛ̃tegʀism] *m* Fundamentalismus *m*

intégriste [ɛ̃tegʀist] *adj* fundamentalistisch

intégrité [ɛ̃tegʀite] *f* ❶ *d'une vie* Ehrbarkeit *f,* Unbescholtenheit *f* ❷ *(intégralité)* Unversehrtheit *f*

intellect [ɛ̃telɛkt] *m* Intellekt *m*

intellectualiser [ɛ̃telɛktɥalise] <1> *vt (soutenu)* intellektualisieren

intellectuel(le) [ɛ̃telɛktɥɛl] **I.** *adj* ❶ *(mental)* intellektuell; *fatigue* geistig; ***travail*** ~ geistige Arbeit *f;* ***vie*** ~***le*** Geistesleben *nt* ❷ *(opp: manuel)* ***travailleur*** ~ Kopfarbeiter *m* **II.** *m(f)* Intellektuelle(r) *f(m)*

intellectuellement [ɛ̃telɛktɥɛlmɑ̃] *adv* intellektuell

intelligemment [ɛ̃teliʒamɑ̃] *adv* intelligent, klug, auf intelligente Weise

intelligence [ɛ̃teliʒɑ̃s] *f* ❶ *(entendement)* Intelligenz *f; pl* geistige Fähigkeiten *Pl;* ~ ***artificielle*** künstliche Intelligenz ❷ *(discernement)* Klugheit *f;* ***avec*** ~ klug; ***faire preuve de beaucoup d'***~ sich als äußerst klug erweisen ❸ *(compréhension)* ~ ***d'une personne*** Verständnis *nt* eines Menschen ❹ *(personne)* intelligenter Mensch

intelligent(e) [ɛ̃teliʒɑ̃, ʒɑ̃t] *adj personne, choses* intelligent, klug; ***c'est*** ~***!*** *(iron)* das ist [ja] intelligent!

intelligentsia [ɛ̃teliʒɛnsja, inteligɛnsja] *f* Intelligenzija *f*

intelligibilité [ɛ̃teliʒibilite] *f* Verständlichkeit *f;* ***manquer d'***~ unverständlich sein

intelligible [ɛ̃teliʒibl] *adj* verständlich, vernehmbar

intelligiblement [ɛ̃teliʒibləmɑ̃] *adv s'exprimer* verständlich; *parler* verständlich, deutlich

intello [ɛ̃telo] *mf (péj fam) abr de* **intellectuel** Intelligenzler(in) *m(f)*

intempérance [ɛ̃tɑ̃peʀɑ̃s] *f* Maßlosigkeit *f; (gloutonnerie)* Völlerei *f,* Fresssucht *f; (ivrognerie)* Trunksucht *f;* ***~ de langage*** *(littér: volubilité)* Redefreudigkeit *f; (écarts)* zügelloses Reden

intempéries [ɛ̃tɑ̃peʀi] *fpl* schlechtes Wetter *nt*

intempestif, **-ive** [ɛ̃tɑ̃pɛstif, -iv] *adj allusion, gaieté* unpassend; *zèle* blind

intemporel(le) [ɛ̃tɑ̃pɔʀɛl] *adj* zeitlos

intenable [ɛ̃t(ə)nabl] *adj* ❶ *(intolérable)* unerträglich ❷ *(indéfendable)* unhaltbar ❸ *adulte* renitent; *classe* aufsässig; *enfant* widerspenstig; ***être ~*** nicht zu bändigen sein

intendance [ɛ̃tɑ̃dɑ̃s] *f* Verwaltung *f;* MIL Logistik *f;* ***~ universitaire*** Universitätsverwaltung

intendant(e) [ɛ̃tɑ̃dɑ̃] *m(f)* ❶ Verwaltungsdirektor *m* ❷ *(régisseur)* Verwalter *m*

intense [ɛ̃tɑ̃s] *adj* ❶ *(fort)* intensiv; *couleur, lumière* intensiv; *joie, chaleur* groß; *froid* eisig; *douleur, vibrations* heftig ❷ *activité* rege; *circulation* dicht

intensément [ɛ̃tɑ̃semɑ̃] *adv* intensiv

intensif, **-ive** [ɛ̃tɑ̃sif, -iv] *adj* ❶ *entraînement, travail, soins* intensiv; *propagande* massiv ❷ AGR *agriculture* intensiv; ***culture intensive*** Intensivanbau *m*

intensification [ɛ̃tɑ̃sifikasjɔ̃] *f* Intensivierung *f; d'une lutte* Verstärkung *f; des efforts, de la production* Steigerung *f*

intensifier [ɛ̃tɑ̃sifje] <1> **I.** *vt* intensivieren, steigern *efforts, production;* beschleunigen *chute des cours* **II.** *vpr* ***s'~*** an Intensität zunehmen; *production:* sich steigern, gesteigert werden; ***le froid s'intensifie*** es wird immer kälter

intensité [ɛ̃tɑ̃site] *f d'un regard, de la chaleur, d'un sentiment, de la lumière* Intensität *f;* ***~ lumineuse*** Lichtstärke *f;* ***de faible/d'une grande ~*** schwach/stark; *lumière* schwach/hell; *moment* schwach/stark; ***un courant de faible/d'une grande ~*** Schwach-/Starkstrom *m;* ***~ du courant*** Stromstärke *f*

intensivement [ɛ̃tɑ̃sivmɑ̃] *adv* intensiv

intenter [ɛ̃tɑ̃te] <1> *vt* JUR ***~ un procès contre qn*** einen Prozess gegen jdn anstrengen

intention [ɛ̃tɑ̃sjɔ̃] *f* ❶ *(volonté)* Absicht *f,* Intention *f geh;* ***une histoire part d'une bonne ~*** einer Geschichte *dat* liegt eine gute Absicht zugrunde; ***agir dans une bonne ~*** in guter Absicht handeln; ***avoir de bonnes/mauvaises ~s à l'égard de qn*** es gut [mit jdm] meinen/etwas gegen jdn im Schilde führen; ***avec les meilleures ~s [du monde]*** in der [aller]besten Absicht; ***avoir l'~ de faire qc*** vorhaben, etw zu tun; ***c'est l'~ qui compte*** der gute Wille zählt; ***sans ~*** unabsichtlich; ***c'était sans ~*** es war keine Absicht ❷ *(but)* ***à cette ~*** zu diesem Zweck ▶ **à l'~ de qn** für jdn [gedacht]

intentionné(e) [ɛ̃tɑ̃sjɔne] *adj* ▶ **être bien/mal ~ à l'égard de qn** jdm wohlgesinnt/übel gesinnt sein; ***qn qui a l'air mal ~*** jd, der aussieht, als führe er etwas im Schilde

intentionnel(le) [ɛ̃tɑ̃sjɔnɛl] *adj* absichtlich

intentionnellement [ɛ̃tɑ̃sjɔnɛlmɑ̃] *adv* absichtlich

inter [ɛ̃tɛʀ] *m abr de* **interurbain** TELEC Fernamt *nt*

interactif, **-ive** [ɛ̃tɛʀaktif, -iv] *adj* interaktiv

interaction [ɛ̃tɛʀaksjɔ̃] *f* Wechselwirkung *f;* INFORM Dialog *m*

interactivité [ɛ̃tɛʀaktivite] *f* INFORM Interaktivität *f*

interagir [ɛ̃tɛʀaʒiʀ] <8> *vi* interagieren

interbancaire [ɛ̃tɛʀbɑ̃kɛʀ] *adj* Interbanken-

intercalaire [ɛ̃tɛʀkalɛʀ] *adj* ***jour ~*** Schalttag *m*

intercaler [ɛ̃tɛʀkale] <1> *vt* einbauen *citation, exemple*

intercéder [ɛ̃tɛʀsede] <5> *vi* ***~ pour qn auprès de qn*** sich bei jdm für jdn einsetzen

intercepter [ɛ̃tɛʀsɛpte] <1> *vt* abfangen *objet, personne;* abhören *message radio, téléphone;* stellen *suspect;* anhalten, stoppen *véhicule*

interception [ɛ̃tɛʀsɛpsjɔ̃] *f d'un ballon, message* Abfangen *nt; d'un message radio* Abhören *nt; de la chaleur* Abhalten *nt; d'un véhicule* Anhalten *nt,* Stoppen *nt*

intercesseur [ɛ̃tɛʀsesœʀ] *m a.* LITTER, REL Fürsprecher(in) *m(f)*

intercession [ɛ̃tɛʀsesjɔ̃] *f (littér)* Vermittlung *f,* Fürsprache *f;* REL Fürbitte *f*

interchangeable [ɛ̃tɛʀʃɑ̃ʒabl] *adj* austauschbar

interclasse [ɛ̃tɛʀklɑs] **I.** *m* SCOL kleine Pause **II.** *app* ***match*** zwischen den Klassen; ***tournoi ~*** Schulturnier *nt*

intercommunal(e) [ɛ̃tɛʀkɔmynal, -o] <-aux> *adj* gemeindeübergreifend

intercommunautaire [ɛ̃tɛʀkɔmynotɛʀ] *adj* ***décisions ~s*** EU-Entscheidungen *Pl*

interconnexion [ɛ̃tɛʀkɔnɛksjɔ̃] *f* Zusammenschaltung *f*
intercontinental(e) [ɛ̃tɛʀkɔ̃tinɑ̃tal, -o] <-aux> *adj* interkontinental
interdépartemental(e) [ɛ̃tɛʀdepaʀtəmɑ̃tal, -o] <-aux> *adj* departementübergreifend
interdépendance [ɛ̃tɛʀdepɑ̃dɑ̃s] *f des peuples, régions* gegenseitige Abhängigkeit
interdépendant(e) [ɛ̃tɛʀdepɑ̃dɑ̃, ɑ̃t] *adj peuples, régions* voneinander abhängig
interdiction [ɛ̃tɛʀdiksjɔ̃] *f* Verbot *nt;* ***~ [du port] du foulard à l'école*** Kopftuchverbot *nt* in der Schule; ***~ de stationnement aux camions*** Parkverbot für LKW; ***~ de pénétrer sur le chantier/de stationner/de fumer*** Betreten *nt* der Baustelle/Parken *nt*/Rauchen *nt* verboten; ***lever une ~*** ein Verbot aufheben
interdire [ɛ̃tɛʀdiʀ] <irr> **I.** *vt* ❶ *(défendre)* ***~ qc à qn*** jdm etw verbieten; ***~ à qn de faire qc*** es jdm verbieten etw zu tun ❷ *(empêcher)* ***rien n'interdit de faire qc*** nichts hindert einen daran etw zu tun ❸ *(empêcher l'accès de)* ***~ sa porte à qn*** jdm das Haus verbieten **II.** *vpr* ***s'~ qc/de faire qc*** etw unterlassen/es unterlassen etw zu tun, sich *dat* etw verbieten/es sich *dat* verbieten etw zu tun

Grammatik und Co.
Das Verb **interdire** wird nicht genau wie *dire* konjugiert. Die 2. Person Plural von **interdire** lautet *vous interdisez* (im Gegensatz zu *vous dites*):
Est-ce que vous interdisez ce jeu à vos enfants? – Verbieten Sie Ihren Kindern dieses Spiel?

interdisciplinaire [ɛ̃tɛʀdisiplinɛʀ] *adj* interdisziplinär
interdit [ɛ̃tɛʀdi] *m* Verbot *nt*
interdit(e) [ɛ̃tɛʀdi, it] *adj* verboten; *film* indiziert; ***chantier ~*** Betreten der Baustelle verboten; ***~ à qn*** für jdn verboten; ***passage ~ sauf aux riverains*** Anlieger frei; ***~ aux moins de 16 ans*** frei ab 16; ***~ aux chiens*** Hunde müssen draußen bleiben; ***~ au public*** kein Zutritt; ***il est ~ à qn de faire qc*** es ist jdm verboten, etw zu tun; ***être ~ d'antenne*** Sendeverbot haben/bekommen, nicht gesendet werden dürfen; ***qn est ~ de séjour*** für jdn gilt eine Aufenthaltsbeschränkung
interentreprises [ɛ̃teʀɑ̃tʀəpʀiz] *adj inv coopération, compétition* zwischen [den] Firmen
intéressant(e) [ɛ̃teʀesɑ̃, ɑ̃t] **I.** *adj* ❶ *(digne d'intérêt)* interessant; *performance* interessant; ***chercher à se rendre ~*** sich interessant machen wollen; ***ne pas être/être peu ~*** *(péj)* nichts wert/nichts Besonderes sein ❷ *(avantageux)* interessant; ***~ pour qn*** für jdn interessant; ***il est ~ pour qn de faire qc*** es lohnt sich für jdn, etw zu tun; ***être ~ à faire*** es wert sein, getan zu werden; ***c'est ~ à signaler*** das ist erwähnenswert ❸ *(qui suscite la bienveillance)* interessant **II.** *m(f)* ***faire l'~*** *(péj)* sich interessant machen, sich aufspielen
intéressé(e) [ɛ̃teʀese] **I.** *adj* ❶ *(captivé)* interessiert ❷ *(concerné)* betroffen ❸ *(égoïste)* eigennützig; ***alliance ~e*** Zweckbündnis *nt* **II.** *m(f) (personne concernée)* Betroffene(r) *f(m); (personne qui s'intéresse à qc)* Interessierte(r) *f(m)*
intéressement [ɛ̃teʀɛsmɑ̃] *m* Gewinnbeteiligung *f*
intéresser [ɛ̃teʀese] <1> **I.** *vt* ❶ *(captiver)* interessieren; ***~ qn*** jdn interessieren; ***~ un enfant à un jeu*** das Interesse eines Kindes für ein Spiel wecken; ***être intéressé à faire qc*** daran interessiert sein, etw zu tun; ***rien ne l'intéresse*** er/sie interessiert sich für nichts; ***cause toujours, tu m'intéresses!*** *(iron fam)* von mir aus kannst du lange reden!; ***est-ce que ça t'intéresse*** [*o* ***t'intéresserait***] ***de voir ce film?*** hättest du Lust, in diesen Film zu gehen? ❷ *(concerner) loi, mesure:* betreffen **II.** *vpr* ***s'~ à qn/qc*** sich für jdn/etw interessieren
intérêt [ɛ̃teʀɛ] *m* ❶ *(attention)* Interesse *nt;* ***~ pour qn/qc*** Interesse für jdn/etw; ***avec/sans ~*** interessiert/ohne besonderes Interesse; ***porter de l'~ à qn*** jdm Interesse entgegenbringen; ***prêter ~ à qc*** einer S. *dat* Interesse entgegenbringen ❷ *(importance)* Bedeutung *f;* ***du plus haut ~*** äußerst bedeutsam ❸ *d'un film, livre* Reiz *m;* ***sans aucun ~*** *film, histoire* völlig uninteressant; *considérations, détail* völlig belanglos; *solution* völlig irrelevant; ***gagner de l'~/perdre son ~*** interessant/uninteressant werden; ***ne présenter aucun ~*** *proposition:* uninteressant sein; ***offrir peu d'~*** *travail:* nicht sehr interessant sein; ***ne pas trouver le moindre ~ à qc*** einer S. *dat* überhaupt nichts abgewinnen können ❹ *souvent pl (cause)* Interesse *nt;* ***dans l'~ général*** im Sinne des Allgemeinwohls; ***défendre les ~s de qn*** jds

Interessen vertreten ❺ *(avantage)* ***par ~*** eigennützig; ***dans l'~ de qn/qc*** in jds Interesse *dat*/im Interesse einer S. *gen*; ***tu devrais te taire dans ton propre ~*** es wäre besser für dich, du würdest schweigen; ***ne pas voir l'~ de faire qc*** nicht einsehen, was es bringen soll, etw zu tun *fam*; ***quel ~ y a-t-il à faire ça?*** was haben wir davon, wenn wir das tun?; ***elle a tout ~ à refuser*** sie sollte wirklich ablehnen; ***trouver son ~ dans qc*** bei etw auf seine Kosten kommen ❻ *souvent pl (rendement)* Zins *m*; ***sept pour cent d'~*** sieben Prozent Zinsen; ***avec/sans ~[s]*** verzinslich/zinslos; ***avec ~ annuel de dix pour cent*** mit zehn Prozent Jahreszins ❼ *pl (part)* ***avoir des ~s dans une affaire*** an einem Geschäft beteiligt sein ► **[il] y a ~!** *(fam: et comment)* und ob!; *(ça vaut mieux)* das will ich hoffen!

interface [ɛ̃tɛʀfas] *f* INFORM Schnittstelle *f*; ***~ graphique*** grafische Benutzeroberfläche; ***~ utilisateur*** Benutzeroberfläche *f*

interférence [ɛ̃tɛʀfeʀɑ̃s] *f a.* PHYS Interferenz *f*

interférer [ɛ̃tɛʀfeʀe] <5> *vi* sich gegenseitig schaden; *domaines:* sich überschneiden

intergalactique [ɛ̃tɛʀgalaktik] *adj* ASTRON intergalaktisch

intergouvernemental(e) [ɛ̃tɛʀguvɛʀnəmɑ̃tal, -o] <-aux> *adj* zwischen [einzelnen] Regierungen

intérieur [ɛ̃teʀjœʀ] *m* ❶ *(opp: extérieur)* Innere(s) *nt*; ***à l'~*** *(dedans)* innen; *(dans la maison)* drinnen; ***à l'~ de*** im Innern von/(innen) in; ***à l'~ d'une noix*** im Inneren einer Walnuss; ***à l'~ du magasin/de la ville*** im Geschäft/in der Stadt; ***être fermé de l'~*** von innen verschlossen sein ❷ *d'une maison, d'un magasin* Inneneinrichtung *f* ❸ *(logement)* Zuhause *nt*; ***femme d'~*** tüchtige Hausfrau *f* ❹ *(espace, pays)* Landesinnere *nt*; ***à l'~ des terres*** im Landesinneren ❺ *(ministère)* ***à l'Intérieur*** im Innenministerium *nt*

intérieur(e) [ɛ̃teʀjœʀ] *adj* ❶ *(opp: extérieur)* Innen- ❷ *affaires* innere(r,s); *politique* Innen-; *commerce, marché* Binnen-; ***dette ~e*** Inlandsverschuldung *f* ❸ PSYCH *sentiment, voix* innere(r, s); *monde, vie* Innen-

intérieurement [ɛ̃teʀjœʀmɑ̃] *adv* ❶ *(au-dedans)* innen ❷ *rire, se révolter* innerlich

intérim [ɛ̃teʀim] *m (fonction)* Vertretung *f*

intérimaire [ɛ̃teʀimɛʀ] **I.** *adj directeur, ministre* stellvertretend; *gouvernement* Übergangs- **II.** *mf* Vertretung *f*

intérioriser [ɛ̃teʀjɔʀize] <1> *vt* verinnerlichen

interjection [ɛ̃tɛʀʒɛksjɔ̃] *f* Interjektion *f*

interligne [ɛ̃tɛʀliɲ] *m* Zeilenzwischenraum *m*

interlocuteur, -trice [ɛ̃tɛʀlɔkytœʀ, -tʀis] *m, f* Gesprächspartner(in) *m(f)*

interlope [ɛ̃tɛʀlɔp] *adj* ❶ *(à l'air suspect) personnage* zwielichtig, suspekt ❷ *(illégal) commerce* illegal

interloqué(e) [ɛ̃tɛʀlɔke] *adj* fassungslos

interloquer [ɛ̃tɛʀlɔke] <1> *vt* aus der Fassung bringen

interlude [ɛ̃tɛʀlyd] *m* TV Programmfüller *m*

intermède [ɛ̃tɛʀmɛd] *m* MUS, THEAT Einlage *f*

intermédiaire [ɛ̃tɛʀmedjɛʀ] **I.** *adj espace, niveau, couleur, ton* Zwischen-; *époque, solution* Übergangs-; ***position ~*** *d'un fauteuil* mittlere Stellung; ***position ~ entre un parti et l'autre*** POL Position, die zwischen der einen und der anderen Partei liegt **II.** *mf* ❶ *(médiateur)* Vermittler(in) *m(f)* ❷ COM Zwischenhändler(in) *m(f)* **III.** *m* ***par l'~ de qn/qc*** über jdn/etw; ***sans ~*** direkt

interminable [ɛ̃tɛʀminabl] *adj* endlos

interminablement [ɛ̃tɛʀminabləmɑ̃] *adv* endlos

interministériel(le) [ɛ̃tɛʀministeʀjɛl] *adj* interministeriell *geh*

intermittence [ɛ̃tɛʀmitɑ̃s] *f* Unregelmäßigkeit *f*; ***par ~*** ab und zu

intermittent(e) [ɛ̃tɛʀmitɑ̃, ɑ̃t] **I.** *adj* zeitweilig aussetzend **II.** *m(f)* ***~ [du spectacle]*** *nicht fest angestellter Beschäftigter beim Theater*

internat [ɛ̃tɛʀna] *m* SCOL Internat *nt*

international(e) [ɛ̃tɛʀnasjɔnal, -o] <-aux> **I.** *adj* international; *langue, politique* Welt-; ***communication ~e*** Auslandsgespräch *nt*; ***match ~*** Länderspiel *nt* **II.** *m(f)* SPORT Nationalspieler(in) *m(f)*

internationalement [ɛ̃tɛʀnasjɔnalmɑ̃] *adv* auf internationaler Ebene; *connu* international

internationalisation [ɛ̃tɛʀnasjɔnalizasjɔ̃] *f* Internationalisierung *f*

internationaliser [ɛ̃tɛʀnasjɔnalize] <1> *vt* internationalisieren, auf internationaler Ebene führen *débat*

internaute [ɛ̃tɛʀnot] **I.** *adj* Internet- **II.** *mf* Internetsurfer(in) *m(f)*

interne [ɛ̃tɛʀn] **I.** *adj partie* Innen-; *structure, hémorragie* innere(r, s); *problème, concours, promotion* intern; ***débats ~s [au***

sein] d'un parti parteiinterne Debatten **II.** *mf* ❶ SCOL Internatsschüler(in) *m(f)* ❷ MED Assistenzarzt *m*/-ärztin *f*

Land und Leute

In Frankreich sind Ganztagsschulen die Regel. Viele verfügen über eine Schulkantine, und manche der *collèges* oder *lycées* bieten den Schülerinnen und Schülern außerdem die Möglichkeit, im *internat* zu wohnen. Als **internes** werden die Schülerinnen und Schüler bezeichnet, die in der Schule verpflegt werden und wohnen.

interné(e) [ɛ̃tɛʀne] *adj* interniert

internement [ɛ̃tɛʀnəmɑ̃] *m* POL Internierung *f*

interner [ɛ̃tɛʀne] <1> *vt* POL ~ ***qn dans un camp*** jdn in einem Lager internieren

internet [ɛ̃tɛʀnɛt] *m* Internet *nt;* ***accéder à l'~*** ins Internet kommen; ***transférer des fichiers sur l'~*** Dateien via Internet übertragen; ***commercer sur l'~*** im Internet Handel treiben; ***naviguer dans l'~*** im Internet surfen

Internet [ɛ̃tɛʀnɛt] **I.** *m* Internet *nt;* ***accéder à ~*** ins Internet kommen; ***naviguer sur ~*** im Internet surfen **II.** *app inv* ***portail ~*** Internetportal *nt,* Onlineportal

interpellation [ɛ̃tɛʀpelasjɔ̃] *f (arrestation)* vorläufige Festnahme *f (zur Überprüfung der Personalien);* ***il y a eu une dizaine d'~s*** ungefähr zehn Personen wurden festgenommen

interpeller [ɛ̃tɛʀpəle] <1> **I.** *vt* ❶ *(arrêter) police:* zur Überprüfung der Personalien vorübergehend festnehmen ❷ *(sommer de s'expliquer)* ~ ***un témoin sur un accident*** einem Zeugen zu einem Unfall Fragen stellen ❸ *(apostropher)* ~ ***qn*** jdm etwas zurufen; *(avec brusquerie)* jdn anfahren **II.** *vpr* ***s'~*** *(s'apostropher)* sich [gegenseitig] anherrschen

interphone® [ɛ̃tɛʀfɔn] *m* Sprechanlage *f;* ***parler à qn par l'~*** mit jdm über die Sprechanlage sprechen

interplanétaire [ɛ̃tɛʀplanetɛʀ] *adj* interplanetar

Interpol [ɛ̃tɛʀpɔl] *m* Interpol *f*

interposer [ɛ̃tɛʀpoze] <1> *vt* dazwischen stellen/setzen/legen

interposition [ɛ̃tɛʀpozisjɔ̃] *f* ❶ *(intervention)* Eingreifen *nt* ❷ *(fait de se placer)* Dazwischentreten *nt*

interprétable [ɛ̃tɛʀpʀetabl] *adj (compréhensible)* nachvollziehbar; ***être difficilement ~*** *morceau de musique:* schwer zu spielen sein; *texte, toile:* schwer interpretierbar sein

interprétariat [ɛ̃tɛʀpʀetaʀja] *m* Dolmetschen *nt*

interprétation [ɛ̃tɛʀpʀetasjɔ̃] *f* ❶ *(explication)* Interpretation *f;* ~ ***des rêves*** Traumdeutung *f;* ***donner une nouvelle ~ d'un conte*** ein Märchen neu deuten ❷ *(action de traduire)* Dolmetschen *nt*

interprète [ɛ̃tɛʀpʀɛt] *mf* ❶ MUS Interpret(in) *m(f);* CINE, THEAT Darsteller(in) *m(f)* ❷ *(traducteur)* Dolmetscher(in) *m(f);* ***faire l'~, servir d'~*** dolmetschen ❸ *(porte-parole)* Fürsprecher(in) *m(f)*

interpréter [ɛ̃tɛʀpʀete] <5> **I.** *vt* ❶ MUS interpretieren; CINE, THEAT darstellen *personnage;* spielen *rôle* ❷ *(expliquer)* interpretieren *texte;* deuten *rêve* ❸ *(comprendre)* ~ ***qc en bien/mal*** etw positiv/negativ auslegen **II.** *vpr* ***s'~ de plusieurs façons*** sich auf verschiedene Weise interpretieren lassen

interprofessionnel(le) [ɛ̃tɛʀpʀɔfesjɔnɛl] *adj* berufsübergreifend

interrégional(e) [ɛ̃tɛʀʀeʒjɔnal, o] <-aux> *adj* überregional

interro [ɛ̃teʀo] *f (fam) abr de* **interrogation** Test *m,* Klassenarbeit *f*

interrogateur, -trice [ɛ̃teʀɔgatœʀ, -tʀis] *adj* fragend

interrogatif [ɛ̃teʀɔgatif] *m* Fragewort *nt*

interrogation [ɛ̃teʀɔgasjɔ̃] *f* ❶ *(question)* Frage *f;* ~ ***directe/indirecte*** direkte/indirekte Frage ❷ SCOL Test *m;* ~ ***écrite*** Arbeit *f;* ~ ***orale*** mündliche Prüfung ❸ *(action de questionner)* Befragung *f,* Leistungsüberprüfung *f*

interrogatoire [ɛ̃teʀɔgatwaʀ] *m* Vernehmung *f;* ***subir un ~*** verhört werden

interrogeable [ɛ̃teʀɔʒabl] *adj* ~ ***à distance*** *répondeur* mit Fernabfrage

interroger [ɛ̃teʀɔʒe] <2a> **I.** *vt* ❶ *(questionner)* ~ ***qn sur un sujet*** jdm Fragen über ein Thema stellen; *(pour un sondage)* jdn über ein Thema befragen; *police:* jdn wegen eines Vorwurfs vernehmen; SCOL jdn über einen Stoff abfragen; *(par écrit)* jdn eine Arbeit über einen Stoff schreiben lassen; ~ ***qn du regard*** jdn fragend ansehen; ~ ***qn sur son alibi*** jdm Fragen zu seinem Alibi stellen; ***40% des personnes interrogées*** 40% der Befragten ❷ *(consulter)* abfragen *banque de données, répondeur* ❸ *(examiner)* befragen *conscience* **II.** *vpr*

s'~ sich fragen; ***s'~ sur qn/qc*** sich *dat* Fragen über jdn/etw stellen

interrompre [ɛ̃teʀɔ̃pʀ] <irr> **I.** *vt* ❶ *(couper la parole, déranger)* ***~ qn dans un discours*** jdn bei einer Rede unterbrechen ❷ *(arrêter)* unterbrechen *activité;* abbrechen *grossesse;* brechen *silence;* ***être interrompu*** *trafic:* zum Erliegen gekommen sein **II.** *vpr* ***s'~*** *personne:* innehalten; *discussion, film:* unterbrochen werden; *conversation:* stocken; ***ne vous interrompez pas pour moi!*** lassen Sie sich von mir nicht stören!

interrupteur [ɛ̃teʀyptœʀ] *m* Schalter *m*

interruption [ɛ̃teʀypsjɔ̃] *f (arrêt définitif)* Abbruch *m; (arrêt provisoire)* Unterbrechung *f;* ***~ médicale de grossesse*** medizinisch indizierter Schwangerschaftsabbruch; ***~ [volontaire] de grossesse*** Schwangerschaftsabbruch; ***décider l'~ du match*** entscheiden, das Spiel abzubrechen; ***sans ~*** ununterbrochen; ***magasin ouvert sans ~*** Geschäft durchgehend geöffnet; ***~ de deux heures/trois mois*** zweistündige/dreimonatige Unterbrechung

intersection [ɛ̃tɛʀsɛksjɔ̃] *f de routes* Kreuzung *f*

interstice [ɛ̃tɛʀstis] *m* Spalt *m*

intersyndical(e) [ɛ̃tɛʀsɛ̃dikal, -o] <-aux> *adj* gewerkschaftsübergreifend

interurbain [ɛ̃tɛʀyʀbɛ̃] *m* Fernmeldeamt *nt*

intervalle [ɛ̃tɛʀval] *m* ❶ *(écart)* Abstand *m;* ***~ de temps*** Zeit[spanne] *f;* ***à ~s réguliers*** in regelmäßigen Abständen; ***à huit jours d'~*** innerhalb von acht Tagen; ***dans l'~*** in der Zwischenzeit; ***par ~s*** von Zeit zu Zeit ❷ MUS Intervall *nt*

intervenant(e) [ɛ̃tɛʀvənɑ̃, ɑ̃t] *m(f) (participant)* Beteiligte(r) *f(m)*

intervenir [ɛ̃tɛʀvəniʀ] <9> *vi* ❶ *(entrer en action) police, pompiers:* eingreifen; ***~ dans un débat*** in eine Debatte eingreifen; ***~ dans une affaire*** sich in eine Angelegenheit einmischen; ***~ en faveur d'un collègue/contre un collègue auprès de qn*** sich für einen Kollegen/sich nicht für einen Kollegen bei jdm einsetzen ❷ *(prendre la parole)* sich einschalten ❸ *(survenir) accord:* zustande kommen; *contre-temps:* dazwischenkommen; *fait:* eintreten

intervention [ɛ̃tɛʀvɑ̃sjɔ̃] *f* ❶ *(action)* Eingreifen; ***~ armée*** bewaffnete Intervention ❷ *(prise de parole)* Beitrag *m* ❸ MED Eingriff *m*

interventionnisme [ɛ̃tɛʀvɑ̃sjɔnism] *m* ECON, POL Interventionismus *m*

interventionniste [ɛ̃tɛʀvɑ̃sjɔnist] *adj* ECON, POL interventionistisch

interversion [ɛ̃tɛʀvɛʀsjɔ̃] *f des lettres, mots* Umstellung *f;* ***~ des rôles*** Rollentausch *m*

intervertir [ɛ̃tɛʀvɛʀtiʀ] <8> *vt* tauschen *rôles*

interview [ɛ̃tɛʀvju] *f* Interview *nt*

interviewé(e) [ɛ̃tɛʀvjuve] *m(f)* Interviewte(r) *f(m)*

interviewer[1] [ɛ̃tɛʀvjuve] <1> *vt* interviewen

interviewer[2] [ɛ̃tɛʀvjuvɛʀ] *m,* **intervieweur, -euse** [ɛ̃tɛʀvjuvœʀ, -øz] *m, f* Interviewer(in) *m(f)*

intestin [ɛ̃tɛstɛ̃] *m souvent pl* Darm *m meist Sing*

intestinal(e) [ɛ̃tɛstinal, -o] <-aux> *adj* Darm-

Intifada [intifada] *f* POL Intifada *f*

intime [ɛ̃tim] *adj* ❶ *(secret)* intim; *chagrin* geheim; *hygiène, toilette* Intim-; *vie* Privat-; ***caresse ~*** Intimität *f;* ***journal ~*** Tagebuch *nt;* ***la personnalité ~ de X*** X als Privatperson ❷ *(privé)* im engen Kreis; *dîner* zu zweit ❸ *(confortable)* gemütlich; ***faire ~*** gemütlich wirken ❹ *(étroit, proche)* eng; *rapports, relations* intim; *relation, union* innig; ***être ~ avec qn*** mit jdm eng befreundet sein

intimement [ɛ̃timmɑ̃] *adv (étroitement)* ***des idées/personnes ~ liées*** sehr eng miteinander verknüpfte Gedanken/miteinander befreundete Menschen

intimer [ɛ̃time] <1> *vt* ***~ à un subordonné [l'ordre] de faire qc*** einem Untergebenen befehlen, etw zu tun

intimidant(e) [ɛ̃timidɑ̃, ɑ̃t] *adj* einschüchternd

intimidation [ɛ̃timidasjɔ̃] *f* Einschüchterung *f*

intimider [ɛ̃timide] <1> *vt* einschüchtern

intimiste [ɛ̃timist] *adj œuvre, sujet* persönlich

intimité [ɛ̃timite] *f* ❶ *(vie privée)* Privatleben *nt;* ***dans l'~*** privat; ***dans la plus stricte ~*** im engsten Familienkreis ❷ *(relation étroite)* Vertrautheit *f* ❸ *d'un salon* gemütliche Atmosphäre

intitulé [ɛ̃tityle] *m d'un livre* Titel *m; d'un texte* Überschrift *f*

intituler [ɛ̃tityle] <1> **I.** *vt* ***~ un livre "Mémoires"*** einem Buch den Titel „Memoiren" geben; ***être intitulé "Mémoires"*** den Titel „Memoiren" tragen **II.** *vpr*

s'~ "Mémoires" den Titel „Memoiren" tragen

intolérable [ɛ̃tɔleʀabl] *adj* unerträglich; *pratique* inakzeptabel

intolérance [ɛ̃tɔleʀɑ̃s] *f (sectarisme)* Intoleranz *f*

intolérant(e) [ɛ̃tɔleʀɑ̃, ɑ̃t] *adj* intolerant

intonation [ɛ̃tɔnasjɔ̃] *f souvent pl* Ton[fall *m*] *m*; ***les ~s de sa voix*** der Klang seiner Stimme; ***prendre des ~s douces en parlant à qn*** sanft mit jdm sprechen; ***trouver les ~s justes*** den richtigen Ton treffen

intouchable [ɛ̃tuʃabl] **I.** *adj (fig)* unantastbar; ***il se croyait ~*** er glaubte, man könne ihm nichts anhaben **II.** *mf* Unberührbare(r) *f(m)*

intox [ɛ̃tɔks] *f (fam) abr de* **intoxication** Fake *m o nt fam; (fausse information)* [gezielte] Fehlinformation *f*; ***faire de l'~*** manipulieren

intoxication [ɛ̃tɔksikasjɔ̃] *f* ❶ *(empoisonnement)* Vergiftung *f*; ***~ alimentaire*** Lebensmittelvergiftung *f*; ***~ au mercure*** Quecksilbervergiftung *f* ❷ *(influence)* Manipulation *f*

intoxiqué(e) [ɛ̃tɔksike] *adj* ***être ~ par une substance/un aliment*** sich durch einen Stoff/ein Nahrungsmittel vergiftet haben; ***être ~ par une drogue*** drogenabhängig sein; ***être ~ par la télé*** fernsehsüchtig sein; ***être ~ par la publicité*** durch die Werbung manipuliert sein

intoxiquer [ɛ̃tɔksike] <1> **I.** *vt* ❶ *(empoisonner)* vergiften; ***être légèrement intoxiqué*** *pompier:* eine leichte Rauchvergiftung erleiden ❷ *(pervertir) émission, télévision:* verderben; *publicité, publicitaire:* manipulieren **II.** *vpr* ***s'~*** sich vergiften

intracommunautaire [ɛ̃tʀakɔmynotɛʀ] *adj échanges* zwischen den EU-Staaten

intraduisible [ɛ̃tʀadɥizibl] *adj auteur, expression* unübersetzbar; *réaction, sentiment* unbeschreibbar

intraitable [ɛ̃tʀɛtabl] *adj* unnachgiebig

intra-muros [ɛ̃tʀamyʀos] *adv habiter, se dérouler* im Stadtzentrum

intramusculaire [ɛ̃tʀamyskylɛʀ] *adj* intramuskulär

intranet [ɛ̃tʀanɛt] *m* INFORM Intranet *nt*

intransigeance [ɛ̃tʀɑ̃ziʒɑ̃s] *f* Unnachgiebigkeit *f*

intransigeant(e) [ɛ̃tʀɑ̃ziʒɑ̃, ʒɑ̃t] *adj attitude, personne* unnachgiebig; *adversaire* unerbittlich; *morale* starr

intransitif, -ive [ɛ̃tʀɑ̃zitif, -iv] *adj* intransitiv

intransportable [ɛ̃tʀɑ̃spɔʀtabl] *adj chose* nicht transportabel; *personne* nicht transportfähig

intraveineux, -euse [ɛ̃tʀavɛnø, -øz] *adj* intravenös

intrépide [ɛ̃tʀepid] *adj* ❶ *(courageux)* unerschrocken ❷ *(audacieux)* waghalsig

intrépidité [ɛ̃tʀepidite] *f* Unerschrockenheit *f*

intrigant(e) [ɛ̃tʀigɑ̃, ɑ̃t] **I.** *adj* intrigant **II.** *m(f)* Intrigant(in) *m(f)*

intrigue [ɛ̃tʀig] *f* ❶ CINE, LITTER, THEAT Handlung *f* ❷ *(manœuvre)* Intrige *f*; ***des ~s politiques*** politische Intrigen ❸ *(liaison)* ***~ amoureuse*** Liebesabenteuer *nt*

intriguer [ɛ̃tʀige] <1> **I.** *vt (travailler qn)* beschäftigen; *(piquer la curiosité)* neugierig machen; ***être intrigué*** rätseln; ***intrigués, les policiers tentaient …*** da die Polizisten stutzig geworden waren, versuchten sie … **II.** *vi* intrigieren

intrinsèque [ɛ̃tʀɛ̃sɛk] *adj* eigentlich

introducteur, -trice [ɛ̃tʀɔdyktœʀ, -tʀis] *m, f* ***l'~ de qc*** der[jenige], der etw einführt; ***être l'~(-trice) de qc*** etw einführen

introductif, -ive [ɛ̃tʀɔdyktif, -iv] *adj* einleitend

introduction [ɛ̃tʀɔdyksjɔ̃] *f* ❶ *(entrée en matière)* Einleitung *f*; ***chapitre d'~*** einleitendes Kapitel; ***quelques mots*** [*o* ***paroles***] ***d'~*** ein paar einleitende Worte; ***en ~*** einleitend ❷ *d'un objet, de nourriture* Einführen *nt*; ***l'~ de la peste en Europe*** das Einschleppen der Pest nach Europa ❸ *d'une réforme, d'un produit* Einführung *f*

introduire [ɛ̃tʀɔdɥiʀ] <irr> **I.** *vt* ❶ *(faire entrer)* ***~ qn dans une pièce*** jdn in ein Zimmer führen; ***~ qn chez une famille*** jdn bei einer Familie einführen; ***~ une clé dans qc*** einen Schlüssel in etw *akk* stecken; ***~ une pièce de monnaie dans qc*** ein Geldstück in etw *akk* werfen; ***~ du pastis en contrebande*** Pastis einschmuggeln ❷ *(faire adopter)* aufbringen *mode* **II.** *vpr* ❶ *(se faire admettre)* ***s'~ dans une famille/un milieu*** sich in einer Familie/einem Umfeld einführen ❷ *(s'infiltrer)* ***s'~ dans une maison*** in ein Haus eindringen; ***s'~ au milieu des invités*** sich unter die Gäste schmuggeln; ***s'~ dans qc*** *eau, fumée:* in etw *akk* dringen; *impureté:* in etw *akk* kommen ❸ *(se mettre)* ***s'~ qc dans le nez/les oreilles*** sich *dat* etw in die Nase/die Ohren stecken ❹ *(être adopté)* ***s'~ dans un pays*** *usage, mode:* sich in einem Land durchsetzen

intronisation [ɛ̃tʀɔnizasjɔ̃] *f* Inthronisation *f*

introniser [ɛ̃tʀɔnize] <1> *vt* inthronisieren
introspection [ɛ̃tʀɔspɛksjɔ̃] *f* Selbstbeobachtung *f*
introuvable [ɛ̃tʀuvabl] *adj chose, personne* unauffindbar
introverti(e) [ɛ̃tʀɔvɛʀti] *adj* introvertiert
intrus(e) [ɛ̃tʀy, yz] **I.** *adj* nicht dazugehörig; ***visiteur ~*** ungebetener Gast **II.** *m(f)* Eindringling *m* ▶ **cherchez l'~** wer/was gehört nicht dazu?
intrusion [ɛ̃tʀyzjɔ̃] *f* ***~ dans une maison*** Eindringen *nt* in ein Haus
intuitif, -ive [ɛ̃tɥitif, -iv] **I.** *adj* intuitiv **II.** *m, f* intuitiver Mensch
intuition [ɛ̃tɥisjɔ̃] *f* Intuition *f;* ***~ féminine*** weibliche Intuition; ***procéder par ~*** intuitiv vorgehen
intuitivement [ɛ̃tɥitivmɑ̃] *adv* intuitiv
inusable [inyzabl] *adj* unverwüstlich
inusité(e) [inyzite] *adj* ungebräuchlich
inutile [inytil] **I.** *adj* nutzlos; *parole, effort, mesure* zwecklos; *précaution, alarme* überflüssig; *personne* unnütz; ***être ~ à qn*** jdm nicht von Nutzen sein; ***se sentir ~*** sich *dat* überflüssig vorkommen; ***si ma présence est ~, …*** wenn ich nicht benötigt werde, …; ***il est/n'est pas ~ de faire qc/que*** +*subj* es ist unnötig/es wäre angebracht, etw zu tun/dass; ***~ d'espérer de l'aide*** zwecklos, auf Hilfe zu hoffen; ***~ de te/vous dire que …*** ich brauche dir/Ihnen wohl nicht zu sagen, dass …; ***~ d'insister!*** spar dir/sparen Sie sich die Mühe! **II.** *m* ***l'~*** das Unnütze **III.** *mf* Schmarotzer(in) *m(f)*
inutilement [inytilmɑ̃] *adv (sans utilité)* unnötig; *(en vain)* vergeblich
inutilisable [inytilizabl] *adj (qui n'offre aucune utilité)* unbrauchbar; *(dont on ne peut se servir)* nicht benutzbar; ***mon ordinateur est actuellement ~*** ich kann meinen Computer zur Zeit nicht benutzen
inutilisé(e) [inytilize] *adj* unbenutzt
inutilité [inytilite] *f* Nutzlosigkeit *f;* ***j'ai compris l'~ de ma présence ici*** ich habe verstanden, dass ich hier überflüssig bin
invaincu(e) [ɛ̃vɛ̃ky] *adj sportif* ungeschlagen; *sommet* unbezwungen
invalidation [ɛ̃validasjɔ̃] *f* Annullierung *f;* JUR Ungültigkeitserklärung *f*
invalide [ɛ̃valid] **I.** *adj* invalid[e]; ***personne ~*** Invalide *mf* **II.** *mf* Invalide *mf*
invalider [ɛ̃valide] <1> *vt* JUR für ungültig erklären *testament*
invalidité [ɛ̃validite] *f d'une personne* Erwerbsunfähigkeit *f*
invariable [ɛ̃vaʀjabl] *adj* ❶ LING unveränderlich ❷ *(qui ne change pas)* unverändert; *(qu'on ne peut changer)* unveränderlich
invariablement [ɛ̃vaʀjabləmɑ̃] *adv* unweigerlich
invasion [ɛ̃vazjɔ̃] *f* MIL *(a. fig)* Invasion *f;* ***~ de touristes*** Touristeninvasion; ***~ d'insectes*** Insektenplage *f*
invective [ɛ̃vɛktiv] *f* Beleidigung *f*
invectiver [ɛ̃vɛktive] <1> *vt* beleidigen
invendable [ɛ̃vɑ̃dabl] *adj* unverkäuflich; ***être ~*** sich nicht verkaufen lassen
invendu(e) [ɛ̃vɑ̃dy] *adj* nicht verkauft
inventaire [ɛ̃vɑ̃tɛʀ] *m* ❶ JUR *des biens* Inventar *nt;* COM Inventur *f;* ***faire l'~*** Inventur machen ❷ *(revue)* Bestandsaufnahme *f*
inventer [ɛ̃vɑ̃te] <1> *vt* ***~ qc*** etw erfinden; ***ça ne s'invente pas*** das ist [wirklich] nicht erfunden
inventeur, -trice [ɛ̃vɑ̃tœʀ, -tʀis] *m, f* Erfinder(in) *m(f);* ***ce sont les ~s de ce procédé*** sie haben dieses Verfahren entwickelt
inventif, -ive [ɛ̃vɑ̃tif, -iv] *adj* erfinderisch
invention [ɛ̃vɑ̃sjɔ̃] *f* ❶ *(création, découverte)* Erfindung *f; d'une technique opératoire, méthode* Entwicklung *f;* ***l'~ de ce procédé date de 1850*** dieses Verfahren wurde 1850 erfunden; ***de mon/son ~*** von mir/ihm/ihr erfunden ❷ *(imagination)* Einfallsreichtum *m* ❸ *(mensonge)* Erfindung *f;* ***c'est une ~ de sa part!*** das hat er/sie erfunden!; ***ce sont des ~s pures et simples!*** das ist alles erlogen!
inventivité [ɛ̃vɑ̃tivite] *f* Einfallsreichtum *m*
inventorier [ɛ̃vɑ̃tɔʀje] <1a> *vt* auflisten *problèmes*
invérifiable [ɛ̃veʀifjabl] *adj* nicht überprüfbar
inverse [ɛ̃vɛʀs] **I.** *adj* entgegengesetzt; *évolution, phénomène* gegenläufig **II.** *m* Gegenteil *nt;* ***c'est l'~ qui est vrai*** in Wahrheit ist es genau umgekehrt; ***à l'~*** hingegen; ***à l'~ de qn/qc*** im Gegensatz zu jdm/etw
inversement [ɛ̃vɛʀsəmɑ̃] *adv* hingegen; ***et/ou ~*** und/oder umgekehrt
inverser [ɛ̃vɛʀse] <1> **I.** *vt* umstellen *mots, phrases;* tauschen *rôles;* umkehren *évolution, mouvement;* ***~ l'ordre des mots*** die Wortstellung ändern **II.** *vpr* ***s'~*** *mouvement, tendance:* sich umkehren
inversion [ɛ̃vɛʀsjɔ̃] *f* Umkehrung *f*
invertébré [ɛ̃vɛʀtebʀe] *m* wirbelloses Tier *nt*
investigateur, -trice [ɛ̃vɛstigatœʀ, -tʀis]

I

I. *adj esprit* Forscher- **II.** *m, f* Ermittler(in) *m(f)*

investigation [ɛ̃vɛstigasjɔ̃] *f* Ermittlung *f*

investir [ɛ̃vɛstiʀ] <8> **I.** *vt* ❶ FIN *~ son argent dans qc* sein Geld in etw *akk* investieren ❷ *(fig) ~ du temps/du travail dans qc* Zeit/Arbeit in etw *akk* investieren **II.** *vi* ECON, FIN investieren; *~ dans de nouvelles machines* sein Geld in neuen Maschinen anlegen **III.** *vpr s'~ dans qc* sich bei etw engagieren

investissement [ɛ̃vɛstismɑ̃] *m* ❶ ECON, FIN Investition *f; les dépenses d'~* die Investitionskosten ❷ *(engagement) ~ de qn dans une activité* jds Engagement *nt* bei einer Aktivität

investisseur [ɛ̃vɛstisœʀ] *m* Investor(in) *m(f)*

investiture [ɛ̃vɛstityʀ] *f obtenir l'~ de son parti* von seiner Partei aufgestellt werden

invétéré(e) [ɛ̃veteʀe] *adj* unverbesserlich

invincibilité [ɛ̃vɛ̃sibilite] *f* Unbesiegbarkeit *f*

invincible [ɛ̃vɛ̃sibl] *adj personne, armée* unbesiegbar; *courage, détermination* unerschütterlich; *charme, envie* unwiderstehlich

invinciblement [ɛ̃vɛ̃sibləmɑ̃] *adv (soutenu)* unwiderstehlich

inviolabilité [ɛ̃vjɔlabilite] *f du domicile* Unverletzlichkeit *f; ~ parlementaire* Immunität *f*

inviolable [ɛ̃vjɔlabl] *adj* unantastbar

invisibilité [ɛ̃vizibilite] *f* Unsichtbarkeit *f*

invisible [ɛ̃vizibl] *adj* unsichtbar; *danger* nicht erkennbar; *phénomène* nicht wahrnehmbar; *~ à l'œil nu* mit dem bloßen Auge nicht erkennbar

invitation [ɛ̃vitasjɔ̃] *f* ❶ *(appel)* Einladung *f; une ~ à …* eine Einladung nach/zu …; *~ à une manifestation/au restaurant/à déjeuner* Einladung zu einer Demonstration/ins Restaurant/zum Mittagessen; *sans ~* ohne Einladung ❷ *(incitation) ~ à qc* Aufforderung *f* zu etw; *à* [*o sur*] *l'~ de qn (à la prière de)* auf jds Bitte *akk* hin; *(aux ordres de)* auf jds Aufforderung *akk* hin

invite [ɛ̃vit] *m* INFORM Eingabeaufforderung *f*

invité(e) [ɛ̃vite] *m(f)* Gast *m; ~ d'honneur* Ehrengast *m*

inviter [ɛ̃vite] <1> *vt* ❶ *(convier)* einladen; *~ qn à faire qc* jdn einladen etw zu tun; *vous venez? c'est moi qui invite!* kommt ihr mit? ich lade euch ein!; *~ qn à un anniversaire* jdn zu einem Geburtstag einladen; *~ qn chez soi* jdn zu sich [nach Hause] einladen; *~ qn à danser* jdn zum Tanz auffordern; *~ qn à dîner* jdn zum Abendessen einladen ❷ *(prier) ~ qn à faire qc* jdn bitten, etw zu tun; *(avec insistance/autorité)* jdn auffordern, etw zu tun; *~ qn à entrer* jdn hineinbitten; *être invité à faire qc* ersucht werden, etw zu tun ❸ *(inciter à) ~ qn à une discussion* jdn zu einer Diskussion einladen; *~ qn à faire qc* jdn einladen, etw zu tun; *~ à la réflexion événements:* nachdenklich stimmen

in vitro [invitʀo] *adj o adv inv* im Reagenzglas [durchgeführt]

invivable [ɛ̃vivabl] *adj* unerträglich

involontaire [ɛ̃vɔlɔ̃tɛʀ] *adj spectateur, témoin* unfreiwillig; *erreur, réflexion* unbeabsichtigt; *mouvement* unwillkürlich

involontairement [ɛ̃vɔlɔ̃tɛʀmɑ̃] *adv* unabsichtlich

invoquer [ɛ̃vɔke] <1> *vt* vorbringen *raison, excuse*

invraisemblable [ɛ̃vʀɛsɑ̃blabl] *adj* ❶ *(qui ne semble pas vrai)* unglaubwürdig ❷ *(incroyable)* unglaublich

invraisemblance [ɛ̃vʀɛsɑ̃blɑ̃s] *f* Unglaubwürdigkeit *f*

invulnérabilité [ɛ̃vylneʀabilite] *f* Unverwundbarkeit *f*

invulnérable [ɛ̃vylneʀabl] *adj* unverwundbar; *~ aux attaques* gegen Angriffe gefeit

iode [jɔd] *m* Jod *nt*

iodé(e) [jɔde] *adj eau, air* jodhaltig

ion [jɔ̃] *m* PHYS Ion *nt*

ionien(ne) [jɔnjɛ̃, jɛn] *adj* HIST, GEOG ionisch

ionique[1] [jɔnik] *adj* ARCHIT *ordre* ionisch

ionique[2] [jɔnik] *adj* PHYS *charge* ionisierend

irai [iʀɛ] *fut de* **aller**

Irak [iʀak] *m l'~* der Irak; *la guerre en ~* der Irakkrieg

irakien(ne) [iʀakjɛ̃, jɛn] *adj* irakisch

Irakien(ne) [iʀakjɛ̃, jɛn] *m(f)* Iraker(in) *m(f)*

Iran [iʀɑ̃] *m l'~* der Iran

iranien(ne) [iʀanjɛ̃, jɛn] *adj* iranisch

Iranien(ne) [iʀanjɛ̃, jɛn] *m(f)* Iraner(in) *m(f)*

Iraq [iʀak] *m v.* **Irak**

irascibilité [iʀasibilite] *f (littér)* Jähzorn *m*

irascible [iʀasibl] *adj* jähzornig

iris [iʀis] *m* ANAT, BOT Iris *f*

irisé(e) [iʀize] *adj* schillernd

irlandais(e) [iʀlɑ̃dɛ, ɛz] *adj* irisch

Irlandais(**e**) [iʀlɑ̃dɛ, ɛz] *m(f)* Ire *m*/Irin *f*
Irlande [iʀlɑ̃d] *f* ***l'~*** Irland *nt;* ***l'~ du Nord*** Nordirland
ironie [iʀɔni] *f* Ironie *f;* ***dire qc par ~*** etw ironisch meinen
ironique [iʀɔnik] *adj* ironisch
ironiquement [iʀɔnikmɑ̃] *adv* ironisch
ironiser [iʀɔnize] <1> *vi* ~ ***sur qn/qc*** über jdn/etw spötteln
ironman [ajʀɔnman] *m* SPORT Ironman *m*
iroquois [iʀɔkwa] *m (coiffure)* Irokesenschnitt *m*
iroquois(**e**) [iʀɔkwa, waz] *adj* irokesisch
irradiant(**e**) [iʀadjɑ̃, -ɑ̃t] *adj douleur* ausstrahlend; ***être ~(e)*** ausstrahlen
irradiation [iʀadjasjɔ̃] *f* PHYS Bestrahlung *f*
irradié(**e**) [iʀadje] **I.** *adj* strahlenkrank **II.** *m(f)* Strahlenkranke(r) *f(m)*
irradier [iʀadje] <1a> *vi douleur:* ausstrahlen
irraisonné(**e**) [iʀɛzɔne] *adj* irrational
Irrationnel [iʀasjɔnɛl] *m* ***l'~*** das Irrationale
irrationnel(**le**) [iʀasjɔnɛl] *adj* irrational
irrattrapable [iʀatʀapabl] *adj* nicht wiedergutzumachen
irréalisable [iʀealizabl] *adj* nicht realisierbar
irréalisme [iʀealism] *m* mangelnde Wirklichkeitsnähe
irréaliste [iʀealist] *adj* unrealistisch
irrecevabilité [iʀəs(ə)vabilite] *f* Unzulässigkeit *f*
irrecevable [iʀəs(ə)vabl] *adj* unzulässig
irréconciliable [iʀekɔ̃siljabl] *adj* unversöhnlich
irrécupérable [iʀekypeʀabl] *adj voiture, ferraille* nicht mehr brauchbar; ***être ~*** *voiture, réfrigérateur:* nicht mehr zu reparieren sein
irrécusable [iʀekyzabl] *adj juge, témoin* nicht ablehnbar; *témoignage* nicht anfechtbar; *preuve* unwiderlegbar
irréductible [iʀedyktibl] *adj ennemi, personne* unbezwingbar; *obstacle* unüberwindbar; *opposition* unnachgiebig; *volonté* eisern
irréel(**le**) [iʀeɛl] *adj* irreal
irréfléchi(**e**) [iʀefleʃi] *adj* unüberlegt; *personne* unbesonnen; *(spontané)* spontan
irréflexion [iʀeflɛksjɔ̃] *f* Unüberlegtheit *f*
irréfutable [iʀefytabl] *adj* unwiderlegbar
irrégularité [iʀegylaʀite] *f* ❶ *(inégalité)* Ungleichmäßigkeit *f; des traits* Unregelmäßigkeit *f; pl d'une surface, d'un terrain* Unebenheit *f* ❷ *d'un élève, d'une équipe* schwankende Leistungen *Pl;* ***l'~ de ses résultats*** seine/ihre schwankenden Leistungen ❸ *gén pl (illégalité)* Unregelmäßigkeit *f; d'une situation* Regelwidrigkeit *f*
irrégulier, **-ère** [iʀegylje, -ɛʀ] *adj* ❶ *(inégal)* unregelmäßig; *écriture* ungleichmäßig; *terrain* uneben; ***avoir des horaires ~s*** keine festen Zeiten haben ❷ *(discontinu)* ungleichmäßig; *sommeil* unruhig; *effort, travail* nicht regelmäßig ❸ *élève, sportif* nicht konstant; *résultats* schwankend ❹ *(illégal)* regelwidrig; *procédure* fehlerhaft; ***des opérations irrégulières*** Unregelmäßigkeiten *Pl* ❺ GRAM unregelmäßig
irrégulièrement [iʀegyljɛʀmɑ̃] *adv* unregelmäßig
irréligieux, **-euse** [iʀeliʒjø, -jøz] *adj* irreligiös, ungläubig
irréligiosité [iʀeliʒjozite] *f* Gottlosigkeit *f*
irrémédiable [iʀemedjabl] **I.** *adj aggravation* unaufhaltsam; *défaite* endgültig; *erreur, défaut* nicht wiedergutzumachen; *mal* unheilbar; *malheur* unabänderlich; *situation* hoffnungslos **II.** *m* ***l'~*** das Schlimmste
irrémédiablement [iʀemedjabləmɑ̃] *adv* hoffnungslos
irrémissible [iʀemisibl] *adj (impardonnable)* unverzeihlich; *(irrémédiable)* nicht wiedergutzumachen
irremplaçable [iʀɑ̃plasabl] *adj* unersetzbar; *instant* einzigartig
irréparable [iʀepaʀabl] **I.** *adj objet, machine* nicht mehr zu reparieren; *dommage, erreur* nicht wiedergutzumachen; *perte* unersetzbar **II.** *m* ***l'~*** das Schlimmste
irrépressible [iʀepʀesibl] *adj* unbändig
irréprochable [iʀepʀɔʃabl] *adj* einwandfrei; *vie, mère* mustergültig
irrésistible [iʀezistibl] *adj* ❶ *(impérieux)* unwiderstehlich; *désir* unbändig; *passion* unbezähmbar; *logique* [be]zwingend ❷ *(qui fait rire)* sehr lustig; ***être ~*** *personne:* urkomisch sein
irrésistiblement [iʀezistibləmɑ̃] *adv attirer, évoquer* unwiderstehlich
irrésolu(**e**) [iʀezɔly] *adj personne, caractère* unentschlossen; *problème, question* ungelöst
irrésolution [iʀezɔlysjɔ̃] *f (soutenu)* Unentschlossenheit *f*
irrespect [iʀɛspɛ] *m* ~ ***[envers qn]*** Respektlosigkeit *f* [jdm gegenüber]
irrespectueux, **-euse** [iʀɛspɛktɥø, -øz] *adj* respektlos; ~ ***envers qn*** respektlos jdm gegenüber
irrespirable [iʀɛspiʀabl] *adj* unerträglich
irresponsabilité [iʀɛspɔ̃sabilite] *f* Verantwortungslosigkeit *f;* JUR Unzurechnungsfähigkeit *f*

I

irresponsable [iʀɛspɔ̃sabl] **I.** *adj comportement* unverantwortlich; *personne* verantwortungslos; JUR schuldunfähig **II.** *mf* Verantwortungslose(r) *f(m)*
irrévérence [iʀeveʀɑ̃s] *f* Respektlosigkeit *f*
irrévérencieux, -euse [iʀeveʀɑ̃sjø, -jøz] *adj (littér)* respektlos; *remarque, geste* despektierlich *geh*
irréversible [iʀevɛʀsibl] **I.** *adj* nicht rückgängig zu machen; ***une décision ~*** eine nicht rückgängig zu machende Entscheidung **II.** *m* ***l'~*** das Unabänderliche
irrévocable [iʀevɔkabl] *adj jugement* unwiderruflich; *décision* endgültig; *volonté* unumstößlich
irrévocablement [iʀevɔkabləmɑ̃] *adv* unwiderruflich
irrigation [iʀigasjɔ̃] *f* Bewässerung *f*; ***canal d'~*** Bewässerungskanal *m*
irriguer [iʀige] <1> *vt* AGR bewässern
irritabilité [iʀitabilite] *f* Reizbarkeit *f*
irritable [iʀitabl] *adj* reizbar; ***elle est très ~ aujourd'hui*** sie ist heute sehr gereizt
irritant(e) [iʀitɑ̃, ɑ̃t] *adj* nervtötend
irritation [iʀitasjɔ̃] *f* ❶ *(énervement)* Gereiztheit *f* ❷ MED Reizung *f*; ***~ de la gorge*** Halsentzündung *f*
irrité(e) [iʀite] *adj* gereizt; ***être ~ contre qn*** verärgert über jdn sein
irriter [iʀite] <1> **I.** *vt* ❶ *(énerver)* ***~ qn*** jdm auf die Nerven gehen; ***je ne voulais pas vous ~*** ich wollte Sie nicht verärgern ❷ MED reizen; ***ce produit n'irrite pas la peau*** dieses Mittel ist sehr hautfreundlich **II.** *vpr* ❶ *(s'énerver)* ***s'~ de qc/contre qn*** sich über etw/jdn aufregen ❷ MED ***s'~*** sich entzünden
irruption [iʀypsjɔ̃] *f* ***l'~ de qn dans un lieu*** jds plötzliches Auftauchen an einem Ort; ***l'~ de la deuxième guerre mondiale*** der Ausbruch des Zweiten Weltkriegs; ***faire ~*** *personne:* hereinstürmen; *chose:* hereinbrechen
islam [islam] *m* ***l'~*** der Islam; ***l'Islam*** die islamische Welt
islamique [islamik] *adj* islamisch
islamisation [islamizasjɔ̃] *f* Islamisierung *f*
islamiser [islamize] *vt* islamisieren
islamisme [islamism] *m* Islamismus *m*
islamiste [islamist] **I.** *adj* islamistisch *m* **II.** *mf* Islamist(in) *m(f)*
islamité [islamite] *f* Zugehörigkeit *f* zur islamischen Glaubensgemeinschaft
islamophobie [islamɔfɔbi] *f* Islamfeindlichkeit *f*
islandais [islɑ̃dɛ] *m* Isländisch *nt*; *v. a.* **allemand**
islandais(e) [islɑ̃dɛ, ɛz] *adj* isländisch
Islandais(e) [islɑ̃dɛ, ɛz] *m(f)* Isländer(in) *m(f)*
Islande [islɑ̃d] *f* ***l'~*** Island *nt*
isocèle [izɔsɛl] *adj* gleichschenklig
isolable [izɔlabl] *adj* isolierbar
isolant [izɔlɑ̃] *m* Isoliermaterial *nt*
isolateur [izɔlatœʀ] *m* ELEC Isolator *m*
isolation [izɔlasjɔ̃] *f* Isolierung *f*
isolationnisme [izɔlasjɔnism] *m* Isolationismus *m*
isolé(e) [izɔle] *adj* ❶ *endroit* abgelegen; *maison* einsam gelegen ❷ *(seul)* isoliert; *maison* allein stehend; *bâtiment, arbre* frei stehend; ***mère ~e*** alleinerziehende Mutter; ***vivre très ~*** sehr zurückgezogen leben ❸ *(unique)* einzeln; ***ce cas n'est pas ~*** dies ist kein Einzelfall ❹ TECH, ELEC isoliert
isolement [izɔlmɑ̃] *m* ❶ *d'une personne* Einsamkeit *f*; *d'un lieu, d'une maison* Abgeschiedenheit *f*; *d'un détenu, malade, d'un pays* Isolation *f*; ***vivre dans un ~ complet*** vollkommen zurückgezogen leben ❷ ELEC, TECH Isolierung *f*
isolément [izɔlemɑ̃] *adv* einzeln; ***chaque problème pris ~*** jedes Problem für sich genommen
isoler [izɔle] <1> **I.** *vt* ❶ *(séparer des autres)* isolieren *malade, prisonnier;* ***~ un quartier*** *police:* ein Viertel [ab]sperren; ***être isolé du reste du monde*** *village:* von der restlichen Welt abgeschieden sein ❷ TECH, ELEC ***~ qc de l'humidité*** etw gegen Feuchtigkeit isolieren ❸ BIO, CHIM isolieren *virus, bactérie, gène* ❹ *(considérer à part)* isoliert betrachten **II.** *vi* ***~ de qc*** *matériau:* gegen etw isolieren **III.** *vpr* ***s'~ de qn/qc*** sich von jdm/etw absondern; ***s'~ du monde*** sich von der Welt abkehren
isoloir [izɔlwaʀ] *m* Wahlkabine *f*
isotherme [izɔtɛʀm] *adj* ***bouteille/camion ~*** Thermosflasche® *f*/Kühlwagen *m*
isotope [izɔtɔp] *m* SCI Isotop *nt*
Israël [isʀaɛl] *m* ***l'~*** Israel *nt*
israélien(ne) [isʀaeljɛ̃, jɛn] *adj* israelisch
Israélien(ne) [isʀaeljɛ̃, jɛn] *m(f)* Israeli *mf*
israélite [isʀaelit] **I.** *adj* israelitisch **II.** *mf* Israelit(in) *m(f)*
issu(e) [isy] *adj* ❶ *(né de)* ***~ de qc*** aus etw stammend; ***être ~ d'une famille modeste*** aus einer einfachen Familie stammen; ***être ~ de sang royal*** könig-

licher Abstammung sein ❷ *(résultant de) **être ~ de qc*** aus etw entstanden sein
issue [isy] *f* ❶ *(sortie)* Ausgang *m; **~ de secours*** Notausgang; ***chemin/route/voie sans*** ~ Sackgasse *f* ❷ *(solution)* Ausweg *m; **sans** ~ problème* unlösbar; *situation* ausweglos; *avenir* aussichtslos ❸ *(fin)* Ausgang *m; **avoir une ~ fatale/heureuse*** ein fatales/glückliches Ende nehmen; ***à l'~ de qc*** nach etw
isthme [ism] *m* Landenge *f*
Italie [itali] *f **l'~*** Italien *nt*
italien [italjɛ̃] *m* Italienisch *nt; v. a.* **allemand**
italien(ne) [italjɛ̃, jɛn] *adj* italienisch
Italien(ne) [italjɛ̃, jɛn] *m(f)* Italiener(in) *m(f)*
italique [italik] **I.** *adj caractère, lettre* kursiv, schräg **II.** *m* Kursivschrift *f; **en ~[s]*** kursiv
Italo-américain(e) [italoameʀikɛ̃, ɛn] *m(f)* Italoamerikaner(in) *m(f)*
item[1] [itɛm] *adv* COM ebenso
item[2] [itɛm] *m (élement minimal)* Item *nt*
itinéraire [itineʀɛʀ] *m* ❶ *(parcours)* Route *f* ❷ *(fig)* Werdegang *m; **~ biographique*** Lebensweg *m*
itinérant(e) [itineʀɑ̃, ɑ̃t] *adj* Wander-; ***théâtre*** ~ Wanderbühne *f*
IUFM [iyɛfɛm] *m abr de* **institut universitaire de formation des maîtres** ≈ PH *f*
I.U.T. [iyte] *m abr de* **institut universitaire de technologie** ≈ TH
I.V.G. [iveʒe] *f abr de* **interruption volontaire de grossesse** Schwangerschaftsabbruch *m (ohne medizinische Indikation)*
ivoire [ivwaʀ] *m* Elfenbein *nt*
ivoirien(ne) [ivwaʀjɛ̃, jɛn] *adj* der Elfenbeinküste *gen,* ivorisch
Ivoirien(ne) [ivwaʀjɛ̃, jɛn] *m(f)* Ivorer(in) *m(f)*
ivre [ivʀ] *adj* betrunken; ***légèrement*** ~ angetrunken; ~ ***mort*** völlig betrunken
ivresse [ivʀɛs] *f* Trunkenheit *f; **en état d'~*** in betrunkenem Zustand
ivrogne [ivʀɔɲ] *mf* Säufer(in) *m(f)*
ivrognesse [ivʀɔɲɛs] *f (fam)* Säuferin *f vulg*
ixième [ˈiksjɛm] *adj* zigfach, zigmal; ***faire qc pour la ~ fois*** etw zum x-ten Mal tun

J j

J, j [ʒi] *m inv* J *nt,* j *nt*
j' [ʒ] *pron v.* **je**
jabot [ʒabo] *m* ORN Kropf *m*
jacassement [ʒakasmɑ̃] *m* ❶ *d'une pie* Geschrei *nt* ❷ *(bavardage) des élèves* Geschrei *nt,* Gequatsche *nt fam*
jacasser [ʒakase] <1> *vi* ❶ ZOOL *pie:* schreien ❷ *(parler)* schnattern *fam*
jachère [ʒaʃɛʀ] *f (procédé)* Brachlegen *nt; (terre)* Brachland *nt*
jacinthe [ʒasɛ̃t] *f* Hyazinthe *f*
jackpot [dʒakpɔt] *m* Jackpot *m; **gagner le*** ~ den Jackpot knacken *fam*
jacobin(e) [ʒakɔbɛ̃, in] *adj* POL zentralistisch
Jacobin(e) [ʒakɔbɛ̃, in] *m(f)* HIST Jakobiner(in) *m(f)*
jacquard [ʒakaʀ] **I.** *adj inv pull, tissu* Jacquard- **II.** *m* Jacquard *m*
Jacques [ʒak] *m* Jakob *m*
jacter [ʒakte] <1> *vi (fam)* quasseln
jacuzzi® [ʒakyzi] *m* Whirlpool® *m*
jade [ʒad] *m* Jade *m o f*
jadis [ʒadis] *adv* früher
jaguar [ʒagwaʀ] *m* Jaguar *m*
jaillir [ʒajiʀ] <8> *vi* ❶ *(gicler) eau:* emporschießen; *sang:* spritzen; *flammes:* emporschlagen; *éclair:* aufleuchten ❷ *(fuser) rires:* erschallen ❸ *(surgir) personne:* plötzlich auftauchen ❹ *(se manifester) vérité:* hervorbrechen; *idée:* aufblitzen
jais [ʒɛ] *m* MINER Gagat *m* ▶ **de** ~ tiefschwarz
jalon [ʒalɔ̃] *m* ❶ *(piquet)* Pflock *m* ❷ *souvent pl (repère)* Schritt *m; **poser les ~s de qc*** den Grundstein für etw legen
jalonnement [ʒalɔnmɑ̃] *m* Abstecken *nt*
jalonner [ʒalɔne] <1> *vt* ❶ *(tracer)* abstecken *terrain* ❷ *(border) piquets:* markieren; *arbustes:* säumen ❸ *(marquer) succès:* prägen
jalousement [ʒaluzmɑ̃] *adv* ❶ *(avec envie)* neidisch ❷ *(avec soin)* sorgsam
jalouser [ʒaluze] <1> **I.** *vt* neidisch sein auf +*akk* **II.** *vpr **se*** ~ neidisch aufeinander sein
jalousie [ʒaluzi] *f* ❶ *(en amour, amitié)* Eifersucht *f* ❷ *(envie)* Neid *m*
jaloux, -ouse [ʒalu, -uz] **I.** *adj* ❶ *(en amour, amitié)* ~ ***de qn*** eifersüchtig auf jdn ❷ *(envieux)* ~ ***de qn/qc*** neidisch auf

jdn/etw ❸ *(très attaché)* **être ~ de sa réputation** sorgsam auf seinen Ruf bedacht sein **II.** *m, f* ❶ *(en amour, amitié)* Eifersüchtige(r) *f(m)* ❷ *(envieux)* Neider(in) *m(f)*; **faire des ~** Neid erregen

jamaïcain(e), jamaïquain(e) [ʒamaikɛ̃, ɛn] *adj* jamaikanisch

Jamaïquain(e) [ʒamaikɛ̃, ɛn] *m(f)* Jamaikaner(in) *m(f)*

Jamaïque [ʒamaik] *f* **la ~** Jamaika *nt*

jamais [ʒamɛ] *adv* ❶ *avec construction négative (en aucun cas)* nie[mals]; **~ plus** [*o* **plus ~**] nie wieder ❷ *(seulement)* nur; **ça ne fait ~ que deux heures qu'il est parti** er ist schließlich erst vor zwei Stunden aufgebrochen ❸ *avec construction positive ou interrogative (un jour)* je[mals]; **si ~ elle donne de l'argent** wenn sie je[mals] Geld geben würde ❹ *(dans une comparaison)* **pire que ~** schlimmer als je zuvor ▶ **à** [**tout**] **~** *(soutenu)* für immer

J

jambage [ʒɑ̃baʒ] *m* ❶ *d'une porte, d'une cheminée* Pfosten *m*, Träger *m* ❷ *d'une lettre alphabétique* Fuß *m*

jambe [ʒɑ̃b] *f* Bein *nt*; **~ artificielle** [Bein]prothese *f*; **les ~s croisées** mit übereinandergeschlagenen Beinen; **se dégourdir les ~s** sich *dat* die Beine vertreten; **traîner la ~** das Bein nachziehen ▶ **prendre ses ~s à son cou** die Beine unter die Arme nehmen; **ça me fait une belle ~!** *(iron fam)* was nützt mir das schon?; **ne plus avoir de ~s** *(fam)* kaum noch laufen können; **à toutes ~s** Hals über Kopf *fam*

jambière [ʒɑ̃bjɛʀ] *f* Beinschutz *m*

jambon [ʒɑ̃bɔ̃] *m* Schinken *m*; **~ de Paris** gekochter Schinken; **~ beurre** *Sandwich mit Butter und gekochtem Schinken*

jambonneau [ʒɑ̃bɔno] <x> *m* Eisbein *nt*

jante [ʒɑ̃t] *f* Felge *f*

janvier [ʒɑ̃vje] *m* Januar *m*; *v. a.* **août**

Grammatik und Co.
Der französische Monatsname ist männlich; er wird ohne den bestimmten Artikel gebraucht.
Bei präzisen Datumsangaben steht der Artikel jedoch, und zwar wegen der Zahl:
il est né le dix – er ist am Zehnten geboren;
il est né le dix janvier – er ist am zehnten Januar geboren.

Japon [ʒapɔ̃] *m* **le ~** Japan *nt*

japonais [ʒapɔnɛ] *m* Japanisch *nt*; *v. a.* **allemand**

japonais(e) [ʒapɔnɛ, ɛz] *adj* japanisch

Japonais(e) [ʒapɔnɛ, ɛz] *m(f)* Japaner(in) *m(f)*

jappement [ʒapmɑ̃] *m* Kläffen *nt kein Pl*

japper [ʒape] <1> *vi chien:* kläffen; *chacal:* heulen

jaquette [ʒakɛt] *f* ❶ *d'un livre* [Schutz]umschlag *m* ❷ COUT Cut *m*

Falsche Freunde
Nicht verwechseln mit *das Jackett – la veste*!

jardin [ʒaʀdɛ̃] *m* Garten *m*; **~ potager** Gemüsegarten; **~ public** Park *m* ▶ **~ secret** tiefste(s) Innere(s)

jardinage [ʒaʀdinaʒ] *m* Gartenarbeit *f*

jardiner [ʒaʀdine] <1> *vi* im Garten arbeiten

jardinerie [ʒaʀdinʀi] *f (rayon)* Gartenzubehör *nt*; *(magasin)* Gartencenter *nt*

jardinet [ʒaʀdinɛ] *m* Gärtchen *nt*

jardinier, -ière [ʒaʀdinje, -jɛʀ] **I.** *adj plante* Garten- **II.** *m, f* Gärtner(in) *m(f)*

jardinière [ʒaʀdinjɛʀ] *f* ❶ GASTR Gemüseallerlei *nt* ❷ *(bac à plantes)* Blumenkasten *m*

jargon [ʒaʀgɔ̃] *m (péj)* ❶ *(charabia)* Kauderwelsch *nt* ❷ *(langue technique)* Jargon *m*

jarre [ʒaʀ] *f* Tonkrug *m*

jarret [ʒaʀɛ] *m* Kniekehle *f*

jarretelle [ʒaʀtɛl] *f* Straps *m*

jarretière [ʒaʀtjɛʀ] *f* Strumpfband *nt*

jars [ʒaʀ] *m* Gänserich *m*

jaser [ʒaze] <1> *vi* **~ sur qn/qc** über jdn/etw klatschen

jasmin [ʒasmɛ̃] *m* Jasmin *m*

jauge [ʒoʒ] *f* **~ d'essence** Benzinuhr *f*; **~ [de niveau] d'huile** Ölstandanzeiger *m*

jauger [ʒoʒe] <2a> *vt* ❶ TECH messen ❷ *(apprécier)* einschätzen

jaunâtre [ʒonɑtʀ] *adj* gelblich

jaune [ʒon] **I.** *adj* gelb; **~ d'or** goldgelb **II.** *m* ❶ *(couleur)* Gelb *nt*; **~ pâle/foncé** Blass-/Dunkelgelb; **~ paille** Strohgelb ❷ *(partie d'un œuf)* Eigelb *nt* **III.** *adv* ▶ **rire ~** gezwungen lachen

jaunir [ʒoniʀ] <8> **I.** *vi* gelb werden; *papier:* vergilben **II.** *vt lumière:* vergilben; *nicotine:* gelb färben

jaunisse [ʒonis] *f* Gelbsucht *f* ▶ **en faire une ~** *(fam)* sich grün und blau ärgern

jaunissement [ʒonismɑ̃] *m* Gelbwerden *nt*
java [ʒava] *f für den „bal musette" typischer Tanz* ▶ **faire** **la** ~ *(fam)* einen draufmachen
Java [ʒava] *m* INFORM Java *nt;* ***un programme écrit en*** ~ ein in Java geschriebenes Programm
javel [ʒavɛl] *f sans pl* Chlorbleiche *f*
javelliser [ʒavelize] <1> *vt* chloren *eau*
javelot [ʒavlo] *m* Speer *m*
jazz [dʒɑz] *m* Jazz *m*
jazzman [dʒɑzman, -mɛn] <s *o* -men> *m* Jazzmusiker *m*
jazzwoman [dʒazwɔman, *pl:* -wɔman, -wɔmɛn] <-s *o* -women> *f* Jazzmusikerin *f*, Jazzerin *f*
je [ʒə, ʒ] *<devant voyelle ou h muet j'> pron pers* ich; ***moi, ~ m'appelle Jean*** ich heiße Jean; ***que vois-~?*** was sehe ich [da]?, was muss ich [da] sehen?
jean [dʒin] *m* ❶ *(tissu)* Jeansstoff *m* ❷ *sing o pl (pantalon)* Jeans *Pl*
Jean [ʒɑ̃] *m* ❶ Hans *m*, Johannes *m* ❷ HIST ~ ***sans peur*** Johann ohne Furcht ❸ REL ~ ***l'Évangéliste*** Johannes der Evangelist
Jean-Baptiste [ʒɑ̃batist(ə)] *m* ❶ Johann Baptist *m* ❷ REL Johannes der Täufer
jean-foutre [ʒɑ̃futʀ] *m inv (fam)* Taugenichts *m*
Jeanne [ʒa:n(ə)] *f* ❶ Johanna *f*, Hanna *f*, Hanne *f* ❷ HIST ~ ***d'Arc*** die heilige Johanna
jeep® [dʒip] *f* Jeep® *m;* ~ ***lunaire*** Mondauto *nt*
je-m'en-foutisme [ʒ(ə)mɑ̃futism] *m sans pl (fam)* Wurstigkeit *f* **je-m'en-foutiste** [ʒ(ə)mɑ̃futist] *inv (fam)* **I.** *adj* ***elle est plutôt*** ~ ihr ist alles wurs[ch]t **II.** *mf jd dem alles egal ist*
je-ne-sais-quoi [ʒən(ə)sɛkwa] *m inv* ***un*** ~ ein Ich-weiß-nicht-was *nt*
jérémiade [ʒeʀemjad] *f souvent pl, (fam)* Gejammer *nt kein Pl*
jerrican[e], jerrycan [(d)ʒeʀikan] *m* Benzinkanister *m*
jersey [ʒɛʀzɛ] *m* ❶ *(tissu)* Jersey *m* ❷ *(tricot)* Jersey *nt;* ***tricoter en ~ endroit*** glatt rechts stricken
Jersey [ʒɛʀzɛ] ***l'île de*** ~ die Insel Jersey
jésuite [ʒezɥit] **I.** *adj* jesuitisch **II.** *m* REL Jesuit *m*
jésus [ʒezy] *m* ❶ *(statue)* Jesus *m* ❷ *(comme enfant)* Jesuskind *nt* ❸ *(enfant sage)* Engel *m;* ***mon petit*** ~ mein Engelchen
Jésus [ʒezy] *m* REL Jesus *m* ▶ **doux** ~! [mein] Gott!, du liebe Zeit! *fam*
Jésus-Christ [ʒezykʀi] *m* Jesus Christus *m*
jet [ʒɛ] *m* ❶ *d'un tuyau* Düse *f;* ~ ***d'eau*** Fontäne *f* ❷ *(action)* Werfen *nt; d'un filet* Auswerfen ❸ *(résultat)* Wurf *m; d'une bombe* Abwurf; ***recevoir un ~ de gravillons*** eine Ladung Splitt abbekommen ❹ *(distance)* Wurf *m;* ***à un ~ de pierre*** [nur] einen Steinwurf entfernt *fam* ❺ *(jaillissement)* Strahl *m* ❻ *(métallurgie)* [Ab]guss *m;* ***d'un seul*** ~ aus einem Guss ▶ **à** ~ **continu** ununterbrochen; **le premier** ~ der Rohentwurf; **du premier** ~ auf Anhieb; **traduire d'un** [**seul**] ~ in einem Zug[e] übersetzen
jetable [ʒ(ə)tabl] *adj* Wegwerf-
jeté [ʒ(ə)te] *m* ❶ *(action)* Werfen *nt* ❷ *(résultat)* Wurf *m* ❸ *(étoffe)* ~ ***de lit*** Tagesdecke *f;* ~ ***de table*** Tischläufer *m*
jetée [ʒ(ə)te] *f* [Hafen]mole *f*
jeter [ʒ(ə)te] <3> **I.** *vt* ❶ *(lancer)* werfen ❷ *(projeter)* schleudern; ~ ***les dés*** würfeln ❸ *(donner: à qn)* zuwerfen; *(à un animal)* vorwerfen ❹ *(lâcher)* fallen lassen *pistolet;* auswerfen *sonde;* auslegen *bouée* ❺ *(se débarrasser de)* wegwerfen, weggießen *liquide;* abwerfen *lest* ❻ *(fam: vider)* hinauswerfen *importun;* feuern *employé;* ~ ***qn sur le pavé*** jdn vor die Tür setzen ❼ *(pousser)* ~ ***qn à terre*** jdn zu Boden werfen ❽ *(mettre rapidement)* ~ ***qc sur ses épaules*** sich *dat* etw überwerfen ❾ *(mettre en place)* ausfahren *passerelle;* ~ ***les bases de qc*** den Grundstein zu etw legen ❿ *(émettre)* sprühen *étincelles;* blitzen *feux;* glänzen *vif éclat* ⓫ *(répandre)* stiften *trouble;* stiften *désordre;* ~ ***le discrédit sur qn*** jdn in Verruf bringen ⓬ *(dire)* ausstoßen *cris;* fallen lassen *remarque;* ~ ***des insultes à qn*** jdm Beleidigungen an den Kopf werfen ▶ ~ **un regard**/[**coup d'**] **œil à qn** jdm einen Blick zuwerfen; *(pour surveiller)* ein Auge auf jdn haben; **en** ~ *(fam)* was hermachen; **n'en jetez plus** *(fam)* hören Sie auf damit! **II.** *vpr* ❶ *(s'élancer)* ***se*** ~ sich stürzen; ***se ~ en arrière*** zurückspringen; ***se ~ à genoux/à plat ventre*** sich auf die Knie/flach hinwerfen; ***se ~ au cou de qn*** jdm um den Hals fallen; ***se ~ sous un train*** sich vor einen Zug werfen; ***se ~ à l'eau*** sich ertränken; ***se ~ contre un arbre*** gegen einen Baum prallen ❷ *(s'engager)* ***se ~ à l'assaut de qc*** etw stürmen ❸ *(déboucher)* ***se ~ dans qc*** in etw *akk* münden ❹ *(être jetable)* ***se*** ~ weggeworfen werden

J

❺ *(s'envoyer)* ***se ~ des injures à la figure*** sich *dat* Beleidigungen an den Kopf werfen

jeton [ʒ(ə)tɔ̃] *m* ❶ JEUX Jeton *m,* Spielmarke *f* ❷ *(plaque à la roulette)* Chip *m* ❸ TELEC Telefonmünze *f* ▸ **faux ~** *(fam)* falscher Fuffziger; **avoir les ~s** *(fam)* Muffe haben; **donner** [*o* **ficher**] **les ~s à qn** *(fam)* jdm Angst machen

jet-set, jet set [dʒɛtsɛt] <jet-sets *o* jet sets> *m o f* Jetset *m*

jetsetteur, -euse [dʒɛtsɛtœʀ, -øz] *m, f* Jetsetter(in) *m(f)*

jeu [ʒø] <x> *m* ❶ *(fait de s'amuser)* Spiel *nt;* ***~ de dés/rôle[s]*** Würfel-/Rollenspiel; ***~ d'équipe/de patience*** Mannschafts-/Geduldsspiel; ***~ de piste*** Schnitzeljagd; ***jouer le ~*** sich an die Spielregeln halten; ***~ radiophonique*** Quizsendung *f* im Rundfunk; ***~ télévisé*** Quizshow *f;* ***par ~*** zum Spaß; ***c'est pas du ~!*** *(fam)* das ist unfair! ❷ *(boîte, cartes)* Spiel *nt;* ***~ de construction*** Baukasten *m;* ***~ vidéo*** Videospiel *nt* ❸ *(partie)* Spiel *nt,* Partie *f;* ***qui mène le ~?*** wer führt? ❹ *(manière de jouer)* Spiel *nt;* ***~ de jambes*** Beinarbeit *f;* ***avoir un ~ défensif*** defensiv spielen ❺ *(lieu du jeu)* ***~ de boules*** Bouleplatz *m;* ***~ de quilles*** Kegelbahn *f;* ***terrain de ~x*** Spielplatz *m;* SPORT Spielfeld *nt;* ***le ballon est hors ~*** der Ball ist im Aus; ***remettre le ballon en ~*** den Ball einwerfen; ***mettre qn hors ~*** jdn vom Platz stellen ❻ *(jeu d'argent)* ***~ de hasard*** Glücksspiel *nt;* ***faites vos ~x!*** machen Sie Ihr Spiel!; ***se ruiner au ~*** sein ganzes Vermögen verspielen ❼ *(série)* ***~ de clés*** Satz *m* Schlüssel; ***~ de caractères/puces*** Zeichen-/Chipsatz *m* ❽ *(interaction)* ***~ des alliances*** Zusammenspiel *nt* von Bündnissen ❾ *du destin* Spiel *nt;* ***~ de l'amour*** Liebesspiel; ***~ de bourse*** Börsengeschäfte *Pl* ❿ *(habileté)* ***jouer double ~*** ein doppeltes Spiel treiben; ***ce petit ~*** das Spielchen ⓫ *(action facile)* ***c'est un ~ d'enfant*** das ist [doch] kinderleicht; ***avoir beau ~*** leichtes Spiel haben ▸ **les forces** [**mises**] **en ~** die betroffenen Kräfte; **jouer franc ~** mit offenen Karten spielen; **jouer le grand ~** alle Register ziehen; **se prendre à son propre ~** in die eigene Falle gehen; **être vieux ~** von gestern sein *fam;* **entrer dans le ~ de qn** jds Spiel mitspielen; **faire le ~ de qn** jdm in die Hände arbeiten; **les ~x sont faits** die Würfel sind gefallen; *(au casino)* nichts geht mehr; **mettre sa vie en ~** sein Leben aufs Spiel setzen

jeu-concours [ʒøkɔ̃kuʀ] <jeux-concours> *m* Preisausschreiben *nt*

jeudi [ʒødi] *m* Donnerstag *m;* ***~ saint*** Gründonnerstag; *v. a.* **dimanche**

Grammatik und Co.

Das Substantiv **jeudi** ist männlich. Es wird ohne den bestimmten Artikel und ohne Präposition gebraucht, wenn es um eine präzise Angabe geht und ein ganz bestimmter Donnerstag gemeint ist.
Wenn eine Wiederholung oder etwas Gewohnheitsmäßiges ausgedrückt wird, steht der bestimmte Artikel bei dem Substantiv. In diesem Fall bezieht sich die Angabe auf mehrere Donnerstage.

jeun [ʒœ̃] ▸ **venez à ~** kommen Sie nüchtern; **à prendre à ~** auf nüchternen Magen einnehmen

jeune [ʒœn] **I.** *adj* ❶ *(opp: vieux)* jung; *plante, animal* jung; *enfant* klein ❷ *antéposé (cadet)* ***ma ~ sœur*** meine kleine Schwester; ***le ~ Durandol*** der junge Durandol ❸ *(inexpérimenté)* unerfahren; ***être ~ dans le métier*** ein Neuling sein ❹ *postposé (comme un jeune)* jugendlich; ***faire ~*** jung aussehen ❺ *antéposé (d'enfance)* ***dès son plus ~ âge*** schon als Kind ❻ *postposé vin* jung ▸ **c'est un peu ~!** *(fam)* das ist ganz schön knapp! **II.** *mf* ❶ *(personne)* junger Mann *m*/ junge Frau *f* ❷ *pl (jeunes gens)* Jugendliche *mf*

jeûne [ʒøn] *m* REL, MED Fasten *nt;* ***la rupture du ~*** das Fastenbrechen; *(fêtes de la fin du ramadan)* das Zuckerfest

Land und Leute

Der **Jeûne fédéral** ist der eidgenössische Dank-, Buß- und Bettag, der in der Schweiz seit 1832 jeweils am dritten Sonntag im September begangen wird. Kinos und sonstige Vergnügungseinrichtungen haben an diesem Tag verkürzte Öffnungszeiten. Traditionell wird an diesem Tag Zwetschgenkuchen gegessen.

jeûner [ʒøne] <1> *vi* fasten

jeunesse [ʒœnɛs] *f* ❶ *(état)* Jugend *f* ❷ *(période)* Jugend[zeit *f*] ❸ *(personnes jeunes)* Jugend *f;* ***une ~*** *(fam)* ein junges

Ding ❹ *d'un vin* junges Alter ❺ *(fraîcheur)* Jugendlichkeit *f*

jeunisme [ʒœnism] *m* Jugendwahn *m pej*

jeunot(te) [ʒœno, ɔt] **I.** *adj* reichlich jung **II.** *m(f) (fam)* junges Bürschchen *m*/junges Ding *nt*

J.O.[1] [ʒio] *mpl abr de* **Jeux olympiques** Olympische Spiele *Pl*

J.O.[2] [ʒio] *m sans pl abr de* **Journal officiel** ≈ Amtsblatt *nt*, ≈ [Bundes]gesetzblatt *nt*

joaillerie [ʒɔajʀi] *f* ❶ *(bijouterie)* Juweliergeschäft *nt* ❷ *(art, métier)* Juwelierhandwerk *nt* ❸ *(marchandises)* Schmuckwaren *Pl*

joalllier, -ière [ʒɔaje, -jɛʀ] **I.** *m, f* Juwelier(in) *m(f)* **II.** *app* ***ouvrier-~*** Goldschmied(in) *m(f)*

joaillier-orfèvre, joaillière-orfèvre [ʒɔajeɔʀfɛvʀ, ʒɔajɛʀɔʀfɛvʀ] <joailliers-orfèvres> *m, f* Juwelier(in) *m(f)* und Goldschmied(in)

job [dʒɔb] *m (fam)* Job *m*

Job [ʒɔb] ▶ **être pauvre comme ~** bettelarm sein, arm wie eine Kirchenmaus sein *fam*

jobard(e) [ʒɔbaʀ, aʀd] **I.** *adj personne* einfältig; *air* dämlich **II.** *m(f)* Trottel *m*

jobardise [ʒɔbaʀdiz] *f* Leichtgläubigkeit *f*, Einfältigkeit *f*

jockey [ʒɔkɛ] *m* Jockey *m*, Jockey *m*

Joconde [ʒɔkɔ̃d(ə)] *f* ***la ~*** die Mona Lisa

jodler [jɔdle] <1> *vi* jodeln

jogger [(d)ʒɔge] <1> *vi* SPORT joggen

joggeur [(d)ʒɔgœʀ] *m* Sportschuh *m* mit dicker Sohle

jogging [(d)ʒɔgiŋ] *m* ❶ *(footing)* Jogging *nt*; ***faire du ~*** joggen ❷ *(survêtement)* Jogginganzug *m*

joie [ʒwa] *f* ❶ *(bonheur)* Freude *f*; ***avec ~*** freudig, erfreut, mit Freuden; ***~ de vivre*** Lebensfreude *f*; ***~ de posséder*** Besitzerstolz *m*; ***cri de ~*** Freudenschrei *m*; ***être au comble de la*** [*o* ***fou de***] ***~*** außer sich vor Freude sein; ***je me fais une telle ~*** es ist mir eine derart große Freude; ***pleurer de ~*** vor Freude weinen; ***sauter de ~*** Freudensprünge machen; ***être en ~*** vergnügt sein ❷ *pl (plaisirs)* Freuden *Pl geh*; ***sans ~s*** freudlos ▶ **c'est pas la ~!** *(fam)* da gibt's nichts zu lachen!

joignable [ʒwanjabl] *adj* erreichbar

joindre [ʒwɛ̃dʀ] <irr> **I.** *vt* ❶ *(faire se toucher)* zusammenfügen, falten *mains;* zusammenschlagen *talons;* ***~ à qc*** an etw *akk* fügen ❷ *(relier)* miteinander verbinden; ***~ à qc*** mit etw verbinden ❸ *(rassembler)* ***~ des efforts*** gemeinsame Anstrengungen machen ❹ *(ajouter)* ***~ qc à un dossier*** einer Akte etw beifügen; ***~ le geste à la parole*** seinen Worten Taten folgen lassen ❺ *(allier)* vereinen ❻ *(atteindre)* erreichen *personne* **II.** *vi fenêtre:* dicht sein; *lattes:* fugendicht sein **III.** *vpr* ❶ *(se mêler)* ***se ~ à qn/qc*** sich jdm/einer S. anschließen; ***joignez-vous à nous*** setzen Sie sich zu uns ❷ *(s'associer)* ***se ~ à un parti*** in eine Partei eintreten; ***se ~ à qn*** sich mit jdm zusammentun ❸ *(participer à)* ***se ~ à une conversation*** sich an einer Unterhaltung beteiligen ❹ *(se toucher)* ***se ~*** sich berühren

joint(e) [ʒwɛ̃, ɛ̃t] **I.** *part passé de* **joindre** **II.** *adj* ❶ *mains* gefaltet; *pieds* geschlossen ❷ *efforts* gemeinsam; *compte* Gemeinschafts- ❸ *(ajouté)* beigefügt; ***pièce ~e*** Anlage *f* ❹ *(sans jeu)* ***mal ~*** undicht ❺ *planches* verfugt

joint[1] [ʒwɛ̃] *m* ❶ *(espace)* Fuge *f* ❷ *d'un couvercle* Dichtung *f*; ***~ d'étanchéité*** Flachdichtung *f* ▶ **chercher/trouver le ~** einen Weg suchen/finden

joint[2] [ʒwɛ̃] *m (fam)* Joint *m*

jointure [ʒwɛ̃tyʀ] *f* ❶ ANAT Gelenk *nt* ❷ TECH Fuge *f*

joint-venture [dʒɔjntvɛntʃœʀ] <joint-ventures> *f* Jointventure *nt*

jojo [ʒoʒo] **I.** *m* ▶ **un affreux ~** ein ganz übler Bursche **II.** *adj inv (fam: joli)* ***ne pas être ~*** nicht gerade umwerfend sein

joker [(d)ʒɔkɛʀ] *m* Joker *m*

joli(e) [ʒɔli] *adj* ❶ *(agréable)* hübsch; *intérieur, vêtement* nett; *chanson* nett; *voix* angenehm; *objet* schön ❷ *(considérable)* [ganz] beachtlich; *position* gut ❸ *(iron)* ***un ~ monsieur*** ein [ziemlich] übler Patron; ***un ~ gâchis*** ein schöner Schlamassel *fam*; ***c'est du ~!*** das ist ja reizend! *fam*

joliesse [ʒɔljɛs] *f (littér)* Anmut *f*

joliment [ʒɔlimɑ̃] *adv* ❶ *(agréablement)* nett ❷ *(très)* ganz schön *fam* ❸ *(iron)* schön; ***tu as ~ travaillé!*** du hast ja wirklich saubere Arbeit geleistet!

jonc [ʒɔ̃] *m* Binse *f*; ***canne de ~*** Rohrstock *m*

> **Aussprache**
> Das -c am Ende von **jonc** bleibt stumm.

jonchée [ʒɔ̃ʃe] *f* ***~ de fleurs/feuilles*** Teppich *m* aus Blumen/Blättern

joncher [ʒɔ̃ʃe] <1> **I.** *vt* bedecken, verstreut liegen auf +*dat lit;* ***~ le chemin de fleurs***

Blumen auf den Weg streuen **II.** *vpr* ***se ~ de qc*** sich mit etw bedecken

jonction [ʒɔ̃ksjɔ̃] *f de routes* Einmündung *f; de fleuves* Zusammenfluss *m; de voies ferrées* Weiche *f;* ***gare de ~*** Eisenbahnknotenpunkt *m;* TECH, ELEC Verbindung *f*

jongler [ʒɔ̃gle] <1> *vi* jonglieren; ***~ avec les chiffres*** mit Zahlen jonglieren

jonglerie [ʒɔ̃gləʀi] *f (péj: manœuvre)* Hokuspokus *m*

jongleur, -euse [ʒɔ̃glœʀ, -øz] *m, f* Jongleur(in) *m(f)*

jonque [ʒɔ̃k] *f* Dschunke *f*

jonquille [ʒɔ̃kij] **I.** *f* Osterglocke *f* **II.** *adj inv* hellgelb

Jordanie [ʒɔʀdani] *f* ***la ~*** Jordanien *nt*

jordanien(ne) [ʒɔʀdanjɛ̃, jɛn] *adj* jordanisch

Jordanien(ne) [ʒɔʀdanjɛ̃, jɛn] *m(f)* Jordanier(in) *m(f)*

J

jouable [ʒwabl] *adj* ❶ ART spielbar; *pièce* aufführbar ❷ *(faisable)* machbar

joual [ʒwal] *m* Frankokanadisch *nt; v. a.* **allemand**

joual(e) [ʒwal] <s> *adj* frankokanadisch

joue [ʒu] *f* ❶ ANAT Backe *f;* ***~s rebondies*** Pausbacken *Pl;* ***avoir les ~s creuses*** hohlwangig sein ❷ *pl d'un fauteuil* Wangen *Pl; d'une poulie* Backen *Pl* ▶ **se caler les ~s** *(fam)* tüchtig reinhauen; **en ~!** legt an!; ***tenir qn/qc en ~*** auf jdn/etw angelegt haben

joueb [ʒuwɛb] *m* INFORM Weblog *nt*

jouer [ʒwe] <1> **I.** *vi* ❶ *(s'amuser)* spielen; ***faire ~ qn*** Spiele für jdn veranstalten; ***à toi/vous de ~!*** du bist/ihr seid dran! ❷ *(fig)* ***~ avec des sentiments*** mit den Gefühlen spielen; ***c'est pour ~*** das sollte ein Scherz sein ❸ SPORT ***~ au foot*** Fußball spielen ❹ MUS ***~ du piano*** Klavier spielen ❺ THEAT, CINE ***~ dans qc*** in etw *dat* spielen ❻ *(affecter d'être)* ***~ à qn*** jdn spielen ❼ FIN ***~ à la bourse*** an der Börse spekulieren ❽ *(miser)* ***~ sur qc*** auf etw *akk* setzen ❾ *(risquer)* ***~ avec sa santé*** mit seiner Gesundheit spielen ❿ *(intervenir) mesure:* gelten; *relations:* wirken; ***~ de son influence*** seinen Einfluss geltend machen; ***faire ~ une clause*** eine Klausel anwenden; ***~ du couteau*** zum Messer greifen ▶ **ça a joué en ma faveur** das hat sich positiv für mich ausgewirkt; **bien joué!** gut so!; ~ **serré** höllisch aufpassen **II.** *vt* ❶ JEUX [aus]spielen *carte;* ziehen [mit] *pion;* ***je joue atout cœur*** Herz ist Trumpf ❷ *(fig)* geben *revanche* ❸ *(miser)* setzen auf +*akk* ❹ *(risquer)* riskieren *sa tête;* aufs Spiel setzen *sa réputation* ❺ MUS [vor]spielen ❻ THEAT, CINE spielen *pièce, rôle;* ***quelle pièce joue-t-on?*** welches Stück wird gespielt? ❼ *(feindre)* ***~ la surprise*** Überraschung vortäuschen; ***~ la comédie*** Theater spielen ▶ **rien n'est encore joué** noch ist nichts entschieden **III.** *vpr* ❶ *(se moquer)* ***se ~ de qn*** jdn zum Besten halten; ***se ~ des lois*** sich über das Gesetz hinwegsetzen ❷ *(être joué)* ***se ~*** *film:* laufen; *spectacle:* gegeben werden ❸ *(se dérouler)* ***se ~*** *crime:* sich abspielen ❹ *(se décider)* ***se ~*** *avenir:* sich entscheiden ▶ **en se jouant** spielend; **se la ~** *(fam: frimer)* sich dicketun *fam*

> **Grammatik und Co.**
> Für das Spielen eines Musikinstruments verwendet man das Verb **jouer** mit der Präposition *de* und dem bestimmten Artikel. Bei Sport und Spiel verwendet man **jouer** mit der Präposition *à* und dem bestimmten Artikel:
> *Je joue de la guitare le samedi et je joue au football le dimanche. – Samstags spiele ich Gitarre und sonntags Fußball.*

jouet [ʒwɛ] *m* ❶ *(jeu)* Spielzeug *nt;* ***des ~s*** Spielsachen *Pl;* ***marchand de ~s*** Spielwarenhändler *m* ❷ *(proie)* ***être le ~ du vent*** der Spielball des Windes sein; ***être le ~ d'une illusion*** das Opfer einer Illusion sein

jouette [ʒwɛt] *adj* BELG *(qui ne pense qu'à jouer)* verspielt

joueur, -euse [ʒwœʀ, -øz] **I.** *adj animal, enfant* verspielt; ***avoir un tempérament ~*** immer zu Späßen aufgelegt sein; *enfant:* gern spielen **II.** *m, f* JEUX, SPORT Spieler(in) *m(f);* ***se montrer beau ~*** ein fairer Spieler sein; ***être mauvais ~*** ein schlechter Verlierer sein; ***c'est un ~ malchanceux*** er hat Pech im Spiel

joufflu(e) [ʒufly] *adj* pausbäckig

joug [ʒu] *m* ❶ AGR Joch *nt* ❷ *d'une loi* Zwang *m; du mariage* Joch *nt geh;* ***tomber sous le ~ de qn*** von jdm unterjocht werden

> **Aussprache**
> Die Endung -g in **joug** wird nicht gesprochen.

jouir [ʒwiʀ] <8> *vi* ❶ *(apprécier)* ***~ de la vie*** das Leben genießen ❷ *(disposer de)*

~ de privilèges Privilegien genießen; *~ d'une bonne santé* sich guter Gesundheit erfreuen; *~ d'une réputation intacte* einen guten Ruf haben; *~ d'un bien* Inhaber eines Gutes sein; *~ d'une fortune* vermögend sein; *~ d'une grande faveur auprès de qn* bei jdm sehr beliebt sein ❸ *(sexuellement)* einen Orgasmus haben

jouissance [ʒwisɑ̃s] *f* ❶ *(plaisir)* Vergnügen *nt; **être avide de ~s*** vergnügungssüchtig sein ❷ *(usage)* ***la ~ d'un immeuble*** die Nutzung eines Gebäudes ❸ *(orgasme)* Orgasmus *m*

jouisseur, -euse [ʒwisœʀ, -øz] **I.** *adj femme* sinnlich; ***homme*** ~ Genießer *m* **II.** *m, f* Genussmensch *m,* Genießer(in) *m(f)*

jouissif, -ive [ʒwisif, -iv] *adj* ❶ *(plaisant)* sehr erfreulich ❷ *(iron: pénible)* sehr amüsant *iron*

joujou [ʒuʒu] <x> *m (enfantin)* Spielzeug *nt; **faire** ~* spielen

joule [ʒul] *m* Joule *nt*

jour [ʒuʀ] *m* ❶ *(24 heures)* Tag *m; **par** ~* täglich; ***tous les ~s*** jeden Tag; ***star d'un ~*** Eintagsfliege *f* ❷ *(opp: nuit)* Tag *m; **dormir le** ~* tagsüber schlafen; ***être de ~*** Tagdienst haben ❸ *(opp: obscurité)* Tageslicht *nt; **faux** ~* Zwielicht *nt; **il fait grand** ~* es ist taghell; ***le ~ baisse/se lève*** es wird dunkel/hell; *~ **naissant*** Morgengrauen *nt; **au petit** ~* bei Tagesanbruch; ***sous un ~ favorable*** in einem günstigen Licht ❹ *(jour précis)* Tag *m; **le ~ J*** der Tag X; ***le ~ de Noël*** am Weihnachtstag; *~ **des Rois*** Dreikönigstag; *~ **du Seigneur*** Tag des Herrn; ***les ~s de marché*** an Markttagen; ***les ~s de pluie*** bei Regen; ***un ~ qu'il pleuvra*** wenn es einmal regnet; ***plat du ~*** Tagesessen; ***goût du ~*** Zeitgeist; ***œuf du ~*** frisch gelegtes Ei; ***être dans un bon ~*** einen guten Tag haben; ***notre entretien de ce ~*** unser heutiges Gespräch; *~ **pour** ~* auf den Tag [genau]; ***tenue des grands ~s*** Festtagskleidung *f* ❺ *(période vague)* ***à ce ~*** bis heute; ***un de ces ~s*** demnächst; ***de nos ~s*** heute, heutzutage; ***l'autre ~*** *(fam)* neulich; ***un ~ ou l'autre*** früher oder später; ***habit de tous les ~s*** Alltagskleidung *f; **tous les ~s que [le bon] Dieu fait*** tagaus, tagein ❻ *pl, (soutenu: vie)* ***ses ~s sont comptés*** seine/ihre Tage sind gezählt; ***finir ses ~s à l'hospice*** sein Leben im Altersheim beenden; ***vieux ~s*** Alter *nt* ❼ *(interstice)* Spalte *f; **clôture à** ~* Lattenzaun *m* ▶ **c'est le ~ et la nuit** das ist [ein Unterschied] wie Tag und Nacht; **d'un ~ à l'autre** *(soudain)* von einem Tag auf den anderen; *(sous peu)* jeden Tag; **au grand ~** in aller Öffentlichkeit; **donner ses huit ~s** kündigen; **se montrer sous son vrai ~** sein wahres Gesicht zeigen; **donner le ~ à qn** jdm das Leben schenken; **demain, il fera ~** morgen ist auch noch ein Tag; **mettre à ~** INFORM aktualisieren; **mettre qc à ~** etw auf den neuesten Stand bringen; **se mettre à ~ dans qc** seinen Rückstand in etw *dat* aufholen; **mettre au ~** zutage fördern; ***mettre des antiquités au ~*** Altertümer ausgraben; **percer qn/qc à ~** jdn/etw durchschauen; **voir le ~** geboren werden; **au ~ le ~** in den Tag hinein; *(précairement)* von der Hand in den Mund; *(cas par cas)* von Fall zu Fall

Land und Leute

In Frankreich gibt es folgende **jours fériés**: *le Jour de l'An* (Neujahr) am 1. Januar, *le lundi de Pâques* (Ostermontag), *la Fête du Travail* (Tag der Arbeit) am 1. Mai, *la Fête de la Victoire 1945* (Ende des Zweiten Weltkriegs) am 8. Mai, *l'Ascension* (Christi Himmelfahrt), *le lundi de Pentecôte* (Pfingstmontag), *la Fête nationale* (der französische Nationalfeiertag) am 14. Juli, *l'Assomption* (Mariä Himmelfahrt) am 15. August, *la Toussaint* (Allerheiligen) am 1. November, *l'Armistice de 1918* (Waffenstillstand nach dem Ersten Weltkrieg) am 11. November und *Noël* (Weihnachten) am 25. Dezember.

journal [ʒuʀnal, -o] <-aux> *m* ❶ *(quotidien)* Zeitung *f; (local)* Anzeiger *m; (hebdomadaire)* Zeitschrift *f; **~ de mode*** Modemagazin *nt* ❷ *(bureaux)* Zeitung *f* ❸ *(mémoire)* ~ *[**intime**]* Tagebuch *nt; **~ de bord*** NAUT Logbuch *nt* ❹ *(média non imprimé)* ***~ filmé*** Wochenschau *f; **~ télévisé*** [Fernseh]nachrichten *Pl*

journalier, -ière [ʒuʀnalje, -jɛʀ] **I.** *adj* täglich; *salaire, gain* Tages- **II.** *m, f* AGR Tagelöhner(in) *m(f)*

journalisme [ʒuʀnalism] *m* Journalismus *m*

journaliste [ʒuʀnalist] *mf* Journalist(in) *m(f)*

journalistique [ʒuʀnalistik] *adj* Zeitungs-, journalistisch

journée [ʒuʀne] *f* ❶ *(durée du jour)*

Tag *m; **pendant la** ~* tagsüber; *~ **de grève*** Streiktag; ***les ~s d'études*** die Studientage ❷ *(temps de travail)* Arbeitstag *m; ~ **de 8 heures*** Achtstundentag *m; ~ **continue*** durchgehende Arbeitszeit ❸ *(salaire)* Tagelohn *m* ❹ *(recette)* Tageseinnahmen *Pl; **faire une ~/des ~s*** im Tagelohn arbeiten; ***travailler/payer à la ~*** tageweise arbeiten/bezahlen ❺ *(distance) ~ **de marche/voyage*** Tagesmarsch *m/* -reise *f; **c'est à trois ~s de train*** man fährt mit dem Zug drei Tage dorthin ▶ **toute la sainte** ~ den lieben langen Tag

journellement [ʒuʀnɛlmɑ̃] *adv* täglich

joute [ʒut] *f* ❶ SPORT *~ **nautique*** Fischerstechen *nt* ❷ *(rivalité)* Wettstreit *m; ~ **oratoire*** Wortgefecht *nt,* Rededuell *nt*

jouvence [ʒuvɑ̃s] *f **cure/eau de** ~* Verjüngungskur *f/*-elixier *nt*

jouvenceau, -elle [ʒuvɑ̃so, -ɛl] <x> *m, f (hum)* ❶ *(jeune homme)* Jüngling *m* ❷ *(jeune fille)* Maid *f*

jovial(e) [ʒɔvjal, -jo] <s *o* -aux> *adj* heiter

jovialement [ʒɔvjalmɑ̃] *adv* heiter; *saluer* freundlich

jovialité [ʒɔvjalite] *f* Heiterkeit *f; **saluer avec** ~* freundlich grüßen

joyau [ʒwajo] <x> *m* ❶ *(bijou)* Juwel *nt* ❷ *(fig)* Kleinod *nt*

joyeusement [ʒwajøzmɑ̃] *adv* fröhlich

joyeux, -euse [ʒwajø, -jøz] *adj chant* fröhlich; *personne* vergnügt; *compagnie* lustig; ***être de joyeuse humeur*** gut gelaunt sein; ***être tout** ~* überglücklich sein; ***joyeuse fête!*** frohes Fest!; *~ **anniversaire!*** herzlichen Glückwunsch zum Geburtstag!

joystick [ʒɔjstik] *m* Joystick *m*

JT [ʒite] *m (fam) abr de* **journal télévisé** [Fernseh]nachrichten *Pl*

jubilation [ʒybilasjɔ̃] *f* Jubel *m*

jubilé [ʒybile] *m* fünfzigjähriges [Dienst]jubiläum

jubiler [ʒybile] <1> *vi* sich unheimlich freuen *fam*

jucher [ʒyʃe] <1> **I.** *vt ~ **sur qc*** [hoch] oben auf etw *akk* stellen **II.** *vi oiseau:* [hoch] oben sitzen **III.** *vpr **se ~ sur qc*** sich [hoch] oben auf etw *akk* setzen

judaïque [ʒydaik] *adj* jüdisch; *loi* mosaisch

judaïsme [ʒydaism] *m* Judaismus *m,* jüdische Religion

judas [ʒyda] *m* ARCHIT Spion *m*

judiciaire [ʒydisjɛʀ] *adj* ❶ *institution* richterlich; *tribunal* ordentlich; *autorité* Justiz-; *police* Kriminal-; ***pouvoir** ~* Judikative *f* ❷ *enquête* gerichtlich; *acte, décision* Gerichts-; *erreur* Justiz-; ***casier** ~* Strafregister *nt*

judiciairement [ʒydisjɛʀmɑ̃] *adv* gerichtlich; ***être vendu(e)/liquidé(e)** ~* zwangsversteigert/zwangsliquidiert werden; ***conseiller qn** ~* jdn in Rechtsangelegenheiten beraten; ***assister qn** ~* jdn von den Prozesskosten befreien; ***informer** ~* gerichtliche Ermittlungen [*o* Erhebungen] anstellen

judicieusement [ʒydisjøzmɑ̃] *adv* sinnig; *employer son temps* sinnvoll; *conseiller* klug, gut

judicieux, -euse [ʒydisjø, -jøz] *adj* klug; *raisonnement* stichhaltig

judo [ʒydo] *m* Judo *nt; **prise de** ~* Judogriff *m*

judoka [ʒydoka] *mf* Judoka *m*

juge [ʒyʒ] *m* ❶ *(magistrat)* Richter(in) *m(f); **Madame le** ~* Frau Richterin; ***aller devant le[s] ~[s]*** vor Gericht gehen; *~ **des enfants*** Jugendrichter; *~ **d'instruction*** Untersuchungsrichter; *~ **d'instance*** Friedensrichter; *~ **de commune*** CH *(dans le canton de Valois)* Friedensrichter CH; *~ **de paix*** CH *(dans les cantons de Fribourg, Genève et Vaud)* Friedensrichter CH ❷ *(arbitre)* Richter(in) *m(f); **je vous laisse** [**o en fais**] ~* ich überlasse es Ihnen; ***être mauvais** ~* die Sache schlecht beurteilen können ❸ SPORT *~ **d'arrivée/de touche*** Ziel-/Linienrichter ❹ JEUX *~ **d'un concours*** Preisrichter ▶ **être [à la fois] ~ et partie** befangen sein

juge-arbitre [ʒyʒaʀbitʀ] <juges-arbitres> *m* Schiedsrichter(in) *m(f)*

jugement [ʒyʒmɑ̃] *m* ❶ *(action de juger)* Urteil *nt; d'un accusé* Aburteilung *f; **faire passer qn en** ~* jdn vor Gericht stellen; ***une affaire passe en** ~* ein Fall wird verhandelt ❷ *(sentence)* Urteil *nt; ~ **par défaut*** Versäumnisurteil ❸ *(opinion)* Urteil *nt; **porter des ~s trop sommaires sur qn/qc*** vorschnell über jdn/etw urteilen ❹ *(discernement)* Urteilsvermögen *nt; **erreur de** ~* Fehleinschätzung *f*

jugeote [ʒyʒɔt] *f (fam)* Grips *m* ▶ **ne pas avoir pour deux sous de ~** nicht für fünf Pfennig Verstand haben

juger [ʒyʒe] <2a> **I.** *vt* ❶ JUR *~ **un litige*** in einer Streitsache entscheiden; *~ **qn pour vol*** jdn wegen Diebstahls verurteilen; *~ **qn coupable*** jdn für schuldig befinden ❷ *(arbitrer)* entscheiden, schlichten *différend* ❸ *(évaluer)* beurteilen *livre, situation* ❹ *(estimer) ~ **qn stupide/qc ridicule*** jdn für dumm/etw für lächerlich halten; *~ **que***

c'est bien der Meinung sein, dass es gut ist; ~ ***[qu'il est] nécessaire de faire qc*** es für nötig halten, etw zu tun **II.** *vi* ❶ JUR entscheiden; ***le tribunal jugera*** das Gericht wird darüber befinden ❷ *(arbitrer)* ~ ***de qc*** etw schlichten ❸ *(estimer)* ~ ***de qc*** etw beurteilen; ***autant qu'on puisse en*** ~ soweit man das beurteilen kann; ***à en*** ~ ***par qc*** nach etw zu urteilen ❹ *(s'imaginer)* ~ ***de qc*** sich *dat* etw vorstellen können **III.** *vpr (s'estimer)* ***se*** ~ ***incapable*** sich für unfähig halten; ***se*** ~ ***perdu*** sich verloren glauben

juguler [ʒygyle] <1> *vt* eindämmen, senken *fièvre;* niederschlagen *révolte;* unterdrücken *désir, personne*

juif, -ive [ʒɥif, -iv] *adj* jüdisch; *quartier* Juden-

Juif, -ive [ʒɥif, -iv] *m, f* Jude *m*/Jüdin *f;* ***le*** ~ ***errant*** der Ewige Jude

juillet [ʒɥijɛ] *m* Juli *m; v. a.* **août**

juin [ʒɥɛ̃] *m* Juni *m; v. a.* **août**

Grammatik und Co.

Die französischen Monatsnamen sind männlich; sie werden ohne den bestimmten Artikel gebraucht.
Bei präzisen Datumsangaben steht der Artikel jedoch, und zwar wegen der Zahl:
il est né le dix – er ist am Zehnten geboren;
il est né le dix juillet – er ist am zehnten Juli geboren;
elle est née le quatre juin – sie ist am vierten Juni geboren.

juke-box [dʒukbɔks] *m inv* Jukebox *f*

jules [ʒyl] *m (fam)* ❶ *(amoureux)* Kerl *m* ❷ *(mari)* bessere Hälfte

julienne [ʒyljɛn] *f* GASTR ❶ *(filaments minces)* in feine Streifen geschnittenes Gemüse, Julienne *f;* ***en*** ~ in feinen Streifen ❷ *(potage)* Julienne[suppe] *f*

Juliette [ʒyljɛt(ə)] *f* Julia *f*

jumeau, -elle [ʒymo, -ɛl] <x> **I.** *adj* Zwillings-; ***des lits ~x*** zwei [gleiche] Einzelbetten; ***des maisons jumelles*** ein Doppelhaus *nt* **II.** *m, f* ❶ *(besson)* Zwilling *m;* ***vrais/faux*** ~ eineiige/zweieiige Zwillinge ❷ *(frère)* Zwillingsbruder *m* ❸ *(sœur)* Zwillingsschwester *f* ❹ *(sosie)* Doppelgänger(in) *m(f)*

jumelage [ʒymlaʒ] *m* Partnerschaft *f;* ~ ***de deux villes*** Städtepartnerschaft

jumelé(e) [ʒym(ə)le] *adj* Zwillings-

jumeler [ʒymle] <3> *vt* POL zu Partnerstädten erklären *deux villes;* ***être jumelées*** Partnerstädte sein

jumelle [ʒymɛl] *f* ❶ Zwilling *m;* ***de vraies/fausses ~s*** eineiige/zweieiige Zwillinge ❷ *(sœur)* Zwillingsschwester *f* ❸ *(sosie)* Doppelgängerin *f*

jumelles [ʒymɛl] *f pl* OPT Fernglas *nt;* ~ ***de théâtre*** Opernglas *nt*

jument [ʒymɑ̃] *f* Stute *f*

jumping [dʒœmpiŋ] *m* Springreiten *nt*

jungle [ʒœ̃gl, ʒɔ̃gl] *f* Dschungel *m*

junior [ʒynjɔʀ] **I.** *adj catégorie* Junioren-; ***mode*** ~ Mode für die Jugend *f* **II.** *mf* Junior(in) *m(f);* ***le championnat des ~s*** die Juniorenmeisterschaft

junkie [dʒœnki] *mf (fam)* Junkie *m*

junte [ʒœ̃t] *f* Junta *f*

jupe [ʒyp] *f* Rock *m;* ~ ***droite*** enger Rock; ~ ***plissée*** Faltenrock

jupe-culotte [ʒypkylɔt] <jupes-culottes> *f* Hosenrock *m* **jupe-portefeuille** [ʒyppɔʀtəfœj] *f* Wickelrock *m*

jupette[1] [ʒypɛt] *f* Röckchen *nt*

jupette[2] [ʒypɛt] *f (fam) unter Premierminister Alain Juppé eingebrachtes und verabschiedetes Gesetz*

Jupiter [ʒypitɛʀ] *m* ASTRON, HIST Jupiter *m*

jupon [ʒypɔ̃] *m* Unterrock *m* ▶ **courir le** ~ ein Schürzenjäger sein

Jura [ʒyʀa] *m* ***le*** ~ der Jura

jurassien(ne) [ʒyʀasjɛ̃, jɛn] *adj* Jura-; ***montagne ~ne*** Jura *m*

Jurassien(ne) [ʒyʀasjɛ̃, jɛn] *m(f)* Bewohner(in) *m(f)* des Jura, Jurassier(in) *m(f)*

jurassique [ʒyʀasik] **I.** *adj* GEOL ***période*** ~ Jura *m;* ***terrain/système*** ~ Juraformation *f* **II.** *m* GEOL Jura *m*

juré(e) [ʒyʀe] **I.** *adj ennemi* erklärt; *haine* unversöhnlich **II.** *m(f)* JUR Geschworene(r) *f(m)*

jurer [ʒyʀe] <1> **I.** *vt* ❶ *(promettre)* ~ ***à ses parents de faire qc/que c'est la vérité*** seinen Eltern schwören, etw zu tun/, dass das die Wahrheit ist; ***faire*** ~ ***à un collègue de faire qc*** einen Kollegen schwören lassen, dass er etw tut ❷ *(affirmer)* ***pouvez-vous me*** ~ ***les avoir vus?*** können Sie beschwören, dass Sie sie gesehen haben?; ***je te*** [*o* ***vous***] ***jure que oui/non!*** ja, wirklich!/nein, wirklich nicht! ❸ *(se promettre)* ~ ***la mort de qn*** schwören, jdn zu töten; ~ ***de se venger*** Rache schwören ❹ *(croire)* ***on jurerait/j'aurais juré que c'était toi*** man möchte schwören/ich hätte geschworen, dass du das warst; ***ne*** ~ ***que par qn/qc*** auf jdn/etw schwören ▶ **<u>je</u> te** [*o* **vous**] **jure!** *(fam)* also ehrlich! **II.** *vi* ❶ *(pester)* ~ ***contre*** [*o* ***après***] ***qn/qc*** über jdn/etw fluchen ❷ *(détonner)* ~ ***avec qc*** nicht zu etw passen ❸ *(affirmer)* ~ ***de qc*** etw beteuern; ***elle en jurerait*** sie könnte darauf schwören; ***je n'en jurerais pas*** ich könnte es nicht beschwören ❹ *(croire)* ***il ne faut ~ de rien*** man kann nie wissen **III.** *vpr* ❶ *(se promettre mutuellement)* ***se ~ qc*** sich *dat* etw schwören ❷ *(décider)* ***se ~ de faire qc*** sich *dat* fest vornehmen, etw zu tun

juridiction [ʒyʀidiksjɔ̃] *f* ❶ *(compétence)* Gerichtsbarkeit *f* ❷ *(tribunal)* Gericht *nt;* ~ ***civile*** Zivilgericht ❸ *(ressort)* Zuständigkeitsbereich *m*

juridictionnel(le) [ʒyʀidiksjɔnɛl] *adj* JUR *pouvoir* richterlich

juridique [ʒyʀidik] *adj* ❶ *(judiciaire)* gerichtlich ❷ *(qui a rapport au droit)* juristisch, Rechts-; *statut* rechtlich; ***vide ~*** Gesetzeslücke *f;* ***faire des études ~s*** Jura studieren

juridiquement [ʒyʀidikmɑ̃] *adv* ❶ *(en justice)* gerichtlich; *demander* vor Gericht ❷ *(légalement)* juristisch gesehen

jurisconsulte [ʒyʀiskɔ̃sylt] *mf* Rechtsberater(in) *m(f)*

jurisprudence [ʒyʀispʀydɑ̃s] *f* Rechtsprechung *f;* ***faire ~*** als Grundsatzurteil gelten

juriste [ʒyʀist] *mf* Jurist(in) *m(f)*

juron [ʒyʀɔ̃] *m* Fluch *m*

jury [ʒyʀi] *m* ❶ JUR Geschworene(n) *Pl;* ***président du ~*** Obmann *m* der Geschworenen ❷ *d'un concours, prix littéraire* Jury *f* ❸ SCOL, UNIV Prüfungskommission *f*

jus [ʒy] *m* ❶ *d'un fruit, d'une viande* Saft *m;* ***rendre du ~*** saften; ~ ***d'orange*** Orangensaft; ~ ***de pomme*** Apfelsaft ❷ *(fam: café)* Kaffee *m* ❸ *(fam: courant)* Saft *m* ▶ **<u>laisser</u> mijoter qn dans son ~** *(fam)* jdn im eigenen Saft schmoren lassen; **ça <u>vaut</u> le ~!** *(fam)* das bringt's!; **<u>au</u> ~!** *(fam)* [ab] ins Wasser!

jusqu'au-boutisme [ʒyskobutism] *m sans pl* Durchhalten *nt* bis zum Ende, Durchhaltepolitik *f*

jusqu'au-boutiste [ʒyskobutist] **I.** *adj* ***qn est ~*** jd geht immer aufs Ganze *fam;* ***politique ~*** Durchhaltepolitik *f* **II.** *mf* Hardliner *m*

jusque [ʒysk] <jusqu'> **I.** *prép* ❶ *(limite de lieu)* bis; ***grimper jusqu'à 3.000 m*** bis auf 3.000 m steigen; ***jusqu'aux genoux*** bis zu den Knien; ***viens jusqu'ici!*** komm bis hierher!; ***va ~-là!*** geh bis dorthin!; ***jusqu'où*** bis wohin ❷ *(limite de temps)* bis; ***jusqu'à maintenant*** bis jetzt; ***jusqu'à midi/au soir*** bis Mittag/bis zum Abend; ***jusqu'à quand?*** bis wann?, wie lange?; ***jusqu'alors*** bis zu jenem Tag; ***jusqu'au moment où*** solange bis; ***jusqu'en mai*** bis Mai; ***jusqu'ici*** bis heute; ~***-là*** bis dahin ❸ *(y compris)* sogar; ***tous jusqu'au dernier*** alle ohne Ausnahme; ~ ***dans*** sogar im/in der ❹ *(au plus)* ***jusqu'à concurrence de 1000 euros*** bis zu 1000 Euro; ***jusqu'à dix personnes*** bis zu zehn Personen ❺ *(limite)* ***jusqu'à un certain point*** bis zu einem gewissen Punkt; ***jusqu'à quel point*** wie sehr; ~***-là*** so weit; ***jusqu'où*** wie weit ❻ *(assez pour)* ***elle a mangé jusqu'à en être malade*** sie hat gegessen, bis es ihr schlecht war; ***il va jusqu'à prétendre que c'est moi*** er geht so weit zu behaupten, dass ich es bin **II.** *conj* ***jusqu'à ce qu'il vienne*** bis er kommt

Grammatik und Co.

Nach **jusqu'à ce que** steht immer der Subjonctif:

Je resterai ici jusqu'à ce qu'il revienne. – Ich werde hier bleiben, bis er wiederkommt.

justaucorps [ʒystokɔʀ] *m* SPORT Body[suit] *m;* ~ ***de gymnastique*** Gymnastikanzug *m*

juste [ʒyst] **I.** *adj* ❶ *(équitable)* gerecht; *condition* fair; ***ce n'est pas ~*** es ist ungerecht ❷ *antéposé (fondé)* berechtigt; ***avoir de ~s raisons de se réjouir*** allen Grund zur Freude haben ❸ *(trop court)* zu kurz ❹ *(trop étroit)* zu eng; *ouverture* schmal ❺ *(à peine suffisant)* knapp ❻ *(exact)* richtig; *heure* genau; ***c'est ~!*** das stimmt!; ***à 8 heures ~[s]*** Punkt 8 Uhr; ***apprécier qc à sa ~ valeur*** etw nach seinem wahren Wert beurteilen ❼ *(pertinent)* treffend ❽ MUS richtig; ***le piano n'est pas ~*** das Klavier ist verstimmt **II.** *m* REL Gerechte(r) *f(m)* **III.** *adv* ❶ *(avec exactitude)* richtig; *viser, tirer* genau; *penser* folgerichtig; *raisonner* treffend; ***parler ~*** die richtigen Worte finden; ***dire ~*** Recht haben; ***deviner ~*** ins Schwarze treffen; ***le calcul tombe ~*** die Rechnung geht auf ❷ *(exactement)* [ganz] genau; ~ ***à côté*** direkt neben-an/daneben; ~ ***quand il est arrivé*** gerade als er [an]gekommen ist; ***il a plu ~ ce qu'il fallait*** es hat gerade genug geregnet ❸ *(seulement)* bloß, nur ❹ *(à peine)* knapp; ***au plus ~*** ganz knapp; ***cela***

entre ~ das passt gerade noch hinein; ***tout*** ~ gerade noch ▸ **être un peu** ~ *(fam: avoir peu d'argent)* ein bisschen knapp bei Kasse sein; **au** ~ eigentlich; **comme de** ~ wie üblich

justement [ʒystəmɑ̃] *adv* ❶ *(à bon droit)* zu Recht ❷ *(pertinemment)* richtig; *penser* [folge]richtig; *raisonner* treffend ❸ *(exactement)* genau ❹ *(précisément)* gerade

justesse [ʒystɛs] *f* ❶ *(précision)* Genauigkeit *f; d'une réponse, note* Richtigkeit *f; d'une oreille* Schärfe *f;* ~ ***du tir*** Treffsicherheit *f* ❷ *(pertinence)* Richtigkeit *f; d'une expression* Korrektheit *f; d'une remarque* Zutreffen *nt; d'un raisonnement* Stichhaltigkeit *f;* ***s'exprimer avec*** ~ den richtigen Ton treffen ▸ **de** ~ ganz knapp

justice [ʒystis] *f* ❶ *(principe)* Gerechtigkeit *f;* ***agir avec*** ~ gerecht handeln ❷ *(loi)* Gesetz *nt;* ***rendre la*** ~ Recht sprechen; ***obtenir*** ~ zu seinem Recht kommen ❸ *(juridiction)* Justiz *f;* ***en*** ~ vor Gericht; ***assigner qn en*** ~ jdn vorladen ▸ **être raide comme la** ~ *(fam)* zugeknöpft sein; **ce n'est que** ~ das ist nur recht und billig; **faire** ~ **à son mérite** seine Tüchtigkeit anerkennen; **se faire** ~ *(se suicider)* sich selbst richten *geh; (se venger)* sich *dat* selbst Recht verschaffen; **il faut lui rendre cette** ~ das muss man ihm/ihr lassen

justiciable [ʒystisjabl] *adj* JUR der Gerichtsbarkeit einer S. *gen* unterworfen sein

justicier, -ière [ʒystisje, -jɛʀ] *m, f* ❶ *(redresseur de torts)* Verfechter(in) *m(f)* der Gerechtigkeit; ***se poser en*** ~ sich zum Richter aufwerfen ❷ *(vengeur)* Racheengel *m*

justifiable [ʒystifjabl] *adj* vertretbar; ***être*** ~ gerechtfertigt werden können

justificatif [ʒystifikatif] *m* ❶ *(preuve)* Beweis[stück *nt*] *m;* ~ ***d'identité*** Ausweis[papier *nt*] *m* ❷ PRESSE Belegexemplar *nt*

justificatif, -ive [ʒystifikatif, -iv] *adj* PRESSE *exemplaire* Beleg-

justification [ʒystifikasjɔ̃] *f* ❶ *d'un acte, d'une conduite* Rechtfertigung *f* ❷ *(preuve)* Beweis *m,* Nachweis *m; d'un paiement* Beleg *m*

justifier [ʒystifje] <1> **I.** *vt* ❶ *(donner raison à)* rechtfertigen, bestätigen *point de vue* ❷ *(expliquer)* rechtfertigen; ***rien ne justifie tes craintes*** deine Befürchtungen sind unbegründet ❸ *(disculper)* rechtfertigen ❹ *(prouver)* ~ ***une créance*** eine Forderung belegen; ***pouvez-vous*** ~ ***vos affirmations?*** können Sie Ihre Behauptungen beweisen? ❺ TYP, INFORM ***justifié à droite/gauche*** rechts-/linksbündig **II.** *vi* ~ ***d'un paiement*** eine Zahlung belegen; ~ ***de son identité*** sich ausweisen **III.** *vpr* ❶ *(se disculper)* ***se*** ~ ***de qc auprès de qn*** sich wegen etw vor jdm rechtfertigen ❷ *(s'expliquer)* ***se*** ~ ***par qc*** durch etw zu rechtfertigen sein

jute [ʒyt] *m* Jute *f*

juter [ʒyte] <1> *vi* saften

juteux, -euse [ʒytø, -øz] *adj* ❶ *(opp: sec)* saftig ❷ *(fam: lucratif)* einträglich, lukrativ

juvénile [ʒyvenil] *adj* jugendlich

juxtaposé(e) [ʒykstapoze] *adj* nebeneinanderliegend; *idées* gegenübergestellt

juxtaposer [ʒykstapoze] <1> *vt* ~ ***qc à*** [*o* ***et***] ***qc/plusieurs choses*** etw an etw *akk*/mehrere Dinge aneinanderreihen

juxtaposition [ʒykstapozisjɔ̃] *f* Aneinanderreihung *f*

K, k [kɑ] *m inv* K *nt,* k *nt*
Kabyle [kabil] *mf* Kabyle *m*/Kabylin *f*
kafkaïen(ne) [kafkajɛ̃, jɛn] *adj* kafkaesk
kaki[1] [kaki] *m* BOT Kakipflaume *f*
kaki[2] [kaki] **I.** *adj inv* k[h]akifarben **II.** *m sans pl* K[h]aki *nt*
kalachnikov [kalaʃnikɔf] *f* MIL Kalaschnikow *f*
kaléidoscope [kaleidɔskɔp] *m* Kaleidoskop *nt*
kamikaze [kamikaz] **I.** *adj* Kamikaze- **II.** *m* ❶ *(pilote)* Kamikaze[flieger *m*] *m* ❷ *(avion)* Kamikazeflugzeug *nt*
kangourou [kɑ̃guʀu] *m* Känguru *nt*
kaolin [kaɔlɛ̃] *m* Porzellanerde *f*
karaoké [kaʀaɔke] *m* Karaoke *nt*
karaté [kaʀate] *m* Karate *nt*
kart [kaʀt] *m* [Go]kart *m*
karting [kaʀtiŋ] *m* Gokartsport *m;* ***piste de*** **~** Gokartbahn *f*
kascher [kaʃɛʀ] *adj* koscher
kayak [kajak] *m* Kajak *m o nt*
Kazakhstan [kazakstɑ̃] *m* ***le*** **~** Kasachstan *nt*
kebab, kébab [kebab] *m* GASTR Kebab *m*
keffieh [kefje, kefjɛ], **kéfié** [kefje] *m* Palästinensertuch *nt,* Kufija *f*
kendo [kɛndo] *m* SPORT Kendo *nt*
Kenya [kenja] *m* ***le*** **~** Kenia *nt*
kényan(e) [kenjɑ̃, an] *adj* kenianisch
Kényan(e) [kenjɑ̃, an] *m(f)* Kenianer(in) *m(f)*
képhir [kefiʀ] *m* Kefir *m*
képi [kepi] *m* Käppi *nt*
kermesse [kɛʀmɛs] *f* ❶ *(fête de bienfaisance)* Wohltätigkeitsbasar *m* ❷ BELG, NORD *(fête patronale)* Kirmes *f*
kérosène [keʀozɛn] *m* Kerosin *nt*
ketchup [kɛtʃœp] *m* Ketchup *m o nt*
keuf [kœf] *m (arg)* Bulle *m pej sl*
keum [kœm] *m (arg)* Typ *m sl*
kg *abr de* **kilogramme** kg
khâgne [kaɲ] *f (fam) Klasse, in der man sich nach dem „Baccalauréat" für die Aufnahmeprüfung auf die „École normale supérieure (lettres)" vorbereitet*
khmer [kmɛʀ] *m* ***le*** **~** Khmer *nt*
Khmer, Khmère [kmɛʀ] *m, f* Khmer *mf*
khôl [kol] *m* Kajal[stift *m*] *nt*
kibboutz [kibuts, kibutsim] <kibboutz[im]> *m* Kibbuz *m*
kick [kik] *m* Kickstarter *m*
kickboxing [kikbɔksiŋ] *m* Kickboxen *nt*
kidnapper [kidnape] <1> *vt* entführen
kidnappeur, -euse [kidnapœʀ, -øz] *m, f* Entführer(in) *m(f)*
kidnapping [kidnapiŋ] *m* Kidnapping *nt*
kifer, kiffer [kife] <1> *(fam)* **I.** *vi* ***ça me fait*** **~** darauf fahre ich voll ab **II.** *vt* **~ *qn/qc*** [total] auf jdn/etw stehen
kif-kif [kifkif] *m* ▶ **c'est ~ [bourricot]** *(fam)* das ist Jacke wie Hose
kiki [kiki] *m (fam)* ***serrer le*** **~ *à qn*** jdm die Gurgel zudrücken
kil [kil] *m* **~ *de rouge*** *(fam)* Liter *m* Rotwein
killeuse [kiløz] *f (fam)* absolute Powerfrau *f*
kilo [kilo] *m abr de* **kilogramme** Kilo *nt;* ***un*** **~ *de fraises*** ein Kilo Erdbeeren
kilogramme [kilɔgʀam] *m* Kilogramm *nt*
kilohertz [kiloɛʀts] *m* Kilohertz *nt*
kilométrage [kilɔmetʀaʒ] *m d'une voiture* Kilometerstand *m*
kilomètre [kilɔmɛtʀ] *m* Kilometer *m;* ***140*** **~*s à l'heure*** [*o* **~*s-heure***] 140 Stundenkilometer; **~ *carré*** Quadratkilometer *m*
kilomètre-heure [kilɔmɛtʀœʀ] <kilomètres-heure> *m* Stundenkilometer *m*
kilométrique [kilɔmetʀik] *adj* Kilometer-
kilo-octet [kiloɔktɛ] <kilo-octets> *m* Kilobyte *nt*
kilotonne [kilotɔn] *f* Kilotonne *f*
kilowatt [kilowat] *m* Kilowatt *nt*
kilowattheure [kilowatœʀ] *m* Kilowattstunde *f*
kilt [kilt] *m* Kilt *m*
kimono [kimɔno] **I.** *m* Kimono *m* **II.** *app inv manches* Kimono-; *robe* im Kimonoschnitt
kiné [kine], **kinési** [kinezi] *mf (fam) abr de* **kinésithérapeute** Krankengymnast(in) *m(f),* Physio *mf*
kinésithérapeute [kineziteʀapøt] *mf* Krankengymnast(in) *m(f)*
kinésithérapie [kineziteʀapi] *f* Krankengymnastik *f*
kiosque [kjɔsk] *m (lieu de vente)* Kiosk *m;* **~ *à friandises*** Süßigkeitenstand *m;* **~ *à journaux/de fleuriste*** Zeitungs-/Blumenstand
kir® [kiʀ] *m* Kir *m;* **~ *royal*** Kir royal
Kirghizistan [kiʀgizistɑ̃] *m* Kirgisistan *nt*
Kiribati [kiʀibati] *fpl* Kiribati *nt*
kirsch [kiʀʃ] *m* Kirschwasser *nt*
kit [kit] *m* ❶ *(prêt-à-monter)* [Fertig]bau-

satz *m* ❷ *(pour un téléphone portable)* ~ ***piéton*** Freisprechset *nt* [fürs Handy]; ~ ***auto*** [*o* ***mains libres***] Freisprechanlage *f*

kit[s]ch [kitʃ] *adj inv* kitschig

kitch [kitʃ] **I.** *adj inv* kitschig **II.** *m inv* Kitsch *m*

kitchenette [kitʃənɛt] *f* Kochnische *f*

kitesurf [kajtsœʀf] *m* SPORT Kitesurfen *nt*; ***faire du*** ~ kitesurfen

kiwi [kiwi] *m* Kiwi *f*

klaxon® [klaksɔn] *m* Hupe *f*; ***donner un petit coup de*** ~ kurz hupen

klaxonner [klaksɔne] <1> *vi* hupen

kleenex® [klinɛks] *m* Tempo[taschentuch *nt*]® *nt*

kleptomane *v.* **cleptomane**

kleptomanie *v.* **cleptomanie**

km *abr de* **kilomètre** km

km/h *abr de* **kilomètre-heure** km/h

knock-out [(k)nɔkaut] **I.** *adj inv* knock-out, k. o. **II.** *m inv* K. o.[-Schlag *m*] *m*

Ko [kɑo] *m abr de* **kilo-octet** KB *nt*

K.-O. [kɑo] *adj inv (fam) abr de* **knock-out** ❶ *(assommé)* benommen; SPORT k. o.; ***mettre qn*** ~ jdn k. o. schlagen; ***le choc l'a mis*** ~ der Schlag hat ihn umgeworfen ❷ *(épuisé)* k. o., [fix und] fertig; ***mettre qn*** ~ jdn [fix und] fertig machen

koala [kɔala] *m* Koala[bär *m*] *m*

kosovar(**e**) [kɔsɔvaʀ] *adj* kosovarisch, aus [dem] Kosovo

Kosovar(**e**) [kɔsɔvaʀ] *m(f)* Kosovare *m*/Kosovarin *f*

Kosovo [kɔsɔvo] *m* ***le*** ~ der [*o* das] Kosovo

kouglof [kuglɔf] *m* Gugelhopf *m* CH, Gugelhupf *m* SDEUTSCH, A

Koweït [kɔwɛt] *m* ***le*** ~ Kuwait *nt*

koweïtien(**ne**) [kɔwɛtjɛ̃, jɛn] *adj* kuwaitisch

Koweïtien(**ne**) [kɔwɛtjɛ̃, jɛn] *m(f)* Kuwaiter(in) *m(f)*

krach [kʀak] *m* FIN Börsenkrach *m*

> **Aussprache**
> Bei **krach** wird die Endung -ch als [k] gesprochen.

Kremlin [kʀɛmlɛ̃] *m* ***le*** ~ der Kreml

krypton [kʀiptɔ̃] *m* Krypton *nt*

kumquat [kɔmkwat, kumkwat] *m* ❶ *(fruit)* Kumquat *f* ❷ *(arbre)* Kumquatbaum *m*

kung-fu [kungfu] *m inv* SPORT Kung-Fu *nt*

kurde [kyʀd] **I.** *adj* kurdisch **II.** *m* Kurdisch *nt*; *v. a.* **allemand**

Kurde [kyʀd] *m, f* Kurde *m*/Kurdin *f*

Kurdistan [kyʀdistɑ̃] *m* ***le*** ~ Kurdistan *nt*

Kuwait [kɔwɛt] *m v.* **Koweït**

kW *abr de* **kilowatt** kW

kyste [kist] *m* Zyste

L

l *abr de* **litre** l

L, l [ɛl] *m inv* L *nt,* l *nt*

l' *v.* **le, la**

la[1] [la] *<devant voyelle ou h muet* l'*>* **I.** *art déf* der/die/das; **~ *mouche/ puce/poule*** die Mücke/der Floh/das Huhn **II.** *pron pers, fém* ❶ *(personne)* ***il ~ voit*** er sieht sie; ***il l'aide*** er hilft ihr; *(animal ou objet)* ***là-bas, il y a une mouche/puce, ~ vois-tu? Je l'ai aidée à sortir de l'eau*** da drüben ist eine Mücke/ein Floh, siehst du sie/ihn? Ich habe ihr/ihm aus dem Wasser geholfen; ***où est ma montre/ceinture? Je ne ~ trouve pas!*** wo ist meine Uhr/mein Gürtel? Ich finde sie/ihn nicht! ❷ *avec laisser* sie; ***il ~ laisse conduire la voiture*** er lässt sie das Auto fahren ❸ *avec un présentatif* sie; **~ *voici*** [*o* ***voilà***] ***!*** hier ist sie!

la[2] [la] *m inv* MUS A *nt,* a *nt;* ***donner le ~*** den Kammerton angeben; *v. a.* **do**

là[1] [la] *adv* ❶ *(avec déplacement à distance)* dorthin, dahin ❷ *(avec déplacement à proximité)* hierher; ***passer par ~*** da entlang gehen/fahren; ***de ~*** von dort [aus] ❸ *(sans déplacement à distance)* dort, da ❹ *(sans déplacement à proximité)* hier; *(à la maison)* da, zu Hause; [***quelque part***] ***par ~*** hier irgendwo ❺ *(à ce moment-là)* da; ***à partir de ~*** von da an; ***jusque-~*** bis dahin; ***à ce moment-~*** in diesem Augenblick ❻ *(en ce moment)* da ❼ *(alors)* also da ❽ *(dont il est question)* ***cette histoire-~*** diese Geschichte [da] ▸ **les choses en sont ~** so stehen die Dinge

là[2] [la] *interj* na; **~, ~** na, na, schon gut

là-bas [labɑ] *adv* ❶ *(avec déplacement dans une direction)* dorthin, dahin ❷ *(avec déplacement dans une direction)* dort, da ❸ *(sans déplacement)* dort

label [labɛl] *m (marque de qualité)* Schutzmarke *f*

labellisé(e) [labɛlize] *adj* mit einem Gütesiegel [versehen]

labelliser [labelize] <1> *vt* mit einem Gütesiegel versehen

labial(e) [labjal, -jo] <-aux> *adj* labial

labo [labo] *v.* **laboratoire**

laborantin(e) [labɔʀɑ̃tɛ̃, in] *m(f)* Laborant(in) *m(f)*

laboratoire [labɔʀatwaʀ] *m (salle)* Labor *nt;* **~ *de langues*** Sprachlabor; **~ *d'analyses*** diagnostisches Labor

laborieusement [labɔʀjøzmɑ̃] *adv* mühsam

laborieux, -euse [labɔʀjø, -jøz] *adj* ❶ *(pénible)* mühsam; *recherche* langwierig; ***eh bien, c'est ~!*** *(fam)* das dauert! ❷ *classes, masses* arbeitend; *personne* arbeitsam; *vie* arbeitsreich

labour [labuʀ] *m* [Feld]arbeit *f*

labourage [labuʀaʒ] *m* Ackerbau *m*

labourer [labuʀe] <1> *vt* ❶ AGR [um]pflügen ❷ *(creuser)* aufwühlen

labrador [labʀadɔʀ] *m* Labrador[hund] *m*

labyrinthe [labiʀɛ̃t] *m* ❶ *(dédale)* Labyrinth *nt* ❷ *(complication)* Gewirr *nt*

lac [lak] *m* See *m;* **~ *de Constance*** Bodensee *m;* **~ *Léman*** [*o* ***de Genève***] Genfer See *m;* **~ *de Neuchâtel*** Neuenburger See *m;* **~ *des Quatre-Cantons*** Vierwaldstätter See *m*

lacer [lase] <2> **I.** *vt* [zu]binden **II.** *vpr* ***se ~ devant*** *chaussures:* vorne geschnürt werden

lacération [laseʀasjɔ̃] *f* ❶ *(déchirement) d'une affiche* Abreißen *nt; d'un tissu* Zerreißen *nt* ❷ MED Einriss *m,* Lazeration *f Fachspr.*

lacérer [laseʀe] <5> *vt* zerreißen

lacet [lasɛ] *m* ❶ *(cordon)* Schnürsenkel *m;* ***qn casse son ~*** jdm reißt der Schnürsenkel; ***à ~s*** geschnürt ❷ *(virage)* Serpentine *f; d'une rivière* Schleife *f;* ***route en ~[s]*** Serpentinenstraße *f*

lâchage [lɑʃaʒ] *m (fam: abandon)* Aufgabe *f,* Fallenlassen *nt*

lâche [lɑʃ] **I.** *adj* ❶ *(poltron, méprisable)* feige ❷ *(détendu)* locker **II.** *mf* Feigling *m*

lâchement [lɑʃmɑ̃] *adv* feige

lâcher [lɑʃe] <1> **I.** *vt* ❶ *(laisser aller involontairement)* loslassen, fallen lassen, fliegen lassen *ballon* ❷ *(laisser aller délibérément)* loslassen, von sich geben *bêtise, mot* ❸ *(fam: abandonner)* aufgeben; **~ *qn/qc*** jdn/etw fallen lassen; ***le moteur lâche qn*** der Motor lässt jdn im Stich; ***ne pas ~ qn*** *rhume, idée:* jdn nicht loslassen; ***tout ~*** alles hinschmeißen **II.** *vi* versagen; *corde:* nachgeben

lâcheté [lɑʃte] *f* ❶ *(couardise)* Feigheit *f;* ***par ~*** aus Feigheit ❷ *(bassesse)* Niederträchtigkeit *f*

lâcheur, -euse [lɑʃœʀ, -øz] *m, f (fam)* Drückeberger *m pej*
lacis [lasi] *m* Geflecht *nt*
laconique [lakɔnik] *adj* kurz und bündig; *réponse* lakonisch
laconiquement [lakɔnikmɑ̃] *adv* lakonisch
lacrymal(e) [lakʀimal, -o] <-aux> *adj* Tränen-
lacrymogène [lakʀimɔʒɛn] *adj* ***gaz*** ~ Tränengas *nt*
lactation [laktasjɔ̃] *f* Milchabsonderung *f*
lacté(e) [lakte] *adj* GASTR *bouillie* Milch-
lactifère [laktifɛʀ] *adj* Milch-, milchhaltig
lactique [laktik] *adj* Milch-; ***acide*** ~ Milchsäure *f;* ***les ferments ~s*** Milchsäurebakterien *Pl*
lactose [laktoz] *m o f* CHIM, MED Milchzucker *m,* Laktose *f;* ***suivre un régime sans*** ~ sich laktosefrei ernähren
lacunaire [lakynɛʀ] *adj (littér)* lückenhaft
lacune [lakyn] *f* Lücke *f;* ***présenter des ~s*** Lücken aufweisen
lad [lad] *m* Stallbursche *m*
là-dedans [lad(ə)dɑ̃] *adv* ❶ *(lieu)* da drin; ***je ne reste pas*** ~ ich bleibe nicht hier drin; ***n'avoir rien à voir*** ~ nichts damit zu tun haben ❷ *(direction)* da hinein; ***pourquoi me suis-je embarqué ~?*** warum hab ich mich nur darauf eingelassen? **là-dessous** [lad(ə)su] *adv* darunter; *(fig)* dahinter; ***qu'y a-t-il ~?*** was steckt dahinter? **là-dessus** [lad(ə)sy] *adv* ❶ *(direction, ici)* hier hin-/herauf ❷ *(direction, là-bas)* dort hin-/herauf ❸ *(lieu)* darauf ❹ *(à ce sujet)* darüber; ***compte*** ~ verlass dich d[a]rauf ❺ *(sur ce)* daraufhin, damit
ladite *v.* **ledit**
ladre [lɑdʀ] **I.** *adj (littér)* geizig **II.** *mf (littér)* Geizhals *m pej*
ladrerie [lɑdʀəʀi] *f (littér)* Geiz *m*
lagon [lagɔ̃] *m* Lagune *f*
lagune [lagyn] *f* Lagune *f*
là-haut [lao] *adv* ❶ *(au-dessus: direction)* dort hinauf; *(lieu)* dort oben ❷ *(dans le ciel)* dort oben
La Haye [la´ɛ] Den Haag
laïc, laïque [laik] *v.* **laïque**
laïcisation [laisizasjɔ̃] *f* Entkonfessionalisierung *f*
laïcité [laisite] *f* Trennung *f* von Kirche und Staat; *de l'enseignement* religiöse Neutralität

> **Land und Leute**
> In Frankreich herrscht seit 1905 das Prinzip der **laïcité**, also der gesetzlichen Trennung von Kirche und Staat. Dies bedeutet zum Beispiel, dass es keine Kirchensteuer gibt und dass in den staatlichen Schulen kein Religionsunterricht stattfindet.

laid(e) [lɛ, lɛd] *adj* ❶ *(opp: beau)* hässlich; ***être ~ à faire peur*** zum Fürchten aussehen; ***être ~ comme un pou*** hässlich wie die Nacht sein ❷ *(moralement)* hässlich, unschön
laideron [lɛdʀɔ̃] *m* hässliches Mädchen
laideur [lɛdœʀ] *f* Hässlichkeit *f;* ***les ~s de la guerre*** die hässlichen Seiten des Krieges
laie [lɛ] *f* Wildsau *f*
lainage [lɛnaʒ] *m* ❶ *(étoffe)* Wollstoff *m* ❷ *(vêtement)* Wollene(s) *nt;* ***jupe en/de*** ~ Strickrock *m;* ***mettre un*** ~ etwas Warmes anziehen
laine [lɛn] *f* ❶ *(fibre)* Wolle *f;* ***gilet de*** ~ Strickjacke *f* ❷ *(vêtement)* ***une petite*** ~ etwas Warmes ❸ *(laine minérale)* ~ ***de verre*** Glaswolle *f*
laineux, -euse [lɛnø, -øz] *adj* wollig
lainier, -ière [lɛnje, -jɛʀ] *adj industrie, production* Woll-
laïque [laik] *adj* ❶ *(opp: confessionnel)* laizistisch ❷ *(opp: ecclésiastique)* Laien-
laisse [lɛs] *f (lanière)* Leine *f;* ***tenir un animal en*** ~ ein Tier an der Leine führen
laissé-pour-compte [lesepuʀkɔ̃t] <laissés-pour-compte> *m (invendable)* Restposten *m*
laissé-pour-compte, laissée-pour-compte [lesepuʀkɔ̃t] <laissés-pour-compte> **I.** *adj (rejeté) personne* abgeschoben **II.** *m, f (exclu)* Abgeschobene(r) *f(m)*
laisser [lese] <1> **I.** *vt* ❶ *(faire rester)* lassen; ~ ***qn perplexe*** jdn perplex machen; ~ ***qn tranquille*** jdn in Ruhe lassen; ~ ***qn à ses illusions*** jdm seine Illusionen lassen ❷ *(accorder)* lassen *choix;* ~ ***la vie à qn*** jdn am Leben lassen; ~ ***la parole à qn*** jdm das Wort überlassen ❸ *(ne pas prendre)* [stehen] lassen, stehen lassen *dessert;* ~ ***qc*** etw zurücklassen/nicht mitnehmen; ~ ***une route à sa droite*** eine Straße rechts liegen lassen ❹ *(réserver)* übrig lassen *part de tarte;* ~ ***qc à qn*** etw für jdn übrig lassen ❺ *(quitter)* ***je te/vous laisse!*** ich gehe jetzt!; ***je l'ai laissé en pleine forme*** als ich ihn verließ, war er in bester Form ❻ *(déposer)* absetzen *personne* ❼ *(oublier)* liegen lassen ❽ *(produire)* hinterlassen *traces, auréoles* ❾ *(remettre)* hin-

terlassen *message;* lassen *voiture;* [über]lassen *maison;* ~ ***ses enfants à qn*** seine Kinder bei jdm lassen; ***laisse-moi le soin de …*** überlass es mir … ❿ *(léguer)* hinterlassen; ~ ***qc à qn*** jdm etw hinterlassen **II.** *aux* ❶ *(euph)* ***se ~ boire*** *vin:* sich trinken lassen ❷ *(permettre)* ~ ***qn/qc faire qc*** jdn/etw etw tun lassen; ~ ***qn faire qc*** jdm gestatten etw zu tun ▶ ~ **faire** die Dinge laufen lassen *fam;* **se ~ faire** *(subir)* sich *dat* alles gefallen lassen *fam;* ***laisse-toi faire!*** *(pour décider qn)* sei doch nicht so!

laisser-aller [lesealе] *m inv* Nachlässigkeit *f* **laisser-faire** [lesefɛʀ] *m inv* Laisser-faire[-Stil *m*] *nt*

laissez-passer [lesepase] *m inv* ❶ JUR Zollfreischein *m* ❷ *(autorisation)* Passierschein *m*

lait [lɛ] *m* ❶ *(aliment)* Milch *f;* ~ ***en poudre*** Milchpulver *nt;* ~ ***de vache*** Kuhmilch; ~ ***condensé*** Kondensmilch; ~ ***entier*** Vollmilch; ~ ***longue conservation*** haltbare Milch; ~ ***U.H.T.*** H-Milch; ***petit*** ~ Molke ❷ *(liquide laiteux)* Milch *f;* ~ ***de toilette*** *(pour le corps)* Körpermilch; *(pour le visage)* Gesichtsmilch ▶ **boire du petit** ~ sichtlich zufrieden sein; **se boire comme du petit** ~ sich wie Wasser trinken

laitage [lɛtaʒ] *m* Milchprodukt *nt*

laiterie [lɛtʀi] *f* Molkerei *f*

laiteux, -euse [lɛtø, -øz] *adj* milchig

laitier, -ière [letje, -jɛʀ] *m, f* Milchmann *m*/-frau *f*

laitière [letjɛʀ] *f (vache)* Milchkuh *f*

laiton [lɛtɔ̃] *m* Messing *nt*

laitue [lety] *f* Lattich *m;* ~ ***cultivée*** Kopfsalat *m*

laïus [lajys] *m (fam)* Rede *f*

lama [lama] *m* Lama *nt*

lambeau [lɑ̃bo] <x> *m* Fetzen *m;* ***en ~x*** in Fetzen

lambin(e) [lɑ̃bɛ̃, in] **I.** *adj* lahm *fam,* vertrödelt *fam* **II.** *m(f) (vieilli)* Bummelant(in) *m(f) fam*

lambiner [lɑ̃bine] <1> *vi* [herum]trödeln

lambris [lɑ̃bʀi] *m* Täfelung *f*

lame [lam] *f* Klinge *f;* ~ ***de couteau*** [Messer]klinge; ~ ***de rasoir*** Rasierklinge; ~ ***de scie*** Sägeblatt *nt*

lamé [lame] *m* Lamé *m*

lamelle [lamɛl] *f* ❶ *(petite lame)* Lamelle *f,* schmaler Streifen *m; d'une jalousie* Lamelle ❷ *(tranche fine)* dünne Scheibe

lamentable [lamɑ̃tabl] *adj* ❶ *(pitoyable)* jämmerlich; *ton, voix* kläglich; *résultats, travail* dürftig; *salaire* kümmerlich ❷ *(honteux)* erbärmlich

lamentablement [lamɑ̃tabləmɑ̃] *adv* jämmerlich

lamentation [lamɑ̃tasjɔ̃] *f gén pl* Jammern *nt kein Pl*

lamenter [lamɑ̃te] <1> *vpr* ***se ~ sur qc*** über etw *akk* jammern

laminer [lamine] <1> *vt* TECH walzen

lampadaire [lɑ̃padɛʀ] *m* ❶ *(lampe sur pied)* Stehlampe *f* ❷ *(réverbère)* [Straßen]laterne *f* ❸ *(sur l'autoroute)* Straßenbeleuchtung *f*

lamparo [lɑ̃paʀo] *m* PECHE Laterne *f;* ***au*** ~ mit Laternen

lampe [lɑ̃p] *f* ❶ *(appareil)* Lampe *f;* ~ ***de bureau*** Schreibtischlampe; ~ ***de chevet*** Nachttischlampe; ~ ***de poche*** Taschenlampe; ~ ***témoin*** Kontrolllampe ❷ *(ampoule)* [Glüh]birne *f;* ~ ***à arc*** Bogenlampe; ~ ***fluorescente*** Neon-/Leuchtstoffröhre *f*

lampée [lɑ̃pe] *f (fam)* Schluck *m*

lampion [lɑ̃pjɔ̃] *m* Lampion *m*

lampiste [lɑ̃pist] *mf peu usité (fam)* kleiner Mann; ***encore une fois, on s'en prend au*** ~ immer auf die Kleinen *fam*

LAN [lɑ̃] *m abr de* **Local Area Network** INFORM LAN *nt*

lance [lɑ̃s] *f* ❶ *(arme)* Lanze *f* ❷ *(tuyau)* Schlauch *m;* ~ ***à eau*** [Leiter]strahlrohr *nt;* ~ ***d'incendie*** Feuerspritze *f*

lancée [lɑ̃se] *f* Elan *m;* ***sur ma/sa*** ~ mit dem gleichen Schwung

lance-flammes [lɑ̃sflam] *m inv* Flammenwerfer *m*

lancement [lɑ̃smɑ̃] *m* ❶ *d'un satellite* Start *m; d'une fusée* Abschuss *m; d'un bateau* Stapellauf *m* ❷ COM Herausbringen *nt;* ***prix de*** ~ Einführungspreis *m* ❸ INFORM [Programm]start *m*

lance-missiles [lɑ̃smisil] *m inv* Raketenabschussrampe *f* **lance-pierre** [lɑ̃spjɛʀ] <lance-pierres> *m* Steinschleuder *f* ▶ **manger avec un** ~ *(fam)* herunterschlingen

lancer [lɑ̃se] <2> **I.** *vt* ❶ *(projeter)* ~ ***qc*** etw werfen; ~ ***qc à qn*** jdm etw zuwerfen, hoch werfen *jambe;* abschießen *fusée;* versetzen *coup; avion:* abwerfen; *volcan:* ausstoßen ❷ *(faire connaître)* herausbringen, bekannt machen *acteur, chanteur;* aufbringen *mode* ❸ *(donner de l'élan)* in Schwung bringen, anlassen *moteur, voiture;* auf den Markt bringen *marque, produit;* ins Leben rufen *entreprise;* ~ ***qn/un animal sur qn*** jdn/ein Tier auf jdn hetzen; ~ ***la police sur qn/qc*** die Polizei auf jdn/etw ansetzen; ***quand il est lancé, on ne l'arrête plus*** wenn er [erst] einmal in Fahrt ist, ist er nicht mehr zu bremsen *fam* ❹ *(inaugurer)* einführen *programme;* einleiten *campagne;* anlaufen lassen *projet* ❺ *(envoyer)* in Umlauf setzen, verbreiten *nouvelle;* stellen *ultimatum* ❻ *(émettre)* aussprechen *accusation, menace;* ~ ***un appel/avertissement à qn*** einen Appell/eine Warnung an jdn richten; ~ ***un appel*** einen Aufruf erlassen ❼ INFORM starten **II.** *vpr* ❶ *(se précipiter)* ***se ~ sur le lit*** sich auf das Bett werfen; ***se ~ à la poursuite de qn*** sich an jds Verfolgung *akk* machen; ***allez, lance-toi!*** los, spring! ❷ *(s'engager)* ***se ~ dans qc*** sich in etw *akk* stürzen; ***se ~ dans une discussion*** sich auf eine Diskussion einlassen; ***se ~ dans le cinéma*** sein Glück im Filmgeschäft versuchen **III.** *m* SPORT Wurf *m;* ~ ***du poids*** Kugelstoßen *m;* ~ ***de javelot*** Speerwerfen *nt;* ~ ***du marteau*** Hammerwerfen *nt*

lanceur [lɑ̃sœʀ] *m* ESPACE Trägerrakete *f*

lancinant(e) [lɑ̃sinɑ̃, ɑ̃t] *adj (cuisant) douleur* stechend

Land [lɑ̃d, lɛndœʀ] <Länder> *m* [Bundes]land *nt*

landau [lɑ̃do] <s> *m (pour enfant)* Kinderwagen *m*

lande [lɑ̃d] *f* Heide[land *nt*] *f;* ***la ~ de Lunebourg*** die Lüneburger Heide

Falsche Freunde
Nicht verwechseln mit *das Land – le pays*!

Landes [lɑ̃d] *f pl* ***les ~*** die Landes *(Landschaft im Südwesten Frankreichs)*

langage [lɑ̃gaʒ] *m* ❶ *(idiome)* Sprache *f;* ~ ***des sourds-muets*** Taubstummensprache ❷ *(vocabulaire)* Sprache *f,* Ausdrucksweise *f;* ~ ***parlé*** Umgangssprache ❸ *(jargon)* Sprache *f,* Jargon *m pej;* ***en ~ administratif/technique*** in der Verwaltungs-/Fachsprache ❹ INFORM ~ ***de programmation*** Programmiersprache ▶ **tenir un double ~ à qn** mit jdm ein falsches Spiel spielen

langagier, -ière [lɑ̃gaʒje, -jɛʀ] *adj* sprachlich

lange [lɑ̃ʒ] *m* Wickeltuch *nt*

langer [lɑ̃ʒe] <2a> *vt* wickeln

langoureusement [lɑ̃guʀøzmɑ̃] *adv* verliebt

langoureux, -euse [lɑ̃guʀø, -øz] *adj regard, air* schmachtend

langouste [lɑ̃gust] *f* Languste *f*

langoustine [lɑ̃gustin] *f* Kaisergranat[hummer *m*] *m*

langue [lɑ̃g] *f* ❶ ANAT Zunge *f;* ***tirer la ~ à qn*** jdm die Zunge herausstrecken ❷ *(langage)* Sprache *f;* ~ ***d'enseignement*** Unterrichtssprache; ~ ***étrangère*** Fremdsprache; ~ ***maternelle*** Muttersprache; ~ ***officielle*** Amtssprache; ~ ***verte*** Slang *m* ▶ ~ **de bois** Phrasendrescherei *f fam;* **tourner sept fois sa ~ dans sa bouche avant de parler** nachdenken, bevor man spricht; **donner sa ~ au chat** das Raten aufgeben; **ne pas avoir la ~ dans sa poche** nicht auf den Mund gefallen sein; **être mauvaise ~** ein Lästermaul sein *fam;* **avoir la ~ bien pendue** ein tüchtiges Mundwerk haben; **tenir sa ~** den Mund halten

Land und Leute
Als **langue d'oc** wird die okzitanische Sprache bezeichnet, die im Süden Frankreichs gesprochen wird und besonders im Mittelalter sehr bedeutsam war. Im Gegensatz dazu stehen die **langues d'oïl**, eine Gruppe früher verbreiteter galloromanischer Sprachen und Dialekte des nördlich der Loire liegenden Gebietes Frankreichs. Das moderne Französisch ist aus einer Variante der **langue d'oïl** des Raumes Paris hervorgegangen. Die Wörter *oc* und *oïl* bedeuten in den jeweiligen Sprachen „ja"; das neufranzösische *oui* ist auf die Form *oïl* zurückzuführen.

langue-de-chat [lɑ̃gdəʃa] <langues-de--chat> *f* Katzenzunge *f (Feingebäck)*

Languedoc [lɑ̃g(ə)dɔk] *m* ***le ~*** das Languedoc

languedocien(ne) [lɑ̃g(ə)dosjɛ̃, jɛn] *adj* des Languedoc; ***dialecte ~*** Dialekt *m* des Languedoc

languette [lɑ̃gɛt] *f d'une chaussure* Zunge *f; d'une boîte* Lasche *f*

langueur [lɑ̃gœʀ] *f* Wehmut *f*

languir [lɑ̃giʀ] <8> **I.** *vi* ❶ *(s'enliser) conversation:* stocken ❷ *(patienter)* ***faire ~ qn*** jdn schmachten lassen **II.** *vpr* ***se ~ de qn*** sich nach jdm sehnen

languissant(e) [lɑ̃gisɑ̃, ɑ̃t] *adj* ❶ *action, récit, ton* schleppend; *conversation* schleppend, stockend; *regard* schmachtend; ***ton de voix ~*** schleppende Stimme ❷ *(défaillant) affaires* schleppend; *personne* da-

L

hinschmachtend [*o* siechend] *pej; santé* dahinschwindend

lanière [lanjɛʀ] *f* Riemen *m;* ***découper en ~s*** in Streifen schneiden

lanterne [lɑ̃tɛʀn] *f* Laterne *f* ▶ **~ rouge** Schlusslicht *nt;* **éclairer la ~ de qn** jdn aufklären

lanterner [lɑ̃tɛʀne] <1> *vi* [herum]trödeln *fam*

Laos [laɔs] *m* ***le ~*** Laos *nt*

lapalissade [lapalisad] *f* Binsenweisheit *f*

laper [lape] <1> *vt* schlabbern *fam*

lapereau [lapʀo] <x> *m* junges Kaninchen

lapidaire [lapidɛʀ] *adj* lapidar

lapidation [lapidasjɔ̃] *f* Steinigung *f*

lapider [lapide] <1> *vt* mit Steinen bewerfen

lapin [lapɛ̃] *m* ❶ ZOOL, GASTR Kaninchen *nt;* ***~ de garenne*** Wildkaninchen; ***courir comme un ~*** [davon]sausen; *v. a.* **lapine** ❷ *(fourrure)* Kaninchenfell *nt* ▶ **le coup du ~** das Schleudertrauma; **chaud ~** *(fam)* geiler Bock; **poser un ~ à qn** *(fam)* jdn versetzen

lapine [lapin] *f* ZOOL weibliches Kaninchen; *v. a.* **lapin**

L

lapon(e) [lapɔ̃, ɔn] *adj* lappländisch

laps [laps] *m* ***~ de temps*** Zeit[raum *m*] *f*

lapsus [lapsys] *m* Lapsus *m;* ***faire un ~*** *(en parlant)* sich versprechen; *(en écrivant)* sich verschreiben

laquage [lakaʒ] *m* Lackieren *nt*

laquais [lakɛ] *m* Lakai *m*

laque [lak] *f* ❶ *(pour les cheveux)* [Haar]spray *nt o m* ❷ *(peinture)* Lack[farbe *f*] *m*

laqué(e) [lake] *adj* ❶ *(peint)* lackiert ❷ GASTR ***canard ~*** Pekingente *f*

laquelle [lakɛl] *pron v.* **lequel**

laquer [lake] <1> *vt* lackieren; ***~ qc en blanc*** etw weiß lackieren

larbin [laʀbɛ̃] *m (péj fam)* Lakai *m*

larcin [laʀsɛ̃] *m (littér)* kleiner Diebstahl, Dieberei *f*

lard [laʀ] *m* Speck *m;* ***~ gras*** Bauchspeck; ***~ maigre*** durchwachsener Speck ▶ **ne pas savoir si c'est du ~ ou du cochon** nicht wissen, woran man ist; **n'être ni ~ ni cochon** weder Fisch noch Fleisch sein; **gros ~** Fettwanst *m*

larder [laʀde] <1> *vt* GASTR spicken

lardon [laʀdɔ̃] *m* GASTR Speckwürfel *m*

largable [laʀgabl] *adj* abwerfbar

largage [laʀgaʒ] *m* Abwurf *m;* ***opérer un ~ de troupes*** Truppen absetzen

large [laʀʒ] **I.** *adj* ❶ *(opp: étroit)* breit; *cercle* weit; ***être ~ de carrure/d'épaules*** breitschultrig sein; ***~ de 10 mètres*** 10 Meter breit ❷ *vêtement* weit ❸ *(important)* breit; *champ d'action, diffusion* weit; *mesure, part, succès* groß; ***un ~ débat*** eine ausführliche Debatte; ***de ~s extraits*** umfassende Auszüge *Pl* ❹ *acception, sens* weit; *idées* großzügig; ***~ d'esprit*** offen **II.** *adv calculer, voir* großzügig ▶ **ne pas en mener ~** *(fam)* es mit der Angst zu tun kriegen **III.** *m* ❶ *(haute mer)* offene See; ***gagner le ~*** aufs offene Meer [hinaus]fahren ❷ *(largeur)* ***de ~*** breit; ***un champ de 30 mètres de ~*** ein Feld von 30 Meter(n) Breite ▶ **prendre le ~** *(fam: s'enfuir)* das Weite suchen; *(s'esquiver)* sich aus dem Staub machen; **au ~ de la côte** vor der Küste

largement [laʀʒəmɑ̃] *adv* ❶ *(opp: étroitement)* weit ❷ *(amplement)* bei Weitem; ***vous avez ~ le temps*** Sie haben reichlich Zeit; ***~ assez*** weitaus genug; ***~ trop*** viel zu viel ❸ *(généreusement)* reichlich ❹ *(au minimum)* mindestens, gut; ***il est ~ onze heures*** es ist längst elf Uhr ❺ *(fam: assez)* ***c'est ~ suffisant*** das reicht gut; ***il y en a déjà ~*** es ist schon genug davon da

largesse [laʀʒɛs] *f pl (dons)* Zuwendungen *Pl*

largeur [laʀʒœʀ] *f* ❶ *(dimension)* Breite *f* ❷ *(opp: mesquinerie)* ***~ d'esprit*** liberale Gesinnung ▶ **dans les grandes ~s** *(fam)* gründlich

larguer [laʀge] <1> *vt* ❶ NAUT losmachen, klarmachen *voile* ❷ AVIAT abwerfen, absetzen *parachutistes, troupes* ❸ *(fam: laisser tomber)* sausen lassen *projets, travail;* ***~ un ami*** mit einem Freund Schluss machen ❹ *(fig)* ***être largué*** *(ne plus comprendre)* hinterher sein

larme [laʀm] *f* ❶ *(pleur)* Träne *f;* ***~s de joie*** Freudentränen; ***en ~s*** in Tränen [aufgelöst] ❷ *(fam: goutte)* Tropfen *m* ▶ **avoir la ~ à l'œil** weinen wollen; [**avoir**] **des ~s dans la voix** mit tränenerstickter Stimme [sprechen]; **avoir les ~s aux yeux** Tränen in den Augen haben; **avoir la ~ facile** beim geringsten Anlass in Tränen ausbrechen; **fondre en ~s** in Tränen ausbrechen

larmoiement [laʀmwamɑ̃] *m* ❶ MED Tränen *nt* [der Augen] ❷ *gén pl (pleurnicheries)* Geflenne *nt kein Pl fam*

larmoyant(e) [laʀmwajɑ̃, jɑ̃t] *adj ton, voix* weinerlich

larmoyer [laʀmwaje] <6> *vi* ❶ *œil:* tränen; *voix:* weinerlich sein; ***l'affaire fait ~ qn*** die Angelegenheit treibt jdm die Tränen in die Augen ❷ *(pleurnicher)* ~ ***sur qc*** über etw *akk* jammern

larron [laʀɔ̃] *m (vieilli)* Dieb *m* ▶ **s'entendre comme ~s en foire** wie Pech und Schwefel zusammenhalten; **le troisième** ~ *(littér)* der lachende Dritte

larve [laʀv] *f* ❶ ZOOL Larve *f* ❷ *(personne déchue)* menschliches Wrack

larvé(e) [laʀve] *adj état* latent

laryngite [laʀɛ̃ʒit] *f* Kehlkopfentzündung *f*

larynx [laʀɛ̃ks] *m* Kehlkopf *m*

las(ne) [lɑ, lɑs] *adj personne* abgespannt; *geste* müde

lasagne [lazaɲ] <[s]> *f* Lasagne *f*

lascar [laskaʀ] *m (fam)* Schlauberger *m*

lascif, -ive [lasif, -iv] *adj* lasziv

laser [lazɛʀ] **I.** *m* Laser *m* **II.** *app* Laser-; ***platine*** ~ Laserplatte *f*

lasérothérapie [lazeʀoteʀapi] *f* Laserstrahlenbehandlung *f*

lassant(e) [lɑsɑ̃, ɑ̃t] *adj* ermüdend

lasser [lɑse] <1> **I.** *vt* ermüden, überstrapazieren *patience;* ~ ***qn*** jdm auf die Nerven fallen; ***être lassé de tout*** alles satthaben *fam* **II.** *vpr* ***se ~ de qc*** einer S. *gen* überdrüssig werden; ***se ~ de faire qc*** es müde werden etw zu tun; ***sans se*** ~ ohne es satt zu kriegen *fam*

lassitude [lɑsityd] *f* ❶ *(fatigue physique)* Mattigkeit *f* ❷ *(fatigue morale)* Überdruss *m;* ***accepter par*** ~ um des [lieben] Friedens willen zustimmen *fam*

lasso [laso] *m* Lasso *m o nt*

lasure [lazyʀ] *f* Lasur *f*

latent(e) [latɑ̃, ɑ̃t] *adj* latent; *antagonisme, conflit* unterschwellig; ***à l'état*** ~ unterschwellig

latéral(e) [lateʀal, -o] <-aux> *adj (de côté)* Seiten-, seitlich

latéralement [lateʀalmɑ̃] *adv* seitlich, von der Seite

latex [latɛks] *m* Latex *m*

latin [latɛ̃] *m* Latein *nt* ▶ **y perdre son** ~ mit seinem Latein am Ende sein; *v. a.* **allemand**

latin(e) [latɛ̃, in] *adj* ❶ GEOG, HIST, LING lateinisch; *thème, version* Latein-; *civilisation, histoire* römisch ❷ *(opp: anglo-saxon)* romanisch; *tempérament* südländisch ❸ *(opp: orthodoxe)* römisch-katholisch

latiniste [latinist] *mf* ❶ *(étudiant, élève)* Lateinschüler(in) *m(f)* ❷ *(spécialiste)* Latinist(in) *m(f)*

latinité [latinite] *f* ❶ *(caractère)* südländische Art ❷ HIST lateinische Welt [*o* Kultur]

latino-américain(e) [latinoameʀikɛ̃, ɛn] <latino-américains> *adj* lateinamerikanisch **Latino-américain(e)** [latinoameʀikɛ̃, ɛn] <Latino-américains> *m(f)* Lateinamerikaner(in) *m(f)* **Latino-Américain(e)** [latinoameʀikɛ̃, ɛn] <Latino-Américains> *m(f)* Lateinamerikaner(in) *m(f)*

latitude [latityd] *f* ❶ GEOG Breite *f* ❷ *(degré)* Breitengrad *m;* ~ ***nord/sud*** nördliche/südliche Breite; ***être à 45° de ~ nord*** auf 45° nördlicher Breite liegen ❸ *pl (régions)* Breiten *Pl;* ***sous nos ~s*** in unseren Breiten ❹ *(liberté)* [Handlungs]spielraum *m,* [Handlungs]freiheit *f;* ***toute*** ~ freie Hand

latrines [latʀin] *fpl* Latrine *f*

latte [lat] *f (planche)* Latte *f*

latter [late] <1> *vt (fam)* ***se faire*** ~ Dresche kriegen; ***se faire ~ la tronche*** eine aufs Maul kriegen

laudateur, -trice [lodatœʀ, -tʀis] *m, f (littér)* Lobredner(in) *m(f);* ***n'écoutez pas les ~s*** hört nicht auf die Schmeichler

laudatif, -ive [lodatif, -iv] *adj* lobend

lauréat(e) [lɔʀea, at] **I.** *adj* preistragend; ***les élèves/étudiants ~s*** die [mit einem Preis] ausgezeichneten Schüler/Studenten **II.** *m(f)* Preisträger(in) *m(f);* ~ ***du prix Nobel*** Nobelpreisträger

laurier [lɔʀje] *m* ❶ BOT Lorbeer[baum] *m* ❷ GASTR Lorbeer *m* ❸ *pl (gloire)* Lorbeeren *Pl;* ***s'endormir sur ses ~s*** sich auf seinen Lorbeeren ausruhen

laurier-rose [lɔʀjeʀoz] <lauriers-roses> *m* Oleander *m*

lavable [lavabl] *adj* abwaschbar; *tissu, vêtement* waschecht; ~ ***en machine*** waschmaschinenfest; ~ ***uniquement à la main*** nur Handwäsche

lavabo [lavabo] *m* ❶ *(cuvette)* Waschbecken *nt* ❷ *pl (toilettes)* Toilette *f*

lavage [lavaʒ] *m* Wäsche *f;* ***au*** ~ beim Waschen; ***au troisième*** ~ bei der dritten Wäsche; ~ ***d'estomac*** Magenspülung *f* ▶ ~ **de cerveau** Gehirnwäsche *f*

lavande [lavɑ̃d] *f* ❶ BOT Lavendel *m* ❷ *(parfum)* Lavendel[wasser *nt*] *m*

lavasse [lavas] *f (fam)* [dünne] Brühe

lave [lav] *f* Lava *f*

lave-glace [lavglas] <lave-glaces> *m* Scheibenwaschanlage *f;* ***donner un coup de*** ~ die Scheibe kurz ansprühen **lave-linge** [lavlɛ̃ʒ] *m inv* Waschmaschine *f*

lavement [lavmɑ̃] *m* ❶ MED Einlauf *m* ❷ REL Waschung *f*

laver [lave] <1> **I.** *vt* ❶ *(nettoyer)* waschen, spülen, abwaschen *vaisselle;* abwaschen, reinigen *mur;* wischen *sol;* ~ ***qc à la machine*** etw in der Maschine waschen; ~ ***qc à la serpillière*** etw mit dem Scheuerlappen wischen; ~ ***qc à l'éponge*** etw mit dem Schwamm reinigen; ~ ***qc à la main*** etw von Hand waschen; ~ ***qc au lave-vaisselle*** etw in der Spülmaschine spülen ❷ *(disculper)* ~ ***qn d'un soupçon*** jdn von einem Verdacht reinwaschen **II.** *vpr* ❶ *(se nettoyer)* ***se*** ~ sich waschen; ***se ~ les dents*** sich *dat* die Zähne putzen ❷ *(être lavable)* ***se*** ~ gewaschen werden; ***se ~ à 90°*** sich bis 90° waschen lassen

laverie [lavʀi] *f* Wäscherei *f;* ~ ***automatique*** Waschsalon *m*

lavette [lavɛt] *f* ❶ *(chiffon)* Spültuch *nt* ❷ *(fam: personne)* Waschlappen *m*

laveur, -euse [lavœʀ, -øz] *m, f* ~ ***de carreaux*** Fensterputzer; ~ ***de voitures*** Autowäscher

laveuse [lavøz] *f* CAN *(lave-linge)* Waschmaschine *f;* ~ ***de vaisselle*** *(lave-vaisselle)* Geschirrspülmaschine *f*

lave-vaisselle [lavvɛsɛl] *m inv* Geschirrspülmaschine *f*

lavis [lavi] *m* ❶ *(technique)* Laviertechnik *f;* ***au*** ~ in Laviertechnik ❷ *(œuvre)* Lavur *f,* lavierte Zeichnung

lavoir [lavwaʀ] *m* Waschhaus *nt*

laxatif [laksatif] *m* Abführmittel *nt*

laxatif, -ive [laksatif, -iv] *adj* abführend; ***remède*** ~ Abführmittel *nt;* ***être*** ~ abführend wirken

laxisme [laksism] *m* Laxheit *f*

laxiste [laksist] *adj* lax, locker

layette [lɛjɛt] *f* Babywäsche *f*

Lazare [lazaːʀ(ə)] *m* Lazarus *m*

lazzi [lazi] *m* Spott *m;* ***sous les ~s de la foule*** unter dem Gespött der Menge

LCD [ɛlsede] *m abr de* **liquid crystal display** LCD *nt;* ***écran*** ~ LCD-Bildschirm *m;* ***téléviseur*** *[**à écran**]* ~ LCD-Fernseher *m*

le [lə] *<devant voyelle ou h muet l'>* **I.** *art déf* der/die/das; ~ ***chien/chat/cochon*** der Hund/die Katze/das Schwein **II.** *pron pers, masc* ❶ *(personne)* ***elle ~ voit*** sie sieht ihn; ***elle l'aide*** sie hilft ihm; *(animal ou objet)* ***là-bas, il y a un cochon/chien/chat, ~ vois-tu? Je l'ai aidé à sortir de l'eau*** da drüben ist ein Schwein/Hund/eine Katze, siehst du es/ihn/sie? Ich habe ihm/ihr aus dem Wasser geholfen; ***où est mon manteau/sac? Je ne ~ trouve pas!*** wo ist mein Mantel/meine Tasche? Ich finde ihn/sie nicht! ❷ *avec laisser* ihn; ***il ~ laisse conduire la voiture*** er lässt ihn das Auto fahren ❸ *(valeur neutre)* ***je ~ comprends*** das verstehe ich; ***je l'espère!*** ich hoffe es! ❹ *avec un présentatif* er; ~ ***voici*** [*o* ***voilà***] ***!*** hier ist er!

lé [le] *m d'une étoffe, d'un papier peint* Bahn *f*

leader [lidœʀ] **I.** *m* ❶ COM Marktführer *m* ❷ SPORT Spitzenreiter(in) *m(f);* ***il est ~ du classement*** er ist Tabellenführer *m* ❸ *(chef)* Führer(in) *m(f)* **II.** *adj inv* führend

leadership [lidœʀʃip] *m* Führungsrolle *f*

leasing [liziŋ] *m* Leasing *nt*

lèche [lɛʃ] *f (fam)* ***faire de la ~ à qn*** vor jdm kriechen

lèche-botte [lɛʃbɔt] <lèche-bottes> *mf (fam)* Kriecher(in) *m(f);* ***faire du ~ à qn*** vor jdm kriechen **lèche-cul** [lɛʃky] <lèche-culs> *mf (vulg)* Arschkriecher(in) *m(f)*

lèchefrite [lɛʃfʀit] *f* Fettpfanne *f*

lécher [leʃe] <5> **I.** *vt* ablecken *assiette, cuillère, visage;* auslecken *bol, plat;* auflecken *lait;* [schl]ecken *glace* **II.** *vpr* ***se ~ qc*** sich *dat* etw ablecken

lèche-vitrines [lɛʃvitʀin] *m sans pl* Schaufensterbummel *m;* ***faire du*** ~ einen Schaufensterbummel machen

leçon [l(ə)sɔ̃] *f* ❶ *(à apprendre)* Lektion *f;* ***d'une ~ à l'autre*** von einer Lektion zur anderen ❷ *(cours)* Stunde *f* ❸ *(morale)* Lehre *f,* Lektion *f;* ***servir de ~ à qn*** jdm eine Lehre sein

lecteur [lɛktœʀ] *m* ❶ MEDIA Lesegerät *nt;* ~ ***de son*** Tonabnehmer *m;* ~ ***de cassettes*** Kassettenrecorder *m;* ~ ***de CD*** CD-Player *m;* ~ ***de DVD*** DVD-Player; ~ ***MP3*** MP3-Player ❷ INFORM Laufwerk *nt;* ~ ***de CD-ROM*** CD-ROM-Laufwerk; ~ ***de carte à puce*** Chipkartenleser *m;* ~ ***optique*** Scanner *m*

lecteur, -trice [lɛktœʀ, -tʀis] *m, f* ❶ *(liseur)* Leser(in) *m(f)* ❷ *(qui fait la lecture)* Vorleser(in) *m(f)* ❸ UNIV, SCOL Lektor(in) *m(f)* ❹ INFORM Laufwerk *nt;* ~ ***du disque dur*** Festplattenlaufwerk; ~ *[**de**]* ***DVD*** DVD-Laufwerk; ~ ***optique*** Scanner *m*

lectrice [lɛktʀis] *f* ❶ *(personne qui lit)* Leserin *f;* ~ ***de/du roman*** Romanleserin ❷ *(personne qui fait la lecture)* Vorleserin *f* ❸ *(employée d'une maison d'édition)* [Verlags]lektorin *f* ❹ UNIV, SCOL Lektorin *f;* ***poste de*** ~ Lektorinnenstelle *f*

lecture [lɛktyʀ] *f* ❶ *(action de lire)* Lesen *nt;* ***aimer la*** ~ gern lesen ❷ *(action de lire à haute voix)* Vorlesen *nt;* ***faire la ~ de qc à qn*** jdm etw vorlesen; ***donner ~ de qc*** etw verlesen ❸ *(qc qui se lit)* Lektüre *f,*

Lesestoff *m;* ***mauvaises ~s*** Schund[lektüre *f*] *m* ❹ MEDIA, INFORM Lesen *nt;* ***~ optique*** optische Zeichenerkennung

ledit, **ladite** [lədi, ladit, ledi, ledit] <lesdit(e)s> *adj antéposé* der/die/das Genannte

légal(**e**) [legal, -o] <-aux> *adj* gesetzlich; *âge* gesetzlich [vorgeschrieben]; ***fête ~e*** gesetzlicher Feiertag; ***l'heure ~e*** Normalzeit *f*

légalement [legalmɑ̃] *adv* legal

légalisation [legalizasjɔ̃] *f d'un avortement, d'une drogue* Legalisierung *f*

légaliser [legalize] <1> *vt* ❶ *(autoriser)* legalisieren ❷ *(authentifier)* [amtlich] beglaubigen

légalité [legalite] *f (respect de la loi)* Legalität *f;* ***sortir de la ~*** sich außerhalb der Legalität bewegen

légataire [legatɛʀ] *mf* Vermächtnisnehmer(in) *m(f)*

légation [legasjɔ̃] *f* Gesandtschaft *f*

légendaire [leʒɑ̃dɛʀ] *adj* ❶ *animal* Fabel-; *figure* Sagen-; *histoire* legendär ❷ *(célèbre)* legendär

légende [leʒɑ̃d] *f* ❶ *(mythe)* Sage *f,* Legende *f;* ***un personnage de ~*** eine legendäre Gestalt ❷ *d'une carte, d'un plan* Legende *f; d'une photo* [Bild]unterschrift *f*

léger, **-ère** [leʒe, -ɛʀ] *adj* ❶ *(opp: lourd)* leicht; *vêtement* dünn; ***poids ~*** Leichtgewicht *nt* ❷ *(de faible intensité)* leicht; *peine* mild; *doute, soupçon* leise; *bruit* schwach; *couche de neige* dünn; ***les blessés ~s*** die Leichtverletzten ❸ *(insouciant)* ***d'un cœur ~*** leichten Herzens ❹ *(péj: superficiel)* oberflächlich ►**à la légère** leichtfertig; ***il prend tout à la légère*** er nimmt alles auf die leichte Schulter

Falsche Freunde
Nicht verwechseln mit *leger – décontracté(e)*!

légèrement [leʒɛʀmɑ̃] *adv* ❶ *(un peu)* etwas, ein bisschen ❷ *(euph: vraiment)* leicht ❸ *(avec des choses légères)* leicht; ***s'habiller ~*** etwas Leichtes anziehen ❹ *(avec grâce, délicatement)* anmutig; ***marcher plus ~*** etwas leichtfüßiger gehen ❺ *(sans gravité)* leicht; ***~ handicapé*** leicht behindert

légèreté [leʒɛʀte] *f* ❶ *(faible poids)* Leichtigkeit *f* ❷ *(insouciance)* Leichtfertigkeit *f* ❸ *(superficialité)* Oberflächlichkeit *f*

leggings [legiŋs] *mpl,* **leggins** [legins] *mpl* Leggings *Pl,* Leggins

légiférer [leʒifeʀe] <5> *vi* Gesetze erlassen

légion [leʒjɔ̃] *f* ❶ MIL Legion *f;* ***la Légion étrangère*** die Fremdenlegion ❷ *(décoration)* ***la Légion d'honneur*** die Ehrenlegion

légionellose [leʒjɔneloz] *f* MED Legionärskrankheit *f,* Legionellose *f*

légionnaire [leʒjɔnɛʀ] *mf (membre de la Légion d'Honneur)* Mitglied *nt* der Ehrenlegion

législateur, **-trice** [leʒislatœʀ, -tʀis] *m, f* Gesetzgeber(in) *m(f)*

législatif, **-ive** [leʒislatif, -iv] **I.** *adj* gesetzgebend; ***pouvoir ~*** gesetzgebende Gewalt **II.** *m, f pl* Parlamentswahlen *Pl*

législation [leʒislasjɔ̃] *f* Gesetzgebung *f;* ***la ~ française*** das französische Recht

législatives [leʒislativ] *f pl* Parlamentswahlen *Pl*

législature [leʒislatyʀ] *f* Legislatur[periode *f*] *f*

légiste [leʒist] *mf* Jurist(in) *m(f)*

légitimation [leʒitimasjɔ̃] *f* ❶ POL Legitimation *f geh* ❷ JUR Ehelich[keits]erklärung *f;* ***~ d'action/de l'action*** Klagelegitimation *f*

légitime [leʒitim] *adj* ❶ JUR rechtsgültig; *enfant* ehelich; ***femme ~*** Ehefrau *f* ❷ *(justifié)* berechtigt

légitimement [leʒitimmɑ̃] *adv* legitimerweise; JUR rechtmäßig; ***on pourrait ~ en conclure que …*** es wäre durchaus rechtens, daraus zu schließen, dass …

légitimer [leʒitime] <1> *vt* ❶ *(justifier)* rechtfertigen ❷ JUR legitimieren, als ehelich anerkennen, legitimieren *enfant*

légitimiser [leʒitimize] <1> *vt v.* **légitimer 1.**

légitimité [leʒitimite] *f* Rechtmäßigkeit *f;* ***en toute ~*** ganz legitim

legs [lɛ(g)] *m* JUR Vermächtnis *nt*

léguer [lege] <5> *vt* JUR ***~ qc à qn*** jdm etw vermachen

légume [legym] **I.** *m* Gemüse *nt kein Pl;* ***~s secs*** Hülsenfrüchte *Pl* **II.** *f* ►**une grosse ~** *(fam)* ein hohes Tier

légumier, **-ière** [legymje, -jɛʀ] *m, f* BELG *(marchand)* Gemüsehändler(in) *m(f)*

légumineuse [legyminøz] *f* Hülsenfrucht *f*

leitmotiv [lajtmɔtif, lɛtmɔtiv] <[e]> *m* Leitmotiv *nt*

lendemain [lɑ̃dmɛ̃] *m* ❶ *sans pl (la journée qui suit)* ***le ~*** der nächste [*o* folgende]

L

Tag ❷ *(indication temporelle)* ***le*** ~ am nächsten [*o* folgenden] Tag, tags darauf; ***le ~ soir*** am darauf folgenden Abend; ***du jour au*** ~ von heute auf morgen ❸ *(temps qui suit)* ***au ~ du mariage*** kurz nach der Hochzeit ❹ *(avenir)* Zukunft *f* ► **il ne faut jamais remettre au ~ ce qu'on peut faire le jour même** *(prov)* was du heute kannst besorgen, das verschiebe nicht auf morgen

lénifiant(e) [lenifjɑ̃, jɑ̃t] *adj* [schmerz]lindernd; *propos* beschwichtigend

lent(e) [lɑ̃, lɑ̃t] *adj* ❶ *(opp: rapide)* langsam; *esprit* schwerfällig; ***aller à pas ~s*** langsam gehen; ***il est ~ à comprendre*** es dauert lange, ehe er begreift ❷ *(qui met du temps à opérer)* langsam

lente [lɑ̃t] *f* Nisse *f*

lentement [lɑ̃tmɑ̃] *adv* langsam ► **~, mais sûrement** langsam, aber sicher

lenteur [lɑ̃tœʀ] *f* ❶ *(opp: rapidité)* Langsamkeit *f;* ***~ d'esprit*** geistige Trägheit *f;* ***se déplacer avec ~*** langsam gehen ❷ *pl (atermoiements)* Umständlichkeit *f;* ***les ~s de l'administration*** der schwerfällige Verwaltungsapparat

lentille [lɑ̃tij] *f* ❶ BOT Linse *f* ❷ *pl* GASTR Linsen *Pl* ❸ OPT Linse *f;* ***~s de contact*** Kontaktlinsen *Pl*

léopard [leɔpaʀ] *m* ❶ ZOOL Leopard *m;* ***~ femelle*** Leopardenweibchen *nt* ❷ *(fourrure)* Leopardenfell *nt*

lepénisme [løpenism] *m Ideologie des Front National und seines Gründers Le Pen*

lepéniste [løpenist] *mf* Anhänger(in) *m(f)* des Front National

lèpre [lɛpʀ] *f* MED Lepra *f;* ***atteint de la ~*** an Lepra erkrankt

lépreux, -euse [lepʀø, -øz] **I.** *adj* ❶ MED leprakrank ❷ *(rongé)* heruntergekommen **II.** *m, f* Leprakranke(r) *f(m)*

lequel, laquelle [ləkɛl, lakɛl, lekɛl] <lesquels, lesquelles> **I.** *pron interrog* ❶ *(se rapportant à une personne)* welcher/welche/welches; ***regarde cette fille! – laquelle?*** sieh nur dieses Mädchen! – welches?; ***~/laquelle d'entre vous ...?*** wer von euch ...?; ***auxquels de ces messieurs devrai-je m'adresser?*** an welche dieser Herren soll ich mich wenden?; ***demandez à l'un de vos élèves, n'importe ~!*** fragen Sie einen Ihrer Schüler, ganz gleich welchen! ❷ *(se rapportant à un animal, un objet)* welcher/welche/welches; ***je ne sais lesquels prendre!*** ich weiß nicht, welche ich nehmen soll!; ***~ de ces chiens/flacons ...?*** welcher dieser Hunde/welches dieser Fläschchen ...? **II.** *pron rel* ❶ *(se rapportant à une personne)* der/die/das, welcher/welche/welches; ***la concierge, laquelle ...*** die Hausmeisterin, die ...; ***la personne à laquelle je fais allusion*** die Person, auf die ich anspiele; ***les grévistes, au nombre desquels il se trouve*** die Streikenden, zu denen er zählt ❷ *(se rapportant à un animal, un objet)* der/die/das; ***une maison, laquelle ...*** ein Haus, das ...; ***la situation délicate dans laquelle nous nous trouvons*** die heikle Situation, in der wir uns befinden; ***la liberté, au nom de laquelle ...*** die Freiheit, in deren Namen ...

les [le] **I.** *art déf* die **II.** *pron pers, pl* ❶ *(personnes)* ***elle ~ voit/suit*** sie sieht sie/folgt ihnen; *(animaux ou objets)* ***là-bas, il y a des chiens, ~ vois-tu?*** da drüben sind Hunde, siehst du sie?; ***ces sacs? Je ~ ai trouvés*** diese Taschen? Ich habe sie gefunden ❷ *avec laisser* sie; ***il ~ laisse conduire la voiture*** er lässt sie das Auto fahren ❸ *avec un présentatif* sie; ***~ voici*** [*o* ***voilà***] ***!*** hier sind sie!

lesbien(ne) [lɛzbjɛ̃, jɛn] *adj* lesbisch

lesbienne [lɛzbjɛn] *f* Lesbierin *f*

léser [leze] <5> *vt* ❶ *(désavantager)* benachteiligen; ***partie lésée*** Geschädigte(r) *f(m)* ❷ *(nuire)* ***~ les intérêts de qn*** jds Interessen *dat* schaden

lésiner [lezine] <1> *vi* ***~ sur qc*** mit etw geizen

lésion [lezjɔ̃] *f* Verletzung *f*

lésionnel(le) [lezjɔnɛl] *adj* MED Verletzungs-

Lesotho [lezoto] *m* ***le ~*** Lesotho *nt*

lessivable [lesivabl] *adj* abwaschbar

lessivage [lesivaʒ] *m d'un mur* Abwaschen *nt; du sol* Schrubben *nt*

lessive [lesiv] *f* ❶ *(détergent)* Waschmittel *nt;* ***~ en poudre/liquide*** Waschpulver *nt*/flüssiges Waschmittel ❷ *(lavage)* Wäsche *f;* ***jour de ~*** Waschtag *m;* ***faire la ~*** [Wäsche] waschen ❸ *(linge à laver)* [Schmutz]wäsche *f*

lessiver [lesive] <1> *vt* ❶ *(nettoyer)* schrubben *pièce, sol;* abwaschen *murs* ❷ *(fam: épuiser)* ***être lessivé*** total erledigt sein

lest [lɛst] *m* Ballast *m*

leste [lɛst] *adj* ❶ *(vif)* behänd[e] *geh* ❷ *(grivois)* pikant

lester [lɛste] <1> *vt* Ballast laden, beschweren

letchi *v.* **litchi**

léthargie [letaʀʒi] *f* Lethargie *f*; ***sortir qn de sa ~*** jdn aus seiner Lethargie herausreißen

léthargique [letaʀʒik] *adj* lethargisch

letton [lɛtɔ̃] *m* Lettisch *nt*; *v. a.* **allemand**

letton(e) [lɛtɔ̃, ɔn] *adj* lettisch

Letton(e) [lɛtɔ̃, ɔn] *m(f)* Lette *m*/Lettin *f*

Lettonie [lɛtɔni] *f* ***la ~*** Lettland *nt*

lettre [lɛtʀ] *f* ❶ *(missive)* Brief *m*; ***~ d'affaires/d'amour/de menaces*** Geschäfts-/Liebes-/Drohbrief; ***~ de candidature*** Bewerbungsschreiben *nt*; ***mettre une ~ à la poste*** einen Brief aufgeben; ***par ~*** brieflich ❷ *(signe graphique)* Buchstabe *m*; ***remplir en ~s capitales!*** in Großbuchstaben ausfüllen!; ***c'est en grosses ~s dans les journaux*** das steht ganz groß in den Zeitungen ❸ *pl (opp: sciences)* Geisteswissenschaften *Pl*; ***professeur de ~s*** Professor(in) *m(f)* für Philologie ❹ *sans pl (sens strict)* ***à la ~*** aufs Wort [genau]; ***prendre qc à la ~*** etw [wort]wörtlich nehmen ▶ **passer comme une ~ à la poste** *(fam)* reibungslos über die Bühne gehen; *proposition:* ohne Weiteres angenommen werden; **en toutes ~s** *(opp: en chiffres)* in Worten; *(sans abréviation)* ausgeschrieben; *(écrit noir sur blanc)* schwarz auf weiß; *(sans doute possible)* klar und deutlich

lettré(e) [letʀe] *adj* gebildet

leucémie [løsemi] *f* MED Leukämie *f*

leucémique [løsemik] MED **I.** *adj personne* an Leukämie leidend; ***être ~*** an Leukämie leiden **II.** *mf* Leukämiekranke(r) *f(m)*; ***c'est un/une ~*** er/sie ist an Leukämie erkrankt

leucocyte [løkɔsit] *m* weißes Blutkörperchen

leur[1] [lœʀ] *pron pers, inv* ❶ ***je ~ ai demandé s'ils/si elles venaient*** ich habe sie gefragt, ob sie kommen; ***ces sont tes chiens? tu ~ as donné à manger?*** sind das deine Hunde? hast du ihnen [schon] zu fressen gegeben?; ***tu as vu mes chaussures? je ~ ai donné un coup de brosse!*** hast du meine Schuhe gesehen? ich habe sie mit der Bürste poliert! ❷ *avec faire, laisser* sie; ***il ~ laisse/fait conduire la voiture*** er lässt sie das Auto fahren ❸ *avec être, devenir, sembler, (soutenu)* ***cela ~ semble bon*** das erscheint ihnen gut; *v. a.* **me** ❹ *(avec un sens possessif)* ***le cœur ~ battait fort*** ihre Herzen schlugen heftig

leur[2] [lœʀ] <leurs> **I.** *dét poss* ihr(e); *pl* ihre; ***les enfants et ~ père/mère*** die Kinder und ihr Vater/ihre Mutter; ***les arbres perdent ~s feuilles*** die Bäume verlieren die/ihre Blätter; ***à ~ détriment*** zu ihrem Nachteil; *v. a.* **ma, mon II.** *pron poss* ❶ ***le/la ~*** der/die/das ihre, ihre(r, s); ***les ~s*** die ihren, ihre ❷ *pl (ceux de leur famille)* ***les ~s*** ihre Angehörigen; *(leurs partisans)* ihre Anhänger; ***il est des ~s*** er gehört zu ihnen, er ist einer von ihnen/euch ▶ **ils y mettent du ~** sie tun, was sie können; *v. a.* **mien**

leurre [lœʀ] *m* PECHE künstlicher Köder

leurrer [lœʀe] <1> *vt* täuschen

leurs [lœʀ] *v.* **leur**

levage [ləvaʒ] *m* ❶ GASTR *d'une pâte* Gehen *nt* ❷ *(action de soulever)* [An]heben *nt*

levain [ləvɛ̃] *m (pour pain)* Sauerteig *m*; *(pour gâteau)* Vorteig *m*; ***pain au/sans ~*** Sauerteigbrot/ungesäuertes Brot

levant [ləvɑ̃] *m (est)* Morgenland *nt*

levé(e) [l(ə)ve] *adj* ❶ *(haussé) poing, main* erhoben ❷ *(dressé) menhir* aufgestellt ❸ *(sorti du lit)* ***être ~*** auf sein

levé de terrain *m* Landvermessung *f*

levée [l(ə)ve] *f* POST Leerung *f*; ***heures de ~*** Leerungszeiten *Pl*

lève-glace [lɛvglas] <lève-glaces> *m* Fensterheber *m*

lever [l(ə)ve] <4> **I.** *vt* ❶ *(soulever)* [hoch]heben, hochziehen *store, rideau de théâtre;* heben *jambe, tête, visage;* ***~ qc*** etw [hoch]heben; ***~ le bras*** *(pour prendre qc)* den Arm in die Höhe strecken; ***~ la main*** die Hand heben; *(pour prendre la parole)* sich zu Wort melden; ***~ les yeux vers qn*** zu jdm aufblicken; ***ne pas ~ le nez de son livre*** nicht von seinem Buch aufblicken ❷ *(sortir du lit)* aus dem Bett holen *enfant;* ***~ un malade*** einem Kranken beim Aufstehen helfen; ***faire ~ qn*** jdn zum Aufstehen bringen, jdn aus dem Bett holen, jdn aufstehen lassen ❸ *(faire cesser)* ***être levé*** *séance:* geschlossen werden **II.** *vpr* **se ~** ❶ *(se mettre debout)* sich erheben; ***se ~ de table*** vom Tisch aufstehen ❷ *(sortir du lit)* aufstehen; ***il s'est levé*** er ist aufgestanden ❸ *(commencer à paraître) lune, soleil:* aufgehen; *jour, aube:* anbrechen ❹ *(se soulever) rideau:* aufgehen; *main:* sich [er]heben ❺ *(commencer à s'agiter) mer:* unruhig werden; *vent:* aufkommen ❻ *(devenir meilleur) temps:* aufklaren; *brouillard:* sich lichten **III.** *vi* ❶ *(gonfler) pâte:* gehen ❷ *(pousser)* aufkeimen **IV.** *m*

L

au ~ du soleil bei Sonnenaufgang; ***~ du jour*** Tagesanbruch *m*
lève-tard [lɛvtaʀ] *mf inv (fam)* Langschläfer(in) *m(f)* **lève-tôt** [lɛvto] *mf inv (fam)* Frühaufsteher(in) *m(f)* **lève-vitre** [lɛvvitʀ] <lève-vitres> *m* Fensterheber *m*
levier [ləvje] *m* ❶ *(pour soulever)* Hebel *m; **faire ~ sur qc*** den Hebel an etw *dat* ansetzen ❷ *(tige de commande)* Hebel *m; **~ de commande/de [changement de] vitesse*** Schalthebel ▶ **être aux ~s de commande** das Steuer in der Hand haben
levraut [ləvʀo] *m* [Hasen]junge(s) *nt*
lèvre [lɛvʀ] *f* ❶ ANAT *de la bouche* Lippe *f; **~ inférieure/supérieure*** Unter-/Oberlippe; ***la cigarette aux ~s*** die Zigarette im Mund ❷ *pl (parties de la vulve)* Schamlippen *Pl* ▶ **ne pas desserrer les ~s** den Mund nicht aufmachen *fam*
levrette [ləvʀɛt] *f* ❶ *(femelle du lévrier)* Windhündin *f* ❷ *(variété de petite taille du lévrier d'Italie)* [italienisches] Windspiel *nt*
lévrier [levʀije] *m* Windhund *m*
levure [l(ə)vyʀ] *f a.* CHIM Hefe *f,* Germ *f* A; ***~ de boulanger*** frische Hefe; ***~ de bière*** Bierhefe; ***~ chimique*** Backpulver *nt*
lexical(e) [lɛksikal] <-aux> *adj* lexikalisch
lexicographie [lɛksikɔgʀafi] *f* Lexikografie *f*
lexicologie [lɛksikɔlɔʒi] *f* Lexikologie *f*
lexique [lɛksik] *m* ❶ *(dictionnaire bilingue)* Wörterbuch *nt; (dictionnaire technique, spécialisé)* Lexikon *nt,* Wörterbuch; *(en fin d'ouvrage)* Glossar *nt* ❷ *(vocabulaire)* Wortschatz *m*
lézard [lezaʀ] *m* Eidechse *f; **~ femelle*** Eidechsenweibchen *nt*
lézarde [lezaʀd] *f* Riss *m*
lézarder[1] [lezaʀde] <1> *vi (fam)* Sonne tanken
lézarder[2] [lezaʀde] <1> **I.** *vt* rissig machen *mur; **être lézardé*** rissig sein **II.** *vpr **se ~** mur:* Risse bekommen
liaison [ljɛzɔ̃] *f* ❶ TELEC, MIL, TRANSP Verbindung *f; **~ radio/téléphonique*** Funk-/Telefonverbindung; ***être en ~ avec qn*** mit jdm verbunden sein; ***mettre qn en ~ avec qn*** jdn mit jdm in Verbindung setzen; ***restons en ~!*** bleiben wir [doch] in Verbindung!; ***travailler en ~ étroite avec qn*** mit jdm eng zusammenarbeiten ❷ *(enchaînement)* Zusammenhang *m; **sans ~ avec le reste*** in keinem Zusammenhang mit dem Rest ❸ LING Liaison *f; **faire la ~*** die Liaison machen ❹ *(relation amoureuse)* Verhältnis *nt*

liane [ljan] *f* Liane *f*
liant [ljɑ̃] *m* Bindemittel *nt*
liasse [ljas] *f de documents* Stoß *m; de billets* Bündel *nt; **en ~ de 100*** in Bündeln zu je 100
Liban [libɑ̃] *m **le ~*** der Libanon
libanais [libanɛ] *m* Libanesisch *nt; v. a.* **allemand**
libanais(e) [libanɛ, ɛz] *adj* libanesisch
Libanais(e) [libanɛ, ɛz] *m(f)* Libanese *m/* Libanesin *f*
libations [libasjɔ̃] *fpl* ▶ **faire des ~** [*o* **de joyeuses ~**] Trinkgelage *nt* veranstalten
libelle [libɛl] *m (diatribe)* Schmähschrift *f*
libellé [libele] *m* Wortlaut *m*
libeller [libele] <1> *vt (remplir, rédiger)* ausstellen *chèque;* aufsetzen *contrat*
libellule [libelyl] *f* Libelle *f*
libéral(e) [libeʀal, -o] <-aux> **I.** *adj* ❶ ECON, POL liberal; ***économie ~e*** freie Marktwirtschaft ❷ *(non salarié)* freiberuflich; ***professions ~es*** selb[st]ständige Berufe ❸ *(tolérant)* tolerant; *éducation* frei **II.** *m(f)* POL Liberale(r) *f(m)*
libéralement [libeʀalmɑ̃] *adv* großzügig
libéralisation [libeʀalizasjɔ̃] *f* Liberalisierung *f*
libéraliser [libeʀalize] <1> *vt* liberalisieren
libéralisme [libeʀalism] *m* ECON, POL Liberalismus *m*
libéralité [libeʀalite] *f sans pl (littér)* Großzügigkeit *f*
libérateur, -trice [libeʀatœʀ, -tʀis] **I.** *adj* befreiend **II.** *m, f* Befreier(in) *m(f)*
libération [libeʀasjɔ̃] *f* ❶ *d'un détenu* [Haft]entlassung *f; d'un prisonnier politique* Freilassung *f* ❷ *(a. fig: délivrance)* Befreiung *f; **la ~ de la femme*** die Befreiung der Frau; ***la Libération*** die Befreiung
libéré(e) [libeʀe] *adj (émancipé)* emanzipiert, befreit
libérer [libeʀe] <5> **I.** *vt* ❶ *(relâcher)* freilassen, [aus der Haft] entlassen *condamné* ❷ *(délivrer)* befreien; ***~ qn*** jdn befreien ❸ *(décharger) **~ qn de sa dette*** jds Schulden tilgen; ***~ qn d'une promesse*** jdn von einem Versprechen entbinden ❹ *(dégager)* frei machen *voie* ❺ *(rendre disponible)* räumen *chambre; **cela me libérerait un peu de temps*** dadurch hätte ich etwas mehr Zeit; ***~ qn/qc*** jdn/etw befreien **II.** *vpr* ❶ *(se délivrer) **se ~ de ses liens*** sich von seinen Fesseln befreien; ***se ~ de ses soucis*** seine Sorgen abschütteln ❷ *(se rendre libre) **se ~*** sich frei machen ❸ *(devenir vacant) **se ~** poste, place:* frei werden
Libéria [libeʀja] *m **le ~*** Liberia *nt*

libérien(ne) [libeʀjɛ̃, jɛn] *adj* liberianisch, liberisch

Libérien(ne) [libeʀjɛ̃, jɛn] *m(f)* Liberianer(in) *m(f)*, Liberier(in) *m(f)*

libériste [libeʀist] *mf* Drachenflieger(in) *m(f)*

libéro [libeʀo] *m* SPORT Libero *m*

liberté [libɛʀte] *f* ❶ *sans pl (opp: oppression, emprisonnement)* Freiheit *f*; ***mise en ~ d'un prisonnier politique*** Freilassung *f* eines politischen Gefangenen; ***en ~*** *(opp: en captivité)* in Freiheit; *(opp: en prison)* auf freiem Fuß; ***être en ~ provisoire/surveillée*** vorläufig/auf Bewährung entlassen sein; ***rendre la ~ à qn*** jdn freilassen ❷ *sans pl (loisir)* freie Zeit; ***quelques heures/jours de ~*** einige freie Stunden/Tage ❸ *(droit)* Freiheit *f*; ***~ d'expression/d'opinion*** Meinungsfreiheit; ***~s syndicales*** gewerkschaftliche Rechte *Pl* ❹ *sans pl (indépendance)* Freiheit *f*, Unabhängigkeit *f* ❺ *sans pl (absence de contrainte)* Ungezwungenheit *f*; ***~ d'esprit/de jugement*** geistige Unabhängigkeit/freie Meinungsbildung; ***toute ~ de choix*** völlig freie Wahl; ***~ de culte*** Konfessionsfreiheit *f*; ***laisser toute ~ à qn*** jdm völlig freie Hand lassen; ***parler en toute ~*** ganz offen sprechen ▶ **Liberté, Égalité, Fraternité** Freiheit, Gleichheit, Brüderlichkeit; **prendre des ~s avec qn** *(être trop familier)* sich *dat* jdm gegenüber Freiheiten herausnehmen; *(sexuellement)* jdm gegenüber zudringlich werden

libertin(e) [libɛʀtɛ̃, in] *adj* ausschweifend

libertinage [libɛʀtinaʒ] *m d'une personne* ausschweifender Lebenswandel

libidineux, -euse [libidinø, -øz] *adj (littér)* lüstern

libido [libido] *f* Libido *f*

libraire [libʀɛʀ] *mf* Buchhändler(in) *m(f)*

librairie [libʀeʀi] *f* Buchhandlung *f*; ***en ~*** im Buchhandel; ***nouveautés parues en ~*** Neuerscheinungen *Pl* auf dem Büchermarkt; ***on ne trouve plus ce livre en ~*** dieses Buch ist vergriffen

librairie-papeterie [libʀɛʀipapɛtʀi] <librairies-papeteries> *f* Buch- und Schreibwarenhandlung *f*

libre [libʀ] *adj* frei; *propos, mœurs* locker; *discussion, cheveux* offen; *esprit, tête* klar; *prix* unverbindlich; ***elle est ~ de ses choix*** sie hat die freie Auswahl; ***~ à vous de refuser*** Sie können ablehnen; ***ne pas être ~*** *personne:* keine Zeit haben; ***avoir une seule main [de] ~*** nur eine Hand frei haben; ***il n'y a plus une seule cabine de ~*** es ist keine einzige Kabine mehr frei; ***être ~ de tout préjugé/engagement*** keinerlei Vorurteile/Verpflichtungen haben; ***laisser la taille/le cou ~*** *robe:* nicht eng an der Taille/am Hals anliegen; ***exercices/figures ~s*** SPORT Kür[übungen *Pl*]/Kür *f*

libre arbitre [libʀaʀbitʀ] *m sans pl* freier Wille, Willensfreiheit *f*

libre-échange [libʀeʃɑ̃ʒ] <libres-échanges> *m* Freihandel *m*

librement [libʀəmɑ̃] *adv* frei; *traduire* frei; *s'exprimer* ungezwungen; ***respirer plus ~*** freier atmen; ***avec lui, on peut parler ~*** mit ihm kann man [ganz] offen reden

libre penseur, -euse [libʀəpɑsœʀ, -øz] <libres penseurs> *m, f* Freidenker(in) *m(f)*

libre-service [libʀəsɛʀvis] <libres-services> *m* ❶ *(magasin)* Selbstbedienungsgeschäft *nt* ❷ *(restaurant)* Selbstbedienungsrestaurant *nt* ❸ *sans pl (système de vente)* Selbstbedienung *f*

librettiste [libʀetist] *mf* Librettist(in) *m(f)*

Libye [libi] *f* ***la ~*** Libyen *nt*

libyen(ne) [libjɛ̃, jɛn] *adj* libysch

Libyen(ne) [libjɛ̃, jɛn] *m(f)* Libyer(in) *m(f)*

lice [lis] ▶ **entrer en ~** in Aktion treten

licence [lisɑ̃s] *f* ❶ UNIV Licence *f*, Lizentiat *nt* CH; ***~ ès sciences*** Licence der Naturwissenschaften; ***faire une ~ d'allemand*** eine Licence in Deutsch machen ❷ COM, JUR, SPORT Lizenz *f*; ***~ de débit de boisson*** Schankkonzession *f*; ***joueur titulaire d'une ~*** Lizenzspieler *m*; ***fabriqué sous ~*** in Lizenz hergestellt

licencié(e) [lisɑ̃sje] *adj* UNIV mit Licence; ***être ~*** die Licence haben

licenciement [lisɑ̃simɑ̃] *m* Entlassung *f*; ***~ collectif*** Massenentlassung *f*; ***~ économique*** konjunkturbedingte Entlassung

licencier [lisɑ̃sje] <1> *vt* ***~ qn*** jdn entlassen

licencieux, -euse [lisɑ̃sjø, -jøz] *adj (littér) œuvre* anstößig; *propos* anzüglich; *mœurs, vie* zügellos

lichen [likɛn] *m* BOT Flechte *f*

licite [lisit] *adj* zulässig

licorne [likɔʀn] *f* Einhorn *nt*

licou [liku] *m* Halfter *m o nt*

lie [li] *f (dépôt)* [Boden]satz *m*; ***~ de vin*** Weinstein *m*

lié(e) [lje] *adj (proche)* ***être ~ avec qn*** jdm nahestehen; ***ils sont très ~s*** sie stehen sich *dat* sehr nahe

Liechtenstein [liʃtɛnʃtajn] *m* ***le ~*** Liechtenstein *nt*

liechtensteinois(e) [liʃtɛnʃtajnwa, waz] *adj* liechtensteinisch

Liechtensteinois(e) [liʃtɛnʃtajnwa, waz] *m(f)* Liechtensteiner(in) *m(f)*

lied [lid] <er *o* s> *m* Lied *nt*

lie-de-vin [lidvɛ̃] *adj inv* weinrot

liège [ljɛʒ] *m* Kork *m*; ***bouchon de ~*** Korken *m*

Liège [ljɛʒ] Lüttich *nt*

liégeois(e) [ljeʒwa, az] *adj* ❶ *(de Liège)* aus Lüttich ❷ ***café/chocolat ~*** Eiskaffee *m*/-schokolade *f*

lien [ljɛ̃] *m* ❶ *(attache)* Band *nt*; *(chaîne)* Fessel *f* ❷ *(rapport)* Verbindung *f*; ***~ entre deux/plusieurs choses*** Zusammenhang *m* zwischen zwei/mehreren Dingen ❸ *(ce qui unit)* ***~ affectif*** gefühlsmäßige Bindung; ***~ de parenté*** Verwandtschaftsverhältnis *nt*; ***nouer des ~s avec qn*** sich mit jdm anfreunden ❹ INFORM Link *m*

lier [lje] <1> **I.** *vt* ❶ *(attacher)* zusammenbinden *choses*; ***~ qn à qc*** jdn an etw *akk* fesseln ❷ *(assembler)* ***~ les mots*** Wörter gebunden aussprechen ❸ *(mettre en relation)* ***être lié à qc*** mit etw zusammenhängen ❹ *(unir)* ***~ qn/qc à qn/qc*** jdn/etw mit jdm/etw verbinden ❺ *(astreindre)* ***être lié par un serment*** durch einen Schwur gebunden sein **II.** *vpr* ***se ~ avec qn*** sich mit jdm anfreunden; ***ne pas se ~ facilement*** nicht so leicht Freundschaft schließen

lierre [ljɛʀ] *m* Efeu *m*

liesse [ljɛs] *f* ***en ~*** laut jubelnd; ***foule en ~*** laut jubelnde Menge

lieu¹ [ljø] <x> *m* ❶ *(endroit)* Ort *m*; ***~ de séjour/de naissance*** Aufenthalts-/Geburtsort; ***~ de travail*** Arbeitsstätte *f*; ***~ de rencontre*** Treffpunkt *m* ❷ *pl (locaux)* Räumlichkeiten *Pl*; *(endroit précis)* ***sur les ~x de l'accident*** am Unfallort; ***être déjà sur les ~x*** *police:* sich bereits vor Ort befinden; ***évacuer les ~x*** eine Örtlichkeit räumen ❸ *(endroit particulier)* ***haut ~ de la Résistance*** Hochburg *f* der Résistance; ***en haut ~*** an höherer Stelle; ***en ~ sûr*** *(à l'abri)* in Sicherheit; *(en prison)* hinter Schloss und Riegel ❹ *(dans une succession)* ***en premier/second/dernier ~*** zuerst/anschließend/schließlich ❺ *(place)* ***avoir ~*** stattfinden; *événement, accident:* sich ereignen; ***tenir ~ de qc à qn*** jdm etw ersetzen; ***au ~ de qc*** [an]statt einer S. *gen*; ***au ~ de cela*** stattdessen ❻ *(raison)* ***il n'y a pas ~ de s'inquiéter*** es besteht kein Anlass zur Beunruhigung; ***donner ~ à qc*** *(provoquer)* zu etw führen; *(fournir l'occasion de)* den Anlass zu etw geben

lieu² [ljø] <s> *m* ZOOL Seelachs *m*; ***~ jaune*** Pollack *m*; ***~ noir*** Seelachs *m*

lieu commun [ljøkɔmœ̃] <lieux communs> *m* Gemeinplatz *m*

lieudit, lieu-dit [ljødi] <lieux-dits> *m* Ort, der/Stelle, die einen Flurnamen trägt

lieue [ljø] *f* Meile *f*

lieutenant [ljøt(ə)nɑ̃] *m* ❶ MIL Oberleutnant *m* ❷ *(adjoint)* Gefolgsmann

lieutenant-colonel [ljøt(ə)nɑ̃kɔlɔnɛl] <lieutenants-colonels> *m* Oberstleutnant *m*

lièvre [ljɛvʀ] *m* ZOOL [Feld]hase *m* ▶ **courir deux/plusieurs ~s à la fois** auf zwei/mehreren Hochzeiten tanzen; **courir comme un ~** wie ein Wiesel laufen; **lever un ~** ein heikles Thema anschneiden

lifter [lifte] <1> *vt* ❶ *(au tennis)* mit Topspin spielen *balle* ❷ MED liften *peau*

lifting [liftiŋ] *m* Facelifting *nt*; ***se faire faire un ~*** sich liften lassen

ligament [ligamɑ̃] *m* ANAT Band *nt*

ligaturer [ligatyʀe] <1> *vt* MED unterbinden

light [lajt] *adj inv* light

lignard [liɲaʀ] *m* Elektriker(in) *m(f)*

ligne [liɲ] *f* ❶ *(trait)* Strich *m*, Linie *f*; MATH Linie ❷ *(limite réelle)* Linie; ***~ d'arrivée/de départ*** Ziel-/Startlinie; ***~ de but*** Torlinie ❸ *(limite imaginaire)* ***~ d'horizon*** Horizont *m*; ***~ de tir*** Schusslinie ❹ *(suite de mots)* Zeile *f*; ***de huit ~s*** achtzeilig; ***à la ~!*** neue Zeile!, Absatz!; ***~ commentaire*** INFORM Kommentarzeile; ***~ de commande*** INFORM Befehlszeile ❺ *(trait de la main)* Linie *f* ❻ *d'un nez* Form *f*; *d'un tailleur* Schnitt *m*; *d'une voiture, d'un meuble* Linie *f* ❼ *sans pl (silhouette)* [schlanke] Linie, Figur *f*; ***avoir/garder la ~*** schlank sein/bleiben ❽ *(ensemble de produits cosmétiques)* Pflegelinie *f* ❾ *(point)* ***les grandes ~s de l'ouvrage*** die Leitgedanken des Werkes ❿ *(direction)* ***~ droite*** Gerade *f*, gerader [Strecken]abschnitt; ***en ~ droite*** geradewegs; ***5 km en ~ droite*** 5 km Luftlinie; ***la dernière ~ droite avant l'arrivée*** die Zielgerade ⓫ *(voie)* ***~ d'action*** Vorgehensweise *f*; ***~ de conduite*** Grundsätze *Pl*, Prinzipien *Pl*; ***être dans la ~ du parti*** der Parteilinie folgen ⓬ TRANSP Linie *f*, Strecke *f*; ***une ~ de métro*** eine [Metro]linie; ***~ de chemin de fer*** Eisenbahnstrecke *f*; ***~ maritime/aérienne*** Schifffahrts-/Fluglinie ⓭ PECHE Angelschnur *f* ⓮ ELEC, TELEC Leitung *f*; ***faire installer***

une ~ téléphonique einen Telefonanschluss legen lassen; ***être en ~*** gerade telefonieren; ***gardez la ~!*** CAN *(ne quittez pas)* legen Sie nicht auf!; ***la ~ est mauvaise*** die Verbindung ist schlecht ⓯ *(rangée)* Reihe *f;* ***se mettre en ~*** sich in einer Reihe aufstellen ⓰ MIL Linie *f,* Front *f* ⓱ *(filiation)* ***en ~ directe*** in direkter Linie ▶ **entrer en ~ de compte** eine Rolle spielen; **prendre qc en ~ de compte** *personne:* an etw *akk* denken; *projet:* etw berücksichtigen; **en ~** INFORM online; *cours, formation, diplôme* Online-; **hors ~** überragend; INFORM offline; **sur toute la ~** auf der ganzen Linie

lignée [liɲe] *f (descendance)* Nachkommenschaft *f*

ligner [liɲe] <1> *vt* linieren *page*

lignite [liɲit] *m* [junge] Braunkohle *f*

ligoter [ligɔte] <1> *vt* ❶ *(attacher)* fesseln ❷ *(priver de liberté)* ***être ligoté*** unfrei sein

ligue [lig] *f* Liga *f;* ***Ligue des droits de l'homme*** Liga für Menschenrechte

liguer [lige] <1> *vpr* ***se ~ contre qn*** sich gegen jdn verschwören; POL sich gegen jdn verbünden

like [lajk] *m* INET Like *nt*

liker [lajke] INET **I.** *vt* ***~ qc*** etw liken **II.** *vi* liken

lilas [lilɑ] **I.** *adj inv* lila[farben] **II.** *m* Flieder *m*

lilliputien(ne) [li(l)lipysjɛ̃, jɛn] **I.** *adj* winzig [klein] **II.** *m(f)* Liliputaner(in) *m(f)*

limace [limas] *f* Nacktschnecke *f*

limaçon [limasɔ̃] *m* ANAT Schnecke *f*

limaille [limɑj] *f* Feilspäne *Pl;* ***~ de fer*** Eisenfeilspäne

limande [limɑ̃d] *f* ZOOL Kliesche *f*

lime [lim] *f (outil)* Feile *f;* ***~ à ongles*** Nagelfeile *f*

limer [lime] <1> **I.** *vt* feilen *ongles, clé;* [glatt]feilen *métal, bois* **II.** *vpr* ***se ~ les ongles*** sich *dat* die Nägel feilen

limette [limɛt] *f* BOT Limette *f,* Limone *f*

limier [limje] *m* Spürhund *m*

liminaire [liminɛʀ] *adj* einführend; *note, discours* einleitend

limitatif, -ive [limitatif, -iv] *adj* einschränkend

limitation [limitasjɔ̃] *f* Einschränkung *f;* ***~ des armements/de vitesse*** Rüstungs-/Geschwindigkeitsbegrenzung *f;* ***~ des naissances*** Geburtenbeschränkung *f;* ***sans ~ de temps*** unbefristet

limite [limit] **I.** *app* ❶ *(extrême)* ***âge ~*** Altersgrenze *f,* Höchstalter *nt;* ***cas ~*** Grenzfall *m;* ***poids ~*** [zulässiges] Höchstgewicht; ***prix ~*** Preislimit *nt;* ***vitesse ~*** Höchstgeschwindigkeit *f* ❷ *(presque impossible)* fast unmöglich; ***ce cas me paraît ~*** dieser Fall erscheint mir höchst unwahrscheinlich ❸ *(fam: pas terrible)* ***être ~*** *personne:* nicht [gerade] umwerfend sein; *chose:* einen nicht vom Hocker hauen **II.** *f* ❶ *d'une étendue* Grenze *f; d'un terrain* Begrenzung[slinie] *f; d'une forêt, prairie* Rand *m* ❷ *(dans le temps)* Frist *f;* ***~ pour les inscriptions*** Einschreibefrist ❸ *(borne)* Grenzen *Pl;* ***sans ~s*** *ambition, vanité* maßlos; *pouvoir* uneingeschränkt; ***être à la ~ du supportable*** kaum noch zu ertragen sein; ***atteindre les ~s du ridicule*** [bereits] ans Lächerliche grenzen; ***dépasser les ~s*** zu weit gehen; ***il y a des ~s [à tout]*** alles hat seine Grenzen; ***dans les ~s de qc*** im Rahmen einer S. *gen;* ***dans une certaine ~*** bis zu einem gewissen Grad ❹ MATH Grenzwert *m* ▶ **à la ~** na ja; ***à la ~, je peux …*** im äußersten Fall kann ich …; ***à la ~, je ferais mieux de …*** wahrscheinlich wäre es das Beste, ich würde …; ***à la ~, on croirait que …*** man könnte fast meinen, …

limité(e) [limite] *adj* begrenzt; *sens* eng; ***être un peu ~*** *(fam) personne:* minderbemittelt sein; ***n'avoir qu'une confiance ~e en qn*** jdm nur bedingt vertrauen können

limiter [limite] <1> **I.** *vt* ❶ *(délimiter)* begrenzen ❷ *(restreindre)* einschränken; ***~ qc à l'essentiel*** etw auf das Wesentliche beschränken; ***il faut à tout prix ~ les dégâts*** der Schaden muss unbedingt begrenzt werden **II.** *vpr* ❶ *(s'imposer des limites)* ***se ~ dans qc*** sich in etw *dat* einschränken; *(en mangeant, buvant)* sich in etw *dat* mäßigen; *(dans son comportement)* sich bei etw zurückhalten ❷ *(se borner)* ***se ~ à qc*** sich auf etw *akk* beschränken

limitrophe [limitʀɔf] *adj* angrenzend

limogeage [limɔʒaʒ] *m (fam)* Abhalfterung *f*

limoger [limɔʒe] <2a> *vt (fam)* kaltstellen

limon [limɔ̃] *m (terre)* Schlamm *m*

limonade [limɔnad] *f* Limonade *f,* Kracherl *nt* SDEUTSCH, A

Limousin(e) [limuzɛ̃, in] *m(f)* ***le ~*** das Limousin

limousinage [limuzinɑʒ] *m* TECH Mauerwerk *nt* aus Bruchsteinen

limousine [limuzin] *f* [Luxus]limousine *f*

limpide [lɛ̃pid] *adj* ❶ *(pur)* klar; *regard* of-

L

fen; *air* rein; ***des yeux d'un bleu ~*** wasserblaue Augen ❷ *(intelligible)* klar

limpidité [lɛ̃pidite] *f (pureté)* Klarheit *f; de l'air* Reinheit *f*

lin [lɛ̃] *m* ❶ BOT Flachs *m* ❷ TEXTIL Leinen *nt*

linceul [lɛ̃sœl] *m* Leichentuch *nt*

linéaire [lineɛʀ] *adj* linear

linge [lɛ̃ʒ] *m* ❶ *sans pl (vêtements)* Wäsche *f;* ***du ~ de rechange*** [Unter]wäsche zum Wechseln; ***~ de toilette*** Handtücher *Pl;* ***avoir du ~ à laver*** Wäsche waschen müssen ❷ *(morceau de tissu)* Tuch *nt* ►**laver son ~ sale en famille** seine schmutzige Wäsche nicht in der Öffentlichkeit waschen; **blanc comme un ~** kreidebleich

lingerie [lɛ̃ʒʀi] *f* ❶ *sans pl (dessous)* ***~ féminine*** Damenwäsche *f* ❷ *(local)* Wäschekammer *f*

lingette [lɛ̃ʒɛt] *f* Erfrischungstuch *nt; (pour bébés)* Pflegetuch

lingot [lɛ̃go] *m* ❶ *(lingot d'or)* [Gold]barren *m* ❷ *(masse de métal)* Block *m*

linguiste [lɛ̃gɥist] *mf* Linguist(in) *m(f)*

linguistique [lɛ̃gɥistik] **I.** *adj* ❶ *(relatif à la science du langage)* linguistisch, Sprach- ❷ *(relatif à la langue)* ***communauté/famille ~*** Sprachgemeinschaft *f*/-familie *f* **II.** *f* Linguistik *f*

Aussprache
Normalerweise bleibt das -u- nach einem -g- stumm, bei **linguistique** und verwandten Wörtern wird es aber [ɥ] wie in *huit* gesprochen.

linguistiquement [lɛ̃gɥistikmɑ̃] *adv* sprachlich

lino [lino] *m (fam) abr de* **linoléum**

linoléum [linɔleɔm] *m* Linoleum *nt*

linteau [lɛ̃to] <x> *m* ARCHIT Sturz *m*

lion [ljɔ̃] *m* Löwe *m;* ***~ de mer*** Seelöwe; *v. a.* **lionne**

Lion [ljɔ̃] *m* Löwe *m; v. a.* **Balance**

lionceau [ljɔ̃so] <x> *m* Löwenjunge(s) *nt*

lionne [ljɔn] *f* Löwin *f; v. a.* **lion**

lipide [lipid] *m* Lipid *nt*

liposuccion [liposysjɔ̃] *f* Fettabsaugung *f*

liquéfier [likefje] <1> **I.** *vt* verflüssigen **II.** *vpr* ***se ~*** *gaz:* flüssig werden; *solide:* schmelzen

liquette [likɛt] *f (fam)* Hemd *nt*

liqueur [likœʀ] *f* Likör *m*

liquidation [likidasjɔ̃] *f* ❶ *(solde)* Ausverkauf *m;* ***~ totale du stock*** Räumungsverkauf ❷ JUR *d'une succession, d'un compte* Liquidation *f*

liquide [likid] **I.** *adj* ❶ *(fluide)* flüssig; ***être trop ~*** *sauce:* zu dünn[flüssig] sein ❷ *(disponible)* ***argent ~*** Bargeld *nt* **II.** *m* ❶ *(fluide)* Flüssigkeit *f;* ***~ amniotique*** Fruchtwasser *nt;* ***~ de frein[s]*** Bremsflüssigkeit *f;* ***~ vaisselle*** [Geschirr]spülmittel *nt;* ***les ~s et les solides*** flüssige und feste Körper ❷ *sans pl (argent)* Bargeld *nt;* ***en ~*** in bar

liquider [likide] <1> *vt* ❶ COM ausverkaufen *marchandise;* räumen *stock* ❷ *(fam: se débarrasser)* ausschalten *adversaire;* sich *dat* vom Hals schaffen *dossier;* ***voilà une affaire [de] liquidée*** so, das wäre erledigt ❸ *(fam: tuer)* liquidieren; ***se faire ~*** liquidiert werden ❹ *(fam: finir)* austrinken *boisson;* aufessen *nourriture* ❺ JUR auflösen *société, compte*

liquidité [likidite] *f* Liquidität *f*

liquoreux, -euse [likɔʀø, -øz] *adj* likörartig

lire[1] [liʀ] <irr> **I.** *vi* ❶ *(bouquiner)* lesen; ***savoir ~*** lesen können; ***~ à haute voix*** laut lesen ❷ *(deviner)* ***~ dans les lignes de la main de qn*** jdm aus der Hand lesen; ***~ dans les pensées de qn*** jds Gedanken lesen **II.** *vt* ❶ *(prendre connaissance de)* lesen *livre, auteur;* ***faire ~ un auteur à qn*** jdm einen Autor zu lesen geben; ***c'est à ~!*** das sollte man gelesen haben!; ***en espérant vous/te ~ bientôt*** in Erwartung Ihrer/deiner Nachricht; ***à te ~*** nach dem, was du schreibst ❷ *(déchiffrer)* lesen [können] ❸ *(donner lecture)* verlesen; *(faire la lecture)* ***~ qc à qn*** jdm etw [vor]lesen ❹ *(deviner)* ***~ la joie dans les yeux de qn*** Freude in jds Augen *dat* erkennen **III.** *vpr* ❶ *(euph)* ***qc/ça se laisse ~*** etw/das lässt sich lesen ❷ *(se déchiffrer)* ***l'hébreu se lit de droite à gauche*** das Hebräische wird von rechts nach links gelesen ❸ *(se comprendre)* ***ce texte peut se ~ de deux manières*** dieser Text kann auf zweierlei Weise verstanden werden ❹ *(se deviner)* ***la surprise se lisait sur son visage*** man konnte ihm/ihr die Überraschung vom Gesicht ablesen

lire[2] [liʀ] *f* HIST *(monnaie)* Lira *f*

lis[1] [lis] *m* Lilie *f*

lis[2] [li] *indic prés de* **lire**

lisais [lizɛ] *imparf de* **lire**

lisant [lizɑ̃] *part prés de* **lire**

Lisbonne [lisbɔn] Lissabon *nt*

liseré [liz(ə)ʀe] *m,* **liséré** [lizeʀe] *m* Borte *f*

liseron [lizʀɔ̃] *m* BOT Winde *f*

liseur, **-euse** [lizœʀ, -øz] *m, f* Leser(in) *m(f)*; ***un ~/une liseuse acharné*** ein Bücherwurm

liseuse[1] [lizøz] *f (vêtement)* Bettjäckchen *nt*

liseuse[2] [lizøz] *f* INFORM E-Book-Reader *m,* E-Reader

lisez [lize] *indic prés et impératif de* **lire**

lisibilité [lizibilite] *f* Lesbarkeit *f*

lisible [lizibl] *adj* gut lesbar; *écriture* leserlich; ***être peu/ne pas être ~*** *signature:* unleserlich sein

lisiblement [lizibləmɑ̃] *adv* leserlich; ***écrire ~*** deutlich schreiben

lisier [lizje] *m* AGR Gülle *f,* Jauche *f* SDEUTSCH, CH

lisière [lizjɛʀ] *f* ❶ COUT Webkante *f* ❷ *(limite)* Rand *m; d'un champ* Rain *m*

lisons [lizɔ̃] *indic prés et impératif de* **lire**

lisse [lis] *adj* glatt

lisser [lise] <1> **I.** *vt* glatt streichen, glätten *papier* **II.** *vpr* ***se ~ les cheveux/la moustache*** sich *dat* die Haare/den Bart glatt streichen

listage [listaʒ] *m sans pl a.* INFORM Auflisten *nt*

liste [list] *f* ❶ *(nomenclature)* Liste *f;* ***~ des absents*** Abwesenheitsliste; ***~ d'achats*** Einkaufsliste; ***~ électorale*** Wählerliste; ***~ de mariage*** Wunschliste; ***faire la ~ de qc*** [sich *dat*] eine Aufstellung von etw machen; ***les ~s des inscriptions sont closes*** es werden keine Bewerber mehr aufgenommen ❷ *(énumération)* ***~ des choses/personnes*** Liste *f* von Dingen/Menschen ▸ **être sur [la] ~ rouge** nicht im Telefonbuch stehen

lister [liste] <1> *vt* ❶ *(faire un listage)* ausdrucken ❷ *(mettre en liste)* auflisten

listing [listiŋ] *m* Liste *f; (document imprimé)* Ausdruck *m*

lit[1] [li] *m* ❶ *(meuble)* Bett *nt;* ***~ d'enfant*** Kinderbett; ***~ pour deux personnes*** Doppelbett; ***~ à baldaquin*** Himmelbett *nt;* ***~ de camp*** Feldbett; ***~ d'hôpital*** Krankenhausbett *nt;* ***~ de mort*** Sterbebett *nt;* ***aller au ~*** ins Bett gehen; ***mettre qn au ~*** jdn ins Bett bringen; ***au ~!*** [ab] ins Bett!; ***être cloué au ~*** ans Bett gefesselt sein ❷ *d'une rivière* Bett *nt;* ***sortir de son ~*** über die Ufer treten ▸ **du premier/second ~** aus erster/zweiter Ehe

lit[2] [li] *indic prés de* **lire**

litanie [litani] *f pl* REL Litanei *f*

litchi [litʃi] *m* ❶ *(arbre)* Litschibaum *m* ❷ *(fruit)* Litschi[pflaume *f*] *f*

literie [litʀi] *f (sommier et matelas)* Bettrost *m* und Matratze *f; (linge)* Bettwäsche *f;* ***le rayon ~*** die Bettenabteilung

lithographie [litɔgʀafi] *f* Lithografie *f*

litière [litjɛʀ] *f* Streu *f; d'un cheval, d'une vache* [Ein]streu; ***~ pour chats*** Katzenstreu

litige [litiʒ] *m (contestation)* Streit *m;* JUR Streitfall *m;* ***régler un ~*** einen Streit beilegen

litigieux, **-euse** [litiʒjø, -jøz] *adj* umstritten

litispendant(**e**) [litispɑ̃dɑ̃, ɑ̃t] *adj* JUR rechtshängig *Fachspr.*

litote [litɔt] *f* Litotes *f*

litre [litʀ] *m* ❶ *(mesure)* Liter *m;* ***un ~ d'eau/de lait*** ein Liter Wasser/Milch ❷ *(bouteille)* Literflasche *f; (contenu)* Liter *m*

litron [litʀɔ̃] *m (fam)* Liter *m* Wein

littéraire [liteʀɛʀ] **I.** *adj* ❶ *(relatif à la littérature)* literarisch; ***explication ~*** Textinterpretation *f;* ***un genre ~*** eine literarische Gattung ❷ *(opp: scientifique)* geisteswissenschaftlich; ***avoir l'esprit ~*** Sinn für Literatur haben **II.** *mf (opp: scientifique)* schöngeistiger Mensch; *(étudiant, professeur)* Geisteswissenschaftler(in) *m(f)*

littéral(**e**) [liteʀal, -o] <-aux> *adj traduction* wortgetreu; *copie* buchstabengetreu; ***le sens ~ d'un mot*** der eigentliche Sinn eines Wortes

littéralement [liteʀalmɑ̃] *adv* [wort]wörtlich; *(au sens fort)* buchstäblich; ***être ~ épuisé*** im wahrsten Sinn erschöpft sein

littérature [liteʀatyʀ] *f (œuvres, bibliographie)* Literatur *f*

littoral [litɔʀal, -o] <-aux> *m* Küstengebiet *nt*

littoral(**e**) [litɔʀal, -o] <-aux> *adj* Küsten-; ***flore/faune ~e*** Litoralflora *f*/-fauna *f*

Lituanie [litɥani] *f* ***la ~*** Litauen *nt*

lituanien [litɥanjɛ̃] *m* Litauisch *nt; v. a.* **allemand**

lituanien(**ne**) [litɥanjɛ̃, jɛn] *adj* litauisch

Lituanien(**ne**) [litɥanjɛ̃, jɛn] *m(f)* Litauer(in) *m(f)*

liturgique [lityʀʒik] *adj* liturgisch

live [lajv] *adj inv* live

livèche [livɛʃ] *f* BOT, GASTR Liebstöckel *nt o m,* Maggikraut *nt*

livide [livid] *adj* bleich; *lèvres* farblos; *lumière* fahl

living [liviŋ] *m,* **living-room** [liviŋʀum] <living-rooms> *m* Wohnzimmer *nt*

livrable [livʀabl] *adj* lieferbar; ***~ à domicile*** wird [ins Haus] geliefert

livraison [livʀɛzɔ̃] *f* Lieferung *f;* ~ ***de marchandises*** Warenlieferung; ~ ***à domicile*** Lieferung ins Haus; ***payable à la*** ~ zahlbar bei Lieferung; ***la dernière ~ d'une revue*** die letzte Ausgabe einer Zeitschrift

livre[1] [livʀ] *m* ❶ *(ouvrage)* Buch *nt;* ~ ***de cuisine*** Kochbuch; ~ ***d'enfant,*** ~ ***pour enfants*** Kinderbuch; ~ ***d'histoire/d'anglais*** Geschichts-/Englischbuch; ~ ***d'images*** Bilderbuch; ~ ***de lecture*** Lesebuch; ~ ***de poche*** Taschenbuch; ~ ***électronique*** [*o* ***en ligne***] E-Book *nt;* ~ ***scolaire*** Schulbuch; ~ ***à succès*** Bestseller *m* ❷ *sans pl (industrie)* ***le*** ~ das Buchwesen; ***salon du*** ~ Buchmesse *f* ❸ *(partie)* Band *m* ❹ *(registre)* ~ ***de caisse*** Kassenbuch; ~ ***d'or*** Goldenes Buch ▶ **à** ~ **ouvert** mühelos

livre[2] [livʀ] *f* ❶ *(unité monétaire)* Pfund *nt;* ~ ***sterling*** *(unité monétaire)* Pfund *nt* Sterling ❷ *(demi-kilogramme)* Pfund *nt* ❸ CAN *(0,453 kg)* Pfund *nt*

livrée [livʀe] *f* Livree *f*

livrer [livʀe] <1> **I.** *vt* ❶ *(fournir)* liefern *commande;* beliefern *client;* ***se faire ~ qc*** sich *dat* etw liefern lassen ❷ *(remettre)* ~ ***qn à la police*** jdn der Polizei ausliefern; ***être livré à la justice*** der Gerechtigkeit überantwortet werden *geh* ❸ *(dénoncer)* verraten ❹ *(abandonner)* ~ ***qn à la mort*** jdn dem Tod preisgeben; ***être livré à soi-même*** *personne, pays:* sich *dat* selbst überlassen sein ❺ *(dévoiler)* preisgeben, verraten **II.** *vpr* ❶ *(se rendre)* ***se ~ à qn*** sich jdm stellen ❷ *(se confier)* ***se ~ à qn*** sich jdm offenbaren; ***ne pas se ~ facilement*** sich nicht ohne Weiteres öffnen ❸ *(se consacrer)* ***se ~ à un sport*** sich einer Sportart widmen; ***se ~ à une enquête*** *police:* Nachforschungen anstellen; ***se ~ à ses occupations habituelles*** seinen gewohnten Beschäftigungen nachgehen

livresque [livʀɛsk] *adj* ***un savoir purement*** ~ reines Buchwissen

livret [livʀɛ] *m (registre)* Heft *nt;* ~ ***d'épargne*** Sparbuch *nt;* ~ ***de famille*** Familienbuch; ~ ***militaire*** Wehrpass *m;* ~ ***scolaire*** Zeugnis[heft] *nt*

livreur, -euse [livʀœʀ, -øz] *m, f* Lieferant(in) *m(f)*

lob [lɔb] *m* SPORT Lob *m*

lobby [lɔbi] <*s o* lobbies> *m* Lobby *f*

lobbying [lɔbiiŋ] *m* Lobbyismus *m*

lobe [lɔb] *m* ANAT, BOT Lappen *m;* ~ ***de l'oreille*** Ohrläppchen *nt*

local [lɔkal, -o] <-aux> *m* Raum *m;* ***des locaux*** *(salles)* Räumlichkeiten *Pl; (bureaux)* [Büro]räume *Pl;* ***des locaux à usage commercial*** gewerblich genutzte Räume

local(e) [lɔkal, -o] <-aux> *adj* örtlich; *anesthésie* lokal; *journal, page* Lokal-; *intérêt, hebdomadaire* lokal; *industrie* ortsansässig; ***arrivée à 1 h 30 heure ~e*** Ankunft 1 Uhr 30 Ortszeit; ***c'est une coutume ~e?*** ist das hier [so] üblich?

localement [lɔkalmɑ̃] *adv (par endroits)* stellenweise; *(à un endroit précis)* lokal

localisation [lɔkalizasjɔ̃] *f* Lokalisierung *f*

localiser [lɔkalize] <1> **I.** *vt* ❶ *(situer)* lokalisieren, orten *avion, navire;* ~ ***qc sur la carte*** etwas auf der Karte finden; ~ ***d'où vient le bruit*** herausfinden, woher das Geräusch kommt ❷ *(circonscrire)* eindämmen, eingrenzen *région, secteur;* ***être localisé*** örtlich begrenzt sein **II.** *vpr* ***se*** ~ *conflit, épidémie:* sich örtlich begrenzen

localité [lɔkalite] *f* Ort *m*

locataire [lɔkatɛʀ] *mf* Mieter(in) *m(f);* ***être*** ~ zur Miete wohnen

locatif [lɔkatif] *m* GRAM Lokativ *m*

location [lɔkasjɔ̃] *f* ❶ *d'une habitation, d'un terrain (par le locataire)* Mieten *nt; (par le propriétaire)* Vermieten; *d'une voiture, d'un bateau* Verleih *m;* ***voiture de*** ~ Leihwagen *m;* ***prendre/donner un appartement en*** ~ eine Wohnung mieten/vermieten ❷ *(maison à louer)* ***prendre une ~ pour les vacances*** eine Unterkunft für die Ferien mieten

location-vente [lɔkasjɔ̃vɑ̃t] <locations-ventes> *f* Leasing *nt;* ***en*** ~ auf Leasing-Basis

lock-out [lɔkaut] *m inv* Aussperrung *f*

lock-outer [lɔkaute] <1> *vt* aussperren *grévistes*

locomotion [lɔkɔmosjɔ̃] *f* Fortbewegung *f*

locomotive [lɔkɔmɔtiv] *f* TECH Lokomotive *f*

locuteur, -trice [lɔkytœʀ, -tʀis] *m, f* Sprecher(in) *m(f)*

locution [lɔkysjɔ̃] *f* [Rede]wendung *f*

loden [lɔdɛn] *m (tissu)* Loden *m; (manteau)* Lodenmantel *m*

lœss [løs] *m inv* GEOL Löss *m*

loft [lɔft] *m* Loft *m*

logarithme [lɔgaʀitm] *m* Logarithmus *m*

loge [lɔʒ] *f* ❶ *d'un concierge* Loge *f; d'un acteur* Garderobe *f* ❷ THEAT Loge *f* ▶ **[être] aux premières ~s** [etw] aus nächster Nähe [miterleben]

logeable [lɔʒabl] *adj* ❶ *(habitable) chambre* bewohnbar ❷ *(qui a de la place) placard, sac* geräumig

logement [lɔʒmɑ̃] *m* ❶ *(habitation)* Wohnung *f;* MIL Quartier *nt,* Unterkunft *f;* ~ ***de deux pièces*** Zweizimmerwohnung; ~ ***de fonction*** Dienstwohnung; ~ ***provisoire*** Behelfsunterkunft ❷ *(secteur)* ***le*** ~ der Wohnungsmarkt; ***crise du*** ~ Wohnungskrise *f;* ***politique en matière de*** ~ Wohnungspolitik *f*

loger [lɔʒe] <2a> **I.** *vi (séjourner) personne:* wohnen **II.** *vt* ❶ *(héberger)* unterbringen; ~ ***qn*** jdn unterbringen ❷ *(contenir)* ~ ***qn/qc*** *hôtel:* Platz für jdn/etw bieten ❸ *(envoyer avec une arme)* ~ ***une balle dans la tête de qn*** jdm eine Kugel in den Kopf jagen *fam* **III.** *vpr* ❶ *(trouver un logement)* ***se*** ~ ***chez un ami*** bei einem Freund unterkommen ❷ *(se placer)* ***aller se*** ~ ***entre deux vertèbres*** *balle:* zwischen zwei Wirbeln stecken bleiben

logeur, -euse [lɔʒœʀ, -ʒøz] *m, f* Vermieter(in) *m(f)*

loggia [lɔdʒja] *f* Loggia *f*

logiciel [lɔʒisjɛl] *m* Software *f;* ~ ***anti-virus*** Antivirenprogramm *nt;* ~ ***de courrier électronique*** Mailprogramm; ~ ***de traitement de texte*** Textverarbeitungsprogramm

logique [lɔʒik] **I.** *adj* logisch; ***ne pas être*** ~ sich *dat* widersprechen **II.** *f* PHILOS, MATH Logik *f;* ***manquer de*** ~ der Logik entbehren; ***être dans la*** ~ ***des choses*** in der Natur der Sache liegen; ***entrer dans une*** ~ ***de guerre*** sich in eine Kriegslogik begeben; ***en toute*** ~ logischerweise

logiquement [lɔʒikmɑ̃] *adv* ❶ *(normalement)* logischerweise ❷ *(rationnellement)* ***penser*** ~ logisch denken

logis [lɔʒi] *m (littér)* Heimstatt *f*

logisticien(ne) [lɔʒistisjɛ̃, jɛn] *m(f)* ❶ *(spécialiste de la logique mathématique)* Logiker *m* ❷ *(spécialiste de la logistique)* Logistiker *m*

logistique [lɔʒistik] *f* Logistik *f*

logo[type] [lɔgɔ(tip)] *m d'une entreprise* Logo *m o nt; d'un produit* Warenzeichen *nt*

loguer [lɔge] *vpr* **se** ~ INET sich anmelden, sich einloggen

loi [lwa] *f* ❶ *(prescription légale)* Gesetz *nt;* ***la*** ~ ***du talion*** das Prinzip Auge um Auge, Zahn um Zahn; ***la*** ~ ***est la même pour tous*** vor dem Gesetz sind alle [Menschen] gleich; ***j'ai la*** ~ ***pour moi*** das Gesetz ist auf meiner Seite ❷ *(ordre imposé)* Gesetz *nt; (par Dieu)* Gebot *nt;* ***dicter sa*** ~ befehlen; ***faire la*** ~ ***chez qn*** bei jdm befehlen; ***la*** ~ ***du moindre effort*** das Prinzip des geringsten Arbeitsaufwandes; ***c'est la*** ~ ***des séries*** ein Unglück kommt selten allein ❸ PHYS, MATH Gesetz *nt*

loin [lwɛ̃] *adv* ❶ *(distance)* ***au*** ~ in der Ferne; ***de*** ~ von Weitem; ***aller/être/partir*** ~ ***de sa ville natale*** weit weg von seiner Heimatstadt gehen/sein/gehen; ***c'est encore assez*** ~ das ist noch ziemlich weit; ***plus*** ~ weiter ❷ *(fig)* weit; ***il ira*** ~ er wird es weit bringen; ***j'irais même plus*** ~ ich würde sogar noch weiter gehen; ***voir plus*** ~ ***page 28*** siehe Seite 28; ***être/ne pas être*** ~ ***de faire qc*** weit/nicht weit davon entfernt sein, etw zu tun; ***qc ne mène pas*** ~ mit etw kommt man nicht weit; ***elle revient de*** ~ sie ist gerade noch einmal davongekommen; ***aller trop*** ~ zu weit gehen; ***voir*** ~ weit vorausdenken; ***de*** ~ bei Weitem; ~ ***de là*** [ganz] im Gegenteil; ***pas*** ~ ***de 10/1000*** fast 10/1000 ❸ *(dans le temps: passé)* lange her; *(futur)* weit weg; ***il n'est pas [très]*** ~ ***de minuit*** es ist fast Mitternacht; ***de*** ~ ***en*** ~ von Zeit zu Zeit ❹ *(au lieu de)* ~ ***de faire qc*** weit entfernt davon, etw zu tun; ~ ***de cela*** weit davon entfernt ► ~ **s'en faut** weit gefehlt

lointain(e) [lwɛ̃tɛ̃, ɛn] *adj* ❶ *(dans l'espace)* fern, entfernt ❷ *(dans le temps)* fern; *époque* weit zurückliegend; *souvenir* alt ❸ *(indirect)* entfernt; ***rapport*** ~ loser Zusammenhang ❹ *personne* in Gedanken versunken; *regard* abwesend

loir [lwaʀ] *m* Siebenschläfer *m* ► **dormir comme un** ~ wie ein Murmeltier schlafen

Loire [lwaʀ] *f* ***la*** ~ die Loire

loisir [lwaziʀ] *m* ❶ *sing o pl (temps libre)* Freizeit *f kein Pl;* ***heures de*** ~ Freizeit *f* ❷ *(passe-temps)* Freizeitbeschäftigung *f*

lol [lɔl] *interj (fam) abr de* **laughing out loud** INFORM lol

lolo [lolo] *m* ❶ *(enfantin: lait)* Milch *f* ❷ *(fam: sein)* Titten *Pl sl*

lombago *v.* **lumbago**

lombaire [lɔ̃bɛʀ] **I.** *adj* ***région*** ~ Lendengegend *f* **II.** *f* Lendenwirbel *m*

lombes [lɔ̃b] *mpl* Lenden *Pl*

lombric [lɔ̃bʀik] *m* Regenwurm *m*

londonien(ne) [lɔ̃dɔnjɛ̃, jɛn] *adj* Londoner

Londonien(ne) [lɔ̃dɔnjɛ̃, jɛn] *m(f)* Londoner(in) *m(f)*

Londres [lɔ̃dʀ] London *nt*

long [lɔ̃] **I.** *m* ***en*** ~ in der Länge; ***de*** ~ ***en large*** auf und ab; ***en*** ~ ***et en large*** lang und breit; ***tout au*** ~ ***du parcours*** die ganze Strecke; ***tout au*** ~ ***de sa vie*** sein ganzes Leben lang; ***avoir 2 km de*** ~ 2 km lang sein; ***tomber de tout son*** ~ der Länge nach hinfallen; *[tout] le ~ du mur* an der ganzen Wand entlang **II.** *adv* ***qc en dit ~*** etw besagt viel; ***qc en dit ~ sur qc*** etw sagt viel über etw *akk;* ***en savoir ~ sur qc*** gut Bescheid wissen über etw *akk*

long, longue [lɔ̃, lɔ̃g] *adj* ❶ *a. antéposé (dans l'espace)* lang; ***un ~ détour*** ein großer Umweg; ***~ de 5 km*** 5 km lang ❷ *antéposé (dans le temps)* lang; ***une longue habitude*** eine alte Gewohnheit; ***ce sera ~*** das wird lange dauern; ***être ~ à faire qc*** lange brauchen, um etw zu tun

> **Aussprache**
> Die Endung -g in **long** wird nicht gesprochen.

long-courrier [lɔ̃kuʀje] <long-courriers> *m* Langstreckenflugzeug *nt*

longe [lɔ̃ʒ] *f* Leine *f*

longer [lɔ̃ʒe] <2a> *vt* ❶ *(border)* ***~ qc*** *mur:* an etw *dat* entlanglaufen; *sentier:* an etw *dat* entlangführen; *rivière:* an etw *dat* entlangfließen ❷ *(se déplacer le long de)* ***~ qc*** *bateau, véhicule:* an etw *dat* entlangfahren; *personne: (à pied)* an etw *dat* entlanggehen; *(en voiture)* an etw *dat* entlangfahren

longeron [lɔ̃ʒʀɔ̃] *m* TECH Längsträger *m; d'une charpente* Längsbalken *m*

longévité [lɔ̃ʒevite] *f* ❶ *(longue durée de vie)* Langlebigkeit *f* ❷ *(durée de vie)* Lebensdauer *f*

longiligne [lɔ̃ʒiliɲ] *adj personne* schmal und hoch gewachsen

longitude [lɔ̃ʒityd] *f* Länge *f;* ***43° de ~ est/ouest*** 43° östlicher/westlicher Länge

longitudinal(e) [lɔ̃ʒitydinal, -o] <-aux> *adj* ***axe ~*** Längsachse *f*

longitudinalement [lɔ̃ʒitydinalmɑ̃] *adv* in Längsrichtung

longtemps [lɔ̃tɑ̃] *adv (un temps long)* lange, lange Zeit; ***il y a ~*** das ist schon lange her; ***il y a très ~, ...*** vor langer Zeit ...; ***il y a ~ que j'ai fini, j'ai fini depuis ~*** ich bin schon lange fertig; ***en avoir pour ~*** lange brauchen; ***être à Paris pour ~*** längere Zeit in Paris sein; ***aussi ~ que tu veux*** so lange wie Du willst; ***aussi ~ qu'il le faudra*** so lange wie nötig; ***~ avant/après qc*** lange [Zeit] vor etw *dat*/nach etw

longue [lɔ̃g] *f* ► **à la ~** auf [die] Dauer

longuement [lɔ̃gmɑ̃] *adv* lange, lang; *expliquer* lang und breit; *s'étendre sur un sujet* ausführlich; *étudier* eingehend

longuet [lɔ̃gɛ] *m* Baguettebrötchen *nt*

longuet(te) [lɔ̃gɛ, ɛt] *adj (fam)* ***un peu ~*** ein bisschen [zu] lang

longueur [lɔ̃gœʀ] *f* ❶ *(opp: largeur)* Länge *f;* ***avoir une ~ de 10 cm, avoir 10 cm de ~*** eine Länge von 10 cm haben, 10 cm lang sein; ***plier en ~*** der Länge nach falten ❷ *(dimension)* Länge *f* ❸ *(durée)* Länge *f;* ***traîner en ~*** sich in die Länge ziehen; ***à ~ d'année/de journée*** das ganze Jahr/den ganzen Tag ❹ *pl* LITTER, CINE Längen *Pl* ❺ SPORT Länge *f;* ***d'une ~*** um eine Länge *f;* ***avoir une ~ d'avance sur qn*** *(fig)* vor jdm in Führung liegen ❻ PHYS ***~ d'onde*** Wellenlänge *f;* ***être sur la même ~ d'onde*** *(fig fam)* auf der gleichen Wellenlänge liegen

longue-vue [lɔ̃gvy] <longues-vues> *f* Fernrohr *nt*

look [luk] *m d'une personne* Look *m* ► **avoir un ~ d'enfer** *(fam)* irre toll aussehen

looping [lupiŋ] *m* AVIAT Looping *m o nt*

loose [luz] *f (fam)* ***ce mec, c'est vraiment la ~*** der Typ ist voll der Loser

lopin [lɔpɛ̃] *m* ***~ de terre*** Stück *nt* Land

loquace [lɔkas] *adj* gesprächig

loquacité [lɔkasite] *f* Gesprächigkeit *f*

loque [lɔk] *f* ❶ *(vêtement)* Lumpen *m;* ***en ~s*** zerlumpt ❷ *(péj: personne)* Wrack *nt*

loquet [lɔkɛ] *m* Riegel *m;* ***mettre le ~*** den Riegel vorschieben

loqueteux, -euse [lɔk(ə)tø, -øz] *adj* zerlumpt

lorgner [lɔʀɲe] <1> *vt* ❶ *(reluquer)* anstarren ❷ *(convoiter)* schielen nach, liebäugeln mit *poste*

lorgnette [lɔʀɲɛt] *f* Opernglas *nt* ► **regarder qc par le petit bout de la ~** etw zu einseitig sehen

lorgnon [lɔʀɲɔ̃] *m* Kneifer *m*

lorrain(e) [lɔʀɛ̃, ɛn] *adj* lothringisch

Lorrain(e) [lɔʀɛ̃, ɛn] *m(f)* Lothringer(in) *m(f)*

Lorraine [lɔʀɛn] *f* ***la ~*** Lothringen *nt*

lors [lɔʀ] *adv* ***~ de notre arrivée*** bei unserer Ankunft; ***~ d'un congrès*** auf einem Kongress; ***depuis ~*** seitdem; ***dès ~*** *(à partir de ce moment-là)* seitdem; *(de ce fait)* folglich; ***dès ~ que ...*** sobald ...

lorsque [lɔʀsk(ə)] <lorsqu'> *conj* ***~ tu fais/feras qc*** wenn du etw machst/machen wirst; ***~ tu faisais/as fait qc*** als du etw machtest/gemacht hast; ***lorsqu'il fera beau, nous sortirons*** wenn das Wetter schön ist, werden wir hinausgehen

losange [lɔzɑ̃ʒ] *m* Raute *f;* ***en [forme de] ~*** rautenförmig

lose [luz] *f (fam)* Pech *f; **c'est la ~!*** so ein Pech!

lot [lo] *m* ❶ *(prix)* Preis *m; ~ **de consolation*** Trostpreis *m; **gagner le gros ~*** das große Los ziehen ❷ *(assortiment)* Stapel *m; (aux enchères)* Posten *m* ❸ *(parcelle)* Parzelle *f* ❹ INFORM ***traitement par ~s*** Stapelverarbeitung *f* ❺ *(part)* Anteil *m*

loterie [lɔtʀi] *f* ❶ *(jeu)* Lotterie *f; **gagner à la ~*** in der Lotterie gewinnen ❷ *(hasard)* Lotteriespiel *nt*

loti(e) [lɔti] *adj **être bien/mal ~*** es gut/schlecht getroffen haben

lotion [losjɔ̃] *f* Lotion *f; ~ **capillaire*** Haarwasser *nt; ~ **après-rasage*** Aftershave *nt*

lotir [lɔtiʀ] <8> *vt* parzellieren

lotissement [lɔtismɑ̃] *m (ensemble immobilier)* Siedlung *f*

loto [lɔto] *m* ❶ *(jeu de société)* Lotto(spiel *nt*) *nt* ❷ *(loterie) **le tirage du Loto*** die Ziehung der Lottozahlen; ***jouer au Loto*** Lotto *nt* spielen; ***jouer au Loto sportif*** Toto *nt* spielen

lotte [lɔt] *f* [Aal]quappe *f*

lotus [lɔtys] *m* Lotos *m*

louable[1] [lwabl] *adj (digne de louange)* lobenswert

louable[2] [lwabl] *adj pièce, appartement* zu vermieten

louange [lwɑ̃ʒ] *f gén pl (paroles)* Lobrede *f*

loubard(e) [lubaʀ, aʀd] *m(f) (fam)* Rowdy *m*

louche[1] [luʃ] *adj (douteux, suspect)* zwielichtig; *passé* zweifelhaft; *affaire, histoire* dubios; ***un individu ~*** eine zwielichtige Gestalt

louche[2] [luʃ] *f (ustensile)* Schöpflöffel *m*

loucher [luʃe] <1> *vi* ❶ MED schielen ❷ *(fam: lorgner) **~ sur qn*** nach jdm schielen; ***~ sur l'héritage*** es auf das Erbe abgesehen haben

louer[1] [lwe] <1> *vt* ❶ *(vanter)* rühmen ❷ *(féliciter) **~ qn de qc*** jdn für etw loben

louer[2] [lwe] <1> **I.** *vt* ❶ *(donner en location) **~ qc à qn*** jdm etw vermieten; ***à ~*** zu vermieten ❷ *(prendre en location)* mieten ❸ *(emprunter)* ausleihen **II.** *vpr **se ~*** *appartement, voiture, chambre:* vermietet werden

loueur, -euse [lwœʀ, -øz] *m, f ~ **de chambres/voitures*** Vermieter *m* von Zimmern/Autos

loufiat [lufja] *m (péj fam)* Kellner *m*

loufoque [lufɔk] *adj (fam)* verrückt

Louis [lwi] *m* Ludwig *m*

loulou [lulu] *m (fam)* ❶ *(loubard)* Rowdy *m fam* ❷ *(terme d'affection)* Liebling *m*

louloute [lulut] *f (fam: terme d'affection)* Liebling *m*

loup [lu] *m* ❶ *(mammifère)* Wolf *m; (poisson) ~ [**de mer**]* Barsch *m; v. a.* **louve** ❷ *(fig) ~ **solitaire*** Einzelgänger(in) *m(f); **jeune ~*** ehrgeiziger junger Mann ❸ *(masque) schwarze Halbmaske* ❹ *(fam: terme d'affection) **mon ~*** mein Liebling ▶ **quand on parle du ~ on en voit la queue** wenn man vom Teufel spricht, dann kommt er; **être connu comme le ~ blanc** bekannt sein wie ein bunter Hund

loupage [lupaʒ] *m (fam)* Flop *m fam*

loupe [lup] *f* OPT Lupe *f* ▶ **examiner/regarder qc à la ~** etw genau unter die Lupe nehmen

loupé [lupe] *m (fam)* ❶ TECH *(défaut)* Macke *f fam* ❷ *(erreur)* Patzer *m fam*

louper [lupe] <1> **I.** *vt (fam)* ❶ *(ne pas réussir)* verpatzen *examen; **être loupé** soirée:* in die Hose gegangen sein; *mayonnaise, gâteau:* nichts geworden sein ❷ *(manquer)* verpassen, verfehlen *cible* **II.** *vi (fam: échouer) projet, tentative:* danebengehen; ***ça n'a pas loupé*** das musste ja so kommen

loup-garou [lugaʀu] <loups-garous> *m* Werwolf *m*

loupiot(e) [lupjo, jɔt] *m(f) (fam)* Gör *nt pej*

loupiote [lupjɔt] *f (fam)* Lämpchen *nt*

lourd(e) [luʀ, luʀd] **I.** *adj* ❶ *a. antéposé (de grand poids)* schwer ❷ *(pesant)* schwer; ***avoir l'estomac ~*** Magendrücken haben; ***elle a le cœur ~*** ihr ist es schwer ums Herz ❸ *a. antéposé temps* drückend; ***il fait ~*** es ist schwül ❹ *a. antéposé impôts, dettes, charges* hoch; *perte* schwer ❺ *a. antéposé (pénible)* schwer; ***emploi du temps très ~*** voller Stundenplan ❻ *(chargé) ~ **de menaces*** voller Drohungen; *~ **de signification*** bedeutungsschwer ❼ *(gauche)* schwerfällig; *compliment, plaisanterie* plump ❽ *parfum, vin* schwer; *nourriture* schwer verdaulich ❾ *a. antéposé (grave)* schwer ❿ *a. antéposé défaite, peine* schwer ⓫ *sommeil* tief ⓬ *terre, liquide* schwer **II.** *adv **peser ~*** schwer wiegen ▶ **pas ~** *(fam: pas beaucoup)* verdammt wenig[e]

lourdaud(e) [luʀdo, od] *m(f)* Trampel *m o nt fam*

lourde [luʀd] *f (arg)* Tür *f*

lourdement [luʀdəmɑ̃] *adv* schwer; *se tromper* gewaltig *fam; insister* hartnäckig

lourder [luʀde] <1> *vt (arg: virer)* feu-

L

ern *fam;* ***se faire ~ par qn*** von jdm gefeuert werden *fam*

lourdeur [luʀdœʀ] *f* ❶ *(pesanteur)* ***~s d'estomac*** Magendrücken *nt* ❷ *(caractère massif)* Plumpheit *f*

lourdingue [luʀdɛ̃g] *(fam)* **I.** *adj* tölpelhaft *pej* **II.** *mf* Tölpel *m pej*

loustic [lustik] *m (fam: drôle de zig)* komischer Vogel

loutre [lutʀ] *f* ❶ ZOOL Otter *m* ❷ *(fourrure)* Otter[n]fell *nt*

Louvain [luvɛ̃] Löwen *nt*

louve [luv] *f* Wölfin *f; v. a.* **loup**

louveteau [luvto] <x> *m* ❶ ZOOL junger Wolf ❷ *(jeune scout)* Wölfling *m*

louvoyer [luvwaje] <6> *vi* ❶ *(tergiverser)* geschickt lavieren ❷ NAUT aufkreuzen

lover [lɔve] <1> *vpr* ***se ~*** sich einrollen

low-cost [lokɔst] *adj inv* Billig-, Discount-; ***compagnie aérienne ~*** Billigfluggesellschaft *f,* Billigflieger *m fam*

loyal(e) [lwajal, -jo] <-aux> *adj* loyal; *ami, services* treu; *adversaire, conduite, procédés* fair

loyalement [lwajalmɑ̃] *adv reconnaître* offen

loyalisme [lwajalism] *m d'une personne* Loyalität *f*

loyaliste [lwajalist] **I.** *adj* loyal; *troupes* regierungstreu **II.** *mpl* HIST Loyalisten *Pl*

loyauté [lwajote] *f* Loyalität *f; d'un adversaire, d'un procédé* Fairness *f*

loyer [lwaje] *m d'un appartement* Miete *f; d'une ferme* Pacht *f*

lu(e) [ly] *part passé de* **lire**

lubie [lybi] *f* Marotte *f fam;* ***avoir des ~s*** Marotten haben *fam*

lubricité [lybʀisite] *f* Lüsternheit *f*

lubrifiant [lybʀifjɑ̃] *m (pour une machine)* Schmiermittel *nt; (pour l'amour)* Gleitmittel *nt*

lubrification [lybʀifikasjɔ̃] *f* Schmieren *nt*

lubrifier [lybʀifje] <1a> *vt* schmieren

lubrique [lybʀik] *adj* lüstern; *propos, scène* obszön

Luc [lyk] *m* ❶ Lukas *m* ❷ REL ***Saint ~*** Lukas

lucarne [lykaʀn] *f (petite fenêtre)* Dachfenster *nt; d'une entrée, d'un mur, cachot* Fensteröffnung *f*

lucide [lysid] *adj* ❶ *(clairvoyant)* scharfsinnig ❷ *(conscient)* ***l'accidenté est ~*** der Verunglückte ist bei Bewusstsein

lucidement [lysidmɑ̃] *adv* scharfsichtig

lucidité [lysidite] *f (conscience)* klares Bewusstsein; ***des moments de ~*** lichte Augenblicke

Lucifer [lysifɛːʀ] *m* Luzifer *m*

luciole [lysjɔl] *f* Glühwürmchen *nt*

lucratif, -ive [lykʀatif, -iv] *adj* lukrativ

lucre [lykʀ] *m (péj)* Profit *m*

ludiciel [lydisjɛl] *m* INFORM Spiel[e]software *f*

ludique [lydik] *adj* ***activités ~s*** Spielen *nt*

ludoéducatif, -ive [lydɔedykatif, -tiv] *adj* Edutainment-

ludothèque [lydɔtɛk] *f* Spielothek *f*

luette [lɥɛt] *f* Zäpfchen *nt*

lueur [lɥœʀ] *f* ❶ *(faible clarté)* Schein *m kein Pl; des braises* Glühen *nt kein Pl;* ***à la ~ d'une bougie*** beim Schein einer Kerze *gen* ❷ *(éclat fugitif dans le regard)* ***une ~ de colère/joie*** eine Andeutung von Wut/Freude ❸ *(signe passager)* Funke[n] *m;* ***une ~ d'intelligence*** eine Spur von Intelligenz; ***une ~ d'espoir*** ein Hoffnungsschimmer *m*

luge [lyʒ] *f* Schlitten *m;* ***faire de la ~*** Schlitten fahren; ***en ~*** mit dem Schlitten

lugubre [lygybʀ] *adj* düster; *figure* finster; *personne* trübsinnig; *paysage* trist; ***des pensées ~s*** trübsinnige Gedanken

lugubrement [lygybʀəmɑ̃] *adv* düster

lui [lɥi] **I.** *pron pers* ❶ *(masc ou fém)* ***je ~ ai demandé s'il/si elle venait*** ich habe ihn/sie gefragt, ob er/sie kommt; ***c'est ton chien/ta chatte? Tu ~ as donné à manger?*** ist das dein Hund/deine Katze? Hast du ihm/ihr [schon] zu fressen gegeben?; ***tu as vu mon sac? Je ~ ai donné un coup de brosse!*** hast du meine Tasche gesehen? Ich habe sie mit der Bürste poliert! ❷ *avec faire, laisser* ***il ~ laisse/fait conduire la voiture*** er lässt ihn/sie das Auto fahren ❸ *avec être, devenir, sembler, (soutenu)* ***cela ~ semble bon*** das erscheint ihm/ihr gut; *v. a.* **me** ❹ *(avec un sens possessif)* ***le cœur ~ battait fort*** sein/ihr Herz schlug heftig **II.** *pron pers, masc* ❶ *(fam: pour renforcer)* ***~, il n'a pas ouvert la bouche*** der hat den Mund nicht aufgemacht; ***c'est ~ qui l'a dit*** das hat der gesagt; ***tu veux l'aider, ~?*** dem möchtest du helfen? ❷ *avec une préposition* ***avec/sans ~*** mit ihm/ohne ihn; ***à ~ seul*** er allein; ***la maison est à ~*** das Haus gehört ihm; ***c'est à ~ de décider*** er muss entscheiden; ***c'est à ~!*** er ist dran! ❸ *dans une comparaison* er; ***tu es comme ~*** du bist wie er; ***plus fort que ~*** stärker als er ❹ *(soi)* sich; ***il ne pense qu'à ~*** er denkt nur an sich; ***il est fier de ~*** er ist stolz auf sich

lui-même [lɥimɛm] *pron pers* ❶ *(lui en personne)* ***~ n'en savait rien*** er selbst wusste nichts davon; ***il est venu de ~*** er ist von selbst gekommen; ***M. X? – Lui-même!*** Herr X? – Höchstpersönlich! ❷ *(en soi)* selbst, an sich

luire [lɥiʀ] <irr> *vi* ❶ *(briller) soleil:* scheinen; *étoile, lune:* leuchten ❷ *(réfléchir la lumière) feuilles:* leuchten; *lac, rosée:* glitzern ❸ *(exprimer)* ***~ de désir/colère*** *yeux:* vor Verlangen *dat* strahlen/vor Wut funkeln

luisant(e) [lɥizɑ̃, ɑ̃t] *adj* glänzend; *arme* blitzend; *yeux (de joie)* leuchtend; *(de colère)* funkelnd; ***~ de fièvre*** fieberglänzend

lumbago [lœ̃bago] *m* Hexenschuss *m*

lumière [lymjɛʀ] *f* ❶ *(clarté naturelle, éclairage)* Licht *nt;* ***~ du soleil*** Sonnenlicht; ***~ du jour/de la lune*** Tages-/Mondlicht ❷ *pl (connaissances)* Wissen *nt;* ***j'aurais besoin de vos ~s*** ich bräuchte Ihren/euren Rat ❸ *(personne intelligente)* ***être/ne pas être une ~*** ein heller Kopf/keine Leuchte sein *fam* ❹ *(ce qui permet de comprendre)* Licht *nt;* ***faire la ~ sur une affaire*** Licht in eine Angelegenheit bringen; ***jeter une ~ nouvelle sur qc*** etw in ein anderes Licht rücken

lumignon [lymiɲɔ̃] *m* Lämpchen *nt*

luminaire [lyminɛʀ] *m (lampe)* Leuchte *f*

luminescent(e) [lyminesɑ̃, ɑ̃t] *adj* lumineszierend

lumineusement [lyminøzmɑ̃] *adv expliquer* einleuchtend

lumineux, -euse [lyminø, -øz] *adj* ❶ *(qui répand la lumière)* leuchtend; ***enseigne lumineuse*** Neonschild *nt;* ***rayon ~*** Lichtstrahl *m* ❷ *couleur, yeux* leuchtend; *regard* strahlend; *teint* frisch ❸ *pièce, appartement* hell

luminosité [lyminozite] *f* ❶ *du ciel, d'une couleur* Leuchten *nt* ❷ *d'une pièce, d'un appartement* Helligkeit *f*

lunaire [lynɛʀ] *adj* ❶ ASTRON ***sol ~*** Mondoberfläche *f* ❷ *(qui ressemble à la lune)* ***visage/paysage ~*** Mondgesicht *nt*/Mondlandschaft *f*

lunatique [lynatik] *adj personne* launisch; *humeur* wechselhaft

lunch [lœntʃ] <[e]s> *m* Lunch *m*

lundi [lœ̃di] *m* Montag *m;* ***~ de Pâques/Pentecôte*** Oster-/Pfingstmontag *m; v. a.* **dimanche**

Grammatik und Co.

Das Substantiv **lundi** ist männlich. Es wird ohne den bestimmten Artikel und ohne Präposition gebraucht, wenn es um eine präzise Angabe geht und ein ganz bestimmter Montag gemeint ist. Wenn eine Wiederholung oder etwas Gewohnheitsmäßiges ausgedrückt wird, steht der bestimmte Artikel bei dem Substantiv. In diesem Fall bezieht sich die Angabe auf mehrere Montage.

lune [lyn] *f* Mond *m;* ***nouvelle/pleine ~*** Neumond/Vollmond; ***~ de miel*** Flitterwochen *Pl* ▸ **demander la ~** Unmögliches verlangen; **promettre la ~ à qn** jdm das Blaue vom Himmel versprechen

luné(e) [lyne] *adj (fam)* ***être bien/mal ~*** gut/schlecht gelaunt sein

lunette [lynɛt] *f* ❶ *pl (verres)* Brille *f,* Augengläser *Pl* A; ***~s noires*** dunkle Brille; ***~s de natation*** Schwimmbrille; ***~s de plongée*** Taucherbrille; ***~s de ski*** Skibrille; ***~s de soleil*** Sonnenbrille; ***mettre ses ~s*** die Brille aufsetzen ❷ *(instrument)* Fernrohr *nt* ❸ *d'un toit* Dachluke *f;* ***~ arrière*** AUT Heckscheibe *f* ❹ *des WC* WC-Brille *f*

lunule [lynyl] *f* [Nagel]möndchen *nt*

lupanar [lypanaʀ] *m (littér)* Freudenhaus *nt geh*

lurette [lyʀɛt] *f* ▸ **il y a belle ~ que ...** *(fam)* es ist schon ewig her, dass ...; **depuis belle ~** *(fam)* schon seit ewigen Zeiten

luron [lyʀɔ̃, ɔn] *m* ***joyeux ~*** *(fam)* Lebemann *m*

lus [ly] *passé simple de* **lire**

lusophone [lyzɔfɔn] *adj* portugiesischsprachig

lustral(e) [lystʀal, o] <-aux> *adj (littér)* reinigend, Reinigungs-

lustre [lystʀ] *m (lampe)* Kronleuchter *m*

lustré(e) [lystʀe] *adj* glänzend

lustrer [lystʀe] <1> *vt (faire briller)* polieren *voiture;* ***~ sa fourrure/son poil*** *animal:* sein Fell putzen

luth [lyt] *m* Laute *f*

Luther [lytɛːʀ] *m* Luther *m*

luthéranisme [lyteʀanism] *m* Luthertum *nt*

luthérien(ne) [lyteʀjɛ̃, jɛn] *adj* lutherisch

Luthérien(ne) [lyteʀjɛ̃, jɛn] *m(f)* Lutheraner(in) *m(f)*

luthier [lytje] *m* Geigenbauer(in) *m(f)*

lutin [lytɛ̃] *m* Kobold *m*

lutrin [lytʀɛ̃] *m* Lesepult *nt*

lutte [lyt] *f* ❶ *(combat)* Kampf *m;* ***~ antidrogue*** Rauschgiftbekämpfung *f;* ***~ des***

L

classes Klassenkampf *m;* ~ ***contre/pour qn/qc*** Kampf gegen/für jdn/etw; ***la*** ~ ***pour la vie*** der Kampf ums Dasein; ***être en*** ~ ***contre qn*** gegen jdn kämpfen; ***entrer en*** ~ den Kampf aufnehmen ❷ SPORT Ringkampf *m;* ***faire de la*** ~ ringen; ~ ***suisse*** [*o* ***à la culotte***] CH Hosenlupf *m,* Schwinget *m* CH

Land und Leute
Die **lutte suisse** ist ein Ringkampf, bei dem jeder der beiden Kontrahenten versucht, den anderen zu Fall zu bringen, indem er ihn an der kurzen Leinenhose packt, die bei diesem Wettkampf über der eigentlichen, langen Hose getragen wird.

lutter [lyte] <1> *vi* ❶ *(combattre)* kämpfen; ~ ***contre la mort*** mit dem Tod ringen; ~ ***contre le sommeil/le vent*** gegen die Müdigkeit/den Wind ankämpfen; ~ ***pour qc*** für etw kämpfen ❷ *(mener une action)* kämpfen; ~ ***contre qc*** etw bekämpfen

L

lutteur, -euse [lytœʀ, -øz] *m, f* ❶ SPORT Ringkämpfer(in) *m(f)* ❷ *(battant)* Kämpfer(in) *m(f)*

luxation [lyksasjɔ̃] *f de l'épaule, de la hanche* Auskugelung *f*

luxe [lyks] *m* ❶ *(opp: nécessité)* Luxus *m;* ***c'est du ~!*** das ist Luxus!; ***ce n'est pas du*** ~ *(fam)* das muss sein; ***s'offrir le*** ~ ***de faire qc*** es sich *dat* leisten, etw zu tun ❷ *(coûteux)* ***hôtel/article de*** ~ Luxushotel *nt*/Luxusartikel *m;* ***magasin de*** ~ Geschäft mit Luxusartikeln; ***train/voiture de*** ~ Zug/Wagen der Luxusklasse

Luxembourg [lyksɑ̃buʀ] *m* ❶ *(pays)* ***le*** ~ Luxemburg *nt* ❷ *(ville)* Luxemburg *nt* ❸ *(à Paris)* ***le [palais du]*** ~ *Sitz des französischen Senats;* ***le [jardin du]*** ~ *Park in Paris*

luxembourgeois(e) [lyksɑ̃buʀʒwa, waz] *adj* luxemburgisch

Luxembourgeois(e) [lyksɑ̃buʀʒwa, waz] *m(f)* Luxemburger(in) *m(f)*

luxer [lykse] <1> *vpr* ***se*** ~ ***l'épaule*** sich die Schulter verrenken

luxueux, -euse [lyksɥø, -øz] *adj a. antéposé* luxuriös; ***hôtel*** ~ Luxushotel *nt*

luxuriance [lyksyʀjɑ̃s] *f (soutenu) de la végétation* Üppigkeit *f*

luxuriant(e) [lyksyʀjɑ̃, jɑ̃t] *adj végétation* üppig

luzerne [lyzɛʀn] *f* Luzerne *f*

lycée [lise] *m Schule für die letzten 3 Jahre vor dem Abitur;* ~ ***d'enseignement général et technologique*** *„lycée" mit zusätzlichen technischen Fächern;* ~ ***d'enseignement professionnel*** Berufsfachschule *f;* ~ ***technique*** ≈ technische Fachoberschule; ***être prof au*** ~ Lehrer(in) *m(f)* am „lycée" sein; ***aller au*** ~ ein „lycée" besuchen

Land und Leute
Im Anschluss an das *collège* – mit 15 oder 16 Jahren – können die französischen Schülerinnen und Schüler das **lycée** besuchen. Es umfasst die drei Klassen *seconde*, *première* und *terminale* und endet mit dem *baccalauréat*, dem Abitur. In den letzten zwei Jahren vor dem *baccalauréat* können sich die Schüler für eines von drei Profilen *(séries)* entscheiden: L (*littéraire* – literarisch), ES (*économique et sociale* – wirtschafts- und sozialwissenschaftlich) oder S (*scientifique* – wissenschaftlich).

lycéen(ne) [liseɛ̃, ɛn] *m(f)* Schüler(in) *m(f)* eines „lycée"

lymphatique [lɛ̃fatik] *adj* ***système*** ~ Lymphsystem *nt*

lymphe [lɛ̃f] *f* Lymphe *f*

lynchage [lɛ̃ʃaʒ] *m* Lynchjustiz *f*

lyncher [lɛ̃ʃe] <1> *vt* lynchen

lynx [lɛ̃ks] *m* Luchs *m*

lyonnais(e) [ljɔnɛ, ɛz] *adj* aus Lyon [stammend]

lyophiliser [ljɔfilize] <1> *vt* gefriertrocknen; ***café lyophilisé*** Pulverkaffee *m*

lyre [liʀ] *f* Lyra *f*

lyrique [liʀik] *adj* LITTER lyrisch; *roman, film* stimmungsvoll

lyrisme [liʀism] *m* LITTER Lyrik *f*

lys [lis] *m v.* **lis**

Mm

m [ɛm] *abr de* **mètre** m

M, m [ɛm] *m inv* M *nt*, m *nt*

M <MM.> *m abr de* **Monsieur** ~ ***Trouvé*** Herr Trouvé

m' *pron v.* **me**

Grammatik und Co.
Das Pronomen **m'** steht vor Vokal oder stummem *h*. Die Übersetzung kann *mich* oder *mir* lauten, je nachdem, welchen Fall (Kasus) das deutsche Verb erfordert:
il m'entend – er hört mich;
elle m'aide – sie hilft mir;
je m'habille – ich ziehe mich an;
je m'inquiète – ich mache mir Sorgen.

ma [ma, mɛ] <mes> *dét poss* mein(e); ~ ***fleur/chaise/maison*** meine Blume/mein Stuhl/Haus; ~ ***Sœur*** Schwester ▶ ~ **pauvre!** Sie/du arme!

maboul(e) [mabul] *(fam)* **I.** *adj* übergeschnappt **II.** *m(f)* Verrückte(r) *f(m)*

mac [mak] *m (arg) abr de* **maquereau** Lude *m pej fam*

macabre [makɑbʀ] *adj* makaber; ***humour*** ~ schwarzer Humor

macadam [makadam] *m (revêtement routier)* Makadam *m o nt*

macaron [makaʀɔ̃] *m* GASTR Makrone *f*

macchabée [makabe] *m (fam)* Leiche *f*

macédoine [masedwan] *f* ~ ***de légumes*** Mischgemüse *nt*

Macédoine [masedwan] *f* ***la*** ~ Mazedonien *nt*

macédonien [masedɔnjɛ̃] *m* ***le*** ~ Mazedonisch *nt; v. a.* **allemand**

macédonien(ne) [masedɔnjɛ̃, jɛn] *adj* mazedonisch

Macédonien(ne) [masedɔnjɛ̃, jɛn] *m(f)* Mazedonier(in) *m(f)*, Makedonier(in) *m(f)*

macération [maseʀasjɔ̃] *f* GASTR Einlegen *nt*

macérer [maseʀe] <5> **I.** *vi (tremper longtemps)* ~ ***dans qc*** GASTR in etw *dat* eingelegt sein **II.** *vt* GASTR einlegen

mâche [mɑʃ] *f* Feldsalat *m*, Vogerlsalat A

mâcher [mɑʃe] <1> *vt (mastiquer)* kauen

machette [maʃɛt] *f* Machete *f*

Machiavel [makiavɛl] *m* ❶ HIST Machiavelli *m* ❷ LITTER Machiavellist *m*

machiavélique [makjavelik] *adj* machiavellistisch

machiavélisme [makjavelism] *m* Machiavellismus *m*

mâchicoulis [mɑʃikuli] *m* Pechnase *f*

machin [maʃɛ̃] *m (fam)* ❶ *(truc)* Dings *nt* ❷ *(untel)* ***c'est Machin!*** das ist der Dings!

machinal(e) [maʃinal, -o] <-aux> *adj* mechanisch

machinalement [maʃinalmɑ̃] *adv* mechanisch

machination [maʃinasjɔ̃] *f* Intrige *f;* ***de sombres ~s*** dunkle Machenschaften *Pl*

machine [maʃin] *f (appareil)* Maschine *f;* ~ ***à café*** Kaffeemaschine; ~ ***à coudre*** Nähmaschine; ~ ***à écrire*** Schreibmaschine; ~ ***à laver*** Waschmaschine; ~ ***à sous*** Spielautomat *m;* ***écrire/taper à la*** ~ Schreibmaschine schreiben ▶ **faire** [**un peu**] ~ **arrière** einen [kleinen] Rückzieher machen

Machine [maʃin] *f (fam)* Dings

machine-outil [maʃinuti] <machines-outils> *f* Werkzeugmaschine *f*

machiner [maʃine] <1> *vt (péj: ourdir)* aushecken *fam*, anzetteln *fam trahison*

machinerie [maʃinʀi] *f* ❶ *(équipement)* Maschinen *Pl* ❷ *d'un navire* Maschinenraum *m*

machinisme [maʃinism] *m* Einsatz *m* von Maschinen

machiniste [maʃinist] *mf* THEAT Bühnenarbeiter(in) *m(f);* MEDIA Bühnentechniker(in) *m(f)*

machisme [mat(t)ʃism] *m* [männlicher] Chauvinismus

machiste [ma(t)ʃist] **I.** *adj* [männlich-]chauvinistisch **II.** *m* Chauvinist *m*

macho [matʃo] *m (fam)* Macho *m*

Aussprache
In **macho** wird das -ch- nicht gemäß der Regelaussprache als [ʃ] gesprochen, sondern als [tʃ] wie im Deutschen.

mâchoire [mɑʃwaʀ] *f* ❶ ANAT *d'un mammifère* Kiefer *m; d'un insecte* Kauwerkzeuge *Pl* ❷ *pl* TECH Backen *Pl*

mâchonnement [mɑʃɔnmɑ̃] *m* Kauen *nt*

mâchonner [mɑʃɔne] <1> *vt* ❶ *(mâcher sans avaler)* kauen ❷ *(mordiller)* kauen an

M

+*dat* *cigare, crayon, paille, brin d'herbe* ③ *(marmonner)* murmeln

mâchouiller [maʃuje] <1> *vt (fam)* herumkauen auf +*dat*

maçon(ne) [masɔ̃, ɔn] *m(f)* *(ouvrier)* Maurer(in) *m(f)*

maçonner [masɔne] <1> *vt* ① *(construire)* mauern *mur;* *(jointoyer)* ausfugen *mur* ② *(crépir)* ausmauern ③ zumauern *portes, fenêtres*

maçonnerie [masɔnʀi] *f* *(secteur)* Rohbausektor *m*

macramé [makʀame] *m* Makramee *nt*

macroéconomie [makʀoekɔnɔmi] *f* Gesamtwirtschaft *f*

macroordinateur, macro-ordinateur [makʀoɔʀdinatœʀ] *m* INFORM Großrechner *m,* Mainframe *m Fachspr.*

maculage [makylaʒ] *m* ① *(barbouillage)* Beschmieren *nt* ② TYP Schmutzspuren *Pl*

Madagascar [madagaskaʀ] *f* Madagaskar *nt*

madame [madam, medam] <mesdames> *f* ① *souvent non traduit (femme à qui on s'adresse)* ***bonjour ~, comment allez-vous?*** guten Tag, wie geht es Ihnen?; ***bonjour Madame Larroque*** guten Tag, Frau Larroque; ***bonjour mesdames*** guten Tag, meine Damen; ***Mesdames, mesdemoiselles, messieurs!*** Meine Damen und Herren! ② *(profession)* ***Madame la Duchesse/le juge/le professeur/la Présidente*** Frau Herzogin/Richterin/Lehrerin/Präsidentin ③ *(sur une enveloppe)* ***Madame Dupont*** An Frau Dupont ④ *(en-tête)* ***Madame, ...*** Sehr geehrte Frau + *Name*, ...; ***Chère Madame, ...*** Liebe Frau + *Name*, ...; *(dans une lettre officielle)* Sehr geehrte Frau + *Name*, ...; ***Madame, Mademoiselle, Monsieur, ...*** Sehr geehrte Damen und Herren, ...

Land und Leute

Wird das Wort **madame** in der mündlichen Anrede allein verwendet oder zusammen mit einer Grußfloskel wie *bonjour* oder *bonsoir*, bleibt es unübersetzt: „Bonjour madame !" – „Guten Tag!"; „Et avec cela, madame?" – „Was darf es sonst noch sein?"
Auch in der schriftlichen Anrede wird es allein verwendet, während in deutschen Anschreiben immer der Nachname der angesprochenen Person genannt werden muss: *Madame, ... – Sehr geehrte Frau Dupont/Frérot, ...*

madeleine [madlɛn] *f* GASTR Madeleine *f*

Madeleine [madlɛn] *f* Magdalena *f* ▸ **pleurer comme une ~** heiße Tränen vergießen

mademoiselle [mad(ə)mwazɛl, med(ə)mwazɛl] <mesdemoiselles> *f* ① *souvent non traduit (jeune femme à qui on s'adresse)* ***bonjour ~, comment allez-vous?*** guten Tag, wie geht es Ihnen?; ***bonjour Mademoiselle Labiche*** guten Tag, Frau Labiche; ***bonjour mesdemoiselles*** guten Tag, meine Damen; ***Mesdames, mesdemoiselles, messieurs!*** Meine Damen und Herren! ② *(sur une enveloppe)* ***Mademoiselle Aporé*** An Frau Aporé ③ *(en-tête)* ***Mademoiselle, ...*** Sehr geehrte Frau + *Name*, ...; ***Chère Mademoiselle, ...*** Liebe Frau + *Name*, ...; *(dans une lettre officielle)* Sehr geehrte Frau + *Name*, ...; ***Madame, Mademoiselle, Monsieur, ...*** Sehr geehrte Damen und Herren, ...

Land und Leute

Wird das Wort **mademoiselle** in der mündlichen Anrede allein verwendet oder zusammen mit einer Grußfloskel wie *bonjour* oder *bonsoir*, bleibt es unübersetzt: „Bonjour mademoiselle !" – „Guten Tag!"; „Et avec cela, mademoiselle?" – „Was darf es sonst noch sein?"
Auch in der schriftlichen Anrede wird es allein verwendet „Mademoiselle, ... – Sehr geehrte Frau Dupont/Frérot,...".
Seit 2012 wird allerdings in Frankreich behördlich nicht mehr zwischen der unverheirateten **Mademoiselle** und der verheirateten *Madame* unterschieden.

Madère [madɛʀ] *f* Made[i]ra *nt*

madone [madɔn] *f* REL ***la Madone*** die Madonna

madras [madʀɑs] *m* ① *(étoffe)* Madras *m* ② *(foulard)* Kopftuch *nt* aus Madras

madré(e) [madʀe] *adj (littér)* *paysan* schlau

Madrid [madʀid] Madrid *nt*

Madrilène [madʀilɛn] *mf* Madrider(in) *m(f)*

maestria [maɛstʀija] *f* Bravour *f;* ***avec ~*** meisterhaft

maf[f]ia [mafja] *f* ❶ ***la Maf[f]ia*** die Mafia ❷ *(bande)* Mafia *f*
maf[f]ieux, **-euse** [mafjø, -jøz] *adj* ***méthodes maf[f]ieuses*** Mafiamethoden *Pl*
maf[f]ioso [mafjozo, i] <maf[f]iosi> *m* Mafioso *m*
mag [mag] *m (fam) abr de* **magazine** Nachrichten *Pl,* Nachrichtensendung *f;* ***le ~ de vingt heures*** die 20-Uhr-Nachrichten
magasin [magazɛ̃] *m* ❶ *(boutique)* Geschäft *nt;* ***~ spécialisé*** Fachgeschäft; ***grand ~*** Kaufhaus *nt;* ***~ d'alimentation*** Lebensmittelgeschäft; ***~ de meubles*** Möbelgeschäft; ***~ d'usine*** Verkaufsstelle *f* in der Fabrik; ***tenir un ~*** einen Laden haben ❷ *d'un port* Lager *nt;* MIL Magazin *nt;* ***en ~*** auf Lager; ***~ à blé*** Kornspeicher *m;* ***~ des accessoires*** THEAT Requisitenkammer *f* ❸ TECH, PHOT Magazin *nt*
magasinage [magazinaʒ] *m* ❶ COM Lagerung *f* ❷ CAN *(shopping)* Einkaufen *nt*
magasiner [magazine] <1> *vi* CAN Einkäufe machen
magasinier, **-ière** [magazinje, -jɛʀ] *m, f* Lagerverwalter(in) *m(f)*
magazine [magazin] *m* ❶ PRESSE Zeitschrift *f* ❷ *(émission)* Magazin *nt* ❸ *(séquence)* allgemeine Informationen
mage [maʒ] **I.** *m* ASTROL Magier *m* **II.** *app* ***les Rois ~s*** die Heiligen Drei Könige
Maghreb [magʀɛb] *m* ***le ~*** der Maghreb

Land und Leute

Mit **le Maghreb** werden die drei nordafrikanischen Länder Algerien, Marokko und Tunesien bezeichnet, die früher französische Kolonien waren und heute noch stark von der französischen Kultur durchdrungen sind. Aufgrund dieser Kolonialvergangenheit leben heute zahlreiche *maghrébins* in Frankreich.

maghrébin(e) [magʀebɛ̃, in] *adj* nordafrikanisch
Maghrébin(e) [magʀebɛ̃, in] *m(f)* Nordafrikaner(in) *m(f)*
magicien(ne) [maʒisjɛ̃, jɛn] *m(f)* ❶ *(sorcier)* Zauberer *m/*Zauberin *f* ❷ *(illusionniste)* Zauberkünstler(in) *m(f)*
magie [maʒi] *f* ❶ *(pratiques occultes)* Magie *f;* ***c'est de la ~!*** das grenzt schon an Zauberei!; ***comme par ~*** wie von selbst ❷ *(séduction)* Zauber *m*
magique [maʒik] *adj* ❶ *(surnaturel)* ***baguette ~*** Zauberstab *m* ❷ *(merveilleux)* zauberhaft
magiquement [maʒikmɑ̃] *adv* auf rätselhafte Weise
magistère [maʒistɛʀ] *m* ❶ *(dignité)* Großmeisterwürde *f* ❷ *(fig: autorité doctrinale)* Autorität *f* ❸ CHIM, MED *(précipité)* Niederschlag *m* ❹ *(diplôme)* Magister *m*
magistral(e) [maʒistʀal, -o] <-aux> *adj* ❶ *(fameux, génial)* meisterhaft; *réussite* gewaltig ❷ *(hum) claque* schallend; *raclée* gehörig ❸ UNIV, SCOL ***cours ~*** Vorlesung *f*
magistralement [maʒistʀalmɑ̃] *adv* ❶ *(génialement)* meisterhaft ❷ *(hum) se tromper, se planter* gründlich
magistrat(e) [maʒistʀa, at] *m(f)* ADMIN Verwaltungsbeamte(r) *m/*-beamtin *f;* JUR *Bezeichnung für den Richter oder den Staatsanwalt*
magistrature [maʒistʀatyʀ] *f* ❶ *(fonction judiciaire) Amt des Richters oder des Staatsanwalts* ❷ *(corps des magistrats) Richterschaft oder Staatsanwaltschaft*
magma [magma] *m* ❶ GEOL Magma *nt* ❷ *(bouillie)* Matsch *m*
magnanime [maɲanim] *adj* großmütig; *pensées* edel
magnanimité [maɲanimite] *f* Großmut *m*
magnat [maɲa] *m (péj)* Magnat *m;* ***~ de l'industrie*** Industriemagnat, Wirtschaftskapitän *m,* Tycoon *m geh,* Industrieboss *m fam;* ***~ du pétrole/de la presse*** Öl-/Zeitungsmagnat; ***~ de la finance*** Finanzhai *m pej fam*
magner [maɲe] <1> *vpr (fam)* ***se ~*** sich beeilen
magnésie [maɲezi] *f* Magnesia *f*
magnésium [maɲezjɔm] *m* Magnesium *nt*
magnétique [maɲetik] *adj* ❶ PHYS magnetisch; ***bande ~*** Tonband *nt* ❷ *(de fascination)* ***pouvoir ~*** magnetische Anziehungskraft
magnétiser [maɲetize] <1> *vt* ❶ PHYS magnetisieren ❷ *(fasciner)* fesseln
magnétiseur, **-euse** [maɲetizœʀ, -øz] *m, f* Magnetiseur(in) *m(f)*
magnétisme [maɲetism] *m* ❶ PHYS Magnetismus *m* ❷ *(fascination)* ***subir le ~ de qn*** von jdm gefesselt sein
magnéto [maɲeto] *m (fam) abr de* **magnétophone**
magnétocassette [maɲetokasɛt] *m* Kassettenrekorder *m*
magnétophone [maɲetɔfɔn] *m (à casset-*

tes) Kassettenrecorder *m; (à bandes)* Tonbandgerät *nt*

magnétoscope [maɲetɔskɔp] *m* Videorecorder *m*

magnificence [maɲifisɑ̃s] *f* ❶ *(somptuosité)* Pracht *f* ❷ *(soutenu: prodigalité)* Großzügigkeit *f*

magnifier [maɲifje] <1> *vt (littér)* ❶ *(glorifier)* preisen *liter* ❷ *(rendre plus grand, plus beau)* verherrlichen

magnifique [maɲifik] *adj a. antéposé* ❶ *(très beau)* wunderschön; *acteur* hervorragend; *temps* herrlich ❷ *(somptueux)* luxuriös; *réception* prunkvoll; *spectacle* großartig; *cadeau* großzügig; *femme* hinreißend

magnifiquement [maɲifikmɑ̃] *adv* hervorragend; *se tirer de* glänzend

magnitude [maɲityd] *f* ❶ GEOL **~ *1/2/3*** Magnitude *f* 1/2/3 ❷ ASTRON Größe *f*

magnolia [maɲɔlja] *m* Magnolie *f*

magnum [magnɔm] *m* große Flasche *f; de champagne* Magnum[flasche *f*] *f*

magot [mago] *m (fam)* Zaster *m kein Pl;* ***il a amassé un petit/joli ~*** er hat eine kleine/hübsche Summe gespart

magouillage [magujaʒ] *m,* **magouille** [maguj] *m (péj fam)* Mauschelei *f fam;* ***magouilles*** unlautere Machenschaften *Pl;* ***magouille électorale*** Wahlmanipulation *f*

magouiller [maguje] <1> *vi* mauscheln *fam*

magouilleur, -euse [magujœʀ, -jøz] *(fam)* **I.** *adj* durchtrieben **II.** *m, f* durchtriebener Fuchs/gerissenes Luder *fam*

magrébin(e) [magʀebɛ̃, in] *adj v.* **maghrébin**

Magrébin(e) [magʀebɛ̃, in] *m(f) v.* **Maghrébin**

magret [magʀɛ] *m* **~ *de canard*** Entenbrust *f*

Mahomet [maɔmɛt] *m* Mohammed *m*

mahométan(e) [maɔmetɑ̃, an] *adj (vieilli)* mohammedanisch

mai [mɛ] *m* Mai *m* ▸ **en ~, fais ce qu'il te plaît** *(prov)* im Mai kann man sich schon leicht anziehen; *v. a.* **août**

Grammatik und Co.

Der französische Monatsname ist männlich; er wird ohne den bestimmten Artikel gebraucht.
Bei präzisen Datumsangaben steht der Artikel jedoch, und zwar wegen der Zahl:
il est né le quinze – er ist am Fünfzehnten geboren;
il est né le quinze mai – er ist am fünfzehnten Mai geboren.

maïeur [majœʀ] *m* BELG *(maire)* Bürgermeister *m*

maigre [mɛgʀ] **I.** *adj* ❶ *(opp: gros)* mager; *jambe* dünn; *visage* schmal ❷ GASTR mager; *lard* durchwachsen; *bouillon* klar; ***lait ~*** Magermilch *f* ❸ *antéposé (faible)* dürftig; *chance* gering; *profit* bescheiden ❹ *a. antéposé végétation* spärlich; *récolte* mager; *repas* karg **II.** *mf* Dünne(r) *f(m)*

maigrelet(te) [mɛgʀəlɛ, ɛt] *adj* etwas dünn

maigrement [mɛgʀəmɑ̃] *adv* ***être ~ payé(e)*** schlecht bezahlt sein

maigreur [mɛgʀœʀ] *f* ❶ *(opp: embonpoint)* Magerkeit *f;* ***être d'une ~ effrayante*** erschreckend mager sein ❷ *d'un sol* Unergiebigkeit *f* ❸ *d'un profit* Bescheidenheit *f; des revenus* geringe Höhe ❹ *de la végétation* Spärlichkeit *f*

maigrichon(ne) *v.* **maigrelet**

maigrir [megʀiʀ] <8> **I.** *vi* abnehmen; ***il a maigri de figure*** er ist im Gesicht schmaler geworden; ***j'ai maigri de cinq kilos*** ich habe fünf Kilo abgenommen **II.** *vt* schlank machen

mail [mɛl] *m* INFORM E-Mail *f o nt*

Aussprache

In Anglizismen wie **mail** wird die Endung -ail als [ɛl] gesprochen.

mailer [mɛle] <1> **I.** *vi* eine E-Mail verschicken **II.** *vt* per E-Mail schicken

mailing [mɛliŋ] *m* Mailing *nt*

maille [mɑj] *f* ❶ COUT Masche *f;* ***filet à fines ~s*** feinmaschiges Netz; **~ *filée*** Laufmasche ❷ *d'une chaîne, armure* Glied *nt* ▸ **glisser entre les ~s** [**du filet**] durchs Netz schlüpfen

mailler [maje] <1> *vt* CH *(tordre)* biegen *branche; (fausser)* verbiegen *poutre* ▸ **se ~ de rire** sich kugeln vor Lachen *fam,* sich scheckig lachen *fam*

maillet [majɛ] *m* Holzhammer *m*

maillon [mɑjɔ̃] *m (anneau)* Glied *nt* ▸ **être un ~ de la chaîne** ein Glied in der Kette sein

maillot [majo] *m* ❶ *(pour se baigner)* **~ *[de bain]*** *(de femme)* Badeanzug *m; (d'homme)* Badehose *f;* **~ *de bain une pièce/deux pièces*** Einteiler *m*/Bikini *m*

❷ SPORT Trikot *nt* ❸ *(sous-vêtement)* ~ *[de* ***corps]*** Unterhemd *nt*

main [mɛ̃] *f* ❶ ANAT Hand *f;* ***battre des ~s*** in die Hände klatschen; ***se donner la ~*** Händchen halten; ***passer de ~ en ~*** von Hand zu Hand gehen; ***prendre qn par la ~*** jdn bei der Hand nehmen; ***serrer la ~ à qn*** jdm die Hand schütteln; ***tendre la ~ à qn*** jdm die Hand reichen; ***être fait [à la]*** ~ handgearbeitet sein; ***frein/sac à ~*** Handbremse *f*/Handtasche *f;* ***écrire à la ~*** mit der Hand schreiben; ***[la] ~ dans la ~*** Hand in Hand; ***de la ~*** mit der Hand; ***de la ~ même de l'auteur*** vom Autor persönlich; ***à deux ~s*** mit beiden Händen; ***à pleines ~s*** mit vollen Händen; ***jouer à quatre ~s*** vierhändig spielen; ***les ~s en l'air!, haut les ~s!*** Hände hoch! ❷ *de Dieu, du destin* Hand *f* ❸ *d'un artiste, maître* meisterliche Kunst; ***de ~ de maître*** von Meisterhand ❹ JEUX Blatt *nt;* ***avoir la ~*** ausspielen; ***passer la ~*** passen; ***prendre la ~*** am Zug sein ❺ SPORT Hand|spiel *nt* \] *f* ► **donner un coup de ~ à qn** jdm behilflich sein; **tomber aux ~s de l'ennemi** dem Feind in die Hände fallen; **j'en mettrais ma ~ au feu** dafür würde ich meine Hand ins Feuer legen; **mettre la ~ à la pâte** *(fam)* selbst Hand anlegen; **mettre la ~ au porte-monnaie** in die Tasche greifen; **rien dans les ~s, rien dans les poches** mit leeren Händen; **prendre qn la ~ dans le sac** jdn auf frischer Tat ertappen; **du cousu ~** Qualitätsarbeit *f;* **faire qc haut la ~** etw mit links machen *fam;* **voter à ~ levée** durch Handzeichen abstimmen; **avoir les ~s libres** freie Hand haben; **à ~s nues** mit bloßen Händen; **de première/seconde ~** aus erster/zweiter Hand; **remettre qc en ~s propres** etw persönlich überreichen; **avoir sous la ~** bei der Hand haben; **ils peuvent se donner la ~** *hum)* sie können einander die Hand reichen; **être aux ~s de qn** in jds Händen *dat* sein; **se faire la ~** üben; **je m'en lave les ~s!** ich wasche meine Hände in Unschuld!; **passer la ~** *(transmettre ses pouvoirs)* die Verantwortung aus der Hand geben; **perdre la ~** aus der Übung kommen; **en venir aux ~s** handgreiflich werden; **de la ~ à la ~** direkt

main-d'œuvre [mɛ̃dœvʀ] <mains-d'œuvre> *f* Arbeitskräfte *Pl* **main-forte** [mɛ̃fɔʀt] *f sans pl* ***prêter ~ à qn*** jdm zu Hilfe kommen

mainlevée [mɛ̃l(ə)ve] *f d'une hypothèque* Löschung *f; d'une saisie* Aufhebung *f*

maint(e) [mɛ̃, mɛ̃t] *adj gén pl, antéposé (littér)* manch *inv geh,* manche(r, s) *geh;* ***en ~s endroits*** mancherorts *geh;* ***~es [et ~es] fois, à ~es reprises*** mehrfach

maintenance [mɛ̃tnɑ̃s] *f* Wartung *f*

maintenant [mɛ̃t(ə)nɑ̃] *adv* ❶ *(en ce moment)* jetzt; ***dès ~*** ab sofort ❷ *(actuellement)* heute ❸ *(désormais)* von jetzt an ❹ *en tête de phrase (cela dit)* jetzt aber

maintenir [mɛ̃t(ə)niʀ] <9> **I.** *vt* ❶ *(conserver)* aufrechterhalten *ordre, offre;* beibehalten *tradition;* weiterlaufen lassen *contrat;* fortsetzen *politique;* ***~ un rendez-vous*** es beim vereinbarten Termin belassen ❷ *(soutenir)* stützen; ***il maintenait sa tête hors de l'eau*** er hielt seinen Kopf über Wasser ❸ *(contenir)* zurückhalten; ***le gouvernement veut ~ les prix*** die Regierung will die Preise stabil halten ❹ *(affirmer)* ***~ qc*** an etw *dat* festhalten; ***~ que qc est vrai*** dabei bleiben, dass etw wahr ist **II.** *vpr* ***se ~*** sich halten; *paix, institution:* bestehen bleiben; *santé, prix:* stabil bleiben; ***se ~ au second tour*** *candidat:* sich in der zweiten Runde behaupten; ***se ~ en surface*** sich über Wasser halten

maintien [mɛ̃tjɛ̃] *m* ❶ *(conservation)* Aufrechterhaltung *f; d'une décision* Beibehaltung *f; des libertés* Wahrung *f; d'un contrat, des traditions* Fortbestehen *nt* ❷ *(attitude)* Haltung *f* ❸ *(soutien)* Halt *m*

maire [mɛʀ] *m* Bürgermeister *m,* Ammann *m* CH

mairesse [mɛʀɛs] *f* ❶ ADMIN *(rare: femme maire)* Bürgermeisterin *f; d'une grande ville* Oberbürgermeisterin ❷ *(vieilli: femme du maire)* Frau *f* des Bürgermeisters

mairie [meʀi] *f* ❶ *(hôtel de ville)* Rathaus *nt* ❷ *(administration)* Stadtverwaltung *f* ❸ *(fonction de maire)* Amt *nt* des Bürgermeisters

mais [mɛ] **I.** *conj* ❶ *(pour opposer deux séquences qui ne s'excluent pas)* aber ❷ *(pour opposer deux séquences qui s'excluent)* sondern **II.** *adv* ❶ *(pourtant)* aber; ***il n'est pas encore arrivé? ~ il est déjà 8 heures*** ist er noch nicht da? Es ist doch schon 8 Uhr ❷ *(renforcement)* aber doch; ***~ oui, bien sûr!*** aber klar!; ***~ si!*** aber ja doch!; ***~ aie confiance!*** hab' doch Vertrauen! ❸ *(impatience)* also; ***~ encore*** aber davon abgesehen ❹ *(fam: indignation)* ***non ~, tu me prends pour …*** also hör mal, hältst du mich für … **III.** *m* Aber *nt*

maïs [mais] *m* Mais *m*

maison [mɛzɔ̃] **I.** *f* ❶ *(habitation, famille)*

M

Haus *nt*; ***une fille de bonne*** ~ ein Mädchen aus gutem Hause; ***être de la*** ~ zur Familie gehören ② *(entreprise)* Firma *f*; ~ ***mère*** Stammhaus *nt*; ~ ***de couture*** Modehaus *nt*; ~ ***de disques*** Schallplattenfirma *f*; ~ ***d'édition*** Verlag *m*; ~ ***de jeux*** Spielcasino *nt*; ***avoir quinze ans de*** ~ seit fünfzehn Jahren zur Firma gehören ③ *(bâtiment)* ~ ***de maître*** Herrenhaus *nt*; ~ ***d'arrêt*** Gefängnis *nt*; ~ ***de repos*** Sanatorium *nt*; ~ ***de retraite*** Altersheim *nt*; ~ ***des jeunes et de la culture*** Jugendzentrum *nt* ► ~ close Freudenhaus *nt*; **c'est gros comme une** ~ das ist sonnenklar *fam* **II.** *app inv* ① *(particulier à un groupe)* hauseigen; *diplôme, ingénieur* betriebseigen; *esprit, genre* des Hauses ② *(opp: industriel)* hausgemacht

Maison [mɛzɔ̃] *f (famille noble, descendance)* ***la*** ~ ***de Bourbon*** die Bourbonen; ***la*** ~ ***d'Autriche*** das Haus Österreich

Maison-Blanche [mɛzɔ̃blɑ̃ʃ] *f sans pl* ***la*** ~ das Weiße Haus

maisonnée [mɛzɔne] *f* Hausgemeinschaft *f*

maisonnette [mɛzɔnɛt] *f* Häuschen *nt*

maison-page [mɛzɔ̃paʒ] *f* INFORM Homepage *f*

maître [mɛtʀ] *m* ART, LITTER Meister *m*; ~ ***à penser*** Vordenker *m*; ***passer*** ~ ***dans l'art de faire qc*** *(fig)* Meister darin sein etw zu tun *iron*

maître, maîtresse [mɛtʀ, mɛtʀɛs] **I.** *adj* ① *(principal)* ***œuvre maîtresse*** Hauptwerk *nt*, Meisterwerk ② *(qui peut disposer de)* ***être*** ~ ***de son destin*** über sein Schicksal bestimmen; ***être*** ~ ***de soi*** sich in der Gewalt haben **II.** *m, f* ① *(chef)* Herr(in) *m(f)*; ~ ***des lieux*** Besitzer; ~ ***de maison*** Hausherr; ~ ***d'hôtel*** Oberkellner; ***régner en*** ~ autoritär regieren ② *(patron)* Chef(in) *m(f)*; ~ ***nageur*** Bademeister; ***avoir trouvé son*** ~ seinen Meister gefunden haben ③ *(à l'école primaire)* [Grundschul]lehrer(in) *m(f)* ④ UNIV ~ ***de conférences*** Dozent ⑤ *d'un chien* Herrchen *nt fam*/Frauchen *nt fam* ⑥ *(racketteur)* ~ ***chanteur*** Erpresser

maître-assistant, maîtresse-assistante [mɛtʀasistɑ̃, mɛtʀɛsasistɑ̃t] <maîtres-assistants> *m, f* Dozent(in) *m(f)* **maître-autel** [mɛtʀotɛl] <maîtres-autels> *m* Hauptaltar *m* **maître-chanteur** [mɛtʀəʃɑ̃tœʀ] <maîtres-chanteurs> *m* ① *(racketteur)* Erpresser(in) *m(f)* ② *(musicien et poète)* Meistersinger *m* **maître-chien** [mɛtʀəʃjɛ̃] <maîtres-chiens> *m* Hundeführer(in) *m(f)* **maître-horloger** [mɛtʀɔʀlɔʒe] <maîtres-horlogers> *m* Uhrmachermeister(in) *m(f)*

maîtresse [mɛtʀɛs] *f (liaison)* Geliebte *f*

maîtrisable [metʀizabl] *adj* bezwingbar; ***une langue difficilement*** ~ eine schwer zu beherrschende Sprache

maîtrise [metʀiz] *f* ① *(contrôle)* ~ ***d'un véhicule*** Kontrolle *f* über ein Fahrzeug; ~ ***de fabrication*** Fertigungskontrolle; ~ ***d'une langue/d'un marché*** Beherrschung *f* einer Sprache/eines Marktes; ~ ***de soi*** Selbstbeherrschung *f*; ~ ***d'un territoire*** Herrschaft *f* über ein Gebiet ② *(habileté)* Können *nt* ③ *(examen)* Magisterprüfung *f* ④ *(grade)* Magister[titel] *m*

maîtriser [metʀize] <1> **I.** *vt* ① *(dominer)* meistern *situation;* bewältigen *difficulté;* unter Kontrolle bringen *incendie;* beherrschen *langue, sujet* ② *(dompter)* überwältigen *forcené;* bändigen *animal* ③ *(contenir)* zügeln *émotion, passion;* kontrollieren *réactions;* unterdrücken *larmes* **II.** *vpr* ***se*** ~ sich beherrschen

majesté [maʒɛste] *f* ① *(beauté grandiose) de la nature, d'un palais, paysage* Erhabenheit *f* ② *(dignité) de Dieu* Majestät *f*; ***la*** ~ ***de son allure*** sein/ihr majestätischer Gang ③ ART ***le Christ en*** ~ der thronende Christus

Majesté [maʒɛste] *f* ***Votre*** ~ Eure Majestät

majestueusement [maʒɛstɥøzmɑ̃] *adv* majestätisch

majestueux, -euse [maʒɛstɥø, -øz] *adj* majestätisch

majeur [maʒœʀ] *m* ANAT Mittelfinger *m*

majeur(e) [maʒœʀ] **I.** *adj* ① *(très important)* sehr groß; *événement* wichtig ② *(le plus important)* wichtigste(r, s); ***son défaut*** ~ sein/ihr Hauptfehler ③ *antéposé (la plupart)* ***la*** ~***e partie du temps*** die meiste Zeit ④ JUR volljährig ⑤ *peuple* mündig ⑥ MUS groß; ***do/ré/mi/fa*** ~ C/D/E/F-Dur ► **être** ~ **et vacciné** *(fam)* kein kleines Kind mehr sein **II.** *m(f)* JUR Volljährige(r) *f(m)*

majeure [maʒœʀ] *f* ① JUR Volljährige(r) *f(m)* ② *(cartes: couleur)* Hauptfarbe *f* ③ PHILOS Hauptsatz *m*

majoration [maʒɔʀasjɔ̃] *f* FIN, ECON Erhöhung *f*; ~ ***brute*** Bruttoaufschlag *m*

majordome [maʒɔʀdɔm] *m* Haushofmeister *m*

majorer [maʒɔʀe] <1> *vt* erhöhen

majorette [maʒɔʀɛt] *f* Majorette *f*

majoritaire [maʒɔʀitɛʀ] *adj* POL ***scrutin*** ~

Mehrheitswahlrecht *nt;* ***être*** ~ in der Mehrheit sein

majoritairement [maʒɔʀitɛʀmɑ̃] *adv* mehrheitlich

majorité [maʒɔʀite] *f* ❶ *des voix* Mehrzahl *f; des membres présents* Mehrheit *f;* ***la ~ des deux tiers*** die Zweidrittelmehrheit; ***en*** ~ überwiegend; ***les Français pensent dans leur ~ …*** die Mehrheit der Franzosen denkt … ❷ JUR Volljährigkeit *f*

majuscule [maʒyskyl] **I.** *adj* große(r, s); ***lettre*** ~ Großbuchstabe *m* **II.** *f* Großbuchstabe *m;* ***en ~s [d'imprimerie]*** in Blockschrift

mal[1] [mal] **I.** *adv* ❶ *(opp: bien)* schlecht; ~ ***respirer*** schwer atmen ❷ *(pas au bon moment)* ungünstig; ***le moment est vraiment ~ choisi*** das ist wirklich nicht der richtige Zeitpunkt ❸ *(pas dans le bon ordre, de la bonne façon)* ***il s'y prend*** ~ er stellt sich ungeschickt an ❹ *(pas dans de bonnes conditions)* ***être ~ logé/nourri*** schlecht untergebracht/ernährt; ***ça va ~ finir!*** das wird böse enden! ❺ *(de manière immorale)* schlecht; ***il a ~ tourné*** er ist auf die schiefe Bahn geraten ❻ *(de manière inconvenante)* ~ ***répondre*** unverschämt antworten ❼ *(de manière erronée)* falsch; ***je me suis ~ exprimé*** ich habe mich unklar ausgedrückt ❽ *(de manière défavorable)* ***être ~ vu*** nicht gern gesehen sein ❾ *(en se vexant)* ***elle a ~ pris ma remarque*** sie hat meine Bemerkung in den falschen Hals gekriegt *fam* ► **ça la fout ~** *(fam)* das macht einen miesen Eindruck; **pas ~** *avec ou sans nég (assez bien)* nicht schlecht; *(passablement, assez)* ziemlich; *sans nég, (fam: opp: très peu)* ganz schön; ***je m'en fiche pas*** ~ das ist mir ganz egal **II.** *adj inv* ❶ *(mauvais, immoral)* schlecht; ***faire quelque chose/ne rien faire de*** ~ etwas Böses/nichts Böses tun; ***j'ai dit quelque chose de ~?*** habe ich etwas Falsches gesagt? ❷ *se sentir* schlecht ❸ *(pas à l'aise)* ***être*** ~ sich nicht wohl fühlen ❹ *(en mauvais termes)* ***être ~ avec qn*** mit jdm zerstritten sein

mal[2] [mal, mo] <maux> *m* ❶ *a.* REL ***le*** ~ das Böse *kein Pl* ❷ *sans pl (action, parole, pensée mauvaise)* Schlechte(s) *nt kein Pl;* ***faire du ~ à qn*** jdm schaden; ***je n'en pense pas de*** ~ ich denke nicht schlecht darüber; ***sans penser à*** ~ ohne sich *dat* etwas Böses dabei zu denken; ***dire du ~ de qn*** schlecht über jdn sprechen; ***il n'y a pas de ~ à qc*** an etw *dat* ist doch nichts Schlimmes ❸ *sans pl (maladie, malaise)* Übel *nt;* ~ ***de l'air/de mer/des montagnes*** Luft-/See-/Höhenkrankheit *f* ❹ *(souffrance physique)* ~ ***de tête/ventre*** Kopf-/Bauchschmerzen *Pl;* ***il a ~ à la main*** ihm tut die Hand weh; ***avoir ~ à la tête/au dos/aux reins*** Kopf-/Rücken-/Kreuzschmerzen haben; ***avoir ~ à la jambe*** Schmerzen im Bein haben; ***se faire*** ~ sich *dat* wehtun; ***ces chaussures me font ~ aux pieds*** diese Schuhe drücken ❺ *(souffrance morale)* ***faire*** ~ wehtun; ~ ***de vivre*** Lebensüberdruss *m;* ~ ***du pays*** Heimweh *nt;* ***qn/qc me fait ~ au cœur*** jd/etw tut mir leid ❻ *(calamité)* Übel *nt* ❼ *sans pl (peine)* Mühe *f;* ***il a du ~ à supporter qc*** er kann etw nur schwer ertragen; ***se donner un ~ de chien pour faire qc*** *(fam)* sich *dat* irrsinnige Mühe geben etw zu tun ❽ *sans pl (dégât)* Schaden *m;* ***le travail ne fait pas de ~ à qn*** Arbeit kann jdm nichts schaden *fam;* ***prendre son ~ en patience*** sich mit Geduld wappnen; ***mettre qc à*** ~ etw zunichtemachen ❾ *(manque)* ***un peintre en ~ d'inspiration*** ein Maler, dem es an Inspiration fehlt ► **elle ne ferait pas de ~ à une mouche** *(fam)* sie würde keiner Fliege etwas zuleide tun; **le ~ est fait** das Unglück ist geschehen

malabar [malabaʀ] *m (fam)* Muskelprotz *m*

malade [malad] **I.** *adj* ❶ *(souffrant)* krank; ***tomber*** ~ krank werden; ***être ~ du sida/cœur*** aids-/herzkrank sein ❷ *(bouleversé)* ~ ***de jalousie/d'inquiétude*** krank vor Eifersucht/Sorge ❸ *(fam: cinglé)* ***être*** ~ spinnen ❹ *économie, entreprise* angeschlagen **II.** *mf* ❶ *(personne souffrante)* Kranke(r) *f(m);* ***grand*** ~ Schwerkranker; ~ ***mental*** Geisteskranker ❷ *(patient)* Patient(in) *m(f)*

maladie [maladi] *f* ❶ *(affection)* Krankheit *f;* ~ ***de cœur/peau*** Herz-/Hautkrankheit; ~ ***infantile/mentale*** Kinder-/Geisteskrankheit; ***être en*** ~ krankgeschrieben sein ❷ *(manie)* Manie *f;* ***il a la ~ de tout ranger*** er hat einen krankhaften Ordnungssinn ► **faire une ~ de qc** *(fam: être très contrarié)* ein Drama aus etw machen

maladif, -ive [maladif, -iv] *adj* ❶ *personne* kränkelnd; *air, pâleur* kränklich ❷ *besoin, peur* krankhaft

maladivement [maladivmɑ̃] *adv* krankhaft

maladresse [maladʀɛs] *f* ❶ *d'un comportement, geste* Ungeschicklichkeit *f; de*

M

caresses, d'un style Unbeholfenheit *f* ❷ *(bévue, gaffe)* Fauxpas *m*

maladroit(e) [maladʀwa, wat] **I.** *adj* ❶ *geste, personne* ungeschickt; *caresses, style, personne* unbeholfen ❷ *(fig) parole, remarque* unpassend **II.** *m(f)* ❶ *(personne malhabile)* Tollpatsch *m fam* ❷ *(gaffeur)* Tölpel *m*

maladroitement [maladʀwatmɑ̃] *adv (gauchement)* ungeschickt; ***s'exprimer*** ~ sich unbeholfen ausdrücken

mal-aimé(e) [maleme] <mal-aimés> *m(f)* Ungeliebte(r) *f(m)*

malaise [malɛz] *m* ❶ MED Unwohlsein *nt;* ***avoir un*** ~ ohnmächtig werden ❷ *(crise)* Unbehagen *nt;* ***le*** ~ ***politique/social*** die politischen/sozialen Missstände *Pl*

malaisé(e) [maleze] *adj (littér) ascension, chemin* beschwerlich; *tâche* schwierig [zu bewältigen]; ***il est*** ~ ***de finir*** es ist [sehr] schwierig, aufzuhören

Malaisie [malɛsi] *f* ***la*** ~ Malaysia *nt*

malandrin [malɑ̃dʀɛ̃] *m (littér)* Räuber(in) *m(f)*

malappris [malapʀi] *m (vieilli)* Flegel *m*

malaria [malaʀja] *f* Malaria *f*

malavisé(e) [malavize] *adj (soutenu)* ***elle a été*** ~***e de refuser cette offre*** es war unklug von ihr dieses Angebot abzulehnen

Malawi [malawi] *m* ***le*** ~ Malawi *nt*

malaxage [malaksaʒ] *m du beurre* Kneten *nt; du ciment, mortier* Mischen *nt*

malaxer [malakse] <1> *vt* kneten *argile, beurre*

malbouffe [malbuf] *f (fam)* ❶ *(aliments)* Junkfood *nt* ❷ *(alimentation)* Junkfood-Esserei *f*

malchance [malʃɑ̃s] *f* Pech *nt*

malchanceux, -euse [malʃɑ̃sø, -øz] *adj personne* vom Pech verfolgt

malcommode [malkɔmɔd] *adj (vieilli)* unpraktisch; *meuble* unzweckmäßig; *outil* unhandlich; *vêtement, horaires* unbequem

Maldives [maldiv] *fpl* ***les*** ~ die Malediven *Pl*

maldonne [maldɔn] *f* ❶ *(beim Kartenspiel)* Fehler *m* beim Kartengeben; ***il y a*** ~***!*** falsch gegeben! ❷ *(fig fam)* so war das nicht gedacht!

mâle [mɑl] **I.** *adj* männlich **II.** *m* ❶ *(homme)* Mann *m* ❷ *(animal)* Männchen *nt*

malédiction [malediksjɔ̃] *f* ❶ *(fatalité)* Fluch *m* ❷ *(malheur)* Unheil *nt;* ***c'est une*** ~ es ist wie verhext *fam* ❸ *(action de maudire)* Verfluchung *f*

maléfice [malefis] *m (soutenu)* Fluch *m*

maléfique [malefik] *adj (soutenu)* Unheil bringend

malencontreusement [malɑ̃kɔ̃tʀøzmɑ̃] *adv* unpassenderweise; ***il est intervenu fort*** ~ ***dans la discussion*** er hat sich im unpassenden Augenblick in die Diskussion eingeschaltet

malencontreux, -euse [malɑ̃kɔ̃tʀø, -øz] *adj* unpassend

malentendant(e) [malɑ̃tɑ̃dɑ̃, ɑ̃t] *m(f)* Schwerhörige(r) *f(m)*

malentendu [malɑ̃tɑ̃dy] *m* Missverständnis *nt*

mal-être [malɛtʀ] *m inv* ❶ *(vieilli)* Unwohlsein *nt* ❷ *(malaise social)* Unbehagen *nt*

malfaisant(e) [malfəzɑ̃, ɑ̃t] *adj* ❶ *(nuisible) animal* schädlich; *être* bösartig ❷ *(pernicieux) influence* schlecht; *pouvoir, esprit* böse

malfaiteur, -trice [malfɛtœʀ, -tʀis] *m, f* Übeltäter(in) *m(f)*

malfamé(e), mal famé(e) [malfame] *adj café, quartier* berüchtigt

malformation [malfɔʀmasjɔ̃] *f* Missbildung *f;* ~ ***du cœur*** Herzfehler *m*

malfrat [malfʀa] *m (fam)* ***un petit*** ~ ein kleiner Gauner

malgache [malgaʃ] **I.** *adj* madagassisch **II.** *m* Madagassisch *nt; v. a.* **allemand**

Malgache [malgaʃ] *mf* Madagasse *m*/Madagassin *f*

malgré [malgʀe] *prép* ❶ *(en dépit de)* trotz *+dat o gen;* ~ ***tout*** trotz allem ❷ *(contre le gré de)* ~ ***moi/elle/lui*** gegen meinen/ihren/seinen Willen ❸ *(sans le vouloir)* ***j'ai entendu*** ~ ***moi ce que vous venez de dire*** ohne zu wollen habe ich gehört, was Sie gerade gesagt haben

malhabile [malabil] *adj* ungeschickt

malheur [malœʀ] *m* ❶ *(événement pénible, malchance)* Unglück *nt;* ***si jamais il m'arrivait*** ~ falls mir jemals etw zustoßen sollte; ***par*** ~ unglücklicherweise ❷ *(tort)* ***avoir le*** ~ ***de faire qc*** dummerweise etw tun ► **le ~ des uns fait le bonheur des autres** *(prov)* des einen Not ist des andern Brot; **un ~ ne vient jamais seul** *(prov)* ein Unglück kommt selten allein; **faire un ~** *(fam: faire un scandale)* gewalttätig werden; *(avoir un gros succès)* einen Riesenerfolg haben; **[ne] parle pas de ~!** *(fam)* mal den Teufel nicht an die Wand!

malheureusement [maløʀøzmɑ̃] *adv (hélas)* leider

malheureux, -euse [maløʀø, -øz] **I.** *adj* ❶ *(qui souffre)* unglücklich ❷ *a. antéposé* *(regrettable, fâcheux)* unglücklich; *incident, suites* bedauerlich; *initiative, parole* ungeschickt ❸ *(malchanceux)* glücklos; ***être ~ au jeu/en amour*** kein Glück im Spiel/in der Liebe haben ❹ *antéposé (insignifiant)* lächerlich ❺ *antéposé victime* unglücklich **II.** *m, f* ❶ *(indigent)* Notleidende(r) *f(m)* ❷ *(infortuné)* Unglückselige(r) *f(m)*

malhonnête [malɔnɛt] *adj* ❶ *(indélicat, déloyal)* unehrlich ❷ *(hum)* unanständig

malhonnêtement [malɔnɛtmɑ̃] *adv agir* unehrlich; *gagner de l'argent* auf unehrliche Weise

malhonnêteté [malɔnɛtte] *f* Unehrlichkeit *f*

mali [mali] *m* COM BELG *(déficit)* Defizit *nt*

Mali [mali] *m* ***le*** ~ Mali *nt*

malice [malis] *f* ❶ *(espièglerie)* Schalkhaftigkeit *f;* ***avec*** ~ schelmisch ❷ *(méchanceté)* Böswilligkeit *f*

malicieusement [malisjøzmɑ̃] *adv* schelmisch

malicieux, -euse [malisjø, -jøz] *adj réponse* schelmisch; *regard, sourire* verschmitzt; *enfant, personne* spitzbübisch

maligne [maliɲ] *v.* **malin**

malignité [maliɲite] *f* ❶ *(soutenu: méchanceté)* Boshaftigkeit *f* ❷ *d'une tumeur* Bösartigkeit *f*

malin, maligne [malɛ̃, maliɲ] **I.** *adj* ❶ *(astucieux)* schlau; *sourire* verschmitzt; *air* pfiffig ❷ *a. antéposé (méchant)* boshaft; *influence* schlecht ❸ MED *tumeur* bösartig **II.** *m, f (personne astucieuse)* Schlaukopf *m fam;* ***faire le*** ~ sich aufspielen; ***gros ~!*** *(iron)* Schlauberger! *fam;* ***petit*** ~ gerissener Kerl *fam*

Malin [malɛ̃] *m (démon)* ***le*** ~ das Böse

malingre [malɛ̃gʀ] *adj* schmächtig

malintentionné(e) [malɛ̃tɑ̃sjɔne] *adj* böswillig

malle [mal] *f* Überseekoffer *m* ▸ **se faire la** ~ *(fam)* abhauen

malléabilité [maleabilite] *f* ❶ *d'une personne* Anpassungsfähigkeit *f* ❷ TECH *de l'argile* Knetbarkeit *f;* *d'un métal* Formbarkeit *f*

malléable [maleabl] *adj* ❶ *personne* anpassungsfähig ❷ TECH *argile* knetbar; *métal* weich

malléole [maleɔl] *f* Knöchel *m*

mallette [malɛt] *f (porte-documents)* Aktenkoffer *m*

mal-logé(e) [mallɔʒe] <mal-logés> *m(f)* notdürftig untergebrachte Person *f*

mal-logement [mallɔʒmɑ̃] *m (conditions individuelles)* schlechte Wohnverhältnisse *Pl;* *(conditions globales dans une ville ou un pays)* Wohnungsmisere *f*

malmener [malməne] <4> *vt* ❶ *(rudoyer)* schlecht behandeln ❷ *(critiquer)* vernichtend kritisieren ❸ *(bousculer)* hart bedrängen

malnutrition [malnytʀisjɔ̃] *f* Unterernährung *f*

malodorant(e) [malɔdɔʀɑ̃, ɑ̃t] *adj* übel riechend

malotru(e) [malɔtʀy] *m(f)* Rüpel *m*

malpoli(e) [malpɔli] **I.** *adj (fam: mal élevé)* unhöflich; *enfant* ungezogen **II.** *m(f) (fam)* unhöflicher Mensch

malpropre [malpʀɔpʀ] **I.** *adj (sale) mains, objet* schmutzig; *personne* schmuddelig *fam* **II.** *mf (fam)* ▸ **traiter qn comme un/une** ~ jdn wie den letzten Dreck behandeln *sl*

malpropreté [malpʀɔpʀəte] *f (saleté) des mains, d'un objet, lieu* Schmutzigkeit *f;* *d'une personne* Schmuddeligkeit *f fam*

malsain(e) [malsɛ̃, ɛn] *adj* krankhaft

malséant(e) [malseɑ̃, ɑ̃t] *adj (littér)* unschicklich *geh*

malsonnant(e) [malsɔnɑ̃, ɑ̃t] *adj (littér) propos* anstößig *geh*

malt [malt] *m* Malz *nt*

maltais [maltɛ] *m* Maltesisch *nt; v. a.* **allemand**

Maltais(e) [maltɛ, ɛz] *m(f)* Malteser(in) *m(f)*

Malte [malt] *f* ***l'île de*** ~ die Insel Malta

maltraitance [maltʀɛtɑ̃s] *f* Misshandlung *f*

maltraiter [maltʀete] <1> *vt* ❶ *(brutaliser)* misshandeln ❷ *(critiquer)* heruntermachen *fam*

malus [malys] *m* Malus *m*

malveillance [malvɛjɑ̃s] *f* Feindseligkeit *f;* ***avec*** ~ feindselig

malveillant(e) [malvɛjɑ̃, ɑ̃t] *adj geste, personne* boshaft; *propos, remarque* gehässig

malvenu(e) [malvəny] *adj (soutenu)* ❶ *(déplacé) remarque, proposition* deplatziert ❷ *(peu qualifié)* ***qn est ~ à*** [*o* ***de***] ***faire qc*** jd hat keinen Grund etw zu tun

malversation [malvɛʀsasjɔ̃] *f souvent pl* LITTER Veruntreuung *f,* Unterschlagung *f*

malvoyant(e) [malvwajɑ̃, ɑ̃t] *m(f)* Sehbehinderte(r) *f(m)*

maman [mamɑ̃] *f* ❶ *(mère)* Mutter *f;* ***future*** ~ werdende Mutter ❷ *(appellation)* Mama *f*

mamelle [mamɛl] *f* ANAT Euter *nt o m;* *de la chienne, chatte, lapine* Zitze *f*

M

mamelon [mam(ə)lɔ̃] *m* ANAT Brustwarze *f*
mamelonné(e) [mam(ə)lɔne] *adj paysage* hügelig
mamie [mami] *f (fam)* Oma *f*

Falsche Freunde
Nicht verwechseln mit *die Mami* – *la maman*!

mammifère [mamifɛʀ] *m* Säugetier *nt*
mammographie [mamogʀafi] *f* Mammografie *f*
mammouth [mamut] *m* Mammut *nt*
mammy [mami] *f v.* **mamie**
mamours [mamuʀ] *mpl (fam)* ❶ *(câlins)* Zärtlichkeiten *Pl; **faire des ~ à qn*** mit jdm schmusen ❷ *(flatteries)* ***faire des ~ à qn*** jdm Honig ums Maul schmieren
manade [manad] *f* Herde *f (Rinder-, Stier- oder Pferdeherde in der Provence, Camargue)*
management [manadʒmɛnt, manaʒmɑ̃] *m* Management *nt*
manager [mana(d)ʒe] <2a> *vt* managen
manageur, **-euse** [manmadʒœʀ, -øz] *m, f* Manager(in) *m(f)*
manant [manɑ̃] *m* HIST *(roturier)* Bauer *m*/ Bäuerin *f*
manche[1] [mɑ̃ʃ] *f* ❶ *d'un vêtement* Ärmel *m* ❷ *(aux courses)* Runde *f; (au ski)* Durchlauf *m* ❸ JEUX Spiel *nt* ▶ **faire la ~** betteln
manche[2] [mɑ̃ʃ] *m* ❶ *d'un outil, parapluie* Griff *m; d'une fourchette, d'un balai* Stiel *m* ❷ MUS Hals *m* ▶ **se débrouiller comme un ~** *(fam)* sich linkisch anstellen
Manche [mɑ̃ʃ] *f **la** ~* der Ärmelkanal
manchette [mɑ̃ʃɛt] *f* ❶ *d'une chemise* Manschette *f* ❷ *(coup)* Schlag *m* mit dem Unterarm ❸ COUT Ärmelschoner *m* ❹ TECH Manschette *f*
manchon [mɑ̃ʃɔ̃] *m* ❶ Muff *m* ❷ TECH *(bague, cylindre)* Muffe *f*
manchot [mɑ̃ʃo] *m (pingouin)* Pinguin *m*
manchot(e) [mɑ̃ʃo, ɔt] **I.** *adj (amputé d'un bras)* einarmig **II.** *m(f) (personne)* Einarmige(r) *f(m)*
mandale [mɑ̃dal] *f (fam)* Backpfeife *f fam*
mandant(e) [mɑ̃dɑ̃, ɑ̃t] *m(f)* Mandant(in) *m(f);* JUR Vollmachtgeber(in) *m(f)*
mandarine [mɑ̃daʀin] *f* Mandarine *f*
mandat [mɑ̃da] *m* ❶ *(mission)* Auftrag *m;* JUR, POL Mandat *nt* ❷ *(ordre)* ***~ d'arrêt*** Haftbefehl *m* ❸ COM, FIN Postanweisung *f*
mandataire [mɑ̃datɛʀ] *mf a.* JUR Bevollmächtigte(r) *f(m)*
mandat-carte [mɑ̃dakaʀt] <mandats--cartes> *m* Postanweisung *f*
mandater [mɑ̃date] <1> *vt* JUR, POL ***~ un avocat pour faire qc*** einen Anwalt dazu bevollmächtigen etw zu tun
mandat-lettre [mɑ̃dalɛtʀ] <mandats--lettres> *m Postanweisung, die in einem Brief geschickt wird und auf der Post einzulösen ist*
mandchou [mɑ̃tʃu] *m **le** ~* Mandschurisch *nt,* das Mandschurische; *v. a.* **allemand**
mandchou(e) [mɑ̃tʃu] *adj* mandschurisch
Mandchou(e) [mɑ̃tʃu] *m(f)* Mandschure *m*/Mandschurin *f*
mander [mɑ̃de] <1> *vt (vieilli)* ❶ *(transmettre un ordre)* befehlen; ***nous mandons que …*** *+subj* wir befehlen, dass … ❷ *(convoquer)* ***~ qn*** jdn rufen [*o* kommen] lassen; ***on m'a mandé d'urgence*** ich wurde dringend einbestellt [*o* gerufen] ❸ *(faire savoir)* ***~ qc à qn*** jdm etw mitteilen
mandoline [mɑ̃dɔlin] *f* Mandoline *f*
mandrin [mɑ̃dʀɛ̃] *m* ❶ *d'une perceuse* Bohrfutter *nt* ❷ *(pièce mécanique)* Dorn *m*
manège [manɛʒ] *m* ❶ *(attraction foraine)* Karussell *nt* ❷ *(agissements)* Hin und Her *nt*

Falsche Freunde
Nicht verwechseln mit *die Manege* – *la piste*!

manette [manɛt] *f* INFORM ***~ de jeu*** Joystick *m*
manganèse [mɑ̃ganɛz] *m* CHIM Mangan *nt*
mangeable [mɑ̃ʒabl] *adj* essbar
mangeaille [mɑ̃ʒaj] *f (fam)* Fraß *m*
mangeoire [mɑ̃ʒwaʀ] *f* Futterkrippe *f*
manger [mɑ̃ʒe] <2a> **I.** *vt* ❶ *(se nourrir de)* essen; *animal:* fressen ❷ *(ronger) mites, rouille, lèpre:* zerfressen ❸ *(hum: dévorer)* fressen *fam;* ***~ des yeux*** mit den Augen verschlingen ❹ *(dilapider)* vergeuden *capital, héritage;* verschlingen *temps, énergie* ❺ *(consommer) machine, essence:* verbrauchen ❻ *(absorber)* schlucken *fam* ❼ *(fam: ne pas articuler)* verschlucken *mots* **II.** *vi personne:* essen; *animal:* fressen; ***inviter à ~*** zum Essen einladen; ***donner à ~ à un bébé/aux vaches*** ein Baby/die

Kühe füttern **III.** *vpr* ***qc se mange chaud/avec les doigts*** etw wird warm/mit den Fingern gegessen

mange-tout [mɑ̃ʒtu] *app inv* ***pois*** ~ Zuckererbsen *Pl;* ***haricots*** ~ zarte Stangenbohnen *Pl*

mangeur, **-euse** [mɑ̃ʒœʀ, -ʒøz] *m, f* ***gros*** ~ starker Esser

mangouste [mɑ̃gust] *f (animal)* Manguste *f*

mangrove [mɑ̃gʀɔv] *f* BOT Mangrove *f*

mangue [mɑ̃g] *f* Mango *f*

maniabilité [manjabilite] *f d'une machine* leichte Bedienung; *d'une voiture* Wendigkeit *f; d'un appareil* leichte Handhabung; *d'un livre, outil* Handlichkeit *f*

maniable [manjabl] *adj machine* leicht zu bedienen; *appareil* leicht zu handhaben; *livre, outil* handlich; *voiture* wendig

maniacodépressif, **-ive** [manjakodepʀesif, -iv] **I.** *adj* manisch-depressiv **II.** *m, f* Manisch-Depressive(r) *f(m)*

maniaque [manjak] **I.** *adj* ❶ *(pointilleux)* pingelig *fam; personne* pedantisch ❷ MED, PSYCH *euphorie* manisch **II.** *mf* ❶ *(personne trop méticuleuse)* Pedant(in) *m(f);* ***un ~ de l'ordre*** ein Ordnungsfanatiker ❷ *(malade)* Irre(r) *f(m);* ***~ sexuel*** Triebtäter *m*

maniaquerie [manjakʀi] *f* ❶ *(attachement à des habitudes)* Pedanterie *f* ❷ *(obsession du détail)* Spitzfindigkeit *f*

manichéen(ne) [manikeɛ̃, ɛn] **I.** *adj monde, vision* manichäisch **II.** *m(f)* Manichäer(in) *m(f)*

manichéisme [manikeism] *m* Manichäismus *m*

manie [mani] *f* ❶ *(tic)* Tick *m* ❷ *(obsession)* ***~ de la propreté*** Sauberkeitsfimmel *m fam;* ***la ~ de la persécution*** der Verfolgungswahn ❸ MED, PSYCH Manie *f*

maniement [manimɑ̃] *m* ❶ *(manipulation)* Handhabung *f; d'un appareil* Bedienung *f; d'une voiture* Lenken *nt* ❷ *des affaires* Führung *f* ❸ *d'une langue* Beherrschen *nt;* ***le ~ des mots*** das Umgehen mit Worten

manier [manje] <1> *vt* ❶ *(se servir de, utiliser)* handhaben *objet, outil;* bedienen *appareil* ❷ *(manipuler, avoir entre les mains)* ***~ qn/qc*** mit jdm/etw umgehen ❸ *(maîtriser)* ***~ une langue*** eine Sprache beherrschen; ***~ l'ironie/l'humour*** ein Meister der Ironie/des Humors sein ❹ *(gérer)* ***~ de grosses sommes d'argent*** mit großen Geldbeträgen umgehen

manière [manjɛʀ] *f* ❶ *(façon)* Art *f;* ***~ de faire qc*** Art und Weise etw zu tun; ***~ d'agir/de s'exprimer*** Handlungs-/Ausdrucksweise *f;* ***avoir la ~*** den Dreh raushaben *fam;* ***à la ~ ...*** nach ... Art; ***à la ~ de qn/qc*** wie jd/etw; ***à ma/sa ~*** auf meine/seine/ihre Weise; ***de ~ brutale/rapide*** auf brutale/schnelle Art und Weise; ***d'une certaine ~*** in gewisser Weise; ***d'une ~ générale*** im Allgemeinen; ***d'une ~ ou d'une autre*** so oder so; ***de toute ~*** auf jeden Fall; ***de ~ à faire qc*** um etw zu tun; ***~ de faire qc*** *(fam)* um halt etw zu tun; ***de ~ [à ce] qu'il soit satisfait*** so, dass er zufrieden ist; ***de quelle ~?*** wie denn?; ***en aucune ~*** keineswegs ❷ *pl (comportement)* Manieren *Pl;* ***faire des ~s*** sich zieren; ***en voilà des ~s!*** das sind ja feine Manieren! ❸ *d'un artiste, écrivain* Stil *m* ❹ GRAM ***complément de ~*** Umstandsbestimmung *f* der Art und Weise

▸ **la ~ forte** *(sévérité)* härtere Maßnahmen *Pl;* ***employer la ~ forte*** hart durchgreifen

maniéré(e) [manjeʀe] *adj* gekünstelt; *ton, personne* affektiert

manieur, **-euse** [manjœʀ, -jøz] *m, f* ***~(-euse) de qc*** jd, der/eine, die mit etw umgehen kann; ***~ d'argent*** *(fig)* Geschäftsmann *m;* ***~ d'hommes*** Führungspersönlichkeit *f*

manif [manif] *f abr de* **manifestation** *(fam)* Demo *f*

manifestant(e) [manifɛstɑ̃, ɑ̃t] *m(f)* Demonstrant(in) *m(f)*

manifestation [manifɛstasjɔ̃] *f* ❶ POL Demonstration *f* ❷ *(événement)* Veranstaltung *f* ❸ *d'un sentiment* Äußerung *f; d'une humeur* Ausdruck *m; d'une maladie* Anzeichen *nt; de joie, amitié* Bekundung *f*

manifeste [manifɛst] **I.** *adj* offensichtlich; *vérité* offenkundig **II.** *m* POL, LITTER Manifest *nt*

manifestement [manifɛstəmɑ̃] *adv* ganz offensichtlich

manifester [manifɛste] <1> **I.** *vt* zum Ausdruck bringen **II.** *vi* demonstrieren **III.** *vpr* **se ~** ❶ *(se révéler)* sich äußern; *crise:* auftreten ❷ *(se faire connaître)* sich melden; *candidat:* sich vorstellen ❸ *(s'exprimer)* sich äußern ❹ *(se montrer) personne:* erscheinen

manigance [manigɑ̃s] *f gén pl* Machenschaften *Pl*

manigancer [manigɑ̃se] <2> *vt* aushecken *fam*

manioc [manjɔk] *m* Maniok *m*

M

manipulable [manipylabl] *adj* manipulierbar

manipulation [manipylasjɔ̃] *f* ❶ *d'une machine, d'un ordinateur* Bedienung *f; d'un outil* Handhabung *f; d'un produit, d'une substance* Umgehen *nt* mit *+dat* ❷ *pl (expériences)* Versuche *Pl;* ***les ~s génétiques*** die Genmanipulation ❸ *(prestidigitation)* Zauberkunststücke *Pl* ❹ *(péj) de la foule, l'opinion* Manipulation *f*

manipuler [manipyle] <1> *vt* ❶ *(manier)* handhaben *outil;* hantieren mit *substance* ❷ *(péj: fausser)* manipulieren, fälschen *écritures, résultats* ❸ *(influencer)* manipulieren

manitou [manitu] *m* ❶ Manitu *m* ❷ *(fig fam)* ***c'est lui, le grand ~ ici!*** er ist hier der Häuptling! *iron fam*

manivelle [manivɛl] *f* Kurbel *f*

mannequin [mankɛ̃] *m* ❶ *(présentateur de modèles)* Mannequin *nt* ❷ *(pour le tailleur)* Schneiderpuppe *f* ❸ *(pour la vitrine)* Schaufensterpuppe *f* ❹ *(pour le peintre, sculpteur)* Gliederpuppe *f*

mannequin-vedette [mankɛ̃vədɛt] <mannequins-vedettes> *m* Topmodel *nt*

M

manœuvrabilité [manœvʀabilite] *f* ❶ *(possibilité de manœuvrer)* Manövrierfähigkeit *f* ❷ *(facilité de manœuvrer)* Wendigkeit *f*

manœuvrable [manœvʀabl] *adj* ❶ *(maniable)* manövrierfähig ❷ *(facile à manier)* wendig

manœuvre [manœvʀ] **I.** *f* ❶ *d'une machine* Bedienung *f; d'un véhicule* Lenken *nt;* ***fausse ~*** Bedienungsfehler *m* ❷ *(action, tentative de manœuvrer)* Manöver *nt;* ***~ d'évitement*** Ausweichmanöver; ***~ de diversion*** Ablenkungsmanöver ❸ *(exercice)* Manöver *nt* ❹ *(péj: agissement, machination)* Machenschaften *Pl;* ***les ~s dilatoires*** das Hinhaltemanöver **II.** *m* Hilfsarbeiter(in) *m(f)*

manœuvrer [manœvʀe] <1> **I.** *vt* ❶ *(faire fonctionner)* bedienen *machine;* handhaben *outil* ❷ *(conduire)* steuern *véhicule* ❸ *(péj: manipuler)* manipulieren **II.** *vi* ❶ *(agir habilement)* geschickt vorgehen ❷ *(faire l'exercice)* exerzieren ❸ AUT manövrieren

manoir [manwaʀ] *m* Landsitz *m*

manomètre [manɔmɛtʀ] *m* Manometer *m*

manouche [manuʃ] *mf (péj fam)* Zigeuner(in) *m(f) pej*

manquant(e) [mɑ̃kɑ̃, ɑ̃t] *adj* ❶ *pièce, somme* fehlend; *personne* abwesend ❷ *article* nicht vorrätig

manque [mɑ̃k] *m* ❶ *(carence)* Mangel *m;* ***~ d'argent/de temps*** Geld-/Zeitmangel; ***~ d'intelligence/de sérieux*** Mangel an Intelligenz/Ernsthaftigkeit; ***~ d'imagination/de respect*** Fantasie-/Respektlosigkeit *f;* ***~ à gagner*** Einbuße *f;* ***un enfant en ~ d'affection*** ein Kind, dem es an Zuwendung fehlt ❷ *pl (lacunes)* Lücken *Pl* ❸ *(défauts)* Mängel *Pl* ❹ *(vide)* Lücke *f* ❺ *(privation)* Entzugserscheinungen *Pl;* ***être en [état de] ~*** Entzugserscheinungen haben

manqué(e) [mɑ̃ke] *adj* ❶ *occasion, rendez-vous* verpasst; *photo, roman* misslungen ❷ *postposé (iron fam)* verhindert

manquement [mɑ̃kmɑ̃] *m* Vergehen *nt*

manquer [mɑ̃ke] <1> **I.** *vt* ❶ *(opp: atteindre)* verfehlen *cible, but* ❷ *(se venger)* ***ne pas ~ qn*** jdm kein Pardon geben ❸ *(opp: rencontrer)* verfehlen, verpassen ❹ *(rater)* verpassen *bus, train;* verfehlen *marche* ❺ *(laisser passer)* ***une occasion à ne pas ~*** eine Gelegenheit, die man sich nicht entgehen lassen sollte ❻ *(opp: réussir)* ***~ un examen*** eine Prüfung nicht bestehen ❼ *(opp: assister à)* verpassen, versäumen *film, réunion;* nicht gehen zu *+dat,* schwänzen *fam cours, école;* ***~ la classe*** [im Unterricht] fehlen ▶ **ne pas en ~ une** *(fam)* [aber auch] in jedes Fettnäpfchen treten **II.** *vi* ❶ *(être absent)* fehlen ❷ *(faire défaut, être insuffisant)* ***commencer à ~*** allmählich ausgehen; ***qc te manque pour faire qc*** dir fehlt etw um etw zu tun ❸ *(ne pas avoir assez de)* ***qn/qc manque de qn/qc*** jdm/einer S. fehlt jd/etw; ***tu ne manques pas de toupet!*** du bist ganz schön frech! ❹ *(regretter de ne pas avoir)* ***mes enfants/les livres me manquent*** ich vermisse die Kinder/Bücher ❺ *(rater) attentat, tentative:* scheitern, misslingen ❻ *(ne pas respecter)* ***~ à sa parole/promesse*** sein/ihr Wort/Versprechen nicht halten; ***~ à ses devoirs/obligations*** seine/ihre Pflichten/Verpflichtungen nicht erfüllen ❼ *(faillir)* ***~ [de] faire qc*** etw beinahe tun ❽ *(ne pas omettre)* ***ne pas ~ de faire qc*** etw auf jeden Fall tun ▶ **ça n'a pas manqué!** das musste ja so kommen!; **il ne manquait plus que ça** das hat [jetzt] gerade noch gefehlt **III.** *vpr* ❶ *(rater son suicide)* ***qn se manque*** jds Selbstmordversuch misslingt ❷ *(ne pas se rencontrer)* ***se ~ de 5 minutes*** sich um 5 Minuten verpassen

mansarde [mɑ̃saʀd] *f* Mansarde *f*

mansardé(e) [mɑ̃saʀde] *adj* Dach-; ***chambre ~e*** Mansardenzimmer *nt,* Dachzimmer *nt;* ***la chambre est ~e*** das Zimmer hat schräge Wände

mansuétude [mɑ̃sɥetyd] *f (littér)* Nachsicht *f*

manteau [mɑ̃to] <x> *m* Mantel *m*

manucure [manykyʀ] *mf (a. personne)* Maniküre *f*

manucurer [manykyʀe] <1> *vt* maniküren

manuel [manɥɛl] *m (livre didactique)* Lehrbuch *nt; (manuel d'utilisation)* Handbuch; ~ ***scolaire*** Schulbuch

manuel(le) [manɥɛl] **I.** *adj* ❶ *métier, profession* handwerklich; *activité, travail* manuell; ***travailleur*** ~ jd, der mit den Händen arbeitet ❷ *(opp: automatique)* manuell **II.** *m(f) (personne qui travaille de ses mains)* jd, der mit den Händen arbeitet; *(personne douée de ses mains)* Bastler(in) *m(f)*

manuellement [manɥɛlmɑ̃] *adv* manuell; *actionner, fabriquer* manuell

manufacture [manyfaktyʀ] *f* Manufaktur *f*

manufacturer [manyfaktyʀe] <1> *vt* verarbeiten; ***produit manufacturé*** industrielles Erzeugnis [*o* Produkt]

manufacturier, -ière [manyfaktyʀje, -jɛʀ] *adj industrie* herstellend

manu militari [manymilitaʀi] *adv* kurzerhand, ohne viel Federlesens; *(par la force physique)* gewaltsam

manuscrit [manyskʀi] *m* Manuskript *nt*

manuscrit(e) [manyskʀi, it] *adj (écrit à la main)* handschriftlich

manutention [manytɑ̃sjɔ̃] *f* ❶ *(manipulation)* Warenumschlag *m* ❷ *(local)* Lager *nt*

manutentionnaire [manytɑ̃sjɔnɛʀ] *mf* Lagerist(in) *m(f)*

maoïste [maɔist] **I.** *adj* maoistisch **II.** *mf* Maoist(in) *m(f)*

maori [maɔʀi] *m* ***le*** ~ Maori *nt,* das Maori; *v. a.* **allemand**

Maori(e) [maɔʀi] *m(f)* Maori *m*/Maorin *f*

maous(ne) [maus] *adj (fam)* enorm *fam;* ***brochet*** ~ Mordshecht *m fam*

mappemonde [mapmɔ̃d] *f (globe terrestre)* Globus *m*

maquer [make] <1> *vt (fam: être le souteneur de)* ~ ***une femme*** eine Frau anschaffen [*o* auf den Strich] schicken *sl;* ***être maquée*** schon einen Macker haben *sl; prostituée:* für einen Zuhälter arbeiten

maquereau[1] [makʀo] <x> *m* ZOOL Makrele *f*

maquereau[2] [makʀo] <x> *m (fam: souteneur)* Zuhälter *m*

maquerelle [makʀɛl] *f (fam)* Puffmutter *f fam*

maquette [makɛt] *f* ❶ *(modèle réduit)* Modell *nt;* ~ ***d'avion/de bateau*** Flugzeug-/Schiffsmodell; *(jouet)* Modellflugzeug *nt*/-schiff *nt* ❷ TYP Umbruch *m; d'une couverture* Druckvorlage *f; d'une cassette* Probeaufnahme *f* ❸ *(projet)* Entwurf *m* ❹ ART Rohfassung *f*

maquettisme [maketism] *m* Modellbau *m*

maquettiste [maketist] *mf* ❶ ARCHIT, THEAT Modellbauer(in) *m(f); (menuisier)* Modellschreiner(in) *m(f)* ❷ PRESSE *(graphiste)* Grafiker(in) *m(f)*

maquignon(ne) [makiɲɔ̃, ɔn] *m(f) (marchand de chevaux)* Pferdehändler(in) *m(f); (de bovins)* Viehhändler(in)

maquignonnage [makiɲɔnaʒ] *m (péj)* Machenschaften *Pl;* ***le*** ~ ***électoral*** die Wahlmanipulation

maquillage [makijaʒ] *m* ❶ *(soins de beauté: action)* Schminken *nt; (résultat)* Make-up *nt;* THEAT, CINE, TV Maske *f* ❷ *(produits de beauté)* Make-up *nt* ❸ *de documents* Fälschung *f; d'une voiture* Frisieren *nt*

maquiller [makije] <1> **I.** *vt* ❶ *(farder)* schminken ❷ *(falsifier)* fälschen, verdrehen *vérité;* entstellen *faits;* frisieren *voiture;* ~ ***un meurtre en suicide*** einen Mord als Selbstmord tarnen **II.** *vpr (se farder)* ***se*** ~ sich schminken

maquilleur, -euse [makijœʀ, -jøz] *m, f* Maskenbildner(in) *m(f)*

maquis [maki] *m (groupe de résistance)* Partisanengruppe *f;* HIST französische Widerstandsbewegung *f (gegen die deutsche Besatzung);* ***prendre le*** ~ sich den Partisanen anschließen

maquisard(e) [makizaʀ, aʀd] *m(f)* HIST französischer Widerstandskämpfer *m*/französische Widerstandskämpferin *f (gegen die deutsche Besatzung)*

marabout [maʀabu] *m* ❶ ORN Marabu *m* ❷ REL Marabut *m*

maracuja [maʀakuʒa, maʀakyʒa] *m* Maracuja *f*

maraîchage [maʀɛʃaʒ] *m* Gemüse[an]bau *m*

maraîcher, -ère [maʀeʃe, -ɛʀ] *m, f* Gemüseanbauer(in) *m(f)*

marais [maʀɛ] *m* Sumpf *m*

marasme [maʀasm] *m (stagnation)* [Konjunktur]flaute *f*

M

marathon [maʀatɔ̃] **I.** *m* SPORT, POL Marathon *m* **II.** *app* endlos

marathonien(ne) [maʀatɔnjɛ̃, jɛn] *m(f)* Marathonläufer(in) *m(f)*

marâtre [maʀɑtʀ] *f (fig)* Rabenmutter *f*

marauder [maʀode] <1> *vi (chaparder)* stehlen

marbre [maʀbʀ] *m* ❶ *(pierre)* Marmor *m* ❷ *(objet, statue)* Marmorplastik *f* ❸ *d'une cheminée* Marmorsims *m; d'une commode* Marmorplatte *f* ❹ *(fig)* ***cœur/visage de ~*** Herz aus Stein/steinernes Gesicht; ***être/rester de ~*** ungerührt sein/bleiben

marbré(e) [maʀbʀe] *adj* ❶ *(veiné) écorce* gemasert ❷ GASTR ***gâteau ~*** Marmorkuchen *m* ❸ *papier, reliure* marmoriert

marbrer [maʀbʀe] <1> *vt* ❶ *(décorer de veines)* marmorieren ❷ *(marquer de marbrures)* ***être marbré*** *(par le froid)* blau vor Kälte sein

marbrier, -ière [maʀbʀije, -ijɛʀ] **I.** *adj* Marmor- **II.** *m, f* Steinmetz(in) *m(f)*

marc [maʀ] *m (résidu)* Trester *Pl;* ***~ de café*** Kaffeesatz *m*

Marc [maʀk] *m* ❶ Markus *m,* Mark *m* ❷ REL ***Saint ~*** Markus ❸ HIST ***~ Aurèle*** Mark Aurel

M

marcel [maʀsɛl] *m* COUT Muscleshirt *nt*

marchand(e) [maʀʃɑ̃, ɑ̃d] **I.** *adj (qui transporte des marchandises) marine, navire* Handels-; *(où se pratique le commerce)* ***rue ~e*** Geschäftsstraße *f;* ***galerie ~e*** Einkaufspassage *f; (dans le commerce)* ***valeur ~e*** Handelswert *m* **II.** *m(f)* ❶ *(commerçant)* Händler(in) *m(f);* ***~ ambulant*** Straßenhändler ❷ *(fig)* ***~ d'illusions*** Scharlatan *m;* ***~ de rêve*** Illusionist *m;* ***~ de sable*** Sandmännchen *nt;* ***~ de tapis*** *(péj)* Geschäftemacher

marchandage [maʀʃɑ̃daʒ] *m* ❶ *(discussion)* Handeln *nt,* Feilschen *nt pej* ❷ *(tractation)* Mauschelei *f*

marchander [maʀʃɑ̃de] <1> **I.** *vt* ***~ le prix/un tapis*** um den Preis/einen Teppich handeln **II.** *vi* handeln, feilschen *pej*

marchandeur, -euse [maʀʃɑ̃dœʀ, -øz] *m, f* ❶ *(personne)* Feilscher(in) *m(f)* ❷ JUR Vermittler(in) *m(f)* von Arbeit[skräften]

marchandisage [maʀʃɑ̃dizaʒ] *m* Merchandising *nt*

marchandise [maʀʃɑ̃diz] *f* Ware *f*

marche[1] [maʀʃ] *f* ❶ *(action)* Gehen *nt;* SPORT Lauf *m;* ***se mettre en ~*** *personnes:* sich auf den Weg machen; *cortège, caravane:* sich in Bewegung setzen; ***~ à suivre*** Vorgehensweise *f* ❷ *(allure)* Gang *m; d'un navire* Fahrt *f* ❸ *(trajet)* Weg *m* ❹ *(cortège)* Marsch *m;* ***une ~ pacifique/de protestation*** ein Friedens-/Protestmarsch; ***faire ~ sur qc*** auf etw *akk* zumarschieren ❺ *d'une étoile* Bahn *f; d'une caravane* Zug *m; d'un véhicule* Fahrt *f;* ***le sens de la ~*** die Fahrtrichtung; ***en ~ arrière*** rückwärts; ***faire [une] ~ arrière*** AUT rückwärtsfahren ❻ *d'une entreprise, horloge* Gang *m; d'une machine* Betrieb *m,* Laufen *nt;* ***moteur en ~*** laufender Motor; ***mettre une machine/un appareil en ~*** eine Maschine/ein Gerät einschalten ❼ MUS Marsch *m* ▸ **faire ~ arrière** einen Rückzieher machen; **être en ~** *démocratie:* auf dem Vormarsch sein

marche[2] [maʀʃ] *f d'un escalier* Stufe *f; d'un véhicule* Trittbrett *nt*

marché [maʀʃe] *m* ❶ *(lieu de vente)* Markt *m;* ***~ couvert*** Markthalle[n *Pl*] *f;* ***~ aux puces*** Flohmarkt ❷ *(opérations financières)* Markt *m;* ***~-clé*** Schlüsselmarkt *m;* ***~ des capitaux*** Finanzmarkt; ***~ en croissance*** Wachstumsmarkt ❸ *(contrat)* Vertrag *m;* ***conclure un ~ avec qn/qc*** mit jdm/etw einen Vertrag abschließen; ***~ conclu!*** abgemacht! ❹ *(l'offre et la demande)* ***le ~ unique*** der Europäische Binnenmarkt; ***~ noir*** Schwarzmarkt *m* ❺ *(pays, région)* Markt *m* ▸ **bon ~** *inv* billig, preiswert; **par-dessus le ~** zu allem Überfluss

marchepied [maʀʃəpje] *m* ❶ *(marche) d'un train, tramway* Trittbrett *nt; d'une voiture moderne* Schweller *m* ❷ *(escabeau)* Trittleiter *f* ▸ **servir de ~ à qn** *personne:* jdm als Steigbügelhalter dienen; *poste, fonctione:* jdm als Sprungbrett dienen

marcher [maʀʃe] <1> *vi* ❶ *(se déplacer)* gehen, laufen; ***~ à reculons*** rückwärtsgehen; ***~ à la rencontre de qn*** jdm entgegengehen; *(vu de la personne approchée)* jdm entgegenkommen ❷ MIL ***~ sur la ville/Paris*** auf die Stadt/Paris zumarschieren ❸ *(poser le pied)* ***~ sur/dans qc*** auf/in etw *akk* treten; *(ne pas respecter)* etw mit Füßen treten ❹ *(être en activité) métro, bus:* fahren; *(fonctionner)* laufen; *montre:* gehen; *télé, machine:* an sein; ***~ à l'essence/l'électricité*** mit Benzin/Strom betrieben werden ❺ *(réussir) affaire, film:* laufen; *études:* vorangehen; *procédé:* funktionieren ❻ *(fam: croire naïvement)* alles glauben ❼ *(fam: être d'accord)* ***je marche [avec vous]*** ich ziehe mit; ***ça marche!*** o.k.! ▸ **faire ~ qn** jdn auf den Arm nehmen

marcheur, -euse [maʀʃœʀ, -øz] *m, f* Läu-

fer(in) *m(f)*; SPORT Geher(in) *m(f)*; POL Teilnehmer(in) *m(f)* eines Marsches
marcottage [maʀkɔtaʒ] *m* Absenken *nt*
marcotte [maʀkɔt] *f* BOT Absenker *m*
marcotter [maʀkɔte] <1> *vt* absenken
mardi [maʀdi] *m* Dienstag *m*; *v. a.* **dimanche**

Grammatik und Co.
Das Substantiv **mardi** ist männlich. Es wird ohne den bestimmten Artikel und ohne Präposition gebraucht, wenn es um eine präzise Angabe geht und ein ganz bestimmter Dienstag gemeint ist. Wenn eine Wiederholung oder etwas Gewohnheitsmäßiges ausgedrückt wird, steht der bestimmte Artikel bei dem Substantiv. In diesem Fall bezieht sich die Angabe auf mehrere Dienstage.

mardi gras *m* Karnevalsdienstag *m*, Fastnachtsdienstag *m* SDEUTSCH, Faschingsdienstag *m* SDEUTSCH

Land und Leute
Im Gegensatz zu Deutschland reduziert sich das Karnevalstreiben in Frankreich weitgehend auf den **mardi gras**, den Karnevalsdienstag, heute hauptsächlich ein Fest für Kinder.

mare [maʀ] *f* ❶ *(eau stagnante)* Tümpel *m*; *(après la pluie)* Lache *f* ❷ *(flaque)* ~ ***de sang/d'huile*** Blut-/Öllache *f*
marécage [maʀekaʒ] *m* Sumpf *m*
marécageux, -euse [maʀekaʒø, -ʒøz] *adj* sumpfig; *plante* Sumpf-
maréchal(e) [maʀeʃal, o] <-aux> *m(f)* Marschall *m*
maréchal-ferrant [maʀeʃalfeʀɑ̃] <maréchaux-ferrants> *m* Hufschmied *m*
maréchaussée [maʀeʃose] *f (hum)* Gesetzeshüter *m*
marée [maʀe] *f* ❶ *(mouvements de la mer)* Ebbe *f* und Flut *f*, Gezeiten *Pl*; ***à ~ basse/haute*** bei Ebbe/Flut ❷ *(fig)* ~ ***humaine*** Menschenflut *f* ▸ ~ <u>**noire**</u> Ölpest *f*
marelle [maʀɛl] *f* Himmel und Hölle *(ein Kinderspiel)*; ***[jeu de] ~ assise*** Mühlespiel *nt*
mareyeur, -euse [maʀɛjœʀ, -jøz] *m, f* [See]fischgroßhändler(in) *m(f)*
margaille [maʀgaj] *f* BELG ❶ *(fam: bagarre)* Handgemenge *nt* ❷ *(fig: désordre)* Tohuwabohu *nt*, Unordnung *f*
margarine [maʀgaʀin] *f* Margarine *f*
marge [maʀʒ] *f* ❶ *(espace blanc sur une feuille de papier)* Rand *m* ❷ *(délai)* Spielraum *m*; ~ ***d'erreur*** zulässige Abweichung ❸ COM Gewinn *m*; ~ ***bénéficiaire*** Gewinnspanne *f* ❹ *(fig)* ***vivre en ~ de la société*** am Rande der Gesellschaft leben
margelle [maʀʒɛl] *f* Rand *m*
marginal(e) [maʀʒinal, -o] <-aux> **I.** *adj* ❶ *(accessoire)* marginal; *occupation, rôle* Neben-; *phénomène* Rand- ❷ *(en marge de la société)* am Rande der Gesellschaft; *groupe* Rand- ❸ *(peu orthodoxe)* außerhalb der gesellschaftlichen Norm; *groupe* Aussteiger- **II.** *m(f)* *(asocial)* Asoziale(r) *f(m)*; *(en marge de la société)* Außenseiter(in) *m(f)*
marginalisation [maʀʒinalizasjɔ̃] *f* Ausgrenzung *f*
marginaliser [maʀʒinalize] <1> *vt* in den Hintergrund drängen, ausgrenzen *groupe social*; ins Abseits drängen *homme politique, parti politique*
marginalité [maʀʒinalite] *f* Außenseitertum *nt*
margoulin(e) [maʀgulɛ̃, in] *m(f)* ❶ *(maquignon)* Geschäftemacher(in) *m(f)* ❷ FIN Börsenjobber *m*
marguerite [maʀgəʀit] *f* Margerite *f*
mari [maʀi] *m* [Ehe]mann *m*
mariable [maʀjabl] *adj* heiratsfähig
mariage [maʀjaʒ] *m* ❶ *(institution)* Ehe *f*; *(union)* Heirat *f*; ~ ***blanc*** Scheinehe; ~ ***de raison*** Vernunftehe/-heirat; ***demander qn en ~*** um jds Hand anhalten; ***faire un beau ~*** eine gute Partie machen ❷ *(cérémonie)* Hochzeit *f*; ***cérémonie de ~*** Trauung *f*; ~ ***civil/religieux*** standesamtliche/kirchliche Trauung ❸ *(vie conjugale)* Ehe *f*; ***fêter les 25/10 ans de ~*** silberne Hochzeit/den 10. Hochzeitstag feiern ❹ *(de plusieurs choses)* Vereinigung *f*; *(combinaison)* Kombination *f*
Marianne [maʀjan] *f* POL Marianne *f (die Symbolfigur der frz. Republik)*
marié(e) [maʀje] **I.** *adj* verheiratet **II.** *m(f)* ❶ *(le jour du mariage)* Bräutigam *m*/Braut *f*; ***les ~s*** das Brautpaar ❷ *(marié depuis peu)* ***jeune ~*** frischgebackener Ehemann; ***les jeunes ~s*** die jungen Eheleute, das junge Paar
Marie-Madeleine [maʀimad(ə)lɛn(ə)] *f* HIST, REL Maria Magdalena *f*
marier [maʀje] <1> **I.** *vt* ❶ *(procéder au mariage de)* trauen ❷ *(donner en*

M

mariage) ~ ***qn avec qn*** jdn mit jdm verheiraten ❸ BELG, CH, NORD *(épouser)* heiraten ❹ *(combiner)* [miteinander] verbinden, kombinieren *couleurs, goûts, parfums* **II.** *vpr* ❶ *(contracter mariage)* ***se ~ avec qn*** jdn heiraten ❷ *(s'harmoniser)* ***se ~ [ensemble]*** miteinander harmonieren; ***se ~ avec qc*** zu etw passen

marihuana, **marijuana** [maʀiʀwana, maʀiʒɥana] *f* Marihuana *nt*

marin [maʀɛ̃] *m* ❶ *(matelot)* Seemann *m,* Matrose *m*/Matrosin *f;* ~ ***pêcheur*** Hochseefischer *m* ❷ *(navigateur)* Seefahrer *m*

marin(e) [maʀɛ̃, in] *adj* ❶ *(relatif à la mer)* Meeres-; *air, carte* See- ❷ *(relatif au marin)* Matrosen-

marina [maʀina] *f* Marina *f*

marinade [maʀinad] *f* Marinade *f*

marine [maʀin] **I.** *f* Marine *f* **II.** *adj inv* marineblau

mariner [maʀine] <1> **I.** *vt* GASTR ~ ***qc dans qc*** etw in etw *dat* marinieren **II.** *vi* ❶ GASTR *aliment:* in [der] Marinade ziehen ❷ *(fam: attendre)* schmoren

marinier, **-ière** [maʀinje, -jɛʀ] *m, f* Binnenschiffer(in) *m(f)*

marinière [maʀinjɛʀ] **I.** *f (vêtement)* Matrosenbluse *f* **II.** *app inv* GASTR ***[à la]*** ~ nach Seemannsart *(mit Weißwein und Zwiebeln zubereitet)*

marin-pêcheur [maʀɛ̃pɛʃœʀ] <marins--pêcheurs> *m* Hochseefischer *m*

mariolle [maʀjɔl] *m (fam)* Spaßvogel *m;* ***faire le*** ~ den Clown spielen

marionnette [maʀjɔnɛt] *f* Marionette *f*

marionnettiste [maʀjɔnetist] *mf* Puppenspieler(in) *m(f)*

marital(e) [maʀital, o] <-aux> *adj* JUR des Ehemanns

maritime [maʀitim] *adj* ❶ *(du bord de mer)* maritim; *région, ville* Küsten- ❷ *(relatif au commerce par la voie des mers)* See-; *transport* zur See; ***compagnie*** ~ Schifffahrtsgesellschaft *f*

marivaudage [maʀivodaʒ] *m (littér)* Getändel *nt*

marjolaine [maʀʒɔlɛn] *f* Majoran *m*

mark [maʀk] *m* HIST *(monnaie)* Mark *f;* ***le deutsche Mark*** die deutsche Mark

marketer [maʀkəte] <1> *vt* vermarkten *produit*

marketing [maʀkɛtiŋ] *m* Marketing *nt*

marmaille [maʀmɑj] *f (péj fam)* Rasselbande *f*

marmelade [maʀməlad] *f de pommes, d'abricots* Kompott *nt; d'oranges* Marmelade *f*

marmite [maʀmit] *f* [Koch]topf *m*

marmiton [maʀmitɔ̃] *m* Küchenjunge *m*

marmonnement [maʀmɔnmɑ̃] *m* Gemurmel *nt*

marmonner [maʀmɔne] <1> **I.** *vt* murmeln **II.** *vi* vor sich *akk* hin murmeln

marmoréen(ne) [maʀmɔʀeɛ̃, ɛn] *adj* ❶ GEOL Marmor- ❷ *(littér) pâleur, froideur* marmorn; *impassibilité, rigidité* steinern

marmot [maʀmo] *m* ❶ *(fam: petit garçon)* Knirps *m fam* ❷ *pl (petits enfants)* Kinder[schar *f*] *Pl*

marmotte [maʀmɔt] *f* Murmeltier *nt*

marmotter [maʀmɔte] <1> **I.** *vt* murmeln **II.** *vi* vor sich *akk* hin murmeln

marner [maʀne] <1> **I.** *vt* AGR mit Mergel düngen **II.** *vi (fam: trimer)* schuften *fam*

Maroc [maʀɔk] *m* ***le*** ~ Marokko *nt*

marocain(e) [maʀɔkɛ̃, ɛn] *adj* marokkanisch

Marocain(e) [maʀɔkɛ̃, ɛn] *m(f)* Marokkaner(in) *m(f)*

maronner [maʀɔne] <1> *vi (fam)* maulen *fam,* meckern *fam;* ***ça me fait ~ de faire qc*** es fuchst [*o* wurmt] mich, dass ich etw tun muss *fam*

maroquinerie [maʀɔkinʀi] *f* ❶ *(boutique)* Leder[waren]geschäft *nt* ❷ *(fabrication)* Lederwarenindustrie *f; (commerce)* Lederwarenhandel *m* ❸ *(articles en cuir)* Lederwaren *Pl*

marotte [maʀɔt] *f* Marotte *f*

marquage [maʀkaʒ] *m a.* COM Kennzeichnung *f; d'un arbre* Markierung *f;* ~ ***routier*** Straßenmarkierung; ~ ***au sol*** Fahrbahnmarkierung

marquant(e) [maʀkɑ̃, ɑ̃t] *adj (important) fait, événement* einschneidend; *personnage, œuvre* bemerkenswert; *souvenir* prägend

marque [maʀk] *f* ❶ *(trace)* Spur *f; de coups de fouet* Striemen *m; (tache)* Fleck *m,* Mal *nt* ❷ *(repère)* Zeichen *nt;* SPORT Startlinie *f;* ***prendre ses ~s*** *(se préparer)* seine Startvorbereitungen treffen; *coureur:* an den Start gehen; ***à vos ~s!*** auf die Plätze! ❸ *(témoignage)* ~ ***de confiance*** Vertrauensbeweis *m;* ~ ***de respect*** Ehrenbezeugung *f* ❹ *(signe distinctif)* Kennzeichen *nt; (au fer rouge)* Brandzeichen *nt;* ***porter la ~ de l'artiste*** die Handschrift des Künstlers tragen; ***porter la ~ de son génie*** von seinem/ihrem Genie zeugen ❺ COM Marke *f;* ~ ***déposée*** [eingetragenes] Warenzeichen; ***produit de*** ~ Markenartikel *m* ❻ *(insigne)* Abzeichen *nt* ❼ *(score)* [Punkte]stand *m;* ***ouvrir la*** ~ den ersten Punkt machen; ***la ~ était de 2***

à 1 es stand 2:1 ❽ GRAM Merkmal *nt* ► **trouver ses ~s** sich zurechtfinden; **personnage/invité de** ~ bedeutende Persönlichkeit/bedeutender Gast

marqué(e) [maʀke] *adj* ❶ *(net)* ausgeprägt; *préférence* deutlich, ausgesprochen; *traits du visage* ausgeprägt, markant; *différence, trait* deutlich ❷ *(traumatisé)* vorbelastet

marquer [maʀke] <1> **I.** *vt* ❶ *(indiquer)* markieren, anzeigen *heure, degré* ❷ *(distinguer par un signe)* kennzeichnen, markieren; ~ ***d'un trait/d'une croix*** anstreichen/ankreuzen ❸ *(laisser une trace sur)* Spuren hinterlassen auf *+dat;* ~ ***son époque*** *personne, événement:* das Gesicht seiner Zeit prägen ❹ *(souligner)* schlagen *rythme;* unterstreichen *paroles;* feierlich begehen *événement;* ***pour ~ cet événement*** zur Feier des Tages ❺ *(représenter)* signalisieren *étape, progrès* ❻ *(respecter)* beachten *feu rouge;* ~ ***un temps d'arrêt*** *(dans un discours)* kurz unterbrechen; *(dans un mouvement)* innehalten ❼ *(inscrire, noter)* notieren; ***le prix marqué*** der angegebene Preis ❽ SPORT erzielen **II.** *vi* ❶ *(jouer un rôle important)* ~ ***dans qc*** einen bleibenden Eindruck in etw *dat* hinterlassen; ***un fait qui marquera dans l'histoire*** ein Meilenstein in der Geschichte ❷ *(laisser une trace) bouteille:* Flecken machen; *tampon:* stempeln; *crayon:* schreiben

marqueur [maʀkœʀ] *m* ❶ *(crayon)* Textmarker *m* ❷ *(marqueur fluorescent)* Leuchtstift *m*

marquis(e) [maʀki, iz] *m(f)* Marquis(e) *m(f)*

marquise [maʀkiz] *f (auvent)* Markise *f*

marraine [maʀɛn] *f* Patin *f;* ***être ~ de qc*** die Patenschaft für etw übernehmen

marrant(e) [maʀɑ̃, ɑ̃t] *adj (fam: drôle, amusant)* witzig

marre [maʀ] *adv (fam)* ► **en avoir ~ de qn/qc** jdn/etw satthaben

marrer [maʀe] <1> **I.** *vpr* ***se ~*** *(fam)* sich [halb] totlachen **II.** *vi* ***faire ~*** zum Lachen bringen

marri(e) [maʀi] *adj (littér)* untröstlich; ***ne prends pas ce petit air ~!*** setz nicht so eine Leidensmiene auf!

marron [maʀɔ̃] **I.** *adj inv* kastanienbraun, rotbraun; *yeux* braun **II.** *m* ❶ *(fruit)* Marone *f,* Esskastanie *f;* ***~s glacés*** kandierte Maronen ❷ *(fam: coup de poing)* Schlag *m;* ***flanquer un ~ à qn*** jdm eine runterhauen ❸ *(fam)* ***être ~*** *(dupé)* ganz schön alt aussehen *sl* ► **tirer les ~s du feu** *(pour le profit d'autrui)* die Kastanien aus dem Feuer holen

mars [maʀs] *m* März *m; v. a.* **août**

Grammatik und Co.

Der französische Monatsname ist männlich; er wird ohne den bestimmten Artikel gebraucht.
Bei präzisen Datumsangaben steht der Artikel jedoch, und zwar wegen der Zahl:
il est né le quinze – er ist am Fünfzehnten geboren;
il est né le quinze mars – er ist am fünfzehnten März geboren.

Mars [maʀs] *m* ASTRON Mars *m*

marseillais(e) [maʀsɛjɛ, jɛz] *adj (de Marseille)* Marseiller *attr*

Marseillaise [maʀsɛjɛz] *f (hymne national)* ***la*** ~ die Marseillaise

Land und Leute

Die **Marseillaise** ist seit 1795 die französische Nationalhymne. Sie wurde 1792 von C. J. Rouget de Lisle als Kriegslied für die Rheinarmee geschrieben. Während der Revolution wurde sie von einem Freiwilligenbataillon aus Marseille gesungen, als es in Paris einmarschierte, um an einer Volkserhebung teilzunehmen. So erhielt sie ihren Namen.

Marseille [maʀsɛj] Marseille *nt* ► **être de ~** *(exagérer)* gerne übertreiben

Marshall [maʀʃal] *app* ***les Îles ~*** Marshallinseln *Pl*

marsupial [maʀsypjal, jo] <-aux> *m* ZOOL Beuteltier *nt*

marsupial(e) [maʀsypjal, jo] <-aux> *adj* Beutel-; ***poche ~e*** Beutel *m;* ***repli ~*** Bruttasche *f*

marteau [maʀto] <x> **I.** *m* Hammer *m;* ~ ***piqueur*** Schlagbohrer *m* **II.** *adj (fam)* plemplem

marteau-pilon [maʀtopilɔ̃] <marteaux-pilons> *m* Maschinenhammer *m* **marteau-piqueur** [maʀtopikœʀ] <marteaux-piqueurs> *m* Schlagbohrer *m*

martel [maʀtɛl] *m* ► **se mettre ~ en tête** sich *dat* Gedanken machen, sich verrückt machen

marteler [maʀtəle] <4> *vt* ❶ *(frapper)* hämmern ❷ *(scander)* skandieren

M

martial(e) [maʀsjal, jo] <-aux> *adj* ❶ *(de guerrier) air* grimmig, streng ❷ *(de guerre)* ***arts martiaux*** Kampfsportarten *Pl*
Martien(ne) [maʀsjɛ̃, jɛn] *m(f)* Marsbewohner(in) *m(f)*
martinet [maʀtinɛ] *m (fouet)* Klopfpeitsche *f*
martingale [maʀtɛ̃gal] *f* ❶ COUT Riegel *m; d'un imperméable* Gürtel *m* ❷ JEUX System *nt*
Martiniquais(e) [maʀtinikɛ, ɛz] *m(f)* Einwohner(in) *m(f)* von Martinique
Martinique [maʀtinik] *f* ***la*** ~ die Insel Martinique
martin-pêcheur [maʀtɛ̃pɛʃœʀ] <martins-pêcheurs> *m* ORN Eisvogel *m*
martre [maʀtʀ] *f* ZOOL Marder *m*
martyr(e) [maʀtiʀ] **I.** *adj enfant* misshandelt; *mère* geplagt; *pays, peuple* geschunden **II.** *m(f) (personne sacrifiée)* Märtyrer(in) *m(f)*
martyre [maʀtiʀ] *m* ❶ REL Martyrium *nt* ❷ *(grande douleur)* Qual *f;* ***souffrir le*** ~ Höllenqualen leiden
martyriser [maʀtiʀize] <1> *vt (faire souffrir)* quälen, peinigen
marxisme [maʀksism] *m* Marxismus *m*
marxiste [maʀksist] **I.** *adj* marxistisch **II.** *mf* Marxist(in) *m(f)*
mas [mɑ] *m* [Bauern]hof *m (in der Provence)*
mascara [maskaʀa] *m* Wimperntusche *f,* Mascara *f*
mascarade [maskaʀad] *f* ❶ ART, HIST Maskenspiel *nt* ❷ *(accoutrement)* Maskerade *f*
mascotte [maskɔt] *f* Maskottchen *nt*
masculin [maskylɛ̃] *m* GRAM Maskulinum *nt*
masculin(e) [maskylɛ̃, in] *adj* männlich
masculinité [maskylinite] *f* männliches Geschlecht
maso [mazo] *abr de* **masochiste I.** *adj inv (fam)* ***être*** ~ [ein] Maso sein **II.** *mf inv (fam)* Maso *m*
masochisme [mazɔʃism] *m* Masochismus *m*
masochiste [mazɔʃist] **I.** *adj* masochistisch; ***être*** ~ masochistisch veranlagt sein **II.** *mf* Masochist(in) *m(f)*
masquable [maskabl] *adj* INFORM maskierbar
masquage [maskaʒ] *m* ❶ *(dissimulation)* Verschleierung *f* ❷ INFORM *de données* Ausblendung *f*
masque [mask] *m* ❶ *(objet)* Maske *f;* ~ ***à gaz*** Gasmaske; ***arracher son*** ~ ***à qn*** jdn entlarven ❷ *(air, face)* Miene *f*
masqué(e) [maske] *adj* ❶ *(recouvert d'un masque)* maskiert; *bal, soirée* Masken- ❷ *(dissimulé)* abgeblendet; *virage, sortie* verdeckt
masquer [maske] <1> **I.** *vt* ❶ *(dissimuler)* verdecken; MIL tarnen, überdecken *odeur;* abdunkeln *lumière;* verheimlichen *vérité* ❷ *(recouvrir d'un masque)* mit einer Maske bedecken *visage* **II.** *vpr* ❶ *(mettre un masque)* ***se*** ~ sich maskieren; ***se*** ~ ***le visage*** sich *dat* eine Maske aufsetzen ❷ *(se dissimuler)* ***se*** ~ ***derrière/sous qc*** sich hinter/unter etw *dat* verstecken
massacrant(e) [masakʀɑ̃, ɑ̃t] *adj* ***être d'humeur*** ~***e*** unausstehlich sein
massacre [masakʀ] *m* ❶ *(tuerie)* Massaker *nt,* Blutbad *nt* ❷ *(travail mal fait)* Stümperei *f*
massacrer [masakʀe] <1> **I.** *vt* ❶ *(tuer sauvagement)* niedermetzeln *peuple;* abschlachten *animaux* ❷ *(fam: démonter, mettre à mal)* ~ ***qn*** jdn fertigmachen ❸ *(fam: détériorer)* verhunzen **II.** *vpr* ***se faire*** ~ sich abschlachten lassen
massacreur, -euse [masakʀœʀ,-øz] *m, f* ❶ *(tueur)* Mörder(in) *m(f)* ❷ *(gâcheur)* Pfuscher(in) *m(f)*
massage [masaʒ] *m* Massage *f*
masse [mas] *f* ❶ *(volume)* Masse *f;* ***les*** ~***s d'air froid/chaud*** kalte/warme Luftmassen *Pl;* ***dans la*** ~ ART aus einem Stück; ***les*** ~***s populaires*** die [Volks]masse[n]; ***ce genre de films, ça me plaît pas des*** ~***s*** *(fam)* diese Art von Film gefällt mir nicht besonders ❷ ECON ~ ***monétaire*** Geldvolumen *nt;* ~ ***salariale*** Lohn- und Gehaltsaufkommen *nt*
massepain [maspɛ̃] *m* Marzipan *nt*
masser[1] [mase] <1> **I.** *vt (grouper)* versammeln, zusammenziehen *troupes* **II.** *vpr (se grouper)* ***se*** ~ sich zusammenscharen
masser[2] [mase] <1> *vt (faire un massage à)* massieren
masseur, -euse [masœʀ, -øz] *m, f* Masseur(in) *m(f)*
massicoter [masikɔte] <1> *vt* zuschneiden
massif [masif] *m* ❶ BOT Beet *nt* ❷ GEOG Bergmassiv *nt*
massif, -ive [masif, -iv] *adj* ❶ *(lourd)* massig; *bâtiment, meuble* wuchtig; *esprit* schwerfällig; *visage* grob[schlächtig] ❷ *(pur)* massiv ❸ *(important)* massiv; *bombardement* heftig; *manifestation* Massen-; *dose* hoch
massivement [masivmɑ̃] *adv* ❶ *(en nom-*

M

bre) démissionner, licencier in großer Zahl; *partir* in Massen, massenweise; ***la population a ~ répondu oui au référendum*** die Bevölkerung hat sich mit großer Mehrheit für das Referendum ausgesprochen ❷ *(à haute dose)* in hoher Dosierung, in hohen Dosen

mass-mailing [masmeliŋ] <mass-mailings> *m* Massenmailing *nt*

mass media [masmedja] *mpl* Massenmedien *Pl*

massue [masy] *f* Keule *f*

master [mastœʀ, mastɛʀ] *m* UNIV *(diplôme)* Master *m,* Masterabschluss *m*

mastic [mastik] **I.** *m (pâte)* Spachtelmasse *f; du menuisier* Kitt *m* **II.** *adj inv (beige clair)* kittfarben

mastiquer¹ [mastike] <1> *vt, vi* ANAT kauen

mastiquer² [mastike] <1> *vt* TECH verspachteln, kitten *vitre, fuite;* spachteln *trou*

mastoc [mastɔk] *adj inv (fam) personne* massig; *meuble, voiture, statue* wuchtig

mastodonte [mastɔdɔ̃t] *m* ❶ *(chose énorme)* Monstrum *nt; (personne énorme)* Riesenbaby *nt* ❷ ZOOL Mastodon *nt*

mastroquet [mastʀɔkɛ] *m (vieilli fam)* ❶ *(café)* Schenke *f* ❷ *(tenancier de café)* [Schank]wirt(in) *m(f)*

masturbation [mastyʀbasjɔ̃] *f* Onanie *f,* Selbstbefriedigung *f,* Masturbation *f*

masturber [mastyʀbe] <1> **I.** *vt* masturbieren **II.** *vpr* ***se ~*** onanieren, masturbieren

m'as-tu-vu [matyvy] *mf inv (fam)* Angeber(in) *m(f)*

masure [mɑzyʀ] *f* baufälliges Haus, Bruchbude *f fam*

mat [mat] **I.** *adj inv* JEUX matt **II.** *m* JEUX Matt *nt*

mat(e) [mat] *adj* ❶ *(sans reflet)* matt; ***or/argent ~*** Mattgold *nt*/-silber *nt* ❷ *peau, teint* dunkel ❸ *(sourd)* dumpf

mât [mɑ] *m* Mast *m*

matador [matadɔʀ] *m* Matador *m*

mataf [mataf] *m (arg)* Matrose *m*

matamore [matamɔʀ] *m (vieilli)* Maulheld *m fam,* Großmaul *nt fam* ► **faire le ~** das Maul aufreißen *fam,* den Mund [ziemlich] voll nehmen *fam*

match [matʃ] <[e]s> *m* Spiel *nt;* ***~ de boxe*** Boxkampf *m;* ***~ nul*** Unentschieden *nt;* ***~ retour*** Rückspiel *nt*

maté [mate] *m* Mate *m,* Matetee *m*

matelas [matlɑ] *m* ❶ *(pièce de literie)* Matratze *f;* ***~ pneumatique*** Luftmatratze; ***~ à ressorts*** Federkernmatratze ❷ *(couche épaisse)* ***~ de qc*** Polster *nt* aus etw

matelot [matlo] *m* Matrose *m*

matelote [matlɔt] *f* GASTR *Fischragout in Weinsoße*

mater¹ [mate] <1> *vt* ❶ *(faire s'assagir)* zur Vernunft bringen ❷ *(réprimer, vaincre)* bezwingen, in den Griff bekommen *révolte, rébellion*

mater² [mate] <1> *vt (fam: regarder)* anglotzen

matérialisation [mateʀjalizasjɔ̃] *f* Realisierung *f*

matérialiser [mateʀjalize] <1> **I.** *vt* ❶ *(concrétiser)* realisieren, verwirklichen; ***~ une idée*** eine Idee in die Tat umsetzen ❷ *(signaliser)* kennzeichnen; ***~ sur l'écran*** auf dem Bildschirm darstellen **II.** *vpr* ***se ~*** Gestalt annehmen

matérialisme [mateʀjalism] *m* Materialismus *m*

matérialiste [mateʀjalist] **I.** *adj a.* PHILOS materialistisch **II.** *mf a.* PHILOS Materialist(in) *m(f)*

matérialité [mateʀjalite] *f* ❶ *(caractère objectif)* Tatsächlichkeit *f;* ***~ des faits*** Tatbestand *m* ❷ PHILOS Stofflichkeit *f*

matériau [mateʀjo] <x> *m* ❶ *(matière)* Material *nt;* ***~x de construction*** Baustoffe *Pl* ❷ *sans pl (fig)* Stoff *m,* Material *nt*

matériel [mateʀjɛl] *m* ❶ *(équipement)* Material *nt;* ***~ audiovisuel/scolaire*** Video-/Schulmaterial; ***~ de camping/de pêche/de peinture*** Camping-/Angel-/Malerausrüstung *f* ❷ *(assortiment proposé dans un magasin)* ***~ de bureau/sport*** Bürobedarf *m*/Sportartikel *Pl* ❸ INFORM Hardware *f*

matériel(le) [mateʀjɛl] *adj* ❶ *(concret)* materiell; *trace, preuve* konkret; ***biens ~s*** Sachgüter *Pl* ❷ *défaillance* Material-; *dégâts* materiell, Sach-; *problème* technisch ❸ *(qui concerne l'argent)* finanziell; *civilisation* materialistisch ❹ *(immanent)* materiell, dinglich

matériellement [mateʀjɛlmɑ̃] *adv* ❶ *(sur le plan financier)* materiell ❷ *(pour des raisons matérielles)* faktisch; ***je n'en ai ~ pas le temps*** ich habe einfach keine Zeit

maternage [matɛʀnaʒ] *m* [mütterliche] Betreuung; *(péj)* Bemuttern *nt*

maternel(le) [matɛʀnɛl] *adj* ❶ *(de/pour la mère)* Mutter-; *tendresse, instinct* mütterlich ❷ *(du côté de la mère)* mütterlicherseits; *biens* von mütterlicher Seite ❸ SCOL ***école ~le*** Kindergarten *m*

maternelle [matɛʀnɛl] *f* Kindergarten *m*

Land und Leute
In Frankreich können Kinder ab dem Alter von zwei Jahren eine **maternelle** besuchen: einen Ganztagskindergarten mit Vorschulcharakter. Die Kinder essen dort zu Mittag und haben Betten zur Verfügung, um einen Mittagsschlaf zu machen. In Vorbereitung auf die Grundschule werden sie spielerisch und ganz allmählich in das Lesen, Schreiben und Rechnen eingeführt.

maternellement [matɛʀnɛlmɑ̃] *adv* mütterlich

materner [matɛʀne] <1> *vt (péj)* bemuttern *fam*

maternité [matɛʀnite] **I.** *f* ❶ *(bâtiment)* Entbindungsheim *nt* ❷ *(faculté d'engendrer)* Gebärfähigkeit *f* ❸ *(condition de mère)* Mutterschaft *f* ❹ *(tableau)* Mutter-und-Kind-Bild *nt; (de la vierge)* Madonnenbild *nt* **II.** *app* Mutterschafts-

math[s] [mat] *f pl (fam) abr de* **mathématiques** Mathe *f*

mathématicien(ne) [matematisjɛ̃, jɛn] *m(f)* Mathematiker(in) *m(f)*

mathématique [matematik] *adj* ❶ *(relatif aux mathématiques)* mathematisch ❷ *(rigoureux)* mathematisch

mathématiquement [matematikmɑ̃] *adv* ❶ *(de façon mathématique)* mathematisch ❷ *(rigoureusement)* exakt, mathematisch ❸ *(si on réfléchit rigoureusement)* bei gründlicher Überlegung

mathématiques [matematik] *f pl* Mathematik *f;* ***livre/cahier de ~*** Mathematikbuch *nt/*-heft *nt;* ***le cours de ~*** die Mathematikstunde, der Mathematikunterricht; ***~s appliquées/pures*** angewandte/reine Mathematik

matheux, -euse [matø, -øz] *m, f (fam)* ❶ *(élève/étudiant en maths)* Mathe-Schüler(in) *m(f)*/Mathe-Student(in) *m(f) fam* ❷ *(personne douée en maths)* Mathe-Experte *m/*-Expertin *f fam*

matière [matjɛʀ] *f* ❶ *(substance)* Material *nt;* ***~ organique*** organischer Stoff; ***~ synthétique/première*** Kunst-/Rohstoff *m* ❷ PHILOS, PHYS Materie *f* ❸ *(sujet, thème)* Material *nt,* Stoff *m; d'une discussion* Gegenstand *m;* ***en ~ de sport/finances/d'impôts*** in Sachen Sport/Finanzen/Steuern; ***en ~ de qc*** bezüglich einer S. *gen* ❹ SCOL Fach *nt* ❺ ART Material *nt*

matin [matɛ̃] **I.** *m (début du jour)* Morgen *m; (matinée)* Vormittag *m;* ***le ~*** morgens, am Morgen; ***un ~ de juillet*** an einem Julimorgen; ***du ~ au soir*** von morgens bis abends; ***de bon ~*** frühmorgens; ***ce ~*** heute Morgen; ***chaque ~, tous les ~s*** jeden Morgen; ***au petit ~*** im Morgengrauen; ***6/11 heures du ~*** 6 Uhr morgens/11 Uhr vormittags; ***l'équipe du ~*** die Tagschicht ► **un de ces quatre ~s** eines Tages; **être du ~** *(être en forme le matin)* ein Frühaufsteher sein; *(être de l'équipe du matin)* Frühschicht haben **II.** *adv* ***mardi ~*** [am] Dienstagmorgen; ***tous les lundis ~[s]*** jeden Montagmorgen; ***hier/demain ~*** gestern/morgen früh; ***~ et soir*** morgens und abends

matinal(e) [matinal, -o] <-aux> *adj* ❶ *(du matin)* morgendlich; *rosée, toilette* Morgen- ❷ *(qui se lève tôt)* ***être ~*** ein Frühaufsteher sein

matinée [matine] *f* ❶ *(matin)* Vormittag *m* ❷ MUS Matinee *f;* CINE, THEAT Frühvorstellung *f,* Nachmittagsvorstellung *f;* ***en ~*** nachmittags ► **faire la grasse ~** ausschlafen

matois(e) [matwa, waz] *adj (littér) paysan* listig; *air* pfiffig

maton(ne) [matɔ̃, ɔn] *m(f) (arg)* [Gefängnis]wärter(in) *m(f),* Schließer(in) *m(f)*

matou [matu] *m* ZOOL Kater *m*

matraquage [matʀakaʒ] *m* ❶ *(coups de matraque)* ***le ~ des manifestants par la police*** der Schlagstockeinsatz der Polizei gegen die Demonstranten ❷ MEDIA *(intoxication)* Dauerberieselung *f; (publicitaire)* aufdringliche Propaganda; ***~ publicitaire*** Dauerberieselung durch die Werbung; ***résister au ~*** sich nicht beeinflussen lassen

matraque [matʀak] *f* Schlagstock *m*

matraquer [matʀake] <1> *vt (frapper)* ***~ qn*** jdn niederknüppeln

matraqueur, -euse [matʀakœʀ, -øz] **I.** *adj publicité* massenwirksam **II.** *m, f (péj)* Rohling *m,* Schlägertyp *m*

matriarcal(e) [matʀijaʀkal, -o] <-aux> *adj* matriarchalisch

matriarcat [matʀijaʀka] *m* Matriarchat *nt*

matrice [matʀis] *f* TECH, TYP Matrize *f*

matriciel(le) [matʀisjɛl] *adj algèbre, calcul* Matrizen-

matricule [matʀikyl] *m* ADMIN, MIL Kennnummer *f; d'un militaire* Personenkennziffer *f* ► **ça va barder pour ton/son ~** *(fam)* da kannst du/kann er/sie was erleben

matrimonial(e) [matʀimɔnjal, -jo]

<-aux> *adj* Ehe-; ***agence ~e*** Heiratsagentur *f*

matrone [matʀɔn] *f (péj)* Matrone *f*

maturation [matyʀasjɔ̃] *f* ❶ *des fruits, du raisin, fromage* Reifen; *d'une cellule* Reifung ❷ *(fig)* [Heran]reifen

mature [matyʀ] *adj (psychiquement)* reif; *(sexuellement)* geschlechtsreif

mâture [mɑtyʀ] *f* NAUT Bemastung *f,* Mastwerk *nt*

maturité [matyʀite] *f* ❶ BOT, BIO Reife *f;* ***~ précoce*** Frühreife; ***venir à ~*** heranreifen ❷ *de l'intelligence* Höhepunkt *m; d'une aptitude, d'un talent* Blüte *f* ❸ CH *(baccalauréat)* Abitur *nt,* Maturität *f* CH

maudire [modiʀ] <8> *vt* verfluchen

maudit(e) [modi, it] **I.** *part passé de* **maudire II.** *adj* ❶ *antéposé (fichu)* verdammt ❷ *postposé poète, écrivain* verfemt; *(funeste)* verflucht; *lieu a.* unheilvoll **III.** *m(f) (rejeté)* Ausgestoßene(r) *f(m)*

maugréer [mogʀee] <1> *vi* vor sich hin schimpfen

maure [mɔʀ] *adj* HIST maurisch

Maure, Mauresque [mɔʀ, mɔʀɛsk] *m, f* Maure *m*/Maurin *f*

mauresque [mɔʀɛsk] *adj architecture, palais* maurisch

Maurice [mɔʀis] *app **l'île ~*** die Insel Mauritius

mauricien(ne) [mɔʀisjɛ̃, jɛn] *adj* mauritisch

Mauritanie [mɔʀitani] *f **la ~*** Mauretanien *nt*

mauritanien(ne) [mɔʀitanjɛ̃, jɛn] *adj* mauretanisch

mausolée [mozɔle] *m* Mausoleum *nt*

maussade [mosad] *adj* griesgrämig; *ciel* grau; *humeur* schlecht; *temps, paysage* trist, trostlos

mauvais [movɛ] **I.** *m* ❶ *(ce qui est mauvais)* Schlechte(s) *nt* ❷ *(personne)* ***les bons et les ~*** die Guten und die Bösen **II.** *adv **il fait ~*** es ist schlechtes Wetter; ***sentir ~*** *(avoir une odeur désagréable)* nicht gut riechen

mauvais(e) [movɛ, ɛz] *adj* ❶ *antéposé* schlecht; ***la balle est ~e*** der Ball ist aus; ***être ~ en qc*** in etw *dat* schlecht sein; ***faire une ~e chute*** schwer stürzen; ***être ~ pour qn/qc*** nicht gut für jdn/etw sein; ***être ~ pour la santé*** ungesund sein; ***faire un ~ rêve*** schlecht träumen; ***~e action*** böse Tat; ***ne pas avoir un ~ fond*** im Grunde kein schlechter Mensch sein ❷ *(méchant)* böse; *sujet* übel; *sourire* hämisch ❸ *(agité)* ***la mer est ~e*** das Meer ist stürmisch

mauve [mov] **I.** *adj* blasslila **II.** *m (couleur)* Blasslila *nt*

mauviette [movjɛt] *f (personne chétive)* Schwächling *m; (fam: poule mouillée)* Angsthase *m*

max [maks] *m (fam) abr de* **maximum**

maxi [maksi] *adj inv* maximal

maxillaire [maksilɛʀ] *m* MED Kiefer *m*

maximal(e) [maksimal, -o] <-aux> *adj* maximal; *vitesse, peine* Höchst-

maximalisation [maksimalizasjɔ̃] *f* INFORM Maximierung *f*

maximaliser [maksimalize] *vt* maximieren

maximaliste [maksimalist] *adj **être ~*** radikal sein

maxime [maksim] *f* Maxime *f*

maximisation [maksimizasjɔ̃] *f* Maximierung *f*

maximiser [maksimize] <1> *vt* maximieren

maximum [maksimɔm, maksima] <s *o* maxima> **I.** *adj* maximal **II.** *m* Maximum *nt,* Höchstmaß *nt;* JUR Höchststrafe *f;* ***~ de qc*** Maximum an etw *dat;* ***il fait le ~*** er tut sein Möglichstes; ***au [grand] ~*** allerhöchstens; ***s'amuser/s'éclater/travailler un ~*** *(fam)* sich wahnsinnig amüsieren/unheimlich viel arbeiten

Mayence [majɑ̃s] Mainz *nt*

mayonnaise [majɔnɛz] *f* Mayonnaise *f*

mazout [mazut] *m* [Heiz]öl *nt*

mazoutage [mazutaʒ] *m* Ölverseuchung *f*

mazouter [mazute] <1> *vt* mit Öl verseuchen

mdr [ɛmdeɛʀ] *interj (fam) abr de* **mort de rire** INFORM lol, haha

me [mə] <*devant voyelle ou h muet* m'> *pron pers* ❶ ***il ~ voit/m'aime*** er sieht/liebt mich; ***il ~ suit*** er folgt mir; ***il m'explique le chemin*** er erklärt mir den Weg ❷ *avec faire, laisser* mich; ***il ~ laisse/fait conduire [la voiture]*** er lässt mich [das Auto] fahren ❸ *avec être, devenir, sembler, (soutenu)* ***cela ~ semble bon*** das erscheint mir gut; ***son amitié m'est chère*** seine/ihre Freundschaft ist mir teuer *geh;* ***ça m'est bon de rentrer au pays*** es tut [mir] gut heimzukommen; ***le café m'est indispensable*** ich kann nicht auf Kaffee verzichten ❹ *avec les verbes pronominaux **je ~ nettoie*** ich mache mich sauber; ***je ~ nettoie les ongles*** ich mache mir die Nägel sauber; ***je ~ fais couper les cheveux*** ich lasse mir die Haare schneiden ❺ *(avec un sens possessif)* ***le cœur ~ battait fort*** mein Herz schlug heftig ❻ *avec*

M

un présentatif ich; ~ ***voici*** [*o* ***voilà***] ***!*** hier bin ich!

Grammatik und Co.
Das Pronomen **me** steht vor Konsonant oder *h aspiré.* Die Übersetzung kann *mich* oder *mir* lauten, je nachdem, welchen Fall (Kasus) das deutsche Verb erfordert:
il me voit – er sieht mich;
elle me suit – sie folgt mir;
je me dépêche – ich beeile mich;
je me fais couper les cheveux – ich lasse mir die Haare schneiden.

mea-culpa [meakylpa] *m inv* ▶ **faire son** ~ sich schuldig bekennen
méandre [meɑ̃dʀ] *m d'un chemin, cours d'eau* Windung *f*
mec [mɛk] *m (fam)* Kerl *m,* Typ *m*
mécanicien(**ne**) [mekanisjɛ̃, jɛn] *m(f)* Mechaniker(in) *m(f)*
mécanique [mekanik] **I.** *adj* ❶ *(automatique)* mechanisch; ***jouet*** ~ Spielzeug *nt* zum Aufziehen ❷ *(fam) difficulté* technisch **II.** *f* Mechanik *f*
mécaniquement [mekanikmɑ̃] *adv* ❶ mechanisch, maschinell ❷ *(machinalement)* mechanisch
mécanisation [mekanizasjɔ̃] *f* Mechanisierung *f*
mécaniser [mekanize] <1> *vpr* ***se*** ~ auf mechanischen Betrieb umstellen
mécanisme [mekanism] *m* Mechanismus *m;* ~ ***de change*** Wechselkursmechanismus
mécano [mekano] *m (fam) abr de* **mécanicien** Mechaniker(in) *m(f)*
mécénat [mesena] *m* Mäzenatentum *nt*
mécène [mesɛn] *m* ~ [***des arts***] [Kunst]mäzen(in) *m(f)*
méchamment [meʃamɑ̃] *adv* ❶ *(cruellement)* böse, boshaft ❷ *(fam: très)* unheimlich; *amoché* böse, übel
méchanceté [meʃɑ̃ste] *f* ❶ *sans pl (cruauté)* Boshaftigkeit *f;* ***regarder qn avec*** ~ jdn böse ansehen ❷ *(acte, parole)* Bosheit *f*
méchant(**e**) [meʃɑ̃, ɑ̃t] **I.** *adj* ❶ *(opp: gentil)* böse, boshaft; *enfant* ungezogen, böse; *animal* bösartig; ***être*** ~ ***avec qn*** gemein zu jdm sein; *enfant:* nicht lieb zu jdm sein; ***attention, chien*** ~***!*** Vorsicht, bissiger Hund! ❷ *antéposé (sévère)* böse; *soleil, mer* gefährlich ❸ *antéposé, (fam: extraordinaire)* wahnsinnig **II.** *m(f)* Böse(r) *f(m);* ***Aline, tu es une*** ~***e!*** Aline, du bist ein böses Mädchen!
mèche [mɛʃ] *f* ❶ *d'une bougie* Docht *m* ❷ *(touffe)* ~ ***de cheveux*** [Haar]strähne *f;* ***se faire faire des*** ~***s*** sich *dat* Strähnchen machen lassen ▶ **vendre la** ~ ein Geheimnis verraten; **être de** ~ **avec qn** *(fam)* mit jdm unter einer Decke stecken
méchoui [meʃwi] *m (repas)* [am Spieß] gebratener Hammel
mécompte [mekɔ̃t] *m gén pl (soutenu: déception)* Enttäuschung *f*
méconduire [mekɔ̃dɥiʀ] *vpr* ***se*** ~ BELG *(se conduire mal)* sich schlecht benehmen; ***se*** ~ ***avec qn*** sich jdm gegenüber schlecht benehmen
méconnaissable [mekɔnɛsabl] *adj* ***être*** [***devenu***] ~ nicht [mehr] wiederzuerkennen sein; ***la maladie l'a rendu*** ~ die Krankheit hat ihn bis zur Unkenntlichkeit entstellt
méconnaissance [mekɔnɛsɑ̃s] *f (littér)* Verkennung *f*
méconnaître [mekɔnɛtʀ] <irr> *vt (littér)* ❶ *(mésestimer)* verkennen ❷ *(ignorer)* nicht kennen *faits, vérité;* ***ne pas*** ~ ***que ce*** [***ne***] ***soit vrai*** nicht verkennen, dass es wahr ist ❸ *(ne pas tenir compte de)* nicht beachten *loi, principe;* sich hinwegsetzen über +*akk usage*
méconnu(**e**) [mekɔny] *adj* verkannt
mécontent(**e**) [mekɔ̃tɑ̃, ɑ̃t] **I.** *adj* ~ ***de qn/qc*** unzufrieden mit jdm/etw; ***elle n'est pas*** ~***e de quitter la ville*** sie ist nicht gerade unglücklich darüber, die Stadt zu verlassen **II.** *m(f)* Nörgler(in) *m(f)*
mécontentement [mekɔ̃tɑ̃tmɑ̃] *m* Unzufriedenheit *f*
mécontenter [mekɔ̃tɑ̃te] <1> *vt* ~ ***qn*** *(déplaire)* jdm missfallen; *(contrarier, irriter)* jdn verstimmen
mécréant(**e**) [mekʀeɑ̃, ɑ̃t] *m(f) (vieilli fam)* Ungläubige(r) *f(m)*
médaille [medaj] *f* Medaille *f; (décoration)* Orden *m;* ~ ***d'or*** Goldmedaille
médaillé(**e**) [medaje] **I.** *adj* ausgezeichnet **II.** *m(f)* Träger(in) *m(f)* einer Medaille/eines Ordens; SPORT Medaillengewinner(in) *m(f)*
médaillon [medajɔ̃] *m* GASTR, ART Medaillon *nt*
médecin [medsɛ̃] *m* Arzt *m*/Ärztin *f;* ~ ***de famille*** Hausarzt; ~ ***légiste*** Gerichtsmediziner
médecin-chef [medsɛ̃ʃɛf] <médecins-chefs> *m* Chefarzt *m*/-ärztin *f*
médecine [medsin] *f* ❶ *(science)* Medi-

zin *f* ❷ *(profession)* Arztberuf *m;* ***exercer la*** *~* als Arzt tätig sein ❸ *(spécialité)* *~* ***douce*** Naturheilkunde *f;* *~* ***générale*** Allgemeinmedizin *f;* *~* ***du travail*** Arbeitsmedizin

média [medja] *m* Medium *nt;* ***les ~s*** die [Massen]medien

médiateur, -trice [medjatœʀ, -tʀis] **I.** *adj* ❶ *(de conciliation)* vermittelnd *m* ❷ GEOM Median- **II.** *m, f* ❶ *(négociateur)* Vermittler(in) *m(f);* ***le ~ d'un conflit*** der Schlichter in einem Konflikt; *~* ***européen*** Europäischer Bürgerbeauftragter ❷ *(intercesseur)* Mittelsmann *m*

médiathèque [medjatɛk] *f* Mediothek *f*

médiation [medjasjɔ̃] *f* *d'un conflit* Schlichtung *f;* *~* ***des négociations*** Vermittlung *f* bei den Verhandlungen

médiatique [medjatik] *adj* *image* durch die Medien bestimmt; *sport, événement* medienwirksam; *personne* telegen; ***campagne*** *~* Medienkampagne *f*

médiatisation [medjatizasjɔ̃] *f* Vermarktung *f* durch die Medien

médiatiser [medjatize] <1> *vt* in den Medien vermarkten; *(excessivement)* in den Medien aufbauschen

médiatrice [medjatʀis] *f* GEOM Mittelsenkrechte *f*

médical(e) [medikal, -o] <-aux> *adj* ärztlich

médicalement [medikalmɑ̃] *adv* medizinisch [gesehen]

médicalisation [medikalizasjɔ̃] *f* ❶ *(action)* medizinische Ausstattung ❷ *(fait d'être médicalisé)* medizinische Betreuung; *~* ***de la mort/de la maternité*** medizinische Betreuung der Sterbenden/der werdenden Mütter

médicament [medikamɑ̃] *m* Medikament *nt*

médicamenteux, -euse [medikamɑ̃tø, -øz] *adj* heilend

médication [medikasjɔ̃] *f* MED medikamentöse Behandlung, Medikation *f Fachspr.*

médicinal(e) [medisinal, -o] <-aux> *adj* ***plantes ~es*** Arzneipflanzen *Pl*

médico-légal(e) [medikolegal, o] <médico-légaux> *adj* gerichtsmedizinisch **médico-social(e)** [medicosɔsjal, o] <médico-sociaux> *adj* ***assistance ~e*** ärztliche Betreuung *f*

médiéval(e) [medjeval, o] <-aux> *adj* mittelalterlich

médiocre [medjɔkʀ] **I.** *adj* ❶ *(petit)* dürftig, mager ❷ *(minable)* mittelmäßig; *vers, film* zweitklassig; *sol* karg; *vie* bedeutungslos ❸ *élève* schwach ❹ *(péj: peu intelligent)* mittelmäßig; *(mesquin)* kleinlich; ***d'un intérêt*** *~* von geringem Interesse; ***des esprits ~s*** Kleingeister *Pl* **II.** *mf* Durchschnittsmensch *m*

médiocrement [medjɔkʀəmɑ̃] *adv* ❶ *(assez peu)* nicht übermäßig ❷ *(assez mal)* mäßig, schlecht und recht

médiocrité [medjɔkʀite] *f* ❶ *(insuffisance en quantité)* Dürftigkeit *f* ❷ *(insuffisance en qualité)* Mittelmäßigkeit *f; d'une vie* Bedeutungslosigkeit *f*

médiologie [medjɔlɔʒi] *f* Medien- und Kommunikationswissenschaften *Pl*

médire [mediʀ] <irr> *vi* *~* ***de qn*** über jdn lästern

médisance [medizɑ̃s] *f* üble Nachrede

médisant(e) [medizɑ̃, ɑ̃t] *adj* *commentaires* boshaft; ***c'est une personne ~e*** er/sie ist ein Lästermaul

méditatif, -ive [meditatif, -iv] *adj* nachdenklich

méditation [meditasjɔ̃] *f* ❶ *(réflexion)* Nachsinnen *nt,* Nachdenken *nt* ❷ REL Meditation *f*

méditer [medite] <1> **I.** *vi* ❶ *(réfléchir)* *~* ***sur qc*** über etw *akk* nachsinnen ❷ REL meditieren **II.** *vt* ❶ *(réfléchir sur)* *~* ***qc*** über etw *akk* nachsinnen ❷ *(projeter)* ersinnen

Méditerranée [mediteʀane] *f* ***la [mer]*** *~* das Mittelmeer

méditerranéen(ne) [mediteʀaneɛ̃, ɛn] **I.** *adj* *climat* mediterran; *caractère* südländisch; ***région/côte ~ne*** Mittelmeerregion *f*/-küste *f* **II.** *m(f)* Südländer(in) *m(f)*

médium [medjɔm] *m* Medium *nt*

méduse [medyz] *f* Qualle *f*

méduser [medyze] <1> *vt* verblüffen

meeting [mitiŋ] *m* ❶ POL Versammlung *f;* *(en plein air)* Kundgebung *f* ❷ SPORT Veranstaltung *f*

méfait [mefɛ] *m* ❶ *(faute)* Missetat *f* ❷ *gén pl de l'alcool* verheerende Folgen *Pl; du journalisme* schädlicher Einfluss

méfiance [mefjɑ̃s] *f* Misstrauen *nt*

méfiant(e) [mefjɑ̃, jɑ̃t] *adj* ***être ~ à l'égard de qn*** jdm gegenüber misstrauisch sein

méfier [mefje] <1> *vpr* ❶ *(être soupçonneux)* ***se ~ de qn/qc*** jdm/einer S. misstrauen ❷ *(faire attention)* ***se*** *~* sich in Acht nehmen; ***méfiez-vous!*** Vorsicht!

méforme [mefɔʀm] *f* schlechte körperliche Verfassung; ***être en*** *~* nicht fit [*o* in Form] sein

méga [mega] *m (fam) abr de* **méga-octet** INFORM Megabyte *nt*
mégabit [megabit] *m* INFORM Megabit *nt*
mégadéception [megadesɛpsjɔ̃] *f (fam)* Riesenenttäuschung *f fam*
mégahertz [megaɛʀts] *m* PHYS Megahertz *nt*
mégalo [megalo] *adj (fam) abr de* **mégalomane** größenwahnsinnig
mégalomane [megalɔman] *mf* Größenwahnsinnige(r) *f(m)*
mégalomanie [megalɔmani] *f* Größenwahn *m*
mégalopole [megalɔpɔl] *f* Riesenstadt *f*
mégaoctet [megaɔktɛ] *m* INFORM Megabyte *nt*
méga-octet [megaɔktɛ] <méga-octets> *m* INFORM Megabyte *nt*
mégaphone [megafɔn] *m* Megafon *nt*
mégapole [megapɔl] *f* Riesenstadt *f*
mégarde [megaʀd] ▶ **par** ~ aus Versehen
mégatube [megatyb] *m (fam)* Megahit *m*
mégavolt [megavɔlt] *m* PHYS, ELEC Megavolt *nt*
mégawatt [megawat] *m* Megawatt *nt*
mégère [meʒɛʀ] *f* Furie *f*
mégot [mego] *m (fam)* Kippe *f*
mégoter [megɔte] <1> *vi (fam)* ~ ***sur qc*** mit etw knauserig sein
meilleur [mɛjœʀ] **I.** *m* ***le*** ~ das Beste; ***garder le ~ pour la fin*** sich *dat* das Beste für den Schluss aufheben ▶ **pour le ~ et pour le pire** auf Gedeih und Verderb; **donner le ~ de soi-même** sein Bestes geben **II.** *adv* ***sentir*** ~ besser riechen; ***il fait*** ~ es ist wärmer
meilleur(e) [mɛjœʀ] **I.** *adj* ❶ *comp de* **bon** besser; ***j'ai une ~e idée*** ich habe eine bessere Idee; ***être de ~e humeur*** besser gelaunt sein; ***il est en ~e santé*** ihm geht es besser; ***acheter qc ~ marché*** etw billiger kaufen; ***il n'y a rien de*** ~ es gibt nichts Besseres ❷ *superl* ***le ~/la ~e élève*** der beste Schüler/die beste Schülerin; ***je vous adresse mes ~s vœux*** ich wünsche Ihnen alles Gute **II.** *m(f)* ***le ~ de la classe*** der Beste in der Klasse ▶ **j'en passe et des ~es** und so weiter und so fort
méjuger [meʒyʒe] <2a> **I.** *vi (littér)* ~ ***de qn/qc*** jdn/etw unterschätzen [*o* verkennen] **II.** *vt (littér)* verkennen **III.** *vpr* ***se*** ~ *(se sous-estimer)* sich unterschätzen; *(à dessein)* sich herabsetzen
mél [mɛl] *m abr de* **message électronique** INFORM Mail *f o nt*
mélaminé(e) [melamine] *adj* kunststoffbeschichtet
mélancolie [melɑ̃kɔli] *f* Melancholie *f*
mélancolique [melɑ̃kɔlik] *adj* melancholisch
mélancoliquement [melɑ̃kɔlikmɑ̃] *adv* traurig
mélange [melɑ̃ʒ] *m* ❶ *(action)* Mischen *nt,* Mischung *f* ❷ *(résultat)* Gemisch *nt,* Mischung *f* ▶ **faire des ~s** [zu viel] durcheinandertrinken
mélangé(e) [melɑ̃ʒe] *adj* gemischt; ***couleur ~e*** Mischfarbe *f*
mélanger [melɑ̃ʒe] <2a> **I.** *vt* ❶ *(mêler)* ~ ***du café et*** [*o* ***avec***] ***du lait*** Kaffee und Milch [ver]mischen ❷ *(mettre en désordre)* durcheinanderbringen ❸ *(confondre)* verwechseln, durcheinanderbringen **II.** *vpr* ***se*** ~ sich [ver]mischen
mélangeur [melɑ̃ʒœʀ] *m* [***robinet***] ~ Mischbatterie *f*
mélanome [melanom] *m* MED ~ ***malin*** bösartiges Melanom
mélasse [melas] *f* ❶ *(résidu)* Melasse *f* ❷ *(fam: brouillard)* Suppe *f fam; (mélange confus)* Mischmasch *m fam; (boue)* Matsch *m fam* ❸ ▶ **être dans la** ~ *(fam)* in der Tinte sitzen *fam*
mêlé(e) [mele] *adj* ❶ *(mélangé)* [miteinander] vermischt; ***couleurs/races ~es*** Mischfarben *Pl*/-rassen *Pl;* ***voix ~es*** Stimmengewirr *nt;* ***une langue ~e de français et d'espagnol*** eine Mischsprache aus Französisch und Spanisch ❷ *(composite)* gemischt; *style* uneinheitlich ❸ *(impliqué)* ***être ~ à une affaire*** in einen Skandal verwickelt sein
mêlée [mele] *f* ❶ *(corps à corps)* Handgemenge *nt; (dans un débat d'idées)* Gefecht *nt* ❷ *(conflit)* ***entrer/se jeter dans la*** ~ sich in den Kampf stürzen ❸ *(personnes mêlées)* Gewühl *nt; (choses mêlées)* Wirrwarr *m* ❹ SPORT Gedränge *nt*
mêler [mele] <1> **I.** *vt* ❶ *(mélanger)* [ver]mischen, vereinigen *voix;* verrühren *ingrédients;* ~ ***la réalité et la fiction*** *récit:* eine Mischung aus Dichtung und Wahrheit sein ❷ *(ajouter)* ~ ***des détails pittoresques à un récit*** in einen Bericht malerische Einzelheiten einflechten ❸ *(allier)* ~ ***l'utile à l'agréable*** das Nützliche mit dem Angenehmen verbinden ❹ *(mettre en désordre)* durcheinanderbringen, verwirren *fils;* mischen *cartes* ❺ *(impliquer)* ~ ***qn à qc*** jdn in etw *akk* verwickeln **II.** *vpr* ❶ *(se mélanger)* ***se ~ à qc*** sich mit etw mischen ❷ *(joindre)* ***se ~ à un groupe*** sich zu einer Gruppe gesellen; ***se ~ à la foule*** sich unter die Menge mischen

❸ *(participer)* ***se ~ à la conversation/au jeu*** am Gespräch teilnehmen/beim Spiel mitmachen ❹ *(péj: s'occuper)* ***se ~ de qc*** sich in etw *akk* einmischen

mélèze [melɛz] *m* Lärche *f*

méli-mélo [melimelo] <mélis-mélos> *m* *(fam)* Durcheinander *nt*

mélisse [melis] *f* Melisse *f;* ***eau de ~*** Melissengeist *m*

mélodie [melɔdi] *f* Melodie *f*

mélodieux, -euse [melɔdjø, -jøz] *adj* melodisch

mélodique [melɔdik] *adj* melodisch

mélodramatique [melɔdʀamatik] *adj* melodramatisch

mélodrame [melɔdʀam] *m* Melodram[a] *nt*

mélomane [melɔman] *mf* Musikliebhaber(in) *m(f)*

melon [m(ə)lɔ̃] *m* Melone *f* ▸ **attraper le ~** *(fam)* sich ganz schön aufblasen

melting-pot [mɛltiŋpɔt] <melting-pots> *m* Schmelztiegel *m*

membrane [mɑ̃bʀan] *f* Membran[e] *f;* ***~ cellulaire*** Zellmembran; ***~ conjonctive*** Bindehaut *f*

membre [mɑ̃bʀ] **I.** *m* ❶ ANAT [Körper]glied *nt;* ***les ~s*** die Gliedmaßen ❷ ZOOL ***~ antérieur/postérieur*** Vorderbein *nt/* Hinterbein *nt* ❸ *d'une association* Mitglied *nt;* ***~ à part entière*** Vollmitglied ❹ MATH *d'une équation* Seite *f* ▸ **trembler de tous ses ~s** am ganzen Körper zittern **II.** *app* ***État ~/pays ~*** Mitgliedsstaat *m/* Mitgliedsland *nt*

membrure [mɑ̃bʀyʀ] *f* ❶ *(littér) d'une personne* Körperbau *m* ❷ *(partie d'une construction)* Gurt *m,* Gurtung *f* ❸ NAUT, ESPACE Spant *nt*

même [mɛm] **I.** *adj* ❶ *(identique)* ***habiter le ~ quartier*** in demselben Viertel wohnen; ***il porte la ~ cravate qu'hier*** er trägt dieselbe Krawatte wie gestern; ***cette ~ année*** im selben Jahr; ***deux enfants de [la] ~ taille*** zwei gleich große Kinder ❷ *(simultané)* ***en ~ temps*** zur gleichen Zeit; ***du ~ coup*** auf einen Schlag ❸ *(semblable)* gleich; ***c'est la ~ chose*** das ist das Gleiche ❹ *(en personne)* ***être la gaieté/la bonne humeur ~*** die Fröhlichkeit/gute Laune in Person sein ❺ *(pour renforcer)* ***c'est cela ~*** genau so ist es ❻ *avec un pronom personnel* ***moi-~/toi-~*** ich/du selbst; ***nous-~s/eux-~s/elles-~s*** wir/sie selbst; ***commencez vous-~s!*** fangt ihr doch an! **II.** *pron indéf* ***le/la ~*** *(une chose identique)* der-/die-/dasselbe; *(une chose semblable)* der/die/das Gleiche; ***les ~s*** *(des choses identiques/semblables)* dieselben/die Gleichen **III.** *adv* ❶ *(de plus, jusqu'à)* [ja] sogar; ***il lui dit des injures et ~ la menaça*** er beschimpfte und bedrohte sie sogar; ***~ pas*** nicht einmal; ***~ si*** selbst wenn ❷ *(précisément)* ***ici ~*** genau an dieser Stelle; ***et, par là ~, il s'accuse*** und genau dadurch klagt er sich an; ***je le ferai aujourd'hui ~*** ich werde das heute noch tun ❸ *(fam: en plus)* ***~ que c'est vrai*** und es stimmt sogar; ***il a pris ma voiture, ~ qu'il a eu un accident*** er hat meinen Wagen genommen und auch noch einen Unfall gebaut ▸ **être à ~ de faire qc** imstande sein, etw zu tun; **à ~ le sol** direkt auf der Erde; **vous de ~!** *(soutenu)* [danke,] ebenso!; **[il en est] de ~ pour qn/qc** [dies gilt] auch für jdn/etw; **de ~ que son frère** [eben]so wie sein Bruder; **tout de ~** dennoch, trotzdem

mémé [meme] *f (fam)* Oma *f;* ***faire ~*** *personne:* omahaft aussehen; *robe:* alt machen

mémento [memɛ̃to] *m* ❶ *(agenda)* Notizbuch *nt* ❷ *(livre)* Handbuch *nt*

mémère [memɛʀ] *f (fam)* ❶ *(enfantin: grand-mère)* Oma *f* ❷ *(péj: femme d'un certain âge)* [alte] Oma; ***faire ~*** *personne:* omahaft aussehen; *robe:* alt machen

mémoire[1] [memwaʀ] *f* ❶ *(faculté de se souvenir)* Gedächtnis *nt,* Erinnerungsvermögen *nt;* ***ne plus avoir de ~*** vergesslich werden; ***avoir la ~ des chiffres/dates*** ein gutes Zahlengedächtnis/Gedächtnis für Daten haben; ***si j'ai bonne ~*** wenn mich mein Gedächtnis nicht täuscht; ***perdre la ~*** *(en raison de l'âge)* vergesslich werden; *(en raison d'un accident)* das Gedächtnis verlieren; ***se remettre qc en ~*** sich *dat* etw ins Gedächtnis zurückrufen ❷ *(souvenir)* ***~ de qn/qc*** Erinnerung *f* an jdn/etw; ***pour ~*** informationshalber; ***faire qc à la ~ de qn*** etw zum Andenken an jdn tun ❸ INFORM Speicher *m;* ***~ interne*** interner Speicher; ***~ tampon*** Zwischenspeicher; ***~ vive*** Arbeitsspeicher, RAM *m;* ***mettre qc en ~*** etw [ab]speichern

mémoire[2] [memwaʀ] *m* ❶ *pl (journal)* Memoiren *Pl* ❷ *(dissertation)* [wissenschaftliche] Arbeit ❸ *(exposé)* Bericht *m*

mémorable [memɔʀabl] *adj (qui fait date)* denkwürdig; *(inoubliable)* unvergesslich

mémorandum [memɔʀɑ̃dɔm] *m* ❶ *(note diplomatique)* Memorandum *nt* ❷ *(carnet de notes)* Notizbuch *nt*

mémorial [memɔʀjal, -jo] <-aux> *m* *(monument)* Denkmal *nt*

M

mémorisation [memɔʀizasjɔ̃] *f* ❶ [Auswendig]lernen *nt*; ***difficultés de ~*** Lernschwächen *Pl* ❷ INFORM Speicherung *f*

mémoriser [memɔʀize] <1> *vt* ❶ *(apprendre)* auswendig lernen, sich *dat* einprägen ❷ INFORM [ab]speichern

menaçant(e) [mənasɑ̃, ɑ̃t] *adj* ❶ *(dangereux)* drohend; *décision* bedrohlich; ***geste ~*** Drohgebärde *f* ❷ *ciel, nuage* bedrohlich; ***des nuages ~s*** Gewitterwolken *Pl*

menace [mənas] *f* ❶ *(parole, geste)* Drohung *f*; ***des ~s de mort*** Morddrohungen *Pl*; ***sous la ~ de qn/qc*** unter jds Zwang *dat*/unter dem Zwang einer S. *gen* ❷ *(danger)* Bedrohung *f*

menacé(e) [mənase] *adj* bedroht, gefährdet

menacer [mənase] <2> **I.** *vt* ❶ *(faire peur avec)* ***~ qn d'une arme/du poing*** jdm mit einer Waffe/der Faust drohen ❷ *(faire des menaces de)* ***~ qn de mort/de faire qc*** jdm mit dem Tod drohen/jdm androhen, etw zu tun; ***il est menacé de prison*** ihm droht Gefängnis ❸ *(constituer une menace pour)* bedrohen, gefährden *santé* **II.** *vi orage, famine:* drohen; ***la pluie menace de tomber*** der Regen kann jeden Moment losbrechen

ménage [menaʒ] *m* ❶ *(entretien de la maison)* Haushalt *m*; ***faire le ~ de qc*** *(nettoyer)* etw sauber machen; *(fam: réorganiser)* Ordnung schaffen in etw *akk*; ***faire des ~s*** putzen gehen ❷ *(vie commune)* ***être/se mettre en ~ avec qn*** mit jdm zusammenleben/-ziehen ❸ *(couple)* Ehepaar *nt* ❹ *(famille)* Haushalt *m* ► **faire bon/mauvais ~ avec qn/qc** sich gut/nicht gut mit jdm/etw vertragen

ménagement [menaʒmɑ̃] *m* *(réserve)* Schonung *f*; ***sans ~*** schonungslos

ménager [menaʒe] <2a> **I.** *vt* ❶ *(employer avec mesure)* sparsam umgehen mit *revenus;* schonen *forces;* mäßigen *paroles* ❷ *(traiter avec égards: pour raisons de santé)* schonen; *(par respect ou intérêt)* rücksichtsvoll behandeln **II.** *vpr* ❶ *(prendre soin de soi)* ***se ~*** sich schonen ❷ *(se réserver)* ***se ~ du temps*** sich *dat* Zeit freihalten

ménager, -ère [menaʒe, -ɛʀ] *adj* ***appareils ~s*** Haushaltsgeräte *Pl*; ***ordures ménagères*** Hausmüll *m*

ménagère [menaʒɛʀ] *f* ❶ *(femme)* Hausfrau *f* ❷ *(service de couverts)* Besteckgarnitur *f*

ménagerie [menaʒʀi] *f* ❶ *(animaux)* Menagerie *f* ❷ *(lieu d'exposition)* Tiergehege *nt*

mendiant(e) [mɑ̃djɑ̃, jɑ̃t] *m(f)* Bettler(in) *m(f)*

mendicité [mɑ̃disite] *f* ❶ *(action)* Betteln *nt* ❷ *(condition)* ***réduire qn à la ~*** jdn an den Bettelstab bringen

mendier [mɑ̃dje] <1> **I.** *vi* betteln **II.** *vt* betteln um *argent, pain*

mener [məne] <4> **I.** *vt* ❶ *(amener)* bringen; ***~ un enfant à l'école/chez le médecin*** ein Kind zur Schule/zum Arzt bringen; ***~ ses troupes au combat*** seine Truppen in den Kampf führen ❷ *(conduire)* führen; ***~ une entreprise à la ruine/faillite*** ein Unternehmen in den Ruin/Bankrott führen ❸ *(être en tête de)* anführen ❹ *(diriger)* leiten, führen *négociations* ❺ *(administrer)* führen ❻ *(faire agir)* leiten; ***seul l'intérêt le mène*** er handelt nur aus Eigeninteresse **II.** *vi* ❶ *(conduire)* ***~ à qn/qc*** zu jdm/etw führen ❷ SPORT führen; ***~ [par] deux à zéro*** [mit] zwei zu null führen

meneur, -euse [mənœʀ, -øz] *m, f* Anführer(in) *m(f)*; *(animal)* Alphatier *nt*; ***~ d'hommes*** Führernatur *f*; ***~ de jeu*** SPORT Spielmacher *m*; RADIO, TV Spielleiter *m*

menhir [meniʀ] *m* Menhir *m*

méninge [menɛ̃ʒ] *f* ANAT Hirnhaut *f* ► **se creuser les ~s** *(fam)* sich *dat* das Hirn zermartern

méningite [menɛ̃ʒit] *f* MED Hirnhautentzündung *f*, Meningitis *f Fachspr.*

ménisque [menisk] *m* Meniskus *m*

ménopause [menopoz] *f* Wechseljahre *Pl*

menotte [mənɔt] *f* ❶ *(fam: main d'enfant)* [Patsch]händchen *nt* ❷ *pl (entraves)* Handschellen *Pl*; ***passer les menottes à qn*** jdm Handschellen anlegen

mensonge [mɑ̃sɔ̃ʒ] *m* ❶ *(opp: vérité)* Lüge *f*; ***raconter un ~ à qn*** jdn belügen ❷ *sans pl (action, habitude)* Lügen *nt*; ***il vit dans le ~*** sein Leben besteht nur aus Lügen

mensonger, -ère [mɑ̃sɔ̃ʒe, -ɛʀ] *adj propos* erlogen; *promesse* falsch

menstruation [mɑ̃stʀyasjɔ̃] *f* Periode *f*

menstruel(le) [mɑ̃stʀyɛl] *adj* Menstruations-, menstrual *Fachspr.*; ***cycle ~*** Menstruationszyklus *m*; ***flux ~*** Monatsblutung *f*

mensualisation [mɑ̃sɥalizasjɔ̃] *f* monatliche Zahlung

mensualiser [mɑ̃sɥalize] <1> *vt* ❶ *(rémunérer)* monatlich bezahlen ❷ *(verser chaque mois)* monatlich [be]zahlen

mensualité [mɑ̃sɥalite] *f* monatliche Zahlung; *(remboursement de crédit)* Monatsrate *f*
mensuel [mɑ̃sɥɛl] *m* Monats[zeit]schrift *f*
mensuel(le) [mɑ̃sɥɛl] *adj* monatlich
mensuellement [mɑ̃sɥɛlmɑ̃] *adv* monatlich
mensuration [mɑ̃syʀasjɔ̃] *f* ❶ *(action de mesurer)* Maßnehmen *nt* ❷ *pl (dimensions du corps)* Maße *Pl*
mental [mɑ̃tal] *m sans pl* geistige Verfassung; ***avoir un bon*** ~ in guter psychischer Verfassung sein
mental(e) [mɑ̃tal, -o] <-aux> *adj* ❶ *(psychique)* geistig ❷ *prière* still; ***calcul*** ~ Kopfrechnen *nt*
mentalement [mɑ̃talmɑ̃] *adv* im Kopf
mentalité [mɑ̃talite] *f* Mentalität *f*
menteur, -euse [mɑ̃tœʀ, -øz] **I.** *adj personne* verlogen **II.** *m, f* Lügner(in) *m(f)*
menthe [mɑ̃t] *f* Minze *f;* ~ ***poivrée*** Pfefferminze *f*
mention [mɑ̃sjɔ̃] *f* ❶ *(fait de signaler)* Erwähnung *f;* ***faire*** ~ ***de qn/qc*** jdn/etw erwähnen ❷ *(indication)* Vermerk *m;* ***rayer les ~s inutiles*** Unzutreffendes bitte streichen ❸ SCOL, UNIV Auszeichnung *f;* ***avec [la]*** ~ ***bien*** mit „gut“
mentionner [mɑ̃sjɔne] <1> *vt* erwähnen
mentir [mɑ̃tiʀ] <10> *vi* lügen, schwindeln; ~ ***à qn*** jdn belügen ▶ **il ment comme il respire** er lügt wie gedruckt
menton [mɑ̃tɔ̃] *m* Kinn *nt;* ***double*** ~ Doppelkinn, Goder *m* A
menu [məny] *m* ❶ *(repas)* Menü *nt;* ~ ***enfant*** ≈ Kinderteller *m* ❷ *(carte: au restaurant)* Speisekarte *f; (à la cantine)* Speiseplan *m* ❸ INFORM Menü *nt;* ~ ***déroulant*** Pull-down-Menü ❹ *(fam) d'une réunion* Programm *nt*
menu(e) [məny] **I.** *adj postposé* ❶ *personne* zierlich; *jambes, bras* dünn; *taille* schmal ❷ *antéposé détails, occupations* nebensächlich; *soucis, dépenses* gering ❸ *souvent antéposé (qui a peu de volume)* klein; *souliers* zierlich; *bruits* schwach **II.** *adv* ***haché/coupé*** ~ fein gehackt/klein geschnitten
menuiserie [mənɥizʀi] *f* ❶ *sans pl (métier)* Tischlern *nt,* Schreinern *nt* SDEUTSCH ❷ *(atelier)* Tischlerei *f,* Schreinerei *f* SDEUTSCH
menuisier [mənɥizje] *m* Tischler(in) *m(f),* Schreiner(in) *m(f)* SDEUTSCH
méprendre [mepʀɑ̃dʀ] <13> *vpr (littér)* sich täuschen; ***se*** ~ ***sur qn/qc*** sich in jdm/etw täuschen; ***elle s'est méprise sur le sens de mes paroles*** sie hat mich missverstanden ▶ **à s'y** ~ zum Verwechseln
mépris [mepʀi] *m* ❶ *(opp: estime)* Verachtung *f;* ***avec*** ~ verächtlich ❷ *(opp: prise en compte)* Missachtung *f*
méprisable [mepʀizabl] *adj* verachtenswert
méprisant(e) [mepʀizɑ̃, ɑ̃t] *adj* verächtlich
méprise [mepʀiz] *f* Irrtum *m,* Versehen *nt;* ***par*** ~ irrtümlicherweise
mépriser [mepʀize] <1> *vt* ❶ *(opp: estimer)* verachten, gering schätzen ❷ *(opp: prendre en compte)* missachten *conventions, loi;* nicht beachten *insultes*
mer [mɛʀ] *f* ❶ *(étendue d'eau)* Meer *nt,* See *f;* ~ ***d'huile*** spiegelglatte See; ***en haute*** [*o* ***pleine***] ~ auf hoher See; ~ ***Égée*** Ägäis *f;* ~ ***du Nord*** Nordsee; ~ ***Noire/Rouge*** Schwarzes/Rotes Meer; ***prendre la*** ~ in See stechen; ***expédier par*** ~ auf dem Seeweg verschicken ❷ *(littoral)* ***passer ses vacances à la*** ~ seine Ferien am Meer verbringen ❸ *(eau de mer)* Meer[wasser] *nt* ❹ *(marée)* ***quand la*** ~ ***est basse/haute*** bei Ebbe *f*/Flut *f* ❺ *(grande quantité)* ~ ***de documents*** Unmenge *f* Unterlagen ▶ **ce n'est pas la** ~ **à boire!** das ist doch nicht die Welt!

Aussprache
In der Regelaussprache wird die Endung -er als geschlossenes e gesprochen *(aimer, léger...)*, aber bei **mer** wird es zu [ɛʀ].

mercanti [mɛʀkɑ̃ti] *m (péj)* Geschäftemacher(in) *m(f) fam;* ***les ~s de la guerre*** die Kriegsgewinnler
mercantile [mɛʀkɑ̃til] *adj (péj)* profitgierig
mercantilisme [mɛʀkɑ̃tilism] *m* ❶ *(péj littér)* Profitgier *f* ❷ ECON, HIST Merkantilismus *m*
mercaticien(ne) [mɛʀkatisjɛ̃, jɛn] *m(f)* Marktforscher(in) *m(f)*
mercatique [mɛʀkatik] *f* Marketing *nt*
mercenaire [mɛʀsənɛʀ] *m, f* Söldner(in) *m(f)*
mercerie [mɛʀsəʀi] *f* ❶ *(magasin)* Kurzwarenhandlung *f* ❷ *(commerce)* Kurzwarenhandel *m* ❸ *(ensemble des marchandises)* Kurzwaren *Pl*
merchandising [mɛʀʃɑ̃dajziŋ, mɛʀʃɑ̃diziŋ] *m* Merchandising *nt*
merci [mɛʀsi] **I.** *interj* ❶ *(pour remercier)* danke; ~ ***bien*** danke schön; *(négatif)*

M

[nein,] vielen Dank; ~ ***à vous pour tout*** ich danke Ihnen/euch für alles ❷ *(pour exprimer l'indignation, la déception)* na danke **II.** *m* Dank *m;* ***un grand ~ à vous de nous avoir aidés*** herzlichen Dank dafür, dass ihr uns geholfen habt; ***il ne m'a jamais dit un ~*** er hat mir nie ein Wort des Dankes gesagt **III.** *f* ***être à la ~ de qn/qc*** jdm/einer S. ausgeliefert sein; ***sans ~*** erbarmungslos

mercredi [mɛʀkʀədi] *m* Mittwoch *m;* ~ ***des Cendres*** Aschermittwoch; *v. a.* **dimanche**

Grammatik und Co.
Das Substantiv **mercredi** ist männlich. Es wird ohne den bestimmten Artikel und ohne Präposition gebraucht, wenn es um eine präzise Angabe geht und ein ganz bestimmter Mittwoch gemeint ist.
Wenn eine Wiederholung oder etwas Gewohnheitsmäßiges ausgedrückt wird, steht der bestimmte Artikel bei dem Substantiv. In diesem Fall bezieht sich die Angabe auf mehrere Mittwoche.

M

mercure [mɛʀkyʀ] *m* Quecksilber *nt*

Mercure [mɛʀkyʀ] *f* ASTRON, HIST Merkur *m*

merde [mɛʀd] **I.** *f* ❶ *(vulg)* Scheiße *f;* ***en ce moment, je n'ai que des ~s*** bei mir geht zur Zeit alles in die Hose ❷ *(fam: saleté, personne, chose sans valeur)* Dreck *m;* ***ne pas se prendre pour une ~*** sich für Wunder was halten; ***c'est de la ~, ce stylo*** dieser Stift ist doch Scheiße *vulg* ▶ **être dans la ~ jusqu'au cou** *(fam)* bis zum Hals in der Scheiße stecken *vulg;* **foutre la ~** *(fam)* ein Chaos veranstalten; **temps/boulot de ~** *(fam)* Scheißwetter *nt*/Scheißarbeit *f vulg* **II.** *interj (fam)* ❶ *(pour exprimer la colère)* ~ ***alors!*** [verdammte] Scheiße! *vulg* ❷ *(pour exprimer la surprise)* verdammt *vulg*

merder [mɛʀde] <1> *vi (fam) personne:* Mist machen; *chose:* schieflaufen

merdier [mɛʀdje] *m (vulg: pièce)* Saustall *m pej sl*

merdique [mɛʀdik] *adj (fam)* beschissen *sl,* mies *fam*

mère [mɛʀ] **I.** *f* ❶ *(femme)* Mutter *f;* ~ ***poule*** Glucke *f;* ~ ***adoptive*** Adoptivmutter; ~ ***au foyer*** Hausfrau *f* und Mutter; ~ ***célibataire,*** ~ ***isolée*** alleinerziehende Mutter; ~ ***porteuse*** Leihmutter; ***ne pas pouvoir être ~*** keine Kinder bekommen können ❷ *(animal)* Muttertier *nt* ❸ REL ~ ***supérieure*** Mutter Oberin; ***ma ~*** ehrwürdige Mutter ❹ *(fig)* ~ ***patrie*** Vaterland *nt* **II.** *app* ***fille*** ~ ledige Mutter

merguez [mɛʀgɛz] *f kleine, scharf gewürzte Bratwurst aus Lammfleisch*

méridien [meʀidjɛ̃] *m* Meridian *m,* Längenkreis *m*

méridional(e) [meʀidjɔnal, -o] <-aux> *adj* ❶ *(du Midi de la France)* südfranzösisch ❷ *(du Bassin méditerranéen)* mediterran ❸ *(au sud, du sud)* südlich

meringue [məʀɛ̃g] *f* Baiser *nt*

mérinos [meʀinos] *m* ❶ *(mouton)* Merino *m,* Merinoschaf *nt* ❷ *(laine)* Merino[wolle *f*] *m*

merisier [məʀizje] *m* ❶ *(arbre)* Wildkirsche *f* ❷ *(bois)* Kirschbaum[holz *nt*] *m;* ***en*** [*o* ***de***] ~ aus Kirschbaum[holz] ❸ BOT CAN *(bouleau jaune)* Gelbbirke *f*

méritant(e) [meʀitɑ̃, ɑ̃t] *adj* verdienstvoll

mérite [meʀit] *m* ❶ *(qualité, vertu de qn)* Verdienst *nt;* ***avoir bien du ~*** Verdienste haben; ***il a le ~ de la sincérité/d'être sincère*** seine Aufrichtigkeit ist anerkennenswert/es ist anerkennenswert, dass er aufrichtig ist ❷ *sans pl (valeur)* Wert; ***de ~*** verdient ❸ *d'un appareil, d'une organisation* Vorzug *m* ❹ *(distinction)* ***le Mérite*** ≈ der Verdienstorden

mériter [meʀite] <1> *vt* ❶ *(avoir droit à qc)* verdienen; ~ ***mieux*** Besseres verdienen; ~ ***de réussir/d'être récompensé*** den Erfolg/eine Belohnung verdienen ❷ *(valoir)* wert sein; ~ ***d'être vu*** sehenswert sein; ***cela mérite réflexion*** darüber sollte man nachdenken

méritoire [meʀitwaʀ] *adj* lobenswert, löblich

merlan [mɛʀlɑ̃] *m* Wittling *m*

merle [mɛʀl] *m* Amsel *f*

merlu [mɛʀly] *m* Seehecht *m*

mérovingien(ne) [meʀɔvɛ̃ʒjɛ̃, jɛn] *adj* merowingisch

merveille [mɛʀvɛj] *f* Wunder *nt; d'une création* Meisterwerk *nt;* ***à ~*** ausgezeichnet; ***être une ~ de précision*** ein Wunder an Präzision *dat* sein; ***faire ~*** Wunder wirken; ***faire des ~s*** Wunder vollbringen ▶ [**être**] **la huitième ~ du monde** das achte Weltwunder [sein]

merveilleusement [mɛʀvɛjøzmɑ̃] *adv* wunderbar, wundervoll

merveilleux [mɛʀvɛjø] *m* ***le ~*** das Wunderbare; ***le ~ de qc*** das Besondere an etw *dat*

merveilleux, **-euse** [mɛʀvɛjø, -jøz] *adj* ❶ *(exceptionnel)* wunderbar; *(très beau)* wunderschön ❷ *postposé (surnaturel, magique)* ***monde*** ~ Wunderwelt *f;* ***lampe merveilleuse*** Wunderlampe *f*

mes [me] *dét poss v.* **ma, mon**

mésalliance [mezaljɑ̃s] *f* nicht standesgemäße Ehe *f,* Mesalliance *f*

mésange [mezɑ̃ʒ] *f* Meise *f*

mésaventure [mezavɑ̃tyʀ] *f* Missgeschick *nt*

mesdames [medam] *fpl v.* **madame**

mesdemoiselles [medmwazɛl] *fpl v.* **mademoiselle**

mésentente [mezɑ̃tɑ̃t] *f* Unstimmigkeit *f*

mésestime [mezɛstim] *f (littér)* Geringschätzung *f;* ***tenir en*** ~ geringschätzen

mésestimer [mezɛstime] <1> *vt (littér)* unterschätzen

mésintelligence [mezɛ̃teliʒɑ̃s] *f (littér)* Unfrieden *m*

mesquin(e) [mɛskɛ̃, in] *adj pensée, milieu* engstirnig; *vie* armselig

mesquinerie [mɛskinʀi] *f* ❶ *sans pl (étroitesse)* Engstirnigkeit *f* ❷ *sans pl (avarice)* Knauserei *f* ❸ *(attitude, action)* Schäbigkeit *f*

mess [mɛs] *m* [Offiziers]messe *f*

message [mesaʒ] *m* ❶ *(nouvelle)* Nachricht *f;* ~ ***publicitaire*** Werbespot *m* ❷ *(note écrite)* Zettel *m* ❸ *(communication solennelle)* kurze Ansprache ❹ INFORM, TELEC Meldung *f;* ~ ***électronique*** E-Mail *f;* ~ ***d'erreur*** Fehlermeldung

messager, **-ère** [mesaʒe, -ɛʀ] *m, f* Bote *m*/Botin *f*

messagerie [mesaʒʀi] *f* INFORM Mailsystem *nt;* ~ ***électronique*** elektronische Post, elektronischer Briefkasten; ~ ***instantanée*** MSN-Messenger *m*

messageries [mesaʒʀi] *fpl* ❶ *(service de transport)* Transportunternehmen *nt* ❷ *(transport rapide)* Eilzustelldienst *m*

messe [mɛs] *f* Messe *f;* ~ ***de mariage*** kirchliche Trauung; ~ ***de minuit*** Christmette *f* ▶ **dire des ~s <u>basses</u>** tuscheln *fam*

messie [mesi] *m* Messias *m*

messieurs [mesjø] *mpl v.* **monsieur**

mesurable [məzyʀabl] *adj* messbar

mesure [m(ə)zyʀ] *f* ❶ *d'une surface* Messen *nt,* Messung *f* ❷ *(dimension)* Maß *nt; de la température* Messwert *m;* ***~s de qn*** *(mensurations)* jds Maße *Pl;* ***prendre les ~s d'une pièce*** einen Raum ausmessen; ***prendre les ~s de qn*** bei jdm Maß nehmen ❸ *(unité)* Maß *nt,* Maßeinheit *f* ❹ *(récipient, contenu)* Maß *nt* ❺ *(élément de comparaison)* Maß *nt;* ~ ***de qc*** Bezugspunkt *m* für etw; ***l'homme est la ~ de toutes choses*** der Mensch ist das Maß aller Dinge ❻ *(modération)* ***avec*** ~ maßvoll; ***manquer de ~ dans ses paroles*** zu weit gehen ❼ *(limite)* Maß *nt;* ***outre*** ~ übermäßig; ***sans*** ~ über alle Maßen; *ambition, orgueil* maßlos *pej; volonté, courage* äußerste(r, s) ❽ *(disposition)* Maßnahme *f;* ~ ***disciplinaire*** Disziplinarstrafe *f;* ***par ~ de sécurité/d'économie*** aus Sicherheits-/Sparsamkeitsgründen; ***prendre des ~s*** Vorkehrungen treffen ❾ MUS Takt *m;* ***battre la*** ~ den Takt angeben ▶ **<u>à</u> ~** nach und nach; **à ~ que nous avancions, la forêt devenait plus épaisse** je weiter wir vordrangen, desto dichter wurde der Wald; **<u>dans</u> la ~ du possible** im Rahmen des Möglichen; **<u>dans</u> une certaine ~** in gewissem Maße; **qn est <u>en</u> ~ de faire qc** jd ist imstande, etw zu tun; **<u>sur</u> ~[s]** *costume* maßgeschneidert; *emploi du temps* genau abgestimmt

mesuré(e) [məzyʀe] *adj ton* gemäßigt; *pas* gemessen; *personne* besonnen, bedächtig

mesurer [məzyʀe] <1> **I.** *vi (avoir pour mesure)* messen; ***~ 1 m 70 de haut/de large/de long*** 1,70 m hoch/breit/lang sein; ***combien mesures-tu?*** wie groß bist du? **II.** *vt* ❶ *(déterminer les dimensions)* messen, vermessen *terrain;* ausmessen *pièce;* abmessen *tissu* ❷ *(évaluer)* ermessen, abschätzen *conséquences, risque;* ***~ qn des yeux*** jdn von oben bis unten mustern ❸ *(modérer)* mäßigen *paroles, propos* **III.** *vpr* ❶ *(se comparer à)* ***se ~ à qn*** sich mit jdm messen ❷ *(être mesurable)* ***se ~ en mètres/litres*** in Metern/nach Litern gemessen werden

métabolique [metabɔlik] *adj* BIO, MED Stoffwechsel-

métabolisme [metabɔlism] *m* Stoffwechsel *m*

métal [metal, -o] <-aux> *m* ❶ CHIM Metall *nt;* ~ ***précieux*** Edelmetall ❷ *sans pl* FIN Hartgeld *nt*

métallifère [metalifɛʀ] *adj* erzhaltig

métallique [metalik] *adj* ❶ *(en métal)* Metall-; ***fil*** ~ Draht *m* ❷ *(qui rappelle le métal)* metallisch

métallisé(e) [metalize] *adj* metallisch; ***peinture ~e*** Metalliclackierung *f*

métallo [metalo] *m (fam) abr de* **métallurgiste** Metaller *m fam*

métalloïde [metalɔid] *m* CHIM Metalloid *nt veraltet,* Nichtmetall *nt*

M

métallurgie [metalyʀʒi] *f sans pl* ❶ *(industrie)* Metallindustrie *f;* ~ ***lourde/de transformation*** Schwerindustrie/Metall verarbeitende Industrie ❷ *(technique)* Hüttenkunde *f,* Metallurgie *f*

métallurgique [metalyʀʒik] *adj* metallurgisch; ***industrie*** ~ Metallindustrie *f*

métallurgiste [metalyʀʒist] *mf* ❶ *(ouvrier)* Metallarbeiter(in) *m(f)* ❷ *(industriel)* Schwerindustrielle(r) *f(m)*

métamorphose [metamɔʀfoz] *f* Verwandlung *f,* Metamorphose *f*

métamorphoser [metamɔʀfoze] <1> *vpr* ❶ BIO, ZOOL ***se*** ~ *insecte, têtard:* eine Metamorphose durchmachen ❷ *(changer en bien)* ***se*** ~ eine Verwandlung durchmachen; ***se*** ~ ***en qn*** sich in jdn verwandeln

métaphore [metafɔʀ] *f* Metapher *f*

métaphorique [metafɔʀik] *adj* metaphorisch

métaphoriquement [metafɔʀikmɑ̃] *adv* metaphorisch, bildlich

métaphysique [metafizik] **I.** *adj* ❶ PHILOS metaphysisch ❷ *(abstrait)* abstrakt **II.** *f* ❶ PHILOS Metaphysik *f* ❷ *sans pl (spéculations)* abstrakte Theorie

métastase [metastɑz] *f* Metastase *f*

métatarse [metataʀs] *m* Mittelfuß *m*

métayer, -ère [meteje, -ɛʀ] *m, f* Pachtbauer *m/*-bäuerin *f (der den Pachtzins in Naturalabgaben leistet)*

météo [meteo] **I.** *adj inv abr de* **météorologique** Wetter- **II.** *f abr de* **météorologie** *(service)* Wetterdienst *m; (bulletin)* Wetterbericht *m;* ~ ***marine*** *(service)* Seewetterdienst; *(bulletin)* Seewetterbericht

météore [meteɔʀ] *m* Meteor *m*

météorique [meteɔʀik] *adj* ASTRON Meteoriten-

météorite [meteɔʀit] *m o f* Meteorit *m*

météorologie [meteɔʀɔlɔʒi] *f* ❶ SCI Meteorologie *f* ❷ *(organisme)* meteorologisches Institut

météorologique [meteɔʀɔlɔʒik] *adj* Wetter-; *instrument, observations* meteorologisch

météorologiste [meteɔʀɔlɔʒist] *mf,* **météorologue** [meteɔʀɔlɔg] *mf* Meteorologe *m/*Meteorologin *f*

méthadone [metadɔn] *f* Methadon *nt*

méthane [metan] *m* Methan *nt*

méthode [metɔd] *f* ❶ *(technique)* Methode *f,* Verfahren *nt* ❷ *(manuel)* ~ ***de piano/guitare*** Klavier-/Gitarrenschule *f;* ~ ***de comptabilité*** Einführung *f* in die Buchführung; ~ ***de langue*** Sprachlehrbuch *nt* ❸ *sans pl, (fam: manière de faire, logique)* Methode *f;* ***chacun sa ~!*** jeder auf seine Art!

méthodique [metɔdik] *adj* methodisch

méthodiquement [metɔdikmɑ̃] *adv* methodisch, systematisch

méticuleusement [metikyløzmɑ̃] *adv* sorgfältig; *travailler, nettoyer* sorgfältig, gründlich

méticuleux, -euse [metikylø, -øz] *adj* sorgfältig

méticulosité [metikylozite] *f* [große] Sorgfalt, [peinliche] Genauigkeit

métier [metje] *m* ❶ *(profession)* Beruf *m;* ***être architecte de son*** ~ von Beruf Architekt sein; ***apprendre/exercer un*** ~ einen Beruf erlernen/ausüben; ***être du*** ~ vom Fach sein; ***qu'est-ce que vous faites comme ~?, quel ~ faites-vous?*** was machen Sie beruflich?, was sind Sie von Beruf? ❷ *pl (ensemble de métiers)* ***les ~s du bois/de la restauration*** die Holz verarbeitenden Berufe *Pl/*Gastronomieberufe *Pl* ❸ *sans pl d'une entreprise* Tätigkeitsbereich *m* ❹ *sans pl (rôle)* ***faire son*** ~ seine Pflicht tun ❺ *sans pl (technique)* handwerkliches Können; *(habileté)* Geschick *nt;* ***avoir du*** ~ Berufserfahrung haben; ***connaître son*** ~ sein Handwerk verstehen ❻ TECH, TEXTIL ~ ***[à tisser]*** Webstuhl *m* ► **[exercer] le plus vieux ~ du monde** das älteste Gewerbe der Welt [ausüben]

métis [metis] *m (personne)* Mischling *m*

métis(ne) [metis] *adj personne* Mischlings-; *population* Misch-

métissage [metisaʒ] *m* [Rassen]mischung *f*

métisse [metis] *f* Mischling *m*

métrage [metʀaʒ] *m* CINE ***court*** ~ Kurzfilm *m;* ***long*** ~ Spielfilm *m*

mètre [mɛtʀ] *m* ❶ *(unité de mesure)* Meter *m o nt;* ~ ***cube/carré*** Kubik-/Quadratmeter; ***par 500 ~s de fond*** in 500 Metern Tiefe; ***à cinquante ~s d'ici*** in fünfzig Metern Entfernung ❷ *(instrument)* [Zenti]metermaß *nt* ❸ SPORT ***le 110 ~s haies*** die 110-Meter Hürden; ***piquer un cent ~s*** *(fam)* einen Spurt einlegen

métrer [metʀe] <5> *vt* vermessen, abmessen *tissu*

métreur, -euse [metʀœʀ, -øz] *m, f* Bauleiter(in) *m(f)*

métrique [metʀik] **I.** *adj* SCI, LITTER metrisch **II.** *f* LITTER Metrik *f,* Verslehre *f*

métro [metʀo] *m* ❶ U-Bahn *f;* ~ ***souterrain/aérien*** U-Bahn/Hochbahn; ~ ***urbain*** Stadtbahn/Metro; ***en*** ~ mit der

U-Bahn/Metro ❷ *(station)* U-Bahn-Station *f*

métronome [metʀɔnɔm] *m* Metronom *nt*

métropole [metʀɔpɔl] *f (grande ville)* Metropole *f*

métropolitain [metʀɔpɔlitɛ̃] *m (form: métro)* Untergrundbahn *f; (de Paris)* Metro *f*

métrosexuel(le) [metʀosɛksɥɛl] *adj* metrosexuell

mets [mɛ] *m* Speise *f*

mettable [mɛtabl] *adj* ***cette veste n'est plus/est encore ~*** diese Jacke kann man nicht mehr/noch anziehen

metteur, -euse [metœʀ, -øz] *m, f* CINE, TV, THEAT ***~ en scène*** Regisseur

mettre [mɛtʀ] <irr> **I.** *vt* ❶ *(placer, poser)* tun; *(à plat, couché, horizontalement)* legen; *(debout, verticalement)* stellen; *(assis)* setzen; *(suspendre)* hängen; ***~ les mains dans les poches*** die Hände in die Taschen stecken; ***~ les mains en l'air*** die Arme hochheben; ***~ les coudes sur la table*** die Ellbogen auf den Tisch [auf]stützen; ***~ un enfant au lit*** ein Kind ins Bett bringen; ***~ les mains devant les yeux*** die Hände vor die Augen halten; ***~ la tête à la fenêtre*** den Kopf aus dem Fenster st[r]ecken; ***où ai-je mis mes lunettes?*** wo habe ich meine Brille hingelegt? ❷ *(déposer, entreposer)* ***~ une voiture au garage/parking*** ein Auto in die Garage/auf den Parkplatz bringen; ***~ à la fourrière*** abschleppen; ***~ à l'abri*** in Sicherheit bringen ❸ *(jeter)* ***~ à la poubelle/au panier*** in den Mülleimer/den Papierkorb werfen ❹ *(ajouter)* ***~ trop de sel dans la soupe*** die Suppe versalzen ❺ *(répandre)* ***~ du beurre sur une tartine*** Butter auf ein Brot streichen; ***~ du cirage sur ses chaussures*** Schuhcreme auf seine Schuhe auftragen; ***~ de la crème sur ses mains*** seine Hände eincremen ❻ *(ajuster, adapter)* ***~ un nouveau moteur*** einen neuen Motor einbauen ❼ *(coudre)* ***~ un bouton à une veste*** an einer Jacke einen Knopf annähen ❽ *(introduire)* stecken; ***~ une lettre dans une enveloppe*** einen Brief in einen Umschlag stecken; ***~ un peu de fantaisie dans sa vie*** *(fig)* ein bisschen Fantasie in sein Leben bringen ❾ *(conditionner)* ***~ de la farine en sacs/du vin en bouteilles*** Mehl in Säcke/Wein in Flaschen füllen ❿ *(écrire)* schreiben; ***~ un nom sur une liste*** einen Namen auf eine Liste setzen; ***~ une note à qn*** jdm eine Note geben ⓫ *(nommer)* ***~ qn au service clients*** jdn beim Kundendienst einsetzen ⓬ *(inscrire)* ***~ ses enfants à l'école privée*** seine Kinder auf eine Privatschule schicken ⓭ *(classer)* ***~ au-dessus/en-dessous de qn/qc*** höher/niedriger als jdn/etw einstufen ⓮ *(revêtir)* anziehen *vêtement, chaussures;* aufsetzen *chapeau, lunettes;* einsetzen *lentilles de contact;* auftragen, auflegen *maquillage;* anlegen *bijou;* anstecken *bague, broche* ⓯ *(consacrer)* ***~ deux heures/une journée à faire un travail*** zwei Stunden/einen Tag für eine Arbeit brauchen; ***~ ses espoirs dans un projet/une étude*** seine Hoffnung in ein Projekt/eine Studie setzen; ***tu as mis le temps!*** du hast dir aber Zeit gelassen! ⓰ *(investir)* ***~ beaucoup d'argent/200 euros dans un projet/une maison*** viel Geld/200 Euro in ein Projekt/ein Haus stecken *fam* ⓱ *(placer dans une situation)* ***~ qn à l'aise*** dafür sorgen, dass jd sich wohl fühlt; ***~ qn au régime*** jdn auf Diät setzen ⓲ *(transformer)* ***~ au pluriel/au futur*** in den Plural/ins Futur setzen; ***~ ses papiers/ses notes en ordre*** seine Unterlagen/Notizen in Ordnung bringen; ***~ en allemand/anglais*** ins Deutsche/Englische übersetzen; ***~ au propre*** ins Reine schreiben; ***~ en forme*** ausgestalten ⓳ *(faire fonctionner)* anmachen, einschalten; ***~ la radio/télé plus fort*** das Radio/den Fernseher lauter stellen ⓴ *(régler)* ***~ une montre à l'heure*** eine Uhr stellen ㉑ *(installer)* einbauen, aufhängen *rideaux;* verlegen *moquette, électricité;* ***~ du papier peint sur les murs*** die Wände tapezieren ㉒ *(faire)* ***~ à cuire/à chauffer/à bouillir*** aufsetzen ㉓ *(envoyer)* ***~ une fléchette dans la cible*** mit einem Pfeil ins Ziel treffen; ***~ le ballon dans les buts*** den Ball ins Tor schießen; ***je lui ai mis mon poing dans la figure*** *(fam)* ich habe ihm/ihr eine reingehauen ㉔ *(admettre)* ***mettons/mettez que*** *+subj* angenommen, dass

II. *vpr* ❶ *(se placer)* ***se ~ debout/assis*** aufstehen/sich [hin]setzen; ***se ~ à genoux/au garde-à-vous*** sich hinknien/Haltung annehmen; ***se ~ à la disposition de qn/qc*** sich jdm/etw zur Verfügung stellen ❷ *(placer sur soi)* ***se ~ un chapeau sur la tête*** sich *dat* einen Hut aufsetzen; ***se ~ de la crème sur la figure*** sich *dat* das Gesicht eincremen; ***se ~ les doigts dans le nez*** in der Nase bohren; ***mets-toi bien ça dans le crâne!*** *(fig)* merke dir das [gut]! ❸ *(se ranger)* ***se ~ dans l'armoire/à droite*** in den

M

Schrank/rechts hinkommen ❹ *(porter)* ***se ~ en pantalon/rouge*** eine Hose anziehen/Rot tragen; ***se ~ du parfum*** sich parfümieren ❺ *(commencer à)* ***se ~ au travail*** sich an die Arbeit machen; ***bon, je m'y mets*** los, packen wir's an ❻ *(pour exprimer le changement d'état)* ***se ~ au courant de qc*** sich mit etw vertraut machen; ***se ~ en colère*** wütend werden; ***se ~ en route*** sich auf den Weg machen; ***se ~ en place*** *réforme, nouvelle politique:* eingesetzt werden ❼ *(se coincer)* ***se ~ dans qc*** in etw *akk* geraten ❽ *(fam)* ***se ~ avec qn*** *(constituer une équipe)* sich mit jdm zusammentun; *(vivre avec)* mit jdm zusammenziehen ❾ *(boire trop)* ***s'en ~ jusque-là*** *(fam)* sich vollaufen lassen

meuble [mœbl] *m (mobilier)* Möbel[stück *nt*] *nt;* ***~s de jardin*** Gartenmöbel *Pl;* ***~s de rangement*** Schränke *Pl* ▸ **sauver les ~s** retten, was noch zu retten ist

meublé [mœble] *m (chambre)* möbliertes Zimmer; *(appartement)* möblierte Wohnung

meublé(e) [mœble] *adj* möbliert

meubler [mœble] <1> **I.** *vt* ❶ *(garnir de meubles)* einrichten, möblieren ❷ *(constituer le mobilier)* ***un lit et une chaise meublent la chambre*** in dem Zimmer stehen ein Bett und ein Stuhl ❸ *(remplir)* überbrücken *silence;* in Gang halten *conversation* **II.** *vpr* ***se ~*** sich einrichten

meuf [mœf] *f (arg)* Tussi *f sl*

meugler [møgle] <1> *vi* muhen

meuh [mø] *interj* muh

meule[1] [møl] *f* ❶ *d'un moulin* Mühlstein *m* ❷ *(pour aiguiser)* Schleifstein *m; (pour polir)* Polierscheibe *f*

meule[2] [møl] *f* AGR Schober *m*

meuler [møle] <1> *vt* abschleifen

meunier, -ière [mønje, -jɛʀ] *m, f* Müller *m/*Müllerin *f,* Müllersfrau *f*

meure [mœʀ] *subj prés de* **mourir**

meurent [mœʀ], **meurs** [mœʀ], **meurt** [mœʀ] *indic prés de* **mourir**

meurt-de-faim [mœʀdəfɛ̃] *mf inv (vieilli)* Hungerleider *m fam*

meurtre [mœʀtʀ] *m* Mord *m;* ***~ avec préméditation*** vorsätzliche Tötung

meurtrier, -ière [mœʀtʀije, -ijɛʀ] **I.** *adj* mörderisch; *accident, coup* tödlich; *carrefour, route* lebensgefährlich **II.** *m, f* Mörder(in) *m(f)*

meurtrir [mœʀtʀiʀ] <8> **I.** *vt* ❶ *(contusionner)* zerquetschen; ***le coup lui avait meurtri le visage*** sein/ihr Gesicht war grün und blau geschlagen; ***ses chaussures lui meurtrissaient les pieds*** die Schuhe quetschten ihm/ihr die Füße ein; ***il avait le dos meurtri par les coups*** sein Rücken war von den Schlägen zerschunden ❷ *(endommager)* beschädigen *fruits, légumes;* ***des fruits meurtris*** Obst *nt* mit Druckstellen, fleckiges Obst ❸ *(soutenu: blesser moralement)* tief verletzen; ***les reproches lui meurtrissaient le cœur*** die Vorwürfe schnitten ihm/ihr tief ins Herz **II.** *vpr* ***se ~ le genou/le front*** sich *dat* das Knie aufschlagen/an der Stirn verletzen

meurtrissure [mœʀtʀisyʀ] *f* ❶ *(marque)* Bluterguss *m* ❷ *(tache sur des fruits, légumes)* Fleck *m,* Druckstelle *f*

meus [mø] *indic prés de* **mouvoir**

Meuse [møz] *f* ***la ~*** die Maas

meut [mø] *indic prés de* **mouvoir**

meute [møt] *f (a. fig)* Meute *f*

meuve [møv] *subj prés de* **mouvoir**

meuvent [mœv] *indic prés de* **mouvoir**

mévente [mevɑ̃t] *f* Absatzrückgang *m,* schlechter Absatz

mexicain(e) [mɛksikɛ̃, ɛn] *adj* mexikanisch

Mexicain(e) [mɛksikɛ̃, ɛn] *m(f)* Mexikaner(in) *m(f)*

Mexique [mɛksik] *m* ***le ~*** Mexiko *nt*

mezzanine [mɛdzanin] *f (étage)* Zwischengeschoss *nt;* ***lit en ~*** Hochbett *nt*

MF [ɛmɛf] *mpl* HIST *abr de* **millions de francs** Mio. F

Mgr *abr de* **Monseigneur** Mgr

mi [mi] *m inv* E *nt,* e *nt; v. a.* **do**

miam-miam [mjammjam] *interj (fam)* lecker, lecker *fam*

miaou [mjau] *interj* miau

mi-août [miut] *f sans pl* ***à la ~*** Mitte August

miaulement [mjolmɑ̃] *m* Miauen *nt*

miauler [mjole] <1> *vi* miauen

mi-avril [miavʀil] *f sans pl* ***à la ~*** Mitte April **mi-bas** [mibɑ] <mi-bas> *m* Kniestrumpf *m*

miche [miʃ] *f* ❶ *(pain)* [Brot]laib *m* ❷ *pl (fam: fesses)* Hintern *m*

mi-chemin [miʃmɛ̃] ***à ~*** auf halbem Weg

mi-clos(e) [miklo, kloz] *adj* ***un bourgeon ~*** eine halb geschlossene Knospe

micmac [mikmak] *m (fam)* ❶ *(manigance)* Machenschaften *Pl,* Mauschelei *f* ❷ *sans pl (affaire embrouillée)* Wirrwarr *nt* **mi-côte** [mikot] ***à ~*** auf halber Höhe **mi-course** [mikuʀs] ***à ~*** nach der Hälfte der Strecke

micro [mikʀo] *abr de* **microphone, micro-ordinateur, micro-informatique**

microbe [mikʀɔb] *m* ❶ BIO Mikrobe *f* ❷ *(fam: avorton)* Wurm *m*, Zwerg *m*
microbien(ne) [mikʀɔbjɛ̃, jɛn] *adj* mikrobiell
microbiologie [mikʀobjɔlɔʒi] *f sans pl* Mikrobiologie *f*
microbiologiste [mikʀobjɔlɔʒist] *mf* Mikrobiologe *m/*-biologin *f*
microcircuit [mikʀosiʀkɥi] *m* Mikrochip *m*
microclimat [mikʀoklima] *m* Mikroklima *nt*
microcosme [mikʀɔkɔsm] *m* ❶ Mikrokosmos *m* ❷ *(petite société)* [in sich *dat* geschlossene] Gruppe
microéconomie [mikʀoekɔnɔmi] *f* Mikroökonomie *f*
microédition [mikʀoedisjɔ̃] *f* Desktop-Publishing *nt*
microélectronique [mikʀoelɛktʀɔnik] **I.** *adj* ***circuit*** ~ integrierter Schaltkreis **II.** *f* Mikroelektronik *f*
microfibre [mikʀofibʀ] *f* Mikrofaser *f*
microfiche [mikʀofiʃ] *f* Mikrofiche *m o nt*
microfilm [mikʀofilm] *m* Mikrofilm *m*
micro-informatique [mikʀoɛ̃fɔʀmatik] *f sans pl* Mikroinformatik *f*
micromètre [mikʀomɛtʀ] *m* ❶ *(mesure)* Mikrometer *m o nt* ❷ *(instrument)* Messschraube *f*
micron [mikʀɔ̃] *m* Mikrometer *nt*
Micronésie [mikʀonezi] *m* ***la*** ~ Mikronesien *nt*
micro-onde [mikʀoɔ̃d] <micro-ondes> *f* Mikrowelle *f*; ***four à ~s*** Mikrowellenherd *m* **micro-ondes** [mikʀoɔ̃d] *m inv (four)* Mikrowelle *f* **micro-ordinateur** [mikʀoɔʀdinatœʀ] <micro-ordinateurs> *m* PC *m*, Computer *m* **micro-organisme** [mikʀoɔʀganism] <micro-organismes> *m* Mikroorganismus *m*
microphone [mikʀɔfɔn] *m* Mikrofon *nt*
micro-pince [mikʀɔpɛ̃s] *f* Mini-Haarklemme *f*
microplaquette [mikʀoplakɛt] *f* Chip *m*
microprocesseur [mikʀopʀɔsɛsœʀ] *m* Mikroprozessor *m*
microscope [mikʀɔskɔp] *m* Mikroskop *nt*
microscopique [mikʀɔskɔpik] *adj* ❶ *(minuscule)* winzig ❷ SCI mikroskopisch [klein]
microsillon [mikʀosijɔ̃] *m* Schallplatte *f*
microstructure [mikʀostʀyktyʀ] *f* Mikrostruktur *f*
micro-trottoir [mikʀotʀotwaʀ] <micros-trottoirs> *m* Umfrage *f* auf der Straße
miction [miksjɔ̃] *f* MED Urinieren *nt*, Wasser lassen *nt*, Miktion *f Fachspr.*; ***troubles de la*** ~ Schwierigkeiten *Pl* beim Wasserlassen, Miktionsstörungen *Pl Fachspr.*
mi-décembre [midesɑ̃bʀ] *f sans pl* ***à la*** ~ Mitte Dezember
midi [midi] *m* ❶ *inv, sans art ni autre dét (heure)* zwölf [Uhr]; ***à*** ~ um zwölf [Uhr]; *(entre midi et deux)* über Mittag; ***entre ~ et deux*** in der Mittagszeit, über Mittag; ***mardi/demain*** ~ Dienstagmittag/morgen Mittag ❷ *(moment du déjeuner)* Mittag *m*; *(repas)* Mittagessen *nt*; ***ce*** ~ heute Mittag; ***le repas de*** ~ das Mittagessen ❸ *(sud)* Süden *m* ► **chercher ~ à quatorze <u>heures</u>** die Dinge komplizierter machen als sie sind
Midi [midi] *m* ***le*** ~ Südfrankreich *nt*
MIDI [midi] INFORM **I.** *abr de* **Musical Instruments Digital Interface** MIDI **II.** *app* ***appareil*** ~ MIDI-Gerät *nt*; ***interface*** ~ MIDI-Schnittstelle *f*
mie [mi] *f sans pl* weiche(s) Innere(s) *nt (vom Brot)*
miel [mjɛl] *m* Honig *m*
miellé(e) [mjele] *adj (littér)* *boisson* mit Honig verfeinert; *parfum* honigsüß
mielleux, -euse [mjɛlø, -øz] *adj* *attitude, air* übertrieben freundlich; *sourire, paroles, ton* zuckersüß
mien(ne) [mjɛ̃, mjɛn] *pron poss* ❶ ***le ~/la ~ne*** der/die/das Meine, meine(r, s); ***les ~s*** die Meinen, meine; ***ce n'est pas votre valise, c'est la ~ne*** es ist nicht Ihr Koffer, es ist der Meine; ***cette maison est la ~ne*** dies ist mein Haus, dieses Haus gehört mir ❷ *pl (ceux de ma famille)* ***les ~s*** meine Angehörigen; *(mes partisans)* meine Anhänger ► **<u>à</u> la [bonne] ~ne!** *(hum fam)* auf mein Wohl!; **j'y mets <u>du</u>** ~ ich tue, was ich kann
miette [mjɛt] *f* ❶ *de pain, gâteau* Krümel *m*; ***ne pas en laisser une*** ~ kein Krümchen übrig lassen ❷ *(petit fragment)* ***être réduit en ~s*** *verre, porcelaine:* in tausend Stücke zersprungen sein
mieux [mjø] **I.** *adv comp de* **bien** ❶ besser; ***qn va*** ~ jdm geht es besser; ***pour ~ dire*** besser gesagt; ***on ferait ~ de réfléchir avant de parler*** man sollte lieber erst denken, dann reden; ***c'est ~ que rien*** [das ist] besser als nichts; ***elle le sait ~ que personne*** sie weiß es selbst am besten; ***aimer ~ faire qc*** etw lieber tun; ***plus il s'entraîne, ~ il joue*** je mehr er trainiert, desto besser spielt er; ***~ que jamais*** besser denn je; ***qn n'en fait que ~ qc*** jd tut etw umso besser ❷ *en loc conj* ***d'autant ~***

M

que … umso besser, als … ❸ *en loc adv* ***ce chapeau lui va on ne peut*** ~ dieser Hut steht ihm bestens; ***de*** ~ ***en*** ~ immer besser; ***tant*** ~ ***pour qn!*** umso besser für jdn! ► **il <u>vaut</u> ~ que qn fasse qc** es ist besser, wenn jd etw tut; ~ **<u>vaut</u> tard que jamais** *(prov)* besser spät als nie **II.** *adv superl de* **bien** ❶ + *verbe* ***c'est lui qui travaille le*** ~ er arbeitet am besten; ***c'est ce qu'on fait de*** ~ es gibt nichts Besseres ❷ + *adj* ***il est le*** ~ ***disposé à nous écouter*** er wird uns am ehesten anhören; ***un exemple des*** ~ ***choisis*** ein besonders gut gewähltes Beispiel ❸ *en loc verbale* ***le*** ~ ***serait de ne rien dire*** es wäre das Beste, nichts zu sagen; ***c'est le*** ~ ***à faire*** das ist das Beste, was man tun kann; ***faire du*** ~ ***qu'on peut*** etw machen, so gut man kann ❹ *en loc adv* ***il travaille de son*** ~ er arbeitet so gut er kann ❺ *en loc prép* ***au*** ~ ***des vos intérêts*** in Ihrem Interesse **III.** *adj comp de* **bien** ❶ *(en meilleure santé)* ***il la trouve*** ~ er findet, sie sieht [wieder] besser aus ❷ *(plus agréable d'apparence)* ***elle est*** ~ ***les cheveux courts*** kurze Haare stehen ihr besser ❸ *(plus à l'aise)* ***vous serez*** ~ ***dans le fauteuil*** im Sessel sitzen Sie bequemer ❹ *(préférable)* ***c'est*** ~ ***ainsi*** es ist besser so **IV.** *adj superl de* **bien** ❶ *(le plus réussi)* ***c'est avec les cheveux courts qu'elle est le*** ~ kurze Haare stehen ihr am besten ❷ *en loc verbale* ***être au*** ~ ***avec qn*** sich bestens mit jdm verstehen **V.** *m* ❶ *(une chose meilleure)* ***trouver*** ~ etwas Besseres finden ❷ *(amélioration)* ***un léger*** ~ eine leichte Besserung; ***il y a du*** ~ man kann Fortschritte erkennen

mieux-être [mjøzɛtʀ] *m sans pl* größerer Wohlstand

mièvre [mjɛvʀ] *adj paroles, sourire* affektiert; *livre, peinture* kitschig; *personne* farblos

mièvrerie [mjɛvʀəʀi] *f* ❶ *sans pl (grâce fade) d'un propos, sourire* Banalität *f; d'une peinture, d'un roman* Rührseligkeit *f; d'une personne* Farblosigkeit *f* ❷ *souvent pl (propos, écrits)* Abgeschmacktheit *f; (attitude)* Gehabe *nt kein Pl*

mi-février [mifevʀije] *f sans pl* ***à la*** ~ Mitte Februar **mi-figue, mi-raisin** [mifig, miʀɛzɛ̃] süßsauer

mignard(e) [miɲaʀ, aʀd] *adj personne* niedlich, süß; *(péj)* affektiert; *manières* affektiert, geziert *fam*

mignon(ne) [miɲɔ̃, ɔn] **I.** *adj* ❶ *(agréable à regarder)* niedlich ❷ *(fam: gentil)* lieb **II.** *m(f)* ***mon*** ~/***ma*** ~***ne*** mein Süßer/meine Süße

mignonnet(te) [miɲɔnɛ, ɛt] *adj* süß, nett

migraine [migʀɛn] *f* MED Migräne *f*

migraineux, -euse [migʀɛnø, -øz] **I.** *adj* Migräne-; ***être*** ~ unter Migräne *dat* leiden **II.** *m, f* Migränekranke(r) *f(m)*

migrant(e) [migʀɑ̃, ɑ̃t] **I.** *adj* ***travailleur*** ~ Immigrant *m;* ***population*** ~***e*** wandernde Bevölkerung **II.** *m(f)* Immigrant(in) *m(f)*

migrateur, -trice [migʀatœʀ, -tʀis] *adj* ***oiseau*** ~ Zugvogel *m*

migration [migʀasjɔ̃] *f* ❶ *(déplacement)* Wanderung *f,* Migration *f* ❷ ZOOL *des oiseaux* Migration *f*

migratoire [migʀatwaʀ] *adj flux, mouvement* Wander[ungs]-

migrer [migʀe] <1> *vi oiseaux:* ziehen; *populations:* wandern

mi-hauteur [mi´otœʀ] ***à*** ~ auf halber Höhe **mi-janvier** [miʒɑ̃vje] *f sans pl* ***à la*** ~ Mitte Januar

mijaurée [miʒɔʀe] *f* eingebildete Pute *fam;* ***faire la*** ~ sich zieren

mijoter [miʒɔte] <1> **I.** *vt* ❶ *(faire cuire lentement)* auf kleiner Flamme kochen [*o* garen] ❷ *(fam: manigancer)* ausbrüten *fam;* ~ ***de faire qc*** sich mit dem Gedanken tragen, etw zu tun; ~ ***qc contre qn*** etw gegen jdn im Schilde führen **II.** *vi* ❶ *(cuire lentement)* köcheln; ***faire*** ~ ***un ragoût*** ein Ragout köcheln lassen ❷ *(fam: attendre)* ***laisser*** ~ ***qn*** jdn schmoren lassen *fam*

mi-journée [miʒuʀne] <mi-journées> *f* Tagesmitte *f*

mi-juillet [miʒɥijɛ] *f sans pl* ***à la*** ~ Mitte Juli **mi-juin** [miʒɥɛ̃] *f sans pl* ***à la*** ~ Mitte Juni

mil [mil] *num* tausend; ***en [l'an]*** ~ ***neuf cent soixante-trois*** neunzehnhundertdreiundsechzig

Milan [milɑ̃] Mailand *nt*

mile [majl] *m* [englische] Meile *f*

milice [milis] *f* Miliz *f*

milicien [milisjɛ̃] *m* ❶ HIST Milizsoldat *m* ❷ BELG *(appelé)* Wehrpflichtiger *m*

milieu [miljø] <x> *m* ❶ *sans pl (dans l'espace)* Mitte *f;* ***le*** ~ ***de la rue/pièce*** die Mitte der Straße [*o* Straßenmitte]/des Zimmers; ***en plein*** ~ ***de la rue*** mitten auf der Straße; ***le bouton du*** ~ der mittlere Knopf; ***au*** ~ ***de la page*** *(sans mouvement)* mitten auf der Seite; *(avec mouvement)* mitten auf die Seite ❷ *sans pl (dans le temps)* Mitte *f;* ***le*** ~ ***du vingtième siè-***

cle die Mitte des zwanzigsten Jahrhunderts; ***au ~ de la nuit/de l'après-midi/du film*** mitten in der Nacht/am Nachmittag/im Film ❸ *sans pl (moyen terme)* Mittelweg *m* ❹ *(environnement)* Umwelt *f* ❺ BIO, SOCIOL Milieu *nt;* ***le ~ ambiant*** das Umfeld; ***les ~x populaires*** die einfachen Bevölkerungsschichten ❻ SPORT ***~ de terrain*** Mittelfeldspieler ❼ *sans pl (criminels)* ***le ~*** die Unterwelt

militaire [militɛʀ] **I.** *adj* Militär-; *opération, discipline* militärisch; ***service ~*** Wehrdienst *m* **II.** *mf (personne)* Soldat(in) *m(f); pl* Militär *nt;* ***~ de carrière*** Berufssoldat

militairement [militɛʀmɑ̃] *adv* militärisch

militant(e) [militɑ̃, ɑ̃t] **I.** *adj* aktiv **II.** *m(f) d'un parti, syndicat* aktives Mitglied

militantisme [militɑ̃tism] *m* engagierte Haltung *f*

militarisation [militaʀizasjɔ̃] *f* Militarisierung *f*

militariser [militaʀize] <1> *vpr* ***se ~*** ein Heer aufbauen

militariste [militaʀist] *(péj)* **I.** *adj* militaristisch; ***groupe ~ terroriste*** Terrormiliz *f* **II.** *mf* Militarist *m*

militer [milite] <1> *vi* ❶ *(être militant)* aktiv sein ❷ *(lutter)* ***~ pour/contre qc*** für/gegen etw kämpfen ❸ *(plaider)* ***~ en faveur de/contre qn/qc*** *argument, comportement:* für/gegen jdn/etw sprechen

milk-shake [milkʃɛk] <milk-shakes> *m* Milchshake *m*

mille[1] [mil] **I.** *num* ❶ [ein]tausend; ***deux/trois ~*** zwei-/dreitausend; ***~ un*** tausend[und]eins ❷ *(dans l'indication de l'ordre)* ***page ~*** Seite tausend ❸ *antéposé (nombreux)* tausend; ***~ et un exemples/problèmes*** tausend Beispiele/Probleme **II.** *m inv* ❶ *(cardinal)* Tausend *f* ❷ *(cible)* Zentrum *nt;* ***taper [en plein] dans le ~*** ins Schwarze treffen ► **des ~ et des cents** *(fam)* ein Vermögen *nt;* **je vous le donne en ~** das erraten Sie nie; *v. a.* **cinq, cinquante**

Grammatik und Co.

Das Wort **mille** ist unveränderlich:
mille fois – tausendmal;
deux mille habitants – zweitausend Einwohner;
La voiture coûte dix mille euros. – Das Auto kostet 10.000 Euro.

mille[2] [mil] *m* NAUT ***~ [marin]*** Seemeile *f*

Aussprache

Das -ille wird in **mille** nicht wie in der Regelaussprache als [ij]*(fille, vanille...)* gesprochen, sondern als [il] wie z.B. in *avril*.

millefeuille [milfœj] *m Blätterteig-Creme-Schnitte*

millénaire [milenɛʀ] **I.** *adj* tausendjährig; *(très vieux)* uralt **II.** *m* ❶ *(mille ans)* Jahrtausend *nt* ❷ *sans pl (cérémonie)* Tausendjahrfeier *f*

mille-pattes [milpat] *m inv* Tausendfüß(l)er *m*

millésime [milezim] *m d'un vin* Jahrgang *m; d'une monnaie, d'un timbre* [Ausgabe]jahr *nt*

millésimé(e) [milezime] *adj vin* Jahrgangs ; ***une bouteille de Bordeaux ~e*** eine Flasche Bordeaux Jahrgangswein

millet [mijɛ] *m (céréale)* Hirse *f*

milliard [miljaʀ] *m* Milliarde *f;* ***des ~s de personnes/choses*** Milliarden *Pl* von Menschen/Dingen

milliardaire [miljaʀdɛʀ] *mf* Milliardär(in) *m(f)*

millième [miljɛm] **I.** *adj antéposé* tausendste(r, s) **II.** *mf* ***le/la ~*** der/die/das Tausendste **III.** *m (fraction)* Tausendstel *nt; v. a.* **cinquième**

millier [milje] *m* ***un ~/deux ~s de personnes/choses*** ungefähr tausend/zweitausend Menschen/Dinge; ***des ~s de personnes/choses*** Tausende *Pl* von Menschen/Dingen; ***des ~s et des ~s*** Tausende und Abertausende *Pl;* ***plusieurs dizaines de ~s de personnes*** Zehntausende *Pl* von Menschen; ***par ~s*** zu Tausenden

milligramme [miligʀam] *m* Milligramm *nt*

millilitre [mililitʀ] *m* Milliliter *m*

millimètre [milimɛtʀ] *m* Millimeter *m o nt*

millimétré(e) [milimetʀe] *adj* ***papier ~*** Millimeterpapier *nt*

million [miljɔ̃] *m* ***un ~/deux ~s de personnes/choses*** eine Million/zwei Millionen Menschen/Dinge; ***des ~s de personnes/choses*** Millionen *Pl* von Menschen/Dingen; ***des ~s de bénéfices*** Millionengewinne *Pl;* ***des ~s et des ~s*** Tausende und Abertausende *Pl; v. a.* **cinq, cinquante**

millionième [miljɔnjɛm] **I.** *adj antéposé*

M

millionste(r, s) **II.** *mf* ***le/la*** ~ der/die/das Millionste **III.** *m (fraction)* Millionstel *nt; v. a.* **cinquième**

millionnaire [miljɔnɛʀ] *mf* Millionär(in) *m(f)*

milliseconde [milis(ə)gɔ̃d] *f* Millisekunde *f*

mi-long, mi-longue [milɔ̃, milɔ̃g] <mi-longs> *adj* halb lang **mi-mai** [mimɛ] *f sans pl* ***à la*** ~ Mitte Mai **mi-mars** [mimaʀs] *f sans pl* ***à la*** ~ Mitte März

mime [mim] **I.** *mf (acteur)* Pantomime *m/* Pantomimin *f; (imitateur)* Imitator(in) *m(f)* **II.** *m sans pl (activité)* Pantomime *f*

mimer [mime] <1> *vt* ❶ THEAT mimen ❷ *(imiter)* nachahmen

mimétisme [mimetism] *m* ❶ *sans pl (imitation)* Nachahmung *f* ❷ ZOOL Mimese *f; (imitation parfaite)* Mimikry *f*

mimique [mimik] *f sans pl (jeu de physionomie)* Mimik *f* und Gestik *f*

mimosa [mimoza] *m* Mimose *f*

mi-moyen [mimwajɛ̃] <mi-moyens> *m (catégorie)* Weltergewicht *nt; (sportif)* Weltergewicht, Weltergewichtler *m*

minable [minabl] **I.** *adj* ❶ *lieu* ärmlich; *aspect* schäbig ❷ *(médiocre)* erbärmlich **II.** *mf* Null *f fam,* Niete *f fam*

minaret [minaʀɛ] *m* Minarett *nt*

mince [mɛ̃s] **I.** *adj* ❶ *(fin)* dünn ❷ *(élancé)* schlank; ~ ***comme un fil*** dünn wie ein Strich *m fam* ❸ *(modeste)* gering; *preuve, résultat* dürftig; ***ce n'est pas une*** ~ ***affaire*** das ist keine Kleinigkeit **II.** *adv* dünn **III.** *interj (pour exprimer le mécontentement)* ~ ***[alors]!*** *(fam)* Scheibenkleister!, verflixt [noch mal]!

minceur [mɛ̃sœʀ] *inv* **I.** *adj* Light-; ***produits*** ~ Lightprodukte *Pl* **II.** *f* ❶ *d'une feuille, couverture* Dünnheit *f* ❷ *d'une personne, de la taille* Schlankheit *f*

mincir [mɛ̃siʀ] <8> *vi* dünner werden

mine[1] [min] *f* ❶ *sans pl (aspect du visage)* Miene *f,* Gesicht[sausdruck *m*] *nt;* ***avoir bonne*** ~ gut aussehen; *(iron fam: avoir l'air ridicule)* dumm dastehen; ***avoir mauvaise/une petite*** ~ schlecht aussehen; ***faire bonne/grise*** ~ ***à qn*** nett/unfreundlich zu jdm sein; ***ne pas payer de*** ~ nach nichts aussehen ❷ *sans pl (allure)* Aussehen *nt* ► **avoir une ~ de papier mâché** kreideweiß sein; ~ **de rien** *(fam)* ganz unauffällig

mine[2] [min] *f* ❶ *(gisement)* Lager[stätte *f*] *nt; (souterraine)* Mine *f* ❷ *(lieu aménagé)* Bergwerk *nt,* Mine *f; de charbon a.* Zeche *f* ❸ *(source)* ~ ***de renseignements*** Informationsquelle *f*

mine[3] [min] *f d'un crayon* Mine *f*

mine[4] [min] *f* MIL Mine *f;* ~ ***antipersonnel*** Tretmine *f*

miner [mine] <1> *vt* ❶ MIL verminen ❷ *(ronger)* aushöhlen ❸ *(affaiblir)* zermürben

minerai [minʀɛ] *m* Erz *nt;* ~ ***de fer/d'aluminium*** Eisen-/Aluminiumerz *nt*

minéral [mineʀal, -o] <-aux> *m* Mineral *nt*

minéral(e) [mineʀal, -o] <-aux> *adj* Mineral-

minéraliser [mineʀalize] <1> *vt* ❶ mineralisieren *métal* ❷ mit Mineralien anreichern *eau;* ***eau minéralisée*** Mineralwasser

minéralogique [mineʀalɔʒik] *adj* ❶ AUT ***plaque*** ~ Nummernschild *nt;* ***numéro*** ~ amtliches Kennzeichen ❷ MINER mineralogisch

minerval [minɛʀval] *m* BELG *(frais de scolarité)* Schulgeld *nt*

minerve [minɛʀv(ə)] *f* MED Zervikalstütze *f*

minet [minɛ] *m* ❶ *(fam: chat)* Mieze[katze] *f* ❷ *(péj)* Lackaffe *m*

mineur [minœʀ] *m* Bergmann *m*

mineur(e) [minœʀ] **I.** *adj* ❶ JUR minderjährig; ***des enfants ~s*** Minderjährige *Pl* ❷ *(peu important)* unwichtig; *œuvre, artiste* unbedeutend; *genre* untergeordnet ❸ MUS ***mode*** ~ Moll[tonart *f*] *nt;* ***do/ré/mi/fa*** ~ c/d/e/f-Moll **II.** *m(f)* JUR Minderjährige(r) *f(m);* ***interdit aux ~s*** frei ab 18 Jahren

mini [mini] *adj inv (fam) mode* Mini-

miniature [minjatyʀ] **I.** *f* ❶ ART Miniatur *f* ❷ *(en réduction)* ***en*** ~ im Kleinformat, in Miniaturausgabe **II.** *app* ***voiture*** ~ Modellauto *nt*

miniaturisation [minjatyʀizasjɔ̃] *f* Verkleinerung *f*

miniaturiser [minjatyʀize] <1> *vt* miniaturisieren, verkleinern

minibar [minibaʀ] *m (dans un hôtel)* Minibar *f*

minibus [minibys] *m* Kleinbus *m*

minichaîne [miniʃɛn] *f* Kompakt[stereo]anlage *f*

minier, -ière [minje, -jɛʀ] *adj région* Bergbau-; *société* Bergwerks-; ***exploitation minière*** Bergbau *m;* ***bassin*** ~ Erzbecken *nt; (où il y a des houillères)* Kohlebecken *nt;* ***catastrophe minière*** Grubenunglück *nt;* ***train*** ~ Grubenbahn *f*

mini-État [minieta] <mini-États> *m* Zwergstaat *m*
minigolf [minigɔlf] *m* Minigolf *nt; (terrain)* Minigolfanlage *f*
minijupe [miniʒyp] *f* Minirock *m*
minimal(e) [minimal, -o] <-aux> *adj (le plus petit)* minimal
minimalisme [minimalism] *m* ❶ ART *(école de peinture)* Minimalismus *m* ❷ *(tactique) Taktik der Minimalforderungen*
minime [minim] *adj* unbedeutend; *dégâts, dépenses* gering
mini-message [minimesaʒ] <mini-messages> *m* SMS *f*
minimiser [minimize] <1> *vt* herunterspielen
minimum [minimɔm, minima] <s *o* minima> **I.** *adj* Mindest-; ***température ~*** Tiefsttemperatur *f* **II.** *m* ❶ *sans pl (plus petite quantité)* Minimum *nt,* Mindestmaß *nt;* ***un ~ de points/risques*** eine minimale Punktzahl/ein minimales Risiko; ***le strict ~*** das Allernötigste; ***~ vital*** Existenzminimum *nt;* ***s'il avait un ~ de savoir-vivre/d'argent*** *(fam)* wenn er wenigstens ein bisschen Lebensart/Geld hätte ❷ *sans pl (somme la plus faible)* Minimum *nt,* Mindestbetrag *m* ❸ *sans pl (niveau le plus bas)* Tiefpunkt *m; (valeur la plus basse)* Tiefstwert *m* ❹ *pl (limite inférieure)* ***des ~s*** [*o* ***minima***] ***de production*** das Produktionsminimum ❺ *sans pl* JUR Mindeststrafe *f*
mini-ordinateur [miniɔʀdinatœʀ] <mini-ordinateurs> *m* INFORM Minicomputer *m,* Minirechner *m;* ***~ à clavier*** Mini-Notebook *nt*
minipilule [minipilyl] *f* Minipille *f*
ministère [ministɛʀ] *m* ❶ *(bâtiment)* Ministerium *nt* ❷ *(cabinet, gouvernement)* Kabinett *nt; (portefeuille)* [Fach]ressort *nt,* Ministerium *nt;* ***~ du Travail*** Arbeitsministerium; ***~ de l'Intérieur*** Innenministerium; ***~ des Affaires étrangères*** Außenministerium; ***sous le ~ [de] X*** während der Amtszeit von X [als Minister]
ministériel(le) [ministeʀjɛl] *adj* ❶ *(d'un ministère, d'un ministre)* Minister- ❷ *(du gouvernement)* Regierungs-; *liste, remaniement* Kabinetts-
ministrable [ministʀabl] **I.** *adj* ministrabel **II.** *mf* Anwärter(in) *m(f)* auf einen Ministerposten
ministre [ministʀ] *mf* POL Minister(in) *m(f);* ***Premier ~*** Premierminister; ***~ des Affaires étrangères*** Außenminister; ***~ d'Etat*** Staatsminister; ***Madame le*** [*o* ***la***] ***~*** Frau Ministerin

Land und Leute
Der französische **Premier ministre** ist Regierungschef und leitet die Regierungsgeschäfte. Er regiert für eine Legislaturperiode von fünf Jahren und ist zum Beispiel befugt, in Bereichen, die nicht gesetzlich geregelt sind, Verordnungen zu erlassen. An der Bildung der Regierung wirkt er mit, indem er dem Präsidenten Minister zur Ernennung oder Absetzung vorschlagen kann. Der Premierminister wird vom Staatspräsidenten ernannt und gewährleistet die Ausführung der Gesetze.

minitel® [minitɛl] *m* Btx-Terminal *m*
minoritaire [minɔʀitɛʀ] **I.** *adj* Minderheits-; ***opinion ~*** Meinung *f* einer Minderheit; ***groupe ~*** Minderheitengruppe *f;* ***ils sont ~s*** sie sind in der Minderheit **II.** *mf* POL ***les ~s*** die Minderheit
minorité [minɔʀite] *f* ❶ *(groupe)* Minderheit *f,* Minorität *f* ❷ *sans pl (petit nombre de)* ***nous sommes une ~ de filles*** wir Mädchen sind in der Minderheit ❸ JUR Minderjährigkeit *f;* ***~ pénale*** Strafunmündigkeit *f*
minou [minu] *m (enfantin fam: chat)* Mieze[katze] *f*
mi-novembre [minɔvɑ̃bʀ] *f sans pl* ***à la ~*** Mitte November
minuit [minɥi] *m sans pl ni dét* Mitternacht *f,* 12 Uhr nachts; ***à ~ et demi*** um halb ein Uhr [nachts], nachts um halb eins
minus [minys] *mf (fam)* Null *f*
minuscule [minyskyl] **I.** *adj* ❶ *(très petit)* winzig [klein] ❷ *(en écriture)* klein[geschrieben]; ***lettres ~s*** Kleinbuchstaben *Pl* **II.** *f (lettre)* Kleinbuchstabe *m*
minutage [minytaʒ] *m* [genauer] Zeitplan, Timing *nt*
minute [minyt] *f* Minute *f;* ***la ~ de vérité*** die Stunde der Wahrheit; ***d'une ~ à l'autre*** jeden Moment; ***information/modification de dernière ~*** allerneuste Information/kurzfristige Änderung; ***à la ~*** *(à l'instant même)* auf der Stelle; ***je vous demande une ~ d'attention*** ich bitte Sie einen Augenblick um Ihre Aufmerksamkeit
minuter [minyte] <1> *vt (organiser)* timen
minuterie [minytʀi] *f* [Zeit]schaltuhr *f*
minuteur [minytœʀ] *m* Schaltuhr *f*

minutie [minysi] *f sans pl (précision)* Genauigkeit *f; (soin)* Sorgfalt *f*

minutieusement [minysjøzmɑ̃] *adv (dans le détail)* [peinlich] genau; *(avec soin)* sorgfältig

minutieux, **-euse** [minysjø, -jøz] *adj* genau; *personne, examen a.* gründlich, sorgfältig; *exposé* detailliert; ***avec un soin ~*** mit äußerster Sorgfalt; ***faire une description minutieuse de qc*** etw haargenau beschreiben

mioche [mjɔʃ] *mf (fam)* Kind *nt*

mi-octobre [miɔktɔbʀ] *f sans pl* ***à la ~*** Mitte Oktober

mirabelle [miʀabɛl] *f* ❶ *(fruit)* Mirabelle *f* ❷ *(eau-de-vie)* Mirabellenschnaps *m*

mirabellier [miʀabəlje] *m* Mirabellenbaum *m*

miracle [miʀɑkl] **I.** *m* Wunder *nt;* ***par ~*** wie durch ein Wunder **II.** *app inv* Wunder-; ***solution/recette ~*** Patentlösung *f*/-rezept *nt*

miraculé(**e**) [miʀakyle] **I.** *adj* durch ein Wunder geheilt **II.** *m(f)* ***c'est un ~*** *(d'une maladie)* er ist durch ein Wunder geheilt; *(d'un accident)* er hat wie durch ein Wunder überlebt

miraculeusement [miʀakyløzmɑ̃] *adv* wie durch ein Wunder; ***être ~ épargné*** wie durch ein Wunder verschont bleiben

miraculeux, **-euse** [miʀakylø, -øz] *adj* wunderbar, Wunder-

mirador [miʀadɔʀ] *m (d'une prison)* Wach[t]turm *m; (à la chasse)* Hochsitz *m*

mirage [miʀaʒ] *m (vision)* Fata Morgana *f*

miraud(**e**) [miʀo, od] *adj (fam)* kurzsichtig

mirettes [miʀɛt] *f pl (fam)* Augen *Pl*

mirobolant(**e**) [miʀɔbɔlɑ̃, ɑ̃t] *adj (fam)* großartig, grandios

miroir [miʀwaʀ] *m* Spiegel *m*

miroitant(**e**) [miʀwatɑ̃, ɑ̃t] *adj* ❶ *mer* glitzernd; *soie* schimmernd ❷ *(fig) style* verlockend

miroiter [miʀwate] <1> *vi* schimmern

mis [mi] *passé simple de* **mettre**

mis(**e**) [mi, miz] **I.** *part passé de* **mettre** **II.** *adj* ***bien ~*** gut gekleidet

misanthrope [mizɑ̃tʀɔp] *mf* Menschenfeind(in) *m(f)*

mise [miz] *f* ❶ JEUX Einsatz *m* ❷ FIN [Kapital]einlage *f* ❸ *sans pl (habillement)* Kleidung *f* ❹ *(fait de mettre)* ***~ à feu*** *d'une fusée* Zündung *f;* ***~ à jour*** Aktualisierung *f;* INFORM Update *nt;* ***~ à la retraite*** Versetzung *f* in den Ruhestand; ***~ à mort*** Tötung *f;* ***~ à prix*** Preisfestsetzung *f;* ***~ en circulation d'une monnaie*** Ausgabe *f* einer Währung; ***~ en examen*** JUR *Festnahme mit gleichzeitiger Eröffnung eines Ermittlungsverfahrens;* ***~ en garde*** Warnung *f;* ***~ en liberté*** Freilassung *f;* ***~ en marche*** Inbetriebnahme *f;* ***~ en œuvre*** Umsetzung *f;* ***~ en page[s]*** Layout *nt;* ***~ en pratique*** Umsetzung *f* in die Praxis; ***~ en réseau*** INFORM Vernetzung *f;* ***~ en scène*** CINE Regie *f;* THEAT Inszenierung *f; (dans la vie privée)* Theater *nt,* Show *f*

mi-septembre [misɛptɑ̃bʀ] *f sans pl* ***à la ~*** Mitte September

miser [mize] <1> **I.** *vi* ❶ *(parier sur)* ***~ sur un animal/sur le rouge*** auf ein Tier wetten/auf Rot setzen; ***~ 8 contre 1*** 8 zu 1 wetten ❷ *(fam: compter sur)* ***~ sur qn/qc pour faire qc*** auf jdn/etw setzen um etw zu tun **II.** *vt (jouer)* ***~ 100 euros sur un cheval*** 100 Euro auf ein Pferd setzen

misérable [mizeʀabl] *adj* ❶ *personne, famille* sehr arm; *logement, aspect* armselig ❷ *(pitoyable)* erbärmlich ❸ *antéposé (malheureux)* armselig

misérablement [mizeʀabləmɑ̃] *adv* ❶ *(dans la pauvreté)* erbärmlich, armselig ❷ *(pitoyablement)* kläglich

misère [mizɛʀ] *f* ❶ *(détresse)* Elend *nt kein Pl,* Not *f* ❷ *gén pl (souffrances)* Leiden *nt kein Pl;* ***faire des ~s à qn*** *(fam)* jdn ärgern ▶ **salaire/traitement de ~** kümmerliches Gehalt/miserable Behandlung; **~ [de ~]!** gütiger Himmel!

miséreux, **-euse** [mizeʀø, -øz] **I.** *adj mendiant* Not leidend; *quartier* Elends- **II.** *m, f* Bedürftige(r) *f(m),* Arme(r) *f(m)*

miséricorde [mizeʀikɔʀd] *f (littér: pardon)* Erbarmen *nt;* REL Barmherzigkeit *f*

miséricordieux, **-euse** [mizeʀikɔʀdjø, -jøz] *adj (littér)* gnädig; REL barmherzig

misogyne [mizɔʒin] **I.** *adj* frauenfeindlich **II.** *m* Frauenfeind *m*

misogynie [mizɔʒini] *f* Frauenfeindlichkeit *f,* Frauenhass *m*

miss [mis] <[es]> *f* ❶ *inv (reine de beauté)* Miss *f* ❷ *(mademoiselle)* Fräulein *nt*

missile [misil] *m* Rakete *f*

mission [misjɔ̃] *f* ❶ *(tâche)* Aufgabe *f; (culturelle, dangereuse)* Mission *f; (officielle)* Auftrag *m; (aérienne)* Einsatz *m;* ***~ de reconnaissance*** MIL Aufklärungseinsatz *m;* AVIAT Aufklärungsflug *m;* ***j'ai reçu ~ d'aller sur place*** ich wurde angewiesen, mich dorthin zu begeben; ***en ~*** POL auf Dienstreise; COM auf Geschäftsreise ❷ *(délégation)* Delegation *f* ❸ *(vocation)* Mission *f*

missionnaire [misjɔnɛʀ] *mf* Missionar(in) *m(f)*

mistoufle [mistufl] *f* ❶ *souvent pl (fam: méchancetés)* Gemeinheiten *Pl; **faire des ~s à qn*** fies zu jdm sein *fam* ❷ *(fam: misère) **être dans la** ~* völlig abgebrannt sein *fig fam*

mistral [mistʀal] <s> *m* Mistral *m*

mit [mi] *passé simple de* **mettre**

mitage [mitaʒ] *m* Zersiedelung *f*

mitaine [mitɛn] *f* Halbfingerhandschuh *m;* CAN *(moufle)* Fausthandschuh *m*

mitard [mitaʀ] *m (arg)* Knast *m sl*

mite [mit] *f* Motte *f*

mi-temps [mitɑ̃] **I.** *f inv* SPORT Halbzeit *f* **II.** *m inv (travail)* Halbtagsstelle *f; **travailler à** ~* halbtags arbeiten

mîtes [mit] *passé simple de* **mettre**

miteux, -euse [mitø, -øz] **I.** *adj immeuble, lieu* heruntergekommen; *personne* armselig; *habit, meuble* schäbig **II.** *m, f (fam)* armer Schlucker

mitigé(e) [mitiʒe] *adj réaction* zwiespältig; *impression* unterschiedlich; *sentiments* gemischt; *accueil* kühl; *zèle* gedämpft

mitiger [mitiʒe] <2a> *vt (vieilli)* mildern

mitigeur [mitiʒœʀ] *m* Mischbatterie *f*

mitochondrie [mitɔkɔ̃dʀi] *f* BIO Mitochondrium *nt Fachspr.*

mitonner [mitɔne] <1> **I.** *vt (fam)* ❶ GASTR zubereiten ❷ *(planifier)* sorgen für *avenir;* ausklügeln *devoir, problème* **II.** *vi (fam)* auf kleiner Flamme garen

mitose [mitoz] *f* BIO Mitose *f Fachspr.*

mitoyen(ne) [mitwajɛ̃, jɛn] *adj mur, cloison* Trenn-; ***maisons ~nes*** *(deux maisons)* Doppelhaushälften *Pl*

mitoyenneté [mitwajɛnte] *f* Gemeineigentum *nt; **en** ~* in gemeinsamem Besitz

mitraillage [mitʀɑjaʒ] *m* Beschuss *m*

mitraille [mitʀɑj] *f* ❶ *(projectiles)* Geschosse *Pl* ❷ *(pluie de balles)* Kugelregen *m*

mitrailler [mitʀɑje] <1> *vt* ❶ *(tirer)* beschießen, unter Beschuss nehmen ❷ *(fam: photographier)* mit der Kamera unter Beschuss nehmen

mitraillette [mitʀɑjɛt] *f* Maschinenpistole *f*

mitrailleur [mitʀɑjœʀ] **I.** *adj fusil, pistolet* Maschinen- **II.** *m* Maschinengewehrschütze *m*

mitrailleuse [mitʀajøz] *f* Maschinengewehr *nt*

mitron(ne) [mitʀɔ̃, ɔn] *m(f) (en boulangerie)* Bäckerlehrling *m; (en pâtisserie)* Konditorlehrling *m*

mi-voix [mivwa] ▶ **à** ~ leise

mixage [miksaʒ] *m* Tonmischung *f*

mixer [mikse] <1> **I.** *vt* ❶ GASTR mixen ❷ MEDIA mischen **II.** *vi* (in der Diskothek) auflegen

mixeur [miksœʀ] *m* Mixer *m*

mixité [miksite] *f* Mischung *f* der Geschlechter; ***la ~ de l'enseignement*** die Koedukation, der Unterricht in gemischten Klassen

mixte [mikst] *adj* ❶ *chorale, classe* gemischt ❷ *mariage, végétation* Misch-; *commission, salade* gemischt; *cuisinière* Kombi-

mixture [mikstyʀ] *f* ❶ CHIM, MED Mixtur *f* ❷ *(péj: boisson)* Gebräu *nt*

M.J.C. [ɛmʒise] *f abr de* **maison des jeunes et de la culture** Jugendzentrum *nt*

M.L.F. [ɛmɛlɛf] *m abr de* **mouvement de libération de la femme** Frauenbewegung *f*

MLF [ɛmɛlɛf] *m abr de* **mouvement de libération de la femme** Frauenbewegung *f*

Mlle [madmwazɛl] <s> *f abr de* **Mademoiselle ~ *Larroque*** Frl. Larroque

mm *abr de* **millimètre** mm

MM. [mesjø] *mpl abr de* **Messieurs ~ *Martin et Durand*** die Herren Martin und Durand

Mme [madam] <s> *f abr de* **Madame ~ *Duchemin*** Fr. Duchemin

MMS [ɛmɛmɛs] *m abr de* **Multimedia Messaging Service** MMS *f*

mn *abr de* **minute** min

mnémotechnique [mnemotɛknik] *adj* mnemotechnisch *geh*

Mo [ɛmo] *m abr de* **méga-octet** MB *nt*

mob [mɔb] *f (fam) abr de* **mobylette**

mobile [mɔbil] **I.** *adj* ❶ *(opp: fixe)* beweglich ❷ *forces de police* mobil; *population* nicht sesshaft ❸ *regard* unruhig; *yeux* flackernd **II.** *m* ❶ *(motif) **le ~ de qc*** das Motiv für etw; ***avoir pour ~ l'argent/l'amour*** das Geld/die Liebe als Anreiz haben ❷ PHYS Körper *m* in Bewegung ❸ ART Mobile *nt* ❹ *(téléphone portable)* Handy *nt*

mobilier [mɔbilje] *m (ameublement)* [Wohnungs]einrichtung *f,* Möbel *Pl*

mobilier, -ière [mɔbilje, -jɛʀ] *adj* beweglich; *crédit, saisie* Mobiliar-; *vente* Fahrnis- *f*

mobilisateur, -trice [mɔbilizatœʀ, -tʀis] *adj mot d'ordre, slogan* motivierend; *sujet, thème* anregend

mobilisation [mɔbilizasjɔ̃] *f* ❶ *des énergies, personnes* Mobilisierung *f* ❷ MIL Mobilmachung *f*

mobiliser [mɔbilize] <1> **I.** *vt* ❶ *(rassembler)* mobilisieren ❷ MIL mobil machen, einziehen *réservistes* **II.** *vi* MIL mobil machen **III.** *vpr* ***se*** ~ aktiv werden

mobilité [mɔbilite] *f d'une personne, d'un membre* Beweglichkeit *f; de la population* Mobilität *f; du regard* Unruhe *f*

mobinaute [mobinot] *mf* TELEC, INFORM Mobilsurfer(in) *m(f)*

mobylette® [mɔbilɛt] *f* Mofa *nt*

moche [mɔʃ] *adj (fam)* ❶ *(laid)* hässlich ❷ *(regrettable)* scheußlich

mocheté [mɔʃte] *f (fam)* ❶ *(laideur)* Hässlichkeit *f* ❷ *(chose laide)* Scheußlichkeit *f* ❸ *(personne laide)* Vogelscheuche *f*

modalité [mɔdalite] *f* ❶ *pl (procédure)* Modalitäten *Pl* ❷ MUS, JUR Modalität *f*

mode[1] [mɔd] **I.** *f* ❶ *(goût du jour)* Mode *f;* ***à la*** ~ [in] Mode; ***être passé de*** ~ aus der Mode gekommen sein ❷ *(métier)* Modebranche *f* ❸ GASTR ***à la ~ de qc*** nach der Art von etw **II.** *app* modisch

mode[2] [mɔd] *m* ❶ *(méthode)* ***~ d'emploi*** Gebrauchsanweisung *f;* ***~ d'expression/de production*** Ausdrucks-/Produktionsweise *f;* ***~ de gouvernement*** Regierungsform *f;* ***~ de pensée*** Denkweise *f;* ***~ de paiement*** Zahlungsart *f;* ***~ de transport*** Verkehrsmittel *nt* ❷ GRAM Modus *m* ❸ MUS Tonart *f*

modèle [mɔdɛl] **I.** *m* ❶ *(référence)* Vorbild *nt;* ***prendre ~ sur qn*** sich an jdm ein Beispiel nehmen; ***sur le ~ de qc*** nach der Vorlage einer S. *gen* ❷ GRAM Musterbeispiel *nt* ❸ TYP Vorlage *f* ❹ COUT, ART Modell *nt* ❺ *(maquette)* Modell *nt;* ***~ réduit*** Miniaturmodell ▶ ~ **déposé** Gebrauchsmuster *nt* **II.** *adj (exemplaire)* vorbildlich; ***usine*** ~ Musterbetrieb *m*

modelé [mɔd(ə)le] *m d'une sculpture* Plastizität *f; du visage* Züge *Pl; du terrain* Relief *nt*

modeler [mɔd(ə)le] <4> **I.** *vt* ❶ *(pétrir)* modellieren *poterie;* formen *pâte* ❷ *(façonner)* formen *caractère, relief* **II.** *vpr* ***se ~ sur qn/qc*** sich an jdm/etw orientieren

modélisme [mɔdelism] *m* Modellbau *m*

modéliste [mɔdelist] *mf* ❶ COUT Modellzeichner(in) *m(f)* ❷ *(adepte du modélisme)* Modellbauer(in) *m(f)*

modem [mɔdɛm] *m* INFORM Modem *nt o m*

modérateur, -trice [mɔderatœr, -tris] **I.** *adj action, influence* ausgleichend; *rôle* vermittelnd **II.** *m, f* Mittler(in) *m(f);* ***jouer le rôle de ~/modératrice*** die Vermittlerrolle übernehmen

modération [mɔderasjɔ̃] *f* Mäßigung *f;* ***faire/consommer qc avec*** ~ etw in Maßen tun/genießen

Falsche Freunde
Nicht verwechseln mit *die Moderation – la présentation*!

modéré(e) [mɔdere] **I.** *adj* ❶ *(doux, tempéré)* mäßig; *opinion, prix* gemäßigt; *froid* nicht extrem; *personne* maßvoll ❷ *(mesuré)* bescheiden; *enthousiasme, succès* mäßig; *optimisme* gemäßigt **II.** *m(f)* POL Gemäßigte(r) *f(m)*

modérément [mɔderemɑ̃] *adv* maßvoll

modérer [mɔdere] <5> **I.** *vt (tempérer)* bremsen *personne, dépenses;* dämpfen *ambitions, colère;* zügeln *passion;* verringern *vitesse;* zurückschrauben *désirs* **II.** *vpr* ***se*** ~ sich mäßigen

moderne [mɔdɛrn] **I.** *adj* modern; *pays* fortschrittlich; *idée* neuartig; ***les temps ~s*** HIST die Neuzeit; ***l'histoire*** ~ HIST die Neuere Geschichte **II.** *m* Moderne *f*

modernisateur, -trice [mɔdɛrnizatœr, -tris] **I.** *adj* modernisierend; ***volonté modernisatrice*** Wunsch *m* nach Erneuerung **II.** *m, f* Erneuerer *m*/Erneuerin *f*

modernisation [mɔdɛrnizasjɔ̃] *f* Modernisierung *f*

moderniser [mɔdɛrnize] <1> **I.** *vt* modernisieren **II.** *vpr* ***se*** ~ *ville, pays:* modern umgestaltet werden; *personne:* sich modern einrichten

modernisme [mɔdɛrnism] *m* Modernismus *m*

modernité [mɔdɛrnite] *f* Modernität *f; d'une pensée* Neuartigkeit *f*

modeste [mɔdɛst] **I.** *adj* bescheiden; *intelligence* mittelmäßig; *maison* einfach **II.** *mf* unscheinbarer Mensch

modestement [mɔdɛstəmɑ̃] *adv* in aller Bescheidenheit; *rougir* schamhaft; *vivre* bescheiden, einfach

modestie [mɔdɛsti] *f* Bescheidenheit *f; d'un air* Schlichtheit *f*

modeux, -euse [modø, -øz] **I.** *adj personne* modebewusst; *chaussures, modèle* stylish, stylisch **II.** *m, f (créateur de mode)* Modeschaffende(r) *f(m); (personne qui travaille dans la mode)* Mann *m*/Frau *f* aus der Modebranche

modicité [mɔdisite] *f d'un loyer, salaire, des prix* geringe Höhe

modifiable [mɔdifjabl] *adj* veränderbar; *conduite, personne* beeinflussbar; ***le texte***

reste ~ der Text kann noch verändert werden

modification [mɔdifikasjɔ̃] *f* Änderung *f;* ***apporter des ~s à qc*** Veränderungen an etw *dat* vornehmen

modifier [mɔdifje] <1> **I.** *vt* ändern; GRAM näher definieren **II.** *vpr* ***se*** ~ sich ändern

modique [mɔdik] *adj* niedrig

modiste [mɔdist] *mf* Putzmacher(in) *m(f)*

modulable [mɔdylabl] *adj* veränderlich, veränderbar; *salle* umwandelbar; *meuble* verstellbar; *chaîne hi-fi* variabel zusammenstellbar

modulation [mɔdylasjɔ̃] *f* Modulation *f;* *(changement de ton)* Tonschwankung *f*

module [mɔdyl] *m* ❶ *(élément d'un ensemble)* [Bau]element *nt* ❷ ESPACE Raumkapsel *f* ❸ SCOL Kurs *m* ❹ INFORM Modul *nt*

moduler [mɔdyle] <1> *vt* ❶ RADIO, MUS, TELEC modulieren ❷ *(adapter)* verändern ❸ INFORM aufeinander abstimmen *éléments du système, programmes*

moelle [mwal] *f* ANAT, BOT Mark *nt;* ***~ épinière*** Rückenmark

Aussprache
In **moelle** wird die Vokalkombination -oe- [wa] wie in *oiseau* oder *boire* ausgesprochen.

moelleux [mwɛlø] *m* ❶ *d'un lit* Weichheit *f; d'un tapis* flauschige Beschaffenheit *f* ❷ *d'un vin* vollmundiger Geschmack *m*

moelleux, -euse [mwɛlø, -øz] *adj* ❶ *(au toucher)* [kuschelig] weich; *tapis* flauschig ❷ *vin* vollmundig ❸ *son, voix* warm

mœurs [mœʀ(s)] *fpl* ❶ *d'une personne, société* Sitten und Bräuche *Pl; d'un animal* Verhaltensweisen *Pl;* ***entrer dans les*** ~ Sitte werden; *mauvaise habitude:* einreißen ❷ *(règles morales)* Moral *f; (austères, dissolues)* Sitten *Pl,* Anstand *m;* ***une personne de bonnes/mauvaises*** ~ ein anständiger/liederlicher Mensch ❸ *(façon de vivre)* Lebenswandel *m*

mohair [mɔɛʀ] **I.** *m* Mohair *m,* Mohär *m* **II.** *app inv* Mohair-, Mohär-

moi [mwa] **I.** *pron pers* ❶ *(fam: pour renforcer)* ***~, je n'ai pas ouvert la bouche*** ich habe den Mund nicht aufgemacht; ***c'est ~ qui l'ai dit*** ich habe das gesagt; ***il veut m'aider, ~?*** mir möchte er helfen? ❷ *avec un verbe à l'impératif* ***regarde-~*** sieh mich an; ***donne-~ ça!*** gib es mir! ❸ *avec une préposition* ***avec/sans*** ~ mit mir/ohne mich; ***à ~ seul*** ich allein; ***la maison est à*** ~ das Haus gehört mir; ***c'est à ~ de décider*** ich muss entscheiden; ***c'est à ~!*** ich bin dran! ❹ *dans une comparaison* ich; ***tu es comme*** ~ du bist wie ich; ***plus fort que*** ~ stärker als ich ❺ *(emphatique)* ***c'est ~!*** *(me voilà)* hier bin ich!; *(je suis le responsable)* ich [bin es]!; ***et ~[, alors]?*** *(fam)* [ja,] und ich?, und was ist mit mir?; ***que ferais-tu si tu étais ~?*** was würdest du an meiner Stelle tun? ► **à ~!** Hilfe! **II.** *m* PHILOS, PSYCH Ich *nt*

moignon [mwaɲɔ̃] *m* Stummel *m; d'une jambe, dent* Stumpf *m*

moi-même [mwamɛm] *pron pers* ❶ *(moi en personne)* ***~ n'en savais rien*** ich [selbst] wusste nichts davon; ***je me sens ~ heureux*** ich fühle mich glücklich; ***je l'ai dit ~, c'est ~ qui l'ai dit*** ich [selbst] habe das gesagt; ***je suis venu de ~*** ich bin von selbst gekommen ❷ *(moi aussi)* ***j'étais ~ furieux*** ich war ebenfalls sehr wütend

moindre [mwɛ̃dʀ] *adj antéposé* ❶ *degré, étendue* geringere(r, s); *inconvénient* kleinere(r, s); *prix* niedrigere(r, s); *qualité* schlechtere(r, s) ❷ *(le plus petit)* ***le ~ bruit*** das geringste Geräusch; ***le ~ mal*** das kleinere Übel; ***ne pas avoir le ~ diplôme*** nicht ein einziges Zeugnis vorzuweisen haben; ***ce serait la ~ des choses/des politesses*** es wäre doch das Mindeste/ein Gebot der Höflichkeit

moine [mwan] *m* Mönch *m;* ***se faire*** ~ ins Kloster gehen

moineau [mwano] <x> *m* ORN Sperling *m,* Spatz *m*

moins [mwɛ̃] **I.** *adv* ❶ weniger; ***augmenter*** ~ langsamer steigen; ***rouler ~ vite*** langsamer fahren; ***~ beau/paresseux que*** nicht so schön/faul wie; ***~ cher*** günstiger; ***les enfants de ~ de 13 ans*** Kinder unter 13 Jahren; ***se situer à ~ de 3,6%*** unter 3,6% liegen; ***~ ... ~ ...*** je weniger ..., desto weniger ...; ***~ ..., plus ...*** je weniger ..., desto mehr ... ❷ *superl* ***le*** ~ am wenigsten; ***le ~ doué/la ~ aimée*** der am wenigsten begabte/die am wenigsten beliebte ► **en ~ de deux** *(fam)* in null Komma nichts; **à ~ que** ausgenommen; **à ~ de faire qc** wenn man nicht etw tut; **à ~ que qn ne fasse qc** es sei denn, jd tut etw; **au** ~ *(au minimum)* mindestens; *(fam: je parie)* wetten, dass *fam; (j'espère)* hoffentlich; [**tout**] **au** ~ zumindest, wenigstens; **d'autant** ~ um so weniger; **de** ~, **en** ~ weniger; ***il a un an de ~ que moi*** er ist ein

M

Jahr jünger als ich; **de** ~ **en** ~ immer weniger; **du** ~ zumindest, wenigstens; ~ **que rien** weniger als nichts **II.** *prép* ❶ *(soustraction)* minus; ***tous les pays ~ la France*** alle Länder außer Frankreich ❷ *(heure)* vor; ***il est midi ~ vingt/le quart*** es ist zwanzig/Viertel vor zwölf ❸ *(température)* minus; ***il fait ~ trois*** es hat drei Grad minus **III.** *m* ❶ *(minimum)* Mindeste(s) *nt;* ***le ~ de matière*** das wenigste Material ❷ *(signe)* Minuszeichen *nt*

Grammatik und Co.
Nach **à moins que** steht immer der Subjonctif:
Nous allons faire un tour à moins qu'il fasse mauvais temps. – Wir werden einen Spaziergang machen, sofern das Wetter nicht schlecht ist.

moins-value [mwɛ̃valy] <moins-values> *f* Wertminderung *f;* ***faire une ~ considérable*** ein beträchtliches Verlustgeschäft machen

mois [mwa] *m (période)* Monat *m;* ***le ~ de janvier/mars*** der [Monat] Januar/März; ***les ~ en r*** die Monate mit R; ***au*** ~ monatlich; ***au ~ de janvier/d'août*** im Januar/August; ***être dans son deuxième ~*** *femme:* im zweiten Monat sein; ***le premier/cinq/dernier du/de ce ~*** der Erste/Fünfte/Letzte des/dieses Monats

M

Moïse [mɔiz(ə)] *m* Moses *m*

moisi [mwazi] *m* Schimmel *m*

moisi(e) [mwazi] *adj* verschimmelt

moisir [mwaziʀ] <8> *vi* ❶ *(se gâter)* schimmeln ❷ *(être inutilisé) voiture:* vor sich hin rosten; *argent, capital:* brachliegen; *talent:* verkümmern; *meuble:* vermodern ❸ *(fam: croupir) personne:* herumhängen

moisissure [mwazisyʀ] *f* ❶ BOT Schimmelpilz *m* ❷ *(couche de moisi)* Schimmel *m; (action)* Schimmeln *nt*

moisson [mwasɔ̃] *f* ❶ AGR Ernte *f* ❷ *(grande quantité)* ***une ~ de souvenirs/d'images*** eine Unzahl von Erinnerungen/Bildern

moissonner [mwasɔne] <1> **I.** *vt* AGR ernten, abernten *champ* **II.** *vi* mähen

moissonneur, -euse [mwasɔnœʀ, -øz] *m, f* Erntearbeiter(in) *m(f)*

moissonneuse [mwasɔnøz] *f* Mähmaschine *f*

moissonneuse-batteuse [mwasɔnøzbatøz] <moissonneuses-batteuses> *f* Mähdrescher *m*

moite [mwat] *adj* feucht

moiteur [mwatœʀ] *f* Feuchtigkeit *f*

moitié [mwatje] *f* ❶ *(partie, milieu)* Hälfte *f;* ***la ~ du temps/de l'année*** die halbe Zeit/das halbe Jahr; ~ ***moins/plus*** halb so viel/um die Hälfte mehr; ***à*** ~ halb; ***à ~ prix*** zum halben Preis; ***ne jamais rien faire à*** ~ nie halbe Sachen machen; ***de*** ~ um die Hälfte; ***pour*** ~ zur Hälfte; ~ ***...*** ~ ***...*** halb ... halb ... ❷ *(hum: épouse)* bessere Hälfte *fam*

moitié-moitié [mwatjemwatje] halbe-halbe; ***faire*** ~ *(fam)* halbe-halbe machen *fam*

moka [mɔka] *m* Mokka *m*

mol [mɔl] *adj v.* **mou**

molaire [mɔlɛʀ] *f* ANAT Backenzahn *m*

Moldavie [mɔldavi] *f* ***la*** ~ Moldawien *nt*

mole [mɔl] *f* CHIM Mol *nt*

môle [mol] *m* ❶ *(digue)* [Hafen]mole *f,* Hafendamm *m* ❷ *(embarcadère)* Kai *m*

moléculaire [mɔlekylɛʀ] *adj* molekular; *formule, structure* Molekül-; ***poids*** ~ Molekulargewicht *nt/*-masse *f*

molécule [mɔlekyl] *f* Molekül *nt*

molécule-gramme [mɔlekylgʀam] <molécules-grammes> *f (vieilli)* Mol *nt*

moleskine [mɔlɛskin] *f* Kunstleder *nt,* Moleskin *m o nt*

molester [mɔlɛste] <1> *vt* ~ ***qn*** jdn belästigen; *(physiquement)* auf jdn einschlagen; ***se faire ~ par qn*** von jdm belästigt werden; *(physiquement)* von jdm verprügelt werden

molette [mɔlɛt] *f* ❶ *(outil)* Roulett *nt* ❷ INFORM ~ ***de défilement*** Scrollrad *nt*

mollard [mɔlaʀ] *m (fam)* Spucke *f*

mollasse [mɔlas] *adj* ❶ *(fam: mou)* tranig *fam* ❷ *(flasque) chair* schlaff; *pâte* dünnflüssig

mollasson(ne) [mɔlasɔ̃, ɔn] **I.** *adj (fam)* tranig **II.** *m(f) (fam)* Tranfunzel *f*

molle [mɔl] *adj v.* **mou**

mollement [mɔlmɑ̃] *adv* ❶ *(confortablement) allongé, installé* gemütlich; *tomber* sanft; ***les jours s'écoulent*** ~ die Tage schleppen sich dahin ❷ *(sans ardeur) protester, réagir* schwach, pflaumenweich *pej fam*

mollesse [mɔlɛs] *f* ❶ *(indolence)* Trägheit *f* ❷ *(laxisme)* Laxheit *f* ❸ *(douceur)* Weichheit *f; d'une poignée de main* Schlaffheit *f*

mollet [mɔlɛ] *m* ANAT Wade *f*

molleton [mɔltɔ̃] *m* Molton *m (weiches, meist beidseitig gerautes Baumwollgewebe)*

molletonné(e) [mɔltɔne] *adj gant, veste* mit Molton gefüttert
mollir [mɔliʀ] <8> *vi* ❶ *personne:* nachgeben; *courage:* schwinden; *jambes:* nachgeben ❷ *vent:* nachlassen
mollo [mɔlo] *adv (fam)* ▶ **y aller** ~ behutsam vorgehen; **~!** *(fam)* sachte! *fam,* langsam!
mollusque [mɔlysk] *m* ZOOL Weichtier *nt*
molosse [mɔlɔs] *m* großer Wachhund
môme [mom] *mf (fam: enfant)* Fratz *m*
moment [mɔmɑ̃] *m* ❶ *(instant)* Moment *m,* Augenblick *m;* ***un long*** ~ eine ganze Weile; ~ ***de bonheur*** Glücksmoment *m;* ***au dernier/même*** ~ im letzten/in demselben Augenblick; ***à ce ~-là*** in dem Moment; ***à certains ~s ..., à d'autres ~s ...*** zuweilen ..., dann wieder ...; ***à*** [*o* ***pour***] ***un*** ~ für einen kurzen Augenblick; ***à quel ~?*** wann?; ***à tout/aucun*** ~ jederzeit/nicht einen Augenblick; ***attendre qn/qc à tout*** ~ jeden Moment auf jdn/etw warten; ***au ~ de la chute du mur de Berlin*** als die Berliner Mauer fiel; ***au ~ de partir, je me suis aperçu ...*** als ich losfahren wollte, bemerkte ich ...; ***dans un*** ~ gleich; ***à mes/ses ~s perdus*** in meiner/seiner/ihrer freien Zeit; ***à partir du ~ où qn a fait qc*** sobald jd etw getan hat; ***la mode du*** ~ die derzeitige Mode; ***du ~ que qn fait qc*** da ja jd etw tut; ***d'un ~ à l'autre*** jeden Moment; ***en ce ~, pour le ~*** im Moment; ***par ~s*** ab und zu; ***sur le*** ~ im ersten Augenblick; ***un ~!*** [einen] Moment!; ***au bon*** ~ [gerade] zum richtigen Zeitpunkt; ***le ~ présent*** der Augenblick; ***être dans un de ses mauvais ~s*** seine berühmten fünf Minuten haben *fam;* ***passer un bon*** ~ eine schöne Zeit verbringen; ***il vit ses derniers ~s*** sein letztes Stündlein hat geschlagen; ***ce fut un grand*** ~ das war ein wichtiges Ereignis ❷ *(occasion)* Gelegenheit *f;* ***attendre le ~ opportun*** den richtigen Augenblick abwarten; ***le bon/mauvais*** ~ der richtige/ein ungünstiger Zeitpunkt; ***le ~ venu*** zu gegebener Zeit; ***à un ~ donné*** plötzlich; ***c'est le ~ ou jamais*** jetzt oder nie; ***c'est le ~ de faire qc*** es ist an der Zeit etw zu tun; ***ce n'est pas le*** ~ es ist nicht der richtige Zeitpunkt
momentané(e) [mɔmɑ̃tane] *adj gêne* vorübergehend; *désir, ennui* augenblicklich; *effort* kurzfristig; *arrêt, espoir* von kurzer Dauer
momentanément [mɔmɑ̃tanemɑ̃] *adv* zur Zeit, momentan
momie [mɔmi] *f* Mumie *f*
momifier [mɔmifje] <1> **I.** *vt* mumifizieren **II.** *vpr (se scléroser)* ***se*** ~ unbeweglich werden
mon [mɔ̃, me] <mes> *dét poss* mein(e); ~ ***vase/classeur/tableau*** meine Vase/mein Ordner/Bild; ~ ***Dieu!*** mein Gott!; ~ ***Père*** Vater; ~ ***colonel*** Herr Oberst; ***à ~ avis*** meiner Meinung nach; ***à ~ approche*** als ich näher komme ▶ ~ **amour/chéri** Geliebte(r)/Liebling; ~ **œil!** Holzauge sei wachsam!; ~ **pauvre!** Sie/du armer!
Monaco [mɔnako] Monaco *nt,* Monako *nt*
monarchie [mɔnaʀʃi] *f* Monarchie *f*

> **Land und Leute**
> Belgien ist eine **monarchie parlementaire** mit dem König als Staatsoberhaupt (seit 2013 König Philippe). Er ernennt und entlässt die föderalen Minister und Staatssekretäre und übt gemeinsam mit der Kammer und dem Senat die gesetzgebende Gewalt aus.

monarchique [mɔnaʀʃik] *adj* monarchisch; *État* mit einer Monarchie
monarchiste [mɔnaʀʃist] **I.** *adj* monarchistisch **II.** *mf* Monarchist(in) *m(f)*
monarque [mɔnaʀk] *m* Monarch(in) *m(f);* ~ ***absolu*** Alleinherrscher
monastère [mɔnastɛʀ] *m* Kloster *nt*
monastique [mɔnastik] *adj ordres, habit* Mönchs-; *austérité, discipline* mönchisch; *architecture, simplicité* klösterlich; *vie* Kloster-
monceau [mɔ̃so] <x> *m* ❶ *(tas)* Haufen *m* ❷ *(grande quantité)* Menge *f;* ***un ~ de vieux livres*** eine Menge alter Bücher; ***des ~x de lettres*** Unmengen *Pl* von Briefen
mond[i]ovision [mɔ̃d(j)ovizjɔ̃] *f* Satellitenfernsehen *nt;* ***être retransmis(e) en*** ~ weltweit ausgestrahlt werden
mondain(e) [mɔ̃dɛ̃, ɛn] **I.** *adj vie, public* mondän, extravagant; *soirée, dîner* Gesellschafts-; *obligations, réunion* gesellschaftlich; *plaisirs* weltlich; ***chronique ~e*** Klatschspalte *f* **II.** *m(f)* Mann *m*/Frau *f* von Welt
mondaine [mɔ̃dɛn] *f (fam: police)* die Sitte[npolizei]
mondanité [mɔ̃danite] *f* ❶ *(goût pour la vie mondaine)* Hang *m* zur mondänen Welt ❷ *pl (la vie mondaine)* Extravaganz *f,* Mondänität *f*
monde [mɔ̃d] *m* ❶ *(univers)* Welt *f;* ***le ~ invisible*** die Welt des Unsichtbaren;

M

~ des idées/du rêve Gedankenwelt/Traumwelt; *le ~ des vivants* die Lebenden; *plaisirs du ~* irdische Freuden *Pl; être encore/ne plus être de ce ~* noch/nicht mehr am Leben sein; *être seul au ~* [ganz] allein auf der Welt sein; *courir le ~* in der Welt herumreisen ❷ *(groupe social) dans le ~ enseignant/intellectuel* in Lehrer-/Intellektuellenkreisen *Pl; ~ rural* Landbevölkerung *f; ~ du travail/des affaires* Arbeits-/Geschäftswelt ❸ *(foule)* Menschenmenge *f; (mouvementé)* Gewühl *nt; peu/beaucoup de ~* wenig/viele Leute; *un ~ fou* eine riesige Menge; *pas grand ~* nicht viele Leute; *tout ce ~!* die vielen Menschen! ❹ *(société) tout le ~ en parle* alle Welt [*o* jeder] spricht davon; *c'est à tout le ~* es ist für alle da ▶ **il y a du ~ au balcon** *(fam)* sie hat ganz schön viel Holz vor der Hütte; **l'autre ~** das Jenseits; **tout le ~ il est beau, tout le ~ il est gentil** *prov)* Friede, Freude, Eierkuchen *fam;* **je vais le mieux du ~** ich bin der glücklichste Mensch auf Erden; **pas le moins du ~** nicht im Geringsten; **pour rien au ~** um nichts auf der Welt; **c'est un ~!** *(fam)* das ist doch der Hammer!; **depuis que le ~ existe** seit Anbeginn der Welt; **mettre qn au ~** jdn zur Welt bringen; **se moquer du ~** *(fam)* die Leute für dumm verkaufen wollen

Falsche Freunde
Nicht verwechseln mit *der Mond – la lune*!

monder [mɔ̃de] <1> *vt* schälen
mondial [mɔ̃djal] *m* SPORT Weltmeisterschaft *f*
mondial(e) [mɔ̃djal, -jo] <-aux> *adj* weltweit; *économie, politique* Welt-
Mondial [mɔ̃djal] *m* ❶ *(championnat du monde)* Weltmeisterschaft *f* ❷ *(salon international de l'automobile)* internationale Automobilausstellung *[in Frankreich]*
mondialement [mɔ̃djalmɑ̃] *adv* weltweit
mondialisation [mɔ̃djalizasjɔ̃] *f* weltweite Verbreitung
mondialiser [mɔ̃djalize] <1> **I.** *vt* weltweit verbreiten **II.** *vpr* *se ~* sich weltweit verbreiten
monégasque [mɔnegask] *adj* monegassisch
Monégasque [mɔnegask] *mf* Monegasse *m*/Monegassin *f*
monétaire [mɔnetɛʀ] *adj marché, politique* Geld-; *union, unité* Währungs-
monétique [mɔnetik] *f* ❶ *(moyen de paiement)* Chipgeld *nt* ❷ *(transactions financières)* elektronischer Zahlungsverkehr *m*
mongol [mɔ̃gɔl] *m* Mongolisch *nt; v. a.* **allemand**
mongol(e) [mɔ̃gɔl] *adj* mongolisch
Mongol(e) [mɔ̃gɔl] *m(f)* Mongole *m*/Mongolin *f*
Mongolie [mɔ̃gɔli] *f* *la ~* die Mongolei
mongolien(ne) [mɔ̃gɔljɛ̃, jɛn] **I.** *adj* MED *(vieilli)* mongoloid **II.** *m(f)* MED *(vieilli)* Mongoloide(r) *f(m)*
mongolique [mɔ̃gɔlik] *adj* mongoloid; *région* mongolisch *pej veraltet*
mongolisme [mɔ̃gɔlism] *m* MED *(vieilli)* Mongolismus *m pej veraltet*
moniteur [mɔnitœʀ] *m (écran)* Monitor *m*
moniteur, -trice [mɔnitœʀ, -tʀis] *m, f* *~ de colonies* Betreuer(in) *m(f); ~ d'auto-école* Fahrlehrer(in) *m(f); ~ d'éducation physique* Sportlehrer(in) *m(f)*
monitrice [mɔnitʀis] *f* ❶ *(entraîneuse)* Lehrerin *f; ~ d'éducation physique* Sportlehrerin; *~ d'auto-école* Fahrlehrerin *f; ~ d'équitation* Reitlehrerin *f; ~ de golf* Golflehrerin *f; ~ de ski* Skilehrerin *f* ❷ *(dans une colonie de vacances)* Betreuerin *f; ~ de colonies* [Ferien]betreuerin, Jugendhelferin *f,* Jugendleiterin *f* ❸ UNIV wissenschaftliche Hilfskraft
monnaie [mɔnɛ] *f* ❶ ECON, FIN Geld *nt; ~ d'échange* Tauschmittel *nt; ~ électronique* E-Cash *m; fausse ~* Falschgeld ❷ *(devise)* Währung *f; ~ nationale* Landeswährung; *~ unique* einheitliche Währung ❸ *(petites pièces)* Kleingeld *nt; menue ~* Kleingeld *nt; de la ~ de 100 euros* 100 Euro [in] klein; *faire la ~ sur qc à qn* jdm etw wechseln; *ça va, j'ai la ~* es geht, ich habe es passend ❹ *(argent rendu)* Wechselgeld *nt,* Rückgeld *nt* ❺ *(pièce)* Münze *f* ▶ **rendre à qn la ~ de sa pièce** es jdm mit gleicher Münze heimzahlen; **~ de singe** wertloses Geld; **c'est ~ courante** das ist [so] üblich
monnayable [mɔnɛjabl] *adj* ❶ *(vendable)* in Geld umsetzbar; *ne pas être ~ (ne rien rapporter)* kein Geld einbringen; *(ne pas être à vendre)* nicht zu verkaufen sein ❷ FIN *(convertible)* münzbar
monnayer [mɔneje] <7> *vt* ❶ *(tirer argent de)* zu Geld machen ❷ *(tirer profit)* *~ qc* für etw Geld verlangen

monnayeur [mɔnɛjœʀ] *m* ❶ *(appareil)* Wechselautomat *m* ❷ *v.* **faux-monnayeur**
mono [mɔno] **I.** *adj inv abr de* **monophonique** mono *fam* **II.** *f abr de* **monophonie** Mono[fonie *f*] *nt*
monochrome [mɔnokʀom] *adj* einfarbig, monochrom
monocorde [mɔnɔkɔʀd] *adj* monoton; *discours* eintönig
monoculture [mɔnokyltyʀ] *f* Monokultur *f*
monocycle [mɔnosikl] *m* Einrad *nt*
monogame [mɔnɔgam] *adj* monogam
monogamie [mɔnɔgami] *f* Monogamie *f*
monogamique [mɔnogamik] *adj* monogam[isch]
monogramme [mɔnɔgʀam] *m* Monogramm *nt*
monographie [mɔnɔgʀafi] *f* Monografie *f*, Einzeldarstellung *f*
monolingue [mɔnolɛ̃g] *adj* einsprachig
monolithique [mɔnolitik] *adj* monolithisch
monologue [mɔnɔlɔg] *m* Monolog *m*
monomoteur [mɔnomɔtœʀ] *m* einmotoriges Flugzeug
monomoteur, -trice [mɔnomɔtœʀ, tʀis] *adj* einmotorig
mononucléose [mɔnonykleoz] *f* MED Pfeiffersches Drüsenfieber
monoparental(e) [mɔnopaʀɑ̃tal, -o] <-aux> *adj autorité* auf nur einen Elternteil beschränkt; ***adulte*** ~ Alleinerziehende(r) *f(m)*; ***famille*** **~e** Ein-Eltern-Familie *f*
monoparentalité [mɔnopaʀɑ̃talite] *f* Alleinerziehung *f*
monophasé [mɔnɔfɑze] *m* Einphasen-Wechselstrom *m*
monoplace [mɔnoplas] **I.** *adj* einsitzig **II.** *m* AUT, AVIAT Einsitzer *m*
monopole [mɔnɔpɔl] *m* ❶ ECON Monopol *nt* ❷ *(exclusivité)* ***le ~ de qc*** das ausschließliche Recht auf etw *akk;* ***avoir le ~ de la vérité*** die ganze Wahrheit kennen; ***avoir le ~ du cœur*** alle Leute auf seiner Seite haben
monopolisation [mɔnɔpɔlizasjɔ̃] *f* ❶ ECON Monopolisierung *f*, Marktbeherrschung *f* ❷ *(accaparement)* Beschlagnahmung *f* ❸ JUR Monopolisierung *f*
monopoliser [mɔnɔpɔlize] <1> *vt* ❶ ECON monopolisieren ❷ *(accaparer)* in Beschlag nehmen, ganz für sich beanspruchen *attention;* an sich *akk* reißen *parole*
monopoliste [mɔnɔpɔlist] *m* JUR Monopolist *m*
monopsone [monopsɔn] *m* COM *(spéc)* Nachfragemonopol *nt*
monorail [mɔnoʀɑj] **I.** *m* Einschienenbahn *f* **II.** *adj inv* einer Einschienenbahn; ***train*** ~ Einschienenbahn *f*
monospace [mɔnɔspas] *m* Großraumlimousine *f*, Van *m*
monosyllabique [mɔnosi(l)labik] *adj* einsilbig
monothéisme [mɔnoteism] *m* Monotheismus *m*
monothéiste [mɔnoteist] **I.** *adj* monotheistisch **II.** *mf* Monotheist(in) *m(f)*
monotone [mɔnɔtɔn] *adj* monoton; *style, vie* eintönig
monotonie [mɔnɔtɔni] *f d'un discours, d'une voix* Monotonie *f; de la vie, du style* Eintönigkeit *f*
monovalent(e) [mɔnovalɑ̃, ɑ̃t] *adj* einwertig
monoxyde [mɔnɔksid] *m* CHIM Monoxid *nt*
monseigneur [mɔ̃sɛɲœʀ, mesɛɲœʀ] <messeigneurs> *m pl peu usité* REL ***Monseigneur!*** [Eure] Eminenz!; *(à un prélat)* Monsignore!
monsieur [məsjø, mesjø] <messieurs> *m* ❶ *souvent non traduit (homme à qui on s'adresse)* ***bonjour ~, comment allez-vous?*** guten Tag, wie geht es Ihnen?; ***bonjour Monsieur Dupond*** guten Tag, Herr Dupond; ***bonjour messieurs*** guten Tag, meine Herren; ***messieurs dames*** meine Damen und Herren; ***messieurs et chers collègues ...*** sehr verehrte Herren und liebe Kollegen ...; ***Monsieur le Professeur Dupont/le Président François*** [Herr] Professor Dupont/Präsident François; ***Monsieur Untel*** Herr Sowieso ❷ *(sur une enveloppe)* ***Monsieur Pujol*** An Herrn Pujol ❸ *(en-tête)* ***Monsieur, ...*** Sehr geehrter Herr + *Name*, ...; ***Cher Monsieur, ...*** Lieber Herr + *Name*, ...; *(dans une lettre officielle)* Sehr geehrter Herr + *Name*, ... ❹ *(un homme)* ***un*** ~ ein Herr *m;* ***Monsieur Tout-le-monde*** Otto-Normalverbraucher *m*

Land und Leute

Wird das Wort **monsieur** in der mündlichen Anrede allein verwendet oder zusammen mit einer Grußfloskel wie *bonjour* oder *bonsoir*, bleibt es unübersetzt: „Bonjour monsieur !" – „Guten Tag!"; „Vous désirez, monsieur?" – „Was darf es sein?" Auch in der schriftli-

M

chen Anrede wird es allein verwendet, während in deutschen Anschreiben immer der Nachname der angesprochenen Person genannt werden muss: *Monsieur, ... – Sehr geehrter Herr Dupont/Frérot, ...*.

monstre [mɔ̃stʀ] **I.** *m* ❶ *(animal fantastique)* Ungeheuer *nt,* Monster *nt* ❷ *(personne: laide)* Missgestalt *f;* *(moralement abjecte)* Ekel *nt* ❸ *(construction laide)* Ungetüm *nt,* Monstrum *nt* ❹ BIO, ZOOL Missgeburt *f* ▸ **~ sacré** CINE, THEAT Größe *f* aus der Welt des Films/Theaters **II.** *adj (fam)* wahnsinnig; *travail* wahnsinnig viel

monstrueusement [mɔ̃stʀyøzmɑ̃] *adv* ❶ *antéposé (prodigieusement)* unheimlich ❷ *(ignoblement)* widerwärtig, abscheulich

monstrueux, -euse [mɔ̃stʀyø, -øz] *adj* ❶ *(difforme)* missgestaltet ❷ *(colossal)* riesig ❸ *(ignoble)* ungeheuer[lich]; *crime* abscheulich; *égoïsme, méchanceté* unerhört

monstruosité [mɔ̃stʀyozite] *f des intentions* Schändlichkeit *f; d'un crime* Abscheulichkeit *f; d'un acte, de paroles* Ungeheuerlichkeit *f; d'une guerre* Gräuel *Pl*

M

mont [mɔ̃] *m* GEOG Berg *m;* ***le ~ Sinaï/Carmel*** der [Berg] Sinai/Karmel; ***le ~ Cervin*** das Matterhorn; ***le ~ Blanc*** der Montblanc ▸ **promettre ~s et merveilles** das Blaue vom Himmel versprechen

montage [mɔ̃taʒ] *m* ❶ *d'un appareil* Montage *f; d'un bijou* Fassung *f; d'une pièce de vêtement* Annähen *nt; d'une tente* Aufstellen *nt* ❷ MEDIA, THEAT, TYP Montage *f; d'une maquette* Bauen *nt; d'une opération* Ausführung *f; d'une page* Gestaltung *f; d'une pièce de théâtre* Einrichtung *f; d'un film* Schnitt *m; d'une exposition* Zusammenstellung *f*

montagnard(e) [mɔ̃taɲaʀ, aʀd] **I.** *adj peuple* Berg-; *vie* in den Bergen; *costume, coutume* der Bergbewohner **II.** *m(f)* Bergbewohner(in) *m(f)*

montagne [mɔ̃taɲ] *f* ❶ *(mont)* Berg *m;* *(région)* Gebirge *nt;* ***les ~s*** das Gebirge; ***en haute ~*** im Hochgebirge; ***habiter la ~*** im Gebirge [*o* in den Bergen] wohnen ❷ *(grande quantité)* ***~ de lettres*** Berge *Pl* von Briefen ▸ **gros comme une ~** *(fam)* klar wie Kloßbrühe; **~s russes** Achterbahn *f;* **[se] faire une ~ de qc/rien** aus etw ein Drama machen/aus einer Mücke einen Elefanten machen

montagneux, -euse [mɔ̃taɲø, -øz] *adj* Berg-, Gebirgs-

montant [mɔ̃tɑ̃] *m* ❶ *(somme)* Betrag *m* ❷ *d'un lit, d'une porte* Pfosten *m; d'une échelle* Holm *m*

montant(e) [mɔ̃tɑ̃, ɑ̃t] *adj chemin* ansteigend; *colonne* aufsteigend; *mouvement* Aufwärts-; MIL dienstantretend; ***marée ~e*** Flut *f;* ***la génération/technocratie ~e*** die junge Generation/die jungen Technokraten *Pl*

monté(e) [mɔ̃te] *adj (à cheval)* beritten ▸ **être bien/mal ~ en qc** gut/schlecht versorgt mit etw sein; **être ~ contre qn** nicht gut auf jdn zu sprechen sein

monte-charge [mɔ̃tʃaʀʒ] <monte-charges> *m* Lastenaufzug *m*

montée [mɔ̃te] *f* ❶ *des eaux* Ansteigen *nt,* Anstieg *m; de la colère* Anwachsen *nt; d'un danger* Größerwerden *nt; du mécontentement, de la violence* Zunahme *f; de l'islam* wachsende Einflussnahme; *d'un parti* Aufstieg *m;* ***~ en puissance*** *d'un moteur* Beschleunigung *f; d'une idéologie* zunehmende Bedeutung; ***la ~ des prix/de la température*** der Preis-/Temperaturanstieg ❷ *de la sève* Aufsteigen *nt* ❸ *(côte, pente)* Steigung *f* ❹ *(action de monter)* Aufstieg *m; d'un escalier* Hinaufsteigen *nt;* *(vu d'en haut)* Heraufsteigen *nt; d'un ascenseur* Hinauffahren *nt; d'un téléférique* Bergfahrt *f; d'un avion, ballon* Aufstieg *m*

monténégrin(e) [mɔ̃tenegʀɛ̃] *adj* montenegrinisch, aus Montenegro

Monténégrin(e) [mɔ̃tenegʀɛ̃] *m(f)* Montenegriner(in) *m(f)*

Monténégro [mɔ̃tenegʀo] *m* Montenegro *nt*

monter [mɔ̃te] <1> **I.** *vi* ❶ + *être (grimper)* hinaufsteigen; *(vu d'en haut)* heraufsteigen; *alpiniste:* aufsteigen; ***~ sur une échelle*** eine Leiter besteigen; ***~ à une tribune/en chaire*** zum Rednerpult hinaufsteigen/auf die Kanzel steigen; ***~ dans sa chambre*** in sein Zimmer gehen; ***~ par l'ascenseur*** mit dem Aufzug hochfahren; ***~ jusqu'à qc*** *eau, robe:* bis [zu] etw reichen; ***~ à 200 km/h*** es auf 200 km/h bringen; ***~ à 1000 m d'altitude*** auf 1000 m aufsteigen ❷ *(chevaucher)* ***~ à cheval*** reiten; ***~ à bicyclette/moto*** sich auf ein Fahrrad/Motorrad setzen ❸ + *être (prendre place dans)* einsteigen in +*akk* ❹ + *être (aller vers le nord)* hochfahren ❺ + *être (s'élever) avion, flammes:* aufsteigen; *route, chemin:* ansteigen; *soleil:* aufgehen ❻ + *avoir o être (augmenter de* *niveau) baromètre, mer:* steigen; *lait:* überkochen; *sève:* aufsteigen; *impatience, bruits:* wachsen; ***les larmes lui montent aux yeux*** Tränen steigen ihm/ihr in die Augen ❼+ *avoir o être (augmenter) actions, croissance:* steigen; *pression:* steigen, zunehmen ❽+ *être (passer à l'aigu) ton, voix:* höher werden ❾+ *avoir o être (faire une ascension sociale)* aufsteigen; ***c'est une étoile qui monte*** er/sie ist gerade im Kommen **II.** *vt + avoir* ❶ *(gravir) personne:* hinaufsteigen, hinaufgehen; *(vu d'en haut)* heraufsteigen, steigen auf *+akk échelle; appareil:* hinaufführen; *(vu d'en haut)* heraufführen ❷ *(porter en haut: vu d'en bas)* hochbringen, hinaufbringen *courrier;* hochtragen, hinauftragen *valise; (vu d'en haut)* heraufbringen *courrier;* herauftragen *valise* ❸ GASTR schlagen ❹ *(chevaucher)* reiten ❺ *(couvrir)* besteigen ❻ *(augmenter)* anheben *prix;* ~ ***le son*** lauter drehen ❼ *(organiser)* in die Wege leiten *affaire;* gründen *association;* ausführen *opération;* ausarbeiten *projet;* aufführen *pièce de théâtre;* drehen *film;* inszenieren *spectacle* ❽ *(fomenter)* schmieden *complot;* landen *coup;* aushecken *histoire* ❾ *(assembler, installer)* aufstellen *échafaudage, tente;* bauen *maison;* hochziehen *mur;* montieren *pneu* ❿ *(exciter)* ~ ***le coup à qn*** jdn aufbringen **III.** *vpr (atteindre)* ***se ~ à 2.000 euros*** sich auf 2.000 Euro *akk* belaufen

monteur, -euse [mɔ̃tœʀ, -øz] *m, f* ❶ TECH Monteur(in) *m(f)* ❷ CINE Cutter(in) *m(f)*

montgolfière [mɔ̃gɔlfjɛʀ] *f* Heißluftballon *m*

monticule [mɔ̃tikyl] *m (colline)* Hügel *m*, Anhöhe *f;* ~ ***de pierre/de sable*** Stein-/Sandhaufen *m;* ~ ***de terre*** Erdhügel

montmorency [mɔ̃mɔʀɑ̃si] *f inv* Sauerkirsche *f*

montre [mɔ̃tʀ] *f* Uhr *f;* ~ ***analogique/digitale*** Analog-/Digitaluhr; ~ ***à quartz*** Quarzuhr ▸ ~ **en main** auf die Minute genau; **course contre la** ~ Wettlauf *m* mit der Zeit

Montréal [mɔ̃ʀeal] Montreal *nt*

montréalais(e) [mɔ̃ʀealɛ, ɛz] *adj* aus Montreal

Montréalais(e) [mɔ̃ʀealɛ, ɛz] *m(f)* Einwohner(in) *m(f)* von Montreal

montre-bracelet [mɔ̃tʀəbʀaslɛ] <montres-bracelets> *f* Armbanduhr *f*

montrer [mɔ̃tʀe] <1> **I.** *vt* ❶ *(présenter)* ~ ***le copain/l'album à qn*** jdm den Kumpel/das Album zeigen ❷ *(exhiber)* vorführen ❸ *(indiquer)* anzeigen *direction;* ~ ***la sortie*** auf den Ausgang zeigen **II.** *vpr* ***se ~ qc*** sich *dat* etw zeigen; *(apparaître)* ***se ~*** sich zeigen, sich sehen lassen; ***se ~ à son avantage*** sich von seiner guten Seite zeigen

monture [mɔ̃tyʀ] *f* ❶ *(animal)* Reittier *nt* ❷ OPT Gestell *nt*

monument [mɔnymɑ̃] *m* ❶ *(mémorial)* Denkmal *nt;* ~ ***funéraire*** Grabmal *nt;* ~ ***aux morts*** Ehrenmal *nt* für die Toten; *(aux soldats morts pendant la guerre)* Kriegerdenkmal *nt* ❷ *(édifice)* Monument *nt;* ***être classé ~ historique*** unter Denkmalschutz stehen; ~ ***public*** öffentliches Bauwerk ❸ *(fig fam)* ***être un ~ d'orgueil/de bêtise*** ungeheuer stolz/dumm sein

monumental(e) [mɔnymɑ̃tal, -o] <-aux> *adj* ❶ *(imposant)* monumental, gewaltig ❷ *(fam: énorme)* gewaltig; *orgueil* unbändig; ***être d'une bêtise ~e*** entsetzlich dumm sein

moquer [mɔke] <1> *vpr* ❶ *(ridiculiser)* ***se ~ de qn/qc*** sich über jdn/etw lustig machen ❷ *(dédaigner)* ***se ~ du qu'en dira-t-on*** sich nicht um das Gerede der Leute kümmern; ***il se moque de faire qc*** es macht ihm nichts aus etw zu tun; ***elle se moque que ce soit trop tard*** sie schert sich nicht darum, dass es zu spät ist; ***je m'en moque pas mal*** das ist mir völlig egal *fam* ❸ *(tromper)* ***se ~ de qn*** jdn zum Narren halten

moquerie [mɔkʀi] *f* Spott *m;* ***les ~s*** Gespött *nt*

moquette [mɔkɛt] *f* Teppichboden *m*

moqueur, -euse [mɔkœʀ, -øz] **I.** *adj air* spöttisch; ***être très ~*** sich gerne lustig machen **II.** *m, f* Spötter(in) *m(f)*

moraine [mɔʀɛn] *f* Moräne *f*

moral [mɔʀal, -o] <-aux> *m* ❶ *(état psychologique)* Stimmung *f*, Moral *f;* ***le ~ de l'armée/la population*** die Truppenmoral/Stimmung in der Bevölkerung ❷ *(vie psychique)* Geisteszustand *m* ▸ **avoir le ~ à zéro** einen seelischen Tiefpunkt haben; **avoir le ~** *(être optimiste)* zuversichtlich sein; **ne pas avoir le ~** niedergeschlagen sein; **remonter le ~ à qn** jdm wieder Mut machen

moral(e) [mɔʀal, -o] <-aux> *adj* ❶ *(qui concerne les mœurs)* moralisch ❷ *(relatif à l'esprit)* seelisch; *force* innere(r, s) ❸ *(éthique)* moralisch; *problème* ethisch

morale [mɔʀal] *f* ❶ *(principes)* Moral *f* ❷ *(éthique)* Morallehre *f* ▸ **faire la ~ à qn** jdm eine Moralpredigt halten

M

moralement [mɔʀalmɑ̃] *adv* ❶ *(sur le plan spirituel)* seelisch, innerlich ❷ *(relatif, conformément à la morale)* moralisch; *agir, se conduire* moralisch einwandfrei

moralisateur, -trice [mɔʀalizatœʀ, -tʀis] **I.** *adj enseignement, influence* moralisch; *histoire, récit* erbaulich; *personne, ton* moralisierend **II.** *m, f* Moralprediger(in) *m(f)*

moralisation [mɔʀalizasjɔ̃] *f* ~ ***de la vie publique*** Stärkung *f* der öffentlichen Moral

moraliser [mɔʀalize] <1> **I.** *vi* moralisieren **II.** *vt* moralisch rechtfertigen

moraliste [mɔʀalist] *adj personne* moralisierend; *attitude* moralistisch

moralité [mɔʀalite] *f* ❶ *(valeur morale)* moralischer Wert ❷ *(leçon)* Moral *f*

moratoire [mɔʀatwaʀ] **I.** *adj* ***intérêts ~s*** Verzugszinsen *Pl* **II.** *m* Zahlungsaufschub *m,* Moratorium *nt Fachspr.*

morbide [mɔʀbid] *adj (malsain) goût, littérature* morbid; *imagination* krankhaft

morbidité [mɔʀbidite] *f* ❶ Krankhaftigkeit *f; d'un film* Perversität *f* ❷ MED Morbidität *f*

morceau [mɔʀso] <x> *m* ❶ *(fragment)* Stück *nt;* ***sucre en ~x*** Würfelzucker *m;* ***mettre un livre en ~x*** ein Buch zerreißen; ~ ***par*** ~ Stück für Stück ❷ *(viande)* ***bas ~x*** Stücke minderer Qualität; ~ ***de choix*** erstklassiges Stück; ***bons ~x*** Leckerbissen *Pl* ❸ ART Stück *nt* ▶ **lâcher** *fam* **le** ~ auspacken; **manger un** ~ einen Happen essen; **recoller les ~x** die Scherben wieder zusammenkitten

morceler [mɔʀsəle] <3> **I.** *vt* zerstückeln, aufteilen *terrain, héritage* **II.** *vpr* ***se*** ~ *propriété, terrain:* sich aufteilen lassen

morcellement [mɔʀsɛlmɑ̃] *m* ❶ *de terres, d'un terrain* Aufteilung *f,* Zerstückelung *f* ❷ *(dispersion)* Zersplitterung *f* ❸ HIST ~ ***du/d'un territoire en petits États*** Kleinstaaterei *f*

mordant(e) [mɔʀdɑ̃, ɑ̃t] *adj* ❶ *(incisif)* beißend; *personne, trait d'esprit* bissig; *ton, voix* schneidend; *vent* scharf ❷ *acide* ätzend; *lime* scharf

mordicus [mɔʀdikys] *adv (fam)* hartnäckig

mordiller [mɔʀdije] <1> *vt* ~ ***qc*** an etw *dat* knabbern; ~ ***son crayon*** an seinem Bleistift kauen

mordre [mɔʀdʀ] <14> **I.** *vi* ❶ *(attaquer)* beißen ❷ *(se laisser prendre)* anbeißen; ~ ***à l'appât*** *poisson:* anbeißen; *(fig)* sich ködern lassen ❸ *(prendre goût)* ~ ***à qc*** an etw *dat* Gefallen finden ❹ *(enfoncer les dents)* ~ ***dans qc*** in etw *akk* [hinein]beißen ❺ *(pénétrer)* ~ ***dans qc*** sich in etw *akk* bohren ❻ *(empiéter)* ~ ***sur qc*** auf etw *akk* übergreifen **II.** *vt* ❶ *(serrer avec les dents)* beißen; ~ ***qn à l'oreille/la jambe*** jdm/jdn ins Ohr/Bein beißen; ~ ***le doigt de qn*** jdm/jdn in den Finger beißen ❷ *(empiéter sur) joueur:* übertreten *démarcation* **III.** *vpr* ***se*** ~ ***[la langue]*** sich *dat* auf die Zunge beißen

mordu(e) [mɔʀdy] **I.** *part passé de* **mordre II.** *adj* ❶ *(amoureux)* ***être*** ~ über beide Ohren verliebt sein ❷ *(fam: passionné)* ***être*** ~ ***de qc*** von etw begeistert sein **III.** *m(f) (fam)* ~ ***de musique/sport*** Musik-/Sportfan *m*

moresque *v.* **mauresque**

morfondre [mɔʀfɔ̃dʀ] <14> *vpr* **se** ~ ❶ *(s'ennuyer)* vor Langeweile vergehen ❷ *(languir)* Trübsal blasen; ***être morfondu*** bedrückt sein

morgue [mɔʀg] *f* ❶ *(institut médico-légal)* Leichenschauhaus *nt* ❷ *(salle d'hôpital)* Leichenkammer *f*

moribond(e) [mɔʀibɔ̃, ɔ̃d] **I.** *adj* ***être*** ~ dem Tod nahe sein **II.** *m(f)* Sterbende(r) *f(m)*

moricaud(e) [mɔʀiko, od] **I.** *adj (fam)* dunkelhäutig **II.** *m(f) (péj)* Schwarze(r) *f(m),* Dunkelhäutige(r) *f(m)*

mormon(e) [mɔʀmɔ̃, ɔn] *adj* Mormonen-

Mormon(e) [mɔʀmɔ̃, ɔn] *m(f)* Mormone *m*/Mormonin *f*

morne [mɔʀn] *adj* trübselig; *vie, paysage* trist; *regard* trüb

morose [mɔʀoz] *adj personne, air* verdrießlich; *temps, situation* schlecht

morosité [mɔʀozite] *f* Verdrossenheit *f;* ~ ***économique*** schlechte Wirtschaftslage

morphème [mɔʀfɛm] *m* LING Morphem *nt*

morphine [mɔʀfin] *f* Morphium *nt*

morphinomane [mɔʀfinɔman] **I.** *adj* morphiumsüchtig **II.** *mf* Morphiumsüchtige(r) *f(m)*

morphologie [mɔʀfɔlɔʒi] *f* Morphologie *f*

morphologique [mɔʀfɔlɔʒik] *adj* morphologisch

morpion [mɔʀpjɔ̃] *m (fam: pou)* Filzlaus *f*

morse[1] [mɔʀs] *m* ZOOL Walross *nt*

morse[2] [mɔʀs] **I.** *m* Morsezeichen *Pl;* ***envoyer un message en*** ~ eine Nachricht morsen **II.** *adj* ***l'alphabet*** ~ das Morsealphabet

morsure [mɔʀsyʀ] *f* ❶ *(action de mordre)* Biss *m* ❷ *(plaie)* Bisswunde *f; d'un insecte* Stich *m*

mort [mɔʀ] *f* ❶ *(décès)* Tod *m;* ***la Mort*** *(personnification)* der Tod ❷ *(destruction)* *la ~ de qc* der Untergang einer S. *gen* ▶ **faire qc la ~ dans l'âme** etw schweren Herzens tun; **attraper la ~** *(fam)* sich *dat* den Tod holen; **être blessé à ~** tödlich verletzt sein; **se donner la ~** sich umbringen; **faire le ~** *(fam)* abtauchen, auf Tauchstation gehen; **frapper qn à ~** jdn totschlagen; **à ~! à ~!** bringt ihn/sie um!; *~ au tyran!* Tod dem Tyrannen!; **à ~** *(fortement): en vouloir à ~ à qn* jdn auf den Tod hassen; *s'ennuyer à ~* sich tödlich langweilen

mort(e) [mɔʀ, mɔʀt] **I.** *part passé de* **mourir II.** *adj* ❶ *(décédé)* tot ❷ *(fam: épuisé) être ~* [total] erledigt sein; *être ~ de fatigue* todmüde sein ❸ *(avec un fort sentiment de) être ~ de honte/peur* vor Scham/Angst [fast] sterben ❹ BIO *branche, arbre* tot; *feuilles* welk; *tissu, cellule* abgestorben ❺ *yeux, regard* tot; *feu* erloschen ❻ *(sans animation)* wie ausgestorben ❼ *langue* tot; *civilisation* ausgestorben; *amours* vergangen ❽ *piles* leer; *le moteur est ~* der Motor hat ausgedient ▶ **être ~ et enterré** tot und begraben sein; **être laissé pour ~** vermisst werden; **tomber [raide] ~** [auf der Stelle] tot umfallen **III.** *m(f)* ❶ *(défunt)* Tote(r) *f(m)*; *les ~s de la guerre* die Gefallenen ❷ *(dépouille)* Leiche *f* ▶ **être un ~ en sursis** dem sicheren Tod entgegengehen; **être un ~ vivant** eine wandelnde Leiche sein; **faire le ~** *(comme si on était mort)* sich tot stellen; *(ne pas répondre)* nichts von sich hören lassen

mortadelle [mɔʀtadɛl] *f* Mortadella *f*

mortalité [mɔʀtalite] *f* Sterblichkeit *f*; *mortalité infantile* Kindersterblichkeit *f*

mort-aux-rats [mɔʀɔʀa] *f inv* Rattengift *nt*

mortel(le) [mɔʀtɛl] **I.** *adj* ❶ *(sujet à la mort)* sterblich ❷ *(causant la mort)* tödlich ❸ *frayeur, haine* tödlich; *pâleur* Leichen-; *froid, chaleur* mörderisch; *ennemi* Tod- ❹ *(fam: ennuyeux)* sterbenslangweilig ❺ *silence* eisig; *attente* qualvoll ❻ *(fam: excellent)* hammermäßig *fam* **II.** *m(f) souvent pl* Sterbliche(r) *f(m)*

mortellement [mɔʀtɛlmɑ̃] *adv* ❶ tödlich ❷ *(extrêmement) vexé* tödlich; *~ ennuyeux* sterbenslangweilig

morte-saison [mɔʀt(ə)sɛzɔ̃] <mortes-saisons> *f* Nebensaison *f*

mortier [mɔʀtje] *m* ❶ *(ciment)* Mörtel *m* ❷ GASTR, PHARM Mörser *m*

mortification [mɔʀtifikasjɔ̃] *f* ❶ Kränkung *f* ❷ *(pénitence)* Kasteiung *f*

mortifier [mɔʀtifje] <1a> *vt* kränken; *être mortifié(e)* *(humilié)* gedemütigt sein, sich gekränkt fühlen; *(puni)* gestraft sein

mortinatalité [mɔʀtinatalite] *f* Zahl *f* der Totgeburten

mort-né(e) [mɔʀne] <mort-nés> **I.** *adj enfant* tot geboren; *projet, entreprise* aussichtslos **II.** *m(f)* Totgeburt *f*

mortuaire [mɔʀtɥɛʀ] **I.** *adj rites, cérémonie* Trauer-; *chambre, registre, habits* Sterbe-; *chapelle* Friedhofs-; *messe* Toten-; *couronne ~* [Grab]kranz *m*; *salon ~* CAN Bestattungsinstitut *nt* **II.** *f* BELG *(maison du défunt)* Haus *nt* des Verstorbenen

morue [mɔʀy] *f* ❶ ZOOL *~ [séchée]* Stockfisch *m*; *~ fraîche* Kabeljau *m*; *~ fumée* Haddock *m*; *huile de foie de ~* Lebertran *m* ❷ *(vulg: prostituée)* Nutte *f pej*

morve [mɔʀv] *f* Nasenschleim *m*

morveux, -euse [mɔʀvø, -øz] **I.** *adj nez* laufend; *enfant* rotznäsig *pej vulg* **II.** *m, f (péj fam)* Rotznase *f vulg*

mosaïque [mɔzaik] *f* ❶ *(image)* Mosaik *nt* ❷ *(fig) ~ de peuples* Völkergemisch *nt*

mosaïsme [mɔzaism] *m* REL Judentum *nt*

Moscou [mɔsku] Moskau *nt*

moscovite [mɔskɔvit] *adj* Moskauer, moskauisch

Moscovite [mɔskɔvit] *mf* Moskauer(in) *m(f)*

Moselle [mozɛl] *f la ~* die Mosel

mosquée [mɔske] *f* Moschee *f*

mot [mo] *m* ❶ LING Wort *nt*; *~ étranger* Fremdwort; *un gros ~* ein Kraftausdruck; *~ d'entrée* Stichwort *nt*; *~ composé* zusammengesetztes Wort ❷ *(moyen d'expression)* Wort *nt*; *les ~s me manquent* mir fehlen die Worte; *chercher ses ~s* nach Worten suchen; *c'est le ~ juste* das ist der passende Ausdruck; *à [o sur] ces ~s* bei diesen Worten; *~ pour ~* Wort für Wort ❸ *(message) un ~* ein paar Zeilen *Pl*; *un ~ d'excuse* eine Entschuldigung; *~ d'ordre* Parole *f*; *un ~ de félicitations* ein Glückwunsch; *laisser un ~ à qn* jdm eine Nachricht hinterlassen ❹ *(parole mémorable)* Wort *nt*, Ausspruch *m* ❺ INFORM *~ de passe* Passwort *nt* ❻ JEUX *faire des ~s croisés/fléchés* Kreuzworträtsel lösen ▶ **le fin ~ de l'affaire** der wahre Sachverhalt der Affäre; **qn a un ~ sur le bout de la langue** jdm liegt ein Wort auf der Zunge; **aller dire deux ~s à qn** mit jdm ein Wörtchen zu reden haben; **expliquer/raconter qc en deux ~s** etw mit wenigen Worten erklären/erzählen; **avoir son ~ à dire** [auch noch] ein Wörtchen mitzureden haben; **sans ~ dire** wort-

M

los; **se donner le ~** sich absprechen; **avoir des ~s avec qn** *(fam)* einen Wortwechsel mit jdm haben; **avoir toujours le ~ pour rire** immer zum Scherzen aufgelegt sein; **je lui en toucherai un ~** ich werde ihn darauf ansprechen; **~ à ~** wortwörtlich; **en un ~ [comme en cent]** mit einem Wort

motard(e) [mɔtaʀ] *m(f)* *(fam: motocycliste)* Motorradfahrer(in) *m(f)*; *(policier)* motorisierter Polizist *m*/motorisierte Polizistin *f*

mot-clé [mokle] <mots-clés> *m* *(code)* Schlüsselwort *nt*; *(dans un dictionnaire)* Stichwort *nt*

motel [mɔtɛl] *m* Motel *nt*

moteur [mɔtœʀ] **I.** *m* ❶ TECH Motor *m*; **~ *à explosion*** Explosionsmotor; **~ *à réaction*** Triebwerk *nt*; **~ *diesel*** Dieselmotor ❷ INFORM **~ *de recherche*** Suchmaschine *f* ❸ *(cause)* **être le ~ de qc** *concurrence:* der Antrieb für etw sein; *personne:* die treibende Kraft für etw sein **II.** *app* ***bloc*** **~** Motorblock *m*; ***frein*** **~** Motorbremse *f*

moteur, -trice [mɔtœʀ, -tʀis] *adj muscle, nerf* motorisch, Bewegungs-; *force, roue* Antriebs-

motif [mɔtif] *m* ❶ *(raison)* [Beweg]grund *m* ❷ *pl (dans un jugement)* Urteilsbegründung *f* ❸ *(ornement)* Motiv *nt*, Muster *nt* ❹ *(modèle)* Motiv *nt*, Vorlage *f*

motion [mosjɔ̃] *f* Antrag *m*

motivant(e) [mɔtivɑ̃, ɑ̃t] *adj* motivierend

motivation [mɔtivasjɔ̃] *f* ❶ *(justification)* Motivation *f*; **~ *de qc*** Grund *m* für etw ❷ ECON ***lettre de*** **~** Bewerbungsschreiben *nt*

motivé(e) [mɔtive] *adj* ❶ *(justifié)* begründet; ***absence non ~e*** unentschuldigtes Fehlen ❷ *personne* motiviert

motiver [mɔtive] <1> *vt* ❶ *(justifier)* begründen ❷ *(causer)* die Ursache sein für ❸ *(stimuler)* motivieren; **~ *qn à faire qc*** jdn dazu motivieren etw zu tun; ***être motivé par qc*** durch etw motiviert sein

moto [moto] *f abr de* **motocyclette** Motorrad *nt*

motocross, moto-cross [motokʀɔs] *m inv* Moto-Cross *nt*

motoculteur [motokyltœʀ] *m* Gartenfräse *f*

motocycle [motosikl] *m* Kraftrad *nt*

motocyclette [motosiklɛt] *f* *(vieilli)* Motorrad *nt*

motocyclisme [motosiklism] *m* Motorradsport *m*

motocycliste [motosiklist] **I.** *adj* Motorrad- **II.** *mf* Motorradfahrer(in) *m(f)*

motoneige [motonɛʒ] *f* Motorschlitten *m*, Schneemobil *nt*

motorisation [motoʀizasjɔ̃] *f* **~ *hybride*** Hybridantrieb *m*

motorisé(e) [motoʀize] *adj* motorisiert

motoriser [motoʀize] <1> *vt* motorisieren

motrice [mɔtʀis] *f* Triebwagen *m*

motricité [mɔtʀisite] *f* Bewegungsmotorik *f*; *(réflexes)* Reflexbewegungen *Pl*

motte [mɔt] *f de beurre* Klumpen *m*; **~ *de terre*** Erdscholle *f*

mou [mu] *m* ❶ *(fam: personne)* Weichling *m* ❷ *(qualité)* Weiche(s) *nt*

mou, mol, molle [mu, mɔl] **I.** *adj* ❶ *(opp: dur)* weich; *neige* nass; *ressort* ausgeleiert; ***chapeau*** **~** Schlapphut *m* ❷ *(flasque)* schlaff ❸ *personne, geste* schlaff; *résistance, protestations* schwach ❹ *bruit* dumpf **II.** *adv jouer* lahm, kraftlos

> **Grammatik und Co.**
> Die männliche Singularform **mol** steht an Stelle von *mou* vor Vokalen oder stummem *h*:
> *un mou matelas – eine weiche Matratze;*
> *un mol oreiller – ein weiches Kopfkissen.*
> (Diese Voranstellung des Adjektivs gehört allerdings zu einer gewählten Ausdrucksweise und kommt selten vor.)

mouchard(e) [muʃaʀ, aʀd] *m(f)* ❶ *(rapporteur)* Petzer *m*/Petze *f fam* ❷ *(péj: indicateur de police)* Spitzel *m*

moucharder [muʃaʀde] <1> **I.** *vi* *(fam)* petzen **II.** *vt* *(fam)* verpetzen; *(à la police)* verpfeifen

mouche [muʃ] *f* ❶ ZOOL Fliege *f* ❷ PECHE [künstliche] Fliege ❸ *d'une cible* Schwarze(s) *nt* ❹ *(en cosmétique)* Schönheitspflästerchen *nt* ► **quelle ~ l'a piqué?** was ist in ihn/sie gefahren?

moucher [muʃe] <1> **I.** *vt* **~ *son nez*** sich schnäuzen, sich *dat* die Nase putzen; **~ *[le nez à] qn*** jdm die Nase putzen **II.** *vpr* ***se ~ [le nez]*** sich schnäuzen, sich *dat* die Nase putzen

moucheron [muʃʀɔ̃] *m* ZOOL [kleine] Mücke

moucheté(e) [muʃte] *adj animal, pelage* gesprenkelt; *poisson* gefleckt; *tissu* getupft; *laine* meliert

moucheter [muʃ(ə)te] <1> *vt* tüpfeln

mouchoir [muʃwaʀ] *m* ~ *[**de poche**]* Taschentuch *nt;* ~ ***en papier*** Papiertaschentuch; ~ ***en tissu*** Stofftaschentuch

moudre [mudʀ] <irr> *vt* mahlen

moue [mu] *f* schiefes Gesicht; ~ ***boudeuse*** Schmollmund *m*

mouette [mwɛt] *f* Möwe *f*

moufeter [mufte] <1> *vi (fam)* ***qn n'a pas moufeté*** jd hat keinen Mucks von sich gegeben *fam;* ***sans*** ~ ohne aufzumucken *fam*

mouffette [mufɛt] *f* Stinktier *nt,* Skunk *m*

moufle [mufl] *f* Fausthandschuh *m*

mouflet(te) [muflɛ, ɛt] *m(f) (fam)* kleines Kind

moufter [mufte] <1> *vi v.* **moufeter**

mouillage [mujaʒ] *m* NAUT *(emplacement)* Ankerplatz *m; (mise à l'eau) d'un navire* Verankern *nt*

mouillé(e) [muje] *adj* ① *(trempé)* nass ② *voix* bewegt ③ *regard, yeux* tränennass ④ LING mouilliert

mouiller [muje] <1> **I.** *vt* ① *(humecter)* nass machen ② *(tremper)* durchnässen; ***se faire*** ~ nass werden ③ GASTR ~ ***un rôti avec du bouillon*** einen Braten mit Brühe begießen ④ NAUT verankern *navire;* auswerfen *ancre;* legen *mines* ⑤ *(fam: compromettre)* ~ ***qn dans qc*** jdn in etw *akk* hineinziehen **II.** *vi* ① *(jeter l'ancre)* vor Anker gehen, ankern ② *(fam: avoir peur)* [vor Angst] in die Hosen machen **III.** *vpr* ① *(passer sous l'eau)* ***se*** ~ nass werden; ***se*** ~ ***les mains*** sich *dat* die Hände nass machen ② *(se tremper)* ***se*** ~ sich nass machen ③ *(s'humecter)* ***les yeux se mouillent*** die Augen werden feucht ④ *(fam: se compromettre)* ***se*** ~ ***dans qc*** sich in etw *akk* hineinziehen lassen ⑤ *(fam: s'engager)* ***se*** ~ ***pour qn/pour faire qc*** sich ins Zeug legen für jdn/um etw zu tun

mouillette [mujɛt] *f Brotschnittchen zum Eintunken*

mouise [mwiz] *f (fam)* Elend *nt*

moulage [mulaʒ] *m* ① *(action de mouler)* Gießen *nt* ② *(empreinte, objet)* Abguss *m*

moulant(e) [mulɑ̃, ɑ̃t] *adj* eng anliegend

moule[1] [mul] *m* ① *(forme)* Form *f;* GASTR [Kuchen]form ② *(empreinte)* Abdruck *m* ③ *(modèle)* ***être fait sur le même*** ~ nach demselben Muster gemacht sein

moule[2] [mul] *f* Miesmuschel *f*

mouler [mule] <1> *vt* ① *(fabriquer)* formen ② *(prendre un moulage de)* ~ ***un buste*** einen Abdruck von einer Büste machen ③ *(coller à)* ***des vêtements qui moulent le corps*** eng anliegende Kleidungsstücke

moulin [mulɛ̃] *m* Mühle *f;* ~ ***à café*** Kaffeemühle; ~ ***à vent*** Windmühle ▶ **être un** ~ **à paroles** *(fam)* reden wie ein Wasserfall; **on entre ici comme dans un** ~ hier geht es zu wie in einem Taubenschlag

mouliner [muline] <1> *vt* GASTR passieren

moulinet [mulinɛ] *m* PECHE Rolle *f*

moulinette® [mulinɛt] *f* Küchenmaschine *f;* ***passer à la*** ~ passieren

moulu(e) [muly] **I.** *part passé de* **moudre** **II.** *adj* ① *(en poudre)* gemahlen ② *(fam: fourbu)* ***être*** ~ *[**de fatigue**]* wie gerädert sein

moulure [mulyʀ] *f* Zierleiste *f*

moumoute [mumut] *f (fam)* ① *(perruque)* falsches Haarteil ② *(veste)* Weste *f* aus Schafspelz

mourant(e) [muʀɑ̃, ɑ̃t] **I.** *adj* ① *personne* sterbend; ***être*** ~ im Sterben liegen ② *(faiblissant)* schwächer werdend; *musique, son* verklingend; *feu, lumière* verlöschend **II.** *m(f)* Sterbende(r) *f(m)*

mourir [muʀiʀ] <irr> *vi + être* ① *(cesser d'exister) personne, animal:* sterben; *plante:* eingehen; *fleuve:* umkippen; ~ ***de qc*** *personne:* an etw *dat* sterben; *animal a.:* an etw *dat* eingehen; ~ ***de ses blessures*** seinen Verletzungen erliegen; ~ ***de chagrin*** vor Kummer sterben; ~ ***de faim*** verhungern; ~ ***de soif*** verdursten; ~ ***de froid*** erfrieren; ~ ***dans un accident de voiture*** bei einem Autounfall ums Leben kommen; ***il est mort assassiné/empoisonné*** er ist ermordet/vergiftet worden; ***elle est morte noyée*** sie ist ertrunken ② *(venir de mourir)* ***être mort*** tot sein ③ *(tuer)* ***faire*** ~ töten; ***tu vas faire*** ~ ***ta mère de chagrin*** du bringst deine Mutter vor lauter Kummer noch ins Grab ④ *(disparaître peu à peu) civilisation, langue:* verschwinden; *agriculture, petit commerce:* eingehen; *feu:* erlöschen; *voix, bruit:* verklingen ▶ **c'est à** ~ **de rire** das ist zum Totlachen; **se sentir malade à** ~ sich sterbenselend fühlen; **s'ennuyer à** ~ sich tödlich langweilen

mouroir [muʀwaʀ] *m (péj)* Sterbeheim *nt*

mousquetaire [muskətɛʀ] *m* Musketier *m*

mousqueton [muskətɔ̃] *m* ① *(arme à feu)* Karabiner *m* ② *(boucle)* Karabinerhaken *m*

moussaillon [musajɔ̃] *m (fam)* kleiner Schiffsjunge

moussant(e) [musɑ̃, ɑ̃t] *adj* Schaum-

mousse[1] [mus] **I.** *f* ① *(écume)* Schaum *m;*

~ ***à raser*** Rasierschaum ❷ BOT Moos *nt* ❸ GASTR Mousse *f* ❹ *(matière)* Schaumstoff *m* **II.** *app inv* ***vert*** ~ moosgrün
mousse² [mus] *m* Schiffsjunge *m*
mousseline [muslin] **I.** *f* Musselin *m;* ***une*** ~ ein Musselinstoff **II.** *app inv* ***pommes*** ~ schaumiges Kartoffelpüree; ***sauce*** ~ Sauce hollandaise *f* mit Sahne
mousser [muse] <1> *vi* ❶ *(produire de la mousse)* schäumen; ***faire*** ~ zum Schäumen bringen ❷ *(fam: vanter)* ***faire ~ qn/qc*** für jdn/etw die Werbetrommel rühren; ***se faire ~ auprès de qn*** sich bei jdm in ein günstiges Licht setzen
mousseux [musø] *m* Schaumwein *m*
mousson [musɔ̃] *f* Monsun *m*
moussu(e) [musy] *adj* moosbewachsen
moustache [mustaʃ] *f* ❶ *(d'un homme)* Schnurrbart *m* ❷ *(d'une femme)* Damenbart *m* ❸ *(du chat)* Schnurrhaare *Pl* ❹ *(trace autour des lèvres)* Bart *m*
moustachu [mustaʃy] *m* Mann *m* mit Schnurrbart
moustachu(e) [mustaʃy] *adj* *homme* schnurrbärtig; *lèvre supérieure* bärtig
moustiquaire [mustikɛʀ] *f* ❶ *(rideau)* Moskitonetz *nt* ❷ *(à la fenêtre)* Fliegenfenster *nt* ❸ *(à la porte)* Fliegengitter *nt*

M

moustique [mustik] *m* ❶ ZOOL Stechmücke *f* ❷ *(sous les tropiques)* Moskito *m* ❸ *(péj: enfant)* Knirps *m;* *(personne malingre)* Würmchen *nt*
moût [mu] *m du vin* Most *m*
moutard [mutaʀ] *m (fam)* ❶ Knirps *m fam* ❷ *pl (enfants)* Kinder *Pl*
moutarde [mutaʀd] **I.** *f* Senf *m* **II.** *app inv* senf-
mouton [mutɔ̃] *m* ❶ ZOOL Schaf *nt;* ***une veste en [peau de]*** ~ eine Jacke aus Schaf[s]pelz; ***un livre relié en*** ~ ein in Schafleder gebundenes Buch ❷ *(mâle châtré)* Hammel *m* ❸ *(viande)* Hammelfleisch *nt* ❹ *(écume)* Schaumkrone *f* ❺ *(poussière)* Staubflocke *f* ❻ *(nuages)* Schäfchenwolke *f* ❼ *(personne douce)* Schaf *nt* ▶ **revenons à nos ~s** kommen wir wieder zur Sache
mouvance [muvɑ̃s] *f* ❶ Einflussbereich *m* ❷ *(mouvement idéologique)* Bewegung *f*
mouvant(e) [muvɑ̃, ɑ̃t] *adj* ❶ *(ondoyant)* *foule, champs de blé* wogend; *ombre* sich hin- und herbewegend; *flamme* flackernd ❷ *(changeant)* *pensée, univers* sich wandelnd; *situation* unbeständig ❸ *(sans stabilité)* *terrain* unsicher, schwankend; ***sables ~s*** Treibsand *m*
mouvement [muvmɑ̃] *m* ❶ *(action)* Bewegung *f* ❷ *(impulsion)* Regung *f;* ~ ***de colère*** Wutausbruch *m;* ~ ***d'humeur*** Anfall *m* von schlechter Laune; ~ ***d'impatience*** Anwandlung *f* von Ungeduld ❸ *(animation)* Treiben *nt* ❹ ECON *de marchandises* Bewegungen *Pl;* *de capitaux, fonds* Verkehr *m;* ~ ***des prix*** Preisschwankungen *Pl;* ~ ***de baisse*** rückläufige Bewegung; ~ ***de hausse*** Aufwärtsbewegung *f* ❺ *(changement d'affectation)* Veränderungen *Pl* ❻ GEOL ~ ***de terrain*** Erdbewegungen *Pl* ❼ *(évolution)* Wandel *m;* ~ ***d'opinion/idées*** geistige Strömung ❽ *(tempo)* Tempo *nt* ❾ *(partie d'une œuvre)* Satz *m* ▶ **être libre de ses ~s** sich frei bewegen können
mouvementé(e) [muvmɑ̃te] *adj* ❶ *(agité)* stürmisch; *vie* bewegt; *poursuite, récit* dramatisch ❷ *(accidenté)* uneben
mouvoir [muvwaʀ] <irr> *vpr* ***se*** ~ sich bewegen
moyen [mwajɛ̃] *m* ❶ *(procédé)* Mittel *nt;* ~ ***d'action*** Handlungsmöglichkeit *f;* ***par tous les ~s*** mit allen Mitteln ❷ *(solution)* Weg *m;* ***par le ~ de*** auf dem Umweg über; ***au ~ de qc*** mithilfe einer S. *gen* ❸ *(manière)* Art *f* [und Weise *f*] ❹ *pl (capacités physiques)* körperliche Fähigkeiten ❺ *pl (capacités intellectuelles)* geistige Fähigkeiten; ***être en [pleine] possession de ses ~s*** im Vollbesitz seiner Kräfte sein; ***par ses propres ~s*** *(sans aide)* aus eigener Kraft ❻ *pl (ressources financières)* [finanzielle] Mittel; ***vivre au-dessus de ses ~s*** über seine Verhältnisse leben; ***c'est au-dessus de mes ~s*** das übersteigt meine Mittel; ***il/elle a les ~s!*** *(fam)* er/sie kann es sich *dat* leisten! ❼ *souvent pl (instruments)* ~ ***de communication*** Verkehrsmittel *nt;* ***~s publicitaires*** Werbemittel *Pl;* ~ ***de transport/contrôle*** Transport-/Kontrollmittel *nt* ▶ **se débrouiller avec les ~s du bord** mit dem zurechtkommen, was man hat; **employer les grands ~s pour faire qc** zum äußersten Mittel greifen um etw zu tun; **pas ~!** nichts zu machen!
moyen(ne) [mwajɛ̃, jɛn] *adj* ❶ *(intermédiaire)* mittlere(r, s); *classe, ondes* Mittel-; ***à ~ terme*** mittelfristig; *v. a.* **moyenne** ❷ *(ni bon, ni mauvais)* mittelmäßig ❸ *(en proportion)* durchschnittlich ❹ *(du type courant)* Durchschnitts-; ***le Français*** ~ der Durchschnittsfranzose
Moyen Âge, Moyen-Âge [mwajɛnɑʒ] *m* Mittelalter *nt*
moyenâgeux, -euse [mwajɛnɑʒø, -jøz] *adj (a. péj)* mittelalterlich

moyen-courrier [mwajɛ̃kuʀje] <moyen--courriers> *m* Mittelstreckenflugzeug *nt*

moyennant [mwajɛnɑ̃] *prép* ~ ***une récompense/un petit service*** gegen eine Belohnung/einen Gefallen; ~ ***2.000 euros*** für 2.000 Euro ▸ ~ **quoi** womit, wofür

moyenne [mwajɛn] *f* ❶ MATH Mittel *nt*, Mittelwert *m*; ***la ~ d'âge*** das Durchschnittsalter; ***en*** ~ durchschnittlich ❷ SCOL Durchschnitt *m*; ***avoir la ~ en qc*** in etw *dat* eine durchschnittliche Note haben ❸ *(type le plus courant)* Durchschnitt *m*

moyennement [mwajɛnmɑ̃] *adv* mittelmäßig, mäßig

Moyen-Orient [mwajɛnɔʀjɑ̃] *m* ***le*** ~ der Mittlere Osten

moyeu [mwajø] <x> *m* [Rad]nabe *f*

mozambicain(e) [mɔzɑ̃bikɛ̃, ɛn] *adj* mosambikanisch

Mozambique [mɔzɑ̃bik] *m* Mosambik *nt*, Moçambique *nt*

mozzarella [mɔdzaʀel(l)a] *f* Mozzarella *m*

MP3 [ɛmpetʀwɑ] *m abr de* **MPeg-1 audio layer 3** MP3 *nt*

MSF [ɛmɛsɛf] *abr de* **médecins sans frontières** Ärzte ohne Grenzen *Pl*

MST [ɛmɛste] *f* MED *abr de* **maladie sexuellement transmissible** Geschlechtskrankheit *f*

mû, mue [my] *part passé de* **mouvoir**

mucoviscidose [mykovisidoz] *f* MED Mukoviszidose *f*

mucus [mykys] *m* Schleim *m*

mue [my] *f* ❶ ZOOL *de l'oiseau* Mauser *f*; *du serpent* Häutung *f*; *d'un mammifère* [Sich]haaren *nt* ❷ ANAT Stimmbruch *m*

muer [mɥe] <1> *vi* ❶ ZOOL *oiseau:* sich mausern; *serpent:* sich häuten; *mammifère:* [sich] haaren ❷ *(changer de timbre) garçon:* im Stimmbruch sein; ***sa voix mue*** er ist im Stimmbruch

muesli [mysli] *m* Müsli *nt*

> **Aussprache**
> Das Wort **muesli** wird nach der deutschen Aussprache artikuliert.

muet(te) [mɥɛ, mɥɛt] **I.** *adj* stumm; ~ ***d'admiration/de surprise*** sprachlos vor Bewunderung/Überraschung; ***le cinéma*** ~ der Stummfilm **II.** *m(f)* Stumme(r) *f(m)*

muezzin [mɥɛdzin] *m* Muezzin *m*

muffin [mœfin] *m* CAN *(petit cake rond)* Muffin *m*

mufle [myfl] *m* ❶ *du chien* Schnauze[nspitze *f*] *f* ❷ *(goujat)* Rüpel *m*

muflerie [myfləʀi] *f* Rüpelhaftigkeit *f*

mufti [myfti] *m* Mufti *m*

mugir [myʒiʀ] <8> *vi bovin:* muhen; *vent, sirène:* heulen

mugissement [myʒismɑ̃] *m* ❶ *(cri de bovin)* Muhen *nt*, Brüllen *nt* ❷ *(bruit de la mer)* Tosen *nt*

muguet [mygɛ] *m* Maiglöckchen *nt*

mulâtre, mulâtresse [mylɑtʀ, mylɑtʀɛs] **I.** *adj* Mulatten- **II.** *m, f* Mulatte *m*/Mulattin *f*

mule[1] [myl] *f* ZOOL Mauleselin *f* ▸ **être têtu comme une** ~ störrisch wie ein Esel sein *fam*

mule[2] [myl] *f (pantoufle)* Pantoffel *m*

mulet [mylɛ] *m* ZOOL Maulesel *m* ▸ **être chargé comme un** ~ *(fam)* beladen sein wie ein Packesel

mulot [mylo] *m* Feldmaus *f*

multicolore [myltikɔlɔʀ] *adj* vielfarbig, bunt

multiconfessionnel(le) [myltikɔ̃fɛsjonɛl] *adj État, pays* multikonfessionell; *cimetière* gemischtkonfessionell

multiculturel(le) [myltikyltyʀɛl] *adj* multikulturell

multidimensionnel(le) [myltidimɑ̃sjɔnɛl] *adj espace* mehrdimensional; *culture* vielschichtig

multifonction [myltifɔ̃ksjɔ̃] *adj inv* multifunktionell

multifonction[s] [myltifɔ̃ksjɔ̃] *adj inv* multifunktionell, multifunktional

multifonctionnel(le) [myltifɔ̃ksjɔnɛl] *adj* multifunktional

multifonctions [myltifɔ̃ksjɔ̃] *adj inv* multifunktional

multilingue [myltilɛ̃g] *adj* mehrsprachig

multilinguisme [myltilɛ̃gɥism] *m* Mehrsprachigkeit *f*

multimédia [myltimedja] **I.** *adj* ❶ MEDIA *groupe, campagne de publicité* multimedial; *show, manifestation* Multimedia-; ***présentation*** ~ Multimediashow *f* ❷ INFORM multimedial **II.** *m* ❶ *(techniques)* Medienlandschaft *f* ❷ *(ordinateur)* multimediales Computersystem ❸ *(branche)* ***le*** ~ die Multimedia-Branche

multimilliardaire [myltimiljaʀdɛʀ] **I.** *adj* ***être*** ~ mehrfacher Milliardär/mehrfache Milliardärin sein **II.** *mf* Multimilliardär(in) *m(f)*

multimillionnaire [myltimiljɔnɛʀ] **I.** *adj* ***être*** ~ Multimillionär(in) sein **II.** *mf* Multimillionär(in) *m(f)*

M

multinational(**e**) [myltinasjɔnal, -o] <-aux> *adj* multinational
multinationale [myltinasjɔnal] *f (entreprise)* multinationaler Konzern
multipartisme [myltipaʀtism] *m* Mehrparteiensystem *nt*
multiple [myltipl] **I.** *adj* ❶ *(nombreux)* vielfach ❷ *(varié)* vielfältig; *cas* verschiedenartig ❸ *occasions* vielerlei *inv*, vielfach; ***à de ~s reprises*** wiederholt ❹ *(complexe)* vielschichtig; ***fracture*** ~ komplizierter Knochenbruch ❺ TECH *prise* Mehrfach- ❻ MATH ***être ~ de qc*** ein Vielfaches von etw sein **II.** *m* ***être le ~ de qc*** das Vielfache von etw sein
multiplex [myltiplɛks] *m sans pl* Konferenzschaltung *f*
multiplexe [myltiplɛks] *m* Gebäudekomplex *m* [mit mehreren Sälen]
multipliable [myltiplijabl] *adj* multiplizierbar
multiplicateur [myltiplikatœʀ] *m* Multiplikator *m*
multiplicateur, -trice [myltiplikatœʀ, -tʀis] *adj* ***effet*** ~ Kettenreaktion *f*
multiplication [myltiplikasjɔ̃] *f* ❶ BOT Vermehrung *f* ❷ MATH Multiplikation *f*, Malnehmen *nt*
multiplicité [myltiplisite] *f* Vielfalt *f*
multiplier [myltiplije] <1> **I.** *vt* ❶ MATH multiplizieren, malnehmen; ~ ***sept par trois*** sieben mit drei multiplizieren ❷ *(augmenter le nombre de)* vervielfachen, steigern *efforts;* wiederholen *attaques* ❸ BOT vermehren **II.** *vpr* ***se*** ~ sich vermehren
multiprogrammation [myltipʀɔgʀamasjɔ̃] *f* Multitasking *nt*
multipropriété [myltipʀɔpʀijete] *f Ferienwohnung, die jeder von mehreren Besitzern für eine gewisse Zeit im Jahr benutzen kann*
multiracial(**e**) [myltiʀasjal, -jo] <-aux> *adj* gemischtrassig
multirisque [myltiʀisk] *adj assurance* kombiniert
multitude [myltityd] *f* ❶ *(grand nombre)* Vielzahl *f* ❷ *(foule)* [große] Menge
multiusage [myltiyzaʒ] *adj inv* Allzweck-; ***crème/produit*** ~ Allzweckcreme *f*/-mittel *nt*
Munich [mynik] München

Aussprache

Das -ch wird in **Munich** und verwandten Wörtern als [k] artikuliert.

munichois(**e**) [mynikwa, waz] *adj* Münchner
Munichois(**e**) [mynikwa, waz] *m(f)* Münchner(in) *m(f)*
municipal(**e**) [mynisipal, -o] <-aux> *adj* ❶ *(communal)* Gemeinde-; ***conseil*** ~ Stadtrat *m*, Gemeinderat *m;* ***élections ~es*** Kommunalwahlen *Pl* ❷ *(de la ville)* Stadt-, städtisch
municipales [mynisipal] *fpl* Kommunalwahlen *Pl*
municipalité [mynisipalite] *f* ❶ *(administration)* Stadtverwaltung *f* ❷ *(commune)* Gemeinde *f*
munificence [mynifisɑ̃s] *f (littér)* Freigebigkeit *f*
munir [myniʀ] <8> **I.** *vt* ~ ***qn/qc de piles*** jdn/etw mit Batterien versehen **II.** *vpr* ***se ~ de qc*** etw mitnehmen; *(fig)* sich mit etw wappnen
munitions [mynisjɔ̃] *fpl* Munition *f*
muphti [myfti] *m* Mufti *m*
muqueuse [mykøz] *f* Schleimhaut *f*
mur [myʀ] *m d'une maison, d'un jardin* Mauer *f; d'une pièce* Wand *f* ▶ **franchir le ~ du son** die Schallmauer durchbrechen; **raser les ~s** dicht an der Mauer entlanglaufen; *(se faire tout petit)* sich dünn machen
mûr(**e**) [myʀ] *adj* reif; *projet* ausgereift; *révolution* fällig
muraille [myʀɑj] *f* [dicke] Mauer
mural(**e**) [myʀal, -o] <-aux> *adj* Wand-
mûre [myʀ] *f* ❶ *(fruit de la ronce)* Brombeere *f* ❷ *(fruit du mûrier)* Maulbeere *f*
mûrement [myʀmɑ̃] *adv* reiflich
murer [myʀe] <1> **I.** *vt* ❶ TECH zumauern ❷ *(isoler) avalanche:* einschließen; ***être muré dans le silence*** in Schweigen *akk* gehüllt sein **II.** *vpr* ***se ~ chez soi*** sich von der Außenwelt abschließen; ***se ~ dans sa douleur*** sich in seinem Schmerz vergraben
muret [myʀɛ] *m* Mäuerchen *nt*
mûrir [myʀiʀ] <8> **I.** *vi* reif werden; *projet, idée:* heranreifen **II.** *vt* ❶ *(rendre mûr)* reifen lassen *fruit* ❷ *(rendre sage)* reifer machen ❸ *(méditer)* heranreifen lassen
mûrissant(**e**) [myʀisɑ̃, ɑ̃t] *adj fruit* reifend; *personne* reiferen Alters
mûrissement [myʀismɑ̃] *m* ❶ *d'un fruit* Reifen *nt* ❷ *d'une idée, d'un projet* Heranreifen *nt*
murmure [myʀmyʀ] *m* ❶ *(chuchotement)* Murmeln *nt* ❷ *pl (protestation)* Murren *nt*
murmurer [myʀmyʀe] <1> **I.** *vi* ❶ *(chu-*

choter) murmeln ❷ *(protester)* murren **II.** *vt* murmeln; ~ ***qc à qn*** jdm etw zuflüstern; ***on murmure qu'ils sont amants*** man munkelt, dass sie ein Verhältnis miteinander haben *fam*

mûron [myʀɔ̃] *m* Brombeere *f*

mus [my] *passé simple de* **mouvoir**

musarder [myzaʀde] <1> *vi* trödeln, bummeln

musc [mysk] *m* Moschus *m*

muscade [myskad] *f* Muskat *m*

muscle [myskl] *m* Muskel *m* ▶ **avoir des ~s d'acier** Muskeln wie Stahl haben; **avoir du ~** *économie, entreprise:* stark und dynamisch sein; *(fam) personne:* Muskeln haben

musclé(e) [myskle] *adj* ❶ *(athlétique)* muskulös, kräftig ❷ *(fig fam) gouvernement, discours* stark; *politique* energisch ❸ *style* handfest ❹ *(fam: compliqué)* ***le problème était plutôt ~*** das Problem war ganz schön verzwickt

muscler [myskle] <1> *vt* ~ ***qn*** jds Muskeln stärken; ~ ***le dos/les jambes*** die Rückenmuskulatur/Beinmuskulatur stärken

musculaire [myskylɛʀ] *adj* Muskel-

musculation [myskylasjɔ̃] *f* Bodybuilding *nt*

musculature [myskylatyʀ] *f* Muskulatur *f*

musculeux, -euse [myskylø, -øz] *adj* muskulös

muse [myz] *f* Muse *f*

museau [myzo] <x> *m du chien* Schnauze *f; de la vache, du poisson* Maul *nt*

musée [myze] *m* Museum *nt*

museler [myzle] <3> *vt* ❶ *(mettre une muselière)* ~ ***un animal*** einem Tier einen Maulkorb umbinden ❷ *(bâillonner)* ~ ***qn/qc*** jdn/etw mundtot machen

muselière [myzəljɛʀ] *f* Maulkorb *m*

musette [myzɛt] *f* ❶ Brotbeutel *m* ❷ MUS Musette *f*

muséum [myzeɔm] *m* Naturkundemuseum *nt*

musical(e) [myzikal, -o] <-aux> *adj* ❶ *études, critique* Musik-; *qualité, art* Ton- ❷ *soirée* musikalisch; *film* Musik-; ***comédie ~e*** Musical *nt* ❸ *voix, son* klangvoll; *langue* musikalisch

musicalement [myzikalmɑ̃] *adv* musikalisch

music-hall [myzikol] <music-halls> *m* ❶ *(spectacle)* Varieté *nt* ❷ *(établissement)* Varietétheater *nt*

musicien(ne) [myzisjɛ̃, jɛn] **I.** *adj* musikalisch **II.** *m(f)* ❶ *(professionnel)* Musiker(in) *m(f)* ❷ *(amateur)* Musikant(in) *m(f)*

musicologie [myzikɔlɔʒi] *f* Musikwissenschaft *f*

musicologue [myzikɔlɔg] *mf* Musikwissenschaftler(in) *m(f)*

musique [myzik] *f* ❶ *(art)* Musik *f;* ***mettre en ~*** vertonen; ***savoir lire la ~*** Noten lesen können ❷ *(harmonie de sons)* Melodik *f,* Musikalität *f* ▶ **connaître la ~** *(fam)* im Bilde sein; **en avant la ~!** *(fam)* auf geht's!

musqué(e) [myske] *adj odeur, parfum* Moschus-; *cheveux* nach Moschus duftend

must [mœst] *m (fam)* Muss *nt;* ***le ~ have*** das absolute Muss

musulman(e) [myzylmɑ̃, an] *adj monde* moslemisch; ***être ~*** Moslem sein

Musulman(e) [myzylmɑ̃, an] *m(f)* Moslem *m*/Moslime *f*

mutant(e) [mytɑ̃, ɑ̃t] **I.** *adj* BIO mutierend **II.** *m(f)* ❶ BOT, ZOOL Mutante *f* ❷ LITTER Mutant(in) *m(f)*

mutation [mytasjɔ̃] *f* ❶ BIO, MED Mutation *f* ❷ ADMIN Versetzung *f* ❸ *(changement)* Umbruch *m*

muter [myte] <1> *vt* ADMIN versetzen

mutilation [mytilasjɔ̃] *f* ❶ *(a. fig)* Verstümmelung *f* ❷ *(dégradation)* Beschädigung *f*

mutilé(e) [mytile] *m(f)* Versehrte(r) *f(m);* ~ ***de guerre*** Kriegsbeschädigter *m*

mutiler [mytile] <1> **I.** *vt* ❶ *(a. fig)* verstümmeln ❷ *(détériorer)* verschandeln **II.** *vpr* ***se ~*** sich selbst verstümmeln

mutin(e) [mytɛ̃, in] **I.** *adj* verschmitzt, schelmisch **II.** *m(f)* Meuterer *m*/Meuterin *f*

mutinerie [mytinʀi] *f* Meuterei *f*

mutisme [mytism] *m* Schweigen *nt*

mutualiste [mytɥalist] **I.** *adj* auf Gegenseitigkeit **II.** *mf* Mitglied *nt* eines Versicherungsvereins auf Gegenseitigkeit/einer Zusatzkasse/Betriebskrankenkasse

mutualité [mytɥalite] *f* Genossenschaftswesen *nt*

mutuel(le) [mytɥɛl] *adj* ❶ *(réciproque)* gegenseitig ❷ ECON *assurance, secours* auf Gegenseitigkeit

mutuelle [mytɥɛl] *f* Versicherung *f* [*o* Versicherungsverein *m*] auf Gegenseitigkeit; ~ ***des étudiants*** studentische Krankenversicherung; ~ ***d'entreprise*** Betriebskrankenkasse *f*

mutuellement [mytɥɛlmɑ̃] *adv* gegenseitig

Myanmar [mjanmaʀ] *m* Myanmar *nt*

M

mycélium [miseljɔm] *m* BOT Myzel *nt Fachspr.*, Myzelium *nt Fachspr.*
mycologie [mikɔlɔʒi] *f* Pilzkunde *f*, Mykologie *f Fachspr.*
mycologique [mikɔlɔʒik] *adj* pilzkundlich; ***études ~s*** Pilzforschung *f*
mycose [mikoz] *f* Pilzkrankheit *f*; ***~ des orteils*** Fußpilz *m*
mygale [migal] *f* Vogelspinne *f*
myocarde [mjɔkaʀd] *m* ANAT Herzmuskel *m*, Myokard *nt Fachspr.*
myocardite [mjɔkaʀdit] *f* MED Herzmuskelentzündung *f*, Myokarditis *f Fachspr.*
myopathe [mjɔpat] **I.** *adj* an einer Muskelerkrankung leidend **II.** *mf* an einer Muskelerkrankung Leidende(r) *f(m)*
myopathie [mjɔpati] *f* Muskelerkrankung *f*
myope [mjɔp] **I.** *adj* kurzsichtig **II.** *mf* Kurzsichtige(r) *f(m)*
myopie [mjɔpi] *f (a. fig)* Kurzsichtigkeit *f*
myosotis [mjɔzɔtis] *m* Vergissmeinnicht *nt*
myriade [miʀjad] *f* Myriade *f geh*, Unzahl *f*; ***~s d'étoiles*** unzählige Sterne *Pl*
myrrhe [miʀ] *f* Myrrhe *f*
myrte [miʀt] *m* Myrte *f*
myrtille [miʀtij] *f* Heidelbeere *f*, Blaubeere *f*

M

mystère [mistɛʀ] *m* ❶ *(secret)* Geheimnis *nt*; ***s'entourer de ~*** geheimnisvoll tun *fam* ❷ *(énigme)* Rätsel *nt*; ***être un ~ pour qn*** jdm ein Rätsel sein ▶ **~ et boule de gomme!** *(hum)* Staatsgeheimnis!
mystérieuse [misteʀjøz] *f* ***faire la ~*** geheimnisvoll tun
mystérieusement [misteʀjøzmɑ̃] *adv* ❶ *(en secret)* heimlich ❷ *(inexplicablement)* unerklärlicherweise ❸ *rire* geheimnisvoll; *apparaître* auf geheimnisvolle Weise
mystérieux [misteʀjø] *m* ***le ~*** das Geheimnisvolle
mystérieux, -euse [misteʀjø, -jøz] **I.** *adj* geheimnisvoll **II.** *m, f* ***faire le ~*** geheimnisvoll tun
mysticisme [mistisism] *m* Mystizismus *m*
mystificateur, -trice [mistifikatœʀ, -tʀis] **I.** *adj* irreführend; ***intention mystificatrice*** betrügerische Absicht **II.** *m, f* Betrüger(in) *m(f)*
mystification [mistifikasjɔ̃] *f* Betrug *m*; *(imposture)* Irreführung *f*
mystifier [mistifje] <1> *vt* täuschen
mystique [mistik] *adj* ❶ *(religieux)* mystisch ❷ *(exalté, fervent)* schwärmerisch
mystiquement [mistikmɑ̃] *adv* mystisch, religiös; *(de façon transcendante)* geistig, im Geist[e]
mythe [mit] *m* ❶ *(légende)* Mythos *m* ❷ *(illusion)* Wunschtraum *m*
mythique [mitik] *adj* mythisch; *(imaginaire)* erdichtet; ***récit ~*** Mythos *m*, Sage *f*; ***la générosité ~ de qn*** jds legendäre Großzügigkeit
mythologie [mitɔlɔʒi] *f* Mythologie *f*
mythologique [mitɔlɔʒik] *adj* mythologisch
mythomane [mitɔman] **I.** *adj* krankhaft verlogen **II.** *mf* krankhafter Lügner *m*/ krankhafte Lügnerin *f*
mythomanie [mitɔmani] *f* [krankhafte] Lügensucht

Nn

N, n [ɛn] **I.** *m* ❶ *inv (lettre)* N *nt,* n *nt* ❷ *pl (famille)* ***les N.*** die Familie X **II.** *f* ***la N 7/10*** die N 7/10, ≈ die B 7/10 **III.** *adj* x

n' *v.* **ne**

na [na] *interj (enfantin)* ätsch

nabab [nabab] *m* ❶ Krösus *m;* ***~ de la finance*** Finanzriese *m;* ***~ de la bourse*** Börsenkönig *m;* ***c'est un vrai ~*** er ist stinkreich *fam* ❷ HIST Nabob *m*

nabot(e) [nabo, ɔt] *m(f)* Zwerg(in) *m(f)*

NAC [nak] *mpl abr de* **nouveaux animaux de compagnie** [neuartige] exotische Haustiere *Pl*

nacelle [nasɛl] *f* ❶ *d'un ballon* [Ballon]gondel *f* ❷ *d'un landau, d'une poussette* [Wagen]aufsatz *m*

nacre [nakʀ] *f* Perlmutter *f o nt*

nacré(e) [nakʀe] *adj* perlmuttschimmernd

nævus [nevys, nevi] <nævi> *m* Muttermal *nt,* Naevus *m Fachspr.*

nage [naʒ] *f* Schwimmen *nt; (façon de nager)* Schwimmstil *m;* ***~ libre/sur le dos*** Freistil /Rückenschwimmen ▶ **à la ~** schwimmend; **[être] en ~** schweißgebadet [sein]

nageoire [naʒwaʀ] *f* Flosse *f*

nager [naʒe] <2a> **I.** *vi* ❶ *(se mouvoir dans l'eau)* schwimmen ❷ *(baigner)* ***~ dans la graisse*** *aliment:* im Fett schwimmen; ***~ dans le bonheur*** *(fig)* im Glück schwimmen ❸ *(flotter)* ***~ sur qc*** auf etw *dat* treiben ❹ *(fam: être au large)* ***~ dans un vêtement*** in einem Kleidungsstück ertrinken ❺ *(fam: ne pas comprendre)* schwimmen **II.** *vt* ***~ la brasse/la brasse papillon*** brustschwimmen/im Schmetterlingsstil schwimmen; ***~ le crawl*** kraulen

nageur, -euse [naʒœʀ, -ʒøz] **I.** *m, f* Schwimmer(in) *m(f)* **II.** *app* ***maître ~*** Bademeister

naguère [nagɛʀ] *adv (soutenu)* einst

naïade [najad] *f* ❶ *(mythique)* Najade *f* ❷ *(hum: baigneuse)* [Wasser]nixe *f hum; (nageuse)* Schwimmerin *f*

naïf, naïve [naif, naiv] *adj* ❶ *(péj: crédule)* naiv ❷ *(naturel)* treuherzig; *question* naiv

nain(e) [nɛ̃, nɛn] **I.** *adj personne* zwergenhaft **II.** *m(f)* Zwerg(in) *m(f);* ***~ de jardin*** Gartenzwerg

naissance [nɛsɑ̃s] *f* ❶ *(opp: mort)* Geburt *f* ❷ *(mise, venue au monde)* Geburt *f;* ***à la ~*** bei der Geburt ❸ *(apparition)* Entstehung *f* ❹ *(origine)* Abstammung *f* ▶ **donner ~ à un enfant** ein Kind zur Welt bringen; **aveugle/muet/sourd de ~** von Geburt an blind/stumm/taub; **Allemand de ~** gebürtiger Deutscher

naître [nɛtʀ] <irr> *vi + être* ❶ *(venir au monde)* geboren werden, auf die Welt kommen; ***~ aveugle*** blind geboren werden; ***être né musicien*** zum Musiker geboren sein ❷ *(apparaître) crainte, désir, soupçon:* entstehen; *idée:* geboren werden; *difficulté:* auftreten ❸ *(être destiné à)* ***être né pour qn/qc*** für jdn/etw [wie] geschaffen sein; ***être né pour faire qc*** dafür geschaffen sein, etw zu tun

naïve [naiv] *adj v.* **naïf**

naïvement [naivmɑ̃] *adv* naiv

naïveté [naivte] *f* Naivität *f;* ***avoir la ~ de faire qc*** so naiv sein, etw zu tun; ***être d'une grande ~*** schön einfältig sein

Namibie [namibi] *f* ***la ~*** Namibia *nt*

nana [nana] *f (fam)* Tussi *f*

nanisme [nanism] *m* Zwergwuchs *m*

nanomètre [nanomɛtʀ] *m* Nanometer *m o nt*

nanoseconde [nanosəgɔ̃d] *f* Nanosekunde *f*

nanotechnologie [nanotɛknɔlɔʒi] *f* Nanotechnologie *f*

nanti(e) [nɑ̃ti] **I.** *adj* vermögend **II.** *m(f)* Reiche(r) *f(m)*

nantissement [nɑ̃tismɑ̃] *m* Verpfändung *f;* ***sans ~*** *crédit* ungedeckt

naphtaline [naftalin] *f* Naphthalin *nt;* ***boules de ~*** Mottenkugeln *Pl*

Naples [napl] *m* Neapel *nt*

napoléon [napɔleɔ̃] *m* Napoleondor *m*

Napoléon [napɔleɔ̃] *m* ***~ Bonaparte*** Napoleon *m* Bonaparte

napoléonien(ne) [napɔleɔnjɛ̃, jɛn] *adj* napoleonisch

napolitain(e) [napolitɛ̃, ɛn] *adj* ❶ *(de Naples)* neapolitanisch ❷ GASTR ***tranche ~e*** Fürst-Pückler-Eis *nt*

nappage [napaʒ] *m* Glasieren *nt; (résultat)* Glasur *f*

nappe [nap] *f* ❶ *(linge)* Tischtuch *nt* ❷ *(vaste étendue)* ***~ de pétrole*** Ölteppich *m;* ***~ d'eau*** Wasserfläche *f;* ***~ de brouillard*** Nebelbank *f;* ***~ phréatique*** [*o* ***d'eau souterraine***] Grundwasser *nt*

napper [nape] <1> *vt* GASTR ~ ***qc de chocolat*** etw mit Schokolade glasieren
napperon [napʀɔ̃] *m* [Zier]deckchen *nt*
naquis [naki] *passé simple de* **naître**
narcisse [naʀsis] *m* BOT Narzisse *f*
narcissique [naʀsisik] *adj* narzisstisch
narcissisme [naʀsisism] *m* Narzissmus *m*
narcodollars [naʀkodɔlaʀ] *mpl* Drogendollars *Pl*
narcose [naʀkoz] *f* Narkose *f*
narcotest [naʀkotɛst] *m* Drogentest *m*
narcotique [naʀkɔtik] **I.** *adj* betäubend **II.** *m* Betäubungsmittel *nt*
narcotrafic [naʀkotʀafik] *m* Drogenhandel *m*
narguer [naʀge] <1> *vt* verspotten; *(agacer)* ärgern
narine [naʀin] *f* Nasenloch *nt; du cheval* Nüster *f; (aile)* Nasenflügel *m*
narquois(e) [naʀkwa, waz] *adj* spöttisch
narquoisement [naʀkwazmɑ̃] *adv* spöttisch; ***parler ~ de qn/qc*** über jdn/etw spotten
narrateur, -trice [naʀatœʀ, -tʀis] *m, f* Erzähler(in) *m(f)*
narratif, -ive [naʀatif, -iv] *adj* erzählend; ***style/art*** ~ Erzählstil *m*/-kunst *f*
narration [naʀasjɔ̃] *f* Erzählung *f; des événements* Schilderung *f*
narrer [naʀe] <1> *vt (littér)* erzählen
NASA [naza] *f abr de* **National Aeronautics and Space Administration** NASA *f*
nasal(e) [nazal, -o] <-aux> *adj* ❶ ANAT Nasen-; ***fosses ~es*** Nasenhöhlen *Pl;* ***mucosités ~es*** Nasenschleim *m* ❷ LING nasal; ***consonne ~e*** Nasal[laut *m*] *m*
nasale [nazal] *f* LING Nasal[laut *m*] *m*
nase [nɑz] *adj (fam)* ❶ *(cassé)* kaputt ❷ *(épuisé)* k. o., fertig
naseau [nazo] <x> *m* Nüster *f*
nasillard(e) [nazijaʀ, jaʀd] *adj* näselnd
natal(e) [natal] <s> *adj* ***maison/ville ~e*** Geburtshaus *nt*/-stadt *f;* ***langue ~e*** Muttersprache *f;* ***terre ~e*** Heimat *f*
natalité [natalite] *f* Geburtenziffer *f*
natation [natasjɔ̃] *f* Schwimmen *nt;* ***~ synchronisée*** Synchronschwimmen
natel [natɛl] *m* CH ❶ *(téléphone portable)* Handy *nt,* Natel *nt* CH ❷ *(téléphonie portable)* Mobilfunknetz *nt,* Natel *nt* CH
natif, -ive [natif, -iv] **I.** *adj* ***être ~ de Toulouse*** gebürtiger Toulouser **II.** *m, f* Einheimische(r) *f(m);* ***les ~s du cancer*** die Krebsgeborenen
nation [nasjɔ̃] *f* ❶ *(peuple)* Volk *nt* ❷ *(pays)* Nation *f;* ***la Nation*** die Nation; ***l'Europe des Nations*** das Europa der Nationen; ***les Nations unies*** die Vereinten Nationen
national(e) [nasjɔnal, -o] <-aux> *adj* ❶ *(de l'État)* national; ***fête ~e*** Nationalfeiertag *m* ❷ *(opp: local, régional)* national; *entreprise* staatlich; ***assemblée/équipe/route ~e*** Nationalversammlung *f*/-mannschaft *f*/-straße *f*
Nationale [nasjɔnal] *f (route)* ***la*** ~ die Nationalstraße, ≈ die Bundesstraße
nationalisation [nasjɔnalizasjɔ̃] *f* Verstaatlichung *f*
nationalisé(e) [nasjɔnalize] *adj entreprise* staatseigen
nationaliser [nasjɔnalize] <1> *vt* verstaatlichen
nationalisme [nasjɔnalism] *m* Nationalismus *m; (conscience)* Nationalbewusstsein *nt; péj)* Nationalismus
nationaliste [nasjɔnalist] **I.** *adj* nationalistisch **II.** *mf* Nationalist(in) *m(f)*
nationalité [nasjɔnalite] *f* Staatsangehörigkeit *f; d'un navire* Nationalität *f*
national-socialisme [nasjɔnalsɔsjalism] *m sans pl* Nationalsozialismus *m* **national-socialiste** [nasjɔnalsɔsjalist] <nationaux-socialistes> **I.** *adj* nationalsozialistisch **II.** *m, f* Nationalsozialist(in) *m(f)*
nationaux [nasjɔno] *mpl (citoyens)* ***les*** ~ die Staatsangehörigen
nativité [nativite] *f* REL Geburt *f;* ***la Nativité*** die Geburt Christi
natte [nat] *f* Zopf *m;* ***se faire une*** ~ sich *dat* einen Zopf flechten
naturalisation [natyʀalizasjɔ̃] *f* POL Einbürgerung *f;* ***demande de*** ~ Einbürgerungsantrag *m*/-gesuch *nt*
naturalisé(e) [natyʀalize] **I.** *adj* eingebürgert **II.** *m(f)* eingebürgerter Staatsbürger *m*/eingebürgerte Staatsbürgerin *f*
naturaliser [natyʀalize] <1> *vt* einbürgern; ~ ***qn français*** jdn als Franzose einbürgern; ***se faire*** ~ sich einbürgern lassen
naturalisme [natyʀalism] *m* Naturalismus *m*
naturaliste [natyʀalist] **I.** *adj* ❶ ART, LITTER, PHILOS naturalistisch ❷ SCI ***savant*** ~ Naturforscher(in) *m(f)* **II.** *mf* ❶ ART, LITTER, PHILOS Naturalist(in) *m(f)* ❷ *(scientifique)* Naturforscher(in) *m(f)*
nature [natyʀ] **I.** *f* ❶ *(environnement)* Natur *f* ❷ *d'une personne, chose, d'un pouvoir* Wesen *nt; d'un engagement, d'une proposition* Art *f; d'une substance, d'un terrain* Beschaffenheit *f;* ~ ***humaine*** Natur *f* des Menschen ❸ ART ~ ***morte*** Stillleben *nt* ▸ **être dans la ~ des choses** in der Natur

N

der Sache liegen; **ne pas être gâté par la ~** *(fam)* hübsch hässlich sein; **petite ~** *(fam)* sensibles Pflänzchen; **de** [*o* **par**] **~** von Natur [aus]; **en ~** *(en objets réels)* in Naturalien; **plus vrai que ~** unwahrscheinlich echt **II.** *adj inv* ❶ *café, thé* ohne alles; ***yaourt*** **~** Naturjoghurt *m* ❷ *(fam: simple)* [ganz] natürlich, ungezwungen

naturel [natyʀɛl] *m* ❶ *(caractère)* Wesen *nt;* ***son bon*** **~** seine/ihre umgängliche Art ❷ *(spontanéité)* Natürlichkeit *f* ▸ **être d'un ~ jaloux/timide** ein eifersüchtiges/schüchternes Wesen haben

naturel(le) [natyʀɛl] *adj* ❶ *(opp: artificiel)* natürlich; ***père*** **~** leiblicher Vater; ***gaz*** **~** Erdgas *nt;* ***richesses ~les*** Bodenschätze *Pl;* ***des produits rigoureusement ~s*** reine Naturprodukte *Pl* ❷ *(inné)* natürlich ❸ *(simple)* natürlich

naturellement [natyʀɛlmɑ̃] *adv* ❶ *(bien entendu)* selbstverständlich; **~!** natürlich! ❷ *(opp: artificiellement)* auf natürliche Weise ❸ *(de façon innée)* von Natur aus ❹ *(aisément)* ganz einfach, von selbst ❺ *(spontanément)* unbefangen; ***tutoyer qn*** **~** jdn ganz selbstverständlich duzen ❻ *(automatiquement)* automatisch

naturisme [natyʀism] *m* Freikörperkultur *f*

naturiste [natyʀist] **I.** *adj* ***plage*** **~** FKK-Strand *m* **II.** *mf* FKKler(in) *m(f) fam*

naturopathie [natyʀɔpati] *f* Naturheilkunde *f*

naufrage [nofʀaʒ] *m* NAUT Untergang *m* ▸ **faire ~** *bateau, projet:* Schiffbruch erleiden

naufragé(e) [nofʀaʒe] *m(f)* Schiffbrüchige(r) *f(m)*

Nauru [nauʀu] *f* Nauru *nt*

nauséabond(e) [nozeabɔ̃, ɔ̃d] *adj* ❶ widerlich ❷ *(ordurier)* abstoßend

nausée [noze] *f* ❶ *(haut-le-cœur)* Übelkeit *f;* ***j'ai la*** **~** [*o* ***des ~s***] mir ist übel ❷ *(dégoût)* Ekel *m* ▸ **cette personne/cet odeur donne la ~ à qn** von dieser Person/diesem Geruch wird jdm [ganz] schlecht

nauséeux, -euse [noseø, -øz] *adj (qui provoque des nausées)* Übelkeit erregend; *(qui a des nausées)* unter Übelkeit leidend

nautique [notik] *adj* Wasser-; ***ski/sport*** **~** Wasserski *nt*/Wassersport *m*

nautisme [notism] *m* Wassersport *m*

naval(e) [naval] <s> *adj* See-; ***forces ~es*** Seestreitkräfte *Pl;* ***chantier*** **~** [Schiffs]werft *f*

Navale [naval] *f (École Navale)* Marineakademie *f*

navarin [navaʀɛ̃] *m Hammelragout [mit Teltower Rübchen]*

navet [navɛ] *m* ❶ BOT weiße Rübe ❷ *(péj fam: œuvre sans valeur)* Kitsch *m; (mauvais film)* Schund[film *m*] *m;* ***être un*** **~** [ein] Mist sein

navette [navɛt] *f* ❶ TRANSP Pendelbus *m*/-zug *m*/-flugzeug *nt*/-schiff *nt* ❷ *(va-et-vient)* Hin und Her *nt;* ***faire la ~ entre son lieu de travail et son domicile*** zwischen Arbeitsplatz und Wohnort pendeln ❸ ESPACE **~** ***spatiale*** Raumfähre *f*

navetteur, -euse [navøtœʀ, -øz] *m, f* BELG Pendler(in) *m(f)*

navigable [navigabl] *adj* schiffbar

navigant(e) [navigɑ̃, ɑ̃t] **I.** *adj* AVIAT ***personnel*** **~** Flugpersonal *nt;* NAUT Schiffspersonal *nt* **II.** *m(f)* ***les ~s*** AVIAT das fliegende Personal; NAUT das zur See fahrende Personal

navigateur [navigatœʀ] *m* INFORM **~ *Web*** Browser *m*

navigateur, -trice [navigatœʀ, -tʀis] *m, f* ❶ NAUT Seefahrer(in) *m(f)* ❷ AUT, AVIAT, NAUT Navigator(in) *m(f)*

navigation [navigasjɔ̃] *f* ❶ NAUT Schifffahrt *f;* **~ *à [la] voile*** Segeln *nt* ❷ AUT, AVIAT, ESPACE, NAUT Navigation *f;* **~ *spatiale*** Raumfahrt *f*

naviguer [navige] <1> *vi* ❶ AVIAT *avion, passager, pilote:* fliegen; NAUT *bateau, marin, passager:* fahren ❷ INFORM **~ *sur le Web*** im Web surfen

navire [naviʀ] *m* Schiff *nt;* **~ *de commerce*** Handelsschiff; **~ *pétrolier*** Tanker *m;* **~ *poubelle*** Seelenverkäufer *m*

navrant(e) [navʀɑ̃, ɑ̃t] *adj* ***c'est ~!*** es ist [ja] zum Verzweifeln!

navré(e) [navʀe] *adj* ***qn est ~ de qc*** jd bedauert etw [zutiefst]

navrer [navʀe] <1> *vt* bestürzen; *(contrarier)* zur Verzweiflung bringen; ***ce malentendu me navre*** ich bedauere dieses Missverständnis zutiefst

naze [nɑz] *adj v.* **nase**

nazi(e) [nazi] *abr de* **national-socialiste** **I.** *adj* ***barbarie ~e*** Nazibarbarei *f* **II.** *m(f)* Nazi *m*

nazisme [nazism] *m abr de* **national-socialisme** Nazismus *m,* Nationalsozialismus *m*

NB [ɛnbe] *abr de* **nota bene** N.B.

N.B.C. [ɛnbese] *adj inv abr de* **Nucléaire-Biologique-Chimique** MIL ABC-; ***alerte/protection/armes*** **~** ABC-Alarm *m*/-Abwehr *f*/-Waffen *Pl*; ***moyens de combat*** ~ ABC-Kampfmittel *Pl*, ABC-Kampfstoffe *Pl*

NDLR [ɛndeɛlɛʀ] *abr de* **note de la rédaction** Anm. d. Red.

NDT [ɛndete] *abr de* **note du traducteur** Anmerkung *f* des Übersetzers

ne [nə] <*devant voyelle ou h muet* n'> *adv* ❶ *(avec autre mot négatif)* ~ ***... pas*** nicht; ***il ~ mange pas le midi*** er isst nicht zu Mittag; ***elle n'a guère d'argent*** sie hat kaum Geld; ***je ~ fume plus*** ich rauche nicht mehr; ***je ~ me promène jamais*** ich gehe nie spazieren; ***je ~ vois personne*** ich sehe niemand[en]; ***personne ~ vient*** niemand kommt; ***je ~ vois rien*** ich sehe nichts; ***rien ~ va plus*** nichts geht mehr; ***il n'a ni frère ni sœur*** er hat weder Bruder noch Schwester; ***tu n'as aucune chance*** du hast keine Chance ❷ *sans autre mot négatif, (soutenu)* nicht; ***je n'ose le dire*** ich wage nicht, es zu sagen ❸ *(seulement)* ***je ~ vois que cette solution*** ich sehe nur diese Lösung; ***il n'y a pas que vous qui le dites*** Sie sind nicht der Einzige, der das sagt

Grammatik und Co.
In der französischen Umgangssprache entfällt bei der Verneinung das **ne**:
Ça me plaît pas du tout. – Das gefällt mir gar nicht.;
Elle fume plus. – Sie raucht nicht mehr.

N

né(e) [ne] **I.** *part passé de* **naître II.** *adj souvent écrit avec un trait d'union (de naissance)* geboren; ***Madame X, ~e Y*** Frau X, geborene Y

néanmoins [neɑ̃mwɛ̃] *adv* trotzdem

néant [neɑ̃] **I.** *m* Nichts *nt* ▸ **tirer qn du ~** etwas aus jdm machen **II.** *pron (rien)* ***signes particuliers:*** ~ besondere Kennzeichen: keine

nébuleuse [nebyløz] *f* ❶ ASTRON Nebel *m*, Gasnebel ❷ *(amas diffus)* vages Umfeld; ***être à l'état de*** ~ noch keine klaren Formen annehmen

nébuleux, -euse [nebylø, -øz] *adj* ❶ METEO bewölkt ❷ *(confus, flou)* unklar; *projet, idées, discours* diffus *geh*, unklar

nébuliseur [nebylizœʀ] *m* Spray *nt o m*; *(vaporisateur)* Zerstäuber *m*; ***un ~ pour le nez*** ein Nasenspray

nébulosité [nebylozite] *f* ❶ METEO Bewölkung *f*; ***ciel à ~ variable*** wechselnd bewölkter Himmel ❷ *(littér: obscurité)* Unklarheit *f*

nécessaire [nesesɛʀ] **I.** *adj* ❶ *(indispensable)* nötig; ***être ~ à qc*** für etw gebraucht werden; ***si*** ~ falls nötig ❷ PHILOS unbedingt ❸ MATH ***condition*** ~ notwendige Voraussetzung **II.** *m* ❶ *(opp: superflu)* ***le*** ~ das Nötige ❷ *(étui)* ~ ***à ongles*** Nagelnecessaire *nt*

nécessairement [nesesɛʀmɑ̃] *adv* unbedingt; ***pas*** ~ nicht unbedingt

nécessité [nesesite] *f* Notwendigkeit *f* ▸ ~ **absolue** dringende Notwendigkeit; **de première ~** unentbehrlich; **être dans la ~ de faire qc** sich gezwungen sehen, etw zu tun

nécessiter [nesesite] <1> *vt* erfordern

nécessiteux, -euse [nesesitø, -øz] **I.** *adj* bedürftig **II.** *m, f* Bedürftige(r) *f(m)*

nec plus ultra [nɛkplysyltʀa] *m inv* Nonplusultra *nt*

nécrologie [nekʀɔlɔʒi] *f* ❶ *(rubrique)* Todesanzeigen *Pl* ❷ *(notice)* Nachruf *m*

nécrologique [nekʀɔlɔʒik] *adj* ***avis*** ~ Todesanzeige *f*; ***rubrique*** ~ Todesanzeigen *Pl*

nécrose [nekʀoz] *f* Nekrose *f Fachspr.*

nectar [nɛktaʀ] *m* Nektar *m*

nectarine [nɛktaʀin] *f* Nektarine *f*

néerlandais [neɛʀlɑ̃dɛ] *m* Niederländisch *nt*; *v. a.* **allemand**

néerlandais(e) [neɛʀlɑ̃dɛ, ɛz] *adj* niederländisch

Néerlandais(e) [neɛʀlɑ̃dɛ, ɛz] *m(f)* Niederländer(in) *m(f)*

nef [nɛf] *f* ARCHIT [Kirchen]schiff *nt*

néfaste [nefast] *adj* unheilvoll; *régime, décision* un[glück]selig; ***être ~ à qn/qc*** jdm/einer S. schaden

néflier [neflije] *m* Mispel[baum *m*] *f*, Mispelstrauch *m*

négatif [negatif] *m* PHOT Negativ *nt*

négatif, -ive [negatif, -iv] *adj* ❶ negativ ❷ *adverbe* der Verneinung; ***phrase/proposition négative*** negierter Satz

négation [negasjɔ̃] *f* GRAM, LING Negation *f*

négationniste [negasjɔnist] *mf* Leugner(in) *m(f)* des Holocausts

négative [negativ] *f* ▸ **répondre par la ~** verneinen; *(refuser)* [etw] ablehnen

négativement [negativmɑ̃] *adv* negativ; ***répondre*** ~ verneinen

négativité [negativite] *f* ❶ PHYS Negativität *f*; ***en état de*** ~ negativ geladen ❷ *(attitude négative)* negative [*o* ablehnende] Haltung

négligé(e) [negliʒe] *adj intérieur, style, travail* nachlässig; *tenue* ungepflegt

négligeable [negliʒabl] *adj* unbedeutend;

élément, facteur unwesentlich; *détail* belanglos; *moyens* gering
négligemment [negliʒamɑ̃] *adv* ❶ *(nonchalamment)* lässig ❷ *(sans soin)* nachlässig
négligence [negliʒɑ̃s] *f* ❶ *sans pl (manque d'attention)* Nachlässigkeit *f;* JUR Fahrlässigkeit *f;* ***par*** ~ aus Unachtsamkeit *f;* JUR aus Fahrlässigkeit ❷ *(omission)* Nachlässigkeit *f; (faute légère)* Flüchtigkeitsfehler *m*
négligent(e) [negliʒɑ̃, ʒɑ̃t] *adj élève, employé* nachlässig
négliger [negliʒe] <2a> **I.** *vt* ❶ *(se désintéresser de)* vernachlässigen *devoirs, santé, tenue;* ungenutzt lassen *occasion;* außer Acht lassen *conseil, détail, fait* ❷ *(délaisser)* vernachlässigen *ami, épouse* ❸ *(omettre de faire)* versäumen **II.** *vpr* ***se*** ~ sich vernachlässigen
négoce [negɔs] *m (soutenu)* Handel *m;* ***faire du ~ avec qn*** mit jdm handeln
négociable [negɔsjabl] *adj* ❶ COM übertragbar ❷ *a.* POL *(discutable)* aushandelbar ❸ FIN *créance, effet* marktfähig; *titre* börsenfähig, marktfähig, begebbar *Fachspr.;* ~ ***en Bourse*** *titre* börsenfähig
négociant(e) [negɔsjɑ̃, jɑ̃t] *m(f)* Händler(in) *m(f);* ~ ***en gros*** Großhändler
négociateur, -trice [negɔsjatœʀ, -tʀis] *m, f* Unterhändler(in) *m(f)*
négociation [negɔsjasjɔ̃] *f gén pl* COM, JUR, POL Verhandlung *f;* ***~s sur la coalition*** Koalitionsverhandlungen *Pl*
négocier [negɔsje] <1> **I.** *vi* POL ~ ***avec qn*** mit jdm verhandeln **II.** *vt* ❶ COM, JUR, POL ~ ***la capitulation avec qn*** *(discuter)* mit jdm über die Kapitulation verhandeln; *(obtenir après discussion)* die Kapitulation mit jdm aushandeln ❷ *(réaliser après négociation)* aushandeln, abschließen *affaire, vente* ❸ AUT nehmen *tournant, virage*
nègre [nɛɡʀ] *m* ❶ *(péj)* Neger *m pej* ❷ LITTER Ghostwriter *m*
négresse [negʀɛs] *f (péj)* Negerin *f pej*
négrier, -ière [negʀije, -jɛʀ] *m, f* ❶ HIST Sklavenhändler(in) *m(f)* ❷ *(exploiteur)* Ausbeuter(in) *m(f)*
négro [negʀo] *m (péj)* Neger *m pej*
neige [nɛʒ] *f* ❶ METEO Schnee *m* ❷ GASTR ***battre les blancs [d'œufs] en*** ~ das Eiweiß zu Schnee schlagen ▸ **être blanc comme** ~ eine weiße Weste haben *fam*
neiger [neʒe] <2a> *vi impers* ***il neige*** es schneit
neigeux, -euse [nɛʒø, -ʒøz] *adj* schneebedeckt; ***temps*** ~ Schneewetter *nt*
néné [nene] *m (fam)* Titte *f*
nénette [nenɛt] *f (fam)* Tussi *f* ▸ **se casser la** ~ *(fam: chercher à comprendre)* sich *dat* den Kopf zerbrechen; *(faire des efforts)* sich *dat* einen abrechen *fam*
nenni [neni] *adv (hum)* nein
nénuphar [nenyfaʀ] *m* Seerose *f*
néocapitalisme [neokapitalism] *m* Neokapitalismus *m*
néocapitaliste [neokapitalist] **I.** *adj* neokapitalistisch **II.** *mf* Neokapitalist(in) *m(f)*
néoclassicisme [neoklasisism] *m* Neoklassizismus *m*
néoclassique [neoklasik] *adj* neoklassizistisch
néocolonialisme [neokɔlɔnjalism] *m* Neokolonialismus *m*
néocolonialiste [neokɔlɔnjalist] **I.** *adj* neokolonialistisch **II.** *mf* Neokolonialist(in) *m(f)*
néofachisme [neofaʃism] *m* Neofaschismus *m*
néofasciste [neofaʃist] **I.** *adj* neofaschistisch **II.** *mf* Neofaschist(in) *m(f)*
néogothique [neogɔtik] **I.** *adj* neugotisch **II.** *m* Neugotik *f*
néolibéral(e) [neolibeʀal, o] <-aux> **I.** *adj* neoliberal **II.** *m(f)* Neoliberale(r) *f(m)*
néolibéralisme [neolibeʀalism] *m* Neoliberalismus *m*
néologisme [neɔlɔʒism] *m* Neologismus *m*
néon [neɔ̃] *m* ❶ CHIM Neon *nt* ❷ *(tube fluorescent)* Neonröhre *f*
néonatal(e) [neonatal] <s> *adj* neonatal; ***mortalité ~e*** Neugeborenensterblichkeit *f*
néonazi(e) [neonazi] **I.** *adj* neonazistisch **II.** *m(f)* Neonazi *mf*
néonazisme [neonazism] *m* Neonazismus *m*
néoplasme [neɔplasm] *m* BIO Zellwucherung *f*
néoprène® [neɔpʀɛn] *m* Neopren® *nt*
Népal [nepal] *m* ***le*** ~ Nepal *nt*
néphrétique [nefʀetik] *adj* ***coliques ~s*** Nierenkoliken *Pl*
néphrite [nefʀit] *f* MINER Nephrit *m*
néphrologue [nefʀɔlɔg] *mf* MED Nierenspezialist(in) *m(f)*, Nephrologe *m*/Nephrologin *f Fachspr.*
népotisme [nepɔtism] *m* Vetternwirtschaft *f*
Neptune [nɛptyn] *f* ASTRON Neptun *m*
nerf [nɛʀ] *m* ❶ ANAT, MED Nerv *m* ❷ *pl*

PSYCH Nerven *Pl;* ***avoir les ~s fragiles*** schwache Nerven haben; ***avoir des ~s d'acier*** [*o* ***les ~s à toute épreuve***] Nerven wie Drahtseile haben *fam;* ***avoir les ~s à vif*** nervös sein; ***être sur les ~s*** *(fam)* unruhig sein; ***être malade des ~s*** nervenkrank sein ③ *(tendon, ligament)* Sehne *f* ▶ **passer ses ~s sur qn/qc** *(fam)* sich an jdm/etw abreagieren; **taper sur les ~s à qn** *(fam)* jdm auf die Nerven gehen; **vivre sur les ~s** *(fam)* [nervlich] angespannt sein; **du ~!** *(fam)* reiß dich zusammen!

Aussprache
Das -f ist entgegen der Regelaussprache in **nerf** stumm.

nerveusement [nɛʀvøzmɑ̃] *adv* ① nervös ② *(avec vigueur)* kraftvoll; ***démarrer ~*** spritzig anfahren ③ *(sur le plan nerveux)* nervlich

nerveux, -euse [nɛʀvø, -øz] **I.** *adj* ① ANAT, MED *spasme, troubles* nervös ② *(irritable)* nervös; *animal, personne* unruhig ③ *(émotif)* empfindlich ④ *(vigoureux)* dynamisch; *style* ausdrucksvoll; *moteur, voiture* spritzig **II.** *m, f* nervöser Mensch; ***c'est un [grand] ~*** er ist ein Nervenbündel

N

nervosité [nɛʀvozite] *f* Nervosität *f*

nervure [nɛʀvyʀ] *f* BOT Blattaderung *f;* ZOOL Ader *f;* ARCHIT, TECH Rippe *f*

n'est-ce pas [nɛspɑ] *adv* ① *(invitation à acquiescer)* ***~?*** oder [etwa nicht]?; ***vous viendrez, ~?*** Sie kommen doch, oder? ② *(renforcement)* nicht [wahr]

net(te) [nɛt] **I.** *adj* ① *postposé (propre)* sauber; *copie, intérieur* ordentlich ② *postposé (précis)* klar; *position, réponse* eindeutig ③ *a. antéposé (évident)* klar; *amélioration, différence, tendance* spürbar ④ *postposé (distinct)* klar; *dessin, écriture* sauber; *contours, image* scharf; *cassure, coupure* glatt; *souvenir* deutlich ⑤ *(fam: opp: cinglé)* klar [im Kopf] ⑥ *postposé* COM, FIN ***salaire ~*** Nettolohn *m;* ***produit ~*** Reinertrag *m;* ***être ~ d'impôt*** steuerfrei sein **II.** *adv* ① *se casser* glatt; *s'arrêter* abrupt; ***être tué ~*** auf der Stelle tot sein ② *dire, refuser* klar und deutlich ③ COM netto

Falsche Freunde
Nicht verwechseln mit *nett – gentil(gentille)!*

Net [nɛt] *m* ***le ~*** das Netz, das Web

netclub [nɛtklœb] *m* Internetclub *m*

netéconomie [nɛtekɔnɔmi] *f* Internetwirtschaft *f*

nétiquette [netikɛt] *f* INFORM Netiquette *f*

nettement [nɛtmɑ̃] *adv* ① *(sans ambiguïté)* unmissverständlich ② *(distinctement)* deutlich; *se détacher* scharf; *se souvenir* genau ③ *(largement)* eindeutig; ***~ moins/plus*** deutlich weniger/mehr

netteté [nɛtte] *f* ① *(précision)* Klarheit *f* ② *(caractère distinct, franc)* Klarheit *f; des contours, d'une image* Schärfe *f*

nettoiement [netwamɑ̃] *m* Reinigung *f; de la forêt* Ausholzen *nt;* ***~ du sol*** [*o* ***des terres***] Unkrautvernichtung *f;* ***les services de ~*** die Müllabfuhr

nettoyage [netwajaʒ] *m* ① *(lavage)* Reinigen *nt,* Reinigung *f; d'une pièce* Putzen *nt;* ***~ à sec*** chemische Reinigung ② MIL, POL Säuberung *f*

nettoyant [netwajɑ̃] *m* Reinigungsmittel *nt;* ***~ W.-C.*** WC-Reiniger *m*

nettoyer [netwaje] <6> **I.** *vt* ① *(laver)* putzen, reinigen *plaie, tapis;* ***~ la table à l'eau/avec la brosse*** den Tisch mit Wasser/der Bürste reinigen; ***~ à fond la maison*** das Haus gründlich putzen ② *(fam: ruiner)* ruinieren ③ *(fam: épuiser)* [total] schaffen **II.** *vpr* ***se ~*** *personne:* sich säubern; *animal:* sich putzen

nettoyeur [netwajœʀ] *m (appareil)* Reiniger *m,* Reinigungsmaschine *f;* ***~ vapeur*** Dampfreiniger; ***~ à haute pression*** Hochdruckreiniger

nettoyeuse [netwajøz] *f* ① *(personne)* Putzkraft *f,* Putzfrau *f;* ***~ de vitres*** Fensterputzerin *f* ② *(appareil, machine)* Reinigungsmaschine *f*

neuf, neuve [nœf, nœv] *adj* neu; ***flambant ~*** [funkel]nagelneu *fam* ▶ **quelque chose/rien de ~** etwas/nichts Neues

neuf[1] [nœf] **I.** *num* neun **II.** *m inv* Neun *f; v. a.* **cinq**

neuf[2] [nœf] *m* Neue(s) *nt* ▶ **il y a du ~** es gibt etwas Neues

neurasthénie [nøʀasteni] *f* Nervenschwäche *f; (pessimisme)* Depressionen *Pl;* ***faire de la ~*** Depressionen haben

neurasthénique [nøʀastenik] *adj* depressiv

neurochirurgie [nøʀoʃiʀyʀʒi] *f* Neurochirurgie *f*

neurochirurgien(ne) [nøʀoʃiʀyʀʒjɛ̃, jɛn] *m(f)* Neurochirurg(in) *m(f)*

neuroleptique [nøʀɔlɛptik] *m* Neuroleptikum *nt*

neurologie [nøʀɔlɔʒi] *f* Nervenheilkunde *f*
neurologique [nøʀɔlɔʒik] *adj* neurologisch
neurologue [nøʀɔlɔg] *mf* Neurologe *m*/ Neurologin *f*
neurone [nøʀon] *m* ❶ BIO, INFORM Neuron *nt* ❷ *pl (cerveau)* graue Zellen *Pl*
neuropathie [nøʀopati] *f* Nervenleiden *nt,* Nervenkrankheit *f*
neuropathologie [nøʀopatɔlɔʒi] *f* Neuropathologie *f*
neurophysiologie [nøʀofizjɔlɔʒi] *f* Neurophysiologie *f*
neuropsychiatre [nøʀopsikjatʀ] *mf* Neuropsychiater(in) *m(f)*
neutralisation [nøtʀalizasjɔ̃] *f* ❶ POL, MIL Neutralisierung *f* ❷ *(mise hors d'état de nuire)* Ausschaltung *f*
neutraliser [nøtʀalize] <1> **I.** *vt* ❶ *(empêcher d'agir)* ausschalten *concurrent, système;* zu Fall bringen *projet;* zunichtemachen *efforts* ❷ *(mettre hors d'état de nuire)* unschädlich machen *ennemi, gang* **II.** *vpr* ***se*** ~ *influences, produits:* sich neutralisieren
neutraliste [nøtʀalist] **I.** *adj* neutralistisch **II.** *mf* Verfechter(in) *m(f)* des Neutralismus
neutralité [nøtʀalite] *f* ❶ *(impartialité)* Neutralität *f; d'un livre, rapport* neutraler Charakter; *d'un enseignement* Ungebundenheit *f* ❷ POL, CHIM, ELEC Neutralität *f*
neutre [nøtʀ] **I.** *adj* ❶ *(impartial)* neutral; ***rester*** ~ neutral bleiben; ***être*** ~ *personne:* sich neutral verhalten; *livre, rapport:* einen neutralen Standpunkt vertreten ❷ *(qui ne choque pas)* neutral; *couleur, personne* unauffällig; *style* farblos ❸ POL neutral; *navire* unter neutraler Flagge ❹ CHIM, ELEC neutral; ***fil*** ~ Nullleiter *m* ❺ GRAM, LING sächlich; ***être du genre*** ~ ein Neutrum sein ❻ *(asexué)* geschlechtslos **II.** *m* ❶ *pl* POL neutrale Staaten *Pl* ❷ GRAM, LING Neutrum *nt* ❸ ELEC Nullleiter *m*
neutron [nøtʀɔ̃] *m* Neutron *nt*
neuvième [nœvjɛm] **I.** *adj antéposé* neunte(r, s) **II.** *mf* ***le/la*** ~ der/die/das Neunte **III.** *m (fraction)* Neuntel *nt; v. a.* **cinquième**
neuvièmement [nœvjɛmmɑ̃] *adv* neuntens
névé [neve] *m* Firn[schnee *m*] *m*
neveu [n(ə)vø] <x> *m* Neffe *m*
névralgie [nevʀalʒi] *f* ❶ *(douleur du nerf)* Neuralgie *f;* ~ ***sciatique*** Ischias *m* ❷ *(mal de tête)* Kopfschmerzen *Pl*
névralgique [nevʀalʒik] *adj* ❶ MED neuralgisch; ***centre*** ~ Nervenzentrum *nt* ❷ *point* neuralgisch
névrite [nevʀit] *f* Nervenentzündung *f*
névrose [nevʀoz] *f* Neurose *f*
névrosé(e) [nevʀoze] **I.** *adj* neurotisch **II.** *m(f)* Neurotiker(in) *m(f)*
névrotique [nevʀɔtik] *adj* neurotisch
new-look [njuluk] *inv* **I.** *adj politique, style* neuartig **II.** *m* Newlook *m*
newsgroup [njuzgʀup] *m* INFORM Newsgroup *f*
newton [njutɔn] *m* Newton *nt*
newtonien(ne) [njutɔnjɛ̃, jɛn] *adj* newtonsche(r, s)
nez [ne] *m* ❶ ANAT Nase *f;* ***saigner du*** ~ Nasenbluten haben ❷ AVIAT, NAUT *d'un avion* Nase *f; d'un bateau* Bug *m;* GEOG Bergnase ▶ **comme le ~ au milieu de la figure** *(fam)* das sieht [selbst] ein Blinder; **avoir le ~ fin** eine feine Nase haben; *fig)* eine Spürnase haben; **avoir du ~** *(fam) personne:* eine feine Nase haben; *animal:* einen feinen Spürsinn haben; *(pour qc/ une affaire)* den richtigen Riecher haben; **avoir le ~ dans les livres/mots croisés** dauernd über den Büchern/den Kreuzworträtseln hocken *fam;* **se bouffer** [*o* **se manger**] **le ~** *(fam)* sich in den Haaren liegen; **se casser le ~** *(fam)* auf die Nase fallen; **fourrer son ~ dans qc** *(fam)* seine Nase in etw *akk* stecken; **pendre au ~ à qn** jdm blühen; **piquer du ~** *(fam: s'endormir)* einnicken; *(descendre à pic):* ***l'avion a piqué du*** ~ das Flugzeug ist im Sturzflug heruntergegangen *fam;* **[re]tomber sur le ~ de qn** *(fam)* auf jdn zurückfallen; ~ **à** ~ Auge in Auge; **raccrocher au ~ de qn** einfach auflegen *fam;* **rire au ~ de qn** jdm ins Gesicht lachen; **devant** [*o* **sous**] **le ~ de qn** *(fam)* vor jds Augen *dat*
NF [ɛnɛf] *f abr de* **norme française** französische Norm
ni [ni] *conj* ❶ *après une autre nég* ***il ne sait pas dessiner ~ peindre*** er kann weder zeichnen noch malen; ***il n'a rien vu ~ personne*** er hat nichts und niemand gesehen; ***rien de fin ~ de distingué*** weder etwas Feines noch etwas Vornehmes ❷ *entre deux négations* ***je ne l'aime ~ ne l'estime*** weder liebe [ich ihn], noch schätze ich ihn *geh* ❸ *(alternative négative)* ***~ l'un ~ l'autre*** keiner von beiden; ***~ plus ~ moins que*** nicht mehr und nicht weniger als
niais(e) [njɛ, njɛz] **I.** *adj* albern; *style* einfältig **II.** *m(f)* Einfaltspinsel *m fam*
niaisement [njɛzmɑ̃] *adv* dümmlich

N

niaiserie [njɛzʀi] *f* ❶ *(simplicité)* Einfalt *f* ❷ *(chose sotte)* Unsinn *m kein Pl*
niaque [ɲak] *v.* **gnaque**
nibar[d] [nibaʀ] *m (arg)* Titte *f*
Nicaragua [nikaʀagwa] *m* ***le*** ~ Nicaragua *nt*
Nice [nis] Nizza *nt*
niche [niʃ] *f* ❶ *(abri)* [Hunde]hütte *f* ❷ *(alcôve)* Nische *f*
nicher [niʃe] <1> **I.** *vi* ❶ *(nidifier)* nisten ❷ *(fam: habiter)* hausen **II.** *vpr* ***se*** ~ ***dans un arbre*** sich in einem Baum einnisten
nichon [niʃɔ̃] *m (fam)* Titte *f sl*
nickel [nikɛl] **I.** *m* Nickel *nt* **II.** *adj inv (fam)* ❶ *(impeccable)* blitzblank ❷ *(super)* super
niçois(e) [niswa, waz] *adj* ❶ *(de Nice)* aus [*o* von] Nizza ❷ ***salade*** ***~e*** Nizza-Salat *m*
nicotine [nikɔtin] *f* Nikotin *nt*
nid [ni] *m* ZOOL Nest *nt;* ~ ***d'aigle*** Adlerhorst *m*
nid-d'abeilles [nidabɛj] <nids-d'abeilles> *m* COUT Waffelmuster *nt;* TECH Lamellen *Pl* **nid-de-poule** [nidpul] <nids-de--poule> *m* Schlagloch *nt*
nidification [nidifikasjɔ̃] *f* Nestbau *m;* ***colonie de*** ~ Brutkolonie *f*
nidifier [nidifje] <1a> *vi* nisten
nièce [njɛs] *f* Nichte *f*
nième [ɛnjɛm] *adj v.* **énième**
nier [nje] <1> **I.** *vt* ❶ *(contester)* leugnen; ~ ***qu'il mente*** bestreiten, dass er lügt ❷ *(refuser l'idée de)* verleugnen **II.** *vi* leugnen
nigaud(e) [nigo, od] **I.** *adj (vieilli)* einfältig **II.** *m(f) (vieilli)* Dummkopf *m;* ***gros*** ~ du Dummerchen
Niger [niʒɛʀ] *m* ***le*** ~ Niger *nt*
Nigeria [niʒeʀja] *m* ***le*** ~ Nigeria *nt*
nigérian(e) [niʒeʀjɑ̃, jan] *adj* nigerianisch
Nigérian(e) [niʒeʀjɑ̃, jan] *m(f)* Nigerianer(in) *m(f)*
nigérien(ne) [niʒeʀjɛ̃, jɛn] *adj* nigrisch
Nigérien(ne) [niʒeʀjɛ̃, jɛn] *m(f)* Nigrer(in) *m(f)*
night-club [najtklœb] <night-clubs> *m* Nachtklub *m*
nihilisme [niilism] *m* Nihilismus *m*
nihiliste [niilist] **I.** *adj* nihilistisch **II.** *mf* Nihilist(in) *m(f)*
Nil [nil] *m* ***le*** ~ der Nil
n'importe [nɛ̃pɔʀt] *v.* **importer**
niôle [ɲol] *f v.* **gnôle**
nippes [nip] *fpl (péj fam)* Klamotten *Pl pej fam*
nippon, -on[n]e [nipɔ̃, -ɔn] *adj* japanisch
Nippon, -on[n]e [nipɔ̃, -ɔn] *m, f* Japaner(in) *m(f)*
nique [nik] *f (fam)* ▸ **faire la ~ à qn** jdn reinlegen; *(se moquer)* sich über jdn lustig machen; *(échapper)* jdm entwischen
niquer [nike] <1> *vt (vulg)* ficken
nirvana [niʀvana] *m* Nirwana *nt*
nitouche [nituʃ] *f* ▸ **sainte** ~ Unschuldsengel *m;* ***avec son air de sainte*** ~ mit seiner/ihrer Unschuldsmiene
nitrate [nitʀat] *m* Nitrat *nt*
nitrique [nitʀik] *adj* ***acide*** ~ Salpetersäure *f*
niveau [nivo] <x> *m* ❶ *(hauteur)* Höhe *f; d'essence, huile* -stand *m; des devises, de la production, d'études* Stand *m;* ***le*** ~ ***de la nappe phréatique*** der Grundwasserspiegel ❷ *(degré)* Niveau *nt;* ~ ***culturel*** [*o* ***de culture***] Bildungsniveau; ~ ***de vie*** Lebensstandard *m* ❸ TECH Wasserwaage *f* ▸ **au plus haut** ~ auf höchster Ebene; **au** ~ **de qn/qc** *(espace)* auf jds Höhe/auf der Höhe einer S. *gen; (valeur)* auf jds Stand/auf dem Stand einer S. *gen;* ***au*** ~ ***des prix/de la qualité*** in Bezug auf die Preise/die Qualität; ***au*** ~ ***local/national/émotionnel*** auf lokaler/nationaler/emotionaler Ebene; ***au*** ~ ***de l'U.E.*** auf EU-Ebene
niveler [nivle] <3> *vt* nivellieren, [ein]ebnen *sol, terrain*
nivellement [nivɛlmɑ̃] *m* ❶ Einebnen *nt* ❷ *(égalisation)* Angleichung *f*
noble [nɔbl] **I.** *adj* adlig **II.** *mf* Adlige(r) *f(m)*
noblement [nɔbləmɑ̃] *adv* ❶ edelmütig ❷ *(dignement)* stolz
noblesse [nɔblɛs] *f* ❶ *(aristocratie)* Adel *m* ❷ *(dignité)* Würde *f*
nobliau [nɔblijo] <x> *m* Angehörige(r) *m* des niederen Adels
noce [nɔs] *f a. pl* Hochzeit *f;* ***~s d'argent/d'or*** silberne/goldene Hochzeit ▸ **convoler en justes ~s** *(hum)* in den Hafen der Ehe einlaufen; **faire la** ~ *(fam)* in Saus und Braus leben
noceur, -euse [nɔsœʀ, -øz] *m, f* Genussmensch *m*
nocif, -ive [nɔsif, -iv] *adj* schädlich; *influence, habitude, climat* schlecht; *idée, théorie* gefährlich
nocivité [nɔsivite] *f* Schädlichkeit *f;* ~ ***pour l'environnement*** Umweltschädlichkeit
noctambule [nɔktɑ̃byl] *mf* Nachtschwärmer(in) *m(f)*
nocturne [nɔktyʀn] **I.** *adj* nächtlich *nt;* ***vente*** ~ CH Abendverkauf *m* CH **II.** *f (mani-*

festation nocturne) Abendveranstaltung *f;* ***en*** ~ am [späten] Abend

nodosité [nɔdozite] *f* Knoten *m*

nodule [nɔdyl] *m* ❶ MED Knötchen *nt* ❷ GEOL Knolle *f*

Noé [noe] *m* Noah *m*

Noël [nɔɛl] *m* ❶ REL Weihnachten *nt;* ***arbre de*** ~ Weihnachtsbaum; ***nuit de*** ~ Heilige Nacht; ***joyeux*** ~ fröhliche Weihnachten ❷ *(période de Noël)* Weihnachten *Pl* ▶ ~ **au balcon, Pâques au tison** *(prov)* Weihnachten im Klee, Ostern im Schnee

Land und Leute

Für die Franzosen ist **Noël** am 25. Dezember. An diesem Tag findet gleich nach dem Frühstück die Bescherung statt. Die Erwachsenen beschenken sich im Anschluss daran beim Aperitif vor dem Mittagessen. Am Vorabend, dem 24., gehen viele Familien um Mitternacht in die Christmette. Einen zweiten Weihnachtsfeiertag gibt es in Frankreich nicht.

nœud [nø] *m* ❶ *(boucle)* Knoten *m;* ***double*** ~ doppelter Knoten; ~ ***papillon*** Fliege *f* ❷ *(vitesse)* Knoten *m* ❸ *(protubérance)* Knoten *m; d'un bois* Ast *m* ❹ *d'une pièce, d'un roman* Knoten *m; d'un débat* springender Punkt *m* ❺ *(ornement)* Schleife *f*

noie [nwa] *indic et subj prés de* **noyer**

noierai [nwaʀe] *fut de* **noyer**

noir [nwaʀ] *m* ❶ *(couleur, vêtement)* Schwarz *nt;* ***habillé en*** ~ schwarz gekleidet ❷ *(obscurité)* Dunkel *nt,* Dunkelheit *f;* ***dans le*** ~ im Dunkeln ❸ *(fam: café)* schwarzer Kaffee ❹ PHOT ~ ***et blanc*** schwarz-weiß ▶ ~ **sur blanc** schwarz auf weiß; **broyer du** ~ Trübsal blasen *fam;* **peindre tout en** ~ alles schwarzsehen; **au** ~ schwarz; ***travail au*** ~ Schwarzarbeit *f*

noir(e) [nwaʀ] *adj* ❶ *a.* LITTER, CINE *(opp: blanc)* schwarz; *ciel* finster; *temps* düster; ***série ~e*** schwarze Serie; ~ ***comme l'encre*** [kohl]rabenschwarz ❷ *(foncé)* ***blé*** ~ Buchweizen *m;* ***lunettes ~es*** Sonnenbrille *f;* ***du raisin*** ~ blaue [Wein]trauben *Pl;* ***la rue est ~e de monde*** die Straße wimmelt von Menschen ❸ *(propre à la race)* der Schwarzen; *musique* schwarz; ***problème*** ~ Rassenproblem *nt;* ***l'Afrique ~e*** Schwarzafrika *nt* ❹ *(obscur)* finster; *ombre* schwarz ❺ *(sinistre)* düster; *humour* schwarz ❻ *(illégal)* ***marché*** ~ Schwarzmarkt *m*

Noir(e) [nwaʀ] *m(f)* Schwarze(r) *f(m)*

noirâtre [nwaʀɑtʀ] *adj* schwärzlich

noiraud(e) [nwaʀo, od] **I.** *adj* dunkel[häutig] **II.** *m(f)* dunkelhäutiger Typ

noirceur [nwaʀsœʀ] *f* ❶ *(perfidie)* Niedertracht *f; de l'âme* Schwärze *f; d'un crime, forfait* Ruchlosigkeit *f* ❷ *(caractère sinistre)* schwarze Natur

noircir [nwaʀsiʀ] <8> **I.** *vt* ❶ *(salir)* schwarz machen, schwärzen *visage* ❷ *(colorer)* schwarz färben *étoffe* ❸ *(dénigrer)* ~ ***la réputation de qn*** jdn in Verruf bringen ❹ *(couvrir d'écriture)* voll schreiben *cahier, feuille* **II.** *vi façade, fruit:* schwarz werden; *ciel:* sich verdunkeln; *bois, couleur:* nachdunkeln; *peau, personne:* braun werden **III.** *vpr* ***se*** ~ *façade:* schwarz werden; *ciel:* sich verdunkeln; *bois, couleur:* nachdunkeln

noire [nwaʀ] *f* MUS Viertelnote *f*

noise [nwaz] *f* ▶ **chercher** ~ [*o* **des ~s**] **à qn** Streit mit jdm suchen

noisetier [nwaztje] *m* Hasel[nuss]strauch *m*

noisette [nwazɛt] **I.** *f* ❶ *(fruit)* Haselnuss *f* ❷ GASTR ***une*** ~ ***de beurre*** eine Flocke Butter **II.** *adj inv* haselnussbraun

noix [nwa] *f* ❶ *(fruit)* [Wal]nuss *f;* ~ ***de cajou*** Cashewkern *m;* ~ ***de macadamia*** Macadamianuss *f* ❷ *(péj: individu stupide)* dumme Nuss ❸ *(viande)* Nuss *f* ❹ *(quantité)* ***une*** ~ ***de beurre*** ein walnussgroßes Stück Butter ▶ **à la** ~ [**de coco**] *(fam)* wertlos; ***des promesses à la*** ~ leere Versprechungen

nom [nɔ̃] *m* ❶ *(dénomination)* Name *m;* ~ ***patronymique*** Familienname *m;* ~ ***commun/propre*** Gattungs-/Eigenname *m;* ***quel est le*** ~ ***de ...?*** wie heißt ...?; ***je ne le connais que de*** ~ ich kenne ihn nur dem Namen nach; ***qn donne son*** ~ ***à qn/qc*** jd/etw wird nach jdm benannt ❷ GRAM Substantiv *nt,* Nomen *nt;* ~ ***féminin/masculin/neutre*** Femininum *nt*/Maskulinum *nt*/Neutrum *nt;* ~ ***composé*** Kompositum *nt* ▶ ~ **d'un chien!**, ~ **d'une pipe!** verdammt [noch mal]!; ~ **de Dieu** [**de** ~ **de Dieu**]! *(de surprise)* ach du lieber Gott!; *(de colère)* verdammt noch mal!; ~ **à coucher dehors** *(fam)* unaussprechlicher Name; **porter bien/mal son** ~ seinen Namen zu Recht/zu Unrecht tragen; **traiter qn de tous les ~s** jdn übel beschimpfen; **au** ~ **du Père, du Fils et du**

N

Saint-Esprit im Namen des Vaters, des Sohnes und des Heiligen Geistes

nomade [nɔmad] **I.** *adj* ❶ *(opp: sédentaire)* Nomaden-; ZOOL wandernd ❷ *(errant)* ruhelos **II.** *mf* Nomade *m*/Nomadin *f*

no man's land [nomanslɑ̃d] *m inv* Niemandsland *nt*

nombre [nɔ̃bʀ] *m* ❶ MATH Zahl *f;* ~ ***cardinal*** Kardinalzahl; ~ ***premier*** Primzahl ❷ *(quantité)* [An]zahl *f;* ***en grand*** ~ zahlreich ❸ GRAM Numerus *m*

nombreux, **-euse** [nɔ̃bʀø, -øz] *adj* zahlreich; *foule, clientèle, famille* groß

nombril [nɔ̃bʀil] *m* [Bauch]nabel *m*

nombrilisme [nɔ̃bʀilism] *m (fam)* Nabelschau *f;* ***faire du*** ~ Nabelschau betreiben

nomenclature [nɔmɑ̃klatyʀ] *f* ❶ *d'un dictionnaire* Stichwortliste *f* ❷ *(terminologie)* Nomenklatur *f;* GRAM Terminologie *f*

nominal(e) [nɔminal, -o] <-aux> *adj* GRAM *forme, groupe, proposition* Nominal-; *emploi* substantivisch

nominalement [nɔminalmɑ̃] *adv* ❶ *(de nom)* nominell ❷ GRAM substantivisch, nominal ❸ *(par son nom)* namentlich

nominatif, **-ive** [nɔminatif, -iv] *m, f* GRAM Nominativ *m*

nomination [nɔminasjɔ̃] *f (désignation)* Ernennung *f;* ~ ***à un poste de directeur/de professeur*** Ernennung zum Direktor/Einstellung *f* als Lehrer

nominativement [nɔminativmɑ̃] *adv* namentlich

nominé(e) [nɔmine] **I.** *adj* nominiert **II.** *m(f)* Nominierte(r) *f(m),* Preisanwärter(in) *m(f)*

nommé(e) [nɔme] *adj* ❶ *(qui s'appelle)* namens; *(cité)* genannt ❷ *(désigné)* ernannt ❸ ▸ **à point** ~ im rechten Augenblick

nommément [nɔmemɑ̃] *adv* namentlich

nommer [nɔme] <1> *vt* ❶ *(appeler)* nennen *personne;* benennen *chose* ❷ *(citer)* nennen; ***quelqu'un que je ne nommerai pas*** jemand, den ich nicht nennen möchte ❸ *(désigner)* ernennen, beauftragen *avocat, expert;* ~ ***qn à un poste/à une fonction*** jdn auf einen Posten/in ein Amt berufen ▸ **pour ne pas le/la** ~ *(hum)* um keinen Namen zu nennen

non [nɔ̃] **I.** *adv* ❶ *(réponse)* nein; ***je pense que*** ~ ich glaube nicht; ***moi*** ~, ***mais*** ich nicht, aber; ***ah*** ~***!*** oh nein!; ***ça*** ~***!*** das kommt nicht infrage!; ***mais*** ~***!*** *(atténuation)* ach was! *fam; (insistance)* nein!; ***[oh] que*** ~***!*** *(fam)* nein, niemals!; *(réponse à une question positive)* von wegen! ❷ *(opposition)* nicht; ***moi*** ~ ***plus*** ich auch nicht; ***il n'en est pas question*** ~ ***plus*** das kommt ebenso wenig infrage; ~ ***seulement ..., mais encore*** nicht nur ..., sondern auch ❸ *(fam: sens interrogatif)* ***vous venez,*** ~***?*** Sie kommen doch, oder?; ~***, pas possible!*** ehrlich? ❹ *(sens exclamatif)* ~***, par exemple!*** das ist doch nicht zu fassen!; ~ ***mais [alors]!*** *(fam)* also ehrlich!; ~***, mais dis donc!*** *(fam)* was fällt dir denn ein! ❺ *(qui n'est pas)* ~ ***négligeable*** beträchtlich; ~ ***polluant*** umweltfreundlich **II.** *m inv* Nein *nt;* ***48% de*** ~ 48% Neinstimmen; ***répondre par un*** ~ ***catégorique*** kategorisch ablehnen

nonagénaire [nɔnaʒenɛʀ] **I.** *adj* neunzigjährig, neunzig Jahre alt; ***être*** ~ *(avoir 90 ans)* neunzig Jahre alt sein; *(être âgé de 91 à 99 ans)* in den Neunzigern sein **II.** *mf (personne âgée de 90 ans)* Neunzigjährige(r) *f(m); (personne qui a entre 90 et 99 ans)* Neunziger(in) *m(f)*

non-agression [nɔnagʀesjɔ̃] <non-agressions> *f* ***pacte de*** ~ Nichtangriffspakt *m* **non-aligné(e)** [nɔnaliɲe] <non-alignés> *adj* bündnisfrei, blockfrei

nonante [nɔnɑ̃t] *num* BELG, CH *(quatre-vingt-dix)* neunzig; *v. a.* **cinq, cinquante**

nonantième [nɔnɑ̃tjɛm] *adj antéposé* BELG, CH neunzigste(r, s); *v. a.* **cinquième**

non-appartenance [nɔ̃apaʀtənɑ̃s] *f* Nichtzugehörigkeit *f;* ~ ***à un parti*** Parteilosigkeit *f*

non-assistance [nɔnasistɑ̃s] <non-assistances> *f* ~ ***[à personne en danger]*** unterlassene Hilfeleistung **non-belligérance** [nɔ̃beliʒeʀɑ̃s, nɔ̃bɛlliʒeʀɑ̃s] <non-belligérances> *f* Status *m* einer nicht Krieg führenden Macht, ≈ Gewaltverzicht *m* **non-belligérant(e)** [nɔ̃beliʒeʀɑ̃, nɔ̃bɛlliʒeʀɑ̃] <non-belligérants> *adj personne* nicht Krieg führend, Gewaltverzicht übend; ***être*** ~ nicht am Krieg beteiligt sein, Gewaltverzicht üben

nonchalamment [nɔ̃ʃalamɑ̃] *adv* lässig

nonchalance [nɔ̃ʃalɑ̃s] *f* ❶ *(paresse)* Nachlässigkeit *f; (calme)* Gelassenheit *f;* ***avec*** ~ nachlässig ❷ *(lenteur) d'une démarche* Gemächlichkeit *f; d'une pose, d'un geste* Lässigkeit *f;* ***avec*** ~ gemächlich/lässig

nonchalant(e) [nɔ̃ʃalɑ̃, ɑ̃t] *adj* ❶ *(paresseux)* nachlässig; *(calme)* gelassen; ***humeur*** ~***e*** Gelassenheit *f* ❷ *(lent)* gemächlich; *(alangui)* lässig, ungezwungen

non-conducteur, **-trice** [nɔ̃kɔ̃dyktœʀ,

N

-tris] <non-conducteurs> *adj fil* nicht leitend **non-conformiste** [nɔ̃kɔ̃fɔrmist] <non-conformistes> **I.** *adj* nonkonformistisch **II.** *mf* Nonkonformist(in) *m(f)* **non-conformité** [nɔ̃kɔ̃fɔrmite] <non-conformités> *f* Nichtübereinstimmung *f;* ~ ***avec qn/qc*** Abweichung *f* von jdm/etw **non-croyant(e)** [nɔ̃krwajɑ̃, jɑ̃t] <non-croyants> **I.** *adj* nichtgläubig **II.** *m(f)* Nichtgläubige(r) *f(m)* **non-dit** [nɔ̃di] <non-dits> *m* Unausgesprochene *nt* **non-exécution** [nɔnɛgzekysjɔ̃] <non-exécutions> *f d'un contrat* Nichterfüllung *f;* ***en cas de ~ du contrat*** bei Nichterfüllung des Vertrags **non-exercice** [nɔ̃ɛgzɛrsis] <non-exercices> *m* JUR Nichtausübung *f* **non-fumeur, -euse** [nɔ̃fymœr, -øz] <non-fumeurs> *m, f* Nichtraucher(in) *m(f)* **non-initié(e)** [nɔninisje] <non-initiés> **I.** *adj* ohne Fachkenntnisse; ***être*** ~ Laie sein, nicht vom Fach sein **II.** *m(f)* Laie *m,* Nichtfachmann *m/*-frau *f* **non-inscrit(e)** [nɔnɛ̃skri, it] <non-inscrits> **I.** *adj* ***être*** ~ fraktionslos sein **II.** *m(f)* Fraktionslose(r) *f(m)* **non-lieu** [nɔ̃ljø] <non-lieux> *m* Einstellung *f* des Verfahrens

nonne [nɔn] *f* Nonne *f*

non-paiement [nɔ̃pɛmɑ̃] <non-paiements> *m* Nichtbegleichung *f* **non-respect** [nɔ̃rɛspɛ] <non-respects> *m* Nichtbeachtung *f;* ~ ***de la loi*** Übertretung *f* des Gesetzes **non-sens** [nɔ̃sɑ̃s] *m inv* ❶ *(absurdité)* Unsinn *m* ❷ SCOL Sinnfehler *m* **non-stop** [nɔnstɔp] **I.** *adj inv* Nonstop- **II.** *m inv* ❶ MEDIA Nonstopprogramm *nt* ❷ *(vol)* Nonstopflug *m;* ***en*** ~ nonstop

Aussprache

Der Anglizismus **non-stop** wird auch in der französischen Sprache englisch ausgesprochen.

non-violence [nɔ̃vjɔlɑ̃s] <non-violences> *f* Gewaltfreiheit *f* **non-violent(e)** [nɔ̃vjɔlɑ̃, ɑ̃t] <non-violents> **I.** *adj* gewaltfrei **II.** *m(f)* Gegner(in) *m(f)* der Gewalt **non-voyant(e)** [nɔ̃vwajɑ̃, jɑ̃t] <non-voyants> *m(f)* Blinde(r) *f(m)*

nord [nɔr] **I.** *m* ❶ *(point cardinal)* Norden *m;* ***le*** ~ der Norden; ***au ~ de qc*** nördlich von etw; ***être exposé au*** ~ nach Norden gehen; ***dans le ~ de*** im Norden von; ***du*** ~ aus dem Norden; ***vers le*** ~ nach Norden ❷ POL ***le Nord*** der Norden; ***le grand Nord*** der hohe Norden; ***l'Europe du Nord*** Nordeuropa *nt;* ***le Nord canadien*** Nordkanada *nt* ▶ **perdre le** ~ *(perdre son calme)* außer Fassung geraten; *(perdre la raison)* den Kopf verlieren **II.** *adj inv* Nord-; *latitude, partie, banlieue* nördlich; ***l'hémisphère Nord*** die nördliche Hemisphäre; ***le pôle Nord*** der Nordpol

Nord [nɔr] **I.** *m (région, pays)* Norden *m;* ***le*** ~ der Norden; ***les gens du*** ~ die Leute aus dem Norden; ***l'Europe du*** ~ Nordeuropa *nt;* ***le ~ canadien*** Nordkanada *nt;* ***les Allemands du*** ~ die Norddeutschen; ***dans le*** ~ *(dans la région)* im Norden; *(vers la région)* in den Norden **II.** *adj inv* ***l'hémisphère*** ~ die nördliche Hemisphäre; ***le pôle*** ~ der Nordpol; ***le cap*** ~ das Nordkap

nord-africain(e) [nɔrafrikɛ̃, ɛn] <nord-africains> *adj* nordafrikanisch **Nord-Africain(e)** [nɔrafrikɛ̃, ɛn] <Nord-Africains> *m(f)* Nordafrikaner(in) *m(f)* **nord-américain(e)** [nɔramerikɛ̃, ɛn] <nord-américains> *adj* nordamerikanisch **Nord-Américain(e)** [nɔramerikɛ̃, ɛn] <Nord-Américains> *m(f)* Nordamerikaner(in) *m(f)* **nord-coréen(ne)** [nɔrkɔreɛ̃, ɛn] <nord-coréens> *adj* nordkoreanisch **Nord-Coréen(ne)** [nɔrkɔreɛ̃, ɛn] <Nord-Coréens> *m(f)* Nordkoreaner(in) *m(f)* **nord-est** [nɔrɛst] *m inv* Nordosten *m* **Nord-Est** [nɔrɛst] *m inv* Nordosten *m*

nordique [nɔrdik] *adj* nordisch

Nordique [nɔrdik] *mf* Nordländer(in) *m(f)*

nord-nord-est [nɔrnɔrɛst] *m inv* Nordnordost[en] *m*

nord-ouest [nɔrwɛst] *m inv* Nordwesten *m* **Nord-Ouest** [nɔrwɛst] *m inv* Nordwesten *m* **Nord-Sud** [nɔrsyd] *adj inv* Nord-Süd-

normal(e) [nɔrmal, -o] <-aux> *adj* ❶ *(ordinaire)* normal, gewöhnlich; ***redevenir*** ~ sich normalisieren ❷ *(compréhensible)* normal; ***il est/n'est pas ~ que*** *+subj* ***/de faire qc*** es ist/es ist nicht normal, dass/ etw zu tun ❸ *(sain)* normal

normale [nɔrmal] *f* ❶ *(état habituel)* Normalfall *m* ❷ *(norme)* Norm *f;* ***des capacités au-dessus de la*** ~ überdurchschnittliche Fähigkeiten ❸ METEO ***~s saisonnières*** jahreszeitliche Durchschnittswerte

normalement [nɔrmalmɑ̃] *adv* ❶ *(d'une manière normale, conformément aux normes) se passer* normal; ***tout passe*** ~ alles läuft normal, es ist alles im grünen Bereich ❷ *(habituellement, selon toute prévision)* normalerweise

normalisation [nɔrmalizasjɔ̃] *f* ❶ *(stan-*

N

dardisation) Normierung *f* ❷ POL *(retour à la normale)* Normalisierung *f*
normaliser [nɔʀmalize] <1> **I.** *vt* ❶ *(standardiser)* normen, vereinheitlichen ❷ *(rendre normal)* normalisieren, legalisieren *liaison* **II.** *vpr* ***se*** ~ sich normalisieren
normalité [nɔʀmalite] *f* Normalität *f*
normand(e) [nɔʀmɑ̃, ɑ̃d] *adj* ❶ GEOG der Normandie ❷ HIST normannisch
Normand(e) [nɔʀmɑ̃, ɑ̃d] *m(f)* ❶ GEOG Bewohner(in) *m(f)* der Normandie ❷ *pl* HIST ***les ~s*** die Normannen
Normandie [nɔʀmɑ̃di] *f* ***la*** ~ die Normandie
normatif, -ive [nɔʀmatif, -iv] *adj* normativ
norme [nɔʀm] *f* Norm *f;* ***rester dans la/être hors*** ~ sich innerhalb/außerhalb der Norm bewegen
Norvège [nɔʀvɛʒ] *f* ***la*** ~ Norwegen *nt*
norvégien [nɔʀveʒjɛ̃] *m* Norwegisch *nt; v. a.* **allemand**
norvégien(ne) [nɔʀveʒjɛ̃, jɛn] *adj* norwegisch
Norvégien(ne) [nɔʀveʒjɛ̃, jɛn] *m(f)* Norweger(in) *m(f)*
nos [no] *dét poss v.* **notre**
nostalgie [nɔstalʒi] *f* Wehmut *f;* ***avoir la ~ de qc*** sich nach etw sehnen
nostalgique [nɔstalʒik] *adj* nostalgisch
nota [bene] [nɔta(bene)] *m inv* Anmerkung *f*
notabilité [nɔtabilite] *f* angesehene Persönlichkeit; ***les ~s*** die Honoratioren
notable [nɔtabl] **I.** *adj* erheblich; *personne* von Rang **II.** *mf* angesehene Persönlichkeit
notablement [nɔtabləmɑ̃] *adv* erheblich
notaire [nɔtɛʀ] *m* Notar(in) *m(f)*
notamment [nɔtamɑ̃] *adv* vor allem
notarial(e) [nɔtaʀjal, jo] <-aux> *adj acte* notariell; *fonction* Notariats-
notariat [nɔtaʀja] *m* Notariat *nt*
notarié(e) [nɔtaʀje] *adj attestation* notariell; ***acte*** ~ Notariatsurkunde *f*
notation [nɔtasjɔ̃] *f* ❶ Notation *f* ❷ ADMIN Beurteilung *f;* SCOL Benotung *f*
note [nɔt] *f* ❶ SCOL, MUS Note *f* ❷ *(communication)* Notiz *f;* ~ ***diplomatique*** Note *f;* ~ ***de service*** Hausmitteilung *f* ❸ *(facture)* Rechnung *f;* ~ ***de 100 euros*** Rechnung über 100 Euro ❹ *(annotation)* Anmerkung *f;* ~ ***de bas de page*** Fußnote *f* ❺ *pl (compte rendu, support écrit)* Notizen *Pl;* ***parler sans ~s*** frei sprechen ▶ **fausse** ~ MUS falscher Ton; *(maladresse)* Zwischenfall *m;* **forcer la** ~ übertreiben; **prendre [bonne]** ~ **de qc** sich *dat* etw [gut] merken; **prendre qc en** ~ *(inscrire)* [sich *dat*] etw notieren; *(prendre conscience)* etw zur Kenntnis nehmen

Land und Leute
In den französischen Schulen benutzt man entweder die alphabetische Benotung von A bis E oder die geläufigere Bewertungsskala von 1 bis 10 bzw. 1 bis 20, in der 10 bzw. 20 die beste **note** ist. 15 wird dabei bereits als „bien", 16 und 17 als „très bien" bezeichnet.

noter [nɔte] <1> *vt* ❶ *(inscrire)* [sich *dat*] aufschreiben [*o* notieren] ❷ *(remarquer)* feststellen; ***notez-le bien, notons-le*** wohlgemerkt ❸ ADMIN, SCOL benoten, beurteilen *employé;* ~ ***qn/qc 12 sur 20*** jdn/etw mit 12 von 20 Punkten benoten ❹ *(souligner)* anstreichen; ~ ***qc d'une croix*** etw ankreuzen ❺ MUS notieren
notice [nɔtis] *f* ❶ *(mode d'emploi)* ~ *[explicative]* Gebrauchsanweisung *f* ❷ *(préface)* Einleitung *f*

Falsche Freunde
Nicht verwechseln mit *die Notiz* – *la note*!

notificatif, -ive [nɔtifikatif, -iv] *adj* Benachrichtigungs-; ***lettre notificative*** schriftliche Benachrichtigung
notification [nɔtifikasjɔ̃] *f* Mitteilung *f;* JUR Anzeige *f*
notifier [nɔtifje] <1a> *vt* zustellen *jugement;* ~ ***qc à qn*** jdm etw mitteilen
notion [nosjɔ̃] *f* ❶ *(idée)* Begriff *m;* ***la ~ de liberté*** der Begriff [der] Freiheit ❷ *(conscience)* ***la ~ de l'heure*** [*o* ***du temps***] das Zeitgefühl ❸ *pl (connaissances)* Ahnung *f;* ***avoir des ~s de qc*** Ahnung von etw haben
notoire [nɔtwaʀ] *adj* offenkundig; *criminel, bêtise, inconduite* notorisch
notoirement [nɔtwaʀmɑ̃] *adv (manifestement)* offenkundig; *(incontestablement)* notorisch; *connu, reconnu* allgemein
notoriété [nɔtɔʀjete] *f* ❶ *d'une personne, œuvre* Bekanntheitsgrad *m* ❷ *(caractère connu)* Bekanntheit *f;* ***être de ~ publique*** allgemein bekannt sein
notre [nɔtʀ, no] <nos> *dét poss* ❶ unser *m o nt,* uns[e]re *f;* ***comment va ~ petit malade?*** *(hum fam)* wie geht es denn uns[e]rem kleinen Patienten?; *v. a.* **ma,**

N

mon ❷ REL ***Notre Père qui êtes aux cieux*** Vater unser[, der du bist] im Himmel

nôtre [notʀ] *pron poss* ❶ ***le/la*** ~ der/die/das Uns[e]re, uns[e]re(r, s); ***les ~s*** die Uns[e]ren, uns[e]re ❷ *pl (ceux de notre famille)* ***les ~s*** unsere Angehörigen; *(nos partisans)* uns[e]re Anhänger; ***il est des ~s*** er gehört zu uns, er ist einer von uns ▸ **à la [bonne] ~!** *(fam)* auf unser Wohl!; *v. a.* **mien**

Notre-Dame [nɔtʀədam] *f inv* ❶ *(nom d'églises)* Marienkirche *f* ❷ *(en France)* Notre-Dame *f*

nouba [nuba] *f (fam)* Sause *f;* ***faire la ~ toute la nuit*** die ganze Nacht durchfeiern

nouer [nwe] <1> **I.** *vt* ❶ *(faire un nœud avec)* binden, zubinden *garrot, ceinture* ❷ *(entourer d'un lien)* zusammenbinden, verschnüren *paquet;* binden *bouquet* ❸ *(établir)* schließen *alliance, amitié;* knüpfen *contact, relation* ❹ *(paralyser)* ***l'émotion/les sanglots lui a/ont noué la gorge*** ihre/seine Kehle war vor Rührung/vor lauter Weinen wie zugeschnürt; ***l'angoisse lui a noué l'estomac*** vor Angst krampfte sich ihm/ihr der Magen zusammen **II.** *vpr* ❶ *(se serrer)* ***sa gorge se noua en voyant cela*** bei diesem Anblick schnürte sich ihm/ihr die Kehle zu ❷ *(s'attacher)* ***se ~ autour du cou*** um den Hals gebunden werden; *(accidentellement)* sich um den Hals wickeln ❸ LITTER, THEAT ***l'intrigue se noue*** der Knoten [der Handlung] schürzt sich *fig geh*

noueux, -euse [nwø, -øz] *adj* knorrig; *doigt, main* knotig

nougat [nuga] *m* türkischer Honig

nougatine [nugatin] *f* Krokant *m*

nouille [nuj] **I.** *f* ❶ GASTR Nudel *f* ❷ *(fam: ballot)* Depp *m; (empoté)* Tranfunzel *f* **II.** *adj* ❶ *(fam: empoté)* tapsig ❷ *(fam: tarte)* blöd

nounou [nunu] *f (enfantin: nourrice)* Tagesmutter *f; (garde d'enfant)* Kindermädchen *nt*

nounours [nunuʀs] *m (enfantin)* Teddy[bär] *m*

> **Aussprache**
> Ein -s am Ende eines Wortes ist in der Regel stumm, bei **nounours** wird es gesprochen.

nourri(e) [nuʀi] *adj* heftig; *conversation* lebhaft; *tir* schwer; ***feu ~*** Kugelhagel *m*

nourrice [nuʀis] *f* ❶ *(gardienne)* Tagesmutter *f* ❷ *(bidon)* [Reserve]kanister *m*

nourricier, -ière [nuʀisje, -jɛʀ] *adj* ❶ *(adoptif)* Pflege- ❷ *(littér: qui nourrit)* nährend; *sève, suc* nahrhaft; ***la terre nourricière*** die Nährmutter Erde *liter*

nourrir [nuʀiʀ] <8> **I.** *vt* ❶ *(donner à manger à)* ernähren *personne;* füttern *animal;* ***~ qn au biberon/à la cuillère*** jdn mit der Flasche/mit dem Löffel füttern; ***~ qn au sein*** jdn stillen; ***être bien/mal nourri*** gut/schlecht genährt sein ❷ *(faire vivre)* ernähren ▸ **être nourri blanchi** sein Essen und seine Wäsche gewaschen bekommen; **être nourri et logé** freie Kost und Logis haben **II.** *vi* nahrhaft sein **III.** *vpr (s'alimenter)* ***se ~ de qc*** sich von etw ernähren; ***bien se ~*** auf seine Ernährung achten

nourrissant(e) [nuʀisɑ̃, ɑ̃t] *adj* nahrhaft

nourrisson [nuʀisɔ̃] *m* Säugling *m*

nourriture [nuʀityʀ] *f (produits)* Nahrung *f;* ***~ pour animaux*** Futter *nt* für Tiere

nous [nu] **I.** *pron pers* ❶ *sujet* wir; ***~ sommes grands*** wir sind groß; ***vous avez fini, mais pas ~*** ihr seid fertig, aber wir [noch] nicht; ***~ autres*** wir ❷ *complément d'objet direct et indirect* uns; ***il ~ aime*** er liebt uns; ***il ~ demande le chemin*** er fragt uns nach dem Weg; ***il ~ laisse/fait conduire [la voiture]*** er lässt uns [das Auto] fahren ❸ *avec être, devenir, sembler, (soutenu)* ***cela ~ semble bon*** das erscheint uns gut; *v. a.* **me** ❹ *avec les verbes pronominaux* ***nous ~ nettoyons [les ongles]*** wir machen uns [die Nägel] sauber ❺ *(fam: pour renforcer)* ***~, ~ n'avons pas*** [*o* ***on n'a pas*** *fam*] ***ouvert la bouche*** wir haben den Mund nicht aufgemacht; ***c'est ~ qui l'avons dit*** wir haben das gesagt; ***il veut ~ aider, ~?*** uns möchte er helfen? ❻ *(avec un sens possessif)* ***le cœur ~ battait fort*** unsere Herzen schlugen heftig ❼ *avec un présentatif* wir; ***~ voici*** [*o* ***voilà***] ***!*** hier sind wir! ❽ *avec une préposition* ***avec/sans ~*** mit/ohne uns; ***à ~ deux*** wir beide; ***la maison est à ~*** das Haus gehört uns; ***c'est à ~ de décider*** wir müssen entscheiden; ***c'est à ~!*** wir sind dran! ❾ *dans une comparaison* wir; ***vous êtes comme ~*** ihr seid wie wir; ***plus fort que ~*** stärker als wir ❿ *(je)* ***~, Roi de France*** Wir, König von Frankreich ⓫ *(fam: signe d'intérêt)* ***comment allons-~?*** wie geht's uns denn? **II.** *m* Wir *nt;* ***le ~ de majesté*** der Pluralis majestatis

N

nous-même [numɛm] <nous-mêmes> *pron pers* ❶ *(nous en personne)* ***~s n'en savions rien*** wir [selbst] wussten nichts davon; ***nous sommes venus de ~s*** wir sind von selbst gekommen ❷ *(nous aussi)* ebenfalls, auch; *v. a.* **moi-même**

nous-mêmes [numɛm] *pron pers* ❶ *(nous en personne)* ***~ n'en savions rien*** wir [selbst] wussten nichts davon; ***nous l'avons dit ~, c'est ~ qui l'avons dit*** wir [selbst] haben es gesagt; ***nous sommes venu(e)s de ~*** wir sind von selbst [*o* von uns *dat* aus] [*o* aus eigenem Antrieb] gekommen ❷ *(nous aussi)* ebenfalls, auch; ***nous étions ~ furieux(-euses)*** wir waren ebenfalls [*o* auch] sehr wütend ❸ *(soutenu: je, moi)* ***nous avons fait le travail ~*** wir haben die Arbeit selbst erledigt

nouveau [nuvo] *m* ***du ~*** etwas Neues ▶ **à** [*o* **de**] **~** erneut

nouveau, nouvel, nouvelle [nuvo, nuvɛl, nuvɛl] <x> **I.** *adj* ❶ *(récent)* neu; ***rien de ~*** nichts Neues ❷ *antéposé (répété)* neu; *effort* erneut; ***une nouvelle fois*** erneut ❸ *antéposé (de fraîche date)* ***les ~x venus*** die Neuankömmlinge ▶ **tout beau, tout ~** *(prov)* alles Neue hat seinen Reiz; **c'est ~ [ça]!** *(fam)* das ist ja ganz was Neues! **II.** *m, f* Neue(r) *f(m)*

Grammatik und Co.
Die männliche Singularform **nouvel** steht an Stelle von **nouveau** vor Vokalen oder stummem *h*:
un nouveau costume - ein neuer Anzug;
un nouvel ami - ein neuer Freund;
ce nouvel hôtel - dieses neue Hotel.

nouveau-né(e) [nuvone] <nouveau-nés> **I.** *adj* neugeboren **II.** *m(f)* Neugeborene(s) *nt*

nouveauté [nuvote] *f* ❶ *(objet)* Neuheit *f; pl* MEDIA Neuerscheinungen *Pl* ❷ *(innovation)* Neuerung *f;* ***c'est une ~*** das ist etwas Neues

nouvel(le) [nuvɛl] *adj v.* **nouveau**

nouvelle [nuvɛl] *f* ❶ *(événement)* Neuigkeit *f; (information)* Nachricht *f;* ***connaissez-vous la ~?*** wissen Sie schon das Neueste? ❷ *pl (renseignements sur qn)* ***avoir des ~s de qn*** Nachrichten von jdm haben; ***donner de ses ~s*** etwas von sich hören lassen; ***prendre des ~s de qn*** sich nach jdm erkundigen ❸ *pl (émission)* Nachrichten *Pl; (information)* Nachricht *f,* Meldung *f* ❹ LITTER Novelle *f* ▶ **la Bonne Nouvelle** REL die Frohe Botschaft; **pas de ~s, bonnes ~s** *(prov)* keine Nachricht, gute Nachricht; **aux dernières ~** laut den letzten Nachrichten; **première ~!** das ist ja etwas ganz Neues!; **tu m'en diras/vous m'en direz des ~s** du wirst/Sie werden begeistert sein; **tu auras/il aura de mes ~s!** du bekommst/er bekommt es mit mir zu tun! *fam; v. a.* **nouveau**

Nouvelle-Calédonie [nuvɛlkaledɔni] *f* ***la ~*** Neukaledonien *nt*

Nouvelle-Guinée [nuvɛlgine] *f* ***la ~*** Neuguinea *nt*

nouvellement [nuvɛlmɑ̃] *adv* neulich, vor Kurzem

Nouvelle-Zélande [nuvɛlzelɑ̃d] *f* ***la ~*** Neuseeland *nt*

nouvelliste [nuvelist] *mf* Novellist(in) *m(f)*

novateur, -trice [nɔvatœʀ, -tʀis] **I.** *adj* innovativ **II.** *m, f* Neuerer *m*/Neuerin *f*

novembre [nɔvɑ̃bʀ] *m* November *m; v. a.* **août**

Grammatik und Co.
Der französische Monatsname ist männlich; er wird ohne den bestimmten Artikel gebraucht.
Bei einer präzisen Datumsangabe steht der Artikel jedoch, und zwar wegen der Zahl:
elle est née le vingt - sie ist am Zwanzigsten geboren;
elle est née le vingt novembre - sie ist am zwanzigsten November geboren.

novice [nɔvis] **I.** *adj* ***être ~ dans qc*** in etw *dat* unerfahren sein **II.** *mf* ❶ *(débutant)* Anfänger(in) *m(f)* ❷ REL Novize *m*/Novizin *f*

noyade [nwajad] *f* Ertrinken *nt; pl* Todesfälle *Pl* durch Ertrinken

noyau [nwajo] <x> *m* ❶ BOT Kern *m; d'une cerise, pêche, prune* Kern, Stein *m* ❷ PHYS [Atom]kern *m;* BIO Zellkern *m;* GEOL Kern *m* ❸ *(groupe humain)* Kern *m;* ***~ de manifestants*** kleine Gruppe von Demonstranten; ***~ dur*** harter Kern

noyauter [nwajote] <1> *vt* unterwandern

noyé(e) [nwaje] *m(f)* Ertrunkene(r) *f(m)*

noyer¹ [nwaje] *m* ❶ *(arbre)* Nussbaum *m* ❷ *(bois)* Nussbaum[holz *nt*] *m*

noyer² [nwaje] <6> **I.** *vt* ❶ *(tuer)* ertränken ❷ *(inonder)* überschwemmen; ***~ qc sous l'eau*** etw unter Wasser setzen ❸ *(oublier)* ***~ son chagrin dans l'alcool***

seinen Kummer in Alkohol *dat* ertränken ④GASTR verdünnen ⑤AUT absaufen lassen *fam* **II.** *vpr (mourir)* ***se*** ~ *(accidentellement)* ertrinken; *(volontairement)* sich ertränken

NPI [ɛnpei] *pl abr de* **nouveaux pays industrialisés** neue Industrieländer *Pl*

nu [ny] *m* ART Akt *m*

nu(e) [ny] *adj* ① *(sans vêtement)* nackt; ***les pieds ~s*** barfuß; ***se mettre torse*** ~ den Oberkörper frei machen ② *fil électrique, lame* blank ▶ **mettre à** ~ *(à découvert)* freilegen; *(découvrir)* aufdecken, enthüllen; ***mettre son cœur à*** ~ sein Herz ausschütten

nuage [nɥaʒ] *m* ① *(nébulosité)* Wolke *f* ② *(amas)* ~ ***de fumée*** Rauchwolke *f* ③ *(très petite quantité)* ***un ~ de lait*** ein paar Tropfen Milch ▶ **être dans les ~s** über den Wolken schweben; **être** [*o* **marcher**] **sur un** ~ im siebten Himmel sein; **ciel sans** ~[s] wolkenloser Himmel; **bonheur/amitié sans** ~[s] ungetrübtes Glück/ungetrübte Freundschaft

nuageux, -euse [nɥaʒø, -ʒøz] *adj* METEO Wolken-; *ciel* bewölkt; ***le temps est*** ~ es ist bewölkt

nuance [nɥɑ̃s] *f* ① *(couleur: gamme)* [Farb]schattierung *f; (gradation)* Farbabstufung *f; (détail)* Feinheit *f* ② *(légère différence)* kleiner Unterschied; POL [politische] Schattierung; ***à quelques ~s près*** bis auf ein paar kleine Unterschiede

nuancé(e) [nɥɑ̃se] *adj* differenziert; *chant, style* nuanciert

nuancer [nɥɑ̃se] <2> *vt* differenzieren; MUS modifizieren, abtönen *couleur;* ~ ***son style*** sich differenziert ausdrücken

nuancier [nɥɑ̃sje] *m* Farbmusterpalette *f*

nubile [nybil] *adj* heiratsfähig

nubilité [nybilite] *f* Heiratsfähigkeit *f*

nucléaire [nykleɛʀ] **I.** *adj* atomar; *guerre, industrie, puissance* Atom-; *arme, énergie, physique* Kern-, Atom- **II.** *m* Kernenergie *f*, Atomenergie *f*

nucléarisation [nykleaʀizasjɔ̃] *f* Umstellung *f* auf Kernenergie; MIL nukleare [*o* atomare] Aufrüstung

nudisme [nydism] *m* Freikörperkultur *f*, FKK *f kein Art;* ***pratiquer le*** ~ FKK machen

nudiste [nydist] **I.** *adj* FKK- **II.** *mf* Nudist(in) *m(f)*, FKKler(in) *m(f) fam*

nudité [nydite] *f* ① *(absence de vêtement)* Nacktheit *f* ② *(dépouillement)* Kahlheit *f; d'une pièce, d'un style* Nüchternheit *f*

nue [ny] *f* ▶ **tomber des ~s** aus allen Wolken fallen

nuée [nɥe] *f (grand nombre)* Schwarm *m*

nue-propriété [nypʀɔpʀijete] <nues-propriétés> *f* JUR bloßes Eigentum *nt*

nuire [nɥiʀ] <irr> *vi* ~ ***à qn/qc*** jdm/einer S. schaden

nuisance [nɥizɑ̃s] *f* Umweltbeeinträchtigung *f;* ~***s sonores*** Lärmbelästigung *f*

nuisant(e) [nɥizɑ̃, ɑ̃t] *adj bruit, odeur* gesundheitsschädlich, gesundheitsschädigend

nuisible [nɥizibl] *adj* schädlich; *gaz* giftig; *influence, habitude* schlecht; ***animaux/insectes ~s*** Schädlinge *Pl;* ***être ~ à qc*** einer S. *dat* schaden

nuit [nɥi] *f* ① *(espace de temps)* Nacht *f;* ~ ***et jour*** Tag und Nacht; ***l'autre*** ~ neulich nacht[s]; ***bonne ~!*** gute Nacht!; ***[dans] la*** ~ nachts, in der Nacht; ***mardi, dans la*** ~ Dienstagnacht; ***une*** ~ eines Nachts ② *(obscurité)* Nacht *f;* ***la ~ tombe*** die Nacht bricht herein; ***il fait/commence à faire*** ~ es ist/wird dunkel; ***il fait ~ noire*** es ist stockfinster ③ *(nuitée)* Übernachtung *f* ④ *(temps d'activité)* ***équipe de*** ~ Nachtschicht *f;* ***médecin de*** ~ Bereitschaftsarzt *m;* ***être de*** ~ Nachtdienst haben; ***faire la*** ~ *(être de garde la nuit)* Nachtwache halten ▶ **la ~ porte conseil** *(prov)* guter Rat kommt über Nacht; ~ **blanche** schlaflose Nacht; ~ **de noces** Hochzeitsnacht *f;* **les Mille et Une Nuits** Tausendundeine Nacht; **faire sa** ~ [die ganze Nacht] durchschlafen; **qn en rêve la** ~ *(obsession)* das verfolgt jdn im Schlaf; *(désir)* jd träumt davon

nuitée [nɥite] *f* Übernachtung *f*

nul(le) [nyl] **I.** *adj* ① *discours, film, devoir* miserabel; ***il est ~ en math*** *(médiocre)* er ist in Mathematik *dat* nicht besonders; *(incompétent)* er ist in Mathematik *dat* eine Niete ② *(ennuyeux, raté)* ***c'était ~, cette fête*** die Party war ein Reinfall ③ *(fam: crétin)* ***c'est ~/t'es ~ d'avoir fait qc*** es war idiotisch/es war idiotisch von dir, dies zu tun ④SPORT torlos; *(égalité)* unentschieden; ***match*** ~ Unentschieden *nt* ⑤ *risque, différence* minimal; ***être quasiment*** [*o* ***pratiquement***] ~ praktisch gleich Null sein ⑥MATH Null- ⑦JUR, POL *élection, testament* ungültig; ***voter*** ~ einen ungültigen Stimmzettel abgeben **II.** *pron indéf* ~ ***ne*** *(soutenu: personne)* niemand; *(aucun)* keiner **III.** *m(f)* Niete *f*

nullard(e) [nylaʀ, aʀd] *(fam)* **I.** *adj (incom-*

N

pétent) ***être ~ en anglais*** in Englisch *dat* eine Niete sein **II.** *m(f)* Niete *f*

nullement [nylmɑ̃] *adv (aucunement)* in keiner Weise; *(en aucun cas)* keinesfalls

nullité [nylite] *f* ❶ *(manque de valeur)* Nichtigkeit *f;* ***être d'une parfaite ~*** völlig belanglos sein ❷ *(incompétence)* Unfähigkeit *f* ❸ JUR Nichtigkeit *f,* Ungültigkeit *f*

nullos [nyloz] *m (fam)* [totale] Niete *f,* [totale] Null *f*

numéraire [nymeʀɛʀ] **I.** *adj valeur* Nenn-; ***espèces ~s*** [gesetzliche] Zahlungsmittel **II.** *m* [gesetzliches] Zahlungsmittel

numéral [nymeʀal, o] <-aux> *m* GRAM Zahlwort *nt,* Numerale *nt*

numéral(e) [nymeʀal, o] <-aux> *adj symbole, système* Zahlen-; *cartes* mit Zahlen

numérateur [nymeʀatœʀ] *m* Zähler *m*

numération [nymeʀasjɔ̃] *f* ❶ MATH *(comptage)* Zählung *f;* *(système)* Zahlensystem *nt;* ***~ binaire/décimale*** Dual-/Dezimalsystem *nt,* Binär-/Zehnersystem *nt* ❷ MED [Blut]senkung *f;* ***~ globulaire*** [*o* ***sanguine***] Blutsenkung

numérique [nymeʀik] *adj* ❶ *(exprimé en nombre)* zahlenmäßig; ***en données ~s*** in Zahlen ausgedrückt ❷ INFORM, TELEC digital; ***affichage ~*** Digitalanzeige *f;* ***disque ~*** CD-Platte *f;* ***des données ~s*** digitale Daten

numérisable [nymeʀalizabl] *adj* INFORM digitalisierbar

numérisation [nymeʀizasjɔ̃] *m* INFORM Digitalisierung *f;* ***~ de l'image*** Bilddigitalisierung *f*

numérisé [nymeʀize] *adj* INFORM digitalisiert

numériser [nymeʀize] <1> *vt* INFORM digitalisieren

numéro [nymeʀo] *m* ❶ *a.* PRESSE *(nombre, spectacle)* Nummer *f;* ***le ~ de la rue*** die Hausnummer; ***le ~ gagnant*** die Gewinnzahl; ***le ~ de la page*** die Seitenzahl; ***~ de téléphone*** Telefonnummer *f;* ***~ vert*** *(numéro à appel gratuit)* kostenlose Service-Rufnummer; ***faire*** [*o* ***composer***] ***un ~*** eine Nummer wählen ❷ *(fam: personne)* Unikum *nt;* ***c'est un sacré/drôle de ~!*** er/sie ist schon eine Nummer für sich/eine komische Nummer! ▶ **faire son ~ à qn** *(fam)* vor jdm seine Nummer abziehen; ~ **un** Haupt-; ***souci/problème/ennemi ~ un*** Hauptsorge *f*/-problem *nt*/-feind *m;* ~ **vert** *(numéro à appel gratuit) kostenlose Service-Rufnummer*

numérotage [nymeʀɔtaʒ] *m* Nummerierung *f;* ***procéder au ~ de qc*** etw [durch]nummerieren

numérotation [nymeʀɔtasjɔ̃] *f* ***~ à 10 chiffres*** 10-stelliges Nummernsystem

numéroter [nymeʀɔte] <1> *vt* nummerieren

numerus clausus [nymeʀysklozys] *m inv* Numerus clausus *m*

numismate [nymismat] *mf* Münz[en]sammler(in) *m(f),* Numismatiker(in) *m(f)*

nunuche [nynyʃ] *adj (fam)* albern

nu-pieds [nypje] **I.** *adj inv* barfuß **II.** *mpl (chaussures)* Sandalen *Pl*

nuptial(e) [nypsjal, -jo] <-aux> *adj* Hochzeits-; *anneau* Ehe-; *chambre, lit, messe* Braut-

nuque [nyk] *f* Nacken *m*

Nuremberg [nyʀɑ̃bɛʀ] Nürnberg *nt*

nurse [nœʀs] *f* Kindermädchen *nt*

nu-tête [nytɛt] *adj inv* ohne Kopfbedeckung

nutritif, -ive [nytʀitif, -iv] *adj* ❶ *(nourricier)* nahrhaft; ***qualité*** [*o* ***valeur***] ***nutritive*** Nährwert *m;* ***substance nutritive*** Nährstoff *m* ❷ MED ***besoins ~s*** Nahrungsbedarf *m*

nutrition [nytʀisjɔ̃] *f* Ernährung *f*

nutritionnel(le) [nytʀisjɔnɛl] *adj* Ernährungs-; *troubles, maladie* ernährungsbedingt

nutritionniste [nytʀisjɔnist] *mf* Ernährungswissenschaftler(in) *m(f)*

nylon® [nilɔ̃] *m* Nylon® *nt*

nymphéa [nɛ̃fea] *m* weiße Seerose

nymphette [nɛ̃fɛt] *f* flotte Biene *sl*

nympho [nɛ̃fo] *(fam) abr de* **nymphomane**

nymphomane [nɛ̃fɔman] **I.** *adj* nymphoman **II.** *f* Nymphomanin *f*

nymphomanie [nɛ̃fɔmani] *f* Nymphomanie *f*

N

O, **o** [o] *m inv* O *nt*, o *nt*
O *abr de* **ouest**
ô [o] *interj* oh
oasis [ɔazis] *f* Oase *f*
obédience [ɔbedjɑ̃s] *f* ❶ *(littér: soumission)* Abhängigkeit *f; (tendance)* Richtung *f;* ~ ***maçonnique*** [Freimaurer]loge *f;* ***d'~ communiste*** kommunistischer Prägung ❷ REL Gehorsam *m*
obéir [ɔbeiʀ] <8> *vi* ❶ *(se soumettre)* ~ ***à qn*** jdm gehorchen, jdm folgen; ~ ***à une loi/un ordre*** ein Gesetz/einen Befehl befolgen; ***se faire ~ de qn*** sich bei jdm durchsetzen; ***qn est obéi*** man gehorcht jdm ❷ *(céder à)* ~ ***à sa conscience/son instinct*** seinem Gewissen/Instinkt folgen
obéissance [ɔbeisɑ̃s] *f* ~ ***à qn/qc*** Gehorsam *m* jdm/einer S. gegenüber; ***l'~ aux lois*** die Befolgung der Gesetze
obéissant(e) [ɔbeisɑ̃, ɑ̃t] *adj* gehorsam
obélisque [ɔbelisk] *m* Obelisk *m*
obérer [ɔbeʀe] <5> *vt* ADMIN, LITTER *(endetter)* mit Schulden belasten; ***être obéré(e) jusqu'à la ruine*** überschuldet sein, in Schulden versinken
obèse [ɔbɛz] **I.** *adj* fettleibig **II.** *mf* Fettleibige(r) *f(m)*
obésité [ɔbezite] *f* Fettleibigkeit *f*
objecter [ɔbʒɛkte] <1> *vt* einwenden; ~ ***qc à qn*** jdm etw entgegenhalten; ***avoir quelque chose/ne rien avoir à ~ à qc*** etwas/nichts gegen etw einzuwenden haben
objecteur [ɔbʒɛktœʀ] *m* ~ ***de conscience*** Wehrdienstverweigerer *m*
objectif [ɔbʒɛktif] *m* ❶ *(but)* Ziel *nt* ❷ OPT, PHYS, PHOT Objektiv *nt*
objectif, **-ive** [ɔbʒɛktif, -iv] *adj personne, position* neutral; *article, jugement, récit* objektiv
objection [ɔbʒɛksjɔ̃] *f* Einwand *m; ~!* Einspruch!; ***faire une ~*** einen Einwand vorbringen; ***soulever une ~*** Einspruch erheben; ***si vous n'y voyez pas d'~*** wenn Sie keine weiteren Einwände haben; ~ ***de conscience*** Wehrdienstverweigerung *f*
objectivement [ɔbʒɛktivmɑ̃] *adv* objektiv
objectiver [ɔbʒɛktive] <1> *vt* PHILOS, PSYCH objektivieren
objectivité [ɔbʒɛktivite] *f* Objektivität *f;* ***en toute ~*** objektiv [gesehen]
objet [ɔbʒɛ] *m* ❶ *(chose)* Gegenstand *m;* ~ ***d'art*** Kunstobjekt *nt;* ~ ***de curiosité/de convoitise*** Objekt *nt* der Neugierde/Begierde ❷ *(but)* Zweck *m;* ***avoir qc pour ~*** etw zum Ziel haben; *(intention)* etw beabsichtigen ❸ GRAM, LING Objekt *nt* ► **~s trouvés** Fundbüro *nt*
objurgation [ɔbʒyʀgasjɔ̃] *f (littér)* ❶ *(admonestation)* Ermahnung *f* ❷ *(prière instante)* flehentliche Bitte *f*
obligation [ɔbligasjɔ̃] *f* ❶ *(nécessité)* Verpflichtung *f;* ~ ***de faire qc*** Pflicht *f,* etw zu tun; ***être dans l'~ de faire qc*** gezwungen sein, etw zu tun ❷ *pl (devoirs)* Verpflichtungen *Pl; (devoirs civiques, scolaires)* Pflichten *Pl;* ***~s de citoyen/de père de famille*** Bürgerpflichten/Verpflichtungen als Familienvater; ***les ~s militaires*** die Wehrpflicht ❸ FIN Obligation *f* ❹ JUR Pflicht *f;* ~ ***alimentaire*** Unterhaltspflicht ► **sans ~ de la part de qn** unverbindlich für jdn; **sans ~ d'achat** ohne Kaufverpflichtung
obligatoire [ɔbligatwaʀ] *adj* ❶ *(exigé)* obligatorisch; ***présence ~*** Anwesenheitspflicht *f;* ***rendre qc ~*** etw zur Pflicht machen ❷ *(fam: inévitable)* unvermeidlich
obligatoirement [ɔbligatwaʀmɑ̃] *adv* ❶ *(nécessairement)* unbedingt; ***devoir ~ faire qc*** verpflichtet sein, etw zu tun; ***il faut ~ qc*** es ist Vorschrift, etw zu haben ❷ *(fam: forcément)* automatisch; ***ça devait ~ arriver!*** das musste ja so kommen!
obligé(e) [ɔbliʒe] *adj* ❶ *(nécessaire)* zwangsläufig; *(inévitable)* unvermeidlich ❷ *(reconnaissant)* ***être ~ à qn de qc*** jdm für etw dankbar sein
obligeamment [ɔbliʒamɑ̃] *adv* liebenswürdigerweise, entgegenkommenderweise; *(avec obligeance)* liebenswürdig, entgegenkommend
obligeance [ɔbliʒɑ̃s] *f (prévenance)* Zuvorkommenheit *f; (serviabilité)* Hilfsbereitschaft *f;* ***avoir l'~ de faire qc*** so freundlich sein, etw zu tun
obligeant(e) [ɔbliʒɑ̃, ʒɑ̃t] *adj* ❶ *(complaisant) paroles, termes, offre* freundlich; *personne* zuvorkommend ❷ *(serviable)* hilfsbereit
obliger [ɔbliʒe] <2a> **I.** *vt* ❶ *(forcer)* zwingen; ~ ***qn à faire qc*** jdn zwingen, etw zu tun; ***on était bien obligés!*** es blieb uns [ja] nichts anderes übrig! ❷ *(contraindre moralement)* verpflichten ❸ *(rendre service à)* ~ ***qn*** jdm einen Gefallen tun **II.** *vpr*

(s'engager) ***s'~ à faire qc*** sich verpflichten, etw zu tun

oblique [ɔblik] *adj* ❶ *(de biais)* schräg; *chemin* Quer- ❷ MATH *droite, ligne* schräg

obliquement [ɔblikmɑ̃] *adv* schräg; *se diriger, se mouvoir* quer; *regarder* [schräg] von der Seite

obliquer [ɔblike] <1> *vi* abbiegen; *route:* einen Bogen machen

obliquité [ɔblikite] *f* ❶ *(caractère de ce qui est oblique)* Schräge *f,* Schiefe *f;* ***~ de l'écliptique*** ASTRON Schiefe *f* der Ekliptik ❷ GEOM Schiefwinkeligkeit *f*

oblitérateur [ɔbliteʀatœʀ] **I.** *adj* Stempel-; ***appareil ~*** Stempelmaschine *f* **II.** *m* *(appareil)* Stempelmaschine *f;* *(tampon)* Stempel *m*

oblitération [ɔbliteʀasjɔ̃] *f* [Ab]stempeln *nt;* ***avec ~*** gestempelt

oblitérer [ɔbliteʀe] <5> *vt* POST [ab]stempeln

oblong, -ongue [ɔblɔ̃, -ɔ̃g] *adj* länglich

Aussprache
Die Endung -g in **oblong** wird nicht gesprochen.

obnubiler [ɔbnybile] <1> *vt (obséder)* verfolgen; ***être obnubilé par qc*** von etw besessen sein

O

obole [ɔbɔl] *f* Obolus *m;* ***verser son ~*** sein Scherflein beitragen

obscène [ɔpsɛn] *adj* obszön

obscénité [ɔpsenite] *f* Obszönität *f*

obscur(e) [ɔpskyʀ] *adj* ❶ *(sombre)* dunkel ❷ *(incompréhensible)* undurchsichtig ❸ *(inconnu)* unbekannt

obscurcir [ɔpskyʀsiʀ] <8> **I.** *vt (assombrir)* verdunkeln; ***être obscurci*** sich verdunkelt haben **II.** *vpr* **s'~** ❶ *(devenir obscur)* *ciel:* sich verdunkeln; ***le jour s'obscurcit*** es wird dunkel; ***le temps s'obscurcit*** es zieht sich zu ❷ *(se brouiller)* ***ma vue s'obscurcit*** meine Augen trüben sich

obscurcissement [ɔpskyʀsismɑ̃] *m du ciel* Verdunkelung *f,* Verfinsterung *f;* *(action)* Verdunkeln *nt;* *de l'esprit, la pensée, des idées* Verwirrung *f;* *de la vue* Trübung *f*

obscurément [ɔpskyʀemɑ̃] *adv* ❶ *(vaguement)* undeutlich; *deviner, sentir* dunkel ❷ *(de façon peu claire)* unklar

obscurité [ɔpskyʀite] *f* ❶ *(absence de lumière)* Dunkel[heit *f*] *nt* ❷ *d'une affaire* Undurchsichtigkeit *f* ❸ *(anonymat)* ***vivre dans/sortir de l'~*** ein Schattendasein führen/aus seinem Schattendasein heraustreten

obsédant(e) [ɔpsedɑ̃, ɑ̃t] *adj* einen verfolgend, einen nicht loslassend; *voix* eindringlich; ***idée ~e*** Zwangsvorstellung *f,* fixe Idee; ***musique ~e*** Ohrwurm *m*

obsédé(e) [ɔpsede] *m(f)* ❶ *(par le sexe)* Sexbesessene(r) *f(m)* ❷ *(fanatique)* Fanatiker(in) *m(f)*

obséder [ɔpsede] <5> *vt* ***~ qn*** jdn verfolgen; *idée:* jdn beherrschen; *souci, remords:* jdm keine Ruhe lassen; ***être obsédé par qc*** von etw besessen sein

obsèques [ɔpsɛk] *fpl* Bestattung *f,* Abdankung *f* CH; ***~ nationales*** Staatsbegräbnis *nt*

obséquieux, -euse [ɔpsekjø, -jøz] *adj* unterwürfig

obséquiosité [ɔpsekjozite] *f* Unterwürfigkeit *f*

observable [ɔpsɛʀvabl] *adj* ***être ~*** zu beobachten sein

observance [ɔpsɛʀvɑ̃s] *f* ❶ REL *(règle)* Regel *f;* *(ordre)* Orden *m;* *(obéissance à la règle)* Observanz *f* ❷ *(soutenu: obéissance)* Einhaltung *f,* Beachtung *f*

observateur, -trice [ɔpsɛʀvatœʀ, -tʀis] **I.** *adj personne* aufmerksam; *regard, esprit* wach **II.** *m, f* Beobachter(in) *m(f)*

observation [ɔpsɛʀvasjɔ̃] *f* ❶ *(surveillance)* Beobachtung *f* ❷ *(constatation)* Beobachtung *f;* ***esprit d'~*** Beobachtungsgabe *f* ❸ *(remarque)* Bemerkung *f;* *(reproche)* Tadel *m;* ***faire des ~s à qn sur qc*** jdn auf etw *akk* ansprechen ❹ MED ***être en ~ quelque part*** irgendwo zur Beobachtung sein; ***mettre qn en ~*** jdn unter Beobachtung stellen

observatoire [ɔpsɛʀvatwaʀ] *m* ❶ GEOL Observatorium *nt;* ASTRON Sternwarte *f;* METEO Wetterwarte *f* ❷ MIL Beobachtungsposten *m* ❸ ECON Wirtschaftsforschungsinstitut *nt*

observer [ɔpsɛʀve] <1> **I.** *vt* ❶ *(regarder attentivement)* beobachten; ***~ qn faire qc*** beobachten, wie jd etw tut ❷ *(surveiller)* beobachten ❸ *(remarquer)* bemerken; ***faire ~ qc à qn*** jdn auf etw *akk* hinweisen ❹ *(respecter)* beachten *coutume;* einnehmen *attitude;* wahren *discrétion;* einhalten *jeûne;* ***~ une règle*** sich an eine Regel halten; ***~ une minute de silence à la mémoire de qn/qc*** eine Gedenkminute für jdn/etw einlegen **II.** *vi* beobachten **III.** *vpr* **s'~** ❶ *(se surveiller)* sich zusammennehmen ❷ *(s'épier)* sich beobachten

obsession [ɔpsesjɔ̃] *f* Besessenheit *f;* MED Zwangsvorstellung *f*

obsessionnel(le) [ɔpsesjɔnɛl] *adj* zwanghaft; *idée* Zwangs-

obsolète [ɔpsɔlɛt] *adj* veraltet; *structure, débat* überholt

obstacle [ɔpstakl] *m a.* SPORT Hindernis *nt;* ***faire ~ à qn/qc*** sich jdm/einer S. in den Weg stellen; ***constituer un ~ à qc*** etw behindern

obstétricien(ne) [ɔpstetʀisjɛ̃, jɛn] *m(f)* Geburtshelfer(in) *m(f)*

obstétrique [ɔpstetʀik] **I.** *adj* Entbindungs- **II.** *f* Geburtshilfe *f*

obstination [ɔpstinasjɔ̃] *f* ❶ *(entêtement)* Eigensinn *m* ❷ *(persévérance)* Hartnäckigkeit *f;* ***~ dans le travail*** Ausdauer *f* bei der Arbeit

obstiné(e) [ɔpstine] **I.** *adj* ❶ *(entêté)* stur, eigensinnig ❷ *(persévérant)* hartnäckig ❸ *(incessant)* hartnäckig **II.** *m(f)* Dickkopf *m*

obstinément [ɔpstinemɑ̃] *adv (avec entêtement)* stur, eigensinnig; *(avec persévérance)* hartnäckig

obstiner [ɔpstine] <1> *vpr* ***s'~*** stur bleiben; ***s'~ dans qc*** auf etw *dat* beharren; ***s'~ sur un détail/un problème*** sich an einem Detail/Problem festbeißen

obstruction [ɔpstʀyksjɔ̃] *f* ❶ ***faire de l'~*** sich sperren ❷ MED Verschluss *m;* ***~ vasculaire*** Gefäßverschluss *m* ❸ SPORT Behinderung *f* ❹ POL Verschleppungstaktik *f;* ***faire de l'~*** eine Verschleppungstaktik verfolgen

obstruer [ɔpstʀye] <1> **I.** *vt* blockieren, versperren *vue;* verstopfen *pores;* MED verschließen *artère, vaisseau* **II.** *vpr* ***s'~*** verstopfen

obtempérer [ɔptɑ̃peʀe] <5> *vi* gehorchen; ***refus d'~*** Nichtbefolgung *f* einer Anordnung

obtenir [ɔptəniʀ] <9> *vt* ❶ *(recevoir)* erhalten, erzielen *avantage;* ***~ de qn qu'il fasse qc*** bei jdm erreichen, dass er etw tut ❷ *(parvenir à)* erzielen, bestehen *examen;* erhalten *majorité, total*

obtention [ɔptɑ̃sjɔ̃] *f d'un résultat* Erreichen *nt,* Erzielen *nt; d'un examen* Bestehen *nt; d'une pièce administrative* Erhalten *nt*

obturateur [ɔptyʀatœʀ] *m* ❶ PHOT Verschluss *m* ❷ TECH Absperrhahn *m*

obturateur, -trice [ɔptyʀatœʀ, -tʀis] *adj* ❶ PHOT Verschluss- ❷ ANAT Schließ-

obturation [ɔptyʀasjɔ̃] *f* Verschluss *m;* ***~ dentaire*** Zahnfüllung *f;* ***~ du canal radiculaire*** MED Wurzelfüllung

obturer [ɔptyʀe] <1> *vt* abdichten, füllen *dent*

obtus(e) [ɔpty, yz] *adj* ❶ *(borné)* beschränkt ❷ MATH *angle* stumpf

obus [ɔby] *m* Granate *f*

occasion [ɔkazjɔ̃] *f* ❶ *(circonstance [favorable])* Gelegenheit *f;* ***c'est l'~ ou jamais*** jetzt oder nie; ***à la première ~*** bei der nächsten Gelegenheit ❷ *(offre avantageuse)* günstige Gelegenheit; ***voiture d'~*** Gebrauchtwagen *m;* ***le marché de l'~*** der Gebrauchtwarenhandel ❸ *(cause)* ***être l'~ de qc*** die Gelegenheit zu etw sein ▶ **les grandes ~s** die besonderen Anlässe; **à l'~** bei Gelegenheit, gelegentlich; **à l'~ de qc** anlässlich einer S. *gen*

occasionnel(le) [ɔkazjɔnɛl] *adj* gelegentlich; *travail* Gelegenheits-

occasionnellement [ɔkazjɔnɛlmɑ̃] *adv* gelegentlich, fallweise A

occasionner [ɔkazjɔne] <1> *vt* verursachen

occident [ɔksidɑ̃] *m* ❶ POL ***l'Occident*** der Westen ❷ *(opp: orient)* Abendland *nt*

occidental(e) [ɔksidɑ̃tal, -o] <-aux> *adj* ❶ GEOG, POL westlich; *côte, puissances* West-; ***les experts occidentaux*** die Experten aus der westlichen Welt ❷ *(opp: oriental)* abendländisch

Occidental(e) [ɔksidɑ̃tal, -o] <-aux> *m(f)* ❶ *(opp: Oriental)* Abendländer(in) *m(f);* ***les Occidentaux*** die abendländischen Völker ❷ POL Westeuropäer(in) *m(f);* ***les Occidentaux*** die westlichen Länder

occidentaliser [ɔksidɑ̃talize] <1> **I.** *vt* ***~ qn/qc*** jdn in die westliche Kultur eingliedern/etw der westlichen Kultur anpassen |*o* verwestlichen| **II.** *vpr* ***s'~*** sich der westlichen Kultur anpassen

occiput [ɔksipyt] *m (partie postérieure de la tête)* Hinterkopf *m; (partie inférieure de la tête)* Schädelbasis *f*

occitan [ɔksitɑ̃] *m* Okzitanisch *nt; v. a.* **allemand**

occlusion [ɔklyzjɔ̃] *f* ❶ MED Verschluss *m,* Okklusion *f Fachspr.;* ***~ intestinale*** Darmverschluss; ***~ artérielle*** Arterienverschluss ❷ LING Verschluss *m*

occulte [ɔkylt] *adj* ❶ *(ésotérique)* okkult ❷ *(secret)* verborgen

occulter [ɔkylte] <1> *vt (dissimuler)* geheim halten *difficulté, problème;* verstellen *vision*

occupant(e) [ɔkypɑ̃, ɑ̃t] **I.** *adj* MIL Besatzungs- **II.** *m(f)* ❶ MIL ***l'~*** die Besatzung[smacht]; ***les ~s*** die Besatzungssoldaten ❷ *d'une chambre* Bewohner(in) *m(f);*

d'une voiture Insasse *m*/Insassin *f*; *des lieux* Besitznehmer(in) *m(f)*

occupation [ɔkypasjɔ̃] *f* ❶ *(activité)* Beschäftigung *f* ❷ *(métier)* Beschäftigung *f* ❸ MIL, HIST Besetzung *f*; ***l'armée d'~*** die Besatzungsarmee; ***l'Occupation*** die Besatzung[szeit] *f (Frankreichs durch die Deutschen)*

occupé(e) [ɔkype] *adj* ❶ *personne* beschäftigt; *place, toilettes, ligne téléphonique* besetzt; *chambre d'hôtel* belegt; ***être ~ à qc*** mit etw beschäftigt sein ❷ MIL, POL *pays, usine* besetzt

occuper [ɔkype] <1> **I.** *vt* ❶ *(remplir)* einnehmen *place;* in Anspruch nehmen *temps, loisirs;* ***~ ses loisirs à faire qc*** seine Freizeit dafür verwenden etw zu tun ❷ *(habiter)* wohnen in *+dat,* bewohnen *appartement* ❸ *(exercer)* [inne]haben *emploi, poste;* ausüben *fonction* ❹ *(employer)* ***~ qn à qc*** jdn mit etw beschäftigen ❺ MIL, POL besetzen *pays, usine* **II.** *vpr* ❶ *(s'employer)* ***s'~ de littérature/politique*** sich mit Literatur/Politik beschäftigen ❷ *(prendre en charge)* ***s'~ de qn*** sich um jdn kümmern; ***occupe-toi de tes affaires!*** kümmere dich um deine eigenen Angelegenheiten! ► **t'occupe** [**pas**]**!** *(fam)* halt dich da [bloß] raus!

occurrence [ɔkyʀɑ̃s] *f* ► **en l'~** im vorliegenden Fall

O

OCDE [osedeø] *f abr de* **Organisation de coopération et de développement économique** OECD *f*

océan [ɔseɑ̃] *m* Ozean *m*, Weltmeer *nt*; ***l'~ Atlantique/Indien/Pacifique*** der Atlantische/Indische/Pazifische Ozean; ***l'~ Arctique*** das Nördliche Eismeer

océanique [ɔseanik] *adj* ozeanisch

océanographie [ɔseanɔgʀafi] *f* Meeresforschung *f*

océanologie [ɔseanɔlɔʒi] *f* Meeresforschung *f*

océanologue [ɔseanɔlɔg] *mf* Meeresforscher(in) *m(f)*

ocelot [ɔslo] *m* Ozelot *m*

ocre [ɔkʀ] **I.** *f (colorant)* Ocker *m o nt* **II.** *adj inv* ocker[gelb]

ocré(e) [ɔkʀe] *adj* ocker[farben], ockergelb

octaèdre [ɔktaɛdʀ] **I.** *adj* achtflächig **II.** *m* Oktaeder *m*, Achtflächner *m*, Achtflach *nt*

octane [ɔktan] *m* Oktan *nt*

octante [ɔktɑ̃t] *num* BELG, CH *(quatre-vingts)* achtzig; *v. a.* **cinq, cinquante**

octave [ɔktav] *f* Oktave *f*

octet [ɔktɛ] *m* Byte *nt*

octobre [ɔktɔbʀ] *m* Oktober *m*; ***la révolution d'~ en Russie*** HIST die Russische Oktoberrevolution; *v. a.* **août**

Grammatik und Co.

Der französische Monatsname ist männlich; er wird ohne den bestimmten Artikel gebraucht.
Bei einer präzisen Datumsangabe steht der Artikel jedoch, und zwar wegen der Zahl:
elle est née le trois – sie ist am Dritten geboren;
elle est née le trois octobre – sie ist am dritten Oktober geboren.

octogénaire [ɔktɔʒenɛʀ] **I.** *adj* achtzigjährig **II.** *mf* ***les ~s*** die alten Leute

octogonal(e) [ɔktɔgɔnal, -o] <-aux> *adj* achteckig

octogone [ɔktɔgɔn, ɔktogon] *m* GEOM Achteck *nt*

octroi [ɔktʀwa] *m* Bewilligung *f*, Gewährung *f*; ***~ d'une concession*** Konzessionserteilung *f*; ***~ de/d'un crédit*** Kreditbewilligung, Kreditgewährung *f*

octroyer [ɔktʀwaje] <6> **I.** *vt* ***~ un délai/un répit/une somme d'argent à qn*** jdm einen Aufschub/eine Geldsumme bewilligen; ***~ une faveur à qn*** jdm eine Gunst gewähren **II.** *vpr* ***s'~ qc*** sich etw *akk* gönnen

oculaire [ɔkylɛʀ] *adj* ❶ ANAT Seh-; *globe* Aug- ❷ *témoin* Augen-

oculiste [ɔkylist] *mf* Augenarzt *m*/-ärztin *f*

odeur [ɔdœʀ] *f* Geruch *m*; ***sans ~*** geruchlos; ***je sens une ~ de brûlé*** hier riecht es verbrannt

odieusement [ɔdjøzmɑ̃] *adv* schändlich

odieux, -euse [ɔdjø, -jøz] *adj* ❶ *(ignoble)* schändlich; *personne* niederträchtig; *caractère* widerlich ❷ *(insupportable)* unausstehlich

odomètre [odomɛtʀ] *m* Schrittmesser *m*

odontologie [ɔdɔ̃tɔlɔʒi] *f* Zahnheilkunde *f*, Zahnmedizin *f*

odorant(e) [ɔdɔʀɑ̃, ɑ̃t] *adj* wohlriechend

odorat [ɔdɔʀa] *m* Geruch[ssinn *m*] *m*

odoriférant(e) [ɔdɔʀifeʀɑ̃, ɑ̃t] *adj (soutenu)* wohlriechend, duftend

odyssée [ɔdise] *f* Odyssee *f*

œcuménique [ekymenik] *adj* REL ökumenisch

œcuménisme [ekymenism] *m* ökumenische Bewegung, Ökumene *f*

œdème [ødɛm, edɛm] *m* MED Ödem *nt*

Œdipe [edip, ødip] *m* Ödipus *m*

œil [œj, jø] <yeux> *m* ❶ ANAT Auge *nt;* ***lever/baisser les yeux*** den Blick heben/senken; ***se maquiller les yeux*** sich die Lider schminken ❷ *(regard)* Blick *m;* ***il la cherche/suit des yeux*** sein Blick sucht sie/folgt ihr ❸ *(regard averti)* Auge *nt;* ***avoir l'~ à tout*** alles im Auge behalten ❹ *(regard rapide)* ***jeter un coup d'~ au journal/à l'heure*** einen kurzen Blick in die Zeitung/auf die Uhr werfen; ***au premier coup d'~*** auf den ersten Blick ❺ *(vision, vue)* Blick *m;* ***regarder qn d'un ~ envieux/méchant*** jdn neidisch/böse ansehen ❻ *(jugement)* ***d'un ~ critique*** mit kritischem Blick; ***ne plus voir les choses du même ~*** die Dinge jetzt anders sehen ❼ *(judas)* Spion *m* ▶ **avoir un ~ au <u>beurre</u> noir** ein blaues Auge haben; **loin des yeux, loin du <u>cœur</u>** *(prov)* aus den Augen, aus dem Sinn; **ne pas avoir les yeux dans sa <u>poche</u>** sich nichts entgehen lassen; **coûter les yeux de la <u>tête</u>** ein Vermögen kosten; **qn a les yeux plus grands que le <u>ventre</u>** *(fam)* bei jdm sind die Augen größer als der Magen; **pour les <u>beaux</u> yeux de qn** *(fam)* um jds schöner Augen willen; **ne pas avoir <u>froid</u> aux yeux** keine Angst haben; **à l'~ <u>nu</u>** mit bloßem Auge; **<u>avoir</u> qn à l'~** *(fam)* jdn im Griff haben; **cela <u>crève</u> les yeux** *(fam)* etw ist nicht zu übersehen; **ne <u>dormir</u> que d'un ~** einen leichten Schlaf haben; **faire de l'~ à qn** *(fam)* jdm schöne Augen machen; **<u>fermer</u> les yeux sur qc** bei etw beide Augen zudrücken; **<u>ouvrir</u> l'~** aufpassen; **<u>ouvrir</u> les yeux à qn sur qc** jdm die Augen über etw *akk* öffnen; **se <u>rincer</u> l'~** *(fam)* allerhand zu sehen bekommen; **cela <u>saute</u> aux yeux** das sieht man auf den ersten Blick; **<u>taper</u> dans l'~ de qn** *(fam)* es jdm angetan haben; **<u>tourner</u> de l'~** *(fam)* umkippen; **<u>à</u> l'~** *(fam)* umsonst; **<u>aux</u> yeux de qn** in jds Augen *dat;* **<u>sous</u> l'~ de qn** unter jds Aufsicht; **<u>mon</u> ~!** *(fam)* wer's glaubt wird selig!

œillade [œjad] *f* ❶ *(clin d'œil de connivence)* [verstohlener] Blick ❷ *(clin d'œil amoureux)* Augenzwinkern *nt;* ***jeter des ~s à qn*** jdm schöne Augen machen

œillère [œjɛʀ] *f* Scheuklappe *f* ▶ **<u>avoir</u> des ~s** Scheuklappen haben

œillet[1] [œjɛ] *m* BOT Nelke *f;* ***~ d'Inde*** Studentenblume *f*

œillet[2] [œjɛ] *m* ❶ *d'une chaussure* Schnürloch *nt* ❷ *(renfort métallique)* Öse *f* ❸ *(rondelle)* Lochverstärkungsring *m*

œnologie [enɔlɔʒi] *f* Lehre *f* vom Wein[bau]

œnologue [enɔlɔg] *mf* Weinbauspezialist(in) *m(f)*

œsophage [ezɔfaʒ] *m* Speiseröhre *f*

œstrogène [ɛstʀɔʒɛn] **I.** *m* Östrogen *nt* **II.** *adj* ***les hormones ~s*** die Östrogene

œuf [œf, ø] *m* ❶ ZOOL, GASTR Ei *nt;* ***~s de poisson*** Rogen *m;* ***~s brouillés*** Rühreier, Eierspeise *f* A; ***~ à la coque*** gekochtes Ei; ***~ à la neige*** Eischnee *m;* ***~ sur le*** [*o* ***au***] ***plat*** Spiegelei *nt* ❷ *(qui a la forme d'un œuf)* ***~ à repriser*** Stopfei *nt;* ***~ de Pâques*** Osterei ▶ **mettre tous ses ~s dans le même <u>panier</u>** alles auf eine Karte setzen; **être <u>plein</u> comme un ~** *salle:* zum Bersten voll sein; *personne:* bis oben hin voll sein; **va te faire <u>cuire</u> un ~!** *(fam)* rutsch mir doch den Buckel runter!; **<u>dans</u> l'~** im Ansatz; **<u>quel</u> ~!** *(fam)* so ein Schwachkopf!

œuvre [œvʀ] **I.** *f* ❶ ART, LITTER, TECH Werk *nt;* ***~ f d'art*** Kunstwerk; ***les ~s complètes d'un auteur*** das Gesamtwerk eines Autors ❷ *de l'érosion, du temps* Werk *nt* ❸ *pl (actes)* Taten *Pl* ❹ *(organisation caritative)* ***~ de bienfaisance*** Wohltätigkeitsverein *m;* ***les bonnes ~s*** die wohltätigen Werke ▶ **<u>être</u> à l'~** am Werk sein; **<u>mettre</u> en ~** in Bewegung setzen; **se <u>mettre</u> à l'~** sich an die Arbeit machen **II.** *m* ▶ **être à <u>pied</u> d'~** an Ort und Stelle sein; **le <u>gros</u> ~** Rohbau *m*

œuvrer [œvʀe] <1> *vi (littér)* ***~ pour qc*** sich um etw bemühen

OFAJ [ofaʒ] *m abr de* **Office franco-allemand pour la jeunesse** DFJW *nt*

off [ɔf] *adj inv* ❶ CINE, TV *personne, voix* im Off ❷ *(en marge) festival* alternativ

offensant(e) [ɔfɑ̃sɑ̃, ɑ̃t] *adj* beleidigend

offense [ɔfɑ̃s] *f (affront)* Beleidigung *f;* ***faire une ~ à qn*** jdn beleidigen

offensé(e) [ɔfɑ̃se] **I.** *adj* beleidigt **II.** *m(f)* Beleidigte(r) *f(m)*

offenser [ɔfɑ̃se] <1> **I.** *vt (outrager)* beleidigen **II.** *vpr (se vexer)* ***s'~ de qc*** sich durch etw gekränkt fühlen

offenseur [ɔfɑ̃sœʀ] *m* Beleidiger *m*

offensif, -ive [ɔfɑ̃sif, -iv] *adj (opp: défensif)* offensiv; *armes, guerre* Offensiv-; *armée* angreifend

offensive [ɔfɑ̃siv] *f* ❶ *(attaque)* Offensive *f;* ***prendre l'~*** die Offensive ergreifen; ***passer à l'~*** zum Angriff übergehen ❷ *(fig)* Offensive *f;* ***lancer*** [*o* ***mener***] ***une ~ contre qn/qc*** eine Offensive gegen jdn/etw starten

office [ɔfis] *m* ❶ *(agence, bureau)* Amt *nt;* ~ ***du tourisme*** Fremdenverkehrsamt; ~ ***franco-allemand pour la jeunesse*** Deutsch-Französisches Jugendwerk; ***Office de la prévoyance*** CH Fürsorgeamt CH ❷ REL Gottesdienst *m* ❸ *(fonction, charge)* Amt *nt* ❹ *(pièce)* Bedienstetenraum *m* ▶ **les bons ~s de qn** jds Hilfe *f;* **faire ~ de qc** *personne:* fungieren als etw; *chose:* als etw dienen; **d'~** *(par voie d'autorité)* von Amts wegen; *(en vertu d'un règlement)* automatisch; *(sans demander)* einfach so

officialisation [ɔfisjalizasjɔ̃] *f* offizielle Bestätigung

officialiser [ɔfisjalize] <1> *vt* offiziell bestätigen

officiel(le) [ɔfisjɛl] **I.** *adj* offiziell, amtlich; *langue, sceau* Amts-; *cachet, voiture* Dienst-; *visite* Staats-; ***de source ~le*** von amtlicher Seite **II.** *m(f)* Person *f* des öffentlichen Lebens

officiellement [ɔfisjɛlmɑ̃] *adv* offiziell

officier[1] [ɔfisje] *m* ❶ ADMIN, JUR Beamte(r) *m*/Beamtin *f;* ~ ***d'état civil*** Standesbeamte(r)/-beamtin ❷ MIL Offizier(in) *m(f)* ❸ *(titulaire d'une distinction)* ~ ***de la Légion d'honneur*** Offizier *m* der Ehrenlegion; ~ ***de l'ordre du mérite*** Verdienstordensträger *m*

officier[2] [ɔfisje] <1a> *vi* ❶ REL Gottesdienst halten ❷ *(fig)* Zelebrierungen veranstalten

officieusement [ɔfisjøzmɑ̃] *adv* halbamtlich

officieux, -euse [ɔfisjø, -jøz] *adj* halbamtlich

officine [ɔfisin] *f* PHARM Labor *nt*

offrande [ɔfʀɑ̃d] *f* REL Opfer[gabe *f*] *nt*

offrant [ɔfʀɑ̃] *m* ***le plus*** ~ der/die Meistbietende

offre [ɔfʀ] *f* ❶ *(proposition)* Angebot *nt;* ~ ***d'emplois*** [*o* ***d'embauche***] Stellenangebot; ~ ***de paix*** Friedensangebot ❷ *(aux enchères)* Gebot *nt*

offrir [ɔfʀiʀ] <11> **I.** *vt* ❶ *(faire un cadeau)* ~ ***qc à qn*** jdm etw schenken ❷ *(proposer)* ~ ***le bras à qn*** jdm seinen Arm reichen; ~ ***à qn de faire qc*** jdm anbieten etw zu tun; ***je vous offre 100 euros pour le vase*** ich biete Ihnen 100 Euro für die Vase; ***il nous a offert le déjeuner*** er hat uns zum Mittagessen eingeladen ❸ *(comporter)* bieten *avantages, inconvénients;* beinhalten *difficulté* **II.** *vpr* ❶ *(se présenter)* ***s'~ à qn/qc*** sich jdm/einer S. bieten ❷ *(se proposer)* ***s'~ pour faire qc*** sich anbieten etw zu tun ❸ *(s'accorder)* ***s'~ des vacances*** sich *dat* Ferien gönnen

offset [ɔfsɛt] **I.** *app inv* Offset- **II.** *m inv* Offsetdruck *m,* Offsetdruckverfahren *nt;* ***en*** ~ im Offsetdruck; ***machine d'impression*** ~ Offsetdruckmaschine *f*

offshore [ɔfʃɔʀ] **I.** *adj inv* Offshore- **II.** *m* Offshorebohrung *f*

offusquer [ɔfyske] <1> **I.** *vt* ärgern **II.** *vpr* ***s'~ de qc*** an etw *dat* Anstoß nehmen

ogive [ɔʒiv] *f* ❶ MIL Sprengkopf *m* ❷ ARCHIT Spitzbogen *m*

OGM [oʒeɛm] *m abr de* **organisme génétiquement modifié** genetisch veränderter Organismus *m*

ogre, ogresse [ɔgʀ, ɔgʀɛs] *m, f* ❶ *(géant vorace dans les contes de fées)* Menschen fressendes Ungeheuer ❷ *(fam: gourmand)* Vielfraß *m* ▶ **manger comme un ~** *(fam)* für drei essen

oh [o] **I.** *interj* oh **II.** *m inv* ***pousser des ~ et des ah de surprise*** Ausrufe des Erstaunens von sich geben

ohé [oe] *interj* he[da] *fam*

ohm [om] *m* Ohm *nt*

ohmmètre [ommɛtʀ] *m* Ohmmeter *nt,* Widerstandsmesser *m*

oie [wa] *f* ❶ ORN Gans *f;* ~ ***sauvage*** Wildgans ❷ *(fam: personne niaise)* blöde Gans

oignon [ɔɲɔ̃] *m* ❶ GASTR Zwiebel *f* ❷ BOT [Blumen]zwiebel *f* ▶ **aux petits ~s** *(fam)* mit sehr viel Sorgfalt; **c'est pas mes/tes ~s** *(fam)* das ist nicht mein/dein Bier; **occupe-toi de tes ~s!** *(fam)* kümmere dich um deinen eigenen Kram!

> **Aussprache**
>
> Der Wortanfang oi- von **oignon** wird als offenes o gesprochen; das -i- hat in diesem Fall keinen Einfluss auf die Aussprache wie zum Beispiel in *oiseau* oder *boire*.

oinj [wɛ̃ʒ] *m (arg)* Tüte *f fam*

oiseau [wazo] <x> *m* ❶ ORN Vogel *m* ❷ *(péj: type)* komischer Kauz ▶ ~ **de mauvais augure** [*o* **de malheur**] Unglücksprophet *m;* **petit à petit, l'~ fait son nid** *(prov)* gut Ding will Weile haben

oiseux, -euse [wazø, -øz] *adj* müßig

oisif, -ive [wazif, -iv] **I.** *adj* müßig **II.** *m, f* Müßiggänger(in) *m(f)*

oisillon [wazijɔ̃] *m* Jungvogel *m*

oisivement [wazivmɑ̃] *adv* untätig, müßig; ***vivre*** ~ ein müßiges Leben führen

oisiveté [wazivte] *f* Müßiggang *m*

O

O.K. [okɛ] **I.** *interj (fam)* o.k. **II.** *adj inv (fam)* ***c'est*** ~ das ist o.k.
olé [ɔle] **I.** *interj* olé **II.** *adj inv (fam)* ~ ~ gewagt
oléagineux [ɔleaʒinø] *m* Ölpflanze *f*
oléagineux, -euse [ɔleaʒinø, -øz] *adj* ❶ *(oléifère) fruits, semences* ölhaltig ❷ *(ressemblant à l'huile)* ölartig
oléifère [ɔleifɛʀ] *adj fruits, semences* ölhaltig
oléoduc [ɔleɔdyk] *m* Pipeline *f*
olfactif, -ive [ɔlfaktif, -iv] *adj cellule, nerf* Riech-; *organe, sens* Geruchs-
olibrius [ɔlibʀijys] *m (fam)* komischer Kauz
oligarchie [ɔligaʀʃi] *f* Oligarchie *f*
oligoélément [ɔligoelemɑ̃] *m* Spurenelement *nt*
olive [ɔliv] **I.** *f (fruit)* Olive *f; huile* Oliven- **II.** *adj inv* oliv[grün]
olivette [ɔlivɛt] *f* ❶ *(raisin)* Traube *f* ❷ *(tomate)* Flaschentomate *f* ❸ PECHE Olivette *f*
olivier [ɔlivje] *m* ❶ *(arbre)* Ölbaum *m* ❷ *(bois)* Olivenholz *nt*
olographe [ɔlɔgʀaf] *adj* handschriftlich; *testament* eigenhändig geschrieben
OLP [oɛlpe] *f abr de* **Organisation de libération de la Palestine** PLO *f*
olympiade [ɔlɛ̃pjad] *f* Olympiade *f*
olympien(ne) [ɔlɛ̃pjɛ̃, jɛn] *adj air, regard, calme* majestätisch *geh; dieu* olympisch
olympique [ɔlɛ̃pik] *adj* olympisch; *stade* Olympia-
Oman [ɔmɑ̃] *m* Oman *nt*
ombilic [ɔ̃bilik] *m* Nabel *m*
ombilical(e) [ɔ̃bilikal, -o] <-aux> *adj cordon* Nabel-
ombrage [ɔ̃bʀaʒ] *m* ❶ *(feuillage)* Laubwerk *nt* ❷ *(ombre)* Schatten *m*
ombragé(e) [ɔ̃bʀaʒe] *adj* schattig
ombrager [ɔ̃bʀaʒe] <2a> *vt* Schatten spenden
ombrageux, -euse [ɔ̃bʀaʒø, -ʒøz] *adj caractère* schwierig; *personne* empfindlich
ombre [ɔ̃bʀ] *f* ❶ *(opp: soleil)* Schatten *m;* ***à l'~*** im Schatten; ***~s chinoises*** Schattenspiel *nt* ❷ *(soupçon)* ***il n'y a pas l'~ d'un doute/soupçon*** es gibt nicht den leisesten Zweifel/Verdacht; ***sans l'~ d'une hésitation*** ohne das geringste Zögern ❸ *(maquillage)* ***~ à paupières*** Lidschatten *m* ▶ **il y a une ~ au tableau** die Sache hat einen Nachteil; **faire de l'~ à qn** jdm Schatten spenden; *(fig)* jdn in den Schatten stellen; **mettre qn à l'~** *(fam)* jdn hinter Schloss und Riegel bringen; **vivre dans l'~ de qn** in jds Schatten stehen; **dans l'~** im Dunkeln
ombrelle [ɔ̃bʀɛl] *f* Sonnenschirm *m*
ombrer [ɔ̃bʀe] <1> *vt* schattieren *dessin, tableau*
ombreux, -euse [ɔ̃bʀø, -øz] *adj* schattig
omelette [ɔmlɛt] *f* GASTR Omelett *nt;* ***~ aux champignons/au fromage*** Omelett mit Pilzen/Käseomelett
omettre [ɔmɛtʀ] <irr> *vt (négliger)* ***~ de faire qc*** unterlassen etw zu tun
omis [ɔmi] *passé simple de* **omettre**
omis(e) [ɔmi, iz] *part passé de* **omettre**
omission [ɔmisjɔ̃] *f* ❶ *d'un mot, détail* Auslassen *nt* ❷ *(fait d'omettre de faire qc)* Unterlassen *nt* ❸ *(chose omise)* Auslassung *f* ❹ *(acte omis)* Unterlassung *f*
omnibus [ɔmnibys] **I.** *m* CHEMDFER Nahverkehrszug *m* **II.** *app train* Nahverkehrs-
omnipotent(e) [ɔmnipɔtɑ̃, ɑ̃t] *adj* allmächtig
omniprésence [ɔmnipʀezɑ̃s] *f* Allgegenwart *f*
omniprésent(e) [ɔmnipʀezɑ̃, ɑ̃t] *adj* allgegenwärtig
omniscient(e) [ɔmnisjɑ̃, jɑ̃t] *adj* allwissend
omnisports [ɔmnispɔʀ] *adj inv* für alle Sportarten; *club, salle* Sport-
omnivore [ɔmnivɔʀ] *adj* allesfressend
omoplate [ɔmɔplat] *f* Schulterblatt *nt*
O.M.S. [oɛmɛs] *f abr de* **Organisation mondiale de la Santé** WHO *f*
on [ɔ̃] *pron pers* ❶ *(tout le monde)* man; ***~ dit qu'elle a fait qc*** man sagt, dass sie etw getan hat; ***en France, ~ boit du vin*** in Frankreich trinkt man Wein ❷ *(quelqu'un)* man, jemand; ***~ vous demande au téléphone*** Sie werden am Telefon verlangt; ***j'attends qu'~*** [*o* ***que l'~***] ***apporte le dessert*** ich warte auf das Dessert ❸ *(fam: nous)* wir; ***~ s'en va!*** wir gehen!; ***nous, ~ veut bien!*** von uns aus, gern!; ***~ fait ce qu'~*** [*o* ***que l'~***] ***peut*** wir tun, was wir können ❹ *(fam: tu, vous)* man, du/ihr/Sie; ***alors Marie, ~ s'en va déjà?*** na, Marie, gehst du/gehen Sie denn schon? ❺ *(fam: il(s), elle(s))* man; ***qu'~*** [*o* ***que l'~***] ***est jolie aujourd'hui!*** wie hübsch sie heute ist! ❻ *(je, moi)* ***oui, oui, ~ va le faire!*** ja, ja, ich mache das schon noch!
onanisme [ɔnanism] *m* Onanie *f*
once [ɔ̃s] *f* ❶ *(très petite quantité)* ***une ~ de bon sens*** ein Funke *m* Verstand ❷ *(mesure de poids)* Unze *f*
oncle [ɔ̃kl] *m* Onkel *m*

oncologie [ɔ̃kɔlɔʒi] *f* Onkologie *f*
oncologiste [ɔ̃kɔlɔʒist] *mf* Onkologe *m*/ Onkologin *f*
onction [ɔ̃ksjɔ̃] *f* REL Salbung *f*
onctueux, -euse [ɔ̃ktɥø, -øz] *adj* ❶ *potage, sauce* sämig ❷ *(doux au toucher)* weich; *crème* sahnig
onctuosité [ɔ̃ktɥozite] *f d'un potage, d'une sauce* sämige Konsistenz; *d'une crème* sahnige Konsistenz
onde [ɔ̃d] *f* ❶ PHYS, RADIO Welle *f*; ***~s courtes/moyennes*** Kurzwelle/Mittelwelle *f*; ***petites/grandes ~s*** Kurzwelle/Langwelle *f*; ***passer sur les ~s*** im Radio kommen ❷ *pl (ondulation)* Wogen *nt* ▸ **être sur la même longueur d'~s** *(fam)* auf der gleichen Wellenlänge liegen
ondée [ɔ̃de] *f* Schauer *m*
on-dit [ɔ̃di] *m inv* Gerücht *nt*
ondoyant(e) [ɔ̃dwajɑ̃, jɑ̃t] *adj* ❶ *(onduleux)* wogend; *flamme* züngelnd; *vêtement, cheveux* wallend ❷ *(sinueux) forme, courbe* weich ❸ *(littér: inconstant) personne* wankelmütig; *caractère* unbeständig
ondulant(e) [ɔ̃dylɑ̃, ɑ̃t] *adj* ❶ *(ondoyant) démarche* wiegend; *surface* wogend ❷ MED *pouls, fièvre* unregelmäßig
ondulation [ɔ̃dylasjɔ̃] *f* ❶ *du blé, des vagues* Wogen *nt* ❷ *(ligne sinueuse)* ***les ~s du terrain*** die hügelige Beschaffenheit des Geländes ❸ *des cheveux* Wellen *Pl*
ondulatoire [ɔ̃dylatwaʀ] *adj* wellenartig; ***mouvement ~*** Wellenbewegung *f*
ondulé(e) [ɔ̃dyle] *adj cheveux, surface* gewellt; *route* uneben; *carton, tôle* Well-
onduler [ɔ̃dyle] <1> **I.** *vi* ❶ *(ondoyer) blé, vague:* wogen; *serpent:* sich schlängeln ❷ *(être sinueux) route:* sich schlängeln; *cheveux:* sich wellen **II.** *vt* ondulieren *cheveux*
one man show [wanmanʃo] *m inv* One-Man-Show *f*, Einmannshow *f*
onéreux, -euse [ɔneʀø, -øz] *adj* kostspielig; *loyer, marchandise* teuer; ***à titre ~*** gegen Entgelt
O.N.G. [oɛnʒe] *f abr de* **organisation non gouvernementale** NGO *f*
ongle [ɔ̃gl] *m* ANAT Nagel *m*; ***~ de l'orteil*** Zehennagel; ***~s des pieds et des mains*** Fuß- und Fingernägel; ***se faire les ~s*** sich die Nägel lackieren
onglée [ɔ̃gle] *f* ***avoir l'~*** klamme Finger haben
onglet [ɔ̃glɛ] *m* ❶ *(entaille) d'un canif, d'une règle* Kerbe *f*, Einkerbung *f* ❷ *(encoche, échancrure)* Daumenregister *nt*, Daumenregisterstanzung *f* ❸ INFORM Tab *m o nt*, Registerkarte *f*
onguent [ɔ̃gɑ̃] *m* PHARM Salbe *f*
ongulé [ɔ̃gyle] *m* Huftier *nt*
ongulé(e) [ɔ̃gyle] *adj* Huf-
onirique [ɔniʀik] *adj (littér)* Traum-
onirisme [ɔniʀism] *m* MED Traum *m*
onomastique [ɔnɔmastik] **I.** *adj* LING namenkundlich; ***index*** [*o* ***table***] ~ Namenverzeichnis *nt* **II.** *f* LING Namenkunde *f*, Onomastik *f Fachspr.*
onomatopée [ɔnɔmatɔpe] *f* LING Schallwort *nt*
ont [ɔ̃] *indic prés de* **avoir**
O.N.U [ony] *f abr de* **Organisation des Nations unies** UNO *f*; ***secrétaire général de l'~*** UN-Generalsekretär *m*; ***inspecteur(-trice) de l'~*** UN-Waffeninspekteur(in) *m(f)*
onyx [ɔniks] *m* Onyx *m*
onze [ɔ̃z] **I.** *num* elf **II.** *m inv* Elf *f*; *v. a.* **cinq**
onzième [ɔ̃zjɛm] **I.** *adj antéposé* elfte(r, s) **II.** *mf* ***le/la ~*** der/die/das Elfte **III.** *m (fraction)* Elftel *nt*; *v. a.* **cinquième**
OPA [opea] *f abr de* **offre publique d'achat** öffentliches [Aktien]kaufangebot
opacifier [ɔpasifje] <1a> **I.** *vt (rendre opaque)* trüben **II.** *vpr (devenir opaque)* ***s'~*** sich trüben
opacité [ɔpasite] *f (opp: transparence) du verre, papier* Undurchsichtigkeit *f*
opale [ɔpal] *f* Opal *m*
opaline [ɔpalin] *f* ❶ *(matière)* Opalglas *nt* ❷ *(objet)* Gegenstand *m* aus Opalglas
opaque [ɔpak] *adj* ❶ *(opp: transparent)* undurchsichtig; *verre* Milch- ❷ *(dense)* dicht; *obscurité* undurchdringlich
open [ɔpɛn] **I.** *adj inv* ❶ *tournoi* international ❷ *(ouvert) billet* offen **II.** *m inv* SPORT Open *nt*
OPEP [ɔpɛp] *m abr de* **Organisation des pays exportateurs de pétrole** OPEC *f*
opéra [ɔpeʀa] *m* Oper *f*
opérable [ɔpeʀabl] *adj* operabel
opérant(e) [ɔpeʀɑ̃, ɑ̃t] *adj* wirksam
opérateur [ɔpeʀatœʀ] *m* INFORM, MATH ~ *[du système]* Operator *m*
opérateur, -trice [ɔpeʀatœʀ, -tʀis] *m, f* ❶ TECH, TELEC Techniker(in) *m(f)*; ***~ de saisie*** Datentypist; ***~ de téléphonie numérique mobile*** Mobilfunkanbieter ❷ *(standardiste)* Telefonist(in) *m(f)* ❸ AVIAT, NAUT Funker(in) *m(f)* ❹ CINE, TV Kameramann *m*/-frau *f* ❺ FIN [Börsen]makler(in) *m(f)*
opération [ɔpeʀasjɔ̃] *f* ❶ MED Operation *f* ❷ MATH [Rechen]operation *f*; ***les quatre ~s fondamentales*** die vier Grundrechen-

arten ❸ MIL [militärische] Operation ❹ *(action organisée)* Aktion *f;* ~ ***de publicité/police/sauvetage*** Werbeaktion/Polizeiaktion/Rettungsaktion; ***l'~ ville propre*** die Aktion saubere Stadt ❺ *(transaction)* Geschäft *nt;* ***~s boursières*** [*o* ***de bourses***] Börsengeschäft

opérationnel(le) [ɔpeʀasjɔnɛl] *adj personne, avion* einsatzfähig; *entreprise, machine* betriebsbereit; *soldat, arme* einsatzbereit; *base* Operations-

opératoire [ɔpeʀatwaʀ] *adj* MED *bloc, technique* Operations-; *choc, dépression* postoperativ

opératrice [ɔpeʀatʀis] *f* ❶ TECH, TELEC Technikerin *f* ❷ AVIAT, NAUT Funkerin *f* ❸ CINE, TV Kamerafrau *f* ❹ FIN [Börsen]maklerin *f*

opéré(e) [ɔpeʀe] *m(f)* Operierte(r) *f(m)*

opérer [ɔpeʀe] <5> **I.** *vt* ❶ MED ~ ***qn de qc*** jdn an etw *dat* operieren ❷ *(provoquer)* bewirken *changement, redressement* ❸ *(réaliser)* treffen *choix;* durchführen *réforme* **II.** *vi* ❶ *(produire) charme, médicament:* wirken; *méthode, procédé:* greifen ❷ *(procéder)* vorgehen **III.** *vpr* **s'~** ❶ *(se réaliser)* sich vollziehen ❷ MED operiert werden können

opérette [ɔpeʀɛt] *f* MUS Operette *f*

ophtalmie [ɔftalmi] *f* Augenentzündung *f*

ophtalmique [ɔftalmik] *adj* Augen-; *nerf* Seh-

ophtalmo [ɔftalmo] *m (fam) v.* **ophtalmologiste, ophtalmologue**

ophtalmologie [ɔftalmɔlɔʒi] *f* Augenheilkunde *f*

ophtalmologique [ɔftalmɔlɔʒik] *adj* Augen-; *recherches* der Augenheilkunde *gen*

ophtalmologiste [ɔftalmɔlɔʒist] *mf,* **ophtalmologue** [ɔftalmɔlɔg] *mf* Augenarzt *m/*-ärztin *f*

opiner [ɔpine] <1> *vi* ~ ***à qc*** einer S. *dat* zustimmen; ~ ***de la tête*** [mit dem Kopf] zustimmend nicken

opiniâtre [ɔpinjɑtʀ] *adj* ❶ *travail, efforts* unermüdlich; *résistance, haine* erbittert; *personne, caractère* eigensinnig ❷ *fièvre, toux* hartnäckig

opiniâtrement [ɔpinjɑtʀəmɑ̃] *adv travailler* hartnäckig; *lutter* verbissen

opiniâtreté [ɔpinjɑtʀəte] *f* ❶ *(persévérance)* Hartnäckigkeit *f* ❷ *(entêtement)* Eigensinn *m*

opinion [ɔpinjɔ̃] *f* ❶ *(avis)* Meinung *f;* ***avoir une ~ sur un sujet*** zu einem Thema eine Meinung haben; ***avoir la même ~ que qn*** der gleichen Meinung wie jd sein; ***se faire une ~*** sich eine Meinung bilden ❷ *(jugement collectif)* ***l'~*** [***publique***] die öffentliche Meinung; ***l'~ française*** die Öffentlichkeit in Frankreich ❸ *gén pl (convictions)* Anschauung *f;* [***à***] ***chacun ses ~s*** jedem seine Meinung; ***journal d'~*** politisch orientierte Zeitung; ***liberté d'~*** Meinungsfreiheit *f*

opium [ɔpjɔm] *m* Opium *nt*

opportun(e) [ɔpɔʀtœ̃, yn] *adj démarche, intervention* angebracht; ***en temps ~*** zu gegebener Zeit; ***au moment ~*** im geeigneten Augenblick

opportunément [ɔpɔʀtynemɑ̃] *adv* im richtigen Augenblick [*o* Moment]

opportunisme [ɔpɔʀtynism] *m* Opportunismus *m*

opportuniste [ɔpɔʀtynist] **I.** *adj* opportunistisch **II.** *mf* Opportunist(in) *m(f)*

opportunité [ɔpɔʀtynite] *f* ❶ *(bien-fondé)* Zweckmäßigkeit *f* ❷ *(occasion)* günstige Gelegenheit

opposant(e) [ɔpozɑ̃, ɑ̃t] **I.** *adj* ❶ *(qui s'oppose à)* oppositionell ❷ JUR *partie* gegnerisch **II.** *m(f)* Gegner(in) *m(f);* POL Oppositionelle(r) *f(m);* ***les ~s à qn/qc*** jds Gegner/die Gegner einer S. *gen*

opposé [ɔpoze] *m* Gegenteil *nt* ► **à l'~** *(dans l'autre direction)* in der anderen/in die andere Richtung; *(au contraire)* im Gegenteil; **à l'~ de qn/qc** im Gegensatz zu jdm/etw

opposé(e) [ɔpoze] *adj* ❶ *équipe* gegnerisch; *parti* Gegen-; *côté* gegenüberliegend; *sens, direction* entgegengesetzt *dat* ❷ PHYS *force, pression* Gegen-; MATH *nombres* mit entgegengesetztem Vorzeichen; GEOM *angles* gegenüberliegend ❸ *(contraire)* entgegengesetzt; *caractère, goût* grundverschieden ❹ *(hostile)* ***être ~ à qc*** gegen etw sein

opposer [ɔpoze] <1> **I.** *vt* ❶ *(comparer)* ~ ***des personnes/des choses*** Menschen/Dinge einander gegenüberstellen; ~ ***qn/qc et*** [*o* ***à***] ***qn/qc*** jdn/etw mit jdm/etw vergleichen ❷ MIL ***le conflit oppose les deux nations*** in dem Konflikt stehen sich die beiden Nationen feindlich gegenüber ❸ SPORT ***ce match oppose l'équipe X à*** [*o* ***et***] ***l'équipe Y*** in diesem Spiel trifft die Mannschaft X auf die Mannschaft Y ❹ *(répondre par)* ~ ***un refus à qn*** jdm eine Absage erteilen ❺ *(objecter)* ~ ***des arguments/raisons à qn/qc*** Argumente/Gründe gegen jdn/etw anführen **II.** *vpr* ❶ *(faire obstacle)* ***s'~ à qn/qc*** gegen jdn/etw sein ❷ *(faire contraste)* ***s'~*** gänzlich verschieden sein

opposition [ɔpozisjɔ̃] *f* ❶ *(résistance)* ***~ à qc*** Widerstand *m* gegen etw; ***faire/mettre ~ à qc*** Einspruch gegen etw erheben; ***faire de l'~*** Widerspruch anmelden ❷ *des opinions, caractères* Gegensätzlichkeit *f;* ***des ~s d'intérêt*** Interessenkonflikte *Pl;* ***être/entrer en ~ avec qn sur un point particulier*** in einem bestimmten Punkt anderer Meinung sein/zu einer anderen Meinung kommen als jd ❸ *(combat)* ***~ de deux adversaires*** Konflikt *m* zwischen zwei Gegnern ❹ POL Opposition *f;* ***les partis/journaux d'~*** die Oppositionsparteien/Zeitungen der Opposition ▶ **faire ~ à un paiement** ein Zahlungsverbot erlassen; **faire ~ à un chèque** einen Scheck sperren lassen; **en ~** im Widerspruch; **par ~** aus Widerspruch; **par ~ à qn/qc** *(contrairement)* ganz anders als jd/etw; *(par défi)* aus Opposition zu jdm/etw

oppositionnel(le) [ɔpozisjɔnɛl] *adj* oppositionell

oppressant(e) [ɔpʀesɑ̃, ɑ̃t] *adj* ❶ *(angoissant)* beklemmend, bedrückend ❷ *(suffocant) chaleur, temps* drückend

oppresser [ɔpʀese] <1> *vt* ❶ *(angoisser) sentiment, souvenir:* bedrücken ❷ *(suffoquer) chaleur, temps:* die Luft zum Atmen nehmen

oppresseur, -euse [ɔpʀesœʀ, -øz] *m, f* Unterdrücker(in) *m(f)*

oppressif, -ive [ɔpʀesif, -iv] *adj loi, régime* repressiv; ***fiscalité oppressive*** drückende Steuerlast

oppression [ɔpʀesjɔ̃] *f* ❶ *(tyrannie)* Unterdrückung *f* ❷ *(angoisse)* Beklemmung *f* ❸ *(suffocation)* Atembeklemmung *f*

opprimé(e) [ɔpʀime] *m(f)* Unterdrückte(r) *f(m)*

opprimer [ɔpʀime] <1> *vt* unterdrücken

opprobre [ɔpʀɔbʀ] *m (littér)* ❶ *(honte)* Schande *f;* ***vivre dans l'~*** in Schmach und Schande leben ❷ *(cause de honte)* Schandfleck *m;* ***être l'~ de sa famille*** das schwarze Schaf der Familie sein

opter [ɔpte] <1> *vi* ***~ pour qc*** sich für etw entscheiden

opticien(ne) [ɔptisjɛ̃, jɛn] *m(f)* Optiker(in) *m(f)*

optimal(e) [ɔptimal, -o] <-aux> *adj* optimal

optimalisation [ɔptimalizasjɔ̃] *f,* **optimisation** [ɔptimizasjɔ̃] *f a.* ECON, INFORM Optimierung *f;* ***~ du site*** Standortoptimierung; ***~ du système*** Systemoptimierung

optimaliser [ɔptimalize] <1>, **optimiser** [ɔptimize] <1> *vt* optimieren

optimisme [ɔptimism] *m* Optimismus *m*

optimiste [ɔptimist] **I.** *adj* optimistisch **II.** *mf* Optimist(in) *m(f)*

optimum [ɔptimɔm] <s *o* optima> **I.** *adj* optimal **II.** *m* Optimum *nt*

option [ɔpsjɔ̃] *f* ❶ *(choix)* Wahl[möglichkeit] *f* ❷ *(matière à option)* Wahlfach *nt; (filière)* Zweig *m* ❸ *(promesse d'achat)* ***prendre une ~ sur une maison*** sich das Vorkaufsrecht auf ein Haus sichern ❹ *(modèle)* Ausführung *f; (accessoire)* Sonderausstattung *f*

optionnel(le) [ɔpsjɔnɛl] *adj* ❶ SCOL Wahl- ❷ COM auf Wunsch ❸ INFORM optional

optique [ɔptik] **I.** *adj nerf, centre* Seh-; *verre* optisch **II.** *f* ❶ *(science)* Optik *f;* ***appareils/instruments d'~*** optische Geräte/Instrumente ❷ *d'une caméra, d'un microscope* Optik *f* ❸ *(point de vue)* Sichtweise *f;* ***dans*** [*o* ***vu sous***] ***cette ~*** so gesehen

opulence [ɔpylɑ̃s] *f* ❶ *(richesse)* Überfluss *m* ❷ *des formes* Üppigkeit *f*

opulent(e) [ɔpylɑ̃, ɑ̃t] *adj* ❶ *personne, pays* sehr reich; *vie* luxuriös ❷ *formes, poitrine* üppig

opus [ɔpys] *m* Opus *nt*

opuscule [ɔpyskyl] *m* Heft *nt*

or[1] [ɔʀ] **I.** *m* Gold *nt;* ***~ blanc/jaune/rouge*** Weißgold/Gelbgold/Rotgold; ***d'~/en ~*** golden/aus Gold ▶ **pour tout l'~ du monde** nicht für alles Geld der Welt; **être cousu d'~** Geld wie Heu haben; **rouler sur l'~** im Geld schwimmen; **en ~** *(fam):* ***affaire en ~*** glänzendes Geschäft; ***caractère/personne en ~*** gutmütiger Charakter/Mensch; ***sujet en ~*** äußerst dankbares Thema **II.** *app inv* ❶ *(couleur)* golden ❷ FIN *étalon, valeur* Gold- ❸ COM ***les bijoux ~*** der Goldschmuck

or[2] [ɔʀ] *conj* ❶ *(dans un syllogisme)* und da ❷ *(transition)* nun

oracle [ɔʀakl] *m* Orakel *nt*

orage [ɔʀaʒ] *m* ❶ METEO Gewitter *nt;* ***le temps est à l'~*** es sieht nach Gewitter aus ❷ *(dispute)* [häusliches] Gewitter ▶ **il y a de l'~ dans l'air** *(fam)* es herrscht dicke Luft

orageux, -euse [ɔʀaʒø, -ʒøz] *adj* ❶ METEO gewittrig; *pluie, nuage* Gewitter-; *saison* der Gewitter ❷ *adolescence, époque* stürmisch; *discussion* hitzig

oraison [ɔʀɛzɔ̃] *f* REL ❶ *(lecture)* Kirchen-

gebet *nt* ❷ *(méditation)* stilles Gebet ► ~ **funèbre** Grabrede *f*
oral [ɔʀal, -o] <-aux> *m* Mündliche(s) *nt*
oral(e) [ɔʀal, -o] <-aux> *adj* ❶ *(opp: écrit)* mündlich; *tradition* mündlich überliefert ❷ *cavité* Mund-; ***prendre par voie ~e*** oral einnehmen ❸ PSYCH *stade* oral
oralement [ɔʀalmɑ̃] *adv* mündlich
orange [ɔʀɑ̃ʒ] **I.** *f* Orange *f*, Apfelsine *f*; ~ ***amère/sanguine*** Bitterorange/Blutorange; ***glace à l'~*** Orangeneis; ***confiture d'~*** Orangenmarmelade **II.** *m* ❶ *(couleur)* Orange *nt* ❷ TRANSP Gelb *nt; **le feu passe/est à l'~*** die Ampel schaltet auf Gelb/ist gelb; ***passer à l'~*** bei Gelb die Ampel passieren **III.** *adj inv* orange[farben]
orangé [ɔʀɑ̃ʒe] *m* Orange *nt*
orangé(e) [ɔʀɑ̃ʒe] *adj* orange *inv*, orangefarben
orangeade [ɔʀɑ̃ʒad] *f* Orangenlimonade *f*
oranger [ɔʀɑ̃ʒe] *m* Orangenbaum *m*
orangeraie [ɔʀɑ̃ʒʀɛ] *f* Orangenplantage *f*
orangerie [ɔʀɑ̃ʒʀi] *f* Orangerie *f*
orang-outan[g] [ɔʀɑ̃utɑ̃] <orangs-outan[g]s> *m* Orang-Utan *m*

Aussprache
Die -g in **orang-outang** werden nicht gesprochen.

orateur, -trice [ɔʀatœʀ, -tʀis] *m, f* Redner(in) *m(f)*
oratoire [ɔʀatwaʀ] **I.** *adj* Rede- **II.** *m (chapelle)* Hauskapelle *f*
oratorio [ɔʀatɔʀjo] *m* Oratorium *nt*
orbite [ɔʀbit] *f* ❶ ANAT Augenhöhle *f* ❷ ASTRON Umlaufbahn *f* ❸ *(sphère d'influence)* ***être dans l'~ de qn*** in jds Bannkreis *dat* sein
orchestral(e) [ɔʀkɛstʀal, -o] <-aux> *adj* Orchester-
orchestration [ɔʀkɛstʀasjɔ̃] *f* MUS Instrumentierung *f*
orchestre [ɔʀkɛstʀ] *m* ❶ MUS Orchester *nt*; ~ ***à cordes/de cuivres*** Streichorchester/Blasorchester ❷ *(emplacement)* ***fosse d'~*** Orchestergraben *m* ❸ *(place de devant)* Platz *m* im Parkett; *(public assis devant)* Zuschauer *Pl* im Parkett
orchestrer [ɔʀkɛstʀe] <1> *vt* ❶ MUS orchestrieren ❷ *(organiser)* inszenieren *campagne de presse, de publicité;* organisieren *manifestation*
orchidée [ɔʀkide] *f* Orchidee *f*
ordinaire [ɔʀdinɛʀ] **I.** *adj* ❶ *(habituel)* alltäglich; *réaction, geste* üblich ❷ *produit, vin* einfach ❸ *(péj: médiocre)* [ganz] gewöhnlich ► **ça, alors, c'est pas ~!** *(fam)* das ist ein starkes Stück! **II.** *m* ❶ *(banalité, habitude)* Alltägliche *nt; **une intelligence au-dessus de l'~*** eine überdurchschnittliche Intelligenz; ***ça change de l'~*** das ist mal etwas anderes; ***comme à l'~*** wie gewohnt; ***d'~*** normalerweise ❷ *(menu habituel)* Alltagskost *f*
ordinairement [ɔʀdinɛʀmɑ̃] *adv* gewöhnlich
ordinal [ɔʀdinal, -o] <-aux> *m* Ordinalzahl *f*
ordinal(e) [ɔʀdinal, -o] <-aux> *adj* Ordnungs-
ordinateur [ɔʀdinatœʀ] *m* Computer *m*; ~ ***personnel*** PC *m*; ~ ***portable*** Laptop *m*; ~ ***de table*** Desktop *m*; ***assisté par ~*** computerunterstützt; ***travailler sur ~*** am Computer arbeiten
ordination [ɔʀdinasjɔ̃] *f* Priesterweihe *f*
ordinogramme [ɔʀdinɔgʀam] *m* Flussdiagramm *nt*
ordonnance [ɔʀdɔnɑ̃s] *f* ❶ MED Rezept *nt*; ***médicament délivré sur ~*** rezeptpflichtiges Medikament ❷ JUR Anordnung *f* ❸ *d'une phrase* Gliederung *f*; *d'un poème, d'un tableau* Aufbau *m*; *d'une cérémonie* Verlauf *m*; *d'un appartement* Schnitt *m*; ***l'~ d'un repas*** die Speisenfolge
ordonnancement [ɔʀdɔnɑ̃smɑ̃] *m* ❶ FIN *(mandatement)* Zahlungsanweisung *f* ❷ TECH *(suivi des commandes)* Auftragsabwicklung *f* ❸ *(littér: agencement)* Verlauf *m*
ordonnancer [ɔʀdɔnɑ̃se] <2> *vt (donner l'ordre de payer)* anweisen
ordonné(e) [ɔʀdɔne] *adj* ❶ *(méthodique)* methodisch vorgehend ❷ *(qui a de l'ordre)* ordnungsliebend ❸ *vie* geregelt; *maison* ordentlich
ordonnée [ɔʀdɔne] *f* MATH Ordinate *f*
ordonner [ɔʀdɔne] <1> **I.** *vt* ❶ *a.* MATH *(arranger)* ordnen ❷ *(commander)* ~ ***qc à qn*** jdm etw befehlen; MED jdm etw verordnen; ~ ***que*** +*subj* anordnen, dass **II.** *vpr (s'organiser)* ***mes idées se sont ordonnées*** es kam Klarheit in meine Gedanken
ordre[1] [ɔʀdʀ] *m* ❶ *a.* BOT, ZOOL *d'une pièce, personne* Ordnung *f*; ***avoir de l'~*** Ordnung haben; ***en ~*** in Ordnung; ***mettre sa chambre en ~*** sein Zimmer aufräumen ❷ *(classement)* Reihenfolge *f*; *chronologique, logique* Reihenfolge; ~ ***hiérarchique*** Hierarchie *f*; ~ ***numérique*** Zahlenfolge *f*; ***par ~ alphabétique*** in alphabetischer Reihenfolge; ***tiercé dans l'~*** in der richtigen

Reihenfolge getippt ❸ *(genre)* Art *f; **d'~ politique/économique*** politischer/wirtschaftlicher Art ❹ *(organisation, stabilité sociale)* Ordnung *f; **l'~ établi*** die bestehende Ordnung; ***l'~ social/économique*** die Gesellschaftsordnung/das Wirtschaftssystem; ***faire régner l'~*** für Ordnung sorgen; ***rappeler qn à l'~*** jdn zur Ordnung rufen; ***rentrer dans l'~*** wieder den gewohnten Gang gehen ❺ *des architectes, des experts comptables* Verband *m; des avocats, des médecins* Kammer *f* ❻ *(association honorifique)* Orden *m* ❼ HIST Stand *m* ❽ *(congrégation)* Orden *m* ▶ **c'est dans l'~ des choses** etw liegt in der Natur der Dinge; **un ~ de grandeur** eine Größenordnung; **dans le même ~ d'idées** in diesem Zusammenhang; **dans un autre ~ d'idées** übrigens; **mettre bon ~ à qc** etw in Ordnung bringen; **de l'~ de** in der Größenordnung von; **de premier/deuxième ~** erstrangig/zweitrangig

ordre² [ɔʀdʀ] *m* ❶ *(commandement)* Befehl *m; **donner l'~ de faire qc*** anordnen etw zu tun; ***donner l'~ à qn de faire qc*** jdm den Befehl erteilen etw zu tun; ***être aux ~s de qn*** jdm zur Verfügung stehen; ***être sous les ~s de qn*** jdm unterstellt sein; MIL unter jds Befehl *dat* stehen; ***à vos ~s!*** zu Befehl!; ***~ de mission/de route*** Dienstbefehl/Marschbefehl ❷ *(directives)* Anordnung *f; **sur ~ du médecin*** auf Anordnung des Arztes; ***~ de grève*** Streikaufruf *m* ❸ *(commande)* Order *f; **~ d'achat/de vente*** Kaufauftrag/Verkaufsauftrag; ***par ~*** im Auftrag; ***sur [l']~/les ~s de qn*** in jds Auftrag *dat* ▶ **~ du jour** MIL Tagesbefehl *m; (programme)* Tagesordnung *f*, Agenda *f* CH; ***être à l'~ du jour*** auf der Tagesordnung stehen; **jusqu'à nouvel ~** bis auf Weiteres; **à l'~ de** an die Order von

ordure [ɔʀdyʀ] *f* ❶ *pl (détritus)* Müll *m; (objets usés)* Gerümpel *nt pej; **~s ménagères*** Haushaltsabfälle; ***jeter/mettre qc aux ~s*** etw in den Müll werfen/geben ❷ *(fam: personne)* Mistvieh *nt vulg; **se conduire comme une ~*** sich wie ein Schwein benehmen ❸ *pl (propos obscènes)* Schweinereien *Pl vulg*

ordurier, -ière [ɔʀdyʀje, -jɛʀ] *adj* vulgär; *propos, chanson* derb

orée [ɔʀe] *f d'un bois, d'une forêt* Rand *m*, Saum *m geh* ▶ **à l'~ de qc** *(au début de)* zu Beginn einer S. *gen; **à l'~ de la forêt*** am Waldesrand [*o* Rand des Waldes], am Waldessaum [*o* Saum des Waldes] *geh*

oreille [ɔʀɛj] *f* ❶ ANAT Ohr *nt; **des ~s décollées*** abstehende Ohren ❷ *(ouïe)* ***avoir l'~ fine*** *(entendre bien)* gute Ohren haben; *(percevoir les nuances)* ein feines Gehör haben; ***avoir l'~ juste*** [*o* ***de l'~***] ein musikalisches Gehör haben ❸ *(appuie-tête)* seitliche Kopfstütze; ***un fauteuil à ~s*** ein Ohrensessel *m* ▶ **avoir les ~s en feuille de chou** *(fam)* Segelohren haben; **n'être pas tombé dans l'~ d'un sourd** jdm nicht entgangen sein; *conseil, proposition:* nicht auf taube Ohren gestoßen sein; **être dur d'~** schwerhörig sein; **faire la sourde ~** sich taub stellen; **casser** [*o* **[é]chauffer**] **les ~s à qn** jdn nerven *fam;* **dormir sur ses deux ~s** ganz beruhigt sein; **dresser** [*o* **tendre**] **l'~** die Ohren spitzen *fam;* **n'écouter que d'une ~** nur mit halbem Ohr zuhören; **ne pas l'entendre de cette ~** damit nicht einverstanden sein; **prêter l'~ à qn/qc** jdm gut zuhören/auf etw *akk* hören; **rebattre les ~s à qn avec qc** jdm mit etw [dauernd] in den Ohren liegen; **se faire tirer l'~** sich lange bitten lassen; **jusqu'aux ~s** bis über beide Ohren

oreiller [ɔʀeje] *m* [Kopf]kissen *nt*

oreillette [ɔʀɛjɛt] *f* ❶ ANAT Vorhof *m* ❷ COUT Ohrenschützer *m; **à ~s*** mit Ohrenklappen

oreillons [ɔʀɛjɔ̃] *mpl* Mumps *m o f*

ores [ɔʀ] ▶ **d'~ et déjà** schon [*o* bereits] jetzt

orfèvre [ɔʀfɛvʀ] *mf* Goldschmied(in) *m(f)*

orfèvrerie [ɔʀfɛvʀəʀi] *f* ❶ *(travail)* Goldschmiedehandwerk *nt* ❷ *(art)* Goldschmiedekunst *f* ❸ *(objet)* Goldschmiedearbeit *f*

organe [ɔʀgan] *m* ❶ ANAT Organ *nt; **les ~s de la digestion/respiration*** die Verdauungs-/Atmungsorgane ❷ *(porte-parole)* Organ *nt* ❸ *(instrument)* Instrument *nt; **~ de la puissance*** Machtinstrument ❹ *(voix)* Stimme *f* ❺ ADMIN Organ *nt; **les ~s directeurs*** [*o* ***dirigeants***] ***d'un parti*** der Führungsapparat einer Partei

organigramme [ɔʀganigʀam] *m* ❶ ADMIN Organigramm *nt* ❷ INFORM Flussdiagramm *nt*

organique [ɔʀganik] *adj* organisch

organiquement [ɔʀganikmɑ̃] *adv* ❶ *(quant à l'organisation)* strukturell ❷ *(dans son essence)* durch und durch

organisateur [ɔʀganizatœʀ] *m* INFORM Organizer *m*

organisateur, -trice [ɔʀganizatœʀ, -tʀis] **I.** *adj* organisatorisch *Pl* **II.** *m, f* Organisator(in) *m(f); d'une manifestation, d'un* *voyage* Veranstalter(in) *m(f)*; ***tes talents d'~*** dein Organisationstalent

organisation [ɔʀganizasjɔ̃] *f* ❶ *(fait d'organiser)* Organisation *f; du temps* Einteilung *f;* ~ ***de loisirs*** Freizeitgestaltung; ~ ***du travail*** Arbeitsorganisation; ***avoir une bonne ~ de son emploi du temps*** sich *dat* seine Zeit gut einteilen ❷ *(structure)* Aufbau *m;* ***l'~ des services*** die Betriebsorganisation ❸ *(groupement)* Organisation *f;* ~ ***syndicale*** Gewerkschaft *f;* ~ ***patronale/agricole*** Arbeitgeber-/Bauernverband *m*

organisationnel(le) [ɔʀganizasjɔnɛl] *adj* organisatorisch; *structure, système* Organisations-

organisatrice [ɔʀganizatʀis] *f* Organisatorin *f; d'une manifestation, d'un voyage* Veranstalterin *f,* Organisatorin; ~ ***d'événements*** Eventmanager(in) *m(f)*

organisé(e) [ɔʀganize] *adj* ❶ *(structuré)* organisiert ❷ *(méthodique)* methodisch; ***être ~ dans son travail*** mit Methode arbeiten ❸ *(fam: manifeste)* ***c'est du vol ~!*** das ist [reinste] Halsabschneiderei!

organiser [ɔʀganize] <1> **I.** *vt* ❶ *(préparer)* organisieren, veranstalten *réunion, voyage, fête;* durchführen *campagne, opération* ❷ *(planifier)* organisieren, [sich *dat*] einteilen, organisieren *travail;* [sich *dat*] einteilen *temps;* gestalten, planen *loisirs, vie* ❸ *(structurer)* organisieren *armée, mouvement;* ordnen *parti, services* **II.** *vpr* **s'~** ❶ *(se donner une structure) groupement social:* sich organisieren ❷ *(gérer ses activités)* sich *dat* seine Zeit/Arbeit [richtig] einteilen; ***savoir s'~*** gut organisiert sein; ***s'~ pour qc*** sich auf etw *akk* vorbereiten

organisme [ɔʀganism] *m* ❶ BIO Organismus *m; (corps)* Körper *m* ❷ ADMIN Einrichtung *f;* ~ ***de crédit*** Kreditinstitut *nt;* ~ ***de tourisme*** Touristikunternehmen *nt*

organiste [ɔʀganist] *mf* Organist(in) *m(f)*

orgasme [ɔʀgasm] *m* Orgasmus *m*

orge [ɔʀʒ] *f* Gerste *f*

orgeat [ɔʀʒa] *m [**sirop d'**]~ mit Mandelmilch zubereiteter Sirup*

orgelet [ɔʀʒəlɛ] *m* Gerstenkorn *nt*

orgie [ɔʀʒi] *f* ❶ *(débauche)* Orgie *f* ❷ *(hum) de bonbons, de glaces* -orgie *f;* ~ ***de couleurs*** Farbenpalette *f;* ~ ***de lumières*** Lichtermeer *nt*

orgue [ɔʀg] **I.** *m* Orgel *f;* ~ ***électronique*** Keyboard *nt;* ~ ***de Barbarie*** Drehorgel; ***tenir l'~*** [die] Orgel spielen **II.** *fpl* **~s** [Kirchen]orgel *f*

orgueil [ɔʀgœj] *m* ❶ *(fierté)* Stolz *m* ❷ *(prétention)* Hochmut *m*

orgueilleusement [ɔʀgøjøzmɑ̃] *adv* stolz

orgueilleux, -euse [ɔʀgøjø, -jøz] **I.** *adj* ❶ *(fier)* stolz ❷ *(prétentieux)* hochmütig **II.** *m, f* überheblicher Mensch

orient [ɔʀjɑ̃] *m* ❶ ASTRON *(littér)* Osten *m* ❷ *d'une perle* Perlmuttschimmer *m* ❸ *(loge maçonnique)* Loge *f*

Orient [ɔʀjɑ̃] *m* ***l'~*** der Orient

orientable [ɔʀjɑ̃tabl] *adj* verstellbar; *lampe* schwenkbar; *antenne, bras* beweglich

oriental(e) [ɔʀjɑ̃tal, -o] <-aux> *adj* ❶ *(situé à l'est d'un lieu)* östlich; *côte, frontière* Ost-, östlich ❷ *(relatif à l'Orient)* orientalisch

Oriental(e) [ɔʀjɑ̃tal, -o] <-aux> *m(f)* Orientale *m*/Orientalin *f*

orientation [ɔʀjɑ̃tasjɔ̃] *f* ❶ *d'une maison* Ausrichtung *f; du soleil* Stand *m; d'une antenne, lampe* Ausrichtung; *d'un phare, de lamelles* Einstellung *f; d'un avion, navire* Position *f;* ***changer l'~ d'une lampe*** eine Lampe anders ausrichten ❷ *d'une enquête, d'un établissement* Ziel[setzung *f*] *nt; d'une campagne, d'un parti politique* Kurs *m kein Pl;* ***l'~ de sa pensée*** seine/ihre Denkrichtung; ***les nouvelles ~s de la médecine*** die neuen Zielsetzungen [in] der Medizin ❸ PSYCH, SCOL Beratung *f*

orienté(e) [ɔʀjɑ̃te] *adj* tendenziös

orienter [ɔʀjɑ̃te] <1> **I.** *vt* ❶ *(diriger)* richtig halten *carte, plan;* ~ ***une antenne/un phare vers*** [*o* ***sur***] ***qc*** eine Antenne/einen Scheinwerfer auf etw *akk* richten ❷ *(guider)* ~ ***une activité/conversation vers qc*** eine Tätigkeit/Unterhaltung auf etw *akk* lenken; ~ ***un touriste/visiteur vers qc*** einem Touristen/Besucher den Weg zu etw zeigen ❸ PSYCH, SCOL beraten ❹ MATH mit einer Richtung versehen *droite, grandeur* **II.** *vpr* ❶ *(a. fig)* ***s'~*** sich orientieren ❷ *(se tourner vers)* ***s'~ vers qc*** sich einer S. *dat* zuwenden; ***s'~ au nord*** *vent:* nach Norden drehen

orienteur, -euse [ɔʀjɑ̃tœʀ, -øz] *m, f* Schul- und Berufsberater(in) *m(f)*

orifice [ɔʀifis] *m* Öffnung *f; d'une canalisation* Mündung *f; d'un tuyau* Loch *nt;* ***les ~s naturels du corps*** die natürlichen Körperöffnungen

oriflamme [ɔʀiflam] *f* Banner *nt;* HIST Oriflamme *f*

origami [ɔʀigami] *m* Origami *nt*

origan [ɔʀigɑ̃] *m (condiment)* Oregano *m*

O

originaire [ɔʀiʒinɛʀ] *adj* ***être ~ de*** aus ... kommen

originairement [ɔʀiʒinɛʀmɑ̃] *adv* ursprünglich

original [ɔʀiʒinal, -o] <-aux> *m (exemplaire primitif: d'une œuvre d'art)* Original *nt; (d'un texte)* Urschrift *f*

original(e) [ɔʀiʒinal, -o] <-aux> **I.** *adj* ❶ Original-; *gravure* echt ❷ *(inédit)* originell; *(personnel)* eigenständig; *idée* eigen ❸ *(péj: bizarre)* sonderbar **II.** *m(f)* Original *nt fam;* ***arrête de faire l'~!*** fall doch nicht ständig aus der Rolle!

originale [ɔʀiʒinal] *f* Original *nt fam,* Unikum *nt,* Sonderling *m;* ***arrête de faire l'~!*** fall doch nicht ständig aus der Rolle!

originalement [ɔʀiʒinalmɑ̃] *adv* originell

originalité [ɔʀiʒinalite] *f* ❶ *(nouveauté)* Originalität *f; (personnalité)* Eigenständigkeit *f* ❷ *(élément original)* origineller Zug; *d'une personne, œuvre* Besonderheit *f* ❸ *(péj) d'une personne* Eigenartigkeit *f*

origine [ɔʀiʒin] *f* ❶ *(commencement)* Ursprung *m;* ***à l'~*** ursprünglich; ***dès l'~*** [schon] von Anfang an; ***d'~*** im Originalzustand; ***appellation/certificat d'~*** Herkunftsbezeichnung *f/*-angabe *f* ❷ *d'un échec* Ursache *f;* ***quelle est l'~ de ...?*** woher kommt ...? ❸ *(ascendance)* Herkunft *f kein Pl;* ***un mot d'~ grecque*** ein Wort aus dem Griechischen; ***un produit d'~ belge*** ein Produkt aus Belgien; ***il est d'~ française*** er ist gebürtiger Franzose; ***d'~ paysanne/noble*** [von] bäuerlicher/adliger Herkunft; ***être d'~ ouvrière*** aus einer Arbeiterfamilie stammen ❹ *d'un appel téléphonique, message* Herkunft *f; d'un produit* Ursprung *m* ▶ **des ~s à nos jours** von den Anfängen bis zur Gegenwart; **avoir son ~ dans qc, tirer son ~ de qc** auf etw *akk* zurückzuführen sein; *coutume:* aus etw entstanden sein; **être à l'~ de qc** *personne:* etw in die Wege geleitet haben; ***être à l'~ d'un mal*** *chose:* die Wurzel eines Übels sein

originel(le) [ɔʀiʒinɛl] *adj* ursprünglich; *sens* eigentlich; *état* Ur-

> **Falsche Freunde**
> Nicht verwechseln mit *originell* – *original*!

originellement [ɔʀiʒinɛlmɑ̃] *adv* ursprünglich

oripeaux [ɔʀipo] *mpl* ❶ [alte] Fetzen *Pl,* zerlumpte Kleidung ❷ *(apparence trompeuse)* Deckmantel *m*

O.R.L. [oɛʀɛl] **I.** *mf abr de* **oto-rhino-laryngologiste** HNO-Arzt *m/*-Ärztin *f* **II.** *f abr de* **oto-rhino-laryngologie** HNO *f*

orme [ɔʀm] *m* Ulme *f*

ornement [ɔʀnəmɑ̃] *m* ❶ *(chose décorative)* Schmuck *m;* ***arbre/plante d'~*** Zierbaum *m/*-pflanze *f* ❷ *(décoration)* Verzierung *f;* ARCHIT, ART Ornament *nt;* ***sans ~s*** schmucklos

ornemental(e) [ɔʀnəmɑ̃tal, -o] <-aux> *adj style* dekorativ; *plante* Zier-; ***des motifs ornementaux*** Ziermotive *Pl;* ***ne pas être très ~*** nicht sehr dekorativ sein

ornementation [ɔʀnəmɑ̃tasjɔ̃] *f* Verzierung *f,* Ausschmückung *f;* MUS Ornamentik *f;* ART Verzierung, Ausschmückung, Ornamentik

ornementer [ɔʀnəmɑ̃te] <1> *vt* schmücken, verzieren

orner [ɔʀne] <1> **I.** *vt* ❶ *(parer)* schmücken, verzieren *façade;* ausschmücken *style, vérité* ❷ *(servir d'ornement)* schmücken; ***être orné de qc*** *objet, vêtements:* mit etw verziert sein; *mur, pièce, salle:* mit etw geschmückt sein **II.** *vpr* ***s'~ de qc*** *personne:* sich mit etw schmücken; *chose:* mit etw geschmückt sein

ornière [ɔʀnjɛʀ] *f* Spurrille *f* ▶ **sortir de l'~** *(se tirer d'une situation difficile)* aus einer heiklen Situation herausfinden; *(échapper à la routine)* die ausgetretenen Pfade verlassen *geh*

ornithologie [ɔʀnitɔlɔʒi] *f* Ornithologie *f*

orphelin(e) [ɔʀfəlɛ̃, in] **I.** *adj* Waisen-; ***se trouver ~*** Waise werden; ***~ de père/mère*** vaterlos/mutterlos; ***être ~ de père et de mère*** Vollwaise sein **II.** *m(f)* Waise *f*

orphelinat [ɔʀfəlina] *m* Waisenhaus *nt*

orque [ɔʀk] *m* Schwertwal *m*

ORSEC [ɔʀsɛk] *f abr de* **organisation des secours** Katastropheneinsatz *m*

orteil [ɔʀtɛj] *m* Zehe *f*

orthodontiste [ɔʀtodɔ̃tist] *mf* Kieferorthopäde *m*

orthodoxe [ɔʀtɔdɔks] **I.** *adj* ❶ *doctrine, historien* orthodox; *personne, conduite, morale* konventionell ❷ REL orthodox **II.** *mf* REL Orthodoxe(r) *f(m)*

orthodoxie [ɔʀtɔdɔksi] *f* ❶ *(conformisme)* orthodoxe Lehrmeinung *f* ❷ *(doctrine établie)* reine Lehre ❸ REL Orthodoxie *f*

orthogonal(e) [ɔʀtɔgɔnal, o] <-aux> *adj* orthogonal, rechtwinklig

orthographe [ɔʀtɔgʀaf] *f* ❶ *(graphie correcte)* Rechtschreibung *f; d'un mot*

Schreibweise *f;* ***quelle est l'~ de votre nom?*** wie schreibt man Ihren Namen?; ***réforme de l'~*** Rechtschreibreform *f* ❷ *(maîtrise de la graphie)* Rechtschreibkenntnisse *Pl;* ***avoir une bonne ~*** gute Rechtschreibkenntnisse haben; ***les fautes d'~ d'usage*** Rechtschreibfehler ❸ *(matière)* Rechtschreibung *f; (cours)* Rechtschreibunterricht *m*

orthographier [ɔʀtɔgʀafje] <1> *vt* [richtig] schreiben; ***comment ce mot est-il orthographié?*** wie wird dieses Wort [richtig] geschrieben?

orthographique [ɔʀtɔgʀafik] *adj signe* orthografisch; *règle, système* Rechtschreib-

orthopédie [ɔʀtɔpedi] *f* Orthopädie *f*

orthopédique [ɔʀtɔpedik] *adj* orthopädisch

orthopédiste [ɔʀtɔpedist] *mf* Orthopäde *m*

orthophonie [ɔʀtɔfɔni] *f* Logopädie *f*

orthophoniste [ɔʀtɔfɔnist] *mf* Logopäde *m*

ortie [ɔʀti] *f* Brennnessel *f*

orvet [ɔʀvɛ] *m* Blindschleiche *f*

os [ɔs, o] <os> *m* ❶ ANAT Knochen *m; du bassin, bras, crâne* -knochen; *du nez* -bein *nt;* ***~ à moelle*** Markknochen; ***~ de seiche*** Schulp *m* ❷ *pl (ossements, restes)* Gebeine *Pl geh* ❸ *(matière)* Knochen *m;* ***en ~*** beinern, Bein- ▶ **ne pas faire de vieux ~** *(ne pas rester longtemps)* [bestimmt] nicht alt werden; *(fam: mourir rapidement)* es nicht mehr lange machen *fam;* **il y a un ~** *(fam)* die Sache hat einen Haken; **elle tombe sur un ~** *(fam)* ihr kommt etwas dazwischen

O.S. [oɛs] *mf abr de* **ouvrier(-ière) spécialisé(e)** Hilfsarbeiter(in) *m(f)*

oscar [ɔskaʀ] *m (récompense)* ***~ de qc*** Preis *m* für etw, Auszeichnung *f* für etw; ***les ~s de la chanson*** die Preise [*o* Auszeichnungen] für die besten Schlager

Oscar® [ɔskaʀ] *m* Oscar *m;* ***cérémonie des ~s*** Oscarverleihung *f;* ***l'~ de la meilleure actrice*** der Oscar für die beste Darstellerin

oscariser [ɔskaʀize] <1> *vt* mit dem/mit einem Oscar auszeichnen; ***être oscarisé*** den/einen Oscar bekommen

OSCE [oɛsseə] *f abr de* **Organisation pour la Sécurité et la Coopération en Europe** OSZE *f*

oscillant(e) [ɔsilɑ̃, ɑ̃t] *adj* schwankend; PHYS oszillierend

oscillation [ɔsilasjɔ̃] *f* ❶ *(fluctuation)* Schwankung *f; d'un navire* Schwanken *nt* kein *Pl;* ***~ de la température*** Temperaturschwankung ❷ ELEC, PHYS Schwingung *f*

osciller [ɔsile] <1> *vi* ❶ *(balancer)* [hin und her] wanken; *personne:* [hin und her] schwanken; *tête:* [hin und her] wackeln; *flamme:* flackern; *pendule:* [hin und her] schwingen ❷ *(hésiter, varier)* ***~ entre qc et qc*** [*o* ***de qc à qc***] *personne:* zwischen etw und etw schwanken; *chose:* zwischen etw und etw hin und her pendeln

osé(e) [oze] *adj* ❶ *(téméraire)* kühn; *démarche, expédition* waghalsig ❷ *(choquant)* gewagt

oseille [ozɛj] *f* ❶ BOT Sauerampfer *m* ❷ *(fam: argent)* Knete *f*

oser [oze] <1> **I.** *vt* ❶ *(risquer)* wagen; ***je n'ose penser ce qui serait arrivé si ...*** nicht auszudenken, was passiert wäre, wenn ... ❷ *(se permettre de)* ***j'ose espérer que ...*** ich wage zu hoffen, dass ...; ***si j'ose dire*** wenn ich so sagen darf **II.** *vi* es wagen

osier [ozje] *m* Weidenrute *f;* ***panier en ~*** Weidenkorb *m;* ***meubles en ~*** Korbmöbel *Pl*

Oslo [ɔslo] Oslo *nt*

osmose [ɔsmoz] *f* Osmose *f*

osmotique [ɔsmɔtik] *adj* CHIM osmotisch

ossature [ɔsatyʀ] *f* Knochen *Pl;* ***une ~ grêle/robuste*** ein zarter/robuster Knochenbau; ***l'~ de la tête*** die Schädelform

osselet [ɔslɛ] *m pl* JEUX *Geschicklichkeitsspiel mit [Plastik]knöchelchen*

ossements [ɔsmɑ̃] *mpl* Gebeine *Pl*

osseux, -euse [ɔsø, -øz] *adj* ❶ *(relatif aux os)* Knochen- *m* ❷ *(maigre)* knochig

ossuaire [ɔsɥɛʀ] *m* ❶ *(tas d'ossements)* Knochenhaufen *m* ❷ *(catacombes)* Beinhaus *nt*

ostensible [ɔstɑ̃sibl] *adj mépris* offensichtlich; *geste* deutlich sichtbar

ostensiblement [ɔstɑ̃sibləmɑ̃] *adv* deutlich sichtbar, betont; *manifester* offensichtlich

ostentation [ɔstɑ̃tasjɔ̃] *f* ❶ *(affectation)* Großspurigkeit *f;* ***sans ~*** bescheiden ❷ *(étalage indiscret)* Zurschaustellung *f; de générosité, charité* Zurschaustellen *nt;* ***avec ~*** ostentativ; ***faire ~ de qc*** etw zur Schau stellen; ***mettre de l'~ dans qc*** mit etw auf Wirkung bedacht sein

ostentatoire [ɔstɑ̃tatwaʀ] *adj* betont auffällig

ostéopathe [ɔsteɔpat] *mf* Chiropraktiker(in) *m(f)*

ostéoporose [ɔsteɔpɔʀoz] *f* Knochenschwund *m,* Osteoporose *f*

O

ostréiculteur, **-trice** [ɔstʀeikyltœʀ, -tʀis] *m, f* Austernzüchter(in) *m(f)*
ostréiculture [ɔstʀeikyltyʀ] *f* Austernzucht *f*
otage [ɔtaʒ] *m* Geisel *f*
O.T.A.N. [ɔtɑ̃] *f abr de* **Organisation du traité de l'Atlantique Nord** NATO *f*
otarie [ɔtaʀi] *f* Ohrenrobbe *f;* ~ ***à crinière*** Seelöwe *m*
ôter [ote] <1> **I.** *vt* ❶ *(retirer)* entfernen, ausziehen *vêtement, gants;* abnehmen *chapeau;* ~ ***un vase de la table*** eine Vase vom Tisch entfernen; ~ ***un noyau d'une cerise*** einen Kern aus einer Kirsche entfernen ❷ *(faire disparaître)* beseitigen *goût, odeur, scrupules, remords* ❸ *(débarrasser)* abnehmen *menottes, pansements; (prendre)* wegnehmen *objet;* nehmen *envie, illusion;* ***cela n'ôte rien à tes mérites*** das schmälert deine Verdienste nicht ❹ *(retrancher)* ***4 ôté de 9 égale 5*** 4 von 9 abgezogen ergibt 5; ~ ***un nom d'une liste*** einen Namen von einer Liste streichen **II.** *vpr (s'écarter)* ***s'***~ weggehen ▸ **ôte-toi de là que je m'y mette!** *(hum fam)* Platz da, jetzt komm ich!
otite [ɔtit] *f* Ohr[en]entzündung *f*
oto-rhino [ɔtɔʀino] <oto-rhinos> *mf abr de* **oto-rhino-laryngologiste** HNO-Arzt *m/*-Ärztin *f*
oto-rhino-laryngologie [ɔtɔʀinolaʀɛ̃gɔlɔʒi] *f* Hals-Nasen-Ohren-Heilkunde *f*
oto-rhino-laryngologiste [ɔtɔʀinolaʀɛ̃gɔlɔʒist] <oto-rhino-laryngologistes> *mf* Hals-Nasen-Ohren-Arzt *m/*-Ärztin *f*
ottoman [ɔtɔmɑ̃] *m (étoffe)* Ottoman *m*
ottoman(e) [ɔtɔmɑ̃, an] *adj* osmanisch; ***l'Empire*** ~ das Osmanische Reich; ***être*** ~***(e)*** Osmane/Osmanin sein, Ottomane/Ottomanin sein
Ottoman(e) [ɔtɔmɑ̃, an] *m(f)* Osmane *m/* Osmanin *f,* Ottomane *m/*Ottomanin *f*
ou [u] *conj* ❶ *(alternative)* oder; ~ ***bien*** oder auch; ~ ***...*** ~ ***...*** entweder ... oder ...; ***c'est l'un*** ~ ***l'autre*** entweder, oder ❷ *(sinon)* ~ *[**alors**]* oder, sonst; ***tu m'écoutes,*** ~ ***alors tu prends la porte*** [entweder] du hörst mir jetzt zu[,] oder [aber] du verschwindest ❸ *(en d'autres termes)* oder [auch] ❹ *(approximation)* oder, bis
où [u] **I.** *pron* ❶ *(spatial sans déplacement)* wo; *(dans lequel)* in dem/der, wo; *(sur lequel)* auf dem/der; ***là*** ~ da, wo ❷ *(spatial avec déplacement)* wohin; *(dans lequel)* in den/die/das; *(sur lequel)* auf den/die/das; ***je le suis partout*** ~ ***il va*** ich folge ihm überallhin; ***d'***~ woher; *(duquel)* aus dem/der; ***d'***~ ***il était, il ne voyait rien*** von seinem Platz aus konnte er nichts sehen; ***jusqu'***~ bis wohin; *(jusqu'auquel)* bis zu dem/der; ***par*** ~ durch den/die/das; ***le chemin par*** ~ ***nous sommes passés*** der Weg, den wir genommen haben ❸ *(temporel)* als *fam; jour, matin, soir* an dem; *moment* in dem; *année, siècle* in dem ❹ *(abstrait)* ***à l'allure*** ~ ***il va*** bei seinem Tempo; ***dans l'état*** ~ ***tu es*** in deinem Zustand; ***au prix*** ~ ***j'ai acheté cet appareil*** zu dem Preis, zu dem ich diesen Apparat gekauft habe; ***dans l'obligation*** ~ ***j'étais de partir*** da ich [derart] gezwungen war zu gehen **II.** *adv interrog* ❶ *(spatial sans déplacement)* wo; ~ ***s'arrêter?*** wo muss man aufhören? ❷ *(spatial avec déplacement)* wohin; ~ ***aller?*** wohin soll ich/sie gehen?; ***d'***~ ***êtes-vous?*** woher sind Sie?; ***jusqu'***~ bis wo[hin]; *(a. fig)* wie weit; ***par*** ~ auf welchem Weg, wie ❸ *(abstrait)* ~ ***en étais-je?*** wo war ich [stehen geblieben]?; ~ ***voulez-vous en venir?*** worauf wollen Sie hinaus? **III.** *adv indéf* ❶ *(là où)* wo; *aller* wohin; ***par*** ~ ***que vous passiez*** auf welchem Weg Sie es auch [immer] versuchen; ~ ***les choses se gâtent, c'est lorsque ...*** es wird dann schlimm, wenn ... ❷ *(de là)* ***d'***~ ***que vienne le vent*** woher auch immer der Wind weht; ***d'***~ ***l'on peut conclure que ...*** woraus man schließen kann, dass ...; ***d'***~ ***mon étonnement*** daher mein Erstaunen
ouah [wa] *interj* ❶ *(cri du chien)* wau ❷ *(exclamation exprimant l'admiration ou la joie)* o ja
ouais [ˈwɛ] *adv (fam)* ❶ *(oui)* mhm ❷ *(sceptique)* soso ❸ *(hourra!)* ~***!*** juhu!
ouaouaron [wawaʀɔ̃] *m* Ochsenfrosch *m*
ouate [wat] *f* ~ *[**hydrophile**]* Watte *f* ▸ **être élevé dans la** ~ verhätschelt werden
ouaté(e) [wate] *adj bruit, pas* gedämpft; *atmosphère* behaglich, wohlig; ***les bruits nous arrivent*** ~***s*** wir hören die Geräusche nur gedämpft [*o* wie durch Watte]
ouater [wate] <1> *vt* wattieren
oubli [ubli] *m* ❶ *(perte du souvenir)* Vergessen *nt; d'un détail* Auslassung *f* ❷ *(étourderie)* Versäumnis *nt;* ***réparer un*** ~ ein Versäumnis nachholen; ***par*** ~ aus [reiner] Vergesslichkeit ❸ *(lacune)* Lücke *f* ❹ *du devoir filial* Vernachlässigung *f; d'une promesse, règle* Nichteinhaltung *f;* ~ ***du devoir*** Pflichtvergessenheit *f* ❺ *(détache-*

O

ment volontaire) ***l'~ de soi-même*** die Selbstverleugnung

oublier [ublije] <1> **I.** *vt* ❶ *(ne plus se rappeler)* vergessen; ***être oublié par qn/qc*** von jdm/etw vergessen werden; *personne, événement:* bei jdm in Vergessenheit geraten sein; ***qc ne doit pas faire ~ que ...*** über etw *dat* darf man nicht vergessen, dass ... ❷ *(négliger)* vergessen; ***se sentir oublié*** sich im Stich gelassen fühlen; ***n'oubliez pas le guide*** denken Sie auch an [ein Trinkgeld für] den Führer; ***il ne faudrait pas ~ que*** man sollte berücksichtigen, dass; ***sans ~ le patron/les accessoires*** sowie der Chef/das Zubehör ❸ *(omettre)* vergessen, auslassen *mot, virgule;* ***avoir oublié qn dans son testament*** jdn in seinem Testament übergangen haben ❹ *(évacuer de son esprit)* vergessen *injure, querelle* ❺ *(manquer à)* vergessen; ***~ un devoir/une obligation*** einer Aufgabe/Verpflichtung *dat* nicht nachkommen ❻ *(laisser par inadvertance)* vergessen, liegen/hängen/stehen lassen *objets* ► **se faire** ~ sich zurückhalten **II.** *vi* vergessen **III.** *vpr* ❶ *(sortir de l'esprit)* ***qn/qc s'oublie*** man vergisst jdn/etw ❷ *(ne pas penser à soi)* ***s'~*** sich selbst vergessen; ***ne pas s'~*** auch an sich denken ❸ *(se laisser aller)* ***s'~*** sich vergessen; ***s'~ à faire qc*** sich dazu hinreißen lassen, etw zu tun ❹ *(faire ses besoins)* ***s'~*** *personne:* sein Geschäft machen *fam; animal:* sein Geschäft verrichten

oubliette [ublijɛt] *f* ❶ *pl (placard)* Versenkung *f* ❷ *pl (cachot)* Verlies *nt* ❸ *(fosse)* Fallgrube *f*

oublieux, -euse [ublijø, jøz] *adj (soutenu: par inadvertance)* ***être ~(-euse) de ses obligations*** nachlässig sein, was die eigenen Verpflichtungen anbelangt; ***être ~(-euse) de la bienséance*** jeglichen Anstand vermissen lassen; ***être ~(-euse) des services rendus/du passé*** *(délibérément)* erwiesene Dienste/Vergangenes vergessen haben

ouèbe [wɛb] *m (fam)* Internet *nt*

ouest [wɛst] **I.** *m* ❶ Westen *m;* ***à*** [*o* ***dans***] ***l'~*** in den/im Westen; ***à*** [*o* ***vers***] ***l'~*** nach Westen; ***à l'~ de qc*** westlich von etw; ***vent d'~*** Westwind; ***les régions de l'~*** die Gebiete im Westen ❷ POL ***l'Ouest*** der Westen; ***les pays de l'Ouest*** die westlichen Staaten; ***le conflit entre l'Est et l'Ouest*** der Ost-West-Konflikt **II.** *adj inv* West-; *banlieue, longitude, partie* westlich

Falsche Freunde
Nicht verwechseln mit *der Osten – l'Est*!

Ouest [wɛst] *m* Westen *m;* ***l'~*** der Westen; ***les pays de l'~*** die westlichen Staaten; ***les gens de l'~*** die Leute aus dem Westen; ***l'autoroute de l'~*** die Autobahn nach Westen; ***le conflit entre l'Est et l'~*** der Konflikt zwischen Ost und West, der Ost-West-Konflikt; ***passer à l'~*** sich in den Westen absetzen, in den Westen fliehen

ouest-allemand(e) [wɛstalmɑ̃, ɑ̃d] <ouest-allemands> *adj* westdeutsch

ouest-est [wɛstɛst] *adj direction* westöstlich **ouest-nord-ouest** [wɛstnɔʀwɛst] *m sans pl* Westnordwesten *m* **ouest-sud-ouest** [wɛstsydwɛst] *m sans pl* Westsüdwesten *m*

ouf[1] [ˈuf] *interj* uff; ***faire ~*** aufatmen

ouf[2] [ˈuf] *adj inv (fam: fou)* gaga

Ouganda [ugɑ̃da] *m* ***l'~*** Uganda *nt*

oui [ˈwi] **I.** *adv* ❶ *(opp: non)* ja; ***~ ou non?*** ja oder nein?; ***répondre par ~ ou par non*** mit einem klaren Ja oder Nein antworten ❷ *(intensif)* ja [,wirklich]; ***ah*** [*o* ***ça***] ***~, [alors]!*** oh ja [, das kann man wohl sagen]!; ***hé ~!*** leider ja!; ***~ ou merde?*** *(fam)* oder was ist?; ***alors, tu arrives, ~?*** *(fam)* kommst du jetzt endlich?; ***que ~!*** *(fam)* na klar! ❸ *(substitut d'une proposition)* ***croire/penser que*** ~ schon glauben/denken; ***craindre/dire que*** ~ es befürchten/sagen; ***je dirais que*** ~ ich würde [schon] ja sagen **II.** *m inv* ❶ *(approbation)* Ja *nt;* ***à qn/qc*** Ja zu jdm/etw ❷ *(suffrage)* Jastimme *f* ► **pour un ~ [ou] pour un non** wegen nichts und wieder nichts

ouï-dire [ˈwidiʀ] *m inv* Gerücht *nt;* ***apprendre par ~*** gerücht[e]weise erfahren; ***savoir/connaître par ~*** vom Hörensagen wissen/kennen

ouïe [wi] *f* ❶ *(audition)* Gehör *nt* ❷ ZOOL Kieme *f*

ouille [ˈuj] *interj* au[a]

ouïr [wiʀ] <irr, déf> *vt (vieilli)* hören; JUR anhören; ***avoir ouï dire que qn a fait qc*** [gerüchtweise] gehört haben [*o* vom Hörensagen wissen], dass jd etw getan hat

ouistiti [ˈwistiti] *m* ❶ ZOOL Pinseläffchen *nt* ❷ *(fam: zigoto)* Heini *m;* ***être un drôle de ~*** *(fam)* ein komischer Vogel sein

oukase [ukaz] *m* ❶ *(soutenu)* Befehl *m,* [diktatorische] Weisung, Ukas *m geh;* ***se***

O

plier aux ~s de qn sich jds Diktat *dat* unterwerfen, sich jds Befehl *dat* fügen ❷ HIST, POL Ukas *m*
ouragan [uʀagɑ̃] *m* ❶ *(tempête)* Orkan *m* ❷ *(déchaînement)* Wirbel *m;* ***un ~ de protestations*** ein Sturm der Entrüstung; ***un ~ de clameurs*** [ein] riesiges Geschrei ❸ *(personne déchaînée)* Wirbelwind *m* ▶ **arriver en** [*o* **comme un**] ~ angestürmt kommen
ourler [uʀle] <1> *vt* [ein]säumen
ourlet [uʀlɛ] *m* Saum *m*
ours [uʀs] **I.** *m* ❶ ZOOL Bär *m;* ***~ blanc*** [*o* ***polaire***]/***brun*** Eis-/Braunbär; *v. a.* **ourse** ❷ *(jouet d'enfant)* ***un ~ en peluche*** ein Plüschbär ❸ *(fam: misanthrope)* Brummbär *m;* ***vivre comme un ~*** wie ein Einsiedler leben ▶ **~ mal léché** *(fam)* Rüpel *m* **II.** *adj inv (fam)* griesgrämig

Aussprache
Ein -s am Ende eines Wortes ist in der Regel stumm, bei **ours** wird es gesprochen.

ourse [uʀs] *f* Bärin *f* ▶ **la Grande/Petite Ourse** ASTRON der Große/Kleine Bär [*o* Wagen]; *v. a.* **ours**
oursin [uʀsɛ̃] *m* Seeigel *m*
ourson [uʀsɔ̃] *m* Bärenjunge(s) *nt*
oust[e] [ˊust] *interj (fam)* husch[, husch]; *(pour chasser qn)* weg mit dir/euch! *fam,* verschwinde/verschwindet! *fam; (pour presser qn)* hopp[, hopp] *fam,* husch[, husch]
out [ˊaut] *adj* ❶ *(au tennis)* aus; ***être ~*** *balle:* aus [*o* im Aus] sein ❷ *(à la boxe)* k. o. ❸ *(fam: hors service)* kaputt; *(chose)* hin *fam,* kaputt; *(personne)* k. o. *fam,* kaputt ❹ *(passé de mode)* out
outil [uti] *m* ❶ *(instrument)* Werkzeug *nt; de navigation* Instrument *nt;* ***~ agricole*** landwirtschaftliches Gerät ❷ INFORM Tool *nt;* ***~ de recherche*** Suchmaschine *f* ❸ *(personne)* Werkzeug *nt; (ressource)* Handwerkszeug *nt; de production* -anlage *f;* ***l'~ de travail*** das Werkzeug

Aussprache
Das -l ist entgegen der Regelaussprache in **outil** stumm.

outillage [utijaʒ] *m* Werkzeug *nt; d'un atelier* Ausstattung *f*
outiller [utije] <1> **I.** *vt* ausstatten *atelier;* ***~ qn*** jdn ausrüsten; *(fig)* jdm das notwendige Rüstzeug mitgeben; ***être outillé pour faire qc*** dafür ausgerüstet sein etw zu tun; *établissement:* darauf eingerichtet sein etw zu tun **II.** *vpr* ***s'~ en/pour qc*** sich mit/für etw ausrüsten
outing [autiŋ] *m d'une personne* Outing *nt*
output [ˊautput] *m* Output *m o nt;* ***~ de production*** Produktionsleistung *f*
outrage [utʀaʒ] *m* Beleidigung *f;* JUR ***~ à agent*** Beamtenbeleidigung; ***~ à magistrat*** Missachtung *f* [der Würde] des Gerichts; ***~ aux bonnes mœurs*** ≈ Verstoß *m* gegen die öffentliche Moral; ***~ à la pudeur*** Erregung *f* öffentlichen Ärgernisses
outrageant(e) [utʀaʒɑ̃, ʒɑ̃t] *adj* beleidigend; *critique, propos, parole* kränkend, beleidigend; *geste* unverschämt; *acte de barbarie* empörend; ***des paroles ~es*** Beleidigungen *Pl,* Unverschämtheiten *Pl*
outrager [utʀaʒe] <2a> *vt* beleidigen; ***d'un air outragé*** mit beleidigter Miene
outrageusement [utʀaʒøzmɑ̃] *adv* übertrieben
outrance [utʀɑ̃s] *f* Übertreibung *f;* ***à ~*** bis zum Äußersten; ***la guerre à ~*** der totale Krieg; ***avec ~*** ohne Maß [und Ziel]
outrancier, -ière [utʀɑ̃sje, -jɛʀ] *adj propos* übertrieben; ***des termes ~s*** Übertreibungen *Pl*
outre[1] [utʀ] *f (sac)* Schlauch *m* ▶ **être gonflé** [*o* **plein**] **comme une ~** voll wie eine Haubitze sein *fam*
outre[2] [utʀ] **I.** *prép (en plus de)* außer; ***~ [le fait] que cela est connu*** außer, dass dies bekannt ist **II.** *adv* ***en ~*** außerdem
outre-Atlantique [utʀatlɑ̃tik] *adv* auf der anderen/die andere Seite des Atlantiks
outrecuidance [utʀəkɥidɑ̃s] *f (soutenu)* ❶ *(impertinence)* Unverfrorenheit *f,* Impertinenz *f geh* ❷ *(fatuité)* Überheblichkeit *f,* Dünkel *m;* ***avec ~*** überheblich, voller Überheblichkeit [*o* Dünkel]
outrecuidant(e) [utʀəkɥidɑ̃, ɑ̃t] *adj (soutenu)* ❶ *(impertinent)* unverschämt, impertinent *geh* ❷ *(fat)* eingebildet, dünkelhaft *geh* **outre-Manche** [utʀəmɑ̃ʃ] *adv* auf der anderen/die andere Seite des [Ärmel]kanals
outremer [utʀəmɛʀ] **I.** *m* ❶ MINER Lapis[lazuli] *m* ❷ *(bleu)* Ultramarin[blau] *nt* **II.** *adj inv* ultramarin[blau]
outre-mer [utʀəmɛʀ] *adv* in Übersee
outrepasser [utʀəpɑse] <1> *vt* überschreiten *droits, limites, pouvoir;* sich über etw *akk* hinwegsetzen *ordre*

outrer [utʀe] <1> *vt* ❶ *(exagérer)* übertreiben; ~ ***son jeu*** *acteur:* [seine Rolle] überziehen; ***être outré*** *portrait:* überzeichnet sein ❷ *(scandaliser)* entrüsten; *personne:* empören; ***être outré de*** [*o* ***par***] ***qc*** über etw *akk* empört sein

outre-Rhin [utʀəʀɛ̃] *adv* in/nach Deutschland **outre-tombe** [utʀətɔ̃b] *adv* im Jenseits; ***d'***~ aus dem Jenseits

outsider [autsajdœʀ] *m* Außenseiter *m,* Outsider *m geh*

ouvert(e) [uvɛʀ, ɛʀt] **I.** *part passé de* **ouvrir** **II.** *adj* ❶ *bouche, yeux* offen; *col, fenêtre, robinet, valise* geöffnet; *fleur* geöffnet; ***être*** ~ *porte:* auf sein; ***être grand*** ~ *yeux:* weit aufgerissen sein ❷ *magasin* geöffnet; *téléski* in Betrieb; ***être*** ~ *(fam) magasin, boulanger:* geöffnet haben; *centre commercial:* offen sein; ***être ~ à qn/qc*** für jdn/etw geöffnet sein; *autoroute:* für jdn/etw freigegeben sein ❸ *(commencé)* ***être*** ~ *foire, enquête, pêche:* eröffnet werden/sein; *chasse:* offen sein ❹ MED *fracture, plaie* offen ❺ *jeu, partie* offen ❻ *débat, compétition* offen ❼ *conflit, lettre* offen; *guerre* erklärt; ***d'une façon ~e*** offen ❽ *personne, visage* offen ❾ *(éveillé)* aufgeschlossen; ***être ~ à qn/qc*** offen für jdn/etw sein; ***être ~ sur le monde*** weltoffen sein ❿ LING *son, voyelle* offen ⓫ *rade, ville* offen

ouvertement [uvɛʀtəmɑ̃] *adv* ❶ offen [und ehrlich] ❷ *(publiquement)* öffentlich

ouverture [uvɛʀtyʀ] *f* ❶ *d'une porte, valise* Öffnen *nt; d'une barrière* Öffnung *f; d'un robinet* Aufdrehen *nt;* ***l'~ de cette porte est automatique*** [diese] Tür öffnet [sich] automatisch ❷ *d'une frontière, d'un magasin* Öffnung *f;* ***les jours/heures d'~*** die Öffnungstage/-zeiten; *d'une banque* die Geschäftszeiten ❸ *(commencement)* Eröffnung *f; des travaux* Beginn *m;* ***la séance d'~*** die Eröffnungssitzung ❹ *(orifice)* Öffnung *f; d'un volcan* [Krater]öffnung *f* ❺ *(inauguration)* ***l'~*** *[**au public**]* die Eröffnung; *d'une route* Freigabe *f* ❻ *(attitude ouverte)* Offenheit *f;* ~ ***d'esprit*** Aufgeschlossenheit *f;* ***ton ~ sur le monde*** deine Weltoffenheit; ***l'~ sur l'Europe*** die Öffnung nach Europa ❼ *pl de négociations, paix* -angebot *nt* ❽ MUS Ouvertüre *f* ❾ PHOT Blende *f* ❿ COM, JUR *d'un compte, d'une succession* Eröffnung *f; d'un crédit* Freigabe *f; d'une information judiciaire* Einleitung *f* ⓫ INFORM ~ ***d'une session*** Login *nt* ▶ **faire l'**~ *(fam: d'un magasin)* aufschließen; *(de la saison)* an der Saisoneröffnung teilnehmen

ouvrable [uvʀabl] *adj jour* Werk-; *heures* Öffnungs-

ouvrage [uvʀaʒ] **I.** *m* ❶ *(objet fabriqué)* Arbeit *f;* ~ ***de sculpture*** Bildhauerarbeit ❷ *(livre)* ~ ***d'histoire*** Werk *nt* über Geschichte ❸ *(travail)* Arbeit *f;* COUT [Hand]arbeit; ***table à*** ~ Nähtisch; ***se mettre à l'~*** sich ans Werk machen ▶ ~ **d'art** Brücken-/Tunnel-/Grabenkonstruktion *f* **II.** *f (fam)* ***de la belle*** ~ eine gelungene Arbeit

ouvragé(e) [uvʀaʒe] *adj* kunstvoll gearbeitet; *signature* kunstvoll

ouvré(e) [uvʀe] *adj jour* Arbeits-

ouvre-boîte [uvʀəbwat] <ouvre-boîtes> *m* Dosenöffner *m* **ouvre-bouteille** [uvʀ(ə)butɛj] <ouvre-bouteilles> *m* Flaschenöffner *m*

ouvreur, -euse [uvʀœʀ, -øz] *m, f* CINE, THEAT Platzanweiser(in) *m(f)*

ouvrier, -ière [uvʀije, -ijɛʀ] **I.** *adj classe, mouvement, quartier, syndicat* Arbeiter-; *conflit, législation* Arbeits-; *condition* der Arbeiter; *militant* der Arbeiterbewegung **II.** *m, f (travailleur manuel)* Arbeiter(in) *m(f);* ~ ***d'usine*** Fabrikarbeiter *m;* ~ ***professionnel*** [*o* ***qualifié***] Facharbeiter *m,* ~ ***spécialisé*** Hilfsarbeiter *m*

ouvrière [uvʀijɛʀ] *f (abeille, termite, fourmi)* Arbeiterin *f*

ouvrir [uvʀiʀ] <11> **I.** *vt* ❶ *(opp: fermer)* öffnen, aufmachen; *(à clé)* aufschließen, aufschlagen *livre, yeux;* ~ ***grand ses oreilles/le bec*** die Ohren/den Schnabel weit aufsperren ❷ *(fam: faire fonctionner)* anmachen *chauffage;* einschalten *télé;* öffnen *robinet, gaz* ❸ *(écarter, déployer)* öffnen, ausbreiten *bras;* aufschlagen *éventail;* aufspannen *parapluie;* aufziehen *rideaux* ❹ *(débloquer, frayer)* ~ ***une issue/un passage à qn/qc*** jdm/einer S. einen Zugang schaffen/eine Passage freimachen; ~ ***à la navigation*** für die Schifffahrt freigeben ❺ *(rendre accessible)* ~ ***une frontière à qn*** eine Grenze für jdn öffnen; ~ ***à qn les portes de qc*** jdm zu etw Zutritt verschaffen; ~ ***des horizons/perspectives à qn*** jdm [neue] Horizonte/Perspektiven eröffnen ❻ *(fonder, créer)* eröffnen ❼ *(inaugurer)* ~ ***qc par qc*** etw mit etw eröffnen ❽ *(commencer)* eröffnen, in Gang bringen *dialogue* ❾ SPORT eröffnen *piste, slalom;* ~ ***la marque*** [*o* ***le score***] den ersten Treffer erzielen ❿ *(être en tête de)* eröffnen *marche, procession;* ~ ***une liste*** auf Platz 1 einer Liste *gen* stehen ⓫ *(percer)* öffnen *abcès, ventre;* schlagen *brèche;* bauen

O

route ⑫ *(provoquer une blessure)* aufreißen *jambe, ventre;* ein Loch schlagen in +*akk crâne* ⑬ FIN ~ ***un compte à qn*** ein Konto für jdn eröffnen; ~ ***un crédit à qn*** jdm einen Kredit gewähren ⑭ JUR eröffnen, einleiten *enquête, information* ▸ l'~ *(fam)* die Klappe aufmachen **II.** *vi* ① *(donner sur)* ~ ***sur qc*** auf etw *akk* gehen; *porte:* auf etw *akk* führen ② *(être accessible au public)* ~ ***le lundi*** montags geöffnet sein; *magasin:* montags geöffnet sein; *cinéma, théâtre:* montags Vorstellung haben; *(être rendu accessible au public)* ~ ***à 15 h*** *magasin:* um 15 Uhr öffnen; *cinéma, théâtre:* um 15 Uhr Einlass haben ③ *(commencer)* ~ ***par qc*** mit etw beginnen **III.** *vpr* ① *(opp: se fermer)* ***s'~*** sich öffnen; *fenêtre, livre, porte, fleur:* sich öffnen; *parapluie, vêtement:* aufgehen; *bras:* sich öffnen; *foule:* sich teilen; ***mal s'~*** schwer aufgehen ② *(devenir accessible à)* ***s'~ au commerce*** sich dem Handel öffnen; ***s'~ à l'extérieur*** sich [nach außen] öffnen; ***s'~ au monde*** beginnen die Welt wahrzunehmen ③ *(commencer)* ***s'~ par qc*** mit etw beginnen; *exposition, séance:* mit etw eröffnet werden ④ *(se blesser)* ***s'~ les veines*** sich *dat* die Adern aufschneiden; ***s'~ la lèvre*** sich *dat* die Lippe aufbeißen; ***s'~ la jambe/le crâne*** sich *dat* das Bein/den Kopf aufschlagen

Ouzbékistan [uzbekistɑ̃] *m* ***l'~*** Usbekistan *nt*

ovaire [ɔvɛʀ] *m* ① Eierstock *m* ② BOT Fruchtknoten *m*

ovale [ɔval] **I.** *adj* oval **II.** *m* Oval *nt*

ovarien(ne) [ɔvaʀjɛ̃, jɛn] *adj cycle, hormones* Ovarial-; *tumeur* Eierstock-

ovation [ɔvasjɔ̃] *f* stürmischer Beifall *kein Pl;* ***faire une ~ à qn*** jdm stürmischen Beifall klatschen

ovationner [ɔvasjɔne] <1> *vt* ~ ***qn*** jdm zujubeln; ***se faire ~ par qn*** von jdm stürmischen Beifall ernten

overdose [ɔvœʀdoz, ɔvɛʀdoz] *f* Überdosis *f kein Pl*

ovin [ɔvɛ̃] *m* Schaf *nt;* ***l'élevage des ~s*** die Schafzucht

ovin(e) [ɔvɛ̃, in] *adj race* der Schafe

ovipare [ɔvipaʀ] **I.** *adj* Eier legend, ovipar *Fachspr.; reproduction* durch Eiablage, ovipar *Fachspr.;* ***être ~*** Eier legen, sich durch Eiablage vermehren **II.** *m* Eier legendes [*o* ovipares *Fachspr.*] Tier

OVNI [ɔvni] *m abr de* **objet volant non identifié** UFO *nt,* Ufo *nt*

ovoïde [ɔvɔid] *adj* eiförmig

ovulaire [ɔvylɛʀ] *adj fécondation* des Ei[e]s; ***ponte ~*** Eisprung *m*

ovulation [ɔvylasjɔ̃] *f* Eisprung *m*

ovule [ɔvyl] *m* ① Eizelle *f* ② BOT Samenanlage *f* ③ PHARM Vaginalzäpfchen *nt*

ovuler [ɔvyle] <1> *vi* einen Eisprung haben

oxydable [ɔksidabl] *adj* oxidierbar, oxydierbar

oxydant [ɔksidɑ̃] *m* Oxydationsmittel *nt*

oxydant(e) [ɔksidɑ̃, ɑ̃t] *adj* oxidierend, oxydierend; *action* Oxidations-, Oxydations-, oxydierend

oxydation [ɔksidasjɔ̃] *f* Oxidation *f,* Oxydation *f*

oxyde [ɔksid] *m* Oxid *nt,* Oxyd *nt;* ~ ***de carbone*** Kohlenmonoxid [*o* -oxyd]

oxyder [ɔkside] <1> *vt, vpr [s']~* oxidieren, oxydieren

oxygénation [ɔksiʒenasjɔ̃] *f* BIO ① *(absorption de l'oxigène)* Sauerstoffaufnahme *f* ② *(alimentation en oxigène)* Sauerstoffzufuhr *f,* Oxigenisation *f Fachspr.; du sang, d'un tissu* Anreicherung *f* mit Sauerstoff

oxygène [ɔksiʒɛn] *m* ① CHIM Sauerstoff *m* ② *(air pur)* frische Luft ③ *(souffle nouveau)* frischer Wind

oxygéné(e) [ɔksiʒene] *adj cheveux* blondiert; ***eau ~e*** Wasserstoffperoxid *nt*

oxygéner [ɔksiʒene] <5> **I.** *vt* blondieren *cheveux* **II.** *vpr* ***s'~*** frische Luft tanken

ozone [ozon, ɔzɔn] *f* Ozon *nt*

Pp

P, p [pe] *m inv* P *nt*, p *nt*

pacage [pakaʒ] *m* Weide *f*; ***mener des bestiaux au ~*** Tiere auf die [*o* zur] Weide treiben

pacemaker [pɛsmɛkœʀ] *m* [Herz]schrittmacher *m*

pacha [paʃa] *m* Pascha *m*

pachyderme [paʃidɛʀm, pakidɛʀm,] *m* Dickhäuter *m*, Elefant *m*

pacificateur, -trice [pasifikatœʀ, -tʀis] **I.** *adj* versöhnlich; ***des mesures pacificatrices*** friedensstiftende Maßnahmen *Pl* **II.** *m, f* Friedensstifter(in) *m(f)*

pacification [pasifikasjɔ̃] *f* ❶ *(restauration de la paix)* Befriedung *f geh*, Herstellung *f* des Friedens ❷ *(apaisement)* Beruhigung *f*

pacifier [pasifje] <1a> *vt* ❶ *(restaurer la paix)* befrieden ❷ *(soutenu: apaiser)* beruhigen

pacifique [pasifik] *adj* friedlich; *personne, pays, peuple* friedliebend, friedlich

Pacifique [pasifik] *m **le** ~* der Pazifik

pacifiquement [pasifikmɑ̃] *adv* friedlich, auf friedlichem Wege

pacifisme [pasifism] *m* Pazifismus *m*

pacifiste [pasifist] **I.** *adj doctrine, idéal* pazifistisch; *manifestation, marche* Friedens- **II.** *mf* Pazifist(in) *m(f)*

pacifite [pasifist] **I.** *adj doctrine, idéal* pazifistisch; *manifestation, marche* Friedens- **II.** *mf* Pazifist *m*

pack [pak] *m* Großpackung *f*

package [pakɛdʒ, paka(d)ʒ] *m* ❶ INFORM Programmpaket *nt* ❷ ECON Pauschalangebot *nt*

packaging [paka(d)ʒiŋ] *m* [Verkaufs]verpackung *f*

pacotille [pakɔtij] *f (mauvaise marchandise)* Ramsch *m*; *(bijoux)* Talmi *nt*; ***de ~*** unecht; *(fig)* falsch, Schein-

Pacs [paks] *m abr de* **Pacte civil de solidarité** *[zivilrechtlich geregelte] eheähnliche Lebensgemeinschaft*

pacser [pakse] <1> **I.** *vi* einen „Pacs" abschließen **II.** *vpr **se ~*** in einem eheähnlichen Verhältnis leben

pacson [paksɔ̃] *m (arg)* ❶ *(paquet)* Paket *nt* ❷ *(grosse quantité)* Packen *m fam*; *d'argent* Batzen *m fam*; *de personnes* Haufen *m fam*; ***avoir touché le gros ~ au loto*** im Lotto einen Volltreffer gelandet haben *fam*

pacte [pakt] *m* Pakt *m*, Abkommen *nt*; ***~ d'alliance*** Bündnispakt [*o* -abkommen]; ***le ~ de Varsovie*** der Warschauer Pakt

pactiser [paktize] <1> *vi* ❶ ***~ avec qn*** mit jdm paktieren [*o* gemeinsame Sache machen] ❷ *(transiger)* ***~ avec qc*** sich mit etw arrangieren

pactole [paktɔl] *m* Sümmchen *nt fam*, Batzen *m fam*; ***~ du loto*** Hauptgewinn *m* im Lotto; ***c'est le ~*** das ist eine wahre Goldgrube

Pactole [paktɔl] *m* ❶ *(littér: source de richesse)* ***le ~*** das große Los; ***avoir trouvé le ~*** das große Los gezogen haben ❷ GEOG ***le ~*** der Paktalos

paella [pae(l)ja, paela] *f* Paella *f*

paf [paf] **I.** *interj* ❶ *(bruit)* peng! ❷ *(fam: et toc)* zack! **II.** *adj (fam)* blau *fam*

P.A.F. [paf] *m abr de* **paysage audiovisuel français** französische Fernsehlandschaft

pagaie [pagɛ] *f* Paddel *nt*

pagaïe [pagaj] *f (fam)* Durcheinander *nt*, Chaos *nt* ▶ **mettre la ~ dans qc** in etw *dat* ein Chaos anrichten; **en ~** *(en quantité)* in Massen; *(en désordre)* unaufgeräumt

pagaille [pagaj] *f v.* **pagaïe**

paganisme [paganism] *m* Heidentum *nt*

pagayer [pageje] <7> *vi* paddeln

page [paʒ] *f* ❶ *(feuillet)* Seite *f*; *(deux côtés)* Blatt *nt*; *d'un cahier, livre* Seite, -seite; ***la ~ des sports*** die Sportseite, der Sportteil; ***en ~ 20*** auf Seite 20; ***~ de publicité*** *(à la radio, télévision)* Werbespot *m*; *(dans la presse écrite)* Reklameseite ❷ *(événement, épisode)* Kapitel *nt*; ***une ~ glorieuse de l'Histoire*** ein ruhmreiches Blatt der Geschichte ❸ INFORM ***~ d'accueil*** [*o* ***personnelle***] Homepage *f*; ***~ de codes*** Codepage *f*; ***~ visitée*** geladene Seite; ***~ Web*** Webseite; ***accéder à une ~*** auf eine Seite zugreifen; ***visiter une ~*** eine Seite laden; ***bas de ~*** Seitenende *nt*; ***pied de ~*** Fußzeile *f*; ***haut de ~*** Seitenanfang *m* ▶ **~ blanche** *(a. fig)* unbeschriebenes Blatt; **première ~** Titelseite *f*, erste Seite; **tourner la ~** *(pour finir)* einen Schlussstrich ziehen; *(pour recommencer)* ein neues Kapitel aufschlagen

pageot [paʒo] *m (fam)* Falle *f fam*, Klappe *f fam*, Kiste *f fam*

pagne [paɲ] *m* Lendenschurz *m*

paie[1] [pɛ] *f d'un ouvrier, salarié* Lohn *m*; *d'un employé* Gehalt *nt*

P

paie² [pɛ] *indic et subj prés de* **payer**
paiement [pɛmɑ̃] *m (action de payer)* Bezahlung *f; d'une amende, des impôts* Zahlung *f; d'une dette* Rückzahlung *f,* Bezahlung
païen(ne) [pajɛ̃, jɛn] **I.** *adj* ❶ heidnisch ❷ *(soutenu: impie)* unchristlich; *vie* gottlos; *bonheur* weltlich **II.** *m(f)* ❶ Heide *m/*Heidin *f* ❷ *(soutenu: impie)* Heide *m/*Heidin *f*
paierai [pɛʀɛ] *fut de* **payer**
paillage [pɑjaʒ] *m des semis, du sol* Abdeckung *f,* Abdecken *nt,* Mulchen *nt; d'un arbre* Umwickeln *nt* [mit Stroh]; ***effectuer le ~ des arbres*** die Bäume mit Stroh umwickeln; ***faire un ~ pour qc*** etw abdecken
paillard(e) [pajaʀ, jaʀd] **I.** *adj propos, sens* anzüglich; *chanson, histoire* schlüpfrig **II.** *m(f) (homme)* Wüstling *m; (femme)* liederliches Frauenzimmer
paillardise [pajaʀdiz] *f* ❶ *(vieilli)* Anzüglichkeit *f,* Zweideutigkeit *f;* ***des ~s*** anzügliche Reden *Pl; (plaisanteries)* unanständige Witze *Pl* ❷ *(débauche)* Ausschweifung *f;* ***se vautrer dans la ~*** ein ausschweifendes [*o* liederliches] Leben führen
paillasse [pajas] *f* ❶ Matratze *f* ❷ *(plan de travail)* Arbeitsplatte *f*
paillasson [pajasɔ̃] *m* Fußmatte *f*
paille [pɑj] *f* ❶ *(chaume)* Stroh *nt* ❷ *(tiges tressées)* Geflecht *nt* ❸ *(pour boire)* Strohhalm *m* ▶ **tirer à la courte ~** [mit Streichhölzern] knobeln
paillette [pajɛt] *f* ❶ COUT Paillette *f* ❷ *(lamelle)* Plättchen *nt* ❸ *(petite particule)* ***en ~s*** in Flocken
pain [pɛ̃] *m* ❶ *(aliment)* Brot *nt;* ***un ~ d'un kilo*** ein Kilo[laib *m*] *nt* Brot; ***~ au chocolat*** Schoko-Croissant *m* ❷ GASTR *de poisson* -pastete *f; de légumes* -auflauf *m* ❸ *(nourriture)* Lebensunterhalt *m* ▶ **ôter** [*o* **retirer**] **à qn le ~ de la bouche** jdn ruinieren; **avoir du ~ sur la planche** *(fam)* viel um die Ohren haben; **gagner son ~ à la sueur de son front** *(soutenu)* sein Brot im Schweiße seines Angesichts verdienen; **petit ~** Brötchen *nt,* Gebäck *nt* A; **être** [**mis**] **au ~ sec** auf Wasser und Brot gesetzt werden; **elle ne mange pas de ce ~-là** das ist nicht ihr Fall; **ça ne mange pas de ~** *(fam)* es kann nicht[s] schaden
pair [pɛʀ] *m* ▶ **aller de ~ avec qc** mit etw einhergehen; **au pair** gegen Unterkunft und Verpflegung; ***une jeune fille/un jeune homme au ~*** ein Aupairmädchen *nt/*-junge *m;* **hors** [**de**] **~** unvergleichlich
pair(e) [pɛʀ] *adj* ❶ *(divisible par deux)* gerade ❷ *(au nombre de deux)* paarig
paire [pɛʀ] *f* ❶ *(ensemble de deux)* Paar *nt; de chaussures, gants* ein Paar; *de claques, gifles* ein paar; ***une ~ de ciseaux/lunettes/tenailles*** eine Schere/Brille/[Beiß]zange ❷ JEUX Paar *nt,* Pärchen *nt* ▶ **c'est une autre ~ de manches** *(fam)* das sind zwei Paar Stiefel; **les deux font la ~** *(fam)* die zwei haben sich gesucht und gefunden
paisible [pezibl] *adj décor, endroit* friedlich; *vie, quartier* ruhig
paisiblement [pezibləmɑ̃] *adv* in aller Ruhe
paître [pɛtʀ] <irr> **I.** *vi* weiden **II.** *vt* abweiden
paix [pɛ] *f* ❶ *(opp: guerre)* Frieden *m; (traité)* Friedensvertrag *m;* ***des manifestations en faveur de la ~*** Friedensdemonstrationen *Pl* ❷ *(entente)* Frieden *m,* Eintracht *f* ❸ *(tranquillité)* Ruhe *f;* ***la ~!*** *(fam)* Ruhe [jetzt]!; ***avoir la ~*** seine Ruhe haben; ***laisser qn en ~*** jdn zufriedenlassen ▶ **faire la ~ avec qn** mit jdm Frieden schließen; *(avec un ami)* sich mit jdm versöhnen; **qu'il repose en ~!** er ruhe in Frieden!
Pakistan [pakistɑ̃] *m* ***le ~*** Pakistan *nt*
pakistanais [pakistanɛ] *m* Pakistanisch *nt; v. a.* **allemand**
pakistanais(e) [pakistanɛ, ɛz] *adj* pakistanisch
Pakistanais(e) [pakistanɛ, ɛz] *m(f)* Pakistaner(in) *m(f),* Pakistani *mf*
pal [pal] *m* Stange *f,* Pfahl *m*
PAL [pal] *inv abr de* **phase alternating line I.** *m* PAL-System *nt;* ***être en ~*** *programmes:* im PAL-System ausgestrahlt werden **II.** *app* PAL; ***le système ~*** das PAL-System
palabre [palabʀ] *m o f* Palaver *nt*
palabrer [palabʀe] <1> *vi* [herum]palavern, herumreden
palace [palas] *m* Luxushotel *nt*
palais¹ [palɛ] *m* Palast *m;* ***~ des Papes*** Papstpalais; ***~ des sports*** Sporthalle [*o* -palast]; ***Palais fédéral*** CH Bundeshaus *nt* CH; ***~ de l'Elysée*** *Amtssitz des französischen Staatspräsidenten;* ***~ de Justice*** Justizpalast
palais² [palɛ] *m* ANAT Gaumen *m* ▶ **avoir le ~ fin** ein Feinschmecker sein
Palais [palɛ] *m* ***le ~*** das Gericht, der Gerichtshof; ***le langage du ~*** die Rechtssprache, die Juristensprache; ***~ de justice*** Gericht[sgebäude] *nt; (à Paris)* Justizpalast *m*

▸ **le Grand** ~ [*o* **le ~ des expositions**]/**le Petit** ~ das Grand/Petit Palais *(in Paris, frühere Ausstellungshallen der Weltausstellung); ~ [**national**] **de l'Élysée*** Elyseepalast *m; ~ **du Luxembourg** Sitz des französischen Senats in Paris*
palan [palɑ̃] *m* Flaschenzug *m*
Palatinat [palatina] *m **le** ~* die Pfalz
pale [pal] *f d'un aviron, d'une rame, hélice d'avion* Blatt *nt; d'une hélice de navire* Flügel *m*
pâle [pɑl] *adj* ❶ *personne, teint* blass ❷ *ciel, couleur, soleil* blass, fahl; *lueur, lumière* schwach ❸ *(clair)* blass, zart
palefrenier, **-ière** [palfʀənje, -jɛʀ] *m, f* Stallbursche *m*/Stallmagd *f;* HIST Reitknecht *m*
paléolithique [paleɔlitik] **I.** *adj* altsteinzeitlich **II.** *m* Altsteinzeit *f*
Palestine [palɛstin] *f **la** ~* Palästina *nt*
palestinien(**ne**) [palɛstinjɛ̃, jɛn] *adj* palästinensisch
Palestinien(**ne**) [palɛstinjɛ̃, jɛn] *m(f)* Palästinenser(in) *m(f)*
palet [palɛ] *m* ❶ SPORT Puck *m* ❷ *(pour jouer à la marelle)* Spielstein *m* ❸ GASTR Keks *m*
paletot [palto] *m* Paletot *m (dreiviertellanger Mantel); (fam)* Strickjacke *f*
palette [palɛt] *f* ❶ *(plateau de chargement)* Palette *f; ~ **de farine/lessive/papier*** Palette Mehl/Waschmittel/Papier ❷ *(ensemble de couleurs, ustensile du peintre)* [Farben]palette *f* ❸ *(gamme) ~ **de produits*** Produktpalette *f* ❹ *~ **de ping-pong*** CAN *(raquette de tennis de table)* Tischtennisschläger *m*
pâleur [pɑlœʀ] *f d'une personne, de la peau, du teint* Blässe *f; du ciel* fahle Farbe
pâlichon(**ne**) [pɑliʃɔ̃, ɔn] *adj (fam) personne* blässlich, ein wenig blass; *soleil* fahl; *sourire* leicht, schwach
palier [palje] *m (plateforme d'escalier)* Treppenabsatz *m; **habiter sur le même** ~* auf derselben Etage wohnen
palière [paljɛʀ] *adj **la marche** ~* die oberste [Treppen]stufe; ***la porte** ~* die auf den Treppenabsatz führende Tür
palinodie [palinɔdi] *f* Meinungswandel *m,* Meinungswechsel *m*
pâlir [pɑliʀ] <8> *vi (devenir pâle)* blass werden; *~ **d'envie*** vor Neid *dat* erblassen
palissade [palisad] *f* ❶ *(de pieux)* Palisade *f,* Palisadenzaun *m* ❷ *(de planches)* Bretterzaun *m*
pâlissant(**e**) [pɑlisɑ̃, ɑ̃t] *adj ciel* verblassend, blasser werdend; *lueur, lumière* schwächer werdend, blasser werdend
palliatif, **-ive** [paljatif, -iv] *adj* [schmerz]lindernd; ***médecine palliative*** Palliativmedizin *f*
pallier [palje] <1a> *vt* ❶ *(compenser) ~ **qc par qc*** etw durch etw ausgleichen ❷ *(atténuer) ~ **les effets de la crise par qc*** die Auswirkungen der Krise durch etw mildern
palmarès [palmaʀɛs] *m* ❶ *(liste des lauréats)* Liste *f* der Preisträger ❷ *d'un sportif* Liste *f* der Siege; *d'un romancier, cinéaste, acteur* Liste der Erfolge
palme [palm] *f* ❶ BOT Palm[en]zweig *m* ❷ SPORT Schwimmflosse *f; ~ **de plongée*** Tauchflosse *f* ❸ *(symbole de victoire)* Siegespalme *f geh; **Palme d'or*** goldene Palme *(Siegerpreis bei den Filmfestspielen in Cannes)*
palmé(**e**) [palme] *adj main* mit Schwimmhäuten [versehen]; *feuille* fächerförmig; ***pied ~/patte ~e*** Schwimmfuß *m*
palmier [palmje] *m* ❶ BOT Palme *f* ❷ GASTR ≈ Schweinsohr *nt*
palmipède [palmipɛd] *m* Schwimmvogel *m*
pâlot(**te**) [pɑlo, ɔt] *adj* blässlich
palourde [paluʀd] *f* Venusmuschel *f*
palpable [palpabl] *adj* ❶ *(qui peut être touché)* fühlbar ❷ *élément, avantage* greifbar; *preuve* handfest; *différence, changement* spürbar
palper [palpe] <1> *vt (toucher)* befühlen *tissu, fruit, billet de banque*
palpeur [palpœʀ] *m* TECH *(pour mesurer la chaleur, lumière)* [Mess]fühler *m,* Sensor *m; **plaque électrique à** ~* elektrische Schnellkochplatte
palpitant(**e**) [palpitɑ̃, ɑ̃t] *adj vacances* aufregend; *aventure, histoire, livre a.* spannend
palpitation [palpitasjɔ̃] *f* ❶ *gén pl (battement du cœur)* Herzklopfen *nt; **ça me donne des ~s*** ich bekomme Herzklopfen [davon] ❷ MED ***avoir des ~s*** einen beschleunigten Herzschlag haben ❸ *(contraction, frémissement) d'un animal, de la paupière* Zucken *nt; **les ~s de l'animal blessé*** die Zuckungen des verletzten Tieres
palpiter [palpite] <1> *vi* ❶ *cœur:* [schneller] schlagen [*o* klopfen]; *(de joie)* höher schlagen ❷ *(se contracter) animal:* [krampfartig] zucken; *paupière:* zucken; *narine:* zittern, beben ❸ *(scintiller) flamme, lumière:* flackern

paltoquet [paltɔkɛ] *m (fam)* aufgeblasener Kerl *fam; (vieilli)* Flegel *m*
palu [paly] *m abr de* **paludisme** Malaria *f*
paludéen(ne) [palydeɛ̃, ɛn] **I.** *adj* ❶ *(vieilli)* Sumpf- ❷ MED an Malaria erkrankt **II.** *m(f)* Malariakranke(r) *f(m)*
paludisme [palydism] *m* Malaria *f*
pâmer [pɑme] <1> *vpr* ❶ ***se ~ de joie*** außer sich vor Freude *dat* sein; ***se ~ d'amour pour qn*** vor Liebe zu jdm vergehen; ***se ~ d'admiration pour qn/qc*** ganz hingerissen von jdm/etw sein ❷ *(vieilli: s'évanouir)* ***se ~*** ohnmächtig werden
pâmoison [pɑmwazɔ̃] *f* ***tomber en ~ devant qn/qc*** *(hum)* ganz hingerissen von jdm/etw sein
pampa [pɑ̃pa] *f* Pampa *f*
pamphlet [pɑ̃flɛ] *m* Pamphlet *nt*
pamphlétaire [pɑ̃fletɛʀ] *mf* Pamphletist(in) *m(f)*
pamplemousse [pɑ̃pləmus] *m* Pampelmuse *f,* Grapefruit *f*
pan [pɑ̃] *m* ❶ *d'une chemise, d'un manteau* Zipfel *m;* ***être/se promener en ~s de chemise*** im Hemd sein/im Hemd herumlaufen ❷ *d'un immeuble, d'une vie, affiche* Teil *m;* ***~ de mur*** *(intérieur)* Stück [von der] Wand; *(extérieur)* Stück [von der] Mauer
panacée [panase] *f* Allheilmittel *nt*
panache [panaʃ] *m* ❶ *(bravoure)* Schneid *m* ❷ *(plumet)* Federbusch *m* ❸ *(coiffure, plumes en forme de panache)* Busch *m* ❹ *(nuage)* ***~ de fumée*** Rauchwolke *f*
panaché [panaʃe] *m* Panaschee *nt,* Radler *m* SDEUTSCH, Alsterwasser *nt* NDEUTSCH
panacher [panaʃe] <1> *vt, vi* ❶ POL panaschieren; ***~ une liste électorale*** Kandidaten aus verschiedenen Listen wählen ❷ *(mélanger)* mischen *couleurs;* Abwechslung bringen in *+akk exercices, programmes*
panade [panad] *f (fam)* ***être dans la ~*** in der Klemme stecken *fam;* ***tomber dans la ~*** in die Klemme geraten *fam*
panais [panɛ] *m* BOT, GASTR Pastinake *f,* Pastinak *m*
Panama [panama] *m* Panama *nt*
panaméricain(e) [panameʀikɛ̃, ɛn] *adj* panamerikanisch
panaris [panaʀi] *m* Nagelgeschwür *nt*
pancarte [pɑ̃kaʀt] *f* Schild *nt;* ***~ électorale/publicitaire*** Wahl-/Werbeplakat *nt*
pancréas [pɑ̃kʀeɑs] *m* Bauchspeicheldrüse *f*

P

panda [pɑ̃da] *m* Panda *m*
pandémie [pɑ̃demi] *f* Pandemie *f*
panégyrique [paneʒiʀik] *m* Lobrede *f*
panel [panɛl] *m* ❶ SOCIOL Panel *nt (repräsentative Personengruppe für die Meinungsforschung)* ❷ *(commission)* Gremium *nt;* ***faire un ~*** ein Gremium bilden
paner [pane] <1> *vt* panieren; ***poisson pané*** Fischstäbchen *Pl*
paneuropéen(ne) [panøʀɔpeɛ̃, ɛn] *adj* gesamteuropäisch
panier [panje] *m* ❶ *(corbeille)* Korb *m;* ***~ à linge*** Wäschekorb; ***~ à provisions*** Einkaufskorb; ***~ à salade*** Salatschleuder *f* ❷ *(contenu)* ***~ de cerises*** Korb *m* [voll] Kirschen ❸ *(pour diapositives)* [Dia]magazin *nt* ❹ *(au basket-ball)* Korb *m* ► **mettre deux personnes dans le même ~** zwei Menschen über einen Kamm scheren; **c'est un vrai ~ percé!** er ist ein Verschwender!/sie ist eine Verschwenderin!
panière [panjɛʀ] *f* großer Korb *m (mit zwei Henkeln)*
panier-repas [panjeʀəpɑ] <paniers-repas> *m* Lunchpaket *nt*
panifiable [panifjabl] *adj* ***céréales ~s*** Brotgetreide *nt*
panification [panifikasjɔ̃] *f* Brotbacken *nt,* Brotherstellung *f*
panini [panini] *m* GASTR Panini *nt*
panique [panik] **I.** *f* Panik *f;* ***être pris de ~*** von Panik ergriffen sein/werden, in Panik geraten; ***pas de ~!*** nur keine Panik! **II.** *adj peur, terreur* panisch
paniquer [panike] <1> **I.** *vt (fam)* in Panik versetzen; ***être paniqué*** in Panik geraten sein; ***être paniqué de devoir faire qc*** ganz nervös werden, weil man etw tun muss **II.** *vi (fam)* in Panik geraten, die Nerven verlieren **III.** *vpr* ***se ~*** in Panik geraten, die Nerven verlieren
panne [pan] *f* ❶ *(arrêt de fonctionnement)* Panne *f;* ***~ de courant*** [*o* ***d'électricité***] Stromausfall *m;* ***~ de moteur*** Motorschaden *m;* ***être en ~*** *automobiliste, voiture:* eine Panne haben; *moteur, machine:* defekt [*o* kaputt] sein; ***je suis tombé/ma voiture est tombée en ~*** ich hatte eine Autopanne ❷ *(fig fam: arrêt)* ***être/rester en ~*** nicht mehr weiterkommen [*o* weiterwissen]; *projet:* nicht vorangehen; *travail:* liegen bleiben ❸ *(fam: manque)* ***je suis en ~ de café*** mir ist der Kaffee ausgegangen
panneau [pano] <x> *m* ❶ TRANSP Schild *nt;* ***~ horaire*** Anzeigetafel *f;* ***~ de signalisation*** [Straßen]verkehrsschild ❷ *(pancarte)* Plakat *nt;* ***~ d'affichage***

(pour publicité) Werbefläche *f;* *(pour petites annonces, résultats)* Anschlagbrett *nt* ❸ *(au basket)* Korbbrett *nt* ❹ TECH ~ ***solaire*** Sonnenkollektor *m* ▶ **tomber** [*o* **donner**] **dans le** ~ sich hereinlegen lassen *fam*

panneton [pantɔ̃] *m* Schlüsselbart *m*

panonceau [panɔ̃so] <x> *m* Schild *nt*

panoplie [panɔpli] *f (jouet)* ~ ***d'infirmière/de magicien*** Krankenschwester-/Zaubererausstattung *f*

panorama [panɔʀama] *m (paysage)* Panorama *nt*

panoramique [panɔʀamik] *adj* ***restaurant*** ~ Panoramarestaurant *nt;* ***écran*** ~ Breitwand *f*

panse [pɑ̃s] *f* ❶ *d'une vache, brebis* Pansen *m* ❷ *(fam: ventre)* Wanst *m* ▶ **s'en mettre plein la** ~ *(fam)* sich *dat* [ordentlich] den Bauch vollschlagen

pansement [pɑ̃smɑ̃] *m* ❶ *(action)* ***faire un*** ~ ***à qn*** jdm einen Verband anlegen ❷ *(compresse)* Verband *m;* ~ ***adhésif*** Heftpflaster *nt*

panser [pɑ̃se] <1> *vt (soigner)* verbinden *blessé, blessure*

pansu(e) [pɑ̃sy] *adj personne* dickbäuchig; *vase, bouteille* bauchig

pantacourt [pɑ̃takuʀ] *m* Caprihose *f,* Dreiviertelhose

pantagruélique [pɑ̃tagʀyelik] *adj* ***appétit*** ~ Riesenappetit *m;* ***festin/repas*** ~ Schlemmermahl *nt*

pantalon [pɑ̃talɔ̃] *m* Hose *f;* ~ ***de jogging/de pyjama*** Jogging-/Schlafanzughose; ~ ***corsaire*** Caprihose; ~ ***[style] cargo*** Cargohose; ~ ***[à] pattes d'éléphant*** Schlaghose *f*

pantalonnade [pɑ̃talɔnad] *f* ❶ CINE, THEAT Klamaukstück *nt,* Schwank *m* ❷ *(démonstration hypocrite)* Komödie *f*

pantelant(e) [pɑ̃t(ə)lɑ̃, ɑ̃t] *adj (littér)* ❶ *(haletant)* ***être*** ~ ***de terreur*** außer Atem vor Schreck *dat* sein; ***laisser qn*** ~ ***[d'émotion]*** jdm den Atem verschlagen ❷ *(palpitant) animal, cadavre, chair* zuckend, bebend

panthéon [pɑ̃teɔ̃] *m* ❶ HIST ***le Panthéon*** das Pantheon ❷ *(monument)* Pantheon *nt* ❸ *(fig)* Ruhmeshalle *f* mit Ehrengräbern ❹ *(ensemble de personnages célèbres)* ***rester au*** ~ ***de l'histoire*** in die Geschichte eingehen; ***il aura une place au*** ~ ***des artistes*** die Nachwelt wird ihn als bedeutenden Künstler ehren

panthère [pɑ̃tɛʀ] *f* Panther *m*

pantin [pɑ̃tɛ̃] *m (marionnette)* Hampelmann *m;* ***gesticuler comme un*** ~ herumhampeln; ***faire de qn un*** ~ aus jdm einen Hampelmann machen *fam*

pantois(e) [pɑ̃twa, waz] *adj* verdutzt, verblüfft; ***laisser qn*** ~ jdn verblüffen; ***rester*** ~ ganz verblüfft sein

pantomime [pɑ̃tɔmim] *f* ❶ *(jeu du mime)* Pantomimik *f* ❷ *(pièce mimée)* Pantomime *f* ❸ *(comédie)* Zirkus *m,* Theater *nt*

pantouflard(e) [pɑ̃tuflaʀ, aʀd] **I.** *adj (fam)* spießig **II.** *m(f) (fam)* Stubenhocker(in) *m(f)*

pantoufle [pɑ̃tufl] *f* Pantoffel *m*

panure [panyʀ] *f* Paniermehl *nt*

PAO [peao] *f abr de* **publication assistée par ordinateur** DTP *nt*

paon [pɑ̃] *m* Pfau *m* ▶ **fier comme un** ~ eitel wie ein Pfau

> **Aussprache**
> Das -aon in **paon** wird als [ɑ̃] gesprochen.

papa [papa] *m* Papa *m*

papal(e) [papal, o] <-aux> *adj* päpstlich

papauté [papote] *f* ❶ *(dignité)* Papstwürde *f* ❷ *(règne)* Papsttum *nt;* ***pendant la*** ~ ***de Jean XXIII*** während der Amtszeit von Papst Johannes XXIII.

papaye [papaj] *f* Papaya *f*

pape [pap] *m* Papst *m;* ~ ***du jazz*** Jazzpapst

papelard [paplaʀ] *m (fam)* ❶ *(feuille)* Wisch *m fam* ❷ *pl (papiers d'identité)* Papiere *Pl*

paperasse [papʀas] *f (péj)* ❶ *(papiers inutiles)* Papierkram *m* ❷ *(grosso quantité de papiers)* Wust *m* von Papier

paperasserie [papʀasʀi] *f (péj)* ❶ *(à lire, remplir)* Berge *Pl* von Papier ❷ *(à écrire)* Schreibkram *m*

papeterie [papɛtʀi] *f* ❶ *(magasin)* Schreibwarengeschäft *nt* ❷ *(fabrication)* Papierherstellung *f* ❸ *(usine)* Papierfabrik *f*

papetier, -ière [pap(ə)tje, -jɛʀ] *m, f* Schreibwarenhändler(in) *m(f)*

papi [papi] *m (fam) v.* **papy**

papier [papje] *m* ❶ *sans pl (matière)* Papier *nt;* ***feuille/bout*** [*o* ***morceau***] ***de*** ~ Blatt *nt*/Stück *nt* Papier; ~ ***à en-tête*** Briefpapier mit Briefkopf; ~ ***à musique*** Notenpapier; ~ ***hygiénique*** Toilettenpapier; ~ ***mâché*** Pappmaschee *nt;* ~ ***peint*** Tapete *f* ❷ *sans pl (feuille de métal)* ~ ***[d']aluminium*** Aluminiumfolie ❸ *(feuille)* [Blatt *nt*] Papier *nt; (à remplir)* Formular *nt; (papillon)* Zettel *m* ❹ PRESSE Artikel *m* ❺ *(document)* Schriftstück *nt; pl* Unterlagen *Pl* ❻ *pl (papiers d'identité)* [Ausweis]papiere *Pl* ▶ **qn/qc est réglé comme du ~ à musique** bei jdm geht alles nach Plan/etw ist genau festgelegt; **être dans les petits ~s de qn** bei jdm gut angeschrieben sein

papier-filtre [papjefiltʀ] <papiers-filtres> *m* Filterpapier *nt* **papier-monnaie** [papjemɔnɛ] <papiers-monnaies> *m* Papiergeld *nt* **papier-toilette** [papjetwalɛt] *m* Klosettpapier *nt*

papille [papij] *f gén pl* Papille *f;* ***~s gustatives*** Geschmacksknospen *f*

papillon [papijɔ̃] *m* ❶ ZOOL Schmetterling *m;* ***~ de nuit*** Nachtfalter *m* ❷ SPORT *[**nage**]* ~ Delfinschwimmen *nt;* ***200 m ~*** 200 m Delphin[schwimmen] ❸ *(fam: contravention)* Knöllchen *nt*

papillonnant(e) [papijɔnɑ̃, ɑ̃t] *adj caractère, personne* flatterhaft, unbeständig

papillonner [papijɔne] <1> *vi* herumflattern *fam*

papillote [papijɔt] *f* ❶ *(pour les bonbons)* Bonbonpapier *nt* ❷ GASTR ***poisson/viande en ~*** *(dans un papier [huilé])* in [gefettetem] Papier gebackener Fisch/gebackenes Fleisch; *(dans une feuille d'aluminium)* in [Alu]folie gebratener Fisch/gebratenes Fleisch

papilloter [papijɔte] <1> *vi paupières:* zucken; *yeux:* blinzeln

P

papotage [papɔtaʒ] *m* [leeres] Geschwätz *fam*

papoter [papɔte] <1> *vi* schwatzen

papouilles [papuj] *f pl (fam)* ***faire des ~ à qn*** jdn tätscheln

paprika [papʀika] *m* Paprika *m*

papy [papi] *m (fam)* Opa *m*

> **Falsche Freunde**
> Nicht verwechseln mit *der Papi – le papa*!

papy-boom [papibum] <papy-booms>, **papy-boum** [papibum] <papy-boums> *m (fam: forte augmentation du nombre des personnes âgées)* Rentnerschwemme *f pej*

papyrus [papiʀys] *m* ❶ BOT Papyrusstaude *f* ❷ HIST *(feuille)* Papyrus *m; (manuscrit)* Papyrusrolle *f*

pâque [pɑk] *f* ***la ~ [juive]*** das Passah[fest]

paquebot [pakbo] *m* Passagierschiff *nt;* ***~ transatlantique*** Ozeandampfer *m;* ***~ de croisière*** Kreuzfahrtschiff

pâquerette [pɑkʀɛt] *f* Gänseblümchen *nt* ▶ **au ras des ~s** *(fam)* nicht sehr geistreich

Pâques [pɑk] **I.** *m* Ostern *nt;* ***fête/lundi/vacances de ~*** Osterfest *nt*/-montag *m*/-ferien *Pl* ▶ **à ~ ou à la Trinité** *(hum)* am Nimmerleinstag **II.** *f pl* Ostern *Pl;* ***joyeuses ~!*** frohe Ostern!

paquet [pakɛ] *m* ❶ *(boîte)* Paket *nt; de café, sucre* Päckchen *nt; de cigarettes* Schachtel *f; de linge, vêtements* Bündel *nt* ❷ *(colis)* Paket *nt* ❸ *(fam: grande quantité)* ***un ~ de billets*** ein Bündel Geldscheine; ***un ~ de neige/d'eau*** eine Ladung Schnee/Wasser ❹ JEUX Stoß *m* ❺ INFORM [Daten]paket *nt* ▶ **faire ses ~s** [*o* **son ~**] seine Sachen [zusammen]packen; **mettre le ~** *(fam: déployer tous ses efforts)* alles d[a]ransetzen; *(payer beaucoup)* keine Kosten scheuen; **être un ~ de graisse/de nerfs/d'os** *(fam)* ein Fettkloß *m*/Nervenbündel *nt*/Knochengerüst *nt* sein

paquetage [pak(ə)taʒ] *m* [Marsch]gepäck *nt*

paquet-cadeau [pakɛkado] <paquets-cadeaux> *m* Geschenkverpackung *f;* ***vous pouvez me faire un ~?*** können Sie es mir bitte als Geschenk einpacken?

paqueté(e) [pak(ə)te] *adj* CAN ❶ *(rempli à l'excès)* überfüllt ❷ *(fig: ivre)* betrunken, [sternhagel]voll *fam*

par [paʀ] *prép* ❶ *(grâce à l'action de)* von; ***le but marqué ~ l'avant-centre*** das vom Mittelstürmer geschossene Tor; ***tout faire ~ soi-même*** alles selbst machen ❷ *(au moyen de)* durch; ***~ tous les moyens*** mit allen Mitteln; ***~ chèque/carte [bancaire]*** mit [*o* per] Scheck/[Kredit]karte; ***la porte est fermée ~ un verrou*** die Tür ist/wird mit einem Riegel verschlossen ❸ *(origine)* ***descendre de Victor Hugo ~ sa mère*** mütterlicherseits von Victor Hugo abstammen; ***un oncle ~ alliance*** ein angeheirateter Onkel ❹ *gén sans art (cause, motif)* aus; ***~ sottise/devoir*** aus Dummheit/Pflichtbewusstsein ❺ *(à travers, via)* ***regarder ~ la fenêtre*** aus dem Fenster schauen; ***venir ~ le chemin le plus court*** auf dem schnellsten Weg herkommen; ***passer ~ ici*** hier vorbeikommen ❻ *(localisation)* ***habiter ~ ici/là*** hier/dort in der Gegend wohnen; ***~ 5 mètres de fond*** in 5 Meter Tiefe; ***être assis ~ terre*** auf dem Boden sitzen; ***tomber ~ terre*** auf den Boden fallen ❼ *(distribution, mesure)* pro; ***un ~ un***

einzeln; ***heure ~ heure*** Stunde um Stunde; ***~ moments*** zeitweise; ***~ centaines/milliers*** zu hunderten [*o* Hunderten]/tausenden [*o* Tausenden] ❽ *(durant, pendant)* ***~ temps de pluie/brouillard*** bei Regen[wetter]/Nebel; ***~ les temps qui courent*** in der heutigen Zeit; ***~ le passé*** früher ❾ *(dans des exclamations, serments)* ***~ pitié, aidez-moi!*** ich flehe euch an, helft mir! ▸ **~ contre** dagegen

parabole [paʀabɔl] *f* ❶ REL Gleichnis *nt* ❷ MATH Parabel *f* ❸ *(antenne)* Parabolantenne *f*

parabolique [paʀabɔlik] *adj* parabolisch; ***antenne/miroir ~*** Parabolantenne *f*/-spiegel *m*

parachever [paʀaʃ(ə)ve] <4> *vt* vollenden *œuvre, travail*

parachutage [paʀaʃytaʒ] *m* Fallschirmabwurf *m*

parachute [paʀaʃyt] *m* Fallschirm *m*; ***sauter en ~*** mit dem Fallschirm springen ▸ **~ doré** goldener Händedruck, [äußerst] üppige Abfindung

parachuter [paʀaʃyte] <1> *vt* [mit dem Fallschirm] absetzen *soldats;* [mit dem Fallschirm] abwerfen *armes, vivres*

parachutisme [paʀaʃytism] *m* Fallschirmspringen *nt*

parachutiste [paʀaʃytist] **I.** *adj* MIL ***troupe/unité ~*** Fallschirmjägertruppe *f*/-einheit *f* **II.** *mf* MIL Fallschirmjäger *m;* SPORT Fallschirmspringer *m*

parade [paʀad] *f* ❶ *(défense)* Abwehr *f;* SPORT Parade *f;* ***trouver la ~ à un argument*** ein Gegenargument *nt* finden ❷ *(défilé)* Parade *f*

parader [paʀade] <1> *vi (se pavaner)* herumstolzieren

paradigme [paʀadigm] *m* LING, GRAM Paradigma *nt*

paradis [paʀadi] *m* ❶ REL Paradies *nt* ❷ *(fig)* Paradies; ***~ perdu*** verlorenes Paradies ▸ **tu ne l'emporteras pas au ~** das wirst du mir [noch] büßen

paradisiaque [paʀadizjak] *adj endroit, île* paradiesisch; *séjour a.* himmlisch

paradoxal(e) [paʀadɔksal, -o] <-aux> *adj* paradox

paradoxalement [paʀadɔksalmɑ̃] *adv* paradoxerweise

paradoxe [paʀadɔks] *m* ❶ *(opinion contraire)* Paradoxon *nt* ❷ *(absurdité)* Paradox *nt*

parages [paʀaʒ] *mpl* Gegend *f;* ***dans les ~*** [irgendwo] in der Gegend [*o* in der Nähe]

paragraphe [paʀagʀaf] *m* ❶ *d'un devoir, texte* Absatz *m* ❷ TYP Paragrafenzeichen *nt*

> **Falsche Freunde**
> Nicht verwechseln mit *der Paragraf – l'article [de loi]*!

Paraguay [paʀagwɛ] *m* ***le ~*** Paraguay *nt*

paraître [paʀɛtʀ] <irr> **I.** *vi* ❶ *(sembler)* ***cela me paraît [être] une erreur*** das scheint mir ein Irrtum zu sein; ***~ faire qc*** anscheinend etw tun ❷ *(apparaître) personne:* sich zeigen; ***~ en public*** in der Öffentlichkeit auftreten ❸ *(être publié) journal, livre:* erscheinen, herauskommen; ***faire ~*** veröffentlichen; *éditeur, auteur a.:* herausgeben ❹ *(être visible) sentiment:* zum Vorschein kommen ❺ *(se mettre en valeur)* ***aimer ~*** sich gern in den Vordergrund stellen; ***désir de ~*** Geltungssucht *f* **II.** *vi impers* ❶ ***il paraît/paraîtrait que qn va faire qc*** *(le bruit court)* wie man hört wird jd etw tun; *(soi-disant)* angeblich wird jd etw tun; ***il paraît que oui!*** anscheinend ja! ❷ *(sembler)* ***il paraît difficile à qn de faire qc*** jd hält es für schwierig etw zu tun; ***il paraît impossible à qn que*** *+subj* es scheint jdm unmöglich, dass ▸ **sans qu'il y paraisse** ohne dass man etwas davon merkt; **il n'y paraîtra plus** davon wird nichts mehr zu sehen sein

parallèle [paʀalɛl] **I.** *adj* ❶ *(en double)* ***activité ~*** Nebentätigkeit *f;* ***énergie/médecine ~*** Alternativenergie *f*/-medizin *f;* ***police ~*** Geheimpolizei *f;* ***circuit ~ [de distribution]*** Parallelvertrieb *m;* ***marché ~*** grauer Markt; ***société ~*** Parallelgesellschaft *f* ❷ GEOM parallel **II.** *f* GEOM Parallele *f* **III.** *m* ❶ GEOG Breitenkreis *m;* ***le 38e ~*** der 38. Breitengrad ❷ *(comparaison)* ***établir [o faire] un ~ avec qc/entre deux choses*** eine Parallele zu etw/zwischen zwei Dingen ziehen

parallèlement [paʀalɛlmɑ̃] *adv* ❶ *(dans l'espace)* ***~ [à qn/qc]*** parallel [zu jdm/etw] ❷ *(dans le temps)* gleichzeitig

parallélisme [paʀalelism] *m* ❶ GEOM Parallelität *f* ❷ AUT Spureinstellung *f*

parallélogramme [paʀalelɔgʀam] *m* GEOM Parallelogramm *nt*

paralysant(e) [paʀalizɑ̃, ɑ̃t] *adj* lähmend; *attitude* hemmend

paralysé(e) [paʀalize] **I.** *adj bras, personne* gelähmt; ***être ~ des jambes*** an den Beinen gelähmt sein **II.** *m(f)* Gelähmte(r) *f(m)*

paralyser [paʀalize] <1> *vt* ❶ *(empêcher*

P

d'agir) personne, émotion, peur: lähmen; ***être paralysé par la peur*** vor Angst *dat* [wie] gelähmt sein ❷ *(entraver)* lahmlegen, zum Erliegen bringen *trafic, activité, économie* ❸ MED paralysieren

paralysie [paʀalizi] *f* ❶ MED Paralyse *f* ❷ *de la circulation, de l'économie, des échanges* Erliegen *nt* ❸ *(impuissance)* Ohnmacht *f*

paralytique [paʀalitik] **I.** *adj* gelähmt; *vieillard* lahm **II.** *mf* Gelähmte(r) *f(m)*, Paralytiker(in) *m(f)*; REL Lahme(r) *f(m)*

paramètre [paʀamɛtʀ] *m* ❶ MATH Parameter *m* ❷ *(élément important)* [wesentliches] Element ❸ INFORM ***~s*** Einstellungen *Pl*

paramilitaire [paʀamilitɛʀ] *adj* paramilitärisch

parano [paʀano] *abr de* **paranoïaque**

paranoïa [paʀanɔja] *f* Verfolgungswahn *m*, Paranoia *f*; ***être atteint de ~*** unter Verfolgungswahn leiden

paranoïaque [paʀanɔjak] **I.** *adj* paranoisch; *personne* an Verfolgungswahn leidend **II.** *mf* Geistesgestörte(r) *f(m)*

paranormal [paʀanɔʀmal] *m* ***le ~*** das Übersinnliche

parapente [paʀapɑ̃t] *m* ❶ *(parachute rectangulaire)* Gleitschirm *m* ❷ *(sport)* Gleitschirmfliegen *nt*

parapet [paʀapɛ] *m* Brüstung *f*

paraphrase [paʀafʀɑz] *f* Umschreibung *f*, Paraphrase *f*

P

paraphraser [paʀafʀɑze] <1> *vt* umschreiben

paraplégie [paʀapleʒi] *f* Querschnittslähmung *f*

paraplégique [paʀapleʒik] **I.** *adj* querschnittsgelähmt **II.** *mf* Querschnittsgelähmte(r) *f(m)*

parapluie [paʀaplɥi] *m* Regenschirm *m*; ***~ pliant*** [*o* ***télescopique***] Taschenschirm *m*

parascolaire [paʀaskɔlɛʀ] *adj* außerschulisch

parasite [paʀazit] **I.** *adj* schmarotzend **II.** *m* ❶ BIO Schmarotzer *m*, Parasit *m*; ***~ des cultures/de la vigne*** Acker-/Rebenschädling *m* ❷ *(profiteur)* Schmarotzer *m pej* ❸ *pl* RADIO, TV Störgeräusche *Pl*

parasiter [paʀazite] <1> *vt* ❶ BIO ***~ qn/qc*** *champignon, insecte, ver:* als Parasit auf [*o* in] jdm/etw leben ❷ *(vivre aux dépens de)* ***~ qn/qc*** auf jds Kosten *akk*/auf Kosten einer S. *gen* leben ❸ RADIO, TV stören

parasol [paʀasɔl] *m* Sonnenschirm *m*

paratonnerre [paʀatɔnɛʀ] *m* Blitzableiter *m*

paravalanche [paʀavalɑ̃ʃ] *m* Lawinenverbauung *f*

paravent [paʀavɑ̃] *m* Wandschirm *m*

parc [paʀk] *m* ❶ *(jardin)* Park[anlage *f*] *m*; ***~ botanique*** botanischer Garten; ***~ d'attractions*** Vergnügungspark ❷ *(région protégée)* ***~ naturel*** Naturschutzgebiet *nt*; ***~ national*** Nationalpark *m* ❸ *(bassin d'élevage)* ***~ à huîtres/moules*** Austern-/Muschelpark *m* ❹ *(pour bébé)* Laufstall *m* ❺ *(emplacement)* ***~ des expositions*** Messegelände *nt*; ***~ relais*** Park-and-Ride *nt*

parcelle [paʀsɛl] *f (terrain)* Parzelle *f*

parcellisation [paʀselizasjɔ̃] *f d'un terrain* Parzellierung *f*; *du travail* Aufteilung *f*

parcelliser [paʀselize] <1> *vt* aufteilen, parzellieren, aufteilen *terres*

parce que [paʀskə] *conj +indic* ❶ *(car)* weil ❷ *(fam: sinon)* sonst; ***vous partez? ~ je suis à vous dans deux minutes*** geht ihr? sonst bin ich nämlich in zwei Minuten fertig ❸ *(c'est comme ça!)* ***~!*** darum!

parchemin [paʀʃəmɛ̃] *m (peau d'animal, texte)* Pergament *nt*

par-ci [paʀsi] ***~, par-là*** hier und da

parcimonie [paʀsimɔni] *f* [übertriebene] Sparsamkeit; ***distribuer/donner qc avec ~*** mit etw knausern [*o* geizen]; ***accorder ses éloges avec ~*** mit Lob geizen

parcimonieusement [paʀsimɔnjøzmɑ̃] *adv* [sehr] sparsam

parcimonieux, -euse [paʀsimɔnjø, -jøz] *adj* [sehr] sparsam

parcmètre [paʀkmɛtʀ] *m* Parkuhr *f*

parcourir [paʀkuʀiʀ] <irr> *vt* ❶ *(accomplir [un trajet])* zurücklegen *trajet, distance* ❷ *(traverser, sillonner)* durchlaufen *ville, rue; (en tous sens)* kreuz und quer laufen durch *ville, rue;* bereisen *région, pays; (en tous sens)* kreuz und quer reisen durch *région, pays;* ***~ une région*** *navire:* in einer Region kreuzen; *ruisseau:* durch eine Region fließen; *objet volant:* durch eine Region fliegen ❸ *(examiner rapidement)* überfliegen *journal, lettre;* ***~ qc des yeux/du regard*** seinen Blick über etw *akk* schweifen lassen

parcours [paʀkuʀ] *m* ❶ *d'un véhicule* [Fahr]strecke *f*; *d'un fleuve* Lauf *m* ❷ *(piste)* Strecke *f*; *(équitation)* Parcours *m*; *(épreuve)* Runde *f*; ***~ du combattant*** *(fig)* Hindernislauf *m*

par-delà [paʀdəla] *prép (de l'autre côté)*

jenseits +*gen,* hinter +*dat;* ~ ***les montagnes/mers*** jenseits der Berge/der Meere; ~ ***les problèmes*** über die Probleme hinaus **par-derrière** [paʀdɛʀjɛʀ] *adv* ❶ *(opp: par-devant) attaquer, emboutir* von hinten ❷ *(dans le dos de qn)* hinten; *fig) raconter, critiquer* hintenherum *fam* **par-dessous** [paʀdəsu] **I.** *prép (avec mouvement)* unter +*akk; (sans mouvement)* unter +*dat* **II.** *adv* darunter; ***passer*** ~ darunter hindurchgehen

pardessus [paʀdəsy] *m* Überzieher *m*

par-dessus [paʀdəsy] **I.** *prép (avec mouvement)* über +*akk; (sans mouvement)* über +*dat;* ***passer/sauter*** ~ ***la barrière*** über die Barriere steigen/springen **II.** *adv* darüber

par-devant [paʀdəvɑ̃] **I.** *prép* JUR ~ ***notaire*** vor dem Notar **II.** *adv attaquer, emboutir* von vorn[e]; *se boutonner, être endommagé* vorn[e]

pardi [paʀdi] *interj ~! (dans une affirmation)* das ist doch klar!; *(après une question)* aber natürlich!

pardon [paʀdɔ̃] *m* Verzeihen *nt;* REL Vergebung *f;* ***demander*** ~ ***à qn*** jdn um Verzeihung bitten ▶ **mille** ~**[s]!** ich bitte tausendmal um Verzeihung!, **~?** wie bitte?

pardonnable [paʀdɔnabl] *adj* entschuldbar; ***être*** ~ *personne:* nichts dafür können

pardonner [paʀdɔne] <1> **I.** *vt (absoudre)* ~ ***qc à qn*** jdm etw verzeihen ▶ **pardonne-moi/pardonnez-moi** verzeih mir/verzeihen Sie mir/verzeiht mir **II.** *vi* ❶ *(être fatal)* ***ne pas*** ~ *maladie, poison:* verhängnisvoll sein; *erreur a.:* unverzeihlich sein ❷ *(absoudre)* verzeihen; ~ ***à qn*** jdm verzeihen

paré(e) [paʀe] *adj* ***être*** ~ ***contre le froid/toute éventualité*** gegen die Kälte/alle Eventualitäten gewappnet sein

pare-avalanches *v.* **paravalanche**

pare-balles [paʀbal] *adj inv* kugelsicher; ***gilet*** ~ kugelsichere Weste; ***verre*** ~ Panzerglas *nt* **pare-brise** [paʀbʀiz] *m inv* Windschutzscheibe *f* **pare-chocs** [paʀʃɔk] *m inv* ~ ***arrière/avant*** hintere/vordere Stoßstange *f* **pare-feu** [paʀfø] <pare-feu[x]> *m* INFORM Firewall *f o m*

pareil(le) [paʀɛj] **I.** *adj* ❶ *(identique)* gleich; ***être*** ~ ***à qn/qc*** jdm/einer S. gleich sein; ***être*** ~ ***que qn/qc*** [genau]so wie jd/etw sein ❷ *(tel)* solche(r, s), derartige(r, s) **II.** *m(f) pl (péj: semblable)* ***vous et vos ~s*** Sie und Ihresgleichen/ihr und euresgleichen ▶ **c'est du** ~ **au même** *(fam)* das ist Jacke wie Hose; **rendre la ~le à qn** es jdm mit gleicher Münze heimzahlen; **sans** ~ ohnegleichen **III.** *adv (fam) s'habiller* gleich

pareillement [paʀɛjmɑ̃] *adv* ❶ *(également)* ebenso; ***bonne année! – à vous ~!*** pros[i]t Neujahr! – gleichfalls! ❷ *(de la même façon)* gleich

parent [paʀɑ̃] *m* ❶ *(le père ou la mère)* Elternteil *m;* ***les ~s*** *(le père et la mère)* die Eltern *Pl;* ***~s adoptifs*** Adoptiveltern; ***un des deux ~s*** ein Elternteil; ~ ***unique*** Alleinerziehende(r) *f(m)* ❷ BIO Elternteil *m* ▶ **traiter qn en** ~ **pauvre** jdn stiefmütterlich behandeln; **être le** ~ **pauvre de qc** im Vergleich zu einer S. stiefmütterlich behandelt werden

parental(e) [paʀɑ̃tal, -o] <-aux> *adj* elterlich

parente [paʀɑ̃t] *f (personne de la famille)* Verwandte *f*

parenté [paʀɑ̃te] *f* ❶ *(lien familial)* Verwandtschaft *f* ❷ *(analogie)* Ähnlichkeit *f* ❸ *(ensemble des parents)* Verwandtschaft *f*

parenthèse [paʀɑ̃tɛz] *f* ❶ TYP [runde] Klammer; MATH Klammer ❷ *(digression)* Exkurs *m;* ***soit dit entre ~s*** nebenbei bemerkt ❸ *(incident)* Intermezzo *nt* ▶ **mettre qc entre ~s** TYP etw in Klammern setzen; *(oublier provisoirement qc)* etw ausklammern

paréo [paʀeo] *m* Pareo *m*

parer [paʀe] <1> **I.** *vt* abwehren *attaque, coup;* entkräften *argument* **II.** *vi* ~ ***à un danger*** eine Gefahr abwenden

pare-soleil [paʀsɔlɛj] *m inv* AUT Sonnenblende *f*

paresse [paʀɛs] *f* Faulheit *f*

paresser [paʀese] <1> *vi* ~ ***au*** [*o* ***dans son***] ***lit*** im Bett [herum]faulenzen

paresseuse [paʀesøz] *f* Faulenzerin *f*

paresseusement [paʀesøzmɑ̃] *adv* ❶ *(avec paresse)* faul ❷ *(avec lenteur) avancer* schwerfällig; *couler* träge

paresseux, -euse [paʀesø, -øz] **I.** *adj personne* faul; *attitude* lässig; *démarche* schwerfällig; *esprit, caractère* träge **II.** *m, f* Faulenzer(in) *m(f)*

parfaire [paʀfɛʀ] <irr, défec> *vt* vervollkommnen

parfait [paʀfɛ] *m* ❶ GRAM Perfekt *nt* ❷ GASTR Parfait *nt;* ~ ***au café*** Mokkaparfait

parfait(e) [paʀfɛ, ɛt] *adj* ❶ *(sans défaut)* perfekt; *travail, manières* tadellos; *élève, employé, mari* vorbildlich; *condition, exemple* ideal; *beauté* vollendet ❷ *discrétion, harmonie* vollkommen; *ignorance* total; *amour* vollendet; *accord* völlig; *exemple* typisch

P

❸ *antéposé gentleman* vollendet; *idiot, crapule* ausgemacht

parfaitement [paʀfɛtmɑ̃] *adv* ❶ *parler une langue* perfekt; *savoir, comprendre* [ganz] genau ❷ *(tout à fait)* vollkommen; *idiot, ridicule* ausgesprochen ❸ *(oui, bien sûr)* [aber] natürlich

parfois [paʀfwa] *adv* ❶ *(de temps en temps)* manchmal ❷ *(dans certains cas)* mitunter

parfum [paʀfœ̃] *m* ❶ *(substance)* Parfum *nt*, Parfüm *nt*; *(d'origine naturelle)* Duftstoff *m* ❷ *(odeur)* Duft *m* ❸ GASTR Geschmack *m*; ***je voudrais une glace – quel ~?*** ich möchte ein Eis – welche Sorte? ▸ **être au ~** *(fam)* im Bilde sein; **mettre qn au ~** *(fam)* jdn aufklären

parfumer [paʀfyme] <1> **I.** *vt* ❶ *(donner une bonne odeur)* ***qc parfume la cuisine*** die Küche duftet nach etw ❷ *(imprégner de parfum)* parfümieren *linge* ❸ GASTR **~ *qc*** etw aromatisieren; ***parfumé au café/au rhum*** mit Kaffee-/Rumgeschmack **II.** *vpr **se*** ~ sich parfümieren

parfumerie [paʀfymʀi] *f* ❶ *(magasin, usine)* Parfümerie *f* ❷ *(produits)* Parfümeriewaren *Pl* ❸ *(fabrication)* Parfümherstellung *f*

parfumeur, -euse [paʀfymœʀ, -øz] *m, f* ❶ *(fabricant)* Parfümeur(in) *m(f)*, Parfumhersteller(in) *m(f)*, Parfümhersteller(in) *m(f)* ❷ *(propriétaire d'une parfumerie)* Parfümerieinhaber(in) *m(f)*

pari [paʀi] *m* JEUX, SPORT Wette *f*; ***faire un ~*** wetten

paria [paʀja] *m* ❶ Ausgestoßene(r) *f(m)* ❷ *(en Inde)* Paria *m*

parier [paʀje] <1> **I.** *vt* **~ *qc à qn*** mit jdm um etw wetten; **~ *qc sur qn/un animal/qc*** etw auf jdn/ein Tier/etw setzen; ***tu paries que ...*** wetten, dass ... **II.** *vi* wetten; **~ *sur qn/un animal/qc*** auf jdn/ein Tier/etw setzen; **~ *aux courses*** Rennwetten abschließen, bei Pferderennen wetten

parieur, -euse [paʀjœʀ, -jøz] *m, f* Wetter(in) *m(f)*

Parigot(e) [paʀigo, ɔt] *m(f)* *(fam)* Pariser(in) *m(f)*

Paris [paʀi] Paris *nt*

> **Aussprache**
> Im Unterschied zum Deutschen wird das -s in **Paris** im Französischen nicht gesprochen.

paris-brest [paʀibʀɛst] <paris-brest[s]> *m Cremegebäck*

parisianisme [paʀizjanism] *m* ❶ *(façon de parler)* [typischer] Pariser Ausdruck ❷ *(habitude)* [typische] pariserische [An]gewohnheit

parisien(ne) [paʀizjɛ̃, jɛn] *adj* Pariser *attr*; *mode* pariserisch; ***la vie ~ne*** das Leben in Paris

Parisien(ne) [paʀizjɛ̃, jɛn] *m(f)* Pariser(in) *m(f)*

parité [paʀite] *f* ❶ *(égalité) des idées* Übereinstimmung *f*; **~ *des salaires*** Lohngleichheit *f* ❷ FIN Parität *f*

parjure [paʀʒyʀ] **I.** *adj* meineidig **II.** *mf* Meineidige(r) *f(m)* **III.** *m* Meineid *m*

parjurer [paʀʒyʀe] <1> *vpr **se*** ~ einen Meineid schwören

parka [paʀka] *m o f* Parka *m*

parking [paʀkiŋ] *m* Parkplatz *m*; **~ *souterrain*** Tiefgarage *f*

parlant(e) [paʀlɑ̃, ɑ̃t] *adj* ❶ *chiffres* [für sich selbst] sprechend; *preuve, exemple a.* deutlich ❷ TECH ***cinéma/film ~*** Tonfilm *m*; ***horloge ~e*** Zeitansage *f*

parlé(e) [paʀle] *adj* gesprochen

parlement [paʀləmɑ̃] *m* HIST Parlament *nt*

Parlement [paʀləmɑ̃] *m* Parlament *nt*; **~ *européen*** Europäisches Parlament

parlementaire [paʀləmɑ̃tɛʀ] **I.** *adj* parlamentarisch; ***débat/commission ~*** Parlamentsdebatte *f*/-ausschuss *m*; ***indemnité(s) ~(s)*** Diäten *Pl* **II.** *mf* ❶ *(député)* Parlamentarier *m*; **~ *européen*** Abgeordneter *m* des Europäischen Parlaments ❷ *(médiateur)* Unterhändler *m*

parlementer [paʀləmɑ̃te] <1> *vi* ❶ *(négocier)* **~ *avec qn*** mit jdm verhandeln ❷ *(discuter)* hin und her reden

parler [paʀle] <1> **I.** *vi* ❶ *(prendre la parole)* sprechen; **~ *bas/haut/du nez*** leise/laut/durch die Nase sprechen ❷ *(exprimer)* sprechen; **~ *avec les mains*** mit den Händen reden; **~ *par gestes*** sich mit Gesten verständigen; **~ *pour qn*** für jdn sprechen ❸ *(converser, discuter)* **~ *de qn/qc avec qn*** mit jdm über jdn/etw [*o* von jdm/etw] sprechen [*o* reden]; *(longuement)* sich mit jdm über jdn/etw unterhalten; **~ *de la pluie et du beau temps/de choses et d'autres*** über Gott und die Welt *fam*/über dies und das reden ❹ *(entretenir)* **~ *de qn/qc à qn*** *(dans un but précis)* mit jdm über jdn/etw sprechen [*o* reden]; *(raconter)* jdm von jdm/etw erzählen ❺ *(adresser la parole)* **~ *à qn*** jdn ansprechen ❻ *(avoir* *pour sujet)* ~ ***de qn/qc*** *film, livre:* von jdm/etw handeln; *article, journal:* über jdn/etw berichten; *(brièvement)* jdn/etw erwähnen ❼ *(en s'exprimant de telle manière)* ***humainement parlant*** vom menschlichen Standpunkt aus [betrachtet] ▸ **faire ~ de soi** von sich reden machen; **sans ~ de qn/qc** ganz zu schweigen von jdm/etw; **moi qui vous parle** *(fam)* so wahr ich hier stehe **II.** *vt* ❶ *(être bilingue)* sprechen *langue* ❷ *(aborder un sujet)* ~ ***affaires/politique*** über Geschäftliches/über Politik *akk* reden [*o* sprechen] **III.** *vpr* **se ~** ❶ *(être employé) langue:* gesprochen werden ❷ *(s'entretenir, s'adresser la parole)* miteinander sprechen [*o* reden]; ***ne plus se ~*** nicht mehr miteinander reden; ***se ~ à soi-même*** Selbstgespräche führen **IV.** *m* ❶ *(manière)* Sprache *f* ❷ *(langue régionale)* Mundart *f*

parleur, -euse [paʀlœʀ, -øz] *m, f* Schwätzer(in) *m(f)*; ***un beau ~*** *(péj)* ein Schönredner *m*

parloir [paʀlwaʀ] *m d'une prison, d'un internat, hôpital* Besuchszimmer *nt; d'un couvent, d'une école* Sprechzimmer *nt*

parlophone® [paʀlɔfɔn] *m* BELG Sprechanlage *f*

parlot[t]e [paʀlɔt] *f (fam)* [leeres] Gerede, Geschwätz *nt fam*

parme [paʀm] *adj inv* blassviolett

parmesan [paʀməzɑ̃] *m* Parmesan[käse *m*] *m*

parmi [paʀmi] *prép* ❶ *(entre)* unter +*dat*, von; ***compter qn ~ ses amis*** jdn zu seinen Freunden zählen ❷ *(dans: sans mouvement)* [mitten] unter +*dat; (avec mouvement)* [mitten] durch

parodie [paʀɔdi] *f* ❶ LITTER, ART Parodie *f*; ***être une ~ de qc*** eine Parodie auf etw *akk* sein ❷ *(fig)* Farce *f*

parodier [paʀɔdje] <1a> *vt* parodieren *auteur, œuvre, style;* nachmachen *personne;* in abgewandelter Form wiedergeben *mot, phrase, expression*

parodontite [paʀɔdɔ̃tit] *f* MED Parodontitis *f Fachspr.*

paroi [paʀwa] *f* ❶ *d'un récipient, d'une baignoire* [Innen]wand *f; d'une caverne* Wand ❷ *(cloison)* Trennwand *f* ❸ *(roc, muraille)* [Fels]wand *f*

paroisse [paʀwas] *f* Pfarrgemeinde *f* ▸ **prêcher pour sa ~** *(fam)* in eigener Sache sprechen

paroissial(e) [paʀwasjal, jo] <-aux> *adj* ***église ~e*** Pfarrkirche *f;* ***journal ~*** Kirchenblatt *nt*

paroissien(ne) [paʀwasjɛ̃, jɛn] *m(f)* Gemeinde[mit]glied *nt*

parole [paʀɔl] *f* ❶ *souvent pl (mot)* Wort *nt;* ***une ~ célèbre*** ein berühmter Ausspruch; ***la ~ de Dieu*** Gottes Wort; ***assez de ~s!*** genug der Worte! ❷ *(promesse)* ~ ***d'honneur*** Ehrenwort *nt;* ***femme/homme de ~*** zuverlässige Frau/zuverlässiger Mann; ***croire qn sur ~*** jdm aufs Wort glauben; ***manquer à sa ~*** sein Wort brechen ❸ *sans pl (faculté de parler)* Sprache *f;* ***perdre/retrouver la ~*** die Sprache verlieren/wiederfinden ❹ *sans pl (fait de parler)* ***ne plus adresser la ~ à qn*** mit jdm nicht mehr reden; ***couper la ~ à qn*** jdn unterbrechen ❺ *sans pl (droit de parler)* ***avoir/prendre/demander la ~*** das Wort haben/ergreifen/um das Wort bitten; ***donner/refuser/retirer la ~ à qn*** jdm das Wort erteilen/verweigern/entziehen; ***temps de ~*** Redezeit *f* ❻ *pl* MUS Text *m* ▸ **être ~ d'évangile pour qn** für jdn [ein] Evangelium sein; ***ne pas être ~ d'évangile*** nicht der Weisheit letzter Schluss sein; **prêcher** [*o* **porter**] **la bonne ~** REL Gottes Wort verkünden; *(iron)* schöne Reden halten; **ma ~!** *(je le jure!)* ich schwör's!; *(exprimant l'étonnement)* das gibt es doch nicht!

parolier, -ière [paʀɔlje, -jɛʀ] *m, f d'un opéra, d'une œuvre musicale* Textdichter(in) *m(f); d'une chanson* Texter(in) *m(f)*

paroxysme [paʀɔksism] *m d'un sentiment, d'une crise* Höhepunkt *m*

paroxystique [paʀɔksistik] *adj situation, phase* kritisch

parpaing [paʀpɛ̃] *m* Leichtbaustein *m*

parquer [paʀke] <1> *vt* ❶ einpferchen *animaux* ❷ *(péj: entasser)* ~ ***des personnes dans qc*** Menschen in etw *dat* zusammenpferchen ❸ *(garer)* parken *véhicule*

parquet [paʀkɛ] *m* Parkett[boden *m*] *nt*

parrain [paʀɛ̃] *m* ❶ REL Patenonkel *m*, Göd *m* A ❷ *d'un acteur, artiste* Förderer *m; d'une fondation, d'un projet* Schirmherr *m; d'une entreprise, initiative* Sponsor *m* ❸ *(fig) de la mafia* Pate *m*

parrainage [paʀɛnaʒ] *m (soutien)* Schirmherrschaft *f; (financier)* [finanzielle] Förderung

parrainer [paʀene] <1> *vt* ❶ *(apporter son soutien)* ~ ***qc*** für etw die Schirmherrschaft übernehmen ❷ *(introduire)* ~ ***qn*** für jdn bürgen ❸ *(sponsoriser)* fördern

parraineur, -euse [paʀɛnœʀ, -øz] *m, f* Sponsor(in) *m(f)*

parricide [paʀisid] *m (quant au père)* Vatermord *m; (quant à la mère)* Muttermord *m*

parsemer [paʀsəme] <4> *vt* ❶ *(disperser)* ~ ***un gâteau de qc*** einen Kuchen mit etw bestreuen; ~ ***le sol*** auf dem Boden verstreut liegen; ~ ***son devoir/son discours de qc*** seine Aufgabe/seine Rede mit etw spicken ❷ *(être répandu sur) chose:* bedecken; ***être parsemé de qc*** mit etw übersät sein

part [paʀ] *f* ❶ *(portion)* Teil *m;* ***une ~ de gâteau/de légumes*** ein Stück Kuchen/eine Portion Gemüse ❷ *(partie)* Teil *m;* ***une bonne/infime ~ de qc*** ein großer/geringer Teil einer S. *gen* ❸ *(participation)* ~ ***dans qc*** Anteil *m* an etw *dat;* ***avoir ~ à qc*** an etw *dat* beteiligt sein; ***prendre ~ aux frais*** sich an den Kosten beteiligen ❹ FIN Anteil *m* ▶ **faire la ~ des choses** allen Faktoren Rechnung tragen; **autre** ~ *(fam)* anderswo; **d'une ~..., d'autre ~ ...** einerseits ..., andererseits ...; **d'autre ~** außerdem, übrigens; **être de ~ et d'autre de qn/qc** auf beiden Seiten einer Person/einer S. *gen* sein; **se placer de ~ et d'autre de qn/qc** sich auf beide Seiten einer Person/einer S. *gen* stellen; **citoyen à ~ entière** Vollbürger *m;* **un Français à ~ entière** ein Franzose mit allen Rechten und Pflichten; **nulle** ~ nirgendwo; **de toute[s] ~[s]** von allen Seiten; **faire ~ de qc à qn** jdm etw mitteilen; **prendre qn à ~** jdn beiseitenehmen; **cas/place à ~** besonderer Fall/Platz; **classer/ranger à ~** getrennt einsortieren; **mettre qc à ~** etw beiseitelegen; **à ~ ça** *(fam)* abgesehen davon; **à ~ que qn a fait qc** *(fam)* abgesehen davon, dass jd etw getan hat; **de ma/sa ~/de la ~ de qn** in meinem/seinem/ihrem Auftrag/in jds Auftrag *dat;* ***donner à qn le bonjour de la ~ de qn*** jdn von jdm grüßen; **pour ma/sa ~** was mich/ihn/sie betrifft

partage [paʀtaʒ] *m* ❶ *d'un terrain, gâteau, butin, d'aliments* Aufteilung *f; d'une surface, pièce a.* Unterteilung *f; des voix* Verteilung *f* ❷ *d'un appartement* Teilen *nt;* ***il y a ~ des responsabilités entre les deux conducteurs*** die beiden Fahrer tragen gemeinsam die Verantwortung ▶ **régner sans ~** uneingeschränkt herrschen; **autorité/pouvoir sans ~** unbestrittene Autorität/Macht

partager [paʀtaʒe] <2a> **I.** *vt* ❶ *(diviser)* teilen *gâteau;* aufteilen *pièce, terrain;* ~ ***qc en qc*** etw in etw *akk* [auf]teilen ❷ *(répartir)* ~ ***qc entre des personnes/choses/qc et qc*** etw unter Menschen/Dingen/zwischen etw und etw *dat* aufteilen ❸ *(avoir en commun)* teilen *appartement, frais, bénéfices, passions, goûts;* teilen *responsabilité* ❹ *(s'associer à)* ~ ***l'avis de qn*** jds Ansicht teilen; ~ ***la déception de qn*** genauso enttäuscht wie jd sein; ***être partagé*** *frais:* geteilt werden; *avis:* geteilt sein; *plaisir, amour:* gegenseitig sein ❺ *(donner une part de ce que l'on possède)* ~ ***qc avec qn*** etw mit jdm teilen ❻ *(hésiter)* ***être partagé entre qc et qc*** zwischen etw und etw *dat* hin- und hergerissen sein ❼ *(être d'opinion différente)* ***ils sont partagés sur qc/en ce qui concerne qc*** sie sind geteilter Meinung über etw *akk*/, was etw anbelangt **II.** *vpr* ❶ *(se diviser)* ***se ~ en qc*** sich in etw *akk* teilen ❷ *(se répartir)* ***se ~ qc*** etw unter sich *dat* aufteilen, sich *dat* etw teilen; ***se ~ entre*** *voix:* sich verteilen auf *+akk*

partageur, -euse [paʀtaʒœʀ, -ʒøz] *adj* ***être ~*** gern[e] teilen

partagiciel [paʀtaʒisjɛl] *m* CAN Shareware *f*

partance [paʀtɑ̃s] ***être en ~*** *avion:* abflugbereit sein; *train, bateau:* abfahrbereit sein; ***le train en ~ pour Paris*** der Zug nach Paris

partant(e) [paʀtɑ̃, ɑ̃t] **I.** *adj (fam)* ***être ~ pour qc*** bei etw mitmachen; ***je suis ~!*** ich bin dabei! **II.** *m(f)* ❶ *(opp: arrivant)* Abfahrende(r) *f(m),* Abreisende(r) *f(m)* ❷ SPORT Teilnehmer(in) *m(f),* Starter(in) *m(f);* ***non ~*** Nichtstarter *m*

partenaire [paʀtənɛʀ] *mf* Partner *m*

partenariat [paʀtənaʀja] *m* ***en ~*** in Zusammenarbeit *dat*

parterre [paʀtɛʀ] *m* ❶ ~ ***de fleurs*** Blumenbeet *nt* ❷ THEAT Parkett *nt*

parti [paʀti] *m* ❶ POL Partei *f;* ~ ***communiste*** französische kommunistische Partei; ~ ***de droite/gauche*** Rechts-/Linkspartei; ~ ***socialiste*** französische sozialistische Partei; ~ ***unique*** Einheitspartei; ***voter pour un ~*** eine Partei wählen ❷ *(camp)* ***se ranger du ~ de qn*** sich jds Meinung *dat* anschließen ❸ *(personne à marier)* Partie *f* ▶ ~ **pris** Voreingenommenheit *f;* **prendre ~ pour/contre qn** für/gegen jdn Partei ergreifen; **prendre son ~** sich entschließen; **prendre son ~ de qc** sich mit etw abfinden; **prendre le ~ de faire qc** sich entschließen etw zu tun; **tirer ~ de qc** Nutzen aus etw ziehen

parti(e) [paʀti] *part passé de* **partir**

P

partial(e) [parsjal, -jo] <-aux> *adj* parteiisch; *juge* befangen; *critique* nicht objektiv
partialement [parsjalmɑ̃] *adv (littér)* parteiisch, in einseitiger Weise
partialité [parsjalite] *f* Parteilichkeit *f*
participant(e) [partisipɑ̃, ɑ̃t] **I.** *adj* ***personnes ~es*** Teilnehmer *Pl* **II.** *m(f)* Teilnehmer(in) *m(f)*
participatif, -ive [partisipatif, -iv] *adj* ECON *direction, gestion* in dem/der Mitbestimmung herrscht; *politique* der Mitbestimmung; *prêt, titre* Partizipations-
participation [partisipasjɔ̃] *f* ❶ *(présence, contribution)* Beteiligung *f;* ***~ électorale*** Wahlbeteiligung ❷ *(partage)* ***~ aux bénéfices*** Gewinnbeteiligung *f* [der Arbeitnehmer] ❸ *(droit de regard)* Mitbestimmung *f*
participe [partisip] *m* Partizip *nt*
participer [partisipe] <1> *vi* ❶ *(prendre part à)* ***~ à une réunion/à un colloque*** an einer Sitzung/an einem Kolloquium teilnehmen ❷ *(collaborer à)* ***~ à la conversation*** sich am Gespräch beteiligen ❸ *(payer, encaisser une part de)* ***~ aux frais*** sich an den Kosten beteiligen
particulariser [partikylarize] <1> *vt* ❶ *(vieilli: exposer avec détails)* ausführlich darlegen ❷ *(singulariser)* spezifizieren
particularité [partikylarite] *f* Besonderheit *f; d'une personne* besonderes Merkmal; ***qn/qc a la ~ de*** das Besondere an jdm/etw ist, dass
particule [partikyl] *f* ❶ *a.* PHYS Teilchen *nt* ❷ GRAM Partikel *f* ❸ *(préposition)* ***~ nobiliaire*** Adelsprädikat *nt*
particulier [partikylje] *m (personne privée)* Privatperson *f,* ADMIN, COM Einzelne(r) *f(m);* ***vente aux ~s*** Verkauf *m* [auch] an privat
particulier, -ière [partikylje, -jɛr] *adj* ❶ *aspect, exemple* [ganz] bestimmt; *trait* typisch, charakteristisch; ***"signes ~s néant"*** „keine besonderen Kennzeichen" ❷ *(spécial)* besondere(r, s); *cas* Sonder-; ***aptitudes particulières*** besondere Begabungen *Pl* ❸ *(privé)* Privat-; ***leçons particulières*** Nachhilfestunden *Pl* ❹ *(étrange)* eigenartig; ***être d'un genre ~*** aus dem Rahmen fallen ▶ **en** ~ *(en privé)* unter vier Augen; *(notamment)* besonders; *(séparément)* gesondert
particulièrement [partikyljɛrmɑ̃] *adv* besonders; ***je n'y tiens pas ~*** darauf lege ich keinen besonderen Wert
partie [parti] *f* ❶ *(part)* Teil *m;* ***la majeure ~ du temps*** die meiste Zeit; ***en ~*** teilweise; ***en ~ ..., en ~ ...*** teils ..., teils ...; ***en grande ~*** zum größten Teil; ***faire ~ de qc*** zu etw gehören ❷ *pl, (fam: parties sexuelles masculines)* Weichteile *Pl* ❸ JEUX, SPORT Spiel *nt,* Partie *f;* ***~ de tennis/d'échecs*** Partie Tennis/Schach; ***la ~ est jouée*** die Würfel sind gefallen ❹ *(divertissement)* ***~ de chasse/pêche*** Jagd-/Angelpartie *f* ❺ *(adversaire)* ***~s belligérantes*** Krieg führende Mächte *Pl* ▶ **[faire une] ~ de jambes en l'air** *(fam)* eine Nummer [schieben]; **faire ~ des meubles** [schon] zum Inventar gehören; **ce n'est pas une ~ de plaisir** das ist weiß Gott kein Vergnügen; **être ~ prenante** an etw *dat* beteiligt sein; **ce n'est que ~ remise** aufgeschoben ist nicht aufgehoben; **être de la ~** *(participer)* mit von der Partie sein; *(s'y connaître)* vom Fach sein
partiel [parsjɛl] *m* UNIV Klausur *f*
partiellement [parsjɛlmɑ̃] *adv* teilweise
partir [partir] <10> *vi + être* ❶ *(s'en aller)* [weg]gehen; *automobiliste, voiture, train:* abfahren; *avion:* abfliegen; *lettre:* hinausgehen; ***~ en courant/en vitesse*** losrennen/losstürmen; ***~ en ville*** in die Stadt fahren; ***~ pour** [o **à**] **Paris*** nach Paris fahren; ***être parti pour [ses] affaires*** auf Geschäftsreise sein; ***~ à la campagne/dans le Midi*** aufs Land/in den Süden fahren; ***~ en vacances*** in die Ferien reisen; ***~ en voyage*** verreisen; ***~ à la recherche de qn/qc*** sich auf die Suche nach jdm/etw machen; ***~ chercher qn*** jdn abholen gehen ❷ *(après un séjour)* abreisen ❸ *(s'en aller pour s'y installer)* ***~ pour** [o **à**] **Paris*** nach Paris ziehen ❹ *(démarrer) coureur:* starten; *moteur:* anspringen; ***c'est parti!*** *(fam)* es geht los! ❺ *(sauter, exploser) fusée:* starten; *coup de feu:* losgehen ❻ *(se mettre à)* ***~ dans de grandes explications*** zu weitschweifigen Erklärungen ausholen ❼ *(disparaître)* weggehen; *odeur, tache:* herausgehen; ***ce pantalon part en lambeaux*** die[se] Hose löst sich auf ❽ *(euph: mourir)* hinübergehen *geh* ❾ *(venir de, dater de)* ***ce train part de Berlin*** dieser Zug fährt von Berlin ab; ***la deuxième personne en partant de la gauche*** die zweite Person von links ❿ *(commencer une opération)* ***~ d'un principe/d'une idée*** von einem Prinzip/einem Gedanken ausgehen ▶ **à ~ de** *(dans l'espace)* von ... an; *(dans le temps)* ab; *(sur la base de)* aus
partisan(e) [partizɑ̃, an] **I.** *adj (favorable à)* ***être ~ de qc*** etw befürworten **II.** *m(f)*

P

Befürworter(in) *m(f); d'une idée* Verfechter(in) *m(f); d'une personne* Anhänger(in) *m(f)*

partitif, -ive [paʀtitif, -iv] *adj* ***article*** ~ Teilungsartikel *m*

Grammatik und Co.
Der **article partitif** wird bei Substantiven verwendet, die entweder nicht zählbar sind oder eine unbestimmte Menge ausdrücken:
veux-tu du jus/de l'eau/des légumes? – möchtest du Saft/Wasser/Gemüse?
(Ein zählbares Substantiv, z. B. *tasse*, kann man im Singular und Plural verwenden: *une tasse, deux tasses, plusieurs tasses* etc.)

partition [paʀtisjɔ̃] *f* ❶ MUS Partitur *f; **jouer sans** ~* ohne Noten spielen ❷ *(division)* Teilung *f* ❸ INFORM Partition *f*

partout [paʀtu] *adv* ❶ *(en tous lieux)* überall; ***un peu*** ~ da und dort; ~ ***où …*** überall, wo … ❷ SPORT ***on en est à trois*** ~ es steht drei zu drei [unentschieden]; ***on en est à deux manches*** ~ es steht zwei beide

Falsche Freunde
Nicht verwechseln mit *partout – à tout prix*!

P

partouze [paʀtuz] *f (fam)* [Sex]orgie *f*

parure [paʀyʀ] *f* ❶ *(bijoux)* Schmuck *m;* ~ ***de diamants*** Diamant[en]schmuck ❷ *(ensemble de pièces de linge)* ~ ***en soie*** seidene Wäschegarnitur; ~ ***de lit*** Bettgarnitur *f*

parution [paʀysjɔ̃] *f* Erscheinen *nt*

parvenir [paʀvəniʀ] <9> *vi + être* ❶ *(atteindre)* gelangen; ~ ***à une maison/au sommet*** zu einem Haus/auf den Gipfel gelangen ❷ *(arriver)* ~ ***à qn*** *colis, lettre:* jdn erreichen; *bruit:* bis zu jdm dringen; ***faire*** ~ ***une lettre à qn*** jdm ein Schreiben zukommen lassen ❸ *(réussir à obtenir)* ~ ***à la gloire*** zu Ruhm gelangen; ~ ***à convaincre qn*** jdn überzeugen können

parvenu(e) [paʀvəny] **I.** *part passé de* **parvenir II.** *adj* neureich **III.** *m(f)* Neureiche(r) *f(m)*

parvis [paʀvi] *m* [Kirchen]vorplatz *m*

pas[1] [pɑ] *m* ❶ *(enjambée)* Schritt *m; **au** ~ **de charge*** im Sturmschritt; ***au*** ~ ***de course/de gymnastique*** im Laufschritt; ***marcher d'un bon*** ~ kräftig ausschreiten ❷ *pl (trace)* Fußstapfen *Pl; **revenir/retourner sur ses*** ~ umkehren ❸ *d'un cheval* Schritt *m; d'une personne* Gang *m; **marcher au*** ~ im Gleichschritt marschieren ❹ *(passage)* ***le*** ~ ***de Calais*** die Straße von Dover ❺ *(pas de danse)* [Tanz]schritt *m* ❻ *(entrée)* ~ ***de la porte*** Türschwelle *f; **sur le** ~ **de la porte*** in der Tür ▶ **avancer à ~ de géant** sehr schnelle/große Fortschritte machen; **à ~ de loup** ganz leise; **faire les cent ~** auf und ab gehen; **à deux ~** ganz in der Nähe; **faux ~** *(a. fig)* Fehltritt *m;* **à ~ feutrés** auf leisen Sohlen; **se sortir** [*o* **se tirer**] **d'un mauvais ~** den Kopf aus der Schlinge ziehen; **céder le ~ à qn** jdm den Vortritt lassen; **franchir** [*o* **sauter**] **le ~** den Sprung wagen; **marcher sur les ~ de qn** in jds Fußstapfen *akk* treten; **marquer le ~** auf der Stelle treten; **mettre qn au ~** jdn zurechtweisen; **~ à ~** Schritt für Schritt; **de ce ~** sofort, auf der Stelle

pas[2] [pɑ] *adv* ❶ *(négation)* nicht; ***ne*** ~ ***croire*** nicht glauben; ***ne*** ~ ***avoir de problème*** kein Problem haben; ***ne*** ~ ***vouloir de pâtes*** keine Nudeln wollen; ***il ne fait*** ~ ***son âge*** er sieht jünger aus als er ist; ***j'ai*** ~ ***le temps*** *(fam)* ich habe keine Zeit; ***ne*** ~ ***assez/beaucoup …*** nicht genug/viel … ❷ *sans verbe* ~ ***de réponse*** keine Antwort; ~ ***bête!*** gar nicht [so] dumm!; ***absolument*** ~***!*** auf keinen Fall!; ~ ***encore*** noch nicht; ~ ***du tout*** überhaupt nicht; ~ ***que je sache*** nicht, dass ich wüsste; ~ ***toi?*** du nicht? ❸ *avec un adj* nicht; ***une histoire*** ~ ***ordinaire*** eine ungewöhnliche Geschichte; ***c'est vraiment*** ~ ***banal!*** das ist wirklich etwas Ausgefallenes!

Grammatik und Co.
In der französischen Umgangssprache entfällt das *ne* oder *n'*:
il sait pas – er weiß nicht;
j'ai pas d'argent – ich habe kein Geld.

pascal [paskal] <s> *m* INFORM PASCAL *nt*

passable [pɑsabl] *adj* SCOL ausreichend; *[**mention**]* ~ Ausreichend *nt*

passablement [pɑsabləmɑ̃] *adv* ❶ *(pas trop mal)* ganz passabel; ***jouer*** ~ ***d'un instrument*** ein Instrument recht gut beherrschen ❷ *(beaucoup)* ***il lui a fallu*** ~ ***de courage pour faire qc*** er/sie brauchte ganz schön viel Mut um etw zu tun

passade [pasad] *f* ❶ *(aventure)* Strohfeuer *nt* ❷ *(caprice)* [vorübergehende] Laune

passage [pasaʒ] *m* ❶ *(venue)* Vorbeikommen *nt; des oiseaux* Vorüberziehen *nt;* **~ *interdit*** Durchfahrt verboten; **~ *protégé*** vorfahrtsberechtigte Straße; ***personne de* ~** Durchreisende(r) *f(m);* ***il y a du* ~** *(fam)* es kommen viele Leute vorbei; *(circulation)* es ist viel Verkehr ❷ *(court séjour)* [kurzer] Aufenthalt; ***lors de son dernier* ~ *chez X*** als er das letzte Mal bei X war ❸ *(avancement)* **~ *d'un élève en sixième*** Versetzung *f* eines Schülers in die 6. Klasse [*o* in die 1. Klasse des „Collège"]; **~ *au grade de capitaine*** Beförderung *f* zum Hauptmann ❹ *(transformation)* Übergang *m;* **~ *de l'enfance à l'adolescence*** Übergang von der Kindheit zum Jugendalter ❺ *(voie pour piétons)* Weg *m;* **~ *clouté*** [*o* ***pour piétons***] Fußgängerüberweg; ***les valises encombrent le* ~** die Koffer versperren den Durchgang ❻ *(voie pour véhicules)* Durchfahrt *f;* **~ *à niveau*** Bahnübergang *m* ❼ *(petite rue couverte)* Passage *f* ❽ *d'un roman* Passage *f,* Stelle *f; d'un morceau musical* Passage; **~ *de la Bible*** Bibelstelle ► **céder le ~ à qn/qc** jdm/einer S. die Vorfahrt lassen; **au ~** *(en chemin)* im Vorbeigehen; *(soit dit en passant)* nebenbei

passager, -ère [pasaʒe, -ɛʀ] **I.** *adj* ❶ *(de courte durée)* vorübergehend; *beauté, bonheur* vergänglich; ***quelques pluies passagères*** gelegentliche [Regen]schauer *Pl* ❷ *(fam: très fréquenté)* belebt ❸ *(fam: fréquenté par des voitures)* verkehrsreich **II.** *m, f d'un navire* Passagier(in) *m(f); d'un avion* Fluggast *m; d'un train* Fahrgast *m; d'une voiture* Insasse *m*/Insassin *f;* **~ *avant*** Beifahrer *m*

passagèrement [pasaʒɛʀmɑ̃] *adv* vorübergehend, für kurze Zeit

passant [pasɑ̃] *m d'une ceinture* Schlaufe *f*

passant(e) [pasɑ̃, ɑ̃t] *m(f)* Passant(in) *m(f)*

passation [pasasjɔ̃] *f* ❶ *(transmission) des pouvoirs* Übergabe *f;* **~ *d'une/de la commande*** Auftragserteilung *f;* ***lors de la* ~ *de la commande*** bei Auftragserteilung ❷ JUR *d'un acte* Ausfertigung *f;* **~ *du contrat*** Vertragsabschluss *m*

passe [pas] *f* SPORT Pass *m;* **~ *mal ajustée*** schlechte Vorlage ► **être dans une bonne/mauvaise ~** eine glückliche/schwere Zeit durchleben; **être en ~ de faire qc** auf dem besten Weg sein etw zu tun

passé [pase] **I.** *m* ❶ *(temps révolu)* Vergangenheit *f;* ***par le* ~** früher; ***tout ça c'est du* ~** *(fam)* all das ist Schnee von gestern ❷ GRAM Vergangenheit *f;* **~ *simple*** Passé simple *nt;* **~ *composé*** Perfekt *nt* **II.** *prép (après)* **~ *minuit*** nach Mitternacht; **~ *la frontière*** hinter der Grenze

passé(e) [pase] *adj* ❶ *(dernier)* letzte(r, s) ❷ *(révolu)* vergangen; *angoisse* früher ❸ *(délavé)* verblasst ❹ *(plus de)* ***il est midi* ~/*deux heures* ~*es*** es ist schon Mittag/zwei Uhr vorbei

passe-montagne [pasmɔ̃taɲ] <passe-montagnes> *m* Kapuzenmütze *f*

passe-partout [paspaʀtu] **I.** *adj inv (fig)* für alle Gelegenheiten; *discours, phrase* Allerwelts- *fam* **II.** *m inv* ❶ *(clé)* Hauptschlüssel *m* ❷ ART Passepartout *nt*

passe-plat [paspla] <passe-plats> *m* Durchreiche *f*

passeport [paspɔʀ] *m* [Reise]pass *m*

passer [pase] <1> **I.** *vi + avoir o être* ❶ *(se déplacer)* vorbeigehen; *véhicule, automobiliste:* vorbeifahren; *caravane:* vorbeiziehen; ***laisser* ~ *qn/une voiture*** jdn/ein Auto vorbeilassen ❷ *(desservir) bus, métro, train:* fahren; ***le bus va bientôt* ~** der Bus wird gleich kommen ❸ *(s'arrêter un court instant)* **~ *chez qn*** bei jdm vorbeikommen; **~ *à la poste*** bei [*o* an] der Post vorbeikommen ❹ *(avoir un certain trajet)* **~ *au bord de qc*** *train:* an etw *dat* vorbeifahren; *route:* an etw *dat* vorbeiführen; **~ *dans une ville*** *automobiliste, voiture:* durch eine Stadt fahren; *rivière:* durch eine Stadt fließen; **~ *devant qn/qc*** an jdm/etw vorbeigehen; **~ *entre deux maisons*** *personne:* zwischen zwei Häusern durchgehen; *route:* zwischen zwei Häusern verlaufen; **~ *par Francfort*** *automobiliste:* über Frankfurt fahren; *avion:* über Frankfurt fliegen; *route:* über Frankfurt führen; **~ *par la porte*** durch die Tür gehen; **~ *sous qc*** *personne:* unter etw *dat* durchgehen/durchfahren; *véhicule:* unter etw *dat* durchfahren; *route, tunnel, canal:* unter etw *dat* durchführen; **~ *sur un pont*** über eine Brücke gehen/fahren; **~ *sur l'autre rive*** [ans andere Ufer] übersetzen ❺ *(traverser en brisant)* **~ *à travers le pare-brise*** durch die Windschutzscheibe geschleudert werden; **~ *à travers la glace*** auf dem Eis einbrechen ❻ *(réussir à franchir) personne, animal, véhicule:* durchkommen; *objet, meuble:* durchpassen ❼ *(s'infiltrer par, filtrer) café:* durchlaufen; **~ *à travers qc*** *eau, lumière:* durch etw dringen ❽ *(se trouver)* ***où est passée ta sœur/la clé?*** wo ist deine Schwester

P

geblieben/der Schlüssel hingekommen? ⑨ *(changer)* **~ *de la salle à manger au salon*** vom Esszimmer in den Salon [hinüber]gehen; **~ *de maison en maison*** von Haus zu Haus gehen; **~ *en seconde*** AUT in den zweiten Gang schalten; ***le feu passe au rouge/du vert à l'orange*** die Ampel schaltet auf Rot/von Grün auf Gelb ⑩ *(aller définitivement)* **~ *dans le camp ennemi*** ins feindliche Lager überwechseln ⑪ *(être consacré à)* ***60% du budget passent dans les traitements*** 60% des Budgets gehen für Gehälter ab [*o* weg] ⑫ *(faire l'expérience de)* **~ *par des moments difficiles*** schwierige Zeiten durchmachen; ***il est passé par la Légion étrangère*** er war in der Fremdenlegion ⑬ *(utiliser comme intermédiaire)* **~ *par qn*** sich an jdn wenden ⑭ *(être plus/moins important)* **~ *avant/après qn/qc*** wichtiger als jd/etw/nicht so wichtig wie jd/etw sein ⑮ *(avoir son tour, être présenté)* drankommen; ***faire ~ qn avant/après les autres*** jdn vor/nach den anderen drannehmen *fam;* **~ *à un examen*** in eine Prüfung gehen; **~ *à la radio/télé*** im Radio/Fernsehen kommen; ***le film passe au Rex*** der Film läuft im Rex ⑯ *(être accepté)* **~ *en sixième*** in die 6. Klasse [*o* in die 1. Klasse des „Collège"] versetzt werden; ***le candidat est passé à l'examen*** der Kandidat hat die Prüfung bestanden; ***la plaisanterie est bien/mal passée*** der Scherz ist gut/schlecht angekommen; ***la pièce de théâtre n'est pas passée*** das Theaterstück ist durchgefallen ⑰ *(ne pas tenir compte de, oublier)* **~ *sur les détails*** über die Einzelheiten hinwegsehen; ***passons!*** sei(')s drum! ⑱ JEUX passen ⑲ *(s'écouler) temps:* vergehen; ***on ne voyait pas le temps ~*** die Zeit verging im Nu ⑳ *(disparaître)* vergehen; *colère:* verfliegen; *mode, chagrin:* vorübergehen; *pluie, orage:* nachlassen; *couleur:* verblassen; ***ça te passera*** das wird dir schon vergehen ㉑ *(devenir)* **~ *capitaine/directeur*** zum Hauptmann befördert/zum Direktor ernannt werden ㉒ *(être pris pour)* **~ *pour qc*** für etw gehalten werden ㉓ *(avoir la réputation de)* als etw gelten ㉔ *(présenter comme)* ***faire ~ qn pour qc*** jdn als etw ausgeben ▶ **passe encore que qn ait fait qc** es mag ja noch angehen, dass jd etw getan hat; **~ outre à qc** sich über etw *akk* hinwegsetzen; **ça passe ou ça casse!** *(fam)* alles oder nichts! **II.** *vt + avoir* ① *(donner)* geben, reichen *sel, photo;* übergeben *consigne, travail, affaire;* **~ *un message à qn*** jdm etw ausrichten; **~ *la grippe/un virus à qn*** jdn mit Grippe/einem Virus anstecken ② *(prêter)* **~ *un livre à qn*** jdm ein Buch leihen ③ SPORT **~ *la balle à qn*** an jdn abspielen ④ *(au téléphone)* **~ *qn à qn*** jdm jdn geben, jdn mit jdm verbinden ⑤ SCOL, UNIV machen *examen;* **~ *son bac*** das Abitur machen; **~ *un examen avec succès*** eine Prüfung bestehen ⑥ *(vivre, occuper)* **~ *ses vacances à Rome*** seine Ferien in Rom verbringen; ***des nuits passées à boire*** durchzechte Nächte *Pl* ⑦ *(présenter)* zeigen *film, diapositives;* spielen *disque;* abspielen *cassette* ⑧ *(franchir)* überqueren *rivière;* überschreiten *seuil;* überqueren *montagne;* überwinden *obstacle; (en sautant)* überspringen *obstacle;* durchfahren *tunnel, écluse;* durchbrechen *mur du son;* passieren *frontière;* ***faire ~ la frontière à qn*** jdn über die Grenze bringen ⑨ *(faire mouvoir)* **~ *par une ouverture étroite*** durch eine enge Öffnung durchkommen; **~ *le chiffon sur l'étagère*** auf dem Regal etwas Staub wischen ⑩ *(étaler, étendre)* **~ *une couche de peinture sur qc*** eine Schicht Farbe auf etw *akk* auftragen ⑪ *(faire subir une action)* **~ *sous le robinet*** kurz abspülen ⑫ GASTR [durch]passieren *sauce, soupe;* filtern *café;* durch ein Sieb gießen *thé* ⑬ *(calmer)* **~ *sa colère sur qn/qc*** seine Wut an jdm/etw auslassen ⑭ *(sauter [volontairement])* überspringen ⑮ *(oublier)* auslassen; **~ *les détails*** die Einzelheiten weglassen ⑯ *(permettre)* **~ *tous ses caprices à qn*** jdm alle Launen durchgehen lassen ⑰ *(enfiler)* überziehen *vêtement* ⑱ AUT einlegen *vitesse* ⑲ *(conclure)* abschließen *marché, contrat;* treffen *accord, convention* **III.** *vpr* ① *(s'écouler)* ***le temps/le jour se passe*** die Zeit/der Tag vergeht ② *(avoir lieu)* geschehen; ***que s'est-il passé?*** was ist passiert?; ***que se passe-t-il?*** was ist denn los? ③ *(se dérouler)* ***se ~*** *action, histoire:* sich abspielen; *fête, manifestation:* stattfinden; ***l'accident s'est passé de nuit*** der Unfall hat sich nachts ereignet; ***si tout se passe bien*** wenn alles gut geht ④ *(se débrouiller sans)* ***se ~ de qn/qc*** ohne jdn/etw auskommen; ***voilà qui se passe de commentaires!*** Kommentar überflüssig! ⑤ *(renoncer à)* ***se ~ de faire qc*** darauf verzichten etw zu tun ⑥ *(se mettre)* ***se ~ de la crème sur le visage*** sich *dat* das Gesicht eincremen; ***se ~ la main sur le front/dans les cheveux*** sich *dat* mit der

P

Hand über die Stirn/übers Haar streichen [*o* fahren] ▶ **ça ne se passera pas comme ça!** *(fam)* so geht das ja nun nicht!

passerelle [pasʀɛl] *f* ❶ *(pont)* Steg *m* ❷ *(voie d'accès)* Gangway *f; (pont supérieur)* Brücke *f* ❸ SCOL *[classe]* ~ Übergangsklasse *f; **il y a des ~s*** das Schulsystem ist durchlässig

passe-temps [pastɑ̃] *m inv* Zeitvertreib *m*

passe-thé [paste] *m inv* Teesieb *nt*

passeur, -euse [pasœʀ, -øz] *m, f* ❶ *(sur un bac)* Fährmann *m* ❷ *(à la frontière)* Fluchthelfer(in) *m(f)*

passible [pasibl] *adj* COM, JUR ***être ~ d'une amende/peine*** *personne:* mit einer Geld-/[Haft]strafe rechnen müssen; *délit:* mit einer Geld-/[Haft]strafe belegt werden

passif [pasif] *m* GRAM Passiv *nt; **mettre au*** ~ ins Passiv setzen; ***être au*** ~ im Passiv stehen

passif, -ive [pasif, -iv] *adj* ❶ *(apathique)* passiv ❷ *(qui n'agit pas)* untätig; ***être le témoin ~ d'un événement*** einem Geschehen tatenlos zusehen ❸ GRAM *forme* Passiv-; ***voix passive*** Passiv *nt*

passion [pasjɔ̃] *f* ❶ *(inclination)* Leidenschaft *f; ~ **du sport*** Sportbegeisterung *f; ~ **de la liberté*** Freiheitsdrang *m; ~ **du pouvoir*** Machtgier *f* ❷ *(amour ardent)* Leidenschaft *f; **vivre une ~ avec qn*** eine leidenschaftliche Beziehung mit jdm haben ❸ *(impulsions)* Leidenschaft *f*

passionnant(e) [pasjɔnɑ̃, ɑ̃t] *adj* faszinierend

passionné(e) [pasjɔne] **I.** *adj* leidenschaftlich; ***être ~ de qc*** ein großer Liebhaber einer S. *gen* sein **II.** *m(f)* ***~ de cinéma*** passionierter Kinogänger

passionnel(le) [pasjɔnɛl] *adj crime* im Affekt begangen

passionnément [pasjɔnemɑ̃] *adv* leidenschaftlich; *être amoureux* bis über beide Ohren *fam*

passionner [pasjɔne] <1> **I.** *vt* ~ ***qn*** *personne:* jdn faszinieren; *lecture, spectacle:* jdn fesseln **II.** *vpr **se ~ pour qc*** sich für etw begeistern

passivement [pasivmɑ̃] *adv* passiv; *obéir* blind; *assister* tatenlos

passivité [pasivite] *f* Passivität *f*

passoire [paswaʀ] *f* Sieb *nt* ▶ **sa mémoire est une vraie ~!** er/sie hat ein Gedächtnis wie ein Sieb! *fam*

pastel [pastɛl] **I.** *m* ❶ *(crayon)* Pastellstift *m* ❷ ART Pastell[bild] *nt* **II.** *app inv couleur* Pastell-

pastèque [pastɛk] *f* Wassermelone *f*

pasteur [pastœʀ] *mf* ❶ *(prêtre)* [evangelischer] Pfarrer *m*/[evangelische] Pfarrerin *f* ❷ REL Hüter(in) *m(f)*

pasteurisation [pastœʀizasjɔ̃] *f* Pasteurisierung *f*

pasteuriser [pastœʀize] <1> *vt* pasteurisieren

pastiche [pastiʃ] *m* ART Nachahmung *f; d'une œuvre littéraire* Nachempfindung *f; **un ~ de …*** ein Werk im Stil von … [*o* à la …]

pasticher [pastiʃe] <1> *vt* ART nachahmen, nachempfinden *œuvre littéraire*

pasticheur, -euse [pastiʃœʀ, -øz] *m, f* ART Nachahmer(in) *m(f)*

pastille [pastij] *f* ❶ MED Pastille *f; ~ **de menthe*** Pfefferminzbonbon *m o nt* ❷ *(gommette)* ~ ***autocollante*** Klebepunkt *m; ~ **verte*** ≈ G-KAT-Plakette *f* ❸ INFORM Auswahlknopf *m*

pastis [pastis] *m* Pastis *m*

pastorale [pastɔʀal] *f* ❶ ART, LITTER, MUS Pastorale *f* ❷ *(poésie)* Schäferdichtung *f*

pastorat [pastɔʀa] *m* Amt *nt* des Geistlichen

patate [patat] *f* ❶ *(fam: pomme de terre)* Kartoffel *f; ~ **douce*** Süßkartoffel *f* ❷ CAN *(pomme frite)* ***~s frites*** Pommes frites *Pl* ❸ *(fam: imbécile)* Pflaume *f* ▶ **en avoir gros sur la ~** *(fam)* großen Kummer haben

patati [patati] *interj* ▶ **et ~ et patata** *(fam)* und so weiter und so fort

patatras [patatʀa] *interj* ❶ *(bruit de chute)* [krach] bum ❷ *(quand un enfant tombe par terre)* bauz *Kinderspr.*

pataud(e) [pato, od] **I.** *adj air, démarche* plump; *personne* ungeschickt **II.** *m(f)* Tollpatsch *m*

pataugeoire [patoʒwaʀ] *f* Planschbecken *nt*

patauger [patoʒe] <2a> *vi* ❶ *(marcher)* waten ❷ *(barboter)* planschen ❸ *(ne pas suivre) élève:* nicht [mehr] mitkommen *fam* ❹ *(s'empêtrer)* sich [vergeblich] abstrampeln *fam*

patch [patʃ] *m* ❶ MED Pflaster *nt* ❷ ANAT *(tissu veineux)* Adergewebe *nt* ❸ INFORM Patch *m Fachspr.*

patchwork [patʃwœʀk] *m* ❶ COUT Patchwork *nt* ❷ *(péj: mélange hétéroclite)* [buntes] Durcheinander

pâte [pɑt] *f* ❶ GASTR Teig *m; **fromage à ~ molle/dure*** Weich-/Hartkäse *m; **les ~s*** die Nudeln *Pl* ❷ *(substance molle)* Paste *f; ~ **à modeler*** Knetmasse *f*

pâté [pɑte] *m* ❶ GASTR Pastete *f; ~ **d'amandes*** Marzipan *nt; ~ **de campagne*** Bau-

P

ernpastete *f;* ~ ***en croûte*** Pastete im Teigmantel ❷ *(tache d'encre)* Tintenklecks *m* ❸ *(sable moulé)* ~ ***de sable*** Sandkuchen *m* ❹ *(ensemble)* ~ ***de maisons*** Häuserblock *m*

pâtée [pɑte] *f du chien, chat* Futter *nt*

patelin [patlɛ̃] *m (fam)* Nest *nt*

patent(e) [patɑ̃, ɑ̃t] *adj* offensichtlich, offenkundig

patenté(e) [patɑ̃te] *adj* anerkannt

patère [patɛʀ] *f* Kleiderhaken *m*

paternalisme [patɛʀnalism] *m* Paternalismus *m;* POL Bevormundung *f* [durch den Staat]

paternaliste [patɛʀnalist] *adj* paternalistisch

paternel(le) [patɛʀnɛl] *adj* väterlich; ***grands-parents ~s*** Großeltern väterlicherseits

paternellement [patɛʀnɛlmɑ̃] *adv* väterlich, wie ein Vater

paternité [patɛʀnite] *f* Vaterschaft *f*

pâteux, -euse [pɑtø, -øz] *adj* zähflüssig; *sauce* dickflüssig; *pain* pappig; *masse* teigig ▶ **avoir la bouche/la langue pâteuse** ein pelziges Gefühl im Mund haben

pathétique [patetik] **I.** *adj* ergreifend, bewegend; *roman* leidenschaftlich **II.** *m* Pathos *nt*

pathogène [patɔʒɛn] *adj* MED krankheitserregend, pathogen *Fachspr.;* ***agent ~*** Krankheitserreger *m*

pathologie [patɔlɔʒi] *f* Pathologie *f*

P

pathologique [patɔlɔʒik] *adj* MED pathologisch

pathologiquement [patɔlɔʒikmɑ̃] *adv* krankhaft

pathologiste [patɔlɔʒist] *mf* Pathologe *m*/Pathologin *f*

pathos [patos] *m* Pathos *nt*

patiemment [pasjamɑ̃] *adv* geduldig

patience [pasjɑ̃s] *f (qualité)* Geduld *f;* ***avoir de la ~*** Geduld haben; ***prendre ~*** sich gedulden; ***~!*** [nur] Geduld! ▶ **~ d'ange** Engelsgeduld *f*

patient(e) [pasjɑ̃, jɑ̃t] **I.** *adj* ❶ *(calme)* geduldig; ***être ~ avec qn*** Geduld mit jdm haben ❷ *observation* geduldig; *recherche* unermüdlich; *travail* ausdauernd; ***c'est un esprit ~*** er/sie ist [sehr] geduldig **II.** *m(f)* MED Patient(in) *m(f)*

patienter [pasjɑ̃te] <1> *vi* warten; ***faire ~ qn*** jdn [kurze Zeit] warten lassen

patin [patɛ̃] *m* ~ ***à glace*** Schlittschuh *m;* ~ ***à roulettes*** Rollschuh *m;* ***~s en ligne*** Inlineskates *Pl;* ***faire du ~ à glace/à roulettes*** Schlittschuh/Rollschuh laufen ▶ **rouler un ~ à qn** *(fam)* jdm einen Zungenkuss geben

patinage [patinaʒ] *m* SPORT ~ ***sur glace*** Schlittschuhlaufen *nt;* ~ ***à roulettes*** Rollschuhlaufen *nt*

patine [patin] *f* Patina *f*

patiner [patine] <1> *vi* ❶ SPORT Schlittschuh/Rollschuh laufen ❷ AUT *embrayage:* schleifen; *roue:* durchdrehen; *véhicule:* rutschen

patinette [patinɛt] *f* Roller *m*

patineur, -euse [patinœʀ, -øz] *m, f* Schlittschuhläufer(in) *m(f);* ~ ***à roulettes*** Rollschuhläufer *m;* ~ ***en ligne*** Inlineskater *m*

patinoire [patinwaʀ] *f* ❶ *(piste de patinage)* Eisbahn *f* ❷ *(endroit glissant)* Rutschbahn *f fam*

patio [patjo, pasjo] *m* Patio *m*

pâtir [pɑtiʀ] <8> *vi* ~ ***de qc*** unter etw *dat* leiden

pâtisserie [pɑtisʀi] *f* ❶ *(magasin)* Konditorei *f* ❷ *(métier)* Konditorhandwerk *nt* ❸ *(gâteaux)* Gebäck *nt kein Pl* ❹ *(préparation de gâteaux)* Backen *nt*

pâtissier, -ière [pɑtisje, -jɛʀ] *m, f* Konditor(in) *m(f)*

patois [patwa] *m* [lokale] Mundart; ***parler [en] ~*** Mundart sprechen

patraque [patʀak] *adj (fam)* ***être*** [*o* ***se sentir***] ~ sich ein bisschen angeschlagen fühlen *fam*

patriarcal(e) [patʀijaʀkal, -o] <-aux> *adj* ❶ *société, autorité* patriarchalisch ❷ REL Patriarchen-; *croix* des Patriarchen

patriarcat [patʀijaʀka] *m* Patriarchat *nt,* Männerherrschaft *f*

patriarche [patʀijaʀʃ] *m* Patriarch *m*

patrie [patʀi] *f* ❶ *(nation)* Heimat *f;* ***mourir pour la ~*** für das Vaterland sterben ❷ *(lieu de naissance)* Geburtsort *m* ❸ *(berceau)* Heimat *f*

patrimoine [patʀimwan] *m* ❶ *(biens de famille)* Vermögen *nt;* ***dilapider son ~*** das Erbe durchbringen ❷ *(bien commun)* Erbe *nt* ❸ BIO ~ ***génétique*** [*o* ***héréditaire***] Erbgut *nt*

patriote [patʀijɔt] **I.** *adj* patriotisch; ***être ~*** ein Patriot sein **II.** *mf* Patriot *m*

patriotique [patʀijɔtik] *adj* patriotisch

patriotisme [patʀijɔtism] *m* Patriotismus *m*

patron(ne) [patʀɔ̃, ɔn] *m(f)* ❶ *(employeur)* Chef(in) *m(f)* ❷ *(le patronat)* ***les ~s*** die Arbeitgeber; ***les [grands] ~s de l'industrie*** die Industriebosse *Pl* ❸ *d'une petite entreprise* Chef(in) *m(f); d'un restau-*

rant, café, hôtel Wirt(in) *m(f)* ❹ *(artisan)* **~ *boulanger*** Bäckermeister *m* ❺ *d'une organisation* Chef(in) *m(f);* ***le ~ des ~s*** der Präsident des Arbeitgeberverbandes ❻ *(fam: chef)* Boss *m* ❼ REL Schutzpatron(in) *m(f)*

patronage [patʀɔnaʒ] *m* Schirmherrschaft *f;* ***sous le ~ de qn*** unter jds Schirmherrschaft *dat*

patronal(e) [patʀɔnal, o] <-aux> *adj* ❶ Arbeitgeber-; *responsabilité* der Arbeitgeber *gen* ❷ REL ***fête ~e*** Patronatsfest *nt*

patronat [patʀɔna] *m* Arbeitgeberschaft *f,* Arbeitgeber *Pl*

patronne [patʀɔn] *f* ❶ *(propriétaire, chef) d'une entreprise* Chefin *f; d'un restaurant, café, hôtel* Wirtin *f* ❷ *(fam: supérieure hiérarchique, chef)* Chefin *f fam,* Boss *m fam* ❸ REL Namenspatronin *f,* Schutzpatronin; ***sainte ~ne*** Kirchenpatronin

patronyme [patʀɔnim] *m (littér)* Familienname *m*

patronymique [patʀɔnimik] *adj* ***nom ~*** Familienname *m*

patrouille [patʀuj] *f* Patrouille *f;* ***~ de police*** Polizeistreife *f;* ***voiture de ~ de la police*** Streifenwagen *m* der Polizei

patrouiller [patʀuje] <1> *vi* patrouillieren; *policier:* Streife fahren

patrouilleur [patʀujœʀ] *m* ❶ *(soldat)* Soldat *m* auf Patrouille ❷ AVIAT Aufklärer *m* ❸ NAUT Patrouillenboot *nt*

patte [pat] *f* ❶ *d'un animal* Bein *nt* ❷ *d'un chien, chat* Pfote *f; d'un lion* Pranke *f; d'un ours* Tatze *f* ❸ *(fam: jambe)* Bein *nt;* ***être bas*** [*o* ***court***] ***sur ~s*** kurze Beine haben ❹ *(fam: main)* Pfote *f* ❺ CH *(chiffon)* Lappen *m* ▶ **pantalon à ~s d'éléphant** Hose *f* mit Schlag; **~s de mouche** Gekritzel *nt;* **faire ~ de velours** katzenfreundlich sein; **bas les ~s!** *(fam)* Pfoten weg!; **montrer ~ blanche** sich ausweisen; **avoir une ~ folle** *(fam)* ein Hinkebein haben; **en avoir plein les ~s** *(fam)* ganz müde Beine haben; **à quatre ~s** *(fam)* auf allen vieren; **tirer dans les ~s de qn** *(fam)* jdm Knüppel zwischen die Beine werfen

patte-d'oie [patdwa] <pattes-d'oie> *f* ❶ *pl (rides)* Krähenfüße *Pl* ❷ *(carrefour en Y)* Gabelung *f*

pâturage [pɑtyʀaʒ] *m (herbage)* Weide *f*

pâture [pɑtyʀ] *f* ❶ *(pâturage)* Weide *f* ❷ *(nourriture)* Futter *nt*

paturon, pâturon [patyʀɔ̃] *m (du cheval)* Fessel *f*

paume [pom] *f* ❶ ANAT ~ [***de la main***] Handfläche *f,* Handteller *m* ❷ SPORT ***jeu de ~*** Paumespiel *nt*

paumé(e) [pome] *(fam)* **I.** *adj* ❶ *lieu, village* gottverlassen; ***il est ~*** er weiß nicht mehr, wo er ist ❷ *(désorienté)* aufgeschmissen ❸ *(socialement inadapté)* ***être complètement ~*** völlig neben der Kappe sein **II.** *m(f)* ***c'est un ~*** er ist total von der Rolle

paumer [pome] <1> **I.** *vt (fam)* verbummeln **II.** *vpr* **se ~** *(fam)* ❶ *(à pied)* sich verlaufen ❷ *(en voiture)* sich verfahren

paupérisation [popeʀizasjɔ̃] *f* Verarmung *f*

paupérisme [popeʀism] *m* Verarmung *f* breiter Bevölkerungsschichten

paupière [popjɛʀ] *f* [Augen]lid *nt*

paupiette [popjɛt] *f* ***~ de veau*** Kalbsroulade *f*

pause [poz] *f* ❶ *(interruption)* Pause *f* ❷ MUS ganze Pause ❸ SPORT Halbzeit *f*

pause-café [pozkafe] <pauses-café> *f (fam)* Kaffeepause *f*

pauvre [povʀ] **I.** *adj* ❶ *personne, pays* arm; *mobilier, vêtement* ärmlich; *végétation* spärlich; *nourriture* ohne großen Nährwert; *mélange* mager; *style* farblos; ***être ~ en graisse/oxygène*** fett-/sauerstoffarm sein ❷ *antéposé argument, orateur* schwach; *excuse* fadenscheinig; *salaire* kümmerlich ❸ *antéposé (digne de pitié)* arm; *sourire* schwach; ***mon ~ ami, si tu savais*** mein Lieber, wenn du wüsstest; ***~ France!*** armes Frankreich! ❹ *(fam: lamentable)* arm **II.** *mf* ❶ *(sans argent)* Arme(r) *f(m)* ❷ *(idiot)* ***~ d'esprit*** leicht geistig Behinderte(r) *f(m)*

Grammatik und Co.
Beim Adjektiv **pauvre** ändert sich die Bedeutung je nachdem, ob es vor oder hinter dem Substantiv steht:
un pauvre homme – ein bedauernswerter Mann;
un homme pauvre – ein armer Mann.

pauvrement [povʀəmɑ̃] *adv* ärmlich; *éclairé* schlecht; *vivre* in ärmlichen Verhältnissen

pauvret(te) [povʀɛ, ɛt] **I.** *adj* Mitleid erregend, mitleiderregend **II.** *m(f)* ❶ *(garçon)* armes [kleines] Kerlchen ❷ *(fille)* armes [kleines] Ding

pauvreté [povʀəte] *f* Armut *f; du sol* Kargheit *f; du style, vocabulaire* Farblosigkeit *f; d'une habitation, du mobilier* Armseligkeit *f*

P

pavaner [pavane] <1> *vpr* ***se*** ~ umherstolzieren

pavé [pave] *m* ❶ *(bloc, dalle)* Pflasterstein *m* ❷ *(revêtement)* [Straßen]pflaster *nt* ❸ *(péj fam: livre)* [dicker] Wälzer ❹ *(morceau de viande)* ~ ***de bœuf*** *großes Rinder[filet]steak* ❺ INFORM ~ ***numérique*** Ziffernblock *m*

paver [pave] <1> *vt* pflastern

pavillon [pavijɔ̃] *m* ❶ *(maison particulière)* [kleineres] Einfamilienhaus; ~ ***de banlieue*** kleines Haus in einem Vorort ❷ *(petite maison dans un jardin)* Gartenpavillon *m;* ~ ***de chasse*** Jagdhütte *f* ❸ *d'un hôpital, château* Pavillon *m;* ~ ***central*** Mitteltrakt *m* ❹ NAUT Flagge *f*

pavoiser [pavwaze] <1> *vi (fam: se réjouir)* sich mit stolzgeschwellter Brust zeigen

pavot [pavo] *m* Mohn *m*

payable [pɛjabl] *adj* zahlbar; ~ ***fin juillet*** zahlbar Ende Juli; ~ ***en espèces*** [in] bar zu zahlen

payant(e) [pɛjɑ̃, ɑ̃t] *adj* ❶ *parking* gebührenpflichtig; ***l'entrée est ~e*** es muss Eintritt bezahlt werden; ***c'est*** ~ das kostet Eintritt ❷ *entreprise* rentabel; *coup* gewinnbringend ❸ *spectateur, hôte* zahlend

paye [pɛj] *f v.* **paie**

payement *v.* **paiement**

payer [peje] <7> **I.** *vt* ❶ *(acquitter)* bezahlen, zahlen *intérêt, loyer;* ~ ***par chèque/en espèces*** mit Scheck/[in] bar [be]zahlen ❷ *(rétribuer)* bezahlen, entlohnen; ~ ***qn à l'heure*** jdn stundenweise bezahlen ❸ *(verser de l'argent pour)* bezahlen für *service;* zahlen für *maison;* ***faire ~ qc à qn cent euros*** jdm hundert Euro für etw berechnen ❹ *(récompenser)* belohnen; ~ ***qn de sa peine*** jdn für seine Mühe belohnen; ***qn est bien/mal payé de qc*** etw wird jdm gut/schlecht gelohnt ❺ *(offrir)* ~ ***un livre à qn*** jdm ein Buch kaufen; ~ ***un coup à qn*** *(fam)* jdm einen ausgeben ❻ *(expier)* ~ ***qc de qc*** etw mit etw bezahlen müssen; ***tu me le paieras!*** das sollst du mir büßen! ▸ **être payé pour le savoir** durch Schaden klug geworden sein **II.** *vi* ❶ *(régler)* zahlen ❷ *(être rentable)* sich lohnen; *politique, tactique:* sich bezahlt machen; ***le crime ne paie pas*** Verbrechen lohnt sich nicht ❸ *(expier)* ~ ***pour qn/qc*** für jdn/etw büßen müssen **III.** *vpr* **se** ~ ❶ *(fam: s'offrir)* ***se ~ qc*** sich *dat* etw leisten ❷ *(fam: se prendre)* ***se ~ un arbre*** gegen einen Baum knallen ❸ *(passif)* ***la commande se paie à la livraison*** die Bestellung ist bei [der] Lieferung zu [be]zahlen ▸ **se ~ la tête de qn** *(fam)* jdn veräppeln

payeur, -euse [pɛjœʀ, -jøz] *m, f* Zahler(in) *m(f)*

pays [pei] *m* ❶ *(nation, État)* Land *nt;* ~ ***agricole/industriel*** Agrar-/Industrieland; ~ ***membres de l'UE*** EU-Länder; ~ ***de Galles*** Wales; ~ ***en voie de développement*** Entwicklungsland; ~ ***en voie d'industrialisation*** Schwellenland ❷ *sans pl (région natale)* Heimat *f;* ***les gens du*** ~ die Einheimischen *Pl;* ~ ***natal*** Heimatland *nt;* ***être du*** ~ aus der Gegend sein; ***saucisson/vin de*** [*o* ***du***] ~ Bauernwurst *f*/Landwein *m* ❸ *sans pl (patrie)* Vaterland *nt* ❹ *sans pl (terre d'élection)* ***le ~ du vin*** das Land des Weins ❺ *(milieu favorable à)* ~ ***de légumes*** Gemüseanbaugebiet *nt;* ~ ***d'élevage*** Viehzuchtgebiet *nt* ❻ GEOG Gegend *f;* ***plat*** ~ Flachland *nt;* ***voir du*** ~ etwas von der Welt sehen ❼ *(village)* Ort *m;* ***un petit ~ perdu*** ein kleines, abgelegenes Nest ▸ **elle est en ~ de connaissance** *(elle connaît la matière, le lieu)* sie kennt sich aus; *(elle est connue)* man kennt sie; **il se conduit comme [si il était] en ~ conquis** er benimmt sich, als sei er der Herr im Haus

Aussprache

In **pays** und verwandten Wörtern wird das -ay- nicht wie in der Regelaussprache [ɛj]*(paye, balayer...)*, sondern als [ei]wie in *véhicule* artikuliert.

paysage [peizaʒ] *m* ❶ *(site)* Landschaft *f;* ~ ***champêtre*** ländliche Gegend; ~ ***urbain*** Stadtbild *nt* ❷ *(fig: situation)* Landschaft *f;* ~ ***audiovisuel*** Fernsehlandschaft ❸ ART Landschaft *f* ▸ **faire bien dans le** ~ *(fam)* sich gut machen

paysagiste [peizaʒist] **I.** *mf* ❶ BOT Landschaftsgärtner(in) *m(f)* ❷ ART Landschaftsmaler(in) *m(f)* **II.** *app* ***architecte*** ~ Gartenarchitekt(in) *m(f)*

paysan(ne) [peizɑ̃, an] **I.** *adj* ❶ *problème, revendications* der Bauern; ***le monde*** ~ die Bauernschaft ❷ *(rural)* ländlich ❸ GASTR ***omelette ~ne*** Bauernomelett *nt* ❹ *(péj: rustre)* wie ein Bauer **II.** *m(f)* ❶ *(agriculteur)* Bauer *m*/Bäuerin *f* [*o* Bauersfrau *f*] ❷ *(péj)* ***quel ~!*** was für ein ungehobelter Kerl! *fam*

paysannerie [peizanʀi] *f sans pl* Bauernschaft *f*

P

Pays-Bas [peiba] *mpl* ***les*** ~ die Niederlande

P.C.[1] [pese] *m abr de* **poste de commandement** MIL Kommandozentrale *f;* TRANSP [Verkehrs]zentrale *f;* ~ ***des grévistes*** Streiklokal *nt*

P.C.[2] [pese] *m abr de* **Parti communiste** POL KP *f*

PC [pese] *m abr de* **personal computer** INFORM PC *m;* ~ ***de poche*** Taschencomputer *m*

PDG [pedeʒe] *m (fam) abr de* **Président-directeur général** Generaldirektor *m*

péage [peaʒ] *m* ❶ *(lieu)* Gebührenzahlstelle *f; (sur autoroutes)* Mautstelle *f* ❷ *(taxe)* Benutzungsgebühr *f; (sur autoroutes)* Autobahngebühr *f,* Maut *f;* ~ ***[autoroutier] pour poids lourds*** Lkw-Maut; ***à*** ~ gebührenpflichtig, mautpflichtig

Land und Leute
Die **péage** wird für alle Fahrzeuge auf den meisten französischen Autobahnen erhoben, da ein Großteil dieser Straßen privat ist. Der Preis hängt ab von der Art des jeweiligen Fahrzeugs sowie von der Entfernung. Die **péage** wird an festen Mautstellen durch Personal oder Automaten erhoben.

peau [po] <x> *f* ❶ *d'une personne* Haut *f* ❷ *pl (morceaux desséchés)* ***~x autour des ongles*** Nagelhaut *f;* ***~x mortes*** Hornhaut ❸ *(en parlant d'un animal: sans poils)* Haut *f; (avec poils)* Fell *nt; (cuir)* Leder *nt* ❹ *d'une pomme, orange, banane* Schale *f; d'une pêche, tomate, d'un raisin* Haut *f; du lait* Haut *f* ► **attraper qn par la ~ du cou** [*o* **du dos**] *(fam)* jdn beim Schlafittchen packen; **coûter** [*o* **valoir**] **la ~ des fesses** *(fam)* ein Heidengeld kosten; **n'avoir que la ~ et les os** [*o* **sur les os**] nur noch Haut und Knochen sein; **entrer** [*o* **se mettre**] **dans la ~ du personnage** *acteur:* sich völlig mit seiner Rolle identifizieren; **avoir la ~ dure** *(fam)* ein dickes Fell haben; **vieille** ~ *péj fam)* alte Schachtel; **ne pas donner cher de la ~ de qn** *(fam)* keinen Pfifferling auf jdn geben; **j'aurai ta/leur ~!** *(fam)* dir/denen dreh ich den Hals um!; **avoir qc dans la ~** *(fam)* etw im Blut haben; **avoir qn dans la ~** *(fam)* nach jdm verrückt sein; **défendre sa ~** um sein Leben kämpfen; **entrer dans la ~ de qn** sich in jdn hineinversetzen; **faire la ~ à qn** *(fam)* jdn kaltmachen; **risquer sa ~** [**pour qn/qc**] *(fam)* Kopf und Kragen [für jdn/etw] riskieren; **y laisser sa ~** [*o* **la ~**] *(fam)* dran glauben müssen; **tenir à sa ~** *(fam)* am Leben hängen

peaufiner [pofine] <1> *vt* ausfeilen

Peau-Rouge [poʀuʒ] <Peaux-Rouges> *mf* Rothaut *f*

peccadille [pekadij] *f (littér: faute légère)* kleine Sünde; *(vétille)* Lappalie *f*

pêche[1] [pɛʃ] *f* Pfirsich *m;* ~ ***Melba*** [Eisbecher *m*] Pfirsich Melba *m* ► **avoir la ~** *(fam)* topfit [*o* gut drauf] sein; **se fendre la ~** *(fam)* sich kaputtlachen

pêche[2] [pɛʃ] *f sans pl* ❶ *(profession)* Fischerei *f,* Fischfang *m;* ***produits de la ~*** Fischereiprodukte *Pl;* ~ ***au thon/à la baleine*** T[h]unfisch-/Walfang *m* ❷ *(loisir)* Fischen *nt; (à la ligne)* Angeln *nt;* ~ ***à la mouche*** Fliegenfischerei *f;* ~ ***au lancer*** Spinnangeln *nt;* ***aller à la*** ~ angeln gehen ❸ *(période)* Fangzeit *f;* ***la ~ est ouverte*** die Angelsaison ist eröffnet; *(en mer)* die Fangzeit hat begonnen ❹ *(réserve)* Fischfanggebiet *nt* ❺ *(prises)* Fang *m*

péché [peʃe] *m* Sünde *f;* ***c'est son ~ mignon*** er/sie hat eine [kleine] Schwäche dafür

pécher [peʃe] <5> *vi* REL sündigen

pêcher[1] [peʃe] <1> **I.** *vi* fischen; *(avec une canne)* angeln **II.** *vt* ❶ *(être pêcheur de)* fischen ❷ *(attraper)* fangen *poissons, crustacés, grenouilles* ❸ *(fam: chercher)* ausgraben *idée, histoire;* aufstöbern *costume, vieux meuble;* ***où a-t-elle pêché [l'idée] que ...?*** wie kommt sie denn darauf, dass ...?

pêcher[2] [peʃe] *m* Pfirsichbaum *m*

pécheur, pécheresse [peʃœʀ, peʃʀɛs] *m, f* Sünder(in) *m(f)*

pêcheur, -euse [pɛʃœʀ, -øz] *m, f* ❶ *(professionnel)* Fischer(in) *m(f)* ❷ *(amateur)* Angler(in) *m(f)*

pêchu(e), péchu(e) [peʃy] *adj (fam) concert, musique, film* mit viel Drive

pectine [pɛktin] *f* Pektin *nt*

pectoral [pɛktɔʀal, -o] <-aux> *m* ANAT ***pectoraux*** Brustmuskulatur *f;* ***[muscle m] pectoral*** Brustmuskel *m*

pécule [pekyl] *m sans pl* Ersparnisse *Pl*

pécuniaire [pekynjɛʀ] *adj* finanziell

pécuniairement [pekynjɛʀmɑ̃] *adv* finanziell

pédagogie [pedagɔʒi] *f* ❶ *(science)* Pädagogik *f* ❷ *(méthode d'enseignement)* Lehrmethode *f* ❸ *sans pl (qualité)* pädagogisches Geschick

pédagogique [pedagɔʒik] *adj* pädago-

P

gisch; *exposé* didaktisch gut; ***méthode*** ~ Erziehungsmethode *f,* Lehrmethode *f;* ***avoir un sens*** ~ pädagogische Fähigkeiten haben

pédagogue [pedagɔg] **I.** *mf* Pädagoge *m/* Pädagogin *f* **II.** *adj* pädagogisch; ***être*** ~ ein guter Pädagoge/eine gute Pädagogin sein

pédale [pedal] *f* ❶ *d'une bicyclette, voiture, machine* Pedal *nt; d'une poubelle* Fußhebel *m;* ~ ***d'embrayage*** Kupplungspedal *nt;* ~ ***de frein*** Bremspedal *nt* ❷ MUS Pedal *nt* ❸ *(péj fam: homosexuel)* Schwuchtel *f* ► **s'emmêler les ~s** *(fam)* sich verheddern; **perdre les ~s** *(fam)* ins Schleudern kommen

pédaler [pedale] <1> *vi (bicyclette)* in die Pedale treten

pédalier [pedalje] *m* ❶ *d'une bicyclette* Kettenantrieb *m (Kettenblatt und Tretlager);* ***jeu de*** ~ Tretlager *nt* ❷ MUS Pedalklaviatur *f*

pédalo® [pedalo] *m* Tretboot *nt;* ***faire du*** ~ [mit dem] Tretboot fahren

pédant(e) [pedɑ̃, ɑ̃t] **I.** *adj (péj) personne, air* schulmeisterlich; *ton* besserwisserisch **II.** *m(f) (péj)* Besserwisser(in) *m(f)*

Falsche Freunde
Nicht verwechseln mit *pedantisch* – *tatillon*!

pédantisme [pedɑ̃tism] *m d'une personne* Besserwisserei *f pej; d'une explication, d'un discours* belehrende Art

P

pédé [pede] *m (péj fam) abr de* **pédéraste** Homo *m*

pédéraste [pederast] *m (homosexuel)* Homosexuelle(r) *m*

pédérastie [pederasti] *f* ❶ *(homosexualité)* [männliche] Homosexualität *f* ❷ *(pédophilie)* Päderastie *f*

pédestre [pedɛstʀ] *adj* ***randonnée*** ~ Wanderung *f;* ***sentier*** ~ Wanderweg *m*

pédiatre [pedjatʀ] *mf* Kinderarzt *m/*-ärztin *f*

pédiatrie [pedjatʀi] *f* Kinderheilkunde *f;* ***service de*** ~ Kinderstation *f*

pedibus [pedibys] *adv (fam)* zu Fuß

pédicure [pedikyʀ] *mf* Fußpfleger(in) *m(f)*

pedigree [pedigʀe] *m* Stammbaum *m*

pédocriminalité [pedɔkʀiminalite] *f* Pädokriminalität *f*

pédoncule [pedɔ̃kyl] *m* BOT, ZOOL, ANAT Stiel *m;* ***~s cérébraux*** Hirnstiele *Pl*

pédophile [pedofil] **I.** *adj* pädophil **II.** *mf* Pädophile(r) *f(m)*

pédophilie [pedɔfili] *f* Pädophilie *f*

pédopsychiatrie [pedopsikjatʀi] *f* Kinderpsychiatrie *f,* Jugendpsychiatrie

pedzouille [pɛdzuj] *mf (péj fam)* ❶ Bauer *m pej fam* ❷ *(personne naïve)* Hinterwäldler(in) *m(f)*

peeling [piliŋ] *m* Peeling *nt*

peep-show [pipʃo] <peep-shows> *m* Peepshow *f*

P.E.G.C. [peøʒese] *mf abr de* **professeur d'enseignement général de collège** Lehrer(in) *m(f)* des Sekundarbereichs I

pègre [pɛgʀ] *f sans pl* Unterwelt *f*

peigne [pɛɲ] *m* Kamm *m; (pour retenir les cheveux)* Steckkamm; ~ ***fin*** Staubkamm; ~ ***à manche/de poche*** Stiel-/Taschenkamm; ***se donner un coup de*** ~ sich mal schnell kämmen ► **passer qc au ~ fin** etw genau unter die Lupe nehmen *fam;* ***passer une région au ~ fin*** eine Gegend durchkämmen

peigne-cul [pɛɲky] <peigne-culs> *m (fam)* Kotzbrocken *m sl*

peigner [peɲe] <1> **I.** *vt* kämmen **II.** *vpr* ***se*** ~ sich kämmen

peignoir [pɛɲwaʀ] *m* Bademantel *m*

peinard(e) [pɛnaʀ, aʀd] *adj (fam) personne* ruhig, verträglich; *coin* ruhig; *boulot, vie* bequem; ***avoir un boulot*** ~ eine ruhige Kugel schieben

peindre [pɛ̃dʀ] <irr> **I.** *vi* malen; ~ ***au pinceau*** mit dem Pinsel malen **II.** *vt* ❶ *(badigeonner)* [an]streichen, spritzen *carrosserie;* ~ ***qc en rouge/jaune*** etw rot/gelb [an]streichen; ***être peint*** bemalt sein ❷ ART malen **III.** *vpr* ***se*** ~ ***sur le visage de qn*** *angoisse, joie:* sich in jds Gesicht *dat* widerspiegeln

peine [pɛn] **I.** *f* ❶ *(chagrin, douleur)* Kummer *m;* ***~s de cœur*** Liebeskummer; ***avoir de la ~/beaucoup de ~*** traurig/sehr traurig sein; ***faire de la ~ à qn*** jdn verletzen ❷ JUR Strafe *f;* ~ ***de mort*** Todesstrafe; ***défense d'entrer sous ~ de poursuites*** widerrechtliches Betreten wird strafrechtlich verfolgt ❸ *(effort, difficulté)* Mühe *f;* ***avoir de la ~/beaucoup de ~ à faire qc*** Mühe haben/große Mühe haben etw zu tun; ***croire sans ~ qc*** etw ohne Weiteres glauben; ***donnez-vous*** [*o* ***prenez*** [***donc***]] ***la ~ d'entrer*** *(form)* bitte, kommen Sie doch herein; ***ne vous donnez pas cette ~*** machen Sie sich *dat* keine Umstände; ***ne pas épargner sa ~*** keine Mühe scheuen; ***avec ~*** mühsam; ***pour la/sa ~*** *(en récompense)* als Lohn für die/seine/ihre Mühe; *(en punition)* als [*o* zur] Strafe; ***sans ~*** mühelos ▸ **être bien en ~ de faire qc** etw beim besten Willen nicht tun können; **être dur à la ~** hart arbeiten; **n'être pas en ~ pour faire qc** keine Schwierigkeiten haben etw zu tun; **c'est bien la ~ de faire qc** *(iron)* das lohnt sich vielleicht etw zu tun *fam;* **en être pour sa ~** sich umsonst bemühen; **sous ~ de ...** um zu vermeiden, dass ...; ***roule doucement sous ~ de glisser*** fahr vorsichtig, um nicht ins Schleudern zu kommen **II.** *adv* ❶ *(très peu)* ***à ~*** kaum ❷ *(tout au plus)* ***à ~*** noch nicht einmal; ***il y a à ~ huit jours*** es ist kaum acht Tage her ❸ *(juste)* ***à ~*** *finir, partir* gerade erst; *(aussitôt)* kaum ▸ **à ~!** *(iron)* was du nicht sagst! *fam*

peiner [pene] <1> **I.** *vi* ❶ *(avoir des difficultés)* ***~ à/pour faire qc*** Mühe haben etw zu tun; ***~ sur un problème*** sich mit einem Problem [herum]plagen ❷ *(avoir des problèmes) moteur, voiture:* Schwierigkeiten haben **II.** *vt* ***~ qn*** *nouvelle, refus:* jdn traurig machen; *personne: (décevoir)* jdn enttäuschen; *(faire de la peine)* jdn verletzen

peintre [pɛ̃tʀ] *m* ❶ *(ouvrier)* Maler *m,* Anstreicher *m;* ***~ en bâtiment*** Anstreicher *m* ❷ ART Maler *m,* Kunstmaler

peinture [pɛ̃tyʀ] *f* ❶ *(couleur)* Farbe *f;* ***~ à l'eau/à l'huile*** Wasser-/Ölfarbe ❷ *(couche, surface peinte)* Anstrich *m;* ***~ fraîche!*** frisch gestrichen! ❸ *sans pl (action)* [An]streichen *nt;* ***~ au pistolet*** Spritz[lackier]en *nt* ❹ ART Malen *nt; (technique)* Malerei *f* ❺ *(toile)* Gemälde *nt,* Bild *nt;* ***~ murale*** Wandmalerei *f;* ***~ à l'huile*** Ölbild ❻ *sans pl (école, genre)* Malerei *f, (courant)* Schule *f* der Malerei; ***école de ~*** Malschule *f* ❼ *sans pl (description, évocation)* Schilderung *f,* Darstellung *f;* ***faire la ~ de qc*** etw darstellen ▸ **ne pas pouvoir voir qn/qc en ~** *(fam)* jdn/etw nicht ausstehen können

péjoratif, -ive [peʒɔʀatif, -iv] *adj* pejorativ

péjorativement [peʒɔʀativmɑ̃] *adv* pejorativ

Pékin [pekɛ̃] *m* Peking *nt*

pelage [pəlaʒ] *m* Fell *nt*

pelé(e) [pəle] **I.** *adj* kahl **II.** *m(f)* ▸ **quatre ~s et un tondu** *(fam)* [nur] ein paar Hanseln

pêle-mêle [pɛlmɛl] *adv* [kunterbunt] durcheinander

peler [pəle] <4> **I.** *vi* ❶ *(perdre sa peau) personne, peau, nez:* sich schälen ❷ *(fam: avoir froid)* sich *dat* einen abfrieren *fam* **II.** *vt* schälen *pomme de terre cuite* **III.** *vpr* ***se ~ facilement*** sich leicht schälen [lassen]

pèlerin [pɛlʀɛ̃] *m* REL Pilger *m*

pèlerinage [pɛlʀinaʒ] *m* ❶ *(voyage)* Wallfahrt *f;* ***faire un ~ sur la tombe de son idole*** zum Grab seines Idols pilgern ❷ *(lieu)* Wallfahrtsort *m*

pèlerine [pɛlʀin] *f* Pelerine *f*

pélican [pelikɑ̃] *m* Pelikan *m*

pelle [pɛl] *f* Schaufel *f; d'un jardinier* Spaten *m;* ***~ mécanique*** [Löffel]bagger *m;* ***~ à tarte*** Tortenheber *m* ▸ **ramasser qc à la ~** *(fam)* etw haufenweise finden; **[se] ramasser** [*o* **se prendre**] **une ~** *(fam)* auf die Nase fallen; **rouler une ~ à qn** *(fam)* mit jdm knutschen

pelletée [pɛlte] *f* ❶ ***une ~ de sable*** eine Schaufel [voll] Sand ❷ *(fam: bordée)* ***une ~/des ~s d'injures*** eine Schimpfkanonade

pelleter [pɛlte] <3> *vt* schaufeln, schippen

pelleteuse [pɛltøz] *f* [Löffel]bagger *m*

pellicule [pelikyl] *f* ❶ PHOT, CINE Film *m;* ***~ couleur/noir et blanc*** Farb-/Schwarz-Weiß-Film ❷ *(mince couche)* ***une ~ de poussière/givre/crème*** eine Staub-/Raureif-/Cremeschicht; ***une ~ de pétrole*** ein Ölfilm ❸ *(petite écaille)* Schuppe *f*

pelloche, péloche [pelɔʃ] *f* CINE *(fam)* [Kino]streifen *m*

pelote [p(ə)lɔt] *f* ❶ *(boule de fils)* Knäuel *nt* ❷ SPORT **~ [*basque*]** Pelota[spiel *nt*] *f*

peloter [p(ə)lɔte] <1> *vt (fam)* betatschen; ***se faire ~ par qn*** von jdm befummelt werden

peloton [p(ə)lɔtɔ̃] *m* ❶ SPORT [Haupt]feld *nt;* POL, ECON *des pays, nations* Gruppe *f* ❷ MIL Trupp *m;* ***~ d'exécution*** Exekutionskommando *nt*

pelotonner [p(ə)lɔtɔne] <1> *vpr* ***se ~*** *(se mettre en boule)* sich zusammenrollen; ***se ~ contre qn/qc*** sich an jdn/etw [an]kuscheln; ***se ~ sous les draps*** sich unter der Bettdecke zusammenkuscheln

pelouse [p(ə)luz] *f* Rasen *m*

peluche [p(ə)lyʃ] *f* ❶ TEXTIL Plüsch *m;* ***ours en ~*** Teddybär *m* ❷ *(jouet)* Plüschtier *nt* ❸ *(poil)* Fussel *f o m; (poussière)* Staubflocke *f*

pelucher [p(ə)lyʃe] <1> *vi* fusseln

pelucheux, -euse [p(ə)lyʃø, -øz] *adj* fuss[e]lig

pelure [p(ə)lyʀ] *f d'un fruit, légume* [abgeschälte] Schale *f*

pelvis [pɛlvis] *m* Becken *nt*

pénal(e) [penal, -o] <-aux> *adj* ***responsabilité ~e*** strafrechtliche Verantwortlich-

P

keit; ***affaire/procédure ~e*** Strafsache *f*/-prozess *m;* ***code*** ~ Strafgesetzbuch *nt;* ***droit*** ~ Strafrecht *nt*

pénalement [penalmɑ̃] *adv* strafrechtlich; ***être ~ sanctionné(e)*** strafrechtlich verfolgt werden

pénalisation [penalizasjɔ̃] *f* SPORT Strafe *f*

pénaliser [penalize] <1> *vt* ❶ SPORT bestrafen ❷ *(désavantager) origine, religion:* benachteiligen; ~ ***qn/qc de qc*** jdn/etw durch etw benachteiligen ❸ *(sanctionner)* bestrafen; *(sanctionner d'une amende)* mit einem Bußgeld belegen; ***être pénalisé pour qc de qc*** für etw mit etw bestraft werden

pénalité [penalite] *f* ❶ *(peine)* [Geld]strafe *f; (pour une omission, un retard)* Strafgebühr *f* ❷ SPORT ***coup de pied de*** ~ Strafstoß *m;* ***tirer le coup de pied de*** ~ den Strafstoß ausführen

penalty [penalti] <s *o* penalties> *m (sanction)* Strafstoß *m; (tir au but)* Elfmeter *m,* point *m* de ~, Elfmeterpunkt *m*

penaud(e) [pəno, od] *adj personne, mine, air (embarrassé)* verlegen; *(honteux)* beschämt; *(déçu)* enttäuscht; ***s'en aller tout*** ~ sich kleinlaut davonstehlen

penchant [pɑ̃ʃɑ̃] *m* ~ ***à qc*** Hang *m* zu etw; ***avoir un ~ à qc*** zu etw neigen

pencher [pɑ̃ʃe] <1> **I.** *vi* ❶ *(perdre l'équilibre) moto, pile de livres:* sich [zur Seite] neigen; *arbre:* sich biegen; *bateau:* Schlagseite haben; ***le vent fait ~ l'arbre*** der Baum biegt sich im Wind ❷ + *être (ne pas être droit) mur, tour:* schief sein; *bouteille:* schief stehen; *tableau:* schief hängen; ~ ***à droite*** *voiture:* nach rechts hängen; ***la tour penchée de Pise*** der Schiefe Turm von Pisa ❸ *(se courber vers)* ***être penché sur qn/qc*** sich über jdn/etw beugen; ***penché sur ses livres*** in seine/ihre Bücher vertieft ❹ *(se prononcer pour)* ~ ***pour qc*** einer S. *dat* zuneigen, zu etw tendieren **II.** *vt* schräg halten *bouteille, carafe;* kippen *table, chaise;* ~ ***la tête*** *(en avant, sur qc)* den Kopf beugen; *(de honte)* den Kopf senken; *(sur le côté)* den Kopf [zur Seite] neigen; ~ ***la tête en arrière*** den Kopf zurücklegen **III.** *vpr* ❶ *(baisser)* ***se*** ~ sich bücken; ***se ~ par la fenêtre*** sich zum Fenster hinauslehnen ❷ *(examiner)* ***se ~ sur un problème*** sich mit einem Problem befassen

pendable [pɑ̃dabl] *adj* übel, schlimm; ***jouer un tour ~ à qn*** jdm übel/schlimm mitspielen

pendaison [pɑ̃dɛzɔ̃] *f (supplice)* Erhängen *nt; (suicide)* Aufhängen *nt; (exécution)* Hinrichtung *f* durch den Strang

pendant[1] [pɑ̃dɑ̃] *m* ❶ *(contrepartie)* ***le ~ de qn/qc*** das Gegenstück zu jdm/etw ❷ *(bijou)* ~ ***d'oreille*** Ohrgehänge *nt*

pendant[2] [pɑ̃dɑ̃] **I.** *prép* ❶ *(au cours de)* während +*gen;* ~ ***l'hiver/le mois de janvier*** während des Winters/im Laufe des Januar[s]; ***c'était avant le cours ou ~?*** war es vor dem oder während des Unterrichts? ❷ *(simultanément à)* während +*gen;* ~ ***ce temps*** währenddessen; ~ ***longtemps*** lange Zeit hindurch; ~ ***la journée*** tagsüber; ~ ***trois jours/plusieurs années*** drei Tage/mehrere Jahre [lang]; ***marcher ~ des kilomètres et des kilomètres*** kilometerweit laufen **II.** *conj* ~ ***que*** *(tandis que)* während; *(aussi longtemps que)* solange ▶ **~ que tu y es** *(iron)* wenn du schon mal dabei bist; **~ que j'y pense …** da fällt mir gerade ein …

pendentif [pɑ̃dɑ̃tif] *m* [Schmuck]anhänger *m*

penderie [pɑ̃dʀi] *f (placard mural)* Wandschrank *m (ohne Fächer zum Aufhängen der Kleidung); (garde-robe)* Garderobe *f; (armoire)* Kleiderschrank *m (ohne Fächer zum Aufhängen der Kleidung)*

pendouiller [pɑ̃duje] <1> *vi (fam)* [herum]baumeln

pendre [pɑ̃dʀ] <14> **I.** *vi* + *être* ❶ *(être suspendu)* hängen; ~ ***à qc*** an etw *dat* hängen; ~ ***de qc*** von etw herunterhängen ❷ *(tomber) joues, cheveux, guirlande:* herunterhängen; ***laisser ~ ses jambes*** seine Beine baumeln *fam* lassen **II.** *vt* ❶ *(accrocher)* aufhängen; ~ ***qc au portemanteau/dans l'armoire*** etw an den Garderobenständer/in den Schrank hängen ❷ *(mettre à mort)* hängen, erhängen; ~ ***qn à un arbre*** jdn an einem Baum aufhängen; ***être pendu*** [auf]gehängt werden ▶ **je veux** [**bien**] **être pendu si …** wenn …, dann fress ich einen Besen **III.** *vpr* ❶ *(s'accrocher)* ***se ~ à une branche*** sich an einen Ast hängen; ***se ~ au cou de qn*** *(fam)* sich an jds Hals *akk* hängen; *(par crainte)* sich an jds Hals *dat* festklammern ❷ *(se suicider)* ***se*** ~ sich erhängen

pendu(e) [pɑ̃dy] **I.** *part passé de* **pendre** **II.** *adj (fam: agrippé)* ***être ~ aux lèvres de qn/au téléphone*** an jds Lippen *dat*/an der Strippe hängen **III.** *m(f)* Gehängte(r) *f(m);* ***jouer au*** ~ JEUX Galgenraten *nt* spielen

pendulaire [pɑ̃dylɛʀ] *adj* ***mouvement*** ~

P

Pendelbewegung *f*, Pendeln *nt*; ***migration*** ~ SOCIOL [Berufs]pendelverkehr *m*

pendule [pɑ̃dyl] **I.** *f* Uhr *f*; *(pour la cuisine)* Küchenuhr; *(murale)* Wanduhr ▸ **remettre les ~s à l'heure** eine Sache richtigstellen **II.** *m d'un sourcier, radiesthésiste* [siderisches] Pendel

pendulette [pɑ̃dylɛt] *f* kleine Uhr

pénétrable [penetʀabl] *adj* ❶ *(perméable)* durchlässig ❷ *(compréhensible)* zugänglich, erkennbar

pénétrant(e) [penetʀɑ̃, ɑ̃t] *adj* ❶ *froid* schneidend; *pluie* bis auf die Haut durchdringend; ***air*** ~ schneidend kalte Luft ❷ *odeur* penetrant *pej* ❸ *regard* scharf

pénétrante [penetʀɑ̃t] *f* TRANSP, AUT Magistrale *f*

pénétration [penetʀasjɔ̃] *f* ❶ *sans pl de l'eau, d'un projectile, d'idées* Eindringen *nt* ❷ *sans pl (perspicacité)* Scharfsinn *m*

pénétré(e) [penetʀe] *adj ton, air* überzeugt; ***dire qc d'un*** [*o* ***sur un***] ***ton*** ~ etw im Brustton der Überzeugung sagen; ***être ~ de son sujet*** ganz von seinem Thema eingenommen sein; ~ ***de soi-même*** von sich selbst eingenommen

pénétrer [penetʀe] <5> **I.** *vi* ❶ *(entrer)* ~ ***dans qc*** *personne:* in etw *akk* hineingehen; *véhicule:* in etw *akk* hineinfahren; *(par la force, abusivement)* in etw *akk* eindringen; *envahisseur, armée:* in etw *akk* einfallen [*o* eindringen]; *balle:* in etw *akk* eindringen; ~ ***sur un marché*** auf einen Markt vordringen ❷ *(prendre place)* ~ ***dans qc*** *idée, habitude:* in etw *akk* eindringen ❸ *(s'insinuer)* ~ ***dans qc*** *vent, odeur:* in etw *akk* eindringen; *soleil:* in etw *akk* hinein-/hereinscheinen; *liquide, crème:* in etw *akk* einziehen; ~ ***à travers qc*** durch etw dringen **II.** *vt* ❶ *(transpercer)* ~ ***qc*** etw durchdringen; ~ ***les vêtements*** *odeur:* sich in der Kleidung festsetzen; ~ ***qn*** *froid, humidité:* jdm bis auf die Knochen gehen; *regard:* jdn durchbohren ❷ *(imprégner)* ~ ***qc*** *mode, habitude:* sich in etw *dat* durchsetzen

pénibilité [penibilite] *f* Mühseligkeit *f*, Beschwerlichkeit *f*

pénible [penibl] *adj* ❶ *travail, voyage* anstrengend; *tâche* schwierig; *ascension, chemin* beschwerlich; *respiration* mühsam; ***il est/c'est ~ à qn de faire qc*** es ist schwer für jdn, etw zu tun ❷ *circonstance, événement, moment* traurig; *heure* schwer; ***être ~ à qn*** schmerzlich für jdn sein ❸ *(désagréable)* unangenehm; ***il m'est ~ de constater que …*** es tut mir leid, feststellen zu müssen, dass … ❹ *(fam: agaçant)* unerträglich; ***il/elle est ~*** er/sie kann einen nerven

Falsche Freunde
Nicht verwechseln mit *penibel – méticuleux(-euse)*!

péniblement [peniblәmɑ̃] *adv* ❶ *(difficilement)* mühsam ❷ *(tout juste)* [nur] knapp

péniche [peniʃ] *f* Lastkahn *m*

pénicilline [penisilin] *f* Penizillin *nt*

péninsulaire [penɛ̃sylɛʀ] *adj* Halbinsel-, peninsularisch *Fachspr.*

péninsule [penɛ̃syl] *f* Halbinsel *f*

pénis [penis] *m* Penis *m*

pénitence [penitɑ̃s] *f* Buße *f*; *(sacrement)* Bußsakrament *nt*

pénitencier [penitɑ̃sje] *m* Strafvollzugsanstalt *f*

pénitent(e) [penitɑ̃, ɑ̃t] **I.** *adj* bußfertig **II.** *m(f)* Beichtkind *nt*

pénitentiaire [penitɑ̃sjɛʀ] *adj* ***régime*** ~ Strafvollzug *m*; ***établissement*** ~ Strafvollzugsanstalt *f*; ***personnel*** ~ Gefängnispersonal *nt*; ***colonie*** ~ Strafkolonie *f*

pénombre [penɔ̃bʀ] *f* ❶ Halbdunkel *nt* ❷ ASTRON Halbschatten *m*

pensable [pɑ̃sabl] *adj* denkbar

pense-bête [pɑ̃sbɛt] <pense-bêtes> *m* Gedächtnisstütze *f*; *(petite feuille)* [Notiz]zettel *m*; *(signe)* Merkzeichen *nt*; ~ ***mural*** Memoboard *nt*

pensée [pɑ̃se] *f* ❶ *(idée)* Gedanke *m*; ***être absorbé dans ses ~s*** seinen Gedanken nachhängen; ***aller jusqu'au bout de sa ~*** *(achever sa réflexion)* seinen Gedanken zu Ende führen; *(réaliser ses intentions)* seine Vorstellungen in die Tat umsetzen; ***loin de moi la ~ que …*** ich bin weit davon entfernt zu glauben, dass … ❷ *sans pl (opinion)* Meinung *f*; ***je partage votre ~ là-dessus*** ich denke [genauso] wie Sie darüber ❸ *sans pl (raison)* Denken *nt*; *(façon de penser)* Denkweise *f* ❹ *(esprit)* Geist *m*; ***être en ~ avec qn*** in Gedanken bei jdm sein ❺ *sans pl chrétienne* Lehre *f*; *de Gandhi, Nietzsche* Philosophie *f*; ***libre*** ~ Freidenkertum *nt* ❻ *(réflexion brève)* Denkspruch *m*

penser [pɑ̃se] <1> **I.** *vi* ❶ *(réfléchir)* denken; ***faculté de*** ~ Denkvermögen *nt*; ~ ***à qc*** über etw *akk* nachdenken ❷ *(juger)* ~ ***différemment sur qc*** anders über etw *akk* denken ❸ *(songer à)* ~ ***à qn/qc*** an

P

jdn/etw denken; ***sans ~ à mal*** ohne [sich *dat*] Böses dabei zu denken ❹ *(ne pas oublier)* ***~ à qn/qc*** an jdn/etw denken; ***~ à faire qc*** daran denken etw zu tun; ***faire ~ à qn/qc*** an jdn/etw erinnern; ***cela me fait ~ que*** das erinnert mich daran, dass ❺ *(s'intéresser à)* ***~ aux autres*** an andere denken ▶ **je pense bien!** *(fam)* und ob!; **donner** [*o* **laisser**] **à ~** zu denken geben; **laisser à ~ que qn a fait qc** darauf schließen lassen, dass jd etw getan hat; **mais j'y pense …** da fällt mir ein …; **tu n'y penses pas!** *(fam)* das ist doch wohl nicht dein Ernst!; [**là**] **où je pense** *euph fam)* in den Allerwertesten *fam;* **tu penses!** *(fam: tu plaisantes)* das soll wohl ein Witz sein!, wo denkst du hin!; *(et comment)* und ob! **II.** *vt* ❶ *(avoir comme opinion)* denken; ***~ qc de qn/qc*** etw von jdm/etw halten ❷ *(imaginer)* ***~ qc de qn*** etw von jdm denken; ***c'est bien ce que je pensais*** das habe ich mir [doch] gedacht ❸ *(croire)* glauben; ***penses-tu que …?*** glaubst du, dass …?; ***~ qn intelligent/sincère*** jdn für intelligent/ehrlich halten; ***je pense que oui/que non*** ich denke ja/ich glaube nicht; ***vous pensez bien que … qn a fait qc*** *(fam)* Sie können sich *dat* wohl denken, dass … ❹ *(avoir l'intention de)* ***~ faire qc*** vorhaben etw zu tun; ***que pensez-vous faire à présent?*** was haben Sie jetzt vor? ▶ **n'en penser pas moins** sich *dat* sein Teil denken; **pensez que qn a fait qc** *(tenez compte)* bedenken Sie, dass jd etw getan hat; *(imaginez)* stellen Sie sich *dat* vor, dass jd etw getan hat

P

penseur, -euse [pɑ̃sœʀ, -øz] *m, f* Denker(in) *m(f)*; ***libre ~*** Freidenker *m*

pensif, -ive [pɑ̃sif, -iv] *adj* nachdenklich

pension [pɑ̃sjɔ̃] *f* ❶ *(allocation)* Rente *f;* ***~ alimentaire*** *(en cas de divorce)* Unterhaltszahlung *f; (à un enfant naturel)* Alimente *Pl* ❷ *(internat)* Internat *nt;* ***mettre qn en ~*** jdn in ein Internat geben ❸ *(petit hôtel)* Pension *f* ❹ *(hébergement)* Kost und Logis; ***~ complète*** Vollpension *f;* ***être en ~ chez qn*** bei jdm in Pension sein

pensionnaire [pɑ̃sjɔnɛʀ] *mf* ❶ SCOL Internatsschüler *m* ❷ *(dans un hôtel, une famille)* Pensionsgast *m*

Falsche Freunde
Nicht verwechseln mit *der Pensionär – le retraité*!

pensionnat [pɑ̃sjɔna] *m* Pensionat *nt*

pensionné(e) [pɑ̃sjɔne] *m(f)* Rentner(in) *m(f); (de la fonction publique)* Pensionär(in) *m(f)*

pensivement [pɑ̃sivmɑ̃] *adv* nachdenklich

pensum [pɛ̃sɔm] *m* Strafarbeit *f*

pentagonal(e) [pɛ̃tagɔnal, o] <-aux> *adj* GEOM fünfeckig

pentagone [pɛ̃tagɔn] *m* ❶ GEOM Fünfeck *nt* ❷ *(à Washington)* ***le Pentagone*** das Pentagon

pentathlon [pɛ̃tatlɔ̃] *m* Fünfkampf *m,* Pentathlon *nt*

pente [pɑ̃t] *f d'une route, d'un terrain* Gefälle *nt; d'un toit* Schräge *f; d'une colline, montagne* [Ab]hang *m;* ***gravir/monter la ~*** den Hang hinaufklettern/hinauffahren [*o* hinaufgehen]; ***être/monter en ~ douce*** leicht abfallen/leicht ansteigen; ***être/monter en ~ raide*** steil abfallen/steil ansteigen; ***en ~*** abschüssig ▶ **être sur une ~ dangereuse** *(fam)* auf die schiefe Bahn geraten sein; **qn/qc est sur une mauvaise ~** mit jdm/etw geht es bergab; **qn/qc remonte la ~** es geht wieder bergauf mit jdm/etw

Pentecôte [pɑ̃tkot] *f* Pfingsten *nt;* ***les vacances de [la] ~*** die Pfingstferien

pentu(e) [pɑ̃ty] *adj* schräg; ***toit ~*** Schrägdach *nt*

pénurie [penyʀi] *f* Knappheit *f,* Mangel *m;* ***~ de logements*** Wohnungsnot *f*

people [pipœl] *inv* **I.** *adj journaliste, magazine* Boulevard-; ***presse ~*** Boulevardpresse *f,* Regenbogenpresse **II.** *mpl* VIPs *Pl,* Promis *Pl,* Berühmheiten *Pl*

peopolisation [pipɔlizasjɔ̃] *f* MEDIA Boulevardisierung *f*

pep [pɛp] *m* Pep; ***avoir du ~*** Pep haben

pépé [pepe] *m (fam)* Opa *m*

pépère [pepɛʀ] *adj (fam)* gemütlich; *vie* geruhsam; *travail* ruhig

pépètes [pepɛt] *fpl (vieilli fam)* Moneten *Pl fam,* Zaster *m sl*

pépiement [pepimɑ̃] *m* Piep[s]en *nt*

pépier [pepje] <1a> *vi* piepen

pépin [pepɛ̃] *m* ❶ *d'un raisin, d'une pomme* Kern *m;* ***fruits à ~s*** Kernobst *nt* ❷ *(fam: ennui, difficulté)* Schererei *f meist Pl;* ***j'ai eu un gros ~*** mir ist da was Schlimmes passiert ❸ *(fam: parapluie)* Musspritze *f hum*

pépinière [pepinjɛʀ] *f* Baumschule *f*

pépiniériste [pepinjeʀist] *mf* Baumschulgärtner(in) *m(f)*

pépite [pepit] *f* ***~ d'or*** Goldklumpen *m*

péplum [peplɔm] *m* CINE *(fam)* Kolossalfilm *m,* Monumentalschinken *m pej fam; (ayant pour sujet un épisode de l'histoire)* Historienschinken *pej fam*

péquenaud(e) [pɛkno, od] **I.** *adj (péj fam)* ungehobelt *pej* **II.** *m(f) (péj fam)* Tölpel *m/*Trampel *m pej fam*

perçage [pɛʀsaʒ] *m* TECH Bohren *nt,* Lochen *nt*

perçant(e) [pɛʀsɑ̃, ɑ̃t] *adj froid* schneidend; *regard* stechend; *cri* gellend; *voix* schrill; *esprit* scharf

percée [pɛʀse] *f* ① *(dans une forêt)* Schneise *f; (dans un mur)* Durchbruch *m* ② SCI, ECON, SPORT Durchbruch *m*

perce-neige [pɛʀsənɛʒ] <perce-neige[s]> *m o f* Schneeglöckchen *nt* **perce-oreille** [pɛʀsɔʀɛj] <perce-oreilles> *m* ZOOL Ohrwurm *m*

percepteur, -trice [pɛʀsɛptœʀ, -tʀis] *m, f (fonctionnaire)* Finanzbeamter *m/*-beamtin *f*

perceptible [pɛʀsɛptibl] *adj* ① *(discernable)* wahrnehmbar; *(à la vue)* sichtbar; *sons* hörbar ② *amélioration* merklich

perceptif, -ive [pɛʀsɛptif, -iv] *adj* PSYCH perzeptorisch, perzeptiv; ***champ*** ~ Wahrnehmungsfeld *nt*

perception [pɛʀsɛpsjɔ̃] *f* Wahrnehmung *f;* PSYCH, PHILOS Wahrnehmung; *d'une situation* Einschätzung *f;* ***~ des couleurs/des odeurs*** Farben-/Geruchssinn *m*

percer [pɛʀse] <2> **I.** *vi* ① *(apparaître) dent:* durchkommen; ***le soleil perce à travers les nuages*** die Sonne bricht durch die Wolken ② *(transparaître)* ***~ dans qc*** *sentiment, ironie:* in etw *dat* durchklingen ③ *(devenir populaire) artiste:* den Durchbruch schaffen **II.** *vt* ① *(forer)* bohren *trou* ② *(faire des trous dans)* ***~ qc d'un trou/de trous*** ein Loch/Löcher in etw *akk* bohren ③ *(perforer)* anzapfen *tonneau;* durchbohren *mur, tôle;* aufbrechen *coffre-fort;* aufstechen *abcès, ampoule;* durchstechen *oreille, tympan;* ***être percé*** *pneu, bouteille:* ein Loch/Löcher haben ④ *(creuser une ouverture dans)* durchbohren, einen Durchbruch machen durch *mur, rocher* ⑤ *(trouer)* ***être percé*** *chaussette, chaussure, poche:* Löcher haben; *(d'un seul trou)* ein Loch haben ⑥ *(traverser)* durchbrechen *ligne, front;* ***~ la foule*** sich *dat* einen Weg durch die Menge bahnen ⑦ *(déchirer)* durchbrechen *nuages, obscurité;* zerreißen *silence;* ***~ les oreilles/les tympans à qn*** *bruit:* jdm in den Ohren gellen

perceuse [pɛʀsøz] *f* Bohrmaschine *f*

percevable [pɛʀsəvabl] *adj* einziehbar, erhebbar

percevoir [pɛʀsəvwaʀ] <12> *vt* ① *(entendre, apercevoir)* wahrnehmen ② *(encaisser)* bekommen *honoraires, intérêts;* einnehmen *loyer*

perche[1] [pɛʀʃ] *f* ZOOL Barsch *m*

perche[2] [pɛʀʃ] *f* ① Stange *f; (pour saut à la perche)* Stab *m; d'un téléski* Schleppbügel *m;* ***~ à selfie*** Selfiestange *f,* Selfiestick *m* ② SPORT ***[le saut à] la ~*** der Stabhochsprung ▶ **grande** ~ *(fam)* Bohnenstange *f;* **tendre la ~ à qn** jdm aus der Verlegenheit helfen

perché(e) [pɛʀʃe] *adj* in der Höhe sitzend, hochgelegen ▶ **jouer à chat ~** Fangen spielen; **une voix haut ~e** eine hohe Stimme

percher [pɛʀʃe] <1> **I.** *vi **être perché sur une branche** animal:* auf einem Ast sitzen **II.** *vt (fam: mettre)* ***~ qc sur qc*** etw ganz weit oben auf etw *akk* stellen/legen **III.** *vpr* **se ~ sur qc** ① *(jucher) oiseau:* sich auf etw *akk* setzen ② *(fam: monter) personne:* sich auf etw *akk* hocken; *(debout)* sich auf etw *akk* stellen

perchiste [pɛʀʃist] *mf* ① SPORT Stabhochspringer(in) *m(f)* ② MEDIA Mikroassistent(in) *m(f)*

perchoir [pɛʀʃwaʀ] *m* ① [Sitz]stange *f; des poules* Hühnerstange *f* ② *(fam: mansarde)* Dachwohnung *f*

percolateur [pɛʀkɔlatœʀ] *m* Kaffeemaschine *f (in der Gastronomie)*

percussion [pɛʀkysjɔ̃] *f* ① TECH Schlag *m,* Erschütterung *f;* ***arme à ~*** Perkussionswaffe *f* ② MED Abklopfen *nt* ③ *sans pl* MUS *(batterie)* Schlagzeug *nt*

percussionniste [pɛʀkysjɔnist] *mf* MUS Schlagzeuger(in) *m(f)*

percutant(e) [pɛʀkytɑ̃, ɑ̃t] *adj* ① MIL Aufschlag- ② *(fig)* durchschlagend; *argument* schlagend

percuter [pɛʀkyte] <1> **I.** *vi* ***~ contre qc*** gegen etw prallen **II.** *vt* ***~ qc*** auf [*o* an] [*o* gegen] etw *akk* prallen; ***~ qn*** *(avec la voiture)* jdn anfahren

perdant(e) [pɛʀdɑ̃, ɑ̃t] **I.** *adj **numéro/billet** ~* Niete *f; **cheval** ~* Verlierer *m; **être** ~* schlecht wegkommen; ***partir ~*** von vornherein schlechte Erfolgsaussichten haben **II.** *m(f)* Verlierer(in) *m(f);* ***mauvais ~*** schlechter Verlierer

perdre [pɛʀdʀ] <14> **I.** *vi* verlieren; ***~ au jeu/au loto/aux élections*** beim Spiel/beim Lotto/bei den Wahlen verlieren ▶ **y ~** COM Verlust machen **II.** *vt* ① *(ne plus trou-*

ver) verlieren *trace, guide, chien;* nicht mehr finden *page, enfant;* vergessen *nom;* **~ son chemin** sich verlaufen [*o* verirren]; **être perdu** sich verlaufen [*o* verirrt] haben ❷ *(cesser d'avoir)* einbüßen *réputation, estime;* ablegen *[mauvaise] habitude;* **~ de son prestige** an Prestige verlieren; **~ de la vitesse** langsamer werden; **n'avoir rien à ~ dans qc** bei etw nichts zu verlieren haben ❸ *(se voir privé d'une partie de soi)* verlieren; **~ la vue/l'ouïe** blind/taub werden; **~ le goût de qc** die Freude an etw *dat* verlieren ❹ *(être séparé par la mort de)* verlieren *père, femme* ❺ *(laisser s'échapper)* verlieren *pantalon, chaussure, sang* ❻ *(avoir le dessous dans)* verlieren *match, procès* ❼ *(gaspiller)* **~ une occasion** eine Gelegenheit versäumen; **faire ~ une heure à qn** *rangement:* jdn eine Stunde kosten ❽ *(rater)* **~ quelque chose en ne faisant pas qc** [*o* **à ne pas faire qc**] etwas versäumen, wenn man etw nicht tut; **tu n'y perds rien!** da hast du nichts verpasst! ❾ *(ruiner)* ruinieren, zugrunde richten *personne* ▶ **tu ne perds rien pour attendre!** so leicht kommst du mir nicht davon!; **ne pas ~ une miette de qc** sich *dat* nicht das Geringste von etw entgehen lassen **III.** *vpr* ❶ *(s'égarer)* **se ~ dans la/en forêt** *(à pied/en voiture)* sich im Wald verirren [*o* verlaufen]/verfahren; **se ~ en route** *colis, lettre:* unterwegs verloren gehen ❷ *(s'attarder à)* **se ~ dans des explications** sich in Erklärungen *dat* ergehen ❸ *(se plonger)* **se ~ dans ses pensées** in Gedanken *dat* versinken ❹ *(disparaître)* **se ~** *sens, bonnes habitudes:* verloren gehen; *coutume, traditions:* in Vergessenheit geraten, aussterben; *métier:* aussterben ❺ *(faire naufrage)* **se ~** verschwinden; **un bateaux s'est perdu** ein Schiff ist verschollen ❻ *(se gâter)* **se ~** *fruits, légumes, récolte:* verderben ❼ *(rester inutilisé)* **se ~** *ressources:* ungenutzt bleiben; *occasion:* nicht genutzt werden; *initiative:* im Sand verlaufen ▶ **il y a des gifles qui se perdent** *(fam)* er/sie braucht mal ein paar hinter die Ohren; **je m'y perds** da kann ich nicht mehr folgen

perdreau [pɛʀdʀo] <x> *m* junges Rebhuhn

perdrix [pɛʀdʀi] *f* Feldhuhn *nt;* **~ grise/rouge** Reb-/Rothuhn *nt*

perdu(e) [pɛʀdy] **I.** *part passé de* **perdre** **II.** *adj* ❶ *bataille, procès* verloren; *cause* aussichtslos ❷ *personne* durcheinander; **elle était ~e** sie wusste nicht mehr weiter; **avoir l'air ~** verstört aussehen ❸ *(absorbé)* **être ~ dans qc** in etw *akk* vertieft sein ❹ *objet* verloren gegangen; *chien* streunend; *(sans propriétaire)* herrenlos ❺ *(gaspillé, manqué)* **de ~** *soirée, temps, argent* vergeudet; *place* ungenutzt; *occasion* verpasst ❻ *(de loisir)* **à mes heures ~es** [*o* **moments ~s**] in meiner freien Zeit ❼ *pays, coin, endroit* entlegen

perdurer [pɛʀdyʀe] <1> *vi* fortbestehen

père [pɛʀ] *m* ❶ *(géniteur)* Vater *m;* **Durand ~** Durand senior; **~ légal** gesetzlich anerkannter Vater; **~ spirituel de qn** jds geistiges Vorbild; **de ~ en fils** von Generation zu Generation ❷ *d'une idée, théorie, d'un projet* [geistiger] Vater; *d'une institution* Begründer *m* ❸ *(fam: monsieur)* **le ~ Dupont** Vater Dupont *a. pej,* der alte [Herr] Dupont ❹ REL Pater *m;* **Notre Père** Vaterunser *nt* ▶ **tel ~, tel fils** der Apfel fällt nicht weit vom Stamm *prov;* **~ Fouettard** Knecht *m* Ruprecht; **~ Noël** Weihnachtsmann *m*

péremption [peʀɑ̃psjɔ̃] *f* JUR Verjährung *f,* Verwirkung *f;* **délai de ~** Verwirkungsfrist *f*

péremptoire [peʀɑ̃ptwaʀ] *adj argument* durchschlagend, unwiderlegbar; *ton* kategorisch, entschieden

péremptoirement [peʀɑ̃ptwaʀmɑ̃] *adv répliquer* in kategorischem [*o* entschiedenem] Ton; *démontrer* eindeutig, unwiderlegbar

pérennité [peʀenite] *f sans pl* ❶ Fortbestand *m,* Weiterbestehen *nt* ❷ JUR Unverfallbarkeit *f*

péréquation [peʀekwasjɔ̃] *f* ❶ FIN, ECON *(répartition) des charges* Ausgleich *m;* **~ fiscale, ~ des impôts** [*o* **d'impôts**] Steuerausgleich; **~ des prix** Preisausgleich, Anpassung *f* der Preise ❷ *(réajustement) des salaires, pensions, notes* Angleichung *f,* Anpassung *f;* **~ des avantages** [*o* **bénéfices**] JUR Vorteilsausgleichung *f*

perestroïka [peʀɛstʀɔika] *f* Perestroika *f*

perfectible [pɛʀfɛktibl] *adj* verbesserungsfähig

perfection [pɛʀfɛksjɔ̃] *f sans pl* Perfektion *f;* **être une ~** unübertrefflich sein; **à la ~** vollendet

perfectionné(e) [pɛʀfɛksjɔne] *adj machine, dispositif* verbessert; **très ~** optimiert, hoch entwickelt

perfectionnement [pɛʀfɛksjɔnmɑ̃] *m* Verbesserung *f; d'un système, d'une technique* Weiterentwicklung *f;* **apporter des ~s à qc** etw verbessern; **stage de ~** Fortbil-

P

dungslehrgang *m*; ***classe de ~*** SCOL Förderunterricht *m*

perfectionner [pɛʀfɛksjɔne] <1> **I.** *vt* verbessern *technique, procédé;* weiterentwickeln *appareil;* vervollkommnen *style, langue* **II.** *vpr* ***se ~*** *technique, procédé:* sich verbessern; ***se ~ dans/en qc*** *personne:* sich in etw *dat* weiterbilden

perfectionnisme [pɛʀfɛksjɔnism] *m* Perfektionismus *m*

perfectionniste [pɛʀfɛksjɔnist] **I.** *mf* Perfektionist *m* **II.** *adj* perfektionistisch

perfide [pɛʀfid] *adj (littér: déloyal) personne* illoyal *geh*

perfidement [pɛʀfidmɑ̃] *adv (littér)* perfid[e] *geh*

perfidie [pɛʀfidi] *f (littér)* Perfidie *f geh*

perforateur [pɛʀfɔʀatœʀ] *m (pour le bureau)* Locher *m*

perforateur, -trice [pɛʀfɔʀatœʀ, -tʀis] *adj* ***pince perforatrice*** Lochzange *f;* ***marteau ~*** Bohrhammer *m*

perforation [pɛʀfɔʀasjɔ̃] *f* ❶ MED Durchbruch *m;* ***une ~ du tympan*** ein Loch *nt* im Trommelfell ❷ *(trou)* Loch *nt*

perforatrice [pɛʀfɔʀatʀis] *f* INFORM Lochkartenstanzer *m*

perforer [pɛʀfɔʀe] <1> *vt* lochen; *(percer de plusieurs trous)* durchlöchern; *(percer de trous réguliers) projectile:* durchschlagen; ***être perforé*** *feuille:* gelocht sein; ***bande/carte perforée*** Lochstreifen *m*/Lochkarte *f*

perforeuse [pɛʀfɔʀøz] *f* Locher *m*

performance [pɛʀfɔʀmɑ̃s] *f a.* SPORT Leistung *f;* ***~s*** *d'une machine, voiture* Leistung[sfähigkeit *f*] *f;* ***réaliser de bonnes ~s*** leistungsstark sein

performant(e) [pɛʀfɔʀmɑ̃, ɑ̃t] *adj appareil, technique* leistungsstark; *entreprise, industrie, produit* wettbewerbsfähig; *cadre, manager* effizient

perfusion [pɛʀfyzjɔ̃] *f* MED Infusion *f*

péridurale [peʀidyʀal] *f* Periduralanästhesie *f*

périgourdin(e) [peʀiguʀdɛ̃, in] *adj* aus dem Périgord

péril [peʀil] *m* ▶ **au ~ de sa vie** *(soutenu)* unter Einsatz seines/ihres Lebens

périlleusement [peʀijøzmɑ̃] *adv (littér)* gefährlich

périlleux, -euse [peʀijø, -jøz] *adj* ❶ *(dangereux)* gefährlich ❷ *sujet* heikel

périmé(e) [peʀime] *adj* ❶ *carte, visa, garantie* abgelaufen; *billet, chèque* ungültig; ***un médicament/yaourt ~*** ein Medikament/Joghurt, dessen Verfallsdatum überschritten ist ❷ *(démodé, dépassé) conception, institution* überholt, veraltet; ***être ~*** nicht mehr zeitgemäß sein

périmer [peʀime] <1> *vpr* ***se ~*** *carte, passeport, visa:* ablaufen; *billet:* verfallen; ***laisser [se] ~ un billet*** eine Karte verfallen lassen

périmètre [peʀimɛtʀ] *m* ❶ GEOM Umfang *m* ❷ *(limite)* Gebiet *nt; d'un champ* Ausdehnung *f* ❸ *(zone)* Umkreis *m;* ***~ de sécurité*** Sicherheitszone *f*

périnée [peʀine] *m* ANAT Damm *m*

période [peʀjɔd] *f* ❶ *(époque)* Zeit *f;* ***la ~ classique*** die Zeit der Klassik ❷ *(espace de temps)* Zeit[raum *m*] *f;* ***une ~ d'un an*** ein Zeitraum von einem Jahr; ***~ électorale*** Wahlkampf *m;* ***~ de double circulation*** *(concernant l'euro)* Doppelwährungsphase *f;* ***~ de transition*** *(concernant l'euro)* Übergangsphase *f;* ***~ transitoire*** Übergangszeit; ***~ de [la] vie*** Lebensabschnitt *m;* ***~ d'activité*** *(durée d'un emploi)* Beschäftigungszeit; *(durée de la vie active)* Zeit der Erwerbstätigkeit; ***~ d'essai*** Probezeit; ***~ des fêtes*** Feiertage *Pl;* ***par ~[s]*** zeitweise

périodicité [peʀjɔdisite] *f* regelmäßige Wiederkehr; ***avoir une ~ semestrielle*** *revue:* halbjährlich erscheinen

périodique [peʀjɔdik] **I.** *adj* ❶ *phase, phénomène, mouvement* periodisch; *retour* regelmäßig; ***être ~*** regelmäßig wiederkehren ❷ PRESSE periodisch erscheinend; ***la presse ~*** die Periodika *Pl* ❸ *(hygiénique)* ***serviette ~*** Monatsbinde *f* **II.** *m* PRESSE Zeitschrift *f*

périodiquement [peʀjɔdikmɑ̃] *adv* in regelmäßigen Abständen

péripatéticienne [peʀipatetisjɛn] *f (hum littér)* Prostituierte *f,* Dame *f* vom horizontalen Gewerbe *fam*

péripétie [peʀipesi] *f* unvorhergesehenes Ereignis; ***vie pleine de ~s*** ereignisreiches Leben

périphérie [peʀifeʀi] *f* ❶ GEOM ***la ~ d'un cercle*** der Kreisumfang ❷ *(banlieue)* Peripherie *f;* ***habiter à la ~ de la ville*** am Stadtrand wohnen; ***l'immobilier dans la ~*** die Immobilien in den Außenbezirken

périphérique [peʀifeʀik] **I.** *adj* ❶ *(extérieur)* ***quartier ~*** Viertel *nt* am Stadtrand ❷ MEDIA ***poste/radio/station ~*** *privater französischer Sender, der aus dem grenznahen Ausland sendet* **II.** *m* ❶ *(boulevard)* ***le ~ de Paris*** die Ringautobahn um Paris; ***~ intérieur/extérieur*** innerer/äu-

P

ßerer Ring ❷ INFORM Peripheriegerät *nt;* ~ ***son*** Soundkarte *f*
périphrase [peʀifʀɑz] *f* Umschreibung *f*
périple [peʀipl] *m* ❶ HIST *(soutenu)* Seereise *f* ❷ *(voyage par voie de terre)* Rundreise *f*
périr [peʀiʀ] <8> *vi* ❶ *(soutenu)* ums Leben kommen; ~ ***noyé(e)*** ertrinken; ***faire*** ~ ***qn*** jdn in den Tod schicken *geh;* ~ ***d'ennui*** sich zu Tode langweilen ❷ *(soutenu) bateau:* sinken; *marchandises:* verderben
périssable [peʀisabl] *adj denrée* leicht verderblich
péritel® [peʀitɛl] *adj inv* ***prise*** ~ Scartbuchse *f*
péritonite [peʀitɔnit] *f* Bauchfellentzündung *f*
perle [pɛʀl] *f* ❶ *(boule)* Perle *f;* ~ ***naturelle*** echte Perle ❷ *(fam: erreur)* Stilblüte *f* ❸ *(personne)* Perle *f fam;* ***c'est une*** ~ ***rare*** sie/er ist eine echte Perle ❹ *(chose de grande valeur)* Juwel *m*
perler [pɛʀle] <1> *vi* perlen
permanence [pɛʀmanɑ̃s] *f* ❶ ADMIN, MED Bereitschaftsdienst *m;* ***assurer*** [*o* ***tenir***] ***la*** ~/***être de*** ~ Bereitschaftsdienst haben ❷ *d'un parti, syndicat* Geschäftsstelle *f; d'un commissariat de police* Dienststelle *f;* ~ ***électorale*** Wahlkampfbüro *nt* ▶ **en** ~ ständig; *siéger* ununterbrochen; *surveiller* rund um die Uhr

Land und Leute
Die **permanence** ist ein Klassenraum, in dem Schüler bei Freistunden oder nach Schulschluss unter Aufsicht arbeiten können. Die Schüler nennen die Aufsichtsperson während einer Freistunde *pion/pionne*. Sie unterrichtet selbst nicht.

permanent(e) [pɛʀmanɑ̃, ɑ̃t] *adj* ❶ *caractère, phénomène, élément* beständig ❷ *souci, danger* ständig; *contrôle, collaboration, liaison* dauernd; *tension, troubles* anhaltend; *emploi* fest; ***exposition*** ~***e*** Dauerausstellung *f;* ***formation*** ~***e*** Fortbildung *f;* ***cinéma*** ~ Nonstopkino *nt,* Non-Stop-Kino *nt;* ***ici le spectacle est*** ~ hier ist immer was los *fam;* ~ ***de ... à ...*** *spectacle, cinéma* durchgehend von ... bis ... ❸ *envoyé, représentant* ständig; ***personnel*** ~ Stammpersonal *nt;* ***armée*** ~***e*** stehendes Heer
permanente [pɛʀmanɑ̃t] *f* Dauerwelle *f*
perme [pɛʀm] *f (fam) abr de* **permission** Erlaubnis *f*
perméabilité [pɛʀmeabilite] *f* GEOL, PHYS, BIO Durchlässigkeit *f*
perméable [pɛʀmeabl] *adj* GEOL, PHYS, BIO durchlässig
permettre [pɛʀmɛtʀ] <irr> **I.** *vt impers* ❶ *(être autorisé)* ***il est permis à qn de faire qc*** es ist jdm gestattet etw zu tun ❷ *(être possible)* ***il est permis à qn de faire qc*** jd kann es sich *dat* erlauben etw zu tun; ***est-il permis d'être aussi bête!*** wie kann man nur so dumm sein! **II.** *vt* ❶ *(autoriser)* ~ ***à qn de faire qc*** jdm erlauben [*o* gestatten *geh*] etw zu tun; *(donner droit à)* jdn dazu berechtigen etw zu tun; ~ ***que*** +*subj* erlauben, dass; ***c'est permis par la loi*** das ist rechtlich zulässig; ***vous permettez?*** gestatten Sie?; ***vous permettez que*** +*subj* hätten Sie etwas dagegen, wenn ❷ *(rendre possible)* ~ ***à qn de faire qc*** *chose:* es jdm erlauben etw zu tun; ***si le temps le permet*** wenn es das Wetter zulässt ▶ **permettez!/tu permets!** [na] erlauben Sie mal!/[na] erlaube mal! *fam* **III.** *vpr* ❶ *(s'accorder)* ***se*** ~ ***une fantaisie*** sich *dat* etwas Besonderes gönnen [*o* leisten] ❷ *(oser)* ***se*** ~ ***une plaisanterie*** sich *dat* einen Scherz erlauben; ***se*** ~ ***bien des choses*** sich *dat* einiges herausnehmen
permis [pɛʀmi] *m* ❶ *(permis de conduire: papier)* Führerschein *m; (examen)* Fahrprüfung *f;* ~ ***moto*** Motorradführerschein; ***échouer au*** ~ durch die Fahrprüfung fallen ❷ *(licence)* ~ ***de chasse/pêche*** Jagd-/Angelschein *m;* ~ ***de construire*** Baugenehmigung *f* ❸ *(autorisation)* ~ ***de séjour*** Aufenthaltserlaubnis *f;* ~ ***d'établissement*** CH unbefristete Aufenthaltserlaubnis, Niederlassungsbewilligung *f* CH
permis(e) [pɛʀmi, iz] *part passé de* **permettre**
permissif, -ive [pɛʀmisif, -iv] *adj* SOCIOL, PSYCH freizügig, permissiv *Fachspr.*
permission [pɛʀmisjɔ̃] *f* ❶ *sans pl (autorisation)* ~ ***de faire qc*** Erlaubnis *f* etw zu tun; ~ ***de minuit*** Ausgang *m* bis Mitternacht ❷ MIL Urlaub *m*
permissionnaire [pɛʀmisjɔnɛʀ] *mf* MIL Urlauber(in) *m(f),* Soldat(in) *m(f)* auf Urlaub
permutable [pɛʀmytabl] *adj* austauschbar
permuter [pɛʀmyte] <1> **I.** *vi* ~ ***avec qn*** mit jdm die Stelle tauschen **II.** *vt* umstellen
pernicieux, -euse [pɛʀnisjø, -jøz] *adj* schädlich

péroné [peʀɔne] *m* Wadenbein *nt*
péroraison [peʀɔʀɛzɔ̃] *f* ❶ *(péj: long discours)* Gerede *nt pej fam,* Volksreden *Pl pej fam* ❷ *(conclusion) d'un plaidoyer* Resümee *nt*
pérorer [peʀɔʀe] <1> *vi (péj)* Volksreden halten *pej fam*
Pérou [peʀu] *m* ***le ~*** Peru *nt* ▶ **ce n'est pas le ~** damit kann man keine großen Sprünge machen *fam*
peroxydé, peroxydée [pɛʀɔkside] *adj cheveux* wasserstoffblond; ***la blonde ~e*** die Wasserstoffblondine
perpendiculaire [pɛʀpɑ̃dikylɛʀ] *adj* ❶ *(à angle droit)* ***~ à qc*** *rue* rechtwinklig zu etw; *soleil* senkrecht über etw; ***la rue ~ à cette rue*** die Querstraße zu dieser Straße; ***les deux rues sont ~s [entre elles]*** die beiden Straßen stoßen senkrecht aufeinander ❷ GEOM senkrecht; ***deux droites ~s [entre elles]*** zwei senkrecht zueinander stehende Geraden; ***être ~ à qc*** senkrecht zu etw stehen
perpendiculairement [pɛʀpɑ̃dikylɛʀmɑ̃] *adv* ***~ à qc*** im rechten Winkel [*o* senkrecht] zu etw
perpète [pɛʀpɛt] *(fam)* ❶ *(pour toujours)* ***être condamné(e) à ~*** lebenslänglich bekommen; ***attendre jusqu'à ~*** ewig warten müssen *fam* ❷ *(très loin)* ***aller à ~*** ewig weit *fam* laufen; ***habiter à ~*** am Ende der Welt wohnen, jwd wohnen *fam;* ***jusqu'à ~*** ewig weit *fam*
perpétration [pɛʀpetʀasjɔ̃] *f* JUR *d'un délit* Begehung *f,* Verübung *f*
perpétrer [pɛʀpetʀe] <5> *vt* JUR begehen *crime*
perpétuel(le) [pɛʀpetɥɛl] *adj angoisse, difficultés* dauernd; *murmure, lamentations* fortwährend
perpétuellement [pɛʀpetɥɛlmɑ̃] *adv* ❶ *(constamment)* ständig, dauernd ❷ *(éternellement)* unaufhörlich
perpétuer [pɛʀpetɥe] <1> **I.** *vt* aufrechterhalten *tradition;* weitergeben *nom;* wach halten *souvenir;* ***servir à ~ l'espèce*** der Arterhaltung dienen **II.** *vpr* ***se ~*** *abus, injustices:* sich fortsetzen; *tradition:* lebendig bleiben; *espèce:* sich erhalten
perpétuité [pɛʀpetɥite] *f* ***à ~*** auf Lebenszeit; *condamnation* lebenslänglich; ***être condamné à ~*** zu einer lebenslangen Freiheitsstrafe verurteilt werden
perplexe [pɛʀplɛks] *adj personne, mine* ratlos; ***rendre qn ~*** jdn in Verlegenheit bringen
perplexité [pɛʀplɛksite] *f* Ratlosigkeit *f*
perquisition [pɛʀkizisjɔ̃] *f* Haus[durch]suchung *f*
perquisitionner [pɛʀkizisjɔne] <1> **I.** *vi* eine Haus[durch]suchung vornehmen **II.** *vt* durchsuchen
perron [peʀɔ̃] *m* Freitreppe *f*
perroquet [peʀɔkɛ] *m* ❶ ORN Papagei *m* ❷ *(personne)* Papagei *m;* ***répéter qc comme un ~*** etw nachplappern ❸ *(boisson)* Pastis *m* mit Pfefferminzsirup
perruche [peʀyʃ] *f* ORN Sittich *m*
perruque [peʀyk] *f* Perücke *f*
pers [pɛʀ] *adj inv* blaugrün; ***des yeux ~*** blaugrüne Augen *Pl*
persan [pɛʀsɑ̃] *m* Persisch *nt; v. a.* **allemand**
persan(e) [pɛʀsɑ̃, an] *adj* persisch; *tapis, chat* Perser-
Persan(e) [pɛʀsɑ̃, an] *m(f)* Perser(in) *m(f)*
perse [pɛʀs] **I.** *adj* HIST persisch **II.** *m* HIST Persisch *nt; v. a.* **allemand**
Perse [pɛʀs] **I.** *m, f* HIST Perser *m* **II.** *f* ***la ~*** Persien *nt*
persécuté(e) [pɛʀsekyte] **I.** *adj* verfolgt **II.** *m(f)* Verfolgte(r) *f(m)*
persécuter [pɛʀsekyte] <1> *vt* verfolgen
persécution [pɛʀsekysjɔ̃] *f* Verfolgung *f*
persévérance [pɛʀseveʀɑ̃s] *f* Beharrlichkeit *f*
persévérant(e) [pɛʀseveʀɑ̃, ɑ̃t] *adj* beharrlich
persévérer [pɛʀseveʀe] <5> *vi* nicht aufgeben; ***~ dans ses efforts*** in seinen Bemühungen nicht nachlassen; ***~ dans une recherche*** eine Suche nicht einstellen; ***~ à faire qc*** etw weiterhin tun
persienne [pɛʀsjɛn] *f* Fensterladen *m*
persiflage [pɛʀsiflaʒ] *m* Spott *m*
persifler [pɛʀsifle] <1> *vt (littér)* ***~ qn/qc*** über jdn/etw spötteln; *(plus fort)* jdn/etw verspotten
persifleur, -euse [pɛʀsiflœʀ, -øz] *m, f* Spötter(in) *m(f)*
persil [pɛʀsi] *m* Petersilie *f*

Aussprache
Das -l ist entgegen der Regelaussprache in **persil** stumm.

persillade [pɛʀsijad] *f* ❶ *fein gehackte Petersilie mit Knoblauch* ❷ *(plat) mit Petersilie und Knoblauch geschmortes Rindfleisch*
persillé(e) [pɛʀsije] *adj* ❶ mit Petersilie ❷ *(avec des moisissures) fromage* mit Blauschimmel; *viande* durchwachsen

P

persistance [pɛʀsistɑ̃s] *f* ❶ *(entêtement)* ~ ***dans qc*** Beharren *nt* auf etw *dat* ❷ *(continuité)* Andauern *nt*

persistant(e) [pɛʀsistɑ̃, ɑ̃t] *adj* ❶ anhaltend ❷ BOT immergrün

persister [pɛʀsiste] <1> *vi (persévérer)* ~ ***dans qc*** auf etw *dat* bestehen; ~ ***dans un projet*** hartnäckig an einem Projekt festhalten; ~ ***à faire qc*** etw weiterhin tun ▶ **qn persiste et signe** jd bleibt dabei

perso [pɛʀso] *adj inv (fam)* persönlich

persona grata [pɛʀsɔnagʀata] <persona grata> *f* Persona *f* grata; ***être*** ~ willkommen [*o* gern gesehen] sein; POL Persona grata sein

persona non grata [pɛʀsɔnanɔngʀata] <persona non grata> *f* Persona non grata *f*

personnage [pɛʀsɔnaʒ] *m* ❶ ART, LITTER Figur *f*, Person *f*; CINE Rolle *f*; ***les ~s de Walt Disney*** die Figuren Walt Disneys; ***jouer le ~ d'un voleur*** einen Dieb spielen; ~ ***principal*** Hauptperson *f* ❷ *(rôle)* Rolle *f*; ***soigner son*** ~ sein Image pflegen ❸ *(individu)* Typ *m*; *(femme)* Person *f*; ***un grossier*** ~ ein ungehobelter Kerl ❹ *(personnalité)* Persönlichkeit *f*; ***~s politiques*** politische Prominenz

personnalisation [pɛʀsɔnalizasjɔ̃] *f* Personalisierung *f*

personnalisé(e) [pɛʀsɔnalize] *adj* personalisiert; *accessoire, vêtement* individuell entworfen; *service* individuell

personnaliser [pɛʀsɔnalize] <1> *vt* ❶ *(adapter)* individuell gestalten ❷ *(rendre personnel)* ~ ***qc*** einer S. *dat* eine persönliche Note verleihen

personnalité [pɛʀsɔnalite] *f* ❶ *(caractère)* Persönlichkeit *f*; *d'un style, d'une œuvre* persönliche Note; ***avoir une forte*** [*o* ***de la***] ~ eine ausgeprägte Persönlichkeit sein ❷ *(personne)* Persönlichkeit *f*

personne[1] [pɛʀsɔn] *f* ❶ *(individu)* Person *f*; ***dix ~s*** 10 Leute; ~ ***âgée*** alter Mensch; ***les ~s âgées*** die Senioren; ***la ~ qui/les ~s qui*** derjenige, der/diejenigen, die; ***je respecte sa*** ~ ich respektiere ihn/sie als Menschen; ***tu ne penses qu'à ta*** ~ du denkst nur an dich selbst; ***satisfait de sa*** ~ von sich überzeugt ❷ *(femme)* Person *f*; *(jeune fille)* Mädchen *nt* ❸ *(être humain)* Mensch *m* ❹ GRAM Person *f* ❺ ***à charge*** Unterhaltsberechtigte(r) *f(m)* ▶ **grande** ~ Erwachsene(r) *f(m)*; **par** ~ **interposée** durch einen Mittelsmann; **tierce** ~ Dritte(r) *f(m)*; **en** ~ [höchst]persönlich

personne[2] [pɛʀsɔn] *pron indéf* ❶ *(opp: quelqu'un)* niemand; ***il n'y a*** ~ es ist niemand da; ~ ***d'autre*** niemand sonst, kein anderer ❷ *(quelqu'un)* jemand; ***une place sans presque*** ~ ein fast menschenleerer Platz ▶ **plus rapide que** ~ schneller als jede(r) andere

Grammatik und Co.

Während sich *gens* auf Leute als unbestimmtes Ganzes bezieht, wird **personne** verwendet, wenn man sich auf einzelne Personen bezieht:
Hier soir, j'ai rencontré des gens bizarres. – Gestern Abend habe ich merkwürdige Leute getroffen.
Hier soir, j'ai rencontré une personne bizarre. – Gestern Abend habe ich eine merkwürdige Person getroffen.

personnel [pɛʀsɔnɛl] *m* Personal *nt*; *d'une entreprise* Belegschaft *f*; ~ ***enseignant*** Lehrkörper *m*

personnel(le) [pɛʀsɔnɛl] *adj* ❶ *(individuel)* persönlich; *objets* des persönlichen Gebrauchs; *biens, fortune* Privat-; *style, idées* eigenwillig; ***à titre*** ~ persönlich ❷ GRAM persönlich; *forme* bestimmt; *pronom* Personal-; ***mode*** ~ *Bezeichnung für Indikativ, Konditional, Konjunktiv und Imperativ*

personnellement [pɛʀsɔnɛlmɑ̃] *adv* persönlich

personnification [pɛʀsɔnifikasjɔ̃] *f* ❶ *(action)* Personifizierung *f* ❷ *(incarnation)* Personifikation *f*

personnifié(e) [pɛʀsɔnifje] *adj* personifiziert, verkörpert, versinnbildlicht

personnifier [pɛʀsɔnifje] <1a> *vt* ❶ personifizieren ❷ *(incarner)* ~ ***qn/qc*** jd/etw in Person sein

perspective [pɛʀspɛktiv] *f* ❶ GEOM, ART Perspektive *f*; ~ ***aérienne*** Vogelperspektive; ***en*** ~ perspektivisch ❷ *(éventualité, horizon)* ~ ***de qc*** Aussicht *f* auf etw *akk*; ~ ***insoupçonnée*** ungeahnte Perspektive; ***une*** ~ ***réjouissante*** schöne Aussichten; ***~s d'avenir*** Zukunftsaussichten *Pl*; ***ouvrir des ~s*** Perspektiven eröffnen; ***à la ~ de qc*** bei der Aussicht auf etw *akk*; ***dans cette*** ~ zu diesem Zweck; ***en*** ~ in Aussicht ❸ *(panorama)* Ausblick *m* ❹ *(point de vue)* Gesichtspunkt *m*; ***changer de*** ~ den Blickwinkel ändern

perspicace [pɛʀspikas] *adj* ❶ *(sagace)* scharfsinnig ❷ *(très capable d'apercevoir)* scharfsichtig; *observation* scharf; ***d'un œil*** [*o* ***regard***] ~ mit Scharfblick

perspicacité [pɛʀspikasite] *f* Scharfblick *m; d'une prévision* Scharfsichtigkeit *f; d'une remarque* Scharfsinnigkeit *f*

persuader [pɛʀsɥade] <1> **I.** *vt* ~ ***qn de qc*** jdn von etw überzeugen; ~ ***qn de faire qc*** *(intellectuellement)* jdn [davon] überzeugen etw zu tun; *(sentimentalement)* jdn überreden etw zu tun; ~ ***qn que*** jdn davon überzeugen, dass **II.** *vpr* ***se*** ~ ***de qc*** von etw überzeugt sein; ***se*** ~ ***que*** sich *dat* einreden, dass

persuasif, -ive [pɛʀsɥazif, -iv] *adj* überzeugend

persuasion [pɛʀsɥazjɔ̃] *f* ❶ *(action)* Überzeugen *nt* ❷ *(conviction)* Überzeugung *f*

perte [pɛʀt] *f* ❶ *(privation)* Verlust *m; de facultés physiques* Nachlassen *nt;* ***en cas de*** ~ im Verlustfall; ~ ***du sommeil*** Schlaflosigkeit *f;* ~ ***de mémoire*** Gedächtnisverlust; ~ ***de temps/d'argent*** Zeit-/Geldverschwendung *f;* ~ ***d'autorité/de prestige*** Autoritäts-/Prestigeverlust ❷ COM Verlust *m* ❸ *(ruine)* Verderben *nt; (financière)* Ruin *m* ❹ *(déchet)* Abfall *m* ❺ *pl (morts)* Verluste *Pl* ▸ **renvoyer avec ~ et fracas** hochkantig rauswerfen *fam;* **à ~ de vue** *(très loin)* so weit das Auge reicht; *(interminablement)* endlos; **en pure ~** vergeblich; **courir à sa ~** in sein Verderben rennen; **à ~** mit Verlust

pertinemment [pɛʀtinamɑ̃] *adv* ❶ [ganz] genau ❷ *(littér: justement) répondre* treffend, passend; *parler* sachkundig

pertinence [pɛʀtinɑ̃s] *f* Zutreffen *nt; d'un argument, raisonnement* Stichhaltigkeit *f;* ***parler avec*** ~ mit Sachkunde sprechen; ***conseiller qn avec*** ~ jdn sachdienlich beraten

pertinent(e) [pɛʀtinɑ̃, ɑ̃t] *adj* treffend

pertuis [pɛʀtɥi] *m* ❶ GEOG Meerenge *f; d'un fleuve* Verengung *f* ❷ TECH Schleusenöffnung *f* ❸ DIAL *(détroit)* Pass *m*

perturbant(e) [pɛʀtyʀbɑ̃, ɑ̃t] *adj situation* belastend

perturbateur, -trice [pɛʀtyʀbatœʀ, -tʀis] **I.** *adj* störend **II.** *m, f* Unruhestifter(in) *m(f); (élève)* Störenfried *m*

perturbation [pɛʀtyʀbasjɔ̃] *f* Störung *f*

perturbé(e) [pɛʀtyʀbe] *adj* ❶ *personne* verstört ❷ *ordre* gestört; *service* durcheinandergebracht; *monde* auf den Kopf gestellt; ***un trafic*** ~ eine Verkehrsbehinderung

perturber [pɛʀtyʀbe] <1> *vt* durcheinanderbringen; ~ ***qc*** sich störend auf etw *akk* auswirken

pervenche [pɛʀvɑ̃ʃ] *f* ❶ BOT Immergrün *nt* ❷ *(fam)* Politesse *f*

pervers(e) [pɛʀvɛʀ, ɛʀs] **I.** *adj* pervers **II.** *m(f)* perverser Mensch; ***c'est un*** ~ er ist pervers [veranlagt]

perversion [pɛʀvɛʀsjɔ̃] *f* ❶ Pervertierung *f; des coutumes* Verfall *m* ❷ PSYCH Perversion *f*

perversité [pɛʀvɛʀsite] *f (méchanceté)* Verderbtheit *f; d'actes, de paroles* Niederträchtigkeit *f*

perverti(e) [pɛʀvɛʀti] *adj* pervertiert; *jeunesse* verdorben; *mœurs* verfallen; *odorat* gestört

pervertir [pɛʀvɛʀtiʀ] <8> *vt (corrompre)* verderben

pesage [pəzaʒ] *m* Wiegen *nt; d'objets* Wiegen, Abwiegen *nt;* ***appareil de*** ~ Waage *f*

pesamment [pəzamɑ̃] *adv* schwer; *(sans grâce)* schwerfällig

pesant [pəzɑ̃] *m* ▸ **valoir son ~ d'or** *(fam)* nicht mit Gold zu bezahlen sein

pesant(e) [pəzɑ̃, ɑ̃t] *adj* schwer; *sommeil* bleiern; *atmosphère, silence* bedrückend

pesanteur [pəzɑ̃tœʀ] *f* ❶ PHYS Schwerkraft *f* ❷ *pl (inertie)* Schwerfälligkeit *f* ❸ *(manque de finesse)* Schwerfälligkeit *f*

pèse-bébé [pɛzbebe] <pèse-bébé[s]> *m* Säuglingswaage *f*

pesée [pəze] *f* Wiegen *nt; d'objets* Wiegen, Abwiegen *nt* **pèse-personne** [pɛzpɛʀsɔn] <pèse-personnes> *m* Personenwaage *f*

peser [pəze] <4> **I.** *vt* ❶ *(mesurer le poids)* wiegen, abwiegen *marchandises, ingrédients* ❷ *(estimer)* abwägen; ~ ***ses mots*** sich *dat* seine Worte reiflich überlegen ▸ **emballez, c'est pesé** *(fam)* so, das wär's; **tout bien pesé** nach reiflicher Überlegung **II.** *vi* ❶ *(avoir un certain poids)* wiegen; ***ne rien*** ~ nicht viel wiegen; ~ ***lourd*** viel wiegen; ~ ***1 milliard d'euros*** *(fam)* 1 Milliarde Euro schwer sein ❷ *(être lourd)* schwer sein ❸ *(exercer une pression)* ~ ***sur/contre qc*** auf/gegen etw *akk* drücken; ***les frites lui pèsent sur l'estomac*** die Pommes frites liegen ihm schwer im Magen ❹ *(accabler)* ***ce climat me pèse*** dieses Klima macht mir [schwer] zu schaffen; ***des soupçons pèsent sur lui*** Verdachtsmomente lasten auf ihm; ***des remords pesaient sur elle*** Gewissensbisse belasteten sie ❺ *(influencer)* ins Ge-

P

wicht fallen; ~ ***sur qn/qc*** jdn/etw beeinflussen **III.** *vpr* ***se*** ~ sich wiegen

pessaire [pesɛʀ] *m* Pessar *m*

pessimisme [pesimism] *m* Pessimismus *m*

pessimiste [pesimist] **I.** *adj* pessimistisch **II.** *m, f* Pessimist *m*

peste [pɛst] *f* ❶ MED Pest *f* ❷ *(personne ou chose)* Plage *f* ▶ **craindre/éviter qn/qc comme la** ~ jdn/etw wie die Pest fürchten/meiden; **se méfier de qn/qc comme de la** ~ sich vor jdm/etw wie vor der Pest hüten

pester [pɛste] <1> *vi* schimpfen; ~ ***contre qn/qc*** auf jdn/etw schimpfen

pesticide [pɛstisid] **I.** *adj* Schädlingsbekämpfungs- **II.** *m* Schädlingsbekämpfungsmittel *nt*

pet [pɛ] *m (fam)* Furz *m*

pétainiste [petenist] *mf* HIST Anhänger(in) *m(f)* Pétains

pétale [petal] *m* Blütenblatt *nt*

pétanque [petɑ̃k] *f* Boulespiel *nt*

Land und Leute

Ursprünglich aus Südfrankreich kommt der Volkssport der Franzosen: **pétanque**. Auf einem Spielfeld im Freien gilt es, spezielle Metallkugeln möglichst nah an eine kleine Holzkugel, *cochonnet* („Schweinchen") genannt, heranzuwerfen. Mit einem Wurf versucht man entweder eine gegnerische Kugel wegzuschießen *(tirer)* oder die eigene Kugel so gut wie möglich zu platzieren *(pointer)*.

pétant(e) [petɑ̃, ɑ̃t] *adj (fam)* ***huit heures ~[es]*** Punkt acht [Uhr]; ***midi*** ~ Punkt zwölf

pétarade [petaʀad] *f* Geknalle *nt; d'une mobylette* Geknatter *nt*

pétarader [petaʀade] <1> *vi* knattern

pétard [petaʀ] *m* ❶ *(explosif)* Knallkörper *m* ❷ *(fam: cigarette de haschich)* Joint *m* ❸ *(fam: postérieur)* Hinterteil *nt* ▶ **être/se mettre en** ~ *(fam)* fuchsteufelswild sein/werden

pétasse [petas] *f (péj vulg)* blöde Zicke *f fam*

pétaudière [petodjɛʀ] *f* Durcheinander *nt*

pet-de-nonne [pɛdnɔn] <pets-de--nonne> *m kleiner, in Schmalz gebackener Krapfen*

pété(e) [pete] *adj (fam: ivre)* sturzbesoffen *fam; (drogué)* zu[gedröhnt] *sl*

péter [pete] <5> **I.** *vi (fam)* ❶ *(faire un pet)* furzen *fam* ❷ *(éclater)* platzen; *verre, assiette:* [zer]springen **II.** *vt* ❶ *(fam)* ***j'ai pété la couture de mon pantalon*** mir ist die Hosennaht geplatzt ❷ *(offrir)* ***faire ~ qc*** etw springen lassen *fam* ▶ ~ **les plombs** *(fam)* durchdrehen, ausflippen

pète-sec [pɛtsɛk] **I.** *adj inv (fam)* schroff; *air* autoritär **II.** *m, f inv (fam)* Feldwebel *m*

péteux, -euse [petø, -øz] *m, f (fam)* Angsthase *m fam*

pétillant(e) [petijɑ̃, jɑ̃t] *adj* ❶ *eau* sprudelnd; *champagne* perlend; *boisson* mit Kohlensäure; ***eau ~e*** Sprudel *m* ❷ *(brillant)* glitzernd; ***des yeux ~s de malice/gaieté*** schelmisch funkelnde/vor Fröhlichkeit sprühende Augen

pétillement [petijmɑ̃] *m* ❶ *du feu* Knistern *nt; de l'eau, d'une boisson* Sprudeln *nt; du champagne* Perlen *nt* ❷ *(scintillement)* Funkeln *nt*

pétiller [petije] <1> *vi* ❶ *(faire des bulles)* sprudeln; *champagne:* perlen; ***boisson qui pétille*** Getränk *nt* mit Kohlensäure ❷ *(être bouillant de)* ~ ***de gaieté/de malice*** vor Fröhlichkeit *dat* sprühen/schelmisch funkeln

petiot(e) [pətjo, jɔt] **I.** *adj (fam)* [ganz] klein **II.** *m(f) (fam)* Kleine(r) *f(m)*

petit(e) [p(ə)ti, it] **I.** *adj* ❶ *(opp: grand)* klein; *lumière* schwach; *pluie* fein; ***au ~ jour*** bei Tagesanbruch; ***à ~e vitesse*** langsam ❷ *(de courte durée)* kurz; ***faire un ~ salut/sourire*** kurz grüßen/lächeln ❸ *(de basse extraction)* klein; ~ ***paysan*** Kleinbauer *m* ❹ *(jeune)* klein; ~ ***chat*** Kätzchen *nt;* ~ ***Jésus*** Jesuskind *nt;* ***les ~es classes*** die unteren Klassen ❺ *(terme affectueux)* klein; *mots* leise; ~ ***chou*** mein Liebling; ***ton ~ mari*** deine bessere Hälfte *fam;* ~ ***copain*** [*o* ***ami***] Freund *m* ❻ *(condescendant)* ***jouer au ~ chef*** den Chef spielen ❼ *esprit* kleinlich; *intérêts* niedrig ❽ *vin, année, cru* einfach; *santé* schwach ❾ *(pour atténuer)* klein; *heure, kilo, mètre* knapp ❿ *(miniature)* klein; ***~s soldats*** Zinnsoldaten *Pl;* ***~es voitures*** Spielzeugautos *Pl* ▶ **se faire tout** ~ sich ganz klein machen **II.** *m(f)* ❶ *(enfant)* Kleine(r) *f(m); (enfant de qn)* Kleine(r), Kind *nt* ❷ ZOOL Junge(s) *nt* ▶ **mon ~/ma ~e** *(gentiment)* mein Kleiner/meine Kleine; *(méchamment)* mein Guter/meine Gute; **~, ~, ~!** put, put, put! **III.** *adv* ***voir*** ~ [zu] knapp rechnen ▶ ~ **à** ~ allmählich; **en** ~ im Kleinen

petit-beurre [p(ə)tibœʀ] <petits-

-beurre> *m* Butterkeks *m* **petit--bourgeois, petite-bourgeoise** [p(ə)tibuʀʒwa, p(ə)titbuʀʒwaz] <petits-bourgeois> **I.** *adj (péj)* spießig **II.** *m, f (péj)* Spießer(in) *m(f)*
petit-déj [p(ə)tidɛʒ] <petits-déjs> *m (fam) abr de* **petit-déjeuner** **petit-déjeuner** [p(ə)tideʒœne] <petits-déjeuners> *m* Frühstück *nt*
petite-fille [p(ə)titfij] <petites-filles> *f* Enkelin *f*, Enkeltochter *f*
petitement [pətitmɑ̃] *adv* ❶ *(chichement)* bescheiden; *vivre* bescheiden, in ärmlichen Verhältnissen ❷ *(à l'étroit)* sehr beengt ❸ *(avec mesquinerie)* kleinlich; *penser* sehr einseitig **petite-nièce** [p(ə)titnjɛs] <petites-nièces> *f* Großnichte *f*
petitesse [pətitɛs] *f* ❶ Kleinheit *f* ❷ *(mesquinerie)* Kleinlichkeit *f*
petit-fils [p(ə)tifis] <petits-fils> *m* Enkel *m*, Enkelsohn *m*

Aussprache
Bei **petit-fils** wird das -s am Ende gesprochen, das -l- bleibt stumm.

petit-four <petits-fours> *m exquisites Kleingebäck*
pétition [petisjɔ̃] *f* Petition *f*
pétitionnaire [petisjɔnɛʀ] *mf* JUR Petent *m*
petit-lait [p(ə)tilɛ] <petits-laits> *m* Molke *f* ► **qn boit du ~** es/das geht jdm runter wie Öl **petit-neveu** [p(ə)tin(ə)vø] <petits-neveux> *m* Großneffe *m*
petits-enfants [p(ə)tizɑ̃fɑ̃] *mpl* Enkel[kinder] *Pl*

Aussprache
Zwischen **petits** und **enfants** ist die Liaison obligatorisch; das -s von *petits* wird stimmhaft gesprochen.

petit-suisse [p(ə)tisɥis] <petits-suisses> *m kleiner runder sahniger Frischkäse*
pétochard(e) [petɔʃaʀ, aʀd] *m(f) (fam)* Angsthase *m fam*
peton [pətɔ̃] *m (fam)* Füßchen *nt*
pétoncle [petɔ̃kl] *m* ZOOL Archenkammmuschel *f*
pétrification [petʀifikasjɔ̃] *f* ❶ GEOL Versteinerung *f* ❷ *(immobilisation)* Erstarrung *f*
pétrifié(e) [petʀifje] *adj* ❶ *(changé en pierre)* versteinert ❷ *(médusé)* wie versteinert; **~ *de terreur*** starr vor Schreck *dat*
pétrifier [petʀifje] <1a> **I.** *vt* ❶ *(changer en pierre)* versteinern ❷ *(méduser, figer)* erstarren lassen; *timidité:* lähmen; ***~ qn de terreur*** jdn vor Schreck *dat* erstarren lassen **II.** *vpr* **se ~** ❶ *(se changer en pierre)* versteinern ❷ *(se figer)* erstarren; *sourire:* erstarren, gefrieren
pétrin [petʀɛ̃] *m (fam: difficultés)* Patsche *f*; ***être dans le ~*** in der Tinte sitzen; ***se fourrer dans le ~*** in Teufels Küche kommen
pétrir [petʀiʀ] <8> *vt (malaxer)* kneten
pétrochimie [petʀoʃimi] *f* Petrochemie *f*
pétrochimique [petʀoʃimik] *adj* petrochemisch
pétrodollar [petʀodɔlaʀ] *m* Petrodollar *m*
pétrole [petʀɔl] **I.** *m* [Erd]öl *nt* **II.** *app bleu, vert* Petrol-
pétrolette [petʀɔlɛt] *f (fam)* ❶ *(voiture)* Karre *f fam* ❷ *(moto)* Moped *nt fam*
pétrolier [petʀɔlje] *m (navire)* [Öl]tanker *m*
pétrolier, -ière [petʀɔlje, -jɛʀ] *adj* [Erd]öl-
pétrolifère [petʀɔlifɛʀ] *adj* Erdöl-
pétulance [petylɑ̃s] *f* Ausgelassenheit *f*, Überschwänglichkeit *f*
pétulant(e) [petylɑ̃, ɑ̃t] *adj personne* ausgelassen; *joie* überschäumend
pétunia [petynja] *m* BOT Petunie *f*
peu [pø] **I.** *adv* ❶ *(opp: beaucoup, très)* wenig; *avec un adj ou un adv* nicht sehr; ***être ~ aimable*** nicht [gerade] sehr freundlich sein; **~ *avant/après*** kurz davor/darauf; ***avant*** [*o* ***d'ici***] [*o* ***sous***] **~** in Kürze; ***depuis ~*** seit Kurzem; ***bien/trop ~*** recht/zu wenig; **~ *de temps/d'argent*** wenig Zeit/Geld; **~ *de voitures*** wenig[e] Autos; **~ *de jours*** ein paar Tage; ***en ~ de temps*** in kurzer Zeit ❷ *(rarement)* **~** [***souvent***] selten ► **c'est ~ dire** das ist noch gelinde ausgedrückt; **ce n'est pas ~ dire** das will schon etwas heißen; **~ à ~** nach und nach; **à ~ près** ungefähr; **de ~** [nur] knapp; ***éviter qn de ~*** jdm gerade noch ausweichen können **II.** *pron indéf* ❶ *(peu de personnes)* wenige ❷ *(peu de choses)* wenig; **~ *importe*** das ist nicht so wichtig **III.** *m* ***le ~ de temps/d'argent qu'il me reste*** das bisschen Zeit/Geld, das mir bleibt; ***ton ~ de confiance en toi*** dein geringes Selbstvertrauen; ***le ~ de personnes/choses*** die paar Menschen/Dinge; ***le ~ que j'ai vu*** das bisschen, das [*o* was] ich gesehen habe; ***un ~ de beurre/bonne***

P

volonté ein wenig [*o* bisschen] Butter/guten Willen; ***un ~ de monde*** ein paar Leute ▶ **attends un ~ que je t'attrape** *(fam)* warte nur, bis ich dich kriege; **un ~ partout** fast überall; [**et**] **pas qu'un ~!** [und] das nicht zu knapp! *fam;* **pour un ~** beinahe; **pour si ~** wegen so einer Kleinigkeit; **pour ~ que qn fasse qc** wenn jd auch nur etw tut; **si ~ qu'on lui donne, ...** mag es auch noch so wenig sein, das man ihm gibt, ...; **un tant soit ~** ein [ganz] klein wenig; **bien sûr que je suis un ~ là** und ob ich hier bin *fam;* **un ~ que j'ai raison!** und ob ich Recht habe!

peuchère [pøʃɛʀ] *interj* MIDI du liebe Zeit

peuplade [pœplad] *f* Volksstamm *m*

peuple [pœpl] *m* Volk *nt;* ***le ~ chrétien*** die Christen; ***le ~ palestinien*** die Palästinenser; ***le ~ élu*** das auserwählte Volk

peuplé(e) [pœple] *adj* [dicht] bevölkert; *région* [dicht] besiedelt; ***être ~ de personnes/choses*** voller Menschen/Dinge sein

peuplement [pœpləmɑ̃] *m* ❶ *(action de peupler)* Besied[e]lung *f; (avec des arbres)* Aufforstung *f* ❷ *(densité)* Bevölkerung *f*

peupler [pœple] <1> *vt* ❶ *(pourvoir)* ***~ un lieu d'animaux*** Tiere an einem Ort ansiedeln ❷ *(habiter)* ***~ un pays/une région*** *personnes:* ein Land/eine Region bewohnen

peuplier [pøplije] *m* Pappel *f*

peur [pœʀ] *f* Angst *f;* ***~ de*** [*o* ***devant***] ***qn/qc*** Angst vor jdm/etw; ***la ~ du ridicule*** die Angst sich lächerlich zu machen; ***avoir ~ de faire qc*** Angst davor haben etw zu tun; ***avoir ~ pour qn*** Angst um jdn haben; ***avoir ~ pour sa vie/santé*** um sein Leben/seine Gesundheit fürchten; ***avoir ~ pour son avenir*** sich *dat* um seine Zukunft Sorgen machen; ***avoir ~ que*** *+subj* Angst haben, dass; ***faire ~ à qn*** jdm Angst machen ▶ **avoir eu plus de ~ que de mal** mit dem [bloßen] Schrecken davongekommen sein; **n'ayons pas ~ des mots** scheuen wir uns nicht es ganz offen auszusprechen; **avoir une ~ bleue** eine Heidenangst haben *fam;* **j'ai bien ~ que qn ait fait qc** ich befürchte sehr, dass jd etw getan hat; **à faire ~** furchtbar; ***laid à faire ~*** furchtbar hässlich; **prendre ~** Angst bekommen; **de ~** vor Angst; **de ~ de faire qc/que qn fasse qc** aus Angst davor[,] etw zu tun/dass jd etw tut; **par ~ du ridicule** aus Angst sich lächerlich zu machen; **par ~ des critiques** aus Angst vor Kritik

peureusement [pøʀøzmɑ̃] *adv* ängstlich

peureux, -euse [pœʀø, -øz] **I.** *adj* ängstlich **II.** *m, f* Angsthase *m fam*

peut [pø] *indic prés de* **pouvoir**

peut-être [pøtɛtʀ] *adv* ❶ *(éventuellement)* vielleicht; ***~ que qn va faire qc*** es kann sein, dass jd etw tun wird; ***~ bien*** kann gut sein ❷ *(environ)* ungefähr ❸ *(marque de doute)* mag ja sein; ***ce médicament est ~ efficace, mais ...*** dieses Medikament mag ja wirkungsvoll sein, aber ...

peuvent [pøv], **peux** [pø] *indic prés de* **pouvoir**

pèze [pɛz] *m (arg)* Schotter *m fam*

pfennig [pfenig] *m* HIST Pfennig *m*

pH [peaʃ] *m inv abr de* **potentiel d'Hydrogène** pH-Wert *m*

phalange [falɑ̃ʒ] *f* ANAT *du doigt* Fingerglied *nt; de l'orteil* Zehenglied *nt*

phallique [falik] *adj* Phallus-, phallisch

phallus [falys] *m* Phallus *m*

phantasme *v.* **fantasme**

pharamineux, -euse *v.* **faramineux**

pharaon [faʀaɔ̃] *m* HIST Pharao *m*

phare [faʀ] *m* ❶ *(projecteur)* Scheinwerfer *m;* ***~ antibrouillard*** Nebelscheinwerfer; ***être/se mettre en ~s*** das Fernlicht eingeschaltet haben/einschalten ❷ *(tour)* Leuchtturm *m*

pharisien(ne) [faʀizjɛ̃, jɛn] *m(f)* Pharisäer(in) *m(f)*

pharmaceutique [faʀmasøtik] *adj* pharmazeutisch; ***préparation ~*** Arznei[mittel *nt*] *f*

pharmacie [faʀmasi] *f* ❶ *(boutique)* Apotheke *f;* ***~ de garde*** Notdienstapotheke ❷ *(science)* Pharmazie *f* ❸ *(armoire)* Hausapotheke *f*

pharmacien(ne) [faʀmasjɛ̃, jɛn] *m(f)* Apotheker(in) *m(f)*

pharmacodépendant(e) [faʀmakodepɑ̃dɑ̃, ɑ̃t] *m(f)* Tablettensüchtige(r) *f(m)*

pharmacologie [faʀmakɔlɔʒi] *f* Pharmakologie *f,* Arzneimittelkunde *f*

pharyngite [faʀɛ̃ʒit] *f* MED Rachenkatarr[h] *m*

pharynx [faʀɛ̃ks] *m* ANAT Rachen *m*

phase [fɑz] *f* Phase *f; d'une maladie* Stadium *nt;* ***~ de la lune*** Mondphase

phénoménal(e) [fenɔmenal, -o] <-aux> *adj (extraordinaire)* phänomenal

phénomène [fenɔmɛn] *m* ❶ *(fait)* Phänomen *nt* ❷ *(fam: individu)* komischer Kauz

philanthrope [filɑ̃tʀɔp] *mf* ❶ *(ami du genre humain)* Menschenfreund(in) *m(f)* ❷ *(mécène)* Wohltäter(in) *m(f)* an der Menschheit

P

philanthropie [filɑ̃tʀɔpi] *f* Menschenliebe *f,* Philanthropie *f*
philanthropique [filɑ̃tʀɔpik] *adj* ***dans un but*** ~ zum Wohle der Menschheit; ***à caractère*** ~ zu wohltätigen Zwecken
philatélie [filateli] *f* ❶ *(science)* Philatelie *f* ❷ *(hobby)* Briefmarkensammeln *nt*
philatéliste [filatelist] *mf* Briefmarkensammler *m*
philharmonie [filaʀmɔni] *f* Philharmonie *f*
philippin(e) [filipɛ̃, in] *adj* philippinisch
Philippin(e) [filipɛ̃, in] *m(f)* Philippine/-rin *m/f,* Filipino *m/*Filipina *f*
Philippines [filipin] *fpl* ***les*** ~ die Philippinen
philistin [filistɛ̃] *m* Philister *m*
philo [filo] *f (fam) abr de* **philosophie**
philologie [filɔlɔʒi] *f* Philologie *f*
philologique [filɔlɔʒik] *adj* philologisch
philologue [filɔlɔg] *mf* Philologe *m/*Philologin *f*
philosophe [filɔzɔf] **I.** *adj* weise **II.** *mf* Philosoph *m*
philosopher [filɔzɔfe] <1> *vi* philosophieren
philosophie [filɔzɔfi] *f* ❶ *(science, conception)* Philosophie *f* ❷ *(art de vivre)* Lebensphilosophie *f* ❸ *(flegme, sagesse)* Weisheit *f*
philosophique [filɔzɔfik] *adj* philosophisch
philosophiquement [filɔzɔfikmɑ̃] *adv* philosophisch; *(avec sagesse, calme)* gelassen
philtre [filtʀ] *m* Liebestrank *m*
phishing [fiʃiŋ] *m* INFORM Phishing *nt*
pH-neutre [peaʃnøtʀ] *adj* pH-neutral
phobie [fɔbi] *f* ❶ *(aversion)* ***avoir la ~ de qc*** eine Aversion gegen etw haben ❷ PSYCH Phobie *f*
phobique [fɔbik] *adj* phobisch
phocéen(ne) [fɔseɛ̃, ɛn] *adj* ***cité ~ne*** Marseille *nt;* ***l'équipe ~ne*** die Marseiller Mannschaft
phone [fɔn] *m* PHYS Phon *nt*
phonème [fɔnɛm] *m* LING Phonem *nt*
phonétique [fɔnetik] **I.** *f* ❶ *(science)* Phonetik *f* ❷ *(transcription)* Lautschrift *f* **II.** *adj* phonetisch; *écriture* Laut-; *signes* Lautschrift-
phonétiquement [fɔnetikmɑ̃] *adv* phonetisch
phonique [fɔnik] *adj* ❶ phonisch; *procédé* Lautbildungs- ❷ *isolation* Schall-; *nuisances* Lärm-
phonographe [fɔnɔgʀaf] *m* Phonograph *m*
phonologie [fɔnɔlɔʒi] *f* Phonologie *f*
phoque [fɔk] *m* Seehund *m*
phosphate [fɔsfat] *m* ❶ CHIM Phosphat *nt* ❷ *(engrais)* Phosphatdünger *m*
phosphore [fɔsfɔʀ] *m* CHIM Phosphor *m*
phosphorer [fɔsfɔʀe] <1> *vi (fam)* ~ ***sur une question*** über einer Frage brüten; ***ça phosphore sec, par ici!*** hier riechts verdammt nach Arbeit! *fam*
phosphorescence [fɔsfɔʀesɑ̃s] *f* Leuchten *nt; des poissons* Glitzern *nt*
phosphorescent(e) [fɔsfɔʀesɑ̃, ɑ̃t] *adj* PHYS phosphoreszierend
phosphorique [fɔsfɔʀik] *adj* Phosphor-
photo [fɔto] *f abr de* **photographie** ❶ *(cliché)* Foto *nt;* ~ ***couleur*** Farbfoto; ~ ***noir et blanc*** Schwarz-Weiß-Foto; ~ ***de famille*** Familienfoto; ~ ***d'identité*** Passfoto; ***faire une*** ~ ein Foto machen; ***prendre qn/qc en*** ~ ein Foto von jdm/etw machen; ***en*** ~ auf dem Bild ❷ *(art)* Fotografie *f;* ***faire de la*** ~ fotografieren ▶ **tu veux ma ~?** *(fam)* was glotzt du mich so an?; **il n'y a pas ~!, y a pas ~!** *(fam)* da gibt's gar nichts!, das ist so klar wie sonst was!
photoblog[ue] [fotoblɔg] *m* INFORM Fotoblog *nt o m*
photocopie [fɔtɔkɔpi] *f* Fotokopie *f*
photocopier [fɔtɔkɔpje] <1> *vt* [foto]kopieren
photocopieur [fɔtɔkɔpjœʀ] *m,* **photocopieuse** [fɔtɔkɔpjøz] *f* [Foto]kopierer *m*
photocopillage [fɔtɔkɔpijaʒ] *m* illegales Fotokopieren *nt*
photogénique [fɔtɔʒenik] *adj* fotogen
photographe [fɔtɔgʀaf] *mf* Fotograf *m*
photographie [fɔtɔgʀafi] *f* Fotografie *f*
photographier [fɔtɔgʀafje] <1> *vt* ❶ PHOT fotografieren ❷ *(mémoriser)* sich *dat* genau merken
photographique [fɔtɔgʀafik] *adj* fotografisch; ***appareil*** ~ Fotoapparat *m*
photojournaliste [fɔtoʒuʀnalist] *mf* Bildjournalist(in) *m(f)*
photolyse [fɔtɔliz] *f* BIO Fotolyse *f*
photomaton® [fɔtɔmatɔ̃] *m* Passbildautomat *m*
photomontage [fɔtomɔ̃taʒ] *m* Fotomontage *f*
photon [fɔtɔ̃] *m* PHYS Photon *nt*
photophore [fɔtɔfɔʀ] *m* ❶ *(porte-bougie)* Windlicht *nt* ❷ *(flambeau)* [Kerzen]fackel *f*
photopile [fɔtopil] *f* [Sperrschicht]fotozelle *f*

photosensibilisation [fɔtosɑ̃sibilizasjɔ̃] *f* MED Lichtempfindlichkeit *f*
photosynthèse [fɔtosɛ̃tɛz] *f* BIO Fotosynthese *f*
photothérapie [fɔtɔteʀapi] *f* MED Lichttherapie *f*, Lichtbehandlung *f*
photovoltaïque [fɔtovɔltaik] *adj* ELEC fotovoltaisch; ***technique*** ~ Fotovoltaik *f*
phrase [fʀɑz] *f* Satz *m;* ~ ***affirmative/négative*** bejahter/verneinter Satz ▶ ~ **toute faite** Redewendung *f*
phrasé [fʀɑze] *m* Phrasierung *f*
phraséologie [fʀazeɔlɔʒi] *f* ❶ LING Phraseologie *f; d'un auteur* Diktion *f;* ***la ~ juridique*** die juristische Ausdrucksweise ❷ *(littér: verbiage)* leere Phrasen, Phrasendrescherei *f* ❸ *(jargon)* ***la ~ marxiste*** der marxistische Jargon; ***la ~ à la mode*** der aktuelle Jargon
physalis [fizalis] *m* BOT Physalis *f*
physicien(ne) [fizisjɛ̃, jɛn] *m(f)* Physiker(in) *m(f)*
physicochimie [fizikoʃimi] *f* physikalische Chemie
physiologie [fizjɔlɔʒi] *f* Physiologie *f*
physiologique [fizjɔlɔʒik] *adj* physiologisch
physiologiquement [fizjɔlɔʒikmɑ̃] *adv* physiologisch [gesehen]
physiologiste [fizjɔlɔʒist] *mf* Physiologe *m*/Physiologin *f*
physionomie [fizjɔnɔmi] *f* Gesicht *nt; antipathique* Physiognomie *f;* ***jeux de ~*** Mimik *f*
physionomiste [fizjɔnɔmist] **I.** *adj* ***être ~*** ein gutes Personengedächtnis haben **II.** *mf* Mensch *m*, der ein gutes Personengedächtnis hat
physiothérapie [fizjoteʀapi] *f* Physiotherapie *f*
physique [fizik] **I.** *adj* ❶ *(corporel)* physisch; *effort, fatigue* körperlich; *culture* Körper-; ***éducation*** ~ Turnen *nt;* ***exercice*** ~ sportliche Betätigung ❷ PHYS physikalisch; ***sciences ~s*** [die] Physik und [die] Chemie ❸ *amour* körperlich; *plaisir* Sinnes- ❹ *(qui concerne la nature)* physisch ▶ **c'est** ~ er/sie kann nichts dafür **II.** *m* ❶ *(aspect extérieur)* Äußere(s) *nt;* ***avoir un beau*** ~ gut aussehen ❷ *(constitution)* ***grâce à son ~ robuste*** dank seiner/ihrer robusten Natur ▶ **il/elle a le ~ de l'emploi** man sieht ihm/ihr seinen/ihren Beruf an; **avoir un** ~ das gewisse Etwas haben **III.** *f* Physik *f*
physiquement [fizikmɑ̃] *adv* ❶ *(concernant le corps)* körperlich ❷ *(concernant l'apparence)* ***~, elle est assez jolie*** sie ist eine hübsche Erscheinung; ***être très bien*** ~ gut aussehen
phytobiologie [fitobjɔlɔʒi] *f* Pflanzenbiologie *f*
phytosanitaire [fitosanitɛʀ] *adj* ***produit*** ~ Pflanzenschutzmittel *nt*
phytotechnologie [fitotɛknɔlɔʒi] *f* Pflanzentechnologie *f*
phytothérapie [fitoteʀapi] *f* Pflanzenheilkunde *f*, Pflanzenmedizin *f*
pi [pi] *m inv a.* MATH Pi *nt*
piaf [pjaf] *m (fam)* Spatz *m*
piaffer [pjafe] <1> *vi* ❶ *cheval:* [ungeduldig mit den Vorderhufen] stampfen ❷ *(s'agiter)* ~ ***sur place*** ungeduldig von einem Fuß auf den anderen treten
piaillard(e) [pjɑjaʀ, jaʀd] **I.** *adj (fam) moineau* piepsend; *enfant* plärrend; *femme* kreischend **II.** *m(f) (fam)* Schreihals *m fam*
piaillement [pjɑjmɑ̃] *m d'un oiseau* Gepiep[s]e *nt; d'un enfant* Geplärr[e] *nt; d'une femme* Gekreisch[e] *nt*
piailler [pjɑje] <1> *vi animal:* piep[s]en; *enfant:* plärren; *femme:* kreischen
pianissimo [pjanisimo] **I.** *adv* MUS pianissimo **II.** *m* MUS Pianissimo *nt*
pianiste [pjanist] *mf* Pianist *m*
pianiste-vedette [pjanistvədɛt] <pianistes-vedettes> *mf* Starpianist(in) *m(f)*
pianistique [pjanistik] *adj* Klavier-; *version* für Klavier
piano [pjano] **I.** *m* MUS Klavier *nt;* ~ ***à queue*** Flügel *m;* ***jouer du*** ~ Klavier spielen **II.** *adv* leise, piano; *[y]* ***aller*** ~ *(fam)* es langsam angehen; ***vas-y*** ~ immer mit der Ruhe *fam*
pianotage [pjanɔtaʒ] *m* [Klavier]geklimper *nt fam*
pianoter [pjanɔte] <1> *vi* ❶ *(jouer sans talent)* ~ ***sur un piano*** auf einem Klavier herumklimpern *fam* ❷ *(taper comme un débutant)* ~ ***sur un ordinateur*** an einem Rechner herumtippen; ~ ***sur un minitel*** an einem Minitel-Terminal herumspielen ❸ *(tapoter du bout des doigts)* ~ ***sur la table/vitre*** ungeduldig mit den Fingern auf den Tisch/gegen das Fenster trommeln
piastre [pjastʀ] *f* ❶ *(ancienne monnaie)* Piaster *m* ❷ CAN *(fam: dollar)* Dollar *m* ❸ CAN *(fig: argent)* Geld *nt*, Mammon *m pej*
piaule [pjol] *f (fam)* Bude *f*
piaulement [pjolmɑ̃] *m d'un poulet* Gepiep[s]e *nt*, Piep[s]en *nt; d'une poulie* Quietschen *nt; d'un chanteur* Gequäke *nt*
piauler [pjole] <1> *vi animal:* piep[s]en,

quiek[s]en; *poulie, gond:* quietschen; *personne:* plärren

P.I.B. [peibe] *m abr de* **produit intérieur brut** B.I.P. *nt*

pic [pik] *m (sommet)* Bergspitze *f* ▸ **tomber à ~** gerade recht kommen; *personne:* wie gerufen kommen; **à ~** steil; ***couler à ~*** ganz plötzlich versinken

Picardie [pikaʀdi] *f **la ~*** die Picardie

piccolo [pikɔlo] *m* MUS Pikkoloflöte *f*

pichenette [piʃnɛt] *f* Klaps *m,* Schnipser *m; **repousser qc d'une ~*** etw wegschnippen; ***faire une ~ sur l'oreille de qn*** jdm ans Ohr schnipsen

pichet [piʃɛ] *m* kleiner Krug

pickpocket [pikpɔkɛt] *m* Taschendieb *m*

pick-up [pikœp] *m inv (vieilli: électrophone)* Plattenspieler *m*

picoler [pikɔle] <1> *vi (fam)* bechern

picorer [pikɔʀe] <1> **I.** *vi* ❶ *(becqueter) animal:* picken ❷ *(grignoter) personne:* knabbern; **~ *dans son assiette*** in seinem Essen herumstochern *fam* **II.** *vt* ❶ *(becqueter) animal:* [auf]picken ❷ *(grignoter) personne:* knabbern; **~ *qc dans l'assiette de qn*** ab und zu etw von jds Teller stibitzen *fam*

picotement [pikɔtmɑ̃] *m* Kribbeln *nt; (dans les yeux)* Brennen *nt*

picoter [pikɔte] <1> *vt **la fumée me picote les yeux*** der Rauch brennt mir in den Augen; ***le froid picote/les orties picotent la peau*** die Kälte prickelt/die Brennnesseln brennen auf der Haut; ***les herbes picotent les mollets*** die Gräser kitzeln an den Waden; ***ça me picote le nez*** das kribbelt mir in der Nase

pictogramme [piktɔgʀam] *m* Piktogramm *nt*

pictographique [piktɔgʀafik] *adj* Bilder-

pictural(e) [piktyʀal, o] <-aux> *adj* malerisch; *qualités* Bild-

pie [pi] *f* ❶ ORN Elster *f* ❷ *(fam: femme)* Quasselstrippe *f*

pièce [pjɛs] *f* ❶ *(salle)* Zimmer *nt; **un deux-/trois-~s*** eine Zwei-/Dreizimmerwohnung ❷ *(monnaie)* Geldstück *nt;* **~ *de monnaie*** Geldstück; **~ *d'un euro*** Eineurostück; ***~s [en] euro*** Euro-Münzen *Pl* ❸ THEAT **~ *de théâtre*** Theaterstück *nt* ❹ MUS Stück *nt;* **~ *vocale/instrumentale*** Vokal-/Instrumentalstück ❺ *(document)* Schriftstück *nt;* **~ *d'identité*** [Personal]ausweis *m; **les ~s*** Unterlagen *Pl; **les ~s du procès*** die Prozessakten; **~ *justificative*** Beleg *m;* **~ *d'archives*** Archivdokument; **~ *à conviction*** Beweisstück *nt* ❻ *(élément constitutif)* Teil *nt; d'une collection, d'un trousseau* Stück *nt;* JEUX Figur *f;* **~ *de mobilier*** Möbelstück; ***belle ~*** Prachtexemplar *nt;* **~ *de musée*** Museumsstück ❼ *(quantité)* Stück *nt; **une ~ de viande*** ein Stück Fleisch ❽ *(pour rapiécer)* Flicken *m* ❾ *(unité)* ***acheter/vendre à la ~*** stückweise [*o* einzeln] kaufen/verkaufen ▸ **~ de rechange** Ersatzteil *nt;* **~ détachée** Einzelteil *nt;* **~ rapportée** *(péj)* fünftes Rad am Wagen; **[être] tout d'une ~** aus einem Stück [gemacht sein]; ***c'est un homme tout d'une ~*** er ist geradeheraus *fam;* **tout d'une ~** *(avec raideur)* steif; **créer qc de toutes ~s** etw selbst zusammenbauen; **construire qc de toutes ~s** etw von A bis Z entwerfen; **reconstituer qc de toutes ~s** etw wieder vollständig zusammensetzen; **être inventé de toutes ~s** von Anfang bis Ende erfunden sein; **donner la ~ à qn** *(fam)* jdm ein Trinkgeld geben; **mettre/tailler qn/qc en ~s** *(en morceaux)* jdn/etw kurz und klein schlagen; SPORT jdn vernichtend schlagen; ***mettre/tailler une argumentation/théorie en ~s*** eine Argumentation/Theorie in der Luft zerreißen *fam;* **travailler aux ~s** im Akkord arbeiten; **être payé aux ~s** nach Akkord bezahlt werden

piécette [pjesɛt] *f* kleines Geldstück

pied [pje] *m* ❶ ANAT Fuß *m;* **~ *plat*** Plattfuß; ***à ~*** zu Fuß; ***au ~!*** bei Fuß! ❷ *(support)* Bein *nt; d'un lit, établi, microphone* Fuß *m* ❸ *d'un lit* Fußende *nt* ❹ *d'une chaussette, d'un bas* Fuß *m* ❺ *(chaussure)* ***le ~ gauche serre trop*** der linke Schuh drückt ❻ *(base)* Fuß *m; d'un champignon* Stiel *m; **au ~ d'une colline/d'un mur*** am Fuß eines Hügels/einer Mauer; ***mettre qc au ~ de qc*** etw unter etw *akk* legen; ***être [couché] au ~ de qc*** unter etw *dat* liegen ❼ *(plant)* **~ *de salade/poireau*** Salat-/Lauchpflanze *f;* **~ *de vigne*** Rebstock *m* ❽ *(unité de mesure)* Fuß *m* ❾ *(en poésie)* Versfuß *m* ❿ *(pas)* ***marcher d'un ~ léger*** leichten Fußes gehen; ***ils s'en vont/marchent du même ~*** sie gehen im Gleichschritt ▸ **traiter qn sur un ~ d'égalité** jdn wie seinesgleichen behandeln; **prendre qc au ~ de la lettre** etw wörtlich nehmen; **mettre qn au ~ du mur** jdn zu einer Entscheidung zwingen; **avoir bon ~ bon œil** noch sehr rüstig und gesund sein; **[avoir/rouler] le ~ au plancher** [mit] Bleifuß [fahren] *fam;* **mettre les ~s dans le plat** ins Fettnäpfchen treten; **mettre ~ à terre** absteigen; **vouloir être à**

P

cent ~s sous terre vor Scham am liebsten im Boden versinken wollen; **avoir/garder les** [**deux**] **~s sur terre** mit beiden Beinen [fest] auf der Erde stehen/bleiben; **des ~s à la tête** von Kopf bis Fuß; **avoir un ~ dans la tombe** mit einem Bein im Grab stehen; **partir du bon/mauvais ~** etw gut/ schlecht anfangen; **se lever du ~ gauche** [*o* **du mauvais ~**] mit dem linken Fuß zuerst aufstehen; **faire un cours au ~ levé** unvorbereitet Unterricht halten; **faire un discours au ~ levé** aus dem Stegreif einen Vortrag halten; **remplacer qn au ~ levé** jdn plötzlich ersetzen; **~s nus** barfuß; **avoir ~** Boden unter den Füßen haben; **casser les ~s à qn** *(fam)* jdm auf die Nerven gehen; **s'emmêler les ~s** straucheln; **être sur ~** wieder auf den Beinen sein; **ça lui fait les ~s** *(fam)* das wird ihm/ihr eine Lehre sein; **lever le ~** *(s'enfuir)* sich aus dem Staub machen *fam;* *(ralentir)* den Fuß vom Gas[pedal] nehmen; **marcher sur les ~s de qn** *(faire mal)* jdm auf den Fuß treten; *(embêter)* jdm ins Gehege kommen; ***elle ne se laisse pas marcher sur les ~s*** sie lässt sich *dat* nicht auf der Nase herumtanzen *fam;* **mettre/ne jamais mettre les ~s quelque part** einen Fuß irgendwohin setzen/etw nie betreten; **mettre un projet sur ~** ein Projekt auf die Beine stellen; **mettre une entreprise sur ~** ein Unternehmen aufbauen; **perdre ~** *(se noyer)* nicht mehr stehen können; *(être désemparé)* den Boden unter den Füßen verlieren; *(ne plus comprendre)* nicht mehr mitkommen *fam;* **prendre/reprendre ~** [festen] Fuß/wieder [festen] Fuß fassen; **remettre qn/qc sur ~** jdn wieder auf die Beine bringen/etw wieder sanieren; **il/ elle ne sait pas sur quel ~ danser** er/sie weiß nicht, was er/sie tun soll; ***avec lui, on ne sait jamais sur quel ~ danser*** bei ihm weiß man nie, woran man ist; **sortir de qc les ~s devant** etw tot verlassen; **traîner les ~s** trödeln; **tomber** [*o* **se jeter**] **aux ~s de qn** sich jdm zu Füßen werfen; **se traîner** [*o* **ramper**] **aux ~s de qn** sich vor jdm niederwerfen; **~ de nez** lange Nase; **faire un ~ de nez à qn** jdm eine lange Nase drehen

pied-à-terre [pjetatɛʀ] *m inv* Zweitwohnung *f* **pied-d'alouette** [pjedalwɛt] <pieds-d'alouette> *m* BOT Rittersporn *m*

pied-de-biche [pjedbiʃ] <pieds-de-biche> *m* ❶ *(outil)* Nagelzieher *m* ❷ COUT Nähfuß *m*

piédestal [pjedɛstal, o] <-aux> *m* Sockel *m* ▶ **descendre/tomber de son ~** vom Podest fallen; **faire tomber qn de son ~** jdn vom Sockel stoßen; **mettre** [*o* **placer**] **qn sur un ~** jdn aufs Podest heben

pied-noir [pjenwaʀ] <pieds-noirs> **I.** *mf (fam)* Algerienfranzose *m* **II.** *adj* der Algerienfranzosen

piège [pjɛʒ] *m* Falle *f;* ***~ à souris*** Mausefalle; ***prendre un animal au ~*** ein Tier mit der Falle fangen; ***prendre qn au ~*** jdn in eine Falle locken; ***tendre un ~*** eine Falle aufstellen; ***tendre un ~ à qn*** jdm eine Falle stellen; ***tomber dans le/un ~*** in die/eine Falle gehen, reinfallen ▶ **qc/c'est un ~ à cons** *(fam)* bei etw/dabei kann man ganz schön reinfallen; **se prendre/ être pris à son propre ~** in die eigene Falle gehen/in der eigenen Falle sitzen

piégé(e) [pjeʒe] *adj colis* Sprengstoff-; ***valise ~e*** Koffer *m,* in dem eine Sprengladung [*o* Bombe] versteckt ist; ***lettre ~e*** Briefbombe *f;* ***voiture ~e*** Autobombe *f*

piéger [pjeʒe] <2a, 5> *vt* ❶ *(attraper)* mit der Falle fangen *animal* ❷ *(tromper)* in die Falle locken *personne;* ***se faire ~ par qn*** jdm in die Falle gehen; ***se laisser ~*** sich in die Falle locken lassen; *(par de bonnes paroles)* sich einfangen lassen

piercing [piʀsiŋ] *m* Piercing *nt*

pierre [pjɛʀ] *f* ❶ *(caillou)* Stein *m;* ***~ ponce*** Bimsstein ❷ *(pierre précieuse)* [Edel]stein *m* ▶ **faire d'une ~ deux coups** zwei Fliegen mit einer Klappe schlagen *fam;* **marquer qc d'une ~ blanche** etw rot [im Kalender] anstreichen; **~ tombale** Grabstein *m;* **poser la première ~ de qc** den Grundstein zu etw legen; **jeter la** [**première**] **~ à qn** den [ersten] Stein auf jdn werfen; **de ~** steinern; ***cœur de ~*** Herz *nt* aus Stein

Pierre [pjɛʀ(ə)] *m* Peter *m*

pierreries [pjɛʀʀi] *fpl* [geschliffene] Edelsteine *Pl*

pierreux, -euse [pjeʀø, -øz] *adj* steinig

piétaille [pjetɑj] *f* Fußvolk *nt*

piété [pjete] *f* ❶ REL Frömmigkeit *f* ❷ *(littér: attachement)* Verehrung *f*

piètement [pjɛtmɑ̃] *m (d'un meuble)* Beine *Pl,* Füße *Pl*

piétinement [pjetinmɑ̃] *m* ❶ *des chevaux, soldats* Getrappel *nt; de la foule* Trampeln *nt; d'éléphants* Stampfen *nt* ❷ *(stagnation)* Stillstand *m*

piétiner [pjetine] <1> **I.** *vi* ❶ *(trépigner)* ***~ de colère*** [*o* ***rage***] wütend mit den Füßen aufstampfen; ***~ d'impatience*** ungeduldig von einem Bein aufs andere treten

❷ *(avancer péniblement)* kaum von der Stelle kommen; ~ ***sur place*** auf der Stelle treten ❸ *(ne pas progresser)* keine Fortschritte machen **II.** *vt* ❶ *(marcher sur)* festtreten *sol, neige;* zertrampeln *pelouse;* ~ ***qc de rage*** auf etw *dat* herumtrampeln ❷ *(ne pas respecter)* mit Füßen treten

piétisme [pjetism] *m* Pietismus *m*

piétiste [pjetist] **I.** *adj* pietistisch **II.** *mf* Pietist(in) *m(f)*

piéton(ne) [pjetɔ̃, ɔn] **I.** *adj zone* Fußgänger-; *rue* autofrei **II.** *m(f)* Fußgänger(in) *m(f)*

piétonnier, -ière [pjetɔnje, -jɛʀ] *adj v.* **piéton I.**

piètre [pjɛtʀ] *adj antéposé (littér)* jämmerlich; *élève* miserabel; *consolation* schwach; *excuse* dürftig

pieu [pjø] <x> *m* ❶ Pfahl *m* ❷ *(fam: lit)* Falle *f*

pieusement [pjøzmɑ̃] *adv* ❶ *(avec respect)* ehrfürchtig ❷ REL fromm

pieuter [pjøte] <1> **I.** *vi (fam)* pennen *fam* **II.** *vpr (fam)* ***se*** ~ sich in die Falle hauen *fam*

pieuvre [pjœvʀ] *f* ZOOL Tintenfisch *m*

pieux, -euse [pjø, -jøz] *adj* REL fromm

pif [pif] *m (fam)* Riechkolben *m hum* ► **au** ~ so nach Gefühl

pige [piʒ] *f* ❶ *pl (fam: année)* ***avoir 40 ~s*** [schon] 40 Jahre auf dem Buckel haben ❷ MEDIA ***être payé à la*** ~ ein Zeilenhonorar bekommen

pigeon [piʒɔ̃] *m* ❶ ZOOL Taube *f;* ~ ***voyageur*** Brieftaube ❷ *(fam: dupe)* ***être le ~ dans l'affaire*** der/die Gelackmeierte sein *fam;* ***cherchez un autre ~!*** sucht euch einen anderen Dummen! *fam*

pigeonnant(e) [piʒɔnɑ̃, ɑ̃t] *adj poitrine* üppig; ***soutien-gorge ~*** *tief ausgeschnittener Form-BH*

pigeonner [piʒɔne] <1> *vt (fam)* rupfen; ***se faire ~ par qn*** sich von jdm anschmieren lassen

pigeonnier [piʒɔnje] *m* Taubenschlag *m*

piger [piʒe] <2a> *vt, vi (fam)* kapieren; ***ne rien*** ~ *(fam)* nur Bahnhof verstehen

pigiste [piʒist] *mf* freier Journalist *m/* freie Journalistin *f*

pigment [pigmɑ̃] *m* Pigment *nt; (colorant)* Pigmentfarbstoff *m*

pigmentation [pigmɑ̃tasjɔ̃] *f de la peau* Pigmentierung *f*

pigmenter [pigmɑ̃te] <1> *vt* pigmentieren; ***être pigmenté(e)*** *peau:* pigmentiert sein

pignon [piɲɔ̃] *m* ❶ ARCHIT Giebel *m* ❷ TECH *(roue dentée)* Zahnrad *nt* ❸ BOT, GASTR *(graine)* Pinienkern *m*

pilage [pilaʒ] *m* [Zer]stampfen *nt,* Zerstoßen *nt*

pile¹ [pil] *f* ❶ *(tas)* Stapel *m;* ***une ~ d'assiettes*** ein Stapel Teller ❷ ELEC Batterie *f;* ***fonctionner à ~s*** mit [einer] Batterie laufen; ~ ***à combustible*** Brennstoffzelle *f* ❸ MIDI *(évier)* Spüle *f*

> **Falsche Freunde**
> Nicht verwechseln mit *die Pille – la pilule*!

pile² [pil] *adv* ❶ *(avec précision)* ganz pünktlich; *(brusquement)* jäh; *(au bon moment)* gerade richtig; ***ça tombe ~!*** das trifft sich gut! ❷ *(exactement)* ***à 10 heures*** ~ Punkt 10 Uhr ► ~ **poil** *(fam)* exakt; ***il a mis 20 minutes ~ poil*** er hat auf die Sekunde 20 Minuten gebraucht

pile³ [pil] *f* ***le côté*** ~ die [Münz]vorderseite; ~ ***ou face?*** Kopf oder Zahl?; ***on va jouer ça à ~ ou face!*** wir werfen eine Münze!

piler [pile] <1> **I.** *vt* zerstoßen **II.** *vi (fam)* voll auf die Bremse treten; *voiture:* mit quietschenden Bremsen halten

pileux, -euse [pilø, -øz] *adj* haarig; ***système*** ~ [Körper]behaarung *f*

pilier [pilje] *m* ❶ ARCHIT Pfeiler *m* ❷ SPORT Stürmer *m* [der ersten Reihe]

pillage [pijaʒ] *m* Plünderung *f*

pillard(e) [pijaʀ, jaʀd] **I.** *adj nomades, soldats* plündernd; *oiseaux* diebisch **II.** *m(f)* Plünderer *m/* Plünderin *f*

piller [pije] <1> *vt* ❶ *(mettre à sac)* [aus]plündern ❷ *(plagier)* ~ ***un auteur*** bei einem Autor eine [geistige] Anleihe machen

pilleur, -euse [pijœʀ, -jøz] *m, f* Plünderer *m/* Plünderin *f*

pilon [pilɔ̃] *m* ❶ *(instrument)* Stößel *m* ❷ *(jambe artificielle)* Holzbein *nt* ❸ GASTR [Hähnchen]keule *f*

pilonnage [pilɔnaʒ] *m (de l'aviation)* [pausenloses] Bombardieren; *(de l'artillerie)* Trommelfeuer *nt*

pilonner [pilɔne] <1> *vt* ❶ MIL unter [Trommel]feuer nehmen; *aviation, pilote:* pausenlos bombardieren ❷ *(écraser au pilon)* zerstampfen

pilori [pilɔʀi] *m* Pranger *m*

pilosité [pilozite] *f* Behaarung *f*

pilotage [pilɔtaʒ] *m* Steuern *nt*

pilote [pilɔt] **I.** *adj* ❶ *(qui ouvre la voie)*

Modell-; *projet, essai* Pilot- ❷ *(expérimental)* Versuchs- ❸ *(exemplaire)* Muster- ❹ NAUT *bateau, navire* Lotsen- **II.** *m, f* AVIAT Pilot *m;* ~ ***de ligne*** Pilot *m* einer Verkehrsmaschine; AUT [Renn]fahrer *m;* ~ ***de course*** Rennfahrer; ~ ***d'essai*** Testpilot *m;* NAUT Lotse *m* **III.** *m* ❶ *(dispositif)* ~ ***automatique*** Autopilot *m* ❷ INFORM Treiber *m*
piloter [pilɔte] <1> *vt* ❶ TRANSP steuern *avion;* lotsen *navire;* lenken *voiture* ❷ INFORM steuern
pilotis [pilɔti] *m* Pfahlwerk *nt*
pilule [pilyl] *f* MED Pille *f;* ***la*** ~ die [Antibaby]pille *fam;* ~ ***d'ecstasy*** Ecstasypille *f* ►**la ~ est dure à avaler** das ist eine bittere Pille *fam*
pimbêche [pɛ̃bɛʃ] *f* eingebildete Pute *fam*
piment [pimɑ̃] *m* ❶ GASTR Peperoni *f;* ~ ***doux*** Paprika *m;* ~ ***en poudre*** Cayennepfeffer *m* ❷ *(piquant)* Würze *f;* ***donner du ~ à qc*** einer S. *dat* [eine gewisse] Würze geben; ***trouver du ~ à qc*** etw reizvoll finden
pimenté(e) [pimɑ̃te] *adj* ❶ GASTR scharf gewürzt ❷ *(fig) anecdote, récit* pikant
pimenter [pimɑ̃te] <1> *vt* ❶ GASTR scharf würzen ❷ *(fig)* ~ ***qc*** einer S. *dat* [eine gewisse] Würze verleihen
pimpant(e) [pɛ̃pɑ̃, ɑ̃t] *adj* schick
pin [pɛ̃] *m* Kiefer *f*
pinacle [pinakl] ►**porter qn au ~** jdn überschwänglich loben
pinailler [pinɑje] <1> *vi (fam)* auf Kleinigkeiten herumreiten; ~ ***sur qc*** an etw *dat* herumkritteln *pej*
pinailleur, -euse [pinɑjœʀ, -jøz] **I.** *adj (fam)* pingelig *fam* **II.** *m, f (fam: pointilleux)* Kleinigkeitskrämer(in) *m(f); (chicaneur)* Krittler(in) *m(f) pej*
pinard [pinaʀ] *m (arg)* Wein *m*
pince [pɛ̃s] *f* ❶ TECH Zange *f* ❷ ZOOL Schere *f* ❸ COUT Abnäher *m;* ***pantalon à ~s*** Bundfaltenhose *f* ❹ *(épingle)* ~ ***à linge*** Wäscheklammer *f* ❺ *(instrument d'épilation)* ~ ***à épiler*** Pinzette *f*
pincé(e) [pɛ̃se] *adj* ❶ *(hautain)* selbstgefällig; *(contraint)* steif; *sourire* gezwungen; *(mécontent) ton* spitz ❷ *nez, narines* schmal; *lèvres* zusammengekniffen
pinceau [pɛ̃so] <x> *m* Pinsel *m* ►**se mélanger** [*o* **s'emmêler**] **les ~x** *(fam)* alles durcheinanderbringen
pincée [pɛ̃se] *f* Prise *f*
pincement [pɛ̃smɑ̃] *m* ❶ *des lèvres, narines* Zusammenkneifen *nt* ❷ MUS Zupfen *nt*
pince-monseigneur [pɛ̃smɔ̃sɛɲœʀ] <pinces-monseigneur> *f* Brecheisen *nt*
pince-nez [pɛ̃sne] <pince-nez> *m* Kneifer *m*
pincer [pɛ̃se] <2> **I.** *vt* ❶ *(faire mal) personne:* kneifen; *crabe, écrevisse:* zwicken; ~ ***la joue/le bras à qn*** jdn in die Backe/den Arm kneifen; *crabe, écrevisse:* jdn in die Backe/den Arm zwicken ❷ *(serrer fortement)* zusammenkneifen *bouche;* aufeinanderpressen *lèvres* ❸ *(fam: arrêter)* schnappen; ***se faire ~ par qn*** *(se faire prendre/arrêter)* von jdm erwischt/geschnappt werden *fam* **II.** *vpr* ❶ *(se blesser)* ***se*** ~ sich quetschen; *(se serrer la peau)* sich zwicken; ***se ~ le doigt*** sich *dat* den Finger quetschen [*o* einklemmen] ❷ *(boucher)* ***se ~ le nez*** sich die Nase zuhalten **III.** *vi* ►**pince-moi, je rêve!** zwick' mich, ich glaub', ich träum'!; **en ~ pour qn** *(fam)* in jdn verknallt sein
pince-sans-rire [pɛ̃ssɑ̃ʀiʀ] **I.** *mf inv* ***c'est un/une*** ~ er/sie hat einen trockenen Humor **II.** *adj inv air* unbewegt; *ton* trocken
pincette [pɛ̃sɛt] *f* Pinzette *f* ►**ne pas être à prendre avec des ~s** *(fam)* mit Vorsicht zu genießen sein
pinède [pinɛd] *f* Kiefernwald *m*
pingouin [pɛ̃gwɛ̃] *m* Pinguin *m*
ping-pong [piŋpɔ̃g] *m inv* Tischtennis *nt;* ***balle*** *f* ***de*** ~ Tischtennisball *m*
pingre [pɛ̃gʀ] **I.** *adj (fam)* knaus[e]rig **II.** *mf (fam)* Geizkragen *m*
pingrerie [pɛ̃gʀəʀi] *f (fam)* Knaus[e]rigkeit *f fam,* Knick[e]rigkeit *f fam*
pinotte [pinɔt] *f* CAN *(fam: cacahuète)* Erdnuss *f*
pin-pon [pɛ̃pɔ̃] *interj* tatütata
pin's [pins] *m inv* Anstecker *m,* Pin *m*
pinson [pɛ̃sɔ̃] *m* Buchfink *m* ►**gai comme un ~** quietschvergnügt *fam*
pintade [pɛ̃tad] *f* Perlhuhn *nt*
pintadeau [pɛ̃tado] <x> *m* junges Perlhuhn
pinte [pɛ̃t] *f* ❶ Pinte *f (0,9 Liter)* ❷ CAN Pinte *f (1,136 Liter)* ❸ CH *(bistrot)* Kneipe *f fam*
pinter [pɛ̃te] <1> **I.** *vpr (fam)* ***se ~ [la gueule]*** sich volllaufen lassen *fam* **II.** *vi (fam)* [sich voll] saufen *fam;* ***être pinté(e)*** besoffen [*o* voll] sein *fam*
pin up [pinœp] *f inv* Pin-up-Girl *nt*
pioche [pjɔʃ] *f* ❶ *(outil)* [Kreuz]hacke *f* ❷ JEUX *(tas de dominos)* Stoß *m; (tas de cartes)* [Karten]stock *m*
piocher [pjɔʃe] <1> **I.** *vt* ❶ *(creuser)* aufhacken ❷ JEUX [aus dem Stoß] ziehen **II.** *vi* ❶ *(creuser)* hacken ❷ JEUX [eine Karte vom

Stoß] ziehen; *(prendre un domino)* [einen Dominostein aus dem Stoß] ziehen
piolet [pjɔlɛ] *m* Pickel *m*
pion [pjɔ̃] *m* JEUX Stein *m*
pion(ne) [pjɔ̃, pjɔn] *m(f)* SCOL *(fam)* Aufsichtführende(r) *f(m),* Aufpasser(in) *m(f) pej*
pioncer [pjɔ̃se] <2> *vi (fam)* pennen
pionnier, -ière [pjɔnje, -jɛʀ] *m, f de la médecine, de l'aviation* Pionier(in) *m(f); **être un ~ dans un domaine*** ein Wegbereiter auf einem Gebiet sein
pipe [pip] *f* Pfeife *f*
pipeau [pipo] <x> *m* MUS Hirtenflöte *f*
pipelette [piplɛt] *f (fam)* Tratsche *f pej; **c'est une vraie ~!*** der/die kann aber auch wirklich seinen/ihren Mund nicht halten!
pipeline [pajplajn, piplin] *m* Pipeline *f*
piper [pipe] <1> **I.** *vi **ne pas ~*** keinen Ton sagen, den Mund nicht aufmachen *fam* **II.** *vt* fälschen *dés;* zinken *cartes*
pipette [pipɛt] *f* Pipette *f*
pipi [pipi] *m (fam enfantin)* Pipi *nt; **faire ~*** Pipi machen *Kindersp r.* ▶ **c'est du ~ de chat** das ist ziemlich dürftig; *(en parlant d'une boisson)* das ist das reinste Spülwasser
pipi-room [pipiʀum] <pipi-rooms> *m (hum fam)* Klo *nt fam*
piquant [pikɑ̃] *m* ❶ *(épine)* Stachel *m; d'un rosier* Dorn *m* ❷ *(agrément)* ***avoir du ~*** *récit, livre:* seinen Reiz haben; ***le ~ de l'histoire, c'est qu'il l'a cru*** das Amüsante [*o* Witzige] an der Geschichte ist, dass er es geglaubt hat
piquant(e) [pikɑ̃, ɑ̃t] *adj* ❶ *joue, plante* stach[e]lig; *rose* dornig ❷ GASTR *moutarde, radis* scharf; *odeur* stechend; *goût, sauce* pikant ❸ *air, bise, froid* schneidend
pique [pik] **I.** *f* ❶ *(arme)* Pike *f; de picador* Lanze *f* ❷ *(parole blessante)* ***envoyer une ~ à qn*** jdm gegenüber eine spitze Bemerkung machen **II.** *m (aux cartes)* Pik *nt; **valet de ~*** Pikbube *m*
pique-assiette [pikasjɛt] <pique-assiettes> *mf* Schmarotzer(in) *m(f) pej* **pique-nique** [piknik] <pique-niques> *m* Picknick *nt* **pique-niquer** [piknike] <1> *vi* [ein] Picknick machen **pique-niqueur, -euse** [piknikœʀ, -øz] <pique-niqueurs> *m, f jemand, der ein Picknick macht*
piquer [pike] <1> **I.** *vt* ❶ *(faire une piqûre) personne, guêpe, moustique:* stechen; *serpent, puce:* beißen ❷ *(donner la mort)* einschläfern *animal* ❸ *(prendre/fixer avec un objet pointu)* aufspießen *olive, papillon* ❹ *(enfoncer par le bout)* ***~ une aiguille dans qc*** eine Nadel in etw *akk* stechen ❺ *(picoter)* pik[s]en *fam;* ***~ la peau*** auf der Haut kratzen; ***~ la langue*** auf der Zunge brennen; ***~ les yeux/le visage*** in den Augen/im Gesicht brennen ❻ *(fam: faire brusquement)* ***~ un cent mètres*** einen Spurt einlegen; ***~ une colère/une crise*** einen Wutanfall/Koller kriegen; ***~ une crise de larmes*** in Tränen ausbrechen; ***~ un fard*** rot anlaufen; ***~ un roupillon/une tête*** ein Nickerchen/einen Kopfsprung machen ❼ *(fam: voler)* klauen ❽ *(fam: arrêter)* schnappen; *(attraper)* erwischen **II.** *vi* ❶ *(faire une piqûre) moustique, aiguille:* stechen; *serpent, puce:* beißen ❷ *(descendre)* ***~ sur qc*** auf etw *akk* niederstürzen ❸ *(se diriger)* ***~ sur qn/qc*** [geradewegs] auf jdn/etw zusteuern *fam* ❹ *(irriter un sens) fumée, ortie:* brennen; *moutarde, radis:* scharf sein; *barbe, pull:* kratzen; *froid, vent:* schneidend sein; *eau gazeuse:* prickeln **III.** *vpr* ❶ *(se blesser)* ***se ~ avec une aiguille/à un rosier*** sich mit einer Nadel/an einem Rosenstock stechen; ***se ~ avec des orties*** sich [an Brennnesseln *dat*] verbrennen ❷ *(se faire une injection)* ***se ~*** sich spritzen; *drogué:* spritzen *fam;* ***se ~ à qc*** sich *dat* etw spritzen [*o* injizieren]; *drogué:* etw spritzen *fam*
piquet [pikɛ] *m de parc, jardin* Pflock *m; de tente* Hering *m* ▶ **raide comme un ~** stocksteif *fam;* **être/rester planté comme un ~** *(fam)* wie angewurzelt dastehen/stehen bleiben; **aller au ~** SCOL sich *akk* in die Ecke stellen; **~ de grève** Streikposten *m*
piquouse [pikuz] *f (fam)* Spritze *f; **se faire une ~*** sich einen Schuss setzen *sl*
piqûre [pikyʀ] *f* ❶ *d'épingle, de guêpe, moustique* Stich *m* ❷ MED Spritze *f,* Injektion *f; **faire une ~ à qn*** jdm eine Spritze [*o* Injektion] geben
piranha [piʀana] *m* Piranha *m*
piratage [piʀataʒ] *m* Piraterie *f*
pirate [piʀat] **I.** *m* NAUT Seeräuber *m;* AVIAT ***~ de l'air*** Luftpirat *m;* TRANSP ***~ de la route*** Straßenräuber *m;* ***~ informatique*** Hacker *m* **II.** *adj bateau, émetteur, radio* Piraten-; ***édition/disque/enregistrement ~*** Raubdruck *m*/Raubpressung *f*/Raubkopie *f*
pirater [piʀate] <1> *vt* eine Raubkopie machen von *logiciel;* ***~ une œuvre*** einen Raubdruck von einem Werk machen; ***être piraté*** *disquette, logiciel:* eine Raubkopie sein

P

piraterie [piʀatʀi] *f* ❶ Seeräuberei *f* ❷ *(escroquerie)* Wucherei *f*

pire [piʀ] **I.** *adj comp, superl de* **mauvais** ❶ *comp (plus mauvais)* schlimmer; ***rien de ~ que*** nichts Schlimmeres als; ***~ que ça*** noch [*o* viel] schlimmer; ***~ que tout*** schlimmer, als man es sich vorstellen kann; ***de ~ en ~*** immer schlimmer ❷ *superl (le plus mauvais)* ***le/la ~ élève*** der schlechteste Schüler/die schlechteste Schülerin **II.** *m* ***le ~*** das Schlimmste; ***le ~ de tout, c'est que*** das Allerschlimmste [daran] ist, dass; ***s'attendre au ~*** mit dem Schlimmsten rechnen; ***au ~*** schlimmstenfalls

pirogue [piʀɔg] *f* Einbaum *m*

pirouette [piʀwɛt] *f* ❶ *d'un acrobate, danseur, cheval* Pirouette *f* ❷ *(volte-face)* Kehrtwendung *f* ► **répondre** [*o* **s'en tirer**] **par une ~** sich herausreden

pirouetter [piʀwete] <1> *vi* ❶ *(virevolter)* sich herumdrehen; *danseur, cheval, patineuse:* eine Pirouette ausführen [*o* drehen] ❷ *(tourner rapidement) objet:* schnell kreiseln

pis[1] [pi] *m* Euter *nt*

pis[2] [pi] **I.** *adj inv comp de* **mauvais** *(littér)* schlimmer **II.** *adv inv comp de* **mal** *(littér)* ***tant ~!*** [na,] dann sollte es wohl nicht sein!; ***tant ~ pour lui/elle*** Pech für ihn/sie

pis-aller [pizale] *m inv* Notbehelf *m*

pisciculture [pisikyltyʀ] *f* Fischzucht *f*

piscine [pisin] *f* Schwimmbad *nt; (privée)* Swimmingpool *m;* ***~ couverte/en plein air*** [*o* ***découverte***] Hallenbad/Freibad; ***~ à vagues*** Wellenbad

pisse [pis] *f (vulg)* Pisse *f*

pissenlit [pisɑ̃li] *m* Löwenzahn *m*

pisser [pise] <1> *vi (fam)* pinkeln

pisseuse [pisøz] *f (péj fam: femme)* [blöde] Zicke *fam*

pisse-vinaigre [pisvinɛgʀ] *mf inv (fam)* Miesmacher(in) *m(f) fam*

pissotière [pisɔtjɛʀ] *f (fam)* Pinkelbude *f*

pistache [pistaʃ] **I.** *f* Pistazie *f* **II.** *adj inv* lindgrün

pistachier [pistaʃje] *m (arbre)* Pistazie *f*

pistage [pistaʒ] *m* Verfolgen *nt*

pistard(e) [pistaʀ, aʀd] *m(f)* SPORT Bahnfahrer(in) *m(f)*

piste [pist] *f* ❶ *d'un cambrioleur, suspect* Spur *f; d'un animal* Fährte *f;* ***brouiller les ~s*** die Spuren verwischen; ***être sur la ~ de qn/d'un animal*** jdm/einem Tier auf der Spur sein; ***se lancer sur la ~ de qn/qc/d'un animal*** jds Spur/die Spur einer S. *gen*/eines Tieres aufnehmen ❷ *(indice)* Hinweis *m* ❸ AVIAT Rollbahn *f;* ***~ d'atterrissage/de décollage*** Lande-/Startbahn ❹ TRANSP Weg *m;* ***~ cyclable/cavalière*** Rad-/Reitweg ❺ *(au ski)* Piste *f;* ***~ de ski de fond*** [Langlauf]loipe *f* ❻ *(grand ovale: à l'hippodrome)* [Renn]bahn *f; (au vélodrome/circuit automobile)* [Renn]bahn, [Renn]strecke; ***~ d'essai*** Teststrecke *f;* ***cyclisme sur ~/épreuve sur ~*** Bahnrennen *nt* ❼ *(espace: pour le patinage)* Eisbahn *f; (pour la danse)* Tanzfläche *f; (au cirque)* Manege *f* ❽ *(chemin: dans le désert)* Piste *f; (à la montagne)* Pfad *m* ❾ MEDIA Spur *f* ► **entrer en ~** in Aktion treten

pisteur, -euse [pistœʀ, -øz] *m, f* Pistenwart *m*

pistil [pistil] *m* BOT Stempel *m,* Fruchtknoten *m*

pistolet [pistɔlɛ] *m* ❶ *(arme)* Pistole *f;* ***~ à eau*** Wasserpistole; ***~ d'alarme*** Schreckschusspistole ❷ *(pulvérisateur)* Spritzpistole *f* ❸ BELG *(petit pain) längliches Milchbrötchen*

pistolet-mitrailleur [pistɔlɛmitʀajœʀ] <pistolets-mitrailleurs> *m* Maschinenpistole *f*

piston [pistɔ̃] *m* ❶ TECH Kolben *m* ❷ *(fam: favoritisme)* Beziehungen *Pl,* Vitamin *nt* B; ***obtenir*** [*o* ***avoir***] ***qc par ~*** *(fam)* etw durch/über Beziehungen bekommen

pistonner [pistɔne] <1> *vt (fam)* ***~ qn*** für jdn seine Beziehungen spielen lassen; ***se faire ~ par qn*** von jds Beziehungen profitieren; ***il s'est fait ~ par son oncle pour ce poste*** sein Onkel hat ihm diese Stelle über Beziehungen verschafft

pistou [pistu] *m* MIDI GASTR Pesto *nt o m;* ***soupe au ~*** *Gemüsesuppe mit Basilikum und Knoblauch*

pita [pita] *m* GASTR Pita *nt;* ***pain ~*** Fladenbrot *nt*

piteusement [pitøzmɑ̃] *adj* jämmerlich, kläglich

piteux, -euse [pitø, -øz] *adj air, apparence* erbärmlich; *état* jämmerlich; *résultat* kläglich

pithiviers [pitivje] *m mit Marzipan gefüllter Blätterteigkuchen*

pitié [pitje] *f (compassion)* Mitleid *nt; (miséricorde)* Erbarmen *nt;* ***par ~*** aus Mitleid; ***sans ~*** *agir, combattre* erbarmungslos; ***être sans ~*** kein Mitleid haben; ***avoir/prendre ~ de qn*** mit jdm Mitleid haben/bekommen; ***Seigneur, prends ~ de nous!*** Herr erbarme dich unser!; ***faire ~ à qn*** jds Mitleid erwecken; *(péj)* jdm direkt leidtun; ***prendre qn/qc en*** ~ jdn bemitleiden/Anteil an etw *dat* nehmen

piton [pitɔ̃] *m* ❶ *(crochet)* [Schraub]haken *m;* SPORT [Kletter]haken ❷ GEOG Bergspitze *f* ❸ CAN *(bouton)* [Dreh]knopf *m,* Schalter *m* ❹ CAN *d'un ordinateur, téléphone, d'une télécommande* Taste *f*

pitonnage [pitɔnaʒ] *m* CAN *(fam: zapping)* Zappen *nt*

pitoyable [pitwajabl] *adj* ❶ *aspect, état* Mitleid erregend; *état, personne* bemitleidenswert ❷ *(piteux)* erbärmlich; *niveau de vie, résultat* kläglich

pitoyablement [pitwajabləmɑ̃] *adv* miserabel, erbärmlich

pitre [pitʀ] *m* Hanswurst *m hum;* ***faire le*** ~ den Hanswurst spielen

pitrerie [pitʀəʀi] *f souvent pl* Albernheiten *Pl;* ***faire des ~s*** Faxen [*o* Blödsinn] machen

pittoresque [pitɔʀɛsk] *adj paysage, quartier* malerisch

pive [piv] *f* BOT CH *(fruit des conifères)* Zapfen *m*

pivert [pivɛʀ] *m* Grünspecht *m*

pivoine [pivwan] *f* Pfingstrose *f*

pivot [pivo] *m* TECH [Dreh]zapfen *m; d'une boussole* Pinne *f;* ***dent sur*** ~ Stiftzahn *m*

pivotant(e) [pivɔtɑ̃, ɑ̃t] *adj* Dreh-

pivoter [pivɔte] <1> *vi* sich drehen; ~ ***sur qc*** sich um etw drehen; ***faire*** ~ ***qc*** etw kreisen lassen

pixel [piksɛl] *m* Pixel *nt*

pizza [pidza] *f* Pizza *f;* ***morceau de*** ~ ***au fromage*** Stück *nt* Käsepizza

pizzeria [pidzeʀja] *f* Pizzeria *f*

P.J. [peʒi] *f abr de* **Police judiciaire** *(fam)* Kripo *f fam*

placage [plakaʒ] *m* Verkleidung *f; (pour meubles)* Furnier *nt*

placard [plakaʀ] *m (armoire)* Einbauschrank *m;* ~ ***à balais*** Besenkammer *f* ▶ **mettre qn/qc au** ~ *(fam)* jdn/etw in der Versenkung verschwinden lassen

placarder [plakaʀde] <1> *vt* anschlagen

place [plas] *f* ❶ *(lieu public)* Platz *m;* ~ ***de l'église/du marché*** Kirch-/Marktplatz; ***sur la*** ~ ***publique*** in aller Öffentlichkeit ❷ *(endroit approprié)* Platz *m;* ***à la*** ~ ***de qc*** anstelle einer S. *gen;* ***sur*** ~ vor Ort; ***être à sa*** ~ an seinem Platz sein; ***être en*** ~ *(installé)* auf [*o* an] seinem Platz sein; *(en fonction)* im Amt sein; ***mettre les meubles/une machine en*** ~ die Möbel aufstellen/eine Maschine installieren; ***se mettre en*** ~ *organisation:* eingerichtet werden; *régime politique:* an die Macht kommen; ***se mettre à la*** ~ ***de qn*** sich in jds Lage *akk* versetzen ❸ *(endroit quelconque)* Stelle *f;* ***être/rester cloué sur*** ~ wie angewurzelt dastehen/wie angewurzelt stehen bleiben; ***prendre la*** ~ ***de qc*** etw ersetzen; ***ne pas rester*** [*o* ***tenir***] ***en*** ~ nicht stillsitzen können ❹ *(espace)* Platz; ***tenir/prendre de la*** ~ [viel] Platz einnehmen; ***gagner de la*** ~ Platz gewinnen ❺ *(emplacement réservé)* Platz *m;* ~ ***assise/debout*** Sitz-/Stehplatz; ~ ***de stationnement*** [*o* ***parking***] [einzelner] Parkplatz; ***prendre la*** ~ ***de qn*** jds Platz einnehmen; ***y a-t-il encore une*** ~ ***[de] libre?*** ist noch ein Platz frei? ❻ *(billet)* Karte *f;* ~ ***de cinéma/concert*** Kino-/Konzertkarte; ***louer des ~s*** Plätze reservieren ❼ SCOL, SPORT Platz *m;* ***en ~!*** auf die Plätze!; ***être/figurer en bonne*** ~ ***pour faire qc*** gut platziert sein um etw zu tun; ***laisser qn sur*** ~ jdn hinter sich *dat* lassen ❽ *(emploi)* Stelle *f* ▶ **avoir/obtenir sa** ~ **au soleil** ihren/seinen Platz an der Sonne haben/erwerben; **les ~s sont chères** *(fam)* die Konkurrenz schläft nicht; **faire** ~ **à qn/qc** jdm/einer S. weichen; **remettre qn à sa** ~ jdn in seine Schranken weisen

placé(e) [plase] *adj* ❶ *(situé)* ***être bien/mal*** ~ *objet:* einen günstigen/ungünstigen Standort haben; *terrain:* eine gute [*o* günstige]/schlechte [*o* ungünstige] Lage haben; *spectateurs:* einen guten/schlechten Platz haben; ***c'est de la fierté mal ~e!*** Stolz ist hier [wirklich] fehl am Platz!; ***être bien/mal*** ~ ***pour répondre*** in der Lage/nicht in der Lage sein zu antworten; ***être bien/mal*** ~ ***pour se plaindre*** allen Grund/keinen Grund haben zu klagen; ***tu es mal*** ~ ***pour me faire des reproches!*** du hast kein Recht mir Vorwürfe zu machen! ❷ SPORT platziert; ***être bien/mal*** ~ gut/schlecht platziert sein; ***jouer*** ~ auf Platz setzen ❸ *(dans une situation)* ***être haut*** ~ in hoher Stellung sein; ***personnage haut*** ~ hoch gestellte Persönlichkeit

placebo [plasebo] *m* Placebo *nt*

placement [plasmɑ̃] *m* ❶ [Geld]anlage *f* ❷ *(embauche)* Vermittlung *f* ❸ BELG *(action de placer)* Platzieren *nt*

placenta [plasɛ̃ta] *m* Plazenta *f*

placer [plase] <2> **I.** *vt* ❶ *(mettre)* stellen/legen; ~ ***qc sur l'étagère*** *(verticalement/à plat)* etw auf das Regal stellen/legen ❷ *(installer)* aufstellen *sentinelle;* ~ ***les spectateurs/les invités*** den Zuschauern die Plätze anweisen/den Gästen ihren Platz zuweisen; ~ ***un enfant dans une***

P

famille d'accueil ein Kind bei einer Pflegefamilie unterbringen ❸ *(introduire)* anbringen *anecdote, remarque;* ~ ***une idée dans qc*** einen Gedanken in etw *akk* einflechten; ***ne pas pouvoir ~ un mot*** [*o* ***ne pas arriver à en ~ une***] nicht zu Wort kommen ❹ *(mettre dans une situation professionnelle)* ~ ***un ami dans une entreprise comme qc*** einen Freund in einem Unternehmen als etw unterbringen; ***être placé sous l'autorité*** [*o* ***la direction***] [*o* ***les ordres***] ***de qn*** jdm unterstellt sein, jdm unterstehen ❺ FIN anlegen *argent, capitaux, économies* **II.** *vpr* ❶ *(s'installer)* ***se*** ~ irgendwo Platz nehmen; *(debout)* sich irgendwohin stellen ❷ *(se situer)* ***se ~ dans le cas où ...*** den Fall annehmen, dass ... ❸ *(avoir sa place désignée)* ***se ~ devant/à côté de qc*** *meuble, objet, obstacle:* seinen Platz vor/neben etw *dat* haben ❹ *(prendre un certain rang)* ***se ~ deuxième*** den zweiten Platz belegen

placide [plasid] *adj attitude, comportement* ruhig; *regard, personne* sanft

placidement [plasidmɑ̃] *adv* ruhig, gelassen

placidité [plasidite] *f* [innere] Ruhe, Gelassenheit *f,* Sanftmut *f*

plafond [plafɔ̃] *m* ❶ *(opp: plancher)* Decke *f;* ***faux*** ~ eingezogene Decke ❷ *(limite supérieure)* Obergrenze *f; d'un crédit* Plafond *m; (somme d'argent)* Höchstbetrag *m* ▶ **sauter au** ~ *(fam)* [bis] an die Decke springen

plafonner [plafɔne] <1> *vi (atteindre son maximum) salaire, ventes:* die Höchstgrenze erreicht haben

plage [plaʒ] *f* ❶ *(rivage)* Strand *m;* ***les ~s de la Seine*** die Strandufer der Seine *Pl;* ***~ de galets/sable*** Kiesel-/Sandstrand; ***robe/serviette de*** ~ Strandkleid *nt*/Badelaken *nt;* ***sur la*** ~ am Strand; ***être/aller à la*** ~ am Strand sein/an den Strand gehen ❷ *(station balnéaire)* Seebad *nt* ❸ AUT ~ ***arrière*** Heckablage *f*

plagiat [plaʒja] *m* Plagiat *nt*

plagier [plaʒje] <1a> *vt* plagiieren

plagiste [plaʒist] *mf* Strandpächter(in) *m(f)*

plaid [plɛd] *m* Plaid *nt*

plaider [plede] <1> **I.** *vt* JUR *(faire valoir)* [als Grund] vorbringen *irresponsabilité, incompétence;* ~ ***coupable/non-coupable*** auf schuldig/nicht schuldig plädieren **II.** *vi* JUR *(faire une plaidoirie) avocat:* plädieren

plaidoirie [plɛdwaʀi] *f* JUR Plädoyer *nt*

plaidoyer [plɛdwaje] *m* Verteidigungsrede *f*

plaie [plɛ] *f* ❶ *(blessure)* Wunde *f* ❷ *(malheur)* Plage *f;* ***quelle ~!*** *(fam)* wie ärgerlich! ❸ *(fam: personne)* Plagegeist *m*

plaignant(e) [plɛɲɑ̃] *m(f)* Kläger(in) *m(f)*

plaindre [plɛ̃dʀ] <irr> **I.** *vt (s'apitoyer sur)* bedauern *personne;* ***je te plains vraiment/sincèrement*** du tust mir richtig/aufrichtig leid; ***être bien/ne pas être à*** ~ wirklich zu bedauern sein/sich nicht beklagen können **II.** *vpr* ❶ *(se lamenter)* ***se ~ de qc*** [über etw *akk*] klagen; ***se ~ tout le temps*** immer am Jammern sein ❷ *(protester)* ***se ~ de qn/qc à l'arbitre*** sich beim Schiedsrichter über jdn/etw beklagen

plaine [plɛn] *f* Ebene *f*

plain-pied [plɛ̃pje] *m sans pl (au même niveau)* ***être de*** ~ ebenerdig liegen

plainte [plɛ̃t] *f* ❶ *(gémissement)* Klage *f;* ***les ~s*** das Wehgeschrei ❷ *(récrimination)* Beschwerde *f* ❸ JUR Klage *f,* [Straf]anzeige *f;* ***déposer une ~*** [*o* ***porter ~***] ***contre un voisin auprès du tribunal pour le vacarme*** wegen des Krachs bei Gericht gegen einen Nachbarn Klage erheben

plaintif, -ive [plɛ̃tif, -iv] *adj* klagend

plaire [plɛʀ] <irr> **I.** *vi* ❶ *(être agréable)* ~ ***à qn*** *livre, travail, spectacle:* jdm gefallen ❷ *(charmer)* ~ ***à qn*** *personne:* jdm gefallen; ***les brunes me plaisent davantage*** ich stehe eher auf Dunkelhaarige *fam* ❸ *(convenir)* ~ ***à qn*** *idée, projet:* jdm zusagen ❹ *(être bien accueilli) chose:* Anklang finden ▶ **qn a tout pour ~** *(iron)* alles spricht gegen jdn **II.** *vi impers (être agréable)* ***il plaît à l'enfant de faire qc*** es gefällt dem Kind etw zu tun; ***vous plairait-il de venir dîner?*** hätten Sie Lust zum Essen zu kommen?; ***comme il te/vous plaira*** wie du möchtest/Sie möchten; ***quand ça te/vous plaira*** wann du willst/Sie wollen ▶ **s'il te/vous plaît** bitte; *(injonction)* wenn ich bitten darf!; *(accent d'insistance)* stell dir vor!, bitte schön! **III.** *vpr* ❶ *(se sentir à l'aise)* ***se ~ avec qn*** gern mit jdm zusammen sein; ***qn se plaît au Canada*** jd fühlt sich in Kanada wohl ❷ *(s'apprécier)* ***se ~ avec qc*** sich *dat* mit etw gefallen; ***se*** ~ *personnes:* sich mögen ❸ *(prendre plaisir)* ***il se plaît à faire qc*** es macht ihm Freude [*o* Spaß] etw zu tun

plaisamment [plɛzamɑ̃] *adv conter* auf angenehme Art; *causer* angenehm; *être meublé* nett, hübsch

P

plaisance [plɛzɑ̃s] *f* NAUT *[navigation de]* ~ Bootssport *m; (à voile)* Segelsport *m; **port de** ~* Jachthafen *m*
plaisancier, -ière [plɛzɑ̃sje, jɛʀ] *m, f* [Motor]bootsbesitzer(in) *m(f); (avec un bateau à voile)* Freizeitsegler(in) *m(f)*
plaisant(e) [plɛzɑ̃, ɑ̃t] *adj* ❶ *(agréable)* nett, angenehm ❷ *(amusant)* lustig, amüsant
plaisanter [plɛzɑ̃te] <1> *vi* ❶ *(blaguer)* scherzen, Spaß machen; ***je ne plaisante pas!*** ich meine es ernst!; ~ ***sur*** [*o* ***à propos de***] ***qc*** Witze über etw *akk* machen; ***je ne suis pas d'humeur à*** ~ ich bin nicht zu[m] Scherzen aufgelegt ❷ *(dire par jeu)* ***ne pas*** ~ ***sur la discipline/avec l'exactitude*** keinen Spaß verstehen, was Disziplin/Pünktlichkeit anbelangt; ***tu plaisantes!*** das soll wohl ein Witz sein!
plaisanterie [plɛzɑ̃tʀi] *f* ❶ *(blague)* Scherz *m;* ***mauvaise*** ~ übler Scherz; ~ ***de mauvais goût*** geschmackloser Witz; ***par*** ~ aus [*o* im] Spaß; ***aimer la*** ~ gerne Witze machen; ***dire qc sur le ton de la*** ~ etw im Scherz sagen ❷ *pl (raillerie)* Gespött *nt* ❸ *(farce)* Streich *m;* ***pousser un peu loin/trop loin la*** ~ [mit seinen Scherzen] ein wenig zu weit/wirklich zu weit gehen ▸ **les ~s les plus courtes sont les meilleures** man soll das Spiel nicht übertreiben
plaisantin [plɛzɑ̃tɛ̃] *m (blagueur)* Spaßvogel *m*
plaisir [pleziʀ] *m* ❶ *(joie)* Vergnügen *nt;* ~ ***de faire qc*** Freude etw zu tun; ***il a*** ~ ***à faire qc*** es macht ihm Freude etw zu tun; ***qn éprouve*** [*o* ***prend***] ***un malin*** ~ ***à faire qc*** es macht jdm einen Heidenspaß etw zu tun *fam;* ***faire*** ~ ***à qn*** jdm Freude machen; *(rendre service à qn)* jdm gefällig sein; ***faire à ses parents le*** ~ ***de faire qc*** *(sur invitation)* seinen/ihren Eltern die Freude machen etw zu tun; *(sur ordre)* seinen/ihren Eltern den [einen] Gefallen tun und etw tun *fam;* ***maintenant fais-moi le*** ~ ***de te taire!*** jetzt tu mir den [einen] Gefallen und sei still!; ***elle prend*** [***du***] ~ ***à qc*** etw macht ihr Freude; ***souhaiter à qn bien du*** ~ *iron)* jdm viel Vergnügen wünschen; ***faire*** ~ ***à voir*** ein erfreulicher Anblick sein ❷ *(distraction)* [Freizeit]vergnügen *nt;* ***par*** [*o* ***pour le***] ~ aus [*o* zum] Vergnügen; ***sans*** ~ lustlos ❸ *(jouissance sexuelle)* ***se donner du*** ~ *(faire l'amour)* sich im Bett vergnügen ❹ *pl (sentiment agréable)* Lustgefühl *nt;* ***menus ~s*** kleine Vergnügungen; ***les ~s de la table*** die Tafelfreuden; ***courir après les ~s*** immer auf Vergnügungen aus sein ▸ **bon** ~ Belieben *nt;* ***décider qc selon son bon*** ~ etw nach Belieben entscheiden; **faire durer le** ~ kein Ende finden; **au** ~! *(fam)* [ich hoffe,] bis bald!; **avec** [**grand**] ~ mit [größtem] Vergnügen
plan [plɑ̃] *m* ❶ *(représentation graphique)* Plan *m* ❷ *(projet)* Plan *m;* ~ ***de travail/d'action*** Arbeits-/Aktionsplan ❸ *d'un devoir, d'une dissertation* Gliederung *f; d'un livre* Entwurf *m* ❹ MEDIA Aufnahme *f; (cadrage)* Einstellung *f;* ~ ***fixe*** statische Einstellung; ***gros*** ~ Großaufnahme *f;* ~ ***rapproché*** Nahaufnahme; ***au premier/à l'arrière-~*** im Vorder-/Hintergrund ❺ *(fam: projet de sortie)* ***j'ai un*** ~ ***d'enfer!*** ich hab' was ganz Tolles vor! ❻ *(niveau)* ***sur le*** ~ ***national/régional*** auf nationaler/regionaler Ebene; ***passer au second*** ~ in den Hintergrund rücken; ***de premier/second*** ~ ersten Ranges/zweitrangig; ***sur le*** ~ ***moral*** moralisch gesehen; ***sur le*** ~ ***de qc*** in Bezug auf etw *akk;* ***placer*** [*o* ***mettre***] ***qn/qc sur le même*** ~ jdn/etw auf die gleiche Stufe stellen ❼ *(surface)* ~ ***d'eau*** Wasserfläche *f;* ~ ***de travail*** *(dans une cuisine)* Arbeitsfläche *f* ▸ **c'est un bon** ~ das ist eine gute Idee; **c'est pas un bon** ~ das ist keine gute Idee; **laisser qn en** ~ *(fam)* jdn hängen lassen; **laisser ses affaires en** ~ seine Sachen zurücklassen; **laisser un projet en** ~ einen Plan fallen lassen
planche [plɑ̃ʃ] *f* ❶ *(pièce de bois)* Brett *nt;* ~ ***à dessin*** Reißbrett; ~ ***à repasser*** Bügelbrett ❷ *(scène)* ***les ~s*** die Bühnenbretter *Pl;* ***brûler les ~s*** ein begnadeter [Theater]schauspieler sein; ***monter sur les ~s*** auf die Bühnenbretter steigen ❸ SPORT ~ ***à roulettes*** Skateboard *nt;* ~ ***à voile*** *(objet)* Surfbrett *nt; (sport)* Windsurfing *nt*
plancher[1] [plɑ̃ʃe] **I.** *m* ❶ Fußboden *m; d'un ascenseur, d'une voiture* Boden *m* ❷ *(seuil inférieur) d'un cours* Mindestwert *m* ▸ **le** ~ **des vaches** *(hum fam)* das Festland; **débarrasser le** ~ *(fam)* Leine ziehen **II.** *app* ***prix/salaire*** ~ Mindestpreis *m*/-lohn *m*
plancher[2] [plɑ̃ʃe] <1> *vi (fam)* ❶ *(être interrogé)* ~ ***sur qc*** über etw *akk* abgefragt werden ❷ *(présenter un rapport)* ~ ***sur qc*** über etw *akk* referieren
planchette [plɑ̃ʃɛt] *f* Brettchen *nt*
plancton [plɑ̃ktɔ̃] *m* Plankton *nt*
planer [plane] <1> *vi* ❶ *(voler)* *oiseau:*

P

schweben ❷ AVIAT gleiten ❸ *(peser)* ~ ***sur qn/qc*** *danger:* jdm/einer S. drohen; *soupçons:* auf jdm/etw lasten; ***laisser ~ le doute sur qc*** Zweifel an etw *dat* aufkommen lassen; ***un mystère plane sur toute cette affaire*** hinter dieser ganzen Sache verbirgt sich ein Geheimnis ❹ *(fam: rêver)* in höheren Regionen schweben ❺ *(fam: être sous effet euphorisant)* [total] weg[getreten] sein; *(sous l'effet d'une drogue)* high sein ► **ça plane** *(fam)* alles Spitze

planétaire [planetɛʀ] *adj* ❶ *(mondial)* weltweit ❷ ASTRON planetarisch; *système* Planeten-

planétarium [planetaʀjɔm] *m* Planetarium *nt*

planète [planɛt] *f* Planet *m;* ***la ~ Terre*** die Erde

planeur [planœʀ] *m* Segelflugzeug *nt*

planification [planifikasjɔ̃] *f* Planung *f*

planifier [planifje] <1> *vt* einen Plan aufstellen für

planisphère [planisfɛʀ] *m* Weltkarte *f*

planning [planiŋ] *m* ❶ *(calendrier)* Terminkalender *m* ❷ *(planification)* Terminplanung *f;* ~ ***familial*** Familienplanung *f*

planque [plɑ̃k] *f (fam)* ❶ *(cachette)* Versteck *nt* ❷ *(travail tranquille)* ruhiger Job *fam;* ***c'est la ~!*** da kann man eine ruhige Kugel schieben! *fam* ❸ *(lieu protégé)* Unterschlupf *m; péj)* Druckposten *m fam*

planqué(e) [plɑ̃ke] *m(f) (péj fam)* Drückeberger(in) *m(f)*

planquer [plɑ̃ke] <1> *vt, vpr (fam) [se]* ~ [sich] in Sicherheit bringen

plant [plɑ̃] *m* ❶ *(jeune plante)* Setzling *m* ❷ *(plantation)* ~ ***d'asperges*** Spargelfeld *nt*

plantage [plɑ̃taʒ] *m* INFORM *(fam)* Absturz *m fam*

plantain [plɑ̃tɛ̃] *m* BOT Wegerich *m*

plantaire [plɑ̃tɛʀ] *adj* an der Fußsohle; ***voûte*** ~ Fußwölbung *f*

plantation [plɑ̃tasjɔ̃] *f* ❶ *(exploitation agricole)* Plantage *f;* ~ ***de café*** Kaffeeplantage *f* ❷ *(action)* [An]pflanzen *nt;* ***faire des ~s*** Pflanzen setzen

plante [plɑ̃t] *f* Pflanze *f*

planté(e) [plɑ̃te] *adj (debout et immobile)* ***être/rester ~ là*** wie angewurzelt dastehen/stehen bleiben; ***être*** [*o* ***rester***] ~ ***là à attendre*** dastehen und warten; ***qu'est-ce que tu fais ~ là?*** was stehst du da herum? *fam*

planter [plɑ̃te] <1> **I.** *vt* ❶ *(mettre en terre)* pflanzen *arbre, tulipes;* setzen *salade, tomates, pommes de terre;* anbauen *légumes* ❷ *(garnir de)* ~ ***un jardin de/en qc*** einen Garten mit etw bepflanzen; ***avenue plantée d'arbres*** Allee *f* ❸ *(enfoncer)* eintreiben *pieu, piquet;* einschlagen *clou;* ~ ***un clou dans le mur*** einen Nagel in die Wand schlagen; ~ ***ses griffes dans le bras à qn*** *chat:* jdm die/seine Krallen in den Arm hauen ❹ *(dresser)* aufpflanzen *drapeau;* aufschlagen *tente;* aufstellen *échelle* ❺ *(fam: abandonner)* ~ ***qn là*** jdn einfach stehen lassen; *(fig)* jdn sitzen lassen **II.** *vpr* ❶ *(fam: se tromper)* ***se ~ dans qc*** sich [bei etw] vertun; ***se ~ à un examen*** bei einer Prüfung danebenhauen ❷ *(se mettre)* ***se ~ une aiguille dans la main*** sich *dat* eine Nadel in die Hand bohren; ***se ~ dans le mur*** *couteau, flèche:* in der Wand stecken bleiben ❸ *(fam: se poster)* ***se ~ dans le jardin*** sich im Garten postieren; ***se ~ devant*** [*o* ***en face de***] ***qn*** sich vor jdm aufpflanzen ❹ *(fam: avoir un accident)* ***se*** ~ einen Unfall bauen ❺ INFORM *(fam)* ***l'ordinateur s'est planté*** der Computer ist abgestürzt

plantureux, -euse [plɑ̃tyʀø, -øz] *adj* ❶ *repas, femme* üppig ❷ *terre, année* ertragreich

plaquage [plakaʒ] *m (au rugby)* Fassen *nt*

plaque [plak] *f* ❶ *(matériau plat)* Platte *f* ❷ *(présentation)* ~ ***de beurre/de chocolat*** Stück *nt* Butter/Tafel *f* Schokolade ❸ *(couche)* ~ ***de verglas*** vereiste Stelle ❹ *(tache)* Fleck *m* ❺ *d'une porte, rue* Schild *nt; d'un policier* Dienstmarke *f;* ~ ***commémorative*** Gedenktafel *f;* ~ ***minéralogique*** Nummernschild *nt* ❻ *(décoration)* Abzeichen *nt* ❼ GASTR *d'une cuisinière* [Koch]platte *f;* ~ ***chauffante*** [*o* ***électrique***] Elektroplatte *f* ❽ GEOL Scholle *f* ► ~ **tournante** Drehscheibe *f;* **être à côté de la ~** *(fam)* daneben liegen; **mettre à côté de la ~** *(fam)* danebenhauen

plaqué [plake] *m (bois)* Furnier *nt; (métal)* Doublé *nt;* ***c'est du ~ chêne*** das ist Eichenfurnier; ***bijoux en ~ or*** vergoldeter Schmuck

plaqué(e) [plake] *adj* ~ [***en***] ***argent/or*** versilbert/vergoldet; ~ ***chêne*** [mit] Eiche furniert

plaquer [plake] <1> **I.** *vt* ❶ *(fam: abandonner)* sitzen lassen *conjoint;* an den Nagel hängen *emploi;* hinschmeißen *travail;* ***tout ~*** alles hinschmeißen; ~ ***son petit ami/fiancé*** mit ihrem Freund/Verlobten Schluss machen ❷ *(aplatir)* glatt streichen *cheveux* ❸ *(coller)* ***la pluie plaque sa***

robe sur ses jambes ihr regennasses Kleid klebt an den Beinen ❹ *(serrer contre)* ~ ***qn sur/contre le mur*** jdn an/gegen die Mauer drücken ❺ SPORT fassen **II.** *vpr (se serrer)* ***se ~ contre qc*** sich [platt] an etw *akk* drücken [*o* gegen etw]

plaquette [plakɛt] *f* ❶ *(petite plaque)* kleine Platte *f;* ***~s de frein*** Bremsbeläge *Pl* ❷ GASTR ***~ de chocolat*** Tafel *f* Schokolade ❸ MED Blutplättchen *nt*

plasma [plasma] *m* Plasma *nt;* ***écran à ~*** Plasmabildschirm *m*

plasticage [plastikaʒ] *m* Anschlag *m* mit einer Plastikbombe

plasticien(ne) [plastisjɛ̃, jɛn] *m(f)* ❶ *(artiste)* Plastiker(in) *m(f)* ❷ *(chirurgien)* plastischer Chirurg *m*/plastische Chirurgin *f*

plastique [plastik] **I.** *m* Kunststoff *m,* Plastik *nt;* ***sous ~*** in Plastik verpackt **II.** *adj inv* ***sac/bouteille/emballage ~*** Plastiksack/-flasche/-verpackung

plastiquer [plastike] <1> *vt* mit einer Plastikbombe in die Luft sprengen

plastiqueur, -euse [plastikœʀ, -øz] *m, f* Sprengstoffattentäter(in) *m(f)*

plastronner [plastʀɔne] <1> *vi* sich aufspielen

plat [pla] *m* ❶ *(récipient: creux)* Schüssel *f;* *(plat)* Schale *f;* ***~ à viande*** Fleischplatte *f* ❷ *(contenu)* ***un ~ de lentilles*** eine Schüssel [voll] Linsen *gen* ❸ *(mets)* Gericht *nt;* *(élément d'un repas)* Gang *m;* ***~ principal*** Hauptgericht, Hauptspeise *f* A; ***~ de résistance*** Hauptgericht; ***~ du jour*** Tagesgericht; ***~ de poisson/légumes*** Fisch-/Gemüsegericht; ***de bons petits ~s*** kleine leckere Gerichte *Pl;* ***~ garni*** Gericht *nt* mit Beilage ❹ Buchdeckel *m;* ***le ~ supérieur/inférieur*** der vordere/hintere ~ ▶ **mettre les <u>petits</u> ~s dans les grands** ein Festessen vorbereiten [und sich dabei nicht lumpen lassen]; **<u>faire</u> tout un ~ de qc** *(fam)* viel Wind um etw machen

plat(e) [pla, plat] *adj* ❶ *(égal)* flach; *surface, terrain* eben; *mer* glatt ❷ *front, poitrine, ventre* flach; *coiffure* glatt ❸ *assiette, chaussure, talon* flach; ***mettre/poser qc à ~*** etw flach hinlegen ❹ *conversation* flach ❺ *(obséquieux)* ***faire de ~es excuses*** unterwürfig um Verzeihung bitten ❻ *(vidé de son contenu)* ***être à ~*** *pneu:* platt sein; *batterie:* leer sein; *conducteur:* einen Platten haben; *(fam) personne:* völlig ausgepumpt sein ▶ **<u>mettre</u> qc à ~** *question, problème* etw neu aufrollen

platane [platan] *m* Platane *f*

plateau [plato] <x> *m* ❶ *(support)* Tablett *nt;* ***~ à fromages*** Käseplatte *f* ❷ GASTR ***~ de fruits de mer/de fromages*** Platte *f* mit Meeresfrüchten/mit Käse ❸ *d'une balance* Waagschale *f* ❹ GEOG [Hoch]plateau *nt;* ***~ continental*** Kontinentalplatte *f* ❺ MEDIA Drehplatz *m;* *(invités)* [Star]aufgebot *nt;* ***sur le ~/hors du ~*** vor/hinter der Kamera ▶ **<u>servir</u> un ami à qn sur un ~** jdm einen Freund auf einem silbernen Tablett servieren

plateau-repas [platoʀ(ə)pa] <plateaux--repas> *m auf einem Tablett serviertes vollständiges Menü*

platebande, plate-bande [platbɑ̃d] <plates-bandes> *f* Rabatte *f*

platée [plate] *f* ***une ~ de riz/purée*** eine Schüssel voll Reis/Püree

plateforme, plate-forme [platfɔʀm] <plates-formes> *f* ❶ [Aussichts]plattform *f* ❷ AUT, CHEMDFER Plattform *f* ❸ GEOG ***~ continentale*** Festlandsockel *m* ❹ TELEC ***~ téléphonique*** Telefonservice *m*

platement [platmɑ̃] *adv écrire, s'exprimer* farblos, platt; *s'excuser* unterwürfig

platine[1] [platin] **I.** *adj inv cheveux* platinblond **II.** *m* Platin *nt*

platine[2] [platin] *f* ❶ TECH Platine *f* ❷ MEDIA *d'un électrophone* Plattenspieler *m;* ***~ laser*** CD-Spieler *m*

platiné(e) [platine] *adj* platinblond; ***une blonde ~e*** eine Platinblonde

platitude [platityd] *f sans pl* Seichtheit *f,* Flachheit *f pej; d'une représentation, narration* Farblosigkeit *f*

platonicien(ne) [platɔnisjɛ̃, jɛn] **I.** *adj* PHILOS platonisch **II.** *m(f)* PHILOS Platoniker(in) *m(f)*

platonique [platɔnik] *adj amour* platonisch

platoniquement [platɔnikmɑ̃] *adv* platonisch

plâtre [plɑtʀ] *m* ❶ *(matériau)* Gips *m;* ***mur en ~*** Gipsmauer *f* ❷ MED Gips *m;* ***avoir un bras dans le ~*** einen Arm in Gips haben ▶ **<u>essuyer</u> les ~s** *(fam)* eine Sache ausbaden

plâtrer [plɑtʀe] <1> *vt* ❶ *(couvrir de plâtre)* vergipsen, zugipsen *trou, fissure* ❷ *(mettre dans le plâtre)* ***~ le bras à qn*** jdm den Arm eingipsen; ***être plâtré*** in Gips liegen

plâtrier, -ière [plɑtʀije, -jɛʀ] *m, f* Gipser(in) *m(f)*

plausibilité [plozibilite] *f sans pl* Plausibilität *f*

plausible [plozibl] *adj* plausibel

play-back [plɛbak] *m inv* Playback *nt*

play-boy [plɛbɔj] <play-boys> *m* Playboy *m*

playlist [plɛ(j)list] *f* Playlist *f,* Wiedergabeliste *f*

plébiscite [plebisit] *m* Plebiszit *nt,* Volksabstimmung *f*

plébisciter [plebisite] <1> *vt* ❶ POL durch Volksabstimmung billigen ❷ *(approuver)* befürworten

plein [plɛ̃] **I.** *m (de carburant)* Tankfüllung *f; **faire le ~*** voll tanken; ***le ~, s'il vous plaît!*** bitte voll tanken! ▶ **battre son ~** in vollem Gange sein **II.** *adv* ❶ *(fam: beaucoup)* ***avoir ~ d'argent/d'amis*** unheimlich viel Geld/viele Freunde haben ❷ *(exactement)* ***en ~ dans l'œil*** genau ins Auge; ***en ~ devant/sur la table/dans la soupe*** genau vor/auf den Tisch/in die Suppe ❸ *(au maximum)* ***tourner à ~*** auf Hochtouren laufen; ***utiliser une machine à ~*** eine Maschine voll ausnutzen ▶ **en ~** *(de front)* voll; **mignon/gentil tout ~** *(fam)* unheimlich niedlich/nett **III.** *prép **de l'argent ~ les poches*** die Taschen voller Geld

plein(e) [plɛ̃, plɛn] *adj* ❶ *(rempli)* voll; *journée, vie* ausgefüllt; ***à moitié ~*** halb voll; ***un panier ~ de champignons*** ein Korb voller Pilze; ***être ~ de bonne volonté/de joie*** voll des guten Willens/voller Freude sein; ***~ de vie*** lebenslustig; ***~ de risques/d'idées/d'esprit*** risiko-/ideen-/geistreich; ***être ~ de santé*** vor Gesundheit strotzen; ***être ~ à craquer*** brechend voll sein *fam* ❷ *joues, visage* voll ❸ *(sans réserve)* ***à ~e gorge*** aus vollem Hals; ***à ~s bras/à ~es mains*** mit vollen Armen/Händen; ***mordre à ~es dents dans une pomme*** kraftvoll in einen Apfel beißen; ***respirer à ~s poumons*** in tiefen Zügen [ein]atmen ❹ *(au maximum de)* ***à ~s bords*** im Überfluss; ***à ~ régime*** [*o* ***rendement***], ***à ~e vapeur*** auf Hochtouren ❺ *(au plus fort de)* ***en ~ été/hiver*** mitten im Sommer/Winter; ***en ~ jour*** am helllichten Tag; ***en ~e nuit*** mitten in der Nacht; ***en ~ soleil*** in der prallen Sonne ❻ *(au milieu de)* ***être en ~ travail*** mitten in der Arbeit sein; ***viser en ~ cœur*** mitten ins Herz zielen; ***en ~e rue*** auf offener Straße; ***en ~e obscurité*** in völliger Dunkelheit; ***en ~e lumière*** im [vollen] Licht; ***en ~ vol/essor*** in vollem Flug/Aufschwung; ***être en ~ boum*** einen ungeheuren Boom erleben ❼ *trait* durchgezogen; *bois, porte* massiv; ***une porte en bois ~*** eine Massivholztür ❽ *antéposé (total) victoire* klar; *succès, confiance* voll; ***avoir ~e conscience de qc*** sich *dat* über etw *akk* voll und ganz im Klaren sein ❾ *jour, mois* ganz ❿ *(gravide)* trächtig

pleinement [plɛnmɑ̃] *adv* voll [und ganz]

plein-emploi, plein emploi [plɛnɑ̃plwa] *m sans pl* Vollbeschäftigung *f* **plein-temps** [plɛ̃tɑ̃] <pleins-temps> *m* Vollzeitbeschäftigung *f*

plénier, -ière [plenje, -jɛʀ] *adj **réunion plénière*** Plenarsitzung *f; **assemblée plénière*** Plenum *nt*

plénipotentiaire [plenipɔtɑ̃sjɛʀ] **I.** *adj* bevollmächtigt; ***ministre ~*** Gesandte(r) *f(m)* **II.** *mf* Bevollmächtigte(r) *f(m)*

plenum, plénum [plenɔm] *m* Plenum *nt*

pléonasme [pleɔnasm] *m* LITTER Pleonasmus *m*

pléthore [pletɔʀ] *f sans pl (soutenu)* ***~ de qc*** Überschuss *m* an etw *dat*

pléthorique [pletɔʀik] *adj (péj) classes* überfüllt; *documentation* zu umfangreich

pleur [plœʀ] *m (littér)* ***fondre en ~s*** in Tränen ausbrechen; ***tout en ~s*** ganz in Tränen aufgelöst

pleurer [plœʀe] <1> **I.** *vi* ❶ *(verser des larmes) personne:* weinen; *œil:* tränen; ***faire ~ qn*** *personne, roman, film:* jdn zum Weinen bringen; *rage:* jdm [die] Tränen in die Augen treiben; ***la poussière me fait ~*** mir tränen die Augen vom Staub; ***~ de rage*** vor Wut *dat* weinen; ***~ de rire*** Tränen lachen ❷ *(crier) bébé:* schreien ❸ *(se lamenter)* ***~ sur qn/qc*** jdn bedauern [*o* bemitleiden]/etw beklagen [*o* beweinen]; ***~ sur son sort*** sein Los beklagen ❹ *(réclamer)* herumjammern; ***~ auprès de qn*** jdm etwas vorjammern; ***~ après qc*** *(fam)* nach etw jammern ❺ *(extrêmement)* ***triste à [faire] ~*** tottraurig; ***maigre à [faire] ~*** knochendürr *fam;* ***bête à ~*** dumm, dass es weh tut *fam* **II.** *vt* ❶ *(regretter)* trauern um *personne;* ***~ sa jeunesse*** seiner Jugend nachtrauern; ***~ la mort d'un parent*** den Tod eines Verwandten beklagen ❷ *(verser)* ***~ des larmes de joie/sang*** Freudentränen/bittere Tränen vergießen; ***~ toutes les larmes de son corps*** sich *dat* die Seele aus dem Leib weinen

pleureur, -euse [plœʀœʀ, -øz] *adj* ❶ *enfant, ton* weinerlich ❷ BOT Trauer-; ***saule ~*** Trauerweide *f*

pleurnicher [plœʀniʃe] <1> *vi (fam)* [immer gleich] rumheulen

pleurnicheur, -euse [plœʀniʃœʀ, -øz] **I.** *adj (fam)* ❶ *(qui pleure)* ***enfant ~*** Heulsuse *f* ❷ *(qui se lamente)* nörgelig *pej*

II. *m, f (fam)* ❶ *(qui pleure)* Heulpeter *m,* Heulsuse *f* ❷ *(qui se lamente)* Nörgelfritze *m pej*
pleurote [plœʀɔt] *m* Seitling *m*
pleutre [pløtʀ] *m (littér)* Feigling *m*
pleutrerie [pløtʀəʀi] *f (littér)* Feigheit *f*
pleuvasser [pløvase] <1> *vi impers,* **pleuviner** [pløvine] <1> *vi impers* ***il pleuvasse, il pleuvine*** es nieselt
pleuvoir [pløvwaʀ] <irr> **I.** *vi impers* ***il pleut de grosses gouttes*** es regnet heftig ▸ **qu'il pleuve ou qu'il vente** ob es regnet oder schneit **II.** *vi* ❶ *(s'abattre)* ***les coups/reproches pleuvent*** es hagelt Schläge/Vorwürfe; ***les obus pleuvent sur la ville*** Granaten gehen auf die Stadt nieder ❷ *(arriver en abondance)* ***les mauvaises nouvelles pleuvent en ce moment*** im Moment hagelt es schlechte Nachrichten
pleuvoter [pløvɔte] <1> *vi impers* ***il pleuvote*** es nieselt
plèvre [plɛvʀ] *f* Brust-/Rippenfell *nt*
plexiglas® [plɛksiglas] *m* Plexiglas® *nt*
pli [pli] *m* ❶ *(pliure)* Falte *f; du papier* Kniff *m;* ***faire le ~ d'un pantalon*** eine Bügelfalte in eine Hose bügeln; ***jupe à ~s*** Faltenrock *m* ❷ *(mauvaise pliure)* ***[faux]*** ~ Knitter[falte *f*] *m;* ***cette veste fait des ~s/un ~*** diese Jacke wirft Falten/eine Falte; ***être plein de ~s*** voller Knitterfalten sein ❸ *sans pl (forme)* ***avoir un beau ~*** schön fallen ❹ JEUX ***faire un ~*** einen Stich machen ▸ **prendre un mauvais ~** eine schlechte Gewohnheit annehmen; **ça ne fait pas un ~** *(fam)* das ist [tod]sicher; **prendre le ~ de faire qc** es sich *dat* angewöhnen etw zu tun
pliable [plijabl] *adj* biegsam
pliant(e) [plijɑ̃, jɑ̃t] *adj* ***lit ~/table ~e*** Klappbett *nt*/-tisch *m;* ***mètre ~*** Zollstock *m;* ***meubles ~s*** zusammenklappbare Möbel *Pl*
plier [plije] <1> **I.** *vt* ❶ *(replier)* [zusammen]falten *papier, tissu;* zusammenlegen *linge, tente;* ***un papier plié en quatre*** ein zweimal gefaltetes Papier ❷ *(refermer)* zusammenklappen, zusammenfalten *journal, carte routière;* schließen *éventail* ❸ *(fléchir)* beugen *bras, jambe* ❹ *(courber)* biegen; ***la neige plie les arbres*** die Bäume biegen sich unter dem Schnee; ***être plié par l'âge*** vom Alter gebeugt sein; ***être plié par la douleur*** sich vor Schmerzen *dat* krümmen **II.** *vi* ❶ *(se courber)* ***~ sous la charge/le poids de qc*** sich unter der Last/dem Gewicht von etw biegen ❷ *(céder)* nachgeben; ***~ devant l'autorité du chef*** sich der Autorität des Chefs beugen; ***l'armée a plié devant l'ennemi*** die Armee weicht vor dem Feind zurück **III.** *vpr* ❶ *(être pliant)* ***se ~*** zusammenklappbar sein ❷ *(se soumettre)* ***se ~ à la volonté de qn*** sich jds Willen beugen; ***se ~ à la discipline*** sich der Disziplin unterwerfen; ***se ~ aux circonstances*** sich den Umständen anpassen
plinthe [plɛ̃t] *f* [Fuß]leiste *f*
plissement [plismɑ̃] *m* ❶ *du front* Runzeln *nt kein Pl;* ***avoir un ~ d'yeux/de la bouche*** die Augen zusammenkneifen/den Mund verziehen ❷ GEOL Faltung *f*
plisser [plise] <1> **I.** *vt* ❶ *(couvrir de faux plis)* zerknittern ❷ *(froncer)* runzeln *front;* zusammenkneifen *yeux;* rümpfen *nez;* verziehen *bouche;* ***une ride plissa son front*** eine Falte erschien auf seiner/ihrer Stirn **II.** *vi* Falten werfen; *lin, tissu:* knittern
plomb [plɔ̃] *m* ❶ *(métal)* Blei *nt;* ***lourd comme du ~*** bleischwer; ***super sans ~*** Super *nt* bleifrei ❷ *(fusible)* Sicherung *f* ❸ CHASSE Schrotkugel *f;* ***du ~*** Schrot *nt* ❹ PECHE Bleikugel *f* ❺ *(amalgame)* Plombe *f* ▸ **avoir du ~ dans la tête** vernünftig sein; ***ne pas avoir de ~ dans la tête*** [sehr] gedankenlos sein; **à ~** senkrecht; **ciel/sommeil de ~** bleierner Himmel/Schlaf *geh;* **jambes de ~** bleischwere Beine; **par un soleil de ~** bei drückender Hitze

> **Aussprache**
> Die Endung -b in **plomb** wird nicht gesprochen.

plombage [plɔ̃baʒ] *m* ❶ *(amalgame)* Füllung *f,* Plombe *f* ❷ *(action de sceller) d'un colis* Versiegeln *nt*
plombé(e) [plɔ̃be] *adj teint* aschgrau; *couleur* blaugrau
plomber [plɔ̃be] <1> *vt* ❶ MED plombieren ❷ *(lester)* beschweren ❸ *(sceller)* versiegeln, verplomben *wagon, camion* ❹ *(fig fam: rendre lourd)* ***~ l'ambiance*** die Stimmung belasten
plomberie [plɔ̃bʀi] *f sans pl (montage, ensemble des tuyaux)* Installation *f*
plombier [plɔ̃bje] *m* Installateur *m*
plonge [plɔ̃ʒ] *f* ***faire la ~*** *(fam)* als Tellerwäscher(in) arbeiten
plongé(e) [plɔ̃ʒe] *adj* ❶ *(absorbé)* ***être ~ dans qc*** in etw *akk* versunken sein; ***être ~ dans un livre*** in ein Buch vertieft sein

P

❷ *(entouré)* ***être ~ dans l'obscurité*** in Dunkelheit *akk* gehüllt sein

plongeant(e) [plɔ̃ʒɑ̃, ʒɑ̃t] *adj décolleté* tief; ***une vue ~e sur le parc*** ein weiter Ausblick auf den Park

plongée [plɔ̃ʒe] *f* ❶ *(action de plonger)* Tauchgang *m* ❷ SPORT ***~ sous-marine*** Sporttauchen *nt;* ***faire de la ~*** Sporttaucher *m* sein

plongeoir [plɔ̃ʒwaʀ] *m* Sprungbrett *nt*

plongeon [plɔ̃ʒɔ̃] *m* ❶ SPORT Kopfsprung *m* ❷ *(chute)* Absturz *m;* ***faire un ~*** abstürzen ❸ SPORT Hechtsprung *m*

plonger [plɔ̃ʒe] <2a> **I.** *vi* ❶ *(s'immerger)* tauchen; ***~ à la recherche de qc*** [auf der Suche] nach etw tauchen ❷ *(faire un plongeon)* ***~ dans l'eau*** *personne:* einen Kopfsprung ins Wasser machen; *oiseau:* tauchen; *voiture:* ins Wasser stürzen; ***tu plonges ou tu ne plonges pas?*** springst du oder springst du nicht? ❸ *(sombrer)* ***~ dans le désespoir/la dépression*** in Hoffnungslosigkeit/Depression *akk* versinken **II.** *vpr* ***se ~ dans ses pensées*** sich in seine Gedanken vertiefen; ***se ~ dans un projet*** sich in ein Projekt stürzen

plongeur, -euse [plɔ̃ʒœʀ, -ʒøz] *m, f* ❶ SPORT Springer(in) *m(f)* ❷ *(dans un restaurant)* Tellerwäscher(in) *m(f)*

plouc [pluk] **I.** *mf (péj fam)* Stoffel *m,* Bauer *m* **II.** *adj (péj fam)* doof; *(fruste)* hinterwäldlerisch

plouf [pluf] **I.** *interj* platsch **II.** *m* Platsch *m*

ployer [plwaje] <6> **I.** *vt (littér: plier)* biegen **II.** *vi* ❶ *(se courber)* sich biegen ❷ *(fig)* nachgeben

plu¹ [ply] *part passé de* **plaire**

plu² [ply] *part passé de* **pleuvoir**

plucher *v.* **pelucher**

plugiciel [plyʒisjɛl] *m* INFORM Plug-in *nt Fachspr.*

pluie [plɥi] *f* ❶ METEO Regen *m;* ***des ~s*** Niederschläge *Pl;* ***saison des ~s*** Regenzeit *f;* ***jours/temps de ~*** Regentage *Pl/* -wetter *nt;* ***les ~s acides*** der saure Regen; ***sous la ~*** im Regen; ***le temps est à la ~*** es sieht nach Regen aus ❷ *sans pl (grande quantité)* ***~ d'étincelles*** Funkenregen *m;* ***~ de pierres/bombes*** Stein-/Bombenhagel *m;* ***il tombait une ~ de confettis*** es regnete Konfetti ▶ **après la ~ le beau temps** *(prov)* auf Regen folgt Sonnenschein; **faire la ~ et le beau temps** das Sagen haben *fam;* **ne pas être né** [*o* **tombé**] **de la dernière ~** nicht von gestern sein *fam*

plumage [plymaʒ] *m* Gefieder *nt*

plumard [plymaʀ] *m (fam)* Federn *Pl*

plume [plym] *f* ❶ *(penne)* Feder *f* ❷ *(pour écrire)* Feder *f* ▶ **laisser** [*o* **perdre**] **des ~s** Federn lassen; **voler dans les ~s à** [*o* **de**] **qn** *(fam)* jdm ans Leder gehen

plumeau [plymo] <x> *m* Federwisch *m*

plumer [plyme] <1> *vt* rupfen *animal;* ausnehmen *fam personne*

plumet [plymɛ] *m* Federbusch *m*

plumier [plymje] *m* [Feder]mäppchen *nt*

plupart [plypaʀ] *f sans pl* ***la ~ des élèves/femmes mariées*** die meisten Schüler/Ehefrauen; ***la ~ d'entre nous/eux/elles*** die meisten von uns/ihnen; ***la ~ sont venus*** die meisten sind gekommen; ***dans la ~ des cas*** in den meisten Fällen; ***la ~ du temps*** meistens ▶ **pour la ~** größtenteils

pluralisme [plyʀalism] *m* Pluralismus *m*

pluraliste [plyʀalist] *adj* pluralistisch

pluralité [plyʀalite] *f* Pluralität *f*

pluriannuel(le) [plyʀianɥɛl] *adj* mehrjährig

pluridisciplinaire [plyʀidisiplinɛʀ] *adj* multidisziplinär

pluriel [plyʀjɛl] *m* Plural *m;* ***mettre un mot au ~*** ein Wort in den Plural setzen

pluriel(le) [plyʀjɛl] *adj* POL links-alternativ; ***la gauche ~le*** *französische Regierungskoalition bestehend aus Kommunisten, Sozialisten und Grünen*

plurilingue [plyʀilɛ̃g] *adj* mehrsprachig

pluripartisme [plyʀipaʀtism] *m* Mehrparteiensystem *nt*

plus¹ [ply] *adv* ❶ *(opp: encore)* ***ne ... ~*** nicht mehr; ***il n'est ~ très jeune*** er ist nicht mehr ganz jung; ***il ne l'a ~ jamais vu*** er hat ihn niemals mehr gesehen; ***il ne pleut ~ du tout*** es regnet überhaupt nicht mehr; ***il ne neige presque ~*** es schneit kaum noch; ***il n'y a ~ personne*** es ist niemand mehr da; ***nous n'avons ~ rien à manger*** wir haben nichts mehr zu essen; ***il ne dit ~ un mot*** er sagt kein [einziges] Wort mehr; ***elle n'a ~ un sou*** sie hat keinen [einzigen] Pfennig mehr; ***ils n'ont ~ d'argent/de beurre*** sie haben kein Geld/keine Butter mehr; ***nous n'avons ~ du tout de pain*** wir haben überhaupt kein Brot mehr ❷ *(seulement encore)* ***on n'attend ~ que vous*** wir warten nur noch auf Sie/euch; ***il ne manquait ~ que ça*** das hat gerade noch gefehlt ❸ *(pas plus que)* ***non ~*** auch nicht

plus² [ply(s)] **I.** *adv* ❶ *(davantage)* ***être ~ dangereux/bête/vieux que lui*** gefährlicher/dümmer/älter als er sein; ***deux fois***

~ ***âgé/cher qu'elle*** doppelt so alt/teuer wie sie; ~ ***tard/tôt/près/lentement qu'hier*** später/früher/näher/langsamer als gestern ❷ *(dans une comparaison)* ***je lis ~ que toi*** ich lese mehr als du; ***ce tissu me plaît ~ que l'autre*** dieser Stoff gefällt mir besser als der andere ❸ *(très)* ***il est ~ qu'intelligent*** er ist mehr als intelligent; ***elle est ~ que contente*** sie ist überglücklich ▶ ~ **que jamais** mehr denn je; ~ **ou moins** mehr oder weniger; **le vin est bon, ni ~ ni moins** der Wein ist ganz gut, nicht mehr und nicht weniger; **on ne peut** ~ äußerst; ***c'est une dame on ne peut ~ charmante*** sie ist eine überaus charmante Frau **II.** *adv emploi superl* ***le/la ~ rapide/important(e)*** der/die/das schnellste/wichtigste; ***le ~ intelligent des élèves*** der Intelligenteste unter den Schülern; ***c'est le ~ intelligent d'eux*** er ist der Intelligenteste von [*o* unter] ihnen; ***le ~ vite/souvent*** am schnellsten/häufigsten [*o* meistens]; ***le ~ tard possible*** so spät wie möglich; ***c'est François qui lit le ~*** François liest am meisten; ***le ~ d'argent/de pages*** das meiste Geld/die meisten Seiten; ***le ~ possible de choses/personnes*** so viel/so viele Dinge/Personen wie möglich; ***il a pris le ~ de livres/d'argent qu'il pouvait*** er nahm so viele Bücher/so viel Geld wie er nur konnte ▶ **au ~ tôt/vite** möglichst früh/schnell, frühestens/schnellstens; **[tout] au ~** [aller]höchstens

Aussprache

Ob das Endung-s in **plus** gesprochen wird, hängt von seiner Bedeutung ab.

1. Es bleibt stumm in jeglicher Art von Verneinungen wie *ne...plus*.
2. Es bleibt stumm bei qualitativer Steigerung wie bei *plus fort*. Außer: Folgt ein Vokal *plus intelligent* wird es als stimmhaftes s gesprochen.
3. Es wird als stimmloses s gesprochen bei mengenmäßiger Steigerung wie *manger plus, le plus*, auch bei *sans plus*. Ausnahme: Bei *plus de* bleibt das s stumm.

plus[3] [plys, ply] *adv* mehr; ***pas ~*** mehr nicht; ***~ d'une heure/de 40 ans*** über eine Stunde/40 Jahre; ***les enfants de ~ de 12 ans*** Kinder über 12 Jahre; ***il est ~ de minuit*** es ist schon nach Mitternacht; ***tu as de l'argent? – ~ qu'il n'en faut*** hast du Geld? – mehr als nötig; ***~ de la moitié*** mehr als die Hälfte; ***j'ai dépensé ~ d'argent que je ne le pensais*** ich habe mehr Geld ausgegeben, als ich dachte; ***~ le temps passe, ~ l'espoir diminue*** je mehr Zeit vergeht, desto mehr schrumpft die Hoffnung ▶ ~ **il réfléchit, [et] moins il a d'idées** je mehr er nachdenkt, desto weniger fällt ihm ein; **moins il l'aimait, [et] ~ il lui disait qu'il l'aimait** je weniger er sie liebte, desto häufiger sagte er ihr, dass er sie liebe; **[et] de ~** [und] außerdem; **un jour/une assiette de ~** ein zusätzlicher Tag/Teller; **une fois de ~** ein weiteres Mal; **boire de ~ en ~** immer mehr trinken; **de ~ en ~ beau/vite** immer schöner/schneller; **en ~** dazu; ***il est moche, et il est bête en ~*** er ist hässlich und dumm dazu; **[être] en ~** *(en supplément)* zusätzlich [berechnet] [werden]; *(de trop)* zu viel [sein]; ***en ~ de qc*** zusätzlich zu etw; **sans ~** mehr nicht

plus[4] [plys] **I.** *conj* ❶ *(et)* plus, und; ***2 ~ 2 font 4*** 2 plus 2 gibt 4; ***le loyer ~ les charges*** die Miete plus Nebenkosten ❷ *(quantité positive)* ***~ quatre degrés*** 4 Grad plus **II.** *m* ❶ MATH Plus *nt* ❷ *(avantage)* Vorteil *m*

plus[5] [ply] *passé simple de* **plaire**

plusieurs [plyzjœʀ] **I.** *adj antéposé, pl* ***à ~ reprises*** mehrmals; ***il y a ~ années*** vor mehreren Jahren; ***~ fois*** mehrere Male **II.** *pron pl* einige; ***~ m'ont raconté cette histoire*** die Geschichte habe ich von einigen [Leuten] gehört; ***~ d'entre nous*** einige von uns; ***~ de ces journaux*** einige von diesen Zeitungen; ***~ de mes amis*** einige meiner Freunde ▶ **à ~** zu mehreren

plus-que-parfait [plyskəpaʀfɛ] <plus--que-parfaits> *m* Plusquamperfekt *nt*

plus-value [plyvaly] <plus-values> *f* Wertzuwachs *m;* ***réaliser une ~*** einen Gewinn erzielen

plut [ply] *passé simple de* **pleuvoir**

Pluton [plytɔ̃] *f (in der Astronomie)* Pluto *m*

plutonium [plytɔnjɔm] *m* Plutonium *nt*

plutôt [plyto] *adv* ❶ *(de préférence)* ***prendre ~ l'avion que le bateau*** eher das Flugzeug als das Schiff nehmen; ***cette maladie affecte ~ les enfants*** von dieser Krankheit sind eher Kinder betroffen ❷ *(au lieu de)* ***~ que de parler, il vaudrait mieux que vous écoutiez*** anstatt zu reden solltet ihr besser zuhören ❸ *(mieux)* ***~ mourir que [de] fuir*** lieber sterben als fliehen ❹ *(et pas vraiment)* ***être paresseux ~ que sot*** eher faul als dumm sein;

P

elle n'est pas méchante, ~ lunatique sie ist nicht bösartig, sondern eher launisch ❺ *(assez)* ***être ~ gentil*** eigentlich nett sein; ***c'est ~ bon signe*** das ist eigentlich ein gutes Zeichen; ~ ***mal/lentement*** eher schlecht/langsam ❻ *(fam: très)* unheimlich ❼ *(plus exactement)* ***ou*** ~ oder besser gesagt

pluvial(e) [plyvjal, o] <-aux> *adj* Regen-; ***riz*** ~ *Reis, der in mit Regen bewässerten Reisfeldern wächst*

pluvieux, -euse [plyvjø, -jøz] *adj* regnerisch; *climat, région* regenreich

PMA [peɛma] *mpl abr de* **pays les moins avancés** am wenigsten entwickelte Länder

PMI[1] [peɛmi] *f pl abr de* **petites et moyennes industries** kleinere und mittelständische Industriebetriebe *Pl*

PMI[2] [peɛmi] *f abr de* **protection maternelle et infantile** Fürsorge *f* für Mutter und Kind

PMU [peɛmy] *m abr de* **Pari mutuel urbain** Pferdewettbüro *nt*

P.N.B. [peɛnbe] *m abr de* **produit national brut** Bruttosozialprodukt *nt*

pneu [pnø] *m* Reifen *m;* ***avoir un ~ crevé*** eine Reifenpanne haben; ~ ***de rechange*** Ersatzreifen

pneumatique [pnømatik] *adj* ***canot*** ~ Schlauchboot *nt;* ***matelas*** ~ Luftmatratze *f*

pneumologie [pnømɔlɔʒi] *f* Lungenheilkunde *f,* Pneumologie *f Fachspr.*

pneumologue [pnømɔlɔg] *mf* MED Facharzt *m*/Fachärztin *f* für Lungenheilkunde, Pneumologe *m*/Pneumologin *f Fachspr.*

pneumonie [pnømɔni] *f* Lungenentzündung *f;* ~ ***atypique*** SARS *nt*

pneu-neige [pnønɛʒ] <pneus-neige> *m* Winterreifen *m*

po *abr de* **pour ordre** i.A.

poche[1] [pɔʃ] *f* ❶ *(cavité, sac)* Tasche *f;* ~ ***de pantalon*** Hosentasche; ~ ***de thé*** CAN *(sachet de thé)* Teebeutel *m;* ~ ***à douille*** Spritzbeutel *m* ❷ *(compartiment)* [Innen]fach *nt* ❸ ZOOL Beutel *m* ❹ *(cavité remplie de)* ~ ***d'air/d'eau*** Luft-/Wasserblase *f* ❺ ANAT ***avoir des ~s sous les yeux*** Tränensäcke unter den Augen haben ▸ **connaître qn/qc comme sa** ~ jdn inund auswendig/etw wie seine Westentasche kennen; **en être de sa** ~ *(fam)* dafür blechen müssen; **payer de sa** ~ aus eigener Tasche zahlen; **se remplir les ~s** sich bereichern; **lampe de** ~ Taschenlampe *f;* **collection/format de** ~ Taschenbuchreihe *f*/Taschenbuchformat *nt*

poche[2] [pɔʃ] *m (fam)* Taschenbuch *nt*

pocher [pɔʃe] <1> *vt* ❶ GASTR pochieren ❷ *(donner un coup à)* ~ ***un œil à qn*** jdm ein blaues Auge schlagen; ***avoir un œil poché*** ein blaues Auge haben

pochette [pɔʃɛt] *f* ❶ *de disque* Hülle *f,* Cover *nt* ❷ *(mouchoir de veste)* Einstecktuch *nt* ❸ *(petit sac)* Unterarmtasche *f,* Clutch[bag] *f*

pochette-surprise [pɔʃɛtsyʀpʀiz] <pochettes-surprises> *f* Wundertüte *f*

pochoir [pɔʃwaʀ] *m* Schablone *f*

pochothèque [pɔʃotɛk] *f* Taschenbuchhandlung *f*

podcast [pɔdkast] *m* INFORM Podcast *m*

podcaster [pɔdkaste] <1> *vt* INFORM podcasten

podcasting [pɔdkastiŋ] *m* INFORM Podcasting *nt*

podium [pɔdjɔm] *m* ❶ Podium *nt* ❷ SPORT Podest *nt*

podologie [pɔdɔlɔʒi] *f* Fußheilkunde *f*

podologue [pɔdɔlɔg] *mf* Fußspezialist(in) *m(f)*

poêle[1] [pwal] *f* GASTR [Brat]pfanne *f*

> **Aussprache**
>
> Bei **poêle** wird die Vokalkombination -oê- [wa] ausgesprochen, wie z.B. in *oiseau*.

poêle[2] [pwal] *m* Ofen *m;* ~ ***à mazout/à bois*** Öl-/Holzofen

poêle-cheminée [pwalʃ(ə)mine] <poêles-cheminées> *m* Kaminofen *m*

poêler [pwale] <1> *vt* braten

poêlon [pwalɔ̃] *m* Kasserolle *f*

poème [pɔɛm] *m* Gedicht *nt*

poésie [pɔezi] *f* Gedicht *nt*

poète [pɔɛt] *m* ❶ *(écrivain)* Dichter *m* ❷ *(rêveur)* Träumer *m*

poétesse [pɔetɛs] *f (péj)* Dichterin *f*

poétique [pɔetik] *adj (empreint de poésie)* poetisch; *image, paysage* stimmungsvoll; *vision des choses* verklärt

poétiquement [pɔetikmɑ̃] *adv* poetisch

pognon [pɔɲɔ̃] *m sans pl (fam)* Kohle *f*

pogrom(e) [pɔgʀɔm, pogʀom] *m* Pogrom *nt*

poids [pwɑ] *m* ❶ *(mesure)* Gewicht *nt; d'une personne* [Körper]gewicht; ***quel ~ faites-vous?*** wie viel wiegen Sie?; ***acheter/vendre au*** ~ nach Gewicht kaufen/verkaufen; ***perdre/prendre du*** ~ ab-/zunehmen; ***surveiller son*** ~ auf seine Linie achten *fam* ❷ *(objet)* Gewicht *nt*

❸ *(charge, responsabilité)* Last *f;* ***le ~ des responsabilités*** die Last der Verantwortung; ***le ~ des impôts*** die Steuerlast; ***être un grand ~ pour qn*** jdm eine große Last sein; ***se sentir délivré d'un grand ~*** sich erleichtert fühlen ❹ *sans pl (importance)* Gewicht *nt;* ***un argument de ~*** ein gewichtiges Argument; ***le ~ économique d'un pays*** die wirtschaftliche Bedeutung eines Landes; ***donner du ~ à qc*** einer S. *dat* Gewicht verleihen; ***être de peu de ~*** nicht ins Gewicht fallen ❺ *sans pl (influence)* Einfluss *m;* ***un homme de ~*** ein Mann von Einfluss; ***peser de tout son ~*** seinen ganzen Einfluss geltend machen ❻ TRANSP ~ ***lourd*** Lastwagen *m* ▶ **avoir** [*o* **se sentir**] **un ~ sur l'estomac** einen Druck in der Magengegend haben; **faire le ~** das nötige Format haben; ***faire le ~ devant qn/qc*** jdm/etw gewachsen sein

poignant(e) [pwaɲɑ̃, ɑ̃t] *adj scène* ergreifend

poignard [pwaɲaʀ] *m* Dolch *m*

poignarder [pwaɲaʀde] <1> *vt* erdolchen

poigne [pwaɲ] *f* Kraft *f* [in den Händen] ▶ **avoir de la ~** Durchsetzungsvermögen haben; **homme/femme à ~** energischer Mann/energische Frau; **~ de fer** *(force)* eiserner Griff; *(autorité)* energische Hand; ***régner avec une ~ de fer*** mit eiserner Hand regieren

poignée [pwaɲe] *f* ❶ *(manche)* Griff *m; d'une épée* Schaft *m; (dans le bus, la baignoire)* Haltegriff; ***~ du frein à main*** Handbremshebel *m;* ***~ de la portière*** Türgriff ❷ *(quantité)* ***une ~ de riz/de jeunes gens*** eine Hand voll Reis/junger Leute ❸ INFORM Joystick *m* ▶ **à** [*o* **par**] [**pleines**] **~s** mit vollen Händen; **~ de main** Händedruck *m*

poignet [pwaɲɛ] *m* Handgelenk *nt*

poil [pwal] *m* ❶ ANAT [Körper]haar *nt;* ***les ~s de la barbe*** das Barthaar, die Barthaare; ***il n'a pas de ~s*** er ist nicht behaart ❷ ZOOL Fell *nt;* ***à ~ ras/long*** kurz-/langhaarig; ***manteau en ~ de lapin/renard*** Hasenfell-/Fuchspelzmantel *m;* ***le chat perd ses ~s*** die Katze haart ❸ *(filament)* Borste *f; d'un pinceau* Haar *nt; d'un tapis, d'une moquette* Flor *m* ❹ *(fam: un petit peu)* ***un ~ de gentillesse*** ein Funken Höflichkeit; ***ne pas avoir un ~ de bon sens*** keinen Funken Verstand haben ▶ **reprendre du ~ de la bête** *(se rétablir)* wieder zu Kräften kommen; *(se ressaisir)* sich wieder fangen; **être de bon/mauvais ~** *(fam)* gut/schlecht gelaunt sein; **de tout ~, de tous ~s** *(fam)* aller Art; **~ à gratter** Juckpulver *nt;* **à ~** *(fam: nu)* nackt; ***se mettre à ~*** sich [nackt] ausziehen; **au ~!** *(fam)* super!, toll!

poilant(e) [pwalɑ̃, ɑ̃t] *adj (fam)* witzig

poiler [pwale] <1> *vpr (fam)* ***se ~*** sich totlachen

poilu(e) [pwaly] *adj* behaart

poinçonner [pwɛ̃sɔne] <1> *vt* lochen

poing [pwɛ̃] *m* Faust *f* ▶ **envoyer** [*o* **mettre**] **son ~ dans la figure à qn** *(fam)* jdm eine vor den Latz knallen; **taper du ~ sur la table, donner un coup de ~ sur la table** mit der Faust auf den Tisch hauen; **dormir à ~s fermés** tief [und fest] schlafen

Aussprache
Die Endung -g in **poing** wird nicht gesprochen.

point [pwɛ̃] *m* ❶ *(ponctuation)* Punkt *m;* ***~s de suspension*** Auslassungspunkte *Pl;* ***~ d'exclamation*** Ausrufezeichen *nt;* ***~ d'interrogation*** Fragezeichen *nt;* ***c'est le grand ~ d'interrogation*** das ist die große Frage ❷ *(lieu)* ***~ de départ*** Ausgangspunkt; ***~ de repère*** Orientierungspunkt *m;* ***servir de ~ de repère*** der Orientierung dienen; ***~ de vente*** Verkaufsstelle *f* ❸ GEOM Punkt *m;* ***~ d'intersection*** Schnittpunkt ❹ *(dans une notation)* Punkt *m* ❺ *(question)* Frage *f* ❻ *d'ordre du jour* Punkt *m;* ***~ de détail*** unwesentlicher Punkt; ***être d'accord sur tous les ~s*** in allen Punkten einverstanden sein; ***~ par ~*** Punkt für Punkt; ***en tout ~, en tous ~s*** in allen Punkten ❼ GEOG ***les quatre ~s cardinaux*** die vier Himmelsrichtungen; ***~ culminant*** höchster Punkt ❽ POL ***~ chaud*** Konfliktherd *m* ▶ **qn se fait un ~ d'honneur de faire qc** [*o* **qn met un/son ~ d'honneur à faire qc**] für jdn ist es Ehrensache *f* etw zu tun; **mettre les ~s sur les i à qn** jdm gegenüber sehr deutlich werden; **~ de vue** Aussicht[spunkt *m*] *f;* *(opinion)* Ansicht *f;* ***partager le [même] ~ de vue que qn*** jds Ansicht teilen; ***avoir un autre ~ de vue*** das anders sehen; ***à mon ~ de vue*** meiner Ansicht nach; ***d'un certain ~ de vue*** in gewisser Weise; ***de ce ~ de vue*** so gesehen; ***au*** [*o* ***du***] ***~ de vue de qc*** was etw anbelangt; ***au ~ de vue scientifique*** aus wissenschaftlicher Sicht; **c'est un bon/mauvais ~ pour qn/qc** das spricht für/gegen jdn/etw; **jusqu'à un**

P

certain ~ *(relativement)* bis zu einem gewissen Punkt; ***avoir raison jusqu'à un certain*** ~ in gewisser Weise Recht haben; *(il y a une limite): **ça va jusqu'à un certain** ~ (fam)* es gibt auch Grenzen; ~ **commun** Gemeinsamkeit *f; **nous avons un ~ commun: ...*** wir haben ein[e]s gemeinsam: ...; ***n'avoir aucun ~ commun avec qn*** nichts mit jdm gemeinsam haben; ~ **faible/fort** Schwachpunkt *m*/Stärke *f;* **au plus haut** ~ im höchsten Grad; **être mal en** ~ *personne:* schlecht beieinander sein; *voiture, objet:* in einem schlechten Zustand sein; **être toujours au même** ~ unverändert sein; ~ **noir** *(comédon)* Mitesser *m; (grave difficulté)* heikler Punkt; *(lieu d'accidents)* Gefahrenstelle *f;* **à [un] tel** ~ [*o* **à un ~ tel**] **que qn fait qc** derart, dass jd etw tut; **un ~, c'est tout** Schluss, Aus; **être au** ~ *procédé, voiture:* ausgereift sein; *(fam) personne:* gut vorbereitet sein; **être sur le ~ de faire qc** im Begriff sein etw zu tun; ***il était sur le ~ de prendre sa retraite*** er stand kurz vor der Rente; **faire le ~ [de la situation]** Bilanz ziehen; **mettre au** ~ *(régler)* einstellen; *(préparer dans les détails)* ausarbeiten; ***mettre une technique au ~*** eine Technik voll entwickeln; ***mettre qc au ~ avec qn** (s'entendre avec qn sur qc)* etw mit jdm vereinbaren; *(éclaircir)* etw mit jdm [ab]klären; **partir à** ~ rechtzeitig abfahren; **tomber à** ~ genau richtig kommen; **je voudrais ma viande à** ~ ich hätte gern mein Fleisch medium; **légumes/nouilles à** ~ Gemüse/Nudeln al dente; **fruit/fromage à** ~ reifes Obst/reifer Käse; **arriver** [*o* **venir**] **à** ~ [genau] im richtigen Moment kommen; **comment a-t-il pu en arriver à ce ~[-là]?** wie konnte es so weit mit ihm kommen?; **au ~ qu'on a dû faire qc/que qn fait** [*o* **fasse**] **qc** derart, dass man etw unternehmen musste/dass jd etw unternimmt; **le ~ sur qn/qc** *(dans un journal télévisé)* zur Lage jds/einer S.

pointage [pwɛ̃taʒ] *m* [Über]prüfung *f*

pointe [pwɛ̃t] *f* ❶ *(extrémité)* Spitze *f; **la ~ de l'île*** die Inselspitze ❷ *(objet pointu)* Spitze *f; d'une fourchette* Zinke *f* ❸ *(clou)* Drahtstift *m* ❹ *(de danse)* Spitzenschuhe *Pl; **faire des ~s*** auf der Spitze tanzen ❺ *(petite quantité de)* ***une ~ de cannelle*** eine Messerspitze Zimt; ***une ~ de méchanceté*** ein Schimmer *m* von Boshaftigkeit; ***une ~ d'ironie*** ein Hauch *m* von Ironie; ***une ~ d'accent*** ein leichter Akzent ❻ CAN *(part)* Stück *nt* ▶ **faire des ~s [de vitesse] de** [*o* **à**] **200/230 km/heure** 200/230 km/h Spitze fahren *fam;* **[être] à la ~ de qc** an der Spitze einer S. *gen* [stehen]; ***un journaliste à la ~ de l'actualité*** ein Journalist *m* [mit dem Finger] am Puls der Zeit; **vitesse de** ~ Spitzengeschwindigkeit *f;* **heures de** ~ Hauptverkehrszeit *f;* **de** [*o* **en**] ~ führend; ***technologie/équipe de ~*** Spitzentechnologie/Spitzenmannschaft; ***notre société est en ~/reste une entreprise de ~*** unser Unternehmen steht an der Spitze/bleibt führend; **marcher sur la ~ des pieds** auf Zehenspitzen gehen; *(prudemment)* behutsam vorgehen; **se mettre sur la ~ des pieds** sich auf die Zehenspitzen stellen

pointer [pwɛ̃te] <1> **I.** *vi* ❶ IND *[aller]* ~ *ouvrier, employé:* die Stechuhr betätigen; *chômeur:* stempeln gehen *fam* ❷ *(au jeu de boules)* die Setzkugel anspielen ❸ INFORM ~ ***sur une icône*** mit der Maus auf ein Icon zeigen **II.** *vt* ❶ *(diriger vers)* ~ ***qc sur/vers qn/qc*** etw auf/gegen jdn/etw richten; ~ ***son/le doigt sur qn*** mit dem Finger auf jdn zeigen ❷ *(au jeu de boules)* ~ ***une boule*** mit einer Kugel die Setzkugel anspielen **III.** *vpr (fam)* ***se*** ~ aufkreuzen

pointeur [pwɛ̃tœʀ] *m* INFORM ~ ***de la souris*** Mauszeiger *m*

pointillé [pwɛ̃tije] *m* punktierte Linie; ***être en ~[s]*** gestrichelt [dargestellt] sein

pointilleux, -euse [pwɛ̃tijø, -jøz] *adj* übergenau; ***être ~ sur qc*** [*o* ***en matière de qc***] es mit etw sehr genau nehmen

pointu(e) [pwɛ̃ty] **I.** *adj* ❶ *(acéré)* spitz ❷ *(grêle et aigu)* schrill ❸ *formation* hoch qualifiziert; *analyse* tiefschürfend; *sujet* eng gefasst **II.** *adv* ***parler*** ~ mit Pariser Akzent sprechen

pointure [pwɛ̃tyʀ] *f* Größe *f; **quelle est votre ~?*** welche Größe haben Sie?

point-virgule [pwɛ̃viʀgyl] <points-virgules> *m* Strichpunkt *m*

poire [pwaʀ] *f* Birne *f*

poireau [pwaʀo] <x> *m* Lauch *m*

poireauter [pwaʀote] <1> *vi (fam)* ***faire ~ les gens*** die Leute herumstehen lassen

poirée [pwaʀe] *f* Mangold *m*

poirier [pwaʀje] *m* Birnbaum *m* ▶ **faire le** ~ einen Kopfstand machen

pois [pwa] *m* Erbse *f;* ~ ***cassés*** Trockenerbsen *Pl;* ~ ***chiche*** Kichererbse; ***petit*** ~ Erbse; ~ ***mange-tout*** [*o* ***gourmand***] Zuckererbse *f* ▶ **avoir un ~ chiche dans la tête** *(fam)* [komplett] bescheuert sein, den Kopf nur zum Frisieren haben; **à** ~ getüpfelt; ***à gros*** ~ mit großen Tupfen

P

poison [pwazɔ̃] **I.** *m* Gift *nt* **II.** *mf (fam)* ❶ *(personne)* Giftzwerg *m fam* ❷ *(enfant insupportable)* Nervensäge *f fam*
poissard(e) [pwasaʀ, aʀd] *adj* LITTER pöbelhaft, vulgär
poisse [pwas] *f* Pech *nt;* ***porter la ~ à qn*** *(fam)* jdm Unglück bringen; ***quelle ~!*** so ein Mist! *fam*
poisseux, -euse [pwasø, -øz] *adj* klebrig
poisson [pwasɔ̃] *m* ZOOL Fisch *m;* ***~ rouge*** Goldfisch ▶ **comme un ~ dans l'eau** wie ein Fisch im Wasser; ***se sentir comme un ~ dans l'eau*** in seinem Element sein; **engueuler qn comme du ~ pourri** *(fam)* jdn zur Schnecke machen; **~ d'avril** Aprilscherz *m;* **~ d'avril!** April, April!; ***faire un ~ d'avril à qn*** jdn in den April schicken

Land und Leute
Am 1. April treibt man allerhand Scherze, die man **poisson d'avril** nennt. Kinder schneiden Fische aus Papier aus und versuchen, sie anderen unbemerkt auf den Rücken zu kleben. Das Motiv des Fisches wird damit erklärt, dass die Angelsaison wegen dem Laichen der Fische am 1. April in ganz Frankreich unterbrochen wird.

poisson-chat [pwasɔ̃ʃa] <poissons-chats> *m* Wels *m* **poisson-épée** [pwasɔ̃epe] <poissons-épées> *m* Schwertfisch *m*
poissonnerie [pwasɔnʀi] *f (boutique)* Fischgeschäft *nt*
poissonnier, -ière [pwasɔnje, -jɛʀ] *m, f* Fischhändler(in) *m(f)*
Poissons [pwasɔn] *m* Fisch *m; v. a.* **Balance**
Poitou [pwatu] *m* ***le ~*** das Poitou
poitrine [pwatʀin] *f* ❶ ANAT, GASTR Brust *f;* ***le tour de ~*** die Oberweite ❷ *(seins)* Busen *m*
poivre [pwavʀ] *m sans pl* Pfeffer *m;* ***~ de Cayenne*** Cayennepfeffer
poivré(e) [pwavʀe] *adj* ❶ *(épicé)* gepfeffert ❷ *parfum, menthe* herb
poivrer [pwavʀe] <1> *vt, vi* pfeffern
poivrier [pwavʀije] *m* ❶ Pfefferstrauch *m* ❷ *(récipient)* Pfefferstreuer *m* ❸ *(moulin à poivre)* Pfeffermühle *f*
poivrière [pwavʀijɛʀ] *f* Pfefferstreuer *m*
poivron [pwavʀɔ̃] *m* ❶ *(plante)* Paprika *m* ❷ *(fruit)* Paprika *m o f,* Paprikaschote *f*
poivrot(e) [pwavʀo, ɔt] *m(f) (fam)* Trinker(in) *m(f)*
poix [pwɑ] *f* Pech *nt*
poker [pɔkɛʀ] *m* ❶ *(jeu)* Poker[spiel *nt*] *nt* ❷ *(partie)* Partie *f* Poker
polaire [pɔlɛʀ] *adj* GEOG ***cercle ~*** Polarkreis *m;* ***ours ~*** Eisbär *m*
polar [pɔlaʀ] *m (fam)* Krimi *m*
polarisation [pɔlaʀizasjɔ̃] *f* ❶ ***~ sur qn/qc*** Konzentration *f* auf jdn/etw ❷ PHYS, ELEC, OPT Polarisation *f*
polariser [pɔlaʀize] <1> **I.** *vt* ❶ ***~ l'attention*** Aufmerksamkeit auf sich *akk* ziehen ❷ *(concentrer)* ***~ son attention sur un problème*** seine [ganze] Aufmerksamkeit auf ein Problem richten ❸ PHYS, OPT, ELEC polarisieren **II.** *vpr* ***se ~ sur qn/qc*** sich auf jdn/etw konzentrieren; *haine:* sich auf jdn/etw richten
polarité [pɔlaʀite] *f* Polarität *f*
polder [pɔldɛʀ] *m* Polder *m,* Marsch *f*
pôle [pol] *m* ❶ GEOG Pol *m;* ***~ Nord/Sud*** Nord-/Südpol ❷ ECON, POL Zentrum *nt;* ***~ de compétitivité*** Technologie und Wissenschaftszentrum; ***~ emploi*** ≈ Jobcenter *nt,* ≈ Arbeitsamt *nt veraltet*
polémique [pɔlemik] **I.** *adj* polemisch **II.** *f* Polemik *f*
polémiquer [pɔlemike] <1> *vi* ***~ contre qn/qc*** gegen jdn/etw polemisieren
polenta [pɔlɛnta] *f* Polenta *f*
pole position [polpozisjɔ̃] *f inv* ❶ SPORT Poleposition *f inv* ❷ COM *(en tête)* Marktführer *m*
poli(e) [pɔli] *adj* höflich
police[1] [pɔlis] *f sans pl* Polizei *f kein Pl;* ***~ judiciaire/secrète*** Kriminal-/Geheimpolizei; ***~ municipale/nationale*** Orts-/Staatspolizei; ***~ privée*** Wach- und Sicherheitsdienst *m;* ***~ de l'air et des frontières*** Luft- und Grenzschutz[polizei *f*] *m;* ***~ de la route*** Verkehrspolizei; ***~ des mœurs*** Sittenpolizei; ***~ secours*** Notruf *m* ▶ **faire la ~** für Ordnung sorgen
police[2] [pɔlis] *f* ❶ *(contrat)* ***~ d'assurance*** Versicherungspolice *f* ❷ INFORM ***~ de caractères*** Font *m*
policé(e) [pɔlise] *adj (littér)* zivilisiert
policier, -ière [pɔlisje, -jɛʀ] **I.** *adj* ***chien/état ~*** Polizeihund *m/*-staat *m;* ***roman/film ~*** Kriminalroman *m/*-film *m;* ***femme ~*** Polizistin *f* **II.** *m, f* Polizist(in) *m(f)*
policière [pɔlisjɛʀ] *f* Polizistin *f;* ***~ de la brigade antidrogue*** Drogenfahnderin *f*
policlinique [pɔliklinik] *f* Poliklinik *f*
poliment [pɔlimɑ̃] *adv* höflich
polio [pɔljo] **I.** *f abr de* **poliomyélite** Po-

P

lio *f*, Kinderlähmung *f* **II.** *mf abr de* **poliomyélitique** an Polio Erkrankte(r) *f(m)*

poliomyélite [pɔljɔmjelit] *f* [spinale] Kinderlähmung, Poliomyelitis *f Fachspr.*

poliomyélitique [pɔljɔmjelitik] **I.** *adj* ***virus*** ~ Poliovirus *nt;* ***être*** ~ Kinderlähmung haben **II.** *mf* an Kinderlähmung Erkrankte(r) *f(m)*

polir [pɔliʀ] <8> *vt* ❶ glatt schleifen ❷ *(rendre brillant)* [auf Hochglanz] polieren

polisson(ne) [pɔlisɔ̃, ɔn] **I.** *adj* ❶ anzüglich; *regard* begehrlich ❷ *(espiègle)* schelmisch **II.** *m(f)* Schelm *m fam*

politesse [pɔlitɛs] *f* ❶ *sans pl (courtoisie)* Höflichkeit *f;* ***manquer de*** ~ unhöflich sein; ***lettre de*** ~ Höflichkeitsschreiben *nt;* ***faire qc par*** ~ etw aus Höflichkeit tun ❷ *pl (propos)* Höflichkeiten *Pl; (comportements)* Anstandsregeln *Pl;* ***se faire des ~s*** Höflichkeiten austauschen

Falsche Freunde
Nicht verwechseln mit *die Politesse – la contractuelle*!

politicien(ne) [pɔlitisjɛ̃, jɛn] *m(f)* Politiker(in) *m(f)*

politico-économique [pɔlitikɔekɔnɔmik] *adj* politisch und wirtschaftlich

politique [pɔlitik] **I.** *adj* politisch; *droits* staatsbürgerlich; ***sciences ~s*** Politikwissenschaft *f;* ~ ***politique*** politisches System **II.** *f* ❶ POL Politik *f;* ~ ***économique/extérieure/intérieure/sociale*** Wirtschafts-/Außen-/Innen-/Sozialpolitik; ~ ***de droite/gauche*** rechts-/linksorientierte Politik; ***faire de la*** ~ *(être militant)* politisch engagiert sein; *(être intéressé)* sich für Politik interessieren ❷ *(ligne de conduite)* Politik *f;* ~ ***de l'autruche*** Vogel-Strauß-Politik *f;* ***pratiquer la*** ~ ***du moindre effort*** den Weg des geringsten Widerstandes gehen **III.** *mf* ❶ *(gouvernant)* Politiker *m* ❷ *(prisonnier politique)* politische(r) Gefangene(r) *f(m)* ❸ *(domaine politique)* politischer Bereich

politiquement [pɔlitikmɑ̃] *adv* ❶ politisch ❷ *(littér: avec habileté)* diplomatisch

politisation [pɔlitizasjɔ̃] *f* Politisierung *f*

politiser [pɔlitize] <1> *vt* politisieren

politologie [pɔlitɔlɔʒi] *f* Politologie *f*

politologue [pɔlitɔlɔg] *mf* Politologe *m/* Politologin *f*

polka [pɔlka] *f* Polka *f*

pollen [pɔlɛn] *m* Pollen *m*

pollinisation [pɔlinizasjɔ̃] *m* BOT Bestäubung *f*

polluant [pɔlɥɑ̃] *m* Schadstoff *m*

polluant(e) [pɔlɥɑ̃, ɑ̃t] *adj* umweltverschmutzend; *produit chimique* umweltschädlich; ***non*** ~ umweltfreundlich

polluer [pɔlɥe] <1> **I.** *vt* verschmutzen **II.** *vi* die Umwelt verschmutzen

pollueur, -euse [pɔlɥœʀ, -øz] **I.** *adj* umweltverschmutzend **II.** *m, f* Umweltverschmutzer(in) *m(f)*

pollution [pɔlysjɔ̃] *f* Umweltverschmutzung *f;* ~ ***atmosphérique*** [*o* ***de l'air***] Luftverschmutzung; ~ ***des eaux*** Gewässerverschmutzung

polo [pɔlo] *m* ❶ *(chemise)* Polohemd *nt* ❷ SPORT Polo *nt*

polochon [pɔlɔʃɔ̃] *m (fam)* Nackenrolle *f*

Pologne [pɔlɔɲ] *f* ***la*** ~ Polen *nt*

polonais [pɔlɔnɛ] *m* Polnisch *nt; v. a.* **allemand**

polonais(e) [pɔlɔnɛ, ɛz] *adj* polnisch

Polonais(e) [pɔlɔnɛ, ɛz] *m(f)* Pole *m/* Polin *f*

polonaise [pɔlɔnɛz] *f* MUS Polonaise *f*

poltron(ne) [pɔltʀɔ̃, ɔn] **I.** *adj* feig[e] **II.** *m(f)* Feigling *m*

poltronnerie [pɔltʀɔnʀi] *f* Feigheit *f*

polyamide [pɔliamid] *m* Polyamid *nt*

polychrome [pɔlikʀom] *adj* mehrfarbig, vielfarbig

polyclinique [pɔliklinik] *f* Poliklinik *f*

polycopie [pɔlikɔpi] *f (procédé)* Vervielfältigungsverfahren *nt; (action)* Vervielfältigung *f; (feuille)* Kopie *f*

polycopier [pɔlikɔpje] <1a> *vt* vervielfältigen, abziehen

polyester [pɔliɛstɛʀ] **I.** *m* Polyester *m* **II.** *app inv* aus Polyester; ***fibres*** ~ Polyesterfasern *Pl*

polyéthylène [pɔlietilɛn] **I.** *m* Polyäthylen *nt* **II.** *app inv* aus Polyäthylen

polygame [pɔligam] **I.** *adj* polygam **II.** *m* Polygamist *m*

polygamie [pɔligami] *f* Polygamie *f*

polyglotte [pɔliglɔt] **I.** *adj* polyglott **II.** *mf* Polyglotte *mf*

polygone [pɔligon, pɔligɔn] *m* Vieleck *nt*

polymère [pɔlimɛʀ] **I.** *adj* polymer **II.** *m* Polymer[e] *nt*

Polynésie française [pɔlinezifʀɑ̃sɛz] *f* ***la*** ~ Französisch-Polynesien *nt (die französischen Südseeinseln)*

polynésien(ne) [pɔlinezjɛ̃, jɛn] *adj* polynesisch

Polynésien(ne) [pɔlinezjɛ̃, jɛn] *m(f)* Polynesier(in) *m(f)*

P

polype [pɔlip] *m* ZOOL, MED Polyp *m*
polystyrène [pɔlistiʀɛn] *m* Polystyrol *nt*
polytechnique [pɔlitɛknik] *adj* polytechnisch; ***Ecole ~*** *Hochschule zur Ausbildung von Ingenieuren in Paris*
polythéisme [pɔliteism] *m* Vielgötterei *f,* Polytheismus *m geh*
polythéiste [pɔliteist] **I.** *adj* polytheistisch *geh* **II.** *mf* Mensch, der an mehrere Götter glaubt, Polytheist(in) *m(f) geh*
polyvalence [pɔlivalɑ̃s] *f* Vielseitigkeit *f*
polyvalent(e) [pɔlivalɑ̃, ɑ̃t] *adj* vielseitig; ***salle ~e*** Mehrzweckhalle *f;* ***école ~e*** CAN ≈ Berufsfachschule
P.O.M. [pɔm] *mpl abr de* **pays d'outre-mer** französische Übersee-Provinzen *Pl*
pomélo [pɔmelo] *m* Grapefruit *f*
pommade [pɔmad] *f* Salbe *f* ► **passer de la ~ à qn** jdm schmeicheln

Falsche Freunde
Nicht verwechseln mit *die Pomade – la gomina®!*

pomme [pɔm] *f* ❶ *(fruit)* Apfel *m* ❷ *(pomme de terre)* ***~s dauphines*** Kroketten *Pl* ❸ BOT ***~ de pin*** Tannenzapfen *m* ❹ ANAT ***~ d'Adam*** Adamsapfel ❺ ***~ de douche*** Duschkopf *m* ► **être grand** [*o* **haut**] **comme trois ~s** winzig[klein] sein; *enfant:* ein Dreikäsehoch sein *fam;* **être/tomber dans les ~s** umgekippt sein/umkippen *fam;* **pour ma/ta ~** *(fam)* für mich/dich; ***ça va encore être pour ma ~!*** ich werde wohl wieder dran glauben müssen! *fam*
pommé(e) [pɔme] *adj* ***laitue ~e*** Kopfsalat *m;* ***chou ~*** Weißkohl *m*
pommeau [pɔmo] <x> *m* Knauf *m*
pomme de terre [pɔmdətɛʀ] <pommes de terre> *f* Kartoffel *f;* ***~ en robe de chambre*** Pellkartoffel *f*
pommette [pɔmɛt] *f souvent pl* Backenknochen *m*
pommier [pɔmje] *m* Apfelbaum *m*
pompage [pɔ̃paʒ] *m* ❶ [Ab]pumpen *nt* ❷ *(fig fam)* Klauen *nt,* Abkupfern *nt*
pompe [pɔ̃p] *f* ❶ *(machine)* Pumpe *f;* ***~ à essence*** Zapfsäule *f;* ***~ à incendie*** Feuerlöschpumpe ❷ *(fam: chaussure)* Treter *m* ❸ SPORT *(fam)* Liegestütz *m;* ***faire des ~s*** Liegestütze[n] machen ► **coup de ~** *(fam)* Durchhänger *m;* **être** [*o* **marcher**] **à côté de ses ~s** *(fam)* völlig daneben sein
pomper [pɔ̃pe] <1> *vi* ❶ *(puiser)* pumpen ❷ *(fam: copier)* klauen *idée;* abkupfern bei *auteur, artiste;* ***~ qc sur qn*** *élève, étudiant:* von jdm abkupfern
pompette [pɔ̃pɛt] *adj (fam)* beschwipst
pompeusement [pɔ̃pøzmɑ̃] *adv* hochtrabend, bombastisch
pompeux, -euse [pɔ̃pø, -øz] *adj* hochtrabend
pompier [pɔ̃pje] *m* Feuerwehrmann *m* ► **fumer comme un ~** wie ein Schlot rauchen *fam*
pompiste [pɔ̃pist] *mf* Tankwart *m*
ponçage [pɔ̃saʒ] *m* [Ab]schleifen *nt*
poncer [pɔ̃se] <2> *vt* [ab]schleifen
ponceuse [pɔ̃søz] *f* Schleifmaschine *f;* ***~ à bande[s]*** Bandschleifmaschine; ***~ vibrante*** Schwingschleifer *m*
poncho [pɔ̃(t)ʃo] *m* Poncho *m*
poncif [pɔ̃sif] *m* Gemeinplatz *m,* Klischee *nt*
ponction [pɔ̃ksjɔ̃] *f* ❶ MED Punktion *f* ❷ *d'argent* Abheben *nt*
ponctionner [pɔ̃ksjɔne] <1> *vt* ❶ MED ***~ qc à qn*** jdm etw punktieren ❷ *(prélever)* ***~ son capital*** sein Kapital angreifen
ponctualité [pɔ̃ktɥalite] *f* Pünktlichkeit *f*
ponctuation [pɔ̃ktɥasjɔ̃] *f* Zeichensetzung *f;* ***signes de ~*** Satzzeichen *Pl*
ponctuel(le) [pɔ̃ktɥɛl] *adj* ❶ *(exact)* pünktlich ❷ *(momentané)* punktuell
ponctuellement [pɔ̃ktɥɛlmɑ̃] *adv* ❶ pünktlich ❷ *(momentanément)* punktuell
ponctuer [pɔ̃ktɥe] <1> *vt* LING Satzzeichen setzen
pondéral(e) [pɔ̃deʀal, o] <-aux> *adj* Gewichts-; ***surcharge ~e*** Übergewicht *nt*
pondérateur, -trice [pɔ̃deʀatœʀ, -tʀis] *adj* ausgleichend; *influence* mäßigend
pondération [pɔ̃deʀasjɔ̃] *f* ❶ Besonnenheit *f* ❷ ECON, POL Ausgewogenheit *f* ❸ *(statistique)* Gewichtung *f*
pondéré(e) [pɔ̃deʀe] *adj* ❶ besonnen; ***esprit ~*** Besonnenheit *f* ❷ *(statistique)* gewichtet
pondérer [pɔ̃deʀe] <5> *vt* abwägen, bewerten
pondéreux, -euse [pɔ̃deʀø, -øz] **I.** *adj marchandises, produits* schwer **II.** *m, fpl* Schwergüter *Pl*
pondre [pɔ̃dʀ] <14> *vt, vi poule:* legen
poney [pɔnɛ] *m* Pony *nt*
pongiste [pɔ̃ʒist] *mf* Tischtennisspieler(in) *m(f)*
pont [pɔ̃] *m* ❶ ARCHIT Brücke *f;* ***~ basculant/suspendu/routier*** Klapp-/Hänge-/Straßenbrücke ❷ *(vacances)* verlängertes

P

Wochenende ❸ NAUT Deck *nt* ▶ **couper les ~s avec qn/qc** den Kontakt zu jdm/etw abbrechen; **couper les ~s derrière soi** alle Brücken hinter sich *dat* abbrechen; **jeter un ~ entre qc et qc** eine Brücke zwischen etw und etw schlagen

pontage [pɔ̃taʒ] *m* MED Bypassoperation *f*

pont-canal [pɔ̃kanal, o] <ponts-canaux> *m* Kanalbrücke *f*

ponte[1] [pɔ̃t] *f* ❶ Legezeit *f* ❷ *(œufs)* Gelege *nt*

ponte[2] [pɔ̃t] *m (fam)* Bonze *m pej*

pontife [pɔ̃tif] *m* ❶ *(souvent péj fam)* hohes Tier *fam* ❷ REL Kirchenfürst *m*

pontifiant(e) [pɔ̃tifjɑ̃, jɑ̃t] *adj discours* schulmeisterhaft; *ton* belehrend; ***être ~(e)*** gerne dozieren

pontifical(e) [pɔ̃tifikal, o] <-aux> *adj* päpstlich; ***messe ~e*** Pontifikalamt *nt* [*o* -messe *f*]

pontificat [pɔ̃tifika] *m* REL Pontifikat *nt*

pontifier [pɔ̃tifje] <1a> *vi* dozieren *pej fam*

pont-levis [pɔ̃l(ə)vi] <ponts-levis> *m* Zugbrücke *f*

ponton [pɔ̃tɔ̃] *m (appontement)* [Anle-ge]steg *m*

pont-promenade [pɔ̃pʀɔmnad] <ponts-promenade[s]> *m* Promenadendeck *nt*

pop [pɔp] *adj inv **groupe/musique** ~* Popgruppe *f*/Popmusik *f*

pop[']art [pɔpaʀ] *m* Pop-art *f*

pop-corn [pɔpkɔʀn] *m inv* Popcorn *nt*

pope [pɔp] *m* Pope *m*

popeline [pɔplin] *f* Popelin *m*, Popeline *m o f*

pop music [pɔpmyzik] <pop musics> *f* Popmusik *f*

popote [pɔpɔt] **I.** *f (fam)* Essen *nt; **faire la** ~* das Essen machen **II.** *adj inv (fam) **être très** ~ homme:* ein richtiger Stubenhocker sein *fam; femme:* ein richtiges Heimchen [am Herd] sein *fam*

popotin [pɔpɔtɛ̃] *m (fam)* Po *m*

populace [pɔpylas] *f (péj)* Pöbel *m*

populaire [pɔpylɛʀ] *adj* ❶ *(du peuple) **république** ~* Volksrepublik *f* ❷ *(destiné à la masse)* volkstümlich; ***croyance*** ~ Volksglaube *m; **bal** ~* öffentliche Tanzveranstaltung ❸ *(plébéien)* gewöhnlich; ***quartier*** ~ Arbeiterviertel *nt; **bon sens** ~* gesundes Volksempfinden; ***classes ~s*** untere Volksschichten; ***d'origine*** ~ von einfacher Herkunft ❹ *(qui plaît)* populär; *personne* beliebt

populairement [pɔpylɛʀmɑ̃] *adv s'exprimer* populär, gemeinverständlich

populariser [pɔpylaʀize] <1> *vt* populär [*o* bekannt] machen, popularisieren *sciences*

popularité [pɔpylaʀite] *f* Popularität *f; d'un souverain* Beliebtheit *f* beim Volk

population [pɔpylasjɔ̃] *f* Bevölkerung *f; d'une ville* Einwohner *Pl;* ***~ du globe*** Weltbevölkerung

populeux, -euse [pɔpylø, -øz] *adj rue* sehr belebt; *cité* dicht bewohnt

populisme [pɔpylism] *m* Populismus *m*

populiste [pɔpylist] **I.** *adj* populistisch **II.** *mf* Populist(in) *m(f)*

populo [pɔpylo] *m (fam)* ❶ [einfaches] Volk ❷ *(foule)* Volk *nt fam*

porc [pɔʀ] *m* ❶ ZOOL Schwein *nt* ❷ *(viande)* Schweinefleisch *nt; **pur** ~* reines Schweinefleisch ❸ *(péj fam: personne)* Schwein *nt*

> **Aussprache**
> Das -c am Ende von **porc** bleibt stumm.

porcelaine [pɔʀsəlɛn] *f* ❶ *(matière)* Porzellan *nt* ❷ *(vaisselle)* Porzellangeschirr *nt;* ***~ de Saxe*** Meiß[e]ner Porzellan

porcelet [pɔʀsəlɛ] *m* Ferkel *nt*

porche [pɔʀʃ] *m* [Portal]vorbau *m*

porcher, -ère [pɔʀʃe, -ɛʀ] *m, f* Schweinehirt(in) *m(f)*

porcherie [pɔʀʃəʀi] *f* ❶ *(bâtiment)* Schweinestall *m* ❷ *(lieu très sale)* Saustall *m fam*

pore [pɔʀ] *m* Pore *f*

poreux, -euse [pɔʀø, -øz] *adj* porös

porno [pɔʀno] *(fam)* **I.** *adj abr de* **pornographique** Porno-; ***film*** ~ Pornofilm *m* **II.** *m* ❶ *abr de* **pornographie** Pornografie *f* ❷ *(film, roman)* Porno *m*

pornographie [pɔʀnɔgʀafi] *f* Pornografie *f*

pornographique [pɔʀnɔgʀafik] *adj* pornografisch; ***revue*** ~ Pornoheft *nt*

port[1] [pɔʀ] *m* ❶ NAUT Hafen *m;* ***~ de conteneurs*** Containerhafen *m;* ***~ fluvial/maritime*** Binnen-/Seehafen; ***~ de pêche*** Fischereihafen; ***~ de plaisance*** Jachthafen ❷ INFORM Port *m* ▶ **arriver à bon ~** wohlbehalten ankommen; **~ d'attache** Heimathafen *m*

port[2] [pɔʀ] *m* ❶ *d'un vêtement, casque, objet* Tragen *nt;* ***~ obligatoire de la ceinture de sécurité*** Anschnallpflicht *f* ❷ COM Transportkosten *Pl; d'une lettre* Porto *nt;* ***~ dû/payé*** unfrankiert/frankiert; ***franco de ~ [et d'emballage]*** portofrei ❸ *d'une* *personne* [Körper]haltung *f;* ~ ***de tête*** Kopfhaltung

portable [pɔʀtabl] **I.** *adj* tragbar **II.** *m* ❶ *(téléphone)* Handy *nt* ❷ *(ordinateur)* Laptop *m*

portail [pɔʀtaj] <s> *m a.* INET Portal *nt;* ~ ***Internet*** Onlineportal

portant(e) [pɔʀtɑ̃, ɑ̃t] *adj* ▶ **bien/mal** ~ gesund/nicht gesund; ***qn est bien/mal*** ~ jdm geht es [gesundheitlich] gut/nicht so gut

portatif, -ive [pɔʀtatif, -iv] *adj* tragbar; ***machine à écrire portative*** Reiseschreibmaschine *f;* ***[téléphone]*** ~ Handy *nt*

porte [pɔʀt] *f* ❶ *(ouverture, panneau mobile)* Tür *f; (plus grand)* Tor *nt;* ~ ***de garage/grange*** Garagen-/Scheunentor; ~ ***du four/de la maison*** Backofen-/Haustür; ~ ***battante*** Flügeltür; ~ ***de devant/derrière*** Vordertür/Hintertür; ***voiture à deux ~s*** zweitüriges Auto; ~ ***de secours*** Notausgang *m;* ~ ***de service*** Lieferanteneingang; ~ ***d'embarquement*** Flugsteig *m;* ~ ***cochère*** Toreinfahrt *f;* ***à la*** ~ vor der Tür; ***il y a qn à la*** ~ es ist jd an der Tür; ***de*** ~ ***en*** ~ von Haus zu Haus; ***laisser qn à la*** ~ jdn vor [*o* an] der Tür stehen lassen; ***forcer la*** ~ die Tür aufbrechen; ***claquer*** [*o* ***fermer***] ***la*** ~ ***au nez de qn*** jdm die Tür vor der Nase zuschlagen [*o* zumachen] ❷ *d'un château, d'une ville* Tor *nt;* ~ ***de Clignancourt*** Porte *f* de Clignancourt; ~ ***de Bourgogne*** Burgunder Pforte *f* ▶ **trouver** ~ **close** vor verschlossener Tür stehen; **être aimable** [*o* **souriant**]/**poli comme une** ~ **de prison** sehr unfreundlich/unhöflich sein; **entrer par la grande/petite** ~ ganz oben/ganz klein anfangen; **enfoncer une** ~ **ouverte** [*o* **des ~s ouvertes**] offene Türen einrennen *fam;* **laisser la** ~ **ouverte à qc** die Tür für etw offen lassen; **toutes les ~s lui sont ouvertes** ihm/ihr stehen alle Türen offen; [**journée**] **~s ouvertes** Tag *m* der offenen Tür; **écouter aux ~s** an der Tür lauschen; **fermer** [*o* **refuser**]/**ouvrir sa** ~ **à qn** jdm sein Haus verbieten/öffnen; **forcer la** ~ **de qn** sich *dat* gewaltsam Zutritt bei jdm verschaffen; **frapper à la** ~ **de qn** bei jdm anklopfen *fam;* **frapper à la bonne** ~ sich an die richtige Adresse wenden; **frapper à la mauvaise** ~ an die falsche Adresse geraten; **mettre** [*o* **foutre** *fam*] **qn à la** ~ jdn rausschmeißen; **prendre la** ~ [weg]gehen; **à la ~!** hinaus!; **à** [*o* **devant**] **ma** ~ ganz in meiner Nähe; **ce n'est pas la** ~ **à côté!** das ist ganz schön weit! *fam;* **entre deux ~s** zwischen Tür und Angel *fam*

porté(e) [pɔʀte] *adj* ❶ ***être ~(e) à qc*** zu etw neigen; ***être ~(e) à faire qc*** dazu neigen etw zu tun ❷ *(aimer bien)* ***être ~(e) sur qc*** eine Vorliebe [*o* Schwäche] für etw haben; ***être ~(e) sur la chose*** nur an das eine denken

porte-à-faux [pɔʀtafo] ▶ **en** ~ *mur, roche* überhängend; *(fig) personne* in einer heiklen Lage

porte-à-porte [pɔʀtapɔʀt] *m inv* Hausieren *nt;* ***faire du*** ~ *quêteur:* von Haus zu Haus gehen; *démarcheur:* Haustürgeschäfte machen; *marchand ambulant:* hausieren

porte-avions [pɔʀtavjɔ̃] *m inv* Flugzeugträger *m*

porte-bagages [pɔʀt(ə)bagaʒ] *m inv* ❶ *(sur un deux-roues)* Gepäckträger *m* ❷ *(dans un train)* Gepäckablage *f*

porte-bonheur [pɔʀt(ə)bɔnœʀ] *m inv* Glücksbringer *m*

porte-bougies [pɔʀt(ə)buʒi] *m inv* Kerzenständer *m*

porte-clés [pɔʀtəkle] *m inv (anneau)* Schlüsselring *m; (anneau avec breloque)* Schlüsselanhänger *m; (étui)* Schlüsseletui *nt*

porte-containers [pɔʀtkɔ̃tɛnɛʀ] *m inv,* **porte-conteneurs** [pɔʀtkɔ̃tnœʀ] *m inv* Containerschiff *nt*

porte-documents [pɔʀt(ə)dɔkymɑ̃] *m inv* Aktentasche *f*

porte-drapeau [pɔʀt(ə)dʀapo] <porte-drapeaux> *m* ❶ Fahnenträger *m* ❷ *(chef)* Anführer *m*

portée [pɔʀte] *f* ❶ *(distance)* Reichweite *f;* ***à ~ de vue*** in Sichtweite; ***à ~ de voix*** in Hörweite; ***à ~ de la main*** griffbereit; ***à la ~ de qn*** in jds Reichweite; ***hors de ~*** außer Reichweite; ***hors de la ~ de qn*** außerhalb jds Reichweite ❷ *d'un acte, d'un événement* Tragweite *f; d'un argument* Schlagkraft *f; de paroles* Wirkung *f* ❸ MUS Notensystem *nt* ❹ ZOOL Wurf *m* ❺ *(aptitude, niveau)* ***c'est au-dessus*** [*o* ***hors***] ***de ma*** ~ das übersteigt meinen Horizont *fam;* ***être à la ~ de qn*** *livre, discours* für jdn verständlich sein; ***cet examen est à votre ~*** diese Prüfung können Sie schaffen *fam;* ***être hors de [la] ~ de qn*** *livre:* für jdn zu hoch sein *fam; examen, travail:* jds Fähigkeiten übersteigen; ***mettre qc à la ~ de qn*** jdm etw verständlich machen ❻ *(accessibilité)* ***être à la ~ de qn*** für jdn erreichbar sein; *voyage, achat:* für jdn erschwinglich sein; ***à la ~ de toutes les bourses*** für jeden erschwinglich

porte-fenêtre [pɔʀt(ə)fənɛtʀ] <portes-fenêtres> *f* Fenstertür *f*

portefeuille [pɔʀtəfœj] *m* Brieftasche *f*

P

porte-jarretelles [pɔʀt(ə)ʒaʀtɛl] *m inv* Strumpfhaltergürtel *m*

portemanteau [pɔʀt(ə)mɑ̃to] <x> *m* Garderobe *f; (mobile)* Garderobenständer *m; (crochets au mur)* Kleiderhaken *m*

portemine [pɔʀtəmin] <[s]> *m* Drehbleistift *m*

porte-monnaie [pɔʀt(ə)mɔnɛ] *m inv* Geldbeutel *m; **avoir le ~ bien garni** (fig)* ein dickes Portmonee haben *fam* **porte-objet** [pɔʀtɔbʒɛ] <porte-objets> *m* OPT Objektträger *m* **porte-parapluies** [pɔʀt(ə)paʀaplɥi] *m inv* Schirmständer *m* **porte-parole** [pɔʀt(ə)paʀɔl] *m inv (personne)* Sprecher *m; (journal)* Sprachrohr *nt*

porter [pɔʀte] <1> **I.** *vt* ❶ *(tenir)* tragen ❷ *(endosser)* tragen *responsabilité, faute;* ***faire ~ qc à qn*** etw auf jdn schieben ❸ *(a. fig: apporter)* bringen, austragen *lettre, colis;* überbringen *nouvelle;* schenken *attention;* leisten *assistance, secours;* ***la nuit porte conseil*** guter Rat kommt über Nacht ❹ *(diriger)* ***~ son regard/ses yeux sur qn/qc*** seinen Blick/seine Augen auf jdn/etw richten; ***qn porte son choix sur qc*** jds Wahl fällt auf etw *akk;* ***~ ses pas vers la porte*** auf die Tür zugehen; ***~ le verre à ses lèvres*** das Glas an die Lippen führen; ***~ la main au chapeau*** mit der Hand an den Hut fassen; ***~ la main à sa poche*** in die Tasche greifen; ***~ qn quelque part*** jdn irgendwohin führen ❺ *(avoir sur soi)* tragen *vêtement, lunettes;* führen *nom, titre;* ***~ la barbe/les cheveux longs*** einen Bart tragen/das Haar lang tragen ❻ *(révéler)* aufweisen *traces;* tragen *marque de fabrique* ❼ *(ressentir)* ***~ de l'amitié/de l'amour à qn*** Freundschaft/Liebe für jdn empfinden; ***~ de l'intérêt à qn*** jdm Zuneigung entgegenbringen; ***~ de la haine à qn*** Hass gegen jdn empfinden; ***~ de la reconnaissance à qn*** jdm dankbar sein ❽ *(inscrire)* ***être porté malade*** krankgemeldet sein; ***être porté disparu*** als vermisst gemeldet sein; ***se faire ~ absent*** sich abmelden ❾ *(avoir en soi)* ***~ de la haine en soi*** Hass in sich *+dat* tragen **II.** *vi* ❶ *(avoir pour objet)* ***~ sur qc*** *action, effort:* sich auf etw *akk* konzentrieren; *discours:* sich um etw drehen; *revendications, divergences:* etw betreffen; *question, critique:* sich auf etw *akk* beziehen; ***l'étude porte sur …*** Gegenstand der Studie ist … ❷ *(avoir telle étendue)* ***~ sur qc*** sich auf etw *akk* belaufen; *préjudice:* darin bestehen ❸ *(faire effet) conseil, critique:* wirken; *coup:* sitzen *fam* ❹ *(avoir une certaine portée) voix:* gut tragen; *mesure, question:* bedeutsam sein; ***cette arme à feu porte à …*** diese Schusswaffe hat eine Reichweite von …; ***il a une voix qui porte loin*** seine Stimme ist weit zu hören ❺ *(reposer sur)* ***~ sur qc*** *édifice, poids:* auf etw *dat* ruhen; *accent:* auf etw *dat* liegen ❻ *(heurter)* ***c'est son front qui a porté*** er/sie ist mit der Stirn aufgeschlagen; ***sa tête a porté sur un tabouret*** er/sie schlug mit dem Kopf gegen einen Hocker **III.** *vpr* ❶ *(aller)* ***qn se porte bien/mal*** jdm geht es [gesundheitlich] gut/schlecht; ***qn se porte comme un charme*** jdm geht es blendend ❷ *(se présenter comme)* ***se ~ acquéreur/candidat*** als Käufer/Kandidat auftreten; ***se ~ volontaire*** sich freiwillig melden ❸ *(se diriger)* ***se ~ sur qn/qc*** *regard:* sich auf jdn/etw richten; *choix, soupçon:* auf jdn/etw fallen; ***se ~ vers qc*** *personne:* sich einer S. *dat* zuwenden ❹ *(être porté)* ***se ~*** *vêtements:* getragen werden; ***se ~ beaucoup en ce moment*** momentan in sein *fam*

porte-serviette [pɔʀt(ə)sɛʀvjɛt] *m inv* Serviettenhalter *m* **porte-serviettes** [pɔʀt(ə)sɛʀvjɛt] *m inv* Handtuchhalter *m,* Handtuchstange *f* **porte-skis** [pɔʀtski] *m inv* Dachträger *m* für Skier

porteur, -euse [pɔʀtœʀ, -øz] *m, f* Gepäckträger(in) *m(f)*

porte-vélo[s], **porte vélo[s]** [pɔʀtvelo] *m inv* Fahrradträger *m* **porte-voix** [pɔʀtəvwa] *m inv* Megafon *nt; (fig)* Sprachrohr *nt* ▸ **en** ~ trichterförmig

portier, -ière [pɔʀtje, -jɛʀ] *m, f* Portier *m/* Portiersfrau *f*

portière [pɔʀtjɛʀ] *f* CHEMDFER, AUT Tür *f*

portillon [pɔʀtijɔ̃] *m de passage à niveau* Türchen *nt* [für Fußgänger]; *du métro parisien* [Bahnsteig]sperre *f*

portion [pɔʀsjɔ̃] *f* GASTR Portion *f*

portique [pɔʀtik] *m* ❶ ARCHIT Säulenhalle *f* ❷ SPORT Turngerüst *nt; (pour enfants)* Klettergerüst *nt*

porto [pɔʀto] *m* Portwein *m*

portoricain(ne) [pɔʀtɔʀikɛ̃, -ɛn] *adj* puerto-ricanisch

Portoricain(ne) [pɔʀtɔʀikɛ̃, -ɛn] *m(f)* Puerto-Ricaner(in) *m(f)*

Porto Rico [pɔʀtoʀiko] Puerto Rico *nt*

portrait [pɔʀtʀɛ] *m* ❶ ART, PHOT Porträt *nt;* ***~ fidèle*** [*o* ***ressemblant***] lebensnahes Abbild; ***faire le ~ de qn*** *(peindre)* jdn porträtieren; *(faire une photo)* eine Porträtaufnahme von jdm machen; ***se faire tirer***

le ~ *(fam)* sich knipsen lassen ❷ *d'une personne* Porträt *nt; d'une société* Beschreibung *f;* ***faire le ~ de qn*** das Porträt [*o* Charakterbild] von jdm entwerfen ❸ ART Porträtmalerei *f* ▶ **se faire esquinter le ~** *(fam)* die Fassade demoliert kriegen; **être tout le ~ de qn** jdm wie aus dem Gesicht geschnitten sein

portraitiser [pɔʀtʀɛtize] <1> *vt* portraitieren

portraitiste [pɔʀtʀetist] *mf* Porträtmaler(in) *m(f)*

portrait-robot [pɔʀtʀɛʀɔbo] <portraits--robots> *m* ❶ Phantombild *nt* ❷ *(caractéristiques)* Standardbild *nt*

portraiturer [pɔʀtʀetyʀe] <1> *vt* porträtieren

portuaire [pɔʀtɥɛʀ] *adj* Hafen-

portugais [pɔʀtygɛ] *m* Portugiesisch *nt; v. a.* **allemand**

portugais(e) [pɔʀtygɛ, ɛz] *adj* portugiesisch

Portugais(e) [pɔʀtygɛ, ɛz] *m(f)* Portugiese *m*/Portugiesin *f*

portugaise [pɔʀtygɛz] *f* GASTR portugiesische Auster ▶ **avoir les ~s ensablées** *(fam)* taub sein

Portugal [pɔʀtygal] *m* ***le*** ~ Portugal *nt*

POS [peoɛs] *m abr de* **plan d'occupation des sols** ≈ Flächennutzungsplan *m*

pose [poz] *f* ❶ *(attitude)* [Körper]haltung *f;* ART, PHOT Pose *f* ❷ *(exposition)* Belichtung *f; (photo)* Aufnahme *f;* ***temps de ~*** Belichtungszeit *f* ❸ *(affectation)* Pose *f;* ***prendre des ~s*** sich in Pose werfen

posé(e) [poze] *adj* ruhig, bedächtig

posément [pozemɑ̃] *adv agir* [wohl]überlegt; *parler* ruhig

posemètre [pozmɛtʀ] *m* Belichtungsmesser *m*

poser [poze] <1> **I.** *vt* ❶ *(mettre)* [hin]legen *livre, main;* [hin]stellen *échelle, bagages;* [hin]setzen *pieds;* ***~ par terre*** auf den Boden stellen, abstellen ❷ MATH [hin]schreiben *opération;* aufstellen *équation* ❸ *(installer)* verlegen *moquette;* anbringen *rideau, serrure;* ankleben *tapisserie* ❹ *(énoncer)* aufstellen *définition, principe;* aufgeben *devinette;* stellen *question, condition* ❺ *(soulever)* aufwerfen *problème, question* **II.** *vi* ***~ pour qn/qc*** jdm/für etw Modell sitzen [*o* stehen] **III.** *vpr* ❶ *(exister)* ***se ~*** *question:* sich stellen; *difficulté, problème:* auftauchen; ***il se pose la question si ...*** es stellt sich die Frage, ob ...; ***se ~ des problèmes*** sich +*dat* [selbst] Probleme schaffen ❷ *(cesser de voler)* ***se ~ dans/sur qc*** *insecte, oiseau:* sich auf etw *akk* setzen; *avion:* in etw *dat*/auf etw *dat* landen ❸ *(se fixer)* ***se ~ sur qc*** *regard, yeux:* sich auf etw *akk* richten; *main:* sich auf etw *akk* legen ❹ *(s'appliquer)* ***se ~ facilement*** *moquette:* sich leicht [ver]legen lassen; *papier peint:* sich leicht ankleben lassen; *rideau:* sich leicht anbringen lassen

poseur, -euse [pozœʀ, -øz] **I.** *adj* angeberisch, affektiert **II.** *m, f* ❶ ***~(-euse) de carrelages/de parquet*** Fliesen-/Parkettleger(in) *m(f);* ***~(-euse) d'affiches*** Plakat[an]kleber(in) *m(f);* ***~(-euse) de bombes*** Bombenleger(in), Bombenattentäter(in) *m(f)* ❷ *(pédant)* Angeber(in) *m(f);* ***être ~(-euse)*** sich aufspielen, sich wichtigmachen

positif, -ive [pozitif, -iv] *adj* ❶ *(opp: négatif)* positiv ❷ *critique* konstruktiv

position [pozisjɔ̃] *f* ❶ *(emplacement)* Lage *f; d'un objet* Platz *m; d'une personne* Position *f;* ***être en première/dernière ~*** in erster/letzter Position liegen; *(dans une course)* auf dem ersten/letzten Platz liegen; ***arriver en première/dernière ~*** *coureur:* als Erster/Letzter durchs Ziel gehen; *candidat:* an erster/letzter Stelle liegen ❷ *d'une personne* Stellung *f; (en danse)* Position *f; du corps* Haltung *f;* ***~ horizontale/verticale*** Horizontal-/Vertikallage *f;* ***~ debout*** [aufrechter] Stand; ***en ~ allongée*** [*o* ***couchée***] in liegender Stellung; ***se mettre en ~ allongée/assise*** sich hinlegen/hinsetzen ❸ *(situation)* Lage *f;* ***dans ma/ta ~*** [ich] in meiner/[du] in deiner Position ▶ **être en ~ de force** sich in einer starken Position befinden

positionnement [pozisjɔnmɑ̃] *m* Positionierung *f*

positionner [pozisjɔne] <1> **I.** *vt* ❶ TECH, COM positionieren ❷ *(situer)* lokalisieren **II.** *vpr* ***se ~*** *personne:* sich plazieren; *produit:* sich positionieren

positivement [pozitivmɑ̃] *adv* positiv

positiver [pozitive] <1> *vi (montrer sa confiance)* positiv denken

positivisme [pozitivism] *m* Positivismus *m*

positiviste [pozitivist] **I.** *adj* positivistisch **II.** *mf* PHILOS Positivist(in) *m(f)*

posologie [pozɔlɔʒi] *f* Dosierung *f*

possédant(e) [pɔsedɑ̃, ɑ̃t] **I.** *adj classe* besitzend **II.** *m(f) gén pl* Besitzende(r) *f(m)*

possédé(e) [pɔsede] **I.** *adj* ***~(e) de qc*** besessen von etw **II.** *m(f)* Besessene(r) *f(m)*

posséder [pɔsede] <5> *vt* ❶ *(avoir)* besit-

P

zen ❷ *(disposer de)* verfügen über +*akk expérience, talent;* haben *mémoire, réflexes;* **~ *la vérité*** im Besitz der Wahrheit sein ❸ *(fam: rouler)* hereinlegen

possesseur [pɔsesœʀ] *mf a.* JUR Besitzer(in) *m(f); d'une action, d'un diplôme* Inhaber(in) *m(f)*

possessif [pɔsesif] *m* Possessiv[pronomen *nt*] *nt*

possessif, -ive [pɔsesif, -iv] *adj* ❶ *(dominateur)* besitzergreifend ❷ GRAM possessiv; ***adjectif*** **~** attributives Possessivpronomen; ***pronom*** **~** Possessivpronomen *nt*

possession [pɔsesjɔ̃] *f* Besitz *m; **avoir qc en sa*** **~** etw besitzen; ***être en*** **~ *de qc*** im Besitz einer S. *gen* sein; ***entrer en*** **~ *de qc*** in den Besitz einer S. *gen* gelangen *form*

possessivité [pɔsesivite] *f* besitzergreifende Art

possibilité [pɔsibilite] *f* ❶ *(éventualité)* Möglichkeit *f* ❷ *pl (moyens)* [finanzielle] Möglichkeiten *Pl; (intellectuels)* [geistige] Fähigkeiten *Pl*

possible [pɔsibl] **I.** *adj* ❶ *(faisable)* möglich; *projet* durchführbar; ***tout ce qu'il est humainement*** **~** alles Menschenmögliche ❷ *(éventuel)* möglich; ***il est*** **~ *qu'il vienne*** es ist möglich [*o* es kann sein], dass er kommt ❸ *cas, mesures* erdenklich; ***le moins/plus*** **~** so wenig/so viel wie möglich; ***aussi grand que*** **~** so groß wie möglich; ***les tomates les plus grosses ~s*** die größtmöglichen Tomaten; ***autant que*** **~** soweit das möglich ist; ***autant d'argent/d'enfants que*** **~** möglichst viel Geld/viele Kinder ❹ *(fam: supportable)* ***ne pas être*** **~** *personne:* unmöglich sein ► **~ *et*** **<u>*imaginable*</u>** denkbar; ***faire tout ce qui est*** **~ *et imaginable*** alles Erdenkliche [*o* Mögliche] tun; [**c'est**] **<u>pas</u>** **~!** *(fam: indignation)* das ist doch [wohl] nicht möglich!; *(étonnement)* ist das [denn] die Möglichkeit! **II.** *m* Mögliche(s) *nt; **faire [tout] son*** **~ *pour faire qc/pour que*** +*subj* sein Möglichstes tun um etw zu tun/damit; ***être gentil/doué au*** **~** äußerst nett/begabt sein

possiblement [pɔsibləmɑ̃] *adv* CAN *(d'une manière possible)* möglicherweise, eventuell

postage [pɔstaʒ] *m du courrier* Aufgeben *nt; (dans la boîte)* Einwerfen *nt*

postal(e) [pɔstal, -o] <-aux> *adj **carte ~e*** Postkarte *f; **code*** **~** Postleitzahl *f*

postcommunisme [pɔstkɔmynism] *m* Postkommunismus *m*

postdater [pɔstdate] <1> *vt* vor[aus]datieren; ***chèque postdaté*** vordatierter Scheck *m*

poste[1] [pɔst] *f* ❶ *(bâtiment)* Post *f* ❷ *(administration)* Post *f; **mettre à la*** **~** zur [*o* auf die] Post bringen; ***par la*** **~** mit der Post ► **~ <u>*aérienne*</u>** Luftpost *f;* **~ <u>*restante*</u>** postlagernd

poste[2] [pɔst] *m* ❶ *(emploi)* Stelle *f; (dans une hiérarchie)* Stellung *f;* **~ *de diplomate/de directeur*** Diplomaten-/Direktorposten; **~ *de professeur*** Lehrerstelle; ***avoir un*** **~ *de professeur*** als Lehrer arbeiten; ***être en*** **~ *à Berlin/au ministère*** in Berlin/im Ministerium arbeiten [*o* eine Stelle haben] ❷ *(lieu de travail)* [Arbeits]stelle *f,* Arbeitsplatz *m* ❸ *(appareil)* Gerät *nt;* **~ *de radio/de télévision*** Radio-/Fernsehapparat *m* ❹ *(lieu)* **~ *de douane/de contrôle*** Zoll-/Kontrollstelle *f;* **~ *d'incendie*** Feuerlöschanlage *f;* **~ *d'essence*** Tankstelle *f;* **~ *de pilotage*** Cockpit *nt;* **~ *de police*** [Polizei]wache *f;* **~ *de secours*** Erste-Hilfe-Posten; *(en montagne)* Bergwacht *f;* **~ *frontière*** Grenzübergang *m* ❺ MIL Posten *m;* **~ *de commandement*** Befehlsstelle *f; (au combat)* Gefechtsstand; **~ *d'observation*** [*o* ***de garde***] Beobachtungsposten; **~ *d'écoute*** Lauschposten ❻ TELEC Apparat *m;* **~ *téléphonique*** Telefonanschluss *m* ❼ INFORM **~ *de travail*** Workstation *f,* Arbeitsplatz *m*

posté(e) [pɔste] *adj* IND ***travail*** **~** Schichtarbeit *f*

poste-frontière [pɔstfʀɔ̃tjɛʀ] <postes--frontières> *m* Grenzposten *m*

poster[1] [pɔste] <1> *vt* ❶ *(dans la boîte aux lettres)* einwerfen ❷ INET posten *message, commentaire*

poster[2] [pɔstɛʀ] *m* Poster *nt*

> **Aussprache**
> Wie bei vielen Anglizismen, die Sachen bezeichnen, wird die Endung -er in **poster** als [ɛʀ] gesprochen.

postérieur [pɔsteʀjœʀ] *m (fam)* Hintern *m*

postérieurement [pɔsteʀjœʀmɑ̃] *adv* später; **~ *à qc*** nach etw

postériorité [pɔsteʀjɔʀite] *f* Spätersein *nt*

postérité [pɔsteʀite] *f* ❶ Nachkommenschaft *f* ❷ *(futur)* Nachwelt *f*

postface [pɔstfas] *f* Nachwort *nt*

posthume [pɔstym] *adj* post[h]um; *enfant* nachgeboren; ***à titre*** **~** nach dem Tode

postiche [pɔstiʃ] **I.** *adj barbe, cheveux* falsch

P

II. *m (pour hommes)* Toupet *nt; (pour femmes)* Perücke *f*

postier, -ière [pɔstje, -jɛʀ] *m, f* Postbeamte(r) *m*/-beamtin *f*

postillon [pɔstijɔ̃] *m* Spucke *f fam;* ***envoyer des ~s à qn*** jdn [beim Sprechen] anspucken

postillonner [pɔstijɔne] <1> *vi* [beim Sprechen] spucken

postindustriel(le) [pɔstɛ̃dystʀijɛl] *adj* postindustriell

post-it® [pɔstit] *m inv* Post-it® *nt*

postmoderne [pɔstmɔdɛʀn] *adj* postmodern

post mortem [pɔstmɔʀtɛm] *adj inv mariage* nach dem Tod eines der Partner erfolgend; *viol* an einer Toten

postnatal(e) [pɔstnatal] <s> *adj* postnatal, nach der Geburt [erfolgend]

postopératoire [pɔstɔpeʀatwaʀ] *adj* postoperativ; ***accident ~*** Komplikationen *Pl* nach der Operation

postposé(e) [pɔstpoze] *adj* nachgestellt

postposer [pɔstpoze] <1> *vt* BELG *(remettre à plus tard)* verschieben

post-scriptum [pɔstskʀiptɔm] *m inv* Postskriptum *nt*

postsynchronisation [pɔstsɛ̃kʀɔnizasjɔ̃] *f* Nachsynchronisierung *f*

postulant(e) [pɔstylɑ̃, ɑ̃t] *m(f)* ❶ ***~(e) à qc*** Bewerber(in) *m(f)* für etw ❷ REL Postulant(in) *m(f)*

postulat [pɔstyla] *m* Postulat *nt*

postuler [pɔstyle] <1> *vt* sich bewerben um

posture [pɔstyʀ] *f* Stellung *f*

pot [po] *m* ❶ *(en terre)* Topf *m, (en verre)* Glas *nt; (en plastique, en métal)* Dose *f; (en plastique)* Becher *m;* ***~ à eau*** Wasserkrug; ***~ à lait*** Milchkanne; ***~ de confiture/miel*** Glas Marmelade/Honig; ***~ de peinture/colle*** Topf Farbe/Leim; ***~ de fleurs*** Blumentopf; ***~ de yaourt*** Joghurtbecher; ***~ de crème*** Dose Creme; ***petit ~ pour bébé*** Gläschen *nt* Babynahrung; ***mettre des plantes en ~*** Blumen eintopfen ❷ *(fam: chance)* ***c'est pas de ~!*** Pech [gehabt]!; ***avoir du ~/ne pas avoir de ~*** Schwein/Pech haben ❸ *(fam: consommation)* Drink *m; (réception)* Umtrunk *m; (d'adieu)* Ausstand *m;* ***payer*** [*o* ***offrir***] ***un ~ à qn*** jdm einen ausgeben; ***prendre*** [*o* ***boire***] ***un ~*** zusammen einen trinken *fam* ❹ *(pot de chambre)* [Nacht]topf *m* ❺ AUT ***~ catalytique*** Katalysator *m* ▸ **~ de colle** *(fam)* Klette *f;* **découvrir/dévoiler le ~ aux roses** das Geheimnis entdecken/lüften; **payer les ~s cassés** die Zeche bezahlen müssen; **~ catalytique** Auspuff *m* mit eingebautem Kat[alysator]; **~ d'échappement** Auspuff[topf *m*] *m;* [**être**] **sourd comme un ~** stocktaub [sein] *fam;* **tourner autour du ~** um den heißen Brei herumreden *fam*

potable [pɔtabl] *adj* trinkbar; ***eau ~*** Trinkwasser *nt;* ***eau non ~!*** kein Trinkwasser!

potage [pɔtaʒ] *m* Suppe *f*

potager [pɔtaʒe] *m* Gemüsegarten *m*

potager, -ère [pɔtaʒe, -ɛʀ] *adj* ***jardin ~*** Gemüsegarten *m*

potasse [pɔtas] *f* Pottasche *f*

potasser [pɔtase] <1> **I.** *vt (fam)* pauken für *fam* **II.** *vi (fam)* pauken *fam*

potassium [pɔtasjɔm] *m* Kalium *nt*

pot-au-feu [pɔtofø] *m inv* GASTR ❶ Eintopf *m* ❷ *(viande)* Stück *nt* [Suppen]fleisch für den Eintopf **pot-de-vin** [podvɛ̃] <pots-de-vin> *m* Bestechungsgeld *nt*

pote [pɔt] *m (fam)* Kumpel *m*

poteau [pɔto] <x> *m a.* SPORT *(pilier)* Pfosten *m;* ***~ d'arrivée/départ*** Start-/Zielpfosten; ***~ électrique/télégraphique*** Leitungs-/Telegrafenmast *m;* ***~ indicateur*** Wegweiser *m*

potée [pɔte] *f Eintopfgericht aus Kohl, Kartoffeln und Speck*

potelé(e) [pɔtle] *adj* mollig; *bras* fleischig

potence [pɔtɑ̃s] *f* ❶ Galgen *m* ❷ *(support)* Träger *m*

potentat [pɔtɑ̃ta] *m* ❶ Machthaber *m* ❷ *(personne tyrannique)* Despot *m*

potentialiser [pɔtɑ̃sjalize] <1> *vt* potenzieren

potentialité [pɔtɑ̃sjalite] *f* Möglichkeit *f*

potentiel [pɔtɑ̃sjɛl] *m* Potenzial *nt*

potentiel(le) [pɔtɑ̃sjɛl] *adj* potenziell

potentiellement [pɔtɑ̃sjɛlmɑ̃] *adv* potenziell; *dangereux* möglicherweise

poterie [pɔtʀi] *f* ❶ *(objet)* Töpferware *f* ❷ *(activité)* Töpferei *f*

potiche [pɔtiʃ] *f* ❶ große Porzellanvase *f* ❷ *(figurant)* Galionsfigur *f*

potier, -ière [pɔtje, -jɛʀ] *m, f* Töpfer(in) *m(f)*

potimarron [potimaʀɔ̃] *m* BOT, GASTR Hokkaido *m*

potin [pɔtɛ̃] *m* ❶ *souvent pl* Klatsch *m fam* ❷ *(fam: bruit)* Krach *m*

potiner [pɔtine] <1> *vi (fam)* klatschen *fam,* tratschen *fam*

potion [posjɔ̃] *f* ***~ magique*** Zaubertrank *m*

potiron [pɔtiʀɔ̃] *m* Kürbis *m*

pot-pourri [popuʀi] <pots-pourris> *m* Potpourri *nt*

pou [pu] <x> *m* Laus *f* ▸ **chercher des ~x à qn** Streit mit jdm suchen; **fier** [*o* **orgueilleux**] **comme un ~** *(fam)* wie ein aufgeblasener Frosch; **laid comme un ~** *(fam)* hässlich wie die Nacht

pouah [pwɑ] *interj* igitt

poubelle [pubɛl] *f (dans la cuisine)* Mülleimer *m,* Abfalleimer *m,* Mistkübel *m* A; *(devant la porte)* Mülltonne *f*

pouce [pus] **I.** *m* ❶ *de la main* Daumen *m; du pied* große Zehe, großer Zeh ❷ *(mesure)* Zoll *m* ▸ **donner un coup de ~ à qc** bei etw ein bisschen nachhelfen; **ne pas céder d'un ~** [*o* **un ~ de terrain**] keinen Fußbreit Boden preisgeben; **se tourner les ~s** *(fam)* Däumchen drehen; **ne pas avancer d'un ~** keinen Schritt weiterkommen; **ne pas reculer d'un ~** keinen Zollbreit zurückweichen; **manger sur le ~** *(fam)* schnell einen Happen essen **II.** *interj (enfantin)* halt [*o* stopp] mal!

pouding *v.* **pudding**

poudre [pudʀ] *f* ❶ *(fines particules)* Pulver *nt;* ***sucre en ~*** Puderzucker *m;* ***~ à laver*** Waschpulver ❷ *(produit cosmétique)* [Gesichts]puder *m* ▸ **prendre la ~ d'escampette** sich aus dem Staub machen *fam;* **jeter** [*o* **mettre**] **de la ~ aux yeux à qn** jdm Sand in die Augen streuen; **ne pas avoir inventé la ~** *(fam)* das Pulver [auch] nicht [gerade] erfunden haben; **sentir la ~** zum Pulverfass werden können; **~ de perlimpinpin** *(fam)* Wunderpülverchen *nt*

poudrer [pudʀe] <1> **I.** *vt* [sich *dat*] pudern **II.** *vpr* ***se ~*** sich pudern

poudrerie [pudʀəʀi] *f* CAN *(tourbillons de neige)* Schneegestöber *nt*

poudreuse [pudʀøz] *f* Pulverschnee *m*

poudreux, -euse [pudʀø, -øz] *adj* ❶ staubig ❷ *(en poudre)* pulv[e]rig

poudrier [pudʀije] *m* Puderdose *f*

poudrière [pudʀijɛʀ] *f (fig)* Pulverfass *nt*

pouf[1] [puf] **I.** *m* Hocker *m,* Puff *m* **II.** *interj* plumps!

pouf[2] [puf] *m* BELG *(dette)* Schuld *f*

pouf[f]iasse [pufjas] *f (péj vulg)* doofe Ziege *f fam*

pouffer [pufe] <1> *vi ~* ***[de rire]*** in Lachen ausbrechen

pouillerie [pujʀi] *f* äußerste Armut; ***croupir dans la ~*** im Elend und Schmutz verkommen

pouilles [puj] *fpl (vieilli)* Beschimpfungen *Pl,* Beleidigungen *Pl* ▸ **chanter ~ à qn** *(littér)* jdn beschimpfen

pouilleux, -euse [pujø, -jøz] **I.** *adj* ❶ verlaust ❷ *endroit, quartier* armselig [und schmutzig] **II.** *m, f (vieilli)* armer Schlucker *fam;* ***espèce de ~!*** du Penner! *fam*

poulailler [pulɑje] *m* Hühnerstall *m*

poulain [pulɛ̃] *m* Fohlen *nt*

poule [pul] *f* ❶ *(femelle du coq)* Henne *f* ❷ *(poulet)* Huhn *nt* ▸ **quand les ~s auront des dents** wenn Ostern und Pfingsten auf einen Tag fallen *fam;* **~ mouillée** Angsthase *m fam;* **se coucher/se lever avec les ~s** mit den Hühnern zu Bett gehen/aufstehen; **ma ~** *(fam)* mein Schätzchen

poulet [pulɛ] *m* ❶ ZOOL Huhn *nt* ❷ GASTR Hähnchen *nt;* **~ *rôti*** Brathähnchen

pouliche [puliʃ] *f* Stut[en]fohlen *nt*

poulie [puli] *f* NAUT Block *m;* TECH [Seil]rolle *f*

pouliner [puline] <1> *vi* fohlen

poulpe [pulp] *m* Krake *f*

pouls [pu] *m* Puls *m*

poumon [pumɔ̃] *m* Lunge *f,* Lungenflügel *m;* ***les ~s*** die Lunge; ***à pleins ~s*** aus voller Lunge; *respirer* ganz tief ▸ **cracher ses ~s** *(fam)* sich *dat* die Lunge aus dem Leib husten

poupe [pup] *f* Heck *nt*

poupée [pupe] *f* Puppe *f;* ***jouer à la ~*** mit Puppen spielen

poupin(e) [pupɛ̃, in] *adj* pausbäckig

poupon [pupɔ̃] *m* [pausbäckiges] Baby

pouponner [pupɔne] <1> **I.** *vi* sich um sein Baby kümmern **II.** *vt* hätscheln

pouponnière [pupɔnjɛʀ] *f* Kinderkrippe *f*

pour [puʀ] **I.** *prép* ❶ *(but)* für; ***~ le malheur/le plaisir de qn*** zu jds Unglück/Freude; ***c'est ~ ton bien*** das geschieht zu deinem Besten ❷ *(envers)* ***~ qn*** *sympathie, sentiment* für jdn; *amour* zu jdm; *respect* vor jdm ❸ *(contre)* ***~ la toux/le rhume*** gegen Husten/Schnupfen ❹ *(en direction de)* nach; ***partir ~ Paris/l'étranger*** nach Paris/ins Ausland fahren; ***~ où?*** wohin? ❺ *(jusqu'à, pendant)* für; ***~ demain*** für [*o* bis] morgen; ***~ le moment*** [*o* ***l'instant***] im Augenblick; ***j'en ai ~ une heure!*** ich brauche eine Stunde! ❻ *(à l'occasion de)* zu; ***~ l'anniversaire/Noël*** zum Geburtstag/zu Weihnachten ❼ *(en faveur de)* ***~ qn/qc*** für jdn/etw; ***être ~ faire qc*** dafür sein etw zu tun ❽ *(quant à)* für; ***~ moi*** meiner Meinung nach ❾ *(à cause de)* wegen; ***~ son courage/sa paresse*** wegen seines Mutes/seiner Faulheit; ***fermé ~***

P

réparations wegen Reparaturarbeiten geschlossen; ***merci ~ votre cadeau!*** danke für euer Geschenk!; ***remercier qn ~ avoir fait qc*** jdm danken, weil er etw getan hat ⑩ *(à la place de)* für, i. A.; ***~ le directeur, Beate Wengel*** der Direktor, i.A. Beate Wengel; ***œil ~ œil, dent ~ dent*** Auge um Auge, Zahn um Zahn ⑪ *(par rapport à)* für; ***être grand ~ son âge*** groß für sein Alter sein ⑫ *(comme)* als; ***prendre ~ femme*** zur Frau nehmen; ***j'ai ~ principe de faire*** es ist mein Prinzip etw zu tun; ***avoir ~ effet*** zur Folge haben ⑬ *(pour ce qui est de)* ***~ être furieux, je le suis!*** ich bin vielleicht wütend!; ***~ autant que je sache*** soviel ich weiß ⑭ *(dans le but de)* ***~ faire qc*** um etw zu tun; ***ce n'est pas ~ me déplaire*** das gefällt mir [ganz gut]; ***~ que tu comprennes*** damit du verstehst **II.** *m* ***le ~ et le contre*** das Für und [das] Wider; ***avoir du ~ et du contre*** ein Für und ein Wider haben; ***il y a du ~ et du contre*** es gibt Argumente dafür und dagegen

Grammatik und Co.
Nach **pour que** steht immer der Subjonctif:
pour que tu comprennes – damit du verstehst.

pourboire [puʀbwaʀ] *m* Trinkgeld *nt*

pourceau [puʀso] <x> *m (littér)* Schwein *nt*

pourcentage [puʀsɑ̃taʒ] *m* ❶ *a.* COM ***~ sur qc*** [prozentualer] Anteil an etw *dat;* ***~ de bénéfices*** Gewinnanteil; ***le ~ des naissances*** die Geburtenrate; ***travailler/être payé au ~*** auf Provisionsbasis arbeiten/bezahlt werden ❷ *(proportion pour cent)* Prozentsatz *m*

pourchasser [puʀʃase] <1> *vt* verfolgen

pourfendeur [puʀfɑ̃dœʀ] *m (littér)* scharfer Kritiker *m*

pourfendre [puʀfɑ̃dʀ] <14> *vt (vieilli littér)* angehen gegen

pourparlers [puʀpaʀle] *mpl* Verhandlungen *Pl;* ***engager des ~ avec qn*** mit jdm Gespräche aufnehmen

pourpre [puʀpʀ] **I.** *adj* purpurrot, purpurfarben **II.** *m (couleur)* Purpur *m*

pourquoi [puʀkwa] **I.** *conj* ❶ *(pour quelle raison)* warum ❷ *(à quoi bon)* ***~ continuer/chercher*** warum [*o* wozu] [soll ich/sollen wir/...] weitermachen/suchen ▶ **c'est ~** deshalb, deswegen; **c'est ~?** *(fam)* was kann ich für Sie tun? **II.** *adv* warum; ***je me demande bien ~*** ich frage mich wirklich, warum; ***voilà ~*** deshalb; ***~ pas*** [*o* ***non***] ***?*** warum [eigentlich] nicht? **III.** *m inv* ❶ *(raison)* ***le ~ de qc*** der Grund einer S. *gen;* ***chercher le ~ et le comment*** nach dem Warum und Weshalb fragen ❷ *(question)* Warum-Frage *f;* ***les ~s*** die Fragen

pourri [puʀi] *m* ❶ *(pourriture)* ***ça sent le ~ dans cette pièce!*** in diesem Raum riecht es muffig! *fam* ❷ *(péj: homme corrompu)* Dreckskerl *m fam*

pourri(e) [puʀi] **I.** *part passé de* **pourrir** **II.** *adj* ❶ *fruit, œuf* faul; *poisson, viande* verdorben; *cadavre* verwest; *arbre, planche* morsch; *feuilles* verfault ❷ *(infect)* mies *fam; saison, temps* verregnet; *climat* schlecht; ***quel temps ~!*** was für ein Mistwetter! *fam;* ***bagnole ~e*** Schrottauto *nt fam* ❸ *personne, société* korrupt; *mœurs* verkommen ❹ *enfant* verzogen

pourriel [puʀjɛl] *m* CAN INFT Spam *m o nt*

pourrir [puʀiʀ] <8> **I.** *vi* ❶ *(se putréfier) œuf:* faul werden; *fruit:* verfaulen; *aliment, poisson:* schlecht werden; *cadavre:* verwesen; *arbre, planche:* [ver]modern ❷ *(fam: croupir)* ***~ en prison/dans la misère*** im Gefängnis/im Elend verkümmern; ***il pourrit dans cet emploi/ce village*** er versauert auf dieser Stelle/in diesem Dorf **II.** *vt* verderben *aliment;* verfaulen lassen *bois, végétaux;* faulen lassen *fruit;* [völlig] verziehen *enfant*

pourrissement [puʀismɑ̃] *m* ❶ *d'une situation* Verschlechterung *f; d'un conflit* Zuspitzung *f;* ***espérer le ~ de la grève*** hoffen, dass der Streik sich totläuft ❷ *(corruption)* Korrumpierung *f*

pourriture [puʀityʀ] *f* ❶ Fäulnis *f; d'un corps* Verwesung *f* ❷ *(péj: homme corrompu)* Dreckskerl *m fam; (femme corrompue)* gemeines Biest *fam*

poursuite [puʀsɥit] *f* ❶ Verfolgung *f;* ***être à la ~ de qn*** jdn verfolgen ❷ *gén pl* ***~s judiciaires*** gerichtliche Verfolgung ❸ *(continuation)* Fortsetzung *f*

poursuivant(e) [puʀsɥivɑ̃, ɑ̃t] **I.** *adj* JUR ***partie ~e*** Kläger(in) *m(f)* **II.** *m(f)* ❶ Verfolger(in) *m(f)* ❷ JUR Kläger(in) *m(f)*

poursuivre [puʀsɥivʀ] <irr> **I.** *vt* ❶ *(courir après)* verfolgen ❷ *(harceler)* ***~ qn*** *personne:* jdn bedrängen; *souvenir, images:* jdn verfolgen; *remords:* jdn quälen ❸ *(rechercher)* streben nach *bonheur, gloire, idéal;* verfolgen *but;* suchen nach *vérité;* ***~ l'argent*** dem Geld nachjagen ❹ *(continuer)* fortsetzen, weiterführen *combat,*

P

enquête; ~ ***son récit*** in seinem Bericht fortfahren **II.** *vi* ❶ *(continuer)* fortfahren; ~ ***sur un sujet*** bei einem Thema bleiben ❷ *(persévérer)* weitermachen **III.** *vpr* ***se*** ~ andauern; *enquête, grève:* weitergeführt werden

pourtant [puʀtɑ̃] *adv* ❶ *(marque l'opposition, le regret)* dennoch; ***cette fois*** **~, ...** diesmal jedoch ... ❷ *(marque l'étonnement)* [aber] doch; ***c'est ~ facile!*** das ist aber doch leicht!; ***c'est ~ vrai, non?*** das stimmt aber doch, oder?; ***mais ~ tu avais dit que*** du hattest aber doch gesagt, dass

pourtour [puʀtuʀ] *m* Umrandung *f*

pourvoi [puʀvwa] *m* Berufung *f,* Einspruch *m*

pourvoir [puʀvwaʀ] <irr> **I.** *vt* ~ ***de*** [*o* ***en***] ***provisions/marchandises*** mit Vorräten/Waren ausstatten [*o* versorgen]; ~ ***qn d'une beauté/intelligence exceptionnelle*** jdn mit einer außergewöhnlichen Schönheit/Intelligenz bedenken; ~ ***qn d'une recommandation*** jdm eine Empfehlung mitgeben; ~ ***un poste*** eine Stelle besetzen **II.** *vi* ~ ***à qc*** sich um etw kümmern; ~ ***à l'entretien de la famille*** für den Unterhalt der Familie aufkommen **III.** *vpr* ❶ ***se ~ de provisions/vêtements*** sich mit Vorräten/Kleidern eindecken [*o* versorgen]; ***se ~ d'armes*** sich mit Waffen ausrüsten ❷ JUR ***se*** ~ einen Revisionsantrag stellen; ***se ~ en appel/en cassation*** Berufung/Revision einlegen; ***se ~ devant qc*** bei etw Beschwerde einlegen [*o* Einspruch erheben]

pourvoyeur [puʀvwajœʀ] *m* MIL Munitionskanonier *m*

pourvoyeuse [puʀvwajøz] *f* Lieferantin *f*

pourvu [puʀvy] *conj* ❶ *(souhait)* wenn ... nur; ~ ***que nous ne manquions pas le train!*** wenn wir nur den Zug nicht verpassen! ❷ *(condition)* ~ ***que cela vous convienne*** vorausgesetzt, dass es euch recht ist

> **Grammatik und Co.**
> Nach **pourvu que** steht immer der Subjonctif:
> *Pourvu que nous ne manquions pas le train! – Wenn wir nur den Zug nicht verpassen!*

poussah [pusa] *m* ❶ *(jouet)* Stehaufmännchen *nt* ❷ *(fig: gros homme)* Dickmops *m fam*

pousse [pus] *f* ❶ Spross *m* ❷ *(développement)* Wachstum *nt;* ***la ~ des cheveux*** der Haarwuchs ❸ BOT Austrieb *m*

poussé(e) [puse] *adj étude, discussion, enquête* ausführlich; *technique* hoch entwickelt; *travail* ausgefeilt; *précision* höchste(r, s); ***il a fait des études très ~es*** er hat es in seinem Studium sehr weit gebracht

poussée [puse] *f* ❶ *a.* ARCHIT, GEOG, PHYS Druck *m* ❷ MED Schub *m; d'acné, de boutons* plötzlicher Ausbruch *m*

pousse-pousse [puspus] *m inv* Rikscha *f*

pousser [puse] <1> **I.** *vt* ❶ *(déplacer)* schieben, [an]schieben *voiture;* antreiben *troupeau;* rücken *meuble* ❷ *(pour ouvrir/fermer)* ~ ***la porte/la fenêtre*** die Tür/das Fenster aufmachen/zumachen ❸ *(ouvrir/fermer en claquant)* ~ ***la porte/la fenêtre*** die Tür/das Fenster aufstoßen/zuschlagen ❹ *(bousculer)* stoßen; ~ ***qn/qc du coude/pied*** jdn/etw mit dem Ellbogen/dem Fuß anstoßen ❺ *(entraîner) courant, vent:* treiben ❻ *(stimuler)* antreiben *candidat, élève, cheval;* hoch drehen *moteur, machine;* ***l'intérêt/l'ambition le pousse*** das Interesse/der Ehrgeiz treibt ihn [an] ❼ *(inciter à)* ~ ***qn à faire qc*** jdn dazu bringen etw zu tun; *envie, intérêt, ambition:* jdn dazu treiben etw zu tun; ~ ***qn à la consommation*** jdn zum Konsum verleiten; ~ ***qn au crime*** jdn zum Verbrechen anstiften ❽ *(diriger)* ~ ***qn vers qc/qn*** jdn zu etw drängen/zu jdm hindrängen; ***quelque chose le poussait vers elle*** er fühlte sich von ihr angezogen ❾ *(émettre)* ausstoßen *cri, soupir;* ~ ***des cris de joie*** in Freudengeschrei ausbrechen; ~ ***des gémissements*** stöhnen; ***en ~ une*** *(fam)* was singen ❿ *(exagérer)* ~ ***qc à l'extrême/trop loin*** etw [bis] zum Äußersten/zu weit treiben; ~ ***la jalousie/la gentillesse jusqu'à faire qc*** in seiner Eifersucht/Freundlichkeit so weit gehen etw zu tun ⓫ *(approfondir)* ~ ***plus loin les études/recherches*** das Studium/die Forschung weiter vertiefen ⓬ *(poursuivre)* vorantreiben *enquête, recherches* ⓭ *(cultiver)* ***faire ~ des salades/légumes*** Salat/Gemüse [an]pflanzen; ***faire ~ des fleurs*** Blumen ziehen ⓮ *(grandir)* ***se laisser ~ les cheveux/la barbe*** sich *dat* die Haare/den Bart wachsen lassen **II.** *vi* ❶ *(croître)* wachsen; *dent:* [durch]kommen ❷ *(faire un effort pour accoucher)* pressen ❸ *(faire un effort pour aller à la selle)* drücken ❹ *(aller)* ~ ***jusqu'à Toulon*** weiter bis Toulon fahren ❺ *(exercer une poussée)* drängen ❻ *(fam: exagérer)* übertreiben **III.** *vpr* **se** ~ ❶ *(s'écarter)* Platz machen; ***pousse-toi!*** rutsch mal [zur Seite]! ❷ *(se bousculer)* sich drängen

poussette [pusɛt] *f (voiture d'enfant)* [Kinder]sportwagen *m*

poussette-canne [pusɛtkan] <poussettes-cannes> *f* Klappsportwagen *m*

poussière [pusjɛʀ] *f* Staub *m;* ***faire la ~*** Staub wischen; ***avoir une ~ dans l'œil*** ein Staubkorn im Auge haben ▶ **réduire qn/qc en** ~ aus jdm/etw Kleinholz machen *fam;* **tomber en** ~ zu Staub zerfallen; **200 euros et des ~s** *(fam)* 200 Euro und ein paar Zerquetschte

poussiéreux, -euse [pusjeʀø, -øz] *adj* staubig; *fenêtre* staubbedeckt; *chambre, livres* verstaubt

poussif, -ive [pusif, -iv] *adj personne* kurzatmig; *moteur* stotternd *fam*

poussin [pusɛ̃] *m* ORN Küken *nt*

poussivement [pusivmɑ̃] *adv* keuchend

poussoir [puswaʀ] *m d'une montre, sonnette* Knopf *m*

poutre [putʀ] *f* ❶ *(de bois)* Balken *m;* ***~s apparentes*** frei liegende Balken *Pl* ❷ *(de métal)* Träger *m* ❸ SPORT Schwebebalken *m*

poutrelle [putʀɛl] *f* [Eisen]träger *m*

poutser [putse] <1> *vt* CH putzen

pouvoir[1] [puvwaʀ] <irr> **I.** *aux* ❶ *(être autorisé)* können, dürfen; ***tu peux aller jouer*** du kannst [*o* darfst] spielen gehen; ***il ne peut pas venir*** er kann [*o* darf] nicht kommen; ***puis-je fermer la fenêtre?*** kann ich das Fenster schließen? ❷ *(être capable de)* können; ***j'ai fait ce que j'ai pu*** ich habe getan, was ich konnte; ***je ne peux pas m'empêcher de tousser*** ich muss ständig husten ❸ *(éventualité)* ***elle peut/pourrait être en France*** sie kann [*o* könnte] in Frankreich sein; ***quel âge peut-il bien avoir?*** wie alt er wohl sein mag?; ***c'est une chose qui peut arriver*** das kann vorkommen ❹ *(suggestion)* ***tu peux bien me prêter ton vélo*** du kannst [*o* könntest] mir doch wirklich dein Fahrrad leihen; ***tu aurais pu nous le dire plus tôt!*** das hättest du uns früher sagen können! **II.** *aux impers* ***il peut/pourrait pleuvoir*** es kann/könnte regnen; ***il aurait pu y avoir un accident*** es hätte zu einem Unfall kommen können; ***cela peut arriver*** das kann vorkommen; ***il peut se faire que*** +*subj* es kann passieren, dass **III.** *vt (être capable de)* ***~ quelque chose pour qn*** etwas für jdn tun können; ***ne rien ~ [faire] pour qn*** nichts für jdn tun können ▶ **on ne peut mieux** [aller]bestens; **n'en plus ~ de qc** nicht mehr können vor etw *dat;* **qn n'y peut rien** *(ne peut y porter remède)* jd kann nichts dagegen tun [*o* nichts machen]; *(n'est pas responsable)* jd kann nichts dafür; **si l'on peut dire** wenn man so sagen darf; **on peut dire que qn a bien fait qc** man darf [*o* kann] wohl sagen, dass jd etw wirklich getan hat; **le moins qu'on puisse dire** das mindeste, was man sagen kann; **qu'est-ce que cela peut te faire?** was geht dich das an?; **ne rien ~ [y] faire** nichts [daran] ändern können **IV.** *vpr impers* ***cela*** [*o* ***ça*** *fam*] ***se peut/pourrait*** das kann/könnte sein; ***non, ça ne se peut pas*** nein, das kann nicht sein; ***il se pourrait qu'elle vienne*** es könnte sein, dass sie kommt ▶ **autant que faire se peut** wenn nur irgend möglich

pouvoir[2] [puvwaʀ] *m* ❶ POL [regierende] Macht; ***le parti au ~*** die regierende Partei; ***être au ~*** an der Macht sein; ***arriver au ~*** an die Macht kommen; ***prendre le ~*** die Macht ergreifen ❷ *(autorité)* ***~ sur qn*** Macht *f* über jdn; ***tenir qn en son ~*** jdn in der Hand [*o* Gewalt] haben ❸ *(influence)* Einfluss *m* [auf jdn] ❹ *(organes de décision)* [Staats]gewalt *f;* ***~ absolu*** absolute Gewalt; ***~ central*** Zentralgewalt; ***~ exécutif*** Exekutive *f;* ***~ législatif*** Legislative *f;* ***~ judiciaire*** richterliche Gewalt; ***la séparation des ~s*** die Gewaltenteilung; ***~s publics*** Staatsorgane *Pl,* Behörden *Pl* ❺ *a.* JUR, POL *(droit, attribution)* Befugnis *f;* ***~s exceptionnels*** Sondervollmachten *Pl;* ***~ de décision*** Entscheidungsbefugnis ❻ ECON ***~ d'achat*** Kaufkraft *f*

P.Q. [peky] *m (fam) abr de* **papier cul** Klopapier

pragmatique [pʀagmatik] *adj* pragmatisch

pragmatisme [pʀagmatism] *m* Pragmatismus *m*

pragmatiste [pʀagmatist] **I.** *adj* pragmatisch **II.** *mf* Pragmatist(in) *m(f)*

Prague [pʀag] Prag *nt*

praire [pʀɛʀ] *f* Venusmuschel *f*

prairie [pʀeʀi] *f* Wiese *f*

praline [pʀalin] *f* ***~ grillée*** gebrannte Mandel

Falsche Freunde

Nicht verwechseln mit *die Praline* – *le chocolat*!

P

praliné [pʀaline] *m* Nugat *nt o m; (crème)* Nugatcreme *f*

praticable [pʀatikabl] *adj (en véhicule)* befahrbar; *(à pied)* begehbar; *terrain de sport* bespielbar

praticien(ne) [pʀatisjɛ̃, jɛn] *m(f)* Praktiker(in) *m(f);* MED praktizierender Arzt *m/* praktizierende Ärztin *f*

pratiquant(e) [pʀatikɑ̃, ɑ̃t] **I.** *adj* praktizierend **II.** *m(f)* Kirchgänger(in) *m(f)*

pratique [pʀatik] **I.** *adj* ❶ *(commode)* praktisch; *solution* brauchbar; *emploi du temps* günstig ❷ *(réaliste)* praktisch; ***n'avoir aucun sens ~*** keinerlei praktische Veranlagung haben; ***être un esprit ~*** praktisch veranlagt sein; ***dans la vie ~*** im täglichen Leben ❸ *(opp: théorique)* praktisch; ***travaux ~s*** Übung *f;* ***guide ~*** Handbuch *nt* **II.** *f* ❶ *(opp: théorie)* Praxis *f;* ***dans la*** [*o* ***en***] ***~*** in der Praxis; ***mettre en ~*** in die Praxis umsetzen ❷ *(expérience)* [praktische] Erfahrung; ***avoir la ~ du métier*** Berufserfahrung haben; ***~ de la conduite*** Fahrpraxis *f* ❸ *(procédé)* Praktik *f;* ***c'était une ~ courante*** das war allgemein [so] üblich ❹ *(coutume)* Gepflogenheit *f*

pratiqué(e) [pʀatike] *adj* ***être ~(e)*** *politique:* verfolgt werden; *prix:* verlangt werden; *sport:* betrieben werden; ***le golf est très ~*** es wird sehr viel Golf gespielt

pratiquement [pʀatikmɑ̃] *adv* ❶ *(en réalité)* praktisch gesehen ❷ *(presque)* praktisch *fam*

pratiquer [pʀatike] <1> **I.** *vt* ❶ *(exercer)* ausüben *métier, sport;* ***~ sa religion*** seine Religion praktizieren; ***~ le tennis/golf*** Tennis/Golf spielen ❷ *(mettre en pratique)* praktizieren *méthode;* betreiben *politique;* ***~ l'indulgence*** Nachsicht üben ❸ *(utiliser)* verlangen *prix* **II.** *vi* ❶ MED praktizieren ❷ REL in die Kirche gehen

pré [pʀe] *m* Wiese *f*

préado [pʀeado] *mf (fam) abr de* **préadolescent(e)** Teeny *m*

préadolescence [pʀeadɔlesɑ̃s] *f* Vorpubertät *f*

préadolescent(e) [pʀeadɔlesɑ̃, ɑ̃t] *m(f)* Teenager *m*

préalable [pʀealabl] *adj entretien* vorhergehend; *avis, accord* vorherig; ***question ~*** Vorfrage *f;* ***je voudrais votre accord/avis ~*** ich hätte gerne vorher Ihre Zustimmung/Meinung

préalablement [pʀealabləmɑ̃] *adv* zunächst

préambule [pʀeɑ̃byl] *m* ❶ JUR Präambel *f* ❷ *(entrée en matière)* Vorrede *f*

préau [pʀeo] <x> *m* [Innen]hof *m; d'une école* überdachter Pausenhof

préavis [pʀeavi] *m* ❶ JUR Kündigung *f;* ***délai de ~*** Kündigungsfrist *f* ❷ *(annonce)* [Vor]ankündigung *f;* ***~ de grève*** Streikankündigung *f*

prébende [pʀebɑ̃d] *f a.* REL *(littér)* Pfründe *f*

précaire [pʀekɛʀ] *adj position, situation* ungewiss; *emploi* unsicher; *bonheur* zerbrechlich

précairement [pʀekɛʀmɑ̃] *adv* ❶ vorübergehend ❷ JUR mittelbar

précarité [pʀekaʀite] *f* Ungewissheit *f; d'un emploi, d'une situation* Unsicherheit *f; d'un bonheur* Zerbrechlichkeit *f*

précaution [pʀekosjɔ̃] *f* ❶ *(disposition)* Vorsichtsmaßnahme *f* ❷ *(prudence)* Vorsicht *f;* ***avec ~*** vorsichtig; ***sans ~*** unvorsichtig; ***par ~*** vorsichtshalber; ***s'entourer de ~s*** vorsichtig sein

précautionner [pʀekosjɔne] <1> *vpr (littér)* ***se ~ contre qn/qc*** sich vor jdm/etw schützen

précautionneusement [pʀekosjɔnøzmɑ̃] *adv (littér)* mit [größter] Vorsicht

précautionneux, -euse [pʀekosjɔnø, -øz] *adj (littér) geste* behutsam; *personne* umsichtig

précédemment [pʀesedamɑ̃] *adv* vorher

précédent(e) [pʀesedɑ̃, ɑ̃t] *adj* vorhergehend; *année* vorige(r, s); ***le jour ~*** am Vortag; ***le mois ~*** [im] vorigen [*o* letzten] Monat

précéder [pʀesede] <5> **I.** *vt* ❶ *(dans le temps)* ***~ qc*** einer S. *dat* vorangehen; ***le jour qui précédait leur départ*** am Tag vor ihrer Abreise ❷ *(dans l'espace)* ***~ qc*** sich vor einer S. *dat* befinden; ***l'article précède le nom*** der Artikel steht vor dem Nomen ❸ *(devancer)* ***~ qn*** jdm vorangehen ❹ *(devancer en voiture)* ***~ qn*** vor jdm [her]fahren; ***je vais vous ~ pour ...*** ich werde vorangehen, um ...; ***elle m'a précédé de quelques minutes*** sie war wenige Minuten vor mir da **II.** *vi* vorausgehen; ***les jours qui précédaient*** an den Tagen zuvor

précepte [pʀesɛpt] *m* ❶ Grundsatz *m* ❷ REL Gebot *nt*

précepteur, -trice [pʀesɛptœʀ, -tʀis] *m, f* Hauslehrer(in) *m(f)*

préchauffer [pʀeʃofe] <1> *vt* vorheizen *four;* vorglühen *diesel*

prêche [pʀɛʃ] *m* Predigt *f; (hum)* [Moral]predigt *pej*

prêcher [pʀeʃe] <1> **I.** *vt* verkünden *l'Évangile, croisade;* predigen *fraternité, haine;* ***tu peux toujours ~ la bonne parole, ...*** *(hum)* du kannst predigen soviel du willst, ... *fig* **II.** *vi* REL predigen; *(hum)* Moralpredigten halten *fig pej*

précieusement [pʀesjøzmɑ̃] *adv* sorgsam

précieux, -ieuse [pʀesjø, -jøz] *adj* wertvoll; *temps, moment* kostbar; ***métal ~*** Edelmetall *nt;* ***objet ~*** Wertgegenstand *m; (fig)* Kostbarkeit *f*

précipice [pʀesipis] *m* Abgrund *m*

précipitamment [pʀesipitamɑ̃] *adv* hastig; *partir, s'enfuir* überstürzt

précipitation [pʀesipitasjɔ̃] *f* ❶ *(hâte)* Hast *f; d'un départ, d'une décision* Überstürztheit *f;* ***sans ~*** in aller Ruhe; ***avec ~*** voller Hast; ***partir avec ~*** überstürzt aufbrechen ❷ *pl* METEO Niederschläge *Pl*

précipité(e) [pʀesipite] *adj* ❶ *fuite, départ* überstürzt; *décision* übereilt; *personne* voreilig ❷ *pas, rythme* schnell; ***sa respiration était ~e*** sein/ihr Atem ging schnell

précipiter [pʀesipite] <1> **I.** *vt* ❶ *(jeter)* ***~ qn dans l'escalier*** jdn die Treppe hinunterstoßen ❷ *(accélérer)* beschleunigen *pas* **II.** *vpr* ❶ *(s'élancer)* ***se ~ de qc*** sich von etw [hinunter]stürzen ❷ *(s'accélérer)* sich beschleunigen

précis(e) [pʀesi, iz] *adj* ❶ *(juste)* genau; *instrument, diagnostic* exakt; *demande, ordre, idée* klar; *geste* präzise; ***à 10 heures ~es*** um Punkt 10 Uhr ❷ *bruit, contours* deutlich; *dessin, trait* genau; *style* präzise

précisément [pʀesizemɑ̃] *adv* ❶ *(au moment même)* gerade ❷ *(exactement)* genau; ***plus ~*** genauer gesagt

préciser [pʀesize] <1> **I.** *vt* ❶ *(donner des précisions)* genau[er] erklären *point, fait;* klar[er] ausdrücken *intention, idée;* genau angeben *date, lieu;* ***précisez!*** werden Sie deutlicher! ❷ *(souligner)* klarstellen; ***..., précise le commissaire*** ..., erläutert der Kommissar **II.** *vpr* ***se ~*** sich klarer abzeichnen; *menace:* deutlicher werden; *idée, situation:* klarer werden

précision [pʀesizjɔ̃] *f* ❶ *(justesse)* Genauigkeit *f; d'un geste, d'un instrument* Präzision *f;* ***avec ~*** genau; ***être/ne pas être d'une grande ~*** sehr genau/nicht sehr genau sein ❷ *des contours, d'un trait* Deutlichkeit *f* ❸ *souvent pl (détail)* [genauere] Angabe

précité(e) [pʀesite] *adj* oben erwähnt

précoce [pʀekɔs] *adj* ❶ *plante, variété* früh; *hiver, gelée* [vor]zeitig ❷ *enfant* frühreif

précocement [pʀekɔsmɑ̃] *adv* frühzeitig

précocité [pʀekɔsite] *f d'un fruit* frühe Reife; *d'une gelée, de l'hiver* frühzeitiges Einsetzen; *d'un enfant* Frühreife *f*

précompter [pʀekɔ̃te] <1> *vt* ***~ sur qc*** von etw abziehen, einbehalten

préconiser [pʀekɔnize] <1> *vt* befürworten *politique, solution, méthode;* empfehlen *mode de vie, remède*

précuit(e) [pʀekɥi, kɥit] *adj* vorgekocht; ***produits ~s*** Fertigprodukte *Pl*

précurseur [pʀekyʀsœʀ] *mf* Wegbereiter(in) *m(f)*

prédateur, -trice [pʀedatœʀ, -tʀis] *m, f* Raubtier *nt*

prédécesseur [pʀedesesœʀ] *mf* Vorgänger(in) *m(f)*

prédécoupé(e) [pʀedekupe] *adj planche* [schon] zugeschnitten; *viande* [schon] vorgeschnitten

prédestination [pʀedɛstinasjɔ̃] *f* Vorherbestimmung *f;* PHILOS, REL Vorherbestimmung, Prädestination *f Fachspr.*

prédestiné(e) [pʀedɛstine] *adj* ***être*** vor[her]bestimmt sein; ***être ~ à qc*** für etw prädestiniert sein

prédestiner [pʀedɛstine] <1> *vt* ***~ qn à qc*** jdn für etw vor[her]bestimmen

prédétermination [pʀedetɛʀminasjɔ̃] *f* PHILOS Determination *f;* REL Vorherbestimmung *f*

prédéterminer [pʀedetɛʀmine] <1> *vt* [vorher]bestimmen

prédicat [pʀedika] *m* LING Prädikat *nt*

prédicateur, -trice [pʀedikatœʀ, -tʀis] *m, f* Prediger(in) *m(f)*

prédicatif, -ive [pʀedikatif, -iv] *adj* prädikativ; ***phrase prédicative*** Prädikativsatz *m*

prédication [pʀedikasjɔ̃] *f* ❶ REL Predigen *nt;* ***la ~ de l'Évangile*** die Verkündigung des Evangeliums ❷ REL *(sermon)* Predigt *f*

prédiction [pʀediksjɔ̃] *f* Voraussage *f*

prédilection [pʀedilɛksjɔ̃] *f* Vorliebe *f*

prédire [pʀediʀ] <irr> *vt* vorhersagen; ***~ l'avenir à qn*** jdm die Zukunft voraussagen

Grammatik und Co.

Die 2. Person Plural von **prédire** lautet *vous prédisez* (im Gegensatz zu *vous dites*):
Vous prédisez qu'il pleuvra demain. –

P

Sie sagen vorher, dass es morgen regnet.

prédisposer [pRedispoze] <1> *vt* ***être prédisposé à qc*** für etw geschaffen sein
prédisposition [pRedispozisjɔ̃] *f* ~ ***à*** [*o* ***pour***] ***qc*** Veranlagung *f* für etw; MED Veranlagung [*o* Prädisposition *f*] zu etw *Fachspr.*; ~ ***à être malade*** besondere Anfälligkeit für Krankheiten; ***avoir des ~s musicales*** eine musikalische Veranlagung haben
prédominance [pRedɔminɑ̃s] *f d'un pays, groupe social* Vorherrschaft *f*; *d'une couleur* Dominieren *nt*
prédominant(e) [pRedɔminɑ̃, ɑ̃t] *adj* dominierend, vorherrschend; *passion, souci* größte(r, s); *qualité* hervorstechend; ***souci*** ~ Hauptsorge *f*
prédominer [pRedɔmine] <1> *vi* vorherrschen; *avis, préoccupation, sport:* vorherrschend sein; *couleur, impression:* überwiegen
prédosé(e) [pRedoze] *adj café filtre* vordosiert
préélectoral(e) [pReelɛktɔRal, o] <-aux> *adj* ***la période ~e*** die Wahlkampfperiode, die Zeit vor den Wahlen
prééminence [pReeminɑ̃s] *f* Vorrangstellung *f*; *d'un État* Vormachtstellung *f*; ***donner la ~ à qc*** einer S. *dat* den Vorrang geben; ***avoir la ~ sur qn/qc*** jdn/etw beherrschen
prééminent(e) [pReeminɑ̃, ɑ̃t] *adj (littér)* herausragend; *influence* übermächtig
préencollé(e) [pReɑ̃kɔle] *adj* vorgeleimt
préexistence [pReɛgzistɑ̃s] *f* Vorhandensein *nt*; PHILOS, REL Präexistenz *f*
préexister [pReɛgziste] <1> *vi* bereits existieren [*o* vorhanden sein]; ~ ***à qn/qc*** vor jdm/etw vorhanden sein
préfabriqué [pRefabRike] *m (éléments)* Fertigbauelemente *Pl*
préface [pRefas] *f* Vorwort *nt*
préfacier [pRefasje] *m* Verfasser(in) *m(f)* des Vorworts
préfectoral(e) [pRefɛktɔRal, -o] <-aux> *adj* ***arrêté*** ~ Verordnung *f* des Präfekten
préfecture [pRefɛktyR] *f* Präfektur *f*; ~ ***de police*** Polizeipräfektur
préférable [pRefeRabl] *adj* ***être ~ à qc*** einer S. *dat* vorzuziehen sein; ***il est ~ de se taire*** es ist besser zu schweigen; ***il est ~ que …*** +*subj* es ist besser, wenn …
préférablement [pRefeRabləmɑ̃] *adv (littér)* vorzugsweise
préféré(e) [pRefeRe] **I.** *adj ami* beste(r, s); ***chanteur*** ~ Lieblingssänger *m* **II.** *m(f)* Liebling *m*
préférence [pRefeRɑ̃s] *f* Vorliebe *f*; ***avoir une ~*** [*o* ***des ~s***] ***pour qn/qc*** eine Vorliebe für jdn/etw haben; ***accorder*** [*o* ***donner***] ***la ~ à qn/qc*** jdm/einer S. den Vorzug geben; ***avoir la ~ sur qn*** jdm vorgezogen werden ▸ **de** ~ vorzugsweise; **de** ~ **à qc** lieber als etw
préférentiellement [pRefeRɑ̃sjɛlmɑ̃] *adv (littér)* bevorzugt
préférer [pRefeRe] <5> *vt* ❶ *(aimer mieux)* ~ ***qn à qn*** jdn lieber mögen als jdn; ~ ***qc à qc*** etw einer S. *dat* vorziehen; ~ ***le champagne*** Champagner bevorzugen; ~ ***la ville à la campagne*** lieber in der Stadt als auf dem Land leben; ***je préfère que*** +*subj* mir ist es lieber, wenn; ***je te préfère avec les cheveux courts*** mir gefällst du mit kurzen Haaren besser; ***si tu préfères …*** wenn es dir lieber ist … ❷ *(prospérer mieux)* ~ ***un climat humide/un sol sablonneux*** *plante:* in feuchtem Klima/sandigem Boden besonders gut gedeihen
préfet [pRefɛ] *m* Präfekt *m*; ~ ***de police*** Polizeipräfekt [von Paris]
préfète [pRefɛt] *f* ***Madame la*** ~ die Präfektin
préfixe [pRefiks] *m* Präfix *nt*, Vorsilbe *f*
préhistoire [pReistwaR] *f* Vorgeschichte *f*
préhistorique [pReistɔRik] *adj* HIST vorgeschichtlich, prähistorisch
préjudice [pReʒydis] *m a.* JUR Schaden *m*; ***causer un ~ à qn*** jdm schaden; ***subir un*** ~ Schaden erleiden ▸ **au** ~ **de qn/qc** zu jds Nachteil/zum Nachteil einer S.
préjudiciable [pReʒydisjabl] *adj* ~ ***à qn/qc*** nachteilig für jdn/etw
préjugé [pReʒyʒe] *m* Vorurteil *nt*; ***avoir un ~ contre qn*** jdm gegenüber voreingenommen sein; ***sans*** ~ unvoreingenommen ▸ **qn bénéficie d'un ~ favorable** jdm geht ein guter Ruf voraus
préjuger [pReʒyʒe] <2a> *vt, vi* ~ ***[d'] une réaction/[d'] une conduite*** eine Reaktion/ein Verhalten vorhersehen; ***ne rien laisser ~ de la décision prise*** keinen Hinweis auf die Entscheidung geben
prélasser [pRelɑse] <1> *vpr* ***se*** ~ es sich bequem machen
prélat [pRela] *m* Prälat *m*
prélavage [pRelavaʒ] *m* Vorwäsche *f*
prélèvement [pRelɛvmɑ̃] *m* ❶ *(action de prélever)* Probenentnahme *f*; ~ ***de sang*** Blutabnahme *f*; ~ ***d'organe*** Organentnah-

me ❷ FIN, ECON Abzug *m,* Einbehaltung *f;* ~ ***automatique*** Einzugsverfahren *nt* ❸ *(somme retenue)* Abzugsbetrag *m* ❹ *(retrait)* Abhebung *f* ❺ *(somme retirée)* abgehobener Betrag

prélever [pʀel(ə)ve] <4> *vt* einbehalten *somme, pourcentage;* abziehen *taxe;* entnehmen *organe, tissu;* abnehmen *sang;* ~ ***de l'argent sur le compte*** Geld vom Konto abheben

préliminaire [pʀeliminɛʀ] *mpl* Vorverhandlungen *Pl*

prélude [pʀelyd] *m* ❶ MUS Präludium *nt* ❷ *(début)* ~ ***de qc*** Auftakt *m* zu etw

prématuré(e) [pʀematyʀe] *m(f)* Frühgeborene(s) *nt*

prématurément [pʀematyʀemɑ̃] *adv* vorzeitig; *décider* verfrüht

préméditation [pʀemeditasjɔ̃] *f* ❶ Absicht *f;* ***agir sans la moindre*** ~ ganz spontan handeln ❷ JUR Vorsatz *m,* Vorsätzlichkeit *f;* ***avec*** ~ vorsätzlich

prémédité(e) [pʀemedite] *adj crime* vorsätzlich; *réponse, réaction* wohlüberlegt

préméditer [pʀemedite] <1> *vt* planen

prémices [pʀemis] *fpl (littér)* Anfänge *Pl;* ***les ~ de l'hiver*** die ersten Anzeichen des Winters

premier [pʀəmje] *m* ❶ *(aîné)* Erste(r, s) *f(m, nt),* erstes Kind *nt* ❷ *(jour)* Erste(r) *m;* ***le ~ du mois/de l'an*** am Monatsersten/Neujahrstag ❸ *(dans une charade)* erste Silbe ▶ **le ~ en date** der Allererste; ~ **concerné** direkt betroffen; **les ~s seront les derniers** die Ersten werden die Letzten sein; **jeune** ~ *(jeune vedette)* Jungstar *m;* **en** ~ *(avant les autres)* zuerst, als Erste(r, s); *(pour commencer)* zunächst, als Erstes

premier, -ière [pʀəmje, -jɛʀ] **I.** *adj* ❶ *antéposé (opp: dernier)* erste(r, s); *page* Titel-; ~ ***venu*** erste(r, s), erstbeste(r, s); ***en ~ lieu*** zuerst, als Erstes; ***dans les ~s temps*** anfangs, in der ersten Zeit ❷ *besoins, rudiments* Grund-; *vocation* eigentlich; *objectif, rôle* Haupt-, wichtigste(r, s); *qualité* wichtigste(r, s); ***au ~ plan*** im Vordergrund; ***aux premières loges*** ganz vorn; ***marchandise de ~ choix*** [*o* ***première qualité***] erstklassige [*o* erlesene] Ware **II.** *m, f* ***le ~/la première*** der/die/das Erste; ***passez le ~/la première!*** gehen Sie vor[an]!; ***Luc a vu Max, le ~ a plaisanté*** Luc hat Max gesehen, Ersterer hat Spaß gemacht

première [pʀəmjɛʀ] *f* ❶ *(vitesse)* erster Gang ❷ SCOL ≈ elfte Klasse ❸ *(manifestation sans précédent)* erstmaliges Ereignis; ~ ***mondiale*** Weltereignis *nt* ❹ THEAT, CINE Premiere *f;* ***grande*** ~ Galapremiere ❺ TRANSP erste Klasse; ***billet de*** ~ Fahrkarte *f*/Flugticket *nt* erster Klasse ▶ **être de ~** ausgezeichnet [*o* erstklassig] sein; **être de ~ pour qc** *(fam) personne:* einsame Spitze bei etw [*o* unübertroffen in etw *dat*] sein *fam; v. a.* **cinquième**

premièrement [pʀəmjɛʀmɑ̃] *adv* ❶ *(en premier lieu)* erstens ❷ *(et d'abord)* im Übrigen

première-née [pʀəmjɛʀne] <premières-nées> *f* Erstgeborene *f*

premier-né [pʀəmjene] <premiers-nés> *m* Erstgeborener *m*

prémisse [pʀemis] *f* Voraussetzung *f;* PHILOS Prämisse *f geh*

prémix [pʀemiks] *m (boisson)* Alcopop *m o nt,* Alkopop *m o nt*

prémolaire [pʀemɔlɛʀ] *f* vorderer Backenzahn *m*

prémonition [pʀemɔnisjɔ̃] *f* [Vor]ahnung *f*

prémonitoire [pʀemɔnitwaʀ] *adj symptômes* erste(r, s); *rêve* voller Vorahnungen; ***signe*** ~ Vorzeichen *nt*

prémunir [pʀemyniʀ] <8> *vpr* ***se ~ contre qc*** sich vor etw *dat* schützen

prenant(e) [pʀənɑ̃, ɑ̃t] *adj* ❶ *(captivant)* fesselnd ❷ *(absorbant)* Zeit raubend

prénatal(e) [pʀenatal] <s> *adj* vorgeburtlich; ***congé*** ~ Schwangerschaftsurlaub *m*

prendre [pʀɑ̃dʀ] <13> **I.** *vt + avoir* ❶ *(saisir)* nehmen; ~ ***qc dans qc*** etw aus etw [heraus]nehmen; ~ ***qn par le bras*** jdn am Arm fassen; ~ ***qn par la main*** jdn bei der Hand nehmen ❷ *(absorber)* [zu sich] nehmen, trinken *boisson, café;* essen *sandwich;* einnehmen *médicament;* ***vous prendrez bien quelque chose?*** Sie trinken doch ein Gläschen/essen doch eine Kleinigkeit? ❸ *(aller chercher)* ~ ***qn chez lui/à la gare*** jdn zu Hause/am Bahnhof abholen ❹ *(emporter)* [mit]nehmen *manteau, parapluie* ❺ TRANSP nehmen, fahren mit *train, métro, ascenseur;* nehmen, fliegen mit *avion;* ~ ***le volant*** sich ans Steuer setzen ❻ *(dérober)* ~ ***de l'argent à qn*** jdm Geld wegnehmen; ~ ***l'idée/la place de qn*** jds Idee/Stelle übernehmen ❼ SPORT übernehmen *relais, ballon;* ~ ***le ballon à qn*** jdm den Ball abnehmen ❽ *(capturer)* erlegen *gibier;* fangen *poisson, mouches;* einnehmen *forteresse, ville;* ***se faire*** ~ gefasst werden; ***être pris dans qc*** in etw *dat* gefangen sein ❾ *(se laisser séduire)* ***se laisser ~ par qn/à qc*** auf jdn/etw hereinfallen *fam*

P

⑩ *(surprendre)* ~ ***qn*** jdn ertappen; ~ ***qn sur le fait*** jdn auf frischer Tat ertappen; ***on ne m'y prendra plus!*** das passiert mir nicht noch einmal! ⑪ *(s'engager dans)* nehmen *route, chemin;* einschlagen *direction;* ~ ***l'autoroute/un raccourci*** [über die] Autobahn/eine Abkürzung fahren ⑫ *(piloter)* übernehmen *commande, gouvernail* ⑬ *(acheter)* kaufen, nehmen *chambre, couchette;* ~ ***de l'essence*** tanken ⑭ *(accepter)* ~ ***qn comme locataire*** jdn als Mieter nehmen; ~ ***qn comme cuisinier*** jdn als Koch einstellen ⑮ PHOT ~ ***qn en photo*** ein Foto von jdm machen ⑯ *(noter, enregistrer)* nehmen *empreintes;* machen *notes;* aufschreiben *adresse, nom;* einholen *renseignements;* ~ ***un rendez-vous*** sich *dat* einen Termin geben lassen; ~ ***des nouvelles de qn*** sich nach jdm erkundigen; ~ ***sa température*** Fieber messen ⑰ *(adopter)* treffen *décision, précautions;* aufsetzen *air innocent;* ergreifen *mesure;* anschlagen *ton menaçant;* ~ ***l'apparence/la forme de qc*** die Gestalt/die Form einer S. *gen* annehmen ⑱ *(se lier avec)* sich *dat* nehmen *amant, maîtresse* ⑲ *(acquérir)* annehmen *couleur, goût de rance;* erhalten *nouveau sens;* schöpfen *courage;* ~ ***du poids*** zunehmen; ~ ***du ventre*** einen Bauch bekommen ⑳ MED ~ ***froid*** sich erkälten; ***être pris d'un malaise*** sich [plötzlich] unwohl fühlen ㉑ *(s'accorder)* sich *dat* gönnen *plaisir, repos;* nehmen *des congés, vacances;* ~ ***sa retraite*** in den Ruhestand treten ㉒ *(durer)* ~ ***deux heures/jours*** zwei Stunden/Tage dauern; ***ça va me ~ longtemps/deux jours*** ich werde lange/zwei Tage dafür brauchen ㉓ *(coûter)* ***ce travail me prend tout mon temps*** diese Arbeit nimmt meine ganze Zeit in Anspruch ㉔ *(prélever, faire payer)* nehmen *argent, pourcentage;* verlangen *commission, cotisation;* ***être pris sur le salaire*** vom Gehalt einbehalten werden ㉕ *(fam: recevoir, subir)* abkriegen *averse, coup, reproche;* ~ ***la balle/porte en pleine figure*** den Ball/die Tür voll ins Gesicht kriegen ㉖ *(traiter)* umgehen mit *personne;* anpacken *problème;* ~ ***qn par la douceur*** jdm sanft beikommen; ~ ***qn par les sentiments*** an jds Gefühl appellieren ㉗ *(réagir à)* ~ ***qc au sérieux/tragique*** etw ernst/tragisch nehmen; ***elle a bien/mal pris la chose*** sie hat es/die Sache gut aufgenommen/übel genommen ㉘ *(considérer comme)* ~ ***qn/qc pour qc*** jdn/etw für etw halten; ~ ***qn pour qn*** jdn mit jdm verwechseln; ~ ***qc pour prétexte*** etw zum Vorwand nehmen; ***pour qui me prends-tu?*** für wen hältst du mich eigentlich? ㉙ *(assaillir) doute, faim:* überkommen; *colère, envie:* packen, überkommen; *panique:* ergreifen ㉚ *(s'écrire)* ***ce mot prend deux l/une cédille*** dieses Wort schreibt man mit zwei l/mit Cedille ▶ **tel est pris qui croyait ~** *(prov)* wer andern eine Grube gräbt, fällt selbst hinein; **c'est à ~ ou à laisser** entweder oder; **il y a à ~ et à laisser** *(fam)* das ist mit Vorsicht zu genießen; **à tout ~** im Großen und Ganzen; ~ **qc sur soi** etw auf sich nehmen; ~ **sur soi de faire qc** es auf sich nehmen etw zu tun; **qu'est-ce qui te/lui prend?** was ist denn mit dir/ihm/ihr los? **II.** *vi* ① *(réussir)* ***avec moi, ça ne prend pas!*** *(fam)* das zieht bei mir nicht! ② + *avoir (s'enflammer) feu:* angehen ③ + *avoir o être (durcir) ciment, mayonnaise:* fest werden ④ + *avoir (se diriger)* ~ ***à gauche/droite*** *personne:* [nach] links/rechts abbiegen; *chemin:* nach rechts/links führen ⑤ + *avoir (faire payer)* ~ ***beaucoup/peu*** viel/wenig verlangen; ~ ***cher/bon marché*** teuer/billig sein; ~ ***cher de l'heure*** einen hohen Stundenlohn verlangen **III.** *vpr* ① *(s'accrocher)* ***se ~ dans qc*** sich in etw *dat* verfangen; ***se ~ le doigt dans la porte*** sich den Finger in der Tür einklemmen ② *(se considérer)* ***se ~ trop au sérieux*** sich [selbst] zu ernst nehmen ③ *(procéder)* ***s'y ~ bien/mal avec qn*** gut/schlecht mit jdm umgehen; ***avec lui il faut savoir s'y ~*** ihn muss man zu nehmen wissen; ***s'y ~ bien/mal avec qc*** sich bei etw geschickt/ungeschickt anstellen; ***s'y ~ à trois reprises*** drei Anläufe unternehmen ④ *(en vouloir)* ***s'en ~ à qn/qc*** jdn/etw dafür verantwortlich machen ⑤ *(s'attaquer)* ***s'en ~ à qn/qc*** jdn/etw angreifen ⑥ *(être pris)* ***se ~*** *médicament:* [ein]genommen werden; ***se ~ au filet/à la ligne*** *poisson:* mit dem Netz gefangen/geangelt werden ⑦ *(se tenir)* ***se ~ par le bras*** sich unterhaken; ***se ~ par la main*** sich an den Händen fassen ▶ **se ~ un râteau avec qn** *(fam)* bei jemandem nicht landen können

prénom [pʀenɔ̃] *m* Vorname *m*

prénommé(e) [pʀenɔme] **I.** *adj* mit dem Vornamen **II.** *m(f)* Besagte(r) *f(m)*

prénuptial(e) [pʀenypsjal, jo] <-aux> *adj certificat* ~ [ärztliches] Ehetauglichkeitszeugnis

préoccupant(e) [pʀeɔkypɑ̃, ɑ̃t] *adj* Besorgnis erregend
préoccupation [pʀeɔkypasjɔ̃] *f* ❶ *(souci)* Sorge *f* ❷ *(occupation)* Beschäftigung *f*
préoccupé(e) [pʀeɔkype] *adj* besorgt; ***avoir l'air*** ~ besorgt aussehen; ***être*** ~ ***par qc*** um etw besorgt sein; ***être*** ~ ***de faire qc*** besorgt darum sein etw zu tun
préoccuper [pʀeɔkype] <1> **I.** *vt* ❶ *(inquiéter)* ~ ***qn*** jdm Sorge bereiten; *avenir, situation:* jdn beunruhigen ❷ *(absorber)* ~ ***qn*** *problème, affaire:* jdn sehr beschäftigen **II.** *vpr* ***se*** ~ ***de qn/qc*** sich um jdn/etw sorgen; ***se*** ~ ***de faire qc*** sich darum bemühen etw zu tun
préopératoire [pʀeɔpeʀatwaʀ] *adj* vor der Operation, präoperativ *Fachspr.*
prépa [pʀepa] *f abr de* **classe préparatoire** Vorbereitungsklasse *f* [auf eine der „grandes écoles"]
prépaiement [pʀepɛmɑ̃] *m* COM Vorauskasse *f*
préparateur, -trice [pʀepaʀatœʀ, -tʀis] *m, f* UNIV Laborant(in) *m(f)*; ~ ***en pharmacie*** pharmazeutisch-technischer Assistent *m*
préparatifs [pʀepaʀatif] *mpl* Vorbereitungen *Pl;* ~ ***de la fête*** Vorbereitungen für das Fest
préparation [pʀepaʀasjɔ̃] *f* ❶ *(mise au point)* Vorbereitung *f; d'un discours, plan* Ausarbeitung *f; d'un repas, poisson* Zubereitung *f; d'un médicament* Herstellung *f; d'un complot* [heimliche] Planung; ***avoir qc en*** ~ etw in Vorbereitung haben; ~ ***au Tour de France*** Training *nt* für die Tour de France ❷ SCOL ***classe de*** ~ Vorbereitungsklasse *f;* ***la*** ~ ***à l'examen*** die Examensvorbereitung ❸ CHIM, MED Präparat *nt*
préparatoire [pʀepaʀatwaʀ] *adj* ❶ *(qui prépare)* vorbereitend ❷ SCOL ***cours*** ~ ≈ 1. Klasse Grundschule; ***classe*** ~ Vorbereitungsklasse *f* [auf eine der „grandes écoles"]
préparer [pʀepaʀe] <1> **I.** *vt* ❶ *(confectionner)* vorbereiten, zubereiten *repas;* zubereiten *thé, café;* herstellen *médicament, pommade;* ***plat préparé*** Fertiggericht *nt* ❷ *(apprêter)* [zusammen]packen *affaires, bagages;* herrichten *chambre, voiture;* zurechtmachen *gibier, poisson, volaille;* bearbeiten *terre* ❸ *(mettre au point)* vorbereiten *fête, plan, voyage;* ~ ***un piège à qn*** jdm eine Falle stellen ❹ *(travailler à)* vorbereiten *cours, discours, leçon;* arbeiten an +*dat nouvelle édition, roman, thèse;* sich vorbereiten auf +*akk bac, concours* ❺ *(réserver)* ausbrüten *fam rhume, grippe; iron)* ~ ***une déception/des ennuis à qn*** jdm eine Enttäuschung/Ärger bereiten; ***que nous prépare-t-il?*** was führt er im Schilde? ❻ *(entraîner)* ***j'y étais préparé*** ich war darauf vorbereitet **II.** *vpr* ❶ *(se laver, se coiffer, s'habiller)* ***se*** ~ sich zurechtmachen, sich fertig machen ❷ *(faire en sorte d'être prêt)* ***se*** ~ ***à un examen/une compétition*** sich auf eine Prüfung/einen Wettkampf vorbereiten ❸ *(soutenu: être sur le point de)* ***se*** ~ ***à faire qc*** sich anschicken etw zu tun ❹ *(approcher)* ***se*** ~ *événement:* in der Luft liegen; *orage:* im Anzug sein; *grandes choses, tragédie:* sich abzeichnen ❺ *(devoir être préparé)* ***se*** ~ *examen, plan, voyage:* vorbereitet werden
prépondérance [pʀepɔ̃deʀɑ̃s] *f (suprématie) d'un groupe, parti, d'une nation* Vorherrschaft *f,* Vormachtstellung *f; d'une croyance, idée* Vorherrschaft; ***la*** ~ ***du rendement sur*** [*o* ***par rapport à***] ***la qualité*** der Vorrang des Ertrags vor der Qualität
prépondérant(e) [pʀepɔ̃deʀɑ̃, ɑ̃t] *adj influence, part, rôle* entscheidend; *voix* ausschlaggebend; ***occuper une place ~e*** *personne:* eine entscheidende Rolle spielen; *chose, événement:* eine Vorrangstellung einnehmen
préposé(e) [pʀepoze] *m(f)* ❶ *(facteur)* Briefträger(in) *m(f)* ❷ ADMIN ~ ***des douanes/postes*** Zoll-/Postbeamte(r) *m*/Zoll-/Postbeamtin *f*
préposer [pʀepoze] <1> *vt (soutenu)* ~ ***qn à qc*** jdm etw übertragen, jdn mit etw beauftragen
préposition [pʀepozisjɔ̃] *f* Präposition *f*
prépuce [pʀepys] *m* Vorhaut *f*
préretraite [pʀeʀ(ə)tʀɛt] *f* vorzeitiger Ruhestand *m;* ***être en*** ~ im Vorruhestand sein
préretraité(e) [pʀeʀ(ə)tʀete] *m(f)* Vorruheständler(in) *m(f)*
près [pʀɛ] **I.** *adv* ❶ *(à une petite distance)* nah[e], in der Nähe ❷ *(dans peu de temps)* nahe; ***être*** ~ *événement, départ, fête:* bevorstehen ▶ **de ~ ou de loin** in irgendeiner Weise; **ni de ~ ni de loin** nicht im Geringsten; *ressembler* in keiner Weise; **qn en est à un euro ~** bei jdm kommt es auf jeden Euro an *fam;* **qn n'en est pas/plus à qc ~** jdm kommt es auf etw *akk* nicht/nicht mehr an; **ne pas y regarder de trop ~** *(fam)* nicht so genau hinsehen; **à la/au ... ~** *(très exactement):* ***à la minute/au centimètre*** ~ auf die Minute/auf den Zentimeter genau; ***au franc*** ~

P

bis auf den letzten Franc; **à qc** ~ *(pour une différence minime de):* ***j'ai raté le bus à quelques secondes*** ~ ich habe den Bus um ein paar Sekunden verpasst; *(exception faite de):* ***à une exception/quelques détails*** ~ bis auf eine Ausnahme/einige Details; **à peu** [**de choses**] ~ beinahe; *ressembler* ziemlich; ***l'hôtel était à peu ~ vide/calme*** das Hotel war fast [ganz] leer/einigermaßen ruhig; **à cela ~ que qn a fait qc** abgesehen davon, dass jd etw getan hat; **de** [**tout/très**] ~ *voir, regarder* [ganz] aus der Nähe; *frôler, approcher* [sehr] nahe; *suivre* [ganz/sehr] dicht; *examiner, surveiller, y garder* [ganz/sehr] genau; *se suivre* kurz hintereinander **II.** *prép* ❶ *(à côté de)* ***~ d'une personne/d'un lieu*** in jds Nähe *dat*/in der Nähe eines Ortes; ~ ***de Paris/Cologne*** bei [*o* in der Nähe von] Paris/Köln; ***habiter ~ de chez qn*** nicht weit von jdm wohnen; ~ ***du bord*** nah[e] am Rand ❷ *(à peu de temps de)* ***être ~ du but*** nahe am Ziel sein; ***être ~ de la retraite*** kurz vor der Pensionierung stehen ❸ *(presque)* ~ ***de mille euros/cinq ans/cent kilomètres*** fast [*o* an die] tausend Euro/fünf Jahre/hundert Kilometer; ~ ***de la moitié/des trois quarts*** fast die Hälfte/drei Viertel ▶ **ne pas être ~ de faire qc** etw bestimmt nicht mehr tun

présage [pʀezaʒ] *m* ❶ *(signe annonciateur)* Vorzeichen *nt* ❷ *(prédiction)* Voraussagung *f*

présager [pʀezaʒe] <2a> *vt (être un signe annonciateur)* ankündigen *vent, beau temps, pluie*

présalaire [pʀesalɛʀ] *m* Studienbeihilfe *f (als Ausgleich für entgangenes Gehalt)*

presbyte [pʀɛsbit] *mf* Weitsichtige(r) *f(m)*

presbytère [pʀɛsbitɛʀ] *m* Pfarrhaus *nt*

presbytie [pʀɛsbisi] *f* Weitsichtigkeit *f*

prescience [pʀesjɑ̃s] *f* ❶ *(soutenu)* Vorahnung *f* ❷ REL Vorherwissen *nt*

préscolaire [pʀeskɔlɛʀ] *adj activités* vorschulisch; ***âge/période*** ~ Vorschulalter *nt*/-zeit *f*

prescripteur [pʀɛskʀiptœʀ] *m* MED verschreibender Arzt

prescription [pʀɛskʀipsjɔ̃] *f* ❶ *a.* JUR, ECON *(ordre formel)* Vorschrift *f*, Bestimmung *f*; *(émanant d'une autorité)* Anordnung *f*; *(morale)* Gebot *nt* ❷ MED *(action de prescrire)* Verschreiben *nt*, Verordnen *nt*; *(traitement prescrit)* Anweisung *f*; ~ ***médicale*** Anweisung [*o* Anordnung] des Arztes ❸ JUR *(moyen d'acquérir ou de se libérer)* Verjährung *f*; ***il y a*** ~ das ist verjährt

prescrire [pʀɛskʀiʀ] <irr> *vt* ❶ *(ordonner)* vorschreiben, anordnen *mesures* ❷ MED ***~ qc à qn contre qc*** jdm etw gegen etw verschreiben ❸ JUR ***être prescrit*** *dette, peine:* verjähren

présélection [pʀeselɛksjɔ̃] *f (choix préalable)* Vorauswahl *f*

présence [pʀezɑ̃s] *f* ❶ *d'une personne* Anwesenheit *f*; *d'une chose* Vorhandensein *nt*; ***mettre qn en ~ de qn/qc*** jdn mit jdm/etw konfrontieren; ***en ~ de qn*** in jds Anwesenheit *dat* ❷ *(personnalité)* Ausstrahlungskraft *f*; ***avoir de la*** ~ Ausstrahlung haben ▶ ~ **d'esprit** Geistesgegenwart *f*; **avoir la ~ d'esprit de faire qc** so geistesgegenwärtig sein etw zu tun

présent [pʀezɑ̃] *m* ❶ *(opp: passé)* Gegenwart *f*; ***pour le*** ~ im Moment ❷ GRAM Präsens *nt*, Gegenwart *f*; ***participe*** ~ Partizip Präsens; ***indicatif/subjonctif*** ~ Indikativ/Konjunktiv Präsens *nt* ▶ **à** ~ jetzt, zur Zeit; **à ~ qu'il est parti** jetzt, wo er weggegangen ist; **dès à** ~ ab sofort; **jusqu'à** ~ bis jetzt

présent(e) [pʀezɑ̃, ɑ̃t] **I.** *adj* ❶ *personne* anwesend; ***les personnes ~es*** die Anwesenden ❷ *(qui existe)* ***avoir qc ~ à l'esprit/à la mémoire*** etw im Kopf/[gut] in Erinnerung haben ❸ *circonstances, état* gegenwärtig; *temps* heutig; ***à la minute/l'heure ~e*** im Augenblick/zur Stunde **II.** *m(f) (personne)* Anwesende(r) *f(m)*

présentable [pʀezɑ̃tabl] *adj* ❶ *(bien présenté)* ***être*** ~ präsentierbar [*o* vorzeigbar] sein ❷ *(convenable, décent)* ***être*** ~ *tenue, coiffure:* sich sehen lassen können; *personne:* vorzeigbar sein *fam*

présentateur, -trice [pʀezɑ̃tatœʀ, -tʀis] *m, f des informations, du journal télévisé* [Nachrichten]sprecher(in) *m(f)*; *d'un programme* Ansager(in) *m(f)*; *d'une émission, discussion* Moderator(in) *m(f)*

présentation [pʀezɑ̃tasjɔ̃] *f* ❶ *d'une collection, de modèles, tableaux* Vorführung *f*; *d'un film, invité, nouveau venu* Vorstellung *f*; *d'un bilan, du budget* Vorlage *f*; *d'un problème, d'une idée* Präsentation *f* ❷ RADIO, TV *d'une émission, du journal télévisé* Moderation *f*; *d'un programme* Ansage *f* ❸ *d'un billet, document, d'une pièce d'identité* Vorzeigen *nt*; ***sur ~ d'une pièce d'identité*** gegen Vorlage eines Ausweises ❹ *(aspect extérieur: d'une personne)* [äußere] Erscheinung; *(d'un devoir, texte)* [äußere] Form; *(d'un produit)* Aufmachung *f* ❺ *(fait d'introduire qn)* ***les ~s*** das Vorstellen; ***faire les ~s*** [Menschen einander] vorstellen; ***votre fils a déjà fait les ~s*** Ihr Sohn hat uns schon miteinander bekannt gemacht

présente [pʀezɑ̃t] *f* ❶ *(personne)* Anwesende *f* ❷ ADMIN dieses Schreiben; ***par la ~ nous vous informons que*** hiermit teilen wir Ihnen mit, dass

présentement [pʀezɑ̃tmɑ̃] *adv (vieilli)* gegenwärtig, augenblicklich, derzeit

présenter [pʀezɑ̃te] <1> **I.** *vt* ❶ *(faire connaître)* vorstellen, vorführen *collection, modèles;* vorstellen *film, invité, nouveau venu;* vorführen *cheval, troupe;* ***~ qn à un juge/à la justice*** jdn dem Richter/dem Gericht vorführen ❷ RADIO, TV moderieren *émission;* ansagen *programme;* ***~ le journal télévisé*** *(en France)* die Nachrichtensendung moderieren; *(en Allemagne)* die Nachrichten sprechen ❸ *(décrire)* ***~ qn/qc comme qn/qc*** jdn/etw als jdn/etw darstellen ❹ *(montrer)* vorzeigen *billet, carte d'identité;* vorlegen *document;* zeigen *jambe, dos* ❺ *(soumettre)* unterbreiten *problème, théorie;* vorlegen *travail; (exprimer)* vorbringen *critique, objection;* aussprechen *condoléances, félicitations,* ausdrücken *regrets;* ***~ ses excuses à qn*** jdn um Entschuldigung bitten ❻ *(donner une apparence)* präsentieren; ***c'est bien présenté*** das ist gut dargeboten ❼ *(avoir)* aufweisen *différence, symptôme, défaut;* mit sich bringen *inconvénients;* bereiten *difficultés;* ***~ un intérêt*** von Interesse sein; ***~ un danger/des dangers*** eine Gefahr darstellen/Gefahren bergen; ***~ un aspect rugueux/humide*** rau/feucht aussehen ❽ *(offrir)* bieten, reichen, anbieten *plat, rafraîchissement;* anbieten *fauteuil;* überreichen *fleurs, bouquet* ❾ *(proposer)* vorlegen *devis, dossier, projet de loi;* präsentieren *addition, facture;* einreichen *motion, demande* **II.** *vi* ***~ bien/mal*** *(fam)* einen guten/schlechten Eindruck hinterlassen **III.** *vpr* ❶ *(décliner son identité)* ***se ~ à qn*** sich jdm vorstellen ❷ *(se rendre, aller, venir)* ***se ~ chez qn*** bei jdm erscheinen; ***se ~ chez un employeur*** sich bei einem Arbeitgeber vorstellen ❸ *(être candidat)* ***se ~ à un examen*** an einer Prüfung teilnehmen; ***se ~ pour un emploi*** sich um [*o* für] eine Stelle bewerben ❹ *(apparaître, exister, surgir)* ***se ~*** *problème, difficulté, obstacle:* auftreten; *occasion, spectacle:* sich bieten; ***se ~ à l'esprit de qn*** jdm in den Sinn kommen ❺ *(paraître, avoir un certain aspect)* ***se ~ sous forme de cachets*** es als Tabletten geben; ***se ~ sous un nouveau jour*** *problème:* in einem ganz anderen Licht erscheinen; ***ça se présente bien!*** das fängt ja gut an! *fam*

présentoir [pʀezɑ̃twaʀ] *m* Verkaufsständer *m*

préservatif [pʀezɛʀvatif] *m (condom)* Kondom *nt*

préservation [pʀezɛʀvasjɔ̃] *f des biens, récoltes, de l'environnement* Schutz *m; d'une espèce, de la santé, de monuments* Erhaltung *f*

préserver [pʀezɛʀve] <1> *vt* ❶ *(protéger)* ***~ qn/qc du froid*** jdn/etw vor [der] Kälte schützen; ***~ qn du danger*** jdn vor einer Gefahr bewahren ❷ *(garder intact)* wahren *intérêts*

présidence [pʀezidɑ̃s] *f* Präsidentschaft *f*

président(e) [pʀezidɑ̃, ɑ̃t] *m(f)* ❶ *d'une association, commission, d'un comité, jury* Vorsitzende(r) *f(m); d'un congrès* Leiter(in) *m(f); d'une assemblée, université, d'un tribunal* Präsident(in) *m(f); d'une entreprise* Generaldirektor(in) *m(f)* ❷ *(chef de l'État)* ***le Président/la Présidente*** der [Staats]präsident/die [Staats]präsidentin; ***le Président de la République française*** der französische Staatspräsident ❸ CH *(maire dans les cantons de Valais et de Neuchâtel)* Ammann *m* CH

> **Land und Leute**
> Der **Président de la République** ist das Staatsoberhaupt Frankreichs und wird vom Volk per Direktwahl für eine Amtszeit von fünf Jahren *(le quinquennat)* nach dem Mehrheitswahlrecht gewählt. Präsident und Regierung müssen nicht aus dem gleichen politischen Lager stammen. Die Befugnisse des Staatspräsidenten sind mit denen des Bundeskanzlers vergleichbar. Der Staatspräsident Frankreichs ist das Oberhaupt der Armeen und sorgt für die Wahrung der *constitution*

président-directeur général, présidente-directrice générale [pʀezidɑ̃diʀɛktœʀʒeneʀal, pʀezidɑ̃tdiʀɛktʀisʒeneʀal, -o] <présidents-directeurs généraux> *m, f* Generaldirektor(in) *m(f)*

présidentiable [pʀezidɑ̃sjabl] **I.** *adj* ***être ~*** ein möglicher Präsidentschaftskandidat/eine mögliche Präsidentschaftskandidatin sein **II.** *mf* [möglicher] Präsidentschaftskandidat *m/*[mögliche] Präsidentschaftskandidatin *f*

P

présidentialisme [prezidɑ̃sjalism] *m* Präsidialherrschaft *f*
présidentiel(le) [prezidɑ̃sjɛl] *adj* ***élections ~les*** Präsidentschaftswahlen *Pl*
présidentielle [prezidɑ̃sjɛl] *f gén pl* Präsidentschaftswahl[en *Pl*] *f*
présidentielles [prezidɑ̃sjɛl] *f pl* Präsidentschaftswahlen *Pl*
présider [prezide] <1> **I.** *vt* ❶ den Ehrenplatz einnehmen bei *dîner, banquet* ❷ *(diriger)* ***~ une assemblée*** bei einer Versammlung den Vorsitz führen, eine Versammlung präsidieren CH **II.** *vi (diriger)* den Vorsitz führen
présomptif, -ive [prezɔ̃ptif, -iv] *adj héritier* vermutlich, mutmaßlich
présomption [prezɔ̃psjɔ̃] *f* ❶ *(supposition)* Vermutung *f* ❷ JUR ***~ de culpabilité*** Schuldvermutung
présomptueux, -euse [prezɔ̃ptɥø, -øz] *adj* überheblich, anmaßend
presque [prɛsk] *adv* fast, beinahe; ***tout le monde ou ~*** alle oder fast alle; ***c'est ~ sûr*** das ist so gut wie sicher; ***je ne l'ai ~ pas entendu*** ich habe ihn kaum gehört; ***je ne connais ~ personne*** ich kenne fast niemanden; ***il pleurait ~*** er war dem Weinen nahe

Grammatik und Co.
Auch vor Vokal oder stummem *h* steht die volle Form **presque**:
elle est presque aveugle – sie ist fast blind.
Nur in *presqu'île* (Halbinsel) ist das *-e* entfallen.

P

presqu'île [prɛskil] *f* Halbinsel *f*
pressant(e) [prɛsɑ̃, ɑ̃t] *adj* ❶ *travail* dringend; *affaire* dringlich ❷ *(insistant)* drängend; *créancier, amoureux* aufdringlich
press-book [prɛsbuk] <press-books> *m (attestations professionnelles)* Bewerbungsmappe *f; (documents reliés)* Präsentationsmappe *f*
presse [prɛs] *f (journaux)* Presse *f;* ***~ écrite*** Printmedien *Pl;* ***~ à grand tirage*** auflagenstarke [Tages]zeitungen *Pl;* ***~ féminine/sportive*** Frauen-/Sportzeitschriften *Pl;* ***~ mensuelle*** Monatsschriften *Pl;* ***~ nationale/régionale*** überregionale Presse/Regionalpresse [*o* Lokalpresse]; ***~ numérique*** digitale Presse *f,* Onlinepresse *f;* ***~ quotidienne*** Tagespresse ► **avoir bonne/mauvaise ~** einen guten/schlechten Ruf haben; **avoir une bonne/mauvaise ~** eine gute/schlechte Presse haben

Land und Leute
Die meistgelesenen überregionalen Tageszeitungen der französischen **presse** sind: *Le Monde*, *Le Figaro*, *France-Soir* und die *Libération*. Bekannte Wochenzeitschriften sind unter anderen *L'Express*, *Le Nouvel Observateur* und *Le Point*.

pressé(e)[1] [prese] *adj (qui se hâte) pas* eilig; ***être ~ d'arriver*** es eilig haben anzukommen
pressé(e)[2] [prese] *adj citron, orange* [frisch] gepresst **presse-bouton** [prɛsbutɔ̃] *adj inv usine, cuisine* vollautomatisch
presse-citron [prɛssitrɔ̃] <presse-citrons> *m* Zitronenpresse *f*
pressentiment [prɛsɑ̃timɑ̃] *m* Vorahnung *f;* ***avoir le ~ de qc*** etw vorausahnen; ***avoir le ~ qu'il va pleuvoir*** das Gefühl haben, dass es [bald] regnen wird
pressentir [prɛsɑ̃tir] <10> *vt* vorausahnen; ***~ que*** das Gefühl haben, dass
presse-papiers [prɛspapje] *m inv* INFORM Zwischenablage *f* **presse-purée** [prɛspyre] *m inv* Kartoffelpresse *f*
presser[1] [prese] <1> **I.** *vt (hâter)* beschleunigen *cadence, pas;* überstürzen *choses;* vorantreiben *affaire, événement;* ***~ le départ*** früher losfahren; ***~ qn*** jdn [zur Eile] antreiben **II.** *vi temps:* drängen; *affaire:* eilen; ***le temps presse*** es ist höchste Zeit ► **ça presse!** *(fam)* das/es ist dringend! **III.** *vpr* ***se ~ de faire qc*** sich beeilen etw zu tun
presser[2] [prese] <1> **I.** *vt* ❶ *(pour extraire un liquide)* auspressen *fruit, jus;* ausdrücken *éponge;* pressen *pis d'une vache, raisin* ❷ *(serrer: avec la main, les mains)* drücken; ***~ qn contre soi/sa poitrine*** jdn an sich/an seine Brust drücken; *(dans un étau)* jdn an sich/an seine Brust pressen ❸ *(comprimer)* ***~ qn contre le mur*** jdn an die Wand drücken **II.** *vpr* ❶ *(se serrer)* ***se ~ contre qn/qc*** sich an jdn/etw drücken ❷ *(se bousculer)* ***se ~ vers la sortie*** zum Ausgang drängen
pressing [presiŋ] *m (teinturerie)* [chemische] Reinigung *f*
pression [prɛsjɔ̃] *f* ❶ MED, METEO, PHYS Druck *m;* ***zone de haute/basse ~*** Hochdruck-/Tiefdruckgebiet *nt;* ***~ atmosphérique*** Luftdruck ❷ *(bouton)* Druckknopf *m*

❸ *(contrainte)* Druck *m;* ~ ***sociale*** gesellschaftliche Zwänge *Pl;* ***céder/résister aux ~s*** dem Druck nachgeben/nicht nachgeben; ***il a subi des ~s*** man hat Druck auf ihn ausgeübt ❹ *(bière)* ***bière [à la]*** ~ Bier *nt* vom Fass ▸ **mettre la ~ sur qn** jdn unter [Leistungs]druck setzen; **être sous ~** unter Druck stehen

pressoir [pʀeswaʀ] *m (machine)* Presse *f; (pour le raisin)* Kelter *f*

pressurer [pʀesyʀe] <1> *vt* ❶ *(exploiter)* ausnehmen *contribuable, peuple* ❷ *(presser)* keltern *fruits, pommes, raisin;* pressen *fromage, olives*

pressurisation [pʀesyʀizasjɔ̃] *f* Druckausgleich *m*

prestance [pʀɛstɑ̃s] *f d'une personne* stattliches Aussehen *nt*

prestataire [pʀɛstatɛʀ] *mf* ❶ *(bénéficiaire)* [Leistungs]empfänger(in) *m(f)* ❷ *(entreprise)* ~ ***de services*** Dienstleistungsunternehmen *nt*

prestation [pʀɛstasjɔ̃] *f* ❶ THEAT Darbietung *f;* SPORT Leistung *f* ❷ *gén pl (services fournis)* Leistungen *Pl;* ~ ***de services*** Dienstleistung *f* ❸ *pl (sommes versées)* Leistungen *Pl;* ***~s familiales*** Familienbeihilfe *f*

preste [pʀɛst] *adj (soutenu) geste, main* flink; *mouvement* rasch

prestement [pʀɛstəmɑ̃] *adv (soutenu)* schnellstens, rasch

prestidigitateur, -trice [pʀɛstidiʒitatœʀ, -tʀis] *m, f* Zauberkünstler(in) *m(f)*

prestidigitation [pʀɛstidiʒitasjɔ̃] *f* Zauberei *f;* ***tour de*** ~ Zauberkunststück *nt*

prestige [pʀɛstiʒ] *m* Ansehen *nt;* ***avoir beaucoup de*** ~ hohes Ansehen genießen

prestigieux, -ieuse [pʀɛstiʒjø, -jøz] *adj lieu, événement* glanzvoll; *carrière* glänzend; *objet, produits* von hohem Prestigewert; *métier, école* [hoch] angesehen; *artiste, scientifique (remarquable)* bemerkenswert; *(en renom)* renommiert

présumé(e) [pʀezyme] *adj auteur* mutmaßlich; ***être ~ coupable/innocent/responsable*** für schuldig/unschuldig/verantwortlich gehalten werden

présumer [pʀezyme] <1> *vt* annehmen

présupposé [pʀesypoze] *m* ❶ *d'un article, d'une doctrine* Voraussetzung *f,* Grundlage *f* ❷ LING, GRAM Präsupposition *f*

présupposer [pʀesypoze] <1> *vt* voraussetzen

prêt [pʀɛ] *m* ❶ *d'argent* [Ver]leihen *nt; d'un livre, objet* Ausleihen *nt,* Verleihen *nt* ❷ *(crédit)* Darlehen *nt,* Kredit *m; (prêt public)* Anleihe *f;* ~ ***à intérêt*** verzinsliches Darlehen ❸ *(chose prêtée)* Leihgabe *f*

prêt(e) [pʀɛ, pʀɛt] *adj* ❶ *(préparé)* ***être*** ~ fertig [*o* bereit] sein; ***fin*** ~ *(fam)* fix und fertig; ***tout est ~ pour la cérémonie*** für die Feier ist alles vorbereitet; ~ ***à cuire/rôtir*** koch-/bratfertig; ***à vos marques; ~s? partez!*** auf die Plätze, fertig, los! ❷ *(disposé)* ~ ***à faire qc*** bereit etw zu tun; ***être ~ à tout pour faire qc*** zu allem bereit sein um etw zu tun

prêt-à-porter [pʀɛtapɔʀte] *m sans pl* Konfektionskleidung *f*

prétendant(e) [pʀetɑ̃dɑ̃, ɑ̃t] *m(f) (candidat)* Bewerber(in) *m(f)*

prétendante [pʀetɑ̃dɑ̃t] *f* Bewerberin *f;* ~ ***à un poste*** Bewerberin für eine Stelle; ~ ***au trône*** Thronanwärterin *f;* ~ ***à la couronne*** Thronprätendentin *f form*

prétendre [pʀetɑ̃dʀ] <14> *vt* ❶ *(affirmer)* behaupten; ***à ce qu'on prétend, il est ...*** angeblich ist er ... ❷ *(avoir la prétention de)* behaupten; ***je ne prétends pas vous convaincre*** ich behaupte nicht [*o* ich bilde mir nicht ein], dass ich Sie überzeugen kann

prétendu(e) [pʀetɑ̃dy] **I.** *part passé de* **prétendre II.** *adj antéposé* angeblich

prétendument [pʀetɑ̃dymɑ̃] *adv* angeblich

prétentieusement [pʀetɑ̃sjøzmɑ̃] *adv* auf überhebliche Weise

prétentieux, -ieuse [pʀetɑ̃sjø, -jøz] **I.** *adj personne, ton* überheblich; ***avoir l'air*** ~ arrogant wirken **II.** *m, f* eingebildeter Mensch; *(femme)* eingebildete Person

prétention [pʀetɑ̃sjɔ̃] *f* ❶ *sans pl (vanité)* Überheblichkeit *f;* ***sans*** ~ *maison* schlicht; *repas* einfach; ***avoir/ne pas avoir la ~ de faire qc*** sich *dat* einbilden/nicht einbilden etw tun zu können; ***ce diplôme n'a pas la ~ de remplacer ...*** dieses Diplom erhebt nicht den Anspruch ... zu ersetzen ❷ *gén pl (ce à quoi on prétend)* Anspruch *m;* ***avoir des ~s*** Ambitionen haben

prêter [pʀete] <1> **I.** *vt* ❶ *(avancer pour un temps)* ausleihen *livre, voiture, parapluie;* ~ ***de l'argent/100 euros à qn*** jdm Geld/100 Euro leihen ❷ *(attribuer)* ~ ***une intention à qn*** jdm eine Absicht unterstellen **II.** *vi* ❶ *(donner matière à)* ~ ***à équivoque*** missverständlich sein; ~ ***à rire*** lachhaft sein ❷ *(consentir un prêt)* ~ ***à 8%*** zu [*o* mit] 8% Zinsen [ver]leihen; ~ ***à intérêt/sur gage*** auf Zinsen/gegen Pfand leihen **III.** *vpr* ❶ *(consentir)* ***se ~ à un jeu*** bei einem Spiel mitmachen ❷ *(être adapté à)* ***se ~ à qc*** sich für etw eignen

prétérit [pʀeteʀit] *m* Präteritum *nt*

prêteur, -euse [pʀɛtœʀ, -øz] *m, f* [Geld]-verleiher(in) *m(f)*

prétexte [pʀetɛkst] *m (raison apparente)* Vorwand *m; (excuse)* Ausrede *f;* ***mauvais ~*** schlechte Ausrede; ***prendre qc comme*** [*o* ***pour***] ***~*** etw zum Vorwand nehmen; ***sous aucun ~*** unter keinen Umständen; ***sous ~ de manque de temps, elle est ...*** aus angeblichem Zeitmangel ist sie ...

prétexter [pʀetɛkste] <1> *vt* zum Vorwand nehmen, als Ausrede benutzen; ***elle prétexte qu'elle n'a pas le temps*** sie gibt vor keine Zeit zu haben

pretium doloris [pʀesjɔmdɔlɔʀis] *m inv* JUR Schmerzensgeld *nt*

prétoire [pʀetwaʀ] *m* Gerichtssaal *m*

prêtre [pʀɛtʀ] *m* REL Priester *m*

prêtre-ouvrier [pʀɛtʀuvʀije] <prêtres--ouvriers> *m* Arbeiterpriester *m*

preuve [pʀœv] *f* ❶ *(indice probant, démonstration)* Beweis *m;* ***~ de qc*** Beweis für etw; ***~ en main*** anhand von Beweisen; ***jusqu'à ~ du contraire*** bis zum Beweis des Gegenteils; ***fournir/établir la ~ de qc*** den Beweis für etw erbringen/liefern ❷ *(marque)* ***une ~ d'amour/de bonne volonté*** ein Liebesbeweis *m*/ein Zeichen *nt* des guten Willens ❸ MATH ***~ par neuf*** Neunerprobe *f* ▶ **faire ~ de bonne volonté/courage** guten Willen/Mut zeigen [*o* beweisen]; **faire ~ d'entêtement** Sturheit an den Tag legen; **faire ses ~s** *élève:* sich beweisen; *méthode:* sich bewähren

prévaloir [pʀevalwaʀ] <irr> *vi (soutenu) argument, position:* vorherrschen; *droits, volonté:* maßgebend sein; ***faire ~ son opinion/point de vue*** seine Meinung/Ansicht durchsetzen

prévaricateur, -trice [pʀevaʀikatœʀ, -tʀis] JUR **I.** *adj* kriminell **II.** *m, f* korrupter Beamter *m*/korrupte Beamtin *f*

prévenance [pʀev(ə)nɑ̃s] *f* Zuvorkommenheit *f,* Aufmerksamkeit *f;* ***être plein(e) de ~s*** sehr zuvorkommend [*o* aufmerksam] sein; ***n'avoir aucune ~ pour qn*** keinerlei Rücksicht auf jdn nehmen

prévenant(e) [pʀev(ə)nɑ̃, ɑ̃t] *adj personne, manières* zuvorkommend, aufmerksam

prévenir [pʀev(ə)niʀ] <9> **I.** *vt* ❶ *(aviser)* benachrichtigen, rufen *médecin;* verständigen *police;* ***~ qn de qc*** jdn von etw benachrichtigen ❷ *(avertir)* warnen; ***je te préviens, si tu continues ainsi ...*** ich warne dich, wenn du so weitermachst ...; ***tu es prévenu!*** jetzt weißt du Bescheid! **II.** *vi* Bescheid sagen [*o* geben]; *tremblement de terre:* sich ankündigen; ***arriver sans ~*** *événement:* sich nicht ankündigen

préventif, -ive [pʀevɑ̃tif, -iv] *adj* vorbeugend; ***médecine préventive*** Präventivmedizin *f;* ***mesure préventive*** Vorbeugungsmaßnahme *f*

prévention [pʀevɑ̃sjɔ̃] *f* ❶ *(mesures préventives)* Vorbeugung *f,* Vorsorge *f;* ***~ d'une maladie/de la délinquance*** Vorbeugung gegen eine Krankheit/gegen die Kriminalität; ***~ médicale*** medizinische Vorsorge ❷ *(organisme)* ***la Prévention routière*** die Straßenverkehrswacht

préventivement [pʀevɑ̃tivmɑ̃] *adv* vorbeugend

prévenu(e) [pʀev(ə)ny] **I.** *adj* ❶ JUR ***être ~*** unter Anklage stehen; ***être ~ d'un délit*** eines Delikts beschuldigt sein/werden ❷ *(qui a des préventions)* ***être ~ contre qn/qc*** gegen jdn/etw [vor]eingenommen sein; ***être ~ en faveur de qn/qc*** für jdn/etw eingenommen sein **II.** *m(f)* JUR Beschuldigte(r) *f(m)*

prévisible [pʀevizibl] *adj* vorhersehbar; ***difficilement ~*** schwer vorauszusehen

prévision [pʀevizjɔ̃] *f* ❶ *d'un comportement, événement, phénomène* Vorhersehen *nt; (prédiction)* Vorhersage *f; des dépenses, recettes* Vorausberechnung *f;* ***au--delà de toute ~*** wider Erwarten; ***en ~ du départ*** im Hinblick auf die Abreise ❷ *pl* ECON, FIN Prognosen *Pl;* ***~s boursières*** Börsenprognose *f;* ***~s budgétaires*** Haushaltsvoranschlag *m;* ***~s météorologiques*** Wettervorhersage *f*

prévisionnel(le) [pʀevizjɔnɛl] *adj mesures* vorausschauend; *coûts* veranschlagt; *étude, analyse* prognostisch

prévoir [pʀevwaʀ] <irr> *vt* ❶ *(envisager ce qui va se passer)* ***~ qc*** etw vorhersehen; ***il faut ~ les conséquences de ses actes*** man muss die Folgen seines Handelns [vorher] bedenken; ***laisser ~ un malheur*** Böses ahnen lassen; ***plus beau/moins cher que prévu*** schöner/billiger als erwartet ❷ *(projeter)* vorsehen; ***l'arrivée de nos hôtes est prévue pour*** [*o* ***à***] ***3 heures*** wir erwarten unsere Gäste um 3 Uhr ❸ *(envisager)* vorsehen, [vor]sorgen für *casse-croûte, couvertures;* ***ils avaient***

P

tout prévu sie hatten an alles gedacht; ***c'est prévu*** daran ist gedacht; ***tout est prévu pour ton arrivée*** für deine Ankunft ist alles vorbereitet

Grammatik und Co.
Das Futur von **prévoir** lautet *je prévoirai* (im Gegensatz zu *je verrai*):
Désormais, je prévoirai les conséquences de mes actes. - Ich werde von nun an die Folgen meines Handelns vorher bedenken.

prévoyance [pʀevwajɑ̃s] *f* ❶ *(aptitude à prévoir)* Voraussicht *f* ❷ *(mesure[s] visant la sécurité existentielle)* Vorsorge *f*

prévoyant(e) [pʀevwajɑ̃, jɑ̃t] *adj (qui prend des précautions)* vorsorgend; *(qui est apte à anticiper)* vorausschauend

prier [pʀije] <1> **I.** *vt* ❶ REL ~ ***Dieu/les saints*** zu Gott/den Heiligen beten; ***je prie Dieu/le ciel que ...*** *+subj* ich bete zu Gott/zum Himmel, dass ... ❷ *(inviter, solliciter)* ~ ***qn de faire qc*** jdn bitten etw zu tun; ***se faire*** ~ sich [lange] bitten lassen ❸ *(ordonner)* ~ ***qn de faire qc*** jdn bitten etw zu tun ▶ **je vous prie d'agréer mes sincères salutations/sentiments les meilleurs** mit freundlichen Grüßen; **je t'en/vous en prie** *(fais/faites donc)* bitte sehr; *(s'il te/vous plaît)* bitte; *(il n'y a pas de quoi: après un remerciement)* keine Ursache!; *(après une excuse)* das macht [doch] nichts!; **je te/vous prie!** wenn ich bitten darf! **II.** *vi* REL ~ ***pour qn/qc*** für jdn/etw beten

prière [pʀijɛʀ] *f* ❶ REL Gebet *nt;* ***dire*** [*o* ***faire***] ***sa ~/ses ~s*** beten ❷ *(demande)* Bitte *f;* ***à la ~ de qn*** auf jds Bitte [*o* Bitten] *akk* [hin]; ***j'ai une ~ à vous faire!*** ich habe eine Bitte an Sie!; ~ ***d'essuyer ses pieds!*** bitte Füße abtreten! ▶ **tu peux faire ta ~!** *(hum)* du kannst schon mal ein Stoßgebet zum Himmel schicken!

prieur(e) [pʀijœʀ] *m(f)* Prior(in) *m(f)*

primaire [pʀimɛʀ] **I.** *adj* ***école*** ~ Grundschule *f;* ***enseignement*** ~ Grundschulunterricht *m; (institution)* Grundschulwesen *nt;* ***inspecteur*** ~ Schulrat *m* **II.** *m* SCOL Grundschule *f;* ***être en*** ~ in der Grundschule sein

primat [pʀima] *m* ❶ *(primauté)* Vorrang *m,* Primat *m o nt geh* ❷ REL Primas *m*

primate [pʀimat] *m pl* ZOOL Primaten *Pl*

primauté [pʀimote] *f (supériorité)* ~ ***de qc sur qc*** Vorrang *m* einer S. *gen* vor etw *dat;* ***avoir la*** ~ eine Vorrangstellung einnehmen

prime [pʀim] *f* ❶ *(allocation)* Prämie *f; (en complément du salaire)* Zulage *f; (subvention payée par l'État)* Beihilfe *f;* ~ ***d'ancienneté*** Betriebszugehörigkeitszulage; ~ ***de fin d'année*** Weihnachtsgeld *nt;* ~ ***de rendement*** Leistungsprämie; ~ ***de risque*** Gefahrenzulage; ~ ***de transport*** Fahrtkostenzuschuss; ~ ***à la casse*** Abwrackprämie *f* ❷ *(somme à payer)* ~ ***d'assurance*** Versicherungsprämie *f* ▶ **en** ~ als Zugabe; *(par-dessus le marché)* noch dazu

primer [pʀime] <1> *vt* prämi[i]eren; ***film/livre primé*** preisgekrönter Film/preisgekröntes Buch

primesautier, -ière [pʀimsotje, -jɛʀ] *adj (soutenu)* impulsiv

prime time [pʀajmtajm] *m* Hauptsendezeit *f*

primeur [pʀimœʀ] *f pl (fruits)* Frühobst *nt; (légumes)* Frühgemüse *nt*

primevère [pʀimvɛʀ] *f* Primel *f*

primitif, -ive [pʀimitif, -iv] *adj* ❶ *(originel, initial)* ursprünglich; *sentiment* unverfälscht ❷ SOCIOL primitiv; ***homme*** ~ Urmensch *m* ❸ *(rudimentaire) installation, procédé* primitiv ❹ *(péj: fruste) esprit, personne* primitiv

primitivement [pʀimitivmɑ̃] *adv* ursprünglich

primo [pʀimo] *adv* erstens

primordial(e) [pʀimɔʀdjal, -jo] <-aux> *adj (essentiel)* wesentlich; ***être ~ pour qn/qc*** äußerst wichtig für jdn/etw sein; ***il est ~ que*** *+subj* es ist von äußerster Wichtigkeit, dass

prince, princesse [pʀɛ̃s, pʀɛ̃sɛs] *m, f (titre nobiliaire)* Fürst(in) *m(f); (fils/fille ou femme de roi)* Prinz *m*/Prinzessin *f;* ~ ***charmant*** Märchenprinz; ~ ***héritier*** Kronprinz; ***élever qn au rang de*** ~ jdn in den Fürstenstand erheben ▶ **être bon** ~ großmütig sein; **vivre comme un** ~ fürstlich leben

princeps [pʀɛ̃sɛps] *adj inv, postposé observation* erstmalig; ***édition*** ~ Erstausgabe *f*

princier, -ière [pʀɛ̃sje, -jɛʀ] *adj* fürstlich

princièrement [pʀɛ̃sjɛʀmɑ̃] *adv* fürstlich, königlich

principal [pʀɛ̃sipal] *m (l'important)* ***le*** ~ das Wichtigste; ***le ~, c'est que*** *+subj* Hauptsache ist, dass

principal(e) [pʀɛ̃sipal, -o] <-aux> **I.** *adj* ❶ *(le plus important)* wichtigste(r, s) ❷ *(premier dans une hiérarchie)* ***les principaux intéressés dans cette histoire***

P

die Hauptbetroffenen in dieser Geschichte; ***les raisons ~es*** die Hauptgründe; ***rôle ~ d'un film*** Hauptrolle *f* in einem Film ❸ GRAM ***proposition ~e*** Hauptsatz *m* **II.** *m(f)* SCOL Schuldirektor(in) *m(f)*

principale [pʀɛ̃sipal] *f* GRAM Hauptsatz *m*

principalement [pʀɛ̃sipalmɑ̃] *adv* hauptsächlich

principauté [pʀɛ̃sipote] *f* Fürstentum *nt*

principe [pʀɛ̃sip] *m* ❶ PHYS, MATH Prinzip *nt* ❷ *(règle de conduite)* Prinzip *nt,* Grundsatz *m;* ***~ fondamental*** Grundprinzip; ***avoir des ~s*** Prinzipien haben; ***qn a pour ~ de faire qc*** es ist jds Prinzip etw zu tun ❸ *(hypothèse)* Grundsatz *m;* ***poser des ~s*** Grundsätze aufstellen ► **en** ~ im Prinzip; **par** ~ aus Prinzip; **pour le** ~ um des Prinzips willen

printanier, -ière [pʀɛ̃tanje, -jɛʀ] *adj atmosphère, tenue* frühlingshaft; ***soleil ~*** Frühlingssonne *f;* ***robe printanière*** Frühjahrskleid *nt*

printemps [pʀɛ̃tɑ̃] *m* Frühling *m,* Frühjahr *nt;* ***le ~ arabe*** der Arabische Frühling; *v. a.* **automne**

priori [pʀijɔʀi] *adv v.* **a priori**

prioritaire [pʀijɔʀitɛʀ] **I.** *adj* ❶ *(qui passe en premier)* vorrangig; ***être ~*** Priorität haben ❷ AUT ***être ~*** *automobiliste, route:* Vorfahrt haben **II.** *mf (personne)* Bevorrechtigte(r) *f(m)*

priorité [pʀijɔʀite] *f* ❶ *(urgence)* Priorität *f;* ***définir les ~s*** die Prioritäten festlegen ❷ *(droit)* ***~ sur qn/qc*** Vorrecht *nt* gegenüber jdm; *(préséance)* Vortritt *m* vor jdm; ***en ~*** als Erstes; ***demander la ~ [de parole]*** darum bitten als Erster sprechen zu dürfen ❸ AUT Vorfahrt *f;* ***avoir la ~*** Vorfahrt haben; ***il y a ~ à droite*** hier gilt rechts vor links

pris [pʀi] *passé simple de* **prendre**

pris(e) [pʀi, pʀiz] **I.** *part passé de* **prendre** **II.** *adj* ❶ *(occupé) place* besetzt; *(emploi du temps complet)* [völlig] verplant; *personne:* beschäftigt; ***avoir les mains ~es*** keine Hand frei haben ❷ *(en proie à)* ***être ~ de peur/de panique*** von Furcht gepackt/von Panik erfasst sein/werden; ***être ~ d'envie de faire qc*** [plötzlich] das Verlangen haben etw zu tun

prise [pʀiz] *f* ❶ *(action de prendre avec les mains)* Griff *m;* ***maintiens bien la ~!*** halt dich gut fest! ❷ *(poignée, objet que l'on peut empoigner)* Halt *m;* ***lâcher ~*** loslassen; *(fig)* nachgeben ❸ *(animal capturé)* Fang *m;* CHASSE Beute *f* ❹ ELEC ***~ de courant*** Steckdose *f;* ***~ multiple*** Mehrfachsteckdose *f* ❺ CINE Aufnahme *f* ❻ *de tabac, de drogue* Prise *f* ❼ MED ***~ de sang*** *(prélèvement)* Blutabnahme *f;* ***se faire faire une ~ de sang*** sich *dat* Blut abnehmen lassen ❽ *(action d'assumer)* ***~ en charge*** Übernahme *f* ❾ *(fig)* ***~ de conscience*** Bewusstwerden *nt;* ***~ de position*** Stellungnahme *f*

priser¹ [pʀize] <1> *vt (littér: apprécier)* schätzen

priser² [pʀize] <1> *vt (aspirer)* schnupfen

prisme [pʀism] *m* Prisma *nt*

prison [pʀizɔ̃] *f* Gefängnis *nt*

prisonnier, -ière [pʀizɔnje, -jɛʀ] **I.** *adj (en détention)* ***être ~*** eingesperrt sein; *soldat:* in Gefangenschaft sein **II.** *m, f* Gefangene(r) *f(m);* ***faire ~*** gefangen nehmen; ***~ de guerre*** Kriegsgefangene(r)

privatif, -ive [pʀivatif, -iv] *adj* ❶ JUR ausschließend; ***jardin ~*** Garten *m* [nur] zur Privatnutzung; ***jouissance privative*** alleiniger Nießnutz ❷ *particule, préfixe* privativ

privation [pʀivasjɔ̃] *f* ❶ *(action de priver)* Entzug *m; (par la force)* Beraubung *f;* ***~ de la liberté/de sommeil*** Freiheits-/Schlafentzug ❷ *(manque) d'un bien* Entbehrung *f;* ***souffrir de ~s*** Entbehrungen erdulden; ***une vie de ~s*** ein entbehrungsreiches Leben; ***~ de la jouissance*** JUR Nutzungsausfall *m*

privatisation [pʀivatizasjɔ̃] *f* Privatisierung *f*

privatiser [pʀivatize] <1> *vt* privatisieren

privauté [pʀivote] *f* ❶ *(familiarité malséante)* Dreistigkeit *f;* ***prendre la ~ de faire qc*** sich *dat* die Freiheit nehmen etw zu tun; ***trouver qn d'une grande ~*** jdn ziemlich dreist finden *fam* ❷ *pl (gestes)* Freiheiten *Pl; (paroles)* Vertraulichkeiten *Pl*

privé [pʀive] *m* ❶ *(vie privée)* Privatleben *nt;* ***dans le ~*** privat; ***en ~*** *déclarations, conversation* privat; ***confier qc à qn en ~*** jdm etw unter vier Augen anvertrauen ❷ *(secteur privé)* Privatwirtschaft *f*

privé(e) [pʀive] **I.** *adj (opp: public)* privat; *secteur, investissement* privatwirtschaftlich; ***école ~e*** Privatschule *f;* ***secteur ~*** Privatwirtschaft *f;* ***il est ici à titre ~*** er ist privat hier **II.** *m(f) (fam: détective)* Privatdetektiv *m*

priver [pʀive] <1> **I.** *vt* ❶ *(refuser à)* entziehen; ***~ qn de ses droits civiques*** jdm seine Staatsbürgerrechte aberkennen; ***~ qn de liberté*** jdn seiner Freiheit *gen* berauben ❷ *(faire perdre à)* ***~ qn de tous ses moyens*** jdn handlungsunfähig machen;

P

qn/qc est privé de qc jdm/einer S. fehlt etw; ***être privé d'électricité*** keinen Strom mehr haben ❸ *(frustrer)* ~ ***qn de qc*** jdn um etw bringen; ***je ne veux pas vous*** ~ ich möchte Ihnen nichts vorenthalten **II.** *vpr* ❶ *(se restreindre)* ***se ~ pour qn*** sich für jdn einschränken ❷ *(renoncer)* ***se ~ de cigarettes/dessert*** auf Zigaretten/den Nachtisch verzichten; ***se ~ de fumer*** darauf verzichten zu rauchen ▶ **ne pas se ~ de faire qc** es sich *dat* nicht nehmen lassen etw zu tun

privilège [pʀivilɛʒ] *m* ❶ *de fortune, naissance* Privileg *nt; de beauté* Vorzug *m* ❷ HIST Privileg *nt;* ***jouir de ~s*** Sonderrechte genießen; ***les ~s des nobles*** [*o* ***de la noblesse***] die Adelsprivilegien ❸ *d'une visite, rencontre, d'un entretien* Ehre *f*

privilégié(e) [pʀivileʒje] **I.** *adj personne, ordres, lieu* privilegiert; *climat, situation* [besonders] günstig; *relations* besonders gut **II.** *m(f)* Privilegierte(r) *f(m)*

privilégier [pʀivileʒje] <1> *vt* privilegieren *personne;* ~ ***qc*** einer S. *dat* den Vorzug geben

prix [pʀi] *m* ❶ *(coût)* Preis *m;* ~ ***du pain*** Brotpreis; ~ ***d'ami*** Freundschaftspreis; ~ ***coûtant*** Selbstkostenpreis; ***dernier*** ~ äußerster Preis; ~ ***d'achat*** Einkaufspreis; ~ ***de détail*** Einzelhandelspreis; ~ ***de gros*** Großhandelspreis; ~ ***de vente*** Verkaufspreis; ~ ***imposé/marqué*** vorgeschriebener/angegebener Preis; ***à ~ d'or*** für teures Geld; ***à bas/moitié*** ~ billig/zum halben Preis; ***à ~ salé*** zu einem gepfefferten Preis; ***hors de*** ~ unerschwinglich; ***vendre au ~ fort*** sehr teuer verkaufen; ***ton/votre ~ sera le mien!*** *(fig)* nenn mir deinen/nennen Sie mir Ihren Preis! ❷ *(contrepartie)* ***le ~ de la gloire/du succès*** der Preis für den Ruhm/den Erfolg; ***à aucun/tout*** ~ um keinen/jeden Preis ❸ *(valeur)* ***de*** ~ von großem Wert; ***ne pas avoir de*** ~ von unschätzbarem Wert sein ❹ *(distinction)* Auszeichnung *f;* ~ ***de beauté*** Schönheitspreis; ~ ***d'interprétation*** Preis für die beste schauspielerische Leistung ❺ *(lauréat)* Preisträger *m;* ~ ***Goncourt*** Preisträger *m* des Prix Goncourt; ~ ***Nobel*** Nobelpreisträger; ***être un ~ Nobel de littérature/médecine*** den Nobelpreis für Literatur/Medizin bekommen haben ❻ SPORT Preis *m;* ***Grand Prix*** [***automobile***] Großer Preis; ~ ***de consolation*** Trostpreis ▶ **c'est le même** ~ *(fam)* das kommt auf eins heraus; **qn paie le ~ fort** das kommt jdn teuer zu stehen; **mettre la tête de qn à** ~ einen Preis auf jds Kopf aussetzen; **y mettre le** ~ weder Kosten noch Mühen scheuen

prix-choc [pʀiʃɔk] *m inv (fam)* Preisknüller *m fam*

pro [pʀo] *mf (fam) abr de* **professionnel** Profi *m*

probabilité [pʀɔbabilite] *f* Wahrscheinlichkeit *f;* ***calcul des ~s*** Wahrscheinlichkeitsrechnung *f;* ***selon toute*** ~ höchstwahrscheinlich

probable [pʀɔbabl] *adj* ***il est ~ qu'il gagnera*** wahrscheinlich wird er gewinnen

probablement [pʀɔbabləmɑ̃] *adv* wahrscheinlich; ~ ***qu'il dira oui*** wahrscheinlich wird er ja sagen

probant(e) [pʀɔbɑ̃, ɑ̃t] *adj argument, explication, raison* überzeugend

probatoire [pʀɔbatwaʀ] *adj* ***période*** ~ Probezeit *f;* ***test*** ~ Einstufungstest *m;* ***stage*** ~ Probezeit *f*

probe [pʀɔb] *adj (littér) employé, fonctionnaire* rechtschaffen; *conscience* rein

probité [pʀɔbite] *f d'un employé, fonctionnaire, serviteur* Rechtschaffenheit *f,* Redlichkeit *f; du langage, de la pensée* Aufrichtigkeit *f*

problématique [pʀɔblematik] **I.** *adj (qui pose problème)* problematisch **II.** *f* Problemstellung *f;* ***définir une*** ~ die Problematik umreißen

problème [pʀɔblɛm] *m* ❶ *(difficulté)* Problem *nt;* ***enfant à ~s*** *(fam)* Problemkind *nt;* ***peau à ~s*** *(fam)* sehr empfindliche Haut; ***avoir des ~s*** Probleme haben; ***poser un ~/des ~s à qn*** für jdn ein Problem darstellen; [***y a***] ***pas de ~!*** *(fam)* [das ist] kein Problem! ❷ *(question à résoudre)* Problem *nt; moral, philosophique, historique* Frage *f;* PHILOS Problem, Problematik *f;* ***faux*** ~ Scheinproblem; ***les ~s de circulation/stationnement*** die Verkehrs-/Parkprobleme; ~ ***du logement/chômage*** Wohnungs-/Arbeitslosenfrage ❸ SCOL Textaufgabe *f;* ~ ***de géométrie/de physique*** Geometrie-/Physikaufgabe *f*

procédé [pʀɔsede] *m* ❶ *(méthode)* Verfahren *nt;* ~ ***de fabrication*** Herstellungsverfahren *nt* ❷ *souvent pl (façon d'agir)* Verhalten *nt;* ***user de bons/mauvais ~s à l'égard de qn*** sich jdm gegenüber freundlich [*o* korrekt]/unfreundlich verhalten ❸ *(péj: recette stéréotypée)* Methode *f*

procéder [pʀɔsede] <5> *vi (agir)* verfahren; ~ ***par ordre*** der Reihe nach vorgehen

procédure [pʀɔsedyʀ] *f* ❶ *a.* JUR *(marche à*

P

suivre) Verfahren *nt* ❷ *(ensemble des directives)* Maßregeln *Pl* ❸ JUR *(ensemble des règles juridiques)* Prozessordnung *f; (action en justice)* [Gerichts]verfahren *nt;* ~ ***civile/pénale*** Zivil-/Strafverfahren

procédurier, -ière [pRɔsedyRje, -jɛR] *adj personne* pedantisch, kleinlich; *formalités* haarspalterisch

procès [pRɔsɛ] *m* JUR Prozess *m; **être en ~ avec qn*** gegen jdn prozessieren ▶ **faire le ~ de qn/qc** mit jdm hart ins Gericht gehen

processeur [pRɔsesœR] *m* INFORM Prozessor *m*

procession [pRɔsesjɔ̃] *f* ❶ REL Prozession *f* ❷ *(défilé)* [langer] Zug *m*

processus [pRɔsesys] *m* ❶ *(évolution)* Prozess *m* ❷ MED [Krankheits]verlauf *m* ❸ TECH Ablauf *m*

procès-verbal [pRɔsɛvɛRbal, -o] <procès--verbaux> *m* ❶ *(contravention)* Strafmandat *nt; **dresser un ~ à qn*** jdm eine gebührenpflichtige Verwarnung geben ❷ *(compte rendu)* Protokoll *nt*

prochain [pRɔʃɛ̃] *m (être humain)* Nächste(r) *m*

prochain(e) [pRɔʃɛ̃, ɛn] **I.** *adj* ❶ *antéposé carrefour, rue, village* nächste(r, s); *postposé an, mois, semaine* nächste(r, s); ***la ~e fois*** nächstes Mal, das nächste Mal; ***le 15 août ~*** am 15. August [dieses Jahres]; ***à la ~e occasion*** bei der nächsten [*o* bei nächster] Gelegenheit ❷ *postposé arrivée, départ* baldig; *mort* nahe [bevorstehend]; *avenir* nahe **II.** *m(f)* ❶ *(personne suivante)* der/die Nächste ❷ *(bus, train, bateau)* der/die/das Nächste

prochaine [pRɔʃɛn] *f (fam)* ❶ *(station)* die nächste Haltestelle ❷ *(fois)* ***à la ~!*** bis zum nächsten Mal!, bis dann! *fam*

prochainement [pRɔʃɛnmɑ̃] *adv* demnächst; ***très ~*** in Kürze

proche [pRɔʃ] **I.** *adj* ❶ *(à proximité)* nah[e]; ***un restaurant tout ~*** ein Restaurant ganz in der Nähe; ***la ville la plus ~*** die nächste Stadt; ***être ~ de qc*** nah[e] an etw *dat* sein; ***~s l'un de l'autre/l'une de l'autre*** nah[e] beieinander ❷ *antéposé voisin* unmittelbar ❸ *avenir, dénouement, mort* nah[e]; *départ* nah[e] bevorstehend; ***être ~ départ:*** kurz bevorstehen ❹ *événement* nah[e]; *souvenir* lebendig ❺ *antéposé cousin, parent* nah[e]; ***être ~ de qn*** *(par la pensée)* jdm nah[e] sein ❻ *sens* verwandt; ***être ~ de qc*** *langue, prévision, attitude:* einer S. *dat* ähnlich sein ▶ **de ~ en ~** nach und nach **II.** *mf* ❶ *(ami intime)* Vertraute(r) *f(m)* ❷ *pl (parents)* ***les ~s de qn*** jds Angehörige *Pl*

Proche-Orient [pRɔʃɔRjɑ̃] *m **le ~*** der Nahe Osten

proclamation [pRɔklamasjɔ̃] *f* ❶ *(annonce publique)* Bekanntgabe *f; de la république* Ausrufung *f* ❷ *(manifeste)* Erklärung *f*

proclamer [pRɔklame] <1> **I.** *vt* ❶ *(affirmer)* verkünden *conviction, vérité;* beteuern *innocence* ❷ *(annoncer publiquement)* proklamieren, ausrufen *état de siège, république;* verkünden *résultats, verdict* ❸ *(désigner comme)* ***~ qn empereur/roi*** jdn zum Kaiser/König ausrufen **II.** *vpr (se déclarer)* ***se ~ indépendant*** sich für unabhängig erklären; ***se ~ république autonome*** sich zur freien Republik erklären

procrastiner [pʀɔkʀastine] *vi* zögern, aufschieben *fig,* verschleppen *fig; **~ qc*** etw auf die lange Bank schieben

procréateurs [pRɔkReatœR] *mpl (hum)* Erzeuger *Pl hum*

procréation [pRɔkReasjɔ̃] *f (littér)* Zeugung *f; ~ **artificielle*** künstliche Befruchtung

procréer [pRɔkRee] <1> *vt (littér)* zeugen

procuration [pRɔkyRasjɔ̃] *f* Vollmacht *f;* COM Prokura *f*

procurer [pRɔkyRe] <1> **I.** *vt* ❶ *(faire obtenir)* ***~ qc à qn*** jdm zu etw verhelfen ❷ *(apporter)* bereiten *joie, ennuis* **II.** *vpr (obtenir)* ***se ~ un travail*** sich *dat* [eine] Arbeit verschaffen

procureur, procuratrice [pRɔkyRœR, pRɔkyRatRis] *m, f* JUR Staatsanwalt *m/*-anwältin *f; **Procureur de la République*** Oberstaatsanwalt *m/*-anwältin *f*

prodigalité [pRɔdigalite] *f* ❶ *(caractère dépensier)* Verschwendungssucht *f* ❷ *pl (dépenses excessives)* Verschwendung *f* ❸ *(littér: profusion) de détails, d'images* verschwenderische Fülle

prodige [pRɔdiʒ] *m* ❶ *(miracle)* Wunder *nt* ❷ *(merveille)* Wunder[werk *nt*] *nt; **faire des ~s*** Wunder vollbringen ❸ *(personne très douée)* Genie *nt; **enfant ~*** Wunderkind *nt* ▶ **tenir du ~** an ein Wunder grenzen

prodigieusement [pRɔdiʒjøzmɑ̃] *adv beau, difficile* ungemein; *doué, intéressant* sehr; *agacer, s'ennuyer* über alle Maßen

prodigieux, -euse [pRɔdiʒjø, -jøz] *adj bêtise, effort, force* ungeheuer; *personne* wunderbar

prodigue [pRɔdig] *adj (dépensier)* verschwenderisch

prodiguer [pʀɔdige] <1> *vt (distribuer généreusement)* großzügig austeilen *biens;* ~ ***des conseils/des paroles à qn*** jdn mit Ratschlägen/mit einem Redeschwall überschütten; ~ ***des soins à qn*** jdn versorgen

pro domo [pʀodomo] in eigener Sache, pro domo

producteur, -trice [pʀɔdyktœʀ, -tʀis] **I.** *adj* COM erzeugend; ~ ***de blé*** Getreide anbauend; ~ ***de gaz naturel/charbon*** Erdgas/Kohle fördernd; ***les pays ~s de pétrole*** die Erdöl produzierenden Länder **II.** *m, f* ❶ AGR Erzeuger(in) *m(f)* ❷ *(fabricant)* Produzent(in) *m(f)* ❸ CINE, RADIO, TV Produzent(in) *m(f)*

productible [pʀɔdyktibl] *adj* COM herstellbar; *courant* erzeugbar

productif, -ive [pʀɔdyktif, -iv] **I.** *adj* produktiv; *sol* ertragreich; *capital, investissement* gewinnbringend **II.** *m, fpl* produktive Kräfte *Pl*

production [pʀɔdyksjɔ̃] *f* ❶ *(fait de produire)* Produktion *f* ❷ *de produits manufacturés* Herstellung *f;* ~ ***de voitures*** Autoproduktion; ~ ***d'électricité/énergie*** Strom-/Energieerzeugung ❸ *(exploitation)* ~ ***de blé/fruits*** Weizen-/Obstanbau *m;* ~ ***de viande*** Fleischproduktion *f* ❹ *(quantité produite)* Produktionsmenge *f; d'énergie* erzeugte Menge; *de pétrole* Fördermenge *f;* AGR Erzeugnisse *Pl* ❺ CINE, RADIO, TV Produktion *f*

productiviste [pʀɔdyktivist] *adj* gewinnorientiert

productivité [pʀɔdyktivite] *f* ❶ *d'une usine, d'un employé, ouvrier* Produktivität *f* ❷ *d'un service, impôt* Rentabilität *f*

produire [pʀɔdɥiʀ] <irr> **I.** *vt* ❶ IND produzieren *matières premières;* herstellen *voitures, produits manufacturés;* erzeugen *électricité* ❷ *(donner) cultivateur:* erzeugen; *pays, région, terre:* hervorbringen; *arbre:* tragen **II.** *vi* FIN Gewinn abwerfen **III.** *vpr* **se** ~ ❶ *(survenir)* sich ereignen; *changement, silence:* eintreten ❷ *(se montrer: en public)* sich sehen lassen; *(sur la scène)* auftreten

produit [pʀɔdɥi] *m* ❶ IND Produkt *nt,* Erzeugnis *nt;* CHIM, BIO Mittel *nt,* Produkt; ~ ***alimentaire*** Nahrungsmittel; ~ ***brut*** Rohstoff *m;* ~ ***de beauté*** Schönheitsmittel *nt;* ~ ***de première nécessité*** Grundnahrungsmittel *nt* ❷ *(rapport, bénéfice)* ~ ***brut*** Bruttoertrag; ~ ***net*** Nettoerlös, Gewinn *m;* ~ ***intérieur brut*** Bruttoinlandsprodukt *nt;* ~ ***national brut*** Bruttosozialprodukt *nt* ❸ *(résultat)* Produkt *nt* ❹ MATH Produkt *nt*

proéminence [pʀɔeminɑ̃s] *f (littér)* ❶ *(saillie)* Vorsprung *m* ❷ *(fait de ressortir)* Vortreten *nt,* Vorspringen *nt*

proéminent(e) [pʀɔeminɑ̃, ɑ̃t] *adj front, menton* vorspringend

pro-européen(ne) [pʀoøʀɔpeɛ̃, ɛn] <pro-européens> *m(f)* Europabefürworter(in) *m(f)*

prof [pʀɔf] *mf (fam) abr de* **professeur**

profanation [pʀɔfanasjɔ̃] *f* Schändung *f*

profane [pʀɔfan] **I.** *adj* ❶ *auditoire, public* laienhaft ❷ *(opp: religieux) fête, musique* weltlich; *monde* außerkirchlich **II.** *mf (non initié)* Laie *m;* ~ ***en informatique*** Computerlaie

profaner [pʀɔfane] <1> *vt* ❶ schänden, entweihen ❷ *(littér)* entweihen *institution;* entehren *nom, souvenir*

proférer [pʀɔfeʀe] <5> *vt* laut werden lassen *paroles;* ausstoßen *injures, menaces*

professer [pʀɔfese] <1> *vt (littér)* bekunden, vertreten *théorie*

professeur [pʀɔfesœʀ] *mf* ❶ SCOL Lehrer *m;* ~ ***de lycée*** Gymnasiallehrer *m;* ~ ***des écoles*** Grundschullehrer *m;* ~ ***d'allemand/de piano*** Deutsch-/Klavierlehrer ❷ *(avec chaire)* Professor *m; (sans chaire)* Dozent *m*

profession [pʀɔfesjɔ̃] *f* ❶ *(métier)* Beruf *m;* ***exercer la ~ de qc*** von Beruf etw sein ❷ *(corps de métier)* Berufsstand *m*

professionnalisme [pʀɔfesjɔnalism] *m* ❶ *(opp: amateurisme)* Professionalismus *m* ❷ *(compétence)* Professionalität *f*

professionnel(le) [pʀɔfesjɔnɛl] **I.** *adj* ❶ *conscience, qualification* beruflich; *cours, enseignement* berufsbezogen; ***vie ~le*** Berufsleben *nt;* ***lycée ~*** ≈ Fachoberschule *f* ❷ *écrivain, journaliste* berufsmäßig; *(fig) pêcheur* begeistert; *menteur* ausgemacht ❸ *(compétent)* fachkundig **II.** *m(f)* ❶ *(homme de métier)* Fachmann *m/*Fachfrau *f;* ~ ***du tourisme*** Tourismusfachmann ❷ *(personne compétente)* Sachkundige(r) *f(m)* ❸ SPORT ***passer ~*** *(fam)* ins Profilager überwechseln

professionnelle [pʀɔfesjɔnɛl] *f* ❶ *(femme de métier)* Fachfrau *f;* ~ ***du tourisme*** Tourismusfachfrau; ~ ***du crime/de la pêche à la ligne*** *(fig)* ausgemachte Verbrecherin/leidenschaftliche Anglerin ❷ *(personne compétente)* Sachkundige *f,* Profi *m fam* ❸ SPORT ***passer ~*** *(fam)* ins Profilager überwechseln ❹ *(fam: prostituée)* Prostituierte *f*

P

professionnellement [pʀɔfesjɔnɛlmɑ̃] *adv* beruflich

professoral(e) [pʀɔfesɔʀal, o] <-aux> *adj* ❶ ***corps*** ~ Lehrkörper *m* ❷ *(péj: doctoral) attitude, ton* schulmeisterlich

professorat [pʀɔfesɔʀa] *m* Lehramt *nt*

profil [pʀɔfil] *m* ❶ *(relief)* Profil *nt;* **de** ~ im Profil ❷ *d'une personne* Silhouette *f; d'un édifice* Umriss *m* ❸ *de l'homme d'affaires* Profil *nt* ❹ INFORM ~ ***utilisateur*** Benutzerprofil *nt* ▶ **montrer son meilleur** ~ sich von seiner besten Seite zeigen

profilage [pʀɔfilaʒ] *m (technique policière)* Täterprofilerstellung *f*

profilé [pʀɔfile] *m* Profilstahl *m;* ~ ***d'aluminium*** Aluminiumprofil *nt*

profilé(e) [pʀɔfile] *adj* ❶ ***acier*** ~ Profilstahl *m* ❷ *(aérodynamique)* profiliert

profiler [pʀɔfile] <1> **I.** *vt* ❶ TECH profilieren ❷ *(représenter en profil)* umreißen *corniche, édifice* **II.** *vpr* **se** ~ ❶ *(se détacher) édifice, nuages, silhouette:* sich abheben ❷ *(s'esquisser) ennuis, obstacles, solution:* sich abzeichnen

profit [pʀɔfi] *m* ❶ COM, FIN Profit *m* ❷ *(avantage)* Gewinn *m;* ***mettre à*** ~ ***une situation pour faire qc*** eine Situation ausnutzen um etw zu tun; ***au*** ~ ***de qn/qc*** zugunsten einer Person/S. *gen*

profitable [pʀɔfitabl] *adj* ❶ *action* nutzbringend; ***être*** ~ ***à qn*** *avis, leçon:* für jdn von Nutzen sein; *voyage:* für jdn ein Gewinn sein ❷ *affaire* gewinnbringend

profitablement [pʀɔfitabləmɑ̃] *adv* ***s'occuper*** ~ sich sinnvoll beschäftigen

profiter [pʀɔfite] <1> *vi* ❶ *(tirer avantage de)* ~ ***d'une situation*** von einer Situation profitieren; ~ ***d'une occasion*** eine Gelegenheit ausnützen [*o* nutzen] ❷ *(être utile à)* ~ ***à qn*** für jdn von Nutzen sein; *repos, vacances:* jdm gut tun ❸ *(fam: se fortifier)* Speck ansetzen; *enfant:* gedeihen ❹ *(fam: être avantageux) plat:* gut ausreichen; *vêtement:* lange halten ❺ *(tirer un profit)* ~ ***dans un marché*** bei einem Handel Profit machen

profiterole [pʀɔfitʀɔl] *f kleiner mit Eis oder Vanillecreme gefüllter Windbeutel*

profiteur, -euse [pʀɔfitœʀ, -øz] *m, f (péj)* Profitmacher(in) *m(f)*

profond(e) [pʀɔfɔ̃, ɔ̃d] **I.** *adj* ❶ *(qui s'enfonce loin)* tief; *cave* tief [liegend]; ~ ***de 50 mètres*** 50 Meter tief ❷ *différence, erreur, ignorance* groß; *intérêt, influence* stark; *révérence, sommeil* tief; *sentiment* tief [sitzend]; *nuit* tief[schwarz] ❸ *postposé cause* tiefere(r, s); *signification* tiefer liegend; *tendance* unterschwellig; ***la France*** ~***e*** *das traditionelle Frankreich* ❹ *esprit, penseur* tiefsinnig; *pensée, réflexion* tiefgründig ❺ *soupir, voix* tief; *regard* intensiv ❻ *postposé* MED *arriéré, débile* stark; ***handicapé*** ~ Schwerbehinderte(r) *m* **II.** *adv creuser, planter* tief

profondément [pʀɔfɔ̃demɑ̃] *adv* ❶ *creuser, s'incliner, pénétrer* tief ❷ *respirer, dormir* tief; *influencer, ressentir* stark; *réfléchir, se tromper* gründlich; *aimer* innig; *souhaiter* sehnlichst ❸ *antéposé choqué, ému, touché* tief; *vexé* schwer; *convaincu* felsenfest; ~ ***différent*** grundverschieden

profondeur [pʀɔfɔ̃dœʀ] *f* ❶ *(distance)* Tiefe *f;* ***50 mètres de*** ~ 50 Meter tief ❷ *d'une voix* Tiefe *f; d'un regard* Intensität *f* ▶ **en** ~ *(opp: superficiellement)* gründlich; *connaissance, réforme* tief greifend

profus(e) [pʀɔfy, fyz] *adj (littér)* reichlich, stark

profusion [pʀɔfyzjɔ̃] *f (abondance)* Fülle *f; de cadeaux* Überfülle *f*

progéniture [pʀɔʒenityʀ] *f* ❶ LITTER Nachkommenschaft *f* ❷ *(hum: enfants)* Sprösslinge *Pl*

progiciel [pʀɔʒisjɛl] *m* Softwarepaket *nt*

progouvernemental(e) [pʀɔguvɛʀn(ə)mɑ̃tal, o] <-aux> *adj journal, point de vue, remarque* regierungsfreundlich

programmable [pʀɔgʀamabl] *adj* ❶ INFORM programmierbar ❷ TECH vorprogrammierbar

programmation [pʀɔgʀamasjɔ̃] *f* ❶ CINE, RADIO, TV Programmgestaltung *f* ❷ TECH, INFORM Programmierung *f*

programme [pʀɔgʀam] *m* ❶ *(objectif planifié)* Programm *nt;* ~ ***d'action/de recherches*** Aktions-/Forschungsprogramm ❷ *(livret)* Programm[heft *nt*] *nt* ❸ MEDIA Programm[zeitschrift *f*] *nt* ❹ SCOL Lehrstoff *m,* Lehrplan *m* ❺ UNIV Studienplan *m* ❻ POL ~ ***électoral*** Wahlprogramm *nt* ▶ **vaste** ~**!** *(hum)* da hast du dir/haben Sie sich aber viel vorgenommen!; **être au** ~ auf dem Programm stehen; THEAT auf dem Spielplan stehen; CINE laufen; **être hors** ~ nicht auf dem Programm stehen; SCOL nicht zum Lehrstoff gehören; **tout un** ~ ein weites Feld

programmer [pʀɔgʀame] <1> *vt* ❶ MEDIA, CINE ins Programm nehmen; THEAT auf den Spielplan setzen; ***être programmé*** *émission:* auf dem Programm stehen ❷ *(établir à l'avance)* vorausplanen/im Voraus planen *journée, réjouissances, vacances;* ***être***

P

programmé à dix heures auf zehn Uhr angesetzt sein ❸ TECH [vor]programmieren *calculatrice;* ~ ***une machine à laver sur qc*** eine Waschmaschine auf etw *akk* einstellen

programmeur, **-euse** [pʀɔgʀamœʀ, -øz] *m, f* Programmierer(in) *m(f)*

progrès [pʀɔgʀɛ] *m* Fortschritt *m; pl* SCOL Fortschritte *Pl;* ***faire des ~ en qc*** Fortschritte in etw *dat* machen ▶ **il y a du ~** *(fam)* es geht voran; **on n'arrête pas le ~** *(fam)* nobel geht die Welt zugrunde

progresser [pʀɔgʀese] <1> *vi* ❶ *(s'améliorer) écolier, malade, sciences, technique:* Fortschritte machen; *conditions de vie, culture, humanité:* sich entwickeln ❷ *(augmenter) difficultés:* zunehmen; *prix, salaires:* steigen ❸ *(s'étendre) épidémie, incendie, inondation:* um sich greifen; *idées, théories:* sich verbreiten ❹ *(avancer) explorateur, sauveteur, véhicule:* vorankommen; *armée:* vorrücken

progressif, **-ive** [pʀɔgʀesif, -iv] *adj amélioration, évolution, transformation* allmählich, progressiv; *développement* schrittweise; *difficulté* zunehmend; *amnésie, paralysie* fortschreitend

progression [pʀɔgʀesjɔ̃] *f* ❶ *(amélioration) Fortschreiten nt; des conditions de vie* Weiterentwicklung *f; du bien-être* Steigerung *f* ❷ *du chômage, de l'alcoolisme* Zunahme *f; des prix, salaires* Ansteigen *nt* ❸ *d'une épidémie, inondation, d'un incendie* Sichausbreiten *nt; d'une maladie* Fortschreiten *nt; d'une doctrine, idée, théorie* Verbreitung *f* ❹ *d'un explorateur, sauveteur, véhicule* Vorankommen *nt; d'une armée* Vordringen *nt* ❺ MATH Reihe *f*

progressiste [pʀɔgʀesist] **I.** *adj* progressiv **II.** *mf* Progressive(r) *f(m)*

progressivement [pʀɔgʀesivmɑ̃] *adv* nach und nach; *procéder* schrittweise

prohibé(**e**) [pʀɔibe] *adj* [gesetzlich] verboten

prohiber [pʀɔibe] <1> *vt* [gesetzlich] verbieten

prohibition [pʀɔibisjɔ̃] *f de la chasse, pêche* Verbot *nt;* ***la*** ~ HIST die Prohibition

proie [pʀwa] *f* ❶ *(opp: prédateur)* Beute *f;* ***oiseau de*** ~ Raubvogel *m* ❷ *(victime)* Opfer *nt* ▶ **être en ~ à qc** einer S. *dat* ausgeliefert sein; ***être en ~ au doute/aux remords*** von Zweifel[n]/Gewissensbissen gequält werden

projecteur [pʀɔʒɛktœʀ] *m* ❶ *de cinéma, diapositives* Projektor *m; (numérique)* Beamer *m* ❷ *d'un bateau, monument, stade* Scheinwerfer *m*

projectile [pʀɔʒɛktil] *m* Wurfgeschoss *nt;* MIL Geschoss *nt*

projection [pʀɔʒɛksjɔ̃] *f* ❶ *a.* PSYCH Projektion *f* ❷ CINE Projektion *f; de diapositives, d'un film* Vorführung *f* ❸ *(lancement) de lave, liquide, vapeur* [Heraus]stoßen *nt; de pierres* [Herum]schleudern *nt*

projectionniste [pʀɔʒɛksjɔnist] *mf* Filmvorführer(in) *m(f)*

projet [pʀɔʒɛ] *m* ❶ *(intention)* Plan *m;* ~ ***de vacances*** Urlaubspläne *Pl;* ~ ***de film*** Filmprojekt *nt;* ***avoir des ~s sur qn*** mit jdm etwas vorhaben ❷ *(ébauche)* Entwurf *m;* ~ ***de contrat*** Vertragsentwurf; ~ ***de loi*** Gesetzesentwurf ❸ *de construction* Entwurf *m*

projeter [pʀɔʒ(ə)te] <3> **I.** *vt* ❶ *(faire un projet)* planen ❷ *(éjecter)* herausschleudern, ausstoßen *fumée;* verspritzen *liquide;* sprühen *étincelles* **II.** *vpr (se refléter)* ***se*** ~ *ombre, silhouette:* sich abzeichnen

prolétaire [pʀɔletɛʀ] **I.** *adj classe, milieu* proletarisch; *manières* proletenhaft **II.** *mf* Proletarier *m*

prolétariat [pʀɔletaʀja] *m* Proletariat *nt*

prolétarien(**ne**) [pʀɔletaʀjɛ̃, jɛn] *adj* proletarisch

prolétarisation [pʀɔletaʀizasjɔ̃] *f* Proletarisierung *f*

proliférer [pʀɔlifeʀe] <5> *vi humains, animaux:* sich stark vermehren; *cellules:* wuchern; *doctrines, sectes, théories:* um sich greifen

prolifique [pʀɔlifik] *adj animal, famille* fruchtbar; *artiste, écrivain* produktiv; ***le lapin est un animal*** ~ Hasen vermehren sich stark

prolo [pʀolo] *abr de* **prolétaire I.** *adj (péj fam)* proletarisch; *(sans manières)* proletenhaft **II.** *mf (péj fam)* Prolet(in) *m(f)*

PROLOG [pʀɔlɔg] *m abr de* **Programming in Logic** PROLOG *nt*

prologue [pʀɔlɔg] *m* ❶ *(introduction)* Vorrede *f* ❷ MUS, THEAT Vorspiel *nt* ❸ *(fig)* ~ ***à un événement*** Auftakt *m* zu einem Ereignis

prolongation [pʀɔlɔ̃gasjɔ̃] *f* ❶ *d'un congé, délai, d'une trêve* Verlängerung *f;* ~ ***du délai de paiement*** Zahlungsaufschub *m* ❷ SPORT Verlängerung *f* ▶ **jouer les ~s** SPORT in der Verlängerung spielen; *(hum)* kein Ende finden

prolongé(**e**) [pʀɔlɔ̃ʒe] *adj arrêt, séjour* verlängert; *débat, exposition au soleil* ausgedehnt; *cri, rire* lang anhaltend; *effort* anhaltend

prolongement [pʀɔlɔ̃ʒmɑ̃] *m* ❶ *(continuation)* Verlängerung *f; d'une route* Weiterführung *f* ❷ *(appendice)* Fortsatz *m,* Verlängerung *f* ❸ *gén pl (suites) d'une affaire, décision, d'un événement* Auswirkungen *Pl;* ***l'affaire aura des ~s*** die Affäre wird ein Nachspiel haben

prolonger [pʀɔlɔ̃ʒe] <2a> **I.** *vt* ❶ *(faire durer davantage)* verlängern ❷ *(rendre plus long)* verlängern, weiterführen *rue* **II.** *vpr* **se ~** ❶ *(durer) séjour:* sich verlängern; *effet, trêve, séance:* andauern; *débat, maladie:* sich in die Länge ziehen ❷ *(s'étendre en longueur) chemin, rue:* sich fortsetzen

promenade [pʀɔm(ə)nad] *f* ❶ *(balade: à pied)* Spaziergang *m; (en bateau)* Bootsfahrt *f; (à cheval)* Ausritt *m;* ***~ en voiture*** Spazierfahrt *f* [mit dem Auto]; ***~ à/en vélo*** Fahrradtour *f;* ***faire faire une ~ à qn*** jdn spazieren führen ❷ *(lieu où l'on se promène: en ville)* Promenade *f; (à la campagne)* Spazierweg *m*

promener [pʀɔm(ə)ne] <4> **I.** *vt* ❶ *(accompagner)* ***~ qn/un animal*** mit jdm/einem Tier spazieren gehen ❷ *(laisser errer)* ***~ ses doigts sur le clavier*** die Finger über die Tasten gleiten lassen; ***~ son regard sur la plaine*** den Blick über die Ebene schweifen lassen ► **ça me/le promènera** *(fam)* da komme ich/kommt er ein bisschen raus **II.** *vpr* ❶ *(faire une promenade)* *[**aller**]* ***se ~*** *animal:* herumlaufen; *personne: (à pied)* spazieren gehen; *(à cheval)* ausreiten; *(en bateau)* eine Bootsfahrt machen; ***se ~ en voiture*** [mit dem Auto] spazieren fahren; ***se ~ à*** [*o* ***en***] ***vélo*** eine [kleine] Fahrradtour machen ❷ *(fig)* ***se ~*** *rivière:* sich schlängeln; *chaussettes, livres, outils:* herumfliegen *fam; imagination, regards:* schweifen

promeneur, -euse [pʀɔm(ə)nœʀ, -øz] *m, f* Spaziergänger(in) *m(f)*

promesse [pʀɔmɛs] *f (engagement)* Versprechen *nt* ► **~ en l'air** [*o* **de Gascon**] leere Versprechungen *Pl*

prometteur, -euse [pʀɔmɛtœʀ, -øz] *adj acteur, débuts, politicien* viel versprechend; *signes, sourire* verheißungsvoll

promettre [pʀɔmɛtʀ] <irr> **I.** *vt* ❶ *(s'engager à)* versprechen, zusagen *visite;* zusichern *aide;* ***~ le secret à qn*** jdm versprechen nichts zu verraten ❷ *(assurer)* versichern; ***ça je te le promets!*** das schwöre ich dir! ❸ *(laisser présager)* versprechen *du beau temps, un séjour agréable* ► **c'est promis juré** *(fam)* das ist hoch und heilig versprochen; [**il ne**] **faut pas lui en ~** *(fam)* er/sie begnügt sich nicht mit Versprechungen **II.** *vi* ❶ *(faire une promesse)* sein Versprechen geben ❷ *(être prometteur)* zu Hoffnungen Anlass geben ► **ça promet!** *(hum)* das fängt ja gut an!, das kann ja heiter werden! **III.** *vpr (prendre la résolution de)* ***se ~ de faire qc*** sich *dat* fest vornehmen etw zu tun

promis(e) [pʀɔmi, iz] *adj* ***être ~ à qn/qc*** für jdn/etw bestimmt sein; ***être ~ à un grand boom*** mit einem Boom rechnen

promiscuité [pʀɔmiskɥite] *f* ***~ d'un taudis*** Zusammengepferchtsein *nt* in einem Elendsquartier; ***~ du métro*** [hautnahe] Tuchfühlung *f* in der Metro

promo [pʀomo] *f (fam) abr de* **promotion** *Jahrgang einer Hochschule*

promoteur, -trice [pʀɔmɔtœʀ, -tʀis] *m, f* *~ [**immobilier**]* Baufirma *f*

promotion [pʀɔmosjɔ̃] *f* ❶ *(avancement)* Beförderung *f;* ***~ des ventes*** Verkaufsförderung *f* ❷ *(progression)* ***~ sociale*** sozialer Aufstieg ❸ SCOL *Jahrgang einer Hochschule* ❹ *(produit en réclame)* Sonderangebot *nt*

Falsche Freunde
Nicht verwechseln mit *die Promotion – le doctorat*!

promotionnel(le) [pʀɔmosjɔnɛl] *adj* ❶ *(en promotion)* ***vente ~le*** Sonderangebot *nt* ❷ *argument* verkaufsfördernd

promouvoir [pʀɔmuvwaʀ] <irr> *vt* ❶ *(élever en grade)* ***~ un mécanicien*** *[**à la fonction de**]* ***contremaître*** einen Mechaniker zum Werkmeister befördern ❷ *(soutenir)* fördern *politique, recherche* ❸ COM bewerben *produit*

prompt(e) [pʀɔ̃(pt), pʀɔ̃(p)t] *adj* ❶ *antéposé rétablissement* rasch; *décision* prompt; *changement, départ* plötzlich ❷ *postposé geste* flink; *conclusion* voreilig

promptement [pʀɔ̃ptəmɑ̃] *adv (soutenu)* auf schnellstem Wege; ***agir ~*** gedankenschnell handeln

promptitude [pʀɔ̃(p)tityd] *f (soutenu)* ❶ *(rapidité)* Schnelligkeit *f; d'un geste* Flinkheit *f; d'un changement, départ* Plötzlichkeit *f;* ***la ~ des secours*** der prompte Einsatz der Rettungsmannschaft ❷ *(vivacité) d'une réaction* Schnelligkeit *f; d'une personne* Behendigkeit *f,* Flink-

P

heit *f; d'un esprit* Beweglichkeit *f;* ***la ~ de ses réparties*** seine/ihre Schlagfertigkeit; ~ ***à faire qc*** schnelle Bereitschaft etw zu tun; ***avec*** ~ in [*o* mit] Gedankenschnelle

promu(e) [pʀɔmy] ADMIN **I.** *part passé de* **promouvoir** **II.** *adj* befördert **III.** *m(f)* Beförderte(r) *f(m)*

promulgation [pʀɔmylgasjɔ̃] *f* Verkündung *f,* öffentliche Bekanntmachung

promulguer [pʀɔmylge] <1> *vt* verkünden *loi, décret, édit*

prôner [pʀone] <1> *vt* anpreisen *idée, méthode;* empfehlen *produit, remède*

pronom [pʀɔnɔ̃] *m* Pronomen *nt*

pronominal [pʀɔnɔminal, -o] <-aux> *m* reflexives Verb

pronominal(e) [pʀɔnɔminal, -o] <-aux> *adj* pronominal; *verbe* reflexiv

prononcé [pʀɔnɔ̃se] *m* JUR Verkündung *f*

prononcer [pʀɔnɔ̃se] <2> **I.** *vt* ❶ *(articuler)* aussprechen; ***ne [pas] pouvoir ~ un mot*** kein Wort hervorbringen können ❷ *(dire, exprimer)* äußern *parole;* aussprechen *souhait;* halten *discours, plaidoyer* **II.** *vpr* ❶ *(être articulé)* ***se ~*** *lettre, mot, nom:* ausgesprochen werden ❷ *(prendre position)* ***se ~ pour/contre qn/qc*** sich für/gegen jdn/etw aussprechen ❸ *(formuler son point de vue, diagnostic)* ***se ~ sur qc*** zu etw Stellung nehmen

prononciation [pʀɔnɔ̃sjasjɔ̃] *f* ❶ LING Aussprache *f* ❷ JUR Verkündung *f*

pronostic [pʀɔnɔstik] *m* Prognose *f*

pronostiquer [pʀɔnɔstike] <1> *vt* voraussagen

propagande [pʀɔpagɑ̃d] *f* Propaganda *f* ▸ **faire de la ~ à/pour qn/qc** für jdn/etw Reklame machen; POL für jdn/etw Propaganda machen

propagandiste [pʀɔpagɑ̃dist] **I.** *adj* propagandistisch **II.** *mf* Propagandist(in) *m(f)*

propagation [pʀɔpagasjɔ̃] *f* ❶ *(extension)* Ausbreitung *f* ❷ *d'une idée, nouvelle* Verbreitung *f*

propager [pʀɔpaʒe] <2a> **I.** *vt (diffuser)* verbreiten *idée, nouvelle* **II.** *vpr* **se ~** ❶ *(s'étendre) épidémie, guerre, incendie:* sich ausbreiten ❷ *(se répandre) idée, nouvelle:* sich verbreiten

propane [pʀɔpan] *m* Propan[gas] *nt*

propension [pʀɔpɑ̃sjɔ̃] *f* Hang *m,* Neigung *f;* ***~ à l'achat en hausse/en baisse*** steigende/nachlassende Kauflust; ***~ à consommer*** Konsumbereitschaft *f,* Konsumneigung

prophète, prophétesse [pʀɔfɛt, pʀɔfetɛs] *m, f* Prophet(in) *m(f);* ***le Prophète*** der Prophet *(Mohammed)*

prophétie [pʀɔfesi] *f* ❶ *(prédiction)* Prophezeiung *f* ❷ REL Prophezeiung

prophétique [pʀɔfetik] *adj* prophetisch

prophétiquement [pʀɔfetikmɑ̃] *adv* prophetisch

prophétiser [pʀɔfetize] <1> **I.** *vt* prophezeien **II.** *vi* Prophezeiungen machen

prophylactique [pʀɔfilaktik] *adj* vorbeugend

prophylaxie [pʀɔfilaksi] *f* MED, PHARM Vorbeugung *f;* ***~ des caries dentaires*** Kariesprophylaxe

propice [pʀɔpis] *adj* günstig; ***terrain ~*** guter Nährboden

proportion [pʀɔpɔʀsjɔ̃] *f* ❶ *(rapport)* [Größen]verhältnis *nt;* ***en ~ de qc*** im Verhältnis zu etw; ***il est grand, et gros en ~*** er ist groß und entsprechend dick; ***être hors de ~ avec qc*** in keinem Verhältnis zu etw stehen ❷ *pl d'une personne, d'un texte, édifice* Proportionen *Pl; d'une recette* Mengenangaben *Pl; (importance)* Ausmaße *Pl;* ***dans des ~s inattendues*** in unerwartetem Ausmaß ▸ **toutes ~s gardées** relativ gesehen

proportionnalité [pʀɔpɔʀsjɔnalite] *f a.* JUR Verhältnismäßigkeit *f*

proportionnel(le) [pʀɔpɔʀsjɔnɛl] *adj* proportional; ***moyenne ~le*** geometrisches Mittel; ***être ~ à qc*** proportional zu etw sein, im Verhältnis zu etw stehen

proportionnelle [pʀɔpɔʀsjɔnɛl] *f* POL ***la ~*** das Verhältniswahlrecht

proportionnellement [pʀɔpɔʀsjɔnɛlmɑ̃] *adv* verhältnismäßig

propos [pʀɔpo] *m gén pl (paroles)* Worte *Pl;* ***tenir des ~ inacceptables*** intolerable Äußerungen von sich geben ▸ **bien/mal à ~** zur rechten Zeit/zur Unzeit; **à tout ~** bei jeder Gelegenheit; ***à ~ de tout et de rien*** beim geringsten Anlass; **juger à ~ de faire qc** es für ratsam halten etw zu tun; **à ce ~** dazu; **hors de ~** [völlig] unangebracht; **à quel ~?** weswegen?; **à ~** übrigens; **à ~ de qc** etw betreffend

proposer [pʀɔpoze] <1> **I.** *vt* ❶ *(soumettre)* vorschlagen, unterbreiten *plan, projet;* beantragen *décret, loi;* stellen *devoir, question, sujet;* ***~ une nouvelle loi*** *gouvernement:* eine Gesetzesvorlage einbringen ❷ *(offrir)* anbieten *marchandise, paix, récompense, activité;* bieten *prix, spectacle* ❸ *(présenter)* ***~ qn pour un poste/comme collaborateur*** jdn für einen Posten/als Mitarbeiter vorschlagen **II.** *vpr*

P

❶ *(avoir pour objectif)* ***se ~ un but*** sich *dat* ein Ziel setzen ❷ *(offrir ses services)* ***se ~ à qn comme chauffeur*** sich jdm als Chauffeur anbieten

proposition [pʀɔpozisjɔ̃] *f* ❶ *(offre)* Vorschlag *m;* ***~ d'emploi*** Beschäftigungsangebot *nt;* ***~ de loi*** Gesetzesvorlage *f* ❷ *pl (avances)* Annäherungsversuche *Pl* ❸ MATH Lehrsatz *m* ❹ GRAM Satz *m*

propre[1] [pʀɔpʀ] **I.** *adj* ❶ *(opp: sale)* sauber ❷ *(soigné)* sauber ❸ *(opp: incontinent) enfant:* sauber; *animal:* stubenrein ❹ *affaire, argent* sauber ❺ *(non polluant)* umweltfreundlich ▶ **me/le voilà ~!** *(fam)* jetzt sitze ich/sitzt er im Schlamassel! **II.** *m* ▶ **c'est du ~!** *(fam)* sauber! *iron;* **mettre qc au ~** etw ins Reine schreiben

propre[2] [pʀɔpʀ] **I.** *adj* ❶ *antéposé (à soi)* eigen ❷ *postposé mot, terme* treffend; *sens* eigentlich; ***le sens ~ d'un mot*** der wörtliche Sinn eines Wortes ❸ *biens, capitaux* eigen **II.** *m* ❶ *(particularité)* charakteristisches Kennzeichen; *de l'homme* Wesensmerkmal *nt* ❷ GRAM ***au ~ et au figuré*** in wörtlicher und übertragener Bedeutung ❸ *(propriété)* ***en ~*** als Eigentum

proprement [pʀɔpʀəmɑ̃] *adv* ❶ *(avec soin)* sauber, ordentlich; *manger* anständig ❷ *(avec honnêteté)* anständig

propret(te) [pʀɔpʀɛ, ɛt] *adj maison, chambre* schmuck; *personne* adrett

propreté [pʀɔpʀəte] *f* ❶ *(opp: saleté)* Sauberkeit *f* ❷ *(caractère non polluant)* Umweltfreundlichkeit *f*

propriétaire [pʀɔpʀijetɛʀ] *mf* ❶ *(possesseur)* Eigentümer *m,* Besitzer *m; d'un animal, d'une voiture* Halter *m* ❷ *(opp: locataire)* Hauswirt *m; (bailleur)* Vermieter *m*

propriété [pʀɔpʀijete] *f* ❶ *(domaine, immeuble)* [privates] Anwesen; ***~ [foncière]*** Grundbesitz *m* ❷ *(chose possédée)* Eigentum *nt* ❸ *(qualité propre)* Eigenschaft *f*

proprio [pʀɔpʀijo] *mf (fam) abr de* **propriétaire** Vermieter(in) *m(f)*

propulser [pʀɔpylse] <1> *vt* ❶ *(projeter)* wegschleudern, antreiben *engin, missile* ❷ *(fig fam)* ***~ qn à un poste*** jdm einen [höheren] Posten verschaffen

propulseur [pʀɔpylsœʀ] *m* Antriebssystem *nt,* Triebwerk *nt;* ***~ à hélice/à réaction*** Propeller-/Düsenantrieb *m;* ***~ de lancement*** Starttriebwerk *nt*

propulsif, -ive [pʀɔpylsif, -iv] *adj* antreibend; ***force propulsive*** Triebkraft *f;* ***hélice propulsive*** Druckschraube *f;* ***roue propulsive*** Treibrad *nt*

propulsion [pʀɔpylsjɔ̃] *f* Antrieb *m*

prorata [pʀɔʀata] ▶ **au ~ de qc** entsprechend einer S. *dat*

prorogation [pʀɔʀɔgasjɔ̃] *f* ❶ *(prolongation)* Aufschub *m;* ***~ d'un crédit*** Kreditverlängerung *f* ❷ *(report)* Vertagung *f* ❸ JUR Aufschubfrist *f,* Prorogation *f Fachspr.*

proroger [pʀɔʀɔʒe] <2a> *vt* ❶ *(prolonger)* verlängern ❷ *(reporter)* vertagen, aufschieben *délai*

prosaïque [pʀozaik] *adj* prosaisch *geh*

prosaïsme [pʀozaism] *m (soutenu)* Banalität *f*

prosateur [pʀozatœʀ] *m* Prosaschriftsteller(in) *m(f),* Prosaautor(in) *m(f)*

proscription [pʀɔskʀipsjɔ̃] *f* ❶ *(soutenu: interdiction)* Verbot *nt* ❷ POL Ächtung *f*

prose [pʀoz] *f* ❶ LITTER Prosa *f* ❷ *(fam)* Geschreibsel *nt fam*

prospecter [pʀɔspɛkte] <1> **I.** *vt (explorer)* durchforschen; *(en quête des richesses naturelles)* nach Bodenschätzen absuchen **II.** *vi* Umschau halten

prospecteur, -trice [pʀɔspɛktœʀ, -tʀis] *m, f* COM Kundenwerber(in) *m(f)*

prospectif, -ive [pʀɔspɛktif, -iv] *adj* ❶ *(prévisionnel)* vorausschauend; ***une étude prospective du marché*** eine Trendanalyse ❷ *(orienté vers l'avenir)* zukunftsorientiert

prospectus [pʀɔspɛktys] *m* Prospekt *m*

prospère [pʀɔspɛʀ] *adj affaires, commerce, entreprise* gut gehend; *mine, personne, santé* blühend

prospérer [pʀɔspeʀe] <5> *vi* ❶ *(réussir) affaires, commerce, entreprise:* gut gehen ❷ *(croître, bien se porter)* gedeihen

prospérité [pʀɔspeʀite] *f* Wohlstand *m*

prostate [pʀɔstat] *f* Prostata *f*

prostitué(e) [pʀɔstitɥe] *m(f)* Prostituierte(r) *f(m)*

prostituer [pʀɔstitɥe] <1> *vpr* ***se ~*** sich prostituieren

prostitution [pʀɔstitysjɔ̃] *f (métier)* Prostitution *f*

prostration [pʀɔstʀasjɔ̃] *f* [tiefe] Niedergeschlagenheit

prostré(e) [pʀɔstʀe] *adj* [völlig] niedergeschlagen

protagoniste [pʀɔtagɔnist] *mf* ❶ THEAT Protagonist(in) *m(f)* ❷ *(acteur principal)* Hauptdarsteller(in) *m(f)*

protecteur, -trice [pʀɔtɛktœʀ, -tʀis] **I.** *adj* ❶ *(défenseur)* [be]schützend ❷ ECON, POL ***mesure protectrice*** Schutzmaßnahme *f* ❸ *(condescendant)* gönnerhaft **II.** *m, f*

P

❶ *(défenseur)* Beschützer(in) *m(f)* ❷ *(mécène)* Gönner(in) *m(f); des arts* Förderer *m*/Förderin *f*

protection [pʀɔtɛksjɔ̃] *f* ❶ *(défense)* Schutz *m;* ~ ***contre qc*** Schutz gegen etw *akk* [*o* vor etw *dat*]; ~ ***de l'enfance*** Kinderschutz; ~ ***de l'environnement*** Umweltschutz ❷ *(appui)* Unterstützung *f;* ***avoir de hautes ~s*** von/an höchster Stelle protegiert werden ❸ *(élément protecteur)* Schutzvorrichtung *f* ▶ ~ **sociale** soziales Netz; **mesures de** ~ Schutzmaßnahmen *Pl*

protectionnisme [pʀɔtɛksjɔnism] *m* Protektionismus *m*

protectorat [pʀɔtɛktɔʀa] *m* Protektorat *nt*

protégé(e) [pʀɔteʒe] **I.** *adj site, territoire* geschützt; *passage* vorfahrtsberechtigt **II.** *m(f) (favori)* Günstling *m pej*

protège-cahier [pʀɔtɛʒkaje] <protège-cahiers> *m* [Schutz]umschlag *m* **protège-dents** [pʀɔtɛʒdɑ̃] *m inv* Mundschutz *m*

protéger [pʀɔteʒe] <2a, 5> **I.** *vt* ❶ *(défendre)* schützen; ~ ***qn/qc d'un danger*** jdn/etw vor einer Gefahr schützen; ~ ***qn/qc contre le froid/soleil*** jdn/etw gegen Kälte/vor Sonne schützen ❷ *(patronner)* fördern *arts, carrière, sport* **II.** *vpr (se défendre)* ***se ~ contre qn/qc*** sich vor jdm/etw schützen

protège-slip [pʀɔtɛʒslip] <protège-slips> *m* Slipeinlage *f* **protège-tibia** [pʀɔtɛʒtibja] <protège-tibias> *m* Schienbeinschützer *m*

protéiforme [pʀɔteifɔʀm] *adj* vielgestaltig

protéine [pʀɔtein] *f* Eiweiß *nt,* Protein *nt*

protéiné(e) [pʀɔteine] *adj régime* eiweißreich; *boisson* mit Eiweiß angereichert

protéique [pʀɔteik] *adj* BIO, CHIM Eiweiß-; ***substances ~s*** Eiweißstoffe *Pl*

protestant(e) [pʀɔtɛstɑ̃, ɑ̃t] **I.** *adj* protestantisch; *(en Allemagne)* evangelisch, protestantisch **II.** *m(f)* Protestant(in) *m(f); (en Allemagne)* Evangelische(r) *f(m),* Protestant

protestantisme [pʀɔtɛstɑ̃tism] *m* Protestantismus *m*

protestataire [pʀɔtɛstatɛʀ] *mf* Protestierende(r) *f(m)*

protestation [pʀɔtɛstasjɔ̃] *f (plainte)* Protestaktion *f;* ~ ***écrite*** Protestschreiben *nt*

protester [pʀɔtɛste] <1> *vi (s'opposer à)* protestieren

prothèse [pʀɔtɛz] *f* ❶ *(organe artificiel)* Prothese *f;* ~ ***dentaire*** Zahnprothese ❷ *(technique)* Prothetik *f*

prothésiste [pʀɔtezist] *mf* Orthopädiemechaniker(in) *m(f);* ~ ***dentaire*** Zahntechniker(in) *m(f)*

protide [pʀɔtid] *m* BIO, CHIM Proteid *nt*

protocolaire [pʀɔtɔkɔlɛʀ] *adj cérémonie, visite* dem Protokoll entsprechend; ***être/ne pas être*** ~ dem Protokoll folgen/gegen das Protokoll verstoßen

protocole [pʀɔtɔkɔl] *m a.* JUR Protokoll *nt*

protohistoire [pʀɔtoistwaʀ] *f* Urgeschichte *f*

proton [pʀɔtɔ̃] *m* PHYS Proton *nt*

prototype [pʀɔtɔtip] *m* Prototyp *m*

protubérance [pʀɔtybeʀɑ̃s] *f* ❶ ANAT Vorwölbung *f* ❷ ASTRON Protuberanz *f*

proue [pʀu] *f* Bug *m*

prouesse [pʀuɛs] *f (exploit)* Meisterleistung *f* ▶ **faire des ~s** wahre Wunder vollbringen; *(iron)* eine [wahre] Heldentat vollbringen

prout [pʀut] *m (fam)* Pup[s] *m;* ***faire [un]*** ~ pupsen

prouvé(e) [pʀuve] *adj* JUR ~*(e)* ***incontestablement*** unwiderlegbar bewiesen

prouver [pʀuve] <1> **I.** *vt* ❶ *(démontrer)* beweisen; ***il est prouvé que ...*** es ist erwiesen, dass ...; ***il n'est pas prouvé que*** *+subj* es gibt keinen Beweis dafür, dass ❷ *(montrer)* beweisen *amour;* erweisen *reconnaissance; réponse, conduite:* beweisen **II.** *vpr* **se** ~ ❶ *(se convaincre) personne:* sich *dat* beweisen ❷ *(être démontrable) chose:* sich beweisen lassen

provenance [pʀɔv(ə)nɑ̃s] *f (origine)* Herkunft *f* ▶ **être en ~ de ...** aus [*o* von] ... kommen; **de même** ~ der gleichen Herkunft; **de toute** ~ von überall her

provençal [pʀɔvɑ̃sal] *m* Provenzalisch *nt; v. a.* **allemand**

provençal(e) [pʀɔvɑ̃sal, -o] <-aux> *adj* provenzalisch

Provençal(e) [pʀɔvɑ̃sal, -o] <-aux> *m(f)* Provenzale *m*/Provenzalin *f*

provençale [pʀɔvɑ̃sal] *f* GASTR ***à la*** ~ auf provenzalische Art

Provence [pʀɔvɑ̃s] *f* ***la*** ~ die Provence

provenir [pʀɔv(ə)niʀ] <9> *vi* ❶ *(venir de)* ~ ***de qc*** *marchandise, colis:* von etw kommen; *mot, préfixe:* aus etw stammen ❷ *(être la conséquence de)* ~ ***de qc*** von etw kommen

proverbe [pʀɔvɛʀb] *m* Sprichwort *nt;* ***comme dit le*** ~ wie es im Sprichwort [so schön] heißt

proverbial(e) [pʀɔvɛʀbjal, jo] <-aux> *adj* sprichwörtlich

P

proverbialement [pʀɔvɛʀbjalmɑ̃] *adv* sprichwörtlich

providence [pʀɔvidɑ̃s] *f* ❶ *(chance)* glückliche Fügung *f* ❷ REL Vorsehung *f*

providentiel(le) [pʀɔvidɑ̃sjɛl] *adj* ❶ *personne* vom Schicksal gesandt; *rencontre, voyage* schicksalhaft; *pluie* segensreich; *nouvelle* glücklich ❷ REL göttlich gefügt

province [pʀɔvɛ̃s] *f* Provinz *f* ► **la Belle Province** *Bezeichnung für die Provinz Québec;* **faire** [**très**] ~ *(fam)* [sehr] provinziell wirken

> **Land und Leute**
> In Belgien gibt es zehn **provinces**. Sie sind mit den französischen Departements vergleichbar. Sie sind autonom, unterliegen aber trotzdem dem Föderalstaat, den Gemeinschaften und den Regionen.

provincial(e) [pʀɔvɛ̃sjal, -jo] <-aux> **I.** *adj* ❶ *air, manières* provinziell; *rythme* der Provinz; *vie* in der Provinz ❷ CAN *mesures, décision* auf der Provinzebene **II.** *m(f)* Provinzbewohner(in) *m(f)*

provincialisme [pʀɔvɛ̃sjalism] *m* ❶ LING Provinzialismus *m* ❷ *(péj)* Provinzialität *f*

proviseur [pʀɔvizœʀ] *mf* Schulleiter(in) *m(f) (in Gymnasien)*

provision [pʀɔvizjɔ̃] *f* ❶ *pl (vivres)* [Essens]vorräte *Pl,* [Lebensmittel]vorräte *Pl; (pour une excursion)* Proviant *m* ❷ *(réserve)* ~ ***d'eau*** Wasservorrat *m;* ***faire ~ de qc*** sich *dat* einen Vorrat an etw *dat* anlegen

provisoire [pʀɔvizwaʀ] **I.** *adj* ❶ *(opp: définitif)* provisorisch; *solution, mesure* vorläufig; *installation* behelfsmäßig; *bonheur, liaison* vorübergehend ❷ JUR *arrêt, jugement, sentence* einstweilig ❸ *(intérimaire)* provisorisch **II.** *m* Provisorium *nt*

provisoirement [pʀɔvizwaʀmɑ̃] *adv* vorübergehend; ***asseyez-vous là ~*** setzt euch vorerst mal hierher

provoc [pʀɔvɔk] *f (fam) abr de* **provation** Provokation *f;* ***c'est de la ~!*** das ist reine Provokation!

provocant(e) [pʀɔvɔkɑ̃, ɑ̃t] *adj* ❶ *(agressif)* provozierend ❷ *(aguichant)* provozierend; *regard, sourire, fille* verführerisch; *pose* aufreizend

provocateur, -trice [pʀɔvɔkatœʀ, -tʀis] **I.** *adj* provokatorisch; ***agent ~*** Provokateur *m* **II.** *m, f* Aufwiegler(in) *m(f)*

provocation [pʀɔvɔkasjɔ̃] *f (défi)* Herausforderung *f;* ***faire de la ~*** provozieren

provoquer [pʀɔvɔke] <1> **I.** *vt* ❶ *(causer)* verursachen, bewirken *changement;* erregen *colère, gaieté;* herbeiführen *mort, accident;* auslösen *explosion, révolte, désordre* ❷ *(énerver)* reizen; *(défier)* herausfordern ❸ *(aguicher)* aufreizen **II.** *vpr* ***se ~*** sich [gegenseitig] provozieren

proxénète [pʀɔksenɛt] *m* Zuhälter(in) *m(f)*

proxénétisme [pʀɔksenetism] *m* Zuhälterei *f*

proximité [pʀɔksimite] *f* Nähe *f;* ***à ~ de la gare*** in der Nähe des Bahnhofs ► **les magasins de ~** die [kleinen] Geschäfte gleich um die Ecke

prude [pʀyd] **I.** *adj* prüde **II.** *f* prüde Frau *f*

prudemment [pʀydamɑ̃] *adv* ❶ *(avec précaution)* vorsichtig ❷ *(par précaution)* vorsichtshalber

prudence [pʀydɑ̃s] *f* Vorsicht *f;* ***avoir la ~ de faire qc*** so vorsichtig sein und etw tun

prudent(e) [pʀydɑ̃, ɑ̃t] *adj* vorsichtig; *personne* bedachtsam; *pas* bedächtig; *silence* klug

prune [pʀyn] *f (fruit)* Pflaume *f* ► **pour des ~s** *(fam)* für nichts [und wieder nichts]

pruneau [pʀyno] <x> *m* Backpflaume *f*

prunelle [pʀynɛl] *f* ❶ BOT Schlehe *f* ❷ ANAT Pupille *f* ► **tenir à qc comme à la ~ de ses yeux** etw wie seinen Augapfel hüten

prunier [pʀynje] *m* Pflaumenbaum *m* ► **secouer qn comme un ~** *(fam)* jdn heftig schütteln

prurigineux, -euse [pʀyʀiʒinø, -øz] *adj* *boutons, dermatose* juckend; ***effet ~*** Juckreiz *m*

prurigo [pʀyʀigo] *m* Hautausschlag *m*

Prusse [pʀys] *f* HIST ***la ~*** Preußen *nt;* ***la ~ Orientale*** Ostpreußen

prussien(ne) [pʀysjɛ̃, jɛn] *adj* preußisch

Prussien(ne) [pʀysjɛ̃, jɛn] *m(f)* HIST Preuße *m*/Preußin *f*

PS [peɛs] *m abr de* **Parti socialiste** *Sozialistische Partei Frankreichs*

P.-S. [peɛs] *m abr de* **post-scriptum** PS *nt*

psaume [psom] *m* Psalm *m*

psautier [psotje] *m* REL Psalmenbuch *nt*

pschitt [pʃit] *interj* zisch; ***faire ~*** zischen

pseudonyme [psødɔnim] *m* Pseudonym *nt*

pseudoscience [psødɔsjɑ̃s] *f (péj)* Pseudowissenschaft *f pej*

pseudoscientifique [psødɔsjɑ̃tifik] *adj (péj)* pseudowissenschaftlich *pej;* ***argu-***

menter de manière ~ pseudowissenschaftlich argumentieren *pej*
psoriasis [psɔʀjazis] *m* Schuppenflechte *f*
psy [psi] *mf (fam) abr de* **psychiatre, psychologue** *Bezeichnung für Berufe, die sich mit Psychologie beschäftigen*
psychanalyse [psikanaliz] *f* Psychoanalyse *f*
psychanalyste [psikanalist] *mf* Psychoanalytiker(in) *m(f)*
psyché [psiʃe] *f* ❶ *(miroir)* großer Ankleidespiegel ❷ PHILOS Seelenleben *nt,* Psyche *f*
psychédélique [psikedelik] *adj* bewusstseinsverändernd
psychiatre [psikjatʀ] *mf* Psychiater *m*
psychiatrie [psikjatʀi] *f* Psychiatrie *f*
psychiatrique [psikjatʀik] *adj hôpital* psychiatrisch; *troubles* psychisch
psychique [psiʃik] *adj* seelisch

Aussprache
Bei **psychique** und **psychisme** wird das -ch- als [ʃ] gesprochen und nicht als [k] wie in *psychologie* und verwandten Wörtern.

psychisme [psiʃism] *m* Psyche *f,* seelische Struktur *f*
psychologie [psikolɔʒi] *f* Psychologie *f*
psychologique [psikolɔʒik] *adj* ❶ PSYCH psychologisch; *problème, état* psychisch ❷ *(opportun)* psychologisch günstig ❸ *(qui agit sur le psychisme)* psychologisch
psychologiquement [psikolɔʒikmɑ̃] *adv* psychologisch [gesehen]
psychologue [psikolɔg] **I.** *adj* psychologisch begabt **II.** *mf* Psychologe *m*
psychomoteur, -trice [psikomɔtœʀ, -tʀis] *adj* psychomotorisch
psychopathe [psikopat] *mf* Psychopath(in) *m(f)*
psychopathie [psikopati] *f* Psychopathie *f*
psychorigide [psikoʀiʒid] **I.** *adj* gefühlskalt **II.** *mf* gefühlskalter Mensch *m*
psychose [psikoz] *f* ❶ MED Psychose *f* ❷ *(obsession collective)* Massenpsychose *f*
psychosensoriel(le) [psikosɑ̃sɔʀjɛl] *adj* ***troubles ~s*** Wahrnehmungsstörungen *Pl*
psychosocial(e) [psikosɔsjal, jo] <-aux> *adj prise en charge, consultation, troubles* psychosozial; *métier, centre* sozialpsychologisch
psychosociologie [psikosɔsjɔlɔʒi] *f* Sozialpsychologie *f*
psychosomatique [psikosɔmatik] MED **I.** *adj* psychosomatisch **II.** *f* Psychosomatik *f*
psychoter [psikote] <1> *vi (fam)* Paranoia schieben *fam*
psychothérapeute [psikoteʀapøt] *mf* Psychotherapeut(in) *m(f)*
psychothérapie [psikoteʀapi] *f* Psychotherapie *f*
psychothérapique [psikoteʀapik] *adj* psychotherapeutisch
psychotique [psikotik] **I.** *adj* geisteskrank, gemütskrank **II.** *mf* Geisteskranke(r) *f(m),* Psychotiker(in) *m(f) Fachspr.*
PTAC [petease] *m abr de* **poids autorisé en charge** zulässiges Gesamtgewicht *nt*
P.T.T. [petete] *mpl abr de* **Postes, Télégraphes, Téléphones** Post- und Fernmeldewesen *nt*
pu [py] *part passé de* **pouvoir**
puanteur [pɥɑ̃tœʀ] *f* Gestank *m*
pub[1] [pyb] *f (fam) abr de* **publicité**
pub[2] [pœb] *m (bar)* Pub *m o nt*

Aussprache
Das Wort **pub** stammt aus dem Englischen, hat sich in seiner Aussprache aber ans Französische angepasst: Der Vokal wird [œ] ausgesprochen, und das -b am Wortende ist stimmhaft.

pubard(e) [pybaʀ, aʀd] *m(f) (fam)* Werbefuzzi *m*/ Werbetussi *f fam*
pubère [pybɛʀ] *adj* ***être*** ~ pubertieren
pubertaire [pybɛʀtɛʀ] *adj* pubertär
puberté [pybɛʀte] *f* Pubertät *f*
pubis [pybis] *m* Schamgegend *f*
public [pyblik] *m* ❶ *(assistance)* Publikum *nt; (spectateurs)* Zuschauer *Pl; (lecteurs)* Leser[schaft] *f; (auditeurs)* Zuhörer[schaft] *f;* ***être bon*** ~ ein dankbarer Zuhörer/Zuschauer/Leser sein; ***le grand*** ~ das breite Publikum ❷ *(tous)* Allgemeinheit *f;* ***en*** ~ *(en présence de personnes)* in der Öffentlichkeit; *(devant un auditoire)* öffentlich; *(devant tout le monde)* in [*o* vor] aller Öffentlichkeit
public, publique [pyblik] *adj* ❶ *(commun)* öffentlich; ***sur la voie publique*** in der Öffentlichkeit; ***la rumeur publique veut que ce soit vrai*** es geht [allgemein] das Gerücht, dass es wahr ist ❷ *(de l'État)* staatlich; *école* staatlich, öffentlich; *finances* öffentlich; ***chaîne publique*** öffentlich-rechtlicher Sender; ***les services ~s*** der öffentliche Dienst

P

publication [pyblikasjɔ̃] *f* Veröffentlichung *f,* Publikation *f*
publiciste [pyblisist] *mf* Werbefachmann *m*
publicitaire [pyblisitɛʀ] *adj* ***pancarte*** ~ Werbeplakat *nt;* ***vente*** ~ Werbeaktion *f*
publicité [pyblisite] *f* ❶ *(dans la presse)* Anzeige *f;* *(à la radio, télé)* Werbespot *m;* ***une page de*** ~ *(dans la presse)* eine Seite Werbung [*o* Reklame]; *(à la radio, télé)* ein Werbeblock *m;* ~ ***déguisée*** Schleichwerbung *f* ❷ *(réclame)* Werbung *f kein Pl* ❸ *sans pl (métier)* Werbung *f* ❹ *sans pl (action de rendre public)* Werbung *f,* Publicity *f*
publier [pyblije] <1> *vt* ❶ *(faire paraître) auteur:* veröffentlichen; *éditeur:* herausgeben ❷ *(rendre public)* veröffentlichen, bekannt geben *nouvelle;* herausgeben *communiqué*
publiphone® [pyblifɔn] *m* öffentliches Kartentelefon *nt*
publiquement [pyblikmɑ̃] *adv* öffentlich
puce [pys] *f* ❶ ZOOL Floh *m;* ***le marché aux ~s*** der Flohmarkt ❷ INFORM Chip *m* ❸ *(terme d'affection)* ***viens, ma ~!*** komm her, mein Schatz/mein Kleiner/meine Kleine! ▶ **mettre la ~ à l'oreille de qn** *(éveiller l'attention)* jdn hellhörig machen; *(éveiller la méfiance)* jdn misstrauisch machen; **secouer les ~s à qn** *(fam: réprimander)* jdm den Kopf waschen; *(dégourdir)* jdn auf Trab bringen; **se secouer les ~s** sich ranhalten *fam*
puceau, pucelle [pyso, pysɛl] <x> **I.** *adj (fam)* jungfräulich **II.** *m, f (fam)* in der Liebe noch völlig unerfahrener Junge *m*/unerfahrenes Mädchen *nt;* ***la Pucelle d'Orléans*** die Jungfrau von Orleans
pucelage [pys(ə)laʒ] *m (fam)* Unschuld *f;* ***perdre son*** ~ seine Unschuld verlieren
puceron [pys(ə)ʀɔ̃] *m* Blattlaus *f*
pudding [pudiŋ] *m* [Plum]pudding *m*
pudeur [pydœʀ] *f* ❶ *(décence)* Scham[haftigkeit] *f;* ***manque de*** ~ Schamlosigkeit *f* ❷ *(délicatesse)* Feingefühl *nt;* ***ayez la ~ de vous taire!*** seien Sie doch so taktvoll und schweigen Sie!
pudibond(e) [pydibɔ̃, ɔ̃d] *adj personne* prüde
pudibonderie [pydibɔ̃dʀi] *f* Prüderie *f*
pudique [pydik] *adj* ❶ *comportement, personne* schamhaft; *geste* züchtig ❷ *(plein de réserve)* zurückhaltend
pudiquement [pydikmɑ̃] *adv* ❶ *(par euphémisme)* verhüllend ❷ *(chastement)* schamhaft

P

puer [pɥe] <1> **I.** *vi (péj)* stinken; ***il pue des pieds*** *(fam)* seine Füße stinken **II.** *vt* ❶ *(péj: empester)* ~ ***le renfermé*** muffig riechen ❷ *(péj fam: porter l'empreinte de)* ~ ***le fric*** nach Geld stinken
puéricultrice [pɥeʀikyltʀis] *f* ❶ *(s'occupant des nouveau-nés)* Säuglingsschwester *f* ❷ *(s'occupant des tout-petits)* Kinderkrankenschwester *f*
puériculture [pɥeʀikyltyʀ] *f* ❶ *(s'appliquant aux nouveau-nés)* Säuglingspflege *f* ❷ *(s'appliquant aux tout-petits)* [Klein]kinderpflege *f*
puéril(e) [pɥeʀil] *adj* kindisch
puérilité [pɥeʀilite] *f* ❶ *sans pl (caractère puéril)* kindische Art ❷ *(chose peu digne d'un adulte)* Albernheit *f;* ***vraiment c'est d'une ~!*** das ist doch wirklich kindisch!
pugilat [pyʒila] *m* Schlägerei *f*
pugnace [pygnas] *adj (littér)* kampflustig
pugnacité [pyɲasite] *f* Kampflust *f,* Streitsucht *f*
puis[1] [pɥi] *adv* dann; ***et ~ après*** [*o* ***quoi***] **?** *(fam)* na und?; ***et ~ quoi encore!?*** *(fam)* ja, was denn noch [alles]!?; ***et*** ~ *(en outre)* und dann [noch]; *(en fin de compte)* und überhaupt
puis[2] [pɥi] *indic prés de* **pouvoir**
puiser [pɥize] <1> **I.** *vt* ~ ***de l'eau dans qc*** Wasser aus etw schöpfen **II.** *vi* ~ ***dans ses réserves*** an seine Reserven gehen *fam*
puisque [pɥisk(ə)] <puisqu'> *conj* da [ja]; ***mais puisqu'elle est malade!*** aber sie ist doch krank!; ***puisqu'il le faut!*** wenn's denn sein muss!
puissamment [pɥisamɑ̃] *adv* ❶ *(avec des moyens efficaces)* heftig, mit aller Kraft [*o* Macht] ❷ *(à un haut degré)* stark, besonders
puissance [pɥisɑ̃s] *f* ❶ *sans pl (force)* Kraft *f; des éléments* Gewalt *f; du vent* Stärke *f* ❷ *sans pl (pouvoir)* Macht *f;* ***volonté de*** ~ Wille *m* zur Macht, Machtstreben *nt* ❸ *(État)* Macht *f;* ***grande*** ~ Großmacht *f* ❹ TECH *d'un moteur, d'une émission sonore* Leistung[sfähigkeit] *f* ❺ *pl (forces)* Kräfte *Pl* ❻ MATH, GEOM ***dix ~ deux*** zehn hoch zwei
puissant(e) [pɥisɑ̃, ɑ̃t] **I.** *adj* ❶ *(d'une grande force)* stark; *voix* kraftvoll ❷ *(qui a du pouvoir)* mächtig ❸ *(qui a un grand potentiel économique ou militaire)* stark; *pays* mächtig; *armée* schlagkräftig ❹ *(très efficace)* wirksam; TECH *moteur* leistungsfähig; *freins* gut **II.** *m(f) pl* ***les ~s*** die Mächtigen
puisse [pɥis] *subj prés de* **pouvoir**

puits [pɥi] *m* ❶ *(pour l'eau)* Brunnen *m* ❷ *d'une mine* Schacht *m*; ~ ***de pétrole*** [Erd]ölbohrloch *nt*

Aussprache
Die Endung -ts in **puits** wird nicht gesprochen.

pull [pyl] *m abr de* **pull-over** *(fam)* Pulli *m*
pull-over [pylɔvɛʀ, pylɔvœʀ] <pull--overs> *m* Pullover *m*
pulluler [pylyle] <1> *vi* ❶ *(être en grand nombre)* ***des personnes/animaux pullulent*** es wimmelt von Menschen/Tieren; ***le gibier pullule ici*** hier wimmelt es von Wild ❷ *(être plein de)* ***l'article pullulait d'inexactitudes*** in dem Artikel wimmelte es von Ungenauigkeiten ❸ *(proliférer)* sich stark vermehren; ***faire ~ des animaux*** bewirken, dass Tiere sich stark vermehren
pulpe [pylp] *f (chair)* [Frucht]fleisch *nt*; ~ ***dentaire*** Zahnmark *nt*
pulpeux, -euse [pylpø, -øz] *adj lèvres* voll; *femme* drall
pulsation [pylsasjɔ̃] *f (battement) du cœur* [rhythmisches] Schlagen; *du pouls* Klopfen *nt*
pulsion [pylsjɔ̃] *f* Trieb *m*
pulsomètre [pylsomɛtʀ] *m* SPORT, MED Pulsuhr *f*
pulvérisateur [pylveʀizatœʀ] *m* Sprühgerät *nt*; *d'un produit liquide* Sprühflasche *f*; *d'un produit médicamenteux* Zerstäuber *m*, Spray *m o nt*, Spraydose *f*; ~ ***nasal/buccal*** Nasen-/Mundspray
pulvérisation [pylveʀizasjɔ̃] *f* Sprühen *nt*; *d'un produit insecticide* Spritzen
pulvériser [pylveʀize] <1> *vt* ❶ *(vaporiser)* sprühen, sprühen, spritzen *peinture*; spritzen *insecticide* ❷ *(réduire à néant)* zerstören ❸ *(réduire en poudre)* zu Pulver zermahlen
puma [pyma] *m* Puma *m*
punaise [pynɛz] *f* ❶ ZOOL Wanze *f* ❷ *(petit clou)* Reißzwecke *f*
punch[1] [pɔ̃ʃ] *m (boisson)* Punsch *m*
punch[2] [pœnʃ] *m inv (dynamisme)* Elan *m*; ***avoir du*** ~ *(fam)* Schwung haben, dynamisch sein
punching-ball [pœnʃiŋbol] <punching--balls> *m* Punchingball *m*
punir [pyniʀ] <8> *vt* ❶ *(châtier)* bestrafen; ~ ***qn d'une peine d'emprisonnement*** jdn mit Gefängnis bestrafen ❷ *(sévir)* ~ ***qc*** etw bestrafen; ***qc est puni de mort*** auf etw *akk* steht die Todesstrafe ❸ *(opp: récompenser)* ***te voilà bien puni!*** [siehst du,] das ist die Strafe!
punissable [pynisabl] *adj* strafbar, sträflich
punition [pynisjɔ̃] *f* ❶ *(peine)* Strafe *f* ❷ SCOL Strafarbeit *f* ❸ *(action de punir)* Bestrafung *f* ❹ *(conséquence néfaste)* Strafe *f*
punk [pœ̃k, pœnk] **I.** *adj inv lunettes, bijoux* punkig; ***musique*** ~ Punkmusik *f* **II.** *mf (personne)* Punk[er] *m*
pupille[1] [pypij, pypil] *f* ANAT Pupille *f*
pupille[2] [pypij, pypil] *mf* Mündel *nt*; ~ ***de la Nation*** *unter staatlicher Fürsorge stehende Kriegswaise*
pupitre [pypitʀ] *m* ❶ INFORM Steuerpult *nt*, Schaltpult *nt* ❷ MUS *d'un musicien, choriste* Notenständer *m*; *d'un chef d'orchestre* [Dirigenten]pult; *d'un piano* Notenablage *f* ❸ *(meuble à plan incliné)* Pult *nt*
pur(e) [pyʀ] *adj* ❶ *(non altéré)* rein; *air, eau* klar ❷ *(non mélangé)* rein ❸ *vérité* rein; *hasard, méchanceté* rein; ***mais c'est de la folie ~e!*** das ist ja heller [*o* glatter] Wahnsinn! ❹ *recherche, science, mathématiques* rein ❺ *cœur, amour* rein; *regard* klar; *jeune fille* unschuldig; *intentions* lauter *geh* ❻ *ligne, son* rein; *profil* klar; *langue, style* rein ▶ ~ **et simple** in Reinform; *refus* unmissverständlich; ***un "non" ~ et simple*** ein klares Nein
purée [pyʀe] *f* Püree *nt*; ~ ***de pommes de terre*** [Kartoffel]püree *nt*, Kartoffelbrei *m*
purement [pyʀmɑ̃] *adv* rein; ~ ***et simplement*** [schlicht und] einfach
pureté [pyʀte] *f* ❶ *(opp: souillure)* Reinheit *f*; *de l'air, eau, du ciel* Klarheit *f*; ~ ***de la race*** Reinrassigkeit *f* ❷ *(perfection)* Reinheit *f*; *d'un visage* Makellosigkeit *f* ❸ *des intentions* Lauterkeit *f*; *d'un regard* Klarheit *f*; *de l'enfance* Unschuld *f*
purgatoire [pyʀgatwaʀ] *m* Fegefeuer *nt*
purge [pyʀʒ] *f (action de vidanger) d'une tuyauterie, chaudière* Entleerung *f* [und Reinigung *f*]; *d'une huile* Ablassen *nt*; *d'un radiateur* Entlüftung *f*
purger [pyʀʒe] <2a> **I.** *vt* ❶ *(vidanger)* entleeren [und reinigen] *conduite, tuyauterie, chaudière;* ablassen *huile;* entlüften *radiateur* ❷ JUR verbüßen *peine* ❸ MED ~ ***qn*** jdm ein Abführmittel geben **II.** *vpr* ***se*** ~ ein Abführmittel nehmen; ***un animal se purge avec qc*** ein Tier frisst etw um abzuführen
purifiant(e) [pyʀifjɑ̃, jɑ̃t] *adj* ***lotion ~e*** Reinigungslotion *f*

P

purificateur [pyʀifikatœʀ] *m* Reinigungsgerät *nt; ~ **d'air*** Luftreiniger *m*
purification [pyʀifikasjɔ̃] *f* ❶ Reinigung *f; d'une eau* Klärung *f* ❷ REL Reinigung *f* ❸ *(épuration)* Säuberung *f*
purifier [pyʀifje] <1> **I.** *vt* reinigen *air, atmosphère;* klären *eau* **II.** *vpr (fig)* ***se ~ de qc*** sich von etw reinigen
purin [pyʀɛ̃] *m* Jauche *f*
purisme [pyʀism] *m* LING Purismus *m*
puriste [pyʀist] **I.** *adj* puristisch **II.** *m, f* Purist(in) *m(f)*
puritain(e) [pyʀitɛ̃, ɛn] **I.** *adj* ❶ sittenstreng ❷ HIST puritanisch **II.** *m(f)* ❶ sittenstrenger Mensch ❷ HIST Puritaner(in) *m(f)*
puritanisme [pyʀitanism] *m* ❶ Sittenstrenge *f* ❷ HIST Puritanismus *m*
pur-sang [pyʀsɑ̃] <pur-sang *o* purs-sangs> *m* Vollblut[pferd] *nt*
purulent(e) [pyʀylɑ̃, ɑ̃t] *adj* MED *infection, plaie* eitrig
pus¹ [py] *m* Eiter *m*
pus² [py] *passé simple de* **pouvoir**
pustule [pystyl] *f* ❶ MED [Eiter]bläschen *nt,* Pustel *f Fachspr.* ❷ *d'un crapaud* Warze *f*
putain [pytɛ̃] **I.** *f (péj vulg)* Nutte *f sl* **II.** *interj (fam: exprime la colère)* Scheiße *vulg; (exprime l'incrédulité)* Donnerwetter *fam*
putatif, -ive [pytatif, -iv] *adj père, enfant* vermeintlich; *mariage* nichtig, für nichtig erklärt
pute [pyt] *f (péj vulg)* Nutte *f*
putois [pytwa] *m* Iltis *m*
P
putréfaction [pytʀefaksjɔ̃] *f d'un corps* Verwesung *f*
putréfier [pytʀefje] <1a> **I.** *vt* verwesen lassen; ***être putréfié(e)*** verwest sein **II.** *vpr **se** ~* verwesen
putrescible [pytʀesibl] *adj* [leicht] verderblich; ***une matière non ~*** ein Stoff, der nicht [biologisch] abbaubar ist
putride [pytʀid] *adj* faul; *eau, odeur* faulig
putsch [putʃ] *m* Putsch *m*
putschiste [putʃist] *m souvent pl* Putschist(in) *m(f)*
puzzle [pœzl, pœzœl] *m* ❶ *(jeu)* Puzzle[spiel *nt*] *nt* ❷ *(problème complexe)* Rätsel *nt*

Aussprache
Das -u- in **puzzle** wird nicht als [a] wie im Deutschen, sondern als [œ] in der französischen Aussprache artikuliert.

p.-v. [peve] *m inv abr de* **procès-verbal** *(fam)* Strafzettel *m*
PVC [pevese] *m inv abr de* **polyvinylchloride** PVC *nt*
pygmée [pigme] *adj langue, littérature* pygmäisch
Pygmée [pigme] *m* Pygmäe *m*
pyjama [piʒama] *m* Schlafanzug *m,* Pyjama *m; **en** ~* im Schlafanzug
pylône [pilon] *m* ❶ TECH Mast *m; ~ **électrique*** Leitungsmast; *(pour lignes à haute tension)* Hochspannungsmast ❷ ARCHIT Pylon *m*
pyramidal(e) [piʀamidal, o] <-aux> *adj* pyramidenförmig, pyramidal; ***faisceau ~*** ANAT Pyramidenbahn *f*
pyramide [piʀamid] *f* ❶ ARCHIT Pyramide *f* ❷ GEOM Pyramide *f* ❸ *(empilement en forme de pyramide)* Pyramide *f; ~ **humaine*** [Menschen]pyramide ❹ SOCIOL ***~ des âges*** Alterspyramide *f*
pyrénéen(ne) [piʀeneɛ̃, neɛn] *adj* pyrenäisch
Pyrénées [piʀene] *fpl **les** ~* die Pyrenäen
pyromane [piʀɔman] **I.** *adj* an Pyromanie leidend **II.** *mf* Brandstifter(in) *m(f)*
python [pitɔ̃] *m* Pythonschlange *f,* Python *m*

Qq

Q, q [ky] *m inv* Q *nt*, q *nt*
Qatar [kataʀ] *m* ***le*** ~ Katar *nt*
Q.C.M. [kyseɛm] *m inv abr de* **questionnaire à choix multiple** Multiple-Choice-Fragebogen *m*
Q.G. [kyʒe] *m inv (fam) abr de* **quartier général** ❶ MIL Hauptquartier *nt* ❷ *(fam: lieu de rencontre)* Treffpunkt *m;* ~ ***des gens de lettres*** Literatentreff *m fam*
QI [kyi] *inv m abr de* **quotient intellectuel** IQ *m*
QR code [kyeʀkɔd] *m abr de* **Quick Response Code** QR-Code *m*
qu' [k] *v.* **que**
quad [kwad] *m* Quad *nt*
quadra [kwadʀa] *mf (fam: personne) abr de* **quadragénaire** Vierziger(in) *m(f)*
quadragénaire [k(w)adʀaʒenɛʀ] **I.** *adj* in den Vierzigern **II.** *mf* Mann *m*/Frau *f* in den Vierzigern
quadrangulaire [k(w)adʀɑ̃gylɛʀ] *adj* viereckig
quadrant [kadʀɑ̃] *m* MATH Quadrant *m*
quadrilatère [k(w)adʀilatɛʀ] *m* Viereck *nt*
quadrillé(e) [kadʀije] *adj* kariert
quadriller [kadʀije] <1> *vt* ❶ *(procéder à une opération militaire, policière)* ~ ***qc*** in etw *dat* ein flächendeckendes Netz von Kontrollpunkten errichten ❷ *(tracer des lignes)* ~ ***qc*** etw in Quadrate einteilen
quadrimoteur [kadʀimotœʀ] **I.** *adj avion* viermotorig **II.** *m* viermotoriges Flugzeug *nt*
quadrupède [k(w)adʀypɛd] **I.** *adj* vierfüßig **II.** *m* Vierfüßer *m*
quadruple [k(w)adʀypl] *adj* vierfach; ***une*** ~ ***rangée de chaises*** vier Reihen Stühle
quadrupler [k(w)adʀyple] <1> **I.** *vi* sich vervierfachen **II.** *vt* vervierfachen
quadruplés, quadruplées [k(w)adʀyple] *m, f pl* Vierlinge *Pl*
quai [ke] *m* ❶ TRANSP *d'une gare, station de métro* Bahnsteig *m* ❷ *(pour accoster)* Kai *m* ❸ *(voie publique)* Uferstraße *f;* ***les ~s de la Seine*** das Seineufer ❹ POL ***Quai d'Orsay*** *Sitz des französischen Außenministeriums*
quaker, quakeresse [kwɛkœʀ, kwɛkʀɛs] *m, f* Quäker(in) *m(f)*
qualificatif [kalifikatif] *m (expression)* Bezeichnung *f*
qualificatif, -ive [kalifikatif, -iv] *adj* GRAM ***adjectif*** ~ Adjektiv *nt*
qualification [kalifikasjɔ̃] *f* ❶ SPORT Qualifikation *f;* ***match de*** ~ Qualifikationsspiel *nt* ❷ *(expérience)* ~ ***professionnelle*** berufliche Qualifikation *f*
qualifié(e) [kalifje] *adj* ❶ *(compétent) personne* kompetent ❷ *(formé)* qualifiziert; ***personnel*** ~ Fach[arbeits]kräfte *Pl*
qualifier [kalifje] <1> *vpr* SPORT ***se*** ~ ***pour qc*** sich für etw qualifizieren
qualitatif, -ive [kalitatif, -iv] *adj analyse* qualitativ; ***différence qualificative*** Qualitätsunterschied *m*
qualitativement [kalitativmɑ̃] *adv* qualitativ, in Bezug auf die Qualität
qualité [kalite] *f* ❶ *(valeur)* Qualität *f;* ***de première*** ~ erstklassig ❷ *(caractéristique positive)* Vorzug *m; d'une personne* gute Eigenschaft *f;* ***~s morales*** charakterliche Qualitäten
quand [kɑ̃] **I.** *adv* wann; ***depuis/jusqu'à ~?*** seit/bis wann?; ***de*** ~ ***date ce livre?*** wann ist dieses Buch erschienen? **II.** *conj* ❶ *(temporel: événement unique du passé ou du présent)* als; *(événement répétitif, événement unique du futur)* wenn ❷ *(fam: le moment où, le fait que)* wenn ❸ *(exclamatif)* ~ ***je pense que ...!*** wenn ich daran denke, dass ...! ▶ ~ **même** *(malgré cela)* trotzdem; *(fam: tout de même)* doch; ***tu aurais*** ~ ***même pu avertir*** du hättest doch Bescheid sagen können
quant [kɑ̃t] *prep (pour ce qui concerne)* ~ ***à qn/qc*** was jdn/etw betrifft; ~ ***à moi*** ich für mein[en] Teil
quant-à-soi [kɑ̃taswa] *m inv* [vornehme] Zurückhaltung; ***rester sur son*** ~ sich [sehr] reserviert verhalten/[sehr] reserviert sein
quantième [kɑ̃tjɛm] *m (littér)* Tag *m* [eines/des Monats]; ***quel*** ~ ***tenons-nous?*** welches Datum haben wir heute?
quantifiable [kɑ̃tifjabl] *adj* quantifizierbar
quantifier [kɑ̃tifje] <1a> *vt* ❶ *(chiffrer)* in Zahlen *akk* fassen ❷ PHYS quanteln
quantitatif, -ive [kɑ̃titatif, -iv] *adj* quantitativ
quantitativement [kɑ̃titativmɑ̃] *adv* mengenmäßig, quantitativ
quantité [kɑ̃tite] *f* ❶ *(nombre)* Menge *f; (au sujet d'objets dénombrables)* Anzahl *f; (au sujet de personnes)* Zahl *f;* ***être*** ~

Q

négligeable unwichtig sein ❷ *(grand nombre)* ***[une] ~ de personnes/choses*** eine Menge Menschen/Dinge; ***[des] ~s de personnes*** unzählige Menschen; ***[des] ~s de choses*** Unmengen *Pl* von Dingen; ***en ~*** unzählig

quantum [k(w)ɑ̃tɔm, k(w)ɑ̃ta] <quanta> *m* Quant *nt Fachspr.;* ***théorie des quanta*** Quantentheorie *f*

quarantaine [kaʀɑ̃tɛn] *f* ❶ *(environ quarante)* ***une ~ de personnes/pages*** etwa vierzig Personen/Seiten ❷ *(âge approximatif)* ***avoir la ~*** [*o* ***une ~ d'années***] ungefähr vierzig [Jahre alt] sein; ***approcher de la ~*** auf die Vierzig zugehen; ***avoir largement dépassé la ~*** weit über vierzig [Jahre alt] sein ❸ MED Quarantäne *f* ▶ **qn/un animal est en ~** MED jd/ein Tier steht unter Quarantäne; *v. a.* **cinquantaine**

quarante [kaʀɑ̃t] **I.** *num* vierzig; ***~ et un*** einundvierzig; ***semaine de ~ heures*** Vierzigstundenwoche *f* **II.** *m inv* ❶ *(cardinal)* Vierzig *f* ❷ *(taille de confection)* ***faire du ~*** ≈ Größe 38 tragen ▶ **les Quarante** die [vierzig Mitglieder der] Académie française; *v. a.* **cinq, cinquante**

quarantième [kaʀɑ̃tjɛm] **I.** *adj antéposé* vierzigste(r, s) **II.** *mf* ***le/la ~*** der/die/das Vierzigste **III.** *m (fraction)* Vierzigstel *nt; v. a.* **cinquième**

quart [kaʀ] *m* ❶ *(quatrième partie d'un tout)* Viertel *nt;* ***trois ~s*** drei Viertel; ***~ de finale*** Viertelfinale *nt;* ***~ de siècle*** Vierteljahrhundert *nt* ❷ *(25 cl)* Viertelliter *m* ❸ *(15 minutes)* Viertelstunde *f;* ***un ~ d'heure*** eine Viertelstunde; *(dans le décompte des heures)* Viertel *nt;* ***il est 3 heures et/un ~*** es ist Viertel nach drei, es ist viertel vier SDEUTSCH; ***il est 4 heures moins le ~*** es ist Viertel vor vier, es ist drei viertel vier SDEUTSCH ❹ *(partie appréciable)* Großteil *m;* ***je n'ai pas fait le ~ de ce que je voulais faire*** ich habe nur einen Bruchteil dessen getan, was ich tun wollte; ***les trois ~s de qc*** der Großteil einer S. *gen;* ***les trois ~s du temps*** die meiste Zeit ▶ **au ~ de poil** *(fam)* haargenau; **au ~ de tour** sofort; **passer un mauvais** [*o* **sale**] **~ d'heure** Ärger bekommen

quarte [kaʀt] *f* ❶ MUS Quart[e] *f* ❷ *(cartes) Serie von vier aufeinanderfolgenden Karten derselben Farbe*

quarté [k(w)aʀte] *m* Rennquartett *nt (bei Pferdewetten)*

quartette [k(w)aʀtɛt] *m* MUS Quartett *nt*

quartier [kaʀtje] *m* ❶ *(partie de ville)* Viertel *nt;* ADMIN [Stadt]bezirk *m;* ***~ résidentiel*** Wohngebiet *nt;* ***le Quartier latin*** das Quartier Latin ❷ *(lieu où l'on habite, habitants)* Viertel *nt;* ***les gens du ~*** die Leute aus der Nachbarschaft ❸ CH *(banlieue)* ***~ périphérique*** Vorstadtviertel *nt,* Außenquartier *nt* CH ▶ **avoir ~ libre** *(être autorisé à sortir)* ausgehen dürfen; **ne pas faire de ~** kein Pardon kennen

quartier-maître [kaʀtjemɛtʀ] <quartiers-maîtres> *m* NAUT Maat *m*

quart-monde [kaʀmɔ̃d] <quarts-mondes> *m* ❶ *(pauvreté)* ***le ~*** die neue Armut; *(personnes défavorisées)* die Opfer *Pl* der neuen Armut ❷ *(pays les plus pauvres)* die Vierte Welt

quarto [kwaʀto] *adv (rare)* viertens

quartz [kwaʀts] *m* Quarz *m*

quasi [kazi] *adv* fast; ***~ mort*** halbtot

quasi-contractuel(le) [kazikɔ̃tʀaktyɛl] *adj* JUR *relation* vertragsähnlich

quasiment [kazimɑ̃] *adv (fam)* fast

quasi-totalité [kazitɔtalite] *f* überwiegende Mehrheit *f;* ***la ~ des électeurs a voté pour lui*** fast alle Wähler haben für ihn gestimmt

quatorze [katɔʀz] **I.** *num (cardinal)* vierzehn ▶ **c'est reparti comme en ~** und schon geht's wieder los **II.** *m inv* Vierzehn *f; v. a.* **cinq**

quatorzième [katɔʀzjɛm] **I.** *adj antéposé* vierzehnte(r, s) **II.** *mf* ***le/la ~*** der/die/das Vierzehnte **III.** *m (fraction)* Vierzehntel *nt; v. a.* **cinquième**

quatrain [katʀɛ̃] *m* Vierzeiler *m*

quatre [katʀ(ə)] **I.** *num (cardinal)* vier ▶ **monter l'escalier ~ à ~** *(vu d'en bas)* die Treppe hinaufstürzen; *(vu d'en haut)* die Treppe heraufstürzen; **descendre l'escalier ~ à ~** *(vu d'en haut)* die Treppe hinunterstürzen; *(vu d'en bas)* die Treppe herunterstürzen; **manger comme ~** für zwei essen; **boire comme ~** [sehr] viel trinken; **un de ces ~ [matins]** *(fam)* demnächst **II.** *m inv* Vier *f; v. a.* **cinq**

quatre-épices [katʀepis] *m o f inv* Piment *m o nt,* Nelkenpfeffer *m*

quatre-heures [katʀœʀ] *m inv (fam) süße Nachmittagsmahlzeit für Kinder*

quatre-quarts [kat(ʀə)kaʀ] *m inv Butterkuchen in rechteckiger Form*

quatre-quatre [katkatʀə] *m o f inv* AUT Auto *nt* mit Vierradantrieb [*o* Allradantrieb]

quatre-vingt [katʀəvɛ̃] <quatre-vingts> **I.** *num* ***~s*** achtzig; ***~ mille*** achtzigtausend **II.** *m* ***~s*** Achtzig *f; v. a.* **cinq, cinquante**

quatre-vingt-dix [katʀəvɛ̃dis] **I.** *num* neunzig **II.** *m inv* Neunzig *f; v. a.* **cinq, cinquante**

quatre-vingt-dixième [katʀəvɛ̃dizjɛm] <quatre-vingt-dixièmes> **I.** *adj antéposé* neunzigste(r, s) **II.** *mf* ***le/la*** ~ der/die/das Neunzigste **III.** *m (fraction)* Neunzigstel *nt; v. a.* **cinquième** **quatre-vingtième** [katʀəvɛ̃tjɛm] <quatre-vingtièmes> **I.** *adj antéposé* achtzigste(r, s) **II.** *mf* ***le/la*** ~ der/die/das Achtzigste **III.** *m (fraction)* Achtzigstel *nt; v. a.* **cinquième** **quatre-vingt-onze** [katʀəvɛ̃ɔ̃z] **I.** *num* einundneunzig **II.** *m inv* Einundneunzig *f; v. a.* **cinq, cinquante** **quatre-vingt-un(e)** [katʀəvɛ̃œ̃, -yn] **I.** *num* einundachtzig **II.** *m(f) inv* Einundachtzig *f; v. a.* **cinq, cinquante** **quatre-vingt-une** [katʀəvɛ̃yn] *f (table, chambre... numéro quatre-vingt-un)* Einundachtzig *f* **quatre-vingt-unième** [katʀəvɛ̃ynjɛm] **I.** *adj antéposé* einundachtzigste(r, s) **II.** *mf* ***le/la*** ~ der/die/das Einundachtzigste **III.** *m (fraction)* Einundachtzigstel *nt; v. a.* **cinquième**

quatrième [katʀijɛm] **I.** *adj antéposé* vierte(r, s) **II.** *mf* ***le/la*** ~ der/die/das Vierte **III.** *f* SCOL ≈ achte Klasse; *v. a.* **cinquième**

quatrièmement [katʀijɛmmɑ̃] *adv* viertens

quatuor [kwatɥɔʀ] *m (œuvre, musiciens)* Quartett *nt*

que [kə] <qu'> **I.** *conj* ① *(introduit une complétive)* dass; ***je ne crois pas que*** *+subj* ich glaube nicht, dass ② *(dans des formules de présentation)* ***peut-être*** ~ vielleicht ③ *(dans des questions)* ***qu'est-ce ~ c'est?*** was ist das?; ***qu'est-ce que c'est ~ ça?*** *(fam)* was ist denn das?; ***quand/où est-ce ~ tu pars?*** wann/wohin gehst du? ④ *(reprend une conjonction de subordination)* ***si tu as le temps et qu'il fait beau*** wenn du Zeit hast und es schön ist ⑤ *(introduit une proposition de temps)* ***ça fait trois jours qu'il est là*** er ist seit drei Tagen da ⑥ *(introduit une proposition de but)* damit; ***taisez-vous qu'on entende l'orateur!*** seien Sie still, damit man den Redner verstehen kann! ⑦ *(pour comparer)* ***plus/moins/autre ...*** ~ mehr/weniger/anders ... als; ***tout aussi ...*** ~ genauso ... wie; ***autant de ...*** ~ genauso viel(e) ... wie; ***tel*** ~ [genau] so, wie ⑧ *(seulement)* nur; ***ne ...*** ~ nur; ***il n'est arrivé qu'hier*** er ist erst gestern angekommen; ***la vérité, rien ~ la vérité*** die Wahrheit, nichts als die Wahrheit **II.** *adv (comme)* wie; ***[qu'est-ce] ~ c'est beau!*** wie schön das ist! **III.** *pron rel* ① *(complément direct: se rapportant à un substantif au singulier)* den/die/das; *(se rapportant à un substantif au pluriel)* die; ***ce*** ~ *(en fonction de sujet)* [das,] was; *(en fonction d'objet direct)* was; ***chose*** ~ was; ***quoi ~ tu dises*** was du auch sagst ② *(après une indication de temps)* ***un jour qu'il faisait beau*** eines Tages, als das Wetter schön war; ***toutes les fois qu'il vient*** jedes Mal, wenn er kommt; ***le temps ~ la police arrive, ...*** bis die Polizei [endlich] kommt, ... **IV.** *pron interrog* was ...?; ***qu'est-ce ~ ...?*** was ...?; ***ce*** ~ was ▶ **qu'est-ce qui vous prend?** was ist denn in Sie/euch gefahren?

Québec [kebɛk] *m* ① *(ville)* Québec *nt* ② *(région)* ***le*** ~ Québec *nt*

> **Land und Leute**
> Die Provinz **Québec** mit ihrer gleichnamigen Hauptstadt ist die östlichste und größte Provinz Kanadas. Montreal im Süden der Provinz ist Kanadas zweitgrößte Metropole. Der Anteil der Frankokanadier, also der Bevölkerung mit französischer Muttersprache, ist in **Québec**, gemessen am Rest des Landes, mit Abstand am höchsten (etwa 80 %).

québécois [kebekwa] *m* ***le*** ~ *in Québec gesprochenes Französisch*

québécois(e) [kebekwa, waz] *adj* aus Québec

Québécois(e) [kebekwa, waz] *m(f)* Québecer(in) *m(f)*

quel(le) [kɛl] **I.** *adj* ① *(dans une question)* welche(r, s), was für ein(e); ~ ***temps fait-il?*** wie ist das Wetter?; ***~le heure est-il?*** wie viel Uhr ist es?; ~ ***est le plus grand des deux?*** welcher von beiden ist größer?; ***je me demande ~le a pu être sa réaction*** ich frage mich, wie er/sie wohl reagiert hat; ~ ***que soit son choix*** ganz gleich, was er/sie wählt; ***~les que soient les conséquences, ...*** was für Folgen das auch immer haben wird, ... ② *(exclamation)* was für ein(e); ~ ***dommage!*** wie schade!; ~ ***talent!*** was für ein Talent! *fam* **II.** *pron* welche(r, s); ***de nous deux, ~ est le plus grand?*** wer ist der größere von uns beiden?

quelconque [kɛlkɔ̃k] *adj* ① *(n'importe quel)* ***un ...*** ~ irgendein ... ② *(ordinaire)* mittelmäßig; ***être très*** ~ überhaupt nichts Besonderes sein

quelque [kɛlk] **I.** *adj indéf, antéposé* ① *pl*

Q

(plusieurs) einige, ein paar; ***à ~s pas d'ici*** ein paar Schritte von hier entfernt ❷ *pl (petit nombre)* ***les ~s fois où …*** die wenigen Male, die … **II.** *adv* ▸ ~ **peu** etwas, ein wenig; **et** ~[s] *(fam)*: ***10 kg et ~s*** etwas mehr als 10 kg; ***cinq heures et ~[s]*** ein paar Minuten nach fünf

quelque chose [kɛlkəʃoz] *pron* etwas, was *fam*; ~ ***de beau*** etwas Schönes; ***c'est déjà ~!*** das ist doch immerhin etwas ▸ **apporter un petit ~ à qn** *(fam)* jdm eine Kleinigkeit mitbringen; **prendre un petit ~** *(fam: une collation)* einen Happen essen; *(un petit verre)* einen Schluck trinken; **il a dû y avoir ~ entre qn et qn** zwischen jdm und jdm muss [irgend]etwas vorgefallen sein; **c'est ~ [tout de même]!** *(fam)* das ist [doch] allerhand!; **être pour ~ dans qc** etwas mit etw zu tun haben; ~ **comme** etwa

quelquefois [kɛlkəfwa] *adv* manchmal

quelque part [kɛlkpaʀ] *adv* ***voir/lire/entendre ~*** irgendwo sehen/lesen/hören; ***aller/jeter ~*** irgendwohin gehen/werfen

quelques-uns, -unes [kɛlkəzœ̃, -yn] *pron indéf* ❶ *(un petit nombre de personnes)* einige; *(seulement une minorité)* einige wenige ❷ *(certaines personnes)* einige ❸ *(certains)* ***quelques-unes des personnes/choses*** einige Menschen/Dinge; ***j'en ai mangé ~/quelques-unes*** ich habe einige davon gegessen

quelqu'un [kɛlkœ̃] *pron indéf (une personne)* jemand; ~ ***d'autre*** jemand anders

quémander [kemɑ̃de] <1> *vt* ~ ***qc*** um etw betteln; ~ ***des secours à qn*** jdn um Hilfe anflehen

qu'en-dira-t-on [kɑ̃diʀatɔ̃] *m inv* ***se moquer du ~*** auf das Gerede der Leute pfeifen

quenelle [kənɛl] *f* GASTR ≈ [längliches] Klößchen *nt*, Nockerl *nt* A

querelle [kəʀɛl] *f* Streit *m kein Pl*

quereller [kəʀele] <1> *vpr* ***se ~ avec qn [à propos de qc]*** sich mit jdm [wegen etw] streiten

querelleur, -euse [kəʀelœʀ, -øz] *adj* streitlustig

quérir [keʀiʀ] <irr, déf> *vt* ***aller ~ qn*** *(littér)* jdn holen gehen; ***venir ~ qn*** *(littér)* jdn holen kommen

qu'est-ce que [kɛskə] *pron interrog* was

Grammatik und Co.
Fragesätze, die mit **qu'est-ce que** oder **qu'est-ce qu'** beginnen, haben dieselbe Wortstellung wie Aussagesätze:
qu'est-ce qu'elle a dit? – was hat sie gesagt?;
elle a dit que c'est juste – sie hat gesagt, dass das stimmt.

qu'est-ce qui [kɛski] *pron interrog* was

Grammatik und Co.
Fragesätze, die mit **qu'est-ce qui** beginnen, haben dieselbe Wortstellung wie Aussagesätze:
qu'est-ce qui se passe? – was ist los?;
il se passe des choses étranges – es geschehen merkwürdige Dinge.

question [kɛstjɔ̃] *f* ❶ *(demande)* Frage *f*; ***la ~ est: …*** die Frage ist [nur], …; ***poser une ~ à qn*** jdm eine Frage stellen; ***poser la ~ de confiance*** die Vertrauensfrage stellen; ***sans poser de ~s*** ohne viel zu fragen; ***[re]mettre qc en ~*** etw infrage stellen ❷ *(problème)* ***c'est une ~ de temps*** das ist eine Frage der Zeit; ***c'est toute la ~*** das ist die große Frage; ***ce n'est pas la ~*** darum geht es [hier/jetzt] nicht ❸ *(domaine)* ***c'est une ~ d'habitude*** das ist [nur] eine Frage der Gewohnheit ❹ *(ensemble de problèmes soulevés)* Problem *nt*; ***la ~ du chômage*** das Problem der Arbeitslosigkeit; ***la ~ du pétrole/trou d'ozone*** das Erdöl-/Ozonlochproblem ▸ **il est ~ de qn/qc** *(il s'agit de)* es geht um jdn/etw; *(on parle de)* es ist die Rede von jdm/etw; **il n'est pas ~ de qc** etw ist völlig ausgeschlossen; **hors de ~** das kommt überhaupt nicht infrage; **pas ~!** *(fam)* [das] kommt nicht in die Tüte!; ~ **qc, …** *(fam)* in puncto etw, …

questionnaire [kɛstjɔnɛʀ] *m* ❶ *(formulaire)* Fragebogen *m*; ~ ***à choix multiple*** Multiple-Choice-Fragebogen *m* ❷ *(série de questions)* Fragen *Pl*

questionner [kɛstjɔne] <1> *vt (interroger)* ~ ***qn sur qc*** *jury:* jdm zu etw Fragen stellen; *police:* jdn zu etw befragen

question-piège [kɛstjɔ̃pjɛʒ] <questions-pièges> *f* ❶ *(apparemment facile)* Fußangel *f* ❷ *(pour nuire)* Fangfrage *f*

quête [kɛt] *f (collecte d'argent)* [Geld]sammlung *f*; ***faire la ~*** *(dans la rue) association:* [Geld] sammeln; *chanteur des rues:* Geld einsammeln

quêter [kete] <1> **I.** *vi* ~ ***pour qn/qc*** für jdn/etw sammeln **II.** *vt (littér: solliciter)* bitten um *suffrages;* heischen *geh regard, compliment, éloges;* ~ ***l'affection de qn*** *personne:* sich um jds Zuneigung bemühen; *animal:* um Zuneigung betteln

quêteur, -euse [kɛtœʀ, -øz] *m, f* Spendensammler(in) *m(f)*

quetsche [kwɛtʃ] *f* ❶ *(fruit)* Zwetsche *f*, Zwetschge *f* SDEUTSCH, CH ❷ *(eau-de-vie)* Zwetschenschnaps *m/*-wasser *nt*, Zwetschgenschnaps/-wasser SDEUTSCH, CH

queue [kø] *f* ❶ ZOOL Schwanz *m* ❷ BOT Stiel *m* ❸ *d'une casserole, poêle* Stiel *m;* ~ ***de billard*** Queue *f* ❹ TRANSP *d'un train, métro* Zugende *nt* ❺ *(fam: pénis)* Schwanz *m vulg* ❻ *(file de personnes)* Schlange *f;* ***faire la*** ~ Schlange stehen; ***se mettre à la*** ~ sich anstellen ❼ *(fig)* ~ ***de cheval*** Pferdeschwanz *m* ▶ **être rond comme une ~ de pelle** *(fam)* sternhagelvoll sein; **faire une ~ de poisson à qn** jdn [beim Überholen] schneiden; **n'avoir ni ~ ni tête** weder Hand noch Fuß haben; **à la ~ basse** *(fam)* mit eingezogenem Schwanz

queue-de-pie [kød(ə)pi] <queues-de--pie> *f* Frack *m*

qui [ki] **I.** *pron rel* ❶ *(comme sujet: se rapportant à un substantif au singulier)* der/die/das; *(se rapportant à un substantif au pluriel)* die; ***toi ~ sais tout*** du weißt doch alles; ***le voilà ~ arrive*** da kommt er ja; ***j'en connais ~ ...*** ich kenne Leute, die ...; ***c'est lui/elle ~ a fait cette bêtise*** er/sie hat diesen Blödsinn gemacht; ***ce ~ ...*** *(servant de sujet)* [das,] was ...; *(se rapportant à une phrase principale)* ..., was ...; ***ce ~ se passe est grave*** [das,] was sich da ereignet, ist schlimm; ***chose ~ ...*** was ... ❷ *(comme complément, remplace une personne)* ***la dame à côté de ~ tu es assis/tu t'assois*** die Dame, neben der du sitzt/neben die du dich setzt; ***l'ami dans la maison de ~ ...*** der Freund, in dessen Haus ...; ***la dame à ~ c'est arrivé*** die Dame, der das passiert ist ❸ *(celui qui)* wer; ~ ***fait qc ...*** *(introduisant un proverbe, dicton)* wer etw tut, ... ▶ **c'est à ~ criera le plus fort** jeder will am lautesten schreien; **~ que tu sois** ganz gleich, wer du bist; **je ne veux être dérangé par ~ que ce soit** ich möchte von niemandem gestört werden **II.** *pron interrog* ❶ *(qui est-ce qui)* ~ ***...?*** wer ...?; ~ ***ça?*** wer?; ~ ***c'est qui est là?*** wer ist denn da? ❷ *(question portant sur la personne complément direct)* ~ ***...?*** wen/wem ...?; ~ ***as-tu vu?*** wen hast du gesehen?; ~ ***croyez-vous?*** wem glauben Sie? ❸ *(question portant sur la personne complément indirect)* ***à/avec/pour/chez ~ ...?*** wem/mit wem/für wen/bei wem ...? ❹ *(marque du sujet, personne ou chose)* ***qui est-ce ~ ...?*** wer ...?; ***qu'est-ce ~ ...?*** was ...?

quiche [kiʃ] *f* ~ ***[lorraine]*** Quiche Lorraine *f*

quiconque [kikɔ̃k] **I.** *pron rel (celui qui)* ~ ***veut venir*** wer kommen will; *(toute personne qui)* jeder, der ... **II.** *pron indéf (personne)* ***hors de question que ~ sorte*** es kommt nicht infrage, dass irgendjemand hinausgeht; ***elle ne veut recevoir d'ordres de ~*** sie will sich *dat* von niemandem etwas vorschreiben lassen

quidam [k(ɥ)idam] *m (hum fam)* jemand; ***qui est ce ~?*** wer ist [denn] das?

qui est-ce que [kiɛskə] *pron interrog (question portant sur une personne en position complément)* wen/wem; ***avec/par/pour ~ ...?*** mit wem/durch wen/für wen ...?

qui est-ce qui [kiɛski] *pron interrog (question portant sur une personne en position sujet)* wer

quiétude [kjetyd] *f (littér)* Ruhe *f*, Gelassenheit *f;* ***en toute ~*** in aller Ruhe

quignon [kiɲɔ̃] *m (fam)* ~ ***[de pain]*** Brotkanten *m*

quille [kij] *f* ❶ JEUX Kegel *m;* ***jouer aux ~s*** kegeln ❷ *(fam: fin du service militaire)* Abgang *m; (sortie de prison)* Entlassung *f*

quincaillerie [kɛ̃kɑjʀi] *f* ❶ *(magasin d'articles de ménage)* Haushaltswarengeschäft *nt* ❷ *(magasin de petit outillage)* Eisenwarenhandlung *f*

quinine [kinin] *f* Chinin *nt*

quinoa [kinɔa] *m* BOT, GASTR Quinoa *nt*, Reismelde *f*

quinqua [kɛ̃ka] *mf (fam: personne) abr de* **quinquagénaire** Fünfziger(in) *m(f)*

quinquagénaire [kɛ̃kaʒenɛʀ, kɥɛ̃kwaʒenɛʀ] **I.** *adj* in den Fünfzigern **II.** *mf* Mann *m/*Frau *f* in den Fünfzigern

quinquennal(e) [kɛ̃kenal, -o] <-aux> *adj (qui a lieu tous les cinq ans)* fünfjährlich

quinquennat [kɛ̃kena] *m* fünfjährige Regierungszeit

quintal [kɛ̃tal, -o] <-aux> *m* Doppelzentner *m*

quinte [kɛ̃t] *f* MED ~ ***de toux*** Hustenanfall *m*

quinté [kɛ̃te] *m* Rennquintett *nt*

quintessence [kɛ̃tesɑ̃s] *f (littér)* Quintessenz *f geh*

quintette [k(ɥ)ɛ̃tɛt] *m* Quintett *nt;* ~ ***pour piano*** Klavierquintett

Q

quintuple [kɛ̃typl] *adj* ❶ fünffach; ~ ***de qc*** fünfmal so groß wie etw ❷ *antéposé (au nombre de cinq)* fünffach

quintupler [kɛ̃typle] <1> **I.** *vi* sich verfünffachen **II.** *vt* verfünffachen

quinzaine [kɛ̃zɛn] *f* ❶ *(environ quinze)* ***une ~ de personnes/pages*** etwa fünfzehn Personen/Seiten ❷ *(deux semaines)* ***revenir dans une ~ [de jours]*** in zwei Wochen wiederkommen; ***la première ~ de janvier*** die erste Januarhälfte

quinze [kɛ̃z] **I.** *num* fünfzehn; ***tous les ~ jours*** alle vierzehn Tage [*o* zwei Wochen] **II.** *m inv* ❶ *(cardinal)* Fünfzehn *f* ❷ SPORT ***le ~ d'Irlande*** die irische Rugby-Nationalmannschaft; *v. a.* **cinq**

quinzième [kɛ̃zjɛm] **I.** *adj antéposé* fünfzehnte(r, s) **II.** *mf* ***le/la ~*** der/die/das Fünfzehnte **III.** *m (fraction)* Fünfzehntel *nt; v. a.* **cinquième**

quinzomadaire [kɛ̃zɔmadɛʀ] *m* 14-täglich erscheinende Zeitschrift

quiproquo [kipʀɔko] *m* Verwechslung *f*

quittance [kitɑ̃s] *f* Quittung *f,* Beleg *m;* ***faire une ~ à qn*** jdm eine Quittung ausstellen

quitte [kit] *adj* ❶ *(sans dettes)* ***être ~*** quitt [miteinander] sein *fam* ❷ *(au risque de)* ***~ à faire qc*** auch auf die Gefahr hin, dass man/jd etw tut

quitte ou double [kitudubl] *m sans pl* ❶ *(le tout pour le tout)* alles oder nichts ❷ JEUX *Name eines Ratespiels;* ***jouer ~*** „quitte ou double" spielen ▸ **jouer** ~ *(risquer un grand coup)* alles auf eine Karte setzen

Q

quitter [kite] <1> *vt* ❶ *(prendre congé de)* ***~ qn*** jdn verlassen; ***ne quittez pas*** TELEC bleiben Sie am Apparat ❷ *(rompre avec)* verlassen *femme, mari, amant, famille* ❸ *(sortir de)* ***~ qc*** etw verlassen ❹ *(partir de)* verlassen *ville, pays;* ***~ l'école*** die Schule verlassen; ***ils ont quitté Paris*** sie sind aus Paris weggezogen ❺ *(ne plus rester sur)* ***la voiture a quitté la route*** das Auto kam von der Straße ab ❻ INFORM ***~ un logiciel*** [*o* ***un programme***] ein Programm beenden

quitus [kitys] *m* ***donner ~ à qn*** jdn entlasten; ***~ du gérant*** Entlastung des Geschäftsführers

qui-vive [kiviv] *m inv* ***être/rester sur le ~*** *(sur ses gardes)* sehr wachsam sein/bleiben; *(en état d'alerte)* in Alarmbereitschaft sein/bleiben

quiz [kwiz] *m* Quiz[sendung *f*] *nt*

quoi [kwa] **I.** *pron rel* ❶ *(annexe d'une phrase principale complète)* ***..., ce à ~ il ne s'attendait pas ...,*** womit er nicht rechnete; ***..., ce en ~ elle se trompait ...,*** worin sie sich täuschte ❷ *(dans une question indirecte)* ***elle ne comprend pas ce à ~ on fait allusion*** sie versteht nicht, worauf angespielt wird; ***ce sur ~ je veux que nous discutions*** das, worüber ich mit Ihnen/euch sprechen möchte ❸ *(comme pronom relatif)* ***à/de ~ ...*** woran/worüber ...; ***voilà de ~ je voulais te parler*** [gerade] darüber wollte ich mit dir sprechen; ***voilà à ~ je pensais*** [gerade] daran dachte ich ❹ *(cela)* ***..., après ~ ...*** ..., [und] danach ... ❺ *(ce qui est nécessaire pour)* ***de ~ faire qc*** etwas um etw zu tun; ***as-tu de ~ écrire?*** hast du etwas zum Schreiben?; ***elle n'a pas de ~ vivre*** sie hat nicht genug zum Leben; ***il y a de ~ s'énerver, non?*** darüber kann man sich doch wirklich aufregen, oder?; ***il est très fâché – il y a de ~!*** er ist sehr böse – dazu hat er allen Grund!; ***il n'y a pas de ~ rire*** da gibt es nichts zu lachen ▸ **il n'y <u>a</u> pas de ~!** keine Ursache!; **<u>avoir</u> de ~** *(fam)* gut betucht sein; **~ que ce <u>soit</u>** irgendetwas; ***si tu as besoin de ~ que ce soit, ...*** wenn du irgendetwas brauchst, ...; ***elle n'a jamais dit ~ que ce soit*** sie hat nie auch nur das Geringste gesagt; **~ qu'il en <u>soit</u>** wie dem auch sei; **<u>comme</u> ~** *(fam)* woraus folgt, dass; ***comme ~ on peut se tromper!*** wie man sich doch täuschen kann!; **~ <u>que</u>** ganz gleich, was **II.** *pron interrog* ❶ + *prép* ***à ~ penses-tu*** [*o* ***est-ce que tu penses***] ***?*** woran denkst du?; ***dites-nous à ~ cela sert*** sagt uns, wozu das gut ist; ***de ~ n'est-elle pas capable/a-t-elle besoin?*** wozu ist sie nicht in der Lage/was braucht sie?; ***cette chaise est en ~?*** *(fam)* woraus ist dieser Stuhl?; ***par ~ commençons-nous?*** womit fangen wir an? ❷ *(fam: qu'est-ce que)* was; ***c'est ~, ce truc?*** was ist denn das da [für ein Ding]?; ***tu sais ~?*** weißt du was?; ***~ encore?*** was ist denn jetzt schon wieder?; ***tu es idiot, ou ~?*** *(fam)* bist du dumm oder was? ❸ *(qu'est-ce qu'il y a de ...?)* ***~ de neuf?*** was gibt's Neues?; ***~ de plus facile/beau que ...?*** was gibt es Einfacheres/Schöneres als ...? ❹ *(fam: comment?)* was? ▸ **<u>de</u> ~[, de ~]?** *(fam)* was ist los? **III.** *interj* ❶ *(marque la surprise: comment!)* ***~!*** was! ❷ *(fam: en somme)* ***..., ~!*** eben ...!; ***il n'est pas bête, il manque un peu d'intelligence, ~!*** er ist nicht dumm, er ist eben nur ein bisschen beschränkt!

quoique [kwak(ə)] *conj* obwohl

> **Grammatik und Co.**
> Nach **quoique** steht immer der Subjonctif:
> *quoiqu'il soit bien jeune – obwohl er sehr jung ist.*

quolibet [kɔlibɛ] *m* Spöttelei *f*
quota [k(w)ɔta] *m* Quote *f*
quote-part [kɔtpaʀ] <quote-parts> *f* Anteil *m*, anteilmäßiger Betrag; JUR Eigentumsanteil; ***payer sa ~ de qc*** seinen Anteil an etw *dat* bezahlen; ***~ de bénéfice*** Gewinnanteil *m*; ***~ de bénéfice préférentiel*** Vorzugsgewinnanteil; ***~ de cotisation*** anteilmäßiger Beitrag; ***~ de liquidation*** Liquidationsquote *f*
quotidien [kɔtidjɛ̃] *m* ❶ *(journal)* Tageszeitung *f*; ***un ~ du matin/soir*** eine Morgen-/Abendzeitung ❷ *(vie quotidienne)* Alltag *m*; *(train-train)* tägliches Einerlei
quotidien(ne) [kɔtidjɛ̃, jɛn] *adj* ❶ *(journalier)* täglich; ***vie ~ne*** Alltag *m*; *(train-train)* tägliches Einerlei ❷ *(banal)* banal
quotidiennement [kɔtidjɛnmɑ̃] *adv* täglich
quotient [kɔsjɑ̃] *m* Quotient *m*
quotité [kɔtite] *f* JUR Anteil *m*, anteiliger Betrag *m*; ***~ disponible*** frei verfügbarer Erbteil *m*

Rr

R, r [ɛʀ] *m inv* R *nt*, r *nt*; ***rouler les r*** das R rollen
rab [ʀab] *m (fam)* ***il y a du ~*** es ist noch etwas übrig
rabâchage [ʀabɑʃaʒ] *m* ❶ *(répétition fastidieuse)* ***faire du ~*** den Lernstoff wiederkäuen ❷ *(radotage)* immer das Gleiche
rabâcher [ʀabɑʃe] <1> *vt (ressasser)* ***~ les mêmes choses à qn*** jdm ständig dieselben Dinge sagen
rabais [ʀabɛ] *m* Rabatt *m*
rabaisser [ʀabese] <1> *vt (dénigrer)* herabsetzen; ***~ qn au niveau d'un animal*** jdn zu einem Tier erniedrigen
rabane [ʀaban] *f* [Raphia]bastgeflecht *nt*; ***natte en ~*** [geflochtene] Bastmatte
rabat [ʀaba] *m d'une poche* Klappe *f*; *d'une enveloppe* Lasche *f*
rabat-joie [ʀabaʒwa] *mf inv* Spielverderber *m*
rabatteur [ʀabatœʀ] *m* ❶ CHASSE Treiber *m* ❷ COM Kundenfänger *m* ❸ POL Stimmenfänger *m*
rabattre [ʀabatʀ] <irr> **I.** *vt* ❶ *(refermer)* herunterklappen *couvercle, siège;* umschlagen *col* ❷ *(faire un rabais) commerçant:* nachlassen ❸ CHASSE ***~ le gibier*** das Wild treiben **II.** *vpr* **se ~** ❶ *(changer de direction)* wieder einscheren ❷ *(accepter faute de mieux)* ***se ~ sur qn/qc*** sich mit jdm/etw begnügen
rabbin [ʀabɛ̃] *m* REL Rabbiner *m*
rabbinat [ʀabina] *m* Rabbinat *nt*
rabelaisien(ne) [ʀablɛzjɛ̃, jɛn] *adj (truculent) personnage, plaisanterie, style* derb; *verve* lebensfroh
rabibocher [ʀabibɔʃe] <1> *(fam)* **I.** *vt (rafistoler)* flicken **II.** *vpr* ***se ~*** sich versöhnen
rabioter [ʀabjɔte] <1> *(fam)* **I.** *vt* ❶ *(obtenir en plus)* abstauben *fam* ❷ *(extorquer)* ergattern *fam* **II.** *vi* schnorren *fam*
râblé(e) [ʀɑble] *adj personne* stämmig; *animal* kräftig
rabot [ʀabo] *m* Hobel *m*
raboter [ʀabɔte] <1> *vt* TECH abhobeln *planche*
raboteux, -euse [ʀabɔtø, -øz] *adj* ❶ *(inégal)* uneben ❷ *(fig) style* grob; *voix* rau
rabougri(e) [ʀabugʀi] *adj personne* alt und gebückt
rabrouer [ʀabʀue] <1> *vt* anfahren
racaille [ʀakɑj] *f* Abschaum *m kein Pl pej*
raccommodage [ʀakɔmɔdaʒ] *m (réparation)* Flicken *nt*, Ausbessern *nt*; ***faire du ~*** Flickarbeiten ausführen
raccommodement [ʀakɔmɔdmɑ̃] *m (fam)* Versöhnung *f*
raccommoder [ʀakɔmɔde] <1> **I.** *vt (réparer)* flicken, stopfen *chaussettes* **II.** *vpr (fam)* ***se ~*** sich versöhnen
raccompagner [ʀakɔ̃paɲe] <1> *vt* ***~ qn à la maison*** jdn nach Hause begleiten
raccord [ʀakɔʀ] *m* ❶ *(jonction)* Nahtstelle *f* ❷ *(retouche)* Ausbesserung *f* ❸ *(enchaînement)* Überleitung *f*; CINE Über-

R

gang *m* ❹ *(joint)* Verbindungsstück *nt* ❺ ▸ **faire un ~** *(fam: de maquillage)* sein Make-up auffrischen

raccordement [ʀakɔʀdəmɑ̃] *m* Verbindung *f*, Anschluss *m;* ELEC Schaltung *f*

raccorder [ʀakɔʀde] <1> **I.** *vt (joindre)* [miteinander] verbinden *tuyaux, routes;* **~ *qn au réseau*** TELEC jdn an das Netz anschließen **II.** *vpr* ***se ~ à qc*** *(se relier) route:* mit etw verbunden sein

raccourci [ʀakuʀsi] *m* ❶ *(chemin)* Abkürzung *f* ❷ INFORM **~ *clavier*** Shortcut *m*, Hotkey *m*

raccourcir [ʀakuʀsiʀ] <8> **I.** *vt (rendre plus court)* kürzen *texte, vêtement* **II.** *vi (devenir plus court) jour, vêtement:* kürzer werden; *vêtement: (au lavage)* einlaufen

raccourcissement [ʀakuʀsismɑ̃] *m* Kürzen *nt*

raccroc [ʀakʀo] *m* ▸ **par ~** *(par hasard)* durch Zufall; *(par chance)* durch einen Glücksfall

raccrocher [ʀakʀɔʃe] <1> **I.** *vi* ❶ TELEC auflegen ❷ SPORT *(fam: renoncer) professionnel:* aufhören **II.** *vpr (se cramponner)* ***se ~ à qn/qc*** sich an jdn/etw klammern

race [ʀas] *f* ❶ *(groupe ethnique)* Rasse *f* ❷ *(sorte)* Spezies *f*, Gattung *f; péj)* Brut *f fam*, Sippe *f fam;* ***sale ~*** üble Brut *fam;* ***être de la même ~*** vom gleichen Schlag sein ❸ *(espèce zoologique)* Rasse *f;* ***chien/cheval de ~*** Rassehund *m*/-pferd *nt* ▸ **déchirer sa ~** *(fam)* [voll] der Hammer sein; ***ça déchire sa race!*** *(fam)* das ist ja voll der Hammer!

rachat [ʀaʃa] *m* ❶ JUR, FIN, ECON Rückkauf *m; d'une rente* Ablösung *f; d'un titre* Einlösung *f* ❷ *(pardon) d'une faute* Vergeben *nt; d'un péché* Vergebung *f*

R

racheter [ʀaʃte] <4> **I.** *vt* ❶ *(acheter en plus)* nachkaufen ❷ *(acheter d'autrui)* **~ *une table à qn*** jdm einen Tisch abkaufen **II.** *vpr* ***se ~ d'une faute*** einen Fehler wiedergutmachen

rachitique [ʀaʃitik] *adj* ❶ MED rachitisch ❷ *(chétif) personne* schwächlich

rachitisme [ʀaʃitism] *m* Rachitis *f*

racial(e) [ʀasjal, -jo] <-aux> *adj loi, problème, haine* Rassen-

racine [ʀasin] *f* ❶ BOT Wurzel *f* ❷ *(origine)* Ursache *f;* ***la ~ du mal*** die Wurzel des Übels ▸ **prendre ~** Wurzeln schlagen

racisme [ʀasism] *m* ❶ *(théorie des races)* Rassismus *m* ❷ *(hostilité)* **~ *anti-jeunes*** Feindseligkeit *f* gegenüber Jugendlichen

raciste [ʀasist] **I.** *adj* rassistisch **II.** *mf* Rassist *m*

racket [ʀakɛt] *m* Schutzgelderpressung *f*

racketter [ʀakete] <1> *vt* **~ *qn*** Schutzgelder von jdm erpressen

racketteur, -euse [ʀakɛtœʀ, -øz] *m, f* Erpresser(in) *m(f)*

raclée [ʀɑkle] *f (fam)* ❶ *(volée de coups)* Tracht *f* Prügel ❷ *(défaite)* Schlappe *f fam*

racler [ʀɑkle] <1> **I.** *vt* ❶ *(nettoyer)* scheuern *casserole;* abputzen *semelles, sabots;* abkratzen *boue, croûte* ❷ *(frotter)* schleifen; ***le garde-boue racle le pneu*** das Schutzblech schleift am Reifen **II.** *vpr* ***se ~ la gorge*** sich räuspern

raclette [ʀɑklɛt] *f (fromage)* Raclettekäse *m; (spécialité)* Raclette *f o nt*

racolage [ʀakɔlaʒ] *m* ❶ *(recrutement)* Anwerbung *f*, Anwerben *nt;* ***faire du ~*** die Werbetrommel rühren ❷ *(action d'une prostituée)* Anwerben *nt* von Kunden

racoler [ʀakɔle] <1> *vt* werben *adeptes, clients, électeurs; prostituée:* ansprechen

racoleur, -euse [ʀakɔlœʀ, -øz] *adj publicité, affiche* ins Auge springend; *slogan* reißerisch

racontar [ʀakɔ̃taʀ] *m gén pl, (fam)* Tratsch *m kein Pl*, Klatsch *m kein Pl*

raconter [ʀakɔ̃te] <1> *vt* ❶ *(narrer)* **~ *une histoire à qn*** jdm eine Geschichte erzählen; **~ *un voyage*** eine Reise schildern ❷ *(dire à la légère)* erzählen *histoires, balivernes;* ***c'est du moins ce qu'elle raconte*** das zumindest erzählt sie ▸ **~ sa vie à qn** *(fam)* jdm sein [ganzes] Leben erzählen; **je te/vous raconte pas** *(fam)* ich kann dir/euch sagen

raconteur, -euse [ʀakɔ̃tœʀ, -øz] *m, f (soutenu)* Erzähler(in) *m(f)*

racorni(e) [ʀakɔʀni] **I.** *part passé de* **racornir** **II.** *adj* ❶ *(durci) cuir* verhärtet ❷ *(fig) idées* verstaubt

racornir [ʀakɔʀniʀ] <8> **I.** *vt* ❶ *(durcir)* hart machen, hart sein ❷ *(rendre insensible)* abstumpfen, verhärten *cœur, âme* **II.** *vpr* ***se ~*** hart werden; *cuir, peau:* hart werden, sich verhärten; *viande:* zäh werden

radar [ʀadaʀ] **I.** *m* Radar[gerät *nt*] *m o nt* **II.** *app* ***écran ~*** Radarschirm *m*

rade [ʀad] *f* Reede *f*

radeau [ʀado] <x> *m (assemblage flottant)* Floß *nt;* **~ *de sauvetage*** Rettungsinsel *f*

radial(e) [ʀadjal, jo] <-aux> *adj* TECH strahlenförmig, radial; ***pneu ~*** [*o* ***à carcasse ~e***] Radialreifen *m*, Gürtelreifen

radian [ʀadjɑ̃] *m* Radiant *m*

radiateur [ʀadjatœʀ] *m* ❶ *(de chauffage central)* Heizkörper *m* ❷ AUT Kühler *m*

radiation [ʀadjasjɔ̃] *f* ❶ PHYS, TECH Strahlung *f* ❷ *a.* JUR *(action de rayer)* Streichung *f; d'une hypothèque, clause* Löschung *f*

radical [ʀadikal, -o] <-aux> *m* LING Stamm *m*

radical(e) [ʀadikal, -o] <-aux> *adj* ❶ *(total)* radikal, grundlegend; *refus* grundsätzlich ❷ *(énergique)* radikal; *mesure* radikal, einschneidend, tief greifend ❸ *(foncier)* fundamental; ***instinct*** ~ Urinstinkt *m;* ***principe*** ~ Grundprinzip *nt;* ***l'islam*** ~ der radikale Islam

radicalement [ʀadikalmɑ̃] *adv* ❶ *(entièrement)* radikal, grundlegend ❷ *(absolument)* vollkommen, völlig

radicalisation [ʀadikalizasjɔ̃] *f d'un point de vue, d'une position* Erhärtung *f; de la lutte, du climat* Verschärfung *f; d'un régime, d'une théorie* Radikalisierung *f*

radicaliser [ʀadikalize] <1> **I.** *vt* verschärfen *conflit;* verhärten *position;* radikalisieren *opinion, théorie* **II.** *vpr* ***se*** ~ *parti, régime, théorie:* radikaler werden; *conflit:* sich verschärfen; *position:* sich verhärten

radicalisme [ʀadikalism] *m* Radikalismus *m*

radicelle [ʀadisɛl] *f* BOT Seitenwurzel *f*

radier [ʀadje] <1> *vt* streichen *candidat, nom;* ***~ qn du barreau/de l'ordre des médecins*** jdn aus der Anwaltskammer/Ärztekammer ausschließen

radieux, -ieuse [ʀadjø, -jøz] *adj* strahlend

radin(e) [ʀadɛ̃, in] **I.** *adj (fam: avare)* knauserig **II.** *m(f) (fam)* Geizkragen *m,* Pfennigfuchser(in) *m(f)*

radiner [ʀadine] <1> *vpr (fam)* ***se*** ~ auftauchen; ***allez, radine-toi!*** komm endlich!

radinerie [ʀadinʀi] *f (fam)* Knauserigkeit *f,* Pfennigfuchserei *f*

radio [ʀadjo] *f* ❶ *(poste)* Radio[gerät] *nt;* ***allumer/éteindre la*** ~ das Radio ein-/ausschalten ❷ *(radiodiffusion)* Radio *nt,* Rundfunk *m;* ***passer à la*** ~ im Radio kommen ❸ *(station)* Sender *m;* ***~ locale/libre*** Regionalradio/freies Radio ❹ MED Röntgenaufnahme *f;* ***passer une*** ~ eine Röntgenaufnahme machen lassen

radioactif, -ive [ʀadjoaktif, -iv] *adj* radioaktiv

radioactivité [ʀadjoaktivite] *f* Radioaktivität *f*

radioamateur, -trice [ʀadjoamatœʀ, -tʀis] *m, f* Funkamateur(in) *m(f)*

radiocassette [ʀadjokasɛt] *f* Radio[kassetten]recorder *m*

radiocommandé(e) [ʀadjokɔmɑ̃de] *adj* funkgesteuert

radiocommunication [ʀadjokɔmynikasjɔ̃] *f* Funkverständigung *f*

radiodiagnostic [ʀadjodjagnɔstik] *m* MED Röntgendiagnose *f*

radiodiffuser [ʀadjodifyze] <1> *vt* senden [im Rundfunk], ausstrahlen [über den Rundfunk]; ***être radiodiffusé(e)*** *émission, journal:* über [den] Rundfunk ausgestrahlt sein

radiodiffusion [ʀadjodifyzjɔ̃] *f (vieilli)* Rundfunk *m*

radioélectrique [ʀadjoelɛktʀik] *adj* Funk-; ***ondes ~s*** Funkwellen *Pl*

radioélément [ʀadjoelemɑ̃] *m* radioaktives Element *nt*

radiofréquence [ʀadjofʀekɑ̃s] *f* Funkfrequenz *f*

radiographie [ʀadjɔgʀafi] *f* MED ❶ *(procédé)* Röntgen *nt* ❷ *(cliché)* Röntgenaufnahme *f,* Röntgenbild *nt;* ***appareil de*** ~ Röntgengerät *nt*

radiographier [ʀadjɔgʀafje] <1a> *vt* MED röntgen *malade, organe;* ***se faire*** ~ sich röntgen lassen

radioguidage [ʀadjogidaʒ] *m* AVIAT, NAUT Funksteuerung *f;* AUT Verkehrsfunk *m*

radiologie [ʀadjɔlɔʒi] *f* Radiologie *f*

radiologique [ʀadjɔlɔʒik] *adj* radiologisch; ***examen*** ~ Röntgenuntersuchung *f*

radiologue [ʀadjɔlɔg] *mf* Radiologe *m*

radiophonique [ʀadjɔfɔnik] *adj* ***pièce*** ~ Hörspiel *nt*

radiopiloté(e) [ʀadjopilɔte] *adj* funkgesteuert

radioprotection [ʀadjopʀɔtɛksjɔ̃] *f* Strahlenschutz *m;* ***ordonnance sur la*** [*o* ***réglementation en***] ~ Strahlenschutzverordnung *f*

radioreportage [ʀadjoʀ(ə)pɔʀtaʒ] *m* Rundfunkreportage *f*

radioreporter [ʀadjoʀəpɔʀtɛʀ] *mf* Rundfunkreporter(in) *m(f)*

radioréveil [ʀadjoʀevɛj] *m* Radiowecker *m*

radio-réveil [ʀadjoʀevɛj] <radios-réveils> *m* Radiowecker *m*

radioscopie [ʀadjɔskɔpi] *f* ❶ MED Röntgen *nt,* Röntgendurchleuchtung *f,* Radioskopie *f Fachspr.;* ***passer à la*** ~ geröntgt werden ❷ *(analyse)* Analyse *f* **radio-taxi** [ʀadjotaksi] <radio-taxis> *m* Funktaxi *nt*

radiotechnique [ʀadjotɛknik] **I.** *adj amé-*

R

nagement, nouveauté rundfunktechnisch **II.** *f* Rundfunktechnik *f*
radiotélégraphie [ʀadjotelegʀafi] *f* Funktelegrafie *f*
radiotéléphone [ʀadjotelefɔn] *m* Funktelefon *nt*
radiotélescope [ʀadjoteleskɔp] *m* Radioteleskop *nt*
radiotélévisé(e) [ʀadjotelevize] *adj* ***message ~ du chef de l'État*** Rundfunk- und Fernsehansprache des Staatschefs
radiothérapeute [ʀadjoteʀapøt] *mf* Strahlentherapeut(in) *m(f)*, Radiotherapeut(in), Strahlenmediziner(in) *m(f)*
radiothérapie [ʀadjoteʀapi] *f* Strahlentherapie *f*, Röntgenbehandlung *f*
radis [ʀadi] *m* Radieschen *nt; (grand radis)* Rettich *m* ▶ **ne pas valoir un ~** *(fam)* keinen Pfifferling wert sein
radium [ʀadjɔm] *m* Radium *nt*
radius [ʀadjys] *m* ANAT Speiche *f*
radotage [ʀadɔtaʒ] *m* ❶ *(rabâchage)* ständiges Wiederholen ❷ *(fam: papotage)* Geschwätz *nt kein Pl pej fam*
radoter [ʀadɔte] <1> *vi* ❶ *(rabâcher)* sich wiederholen ❷ *(déraisonner)* Unsinn reden
radoteur, -euse [ʀadɔtœʀ, -øz] *m, f* Schwätzer(in) *m(f) fam*
radoucir [ʀadusiʀ] <8> *vpr* **se ~** ❶ *(se calmer) personne:* sich besänftigen ❷ METEO *température:* milder werden; *temps:* sich bessern
radoucissement [ʀadusismɑ̃] *m de la température* Milderung *f; du temps* Besserung *f*
rafale [ʀafal] *f* METEO Bö[e] *f;* ***~ de neige/pluie*** Schnee-/Regenschauer *m;* ***~ de vent*** Windstoß *m;* ***le vent souffle en ~s*** der Wind bläst in Böen
raffermir [ʀafɛʀmiʀ] <8> *vpr* ***se ~*** *(devenir ferme) voix:* fester werden; *peau, tissu:* straffer werden; *muscles:* kräftiger werden
raffinage [ʀafinaʒ] *m du pétrole, sucre* Raffinieren *nt; du caoutchouc, papier, des métaux* Veredelung *f*
raffiné(e) [ʀafine] *adj* ❶ *(délicat)* edel, fein; *goût, plat* erlesen; *personne, esprit* vornehm, kultiviert ❷ *(recherché)* subtil; *coup* raffiniert
raffinement [ʀafinmɑ̃] *m* ❶ *(délicatesse) du goût, des manières* Feinheit *f*, Erlesenheit *f; d'une personne* Kultiviertheit *f*, Vornehmheit *f* ❷ *pl (recherche)* Übertriebenheit *f; d'une toilette* Künstelei *f* ❸ *(manifestation extrême d'un sentiment)* ***~ de cruauté*** Übermaß *nt* an Grausamkeit
raffiner [ʀafine] <1> *vt* ❶ IND raffinieren *pétrole, sucre;* veredeln *métaux, papier* ❷ *(affiner)* verfeinern *goût, langage*
raffinerie [ʀafinʀi] *f* Raffinerie *f;* ***~ de pétrole/sucre*** Öl-/Zuckerraffinerie
raffoler [ʀafɔle] <1> *vi* ***~ de qn/qc*** in jdn/etw vernarrt sein
raffut [ʀafy] *m (fam)* Radau *m* ▶ **faire du ~** *(faire un scandale)* Staub aufwirbeln *fam*
rafiot [ʀafjo] *m (fam)* Nussschale *f fam;* ***un vieux ~*** ein Seelenverkäufer *m*
rafistolage [ʀafistɔlaʒ] *m (fam)* Zusammenflicken *nt; fig)* Notbehelf *m*
rafistoler [ʀafistɔle] <1> *vt (fam)* zusammenflicken *chaussures, meuble*
rafle [ʀafl] *f (arrestation)* Razzia *f*, Massenverhaftung *f;* ***être pris dans une ~*** bei einer Razzia verhaftet werden
rafler [ʀafle] <1> *vt (fam)* mitgehen lassen
rafraîchir [ʀafʀeʃiʀ] <8> *vpr* **se ~** ❶ *(devenir plus frais) air, temps, température:* abkühlen ❷ *(boire)* sich erfrischen ❸ *(se laver)* sich abkühlen ❹ *(arranger sa toilette, son maquillage)* sich frisch machen
rafraîchissant(e) [ʀafʀeʃisɑ̃, ɑ̃t] *adj* ❶ *(apportant la fraîcheur) boisson, brise* erfrischend ❷ *(tonifiant)* erfrischend, anregend
rafraîchissement [ʀafʀeʃismɑ̃] *m* ❶ *(boisson)* Erfrischung *f* ❷ INFORM ***cycle de ~ de la mémoire*** Refreshzyklus *m*
raft [ʀaft] *m* Schlauchboot *nt* (für Wildwasserfahrten)
rafting [ʀaftiŋ] *m* Rafting *nt*
ragaillardir [ʀagajaʀdiʀ] <8> *vt boisson, repos:* stärken; *nouvelle:* aufmuntern
rage [ʀaʒ] *f* ❶ *(colère)* Wut *f;* ***être fou de ~*** rasend vor Wut sein ❷ *(envie)* Sucht *f*, Drang *m;* ***la ~ de vivre*** der Drang zu leben ❸ MED Tollwut *f*
rageant(e) [ʀaʒɑ̃, ɑ̃t] *adj* ***c'est ~*** *(fam)* das ist ärgerlich
rager [ʀaʒe] <2a> *vi (fam)* toben, wütend sein
rageur, -euse [ʀaʒœʀ, -ʒøz] *adj* wütend; *personne* jähzornig
rageusement [ʀaʒøzmɑ̃] *adv* wutentbrannt
ragondin [ʀagɔ̃dɛ̃] *m* ❶ *(animal)* Biberratte *f*, Nutria *f* ❷ *(fourrure)* Nutria *m*
ragot [ʀago] *m (fam)* Klatsch *m kein Pl*, Tratsch *m kein Pl*
ragoût [ʀagu] *m* Ragout *nt;* ***~ de mouton/veau*** Hammel-/Kalbsragout
rai [ʀɛ] *m* ❶ *(littér) de soleil, d'une étoile*

R

Strahl *m* ❷ TECH *d'une roue en bois* Speiche *f*

raï [Raj] *m* MUS Rai *m*

raid [Rɛd] *m* MIL Überfall *m,* Angriff *m;* ~ ***aérien*** Luftangriff

raide [Rɛd] **I.** *adj* ❶ *personne* starr, unbeweglich; *corps, membre* steif; *cheveux* glatt ❷ *(escarpé)* steil ❸ *(fam) alcool* stark; *vin* schwer ❹ *(fam: ivre)* ***être*** **~** breit sein *fam,* zu sein *fam* **II.** *adv* ❶ *(en pente)* steil ❷ *(brusquement)* ***tomber ~ mort*** plötzlich tot umfallen

raideur [RɛdœR] *f* ❶ *(rigidité) du corps* Unbeweglichkeit *f; d'un geste* Eckigkeit *f; d'un membre* Steifheit *f* ❷ *du chemin* Abschüssigkeit *f; de l'escalier* Steilheit *f*

raidillon [Redijɔ̃] *m* Steilhang *m*

raidir [RediR] <8> *vpr* ***se*** **~** *(se tendre) muscles:* sich anspannen; *membres:* sich versteifen; *personne:* sich verkrampfen

raidissement [Redismɑ̃] *m* ❶ *(tension) du corps, des muscles* Anspannung *f; d'une corde, d'un tissu* Spannung *f; du cuir* Verhärten *nt* ❷ *(intransigeance) d'une attitude* Unnachgiebigkeit *f; d'une opinion* Starrsinn *m* ❸ *(perte de souplesse)* Versteifung *f*

raie[1] [Rɛ] *f (ligne)* Streifen *m*

raie[2] [Rɛ] *indic et subj prés de* **rayer**

raierai [RɛRɛ] *fut de* **rayer**

raifort [RɛfɔR] *m* Meerrettich *m*

rail [Rɑj] *m* CHEMDFER, TECH Schiene *f;* ***deux wagons sont sortis des ~s*** zwei Wagen sind entgleist

railler [Rɑje] <1> **I.** *vt (littér)* verspotten **II.** *vpr* ***se ~ de qn/qc*** sich über jdn/etw lustig machen

raillerie [RɑjRi] *f* Spott *m*

railleur, -euse [RɑjœR, -øz] **I.** *adj* spöttisch; ***avoir l'esprit*** **~** spöttisch [*o* zynisch] sein **II.** *m, f* Spötter(in) *m(f)*

rainette [Rɛnɛt] *f* Laubfrosch *m*

rainure [RenyR] *f* Rille *f*

raisin [Rɛzɛ̃] *m* Traube *f;* ***~s secs*** Rosinen *Pl*

raison [Rɛzɔ̃] *f* ❶ *(motif)* Grund *m;* ***~ d'être*** Daseinsberechtigung *f;* ***~ de vivre*** Lebensinhalt *m;* ***avoir de bonnes/mauvaises ~s*** gute/schlechte Gründe haben; ***avoir de fortes ~s de penser que*** schwerwiegende Gründe haben zu glauben, dass; ***ce n'est pas une ~ pour faire qc*** das ist kein Grund etw zu tun; ***avoir ses ~s*** seine Gründe haben ❷ *(sagesse)* Vernunft *f;* ***ramener qn à la ~*** jdn wieder zur Vernunft bringen ❸ *(facultés intellectuelles)* Verstand *m;* ***avoir toute sa ~*** bei [klarem] Verstand sein; ***perdre la ~*** den Verstand verlieren ► **la ~ du plus fort est toujours la meilleure** *(prov)* der Stärkere hat immer Recht; **pour la bonne ~ que je le veux** aus dem einfachen Grund, weil ich es will *fam;* **à plus forte ~** *(après une affirmation)* umso mehr; *(après une négation)* geschweige denn; **à tort ou à ~** zu Recht oder zu Unrecht; **avoir ~** Recht haben; **donner ~ à qn** jdm Recht geben; **entendre ~** Vernunft annehmen; **se faire une ~** sich damit abfinden; **pour quelle ~** weshalb, warum; **pour une ~ ou pour une autre** aus diesem oder jenem Grund

raisonnable [Rɛzɔnabl] *adj* vernünftig

raisonnablement [Rɛzɔnabləmɑ̃] *adv* vernünftig

raisonné(e) [Rɛzɔne] *adj* ❶ *(réfléchi) attitude* besonnen; *décision, projet* gut durchdacht ❷ *(systématique)* systematisch; *méthode* gezielt

raisonnement [Rɛzɔnmɑ̃] *m* ❶ *(façon de penser)* Denkweise *f* ❷ *(argumentation)* Schlussfolgerung *f;* ***~ analogique/déductif*** Analogieschluss *m*/deduktiver Schluss

raisonner [Rɛzɔne] <1> *vt (ramener à la raison)* zur Vernunft bringen

rajeunir [RaʒœniR] <8> **I.** *vt* ❶ *(rendre plus jeune)* verjüngen ❷ *(abaisser l'âge moyen)* verjüngen; ***ça ne me/nous rajeunit pas*** *(hum)* tja, ich werde/wir werden eben auch nicht jünger *fam* **II.** *vi* ❶ *(se sentir plus jeune)* sich jünger fühlen ❷ *(sembler plus jeune)* jünger scheinen

rajeunissement [Raʒœnismɑ̃] *m* ❶ Verjüngung *f;* ***cure de ~*** Verjüngungskur *f* ❷ *d'une théorie, d'un ouvrage* Aktualisierung *f,* Überarbeitung *f; d'une institution, du personnel* Verjüngung *f*

rajout [Raʒu] *m* Ergänzung *f,* Zusatz *m*

rajouter [Raʒute] <1> *vt* ***~ une phrase à qc*** einen Satz zu etw hinzufügen; ***il faut ~ du sel/sucre*** man muss etwas Salz/Zucker hinzugeben ► **en ~** *(fam)* übertreiben

rajuster [Raʒyste] <1> *vt (remettre en place)* zurechtrücken *vêtement, lunettes*

râlant [Rɑlɑ̃] *adj* ***c'est ~*** *(fam)* das ist ärgerlich

ralenti [Ralɑ̃ti] *m* ❶ CINE, TV Zeitlupe *f;* ***au ~*** im Zeitlupentempo *fam;* CINE, TV in Zeitlupe ❷ AUT Leerlauf *m*

ralentir [Ralɑ̃tiR] <8> **I.** *vt* verlangsamen, bremsen *zèle, activité* **II.** *vi marcheur, véhicule:* abbremsen; *progrès:* abnehmen; *croissance:* zurückgehen **III.** *vpr* **se ~** ❶ *(devenir plus lent) allure, mouvement:* sich verlangsamen ❷ *(diminuer) ardeur, effort,*

R

zèle: abnehmen, nachlassen; *production, croissance:* zurückgehen

ralentissement [ʀalɑ̃tismɑ̃] *m de l'allure, de la marche, circulation* Verlangsamung *f*

ralentisseur [ʀalɑ̃tisœʀ] *m* ❶ TECH *d'un camion* Zusatzbremse *f* ❷ PHYS *(modérateur)* Moderator *m*

râler [ʀɑle] <1> *vi (grogner)* ~ ***contre qn/qc*** über jdn/etw motzen *fam;* ***faire*** ~ ***qn*** jdn ärgern

râleur, -euse [ʀɑlœʀ, -øz] **I.** *adj (fam)* motzig **II.** *m, f (fam)* Meckerer *m/*Meckerziege *f,* Motzer(in) *m(f)*

ralliement [ʀalimɑ̃] *m* ❶ MIL Sammlung *f,* Sammeln *nt* ❷ *(adhésion)* ~ ***à une cause*** Unterstützung *f* einer Sache *gen;* ~ ***à un mouvement*** Anschluss *m* an eine Bewegung

rallier [ʀalje] <1a> *vt* ❶ *(gagner)* gewinnen *adeptes* ❷ *(unir des personnes pour une cause commune)* vereinen ❸ *(rejoindre)* ~ ***une unité*** sich einer Einheit *dat* anschließen; ~ ***la côte*** an der Küste *dat* anlegen ❹ *(rassembler)* sammeln *troupes;* einsammeln *enfants*

rallonge [ʀalɔ̃ʒ] *f* ❶ *(d'une table)* Ausziehplatte *f* ❷ ELEC Verlängerungskabel *nt*

rallonger [ʀalɔ̃ʒe] <2a> *vt* verlängern

rallumer [ʀalyme] <1> *vt (allumer)* wieder anzünden *cigarette, feu;* wieder anmachen *lampe, lumière;* wieder einschalten *électricité, lumière*

rallye [ʀali] *m* Rallye *f*

RAM [ʀam] *f abr de* **Random Access Memory** RAM *m*

ramadan [ʀamadɑ̃] *m* Ramadan *m*

ramage [ʀamaʒ] *m (chant) des oiseaux* Gesang *m,* Gezwitscher *nt*

ramassage [ʀamɑsaʒ] *m* ❶ *(collecte) du bois mort* Sammeln *nt; des balles de tennis* Einsammeln *nt; des fruits tombés* Auflesen *nt,* Einsammeln; ~ ***des déchets*** Müllbeseitigung *f* ❷ *(récolte) des fruits* Lese *f,* Lesen *nt; du foin* Ernte *f* ❸ TRANSP ~ ***scolaire*** Schulbusservice *m*

ramassé(e) [ʀamɑse] *adj* ❶ *(trapu)* untersetzt ❷ *(concis) expression, formule* kurz; *style* knapp ❸ *(blotti) village* zurückgezogen **ramasse-poussière** [ʀamaspusjɛʀ] <ramasse-poussière[s]> *m* NORD, BELG *(pelle à poussière)* Schaufel *f,* Kehrschaufel *f*

ramasser [ʀamɑse] <1> **I.** *vt* ❶ *(collecter)* sammeln *champignons, bois mort, coquillages;* einsammeln *ordures, copies;* zusammentragen, zu etw kommen *argent* ❷ *(fam: embarquer)* festnehmen ❸ *(relever une personne qui est tombée)* ~ ***qn qui est ivre mort*** jdn aufrichten, der total betrunken ist ❹ *(prendre ce qui est tombé par terre)* aufheben ► ~ **qn dans le ruisseau** *(péj)* jdn aus der Gosse auflesen *fam* **II.** *vpr* ***se*** ~ *(fam: tomber)* hinpurzeln

rambarde [ʀɑ̃baʀd] *f d'une jetée* Geländer *nt; d'un navire* Reling *f*

rame [ʀam] *f (aviron)* Ruder *nt*

rameau [ʀamo] <x> *m* BOT Zweig *m*

ramener [ʀamne] <4> **I.** *vt* ❶ *(reconduire)* ~ ***qn chez soi*** jdn nach Hause zurückbringen ❷ *(faire revenir)* zurückbringen *confiance, paix;* ~ ***qn à la vie*** jdn ins Leben zurückbringen; ~ ***qn à de meilleurs sentiments*** jdn auf bessere Gedanken bringen; ~ ***qn à la raison*** jdn zur Vernunft bringen ❸ *(amener avec soi)* ~ ***qn/qc de Paris*** jdn/etw von Paris mitbringen; ~ ***un cadeau à qn*** *(fam)* jdm ein Geschenk mitbringen; ***ramène-moi du pain, s'il te plaît*** bring mir bitte Brot mit ► **la** ~ *(fam: être prétentieux)* angeben; *(râler)* motzen; ~ **tout à soi** *(être égocentrique)* immer nur an sich *akk* denken **II.** *vpr (fam: arriver)* ***se*** ~ aufkreuzen

ramequin [ʀamkɛ̃] *m (moule)* kleine Auflaufform *f*

ramer [ʀame] <1> *vi* ❶ NAUT rudern ❷ *(fam: peiner)* sich abstrampeln

rameur [ʀamœʀ] *m* Rudergerät *nt*

rameuter [ʀamøte] <1> **I.** *vt* ❶ CHASSE ~ ***les chiens de la meute*** die Hundemeute wieder zusammentreiben ❷ *(rassembler)* ~ ***les militants*** die aktiven Mitglieder wieder zusammenholen **II.** *vpr* ***se*** ~ sich [ver]sammeln

rami [ʀami] *m* Rommé *nt*

ramification [ʀamifikasjɔ̃] *f* ❶ BOT Verzweigung *f* ❷ *(fig)* Verästelung *f; d'un réseau, d'une science* Zweig *m*

ramifier [ʀamifje] <1a> *vpr* ***se*** ~ ***en qc*** *branche, famille, nerf, science:* sich in etw *akk* verzweigen; *route, voie:* sich in etw *akk* gabeln; ***être ramifié(e)*** *tige, veine:* verästelt sein; *voie:* verzweigt sein

ramolli(e) [ʀamɔli] **I.** *adj* ❶ *beurre, biscuit, glace* weich ❷ *(péj) personne* vertrottelt *fam; cerveau* eingerostet *fam* **II.** *m(f) (péj)* vertrottelte(r) Alte(r) *f(m) fam*

ramollir [ʀamɔliʀ] <8> *vpr* **se** ~ ❶ *asphalte, beurre:* weich werden ❷ *(s'affaiblir) ardeur, volonté:* nachlassen

ramollissement [ʀamɔlismɑ̃] *m* Erweichung *f*

ramollo [ʀamɔlo] **I.** *adj* ❶ *(péj: gâteux)* vertrottelt *fam,* schrullig *fam* ❷ *(fam:*

mou) ***être/se sentir*** ~ eine Mattscheibe haben *fam,* rammdösig sein *fam* **II.** *mf* ❶ *(péj: gâteux)* Vertrottelte(r) *f(m) fam,* Tattergreis(in) *m(f) fam* ❷ *(fam: mollasson)* Weichling *m,* Waschlappen *m fam*

ramoner [ʀamɔne] <1> *vt* entrußen, fegen *cheminée;* reinigen *pipe*

ramoneur [ʀamɔnœʀ] *m* Schornsteinfeger(in) *m(f),* Kaminfeger(in) *m(f)* SDEUTSCH, CH

rampe [ʀɑ̃p] *f* ❶ *(rambarde) d'un escalier* Geländer *nt* ❷ *(plan incliné)* Rampe *f;* ~ ***d'accès*** *(d'un ferry)* [Zufahrts]rampe *f; (d'un parking)* Einfahrt *f* ❸ *(montée)* Steigung *f* ❹ *(lumières)* Beleuchtung[sanlage *f*] *f;* THEAT Rampe *f*

ramper [ʀɑ̃pe] <1> *vi* ❶ *(progresser par reptation) animal, enfant:* kriechen ❷ *(pousser) lierre, vigne:* klettern ❸ *(s'abaisser)* ~ ***devant qn*** vor jdm kriechen

ramure [ʀamyʀ] *f* ❶ *(soutenu: branchage)* Geäst *nt geh,* Astwerk *nt* ❷ *(andouiller)* Geweih *nt*

rancard [ʀɑ̃kaʀ] *m (fam: rendez-vous)* Treff *m*

rancarder [ʀɑ̃kaʀde] <1> **I.** *vt* ❶ *(arg: renseigner)* heimlich benachrichtigen ❷ *(fam: donner un rendez-vous à)* ~ ***qn*** mit jdm einen Treff ausmachen *fam* **II.** *vpr* ***se*** ~ *(arg: se renseigner)* sich erkundigen

rancart [ʀɑ̃kaʀ] *m* ▶ **mettre qc au** ~ *(fam)* etw ausrangieren *fam;* ***une table bonne à mettre au*** ~ ein Tisch gehört ausrangiert; **mettre qn au** ~ *(fam)* jdn aufs Abstellgleis schieben *fam*

rance [ʀɑ̃s] **I.** *adj* ranzig **II.** *m* ***sentir le*** ~*/* ***avoir un goût de*** ~ ranzig riechen/schmecken

ranch [ʀɑ̃tʃ] <[e]s> *m* Ranch *f*

rancir [ʀɑ̃siʀ] <8> *vi* ranzig werden; ***beurre ranci*** ranzige Butter

rancœur [ʀɑ̃kœʀ] *f* Groll *m*

rançon [ʀɑ̃sɔ̃] *f* ❶ *(rachat)* Lösegeld *nt* ❷ *(prix)* ***la*** ~ ***de la gloire/du succès/progrès*** der Preis des Ruhmes/Erfolges/Fortschritts

rançonner [ʀɑ̃sɔne] <1> *vt* ❶ *(racketter)* erpressen ❷ *(fig littér: mettre à rançon)* ~ ***les clients/contribuables*** die Kunden/Steuerzahler prellen [*o* übervorteilen]

rancune [ʀɑ̃kyn] *f* ***garder*** ~ ***à qn de qc*** jdm etw nachtragen ▶ **sans** ~! nichts für ungut!

rancunier, -ière [ʀɑ̃kynje, -jɛʀ] *adj* nachtragend

randomiser [ʀɑ̃dɔmize] <1> *vt (spéc)* randomisieren *Fachspr.*

randonnée [ʀɑ̃dɔne] *f (à pied)* Wanderung *f; (à bicyclette)* Tour *f;* ~ ***en montagne*** Bergwanderung; ~ ***à bicyclette*** [*o* ***à vélo***] [Fahr]radtour; ~ ***à skis*** Skitour, Skiwandern *nt;* ***chaussures/vêtements de*** ~ Wanderschuhe *Pl*/-kleidung *f;* ***chemin*** [*o* ***sentier***] ***de grande*** ~ *Bezeichnung der ausgeschilderten französischen Hauptwanderwege*

randonneur, -euse [ʀɑ̃dɔnœʀ, -øz] *m, f* Wanderer *m*/Wanderin *f;* ~***(-euse) à vélo*** Radwanderer/-wanderin

rang [ʀɑ̃] *m* ❶ *(suite de personnes ou de choses)* Reihe *f;* ***en*** ~ ***par deux*** in Zweierreihen; ***mettez-vous en*** ~ stellt euch in einer Reihe auf ❷ *(rangée de sièges)* Reihe *f;* ~ ***de chaises*** Stuhlreihe; ***au cinquième*** ~ in der fünften Sitzreihe; ***se placer au premier*** ~ sich in die erste Reihe setzen ❸ *(position dans un ordre ou une hiérarchie)* Platz *m* ❹ *(condition)* Rang *m;* ***le*** ~ ***social*** die soziale Schicht; ***garder/tenir son*** ~ seinen Stand wahren

Aussprache

Die Endung -g in **rang** wird nicht gesprochen.

rangé(e) [ʀɑ̃ʒe] *adj* solide

range-chaussures [ʀɑ̃ʒʃosyʀ] *m inv* Schuhschrank *m*

rangée [ʀɑ̃ʒe] *f* Reihe *f*

rangement [ʀɑ̃ʒmɑ̃] *m* ❶ *(fait de ranger) d'une pièce* Aufräumen *nt; d'objets* Verstauen *nt* ❷ *(possibilités de ranger)* Stauraum *m*

ranger [ʀɑ̃ʒe] <2a> **I.** *vt* ❶ *(mettre en ordre)* aufräumen *maison, tiroir* ❷ *(mettre à sa place)* zurückstellen *objet;* aufräumen *vêtements* ❸ *(classer)* ordnen *dossiers, fiches* **II.** *vi* ***il passe son temps à*** ~ er verbringt seine Zeit mit Aufräumen **III.** *vpr* **se** ~ ❶ *(s'écarter) piéton:* beiseitegehen; *véhicule:* den Platz freimachen ❷ *(se mettre en rang)* sich aufstellen ❸ *(devenir plus sérieux) personnes:* solide werden

ranimer [ʀanime] <1> *vt* ❶ *(ramener à la vie)* wiederbeleben *noyé, personne évanouie* ❷ *(revigorer) air, boisson:* [wieder] aufmuntern

rap [ʀap] *m* Rap *m*

rapace [ʀapas] **I.** *adj* ❶ *(avide)* räuberisch; ***oiseau*** ~ Raubvogel *m* ❷ *(cupide) homme* *d'affaires, usurier* habgierig, gewinnsüchtig **II.** *m* ORN Raubvogel *m*

rapacité [ʀapasite] *f* Habgier *f*

râpage [ʀɑpaʒ] *m* Reiben *nt,* Raspeln *nt*

rapatrié(e) [ʀapatʀije] *m(f)* Repatriierte(r) *f(m)*

rapatriement [ʀapatʀimɑ̃] *m* ❶ *(transfert de personnes)* Rückkehr *f* ins Heimatland; *d'un prisonnier de guerre* Rückführung *f* ❷ *(transfert de biens)* Rückbeförderung *f*

rapatrier [ʀapatʀije] <1> *vt (ramener)* [zurück]bringen *personne, biens;* zurückführen *prisonnier de guerre*

râpe [ʀɑp] *f* ❶ GASTR Raspel *f,* Reibe *f* ❷ TECH Grobfeile *f*

râpé(e) [ʀɑpe] *adj amandes, fromage* gerieben ▶ **c'est** ~ *(fam)* das ist geplatzt

râper [ʀɑpe] <1> *vt* reiben *fromage;* reiben, raspeln *betteraves, carottes*

rapetasser [ʀap(ə)tase] <1> *vt (fam)* flicken, auf Vordermann bringen *fam*

rapetissement [ʀap(ə)tismɑ̃] *m* ❶ *(fait de rapetisser)* Schrumpfen *nt* ❷ *(effet optique)* Verkleinerung *f*

rapetisser [ʀap(ə)tise] <1> *vi* kleiner werden; *jour:* kürzer werden

râpeux, -euse [ʀɑpø, -øz] *adj langue, peau* rau; *goût, vin* herb

rapiat(e) [ʀapja, jat] *(fam)* **I.** *adj* knauserig, knickrig **II.** *m(f)* Knauser(in) *m(f)*

> **Falsche Freunde**
> Nicht verwechseln mit *rabiat* – *brutal(e)*!

rapide [ʀapid] **I.** *adj* ❶ *(d'une grande vitesse)* schnell; *manière, progrès, réponse* rasch; *geste, main, personne* flink; ***une décision trop*** ~ eine übereilte Entscheidung ❷ *décision, démarche* schnell; *besogne* flink; *examen* flüchtig **II.** *m (train)* Schnellzug *m*

rapidement [ʀapidmɑ̃] *adv* schnell, rasch; *travailler* flink; ***parcourir le journal*** ~ die Zeitung flüchtig lesen

rapidité [ʀapidite] *f (vitesse)* Schnelligkeit *f;* ***agir avec la ~ de l'éclair*** blitzschnell handeln

rapidos [ʀapidos] *adv (fam)* schnell, fix *fam*

rapiécer [ʀapjese] <2, 5> *vt* flicken

rapine [ʀapin] *f (littér)* Plünderung *f,* Raub *m*

raplapla [ʀaplapla] *adj inv (fam)* ❶ *(fatigué)* schlapp *fam,* groggy *fam* ❷ *(aplati)* flach; *matelas* durchgelegen; *soufflé* zusammengefallen

rappel [ʀapɛl] *m* ❶ *(remise en mémoire)* ~ ***d'un événement/d'une aventure*** Erinnerung *f* an ein Ereignis/Abenteuer *akk* ❷ *(admonestation)* ~ ***à l'ordre*** Verweis *m,* Mahnung *f* zur Ordnung; POL Ordnungsruf *m;* ~ ***à la raison*** Appell *m* an die Vernunft *akk* ❸ FIN *d'une facture, cotisation* Mahnung *f* ❹ *(panneau de signalisation)* Wiederholungsschild *nt* ❺ THEAT *Herausrufen vor den Vorhang;* ***il y a eu trois ~s*** sie bekamen drei Vorhänge

rappeler [ʀap(ə)le] <3> **I.** *vt* ❶ *(remémorer)* wachrufen, wecken *souvenir;* ~ ***un ami/une date à qn*** jdn an einen Freund/ein Datum erinnern; ~ ***à qn que*** jdn daran erinnern, dass … ❷ *(appeler pour faire revenir)* zurückrufen, vor den Vorhang rufen *acteurs, comédiens* ❸ TELEC zurückrufen ❹ *(évoquer)* ~ ***un enfant/tableau à qn*** jdn an ein Kind/Gemälde erinnern **II.** *vi* TELEC zurückrufen **III.** *vpr* ***se ~ qn/qc*** sich an jdn/etw erinnern; ***je me rappelle qu'il est venu*** ich erinnere mich [daran], dass er gekommen ist

rapper [ʀape] <1> *vt, vi* MUS rappen

rappeur, -euse [ʀapœʀ, -øz] *m, f* Rapper(in) *m(f)*

rappliquer [ʀaplike] <1> *vi (fam)* auftauchen, aufkreuzen

rapport [ʀapɔʀ] *m* ❶ *(lien)* Zusammenhang *m;* ~ ***entre deux ou plusieurs choses*** Gemeinsamkeit *f* zwischen zwei oder mehreren Dingen; ~ ***de cause à effet*** Kausalzusammenhang *m;* ~ ***qualité-prix*** Preis-Leistungs-Verhältnis *nt* ❷ *(relations)* Beziehungen *Pl;* ***~s d'amitié/de bon voisinage*** freundschaftliche/gutnachbarliche Beziehungen; ***les ~s franco-allemands*** die deutsch-französischen Beziehungen ❸ *pl (relations sexuelles)* Geschlechtsverkehr *m,* Sex *m;* ***avoir des ~s avec qn*** Geschlechtsverkehr mit jdm haben ❹ *(compte rendu)* Bericht *m;* ***faire/dresser un ~ sur qn/qc*** einen Bericht über jdn/etw abfassen; ***faire un ~ à qn*** jdm Bericht erstatten; ~ ***de police*** Polizeibericht *m* ▶ **avoir** ~ **à qc** sich auf etw *akk* beziehen; **sous tous les ~s** in jeder Hinsicht; **en** ~ **avec** passend zu; **par** ~ **à qn/qc** *(par comparaison)* im Vergleich zu jdm/etw; *(proportionnellement)* im Verhältnis zu jdm/etw

rapportage [ʀapɔʀtaʒ] *m (fam)* Verpetzen *nt fam*

rapporté(e) [ʀapɔʀte] *adj élément, pièce* angefügt

rapporter [ʀapɔʀte] <1> **I.** *vt* ❶ *(ramener)* ~ ***un livre à qn*** jdm ein Buch mitbringen ❷ *(rendre)* ~ ***un livre*** ein Buch zurückbringen ❸ *(être profitable)* ~ ***qc à qn*** *action, activité:* jdm etw bringen *fam; métier, travail:* jdm etw einbringen ❹ *(péj: répéter)* weitertragen *fam* **II.** *vpr (être relatif à)* ***se*** ~ ***à qc*** sich auf etw *akk* beziehen, mit etw zu tun haben

rapporteur [ʀapɔʀtœʀ] *m* ❶ *d'une commission* Berichterstatter *m;* JUR, POL Referent *m,* Berichterstatter *m* ❷ *(cafteur)* Petzer *m fam* ❸ GEOM Winkelmesser *m*

rapporteuse [ʀapɔʀtøz] *f* ❶ *d'une commission, réunion* Berichterstatterin *f;* JUR, POL Referentin *f,* Berichterstatterin *f* ❷ *(cafteur)* Petze *f fam*

rapprendre *v.* **réapprendre**

rapproché(e) [ʀapʀɔʃe] *adj* ❶ nahe; *lieu* nahe [gelegen]; ***combat*** ~ Nahkampf *m* ❷ *coups de feu* schnell aufeinanderfolgend; *intervalles* kurz

rapprochement [ʀapʀɔʃmɑ̃] *m* ❶ Näherrücken *nt; d'un bruit* Näherkommen *nt* ❷ *(réconciliation)* Versöhnung *f; de partis* Verständigung *f; d'idées, de points de vue* Annäherung *f*

rapprocher [ʀapʀɔʃe] <1> **I.** *vt* ❶ *(avancer)* [näher] zusammenrücken *objets, chaises;* ***rapproche ta chaise de la table/de moi!*** rück deinen Stuhl näher an den Tisch/zu mir! ❷ *(réconcilier)* versöhnen *ennemis, familles brouillées;* ***ce drame nous a beaucoup rapprochés*** dieses Unglück hat uns einander sehr nahegebracht ❸ *(mettre en accord)* annähern *idées, thèses* **II.** *vpr* ❶ *(approcher)* ***se*** ~ ***de qn/qc*** sich jdm/einer S. nähern; ***rapproche-toi de moi!*** komm näher [zu mir]!; ***l'orage/le bruit se rapproche de nous*** das Gewitter/der Lärm kommt näher ❷ *(sympathiser)* ***se*** ~ sich näher kommen

rapproprier [ʀapʀɔpʀije] <1a> **I.** *vt (vieilli: rendre propre)* sauber machen **II.** *vpr* ***se*** ~ NORD, BELG *(mettre des vêtements propres)* saubere Kleidung anziehen, sich umziehen

rapt [ʀapt] *m* Entführung *f,* Kidnapping *nt*

raquer [ʀake] <1> *vi (fam)* blechen

raquette [ʀakɛt] *f* ❶ SPORT Schläger *m;* ~ ***de tennis*** Tennisschläger ❷ *(semelle pour la neige)* Schneeschuh *m*

Falsche Freunde
Nicht verwechseln mit *die Rakete – la fusée*!

rare [ʀɑʀ] *adj* ❶ *animal, édition, variété* selten; *objet, mot* ausgefallen, selten; ***il est*** ~ ***qu'elle fasse des erreurs*** sie macht selten Fehler ❷ *(exceptionnel)* außergewöhnlich; *beauté, moment, talent* selten, außergewöhnlich ▶ **se faire** ~ sich nur selten sehen lassen

raréfier [ʀaʀefje] <1a> *vpr* ***se*** ~ *touristes, gibier:* selten[er] werden; *air:* dünn[er] werden; *oxygène, argent:* knapp[er] werden

rarement [ʀɑʀmɑ̃] *adv* selten

rareté [ʀɑʀte] *f* Seltenheit *f; de l'argent* Knappheit *f,* Mangel *m*

rarissime [ʀaʀisim] *adj* äußerst selten

ras [ʀɑ] **I.** *adv* sehr kurz **II.** *m* ▶ **à** ~ sehr kurz

RAS, R.A.S. [ɛʀaɛs] *(sur un certificat médical) abr de* **rien à signaler** o. B., ohne Befund *m; (fam)* alles okay *fam*

rasage [ʀɑzaʒ] *m* Rasieren *nt*

rasant(e) [ʀɑzɑ̃, ɑ̃t] *adj (fam: ennuyeux)* langweilig

rascasse [ʀaskas] *f* Drachenkopf *m*

rasé(e) [ʀaze] *adj* rasiert

raser [ʀɑze] <1> **I.** *vt* ❶ *(tondre)* rasieren, kahl scheren *cheveux, tête,* ***rasé de près/de frais*** glatt/frisch rasiert ❷ *(effleurer)* ~ ***un mur*** dicht an einer Mauer *dat* entlanggehen; ~ ***le sol*** *oiseaux, projectiles:* dicht über dem Boden fliegen ❸ *(détruire)* dem Erdboden gleichmachen *bâtiment, quartier* ❹ *(fam: ennuyer)* anöden **II.** *vpr* ❶ *(se couper ras)* ***se*** ~ sich rasieren; ***se*** ~ ***la barbe/les jambes/la tête*** sich *dat* den Bart/die Beine/den Kopf rasieren ❷ *(fam: s'ennuyer)* ***se*** ~ sich anöden

raseur, -euse [ʀɑzœʀ, øz] *m, f (fam)* Langweiler(in) *m(f)*

ras-le-bol [ʀɑl(ə)bɔl] *m (fam)* Überdruss *m;* ***en avoir*** ~ ***de qc*** von etw die Nase voll haben; ~*!* mir reicht's!

rasoir [ʀɑzwaʀ] *m* Rasierapparat *m* ▶ **comme un** ~ wie ein Rasiermesser *nt*

rassasié(e) [ʀasazje] *adj* ❶ *(repu)* gesättigt, satt ❷ *(fig: saturé)* übersättigt

rassasier [ʀasazje] <1a> *vt (assouvir)* stillen *faim;* ***être rassasié*** *personne:* satt sein

rassemblement [ʀasɑ̃bləmɑ̃] *m* ❶ *de documents* Zusammentragen *nt* ❷ *(regroupement)* Treffen *nt;* POL Zusammenschluss *m;* MIL Sammeln *nt*

rassembler [ʀasɑ̃ble] <1> **I.** *vt* ❶ *(réunir)* zusammentragen *documents, objets épars* ❷ *(regrouper)* ~ ***des personnes*** *personne:* Menschen um sich versammeln ❸ *(faire appel à)* sammeln *forces, idées;* ***j'ai du mal à*** ~ ***mes idées*** es fällt mir

R

schwer mich zu konzentrieren **II.** *vpr* ***se ~*** *badauds, foule:* zusammenströmen; *participants:* sich versammeln

rassembleur, -euse [ʀasɑ̃blœʀ, -øz] **I.** *adj* einigend **II.** *m, f* Einiger(in) *m(f)*

rasseoir [ʀaswaʀ] <irr> *vpr* ***se ~*** sich wieder setzen; ***va te ~!*** setz dich wieder hin!

rasséréner [ʀaseʀene] <5> **I.** *vt* aufheitern; ***être rasséréné(e)*** [wieder] heiter sein **II.** *vpr* ***se ~*** *personne:* wieder heiter werden; *ciel, visage:* sich aufheitern

rassir [ʀasiʀ] <8> **I.** *vi pain, pâtisserie:* trocken werden **II.** *vpr* ***se ~*** trocken werden **III.** *vt* ***laisser ~ qc*** etw austrocknen lassen

rassis, rassie [ʀasi] *adj pain, pâtisserie* alt[backen]; *viande* abgehangen

rassurant(e) [ʀasyʀɑ̃, ɑ̃t] *adj nouvelle* beruhigend; *visage* zuversichtlich; ***se montrer ~*** sich zuversichtlich zeigen; ***c'est ~!*** das ist ja ermutigend!

rassuré(e) [ʀasyʀe] *adj personne* beruhigt

rassurer [ʀasyʀe] <1> **I.** *vt* beruhigen; ***ne pas être rassuré*** beunruhigt sein; ***je ne me sens pas rassuré dans sa voiture*** ich fühle mich in seinem/ihrem Auto nicht sicher **II.** *vpr* ***se ~*** sich beruhigen; ***rassurez-vous!*** seien Sie unbesorgt!; ***que les élèves se rassurent: …*** die Schüler können beruhigt sein: …

rasta [ʀasta] **I.** *adj inv (fam)* ***musicien ~*** Rastamusiker *m;* ***être ~*** auf Rasta *akk* machen **II.** *m (fam)* Rasta *mf*

rat [ʀa] *m* ❶ ZOOL Ratte *f;* ***~ des champs*** Feldmaus *f* ❷ *(péj: avare)* Geizkragen *m* ► **~ de bibliothèque** Bücherwurm *m;* **les ~s quittent le navire** die Ratten verlassen das sinkende Schiff; **s'ennuyer comme un ~ mort** sich zu Tode langweilen; **être fait comme un ~** in der Falle sitzen

ratage [ʀataʒ] *m* Misserfolg *m;* ***être un ~ complet*** *entreprise:* ein glatter Reinfall sein *fam*

ratatiné(e) [ʀatatine] *adj* ❶ *visage, pomme* runzelig ❷ *(fig fam) voiture* zerdeppert *fam*

ratatiner [ʀatatine] <1> *vt (rabougrir)* [zusammen]schrumpfen lassen *fruit, personne;* runzlig werden lassen *visage*

rate [ʀat] *f* ANAT Milz *f*

> **Falsche Freunde**
> Nicht verwechseln mit *die Rate* – *la mensualité*!

raté [ʀate] *m (pour les armes à feu)* Versager *m; d'un moteur* Fehlzündung *f*

raté(e) [ʀate] *m(f) (personne)* Versager(in) *m(f)*

râteau [ʀɑto] <x> *m du jardinier* Harke *f,* Rechen *m* SDEUTSCH, A, CH

rater [ʀate] <1> **I.** *vt* ❶ *(manquer)* verfehlen *cible;* verpassen *occasion, train;* nicht richtig treffen *ballon* ❷ *(ne pas réussir)* verpfuschen *fam travail, vie;* ***faire ~ qc*** etw zum Scheitern bringen; ***qn rate une affaire/la mayonnaise*** jdm misslingt eine Angelegenheit/die Mayonnaise; ***~ son examen*** seine Prüfung nicht schaffen; ***être raté*** missglückt sein; *photos:* nichts geworden sein ► **ne pas en ~ une** in jedes Fettnäpfchen treten; **ne pas ~ qn** sich *dat* jdn vorknöpfen **II.** *vi affaire, coup, projet:* misslingen **III.** *vpr* ❶ *(fam: mal se suicider)* ***qn se rate*** jds Selbstmordversuch missglückt ❷ *(ne pas se voir)* ***se ~*** sich verpassen

ratiboiser [ʀatibwaze] <1> *vt (fam)* ❶ *gel, froid:* kaputt machen *fam* ❷ *(voler)* ***~ le portefeuille/l'argent à qn*** jdm die Brieftasche/das Geld klauen *fam;* ***~ tout son argent à qn*** jdn um sein ganzes Geld erleichtern *fam* ❸ *(ruiner)* ruinieren; ***se faire ~*** pleitegehen *fam;* ***être ratiboisé(e)*** ruiniert sein ❹ *(tondre)* kahl scheren; ***se faire ~*** [kahl] geschoren werden; ***être ratiboisé(e)*** *tête:* rasiert sein

ratification [ʀatifikasjɔ̃] *f* Ratifizierung *f*

ratifier [ʀatifje] <1> *vt* ratifizieren *loi, traité*

rating [ʀatiŋ, ʀetiŋ] *m* ECON Rating *nt*

ratiocination [ʀasjɔsinasjɔ̃] *f (littér)* Haarspalterei *f pej*

ration [ʀasjɔ̃] *f* Ration *f a. fig;* ***vous avez tous eu la même ~*** ihr hattet alle gleich viel; ***~ de pain/viande*** Brot-/Fleischration; ***~ alimentaire*** täglicher Nahrungsbedarf; ***arrête, il a eu sa ~!*** hör auf, es reicht!

rationalisation [ʀasjɔnalizasjɔ̃] *f* Rationalisierung *f*

rationaliser [ʀasjɔnalize] <1> *vt* rationalisieren

rationalisme [ʀasjɔnalism] *m* Rationalismus *m*

rationalité [ʀasjɔnalite] *f* Rationalität *f;* ***dépourvu de toute ~*** völlig vernunftwidrig

rationnel(le) [ʀasjɔnɛl] *adj* ❶ *comportement, pensée* rational; *alimentation* vernünftig; *organisation* rationell; *méthode* zweckmäßig ❷ MATH *fraction, nombre* rational

rationnellement [ʀasjɔnɛlmɑ̃] *adv* rational

rationnement [ʀasjɔnmɑ̃] *m* Rationierung *f*
rationner [ʀasjɔne] <1> *vt* rationieren; ~ ***qn*** jdn auf halbe Ration setzen *fam*
ratissage [ʀatisaʒ] *m* ❶ AGR Harken *nt,* Rechen *nt* SDEUTSCH, A, CH ❷ MIL Durchkämmen *nt*
ratisser [ʀatise] <1> *vt* ❶ harken, rechen A, CH, SDEUTSCH *allée, platebande;* zusammenharken, zusammenrechen *herbe, feuilles mortes* ❷ MIL durchkämmen ❸ *(fam: piller)* plündern; ***il s'est fait ~ au jeu*** man hat ihn beim Spiel ausgenommen
raton [ʀatɔ̃] *m* ZOOL ~ ***laveur*** Waschbär *m*
ratonnade [ʀatɔnad] *f* Ausschreitungen *Pl (gegen Minderheiten)*
RATP [ɛʀɑtepe] *f abr de* **Régie autonome des transports parisiens** *öffentlicher Pariser Verkehrsbetrieb*
rattachement [ʀataʃmɑ̃] *m* ❶ ADMIN, POL Angliederung *f* ❷ *(liaison)* ~ ***d'idées/de thèmes*** Verknüpfung *f* von Gedanken/Themen
rattacher [ʀataʃe] <1> *vt* ❶ *(renouer)* wieder anbinden, wieder [zu]binden *lacet;* wieder zumachen *ceinture, jupe* ❷ *(annexer)* ~ ***un territoire à un pays*** ein Gebiet an ein Land *akk* angliedern
rattrapable [ʀatʀapabl] *adj* ***être*** ~ *erreur, oubli:* wieder gutzumachen sein; ***vos heures d'absence sont ~s*** Sie können Ihre Fehlstunden nacharbeiten
rattrapage [ʀatʀapaʒ] *m* ❶ *(réparation)* Wiedergutmachen *nt* ❷ SCOL *(remise à niveau)* Aufholen *nt;* ***cours de*** ~ Förderunterricht *m,* Nachhilfestunden *Pl* ❸ SCOL, UNIV *(repêchage)* Nachprüfung *f;* ***avoir son bac au*** ~ das Abitur in der Nachprüfung schaffen
rattraper [ʀatʀape] <1> **I.** *vt* ❶ *(rejoindre)* [wieder] einholen ❷ *(regagner)* wettmachen *temps perdu, pertes, retard;* nachholen *sommeil;* nacharbeiten *heures d'absence* ❸ *(retenir)* auffangen; ~ ***qn par le bras/le manteau*** jdn am Arm/Mantel fest halten **II.** *vpr* ❶ *(se raccrocher)* ***se ~ à une branche*** sich an einem Ast fest halten ❷ *(compenser)* ***se*** ~ das Versäumte nachholen ❸ *(réparer)* ***se*** ~ es wiedergutmachen; *(corriger une erreur)* einen Fehler berichtigen
rature [ʀatyʀ] *f* Streichung *f*
raturer [ʀatyʀe] <1> *vt* [durch]streichen; *(corriger)* verbessern; ***une lettre raturée*** ein überall verbesserter Brief
rauque [ʀok] *adj son, toux* rau; *cri, voix* heiser, rau
ravage [ʀavaʒ] *m* ❶ *(dégâts)* Schäden *Pl;* ***~s de la grêle/de l'orage*** Hagel-/Unwetterschäden ❷ *pl de l'alcool, de la drogue* schädliche Auswirkungen *Pl* ▶ **faire des ~s** verheerende Schäden anrichten; ***il/elle fait des ~s*** *(hum)* er/sie verdreht allen den Kopf *fam*
ravagé(e) [ʀavaʒe] *adj (fam)* übergeschnappt, bescheuert
ravager [ʀavaʒe] <2a> *vt* verwüsten *pays, ville;* vernichten *cultures;* ***être ravagé*** *pays, ville:* verwüstet sein; *cultures:* vernichtet sein
ravageur, -euse [ʀavaʒœʀ, -ʒøz] *adj humour, passion* zerstörerisch, destruktiv *geh;* ***animal*** ~ schädliches Tier, Schädling *m*
ravalement [ʀavalmɑ̃] *m* Reinigen *nt,* Säubern *nt; (avec du crépi)* [Neu]verputzen *nt*
ravaler [ʀavale] <1> *vt (retenir)* unterdrücken *larmes, émotion*
rave[1] [ʀav] *f* BOT Rübe *f*
rave[2] [ʀɛv] *f* MUS Rave *m*
rave-party [ʀɛvpaʀti] *f* Rave *m*
raveur, -euse [ʀɛvœʀ, øz] *m, f* Raver(in) *m(f)*
ravi(e) [ʀavi] *adj* ***avoir l'air*** ~ strahlen; ***être ~ de faire qc*** erfreut sein etw zu tun
ravigotant(e) [ʀavigɔtɑ̃, ɑ̃t] *adj (fam) douche, liqueur* belebend; ***être ~(e)*** *vin:* wieder munter machen
ravigoter [ʀavigɔte] <1> *vt (fam) nouvelle, personne:* aufmuntern; *alcool, douche, repas:* [wieder] auf die Beine *akk* bringen *fam*
ravin [ʀavɛ̃] *m* [Fels]schlucht *f*
raviolis [ʀavjɔli] *mpl* Ravioli *Pl*
ravir [ʀaviʀ] <8> *vt* ❶ begeistern; ***ta visite me ravit*** ich freue mich sehr über deinen Besuch ❷ *(soutenu: enlever)* rauben *honneur, trésor;* entführen *femme, enfant* ▶ **à** ~ bezaubernd, hinreißend
raviser [ʀavize] <1> *vpr* ***se*** ~ seine Meinung ändern
ravissant(e) [ʀavisɑ̃, ɑ̃t] *adj* bezaubernd; *femme, beauté* hinreißend
ravissement [ʀavismɑ̃] *m* Zauber *m;* ***plonger qn dans le*** ~ jdn in Entzücken *akk* versetzen
ravisseur, -euse [ʀavisœʀ, -øz] *m, f* Entführer(in) *m(f)*
ravitaillement [ʀavitajmɑ̃] *m* ❶ *de la population, des troupes* Versorgen *nt* mit Lebensmitteln; ~ ***en essence/vivres*** Versorgung *f* mit Benzin/Lebensmitteln; ***aller au*** ~ etwas zu essen beschaffen ❷ *(denrées alimentaires)* Verpflegung *f* ❸ SPORT

Auftanken *nt* ❹ AVIAT **~ *en vol*** Lufttanken *nt*

ravitailler [ʀavitaje] <1> **I.** *vt* versorgen; **~ *en qc*** mit etw versorgen; **~ *les avions en vol*** die Flugzeuge in der Luft betanken **II.** *vpr* **se ~ *en qc*** sich mit etw eindecken

raviver [ʀavive] <1> **I.** *vt* wieder aufleben lassen *souvenir;* auffrischen *couleur;* [wieder] anfachen *feu;* wieder aufbrechen lassen *vieilles blessures* **II.** *vpr* **se ~** *douleur:* wieder wach werden; *inquiétude:* wieder aufkommen

ravoir [ʀavwaʀ] <irr, défec> *vt toujours à l'infin* ❶ *(récupérer)* zurückbekommen, zurückhaben ❷ *(fam: détacher)* wieder sauber kriegen *casserole, cuivres, vêtements*

rayé(e) [ʀeje] *adj* ❶ *(zébré)* gestreift; *papier* liniert; **~ *verticalement/de noir*** längs/schwarz gestreift ❷ *(éraflé)* zerkratzt

rayer [ʀeje] <7> *vt* ❶ *(érafler)* zerkratzen *disque, vitre* ❷ *(biffer)* durchstreichen *mot, nom* ❸ *(supprimer)* **~ *qn/qc de la liste*** jdn/etw von der Liste streichen; ***être rayé des effectifs*** nicht mehr zum Personal gehören; **~ *un souvenir de sa mémoire*** eine Erinnerung aus seinem Gedächtnis streichen

rayon [ʀɛjɔ̃] *m* ❶ *(faisceau)* Strahl *m;* **~ *laser*** Laserstrahl; **~ *de lumière*** Lichtstrahl ❷ *pl (radiations)* Strahlen *Pl,* Strahlung *f;* ***~s X*** Röntgenstrahlen; ***~s ultraviolets/infrarouges*** UV-Strahlen/Infrarotstrahlen ❸ *d'une armoire* Fach *nt;* ***ranger ses livres dans les ~s d'une bibliothèque*** seine Bücher ins Regal [zurück]stellen ❹ COM Abteilung *f;* **~ *d'alimentation*** Lebensmittelabteilung; ***c'est tout ce qu'il me reste en ~*** das ist alles, was ich noch [anzubieten] habe ❺ *(distance)* ***dans un ~ de plus de 20 kilomètres*** in einem Umkreis von über 20 Kilometer ❻ *(d'une roue)* Speiche *f* ▶ **~ de soleil** Sonnenschein *m fig,* Lichtblick *m;* **en connaître un ~** sich da auskennen; **c'est mon ~** ich kenne mich da aus

rayonnage [ʀɛjɔnaʒ] *m* Regal *nt*

rayonnant(e) [ʀɛjɔnɑ̃, ɑ̃t] *adj* ❶ strahlend; *air* freudestrahlend ❷ *(en étoile)* sternförmig

rayonnement [ʀɛjɔnmɑ̃] *m* ❶ *d'un pays* Einfluss *m* ❷ *(aura)* Ausstrahlung *f; (éclat)* Glanz *m* ❸ PHYS Strahlung *f*

rayonner [ʀɛjɔne] <1> *vi (irradier)* **~ *de joie*** vor Freude strahlen; **~ *de santé*** vor Gesundheit strotzen

rayure [ʀejyʀ] *f* ❶ Streifen *m;* ***à ~s*** *étoffe, vêtement* gestreift ❷ *(éraflure)* Kratzer *m*

raz-de-marée [ʀɑdəmaʀe] *m inv* GEOG Flutwelle *f;* ***être un vrai ~*** *(fig)* eine große Wirkung haben

razzia [ʀa(d)zja] *f* Razzia *f;* ***faire une ~*** eine Razzia machen

RDA [ɛʀdeɑ] *f* HIST *abr de* **République démocratique allemande** DDR *f*

R.-de-ch. *m abr de* **rez-de-chaussée** Erdgeschoss *nt*

ré [ʀe] *m inv* MUS D *nt,* d *nt; v. a.* **do**

réabonnement [ʀeabɔnmɑ̃] *m* Abonnement[s]verlängerung *f*

réac [ʀeak] *abr de* **réactionnaire** **I.** *adj (fam)* verstaubt *pej;* POL reaktionär **II.** *mf* POL *(fam)* Reaktionär(in) *m(f)*

réacteur [ʀeaktœʀ] *m* PHYS Reaktor *m;* **~ *nucléaire*** Kernreaktor

réaction [ʀeaksjɔ̃] *f* Reaktion *f;* **~ *à une catastrophe*** Reaktion auf eine Katastrophe; **~ *en chaîne*** Kettenreaktion; ***en ~ contre qn/qc*** als Reaktion auf jdn/etw; ***par ~*** als Reaktion; *(par opposition)* aus [bloßer] Opposition; ***avoir des ~s rapides/un peu lentes*** schnell/etwas langsam reagieren

réactionnaire [ʀeaksjɔnɛʀ] **I.** *adj* reaktionär **II.** *mf* Reaktionär(in) *m(f)*

réactivation [ʀeaktivasjɔ̃] *f* Wiederaufnahme *f; d'une idéologie, maladie, d'un sérum* Reaktivierung *f;* **~ *économique*** Ankurbelung *f* der Wirtschaft

réactiver [ʀeaktive] <1> *vt* neu beleben *alliance, idéologie;* wieder aufleben lassen *amitié;* wieder anfachen *feu;* MED reaktivieren *maladie, sérum*

réactivité [ʀeaktivite] *f* ❶ CHIM, PSYCH Reaktionsfähigkeit *f* ❷ MED **~ *à qc*** Reaktionsbereitschaft *f* auf etw *akk*

réactualisation [ʀeaktyalizasjɔ̃] *f* ❶ *(mise à jour)* Aktualisierung *f* ❷ *(remémorisation) d'un événement* Erinnern *nt*

réactualiser [ʀeaktɥalize] <1> *vt* aktualisieren, wieder aufleben lassen *conflit*

réadaptation [ʀeadaptasjɔ̃] *f* Wiedereingliederung *f; d'un handicapé* Rehabilitation *f;* **~ *à la vie civile/au travail*** Wiedereingliederung in die Gesellschaft/in das Berufsleben

réadapter [ʀeadapte] <1> *vt, vpr ([se] réaccoutumer)* ***[se] ~ à qc*** [sich] wieder in etw *akk* eingliedern; ***[se] ~ à l'école*** [sich] wieder an die Schule gewöhnen

réafficher [ʀeafiʃe] <1> *vt* INFORM **~ *les copies des pages visitées*** die Kopien der geladenen Seiten wieder einblenden

R

réaffirmer [reafirme] <1> *vt* bekräftigen *intention, volonté;* ~ ***une nécessité*** auf eine Notwendigkeit *akk* erneut hinweisen

réagir [reaʒir] <8> *vi* ❶ *(répondre spontanément)* ~ ***à qc*** auf etw *akk* reagieren; ~ ***mal aux antibiotiques*** Antibiotika schlecht vertragen ❷ *(s'opposer à)* ~ ***contre des idées*** sich gegen bestimmte Vorstellungen wehren; ~ ***contre un danger*** eine Gefahr bekämpfen ❸ MED ~ ***contre une infection*** *organisme:* gegen eine Infektion ankämpfen

réajustement [reaʒystəmɑ̃] *m des salaires, prix* Angleichung *f*

réajuster [reaʒyste] <1> *vt v.* **rajuster**

réalisable [realizabl] *adj* realisierbar; *souhait* erfüllbar

réalisateur, -trice [realizatœr, -tris] *m, f* CINE, TV Regisseur(in) *m(f)*

réalisation [realizasjɔ̃] *f* ❶ *(exécution)* Verwirklichung *f,* Realisierung *f* ❷ CINE, RADIO, TV Regie *f*

réaliser [realize] <1> **I.** *vt* ❶ *(accomplir)* verwirklichen, realisieren *ambition, projet, rêve;* wahr machen *intention, menace;* aufbringen *effort;* vollbringen *exploit;* erfüllen *désir* ❷ *(effectuer)* ausführen *travail;* ausarbeiten *plan, maquette;* erzielen *progrès;* tätigen *achat, vente;* durchführen *réforme;* ~ ***des économies/des bénéfices*** Einsparungen/Gewinne erzielen ❸ *(se rendre compte de)* ~ ***l'ampleur de son erreur*** sich über das Ausmaß seines Fehlers bewusst werden **II.** *vi* begreifen; ***est-ce que tu réalises vraiment?*** bist du dir dessen wirklich bewusst?; ***j'ai du mal à*** ~ ich kann das [alles] nicht recht fassen **III.** *vpr* ***se*** ~ *ambition, projet:* Wirklichkeit werden; *rêve:* wahr werden; *vœu:* in Erfüllung gehen

réalisme [realism] *m* Realismus *m;* ***manquer de*** ~ wirklichkeitsfremd sein

réaliste [realist] *adj* realistisch; *description, portrait* wirklichkeitsgetreu

réalité [realite] *f* ❶ *(réel)* Wirklichkeit *f,* Realität *f;* ***devenir*** ~ Wirklichkeit werden; *rêve, souhait:* wahr werden; ***la*** ~ ***dépasse la fiction*** die Wirklichkeit übertrifft jegliche Vorstellung ❷ *(chose réelle)* Tatsache *f* ►**en** ~ in Wirklichkeit *f,* tatsächlich

reality-show [realitiʃo] <reality-shows> *m* Realityshow *f*

réaménagement [reamenaʒmɑ̃] *m d'un site* Neugestaltung *f*

réaménager [reamenaʒe] <2a> *vt* neu gestalten *site;* ~ ***le centre de la ville en zone piétonne*** die Innenstadt zu einer Fußgängerzone umgestalten

réanimateur, -trice [reanimatœr, -tris] *m, f (personne)* Narkosearzt *m*/-ärztin *f (der/die die Frischoperierte bis zum Aufwachen betreut)*

réanimation [reanimasjɔ̃] *f* Wiederbelebung *f,* Reanimation *f;* ***service de*** ~ Intensivstation *f;* ***en*** ~ auf der/die Intensivstation

réanimer [reanime] <1> *vt* wiederbeleben

réapparaître [reaparɛtr] <irr> *vi + avoir o être* wiederauftauchen

réapparition [reaparisjɔ̃] *f* Wiederauftauchen *nt; d'une maladie* Wiederauftreten *nt; des hirondelles* Rückkehr *f*

réapprendre [reaprɑ̃dr] <13> *vt* noch einmal lernen *leçon, poésie;* ~ ***à marcher*** wieder gehen lernen; ~ ***à vivre*** in ein normales Leben zurückfinden

réapprovisionnement [reaprɔvizjɔnmɑ̃] *m* Auffüllen *nt*

réapprovisionner [reaprɔvizjɔne] <1> *vpr* sich wieder eindecken; ***se*** ~ ***en chocolat*** sich wieder mit Schokolade eindecken; ***se*** ~ ***en essence/fuel*** sich wieder Benzin/Öl nachliefern lassen

réarmement [rearməmɑ̃] *m* Wiederaufrüstung *f*

réassortir [reasɔrtir] <8> **I.** *vt* [wieder] ergänzen, nachkaufen *tissu* **II.** *vpr* ***se*** ~ ***en qc*** sich wieder mit etw eindecken; *commerçant:* seinen Bestand an etw *dat* auffüllen

rebaptiser [r(ə)batize] <1> *vt* umbenennen

rébarbatif, -ive [rebarbatif, -iv] *adj air, mine* abweisend; *style* umständlich; *sujet, tâche* undankbar

rebâtir [r(ə)bɑtir] <8> *vt* wieder aufbauen

rebattu(e) [rəbaty] *adj* abgedroschen

rebelle [rəbɛl] **I.** *adj* ❶ *(insurgé) populations, troupes* aufständisch ❷ *(récalcitrant) enfant* rebellisch, widerspenstig; *mèche, animal* widerspenstig **II.** *mf* Rebell(in) *m(f),* Aufrührer(in) *m(f)*

rebeller [r(ə)bele] <1> *vpr* ***se*** ~ ***contre qc*** sich gegen etw auflehnen, gegen etw rebellieren

rébellion [rebeljɔ̃] *f* ~ ***contre qn/qc*** Aufstand *m* gegen jdn/etw, Rebellion *f* gegen jdn/etw

rebelote [rəbəlɔt] *interj (fam)* wie könnt's auch anders sein

rebiffer [r(ə)bife] <1> *vpr (fam)* ***se*** ~ ***contre qn/qc*** gegen jdn/etw aufmucken

R

rebiquer [R(ə)bike] <1> *vi (fam)* in die Höhe stehen
reblochon [Rəblɔʃɔ̃] *m milder Weichkäse aus Savoyen*
reboisement [R(ə)bwazmɑ̃] *m* [Wieder]-aufforsten *nt*
rebond [R(ə)bɔ̃] *m* Aufprall *m; de l'eau* Auftreffen *nt; d'un corps* Aufschlagen *nt,* Aufprallen *nt;* ***faux ~*** Abspringen *nt* [des Balls]
rebondi(e) [R(ə)bɔ̃di] *adj croupe, porte-monnaie* prall; *femme, formes* drall; *ventre* rund; ***un bébé aux joues ~es*** ein pausbäckiges Baby
rebondir [R(ə)bɔ̃diR] <8> *vi* ***~ contre qc*** *balle, ballon:* von etw *dat* abprallen
rebondissement [R(ə)bɔ̃dismɑ̃] *m* Wiederaufleben *nt;* ***nouveau ~ dans l'affaire X!*** Neues *nt* im Fall X!
rebooster [Rəbuste] <1> *vt (fam)* wieder kräftig anheben *retraite, pension;* wieder kräftig ankurbeln *croissance, économie;* wieder aufpeppen *cheveux, look, couple;* wieder in Schwung bringen *carrière*
rebord [R(ə)bɔR] *m* Rand *m; d'une cheminée, fenêtre* Sims *m o nt; d'un meuble* Kante *f*
reboucher [R(ə)buʃe] <1> *vt* wieder zumachen *bouteille, récipient;* wieder zuschütten *tranchée*
rebours [R(ə)buR] ❶ *(à rebrousse-poil)* ***caresser/lisser à ~*** gegen den Strich streicheln/streichen; ***compter à ~*** rückwärtszählen; ***compte à ~*** MIL Countdown *m* ❷ *(fig)* ***comprendre/faire qc à ~*** etw falsch verstehen/machen; ***prendre qn à ~*** jdn falsch anpacken *fam*
reboutonner [R(ə)butɔne] <1> **I.** *vt* wieder zuknöpfen **II.** *vpr* ***se ~*** sich wieder zuknöpfen
rebuffade [R(ə)byfad] *f* Abfuhr *f;* ***essuyer une ~*** abgewiesen werden
rébus [Rebys] *m* Bilderrätsel *nt,* Rebus *m*
rebut [Rəby] *m* ❶ Abfälle *Pl; (objets)* Unrat *m;* ***~ résiduel*** Abfallmaterial *nt* ❷ *(péj: racaille)* ***le(s) ~(s) de la société*** der Abschaum *m* der Gesellschaft ❸ POST unzustellbare Sendung ▶ **aller au ~** in den Müll kommen; **marchandise de ~** Ausschussware *f*
rebutant(e) [R(ə)bytɑ̃, ɑ̃t] *adj* abstoßend, ekelhaft
rebuter [R(ə)byte] <1> **I.** *vt* ❶ *manières:* anwidern; *aliment, odeur:* anekeln *fam,* anwidern; *spectacle, vulgarité:* abstoßen ❷ *(décourager)* ***~ qn*** *démarche, travail:* jdm zuwider sein; ***rien ne le rebute*** er lässt sich durch nichts abschrecken **II.** *vpr* ***se ~*** aufgeben
récalcitrant(e) [Rekalsitrɑ̃, ɑ̃t] *adj* eigensinnig, aufsässig; *enfant* bockig; *animal* störrisch
recalculer [Rəkalkyle] <1> *vt* nachrechnen *dette*
recaler [R(ə)kale] <1> *vt* SCOL *(fam)* durchfallen lassen; ***se faire ~ au bac/en math*** durchs Abi rasseln/in Mathe *dat* durchrasseln
récapitulatif [Rekapitylatif] *m* Auszug *m*
récapitulation [Rekapitylasjɔ̃] *f* Resümee *nt;* ***faire [o procéder à] la ~ de qc*** etw noch einmal kurz zusammenfassen, etw rekapitulieren *geh*
récapituler [Rekapityle] <1> *vt* noch einmal kurz zusammenfassen; ***~ sa journée*** den Tag Revue passieren lassen
recel [Rəsɛl] *m* Hehlerei *f;* ***~ de cadavre*** [unbefugte] Wegnahme einer Leiche; ***~ de malfaiteur/de criminel*** Personenhehlerei
receler [Rəs(ə)le, R(ə)səle], **recéler** [R(ə)sele] <4> *vt* ❶ JUR verbergen; ***~ un malfaiteur*** einem Verbrecher Unterschlupf gewähren ❷ *(renfermer) fond marin, sous-sol:* bergen; ***ce texte recèle des erreurs*** der Text enthält Fehler
receleur, -euse [Rəs(ə)lœR, -øz, R(ə)səlœR, -øz] *m, f,* **recéleur, -euse** [R(ə)selœR, -øz] *m, f* Hehler(in) *m(f)*
récemment [Resamɑ̃] *adv* vor Kurzem, in letzter Zeit
recensement [R(ə)sɑ̃smɑ̃] *m* ADMIN ***~ [de la population]*** Volkszählung *f*
recenser [R(ə)sɑ̃se] <1> *vt* ❶ zählen *population* ❷ *(dénombrer)* erfassen, zählen
recenseur, -euse [R(ə)sɑ̃sœR, -øz] **I.** *adj* ***agent ~*** Zähler(in) *m(f)* **II.** *m, f* Zähler(in) *m(f)*
recension [R(ə)sɑ̃sjɔ̃] *f* LITTER ❶ *(comparaison)* Kollation *f* ❷ *(compte rendu)* Rezension *f*
récent(e) [Resɑ̃, ɑ̃t] *adj événement, période, passé* jüngste(r, s); ***être ~*** [ganz] neu sein
recentrage [R(ə)sɑ̃tRaʒ] *m d'une politique* Neuorientierung *f; d'un parti* Rückbesinnung *f* auf gemeinsame Ziele
recentrer [R(ə)sɑ̃tRe] <1> **I.** *vt* POL neu ausrichten; TECH neu zentrieren **II.** *vi* SPORT flanken
récépissé [Resepise] *m* Empfangsbestätigung *f,* Quittung *f*
récepteur [ResɛptœR] *m* ❶ RADIO Empfänger *m;* ***~ de radio*** Rundfunkempfänger

R

❷ TELEC ~ *[téléphonique]* [Telefon]hörer *m* ❸ *(transformateur)* Energieumwandler *m*

récepteur, -trice [ʀesɛptœʀ, -tʀis] *adj* ***antenne réceptrice*** Empfangsantenne *f;* ***appareil*** ~ Energieumwandler *m;* ***poste*** ~ Empfänger *m*

réceptif, -ive [ʀesɛptif, -iv] *adj* aufnahmebereit; *(apte à accueillir)* aufnahmefähig

réception [ʀesɛpsjɔ̃] *f* ❶ *(fête)* Empfang *m;* ***donner une*** ~ einen Empfang geben ❷ *(accueil)* Empfang *m;* ***faire bonne/mauvaise ~ à qn*** jdn freundlich/unfreundlich empfangen ❸ *(guichet d'accueil)* Empfang *m,* Rezeption *f; d'une entreprise* Empfangsbüro *nt; (hall d'accueil)* [Empfangs]halle *f*

réceptionnaire [ʀesɛpsjɔnɛʀ] *mf* IND Angestellte(r) *f(m)* in der Warenannahme

réceptionner [ʀesɛpsjɔne] <1> *vt* in Empfang *akk* nehmen

réceptionniste [ʀesɛpsjɔnist] *mf* Empfangsherr *m/*-dame *f*

réceptivité [ʀesɛptivite] *f* Aufnahmefähigkeit *f*

récessif, -ive [ʀesesif, -iv] *adj* ❶ ECON *tendance* rezessiv ❷ BIO *caractères héréditaires* rezessiv; ***être hérité(e)*** [*o* ***transmis(e)***] ***de manière récessive*** rezessiv vererbt werden

récession [ʀesesjɔ̃] *f* Rezession *f*

recette [ʀ(ə)sɛt] *f* ❶ GASTR Rezept *nt* ❷ *(secret, truc)* Patentrezept *nt* ❸ *sans pl* COM Einnahmen *Pl* ❹ *pl (opp: dépenses)* Einnahmen *Pl;* ***~s annuelles*** Jahresumsatz *m*

recevabilité [ʀəs(ə)vabilite, ʀ(ə)səvabilite] *f a.* JUR Zulässigkeit *f;* ***admettre la ~ de qc*** etw genehmigen, etw für zulässig erklären; ***~ de l'exposé des moyens*** JUR ≈ Zulässigkeit des Vorbringens *Fachspr.*

recevable [ʀəs(ə)vabl, ʀ(ə)səvabl] *adj* zulässig

receveur, -euse [ʀəs(ə)vœʀ, -øz, ʀ(ə)səvœʀ, -øz] *m, f* ❶ MED Empfänger(in) *m(f);* ***~ universel/receveuse universelle*** Universalempfänger(in) ❷ *(profession)* ***~ des contributions*** Finanzbeamte(r) *m/*-beamtin *f*

recevoir [ʀəs(ə)vwaʀ, ʀ(ə)səvwaʀ] <12> **I.** *vt* ❶ *(obtenir)* erhalten, bekommen *lettre, colis* ❷ RADIO, TV empfangen ❸ *(obtenir en cadeau)* bekommen; *(obtenir en récompense)* ernten *louanges, compliment;* ***~ une décoration*** eine Auszeichnung verliehen bekommen; ***~ une poupée en cadeau*** eine Puppe geschenkt bekommen ❹ *(percevoir)* bekommen, erhalten; ***~ un bon salaire*** ein gutes Gehalt bekommen ❺ *(bénéficier de)* erhalten *instruction, leçon, ordre;* genießen, erhalten *éducation* ❻ *(accueillir)* empfangen; ***~ qn à dîner*** jdn zum Abendessen zu Gast haben; ***j'ai reçu la visite de ma sœur*** ich habe Besuch von meiner Schwester bekommen; ***être reçu à l'Élysée*** im Elyséepalast empfangen werden ❼ *(subir)* abbekommen *coup, projectile, averse;* einstecken müssen *coups;* ***~ une correction*** Prügel beziehen; ***elle a reçu le ballon sur la tête*** der Ball hat sie am Kopf getroffen ❽ *(accepter)* annehmen *avis, conseil;* ***être bien/mal reçu*** gut/schlecht aufgenommen werden; ***je n'ai pas de conseil/leçon à ~ de vous*** Ihren weisen Rat/Ihre Belehrungen können Sie sich sparen; ***recevez, cher Monsieur/chère Madame, l'expression de mes sentiments distingués/mes sincères salutations*** *(form)* mit vorzüglicher Hochachtung/mit freundlichen Grüßen ❾ ADMIN, JUR, COM entgegennehmen *déposition, témoignage;* erhalten *commande, demande d'emploi, plainte* ❿ *(admettre)* ***~ qn dans un club/une école*** jdn in einen Klub/in eine Schule aufnehmen; ***être reçu à un examen*** eine Prüfung bestehen; ***les candidats reçus*** die Kandidaten, die bestanden haben ⓫ *(contenir)* ***pouvoir ~ des personnes*** *salle:* Menschen aufnehmen können; *hôtel:* Menschen unterbringen [*o* beherbergen] können ▶ **se <u>faire</u>** [**bien/drôlement**] **~** ganz schön was abkriegen *fam* **II.** *vi* ❶ *(donner une réception)* ***~ à dîner*** zum Abendessen Gäste haben ❷ *(jouer sur son terrain)* Gastgeber sein

rechange [ʀ(ə)ʃɑ̃ʒ] *m* ***prendre un ~*** etwas zum Wechseln mitnehmen ▶ **pièce <u>de</u> ~** Ersatzteil *nt;* **roue <u>de</u> ~** Reserverad *nt;* **solution <u>de</u> ~** Alternative *f;* **pantalon/chaussures <u>de</u> ~** Hose *f*/Schuhe *Pl* zum Wechseln

rechaper [ʀ(ə)ʃape] <1> *vt* runderneuern *pneus*

recharge [ʀ(ə)ʃaʀʒ] *f* Nachfüllpatrone *f; d'un produit d'entretien* Nachfüllpackung *f; d'un stylo à bille* Ersatzmine *f*

rechargeable [ʀ(ə)ʃaʀʒabl] *adj briquet* nachfüllbar; ***stylo ~*** Patronenfüllhalter *m;* ***briquet/rasoir non ~*** Einwegfeuerzeug *nt/*-rasierer *m*

recharger [ʀ(ə)ʃaʀʒe] <2a> **I.** *vt* nachladen *arme;* nachfüllen *briquet;* wieder [auf]laden *accumulateurs, batterie;* ***~ un***

R

stylo eine neue Patrone in einen Füllhalter einsetzen **II.** *vpr* ELEC ***se ~*** sich wieder aufladen

réchaud [Reʃo] *m* Kocher *m;* ***~ à gaz*** Gaskocher

réchauffage [Reʃofaʒ] *m* GASTR Aufwärmen *nt;* TECH Anwärmen *nt*

réchauffé [Reʃofe] *m* ❶ GASTR Aufgewärmte(s) *nt;* ***ça doit être du ~*** das ist sicher [nur] aufgewärmt ❷ *(fig)* ***ça sent le ~!*** das ist ja ein alter Hut! *fam*

réchauffé(e) [Reʃofe] *adj* aufgewärmt *fam*

réchauffement [Reʃofmɑ̃] *m* ❶ Erwärmung *f;* ***annoncer un ~ des températures*** wärmere Temperaturen ankündigen; ***~ global*** Erderwärmung ❷ *(normalisation) des relations, d'une amitié* Besserung *f*

réchauffer [Reʃofe] <1> **I.** *vt* ❶ GASTR aufwärmen; ***faire ~ qc*** etw aufwärmen lassen ❷ *(donner de la chaleur à)* wärmen *corps, membres;* ***ce bouillon m'a bien réchauffé*** diese Suppe hat mich wieder aufgewärmt; ***cela m'a réchauffé le cœur*** *(fig)* das hat mir das Herz erwärmt **II.** *vpr* ❶ *(devenir plus chaud)* ***se ~*** *eau, planète:* sich erwärmen; *temps, température:* wärmer werden ❷ *(retrouver sa chaleur)* ***se ~*** *pieds, mains:* wieder warm werden; ***se ~ les doigts/pieds*** sich *dat* die Finger/Füße wärmen ❸ GASTR ***se ~ au bain-marie*** im Wasserbad warm gemacht werden

rêche [Rɛʃ] *adj (au toucher)* rau

recherche [R(ə)ʃɛRʃ] *f* ❶ *(quête)* Suche *f;* ***la ~ d'un livre*** die Suche nach einem Buch; ***être à la ~ d'un appartement/de qn*** auf der Suche nach einer Wohnung/nach jdm sein ❷ *gén pl (enquête)* Nachforschung *f;* ***abandonner les ~s*** die Fahndung einstellen; ***faire des ~s sur qc*** Nachforschungen über etw *akk* anstellen ❸ *sans pl* SCOL, UNIV Forschung *f;* ***faire de la ~ scientifique/fondamentale*** wissenschaftliche Forschung/Grundlagenforschung betreiben

recherché(e) [R(ə)ʃɛRʃe] *adj* ❶ *(demandé)* begehrt; *acteur, produit* gefragt ❷ *expression, style* gewählt; *plaisir* erlesen

rechercher [R(ə)ʃɛRʃe] <1> *vt* ❶ *(chercher à trouver)* ***~ un nom/une amie*** nach einem Namen/einer Freundin suchen; ***~ un terroriste*** nach einem Terroristen fahnden; ***~ l'albumine dans les urines*** den Urin auf Eiweiß untersuchen; ***~ où/quand/comment/si c'est arrivé*** herauszufinden versuchen, wo/wann/wie/ob das passiert ist; ***être recherché pour meurtre/vol*** wegen Mordes/Diebstahls gesucht werden ❷ *(reprendre)* ***aller ~ qn/qc*** jdn/etw [wieder] abholen

rechigner [R(ə)ʃiɲe] <1> *vi* ***~ à faire un travail*** sich gegen eine Aufgabe sträuben; ***en rechignant*** widerwillig

rechute [R(ə)ʃyt] *f* MED Rückfall *m;* ***avoir une ~*** einen Rückfall haben

rechuter [R(ə)ʃyte] <1> *vi* rückfällig werden; MED einen Rückfall haben

récidive [Residiv] *f* Wiederholung *f;* JUR Rückfall *m,* Rückfälligkeit *f;* ***escroquerie avec ~*** Betrug im Rückfall

récidiver [Residive] <1> *vi* es noch einmal tun; JUR rückfällig werden

récidiviste [Residivist] **I.** *adj* rückfällig; ***criminel ~*** Wiederholungstäter *m;* ***être ~*** ein Wiederholungstäter sein **II.** *mf* JUR Wiederholungstäter *m a. hum*

récif [Resif] *m* Riff *nt*

récipient [Resipjɑ̃] *m* Gefäß *nt,* Behältnis *nt; (pour cuisiner)* Schüssel *f*

réciprocité [ResipRɔsite] *f* Gegenseitigkeit *f,* Wechselseitigkeit *f;* ECON Reziprozität *f;* ***accord de ~*** Gegenseitigkeitsabkommen *nt;* ***il y a ~*** es beruht auf Gegenseitigkeit

réciproque [ResipRɔk] **I.** *adj* wechselseitig, auf Gegenseitigkeit beruhend; *hargne, torts* beiderseitig **II.** *f* Gleiche(s) *nt;* ***attendre la ~*** das Gleiche [für sich] erwarten; ***la ~ n'est pas toujours vraie*** dies trifft umgekehrt nicht immer zu

réciproquement [ResipRɔkmɑ̃] *adv* gegenseitig; ***et ~*** und umgekehrt

récit [Resi] *m* Bericht *m; (narration)* Erzählung *f;* THEAT Botenbericht; ***~ d'aventures/de voyage*** Abenteuergeschichte *f*/Reisebericht; ***faire un ~ circonstancié de qc*** ausführlich über etw *akk* berichten

récital [Resital] <s> *m* Konzert *nt;* ***~ de piano/violon*** Klavier-/Violinkonzert; ***~ de chant/danse*** Lieder-/Ballettabend *m;* ***~ poétique*** Rezitationsabend

récitation [Resitasjɔ̃] *f* SCOL Aufsagen *nt* von Gedichten; *(poème)* Gedicht *nt*

réciter [Resite] <1> *vt* aufsagen *leçon, poème*

réclamation [Reklamasjɔ̃] *f* ❶ *(plainte)* Beschwerde *f;* COM Reklamation *f;* ***faire une ~*** reklamieren ❷ *(service)* ***les ~s*** für Reklamationen zuständige Stelle; TELEC Störungsstelle *f*

réclame [Reklam] *f (publicité)* Reklame *f,* Werbung *f;* ***faire de la ~ pour qn/qc*** für jdn/etw werben ▶ **en ~** im [Sonder]angebot *nt*

réclamer [Reklame] <1> **I.** *vt* ❶ *(solliciter)*

erbitten *aide, argent;* bitten um *indulgence, silence, parole* ❷ *(demander avec insistance)* fordern; ~ ***qc/qn*** etw/nach jdm verlangen ❸ *(revendiquer)* ~ ***une augmentation à qn*** von jdm eine Einkommenserhöhung fordern ❹ *(nécessiter)* erfordern *patience, soin, temps* **II.** *vi* sich beschweren

reclassement [ʀ(ə)klɑsmɑ̃] *m* ❶ *d'un employé, ouvrier* berufliche Umstellung; *d'un chômeur* Wiederbeschäftigung *f* ❷ *(réajustement)* Umstufung *f* ❸ *(remise en ordre)* Neuordnung *f*

reclasser [ʀ(ə)klɑse] <1> *vt* ❶ *(réaffecter)* anderweitig beschäftigen *employé, ouvrier;* wieder in den Arbeitsprozess eingliedern *chômeur;* ***être reclassé*** neu beschäftigt werden ❷ *(réajuster)* neu einstufen *fonctionnaire* ❸ *(remettre en ordre)* neu ordnen

reclus(e) [ʀəkly, yz] **I.** *adj vie* abgeschieden, zurückgezogen **II.** *m(f)* Einsiedler(in) *m(f)*

réclusion [ʀeklyzjɔ̃] *f* JUR Freiheitsstrafe *f,* Freiheitsentzug *m;* ~ ***criminelle*** Gefängnis[strafe *f*] *nt;* ***être condamné à la ~ criminelle à perpétuité*** zu lebenslänglicher Freiheitsstrafe verurteilt sein

recoiffer [ʀ(ə)kwafe] <1> *vpr* ***se*** ~ sich noch einmal kämmen

recoin [ʀəkwɛ̃] *m* Winkel *m;* ***fouiller jusque dans les moindres ~s*** selbst die hintersten Winkel durchsuchen

recoller [ʀ(ə)kɔle] <1> *vt* ❶ *(coller à nouveau)* wieder zukleben *enveloppe;* wieder aufkleben *étiquette, timbre* ❷ *(raccommoder)* wieder zusammenkleben *morceaux, vase cassé* ❸ *(fam: remettre)* ~ ***qn en prison*** jdn wieder einbuchten ❹ *(fam: redonner)* ~ ***une amende à qn*** jdm noch einmal eine Geldstrafe verpassen

récoltable [ʀekɔltabl] *adj* erntereif

récoltant(e) [ʀekɔltɑ̃, ɑ̃t] **I.** *adj* ***viticulteur*** ~ Winzer *m;* ***propriétaire*** ~ Betreiber *m* eines Weinguts **II.** *m(f)* Winzer(in) *m(f)*

récolte [ʀekɔlt] *f* AGR Ernte *f;* ~ ***des abricots/pommes de terre*** Aprikosen-/Kartoffelernte

récolter [ʀekɔlte] <1> *vt* ❶ AGR ernten ❷ *(recueillir)* sammeln *argent;* bekommen *contraventions, coups, ennuis;* ernten *compliments, lauriers* ► ~ **ce qu'on a <u>semé</u>** ernten, was man gesät hat

recommandable [ʀ(ə)kɔmɑ̃dabl] *adj* empfehlenswert, zu empfehlen; ***un type très peu*** ~ ein recht zwielichtiger Typ

recommandation [ʀ(ə)kɔmɑ̃dasjɔ̃] *f* ❶ *(appui)* Empfehlung *f;* ***lettre de*** ~ Empfehlungsschreiben *nt;* ***sur la ~ de qn*** auf jds Empfehlung *akk* [hin] ❷ *(conseil)* Rat *m;* ***faire des ~s à qn*** jdm Ratschläge erteilen

recommandé [ʀ(ə)kɔmɑ̃de] *m* POST Einschreiben *nt;* ***en*** ~ per Einschreiben

recommander [ʀ(ə)kɔmɑ̃de] <1> *vt* ❶ *(conseiller)* empfehlen; ~ ***qn/qc à qn*** jdm jdn/etw empfehlen; ***être recommandé*** empfohlen sein; *attitude, comportement:* ratsam sein; ~ ***à qn de faire qc*** jdm raten etw zu tun; ***il est recommandé de faire qc*** es ist ratsam etw zu tun; ***ce vin est à ~ aux amateurs de blanc*** der Wein ist Weißweinliebhabern zu empfehlen ❷ *(appuyer)* empfehlen *candidat* ❸ POST per Einschreiben schicken *lettre, paquet;* ***paquet recommandé/lettre recommandée*** Einschreibepäckchen *nt*/-brief *m*

recommencement [ʀ(ə)kɔmɑ̃smɑ̃] *m* Wiederaufnahme *f*

recommencer [ʀ(ə)kɔmɑ̃se] <2> **I.** *vt* ❶ *(reprendre)* wieder anfangen, wieder aufnehmen *combat, lutte;* ~ ***une dispute*** wieder zu streiten beginnen; ~ ***un récit depuis le début*** noch einmal von vorn erzählen ❷ *(refaire)* noch einmal neu beginnen *travail, vie;* ***tout est à*** ~ alles muss neu gemacht werden; ***si c'était à ~, …*** wenn man noch einmal von vorn beginnen könnte, … ❸ *(répéter)* noch einmal machen *erreur, expérience;* ***ne recommence jamais ça!*** mach das [ja] nie wieder! **II.** *vi* ❶ *(reprendre)* wieder anfangen; ***les cours ont recommencé*** die Schule/Uni hat wieder angefangen *fam;* ***la pluie recommence [à tomber]*** es beginnt wieder zu regnen ❷ *(essayer de nouveau)* es noch einmal versuchen; *(refaire un travail, un devoir)* noch einmal anfangen; *(récidiver)* wieder anfangen ❸ *(se remettre à)* ~ ***à espérer/marcher*** wieder hoffen/gehen; ***il recommence à neiger*** es fängt wieder an zu schneien ► **[et voilà que] <u>ça</u> recommence!** jetzt geht das schon wieder los!

récompense [ʀekɔ̃pɑ̃s] *f* ~ ***de qc*** Dank *m* für etw; *(matérielle)* Belohnung *f* für etw; SCOL, SPORT Preis *m* für etw, Auszeichnung *f* für etw; ***obtenir la ~ de qc*** den Dank für etw ernten; ***mériter une*** ~ Dank/eine Belohnung verdienen; ***en ~ de qc*** als Dank/Belohnung für etw

récompenser [ʀekɔ̃pɑ̃se] <1> *vt* belohnen *personne;* ~ ***qn d'un effort/service*** jdn für einen Einsatz/Dienst belohnen

recomposer [ʀ(ə)kɔ̃poze] <1> **I.** *vt* zusammensetzen, rekonstruieren *scène;* noch einmal wählen *numéro de téléphone* **II.** *vpr* ***se ~*** POL sich wandeln; *majorité:* sich neu zusammensetzen

recomposition [ʀ(ə)kɔ̃pozisjɔ̃] *f* ❶ *(reconstitution)* [Wieder]zusammensetzen *nt; d'un puzzle* Zusammensetzen ❷ POL Umstrukturierung *f,* Wandel *m; d'une majorité* neue Zusammensetzung

recompter [ʀ(ə)kɔ̃te] <1> **I.** *vi* [noch einmal] nachzählen; *(calculer à nouveau)* [noch einmal] nachrechnen **II.** *vt* [noch einmal] nachzählen *monnaie;* [noch einmal] nachrechnen *opération*

réconciliation [ʀekɔ̃siljasjɔ̃] *f* Versöhnung *f,* Aussöhnung *f*

réconcilier [ʀekɔ̃silje] <1> **I.** *vt* [miteinander] versöhnen *personnes;* miteinander in Einklang bringen *choses;* ***~ qn avec le père/une idée*** jdn mit dem Vater/mit einer Idee versöhnen **II.** *vpr* ***se ~*** *personnes:* sich [miteinander] versöhnen; ***se ~ avec qn/qc*** sich mit jdm/etw aussöhnen; ***se ~ avec soi-même*** mit sich [selbst] ins Reine kommen

reconductible [ʀ(ə)kɔ̃dyktibl] *adj contrat* verlängerbar, erneuerbar; ***être tacitement ~*** sich automatisch [*o* stillschweigend] verlängern; ***taxe non ~*** einmalige Steuer

reconduire [ʀ(ə)kɔ̃dɥiʀ] <irr> *vt* ❶ *(raccompagner)* zurückbringen; *(chez soi)* heimbringen, nach Hause bringen; *(à la frontière)* zurückführen; ***~ qn en voiture à la gare*** jdn wieder zum Bahnhof fahren ❷ *(continuer)* fortführen, fortschreiben *budget;* verlängern *bail, crédit*

reconfiguration [ʀəkɔ̃figyʀasjɔ̃] *f* INFORM Rekonfiguration *f*

reconfigurer [ʀəkɔ̃figyʀe] <1> *vt* INFORM rekonfigurieren

réconfort [ʀekɔ̃fɔʀ] *m (soutien)* Halt *m kein Pl fig,* Hilfe *f; (consolation)* Trost *m;* ***après l'effort, le ~*** erst die Arbeit, dann das Vergnügen

réconfortant(e) [ʀekɔ̃fɔʀtɑ̃, ɑ̃t] *adj* ❶ *(rassurant)* aufmunternd; *événement* ermutigend; *(consolant)* tröstlich; *(stimulant)* ermunternd, aufmunternd; ***être pour qn une personne ~e*** jdm Halt geben *fig;* ***ne pas être très ~*** kein großer Trost sein ❷ *(fortifiant)* aufbauend, stärkend; ***être ~*** *remède, aliment:* eine stärkende Wirkung haben

réconforter [ʀekɔ̃fɔʀte] <1> *vt* ❶ trösten; ***~ qn par une lettre*** *(consoler)* jdn mit einem Brief trösten; *(rassurer)* jdn durch einen Brief ermutigen; *(stimuler)* jdn mit einem Brief aufmuntern ❷ *(fortifier)* die Lebensgeister wecken; ***cela m'a bien réconforté*** das hat mir gut getan

reconnaissable [ʀ(ə)kɔnɛsabl] *adj (identifiable)* erkennbar

reconnaissance [ʀ(ə)kɔnɛsɑ̃s] *f* ❶ *(gratitude)* Dankbarkeit *f; (fait d'admettre les mérites de qn)* Anerkennung *f;* ***faire un geste de ~*** sich erkenntlich zeigen; ***en ~ de qc*** *(pour remercier)* als Dank für etw; *(pour honorer)* als Anerkennung für etw ❷ POL Anerkennung *f* ❸ JUR, ADMIN ***~ de dette*** Schuldanerkenntnis *nt;* ***~ d'enfant naturel*** *(par le père)* Anerkenntnis *nt* der Vaterschaft ❹ *d'un pays, terrain* Erkundung *f; de la situation de l'ennemi* Aufklärung *f;* ***avion de ~*** Aufklärungsflugzeug *nt;* ***patrouille de ~*** Spähtrupp *m;* ***partir en ~*** die Gegend erkunden ❺ INFORM ***~ optique de caractères*** automatische Schriftenerkennung; ***~ vocale*** Spracherkennung *f*

reconnaissant(e) [ʀ(ə)kɔnɛsɑ̃, ɑ̃t] *adj* dankbar

reconnaître [ʀ(ə)kɔnɛtʀ] <irr> **I.** *vt* ❶ *(identifier)* erkennen; ***je reconnais bien là ta paresse*** da kann man mal wieder sehen, wie faul du bist; ***~ qn à son style*** jdn an seinem Stil erkennen; *(se rappeler)* jdn an seinem Stil wiedererkennen; ***~ un faucon d'un aigle*** einen Falken von einem Adler unterscheiden können ❷ *(admettre)* anerkennen, zugeben *innocence, qualité;* eingestehen *erreur, faute;* ***~ la difficulté de la tâche*** zugeben, dass es sich um eine schwierige Aufgabe handelt; ***il faut ~ que nous avons exagéré*** wir haben zugegebenermaßen übertrieben ❸ *(admettre comme légitime)* anerkennen *droit;* ***~ qn comme chef*** jdn als Chef anerkennen ❹ JUR ***~ qn innocent*** jdn für unschuldig befinden *form* ❺ *(être reconnaissant de)* zu schätzen wissen *service, bienfait* **II.** *vpr* ❶ *(se retrouver)* ***se ~ dans qn/qc*** sich in jdm/etw wiedererkennen, sich mit jdm/etw identifizieren ❷ *(être reconnaissable)* ***se ~ à qc*** an etw *dat* zu erkennen sein ❸ *(s'avouer)* ***se ~ coupable/vaincu*** sich schuldig bekennen/sich geschlagen geben

reconnu(e) [ʀəkɔny] **I.** *part passé de* **reconnaître II.** *adj* ❶ *chef* anerkannt; *fait* anerkannt, unbestritten; ***il est ~ que ce médicament est très efficace*** dieses Medikament gilt als sehr wirksam ❷ *(de renom)* **~ *pour qc*** für etw bekannt

reconquérir [ʀ(ə)kɔ̃keʀiʀ] <irr> *vt* zurückgewinnen *amour, liberté;* zurückerobern *terrain, femme*

reconquête [ʀ(ə)kɔ̃kɛt] *f* Rückeroberung *f*

reconsidérer [ʀ(ə)kɔ̃sideʀe] <5> *vt* **~ *qc*** etw noch einmal überdenken, noch einmal über etw *akk* nachdenken

reconstituant [ʀ(ə)kɔ̃stitɥɑ̃] *m* Stärkungsmittel *nt*

reconstituant(e) [ʀ(ə)kɔ̃stitɥɑ̃, ɑ̃t] *adj aliment* stärkend; ***crème ~e*** Aufbaucreme *f;* ***médicament*** ~ Stärkungsmittel *nt*

reconstituer [ʀ(ə)kɔ̃stitɥe] <1> **I.** *vt* ❶ *(remettre dans l'ordre)* rekonstruieren *texte;* nachvollziehen *faits;* zusammensetzen *puzzle;* nachstellen *scène, bataille;* erstellen *généalogie* ❷ *(reformer)* wieder ausbauen *marge de manœuvre;* wiederaufbauen *organisation; (réorganiser)* neu ordnen *organisation;* **~ *une fortune*** wieder zu einem Vermögen kommen ❸ *(restaurer)* rekonstruieren, wieder aufbauen *vieux quartier, édifice* ❹ BIO regenerieren *geh,* wieder aufbauen *organe;* wiederherstellen *santé;* **~ *ses forces en mangeant*** essen, um wieder zu Kräften zu kommen **II.** *vpr* ***se*** ~ *armée, parti:* sich neu formieren; *organe:* sich neu bilden, sich regenerieren

reconstitution [ʀ(ə)kɔ̃stitysjɔ̃] *f des faits, d'un texte* Rekonstruktion *f; d'un puzzle* Zusammensetzen *nt;* **~ *de la vérité*** Wahrheitsfindung *f*

reconstruction [ʀ(ə)kɔ̃stʀyksjɔ̃] *f* Wiederaufbau *m*

reconstruire [ʀ(ə)kɔ̃stʀɥiʀ] <irr> *vt* wieder aufbauen *ville, édifice;* neu [er]schaffen *monde;* **~ *une fortune*** wieder zu einem Vermögen kommen; **~ *sa vie*** ein neues Leben beginnen

reconversion [ʀ(ə)kɔ̃vɛʀsjɔ̃] *f* ❶ *(recyclage)* ***suivre un stage de ~ en informatique*** an einer Umschulungsmaßnahme in Informatik teilnehmen ❷ ECON **~ *de l'outil industriel*** Umrüstung *f* des Produktionsapparats *gen;* **~ *économique d'une entreprise*** Umstrukturierung *f* eines Unternehmens

reconvertir [ʀ(ə)kɔ̃vɛʀtiʀ] <8> **I.** *vt* ❶ *(adapter)* umwandeln; **~ *un entrepôt en usine*** ein Lager zu einem Werk umrüsten; ***être reconverti en qc*** in etw *akk* umgewandelt werden ❷ *(recycler)* **~ *le personnel à l'informatique*** das Personal zu Informatikern umschulen **II.** *vpr* ***se*** **~ *dans/en qc*** auf etw *akk* umschulen; *chose:* in etw *akk* umgewandelt werden

recopier [ʀ(ə)kɔpje] <1> *vt* ❶ *(transcrire)* **~ *un texte d'un livre*** einen Text aus einem Buch abschreiben ❷ *(mettre au propre)* abschreiben, ins Reine schreiben ❸ INFORM **~ *un texte sur une disquette à qn*** jdm einen Text auf eine Diskette kopieren

record [ʀ(ə)kɔʀ] **I.** *m* ❶ SPORT Rekord *m* ❷ *(performance)* Rekord *m;* **~ *d'affluence/de production*** Besucher-/Produktionsrekord; ***battre tous les ~s*** alle Rekorde schlagen; ***établir un*** ~ einen Rekord aufstellen **II.** *app inv* ***vitesse*** ~ Rekordgeschwindigkeit *f;* ***en un temps*** ~ in Rekordzeit

recordman [ʀ(ə)kɔʀdman] <s> *m* Rekordhalter *m*

recordwoman [ʀ(ə)kɔʀdwuman] <s> *f* Rekordhalterin *f*

recoucher [ʀ(ə)kuʃe] <1> **I.** *vt* wieder ins Bett bringen **II.** *vpr* ***se*** ~ sich wieder hinlegen

recoudre [ʀ(ə)kudʀ] <irr> *vt* ❶ COUT wieder annähen ❷ MED nähen, wieder zunähen *opéré;* **~ *qc à un blessé*** einem Verletzten etw nähen

recoupement [ʀ(ə)kupmɑ̃] *m* Vergleich *m* [von Informationen]; ***faire un ~/des ~s*** die Informationen vergleichen

recouper [ʀ(ə)kupe] <1> **I.** *vt* ❶ *(couper de nouveau)* **~ *un morceau à qn*** noch ein Stück für jdn abschneiden ❷ *(confirmer)* **~ *qc*** *témoignage, renseignement:* sich mit etw decken, mit etw übereinstimmen **II.** *vpr* ***se*** ~ *(coïncider) chiffres, faits:* [miteinander] übereinstimmen, sich decken

recourbé(e) [ʀ(ə)kuʀbe] *adj bec* krumm, gekrümmt; ***cils ~s*** lange geschwungene Wimpern; ***nez*** ~ Hakennase *f*

recourbe-cils [ʀ(ə)kuʀbsil] *m inv* Wimpernzange *f*

recourir[1] [ʀ(ə)kuʀiʀ] <irr> *vi* ❶ *coureur:* wieder [bei Wettkämpfen] laufen; *cycliste, coureur automobile:* wieder [Rennen] fahren ❷ *(retourner)* **~ *à la maison*** *(une seconde fois)* schnell noch einmal nach Hause gehen [*o* laufen]; ***je recours aussitôt vous chercher*** *(revenir)* ich komme sofort [*o* gleich] zurück um Sie zu holen

recourir[2] [ʀ(ə)kuʀiʀ] <irr> *vi* **~ *à qn*** auf jdn zurückkommen, sich an jdn wenden; **~ *à qc*** auf etw *akk* zurückgreifen; **~ *à une aide*** Hilfe in Anspruch nehmen; **~ *à un crédit*** einen Kredit beanspruchen; **~ *à un***

R

emprunt ein Darlehen aufnehmen; ~ ***à la violence*** Gewalt anwenden

recours [ʀ(ə)kuʀ] *m* ❶ *(utilisation)* ~ ***à qc*** Zurückgreifen *nt* auf etw *akk;* ~ ***à la violence*** Gewaltanwendung *f;* ***avoir*** ~ ***à qn*** sich an jdn wenden, auf jdn zurückkommen; ***avoir*** ~ ***à la violence*** Gewalt anwenden; ***avoir*** ~ ***à un service*** einen Dienst in Anspruch nehmen; ***avoir*** ~ ***à une organisation*** eine Einrichtung um Hilfe bitten ❷ *(ressource)* Ausweg *m; (personne)* Rettung *f;* ***sans*** ~ ausweglos; *décision:* endgültig; ***en dernier*** ~ als letzter Ausweg

recouvrement [ʀ(ə)kuvʀəmɑ̃] *m* ❶ FIN *de l'impôt* Erhebung *f; des impayés* Eintreibung *f* ❷ *(assemblage)* Überdeckung *f*

recouvrer [ʀ(ə)kuvʀe] <1> *vt* ❶ FIN erheben *impôt, cotisation;* einfordern *effet de commerce;* eintreiben *dette* ❷ *(littér)* wieder erlangen *santé, vue;* wieder erringen *amitié;* [zurück]bekommen *biens;* ~ ***des forces*** wieder zu Kräften kommen

recouvrir [ʀ(ə)kuvʀiʀ] <11> *vt* ❶ *(couvrir entièrement)* ~ ***un fauteuil*** einen Sessel beziehen; ~ ***un mur de papier peint*** eine Wand tapezieren; ~ ***le toit de tuiles*** das Dach mit Ziegeln bedecken; ~ ***qc*** *neige, givre:* etw bedecken, auf etw *dat* liegen; ***être recouvert de buée/crépi*** beschlagen/verputzt sein ❷ *(couvrir à nouveau)* ~ ***un enfant de qc*** *personne:* ein Kind mit etw wieder zudecken

recracher [ʀ(ə)kʀaʃe] <1> **I.** *vi* ausspucken **II.** *vt* ❶ *(expulser)* [wieder] ausspucken ❷ *(fam: répéter)* herunterspulen *leçon*

récré [ʀekʀe] *f (fam) abr de* **récréation** Pause *f*

récréation [ʀekʀeasjɔ̃] *f* ❶ SCOL Pause *f;* ***être/aller en*** ~ Pause haben/in die Pause gehen ❷ *(délassement)* Erholung *f,* Entspannung *f; (pause)* [Erholungs]pause *f*

recréer [ʀ(ə)kʀee] <1> *vt* neu erschaffen; *(reconstruire)* rekonstruieren, wieder entstehen lassen

récrier [ʀekʀije] <1a> *vpr* ***se*** ~ ***contre qc*** *(littér)* gegen etw protestieren

récriminateur, -trice [ʀekʀiminatœʀ, -tʀis] *adj* nörglerisch, ewig unzufrieden

récrimination [ʀekʀiminasjɔ̃] *f* ❶ *(vieilli: accusation)* Klage *f* ❷ *pl (protestations)* Beschwerden *Pl,* Klagen *Pl; (rouspétances)* Nörgeleien *Pl pej fam;* ***cesse ces ~s!*** hör auf zu protestieren!

récriminer [ʀekʀimine] <1> *vi* ~ ***contre qn/qc*** gegen jdn/etw schimpfen

récrire [ʀekʀiʀ] <irr> *vt* ❶ *(rewriter)* neu [*o* noch einmal] schreiben ❷ *(répondre)* ~ ***une lettre à qn*** jdm einen Brief zurückschreiben

recroqueviller [ʀ(ə)kʀɔk(ə)vije] <1> *vpr* ❶ *(se rétracter)* ***se*** ~ schrumpeln; *fleur:* welken ❷ *(se tasser)* ***se*** ~ sich zusammenkauern; *(avec l'âge)* zusammenschrumpfen; ***se*** ~ ***dans les bras de qn*** sich in jds Arme *akk* kuscheln; ***se*** ~ ***sur un objet*** einen Gegenstand umklammern; ***se*** ~ ***sur son passé*** sich an seine Vergangenheit klammern; ***se*** ~ ***sur soi-même*** *(s'isoler)* sich einigeln; *(se tasser)* sich zusammenkauern

recru(e) [ʀəkʀy] *adj (littér)* ❶ *(épuisé)* erschöpft ❷ *(vieilli: débordant)* ~ ***de maladie*** von Krankheiten befallen; ~ ***de malheur*** von Unglück heimgesucht

recrudescence [ʀ(ə)kʀydesɑ̃s] *f* Zunahme *f; de la criminalité* Zunahme *f,* Anstieg *m*

recrue [ʀəkʀy] *f* ❶ MIL Rekrut *m* ❷ *(nouveau membre)* neues Mitglied *nt*

recrutement [ʀ(ə)kʀytmɑ̃] *m* ❶ MIL Rekrutierung *f,* Einberufung *f; des troupes* Aushebung *f* ❷ *d'un membre* Werbung *f; d'un employé* Anwerbung *f*

recruter [ʀ(ə)kʀyte] <1> **I.** *vt* ❶ MIL einziehen, einberufen ❷ *(engager)* finden *membres;* werben *clients, adeptes;* anwerben *employés, travailleurs* **II.** *vi* ❶ MIL rekrutieren, Soldaten einziehen ❷ *(engager) secte:* neue Anhänger aufnehmen; *parti, association:* neue Mitglieder aufnehmen; *entreprise, administration:* neue Mitarbeiter einstellen; ***on recrute dans la police*** die Polizei stellt neue Mitarbeiter ein

recta [ʀɛkta] *adv payer* prompt

rectal(e) [ʀɛktal, -o] <-aux> *adj* rektal

rectangle [ʀɛktɑ̃gl] **I.** *m* Rechteck *nt* **II.** *adj triangle, trapèze* rechtwinklig

rectangulaire [ʀɛktɑ̃gylɛʀ] *adj* rechteckig

recteur [ʀɛktœʀ] *m* ❶ SCOL ≈ Leiter *m* eines Oberschulamts; CAN *(chef d'une université)* Rektor(in) *m(f)* ❷ REL Rektor *m*

rectificatif [ʀɛktifikatif] *m* Richtigstellung *f*

rectificatif, -ive [ʀɛktifikatif, -iv] *adj* ***note rectificative*** Berichtigung *f*

rectification [ʀɛktifikasjɔ̃] *f d'un texte* Korrektur *f; d'une erreur* Korrektur, Berichtigung *f; d'une déclaration* Richtigstellung *f*

rectifier [ʀɛktifje] <1> *vt* ❶ *(corriger)* berichtigen, korrigieren, verbessern, richtigstellen; ~ ***les défauts d'un produit*** die Fehler eines Produkts ausmerzen ❷ *(redresser)* begradigen *route, tracé;* korrigieren *position;* ~ ***la position*** Haltung annehmen

rectiligne [ʀɛktiliɲ] *adj* gerade, geradlinig; ***parfaitement*** ~ schnurgerade

rection [ʀɛksjɔ̃] *f* LING *d'un verbe* Rektion *f*

rectitude [ʀɛktityd] *f* ① *d'un caractère* Rechtschaffenheit *f; d'un raisonnement* Richtigkeit *f; (rigueur)* Fundiertheit *f;* ~ ***morale*** Rechtschaffenheit ② *(littér: fait d'être droit) d'un tracé* Geradheit *f*

recto [ʀɛkto] *m* [Blatt]vorderseite *f;* ***au*** ~ auf der [Blatt]vorderseite; ~ ***verso*** beidseitig

rectoral(e) [ʀɛktɔʀal, o] <-aux> *adj circulaire, délégué* der Schulverwaltung *gen,* ≈ des Oberschulamts; *administration* ≈ des Oberschulamtsbezirks

rectorat [ʀɛktɔʀa] *m* ① *(fonction)* ≈ Leitung *f* eines Oberschulamts *(Leitung eines Schulaufsichtsbezirks)* ② *(bureaux)* Behörde *f* der Schulverwaltung, ≈ Oberschulamt *nt*

rectrice [ʀɛktʀis] *f* CAN ≈ Leiterin *f* eines Oberschulamts

rectum [ʀɛktɔm] *m* Mastdarm *m,* Rektum *nt*

reçu [ʀ(ə)sy] *m (quittance)* Quittung *f*

reçu(e) [ʀ(ə)sy] **I.** *part passé de* **recevoir** **II.** *adj* ① *(couramment admis)* [allgemein] üblich, herkömmlich; ***idée ~e*** Vorurteil *nt* ② *candidat, élève* erfolgreich, der/die bestanden hat; ***14 candidats sont ~s sur les 131 qui se sont présentés*** von 131 Kandidaten haben nur 14 bestanden **III.** *m(f)* ~ ***à un examen*** Kandidat, der die Prüfung bestanden hat

reçue [ʀ(ə)sy] *f* ~ ***à une école*** an einer Schule angenommene Schülerin; ~ ***à un examen*** Kandidatin, die die Prüfung bestanden hat

recueil [ʀəkœj] *m (ensemble)* Sammlung *f; (livre)* Sammelband *m;* ~ ***de poèmes*** Gedichtsammlung, Anthologie *f*

recueillement [ʀ(ə)kœjmɑ̃] *m* Besinnung *f; (religieux)* Andacht *f;* ***avec*** ~ andächtig, voller Andacht

recueilli(e) [ʀ(ə)kœji] *adj* andächtig; *vie* besinnlich

recueillir [ʀ(ə)kœjiʀ] <irr> **I.** *vt* ① *(réunir)* sammeln, zusammenstellen *documents;* ~ ***tous les suffrages*** einhellige Zustimmung finden ② *(obtenir)* ernten *applaudissements;* sammeln *signatures;* erhalten, auf sich vereinigen *suffrages;* ***ne*** ~ ***aucun bénéfice de qc*** keinerlei Vorteil aus etw ziehen ③ *(accueillir)* aufnehmen ④ *(enregistrer)* aufnehmen *témoignage, déposition;* zusammentragen *réponses, éléments* **II.** *vpr* ***se*** ~ sich sammeln; ***se*** ~ ***sur la tombe d'un ami*** eines Freundes an dessen Grab gedenken

recuire [ʀ(ə)kɥiʀ] <irr> *vt* noch kochen lassen; *(dans une casserole)* noch einmal aufkochen; *(dans une poêle)* [noch] länger braten; *(au four)* noch einmal in den Ofen stellen, [noch] länger backen *gâteau*

recul [ʀ(ə)kyl] *m* ① *(éloignement: dans le temps)* Abstand *m; (dans l'espace)* Entfernung *f;* ***avoir du*** ~ [genügend] Abstand haben; ***prendre du*** ~ *(reculer)* zurückgehen; ***avec le*** ~ im Nachhinein ② FIN Aufschub *m;* ~ ***d'échéance*** Zahlungsaufschub

reculé(e) [ʀ(ə)kyle] *adj époque* längst vergangen; *maison, village* abgeschieden; ***depuis les temps les plus ~s*** [schon] seit Urzeiten

reculer [ʀ(ə)kyle] <1> **I.** *vi* ① *(opp: avancer) véhicule:* rückwärtsfahren, zurückstoßen; *(involontairement)* zurückrollen; ~ ***devant qn/qc*** vor jdm/etw zurückweichen; ***faire*** ~ ***qn/un animal*** jdn zurückdrängen/ein Tier zurückscheuchen; ~ ***de deux pas*** zwei Schritte zurücktreten ② *(renoncer)* klein beigeben; ~ ***devant une obligation*** einem Zwang aus dem Weg gehen; ***ne plus pouvoir*** ~ nicht mehr zurück können; ***faire*** ~ ***qn*** jdn abschrecken; ***rien ne me fera*** ~ nichts kann mich aufhalten; ***ne*** ~ ***devant rien*** vor nichts zurückschrecken ③ *(diminuer) chômage, influence:* zurückgehen, abnehmen; ***faire*** ~ ***le chômage*** die Arbeitslosigkeit abbauen ► ~ **pour mieux sauter** aufgeschoben ist nicht aufgehoben **II.** *vt* zurückschieben *meuble;* versetzen *mur;* [nach hinten] verschieben *frontière;* zurückfahren *véhicule;* verschieben *rendez-vous;* aufschieben *décision, échéance* **III.** *vpr* ***se*** ~ zurücktreten; ***recule-toi!*** geh aus dem Weg!

reculons [ʀ(ə)kylɔ̃] ***à*** ~ rückwärts; ***aller à*** ~ rückwärtsgehen; *(régresser)* Rückschritte machen; ***aller en classe à*** ~ *(ne pas avoir envie)* unwillig zum Unterricht gehen

récupérable [ʀekypeʀabl] *adj* ① *(réutilisable) objets* wiederverwertbar; *vieux habits* noch tragbar; *heure, congé (à rattraper)* nachzuholen[d], nachzuarbeiten[d]; *(à compenser)* auszugleichen[d]; ***ces heures supplémentaires sont ~s sous forme de congé*** diese Überstunden können durch Urlaub ausgeglichen werden

❷ *(amendable) délinquant* resozialisierbar; ***ne plus être*** ~ ein hoffnungsloser Fall sein
récupérateur [ʀekypeʀatœʀ] *m* ❶ *(personne)* Altmaterialsammler *m;* ~ ***de ferrailles*** Alteisensammler ❷ TECH Wärme[aus]tauscher *m*
récupérateur, -trice [ʀekypeʀatœʀ, -tʀis] *adj repos* erholsam, erfrischend; ***discours ~s*** schöne Reden *Pl*
récupération [ʀekypeʀasjɔ̃] *f* ❶ *des biens* Wiedererlangung *f; des forces* Wiederherstellung *f* ❷ *de la chaleur* Rückgewinnung *f; des chiffons, du verre* Wiederverwertung *f; (collecte)* Sammeln *nt;* ~ ***des vieux papiers*** Altpapiersammlung *f* ❸ *des heures de cours* Nachholen *nt; d'une journée de travail* Nachholen, Nacharbeiten *nt; des heures supplémentaires (sous forme de congés)* Ausgleichen *nt*
récupérer [ʀekypeʀe] <5> **I.** *vi* sich erholen, wieder Kräfte sammeln **II.** *vt* ❶ *(reprendre)* wiederbekommen, zurückbekommen *argent, biens* ❷ *(fam: retrouver)* wiederhaben, zurückkriegen *stylo prêté* ❸ *(fam: aller chercher)* abholen, holen ❹ *(recouvrer)* nachholen, nacharbeiten *journée de travail; (sous forme de congés)* ausgleichen *journée de travail*
récurer [ʀekyʀe] <1> *vt* scheuern
récurrent(e) [ʀekyʀɑ̃, ɑ̃t] *adj* sich wiederholend; *(fréquent)* häufig; ***être*** ~ sich wiederholen; *(fréquent)* häufig sein; *fièvre:* wieder auftreten
récuser [ʀekyze] <1> **I.** *vt* ❶ JUR ablehnen *personne;* nicht anerkennen *fait* ❷ *(rejeter)* nicht akzeptieren, ablehnen *personne;* nicht anerkennen *fait;* ***ne pas pouvoir ~ un argument*** ein Argument anerkennen [*o* akzeptieren] müssen **II.** *vpr* ***se ~*** ablehnen
recyclable [ʀ(ə)siklabl] *adj* ECOL wiederverwertbar
recyclage [ʀ(ə)siklaʒ] *m* ECOL Wiederverwertung *f,* Recycling *nt; de l'air, l'eau* Wiederaufbereitung *f*
recycler [ʀ(ə)sikle] <1> **I.** *vt* ❶ ECOL recyceln, wiederverwerten *déchets, verre;* wiederaufbereiten *eau;* ***papier recyclé*** Umweltschutzpapier *nt* ❷ *(reconvertir)* umschulen; *(par une formation permanente)* weiterbilden **II.** *vpr (se reconvertir)* ***se ~ dans qc*** auf etw *akk* umschulen; *(par une formation permanente)* sich in etw *dat* weiterbilden; *entreprise:* auf etw *akk* umstellen
rédacteur, -trice [ʀedaktœʀ, -tʀis] *m, f* Redakteur(in) *m(f),* Redaktor(in) *m(f)* CH; ~ ***en chef*** Chefredakteur, Chefredaktor CH; ~ ***publicitaire*** Werbetexter *m*
rédaction [ʀedaksjɔ̃] *f* ❶ *d'un article* Redaktion *f,* Verfassen *nt; d'une encyclopédie* Redaktion *f* ❷ PRESSE Redaktion *f* ❸ SCOL Aufsatz *m*
rédactionnel(le) [ʀedaksjɔnɛl] *adj* redaktionell
reddition [ʀedisjɔ̃] *f* ❶ Kapitulation *f* ❷ ECON, FIN ***date de ~ des comptes*** Abrechnungstermin *m*
redécouvrir [ʀ(ə)dekuvʀiʀ] <11> *vt* wiederentdecken
redéfinir [ʀ(ə)definiʀ] <8> *vt* neu definieren, neu festlegen *droit;* neu abstecken *objectif*
redemander [ʀ(ə)dəmɑ̃de, ʀəd(ə)mɑ̃de] <1> *vt* ❶ ~ ***un livre/de la sauce*** noch einmal nach einem Buch fragen/um etwas Soße bitten ❷ *(exiger)* wieder zurückverlangen
redémarrage [ʀ(ə)demaʀaʒ] *m d'une industrie, économie* Wiederbelebung *f; d'une usine* Wiederaufnahme *f* der Produktion; *d'une activité* Wiederaufnahme *f*
redémarrer [ʀ(ə)demaʀe] <1> *vi* ❶ *(repartir)* wieder losfahren ❷ *(fig) entreprise:* wieder in Schwung kommen; *production, machines:* wieder anlaufen; ***faire ~ l'économie*** die Wirtschaft ankurbeln; ***faire ~ un chantier*** eine Baustelle wieder in Betrieb nehmen
rédemption [ʀedɑ̃psjɔ̃] *f* Erlösung *f*
redéploiement [ʀ(ə)deplwamɑ̃] *m d'une économie, politique* Umstrukturierung *f; des personnes, postes* Umschichtung *f; des troupes* [Um]verlegung *f*
redéployer [ʀ(ə)deplwaje] <6> **I.** *vt* umstrukturieren *industrie, économie* **II.** *vpr* ***se ~*** *secteur économique:* umstrukturiert werden
redescendre [ʀ(ə)desɑ̃dʀ] <14> **I.** *vt* + *avoir* ❶ *(vu d'en haut)* wieder hinuntergehen, wieder hinuntersteigen *escalier, échelle; (en courant)* [wieder] hinunterrennen *escalier; (en escaladant)* [wieder] hinunterklettern *escalier, échelle; (vu d'en bas)* wieder herunterkommen, [wieder] heruntersteigen *escalier, échelle; (en courant)* wieder herunterrennen *escalier; (en escaladant)* [wieder] herunterklettern *escalier, échelle; voiture: (vu d'en haut)* wieder hinunterfahren; *(vu d'en bas)* wieder herunterfahren ❷ *(porter vers le bas)* ~ ***qn/qc au marché*** jdn zum Markt zurückbringen/etw zum Markt hinunterbringen; ~ ***qn/qc d'un arbre*** jdn/etw [wie-

R

der] von einem Baum herunterholen **II.** *vi* + *être baromètre, fièvre:* wieder fallen; *marée:* zurückgehen; ~ ***de son échelle*** wieder von der Leiter [herunter]steigen

redevable [ʀ(ə)dəvabl, ʀəd(ə)vabl] **I.** *adj* ❶ FIN ***être ~ à qn d'une somme*** jdm einen Betrag schulden; ***être ~ de l'impôt*** steuerpflichtig sein; ***être ~ d'une taxe*** eine Steuer/Gebühr zahlen müssen ❷ *(tenu à reconnaissance)* ***être ~ à qn d'un service*** jdm für seine Hilfe zu Dank verpflichtet sein; ***être ~ à qn d'un succès*** jdm seinen Erfolg verdanken **II.** *mf* Steuerpflichtige(r) *f(m);* ~ ***des droits de douane*** Zollschuldner(in) *m(f)*

redevance [ʀ(ə)dəvɑ̃s, ʀəd(ə)vɑ̃s] *f* ❶ TELEC, TV Gebühr *f* ❷ *(taxe)* Abgabe *f*

redevenir [ʀ(ə)dəv(ə)niʀ] <9> *vi* wieder werden; ***être redevenu soi-même*** wieder [ganz] der/die Alte sein

rédhibitoire [ʀedibitwaʀ] *adj* krass, grundlegend; ***vice ~*** JUR Sachmangel *m*

rediffuser [ʀ(ə)difyze] <1> *vt* noch einmal senden, wiederholen

rediffusion [ʀ(ə)difyzjɔ̃] *f* Wiederholung *f*

rédiger [ʀediʒe] <2a> *vt* verfassen, schreiben *contrat;* redigieren *revue*

redire [ʀ(ə)diʀ] <irr> *vt* *(répéter)* noch einmal erzählen *histoire;* *(rapporter)* weitererzählen, weitersagen ▶ **n'avoir rien/ne rien trouver à ~ à qc** nichts an etw *dat* auszusetzen haben/finden

redistribuer [ʀ(ə)distʀibɥe] <1> *vt* ~ ***qc à qn*** *(répartir)* etw an jdn verteilen

redistribution [ʀ(ə)distʀibysjɔ̃] *f* Neuverteilung *f;* *des biens* Neuverteilung, Umverteilung *f;* *des terres* [Neu]aufteilung *f*

redite [ʀ(ə)dit] *f* [unnötige] Wiederholung

redondance [ʀ(ə)dɔ̃dɑ̃s] *f* ❶ Überflüssige(s) *nt;* *du style* Weitschweifigkeit *f* ❷ INFORM, LING Redundanz *f*

redondant(e) [ʀ(ə)dɔ̃dɑ̃, ɑ̃t] *adj* *expression* weitschweifig; *terme* überflüssig

redonner [ʀ(ə)dɔne] <1> *vt* ❶ *(rendre)* wieder geben, [wieder] zurückgeben; ~ ***de l'espoir*** wieder Hoffnung machen; ~ ***des forces*** kräftigen; ~ ***du courage à qn*** jdm wieder Mut machen; ***ça te redonnera du tonus*** das bringt dich wieder in Schwung ❷ *(donner à nouveau)* wieder geben *travail, cours;* noch einmal sagen, wiederholen *nom;* wieder machen *appétit* ❸ *(resservir)* noch einmal servieren; ~ ***à boire à qn*** jdm noch [etwas] zu trinken geben ❹ *(refaire)* ~ ***forme à une chose*** einer S. *dat* wieder eine Form verleihen; ~ ***une couche [de peinture] à qc*** etw überstreichen

redorer [ʀ(ə)dɔʀe] <1> *vt* neu vergolden

redormir [ʀ(ə)dɔʀmiʀ] <irr> *vi* noch einmal [ein]schlafen; ***ne pas pouvoir ~ de la nuit*** die ganze Nacht nicht wieder einschlafen können

redoublant(e) [ʀ(ə)dublɑ̃, ɑ̃t] *m(f)* Wiederholer(in) *m(f);* ***il n'y a pas eu de ~s*** es ist niemand sitzengeblieben *fam*

redoublé(e) [ʀ(ə)duble] *adj* ❶ *coups* heftig; *cris* laut; *pas* eilig, hastig; ***se mettre à hurler à cris ~s*** aus Leibeskräften schreien; ***résister aux assauts ~s des ennemis*** dem gewaltigen Ansturm der Feinde standhalten ❷ *(accru)* *coups* noch heftiger; *pas* noch hastiger, noch eiliger; *cris* noch lauter; *zèle* doppelt; ***frapper à la porte à coups ~s*** noch lauter gegen die Tür hämmern

redoublement [ʀ(ə)dubləmɑ̃] *m* SCOL Wiederholen *nt*

redoubler [ʀ(ə)duble] <1> **I.** *vt* ❶ SCOL wiederholen ❷ *(accroître)* verdoppeln *effort* **II.** *vi* sitzen bleiben *fam*

redoutable [ʀ(ə)dutabl] *adj* *arme, maladie, adversaire* [äußerst] gefährlich; *phénomène* beängstigend, erschreckend

redouter [ʀədute] <1> *vt* ~ ***qn/qc*** *(avoir peur de)* sich vor jdm/etw fürchten; *(craindre, pressentir)* jdn/etw fürchten

redoux [ʀədu] *m* Erwärmung *f*

redressement [ʀ(ə)dʀɛsmɑ̃] *m* ❶ *d'un poteau* [Wieder]aufrichten *nt;* *d'un buste* Aufrichten *nt;* *d'un axe* Geradebiegen *nt* ❷ *(relèvement)* *d'une économie* Wiederbelebung *f;* *d'une situation* Stabilisierung *f;* *d'une entreprise, des finances* Sanierung *f;* *(résultat)* Erholung *f* ❸ FIN *d'un compte* Berichtigung *f*

redresser [ʀ(ə)dʀese] <1> **I.** *vt* ❶ *(remettre droit)* strecken *buste, corps;* heben *tête;* ~ ***qn*** *personne:* jdn [wieder] aufrichten ❷ *(rétablir)* [wieder] in Ordnung bringen, [wieder] ankurbeln *économie;* sanieren *finances;* wiederaufbauen *pays;* ~ ***sa courbe*** *entreprise:* wieder Zuwachs verzeichnen ❸ *(rediriger)* geradeaus lenken, wieder geradeaus fahren *voiture* **II.** *vpr* ***se ~*** ❶ *(se tenir très droit)* sich aufrichten; *(de nouveau)* sich wieder aufrichten; ***redresse-toi!*** halt dich gerade! ❷ *(se relever)* *pays, ville:* sich [wieder] erholen; *finances, situation:* sich wieder erholen, wieder in Ordnung kommen; *économie:* wieder anlaufen

réduc [ʀedyk] *f* *(fam)* *abr de* **réduction** Ermäßigung *f*

réduction [ʀedyksjɔ̃] *f* ❶ *(diminution)*

R

Verringerung *f,* Reduzierung *f; de la durée* Verkürzung *f; du personnel* Abbau *m;* ***~ de peine*** Strafmilderung *f;* ***~ d'impôts*** Steuerermäßigung *f* ❷ *(rabais)* ***~ de 5% sur un manteau*** Nachlass *m* von 5% auf einen Mantel; ***~s jeunes*** Ermäßigungen *Pl* für Jugendliche; ***~ de prix*** Preisnachlass *m;* ***faire une ~ à qn*** jdm einen Preisnachlass gewähren

réduire [ʀedɥiʀ] <irr> **I.** *vt* ❶ *(diminuer)* reduzieren, verringern, senken, kürzen *salaire, texte;* verkürzen *temps de travail, peine;* abbauen *personnel;* einschränken *activité, responsabilités, portée* ❷ *(transformer)* ***~ qc en bouillie*** aus etw Brei machen ❸ GASTR einkochen **II.** *vpr* ***se ~ à qc*** sich auf etw *akk* beschränken; *montant:* sich auf etw *akk* belaufen

réduit(e) [ʀedɥi, it] *adj* ❶ *(miniaturisé)* verkleinert ❷ *(diminué)* reduziert; *prix* reduziert, herabgesetzt; *tarif* ermäßigt

réécrire [ʀeekʀiʀ] <irr> *vt v.* **récrire**

réécriture [ʀeekʀityʀ] *f* Überarbeitung *f,* Neubearbeitung *f*

rééditer [ʀeedite] <1> *vt* ❶ neu herausgeben, [wieder] neu auflegen ❷ *(fam: recommencer)* wieder machen

réédition [ʀeedisjɔ̃] *f* ❶ Neuausgabe *f,* Neuauflage *f;* ***~ revue et corrigée*** überarbeitete und korrigierte Auflage ❷ *(répétition)* Neuauflage *f,* Wiederholung *f*

rééducation [ʀeedykasjɔ̃] *f* ❶ *d'un malade* Rehabilitation *f; d'un membre* Wiederherstellung *f* der Bewegungsfähigkeit ❷ *d'un délinquant* Resozialisierung *f; d'un mineur* [Um]erziehung *f*

rééduquer [ʀeedyke] <1> *vt* ❶ wiederherstellen, rehabilitieren *personne* ❷ *(éduquer de nouveau)* resozialisieren *délinquant;* umerziehen *mineur*

réel [ʀeɛl] *m* Realität *f,* Wirklichkeit *f*

réel(le) [ʀeɛl] *adj* ❶ *(véritable)* real, wirklich; *besoin* tatsächlich; *cause* wahr, eigentlich; ***c'est un fait ~*** das ist eine Tatsache ❷ FIN *salaire* real

réélection [ʀeelɛksjɔ̃] *f* Wiederwahl *f*

rééligible [ʀeeliʒibl] *adj* wiederwählbar

réélire [ʀeeliʀ] <irr> *vt* ***~ qn à la présidence*** jdn wieder zum Präsidenten wählen

réellement [ʀeɛlmɑ̃] *adv (en vérité)* wirklich, ehrlich; *(effectivement)* wirklich, tatsächlich

réembaucher [ʀeɑ̃boʃe] <1> *vt* wieder einstellen

réemploi [ʀeɑ̃plwa] *m d'un ouvrier* Wiedereinstellung *f; d'un produit* Wiederverwendung *f; d'une somme* Reinvestition *f*

réemployer [ʀeɑ̃plwaje] <6> *vt* wieder einstellen, wiederverwenden *produit;* reinvestieren *argent*

réengagement [ʀeɑ̃gaʒmɑ̃] *m* Wiedereinstellung *f*

réengager [ʀeɑ̃gaʒe] <2a> *vt* wieder einstellen

rééquilibrage [ʀeekilibʀaʒ] *m d'un budget* Ausgleich *m;* ***~ d'un parti*** Kräfteausgleich *m* innerhalb einer Partei; ***~ des forces en présence*** Angleichung *f* der Mehrheitsverhältnisse; ***permettre le ~ de qc*** etw wieder ins Gleichgewicht bringen; ***procéder au ~ de la balance commerciale*** die Handelsbilanz ausgleichen

rééquilibrer [ʀeekilibʀe] <1> *vt* [wieder] ins Gleichgewicht bringen, ausgleichen, wiederherstellen *majorité*

réessayer [ʀeeseje] <7> *vt* noch einmal versuchen, noch einmal anprobieren *vêtement*

réévaluation [ʀeevalɥasjɔ̃] *f d'une monnaie* Aufwertung *f; des salaires* Erhöhung *f*

réévaluer [ʀeevalɥe] <1> *vt* aufwerten *image, monnaie;* erhöhen *salaires*

réexaminer [ʀeɛgzamine] <1> *vt* noch einmal überprüfen *cas;* überdenken *problème;* ***~ un projet de loi*** noch einmal über einen Gesetzesentwurf beraten

réexpédier [ʀeɛkspedje] <1a> *vt* nachsenden, zurückschicken

réexpédition [ʀeɛkspedisjɔ̃] *f (au destinataire)* Nachsenden *nt; (à l'expéditeur)* Zurückschicken *nt,* Zurücksenden *nt;* ***ordre de ~ [du courrier]*** Nachsendeantrag *m*

réexporter [ʀeɛkspɔʀte] <1> *vt* wieder ausführen, reexportieren

refaire [ʀ(ə)fɛʀ] <irr> *vt* ❶ *(faire de nouveau)* wieder machen *plat;* neu schreiben *article;* machen *lit;* noch einmal binden *nœud* ❷ *(recommencer)* wieder machen *bruit, fautes;* wieder treiben *sport;* noch einmal abgehen *parcours;* ***~ ses comptes*** noch einmal nachrechnen; ***qc est à ~*** man muss mit etw noch einmal von vorn anfangen; ***si c'était à ~*** wenn ich/du noch einmal von vorn anfangen könnte/könntest ❸ *(remettre en état)* restaurieren *meuble;* neu decken *toit;* renovieren *chambre;* ***~ la peinture de qc*** etw neu streichen; ***se faire ~ le nez*** sich *dat* die Nase richten lassen

réfection [ʀefɛksjɔ̃] *f* Instandsetzung *f; d'un mur* Instandsetzung, Ausbesserung *f;*

d'une maison Instandsetzung, Renovierung *f; d'une statue* Restaurierung *f;* **~ *des rues/des routes*** Straßeninstandsetzung; ***travaux de*** ~ Instandsetzungs-/Renovierungs-/Restaurationsarbeiten *Pl*

réfectoire [ʀefɛktwaʀ] *m d'une école, d'un hôpital* Speisesaal *m; d'une caserne, usine* Kantine *f*

référence [ʀefeʀɑ̃s] *f* ❶ *(renvoi)* Bezug *m; d'un texte* Verweis *m; d'une citation* Quellenangabe *f;* ADMIN, COM [Akten]zeichen *nt;* ***faire ~ à qn/qc*** sich auf jdn/etw beziehen; ***faire ~ à qn dans un livre*** jdn in einem Buch erwähnen; ***en ~ à qc*** einer S. *dat* entsprechend ❷ *(modèle)* ***faire figure de ~ pour qn*** Maßstäbe setzen, für jdn maßgebend sein; ***être une*** ~ eine Schlüsselfigur sein; ***ne pas être une*** ~ *(iron)* nicht gerade eine Empfehlung sein *fam;* ***servir de ~ à qc*** als Maßstab für etw dienen; ***ouvrage de*** ~ Nachschlagewerk *nt*

référendaire [ʀefeʀɑ̃dɛʀ] *adj* ***succès*** ~ Erfolg *m* bei einer Volksabstimmung; ***procédure*** ~ Volksentscheid *m,* Volksabstimmung *f*

référendum [ʀefeʀɑ̃dɔm] *m* Volksabstimmung *f,* Volksentscheid *m,* Referendum *nt*

référentiel [ʀefeʀɑ̃sjɛl] *m* Bezugssystem *nt;* MATH, PHYS Koordinatensystem *nt*

référer [ʀefeʀe] <5> **I.** *vi* ***en ~ à un supérieur*** es an einen Vorgesetzten weiterleiten; ***en ~ au tribunal*** das Gericht anrufen **II.** *vpr (faire référence à)* ***se ~ à qn/qc*** sich auf jdn/etw beziehen

refermer [ʀ(ə)fɛʀme] <1> **I.** *vt* ❶ *(opp: ouvrir)* [wieder] schließen, [wieder] zumachen *porte* ❷ *(verrouiller)* [wieder] abschließen, [wieder] zuschließen **II.** *vpr* ***se*** ~ sich [wieder] schließen, wieder zugehen; *plaie:* sich [wieder] schließen, wieder zuheilen; ***se ~ sur qn*** *porte:* sich [wieder] hinter jdm schließen

refiler [ʀ(ə)file] <1> *vt (fam)* andrehen; ***~ un objet sans valeur à qn*** jdm einen wertlosen Gegenstand andrehen; ***~ la grippe à qn*** jdn mit ihrer/seiner Grippe anstecken

réfléchi(e) [ʀefleʃi] *adj* ❶ *action, jugement* durchdacht, [wohl]überlegt ❷ GRAM *verbe* reflexiv, rückbezüglich; ***pronom*** ~ Reflexivpronomen *nt*

réfléchir [ʀefleʃiʀ] <8> *vi* ❶ *(penser)* nachdenken, überlegen; ***donner à*** ~ *chose:* zu denken geben; ***demander à*** ~ *personne:* sich *dat* Bedenkzeit erbitten ❷ *(cogiter)* ***~ à qc*** über etw *dat* brüten; ***réfléchissez à ce que vous faites*** überlegen Sie sich *dat* genau, was Sie tun ► **tout bien réfléchi** bei genauerer Überlegung; **c'est tout réfléchi** daran ist nicht zu rütteln

réfléchissant(e) [ʀefleʃisɑ̃, ɑ̃t] *adj surface* reflektierend, spiegelnd; ***pouvoir*** ~ Reflexionsvermögen *nt*

réflecteur [ʀeflɛktœʀ] *m* Reflektor *m*

reflet [ʀ(ə)flɛ] *m* ❶ *(lumière réfléchie)* Reflex *m; du soleil* Widerschein *m kein Pl;* ***~ lumineux*** Lichtreflex ❷ *(représentation) d'une époque, d'une époque* Spiegelbild *nt,* Abbild *nt;* ***être le ~ de qc/de qn*** etw [wider]spiegeln/jds Ebenbild sein ❸ *(éclat) d'une étoffe* Glanz *m kein Pl,* Schimmer *m kein Pl* ❹ *(image réfléchie)* Spiegelbild *nt*

refléter [ʀ(ə)flete] <5> **I.** *vt* widerspiegeln, reflektieren *lumière;* ***~ le bonheur*** *(fig)* vor Freude strahlen **II.** *vpr (se réfléchir)* ***se ~ dans l'eau*** sich im Wasser spiegeln

refleurir [ʀ(ə)flœʀiʀ] <8> **I.** *vi* ❶ wieder blühen ❷ *(renaître) art, civilisation:* wieder aufblühen, zu neuer Blüte kommen; *amitié:* wieder erwachen **II.** *vt personne:* wieder mit Blumen schmücken

reflex [ʀeflɛks] **I.** *adj* ***appareil*** ~ Spiegelreflexkamera *f* **II.** *m* Spiegelreflexkamera *f*

réflexe [ʀeflɛks] *m* ❶ ANAT Reflex *m* ❷ *(réaction rapide)* Reflex *m;* ***avoir eu un bon*** ~ gut reagiert haben; ***~ de peur*** Angstreaktion *f;* ***avoir des/manquer de ~s*** ein gutes/kein gutes Reaktionsvermögen haben; ***avoir le ~ de faire qc*** etw reflexartig tun

réflexion [ʀeflɛksjɔ̃] *f* ❶ *(analyse)* Betrachtung *f,* Reflexion *f geh;* ***après mûre*** ~ nach reiflicher Überlegung; ***qc demande*** ~ über etw *akk* muss man erst noch nachdenken ❷ *(remarque)* Anmerkung *f;* ***faire des ~s à qn sur un sujet*** jdm seine Überlegungen zu einem Thema mitteilen; ***je te dispense de tes ~s*** behalte deine Kommentare für dich ❸ *(remarque désobligeante)* [spitze] Bemerkung; ***faire des ~s sur la voisine/la voiture*** spitze Bemerkungen über die Nachbarin/das Auto machen; ***faire des ~s sur le travail de qn*** sich über jds Arbeit beschweren; ***ma mère me fait toujours des ~s*** meine Mutter hat immer etwas an mir auszusetzen ► **~ faite** *(en fin de compte)* letztendlich; *(tout bien considéré)* eigentlich

reflux [ʀəfly] *m* ❶ ablaufendes Wasser, Ebbe *f* ❷ *(recul) de la foule* Zurückströmen *nt,* Zurückweichen *nt; des aliments* Rückfluss *m*

refonder [ʀəfɔ̃de] <1> *vt* auf eine neue Grundlage stellen *parti, doctrine*

refonte [ʀ(ə)fɔ̃t] *f* ❶ Einschmelzen *nt* ❷ *(remaniement)* Überholen *nt; d'un système* Erneuerung *f; d'un texte* Überarbeitung *f*

réformable [ʀefɔʀmabl] *adj* ***être ~*** reformierbar sein; *loi:* abänderbar sein; *jugement:* aufhebbar sein, abänderbar sein

réformateur, -trice [ʀefɔʀmatœʀ, -tʀis] **I.** *adj* reformerisch **II.** *m, f* ❶ Reformer(in) *m(f)* ❷ HIST, REL Reformator(in) *m(f)*

réformation [ʀefɔʀmasjɔ̃] *f* ❶ *(littér)* Reform *f* ❷ REL ***la Réformation*** die Reformation

réforme [ʀefɔʀm] *f* ❶ ADMIN, POL Reform *f;* ***~s sociales*** soziale Reformen; ***~ de l'orthographe*** Rechtschreibreform ❷ HIST ***la Réforme*** die Kirchenreform, die Reformation

réformé(e) [ʀefɔʀme] **I.** *adj* MIL [wehrdienst]untauglich **II.** *m(f)* [Wehrdienst]untaugliche(r) *m*

reformer [ʀ(ə)fɔʀme] <1> **I.** *vt* wiederherstellen, wieder formen, wieder bilden, formieren *armée;* wieder aufstellen *équipe* **II.** *vpr* ***se ~*** *nuages:* sich wieder bilden; *alliance:* wieder zustande kommen; *groupe:* wieder zusammen [*o* zustande] kommen

réformer [ʀefɔʀme] <1> *vt* ❶ *(modifier)* reformieren, verbessern ❷ MIL freistellen, ausmustern *appelé*

réformette [ʀefɔʀmɛt] *f (iron fam)* Reförmchen *m hum fam*

réformisme [ʀefɔʀmism] *m* Reformismus *m*

réformiste [ʀefɔʀmist] **I.** *adj* reformistisch **II.** *mf* Reformist(in) *m(f)*

refoulé(e) [ʀ(ə)fule] **I.** *adj pulsion* verdrängt; *personne* verklemmt **II.** *m(f) (fam)* verklemmter Mensch *m,* Verklemmte(r) *f(m)*

refoulement [ʀ(ə)fulmɑ̃] *m* ❶ Abweisung *f; des manifestants* Zurückdrängen *nt* ❷ PSYCH Verdrängung *f*

refouler [ʀ(ə)fule] <1> *vt* ❶ *(repousser)* zurückschlagen *attaque, envahisseur;* zurückdrängen *foule;* abweisen *intrus, demande* ❷ *(réprimer)* unterdrücken, zügeln, bezähmen *colère;* unterdrücken *pulsion;* verdrängen *souvenir;* zurückhalten *larmes*

réfractaire [ʀefʀaktɛʀ] **I.** *adj* ❶ ***être ~ à une influence*** einem Einfluss widerstehen; ***être ~ à une maladie*** gegen eine Krankheit immun sein; ***être ~ à la musique*** keinen Zugang zur Musik haben ❷ *(rebelle) conscrit* fahnenflüchtig; *maladie* therapieresistent; ***prêtre ~*** Priester, der den Eid verweigert **II.** *m* HIST Fahnenflüchtige(r) *m;* ***devenir ~*** Fahnenflucht begehen

réfracter [ʀefʀakte] <1> **I.** *vt* brechen **II.** *vpr* ***se ~*** sich brechen

réfraction [ʀefʀaksjɔ̃] *f* Brechung *f,* Refraktion *f Fachspr.*

refrain [ʀ(ə)fʀɛ̃] *m* ❶ MUS Refrain *m,* Kehrreim *m* ❷ *(rengaine)* Lied *nt,* Litanei *f;* ***c'est toujours le même ~*** es ist immer dasselbe Lied; ***change de ~!*** leg mal [wieder] eine andere Platte auf! *fam*

refréner [ʀefʀene] <5> *vt* bremsen, zügeln, [be]zähmen *désir, envie;* dämpfen *colère;* zurückhalten, bremsen *personne*

réfrigérant [ʀefʀiʒeʀɑ̃] *m (appareil, dispositif)* Kühlaggregat *nt*

réfrigérateur [ʀefʀiʒeʀatœʀ] *m* Kühlschrank *m,* Eiskasten *m* A; ***~-congélateur combiné*** Kühl-Gefrier-Kombination *f*

réfrigération [ʀefʀiʒeʀasjɔ̃] *f* Kühlen *nt,* Kühlung *f*

réfrigéré(e) [ʀefʀiʒeʀe] *adj* ***vitrine ~e*** Kühlvitrine *f,* Kühltheke *f;* ***véhicule ~*** Kühlfahrzeug *nt*

réfrigérer [ʀefʀiʒeʀe] <5> *vt* TECH tiefkühlen, einfrieren *denrées;* [ab]kühlen *organisme;* kühlen *local*

refroidir [ʀ(ə)fʀwadiʀ] <8> **I.** *vt* ❶ *(rafraîchir)* ***qc refroidit le jus*** der Saft wird durch etw kalt ❷ *(décourager)* ***~ qn*** jdm einen Dämpfer versetzen **II.** *vi (devenir plus froid) moteur, aliment:* [sich] abkühlen; *(devenir trop froid)* kalt werden; ***mettre qc à ~*** etw kalt stellen **III.** *vpr* ***se ~*** *(devenir plus froid) chose:* [sich] abkühlen; *(devenir trop froid)* kalt werden; ***le temps s'est refroidi*** es hat heute abgekühlt

refroidissement [ʀ(ə)fʀwadismɑ̃] *m* Abkühlung *f;* AUT, TECH *de l'air, l'eau* Kühlung *f*

refuge [ʀ(ə)fyʒ] *m* ❶ *(abri)* Zuflucht[sstätte] *f,* Zufluchtsort *m;* ***chercher/trouver ~ chez qn*** bei jdm Zuflucht suchen/finden ❷ *(échappatoire)* Zuflucht *f;* ***chercher/trouver [un] ~ dans la drogue*** zu Drogen Zuflucht nehmen ❸ SPORT Schutzhütte *f*

réfugié(e) [ʀefyʒje] *m(f)* Flüchtling *m*

réfugier [ʀefyʒje] <1> *vpr* ***se ~ chez qn*** sich zu jdm flüchten

refus [ʀ(ə)fy] *m (résistance)* Weigerung *f;*

~ par qn de l'ésotérisme jds Ablehnung der Esoterik *gen; ~ de priorité* Missachtung *f* der Vorfahrt; *ce n'est pas de ~ (fam)* da sage ich nicht nein

refusable [ʀ(ə)fyzabl] *adj être ~* ablehnen können

refuser [ʀ(ə)fyze] <1> **I.** *vt* ❶ *(opp: accepter)* ablehnen, ausschlagen *cadeau, invitation;* nicht wollen, verweigern *nourriture; ~ qc en bloc/tout net* etw en bloc/rundweg ablehnen ❷ *(opp: accorder)* nicht geben, verweigern *objet, permission;* verwehren, verweigern *entrée, accès;* nehmen *priorité* **II.** *vi* ablehnen **III.** *vpr* ❶ *(se priver de) se ~ un plaisir* sich *dat* ein Vergnügen versagen; *ne rien se ~ (hum)* sich was gönnen *fam* ❷ *(être décliné) se ~ avantage, offre:* abgelehnt werden können; *ça ne se refuse pas* dazu kann man doch nicht nein sagen

réfutable [ʀefytabl] *adj* widerlegbar, zu widerlegen

réfutation [ʀefytasjɔ̃] *f* Widerlegung *f; apporter la ~ de qc* etw widerlegen

réfuter [ʀefyte] <1> *vt* widerlegen

regagner [ʀ(ə)gaɲe] <1> *vt* ❶ zurückgewinnen *amitié;* zurückbekommen *argent; (en travaillant)* wieder verdienen *argent* ❷ *(rentrer) ~ sa maison* wieder nach Hause gehen; *~ son pays* in sein Land zurückkehren

regain [ʀəgɛ̃] *m* ❶ *(renouveau) d'optimisme* Wiederaufleben *nt,* Wiedererlangen *nt; de jeunesse* Rückkehr *f* ❷ AGR Grummet *nt kein Pl*

régal [ʀegal] *m* Genuss *m,* Gaumenfreude *f; mon grand ~, c'est le strudel* Strudel esse ich für mein Leben gern; *~ pour les yeux* Augenweide *f*

> **Falsche Freunde**
> Nicht verwechseln mit *das Regal – l'étagère*!

régaler [ʀegale] <1> *vpr* ❶ *(savourer) se ~ de qc* sich *dat* etw schmecken lassen, sich an etw *dat* gütlich tun; *on va se ~* das wird ein Fest[essen] *fam* ❷ *(éprouver un grand plaisir) se ~ en faisant qc* es genießen etw zu tun

regard [ʀ(ə)gaʀ] *m* Blick *m; ~ d'envie* neidvoller Blick; *avec un ~ de convoitise* mit begierigen Blicken; *adresser un ~ à qn* jdm einen Blick zuwerfen; *attirer les ~s de qn sur qc* jds Blick auf etw *akk* lenken; *dévorer qn/qc du ~* jdn/etw mit den Augen verschlingen; *fusiller qn du ~* jdn mit Blicken töten; *lancer un ~/des ~s à qn* jdm einen Blick/Blicke zuwerfen

regardant(e) [ʀ(ə)gaʀdɑ̃, ɑ̃t] *adj être ~(e) sur qc* sparsam mit etw sein

regarder [ʀ(ə)gaʀde] <1> **I.** *vt* ❶ *(contempler)* ansehen, anschauen, betrachten; *(observer)* beobachten; *~ la mer pendant des heures* stundenlang aufs Meer schauen; *~ tomber la pluie* dem Regen zusehen; *il la regarde faire* er sieht ihr zu ❷ *(prêter attention)* ansehen, beobachten, anschauen ❸ *(suivre des yeux avec attention)* ansehen *chose; ~ la télévision [o la télé fam]* fernsehen, Fernsehen schauen; *as-tu regardé le film?* hast du dir den Film angesehen? ❹ *(consulter: rapidement)* überfliegen, sehen in *+akk,* durchsehen, durchgehen *courrier;* nachsehen, nachschlagen *numéro, mot; ~ sa montre* auf die Uhr sehen ❺ *(vérifier)* sich *dat* ansehen *mécanisme* ❻ *(envisager, considérer)* betrachten *situation, être; ~ qc en face* einer S. *dat* ins Auge sehen ❼ *(concerner) ça te regarde pas!* das geht dich nichts an!; *(être l'affaire de qn)* das ist deine Angelegenheit; *je fais ce qui me regarde* ich kümmere mich um meine eigenen Angelegenheiten ▶ **regarde-moi cet <u>imbécile</u>** *(fam)* jetzt sieh dir mal diesen Depp an; **tu m'<u>as</u> [bien] regardé!** *(fam)* das könnte dir so passen!; **regardez-<u>moi</u> ça!** *(fam)* hat man so etwas schon gesehen! **II.** *vi (s'appliquer à voir)* zusehen, zuschauen; *bien ~* gut hinsehen; *~ dans un livre* in einem Buch nachsehen **III.** *vpr* ❶ *(se contempler) se ~ dans qc* sich in etw betrachten *dat* ❷ *(se mesurer du regard) se ~ personnes:* sich ansehen ▶ **tu [ne] t'<u>es</u> [pas] regardé!** *(fam)* sieh dich doch erst mal selbst an!

regarnir [ʀ(ə)gaʀniʀ] <8> *vt* [wieder] auffüllen, ergänzen

régate [ʀegat] *f* Regatta *f*

régence [ʀeʒɑ̃s] *f* Regentschaft *f; la Régence* die Regentschaft [Philippes von Orléans] *(1715-1723)*

régénération [ʀeʒeneʀasjɔ̃] *f* ❶ *du tissu osseux* Neubildung *f,* Regeneration *f* ❷ TECH, CHIM Regeneration *f*

régénérer [ʀeʒeneʀe] <5> **I.** *vt* ❶ neu bilden *chairs, tissu; ~ ses forces* wieder zu Kräften kommen ❷ TECH regenerieren *catalyseur, matériau* **II.** *vpr se ~* sich regenerieren

régent [ʀeʒɑ̃] *m* BELG *Lehrer für die ersten drei Jahre des Sekundarunterrichts*

R

régent(e) [Reʒɑ̃, ʒɑ̃t] **I.** *adj* die Regentschaft ausübend; ***prince*** ~ Prinzregent *m* **II.** *m(f)* Regent(in) *m(f)*; ***le Régent*** der Regent [Philippe von Orléans]
régenter [Reʒɑ̃te] <1> *vt, vi* ~ ***qn/qc*** über jdn/etw bestimmen; ***vouloir tout*** ~ [über] alles bestimmen wollen
reggae [Rege] *m* Reggae *m*
régie [Reʒi] *f* ❶ CINE, THEAT, TV Aufnahmeleitung *f*, Regieassistenz *f* ❷ *(local)* Regieraum *m*

> **Falsche Freunde**
> Nicht verwechseln mit *die Regie – la mise en scène*!

regimber [R(ə)ʒɛ̃be] <1> *vi* ~ ***contre qc*** sich gegen etw sträuben
régime [Reʒim] *m* ❶ *(système)* [politisches] System; ~ ***capitaliste*** kapitalistisches [Wirtschafts]system; ~ ***constitutionnel*** Verfassung[sordnung *f*] *f*; ***opposants au*** ~ Regimegegner *Pl*; ***l'Ancien Régime*** HIST das Ancien Régime, der Französische Absolutismus ❷ MED Diät *f*; ~ ***végétarien*** vegetarische Ernährung[sweise *f*] *f*; ~ ***diététique*** Diät; ***il est au*** ~ ***sec*** bei ihm ist Alkoholentzug angesagt; ***être au*** ~ eine Diät machen, Diät leben; ***mettre qn/se mettre au*** ~ jdn auf Diät setzen/eine Diät machen, jdm eine Diät verordnen/sich eine Diät verordnen
régiment [Reʒimɑ̃] *m* ❶ MIL Regiment *nt* ❷ *(quantité)* Unmenge *f*; ***avoir un*** ~ ***de cousins*** ein ganzes Heer von Vettern haben; ***il y en a pour tout un*** ~ *(fam)* das reicht ja für eine ganze Kompanie
région [Reʒjɔ̃] *f* ❶ *(contrée)* Gegend *f*; ~ ***agricole*** landwirtschaftliche Region, landwirtschaftliches Gebiet; ~ ***équatoriale/polaire*** Äquator-/Polargebiet; ~ ***frontalière*** Grenzgebiet; ~ ***parisienne*** Einzugsgebiet von Paris ❷ ADMIN Region *f*
régional(e) [Reʒjɔnal, -o] <-aux> *adj (relatif à une région)* regional
régionalisation [Reʒjɔnalizasjɔ̃] *f* Regionalisierung *f*
régionalisme [Reʒjɔnalism] *m* Regionalismus *m*
régionaliste [Reʒjɔnalist] **I.** *adj* regionalistisch, lokalpatriotisch *pej*; ***art*** ~ Regionalkunst *f* **II.** *mf* Regionalist(in) *m(f)*
régir [ReʒiR] <8> *vt* ❶ bestimmen; *protocole, règle:* regeln ❷ GRAM, LING stehen mit
régisseur, régisseuse [ReʒisœR, -øz] *m, f* CINE, TV Aufnahmeleiter(in) *m(f)*, Regieassistent(in) *m(f)*; THEAT Inspizient(in) *m(f)*

> **Falsche Freunde**
> Nicht verwechseln mit *der Regisseur/die Regisseurin – le réalisateur/la réalisatrice*!

registre [Rəʒistr] *m* ❶ *(livre)* Schreibheft *nt*; ~ ***d'état civil*** Personenstandsregister *nt*; ~ ***d'hôtel*** Gästebuch *nt*; ~***s de comptabilité*** [Haupt]bücher *Pl* ❷ MUS Register *nt*; ***changer de*** ~ einen anderen Ton anschlagen ❸ INFORM Register *nt*
réglable [Reglabl] *adj bretelles, siège* verstellbar; *lumière* regulierbar
réglage [Reglaʒ] *m (mise au point) d'un moteur* Einstellung *f*; *d'une montre* Regulierung *f*
règle [Rɛgl] *f* ❶ *(loi)* Regel *f*; ~ ***du jeu*** Spielregel; ***échapper à la*** ~ eine Ausnahme [von der Regel] sein; ***être en*** ~ in Ordnung sein; ***se faire une*** ~ ***de faire qc*** es sich *dat* zur Regel machen etw zu tun; ***en*** ~ ***générale*** in der Regel, im Allgemeinen; ***les*** ~***s*** *de la morale, la politesse* die Regeln, die Grundsätze; ***faire partie des*** ~***s du métier*** zum Beruf gehören; ~ ***d'or*** goldene Regel ❷ *(instrument)* Lineal *nt*
réglé(e) [Regle] *adj* ❶ *vie* geregelt ❷ ANAT ***être*** ~***(e)*** *femme:* die Regel [*o* Periode] haben; ***être mal*** ~***(e)*** eine unregelmäßige Periode haben
règlement [Rɛgləmɑ̃] *m* ❶ *(discipline)* Vorschriften *Pl*, Reglement *nt*; ~ ***intérieur*** *(d'une entreprise)* Betriebsordnung *f*; *(d'une organisation, assemblée)* Geschäftsordnung *f*; *(d'une école)* Schulordnung *f*; ~ ***de police*** Polizeiverordnung *f* ❷ *(différend)* ~ ***de compte[s]*** Abrechnung *f*; *(acte de vengeance)* Vergeltungsakt *m*; ***avoir un*** ~ ***de comptes avec qn*** mit jdm abrechnen ❸ *(paiement)* Zahlung, Bezahlung *f*; ***faire un*** ~ ***par chèque/en espèces*** mit Scheck/[in] bar bezahlen
réglementaire [Rɛgləmɑ̃tɛR] *adj* ❶ *taille, tenue, uniforme* vorschriftsmäßig; ***ce n'est pas très*** ~ das verstößt eigentlich gegen die Vorschrift ❷ JUR *dispositions, procédure* durch Verordnung [gesetzlich] geregelt; *délai, temps* vorgeschrieben
réglementairement [Rɛgləmɑ̃tɛRmɑ̃] *adv* vorschriftsmäßig
réglementation [Rɛgləmɑ̃tasjɔ̃] *f* ❶ *du code de la route* [gesetzliche] Bestimmungen [*o* Vorschriften] *Pl* ❷ *(fixation) des*

R

loyers, salaires [gesetzliche] Festsetzung [*o* Regelung] *f*; ~ ***des prix*** Preisregelung *f*
réglementer [ʀɛglǝmɑ̃te] <1> *vt* gesetzlich regeln, reglementieren
régler [ʀegle] <5> **I.** *vt* ❶ *(résoudre)* regeln, klären *problème, question;* beilegen, schlichten *conflit, différend;* ***c'est une affaire réglée*** die Sache ist erledigt ❷ *(payer)* bezahlen ❸ *(réguler)* einstellen, regulieren, regeln *circulation;* stellen *montre* ❹ *(fixer)* festlegen, festsetzen *modalités, programme;* ***son sort est déjà réglé*** sein/ihr Schicksal ist schon besiegelt **II.** *vi* zahlen **III.** *vpr* ❶ *(se résoudre)* ***se*** ~ *affaire, question:* sich regeln lassen, sich klären ❷ *(être mis au point)* ***se*** ~ sich einstellen lassen
règles [ʀɛgl] *fpl* Regel *f*, Periode *f*; ***avoir ses*** ~ seine Regel haben *fam*
réglette [ʀeglɛt] *f* kleines Lineal
réglisse [ʀeglis] **I.** *f (plante)* Süßholz *nt* **II.** *m o f (bonbon)* Lakritzebonbon *nt; (bâton)* Lakritze *f*
réglo [ʀeglo] *adj (fam)* korrekt; ***c'est*** ~***!*** das ist o.k.!; ***c'est un type*** ~***!*** der Typ ist o.k.
régnant(e) [ʀeɲɑ̃, ɑ̃t] *adj famille, morale* herrschend; *prince* regierend
règne [ʀɛɲ] *m (souveraineté) d'un régime* Herrschaft *f*; *d'un roi* Herrschaft, Regentschaft *f*
régner [ʀeɲe] <5> *vi* ~ ***sur qc*** *prince, roi:* über etw *akk* regieren [*o* herrschen]
regonflage [ʀ(ǝ)gɔ̃flaʒ] *m* Nachfüllen *nt* der Luft; *d'une chambre à air* [Wieder]aufpumpen *nt*
regonfler [ʀ(ǝ)gɔ̃fle] <1> *vt* ❶ *(gonfler à nouveau)* wieder aufpumpen *ballon, chambre à air; (avec la bouche)* wieder aufblasen *ballon, chambre à air;* ~ ***un pneu*** im Reifen Luft nachfüllen ❷ *(fam: tonifier)* wieder aufmuntern *personne;* ~ ***le moral de qn*** jdm wieder Mut machen; ***être regonflé*** [***à bloc***] wieder in besserer Stimmung sein
régresser [ʀegʀese] <1> *vi* zurückgehen
régressif, -ive [ʀegʀesif, -iv] *adj* regressiv, rückläufig
régression [ʀegʀesjɔ̃] *f* ❶ *(diminution) d'une douleur* Zurückgehen *nt; d'une production* Rückgang *m; d'une société* rückläufige Entwicklung *f*; ***être en*** ~ im Rückgang begriffen sein ❷ PSYCH Regression *f* ❸ BIO, MED Rückbildung *f*
regret [ʀ(ǝ)gʀɛ] *m* ❶ *(contrariété)* Bedauern *nt;* ***avoir le*** ~ ***de faire qc*** [es] bedauern etw zu tun; ***ne pas avoir de*** ~***s*** nichts bereuen; ***qn est au*** ~ ***de faire qc*** jd bedauert etw tun zu müssen; ***tous mes*** ~***s*** es tut mir wirklich leid ❷ *(nostalgie)* ***le***[***s***] ~[***s***] ***de qc*** die Sehnsucht nach etw; ~***s éternels*** in tiefer Trauer ▶ **à** ~ *partir* ungern; *accepter* widerstrebend; **allez, sans** ~! nichts für ungut!
regrettable [ʀ(ǝ)gʀetabl] *adj* bedauerlich
regretter [ʀ(ǝ)gʀete] <1> **I.** *vt* ❶ *(se repentir de)* bereuen ❷ *(déplorer)* bedauern *attitude, décision, absence* ❸ *(déplorer l'absence de)* ~ ***sa jeunesse*** seiner Jugend *dat* nachtrauern **II.** *vi* ***je regrette*** ich bedaure, es tut mir leid
regrimper [ʀ(ǝ)gʀɛ̃pe] <1> **I.** *vt* wieder hinaufsteigen *escalier;* wieder hinaufklettern *côte, pente* **II.** *vi fièvre, prix, route:* wieder ansteigen
regrossir [ʀ(ǝ)gʀosiʀ] <8> *vi* wieder zunehmen
regroupement [ʀ(ǝ)gʀupmɑ̃] *m* Versammlung *f*, Versammeln *nt; de forces, personnes* Zusammenschluss *m; de terrains* Zusammenlegung *f*; ~ ***familial*** JUR Familienzusammenführung *f*
regrouper [ʀ(ǝ)gʀupe] <1> **I.** *vt (mettre ensemble)* zusammenlegen, vereinen *personnes;* ***des personnes sont regroupées autour de qn*** Menschen scharen sich um jdn; ***toute la famille regroupée*** die ganze Familie [vereint] **II.** *vpr* ***se*** ~ ***autour de qn*** sich um jdn herum aufstellen; *(dans un but commun)* sich jdm anschließen; ***regroupez-vous pour la photo*** stellt euch für das Foto zusammen
régularisation [ʀegylaʀizasjɔ̃] *f (mise en ordre) d'une situation* Regelung *f*, Legalisierung *f*; ***s'occuper de la*** ~ ***de ses papiers*** seine Papiere in Ordnung bringen
régulariser [ʀegylaʀize] <1> *vt (mettre en ordre)* in Ordnung bringen, regeln *acte administratif;* legalisieren *situation [de couple]*
régularité [ʀegylaʀite] *f* ❶ Regelmäßigkeit *f* ❷ *(conformité aux règles, légalité)* Vorschriftsmäßigkeit *f*
régulateur [ʀegylatœʀ] *m (appareil)* Regler *m*
régulation [ʀegylasjɔ̃] *f* Regelung *f*
régulatrice [ʀegylatʀis] *f* ❶ *(phénomène)* Regulator *m*, Regulativ *nt* ❷ CHEMDFER Stellwerksleiterin *f*
réguler [ʀegyle] <1> *vt* regulieren
régulier, -ière [ʀegylje, -jɛʀ] *adj* ❶ *(équilibré)* regelmäßig; *vie, habitudes* geregelt ❷ *(constant)* regelmäßig; *effort* stet *geh,* kontinuierlich; *résultats, vitesse* gleich bleibend ❸ *(à périodicité fixe)* regelmäßig;

R

avion, train, ligne [fahr]planmäßig; ***vol ~*** Linienflug *m;* ***manger à des heures régulières*** seine Mahlzeiten zu festen Zeiten einnehmen ❹ *(légal)* vorschriftsmäßig; ***ne pas être en situation régulière*** keine gültige Aufenthaltsgenehmigung haben ❺ GRAM, LITTER regelmäßig

régulièrement [ʀegyljɛʀmɑ̃] *adv (périodiquement)* regelmäßig

réhabilitation [ʀeabilitasjɔ̃] *f* ❶ *(remise en honneur)* Rehabilitierung *f* ❷ *(réinsertion)* Wiedereingliederung *f* in die Gesellschaft

réhabiliter [ʀeabilite] <1> **I.** *vt* ❶ JUR rehabilitieren; ***~ qn dans ses fonctions*** jdn wieder in sein Amt einsetzen ❷ *(réinsérer)* rehabilitieren, wieder [in die Gesellschaft] eingliedern ❸ *(remettre à l'honneur)* rehabilitieren; ***~ la mémoire de qn*** jdn nach seinem Tode rehabilitieren **II.** *vpr* ***se ~*** sich rehabilitieren

réhabituer [ʀeabitɥe] <1> **I.** *vt* ***~ un enfant à qn/qc*** *personne:* ein Kind wieder an jdn/etw gewöhnen; ***~ un élève à faire qc*** einen Schüler wieder daran gewöhnen etw zu tun **II.** *vpr* ***se ~ à qn/qc*** sich wieder an jdn/etw gewöhnen; ***se ~ à faire qc*** sich wieder daran gewöhnen etw zu tun

rehaussement [ʀəosmɑ̃] *m* ❶ *d'une clôture, muraille* Erhöhen *nt; d'un immeuble, édifice* Aufstocken *nt* ❷ *(majoration) d'un forfait fiscal, impôt* Anheben *nt; d'une monnaie* Aufwertung *f*

rehausser [ʀəose] <1> *vt (surélever)* höher machen *fam clôture;* aufstocken *édifice;* anheben, erhöhen *plancher*

réimporter [ʀeɛ̃pɔʀte] <1> *vt* wieder einführen, reimportieren

réimposer [ʀeɛ̃poze] <1> *vt* neu veranlagen

réimpression [ʀeɛ̃pʀesjɔ̃] *f* Neudruck *m,* Nachdruck *m;* ***être en ~*** nachgedruckt werden

réimprimer [ʀeɛ̃pʀime] <1> *vt* neu drucken, nachdrucken

rein [ʀɛ̃] *m* ❶ *(organe)* Niere *f* ❷ *pl (bas du dos)* Kreuz *nt;* ***avoir mal aux ~s*** Kreuzschmerzen haben

réincarnation [ʀeɛ̃kaʀnasjɔ̃] *f* Wiedergeburt *f,* Reinkarnation *f;* ***la ~ de qn*** *(portrait)* jds Ebenbild *nt; (personnification)* jds Verkörperung *f*

réincarner [ʀeɛ̃kaʀne] <1> *vpr* REL ***se ~ dans qc*** *âme:* in etw *dat* wiedergeboren werden

reine [ʀɛn] *f* ❶ *(souveraine, première)* Königin *f* ❷ JEUX Dame *f* ▶ ***se saper comme une ~*** *(fam)* sich aufbrezeln

reine-claude [ʀɛnklod] <reines-claudes> *f* Reneklode *f*

reinette [ʀɛnɛt] *f* Renette *f*

réinfecter [ʀeɛ̃fɛkte] <1> *vpr* ***se ~*** *blessure, plaie:* sich wieder infizieren

réinjecter [ʀeɛ̃ʒɛkte] <1> *vt* ***~ des capitaux dans une entreprise*** einem Unternehmen wieder neues Kapital zuführen

réinscription [ʀeɛ̃skʀipsjɔ̃] *f* Wiedereinschreibung *f; (chaque semestre)* Rückmeldung *f*

réinscrire [ʀeɛ̃skʀiʀ] <irr> **I.** *vt (mettre à nouveau sur une liste)* ***[faire] ~ qn/qc sur une liste*** jdn/etw wieder auf eine Liste setzen; ***[faire] ~ qn dans une nouvelle école*** jdn in einer neuen Schule anmelden **II.** *vpr* ***se [faire] ~ sur une liste*** sich wieder auf eine Liste setzen lassen; ***se [faire] ~ à l'université*** sich wieder an der Universität einschreiben; *(chaque semestre)* sich [an der Universität] zurückmelden

réinsérer [ʀeɛ̃seʀe] <5> **I.** *vt* wieder eingliedern, wieder einfügen **II.** *vpr* ***se ~ dans qc*** sich wieder in etw *akk* eingliedern

réinsertion [ʀeɛ̃sɛʀsjɔ̃] *f d'un délinquant* Wiedereingliederung, Resozialisierung *f*

réinstallation [ʀeɛ̃stalasjɔ̃] *f (dans une région)* Neuansiedlung *f; (dans un bâtiment)* Neuunterbringung *f*

réinstaller [ʀeɛ̃stale] <1> *vpr* ***se ~*** sich wieder niederlassen

réintégration [ʀeɛ̃tegʀasjɔ̃] *f* ❶ *d'un fonctionnaire, ouvrier* Wiedereingliederung *f,* Wiedereinstellung *f;* ***~ dans ses fonctions*** Wiedereinsetzung *f* in sein Amt; ***~ dans la nationalité*** Wiedereinbürgerung *f* ❷ JUR Wiedererlangung *f*

réintégrer [ʀeɛ̃tegʀe] <5> *vt* ❶ *(revenir dans)* ***~ une place*** an einen Platz zurückkehren; ***~ sa cellule/maison*** in seine Zelle/sein Haus zurückkehren ❷ *(rétablir)* ***~ qn dans un groupe*** jdn wieder in eine Gruppe aufnehmen; ***~ qn dans la société*** jdn wieder in die Gesellschaft eingliedern

réinterpréter [ʀeɛ̃tɛʀpʀete] <5> *vt* neu interpretieren

réinventer [ʀeɛ̃vɑ̃te] <1> *vt* wieder neu erfinden *monde;* wieder neu entdecken *solidarité, partage, relations*

réinvestir [ʀeɛ̃vɛstiʀ] <8> *vt* FIN ***~ de l'argent dans qc*** wieder Geld in etw *akk* investieren

réitération [ʀeiteʀasjɔ̃] *f (littér)* Wiederholung *f*

réitérer [ʀeiteʀe] <5> *vt* wiederholen

rejaillir [ʀ(ə)ʒajiʀ] <8> *vi (fig: retomber)* **~ *sur qn*** *honte, faute:* auf jdn zurückfallen; *gloire, renommée:* sich [positiv] auf jdn auswirken

rejet [ʀəʒɛ] *m* ❶ *a.* JUR *(refus)* Ablehnung *f* ❷ MED *d'une greffe* Abstoßung *f* ❸ *pl (déchets)* Absonderungen *Pl; (de liquide)* Abwässer *Pl* ❹ AGR Schössling *m*

rejetable [ʀəʒtabl] *adj projet, proposition* zurückzuweisen, nicht annehmbar

rejeter [ʀəʒ(ə)te] <3> **I.** *vt* ❶ *(refuser)* zurückweisen, ablehnen, verwerfen *hypothèse;* nicht anerkennen *circonstances atténuantes;* ***être rejeté*** verstoßen sein/werden; *(exclu d'une communauté)* ausgeschlossen sein/werden ❷ *(évacuer)* abgeben *déchets;* spülen *épaves;* wieder ausspucken *nourriture* ❸ *(se décharger de)* **~ *une responsabilité sur qn/qc*** die Verantwortung auf jdn abwälzen; **~ *une faute sur qn/qc*** jdm/etw die Schuld zuschieben ❹ *(repousser)* zurückwerfen *tête;* zurück machen *épaules;* auswerfen, ausstoßen *terre* **II.** *vpr* ❶ *(faire un mouvement du corps)* ***se ~ en arrière*** einen Satz nach hinten machen ❷ *(s'accuser)* ***se ~ la faute [l'un l'autre]*** sich gegenseitig die Schuld zuschieben

rejeton [ʀəʒ(ə)tɔ̃, ʀ(ə)ʒətɔ̃] *m* ❶ AGR *(pousse)* Schössling *m,* Ableger *m* ❷ *(fam: enfant, fils)* Sprössling *m hum*

rejoindre [ʀ(ə)ʒwɛ̃dʀ] <irr> **I.** *vt* ❶ *(regagner)* treffen *personne;* **~ *son domicile*** nach Hause zurückkehren; **~ *un lieu*** an einen Ort zurückkehren ❷ *(déboucher)* **~ *une route*** auf eine Straße stoßen ❸ *(rattraper)* einholen *personne;* ***vas-y, je te rejoins*** geh schon [voraus], ich komme nach **II.** *vpr* **se ~** ❶ *(être d'accord) idées, points de vue:* übereinstimmen; *personnes:* sich einig sein, miteinander übereinstimmen ❷ *(se réunir) personnes:* sich treffen; *choses:* zusammenlaufen, aufeinandertreffen

réjoui(e) [ʀeʒwi] *adj* fröhlich, vergnügt

réjouir [ʀeʒwiʀ] <8> *vpr* ***se ~ de faire qc*** sich [darüber] freuen etw zu tun; *(à l'avance)* sich darauf freuen etw zu tun; ***se ~ à l'idée de …*** sich bei dem Gedanken freuen, dass …

réjouissance [ʀeʒwisɑ̃s] *f* ❶ *(divertissement, joie)* Freude *f* ❷ *pl (festivités)* Festlichkeiten *Pl; hum)* Festivitäten *Pl*

réjouissant(e) [ʀeʒwisɑ̃, ɑ̃t] *adj* erfreulich; *histoire, spectacle* unterhaltsam; ***c'est ~!*** *(iron)* das kann ja heiter werden! *iron fam*

relâche [ʀəlɑʃ] *f (répit)* ***un moment de ~*** ein Moment Ruhe; ***sans ~*** *poursuivre, combattre* unermüdlich; *travailler, harceler* pausenlos

relâché(e) [ʀ(ə)lɑʃe] *adj autorité, discipline* lax; *conduite* ungehobelt; *mœurs* locker; *style* nachlässig

relâchement [ʀ(ə)lɑʃmɑ̃] *m* ❶ *d'un muscle, pénis* Erschlaffung *f* ❷ *(dérèglement) des mœurs* Lockerung *f; de l'autorité, de la discipline* Nachlassen *nt*

relâcher [ʀ(ə)lɑʃe] <1> *vt* ❶ *(desserrer)* lockern, entspannen *muscles* ❷ *(libérer)* freilassen ❸ *(cesser de tenir)* loslassen *objet, proie*

relais [ʀ(ə)lɛ] *m* SPORT Staffel *f,* Staffellauf *m;* ***le ~ quatre fois cent mètres*** die Vier-mal-hundert-Meter-Staffel ▶ **prendre le ~ de qn/qc** jdn/etw ablösen

relance [ʀəlɑ̃s] *f* ❶ *(nouvel essor)* Aufschwung *m; de la consommation* [Wieder]ankurbelung *f,* [Wieder]belebung *f* ❷ SPORT [Ball]einwurf *m*

relancer [ʀ(ə)lɑ̃se] <2> *vt* ❶ *(donner un nouvel essor à)* wieder aufnehmen, wieder aufleben lassen *idée, mouvement;* wieder ankurbeln *économie, production, immobilier;* [wieder] anregen *investissement* ❷ *(fam: harceler)* bedrängen, mahnen *client, débiteur*

relater [ʀ(ə)late] <1> *vt* berichten über +*akk,* schildern *événement;* erzählen *aventure*

relatif [ʀ(ə)latif] *m* GRAM Relativpronomen *nt*

relatif, -ive [ʀ(ə)latif, -iv] *adj* ❶ *(opp: absolu)* relativ ❷ *(partiel)* relativ; ***être d'une relative discrétion*** relativ diskret sein ❸ *(en liaison avec)* ***être ~ à qn/qc*** sich auf jdn/etw beziehen; **~ *à qn/qc*** jdn/etw betreffend, bezüglich jd/etw ❹ *postposé* GRAM Relativ-

relation [ʀ(ə)lasjɔ̃] *f* ❶ *(rapport)* Beziehung *f,* Verhältnis *nt* ❷ *pl (rapport entre personnes)* Beziehungen *Pl;* ***~s amicales/tendues*** freundschaftliches/gespanntes Verhältnis *nt;* ***~s d'affaires*** Geschäftsbeziehungen; ***avoir une ~ amoureuse/des ~s amoureuses avec qn*** eine Beziehung mit jdm haben; ***avoir de bonnes/mauvaises ~s avec qn*** gute/schlechte Beziehungen zu jdm haben; ***par ~s*** durch Beziehungen ❸ *(lien logique)* Zusammenhang *m; (en logique)* Relation *f,* nichts mit etw zu tun haben; ***~ de cause à effet*** Kausalzusammenhang ❹ *(personne de connaissance)* Bekann-

R

te(r) *f(m)* ▸ **~s publiques** Public Relations *Pl*, Öffentlichkeitsarbeit *f*; **en** ~ in Verbindung

relationnel(le) [ʀ(ə)lɑsjɔnɛl] *adj* PSYCH relational; ***problèmes ~s*** Kontaktschwierigkeiten *Pl*

relative [ʀ(ə)lativ] *f* GRAM Relativsatz *m*

relativement [ʀ(ə)lativmɑ̃] *adv facile, honnête, rare* relativ, verhältnismäßig

relativisation [ʀ(ə)lativizasjɔ̃] *f* Relativierung *f*

relativiser [ʀ(ə)lativize] <1> *vt* relativieren

relativisme [ʀəlativism] *m* PHILOS Relativismus *m*

relativité [ʀ(ə)lativite] *f* PHILOS, PHYS Relativität *f*; ***théorie de la ~*** Relativitätstheorie *f*

relax [ʀəlaks] *adj inv (fam) personne* locker; *ambiance* ungezwungen; *tenue* bequem

relaxant(e) [ʀ(ə)laksɑ̃, ɑ̃t] *adj* entspannend

relaxation [ʀ(ə)laksasjɔ̃] *f* Entspannung *f*, Erholung *f*

relaxe[1] [ʀəlaks] *f* JUR Freispruch *m*

relaxe[2] [ʀəlaks] *adj inv v.* **relax**

relaxer [ʀ(ə)lakse] <1> **I.** *vt* ❶ *(décontracter)* entspannen ❷ JUR freisprechen **II.** *vpr* ***se ~*** sich entspannen

relayer [ʀ(ə)leje] <7> **I.** *vt (remplacer)* ablösen; ***se faire ~ par qn/qc*** *personne:* sich von jdm/etw ablösen lassen **II.** *vpr* ***se ~ pour faire qc*** sich abwechseln um etw zu tun

relayeur, -euse [ʀ(ə)lɛjœʀ, -jøz] *m, f* Staffelläufer(in) *m(f)*

relecture [ʀ(ə)lɛktyʀ] *f* nochmaliges Lesen; TYP Korrekturlesen *nt*

relégation [ʀ(ə)legasjɔ̃] *f* ❶ SPORT Abstieg *m*; ***au bord de la ~*** abstiegsfährdet ❷ HIST Verbannung *f*

reléguer [ʀ(ə)lege] <5> *vt (mettre à l'écart)* verbannen; ***~ qn au second plan*** jdn in den Hintergrund drängen

relent [ʀ(ə)lɑ̃] *m* ❶ *(mauvaise odeur)* übler Geruch *m*; ***dégager des ~s d'alcool*** nach Alkohol stinken ❷ *(soutenu: trace)* ***un ~/des ~s de qc*** ein [übler] Beigeschmack von etw

relevable [ʀəl(ə)vabl, ʀ(ə)ləvabl] *adj siège* zurückklappbar, Klapp-; *volet* aufklappbar; *train d'atterrissage* einziehbar

relève [ʀ(ə)lɛv] *f* Ablösung *f*; ***assurer*** [*o* ***prendre***] ***la ~*** *(assurer la succession)* die Nachfolge antreten; ***la ~ est assurée*** *(succession)* die Nachfolge ist gesichert; *(génération montante)* es ist genügend Nachwuchs da

relevé [ʀəl(ə)ve, ʀ(ə)ləve] *m* FIN ***~ de compte*** Kontoauszug *m*; ***~ d'identité bancaire*** *Bescheinigung mit der Bankverbindung*

relevé(e) [ʀəl(ə)ve, ʀ(ə)ləve] *adj plat, sauce* gut gewürzt, pikant

relever [ʀəl(ə)ve] <4> **I.** *vt* ❶ *(redresser)* aufheben *blessé, objet tombé;* wieder aufstellen *chaise;* ***~ qn*** jdm hochhelfen ❷ *(remonter)* hochschlagen *col, voile;* höher stellen *siège;* hochklappen *strapontin;* hochziehen *store, chaussettes;* hochstecken *cheveux* ❸ *(noter)* notieren *adresse, renseignement, observation;* ablesen *compteur, électricité, gaz* **II.** *vi* ❶ *(se remettre)* ***~ de maladie*** [gerade] eine Krankheit überstanden haben ❷ *(dépendre de)* ***~ de la compétence de qn*** in jds Zuständigkeit fallen; ***~ du miracle*** das reinste Wunder sein **III.** *vpr* ***se ~*** *(se remettre debout)* [wieder] aufstehen

relief [ʀəljɛf] *m* ❶ GEOG Relief *nt* ❷ *(saillie)* ***sans ~*** glatt; ***en ~*** *carte, impression* Relief-; *caractères* in Relief [gedruckt]; *motif* plastisch herausgearbeitet ❸ ART, ARCHIT Relief *nt* ▸ **mettre qc en ~** etw hervorheben, etw herausstellen

relier [ʀəlje] <1> *vt* ❶ *(réunir)* [miteinander] verbinden *personnes, choses;* ***~ un appareil à un autre*** ein Gerät an ein anderes anschließen ❷ GRAM *préposition:* zueinander in Beziehung setzen; ***~ une subordonnée à qc*** einen Nebensatz mit etw verbinden ❸ TECH binden *livre;* ***une édition reliée [en] cuir*** eine in Leder gebundene Ausgabe

relieur, -euse [ʀəljœʀ, -jøz] *m, f* Buchbinder(in) *m(f)*

religieuse [ʀ(ə)liʒjøz] *f* ❶ REL Ordensschwester *f*, Nonne *f* ❷ GASTR *Windbeutel, der mit Schokoladenguss überzogen ist; in der Schweiz: Braune Kruste, die der Fonduekäse am Boden des Caquelons bildet*

religieusement [ʀ(ə)liʒjøzmɑ̃] *adv* ❶ religiös, fromm; *se marier* kirchlich ❷ *(scrupuleusement) agir, tenir parole* gewissenhaft ❸ *(attentivement)* andächtig

religieux [ʀ(ə)liʒjø] *m* Ordensgeistliche(r) *m*

religieux, -ieuse [ʀ(ə)liʒjø, -jøz] *adj* REL *personne* religiös, fromm; *cérémonie, mariage* kirchlich; *musique, chant, habit* Kirchen-; *opinions, vie, tradition, art* religiös; *ordre* geistlich

religion [ʀ(ə)liʒɔ̃] *f* ❶ *(ensemble de*

R

croyances) Religion *f* ❷ *(culte)* Glaube *m,* Glaubenslehre *f;* ***appartenir à la ~ protestante*** der evangelischen Glaubensgemeinschaft angehören

religiosité [ʀ(ə)liʒjozite] *f* Religiosität *f,* Gläubigkeit *f*

reliquaire [ʀəlikɛʀ] *m* Reliquienschrein *m,* Reliquiar *m*

reliquat [ʀəlika] *m* FIN, JUR Rest[betrag] *m,* Restsumme *f;* ***~ de créance*** Restforderung *f;* ***~ de dette*** Restschuld *f*

relique [ʀəlik] *f* ❶ REL Reliquie *f* ❷ *(objet auquel on tient)* Reliquie *f,* Heiligtum *nt;* *(héritage)* Relikt *nt* ❸ BIO Relikt *nt*

relire [ʀ(ə)liʀ] <irr> **I.** *vt* noch einmal lesen *lettre, roman; (pour corriger ou bien comprendre)* noch einmal durchlesen *lettre, roman; (pour vérifier une référence)* nachlesen *passage* **II.** *vpr* ***se ~*** noch einmal lesen, was man geschrieben hat

reliure [ʀəljyʀ] *f* ❶ *(action)* Binden *nt* ❷ *(couverture)* Einband *m;* ***~ en*** [*o* ***de***] ***cuir*** Ledereinband

reloger [ʀ(ə)lɔʒe] <2a> **I.** *vt* ***~ qn*** jdm eine neue Unterkunft besorgen **II.** *vpr* [***trouver à***] ***se ~*** eine neue Wohnung finden

relookage [ʀəlukaʒ] *m d'une personne* Relooking *nt,* Typveränderung *f*

relooker [ʀ(ə)luke] <1> *vt (fam)* umstylen

relou [ʀəlu] *adj (fam)* lästig

reluire [ʀ(ə)lɥiʀ] <irr> *vi* glänzen; ***faire ~ qc*** etw blank putzen, etw polieren

reluisant(e) [ʀ(ə)lɥizɑ̃, ɑ̃t] *adj* glänzend; *résultat* hervorragend; *avenir* erfreulich

reluquer [ʀ(ə)lyke] <1> *vt (fam)* ***~ qn*** nach jdm schielen

remâcher [ʀ(ə)mɑʃe] <1> *vt* ❶ *(ressasser)* [immer wieder] nachgrübeln über +*akk* ❷ ZOOL wiederkäuen

remake [ʀimɛk] *m* Neuverfilmung *f,* Remake *nt*

rémanent(e) [ʀemanɑ̃, ɑ̃t] *adj* [zurück]bleibend

remanger [ʀ(ə)mɑ̃ʒe] <2a> *vi* wieder essen

remaniement [ʀ(ə)manimɑ̃] *m* POL ***~ ministériel*** Kabinettsumbildung *f*

remanier [ʀ(ə)manje] <1a> *vt* ❶ *(modifier)* umändern, neu gestalten *quartier;* umarbeiten *manuscrit, pièce* ❷ POL umbilden *cabinet, ministère;* umbesetzen *comité, direction*

remaquiller [ʀ(ə)makije] <1> **I.** *vt* [neu] schminken **II.** *vpr* ***se ~*** sich [neu] schminken

remarcher [ʀ(ə)maʀʃe] <1> *vi* wieder gehen

remariage [ʀ(ə)maʀjaʒ] *m* Wiederverheiratung *f*

remarier [ʀ(ə)maʀje] <1> *vpr* wieder heiraten; ***il s'est remarié avec une collègue*** er hat wieder geheiratet, und zwar eine Kollegin

remarquable [ʀ(ə)maʀkabl] *adj* ❶ *(extraordinaire)* bemerkenswert, beachtlich ❷ *(qui attire l'attention)* bemerkenswert, bedeutsam

remarquablement [ʀ(ə)maʀkabləmɑ̃] *adv beau, intelligent* außerordentlich, außergewöhnlich; *jouer, se porter, réussir* hervorragend, außergewöhnlich [gut]

remarque [ʀ(ə)maʀk] *f* Bemerkung *f;* *(commentaire)* Anmerkung *f;* ***faire une ~ à qn sur qc*** jdm gegenüber eine Bemerkung wegen etw machen; ***en faire la ~ à qn*** jdn darauf hinweisen

remarqué(e) [ʀ(ə)maʀke] *adj intervention, discours* bemerkenswert; *absence, entrée* auffallend, auffällig

remarquer [ʀ(ə)maʀke] <1> **I.** *vt* ❶ *(apercevoir)* bemerken ❷ *(distinguer)* ***~ qn/qc par qc*** auf jdn/etw wegen einer S. *gen* aufmerksam werden ❸ *(noter)* bemerken; ***faire ~ qc à qn*** jdn auf etw *akk* hinweisen; ***se faire ~*** *(péj)* auffallen; ***sans se faire ~*** unauffällig; ***remarque, je m'en fiche!*** nebenbei bemerkt ist es mir egal!; ***remarque, il a essayé*** er hat es immerhin versucht **II.** *vpr* ***se ~*** auffallen

remballer [ʀɑ̃bale] <1> **I.** *vt* ❶ *(opp: déballer)* wieder einpacken ❷ *(fam: garder pour soi)* für sich behalten; ***remballe tes commentaires!*** auf deine Kommentare kann ich verzichten! **II.** *vi* zusammenpacken

rembarrer [ʀɑ̃baʀe] <1> *vt (fam)* ***~ qn*** jdm eine Abfuhr erteilen; ***se faire ~*** eine Abfuhr erteilt kriegen

remblai [ʀɑ̃blɛ] *m* ❶ *(action)* Aufschüttung *f* ❷ *(matériau: en terre)* Erdmasse *f,* Aufschüttmasse *f; (en caillou)* Schotter *m* ❸ *(ouvrage)* Erdwall *m*

remblayer [ʀɑ̃bleje] <7> *vt* aufschütten

rembobinage [ʀɑ̃bɔbinaʒ] *m d'une bande* Zurückspulen *nt*

rembobiner [ʀɑ̃bɔbine] <1> *vt* zurückspulen *bande magnétique, film;* wieder aufwickeln *fil*

remboîtement [ʀɑ̃bwatmɑ̃] *m* MED [Wieder]einrenken *nt*

remboîter [ʀɑ̃bwate] <1> *vt* MED [wieder] einrenken

rembourrage [ʀɑ̃buʀaʒ] *m* ❶ *(action) d'un fauteuil* Polstern *nt,* [Auf]polsterung *f;*

d'un matelas Füllen *nt* ❷ *(matière)* Polsterung *f; d'un matelas* Füllung *f*

rembourrer [ʀɑ̃buʀe] <1> *vt* ❶ *(matelasser)* **~ un siège/des épaules avec qc** einen Stuhl/die Schultern mit etw [aus]polstern; **faire ~ des fauteuils** die Sessel aufpolstern lassen ❷ *(fig)* **être bien rembourré** gut gepolstert sein *fam*

remboursable [ʀɑ̃buʀsabl] *adj emprunt* rückzahlbar, tilgbar; *billet* zahlbar, einlösbar; *montant, frais* erstattungsfähig

remboursement [ʀɑ̃buʀsəmɑ̃] *m d'un emprunt, d'une dette* Rückzahlung *f,* Tilgung *f; des frais* [Rück]erstattung *f;* **contre ~** gegen Nachnahme

rembourser [ʀɑ̃buʀse] <1> *vt* [zurück]erstatten, ersetzen; **~ une dette/un emprunt à qn** jdm seine Schulden/ein Darlehen zurückzahlen; **ce médicament n'est pas remboursé** die Kosten für dieses Medikament werden nicht [zurück]erstattet; **ça rembourse à peine les frais de fonctionnement** das deckt kaum die Betriebskosten [ab]; **je te rembourserai demain!** ich gebe dir das Geld morgen zurück!; **remboursez! remboursez!** *(hum)* wir wollen unser Geld zurück!

rembrunir [ʀɑ̃bʀyniʀ] <8> *vpr* **se ~** *traits, visage, ciel:* sich verfinstern [*o* verdüstern]; **qn se rembrunit** jds Miene verdüstert [*o* verfinstert] sich; **le temps se rembrunit** es bewölkt sich, es zieht sich zu

remède [ʀ(ə)mɛd] *m (moyen de lutte)* [Heil]mittel *nt; d'un problème* Lösung *f;* **~ miracle** Wundermittel; **~ contre l'inflation** Mittel zur Bekämpfung der Inflation ▶ **~ de cheval** Rosskur *f;* **le ~ est pire que le mal** man kann nicht den Teufel mit dem Beelzebub austreiben

R

remédiable [ʀəmedjabl] *adj vice, désagrément* behebbar

remédier [ʀ(ə)medje] <1> *vi* **~ à qc** einer Sache *dat* Abhilfe schaffen; **~ à un mal** ein Übel beseitigen

remembrement [ʀ(ə)mɑ̃bʀəmɑ̃] *m* Flurbereinigung *f*

remémorer [ʀ(ə)memɔʀe] <1> *vpr* **se ~ qc** sich wieder an etw *akk* erinnern, sich *dat* etw ins Gedächtnis zurückrufen

remerciement [ʀ(ə)mɛʀsimɑ̃] *m* Dank *m;* **des ~s** Dankesbezeigungen *Pl,* Dankesworte *Pl;* **adresser ses ~s à qn** jdm seinen Dank aussprechen; **avec tous mes/nos ~s** mit bestem Dank *form;* **lettre de ~** Dankschreiben *nt*

remercier [ʀ(ə)mɛʀsje] <1> *vt (dire merci à)* **~ qn/qc de qc** jdm/einer S. für etw danken, sich bei jdm für etw bedanken; **~ qn/qc de faire qc** jdm/einer S. [dafür] danken, dass er/sie/es etw tut

remettre [ʀ(ə)mɛtʀ] <irr> **I.** *vt* ❶ *(replacer)* wieder zurückstellen [*o* zurücklegen], wieder annähen *bouton;* **~ debout** wieder hinstellen; **~ à cuire** noch einmal zum Kochen aufstellen; **~ qn sur la bonne voie** jdn wieder auf den richtigen Weg bringen ❷ *(rétablir)* **~ qn/faire ~ qn en liberté** jdn freilassen/jds Freilassung veranlassen; **~ une machine en marche** eine Maschine wieder in Gang bringen; **~ un moteur en marche** einen Motor wieder anlassen; **~ qc en ordre** etw wieder in Ordnung *akk* bringen; **~ qc à neuf** etw erneuern; **~ sa montre à l'heure** seine Uhr [richtig] stellen ❸ *(donner)* [über]geben, überreichen *récompense, prix;* einreichen *démission;* abgeben *devoir;* **~ un paquet à qn** jdm ein Paket [über]geben ❹ *(rajouter)* noch etw dazugeben *ingrédient;* **~ de l'huile dans le moteur** Öl in den Motor nachfüllen; **~ du sel dans les légumes** das Gemüse nachsalzen; **~ du rouge à lèvres** sich *dat* die Lippen nachziehen ❺ *(ajourner)* **~ une décision à la semaine prochaine** eine Entscheidung auf die nächste Woche verschieben; **~ un jugement à l'année prochaine** ein Urteil auf nächstes Jahr vertagen ❻ *(porter de nouveau)* wieder anziehen *vêtement;* wieder aufsetzen *chapeau* ❼ *(confier)* **~ un enfant à qn** jdm ein Kind anvertrauen ▶ **~ ça** *(fam)* wieder damit anfangen; **en ~** *(fam)* dick auftragen **II.** *vpr* ❶ *(recouvrer la santé)* **se ~ de qc** sich von etw *dat* erholen; **remettez-vous maintenant!** nun beruhigen Sie sich doch! ❷ *(recommencer)* **se ~ au travail** sich wieder an die Arbeit machen; **se ~ en mouvement** sich wieder in Bewegung setzen; *mécanisme:* sich wieder in Gang setzen; **se ~ à faire qc** etw wieder tun, wieder anfangen etw zu tun ❸ METEO **le temps se remet au beau/à la pluie** das Wetter wird wieder besser/regnerisch; **il se remet à pleuvoir** es fängt wieder an zu regnen ❹ *(se replacer)* **se ~ en tête du groupe** sich wieder an die Spitze setzen; **se ~ debout/sur ses jambes** wieder aufstehen/sich wieder auf die Beine stellen; **se ~ à table** wieder essen ❺ *(se réconcilier)* **se ~ avec qn** *(fam)* sich wieder mit jdm versöhnen; **ils se sont remis ensemble** sie sind wieder zusammen

réminiscence [ʀeminisɑ̃s] *f* Erinnerung *f,*

Reminiszenz *f geh;* ~ ***de qc*** Erinnerung [*o* Reminiszenz] an etw *akk*

remise [ʀ(ə)miz] *f* ❶ *d'une clé, d'une rançon* Übergabe *f; d'une décoration, d'un cadeau* Übergabe, Überreichung *nt; d'une lettre, d'un paquet* Zustellung *f; (en mains propre)* Aushändigung *f* ❷ *(dispense, grâce)* Erlass *m;* ~ ***de peine*** Straferlass ❸ *(rabais)* Nachlass *m,* Ermäßigung *f,* Rabatt *m;* ***faire une*** ~ ***de 5% à qn*** jdm 5% Rabatt geben ❹ *(local)* Schuppen *m* ▶ ~ **en état** [Wieder]instandsetzung *f,* Wiederherrichtung *f;* ~ **en forme** Fitnesstraining *nt;* ***centre de*** ~ ***en forme*** Fitnesscenter *nt;* ~ **à jour** Aktualisierung; ~ ***à jour des connaissances*** Auffrischen *nt* der Kenntnisse; ~ **en marche** Wieder-in-Gang-setzen *nt;* ~ ***en marche de l'économie*** Wiederankurbeln *nt* der Wirtschaft

remiser [ʀ(ə)mize] <1> *vt* unterstellen *voiture;* räumen, wegräumen *outil*

rémission [ʀemisjɔ̃] *f* ❶ REL Vergebung *f* ❷ JUR *d'une peine* Erlassung *f,* Erlass *m* ❸ MED *d'une douleur, fièvre* Zurückgehen *nt,* Nachlassen *nt; d'une maladie* Remission *f Fachspr.* ▶ **sans** ~ erbarmungslos, unerbittlich, ohne jede Nachsicht

remix [ʀəmiks] *m* Remix *m*

remmener [ʀɑ̃m(ə)ne] <4> *vt* zurückbringen

remodelage [ʀ(ə)mɔd(ə)laʒ] *m d'une ville* Neugestaltung *f; d'une organisation* Umgestaltung *f,* Umstrukturierung *f; d'un visage* plastische Veränderung; *d'un nez* Richten *nt*

remontant [ʀ(ə)mɔ̃tɑ̃] *m* Stärkungstrunk *m*

remonte [ʀ(ə)mɔ̃t] *f* ❶ *d'un bateau* Fahrt *f* flussaufwärts/stromaufwärts, Bergfahrt ❷ *des poissons* Laichwanderung *f*

remontée [ʀ(ə)mɔ̃te] *f* ❶ *d'une côte, pente* erneuter Aufstieg; *d'un plongeur* Auftauchen *nt;* SPORT [Wieder]aufstieg *m* ❷ *des eaux, d'une popularité* Wiederanstieg *m* ❸ *(machine)* ~ ***mécanique*** Skilift *m*

remonte-pente [ʀ(ə)mɔ̃tpɑ̃t] <remonte-pentes> *m* Schlepplift *m*

remonter [ʀ(ə)mɔ̃te] <1> **I.** *vi* ❶ + *être (monter à nouveau)* ~ ***dans une chambre/de la cuisine*** wieder in ein Zimmer hinaufgehen/wieder von der Küche heraufkommen; ~ ***à Paris*** wieder nach Paris zurückfahren *fam;* ~ ***en bateau/à la nage*** stromaufwärts fahren/schwimmen; ~ ***sur l'échelle*** wieder auf die Leiter [hinauf]steigen; ~ ***sur scène*** wieder zur Bühne zurückkehren; ~ ***faire qc*** [wieder] hinaufgehen um etw zu tun; *(venir d'en bas)* [wieder] heraufkommen um etw zu tun ❷ + *être (reprendre place)* ~ ***à bicyclette*** wieder Fahrrad fahren; ~ ***en voiture*** wieder ins Auto steigen; ~ ***à bord*** [wieder] an Bord gehen ❸ + *avoir (s'élever de nouveau)* [wieder] ansteigen ❹ + *être (s'améliorer)* ~ ***dans l'estime de qn*** in jds Ansehen steigen ❺ + *être (glisser vers le haut) jupe, vêtement:* hochrutschen; *col:* hochstehen ❻ + *avoir (dater de)* ~ ***au mois dernier/à l'année dernière*** *événement, fait:* auf letzten Monat/letztes Jahr zurückgehen; ***cela remonte au siècle dernier*** das geschah im letzten Jahrhundert; ***cet incident remonte à quelques jours*** dieser Zwischenfall liegt einige Tage zurück **II.** *vt* + *avoir* ❶ *(parcourir: à pieds)* wieder hinaufgehen; *(dans un véhicule)* hinauffahren; *(à la nage)* hinaufschwimmen, heraufschwimmen *fleuve, rivière* ❷ *(relever)* hochschlagen *col;* hochziehen *chaussettes, pantalon;* hochkrempeln, aufkrempeln *bas du pantalon, manches;* höher hängen *étagère, tableau;* höher ziehen *mur;* SCOL anheben *note* ❸ *(rapporter du bas)* ~ ***une bouteille de la cave à son père*** ihrem/seinem Vater aus dem Keller eine Flasche heraufbringen; *(porter vers le haut)* ~ ***la valise au grenier*** den Koffer auf den Dachboden hinauftragen ❹ *(faire marcher)* aufziehen *mécanisme, montre;* ***être remonté*** *(hum: excité)* aufgedreht sein *fam;* ***être remonté contre qn*** *(fâché)* wütend auf jdn sein ❺ *(opp: démonter)* wieder anbringen *robinet;* wieder aufmontieren *roue* ❻ *(remettre en état)* wieder in Gang bringen *affaires;* wieder instand setzen *mur;* ~ ***qn*** *(physiquement)* jdn aufmuntern, jdn wieder auf die Beine bringen; *(moralement)* jdn aufmuntern; ~ ***le moral de qn*** jdm wieder Mut machen

remontrance [ʀ(ə)mɔ̃tʀɑ̃s] *f* Verweis *m,* Ermahnung *f;* ***faire des*** ~***s à qn*** jdm Vorhaltungen machen

remords [ʀ(ə)mɔʀ] *m* Schuldgefühl *nt,* Reue *f;* ***des*** ~ Gewissensbisse *Pl;* ***avoir des*** ~ ein schlechtes Gewissen haben; ***pas de*** ~***?*** bist du/sind Sie sicher?, du bleibst/Sie bleiben dabei?

remorque [ʀ(ə)mɔʀk] *f (d'un véhicule)* Anhänger *m*

remorquer [ʀ(ə)mɔʀke] <1> *vt* abschleppen *voiture;* ***se faire*** ~ abgeschleppt werden

R

remorqueur [R(ə)mɔRkœR] *m* Schlepper *m,* Schleppkahn *m*
rémoulade [Remulad] *f* Remoulade[nsoße] *f*
remous [R(ə)mu] *m* ❶ *(tourbillon) de l'air, eau* Wirbel *m; d'un bateau* Kielwasser *nt* ❷ *(agitation)* Aufruhr *f;* ***les ~ de la politique*** die politischen Turbulenzen
rempailler [Rɑ̃paje] <1> *vt* neu mit Stroh bespannen, neu flechten
rempart [Rɑ̃paR] *m* MIL [Schutz]wall *m; d'une ville* Stadtmauer *f,* Befestigungsmauer *f*
rempiler [Rɑ̃pile] <1> **I.** *vt* wieder aufstapeln **II.** *vi (fam)* sich weiter verpflichten; ***~ pour trois ans*** um drei Jahre verlängern
remplaçable [Rɑ̃plasabl] *adj personne* ersetzbar; *(interchangeable) pièce détachée* auswechselbar; *(retrouvable) objet de valeur, pièce rare* ersetzbar
remplaçant(e) [Rɑ̃plasɑ̃, ɑ̃t] *m(f)* MED, SCOL Vertretung *f;* SPORT Ersatzspieler(in) *m(f)*
remplacement [Rɑ̃plasmɑ̃] *m* ❶ *(intérim)* Vertretung *f;* ***faire des ~s*** Vertretung[en] machen ❷ FIN ***~ des monnaies nationales*** Ablösung *f* der Landeswährungen
remplacer [Rɑ̃plase] <2> **I.** *vt* ❶ *(changer)* ersetzen ❷ *(prendre la place de)* ablösen *personne fatiguée;* ***~ qn*** *(temporairement)* jdn vertreten ❸ *(tenir lieu de)* ersetzen **II.** *vpr* ***se ~*** sich ersetzen lassen
rempli(e) [Rɑ̃pli] **I.** *part passé de* **remplir** **II.** *adj* ❶ *(plein)* voll; ***~ de personnes*** voller Menschen; ***tasse ~e de thé*** Tasse *f* voll Tee ❷ *(rond)* voll ❸ *journée, vie* ausgefüllt; *emploi du temps* voll
remplir [Rɑ̃pliR] <8> **I.** *vt* ❶ *(rendre plein)* ***~ un carton de choses*** einen Karton mit Dingen füllen; ***~ une valise de vêtements*** einen Koffer mit Kleidungsstücken voll packen ❷ *(occuper)* füllen, ausfüllen *journée, vie* ❸ *(couvrir)* voll schreiben *page* ❹ *(compléter)* ausfüllen *formulaire, chèque* ❺ *(réaliser, répondre à)* erfüllen *mission, contrat, conditions* **II.** *vpr* ***se ~ de personnes/liquide*** sich mit Menschen/Flüssigkeit füllen
remplissage [Rɑ̃plisaʒ] *m* ❶ *(fait de remplir)* Füllen *nt* ❷ *(développement inutile)* Füllsel *nt*
remployer [Rɑ̃plwaje] <6> *vt v.* **réemployer**
remplumer [Rɑ̃plyme] <1> *vpr* **se ~** *(fam)* ❶ *(grossir)* wieder zunehmen ❷ *(financièrement)* wieder zu Geld kommen
rempocher [Rɑ̃pɔʃe] <1> *vt* wieder einstecken
remporter [Rɑ̃pɔRte] <1> *vt* ❶ *(reprendre)* wieder mitnehmen; ***faire ~ une livraison*** eine Lieferung zurückgehen lassen ❷ *(gagner)* davontragen *geh,* gewinnen *championnat, prix*
rempoter [Rɑ̃pɔte] <1> *vt* umtopfen
remuant(e) [Rəmɥɑ̃, ɑ̃t] *adj (turbulent)* lebhaft
remue-ménage [R(ə)mymenaʒ] *m inv* ❶ *(agitation)* Hin *nt* und Her ❷ *(confusion)* Durcheinander *nt;* ***faire du ~*** für Aufruhr sorgen ❸ *(bruit)* Krach *m;* ***faire du ~*** Krach machen **remue-méninges** [R(ə)mymenɛ̃ʒ] *m inv* Brainstorming *nt*
remuer [Rəmɥe] <1> **I.** *vi (bouger)* sich bewegen; *(continuellement)* in Bewegung sein **II.** *vt* ❶ *(bouger)* bewegen, wiegen *hanches;* ***~ les oreilles*** mit den Ohren wackeln; ***~ la queue*** mit dem Schwanz wedeln ❷ *(mélanger)* rühren *sauce, mayonnaise;* umrühren *café;* mischen *salade* ❸ *(émouvoir)* ergreifen **III.** *vpr* **se ~** ❶ *(bouger)* sich bewegen ❷ *(faire des efforts)* sich bemühen
rémunérateur, -trice [RemyneRatœR, -tRis] *adj* einträglich; ***être très ~*** sich auszahlen
rémunération [RemyneRasjɔ̃] *f* Bezahlung *f,* Entlohnung *f; (salaire)* Vergütung *f;* ECON, JUR Leistungsentgelt *nt Fachspr.*
rémunérer [RemyneRe] <5> *vt* bezahlen
renâcler [R(ə)nɑkle] <1> *vi* ***~ à*** [*o* ***devant***] ***qc*** über etw *akk* murren; ***~ à faire qc*** etw nur widerwillig tun
renaissance [R(ə)nɛsɑ̃s] *f* ❶ *(vie nouvelle)* Wiedergeburt *f* ❷ HIST, ART ***la Renaissance*** die Renaissance
renaissant(e) [R(ə)nɛsɑ̃, ɑ̃t] *adj* wieder aufkommend; *économie* wieder aufblühend; *antagonisme* wieder aufflammend
renaître [R(ə)nɛtR] <irr, déf> *vi* ❶ *(reparaître) espoir, doute:* wieder aufkommen; *désir, dispute:* wieder aufflammen; *difficultés:* wieder auftauchen; ***faire ~ l'espoir chez qn*** jdm wieder Hoffnung machen; ***faire ~ le conflit*** den Konflikt erneut heraufbeschwören ❷ *(reprendre vigueur) fleur:* wieder blühen; *jour:* erwachen; *économie:* wieder aufblühen; *pays:* wieder aufleben ❸ REL wiedergeboren werden
rénal(e) [Renal, o] <-aux> *adj* ANAT, MED Nieren-; ***insuffisance ~e*** Niereninsuffizienz *f Fachspr.;* ***maladie ~e*** [*o* ***des reins***] Nierenkrankheit *f;* ***fonction ~e*** Funktion *f* der Niere, Nierenfunktion

R

renard [ʀ(ə)naʀ] *m (animal, fourrure)* Fuchs *m* ▶ **fin** ~ schlauer Fuchs; **vieux** ~ alter Fuchs

renarde [ʀ(ə)naʀd] *f* Füchsin *f*

renardière [ʀ(ə)naʀdjɛʀ] *f* ❶ *(tanière)* Fuchsbau *m* ❷ CAN *(ferme)* Fuchsfarm *f*

rencard *v.* **rancard**

renchérir [ʀɑ̃ʃeʀiʀ] <8> **I.** *vi* ❶ *(faire de la surenchère)* auftrumpfen ❷ *(devenir plus cher)* teurer werden ❸ *(faire une enchère supérieure)* ~ ***sur qn*** jdn überbieten **II.** *vt* verteuern; ~ ***qc fortement*** etw kräftig verteuern

renchérissement [ʀɑ̃ʃeʀismɑ̃] *m* Preisanstieg *m; des loyers* Anstieg *m*

rencontre [ʀɑ̃kɔ̃tʀ] *f* ❶ *(fait de se rencontrer)* Begegnung *f;* ~ ***secrète*** geheimes Treffen ❷ *(entrevue)* Zusammenkunft *f; (réunion)* Treffen *nt;* ~ ***au sommet*** Gipfeltreffen *nt* ❸ SPORT Spiel *nt;* ~ ***de football/boxe/d'athlétisme*** Fußballspiel/Boxkampf *m*/Leichtathletiktreffen *nt* ▶ **faire une mauvaise** ~ überfallen werden; **aller/venir à la ~ de qn** jdm entgegengehen/-kommen; **faire la ~ de qn** jdn kennenlernen

rencontrer [ʀɑ̃kɔ̃tʀe] <1> **I.** *vt* ❶ *(croiser)* ~ ***qn*** jdm begegnen ❷ *(avoir une entrevue)* ~ ***qn*** sich mit jdm treffen ❸ *(faire la connaissance de)* kennenlernen ❹ SPORT ~ ***qn*** auf jdn treffen ❺ *(être confronté à)* ~ ***qc*** auf etw *akk* stoßen **II.** *vpr* **se** ~ ❶ *(se croiser)* sich begegnen; *regards, yeux:* sich treffen ❷ *(avoir une entrevue)* sich treffen ❸ *(faire connaissance)* sich kennenlernen; ***il les a fait se*** ~ er hat sie zusammengeführt

rendement [ʀɑ̃dmɑ̃] *m* ❶ *(production) d'un champ* Ertrag *m; d'un puits de pétrole* Ausbeute *f; d'une machine* Nutzeffekt *m,* Leistung *f* ❷ FIN Rendite *f* ❸ *(efficacité) d'une personne* Leistung *f*

rendez-vous [ʀɑ̃devu] *m inv* ❶ *(rencontre officielle)* Termin *m;* ***avoir ~ avec qn*** einen Termin mit jdm haben; ***donner un ~ à qn*** mit jdm einen Termin ausmachen; ***prendre ~ avec qn*** mit jdm einen Termin ausmachen; ***prendre ~ chez qn*** sich bei jdm einen Termin geben lassen; ***sur*** ~ nach Vereinbarung ❷ *(rencontre avec un ami)* Verabredung *f;* ***avoir ~ avec qn*** mit jdm verabredet sein; ***se donner*** ~ sich verabreden; ***donner un ~ à qn*** sich mit jdm verabreden; ~ ***à 8 heures/à la gare*** wir treffen uns um 8 Uhr/am Bahnhof ❸ *(rencontre entre amoureux)* Rendezvous *nt* ❹ *(lieu de rencontre)* Treffpunkt *m* ▶ **être au** ~ *chose:* nicht auf sich warten lassen

rendormir [ʀɑ̃dɔʀmiʀ] <irr> *vpr* ***se*** ~ wieder einschlafen

rendre [ʀɑ̃dʀ] <14> **I.** *vt* ❶ *(restituer)* zurückgeben ❷ *(donner en retour)* zurückgeben, erwidern *invitation, visite, salut;* ~ ***la monnaie sur 100 euros*** auf 100 Euro herausgeben ❸ *(rapporter)* zurückgeben *article défectueux* ❹ *(donner)* abgeben *devoir* ❺ *(redonner)* wiederschenken *liberté;* wiedergeben *espoir;* zurückgeben *courage, vue* ❻ *(faire devenir)* ~ ***plus facile*** leichter machen; ~ ***triste/joyeux*** traurig/fröhlich stimmen; ~ ***public*** veröffentlichen; ~ ***moins compliqué*** einfacher machen, vereinfachen; ***c'est à vous ~ fou!*** das ist doch zum Verrücktwerden! ❼ JUR fällen *jugement, verdict;* erlassen *arrêt* ❽ *(vomir)* erbrechen **II.** *vi (vomir)* sich übergeben **III.** *vpr* ❶ *(capituler)* ***se*** ~ sich ergeben; ***se ~ à l'évidence*** *(fig)* sich den Tatsachen beugen ❷ *(aller)* ***se ~ chez qn/à son travail*** zu jdm/zur Arbeit gehen

rendu(e) [ʀɑ̃dy] *part passé de* **rendre**

rêne [ʀɛn] *f* Zügel *m* ▶ **lâcher les ~s** aufgeben; **prendre les ~s de qc** die Führung einer S. *gen* übernehmen

renégat(e) [ʀ(ə)nega, at] *m(f)* Abtrünnige(r) *f(m)*

renfermé [ʀɑ̃fɛʀme] *m* ***sentir le*** ~ muffig riechen

renfermé(e) [ʀɑ̃fɛʀme] *adj* verschlossen

renfermer [ʀɑ̃fɛʀme] <1> **I.** *vt* enthalten **II.** *vpr* ***se ~ sur soi-même*** sich in sich *akk* zurückziehen

renflé(e) [ʀɑ̃fle] *adj* bauchig

renflement [ʀɑ̃fləmɑ̃] *m* Ausbauchung *f; d'une racine, tige* Verdickung *f*

renfler [ʀɑ̃fle] <1> **I.** *vt* ❶ *(rare: augmenter de volume)* anschwellen lassen *dette* ❷ *(rendre bombé)* wölben **II.** *vpr* ***se*** ~ *cou:* anschwellen

renflouer [ʀɑ̃flue] <1> *vt* ❶ NAUT flottmachen ❷ *(fournir des fonds)* finanziell unterstützen, wieder auffüllen *caisse*

renfoncement [ʀɑ̃fɔ̃smɑ̃] *m* Nische *f*

renforçateur [ʀɑ̃fɔʀsatœʀ] *m* ❶ PHOT Verstärker *m* ❷ GASTR Geschmacksverstärker *m*

renforcement [ʀɑ̃fɔʀsəmɑ̃] *m* Verstärkung *f; d'une couleur* Intensivierung *f; de la paix* Festigung *f; de l'amour, de la haine* Vertiefung *f*

renforcer [ʀɑ̃fɔʀse] <2> **I.** *vt* ❶ *(consolider, intensifier)* verstärken ❷ *(affermir)* festigen *paix, position;* verstärken *soupçon;*

R

vertiefen *sentiment* ❸ *(confirmer)* ~ ***qn dans son opinion*** jdn in seiner Meinung bestärken **II.** *vpr (s'affermir)* ***se*** ~ sich festigen; *popularité:* wachsen

renfort [ʀɑ̃fɔʀ] *m* ❶ *souvent pl (personnes)* Verstärkung *f* ❷ *(supplément)* ***~s en nourriture*** Nachschub *m* an Lebensmitteln ❸ AUT ~ ***latéral [de sécurité]*** Seitenaufprallschutz *m*

renfrogné(e) [ʀɑ̃fʀɔɲe] *adj* mürrisch

reniement [ʀənimɑ̃] *m* Verleugnung *f; du passé, d'une promesse* Leugnung *f; de la foi* Lossagung *f*

renier [ʀənje] <1> **I.** *vt* verleugnen, leugnen *idée, promesse, passé;* ~ ***sa foi*** sich von seinem Glauben lossagen **II.** *vpr* ***se*** ~ sich verleugnen

renifler [ʀ(ə)nifle] <1> **I.** *vi* schnüffeln **II.** *vt* ❶ *(sentir)* riechen; *animal:* wittern ❷ *(aspirer par le nez)* schnupfen *tabac;* schnüffeln *cocaïne* ❸ *(fam: pressentir)* wittern

renne [ʀɛn] *m* Ren[tier *nt*] *nt*

renom [ʀənɔ̃] *m* Renommee *nt*

renommé(e) [ʀ(ə)nɔme] *adj* bekannt

renommée [ʀ(ə)nɔme] *f* ❶ *sans pl (célébrité)* Renommee *nt* ❷ *(réputation)* Ruf *m;* ***de ~ mondiale*** von Weltruf

renoncement [ʀ(ə)nɔ̃smɑ̃] *m* ❶ Verzicht *m;* ~ ***à qc*** Verzicht auf etw *akk* ❷ *(sacrifice)* Opfer *nt*

renoncer [ʀ(ə)nɔ̃se] <2> *vi* ❶ *(abandonner)* verzichten; ~ ***au monde/aux plaisirs*** dem weltlichen Leben/den Freuden entsagen *geh;* ~ ***à sa foi*** sich von seinem Glauben lossagen; ~ ***à fumer/boire*** aufhören, zu rauchen/trinken ❷ *(refuser un droit)* ~ ***à qc*** auf etw *akk* verzichten

renonciation [ʀ(ə)nɔ̃sjasjɔ̃] *f a.* JUR ~ ***à un droit*** Verzicht *m* auf ein Recht [*o* einen Anspruch]; ~ ***à une action*** Klageverzicht; ~ ***à la pension alimentaire*** Unterhaltsverzicht; ~ ***à la/une succession*** Erbschaftsausschlagung *f,* Erbverzicht; ~ ***à un/au testament*** Testamentsausschlagung; ~ ***aux voies de recours*** Rechtsmittelverzicht *Fachspr.;* ~ ***à l'appel*** Berufungsverzicht *m;* ~ ***aux parts*** JUR Anteilsverzicht *m;* ~ ***aux prétentions*** Aufgabe *f* von Ansprüchen; ~ ***au recouvrement*** Verzicht *m* auf Beitreibung

renouer [ʀənwe] <1> *vi* ~ ***avec qn*** mit jdm wieder Verbindung aufnehmen; ~ ***avec qc*** wieder an etw *akk* anknüpfen

renouveau [ʀ(ə)nuvo] *m* Wiederaufleben *nt*

renouvelable [ʀ(ə)nuv(ə)labl] *adj* ❶ *(prolongeable)* verlängerbar ❷ *(rééligible)* neu wählbar ❸ *(qui peut être répété)* wiederholbar ❹ *(inépuisable) énergie* erneuerbar

renouveler [ʀ(ə)nuv(ə)le] <3> **I.** *vt* ❶ *(remplacer)* erneuern, neu wählen *députés, parlement;* ~ ***sa garde-robe*** sich neu einkleiden ❷ *(répéter)* ~ ***une offre à qn*** jdm gegenüber ein Angebot wiederholen; ~ ***une question à qn*** jdm eine Frage erneut stellen; ~ ***une promesse à qn*** jdm ein Versprechen erneut geben; ~ ***sa candidature*** sich noch einmal bewerben ❸ *(prolonger)* verlängern *bail, passeport* ❹ *(rénover)* ändern; ~ ***l'aspect de qc*** einer S. *dat* ein neues Gesicht geben; ***version renouvelée*** Neufassung *f* **II.** *vpr* ***se*** ~ ❶ *(être remplacé)* ausgewechselt werden; *peau, cellule:* sich erneuern ❷ *(se reproduire)* sich wiederholen ❸ *(innover)* sich weiterentwickeln

renouvellement [ʀ(ə)nuvɛlmɑ̃] *m* ❶ *(remplacement)* Erneuerung *f; des députés, du parlement* Neuwahl *f;* ~ ***de l'air*** Lüften *nt;* ~ ***du capital monétaire*** Geldvermögensneubildung *f Fachspr.* ❷ *(répétition)* Wiederholung *f* ❸ *(prolongation)* Verlängerung *f; d'un brevet* erneute Erteilung ❹ *(rénovation) de la conception, d'un genre, style* Veränderung *f*

rénovateur, -trice [ʀenɔvatœʀ, -tʀis] **I.** *adj* reformerisch **II.** *m, f* Reformer(in) *m(f)*

rénovation [ʀenɔvasjɔ̃] *f* ❶ *(remise à neuf)* Renovierung *f; d'un quartier* Sanierung *f; d'un meuble* Restaurierung *f* ❷ *(modernisation)* Modernisierung *f*

rénover [ʀenɔve] <1> *vt* ❶ *(remettre à neuf)* renovieren, sanieren *quartier;* restaurieren *meuble* ❷ *(moderniser)* modernisieren

renseignement [ʀɑ̃sɛɲmɑ̃] *m* ❶ *(information)* Information *f; (auprès d'un service)* Auskunft *f;* ***à titre de*** ~ interessehalber; ***de plus amples ~s*** nähere Informationen ❷ TELEC ***les ~s*** die Auskunft ❸ MIL Geheimdienst *m;* ***les ~s généraux*** *französischer Geheimdienst*

renseigner [ʀɑ̃seɲe] <1> **I.** *vt* informieren; ~ ***qn sur un élève/la route*** *document:* jdm Aufschluss über einen Schüler/eine Straße geben **II.** *vpr* ***se*** ~ ***sur qn/qc*** sich über jdn/etw informieren

rentabiliser [ʀɑ̃tabilize] <1> *vt* rentabel machen

rentabilité [ʀɑ̃tabilite] *f* Rentabilität *f*

rentable [ʀɑ̃tabl] *adj* ❶ FIN rentabel;

R

mesure Kosten sparend ❷ *(fam: qui vaut la peine)* ***être ~*** sich lohnen

rente [ʀɑ̃t] *f (revenu)* [Vermögens]rente *f*

rentrant [ʀɑ̃tʀɑ̃] *m* SPORT eingewechselter Spieler

rentrant(e) [ʀɑ̃tʀɑ̃, ɑ̃t] *adj* ❶ GEOM *angle* überstumpf; *surface* einspringend ❷ *(escamotable) train d'atterrissage* einziehbar

rentre-dedans [ʀɑ̃t(ʀə)dədɑ̃] *m inv* ***faire du ~ à qn*** *(fam)* jdn anmachen *fam*

rentrée [ʀɑ̃tʀe] *f* ❶ SCOL Schuljahresbeginn *m;* ***le jour de la ~*** der erste/am ersten Schultag; ***aujourd'hui, c'est la ~ [des classes]*** heute fängt die Schule wieder an ❷ UNIV Semesterbeginn *m* ❸ *(après les vacances d'été)* ***à la ~*** nach der Sommerpause; ***la ~ politique/sociale/théâtrale*** die Wiederaufnahme der Geschäfte nach der Sommerpause/die Wiederaufnahme der Tarifverhandlungen/der Beginn der neuen Spielzeit; ***faire sa ~*** POL die Geschäfte wieder aufnehmen ❹ *(come-back)* Comeback *nt;* ***faire sa ~*** sein Comeback feiern ❺ *(fait de rentrer)* Rückkehr *f;* ***~ dans l'atmosphère*** Wiedereintritt *m* in die Atmosphäre ❻ *(somme d'argent)* Eingang *m* ❼ *(mise à l'abri)* Einbringen *nt*

rentrer [ʀɑ̃tʀe] <1> **I.** *vi + être* ❶ *(retourner chez soi)* nach Hause gehen; ***comment rentres-tu?*** wie kommst du nach Hause?; ***~ au pays natal*** in seine Heimat zurückkehren ❷ *(revenir chez soi)* nach Hause kommen; ***~ de l'école*** von der Schule nach Hause kommen; ***à peine rentré, …*** kaum zu Hause angekommen, …; ***elle est déjà rentrée?*** ist sie schon zu Hause? ❸ *(entrer à nouveau)* zurückgehen ❹ *(reprendre son travail) professeurs:* den Unterricht wieder aufnehmen; *parlement:* [nach der Sommerpause] wieder zusammentreten; *députés:* [nach der Sommerpause] die Geschäfte wieder aufnehmen; ***les écoliers rentrent*** für die Schüler beginnt die Schule wieder ❺ *(entrer)* ***faire ~ qn*** jdn eintreten lassen; ***~ dans un café*** in ein Café gehen; ***~ sans frapper*** eintreten ohne zu klopfen; ***~ par la fenêtre*** durchs Fenster einsteigen; ***l'eau/le voleur rentre dans la maison*** das Wasser/der Dieb dringt ins Haus ein ❻ *(s'insérer)* ***~ dans une valise/un tiroir*** in einen Koffer/eine Schublade hineinpassen; ***~ les uns dans les autres*** *tubes:* sich ineinanderstecken lassen ❼ *(être inclus dans)* ***~ dans qc*** zu etw gehören; ***faire ~ qc dans une catégorie*** etw einer Kategorie zuordnen ❽ *(devenir membre)* ***~ dans la police*** zur Polizei gehen; ***~ dans une entreprise*** bei einer Firma anfangen; ***~ dans les ordres/au couvent*** einem Orden beitreten/ins Kloster gehen; ***faire ~ qn dans une entreprise*** jdm zu einer Stelle in einem Unternehmen verhelfen ❾ *(commencer à étudier)* ***~ en fac*** an der Uni anfangen ❿ *(percuter)* ***~ dans qc*** gegen etw prallen; *conducteur:* gegen etw fahren ⓫ COM, FIN *article:* eintreffen; *créances:* eingehen; ***faire ~ des commandes/des impôts*** Aufträge hereinholen/Steuern einziehen ⓬ *(recouvrer)* ***~ dans ses droits*** wieder zu seinem Recht kommen; ***~ dans ses frais*** seine Unkosten decken ▸ **qn lui rentre dedans** *(fam)* jd macht ihn fertig **II.** *vt + avoir* ❶ *(ramener à l'intérieur)* hineinbringen, einbringen *foin;* einziehen *tête, ventre;* ***~ sa chemise dans le pantalon*** sein Hemd in die Hose stecken; ***~ la voiture au garage*** den Wagen in die Garage fahren; ***~ son cou dans les épaules*** den Kopf einziehen ❷ *(enfoncer)* ***~ la clé dans la serrure*** den Schlüssel in das Schloss stecken ❸ *(refouler)* zurückhalten *larmes;* unterdrücken *rage;* nicht zeigen *déception* **III.** *vpr* ***se ~ dedans*** zusammenstoßen

renversant(e) [ʀɑ̃vɛʀsɑ̃, ɑ̃t] *adj (fam)* umwerfend

renverse [ʀɑ̃vɛʀs] *f* ***qn tombe à la ~*** *(en arrière)* jd fällt hintenüber; *(n'en revient pas)* jdn haut es um *fam*

renversé(e) [ʀɑ̃vɛʀse] *adj* ❶ *(stupéfait)* verblüfft ❷ *(à l'envers)* umgekehrt; ***être ~*** auf dem Kopf stehen ❸ *écriture* nach links geneigt

renversement [ʀɑ̃vɛʀsəmɑ̃] *m* ❶ *(changement complet)* Verkehrung *f* ins Gegenteil; *de tendance* Umschwung *m* ❷ POL Sturz *m; (par un coup d'État)* Umsturz *m* ❸ *(mise à l'envers)* Umkehrung *f; de l'ordre des mots* Umstellung *f*

renverser [ʀɑ̃vɛʀse] <1> **I.** *vt* ❶ *(faire tomber)* umstoßen; *voiture, vélo:* umfahren; ***~ des arbres*** *tempête:* Bäume umstürzen ❷ *(répandre)* verschütten ❸ *(réduire à néant)* aus dem Weg räumen *obstacles* ❹ POL stürzen, umstürzen *ordre établi* ❺ *(pencher en arrière)* nach hinten beugen *corps, tête* ❻ *(retourner)* umdrehen ❼ *(inverser)* umstellen *ordre des mots;* umkehren *fraction;* ins Gegenteil verkehren *situation;* auf den Kopf stellen *image* ❽ *(fam: étonner)* ***ça me renverse*** das haut mich um **II.** *vpr* ❶ *(se pencher en arrière)* ***se ~*** sich zurücklehnen; ***se ~ sur***

le dos sich auf den Rücken legen ❷ *(se retourner)* ***se*** ~ umkippen; *bateau:* kentern

renvoi [ʀɑ̃vwa] *m* ❶ *(réexpédition)* ~ ***à qn*** Rücksendung *f* an jdn ❷ *(avec le pied)* Abstoß *m; (avec la main)* Abwurf *m* ❸ *(licenciement)* Entlassung *f* ❹ SCOL, UNIV Verweisung *f;* ***le ~ d'un élève*** die Verweisung eines Schülers von der Schule ❺ *(indication)* ~ ***à qc*** Verweis *m* auf etw *akk* ❻ JUR, POL ~ ***devant qc/en qc*** Verweisung *f* an etw *akk* ❼ *(ajournement)* ~ ***à qc*** Vertagung *f* auf etw *akk* ❽ *(rot)* Aufstoßen *nt;* ***avoir des ~s*** aufstoßen müssen

renvoyer [ʀɑ̃vwaje] <6> *vt* ❶ *(envoyer à nouveau)* ~ ***une lettre à un client*** einem Kunden noch einmal einen Brief schicken ❷ SPORT zurückspielen ❸ *(retourner)* zurückschicken *ascenseur;* erwidern *compliment* ❹ *(réexpédier)* zurückschicken ❺ *(licencier)* entlassen ❻ SCOL, UNIV ~ ***un élève*** einen Schüler von der Schule verweisen ❼ *(éconduire)* hinausweisen ❽ *(adresser)* ~ ***à qn*** zu jdm schicken ❾ JUR, POL ~ ***qn devant la cour d'assises*** jdn an das Schwurgericht verweisen; ~ ***qc en cour de cassation*** etw an den Kassationsgerichtshof weiterleiten ❿ *(ajourner)* ~ ***à plus tard/à une date ultérieure*** auf später/auf ein späteres Datum vertagen

réoccupation [ʀeɔkypasjɔ̃] *f d'un poste* Neubesetzung *f*

réoccuper [ʀeɔkype] <1> *vt* erneut besetzen

réorganisation [ʀeɔʀganizasjɔ̃] *f* Reorganisation *f*

réorganiser [ʀeɔʀganize] <1> **I.** *vt* umorganisieren, reorganisieren *geh* **II.** *vpr* ***se*** ~ sich neu organisieren

réorientation [ʀeɔʀjɑ̃tasjɔ̃] *f* Neuorientierung *f*

réorienter [ʀeɔʀjɑ̃te] <1> **I.** *vt* ❶ *(changer d'orientation)* neu ausrichten ❷ SCOL ~ ***les élèves vers la littérature*** die Schüler verstärkt in Literatur unterrichten **II.** *vpr* ***se*** ~ ***vers une branche*** die Branche wechseln

réouverture [ʀeuvɛʀtyʀ] *f* Wiedereröffnung *f*

repaire [ʀ(ə)pɛʀ] *m* ❶ *d'un renard* Bau *m; d'un ours* Höhle *f* ❷ *(refuge)* Schlupfwinkel *m* ► **c'est un ~ de** <u>**brigands**</u> *(hum fam: ce sont des voleurs)* da wird man regelrecht ausgenommen; *(c'est un lieu mal famé)* das ist eine üble Spelunke *pej*

répandre [ʀepɑ̃dʀ] <14> **I.** *vt* ❶ *(laisser tomber)* ~ ***qc par terre/sur la table*** etw auf den Boden/Tisch streuen; *(du liquide)* etw auf den Boden/Tisch schütten; *(par mégarde)* etw auf dem Boden/Tisch verstreuen, etw auf dem Boden/Tisch verschütten ❷ *(être source de, faire connaître, susciter)* verbreiten ❸ *(épandre)* ausströmen lassen *gaz* ❹ *(verser)* vergießen **II.** *vpr* ❶ *(s'écouler)* ***se*** ~ sich ergießen ❷ *(se disperser)* ***se*** ~ sich verteilen ❸ *(se dégager)* ***se*** ~ *chaleur, fumée, odeur:* sich verbreiten; *son:* tönen ❹ *(se propager)* ***se*** ~ *bruit, nouvelle, idées:* sich verbreiten; *doctrine, mode, coutume:* sich durchsetzen; *information:* verbreitet werden; *épidémie:* sich ausbreiten ❺ *(se manifester)* ***se ~ sur qc*** sich auf etw *dat* breit machen ❻ *(envahir)* ***se*** ~ sich verteilen ❼ *(proférer)* ***se ~ en louanges sur l'écrivain*** sich in großem Lob über den Schriftsteller ergehen

répandu(e) [ʀepɑ̃dy] **I.** *part passé de* **répandre II.** *adj* ❶ *(épars)* ~ ***sur qc*** auf etw *dat* verstreut ❷ *(courant)* [weit] verbreitet

réparable [ʀepaʀabl] *adj panne, objet* reparabel; *faute, perte* wiedergutzumachen; ***être*** ~ *réveil:* repariert werden können; *erreur:* wiedergutzumachen sein

reparaître [ʀ(ə)paʀɛtʀ] <irr> *vi* ❶ + *avoir (se montrer de nouveau)* wiederauftauchen; *soleil, lune:* wieder hervorkommen ❷ + *avoir o être* PRESSE *journal, livre:* wieder erscheinen

réparateur, -trice [ʀepaʀatœʀ, -tʀis] **I.** *adj* Aufbau-, erquickend *geh;* ***crème de nuit réparatrice*** Aufbaucreme *f* für die Nacht **II.** *m, f* Techniker(in) *m(f)*

réparation [ʀepaʀasjɔ̃] *f* ❶ *sans pl (remise en état)* Reparatur *f; d'un bâtiment* Instandsetzung *f; d'un objet d'art* Restaurierung *f; d'une route* Ausbesserung *f; d'un accroc* Flicken *nt; d'une fuite* Abdichten *nt;* ***atelier de*** ~ Reparaturwerkstatt *f;* AUT Autowerkstatt *f;* ***frais de*** ~ Reparaturkosten *Pl;* ***être en*** ~ repariert werden ❷ *(endroit réparé)* Reparaturstelle *f* ❸ *pl* ARCHIT Renovierungsarbeiten *Pl* ❹ *sans pl (correction)* Korrigieren *nt* ❺ *sans pl (compensation)* Wiedergutmachung *f* ❻ *sans pl* MED *des forces, tissus* Regenerierung *f* ❼ *(dédommagement)* Entschädigung *f;* ***demander ~ à un État de qc*** von einem Staat Entschädigung für etw verlangen; ***obtenir ~ de qc*** für etw entschädigt werden ❽ *pl* POL Reparationen *Pl* ► <u>**donner**</u> **~ de qc** für etw büßen; **surface/coup de pied** <u>**de**</u> ~ SPORT Strafraum/-stoß *m*

réparer [ʀepaʀe] <1> *vt* ❶ *(remettre en état)* reparieren, instand setzen *maison;* ausbessern *route;* beheben *dégât;* abdichten *fuite;* flicken *accroc* ❷ *(rattraper)* wiedergutmachen ❸ *(régénérer)* regenerieren *forces;* wiederherstellen *santé*

reparler [ʀ(ə)paʀle] <1> **I.** *vi* ~ ***de qn/qc*** auf jdn/etw zurückkommen; ***on reparlera bientôt de lui*** er wird bald wieder von sich reden machen; ***~ à qn*** wieder mit jdm sprechen ▶ **on en reparlera** *(fam)* darüber unterhalten wir uns später noch mal **II.** *vpr* ***se ~*** wieder miteinander sprechen

repartie, **répartie** [ʀepaʀti] *f* ***avoir de la ~*** schlagfertig sein

repartir [ʀ(ə)paʀtiʀ] <10> *vi + être* ❶ *(se remettre à avancer) voyageur:* wieder aufbrechen; *véhicule:* weiterfahren ❷ *(s'en retourner)* wieder zurückkehren; ***vous voulez déjà ~?*** Sie wollen schon wieder gehen? ❸ *(fonctionner à nouveau) moteur:* wieder anspringen; *chauffage, machine:* wieder gehen; *discussion, dispute:* wieder anfangen; *affaire:* wieder in Gang kommen ▶ **et c'est reparti [pour un tour]!** *(fam)* und schon geht alles wieder [von vorn] los!

répartir [ʀepaʀtiʀ] <10> **I.** *vt* ❶ *(partager)* ***~ un butin/bénéfice/une somme*** eine Beute/einen Gewinn/eine Summe aufteilen; ***~ les touristes entre les deux bus*** die Touristen auf die zwei Busse verteilen ❷ *(diviser)* ***~ en groupes*** in Gruppen *akk* einteilen ❸ *(disposer)* ***~ des troupes aux endroits stratégiques*** Truppen an strategischen Punkten aufstellen; ***~ des choses sur les étagères*** Dinge auf den Regalen verteilen ❹ *(étaler)* ***~ qc sur le corps/sur toute la semaine*** etw auf dem Körper/auf die ganze Woche verteilen; ***le programme est réparti sur deux ans*** das Programm erstreckt sich über zwei Jahre **II.** *vpr* ❶ *(se partager)* ***se ~ des personnes/qc*** Menschen/etw unter sich aufteilen ❷ *(être partagé)* ***se ~*** verteilt werden; ***le travail se répartit comme suit*** die Arbeit wird folgendermaßen aufgeteilt ❸ *(se diviser)* ***se ~ en groupes*** sich in Gruppen [auf]teilen

répartition [ʀepaʀtisjɔ̃] *f* ❶ *(partage)* Verteilung *f;* ***la ~ des revenus en France*** die Einkommensverteilung in Frankreich; ***~ des frais/rôles entre trois personnes*** Verteilung der Kosten/Rollen auf drei Personen; ***la ~ des élèves entre les classes est la suivante*** die Schüler werden wie folgt auf die Klassen verteilt ❷ *(division)* ***la ~ des touristes en groupes*** die Einteilung der Touristen in Gruppen *akk* ❸ *des troupes* Aufstellung *f* ❹ *d'une crème, lotion* Auftragen *nt; d'un programme* Verteilung *f* ❺ *de pièces, salles* Anordnung *f*

reparution [ʀ(ə)paʀysjɔ̃] *f* Wiedererscheinen *nt*

repas [ʀ(ə)pɑ] *m* ❶ *(nourriture, ensemble de plats)* Essen *nt;* ***faire un ~ sommaire*** schnell etwas essen; ***faire un bon ~*** gut essen; ***aimer les bons ~*** gern gut essen; ***partager le ~ de qn*** mit jdm zusammen speisen *geh* ❷ *(fait de manger)* Mahlzeit *f;* ***cinq ~ par jour*** fünf Mahlzeiten am Tag; ***prendre ses ~ au restaurant*** seine Mahlzeiten im Restaurant einnehmen; ***donner un grand ~*** ein Festessen geben; ***c'est l'heure du ~*** es ist Essenszeit *f;* ***~ d'enterrement*** CH Leichenmahl *nt,* Traueressen *nt* CH

repassage [ʀ(ə)pɑsaʒ] *m* Bügeln *nt;* ***faire du ~*** bügeln

repasser[1] [ʀ(ə)pɑse] <1> **I.** *vi + avoir* bügeln **II.** *vt* ❶ *(défriper)* bügeln ❷ *(aiguiser)* schleifen **III.** *vpr* ***se ~*** gebügelt werden müssen; ***ne pas se ~*** *(être infroissable)* bügelfrei sein; *(risquer d'être abîmé)* nicht gebügelt werden dürfen; ***bien/mal se ~*** sich gut/schlecht bügeln lassen

repasser[2] [ʀ(ə)pɑse] <1> **I.** *vi + être* ❶ *(revenir)* noch einmal vorbeikommen; ***ne pas ~ par la même route*** nicht dieselbe Strecke zurückfahren/-gehen ❷ *(passer à nouveau) plat:* noch einmal herumgereicht werden; *film:* noch einmal laufen; ***~ devant les yeux de qn*** *souvenirs:* noch einmal an jdm vorbeiziehen ❸ *(revoir le travail de)* ***~ derrière qn*** jds Arbeit überprüfen ❹ *(retracer)* ***~ sur qc*** etw nachziehen ▶ **qn peut toujours ~!** *(fam)* darauf kann jd lange warten! **II.** *vt + avoir* ❶ *(franchir de nouveau)* von Neuem überqueren ❷ *(refaire)* wiederholen *examen* ❸ *(remettre)* ***~ une couche de peinture sur qc*** etw noch einmal streichen; ***~ le plat au four*** das Gericht noch einmal in den Ofen stellen ❹ *(redonner)* noch einmal reichen *plat, outil;* ***~ le standard à qn*** jdn wieder mit der Vermittlung verbinden; ***je te repasse maman*** ich gebe dir Mutti wieder ❺ *(rejouer)* noch einmal zeigen ❻ *(passer à nouveau)* ***~ qc dans sa tête*** [*o* ***son esprit***] etw noch einmal an sich vorüberziehen lassen ❼ *(réviser)* noch einmal durchgehen ❽ *(fam: donner)* ***~ un travail à qn*** jdm eine Arbeit aufhalsen; ***~ une maladie à qn*** jdn mit einer Krankheit anstecken

repayer [ʀ(ə)peje] <7> *vt* noch einmal bezahlen

R

repêchage [R(ə)pɛʃaʒ] *m* ❶ *(fait de retirer de l'eau)* Bergen *nt* ❷ SCOL, UNIV Durchkommenlassen *nt; (examen)* Nachprüfung *f* ❸ SPORT Hoffnungslauf *m*

repêcher [R(ə)peʃe] <1> *vt* ❶ *(retirer de l'eau)* bergen ❷ SCOL, UNIV *(fam)* durchkommen lassen; *(par examen complémentaire)* nachprüfen ❸ SPORT nachträglich qualifizieren

repeindre [R(ə)pɛ̃dR] <irr> *vt* ❶ *(peindre à neuf)* neu streichen ❷ *(peindre une autre fois)* noch einmal streichen

repenser [R(ə)pɑ̃se] <1> **I.** *vi* ~ ***à qc*** etw überdenken; ***je vais y*** ~ ich werde es mir noch überlegen **II.** *vt* neu durchdenken

repenti(e) [R(ə)pɑ̃ti] **I.** *part passé de* **repentir II.** *adj buveur, fumeur* ehemalig; *malfaiteur* reuig

repentir [R(ə)pɑ̃tiR] **I.** *m* Reue *f* **II.** *vpr* <10> ***se ~ de qc/d'avoir fait qc*** etw bereuen/bereuen etw getan zu haben

repérage [R(ə)peRaʒ] *m* ❶ *(localisation)* Orten *nt* ❷ CINE Location *f;* ***faire des ~s*** auf Drehortsuche sein

répercussion [RepɛRkysjɔ̃] *f* ❶ *(effet)* Auswirkung *f;* ***avoir des ~s négatives*** auf negative Resonanz stoßen; ***avoir peu de ~s sur qc*** sich kaum auf etw *akk* auswirken ❷ PHYS *d'un son* Widerhall *m; d'un choc* Wucht *f* ❸ ECON, FIN Abwälzung *f*

répercuter [RepɛRkyte] <1> **I.** *vt* ❶ *(réfléchir)* zurückwerfen ❷ ECON, FIN ~ ***qc sur les consommateurs/sur les prix des marchandises*** etw auf die Verbraucher abwälzen/auf die Warenpreise umlegen ❸ *(transmettre)* weiterleiten **II.** *vpr* ❶ *(être réfléchi)* ***se*** ~ widerhallen ❷ *(se transmettre à)* ***se ~ sur qc*** sich auf etw niederschlagen

repère [R(ə)pɛR] **I.** *m* ❶ *(signe)* Orientierungspunkt *m;* ***tracer des ~s sur qc*** etw markieren ❷ *(trait)* Markierungsstrich *m* **II.** *app* ***borne*** ~ Markierungsstein *m;* ***des dates*** ~ Meilensteine *Pl*

repérer [R(ə)peRe] <5> **I.** *vt* ❶ *(fam: découvrir)* ausfindig machen; ***se faire*** ~ sich verraten; ***se faire ~ par qn*** jds Aufmerksamkeit auf sich lenken ❷ CINE erkunden *lieux* ❸ *(localiser)* orten **II.** *vpr (fam)* ❶ *(se retrouver, s'orienter)* ***se ~ dans qc*** sich in etw *dat* zurechtfinden ❷ *(se remarquer)* ***se*** ~ auffallen

répertoire [RepɛRtwaR] *m* ❶ *a.* INFORM Verzeichnis *nt* ❷ *(carnet)* Register *nt* ❸ THEAT Repertoire *nt* ❹ *(fam: grand nombre)* Repertoire *nt*

répertorier [RepɛRtɔRje] <1> *vt* ❶ *(inscrire dans un répertoire)* in ein Verzeichnis aufnehmen ❷ *(classer)* ~ ***des personnes/choses*** ein Verzeichnis von Personen/Dingen aufstellen

répéter [Repete] <5> **I.** *vt* ❶ *(redire)* wiederholen; ***répète après moi: ...*** sprich mir nach: ...; ***ne pas se faire ~ les choses deux fois*** sich das nicht zweimal sagen lassen; ~ ***à son fils de faire qc*** seinem/ihrem Sohn noch einmal sagen, dass er etw tun soll; ***je vous l'ai répété cent fois déjà*** ich habe es euch schon hundertmal gesagt; ***combien de fois vous ai-je répété que*** wie oft habe ich euch schon gesagt, dass ❷ *(rapporter)* weitererzählen, wiederholen *propos;* ***ne va pas le ~!*** erzähl es nicht weiter! ❸ *(refaire)* wiederholen ❹ *(mémoriser)* lernen ❺ THEAT, MUS proben ❻ *(plagier)* wiederholen **II.** *vi* ❶ *(redire)* wiederholen; ***répète un peu!*** sag das noch mal! *fam* ❷ THEAT proben **III.** *vpr* ❶ *(redire les mêmes choses)* ***se*** ~ sich wiederholen ❷ *(se raconter)* ***se ~*** *histoire:* erzählt werden; ***se ~ qc*** sich etw weitererzählen ❸ *(se redire la même chose)* ***se ~ qc/que ...*** sich *dat* etw vorsagen/sich immer wieder sagen, dass ... ❹ *(être reproduit, se reproduire)* ***se*** ~ sich wiederholen

répétitif, -ive [Repetitif, -iv] *adj* sich ständig wiederholend; *travail* monoton; ***faire des gestes ~s*** immer dieselben Handgriffe machen

répétition [Repetisjɔ̃] *f* ❶ *(redite, renouvellement, reproduction)* Wiederholung *f* ❷ *d'un rôle, morceau* Einstudieren *nt* ❸ THEAT, MUS Probe *f;* ~ ***générale*** Generalprobe; ***être en*** ~ proben ▶ **faire des angines à** ~ *(fam)* eine Angina nach der anderen haben

repeupler [R(ə)pœple] <1> **I.** *vt* ❶ *(peupler à nouveau)* neu besiedeln ❷ *(regarnir)* aufforsten *forêt;* ~ ***qc d'animaux*** etw wieder mit Tieren besetzen **II.** *vpr* ***se*** ~ neu besiedelt werden

repiquer [R(ə)pike] <1> *vt* ❶ BOT pikieren ❷ MEDIA überspielen ❸ PHOT retuschieren ❹ *(fam: attraper de nouveau)* wieder erwischen; ***il a été repiqué à voler*** er ist wieder beim Stehlen erwischt worden

répit [Repi] *m* ❶ *(pause)* Pause *f;* ***sans*** ~ pausenlos ❷ *(délai supplémentaire)* Aufschub *m*

replacement [R(ə)plasmɑ̃] *m* Vermittlung *f* einer neuen Stelle

replacer [R(ə)plase] <2> **I.** *vt* ❶ *(remettre à sa place)* zurückstellen, zurücklegen

❷ *(situer)* **~ *un événement dans son époque*** ein Ereignis im Kontext seiner Zeit sehen **II.** *vpr* ***se ~ dans qc*** sich in etw *akk* zurückversetzen

replanter [ʀ(ə)plɑ̃te] <1> *vt* ❶ *(repiquer)* umsetzen ❷ *(repeupler de végétaux)* neu bepflanzen, aufforsten *forêt* ❸ *(planter à nouveau)* wieder einpflanzen

replâtrage [ʀ(ə)plɑtʀaʒ] *m* ❶ TECH *(renouvellement)* Erneuerung *f* des Gipsverputzes; *(amélioration)* Ausbesserung *f* des Gipsverputzes ❷ *(fam: raccommodage)* ***c'est du ~*** das ist Flickschusterei *f fam*

replâtrer [ʀ(ə)plɑtʀe] <1> *vt* ❶ *(plâtrer de nouveau)* **~ *qc*** den Gipsverputz einer S. *gen* erneuern ❷ *(fam: raccommoder)* kitten

replet, -ète [ʀəplɛ, -ɛt] *adj* wohlgenährt; *visage* voll

repleuvoir [ʀəpløvwaʀ] <irr> *vi impers* ***il repleut*** es regnet wieder

repli [ʀəpli] *m* ❶ *pl d'un drapeau, de la peau* Falten *Pl; d'une rivière, d'un intestin* Windung *f;* **~ *de terrain*** Erhebung *f* ❷ *(retraite)* Rückzug *m* ❸ FIN, ECON Rückgang *m* ❹ *d'un pays* Abschottung *f;* **~ *sur soi-même*** Abkapselung *f* ❺ COUT [doppelter] Einschlag

repliable [ʀ(ə)plijabl] *adj* ausklappbar

repliement [ʀ(ə)plimɑ̃] *m* **~ *sur soi-même*** Abkapselung *f*

replier [ʀ(ə)plije] <1> **I.** *vt* ❶ *(plier à nouveau)* wieder zusammenfalten *journal, carte;* wieder zusammenlegen *nappe, étoffe* ❷ *(plier sur soi-même)* hochkrempeln *bas de pantalon, manche;* falten *feuille;* umknicken *coin d'une page;* zusammenklappen *mètre rigide* ❸ *(rabattre)* anwinkeln *jambes, pattes;* wieder anlegen *ailes;* zurückschlagen *couverture, drap;* wieder einklappen *couteau, lame;* ***les jambes repliées*** mit angezogenen Beinen ❹ MIL zurückziehen **II.** *vpr* ❶ *(faire retraite)* ***se ~*** sich zurückziehen ❷ *(se protéger)* ***se ~ sur qc*** sich hinter etw *dat* verschanzen ❸ *(se plier)* ***se ~*** zusammenklappbar sein ❹ *(se ramasser)* ***se ~*** *animal:* sich einrollen; *(chat, chien)* sich zusammenrollen ❺ *(se renfermer)* ***se ~*** *pays:* sich abschotten; ***se ~ sur soi-même*** sich abkapseln

réplique [ʀeplik] *f* ❶ *(réponse)* Antwort *f;* ***avoir la ~ facile*** schlagfertig sein ❷ *(objection)* **~ *à qc*** Einwand *m* gegen etw ❸ *(réaction)* **~ *à qc*** Antwort *f* auf etw *akk* ❹ THEAT Antwort *f* ❺ ART Nachbildung *f* ▸ **donner la ~ à qn** THEAT jdm das Stichwort geben; *(répondre)* jdm kontern; **être la vivante ~ de qn** jds lebendes Abbild sein; **sans ~** unwiderlegbar; *obéir* ohne Widerrede

répliquer [ʀeplike] <1> **I.** *vi* ❶ *(répondre)* erwidern ❷ *(protester, répondre avec impertinence)* protestieren **II.** *vt* **~ *la même chose à sa mère*** seiner/ihrer Mutter dasselbe erwidern; **~ *qc à un argument*** etw auf ein Argument erwidern

replonger [ʀ(ə)plɔ̃ʒe] <2a> **I.** *vi* ❶ *(faire un plongeon)* **~ *dans la piscine*** noch einmal ins Schwimmbecken springen ❷ *(aller au fond de l'eau)* **~ *dans le bassin*** noch einmal im Becken untertauchen **II.** *vt* ❶ *(plonger à nouveau)* **~ *les rames dans l'eau*** die Ruder noch einmal in das Wasser tauchen; **~ *la main dans sa poche*** noch einmal in seine Tasche greifen ❷ *(précipiter à nouveau)* **~ *les gens/la région dans la misère*** die Menschen/Region erneut ins Elend *akk* stürzen **III.** *vpr* ***se ~ dans qc*** sich wieder in etw *akk* vertiefen

répondant [ʀepɔ̃dɑ̃] *m* ***avoir du ~*** über ausreichende Geldmittel verfügen; *(de la répartie)* schlagfertig sein

répondant(e) [ʀepɔ̃dɑ̃, ɑ̃t] *m(f)* *(garant)* Bürge *m*/Bürgin *f*

répondeur [ʀepɔ̃dœʀ] *m* Anrufbeantworter *m;* **~ *interrogeable à distance*** Anrufbeantworter mit Fernabfrage

répondeur, -euse [ʀepɔ̃dœʀ, øz] *adj* *(impertinent)* aufmüpfig

répondeur-enregistreur [ʀepɔ̃dœʀɑ̃ʀəʒistʀœʀ] <répondeurs-enregistreurs> *m* *Anrufbeantworter mit Aufzeichnungsgerät*

répondre [ʀepɔ̃dʀ] <14> **I.** *vi* ❶ *(donner une réponse)* **~ *par qc*** mit etw antworten; **~ *à une lettre*** einen Brief beantworten; **~ *à une question*** auf eine Frage antworten; ***ne pas ~ à des injures*** auf Beleidigungen nicht eingehen; **~ *par monosyllabes*** nur einsilbige Antworten geben; **~ *en souriant/en haussant les épaules*** mit einem Lächeln/einem Achselzucken antworten ❷ *(réagir)* ***ne pas ~ au téléphone*** nicht abnehmen ❸ *(être impertinent)* **~ *à qn*** jdm freche Antworten geben **II.** *vt* **~ *qc à qn*** jdm etw antworten; **~ *oui*** ja sagen; ***réponds quelque chose!*** gib irgendeine Antwort!; ***que dois-je ~ à ça?*** was soll ich darauf antworten?; ***avoir quelque chose/n'avoir rien à ~*** etwas/nichts zu sagen haben; **~ *à qn de faire qc*** jdm antworten, er solle etw tun

R

réponse [Repɔ̃s] *f* ~ ***à qc*** Antwort *f* auf etw *akk;* ***avoir ~ à tout*** auf alles eine Antwort haben; ***rester sans*** ~ unbeantwortet bleiben

repopulation [Rəpɔpylasjɔ̃] *f* Neubesied[e]lung *f*

report [Rəpɔʀ] *m* ❶ *(renvoi) d'une date, question* Verschiebung *f; d'un paiement, d'une livraison* Aufschub *m; d'une échéance* Prolongation *f* ❷ POL *de voix* Übertragung *f*

reportage [R(ə)pɔRtaʒ] *m* Reportage *f;* ~ ***télévisé*** Fernsehreportage

reporter¹ [R(ə)pɔRtɛR, R(ə)pɔRtœR] *m* Reporter *m*

reporter² [R(ə)pɔRte] <1> **I.** *vt (différer)* verschieben *date;* ~ ***à une date ultérieure*** auf einen späteren Zeitpunkt verschieben **II.** *vpr (se référer)* ***se ~ à qc*** sich auf etw *akk* beziehen; ***se ~ à la page 13*** siehe Seite 13

reporteur, -trice [R(ə)pɔRtœR, -tRis] *m, f* Reporter(in) *m(f)*

repos [R(ə)po] *m* ❶ *(détente)* Ruhe *f;* ***prendre un peu de ~*** sich *dat* ein wenig Ruhe gönnen ❷ *(congé)* ***une journée de ~*** ein freier Tag; ***il a pris une matinée/3 jours de ~*** er hat einen Vormittag/3 Tage frei genommen ▶ **pas de tout ~** *(fatigant)* anstrengend

reposant(e) [R(ə)pozɑ̃, ɑ̃t] *adj* erholsam; *lieu* friedlich

reposé(e) [R(ə)poze] *adj* erholt; ***avoir le teint ~*** frisch aussehen; ***avoir l'esprit ~*** ausgeruht sein

repose-pied [R(ə)pozpje] <repose--pieds> *m* Fußstütze *f*

reposer¹ [R(ə)poze] <1> **I.** *vt* ❶ *(poser à nouveau)* zurückstellen, zurücklegen ❷ *(répéter)* noch einmal stellen *question;* wieder aufwerfen *problème* **II.** *vi (être fondé sur)* ~ ***sur une hypothèse/des observations*** sich auf eine Hypothese/Beobachtungen stützen **III.** *vpr* ***se ~*** *(se poser à nouveau) problème, question:* sich erneut stellen

reposer² [R(ə)poze] <1> **I.** *vt (délasser)* entspannen; ***il lit, ça le repose*** er liest, dabei kann er ausspannen **II.** *vpr (se délasser)* ***se ~*** sich ausruhen

repose-tête [R(ə)poztɛt] <repose--tête[s]> *m* Kopfstütze *f*

repositionner [R(ə)pɔzisjɔne] <1> **I.** *vt* wieder in die Umlaufbahn bringen *satellite;* wieder platzieren *produit* **II.** *vpr* ***se ~*** sich wieder platzieren

repoussant(e) [R(ə)pusɑ̃, ɑ̃t] *adj* abstoßend; *odeur* widerlich

repousse [R(ə)pus] *f* Nachwachsen *nt;* ***lotion qui favorise la ~ des cheveux*** Haarwuchsmittel *nt*

repousser¹ [R(ə)puse] <1> **I.** *vt* ❶ *(écarter)* abwehren *attaque, coups, agresseur;* zurückdrängen *ennemi, foule;* beiseiteschieben *objet encombrant* ❷ *(écarter avec véhémence)* beiseitestoßen *objet encombrant;* ~ ***qn sur le côté*** jdn beiseitestoßen ❸ *(refuser)* zurückweisen *aide, arguments, conseil;* abschlagen *demande* ❹ *(remettre à sa place)* wieder zurückschieben *meuble* ❺ *(différer)* verschieben **II.** *vpr* ***se ~*** sich abstoßen

repousser² [R(ə)puse] *vi (croître de nouveau)* nachwachsen; ***laisser ~ sa barbe/ses cheveux*** seinen Bart/seine Haare wieder wachsen lassen

répréhensible [RepReɑ̃sibl] *adj acte* sträflich

reprendre [R(ə)pRɑ̃dR] <13> **I.** *vt* ❶ *(récupérer)* wieder einstellen *employé;* zurücknehmen *objet prêté, parole, emballage;* wieder einnehmen *place;* wieder abholen *objet déposé;* zurückerobern *territoire, ville;* ~ ***ses enfants à l'école*** seine Kinder von der Schule abholen; ~ ***sa voiture et rentrer chez soi*** wieder ins Auto steigen und nach Hause fahren; ~ ***la voiture/le volant après un accident*** sich nach einem Unfall wieder ans Steuer setzen ❷ *(retrouver)* wieder aufnehmen *contact, habitudes;* wieder schöpfen *espoir, courage;* wieder annehmen *nom de jeune fille;* ~ ***confiance*** wieder zuversichtlicher sein; ~ ***conscience*** wieder zu sich kommen; ~ ***des couleurs*** wieder Farbe bekommen; ~ ***des forces*** wieder zu Kräften kommen ❸ COM, IND übernehmen *fonds de commerce, entreprise;* in Zahlung nehmen *marchandise usagée* ❹ *(continuer après une interruption)* wieder aufnehmen, fortsetzen *promenade;* wieder ausüben *fonction;* wieder aufnehmen *travail;* wieder ergreifen *parole;* ~ ***une lecture*** weiterlesen; ~ ***un récit*** weiterberichten; ~ ***la route*** weiterfahren; ~ ***[le chemin de] l'école*** wieder in die Schule gehen; ~ ***son cours*** *conversation:* fortgesetzt werden; *vie:* wieder seinen Lauf nehmen ❺ *(recommencer)* ~ ***la lecture/le récit de qc*** etw noch einmal lesen/berichten; ***tout ~ à zéro*** alles noch einmal von vorn anfangen ❻ *(corriger)* verbessern *élève, faute;* korrigieren *travail;* überarbeiten *article, chapitre* ❼ COUT ändern; *(rétrécir)* enger machen; *(raccourcir)* kürzen; *(agrandir)* weiter machen; *(rallon-*

R

ger) länger machen ⑧ *(se resservir de)* noch nehmen *viande, gâteau* ⑨ *(s'approprier)* aufgreifen *idée, suggestion* ▶ **ça me/le reprend** *(hum)* es packt mich/ihn schon wieder *fam;* **que je ne t'y reprenne pas!** dass ich dich nicht noch einmal dabei erwische! *fam;* **on ne m'y reprendra plus** das passiert mir nicht noch einmal **II.** *vi* ① *(se revivifier) affaires:* wieder bessergehen; *vie:* wieder seinen Gang gehen; *convalescent:* wieder zu Kräften kommen ② *(recommencer) douleurs, musique, pluie:* wieder einsetzen; *bruit, guerre:* von Neuem beginnen; *classe, cours:* wieder beginnen; *conversation:* wieder aufgenommen werden ③ *(enchaîner)* fortfahren ④ *(répéter)* ***je reprends: …*** ich wiederhole: … **III.** *vpr* ① *(se corriger)* ***se ~*** sich verbessern ② *(s'interrompre)* ***se ~*** innehalten ③ *(soutenu: recommencer)* ***se ~ à faire qc*** wieder beginnen etw zu tun; ***s'y ~ à deux fois pour faire qc*** zwei Anläufe benötigen um etw zu tun ④ *(se ressaisir)* ***se ~*** sich *akk* wieder fangen

repreneur [ʀ(ə)pʀənœʀ] *m* Aufkäufer(in) *m(f)*

représailles [ʀ(ə)pʀezɑj] *fpl* Repressalien *Pl;* ***en ~ à qc*** als Vergeltung für etw

représentant(e) [ʀ(ə)pʀezɑ̃tɑ̃, ɑ̃t] *m(f)* ① COM ***~ en qc*** Vertreter *m* für etw; ***~ de commerce*** Handelsvertreter *m* ② JUR, POL, REL Vertreter(in) *m(f)*

représentatif, -ive [ʀ(ə)pʀezɑ̃tatif, -iv] *adj* ① POL repräsentativ; *mandat* frei ② *(caractéristique)* repräsentativ; ***~ de qn/qc*** typisch für jdn/etw

représentation [ʀ(ə)pʀezɑ̃tasjɔ̃] *f* ① *(description)* Darstellung *f* ② THEAT Aufführung *f*

représenté(e) [ʀ(ə)pʀezɑ̃te] *m(f)* JUR Vertretene(r) *f(m)*

représenter [ʀ(ə)pʀezɑ̃te] <1> **I.** *vt* ① *(décrire)* darstellen, schildern *faits;* ***~ qn comme qc*** jdn als etw hinstellen ② *(correspondre à)* sein *progrès, révolution, travail;* darstellen *menace, danger, effort;* verkörpern *autorité* ③ JUR, POL, COM vertreten **II.** *vpr* ① *(s'imaginer)* ***se ~ qn/qc*** sich *dat* jdn/etw vorstellen ② *(survenir à nouveau)* ***se ~ à qn*** *occasion, possibilité:* sich jdm noch einmal bieten; *problème:* sich jdm erneut stellen ③ POL ***se ~ à qc*** sich bei etw erneut zur Wahl stellen

répressif, -ive [ʀepʀesif, -iv] *adj* ein-/beschränkend; ***loi répressive*** Strafgesetz *nt;* ***mesure répressive*** Strafmaßnahme *f*

répression [ʀepʀesjɔ̃] *f* ① JUR strafrechtliche Verfolgung ② *d'une insurrection, révolte* Niederschlagung *f*

réprimande [ʀepʀimɑ̃d] *f* Verweis *m;* ***faire une ~ à qn*** jdn rügen

réprimander [ʀepʀimɑ̃de] <1> *vt* zurechtweisen

réprimer [ʀepʀime] <1> *vt* ① *(retenir)* unterdrücken, zurückhalten *larmes* ② POL niederschlagen *révolte*

reprisage [ʀ(ə)pʀizaʒ] *m* Stopfen *nt*

repris de justice [ʀ(ə)pʀid(ə)ʒystis] *m inv* Vorbestrafte(r) *f(m)*

reprise [ʀ(ə)pʀiz] *f* ① *(recommencement) d'une activité* Wiederaufnahme *f; du froid* Wiedereinsetzen *nt* ② MUS Wiederholung *f* ③ ECON *(essor)* Aufschwung *m* ④ COM *(rachat) d'un appareil, d'une voiture* Inzahlungnahme *f; d'une usine, entreprise* Übernahme *f* ⑤ COM *(retour) d'une marchandise* Zurücknahme *f* ⑥ AUT Beschleunigung *f kein Pl* ⑦ MIL, POL *d'un territoire, siège* Zurückeroberung *f* ⑧ SPORT [Wieder]auftakt *m; (deuxième mi-temps)* zweite Halbzeit *f; (boxe)* Runde *f* ▶ **à deux/trois ~s** zwei-/dreimal; **à plusieurs ~s** mehrmals

repriser [ʀ(ə)pʀize] <1> *vt* ausbessern, stopfen *chaussette*

réprobateur, -trice [ʀepʀɔbatœʀ, -tʀis] *adj* missbilligend

réprobation [ʀepʀɔbasjɔ̃] *f* ① Missbilligung *f* ② REL ewige Verdammnis

reproche [ʀ(ə)pʀɔʃ] *m* Vorwurf *m;* ***faire un ~ à qn*** jdm einen Vorwurf machen

reprocher [ʀ(ə)pʀɔʃe] <1> **I.** *vt (faire grief de)* ***~ qc à qn*** jdm etw vorwerfen; ***~ à qn de faire qc*** jdm vorwerfen etw zu tun; ***avoir qc à ~ à qn*** jdm etw vorzuwerfen haben **II.** *vpr* ***se ~ qc*** sich *dat* Vorwürfe wegen etw machen; ***se ~ de faire qc*** sich *dat* Vorwürfe machen, dass man etw tut; ***avoir qc à se ~*** sich *dat* etw vorzuwerfen haben

reproducteur, -trice [ʀ(ə)pʀɔdyktœʀ, -tʀis] *adj* ***organe ~*** Fortpflanzungsorgan *nt*

reproduction [ʀ(ə)pʀɔdyksjɔ̃] *f (copie)* Reproduktion *f*

reproduire [ʀ(ə)pʀɔdɥiʀ] <irr> *vpr* ***se ~*** *(se répéter)* sich wiederholen

reprographie [ʀ(ə)pʀɔgʀafi] *f* Reprografie *f*

reprographier [ʀ(ə)pʀɔgʀafje] <1a> *vt* kopieren

réprouvé(e) [ʀepʀuve] *m(f)* ① Ausgestoßene(r) *f(m)* ② REL Verdammte(r) *f(m),* Verstoßene(r) *f(m)*

réprouver [ʀepʀuve] <1> *vt* ① missbilli-

R

gen ❷ REL verdammen *personne; **être réprouvé(e)*** verurteilt sein/werden; *personne:* geächtet sein/werden

reptation [ʀɛptasjɔ̃] *f* Kriechen *nt*

reptile [ʀɛptil] *m* Reptil *nt; **les ~s*** die Kriechtiere

repu(e) [ʀəpy] *adj (rassasié)* satt

républicain(e) [ʀepyblikɛ̃, ɛn] **I.** *adj* republikanisch **II.** *m(f)* Republikaner(in) *m(f)*

république [ʀepyblik] *f* Republik *f; **République centrafricaine*** Zentralafrikanische Republik; ***République démocratique du Congo*** Demokratische Republik Kongo; ***République démocratique allemande*** Deutsche Demokratische Republik; ***République dominicaine*** Dominikanische Republik; ***République du Congo*** Republik Kongo; ***République fédérale d'Allemagne*** Bundesrepublik Deutschland; ***République française*** Französische Republik; ***République populaire de Chine*** Volksrepublik China; ***République tchèque*** Tschechien *nt* ▸ **on est en ~** wir leben in einem freien Land

Land und Leute

Die fünf französischen Republiken markieren wichtige Perioden der Geschichte. Die Erste Republik (1792–1804) wurde zur Zeit der Französischen Revolution gegründet, aber schon bald durch das Kaiserreich Napoleons I. ersetzt. Die Zweite Republik (1848–1852) wurde nach der Februarrevolution 1848 ins Leben gerufen, hatte jedoch nur vier Jahre Bestand und fand ihr Ende mit einem Staatsstreich Napoleons III. Die Dritte Republik (1871–1940) wurde nach der Niederlage gegen Deutschland im Deutsch-Französischen Krieg gegründet und endete 1939 mit der deutschen Besetzung. Die Vierte Republik (1946–1958) entstand nach dem Ende des Zweiten Weltkriegs und wurde zwölf Jahre später durch die Fünfte Republik (seit 1958) abgelöst, die infolge einer tiefgreifenden Verfassungsänderung gegründet wurde.

répudiation [ʀepydjasjɔ̃] *f d'une chose* Ausschlagung *f; d'une personne* Verstoßen *nt*

répugnance [ʀepyɲɑ̃s] *f* ❶ *(aversion)* Abscheu *m; **avoir de la ~ pour qc*** etw verabscheuen, Abscheu *m* gegen etw empfinden ❷ *(dégoût)* Ekel *m; **~ pour qn/qc*** Widerwillen *m* gegen jdn/etw

répugnant(e) [ʀepyɲɑ̃, ɑ̃t] *adj* widerlich; ***d'une laideur ~e*** abstoßend hässlich

répugner [ʀepyɲe] <1> *vi* ❶ *(dégoûter)* ***~ à qn*** *nourriture, personne:* jdn anwidern; *action, idée, malhonnêteté:* jdn abstoßen ❷ *(n'avoir pas envie)* ***qn répugne à qc*** jdm widerstrebt etw; ***qn répugne à faire qc, il répugne à qn de faire qc*** es widerstrebt jdm etw zu tun

répulsif, -ive [ʀepylsif, -iv] *adj a.* PHYS abstoßend

répulsion [ʀepylsjɔ̃] *f* ❶ *(aversion)* Abscheu *m; **~ pour qn/qc*** Abscheu vor jdm/etw ❷ *(dégoût)* Ekel *m*

réputation [ʀepytasjɔ̃] *f* ❶ *(honneur)* [guter] Ruf ❷ *(renommée)* Ruf *m; **~ mondiale*** Weltruf; ***avoir bonne/mauvaise ~*** einen guten/schlechten Ruf haben; ***la ~ de qn n'est plus à faire*** jds guter Ruf steht außer Zweifel; *(iron)* jds Ruf ist bereits ruiniert; ***se faire une ~*** sich *dat* einen Namen machen

réputé(e) [ʀepyte] *adj (connu)* bekannt; ***ce professeur est ~ pour être sévère*** dieser Lehrer ist für seine Strenge bekannt

requérant(e) [ʀəkeʀɑ̃, ɑ̃t] *m(f)* Antragsteller(in) *m(f)*

requérir [ʀəkeʀiʀ] <irr> *vt* ❶ *(nécessiter)* erfordern ❷ *(solliciter)* ***~ l'aide de qn*** jds Hilfe erbitten ❸ *(exiger)* fordern *explication, justification;* anfordern *avion spécial, protection*

requête [ʀəkɛt] *f* INFORM Abfrage *f*

requiem [ʀekɥijɛm] *m inv* Requiem *nt*

requin [ʀəkɛ̃] *m* ZOOL Hai[fisch *m*] *m*

requinquer [ʀ(ə)kɛ̃ke] <1> **I.** *vt (fam)* aufmöbeln; ***être requinqué*** wieder in Form sein **II.** *vpr (fam)* ***se ~*** sich erholen

requis(e) [ʀəki, iz] *part passé de* **requérir**

réquisition [ʀekizisjɔ̃] *f* ❶ *(confiscation)* Beschlagnahme *f* ❷ *a.* JUR *(demande)* Anforderung *f*

réquisitionner [ʀekizisjɔne] <1> *vt (requérir)* beschlagnahmen *biens;* dienstverpflichten *hommes* ▸ **être réquisitionné pour faire la vaisselle** *(fam)* zum Spülen abkommandiert worden sein

réquisitoire [ʀekizitwaʀ] *m* ❶ JUR *(réquisition)* Antrag *m* ❷ JUR *(discours)* Anklagerede *f*

R.E.R. [ɛʀøɛʀ] *m abr de* **réseau express régional** *Stadtbahn-Netz in Paris und Umgebung*

resaler [ʀ(ə)sale] <1> *vt* nachsalzen

rescapé(e) [ʀɛskape] **I.** *adj **personne ~e***

Überlebende(r) *f(m)* **II.** *m(f)* Überlebende(r) *f(m)*

rescousse [ʀɛskus] *f* ***venir à la ~ de qn*** jdm zu Hilfe kommen

réseau [ʀezo] <x> *m* ❶ *(structure)* Netz *nt;* ***~ ferroviaire/routier*** Eisenbahn-/Straßennetz; ***~ téléphonique/radiophonique*** Fernsprech-/Rundfunknetz ❷ *(organisation)* Organisation *f;* ***~ d'espionnage/de la mafia*** Spionage-/Mafianetz *nt* ❸ INFORM Netz *nt;* ***~ local*** lokales Netz, LAN *nt;* ***~ social*** soziales Netzwerk; ***le ~ Internet*** das Internet

réseauter [ʀezote] <1> *vi* netzwerken *fam*

réservation [ʀezɛʀvasjɔ̃] *f* Reservierung *f*

réserve [ʀezɛʀv] *f* ❶ *(provision)* Vorrat *m;* ***faire des ~s pour l'hiver*** Vorräte für den Winter anlegen ❷ *(lieu protégé)* Schutzgebiet *nt;* ***~ indienne*** Indianerreservat *nt;* ***~ botanique/naturelle/ornithologique*** Pflanzen-/Natur-/Vogelschutzgebiet; ***~ de chasse*** Wildschutzgebiet ▸ **avoir des ~s** *(hum)* Reserven haben

réservé(e) [ʀezɛʀve] *adj* ❶ *(discret)* zurückhaltend ❷ *(retenu)* reserviert ❸ *(limité à certains)* ***~ à qn/qc*** jdm/einer S. vorbehalten; ***~ aux handicapés/autobus*** nur für Behinderte/Busse

réserver [ʀezɛʀve] <1> **I.** *vt* ❶ *(garder)* freihalten *place;* ***~ le meilleur pour la fin*** das Beste bis zuletzt aufsparen ❷ *(retenir)* reservieren, buchen *voyage;* ***~ un billet d'avion*** einen Flug buchen **II.** *vpr (se ménager)* ***se ~ pour le dessert*** sich *dat* seinen Appetit für den Nachtisch aufheben; ***se ~ pour une meilleure occasion*** auf eine bessere Gelegenheit warten; ***se ~ pour plus tard*** noch etwas warten

réserviste [ʀezɛʀvist] *m* ❶ MIL Reservist *m* ❷ SPORT Reservespieler *m*

réservoir [ʀezɛʀvwaʀ] *m (cuve, bassin)* Tank *m;* ***~ d'eau*** Wasserreservoir *nt,* Wasserspeicher *m;* ***~ d'essence*** Benzintank, Kraftstofftank

résidant(e) [ʀezidɑ̃, ɑ̃t] *m(f) d'un immeuble* Bewohner(in) *m(f); d'une ville, d'un pays* Einwohner(in) *m(f)*

résidence [ʀezidɑ̃s] *f* ❶ *(domicile)* Wohnsitz *m;* ***lieu de ~*** Wohnort *m;* ***~ principale*** Hauptwohnsitz; ***~ secondaire*** zweiter Wohnsitz ❷ *(appartement pour les vacances)* Ferienwohnung *f* ❸ *(maison pour les vacances)* Ferienhaus *nt* ❹ *(immeuble)* Wohnanlage *f;* ***~ universitaire*** Studentenwohnheim *nt;* ***~ pour personnes âgées*** Altenheim *nt;* ***~ pour handicapés*** Behindertenwohnheim

résident(e) [ʀezidɑ̃, ɑ̃t] *m(f) (étranger) in einem Gastland ansässiger Ausländer/ansässige Ausländerin;* ***les ~s allemands en France*** die in Frankreich ansässigen Deutschen

résidentiel(le) [ʀezidɑ̃sjɛl] *adj* ❶ *(d'habitation)* ***zone ~le*** Wohngebiet *nt* ❷ *(de standing)* vornehm

résider [ʀezide] <1> *vi (habiter)* wohnen; ***les étrangers qui résident en France*** die in Frankreich ansässigen Ausländer

résidu [ʀezidy] *m* ❶ *a.* CHIM Rückstand *m* ❷ MATH Rest *m*

résiduel(le) [ʀezidɥɛl] *adj* zurückbleibend; ***air ~*** Restluft *f;* ***eaux ~les*** Abwässer *Pl;* ***produit ~*** Abfallprodukt *nt;* ***sucre ~*** Restsüße *f Fachspr.,* Restzucker *m Fachspr.;* ***urine ~le*** Restharn *m;* ***valeur ~le d'une voiture*** Restwert *m* eines Autos

résignation [ʀeziɲasjɔ̃] *f* Resignation *f*

résigné(e) [ʀeziɲe] *adj* resigniert

résigner [ʀeziɲe] <1> *vpr* ***se ~*** resignieren; ***se ~ à faire qc*** sich damit abfinden etw zu tun

résiliable [ʀeziljabl] *adj* kündbar; *contrat* aufhebbar, kündbar, auflösbar; ***non ~*** *contrat* unaufhebbar; ***~ à tout moment*** *prêt* jederzeit kündbar

résiliation [ʀeziljasjɔ̃] *f* Kündigung *f; des créanciers* Rücktritt *m*

résilier [ʀezilje] <1> *vt* kündigen

résille [ʀezij] *app inv* ***bas ~*** Netzstrumpf *m*

résine [ʀezin] *f* Harz *nt*

résiné [ʀezine] *m (vin)* geharzter Wein *m*

résineux [ʀezinø] *m* Nadelbaum *m;* ***les ~*** die Nadelhölzer; ***forêt de ~*** Nadelwald *m*

résistance [ʀezistɑ̃s] *f (opposition)* Widerstand *m;* ***la Résistance*** HIST die Résistance

résistant(e) [ʀezistɑ̃, ɑ̃t] **I.** *adj couleur, matériau* haltbar; *personne, plante, animal* robust; ***l'acier est plus ~ que le fer*** Stahl ist härter als Eisen **II.** *m(f)* HIST Widerstandskämpfer(in) *m(f)*

résister [ʀeziste] <1> *vi* ❶ *(s'opposer)* ***~ à qn*** sich gegen jdn wehren; ***~ à un désir/une passion/tentation*** einem Verlangen/einer Leidenschaft/Versuchung widerstehen ❷ *(supporter)* ***qc résiste à qc*** etw hält einer S. *dat* stand; ***~ au feu/lavage*** feuerfest/waschecht sein

résolu(e) [ʀezɔly] **I.** *part passé de* **résoudre** **II.** *adj air, personne* entschlossen; *ton* bestimmt; ***être ~ à qc*** zu etw entschlossen sein; ***être ~ à faire qc*** entschlossen sein etw zu tun

résoluble [ʀezɔlybl] *adj* JUR aufhebbar

R

résolument [ʀezɔlymɑ̃] *adv* ❶ *(sans hésiter)* entschlossen ❷ *(délibérément)* bewusst
résolution [ʀezɔlysjɔ̃] *f* ❶ *(décision)* Beschluss *m;* ***prendre une*** ~ einen Beschluss fassen; ***prendre des ~s*** Vorsätze fassen; ***prendre de bonnes ~s*** gute Vorsätze fassen; ***prendre la ~ de faire qc*** den Beschluss fassen etw zu tun ❷ INFORM Auflösung *f*
résonance [ʀezɔnɑ̃s] *f* ❶ *(répercussion)* Resonanz *f;* ***avoir une grande ~ dans l'opinion*** in der Öffentlichkeit große Resonanz finden ❷ *(connotation)* Anklang *m*
résonner [ʀezɔne] <1> *vi* hallen
résorber [ʀezɔʀbe] <1> *vt* abbauen *inflation, chômage;* verringern *déficit*
résorption [ʀezɔʀpsjɔ̃] *f* ❶ Abbau *m; d'un abcès, d'une tumeur* Rückbildung *f; d'un épanchement* Rückgang *m* ❷ BIO Aufnahme *f*
résoudre [ʀezudʀ] <irr> **I.** *vt* ❶ *(trouver une solution)* lösen *conflit, mystère, problème* ❷ *(décider)* ~ ***de faire qc*** beschließen etw zu tun; ~ ***qn à faire qc*** jdn überzeugen etw zu tun **II.** *vpr (se décider)* ***se ~ à faire qc*** sich zu etw entschließen
respect [ʀɛspɛ] *m (égards)* Respekt *m;* ~ ***de qn/qc*** Respekt vor jdm/etw; ***devoir le ~ à qn*** jdm Respekt schulden; ***manquer de ~ à qn*** sich jdm gegenüber respektlos benehmen; ***par ~ pour qn/qc*** aus Achtung vor jdm/etw

> **Aussprache**
> Bei **respect** wird die Endung -ct nicht als [kt] gesprochen, sondern bleibt stumm.

R

respectabilité [ʀɛspɛktabilite] *f* Ehrenhaftigkeit *f*
respectable [ʀɛspɛktabl] *adj* ❶ *(digne de respect)* ehrbar; *motif, scrupule* ehrenhaft ❷ *(assez important)* beachtlich; *somme d'argent* ansehnlich
respecter [ʀɛspɛkte] <1> *vt* ❶ *(avoir des égards pour)* achten; ***être respecté*** geachtet werden; ***se faire*** ~ sich *dat* Respekt verschaffen ❷ *(observer)* wahren *forme, tradition;* einhalten *loi, normes;* beachten *ordre alphabétique, priorité;* ~ ***un engagement*** einer Verpflichtung *dat* nachkommen
respectif, -ive [ʀɛspɛktif, -iv] *adj* jeweilig
respectivement [ʀɛspɛktivmɑ̃] *adv* jeweils
respectueusement [ʀɛspɛktɥøzmɑ̃] *adv* mit Respekt; *(iron)* höflichst
respectueux, -euse [ʀɛspɛktɥø, -øz] *adj* respektvoll; ***être ~ de qc*** *(mettre en pratique)* etw wahren; *(attacher de l'importance)* Wert auf etw *akk* legen; ***être ~ de la loi*** das Gesetz achten; ***être ~ de l'environnement*** auf die Umwelt Rücksicht nehmen; ***être ~ envers qn*** jdm mit Respekt begegnen
respirable [ʀɛspiʀabl] *adj* erträglich
respirateur [ʀɛspiʀatœʀ] *m* Beatmungsgerät *nt*
respiration [ʀɛspiʀasjɔ̃] *f* Atmung *f;* ~ ***artificielle*** künstliche Beatmung; ***couper la ~ à qn*** jdm den Atem verschlagen; ***retenir sa*** ~ den Atem anhalten
respiratoire [ʀɛspiʀatwaʀ] *adj* ***organes/voies ~s*** Atmungsorgane *Pl*/Atemwege *Pl*
respirer [ʀɛspiʀe] <1> *vi* ❶ *(inspirer)* atmen; ***respirez fort!*** tief einatmen! ❷ *(se détendre)* Luft holen ❸ *(être rassuré)* aufatmen
resplendir [ʀɛsplɑ̃diʀ] <8> *vi (rayonner)* strahlen
resplendissant(e) [ʀɛsplɑ̃disɑ̃, ɑ̃t] *adj (brillant)* strahlend
responsabiliser [ʀɛspɔ̃sabilize] <1> *vt* ~ ***qn*** jds Verantwortungsbewusstsein wecken
responsabilité [ʀɛspɔ̃sabilite] *f* ❶ *(culpabilité)* Verantwortung *f;* ***avoir une ~ dans qc*** für etw mitverantwortlich sein ❷ JUR Haftung *f;* ~ ***collective*** Gemeinschaftshaftung; ~ ***civile*** Haftpflicht *f; (assurance)* Haftpflichtversicherung *f* ❸ *(charge de responsable)* ~ ***de qc*** Verantwortung *f* für etw; ***avoir/prendre des ~s*** Verantwortung tragen/übernehmen; ***avoir de grosses ~s*** große Verantwortung tragen; ***avoir la ~ de qn/qc*** die Verantwortung für jdn/etw haben; ***décliner/rejeter toute ~*** jegliche Verantwortung ablehnen/von sich weisen; ***sous la ~ de qn*** unter jds Verantwortung; ***il a plusieurs employés sous sa ~*** ihm unterstehen mehrere Angestellte ❹ *(conscience)* Verantwortungsbewusstsein *nt*
responsable [ʀɛspɔ̃sabl] **I.** *adj* ❶ *(coupable)* ***être ~ de qc*** für etw verantwortlich sein ❷ JUR *civilement, pénalement* haftbar; ***être ~ de qn/qc devant qn*** jdm gegenüber für jdn/etw haften; ***être ~ de ses actes*** für seine Taten verantwortlich sein ❸ *(chargé de)* ~ ***de qc*** für etw verantwortlich ❹ *(conscient)* verantwortungsbewusst **II.** *mf* ❶ *(auteur)* Verantwortliche(r) *f(m)*

❷ *(personne compétente)* Verantwortliche(r) *f(m); d'une organisation, entreprise* Führungskraft *f;* **~ *d'un parti/syndicat*** Partei-/Gewerkschaftsfunktionär *m;* **~ *politique*** politische Führungskraft; **~ *technique*** technischer Leiter

resquille [ʀɛskij] *f (fam)* Schummeln *nt fam;* ***faire de la ~*** schummeln; *(entrer sans payer)* sich einschmuggeln; *(voyager sans payer)* schwarzfahren

resquiller [ʀɛskije] <1> *(fam)* **I.** *vi* ❶ schummeln *fam* ❷ *(voyager sans payer)* schwarzfahren ❸ *(dans une file d'attente)* sich vordrängeln *fam* **II.** *vt* **~ *qc*** sich etw organisieren *fam*

resquilleur, -euse [ʀɛskijœʀ, -jøz] *m, f (fam)* ❶ *(fraudeur)* Schummler(in) *m(f)* ❷ *(voyageur sans ticket)* Schwarzfahrer(in) *m(f)*

ressac [ʀəsak] *m* Brandung *f*

ressaisir [ʀ(ə)seziʀ] <8> *vpr (se maîtriser)* ***se ~*** sich wieder fangen

ressasser [ʀ(ə)sase] <1> *vt* bis zum Überdruss wiederholen; **~ *des pensées moroses*** in dumpfes Brüten verfallen sein

ressaut [ʀəso] *m* ❶ ARCHIT, GEOG Vorsprung *m* ❷ *(dénivellation)* Absatz *m*

ressemblance [ʀ(ə)sɑ̃blɑ̃s] *f* Ähnlichkeit *f;* ***avoir une ~ avec qc*** einer S. *dat* sehr ähnlich sein; ***il y a une très grande ~ entre X et Y*** X und Y ähneln sich sehr

ressemblant(e) [ʀ(ə)sɑ̃blɑ̃, ɑ̃t] *adj* ähnlich; *portrait* lebensecht

ressembler [ʀ(ə)sɑ̃ble] <1> **I.** *vi* ❶ *(être semblable)* ähneln; **~ *à qn*** jdm ähneln ❷ *(être semblable physiquement)* jdm ähnlich sehen; **~ *à qc*** einer S. *dat* gleichen ❸ *(fam: être digne de)* **~ *à qn*** jdm ähnlich sehen *fig;* ***ça te ressemble de faire qc*** das sieht dir ähnlich etw zu tun ▸ **à quoi ça ressemble!** *(fam: c'est nul)* was ist das denn!; **à quoi ça ressemble de faire qc** *(fam: qu'est-ce que ça veut dire)* was soll denn das etw zu tun; **à quoi il ressemble, ton nouveau copain?** und wie ist dein neuer Freund?; **regarde un peu à quoi tu ressembles!** *(fam)* du siehst vielleicht aus! **II.** *vpr* ❶ *(être semblables)* ***se ~*** sich ähneln ❷ *(être semblables physiquement)* ***se ~*** sich ähnlich sehen ▸ **qui se ressemble s'assemble** *(prov)* Gleich und Gleich gesellt sich gern

ressentiment [ʀ(ə)sɑ̃timɑ̃] *m* Groll *m*

ressentir [ʀ(ə)sɑ̃tiʀ] <10> *vt* empfinden, spüren *coup, sensation;* ***se faire ~ sur qc*** sich auf etw auswirken

resserré(e) [ʀ(ə)seʀe] *adj* eng

resserrement [ʀ(ə)sɛʀmɑ̃] *m* ❶ *(renforcement)* **~ *de l'action*** straffere Handlung; ***cela a abouti à un ~ de leurs relations*** dadurch sind sie sich noch näher gekommen ❷ *(étroitesse) d'une route, vallée* Enge *f;* ***le ~ de la route est tel que...*** die Straße ist derart eng, dass … ❸ FIN *du crédit* Einschränkung *f*

resserrer [ʀ(ə)seʀe] <1> **I.** *vt* ❶ *(serrer plus fort)* nachziehen *boulon, vis;* fest ziehen *nœud;* enger schnallen *ceinture* ❷ *(fortifier)* festigen *amitié, relations* **II.** *vpr* **se ~** ❶ *(devenir plus étroit)* enger werden; *personnes, groupe:* zusammenrücken; *cercle d'amis:* schrumpfen ❷ *(se fortifier) amitié:* sich festigen; *relations:* enger werden

resservir [ʀ(ə)sɛʀviʀ] <irr> **I.** *vt* ❶ *(offrir à nouveau au restaurant)* noch servieren ❷ *(offrir à nouveau chez soi, des amis)* noch geben ❸ *(péj: radoter)* noch einmal auftischen **II.** *vi (revenir en usage)* noch einmal Verwendung finden; ***ces emballages me resserviront*** ich werde diese Verpackungen weiter verwenden **III.** *vpr* ❶ *(reprendre)* ***se ~ en*** [*o* ***de***] ***qc*** noch etw nehmen ❷ *(réutiliser)* ***se ~ de qc*** etw wieder benützen

ressort¹ [ʀ(ə)sɔʀ] *m* ❶ *(pièce métallique)* Feder *f* ❷ *(énergie)* Elan *m*

ressort² [ʀ(ə)sɔʀ] *m* JUR, ADMIN Zuständigkeitsbereich *m*

ressortir [ʀ(ə)sɔʀtiʀ] <10> **I.** *vi + être* ❶ *(sortir à nouveau) personne:* noch einmal weggehen ❷ *(contraster)* **~ *sur qc*** *couleur, qualité:* sich von etw abheben; *détail:* von etw hervortreten; ***faire ~ qc*** *(mettre en relief) personne:* etw hervorheben; *chose:* etw zur Geltung bringen ❸ *(fam: renouer)* **~ *avec qn*** wieder mit jdm gehen **II.** *vt + avoir* ❶ *(remettre d'actualité)* wieder hervorholen *projet;* wieder herausbringen *modèle* ❷ *(remettre dehors)* wieder rausstellen *meubles de jardin;* ***peux-tu ~ l'agenda?*** kannst du den Terminkalender noch einmal herausholen?

ressortissant(e) [ʀ(ə)sɔʀtisɑ̃, ɑ̃t] *m(f)* Staatsangehörige(r) *f(m);* ***les ~s étrangers résidant en France*** die in Frankreich wohnhaften Ausländer

ressouder [ʀ(ə)sude] <1> **I.** *vt* ❶ TECH nachschweißen, zusammenschweißen *choses* ❷ *(braser)* nachlöten, neu verlöten *choses* ❸ *(consolider)* wieder festigen *amitié, amour* **II.** *vpr* **se ~** ❶ *(se souder à nouveau) fracture, os:* wieder zusammenwachsen ❷ *(se consolider) amitié, amour:* sich wieder festigen

R

ressource [ʀ(ə)suʀs] *f* ❶ *pl (moyens)* Mittel *Pl; de l'État* Einnahmequellen *Pl;* ***~s naturelles*** Bodenschätze *Pl;* ***~s personnelles*** Eigenkapital *nt;* ***sans ~s*** mittellos ❷ *sans pl (recours)* ***tu es ma seule ~*** du bist meine letzte Rettung; ***en dernière ~*** als letzter Ausweg; ***sans ~*** hilflos ▶ **avoir de la ~** sich nicht unterkriegen lassen *fam*

ressourcer [ʀ(ə)suʀse] <2> *vpr* **se ~** ❶ *(revenir aux sources)* sich besinnen ❷ *(puiser de nouvelles forces)* neue Kraft schöpfen

ressurgir [ʀəsyʀʒiʀ] <8> *vi v.* **resurgir**

ressuscité(e) [ʀesysite] *m(f)* ❶ REL ***le Ressuscité*** der Auferstandene ❷ *(fig)* ***vous êtes un vrai ~!*** Sie sind ja wiederauferstanden!

ressusciter [ʀesysite] <1> **I.** *vi* ❶ *+ être* REL ***être ressuscité*** auferstanden sein ❷ *+ avoir (renaître) malade:* wieder aufleben; *nature:* zu neuem Leben erwachen; *projet:* wieder aktuell werden; *pays, entreprise:* sich wieder erholen; *idéologie:* wieder stark werden **II.** *vt + avoir* ❶ REL zum Leben erwecken ❷ *(régénérer, faire revivre)* wieder auf die Beine bringen *fam entreprise, pays;* zu neuem Leben erwecken *malade, nature;* wieder aufleben lassen *idéologie, mode;* ***être ressuscité*** *malade:* wieder auf den Beinen sein; *entreprise, pays:* sich wieder erholt haben; *idéologie:* wieder stark sein

restant [ʀɛstɑ̃] *m* Rest *m;* ***le ~ de la journée*** der restliche Tag; ***~ de poulet/tissu*** Hühnchen-/Stoffrest

restau [ʀɛsto] *m (fam) abr de* **restaurant**

restaurant [ʀɛstɔʀɑ̃] *m* Restaurant *nt,* Gaststätte *f;* ***aller au ~*** essen gehen; ***~ universitaire*** Mensa *f;* ***~ du cœur*** *Essen für Obdachlose [in den Wintermonaten]*

restaurateur, -trice [ʀɛstɔʀatœʀ, -tʀis] *m, f* ❶ *(aubergiste)* [Gast]wirt(in) *m(f); (avec formation)* Gastronom(in) *m(f)* ❷ *(personne qui remet en état)* Restaurator(in) *m(f)*

restauration [ʀɛstɔʀasjɔ̃] *f* ❶ *(remise en état)* Restaurierung *f,* Restauration *f* ❷ *(hôtellerie)* Gastronomie *f,* Gaststättengewerbe *nt;* ***~ rapide*** Fastfood-Gastronomie *f* ❸ INFORM Wiederherstellung *f*

restaurer [ʀɛstɔʀe] <1> *vt* ❶ *(remettre en état)* restaurieren ❷ *(rétablir)* wiederherstellen *droits, ordre, paix*

reste [ʀɛst] *m* ❶ *(reliquat)* ***le ~ de la journée/du temps/de ma vie*** der Rest des Tages/der Zeit/meines Lebens; ***tout le ~*** alles Übrige; ***un ~ de tissu*** ein Stoffrest; ***un ~ d'amour/de pitié*** ein Rest [von] Liebe/Mitgefühl ❷ MATH Rest *m* ❸ *pl d'un repas* Reste *Pl;* ***ne pas laisser beaucoup de ~s*** nicht viel übrig lassen ▶ **avoir de beaux ~s** *(hum)* sich ganz gut gehalten haben *fam;* **partir sans demander son ~** gehen ohne einen Ton von sich zu geben; **faire le ~** ein Übriges tun; **du ~** im Übrigen, übrigens; **pour le ~** im Übrigen, ansonsten

rester [ʀɛste] <1> **I.** *vi + être* ❶ *(demeurer, ne pas s'en aller)* bleiben; ***~ au lit*** im Bett bleiben; ***~ chez soi*** zu Hause bleiben; ***~ [à] dîner*** zum Essen bleiben; ***~ sans parler/manger/bouger*** nicht sprechen/nicht essen/sich nicht bewegen ❷ *(continuer à être)* bleiben; ***~ debout/assis toute la journée*** den ganzen Tag stehen/sitzen; ***~ immobile*** stillhalten ❸ *(subsister)* [übrig] bleiben, übrig sein; ***ça m'est resté*** *(dans ma mémoire)* das habe ich [im Gedächtnis] behalten; *(dans mes habitudes)* das habe ich beibehalten; ***beaucoup de choses restent à faire*** es bleibt noch viel zu tun ❹ *(ne pas se libérer de)* ***~ sur un échec*** sich von einem Misserfolg lähmen lassen ▶ **en ~ là** es dabei [bewenden] lassen; **y ~** umkommen, ums Leben kommen **II.** *vi impers + être* ❶ *(être toujours là)* ***il reste du vin*** es ist noch Wein übrig; ***il n'est rien resté*** es ist nichts übrig [geblieben]; ***il ne me reste [plus] que toi/cinquante euros*** ich habe nur noch dich/fünfzig Euro ❷ *(ne pas être encore fait)* ***je sais ce qu'il me reste à faire*** ich weiß, was ich zu tun habe; ***reste à savoir si …*** [es] bleibt abzuwarten, ob …

restituer [ʀɛstitɥe] <1> *vt (rendre)* ***~ un livre à un voisin*** einem Nachbarn ein Buch zurückgeben

restitution [ʀɛstitysjɔ̃] *f* ❶ *(action de rendre)* Rückgabe *f* ❷ JUR Rückgewähr *f*

resto [ʀɛsto] *m (fam) abr de* **restaurant**

restoroute® [ʀɛstoʀut] *f* Raststätte *f; de l'autoroute* Autobahnraststätte

restreindre [ʀɛstʀɛ̃dʀ] <irr> *vt* einschränken, begrenzen, beschränken *champ d'action, étude;* verringern *production, dépenses;* zurückschrauben *ambition*

restreint(e) [ʀɛstʀɛ̃, ɛ̃t] **I.** *part passé de* **restreindre II.** *adj vocabulaire* beschränkt; *moyens, nombre* gering, begrenzt; *autorité, choix* eingeschränkt; ***~ à un petit cercle/certaines personnes*** auf einen kleinen Kreis/gewisse Menschen begrenzt

restrictif, -ive [ʀɛstʀiktif, -iv] *adj loi* restriktiv *geh; condition, alimentation* einschränkend

restriction [ʀɛstʀiksjɔ̃] *f* Einschränkung *f; des dépenses* Beschränkung *f;* ***mesures de ~*** restriktive Maßnahmen *Pl geh;* ***faire*** [*o* ***émettre***] ***des ~s*** Vorbehalte haben; ***sans [faire de] ~[s]*** ohne Vorbehalte; ***avec des ~s*** unter Vorbehalt

restructuration [ʀəstʀyktyʀasjɔ̃] *f de l'économie, d'une entreprise* Umstrukturierung *f; d'un parti* Neuordnung *f*

restructurer [ʀəstʀyktyʀe] <1> *vt* umstrukturieren *entreprise, économie;* neu ordnen *parti*

résultante [ʀezyltɑ̃t] *f (conséquence)* Ergebnis *nt,* Resultat *nt*

résultat [ʀezylta] *m* ❶ MATH, SPORT, ECON Ergebnis *nt; d'une opération, d'un problème* Resultat *nt;* SCOL Leistung *f; d'un examen* Ergebnis; ***les ~s des élections*** das Wahlergebnis ❷ *(conséquence)* Folge *f;* ***avoir de bons/mauvais ~s*** positive/negative Folgen haben; ***avoir pour ~ une augmentation des prix*** eine Preiserhöhung zur Folge haben, zu einer Preiserhöhung führen ❸ *(chose obtenue)* Ergebnis *nt; (réussite)* Resultat *nt,* Erfolg *m;* ***c'est déjà un ~*** das ist [doch] schon [mal] etwas; ***n'obtenir aucun ~*** nichts erreichen; ***obtenir quelques ~s*** einige Erfolge erzielen ▸ **sans ~** ohne Erfolg, ergebnislos

résulter [ʀezylte] <1> *vi impers* ***il résulte de ce renseignement que …*** aus dieser Information folgt, dass …; ***il en résulte/est résulté que …*** das Ergebnis ist/war, dass …

résumé [ʀezyme] *m* Zusammenfassung *f* ▸ **en ~** *(en bref)* zusammenfassend; *(somme toute)* alles in allem; ***en ~: …*** kurz und gut: …

résumer [ʀezyme] <1> *vt (récapituler)* zusammenfassen, resümieren *geh;* ***~ qc en une page*** etw auf einer Seite zusammenfassen

resurgir [ʀ(ə)syʀʒiʀ] <8> *vi personne, animal:* wieder zum Vorschein kommen, wiederauftauchen; *difficulté, phénomène:* wieder auftreten

résurrection [ʀezyʀɛksjɔ̃] *f* Auferstehung *f;* ***la Résurrection*** die Auferstehung

rétabli(e) [ʀetabli] **I.** *part passé de* **rétablir II.** *adj* ❶ *(restauré) chose, contact* wieder hergestellt ❷ *(guéri) personne* genesen

rétablir [ʀetabliʀ] <8> **I.** *vt* ❶ *(remettre en fonction)* wiederherstellen *communication, courant;* wieder aufnehmen *contact, liaison;* ***être rétabli*** *communication, contact:* wiederhergestellt sein; *trafic:* wieder fließen ❷ *(restaurer)* wiederherstellen *confiance, équilibre, ordre, monarchie;* richtigstellen *faits;* ***~ la vérité*** der Wahrheit *dat* zu ihrem Recht verhelfen ❸ MED wiederherstellen; ***être rétabli*** wiederhergestellt sein, wieder gesund sein **II.** *vpr* **se ~** ❶ *(guérir) personne:* sich erholen, wieder gesund werden; *pays:* sich wieder erholen; ***en voie de se ~*** auf dem Wege der Besserung ❷ *(revenir) calme, silence:* wieder einkehren; *trafic:* wieder fließen

rétablissement [ʀetablismɑ̃] *m d'un malade* Wiederherstellung *f,* Genesung *f;* ***bon ~!*** gute Besserung!; ***souhaiter un bon ~ à qn*** jdm gute Besserung wünschen

rétamé(e) [ʀetame] *adj (fam)* ❶ *(fatigué)* kaputt *fam,* fertig *fam* ❷ *(ruiné)* pleite *fam,* ruiniert ❸ *(mort)* hinüber *sl*

rétamer [ʀetame] <1> *vpr (fam)* ***se ~*** hinfliegen

retapage [ʀ(ə)tapaʒ] *m d'une maison* Renovierung *f; d'une voiture* Instandsetzung *f; d'un lit* Zurechtziehen *nt;* ***avoir besoin d'un sérieux ~*** *maison:* gründlich renoviert werden müssen; *voiture:* gründlich überholt werden müssen

retaper [ʀ(ə)tape] <1> **I.** *vt* ❶ *(remettre en état)* renovieren *maison;* überholen *voiture;* zurechtziehen *lit* ❷ *(fam: rétablir)* wieder auf die Beine bringen, aufpäppeln *malade* **II.** *vpr (fam)* ***se ~ à la mer/la montagne*** sich am Meer/im Gebirge erholen

retard [ʀ(ə)taʀ] *m* ❶ *d'un véhicule* Verspätung *f; d'une personne* Zuspätkommen *nt;* ***un ~ d'une heure*** eine Verspätung von einer Stunde; ***avec une heure/dix minutes de ~*** mit einer Stunde/zehn Minuten Verspätung; ***arriver en ~*** zu spät kommen, sich verspäten; ***avoir du ~/deux minutes de ~*** *personne:* zu spät/zwei Minuten zu spät kommen; *moyen de transport:* Verspätung/zwei Minuten Verspätung haben; ***avoir du ~ sur son planning*** seiner [Termin]planung hinterher sein *fam;* ***être en ~ de dix minutes*** *personne:* zehn Minuten zu spät kommen; *moyen de transport:* zehn Minuten Verspätung haben ❷ *(réalisation tardive)* ***avoir du ~ dans un travail/paiement*** mit einer Arbeit im Rückstand/einer Zahlung im Verzug sein; ***être en ~ d'un mois pour payer le loyer*** mit der Zahlung der Miete einen Monat im Verzug sein ❸ *(développement plus lent)* Rückständigkeit *f;* SCOL Rückstand *m;* ***présen-***

R

ter un ~ de langage/de croissance in seiner Sprachentwicklung/im Wachstum zurück sein; ***être en ~ sur son temps*** nicht auf der Höhe der Zeit sein

retardataire [R(ə)taRdatɛR] *mf* Zuspätkommende(r) *f(m)*, Nachzügler(in) *m(f)*

retardateur, -trice [R(ə)taRdatœR, -tRis] *adj* verzögernd, retardierend *geh; dispositif* Brems-; *frottement* bremsend; ***action retardatrice*** MIL Hinhaltemanöver *nt*

retardé(e) [R(ə)taRde] *(fam)* **I.** *adj enfant* zurückgeblieben; *élève* schwach **II.** *m(f)* ***~ mental*** Zurückgebliebene(r) *m;* ***~ scolaire*** Spätentwickle(r) *m;* ***classe pour ~s*** Förderklasse *f*

retardement [R(ə)taRdəmɑ̃] *m* ***bombe à ~*** Zeitbombe *f*

retarder [R(ə)taRde] <1> **I.** *vt* ❶ *(mettre en retard)* aufhalten *personne, véhicule;* ***~ l'arrivée de qn*** *personne:* jds Ankunft hinauszögern; ***qc retarde le départ du train*** durch etw verzögert sich die Abfahrt des Zuges ❷ *(ralentir, empêcher)* aufhalten; ***~ qn dans son travail/ses préparatifs*** jdn von seiner Arbeit/seinen Vorbereitungen abhalten **II.** *vi (être en retard)* ***~ d'une heure*** *montre, horloge:* eine Stunde nachgehen

retendre [R(ə)tɑ̃dR] <14> *vt* ❶ *(raidir à nouveau)* wieder anziehen, wieder spannen *câble, chaîne;* fest ziehen *lien;* MUS nachspannen, neu spannen *corde* ❷ *(disposer à nouveau)* wieder auswerfen *filet de pêche* ❸ *(présenter à nouveau)* ***~ la main à qn*** jdm wieder die Hand reichen

retenir [R(ə)təniR, Rət(ə)niR] <9> **I.** *vt* ❶ *(maintenir en place)* [fest] halten *objet, personne qui glisse;* zurückhalten *foule, personne;* fest halten *bras;* ***~ qn par la manche*** jdn am Ärmel fest halten ❷ *(empêcher d'agir)* zurückhalten; ***retiens/retenez-moi, ou je fais un malheur*** halte/halten Sie mich zurück oder ich vergesse mich; ***je ne sais pas ce qui me retient de le gifler*** ich weiß nicht, was mich davon abhält ihn zu ohrfeigen ❸ *(empêcher de tomber)* halten ❹ *(garder)* aufhalten; ***je ne te retiens pas plus longtemps*** ich will dich nicht länger aufhalten; ***~ qn prisonnier/en otage*** jdn gefangen halten/jdn als Geisel fest halten; ***j'ai été retenu*** ich bin aufgehalten worden ❺ *(requérir)* ***~ l'attention*** Aufmerksamkeit erfordern ❻ *(réserver)* reservieren *chambre, place;* reservieren, bestellen *table* ❼ *(se souvenir de)* [im Gedächtnis] behalten, sich merken; ***retenez bien la date*** merken Sie sich den Termin gut ❽ *(réprimer)* unterdrücken *colère, cri, geste;* unterdrücken, zurückhalten *larmes;* unterdrücken, sich verkneifen *fam sourire, soupir de satisfaction;* anhalten *souffle* ❾ *(accepter, choisir)* annehmen *candidature;* ***~ une proposition*** einen Vorschlag annehmen, einem Vorschlag zustimmen ❿ *(prélever)* ***~ un montant sur le salaire*** einen Betrag vom Lohn abziehen; ***~ les impôts sur le salaire*** die Steuer vom Lohn einbehalten ▶ **je te/le/la retiens!** *(fam)* das vergesse ich dir/ihm/ihr nicht so schnell! **II.** *vpr* ❶ *(s'accrocher)* ***se ~ à qn/qc pour faire qc*** sich an jdm/etw [fest] halten um etw zu tun ❷ *(s'empêcher)* ***se ~*** sich beherrschen, sich zurückhalten, an sich halten; ***se ~ pour ne pas rire*** sich beherrschen um nicht zu lachen ❸ *(contenir ses besoins naturels)* ***se ~*** sich beherrschen

retenter [R(ə)tɑ̃te] <1> *vt* noch einmal versuchen

retentir [R(ə)tɑ̃tiR] <8> *vi (résonner) bruit, cri:* ertönen; *chant:* erklingen; *cloche, sonnerie:* läuten, klingeln

retentissant(e) [R(ə)tɑ̃tisɑ̃, ɑ̃t] *adj* ❶ *cri* durchdringend, laut; *voix* dröhnend; *bruit* dröhnend; *claque* schallend ❷ *(fracassant)* Aufsehen erregend; *scandale, succès* Riesen-; *déclaration, discours* spektakulär

retentissement [R(ə)tɑ̃tismɑ̃] *m* ❶ *d'un discours, de mesures politiques* [Nach]wirkung *f; d'une affaire* Auswirkung *f* ❷ *d'un film, d'une œuvre* Wirkung *f;* ***avoir un grand ~*** großes Aufsehen erregen

retenu(e) [R(ə)təny, Rət(ə)ny] *adj* unaufdringlich, zurückhaltend

retenue [R(ə)təny, Rət(ə)ny] *f* ❶ *(somme prélevée)* einbehaltener Betrag *m;* ***~ sur le salaire*** Lohnabzug *m; (en parlant des employés)* Gehaltsabzug *m* ❷ *(action de prélever)* Einbehaltung *f* ❸ *(modération)* Zurückhaltung *f,* Beherrschung *f;* ***n'avoir aucune ~*** keinerlei Hemmungen haben ❹ MATH Übertrag *m* ❺ SCOL Nachsitzen *nt* ❻ *(bouchon)* Stau *m* ❼ TECH *(barrage)* Damm *m;* ***~ d'eau*** Wasserreservoir *nt*

réticence [Retisɑ̃s] *f* Vorbehalt *m;* ***avec ~*** widerstrebend; *accepter* unter Vorbehalt[en]

réticent(e) [Retisɑ̃, ɑ̃t] *adj* ***être ~*** Vorbehalte haben

réticule [Retikyl] *m* OPT Fadenkreuz *nt*

rétif, -ive [Retif, -iv] *adj* störrisch, widerspenstig

rétine [Retin] *f* Netzhaut *f*

rétinien(ne) [Retinjɛ̃, jɛn] *adj* Netzhaut-

R

rétinite [ʀetinit] *f* Netzhautentzündung *f*

retirage [ʀ(ə)tiʀaʒ] *m d'une photo* neuer Abzug; *d'une gravure, d'un livre* Nachdruck *m*

retiré(e) [ʀ(ə)tiʀe] *adj (solitaire) lieu* entlegen, abgelegen, abgeschieden; ***mener une vie ~e*** zurückgezogen leben; ***vivre complètement ~ du monde*** völlig weltabgeschieden leben

retirer [ʀ(ə)tiʀe] <1> **I.** *vt* ❶ *(enlever)* ablegen, ausziehen *vêtement, montre;* abziehen *housses;* ***~ ses lunettes*** seine Brille absetzen; ***~ qc du commerce*** etw aus dem Handel zurückziehen; ***~ qc du catalogue/programme*** etw aus dem Katalog/Programm nehmen; ***~ son jouet à qn*** jdm ihr/sein Spielzeug wegnehmen; ***~ sa confiance à qn*** jdm das Vertrauen entziehen; ***~ le permis à qn*** jdm den Führerschein abnehmen ❷ *(faire sortir)* herausnehmen; ***~ un gâteau du moule*** einen Kuchen aus der Form nehmen; ***~ la clé de la serrure*** den Schlüssel abziehen; ***~ qn de l'école*** jdn von der Schule nehmen; ***~ qn des décombres*** jdn aus den Trümmern bergen ❸ *(prendre possession de)* holen *argent;* abholen *billet;* ***~ de l'argent à la banque/d'un compte*** Geld von der Bank/vom Konto abheben; ***~ ses bagages de la consigne*** das Gepäck von der Gepäckaufbewahrung holen ❹ *(ramener en arrière)* zurückziehen *main, tête, troupes* ❺ *(annuler)* zurücknehmen, widerrufen *form déclaration, paroles;* zurückziehen *accusation, candidature, offre* ❻ *(obtenir)* ***~ des avantages/un bénéfice de qc*** Vorteile/einen Gewinn aus etw ziehen; ***~ qc d'une expérience*** etw aus einer Erfahrung lernen ❼ *(extraire)* ***~ de l'huile d'une substance*** Öl aus einer Substanz gewinnen; ***~ du minerai/du charbon*** Erz/Kohle gewinnen ❽ *(tirer de nouveau)* ***~ un coup de feu*** noch einen Schuss abgeben ❾ *(faire un second tirage)* ***faire ~ une photo*** neue Abzüge von einem Foto machen lassen **II.** *vi* noch einmal schießen **III.** *vpr* ❶ *(partir)* ***se ~*** sich zurückziehen; ***se ~ dans sa chambre*** sich in sein Zimmer zurückziehen, auf sein Zimmer gehen; ***se ~ à la campagne*** sich aufs Land zurückziehen ❷ *(annuler sa candidature)* ***se ~*** seine Kandidatur zurückziehen ❸ *(prendre sa retraite)* ***se ~*** sich zur Ruhe setzen ❹ *(reculer)* ***se ~*** *armée, ennemi:* sich zurückziehen; *eau, mer:* zurückgehen; ***retire-toi d'ici!*** verzieh dich! *fam* ❺ *(quitter)* ***se ~ de la vie publique/des affaires*** sich aus dem öffentlichen Leben/dem Geschäftsleben zurückziehen; ***se ~ du jeu*** sich zurückziehen

retombée [ʀ(ə)tɔ̃be] *f* ❶ *pl (répercussions)* Auswirkungen *Pl;* ***les ~s médiatiques/publicitaires de qc*** das Medienecho/die Werbewirksamkeit einer S. *gen* ❷ *(impact)* [Aus]wirkung *f,* Folge *f*

retomber [ʀ(ə)tɔ̃be] <1> *vi + être* ❶ *(tomber à nouveau)* wieder hinfallen; ***~ dans l'oubli/la misère/la drogue*** wieder in Vergessenheit/in Not/an Drogen geraten; ***~ dans la délinquance*** wieder straffällig werden; ***~ sur le même sujet*** wieder auf dasselbe Thema [zurück]kommen ❷ *(tomber après s'être élevé)* aufkommen; *ballon:* aufkommen, aufschlagen; *capot:* wieder zufallen; *fusée:* [wieder] abstürzen; ***se laisser ~*** sich [wieder] fallen lassen ❸ *(baisser) curiosité, enthousiasme:* nachlassen, verfliegen; *fièvre, cote de popularité:* fallen; ***~ au niveau d'il y a trois ans*** *consommation:* auf den Stand von vor drei Jahren zurückgehen ❹ *(redevenir)* ***~ amoureux*** sich wieder verlieben; ***~ malade/enceinte*** wieder krank/schwanger werden ❺ METEO *brouillard:* wieder aufkommen; *neige:* wieder fallen; ***la pluie/la neige retombe*** es regnet/schneit wieder ❻ *(échoir à)* ***~ sur qn*** auf jdn zurückfallen; ***cela va me ~ dessus*** das wird wieder auf mich zurückfallen; ***faire ~ la faute sur qn*** die Schuld auf jdn schieben; ***faire ~ la responsabilité sur qn/qc*** die Verantwortung auf jdn/etw abwälzen ❼ *(revenir, rencontrer)* ***~ au même endroit*** [zufällig] wieder an denselben Ort geraten; ***~ sur qn*** jdn [zufällig] wieder treffen

rétorquer [ʀetɔʀke] <1> *vt* erwidern; ***~ à qn que ...*** jdm erwidern, dass ...

retors(e) [ʀətɔʀ, ɔʀs] *adj* durchtrieben, hinterhältig

rétorsion [ʀetɔʀsjɔ̃] *f* ***user de ~*** Vergeltungsmaßnahmen ergreifen; ***des mesures de ~*** Vergeltungsmaßnahmen, Repressalien

retouche [ʀ(ə)tuʃ] *f d'un vêtement* Änderung *f;* ***faire une ~ à un vêtement*** ein Kleidungsstück [ab]ändern

retoucher [ʀ(ə)tuʃe] <1> **I.** *vt* ❶ *(corriger)* [ab]ändern *vêtement* ❷ *(être remboursé)* ***~ 100 euros*** 100 Euro zurückbekommen **II.** *vi* ❶ *(toucher de nouveau)* ***~ à qc*** etw noch einmal anfassen ❷ *(regoûter à)* ***~ à l'alcool*** wieder [Alkohol] trinken

retoucheur, -euse [ʀ(ə)tuʃœʀ, -øz] *m, f* ***~(-euse) en confection*** Änderungs-

R

schneider(in) *m(f)*; **~(-euse) photographe** Retuscheur(in) *m(f)*

retour [ʀ(ə)tuʀ] **I.** *m* ❶ *(opp: départ)* Rückkehr *f*; *(à la maison)* Heimkehr *f*; *(chemin)* Rückweg *m*; *(à la maison)* Heimweg *m*; *(voyage)* Rückreise *f*; *(à la maison)* Heimreise *f*; **prendre le chemin du ~** sich auf den Rück-/Heimweg machen; **au ~** auf dem Rückweg; *(en voiture)* auf der Rückfahrt; *(en avion)* auf dem Rückflug; *(à l'arrivée)* bei der Rückkehr; **au ~ du service militaire** nach Beendigung des Militärdienstes; **de ~ à la maison** wieder zurück zu Hause; **être de ~** [wieder] zurück sein ❷ *(à un état antérieur)* **~ à la nature** Rückkehr *f* zur Natur; *(slogan)* zurück zur Natur; **~ à l'Antiquité** Rückbesinnung *f* auf die Antike; **~ à la politique/terre** Rückkehr in die Politik/zum Landleben; **~ au calme** Beruhigung *f* [der Lage]; **~ en arrière** Rückblende *f* ❸ *(réapparition)* **~ de la grippe** Wiederauftreten *nt* der Grippe; **un ~ du froid** ein erneuter Kälteeinbruch; **la mode des années 60 est de ~** die Mode der 60er-Jahre ist wieder im Kommen; **~ en force** Comeback *nt* ❹ TRANSP einfache Fahrkarte für die Rückfahrt; *(avion)* Flugschein *m* für den Rückflug; **un aller et ~ pour Paris** eine Rückfahrkarte/ein Hin- und Rückflug *m* nach Paris ❺ MEDIA Rücklauf *m*; **touche de ~ rapide** Rückspultaste *f* ▶ **c'est un juste ~ des choses** das ist ausgleichende Gerechtigkeit; **par ~ du courrier** postwendend, umgehend; **~ à l'expéditeur!** zurück an Absender!; *(fam: rendre la pareille)* wie du mir, so ich dir; **~ éternel** ewige Wiederkehr **II.** *app* **match ~** Rückspiel *nt*

retournement [ʀ(ə)tuʀnəmɑ̃] *m (de la part d'une personne)* Kehrtwendung *f*; *(dans une situation)* Wende *f*; **~ de l'opinion** Meinungsumschwung *m*

retourner [ʀ(ə)tuʀne] <1> **I.** *vt + avoir* ❶ *(mettre dans l'autre sens)* umdrehen, wenden *matelas, omelette, viande;* auf den Kopf stellen *caisse, tableau, verre;* JEUX aufdecken ❷ *(mettre à l'envers)* [auf] links drehen *vêtement;* umkrempeln, hochkrempeln *manche, bas de pantalon;* **être retourné** *vêtement:* auf links sein; *col:* nach innen geschlagen sein ❸ *(orienter en sens opposé)* **~ une critique à qn** eine Kritik gegen jdn kehren; **~ un compliment à qn** jdm ein Kompliment zurückgeben; **~ la situation en faveur de qn** die Situation zu jds Gunsten umkehren; **~ l'opinion en sa faveur** einen Meinungsumschwung zu seinen Gunsten herbeiführen; **~ une arme contre soi-même** eine Waffe gegen sich selbst richten ❹ *(faire changer d'opinion)* umstimmen; **~ qn en faveur d'une amie/contre un projet** jdn für eine Freundin/gegen ein Projekt einnehmen ❺ *(renvoyer)* **~ une lettre à l'expéditeur** einen Brief an den Absender zurückschicken; **~ une marchandise** eine Ware zurückgehen lassen ❻ *(fam: bouleverser)* auf den Kopf stellen *maison, pièce;* erschüttern *personne;* **le film m'a retourné** der Film hat mich aufgewühlt; **j'en suis tout retourné** ich bin ganz fassungslos **II.** *vi + être* ❶ *(revenir)* zurückkehren, zurückkommen; *(en bus, voiture, train)* zurückfahren; *(en avion)* zurückfliegen; **~ sur ses pas** kehrtmachen, umdrehen; **~ chez soi** nach Hause gehen ❷ *(aller de nouveau)* **~ à la montagne/chez qn** wieder ins Gebirge/zu jdm gehen; *(en bus, voiture, train)* wieder ins Gebirge/zu jdm fahren; *(en avion)* wieder ins Gebirge/zu jdm fliegen ❸ *(se remettre à)* **~ à son travail** wieder an die Arbeit gehen; *(après une maladie, des vacances)* die Arbeit wieder aufnehmen **III.** *vpr + être* ❶ *(se tourner dans un autre sens)* **se ~** *personne:* sich umdrehen; *voiture:* sich überschlagen; *bateau:* kentern; **se ~ sans cesse dans son lit** sich im Bett herumwälzen ❷ *(tourner la tête)* **se ~** sich umschauen; **tout le monde se retournait sur leur passage** alle haben sich nach ihnen umgedreht; **se ~ vers qn/qc** sich zu jdm/etw drehen ❸ *(prendre parti)* **se ~ en faveur de/contre qn** sich hinter/gegen jdn stellen; **se ~ contre qn** JUR [gerichtlich] gegen jdn vorgehen ❹ *(prendre un nouveau cours)* **se ~ en faveur de/contre qn** *situation:* sich zu jds Gunsten/Ungunsten kehren; *acte, action:* sich zu jds Gunsten/Ungunsten auswirken ❺ *(se tordre)* **se ~ l'épaule** sich die Schulter verrenken; **se ~ le doigt/bras** sich *dat* den Finger/Arm verstauchen ❻ *(repartir)* **s'en ~ dans son pays natal/en France** wieder in sein Heimatland/nach Frankreich zurückkehren ▶ **s'en ~ comme on est venu** unverrichteter Dinge wieder gehen

retracer [ʀ(ə)tʀase] <2> *vt (raconter)* schildern, beschreiben, erzählen *histoire;* darstellen *faits*

rétractable [ʀetʀaktabl] *adj* ❶ *(qui se rétracte) laisse* aufrollbar; *cornes* einziehbar; **crayon ~** Drehstift *m*; **stylo à**

R

pointe ~ Drehkugelschreiber *m* ❷ JUR widerrufbar

rétractation [retraktasjɔ̃] *f de propos, d'une promesse, objection, action* Zurücknahme *f; d'un aveu, témoignage, d'une déclaration* Widerruf *m;* ***faire une ~ de témoignage*** seine [Zeugen]aussage widerrufen; ***obliger qn à la ~ de ses propos*** jdn [dazu] zwingen, seine Äußerungen zurückzunehmen

rétracter [retrakte] <1> *vpr* **se** ~ ❶ ANAT *muscle:* sich zusammenziehen ❷ TECH schwinden ❸ *(se dédire)* von seiner Meinung abgehen; JUR seine Aussage widerrufen

rétraction [retraksjɔ̃] *f d'une membrane, d'un tissu* Schrumpfung *f;* ZOOL Einziehen *nt*

retraduction [r(ə)tradyksjɔ̃] *f* Neuübersetzung *f*

retraduire [r(ə)tradɥir] <irr> *vt* neu übersetzen

retrait [r(ə)trɛ] *m* ❶ *d'argent* Abheben *nt; des bagages, d'un billet* Abholen *nt,* Abholung *f; d'un projet de loi, d'une candidature* Zurückziehen *nt* ❷ *d'une autorisation* Aufhebung *f;* ***~ du permis [de conduire]*** Führerscheinentzug *m*

retraite [r(ə)trɛt] *f* ❶ *(cessation du travail)* [Eintritt in den] Ruhestand *m; des fonctionnaires, militaires* Pensionierung *f;* ***l'âge de la ~*** die Altersgrenze; *des ouvriers, employés* das Rentenalter; *des fonctionnaires* das Pensionsalter; ***~ anticipée*** vorzeitiger Ruhestand, Vorruhestand *m; d'un ouvrier, employé* Frührente *f;* ***être à la ~*** im Ruhestand sein; *ouvrier, employé:* in Rente sein; *fonctionnaire, militaire:* pensioniert sein; ***mettre qn à la ~*** jdn in den Ruhestand versetzen; *fonctionnaire, militaire* jdn pensionieren; ***partir à la ~, prendre sa ~*** in den Ruhestand gehen; *ouvrier, employé:* in Rente gehen; *fonctionnaire, militaire:* in Pension gehen; *artisans, professions libérales:* sich zur Ruhe setzen ❷ *(pension)* Altersruhegeld *nt form; des ouvriers, employés* [Alters]rente *f; des fonctionnaires, militaires* Pension *f,* [Alters]ruhegehalt *nt;* ***~ complémentaire*** *(assurance)* Zusatzrentenversicherung *f; (pension)* Zusatzrente *f*

retraité(e) [r(ə)trete] **I.** *adj (à la retraite)* im Ruhestand; *ouvrier, employé* in Rente; *fonctionnaire, militaire* pensioniert, in Pension **II.** *m(f)* Ruheständler(in) *m(f); (ouvrier, employé)* Rentner(in) *m(f); (fonctionnaire, militaire)* Pensionär(in) *m(f)*

retraitement [r(ə)trɛtmɑ̃] *m des combustibles nucléaires* Wiederaufbereitung *f; des déchets* Wiederverwertung *f,* Recycling *nt;* ***centre/usine de ~ [des déchets nucléaires]*** Wiederaufbereitungsanlage *f;* ***~ des vieux papiers*** Altpapierrecycling *nt*

retraiter [r(ə)trete] <1> *vt* wiederaufbereiten *combustibles nucléaires;* wiederverwerten, recyceln *déchets*

retrancher [r(ə)trɑ̃ʃe] <1> **I.** *vt (retirer)* abziehen *somme, nombre;* streichen *mot, passage* **II.** *vpr* MIL ***se ~*** sich verschanzen

retransmettre [r(ə)trɑ̃smɛtr] <irr> *vt* übertragen, ausstrahlen, übertragen *émission;* ***~ qc en direct/en différé*** etw live/als Aufzeichnung übertragen

retransmission [r(ə)trɑ̃smisjɔ̃] *f* Übertragung *f; d'une émission* Ausstrahlung *f;* ***~ en direct*** Direktübertragung, Live-Übertragung *f;* ***~ en différé*** Aufzeichnung *f;* ***la ~ du match aura lieu en direct/en différé*** das Spiel wird live/als Aufzeichnung übertragen

retravailler [r(ə)travaje] <1> **I.** *vi (reprendre le travail)* wieder arbeiten **II.** *vt* überarbeiten, umarbeiten *discours, texte;* neu bearbeiten *matière, minerai;* [noch einmal] überdenken *question*

rétréci(e) [retresi] *adj* ❶ *(rendu plus étroit)* verengt; *pupille* eng; *vêtement* eingegangen, eingelaufen ❷ *(borné) esprit* engstirnig, borniert; *univers* eng, kleinkariert *fam*

rétrécir [retresir] <8> **I.** *vt (rendre plus étroit)* verengen, enger machen *bague, vêtement* **II.** *vi, vpr laine, tissu:* einlaufen, eingehen; ***le pull a rétréci au lavage*** der Pulli ist beim Waschen eingegangen

rétrécissement [retresismɑ̃] *m de la laine, d'un tissu* Einlaufen *nt; de la pupille, rue* Verengung *f*

rétribuer [retribɥe] <1> *vt* bezahlen, entlohnen *form personne;* vergüten *form travail, service;* ***employé rétribué régulièrement*** fest besoldeter Angestellter

rétribution [retribysjɔ̃] *f* Bezahlung *f,* Entlohnung *f form; d'un travail* Vergütung *f form*

rétro [retro] *abr de* **rétrograde I.** *adj inv (démodé)* nostalgisch; *mode* Retro- *(kann den Stil der 20er- bis-70er Jahre bezeichnen)* **II.** *adv* nostalgisch *(kann im Stil der 20er- bis 70er-Jahre sein)*

rétroactes [retroakt] *mpl* BELG *(antécédents)* Vorgeschichte *f kein Pl*

R

rétroactif, -ive [ʀetʀoaktif, -iv] *adj* rückwirkend

rétroactivement [ʀetʀoaktivmɑ̃] *adv* rückwirkend; ***agir*** ~ rückwirkend in Kraft treten; *décision:* rückwirkend gelten

rétroactivité [ʀetʀoaktivite] *f a.* JUR Rückwirkung *f*

rétrocéder [ʀetʀosede] <5> *vt* ~ ***qc à qn*** *(à l'ancien propriétaire)* jdm etw zurückgeben; JUR *(à un tiers)* jdm etw abtreten

rétrocession [ʀetʀosesjɔ̃] *f* Rückgabe *f;* JUR Rückübertragung *f*

rétroéclairage [ʀetʀɔeklɛʀaʒ] *m* INFORM Hintergrundbeleuchtung *f*

rétrogradation [ʀetʀogʀadasjɔ̃] *f* ❶ *d'un fonctionnaire* [Zu]rückstufung *f; d'un officier* Degradierung *f* ❷ SPORT *d'une équipe* Abstieg *m*

rétrograde [ʀetʀɔgʀad] *adj* *(arriéré) esprit, politique* reaktionär; *idées, personne* rückschrittlich, rückständig

rétrograder [ʀetʀɔgʀade] <1> **I.** *vi* ❶ AUT ~ ***de troisième en seconde*** vom Dritten in den Zweiten zurückschalten [*o* herunterschalten] ❷ *(régresser)* zurückfallen **II.** *vt* zurückstufen; MIL degradieren

rétrolien [ʀetʀɔljɛ̃] *m* INFORM Trackback *m*

rétroprojecteur [ʀetʀopʀɔʒɛktœʀ] *m* Overheadprojektor *m,* Tageslichtprojektor *m*

rétrospectif, -ive [ʀetʀɔspɛktif, -iv] *adj examen, étude* rückblickend; ***jeter un regard*** ~ ***sur qc*** etw rückblickend betrachten

rétrospective [ʀetʀɔspɛktiv] *f* Retrospektive *f*

rétrospectivement [ʀetʀɔspɛktivmɑ̃] *adv* im Rückblick, zurückblickend; *avoir peur, être jaloux* [noch] im Nachhinein, [noch] nachträglich

retrousser [ʀ(ə)tʀuse] <1> *vt* umschlagen, hochkrempeln *manche, bas de pantalon;* hochzwirbeln *moustache;* ***retrousser les lèvres*** die Zähne blecken; ***retrousser les babines*** die Zähne fletschen

retrouvailles [ʀ(ə)tʀuvɑj] *fpl* Wiedersehen *nt*

retrouver [ʀ(ə)tʀuve] <1> **I.** *vt* ❶ *(récupérer)* wiederfinden, finden, aufspüren *fugitif, enfant perdu;* finden *cadavre;* wiedererhalten *fonction;* wiederbekommen, wiederfinden *place;* ~ ***son utilité*** wieder benutzt werden; ***j'ai retrouvé son portefeuille*** ich habe seinen/ihren Geldbeutel wiedergefunden ❷ *(rejoindre)* ~ ***qn*** jdn treffen, sich mit jdm treffen; ***attendez-moi, je vous retrouve dans un quart d'heure*** wartet/warten Sie auf mich, ich komme in einer Viertelstunde nach ❸ *(recouvrer)* ~ ***l'équilibre*** sein Gleichgewicht wiederfinden; ~ ***la foi*** wieder zu seinem Glauben finden; ~ ***son calme/ses forces/la santé*** sich [wieder] beruhigen/wieder zu Kräften kommen; ***avoir retrouvé le sourire/le sommeil/l'espoir*** wieder lächeln/schlafen/hoffen können ❹ *(redécouvrir)* finden *situation, travail, marchandise;* ***tu auras du mal à ~ une occasion aussi favorable*** so eine günstige Gelegenheit findest du nicht so schnell wieder ❺ *(reconnaître)* ***je te retrouve tel que je t'ai toujours connu*** du bist immer noch derselbe; ***je retrouve bien là mon mari!*** das sieht meinem Mann ähnlich! **II.** *vpr* ❶ *(se réunir)* ***se*** ~ *personnes:* sich [wieder] treffen; ***se ~ au bistro*** sich in der Kneipe treffen; ***j'espère qu'on se retrouvera bientôt*** ich hoffe, wir sehen uns bald wieder ❷ *(se présenter de nouveau)* ***se*** ~ *occasion, circonstance:* sich wieder bieten ❸ *(être de nouveau)* ***se ~ dans la même situation*** sich wieder in der gleichen Situation befinden; ***se ~ devant les mêmes difficultés*** wieder vor den gleichen Schwierigkeiten stehen; ***se ~ seul/désemparé*** wieder allein/ratlos dastehen ❹ *(finir)* ***se ~ en prison/dans le fossé*** sich im Gefängnis/im Graben wiederfinden, im Gefängnis/im Graben landen *fam;* ***se ~ sur le pavé*** [plötzlich] auf der Straße stehen *fam* ❺ *(retrouver son chemin)* ***se ~ dans une ville inconnue*** sich in einer fremden Stadt zurechtfinden; ***j'arrive toujours à me*** ~ ich finde mich immer irgendwie zurecht ❻ *(voir clair)* ***s'y*** ~ sich zurechtfinden; ***je n'arrive pas à m'y*** ~ ich komme damit nicht zurecht; ***s'y ~ dans ses calculs*** mit seinen Berechnungen zurechtkommen; ***s'y ~ dans des explications*** Erklärungen *dat* folgen können ▸ **comme on se retrouve!** so sieht man sich wieder!; **on se retrouvera!** *(fam: menace)* wir sprechen uns noch!

rétroviseur [ʀetʀɔvizœʀ] *m* Rückspiegel *m;* ~ ***extérieur/intérieur*** Außen-/Innen[rück]spiegel *m*

réuni(e) [ʀeyni] *adj* ❶ *(rassemblé)* versammelt ❷ *pl* COM *(associés)* vereinigt

réunification [ʀeynifikasjɔ̃] *f de nations, d'États* Wiedervereinigung *f;* ***la ~ de l'Allemagne*** die Wiedervereinigung Deutschlands

réunifier [ʀeynifje] <1> *vt* wieder zusammenführen, wiedervereinigen *nations,*

R

*États; **l'Allemagne réunifiée*** das wiedervereinigte Deutschland

réunion [reynjɔ̃] *f* ❶ *(séance)* Zusammenkunft *f*, Treffen *nt; d'un comité, d'une commission* Sitzung *f; (conférence)* Besprechung *f*, Konferenz *f;* SCOL Konferenz; *(rassemblement politique/public)* Versammlung *f;* ~ ***de famille*** Familientreffen; ~ ***de parents d'élèves*** Elternabend *m;* ~ ***d'information*** Informationsveranstaltung; ***être en*** ~ in einer Besprechung sein ❷ *(ensemble, rapprochement)* Vereinigung *f; d'États* Zusammenschluss *m; d'amis* Kreis *m; (convocation)* Versammlung; ***la ~ des membres de la famille*** die Versammlung der Familienmitglieder

Réunion [reynjɔ̃] *f [**l'île de**] **la** ~* die Insel Réunion

réunir [reyniʀ] <8> **I.** *vt* ❶ *(mettre ensemble)* sammeln, einsammeln, sammeln *objets, papiers;* sammeln, zusammenstellen, zusammentragen *faits, preuves, arguments;* ***les conditions sont réunies pour que la tension baisse*** die Voraussetzungen für eine Entspannung der Lage sind gegeben ❷ *(cumuler)* ~ ***un maximum d'avantages*** maximale Vorteile mit sich bringen; ~ ***toutes les conditions exigées*** alle erforderlichen Bedingungen erfüllen ❸ *(rassembler)* ~ ***des personnes*** *personne:* Menschen versammeln; ~ ***des articles de presse dans un classeur*** Zeitungsartikel in einem Ordner sammeln **II.** *vpr **se*** ~ *(se rassembler) personnes:* sich treffen, zusammenkommen

réussi(e) [reysi] **I.** *part passé de* **réussir** **II.** *adj* ❶ *(couronné de succès)* gelungen; *examen* bestanden; ***être vraiment*** ~ wirklich gelungen sein ❷ *(bien exécuté)* gelungen; ***ne pas être très*** ~ nicht besonders gelungen sein ▶ **c'est ~!** *(iron)* [das war ein] Volltreffer! *fam*

réussir [reysiʀ] <8> **I.** *vi* ❶ *(aboutir à un résultat) chose:* gelingen, Erfolg haben; ~ ***bien/mal*** Erfolg/keinen Erfolg haben ❷ *(parvenir au succès)* ~ ***dans la vie/dans les affaires*** im Leben/im Geschäftsleben erfolgreich sein; ~ ***à l'/un examen*** die/eine Prüfung bestehen; ***tout lui réussit*** ihm/ihr gelingt alles ❸ *(être capable de)* ***il réussit à faire qc*** es gelingt ihm etw zu tun; *(iron)* er bringt es fertig etw zu tun *fam;* ***j'ai réussi à la convaincre*** ich habe sie überzeugen können **II.** *vt* ❶ *(bien exécuter)* ***il réussit qc*** ihm gelingt etw; ~ ***son effet*** seine Wirkung nicht verfehlen ❷ *(réaliser avec succès)* bestehen *épreuve, examen;* ~ ***sa vie*** etwas aus seinem Leben machen

réussite [reysit] *f (bon résultat, succès)* Erfolg *m; (réussite sociale)* Aufstieg *m;* ~ ***d'une tentative*** Gelingen *nt* eines Versuchs

réutilisable [reytilizabl] *adj* wieder verwendbar

réutilisation [reytilizasjɔ̃] *f* Wiederverwendung *f*

réutiliser [reytilize] <1> *vt* wieder benutzen; *(à d'autres fins)* [weiter] benutzen [*o* verwenden]

revaloir [ʀ(ə)valwaʀ] <irr> *vt **je te/vous/lui revaudrai ça, je te/vous le revaudrai/je le lui revaudrai*** *(en bien)* dafür werde ich mich [bei dir/Ihnen/ihr/ihm] erkenntlich zeigen; *(en mal)* das zahle ich dir/Ihnen/ihr/ihm heim

revalorisation [ʀ(ə)valɔʀizasjɔ̃] *f* ❶ *(opp: dépréciation)* Aufwertung *f* ❷ HIN *d'une monnaie* Aufwertung *f; d'une rente* Erhöhung *f*

revaloriser [ʀ(ə)valɔʀize] <1> *vt* ❶ *(opp: déprécier)* aufwerten ❷ FIN aufwerten *monnaie;* erhöhen *rente, traitement, salaire*

revanchard(e) [ʀ(ə)vɑ̃ʃaʀ, aʀd] *m(f)* rachsüchtiger Mensch; POL Revanchist(in) *m(f)*

revanche [ʀ(ə)vɑ̃ʃ] *f (vengeance)* Revanche *f; (jeu, match)* Revanche[spiel *nt*] *f;* ***j'ai gagné! tu veux qu'on fasse la ~?*** ich habe gewonnen, soll ich dir Revanche geben?; ***prendre sa*** ~ sich [dafür] rächen, sich dafür revanchieren; SPORT Revanche nehmen ▶ **en ~** *(par contre)* dagegen; *(en contrepartie)* dafür

revanchisme [ʀ(ə)vɑ̃ʃism] *m* Revanchismus *m*

rêvasser [ʀɛvase] <1> *vi* vor sich hin träumen

rêvasserie [ʀɛvasʀi] *f (péj)* Träumerei *f*, Vor-sich-hin-Träumen *nt; (chimère)* Tagtraum *m*, Fantasterei *f*

rêvasseur, -euse [ʀɛvasœʀ, -øz] *m, f* Tagträumer(in) *m(f)*

rêve [ʀɛv] *m* Traum *m; **beau/mauvais*** ~ schöner Traum/Alptraum; ***faire un*** ~ einen Traum haben, träumen; ***fais de beaux ~s!*** träum was Schönes!; ***une voiture de*** ~ ein Traumauto *nt;* ***la femme/la maison/le métier de mes ~s*** meine Traumfrau/mein Traumhaus/-beruf ▶ **prendre ses ~s pour des réalités** Wunsch und Wirklichkeit verwechseln; **c'est le ~** *(fam)* das ist traumhaft

rêvé(e) [ʀeve] *adj* ideal; *solution* Ideal-; *femme, homme* Traum-

R

revêche [ʀəvɛʃ] *adj* unfreundlich; *caractère* abweisend; *personne* mürrisch, griesgrämig; ***être d'humeur/avoir un caractère ~*** mürrisch [*o* griesgrämig] sein

réveil [ʀevɛj] *m* ❶ *(réveille-matin)* Wecker *m;* ***mettre le ~ à 6 heures*** den Wecker auf 6 Uhr stellen ❷ *(retour à la réalité)* Erwachen *nt;* ***un ~ douloureux*** ein böses Erwachen

réveille-matin [ʀevɛjmatɛ̃] *m inv (vieilli)* Wecker *m*

réveiller [ʀeveje] <1> **I.** *vt* ❶ *(sortir du sommeil)* [auf]wecken; *bruit:* wach machen; ***être réveillé*** wach sein; ***être bien réveillé*** ganz wach sein; ***être mal réveillé*** noch nicht [so] ganz wach sein; ***être à moitié réveillé*** noch [ganz] verschlafen sein ❷ *(ramener à la réalité)* wachrütteln, aufrütteln ❸ *(raviver)* wecken *curiosité, jalousie, cupidité;* anregen *appétit;* erregen *rancune* **II.** *vpr* **se ~** ❶ *(sortir du sommeil)* aufwachen ❷ *(se raviver)* wiederkommen; *douleur:* wieder auftreten; *appétit:* sich einstellen; ***dès que la douleur se réveillera*** sobald Sie wieder Schmerzen bekommen ❸ *(se ranimer) souvenir:* wach werden, wiederkehren, zurückkehren; *volcan:* wieder aktiv werden

réveillon [ʀevɛjɔ̃] *m (nuit de Noël/du nouvel an)* Heiligabend *m*/Silvester[nacht *f*] *nt o m;* *(fête)* Weihnachtsfeier *f*/Silvesterparty *f;* *(repas)* Weihnachts-/Silvesteressen *nt;* ***fêter le ~ de Noël/du nouvel an*** Heiligabend/Silvester feiern

réveillonner [ʀevɛjɔne] <1> *vi (fêter Noël/le nouvel an)* Weihnachten/Silvester feiern

révélateur [ʀevelatœʀ] *m* ❶ *(chose qui dévoile)* ***être le ~ de qc*** Ausdruck *m* einer S. *gen* sein ❷ PHOT Entwickler *m*

révélation [ʀevelasjɔ̃] *f (dévoilement) d'un fait, projet* Aufdeckung *f; d'un secret* Enthüllung *f; d'une intention* Eröffnung *f*

révéler [ʀevele] <5> *vt (divulguer)* aufdecken, aufzeigen *faits;* aufdecken, enthüllen *scandale;* enthüllen, verraten *secret;* ***~ son intention/opinion/ses projets à qn*** jdm seine Absicht/Meinung/Pläne kundtun *geh;* **~ *qc*** *enquête, journal:* etw ans Licht bringen, etw aufdecken

revenant(e) [ʀ(ə)vənɑ̃, ɑ̃t, ʀəv(ə)nɑ̃, ɑ̃t] *m(f)* Gespenst *nt,* Geist *m*

revendeur, -euse [ʀ(ə)vɑ̃dœʀ, -øz] *m, f* Kleinhändler(in) *m(f);* ***~ de drogue*** Drogenhändler *m*

revendicateur, -trice [ʀ(ə)vɑ̃dikatœʀ, -tʀis] **I.** *adj* voller Forderungen; ***son esprit ~*** seine/ihre fordernde Art **II.** *m, f* Mensch, der immer etwas fordert

revendicatif, -ive [ʀ(ə)vɑ̃dikatif, -iv] *adj* ***journée revendicative*** Aktionstag *m* [zur Durchsetzung von Forderungen]; ***mouvement ~*** Protestbewegung *f;* ***arguments ~s*** Forderungen *Pl;* ***programme ~*** Katalog *m* von Forderungen

revendication [ʀ(ə)vɑ̃dikasjɔ̃] *f* Forderung *f;* JUR, POL Anspruch *m;* ***journée de ~*** Aktionstag *m* [zur Durchsetzung von Forderungen]

revendiquer [ʀ(ə)vɑ̃dike] <1> *vt* ❶ *(réclamer)* fordern *droit, augmentation de salaire* ❷ *(assumer)* übernehmen, auf sich *akk* nehmen *responsabilité;* ***l'attentat a été revendiqué par la Maffia/n'a pas été revendiqué*** die Mafia/niemand hat sich zu dem Anschlag bekannt

revendre [ʀ(ə)vɑ̃dʀ] <14> *vt* ❶ *(vendre d'occasion)* ***~ un piano à un collègue*** einem Kollegen ein Klavier verkaufen ❷ *(fig)* ***avoir de l'énergie à ~*** überschüssige Energie haben

revenir [ʀ(ə)vəniʀ, ʀəvniʀ] <9> *vi + être* ❶ *(venir de nouveau) personne, printemps:* wiederkommen; *lettre:* [wieder] zurückkommen; ***~ faire qc*** zurückkommen um etw zu tun ❷ *(rentrer)* zurückkommen; ***~ en avion/en voiture/à pied*** zurückfliegen/-fahren/-laufen; ***~ dans un instant*** gleich wieder da sein ❸ *(recommencer)* ***~ à un projet/sujet*** auf ein Projekt/Thema zurückkommen; ***~ à de meilleurs sentiments*** wieder versöhnlicher gestimmt sein ❹ *(réexaminer)* ***~ sur une affaire/un scandale*** eine Affäre/einen Skandal wieder aufgreifen; ***~ sur un sujet/le passé*** auf ein Thema/die Vergangenheit zurückkommen; ***~ sur une opinion*** eine Meinung überdenken; ***ne revenons pas là-dessus!*** sprechen wir nicht mehr darüber! ❺ *(se dédire de)* ***~ sur une décision*** eine Entscheidung rückgängig machen ❻ *(se présenter à nouveau à l'esprit)* ***~ à qn*** jdm wieder einfallen ❼ *(être déçu par)* ***~ de ses illusions*** seine Illusionen verlieren ❽ *(équivaloir à)* ***cela revient au même*** das läuft aufs Gleiche hinaus; ***cela revient à dire que …*** das heißt so viel wie dass … ❾ *(coûter au total)* ***~ à 100 euros à qn*** jdn 100 Euro kosten; ***~ cher/meilleur marché*** teuer/günstiger kommen ❿ GASTR ***faire ~ le lard*** den Speck anbraten; ***faire ~ les oignons/les légumes*** die Zwiebeln/das Gemüse andünsten ▶ **n'en pas ~ de qc** *(fam)* etw gar nicht fassen können; ~ **de loin** noch einmal davongekommen sein

revente [R(ə)vɑ̃t] *f* Weiterverkauf *m*

revenu [R(ə)vəny, Rəvny] *m* Einkommen *nt;* ~ ***minimum d'insertion*** *Übergangsgeld zur Eingliederung in das Berufsleben, entspricht etwa dem Sozialhilfesatz*

rêver [Reve, Rɛve] <1> *vi* ❶ *(avoir un rêve)* ~ ***de qn/qc*** von jdm/etw träumen ❷ *(désirer)* ~ ***de qc*** von etw träumen; ~ ***de faire qc*** davon träumen etw zu tun ❸ *(divaguer)* ***te prêter de l'argent? tu rêves!*** dir Geld leihen? du träumst wohl!

réverbération [RevɛRbeRasjɔ̃] *f de la chaleur, lumière* Reflexion *f; du son* Widerhall *m*

réverbère [RevɛRbɛR] *m* ❶ *(éclairage)* Straßenlaterne *f* ❷ TECH Reflektor *m*

réverbérer [RevɛRbeRe] <5> **I.** *vt (réfléchir)* reflektieren *chaleur, lumière;* zurückwerfen *son* **II.** *vpr* ***se*** ~ *son:* widerhallen; *chaleur:* zurückgestrahlt werden; *lumière:* reflektiert werden

révérence [ReveRɑ̃s] *f* ❶ *(salut cérémonieux) d'un homme* Verbeugung *f; d'une femme* Knicks *m* ❷ *(salut devant un souverain)* Hofknicks *m*

révérencieux, -euse [ReveRɑ̃sjø, -jøz] *adj (littér)* ehrfürchtig; ***être ~(-euse) envers qn*** jdm gegenüber Respekt zeigen

révérend [ReveRɑ̃] *m* ❶ ***mon*** ~ Euer Hochwürden ❷ *(pasteur)* Reverend *m*

révérer [ReveRe] <5> *vt (soutenu)* verehren

rêverie [RɛvRi] *f (méditation)* Träumerei *f*

revérifier [R(ə)veRifje] <1a> *vt* etw noch einmal überprüfen

revernir [R(ə)vɛRniR] <8> *vt* neu lackieren

revers [R(ə)vɛR] *m* ❶ *(dos)* Rückseite *f; d'une étoffe* linke Seite; *de la main* Rücken *m* ❷ *(échec)* Rückschlag *m;* MIL [militärische] Niederlage *f* ❸ *(au tennis)* Rückhand *f* ❹ *(repli) d'un pantalon* Aufschlag *m; d'un manteau* Revers *m o nt; d'un col* Umschlag *m* ▸ **c'est le ~ de la médaille** das ist die Kehrseite der Medaille

reverser [R(ə)vɛRse] <1> *vt* FIN ~ ***une somme à qn sur un compte*** jdm einen Betrag auf ein Konto überweisen

réversible [RevɛRsibl] *adj* ❶ *(qui peut s'inverser) mouvement* umkehrbar; *évolution* rückgängig zu machen ❷ FIN, JUR, REL übertragbar ❸ *(utilisable à l'envers comme à l'endroit) vêtement, étoffe* beidseitig tragbar

réversion [RevɛRsjɔ̃] *f* FIN, JUR Übertragung *f;* ***pension de*** ~ Hinterbliebenenrente *f*

revêtement [R(ə)vɛtmɑ̃] *m (couche protectrice)* Verkleidung *f; d'une route* Straßenbelag *m; d'une poêle* Beschichtung *f*

revêtir [R(ə)vetiR] <irr> **I.** *vt* ❶ *(endosser)* anziehen ❷ *(poser un revêtement)* ~ ***une surface de bois*** eine Fläche mit Holz verkleiden; ~ ***une surface de moquette*** eine Fläche mit Teppichboden auslegen; ~ ***une surface de carrelage/crépi*** eine Fläche fliesen/verputzen ❸ *(recouvrir) moquette, pavés, neige:* bedecken ❹ *(prendre)* annehmen *apparence* ❺ *(avoir)* haben *caractère* **II.** *vpr (s'habiller)* ***se*** ~ ***d'un manteau*** einen Mantel anziehen

rêveur, -euse [RɛvœR, -øz] **I.** *adj (songeur)* verträumt **II.** *m, f* Träumer(in) *m(f)*

rêveusement [Rɛvøzmɑ̃] *adv* ❶ *(distraitement)* verträumt ❷ *(avec perplexité)* erstaunt

revigorant(e) [R(ə)vigɔRɑ̃, ɑ̃t] *adj* erfrischend; *paroles* ermunternd

revigorer [R(ə)vigɔRe] <1> **I.** *vt* ❶ *(ragaillardir) air frais, boisson:* wieder munter machen; *discours, promesse:* wieder aufheitern; *repas:* stärken ❷ *(ranimer)* wieder Leben bringen in +*akk entreprise, structures;* wieder neu beleben *idée, doctrine* **II.** *vi* wieder munter machen

revirement [R(ə)viRmɑ̃] *m d'un goût, d'une situation* Umschlagen *nt; d'une tendance* Umschwenken *nt*

réviser [Revize] <1> **I.** *vt* SCOL wiederholen **II.** *vi* SCOL den Stoff wiederholen

révision [Revizjɔ̃] *f* ❶ *d'une opinion, d'un jugement* Revision *f* ❷ *pl* SCOL Wiederholung *f;* ***faire ses ~s*** den Stoff wiederholen

révisionnisme [Revizjɔnism] *m* Revisionismus *m*

révisionniste [Revizjɔnist] **I.** *adj thèse, doctrine* revisionistisch **II.** *mf* Revisionist(in) *m(f)*

revisser [R(ə)vise] <1> *vt* ❶ *(visser à nouveau)* wieder festschrauben ❷ *(serrer plus fort)* nachziehen *écrou, vis*

revitalisant(e) [R(ə)vitalizɑ̃, ɑ̃t] *adj* ***crème ~e*** Aufbaucreme *f;* ***shampooing*** ~ Revitalisierungsshampoo *nt*

revitalisation [R(ə)vitalizasjɔ̃] *f d'une alliance, union* Wiederbelebung *f; d'une région* wirtschaftliche Wiederbelebung; *d'un organisme* Kräftigung *f; de la chevelure* Revitalisierung *f*

revitaliser [R(ə)vitalize] <1> *vt* wieder kräftigen *organisme;* wieder beleben

R

alliance, union; wirtschaftlich wieder beleben *région;* revitalisieren *cheveux*

revivifier [ʀ(ə)vivifje] <1a> *vt (littér)* neu beleben

revivre [ʀ(ə)vivʀ] <irr> **I.** *vi (être revigoré)* wieder aufleben **II.** *vt (vivre à nouveau)* noch einmal erleben *fig,* noch einmal durchleben

révocation [ʀevɔkasjɔ̃] *f d'un fonctionnaire* Absetzung *f; d'un contrat* Widerrufung *f;* **~ *de l'Édit de Nantes*** Aufhebung *f* des Edikts von Nantes

revoici [ʀ(ə)vwasi] *prép (fam)* ***me*** ~ da bin ich wieder; ***le*** ~ da ist er wieder

revoilà [ʀ(ə)vwala] *prép (fam)* ***me*** ~ da bin ich wieder; ***le*** ~ da ist er wieder; ~ ***Nadine!*** da ist Nadine schon wieder!

revoir [ʀ(ə)vwaʀ] <irr> **I.** *vt* ❶ *(voir à nouveau)* wieder sehen; ***au*** ~ auf Wiedersehen ❷ *(regarder de nouveau)* sich *dat* noch einmal ansehen ❸ *(se souvenir)* vor sich *dat* sehen **II.** *vpr* **se ~** ❶ *(se retrouver)* sich wiedersehen ❷ *(se souvenir de soi)* sich noch sehen

révoltant(e) [ʀevɔltɑ̃, ɑ̃t] *adj* empörend; *injustice* himmelschreiend

révolte [ʀevɔlt] *f (émeute)* Revolte *f*

révolté(e) [ʀevɔlte] **I.** *adj population, paysans* aufständisch; *foule* rebellisch; *adolescent* aufsässig **II.** *m(f)* Rebell(in) *m(f)*

révolter [ʀevɔlte] <1> **I.** *vt individu:* aufbringen; *crime, injustice:* empören **II.** *vpr* **se ~ contre qn/qc** ❶ *(s'insurger)* sich gegen jdn/etw auflehnen ❷ *(s'indigner)* sich über jdn/etw empören

révolu(e) [ʀevɔly] *adj époque, temps* längst vergangen

révolution [ʀevɔlysjɔ̃] *f (changement)* Revolution *f;* ~ ***culturelle*** Kulturrevolution

Révolution [ʀevɔlysjɔ̃] *f* HIST ***la*** ~ die Französische Revolution

révolutionnaire [ʀevɔlysjɔnɛʀ] **I.** *adj idées, procédé, technique* revolutionär **II.** *mf* Revolutionär *m*

révolutionner [ʀevɔlysjɔne] <1> *vt* ❶ *(transformer radicalement)* revolutionieren ❷ *(bouleverser) film, reportage:* bestürzen

revolver [ʀevɔlvɛʀ] *m* Revolver *m*

révoquer [ʀevɔke] <1> *vt* ❶ ADMIN *(destituer)* ***[faire] ~ qn pour une faute*** jdn wegen eines Fehlers aus dem Amt entlassen ❷ JUR *(annuler)* widerrufen

revoter [ʀ(ə)vɔte] <1> **I.** *vi* erneut wählen **II.** *vt* ~ ***une loi*** erneut über ein Gesetz abstimmen

revouloir [ʀ(ə)vulwaʀ] <irr> *vt (fam)* noch wollen

revoyure [ʀ(ə)vwajyʀ] ▶ **à la ~!** *(fam)* bis die Tage! *fam*

revue [ʀ(ə)vy] *f (magazine)* Zeitschrift *f;* ~ ***spécialisée*** Fachzeitschrift; ~ ***illustrée*** Illustrierte *f;* ~ ***de presse*** Presseschau *f*

révulsé(e) [ʀevylse] *adj visage* verzerrt; *yeux* verdreht

révulser [ʀevylse] <1> **I.** *vt* zutiefst erschüttern **II.** *vpr* ***le visage se révulse*** das Gesicht verzerrt sich; ***ses yeux se révulsent*** er/sie verdreht die Augen

révulsion [ʀevylsjɔ̃] *f* Ableitung *f*

rewriting [ʀiʀajtiŋ, ʀəʀajtiŋ] *m* Überarbeitung *f*

rez-de-chaussée [ʀed(ə)ʃose] *m inv (niveau inférieur)* Erdgeschoss *nt;* ***habiter au*** ~ im Erdgeschoss wohnen

RF [ɛʀɛf] *f abr de* **République française**

R.F.A. [ɛʀɛfɑ] *f abr de* **République fédérale d'Allemagne** ***la*** ~ die BRD

rhabiller [ʀabije] <1> *vpr* **se ~** *(remettre ses vêtements)* sich wieder anziehen ▶ **pouvoir aller se ~** *(fam)* einpacken können

rhénan(e) [ʀenɑ̃, an] *adj* rheinisch; ***pays*** ~ Rheinland *nt*

Rhénanie [ʀenani] *f* ***la*** ~ das Rheinland

Rhénanie-du-Nord-Westphalie [ʀenanidynɔʀvɛstfali] *f* ***la*** ~ Nordrhein-Westfalen *nt* **Rhénanie-Palatinat** [ʀenanipalatina] *f* ***la*** ~ Rheinland-Pfalz *nt*

rhéostat [ʀeɔsta] *m* Regelwiderstand *m*

rhésus [ʀezys] *m* MED Rhesusfaktor *m;* ***[facteur] ~ positif/négatif*** Rhesusfaktor positiv/negativ

rhétorique [ʀetɔʀik] **I.** *adj* rhetorisch **II.** *f* ❶ Rhetorik *f;* *(péj fam)* Phrasendrescherei *f* ❷ BELG ***classe de ~*** *(classe de terminale)* Abschlussklasse *f* der Oberstufe des Sekundarunterrichts, Abiturklasse

rhéto-roman [ʀetoʀɔmɑ̃] *m* ***le*** ~ Rätoromanisch *nt,* das Rätoromanische; *v. a.* **allemand**

rhéto-roman(e) [ʀetoʀɔmɑ̃, an] <rhéto-romans> *adj* rätoromanisch

Rhin [ʀɛ̃] *m* ***le*** ~ der Rhein

rhinite [ʀinit] *f* Nasenschleimhautentzündung *f*

rhinocéros [ʀinɔseʀɔs] *m* Nashorn *nt*

rhinopharyngite [ʀinofaʀɛ̃ʒit] *f* Entzündung *f* der Nasen- und Rachenschleimhaut

rhizome [ʀizom] *m* Wurzelstock *m*

Rhodes [ʀɔd] ***[l'île de] ~*** [die Insel] Rhodos *nt*

rhododendron [ʀɔdɔdɛ̃dʀɔ̃] *m* Rhododendron *m o nt*
Rhône [ʀon] *m* ***le*** ~ die Rhone
rhubarbe [ʀybaʀb] *f* Rhabarber *m*
rhum [ʀɔm] *m* Rum *m*
rhumatisant(e) [ʀymatizɑ̃, ɑ̃t] **I.** *adj personne* an Rheuma leidend **II.** *m(f)* Rheumatiker(in) *m(f)*
rhumatismal(e) [ʀymatismal, o] <-aux> *adj* rheumatisch
rhumatisme [ʀymatism] *m* Rheumatismus *m*
rhumatologie [ʀymatɔlɔʒi] *f* Rheumatologie *f; (recherche scientifique)* Rheumaforschung *f;* ***clinique de*** ~ Rheumaklinik *f*
rhumatologue [ʀymatɔlɔg] *mf* Rheumatologe *m*/Rheumatologin *f*
rhume [ʀym] *m* ① *(coup de froid)* Erkältung *f;* ***attraper un*** ~ sich erkälten ② *(rhinite)* Schnupfen *m;* ~ ***des foins*** Heuschnupfen *m*
ri [ʀi] *part passé de* **rire**
riais [ʀ(i)jɛ] *imparf de* **rire**
riant(e) [ʀ(i)jɑ̃, jɑ̃t] *part prés de* **rire**
RIB [ʀib] *m abr de* **relevé d'identité bancaire** *Bescheinigung über die Bankverbindung*
ribambelle [ʀibɑ̃bɛl] *f (fam)* ~ ***de touristes*** Horde *f* Touristen *pej;* ~ ***de noms/livres*** Haufen *m* Namen/Bücher *fam;* ~ ***d'enfants*** Schar *f* Kinder
ribote [ʀibɔt] *f (hum fam)* [Trink]gelage *nt* ▸ **faire** ~ einen draufmachen *fam*
ricanement [ʀikanmɑ̃] *m* ① *(rire sarcastique)* Hohngelächter *nt* ② *(rire stupide)* albernes Gekicher *nt*
ricaner [ʀikane] <1> *vi* ① *(avec mépris)* hämisch lachen ② *(bêtement)* albern kichern
ricaneur, -euse [ʀikanœʀ, -øz] **I.** *adj personne* feixend; ***prendre un air*** ~ blöde grinsen; ***fixer qn d'un regard*** ~ jdn blöde grinsend ansehen **II.** *m, f* hämischer Kerl/hämisches Weib
riche [ʀiʃ] **I.** *adj* ① *(opp: pauvre)* reich ② *(nourrissant)* gehaltvoll; ~ ***en calories/vitamines*** kalorien-/vitaminreich **II.** *mf* Reiche(r) *f(m);* ***nouveau*** ~ Neureiche(r) *f(m)*
richement [ʀiʃmɑ̃] *adv* reich; *décoré* prächtig; *vêtu, marié* sehr gut; *meublé* kostbar; *vivre* aufwendig
richesse [ʀiʃɛs] *f* ① *(fortune)* Reichtum *m* ② *pl (ressources)* Reichtümer *Pl; d'un musée* Schätze *Pl* ③ *(bien)* Gut *nt*
richissime [ʀiʃisim] *adj (fam)* steinreich *fam*
ricocher [ʀikɔʃe] <1> *vi* ~ ***sur qc*** *balle:* von etw abprallen; *caillou, pierre:* springen auf etw *dat;* ***faire*** ~ ***qc*** etw springen lassen
ricochet [ʀikɔʃɛ] *m (rebond)* Abprall *m;* ***faire des ~s*** *caillou:* springen; *personne:* Kieselsteine [übers Wasser] springen lassen
rictus [ʀiktys] *m* Grinsen *nt*
ride [ʀid] *f (pli)* Falte *f,* Runzel *f*
ridé(e) [ʀide] *adj personne* voller Falten; *visage* faltig, runzlig
rideau [ʀido] <x> *m* ① *(voile)* Vorhang *m;* ~ ***de douche*** Duschvorhang *m* ② THEAT Vorhang *m* ③ HIST ***le*** ~ ***de fer*** der eiserne Vorhang
ridelle [ʀidɛl] *f d'un camion* Seitenwand *f; d'une charrette* Wagenwand *f*
rider[1] [ʀide] <1> *vpr* ***se*** ~ *front, peau:* faltig werden; *pomme:* verschrumpeln *fam; eau:* sich kräuseln
rider[2] [ʀajde] <1> **I.** *vi* surfen **II.** *vt* ~ ***des vagues*** Wellen reiten
ridicule [ʀidikyl] **I.** *adj personne, vêtement, conduite* lächerlich **II.** *m* Lächerlichkeit *f;* ***le*** ~ ***de cette situation*** das Lächerliche an dieser Situation; ***avoir peur du*** ~ Angst haben sich lächerlich zu machen; ***couvrir qn/se couvrir de*** ~ jdn/sich lächerlich machen; ***tourner qc en*** ~ etw ins Lächerliche ziehen
ridiculement [ʀidikylmɑ̃] *adv* lächerlich
ridiculiser [ʀidikylize] <1> **I.** *vt* lächerlich machen **II.** *vpr* ***se*** ~ sich lächerlich machen
ridule [ʀidyl] *f* Fältchen *nt*
rie [ʀi] *subj prés de* **rire**
rien [ʀjɛ̃] **I.** *pron indéf* ① *(aucune chose)* nichts; ***c'est ça ou*** ~ entweder das oder nichts; ***ça ne vaut*** ~ das ist nichts wert; ~ ***d'autre*** nichts weiter; ~ ***de nouveau/mieux*** nichts Neues/Besseres; ***il n'y a plus*** ~ es ist nichts mehr da ② *(seulement)* ~ ***que la chambre coûte 400 euros*** das Zimmer allein kostet schon 400 Euro; ~ ***que d'y penser*** wenn ich nur daran denke ③ *(quelque chose)* etwas; ***être incapable de*** ~ ***dire*** unfähig sein etwas zu sagen; ***rester sans*** ~ ***faire*** untätig bleiben ▸ **qn en a** ~ **à cirer** *(fam)* das ist jdm piepegal; **ce n'est** ~ es ist nicht schlimm; **comme si de** ~ **n'était** als ob nichts gewesen wäre; **n'être pour** ~ **dans un problème** mit einem Problem nichts zu tun zu haben; **de** ~**!** keine Ursache!, gern geschehen!; **blessure de** ~ **du tout** ganz leichte Verletzung; ~ **du tout** überhaupt nichts; ~ **que ça!** *iron: pas plus)* ist das alles?; *(c'est abuser)* aber sonst geht's dir gut! *fam* **II.** *m* ① *(très peu de chose)* Kleinigkeit *f*

❷ *(un petit peu)* ein wenig; ***un ~ de cognac*** ein Schuss *m* Cognac; ***un ~ trop large/moins fort*** *(fam)* ein wenig zu weit/leiser ▶ **en un ~ de temps** im Nu; **comme un ~** *(fam)* wie nichts

rient [ʀi] *indic prés de* **rire**

riesling [ʀisliŋ] *m* Riesling *m*

rieur, rieuse [ʀ(i)jœʀ, ʀ(i)jøz] **I.** *adj* fröhlich; *yeux* lachend **II.** *m, f* Lacher(in) *m(f)*

riez [ʀ(i)je] *indic prés et impératif de* **rire**

rifle [ʀifl] *m Gewehr mit gezogenem Lauf*

rigide [ʀiʒid] *adj* ❶ *(opp: flexible)* steif; *carton* fest ❷ *(sévère)* unnachgiebig

rigidifier [ʀiʒidifje] <1> *vt* versteifen

rigidité [ʀiʒidite] *f* ❶ *(opp: flexibilité)* Steifheit *f; d'un carton* Festigkeit *f* ❷ ANAT *d'un cadavre, muscle* Starre *f*

rigolade [ʀigɔlad] *f (fam)* Spaß *m* ▶ **c'est de la ~** *(c'est facile)* das ist ein Kinderspiel; *(c'est pour rire)* das ist nur ein Spaß; *(ça ne vaut rien)* das ist ein echter Schwindel; **prendre à la ~** als Spaß auffassen; ***prendre un examen à la ~*** eine Prüfung auf die leichte Schulter nehmen

rigolard(e) [ʀigɔlaʀ, aʀd] *m(f) (fam)* Spaßvogel *m*

rigole [ʀigɔl] *f* Rinne *f;* ***~ d'écoulement*** Ablaufrinne; ***creuser des ~s*** Furchen ziehen

rigoler [ʀigɔle] <1> *vi (fam)* ❶ *(rire)* lachen; ***faire ~ qn*** jdn zum Lachen bringen ❷ *(s'amuser)* Spaß haben ❸ *(plaisanter)* ***~ avec qn/qc*** einen Spaß mit jdm/etw machen; ***pour ~*** zum Spaß; ***je [ne] rigole pas!*** ich mache keine Witze! ▶ **tu me fais ~!** *(iron)* du machst mir vielleicht Spaß!

R

rigolo(te) [ʀigɔlo, ɔt] **I.** *adj (fam: amusant)* lustig; *personne, film* urkomisch **II.** *m(f) (fam: homme amusant)* lustiger Kerl; *(femme amusante)* Ulknudel *f*

rigorisme [ʀigɔʀism] *m* Strenge *f*

rigoriste [ʀigɔʀist] **I.** *adj* streng **II.** *mf* Rigorist(in) *m(f)*

rigoureusement [ʀiguʀøzmɑ̃] *adv* ❶ *(sévèrement)* streng; *punir* hart ❷ *(précisément)* peinlich genau; *appliquer* strikt; *raisonner* logisch ❸ *(absolument) exact* peinlich; *interdit* strengstens; *authentique* hundertprozentig; ***~ vrai*** genau der Wahrheit entsprechend

rigoureux, -euse [ʀiguʀø, -øz] *adj* ❶ *(sévère)* streng; *punition* hart ❷ *(exact, précis)* peinlich genau; *méthode* strikt; *logique* streng; *analyse* gründlich; *raisonnement* stichhaltig; *style* streng und einfach ❸ *antéposé exactitude* peinlich; *interdiction* strikt; *authenticité* hundertprozentig ❹ *climat, froid, hiver* streng; *conditions* hart

rigueur [ʀigœʀ] *f* ❶ *(sévérité)* Strenge *f; d'une punition* Härte *f;* ***appliquer la loi avec ~*** das Gesetz strikt anwenden ❷ *(austérité)* Strenge *f;* ***~ économique*** Sparpolitik *f;* ***~ salariale*** restriktive Lohnpolitik ❸ *(précision)* peinliche Genauigkeit; *d'une analyse* Gründlichkeit *f; d'une logique, méthode* Strenge *f; d'un raisonnement* Stichhaltigkeit *f; d'un style* Strenge *f* und Einfachheit *f* ❹ *(épreuve)* Strenge *f; d'un climat* Rauheit *f; d'une captivité* Härte *f* ▶ **tenir ~ à qn de qc** jdm etw übel nehmen; **à la ~** *(tout au plus)* allenfalls; *(si besoin est)* notfalls; **une tenue correcte est de ~** korrekte Kleidung ist unerlässlich

rillettes [ʀijɛt] *fpl* Schmalzfleisch *nt (meist von Schwein oder Gans)*

rime [ʀim] *f* Reim *m*

rimer [ʀime] <1> *vi* ***~ avec qc*** sich mit etw reimen ▶ **à quoi riment ces excentricités?** wozu diese Extravaganzen?; **ne ~ à rien** keinen Sinn haben [*o* machen]

rimmel® [ʀimɛl] *m* Wimperntusche *f*

rinçage [ʀɛ̃saʒ] *m du linge* Spülen *nt; des assiettes* Abspülen; *d'une tasse, d'un verre* Ausspülen

rince-doigts [ʀɛ̃sdwa] *m inv* ❶ *(bol)* Fingerschale *f* ❷ *(papier)* Reinigungstuch *nt*

rincée [ʀɛ̃se] *f (fam: averse)* Wolkenbruch *m*

rincer [ʀɛ̃se] <2> **I.** *vt* ❶ *(laver)* spülen, abspülen *assiettes;* ausspülen *verres, tasses* ❷ *(fam: doucher)* ***se faire ~*** patschnass werden **II.** *vpr* ***se ~ la bouche*** sich *dat* den Mund ausspülen

rincette [ʀɛ̃sɛt] *f (fam)* Verdauungsschnaps *m fam*

ring [ʀiŋ] *m* SPORT Ring *m*

ringard(e) [ʀɛ̃gaʀ, aʀd] *(fam)* **I.** *adj* altmodisch **II.** *m(f) (personne démodée)* Opi *m/* Omi *f fig*

ringue [ʀɛ̃g] *adj (fam) abr de* **ringard(e)** ziemlich angestaubt

rions [ʀ(i)jɔ̃] *indic prés et impératif de* **rire**

ripailler [ʀipaje] <1> *vi (fam)* schlemmen

ripaton [ʀipatɔ̃] *m (fam)* Fuß *m;* ***rentre tes ~s*** zieh deine Flossen ein *fam*

ripolin® [ʀipɔlɛ̃] *m* Lackfarbe *f*

riposte [ʀipɔst] *f* ❶ schlagfertige Antwort; ***être prompt(e) à la ~*** immer eine Antwort parat haben ❷ SPORT Riposte *f* ❸ MIL Gegenschlag *m*

riposter [ʀipɔste] <1> **I.** *vi* ❶ *(répondre)* kontern ❷ MIL *(contre-attaquer)* zurückschlagen ❸ SPORT ripostieren **II.** *vt (rétorquer)* antworten mit

ripou [ʀipu] <s *o* x> *(fam)* **I.** *adj* korrupt **II.** *m* korrupter Beamter *m*

riquiqui [ʀikiki] *adj inv (fam) chapeau* winzig klein; *portion* mickrig

rire [ʀiʀ] <irr> **I.** *vi* ❶ *(opp: pleurer)* lachen; ***faire ~ qn*** jdn zum Lachen bringen; ***laisse(z)-moi ~!*** *(iron)* dass ich nicht lache! ❷ *(se moquer)* ***~ de qn/qc*** über jdn/etw lachen ❸ *(s'amuser)* Spaß haben ❹ *(plaisanter)* Spaß machen; ***tu veux ~!*** das ist doch nicht dein Ernst! ► **~ dans sa barbe** sich *dat* ins Fäustchen lachen; **sans ~?** echt? *fam* **II.** *m* ❶ *(action de rire)* Lachen *nt* ❷ *(hilarité)* Gelächter *nt;* ***fou ~*** Lachkrampf *m*

ris [ʀi] *indic prés et passé simple de* **rire**

risée [ʀize] *f* ***être la ~ des voisins/du quartier*** das Gespött der Nachbarn/des ganzen Viertels sein

risette [ʀizɛt] *f* ► **faire ~ [*o* des ~s] à qn** *bébé, jeune enfant:* jdm zulächeln, jdn anlachen, jdm um den Bart gehen

risible [ʀizibl] *adj* ❶ *(ridicule)* lachhaft ❷ *(drôle)* komisch

risque [ʀisk] *m* ❶ *(péril)* Risiko *nt;* ***au ~ de déplaire*** auf die Gefahr hin, Missfallen zu erregen; ***courir un ~/des ~s*** ein Risiko/Risiken eingehen ❷ *pl (préjudice possible)* Risiken *Pl;* ***les ~s du métier*** *(fam)* Berufsrisiko *nt* ► **à mes/ses ~s et périls** auf eigenes Risiko

risqué(e) [ʀiske] *adj (hasardeux)* riskant

risquer [ʀiske] <1> *vt* ❶ *(mettre en danger)* aufs Spiel setzen ❷ *(s'exposer à)* ***~ le renvoi/la prison*** Gefahr laufen, entlassen zu werden/ins Gefängnis zu kommen; ***~ la mort*** sich in Lebensgefahr begeben; ***qn ne risque rien*** jdm kann nichts passieren ❸ *(tenter, hasarder)* riskieren; ***~ le coup*** es riskieren; ***~ un coup d'œil*** einen Blick riskieren ► **ça [ne] risque pas!** *(fam)* das ist wohl kaum drin!; **ça ne risque pas de m'arriver** das kann mir nicht passieren

rissoler [ʀisɔle] <1> **I.** *vt* goldbraun backen *beignets;* goldbraun braten *pommes de terre;* ***pommes rissolées*** Bratkartoffeln *Pl* **II.** *vi pommes de terre, beignets:* goldbraun werden

ristourne [ʀistuʀn] *f (sur achat)* Rabatt *m*

rit [ʀi] *indic prés de* **rire**

rital(e) [ʀital] <s> *m(f) (péj fam)* Spaghettifresser *m*

rite [ʀit] *m* ❶ *(coutume)* Ritual *nt* ❷ REL, SOCIOL *(cérémonial)* Ritus *m*

ritournelle [ʀituʀnɛl] *f* Ritornell *nt* ► **c'est toujours la même ~** es ist immer dieselbe Leier *fam*

ritualiser [ʀitɥalize] <1> *vt* ritualisieren; ***être ritualisé(e)*** ritualisiert sein

rituel [ʀitɥɛl] *m* REL, SOCIOL Ritual *nt*

rituel(le) [ʀitɥɛl] *adj (coutumier)* gewohnheitsmäßig; REL, SOCIOL rituell

rituellement [ʀitɥɛlmɑ̃] *adv* ❶ *(invariablement)* wie gewohnt ❷ REL nach dem Ritus

rivage [ʀivaʒ] *m* Küste *f*

rival(e) [ʀival, -o] <-aux> **I.** *adj* rivalisierend **II.** *m(f)* ❶ *(concurrent)* Rivale *m*/Rivalin *f* ❷ *(autre prétendant)* Nebenbuhler(in) *m(f)*

rivaliser [ʀivalize] <1> *vi* ❶ *(soutenir la comparaison)* ***~ avec qn*** sich mit jdm messen; ***~ avec qc*** sich mit etw messen können ❷ *(se disputer la palme)* ***~ d'élégance*** miteinander um Eleganz wetteifern

rivalité [ʀivalite] *f* Rivalität *f; (commerciale, économique)* Konkurrenz *f*

rive [ʀiv] *f* Ufer *nt;* ***~ droite/gauche*** rechtes/linkes Ufer

river [ʀive] <1> *vt* ❶ TECH umschlagen *clou, pointe;* einziehen *rivet;* nieten *chaîne, plaque* ❷ *(clouer)* ***~ qn*** *travail, occupations:* jdn fest halten; *fièvre, maladie:* jdn fesseln

riverain(e) [ʀiv(ə)ʀɛ̃, ɛn] **I.** *adj* am Ufer gelegen **II.** *m(f) (voisin)* Anwohner(in) *m(f)*

rivet [ʀivɛ] *m* Niet[e *f*] *m*

riveter [ʀiv(ə)te] <3> *vt* [ver]nieten

Riviera [ʀivjɛʀa] *f* ***la ~*** die Riviera

rivière [ʀivjɛʀ] *f (cours d'eau)* Fluss *m*

> **Grammatik und Co.**
> Das Wort **rivière** bezeichnet immer einen Fluss, der in einen anderen mündet, also einen Nebenfluss.

rixe [ʀiks] *f* Rauferei *f*

riz [ʀi] *m* Reis *m;* ***~ au curry*** Curryreis; ***~ au lait*** Milchreis; ***~ complet*** Vollkornreis; ***~ long*** Langkornreis

rizière [ʀizjɛʀ] *f* Reisfeld *nt*

R.M.A. [ɛʀɛmɑ] *m abr de* **revenu minimum d'activité** ≈ gesetzlich vorgeschriebener Mindestlohn

R.M.I. [ɛʀɛmi] *m abr de* **revenu minimum d'insertion** *Übergangsgeld zur Eingliederung in das Berufsleben, entspricht etwa dem Hartz-IV-Satz*

R.M.N. [ɛʀɛmɛn] *abr de* **résonance magnétique nucléaire** Kernspintomografie *f*

RN [ɛʀɛn] *f abr de* **route nationale** ≈ Bundesstraße *f*

RNIS [ɛʀɛniɛs] *m abr de* **réseau de numérique à intégration de service** ≈ ISDN *nt*

R.O. [ɛʀo] *m abr de* **régime ordinaire** Frachtgut *nt*

road-movie, road movie [ʀodmuvi] <road-movies *o* road movies> *m* Roadmovie *nt*

roast-beef [ʀostbif] *m v.* **rosbif**

robe [ʀɔb] *f (vêtement féminin)* Kleid *nt;* ~ ***de plage/du soir*** Strand-/Abendkleid; ***se mettre en*** ~ ein Kleid anziehen

robe de chambre [ʀɔb də ʃɑ̃bʀ] *f* Morgenrock *m*

robinet [ʀɔbinɛ] *m* Hahn *m;* ~ ***d'eau/du gaz*** Wasser-/Gashahn

robinetterie [ʀɔbinɛtʀi] *f* ① *(matériel)* Armaturen *Pl* ② *(usine)* Armaturenfabrik *f*

robot [ʀɔbo] *m* ① *(machine automatique)* Roboter *m* ② *(appareil ménager)* Küchenmaschine *f*

robotique [ʀɔbɔtik] *f* Robotertechnik *f*

robotisation [ʀɔbɔtizasjɔ̃] *f (a. fig)* Automatisierung *f*

robotisé(e) [ʀɔbɔtize] *adj* ① *(équipé de robots) atelier, usine* vollautomatisiert ② *(transformé en robot) homme, société* roboterhaft

robotiser [ʀɔbɔtize] <1> *vt* automatisieren, zum Roboter machen *personne*

robuste [ʀɔbyst] *adj* robust; *personne, plante* widerstandsfähig; *appétit* gesund; *foi* unerschütterlich

robustesse [ʀɔbystɛs] *f* Robustheit *f; d'une personne, plante* Widerstandsfähigkeit *f*

roc [ʀɔk] *m* ① *(pierre)* Fels *m* ② *(personne)* Fels *m* in der Brandung ▶ **des convictions <u>dures</u> comme un** ~ unerschütterliche Überzeugungen; **<u>solide</u> comme un** ~ kerngesund

> **Falsche Freunde**
> Nicht verwechseln mit *der Rock – la jupe*!

rocade [ʀɔkad] *f* Umgehungsstraße *f*

rocaille [ʀɔkɑj] **I.** *adj* ***style*** ~ Rokokostil *m* **II.** *f* ① *(cailloux)* Schotter *m* ② ART Muschelwerk *nt* ③ *(style de jardin)* Steingarten *m*

rocailleux, -euse [ʀɔkɑjø, -jøz] *adj* ① *(pierreux)* steinig ② *(sans grâce) style* holp[e]rig ③ *(rauque) accent* hart; *voix* rau

rocambolesque [ʀɔkɑ̃bɔlɛsk] *adj* unglaublich

roche [ʀɔʃ] *f* GEOL Gestein *nt*

rocher [ʀɔʃe] *m* Felsen *m*

Rocheuses [ʀɔʃøz] *f pl* ***les*** ~ die Rocky Mountains

rocheux, -euse [ʀɔʃø, -øz] *adj* felsig

rock [ʀɔk] *adj* ***concert de*** ~ Rockkonzert *nt*

rock[-and-roll] [ʀɔkɛnʀɔl] *m inv* Rock [and Roll] *m*

rock-and-roll [ʀɔkɛnʀɔl] *m* Rock and Roll *m*

rocker, -euse [ʀɔkœʀ, -øz] *m, f* ① *(musicien)* Rockmusiker(in) *m(f)* ② *(fam: jeune)* Rocker *m*/Rockerbraut *f*

rocking-chair [ʀɔkiŋ(t)ʃɛʀ] <rocking--chairs> *m* Schaukelstuhl *m*

rococo [ʀɔkɔko] **I.** *adj* ① ART ***style*** ~ Rokokostil *m* ② *(péj)* altmodisch **II.** *m* Rokoko *nt*

rodage [ʀɔdaʒ] *m* ① *(adaptation)* Anlaufzeit *f; d'un employé* Einarbeitung *f* ② AUT Einfahren *nt*

rodéo [ʀɔdeo] *m* ① *(des cow-boys)* Rodeo *m o nt* ② *(avec moto, voiture)* wilde Verfolgungsjagd *f*

roder [ʀɔde] <1> *vt* ① AUT, TECH einfahren *moteur, voiture;* einschleifen *cames, soupapes;* einrollen *engrenages* ② *(mettre au point)* einstudieren *revue, spectacle;* ausarbeiten *méthode, scénario;* ***cette actrice est bien rodée*** diese Künstlerin ist gut eingearbeitet

rôder [ʀode] <1> *vi (errer de façon suspecte)* ~ ***dans les parages*** sich in der Gegend herumtreiben; *(errer au hasard)* ~ ***dans les parages*** in der Gegend herumlungern

rôdeur, -euse [ʀodœʀ, -øz] *m, f* Herumtreiber(in) *m(f)*

rodomontade [ʀɔdɔmɔ̃tad] *f* Prahlerei *f*

rogatoire [ʀɔgatwaʀ] *adj* ***commission*** ~ Rechtshilfeersuchen *nt*

rogaton [ʀɔgatɔ̃] *m souvent pl (fam)* [Essens]reste pl

rogne [ʀɔɲ] *f (fam)* Stinkwut *f* ▶ **se mettre <u>en</u> ~ contre qn** *(fam)* eine Stinkwut auf jdn kriegen

rogner [ʀɔɲe] <1> **I.** *vt* ① *(couper)* schneiden *ongles;* stutzen *griffes, ailes;* beschneiden *page, pièce, plaque* ② *(mordre sur)* kürzen *salaire, argent de poche;* nagen an +*dat revenus* **II.** *vi* ~ ***sur qc*** an etw *dat* sparen

rognon [ʀɔɲɔ̃] *m* GASTR Niere *f*

rognure [ʀɔɲyʀ] *f* ~ ***de papier*** Papierschnipsel *Pl;* ~ ***de carton/cuir/viande*** Karton-/Leder-/Fleischabfälle *Pl;* ~ ***de***

métal Metallspäne *Pl;* ***~s d'ongles*** abgeschnittene Fingernägel *Pl*

rogue [ʀɔg] *adj (hargneux)* überheblich; ***d'un ton*** ~ in einem schroffen Ton; ***d'une voix*** ~ mit barscher Stimme

roi [ʀwa] *m* ❶ *(souverain, a. dans les jeux)* König *m* ❷ *(premier)* ~ ***du pétrole*** Erdölmagnat *m;* ***le ~ des imbéciles*** ein absoluter Dummkopf *fam* ▶ **galette** [*o* **gâteau** MIDI] **des Rois** Dreikönigskuchen *m;* **heureux comme un** ~ überglücklich; **les Rois mages** die Heiligen Drei Könige; **être plus royaliste que le** ~ päpstlicher als der Papst sein; **se saper comme un** ~ *(fam)* sich mächtig in Schale werfen

Rois mages [ʀwa maʒ] *mpl* REL ***les*** ~ die Heiligen Drei Könige

Roi-Soleil [sɔlɛj] *m inv* ***le*** ~ der Sonnenkönig

rôle [ʀol] *m* ❶ THEAT, CINE Rolle *f;* ***le premier*** ~ die Hauptrolle; ~ ***de composition/de figurant*** Charakter-/Nebenrolle *f* ❷ *(fonction)* Rolle *f* ▶ **avoir le beau** ~ gut dastehen

roller [ʀɔlœʀ] *m [**paire de**]* ***~s*** Rollerblades *Pl,* Inlineskates *Pl;* ***faire du*** ~ inlineskaten

roller, -euse [ʀɔlœʀ, -øz] *m, f* Inlineskater(in) *m(f)*

rollmops [ʀɔlmɔps] *m* Rollmops *m*

rom [ʀɔm] *adj inv* der Roma *gen*

Rom [ʀɔm] *mpl* ***les*** ~ die Roma

ROM [ʀɔm] *f inv abr de* **Read Only Memory** ROM *nt*

romain(e) [ʀɔmɛ̃, ɛn] *adj a.* TYP römisch

Romain(e) [ʀɔmɛ̃, ɛn] *m(f)* Römer(in) *m(f)*

roman [ʀɔmɑ̃] *m* ❶ LITTER Roman *m;* ~ ***épistolaire/policier*** Brief-/Kriminalroman ❷ ARCHIT, ART Romanik *f*

roman(e) [ʀɔmɑ̃, an] *adj* ARCHIT, ART romanisch

romance [ʀɔmɑ̃s] *f* ❶ MUS Romanze *f* ❷ *(chanson sentimentale)* Liebeslied *nt*

romanche [ʀɔmɑ̃ʃ] **I.** *adj* ***langue*** ~ Romantsch *nt* **II.** *m* Romantsch *nt; v. a.* **allemand**

romancier, -ière [ʀɔmɑ̃sje, -jɛʀ] *m, f* Romanschriftsteller(in) *m(f)*

roman-culte [ʀɔmɑ̃kylt] <romans-culte> *m* Kultroman *m*

romand(e) [ʀɔmɑ̃, ɑ̃d] *adj* ***la Suisse ~e*** die französische Schweiz

Romand(e) [ʀɔmɑ̃, ɑ̃d] *m(f)* Bewohner(in) *m(f)* der französischen Schweiz, Welschschweizer(in) *m(f)* CH

romanesque [ʀɔmanɛsk] *m* ***le*** ~ das Romantische; ***se réfugier dans le*** ~ sich in eine Scheinwelt flüchten

roman-feuilleton [ʀɔmɑ̃fœjtɔ̃] <romans-feuilletons> *m* ❶ LITTER Fortsetzungsroman *m* ❷ *(histoire à rebondissements)* Geschichte *f* mit Fortsetzung

romanichel(le) [ʀɔmaniʃɛl] *m(f) (péj)* Zigeuner(in) *m(f) pej*

romaniste [ʀɔmanist] *mf* Romanist(in) *m(f)*

roman-photo [ʀɔmɑ̃fɔto] <romans-photos> *m* Fotoroman *m*

romantique [ʀɔmɑ̃tik] **I.** *adj* romantisch **II.** *mf* Romantiker *m*

Falsche Freunde
Nicht verwechseln mit *die Romantik – le romantisme*!

romantisme [ʀɔmɑ̃tism] *m* Romantik *f*

romarin [ʀɔmaʀɛ̃] *m* Rosmarin *m*

Rome [ʀɔm] Rom *nt*

rompre [ʀɔ̃pʀ] <irr> **I.** *vt (interrompre)* lösen *fiançailles;* abbrechen *pourparlers, relations* **II.** *vi (se séparer)* ~ ***avec qn*** mit jdm Schluss machen *fam;* ~ ***avec une tradition*** mit einer Tradition brechen

rompu(e) [ʀɔ̃py] **I.** *part passé de* **rompre** **II.** *adj* ❶ *(cassé) liens* abgebrochen ❷ *(fig: annulé) fiançailles* aufgelöst; *(exténué) personne* gerädert

romsteak, romsteck [ʀɔmstɛk] *m* Rumpsteak *nt,* Hüferl *nt* A

ronce [ʀɔ̃s] *f* ❶ *pl (épineux)* Dornenranken *Pl* ❷ BOT Brombeerstrauch *m* ❸ *(bois veiné)* Maserung *f*

ronchon(ne) [ʀɔ̃ʃɔ̃, ɔn] **I.** *adj (fam)* miesepet[e]rig **II.** *m(f) (fam: homme)* Meckerfritze *m; (femme)* Meckerliese *f*

ronchonnement [ʀɔ̃ʃɔnmɑ̃] *m (fam)* Gemeckere *nt fam*

ronchonner [ʀɔ̃ʃɔne] <1> *vi* ~ ***après qn/qc*** über jdn/etw meckern *fam*

ronchonneur, -euse [ʀɔ̃ʃɔnœʀ, -øz] *(fam)* **I.** *adj* nörglerisch **II.** *m, f* Meckerfritze *m/* Meckerliese *f fam*

rond [ʀɔ̃] **I.** *m* ❶ *(cercle)* Kreis *m* ❷ *(trace ronde)* Ring *m;* ***~s de fumée*** Rauchringe *Pl;* ~ ***de serviette*** Serviettenring *m* ❸ *(fam: argent)* ***n'avoir pas un*** ~ keine Knete haben **II.** *adv* ***avaler qc tout*** ~ etw unzerkaut herunterschlucken; ***ne pas tourner*** ~ *(fam) personne:* spinnen

rond(e) [ʀɔ̃, ʀɔ̃d] *adj* ❶ *(circulaire, net)* rund ❷ *(rebondi)* dick; *personne* rundlich ❸ *(fam: ivre)* blau

R

ronde [ʀɔ̃d] *f* ❶ *(tour de surveillance)* Runde *f;* ~ ***de police*** Polizeistreife *f* ❷ *(danse)* Rundtanz *m* ▶ **à la** ~ *(aux alentours)* im Umkreis

rondelet(te) [ʀɔ̃dlɛ, ɛt] *adj* ❶ *(rondouillard)* mollig ❷ *(coquet)* ansehnlich

rondelle [ʀɔ̃dɛl] *f* GASTR Scheibe *f;* ~ ***de carotte/pommes de terre*** Möhren-/Kartoffelscheibe; ***concombre coupé en ~s*** in Scheiben geschnittene Gurke

rondement [ʀɔ̃dmɑ̃] *adv* ❶ *(tambour battant)* zügig ❷ *(franchement)* ohne Umschweife

rondeur [ʀɔ̃dœʀ] *f (forme ronde)* Rundung *f*

rondin [ʀɔ̃dɛ̃] *m* ❶ *(de chauffage)* Brennholz *nt* ❷ *(de construction)* Rundholz *nt;* ***des ~s de sapin*** Tannenrundhölzer *Pl;* ***cabane en ~s*** Blockhütte *f*

rondouillard(e) [ʀɔ̃dujaʀ, aʀd] *adj (fam: grassouillet)* pummelig

rond-point [ʀɔ̃pwɛ̃] <ronds-points> *m* Kreisverkehr *m*

ronflant(e) [ʀɔ̃flɑ̃, ɑ̃t] *adj (péj: emphatique)* hochtrabend; *promesse* großartig

ronflement [ʀɔ̃fləmɑ̃] *m* ❶ *(respiration)* Schnarchen *nt* ❷ *(grondement) d'un avion* Brummen *nt; d'un orgue* Dröhnen *nt; d'un poêle* Bullern *nt*

ronfler [ʀɔ̃fle] <1> *vi* ❶ *(respirer) personne:* schnarchen ❷ *(fam: dormir)* pennen

ronger [ʀɔ̃ʒe] <2a> **I.** *vt* ❶ *(grignoter)* nagen an +*dat* ❷ *(miner)* aufreiben, zermürben; ***être rongé par la maladie*** von der Krankheit aufgefressen werden; ***être rongé de remords*** von Gewissensbissen geplagt werden **II.** *vpr* ❶ *(se grignoter)* ***se ~ les ongles*** an den Nägeln kauen ❷ *(se tourmenter)* ***se ~ d'inquiétude*** sich vor Sorge *dat* verzehren

rongeur [ʀɔ̃ʒœʀ] *m* Nagetier *nt*

ronron [ʀɔ̃ʀɔ̃] *m* ❶ *du chat* Schnurren *nt; d'une machine, d'un moteur (fam)* Surren *nt* ❷ *(fam: monotonie)* ~ ***de la vie quotidienne*** Alltagstrott *m*

ronronnement [ʀɔ̃ʀɔnmɑ̃] *m du chat* Schnurren *nt; d'un moteur* Surren *nt*

ronronner [ʀɔ̃ʀɔne] <1> *vi chat:* schnurren; ***qn ronronne de satisfaction*** jd grunzt vor Zufriedenheit

roquefort [ʀɔkfɔʀ] *m* Roquefort *m*

roquet [ʀɔkɛ] *m* ❶ *(chien)* Kläffer *m fam* ❷ *(personne)* Kläffer *m fam*

roquette [ʀɔkɛt] *f* ❶ MIL Raketengeschoss *nt,* Rakete *f;* ~ ***antichar*** Panzerfaust *f* ❷ BOT ~ ***sauvage*** Rucola *f* ❸ *(salade)* Rucola *m*

rosace [ʀozas] *f* Rosette *f*

rosaire [ʀozɛʀ] *m* Rosenkranz *m*

rosâtre [ʀozɑtʀ] *adj* schmutzigrosa

rosbif [ʀɔzbif] *m* GASTR Roastbeef *nt,* Beiried *f* A

rose[1] [ʀoz] *f* BOT Rose *f* ▶ **frais comme une ~** frisch wie der junge Morgen; **envoyer qn sur les ~s** *(fam)* jdn abblitzen lassen

rose[2] [ʀoz] **I.** *adj* ❶ *(rouge pâle)* rosa; *joue, teint* rosig ❷ *messagerie* Erotik-; ***téléphone ~*** Telefonsex *m* **II.** *m* Rosa *nt;* ~ ***saumon*** lachsfarbener Ton; ~ ***bonbon*** Babyrosa ▶ **voir la vie/tout en ~** das Leben/alles durch die rosarote Brille sehen

rosé [ʀoze] *m (vin)* Rosé[wein *m*] *m*

rosé(e) [ʀoze] *adj* rosé

roseau [ʀozo] <x> *m* Schilf[rohr *nt*] *nt;* ***être souple comme un ~*** sehr gelenkig sein

rosée [ʀoze] *f* Tau *m*

roseraie [ʀozʀɛ] *f* Rosengarten *m*

rosier [ʀozje] *m* Rosenstrauch *m,* Rosenstock *m*

rosir [ʀoziʀ] <8> *vi* erröten; *joues, ciel:* sich röten

rossard(e) [ʀɔsaʀ, aʀd] **I.** *adj personne* gemein **II.** *m(f)* ❶ *(homme)* gemeiner Kerl ❷ *(femme)* Biest *nt fam*

rosse [ʀɔs] **I.** *adj* ❶ *(mordant) chansonnier* scharfzüngig; *critique* scharf; *satire* beißend ❷ *(méchant) personne* gemein ❸ *(sévère)* streng **II.** *f (fam)* ❶ *(personne)* ***quelle vieille ~!*** so ein Biest! *fam* ❷ *(vieilli: cheval)* Schindmähre *f*

rosser [ʀɔse] <1> *vt* ❶ ~ ***qn*** jdm eine Tracht Prügel verpassen; ***se faire ~ par qn*** eine Tracht Prügel von jdm bekommen ❷ SPORT ***se faire ~ par qn*** von jdm haushoch geschlagen werden

rosserie [ʀɔsʀi] *f* ❶ *sans pl (caractère) d'un chansonnier* Scharfzüngigkeit *f; d'un critique* Schärfe *f; d'une caricature, d'un patron* Gemeinheit *f* ❷ *(acte, parole)* Gemeinheit *f*

rossignol [ʀɔsiɲɔl] *m* ❶ ORN Nachtigall *f* ❷ COM *(fam)* Ladenhüter *m* ❸ *(passe-partout)* Dietrich *m*

rot [ʀo] *m (renvoi)* Aufstoßen *nt,* Rülpser *m fam*

rôt [ʀo] *m (littér)* Braten *m*

rotatif, -ive [ʀɔtatif, -iv] *adj* Dreh-, Rotations-

rotation [ʀɔtasjɔ̃] *f* ❶ *(mouvement)* Drehung *f,* Rotation *f* ❷ *(série périodique* *d'opérations)* ~ ***du capital/des stocks*** Kapital-/Lagerumschlag *m;* ~ ***du personnel*** Personalwechsel *m*

rotatoire [ʀɔtatwaʀ] *adj* Dreh-, Rotations-

roter [ʀɔte] <1> *vi (fam)* rülpsen

rôti [ʀoti] *m* Braten *m;* ~ ***de bœuf/porc/veau*** Rinder-/Schweine-/Kalbsbraten

rotin [ʀɔtɛ̃] *m* Rattan *nt,* Peddigrohr *nt*

rôtir [ʀotiʀ, ʀɔtiʀ] <8> **I.** *vt* ❶ GASTR braten ❷ *(fam: brûler) soleil:* verbrennen **II.** *vi* ❶ GASTR garen; ***faire*** ~ ***qc*** etw braten ❷ *(fam: être exposé au soleil)* [in der Sonne] braten **III.** *vpr (fam)* ***se [faire]*** ~ in der Sonne braten

rôtisserie [ʀɔtisʀi] *f* ❶ *(magasin)* Grillmetzgerei *f* ❷ *(restaurant)* Grillrestaurant *nt*

rotondité [ʀɔtɔ̃dite] *f* ❶ *(littér: sphéricité) de la Terre* Rundheit *f,* runde Form ❷ *(fam: embonpoint)* Beleibtheit *f,* Körperfülle *f*

rotor [ʀɔtɔʀ] *m* Rotor *m*

rotule [ʀɔtyl] *f* ANAT Kniescheibe *f* ► **être sur les ~s** *(fam)* fix und fertig sein

roturier, -ière [ʀɔtyʀje, -jɛʀ] **I.** *adj* HIST bürgerlich **II.** *m, f* HIST Bürgerliche(r) *f(m)*

rouage [ʀwaʒ] *m* ❶ *(élément constituant)* Maschinerie *f* ❷ TECH Zahnrad *nt*

roublard(e) [ʀublaʀ, aʀd] *(fam)* **I.** *adj* durchtrieben, verschlagen **II.** *m(f)* ❶ *(homme)* durchtriebener Bursche *fam* ❷ *(femme)* gerissenes Luder *fam*

roublardise [ʀublaʀdiz] *f* Durchtriebenheit *f,* Verschlagenheit *f*

rouble [ʀubl] *m* Rubel *m*

roucouler [ʀukule] <1> **I.** *vi* ❶ ZOOL gurren ❷ *(hum: tenir des propos tendres)* turteln **II.** *vt (hum)* säuseln

roue [ʀu] *f* ❶ *(partie d'un véhicule)* Rad *nt;* ~ ***arrière/avant*** Hinter-/Vorderrad; ~ ***de secours*** AUT Reserverad, Ersatzrad ❷ TECH Rad *nt;* ***la*** ~ ***du moulin*** das Mühlrad ❸ *(supplice)* Rädern *nt* ► **la cinquième ~ du carrosse** das fünfte Rad am Wagen

roué(e) [ʀwe] *adj (rusé)* verschlagen, durchtrieben

rouelle [ʀwɛl] *f* Beinscheibe *f*

rouerie [ʀuʀi] *f* ❶ *(caractère)* List *f kein Pl* ❷ *(acte)* Trick *m*

rouet [ʀwɛ] *m* TEXTIL Spinnrad *nt*

rouge [ʀuʒ] **I.** *adj* ❶ *(de couleur rouge)* rot; *poisson* Gold-; *vin* Rot- ❷ *(congestionné)* rot; ~ ***de colère*** rot vor Wut *dat;* ~ ***comme une écrevisse*** krebsrot ❸ *(incandescent)* rot glühend; ***la braise est encore*** ~ die Glut glimmt noch ❹ POL rot ❺ *(délicat)* ***journée classée*** ~ ***pour le trafic routier*** Tag *m* mit hohem Verkehrsaufkommen **II.** *m* ❶ *(couleur)* Rot *nt;* ***le feu est au*** ~ die Ampel ist rot ❷ *(fam: vin)* Rote(r) *m;* ***un verre de*** ~ ein Glas Rotwein; ***gros*** ~ *(fam)* einfacher Rotwein ❸ *(fard)* Rouge *nt;* ~ ***à lèvres*** Lippenstift *m;* ***se mettre du*** ~ Rouge auflegen **III.** *adv* ► **se fâcher tout** ~ rot vor Zorn werden; **voir** ~ rot sehen

rougeâtre [ʀuʒɑtʀ] *adj* rötlich; ***brun*** ~ rotbraun

rougeaud(e) [ʀuʒo, od] *m(f)* ***un gros*** ~ ein rotgesichtiger Dicker *fam*

rouge-gorge [ʀuʒgɔʀʒ] <rouges-gorges> *m* Rotkehlchen *nt*

rougeoiement [ʀuʒwamɑ̃] *m d'un incendie* roter Schein; ***le*** ~ ***du ciel au couchant*** das Abendrot

rougeole [ʀuʒɔl] *f* Masern *Pl*

rougeoyant(e) [ʀuʒwajɑ̃, jɑ̃t] *adj cendres* glimmend; *reflet* rötlich

rougeoyer [ʀuʒwaje] <6> *vi soleil couchant:* rot glühen; *ciel:* sich rot färben

rouget [ʀuʒɛ] *m (poisson)* Rotbarbe *f*

rougeur [ʀuʒœʀ] *f* ❶ *(carnation rouge)* Röte *f* ❷ *(tache)* roter Fleck *m*

rougi(e) [ʀuʒi] **I.** *part passé de* **rougir** **II.** *adj yeux* gerötet

rougir [ʀuʒiʀ] <8> *vi* ❶ *(exprimer une émotion) personne:* rot werden, erröten; ~ ***de colère/confusion/plaisir*** vor Wut/Verwirrung/Freude rot werden ❷ *(avoir honte)* ~ ***de qn*** sich für jdn schämen; ***faire*** ~ ***qn*** jdm die Röte in die Wangen treiben ❸ *(devenir rouge)* rot werden; *métal:* glühend rot werden

rougissant(e) [ʀuʒisɑ̃, ɑ̃t] *adj personne, visage* errötend; *feuilles, ciel* sich rot färbend

rougissement [ʀuʒismɑ̃] *m* Erröten *nt*

rouille [ʀuj] **I.** *f (corrosion)* Rost *m* **II.** *adj inv* rostbraun

rouillé(e) [ʀuje] *adj* ❶ *(couvert de rouille)* rostig, verrostet ❷ *(sclérosé)* eingerostet; *muscles* steif

rouiller [ʀuje] <1> *vi (se couvrir de rouille)* [ver]rosten

roulade [ʀulad] *f* ❶ *(roulé-boulé)* Purzelbaum *m;* SPORT Rolle *f* ❷ GASTR Roulade *f*

roulant(e) [ʀulɑ̃, ɑ̃t] *adj* ❶ *(sur roues)* ***fauteuil*** ~ Rollstuhl *m* ❷ CHEMDFER *personnel* fahrend ❸ *(mobile)* Roll-; ***escalier*** ~ Rolltreppe *f;* ***tapis*** ~ Förderband *nt*

roulé(e) [ʀule] *adj* ***col*** ~ Rollkragen *m* ► **bien** ~ *(fam)* gut gebaut

rouleau [ʀulo] <x> *m* ❶ *(bigoudi)* Lockenwickler *m* ❷ *(bande enroulée)* Rolle *f* ❸ *a.*

R

TECH *(objet cylindrique)* Rolle *f;* ~ *[de peintre]* Farbroller *m;* ~ ***à pâtisserie*** Nudelholz *nt* ❹ *(vague)* Welle *f*
roulement [ʀulmɑ̃] *m* ❶ *du tonnerre* Grollen *nt; du train* Rattern *nt* ❷ *(mouvement) des yeux* Rollen *nt* ❸ *(alternance)* [Schicht]wechsel *m;* ***par*** ~ im Turnus ❹ *des capitaux, fonds* Umlauf *m* ❺ *(circulation)* ~ ***des voitures*** Autoverkehr *m*
rouler [ʀule] <1> **I.** *vt* ❶ *(faire avancer)* rollen, fahren *brouette, poussette* ❷ *(enrouler)* aufrollen, zusammenrollen *parapluie, crêpe;* drehen *cigarette* ❸ *(enrouler, enrober)* ~ ***qc dans la farine*** etw in Mehl *dat* wälzen ❹ *(fam: tromper)* übers Ohr hauen; ***se faire*** ~ ***par qn*** von jdm übers Ohr gehauen werden ❺ *(faire tourner une partie du corps)* kreisen mit *épaules;* rollen mit *yeux;* sich wiegen in +*dat hanches* **II.** *vi* ❶ *(se déplacer sur roues) véhicule, objet:* fahren, rollen; ~ ***peu/vite/en 2 CV*** wenig/schnell/mit einer Ente fahren ❷ *(tourner sur soi)* rollen; ~ ***sous la table*** *personne:* unterm Tisch landen ▶ **ça roule** *(fam)* alles paletti; **allez roulez!** *(fam)* auf geht's! **III.** *vpr (se vautrer)* ***se*** ~ ***par terre/dans l'herbe*** sich auf dem Boden/im Gras rollen; ***c'est vraiment à se*** ~ ***par terre*** es ist wirklich zum Totlachen *fam*
roulette [ʀulɛt] *f* ❶ *(petite roue)* Rolle *f,* Rädchen *nt;* ***patins à*** ~***s*** Rollschuhe *Pl* ❷ *(jeu)* Roulett(e) *nt;* ~ ***russe*** russisches Roulett(e) ▶ **marcher comme sur des** ~**s** *(fam)* wie geschmiert laufen
roulis [ʀuli] *m* Schlingern *nt*
roulotte [ʀulɔt] *f* Wohnwagen *m*
roulure [ʀulyʀ] *f (vulg)* Nutte *f fam*
roumain [ʀumɛ̃] *m* Rumänisch *nt; v. a.* **allemand**
roumain(e) [ʀumɛ̃, ɛn] *adj* rumänisch
Roumain(e) [ʀumɛ̃, ɛn] *m(f)* Rumäne *m/* Rumänin *f*
Roumanie [ʀumani] *f* ***la*** ~ Rumänien *nt*
round [ʀaund, ʀund] *m* SPORT *(a. fig)* Runde *f*
roupettes [ʀupɛt] *fpl (fam)* Eier *Pl vulg*
roupie [ʀupi] *f* FIN Rupie *f*
roupiller [ʀupije] <1> *vi (fam)* pennen, pofen
roupillon [ʀupijɔ̃] *m (fam)* Nickerchen *nt;* ***piquer un*** ~ ein Nickerchen machen
rouquin(e) [ʀukɛ̃, in] **I.** *adj personne* rothaarig; *cheveux* rot **II.** *m(f)* Rothaarige(r) *f(m)*
rouspéter [ʀuspete] <4> *vi (fam)* ~ ***contre qn/qc*** an jdm/etw [herum]meckern; ***se faire*** ~ ausgeschimpft werden
rousse [ʀus] *v.* **roux**
roussi [ʀusi] *m* ▶ **sentir le** ~ *(sentir le brûlé)* angebrannt riechen; *(être suspect)* nicht [ganz] koscher sein *fam*
roussir [ʀusiʀ] <8> **I.** *vi* GASTR ***faire*** ~ anbraten **II.** *vt (brûler)* ansengen
routage [ʀutaʒ] *m d'imprimés* Sortierung *f*
routard(e) [ʀutaʀ, aʀd] *m(f)* Rucksacktourist(in) *m(f)*
route [ʀut] *f* ❶ *(voie)* Straße *f;* ***la*** ~ ***de Paris*** die Straße nach Paris; ~ ***nationale/départementale*** ≈ Bundes-/Landstraße; ~ ***secondaire*** Nebenstraße ❷ *(voyage)* Fahrt *f;* ***trois heures de*** ~ drei Stunden Fahrzeit; ***être en*** ~ ***pour Paris*** nach Paris unterwegs sein, auf dem Weg nach Paris sein; ***bonne*** ~***!*** gute Fahrt! ❸ *(itinéraire, chemin)* Weg *m;* NAUT, AVIAT Route *f; (marche à suivre)* ***feuille de*** ~ MIL, POL Marschplan *m;* ***demander sa*** ~ nach dem Weg fragen; ***être sur la bonne*** ~ auf dem richtigen Weg sein ▶ **faire fausse** ~ vom Weg abkommen; *(se tromper)* auf dem Holzweg sein; **faire de la** ~ viel herumreisen; **mettre qc en** ~ etw in Gang setzen; **en** ~**!** auf geht's! *fam*

Grammatik und Co.
Mit **route** wird eine Straße bezeichnet, die Ortschaften miteinander verbindet.

routeur [ʀutœʀ] *m* INFORM Router *m*
routier, -ière [ʀutje, -jɛʀ] **I.** *adj (relatif à la route)* Straßen-; ***prévention routière*** Verkehrserziehung *f* **II.** *m, f (camionneur)* Fernfahrer(in) *m(f)*
routière [ʀutjɛʀ] *f* ❶ *(camionneur)* Fernfahrerin *f* ❷ *(cycliste)* Straßenfahrerin *f* ❸ AUT Langstreckenfahrzeug *nt*
routine [ʀutin] *f* ❶ *(habitude)* Routine *f;* ***contrôle/visite de*** ~ Routineuntersuchung *f/*-besuch *m* ❷ INFORM Routineprogramm *nt*
routinier, -ière [ʀutinje, -jɛʀ] *adj* Routine-; *méthodes* gängig; *vie* eintönig; *personne* Gewohnheits-
rouvrir [ʀuvʀiʀ] <11> **I.** *vt* wieder aufmachen, wieder aufreißen *blessure, plaie;* wieder in Gang setzen *débat* **II.** *vi* wieder aufmachen **III.** *vpr* ***se*** ~ *porte:* wieder aufgehen; *blessure, plaie:* wieder aufplatzen; *débat:* wieder in Gang kommen
roux [ʀu] *m* ❶ *(couleur)* Rot *nt* ❷ GASTR Mehlschwitze, Einbrenn *f* A, Einbrenne *f* SDEUTSCH
roux, rousse [ʀu, ʀus] **I.** *adj personne* rot-

R

haarig; *barbe, cheveux, feuillage* rot; *pelage, robe de cheval* rotbraun *f* **II.** *m, f (personne)* Rothaarige(r) *f(m)*

royal(e) [ʀwajal, o] <-aux> *adj* ❶ *(propre à un roi)* königlich ❷ *(digne d'un roi)* fürstlich ❸ *(magnifique, parfait) indifférence* absolut; *paix* himmlisch

royalement [ʀwajalmɑ̃] *adv* ❶ *(magnifiquement)* fürstlich ❷ *(fam: complètement)* ***je m'en moque ~*** das ist mir völlig wurst

royalisme [ʀwajalism] *m* Royalismus *m*

royaliste [ʀwajalist] **I.** *adj* royalistisch **II.** *mf* Royalist(in) *m(f)*

royalties [ʀwajalti] *fpl* ❶ *(pour un brevet, une licence)* Lizenzgebühr *f* ❷ *(pour une chanson, une adaptation)* Tantiemen *Pl* ❸ *(dans le cas d'une société pétrolière)* Förderabgaben *Pl*

royaume [ʀwajom] *m (monarchie)* Königreich *nt*

Royaume-Uni [ʀwajomyni] *m* ***le ~*** das Vereinigte Königreich

royauté [ʀwajote] *f* ❶ *(régime)* Königtum *nt* ❷ *(fonction)* Krone *f*

RPR [ɛʀpeɛʀ] *m abr de* **Rassemblement pour la République** *französische konservative Partei der Gaullisten*

R.S.A. [ɛʀɛsa] *m abr de* **revenu de solidarité active** *ersetzt den R.M.I. sowie weitere Sozialhilfeprogramme*

RTT [ɛʀtete] *f abr de* **réduction du temps de travail** Arbeitszeitverkürzung *f;* ***être en ~*** Überstunden abbauen *(in Form zusätzlicher Urlaubstage)*

RU [ʀy] *m* UNIV *(arg) abr de* **restaurant universitaire** Mensa *f*

ruban [ʀybɑ̃] *m* Band *nt;* ***~ de la Légion d'honneur*** Ordensband der Ehrenlegion; ***~ magnétique*** Tonband; INFORM Magnetband; ***~ adhésif*** Klebeband, Klebestreifen *m*

rubéole [ʀybeɔl] *f* Röteln *Pl*

rubis [ʀybi] *m (pierre précieuse)* Rubin *m*

rubrique [ʀybʀik] *f* ❶ PRESSE Rubrik *f;* ***~ littéraire/sportive*** Literatur-/Sportteil *m;* ***~ des spectacles*** Veranstaltungskalender *m* ❷ *(titre)* Verzeichnis *nt* ❸ *(catégorie)* Rubrik *f*

ruche [ʀyʃ] *f* Bienenstock *m*

rucher [ʀyʃe] *m* Bienenhaus *nt*

rudbeckia [ʀydbekja] *m* BOT Sonnenhut *m*

rude [ʀyd] *adj* ❶ *(pénible)* hart; *climat* rau; *montée* steil ❷ *peau, surface* rau; *étoffe* derb ❸ *personne* rau; *manières* derb; *traits* hart ❹ *antéposé gaillard* handfest ❺ *antéposé, (fam) appétit* gesegnet

rudement [ʀydmɑ̃] *adv (fam: sacrément)* verdammt; ***avoir ~ peur*** eine Mordsangst haben

rudesse [ʀydɛs] *f* ❶ *(dureté) d'une personne* Grobheit *f;* ***la ~ de son langage*** seine/ihre ungeschliffene Sprache; ***la ~ de ses manières*** seine/ihre derben Manieren ❷ *(rigueur) des conditions de vie* Härte *f;* ***la ~ du climat*** das raue Klima; ***la ~ de l'hiver*** der harte Winter

rudiment [ʀydimɑ̃] *m pl (notions élémentaires)* Grundkenntnisse *Pl*

rudimentaire [ʀydimɑ̃tɛʀ] *adj connaissances* rudimentär; *installation* einfach

rudoiement [ʀydwamɑ̃] *m (littér)* Brutalität *f*

rudoyer [ʀydwaje] <6> *vt* ***~ qn*** mit jdm brutal umgehen

rue [ʀy] *f* ❶ *(artère)* Straße *f;* ***~ commerçante/à sens unique*** Geschäfts-/Einbahnstraße; ***~ piétonne*** Fußgängerzone *f;* ***en pleine ~*** mitten auf der Straße; ***dans la ~*** auf der Straße; ***traîner dans les ~s*** sich auf der Straße herumtreiben ❷ *(ensemble des habitants)* ***toute la ~ la connaît*** die ganze Straße kennt sie ▸ **courir les ~s** *personne:* an jeder Ecke anzutreffen sein; *chose:* gang und gäbe sein

Grammatik und Co.

Mit **rue** wird eine Straße bezeichnet, die sich innerhalb einer Ortschaft befindet.

ruée [ʀɥe] *f* Ansturm *m*

ruelle [ʀɥɛl] *f* Gässchen *nt*

ruer [ʀɥe] <1> *vpr* ***se ~ sur qn/qc*** sich auf jdn/etw stürzen

ruf[f]ian [ʀyfjɑ̃] *m (littér)* Zuhälter *m*

rugby [ʀygbi] *m* Rugby *nt*

Land und Leute

Rugby ist nach Fußball eine der beliebtesten Sportarten in Frankreich. Ursprünglich aus England kommend entwickelte es sich zum Breitensport. Man spielt **rugby** in Teams mit 13 oder 15 Spielern, die versuchen, den ovalen Ball hinter die gegnerische Torlinie zu bringen.

rugbyman [ʀygbiman] <s o -men> *m* Rugbyspieler *m*

rugir [ʀyʒiʀ] <8> *vi* ❶ brüllen ❷ *(mugir, gronder)* heulen; *mer:* tosen

rugissement [ʀyʒismɑ̃] *m* ❶ *d'un fauve*

Brüllen *nt kein Pl* ❷ *(hurlement)* ***pousser des ~s*** herumbrüllen ❸ *du vent, d'un moteur* Heulen *nt*

rugosité [Rygozite] *f* ❶ *(aspérité)* Unebenheit *f* ❷ *sans pl* Rauheit *f*

rugueux, -euse [Rygø, -øz] *adj* rau

Ruhr [RUR] *f* ❶ *(région)* ***la ~*** das Ruhrgebiet; ***aller dans la ~*** ins Ruhrgebiet gehen; ***les industries de la ~*** die Industrie des Ruhrgebiets ❷ *(rivière)* ***la ~*** die Ruhr

ruine [Rɥin] *f* ❶ *pl (décombres)* Trümmer *Pl* ❷ *(édifice délabré)* Ruine *f* ❸ *(personne)* hinfälliger Mensch, Wrack *nt* ❹ *(destruction)* ***en ~[s]*** in Trümmern; ***tomber en ~[s]*** zerfallen; ***menacer de tomber en ~[s]*** zu verfallen drohen ❺ *(perte de biens)* wirtschaftlicher Ruin; ***courir à la ~*** dem Bankrott entgegengehen

ruiné(e) [Rɥine] *adj* ❶ *(délabré) château* verfallen ❷ *(qui a perdu sa fortune) personne* ruiniert

ruiner [Rɥine] <1> **I.** *vt* ❶ *(dépouiller de sa richesse)* ruinieren ❷ *(détruire)* ruinieren, zerstören *vie;* ***~ tous les espoirs de qn*** jdm seine ganze Hoffnung nehmen ❸ *(coûter cher)* ***ça [ne] va pas te ~*** *(fam)* das wird dich [schon] nicht umbringen **II.** *vpr* ***se ~ pour qn*** sich wegen jdm in den Ruin stürzen

ruineux, -euse [Rɥinø, -øz] *adj voiture, voyage* horrend teuer

ruisseau [Rɥiso] <x> *m* Bach *m*

ruisselant(e) [Rɥis(ə)lɑ̃, ɑ̃t] *adj* ❶ *(coulant)* tropfnass; ***~(e) de pluie*** vom Regen triefend ❷ *(couvert)* ***~(e) de sueur*** schweißtriefend; ***~(e) de sang*** blutüberströmt; ***~(e) d'humidité*** tropfnass ❸ *(fig littér)* ***~(e) de lumière*** lichtdurchflutet

R

ruisseler [Rɥis(ə)le] <3> *vi* ❶ *(couler)* rinnen ❷ *(être couvert de)* ***~ de sueur*** vor Schweiß *dat* triefen

ruisselet [Rɥis(ə)lɛ] *m* Bächlein *nt*

rumeur [RymœR] *f (bruit qui court)* Gerücht *nt;* ***~ publique*** Gerüchteküche *f;* ***faire courir une ~*** ein Gerücht in Umlauf bringen

ruminant [Ryminɑ̃] *m* Wiederkäuer *m*

rumination [Ryminasjɔ̃] *f* ❶ *(fig)* ***~ d'une idée/du passé*** [Nach]grübeln *nt* über eine Idee/die Vergangenheit; ***~ d'un projet*** Brüten *nt* über einem Projekt ❷ ZOOL Wiederkäuen *nt*

ruminer [Rymine] <1> **I.** *vt* ❶ *(ressasser)* brüten über *+dat;* ***~ son chagrin*** sich dem Kummer hingeben ❷ ZOOL wiederkäuen **II.** *vi* wiederkäuen

rumsteck *v.* **romsteak**

rune [Ryn] *f* Rune *f*

rupestre [RypɛstR] *adj peinture, art* Fels-, Höhlen-; *tombe* Felsen-; *plante* Gesteins-

rupin(e) [Rypɛ̃, in] **I.** *adj (fam) personne* betucht; *appartement* nobel; *quartier* Nobel- **II.** *m(f) (fam)* Steinreiche(r) *f(m)*

rupture [RyptyR] *f* ❶ *(cassure)* Bruch *m* ❷ *d'une corde* Reißen *nt; d'un tendon, d'une veine* Riss *m* ❸ *de fiançailles* Entlobung *f;* ***~ de contrat/traité*** Vertragsbruch *m* ❹ *(séparation)* Trennung *f* ❺ COM ***~ de stock*** Lagerfehlbestand *m;* ***être en ~ de stock*** nicht liefern können

rural(e) [RyRal, -o] <-aux> **I.** *adj vie, région* ländlich; *exploitation* landwirtschaftlich; ***pays ~*** Agrarland *nt* **II.** *m(f)* Landbewohner(in) *m(f)*

ruse [Ryz] *f (subterfuge)* List *f*

rusé(e) [Ryze] **I.** *adj* listig, schlau **II.** *m(f)* raffinierte Person; ***c'est une ~e*** sie ist raffiniert

ruser [Ryze] <1> *vi* List anwenden

rush [Rœʃ] <[e]s> *m* Andrang *m;* SPORT Spurt *m;* ***~ de la clientèle*** Kundenandrang; ***~ du week-end*** Wochenendansturm *m;* ***~ sur qc*** Ansturm *m* auf etw *akk*

rushes [Rœʃ] *mpl* CINE Rohmaterial *nt*

russe [Rys] **I.** *adj* russisch **II.** *m* Russisch *nt; v. a.* **allemand**

Russe [Rys] *mf* Russe *m;* ***~ blanc*** Weißrusse *m*

Russie [Rysi] *f* ***la ~*** Russland *nt;* ***la ~ blanche*** Weißrussland *nt*

rustine® [Rystin] *f* Flickzeug *nt*

rustique [Rystik] *adj mobilier* rustikal; *objets, outils* einfach; *personne, vie* naturverbunden; *coutumes* ländlich; *arbre, plante* robust

rustre [RystR] *adj* ungehobelt

rut [Ryt] *m* Brunft *f,* Brunst *f*

rutabaga [Rytabaga] *m* Steckrübe *f*

rutilant(e) [Rytilɑ̃, ɑ̃t] *adj* funkelnd

rutilement [Rytilmɑ̃] *m (littér)* Funkeln *nt*

rutiler [Rytile] <1> *vi* funkeln

RV *m abr de* **rendez-vous**

Rwanda [Rwɑ̃da] *m* ***le ~*** Ruanda *nt*

rythme [Ritm] *m* ❶ MUS Rhythmus *m* ❷ *(allure, cadence)* Tempo *nt;* ***ne pas pouvoir suivre le ~*** das Tempo nicht halten können; ***au ~ de qc*** im Rhythmus von etw ❸ *(mouvement régulier)* ***~ cardiaque/respiratoire*** Herz-/Atemrhythmus *m*

rythmé [Ritme] *adj* rhythmisch

rythmer [Ritme] <1> *vt (cadencer)* ***~ qc*** den Rhythmus einer S. *gen* bestimmen

rythmique [Ritmik] *adj* rhythmisch; *guitare* Rhythmus-

Ss

s *f inv abr de* **seconde** Sek.
S, s [ɛs] *m inv* S *nt*, s *nt* ▶ **virage en S** S-Kurve *f*
S *abr de* **sud**
s' *v.* **se, si**

Grammatik und Co.
Nach **si** beziehungsweise **s'** steht immer der Indikativ, nie der Konditional:
S'ils avaient su! – Wenn sie das gewusst hätten!

sa [sa, se] <ses> *dét poss* ❶ sein(e)/ihr(e); *v. a.* **ma** ❷ *avec un titre, (form)* ***Sa Majesté*** Seine/Ihre Majestät
SA [ɛsa] *f* ECON *abr de* **société anonyme** AG *f*
sabayon [sabajɔ̃] *m* Zaba[gl]ione *f*
sabbat [saba] *m* REL Sabbat *m*; ***jour du ~*** Sabbat
sabbatique [sabatik] *adj année, semestre* Forschungs-; ***congé ~*** Beurlaubung *f*
sabir [sabiʀ] *m (péj)* Kauderwelsch *nt*
sablage [sɑblaʒ] *m* Sandstreuen *nt*
sable [sɑbl] **I.** *m* Sand *m*; ***~s mouvants*** Treibsand *m* **II.** *adj inv* sandfarben
sablé [sɑble] *m* GASTR Sandgebäck *nt*
sablé(e) [sɑble] *adj* GASTR ***gâteau ~*** Sandgebäck *nt*; ***pâte ~e*** Mürbeteig *m*
sabler [sɑble] <1> *vt* ❶ *(couvrir de sable)* mit Sand bestreuen ❷ *(fig)* ***~ le champagne*** die Champagnerkorken knallen lassen
sableuse [sɑbløz] *f (appareil pour couvrir de sable)* Sandstreuwagen *m*
sableux, -euse [sɑblø, -øz] *adj* Sand-
sablier [sɑblije] *m* Sanduhr *f*
sablonneux, -euse [sɑblɔnø, -øz] *adj* sandig
saborder [sabɔʀde] <1> *vt* ❶ einstellen *projet*; schließen *entreprise* ❷ NAUT versenken *flotte*
sabot [sabo] *m* ❶ *(chaussure)* Holzschuh *m*; *(de ville)* Clog *m* ❷ ZOOL Huf *m* ❸ *(pour les véhicules)* ***~ de Denver*** Parkkralle *f* ▶ **je te vois venir avec tes gros ~s** Nachtigall, ich hör dir trapsen *fam*; **comme un ~** *(très mal)* unter aller Kanone *fam*
sabotage [sabɔtaʒ] *m* ❶ *(destruction volontaire)* Sabotage *f*; ***~ des machines*** Zerstörung *f* der Maschinen ❷ *(fig)* ***~ des négociations*** Unterminierung *f* der Verhandlungen
saboter [sabɔte] <1> *vt* ❶ *(détruire volontairement)* sabotieren; ***~ une machine*** eine Maschine zerstören ❷ *(fig)* ***~ les négociations*** die Verhandlungen unterminieren ❸ *(bâcler)* schludern bei
saboteur, -euse [sabɔtœʀ, -øz] *m, f* Saboteur(in) *m(f)*
sabre [sɑbʀ] *m* ❶ *(arme)* Säbel *m* ❷ SPORT Säbelfechten *nt*
sabrer [sɑbʀe] <1> *vt* ❶ *(biffer)* streichen ❷ *(raccourcir)* kürzen ❸ *(ouvrir)* ***~ le champagne*** einer/der Champagnerflasche den Hals brechen ❹ *(fam: bâcler)* schludern bei *affaire, travail;* hinschludern *travail écrit*
sabreur [sɑbʀœʀ] *m* ❶ *(soldat)* Draufgänger *m* ❷ *(escrimeur)* Säbelfechter *m*
sac[1] [sak] **I.** *m* ❶ *(contenant)* Sack *m*, Beutel *m*; ***~ à pommes de terre*** Kartoffelsack; ***~ à linge*** Wäschebeutel; ***~ postal*** Postsack; ***mettre en ~s*** in Säcke füllen ❷ *(en plastique)* [Plastik]tüte *f*; ***~ poubelle/congélation*** Müll-/Gefrierbeutel *m* ❸ *(en papier)* Papiertüte *f*; ***~ aspirateur*** Staubsaugerbeutel *m* ❹ *(pour dormir)* ***~ de couchage*** Schlafsack *m* ❺ *(bagage)* Tasche *f*; ***~ à main*** Handtasche; ***~ à provisions*** Einkaufstasche; ***~ d'écolier*** Schultasche; ***~ de marin*** Seesack *m*; ***~ de plage/sport/voyage*** Bade-/Sport-/Reisetasche; ***~ à dos*** Rucksack *m*; ***partir ~ au dos*** mit dem Rucksack losziehen ❻ *(contenu)* ***un ~ de pommes de terre/de ciment*** ein Sack *m* Kartoffeln/Zement; ***~ à malice[s]*** Zauberkiste *f* ❼ HIST *(fam: dix francs ou mille anciens francs) 1000 alte franz. Franc* ▶ **~ d'embrouilles** [*o* **de nœuds**] *(fam)* Wirrwarr *m*; **l'affaire est/c'est dans le ~** *(fam)* die Sache/das ist gebongt; **mettre dans le même ~** in einen Topf werfen; **vider son ~** *(fam)* auspacken **II.** *app inv robe* Sack-
sac[2] [sak] *m (pillage)* Plünderung *f*; ***mettre à ~*** plündern
saccade [sakad] *f* Ruck *m*; ***par ~s*** stoßweise
saccadé(e) [sakade] *adj respiration, rire* stoßweise; *bruit* in kurzen, aufeinander folgenden Stößen
saccage [sakaʒ] *m* ❶ *(pillage)* Plünderung *f* ❷ *(dévastation)* Verwüstung *f*

S

saccager [sakaʒe] <2a> *vt (dévaster)* verwüsten, vernichten *récolte*
saccageur, -euse [sakaʒœʀ, -ʒøz] *m, f* Plünderer *m*
saccharine [sakaʀin] *f* Saccharin *nt*
sacerdoce [sasɛʀdɔs] *m* ❶ REL Priesteramt *nt* ❷ *(vocation)* heiliges Amt
sacerdotal(e) [sasɛʀdɔtal, o] <-aux> *adj* Priester-
sachant [saʃɑ̃] *part prés de* **savoir**
sache [saʃ] *subj prés de* **savoir**
sachet [saʃɛ] *m* Tüte *f;* **~ *de bonbons*** Bonbontüte; **~ *de lavande*** Lavendelsäckchen *nt;* **~ *de soupe instantanée*** Suppentüte
sacoche [sakɔʃ] *f* Umhängetasche *f;* **~ *de cycliste*** [Fahrrad]satteltasche *f*
sac-poubelle [sakpubɛl] <sacs-poubelles> *m* Müllbeutel *m,* Müllsack *m*
sacquer [sake] <1> *vt (fam)* ❶ *(renvoyer)* feuern *fam;* ***se faire* ~** gefeuert werden *fam* ❷ *(noter sévèrement)* schlecht benoten; ***se faire* ~** schlecht benotet werden ❸ *(refuser à un examen)* durchrasseln lassen *fam;* ***il s'est fait* ~** er ist durchgerasselt *fam* ❹ *(détester)* ***ne pas pouvoir* ~ *qn*** jdn nicht riechen können *fam*
sacraliser [sakʀalize] <1> *vt* ❶ *(rendre sacral)* als heilig verehren ❷ *(accorder de la valeur à)* **~ *qc*** einer Sache *dat* einen hohen Wert beimessen
sacramentel(le) [sakʀamɑ̃tɛl] *adj* sakramental
sacre [sakʀ] *m* ❶ *d'un souverain, évêque* Inthronisation *f* ❷ *du printemps* Krönung *f*
sacré [sakʀe] *m* Göttliche(s) *nt*
sacré(e) [sakʀe] *adj* ❶ REL heilig; *art, édifice* sakral; *musique* geistlich ❷ *(fig) horreur* fürchterlich; ***terreur* ~*e*** Furcht *f* vor übernatürlichen Kräften ❸ *droits* unantastbar; *lois* heilig; ***pour lui, le sommeil, c'est* ~** der Schlaf ist ihm heilig ❹ *antéposé, (fam: maudit)* **~ *nom d'un chien!*** verdammt noch mal! ❺ *antéposé, (fam: satané)* verdammt; *farceur, gaillard* irrsinnig; ***avoir un* ~ *talent*** ein Wahnsinnstalent haben; ***avoir un* ~ *toupet*** ganz schön dreist sein; ***cette* ~*e Charlotte a encore gagné!*** diese verdammte Charlotte hat schon wieder gewonnen!

> **Grammatik und Co.**
> Beim Adjektiv **sacré** ändert sich die Bedeutung je nachdem, ob es vor oder hinter dem Substantiv steht:
> *une histoire sacrée – eine heilige Geschichte;*
> *une sacrée histoire – eine irrsinnige Geschichte.*

sacrebleu [sakʀəblø] *interj* Donnerwetter
Sacré-Cœur [sakʀekœʀ] *m sans pl* Sacré-Cœur *f*
sacrement [sakʀəmɑ̃] *m* Sakrament *nt;* ***derniers* ~*s*** Sterbesakramente *Pl;* ***saint* ~** heiliges Sakrament
sacrément [sakʀemɑ̃] *adv (fam)* wahnsinnig, ungeheuer; ***il fait* ~ *beau*** es ist ein irrsinnig schönes Wetter
sacrer [sakʀe] <1> *vt* ❶ *(introniser)* inthronisieren ❷ *(déclarer)* **~ *qn le meilleur acteur de sa génération*** jdn zum besten Schauspieler seiner Generation erklären; ***être sacré le meilleur roman de l'année*** zum besten Roman des Jahres erklärt werden
sacrifice [sakʀifis] *m* ❶ *(privation)* Opfer *nt;* ***faire un* ~** ein Opfer bringen ❷ *sans pl (renoncement)* Aufgabe *f;* ***sens du* ~** Opfergeist *m;* ***faire le* ~ *de qc pour qc*** etw für etw opfern ❸ *(immolation)* Opferung *f* ▶ **Saint Sacrifice** heilige Messe
sacrifié(e) [sakʀifje] *m(f)* Opfer *nt*
sacrifier [sakʀifje] <1> **I.** *vt* ❶ *(renoncer à)* opfern; **~ *qn à ses intérêts*** jdn seinen Interessen opfern; **~ *qc pour* [*o à*] *qc*** etw für etw opfern; **~ *qc pour faire qc*** etw opfern, um etw zu tun ❷ *(négliger)* vernachlässigen *personnage, rôle* ❸ COM verramschen *fam marchandises;* heruntersetzen *prix* ❹ REL opfern **II.** *vpr* ***se* ~ *pour ses enfants*** sich für seine Kinder aufopfern; ***se* ~ *à des idées/pour la patrie*** sich für eine Idee/für das Vaterland opfern
sacrilège [sakʀilɛʒ] **I.** *adj* frevelhaft; REL gotteslästerlich **II.** *m* Sakrileg *nt*
sacristain, sacristine [sakʀistɛ̃, sakʀistin] *m, f* Küster(in) *m(f),* Kirchendiener(in) *m(f)*
sacristie [sakʀisti] *f* Sakristei *f*
sacro-saint(e) [sakʀosɛ̃, sɛ̃t] <sacro-saints> *adj (iron)* sakrosankt
sadique [sadik] **I.** *adj* sadistisch **II.** *mf* Sadist *m*
sadiquement [sadikmɑ̃] *adv* sadistisch
sadisme [sadism] *m* Sadismus *m*
sado [sado] **I.** *adj (fam)* Sado-; ***ce type est* ~** der Kerl ist ein Sadist **II.** *m, f (fam)* Sado *m*
sadomaso [sadomazo] *inv (fam)* **I.** *adj* Sadomaso-; ***il/elle est* ~** er/sie ist sadomasochistisch **II.** *mf* Sadomaso *m*

S

sadomasochisme [sadomazɔʃism] *m* Sadomasochismus *m*

sadomasochiste [sadomazɔʃist] **I.** *adj* sadomasochistisch **II.** *mf* Sadomasochist *m*

safari [safaʀi] *m* Safari *f*

safari-photo [safaʀifɔto] <safaris-photos> *m* Fotosafari *f*

safran [safʀɑ̃] **I.** *m* ❶ GASTR, BOT Safran *m* ❷ *(couleur)* Safrangelb *nt* **II.** *adj inv* safrangelb

saga [saga] *f* ❶ *(histoire familiale)* Familiensaga *f* ❷ *(légende)* Saga *f*

sagace [sagas] *adj* scharfsinnig

sagacité [sagasite] *f* Scharfsinn *m*

sage [saʒ] **I.** *adj* ❶ *conseil, personne* weise; *décision* klug ❷ *écolier, enfant* brav ❸ *(chaste)* sittsam *geh* ❹ *goût, vêtement* schlicht; *roman* anständig **II.** *m* Weise(r) *f(m)*; ***conseil des ~s*** Rat *m* der Weisen

sage-femme [saʒfam] <sages-femmes> *f* Hebamme *f*

sagement [saʒmɑ̃] *adv* ❶ *(raisonnablement)* klug ❷ *(modérément)* in Maßen ❸ *(docilement)* artig ❹ *(chastement)* sittsam

sagesse [saʒɛs] *f* Weisheit *f*; ***agir avec ~*** klug handeln; ***la ~ de ta décision*** deine kluge Entscheidung; ***voie de la ~*** vernünftiger Weg; ***avoir la ~ de faire qc*** so klug sein und etw tun ▸ **~ des nations** Volksweisheit *f*

Sagittaire [saʒitɛʀ] *m* Schütze *m*; *v. a.* **Balance**

sagouin(e) [sagwɛ̃, in] *m(f)* *(fam: personne malpropre)* Schwein *nt*

Sahara [saaʀa] *m* ***le ~*** die Sahara

saharien(ne) [saaʀjɛ̃, jɛn] *adj* ❶ GEOG aus der Sahara; *oasis* in der Sahara ❷ *température* tropisch

saharienne [saaʀjɛn] *f* Safari-Jacke *f*

Sahel [saɛl] *m* ***le ~*** die Sahelzone

saignant(e) [sɛɲɑ̃, ɑ̃t] *adj bifteck, viande* englisch

saignement [sɛɲmɑ̃] *m* ❶ *(perte de sang)* Blutung *f*; ***les ~s de nez*** das Nasenbluten ❷ *(fait de saigner)* Bluten *nt*

saigner [seɲe] <1> **I.** *vi* bluten; ***~ du nez*** aus der Nase bluten ▸ **ça va ~!** da werden die Fetzen fliegen! **II.** *vt* ❶ MED zur Ader lassen ❷ *(tuer)* abstechen *animal*; ***~ qn*** jdm die Gurgel durchschneiden ❸ *(exploiter)* schröpfen *personne* **III.** *vpr* ***se ~ pour qn*** für jdn bluten müssen *fig*

saillant [sajɑ̃] *m d'un bastion* Vorsprung *m*; *d'une frontière* Ausbuchtung *f*

saillie [saji] *f* ZOOL *(accouplement)* Decken *nt*

saillir[1] [sajiʀ] <irr, déf> *vi corniche, front:* [her]vorspringen; *veines, yeux, muscle:* hervortreten; *menton, os:* vorstehen

saillir[2] [sajiʀ] <8> *vt* decken

sain(e) [sɛ̃, sɛn] *adj* ❶ *(en bonne santé, salubre)* gesund; *constitution* kräftig ❷ *fruit, viande* einwandfrei; *fondations* solide ❸ *affaire, gestion* seriös ❹ *politique, lectures, idées* vernünftig ▸ **~ et sauf** gesund und wohlbehalten

saindoux [sɛ̃du] *m* Schweineschmalz *nt*

sainement [sɛnmɑ̃] *adv manger, vivre* gesund; *juger, réagir* vernünftig

saint(e) [sɛ̃, sɛ̃t] **I.** *adj* ❶ REL heilig; ***~es huiles*** Salböl *nt*; ***~ patron*** Schutzheiliger *m*; ***le ~ sacrifice de la messe*** die heilige Messe; ***le Saint Sépulcre*** das Heilige Grab; ***la Sainte Vierge*** die Heilige Jungfrau; ***les Saintes Écritures*** die Heilige Schrift; ***Vendredi/Samedi ~*** Karfreitag *m*/Karsamstag *m*; ***Jeudi ~*** Gründonnerstag *m*; ***la nuit du Samedi ~*** die Osternacht ❷ *antéposé (inspiré par la piété)* ***une ~e colère*** ein heiliger Zorn **II.** *m(f)* REL Heilige(r) *f(m)*; ***le culte des ~s*** die Heiligenverehrung; ***~s de glace*** Eisheilige(n) *Pl*; ***~ des saints*** Allerheiligste(s) *nt* ▸ **ne pas savoir à quel ~ se vouer** weder ein noch aus wissen

Saint-Barthélemy [sɛ̃baʀtelemi] *f* ***la ~*** die Bartholomäusnacht

saint-bernard [sɛ̃bɛʀnaʀ] <saint-bernard[s]> *m* ❶ *(chien)* Bernhardiner *m* ❷ *(âme secourable)* Samariter *m*

saint-cyrien(ne) [sɛ̃siʀjɛ̃, jɛn] <saint-cyriens> *m(f)* *Schüler(in) der Elite-Militärschule Saint-Cyr*

Sainte-Catherine [sɛ̃tkatʀin] *f* ▸ **elle coiffe ~** sie ist fünfundzwanzig Jahre alt und ledig

Sainte-Hélène [sɛ̃telɛn(ə)] GEOG Sankt Helena *nt*

Sainte Lucie [sɛ̃tlysi] *f* St. Lucia *nt*

saintement [sɛ̃tmɑ̃] *adv* heilig

Saint-Esprit [sɛ̃tɛspʀi] *m* ***le ~*** der Heilige Geist

sainteté [sɛ̃tte] *f* Heiligkeit *f*; ***Sa/Votre Sainteté*** Seine/Ihre Heiligkeit

saint-frusquin [sɛ̃fʀyskɛ̃] *m inv (fam)* Krempel *m*

saint-glinglin [sɛ̃glɛ̃glɛ̃] *f (fam)* ▸ **à la ~** am Sankt-Nimmerleins-Tag

Saint-Jean [sɛ̃ʒɑ̃] *f* ***la ~*** das Johannisfest

Saint-Jean-Baptiste [sɛ̃ʒɑ̃batist] *f* ***la ~*** *Nationalfeiertag der Frankokanadier am 24. Juni*

Saint-Kitts-et-Nevis [sɛ̃kitsenevis] *f* St. Kitts und Nevis *nt*

Saint-Marin [sɛ̃maʀɛ̃] *m* San Marino *nt*

Saint-Nico-

las [sɛ̃nikɔla] *f* ***la*** ~ der Nikolaustag **Saint-Père** [sɛ̃pɛʀ] <Saints-Pères> *m* Heiliger Vater **Saint-Pierre** [sɛ̃pjɛʀ] *m* Sankt Petrus *m* **Saint-Pierre-et-Miquelon** [sɛ̃pjɛʀemikəlɔ̃] *m* Saint-Pierre-et-Miquelon *kein Art* **Saint-Siège** [sɛ̃sjɛʒ] *m* ***le*** ~ der Heilige Stuhl **Saint-Sylvestre** [sɛ̃silvɛstʀ] *f* ***la*** ~ Silvester *m o nt* **Saint-Vincent-et-les-Grenadines** [sɛ̃vɛ̃sɑ̃elegʀənadin] *f* St. Vincent und die Grenadinen *nt*

sais [sɛ] *indic prés de* **savoir**

saisi [sezi] *m* JUR Pfändungsschuldner *m*

saisi(e) [sezi] **I.** *part passé de* **saisir** **II.** *adj* JUR *personne, chose* gepfändet

saisie [sezi] *f* ❶ JUR Pfändung *f*, Exekution *f* A; ~ ***immobilière*** Immobiliarpfändung; ~ ***mobilière*** Pfändung einer beweglichen Sache ❷ *(confiscation)* Beschlagnahmung *f* ❸ INFORM Erfassen *nt;* ~ ***de l'écran*** Screenshot *m*

saisie-arrêt [seziaʀɛ] <saisies-arrêts> *f* JUR Pfändung *f* bei einem Dritten; ***la ~ sur salaire/traitement*** die Lohn-/Gehaltspfändung

saisir [seziʀ] <8> **I.** *vt* ❶ *(prendre)* packen; ~ ***qn par les épaules/le chien par le collier*** jdn an den Schultern/den Hund am Halsband packen; ~ ***qn à bras le corps*** jdn mit beiden Armen umfassen ❷ *(attraper)* ~ ***le ballon au vol*** den Ball auffangen; ***réussir à ~ la corde*** den Strick zu fassen bekommen ❸ *(mettre à profit)* wahrnehmen *chance;* ergreifen *occasion;* zum Anlass nehmen *prétexte* ❹ *(comprendre)* begreifen; ~ ***au vol une partie de la conversation*** einen Teil des Gesprächs aufschnappen ❺ *(impressionner)* ~ ***qn*** *beauté:* jdn bezaubern; *ressemblance, changement:* jdn verblüffen ❻ GASTR anbraten *viande* ❼ *(confisquer)* beschlagnahmen ❽ *(porter devant)* anrufen *commission;* ~ ***un tribunal d'une affaire*** mit einer Sache vor Gericht gehen ❾ INFORM erfassen **II.** *vi (fam)* durchblicken **III.** *vpr* ***se ~ de qc*** zu etw greifen

saisissant(e) [sezisɑ̃, ɑ̃t] *adj (qui surprend) beauté* ergreifend; *changement, différence* erstaunlich; *froid* schneidend

saisissement [sezismɑ̃] *m* ❶ *(frisson)* Schaudern *nt* ❷ *(émotion)* Ergriffenheit *f;* ***de*** ~ vor Schreck; ***il resta muet de*** ~ ihm verschlug es die Sprache

saison [sɛzɔ̃] *f* ❶ *(division de l'année)* Jahreszeit *f;* ***belle/mauvaise*** ~ schöne/kalte Jahreszeit; ***en toute(s) ~(s)*** ganzjährig; ***il n'y a plus de ~s*** *(fam)* das Wetter ist auch nicht mehr das, was es einmal war; ***fruits de*** ~ Früchte der Saison ❷ *(époque privilégiée)* ~ ***littéraire/lyrique*** Literatur-/Lyrikwochen *Pl;* ~ ***théâtrale*** Theatersaison *f;* ~ ***des amours*** Paarungszeit *f;* ~ ***des foins*** Zeit *f* der Heuernte; ~ ***des pluies*** Regenzeit *f* ❸ *(tourisme)* Saison *f;* ***basse/haute*** ~ Neben-/Hochsaison; ***morte*** ~ flaue Saison; ***en/hors*** ~ während/außerhalb der Saison; ***faire la*** ~ während der Saison arbeiten

saisonnalité [sezɔnalite] *f des ventes* Saisonabhängigkeit *f*/-bedingtheit *f*

saisonnier, -ière [sɛzɔnje, -jɛʀ] **I.** *adj* ❶ *(propre à la saison)* jahreszeitlich ❷ *(limité à la saison)* saisonal **II.** *m, f* Saisonarbeiter(in) *m(f)*

sait [sɛ] *indic prés de* **savoir**

saké [sake] *m* Sake *m*

salace [salas] *adj (littér) plaisanterie, écrit* unanständig; *personne* lüstern

salacité [salasite] *f (littér) d'un écrit, d'une plaisanterie* Unanständigkeit *f; d'une personne* Lüsternheit *f*

salade [salad] *f* ❶ BOT, GASTR Salat *m;* ~ ***verte*** grüner Salat; ~ ***niçoise*** Nizza-Salat; ~ ***de tomates/de fruits*** Tomaten-/Obstsalat; ~ ***de saison*** Salat der Saison ❷ *(fam: confusion)* Salat *m* ❸ *pl, (fam: mensonges)* Geschichten *Pl* ▶ **vendre sa ~ à qn** *(fam)* jdm seinen Kram andrehen

saladier [saladje] *m* Salatschüssel *f*

salage [salaʒ] *m (contre le verglas)* ***le ~ des routes*** das Salzstreuen [auf den Straßen]

salaire [salɛʀ] *m* ❶ *(rémunération)* Gehalt *nt; d'un ouvrier* Lohn *m;* ~ ***minimum interprofessionnel de croissance*** gesetzlich garantierter dynamischer Mindestlohn; ~ ***de misère*** Hungerlohn ❷ *(récompense)* Lohn *m*

salamandre [salamɑ̃dʀ] *f* Salamander *m*

salami [salami] *m* Salami *f*

salarial(e) [salaʀjal, -jo] <-aux> *adj* ***politique ~e*** Lohnpolitik *f*

salariat [salaʀja] *m* ❶ Arbeitnehmer *Pl* ❷ *(condition)* Status *m* des Arbeitnehmers

salarié(e) [salaʀje] **I.** *adj travail* unselb[st]ständig; *personne* nicht selb[st]ständig beschäftigt **II.** *m(f)* Arbeitnehmer(in) *m(f)*

salaud [salo] **I.** *adj (fam)* hundsgemein *fam* **II.** *m (fam)* Dreckskerl *m fam*

sale [sal] **I.** *adj* ❶ *(opp: propre)* schmutzig ❷ *antéposé, (fam: vilain, louche)* übel; *type, temps* mies *fam; coup* hart; ***avoir une ~ gueule*** *(visage antipathique)* fies

S

aussehen *fam* **II.** *m (fam)* ***être au*** ~ in der schmutzigen Wäsche sein

salé [sale] **I.** *m* ***petit*** ~ gepökeltes Schweinefleisch **II.** *adv manger* salzig

salé(e) [sale] *adj* ❶ *(contenant du sel)* gesalzen; ***eau ~e*** Salzwasser *nt;* ***être trop*** ~ *soupe:* versalzen sein ❷ *(fam) addition* gesalzen; *histoire* schlüpfrig

salement [salmɑ̃] *adv* ❶ *manger* unmanierlich; *travailler* schludrig *fam; gagner* auf unsaubere Weise ❷ *(fam: très)* ganz schön

saler [sale] <1> **I.** *vi* ❶ GASTR salzen ❷ TECH Salz streuen **II.** *vt* ❶ GASTR salzen ❷ TECH streuen *route* ❸ *(fam: corser)* ~ ***l'addition*** ganz schön abkassieren *fam*

saleté [salte] *f* ❶ *(malpropreté)* Schmutzigkeit *f* ❷ *(chose sale)* Dreck *m;* ***faire des ~s partout*** alles schmutzig machen ❸ *sans pl (crasse)* Dreck *m* ❹ *(fam: objet sans valeur)* Plunder *m* ❺ *(fam: crapule: homme)* Dreckskerl *m; (femme)* Miststück *nt kein Pl fam* ❻ *(fam: maladie)* verdammte Krankheit; ***ramasser une*** ~ sich *dat* etwas einfangen *fam* ❼ *(fam: friandise)* süßes Zeug ❽ *(obscénité)* Unanständigkeit *f* ▸ **faire des ~s** *(euph) animal:* sein Geschäft machen; ~ **d'ordinateur/de Maurice!** *(fam)* dieser verdammte Computer/Maurice!

saleuse [saløz] *f* Streufahrzeug *nt*

salière [saljɛʀ] *f* Salzstreuer *m*

salifère [salifɛʀ] *adj* salzhaltig; ***cette région est*** ~ in dieser Gegend gibt es Salzvorkommen

salin(e) [salɛ̃, in] *adj* salzhaltig

salinité [salinite] *f* Salzgehalt *m*

salir [saliʀ] <8> **I.** *vt* schmutzig machen; *(complètement)* verschmutzen **II.** *vpr* **se** ~ ❶ *(se souiller)* sich schmutzig machen; ***se ~ les mains*** sich *dat* die Hände schmutzig machen ❷ *(devenir sale)* schmutzig werden

salissant(e) [salisɑ̃, ɑ̃t] *adj* ❶ schmutzig; ***des travaux ~s*** Arbeiten, bei denen man sich schmutzig macht ❷ *(qui se salit)* ***être*** ~ schnell schmutzen

salissure [salisyʀ] *f* ❶ Schmutzspur *f; (tache)* Schmutzfleck *m* ❷ *pl (ordures)* Dreck *m*

salivaire [salivɛʀ] *adj* ***glande*** ~ Speicheldrüse *f*

salivation [salivasjɔ̃] *f* Speichelfluss *m*

salive [saliv] *f* Speichel *m* ▸ **gaspiller sa** ~ *(fam)* sich *dat* den Mund fusselig reden; **ravaler sa** ~ schlucken

saliver [salive] <1> *vi* ❶ *(baver)* Speichel produzieren ❷ *(convoiter)* ~ ***d'envie de faire un tour en moto*** scharf darauf sein eine Motorradfahrt zu machen *fam;* ~ ***d'impatience*** vor Ungeduld vergehen; ***laisser qn ~ d'impatience*** jdn zappeln lassen; ***faire ~ qn*** jdm den Mund wäss[e]rig machen *fam*

salle [sal] *f* ❶ *(pièce)* Saal *m;* ~ ***à manger*** Esszimmer *nt;* ~ ***d'attente*** Wartesaal *m; (chez un médecin)* Wartezimmer *nt;* ~ ***d'audience*** Gerichtssaal *m;* ~ ***de bains*** Badezimmer *nt;* ~ ***de billard*** Billardraum *m;* ~ ***de cinéma*** Kino[saal *m*] *nt;* ~ ***de classe*** Klassenzimmer *nt;* ~ ***de concert*** Konzerthalle *f;* ~ ***de gym*** Fitnessraum *nt;* ~ ***de jeux*** Spielzimmer *nt;* ~ ***de réanimation*** Intensivstation *f;* ~ ***de réunion*** Sitzungssaal *m;* ~ ***de séjour*** Wohnzimmer *nt;* ~ ***des fêtes*** Festhalle *f;* ~ ***des pas perdus*** Bahnhofshalle *f;* ~ ***de théâtre*** Theater[saal *m*] *nt;* ~ ***d'étude*** Hausaufgabenraum *m;* ~ ***d'opération*** Operationssaal *m;* ~ ***polyvalente*** Mehrzweckhalle *f;* ***faire du sport en*** ~ Hallensport betreiben ❷ *(cinéma)* Kino *nt;* ***~s obscures*** Kinos *Pl* ❸ *(spectateurs)* Publikum *nt;* ***toute la*** ~ der ganze Saal ▸ **faire ~ comble** die Säle füllen

salmonelle [salmɔnɛl] *f* Salmonelle *f*

salmonellose [salmɔneloz] *f* Salmonellose *f*

salon [salɔ̃] *m* ❶ *(salle de séjour)* Wohnzimmer *nt* ❷ *(mobilier)* Sitzgarnitur *f;* ~ ***de jardin*** Gartenmöbel *Pl* ❸ *(salle d'hôtel: pour les clients)* Gesellschaftsraum *m; (pour des conférences, réunions)* Veranstaltungsraum *m* ❹ *(exposition)* Messe *f;* ***Salon du Jouet*** Spielwarenmesse; ***Salon de l'Auto[mobile]*** Automobil-Salon *m* ❺ *(commerce)* ~ ***de coiffure*** Friseursalon *m;* ~ ***de thé*** ≈ Café *nt*

salopard [salɔpaʀ] *m (fam)* Dreckskerl *m;* ***bande de ~s*** Saubande *f fam*

salope [salɔp] *f* ❶ *(vulg: débauchée)* Nutte *f* ❷ *(fam: garce)* Miststück *nt*

saloper [salɔpe] <1> *vt (fam)* ❶ *(bâcler)* hinschludern ❷ *(salir)* versauen

saloperie [salɔpʀi] *f (fam)* ❶ *(objet sans valeur)* Ramsch *m kein Pl;* ***vendre de la*** ~ Ramsch verkaufen *fam* ❷ *gén pl (saletés)* Sauerei *f* ❸ *(mauvaise nourriture)* Fraß *m kein Pl* ❹ *(maladie)* verdammte Krankheit ❺ *(méchanceté)* Gemeinheit *f;* ***faire une ~ à qn*** jdm übel mitspielen ❻ *(obscénité)* Schweinerei *f* ▸ **c'est de la** ~ das taugt nichts; ~ **d'ordinateur/de bagnole** Scheißcomputer *m vulg*/Scheißkiste *f*

salopette [salɔpɛt] *f* Latzhose *f*

S

salpêtre [salpɛtʀ] *m* Salpeter *m*
salsa [salsa] *f* Salsa *m*
salsifis [salsifi] *m* GASTR Schwarzwurzel *f*
saltimbanque [saltɛ̃bɑ̃k] *mf* Gaukler(in) *m(f)*
salubre [salybʀ] *adj* gesund
salubrité [salybʀite] *f* ❶ *du climat* gesundheitsfördernde Wirkung; *de l'air* Reinheit *f; d'un logement* gesundheitliche Zuträglichkeit ❷ *(hygiène)* Hygiene *f* ❸ ADMIN ~ ***publique*** öffentliches Gesundheitswesen
saluer [salɥe] <1> **I.** *vt* ❶ *(dire bonjour)* grüßen; ~ ***qn de la main*** jdm zuwinken ❷ *(dire au revoir)* ~ ***qn*** sich von jdm verabschieden ❸ *(rendre hommage)* würdigen ❹ *(accueillir)* begrüßen; ~ ***qn par des sifflets*** jdn zur Begrüßung auspfeifen; ***être salué par des applaudissements*** mit Applaus aufgenommen werden ❺ *(soutenu: considérer)* ~ ***Brassens comme chef de file de la chanson française*** Brassens als die Nr. 1 des französischen Chansons ansehen ❻ MIL ~ ***un supérieur/le drapeau*** vor einem Vorgesetzten/vor der Fahne salutieren **II.** *vi* ❶ THEAT sich verbeugen ❷ MIL salutieren
salut[1] [saly] **I.** *m* ❶ *(salutation)* Gruß *m;* ***faire un ~ de la main*** winken; ***sans un ~*** grußlos ❷ MIL ~ ***aux supérieurs/au drapeau*** Salutieren *nt* vor den Vorgesetzten/vor der Fahne **II.** *interj* ❶ *(fam: bonjour)* ***~!*** hallo! ❷ *(fam: au revoir)* ***~!*** tschüs!
salut[2] [saly] *m* ❶ *(sauvegarde)* Rettung *f;* ***le ~ de l'entreprise passe par là*** das Unternehmen ist nur so zu retten ❷ REL Heil *nt* ❸ POL ~ ***public*** öffentliches Wohl
salutaire [salytɛʀ] *adj* heilsam; *décision* richtig; ***ce séjour a été ~*** dieser Aufenthalt hat gut getan; ~ ***à qn/qc*** *(avantageux)* vorteilhaft für jdn/etw; *(secourable)* hilfreich für jdn/etw
salutation [salytasjɔ̃] *f* ❶ REL Gruß ❷ *(souvent iron o péj: action de saluer)* Begrüßung *f* ❸ *pl (form)* ***transmettez mes ~s à votre épouse*** grüßen Sie Ihre Frau von mir; ***je vous prie d'agréer, Madame/Monsieur, mes ~s distinguées*** ≈ mit freundlichen Grüßen; ***veuillez agréer, Madame la Présidente, mes respectueuses ~s*** hochachtungsvoll
salutations [salytasjɔ̃] *fpl (form)* Grüße *Pl;* ***je vous prie/nous vous prions d'agréer, Madame/Monsieur, mes/nos ~s distinguées*** mit freundlichen Grüßen; ***veuillez agréer, Madame la Présidente, mes respectueuses ~s*** hochachtungsvoll
Salvador [salvadɔʀ] *m* ***le ~*** El Salvador *nt*
Salzbourg [saltsbuʀ] Salzburg *nt*
Samaritain(e) [samaʀitɛ̃, ɛn] *m(f)* HIST, REL Samariter(in) *m(f)*
samba [sɑ̃mba] *f* Samba *f*
samedi [samdi] *m* Samstag *m; v. a.* **dimanche**

Grammatik und Co.

Das Substantiv **samedi** ist männlich. Es wird ohne den bestimmten Artikel und ohne Präposition gebraucht, wenn es um eine präzise Angabe geht und ein ganz bestimmter Sonnabend oder Samstag gemeint ist.
Wenn eine Wiederholung oder etwas Gewohnheitsmäßiges ausgedrückt wird, steht der bestimmte Artikel bei dem Substantiv. In diesem Fall bezieht sich die Angabe auf mehrere Sonnabende oder Samstage.

samouraï [samuʀaj] *m* Samurai *m*
S.A.M.U. [samy] *m abr de* **Service d'aide médicale d'urgence** ärztlicher Bereitschaftsdienst; *(médecin)* Notarzt *m*/-ärztin *f;* ***appeler le ~*** den Notarzt rufen
sanatorium [sanatɔʀjɔm] *m* Sanatorium *nt*
sanctifier [sɑ̃ktifje] <1a> *vt* heiligen
sanction [sɑ̃ksjɔ̃] *f* ❶ *(punition)* Strafe *f;* SCOL Strafarbeit *f;* ***mériter une ~*** bestraft werden müssen; ***être passible d'une ~*** sich strafbar machen ❷ ECON, POL Sanktion *f*
sanctionnable [sɑ̃ksjɔnabl] *adj action* strafbar
sanctionner [sɑ̃ksjɔne] <1> **I.** *vt (punir)* bestrafen; ECON sanktionieren **II.** *vi* zu einer Strafmaßnahme greifen
sanctuaire [sɑ̃ktɥɛʀ] *m* ❶ REL Heiligtum *nt* ❷ *(refuge)* Refugium *nt*
sandale [sɑ̃dal] *f* Sandale *f*
sandalette [sɑ̃dalɛt] *f* Sandalette *f*
sandre [sɑ̃dʀ] *m* Zander *m*
sandwich [sɑ̃dwi(t)ʃ] <[e]s> *m* GASTR Sandwich *nt;* ~ ***au jambon*** Schinkensandwich ▶ **prendre en** ~ *(fam: encadrer)* in die Mitte nehmen *personne, véhicule; (coincer)* einkeilen *personne, véhicule;* SPORT in die Zange nehmen *joueur*
sandwicherie [sɑ̃dwi(t)ʃʀi] *f* Sandwichbude *f*
sang [sɑ̃] *m* ❶ ANAT Blut *nt;* ***donner son ~***

S

Blut spenden; ***être en*** ~ bluten; ***se gratter jusqu'au*** ~ sich blutig kratzen ❷ *(race)* Blut *nt* ❸ *(vie)* Leben *nt;* ***payer qc de son*** ~ etw mit seinem Leben bezahlen ▶ **suer ~ et eau** Blut und Wasser schwitzen; **qn a du ~ sur les mains** an jds Händen klebt Blut; **qn a le ~ qui lui monte à la tête** jdm steigt das Blut in den Kopf; **ne pas avoir de ~ dans les veines** *(fam)* keinen Mumm in den Knochen haben; **avoir le ~ chaud** hitziges Blut haben; **du ~ frais** [*o* **neuf**] frischer Wind; **se faire du mauvais ~** sich *dat* Sorgen machen; **avoir qc dans le ~** etw im Blut haben; **baigner dans son ~** in einer Blutlache liegen; **se ronger les ~s** *(fam)* vor Angst umkommen

Aussprache
Die Endung -g in **sang** wird nicht gesprochen.

sang-froid [sɑ̃fʀwa] *m sans pl* ❶ *(maîtrise de soi)* Beherrschung *f;* ***garder son*** ~ einen kühlen Kopf bewahren; ***perdre son*** ~ seine Beherrschung verlieren ❷ *(froideur)* Kaltblütigkeit *f;* ***agir avec*** ~ kaltblütig handeln; ***de*** ~ kaltblütig

sanglant(e) [sɑ̃glɑ̃, ɑ̃t] *adj* ❶ *(saignant)* blutig ❷ *(violent)* hart; *rencontre, match* hitzig

sangle [sɑ̃gl] *f* Spanngurt *m*

sanglier [sɑ̃glije] *m* ZOOL, GASTR Wildschwein *nt*

sanglot [sɑ̃glo] *m* Schluchzer *m;* ***éclater en ~s*** in Tränen ausbrechen

sangloter [sɑ̃glɔte] <1> *vi* schluchzen

sangria [sɑ̃gʀija] *f* Sangria *f*

sangsue [sɑ̃sy] *f* ❶ ZOOL Blutegel *m* ❷ *(fam: personnage collant)* Klette *f*

Aussprache
Das -g- in **sangsue** wird nicht gesprochen.

sanguin(e) [sɑ̃gɛ̃, in] *adj* ❶ ANAT ***plasma*** ~ Blutplasma *nt* ❷ *(coloré)* rot; ***orange ~e*** Blutorange *f* ❸ *type* sanguinisch

sanguinaire [sɑ̃ginɛʀ] *adj* ❶ blutrünstig ❷ *(soutenu: sanglant)* blutig

sanguine [sɑ̃gin] *f (orange)* Blutorange *f*

sanguinolent(e) [sɑ̃ginɔlɑ̃, ɑ̃t] *adj* blutig

sanisette® [sanizɛt] *f* öffentliche Münztoilette *f*

sanitaire [sanitɛʀ] **I.** *adj* sanitär; *mesure* gesundheitspolizeilich; ***installations ~s*** Sanitärinstallationen *Pl;* ***cordon*** ~ Sperrgürtel *m;* ***les services ~s*** der Wirtschaftskontrolldienst **II.** *m gén pl* Sanitäranlagen *Pl*

sans [sɑ̃] **I.** *prép* ohne; ~ ***scrupules/manches*** skrupel-/ärmellos; ~ ***remède*** ausweglos; ~ ***arrêt*** ununterbrochen; ~ ***but*** ziellos; ***partir ~ fermer la porte/~ que tu le saches*** gehen ohne die Tür zu schließen/ohne dass du es weißt; ***la situation n'est pas ~ nous inquiéter*** nicht, dass wir über die Situation nicht beunruhigt wären; ***vous n'êtes pas ~ savoir que*** Sie wissen doch, dass ▶ **~ plus** das ist aber auch alles; **~ quoi** sonst **II.** *adv (fam)* ohne; ***il va falloir faire*** ~ wir werden ohne auskommen müssen

Grammatik und Co.
Nach **sans que** steht immer der Subjonctif:
Ne partez pas sans que j'aie contrôlé l'huile. – Fahrt nicht los, ohne dass ich den Ölstand kontrolliert habe.

sans-abri [sɑ̃zabʀi] *m inv* Obdachlose(r) *f(m)* **sans-cœur** [sɑ̃kœʀ] **I.** *adj inv* herzlos; ***rester*** ~ ungerührt bleiben **II.** *mf inv* herzloser Mensch

sanscrit [sɑ̃skʀi] *m* ***le*** ~ [das] Sanskrit *nt; v. a.* **allemand**

sans-culotte [sɑ̃kylɔt] <sans-culottes> *m* Sansculotte *m* **sans-emploi** [sɑ̃zɑ̃plwa] *m inv* Arbeitslose(r) *f(m)* **sans-façon** [sɑ̃fasɔ̃] *m inv* Ungezwungenheit *f* **sans-faute** [sɑ̃fot] *m inv* hervorragende Leistung; SPORT fehlerfreier Durchgang **sans-fil** [sɑ̃fil] *m inv* Funktelefon *nt* **sans-gêne** [sɑ̃ʒɛn] **I.** *adj inv* ungeniert **II.** *m sans pl (désinvolture)* Ungeniertheit *f* **III.** *mf inv (personne désinvolte)* unverfrorene Person **sans-grade** [sɑ̃gʀad] <sans-grade[s]> *mf (fam)* Handlanger(in) *m(f)*

sanskrit [sɑ̃skʀi] *v.* **sanscrit**

sans-le-sou [sɑ̃lsu] *mf inv (fam)* armer Schlucker *m* **sans-logis** [sɑ̃lɔʒi] *mf inv (soutenu)* Obdachlose(r) *f(m)* **sans-papiers** [sɑ̃papje] *mf inv Ausländer, die sich illegal in Frankreich aufhalten* **sans-plomb** [sɑ̃plɔ̃] *m inv (essence)* Bleifrei *nt* **sans-souci** [sɑ̃susi] *inv* **I.** *adj personne* sorglos, gedankenlos **II.** *mf (vieilli)*

Luftikus *m hum* **sans-travail** [sɑ̃tʀavaj] *mf inv* Arbeitslose(r) *f(m)*

santé [sɑ̃te] *f* ❶ *(opp: malade)* Gesundheit *f;* ~ ***mentale*** Geisteszustand *m;* ***comment va la ~?*** wie geht es gesundheitlich?; ***être bon pour la ~*** gesund sein; ***avoir une ~ de fer*** eine eiserne Gesundheit haben; ***être en bonne/mauvaise ~*** es geht einem gesundheitlich gut/schlecht ❷ ADMIN ***le ministre de la Santé*** der Gesundheitsminister; ***la ~ publique*** das öffentliche Gesundheitswesen; ***les services de ~*** das Gesundheitsamt; *(armée)* der Sanitätsdienst; ***profession de la ~*** Heilberuf *m* ▶ **y laisser sa ~** *(fam)* dabei seine Gesundheit ruinieren; **se refaire une ~** *(fam)* mal wieder ausspannen; **respirer la ~** *(fam)* vor Gesundheit strotzen; **à la ~ de qn** auf jds Wohl *akk;* ***à ta ~!*** auf dein Wohl!

santiag [sɑ̃tjag] *f (fam)* Cowboystiefel *m*

santon [sɑ̃tɔ̃] *m* Krippenfigur *f*

saoudien(ne) [saudjɛ̃, jɛn] *adj* saudi-arabisch

Saoudien(ne) [saudjɛ̃, jɛn] *m(f)* Saudi-Araber(in) *m(f)*

saoul(e) [su, sul] *adj v.* **soûl**

Aussprache

Das -aou- in **saoul** wird als [u] gesprochen, das Anfangs-a hat keine Auswirkung auf die Artikulation. Das Endungs-l wird nicht gesprochen.

saouler [sule] <1> *vt v.* **soûler**

saper [sape] <1> *vpr (fam)* ***se ~*** sich in Schale werfen; ***être bien sapé*** rausgeputzt sein

sapes [sap] *fpl (arg)* Klamotten *Pl fam*

sapeur-pompier [sapœʀpɔ̃pje] <sapeurs-pompiers> *m* Feuerwehrmann *m;* ***les ~s*** die Feuerwehr, die Brandwache CH

saphir [safiʀ] *adj inv* saphirblau

sapin [sapɛ̃] **I.** *m* Tanne *f;* ***~ de Noël*** Weihnachtsbaum *m* **II.** *app inv* dunkelgrün

saquer [sake] <1> *vt v.* **sacquer**

sarbacane [saʀbakan] *f* Blasrohr *nt*

sarcasme [saʀkasm] *m* Sarkasmus *m; (remarque)* sarkastische Bemerkung

sarcastique [saʀkastik] *adj* sarkastisch

sarcastiquement [saʀkastikmɑ̃] *adv* sarkastisch

sarcler [saʀkle] <1> *vt* jäten

sarcloir [saʀklwaʀ] *m* Jäthacke *f*

sarcophage [saʀkɔfaʒ] *m* Sarkophag *m*

Sardaigne [saʀdɛɲə] *f* ***la ~*** Sardinien *nt*

sarde [saʀd] **I.** *adj* sardisch **II.** *m* ***le ~*** Sardisch *nt; v. a.* **allemand**

Sarde [saʀd] *mf* Sarde *m*/Sardin *f*

sardine [saʀdin] *f* Sardine *f* ▶ **serrés comme des ~s en boîte** *(fam)* dicht gedrängt wie in einer Sardinenbüchse

sardinerie [saʀdinʀi] *f* Sardinenkonservenfabrik *f*

sardonique [saʀdɔnik] *adj* hämisch

sarkozysme [saʀkozism] *m politische Einstellung der Sarkozy-Anhänger*

SARL [ɛsaɛʀɛl] *f abr de* **société à responsabilité limitée** GmbH *f*

sarment [saʀmɑ̃] *m* Weinrebe *f*

sarrasin [saʀazɛ̃] *m* Buchweizen *m*

Sarre [saʀ] *f* ❶ *(région)* ***la ~*** Saarland *nt* ❷ *(rivière)* Saar *f*

Sarrebruck [saʀbʀyk] Saarbrücken *nt*

sas [sɑs] *m* ❶ *(dans une écluse)* Schleusenkammer *f* ❷ *(pièce intermédiaire)* Schleuse *f*

sasser [sase] <1> *vt* ❶ sieben *semoules* ❷ durchschleusen *bateau* ▶ **~ et resasser qc** etw drehen und wenden, etw von allen Seiten beleuchten

Satan [satɑ̃] *m* Satan *m*

satané(e) [satane] *adj antéposé* ❶ *(maudit)* verflucht *fam* ❷ *(sacré)* toll *fam;* ***~ farceur!*** du Teufelskerl! *m fam*

satanique [satanik] *adj a.* REL satanisch; *ruse* teuflisch

satellisation [satelizasjɔ̃] *f* ❶ ESPACE Abschießen *nt* in die Umlaufbahn ❷ POL Abhängigkeit *f*

satellite [satelit] **I.** *m* ❶ ESPACE Satellit *m* ❷ ASTRON Trabant *m* ❸ POL Satellitenstaat *m* **II.** *adj* ***ville ~*** Satellitenstadt *f*

satiété [sasjete] *f* Sättigung *f; (dégoût)* Übersättigung; ***à ~*** reichlich; *(jusqu'au dégoût)* bis zum Gehtnichtmehr *fam;* ***manger à ~*** sich satt essen

satin [satɛ̃] *m* Satin *m;* ***peau de ~*** seidenweiche Haut

satiné [satine] *m* ❶ *(aspect luisant)* seidiger Glanz ❷ *de la peau* Zartheit *f*

satiné(e) [satine] *adj* seidig glänzend; *peinture* seidenmatt; ***papier ~*** Glanzpapier *nt*

satinette [satinɛt] *f* Satin *m*

satire [satiʀ] *f* Satire *f;* ***faire la ~ de qn/qc*** *pièce, texte:* eine Satire auf jdn/etw sein; *auteur:* über jdn/etw spotten

satirique [satiʀik] *adj* satirisch; ***poète ~*** Satiriker *m*

satisfaction [satisfaksjɔ̃] *f* ❶ *sans pl (joie)* Zufriedenheit *f;* ***à la ~ générale*** zur allgemeinen Zufriedenheit ❷ *(auto-satisfaction)* Genugtuung *f* ❸ *(contentement)* Befriedigung *f* ❹ *(action de satisfaire)* ***la ~ d'un instinct*** die Befriedigung eines Triebs; ***la ~ d'un désir*** die Erfüllung eines Wunsches ❺ *(raison d'être satisfait)* Befriedigung *f;* ***avoir beaucoup de ~[s] avec qn/qc*** mit jdm/etw sehr zufrieden sein ▶ **qn/qc donne [toute] ~ à une personne** ein Mensch ist mit jdm/etw [sehr] zufrieden; **donner ~ à qn** jdn zufrieden stellen; ***donner ~ à tout le monde*** allen gerecht werden; **obtenir ~** bekommen, was man will

satisfaire [satisfɛʀ] <irr> **I.** *vt* ❶ *(contenter) travail, solution:* befriedigen; *personne:* zufrieden stellen ❷ *(assouvir)* befriedigen, stillen *faim, soif* ❸ *(donner droit à)* ~ ***une réclamation*** eine Reklamation erledigen **II.** *vi* ~ ***à une obligation*** einer Verpflichtung nachkommen **III.** *vpr* ❶ *(se contenter)* ***se ~ de qc*** sich mit etw begnügen ❷ *(euph: uriner)* ***se ~*** sich erleichtern ❸ *(euph: prendre son plaisir)* ***se ~*** seine Lust befriedigen; *(par la masturbation)* sich selbst befriedigen

satisfaisant(e) [satisfəzɑ̃, ɑ̃t] *adj* befriedigend

satisfait(e) [satisfɛ, ɛt] *adj* zufrieden; ***être ~ de qn/qc*** mit jdm/etw zufrieden sein

saturation [satyʀasjɔ̃] *f* ❶ Überdruss *m;* ***manger du chocolat jusqu'à ~*** Schokolade essen, bis man nicht mehr kann ❷ *(surcharge)* Sättigung *f; d'un standard téléphonique* Überlastung *f* ▶ **arriver [o être] à ~** *personne, aéroport:* voll ausgelastet sein

saturé(e) [satyʀe] *adj* ❶ CHIM, GEOL, PHYS gesättigt; *acide* neutralisiert ❷ *(plein) éponge* voll gesogen; *autoroute, aéroport* überlastet; *marché* gesättigt; *mémoire* voll

saturer [satyʀe] <1> *vt* ❶ *(soûler)* satthaben *fam;* ***les politiciens me saturent*** von den Politikern habe ich genug *fam;* ***mes élèves me saturent avec leurs questions*** ich habe die Fragen meiner Schüler satt ❷ *(plus que rassasier)* ***je suis saturé de poisson*** *(fam)* ich kann keinen Fisch mehr sehen; ***être saturé de publicité*** mit Werbung übersättigt sein ❸ *(surcharger)* verstopfen; ***être saturé*** *standard:* besetzt sein; *marché:* gesättigt sein

Saturne [satyʀn] *f* Saturn *m*

satyre [satiʀ] *m* ❶ *(fam)* Sittenstrolch *m pej* ❷ *(mythique)* Satyr *m*

sauce [sos] *f* GASTR Soße *f;* ~ ***béchamel/chasseur*** Béchamel-/Jägersoße; ~ ***vinaigrette*** Vinaigrette *f;* ~ ***au vin*** Weinsoße; ~ ***béarnaise*** Sauce béarnaise *f;* ***viande en ~*** Fleisch mit Soße ▶ **la ~ fait passer le poisson** *(fam)* es kommt darauf an, wie man die bittere Pille versüßt; **mettre qc à toutes les ~s** *(fam)* etw in allen Variationen servieren; ***être mis à toutes les ~s*** für alles herhalten müssen

saucée [sose] *f (fam)* Guss *m*

saucer [sose] <2> *vt* ❶ *(essuyer)* austunken ❷ *(fam: tremper)* ***être saucé/se faire ~*** klatschnass sein/werden

saucière [sosjɛʀ] *f* Soßenschüssel *f*

sauciflard [sosiflaʀ] *m (fam) luftgetrocknete Salami*

saucisse [sosis] *f* GASTR Würstchen *nt*

saucisson [sosisɔ̃] *m* GASTR *luftgetrocknete Salami;* ~ ***sec*** Hartwurst *f* ▶ **ficeler qn comme un ~** *(fam)* jdn verschnüren; **être ficelé comme un ~** *(mal vêtu)* unmöglich angezogen sein *fam; (être serré)* eingeschnürt wie eine Wurst sein *fam*

saucissonnage [sosisɔnaʒ] *m (fam)* Unterbrechung *f*

saucissonné(e) [sosisɔne] *adj (fam)* eingezwängt

saucissonner [sosisɔne] <1> *(fam)* **I.** *vi* picknicken **II.** *vt* unterbrechen; ***des films saucissonnés par des pubs*** Filme *Pl* mit eingeblendeten Werbespots

sauf [sof] *prép* ❶ *(à l'exception de)* bis auf *+akk;* ~ ***quand/si*** außer wenn; ~ ***que*** abgesehen davon, dass ❷ *(à moins de)* abgesehen von; JUR vorbehaltlich *+gen form;* ~ ***erreur de ma part*** wenn ich mich nicht irre; ~ ***imprévu*** wenn nichts dazwischen kommt; ~ ***avis contraire*** wenn niemand dagegen ist

sauf-conduit [sofkɔ̃dɥi] <sauf-conduits> *m* Passierschein *m*

sauge [soʒ] *f* Salbei *m*

saugrenu(e) [sogʀəny] *adj* albern; *idée* hirnrissig *fam*

saule [sol] *m* Weide *f,* Weidenbaum *m;* ~ ***pleureur*** Trauerweide

saumon [somɔ̃] **I.** *m* Lachs *m* **II.** *adj inv* lachsfarben **III.** *app* ***rose*** ~ lachsrosa

saumoné(e) [somɔne] *adj* ***truite ~e*** Lachsforelle *f*

saumure [somyʀ] *f* Salzlake *f*

sauna [sona] *m* Sauna *f*

saupoudrer [sopudʀe] <1> *vt* ❶ GASTR ~ ***qc de sucre/sel*** etw mit Zucker/Salz bestreuen; ~ ***qc de farine*** etw mit Mehl bestäuben ❷ FIN ~ ***qn de subventions*** Subventionen an jdn verteilen; ~ ***les crédits*** Kredite nach dem Gießkannenprinzip verteilen

saupoudreuse [sopudʀøz] *f* Streudose *f*

saurai [sɔʀɛ] *fut de* **savoir**

S

saurien [sɔʀjɛ̃] *m* Echse *f*

saut [so] *m* ❶ *(bond)* Sprung *m;* ~ ***de la mort*** Salto mortale *m;* ~ ***de l'ange*** Kopfsprung ❷ SPORT ~ ***à la perche*** Stabhochsprung *m;* ~ ***à la corde*** Seilspringen *nt;* ~ *m* ***à l'élastique*** Bungeespringen *nt;* ~ ***en hauteur*** Hochsprung; ~ ***en longueur*** Weitsprung; ~ ***en parachute*** Fallschirm[ab]sprung; ~ ***en chute libre*** Sprung in freiem Fall; ~ ***de haies*** Hürdenspringen *nt;* ~ ***d'obstacles*** Hindernissprung; ~ ***périlleux*** Salto *m* ❸ INFORM Sprung *m* ▸ **au ~ du lit** beim Aufstehen; ***prendre qn au ~ du lit*** jdn aus dem Bett holen; **faire le ~** den Schritt wagen; **faire un ~ chez qn** *(fam)* auf einen Sprung bei jdm vorbeischauen

saute [sot] *f* ~ ***de température*** plötzlicher Temperaturumschwung; ~ ***d'humeur*** plötzlicher Stimmungsumschwung; ~ ***d'image*** Flimmern *nt* des Bildes

sauté [sote] *m* ~ ***de veau*** Kalbsragout *nt*

saute-mouton [sotmutɔ̃] *m inv* Bockspringen *nt;* ***jouer à*** ~ Bockspringen machen

sauter [sote] <1> **I.** *vi* ❶ *(bondir)* springen; *(sautiller)* [herum]hüpfen; *(sauter vers le haut)* hochspringen; ~ ***du lit*** aus dem Bett springen; ~ ***par la fenêtre/d'un train*** aus dem Fenster/aus dem Zug springen ❷ SPORT springen; ~ ***en parachute*** mit dem Fallschirm abspringen; ~ ***à la corde*** Seil springen ❸ *(se précipiter)* ~ ***sur l'occasion*** die Gelegenheit beim Schopf packen; ~ ***sur le prétexte*** den Vorwand benutzen ❹ *(passer brusquement)* ~ ***d'un sujet à l'autre*** von einem Thema zum anderen springen; ***un élève saute du CP en CE2*** ein Schüler überspringt die zweite Klasse ❺ *(jaillir) bouchon:* knallen; *bouton, chaîne:* abspringen ❻ *(exploser) bâtiment, pont:* in die Luft fliegen *fam; bombe:* hochgehen *fam;* ***faire ~ qn/qc*** jdn/etw in die Luft sprengen ❼ ELEC *fusibles, plombs:* durchbrennen ❽ *(fam: ne pas avoir lieu) classe, cours:* ausfallen ❾ GASTR ***faire ~ qc*** etw braten; ***des pommes de terre sautées*** Bratkartoffeln *Pl* ❿ *(clignoter) image:* flackern ⓫ *(annuler)* ***faire ~ une contravention*** eine Geldstrafe rückgängig machen **II.** *vt* ❶ *(franchir)* ~ ***un fossé/mur*** über einen Graben/eine Mauer springen ❷ *(omettre)* überspringen *étape, page, classe;* vergessen *mot;* auslassen *repas* ❸ *(fam: avoir des relations sexuelles)* bumsen *vulg*

sauterelle [sotʀɛl] *f* Heuschrecke *f*

sauterie [sotʀi] *f (fam)* Tanzparty *f*

sauteur, -euse [sotœʀ, -øz] *m, f* SPORT Springer(in) *m(f)*

sauteuse [sotøz] *f* GASTR Bratpfanne *f*

sautiller [sotije] <1> *vi* hüpfen

sauvage [sovaʒ] **I.** *adj* ❶ *camping, grève* wild; *concurrence, vente* illegal ❷ *(opp: domestique)* wild; *plante* wild wachsend ❸ *(à l'état de nature)* wild; *lieu, pays* unberührt; *beauté* unverfälscht ❹ *(violent)* brutal; *haine, horde* wild; *cris* gellend **II.** *mf* ❶ *(solitaire)* Einzelgänger(in) *m(f)* ❷ *(brute)* Rohling *m;* ***comme des ~s*** wie die Wilden *fam* ❸ *(indigène)* Wilde(r) *f(m)*

sauvagement [sovaʒmɑ̃] *adv* auf bestialische Weise; *frapper, traiter* brutal

sauvageon(ne) [sovaʒɔ̃, ɔn] *m(f)* jugendlicher Randalierer *m*/jugendliche Randaliererin *f*

sauvagerie [sovaʒʀi] *f* ❶ Grausamkeit *f* ❷ *(insociabilité)* Ungeselligkeit *f*

sauvegarde [sovgaʀd] *f* ❶ *(protection)* Schutz *m;* ~ ***de l'emploi*** Sicherung *f* der Arbeitsplätze ❷ INFORM Sicherheitskopie *f;* ***faire la ~ d'un fichier*** eine Sicherungskopie einer Datei erstellen

sauvegarder [sovgaʀde] <1> *vt* ❶ *(protéger)* sich *dat* bewahren *indépendance, liberté;* wahren *droits;* schützen *biens, patrimoine;* aufrechterhalten *relations, image de marque* ❷ INFORM sichern

sauve-qui-peut [sovkipø] *m inv* Panik *f*

sauver [sove] <1> **I.** *vt* ❶ *(porter secours)* ~ ***qn de la noyade*** jdn vor dem Ertrinken retten; ~ ***qc d'un naufrage/du feu*** etw vor dem Untergang/dem Feuer retten; ~ ***qn du désespoir*** jdn aus der Verzweiflung retten; ~ ***la vie à qn*** jdm das Leben retten; ***il a été sauvé par sa ceinture de sécurité*** der Sicherheitsgurt war seine Rettung ❷ *(sauvegarder)* ~ ***une entreprise de la faillite*** ein Unternehmen vor dem Konkurs bewahren ❸ INFORM sichern *fichiers* ▸ ~ **les meubles** retten, was zu retten ist **II.** *vi* retten; ***un réflexe/geste qui sauve*** ein rettender Reflex/eine rettende Geste ▸ **sauve qui peut!** rette sich wer kann! **III.** *vpr* ❶ *(échapper à)* ***se ~ d'un mauvais pas*** sich wieder herauswinden ❷ *(s'enfuir)* ***se ~*** flüchten ❸ *(fam: s'en aller)* ***se ~*** sich auf die Socken machen ❹ *(déborder)* ***se ~*** überkochen

sauvetage [sov(ə)taʒ] *m* Rettung *f; de naufragés* Bergung *f*

sauveteur, -euse [sov(ə)tœʀ, -øz] *m, f* Retter(in) *m(f)*

sauvette [sovɛt] *f* ***à la ~*** *(fam)* auf die

S

Schnelle; ***se marier à la*** ~ überstürzt heiraten

sauveur [sovœʀ] **I.** *adj* rettend **II.** *m* REL ***le Sauveur*** der Heiland

sauveur, -euse [sovœʀ, -øz] *m, f* Retter(in) *m(f)*

savamment [savamɑ̃] *adv* ❶ geschickt ❷ *(avec érudition)* gelehrt

savane [savan] *f* ❶ *(vaste prairie)* Savanne *f* ❷ CAN *(terrain marécageux)* Sumpfgelände *nt*

savant(e) [savɑ̃, ɑ̃t] **I.** *adj* ❶ *(érudit)* gelehrt; ***être ~ en histoire*** in Geschichte sehr bewandert sein; ***c'est trop ~ pour moi*** das ist mir zu hochgestochen *fam* ❷ *antéposé (péj) discussion* hochgestochen; *calcul* kompliziert ❸ *(habile)* geschickt; ***c'est un ~ dosage*** das ist wohl dosiert ❹ *(dressé)* dressiert **II.** *m(f)* ❶ *(lettré)* Gelehrte(r) *f(m)* ❷ *(scientifique)* Wissenschaftler(in) *m(f)*

savate [savat] *f* Hauslatschen *m fam; (chaussure)* Treter *m fam;* ***en ~s*** *(fam)* in Pantoffeln ▶ **traîner la ~** *(fam)* sich herumtreiben; *(vivoter)* sich so durchschlagen

saveur [savœʀ] *f* ❶ *(goût)* Geschmack *m;* ***avoir une ~ âcre/douce*** bitter/süß schmecken; ***sans ~*** geschmacklos ❷ *d'une nouveauté, d'un interdit* Reiz *m; d'une formule, d'un style* Würze *f*

Savoie [savwa] *f* ***la ~*** Savoyen *nt*

savoir [savwaʀ] <irr> **I.** *vt* ❶ *(être au courant)* wissen; ***~ la nouvelle par les journaux/sa famille*** die Neuigkeit aus den Zeitungen/von seiner Familie erfahren haben; ***faire ~ à qn que*** jdm Bescheid sagen, dass; ***on sait que*** es ist bekannt, dass ❷ *(connaître)* können *leçon, rôle;* kennen *détails;* ***~ qc de*** [*o* ***sur***] ***qn/qc*** etw über jdn/etw wissen; ***bien ~ sa leçon*** seine Lektion gut gelernt haben; ***tâcher d'en ~ davantage*** versuchen mehr zu erfahren ❸ *(être capable de)* ***~ attendre/dire non*** warten/nein sagen können; ***je ne saurais vous renseigner*** ich kann Ihnen leider keine Auskunft geben ❹ *(être conscient)* wissen ❺ BELG, NORD *(pouvoir)* ***ne pas ~ venir à l'heure*** nicht pünktlich sein können ▶ **~ y faire** *(fam)* wissen, wie man's macht; **qn ne sait plus où se mettre** *(fam)* jd würde sich am liebsten in ein Mauseloch verkriechen; **ne rien vouloir ~** davon nichts wissen wollen; **à ~** nämlich; **on ne sait jamais** man kann nie wissen; **en ~ quelque chose** ein Lied davon singen können *fam;* **n'en rien ~** keine Ahnung haben **II.** *vi* wissen ▶ **pas que je sache** nicht dass ich wüsste; **pour autant que je sache!** soviel ich weiß! **III.** *vpr* ❶ *(être connu)* ***se ~*** bekannt sein ❷ *(avoir conscience)* ***se ~ en danger/malade*** wissen, dass man in Gefahr/krank ist ▶ **tout se sait** nichts bleibt verborgen **IV.** *m* Wissen *nt*

savoir-faire [savwaʀfɛʀ] *m inv* Know-how *nt* **savoir-vivre** [savwaʀvivʀ] *m inv* Benehmen *nt*

savon [savɔ̃] *m* ❶ *(savonnette)* Seife *f;* ***~ de Marseille*** Kernseife ❷ *(fam: réprimande)* Rüffel *m;* ***passer un ~ à qn*** jdm einen Rüffel erteilen *fam,* jdm den Kopf waschen *fam;* ***prendre un*** [***bon***] ***~*** was zu hören kriegen *fam*

savonnage [savɔnaʒ] *m* Waschen *nt* mit Seife

savonner [savɔne] <1> **I.** *vt* einseifen **II.** *vpr* ***se ~*** sich einseifen

savonnette [savɔnɛt] *f* Toilettenseife *f*

savonneux, -euse [savɔnø, -øz] *adj* seifig; ***eau savonneuse*** Seifenwasser *nt*

savourer [savuʀe] <1> **I.** *vt* genießen *mets, boisson;* auskosten *triomphe, vengeance* **II.** *vi* genießen

savoureux, -euse [savuʀø, -øz] *adj* köstlich

savoyard(e) [savwajaʀ, jaʀd] *adj* savoyisch

saxe [saks] *m* Meiß[e]ner Porzellan *nt*

Saxe [saks] *f* ***la ~*** Sachsen *nt*

Saxe-Anhalt [saksanalt] *f* Sachsen-Anhalt *nt*

saxo [sakso] **I.** *m* Saxofon *nt* **II.** *mf* Saxofonist(in) *m(f)*

saxon [saksɔ̃] *m* Sächsisch *nt; v. a.* **allemand**

saxon(ne) [saksɔ̃, ɔn] *adj* sächsisch

Saxon(ne) [saksɔ̃, ɔn] *m(f)* Sachse *m*/Sächsin *f*

saxophone [saksɔfɔn] *m* Saxofon *nt*

saxophoniste [saksɔfɔnist] *mf* Saxofonist(in) *m(f)*

saynète [sɛnɛt] *f* Sketch *m*

scabreux, -euse [skabʀø, -øz] *adj* ❶ *conversation, histoire* schlüpfrig; *allusion* anzüglich; *sujet* gewagt ❷ *(soutenu: risqué)* gewagt

scalène [skalɛn] *adj* ***triangle ~*** ungleichseitiges Dreieck

scalp [skalp] *m* Skalp *m*

scalpel [skalpɛl] *m* Skalpell *nt*

scalper [skalpe] <1> *vt* skalpieren

scampi [skɑ̃pi] *mpl* Scampi *Pl*

scandale [skɑ̃dal] *m* ❶ *(éclat)* Skandal *m;* ***presse à ~*** Skandalpresse *f* ❷ *(indignation)* Empörung *f* ❸ *(tapage)* Lärm *m;* ***~ sur la voie publique*** öffentliche Ruhestörung ▶ **faire ~** Staub aufwirbeln *fig*

S

scandaleusement [skɑ̃daløzmɑ̃] *adv* ❶ skandalös ❷ *(outrageusement)* unerhört; *exagéré, sous-estimé* maßlos
scandaleux, -euse [skɑ̃dalø, -øz] *adj* ❶ *(honteux)* skandalös; *prix, propos* unverschämt; *vie* skandalumwittert; ***il est ~ que*** *+subj* es ist ein Skandal, dass ❷ *(qui exploite le scandale)* ***la chronique scandaleuse*** die Skandalberichte *Pl*
scandaliser [skɑ̃dalize] <1> **I.** *vt* schockieren; ***être scandalisé que*** empört darüber sein, dass **II.** *vpr* ***se ~ de qc*** sich über etw *akk* empören; ***se ~ que*** *+subj* empört darüber sein, dass
scander [skɑ̃de] <1> *vt* im Sprechchor rufen *slogans*
scandinave [skɑ̃dinav] *adj* skandinavisch
Scandinave [skɑ̃dinav] *mf* Skandinavier(in) *m(f)*
Scandinavie [skɑ̃dinavi] *f* ***la ~*** Skandinavien *nt*
scannage [skanaʒ] *m* [Ein]scannen *nt*
scanner[1] [skane] <1> *vt* scannen
scanner[2] [skanɛʀ] *m*, **scanneur** [skanœʀ] *m* Scanner *m;* ***~ à main/à plat*** Hand-/Flachbettscanner
scanographie [skanɔgʀafi] *f* Computertomografie *f*
scaphandre [skafɑ̃dʀ] *m (pour scaphandrier)* Taucheranzug *m; (pour astronaute)* Raumanzug *m*
scarabée [skaʀabe] *m* Skarabäus *m*
scarlatine [skaʀlatin] *f* Scharlach *m*
scarole [skaʀɔl] *f* Endivie *f*
scatologique [skatɔlɔʒik] *adj* skatologisch
sceau [so] <x> *m* Siegel *nt* ▶ **sous le ~ du secret** unter dem Siegel der Verschwiegenheit
scélérat(e) [seleʀa, at] **I.** *adj (littér)* ruchlos *geh* **II.** *m(f) (soutenu)* Schurke *m*/Schurkin *f*
scélératesse [seleʀatɛs] *f (littér)* Ruchlosigkeit *f geh*
sceller [sele] <1> *vt* ❶ TECH einzementieren *crochet, couronne dentaire;* einmauern *pierre;* einlassen *barreaux;* kleben *dalle* ❷ *(confirmer solennellement)* besiegeln, bekräftigen *engagement* ❸ *(authentifier par un sceau)* siegeln ❹ *(fermer hermétiquement)* versiegeln ❺ *(apposer les scellés)* mit Siegeln versehen
scellés [sele] *mpl* Amtssiegel *Pl; (plomb)* Plomben *Pl;* ***mettre les ~*** die Siegel anbringen; ***apposer les ~ sur qc*** etw amtlich versiegeln; ***lever les ~*** das Siegel aufbrechen; ***sous ~*** unter Verschluss
scénario [senaʀjo, senaʀi] <s o scénarii> *m* ❶ *d'un film* Drehbuch *nt; d'une pièce de théâtre* Gerüst *nt; d'une bande dessinée* Story *f; d'un roman* Aufbau *m* ❷ *(déroulement prévu)* Ablauf *m; d'un attentat, hold-up* Plan *m; d'une opération de police* Vorgehensweise *f;* ***c'est toujours le même ~*** es ist immer dasselbe Spiel
scénariste [senaʀist] *mf* Drehbuchautor(in) *m(f)*
scène [sɛn] *f* ❶ *(spectacle)* Szene *f;* ***~ d'amour*** Liebesszene ❷ *(querelle)* Szene *f;* ***~ de jalousie*** Eifersuchtsszene; ***~ de ménage*** Ehekrach *m;* ***faire une ~ à qn*** jdm eine Szene machen ❸ *(estrade)* Bühne *f; (séquence)* Szene *f;* ***entrer en ~*** auftreten; ***mettre une histoire en ~*** eine Geschichte auf der Bühne darstellen; ***mettre une pièce de théâtre en ~*** ein Theaterstück inszenieren; ***en ~!*** auf die Bühne! ❹ *(décor)* Bühnenbild *nt* ❺ *d'un crime, drame* Schauplatz *m*
scène-clé [sɛnkle] <scènes-clés> *f* Schlüsselszene *f*
scénique [senik] *adj gestuelle, traitement* szenisch; ***les indications ~s*** die Bühnenanweisungen
scéniquement [senikmɑ̃] *adv* szenisch
scepticisme [sɛptisism] *m* Skepsis *f*
sceptique [sɛptik] **I.** *adj* skeptisch **II.** *mf* Skeptiker(in) *m(f)*
sceptre [sɛptʀ] *m* Zepter *nt*
schah [ʃa] *m* Schah *m*
schéma [ʃema] *m* ❶ *(abrégé)* Schema *nt* ❷ *(dessin)* schematische Zeichnung; ***~ de montage*** Montageplan *m*
schématique [ʃematik] *adj* schematisch
schématiquement [ʃematikmɑ̃] *adv* in groben Zügen
schématisation [ʃematizasjɔ̃] *f* Schematismus *m*
schématiser [ʃematize] <1> *vt* schematisch darstellen
schilling [ʃiliŋ] *m* Schilling *m*
schizoïde [skizɔid] **I.** *adj* schizoid **II.** *mf* Schizoide(r) *f(m)*
schizophrène [skizɔfʀɛn] **I.** *adj* schizophren **II.** *mf* Schizophrene(r) *f(m)*
schizophrénie [skizɔfʀeni] *f* Schizophrenie *f*

Aussprache
Das sch- in **schizophrénie** und verwandten Wörtern wird als [sk] ausgesprochen.

Schleswig-Holstein [ʃlɛsvigɔlʃtajn] *m* ***le ~*** Schleswig-Holstein *nt*

S

Schleu(e) [ʃlø] *v.* **Chleuh**
schlinguer [ʃlɛ̃ge] <1> *vi (fam)* müffeln
schmolitz [ʃmɔlits] *m* CH ***faire*** ~ Brüderschaft trinken
schnaps [ʃnaps] *m* Schnaps *m*
schnauzer [ʃnozɛʀ, ʃnaozɛʀ] *m* ZOOL Schnauzer *m*
schnock, schnoque [ʃnɔk] *(fam)* **I.** *adj* bescheuert **II.** *m* ***vieux*** ~ alter Knacker
schuss [ʃus] *m* Schussfahrt *f;* ***descendre tout*** ~ *(fam)* Schuss fahren
sciant(e) [sjɑ̃, sjɑ̃t] *adj (fam)* ❶ öde *fam* ❷ *(étonnant)* umwerfend *fam*
sciatique [sjatik] *f* Ischias *m o nt*
scie [si] *f* Säge *f;* ~ ***égoïne*** Fuchsschwanz *m;* ~ ***circulaire*** Kreissäge; ~ ***à bois*** Holzsäge; ~ ***à découper*** Laubsäge
sciemment [sjamɑ̃] *adv* absichtlich; ***prendre*** ~ ***une décision*** wissentlich eine Entscheidung treffen
science [sjɑ̃s] *f* ❶ *(domaine scientifique)* Wissenschaft *f* ❷ *(disciplines scolaires)* ***les*** ~***s*** die Naturwissenschaften *Pl;* ~***s appliquées/humaines*** angewandte/Humanwissenschaften *Pl;* ~***s politiques*** Politologie *f;* ***faculté des*** ~***s*** naturwissenschaftliche Fakultät ❸ *(connaissance)* ~ ***de l'être*** Lehre *f* des Seins ❹ *(savoir faire)* Fertigkeit *f* ❺ *(érudition)* Wissen *nt* ▸ **avoir la** ~ <u>**infuse**</u> *(fam)* die Weisheit gepachtet haben *pej*
science-fiction [sjɑ̃sfiksjɔ̃] *f inv* Science-Fiction *f;* ***roman/film de*** ~ Science-Fiction-Roman *m*/-film *m*
scientifique [sjɑ̃tifik] **I.** *adj* wissenschaftlich **II.** *mf* ❶ *(savant)* Wissenschaftler(in) *m(f)* ❷ *(élève)* Naturwissenschaftler *m*
scientifiquement [sjɑ̃tifikmɑ̃] *adv* wissenschaftlich; ~ ***parlant*** wissenschaftlich gesehen
scientologie [sjɑ̃tɔlɔʒi] *f* Scientology *f;* ***Église de*** ~ Scientology-Kirche *f*
scientologue [sjɑ̃tɔlɔg] *mf* Anhänger(in) *m(f)* der Scientology-Bewegung
scier [sje] <1> *vt* ❶ *(couper)* sägen, absägen *arbres* ❷ *(fam: estomaquer)* umhauen; ***être scié*** platt sein *fam*
scierie [siʀi] *f* Sägewerk *nt*
scinder [sɛ̃de] <1> **I.** *vt* spalten *parti;* ~ ***une question/un problème*** eine Frage/ein Problem aufspalten; ***scindé en deux*** zweigeteilt **II.** *vpr* ***se*** ~ ***en qc*** sich in etw *akk* aufsplittern; *parti:* sich in etw *akk* spalten
scintillant(e) [sɛ̃tijɑ̃, jɑ̃t] *adj* funkelnd; *perles* schimmernd; *neige* glitzernd; ***effet*** ~ *d'un tissu* Glitzereffekt *m*
scintillement [sɛ̃tijmɑ̃] *m* Funkeln *nt; de la neige* Glitzern *nt; d'une étoile, pierre précieuse* Blinken *nt; d'un écran, moniteur, d'une image* Flimmern *nt;* ***sans*** ~ *écran, image* flimmerfrei; ~ ***d'écran*** INFORM Bildschirmflimmern *nt*
scintiller [sɛ̃tije] <1> *vi* funkeln; PHYS szintillieren
scission [sisjɔ̃] *f* Spaltung *f;* ***faire*** ~ sich abspalten
scissionniste [sisjɔnist] **I.** *adj* abtrünnig; *activités* spalterisch **II.** *mf* Spalter(in) *m(f)*
scissiparité [sisipaʀite] *f* Fortpflanzung *f* durch Zellteilung
sciure [sjyʀ] *f* Sägemehl *nt*
sclérosant(e) [skleʀozɑ̃, ɑ̃t] *adj attitude, mode* lähmend; *éducation* rigide
sclérose [skleʀoz] *f* ❶ *des institutions, d'un parti* Verknöcherung *f; d'une personne* Verkalkung *f* ❷ MED Sklerose *f;* ~ ***en plaques*** Multiple Sklerose
sclérosé(e) [skleʀoze] *adj* ❶ MED verhärtet, sklerotisch *Fachspr.* ❷ *(fig) administration, société* verkrustet, erstarrt
scléroser [skleʀoze] <1> **I.** *vt* verknöchern lassen *personne;* lähmen *initiatives;* ***être sclérosé*** *personne:* testgefahren sein; *institution:* unbeweglich sein **II.** *vpr* ❶ *(se figer)* ***se*** ~ *société:* unbeweglich werden; ***se*** ~ ***dans ses habitudes*** in seinen Gewohnheiten festgefahren sein ❷ MED ***se*** ~ sich verhärten
scolaire [skɔlɛʀ] *adj* ❶ *(relatif à l'école)* schulisch; ***année*** ~ Schuljahr *nt;* ***échec*** ~ Schulversagen *nt* ❷ *(péj: livresque)* akademisch; ***parler un allemand*** ~ Schuldeutsch sprechen
scolairement [skɔlɛʀmɑ̃] *adv* schulmäßig
scolarisable [skɔlaʀizabl] *adj enfant* schulreif
scolarisation [skɔlaʀizasjɔ̃] *f* Einschulung *f,* Schulbesuch *m*
scolariser [skɔlaʀize] <1> *vt* ❶ *(admettre dans une école)* einschulen; ***être scolarisé*** eingeschult werden, eine Schule besuchen ❷ *(doter d'écoles)* ~ ***un pays/une région*** in einem Land/in einem Gebiet Schulen einrichten
scolarité [skɔlaʀite] *f* Schulbesuch *m;* ***années de*** ~ Schulzeit *f;* ~ ***obligatoire*** Schulpflicht *f*
scoliose [skɔljoz] *f* Skoliose *f*
scoop [skup] *m* Knüller *m fam*
scooter [skutœʀ, skutɛʀ] *m* Motorroller *m;* ~ ***des mers*** Jetski *m;* ~ ***des neiges*** Motorschlitten *m*

S

scopie [skɔpi] *f (fam) abr de* **radioscopie** Röntgenaufnahme *f*

score [skɔʀ] *m* SPORT Spielergebnis *nt; (en cours de partie)* Spielstand *m;* POL *électoral* Ergebnis; ***mener au ~*** in Führung liegen

scories [skɔʀi] *fpl* CHIM, GEOL Schlacke *f*

scorpion [skɔʀpjɔ̃] *m* ZOOL Skorpion *m*

Scorpion [skɔʀpjɔ̃] *m* Skorpion *m; v. a.* **Balance**

scotch®[1] [skɔtʃ] *m sans pl (adhésif)* Tesafilm® *m*

scotch[2] [skɔtʃ] <es> *m (whisky)* Scotch *m*

scotcher [skɔtʃe] <1> **I.** *vt* kleben; *(pour fermer)* [mit Tesafilm] zukleben **II.** *vt (fig fam)* ***être scotché devant la télé*** vor dem Fernseher kleben [*o* hängen]

scout(e) [skut] **I.** *adj* Pfadfinder-; *fraternité* der Pfadfinder **II.** *m(f)* Pfadfinder(in) *m(f)*

scratcher [skʀatʃe] <1> *vi (fam)* scratchen

script [skʀipt] *m* ❶ CINE Drehbuch *nt;* THEAT Regiebuch *nt* ❷ *(écriture)* Druckschrift *f;* ***en ~*** in Druckschrift ❸ *(retranscription)* Skript *nt*

scripte [skʀipt] *f* Skriptgirl *nt*

scriptural(e) [skʀiptyʀal, o] <-aux> *adj* ❶ ECON bargeldlos; *monnaie* Buch- ❷ LING *compétence* schriftlich

scrotum [skʀɔtɔm] *m* ANAT Hodensack *m*

scrupule [skʀypyl] *m* ❶ *souvent pl (hésitation)* Skrupel *m;* ***avoir des ~s à faire qc*** Hemmungen haben etw zu tun; ***comprendre les ~s de qn*** jds Bedenken verstehen; ***être sans ~[s]*** keine Skrupel haben; ***un individu sans ~s*** ein skrupelloses Individuum ❷ *(souci)* ***~ d'exactitude*** Bemühen *nt* um Genauigkeit

scrupuleusement [skʀypyløzmɑ̃] *adv* peinlich genau

scrupuleux, -euse [skʀypylø, -øz] *adj* ❶ gewissenhaft; *honnêteté* absolut ❷ *(très honnête)* ehrlich

S

scrutateur, -trice [skʀytatœʀ, -tʀis] **I.** *adj* prüfend, forschend **II.** *m, f* POL Wahlhelfer(in) *m(f)* [bei der Stimmenauszählung]

scruter [skʀyte] <1> *vt* mit den Augen absuchen *horizon;* mit seinem Blick zu durchdringen suchen *pénombre;* prüfen *conscience*

scrutin [skʀytɛ̃] *m* Wahl *f;* ***~ majoritaire*** Mehrheitswahl

sculpter [skylte] <1> **I.** *vt* formen, schnitzen *bois;* mit Schnitzereien verzieren *meuble, objet en bois;* behauen *marbre, pierre;* ***~ qc dans du marbre*** etw in Marmor hauen **II.** *vi* bildhauerisch arbeiten, sich als Bildhauer betätigen

sculpteur, -euse [skyltœʀ, -øz] *m, f* Bildhauer(in) *m(f);* ***~ sur bois*** Holzschnitzer *m*

sculpture [skyltyʀ] *f* ❶ *(art)* ***la ~*** die Bildhauerei; ***la ~ sur pierre*** das Meißeln; ***la ~ sur bois*** die Holzschnitzerei ❷ *(statue)* Skulptur *f*

> **Aussprache**
> Das -p- wird in **sculpture** und verwandten Wörtern nicht gesprochen.

S.D.F. [ɛsdeɛf] *m, f abr de* **sans domicile fixe** Obdachlose(r) *f(m)*

SDN [ɛsdeɛn] *f abr de* **Société des Nations** Völkerbund *m*

se [sə] <*devant voyelle ou h muet* s'> *pron pers* ❶ sich; ***il/elle ~ voit dans le miroir*** er/sie sieht sich im Spiegel; ***il/elle ~ demande s'il/si elle a raison*** er/sie fragt sich, ob er/sie Recht hat ❷ *(l'un l'autre)* sich; ***ils/elles ~ suivent/font confiance*** sie folgen/vertrauen einander ❸ *avec les verbes pronominaux* sich; ***ils/elles ~ nettoient*** sie machen sich sauber; ***il/elle ~ nettoie les ongles*** er/sie macht sich *dat* die Nägel sauber; ***il/elle ~ fait couper les cheveux*** er/sie lässt sich *dat* die Haare schneiden

séance [seɑ̃s] *f* ❶ CINE, THEAT Vorstellung *f;* ***~ privée*** Privatvorführung *f* ❷ *(période)* Sitzung *f;* ***~ de gymnastique*** Turnstunde *f;* ***~ d'essais*** AUT Probefahrt *f;* ***~ de tir*** Schießübung *f;* ***~ de pose*** Modellsitzen *nt;* ***~ de spiritisme*** Séance *f* ❸ *(réunion)* Sitzung *f;* ***en ~*** in einer Sitzung; ***être en ~*** tagen; ***lever la ~*** die Sitzung aufheben; *(interrompre)* die Sitzung unterbrechen ❹ *(fam: scène)* Szene *f* ▶ ~ **tenante** unverzüglich

séant [seɑ̃] *m (soutenu)* Gesäß *nt*

séant(e) *v.* **seyant**

seau [so] <x> *m* Eimer *m;* ***un ~ d'eau*** ein Eimer Wasser; ***~ à glace*** Eiskübel *m;* ***~ de plage*** Sandeimer *m* ▶ **il pleut à ~x** *(fam)* es gießt wie aus Kübeln

SEBC [ɛsøbese] *m abr de* **Système européen de banques centrales** ESZB *nt*

sébum [sebɔm] *m* [Haut]talg *m*

sec [sɛk] **I.** *adv* ❶ *démarrer* ruckartig; *frapper* kräftig ❷ *boire* kräftig ▶ **aussi ~** *(fam)* sofort; *répondre* wie aus der Pistole geschossen **II.** *m* ***étang à ~*** ausgetrockneter Teich; ***mettre à ~*** trockenlegen; ***être à ~*** *(sans argent)* blank sein *fam;* ***mettre qc au ~*** etw ins Trockene bringen; ***tenir qc au ~*** etw trocken lagern

sec, **sèche** [sɛk, sɛʃ] *adj* ❶ trocken ❷ *figue* getrocknet; ***légumes ~s*** Hülsenfrüchte *Pl;* ***fruits ~s*** Dörrobst *nt;* ***raisins ~s*** Rosinen *Pl* ❸ *bras* dürr; *cheveu* spröde; *peau, toux* trocken ❹ *bruit, rire* kurz und heftig; *coup* rasch ❺ *personne* kurz angebunden; *refus* klar; *réponse, merci* knapp; *lettre* kühl; *ton* schroff; *cœur* hart ❻ *style* trocken ❼ SPORT *jeu, placage* hart ❽ *whisky, gin* pur ❾ *champagne, vin* trocken ❿ JEUX *atout, valet* blank

SECAM [sekam] *m abr de* **séquentiel à mémoire** SECAM *nt*

sécante [sekɑ̃t] *f* Sekante *f*

sécateur [sekatœʀ] *m* Gartenschere *f; (grand)* Heckenschere

sécession [sesesjɔ̃] *f* POL Abspaltung *f;* HIST Sezession *f*

séchage [seʃaʒ] *m* Trocknen *nt*

sèche [sɛʃ] *f (fam)* Glimmstängel *m fam*

sèche-cheveux [sɛʃʃəvø] *m inv* Föhn *m*

sèche-linge [sɛʃlɛ̃ʒ] *m inv* Wäschetrockner *m* **sèche-mains** [sɛʃmɛ̃] *m inv* Händetrockner *m*

sèchement [sɛʃmɑ̃] *adv démarrer* ruckartig; *frapper, tirer* hart; *refuser, répondre* schroff

sécher [seʃe] <5> **I.** *vt* ❶ *(rendre sec)* trocknen; *(en essuyant)* abtrocknen *personne, mains* ❷ *(fam: ne pas assister à)* schwänzen **II.** *vi* ❶ *(devenir sec)* trocknen; ***mettre le linge à ~*** die Wäsche zum Trocknen aufhängen ❷ *(se déshydrater) bois:* trocken werden; *plante, terre:* austrocknen; *fleur, fruits:* vertrocknen ❸ *(fam: ne pas savoir)* passen müssen; ***~ en math*** in Mathe alt aussehen **III.** *vpr* ***se ~*** sich abtrocknen; *(au soleil)* sich trocknen; ***se ~ les mains*** sich *dat* die Hände abtrocknen; ***se ~ les cheveux [avec un séchoir]*** sich *dat* die Haare föhnen

sécheresse [sɛʃʀɛs] *f* Trockenheit *f*

sèche-serviette [sɛʃsɛʀvjɛt] <sèche-serviettes> *m inv* Handtuchtrockner *m*

sécheuse [seʃøz] *f* CAN *(sèche-linge)* Wäschetrockner *m*

séchoir [seʃwaʀ] *m* Trockengestell *nt*

second [s(ə)gɔ̃] *m (dans une charade)* zweite Silbe; *v. a.* **cinquième**

second(e) [s(ə)gɔ̃, ɔ̃d] **I.** *adj antéposé* ❶ *(deuxième)* zweite(r, s); ***en ~ lieu*** dann ❷ *(qui n'a pas la primauté)* zweite(r, s); ***au ~ plan*** im Hintergrund; ***au ~ plan du tableau*** im Mittelgrund des Bildes; ***de ~ ordre*** unbedeutend ❸ *jeunesse, nature* zweite(r, s); *vie* neu **II.** *m(f)* ***le/la ~(e)*** der/die/das Zweite

> **Aussprache**
> Das -c- wird in **second(e)** und verwandten Wörtern als [g] gesprochen.

secondaire [s(ə)gɔ̃dɛʀ] **I.** *adj* ❶ *action, rôle* Neben-; *détail* nebensächlich; ***ne jouer qu'un rôle ~ dans une affaire*** in einer Sache nur eine untergeordnete Rolle spielen ❷ SCOL ***l'enseignement ~*** der Unterricht an weiterführenden Schulen ❸ MED ***effets ~s*** Nebenwirkungen *Pl* ❹ ECON *secteur* sekundär **II.** *m* SCOL ***le ~*** die weiterführende Schule; *(au lycée)* die Gymnasialstufe

seconde [s(ə)gɔ̃d] *f* ❶ *(unité de temps)* Sekunde *f;* GEOM, MUS Sekunde ❷ *(temps très court)* Augenblick *m;* ***patienter deux ~s*** sich einen Moment gedulden; ***une ~, j'arrive!*** Sekunde, ich komme! ❸ *(vitesse)* zweiter Gang ❹ SCOL ≈ zehnte Klasse ❺ TRANSP zweite Klasse; ***billet de ~*** Fahrkarte *f*/Flugticket *nt* zweiter Klasse

secondement [s(ə)gɔ̃dmɑ̃] *adv* zweitens

seconder [s(ə)gɔ̃de] <1> *vt* ***~ qn dans son travail*** jdm bei einer Arbeit zur Hand gehen; ***être secondé par qn*** von jdm unterstützt werden

secouer [s(ə)kwe] <1> **I.** *vt* ❶ *(agiter)* schütteln; *(pour débarrasser)* ausschütteln *nappe, tapis;* ***~ qn [pour le réveiller]*** jdn wachrütteln; ***~ la poussière de la veste*** den Staub von der Jacke schütteln ❷ *(ballotter) explosion, bombardement:* erschüttern; *autobus, avion:* durchrütteln *personne;* hin und her schütteln *arbre, embarcation* ❸ *(traumatiser) émotion:* erschüttern; *deuil, maladie:* mitnehmen ▶ **il n'en a rien à ~ de qc** *(fam)* etw ist ihm total egal **II.** *vpr* **se ~** *(fam)* ❶ *(s'ébrouer)* sich schütteln ❷ *(réagir)* sich aufraffen

secourable [s(ə)kuʀabl] *adj* hilfreich; ***tendre une main ~ à qn*** jdm seine Hilfe anbieten

secourir [s(ə)kuʀiʀ] <irr> *vt* ***~ qn*** jdm Hilfe leisten

secourisme [s(ə)kuʀism] *m* Erste Hilfe; ***faire du ~*** beim Rettungsdienst arbeiten

secouriste [s(ə)kuʀist] *mf* Sanitäter(in) *m(f)*

secours [s(ə)kuʀ] *m* ❶ *(sauvetage)* Erste Hilfe; *(organisme)* Rettungsdienst *m; (en montagne)* Bergwacht *f;* ***les ~*** die Rettungsmannschaft; ***donner les premiers ~ aux accidentés*** den Unfallopfern Erste Hilfe leisten ❷ *(aide)* Hilfe *f;* ***appeler qn à***

S

son ~ jdn zu Hilfe rufen; ***porter*** [*o* ***prêter***] ***~ à qn*** jdm Hilfe leisten; ***aller*** [*o* ***courir***]/ ***voler au ~ de qn/qc*** jdm/einer S. zu Hilfe kommen/eilen; ***au ~!*** [zu] Hilfe!; ***sortie de ~*** Notausgang *m* ❸ *(subvention)* Unterstützung *f*

secousse [s(ə)kus] *f* ❶ *(choc)* Stoß *m;* ***par ~s*** stoßweise ❷ POL Erschütterung *f*

secret [səkʀɛ] *m* ❶ *(cachotterie)* Geheimnis *nt;* ***~ d'alcôve*** Bettgeheimnis; ***~ de Polichinelle*** *(fam)* offenes Geheimnis; ***garder un ~*** ein Geheimnis wahren; ***ne pas avoir de ~ pour qn*** vor jdm kein Geheimnis haben ❷ *sans pl (confidentialité)* Verschwiegenheit *f;* ***le ~ médical/professionnel*** die ärztliche Schweigepflicht/das Berufsgeheimnis; ***~ de la confession*** Beichtgeheimnis *nt;* ***garder le ~ sur qc*** [*o* ***de qc***] etw geheim halten ❸ POL ***~ défense*** Militärgeheimnis *nt* ▸ **être dans le ~ des dieux** zu den Eingeweihten gehören; **l'astrologie n'a plus de ~ pour elle** sie weiß alles über die Astrologie; **être dans le ~/dans le ~ de qn** zu den Eingeweihten/zu jds Eingeweihten gehören; **mettre qn dans le ~** jdn in das Geheimnis einweihen; **cadenas/serrure à ~** Kombinationsschloss *nt;* **les personnes qui sont dans le ~** die Eingeweihten; **en [grand] ~** [ganz] im Geheimen

secret, -ète [səkʀɛ, -ɛt] *adj* ❶ *agent, service, code* Geheim-; *ennemi* versteckt; *blessure* unsichtbar; *vice* heimlich; ***garder qc ~*** etw geheim halten ❷ *(soutenu: renfermé)* verschlossen

secrétaire [s(ə)kʀetɛʀ] **I.** *mf* ❶ Sekretär(in) *m(f);* ***~ médical*** Sprechstundenhilfe *f* ❷ *(fonction)* ***~ général d'un institut*** Generalsekretär *m* eines Instituts; ***~ général des Nations Unies*** UNO-Generalsekretär *m* **II.** *m* Sekretär *m;* ***~ de direction*** Chefsekretär *m;* ***~ de mairie*** Stadtdirektor *m;* ***~ de séance*** Protokollführer *m;* ***~ d'État aux Affaires étrangères/à la Guerre*** Staatssekretär *m* im Auswärtigen Amt/im Kriegsministerium

secrétariat [s(ə)kʀetaʀja] *m* ❶ *(service administratif)* Sekretariat *nt;* ***~ général des Nations Unies*** Generalsekretariat der Vereinten Nationen; ***~ d'État/de direction*** Staats-/Chefsekretariat ❷ *(fonction officielle)* Amt *nt* des Sekretärs ❸ *(emploi de secrétaire: pour un homme)* Sekretärberuf *m; (pour une femme)* Sekretärinnenberuf *m* ❹ *(bureau)* Sekretariat *nt*

Secrète [səkʀɛt] *f (fam)* Geheimpolizei *f*

secrètement [səkʀɛtmɑ̃] *adv agir, informer* heimlich; *désirer, espérer* insgeheim

sécréter [sekʀete] <5> *vt* ❶ ANAT absondern ❷ *(engendrer)* führen zu, nach sich ziehen

sécrétion [sekʀesjɔ̃] *f* ❶ *(action de sécréter)* Sekretion *f;* ***glande à ~ interne*** innersekretorische Drüse ❷ *(substance)* Absonderung *f,* Sekret *nt;* ***~ bronchiale*** Bronchialsekret

sectaire [sɛktɛʀ] *adj* sektiererisch

sectarisme [sɛktaʀism] *m* Sektierertum *nt*

secte [sɛkt] *f* ❶ *(groupe organisé)* Sekte *f* ❷ *(péj: clan)* Klüngel *m*

secteur [sɛktœʀ] *m* ❶ *(domaine)* Bereich *m;* ***~ d'économie*** Wirtschaftszweig *m;* ***~ d'activité*** Betätigungsfeld *nt* ❷ ADMIN, POL Bezirk *m;* MIL ***~ de recrutement*** Einzugsgebiet *nt;* ***~ sauvegardé*** Schutzgebiet *nt* ❸ ELEC Netz *nt;* ***panne de ~*** Netzausfall *m* ❹ ECON *primaire, secondaire, tertiaire* Sektor *m* ❺ *(coin)* Gegend *f*

section [sɛksjɔ̃] *f* ❶ ADMIN, POL Abschnitt *m; d'une voie ferrée* Streckenabschnitt; *d'un parcours* Teilstrecke *f;* TRANSP Zone *f* ❷ *(branche)* JUR Abteilung *f;* SCOL Fachrichtung *f* ❸ *(groupe)* ***~ d'un syndicat*** Gewerkschaftsgruppe *f;* MIL Zug *m;* ***~s spéciales*** Sondereinheiten *Pl* ❹ MED Durchtrennung *f*

sectionnement [sɛksjɔnmɑ̃] *m* Durchtrennung *f*

sectionner [sɛksjɔne] <1> **I.** *vt* ❶ *(couper)* durchtrennen *artère, fil;* ***il a eu trois doigts sectionnés*** ihm wurden drei Finger abgetrennt ❷ *(subdiviser)* aufteilen *circonscription, groupe* **II.** *vpr* ***se ~*** *câble, fil:* reißen

sectoriel(le) [sɛktɔʀjɛl] *adj* ADMIN, POL nach Sektoren; *revendications* branchenbedingt

sectorisation [sɛktɔʀizasjɔ̃] *f* ADMIN, POL Aufteilung *f* [in Bezirke]; *d'un projet, de revendications* Aufspaltung *f*

sectoriser [sɛktɔʀize] <1> *vt* in Gebiete aufteilen, nach Gebieten organisieren *prospection commerciale*

sécu [seky] *f (fam) abr de* **Sécurité sociale** *staatliche Sozial- und Krankenversicherung*

séculaire [sekylɛʀ] *adj* jahrhundertealt

sécularisation [sekylaʀizasjɔ̃] *f* Säkularisierung *f*

séculier, -ière [sekylje, -jɛʀ] *adj* weltlich; *clergé* Welt-

secundo [səgɔ̃do] *adv* zweitens

sécurisant(e) [sekyʀizɑ̃, ɑ̃t] *adj atmos-*

phère, climat der Sicherheit *gen,* der Geborgenheit *gen; **être** ~* beruhigend sein

sécuriser [sekyʀize] <1> *vt ~ **qn*** jdm ein Gefühl der Sicherheit geben; ***ne pas se sentir très sécurisé*** sich nicht sehr sicher fühlen

sécurité [sekyʀite] *f* ❶ *(opp: danger)* Sicherheit *f;* ***règles de*** ~ Sicherheitsvorschriften *Pl;* ***conseils de*** ~ Sicherheitshinweise *Pl;* ***être en*** ~ in Sicherheit sein ❷ *(sentiment)* Sicherheit *f;* ***se sentir en*** ~ sich sicher fühlen ❸ POL, ECON ~ ***de l'emploi*** sicherer Arbeitsplatz; ***la ~ de l'emploi n'est pas assurée*** die Sicherheit des Arbeitsplatzes ist nicht gewährleistet; ~ ***civile*** Zivilschutz *m;* ~ ***publique*** öffentliche Sicherheit; ~ ***routière*** Sicherheit *f* auf den Straßen; ***Sécurité sociale*** *staatliche Sozial- und Krankenversicherung* ❹ HIST ~ ***d'État*** Stasi *f fam,* Staatssicherheit *f* ▶ **jouer la** ~ auf Nummer sicher gehen *fam;* **en toute** ~ in aller Ruhe, ganz beruhigt

sédatif [sedatif] *m* Beruhigungsmittel *nt; (qui calme la douleur)* schmerzstillendes Mittel

sédentaire [sedɑ̃tɛʀ] *adj* sesshaft; *profession, travail* ortsgebunden

sédentariser [sedɑ̃taʀize] <1> *vpr **se** ~* sesshaft werden

sédentarité [sedɑ̃taʀite] *f* Sesshaftigkeit *f*

sédiment [sedimɑ̃] *m* GEOL Ablagerung *f,* Sediment *nt*

sédimentaire [sedimɑ̃tɛʀ] *adj* sedimentär; *roche* Schicht-, Sediment-

sédimentation [sedimɑ̃tasjɔ̃] *f* GEOL Ablagerung *f,* Sedimentation *f*

séditieux, -euse [sedisjø, -jøz] *(soutenu)* **I.** *adj* aufrührerisch; *troupes* aufständisch **II.** *m, f* Aufrührer(in) *m(f)*

sédition [sedisjɔ̃] *f (soutenu)* Aufruhr *m,* Aufstand *m*

séducteur, -trice [sedyktœʀ, -tʀis] **I.** *adj* verführerisch; ***manœuvres séductrices*** Verführungskünste *Pl* **II.** *m, f* Verführer(in) *m(f); (qui séduit par son talent)* Verführungskünstler *m*

séduction [sedyksjɔ̃] *f* ❶ *(pouvoir de séduire)* verführerischer Charme; *(par le talent)* Verführungskunst *f;* ***un discours plein de ~*** eine Rede voller Überzeugungskraft; ***succomber à la ~ de qn*** jdm nicht widerstehen können ❷ *(attrait)* Reiz *m; du pouvoir, de la richesse* Verlockung *f*

séduire [sedɥiʀ] <irr> **I.** *vt* ❶ *(tenter)* verführen; ***être séduit*** verführt sein; *(fig)* hingerissen sein; ~ ***qn avec des propositions alléchantes*** jdn mit verführerischen Vorschlägen locken ❷ *(plaire à)* überzeugen *personne; pièce:* begeistern *personne;* ***être séduit par une idée*** von einer Idee angetan sein **II.** *vi* bezaubern

séduisant(e) [sedɥizɑ̃, ɑ̃t] *adj* verführerisch; *personne* anziehend; *projet, proposition* verlockend; *style* ansprechend; *éloquence* hinreißend

segment [sɛgmɑ̃] *m* ❶ GEOM Segment *nt,* Abschnitt *m* ❷ COM ~ ***de marché*** Marktsegment *nt*

segmentation [sɛgmɑ̃tasjɔ̃] *f* ❶ *(littér: fractionnement)* Gliederung *f,* Aufteilung *f* ❷ BIO Segmentation *f* ❸ ECON *marché* Segmentierung *f*

segmenter [sɛgmɑ̃te] <1> *vt* gliedern *sujet;* aufteilen *surface;* ~ ***en plusieurs parties*** in mehrere Teile gliedern

ségrégation [segʀegasjɔ̃] *f* Trennung *f*

ségrégationniste [segʀegasjɔnist] **I.** *adj* segregationistisch *geh; politique, problème* der Rassentrennung; *manifestation* zugunsten der Rassentrennung; *troubles* infolge der Rassentrennung; *idée, article, journal* rassistisch **II.** *mf* Befürworter(in) *m(f)* der Rassentrennung

seiche [sɛʃ] *f* ZOOL Tintenfisch *m*

séide [seid] *m (soutenu)* fanatischer Anhänger *m/*fanatische Anhängerin *f*

seigle [sɛgl] *m* Roggen *m*

seigneur [sɛɲœʀ] *m* ❶ HIST [adeliger] Herr *m* ❷ REL ***le Seigneur*** der Herr

seigneurie [sɛɲœʀi] *f* ❶ *(fief)* herrschaftliches Gebiet *nt* ❷ *(pouvoir)* Lehnsherrschaft *f*

sein [sɛ̃] *m* ANAT Brust *f;* ***donner le ~ à un enfant, nourrir un enfant au ~*** einem Kind die Brust geben

Seine [sɛn] *f **la** ~* die Seine

séisme [seism] *m* Erdbeben *nt; (fig)* Erschütterung *f*

seize [sɛz] **I.** *num* sechzehn **II.** *m inv* Sechzehn *f; v. a.* **cinq**

seizième [sɛzjɛm] **I.** *adj antéposé* sechzehnte(r, s) **II.** *mf **le/la** ~* der/die/das Sechzehnte **III.** *m* ❶ *(fraction)* Sechzehntel *nt* ❷ SPORT ~ ***de finale*** Ausscheidungsrunde *f* zum Achtelfinale; *v. a.* **cinquième**

séjour [seʒuʀ] *m* ❶ *(fait de séjourner)* Aufenthalt *m; (vacances)* Urlaub *m* ❷ *(salon)* Esszimmer *nt* ❸ JUR ***être interdit de*** ~ Aufenthaltsverbot haben

séjourner [seʒuʀne] <1> *vi* sich aufhalten; ~ ***quelque temps à l'hôtel*** einige Zeit im Hotel wohnen

S

sel [sɛl] *m* ❶ GASTR Salz *nt;* ~ ***de cuisine/table*** Speise-/Tafelsalz; ***gros*** ~ grobes Salz; ***sans*** ~ salzlos ❷ CHIM Salz *nt;* ***~s de bain*** Badesalz *nt;* ***les ~s*** das Riechsalz; ~ ***gemme*** Steinsalz ❸ *(piquant)* Würze *f; d'une histoire* Witz *m* ▶ **ne pas manquer de** ~ *histoire, remarque:* es in sich *dat* haben *fam*

sélect(e) [selɛkt] *adj (fam)* exklusiv; *clientèle* [aus]erlesen; *club* nobel; *gens* vornehm, piekfein *fam*

sélectif, -ive [selɛktif, -iv] *adj* selektiv; ***collecte sélective des déchets*** getrennte Müllabfuhr; ***recrutement*** ~ Auswahlverfahren *nt*

sélection [selɛksjɔ̃] *f* ❶ *(fait de choisir)* Auswahl *f;* SPORT [Spieler]auswahl; *(joueur sélectionné)* Auswahlspieler *m; (équipe sélectionnée)* Auswahl[mannschaft *f*]; ***faire une*** ~ eine Auswahl treffen ❷ *(choix avec règles et critères)* Auswahlverfahren *nt;* ***critères de*** ~ Auswahlkriterien *Pl;* ***match de*** ~ Ausscheidungsspiel *nt;* ***test*** [*o* ***épreuve***] ***de*** ~ Eignungstest *m;* ***bouton de*** ~ TECH Wählknopf *m* ❸ ZOOL, BIO Selektion *f;* ~ ***naturelle*** natürliche Auslese

sélectionné(e) [selɛksjɔne] *m(f)* SPORT Auswahlspieler(in) *m(f)*

sélectionner [selɛksjɔne] <1> *vt* ❶ *(choisir)* auswählen, aufstellen *joueur;* ~ ***des élèves*** eine Auswahl unter den Schülern treffen ❷ INFORM anklicken, auswählen

sélectionneur, -euse [selɛksjɔnœʀ, -øz] *m, f* Eignungsprüfer(in) *m(f);* SPORT ≈ Bundestrainer(in) *m(f) (der/die die Mannschaftsaufstellung vornimmt)*

sélectivement [selɛktivmɑ̃] *adv* selektiv; ***classer des livres*** ~ beim Ordnen der Bücher eine Auswahl treffen

sélectivité [selɛktivite] *f* TECH Trennschärfe *f*

S

self [sɛlf] *m (fam)* Selbstbedienungsrestaurant *nt*

self-control [sɛlfkɔ̃tʀol] <self-controls> *m* Selbstbeherrschung *f*

selfie [sɛlfi] *m* Selfie *nt;* ***la perche à*** ~ der Selfiestick

self-service [sɛlfsɛʀvis] <self-services> *m* Selbstbedienung *f; (magasin)* Selbstbedienungsladen *m; (restaurant)* Selbstbedienungsrestaurant *nt*

selle [sɛl] *f* ❶ *(siège)* Sattel *m* ❷ GASTR Rücken *m* ❸ *(matières fécales)* ***~s*** Stuhl[gang] *m*

sellerie [sɛlʀi] *f* ❶ Sattelzeug *nt* ❷ *(local)* Sattelraum *m* ❸ *(profession)* Sattlerei *f*

sellette [sɛlɛt] *f* ***mettre qn sur la*** ~ jdn auf die Anklagebank bringen

sellier, -ière [selje, -jɛʀ] *m, f* Sattler(in) *m(f)*

selon [s(ə)lɔ̃] *prép* ❶ *(conformément à)* ~ ***votre volonté/les instructions*** gemäß Ihrem Wunsch/den Anweisungen ❷ *(en fonction de)* ~ ***l'humeur*** je nach Laune; ~ ***leur âge et leur taille*** nach Alter und Größe; ~ ***mes moyens*** soweit es meine finanziellen Mittel erlauben; ***c'est*** ~ *(fam)* es kommt darauf an ❸ *(d'après)* ~ ***les journaux*** den Zeitungen zufolge; ~ ***moi*** meines Erachtens

semailles [s(ə)mɑj] *f pl* Aussaat *f,* Säen *nt;* ~ ***d'hiver*** Wintersaat *f*

semaine [s(ə)mɛn] *f* ❶ *(sept jours)* Woche *f;* ***la*** ~ ***de trente-cinq heures*** die Fünfunddreißigstundenwoche; ***la*** ~ ***du blanc*** die weiße Woche; ***à la*** ~ wochenweise; ***en*** ~ unter der Woche ❷ REL ~ ***sainte*** Karwoche *f* ▶ **la ~ des quatre jeudis** *(fam)* Sankt Nimmerleinstag *m*

semainier [s(ə)menje] *m* ❶ *(agenda)* Terminplaner [mit Wocheneinteilung] *m* ❷ *(meuble)* Semainier *m (Wäschetruhe mit sieben Fächern)*

sémantique [semɑ̃tik] **I.** *adj* semantisch; ***champ*** ~ Wortfeld *nt* **II.** *f* Semantik *f*

semblable [sɑ̃blabl] **I.** *adj* ❶ *(pareil)* solche(r, s); *objets, personnes* gleich; ***rien de*** ~ nichts Derartiges ❷ *antéposé (tel)* so ein(e); ***une*** ~ ***désinvolture*** so eine Frechheit ❸ *(ressemblant)* ähnlich; ~ ***à qn/qc*** jdm/einer S. ähnlich **II.** *mf* ❶ *(prochain)* Mitmensch *m* ❷ *(congénère)* ***mon/ton/son*** ~ meines-/deines-/seines-/ihresgleichen; ***toi et tes ~s*** *(péj)* du und deinesgleichen

semblant [sɑ̃blɑ̃] *m* ***un*** ~ ***de jardin*** so etwas [Ähnliches] wie ein Garten; ***un*** ~ ***de bonheur*** ein Anflug von Glück; ***un*** ~ ***de vérité*** ein Hauch von Wahrheit; ***retrouver un*** ~ ***de calme*** etwas Ruhe genießen können ▶ **être des faux ~s** der Schein trügt; **faire ~ de dormir** so tun, als würde man schlafen; **elle ne pleure pas: elle fait juste ~!** sie weint nicht [wirklich], sie tut nur so [als ob]!; **faire ~ de rien** *(fam)* so tun, als wäre nichts gewesen

sembler [sɑ̃ble] <1> **I.** *vi* ~ ***préoccupé*** besorgt zu sein scheinen; ***tu me sembles nerveux*** mir scheint, du bist nervös **II.** *vi impers* ❶ *(paraître)* ***il semble que la situation s'est*** [*o* ***se soit***] ***aggravée*** es sieht ganz so aus, als habe sich die Lage verschlimmert; ***il semblerait que*** +*subj* allem Anschein nach ❷ *(avoir l'impression de)* ***il me***

semble bien vous avoir déjà rencontré ich habe das Gefühl, Ihnen schon einmal begegnet zu sein ❸ *(paraître)* ***il me semble, à ce qu'il me semble*** [wie] mir scheint; ***semble-t-il*** wie es scheint

semelle [s(ə)mɛl] *f* Sohle *f;* ***~ de cuir*** Ledersohle *f;* ***~ intérieure*** Einlage *f* ▸ **être de la** [**vraie**] **~** *bifteck, escalope:* zäh wie Leder sein; **ne pas avancer d'une ~** keinen Schritt vorwärtskommen; **ne pas céder** [*o* **reculer**] **d'une ~** keinen Fußbreit zurückweichen; **ne pas lâcher** [*o* **quitter**] **qn d'une ~** jdm auf Schritt und Tritt folgen

semence [s(ə)mɑ̃s] *f* ❶ AGR Saat *f,* Saatgut *nt;* ***~ de blé*** Weizensaat ❷ *(sperme)* Samen *m*

semer [s(ə)me] <4> **I.** *vi* säen **II.** *vt* ❶ AGR [aus]säen *graines;* einsäen *jardin, champ;* ***cette plate-bande est semée de pensées*** in diesem Beet sind Stiefmütterchen gesät ❷ *(propager)* säen *discorde, zizanie;* verbreiten *terreur, panique* ❸ *(truffer)* ***~ un texte de citations*** einen Text mit Zitaten spicken; ***être semé de difficultés*** voller Schwierigkeiten sein ❹ *(se débarrasser de)* abhängen *fam*

semestre [s(ə)mɛstʀ] *m* Halbjahr *nt;* UNIV Semester *nt;* ***par ~*** halbjährlich

semestriel(le) [s(ə)mɛstʀijɛl] *adj assemblée* halbjährlich; *bulletin* Halbjahres-; *revue* halbjährlich erscheinend

semestriellement [s(ə)mɛstʀijɛlmɑ̃] *adv* halbjährlich, alle sechs Monate

semi-automatique [səmiɔtɔmatik] <semi-automatiques> *adj* halbautomatisch **semi-circulaire** [səmisiʀkylɛʀ] <semi-circulaires> *adj* halbrund **semi-conducteur** [s(ə)mikɔ̃dyktœʀ] <semi-conducteurs> *m* Halbleiter *m* **semi-liberté** [səmilibɛʀte] <semi-libertés> *f* überwachte Freiheit

sémillant(e) [semijɑ̃, jɑ̃t] *adj (hum soutenu)* sprühend, lebhaft

séminaire [seminɛʀ] *m* Seminar *nt*

semi-remorque [səmiʀ(ə)mɔʀk] <semi-remorques> **I.** *m* Sattelschlepper *m* **II.** *f (remorque)* Auflieger *m*

semis [s(ə)mi] *m* ❶ *pl* Säen *nt,* Aussaat *f; (plants)* Sämlinge *Pl* ❷ *(motif décoratif)* Streumuster *nt*

sémite [semit] *adj* semitisch

Sémite [semit] *mf* Semit(in) *m(f)*

sémitique [semitik] *adj* semitisch

semi-voyelle [səmivwajɛl] <semi-voyelles> *f* LING Halbvokal *m*

semonce [səmɔ̃s] *f* Warnung *f;* ***coup de ~*** Warnschuss *m*

semoule [s(ə)mul] **I.** *f* GASTR Grieß *m* ▸ **pédaler dans la ~** *(fam)* nur Bahnhof verstehen; *police, enquêteurs:* im Dunkeln tappen **II.** *app sucre* Streu-

sempiternel(le) [sɑ̃pitɛʀnɛl] *adj antéposé* ewig; *chapeau, costume* unvermeidlich

sempiternellement [sɑ̃pitɛʀnɛlmɑ̃] *adv* immer und ewig

sénat [sena] *m* POL, HIST Senat *m;* ***le Sénat*** der Senat; *(bâtiment)* das Senatsgebäude

> **Land und Leute**
> Der **Sénat** ist die zweite Kammer des französischen Parlaments. Sein Sitz ist das *Palais du Luxembourg* in Paris. Er setzt sich aus 347 Senatoren zusammen, die für sechs Jahre in indirekter Wahl bestimmt werden. Ein neues Gesetz kann nur mit Zustimmung der beiden Kammern – der *Assemblée nationale* und des **Sénat** – verabschiedet werden. Der **Sénat** vertritt die Interessen der Gebietskörperschaften und wacht über die Verfassung.

sénateur, -trice [senatœʀ, -tʀis] *m, f* Senator(in) *m(f)*

sénatorial(e) [senatɔʀjal, jo] <-aux> *adj dignité* Senatoren-; *élections* Senats-; *prérogatives* senatorisch

sénatoriales [senatɔʀjal] *f pl* Senatswahlen *Pl*

sénatus-consulte [senatyskɔ̃sylt] <sénatus-consultes> *m* HIST Senatsbeschluss *m*

Sénégal [senegal] *m* ***le ~*** der Senegal

sénégalais(e) [senegalɛ, ɛz] *adj* senegalesisch

Sénégalais(e) [senegalɛ, ɛz] *m(f)* Senegalese *m*/Senegalesin *f*

sénile [senil] *adj* altersschwach; MED *atrophie, démence* Alters-

sénilité [senilite] *f* Altersschwäche *f; (péj: débilité)* Senilität *f geh*

senior [senjɔʀ] **I.** *adj équipe* Senioren- **II.** *mf* ❶ *(sportif plus âgé)* Senior(in) *m(f)* ❷ *(vieillard)* ***les ~s*** die älteren Herrschaften

sens[1] [sɑ̃s] *m (signification)* Sinn *m;* ***à double ~*** doppeldeutig; ***au ~ large/figuré*** im weiteren/übertragenen Sinn; ***être dépourvu de tout ~*** [*o* ***n'avoir aucun ~***] völlig unsinnig sein; ***être plein de ~*** sehr sinnvoll sein

S

Aussprache
Gleich welche Bedeutung das Wort **sens** hat, das -s am Ende wird immer stimmlos gesprochen.

sens[2] [sɑ̃s] *m* ❶ *(direction)* Richtung *f;* ~ ***de la marche/flèche*** Fahrt-/Pfeilrichtung; ***dans le ~ contraire*** andersherum; ***dans le ~ de la longueur*** der Länge nach; ***dans le ~ des aiguilles d'une montre*** im Uhrzeigersinn; ***dans tous les ~*** hin und her; ***partir dans tous les ~*** sich in alle Richtungen zerstreuen; ***en ~ inverse*** umgekehrt; ***aller/rouler en ~ inverse*** in die entgegengesetzte Richtung fahren; ***revenir en ~ inverse*** umkehren; ***caresser dans le ~ du poil*** mit dem Strich streicheln ❷ *(idée)* Sinn *m;* ***dans le ~ de qn/qc*** in jds Sinn *dat*/im Sinn einer S. *gen;* ***aller dans le même ~*** dasselbe Ziel verfolgen; ***aller dans le ~ d'un compromis*** auf einen Kompromiss hinauslaufen; ***aller dans le bon ~*** *personne:* auf dem richtigen Weg sein; ***aller dans le ~ de l'Histoire*** folgerichtig sein; ***donner des ordres dans ce ~*** in diesem Sinne Anweisungen geben ❸ AUT ~ ***giratoire*** Kreisverkehr *m;* ~ ***unique*** Einbahnstraße *f;* ~ ***interdit*** Einbahnstraße *f; (panneau)* Durchfahrtsverbot *nt;* ***rouler en ~ interdit*** in verbotener Fahrtrichtung fahren ► ~ **dessus dessous** völlig durcheinander; ***tout va ~ dessus dessous*** alles geht drunter und drüber *fam;* ***mettre qc ~ dessus dessous*** etw völlig durcheinanderbringen; **raisonnements à ~ unique** eingleisige Überlegungen; **en ce ~ que ...** insofern als ...; **en un [certain] ~** in gewissem Sinn

sens[3] [sɑ̃s] *m* ❶ ANAT Sinn *m* ❷ *(sensualité)* ***les ~*** die Sinne ❸ *(aptitude)* ~ ***moral*** Moralgefühl *nt;* ~ ***pratique*** Sinn *m* für das Praktische; ***avoir le ~ du rythme*** musikalisch sein; ~ ***de l'équilibre*** Gleichgewichtssinn *m;* ~ ***de l'humour*** Sinn *m* für Humor; ~ ***de l'orientation*** Orientierungssinn *m;* ~ ***de la répartie*** Schlagfertigkeit *f;* ***avoir le ~ de la répartie/la musique*** schlagfertig/musikalisch sein; ***avoir le ~ des réalités*** realistisch denken ❹ *(sagesse, raison)* ***bon ~, ~ commun*** gesunder Menschenverstand *m* ► **reprendre ses ~** wieder zur Besinnung kommen; **tomber sous le ~** sich von selbst verstehen; **à mon ~** meines Erachtens

S

sensas[s] [sɑ̃sɑs] *adj inv (fam) abr de* **sensationnel**

sensation [sɑ̃sasjɔ̃] *f* Empfindung *f; (émotion)* Gefühl *nt;* ***avoir une ~ de chaleur*** sich [unnormal] heiß fühlen; ~ ***de brûlure*** Art *f* Brennen; ~ ***de bien-être*** wohliges Gefühl; ~ ***de malaise*** unangenehmes Gefühl ► **~s fortes** Nervenkitzel *m;* **faire ~** Aufsehen erregen; **presse à ~** Sensationspresse *f;* **roman/film à ~** reißerischer Roman/Film

sensationnalisme [sɑ̃sasjɔnalism] *m* Sensationsgier *f*

sensationnaliste [sɑ̃sasjɔnalist] *adj* sensationsgierig

sensationnel [sɑ̃sasjɔnɛl] *m* Sensation *f*

sensationnel(le) [sɑ̃sasjɔnɛl] *adj* ❶ *(extraordinaire)* sensationell ❷ *(fam: super)* sagenhaft

sensé(e) [sɑ̃se] *adj* vernünftig

sensibilisation [sɑ̃sibilizasjɔ̃] *f* ~ ***à qc*** Sensibilisierung *f* für etw

sensibiliser [sɑ̃sibilize] <1> *vt* ~ ***qn à [o sur] qc*** jdn für etw sensibilisieren; ***être sensibilisé à qc*** für etw empfänglich sein

sensibilité [sɑ̃sibilite] *f* ❶ PSYCH *d'une personne* Sensibilität *f;* ***être d'une grande ~*** sehr sensibel sein ❷ ANAT Sensibilität *f;* ***être d'une extrême ~*** äußerst empfindlich sein; ~ ***au froid*** Kälteempfindlichkeit *f*

sensible [sɑ̃sibl] *adj* ❶ *(émotif)* sensibel, empfindsam ❷ *(opp: indifférent)* ~ ***aux attentions*** empfänglich für Aufmerksamkeiten ❸ *(fragile)* empfindlich; ***être très ~ de la gorge*** einen empfindlichen Hals haben; ~ ***au froid*** kälteempfindlich ❹ *(perceptible)* spürbar; *goût, odeur* deutlich ❺ *odorat, ouïe* fein ❻ *(délicat)* heikel; ***point ~*** wunder Punkt ❼ PHILOS fühlend; ***univers/monde ~*** Sinnenwelt *f* ❽ *(difficile) quartier* sozial schwierig

sensiblement [sɑ̃sibləmɑ̃] *adv* deutlich

sensiblerie [sɑ̃sibləʀi] *f* Überempfindsamkeit *f,* Gefühlsduselei *f*

sensitif, -ive [sɑ̃sitif, -iv] *adj faculté* Empfindungs-; *nerf* sensibel, Empfindungs-

sensoriel(le) [sɑ̃sɔʀjɛl] *adj vie, organe, nerf* Sinnes-; *éducation* der Sinne; *information* sensorisch

sensualité [sɑ̃sɥalite] *f* Sinnlichkeit *f*

sensuel(le) [sɑ̃sɥɛl] *adj* sinnlich

sentence [sɑ̃tɑ̃s] *f* ❶ JUR Urteil *nt* ❷ *(adage)* Sinnspruch *m*

sentencieux, -euse [sɑ̃tɑ̃sjø, -jøz] *adj langage, style, ton* sentenziös *geh; personne* schulmeisterlich

senteur [sɑ̃tœʀ] *f (soutenu)* Duft *m*, Wohlgeruch *m geh*

senti(e) [sɑ̃ti] *adj* ***un discours bien ~*** treffende Worte; ***vérité bien ~e*** bittere Wahrheit

sentier [sɑ̃tje] *m* [Fuß]weg *m;* ***~ de grande randonnée*** Hauptwanderweg ▶ **sortir des ~s battus** neue Wege gehen

sentiment [sɑ̃timɑ̃] *m* ❶ *(émotion)* Gefühl *nt;* ***~ de culpabilité*** Schuldgefühl *nt;* ***~ de fierté*** Stolz *m;* ***~ de tendresse*** zärtliches Gefühl ❷ *(sensibilité)* Gefühl *nt* ❸ *(conscience)* ***~ de sa valeur*** Selbstwertgefühl *nt* ❹ *(impression)* Meinung *f;* ***le ~ d'être un raté*** das Gefühl ein Versager zu sein ❺ *pl (formule de politesse)* ***mes meilleurs ~s*** meine besten Grüße; ***veuillez agréer l'assurance de mes ~s distingués*** mit freundlichen Grüßen; ***veuillez agréer l'assurance de mes ~s respectueux, veuillez croire à mes ~s dévoués*** hochachtungsvoll ❻ *pl (tendance)* Gefühle *Pl;* ***avoir de bons/mauvais ~s à l'égard de qn*** jdm wohl-/übelgesonnen sein ▶ **partir d'un bon ~** gut gemeint sein; **grands ~s** Gefühlskitsch *m;* **revenir à de meilleurs ~s** zur Einsicht kommen; **déborder de grands ~s** vor Schmalz triefen *fam;* **prendre qn par les ~s** jdn von der Gefühlsseite her anpacken

sentimental(e) [sɑ̃timɑ̃tal, -o] <-aux> **I.** *adj* ❶ *nature, personne* gefühlsbetont ❷ *problème, vie* Liebes- ❸ *attachement, réaction, valeur* gefühlsmäßig ❹ *(péj: avec sensibilité)* sentimental; *film* schnulzig *fam* **II.** *m(f)* Gefühlsmensch *m*

sentimentalement [sɑ̃timɑ̃talmɑ̃] *adv* vom Gefühl her

sentimentalisme [sɑ̃timɑ̃talism] *m* Gefühlsduselei *f*

sentinelle [sɑ̃tinɛl] *f* Wachposten *m*

sentir [sɑ̃tiʀ] <10> **I.** *vt* ❶ *(humer)* riechen ❷ *(goûter)* schmecken ❸ *(ressentir)* spüren; ***~ la fatigue gagner qn*** spüren, wie die Müdigkeit jdn ergreift ❹ *(avoir une odeur)* ***~ la fumée*** nach Rauch riechen; ***ça sent le brûlé*** es riecht verbrannt; ***cette pièce sent le renfermé*** in diesem Raum riecht es muffig ❺ *(avoir un goût)* ***~ l'ail/la vanille*** nach Knoblauch/Vanille schmecken ❻ *(annoncer)* ***ça sent la neige*** es sieht nach Schnee aus ❼ *(pressentir)* spüren; ***~ que*** spüren, dass ❽ *(rendre sensible)* ***faire ~ son autorité à qn*** jdn seine Autorität spüren lassen; ***faire ~ à qn que*** jdn merken lassen, dass ▶ **ne pas pouvoir ~ qn** jdn nicht ausstehen können **II.** *vi* ❶ *(avoir une odeur)* riechen; ***~ bon*** gut riechen ❷ *(puer)* stinken; ***il sent des pieds*** er hat Schweißfüße **III.** *vpr* ❶ *(se trouver)* ***se ~ fatigué*** sich müde fühlen ❷ *(être perceptible)* ***se ~*** *amélioration, changement, effet:* zu spüren sein; ***se faire ~*** *conséquences:* seine Wirkung zeigen; *effet:* spürbar sein ▶ **ne pas se ~ bien** *(fam: déménager)* eine Meise haben; **se ~ mal** *(s'évanouir)* ohnmächtig werden; *(fam: déménager)* eine Meise haben; **ne pas pouvoir se ~** sich nicht ausstehen können; **ne plus se ~ de joie/de bonheur** vor Freude/Glück ganz außer sich *dat* sein

seoir [swaʀ] <irr> *vi (littér)* ***~ à qn*** *toilette:* jdn [gut] kleiden; *comportement:* zu jdm passen; ***il lui sied de prendre cette décision*** es geziemt sich für ihn diese Entscheidung zu treffen *geh*

séparable [sepaʀabl] *adj* trennbar

séparateur [sepaʀatœʀ] *m* ❶ TECH ***~ d'huile*** Ölabscheider *m* ❷ INFORM Trennzeichen *nt*

séparateur, -trice [sepaʀatœʀ, -tʀis] *adj* Trenn-

séparation [sepaʀasjɔ̃] *f* ❶ *(action de séparer)* Trennung *f; de convives, manifestants* Auseinandergehen *nt* ❷ JUR ***~ de biens*** Gütertrennung *f;* ***~ de corps*** Trennung von Tisch und Bett; ***~ de fait*** Getrenntleben *nt* ❸ POL Trennung *f; de pouvoirs* Teilung *f* ❹ *(distinction)* Trennung *f* ❺ *(cloison)* ***[mur de] ~*** Trennwand *f*

séparatisme [sepaʀatism] *m* Separatismus *m*

séparatiste [sepaʀatist] **I.** *adj* separatistisch **II.** *mf* Separatist(in) *m(f)*

séparé(e) [sepaʀe] *adj* getrennt; *étude* gesondert; *pièce* separat

séparément [sepaʀemɑ̃] *adv examiner* einzeln; *vivre* getrennt

séparer [sepaʀe] <1> **I.** *vt* ❶ *(désunir)* trennen; ***~ qc en deux groupes*** etw in zwei Gruppen aufteilen; ***~ un enfant de ses parents*** ein Kind von seinen Eltern trennen ❷ *(diviser)* trennen ❸ *(détacher)* abtrennen ❹ *(être interposé entre)* trennen; ***le Rhin sépare la France de l'Allemagne*** der Rhein bildet die Grenze zwischen Frankreich und Deutschland ❺ *(différencier)* trennen *idées, théories;* auseinanderhalten *problèmes;* ***~ la théorie de la pratique*** die Theorie von der Praxis trennen **II.** *vpr* ❶ *(se défaire de)* ***se ~ de qn/qc*** sich von jdm/etw trennen; ***ne jamais se ~ de son passeport*** immer seinen Pass bei sich haben ❷ *(se diviser)* ***se*** ~ *branche:* sich gabeln; ***se ~ de qc*** *route:* von etw abzweigen; ***se ~ en qc*** *rivière, route:* sich in etw *akk* teilen; ***nos routes se séparent*** unsere Wege trennen sich ❸ *(se détacher)* ***se*** ~ sich voneinander lösen; ***se ~ de qc*** sich von etw lösen ❹ *(se disperser)* ***se*** ~ sich trennen

sépia [sepja] *adj inv* sepia[braun]

sept [sɛt] **I.** *num* sieben **II.** *m inv* Sieben *f; v. a.* **cinq**

Aussprache

Das -p- wird in **sept** nicht gesprochen.

septante [sɛptɑ̃t] *num* BELG, CH *(soixante-dix)* siebzig; *v. a.* **cinq, cinquante**

septantième [sɛ̃ptɑ̃tjɛm] *adj antéposé* BELG, CH *(soixante-dixième)* siebzigste(r, s); *v. a.* **cinquième**

septembre [sɛptɑ̃bʀ] *m* September *m; v. a.* **août**

Grammatik und Co.

Der französische Monatsname ist männlich; er wird ohne den bestimmten Artikel gebraucht.
Bei einer präzisen Datumsangabe steht der Artikel jedoch, und zwar wegen der Zahl:
elle est née le vingt – sie ist am Zwanzigsten geboren;
elle est née le vingt septembre – sie ist am zwanzigsten September geboren.

septennat [sɛptena] *m* siebenjährige Amtszeit

septentrional(e) [sɛptɑ̃tʀijɔnal, o] <-aux> *adj* nördlich; *pays* Nord-

septicémie [sɛptisemi] *f* MED Blutvergiftung *f*

septième [sɛtjɛm] **I.** *adj antéposé* sieb[en]te(r, s) **II.** *mf* ***le/la*** ~ der/die/das Sieb[en]te **III.** *m (fraction)* Sieb[en]tel *nt; v. a.* **cinquième**

septièmement [sɛtjɛmmɑ̃] *adv* sieb[en]tens

septique [sɛptik] *adj* MED septisch

septuagénaire [sɛptɥaʒenɛʀ] **I.** *adj* siebzigjährig **II.** *mf* Siebzigjährige(r) *f(m),* Siebziger(in) *m(f) fam*

septuple [sɛptypl] **I.** *adj* siebenfach **II.** *m* Siebenfache(s) *nt*

septupler [sɛptyple] <1> **I.** *vt* versiebenfachen **II.** *vi* sich versiebenfachen

sépulture [sepyltyʀ] *f* Grab[stätte *f*] *nt*

séquelle [sekɛl] *f d'un accident, d'une maladie* Folge[erscheinung] *f*

séquence [sekɑ̃s] *f* CINE, TV, LING Sequenz *f;* INFORM Folge *f*

séquentiel(le) [sekɑ̃sjɛl] *adj* INFORM fortlaufend

séquestration [sekɛstʀasjɔ̃] *f de biens* Beschlagnahmung *f;* ~ ***de personne*** Freiheitsberaubung *f;* ~ ***d'enfant*** Kindesraub *m*

séquestrer [sekɛstʀe] <1> *vt* ❶ JUR beschlagnahmen *biens* ❷ *(enfermer)* einsperren *personne;* gefangen halten *otage*

sera [səʀa], **serai** [səʀɛ] *fut de* **être**

seras [səʀa] *fut de* **être**

serbe [sɛʀb] **I.** *adj* serbisch **II.** *m* Serbisch *nt; v. a.* **allemand**

Serbe [sɛʀb] *mf* Serbe *m/*Serbin *f*

Serbie [sɛʀbi] *f* ***la*** ~ Serbien *nt*

serbo-croate [sɛʀbokʀɔat] <serbo-croates> **I.** *adj* serbokroatisch **II.** *m* Serbokroatisch *nt; v. a.* **allemand**

serein(e) [səʀɛ̃, ɛn] *adj visage, âme, personne* heiter

sereinement [səʀɛnmɑ̃] *adv agir, juger* mit Ruhe

sérénade [seʀenad] *f* MUS Serenade *f*

sérénité [seʀenite] *f* Heiterkeit *f;* ***en toute*** ~ mit aller Ruhe

séreux, -euse [seʀø, -øz] *adj* BIO, MED *liquide* serös

serez [səʀe] *fut de* **être**

serf, serve [sɛʀ(f), sɛʀv] *m, f* Leibeigene(r) *f(m),* Hörige(r) *f(m)*

sergent(e) [sɛʀʒɑ̃, ɑ̃t] *m(f)* Unteroffizier(in) *m(f)*

sergent-chef [sɛʀʒɑ̃ʃɛf] <sergents-chefs> *m* Stabsunteroffizier *m*

série [seʀi] *f* ❶ *de casseroles* Satz *m; de photo* Serie *f; de volumes* Reihe *f;* ~ ***spéciale d'un ouvrage*** Sonderausgabe *f* eines Werkes ❷ *(succession)* Serie *f; [**toute**]* ***une ~ de questions*** eine ganze Reihe von Fragen; ~ ***d'accidents/de succès*** Serie von Unfällen/Erfolgsserie ❸ CINE, TV Serie *f* ❹ COM ***véhicule de*** ~ Serienwagen *m* ▸ **tueur en** ~ Serienmörder *m;* ~ **noire** *(roman)* Kriminalroman *m; (succession de malheurs)* Pechsträhne *f;* **en** ~ serienweise; **hors** ~ *(extraordinaire)* außergewöhnlich; IND in Sonderanfertigung hergestellt

sérieusement [seʀjøzmɑ̃] *adv* ❶ *croire, penser* im Ernst ❷ *agir, travailler* ernsthaft; ***vous parlez ~?*** meinen Sie das im Ernst?

❸ *(gravement)* ernstlich; *touché, blessé* schwer

sérieux [seʀjø] *m* ❶ *(fiabilité)* Ernsthaftigkeit *f; d'une entreprise, d'un projet* Seriosität *f; d'un employé* Zuverlässigkeit *f* ❷ *d'une personne* Gewissenhaftigkeit *f* ❸ *(air grave)* Ernst *m;* ***garder son ~*** ernst bleiben ❹ *d'une situation, d'un état* Ernst *m* ▸ **prendre au ~** ernst nehmen; **se prendre au ~** sich wichtig nehmen

sérieux, -euse [seʀjø, -jøz] *adj* ❶ *(opp: inconséquent)* ernst; ***pas ~, s'abstenir*** nur ernst gemeinte Zuschriften ❷ *maladie, affaire, état* ernst; ***être atteint d'une maladie sérieuse*** ernstlich erkrankt sein ❸ *personne, air* ernst ❹ *(digne de confiance)* seriös; *employé* zuverlässig; *promesse* ernst gemeint ❺ *élève, apprenti* ernsthaft ❻ *problème* ernst zu nehmend; *renseignement* vertrauenswürdig ❼ *études, recherches, travail* ernsthaft ❽ *a. antéposé différence, somme* gewaltig; *raison* gewichtig ❾ *(sage)* anständig

sérigraphie [seʀigʀafi] *f* ❶ *(procédé)* Siebdruck *m;* ***en ~*** im Siebdruck[verfahren] ❷ *(œuvre)* Siebdruck *m*

serin [s(ə)ʀɛ̃] *m* Kanarienvogel *m*

seriner [s(ə)ʀine] <1> *vt (fam: rabâcher) publicité:* anpreisen; ***~ qc à un enfant*** einem Kind etw wieder und wieder sagen

seringue [s(ə)ʀɛ̃g] *f* MED Spritze *f*

serment [sɛʀmɑ̃] *m (engagement solennel)* Schwur *m;* ***~ sur l'honneur*** Beteuerung auf Ehre und Gewissen *f;* ***~ professionnel*** Amtseid *m;* ***~ d'Hippocrate*** MED hippokratischer Eid; ***prêter ~*** einen Eid ablegen; ***faire un faux ~*** einen Meineid schwören; ***sous ~*** unter Eid

sermon [sɛʀmɔ̃] *m* ❶ REL Predigt *f* ❷ *(péj: discours moralisateur)* Moralpredigt *f*

sermonner [sɛʀmɔne] <1> *vt (réprimander)* ***~ qn*** jdm eine Strafpredigt halten *fam; (adresser des conseils)* jdn ins Gebet nehmen *fam;* ***se faire ~*** eine Moralpredigt über sich *akk* ergehen lassen müssen *fam*

sermonneur, -euse [sɛʀmɔnœʀ, -øz] **I.** *adj* moralisierend **II.** *m, f* Moralprediger(in) *m(f)*

séronégatif, -ive [seʀɔnegatif, -iv] *adj* HIV-negativ

séropo [seʀopo] *mf (fam) v.* **séropositif**

séropositif, -ive [seʀopozitif, -iv] **I.** *adj* seropositiv; *(en parlant du sida)* HIV-positiv **II.** *m, f* Seropositive(r) *f(m); (atteint du sida)* HIV-Positive(r) *f(m)*

séropositivité [seʀopozitivite] *f* ***constater la ~ de qn*** feststellen, dass jd seropositiv ist; *(due au virus du sida)* feststellen, dass jd HIV-positiv ist; ***un film qui traite de la ~*** ein Film über Aids

serpe [sɛʀp] *f* AGR Hippe *f*

serpent [sɛʀpɑ̃] *m* ❶ *(reptile)* Schlange *f;* ***~ à lunettes/à sonnettes*** Brillen-/Klapperschlange ❷ *(personne mauvaise)* ***langue de ~*** Lästerzunge *f* ❸ ECON ***~ monétaire européen*** europäische Währungsschlange

serpenter [sɛʀpɑ̃te] <1> *vi chemin, rivière, vallée:* sich schlängeln; ***le sentier montait en serpentant*** der Weg schlängelte [*o* wand] sich bergauf

serpentin [sɛʀpɑ̃tɛ̃] *m (ruban)* Luftschlange *f*

serpillière [sɛʀpijɛʀ] *f* Scheuertuch *nt;* ***passer la ~*** feucht [auf]wischen

serpolet [sɛʀpɔlɛ] *m* Feldthymian *m*

serrage [sɛʀaʒ] *m d'un écrou, du frein à main* Anziehen *nt; d'un couvercle* Festschrauben *nt;* ***le ~ de ce nœud est trop fort*** der Knoten wurde zu fest zugemacht

serre [sɛʀ] *f* AGR Gewächshaus *nt; (serre chauffée)* Treibhaus *nt;* ***fruits/légumes de ~*** Treibhausobst/-gemüse

serré [seʀe] *adv* ❶ *(avec prudence)* ***jouer ~*** vorsichtig spielen; *(fig)* taktieren ❷ *vivre* bescheiden ❸ *écrire* eng

serré(e) [seʀe] *adj* ❶ *café, alcool* stark ❷ *(petit)* ***budget ~*** äußerst beschränkte Mittel *Pl;* ***délai ~*** kurze Frist ❸ *forêt, foule* dicht; ***en rangs ~s*** in dichten Reihen; ***des mailles ~es*** dichte Maschen ❹ *débat, discussion* heiß; *combat* hart; *course* Kopf-an-Kopf-; *analyse, argumentation* überzeugend; *stylo* straff ❺ *train de vie* bescheiden; ***être ~*** kein Geld haben

serre-fils [sɛʀfil] *m inv* ELEC Verbindungsklemme *f* **serre-joint** [sɛʀʒwɛ̃] <serre--joints> *m* [Schraub]zwinge *f* **serre--livres** [sɛʀlivʀ] *m inv* Buchstütze *f*

serrement [sɛʀmɑ̃] *m* ❶ *(action de serrer)* ***~ de main*** Händedruck *m* ❷ *(fait d'être serré)* ***~ de cœur*** *(tristesse)* Niedergeschlagenheit *f; (angoisse)* Beklemmung *f;* ***avec un ~ de gorge*** mit zusammengeschnürter Kehle

serrer [seʀe] <1> **I.** *vt* ❶ *(tenir en exerçant une pression)* umklammern; ***~ la main de qn*** jdm die Hand schütteln; ***~ qn/qc dans ses bras/contre soi*** jdn/etw an sich *akk* drücken; ***~ qn à la gorge*** jdn würgen ❷ *(contracter)* zusammenbeißen *dents, mâchoires;* zusammenpressen *lèvres;* ballen *poings;* ***~ la gorge à qn*** jdm die Kehle

S

zuschnüren; ***il a le cœur serré devant qc*** ihm wird es bei etw ganz traurig ums Herz; ***qn serre les fesses*** *(fig fam)* jdm wird angst [und bange] ❸ *(rendre très étroit)* enger schnallen *ceinture;* fest ziehen *nœud* ❹ *(se tenir près de)* **~ *qn/qc*** sich dicht an jdn/etw halten; **~ *une femme*** *(fig)* sich an eine Frau heranmachen; ***serre bien ta droite!*** halte dich schön rechts!; **~ *qn/qc contre un mur*** jdn/etw gegen eine Mauer drängen ❺ *(rapprocher)* zusammenrücken lassen *invités;* **~ *les lignes/les mots*** eng schreiben; **~ *les rangs*** aufschließen; ***être serrés*** *personnes:* eng nebeneinandersitzen/nebeneinanderstehen/...; *objets:* dicht gedrängt stehen/liegen/... ❻ *(restreindre)* kürzen *budget;* einschränken *dépenses;* **~ *les délais*** knappe Fristen setzen ❼ *(fam)* ***se faire ~ par la police*** *(attraper)* sich von der Polizei schnappen lassen; **~ *une fille*** *(séduire)* abschleppen **II.** *vi* **~ *à droite/à gauche*** sich rechts/links halten **III.** *vpr* **se ~** ❶ *(se rapprocher) personnes:* enger zusammenrücken; ***se ~ contre qn*** sich [eng] an jdn schmiegen; ***serrons-nous autour du feu!*** lasst uns näher ans Feuer rücken! ❷ *(se contracter)* ***sa gorge se serre*** seine/ihre Kehle ist wie zugeschnürt ▶ **se ~ la** <u>**ceinture**</u> *(fam)* den Gürtel enger schnallen

serre-tête [sɛʀtɛt] <serre-tête[s]> *m* ❶ *(diadème)* Haarreif *m* ❷ *(bandeau)* Stirnband *nt*

serrure [seʀyʀ] *f* Schloss *nt;* **~ *de sûreté*** Sicherheitsschloss

serrurerie [seʀyʀʀi] *f* ❶ *(objet)* Schlosserarbeit *f* ❷ *(métier)* Schlosserhandwerk *nt*

serrurier, -ière [seʀyʀje, -jɛʀ] *m, f* Schlosser(in) *m(f)*

S

sérum [seʀɔm] *m a.* MED Serum *nt*

servage [sɛʀvaʒ] *m* ❶ *(servitude)* Unterjochung *f,* Knechtschaft *f;* ***imposer à qn un véritable ~*** jdn regelrecht unterjochen ❷ HIST Leibeigenschaft *f*

servant [sɛʀvɑ̃] *m* ❶ REL Messdiener *m,* Ministrant *m* ❷ MIL Kanonier *m;* ***les ~s*** die Geschützbedienung

servant(e) [sɛʀvɑ̃, ɑ̃t] *adj postposé* ***chevalier ~*** ständiger Begleiter

servante [sɛʀvɑ̃t] *f* ❶ REL Messdienerin *f,* Ministrantin *f* ❷ HIST Dienerin *f*

serve [sɛʀv] *f v.* **serf**

serveur [sɛʀvœʀ] *m* Server *m;* **~ *de courrier*** Mailserver

serveur, -euse [sɛʀvœʀ, -øz] *m, f* *(employé)* Bedienung *f,* Kellner(in) *m(f)*

serveuse [sɛʀvøz] *f* ❶ *(employée)* Bedienung *f,* Kellnerin *f* ❷ SPORT *(au tennis)* Aufschlägerin *f; (au volley-ball)* Aufgeberin *f* ❸ *(aux jeux de cartes)* Geberin *f*

serviabilité [sɛʀvjabilite] *f* Hilfsbereitschaft *f*

serviable [sɛʀvjabl] *adj* hilfsbereit

service [sɛʀvis] *m* ❶ *(au restaurant, bar)* Bedienung *f; (à l'hôtel, dans un magasin)* Service *m;* ***manger au premier/second ~*** die frühere/spätere Tischzeit wählen; ***le ~ est assuré jusqu'à .../est terminé*** ≈ die Küche ist bis ... geöffnet/ist geschlossen ❷ *(pourboire)* Bedienung[sgeld *nt*] *f;* **~ *compris*** Bedienung inbegriffen ❸ *pl (aide)* Dienste *Pl;* ***se passer des ~s de qn*** *(form)* auf jds Mitarbeit *akk* verzichten ❹ *(organisme officiel)* **~ *administratif*** *d'État* Behörde *f; d'une commune* Dienststelle *f;* **~*s de l'immigration*** Einwanderungsbehörde *f;* **~ *du feu*** CH Feuerwehr *f,* Brandwache *f* CH; **~ *d'ordre*** Ordnungsdienst *m;* **~ *de surveillance côtière*** Küstenwache *f,* Küstenwacht *f;* ***un ~ public*** eine öffentliche Einrichtung; ***le ~ public*** der öffentliche Dienst; ***entreprise du ~ public*** staatliches Unternehmen; **~ *de santé*** Gesundheitsamt *nt;* ***les ~s sociaux*** die sozialen Einrichtungen; **~*s spéciaux/secrets*** Geheimdienst *m* ❺ *(département)* Abteilung *f;* **~ *[des] achats*** Einkaufsabteilung *m;* **~ *après-vente*** Kundendienst *m;* **~ *administratif/~s administratifs*** *d'une entreprise* Verwaltungsabteilung *f;* **~ *[de] dépannage*** Reparaturdienst *m; des appareils électroménagers* Kundendienst *m;* AUT Pannendienst *m;* **~ *du personnel*** Personalabteilung ❻ MED Abteilung *f;* **~ *de cardiologie/d'urologie*** Kardiologie *f*/Urologie *f;* **~ *de réanimation*** Intensivstation *f;* **~ *des urgences*** Notaufnahme *f* ❼ MIL Militärdienst *m;* **~ *civil*** Zivildienst *m;* ***être bon pour le ~*** [für den Wehrdienst] tauglich sein; ***faire son ~ [militaire]*** seinen Militärdienst ableisten ❽ *(activité professionnelle)* Dienst *m;* ***pendant le ~*** im Dienst; ***heures de ~*** Dienstzeit *f;* ***être de ~*** Dienst haben ❾ *(prestations)* Dienstleistung *f* ❿ *(action de servir)* Dienst *m;* **~ *de l'État*** Staatsdienst; **~ *de permanence*** Bereitschaftsdienst *m;* ***escalier de ~*** Dienstbotenaufgang *m; (escalier des fournisseurs)* Lieferantenaufgang *m* ⓫ *(faveur)* Gefallen *m;* ***demander un ~ à qn*** jdn um einen Gefallen bitten; ***rendre ~ à qn*** jdm behilflich sein; ***qu'y a-t-il pour***

votre ~? womit kann ich Ihnen dienen? ⑫ *(assortiment pour la table)* Service *nt;* ~ ***à fondue/raclette*** Fondue-/Racletteset *nt;* ~ ***à thé*** Teeservice *nt* ⑬ *(engagement au tennis)* Aufschlag *m; (jeu où on sert au tennis)* Aufschlagspiel *nt; (au volley-ball)* Aufgabe *f* ⑭ REL ~ ***[religieux]*** Gottesdienst *m;* ~ ***funèbre*** Trauergottesdienst ▶ **à ton/votre ~!** gern geschehen!; ~ **en ligne** Hotline *f;* **entrer en** ~ *unité de production:* den Betrieb aufnehmen; **mettre qc en** ~ etw in Betrieb nehmen; **hors** ~ außer Betrieb

Land und Leute
Der **service militaire** wurde im Jahr 1999 abgeschafft, stattdessen unterhält Frankreich eine Berufsarmee. Franzosen und Französinnen im Alter von 16 bis 18 Jahren gehen seither zu einem sogenannten *journée d'appel et de préparation à la défense*, einer eintägigen Informationsveranstaltung über die nationale Verteidigung.

serviette [sɛʀvjɛt] *f* ① *(pour la toilette)* Handtuch *nt;* ~ ***de plage/de bain*** Strand-/Badetuch; ~ ***hygiénique*** [Damen]binde *f* ② *(serviette de table)* Serviette *f;* ~ ***en papier*** Papierserviette ③ *d'un homme, d'une femme d'affaires* Aktentasche *f*

servile [sɛʀvil] *adj (obséquieux)* unterwürfig

servilité [sɛʀvilite] *f* ① *(basse soumission)* Unterwürfigkeit *f;* ***la ~ de son comportement*** sein/ihr unterwürfiges Verhalten ② *(imitation)* sklavische Genauigkeit

servir [sɛʀviʀ] <irr> **I.** *vt* ① *(offrir)* ~ ***une boisson/un repas à qn*** jdm ein Getränk/ein Gericht servieren; ~ ***quelque chose à boire/à manger à qn*** jdm etwas zu trinken/zu essen geben; ***on lui sert le petit-déjeuner au lit*** das Frühstück wird ihm/ihr ans Bett gebracht; ***c'est servi!*** *(fam)* das Frühstück/Essen ist fertig! ② *(fournir un client) commerçant:* bedienen; ***on vous sert, Madame/Monsieur?*** werden Sie schon bedient?; ***bien/mal ~ qn*** *(qualitativement)* jdm gute/schlechte Ware verkaufen; *(quantitativement)* großzügig/jdm zu wenig abwiegen; ***qu'est-ce que je vous sers?*** was darf es sein? ▶ **on n'est jamais si bien servi que par soi-même** *(prov)* man macht am besten alles selbst **II.** *vi* ① *(être utile) voiture, outil:* von Nutzen sein; *conseil, explication:* nützlich sein; ~ ***à qn à la réparation/à faire la cuisine*** *machine, outil:* jdm zur Reparatur dienen/dazu dienen zu kochen; ***à quoi cet outil peut-il bien ~?*** wozu dient dieses Werkzeug eigentlich?; ***rien ne sert de t'énerver*** es bringt nichts, wenn du dich aufregst *fam* ② *(tenir lieu de)* ~ ***de guide à qn*** für jdn den Fremdenführer machen; ***ça te servira de leçon!*** das wird dir eine Lehre sein!; ***cela lui sert de prétexte*** das ist für ihn/sie ein guter Vorwand ③ *(être utilisable)* zu gebrauchen sein; ***ce vélo peut encore/ne peut plus*** ~ dieses Rad ist noch/nicht mehr zu gebrauchen ④ *(au tennis)* aufschlagen; *(au volley-ball)* aufgeben ▶ **rien ne sert de courir, il faut partir à point** *(prov)* zu spät ist zu spät **III.** *vpr* ① *(utiliser)* ***se ~ d'un copain/article pour faire qc*** einen Kumpel/Artikel benutzen um etw zu tun; ***se ~ de ses relations*** seine Beziehungen spielen lassen; ***ne pas savoir se ~ de ses dix doigts*** zwei linke Hände haben ② *(prendre soi-même qc)* ***se ~*** sich bedienen; ***se ~ de légumes*** [sich *dat*] Gemüse nehmen ③ *(être servi)* ***ce vin se sert frais*** dieser Wein wird kühl serviert

serviteur [sɛʀvitœʀ] *m (domestique)* Diener *m*

servitude [sɛʀvityd] *f* ① *pl (contraintes)* Zwänge *Pl* ② *(esclavage)* Knechtschaft *f;* ***réduire qn à la*** ~ jdn in die Knechtschaft stürzen

servofrein [sɛʀvofʀɛ̃] *m* Servobremse *f*

ses [se] *dét poss v.* **sa, son**

sésame [sezam] *m* ① BOT Sesam *m* ② *(passe-partout)* Zauberformel *f* ▶ **Sésame, ouvre-toi** Sesam, öffne dich

session [sesjɔ̃] *f* ① *d'une assemblée, d'un tribunal (séance)* Sitzung *f; (période)* Sitzungsperiode *f;* ~ ***d'examens*** Prüfungsphase *f* ② INFORM Sitzung *f;* ***ouvrir/clore une*** ~ sich ein-/ausloggen

set [sɛt] *m* ① SPORT Satz *m;* ~ ***gagnant*** Gewinnsatz ② *(service de table)* Set *nt* ③ *(nécessaire)* Set *nt;* ~ ***de rasage*** Rasierset

seuil [sœj] **I.** *m* ① *(pas de la porte)* [Tür]schwelle *f;* ***rester sur le ~ de la porte*** in der Tür stehen bleiben; ***franchir le*** ~ über die Schwelle treten ② *(limite)* Grenze *f;* ~ ***auditif*** Hörschwelle *f;* ~ ***de pauvreté*** Armutsgrenze *f;* ~ ***de rentabilité*** Rentabilitätsgrenze *f;* ~ ***de tolérance*** Toleranzschwelle *f* **II.** *app inv* ***valeur*** ~ *(minimum)* Grenzwert *m; (maximum)*

S

Höchstwert *m; **salaire** ~* Einkommensgrenze *f*

seul(e) [sœl] **I.** *adj* ❶ *(sans compagnie)* allein; ***tout*** ~ ganz allein; ~ ***à*** ~ allein; ***parler à qn*** ~ ***à*** ~ jdn unter vier Augen sprechen; ***parler tout*** ~ Selbstgespräche führen; ***eh vous, vous n'êtes pas ~!*** he, die anderen sind auch noch da!; ***ça descend tout*** ~ *(fam)* das rutscht ganz von alleine ❷ *(célibataire)* allein stehend ❸ *antéposé (unique)* einzig; ~ ***et unique*** einzig; ***une ~e fois*** ein einziges Mal; ***être*** ~ ***de son espèce*** einzigartig sein; ***déclarer d'une ~e voix*** einstimmig erklären; ***pour la ~e raison que*** einzig und allein deswegen, weil ❹ *(uniquement)* nur; ***lui*** ~ ***est*** [*o* ***il est*** ~] ***capable de le faire*** er allein ist dazu fähig; ***~s les invités sont admis*** nur die geladenen Gäste sind zugelassen; ~ ***le résultat importe*** nur das Ergebnis zählt **II.** *m(f)* ***le/la*** *~(e)* der/die Einzige; ***vous n'êtes pas le*** ~ ***à …*** Sie sind nicht der Einzige, der …; ***un/une*** *~(e)* ein Einziger/eine Einzige

seulement [sœlmɑ̃] *adv* ❶ *(pas davantage)* nur ❷ *(opp: déjà)* erst ▶ **non** ~ **…, mais** [**encore**] … nicht nur …, sondern auch [noch]; **pas** ~ *(soutenu: pas même)* nicht einmal; **si** ~ wenn nur; ***si*** ~ ***j'en avais les moyens!*** wenn ich es mir nur leisten könnte!; ***tu as gagné à la loterie? – si ~!*** hast du in der Lotterie gewonnen? – schön wär's!

seul-en-scène [sølɑ̃sɛn] *m* One-Man-Show *f,* Einmannshow *f*

seulet(te) [søle, ɛt] *adj (hum)* mutterseelenallein

seum [sœm] *m (arg)* Wut *f;* ***avoir le*** ~ es leid sein, die Nase voll haben *fig*

sève [sɛv] *f* BOT Saft *m*

S

sévère [sevɛʀ] *adj* ❶ *(rigoureux)* streng; *critique, jugement* hart; *climat* rau; *concurrence* scharf; *lutte* unerbittlich; ***la sélection est*** ~ es wird eine strenge Auslese getroffen ❷ *crise, pertes* schwer; *échec* schlimm

sévèrement [sevɛʀmɑ̃] *adv* ❶ *critiquer* scharf; *éduquer, punir* streng; ***juger*** ~ ***qn/qc*** mit jdm/etw hart ins Gericht gehen; ***être*** ~ ***battu*** eine schwere Niederlage hinnehmen müssen ❷ *(gravement)* schwer

sévérité [seveʀite] *f* ❶ *(rigueur)* Strenge *f; d'une critique, d'un verdict* Härte *f; d'un climat* Rauheit *f;* ***être d'une grande*** ~ sehr streng sein; ***un regard d'une telle*** ~ ***que …*** ein dermaßen strenger Blick, dass … ❷ *(austérité)* Strenge *f;* ***style d'une grande*** ~ sehr strenger Stil ❸ *(soutenu: gravité)* Schwere *f*

sévices [sevis] *mpl* Misshandlung *f;* ***exercer des*** ~ ***sur qn*** jdn misshandeln

sévir [seviʀ] <8> *vi* ❶ *(punir)* ~ ***contre qn/qc*** [hart] gegen jdn/etw durchgreifen ❷ *(exercer ses ravages) malfaiteur:* sein Unwesen treiben; *fléau:* wüten; *grippe:* grassieren; *professeur, doctrine:* Unheil anrichten

sevrage [səvʀaʒ] *m* ❶ *(cessation de l'allaitement) d'un nourrisson* Abstillen *nt; d'un animal* Absetzen *nt* ❷ *(désintoxication)* Entziehung *f,* Entzug *m*

sevrer [səvʀe] <1> *vt (cesser d'allaiter)* abstillen *nourrisson;* absetzen *petit animal*

sèvres [sɛvʀ] *m* Sèvresporzellan *nt; (objet)* Gegenstand *m* aus Sèvresporzellan

sexagénaire [sɛksaʒenɛʀ] **I.** *adj* ***un homme/une femme*** ~ ein Mann/eine Frau in den Sechzigern; ***être*** ~ über sechzig Jahre alt sein **II.** *mf* Sechzigjährige(r) *f(m)*

sex-appeal [sɛksapil] <sex-appeals> *m* Sex-Appeal *m*

sexe [sɛks] *m* ❶ *(catégorie)* Geschlecht *nt;* ***des personnes des deux ~s*** Menschen beiderlei Geschlechts; ***le beau*** ~ das schöne Geschlecht; ***le*** ~ ***faible/fort*** das schwache/starke Geschlecht ❷ *(fam: sexualité)* Sex *m* ❸ *(organe)* Geschlechtsorgan *nt* ▶ **discuter du** ~ **des anges** sich in [endlosen] Scheindiskussionen verlieren

sexisme [sɛksism] *m* Sexismus *m*

sexiste [sɛksist] **I.** *adj* sexistisch **II.** *mf* Sexist(in) *m(f)*

sexologie [sɛksɔlɔʒi] *f* Sexualwissenschaft *f,* Sexologie *f*

sexologue [sɛksɔlɔg] *mf* Sexualwissenschaftler(in) *m(f),* Sexologe *m*/Sexologin *f*

sex-shop [sɛksʃɔp] <sex-shops> *m* Sexshop *m* **sex-symbol** [sɛkssɛ̃bɔl] <sex-symbols> *m* Sexsymbol *nt*

sextoy [sɛkstoj] *m* Sexspielzeug *nt*

sextuor [sɛkstɥɔʀ] *m* Sextett *nt*

sextuple [sɛkstypl] **I.** *adj* sechsfach **II.** *m* Sechsfache(s) *nt*

sextupler [sɛkstyple] <1> **I.** *vt* versechsfachen **II.** *vi prix:* sich versechsfachen

sexualité [sɛksɥalite] *f* ❶ *(comportement sexuel)* Sexualität *f;* ***les perversions de la*** ~ die sexuellen Perversionen ❷ BIO Sexualität *f*

sexué(e) [sɛksɥe] *adj être, reproduction* geschlechtlich; ***animaux ~s*** getrenntgeschlechtige Tiere; ***être ~s*** geschlechtliche Wesen sein

sexuel(le) [sɛksɥɛl] *adj* ❶ *(relatif à la sexualité)* sexuell; *éducation* Sexual-; *tourisme* Sex- *fam;* ***acte*** ~ Geschlechtsakt *m* ❷ *(relatif au sexe)* Geschlechts-
sexuellement [sɛksɥɛlmɑ̃] *adv* sexuell
sexy [sɛksi] *adj inv (fam)* sexy
seyant(e) [sɛjɑ̃, jɑ̃t] **I.** *part prés de* **seoir** **II.** *adj* kleidsam
Seychelles [sɛʃɛl] *fpl* ***les*** ~ die Seychellen *Pl*
SG [ɛsʒe] *m abr de* **secrétaire général** Generalsekretär(in) *m(f)*
shah [ʃa] *m* Schah *m*
shaker [ʃɛkœʀ] *m* Shaker *m*
shampo[o]ing [ʃɑ̃pwɛ̃] *m* Shampoo *nt;* ~ ***colorant*** Tönungsshampoo; ***faire un*** ~ ***à qn*** jdm die Haare waschen

Aussprache
Die Endung -g in **shampoing** wird nicht gesprochen.

shampooiner [ʃɑ̃pwine] <1> *vt* die Haare waschen, mit [Teppich]schaum reinigen *moquette*
shérif [ʃeʀif] *m* Sheriff *m*
sherry [ʃeʀi] *m* Sherry *m*
shoot [ʃut] *m* [kräftiger] Schuss *m*
shooter [ʃute] <1> **I.** *vi* SPORT schießen **II.** *vt* SPORT schießen *penalty;* treten *corner* **III.** *vpr (fam)* ***se*** ~ ***à qc*** *(se droguer)* etw fixen; ***se*** ~ ***au champagne*** *hum)* sich an Champagner gewöhnen *hum*
shop[p]ing [ʃɔpiŋ] *m* Einkaufsbummel *m;* ***faire du*** ~ einen Einkaufsbummel machen
short [ʃɔʀt] *m* Shorts *Pl;* ~ ***de foot*** Fußballhose *f*
shorty [ʃɔʀti] <s o shorties> *m* Boxershorts *Pl (für Frauen)*
show [ʃo] <s> *m* Show *f*
showbiz [ʃobiz] *m (fam),* **show-business** [ʃobiznɛs] *m sans pl (fam)* Showgeschäft *nt,* Showbusiness *nt*
si[1] [si] <*devant voyelle ou h muet* s'> **I.** *conj* ❶ *(condition)* wenn; ~ ***tu es sage, …*** wenn du artig bist, … ❷ *(hypothèse)* ~ ***je ne suis pas là, partez sans moi*** wenn ich nicht pünktlich da bin, geht/fahrt ohne mich los; ~ ***j'étais riche, …*** wenn ich reich wäre …; ~ ***j'avais su!*** wenn ich das gewusst hätte! ❸ *(opposition)* auch wenn …, so … [doch]; ~ ***toi tu es mécontent, moi, je ne le suis pas!*** auch wenn du unzufrieden bist, ich bin es nicht! ❹ *(éventualité)* wenn; ~ ***nous profitions du beau temps?*** wenn wir das schöne Wetter ausnutzten? ❺ *(désir, regret)* wenn … nur; ***ah*** ~ ***je les tenais!*** wenn ich sie nur zu fassen bekäme!; ~ ***seulement tu étais venu hier!*** wenn du doch bloß gestern gekommen wärst! ► ~ **ce n'est …** *(ou même)* wenn nicht [sogar] …; ~ **ce n'est qn/qc** *(en dehors de)* außer jdm/etw; ~ **c'est ça** *(fam)* ja dann **II.** *m inv (hypothèse)* Wenn *nt;* ***je n'ai que faire de tous tes*** ~***!*** du mit deinem ständigen Wenn und Aber!; ***avec des*** ~***, on mettrait Paris en bouteille*** wenn das Wörtchen „wenn" nicht wär', wär' mein Vater Millionär

Grammatik und Co.
Nach **si** steht immer der Indikativ, nie der Konditional:
si j'avais su! – wenn ich das gewusst hätte!

si[2] [si] *adv* ❶ *(dénégation)* doch; ***mais*** ~***!*** [aber ja] doch! ❷ *(tellement)* so; ***ne parle pas*** ~ ***bas!*** sprich nicht so leise!; ***une*** ~ ***belle fille*** ein so hübsches Mädchen; ***elle était*** ~ ***impatiente que*** sie war so ungeduldig, dass ❸ *(aussi)* ~ ***… que*** so … wie; ***il n'est pas*** ~ ***intelligent qu'il le paraît*** er ist nicht so klug, wie er aussieht ► ~ **bien que** so …, dass; ***j'en avais assez,*** ~ ***bien que je suis partie*** ich hatte dermaßen genug, dass ich ging; **[oh] que** ~**!** [o] doch!
si[3] [si] *adv (interrogation indirecte)* ob
si[4] [si] *m inv* MUS H *nt,* h *nt; v. a.* **do**
siamois [sjamwa] *m (chat)* Siamkatze *f*
siamois, siamoises [sjamwa, sjamwaz] *m, fpl (jumeaux)* siamesische Zwillinge *Pl*
Sibérie [sibeʀi] *f* ***la*** ~ Sibirien *nt*
sibérien(ne) [sibeʀjɛ̃, jɛn] *adj* sibirisch
Sibérien(ne) [sibeʀjɛ̃, jɛn] *m(f)* Sibirer(in) *m(f),* Sibirier(in) *m(f)*
sic [sik] *adv* sic
SICAV [sikav] *f abr de* **Société d'Investissement à Capital Variable** *(société)* Investmentfondsgesellschaft *f; (titre)* Investmentfondsanteil *m*
Sicile [sisil] *f* ***la*** ~ Sizilien *nt*
sicilien [sisiljɛ̃] *m* Sizilianisch *nt; v. a.* **allemand**
sicilien(ne) [sisiljɛ̃, jɛn] *adj* sizilianisch
Sicilien(ne) [sisiljɛ̃, jɛn] *m(f)* Sizilianer(in) *m(f)*
sida [sida] *m* ***le*** ~ Aids *nt*
SIDA [sida] *m abr de* **Syndrome d'Immunodéficience Acquise** Aids *nt*

sidaïque [sidaik], **sidatique** [sidatik] **I.** *adj inv* aidskrank **II.** *mf* Aidskranke(r) *f(m)*

side-car [sidkaʀ] <side-cars> *m (motocyclette plus side-car)* Motorrad *nt* mit Beiwagen

sidéen(ne) [sideɛ̃, ɛn] **I.** *adj* aidskrank **II.** *m(f)* Aidskranke(r) *f(m)*

sidéral(e) [sideʀal, -o] <-aux> *adj année* siderisch, Stern-

sidérant(e) [sideʀɑ̃, ɑ̃t] *adj* verblüffend

sidérer [sideʀe] <5> *vt (fam)* verblüffen; ***être sidéré*** sprachlos sein; ***être sidéré par qc*** über etw nur staunen können

sidérurgie [sideʀyʀʒi] *f* Eisen- und Stahlindustrie *f*

sidérurgique [sideʀyʀʒik] *adj* Eisen- und Stahl-; *procédé* Eisenverhüttungs-; ***usine*** ~ Stahlwerk *nt;* ***bassin*** ~ Eisenhüttenrevier *nt;* ***grand groupe*** ~ großer Eisenhüttenkonzern; ***produit*** ~ Erzeugnis *nt* der Eisen- und Stahlindustrie

sidérurgiste [sideʀyʀʒist] *mf* Hüttenarbeiter(in) *m(f)*

sidologie [sidɔlɔʒi] *f* MED *(étude, science)* Aidsforschung *f; (soins, traitement)* Aidstherapie *f*

sidologue [sidɔlɔg] *mf* Aids-Spezialist(in) *m(f)*

siècle [sjɛkl] *m* ❶ *(période de cent ans)* Jahrhundert *nt;* ***de ~ en ~*** von Jahrhundert zu Jahrhundert; ***au IIIe ~ avant J.C.*** im 3. Jahrhundert v. Chr. ❷ *(période remarquable)* ***le ~ de Louis XIV/de Périclès*** das Zeitalter Ludwigs XIV./des Perikles; ***le Siècle des Lumières*** das Zeitalter der Aufklärung; ***le Grand Siècle*** das Zeitalter Ludwigs XIV.; ***le ~ de l'atome*** das Atomzeitalter ❸ *(période très longue)* Ewigkeit *f fam;* ***depuis des ~s*** seit einer Ewigkeit *fam;* ***il y a des ~s que je ne t'ai vu*** *(fam)* ich habe dich ja seit einer Ewigkeit nicht mehr gesehen; ***mais ça fait un ~ de ça!*** aber das ist ja schon eine Ewigkeit her! *fam* ►**du** ~ *(fam) combat, marché, inondation* Jahrhundert-

siège [sjɛʒ] *m* ❶ *(meuble)* Sitz *m;* ***~ avant/arrière*** AUT Vorder-/Rücksitz; ***~ pour enfant*** Kindersitz; ***~ pliant*** Klappstuhl *m* ❷ *(action d'assiéger)* Belagerung *f* ❸ *(au Parlement)* Sitz *m* ❹ *d'une organisation* Sitz *m;* ***~ social*** [Firmen]sitz

siège-auto [sjɛʒoto] <sièges-autos> *m* Kindersicherheitssitz *m* **siège-coque** [sjɛʒkɔk] <sièges-coques> *m* Babytragesitz *m*

siéger [sjeʒe] <2a, 5> *vi* ❶ *(avoir un siège) députés, procureur:* sitzen ❷ *(tenir séance)* tagen

sien(ne) [sjɛ̃, sjɛn] *pron poss* ❶ ***le ~/la ~ne*** der/die/das Seine/Ihre, seine(r, s)/ihre(r, s); ***les ~s*** die Seinen/Ihren, seine/ihre; *v. a.* **mien** ❷ *pl (ceux de sa famille)* ***les ~s*** seine/ihre Angehörigen; *(ses partisans)* seine/ihre Anhänger ►**faire des ~nes** *(fam) personne:* Unfug machen; *voiture:* verrückt spielen; **à la** [**bonne**] **~ne!** *hum fam)* auf sein/ihr Wohl!; **y mettre du** ~ tun, was man kann

Sierra Leone [sjɛʀaleɔn] *f* Sierra Leone *nt*

sieste [sjɛst] *f* Mittagsschlaf *m*

sifflant(e) [siflɑ̃, ɑ̃t] *adj* pfeifend; *toux* keuchend; ***respiration ~e*** pfeifender Atem; ***consonne ~e*** LING Reibelaut *m,* Frikativ *m*

sifflement [sifləmɑ̃] *m* Pfeifen *nt; du serpent, de la vapeur* Zischen *nt;* ***~ d'oreilles*** Ohrensausen *nt;* ***~ d'admiration*** bewundernder Pfiff

siffler [sifle] <1> **I.** *vi* pfeifen; *gaz, vapeur, serpent:* zischen; ***~ aux oreilles de qn*** an jds Ohr *dat* vorbeipfeifen **II.** *vt* ❶ *(appeler)* ***~ son copain/chien*** nach seinem Kumpel/Hund pfeifen; ***~ une fille*** hinter einer jungen Frau herpfeifen ❷ *(signaler en sifflant)* pfeifen; ***~ le départ de la course/la fin du match*** das Rennen anpfeifen/das Spiel abpfeifen ❸ *(huer)* auspfeifen; ***se faire*** ~ ausgepfiffen werden ❹ *(moduler)* pfeifen *chanson, mélodie* ❺ *(fam: boire)* hinunterstürzen, kippen *verre*

sifflet [siflɛ] *m* ❶ *(instrument)* Pfeife *f;* ***coup de*** ~ Pfiff *m* ❷ *pl (huées)* Pfiffe *Pl* ►**couper le ~ à qn** *(fam: couper la parole)* jdm über den Mund fahren; ***ça me coupe le ~!*** da bleibt mir die Spucke weg!

siffleur, -euse [siflœʀ, -øz] **I.** *adj* pfeifend **II.** *m, f (personne qui hue)* Person, die jdn/etw auspfeift

sifflotement [siflɔtmɑ̃] *m* Pfeifen *nt*

siffloter [siflɔte] <1> *vt, vi* [vor sich hin] pfeifen

sigle [sigl] *m* Abkürzung *f,* Kürzel *nt*

signal [siɲal, -o] <-aux> *m* ❶ *(signe conventionnel)* Signal *nt; (signe convenu)* Zeichen *nt; (signe annonciateur)* [An]zeichen *nt;* ***~ convenu*** vereinbartes Zeichen; ***donner le ~ du départ*** das Startzeichen geben ❷ *(avertisseur)* Signal *nt; (système)* Signalanlage *f;* ***~ automatique*** automatisches Signal; *(système)* Signalanlage; ***~ sonore*** akustisches Signal; ***~ d'alarme*** Alarmsignal; CHEMDFER Notbremse *f;* ***déclencher le ~ d'alarme*** den Alarm auslösen; ***~ de détresse*** Notsignal *nt*

S

❸ INFORM Signal *nt;* ~ ***de sollicitation*** Eingabeaufforderung *f*

signalé(e) [siɲale] *adj* ❶ *(signalisé) virage* ausgeschildert ❷ *(littér) service* bedeutend

signalement [siɲalmɑ̃] *m d'une personne* Personenbeschreibung *f; d'un véhicule, malfaiteur* Beschreibung *f*

signaler [siɲale] <1> *vt* ❶ *(attirer l'attention sur)* melden *fait nouveau, perte, vol;* ~ ***un détail/une erreur à qn*** jdn auf ein Detail/einen Fehler hinweisen ❷ *(marquer par un signal)* ~ ***la direction à qn*** *carte, écriteau, balise:* jdm die Richtung weisen ❸ *(indiquer)* ~ ***l'existence de qc*** auf die Existenz einer S. *gen* hindeuten ▸ **rien à** ~ keine besonderen Vorkommnisse; MED ohne Befund

signalétique [siɲaletik] *adj* ***fiche*** ~ erkennungsdienstliche Akte *f*

signalisation [siɲalizasjɔ̃] *f d'un aéroport, port (par lumière)* Befeuerung *f; (au sol)* Pistenmarkierung *f; d'une route (par panneaux)* Beschilderung *f; (au sol)* Fahrbahnmarkierung *f; (par feu)* Ampelanlage[n *Pl*] *f;* ***feu de*** ~ Ampel *f*

signaliser [siɲalize] <1> *vt* ~ ***une route*** *(avec des panneaux)* eine Straße ausschildern; *(avec des feux)* auf einer Straße Ampeln installieren; *(avec des marques au sol)* auf einer Straße Fahrbahnmarkierungen anbringen

signataire [siɲatɛʀ] **I.** *adj État, pays, gouvernement* Signatar-; ***les membres ~s du traité*** die[jenigen] Mitglieder, die das Abkommen unterzeichnet haben; ***partie*** ~ vertragschließende Partei **II.** *mf* Unterzeichner(in) *m(f)*

signature [siɲatyʀ] *f* ❶ *(action)* Unterzeichnung *f;* ***apposer sa ~ au bas de qc*** seine Unterschrift unter etw *akk* setzen ❷ *(marque d'authenticité)* Unterschrift *f; d'un peintre* Signatur *f;* ~ ***légalisée*** beglaubigte Unterschrift

signe [siɲ] *m* ❶ *(geste)* Zeichen *nt;* ~ ***de [la] croix*** Kreuzzeichen *nt;* ***faire le ~ de la croix/un ~ de croix*** sich bekreuzigen; ~ ***de la main*** [Hand]zeichen *nt;* ~ ***de la tête*** Kopfbewegung *f;* ~ ***de tête affirmatif/négatif*** Nicken *nt*/Kopfschütteln *nt;* ~ ***de bienvenue*** Willkommensgeste *f;* ~ ***de refus*** ablehnende Bewegung; ***faire ~ à qn*** *(pour signaler qc)* jdm zuwinken; *(pour contacter qn)* sich bei jdm melden; ***faire un ~ de la tête à son partenaire*** seinem Partner zunicken; ***faire ~ à son fils de faire qc*** seinem/ihrem Sohn bedeuten etw zu tun; ***faire ~ que oui/non*** *(de la tête)* zustimmend nicken/den Kopf schütteln; *(d'un geste)* ein Zeichen der Zustimmung/Ablehnung machen ❷ *(indice)* Anzeichen *nt;* ~ ***annonciateur*** erstes Anzeichen; ~ ***avant-coureur*** Vorzeichen *nt;* MED Symptom *nt* ❸ *(trait distinctif)* Merkmal *nt;* ***~s particuliers: néant*** besondere Kennzeichen: keine; ***~s extérieurs de richesse*** sichtbare Zeichen von Reichtum ❹ *(symbole)* Zeichen *nt;* ~ ***de ponctuation*** GRAM Satzzeichen; ~ ***négatif/positif*** Minus-/Pluszeichen; ~ ***d'égalité/de multiplication*** Gleichheits-/Multiplikationszeichen ❺ ASTROL Sternzeichen *nt;* ~ ***du zodiaque*** Tierkreiszeichen *nt* ▸ **ne pas donner ~ de vie** *(ne pas donner de nouvelles)* nichts von sich hören lassen; *(paraître mort)* kein Lebenszeichen von sich geben; **c'est bon/mauvais ~** das ist ein gutes/schlechtes Zeichen

signer [siɲe] <1> *vt* ❶ *(apposer sa signature)* unterschreiben, unterzeichnen *pétition, traité;* ~ ***un tableau*** *peintre:* ein Bild signieren; ~ ***qc de son nom/de sa main*** etw mit seinem [vollen] Namen/eigenhändig unterschreiben ❷ *(produire sous son nom)* verfassen *œuvre, pièce;* malen *tableau;* ***être signé de qn*** von jdm stammen ▸ **c'est signé** *(fam)* es ist [doch] sonnenklar, wer das war; **être signé** *(fam)* jds Stempel tragen

signet [siɲɛ] *m* INFORM Bookmark *f*

signifiant [siɲifjɑ̃] *m* LING Signifikant *m*

signifiant(e) [siɲifjɑ̃, jɑ̃t] *adj* ❶ *(littér: plein de sens)* bedeutungsvoll ❷ LING *morphème, unité* bedeutungstragend

significatif, -ive [siɲifikatif, -iv] *adj* ❶ *date, décision, fait* bedeutsam; *geste, silence, sourire* vielsagend; ***être ~ de qc*** etw erkennen lassen ❷ *(important)* bedeutend

signification [siɲifikasjɔ̃] *f (sens)* Bedeutung *f*

signifier [siɲifje] <1> *vt* ❶ *(avoir pour sens)* bedeuten; ***qu'est-ce que cela signifie?*** was hat das zu bedeuten? ❷ *(faire connaître)* ~ ***une intention à qn*** jdm eine Absicht zu verstehen geben; ~ ***une décision à qn*** JUR jdm eine Entscheidung zustellen ▸ **qu'est-ce que ça signifie?** *(se dit pour exprimer son mécontentement)* was soll denn das?

silence [silɑ̃s] *m* ❶ *sans pl (absence de bruit)* Stille *f; (calme)* Ruhe *f;* ~ ***de mort*** Totenstille *f;* ***travailler en*** ~ arbeiten, ohne Lärm zu machen; ***souffrir en*** ~ vor sich hinleiden; ***le ~ se fait dans la salle*** im

S

Saal kehrt Ruhe ein; ***le ~ des enfants m'inquiète*** die Kinder sind beunruhigend still; ***quel ~!*** was für eine [wohltuende] Ruhe!; ***~!*** Ruhe!; ***~! on tourne!*** Achtung, Aufnahme! ❷ *(absence de paroles, d'information)* Schweigen *nt;* ***~ gêné/éloquent*** betretenes/beredtes Schweigen; ***~ glacial*** eisiges Schweigen; ***garder le ~ sur qc*** über etw *akk* Stillschweigen bewahren; ***passer qc sous ~*** kein Wort über etw verlieren; ***réduire qn au ~*** jdn zum Schweigen bringen; ***rompre le ~*** das Schweigen brechen ▶ **la parole est d'argent, mais le ~ est d'or** *(prov)* Reden ist Silber, Schweigen ist Gold

silencieusement [silɑ̃sjøzmɑ̃] *adv* ❶ *(sans bruit)* lautlos ❷ *(en secret)* heimlich

silencieux [silɑ̃sjø] *m* Schalldämpfer *m*

silencieux, -euse [silɑ̃sjø, -jøz] *adj* ❶ *(opp: bruyant)* leise; *personne, méditation* still; ***mettre en mode ~*** auf lautlos stellen *téléphone portable* ❷ *(où règne le silence)* still ❸ *personne* still, schweigsam; ***majorité silencieuse*** schweigende Mehrheit; ***rester ~*** schweigen

silex [silɛks] *m* Feuerstein *m*

silhouette [silwɛt] *f* ❶ *d'une personne* Silhouette *f;* ***la ~ voûtée de qn*** jds gebeugte Gestalt ❷ *(figure indistincte)* Umriss *m* ❸ *(contour)* Kontur *f* ❹ *(dessin)* Schattenriss *m*

silice [silis] *f* Kieselerde *f*

silicium [silisjɔm] *m* Silizium *nt*

silicone [silikon] *m* Silikon *nt*

silicose [silikoz] *f* [Quarz]staublunge *f*

sillage [sijaʒ] *m* NAUT Kielwasser *nt; d'un avion* Kondensstreifen *m;* ***~ de l'eau*** Wasserwirbel *Pl* ▶ **marcher dans le ~ de qn** *(suivre son exemple)* in jds Fußstapfen *akk* treten; *(profiter de qn)* in jds Kielwasser *dat* segeln

S

sillon [sijɔ̃] *m* ❶ AGR Furche *f;* ***creuser/tracer/ouvrir un ~*** eine Furche ziehen ❷ *(trace longitudinale)* Spur *f; (ride)* Furche *f;* GEOG Graben *m* ❸ *(piste) d'un disque* Rille *f*

sillonner [sijɔne] <1> *vt (traverser)* ***~ une ville*** *personnes, touristes:* kreuz und quer durch eine Stadt gehen/fahren; *canaux, routes:* eine Stadt durchziehen; ***~ le ciel*** *avions:* am Himmel ihre Bahnen ziehen; *éclairs:* den Himmel durchzucken

silo [silo] *m* Silo *m o nt*

silure [silyʀ] *m* Wels *m*

simagrée [simagʀe] *f gén pl* Gehabe *nt,* Getue *nt fam;* ***faire des ~s*** einen Zirkus veranstalten; ***arrête tes ~s!*** mach kein Theater! *fam*

simiens [simjɛ̃] *mpl* ZOOL Affen *Pl (als zoologische Ordnung)*

simiesque [simjɛsk] *adj* affenähnlich

similaire [similɛʀ] *adj* vergleichbar; *goûts* sehr ähnlich

similarité [similaʀite] *f* Gleichartigkeit *f,* [große] Ähnlichkeit *f*

simili [simili] *m* Imitation *f;* ***en ~*** unecht

similicuir [similikɥiʀ] *m* Kunstleder *nt*

similitude [similityd] *f (analogie)* Ähnlichkeit *f;* ***présenter certaines ~s*** gewisse Gemeinsamkeiten aufweisen

simple [sɛ̃pl] **I.** *adj* ❶ *(facile)* einfach; ***être ~ à faire*** einfach zu tun sein; ***rien de plus ~ à réaliser!*** nichts leichter als das!; ***le plus ~, c'est …*** am einfachsten ist es, … ❷ *(modeste)* einfach; *personne, revenus* bescheiden; *cérémonie* schlicht; ***être issu d'une famille ~*** das Kind einfacher Leute sein ❸ *feuille, nœud* einfach; ***un aller ~ pour Paris, s'il vous plaît*** eine einfache Fahrkarte nach Paris, bitte ❹ *postposé (non composé)* einfach; ***temps ~*** einfache Zeitform; ***corps ~*** CHIM chemischer Grundstoff ❺ *antéposé (rien d'autre que)* einfach; ***~ soldat/employé de bureau*** einfacher Soldat/Büroangestellter; ***~ formalité*** reine Formalität; ***~ regard*** flüchtiger Blick; ***~ remarque*** kleine Bemerkung; ***appeler pour un ~ renseignement*** nur wegen einer Auskunft anrufen; ***un ~ coup de téléphone aurait suffi*** ein [kurzer] Anruf hätte genügt; ***"sur ~ appel"*** „Anruf genügt" ❻ *(naïf)* einfältig ▶ **c'est [bien] ~** *(fam)* das ist ganz einfach; ***écoute, c'est ~, si tu …*** jetzt hör' mir mal gut zu: wenn du …; ***si tu …, c'est bien ~, je te quitte!*** wenn du …, dann verlasse ich dich ganz einfach!; ***c'est bien ~, il ne m'écoute jamais!*** er hört mir einfach nie zu!; **tu penses que tu vas t'en tirer comme ça, mais ce serait trop ~!** du glaubst, du wirst ungeschoren davonkommen, aber das könnte dir so passen! **II.** *m* ❶ SPORT Einzel *nt;* ***un ~ dames/messieurs*** ein Damen-/Herreneinzel ❷ *(personne naïve)* ***~ d'esprit*** geistig Behinderte(r) *f(m)* ▶ **passer du ~ au double** sich verdoppeln

simplement [sɛ̃pləmɑ̃] *adv* ❶ *s'exprimer* einfach; *se vêtir* schlicht; *recevoir, se comporter* ungezwungen ❷ *(seulement)* [einfach] nur; ***ce sont ~ des hommes*** das sind [einfach] nur Menschen; ***tout ~*** *(sans plus)* einfach nur; *(absolument)* [ganz] einfach

simplet(te) [sɛ̃plɛ, ɛt] *adj* ❶ *(niais)* [etwas] einfältig ❷ *(simpliste)* banal; *intrigue, question* simpel; *raisonnement* nichts sagend; *roman* trivial

simplicité [sɛ̃plisite] *f* ❶ *(opp: complexité)* Einfachheit *f;* ***être d'une extrême/de la plus grande ~*** außerordentlich/äußerst einfach sein; ***être d'une ~ enfantine*** kinderleicht sein ❷ *(naturel)* Schlichtheit *f;* ***être resté d'une grande ~*** sehr bescheiden geblieben sein; ***parler avec ~*** sich einfach [und verständlich] ausdrücken; ***être célébré dans la ~*** in schlichtem Rahmen stattfinden; ***recevoir qn en toute ~*** jdn empfangen ohne große Umstände zu machen ❸ *(naïveté)* Naivität *f;* ***avoir la ~ de croire qc*** so naiv sein etw zu glauben

simplifiable [sɛ̃plifjabl] *adj* ❶ *(qui peut être simplifié)* vereinfachbar; ***être ~*** sich vereinfachen lassen ❷ MATH kürzbar; ***cette fraction n'est pas ~*** diesen Bruch kann man nicht kürzen

simplificateur, -trice [sɛ̃plifikatœʀ, -tʀis] *adj* [zu] stark vereinfachend; ***avoir l'esprit très ~*** dazu neigen die Dinge zu vereinfachen

simplification [sɛ̃plifikasjɔ̃] *f (action de rendre simple)* Vereinfachung *f;* ***~ du travail*** Arbeitserleichterung *f*

simplifier [sɛ̃plifje] <1> **I.** *vt* vereinfachen, leichter machen *existence, tâche, travail* **II.** *vpr* ***se ~ la vie/l'existence*** sich *dat* das Leben/das Dasein erleichtern

simplisme [sɛ̃plism] *m* übermäßige Vereinfachung; ***faire preuve de ~*** die Dinge simplifizieren *geh*

simpliste [sɛ̃plist] *adj* einseitig; ***être ~*** die Dinge zu einseitig sehen

simulacre [simylakʀ] *m* ❶ *(littér: illusion)* ***~ de gouvernement*** Scheinregierung *f* ❷ *(action simulée)* Täuschungsmanöver *nt;* ***~ de combat*** MIL Scheingefecht *nt;* SPORT Scheinkampf *m;* ***~ d'exécution*** Scheinhinrichtung *f;* ***~ de négociations*** Scheinverhandlungen *Pl*

simulateur, -trice [simylatœʀ, -tʀis] *m, f* ❶ *(trompeur)* Heuchler(in) *m(f); (qui simule une maladie)* Simulant(in) *m(f)* ❷ *(appareil)* ***~ de pilotage*** [Lehr]simulator *m;* ***~ de vol*** Flugsimulator *m*

simulation [simylasjɔ̃] *f* ❶ *(reconstitution)* Simulation *f;* ***jeu de ~*** Rollenspiel *nt* ❷ *(action de simuler un sentiment)* Heuchelei *f; (action de simuler une maladie)* Simulieren *nt*

simulé(e) [simyle] *adj* ❶ *(feint) joie, gravité* vorgetäuscht; *maladie* simuliert ❷ *(postiche)* falsch

simuler [simyle] <1> *vt* ❶ *(feindre)* vortäuschen, heucheln *sentiment;* ***un appel de détresse simulé*** ein fingierter Notruf ❷ *(reconstituer)* simulieren

simultané(e) [simyltane] *adj* gleichzeitig; ***traduction ~e*** Simultandolmetschen *nt*

simultanéité [simyltaneite] *f* Gleichzeitigkeit *f*

simultanément [simyltanemɑ̃] *adv* gleichzeitig

sincère [sɛ̃sɛʀ] *adj* ❶ *(franc, loyal)* aufrichtig; *aveu* offen; *ami, repentir* echt; *explication, réponse* ehrlich ❷ *(véritable)* ***~s condoléances*** aufrichtiges Beileid; ***croyez à mes plus ~s regrets*** ich bedauere zutiefst; ***veuillez agréer mes plus ~s salutations*** mit [den] besten Grüßen

sincèrement [sɛ̃sɛʀmɑ̃] *adv* ❶ *avouer* offen; *regretter* aufrichtig; ***il est ~ désolé de qc*** etw tut ihm aufrichtig leid; ***je te le dis ~*** ich sage es dir [ganz] offen; ***~, tu ne veux pas y aller?*** du willst also wirklich nicht hingehen? ❷ *(à franchement parler)* ehrlich gesagt

sincérité [sɛ̃seʀite] *f des aveux, d'une personne, d'un sentiment* Aufrichtigkeit *f; d'une explication, réponse* Ehrlichkeit *f;* ***en toute ~*** ehrlich gesagt

sine qua non [sinekwanɔn] *adj v.* **condition**

Singapour [sɛ̃gapuʀ] Singapur *nt*

singe [sɛ̃ʒ] *m* ❶ ZOOL Affe *m;* ***grand ~*** Menschenaffe *m;* ***l'homme descend du ~*** der Mensch stammt vom Affen ab; *v. a.* **guenon** ❷ *(fam: personne laide)* hässlicher Kerl *m*/hässliche Frau *f* ❸ *(fam: personne qui imite)* Kasper *m;* ***faire le ~*** *(fam)* herumkaspern ▸ **être poilu comme un ~** *(fam)* behaart wie ein Affe sein

singer [sɛ̃ʒe] <2a> *vt* ❶ *(imiter)* äffen *personne;* nachäffen *démarche, voix* ❷ *(feindre)* heucheln *sentiment, intérêt*

singerie [sɛ̃ʒʀi] *f* ❶ *pl (fam: grimaces)* Grimassen *Pl,* Faxen *Pl; (pitreries)* Albereien *Pl;* ***faire des ~s*** *(fam: des grimaces)* Grimassen schneiden, Faxen machen; *(des pitreries)* herumalbern *fam,* herumkaspern *fam* ❷ *pl (fam: simagrées)* [geziertes] Getue *fam,* Gehabe *nt* ❸ *(cage aux singes)* Affenhaus *nt*

singeries [sɛ̃ʒʀi] *fpl (fam: grimaces)* Grimassen *Pl; (pitreries)* Albereien *Pl;* ***faire des ~*** *(fam: des grimaces)* Grimassen schneiden; *(des pitreries)* herumalbern

single [singœl] *m (cabine)* Einzelkabine *f; (chambre)* Einzelzimmer *nt*
singulariser [sɛ̃gylaʀize] <1> *vpr* ***se ~ par qc*** durch etw auffallen
singularité [sɛ̃gylaʀite] *f* ❶ *sans pl (caractère original)* Originalität *f;* ***présenter une ~*** eine Besonderheit aufweisen ❷ *pl (excentricité)* Absonderlichkeit *f;* ***les ~s de son comportement*** sein/ihr absonderliches Verhalten
singulier [sɛ̃gylje] *m* Singular *m*
singulier, **-ière** [sɛ̃gylje, -jɛʀ] *adj (bizarre)* sonderbar; *(étonnant)* erstaunlich
singulièrement [sɛ̃gyljɛʀmɑ̃] *adv* ❶ *(étrangement)* eigenartig ❷ *(fortement)* außerordentlich
sinistre [sinistʀ] **I.** *adj* ❶ *(lugubre)* trostlos; ***avoir l'air ~*** düster drein blicken ❷ *(inquiétant)* unheilvoll ❸ *nouvelle, spectacle* schrecklich **II.** *m (catastrophe)* Katastrophe *f;* ***maîtriser un ~*** einen Brand unter Kontrolle haben
sinistré(**e**) [sinistʀe] **I.** *adj bâtiment* zerstört; ***personnes ~es à la suite des inondations*** Opfer *Pl* der Überschwemmungskatastrophe; ***zone*** [*o* ***région***] ***~e*** Katastrophengebiet *nt* **II.** *m(f)* [Katastrophen]opfer *nt;* ***les ~s de la dernière guerre*** die Opfer des letzten Krieges; ***l'inondation a fait de nombreux ~s*** durch die Überschwemmung sind viele zu Schaden gekommen
sinistrement [sinistʀəmɑ̃] *adv se manifester* unheilvoll; *retentir* unheimlich
sinistrose [sinistʀoz] *f* Pessimismus *m*
sinologie [sinɔlɔʒi] *f* Chinakunde *f,* Sinologie *f*
sinologue [sinɔlɔg] *mf* Sinologe *m*/Sinologin *f*
sinon [sinɔ̃] *conj* ❶ *(dans le cas contraire)* sonst, andernfalls ❷ *(si ce n'est)* ***que faire ~ attendre?*** was können wir anderes tun als warten?; ***à quoi sert la clé ~ à faire qc*** wozu ist der Schlüssel eigentlich gut, wenn nicht dazu etw zu tun; ***aucun roman ~ "Madame Bovary"*** kein Roman außer „Madame Bovary"; ***il ne s'intéresse à rien ~ à la musique*** er interessiert sich für nichts anderes, als für Musik; ***~ ... du*** [*o* ***au***] ***moins*** *(en tout cas)* wenn nicht ..., so doch [wenigstens] ...
sinueux, **-euse** [sinɥø, -øz] *adj* ❶ *(ondoyant)* gewunden ❷ *(compliqué)* verschlungen
sinuosité [sinɥozite] *f (formes sinueuses)* Windung *f,* Biegung *f*
sinus [sinys] *m* ANAT [Nasen]nebenhöhle *f*
sinusite [sinyzit] *f* [Nasen]nebenhöhlenentzündung *f*
sinusoïdal(**e**) [sinyzɔidal, o] <-aux> *adj courbe, fonction, mouvement* Sinus-; ***avoir une forme ~e*** die Form einer Sinuskurve haben
sinusoïde [sinyzɔid] *f* MATH Sinuskurve *f*
sionisme [sjɔnism] *m* Zionismus *m*
sioniste [sjɔnist] **I.** *adj* zionistisch **II.** *mf* Zionist(in) *m(f)*
siphon [sifɔ̃] *m* ❶ *(tube courbé)* Saugheber *m; d'un évier, des W.-C.* Geruchsverschluss *m,* Siphon *m* ❷ GEOG Siphon *m* ❸ *(bouteille)* Siphon *m*
siphonné(**e**) [sifɔne] *adj (fam)* ***être ~*** spinnen
siphonner [sifɔne] <1> *vt (transvaser le contenu)* absaugen; *(vider un contenant)* leeren
sire [siʀ] *m* ***Sire!*** Majestät! *f*
sirène [siʀɛn] *f* ❶ *(signal)* Sirene *f;* ***les ~s sonnent*** die Sirenen heulen; ***~ d'alarme*** Alarmsirene ❷ *(femme poisson)* Meerjungfrau *f* ❸ *(hum: symbole de séduction)* ***chant des ~s*** Sirenengesang *m*
sirocco [siʀɔko] *m* Schirokko *m*
sirop [siʀo] *m* ❶ *(solution sucrée concentrée)* Sirup *m;* ***~ de citron/framboise/fraise*** Zitronen-/Himbeer-/Erdbeersirup *m* ❷ *(boisson diluée)* Saft *m (mit Wasser verdünnter Sirup)* ❸ *(liquide sucré des boîtes de conserve)* ***pêches au ~*** Pfirsiche in gezuckertem Fruchtsaft ❹ MED Sirup *m;* ***~ contre la toux*** Hustensaft
siroter [siʀɔte] <1> *vt (fam)* [langsam und mit Genuss] trinken
sisal [sizal] *m (plante)* Sisalagave *f; (fibre)* Sisal *m*
sismique [sismik] *adj* ***secousse ~*** Erdstoß *m*
sismographe [sismɔgʀaf] *m* Seismograf *m*
▶ ***avoir une sensibilité de ~ à qc*** äußerst empfindlich auf etw *akk* reagieren
sismologue [sismɔlɔg] *m, f* Seismologe *m*/Seismologin *f*
sitcom [sitkɔm] *m o f* TV Sitcom *f*
site [sit] *m* ❶ *(paysage)* Landschaft *f; (région)* Gegend *f;* ***~ classé*** Landschaftsschutzgebiet *f;* ***~ historique*** historische Stätte; ***~ naturel*** Naturschönheit *f;* ***~ sauvage*** Stück *nt* unberührte Natur; ***~ touristique*** Sehenswürdigkeit *f* ❷ *(lieu d'activité)* Standort *m; de production* Produktionsstätte *f;* ***~ archéologique*** Ausgrabungsstätte *f;* ***~ olympique*** olympischer Austragungsort *m* ❸ INFORM Site *f;* ***~ sur Internet***, ***~ Web*** Website *f;* ***s'offrir un ~***

S

sur Internet [sich] eine Website einrichten ▶ ~ **propre** Busspur *f*

sit-in [sitin] *m inv* Sit-in *nt*

sitôt [sito] **I.** *adv* ▶ **pas de** ~ so bald nicht **II.** *conj* ~ ***entré, il enleva ses chaussures*** sobald er eingetreten war, zog er seine Schuhe aus ▶ ~ **dit,** ~ **fait** gesagt, getan

situation [sitɥasjɔ̃] *f* ❶ *d'une personne* Lage *f;* ~ ***de famille*** Familienstand *m;* ~ ***délicate*** schwierige Lage; ***la*** ~ ***sociale de qn*** jds soziale Verhältnisse; ***des*** **~*s*** ***sociales*** *(des cas sociaux)* Sozialfälle *Pl;* ***dans ma*** ~ in meiner Lage; ***agir en*** ~ ***de légitime défense*** in Notwehr handeln; ***remettre qc en*** ~ etw im Kontext sehen ❷ *d'une personne* Lage; *d'un pays* [wirtschaftliche] Stellung; ***la*** ~ ***de l'emploi en France*** die Lage auf dem französischen Arbeitsmarkt; ECON, FIN Lage *f* ❸ *(emploi)* [An]stellung *f;* ***avoir une belle*** ~ eine gute Stellung haben; ***se faire une*** ~ sich hocharbeiten

situé(**e**) [sitɥe] *adj* gelegen; ***être*** ~ ***au nord/sud*** *quartier, région:* im Norden/Süden liegen; *maison:* im Norden/Süden stehen; ***bien/mal*** ~ günstig/ungünstig gelegen; ***bureaux à louer,*** **~*s en plein centre-ville*** Büroräume zu vermieten, direkt im Stadtzentrum [gelegen]

situer [sitɥe] <1> **I.** *vt* ❶ *(localiser dans l'espace par la pensée)* ~ ***son film/l'action de son roman à Paris*** seinen Film/seinen Roman in Paris spielen lassen; ***je ne situe pas très bien ce lieu*** ich weiß [im Moment] nicht genau, wo dieser Ort liegt; ***pouvez-vous*** ~ ***l'endroit précis où …?*** wissen Sie, wo genau …? ❷ *(localiser dans le temps)* ~ ***qc en l'an …*** etw um … ansiedeln ❸ *(fam: définir)* einordnen *personne* **II.** *vpr* **se** ~ ❶ *(se localiser dans l'espace)* liegen; ***l'action de ce roman se situe à Paris/dans les collines*** dieser Roman spielt in Paris/in den Hügeln ❷ *(se localiser dans le temps)* ***se*** ~ ***en l'an …*** im Jahr … stattfinden ❸ *(se localiser à un certain niveau)* ***se*** ~ ***entre 25 et 35%*** zwischen 25 und 35% liegen; ***se*** ~ ***à un niveau inférieur/supérieur*** niedriger/höher sein ❹ *(se définir)* ***se*** ~ wissen, wo jdn steht; ***se*** ~ ***par rapport à qc*** wissen, wie jd sich einer S. *dat* gegenüber verhalten soll

six [sis, *devant une voyelle:* siz, *devant une consonne:* si] **I.** *num* sechs **II.** *m inv* Sechs *f; v. a.* **cinq**

sixième [sizjɛm] **I.** *adj antéposé* sechste(r, s) **II.** *mf* ***le/la*** ~ der/die/das Sechste **III.** *m (fraction)* Sechstel *nt* **IV.** *f* SCOL ≈ sechste Klasse; *v. a.* **cinquième**

sixièmement [sizjɛmmɑ̃] *adv* sechstens

skaï® [skaj] *m* Skai® *f*

skate [skɛt] *m (fam) abr de* **skate-board**

skate-board [skɛtbɔʀd] <skate-boards> *m* Skateboard *nt;* ***faire du*** ~ Skateboard fahren

sketch [skɛtʃ] <[e]s> *m* Sketch *m*

ski [ski] *m* ❶ *(objet)* Ski *m,* Schi *m;* ***à*** **~*s*** auf Skiern; ***randonnée à*** **~*s*** Skiwanderung *f* ❷ *(sport)* Skilauf[en *nt*] *m,* Skifahren *nt;* ~ ***de fond*** [Ski]langlauf; ~ ***de piste*** Abfahrt[slauf *m*] *f;* ~ ***de randonnée*** Skiwandern *nt;* ~ ***alpin*** alpiner Skilauf; ~ ***artistique/acrobatique*** Buckelpistenfahren *nt/*Skiakrobatik *f;* ~ ***nordique*** nordische Kombination; ***aller au*** ~ *(fam)* Ski fahren gehen; ***faire du*** ~ Ski fahren; ***des chaussures de*** ~ Skistiefel *Pl;* ***station de*** ~ Wintersportort *m*

skiable [skjabl] *adj neige* zum Skifahren geeignet; ***domaine/piste/saison*** ~ Skigebiet *nt/*-piste *f/*-saison *f*

skier [skje] <1> *vi* Ski fahren

skieur, **-euse** [skjœʀ, -jøz] *m, f* Skifahrer(in) *m(f);* ~ ***de fond/de randonnée*** [Ski]langläufer *m/*Tourenskifahrer *m*

skif[f] [skif] *m* SPORT Skiff *nt*

skin[head] [skin(ɛd)] *m* Skin[head *m*] *m*

skipper [skipœʀ] *m* Skipper *m*

slalom [slalɔm] *m* ❶ *(épreuve de ski)* Slalom[lauf *m*] *m;* ~ ***spécial/[super-]géant*** Spezial-/Riesenslalom ❷ *(en canoë-kayak)* ~ ***[nautique]*** Kanuslalom *m* ❸ *(parcours sinueux)* Slalom[kurs *m*] *m;* ***faire du*** ~ *(en marchant)* im Zickzack gehen; *(en conduisant)* Slalom fahren; ***en*** ~ im Slalom

slalomer [slalɔme] <1> *vi* ❶ SPORT Slalom fahren ❷ *(zigzaguer: en marchant)* im Zickzack gehen; *(en conduisant, en roulant)* Slalom fahren

slalomeur, **-euse** [slalɔmœʀ, -øz] *m, f* Slalomfahrer(in) *m(f)*

slam [slam] *m* Slam *m,* Poetry-Slam

slash [slaʃ] *m* TYP Slash *m*

slave [slav] *adj* slawisch

Slave [slav] *mf* Slawe *m/*Slawin *f*

slip [slip] *m* Slip *m;* ~ ***de bain*** Badehose *f* ▶ **se retrouver en** ~ *(fam)* alles bis aufs Hemd verlieren

slogan [slɔgɑ̃] *m* Slogan *m;* ~ ***politique*** politisches Schlagwort; ~ ***publicitaire*** Werbeslogan

slovaque [slɔvak] **I.** *adj* slowakisch **II.** *m* Slowakisch *nt; v. a.* **allemand**

S

Slovaque [slɔvak] *mf* Slowake *m*/Slowakin *f*
Slovaquie [slɔvaki] *f* ***la*** ~ die Slowakei
slovène [slɔvɛn] **I.** *adj* slowenisch **II.** *m* Slowenisch *nt; v. a.* **allemand**
Slovène [slɔvɛn] *mf* Slowene *m*/Slowenin *f*
Slovénie [slɔveni] *f* ***la*** ~ Slowenien *nt*
slow [slo] *m* Slowfox *m*

Aussprache
Die Endung -w in **slow** wird nicht gesprochen.

smala [smala] *f (hum fam)* Sippe *f hum;* ***avec toute sa*** ~ mit Kind und Kegel
smart [smaʀt] *adj* CAN *(élégant)* elegant
smartphone [smaʀtfɔn] *m* Smartphone *nt*
smash [sma(t)ʃ] *m* Schmetterball *m*
smasher [sma(t)ʃe] <1> *vt, vi* schmettern
SME [ɛsɛmø] *m abr de* **Système monétaire européen** EWS *nt*
S.M.I.C. [smik] *m abr de* **salaire minimum interprofessionnel de croissance** tariflich festgelegter Mindestlohn; ***au*** ~ zum tariflich festgelegten Mindestlohn
smicard(e) [smikaʀ, aʀd] *m(f) (fam)* Mindestlohnempfänger(in) *m(f)*
smog [smɔg] *m* Smog *m*
smoking [smɔkiŋ] *m* Smoking *m*
smoothie [smuzi] <m> *m (boisson rafraîchissante)* Smoothie *m*
SMS [ɛsɛmɛs] *m abr de* **Short Message Service** SMS *f;* ***envoyer un*** ~ ***à qn*** jdm eine SMS schicken, jdm simsen *fam*
smurf [smœʀf] *m* Breakdance *m*
snack [snak] *m,* **snack-bar** [snakbaʀ] <snack-bars> *m* Schnellimbiss *m*
SNCF [ɛsɛnseɛf] *f abr de* **Société nationale des chemins de fer français** *staatliche französische Eisenbahngesellschaft*
snif[f]er [snife] <1> *vt (arg)* schnüffeln *sl colle, dissolution;* schnupfen *cocaïne*
snob [snɔb] **I.** *adj* versnobt *pej* **II.** *mf* Snob *m pej*
snober [snɔbe] <1> *vt* von oben herab behandeln *personne;* sich *dat* zu gut sein für *invitation;* verschmähen *repas*
snobinard(e) [snɔbinaʀ, aʀd] *(fam)* **I.** *adj* [etwas] versnobt [*o* hochnäsig] *pej* **II.** *m(f) (homme)* kleiner Snob *pej*
snobisme [snɔbism] *m* Snobismus *m*
snowboard [snobɔʀd] *m* Snowboard *m*
soap-opéra [sopɔpeʀa] <soap-opéras> *m* Soap *f*
sobre [sɔbʀ] *adj* ❶ *(modéré)* genügsam; *personne, vie* genügsam, maßvoll ❷ *(qui boit peu ou pas d'alcool)* maßvoll im Trinken ❸ *(mesuré) paroles* einfach, nüchtern; *discours* nüchtern; *gestes* sparsam ❹ *(simple) art, style* nüchtern, schlicht; *coupe, look* dezent, schlicht
sobrement [sɔbʀəmɑ̃] *adv* ❶ *boire, manger* mäßig; *vivre* bescheiden ❷ *s'habiller* schlicht; *s'exprimer* einfach
sobriété [sɔbʀijete] *f* ❶ *(tempérance) d'une personne* Genügsamkeit *f,* Enthaltsamkeit *f; d'un animal* Genügsamkeit ❷ *(modération)* ***la*** ~ ***de ses déclarations*** die Zurückhaltung *f* in seinen/ihren Äußerungen ❸ *(discrétion) d'un style* Schlichtheit *f*
sobriquet [sɔbʀikɛ] *m* Spitzname *m*
soc [sɔk] *m* Pflugschar *f*
sociabilité [sɔsjabilite] *f* ❶ *(amabilité) d'une personne* Geselligkeit *f* ❷ SOCIOL soziales Verhalten, Soziabilität *f Fachspr.*
sociable [sɔsjabl] *adj* ❶ *(aimable)* gesellig ❷ SOCIOL sozial; *fourmi, abeille* Staaten bildend; ***l'homme est de nature*** ~ der Mensch ist von Natur aus ein soziales Wesen
social [sɔsjal, -jo] <-aux> *m* ❶ *(questions sociales)* sozialer Bereich ❷ *(politique)* Sozialpolitik *f*
social(e) [sɔsjal, -jo] <-aux> *adj* ❶ *vie, convention* gesellschaftlich; *conflit, inégalités, classe* sozial; ***partenaires sociaux*** Sozialpartner *Pl,* Tarifpartner *Pl;* ***mener une action ~e contre qc*** sich sozial gegen etw engagieren ❷ ADMIN ***aide ~e*** Sozialhilfe *f;* ***logement*** ~ Sozialwohnung *f;* ***avantage*** ~ soziale Vergünstigung ❸ *homme* sozial; *insecte* Staaten bildend; ***un être*** ~ ein soziales Wesen ❹ *loi, politique* sozial
social-démocrate, sociale-démocrate [sɔsjaldemɔkʀat, sɔsjodemɔkʀat] <sociaux-démocrates> **I.** *adj* sozialdemokratisch **II.** *m, f* Sozialdemokrat(in) *m(f)* **social-démocratie** [sɔsjaldemɔkʀasi] <social-démocraties> *f* Sozialdemokratie *f*
socialement [sɔsjalmɑ̃] *adv* sozial
socialisation [sɔsjalizasjɔ̃] *f* ❶ POL Sozialisierung *f* ❷ PSYCH Sozialisation *f*
socialiser [sɔsjalize] *vt (adapter à la vie sociale)* sozialisieren
socialiser [sɔsjalize] <1> *vt* POL, PSYCH sozialisieren
socialisme [sɔsjalism] *m* Sozialismus *m;* ~ ***d'État*** Staatssozialismus
socialiste [sɔsjalist] **I.** *adj* sozialistisch **II.** *mf* Sozialist(in) *m(f)*

S

socialo [sɔsjalo] *mf (fam) abr de* **socialiste** Sozi *mf*

sociétaire [sɔsjetɛʀ] *mf* ❶ *(membre)* Mitglied *nt* ❷ *(membre d'une coopérative)* [Genossenschafts]mitglied *nt; (membre d'une société)* Gesellschafter(in) *m(f)*

sociétal(e) [sɔsjetal] <-aux> *adj* gesellschaftlich

société [sɔsjete] *f* ❶ *(communauté)* Gesellschaft *f;* ~ ***de consommation*** Konsumgesellschaft; ***problème de*** ~ gesellschaftliches Problem; ***intérêt de la*** ~ gesellschaftliches Interesse; ***vivre en*** ~ *fourmis:* in Staaten leben ❷ECON Gesellschaft *f,* Unternehmen *nt;* ~ ***à responsabilité limitée*** Gesellschaft mit beschränkter Haftung; ~ ***anonyme*** Aktiengesellschaft; ~ ***civile*** Gesellschaft des bürgerlichen Rechts ❸ *(club)* ~ ***littéraire/savante*** literarische/wissenschaftliche Gesellschaft ❹ *(ensemble de personnes)* Gruppe *f;* ***la bonne*** ~ die feine Gesellschaft; ***les gens de la bonne*** ~ die feinen Leute; ***la haute*** ~ die High Society ❺POL ***Société des Nations*** Völkerbund *m*

socioculturel(le) [sɔsjokyltyʀɛl] *adj* soziokulturell

socio-économique [sɔsjoekɔnɔmik] <socio-économiques> *adj* sozioökonomisch **socio-éducatif, -ive** [sɔsjoedykatif, -iv] <socio-éducatifs> *adj* sozialpädagogisch

sociolinguistique [sɔsjolɛ̃gɥistik] **I.** *f* Soziolinguistik *f* **II.** *adj* soziolinguistisch

sociologie [sɔsjɔlɔʒi] *f* Soziologie *f*

sociologique [sɔsjɔlɔʒik] *adj* soziologisch

sociologiquement [sɔsjɔlɔʒikmɑ̃] *adv* soziologisch

sociologue [sɔsjɔlɔg] *mf* Soziologe *m*/Soziologin *f*

sociopolitique [sɔsjopɔlitik] *adj* sozialpolitisch

socioprofessionnel(le) [sɔsjopʀɔfesjɔnɛl] *adj activité* beruflich und gesellschaftlich; *enquête* das berufliche und soziale Umfeld betreffend; ***origine*** **~le** soziale Herkunft und Berufsausbildung; ***catégorie*** **~le** Berufsgruppe *f*

socio-scientifique [sɔsjɔsjɑ̃tifik] <socio-scientifiques> *adj étude* gesellschaftswissenschaftlich

socle [sɔkl] *m* ❶ *d'une lampe* Fuß *m; d'une statue* Sockel *m; d'une colonne* Basis *f* ❷GEOG Sockel *m*

socquette [sɔkɛt] *f* Socke *f; (pour femmes, enfants)* Söckchen *nt*

soda [sɔda] *m (boisson aromatisée)* Limonade *f,* Kracherl *nt* A *fam*

sodé(e) [sɔde] *adj* natriumhaltig

sodium [sɔdjɔm] *m* Natrium *nt*

sodomie [sɔdɔmi] *f* Analverkehr *m*

sodomiser [sɔdɔmize] <1> *vt* ~ ***qn*** mit jdm anal koitieren

sœur [sœʀ] **I.** *f* ❶ *(opp: frère)* Schwester *f;* ~ ***de lait*** Milchschwester; ~ ***d'infortune*** *(soutenu)* Leidensgefährtin *f* ❷ *(objet semblable)* Gegenstück *nt* ❸REL [Ordens]schwester *f;* ***ma*** ~ Schwester; ***bonne*** ~ *(fam)* fromme Schwester; ***se faire [bonne]*** ~ ins Kloster gehen ► **et ta** ~[**, elle bat le beurre**]**?** *(fam)* kümmere dich um deinen eigenen Mist! **II.** *adj* ❶ *(semblable)* verwandt ❷ *(apparentés)* ***être*** **~s** *choses:* einander ähnlich sein

sœurette [sœʀɛt] *f* Schwesterchen *nt*

sofa [sɔfa] *m* Sofa *nt*

Sofia [sɔfja] Sofia *nt*

SOFRES [sɔfʀɛs] *f abr de* **Société française d'enquêtes par sondages** *kommerzielles Meinungsforschungsinstitut in Frankreich*

software [sɔftwɛʀ, sɔftwaʀ] *m* Software *f*

soi [swa] **I.** *pron pers avec une préposition* sich *akk o dat;* ***chez*** ~ [bei sich *dat*] zu Hause; ***malgré*** ~ *(à contrecœur)* gegen seinen Willen; *(par hasard)* unabsichtlich ► **avoir qc sur** ~ etw bei sich haben; **en** ~ an sich; ***un genre en*** ~ eine Gattung für sich **II.** *m* Selbst *nt;* ***la conscience du*** ~ das Ich-Bewusstsein

soi-disant [swadizɑ̃] **I.** *adj inv, antéposé* sogenannt **II.** *adv* angeblich; ~ ***qu'il serait en vacances*** *(fam)* anscheinend ist er auf Urlaub

soie [swa] *f* ❶ *(tissu)* Seide *f;* ~ ***grège/sauvage*** Roh-/Wildseide; ***peinture sur*** ~ Seidenmalerei *f* ❷ *(poils)* Borste *f;* ***en*** **~s** ***de sanglier*** aus Wildschweinborsten

soif [swaf] *f* ❶ *(besoin de boire)* Durst *m;* ***avoir*** ~ Durst haben; *plante:* ausgedörrt sein; ***donner*** ~ ***à qn*** jdn durstig machen; ***boire à sa*** ~ ausreichend trinken ❷ *(désir)* ~ ***d'indépendance*** Unabhängigkeitsstreben *nt;* ~ ***de vengeance*** Rachsucht *f;* ~ ***de vivre*** Lebenshunger *m* ► **il fait** ~ *(fam)* es ist ziemlich trockene Luft hier *fig (Aufforderung zum Trinken);* **laisser qn sur sa** ~ *livre, spectacle:* jds Erwartungen nicht erfüllen; *personne:* jdn hinhalten; **mourir de** ~ verdursten; **rester sur sa** ~ *(avoir encore soif)* noch Durst haben; *(rester insatisfait)* [noch] nicht befriedigt

S

sein; **boire jusqu'à plus ~** *(fam)* sich volllaufen lassen

soiffard(e) [swafaʀ, aʀd] *m(f) (fam)* Säufer(in) *m(f) sl,* Schluckspecht *m hum fam*

soignant(e) [swaɲɑ̃, ɑ̃t] *adj* ***personnel ~*** Pflegepersonal *nt*

soigné(e) [swaɲe] *adj* ❶ *(impeccable)* gepflegt ❷ *(consciencieux)* gründlich

soigner [swaɲe] <1> **I.** *vt* ❶ *(traiter) médecin:* behandeln; *infirmier:* pflegen; ***~ son rhume à la maison*** seinen Schnupfen zu Hause auskurieren; ***se faire ~*** sich behandeln lassen ❷ *(avoir soin de)* sich kümmern um, umsorgen *personne;* versorgen *animal, plante;* pflegen *mains, chevelure, plante;* achten auf +*akk style, tenue;* viel Sorgfalt verwenden auf +*akk travail, repas;* ***savoir ~ ses invités*** seine Gäste verwöhnen; ***être soigné*** *travail:* sorgfältig gemacht sein ❸ *(iron fam: forcer l'addition)* schröpfen, ausnehmen *client; (maltraiter)* fertigmachen *adversaire;* ***attraper un rhume soigné*** sich *dat* einen ordentlichen Schnupfen holen; ***l'addition est soignée*** die Rechnung ist gesalzen ▶ **va** [*o* **tu devrais**] **te faire ~!** *(fam)* du hast sie wohl nicht alle! **II.** *vpr* ❶ *(essayer de se guérir)* ***se ~*** sich pflegen; ***se ~ tout seul*** sich selbst kurieren ❷ *(hum: avoir soin de soi)* ***se ~*** es sich *dat* gut gehen lassen ❸ *(pouvoir être soigné)* ***se ~ par*** [*o* ***avec***] ***une thérapie*** mit einer Therapie behandelt werden ▶ **ça se soigne!** *(fam)* du hast/der hat sie wohl nicht alle!; ***la paresse, ça se soigne*** gegen Faulheit ist ein Kraut gewachsen

soigneur, -euse [swaɲœʀ, -øz] *m, f* SPORT Betreuer(in) *m(f); d'un boxeur* Sekundant *m*

S

soigneusement [swaɲøzmɑ̃] *adv travailler* gewissenhaft; *installer* sorgfältig; *ranger* ordentlich; *éviter* peinlich

soigneux, -euse [swaɲø, -øz] *adj* ❶ *(appliqué)* sorgfältig; *(ordonné)* ordentlich; ***être ~ dans son travail*** gewissenhaft arbeiten ❷ *(soucieux)* ***être ~ de ses affaires*** mit seinen Sachen sorgfältig umgehen; ***être ~ de sa personne*** auf ein gepflegtes Äußeres achten ❸ *(soutenu: minutieux)* eingehend

soi-même [swamɛm] *pron pers* selbst; ***on se sent ~ heureux*** man fühlt sich [selbst] glücklich; ***le respect de ~*** die Selbstachtung

soin [swɛ̃] *m* ❶ *sans pl (application)* Sorgfalt *f; (ordre et propreté)* Ordnungssinn *m;* ***avec beaucoup de ~*** sehr sorgfältig ❷ *pl (traitement médical)* Behandlung *f,* Pflege *f;* ***~s intensifs/palliatifs*** Intensiv-/Palliativpflege; ***~s à domicile*** häusliche Pflege; ***les premiers ~s*** Erste Hilfe; ***donner des ~s à qn*** jdn pflegen, jdn behandeln; ***donner les premiers ~s*** Erste Hilfe leisten ❸ *pl (hygiène)* ***~s du visage/corps*** Gesichts-/Körperpflege *f* ❹ *sans pl (responsabilité)* ***confier à un voisin le ~ de la maison*** einem Nachbarn auftragen, sich um das Haus zu kümmern; ***laisser à sa mère le ~ de faire qc*** es seiner/ihrer Mutter überlassen etw zu tun ❺ *pl (attention)* Zuwendung *f* ▶ **aux bons ~s de qn** zu Händen von jdm; **être aux petits ~s pour qn** jdm jeden Wunsch von den Augen ablesen

soir [swaʀ] **I.** *m* Abend *m;* ***le ~ tombe*** es wird Abend; ***au ~*** am Abend; ***hier au ~*** gestern Abend; ***pour le repas de ce ~*** heute zum Abendessen; ***8 heures du ~*** 8 Uhr abends, 20 Uhr; ***le ~*** abends; ***un beau ~*** eines schönen Abends; ***l'autre ~*** neulich Abend ▶ **du ~ au matin** die ganze Nacht [über]; **le Grand Soir** der Tag der Wende; **être du ~** *(fam: être en forme le soir)* ein Nachtmensch sein; *(être de l'équipe du soir)* Spätdienst haben **II.** *adv* abends; ***hier ~*** gestern Abend; ***mardi ~*** [am] Dienstagabend; ***tous les lundis ~[s]*** jeden Montagabend

soirée [swaʀe] *f* ❶ *(fin du jour)* Abend *m;* ***en ~*** abends; ***demain en ~*** morgen Abend; ***en fin de ~*** am späten Abend; ***toute la ~*** den ganzen Abend [über]; ***dans la ~*** im Laufe des Abends; ***lundi dans la ~, dans la ~ de lundi*** im Laufe des Montagabends ❷ *(fête)* [Abend]gesellschaft *f;* ***~ dansante/costumée*** Tanzabend *m*/Kostümfest *nt;* ***tenue de ~*** Abendkleidung *f* ❸ THEAT, CINE Abendvorstellung *f;* ***en ~*** in der Abendvorstellung

sois [swa] *subj prés de* **être**

soit I. *adv* [swat] *(d'accord)* einverstanden; ***eh bien ~!*** also gut! **II.** *conj* [swa] ❶ *(alternative)* ***~ …, ~ …*** [entweder] … oder …; ***~ qu'il soit malade, ~ qu'il n'ait pas envie*** entweder ist er krank oder er hat keine Lust ❷ *(c'est-à-dire)* das heißt

soixantaine [swasɑ̃tɛn] *f* ❶ *(environ soixante)* ***une ~ de personnes/pages*** etwa sechzig Personen/Seiten ❷ *(âge approximatif)* ***avoir la ~*** [*o* ***une ~ d'années***] ungefähr sechzig [Jahre alt] sein; ***approcher de la ~*** auf die Sechzig zugehen; ***avoir largement dépassé la ~*** weit über sechzig [Jahre als] sein

soixante [swasɑ̃t] **I.** *num* sechzig; ~ ***et un*** einundsechzig; ~ ***et onze*** einundsiebzig **II.** *m inv* Sechzig *f*; *v. a.* **cinq, cinquante**
soixante-dix [swasɑ̃tdis] **I.** *num* siebzig **II.** *m inv* Siebzig *f*; *v. a.* **cinq, cinquante**
soixante-dixième [swasɑ̃tdizjɛm] <soixante-dixièmes> **I.** *adj antéposé* siebzigste(r, s) **II.** *mf* ***le/la*** ~ der/die/das Siebzigste **III.** *m (fraction)* Siebzigstel *nt*; *v. a.* **cinquième**
soixante-huitard(e) [swasɑ̃tɥitaʀ, aʀd] <soixante-huitards> *m(f)* Achtundsechziger(in) *m(f)*
soixantième [swasɑ̃tjɛm] **I.** *adj antéposé* sechzigste(r, s) **II.** *mf* ***le/la*** ~ der/die/das Sechzigste **III.** *m (fraction)* Sechzigstel *nt*; *v. a.* **cinquième**
soja [sɔʒa] *m* Soja[bohne *f*] *f*
sol[1] [sɔl] *m* ❶ *(terre)* Boden *m*; ~ ***argileux/calcaire/sablonneux*** Ton-/Kalk-/Sandboden ❷ *(croûte terrestre)* [Erd]boden *m*; ***être allongé sur le*** ~ auf dem Boden liegen; ***personnel au*** ~ AVIAT Bodenpersonal *nt* ❸ *d'une pièce, maison* [Fuß]boden *m*; ***exercices au*** ~ SPORT Bodenübungen *Pl* ❹ *(territoire)* Boden *m* ▶ **le ~ se dérobe sous les pieds de qn** jdm schwankt der Boden unter den Füßen
sol[2] [sɔl] *m inv* MUS G *nt*, g *nt*; *v. a.* **do**
solaire [sɔlɛʀ] *adj* ❶ ASTROL, ASTRON ***système*** ~ Sonnensystem *nt*; ***cadran*** ~ Sonnenuhr *f* ❷ *(utilisant la force du soleil)* ***centrale*** ~ Solarkraftwerk *nt*; ***capteur*** ~ Sonnenkollektor *m*; ***architecture*** ~ eine die Solarenergie nutzende Bauweise ❸ *(protégeant du soleil)* ***huile*** ~ Sonnenöl *nt*; ***protecteur*** *m* ~ Sonnenschutzmittel *nt*
solarium [sɔlaʀjɔm] *m (dans une piscine)* Liegewiese *f*; *(appareil)* Solarium *nt*; *(établissement de bronzage)* Sonnenstudio *nt*
soldat [sɔlda] *m* ❶ MIL Soldat *m*; ***le Soldat inconnu*** der Unbekannte Soldat; ***se faire*** ~ ***[de métier]*** Berufssoldat werden ❷ JEUX ~ ***de plomb*** Zinnsoldat *m*; ***jouer aux petits ~s*** mit [Spielzeug]soldaten spielen ❸ *(militant)* ~ ***du droit*** Kämpfer *m* für das Recht; ~ ***de la liberté*** Freiheitskämpfer *m*; ~ ***du Christ*** Soldat *m* Christi ▶ **jouer au petit ~ avec qn** *(fam)* jdm gegenüber den wilden Mann spielen
soldate [sɔldat] *f (fam)* Soldatin *f*
solde[1] [sɔld] *m* ❶ *pl (marchandises)* Sonderangebot[e *Pl*] *nt*; ***dans les ~s de lainage*** bei den herabgesetzten Strickwaren ❷ *(braderie)* Ausverkauf *m*; *(en fin de saison)* Schlussverkauf *m*; ***~s d'été/d'hiver*** Sommer-/Winterschlussverkauf; ***en*** ~ im Sonderangebot; *acheter, vendre* im Sonderangebot ❸ *(balance)* Saldo *m*; *(reliquat)* Restbetrag *m*; ~ ***débiteur/créditeur*** Passiv-/Aktivsaldo
solde[2] [sɔld] *f d'un soldat* Sold *m*; *d'un matelot* Heuer *f* ▶ **être à la ~ de qn** in jds Sold *dat* stehen
solder [sɔlde] <1> **I.** *vt* ❶ COM herabsetzen; ~ ***qc à un client*** einem Kunden etw billiger verkaufen; ~ ***tout son stock*** einen Räumungsverkauf machen ❷ FIN begleichen, bezahlen *dette*; *(fermer)* abschließen *compte* **II.** *vpr* ***se ~ par un échec/succès*** *conférence, tentative:* mit einem Misserfolg/Erfolg enden; ***se ~ par un bénéfice/déficit*** *budget, compte, opération:* mit einem Überschuss/Defizit abschließen
solderie® [sɔldəʀi] *f* Discountgeschäft *nt*, Discounter *m*
soldeur, -euse [sɔldœʀ, -øz] *m, f* Discounter(in) *m(f)*
sole [sɔl] *f (poisson)* Seezunge *f*
solécisme [sɔlesism] *m* sprachlicher Fehler
soleil [sɔlɛj] *m* ❶ ASTRON Sonne *f*; ***le Soleil*** die Sonne; ~ ***de minuit*** Mitternachtssonne; ~ ***couchant/levant*** Sonnenuntergang/-aufgang *m*; ***au ~ levant*** bei Sonnenaufgang ❷ *(rayonnement)* Sonne *f*; *(temps ensoleillé)* Sonne[nschein *m*] *f*; ***se mettre au*** ~ sich in die Sonne legen; ***déteindre au*** ~ in der Sonne bleichen; ***un coin au*** ~ ein sonniges Plätzchen; ***il fait*** ~ die Sonne scheint; ***prendre le*** ~ Sonne abbekommen ❸ *(fleur)* ***grand*** ~ gemeine Sonnenblume ❹ *(acrobatie)* Welle *f*; ***grand*** ~ Riesenwelle; ***faire un*** ~ *personne:* einen Salto machen; *voiture:* sich überschlagen ▶ **ôte-toi de mon ~!** geh mir aus der Sonne! *fam*
solennel(le) [sɔlanɛl] *adj* ❶ *cérémonie, obsèques* feierlich; ***rendre des honneurs ~s à qn*** jdn feierlich ehren ❷ *occasion, promesse* feierlich; *avertissement* ernst ❸ *(péj: affecté)* gekünstelt *pej*

Aussprache
In **solennel** und verwandten Wörtern wird das erste -e- als [a] ausgesprochen.

solennellement [sɔlanɛlmɑ̃] *adv* ❶ *(avec éclat)* in feierlichem Rahmen ❷ *jurer* feierlich; *promettre* hoch und heilig; *s'exprimer* gewählt
solenniser [sɔlanize] <1> *vt* feierlich begehen

S

solennité [sɔlanite] *f* ❶ *d'un événement, d'une cérémonie* Feierlichkeit *f; d'un lieu* Würde; ***avec*** ~ in feierlichem Ton, mit feierlicher Miene ❷ *(péj: gravité affectée)* übertriebene Förmlichkeit ❸ *(fête)* Feierlichkeit[en *Pl*] *f*
solfège [sɔlfɛʒ] *m* ❶ *(théorie)* musikalische Elementarlehre *f* ❷ *(livre)* Musiklehrbuch *nt*
solidaire [sɔlidɛʀ] *adj* ❶ *(lié)* ***être*** ~***(s)*** solidarisch sein; ***se montrer*** ~***(s)*** sich solidarisch zeigen; ***être*** ~ ***de*** [*o* ***avec***] ***qn/de qc*** hinter jdm/etw stehen ❷ *(interdépendant)* ***être*** ~***s*** *questions, phénomènes:* zusammenhängen; *mécanismes, matériaux:* fest miteinander verbunden sein; ***être*** ~ ***de qc*** fest mit etw verbunden sein
solidairement [sɔlidɛʀmɑ̃] *adv* ❶ gemeinsam, gemeinschaftlich ❷ JUR gesamtschuldnerisch, solidarisch
solidariser [sɔlidaʀize] <1> *vpr* ***se*** ~ sich zusammenschließen; ***se*** ~ ***avec qn*** sich mit jdm solidarisch erklären; ***se*** ~ ***avec qc*** sich mit etw einverstanden erklären
solidarité [sɔlidaʀite] *f* Solidarität *f;* ***la*** ~ ***entre les collègues*** die Solidarität unter den Kollegen; ~ ***professionnelle*** Solidarität innerhalb des Berufsstandes; ~ ***ouvrière*** Solidarität der Arbeiter[klasse]
solide [sɔlid] **I.** *adj* ❶ *(opp: liquide)* fest; ***corps*** ~ Festkörper *m* ❷ *construction, outil* stabil; *matériau* haltbar; *personne, santé* robust ❸ *connaissances* fundiert; *amitié* unerschütterlich; *source, base* zuverlässig; *position* gesichert; ***être doué d'un*** ~ ***bon sens*** einen gesunden Menschenverstand haben ❹ *(robuste, vigoureux)* kräftig; ***ne pas être très*** ~ ***sur ses jambes*** nicht ganz sicher auf den Beinen sein ❺ *antéposé, (fam) fortune, repas, coup de poing* ordentlich; *appétit* gesund **II.** *m* ❶ GEOM, PHYS [geometrischer] Körper ❷ *(aliments)* ***du*** ~ feste Nahrung; ***ne pas pouvoir encore manger de*** ~ noch keine feste Nahrung zu sich nehmen können ❸ *(fam: chose sûre, résistante)* ***c'est du*** ~***!*** das ist was Solides!
solidement [sɔlidmɑ̃] *adv* ❶ *fixer* gut; *construire* solide; ***tenir*** ~ ***le bout d'une corde*** das Seilende gut festhalten ❷ *s'établir, s'installer* fest; *structurer* schlüssig; ***être/rester*** ~ ***attaché à ses amis*** mit seinen Freunden eng verbunden sein/bleiben
solidifier [sɔlidifje] <1a> **I.** *vt* verfestigen *liquide;* sublimieren *corps gazeux* **II.** *vpr* ***se*** ~ *cire, lave:* erstarren, fest werden; *ciment:* abbinden, fest werden

S

solidité [sɔlidite] *f* ❶ *d'une machine* Robustheit *f; d'un meuble* Stabilität *f; d'un tissu, vêtement* Strapazierfähigkeit *f; d'une personne* Robustheit *f; d'un ouvrage* Solidität *f; d'un nœud* Festigkeit *f;* ***être d'une grande*** ~ *ouvrage:* sehr solide sein; ***avoir la*** ~ ***d'un roc*** *personne:* unverwüstlich sein ❷ *d'une position* Sicherheit *f; d'une personne* Unerschütterlichkeit *f* ❸ *d'un argument, raisonnement* Stichhaltigkeit *f*
soliloque [sɔlilɔk] *m* Monolog *m; (avec soi-même)* Selbstgespräch *nt*
soliloquer [sɔlilɔke] <1> *vi* einen Monolog halten; *(avec soi-même)* Selbstgespräche führen
soliste [sɔlist] *mf* Solist(in) *m(f)*
solitaire [sɔlitɛʀ] **I.** *adj* ❶ *vie* zurückgezogen; *vieillard* vereinsamt; *caractère* einzelgängerisch ❷ *arbre, rocher* einzeln; *maison* abgelegen ❸ *parc, chemin* einsam; *demeure* verlassen **II.** *mf* Einzelgänger(in) *m(f); (ermite)* Einsiedler(in) *m(f)* ► **en** ~ allein[e]; ***un tour du monde en*** ~ eine Einhandweltumsegelung **III.** *m* ❶ *(diamant)* Solitär *m* ❷ *(jeu)* Solitär[spiel *nt*] *m*
solitairement [sɔlitɛʀmɑ̃] *adv (sans compagnie)* allein[e]; *(dans la solitude)* einsam, zurückgezogen; ***souffrir*** ~ still für sich leiden
solitude [sɔlityd] *f* ❶ *(isolement)* Einsamkeit *f* ❷ *(tranquillité)* Alleinsein *nt* ❸ *(lieu solitaire)* Abgeschiedenheit *f*
sollicitation [sɔlisitasjɔ̃] *f* ❶ *gén pl (démarche)* dringende Bitte, Ersuchen *nt kein Pl form; (par écrit)* Gesuch *nt* ❷ *(action exercée sur qc)* Einwirkung *f*
solliciter [sɔlisite] <1> *vt (form: demander)* ~ ***une autorisation de qn*** jdn um eine Genehmigung ersuchen; ~ ***de qn une audience/explication*** von jdm eine Audienz/eine Erklärung erbitten; ~ ***de qn des dommages et intérêts*** jdm gegenüber Schadenersatz fordern; ~ ***un emploi*** sich auf eine Stelle bewerben
sollicitude [sɔlisityd] *f* Fürsorge *f;* ***avec*** ~ fürsorglich
solo [sɔlo, sɔli] <s *o* soli> **I.** *m* Solo *nt; (chant)* Sologesang *m; (partie musicale)* Solopart *m* **II.** *app inv* Solo-
solstice [sɔlstis] *m* Sonnenwende *f;* ~ ***d'été/d'hiver*** Sommer-/Wintersonnenwende
solubilité [sɔlybilite] *f* Löslichkeit *f;* ***la*** ~ ***d'une substance dans l'eau*** die Wasserlöslichkeit einer Substanz *gen*
soluble [sɔlybl] *adj* ❶ *substance, café* löslich; ~ ***dans l'eau*** wasserlöslich ❷ *(pou-*

vant être résolu) **être** ~ *problème:* lösbar sein

soluté [sɔlyte] *m* Lösung *f*

solution [sɔlysjɔ̃] *f* ❶ *(issue)* Lösung *f;* ~ ***à un*** [*o* ***d'un***] ***problème*** Lösung für ein Problem; ~ ***de facilité*** [zu] einfache Lösung; ~ ***de repli*** Ausweichlösung; ~ ***miracle*** Patentrezept *nt* ❷ *(résultat)* Lösung *f;* ***trouver la ~ d'une équation*** eine Gleichung lösen ❸ *d'une énigme, d'un rébus* [Auf]lösung *f* ❹ CHIM, MED Lösung *f;* ~ ***pharmaceutique/médicamenteuse*** flüssiges Medikament ▶ ~ **finale** HIST Endlösung *f*

solutionner [sɔlysjɔne] <1> *vt* lösen *problème;* beantworten, lösen *question*

solvabilité [sɔlvabilite] *f d'un client, d'une entreprise* Zahlungsfähigkeit *f,* Liquidität *f*

solvable [sɔlvabl] *adj client, pays* zahlungsfähig; *débiteur* kreditwürdig; ***non*** ~ *client, pays* zahlungsunfähig; *débiteur* nicht kreditwürdig; ***marché/demande*** ~ kaufkräftiger Markt

solvant [sɔlvɑ̃] *m* Lösungsmittel *nt*

Somalie [sɔmali] *f* ***la*** ~ Somalia *nt*

somatiser [sɔmatize] <1> *vt* MED in körperliche Symptome umsetzen

sombre [sɔ̃bʀ] *adj* ❶ *lieu* dunkel; *nuit* finster; ***il fait*** ~ es ist dunkel ❷ *(foncé)* ***un bleu/rouge*** ~ ein dunkles Blau/Rot; ***gris*** ~ dunkelgrau ❸ *heure, année* dunkel; *avenir, réalité, tableau* düster; *pensée* trübe ❹ *roman* düster; *visage* bedrückt; *caractère, personne* trübsinnig ❺ *antéposé, (fam) histoire* finster; *(bizarre)* konfus

sombrer [sɔ̃bʀe] <1> *vi* ❶ *(faire naufrage)* untergehen; ~ ***au fond de la mer*** auf den Meeresgrund hinabsinken ❷ *(se perdre) personne:* den Boden unter den Füßen verlieren; *œuvre:* der Vergessenheit anheimfallen *geh;* ~ ***dans la folie/l'alcool*** dem Wahnsinn/dem Alkohol verfallen

sommaire [sɔmɛʀ] **I.** *adj* ❶ *analyse, réponse, exposé* kurz[gefasst] ❷ *examen* flüchtig; *réparation* oberflächlich; *repas* schnell ❸ *exécution* standrechtlich; ***justice*** ~ Standrecht *nt;* ***procédure*** ~ Schnellverfahren *nt* **II.** *m* ❶ *(table des matières)* Inhaltsverzeichnis *nt* ❷ *(résumé)* Zusammenfassung *f*

sommairement [sɔmɛʀmɑ̃] *adv* ❶ *(brièvement)* kurz ❷ *(simplement)* sparsam ❸ *(de façon expéditive)* im Schnellverfahren

sommation [sɔmasjɔ̃] *f* ❶ Aufforderung *f;* JUR *(de paraître en justice)* Vorladung *f; (de satisfaire à une obligation)* Mahnung *f* ❷ MIL Anruf *m;* ***tirer sans*** ~ ohne Vorwarnung schießen

somme[1] [sɔm] *f* ❶ *(quantité d'argent)* Summe *f* ❷ *(total)* Summe *f;* ***faire la ~ de qc*** etw zusammenrechnen; ***la ~ des angles d'un triangle*** die Winkelsumme im Dreieck ❸ *(ensemble)* Gesamtheit *f;* ***la ~ des dégâts/des besoins*** der Gesamtschaden/alle Bedürfnisse ▶ **en** ~, ~ **toute** alles in allem

somme[2] [sɔm] *m (sieste)* Schläfchen *nt;* ***piquer un*** ~ *(fam)* ein Nickerchen machen

sommeil [sɔmɛj] *m* ❶ *(fait de dormir)* Schlaf *m; (envie de dormir)* Schläfrigkeit *f;* ***avoir*** ~ müde sein; ***tomber de*** ~ zum Umfallen müde sein; ***être réveillé en plein*** ~ mitten aus dem Schlaf gerissen werden; ~ ***réparateur*** Erholungsschlaf; ~ ***paradoxal*** REM-Schlaf; ***dans le premier*** ~ kurz nach dem Einschlafen ❷ *de la nature* Schlaf *m; d'une ville* Verschlafenheit *f; de la conscience, des sens* Trägheit *f;* ***être en*** ~ ruhen; ***laisser qc en*** ~ etw auf sich *dat* beruhen lassen ▶ **dormir du ~ du juste** *(hum)* den Schlaf des Gerechten schlafen *hum*

sommeiller [sɔmeje] <1> *vi (somnoler)* im Halbschlaf liegen

sommelier, -ière [sɔməlje, -jɛʀ] *m, f (garçon)* Weinkellner(in) *m(f); (personne chargée des vins)* Kellermeister(in) *m(f)*

sommelière [sɔməljɛʀ] *f* CH *(serveuse)* Kellnerin *f,* Bedienung *f*

sommer [sɔme] <1> *vt* COM ~ ***qn de payer*** jdn zur Zahlung auffordern

sommes [sɔm] *indic prés de* **être**

sommet [sɔmɛ] *m* ❶ *d'une montagne* Gipfel *m; d'une tour, hiérarchie* Spitze *f; d'une pente, vague* Kamm *m; d'un arbre* Wipfel *m; d'un crâne* Scheitel *m;* ~ ***d'un toit*** Dachfirst *m;* ***sur les ~s*** in den Bergen; ***au ~ d'une tour*** *(sans mouvement)* [oben] auf einem Turm; *(avec mouvement)* auf einen Turm [hinauf] ❷ *(apogée)* Höhepunkt *m;* ***être au ~ de la gloire*** am Gipfel des Ruhmes angelangt sein ❸ POL Gipfel[treffen *nt*] *m;* ~ ***européen*** europäisches Gipfeltreffen; ***au*** ~ *accord, négociation* auf höchster Ebene

sommier [sɔmje] *m* [Bett]rahmen *m;* ~ ***avec pieds*** Bettgestell *nt;* ~ ***à lattes*** Lattenrost *m;* ~ ***à ressorts*** Sprungfederrahmen

sommité [sɔ(m)mite] *f* Kapazität *f,* prominente Persönlichkeit *f*

somnambule [sɔmnɑ̃byl] **I.** *adj* mondsüchtig **II.** *mf* Schlafwandler; ***comme un ~*** wie in Trance

somnifère [sɔmnifɛʀ] *m* Schlafmittel *nt; (cachet, pilule)* Schlaftablette *f*

somnolence [sɔmnɔlɑ̃s] *f (demi-sommeil)* Schläfrigkeit *f,* Halbschlaf *m*

somnolent(e) [sɔmnɔlɑ̃, ɑ̃t] *adj* ❶ *(à moitié endormi)* schläfrig; *ville* verschlafen ❷ *(amorphe) conscience, esprit* lethargisch, träge

somnoler [sɔmnɔle] <1> *vi (dormir à moitié)* halb schlafen

somptuaire [sɔ̃ptɥɛʀ] *adj dépenses* verschwenderisch; *train de vie* aufwendig, verschwenderisch

somptueusement [sɔ̃ptɥøzmɑ̃] *adv* verschwenderisch, aufwendig

somptueux, -euse [sɔ̃ptɥø, -øz] *adj vêtement* luxuriös; *résidence* prunkvoll; *repas* feudal; *cadeau* großzügig

somptuosité [sɔ̃ptɥozite] *f d'une résidence* Prunk *m,* Pracht *f; d'un repas* Üppigkeit *f*

son[1] [sɔ̃] **I.** *m* ❶ *(sensation auditive)* Ton *m; d'une voix, cloche, d'un instrument* Klang *m; (ondes)* Schall *m;* LING Laut *m;* ***~ guttural*** Guttural[laut]; ***au ~ de l'accordéon*** zu den Klängen des Akkordeons ❷ CINE, RADIO, TV Ton *m; d'un appareil* Klang *m; (bruit)* Lautstärke *f;* ***baisser le ~*** leiser machen; ***synchroniser le ~ et l'image*** Ton und Bild aufeinander abstimmen ▶ **~ de cloche** Version *f;* ***c'est un autre ~ de cloche*** das sind ganz andere Töne; ***n'entendre qu'un ~ de cloche*** nur eine Seite hören **II.** *app [**spectacle**]* ***~ et lumière*** Licht-Ton-Inszenierung *f (an historischen Bauwerken)*

son[2] [sɔ̃, se] <ses> *dét poss* ❶ sein(e)/ihr(e); ***~ vase*** seine/ihre Vase; *v. a.* **mon** ❷ *après un indéfini* sein; ***à chacun ~ dû*** jedem das Seine; ***c'est chacun ~ tour*** immer der Reihe nach ❸ *avec un titre, (form)* ***Son Altesse Royale*** Seine/Ihre Königliche Hoheit

sonal [sɔnal] <-s> *m* Jingle *m; d'une émission* Erkennungsmelodie *f*

sonar [sɔnaʀ] *m* Sonargerät *nt,* Sonar *nt*

sonate [sɔnat] *f* Sonate *f*

sondage [sɔ̃daʒ] *m* ❶ *(enquête)* Umfrage *f;* ***~ d'opinion*** Meinungsumfrage; ***~ d'écoute*** Hörerumfrage ❷ *(contrôle rapide)* Überprüfung *f;* ***faire quelques ~s dans qc*** etw durch Stichproben überprüfen

sonde [sɔ̃d] *f* MED Sonde *f; (cathéter)* Katheter *m*

sondé(e) [sɔ̃de] *m(f)* Befragte(r) *f(m)*

sonder [sɔ̃de] <1> *vt* ❶ ADMIN befragen *personnes;* erforschen *intentions;* ***~ l'opinion*** Meinungsumfragen machen ❷ *(interroger insidieusement)* ausfragen *personne* ❸ *(pénétrer)* erforschen *conscience, cœur, sentiments;* ***~ l'avenir*** ergründen, was die Zukunft bringt

sondeur [sɔ̃dœʀ] *m* NAUT Peilgerät *nt;* TECH Sondiergerät *nt;* ***~ à ultrasons*** Ultraschallecholot *nt*

songe [sɔ̃ʒ] *m (littér)* ❶ *(rêve)* Traum *m;* ***faire un ~*** einen Traum haben; ***en ~*** im Traum ❷ *(rêverie)* Träumerei *f*

songer [sɔ̃ʒe] <2a> **I.** *vi (penser)* ***~ à qn/qc*** an jdn/etw denken; *(réfléchir)* über jdn/etw nachdenken; ***~ à faire qc*** daran denken etw zu tun **II.** *vt* ***tout cela est bien étrange, songeait-il*** das ist alles sehr eigenartig, dachte er bei sich

songerie [sɔ̃ʒʀi] *f (soutenu)* Träumerei *f*

songeur, -euse [sɔ̃ʒœʀ, -ʒøz] *adj* ❶ *(perdu dans ses pensées)* nachdenklich ❷ *(perplexe)* ***être ~*** nachdenklich werden; ***laisser qn ~*** jdn nachdenklich stimmen

sonnaille [sɔnaj] *f* ❶ *(clochette)* Glöckchen *nt; d'une vache* Kuhglocke *f* ❷ *(son)* Gebimmel *nt,* Läuten *nt*

sonnant(e) [sɔnɑ̃, ɑ̃t] *adj* ***à minuit ~/à 4 heures ~es*** Punkt Mitternacht/4 Uhr

sonné(e) [sɔne] *adj* ❶ *(fam: cinglé)* bescheuert ❷ *(fam: groggy)* groggy ❸ *(annoncé par la cloche)* ***il est minuit ~/4 heures ~es*** es schlägt Mitternacht/4 Uhr ▶ **avoir cinquante ans bien ~s** *(fam)* gut und gerne über die Fünfzig sein

sonner [sɔne] <1> **I.** *vt* ❶ *(tirer des sons de)* läuten *cloche;* blasen *clairon;* ***~ trois coups*** dreimal klingeln [*o* läuten A] ❷ *(annoncer)* ***~ l'alarme*** *personne:* Alarm schlagen; *sirène:* heulen; *tocsin:* Sturm läuten ❸ *(appeler)* ***~ qn*** [nach] jdm klingeln [*o* läuten A] ❹ *(fam: étourdir, secouer)* fertigmachen; *coup, maladie, nouvelle:* umhauen; ***être sonné*** groggy sein ❺ *(fam: réprimander)* ***se faire ~ par qn*** von jdm eins aufs Dach bekommen ▶ **on [ne] t'a pas sonné** *(fam)* du hast hier gar nichts zu melden **II.** *vi* ❶ *(produire un son) cloche:* läuten; *réveil, téléphone:* klingeln, läuten A; *angélus, trompette:* ertönen ❷ *(produire un effet)* ***~ bien*** *proposition:* gut klingen; ***~ juste*** echt klingen; *film:* echt wirken; ***~ faux*** *aveux:* unaufrichtig klingen ❸ *(être annoncé) heure:* schlagen; *fin:* gekommen sein; ***midi/minuit sonne*** es schlägt Mittag/Mitternacht; ***la récréation sonne*** es

S

klingelt [*o* läutet A] zur Pause; ***quand sonne l'heure de qc*** wenn die Zeit für etw gekommen ist ❹ *(s'annoncer)* klingeln, läuten A ❺ *(tinter) monnaie, clé:* klimpern; *marteau:* klingen; ***faire ~ qc*** mit etw klimpern

sonnerie [sɔnʀi] *f* ❶ *(action de sonner)* Läuten *nt; d'un téléphone* Klingeln *nt,* Läuten A ❷ *(signal sonore spécifique)* Klingelton *m* ❸ *(mécanisme)* Klingel *f; d'un réveil* Läutwerk *nt;* ~ ***électrique*** elektrische Klingel; ***remonter la ~ du réveil*** das Läutwerk des Weckers stellen

sonnet [sɔnɛ] *m* Sonett *nt*

sonnette [sɔnɛt] *f d'une porte d'entrée* Klingel *f; (mécanisme)* Alarmanlage *f;* ~ ***d'alarme*** Alarmglocke ▸ **tirer la ~ d'alarme** Alarm schlagen; **tirer les ~s** *(pour s'amuser)* Klingeln putzen gehen *fam; (pour demander de l'aide)* überall um Hilfe betteln

Falsche Freunde
Nicht verwechseln mit *das Sonett – le sonnet*!

sono [sɔno] *f (fam) abr de* **sonorisation** ❶ Verstärkeranlage *f* ❷ *(équipe)* Tontechniker *Pl*

sonore [sɔnɔʀ] *adj* ❶ *voix* klangvoll; *gifle, rire* schallend; *baiser* schmatzend ❷ *(relatif au son)* ***onde ~*** Schallwelle *f;* ***bande/film/piste ~*** Tonband *nt*/-film *m*/-spur *f;* ***ambiance/fond ~*** Geräuschkulisse *f;* ***nuisances ~s*** Lärmbelästigung *f* ❸ *lieu, voûte* hallend ❹ LING *consonne* stimmhaft

sonorisation [sɔnɔʀizasjɔ̃] *f d'un film* Vertonung *f; d'une salle* Beschallung *f; (équipement)* Lautsprecheranlage *f,* Verstärkeranlage

sonorité [sɔnɔʀite] *f* ❶ *(qualité sonore) d'un instrument, d'une voix* Klang[farbe *f*] *m; d'un transistor* Tonqualität *f,* Wiedergabequalität; *d'une salle* Akustik *f* ❷ *(résonance)* Resonanz *f* ❸ LING Stimmhaftigkeit *f*

sonotone® [sɔnɔtɔn, sonoton] *m* Hörgerät *nt*

sont [sɔ̃] *indic prés de* **être**

sophistication [sɔfistikasjɔ̃] *f* ❶ *(perfectionnement)* hoher Entwicklungsstand; *(fonctionnalisme)* ausgeklügeltes System; *(complexité)* Komplexität *f* ❷ *(affectation) des manières* Affektiertheit *f;* ***la ~ de sa beauté*** das Künstliche [*o* Unnatürliche] seiner/ihrer Schönheit; ***la ~ d'une forme*** das Gekünstelte einer Form

sophistiqué(e) [sɔfistike] *adj* ❶ *(perfectionné)* hoch entwickelt; *(fonctionnel)* durchdacht ❷ *(complexe)* kompliziert ❸ *beauté* künstlich; *manières* gekünstelt; *tenue* aufwendig; *mise en scène* raffiniert; *argumentation* subtil

sophistiquer [sɔfistike] <1> *vt (perfectionner)* perfektionieren

soporifique [sɔpɔʀifik] *adj* ❶ schlaffördernd; ***cachet ~*** Schlaftablette *f* ❷ *(endormant, ennuyeux)* einschläfernd, langweilig

soprano [sɔpʀano] <s *o* soprani> *m (voix)* Sopran[stimme *f*] *m*

sorbet [sɔʀbɛ] *m* Sorbet[t] *m o nt;* ~ ***[au] citron*** Zitronensorbet

sorcellerie [sɔʀsɛlʀi] *f* Hexerei *f*

sorcier, -ière [sɔʀsje, -jɛʀ] **I.** *adj* ▸ **ce n'est pas [bien] ~** das ist leichter als es aussieht **II.** *m, f (femme)* Hexe *f; (homme)* Hexer *m* ▸ **ne pas être ~** *(fam: ne pas pouvoir faire)* nicht hexen können; *(ne pas pouvoir savoir)* nicht hellsehen können

sordide [sɔʀdid] *adj* ❶ *quartier, ruelle* heruntergekommen ❷ *circonstances* widerwärtig; *crime, individu* niederträchtig; *avarice, égoïsme* schnöde

sordidement [sɔʀdidmɑ̃] *adv se comporter* niederträchtig, gemein; *agir* schnöde

sornettes [sɔʀnɛt] *fpl (vieilli)* leeres Gerede, dummes Zeug *fam;* ***assez de ~*** genug geschwatzt; ***ne savoir que débiter des ~s*** nur dummes Zeug daherreden *fam*

sort [sɔʀ] *m* ❶ *(condition)* Schicksal *nt; (situation)* Lage *f* ❷ *(destinée)* Schicksal *nt;* ***quel a été le ~ de ton ami/votre voiture?*** was ist aus deinem Freund/Ihrem Auto geworden?; ***connaître le même ~ que*** dasselbe Schicksal erleiden wie; ***abandonner qn à son triste ~*** jdn seinem traurigen Schicksal überlassen ❸ *(hasard)* Zufall *m;* ***c'est le ~ qui décidera*** wir überlassen es dem Zufall; ***le ~ a tourné*** das Blatt hat sich gewendet; ***tirer le vainqueur/les numéros gagnants au ~*** den Sieger/die Gewinnzahlen auslosen ▸ **faire un ~ à un gigot/à une bouteille** *(fam)* eine Hammelkeule verspachteln/eine Flasche niedermachen; **le ~ en est jeté** die Würfel sind gefallen

sortable [sɔʀtabl] *adj (fam)* vorzeigbar; ***elle est ~*** sie kann sich sehen lassen, man kann sich mit ihr sehen lassen; ***il n'est pas ~*** er kann sich nirgends sehen lassen, man kann sich mit ihm nirgends sehen lassen

sortant(e) [sɔʀtɑ̃, ɑ̃t] **I.** *adj* ① *coalition, député, ministre* scheidend *attr;* bisherig *attr* ② *(tiré au sort)* durch das Los bestimmt; ***les numéros ~s*** die Gewinnzahlen **II.** *m(f)* *(député)* Abgeordnete(r) *f(m)* mit auslaufendem Mandat; *(ministre)* scheidender Minister *m;* ***les entrants et les ~s*** die Ein- und Ausgehenden

sorte [sɔʀt] *f* Art *f,* Sorte *f;* ***plusieurs ~s de pommes*** mehrere Apfelsorten; ***toutes ~s de personnes/choses*** alle möglichen Menschen/Dinge; ***des disques de toutes ~s*** Schallplatten aller Art; ***ne plus avoir de marchandises d'aucune ~*** keinerlei Waren mehr haben ▸ **en quelque ~** in gewisser Weise; **faire en ~ que tout se passe bien** es so einrichten, dass alles gut geht; **de la ~** auf diese Art und Weise

sortie [sɔʀti] *f* ① *d'une personne* Herauskommen *nt; d'une personne* Hinausgehen *nt;* ***~ de prison/d'hôpital*** Entlassung *f* aus dem Gefängnis/Krankenhaus; ***la ~ de piste*** AUT das Abkommen von der Fahrbahn ② *(promenade)* Spaziergang *m; (en voiture, à bicyclette)* Spazierfahrt *f; (excursion)* Ausflug *m;* SCOL Exkursion *f;* ***la première ~ depuis une maladie*** der erste Ausgang nach einer Krankheit; ***être de ~*** *personne:* ausgehen; ***tu es de ~ aujourd'hui?*** willst du heute ausgehen? ③ *d'un bâtiment* Ausgang *m; d'une autoroute, d'un garage* Ausfahrt *f; d'une localité* Ortsausgang *m; (grande route)* Ausfallstraße *f;* ***~ de secours*** Notausgang *m;* ***~ des ateliers/de l'usine*** Werkstor *nt;* ***~ des artistes*** Künstlereingang *m* ④ *(panneau)* ***~ de camions*** *(devant une usine)* Werksausfahrt; *(devant un chantier)* Baustellenausfahrt; ***~ d'école*** [Vorsicht] Schulkinder!; ***~ de garage*** Ausfahrt freihalten! ⑤ *d'un spectacle, d'une saison* Ende *nt;* ***~ de l'école/des bureaux*** Schul-/Büroschluss *m;* ***à la ~ [du magasin/du bureau]*** nach der Arbeit; ***à la ~ de l'usine*** bei Betriebsschluss ⑥ *d'une publication* Erscheinen *nt,* Veröffentlichung *f; d'un disque* Erscheinen; *d'un film* Anlaufen *nt; d'un nouveau modèle, véhicule* Markteinführung *f;* ***la ~ de ce film est prévue pour le mois prochain*** dieser Film soll nächsten Monat in die Kinos kommen ⑦ SPORT *d'un ballon* Aus *nt; d'un gardien* Herauslaufen *nt;* ***~ [de but]*** Torlinie *f* ⑧ *de capitaux, devises* Abfluss *m,* Ausfuhr ⑨ *(output)* Ausgabe *f; (édition)* ***~ [sur imprimante]*** Ausdruck *m* ▸ **fausse ~** THEAT vorgetäuschter Abgang; **attendre qn à la ~** *(fam)* jdn schon noch [dran]kriegen

sortilège [sɔʀtilɛʒ] *m* Zauber *m kein Pl; (moyen)* Zaubermittel *nt; (acte de sorcellerie)* Zauberei *f*

sortir [sɔʀtiʀ] <10> **I.** *vi + être* ① *(partir)* hinausgehen; *(venir)* herauskommen; ***~ par la fenêtre*** aus dem Fenster steigen; ***faire ~ qn*** jdn hinausschicken; ***faire ~ un animal*** ein Tier hinausjagen; ***laisser ~ qn*** jdn [weg]gehen lassen; ***laisser ~ un animal*** ein Tier hinauslassen ② *(quitter)* ***~ du magasin*** aus dem Geschäft gehen, das Geschäft verlassen; *(venir)* aus dem Geschäft kommen, das Geschäft verlassen; ***~ du lit*** aus dem Bett kommen; ***[mais] d'où sors-tu?*** woher kommst du denn?; ***~ de chez ses amis*** bei seinen Freunden weggehen; ***elle vient justement de ~ d'ici*** sie ist gerade weggegangen; ***à quelle heure sors-tu du bureau?*** um wie viel Uhr verlässt du das Büro?; ***~ de prison*** aus dem Gefängnis kommen; ***en sortant du théâtre*** beim Verlassen des Theaters; ***~ du garage*** *voiture:* aus der Garage fahren; ***~ de la piste/route*** von der Fahrbahn/Straße abkommen; ***la faim fait ~ le loup du bois*** der Hunger treibt den Wolf aus dem Wald ③ *(quitter son domicile)* weggehen; ***~ de chez soi*** aus dem Haus gehen; ***~ faire les courses*** einkaufen gehen; ***faire ~ un enfant/un animal*** mit einem Kind an die [frische] Luft gehen/ein Tier ausführen; ***laisser ~ un enfant/un animal*** ein Kind/ein Tier hinauslassen ④ *(se divertir)* ausgehen; ***~ en boîte/en ville*** in die Disko/in die Stadt gehen ⑤ *(fam: avoir une relation amoureuse avec)* ***~ avec qn*** mit jdm gehen ⑥ *(en terminer avec)* ***~ d'une période difficile*** eine schwierige Zeit hinter sich *dat* haben; ***ne pas être encore sorti d'embarras*** noch nicht aus dem Schneider sein *fam;* ***être à peine sorti de convalescence*** [noch] kaum genesen sein ⑦ *(être tel après un événement)* ***~ indemne d'un accident*** einen Unfall unverletzt überstehen; ***~ vainqueur/vaincu d'un concours*** als Sieger/Verlierer aus einem Wettbewerb hervorgehen; ***être sorti grandi d'une épreuve*** an einer Prüfung gewachsen sein; ***être sorti diminué d'une maladie*** nach einer Krankheit angeschlagen sein ⑧ *(faire saillie)* ***~ de qc*** aus etw *dat* vorstehen; *(en haut)* aus etw *dat* herausragen; *(en bas)* unter etw *dat* hervorschauen; ***les yeux lui sortaient de la tête*** *fig)* ihm/ihr fielen fast die Augen aus dem Kopf *fig* ⑨ COM *capitaux, devises:* abfließen, ausgeführt werden ⑩ *(s'écarter)* ~ ***du sujet/de la question*** vom Thema/von der Frage abkommen; ***ça m'était complètement sorti de l'esprit*** das war mir völlig entfallen ⑪ SPORT ins Aus gehen; ~ ***en touche*** ins Seitenaus gehen; ***être sorti*** im Aus sein; ***être sorti en touche*** im Seitenaus sein ⑫ *(être issu de)* ~ ***de qc*** aus etw *dat* kommen; ~ ***de l'école de musique*** die Musikschule besucht haben ⑬ *(apparaître) bourgeons, plante:* sprießen; *dent:* durchkommen; ~ ***de terre*** aus der Erde kommen ⑭ *(paraître) livre, disque:* erscheinen; *film:* anlaufen; *nouveau modèle, voiture:* auf den Markt kommen; ***vient de*** ~ soeben erschienen; ~ ***sur les écrans*** in die Kinos kommen ⑮ JEUX *numéro:* fallen, gewinnen; *couleur:* ausgespielt werden ▸ **[mais] d'où tu sors?** *(fam)* wo lebst du denn?; **ne pas en** ~ *(fam)* bei etw kein Land sehen **II.** *vt* + *avoir* ① *(mener dehors)* ausführen; *(porter dehors)* hinausbringen; ***ça vous sortira*** so kommen Sie auch mal raus *fam* ② *(expulser)* hinauswerfen ③ *(libérer)* ~ ***qn d'une situation difficile*** jdn aus einer schwierigen Lage befreien; ~ ***qn de l'ordinaire*** *chose:* für jdn eine Abwechslung sein ④ *(retirer d'un lieu)* herausholen; ~ ***les disques/les robes légères*** die Schallplatten/die leichten Kleider hervorholen; ~ ***qc d'un sac/d'un tiroir/d'une valise*** etw aus einer Tasche/einem Schubfach/einem Koffer herausnehmen; ***ne pas arriver à*** ~ ***qc*** etw nicht herausbekommen; ~ ***la voiture du garage*** das Auto aus der Garage fahren; ~ ***les mains de ses poches*** die Hände aus den Taschen nehmen ⑤ COM ~ ***des marchandises*** Waren ausführen; *(en fraude)* Waren schmuggeln ⑥ *(lancer sur le marché)* herausbringen *nouveau modèle, véhicule, film, livre, disque* ⑦ *(fam: débiter)* von sich geben *pej âneries, sottises;* ~ ***des âneries à qn*** jdm dummes Zeug auftischen *pej* ⑧ *(fam: éliminer)* aus dem Rennen werfen, rauswerfen; ***se faire*** ~ ***par qn*** gegen jdn ausscheiden ⑨ *(fam: tirer)* ziehen *numéro, carte* **III.** *vpr* + *être* ① *(se tirer)* ***se*** ~ ***d'une situation/d'un piège*** aus einer Situation/Falle herauskommen ② *(réussir)* ***s'en*** ~ klarkommen *fam; (échapper à un danger, un ennui)* noch einmal davonkommen *fam; (survivre)* durchkommen *fam;* ***je ne m'en sors plus*** *(fam)* ich komme damit nicht mehr klar **IV.** *m* ***au*** ~ ***du lit*** beim Aufstehen; ***au*** ~ ***d'une réunion*** beim Verlassen einer Versammlung

Falsche Freunde
Nicht verwechseln mit *sortieren – trier!*

S.O.S. [ɛsoɛs] *m* ① *(appel)* SOS *nt* ② *(organisation)* ~ ***médecins*** medizinischer Not[fall]dienst; ~ ***dépannage*** Pannenhilfe *f;* ~ ***femmes battues*** Hilfe für Frauen in Not; ~ ***Racisme*** *franz. Organisation gegen Rassismus* ▸ **lancer un** ~ SOS funken; *(fig fam)* einen Hilferuf loslassen
sosie [sɔzi] *m* Doppelgänger(in) *m(f)*
sot(te) [so, sɔt] *adj* dumm; *comportement, réflexion* töricht, dumm
sottement [sɔtmɑ̃] *adv* dummerweise
sottise [sɔtiz] *f* ① *(acte sot)* Dummheit *f* ② *sans pl (caractère sot)* Dummheit *f,* Beschränktheit *f;* ***avoir la*** ~ ***de faire qc*** so dumm sein etw zu tun ③ *(paroles niaises)* Dummheit *f*
sottisier [sɔtizje] *m* Stilblütensammlung *f*
sou [su] *m pl, (fam: argent)* Geld *nt,* Kröten *Pl;* ***ça en fait des ~s!*** *(fam)* das ist ein ganzer Haufen Geld! ▸ **ne pas avoir un** ~ **en poche** *(fam)* keinen Pfennig [Geld] in der Tasche haben; **propre comme un** ~ **neuf** blitzsauber; **être beau comme un** ~ **neuf** zum Anbeißen schön sein; **de quatre** ~**s** Billig *pej;* ***L'Opéra de quat' ~s*** Die Dreigroschenoper; **ne pas avoir** [*o* **être sans**] **le** ~ *(fam)* blank sein; **compter ses** ~**s** *(fam)* nachsehen, ob man genügend Geld hat; *(être avare)* jeden Groschen dreimal umdrehen; **un** ~ **[c']est un** ~ *prov)* wer den Pfennig nicht ehrt, ist des Talers nicht wert *prov;* ***avec lui un*** ~ ***est un*** ~ für ihn zählt jeder Pfennig; **être près de ses** ~**s** *(fam)* auf den Pfennig schauen; **ne pas être rigolo pour un** ~ kein bisschen lustig sein
souabe [swab] **I.** *adj* schwäbisch **II.** *m, f* Schwabe *m,* Schwäbin *f*
soubresaut [subʀəso] *m* ① *(cahot) d'un véhicule* Satz *m; d'un cheval* Sprung *m* ② *(tressaillement)* Zuckung *f*
souche [suʃ] *f* ① BOT Baumstumpf *m;* ~ ***de vigne*** Weinstock *m* ② *(famille)* Ursprung *m,* Herkunft *f;* ***de*** ~ der Herkunft nach, von Geburt; ***de vieille*** ~ aus einer alten Familie ③ LING Wurzel *f* ④ BIO Stamm *m* ⑤ *(talon)* Kontrollabschnitt *m* ▸ **dormir comme une** ~ wie ein Stein schlafen
souci [susi] *m* ① *souvent pl (inquiétude)*

Sorge *f*; ***se faire du ~ pour qn/qc*** sich *dat* Sorgen um jdn/wegen etw machen; ***sans*** ~ ohne Sorgen ❷ *(préoccupation)* Anliegen *nt* ❸ *(respect)* ***le ~ de la vérité/perfection*** das Bemühen um Wahrhaftigkeit/Vollkommenheit; ***par ~ de vérité*** im Bemühen um Wahrhaftigkeit; ***par ~ d'égalité*** wegen der Gleichberechtigung

soucier [susje] <1> *vpr* ***se ~ de qn/de la nourriture*** sich um jdn/um die Verpflegung kümmern; ***se ~ de l'avenir*** für die Zukunft vorsorgen; ***se ~ de l'heure*** die [Uhr]zeit beachten; ***ne pas se ~ de la vérité*** sich nicht um die Wahrheit kümmern

soucieux, -euse [susjø, -jøz] *adj* ❶ *personne, air, ton* besorgt ❷ *(préoccupé)* ***être ~ de qn/de l'avenir*** sich um jdn/um die Zukunft sorgen; ***être ~ de la vérité*** auf die Wahrheit bedacht sein

soucoupe [sukup] *f* Untertasse *f* ▶ ~ **volante** fliegende Untertasse

soudain(e) [sudɛ̃, ɛn] **I.** *adj événement, geste* unerwartet; *sentiment* jäh; ***ce fut très*** ~ das kam völlig unerwartet **II.** *adv* plötzlich

soudainement [sudɛnmɑ̃] *adv* plötzlich

soudaineté [sudɛnte] *f* Plötzlichkeit *f*; *d'un geste* Abruptheit *f*; ***la ~ de sa mort*** sein/ihr plötzlicher Tod; ***la ~ de ton revirement*** dein plötzlicher Meinungswechsel

Soudan [sudɑ̃] *m* ***le*** ~ Sudan *m*

Soudan du Sud [sudɑ̃-] *m* ***le*** ~ Südsudan *m*

soude [sud] *f* Soda *f o nt*, Natriumkarbonat *nt*; ~ ***[caustique]*** Ätznatron *nt*

soudé(e) [sude] *adj* ❶ *(uni par soudure)* verschweißt ❷ *(joint, uni) pétales, sépales* zusammengewachsen

souder [sude] <1> **I.** *vt* ❶ TECH schweißen, verschweißen, zusammenschweißen *pièces; (braser)* verlöten, zusammenlöten *pièces* ❷ *(réunir)* zusammenschweißen *amis;* ***être soudés*** fest zusammenhalten **II.** *vpr* ***se*** ~ zusammenwachsen

soudeur, -euse [sudœʀ, -øz] *m, f* Schweißer(in) *m(f)*

soudoyer [sudwaje] <6> *vt* dingen, kaufen, bestechen *assassin*

soudure [sudyʀ] *f* ❶ *(action)* Schweißen *nt*; *(brasure)* Löten *nt* ❷ *(substance)* Lot *nt* ❸ *(résultat)* Schweißnaht *f*; *(brasure)* Lötstelle *f*

soufflage [suflaʒ] *m* TECH Glasbläserei *f*; ~ ***du verre*** Glasblasen *nt*

souffle [sufl] *m* ❶ *(expiration)* Atemzug *m*; *(respiration)* Atmen *nt*; *(capacité pulmonaire)* Atmung *f*; ***le dernier*** ~ der letzte Atemzug; ~ ***au cœur*** Herzgeräusche *Pl*; ***avoir le ~ court*** kurzatmig sein; ***arriver le ~ haletant*** außer Atem ankommen; ***éteindre les bougies d'un unique*** ~ alle Kerzen auf einmal ausblasen; ***il faut du*** ~ man braucht einen guten Atem; ***manquer de*** ~ atemlos sein; ***perdre le*** ~ außer Atem kommen ❷ *d'une explosion* Druckwelle *f*; *d'un incendie* Sog *m*; *d'un ventilateur* Luftzug *m* ❸ *(vent)* Wehen *nt*; ~ ***d'air*** Luftzug *m*; ~ ***du vent*** Wind[hauch *m*] *m*; ***il n'y a pas un ~ [d'air/de vent]*** es regt sich kein Lüftchen ❹ *(vitalité)* Tatkraft *f*; *(persévérance)* Stehvermögen *nt*; ***il faut du ~ pour cela*** man braucht dafür einen langen Atem; ***second*** ~ neuer Schwung ❺ *d'un écrivain, poète* Schöpferkraft *f*; *d'une œuvre, histoire* Inspiration *f*; ***le ~ d'un génie*** die geniale Inspiration; ***le ~ créateur de Dieu*** der schöpferische Atem Gottes ▶ **avoir du** ~ Kondition haben; *(avoir du culot)* Nerven haben; **couper le ~ à qn** jdm die Sprache verschlagen; ***être à couper le*** ~ atemberaubend sein; **ne pas manquer de** ~ ziemlich dreist sein; **reprendre son** ~ *(respirer)* Luft holen; *(se calmer)* tief durchatmen; **dans un** ~ kaum hörbar; **d'un** ~ um Haaresbreite

soufflé [sufle] *m* GASTR Auflauf *m*, Soufflee *nt*; ~ ***au fromage*** Käseauflauf

soufflé(e) [sufle] *adj (fam: stupéfait)* ***[en] être*** ~ platt sein

souffler [sufle] <1> **I.** *vi* ❶ METEO *vent:* wehen; ***ça souffle*** es ist windig ❷ *(insuffler de l'air)* ~ ***sur/dans qc*** auf/in etw *akk* blasen; ~ ***sur ses doigts*** in die Hände hauchen ❸ *(haleter)* keuchen ❹ *(se reposer)* verschnaufen ❺ *(prendre du recul)* ***laisser ~ qn*** jdm [noch] etwas Zeit lassen **II.** *vt* ❶ *(éteindre)* ausblasen ❷ *(déplacer en soufflant)* [weg]pusten; *vent:* wegwehen; ~ ***la poussière dans les yeux*** den Staub in die Augen pusten; ~ ***la fumée au visage de qn*** jdm den Rauch ins Gesicht pusten ❸ *(fam: enlever)* ~ ***une affaire à qn*** jdm einen Auftrag [vor der Nase] wegschnappen; ~ ***un pion*** JEUX einen Stein kassieren *fam* ❹ *(détruire)* zerstören ❺ *(dire discrètement)* ~ ***un secret à qn*** jdm ein Geheimnis zuflüstern; ~ ***un poème à l'oreille de qn*** jdm ein Gedicht ins Ohr flüstern; THEAT jdm ein Gedicht soufflieren; SCOL jdm ein Gedicht vorsagen ❻ *(fam: stupéfier)* umhauen ❼ TECH ~ ***le verre*** Glas *nt* blasen

soufflerie [suflәʀi] *f* ❶ Gebläse *nt* ❷ AVIAT, AUT Windkanal *m*

souffleter [suflәte] <3> *vt* *(littér)* ❶ *(vieilli: gifler)* **~ *qn*** jdm einen Backenstreich versetzen *veraltet geh,* jdn ohrfeigen ❷ *(humilier)* **~ *qn*** jdn vor den Kopf stoßen *fig*

souffleur, -euse [suflœʀ, -øz] *m, f* ❶ THEAT Souffleur *m*/Souffleuse *f* ❷ *(ouvrier)* ***~ de verre*** Glasbläser(in) *m(f)*

souffrance [sufʀɑ̃s] *f* ❶ *(douleur physique ou morale)* Schmerz *m* ❷ *(fait de souffrir)* Leiden *nt*

souffrant(e) [sufʀɑ̃, ɑ̃t] *adj (légèrement malade)* ***être ~*** [leicht] erkrankt sein

souffre-douleur [sufʀәdulœʀ] *mf inv* Prügelknabe *m*

souffreteux, -euse [sufʀәtø, -øz] *adj* kränklich

souffrir [sufʀiʀ] <11> **I.** *vi* ❶ *(avoir mal)* leiden; ***faire ~ qn*** jdm wehtun; ***ses dents le font ~*** er hat Zahnschmerzen ❷ *(avoir mal quelque part)* ***~ de la tête/de l'estomac/des reins*** Kopf-/Magen-/Nierenschmerzen haben ❸ *(avoir mal à cause de)* ***~ du froid/de la chaleur*** unter der Kälte/Hitze leiden; ***~ de la faim/de la soif*** Hunger/Durst leiden; ***~ de malnutrition/d'un manque de lumière*** an den Folgen falscher Ernährung/an Lichtmangel *dat* leiden ❹ *(être malheureux)* leiden; ***faire ~ qn*** *personne:* jdn unglücklich machen; *échec, séparation:* schmerzen; ***~ d'être seul*** darunter leiden, alleine zu sein ❺ *(être endommagé à cause de)* ***~ du gel*** *cultures:* unter dem Frost leiden; ***~ d'une grave crise*** *pays:* in einer schweren Krise stecken; ***sa réputation souffre de ce scandale*** dieser Skandal schadet seinem/ihrem Ruf ❻ *(fam: avoir des difficultés)* ***il a souffert pour avoir l'examen*** es war nicht einfach für ihn, die Prüfung zu bestehen **II.** *vt* ❶ *(endurer)* dulden, erdulden ❷ *(admettre)* dulden; ***ne ~ aucun retard*** keine Verspätung dulden; ***~ quelques exceptions*** gewisse Ausnahmen dulden

soufisme [sufism] *m* Sufismus *m*

soufre [sufʀ] **I.** *adj inv* ***jaune ~*** schwefelgelb **II.** *m* Schwefel *m* ▶ **sentir le ~** spüren, dass etw faul ist *fam*

soufré(e) [sufʀe] *adj* geschwefelt; ***allumettes ~es*** Schwefelhölzer *Pl*

soufrer [sufʀe] <1> *vt* schwefeln, [aus]schwefeln *tonneau*

souhait [swɛ] *m* ❶ *(désir)* Wunsch *m;* ***exprimer le ~ de faire qc*** den Wunsch äußern etw zu tun ❷ *(très, très bien)* ***joli à ~*** bildhübsch; ***paisible à ~*** herrlich friedlich; ***marcher à ~*** *entreprise, affaire:* [ganz] nach Wunsch [ver]laufen ▶ **à tes/vos ~s!** Gesundheit!

souhaitable [swɛtabl] *adj* wünschenswert; ***il est ~ que chacun soit au courant*** es ist wünschenswert jeden auf dem Laufenden zu halten

souhaiter [swete] <1> *vt* ❶ *(désirer)* ***~ qc*** sich *dat* etw wünschen; ***~ que*** hoffen, dass; ***nous souhaitons manger*** wir möchten essen; ***je souhaiterais t'aider davantage*** ich würde dir gern[e] noch mehr helfen ❷ *(espérer pour quelqu'un)* ***~ bonne nuit/beaucoup de bonheur à qn*** jdm gute Nacht/viel Glück wünschen; ***~ bien des choses pour la nouvelle année à qn*** jdm alles Gute für das neue Jahr wünschen; ***~ un joyeux anniversaire à qn*** jdm alles Gute zum Geburtstag wünschen

souiller [suje] <1> *vt (littér)* ❶ *(salir)* beschmutzen, schmutzig machen ❷ *(entacher)* in den Schmutz ziehen *nom, réputation*

souillure [sujyʀ] *f* ❶ *(tâche)* Schmutzfleck *m* ❷ *(fig littér)* Befleckung *f*

souk [suk] *m* ❶ *(bazar)* Souk *m* ❷ *(fam: désordre)* Durcheinander *nt*

soul [sul] *f* ***la musique ~*** Soulmusik *f*

soûl [su] *m* ***tout mon/ton ~*** nach Herzenslust *f*

soûl, soûle [su, sul] *adj (fam: ivre)* betrunken; ***être complètement ~*** total blau sein

soulagement [sulaʒmɑ̃] *m (fait de ne plus être inquiet)* Erleichterung *f;* ***un soupir de ~*** ein Seufzer der Erleichterung

soulager [sulaʒe] <2a> **I.** *vt* ❶ *(a. fig: ôter une charge lourde)* entlasten ❷ *(calmer la douleur)* ***~ qn*** jds Schmerzen lindern ❸ *(rassurer)* ***~ qn*** *nouvelle, aveu:* jdn erleichtern; ***être soulagé*** *personne:* erleichtert sein **II.** *vpr* ❶ *(se défouler)* ***se ~ en faisant qc*** sich *dat* Erleichterung verschaffen, indem man etw tut ❷ *(fam: satisfaire un besoin naturel)* ***se ~*** sich erleichtern

soûlant(e) [sulɑ̃, ɑ̃t] *adj* ❶ *(enivrant)* berauschend; *(grisant)* betörend ❷ *(péj: épuisant)* ermüdend

soûlard(e) [sulaʀ, aʀd] *m(f) (fam)* Säufer(in) *m(f)*

soûler [sule] <1> **I.** *vt* ❶ *(enivrer)* ***~ qn à la bière/au whisky*** jdn mit Bier/Whiskey betrunken machen; ***ça soûle!*** das macht blau! *fam* ❷ *(tourner la tête)* ***~ qn*** jdn [ganz] benommen machen *fam* **II.** *vpr*

❶ *(s'enivrer)* ***se ~ à la bière/au whisky*** sich mit Bier/Whiskey betrinken ❷ *(se griser)* ***se ~ de musique*** sich an der Musik berauschen

soulèvement [sulɛvmɑ̃] *m* ❶ *(révolte)* Aufstand *m,* Erhebung *f* ❷ GEOL [Er]hebung *f*

soulever [sul(ə)ve] <4> *vt* ❶ *(lever)* [hoch]heben *poids* ❷ *(relever légèrement)* anheben ❸ *(susciter)* aufwerfen *problème, question*

soulier [sulje] *m* Schuh *m;* ***~s à talons hauts*** CAN Schuhe mit hohen Absätzen; ***~s bas*** CAN Halbschuhe ▶ **qn est dans ses petits ~s** jd würde sich am liebsten in einem Mauseloch verkriechen *fam*

soulignage [suliɲaʒ] *m,* **soulignement** [suliɲəmɑ̃] *m* Unterstreichen *nt*

souligner [suliɲe] <1> *vt* ❶ *(tirer un trait sous)* unterstreichen; ***souligné de deux traits/en rouge*** doppelt/rot unterstrichen ❷ *(accentuer, marquer)* betonen; ***être souligné de bleu*** *yeux:* durch einen blauen Lidstrich betont sein ❸ *(insister sur)* unterstreichen, betonen *importance, risques*

soumettre [sumɛtʀ] <irr> **I.** *vt* ❶ *(asservir)* ***~ un joueur à qn/qc*** einen Spieler jdm/einer S. unterwerfen ❷ *(faire subir)* ***~ qn à des tests/analyses*** jdn [einer Reihe von] Untersuchungen/Analysen unterwerfen; ***~ qn à une épreuve*** jdm eine Prüfung auferlegen ❸ *(présenter)* ***~ une idée/un projet à qn*** jdm einen Vorschlag/ein Projekt unterbreiten **II.** *vpr* ❶ *(obéir)* ***se ~*** sich unterwerfen; ***se ~ à la loi/à une décision*** sich dem Gesetz/einer Entscheidung fügen ❷ *(se plier à, suivre)* ***se ~ à un entraînement spécial*** sich einem speziellen Training unterziehen

S

soumis(e) [sumi, iz] *part passé de* **soumettre**

soumission [sumisjɔ̃] *f* ❶ *(obéissance)* Fügsamkeit *f,* Unterwürfigkeit *f pej* ❷ *(reddition) d'un pays* Unterwerfung *f* ❸ COM [schriftliches] Angebot *nt*

soumissionner [sumisjɔne] <1> **I.** *vi* ***~ à qc*** sich bei etw bewerben **II.** *vt* COM ein Angebot abgeben [*o* machen]

soupape [supap] *f (a. fig)* Ventil *nt*

soupçon [supsɔ̃] *m* ❶ *(suspicion)* Verdacht *m kein Pl;* ***de graves ~s*** ein schwerer Verdacht; ***être au-dessus de tout ~*** über jeden Verdacht erhaben sein *geh;* ***éveiller les ~s de qn*** jds Verdacht erregen ❷ *(très petite quantité)* ***un ~ de sel/poivre*** eine Spur Salz/Pfeffer; ***un ~ d'ironie*** ein Hauch von Ironie

soupçonner [supsɔne] <1> *vt (suspecter)* ***~ qn de vol*** jdn des Diebstahls verdächtigen; ***être soupçonné de meurtre*** des Totschlags verdächtigt werden

soupçonneux, -euse [supsɔnø, -øz] *adj* misstrauisch

soupe [sup] **I.** *adj inv (fam) concert, film:* ziemlich lasch **II.** *f* ❶ *(potage)* Suppe *f;* ***assiette/cuillère à ~*** Suppenteller *m*/-löffel *m;* ***~ à l'oignon/de légumes*** Zwiebel-/Gemüsesuppe; ***à la ~!*** *(fam)* Essen ist fertig! ❷ *(neige fondue)* Schneematsch *m* ❸ *(organisme charitable)* ***~ populaire*** Armenküche *f* ▶ **être trempé comme une ~** *(fam)* klatschnass sein; **cracher dans la ~** *(fam)* in die eigene Suppe spucken

souper[1] [supe] *m* ❶ *(repas tard dans la nuit)* spätes Abendessen *nt* ❷ BELG, CAN, CH *(dîner)* [Abend]essen *nt*

souper[2] [supe] <1> *vi* ❶ *(prendre un souper)* spät am Abend/in der Nacht essen ❷ BELG, CAN, CH *(dîner)* zu Abend essen; ***vous restez à ~?*** bleiben Sie zum Abendessen?

soupeser [supəze] <4> *vt* ❶ *(peser)* mit der Hand abwiegen ❷ *(évaluer)* abwägen

soupière [supjɛʀ] *f* Suppenschüssel *f*

soupir [supiʀ] *m (signe d'émotion)* Seufzer *m;* ***pousser un ~ de soulagement*** *(être soulagé)* [erleichtert] aufatmen

soupirail [supiʀaj, -o] <-aux> *m* Kellerfenster *nt*

soupirant [supiʀɑ̃] *m (hum)* Verehrer *m*

soupirer [supiʀe] <1> *vi* seufzen

souple [supl] *adj* ❶ *(opp: rigide)* biegsam; *lentilles de contact* weich; *cuir* geschmeidig ❷ *bras, jambes, personne* gelenkig ❸ *(adaptable)* flexibel

souplesse [suplɛs] *f (adaptabilité)* Flexibilität *f; d'une personne* Anpassungsfähigkeit *f*

sourate [suʀat] *f* REL Sure *f*

source [suʀs] **I.** *f* ❶ *(point d'eau)* Quelle *f;* ***~ thermale/d'eau minérale*** Thermal-/Mineralquelle; ***eau de ~*** Quellwasser *nt* ❷ *(naissance d'un cours d'eau)* Quelle *f,* Ursprung *m;* ***prendre sa ~ en Suisse*** in der Schweiz entspringen ❸ PHYS, OPT ***~ lumineuse/d'énergie*** Licht-/Energiequelle *f* ❹ *(origine de l'information)* ***de ~ sûre/bien informée*** aus sicherer/gut unterrichteter Quelle ▶ **couler de ~** [doch] klar sein *fam* **II.** *app* INFORM ***langage ~*** Programmiersprache *f*

sourceur, -euse [suʀsœʀ, -øz] *m, f* COM Groß- und Außenhändler(in) *m(f)*, Einkäufer(in) *m(f)* im Ausland *(für den Großhandel)*

sourcier, -ière [suʀsje, -jɛʀ] *m, f* [Wünschel]rutengänger(in) *m(f)*

sourcil [suʀsi] *m* [Augen]braue *f;* ***lever/froncer les ~s*** die Augenbrauen hochziehen/runzeln

sourciller [suʀsije] <1> *vi* ***sans ~*** ohne mit der Wimper zu zucken *fam*

sourcilleux, -euse [suʀsijø, -øz] *adj* ❶ *(littér: sévère)* gestreng *geh* ❷ *(pointilleux)* kleinlich

sourd(e) [suʀ, suʀd] **I.** *adj* ❶ *(qui n'entend pas)* taub; *(qui n'entend pas bien)* schwerhörig; ***~ d'une oreille*** auf einem Ohr taub/schwerhörig ❷ *bruit* dumpf **II.** *m(f)* *(personne: qui n'entend pas)* Gehörlose(r) *f(m);* *(qui n'entend pas bien)* Schwerhörige(r) *f(m)*

sourde [suʀd] *f* ❶ *(personne: qui n'entend pas)* Gehörlose *f;* *(qui n'entend pas bien)* Schwerhörige *f* ❷ LING stimmloser Konsonant

sourdement [suʀdəmɑ̃] *adv* ❶ *(avec un bruit sourd)* dumpf ❷ *(fig: d'une manière cachée)* heimlich

sourdine [suʀdin] *f* ❶ MUS *(dispositif)* Dämpfer *m;* ***en ~*** leise ❷ *(fig)* ***mettre la ~*** *(fam: faire moins de bruit)* ein bisschen leiser sein [*o* treten *fam*]

sourdingue [suʀdɛ̃g] *adj (péj fam)* taub

sourd-muet, sourde-muette [suʀmɥɛ, suʀd(ə)mɥɛt] <sourds-muets> *m, f* Taubstumme(r) *f(m)*

souriant(e) [suʀjɑ̃, jɑ̃t] *adj* freundlich

souricière [suʀisjɛʀ] *f* ❶ *(piège à souris)* Mausefalle *f* ❷ *(traquenard)* Falle *f*

sourire [suʀiʀ] **I.** *m* Lächeln *nt;* ***faire un ~*** lächeln; ***faire un ~ à qn*** jdn anlächeln; ***avoir le ~*** *(fam)* gut gelaunt sein; ***garder le ~*** [immer] freundlich bleiben **II.** *vi irr* ❶ *(avoir un sourire)* lächeln ❷ *(adresser un sourire)* ***~ à qn*** jdn anlächeln

souris [suʀi] *f a.* INFORM Maus *f*

sourisodrome [suʀizodʀom] *m* *(fam)* Mauspad *nt*

sournois(e) [suʀnwa, waz] **I.** *adj* ❶ *(hypocrite)* falsch, verschlagen ❷ *(insidieux)* heimtückisch, hinterhältig **II.** *m(f)* falscher Kerl *m/*falsche Schlange *f fam*

sournoisement [suʀnwazmɑ̃] *adv* ❶ *observer* lauernd ❷ *(insidieusement)* heimtückisch

sous [su] *prép* ❶ *(spatial avec direction)* unter *+akk;* ***mettre qc ~ le bras*** etw unter den Arm nehmen; ***pousser sa chaise ~ la table*** seinen Stuhl unter den Tisch schieben ❷ *(spatial sans direction)* unter *+dat;* ***nager ~ l'eau*** unter Wasser schwimmen ❸ *(temporel: pour exprimer un délai)* ***~ huitaine*** innerhalb einer Woche *gen;* ***~ peu*** binnen Kurzem ❹ *(manière)* ***~ les applaudissements de la foule*** unter dem Beifall der Menge ❺ *(dépendance)* unter *+dat;* ***~ les ordres de qn*** unter jdm; ***~ ma responsabilité/surveillance*** unter meiner Verantwortung/Aufsicht; ***~ contrôle médical*** unter ärztlicher Kontrolle ❻ *(causal)* unter *+dat;* ***casser ~ le poids de qc*** unter dem Gewicht einer S. *gen* zusammenbrechen ❼ METEO in *+dat;* ***~ la pluie*** im Regen; ***~ le soleil*** in der Sonne ❽ MED ***être ~ perfusion*** am Tropf hängen; ***être ~ antibiotiques/cortisone*** mit Antibiotika/Kortison behandelt werden

sous-alimentation [suzalimɑ̃tasjɔ̃] <sous-alimentations> *f* Unterernährung *f*

sous-alimenté(e) [suzalimɑ̃te] <sous-alimentés> *adj* unterernährt **sous-approvisionné(e)** [suzapʀɔvizjɔne] <sous-approvisionnés> *adj* unterversorgt

sous-catégorie [sukategɔʀi] <sous-catégories> *f* Subkategorie *f* **sous-chef** [suʃɛf] <sous-chefs> *mf* Stellvertreter(in) *m(f)* des Chefs **sous-classe** [suklas] <sous-classes> *f* Unterklasse *f* **sous-couche** [sukuʃ] <sous-couches> *f* darunter liegende Schicht

souscription [suskʀipsjɔ̃] *f* ❶ *(action de contribuer)* Spendenaktion *f* ❷ *(contribution)* Spende *f* ❸ *(engagement d'achat)* Subskription *f*

souscrire [suskʀiʀ] <irr> **I.** *vi* ❶ *(s'engager à acheter)* ***~ à un emprunt*** FIN eine Anleihe zeichnen ❷ *(donner son approbation à)* zustimmen **II.** *vt (signer et s'engager à payer)* unterzeichnen, abschließen *police d'assurance*

sous-développé(e) [sudev(ə)lɔpe] <sous-développés> *adj* unterentwickelt; ***pays ~*** Entwicklungsland *nt* **sous-développement** [sudev(ə)lɔpmɑ̃] <sous-développements> *m* Unterentwicklung *f*

sous-directeur, -trice [sudiʀɛktœʀ, -tʀis] <sous-directeurs> *m, f* stellvertretender Direktor *m/*stellvertretende Direktorin *f* **sous-emploi** [suzɑ̃plwa] *m sans pl* Unterbeschäftigung *f* **sous-ensemble** [suzɑ̃sɑ̃bl] <sous-ensembles> *m* Teilmenge *f,* Untermenge *f* **sous-entendre** [suzɑ̃tɑ̃dʀ] <14> *vt (dire implicitement)*

S

zu verstehen geben; ~ ***par qc que …*** mit etw andeuten wollen, dass … **sous-entendu** [suzɑ̃tɑ̃dy] <sous-entendus> *m* Anspielung *f;* ***parler par ~s*** in Andeutungen sprechen **sous-équipé(e)** [suzekipe] <sous-équipés> *adj* unzureichend ausgerüstet; *région* strukturschwach **sous-équipement** [suzekipmɑ̃] <sous-équipements> *m* ungenügende Ausstattung **sous-estimer** [suzɛstime] <1> *vt* ❶ *(évaluer au-dessous de son prix)* ~ ***un bijou/une maison*** den Wert eines Schmuckstückes/Hauses unterschätzen ❷ *(mal juger la valeur)* unterschätzen *adversaire, difficulté* **sous-évaluer** [suzevalɥe] <1> *vt* unterbewerten **sous-exposé(e)** [suzɛkspoze] *adj photo* unterbelichtet **sous-exposer** [suzɛkspoze] <1> *vt* unterbelichten **sous-fifre** [sufifʀ] <sous-fifres> *m (fam)* kleiner Angestellter *f pej* **sous-groupe** [sugʀup] <sous-groupes> *m* Untergruppe *f* **sous-jacent(e)** [suʒasɑ̃, ɑ̃t] <sous-jacents> *adj* ❶ *(placé en dessous)* darunter liegend ❷ *(caché) sentiment, problème* tiefer liegend **sous-lieutenant** [suljøt(ə)nɑ̃] <sous-lieutenants> *m* Unterleutnant *m* **sous-locataire** [sulɔkatɛʀ] <sous-locataires> *mf* Untermieter(in) *m(f)* **sous-location** [sulɔkasjɔ̃] <sous-locations> *f* Untervermietung *f* **sous-louer** [sulwe] <1> *vt* ❶ *(donner en location)* ~ ***une chambre à qn*** an jdn ein Zimmer untervermieten ❷ *(prendre en location)* zur Untermiete mieten **sous-main** [sumɛ̃] *m inv* Schreibunterlage *f* **sous-marin** [sumaʀɛ̃] <sous-marins> *m* U-Boot *nt;* ~ ***nucléaire*** Atom-U-Boot **sous-médicalisé(e)** [sumedikalize] <sous-médicalisés> *adj* medizinisch unterversorgt **sous-nutrition** [nytʀisjɔ̃] <sous-nutritions> *f* Unterernährung *f* **sous-officier** [suzɔfisje] <sous-officiers> *m* Unteroffizier *m* **sous-payer** [supeje] <7> *vt* unterbezahlen **sous-préfecture** [supʀefɛktyʀ] <sous-préfectures> *f (chef-lieu d'arrondissement)* Sitz *m* einer Unterpräfektur, ≈ Kreisstadt *f* **sous-préfet, -ète** [supʀefɛ, -ɛt] <sous-préfets> *m, f* Unterpräfekt(in) *m(f)*, ≈ Landrat *m*/Landrätin *f* **sous-produit** [supʀɔdɥi] <sous-produits> *m* Zwischenprodukt *nt; (produit dérivé)* Nebenprodukt *nt* **sous-pull** [supyl] <sous-pulls> *m* Unterziehpullover *m* **sous-qualifié(e)** [sukalifje] <sous-qualifiés> *adj* unterqualifiziert

soussigné(e) [susiɲe] *adj* JUR unterzeichnet

sous-sol [susɔl] <sous-sols> *m (dans un immeuble)* Untergeschoss *nt* **sous-tasse** [sutɑs] <sous-tasses> *f* Untertasse *f* **sous-titre** [sutitʀ] <sous-titres> *m* Untertitel *m* **sous-titrer** [sutitʀe] <1> *vt* untertiteln; ***version originale sous-titrée*** Originalfassung *f* mit Untertiteln

soustraction [sustʀaksjɔ̃] *f* MATH Subtraktion *f*

soustraire [sustʀɛʀ] <irr> **I.** *vi* subtrahieren **II.** *vpr* ***se ~ à une obligation*** sich *akk* einer Verpflichtung entziehen

sous-traitance [sutʀɛtɑ̃s] <sous-traitances> *f* ECON Zulieferung *f,* Outsourcing *nt* **sous-traitant** [sutʀɛtɑ̃] <sous-traitants> *m* Zulieferer *m,* Subunternehmer *m* **sous-traiter** [sutʀete] <1> *vt* ❶ *(donner en sous-traitance)* an Subunternehmer *Pl* vergeben ❷ *(agir comme sous-traitant)* als Subunternehmer ausführen **sous-verre** [suvɛʀ] <sous-verres> *m* Glasrahmen *m* **sous-vêtements** [suvɛtmɑ̃] *mpl* Unterwäsche *f*

soutane [sutan] *f* Soutane *f*

soute [sut] *f d'un avion, bateau* Laderaum *m;* ~ ***à bagages*** Gepäckraum *m*

soutenable [sut(ə)nabl] *adj* vertretbar, haltbar

soutenance [sut(ə)nɑ̃s] *f* Disputation *f*

souteneur [sut(ə)nœʀ] *m* Zuhälter *m*

soutenir [sut(ə)niʀ] <9> *vt* ❶ *(porter)* halten; *colonne, poutre:* tragen ❷ *(étayer, maintenir droit)* abstützen ❸ *(maintenir debout, en bonne position)* stützen ❹ *(assister)* ~ ***qn dans le malheur*** jdm im Unglück eine Hilfe sein ❺ *(aider)* ~ ***financièrement/moralement*** finanziell/moralisch unterstützen ❻ *(empêcher de faiblir)* stärken, stützen *monnaie;* wach halten *intérêt;* ~ ***ses efforts*** in seinen Anstrengungen nicht nachlassen ❼ *(prendre parti pour)* verteidigen, sich einsetzen für *cause;* ~ ***qn*** zu jdm halten; ~ ***un gouvernement*** zu einer Regierung stehen ❽ *(affirmer)* ~ ***que*** behaupten, dass ❾ *(résister à)* ~ ***le regard de qn*** jds Blick standhalten

soutenu(e) [sut(ə)ny] **I.** *part passé de* **soutenir II.** *adj* ❶ *attention, effort* beständig ❷ *style, langue* gehoben

souterrain [suteʀɛ̃] *m (passage)* unterirdischer Gang; *(pour piétons)* Unterführung *f*

souterrain(e) [suteʀɛ̃, ɛn] *adj (sous terre)* unterirdisch; ***passage*** ~ Unterführung *f*

Falsche Freunde
Nicht verwechseln mit *das Souterrain – le sous-sol*!

soutien [sutjɛ̃] *m* ❶ *(aide, appui)* Unterstützung *f;* ~ ***de famille*** Ernährer *m* der Familie; ***apporter son ~ à qn*** jdn unterstützen ❷ SCOL Nachhilfe *f;* ***cours de ~*** Stützkurs *m*

soutien-gorge [sutjɛ̃gɔʀʒ] <soutiens--gorge[s]> *m* Büstenhalter *m;* ~ ***ampliforme*** Push-up-BH *m;* ~ ***de sport*** Sport-BH *m*

soutif [sutif] *m (fam)* BH *m*

soutirer [sutiʀe] <1> *vt (escroquer)* ~ ***de l'argent à qn*** jdm Geld abluchsen *fam*

souvenance [suv(ə)nɑ̃s] *f* ❶ *(vieilli: mémoire)* Gedächtnis *nt* ❷ *(littér: souvenir)* Erinnerung *f;* ***avoir*** ~ sich entsinnen

souvenir[1] [suv(ə)niʀ] <9> *vpr* ❶ *(se rappeler)* ***se ~ de qn/qc*** sich an jdn/etw erinnern ❷ *(se remémorer)* ***qn se souvient à qui il a parlé*** jd weiß [noch], mit wem er gesprochen hat ❸ *(se venger)* ***je m'en souviendrai!*** das werde ich mir merken!

souvenir[2] [suv(ə)niʀ] **I.** *m* ❶ *(image dans la mémoire)* ***le ~ de qc*** die Erinnerung an etw *akk;* ***si mes ~s sont exacts, …*** wenn ich mich recht erinnere, …; ***garder un bon/mauvais ~ de qn/qc*** jdn/etw in guter/schlechter Erinnerung behalten ❷ *(ce qui rappelle qn/qc)* ***un ~ de ma grand-mère/de mon enfance*** eine Erinnerung an meine Großmutter/Kindheit; ***en ~ de qc/qn*** zum Andenken an etw/jdn ❸ *(objet touristique)* Andenken *nt,* Souvenir *nt* **II.** *app* ***photo-~*** Erinnerungsfoto *nt*

souvent [suvɑ̃] *adv* oft, häufig; ***le plus ~*** meistens

souverain(e) [suv(ə)ʀɛ̃, ɛn] **I.** *adj* ❶ *État, puissance, peuple* souverän; *pouvoir* höchster; ***être ~*** *assemblée:* uneingeschränkte Entscheidungsbefugnis haben; *cour, juge:* vollkommen unabhängig sein ❷ *(suprême) bien, bonheur* höchster; *indifférence, mépris* völliger ❸ *(très efficace) remède* unübertroffen **II.** *m(f)* Herrscher(in) *m(f)*

souverainement [suv(ə)ʀɛnmɑ̃] *adv* ❶ *(extrêmement)* äußerst ❷ *(en toute indépendance)* souverän

souveraineté [suv(ə)ʀɛnte] *f d'un État, peuple* Souveränität *f*

souverainisme [suv(ə)ʀenism] *m* POL ❶ CAN Souveränismus *m* ❷ *(en France) politisches Konzept, das auf der nationalstaatlichen Souveränität und politischen Unabhängigkeit Frankreichs von äußeren Einflüssen beruht*

soviétique [sɔvjetik] *adj* sowjetisch; ***l'Union ~*** die Sowjetunion

Soviétique [sɔvjetik] *mf* Sowjetrusse *m/*-russin *f;* ***les ~s*** die Sowjets

soyeux, -euse [swajø, -jøz] *adj* ❶ *(doux)* seidenweich ❷ *(brillant)* seidig

spa [spa] *m* Wellnesshotel *nt,* Spa *nt*

SPA [ɛspea] *f abr de* **Société protectrice des animaux** *französischer Tierschutzverein*

spacieux, -euse [spasjø, -jøz] *adj* geräumig

spaghettis [spageti] *mpl* Spaghetti *Pl*

spam [spam] *m* Spam *nt o f*

sparadrap [spaʀadʀa] *m* [Heft]pflaster *nt*

spasme [spasm] *m* Krampf *m*

spasmodique [spasmɔdik] *adj* krampfartig

spasmophilie [spasmɔfili] *f* MED Spasmophilie *f Fachspr.*

spatial(e) [spasjal, -jo] <-aux> *adj* ❶ *(de l'espace)* räumlich ❷ ESPACE ***voyage ~*** [Welt]raumfahrt *f*

spationaute [spasjonot] *mf* [Welt]raumfahrer(in) *m(f)*

spatiotemporel(le) [spasjotɑ̃pɔʀɛl] *adj* raumzeitlich

spatule [spatyl] *f* ❶ *(ustensile)* Spachtel *m; (en cuisine)* Pfannenwender *m; d'un médecin* Spatel *m* ❷ *d'un ski* Spitze *f*

speaker, speakerine [spikœʀ, spikʀin] *m, f (vieilli)* Ansager(in) *m(f),* Sprecher(in) *m(f)*

spécial(e) [spesjal, -jo] <-aux> *adj* ❶ *(opp: général)* spezielle(r, s); ***équipement ~*** Spezialausrüstung *f;* ***autorisation ~e*** Sondergenehmigung *f;* ***pouvoirs spéciaux*** Sondervollmachten *Pl;* ***rien de ~*** nichts Besonderes ❷ *(bizarre)* eigenartig

spécialement [spesjalmɑ̃] *adv* ❶ *(en particulier)* [ganz] besonders ❷ *(tout exprès)* extra ❸ *(fam: pas vraiment)* ***tu as faim? – non, pas ~*** hast du Hunger? – nein, nicht besonders

spécialisation [spesjalizasjɔ̃] *f* Spezialisierung *f*

spécialisé(e) [spesjalize] *adj* spezialisiert; ***être ~ dans qc*** auf etw *akk* spezialisiert sein

spécialiser [spesjalize] <1> **I.** *vt* ~ ***qn dans un domaine précis*** jdn auf einem speziellen Gebiet einsetzen **II.** *vpr* ***se ~***

S

dans [*o* ***en***] ***qc*** sich *akk* auf etw *akk* spezialisieren

spécialiste [spesjalist] *mf* ❶ *(expert)* Spezialist(in) *m(f)*; ~ ***de l'art moderne*** Spezialist für moderne Kunst ❷ *(technicien)* Fachmann *m*/-frau *f* ❸ MED Facharzt *m*/-ärztin *f*

spécialité [spesjalite] *f* ❶ SCI, TECH Spezialgebiet *nt*, Fachgebiet ❷ *(produit caractéristique)* Spezialität *f*; ~ ***gastronomique*** Spezialität

spécieux, -euse [spesjø, -jøz] *adj* ***argument*** ~ Scheinargument *nt*

spécification [spesifikasjɔ̃] *f* Spezifizierung *f*

spécificité [spesifisite] *f* spezifische Besonderheit

spécifier [spesifje] <1> *vt* genau angeben; *loi:* genau festlegen; ~ ***qu'il est interdit de faire qc*** ausdrücklich verbieten etw *akk* zu tun

spécifique [spesifik] *adj* spezifisch

spécifiquement [spesifikmɑ̃] *adv* spezifisch

spécimen [spesimɛn] *m* ❶ *(exemplaire)* Exemplar *nt* ❷ *(exemplaire publicitaire)* Probeexemplar *nt*

spectacle [spɛktakl] *m* ❶ *(ce qui s'offre au regard)* Anblick *m*; ~ ***de la nature*** Naturschauspiel *nt* ❷ THEAT, MEDIA Vorstellung *f*; ~ ***dramatique/chorégraphique*** Bühnenstück *nt*/Ballett *nt*; ***aller au*** ~ ins Theater/Kino/... gehen ❸ *(show-business)* ***le monde du*** ~ das Showgeschäft ❹ *(avec de gros moyens)* ***à grand*** ~ mit großem Aufwand

Falsche Freunde
Nicht verwechseln mit *der Spektakel – le tapage*!

S

spectaculaire [spɛktakylɛʀ] *adj* spektakulär

spectateur, -trice [spɛktatœʀ, -tʀis] *m, f* ❶ THEAT, SPORT Zuschauer(in) *m(f)* ❷ *(observateur)* Beobachter(in) *m(f)*

spectre [spɛktʀ] *m* ❶ Spektrum *nt* ❷ *(a. fig: fantôme)* Gespenst *nt*

spéculaire [spekylɛʀ] *adj image, écriture* Spiegel-; ***transmission*** ~ spiegelnde Durchlässigkeit *f*; ***reflexion*** ~ Spiegelung *f*

spéculateur, -trice [spekylatœʀ, -tʀis] *m, f* Spekulant(in) *m(f)*

spéculatif, -ive [spekylatif, -iv] *adj* spekulativ; ***gain*** ~ Spekulationsgewinn *m*

spéculation [spekylasjɔ̃] *f* ❶ FIN, COM Spekulation *f* ❷ *(supposition)* Spekulation *f*; ***faire des ~s sur qc*** Spekulationen über etw *akk* anstellen

spéculer [spekyle] <1> *vi* ❶ FIN, COM ~ ***sur qc*** mit etw spekulieren ❷ *(compter sur)* ~ ***sur qc*** auf etw *akk* spekulieren *fam*

speech [spitʃ] *m* Rede *f*

speed [spid] *adj*, **speedé(e)** [spide] *adj* ❶ *(fam: agité)* hektisch ❷ *(par des amphétamines)* aufgeputscht *fam*

speedé, speedée [spide] *adj (fam: hyperactive)* ***être*** ~ voll am Rödeln sein *fam*

speeder [spide] <1> *vi (fam)* sich beeilen, sich ranhalten *fam*

spéléologie [speleɔlɔʒi] *f* ❶ *(science)* Höhlenkunde *f* ❷ *(loisirs)* Erkundung *f* von Höhlen

spéléologue [speleɔlɔg] *mf* Höhlenforscher(in) *m(f)*

spencer [spɛnsœʀ, spɛnsɛʀ] *m* Spenzer *m*

spermatique [spɛʀmatik] *adj* ANAT Samen-

spermatozoïde [spɛʀmatɔzɔid] *m* Spermium *nt*

sperme [spɛʀm] *m* Sperma *nt*

spermicide [spɛʀmisid] *adj* samenabtötend

sphère [sfɛʀ] *f* ❶ SCI Kugel *f* ❷ *(domaine)* Bereich *m*; ~ ***d'influence*** Einflussbereich; ~ ***d'action*** Wirkungskreis *m*; ~ ***d'activité*** Betätigungsfeld *nt*

sphéricité [sfeʀisite] *f* GEOM Kugelform *f*, sphärische Form *f Fachspr.*

sphérique [sfeʀik] *adj* kugelförmig

sphincter [sfɛ̃ktɛʀ] *m* Schließmuskel *m*

sphinx [sfɛ̃ks] *m* ❶ Sphinx *f* ❷ ZOOL *(papillon)* Schwärmer *m*

spirale [spiʀal] *f (a. fig: forme, fil métallique)* Spirale *f*; ***cahier à*** ~ Heft *nt* mit Spiralbindung; ~ ***de prix*** Preisspirale *f*

spiritisme [spiʀitism] *m* Spiritismus *m*

spiritualité [spiʀitɥalite] *f* ❶ REL Spiritualität *f geh* ❷ PHILOS Geistigkeit *f*

spirituel(le) [spiʀitɥɛl] *adj* ❶ *(plein d'esprit)* geistreich ❷ REL geistlich ❸ *(qui se rapporte à l'esprit)* geistig

spirituellement [spiʀitɥɛlmɑ̃] *adv (avec esprit)* geistreich

spiritueux [spiʀitɥø] *m* Spirituose *f*

spitant(e) [spitɑ̃, tɑ̃t] *adj* BELG *(pétillant) eau* sprudelnd, Sprudel-

spleen [splin] *m* Schwermut *m*

splendeur [splɑ̃dœʀ] *f* ❶ *(a. iron: grande beauté, merveille)* Pracht *f kein Pl* ❷ *(gloire)* Glanz *m*

splendide [splɑ̃did] *adj* prächtig

spoiler [spɔjle] *vt (fam)* spoilern; ~ ***un film*** das Ende eines Films verraten
spoiler [spɔjlɛʀ] *m* Spoiler *m*
spoliation [spɔljasjɔ̃] *f* Beraubung *f;* ~ ***d'héritage/de biens*** um jds Erbschaft/Güter bringen
spolier [spɔlje] <1a> *vt* ~ ***qn de qc*** jdn um etw bringen, jdn einer S. *gen* berauben
spongieux, -euse [spɔ̃ʒjø, -jøz] *adj a.* ANAT *(consistance molle)* schwammartig; *(structure poreuse)* porös; *(qui s'imbibe)* schwammähnlich; *sol* schwammig
sponsor [spɔ̃sɔʀ, spɔnsɔʀ] *m* Sponsor(in) *m(f)*
sponsoring [spɔ̃sɔʀiŋ] *m,* **sponsorisation** [spɔ̃sɔʀizasjɔ̃] *f* Sponsoring *nt*
sponsoriser [spɔ̃sɔʀize] <1> *vt* sponsern
spontané(e) [spɔ̃tane] *adj* ❶ *geste, mouvement* spontan ❷ *personne, caractère* impulsiv
spontanéité [spɔ̃taneite] *f* Spontaneität *f*
spontanément [spɔ̃tanemɑ̃] *adv* ❶ *(sans réfléchir)* spontan ❷ *(librement)* freiwillig
sporadique [spɔʀadik] *adj* vereinzelt, sporadisch
spore [spɔʀ] *f* Spore *f*
sport [spɔʀ] **I.** *adj inv coupe* sportlich; ***s'habiller*** ~ sich sportlich kleiden **II.** *m* ❶ *(activité sportive)* Sport *m;* ~ ***de combat*** Kampfsport; ***~s de combat*** Kampfsportarten *Pl;* ~ ***de compétition*** Leistungssport; ~ ***professionnel*** Profisport; ***faire du*** ~ Sport treiben; ***chaussures de*** ~ Sportschuhe *Pl* ❷ *(forme d'activité sportive)* Sportart *f;* ***~s nautiques*** Wassersportarten *Pl;* ~ ***d'hiver*** *(activité)* Wintersport *m;* ***~s d'hiver*** Wintersportarten *Pl; (séjour)* Winterurlaub *m;* ***pratiquer plusieurs ~s*** mehrere Sportarten betreiben ▶ **ça, c'est du** ~ da gehört allerhand dazu
sportif, -ive [spɔʀtif, -iv] **I.** *adj* ❶ *(de sport)* ***les pages sportives d'un journal*** der Sportteil einer Zeitung ❷ *(de compétition)* ***pratiquer la danse/la natation sportive*** das Tanzen/das Schwimmen als Sport betreiben ❸ *(qui fait du sport)* sportlich ❹ *allure, démarche* sportlich **II.** *m, f* Sportler(in) *m(f);* ~ ***en chambre*** sportbegeisterter Fernsehzuschauer *m*
sportivement [spɔʀtivmɑ̃] *adv* sportlich
sportivité [spɔʀtivite] *f* sportliche Haltung *f,* Sport[s]geist *m*
sportswear [spɔʀtswɛʀ] *m* Sportswear *f,* Sportbekleidung *f*
spot [spɔt] *m* ❶ *(lampe)* Spot *m* ❷ *(projecteur)* Scheinwerfer *m* ❸ *(message publicitaire)* ~ ***publicitaire*** Werbespot *m*

spray [spʀɛ] *m* ❶ *(pulvérisation)* Spray *m o nt* ❷ *(atomiseur)* Spraydose *f*
sprint [spʀint] *m* ❶ *(course sur petite distance)* Sprint *m* ❷ *(fin de course)* ~ ***[final]*** Endspurt *m*
sprinter[1] [spʀintœʀ] *m v.* **sprinteur**
sprinter[2] [spʀinte] <1> *vi* sprinten
sprinteur, -euse [spʀintœʀ, -øz] *m, f* Sprinter(in) *m(f); (en athlétisme)* Kurzstreckenläufer *m*
squale [skwal] *m* Hai[fisch *m*] *m*
squame [skwam] *f* [Haut]schuppe *f*
square [skwaʀ] *m* [kleine] Grünanlage *f (inmitten eines Platzes)*
squash [skwaʃ] *m* Squash *nt*
squat [skwat] *m* ❶ *(action de squatter)* Hausbesetzung *f* ❷ *(logement)* besetztes Haus *nt*
squatter[1] [skwatœʀ] *m v.* **squatteur**
squatter[2] [skwate] <1> *vt* besetzen *maison*
squatteur, -euse [skwatœʀ, øz] *m, f* Hausbesetzer(in) *m(f)*
squelette [skəlɛt] *m* ❶ ANAT, ARCHIT Skelett *nt* ❷ *(fam: personne très maigre)* Klappergestell *nt*
squelettique [skəletik] *adj (très maigre)* spindeldürr
Sri Lanka [sʀilɑ̃ka] *m* ***le*** ~ Sri Lanka *nt*
SS [ɛsɛs] *m pl* HIST *abr de* **Schutzstaffel** SS *f*
stabilisateur [stabilizatœʀ] *m* Stabilisator *m; (dispositif) d'une bicyclette* Stützrad *nt*
stabilisation [stabilizasjɔ̃] *f a.* ECON Stabilisierung *f*
stabiliser [stabilize] <1> **I.** *vt* ❶ *(consolider, équilibrer)* stabilisieren, befestigen *accotement, terrain* ❷ *(rendre stable)* stabilisieren *monnaie, situation* ❸ *(éviter toute fluctuation)* [konstant] halten *poids, vitesse* **II.** *vpr* ***se*** ~ *(devenir stable) monnaie, situation, maladie* sich stabilisieren
stabilité [stabilite] *f* ECON, POL Stabilität *f;* ~ ***des prix*** Preisstabilität
stable [stabl] *adj* ❶ *(ferme, équilibré)* stabil; *terrain* befestigt ❷ *(durable)* dauerhaft ❸ *monnaie, prix, situation* stabil; *temps* beständig
staccato [stakato] **I.** *adv* staccato **II.** *m* Stakkato *nt*
stade [stad] *m* ❶ SPORT Stadion *nt;* ~ ***olympique*** Olympiastadion ❷ *(phase)* Stadium *nt*
staff [staf] *m* Stab *m*
stage [staʒ] *m* ❶ *(en entreprise)* Praktikum *nt; (en rédaction)* Volontariat *nt;* ***faire un*** ~ ein Praktikum/Volontariat machen ❷ *(séminaire)* Kurs *m;* ~ ***de perfec-***

S

tionnement Fortbildungskurs; ~ ***d'initiation à qc*** Einführungskurs in etw *akk* ❸ *(période avant la titularisation)* ≈ Referendariat *nt*

stagiaire [staʒjɛʀ] **I.** *adj* ***avocat*** ~ ≈ [Gerichts]referendar; ***professeur*** ~ ≈ [Studien]referendar **II.** *mf (en entreprise)* Praktikant(in) *m(f)*; *(en rédaction)* Volontär(in) *m(f)*

stagnant(e) [stagnɑ̃, ɑ̃t] *adj* ❶ *(dormant)* stehend; ***eaux ~es*** stehendes Gewässer ❷ ECON stagnierend

stagnation [stagnasjɔ̃] *f* Stillstand *m*, Stagnation *f*; ~ ***de l'activité économique*** Konjunkturflaute *f*

stagner [stagne] <1> *vi* ❶ *(croupir)* stehen ❷ ECON stagnieren

stalactite [stalaktit] *f* [hängender] Tropfstein *m*, Stalaktit *m*

stalagmite [stalagmit] *f* [stehender] Tropfstein *m*, Stalagmit *m*

stalinien(ne) [stalinjɛ̃, jɛn] **I.** *adj* stalinistisch **II.** *m(f)* Stalinist(in) *m(f)*

stalinisme [stalinism] *m* Stalinismus *m*

stances [stɑ̃s] *fpl* ❶ *(vieilli)* Strophe *f* ❷ *pl* LITTER *aus mehreren Strophen gleicher Form bestehendes Gedicht*

stand [stɑ̃d] *m* ❶ *(dans une exposition)* [Messe]stand *m* ❷ *(dans une fête)* Bude *f*; ~ ***de tir*** *(dans une fête)* Schießbude ❸ SPORT ~ ***de ravitaillement*** *(dans une course cycliste, pédestre)* Verpflegungsstelle *f*; *(dans une course automobile)* Box *f*

standard[1] [stɑ̃daʀ] *m* TELEC [Telefon]zentrale *f*

standard[2] [stɑ̃daʀ] **I.** *adj inv* ❶ *(fabriqué en grande série)* ***modèle*** ~ Serienmodell *nt* ❷ *(normalisé)* genormt; ***pièce*** ~ Serienteil *nt* ❸ *(dépourvu d'originalité)* [allgemein] üblich; IND standardisiert; *voiture* mit Standardausrüstung; ***modèle*** ~ Standardmodell *nt* ❹ LING ***langue*** ~ Hochsprache *f* **II.** *m (norme)* Standard *m*, Norm *f*; ~ ***de sécurité*** Sicherheitsnorm; ~ ***de vie*** Lebensstandard *m*

standardisation [stɑ̃daʀdizasjɔ̃] *f* Vereinheitlichung *f*; IND Normung *f*, Standardisierung *f*

standardiser [stɑ̃daʀdize] <1> *vt* standardisieren

standardiste [stɑ̃daʀdist] *mf* Telefonist(in *m(f)*

standing [stɑ̃diŋ] *m* ❶ *(niveau de vie)* [hoher] Lebensstandard *m* ❷ *(confort)* ***hôtel de [grand]*** ~ Luxushotel *nt*

staphylocoque [stafilɔkɔk] *m* Staphylokokkus *m Fachspr.*

S.T.A.P.S. [staps] *f abr de* **Science et Techniques des Activités Physiques et Sportives** Sportwissenschaft *f*; ***étudiant(e) en*** ~ Sportstudent(in) *m(f)*

star [staʀ] *f* Star *m*; ~ ***de cinéma/de télévision*** Film-/Fernsehstar

starlette [staʀlɛt] *f (iron)* Starlet[t] *nt*

starter [staʀtɛʀ] *m* ❶ AUT Choke[r] *m* ❷ SPORT Starter *m*

starting-block [staʀtiŋblɔk] <starting--blocks> *m* Startblock *m*

start-up [staʀtœp] *f inv* ECON Start-up-Unternehmen *nt*

station [stasjɔ̃] *f* ❶ TRANSP Station *f*, Haltestelle *f*; ~ ***de taxis*** Taxistand *m* ❷ *(émetteur)* Sender *m* ❸ TECH, REL Station *f*; ~ ***d'épuration*** Kläranlage *f*; ~ ***[d']essence*** Tankstelle *f*; ~ ***météorologique*** Wetterstation; ~ ***orbitale/spatiale*** [Welt]raumstation; ~ ***radar*** Radarstation; ***les quatorze ~s du chemin de Croix*** die vierzehn Stationen des Kreuzwegs ❹ *(ville, village)* ~ ***balnéaire*** Badeort *m*; ~ ***de ski*** [*o* ***sports d'hiver***] Wintersportort *m*; ~ ***thermale*** Thermalkurort *m*

stationnaire [stasjɔnɛʀ] *adj (qui n'évolue pas)* unverändert

stationnement [stasjɔnmɑ̃] *m* Parken *nt*; ***voitures en*** ~ parkende Autos *Pl*; ***ticket/disque de*** ~ Parkschein *m*/Parkscheibe *f*; ~ ***payant*** gebührenpflichtiges Parken; ~ ***interdit*** Parken verboten; ***panneau de ~ interdit*** Halteverbotsschild *nt*

stationner [stasjɔne] <1> *vi (être garé)* parken; ***interdiction de*** ~ Parkverbot *nt*

station-service [stasjɔ̃sɛʀvis] <stations--service[s]> *f* Tankstelle *f*

statique [statik] *adj* statisch

statisticien(ne) [statistisjɛ̃, jɛn] *m(f)* Statistiker(in) *m(f)*

statistique [statistik] **I.** *adj* statistisch **II.** *f* ❶ *(science)* Statistik *f*; ***les ~s*** die Statistik ❷ *(chiffres)* Statistik *f*; ***faire des ~s*** Statistiken erstellen

statistiquement [statistikmɑ̃] *adv* statistisch

statue [staty] *f* Statue *f*; ~ ***de marbre/de bronze/de bois*** Marmor-/Bronze-/Holzstatue; ***la ~ de la Liberté*** die Freiheitsstatue

statuer [statɥe] <1> *vi* ~ ***sur qc*** über etw *akk* entscheiden

statuette [statɥɛt] *f* Figur *f*, Statuette *f*

statufier [statyfje] <1a> *vt* ❶ *(fam: élever*

une statue à) ~ ***qn*** jdn auf den Sockel heben ❷ *(pétrifier)* versteinern
statu quo [statykwo] *m inv* Status quo *m*
stature [statyʀ] *f* ❶ *(taille)* Statur *f;* ***de ~ moyenne/de haute ~*** von mittlerer/großer Statur ❷ *(envergure)* Format *nt*
statut [staty] *m* ❶ *a.* ADMIN Status *m;* ***~ de fonctionnaire*** Beamtenstatus; ***~ social*** gesellschaftlicher Status ❷ *pl* JUR *d'une association, société* Satzung *f*
statutairement [statytɛʀmɑ̃] *adv* ❶ *(conformément aux statuts)* satzungsgemäß ❷ *(par les statuts)* aufgrund der Satzung
steak [stɛk] *m* Steak *nt*
steeple-chase [stipœltʃɛz] <steeple-chases> *m* Hindernisrennen *nt,* Jagdrennen
stèle [stɛl] *f* Stele *f*
stencil [stɛnsil] *m* Matrize *f*
sténo [steno] **I.** *mf abr de* **sténographe** Stenograf(in) *m(f)* **II.** *mf abr de* **sténodactylo** Stenotypist(in) *m(f)* **III.** *f abr de* **sténographie** Steno *f fam;* ***en ~*** in Steno
sténodactylo [stenodaktilo] *mf* Stenotypist(in) *m(f)*
sténodactylographie [stenodaktilɔgʀafi] *f* Stenotypieren *nt*
sténographie [stenɔgʀafi] *f* Stenografie *f*
steppe [stɛp] *f* Steppe *f*
stère [stɛʀ] *m* Ster *m*
stéréo [stereo] **I.** *adj inv abr de* **stéréophonique:** ***chaîne ~*** Stereoanlage *f* **II.** *f abr de* **stéréophonie** Stereo *nt*
stéréophonie [stereɔfɔni] *f* Stereofonie *f*
stéréotype [stereɔtip] *m* Stereotyp *nt*
stéréotypé(e) [stereɔtipe] *adj* stereotyp
stéréotypie [stereɔtipi] *f* TYP, PSYCH Stereotypie *f*
stérile [steril] *adj* ❶ BIO, AGR unfruchtbar ❷ *(sans microbes)* steril ❸ LITTER, ART unschöpferisch
stérilet [sterilɛ] *m* Spirale *f fam*
stérilisant(e) [sterilizɑ̃, ɑ̃t] *adj* ❶ *(désinfectant) produit* desinfizierend; ***procédé ~*** Sterilisationsmethode *f* ❷ *(improductif)* lähmend
stérilisateur [sterilizatœʀ] *m* Sterilisator *m*
stérilisation [sterilizasjɔ̃] *f* ❶ *(pour tuer les microbes)* Sterilisieren *nt* ❷ *(contre la procréation)* Sterilisation *f*
stériliser [sterilize] <1> *vt* sterilisieren
stérilité [sterilite] *f* ❶ BIO, AGR Unfruchtbarkeit *f* ❷ *(absence de microbes)* Keimfreiheit *f* ❸ ART, LITTER Unproduktivität *f* ❹ *(fig) d'un débat* Unfruchtbarkeit *f*
sternum [stɛʀnɔm] *m* Brustbein *nt*
stéthoscope [stetɔskɔp] *m* Hörrohr *nt,* Stethoskop *nt*
steward [stiwaʀt] *m* Steward *m*
stick [stik] *m* Stift *m;* ***~ de colle*** Klebestift; ***~ à lèvres*** Lippenstift
stigmate [stigmat] *m* ❶ *(cicatrice)* Narbe *f* ❷ *(littér: marque)* Zeichen *nt;* ***porter les ~s de la guerre*** vom Krieg gezeichnet sein ❸ *pl* REL Stigmen *Pl,* Stigmata *Pl* ❹ BOT Narbe *f,* Stigma *nt Fachspr.* ❺ ZOOL Atemöffnung *f,* Stigma *nt Fachspr.*
stigmatiser [stigmatize] <1> *vt* brandmarken, anprangern
stimulant [stimylɑ̃] *m* ❶ *(médicament)* anregendes Mittel ❷ *(incitation)* Ansporn *m*
stimulant(e) [stimylɑ̃, ɑ̃t] *adj* ❶ *(fortifiant)* anregend ❷ *(qui ouvre l'esprit)* anregend ❸ *(encourageant)* aufmunternd
stimulateur [stimylatœʀ] *m* ***~ cardiaque*** Herzschrittmacher *m*
stimulation [stimylasjɔ̃] *f* ❶ *de l'appétit* Anregung *f; d'un nerf, muscle* Reizung *f; (sexuel, psychique)* Erregung *f* ❷ *(motivation)* Anreiz *m,* Ansporn *m*
stimuler [stimyle] <1> *vt* ❶ *(activer, augmenter)* anregen ❷ *(encourager)* anspornen
stimulus [stimylys] <stimuli *o* stimulus> *m* Reiz *m*
stipulation [stipylasjɔ̃] *f (clause)* [vertragliche] Vereinbarung, Klausel *f;* ***~ annexe relative aux prix*** Preisnebenabrede *f;* ***~ constitutive d'un gage*** Pfandklausel; ***~ contractuelle*** vertragliche Bedingung, Vertragsbestimmung *f*
stipuler [stipyle] <1> *vt* ❶ JUR [vertraglich] festlegen ❷ *(préciser) personne:* ausdrücklich sagen; ***l'annonce stipule*** [*o* ***il est stipulé dans l'annonce***] ***que …*** in der Anzeige steht ausdrücklich, dass …
stock [stɔk] *m* ❶ COM Lager *nt,* Bestand *m;* ***avoir en ~*** auf Lager haben; ***liquider son ~*** seinen Lagerbestand verkaufen; ***~ de marchandises*** Warenlager ❷ *(réserve)* Vorrat *m;* ***~ de sucre*** Zuckervorrat ❸ *(grande quantité)* ***garde ce stylo, j'en ai tout un ~*** *(fam)* behalte den Stift, ich habe jede Menge davon

Falsche Freunde
Nicht verwechseln mit *der Stock – le bâton*!

stockage [stɔkaʒ] *m* Lagerung *f*
stocker [stɔke] <1> *vt* ❶ *(mettre en*

S

réserve) [ein]lagern; ~ ***des noisettes*** *animal:* sich *dat* einen Vorrat Haselnüsse anlegen ② INFORM [ab]speichern

Stockholm [stɔk'ɔlm] Stockholm *nt*

stoïque [stɔik] *adj* unerschütterlich, stoisch *geh*

stoïquement [stɔikmɑ̃] *adv* unerschütterlich

stomacal(e) [stɔmakal, o] <-aux> *adj* ***douleurs ~es*** Magenschmerzen *Pl*

stomachique [stɔmaʃik] *adj médicament* verdauungsfördernd

stomatologie [stɔmatɔlɔʒi] *f* Stomatologie *f*

stop [stɔp] **I.** *interj* ① *(halte)* stopp; ~ ***à l'inflation*** stoppt die Inflation ② *(dans un télégramme)* stop **II.** *m* ① *(panneau)* Stoppschild *nt; (feu)* Haltesignal *nt* ② *(feu arrière)* Bremslicht *nt* ③ *(auto-stop)* ***faire du*** ~ *(fam)* trampen, per Anhalter fahren; ***en*** ~ *(fam)* per Anhalter **III.** *app* ***panneau*** ~ Stoppschild *nt*

stopper [stɔpe] <1> **I.** *vi* stehen bleiben, anhalten **II.** *vt* ① *(arrêter la marche de)* stoppen ② *(arrêter)* stoppen *inflation, chômage*

store [stɔʀ] *m* ① *(rideau à enrouler)* Rollo *nt* ② *(rideau de magasin)* Rollladen *m* ③ *(à lamelles)* ~ ***vénitien*** Jalousie *f*

strabisme [stʀabism] *m* Schielen *nt*

stradivarius [stʀadivaʀjys] *m* Stradivari *f*

strangulation [stʀɑ̃gylasjɔ̃] *f* Erdrosselung *f*

strapontin [stʀapɔ̃tɛ̃] *m* ① *(siège)* Notsitz *m* ② *(place secondaire)* zweitrangiger Platz *m*

Strasbourg [stʀasbuʀ] Straßburg *nt*

strasbourgeois(e) [stʀasbuʀʒwa, ʒwaz] *adj* Straßburger, aus Straßburg

stratagème [stʀataʒɛm] *m* List *f*

strate [stʀat] *f* Schicht *f*

stratège [stʀatɛʒ] *mf* Stratege *m*/Strategin *f*

stratégie [stʀateʒi] *f* Strategie *f;* ***jeu de*** ~ Strategiespiel; ~ ***électorale d'un parti*** Wahlkampfstrategie einer Partei

stratégique [stʀateʒik] *adj objectif, repli, intérêt* strategisch; *matière première, position* strategisch wichtig

stratégiquement [stʀateʒikmɑ̃] *adv* strategisch [wichtig]; *(du point de vue de la stratégie)* strategisch gesehen

stratifié [stʀatifje] *m* Schicht[press]stoff *m*

stratosphère [stʀatɔsfɛʀ] *f* Stratosphäre *f*

streaming [stʀimiŋ] *m* INET Livestream *m,* Streaming *nt*

stress [stʀɛs] *m* Stress *m kein Pl*

stressant(e) [stʀesɑ̃, ɑ̃t] *adj* stressig *fam*

stresser [stʀese] <1> **I.** *vt* stressen *fam;* ***être stressé*** im Stress sein *fam* **II.** *vi (fam)* sich stressen

stretch® [stʀɛtʃ] *m* Stretch *m*

stretching [stʀɛtʃiŋ] *m* Stretching *nt*

strict(e) [stʀikt] *adj* ① *(sévère)* streng; ***être très*** ~ ***sur le règlement*** es sehr genau mit den Bestimmungen nehmen; ***être*** ~ ***avec qn*** streng mit jdm sein ② *principe, observation, respect* streng, strikt ③ *antéposé (exact)* ***c'est la ~e vérité*** das ist die reine Wahrheit ④ *antéposé minimum* absolut; ***le*** ~ ***nécessaire*** das Allernötigste; ***dans la plus ~e intimité*** im engsten Familienkreis ⑤ *(littéral)* ***au sens*** ~ im engeren Sinne ⑥ *vêtement, tenue* streng geschnitten

strictement [stʀiktəmɑ̃] *adv* ① *(pour renforcer)* strikt; ~ ***interdit*** streng verboten; ***c'est*** ~ ***pareil*** das ist genau das Gleiche; ~ ***confidentiel*** streng vertraulich ② *(littéralement, au sens restreint)* ~ ***parlant*** genau genommen ③ *(sobrement)* ~ ***vêtu*** streng gekleidet

stricto sensu [stʀiktosɛ̃sy] *adv (form)* genau genommen

strident(e) [stʀidɑ̃, ɑ̃t] *adj* schrill

string *m* ***tendu comme un*** ~ gespannt wie ein Flitzebogen

string [stʀiŋ] *m* String-Tanga *m*

strip-tease [stʀiptiz] <strip-teases> *m (spectacle)* Striptease *m;* ***faire un*** ~ strippen

strip-teaseur, -euse [stʀiptizœʀ, -øz] <strip-teaseurs> *m, f* Stripteasetänzer(in) *m(f)*

strophe [stʀɔf] *f* Strophe *f*

structural(e) [stʀyktyʀal, o] <-aux> *adj* strukturell

structuralisme [stʀyktyʀalism] *m* Strukturalismus *m*

structuration [stʀyktyʀasjɔ̃] *f* ① *a.* FIN *d'un projet, de la personnalité* Strukturierung *f;* ~ ***d'un portefeuille*** FIN Portefeuille-Strukturierung *Fachspr.* ② INFORM Formatierung *f;* ~ ***de/du paragraphe*** Absatzformatierung

structure [stʀyktyʀ] *f* ① *(organisation)* Struktur *f;* ~ ***de la personnalité*** Persönlichkeitsstruktur; ***réforme de*** ~ Strukturreform *f* ② *(lieu, service social)* ~ ***d'accueil*** soziale Einrichtung

structuré(e) [stʀyktyʀe] *adj* ① gegliedert ② INFORM strukturiert; ***non*** *~(e)* unstrukturiert

structurel(le) [stʀyktyʀɛl] *adj chômage, inflation* strukturell

structurer [stʀyktyʀe] <1> **I.** *vt* strukturieren, gliedern *exposé, ouvrage* **II.** *vpr* ***se ~*** sich organisieren

strudel [ʃtʀudœl] *m* Apfelstrudel *m*

strychnine [stʀiknin] *f* Strychnin *nt*

stuc [styk] *m* Stuck *m;* ***~ de marbre*** Stuckmarmor *m*

studieusement [stydjøzmɑ̃] *adv travailler* fleißig; *préparer* gewissenhaft

studieux, -euse [stydjø, -jøz] *adj* ❶ *(appliqué)* fleißig, arbeitsam ❷ *(consacré au travail, aux études) vacances, soirée* der Arbeit/dem Studium gewidmet

studio [stydjo] *m* ❶ MEDIA Studio *nt;* ***~ de télévision/cinéma*** Fernseh-/Filmstudio; ***~ d'enregistrement*** Aufnahmestudio; ***à vous, les ~s*** wir schalten zurück ins Studio ❷ *(logement)* Einzimmerwohnung *f,* Studio *nt*

stupéfaction [stypefaksjɔ̃] *f (étonnement)* Verblüffung *f*

stupéfait(e) [stypefɛ, ɛt] *adj (étonné)* verblüfft

stupéfiant [stypefjɑ̃] *m* Betäubungsmittel *nt,* Rauschgift *nt*

stupéfiant(e) [stypefjɑ̃, jɑ̃t] *adj* verblüffend

stupéfié(e) [stypefje] *adj (très étonné)* verblüfft

stupéfier [stypefje] <1> *vt (étonner)* verblüffen

stupeur [stypœʀ] *f (étonnement)* Verblüffung *f;* ***être frappé de ~*** verblüfft sein

stupide [stypid] *adj* ❶ *(inintelligent)* dumm; *vie, travail* stumpfsinnig ❷ *accident, pari* dumm

stupidement [stypidmɑ̃] *adv* ❶ *se conduire* dumm; *rire* dummerweise; ***répondre ~*** eine dumme Antwort geben ❷ *(absurdement)* sinnlos

stupidité [stypidite] *f* ❶ *(inintelligence, bêtise)* Dummheit *f* ❷ *(action, propos stupide)* Dummheit *f,* Blödsinn *f*

style [stil] *m* ❶ *(écriture)* Stil *m;* ***~ parlé/écrit*** gesprochene/geschriebene Sprache; ***~ administratif/publicitaire*** Behörden-/Werbesprache *f;* ***avoir un ~ soutenu/négligé*** sich gewählt/nachlässig ausdrücken; ***en ~ télégraphique*** im Telegrammstil ❷ *(discours)* Rede *f;* ***~ direct/indirect*** direkte/indirekte Rede; ***~ indirect libre*** erlebte Rede ❸ *(genre)* Art *f; d'un vêtement* Stil *m; d'un immeuble, d'une maison* [Bau]stil; ***des meubles de ~*** Stilmöbel *Pl* ❹ ART, LITTER Stil *m;* ***sculpture de ~ expressionniste*** Skulptur *f* im Stil des Expressionismus ❺ *(manière personnelle)* Stil *m;* ***~ de vie*** Lebensstil; ***avoir du ~*** Stil haben; ***arriver en retard, c'est bien dans son ~!*** zu spät zu kommen ist typisch für ihn!

stylé(e) [stile] *adj* [gut] geschult

styliser [stilize] <1> *vt a.* ART stilisieren; ***être stylisé(e)*** *fleurs:* stilisiert sein

stylisme [stilism] *m* Design *nt*

styliste [stilist] *mf* Stilist(in) *m(f);* IND Designer(in) *m(f)*

stylistique [stilistik] **I.** *adj* stilistisch **II.** *f* Stilistik *f*

stylo [stilo] *m* Füller *m;* ***~ [à] plume*** Füllfederhalter *m;* ***~ [à] bille*** Kugelschreiber *m;* ***tu n'aurais pas un ~?*** *(fam)* hast du mal einen Stift für mich?

stylo-bille [stilobij] <stylos-bille> *m* Kugelschreiber *m*

stylo-feutre [stiloføtʀ] <stylos-feutres> *m* Filzstift *m*

stylomine® [stilomin] *m* Druckbleistift *m*

stylo-retouche [stiloʀ(ə)tuʃ] <stylos-retouches> *m (peinture, laque)* Lackstift *m*

su [sy] *part passé de* **savoir**

suant(e) [syɑ̃, ɑ̃t] *adj* ❶ *(en sueur) personnes* schwitzend ❷ *(fig fam: fatigant) cours, film* sterbenslangweilig

suave [sɥav] *adj* lieblich; *couleur, ton, forme* zart; *sourire, voix* sanft

suavité [sɥavite] *f d'une odeur, musique* Lieblichkeit *f; des manières, de la voix* Sanftheit *f*

subalterne [sybaltɛʀn] **I.** *adj* ❶ *(inférieur)* untergeordnet, subaltern ❷ *(secondaire)* untergeordnet, zweitrangig **II.** *mf* Untergebene(r) *f(m)*

subconscient [sybkɔ̃sjɑ̃] *m* Unterbewusstsein *nt*

subculture [sybkyltyʀ] *f* Subkultur *f*

subdiviser [sybdivize] <1> *vt (diviser encore)* ***~ une échelle en qc*** eine Skala [weiter] in etw *akk* unterteilen

subdivision [sybdivizjɔ̃] *f (fait de subdiviser)* erneute Unterteilung

subir [sybiʀ] <8> *vt* ❶ *(être victime de)* erleiden; ***des injustices subies*** erlittenes Unrecht ❷ *(endurer)* erdulden, über sich ergehen lassen *événements;* auf sich nehmen *conséquences* ❸ *(être soumis à)* ***~ le charme/l'influence*** dem Charme/Einfluss erliegen; ***~ une opération/un interrogatoire*** operiert/vernommen werden ❹ *(être l'objet de)* erfahren *modification* ❺ *(fam: devoir supporter)* ertragen *personne*

subit(e) [sybi, it] *adj* [ganz] plötzlich, jäh *geh*

subitement [sybitmɑ̃] *adv* [ganz] plötzlich
subito [sybito] *adv (fam)* plötzlich; ***partir ~ presto*** ruck, zuck verschwinden
subjectif, -ive [sybʒɛktif, -iv] *adj* subjektiv
subjectivement [sybʒɛktivmɑ̃] *adv* subjektiv
subjectivité [sybʒɛktivite] *f* Subjektivität *f*
subjonctif [sybʒɔ̃ktif] *m* GRAM Subjonctif *m*
subjuguer [sybʒyge] <1> *vt (fasciner)* in seinen Bann ziehen
sublime [syblim] **I.** *adj* ❶ *(admirable)* überwältigend ❷ *(d'une haute vertu)* erhaben **II.** *m* Erhabene *nt*
sublimer [syblime] <1> *vt* sublimieren
subliminal(e) [sybliminal] *adj* unterschwellig
submerger [sybmɛʀʒe] <2a> *vt* ❶ *(inonder)* unter Wasser *akk* setzen, fluten *digue, rives;* überschwemmen *plaine, terres;* ***être submergé*** unter Wasser stehen ❷ *(envahir)* ***~ qn de travail/de questions*** jdn mit Arbeit/Fragen überhäufen
submersible [sybmɛʀsibl] *adj navire, sous-marin* tauchfähig; ***terre ~*** Überschwemmungsland *nt*
submersion [sybmɛʀsjɔ̃] *f* ❶ *(innondation)* Überschwemmung *f* ❷ AGR, TECH Überflutung *f*
subodorer [sybɔdɔʀe] <1> *vt (fam)* ***elle subodore qc*** ihr schwant etw *fam*
subordination [sybɔʀdinasjɔ̃] *f* untergeordnete Stellung *f,* Unterstelltsein *nt*
subordonné(e) [sybɔʀdɔne] **I.** *m(f)* Untergebene(r) *f(m)* **II.** *adj proposition* untergeordnet
subordonnée [sybɔʀdɔne] *f* Nebensatz *m*
subordonner [sybɔʀdɔne] <1> *vt* ***~ une décision à qc*** eine Entscheidung von etw abhängig machen; ***être subordonné(e) à qn/qc*** von jdm/etw abhängig sein, von jdm/etw abhängen
subornation [sybɔʀnasjɔ̃] *f* Bestechung *f*
subreptice [sybʀɛptis] *adj* ❶ JUR erschlichen, unrechtmäßig erlangt ❷ *(furtif) baiser* heimlich
subrepticement [sybʀɛptismɑ̃] *adv* heimlich, unbemerkt
subséquemment [sybsekamɑ̃] *adv* JUR daraufhin
subséquent(e) [sybsekɑ̃, kɑ̃t] *adj* ❶ *a.* JUR unmittelbar [nach]folgend ❷ GEOG subsequent
subside [sybzid] *m* [finanzielle] Unterstützung
subsidiaire [sybzidjɛʀ, sypsidjɛʀ] *adj* zusätzlich; *raison* weitere(r, s)

S

subsidiarité [sybzidjaʀite] *f* Subsidiarität *f*
subsistance [sybzistɑ̃s] *f* Lebensunterhalt *m*
subsistant(e) [sybzistɑ̃, ɑ̃t] *adj* restlich; *partie* übrig geblieben, noch vorhanden; *question* noch offen [*o* ungeklärt]
subsister [sybziste] <1> *vi* ❶ *(subvenir à ses besoins)* [über]leben ❷ *(demeurer) doute, erreur:* weiter bestehen; ***~ de qc*** von etw bleiben
substance [sypstɑ̃s] *f* ❶ *(matière)* Substanz *f* ❷ *d'un article, livre* wesentlicher Inhalt; ***en ~*** im Wesentlichen
substantiel(le) [sypstɑ̃sjɛl] *adj* ❶ *(nourrissant)* nahrhaft ❷ *(important)* wesentlich, bedeutend; *augmentation, avantage* beträchtlich
substantif [sypstɑ̃tif] *m* Substantiv *nt,* Hauptwort *nt*
substantivé(e) [sypstɑ̃tive] *adj* substantiviert
substituer [sypstitɥe] <1> **I.** *vt* ***~ un collègue/un mot à un autre*** *(volontairement)* einen Kollegen durch einen anderen/ein Wort durch ein anderes ersetzen; *(involontairement)* einen Kollegen/ein Wort mit einem anderen vertauschen **II.** *vpr* ***se ~ à qn*** sich an jds Stelle *f akk* setzen
substitut [sypstity] *m* ❶ *(remplacement)* Ersatz *m;* ***être le ~ de qn/qc*** jdn/etw ersetzen ❷ JUR ***~ du procureur*** Staatsanwalt *m*/-anwältin *f* ❸ *(succedané, imitation)* ***~ de fromage*** Analogkäse *m*
substitution [sypstitysjɔ̃] *f* *(volontaire)* Austauschen *nt;* *(involontaire)* Vertauschen *nt*
subterfuge [syptɛʀfyʒ] *m* Ausflucht *f*
subtil(e) [syptil] *adj* *personne* scharfsinnig; *raisonnement* feinsinnig; *distinction, nuance* fein; *parfum* zart
subtilement [syptilmɑ̃] *adv* ❶ *argumenter, raisonner* feinsinnig; *exprimer* nuanciert ❷ *(habilement)* geschickt
subtiliser [syptilize] <1> *vt* ***~ un livre à qn*** jdm ein Buch stehlen
subtilité [syptilite] *f* *(soutenu)* ❶ *(finesse)* Subtilität *f geh; d'une analyse* Nuanciertheit *f;* ***~ d'esprit*** Scharfsinnigkeit *f* ❷ *d'un art, d'une langue* Feinheit *f*
subtropical(e) [sybtʀɔpikal, -o] <-aux> *adj* subtropisch
suburbain(e) [sybyʀbɛ̃, ɛn] *adj* Vorort-; ***périphérie ~e*** Stadtrand *m*
subvenir [sybvəniʀ] <9> *vi* ***~ à qc*** für etw aufkommen

subvention [sybvɑ̃sjɔ̃] *f* Subvention *f*
subventionner [sybvɑ̃sjɔne] <1> *vt* subventionieren
subversif, **-ive** [sybvɛʀsif, -iv] *adj* umstürzlerisch, subversiv *geh*
suc [syk] *m* Saft *m*
succédané [syksedane] *m* Ersatz *m*
succéder [syksede] <5> **I.** *vi* ❶ *(venir après)* ~ ***à qc*** auf etw *akk* folgen ❷ *(assurer la succession)* ~ ***à qn*** jds Nachfolge *f* antreten ❸ *(hériter)* erben **II.** *vpr* ***se*** ~ einander folgen
succès [syksɛ] *m* ❶ *(opp: échec)* Erfolg *m;* ~ ***en qc*** Erfolg bei etw; ~ ***fou*** *(fam)* Wahnsinnserfolg; ~ ***de circonstance*** Augenblickserfolg; ***avoir du*** ~ ***auprès de qn*** bei jdm Erfolg haben; ***être couronné de*** ~ von Erfolg gekrönt sein; ***remporter un*** ~ einen Erfolg erzielen; ***à*** ~ Erfolgs-; ***avec/sans*** ~ mit/ohne Erfolg ❷ *(conquête amoureuse)* Erfolg *m kein Pl;* ~ ***féminins*** Erfolg bei den Frauen ❸ SPORT, MIL Sieg *m*
successeur [syksesœʀ] *mf* Nachfolger(in) *m(f)*
successif, **-ive** [syksesif, -iv] *adj époques, générations* aufeinanderfolgend; *tâches* stets neu anfallend
succession [syksesjɔ̃] *f* ❶ *(transmission du pouvoir)* Nachfolge *f;* ***prendre la*** ~ ***de qn/qc*** die Nachfolge einer Person/S. *gen* antreten ❷ *(héritage)* Erbschaft *f,* Verlassenschaft *f* A; ***droits de*** ~ Erbschaftssteuer *f*
successivement [syksesivmɑ̃] *adv* nacheinander
successoral(**e**) [syksesɔʀal, o] <-aux> *adj* JUR *droit, masse* Erb-
succinct(**e**) [syksɛ̃, ɛ̃t] *adj* ❶ kurz, knapp ❷ *(peu abondant)* ***un repas*** ~ ein frugales Mahl *geh*

Aussprache
Bei **succinct** wird die Endung -ct nicht als [kt] gesprochen, sondern bleibt stumm.

succinctement [syksɛ̃tmɑ̃] *adv* kurz [und bündig]
succion [sy(k)sjɔ̃] *f* Saugen *nt; d'une plaie, blessure* Aussaugen *nt*
succomber [sykɔ̃be] <1> *vi* ❶ *(mourir)* sterben; ~ ***à qc*** einer S. *dat* erliegen ❷ *(être vaincu)* ~ ***sous qc*** einer S. *dat* erliegen; ~ ***sous le poids de qc*** unter dem Gewicht einer S. *gen* zusammenbrechen ❸ *(céder à)* ~ ***à la tentation/au charme de qn/qc*** der Versuchung/dem Charme einer Person/S. *gen* erliegen
succulent(**e**) [sykylɑ̃, ɑ̃t] *adj* köstlich
succursale [sykyʀsal] *f* Filiale *f*
sucer [syse] <2> **I.** *vt* ❶ *(aspirer)* aussaugen *sang, suc d'une plante, citron* ❷ *(lécher)* lutschen *bonbon;* ~ ***le crayon/le pouce*** am Bleistift/Daumen lutschen ❸ *(vulg: faire une fellation)* ~ ***qn*** jdm einen blasen **II.** *vpr* ***se*** ~ gelutscht werden
sucette [sysɛt] *f (bonbon)* Lutscher *m*
suçon [sysɔ̃] *m (fam: ecchymose)* Knutschfleck *m*
suçoter [sysɔte] <1> *vt* lutschen
sucrage [sykʀaʒ] *m* Zuckern *nt*
sucrant(**e**) [sykʀɑ̃, ɑ̃t] *adj* süßend
sucre [sykʀ] *m* Zucker *m; (morceau)* Stück *nt* Zucker; ~ ***candi/cristallisé/glace*** Kandis-/[mittelgrober] Kristall-/Puderzucker; ~ ***en morceaux*** Würfelzucker; ~ ***en poudre*** feiner Kristallzucker; ~ ***de canne*** Rohrzucker *m* ▶ **casser du ~ sur le dos de qn** *(fam)* jdn durch den Dreck ziehen; **être tout ~ tout miel** zuckersüß sein
sucré(**e**) [sykʀe] *adj* süß; *(par addition de sucre)* gesüßt
sucrer [sykʀe] <1> **I.** *vt* ❶ *(mettre du sucre)* zuckern, süßen ❷ *(fam: supprimer)* ~ ***l'argent de poche à un enfant*** einem Kind das Taschengeld streichen **II.** *vi (rendre sucré)* süßen **III.** *vpr (fam)* ***se*** ~ absahnen
sucrerie [sykʀəʀi] *f (friandise)* Süßigkeit *f*
sucrette® [sykʀɛt] *f* Süßstofftablette *f*
sucrier [sykʀije] *m* Zuckerdose *f*
sud [syd] **I.** *m* Süden *m;* ***au*** ~ *(dans/vers la région)* im/in den Süden; *(vers le point cardinal)* nach Süden; ***au*** ~ ***de qc*** südlich von etw; ***dans le*** ~ ***de*** im Süden von; ***du*** ~ aus dem Süden; ***les Allemands du*** ~ die Süddeutschen; ***vers le*** ~ nach Süden; ***les gens du Sud*** die Leute aus dem Süden **II.** *adj inv* Süd-; *banlieue, latitude* südlich
sud-africain(**e**) [sydafʀikɛ̃, ɛn] <sud-africains> *adj* südafrikanisch **Sud-Africain**(**e**) [sydafʀikɛ̃, ɛn] <Sud-Africains> *m(f)* Südafrikaner(in) *m(f)* **sud-américain**(**e**) [sydameʀikɛ̃, ɛn] <sud-américains> *adj* südamerikanisch **Sud-Américain**(**e**) [sydameʀikɛ̃, ɛn] <Sud-Américains> *m(f)* Südamerikaner(in) *m(f)* **sud-coréen**(**ne**) [sydkɔʀeɛ̃, ɛn] <sud-coréens> *adj* südkoreanisch **Sud-Coréen**(**ne**) [sydkɔʀeɛ̃, ɛn] <Sud-Coréens> *m(f)* Südkoreaner(in) *m(f)* **sud-est** [sydɛst] *inv* **I.** *adj* südöstlich; ***vent*** ~ Südostwind *m* **II.** *m* Südosten *m*

S

sudiste [sydist(ə)] **I.** *adj* HIST südstaatlich **II.** *m* HIST Südstaatler *m*
sudoku [sydoky] *m* Sudoku *nt*
sud-ouest [sydwɛst] *inv* **I.** *adj* südwestlich; ***vent ~*** Südwestwind *m* **II.** *m* Südwesten *m* **sud-vietnamien(ne)** [sydvjɛtnamjɛ̃, jɛn] <sud-vietnamiens> *adj* HIST südvietnamesisch **Sud-Vietnamien(ne)** [sydvjɛtnamjɛ̃, jɛn] <Sud-Vietnamiens> *m(f)* HIST Südvietnamese *m*/Südvietnamesin *f*
Suède [sɥɛd] *f* ***la ~*** Schweden *nt*
suédine [sɥedin] *f* Wildlederimitation *f*
suédois [sɥedwa] *m* Schwedisch *nt; v. a.* **allemand**
suédois(e) [sɥedwa, waz] *adj* schwedisch
Suédois(e) [sɥedwa, waz] *m(f)* Schwede *m*/Schwedin *f*
suée [sɥe] *f (fam)* Schweißausbruch *m;* ***attraper une bonne ~*** kräftig ins Schwitzen kommen
suer [sɥe] <1> *vi* ❶ *(transpirer)* ***~ de qc*** vor etw *dat* schwitzen ❷ *(se donner beaucoup de mal)* ***~ sur qc/pour faire qc*** sich mit etw quälen/sich abmühen etw zu tun
sueur [sɥœʀ] *f* Schweiß *m;* ***avoir des ~s*** Schweißausbrüche *Pl* haben; ***être en ~*** schweißnass sein ▶ **à la ~ de son front** im Schweiße seines/ihres Angesicht[e]s; **qn a des ~s froides** jdm bricht der kalte Schweiß aus
suffire [syfiʀ] <irr> **I.** *vi* ❶ *(être assez)* ***~ à qn*** jdm genügen ❷ *(satisfaire)* ***~ aux besoins*** für die Bedürfnisse *Pl* aufkommen; ***~ aux obligations*** den Verpflichtungen *dat* nachkommen **II.** *vi impers (être suffisant)* ***il suffit d'une fois*** einmal reicht; ***il suffit que vous soyez là pour qu'il se calme*** um ihn zu beruhigen genügt es, wenn Sie da sind; ***ça suffit [comme ça]!*** *(fam)* jetzt reicht's! **III.** *vpr* ***se ~ à soi-même*** *(matériellement)* sich selbst versorgen; *(intellectuellement)* sich *dat* selbst genügen
suffisamment [syfizamɑ̃] *adv* ***~ grand*** groß genug; ***~ affranchie*** ausreichend frankiert; ***~ de temps/livres*** genügend Zeit/Bücher; ***~ à boire*** genug zu trinken
suffisance [syfizɑ̃s] *f* Selbstgefälligkeit *f,* Süffisanz *f geh*
suffisant(e) [syfizɑ̃, ɑ̃t] *adj nombre, techniques* ausreichend; *place* genügend *inv; résultat, somme* erforderlich, notwendig; ***ne pas être ~*** nicht reichen; ***~ pour faire qc*** ausreichend um etw zu tun
suffixe [syfiks] *m* Nachsilbe *f,* Suffix *nt*
suffocant(e) [syfɔkɑ̃, ɑ̃t] *adj fumée, odeur* erstickend, den Atem raubend; *chaleur* erdrückend
suffocation [syfɔkasjɔ̃] *f* Atemnot *f*
suffoquer [syfɔke] <1> **I.** *vt* ❶ *(étouffer)* ***~ qn*** jdm den Atem nehmen ❷ *(stupéfier)* ***~ qn*** jdm den Atem verschlagen; *(s'emparer de) colère, joie:* jdn überwältigen **II.** *vi* ❶ *(perdre le souffle)* ersticken ❷ *(ressentir une vive émotion)* ***~ de colère*** vor Wut außer sich *dat* sein
suffrage [syfʀaʒ] *m* ❶ *(voix)* [Wahl]stimme *f;* ***~ universel*** allgemeines Wahlrecht; ***les ~s exprimés*** die abgegebenen Stimmen ❷ *pl (approbation)* Zustimmung *f;* ***remporter tous les ~s*** allgemeinen Beifall finden
suggérer [sygʒeʀe] <5> *vt* ❶ *(proposer)* ***~ un voyage à qn*** jdm eine Reise vorschlagen ❷ *(inspirer)* ***~ une solution à qn*** jdn auf eine Lösung bringen
suggestif, -ive [sygʒɛstif, -iv] *adj* ❶ *(érotique)* aufreizend ❷ *(évocateur)* suggestiv
suggestion [sygʒɛstjɔ̃] *f* Vorschlag *m;* ***faire une ~ à qn*** *(proposer)* jdm einen Vorschlag machen; *(conseiller)* jdm etw raten
suggestionner [sygʒɛstjɔne] <1> *vt* suggerieren; ***~ à qn de faire qc*** jdm einreden [*o* suggerieren], etw zu tun
suicidaire [sɥisidɛʀ] *adj* selbstmörderisch
suicide [sɥisid] **I.** *m* ❶ *(mort volontaire)* Selbstmord *m* ❷ *(entreprise suicidaire)* Selbstmord *m;* ***c'est du ~*** das ist glatter Selbstmord *fam* **II.** *app opération* selbstmörderisch; *commando* Selbstmord-; *avion* Kamikaze-
suicidé(e) [sɥiside] *m(f)* Selbstmörder(in) *m(f)*
suicider [sɥiside] <1> *vpr* **se ~** ❶ *(se tuer)* Selbstmord begehen ❷ *(se détruire)* sich [selbst] zugrunde richten
suie [sɥi] *f* Ruß *m*
suif [sɥif] *m* Talg *m*
suintant(e) [sɥɛ̃tɑ̃, ɑ̃t] *adj pierre, roche* feucht
suintement [sɥɛ̃tmɑ̃] *m des eaux* Sickern *nt; d'un mur* Schwitzen *nt*
suinter [sɥɛ̃te] <1> *vi* ***~ de qc*** *eaux:* aus/durch etw sickern; *mur:* schwitzen; *plaie:* nässen
suis [sɥi] *indic prés de* **être**
suisse [sɥis] **I.** *adj* Schweizer *attr; peuple* schweizerisch; ***~ romand*** welsch[schweizerisch] **II.** *m (garde)* Schweizer Gardist *m; (bedeau)* Küster *m* ▶ **petit ~** GASTR *Rahmquark in kleinen Portionen;* **boire/manger en ~** *(fam)* heimlich trinken/essen

S

Suisse [sɥis] **I.** *f* ***la*** ~ die Schweiz **II.** *mf* Schweizer(in) *m(f); **c'est un ~ allemand/romand*** er ist Deutsch-/Französischschweizer [*o* Welschschweizer CH]
Suissesse [sɥisɛs] *f* Schweizerin *f;* ~ ***romande*** Welschschweizerin *f*
suite [sɥit] *f* ❶ *d'une lettre, d'un roman* Rest *m; d'une affaire* Nachspiel *nt; **attendre la** ~* abwarten, wie es weiter geht ❷ *d'événements, de nombres* [Ab]folge *f; d'objets, de personnes* Reihe *f* ❸ *(conséquence)* Folge *f;* ***sans*** ~ ohne Folgen *Pl* ❹ *(nouvel épisode)* Fortsetzung *f,* Folge *f;* ***la ~ au prochain numéro*** Fortsetzung folgt ❺ *(cohérence)* Zusammenhang *m* ❻ *(appartement)* Suite *f* ❼ INFORM ~ ***bureautique*** Office-Paket *nt* ▶ **tout de** ~ sofort; **tout de** ~ **avant/après** kurz davor/gleich danach; **donner ~ à qc** auf etw *akk* reagieren; **entraîner qc à sa ~** etw mit sich bringen; **faire ~ à qc** auf etw *akk* folgen; **prendre la ~ de qn/qc** jdn/ etw ablösen; ~ **à qc** Bezug *m* nehmend auf etw *akk;* **à la ~ [l'un de l'autre]** nacheinander; **à la ~ de qc** nach etw; **et ainsi de** ~ und so weiter; **de** ~ *(d'affilée)* hintereinander; **par la** ~ später; **par ~ de qc** Infolge einer S. *gen*
suivant [sɥivɑ̃] *prép* ❶ *(conformément à)* gemäß +*dat; (en fonction de)* je nach +*dat* ❷ *(le long de)* entlang +*dat*
suivant(e) [sɥivɑ̃, ɑ̃t] **I.** *adj* ❶ *(qui vient ensuite)* nächste(r, s) ❷ *(ci-après)* folgende(r, s) **II.** *m(f)* Nächste(r) *f(m);* ***au ~!*** der Nächste!
suivi [sɥivi] *m d'une affaire* Weiterverfolgung *f; d'un produit* Kundendienst *m;* ~ ***médical*** medizinische Betreuung
suivi(e) [sɥivi] *adj* ❶ *(continu)* regelmäßig; *effort* kontinuierlich ❷ *conversation, raisonnement* zusammenhängend; *politique* konsequent
suiviste [sɥivist] **I.** *adj attitude* hörig, unterwürfig; *politique* linientreu **II.** *mf* Mitläufer(in) *m(f)*
suivre [sɥivʀ] <irr> **I.** *vt* ❶ *(aller derrière)* ~ ***qn/une route*** jdm/einer Straße folgen; ***faire ~ qn*** jdn beschatten lassen ❷ *(venir ensuite)* ~ ***qn sur une liste*** auf einer Liste gleich nach jdm kommen; ***l'hiver suit l'automne*** auf den Herbst folgt der Winter ❸ *(hanter)* verfolgen ❹ *(se conformer à)* ~ ***qn/qc*** jdm/einer S. folgen; ~ ***la mode*** mit der Mode gehen ❺ SCOL besuchen *classe, cours* ❻ *(observer)* beobachten, beaufsichtigen *élève, malade;* verfolgen *actualité, affaire, compétition* ❼ COM ständig führen *article, produit* ❽ *(comprendre)* ~ ***qn/qc*** jdm/einer S. [geistig] folgen ▶ **[être] à** ~ *personne:* vorbildlich [sein]; *exemple:* mustergültig [sein]; **à** ~ Fortsetzung *f* folgt **II.** *vi* ❶ *(venir après)* folgen ❷ *(réexpédier)* ***faire ~ qc*** etw nachsenden lassen ❸ *(être attentif)* aufpassen; *(assimiler)* mitkommen ❹ *(évoluer parallèlement)* gleichziehen **III.** *vi impers* ***comme suit*** wie folgt **IV.** *vpr* **se** ~ ❶ *(se succéder)* aufeinander folgen ❷ *(être cohérent)* einen Zusammenhang haben
sujet [syʒɛ] *m* ❶ *(thème)* Thema *nt* ❷ *(cause)* Grund *m;* ***sans*** ~ grundlos ❸ *(individu)* Mensch *m;* ***brillant*** ~ glänzender Schüler/glänzende Schülerin; ~ ***d'élite*** Spitzenschüler; ***mauvais*** ~ übles Subjekt *pej* ❹ GRAM Subjekt *nt* ❺ PHILOS Subjekt *nt* ▶ **c'est à quel ~?** *(fam)* worum geht's?; **à ce** ~ diesbezüglich; **au ~ de qn/ qc** bezüglich einer Person/S. *gen,* was jdn/etw betrifft
sujet(te) [syʒɛ, ʒɛt] *adj* ***être ~ à la migraine*** für Migräne anfällig sein; ***être ~ au mal de mer*** leicht seekrank werden; ***être ~ à faire qc*** dazu neigen, etw zu tun
sujétion [syʒesjɔ̃] *f (soutenu)* ❶ *(dépendance)* ~ ***à qn/qc*** Abhängigkeit *f* von jdm/etw ❷ *(contrainte)* Bürde *f*
sujette [syʒɛt] *f* Untertan *m*
sulfate [sylfat] *m* Sulfat *nt*
sulfater [sylfate] <1> *vt* schwefeln
sulfure [sylfyʀ] *m* Sulfid *nt;* ~ ***de carbone*** Schwefelkohlenstoff *m*
sulfureux, -euse [sylfyʀø, -øz] *adj* CHIM schwefelig
sulfurique [sylfyʀik] *adj* ***acide*** ~ Schwefelsäure *f*
sulfurisé(e) [sylfyʀize] *adj* mit Schwefelsäure *f* behandelt; ***papier*** ~ Pergamentpapier *nt*
sultan [syltɑ̃] *m* Sultan *m*
sultanat [syltana] *m* Sultanat *nt*
summum [sɔ(m)mɔm] *m* ❶ *d'une civilisation, de la gloire* Höhepunkt *m* ❷ *(iron: comble)* Gipfel *m*
sunnite [syn(n)it] **I.** *adj* sunnitisch **II.** *mf* Sunnit *m*
sunnite [synit] REL **I.** *adj* sunnitisch **II.** *mf* Sunnit(in) *m(f)*
super[1] [sypɛʀ] *m abr de* **supercarburant** Super *nt;* ~ ***sans plomb/plombé*** Super bleifrei/verbleit
super[2] [sypɛʀ] *adj inv (fam)* super
superbe [sypɛʀb] *adj repas, vin* erstklassig; *corps, yeux, paysage* wunderschön; *perfor-*

S

mance, résultat erstklassig, fantastisch; *enfant* prächtig; *temps* herrlich; ***elle a une mine*** ~ sie sieht blendend aus

superbement [sypɛʀbəmɑ̃] *adv* großartig

superchampion(ne) [sypɛʀʃɑ̃pjɔ̃, jɔn] *m(f)* Spitzensportler(in) *m(f)*

supercherie [sypɛʀʃəʀi] *f* Schwindel *m*, Betrug *m*

supérette [sypeʀɛt] *f* kleinerer Supermarkt *m*

superfétatoire [sypɛʀfetatwaʀ] *adj (littér)* überflüssig

superficie [sypɛʀfisi] *f d'un terrain, pays* Fläche *f; d'un appartement* Grundfläche; ***unité de*** ~ Flächenmaß *nt*

superficiel(le) [sypɛʀfisjɛl] *adj* oberflächlich

superficiellement [sypɛʀfisjɛlmɑ̃] *adv* oberflächlich

superfin(e) [sypɛʀfɛ̃, in] *adj* erstklassig, hochfein

superflu [sypɛʀfly] *m* Überflüssige(s) *nt*

superflu(e) [sypɛʀfly] *adj* überflüssig

superforme [sypɛʀfɔʀm] *f (fam)* Höchstform *f*

supergrand [sypɛʀgʀɑ̃] *m (fam)* Supermacht *f*

supérieur [sypeʀjœʀ] *m* Hochschulwesen *nt*

supérieur(e) [sypeʀjœʀ] **I.** *adj* ❶ *(plus haut dans l'espace)* obere(r, s); *lèvre, mâchoire* Ober- ❷ *(plus élevé dans la hiérarchie)* höhere(r, s); *animal, plante* höher entwickelt; *cadre* leitend; ***enseignement*** ~ Hochschulwesen *nt; **d'ordre*** ~ höherwertig ❸ *(de grande qualité)* hervorragend; *produit* erstklassig ❹ *(qui dépasse)* ***être ~ à un coureur par la vitesse/en vitesse*** einem Läufer in Bezug auf Geschwindigkeit *akk* überlegen sein; ***~ en nombre/par la qualité*** zahlenmäßig größer/qualitativ besser; ***être ~ à la moyenne*** über dem Durchschnitt *m* liegen ❺ *air, regard, ton* überlegen **II.** *m(f)* Vorgesetzte(r) *f(m);* REL Superior(in) *m(f)*

supérieure [sypeʀjœʀ] *f* Vorgesetzte *f;* REL Superiorin *f*

supérieurement [sypeʀjœʀmɑ̃] *adv* außergewöhnlich

supériorité [sypeʀjɔʀite] *f* ~ ***sur qn/qc*** Überlegenheit *f* jdm/etw gegenüber; ***complexe de*** ~ Größenwahn *m*

superlatif [sypɛʀlatif] *m* Superlativ *m*

superman [sypɛʀman, -mɛn] <s *o* -men> *m (fam)* Supermann *m*

supermarché [sypɛʀmaʀʃe] *m* Supermarkt *m*

superposé(e) [sypɛʀpoze] *adj couches* übereinanderliegend; *livres, pierres* aufeinandergetürmt; ***lits ~s*** Etagenbett *nt*

superposer [sypɛʀpoze] <1> **I.** *vt* ❶ *(faire chevaucher)* übereinanderlegen ❷ *(empiler)* auftürmen **II.** *vpr* ❶ *(se recouvrir)* ***se ~*** *figures géométriques:* sich decken; *images:* sich überdecken ❷ *(s'ajouter)* ***se ~ à qc*** *couche:* etw überlagern; *élément, renseignements:* zu etw hinzukommen

superposition [sypɛʀpozisjɔ̃] *f* Übereinanderschichtung *f*, Übereinanderlagerung *f; (action de superposer)* Übereinanderlegen *nt*

superproduction [sypɛʀpʀɔdyksjɔ̃] *f* Monumentalfilm *m*

superpuissance [sypɛʀpɥisɑ̃s] *f* Großmacht *f*, Supermacht *f*

supersonique [sypɛʀsɔnik] *m* Überschallflugzeug *nt*

superstar [sypɛʀstaʀ] *f* Superstar *m*

superstitieux, -euse [sypɛʀstisjø, -jøz] *adj* abergläubisch

superstition [sypɛʀstisjɔ̃] *f* Aberglaube[n] *m*

superviser [sypɛʀvize] <1> *vt* überprüfen, beaufsichtigen *travail*

superviseur [sypɛʀvizœʀ] *m* INFORM Kontrollprogramm *nt*

superviseur, -euse [sypɛʀvizœʀ, -øz] *m, f* Aufsichtführende(r) *f(m)*

supervision [sypɛʀvizjɔ̃] *f* Überprüfung *f; d'un travail* Beaufsichtigung *f;* PSYCH Supervision *f*

suppléance [sypleɑ̃s] *f* Vertretung *f*

suppléant(e) [sypleɑ̃, ɑ̃t] **I.** *adj instituteur* Aushilfs-; *député, juge* stellvertretend **II.** *m(f)* Stellvertreter(in) *m(f);* MED, SCOL Vertretung *f*

suppléer [syplee] <1> **I.** *vt personne:* vertreten; *chose:* ersetzen **II.** *vi* ❶ *(remplacer)* ***~ à la main-d'œuvre par le recours à la machine*** die Handarbeit durch die Maschine ersetzen ❷ *(compenser)* ***~ [à] un défaut par qc*** einen Fehler durch etw ausgleichen

supplément [syplemɑ̃] *m* ❶ *(surplus)* zusätzliche Menge; ***un ~ de salaire*** eine Gehalts-/Lohnzulage; ***en*** ~ zusätzlich ❷ *d'un journal, d'une revue* Beilage *f; d'un dictionnaire* Ergänzungsband *m* ❸ *(somme d'argent à payer)* Aufpreis *m;* CHEMDFER Zuschlag *m*

supplémentaire [syplemɑ̃tɛʀ] *adj* zusätzlich; *édition, train* Sonder-; ***heure*** ~ Überstunde *f*

supplétif, -ive [sypletif, -iv] *adj* ❶ *(vieilli:*

qui complète) paragraphe ergänzend ❷ *(temporaire) personnel* Aushilfs-

suppliant(e) [syplijɑ̃, ijɑ̃t] *adj* flehend

supplice [syplis] *m (souffrance)* Qual *f* ▶ **être au ~** [wie] auf glühenden Kohlen sitzen; **mettre qn au ~** jdn quälen

supplicié(e) [syplisje] *m(f)* [zu Tode] Gefolterte(r) *f(m)*

supplicier [syplisje] <1a> *vt* [zu Tode] foltern

supplier [syplije] <1> *vt* **~ *qn de faire qc*** jdn inständig bitten etw zu tun

supplique [syplik] *f* Gesuch *nt*

suppo [sypo] *m (fam) abr de* **suppositoire**

support [sypɔʀ] *m* ❶ *(soutien)* Stütze *f; d'un meuble, d'une statue* Sockel *m* ❷ INFORM **~ *d'information*** Datenträger *m,* Medium *nt*

supportable [sypɔʀtabl] *adj* erträglich

supporter[1] [sypɔʀte] <1> **I.** *vt* ❶ *(psychiquement)* ertragen, hinnehmen *malheur;* sich *dat* gefallen lassen *mauvais traitement;* **~ *de faire qc*** es ertragen etw zu tun; ***mal ~/ne pas ~ que*** *+subj* es nicht ausstehen können, wenn; ***je ne peux pas le ~*** ich kann ihn nicht ausstehen ❷ *(physiquement)* vertragen *alcool, chaleur;* aushalten *douleur;* überstehen *opération;* ***ne pas ~ l'avion/la vue du sang*** das Fliegen nicht vertragen/kein Blut *nt* sehen können; **~ *la chaleur*** *plat:* hitzebeständig sein ❸ *(subir)* hinnehmen müssen *affront, avanies, échec;* **~ *les conséquences de qc*** die Folgen einer S. zu tragen haben ❹ SPORT **~ *qn/qc*** *(donner son appui)* jdn/etw unterstützen; *(encourager)* jdn/etw anfeuern **II.** *vpr* ***se ~*** miteinander auskommen

supporter[2] [sypɔʀtɛʀ] *m,* **supporteur, -trice** [sypɔʀtœʀ, -tʀis] *m* Anhänger(in) *m(f),* Fan *m*

supposé(e) [sypoze] *adj* mutmaßlich

supposer [sypoze] <1> *vt* ❶ *(imaginer)* annehmen; ***je suppose qu'il va revenir*** ich nehme an, dass er zurückkommen wird; ***supposons qu'il revienne*** nehmen wir [einmal] an, er käme zurück ❷ *(présumer)* vermuten ❸ *(impliquer)* voraussetzen

supposition [sypozisjɔ̃] *f* Vermutung *f*

suppositoire [sypozitwaʀ] *m* Zäpfchen *nt*

suppôt [sypo] *m (littér)* Handlanger(in) *m(f),* Helfershelfer(in) *m(f) pej*

suppression [sypʀesjɔ̃] *f* ❶ *d'une phrase, subvention* Streichung *f; de personnel, d'emplois* Abbau *m; d'une difficulté, d'un objet* Beseitigung *f* ❷ *(abrogation) d'une disposition légale* Aufhebung *f; de la peine de mort, d'un privilège* Abschaffung *f*

supprimer [sypʀime] <1> **I.** *vt* ❶ *(enlever)* **~ *un avantage/emploi à qn*** jdm einen Vorteil/eine Stelle streichen; **~ *le permis à qn*** jdm den Führerschein entziehen ❷ *(abolir)* abschaffen *libertés, peine de mort* ❸ *(faire disparaître)* beseitigen *fatigue, trace;* stillen *douleur;* **~ *le sucre*** auf Zucker *akk* verzichten ❹ *(tuer)* beseitigen **II.** *vpr* ***se ~*** sich umbringen

suppurer [sypyʀe] <1> *vi* eitern

supputation [sypytasjɔ̃] *f* ❶ *(estimation)* Schätzung *f* ❷ *(pronostic)* Prognose *f*

supputer [sypyte] <1> *vt (littér)* abschätzen, abwägen *possibilités;* überschlagen *dépenses*

supraconducteur [sypʀakɔ̃dyktœʀ] *m* Supraleiter *m*

supranational(e) [sypʀanasjɔnal, o] <-aux> *adj* supranational, überstaatlich

supranationalité [sypʀanasjɔnalite] *f* Überstaatlichkeit *f*

suprarégional [sypʀaʀeʒjɔnal] *adj concurrence* überregional

suprématie [sypʀemasi] *f* Überlegenheit *f,* Vorherrschaft *f*

suprême [sypʀɛm] **I.** *adj bonheur, degré* höchste(r, s); *cour, instance* oberste(r, s); *pouvoir* größte(r, s) **II.** *m* GASTR **~ *de volaille/poissons*** Geflügelbrust *f*/Fischfilet *nt* mit Sahnesoße

sur [syʀ] *prép* ❶ *(spatial)* **~ *qn/qc*** *(vers)* auf jdn/etw; *(au-dessus de)* über jdn/etw; *(non directionnel)* auf jdm/etw; *(au-dessus de)* über jdm/etw ❷ *(temporel)* **~ *le soir*** gegen Abend *m;* **~ *ses vieux jours*** auf seine/ihre alten Tage; **~ *le coup*** *(immédiatement)* auf der Stelle; *(au début)* im ersten Augenblick; **~ *ce je vous quitte*** und nun gehe ich ❸ *(successif)* ***coup ~ coup*** Schlag auf Schlag *akk* ❹ *(causal)* **~ *sa recommandation*** auf seine/ihre Empfehlung hin; **~ *présentation d'une pièce d'identité*** gegen Vorlage eines Ausweises ❺ *(modal)* ***ne me parle pas ~ ce ton!*** sprich nicht in diesem Ton mit mir!; **~ *mesure*** nach Maß; **~ *le mode mineur*** in Moll *dat;* **~ *l'air de ...*** auf die Melodie ... ❻ *(au sujet de)* **~ *qn/qc*** über jdn/etw ❼ *(proportionnalité, notation, dimension)* ***neuf fois ~ dix*** neun von zehn Mal; ***un enfant ~ deux*** jedes zweite Kind; ***faire cinq mètres ~ quatre*** fünf mal vier Meter groß sein

sûr(e) [syʀ] *adj* ❶ *(convaincu)* **~ *de qn/qc*** jds/einer S. sicher; ***j'en suis ~*** ich bin

[mir] dessen sicher, da bin ich [mir] ganz sicher; ***être ~ de faire qc/qu'il va réussir*** sicher sein etw zu tun/, dass er Erfolg haben wird ❷ *(certain)* sicher ❸ *(sans danger)* sicher; ***en lieu ~*** an einem sicheren Ort ❹ *(digne de confiance)* zuverlässig; *temps* beständig; *valeur* sicher ❺ *(solide)* sicher; *raisonnement* gesund ▶ **bien ~** sicherlich, selbstverständlich; **bien ~ que oui/non** *(fam)* aber sicher/sicherlich nicht; **être ~ et certain** absolut sicher sein; **rien n'est moins ~** das ist höchst unwahrscheinlich; **le plus ~ est de faire qc** es ist das Beste etw zu tun; **c'est ~** *(fam)* na klar; **pas** [**si**] **~!** *(fam)* nicht gesagt

surabondance [syʀabɔ̃dɑ̃s] *f* Überfluss *m*

surabonder [syʀabɔ̃de] <1> *vi* im Übermaß vorhanden sein; ***~ en*** [*o* ***de***] ***qc*** etw in Hülle und Fülle besitzen, etw im Überfluss haben

suractivité [syʀaktivite] *f* Überaktivität *f*

suraigu, suraiguë [syʀegy] *adj* schrill; *douleur* stechend

surajouter [syʀaʒute] <1> **I.** *vt* ***~ une strophe à un poème*** einem Gedicht eine Strophe hinzufügen **II.** *vpr* ***se ~ à qc*** noch zu etw hinzukommen

suralimentation [syʀalimɑ̃tasjɔ̃] *f* Überernährung *f*

suralimenter [syʀalimɑ̃te] <1> *vt* ❶ überernähren, überfüttern *animal* ❷ AUT vorverdichten, aufladen

suranné(e) [syʀane] *adj style* veraltet, antiquiert; *beauté, charme* verlebt

surarmement [syʀaʀməmɑ̃] *m* Überrüstung *f*

surbooké(e) [syʀbuke] *adj* ❶ *(surréservé) avion* überbucht ❷ *(fam)* ausgebucht; *manager* overbooked

surbooking [syʀbukiŋ] *m* Überbuchung *f*

surcharge [syʀʃaʀʒ] *f* ❶ *(excès de charge)* Überladung *f* ❷ *(excédent de poids)* Übergewicht *nt;* ***~ de bagages*** Übergepäck *nt* ❸ *(surcroît)* ***~ de dépenses*** Mehrausgaben *Pl;* ***~ des programmes scolaires*** Überlastung *f* der Lehrpläne

surchargé(e) [syʀʃaʀʒe] *adj* ❶ *véhicule, ascenseur* überfüllt ❷ *tâpisserie* überladen ❸ *élève, secrétaire* überlastet

surcharger [syʀʃaʀʒe] <2a> *vt* ❶ *(charger à l'excès)* überladen ❷ *(imposer une charge à)* ***~ une machine/un ouvrier de travail*** eine Maschine/einen Arbeiter mit Arbeit überlasten; ***être surchargé de travail*** in Arbeit *dat* ersticken

surchauffer [syʀʃofe] <1> *vt* überheizen; ***imagination surchauffée*** übersteigerte Fantasie

surchoix [syʀʃwa] *adj inv* erstklassig, [qualitativ] hervorragend

surclasser [syʀklɑse] <1> *vt* ❶ *(dominer)* ***~ qn*** jdm [weit] überlegen sein; ***être surclassé*** unterlegen sein ❷ *(être de qualité supérieure à)* ***~ un produit*** einem Produkt überlegen sein

surconsommation [syʀkɔ̃sɔmasjɔ̃] *f* übermäßiger Konsum; ***~ de qc*** übermäßiger Konsum von etw *dat*

surcroît [syʀkʀwa] *m* ***~ de travail*** Mehrarbeit *f*, zusätzliche Arbeit; ***~ de passagers*** zusätzliche Passagiere *Pl* ▶ **de ~** *(soutenu)* überdies

surdimensionné(e) [syʀdimɑ̃sjɔne] *adj* überdimensional

surdité [syʀdite] *f (perte totale de l'ouïe)* Taubheit *f; (perte partielle de l'ouïe)* Schwerhörigkeit *f*

surdose [syʀdoz] *f* Überdosis *f*

surdoué(e) [syʀdwe] **I.** *adj* hoch begabt **II.** *m(f)* Hochbegabte(r) *f(m)*

sureau [syʀo] *m* Holunder *m;* ***baie f de ~*** Holunderbeere *f*

sureffectif [syʀefɛktif] *m* Überbesetzung *f;* ***entreprise en ~*** Unternehmen mit zu großer Belegschaft; ***classe en ~*** Klasse mit zu vielen Schülern

surélever [syʀel(ə)ve] <4> *vt* aufstocken *maison;* erhöhen *mur;* ***rez-de-chaussée surélevé*** Hochparterre *nt*

sûrement [syʀmɑ̃] *adv* sicher[lich], bestimmt

surenchère [syʀɑ̃ʃɛʀ] *f (exagération)* gegenseitiges Überbieten *nt*

surenchérir [syʀɑ̃ʃeʀiʀ] <8> *vi* mehr bieten; *(en rajouter)* auftrumpfen; ***~ sur qn/qc*** jdn/etw überbieten

surendetté(e) [syʀɑ̃dete] *adj* überschuldet

surendettement [syʀɑ̃dɛtmɑ̃] *m* Überschuldung *f*

surestimation [syʀɛstimasjɔ̃] *f d'un immeuble, d'une valeur* zu hohe Schätzung; *des effectifs, d'une puissance* Überschätzung *f*

surestimer [syʀɛstime] <1> *vt* zu hoch schätzen *valeur;* überschätzen, zu hoch einschätzen *force, personne*

suret(te) [syʀe, ɛt] *adj pomme, goût* säuerlich

sûreté [syʀte] *f* ❶ *(précision)* Sicherheit *f* ❷ *(sécurité)* Sicherheit *f;* ***épingle/serrure de ~*** Sicherheitsnadel *f*/-schloss *nt;* ***mettre qn/qc en ~*** jdn/etw in Sicherheit bringen; ***pour plus de ~*** sicherheitshalber

surévaluer [syʀevalɥe] <1> *vt* überschät-

S

zen *personne;* zu hoch schätzen *immeuble, nombre;* zu hoch ansetzen *prix*

surexcité(e) [syʀɛksite] *adj* übermäßig erregt

surexciter [syʀɛksite] <1> *vt* überreizen *personne;* entflammen *passions*

surexploiter [syʀɛksplwate] <1> *vt* übermäßig ausnutzen, ausbeuten, übermäßig abholzen *forêt*

surexposer [syʀɛkspoze] <1> *vt* überbelichten

surf [sœʀf] *m* ① *(sport)* Surfen *nt; (sur la neige)* Snowboard fahren *nt;* ***faire du ~*** surfen; *(sur la neige)* Snowboard *nt* fahren ② *(planche: pour l'eau)* Surfbrett *nt; (pour la neige)* Snowboard *nt* ③ INFORM Surfen *nt;* ***faire du ~ sur le Net*** im Internet surfen

surface [syʀfas] *f* ① *(aire)* Fläche *f; d'un appartement, d'une pièce* [Wohn]fläche; GEOM Flächeninhalt *m;* ***~ de réparation*** SPORT Strafraum *m;* ***~ corrigée*** JUR *durch Bewertungsziffern korrigierte Wohnfläche (zur Mietpreisberechnung)* ② *(couche superficielle)* Oberfläche *f;* ***~ de l'eau*** Wasseroberfläche; ***à la ~*** auf der/die Oberfläche ③ *(apparence des choses)* Oberfläche *f* ▸ **grande** ~ Supermarkt *m;* **faire** ~ auftauchen; **refaire** ~ wiederauftauchen, wieder zu sich kommen; **en** ~ an der Oberfläche, oberflächlich

surfait(e) [syʀfɛ, ɛt] *adj auteur, œuvre* überbewertet

surfer [sœʀfe] <1> *vi* ① *(sur l'eau)* surfen ② INFORM surfen; ***~ sur le Web*** im Web surfen

surfeur, -euse [sœʀfœʀ, -øz] *m, f* ① *(sur l'eau)* Surfer(in) *m(f)* ② *(sur la neige)* Snowboardfahrer(in) *m(f)* ③ INFORM Surfer(in) *m(f)*

surfiler [syʀfile] <1> *vt* versäubern

surfin(e) [syʀfɛ̃, in] *adj* extrafein

surfing [sœʀfiŋ] *m* INFORM Surfen *nt;* ***faire du ~ sur le Net*** im Internet surfen

surgélation [syʀʒelasjɔ̃] *f* Tiefkühlung *f*

surgelé(e) [syʀʒəle] *adj* tiefgekühlt

surgelés [syʀʒəle] *mpl* Tiefkühlkost *f*

surgénérateur [syʀʒeneʀatœʀ] *m* TECH schneller Brüter

surgir [syʀʒiʀ] <8> *vi* auftauchen

surhomme [syʀɔm] *m* Übermensch *m*

surhumain(e) [syʀymɛ̃, ɛn] *adj* übermenschlich

Surinam [syʀinam] *m* Suriname *nt*

surindustrialisé(e) [syʀɛ̃dystʀijalize] <1> *adj région, secteur* hoch industrialisiert

surjet [syʀʒɛ] *m* Überwendlingsnaht *f*

sur-le-champ [syʀləʃɑ̃] *adv* auf der Stelle

surlendemain [syʀlɑ̃d(ə)mɛ̃] *m* übernächster Tag *m;* ***le ~ de qc*** zwei Tage nach etw

surlignage [syʀliɲaʒ] *m* Markierung *f*

surligner [syʀliɲe] <1> *vt* INFORM markieren

surligneur [syʀliɲœʀ] *m* Textmarker *m*

surmenage [syʀmənaʒ] *m (intellectuel, scolaire)* Überbeanspruchung *f; (physique)* Überanstrengung *f*

surmené(e) [syʀməne] *adj (fatigué)* übermüdet; *(en état de surmenage)* überarbeitet

surmener [syʀməne] <4> **I.** *vt* ***~ qn/qc*** jdn/etw überbeanspruchen **II.** *vpr* ***se ~*** sich übernehmen

surmoi [syʀmwa] *m inv* PSYCH Über-Ich *nt*

surmontable [syʀmɔ̃tabl] *adj* überwindbar

surmonter [syʀmɔ̃te] <1> **I.** *vt* überwinden **II.** *vpr* **se ~** ① *(se maîtriser)* sich beherrschen ② *(être maîtrisé) timidité:* überwunden werden

surnaturel(le) [syʀnatyʀɛl] *adj* übernatürlich; REL überirdisch

surnom [syʀnɔ̃] *m* ① *(sobriquet)* Spitzname *m* ② *(qualificatif)* Beiname *m*

surnombre [syʀnɔ̃bʀ] *m* Überzahl *f*

surnommer [syʀnɔme] <1> *vt* ***~ qn Junior*** jdm den Spitznamen Junior geben

suroffre [syʀɔfʀ] *f* COM höheres Angebot

surpasser [syʀpɑse] <1> *vpr* ***se ~*** sich selbst übertreffen

surpayer [syʀpeje] <1> *vt* überbezahlen *personne;* zu teuer bezahlen *chose*

surpeuplé(e) [syʀpœple] *adj pays* über[be]völkert; *salle* überfüllt

surpeuplement [syʀpœpləmɑ̃] *m d'un pays* Über[be]völkerung *f; d'une salle* Überfüllung *f*

surplace [syʀplas] *m d'une économie* Stagnation *f; d'un gouvernement* Auf-der-Stelle-Treten *nt;* ***faire du ~*** auf der Stelle treten; SPORT einen Stehversuch unternehmen

surplomb [syʀplɔ̃] *m* Überhang *m;* ***étage en ~*** vorspringendes Stockwerk

surplomber [syʀplɔ̃be] <1> *vt* ***~ qc*** *étage:* in etw *akk* hineinragen; *lumière:* über etw *akk* strahlen

surplus [syʀply] *m d'une somme* Rest *m; d'une récolte* Überschuss *m;* ***~ d'un stock/de marchandises*** Restbestände *Pl* ▸ **au** ~ zudem

surpopulation [syʀpɔpylasjɔ̃] *f* Über[be]völkerung *f*

surprenant(e) [syʀpʀənɑ̃, ɑ̃t] *adj* überraschend; *effets d'un médicament, progrès* erstaunlich

surprendre [syʀpʀɑ̃dʀ] <13> **I.** *vt* ❶ *(étonner)* überraschen; ***être surpris de qc/que qn fasse qc*** über etw *akk* überrascht sein/überrascht sein, dass jd etw tut ❷ *(prendre sur le fait)* ***~ qn à faire qc*** jdn dabei überraschen, wie er etw tut ❸ *(découvrir)* zufällig aufdecken *complot, secret;* mitanhören *conversation;* herauslesen *sourire* ❹ *(prendre au dépourvu)* ***~ qn dans son bureau*** jdn in seinem Büro überfallen ❺ *(prendre à l'improviste)* ***la pluie nous a surpris*** wir wurden vom Regen überrascht **II.** *vpr* ***se ~ à faire qc*** sich dabei ertappen, wie man etw tut

surpression [syʀpʀesjɔ̃] *f* Überdruck *m*

surpris(e) [syʀpʀi, iz] *part passé de* **surprendre**

surprise [syʀpʀiz] *f* ❶ *(étonnement)* Überraschung *f;* ***faire la ~ à qn*** jdn überraschen; ***à la grande ~ de qn*** zu jds großer Überraschung; ***avec/par ~*** überrascht/überraschend ❷ *(chose inattendue)* Überraschung *f*

surprise-partie [syʀpʀizpaʀti] <surprises-parties> *f* Überraschungsparty *f*

surproduction [syʀpʀɔdyksjɔ̃] *f* Überproduktion *f*

surprotéger [syʀpʀɔteʒe] <2a> *vt* überbehüten, zu sehr behüten

surréalisme [syʀʀealism] *m* Surrealismus *m*

surréaliste [syʀʀealist] **I.** *adj* ❶ ART, LITTER surrealistisch ❷ *(fam: extravagant)* irre **II.** *mf* Surrealist(in) *m(f)*

surréel [syʀʀeɛl] *m (littér)* Surreale(s) *nt geh*

surréel(le) [syʀʀeɛl] *adj (littér)* surreal *geh*

surrégénérateur *v.* **surgénérateur**

surrénal(e) [sy(ʀ)ʀenal, o] <-aux> *adj* Nebennieren-; ***les [glandes/capsules] ~es*** die Nebenniere

sursaturé(e) [syʀsatyʀe] *adj* ❶ CHIM, PHYS *air, solution* übersättigt ❷ *(fig littér) personne* überdrüssig

sursaut [syʀso] *m* ❶ Zusammenzucken *nt;* ***avoir un ~ [de surprise]*** wie vom Donner gerührt sein ❷ *(haut-le-corps)* Hochschrecken *nt;* ***se réveiller en ~*** aus dem Schlaf hochfahren ❸ *de colère* Ausbruch *m; d'énergie* Schub *m*

sursauter [syʀsote] <1> *vi* zusammenzucken; *(de peur)* aufschrecken; ***faire ~ qn*** *personne:* jdn aufschrecken; *nouvelle, bruit:* jdn zusammenzucken lassen

surseoir [syʀswaʀ] <irr> *vi* **~ à qc** ❶ JUR etw aussetzen ❷ *(littér: différer)* etw aufschieben

sursis [syʀsi] *m* ❶ *(délai)* Fristverlängerung *f; (pour payer)* Aufschub *m* ❷ JUR Bewährung *f*

sursitaire [syʀsitɛʀ] **I.** *adj appelé, étudiant* [vom Wehrdienst] zurückgestellt **II.** *mf* MIL [vom Wehrdienst] Zurückgestellte(r) *m;* JUR Verurteilte(r) auf Bewährung *f(m)*

surtaxe [syʀtaks] *f (pour une lettre mal affranchie)* Nachporto *nt; (pour un envoi exprès)* Zuschlag[sporto *nt*] *m*

surtaxé(e) [syʀtakse] *adj* ***appel ~*** überteuerter Anruf *m*

surtension [syʀtɑ̃sjɔ̃] *f* Überspannung *f*

surtout [syʀtu] *adv* ❶ *(avant tout)* vor allem ❷ *(fam: d'autant plus)* ***j'ai peur de lui, ~ qu'il est si fort*** ich habe Angst vor ihm, besonders, wo er doch so stark ist ▶ ~ pas auf keinen Fall

surveillance [syʀvɛjɑ̃s] *f (contrôle)* Aufsicht *f; des travaux, de la police* Überwachung *f; des études* Beaufsichtigung *f;* ***être sous étroite/haute ~*** unter strenger Aufsicht stehen/streng überwacht werden; ***service de ~*** Überwachungsdienst *m*

surveillant(e) [syʀvɛjɑ̃, jɑ̃t] *m(f)* Aufsichtsperson *f,* Aufsicht *f; de prison* Wärter(in) *m(f); de magasin* Detektiv(in) *m(f);* ***~e [de salle]*** MED Stationsschwester *f*

surveillé(e) [syʀveje] *adj* ❶ SCOL *étude* unter Aufsicht ❷ JUR *liberté* mit Bewährungsaufsicht

surveiller [syʀveje] <1> *vt* ❶ *(prendre soin de)* beaufsichtigen *enfant;* ***~ un malade*** bei einem Kranken Wache halten ❷ *(suivre l'évolution)* überwachen, wachen über +*akk éducation des enfants;* beobachten *comportement* ❸ *(garder)* aufpassen auf +*akk* ❹ *(assurer la protection de)* bewachen ❺ GASTR aufpassen auf +*akk* ❻ SCOL beaufsichtigen *élèves;* ***~ un examen*** bei einer Prüfung die Aufsicht führen

survenir [syʀvəniʀ] <9> *vi* + *être événement:* sich plötzlich [*o* unerwartet] ereignen; *incident:* plötzlich [*o* unerwartet] eintreten; *complications:* sich plötzlich [*o* unerwartet] ergeben

survêt [syʀvɛt] *m (fam) abr de* **survêtement**

survêtement [syʀvɛtmɑ̃] *m* Freizeitkleidung *f;* SPORT Trainingsanzug *m*

survie [syʀvi] *f* ❶ *(maintien en vie)* Überleben *nt* ❷ REL Leben *nt* nach dem Tod[e]

survivance [syʀvivɑ̃s] *f* ❶ *(ce qui a survécu)* Relikt *nt* ❷ *(le fait de continuer à vivre)* Weiterleben *nt*

survivant(**e**) [syʀvivɑ̃, ɑ̃t] **I.** *adj* überlebend **II.** *m(f) (rescapé)* Überlebende(r) *f(m)*

survivre [syʀvivʀ] <irr> *vi* ❶ *(demeurer en vie)* ~ ***à qc*** etw überleben ❷ *(vivre plus longtemps que)* ~ ***à qn/qc*** jdn/etw überleben

survol [syʀvɔl] *m d'une ville, d'un exposé* Überfliegen *nt*

survoler [syʀvɔle] <1> *vt* ❶ AVIAT überfliegen ❷ *(examiner)* überfliegen *article;* flüchtig streifen *question*

survolté(**e**) [syʀvɔlte] *adj* ❶ ELEC *lampe* mit zu hoher Spannung versorgt ❷ *(fig: surexcité)* überreizt

survolter [syʀvɔlte] <1> *vt* überreizen; ***être survolté(e)*** *personne:* überreizt sein; *ambiance:* geladen sein

susceptibilité [sysɛptibilite] *f* Empfindlichkeit *f*

susceptible [sysɛptibl] *adj* ❶ *(ombrageux)* empfindlich ❷ *(en mesure de)* ***être ~ de faire qc*** imstande sein etw zu tun

susciter [sysite] <1> *vt* ❶ *(faire naître)* hervorrufen, verursachen *querelle;* erregen *jalousie* ❷ *(provoquer)* in den Weg legen *obstacle;* stiften *troubles*

suscription [syskʀipsjɔ̃] *f d'une lettre* Anschrift *f*

susdit(**e**) [sysdi, dit] *adj (form)* oben genannt

sushi [suʃi] *m* GASTR Sushi *nt*

susmentionné(**e**) [sysmɑ̃sjɔne] *adj (form)* oben erwähnt

susnommé(**e**) [sysnɔme] *adj (form)* oben genannt

suspect(**e**) [syspɛ, ɛkt] **I.** *adj* ❶ *(louche)* verdächtig; ***être ~ à qn*** jdm verdächtig sein ❷ *(soupçonné)* ***être ~ de qc*** einer S. *gen* verdächtig sein ❸ *(douteux)* verdächtig **II.** *m(f)* Verdächtige(r) *f(m)*

Aussprache

Bei **suspect** wird die Endung -ct nicht als [kt] gesprochen, sondern bleibt stumm.

suspecter [syspɛkte] <1> *vt (soupçonner)* ~ ***un collègue de qc*** einen Kollegen einer S. *gen* verdächtigen

suspendre [syspɑ̃dʀ] <14> *vt* ❶ *(accrocher)* aufhängen; ~ ***qc au porte-manteau/au mur*** etw an den Kleiderständer/an die Wand hängen ❷ *(rester collé à)* ***être suspendu à la radio/aux lèvres de qn*** am Radiogerät kleben/an jds Lippen *dat* hängen *fam* ❸ *(interrompre)* aussetzen, unterbrechen *séance, réunion;* vorübergehend einstellen *paiement* ❹ *(remettre)* aufschieben, hinauszögern *décision;* verschieben *jugement* ❺ *(destituer)* suspendieren *fonctionnaire;* sperren *joueur*

suspens [syspɑ̃] ▶ **procès en** ~ ruhendes Verfahren; **projet en** ~ Projekt in der Schwebe; **dossier en** ~ nicht geschlossene Akte

suspense [syspɛns] *m* Spannung *f;* ***à*** ~ spannend

suspension [syspɑ̃sjɔ̃] *f* ❶ *d'une grève, réunion* Unterbrechung *f,* Aussetzung *f; d'un travail* Einstellung *f; d'un contrat, d'une sanction* Aufhebung *f; d'un paiement* vorübergehende Einstellung *f* ❷ AUT *d'une voiture* Federung *f* ❸ *(luminaire)* Hängelampe *f* ❹ *(installation)* Aufhängen *nt*

suspicieux, -euse [syspisjø, -jøz] *adj* misstrauisch

suspicion [syspisjɔ̃] *f* Verdacht *m;* ~ ***légitime*** Besorgnis *f* der Befangenheit; ***avoir des ~s de qc envers un employé*** einen Angestellten bei etw in Verdacht haben

susurrement [sysyʀmɑ̃] *m d'une personne* Flüstern *nt; du vent* Säuseln *nt*

susurrer [sysyʀe] <1> **I.** *vt* ~ ***des mots à qn/à l'oreille de qn*** jdm Worte zuflüstern/ins Ohr flüstern **II.** *vi personne:* flüstern; *source:* murmeln; *vent:* säuseln

susvisé(**e**) [sysvize] *adj (form)* oben erwähnt

suture [sytyʀ] *f* MED Naht *f;* ANAT [Knochen]naht, Sutur *f Fachspr.*

suturer [sytyʀe] <1> *vt* MED nähen

suzerain(**e**) [syz(ə)ʀɛ̃, ɛn] HIST **I.** *adj* Lehns- **II.** *m(f)* Lehnsherr(in) *m(f)*

suzeraineté [syzʀɛnte] *f* HIST Lehnsherrschaft *f;* POL *(littér)* Suzeränität *f*

svelte [svɛlt] *adj* schlank

sveltesse [svɛltɛs] *f* Schlankheit *f*

SVP [ɛsvepe] *abr de* **s'il vous plaît** bitte

Swaziland [swazilɑ̃d] *m* ***le*** ~ Swasiland *nt*

sweater [swɛtœʀ, switœʀ] *m* ❶ Sweater *m* ❷ Strickweste *f*

sweat-shirt [switʃœʀt] <sweat-shirts> *m* Sweatshirt *nt*

swing [swiŋ] *m* ❶ MUS Swing *m* ❷ SPORT Schwinger *m*

swinguer [swiŋge] <1> *vi* swingen; *musique:* heiß sein

syllabe [sil(l)ab] *f* Silbe *f*

sylphide [silfid] *f* Sylphide *f*

sylvicole [silvikɔl] *adj* forstwirtschaftlich

sylviculture [silvikyltyʀ] *f* Forstwirtschaft *f,* Waldwirtschaft

symbiose [sɛ̃bjoz] *f* Symbiose *f*

symbole [sɛ̃bɔl] *m* ❶ *(image)* Symbol *nt* ❷ CHIM, MATH Symbol *nt* ❸ REL Glaubensbekenntnis *nt*
symbolique [sɛ̃bɔlik] **I.** *adj* ❶ *(emblématique, très modique)* symbolisch ❷ *(figuratif)* Bilder-; ***signe*** ~ Symbol *nt* **II.** *f* Symbolik *f*
symboliquement [sɛ̃bɔlikmɑ̃] *adv* symbolisch
symboliser [sɛ̃bɔlize] <1> *vt* ❶ *(matérialiser par un symbole)* versinnbildlichen ❷ *(être le symbole de)* symbolisieren
symbolisme [sɛ̃bɔlism] *m* ❶ Symbolik *f* ❷ ART, LITTER Symbolismus *m*
symétrie [simetʀi] *f a.* GEOM Symmetrie *f*
symétrique [simetʀik] *adj* ❶ *(pendant)* ~ ***de qc*** symmetrisch zu etw ❷ GEOM symmetrisch
symétriquement [simetʀikmɑ̃] *adv* symmetrisch
sympa [sɛ̃pa] *adj (fam) abr de* **sympathique**
sympathie [sɛ̃pati] *f* ❶ *(inclination)* Sympathie *f*; ***inspirer la*** ~ sympathisch sein ❷ *(affinité)* Zuneigung *f*
sympathique [sɛ̃patik] *adj* ❶ *personne, animal* sympathisch ❷ *(fam: charmant)* nett; *accueil* freundlich; *ambiance* angenehm; *plat* lecker
sympathiquement [sɛ̃patikmɑ̃] *adv accueillir* freundlich; *offrir ses services* netterweise
sympathisant(e) [sɛ̃patizɑ̃, ɑ̃t] **I.** *adj* sympathisierend **II.** *m(f)* Sympathisant(in) *m(f)*
sympathiser [sɛ̃patize] <1> *vi* ~ ***avec qn*** mit jdm sympathisieren
symphonie [sɛ̃fɔni] *f* Sinfonie *f*
symphonique [sɛ̃fɔnik] *adj orchestre* Sinfonie-
symposium [sɛ̃pozjɔm] *m* Symposium *nt*
symptomatique [sɛ̃ptɔmatik] *adj* ~ ***de qc*** symptomatisch für etw
symptomatologie [sɛ̃ptɔmatɔlɔʒi] *f* MED Symptomatik *f*
symptôme [sɛ̃ptom] *m* ❶ *d'une guerre, crise* Anzeichen *nt; de la méfiance* Zeichen *nt* ❷ MED Symptom *nt*
synagogue [sinagɔg] *f (édifice)* Synagoge *f*
synapse [sinaps] *f* BIO, MED Synapse *f*
synchrone [sɛ̃kʀon] *adj* synchron; *moteur* Synchron-
synchronique [sɛ̃kʀɔnik] *adj* synchronistisch; LING synchronisch
synchronisation [sɛ̃kʀɔnizasjɔ̃] *f* ❶ MEDIA Synchronisation *f* ❷ *(concordance)* Koordinierung *f*
synchroniser [sɛ̃kʀɔnize] <1> *vt* ❶ *(coordonner)* synchronisieren; ***ne pas être synchronisé*** nicht im Takt sein ❷ *(mettre en concordance)* ~ ***une grève avec celle d'un autre syndicat*** einen Streik mit dem einer anderen Gewerkschaft abstimmen
syncope [sɛ̃kɔp] *f* Ohnmacht *f*; ***avoir une*** [*o* ***tomber en***] ~ ohnmächtig werden
syndic [sɛ̃dik] *m* ❶ *d'un immeuble* [Haus]verwalter(in) *m(f)* ❷ HIST Syndikus *m* ❸ CH *(maire dans les cantons de Vaud et de Fribourg)* Ammann *m* CH
syndical(e) [sɛ̃dikal, -o] <-aux> *adj* Gewerkschafts-; *action* gewerkschaftlich
syndicalisation [sɛ̃dikalizasjɔ̃] *f* Mitgliedschaft *f* in einer Gewerkschaft
syndicalisme [sɛ̃dikalism] *m* ❶ Gewerkschaftsbewegung *f* ❷ HIST Gewerkschaftsbewegung *f*, Syndikalismus *m*
syndicaliste [sɛ̃dikalist] **I.** *adj* Gewerkschafts- **II.** *mf* Gewerkschaft[l]er(in) *m(f)*
syndicat [sɛ̃dika] *m* ❶ *(syndicat de salariés)* Gewerkschaft *f* ❷ *(pour les touristes)* ~ ***d'initiative*** Fremdenverkehrsamt *nt*
syndiqué(e) [sɛ̃dike] *m(f)* Gewerkschaftsmitglied *nt*
syndiquer [sɛ̃dike] <1> *vpr* ***se*** ~ in die Gewerkschaft eintreten; *personnes:* sich gewerkschaftlich organisieren
syndrome [sɛ̃dʀom] *m* Syndrom *nt*
synergie [sinɛʀʒi] *f* Synergie *f*, Zusammenwirken *nt*
synode [sinɔd] *m* Synode *f*
synonyme [sinɔnim] **I.** *adj* synonym; ***être*** ~ ***de qc*** ein Synonym *nt* für etw sein **II.** *m* Synonym *nt*
synopsis [sinɔpsis] *f* Übersicht *f*, Synopsis *f*
synoptique [sinɔptik] *adj* synoptisch; ***tableau*** ~ Tabelle *f*, Übersichtstafel *f*
syntaxe [sɛ̃taks] *f* Syntax *f*
syntaxique [sɛ̃taksik] *adj* syntaktisch
synthèse [sɛ̃tɛz] *f* Synthese *f*; *(exposé d'ensemble)* Gesamtüberblick *m*; ~ ***de qc/entre des choses*** Synthese aus etw/aus Dingen; ***faire la*** ~ ***de qc*** einen Gesamtüberblick über etw *akk* geben ▸ ~ **vocale** elektronisch erzeugte Sprache; **résine/produit de** ~ Kunstharz *nt*/Syntheseprodukt *nt*
synthétique [sɛ̃tetik] **I.** *adj matériau* synthetisch; *fibres, caoutchouc* Kunst-; *fibres* Chemie- **II.** *m* Synthetics *Pl*
synthétiser [sɛ̃tetize] <1> *vt* zusammenfassen; BIO, CHIM synthetisieren
synthétiseur [sɛ̃tetizœʀ] *m* MUS Synthesizer *m*
syphilis [sifilis] *f* Syphilis *f*
Syrie [siʀi] *f* ***la*** ~ Syrien *nt*

S

systématique [sistematik] **I.** *adj* systematisch; *refus* kategorisch **II.** *f* Systematik *f*

systématiquement [sistematikmɑ̃] *adv* systematisch; *refuser* kategorisch

systématisation [sistematizasjɔ̃] *f* Systematisierung *f*

systématiser [sistematize] <1> *vt* systematisieren

système [sistɛm] *m* ❶ *(structure)* System *nt;* ~ ***économique/solaire*** Wirtschafts-/Sonnensystem; ~ ***nerveux/digestif*** Nervensystem/Verdauungsapparat *m;* ~ ***politique*** politisches System; ~ ***de vie*** Lebensform *f;* ~ ***international d'unités*** SI-System *nt* ❷ *de fermeture* Vorrichtung *f* ❸ *(fam: combine)* Taktik *f;* ***connaître le*** ~ *(fam)* den Dreh raushaben; ~ ***D*** *(fam)* Kunst *f* sich aus der Affäre zu ziehen ❹ *(institution)* System *nt* ❺ INFORM ~ ***d'exploitation*** Betriebssystem *nt;* ~ ***de gestion de base de données*** Datenbankverwaltungssystem *nt;* ~ ***expert*** Expertensystem *nt* ❻ AUT ~ ***de guidage*** Navigationssystem *nt;* ~ ***de signalisation*** *(feux)* Ampelsystem *nt; (signaux de route)* Beschilderung *f; (marques)* Markierung *f* ▶ **taper** *fam* **sur le ~ à qn** jdm auf den Wecker gehen

Système [sistɛm] *m* System *nt;* ~ ***européen de banques centrales*** Europäisches System der Zentralbanken; ~ ***monétaire européen*** Europäisches Währungssystem

systémique [sistemik] *adj analyse* System-; *approche* ganzheitlich; PSYCH systemisch

systole [sistɔl] *f* MED Systole *f*

T t

t *f abr de* **tonne** t

T, t [te] *m inv* T *nt,* t *nt;* ***en T*** T-förmig

t' *pron v.* **te, tu**

Grammatik und Co.

Das Pronomen **t'** steht vor Vokal oder stummem *h*. Die Übersetzung kann *dich* oder *dir* lauten, je nachdem, welchen Fall (Kasus) das deutsche Verb erfordert:
je t'aime – ich liebe dich;
nous t'aidons – wir helfen dir;
tu t'habilles – du ziehst dich an;
tu t'es fait couper les cheveux – du hast dir die Haare schneiden lassen.

ta [ta, te] <tes> *dét poss* dein(e); *v. a.* **ma**

tabac [taba] **I.** *m* ❶ *(plante)* Tabak[pflanze *f*] *m* ❷ *(produit)* Tabak *m;* ~ ***à priser*** Schnupftabak *m* ❸ *(fam: magasin)* Laden *m* für Tabakwaren ▶ **faire un** ~ *(fam)* einen Bombenerfolg haben; **passer qn à** ~ *(fam)* jdn zusammenschlagen **II.** *adj inv* tabakfarben

Aussprache

Das -c von **tabac** wird nicht als [k] wie im Deutschen gesprochen, sondern bleibt stumm.

tabacomane [tabakɔman] *adj* nikotinsüchtig

tabagie [tabaʒi] *f* ❶ *(pièce enfumée)* verrauchtes Zimmer *nt* ❷ CAN *(bureau de tabac)* Tabakladen *m*

tabagique [tabaʒik] *mf* Nikotinsüchtige(r) *f(m)*

tabagisme [tabaʒism] *m* übermäßiger Tabakkonsum *m;* ~ ***passif*** passives Rauchen

tabasser [tabase] <1> *(fam)* **I.** *vt* zusammenschlagen, verdreschen; ***se faire*** ~ verprügelt werden *fam* **II.** *vpr* ***se*** ~ *personnes:* sich prügeln

tabellion [tabeljɔ̃] *m (péj littér)* Notar *m*

tabernacle [tabɛʀnakl] **I.** *m (armoire)* Tabernakel *m o nt* **II.** *interj* CAN *(fam)* verdammt [noch mal]

tablar[d] [tablaʀ] *m* CH *(étagère)* Regal *nt*

table [tabl] *f* ❶ *(meuble)* Tisch *m; d'autel* Platte *f;* ~ ***de chevet*** Nachttisch; ***dresser*** [*o* ***mettre***] ***la*** ~ den Tisch decken; ***être à*** ~ bei Tisch sitzen; ***à ~!*** zu Tisch!; ~ ***d'hôte*** Stammtisch *m;* ~ ***d'écoute*** Abhöranlage *f;* ***service de*** ~ Tafelservice *nt* ❷ *(tablée)* Tafel *f,* Tischgesellschaft *f* ❸ *(nourriture)* Essen *nt* ❹ *(tablette)* ~ ***mortuaire*** Grabtafel *f* ❺ *(tableau)* ~ ***alphabétique*** alphabetisch geordnete Liste; ~ ***des matières*** Inhaltsverzeichnis *nt* ▶ **s'asseoir à la même** ~ *personnes:* sich am runden Tisch zusammensetzen; ~ **ronde** *(conférence)*

T

Gespräch *nt* am runden Tisch; *(tablée)* Tafelrunde *f;* **se mettre à ~** *(aller manger)* sich zu Tisch setzen; *(fam: avouer sa faute)* auspacken

tableau [tablo] <x> *m* ❶ ART Bild *nt; (peinture)* Gemälde *nt* ❷ *(scène, paysage)* Bild *nt* ❸ *(description)* Bild *nt* ❹ SCOL [Schul]tafel *f;* **~ *noir*** [Wand]tafel *f* ❺ *(panneau)* Schwarzes Brett; **~ *indicateur de vitesse*** Tachometer *m o nt;* **~ *de service*** Dienstplan *m;* **~ *de bord*** *d'une voiture* Armaturenbrett *nt; d'un bateau, avion* Instrumentenbrett *nt* ❻ *(présentation graphique)* Tabelle *f* ❼ *(présentoir mural)* **~ *des clés*** Schlüsselbrett *nt;* **~ *des fusibles*** Sicherungskasten *m* ❽ INFORM Tabelle *f* ▶ **gagner/miser sur les deux ~x** es mit beiden Seiten halten *fam;* **~ d'honneur** SCOL *Lob für gute Leistungen am Trimesterende*

tablée [table] *f* Tischgesellschaft *f*

tabler [table] <1> *vi* **~ *sur qc*** mit etw rechnen

tablette [tablɛt] *f* ❶ *(plaquette)* Lutschtablette *f;* **~ *de chocolat*** Tafel *f* Schokolade; *(fam: abdominaux)* Waschbrettbauch *m* ❷ *(planchette) d'un lavabo* [Ablage]platte *f; d'une armoire* Brett *nt* ❸ INFORM Tablet-Computer *m,* Tablet *nt* ❹ HIST [Schreib]tafel *f* ❺ CAN *(bloc de papier à lettres)* Schreibblock *m*

Falsche Freunde
Nicht verwechseln mit *das Tablett – le plateau*!

tableur [tablœʀ] *m* INFORM Tabellenkalkulationsprogramm *nt*

tablier [tablije] *m* ❶ *(vêtement)* Schürze *f; d'un écolier* Kittel *m* ❷ *d'une cheminée* Schutzgitter *nt* ❸ AUT Spritzwand *f*

tabloïd[e] [tablɔid] *m [journal]* **~** kleinformatige Zeitung *f*

tabou [tabu] *m* Tabu *nt*

tabou(e) [tabu] *adj* ❶ *sujet, mot* Tabu-; *lieu* mit einem Tabu belegt ❷ *(intouchable)* unantastbar

tabouisation [tabuizasjɔ̃] *f* Tabuisierung *f*

taboulé [tabule] *m Salat aus Weizengrieß und Gemüse*

tabouret [tabuʀɛ] *m* ❶ *(petit siège)* Hocker *m,* Stockerl *nt* A ❷ *(support pour les pieds)* Fußschemel *m*

tabulateur [tabylatœʀ] *m* Tabulator *m*

tabulation [tabylasjɔ̃] *f a.* INFORM Tabulator *m*

tac [tak] *m (bruit sec)* **~ *d'une mitrailleuse*** Knattern *nt* eines Maschinengewehrs ▶ **répondre du ~ au ~** wie aus der Pistole geschossen kontern *fam*

tache [taʃ] *f* ❶ *(salissure)* Fleck *m;* **~ *de rousseur*** Sommersprosse *f;* **~ *de vin*** Feuermal *nt* ❷ *(flétrissure)* Makel *m* ❸ *(impression visuelle)* Fleck *m; de couleur, peinture* Klecks *m* ▶ **faire ~ d'huile** um sich greifen; **faire ~ dans une soirée** nicht in die Abendgesellschaft passen; **quelle ~!** *(fam)* was für ein Idiot!

Falsche Freunde
Nicht verwechseln mit *die Tasche – le sac*!

tâche [tɑʃ] *f* ❶ *(besogne)* Arbeit *f* ❷ *(mission)* Aufgabe *f* ▶ **être dur à la ~** Durchhaltevermögen haben; **à la ~** *(au travail)* bei der Arbeit; *(selon le travail rendu)* nach Auftrag

tacher [taʃe] <1> **I.** *vi* Flecken *Pl* machen **II.** *vt* ❶ *(faire des taches sur)* **~ *qc*** etw beflecken; ***taché de sang*** blutbefleckt ❷ *(moucheter)* **~ *la peau de qc*** die Haut mit etw sprenkeln ❸ *(souiller)* beflecken **III.** *vpr* **se ~** *tissu:* Flecken *Pl* bekommen; *personne:* sich schmutzig machen

tâcher [tɑʃe] <1> *vi* ❶ *(s'efforcer)* **~ *de faire qc*** versuchen etw zu tun ❷ *(faire en sorte)* **~ *que*** +*subj* zusehen, dass

tâcheron [tɑʃʀɔ̃] *m* ❶ *(péj: obscur travailleur)* Hilfsarbeiter(in) *m(f); (ouvrier agricole autrefois)* Tagelöhner(in) *m(f); (dans une entreprise)* Handlanger(in) *m(f)* ❷ *(sous-entrepreneur)* Zwischenunternehmer(in) *m(f) (mit Pauschallohn)*

tacheter [taʃte] <3> *vt* sprenkeln

tachycardie [takikaʀdi] *f* Herzjagen *nt*

tachygraphe [takigʀaf] *m* Fahrtenschreiber *m*

tachymètre [takimɛtʀ] *m* Tachometer *m o nt*

tacite [tasit] *adj* stillschweigend

tacitement [tasitmɑ̃] *adv* stillschweigend

taciturne [tasityʀn] *adj* ❶ *(silencieux)* schweigsam ❷ *(morose)* wortkarg

tacle [takl] *m* Tackling *nt*

tacot [tako] *m (fam: vieille voiture)* alte Kiste *f*

tact [takt] *m* Takt *m;* ***avoir du/manquer de*** **~** taktvoll/taktlos sein

tacticien(ne) [taktisjɛ̃, jɛn] *m(f)* Taktiker(in) *m(f)*

tactile [taktil] *adj* Tast-; *écran* zum Berühren; ***écran*** **~** Touchscreen *m,* berührungsempfindlicher Bildschirm; ***pavé*** ~ Touchpad *nt*

tactique [taktik] **I.** *adj* taktisch **II.** *f* Taktik *f*

Tadjikistan [tadʒikistɑ̃] *m* ***le*** ~ Tadschikistan *nt*

taekwondo [tekwɔ̃do] *m* SPORT Taekwondo *nt*

taf[fe] [taf] *m (arg)* ❶ *(peur)* Schiss *m sl* ❷ *(part)* Anteil *m*

taffe [taf] *f (fam)* Zug *m;* ***tu me donnes une ~?*** lässt du mich mal ziehen?

taffer [tafe] *vi (fam: travailler)* jobben; SCOL pauken, büffeln

taffetas [tafta] *m* Taft *m*

tag [tag] *m* ❶ INFORM Tag *m* ❷ *(graffiti)* Graffito *nt o m*

tagliatelles [taljatɛl] *f pl* Tagliatelle *Pl*

taguer [tage] <1> *vi* Graffiti anbringen, sprühen

tagueur, -euse [tagœʀ, -øz] *m, f* Sprüher(in) *m(f)*

taï-chi [tajʃi] *m sans pl* SPORT Tai-Chi *nt*

taie [tɛ] *f d'un oreiller* Bezug *m*

taïga [taiga] *f* Taiga *f*

taillable [tajabl] ▸ **être ~ et corvéable [à merci]** *(littér)* bedingungslos ausgeliefert sein; HIST [bedingungslos] steuer- und fronpflichtig sein

taille[1] [taj] *f* ❶ *d'une personne* [Körper]größe *f* ❷ *(dimension, importance)* Größe *f;* ***de*** ~ *(fam)* riesengroß ❸ *(pointure)* [Konfektions]größe *f;* ***la ~ en dessous*** eine Nummer kleiner; ***quelle ~ faites-vous?*** welche Größe haben Sie? ❹ *(partie du corps, d'un vêtement)* Taille *f* ▸ **être de ~ à faire qc** Manns genug sein etw zu tun; **ne pas être à sa ~** *vêtement:* nicht seine/ihre Größe sein; *personne:* jdm nicht gewachsen sein

taille[2] [taj] *f* ❶ *d'un diamant* Schleifen *nt; d'une pierre* Behauen *nt; du bois* Schnitzen *nt* ❷ BOT [Be]schneiden *nt*

taillé(e) [taje] *adj* ❶ *(bâti)* ~ ***en qc*** geformt wie etw ❷ *(destiné)* ~ ***pour qc*** für etw gemacht

taille-crayon [tajkʀɛjɔ̃] <taille-crayon[s]> *m* Blei[stift]anspitzer *m*

tailler [taje] <1> **I.** *vt* ❶ *(couper)* zurückschneiden *arbre;* [an]spitzen *crayon;* [sich *dat*] schneiden *ongles;* [be]hauen *pierre;* schleifen *diamant;* schnitzen *pièce de bois* ❷ *(découper)* [zu]schneiden *robe* ❸ *(creuser)* ~ ***un trou dans qc*** ein Loch in etw *akk* graben **II.** *vpr* ❶ *(conquérir)* ***se ~ une place au soleil*** sich *dat* einen Platz an der Sonne sichern ❷ *(se couper)* ***se ~ la barbe*** sich *dat* den Bart stutzen

tailleur [tajœʀ] *m* ❶ *(couturier)* Schneider *m* ❷ *(tenue)* Kostüm *nt* ▸ **être assis en ~** im Schneidersitz sitzen

tailleur, -euse [tajœʀ, -jøz] *m, f de diamants* Schleifer *m;* ~ ***de pierre*** Steinmetz *m*

tailleur-pantalon [tajœʀpɑ̃talɔ̃] <tailleurs-pantalons> *m* Hosenanzug *m*

taillis [taji] *m* Dickicht *nt*

tain [tɛ̃] *m* Spiegelbelag *m;* ***glace sans ~*** Spionspiegel *m*

taire [tɛʀ] <irr> **I.** *vpr* ❶ *(être silencieux)* ***se*** ~ schweigen ❷ *(faire silence)* ***se*** ~ verstummen ❸ *(s'abstenir de parler)* ***se ~ sur qc*** über etw *akk* schweigen **II.** *vt* ❶ *(celer)* verschweigen ❷ *(refuser de dire)* nicht nennen *raison;* nicht sagen *vérité* **III.** *vi* ***faire ~ qn*** dafür sorgen, dass jd ruhig ist

taiseux, -euse [tɛzø, -øz] *m, f* BELG *(personne qui ne parle guère)* wortkarger Mensch

Taiwan [tajwan] *m* Taiwan *nt*

talc [talk] *m* Talk *m*

talé(e) [tale] *adj fruit* mit Druckstellen

talent [talɑ̃] *m* ❶ *(aptitude particulière)* Talent *nt,* Begabung *f;* ***avoir du ~*** begabt sein ❷ *sans pl (valeur exceptionnelle)* Talent *nt;* ***forcer son*** ~ sich überanstrengen ❸ *(personne)* Talent *nt*

talentueux, -euse [talɑ̃tɥø, -øz] *adj* talentiert

taliban [talibɑ̃] *m* ***les ~[s]*** die Taliban *Pl*

talisman [talismɑ̃] *m* Talisman *m*

talkie-walkie [tokiwoki] <talkies-walkies> *m* Walkie-Talkie *nt*

talk-show [tɔ(l)kʃo] <talk-shows> *m* Talkshow *f*

Talmud [talmyd] *m* ***le*** ~ der Talmud

taloche [talɔʃ] *f* ❶ *(fam: gifle)* Backpfeife *f fam;* ***donner*** [*o* ***flanquer***] ***une ~ à qn*** jdm eine kleben *fam* ❷ TECH Reibebrett *nt*

talon [talɔ̃] *m* ❶ ANAT Ferse *f* ❷ *(pièce de chaussure)* Absatz *m;* ~ ***aiguille*** Pfennigabsatz *m* ❸ *(bout)* Ende *nt; d'un jambon, fromage* letztes Stück ❹ *(partie non détachable d'une feuille de carnet)* Kontrollabschnitt *m* ❺ TECH *d'un ski* Ende *nt; d'une lame de couteau* Angel *f* ❻ JEUX Talon *m* ▸ **qn a qn sur ses ~s** jd ist jdm auf den Fersen; **être sur les ~s de qn** jdm auf den Fersen sein

talonnade [talɔnad] *f* SPORT Hackentrick *m*

talonner [talɔne] <1> *vt* ❶ *(suivre de près)* ~ ***qn*** jdm auf den Fersen sein ❷ *(harceler) personne:* bedrängen ❸ *(frapper du talon: au rugby)* hakeln; *(au football)* mit der Hacke treten

T

talonnette [talɔnɛt] *f d'une chaussure* Einlegesohle *f; d'un pantalon* Stoßband *nt*

talquer [talke] <1> *vt* mit Talk einreiben

talus [taly] *m* Böschung *f*

TAM [teaɛm] *f abr de* **toile d'araignée mondiale** WWW

tambouille [tɑ̃buj] *f (fam)* ❶ *(plat)* Fraß *m* ❷ *(cuisine)* Essen *nt*

tambour [tɑ̃buʀ] *m* ❶ MUS, ARCHIT, TECH Trommel *f* ❷ *(musicien)* Trommler *m* ❸ *(tourniquet)* Drehtür *f* ▶ **sans ~ ni <u>trompette</u>** sang- und klanglos; **~ <u>battant</u>** im Eiltempo

tambourin [tɑ̃buʀɛ̃] *m* Tamburin *nt*

tambouriner [tɑ̃buʀine] <1> *vi* trommeln; ***~ à*** [*o* ***sur***] ***qc*** an [*o* gegen] etw *akk* trommeln

tamis [tami] *m* ❶ *(crible)* Sieb *nt* ❷ SPORT Saitenbespannung *f* ▶ **<u>passer</u> une région au ~** eine Gegend durchkämmen

Tamise [tamiz] *f* ***la ~*** die Themse

tamiser [tamize] <1> *vt* ❶ *(passer au tamis)* [durch]sieben ❷ *(filtrer)* dämpfen *lumière*

tampon [tɑ̃pɔ̃] **I.** *m* ❶ *(en coton)* Bausch *m* ❷ *(périodique)* Tampon *m* ❸ *(à récurer)* Topfkratzer *m* ❹ *(pansement)* Tupfer *m* ❺ *(cachet)* Stempel *m* ❻ *(bouchon)* Pfropfen *m* ❼ CHEMDFER Puffer *m* ▶ **~ <u>buvard</u>** Löscher *m;* **~ <u>marqueur</u>** Textmarker *m* **II.** *app inv* Puffer-

tamponner [tɑ̃pɔne] <1> **I.** *vt* ❶ *(essuyer)* abtupfen ❷ *(nettoyer)* säubern *plaie* ❸ *(heurter)* ***~ qc*** *voiture:* mit etw zusammenstoßen ❹ *(timbrer)* [ab]stempeln **II.** *vpr (se heurter)* ***se ~*** *voitures:* zusammenstoßen

tamponneur, -euse [tɑ̃pɔnœʀ, -øz] *adj* ***auto tamponneuse*** Autoskooter *m*

tam-tam [tamtam] <tam-tams> *m* ❶ MUS afrikanische Trommel ❷ *(tapage)* Tamtam *nt fam*

tandem [tɑ̃dɛm] *m* ❶ *(cycle)* Tandem *nt* ❷ *(duo)* Gespann *nt*

tandis que [tɑ̃dikə] *conj +indic* während [hingegen]

Aussprache

Das -s am Ende von **tandis** wird nicht gesprochen.

tanga [tɑ̃ga] *m* Tanga *m*

tangence [tɑ̃ʒɑ̃s] *f* GEOM Berührung *f;* ***point de ~*** Tangentenpunkt *m*

tangent(e) [tɑ̃ʒɑ̃, ʒɑ̃t] *adj* ❶ *(très juste)* knapp; ***élève ~*** Schüler, der noch um Haaresbreite versetzt worden ist ❷ GEOM tangential

tangente [tɑ̃ʒɑ̃t] *f* ❶ GEOM Tangente *f* ❷ MATH Tangens *m* ▶ **<u>prendre</u> la ~** sich aus dem Staub machen

tangentiel(le) [tɑ̃ʒɑ̃sjɛl] *adj* tangential

tangible [tɑ̃ʒibl] *adj* greifbar; *preuve* handfest

tango [tɑ̃go] *m* Tango *m*

tanguer [tɑ̃ge] <1> *vi* ❶ NAUT stampfen ❷ *(fam: tituber)* torkeln ❸ *(fam: vaciller)* ***~ autour de qn*** *objets:* sich um jdn drehen

tanière [tanjɛʀ] *f* ❶ *d'un animal* Unterschlupf *m; d'un malfaiteur* Schlupfwinkel *m* ❷ *(lieu retiré)* Schlupfloch *nt*

tanin [tanɛ̃] *m* Tannin *nt*

tank [tɑ̃k] *m* ❶ *(réservoir)* Tank *m* ❷ *(fam: grosse voiture)* Straßenkreuzer *m*

tanker [tɑ̃kœʀ] *m* [Öl]tanker *m*

tankiste [tɑ̃kist] *mf* Angehörige(r) *f(m)* einer Panzerdivision

tanner [tane] <1> *vt* ❶ *(préparer des peaux)* gerben ❷ *(fam: harceler)* nerven *personne* ❸ *(hâler)* gerben *visage*

tannerie [tanʀi] *f* ❶ *(opérations)* [Loh]gerbung *f* ❷ *(établissement)* [Loh]gerberei *f*

tanneur, -euse [tanœʀ, -øz] *m, f* [Loh]gerber(in) *m(f)*

tannin [tanɛ̃] *m v.* **tanin**

tansad [tɑ̃sad] *m d'une moto* Soziussitz *m*

tant [tɑ̃] **I.** *adv* ❶ *aimer, vouloir* so sehr; *manger, travailler* so viel; *aimé, attendu, espéré* so [sehr] ❷ *(une telle quantité)* ***~ de choses*** so viele Dinge; ***~ de fois*** so oft; ***comme il y en a ~*** wie es derer viele gibt ❸ *(autant)* ***~ qu'il peut*** so viel er kann; ***ne pas en demander ~*** gar nicht umso viel bitten ❹ *(aussi longtemps que)* ***~ que tu seras là*** solange du da bist; ***~ que j'y suis*** wenn ich schon [mal] dabei bin ❺ *(dans la mesure où)* ***~ qu'à faire la vaisselle, tu peux aussi ...*** wenn du schon mal abspülst, kannst du auch gleich ... ▶ **vous m'en <u>direz</u> ~!** *(fam)* nein, so was!; **~ qu'à <u>faire</u>** *(fam)* wenn es schon sein muss; **<u>en</u> ~ que** [in der Eigenschaft] als **II.** *m (date)* ***le ~*** der Soundsovielte

tante [tɑ̃t] *f* ❶ *(parente)* Tante *f* ❷ *(vulg: homosexuel)* Tunte *f*

tantième [tɑ̃tjɛm] **I.** *adj* soundsovielte(r, s) **II.** *m* Tantieme *f*

tantinet [tɑ̃tinɛ] ▶ **<u>un</u> ~** ein bisschen

tantôt [tɑ̃to] *adv* ❶ *(en alternance)* ***~ à pied ~ à vélo*** mal zu Fuß, mal mit dem Fahrrad ❷ BELG *(tout à l'heure)* später

tantouse [tɑ̃tuz] *f (vulg)* Tunte *f sl; **faire** ~* tuntenhaft aussehen *pej fam*
Tanzanie [tɑ̃zani] *f **la** ~* Tansania *nt*
taon [tɑ̃] *m* ZOOL Bremse *f*

Aussprache
Das -aon in **taon** wird als [ɑ] gesprochen.

tapage [tapaʒ] *m* ❶ *(vacarme)* Krach *m* ❷ *(publicité)* Wirbel *m*
tapageur, **-euse** [tapaʒœʀ, -ʒøz] *adj liaison, vie* skandalös; *enfant* laut; *publicité* marktschreierisch; *toilette* Aufsehen erregend
tapant(e) [tapɑ̃, ɑ̃t] *adj* auf die Minute genau
tape [tap] *f* Klaps *m*
tapé(e) [tape] *adj (fam: fou)* übergeschnappt *fam*
tape-à-l'œil [tapalœj] *inv* **I.** *adj toilette* auffällig **II.** *m* Kitsch *m*
tapée [tape] *f (fam: grande quantité)* Haufen *m fam*
taper [tape] <1> **I.** *vi* ❶ *(donner des coups)* klopfen; *~ **à la porte*** an die Tür klopfen; *~ **sur qn*** jdn schlagen ❷ *(frapper) **~ de la main sur la table*** mit der Hand auf den Tisch schlagen; *~ **dans le ballon*** gegen den Ball treten; *~ **des mains*** in die Hände klatschen ❸ *(dactylographier)* tippen ❹ *(fam: dire du mal de) ~ **sur qn*** über jdn herziehen ❺ *(fam: cogner) soleil:* knallen ▶ **~ à côté** *(fam)* danebentippen **II.** *vt* ❶ *(battre)* klopfen *tapis; ~ **qn/un animal*** jdn/ein Tier schlagen; *(amicalement)* jdm/einem Tier einen Klaps geben ❷ *(cogner) **~ le pied contre qc*** den Fuß gegen etw schlagen ❸ *(frapper de) **~ la table du poing*** mit der Faust auf den Tisch hauen ❹ *(produire en tapant) **~ trois coups à la porte*** dreimal an die Tür klopfen ❺ *(dactylographier)* tippen ❻ INFORM eingeben *texte, code* **III.** *vpr* ▶ **c'est à se ~ la tête contre les murs!** das ist zum Auswachsen! *fam;* **s'en ~ de qn/qc** *(fam)* auf jdn/etw pfeifen; **je m'en tape** *(fam)* das ist mir wurst [*o* total egal]; ***je m'en tape de tes histoires*** deine Geschichten jucken mich überhaupt nicht
tapette [tapɛt] *f* ❶ *(petite tape)* Klaps *m* ❷ *(ustensile: pour les tapis)* Teppichklopfer *m; (pour les mouches)* Fliegenklatsche *f* ❸ *(piège)* Falle *f*
tapeur, **-euse** [tapœʀ, -øz] *m, f* Schnorrer(in) *m(f) fam*
tapin [tapɛ̃] *m* ▶ **faire le ~** *(arg)* auf den Strich gehen
tapiner [tapine] <1> *vi (arg)* auf den Strich gehen *fam*
tapinois [tapinwa] ▶ **s'approcher en ~** verstohlen näherkommen; **agir en ~** heimlich agieren
tapir[1] [tapiʀ] *m* ZOOL Tapir *m*
tapir[2] [tapiʀ] <8> *vpr **se ~ sous/derrière qc** animal, personne:* sich unter/hinter etw *dat* verkriechen
tapis [tapi] *m* ❶ *(ouvrage)* Teppich *m* ❷ *(textile protecteur)* Matte *f* ❸ JEUX Tuch *nt* ❹ *(vaste étendue)* Teppich *m* ❺ INFORM *~ **[pour] souris*** Mauspad *nt* ▶ **~ roulant** Laufband *nt;* NAUT Rollsteg *m; (pour bagages)* Gepäckband *nt;* **aller au ~** SPORT zu Boden gehen; *(être vaincu)* eine Schlappe erleiden *fam;* **envoyer qn au ~** SPORT jdn auf die Bretter schicken; *(vaincre)* jdn ausstechen; **mettre qc sur le ~** etw zur Sprache bringen; **revenir sur le ~** *sujet, thème:* wieder zur Sprache kommen
tapis-brosse [tapibʀɔs] <tapis-brosses> *m* Fußmatte *f*
tapisser [tapise] <1> *vt* ❶ *(revêtir)* tapezieren *mur, pièce;* beziehen *fauteuil* ❷ *(recouvrir) lierre, mousse:* bedecken
tapisserie [tapisʀi] *f* ❶ *(revêtement)* Tapete *f* ❷ *(pose du papier peint)* Tapezieren *nt* ❸ *(activité)* Teppichweben *nt; (tapis)* Wandteppich *m* ▶ **faire ~** ein unbeteiligter Zuschauer sein; *(à un bal)* ein Mauerblümchen *nt* sein
tapissier, **-ière** [tapisje, -jɛʀ] *m, f* ❶ *(artisan)* Tapezierer(in) *m(f); (pour fauteuils)* Polsterer(in) *m(f);* ART Teppichweber(in) *m(f)* ❷ *(marchand)* Dekorateur(in) *m(f),* Raumausstatter(in) *m(f)*
tapotement [tapɔtmɑ̃] *m des doigts* Trommeln *nt*
tapoter [tapɔte] <1> *vt (taper à petits coups répétés)* tätscheln *joues*
taquin(e) [takɛ̃, in] **I.** *adj caractère, personne* schelmisch **II.** *m(f)* Schelm *m*
taquiner [takine] <1> **I.** *vt* ❶ *(s'amuser à agacer)* necken ❷ *(faire légèrement souffrir) choses:* plagen **II.** *vpr **se** ~* sich necken
taquinerie [takinʀi] *f* Neckerei *f*
tarabiscoté(e) [taʀabiskɔte] *adj* überladen; *histoire* völlig verdreht
tarabuster [taʀabyste] <1> *vt* ❶ *(importuner)* drängen ❷ *(causer de l'inquiétude) **~ qn** choses:* jdm keine Ruhe lassen
tarama [taʀama] *m* Taramas *m*
taratata [taʀatata] *interj* papperlapapp
tard [taʀ] **I.** *adv (tardivement)* spät; ***le plus***

T

~ ***possible*** so spät wie möglich; ***au plus*** ~ spätestens; ***pas plus*** ~ ***que …*** erst … ▶ **mieux vaut ~ que jamais** *(prov)* besser spät als nie **II.** *m **sur le*** ~ spät

tarder [taʀde] <1> *vi* ❶ *(traîner)* trödeln; ***sans*** ~ umgehend; ~ ***à faire qc*** zögern etw zu tun ❷ *(se faire attendre)* auf sich warten lassen; ***tu ne vas pas ~ à t'endormir*** du wirst gleich einschlafen

tardif, -ive [taʀdif, -iv] *adj* ❶ *(qui vient, qui se fait tard)* spät ❷ AGR *fruits, fleurs* spät

tardivement [taʀdivmɑ̃] *adv* spät

tare [taʀ] *f* ❶ *d'une personne, société* Makel *m* ❷ MED Vorbelastung *f* ❸ *(poids de l'emballage)* Tara *f* ❹ *(contrepoids)* Gewicht[stein *m*] *nt; **faire la*** ~ austarieren

taré(e) [taʀe] *m(f)* ❶ *(fam: idiot)* Verrückte(r) *f(m)* ❷ MED geistig Behinderte(r) *f(m)*

tarentule [taʀɑ̃tyl] *f* Tarantel *f*

targuer [taʀge] <1> *vpr (littér) **se ~ d'un avantage/d'une vertu*** sich eines Vorteils/einer Tugend rühmen; ***se ~ de faire qc*** sich damit rühmen [*o* brüsten] etw zu tun

tari(e) [taʀi] **I.** *part passé de* **tarir** **II.** *adj rivière* ausgetrocknet; *source, imagination* versiegt; *ressources* erschöpft

tarif [taʀif] *m (barème)* Tarif *m; d'une réparation* Preis *m*

tarifaire [taʀifɛʀ] *adj* Tarif-; *classification, hiérarchisation* tarifmäßig

tarifé(e) [taʀife] *adj services* preislich festgelegt; *marchandises* ≈ unverbindliche Preisempfehlung

tarifer [taʀife] <1> *vt* ~ ***la marchandise*** den Preis der Ware festlegen

tarification [taʀifikasjɔ̃] *f* COM Preis-/Gebühren-/Zollfestsetzung *f*

tarir [taʀiʀ] <8> **I.** *vi (cesser de couler)* versiegen *geh* **II.** *vt (assécher)* austrocknen *mare, fleuve;* versiegen lassen *geh puits, source* **III.** *vpr **se*** ~ *(s'assécher)* versiegen

tarissement [taʀismɑ̃] *m (dessèchement) d'une source* Versiegen *nt geh; d'un cours d'eau* Austrocknen *nt*

tarot [taʀo] *m* ❶ *(jeu, carte)* Tarock *nt o m* ❷ *(en cartomancie)* Tarot *nt o m*

tarse [taʀs] *m* Fußwurzelknochen *m*

tartare [taʀtaʀ] *adj* ❶ HIST ***les populations ~s*** die Tatarenvölker ❷ GASTR ***steak*** ~ Tatarsteak *nt*

Tartare [taʀtaʀ] *mf* HIST Tatare *m*/Tatarin *f*

tarte [taʀt] **I.** *f* ❶ GASTR Kuchen *m;* ~ ***aux cerises/prunes*** Kirschkuchen/Pflaumenkuchen ❷ *(fam: gifle)* Schelle *f* **II.** *adj (fam)* doof

tartelette [taʀtəlɛt] *f* Törtchen *nt*

Tartempion [taʀtɑ̃pjɔ̃] *m (péj fam)* [Herr] Soundso *m*

tartignol[l]e [taʀtiɲɔl] *adj (fam)* blöd *fam,* bescheuert *sl*

tartine [taʀtin] *f* ❶ GASTR Brot *nt;* ~ ***beurrée*** Butterbrot; ~ ***grillée*** Toast *m* ❷ *(péj fam: long développement) **écrire des ~s*** einen ganzen Roman schreiben

tartiner [taʀtine] <1> *vt* GASTR bestreichen

tartre [taʀtʀ] *m* Kesselstein *m; des dents* Zahnstein *m*

tartuf[f]e [taʀtyf] **I.** *m* Heuchler(in) *m(f)* **II.** *adj* scheinheilig

tartuf[f]erie [taʀtyfʀi] *f* Heuchelei *f*

tas [tɑ] *m* ❶ *(amas)* Haufen *m* ❷ *(fam: beaucoup de) **un ~ de choses/personnes*** eine Menge Dinge/Menschen

tasse [tɑs] *f* Tasse *f;* ~ ***de café*** Tasse Kaffee; ~ ***à café*** Kaffeetasse ▶ **ce n'est pas ma ~ de thé** *(fam)* das ist nichts für mich

tassé(e) [tɑse] *adj café, pastis* stark

tasseau [tɑso] <x> *m* Leiste *f*

tassement [tɑsmɑ̃] *m* ❶ *des sédiments, des neiges* Sichsetzen *nt; de terrain* Absacken *nt* ❷ *du sol* Befestigen *nt* ❸ MED *des vertèbres* Zusammensacken *nt; (dû à un traumatisme)* Stauchung *f* ❹ *(diminution)* Rückgang *m*

tasser [tɑse] <1> **I.** *vt (comprimer)* zusammendrücken, zusammenpressen *paille, foin;* fest stampfen *terre; (en tapant)* fest klopfen *neige, sable* **II.** *vpr* **se** ~ ❶ *(s'affaisser)* in sich *akk* zusammensinken; *terrain, neige:* sich setzen ❷ *(fam: s'arranger) difficulté, chose:* sich regeln; *ennui, querelle:* sich legen

tata [tata] *f* ❶ *(enfantin: tante)* Tante *f* ❷ *(fam: homosexuel efféminé)* Tunte *f fam*

tâter [tɑte] <1> **I.** *vt* ❶ *(palper)* befühlen, fühlen *pouls* ❷ *(sonder)* sondieren *geh terrain* **II.** *vi (faire l'expérience)* ~ ***de qc*** die Erfahrung einer S. *gen* machen **III.** *vpr **se*** ~ *(fam: hésiter)* noch überlegen

tatillon(ne) [tatijɔ̃, jɔn] **I.** *adj* pedantisch *pej* **II.** *m(f)* Pedant(in) *m(f)*

tâtonnement [tɑtɔnmɑ̃] *m* ❶ *(essai hésitant)* Versuch *m* ❷ *(marche incertaine)* Tasten *nt*

tâtonner [tɑtɔne] <1> *vi* ❶ *(chercher en hésitant)* ausprobieren ❷ *(se déplacer sans voir)* sich vorantasten

tâtons [tɑtɔ̃] *mpl **à*** ~ tastend

tatou [tatu] *m* Gürteltier *nt*

tatouage [tatwaʒ] *m* ❶ *(action)* Tätowieren *nt* ❷ *(dessin sur la peau)* Tätowierung *f,* Tattoo *nt o m*

tatouer [tatwe] <1> *vt* tätowieren

tatoueur, -euse [tatwœʀ, -øz] *m, f* Tätowierer(in) *m(f)*

taudis [todi] *m (logement misérable)* Elendsbehausung *f*

taulard(e) [tolaʀ, aʀd] *m(f) (arg)* Knastbruder *m*/-schwester *f*

taule [tol] *f* ❶ *(arg: prison)* Knast *m;* ***faire de la ~*** [im Knast] sitzen ❷ *(fam: chambre)* Bude *f*

taupe [top] *f* ZOOL Maulwurf *m*

taupinière [topinjɛʀ] *f* Maulwurfshügel *m*

taureau [tɔʀo] <x> *m* ZOOL Stier *m*

Taureau [tɔʀo] <x> *m* Stier *m; v. a.* **Balance**

tauromachie [tɔʀɔmaʃi] *f* Stierkampf *m*

taux [to] *m* ❶ *(pourcentage administrativement fixé)* Satz *m* ❷ *(mesure statistique)* Quote *f;* ***~ d'activité/de chômage*** Beschäftigungs-/Arbeitslosenquote; ***~ de change*** Wechselkurs *m;* ***~ de conversion*** *pl* Konversionskurse *Pl;* ***~ d'écoute*** Einschaltquote *f;* ***~ de mortalité*** Sterblichkeitsziffer *f;* ***~ de natalité*** Geburtenrate *f;* ***~ d'intérêt*** Zinssatz *m* ❸ MED ***~ de cholestérol/sucre*** Cholesterin-/Zuckerspiegel *m* ❹ TECH ***~ de compression*** Druckverhältnis *nt*

tavelé(e) [tav(ə)le] *adj* fleckig

tavelure [tav(ə)lyʀ] *f* Fleck *m*

taverne [tavɛʀn] *f* ❶ *(gargote)* Wirtshaus *nt* ❷ HIST Herberge *f*

tavernier, -ière [tavɛʀnje, -jɛʀ] *m, f* Wirt(in) *m(f)*

taxable [taksabl] *adj* ❶ *(imposable)* abgabenpflichtig ❷ *(à la douane)* zollpflichtig

taxation [taksasjɔ̃] *f des prix* Festsetzung *f; des marchandises, produits* Besteuerung *f;* ***~ des salaires*** Lohnsteuerveranlagung *f*

taxe [taks] *f (impôt)* Steuer *f;* ***~ professionnelle*** Gewerbesteuer; ***~ de séjour*** Kurtaxe *f;* ***~ à la valeur ajoutée*** Mehrwertsteuer *f;* ***toutes ~s comprises*** Steuer und Abgaben inbegriffen; ***hors ~s*** Steuer nicht inbegriffen; *(sans T.V.A.)* ohne Mehrwertsteuer

taxer [takse] <1> *vt* ❶ *(imposer)* besteuern ❷ *(fixer le prix)* den Preis festsetzen für *marchandise, produit*

taxi [taksi] *m* ❶ *(véhicule)* Taxi *nt* ❷ *(fam: chauffeur)* Taxifahrer(in) *m(f)*

taxidermiste [taksidɛʀmist] *mf* Tierpräparator(in) *m(f)*

taximètre [taksimɛtʀ] *m* Fahrpreisanzeiger *m,* Taxameter *nt*

Tchad [tʃad] *m* ❶ *(État)* ***le ~*** der Tschad ❷ *(lac)* ***le [lac] ~*** der Tschadsee

tchador [tʃadɔʀ] *m* Tschador *m*

tchao [tʃao] *interj (fam)* tschau

tchatche [tʃatʃ] *f* MIDI ***avoir de la ~*** *(fam)* eine Quasselstrippe sein

tchatcher [tʃatʃe] <1> *vi (fam)* schwatzen, schwätzen; ***gaver qn à ~ sans arrêt*** jdn zutexten *fam*

tchécoslovaque [tʃekɔslɔvak] *adj* HIST tschechoslowakisch

Tchécoslovaque [tʃekɔslɔvak] *mf* HIST Tschechoslowake *m*/Tschechoslowakin *f*

Tchécoslovaquie [tʃekɔslɔvaki] *f* HIST Tschechoslowakei *f*

tchèque [tʃɛk] **I.** *adj* tschechisch **II.** *m* Tschechisch *nt; v. a.* **allemand**

Tchèque [tʃɛk] *mf* Tscheche *m*/Tschechin *f*

tchétchène [tʃetʃɛn] **I.** *adj* tschetschenisch **II.** *m* Tschetschenisch *nt; v. a.* **allemand**

Tchétchène [tʃetʃɛn] *mf* Tschetschene *m*/Tschetschenin *f*

tchin[-tchin] [tʃin(tʃin)] *interj (fam)* prost

TD [tede] *m abr de* **travaux dirigés** UNIV Übung *f*

TDA [tedea] *m abr de* **trouble du déficit de l'attention** MED, PSYCH Aufmerksamkeitsdefizit-Syndrom *nt,* ADS *nt*

te [tə] <*devant voyelle ou h muet* t'> *pron pers* dich, dir; *v. a.* **me**

Grammatik und Co.

Das Pronomen **te** steht vor Konsonant oder *h aspiré*. Die Übersetzung kann *dich* oder *dir* lauten, je nachdem, welchen Fall (Kasus) das deutsche Verb erfordert:
il te voit – er sieht dich;
elle te suit – sie folgt dir;
tu te dépêches – du beeilst dich;
tu te fais couper les cheveux – du lässt dir die Haare schneiden.

té [te] *m* ❶ *(règle)* Reißschiene *f* ❷ *(ferrure)* T-Stück *nt*

technicien(ne) [tɛknisjɛ̃, jɛn] **I.** *adj* technisch **II.** *m(f)* ❶ *(professionnel qualifié)* Techniker(in) *m(f)* ❷ *(expert)* Fachmann *m*/-frau *f*

technicité [tɛknisite] *f* hohe Spezialisiertheit

technico-commercial(e) [tɛknikokɔmɛʀsjal, -jo] <technico-commerciaux> **I.** *adj* kaufmännisch-technisch **II.** *m(f)* COM kaufmännisch-technische(r) Angestellte(r) *f(m)*

technique [tɛknik] **I.** *adj* technisch; *ouvrage, revue, terme* Fach-; ***lycée ~*** Fach-

T

oberschule *f* **II.** *m* SCOL Fachschulwesen *nt* **III.** *f* Technik *f*
techniquement [tɛknikmɑ̃] *adv* technisch
techno [tɛkno] **I.** *adj* ***musique*** ~ Technomusik *f* **II.** *f* Techno *m o nt*
technocrate [tɛknɔkʀat] *mf (péj)* Technokrat(in) *m(f)*
technocratie [tɛknɔkʀasi] *f (péj)* Technokratie *f*
technocratique [tɛknɔkʀatik] *adj (péj)* technokratisch
technologie [tɛknɔlɔʒi] *f* Technologie *f;* ~ ***de pointe*** Spitzentechnologie *f*
technologie-clé [tɛknɔlɔʒikle] <technologies-clés> *f* Schlüsseltechnologie *f*
technologique [tɛknɔlɔʒik] *adj* technologisch
technologiste [tɛknɔlɔʒist], **technologue** [tɛknɔlɔg] *mf* Technologe *m*/Technologin *f*
technopôle [tɛknɔpol] *m Stadtteil, in dem ausschließlich Forschungs- und Hochschultechnologieunternehmen sitzen*
teck [tɛk] *m* ❶ *(bois)* Teak[holz] *nt* ❷ *(arbre)* Teakbaum *m*
teckel [tekɛl] *m* Dackel *m,* Teckel *m*
tectonique [tɛktɔnik] **I.** *adj* tektonisch **II.** *f* Tektonik *f*
tee [ti] *m* SPORT Tee *nt*
teenager [tinɛdʒœʀ] *mf* Teenager *m*
tee-shirt [tiʃœʀt] <tee-shirts> *m* T-Shirt *nt*
Téfal® [tefal] *adj inv* Teflon®-
téflon® [teflɔ̃] *m* Teflon® *nt*
teigne [tɛɲ] *f* ❶ ZOOL Motte *f* ❷ MED Grind *m* ❸ *(fam: personne méchante)* [Gift]schlange *f*
teigneux, -euse [tɛɲø, -øz] **I.** *adj (fam)* verbissen **II.** *m, f* ❶ *(fam: hargneux)* Fiesling *m* ❷ MED an Grind Erkrankte(r) *f(m)*
teindre [tɛ̃dʀ] <irr> **I.** *vt* färben; ~ ***qc en rouge/noir*** etw rot/schwarz färben **II.** *vpr (se donner une teinte)* ***se*** ~ sich *dat* die Haare färben
teint [tɛ̃] *m (couleur de la peau)* Teint *m* ▶ **bon** ~ *(hum)* waschecht; **grand** ~ farbecht
teint(e) [tɛ̃, tɛ̃t] *part passé de* **teindre**
teinte [tɛ̃t] *f (couleur)* Farbe *f*
teinter [tɛ̃te] <1> **I.** *vt (colorer)* tönen **II.** *vpr* ❶ *(se colorer)* ***se*** ~ ***de roux*** sich rot färben ❷ *(se nuancer)* ***son discours se teintait d'ironie/d'amertume*** er/sie wurde ironisch/bitter
teinture [tɛ̃tyʀ] *f* ❶ *(colorant)* Färbemittel *nt* ❷ MED ~ ***d'arnica/iode*** Arnika-/Jodtinktur *f* ❸ *(fait de teindre)* Färben *nt*
teinturerie [tɛ̃tyʀʀi] *f* ❶ *(magasin)* [chemische] Reinigung *f* ❷ *(industrie)* Färberei *f*
teinturier, -ière [tɛ̃tyʀje, -jɛʀ] *m, f* ❶ *(commerçant)* ***porter qc chez le*** ~ etw zur Reinigung bringen ❷ *(artisan)* Färber(in) *m(f)*
tek [tɛk] *m v.* **teck**
tel(le) [tɛl] **I.** *adj indéf* ❶ *(semblable, si fort/grand)* ***un*** ~/***une*** ~***le ...*** solch ein(e) ...; ***de*** ~***(s) ...*** solche ... ❷ *(ainsi)* ~***le n'est pas mon intention*** das ist nicht meine Absicht; ~ ***père,*** ~ ***fils*** wie der Vater, so der Sohn ❸ *(comme)* ~ ***que qn/qc*** wie jd/etw; ***un homme*** ~ ***que lui*** ein Mann wie er ❹ *(un certain)* ~ ***jour et à*** ~***le heure*** an dem und dem Tag und um die und die Zeit ▶ **passer pour** ~ dafür gehalten werden; **en tant que** ~ als solche(r, s); ~ **quel**, ~ **que** *(fam: dans le même état):* ***je vous rends vos livres*** ~***s quels*** ich gebe Ihnen die Bücher so zurück, wie ich sie bekommen habe; **il n'y a rien de** ~ es gibt nichts Besseres **II.** *pron indéf* ***si*** ~ ***ou*** ~ ***te dit ...*** wenn dir dieser oder jener sagt, ...
télé [tele] *f (fam) abr de* **télévision** ❶ *(organisme)* Fernsehen *nt;* ***regarder la*** ~ fernsehen; ***la*** ~ ***poubelle*** TV-Schrott ❷ *(récepteur)* Fernseher *m*
téléachat [teleaʃa] *m* Teleshopping *nt*
téléboutique [telebutik] *f* TELEC Call-Shop *m*
Télécarte® [telekaʀt] *f* Telefonkarte *f*
téléchargeable [teleʃaʀʒabl] *adj* INFORM *fichier, programme* herunterladbar
téléchargement [teleʃaʀʒəmɑ̃] *m* INFORM *(sur son ordinateur)* Herunterladen *nt,* Download *m*
télécharger [teleʃaʀʒe] *vt* INFORM *(vers l'amont)* hochladen, uploaden; *(vers l'aval)* herunterladen, downloaden
Télécom [telekɔm] ***France*** ~ *französische Telefongesellschaft, entspricht der deutschen Telekom*
télécommande [telekɔmɑ̃d] *f* ❶ *(boîtier)* Fernsteuerung *f; d'une télé, d'un magnétoscope* Fernbedienung *f* ❷ *(procédé)* Fernbedienung *f*
télécommander [telekɔmɑ̃de] <1> *vt* ❶ TECH mit Fernbedienung steuern ❷ *(organiser à distance)* [aus der Ferne] lenken
télécommunication [telekɔmynikasjɔ̃] *f gén pl* ❶ *(administration)* Fernmeldewesen *nt* ❷ *(technique)* Fernmeldetechnik *f*
télécoms [telekɔm] *fpl (fam) abr de* **télécommunications** Fernmeldewesen *nt*

T

téléconférence [telekɔ̃feʀɑ̃s] *f* Videokonferenz *f,* Konferenzschaltung *f*
télécopie [telekɔpi] *f* Fax *nt*
télécopieur [telekɔpjœʀ] *m* Faxgerät *nt*
télédiffuser [teledifyze] <1> *vt* im Fernsehen übertragen
télédiffusion [teledifyzjɔ̃] *f* Fernsehübertragung *f*
télédistribution [teledistʀibysjɔ̃] *f* Kabelfernsehen *nt*
téléenquêteur, -trice [teleɑ̃kɛtœʀ, -tʀis] *m, f* Telefonbefrager(in) *m(f)*
téléenseignement [teleɑ̃sɛɲəmɑ̃] *m* Fernstudium *nt*
téléfax [telefaks] *m* Telefax *nt*
téléférique *v.* **téléphérique**
téléfilm [telefilm] *m* Fernsehfilm *m*
télégramme [telegʀam] *m* Telegramm *nt*
télégraphe [telegʀaf] *m* Telegraf *m*
télégraphie [telegʀafi] *f* Telegrafie *f*
télégraphier [telegʀafje] <1> *vt* ❶ *(envoyer un message en morse)* telegrafieren ❷ NAUT funken
télégraphique [telegʀafik] *adj* ❶ TELEC telegrafisch ❷ *(abrégé)* ***style*** ~ Telegrammstil *m*
téléguidage [telegidaʒ] *m* Fernlenkung *f*
téléguider [telegide] <1> *vt* ❶ *(diriger à distance)* durch Fernlenkung steuern ❷ *(influencer à distance)* lenken
téléinformatique [teleɛ̃fɔʀmatik] *f* Datenfernverarbeitung *f*
télémarketing [telemaʀketiŋ] *m* Telemarketing *nt*
télématique [telematik] **I.** *adj* telematisch; ***journal*** ~ Btx-Zeitung *f* **II.** *f* Datenfernübertragung *f*
télémètre [telemɛtʀ] *m* Entfernungsmesser *m*
télénaute [telenot] *mf* Teilnehmer(in) *m(f)* am interaktiven Fernsehen
téléobjectif [teleɔbʒɛktif] *m* Teleobjektiv *nt*
télépaiement [telepɛmɑ̃] *m* elektronische Zahlungsweise *f*
télépathe [telepat] *adj* telepathisch
télépathie [telepati] *f* Telepathie *f*
télépathique [telepatik] *adj* telepathisch
télépendulaire [telepɑ̃dylɛʀ] *m* Telearbeit *f*
téléphérique [telefeʀik] *m* Seilbahn *f*
téléphone [telefɔn] *m* Telefon *nt;* ~ ***à touches*** Tastentelefon *nt;* ~ ***sans fil*** schnurloses Telefon; ~ ***arabe*** *(hum)* Buschtrommel *f fam;* ~ ***portable*** Mobiltelefon, Handy *nt;* ~ ***public*** Telefonzelle *f;* ~ ***à cartes*** Kartentelefon *nt;* ~ ***visuel*** Bildtelefon; ***appeler/avoir qn au*** ~ jdn anrufen/mit jdm telefonieren; ***être au*** ~ telefonieren
téléphoner [telefɔne] <1> **I.** *vt (transmettre par téléphone)* ~ ***une nouvelle à une amie*** einer Freundin telefonisch eine Neuigkeit mitteilen **II.** *vi (parler au téléphone)* telefonieren; ~ ***à qn*** jdn anrufen **III.** *vpr* ***se*** ~ sich anrufen
téléphonie [telefɔni] *f (secteur)* Fernmeldewesen *nt;* ***compagnie de ~ mobile*** Mobilfunk-Anbieter *m,* Mobilfunkfirma *f;* ~ ***[numérique] mobile*** [digitaler] Mobilfunk *m*
téléphonique [telefɔnik] *adj* telefonisch
téléphoniquement [telefɔnikmɑ̃] *adv* telefonisch
téléprompteur [telepʀɔ̃ptœʀ] *m* Teleprompter® *m*
télé-réalité [teleʀealite] *f* Reality-TV *nt*
téléreportage [teleʀ(ə)pɔʀtaʒ] *m* Fernsehreportage *f*
télescopage [telɛskɔpaʒ] *m* Kollision *f*
télescope [teleskɔp] *m* Teleskop *nt*
télescoper [telɛskɔpe] <1> **I.** *vt (heurter violemment)* ~ ***une voiture/un train/qn*** mit einem Auto/Zug/jdm zusammenprallen **II.** *vpr* ***se*** ~ *(se percuter)* aufeinanderprallen
télescopique [telɛskɔpik] *adj* ❶ ASTRON teleskopisch ❷ TECH ausziehbar
téléscripteur [teleskʀiptœʀ] *m* Fernschreiber *m,* Ticker *m*
télésexe [telesɛks] *m* Cybersex *m*
télésiège [telesjɛʒ] *m* Sessellift *m*
téléski [teleski] *m* Schlepplift *m*
téléspectateur, -trice [telespɛktatœʀ, -tʀis] *m, f* Fernsehzuschauer(in) *m(f)*
télésurveillance [telesyʀvɛjɑ̃s] *f* Fernüberwachung *f*
Télétel® [teletɛl] *m* Bildschirmtext® *m*
Télétex® [teletɛks] *m* Teletex® *m*
télétexte [teletɛkst] *m* Videotext *m*
téléthon [teletɔ̃] *m* ≈ Spendenmarathon *m (interaktive TV-Sendung, die Spenden sammelt)*
télétraitement [teletʀɛtmɑ̃] *m* Datenfernverarbeitung *f*
télétransmission [teletʀɑ̃smisjɔ̃] *f* Fernübertragung *f*
télétravail [teletʀavaj] *m* Telearbeit *f*
télévendeur, -euse [televɑ̃dœʀ, -øz] *m, f* Teleshopverkäufer(in) *m(f)*
télévérité [televeʀite] *f* Reality-TV *nt*
téléviser [televize] <1> *vt* im Fernsehen übertragen
téléviseur [televizœʀ] *m* Fernseher *m*
télévision [televizjɔ̃] *f* ❶ *(organisme)*

T

Fernsehen *nt;* ~ ***en ligne*** Internetfernsehen, Onlinefernsehen ② *(technique)* Fernsehtechnik *f* ③ *(programmes)* Fernsehen *nt;* ***regarder la*** ~ fernsehen; ***à la*** ~ im Fernsehen; ~ ***à péage*** Pay-TV *nt;* ~ ***par câble/satellite*** Kabel-/Satellitenfernsehen *nt* ④ *(chaîne)* [Fernseh]programm *nt* ⑤ *(récepteur)* Fernseher *m*

télévisuel(le) [televizɥɛl] *adj* Fernseh-

télex [telɛks] *m* ① *(appareil)* Fernschreiber *m* ② *(message)* Telex *nt*

tellement [tɛlmɑ̃] *adv* ① *(si)* so; ***ce serait*** ~ ***mieux*** das wäre weitaus besser ② *(tant)* [so] sehr ③ *(beaucoup)* ***pas/plus*** ~ *(fam)* *venir* nicht oft/nicht mehr oft; *boire, manger, travailler* nicht so viel/nicht mehr so viel; *aimer* nicht sehr/nicht mehr sehr ④ *(fam: tant de)* ***avoir*** ~ ***d'amis/de courage*** so viele Freunde/so viel Mut haben ⑤ *(parce que)* so; ***on le comprend à peine*** ~ ***il parle vite*** man versteht ihn kaum, so schnell spricht er

tellurique [telyʀik] *adj courant, prospection* Erd-; *planète* terrestrisch

téloche [telɔʃ] *f (fam)* Glotze *f*

téméraire [temeʀɛʀ] *adj* ① *(audacieux)* gewagt ② *(imprudent)* gewagt

témérité [temeʀite] *f* Kühnheit *f*

témoignage [temwaɲaʒ] *m* ① JUR [Zeugen]aussage *f* ② *(récit)* Aussage *f* ③ *(attestation)* Zeugnis *nt* ④ *(manifestation)* Beweis *m*

témoigner [temwaɲe] <1> **I.** *vi* ① *(déposer)* ~ ***en faveur de/contre qn*** zugunsten von jdm/gegen jdn aussagen ② *(faire un récit)* berichten ③ *(attester, jurer)* ~ ***de qc*** etw bezeugen ④ *(démontrer)* ~ ***de qc*** etw beweisen ⑤ *(manifester)* ~ ***de qc*** *choses:* von etw zeugen **II.** *vt* ① *(certifier)* bezeugen ② *(exprimer)* zeigen, hegen *aversion;* entgegenbringen *sympathie*

témoin [temwɛ̃] **I.** *m* ① *(personne qui a vu, entendu ou qui témoigne)* Zeuge *m/* Zeugin *f* ② *(à un mariage)* Trauzeuge ③ JUR ***faux*** ~ falscher Zeuge; ~ ***oculaire*** Augenzeuge; ~ ***à charge/décharge*** Belastungs-/Entlastungszeuge ④ *d'une époque, d'un événement* Zeuge *m/*Zeugin *f* ⑤ *(preuve)* ***être [un]*** ~ ***de qc*** Zeuge einer S. *gen* sein ⑥ SPORT Staffelstab *m* ⑦ *(voyant lumineux)* Kontrollleuchte *f* **II.** *app* ***lampe*** ~ Kontrolllampe *f;* ***appartement*** ~ Musterwohnung *f*

tempe [tɑ̃p] *f* Schläfe *f*

tempérament [tɑ̃peʀamɑ̃] *m* ① *(caractère)* Natur *f* ② *(forte personnalité)* Temperament *nt* ▸ **vente à** ~ Ratenkauf *m*

tempérance [tɑ̃peʀɑ̃s] *f* ① *(sobriété)* Mäßigkeit *f* ② *(continence)* Enthaltsamkeit *f*

tempérant(e) [tɑ̃peʀɑ̃, ɑ̃t] *adj* ① *(sobre)* maßvoll, mäßig ② *(continent)* enthaltsam

température [tɑ̃peʀatyʀ] *f* ① METEO, PHYS Temperatur *f;* ~ ***ambiante*** Raumtemperatur; ~ ***d'ébullition/de fusion*** Siede-/Schmelzpunkt *m;* ~ ***moyenne*** Durchschnittstemperatur *f* ② *(chaleur du corps)* [Körper]temperatur *f* ③ *(fièvre)* Fieber *nt;* ***prendre la*** ~ ***de qn*** bei jdm Fieber messen ④ *(ambiance)* Stimmung *f*

tempéré(e) [tɑ̃peʀe] *adj* ① *a.* METEO *(modéré)* gemäßigt ② MUS temperiert; ***bien*** ~ wohltemperiert

tempérer [tɑ̃peʀe] <5> **I.** *vt* ① METEO mildern ② *(modérer)* bremsen, zügeln *ardeur, enthousiasme;* lindern *douleur, peine* **II.** *vpr* *(soutenu)* ***se*** ~ sich mäßigen

tempête [tɑ̃pɛt] *f* ① METEO Unwetter *nt,* Sturm *m;* ~ ***de neige*** Schneesturm ② *(agitation)* Unruhe *f* ③ *(déchaînement)* ~ ***d'injures*** Flut *f* [von] Beleidigungen; ~ ***d'applaudissements/de rires*** Beifallssturm *m/*Lachsalve *f*

tempêter [tɑ̃pete] <1> *vi* ~ ***contre qn/qc*** gegen jdn/etw wettern

tempétueux, -euse [tɑ̃petɥø, -øz] *adj (littér)* ① METEO stürmisch ② *(agité)* turbulent, stürmisch; *vie* bewegt

temple [tɑ̃pl] *m* ① ART, HIST Tempel *m* ② REL *protestant* Kirche *f;* ***le Temple*** der Templerorden ③ HIST der „Temple“

templier [tɑ̃plije] *m* HIST Templer *m,* Tempelritter *m*

tempo [tɛmpo, tɛmpi] <tempi *o* s> *m a.* MUS Tempo *nt*

temporaire [tɑ̃pɔʀɛʀ] *adj* ① *(intérimaire)* befristet; ***travail*** ~ Zeitarbeit *f;* ***à titre*** ~ vorübergehend ② *(passager)* momentan; ***exposition*** ~ Sonderausstellung *f*

temporairement [tɑ̃pɔʀɛʀmɑ̃] *adv* vorübergehend

temporel [tɑ̃pɔʀɛl] *m* Zeitliche *nt*

temporel(le) [tɑ̃pɔʀɛl] *adj* ① LING temporal ② *(opp: spatial)* zeitlich ③ *(opp: éternel)* vergänglich

temporisateur, -trice [tɑ̃pɔʀizatœʀ, -tʀis] **I.** *adj* abwartend; ***politique temporisatrice*** Hinhaltepolitik *f* **II.** *m, f* jd, der mit der Verzögerungstaktik agiert, Zeitschinder(in) *m(f) fam*

temporisation [tɑ̃pɔʀizasjɔ̃] *f* Abwarten *nt*

temporiser [tɑ̃pɔʀize] <1> *vi* abwarten

temps[1] [tɑ̃] *m* ① *(durée)* Zeit *f;* ***passer tout son*** ~ ***à faire qc*** seine ganze Zeit damit verbringen etw zu tun; ***avoir/ne pas avoir le ~ de faire qc*** Zeit haben/keine Zeit haben etw zu tun; ***avoir tout son ~*** viel Zeit haben; ***~ libre*** Freizeit *f;* ***à plein ~*** ganztags; ***emploi à ~ complet*** Vollzeitbeschäftigung *f;* ***emploi à ~ partiel*** Teilzeitbeschäftigung *f* ❷ *(déroulement du temps)* Zeit *f* ❸ *(moment)* Zeitpunkt *m* ❹ *pl (époque)* Zeiten *Pl* ❺ *(période)* Zeitalter *nt;* ***les jeunes de notre ~*** die heutige Jugend; ***le bon vieux ~*** die gute alte Zeit ❻ *(saison)* ***le ~ des cerises/moissons*** die Kirschen-/Erntezeit ❼ GRAM, LING Zeit *f* ❽ TECH Takt *m;* ***moteur à deux ~*** Zweitaktmotor *m* ❾ MUS Takt *m* ❿ SPORT Zeit *f* ▶ **le ~ c'est de l'argent** *(prov)* Zeit ist Geld; **en ~ et lieu** zur rechten Zeit am rechten Ort; **en deux ~ trois mouvements** im Handumdrehen; **la plupart** [*o* **les trois quarts**] **du ~** die meiste Zeit; **le plus clair de mon/ton ~** der Großteil meiner/deiner Zeit; **ces derniers ~** in letzter Zeit; **trouver le ~ long** *(s'impatienter)* ungeduldig werden; *(s'ennuyer)* sich langweilen; **~ mort** Leerlauf *m;* SPORT Auszeit *f;* **dans un premier/second ~** zunächst/anschließend; **tout le ~** ständig; **il y a un ~ pour tout** alles zu seiner Zeit; **n'avoir qu'un ~** nicht von Dauer sein; **il est** [**grand**] **~ de faire qc/qu'il parte** es ist [höchste] Zeit etw zu tun/, dass er geht; **il était ~!** es war allerhöchste Zeit!; **mettre du ~ à faire qc** lange brauchen um etw zu tun; **passer le ~** die Zeit totschlagen; **à ~** rechtzeitig; **faire qc à ~ perdu** wenn [gerade] nichts zu tun ist, etw machen; **dans le ~** früher; **de ~ en ~** von Zeit zu Zeit; **de tout ~** immer schon; **depuis le ~** seither; **depuis le ~ que ...** es ist schon ewig her, dass ...; **depuis ce ~-là** seitdem; **en même ~** gleichzeitig; **en ~ de crise/guerre/paix** in Krisen/-Kriegs-/Friedenszeiten *Pl;* **en ~ normal** [*o* **ordinaire**] normalerweise; **en peu de ~** in kurzer Zeit; **ces ~-ci** in letzter Zeit

temps² [tɑ̃] *m* METEO Wetter *nt;* ***il fait beau/mauvais ~*** das Wetter ist schön/schlecht; ***quel ~ fait-il?*** wie ist das Wetter? ▶ **un ~ à ne pas mettre un chien** [*o* **le nez**] **dehors** *(fam)* ein Wetter, bei dem man nicht einmal einen Hund vor die Tür jagt; **par tous les ~** bei Wind und Wetter

tenable [t(ə)nabl] *adj* ***ne pas être ~*** unerträglich sein; *position, point de vue:* nicht haltbar sein

tenace [tənas] *adj* ❶ *(persistant)* hartnäckig; *haine* erbittert; *croyance* unerschütterlich ❷ *personne, résistance* hartnäckig

tenacement [tənasmɑ̃] *adv (soutenu)* hartnäckig

ténacité [tenasite] *f* ❶ *(obstination)* Hartnäckigkeit *f* ❷ *(persévérance)* Beharrlichkeit *f* ❸ *(persistance)* Hartnäckigkeit *f; d'un préjugé* Unausrottbarkeit *f*

tenailler [tənɑje] <1> *vt faim:* quälen

tenailles [t(ə)nɑj] *fpl* [Beiß]zange *f*

tenancier, -ière [tənɑ̃sje, -jɛʀ] *m, f* Geschäftsführer(in) *m(f)*

tenant(e) [tənɑ̃, ɑ̃t] *m(f)* SPORT ***le ~ de la coupe*** der [derzeitige] Pokalsieger; ***la ~e du titre*** die Titelverteidigerin ▶ **les ~s et les aboutissants** *(circonstances)* die Begleitumstände; **d'un seul ~** zusammenhängend

tendance [tɑ̃dɑ̃s] **I.** *f* ❶ PSYCH Neigung *f* ❷ *(propension)* ***~ à la rêverie*** Hang *m* zur Träumerei ❸ *(opinion)* Gesinnung *f* ❹ *(orientation)* Trend *m* **II.** *adj inv* Trend ; ***les couleurs les plus ~ de l'hiver*** die absoluten Trendfarben für den Winter; ***le noir restera très ~*** Schwarz bleibt weiterhin Trendfarbe

tendancieusement [tɑ̃dɑ̃sjøzmɑ̃] *adv* voreingenommen

tendancieux, -euse [tɑ̃dɑ̃sjø, -jøz] *adj* voreingenommen

tendeur [tɑ̃dœʀ] *m (câble pour fixer)* [Gummi]spanner *m*

tendineux, -euse [tɑ̃dinø, -øz] *adj* ❶ *(coriace)* sehnig ❷ ANAT Sehnen

tendinite [tɑ̃dinit] *f* MED Sehnenentzündung *f*

tendon [tɑ̃dɔ̃] *m* Sehne *f;* ***~ d'Achille*** Achillessehne

tendre¹ [tɑ̃dʀ] <14> **I.** *vt* ❶ *(raidir)* spannen ❷ *(installer)* aufhängen *tapisserie* ❸ *(présenter)* ausstrecken *bras;* recken *cou;* hinhalten *joue;* entgegenstrecken *main* ▶ **~ la main** *(mendier)* betteln; **~ la main à qn** *(offrir son aide à qn)* jdm die Hand reichen **II.** *vpr* ***se ~*** *(se raidir)* sich spannen; *relations:* angespannt werden **III.** *vi* ❶ *(aboutir à)* ***~ à faire qc*** letztlich etw tun ❷ *(viser à)* ***~ à qc*** auf etw *akk* abzielen ❸ MATH ***~ vers zéro/l'infini*** gegen null/unendlich streben

tendre² [tɑ̃dʀ] **I.** *adj* ❶ *(opp: dur)* weich; *peau, viande* zart ❷ *(affectueux)* zärtlich; *ami* liebevoll ❸ *(jeune, délicat)* zart ❹ *couleur* zart **II.** *mf* ***c'est un/une ~*** er/sie ist zart besaitet

tendrement [tɑ̃dʀəmɑ̃] *adv* liebevoll; *aimer* innig[lich]

T

tendresse [tɑ̃dʀɛs] *f* ❶ *sans pl (affection)* [zärtliche] Liebe ❷ *pl (marques d'affection)* Zärtlichkeit *f* ❸ *(fam: complaisance)* Nachsicht *f*

tendreté [tɑ̃dʀəte] *f* Zartheit *f*

tendu(e) [tɑ̃dy] *adj* ❶ *rapports* gespannt ❷ *personne* angespannt

ténèbres [tenɛbʀ] *fpl* REL Finsternis *f*

ténébreux [tenebʀø] *m* ***beau ~*** *(hum)* *schöner dunkler Jüngling, der an einen spanischen Helden erinnert*

ténébreux, -euse [tenebʀø, -øz] *adj (soutenu: malaisé à comprendre)* dunkel

teneur [tənœʀ] *f* ❶ *(contenu exact)* Wortlaut *m* ❷ *(proportion)* Gehalt *m*

tenir [t(ə)niʀ] <9> **I.** *vt* ❶ halten ❷ *(rester dans un lieu)* ***~ la chambre/le lit*** im Zimmer/Bett bleiben ❸ *(avoir)* führen *article, marchandise* ❹ MUS halten *note* ❺ *(avoir sous son contrôle)* ***~ son cheval*** sein Pferd halten ❻ *(s'occuper de)* führen *comptes, hôtel, magasin, maison* ❼ *(assumer)* halten *conférence, meeting;* spielen *rôle* ❽ *(avoir reçu)* ***~ une information de qn*** eine Information von jdm haben ❾ *(occuper)* einnehmen *largeur, place* ❿ *(résister à)* ***~ l'eau*** wasserdicht sein ⓫ *(habiter)* ***~ qn*** *jalousie, colère, envie:* packen ⓬ *(être contraint)* ***être tenu à qc/de faire qc*** an etw *akk* gebunden sein/etw tun müssen ►~ **lieu de qc** die Stelle von etw einnehmen **II.** *vi* ❶ *(être attaché)* ***~ à qn*** an jdm hängen ❷ *(vouloir absolument)* ***~ à faire qc/à ce que ...*** *+subj* Wert darauf legen etw zu tun/, ... ❸ *(être fixé)* halten ❹ *(être cohérent) raisonnement, théorie:* haltbar sein; *argument:* stichhaltig sein; *histoire:* glaubhaft sein ❺ *(être contenu dans)* ***~ dans une voiture*** in einem Auto Platz haben ❻ *(se résumer)* ***~ en un mot*** in einem Wort zusammenfassen ❼ *(durer)* [sich] halten ❽ *(ressembler à)* ***~ de qn/qc*** jdm/einer S. ähneln ❾ *(être maître)* stechen ►~ **bon** durchhalten; **tiens/tenez!** hier!; **tiens! il pleut** schau [mal]! es regnet **III.** *vpr* ❶ *(se prendre)* ***se ~ par la main*** Hand in Hand gehen ❷ *(s'accrocher)* ***se ~ à qc*** sich an etw *dat* fest halten ❸ *(rester, demeurer)* ***se ~ debout/assis/couché*** stehen/sitzen/liegen ❹ *(se comporter)* ***se ~*** sich benehmen ❺ *(avoir lieu)* ***se ~ dans une ville/le mois prochain*** *réunion, conférence:* in einer Stadt/nächsten Monat stattfinden ❻ *(être cohérent)* ***se ~*** *événements, faits:* stimmig sein ❼ *(se limiter à)* ***s'en ~ à qc*** es bei etw bewenden lassen ❽ *(respecter)* ***se ~ à qc*** sich an etw *akk* halten ❾ *(se considérer comme)* ***se ~ pour qc*** sich für etw halten ►**se le ~ pour dit** sich *dat* das gesagt sein lassen **IV.** *vi impers (dépendre de)* ***ça tient à qn/qc*** das hängt von jdm/etw ab

tennis [tenis] **I.** *m* ❶ SPORT Tennis *nt;* ***jouer au ~*** Tennis spielen; ***~ de table*** Tischtennis *nt* ❷ *(court)* Tennisplatz *m* **II.** *mpl (chaussures)* Turnschuhe *Pl*

tennisman [tenisman, -mɛn] <s *o* -men> *m* Tennisspieler *m*

ténor [tenɔʀ] **I.** *m* ❶ *(soliste)* Tenor *m* ❷ *(grande figure)* Kopf *m fig* **II.** *adj* ***le saxophone ~*** das Tenorsaxofon

tensiomètre [tɑ̃sjɔmɛtʀ] *m* ❶ MED Blutdruckmesser *m* ❷ TECH Spannungsmesser *m*

tension [tɑ̃sjɔ̃] *f* ❶ *d'une corde, d'un muscle, ressort* Spannung *f* ❷ TECH, ELEC, PHYS Spannung *f* ❸ MED Blutdruck *m;* ***avoir*** [*o* ***faire***] ***de la ~*** zu hohen Blutdruck haben

tentaculaire [tɑ̃takylɛʀ] *adj* ❶ *(envahissant)* weit verzweigt ❷ ZOOL Fang-

tentacule [tɑ̃takyl] *m* ZOOL Tentakel *m o nt*

tentant(e) [tɑ̃tɑ̃, ɑ̃t] *adj* verlockend

tentateur, -trice [tɑ̃tatœʀ, -tʀis] **I.** *adj* verführerisch **II.** *m, f (personne)* Verführer(in) *m(f)*

tentation [tɑ̃tasjɔ̃] *f* ❶ *(désir)* Versuchung *f* ❷ REL Versuchung *f*

tentative [tɑ̃tativ] *f* Versuch *m;* ***~ de meurtre/vol*** versuchter Mord *m*/Diebstahl *m;* ***~ de viol*** versuchte Vergewaltigung *f*

tente [tɑ̃t] *f* Zelt *nt*

tenter [tɑ̃te] <1> *vt* ❶ *(allécher)* reizen ❷ *(essayer)* versuchen

tenture [tɑ̃tyʀ] *f* Wandteppich *m*

tenu [t(ə)ny] *m* SPORT Zeitspiel *nt*

tenu(e) [t(ə)ny] *part passé de* **tenir**

ténu(e) [teny] *adj* ❶ *son, bruit* schwach; *nuance, distinction* fein ❷ *fil* fein

tenue [t(ə)ny] *f* ❶ *(comportement)* Verhalten *nt; d'un élève* Betragen *nt;* ***avoir de la ~/manquer de ~*** gute Manieren/keine Manieren haben ❷ *(vêtements)* Kleidung *f;* ***changer de ~*** sich umziehen ❸ MIL Uniform *f* ❹ *d'une maison, d'un compte, restaurant* Führung *f;* ***la ~ des livres de comptes*** die Buchhaltung ❺ *d'un congrès, d'une assemblée* Tagung *f* ❻ *d'un film, roman, journal* Niveau *nt* ❼ FIN *d'une monnaie* Stand *m;* ***bonne ~*** Stabilität *f* ❽ AUT ***~ de route*** Straßenlage *f*

ténuité [tenɥite] *f (littér)* Feinheit *f,* Subtilität *f geh*

tequila [tekila] *f* Tequila *m*

ter [tɛʀ] *adv* ***habiter au 12*** ~ in [Nummer] 12/3 wohnen

térabit [teʀabit] *m* INFORM Terabit *nt*, Tbit *nt*

téraoctet [teʀaɔktɛ] *m* INFORM Terabyte *nt*

tercet [tɛʀsɛ] *m* Terzett *nt*

térébenthine [teʀebɑ̃tin] *f* Terpentin *nt*

térébrant(e) [teʀebʀɑ̃, ɑ̃t] *adj* ❶ *(littér) douleur* bohrend; ***remords*** ~ quälende Gewissensbisse *Pl* ❷ MED *cancer, ulcère* tief infiltrierend

tergiversation [tɛʀʒivɛʀsasjɔ̃] *f gén pl* ❶ *(hésitation)* Zaudern *nt* ❷ *pl (faux-fuyants)* Ausflüchte *Pl*

tergiverser [tɛʀʒivɛʀse] <1> *vi* ❶ *(user de faux-fuyants)* Ausflüchte machen ❷ *(hésiter)* zaudern

terme[1] [tɛʀm] *m* ❶ *d'un stage, voyage* Ende *nt; d'un travail* Abschluss *m;* ***toucher à son*** ~ *stage, soirée:* zu Ende gehen; *entreprise, travail, délai:* sich dem Ende nähern ❷ *(date limite)* Frist *f;* ***à court/moyen/long*** ~ kurz-/mittel-/langfristig ❸ ECON ***marché/vente à*** ~ Terminmarkt *m*/-verkauf *m* ❹ *(date de l'accouchement)* Geburtstermin *m;* ***naissance avant*** ~ Frühgeburt *f* ❺ *(échéance)* Zahlungstermin *m* ❻ *(loyer)* Miete *f*

terme[2] [tɛʀm] *m* ❶ *(mot)* Ausdruck *m* ❷ TECH Fachausdruck ❸ LING Terminus *m;* ***en d'autres ~s*** mit anderen Worten ❹ GRAM, MATH Element *nt; d'une phrase, équation* Term *m* ❺ *pl d'un contrat, d'une loi* Wortlaut *m* ► **être en bons/mauvais ~s avec qn** ein gutes/gespanntes Verhältnis zu jdm haben

terminaison [tɛʀminɛzɔ̃] *f* Endung *f*

terminal [tɛʀminal, -o] <-aux> *m* Terminal *nt*

terminal(e) [tɛʀminal, -o] <-aux> *adj* ***formule ~e*** Schlussformel *f;* ***phase ~e*** Endphase *f*

terminale [tɛʀminal] *f* SCOL ≈ zwölfte/dreizehnte Klasse

Land und Leute
Das Abschlussjahr des Gymnasiums heißt in Frankreich **terminale**, in Belgien *rhétorique*. Die Schüler dieses Jahres heißen in Belgien entsprechend *les rhétos*.

terminer [tɛʀmine] <1> **I.** *vt* ❶ *(finir)* beenden, erledigen *devoirs, travail;* fertig stellen *œuvre;* zu Ende führen *démonstration, explication;* abschließen *études;* aufessen *plat, salade;* leer essen *assiette;* austrinken *boisson, verre, bouteille* ❷ *(passer la fin de)* beenden *soirée, vacances* ❸ *(être le dernier élément de)* abschließen **II.** *vi* ~ ***de lire le journal*** die Zeitung zu Ende lesen; ***en ~ avec un sujet/une tâche*** ein Thema/eine Aufgabe beenden; ***pour ~, ...*** zum Abschluss ... **III.** *vpr* ***se*** ~ *année, vacances, stage:* zu Ende gehen; ***se ~ bien/mal*** *histoire:* gut/schlecht ausgehen

terminologie [tɛʀminɔlɔʒi] *f* Terminologie *f*

terminus [tɛʀminys] *m* Endstation *f*

termite [tɛʀmit] *m* Termite *f*

terne [tɛʀn] *adj* ❶ *cheveux* stumpf; *œil, regard* trüb; *visage* fahl; *teint* farblos; *couleur* matt; *miroir, glace* blind; *métal* angelaufen ❷ *vie, conversation* eintönig; *journée* ereignislos; *style* farblos; *personne* unscheinbar

terni(e) [tɛʀni] *adj couleur* verblichen; *coloris* blass; *métal, chandelier* angelaufen

ternir [tɛʀniʀ] <8> **I.** *vt* ❶ *(défraîchir)* ausbleichen *rideau, tissu;* verblassen lassen *couleur;* anlaufen lassen *métal* ❷ *(nuire à)* beflecken *honneur* **II.** *vpr* ***se*** ~ *rideau, tissu:* ausbleichen; *couleur, coloris:* verblassen; *métal, chandelier:* anlaufen

ternissement [tɛʀnismɑ̃] *m d'une couleur, d'un coloris* Verblassen *nt; d'un rideau, tissu* Ausbleichen *nt; d'un métal, chandelier* Anlaufen *nt*

terrain [teʀɛ̃] *m* ❶ *(parcelle)* Grundstück *nt* ❷ AGR Parzelle *f; (terrain à bâtir)* [Bau]grundstück *nt* ❸ *(espace réservé)* ~ ***de camping/jeu*** Campingplatz *m*/Spielfeld *nt* ❹ *(sol)* ~ ***plat/accidenté/vague*** ebenes/unebenes/unbebautes Gelände; ***véhicule tout*** ~ Geländefahrzeug *nt* ❺ *gén pl* GEOL Formation *f* ❻ *(prédisposition)* ~ ***allergique*** Veranlagung *f* zu Allergien ❼ *(domaine)* Gebiet *nt* ❽ MIL Gelände *nt* ❾ ~ ***d'entente avec qn*** Verständigungsbasis *f* mit jdm ► **aller sur le** ~ sich an Ort und Stelle begeben; **céder du** ~ zurückweichen; *(fig)* Zugeständnisse machen; **connaître le** ~ sich auskennen; **être sur son** ~ in seinem Element sein; **homme/femme de** ~ Praktiker(in) *m(f)*

terrarium [teʀaʀjɔm] *m* Terrarium *nt*

terrasse [teʀas] *f* ❶ *a.* GEOG Terrasse *f; d'un café, restaurant* Tische *Pl* [*o* Plätze *Pl*] im Freien; ***nous étions à la*** ~ wir saßen draußen ❷ *(toit plat)* [***toit en***] ~ Flachdach *nt*

terrassement [teʀasmɑ̃] *m (travaux)* Erd-

T

arbeiten *Pl; (matériaux déplacés)* Aufschüttung *f*

terrasser [teʀase] <1> *vt* ① *(vaincre)* vernichtend schlagen ② *(accabler) mauvaise nouvelle:* [völlig] niederschmettern; *émotion, fatigue:* überwältigen ③ *(tuer)* ***être terrassé par une embolie/un infarctus*** einer Embolie/einem Infarkt erliegen

terrassier [teʀasje] *m* Bauarbeiter *m* für Erdarbeiten

terre [tɛʀ] *f* ① *sans pl (planète)* ***la Terre*** die Erde ② *sans pl (le monde)* ***la ~*** die Erde ③ *sans pl (croûte terrestre)* ***la ~*** die Erde; ***sous ~*** *(avec mouvement)* unter die Erde; *(sans mouvement)* unter der Erde; ***par ~*** *(avec mouvement)* auf den Boden; *(sans mouvement)* auf dem Boden ④ *(matière)* Erde *f* ⑤ *(terre cultivable)* Boden *m;* ***cultiver la ~*** das Land bewirtschaften; ***~ battue*** [fest] gestampfter Boden; ***légumes de pleine ~*** Freilandgemüse *nt* ⑥ SPORT Sandplatz *m* ⑦ *gén pl (propriété)* Grundbesitz *m kein Pl* ⑧ *(contrée, pays)* Land *nt;* ***~ natale*** Heimat[land *nt*] *f;* ***~ d'élection*** *(d'une personne)* Wahlheimat *f* ⑨ *(continent)* Land *nt;* ***~ ferme*** Festland ⑩ *sans pl (vie à la campagne)* ***la ~*** das Land ⑪ *sans pl (argile)* Ton *m;* ***~ cuite*** *(matière)* Terrakotta *f* ⑫ *sans pl* ELEC Erde *f;* ***la mise à la ~*** die Erdung ⑬ *(opp: ciel)* Erde *f;* ***être sur ~*** auf der Welt sein ►**revenir** [*o* **redescendre**] **sur ~** *(fam)* auf den Boden der Tatsachen zurückkehren; **être par ~** *projet, plan:* gescheitert sein; *entreprise:* bankrott sein

terre à terre [tɛʀatɛʀ] *adj inv personne* nüchtern; *préoccupations* alltäglich

terreau [teʀo] *m sans pl* Komposterde *f*

Terre de Feu [tɛʀdəfø] *f* ***la ~*** Feuerland *nt;* ***en ~*** auf Feuerland

Terre-neuve [tɛʀnøv] *f* Neufundland *nt*

Terre-neuvien(ne) [tɛʀnœvjɛ̃, ɛn] *m(f)* Neufundländer(in) *m(f)*

terre-plein [tɛʀplɛ̃] <terre-pleins> *m* Erdwall *m*

terrer [teʀe] <1> **I.** *vt* häufeln *pommes de terre, asperges;* mit [frischer] Erde bedecken *pelouse* **II.** *vpr* **se ~** ① *(se cacher) animal:* sich verkriechen; *fuyard, criminel:* sich verstecken; *soldat:* in Deckung gehen ② *(vivre reclus)* sich zurückziehen

terrestre [teʀɛstʀ] *adj* ① *(de la Terre)* ***croûte/surface ~*** Erdkruste *f*/-oberfläche *f* ② *espèce* auf der Erde lebend; *vie* auf der Erde ③ *animal* landlebend; *espèce, variété* terrestrisch ④ *(opp: aérien, maritime)* auf dem Landweg; *moyens de transport* zu Lande ⑤ *plaisirs* irdisch; *séjour* auf Erden

terreur [teʀœʀ] *f* ① *(peur violente)* Entsetzen *nt* ② *(terrorisme)* Terror *m;* ***la Terreur*** die Schreckensherrschaft ③ *(personne ou chose terrifiante)* ***être une ~*** *(fam) personne:* ein Tyrann *m* sein; *enfant:* ein [kleines] Ungeheuer sein

terreux, -euse [teʀø, -øz] *adj* ① *goût, odeur* erdig ② *mains, chaussures, salade* voller Erde; *route* mit Erde bedeckt ③ *façade* grau; *visage* fahl

terrible [teʀibl] **I.** *adj* ① *crime* entsetzlich; *catastrophe, dirigeant de parti* furchtbar; *jugement, année, arme* schrecklich; *personnage* Furcht erregend ② *(très intense)* schrecklich, fürchterlich ③ *(turbulent)* furchtbar ④ *(fam: super)* toll **II.** *adv (fam)* echt stark

terriblement [teʀibləmɑ̃] *adv* schrecklich; *dangereux, sévère* äußerst

terrien(ne) [teʀjɛ̃, jɛn] **I.** *adj* ① *(qui possède des terres)* ***il est propriétaire ~*** er ist Grundbesitzer ② *tradition, mœurs* ländlich; *ascendance, racines* bäuerlich **II.** *m(f) (habitant de la Terre)* Erdbewohner(in) *m(f)*

terrier [tɛʀje] *m* ***~ de renard/lapin*** Fuchs-/Kaninchenbau *m*

terrifiant(e) [teʀifjɑ̃, jɑ̃t] *adj* Furcht erregend; *nouvelle* erschreckend

terrifier [teʀifje] <1> *vt* in Angst und Schrecken versetzen

terril [teʀi(l)] *m* [Berge]halde *f*

terrine [teʀin] *f* ① *(récipient)* Terrine *f* ② *(pâté)* Pastete *f*

territoire [teʀitwaʀ] *m d'un animal* Revier *nt; d'un pays, d'une nation* Territorium *nt; d'une ville* Gebiet *nt; d'un juge, évêque* Zuständigkeitsbereich *m;* ***~ d'outre-mer*** überseeisches Gebiet

territorial(e) [teʀitɔʀjal, -jo] <-aux> *adj* territorial

terroir [teʀwaʀ] *m* Gegend *f;* ***vin/accent du ~*** Landwein *m*/regionaler Akzent; ***écrivain/poète du ~*** Heimatdichter *m*

terrorisant(e) [teʀɔʀizɑ̃, ɑ̃t] *adj* Furcht erregend, schreckenerregend, beängstigend

terroriser [teʀɔʀize] <1> *vt* ① *(faire très peur)* ***~ qn*** jdm große Angst machen ② *(opprimer)* terrorisieren

terrorisme [teʀɔʀism] *m* Terrorismus *m*

terroriste [teʀɔʀist] **I.** *adj* terroristisch; ***acte/attentat ~*** Terroranschlag *m* **II.** *mf* Terrorist(in) *m(f)*

tertiaire [tɛʀsjɛʀ] **I.** *adj emploi* im Dienstleistungsgewerbe; *activité* des Dienstleistungsbereichs **II.** *m* ***le*** ~ der Dienstleistungssektor

tertiarisation [tɛʀsjaʀizasjɔ̃] *f* Ausweitung *f* des Dienstleistungssektors

tertio [tɛʀsjo] *adv* drittens

tertre [tɛʀtʀ] *m* Hügel *m;* ~ ***funéraire*** *(tumulus)* Grabhügel

tes [te] *dét poss v.* **ta, ton**

tessiture [tesityʀ] *f (registre)* Stimmlage *f; d'un instrument* Tonumfang

tesson [tesɔ̃] *m* Scherbe *f*

test [tɛst] *m* Test *m;* ~ ***de dépistage du sida*** [*o* ***de séropositivité***] Aidstest *m*

testable [tɛstabl] *adj* prüfbar

testament [tɛstamɑ̃] *m* ❶ JUR Testament *nt* ❷ ART, LITTER, POL Vermächtnis *nt* ► **l'Ancien/le Nouveau Testament** das Alte/das Neue Testament

testamentaire [tɛstamɑ̃tɛʀ] *adj héritier* testamentarisch

tester [tɛste] <1> *vt (mettre à l'épreuve)* testen, prüfen *élève, candidat*

testeur [tɛstœʀ] *m (appareil)* Testgerät *nt*

testeur, -euse [tɛstœʀ, -øz] *m, f* Tester(in) *m(f)*

testicule [tɛstikyl] *m* Hoden *m*

testimonial(e) [tɛstimɔnjal, o] <-aux> *adj* JUR Zeugen-; ***preuve ~e*** Zeugenbeweis *m*

testostérone [tɛstosteʀɔn] *f* Testosteron *nt*

tétanisation [tetanizasjɔ̃] *f* Verkrampfung *f,* Erstarrung *f*

tétaniser [tetanize] <1> *vpr muscle, membre:* verkrampfen

tétanos [tetanos] *m* ❶ *(maladie)* Tetanus *m* ❷ *(contraction du muscle)* Muskelstarre *f*

têtard [tɛtaʀ] *m* ZOOL Kaulquappe *f*

tête [tɛt] *f* ❶ *(partie du corps)* Kopf *m;* ***baisser/courber la*** ~ den Kopf einziehen ❷ *(mémoire, raison)* ***ne pas avoir de*** ~ *(fam)* ein Gedächtnis wie ein Sieb haben; ***perdre la*** ~ *(devenir fou)* den Verstand verlieren; *(perdre son sang-froid)* den Kopf verlieren ❸ *(mine, figure)* ***avoir une bonne*** ~ *(fam)* nett aussehen; ***avoir une sale*** ~ *(fam: avoir mauvaise mine)* mies aussehen; *(être antipathique)* unsympathisch wirken ❹ *(longueur)* ***avoir*** [*o* ***faire***] ***une ~ de moins/plus que qn*** einen Kopf kleiner/größer als jd sein ❺ *(vie)* ***jouer*** [*o* ***risquer***] ***sa*** ~ Kopf und Kragen riskieren ❻ *(personne)* ~ ***couronnée*** gekröntes Haupt; ~ ***de linotte*** [*o* ***en l'air***] *(fam)* Schussel *m;* ~ ***de mule*** [*o* ***cochon***] *(fam)* Dickschädel *m;* ~ ***de Turc*** Prügelknabe *m* ❼ *(chef)* ***être la ~ de qc*** *(fam)* der Kopf einer S. *gen* sein ❽ *(première place)* Spitze *f; (les premiers)* Spitzengruppe *f;* ***wagon de*** ~ vorderster Wagen; ***prendre la ~ d'un gouvernement/d'une entreprise*** die Führung einer Regierung/die Leitung einer Firma übernehmen; ***prendre la ~ de la classe*** Klassenbeste(r) sein; ***à la ~ de qc*** an der Spitze einer S. *gen* ❾ *d'un chapitre, d'une liste* Anfang *m* ❿ *d'un clou, d'une épingle* Kopf *m; d'un lit* Kopfende *nt; d'un champignon* Hut *m;* ~ ***d'un arbre*** Baumkrone *f;* ~ ***de ligne*** Endstation *f* ⓫ BOT *d'ail* Zwiebel *f; de céleri* Knolle *f; d'artichaut* Kopf *m* ⓬ TECH ~ ***chercheuse d'une fusée*** Suchkopf *m* einer Rakete; ~ ***de lecture*** *d'un magnétophone* Tonkopf *m;* ~ ***nucléaire*** Atomsprengkopf *m* ⓭ INFORM ~ ***de lecture-écriture*** Schreib-Lesekopf *m* ⓮ SPORT Kopfball *m* ► **à la ~ du client** *(fam)* nach Sympathie; **avoir la ~ de l'emploi** *(fam)* einem seinen Beruf ansehen; *acteur:* für die Rolle wie geschaffen sein; **agir ~ baissée** überstürzt handeln; **se jeter dans qc ~ baissée** sich Hals über Kopf in etw stürzen; **avoir la ~ dure** eigensinnig sein; **garder la ~ froide** einen kühlen Kopf bewahren; **avoir la grosse ~** *(fam)* die Nase hoch tragen; **faire qc à ~ reposée** etw in aller Ruhe tun; **avoir toute sa ~** noch gut beisammen sein; ***ne plus avoir toute sa ~*** langsam senil werden; **avoir la ~ à ce qu'on fait** bei der Sache sein; **en avoir par-dessus la ~** *(fam)* die Nase voll haben; **se casser la ~** sich *dat* den Kopf zerbrechen; **enfoncer qc dans la ~ de qn** *(forcer à se rappeler)* jdm etw einbläuen; *(faire comprendre)* jdm etw begreiflich machen; **faire la ~ à qn** *(fam)* mit jdm schmollen; **n'en faire qu'à sa ~** nur das tun, was einem passt; **se mettre en ~ de faire qc** *(décider)* es sich *dat* in den Kopf setzen etw zu tun; ***se mettre dans la ~ que ...*** *(imaginer)* sich einreden, dass ...; **se monter la ~** *(fam: se faire des idées)* sich *dat* etwas einbilden; *(se faire des illusions)* sich *dat* etw vormachen; **monter à la ~ de qn** *vin:* jdm in den Kopf steigen; *succès:* jdm zu Kopf steigen; **passer au-dessus de la ~ de qn** über jds Horizont *akk* gehen; **se payer la ~ de qn** *(fam)* jdn auf den Arm nehmen; **piquer une ~ dans qc** *(fam: plonger)* einen Kopfsprung in etw *akk* machen; *(tomber)* kopfüber in etw *akk* fallen; **redresser** [*o* **relever**] **la ~** *(redevenir fier)* den Kopf wieder hoch tragen; *(reprendre du poil de la bête)* wieder auf

T

dem Weg nach oben sein; **il a une ~ qui ne me revient pas** *(fam)* seine Nase passt mir nicht; **ne pas savoir où donner de la ~** *(fam)* nicht [mehr] wissen, wo einem der Kopf steht; **[faire] tourner la ~ à qn** *personne:* jdm den Kopf verdrehen; *succès, gloire:* jdm zu Kopf steigen; *vin, manège:* jdn benommen machen; **pensées de derrière la ~** *(fam)* Hintergedanken *Pl;* **avoir quelque chose derrière la ~** etwas im Schilde führen

tête-à-queue [tɛtakø] *m inv* ***faire un ~*** *voiture:* sich um die eigene Achse drehen

tête-à-tête [tɛtatɛt] *m inv (entretien)* Gespräch *nt* unter vier Augen

tête-de-nègre [tɛtdənɛgʀ] **I.** *adj inv* dunkelbraun **II.** *f* Schokokuss *m*

tétée [tete] *f* ❶ *(action de téter)* Saugen *nt* ❷ *(repas)* ***donner la ~ à un enfant*** einem Kind die Brust geben; *(avec un biberon)* einem Kind die Flasche geben

téter [tete] <5> **I.** *vt* ***~ le sein/le biberon*** an der Brust/am Fläschchen saugen; ***~ sa mère*** *bébé:* gestillt werden; *chaton:* gesäugt werden **II.** *vi* saugen; ***donner à ~ à un animal*** ein Tier mit der Flasche füttern

tétine [tetin] *f* ❶ *(biberon)* Sauger *m* ❷ *(sucette pour calmer)* Schnuller *m*

téton [tetɔ̃] *m* ❶ *(fam: sein)* Brust *f* ❷ TECH Zapfen *m*

tétraèdre [tetʀaɛdʀ] *m* Tetraeder *nt*

tétraplégie [tetʀapleʒi] *f* Lähmung *f* aller vier Gliedmaßen

tétraplégique [tetʀapleʒik] **I.** *adj personne* an Armen und Beinen gelähmt **II.** *mf* an Armen und Beinen Gelähmte(r) *f(m)*

têtu(e) [tety] **I.** *adj* starrköpfig; *air* eigensinnig; *front* eigenwillig **II.** *m(f)* Starrkopf *m*

teuf [tœf] *f (fam)* Party *f*

teufeur, -euse [tœfœʀ, -øz] *m, f (fam)* Partygänger(in) *m(f)*

teuton(ne) [tøtɔ̃, ɔn] *adj* teutonisch

Teuton(ne) [tøtɔ̃, ɔn] *m(f)* Teutone *m*/Teutonin *f*

texte [tɛkst] *m* ❶ *(écrit)* Text *m* ❷ *d'un télégramme, d'une lettre* Wortlaut *m*

texter [tɛkste] <1> *vt* simsen, texten; ***~ qc à qn*** jdm etw simsen [*o* texten]

textile [tɛkstil] **I.** *adj* ❶ *(susceptible d'être tissé)* textil; ***matière ~*** Faserstoff *m* ❷ *(qui concerne la fabrication)* ***industrie/usine ~*** Textilindustrie *f*/-fabrik *f* **II.** *m* ❶ *(matière)* Faserstoff *m; pl* Textilien *Pl* ❷ *(industrie)* Textilindustrie *f*

texto [tɛksto] *m* SMS *f;* ***envoyer un ~ à qn*** jdm eine SMS schicken, jdm simsen *fam*

textuel(le) [tɛkstɥɛl] *adj* ❶ *copie, traduction* wörtlich ❷ *réponse, contenu* wortgetreu

textuellement [tɛkstɥɛlmɑ̃] *adv* wörtlich; *répéter* Wort für Wort; *reproduire* wortgetreu

texture [tɛkstyʀ] *f du sol* Beschaffenheit *f; d'une crème, huile* Konsistenz *f*

TF1 [teɛfœ̃] *f abr de* **Télévision Française 1**[ère] **chaîne** *erstes Programm des französischen Fernsehens*

T.G.V., TGV [teʒeve] *m abr de* **train à grande vitesse** Hochgeschwindigkeitszug *m,* ≈ ICE *m*

thaï [taj] *m* ❶ *(groupe de langues)* ***le ~*** die Thaisprachen *Pl* ❷ *(langue officielle de Thaïlande)* Thai *nt; v. a.* **allemand**

thaï(e) [taj] *adj* ***langues ~es*** Thaisprachen *Pl*

Thaï(e) [taj] *m(f)* Thai *mf*

thaïlandais(e) [tajlɑ̃dɛ, ɛz] *adj* thailändisch

Thaïlandais(e) [tajlɑ̃dɛ, ɛz] *m(f)* Thailänder(in) *m(f)*

Thaïlande [tajlɑ̃d] *f* ***la ~*** Thailand *nt*

thalidomide [talidɔmid] *f* PHARM ❶ *(somnifère)* Contergan® *nt* ❷ *(médicament contre le cancer)* Thalidomid *nt*

thé [te] *m* Tee *m;* ***~ glacé*** Eistee

théâtral(e) [teɑtʀal, -o] <-aux> *adj effet, geste* theatralisch

théâtralement [teɑtʀalmɑ̃] *adv (fig)* theatralisch

théâtre [teɑtʀ] *m* ❶ *(édifice, spectacle)* Theater *nt;* ***~ de verdure*** Freilichtbühne *f* ❷ *(art dramatique)* Theater *nt;* ***école de ~*** Schauspielschule *f* ❸ *(genre littéraire)* Theater *nt* ❹ *(œuvres)* Dramen *Pl* ❺ *des combats, d'une dispute* Schauplatz *m*

théière [tejɛʀ] *f* Teekanne *f*

théine [tein] *f* Thein *nt*

thématique [tematik] **I.** *adj* thematisch **II.** *f* Thematik *f*

thème [tɛm] *m* ❶ *(sujet)* Thema *nt; d'une discussion* Gegenstand *m; d'une peinture* Motiv *nt* ❷ SCOL Übersetzung *f* in die Fremdsprache; ***~ allemand*** Übersetzung ins Deutsche ❸ MUS Thema *nt* ❹ ASTROL ***~ astral*** [Geburts]horoskop *nt*

théocratie [teɔkʀasi] *f* Theokratie *f*

théologie [teɔlɔʒi] *f* Theologie *f*

théologien(ne) [teɔlɔʒjɛ̃, jɛn] *m(f)* Theologe *m*/Theologin *f*

théologique [teɔlɔʒik] *adj* theologisch, religionswissenschaftlich; ***considérer une***

question d'un point de vue ~ eine Frage theologisch [*o* religionswissenschaftlich] betrachten
théorème [teɔʀɛm] *m* Lehrsatz *m*; ***~ de Pythagore*** Satz des Pythagoras
théoricien(ne) [teɔʀisjɛ̃, jɛn] *m(f)* Theoretiker(in) *m(f)*
théorie [teɔʀi] *f* ❶ *(conception)* Theorie *f*; ***~ de l'hérédité/des ensembles*** Vererbungs-/Mengenlehre *f* ❷ *sans pl (opp: pratique)* Theorie *f*; ***en*** ~ in der Theorie
théorique [teɔʀik] *adj* theoretisch
théoriquement [teɔʀikmɑ̃] *adv* ❶ *(logiquement)* theoretisch ❷ *fondé, justifié* theoretisch
théorisation [teɔʀizasjɔ̃] *f* ***la ~ de qc*** das Aufstellen einer Theorie zu etw; ***procéder à la ~ de qc*** die theoretische Grundlage für etw erarbeiten
théoriser [teɔʀize] <1> **I.** *vt* eine Theorie aufstellen zu **II.** *vi* ***~ sur qn/qc*** über jdn/etw Theorien aufstellen
thérapeute [teʀapøt] *mf* ❶ *(médecin)* Therapeut(in) *m(f)* ❷ *(psychothérapeute)* [Psycho]therapeut(in) *m(f)*
thérapeutique [teʀapøtik] **I.** *adj* therapeutisch **II.** *f* ❶ *(science)* Therapeutik *f* ❷ *(traitement)* Therapie *f*
thérapie [teʀapi] *f* ❶ *(science)* Therapeutik *f*; ***~ génique*** Gentherapie *f* ❷ *(traitement)* Therapie *f* ❸ *(psychothérapie)* [Psycho]therapie *f*; ***être en*** ~ eine Therapie machen
thermal(e) [tɛʀmal, -o] <-aux> *adj* ***source/station ~e*** Thermalquelle *f*/-bad *nt*
thermes [tɛʀm] *mpl* ❶ *(dans une station thermale)* Thermalbad *nt* ❷ HIST Thermen *Pl*
thermicien(ne) [tɛʀmisjɛ̃, jɛn] *m(f)* Experte *m*/Expertin *f* für Wärmelehre
thermique [tɛʀmik] **I.** *adj énergie* thermisch; ***effet/conductibilité*** ~ Wärmeübertragung *f*/-leitfähigkeit *f*; ***moteur*** ~ Verbrennungsmotor *m* **II.** *f* Wärmelehre *f*
thermoactif, -ive [tɛʀmoaktif, -iv] *adj* atmungsaktiv
thermodynamique [tɛʀmodinamik] **I.** *adj* thermodynamisch **II.** *f* Thermodynamik *f*
thermoélectrique [tɛʀmoelɛktʀik] *adj* thermoelektrisch
thermogène [tɛʀmɔʒɛn] *adj* wärmeerzeugend
thermomètre [tɛʀmɔmɛtʀ] *m* Thermometer *nt*; *de l'opinion, la conjoncture* Barometer *nt*
thermonucléaire [tɛʀmonykleɛʀ] *adj* thermonuklear
thermorégulation [tɛʀmoʀegylasjɔ̃] *f* Temperaturregulation *f*; BIO Wärmeregulation
thermorésistant(e) [tɛʀmoʀezistɑ̃, ɑ̃t] *adj* TECH wärmebeständig, thermostabil *Fachspr.*
thermos® [tɛʀmos] *m o f* Thermosflasche® *f*
thermostat [tɛʀmɔsta] *m* Thermostat *m*; ***~ d'ambiance*** Raumthermostat *m*
thésard(e) [tezaʀ, aʀd] *m(f) (fam)* Doktorand(in) *m(f)*
thésauriser [tezɔʀize] <1> **I.** *vi* [sein Geld] horten **II.** *vt* horten, anhäufen; ECON thesaurieren *Fachspr.*
thésaurus [tezɔʀys] *m* Thesaurus *m*
thèse [tɛz] *f* ❶ *(point de vue défendu)* These *f* ❷ *(recherches, ouvrage)* ***~ de troisième cycle*** Doktorarbeit *f*; *(thèse de doctorat d'État)* Habilitationsschrift *f*; *(soutenance)* Rigorosum *nt*
thon [tɔ̃] *m* Thunfisch *m*
thonier [tɔnje] *m* Schiff *nt* für den Thunfischfang
Thora [tɔʀa] *f* ❶ *(Pentateuque)* Thora *f* ❷ *(rouleau)* Thora[rolle *f*]
thoracique [tɔʀasik] *adj coupe* des Brustkorbs
thorax [tɔʀaks] *m d'un homme* Brustkorb *m*; *d'un insecte* Thorax
thriller [sʀilœʀ] *m* Thriller *m*
thrombose [tʀɔ̃boz] *f* Thrombose *f*
thune [tyn] *f (arg)* ***avoir de la*** ~ Kies haben; ***ne pas/plus avoir une*** ~ völlig blank sein
Thurgovie [tyʀgovi] *f* ***la*** ~ der Thurgau
Thuringe [tyʀɛ̃ʒ] *f* ***la*** ~ Thüringen *nt*
thuya [tyja] *m* Thuja *f*
thym [tɛ̃] *m* Thymian *m*
thyroïde [tiʀɔid] **I.** *adj* ***cartilage/glande*** ~ Schildknorpel *m*/-drüse *f* **II.** *f* Schilddrüse *f*
thyroïdien(ne) [tiʀɔidjɛ̃, jɛn] *adj* ***hormone ~ne/hyperfonctionnement*** ~ Schilddrüsenhormon *nt*/-überfunktion *f*
tiare [tjaʀ] *f* HIST, REL *(coiffe)* Tiara *f*; *(dignité papale)* Papstwürde *f*
Tibétain(e) [tibetɛ̃, ɛn] *m(f)* Tibetaner(in) *m(f)*, Tibeter(in) *m(f)*
tibia [tibja] *m* Schienbein *nt*
tic [tik] *m* ❶ *(contraction nerveuse)* ***~ nerveux*** nervöser Tick ❷ *(manie)* Tick *m*
ticket [tikɛ] *m (de train, bus, métro)* [Fahr]karte *f*; *(de match, manège)* [Eintritts]karte; *(de cantine)* Essensmarke *f*;

(numéro d'attente) Nummer *f;* ~ ***de caisse*** Kassenzettel *m;* ~ ***de cinéma/quai*** Kino-/Bahnsteigkarte; ~ ***de stationnement*** Parkschein *m* ▸ **avoir le ~ avec qn** *(fam)* bei jdm gut ankommen

ticket-repas [tikɛʀəpa] <tickets-repas> *m* Essensmarke *f* **ticket-restaurant** [tikɛ-ʀɛstɔʀɑ̃] *m* Essensmarke *f*

tic-tac [tiktak] *m inv* Ticken *nt*

tie-break [tajbʀɛk] <tie-breaks> *m* Tiebreak *nt o m*

tiédasse [tjedas] *adj (péj)* lauwarm

tiède [tjɛd] *adj* ❶ *eau, repas, café* lauwarm; *lit, gâteau* [noch] warm ❷ *engagement, accueil, soutien* lau; *sentiment, foi* halbherzig

tièdement [tiɛdmɑ̃] *adv* halbherzig

tiédeur [tjedœʀ] *f* ❶ *de la température, de l'air, d'un hiver* Milde *f; de l'eau* Wärme *f* ❷ *d'un sentiment, accord, d'une participation* Lauheit *f*

tiédir [tjediʀ] <8> **I.** *vi* ❶ *(refroidir)* abkühlen ❷ *(se réchauffer)* sich erwärmen **II.** *vt* ❶ *(réchauffer)* erwärmen, wärmen *mains* ❷ *(refroidir)* abkühlen [lassen]

tiédissement [tjedismɑ̃] *m (réchauffement)* Erwärmung *f; (refroidissement)* Abkühlen *nt*

tien(ne) [tjɛ̃, tjɛn] *pron poss* ❶ *(ce que l'on possède)* ***le ~/la ~ne*** der/die/das deine, deine(r, s); ***les ~s*** die deinen, deine; *v. a.* **mien** ❷ *pl (ceux de ta famille)* ***les ~s*** deine Angehörigen; *(tes partisans)* deine Anhänger ▸ **à la ~ne[, Étienne]!** *(fam)* prost!; **tu pourrais y mettre du ~!** auch du könntest mithelfen!

tiendrai [tjɛ̃dʀɛ] *fut de* **tenir**

tienne [tjɛn] *subj prés de* **tenir**

tiennent [tjɛn] *indic prés et subj prés de* **tenir**

tiens, tient [tjɛ̃] *indic prés de* **tenir**

T

tierce [tjɛʀs] *f* ❶ JEUX Folge *f* von drei Karten einer Farbe ❷ MUS Terz *f* ❸ *(en escrime)* Terz *f*

tiercé [tjɛʀse] *m* ❶ SPORT Dreierwette *f* [im Pferdetoto] ❷ *(série de trois éléments arrivant en tête)* ***le ~ gagnant/vainqueur de qc*** die drei Bestplatzierten einer Sache *gen*

tiers [tjɛʀ] *m* ❶ *(fraction)* Drittel *nt* ❷ *(tierce personne)* ***un ~*** ein Dritter; ***assurance au ~*** Haftpflichtversicherung *f* ▸ **~ payant** Selbstkostenanteil *m* [des Krankenversicherten]; **~ provisionnel** Steuervorauszahlung *f*

tiers, tierce [tjɛʀ, tjɛʀs] *adj* dritte(r, s)

tiers-monde [tjɛʀmɔ̃d] *m sans pl* ***le ~*** die Dritte Welt **tiers-mondisme** [tjɛʀmɔ̃dism] *m sans pl* Solidarität *f* mit der Dritten Welt **tiers-mondiste** [tjɛʀmɔ̃dist] <tiers-mondistes> **I.** *adj actions* zur Unterstützung der Dritten Welt **II.** *mf* Interessenvertreter(in) *m(f)* der Dritten Welt

tif [tif] *m souvent pl (fam)* Haar *nt*

T.I.G. [teiʒe] *m abr de* **travaux d'intérêt général** gemeinnützige Arbeit *(anstelle einer Gefängnisstrafe)*

tige [tiʒ] *f* ❶ *d'une fleur, feuille* Stiel *m,* Stängel *m; d'une céréale, graminée* Halm *m* ❷ *(partie mince et allongée)* Stange *f; (plus mince)* Stift *m; d'une clé, plume, colonne, de botte* Schaft *m*

tignasse [tiɲas] *f (fam)* Wuschelkopf *m*

tigre [tigʀ] *m* Tiger *m; (fig)* Bestie *f*

tigré(e) [tigʀe] *adj chat, pelage* getigert; *cheval* gescheckt

tigresse [tigʀɛs] *f* Tigerin *f; (fig)* [wilde] Furie *f; v. a.* **tigre**

tilleul [tijœl] *m* ❶ BOT Linde *f* ❷ *(infusion)* Lindenblütentee *m*

tilt [tilt] *m d'un flipper* Signal *nt* für das Spielende ▸ **ça a fait ~ dans ma tête** der Groschen ist bei mir gefallen *fam*

timbale [tɛ̃bal] *f* ❶ *(gobelet)* Trinkbecher *m* [aus Metall]; *(contenu)* Becher ❷ MUS [Kessel]pauke *f* ▸ **décrocher la ~** *(fam: gagner)* das Große Los ziehen

timbrage [tɛ̃bʀaʒ] *m (action de timbrer)* Frankieren *nt,* Frankierung *f; (oblitération)* [Ab]stempeln *nt,* [Ab]stempelung *f;* ***dispensé(e) de ~*** portofrei

timbre¹ [tɛ̃bʀ] *m* ❶ POST Briefmarke *f* ❷ *(cachet, instrument)* Stempel *m;* POST Poststempel ❸ *d'une carte d'adhérent* Gebührenmarke *f;* ~ ***fiscal*** Steuermarke ❹ MED Pflaster *nt*

timbre² [tɛ̃bʀ] *m (qualité du son)* Klang *m; d'une flûte, voix* Klang[farbe *f*]

timbré(e)¹ [tɛ̃bʀe] *adj* POST frankiert

timbré(e)² [tɛ̃bʀe] *adj (fam: un peu fou)* übergeschnappt

timbre-amende [tɛ̃bʀamɑ̃d] <timbres--amendes> *m* Strafgebührenmarke *f* **timbre-poste** [tɛ̃bʀəpɔst] <timbres-poste> *m* Briefmarke *f*

timbrer [tɛ̃bʀe] <1> *vt* ❶ *(affranchir)* frankieren ❷ *(marquer d'un cachet)* [ab]stempeln

timide [timid] **I.** *adj* ❶ *personne* schüchtern ❷ *sourire, voix* zaghaft; *manières, air* schüchtern ❸ *avancée, pas, réponse, critique* zaghaft; *tentative* schüchtern **II.** *mf* schüchterner Mensch

timidement [timidmɑ̃] *adv* schüchtern

timidité [timidite] *f d'une personne*

Schüchternheit *f; d'une démarche, avancée* Zaghaftigkeit *f*

timing [tajmiŋ] *m* Timing *nt*

timon [timɔ̃] *m* AGR Deichsel *f*

timonerie [timɔnʀi] *f* NAUT ❶ *(lieu)* Ruderhaus *nt* ❷ *(matelots)* Rudergänger *Pl* ❸ *(service)* Ruderwache *f*

timonier [timɔnje] *m* NAUT Steuermann *m*

timoré(e) [timɔʀe] **I.** *adj (péj)* [über]ängstlich **II.** *m(f) (péj)* [über]ängstlicher Mensch

Timor oriental [timɔʀɔʀjɑ̃tal] *m* Osttimor *nt*

tinctorial(e) [tɛ̃ktɔʀjal, o] <-aux> *adj* färbend, Färbe-

tins [tɛ̃] *passé simple de* **tenir**

tintamarre [tɛ̃tamaʀ] *m* Getöse *nt*

tintement [tɛ̃tmɑ̃] *m d'une cloche* Läuten *nt; d'un grelot, d'une clochette, sonnette* Klingeln *nt; de verres* Klingen *nt; de bouteilles* Klirren *nt;* ~ ***d'oreilles*** Ohrensausen *nt*

tinter [tɛ̃te] <1> **I.** *vi cloche:* läuten; *grelot, clochette:* klingeln; *verres:* klingen; *bouteilles:* klirren **II.** *vt* läuten *cloche, clochette*

tintouin [tɛ̃twɛ̃] *m (fam)* ❶ *(vacarme)* Radau *m* ❷ *(souci, tracas)* Sorge *f*

tipi [tipi] *m* Tipi *nt; (pour enfants)* Indianerzelt *nt*

tip-top [tiptɔp] *(fam)* **I.** *adj* ***qc est vraiment*** ~ etw ist einfach top *fam* **II.** *adv* ***il est toujours habillé*** ~ er ist immer top gekleidet *fam*

tique [tik] *f* Zecke *f*

tiquer [tike] <1> *vi (fam)* das Gesicht verziehen

tiqueté(e) [tik(ə)te] *adj (qui a de petites taches)* gesprenkelt; *fruit* fleckig

tir [tiʀ] *m* ❶ MIL Schießen *nt; (série de projectiles)* Feuer *nt;* ~ ***à blanc*** Schießen *nt* mit Platzpatronen ❷ SPORT Schuss *m;* ~ ***au but*** Torschuss *m; (penalty)* Elfmeterschuss ❸ *(projectile tiré)* Schuss *m* ❹ *(stand)* Schießstand *m; (forain)* Schießbude *f* ▸ **rectifier** [*o* **rajuster**] **le** ~ *(changer de direction)* den Kurs ändern

tirade [tiʀad] *f* ❶ *(souvent péj: paroles)* Wortschwall *m kein Pl pej* ❷ THEAT Monolog *m*

tirage [tiʀaʒ] *m* ❶ *d'une carte, lettre, d'un numéro* Ziehen *nt; d'un numéro gagnant, nom* Auslosung *f; de la loterie, du loto* Ziehung *f* ❷ FIN *d'un chèque* Ausstellung *f* ❸ *d'un livre, ouvrage* Druck *m; (ensemble des exemplaires)* Auflage *f* ❹ ART *d'une estampe, lithographie* Druck *m* ❺ PHOT *d'un film, négatif, d'une photo* Abziehen *nt* ❻ *d'un vin, porto, whisky* Abziehen *nt* ❼ *d'une cheminée, d'un poêle* Zug *m*

tiraillement [tiʀɑjmɑ̃] *m* ❶ *gén pl (sensation douloureuse)* ziehende Schmerzen *Pl* ❷ *(conflit: chez une personne)* Hin- und Hergerissensein *nt; (entre plusieurs personnes)* Spannungen *Pl*

tirailler [tiʀɑje] <1> **I.** *vt* ❶ *(tirer à petits coups)* zerren an +*dat*, glatt ziehen *pli* ❷ *(harceler)* ~ ***qn*** *personne:* jdn bedrängen, jdm zusetzen; *chose:* jdm zusetzen **II.** *vi* Schüsse abgeben

tirailleur [tiʀɑjœʀ] *m* Einzelschütze *m*

tirant [tiʀɑ̃] *m* ❶ *(cordon)* Schnur *f* ❷ *d'une chaussure* Besatz *m* ❸ NAUT ~ ***d'eau*** Tiefgang *m*

tire[1] [tiʀ] *f* AUT *(arg)* Schlitten *m sl*, Kiste *f sl* ▸ **vol à la** ~ Taschendiebstahl *m*

tire[2] [tiʀ] *f* CAN *(sirop d'érable)* dickflüssiger Ahornsirup *m*

tiré [tiʀe] *m* ~ ***à part*** Sonderdruck *m*

tiré(e) [tiʀe] **I.** *adj (fatigué)* abgespannt **II.** *m(f)* FIN Bezogene(r) *f(m)*

tire-au-cul [tiʀoky] *m inv (fam)*, **tire-au--flanc** [tiʀoflɑ̃] *m inv* Drückeberger *m fam* **tire-bouchon** [tiʀbuʃɔ̃] <tire-bouchons> *m* Korkenzieher *m*, Stoppelzieher *m* A ▸ **avoir des boucles en** ~ Korkenzieherlocken *Pl* haben **tire-d'aile** [tiʀdɛl] **à** ~ flügelschlagend **tire-fesses** [tiʀfɛs] *m inv (fam)* Schlepplift *m* **tire-lait** [tiʀlɛ] *m inv* Milchpumpe *f* **tire-larigot** [tiʀlaʀigo] **à** ~ *(fam)* reichlich

tirelire [tiʀliʀ] *f* Sparbüchse *f*

tirer [tiʀe] <1> **I.** *vt* ❶ *(exercer une force de traction)* ziehen *signal d'alarme, chasse d'eau; (vers le bas)* herunter ziehen *jupe, manche; (vers le haut)* hoch ziehen *chaussettes, collant; (pour lisser)* glatt ziehen *drap, collant; (pour tendre/maintenir tendu)* spannen *corde, toile;* ~ ***la sonnette*** klingeln ❷ *(tracter)* ziehen *chariot, véhicule, charge* ❸ *(éloigner)* wegziehen ❹ *(fermer)* zuziehen *porte;* vorschieben *verrou; (ouvrir)* aufziehen *tiroir, porte coulissante, rideau;* zurückschieben *verrou* ❺ *(aspirer)* ~ ***une longue bouffée*** einen langen Zug machen ❻ *(lancer un projectile)* abfeuern *balle;* abgeben *coup de fusil, revolver* ❼ *(toucher, tuer)* [ab]schießen *perdrix, lièvre* ❽ *(tracer)* ziehen *trait, ligne* ❾ *(prendre au hasard)* ziehen *carte, numéro, lettre* ❿ *(faire sortir)* ~ ***qn du lit*** jdn aus dem Bett holen; ~ ***qn de son sommeil*** jdn aus dem Schlaf reißen; ~ ***qn du pétrin*** jdm aus der Patsche helfen; ~ ***une citation/un extrait d'un roman*** ein Zitat/einen

Auszug [aus] einem Roman entnehmen ⑪ *(emprunter à)* ~ ***son origine de qc*** *coutume:* auf etw *akk* zurückgehen ⑫ *(déduire)* ~ ***une conclusion/leçon de qc*** eine Schlussfolgerung/Lehre aus etw ziehen ⑬ FIN ausstellen *chèque* ⑭ PHOT abziehen *film, négatif, photo* ⑮ ART, TYP drucken *ouvrage, estampe, lithographie* ⑯ *(transvaser)* [auf Flaschen] abziehen *vin* ▶ **on ne peut rien ~ de qn** *(qn refuse de parler)* aus jdm ist nichts herauszubekommen **II.** *vi* ① *(exercer une traction)* ~ ***sur les rênes de son cheval*** seinem Pferd die Zügel anziehen ② *(aspirer)* ~ ***sur sa pipe/cigarette*** an seiner Pfeife/Zigarette ziehen ③ *(gêner) peau, cicatrice:* spannen ④ CHASSE, MIL *personne, arme, fusil:* schießen ⑤ *(au football)* schießen; *(au basket)* werfen ⑥ *(avoir une certaine ressemblance avec)* ~ ***sur qc*** *couleur:* in etw *akk* spielen; ~ ***sur qn*** BELG, NORD nach jdm schlagen ⑦ TYP ~ ***à 2.000 exemplaires*** eine Auflage von 2.000 Exemplaren haben ⑧ *(avoir du tirage)* ~ ***bien/mal*** *cheminée, poêle:* gut/schlecht ziehen **III.** *vpr* ① *(fam: s'en aller)* ***se*** ~ sich verdrücken ② *(se sortir)* ***se ~ d'une situation/d'embarras*** sich aus einer Situation/schwierigen Lage lavieren ③ *(se blesser)* ***se ~ une balle dans la tête*** sich *dat* eine Kugel in den Kopf schießen ▶ **s'en** ~ *(fam):* ***il s'en tire bien/mal*** *(à la suite d'un accident, d'une maladie)* er ist noch einmal glimpflich davongekommen/es hat ihn schwer getroffen; *(à la suite d'un ennui)* er zieht sich gut/schlecht aus der Affäre; *(réussir)* er macht seine Sache gut/schlecht

tiret [tiʀɛ] *m* Gedankenstrich *m; (division)* Trennungsstrich

tireur, -euse [tiʀœʀ, -øz] *m, f* ① MIL Schütze *m*/Schützin *f* ② *(au football)* Spieler/-in, der/die auf das Tor schießt; *(au basket)* Werfer(in) *m(f);* ~ ***à l'arc*** Bogenschütze ③ FIN *d'un chèque, d'une lettre de change* Aussteller(in) *m(f)*

tireuse [tiʀøz] *f* PHOT Kopiergerät *nt*

tiroir [tiʀwaʀ] *m* Schublade *f*

tiroir-caisse [tiʀwaʀkɛs] <tiroirs-caisses> *m* Geldschublade *f* der Registrierkasse

tisane [tizan] *f* [Kräuter]tee *m;* ~ ***à la menthe*** Pfefferminztee *m*

tisanière [tizanjɛʀ] *f* Aufgussgefäß *nt*

tison [tizɔ̃] *m* glimmendes Stück Holz

tisonner [tizɔne] <1> *vt* schüren

tisonnier [tizɔnje] *m* Schürhaken *m*

tissage [tisaʒ] *m* ① *(activité manuelle)* Weben *nt;* ~ ***des tapis*** Teppichweben ② *(usine)* Weberei *f* ③ *(industrie)* Webereien *Pl*

tisser [tise] <1> *vt* ① TEXTIL weben *tapis;* verweben *laine* ② *(ourdir) araignée:* spinnen ③ *(constituer)* spinnen *intrigue;* in die Hand nehmen *destin*

tisserand(e) [tisʀɑ̃, ɑ̃d] *m(f)* Weber(in) *m(f)*

tissu [tisy] *m* ① TEXTIL Stoff *m;* ~ ***éponge*** Frottee *m o nt* ② *de contradictions, d'intrigues* Netz *nt; d'inepties* Aneinanderreihung *f* ③ BIO [Zell]gewebe *nt* ④ SOCIOL ~ ***social*** soziales Gefüge

titan [titɑ̃] *m (littér)* Titan *m geh*

titanesque [titanɛsk] *adj travail* gewaltig; *entreprise, œuvre* gigantisch

titiller [titije] <1> *vt* ① *(chatouiller)* kitzeln ② *(fam: asticoter)* ***l'envie de tout raconter la titille*** es juckt sie, alles zu erzählen

titrage [titʀaʒ] *m d'un film, livre, ouvrage* Betitelung *f*

titre [titʀ] *m* ① *(intitulé)* Titel *m; d'un chapitre, article de journal* Überschrift *f;* ***gros*** ~ Zeitungsüberschrift *f* ② *(qualité)* Titel *m;* ~ ***de citoyen*** Eigenschaft *f* als Staatsbürger ③ *(trophée)* Titel *m* ④ *(pièce justificative)* Bescheinigung *f;* ~ ***de transport*** Fahrausweis *m* ⑤ *(valeur, action)* Wertpapier *nt* ⑥ CHIM *(proportion) d'un alcool, d'une solution* Gehalt *m* ▶ **à double** ~ in zweierlei Hinsicht; **à juste** ~ mit [vollem] Recht; **à ce** ~ in dieser Eigenschaft; **à ~ de qn** als jd

titré(e) [titʀe] *adj personne* der/die einen Titel hat [*o* trägt]

titrer [titʀe] <1> *vt* ① *(donner un titre à)* ~ ***qc sur qc*** *journal:* mit einer Schlagzeile über etw *akk* aufmachen ② CHIM ~ ***12/25 degrés*** einen Gehalt von 12/25 Prozent haben

titubant(e) [titybɑ̃, ɑ̃t] *adj démarche* schwankend; *ivrogne* torkelnd

tituber [titybe] <1> *vi* ~ ***d'ivresse*** vor Trunkenheit *dat* torkeln

titulaire [titylɛʀ] **I.** *adj* ① *professeur, instituteur* verbeamtet ② *(détenteur)* ~ ***d'un poste*** ein Amt bekleidend; ~ ***d'un diplôme/permis*** ein Diplom/eine Erlaubnis besitzend **II.** *mf* ① SCOL, UNIV, ADMIN Beamte(r) *m*/Beamtin *f* ② *(détenteur)* ~ ***d'une carte/d'un permis*** Besitzer einer Karte/Erlaubnis *gen;* ~ ***d'un poste*** Inhaber eines Amtes *gen*

titularisation [titylaʀizasjɔ̃] *f* ADMIN, SCOL Verbeamtung *f; d'un professeur d'université* Berufung *f*

T

titulariser [titylaʀize] <1> *vt* verbeamten *fonctionnaire;* ernennen zu *professeur d'université*

TNT[1] [teɛnte] *m abr de* **trinitrotoluène** TNT *nt*

TNT[2] [teɛnte] *f abr de* **télévision numérique terrestre** DVB-T *nt (digitales terrestrisches Fernsehen)*

To [teo] *m abr de* **téraoctet** INFORM TB *nt*

toast [tost] *m* ❶ *(pain grillé)* Toast *m* ❷ *(allocution)* Trinkspruch *m*

toaster [toste] <1> *vt* toasten

toasteur [tostœʀ] *m* Toaster *m*

toboggan [tɔbɔgɑ̃] *m* ❶ TECH Rutsche *f* ❷ *(piste glissante)* Rutschbahn *f*

toc [tɔk] *m (fam: imitation)* ***du ~*** Ramsch *m;* ***en ~*** unecht

tocade [tɔkad] *f* vorübergehender Spleen

tocard [tɔkaʀ] *m (fam)* ❶ *(personne)* Flasche *f fam* ❷ *(cheval)* Klepper *m fam*

tocard(e) [tɔkaʀ, aʀd] *adj (fam)* billig

tocsin [tɔksɛ̃] *m* Alarmglocke *f*

tofu [tɔfu] *m* GASTR Tofu *m o nt*

toge [tɔʒ] *f* Talar *m,* Robe *f;* HIST Toga *f*

Togo [tɔgo] *m* ***le ~*** Togo *nt*

tohu-bohu [tɔybɔy] *m inv (fam)* Tohuwabohu *nt*

toi [twa] *pron pers* ❶ *(fam: pour renforcer)* du; ***~, tu n'as pas ouvert la bouche*** du hast den Mund nicht aufgemacht; ***c'est ~ qui l'as dit*** du hast das gesagt; ***il veut t'aider, ~?*** dir möchte er helfen? ❷ *avec un verbe à l'impératif* ***regarde-~*** sieh dich an; ***imagine-toi …*** stell dir vor …; ***lave-~ les mains*** wasch dir die Hände ❸ *avec une préposition* ***avec/sans ~*** mit dir/ohne dich; ***à ~ seul*** du allein ❹ *dans une comparaison* du, ***je suis comme ~*** ich bin wie du; ***plus fort que ~*** stärker als du ❺ *(emphatique)* ***c'est ~?*** bist du's?; ***si j'étais ~*** wenn ich du wäre; *v. a.* **moi**

toile [twal] *f* ❶ *(tissu)* Stoff *m* ❷ *(pièce de tissu)* Tuch *nt* ❸ *(fig)* ***~ de fond*** Hintergrund *m* ❹ ART Gemälde *nt* ❺ NAUT Segel *Pl* ❻ INFORM ***~ [d'araignée] mondiale*** World Wide Web *nt* ► **~ d'araignée** Spinnennetz *nt; (poussière)* Spinnwebe *f;* **tisser sa ~** seine Fäden ziehen

Toile [twal] *f* ***la ~*** das Web

toilettage [twaletaʒ] *m d'un chat* Pflege *f; d'un chien* Pflege; ***salon de ~*** Hunde- und Katzensalon *m*

toilette [twalɛt] *f* ❶ *(soins corporels)* Waschen *nt;* ***faire sa ~*** *personne:* sich waschen; *animal:* sich putzen ❷ *d'un édifice, monument* Reinigung *f* ❸ *(vêtements)* Kleidung *f* ❹ *pl (W.-C.)* Toilette *f;* ***aller aux ~s*** auf die Toilette gehen

toiletter [twalete] <1> *vt* pflegen *chat;* trimmen *chien*

toi-même [twamɛm] *pron pers (toi en personne)* du selbst; *v. a.* **moi-même**

toiser [twaze] <1> **I.** *vt* verächtlich anschauen **II.** *vpr* ***se ~*** sich [gegenseitig] verächtlich anschauen

toison [twazɔ̃] *f* ❶ *(pelage)* Schaffell *nt* ❷ *(chevelure)* Haarpracht *f* ❸ *(poils)* Behaarung *f* ► **la Toison d'or** HIST das Goldene Vlies

toit [twa] *m* ❶ *(couverture)* Dach *nt* ❷ *(maison)* Bleibe *f*

toiture [twatyʀ] *f* Bedachung *f*

Tokyo [tɔkjo] Tokio *nt*

tôlard(e) [tolaʀ, aʀd] *m(f) (fam) v.* **taulard**

tôle [tol] *f* Blech *nt;* AUT [Karosserie]blech *nt*

tôlé(e) [tole] *adj neige* vereist

tolérable [tɔleʀabl] *adj* zumutbar; *douleur* erträglich

tolérance [tɔleʀɑ̃s] *f* ❶ *(largeur d'esprit)* Toleranz *f;* ***~ zéro*** POL Null-Toleranz-Politik *f* ❷ MED ***~ à qc*** Verträglichkeit *f* einer S. *gen* ❸ *(marge admise)* Spielraum *m*

tolérant(e) [tɔleʀɑ̃, ɑ̃t] *adj* tolerant

tolérer [tɔleʀe] <5> **I.** *vt* ❶ *(autoriser)* dulden *infraction, pratique* ❷ *(supporter)* ertragen, aushalten *douleur;* dulden *contradiction, retard, comportement* ❸ MED vertragen **II.** *vpr (se supporter)* ***se ~*** sich vertragen

tôlerie [tolʀi] *f (atelier)* Blechbearbeitungswerkstatt *f; (pour voitures)* Karosseriewerkstatt *f*

tôlier [tolje] *m* Blechschmied *m*

tollé [tɔle] *m* Aufschrei *m* der Empörung

T.O.M. [tɔm] *mpl abr de* **territoires d'outre-mer** *französische Überseegebiete*

tomate [tɔmat] *f* Tomate *f,* Paradeiser *m* A

tombal(e) [tɔ̃bal, -o] <s *o* -aux> *adj* Grab-

tombant(e) [tɔ̃bɑ̃, ɑ̃t] *adj* herabhängend; *épaules* hängend

tombe [tɔ̃b] *f* Grab *nt*

tombeau [tɔ̃bo] <x> *m* Grabmal *nt*

tombée [tɔ̃be] *f* ***~ de la nuit*** [*o* ***du jour***] Einbruch *m* der Dunkelheit

tomber [tɔ̃be] <1> *vi + être* ❶ *(chuter) personne:* [hin]fallen; *animal:* stürzen; ***~ en arrière/en avant*** nach hinten/nach vorne fallen; ***~ dans les bras de qn*** jdm in die Arme fallen; ***~ du troisième étage*** aus dem dritten Stock fallen; ***~ [par terre]*** *personne, bouteille, chaise:* umfallen; *arbre, pile d'objets, poteau:* umstürzen; *échafau-*

T

dage: einstürzen; *branches, casseroles:* herunterfallen ❷ *(s'abattre)* ~ ***du ciel*** vom Himmel fallen ❸ *(être affaibli)* ~ ***de fatigue/sommeil*** vor Erschöpfung/Müdigkeit *dat* umfallen ❹ *(se détacher) cheveux, dent:* ausfallen; *feuille, masque:* fallen ❺ *(arriver) nouvelle, télex:* eintreffen; ***qc tombe un lundi*** etw fällt auf [einen] Montag *akk* ❻ *(descendre) nuit, soir:* hereinbrechen; *neige, pluie, averse:* fallen; *foudre:* einschlagen ❼ THEAT *rideau:* fallen ❽ *(être vaincu)* fallen; *dictateur, gouvernement:* gestürzt werden; *record:* gebrochen werden ❾ *(mourir)* fallen ❿ *(baisser) vent:* sich legen; *colère:* nachlassen; *enthousiasme, exaltation:* nachlassen ⓫ *(disparaître, échouer) obstacle:* beseitigt sein/werden; *plan, projet:* fallen gelassen werden ⓬ *(pendre)* fallen; ***bien/mal*** ~ *vêtement:* gut/schlecht fallen ⓭ *(fam: se retrouver)* ~ ***enceinte*** schwanger werden; ~ ***d'accord*** sich einig werden ⓮ *(être pris)* ~ ***dans un piège*** in einen Hinterhalt geraten ⓯ *(être entraîné)* ~ ***dans l'oubli*** in Vergessenheit *akk* geraten ⓰ *(concerner par hasard)* ~ ***sur qn*** jdn treffen; *sort:* auf jdn fallen ⓱ *(rencontrer, arriver par hasard)* ~ ***sur un article*** auf einen Artikel stoßen; ~ ***sur qn*** jdn [zufällig] treffen ⓲ *(abandonner)* ***laisser ~ un projet/une activité*** ein Projekt fallen lassen/eine Tätigkeit sein lassen ⓳ *(se poser)* ~ ***sur qn/qc*** *conversation:* auf jdn/etw kommen; *regard:* auf jdn/etw fallen ⓴ *(fam: attaquer)* ~ ***sur qn*** über jdn herfallen ▸ **bien/mal** ~ gelegen/ungelegen kommen; ***ça tombe bien/mal*** das trifft sich gut/schlecht

tombeur, -euse [tɔ̃bœʀ, -øz] *m, f* ❶ SPORT ~ ***de qn*** Sieger(in) *m(f)* über jdn ❷ *(fig fam: séducteur)* Playboy *m; (séductrice)* Vamp *nt*

tombola [tɔ̃bɔla] *f* Tombola *f*

tome [tɔm] *m* Band *m*

tomme [tɔm] *f Käsesorte aus Savoyen*

tomographie [tɔmɔgʀafi] *f* MED Tomografie *f*

ton[1] [tɔ̃] *m* ❶ *(manière de s'exprimer)* Ton *m;* ***d'un*** [*o* ***sur un***] ~ ***convaincu/humoristique*** in einem überzeugten/humoristischen Ton ❷ *d'une voix* Klang *m;* ***baisser/hausser le*** ~ zu schreien aufhören/zu schreien anfangen; *(se calmer/s'échauffer)* sich beruhigen/sich erhitzen ❸ *(couleur)* Farbton *m* ❹ MUS Tonart *f,* Ton *m* ▸ **il est de bon ~ de faire qc** es gehört zum guten Ton etw zu tun

ton[2] [tɔ̃, te] <tes> *dét poss (à toi)* dein(e) ▸ **ne fais pas ~ malin!** gib nicht so an!; *v. a.* **mon**

tonalité [tɔnalite] *f* ❶ TELEC Freizeichen *nt* ❷ *d'une voix* Klang *m* ❸ *(échelle)* Tonalität *f* ❹ LING Klang *m* ❺ *d'un tableau, paysage, texte* Grundstimmung *f*

tondeuse [tɔ̃døz] *f* ❶ *(pour les cheveux, la barbe)* Haar-/Bartschneider *m* ❷ *(pour le jardin)* ~ *[**à gazon**]* Rasenmäher *m*

tondre [tɔ̃dʀ] <14> *vt* scheren, mähen *gazon;* schneiden *haie*

tondu(e) [tɔ̃dy] **I.** *part passé de* **tondre** **II.** *adj cheveux* geschoren; *personne, tête* [kahl] geschoren; *pelouse, pré* gemäht; *haie* geschnitten

toner [tɔnɛʀ] *m* Toner *m*

tong [tɔ̃g] *f* Sandale *f* mit Zehenriemchen

tonifiant [tɔnifjɑ̃] *m* Tonikum *nt*

tonifier [tɔnifje] <1> **I.** *vt* kräftigen *cheveux, muscles, peau;* stärken *organisme, personne;* beleben *esprit, personne* **II.** *vi* anregen

tonique [tɔnik] **I.** *adj* ❶ *froid* belebend; *boisson* tonisch ❷ *idée, lecture* anregend ❸ LING *syllabe, voyelle* betont **II.** *m* MED Tonikum *nt*

tonitruant(e) [tɔnitʀyɑ̃, ɑ̃t] *adj* laut; *voix* durchdringend; *(fig)* lautstark

tonitruer [tɔnitʀye] <1> *vi* lärmen

tonnage [tɔnaʒ] *m* Tonnage *f*

tonnant(e) [tɔnɑ̃, ɑ̃t] *adj acclamations* tosend; *voix* donnernd

tonne [tɔn] *f* ❶ *(unité)* Tonne *f* ❷ *(fam: énorme quantité)* [ganze] Tonne ▸ **en faire des ~s** *(fam)* dick auftragen

tonneau [tɔno] <x> *m* ❶ *(récipient)* Fass *nt* ❷ *(accident de voiture)* Überschlag *m* ❸ *(acrobatie aérienne)* Rolle *f*

tonnelet [tɔnlɛ] *m* Fässchen *nt*

tonnelier, -ière [tɔnəlje, -jɛʀ] *m, f* Böttcher(in) *m(f)*

tonnelle [tɔnɛl] *f* [Garten]laube *f*

tonner [tɔne] <1> **I.** *vi* ❶ *(retentir) artillerie, canons:* donnern ❷ *(parler)* ~ ***contre qc*** gegen etw wettern **II.** *vi impers* ***il tonne*** es donnert

tonnerre [tɔnɛʀ] *m* ❶ METEO Donner *m* ❷ *(manifestation bruyante)* ~ ***de protestations*** Proteststurm *m;* ~ ***d'applaudissements*** Beifallssturm *m* ▸ **fille/type/voiture du** ~ *(fam)* super Mädchen/Typ/Auto

tonsure [tɔ̃syʀ] *f* ❶ REL Tonsur *f* ❷ *(fam: calvitie)* Platte *f*

tonte [tɔ̃t] *f* ❶ *(action)* Scheren *nt; d'un gazon* Mähen *nt; d'une haie* Schneiden *nt* ❷ *(époque)* Scherzeit *f*

tonton [tɔ̃tɔ̃] *m (enfantin)* Onkel *m*
tonus [tɔnys] *m* ❶ *(dynamisme)* Tatkraft *f* ❷ ANAT ~ ***musculaire*** Muskeltonus *m*
top [tɔp] **I.** *adj inv, antéposé* ❶ *(fam: super)* voll super; ***la boutique la plus ~*** die absolute Topboutique ❷ COUT ~ ***model*** Topmodel *nt* **II.** *m* ❶ RADIO Gongschlag *m* ❷ *(signal de départ)* ~ *[**de départ**]* Startsignal *nt* ❸ SPORT Startschuss *m* ❹ *(fam: niveau maximum)* ***le*** ~ das Beste
top[-]modèle [tɔpmɔdɛl] <top[-]modèles> *mf* Topmodel *nt*
top[-]secret [tɔpsəkʀɛ] *adj inv* topsecret
topaze [tɔpɑz] *f* Topas *m*
toper [tɔpe] <1> *vi* ***tope-là!*** *(fam)* geritzt! *fam*
topinambour [tɔpinɑ̃buʀ] *m* BOT Topinambur *m*
top-modèle [tɔpmɔdɛl] <top-modèles> *mf* Topmodel *nt*
topo [tɔpo] *m (fam)* ❶ *(exposé oral)* Kurzvortrag *m* ❷ *(exposé écrit)* kurze Darstellung ❸ *(péj: répétition ennuyeuse)* Sermon *m*
topographique [tɔpɔgʀafik] *adj* topografisch
topologie [tɔpɔlɔʒi] *f* Topologie *f*
topométrie [tɔpɔmetʀi] *f* [Erd]vermessung *f*
toponyme [tɔpɔnim] *m* Ortsname *m*
toponymie [tɔpɔnimi] *f* Ortsnamenkunde *f*
toque [tɔk] *f* ❶ *d'un juge, magistrat* Toque *f; d'un cuisinier* Mütze *f* ❷ *(distinction)* Stern *m*
toqué(e) [tɔke] **I.** *adj (fam: cinglé)* bekloppt **II.** *m(f) (fam)* Bekloppte(r) *f(m)*
toquer [tɔke] <1> *vi (fam)* ~ ***à qc*** an etw *akk* klopfen
Torah [tɔʀa] *f* Thora *f*
torche [tɔʀʃ] *f* ❶ *(flambeau)* Fackel *f* ❷ *(lampe électrique)* Taschenlampe *f*
torchis [tɔʀʃi] *m* Strohlehm *m*
torchon [tɔʀʃɔ̃] *m* ❶ *(tissu)* Tuch *nt;* ***donner un coup de ~ sur/à qc*** etw abwischen ❷ *(fam: mauvais journal)* Käseblatt *nt* ❸ *(sale travail)* Geschmiere *nt fam* ▸ **il ne faut pas mélanger les ~s et les serviettes** *(fam)* man darf nicht alles in einen Topf werfen
tordant(e) [tɔʀdɑ̃, ɑ̃t] *adj (fam: drôle)* zum Brüllen
tord-boyaux [tɔʀbwajo] *m inv (fam)* Fusel *m*
tordre [tɔʀdʀ] <14> **I.** *vt* ❶ *(serrer en tournant)* [aus]wringen *linge;* zwirnen *brins, fils* ❷ *(plier)* verbiegen; ***être tordu*** *jambe, nez, règle:* krumm sein ❸ *(déformer)* ~ ***la bouche/les traits de qn*** jdm den Mund/die Züge von jdm verzerren **II.** *vpr* ❶ *(faire des contorsions)* ***se ~ de douleur*** sich vor Schmerz *dat* verziehen; ***se ~ de rire*** sich vor Lachen biegen *fam* ❷ *(se luxer)* ***se ~ un membre*** sich *dat* ein Glied verrenken
tordu(e) [tɔʀdy] **I.** *part passé de* **tordre** **II.** *adj (fam) esprit, personne, idée* verschroben; *raisonnement* seltsam **III.** *m(f) (fam)* Verrückte(r) *f(m)*
toréador [tɔʀeadɔʀ] *m* Stierkämpfer *m*
toréer [tɔʀee] <1> *vi* gegen den Stier kämpfen
torero [tɔʀeʀo] *m* Torero *m*
tornade [tɔʀnad] *f* Tornado *m*
torpeur [tɔʀpœʀ] *f* Erstarrung *f; (dans un pays)* Lähmung *f*
torpillage [tɔʀpijaʒ] *m* ❶ MIL Torpedierung *f* ❷ *(sabotage)* Sabotieren *nt; d'un projet* Sabotieren
torpille [tɔʀpij] *f* MIL Torpedo *m*
torpiller [tɔʀpije] <1> *vt* ❶ MIL torpedieren ❷ *(faire échouer)* sabotieren, hintertreiben *plan, projet*
torpilleur [tɔʀpijœʀ] *m* Torpedoboot *nt*
torréfacteur [tɔʀefaktœʀ] *m* ❶ TECH Röster *m;* ~ ***à cacao/café*** Kakao-/Kafferöster ❷ *(marchand)* Kafferöster *m; (magasin)* Kafferösterei *f*
torréfaction [tɔʀefaksjɔ̃] *f* Rösten *nt*
torréfier [tɔʀefje] <1> *vt* rösten
torrent [tɔʀɑ̃] *m* ❶ *(cours d'eau)* Gebirgsbach *m* ❷ *(flot abondant)* ~ ***de boue*** Schlammmasse *f;* ~ ***de larmes*** Strom von Tränen ▸ **il pleut à ~s** es gießt in Strömen
torrentiel(le) [tɔʀɑ̃sjɛl] *adj pluies* Sturz-
torride [tɔʀid] *adj* ❶ *(brûlant)* heiß; *chaleur* brütend ❷ *(passionné)* heiß *fam*
torsade [tɔʀsad] *f* ❶ *(cordelette)* Kordel *f* ❷ *(coiffure)* geflochtener Zopf
torsader [tɔʀsade] <1> *vt* flechten *brins, cheveux*
torse [tɔʀs] *m* ❶ *(poitrine)* Oberkörper *m* ❷ ANAT Rumpf *m* ❸ ART Torso *m*
torsion [tɔʀsjɔ̃] *f de la bouche, des traits* Verzerren *nt*
tort [tɔʀ] *m* ❶ *(erreur)* Fehler *m* ❷ *(préjudice)* Nachteil *m; (moral)* Unrecht *nt;* ***avoir [grand] ~ de faire qc*** etw zu Unrecht tun; ***faire du ~ à qn/qc*** jdm/einer S. schaden ▸ **à ~ ou à raison** zu Recht oder zu Unrecht; **à ~ et à travers** unüberlegt
tortellinis [tɔʀtelini] *mpl* GASTR Tortellini *Pl*

T

torticolis [tɔʀtikɔli] *m* steifer Hals
tortillard [tɔʀtijaʀ] *m (fam)* Bummelzug *m*
tortillement [tɔʀtijmɑ̃] *m* Verrenkung *f*; *des fesses, hanches* Wackeln *nt*
tortiller [tɔʀtije] <1> **I.** *vt* zwirbeln *cheveux;* [zer]knittern *cravate, mouchoir* **II.** *vi* **~ *des hanches/fesses*** mit der Hüfte/dem Hintern wackeln ▸ **y a pas à ~** *(fam)* daran gibt es nichts zu rütteln **III.** *vpr* ***se ~*** *(se tourner sur soi-même) personne:* herumzappeln; *animal:* sich winden
tortionnaire [tɔʀsjɔnɛʀ] *mf* Folterknecht *m*
tortue [tɔʀty] *f* ❶ ZOOL Schildkröte *f*; ***~ des marais*** Wasserschildkröte ❷ *(fam: personne très lente)* Schnecke *f*
tortueusement [tɔʀtɥøzmɑ̃] *adv* über Umwege; *(fig)* auf krummem Wege
tortueux, -euse [tɔʀtɥø, -øz] *adj* ❶ *chemin* verschlungen; *escalier, ruelle* verwinkelt ❷ *conduite* undurchsichtig; *manœuvres* undurchschaubar
torturant(e) [tɔʀtyʀɑ̃, ɑ̃t] *adj attente* qualvoll; *pensée, réflexion* quälend
torture [tɔʀtyʀ] *f* ❶ *(supplice)* Folter *f* ❷ *(souffrance)* Qual *f* ▸ **mettre qn à la ~** jdn auf die Folter spannen
torturer [tɔʀtyʀe] <1> **I.** *vt* ❶ *(supplicier)* foltern *personne;* quälen *animal* ❷ *(faire souffrir) douleur, doute, faim, jalousie, remords:* plagen ❸ *(déformer)* ***être torturé par qc*** *traits, visage:* durch etw entstellt sein **II.** *vpr* ***se ~*** grübeln
Toscane [tɔskan] *f* ***la ~*** die Toskana
tôt [to] *adv* ❶ *(de bonne heure)* früh ❷ *(à une date ou une heure avancée)* früh ❸ *(vite)* ***plus ~*** früher; ***le plus ~ possible*** so bald wie möglich ▸ **~ ou tard** früher oder später; **pas plus ~ ... que** *(à peine)* kaum ..., da
total [tɔtal, -o] <-aux> *m (somme)* Gesamtbetrag *m* ▸ **faire le ~ de qc** die Bilanz aus etw ziehen; **au ~** *(en tout)* insgesamt; *(somme toute)* alles in allem
total(e) [tɔtal, -o] <-aux> *adj* ❶ *(absolu)* total; *maîtrise* vollkommen; *désespoir, obscurité, ruine* völlig ❷ FIN, MATH *hauteur, somme* Gesamt-
totalement [tɔtalmɑ̃] *adv* völlig; *détruit, ruiné* vollkommen
totalisation [tɔtalizasjɔ̃] *f (résultat)* [End]abrechnung *f*; *(action)* Zusammenzählen *nt*; ***~ des recettes/dépenses*** Zusammenrechnen *nt* der Einnahmen/Ausgaben
totaliser [tɔtalize] <1> *vt* ❶ *(additionner)* zusammenzählen ❷ *(atteindre)* kommen auf +*akk nombre, points, voix;* zählen *habitants*
totalitaire [tɔtalitɛʀ] *adj* totalitär
totalitarisme [tɔtalitaʀism] *m* Totalitarismus *m*
totalité [tɔtalite] *f* Gesamtheit *f*
totem [tɔtɛm] *m* ❶ *(symbole)* Totem *nt* ❷ *(statue)* Totempfahl *m*
toto [toto] *m (fam)* Laus *f*
touareg [twaʀɛg] *adj* Tuareg-; ***des groupes ~[s]*** Tuareg-Gruppen *Pl*
Touareg [twaʀɛg] *mpl* Tuareg *Pl*
toubib [tubib] *m (fam)* Arzt *m*/Ärztin *f*
toucan [tukɑ̃] *m* ORN Tukan *m*
touchant(e) [tuʃɑ̃, ɑ̃t] *adj (émouvant)* rührend; *situation, histoire* ergreifend
touche [tuʃ] *f* ❶ *a.* INFORM *d'un accordéon, piano* Taste *f* ❷ *(coup de pinceau)* Strich *m* ❸ PECHE Anbiss *m*; ***qn a une ~*** bei jdm beißt ein Fisch an ❹ *(en escrime)* Treffer *m*; *(au football, rugby: ligne)* Seitenlinie *f*; *(sortie du ballon)* Aus *nt* ❺ *(fam: aspect)* Outfit *nt* ▸ **faire une ~** *(fam)* eine Eroberung machen; **sur la ~** *(au bord du terrain)* auf der Ersatzbank; *(fam: à l'écart)* im/ins Abseits
touche-à-tout [tuʃatu] *mf inv (fam)* ❶ *(enfant) Kind, das alles anfasst* ❷ *(personne aux activités multiples)* Hansdampf in allen Gassen *m fam* ❸ *(personne aux talents multiples)* Tausendsassa *m fam*
toucher [tuʃe] <1> **I.** *vt* ❶ *(porter la main sur)* berühren ❷ *(entrer en contact avec)* berühren *ballon, fond, sol;* reichen bis an +*akk plafond* ❸ *(être contigu à)* ***~ qc*** an etw *akk* grenzen ❹ *(frapper) balle, coup, explosion, mesure, politique:* treffen ❺ *(concerner)* betreffen; *histoire, affaire:* angehen ❻ *(émouvoir) critique, reproche:* treffen; *drame, deuil, scène:* berühren ❼ *(recevoir)* bekommen *argent, ration, commission;* beziehen *pension, traitement; (à la banque)* abheben *argent* ❽ *(contacter)* erreichen *personne* ❾ *(atteindre)* erreichen *port, côte* **II.** *vi* ❶ *(porter la main sur)* ***~ à qc*** etw anfassen ❷ *(se servir de)* ***~ à ses économies*** an sein Erspartes gehen ❸ *(tripoter)* ***~ à qn*** jdn anrühren ❹ *(modifier)* ***~ au règlement*** die Regeln antasten ❺ *(concerner)* ***~ à un domaine*** ein Gebiet berühren ❻ *(aborder)* ***~ à un problème/sujet*** ein Problem/Thema ansprechen ❼ *(être proche de)* ***~ à un lieu/objet*** an einen Ort/ein Objekt fast angrenzen; ***~ à sa fin*** dem Ende zugehen **III.** *vpr* ***se ~*** *(être en contact) personnes:* sich berühren; *immeubles, localités, propriétés:* an-

T

einandergrenzen **IV.** *m* ❶ *(sens)* Tastsinn *m* ❷ *(impression)* Beschaffenheit *f* ❸ MUS Anschlag *m;* SPORT Ballgefühl *nt* ▶ **au** ~ beim Berühren

touche-touche [tuʃtuʃ] *adv* **à** ~ *(fam)* dicht an dicht

touffe [tuf] *f* Büschel *nt*

touffu(e) [tufy] *adj (épais)* dicht; *sourcils* buschig; *végétation* üppig

touiller [tuje] <1> *vt (fam)* rühren *sauce;* wenden *salade;* umrühren *café*

toujours [tuʒuʀ] *adv* ❶ *(constamment)* immer ❷ *(encore)* immer noch ❸ *(en toutes occasions)* immer ❹ *(malgré tout)* dennoch ▶ **qn peut ~ faire qc** *(qn aura beau)* jd kann etw tun, so viel er will; **depuis** ~ seit eh und je

toundra [tundʀa] *f* Tundra *f*

toupet [tupɛ] *m* ❶ *(touffe)* Büschel *nt* ❷ *(fam: culot)* Frechheit *f*

Falsche Freunde

Nicht verwechseln mit *das Toupet – le postiche*!

toupie [tupi] *f* ❶ *(jouet)* Kreisel *m* ❷ TECH Fräsmaschine *f*

tour[1] [tuʀ] *f* ❶ *(monument)* Turm *m;* MIL Wehrturm; ~ ***de contrôle*** Tower *m;* ~ ***de forage*** Bohrturm *m;* ~ ***de guet*** Wachturm *m* ❷ *(immeuble)* Hochhaus *nt* ❸ JEUX Turm *m* ▶ **une vraie** ~ *(fam)* ein richtiger Kleiderschrank

Land und Leute

Der Eiffelturm, **la tour Eiffel**, ist sicherlich das berühmteste Wahrzeichen von Paris. Er wurde nach dem Ingenieur Gustave Eiffel benannt, der ihn 1887-89 anlässlich der Weltausstellung in Paris 1889 erbauen ließ. Der Turm selbst misst 300 Meter, einschließlich der Fernsehantenne 324 Meter. Von 1889 bis 1930 war der Eiffelturm das höchste Bauwerk der Welt.
Anfänglich war er bei der Pariser Bevölkerung auf Ablehnung gestoßen. Heute gilt der Eiffelturm als eines der schönsten architektonischen Werke der Welt und wird von mehr als sechs Millionen Menschen jährlich besucht.

tour[2] [tuʀ] *m* ❶ *(circonférence)* Umfang *m; des yeux* Ränder *Pl;* ~ ***de cou*** Halsband *nt;* ~ ***de hanches/poitrine*** Hüftweite *f*/Brustumfang ❷ *(brève excursion)* Tour *f;* ***faire un*** ~ eine Runde machen; ~ ***de France*** SPORT Tour *f* de France; HIST *Wanderschaft eines Handwerksgesellen;* ~ ***d'horizon*** Überblick *m* ❸ *(succession alternée)* ~ ***de garde/surveillance*** Wachdienst *m;* ***c'est au ~ de qn de faire qc*** jd ist dran etw zu tun *fam* ❹ *(rotation)* Umdrehung *f* ❺ *(duperie)* Streich *m* ❻ *(tournure)* [Rede]wendung *f* ❼ *(exercice habile)* Kunststück *nt;* ~ ***de force*** Kraftakt *m; (exploit moral)* Heldentat *f;* ~ ***de prestidigitation*** [*o* ***de magie***] Zaubertrick *m;* ~ ***de main*** Fingerfertigkeit *f* ❽ *(séance)* Runde *f;* ~ ***de chant*** Konzert *nt* ❾ POL Wahlgang *m;* ~ ***de scrutin*** Wahlgang *m* ▶ **faire le ~ du cadran** zwölf volle Stunden schlafen; **en un ~ de main** im Handumdrehen; **à ~ de rôle** abwechselnd; **jouer un ~ à qn** jdm übel mitspielen; **prendre un ~ désagréable/inquiétant** einen unangenehmen/beunruhigenden Verlauf nehmen; **c'est un ~ à prendre** das ist eine Frage der Übung

tourbe [tuʀb] *f* AGR Torf *m*

tourbière [tuʀbjɛʀ] *f* [Torf]moor *nt*

tourbillon [tuʀbijɔ̃] *m* ❶ *(vent)* Wirbelsturm *m;* ~ ***de neige*** Schneegestöber *nt* ❷ *(masse d'eau)* Strudel *m* ❸ *(colonne tournoyante)* ~ ***de sable*** Sandsturm *m* ❹ *(agitation)* ~ ***de la vie*** Lauf *m* des Leben

tourbillonnant(e) [tuʀbijɔnɑ̃, ɑ̃t] *adj vent* Wirbel-; *eau* strudelnd; *feuilles, fumée* wirbelnd

tourbillonnement [tuʀbijɔnmɑ̃] *m (tournoiement)* ~ ***des feuilles/de la fumée*** Blätter-/Rauchwirbel *m*

tourbillonner [tuʀbijɔne] <1> *vi feuilles:* [herum]wirbeln; *eaux:* strudeln; *fumée, neige, poussière:* aufwirbeln

tourisme [tuʀism] *m* Tourismus *m;* ***voiture de grand*** ~ AUT Grand-Tourisme-Wagen *m;* ~ ***vert*** Naturtourismus *m;* ***agence/office de*** ~ Reisebüro *nt*/Fremdenverkehrsamt *nt*

touriste [tuʀist] *mf* Tourist(in) *m(f)*

touristique [tuʀistik] *adj* ❶ *(relatif au tourisme)* touristisch; *activités* Freizeit-; *attrait* für Touristen; *billet, menu* Touristen-; *renseignement* Touristen- ❷ *région* Ferien-; ***ville*** ~ Ferienort *m*

tourmaline [tuʀmalin] *f* Turmalin *m*

tourment [tuʀmɑ̃] *m (littér)* ❶ *(souffrance morale)* Pein *f liter* ❷ *(douleur physique)* Marter *f liter;* ~***s de l'enfer*** Höllenqualen *Pl*

T

tourmente [tuʀmɑ̃t] *f (soutenu: tempête)* Unwetter *nt*

tourmenté(e) [tuʀmɑ̃te] *adj* ❶ *(angoissé)* gequält ❷ *côte, formes, paysages* zerklüftet; *style* verzerrt ❸ *mer* stürmisch; *vie* bewegt

tourmenter [tuʀmɑ̃te] <1> **I.** *vt* ❶ *(tracasser) ambition, envie, jalousie:* quälen; *doute, remords, scrupules:* plagen ❷ *(importuner)* **~ *qn de qc*** jdn mit etw bedrängen **II.** *vpr* ***se*** ~ sich *dat* Sorgen machen

tournage [tuʀnaʒ] *m* ❶ CINE Dreharbeiten *Pl;* **~ *d'un film*** Dreharbeiten für einen Film ❷ TECH Drehbankarbeiten *Pl*

tournailler [tuʀnɑje] <1> *vi (fam)* **~ *autour de qc/en ville*** an/bei etw herumlungern *fam*/sich in der Stadt herumtreiben

tournant [tuʀnɑ̃] *m* ❶ *(virage)* Kurve *f* ❷ *d'une carrière, histoire, vie* Wendepunkt *m; d'un match, d'une politique* Wende *f*

tournant(e) [tuʀnɑ̃, ɑ̃t] *adj plaque, pont, scène* Dreh-

tournante [tuʀnɑ̃nt] *f (arg) Mehrfachvergewaltigung durch Minderjährige*

tourné(e) [tuʀne] *adj (aigri)* schlecht geworden; *sauce, vin* umgekippt; *lait* sauer geworden ▸**article/lettre <u>bien</u>/<u>mal</u>** ~ gut/schlecht formulierter Artikel/Brief

tournebouler [tuʀnəbule] <1> *vt (fam)* durcheinanderbringen; **~ *la cervelle*** [*o* ***l'esprit***] [*o* ***les idées***] ***à qn*** jdn völlig durcheinanderbringen; ***être tourneboulé(e)*** völlig durcheinander sein

tournebroche [tuʀnəbʀɔʃ] *m* Drehspieß *m*

tourne-disque [tuʀnədisk] <tourne-disques> *m* Plattenspieler *m*

tournedos [tuʀnədo] *m* GASTR Tournedos *nt*

tournée [tuʀne] *f* ❶ *(circuit)* Tour *f; d'un artiste* Tournee *f;* ***être en*** ~ auf Tournee sein; *d'un conférencier* [Vortrags]reise *f* ❷ *(fam: au café)* Runde *f*

T

tournemain [tuʀnəmɛ̃] *m* ▸**<u>en</u> un** ~ im Handumdrehen

tourner [tuʀne] <1> **I.** *vt* ❶ *(mouvoir en rond)* drehen, herumdrehen *clé;* drehen *poignée* ❷ *(orienter)* **~ *la lampe vers la gauche/le haut*** die Lampe nach links/nach oben drehen; **~ *le dos à qn/qc*** jdm/etw den Rücken zuwenden ❸ *(retourner)* umdrehen *disque;* umblättern *page;* umdrehen *feuille* ❹ *(remuer)* umrühren ❺ *(contourner)* umgehen; *(en voiture, à vélo)* umfahren ❻ *(détourner)* abwenden *regard;* wegdrehen *tête* ❼ *(formuler)* formulieren ❽ *(transformer)* **~ *qn/qc en ridicule*** [*o* ***dérision***] jdn/etw lächerlich machen; **~ *à son avantage*** zu seinen/ihren Gunsten wenden ❾ CINE drehen ❿ TECH drehen, drechseln *bois* **II.** *vi* ❶ *(pivoter sur son axe)* sich drehen ❷ *(avoir un déplacement circulaire) personne, animal:* im Kreis herumlaufen; ***la terre tourne autour du soleil*** die Erde dreht sich um die Sonne ❸ *(fonctionner)* laufen; **~ *à vide*** leerlaufen; *moteur:* im Leerlauf sein; **~ *à plein rendement*** [*o* ***régime***] auf vollen Touren laufen; ***faire ~ un moteur*** einen Motor laufen lassen ❹ *(avoir trait à)* ***la conversation tourne autour de qn/qc*** die Unterhaltung dreht sich um jdn/etw ❺ *(bifurquer)* abbiegen ❻ *(s'inverser)* umschlagen; *vent:* drehen; ***la chance a tourné*** das Blatt hat sich gewendet ❼ *(évoluer)* **~ *à/en qc*** sich zu etw entwickeln; *événement:* als etw enden; ***le temps tourne au beau*** es heitert sich auf ❽ *(devenir aigre) crème, lait:* sauer werden ❾ CINE [Filme] drehen ❿ *(approcher)* **~ *autour de qc*** *prix, nombre:* [ungefähr] bei etw liegen ▸~ **<u>bien</u>/<u>mal</u>** *personne:* sich positiv entwickeln/auf die schiefe Bahn geraten; *chose:* gut/schlecht ausgehen **III.** *vpr* ❶ ***se ~ vers qn/qc*** *(s'adresser à)* sich an jdn/etw wenden; *(s'orienter)* sich jdm/etw zuwenden; *chose:* sich auf jdn/etw richten ❷ *(changer de position)* ***se ~ vers qn/de l'autre côté*** sich zu jdm/andersherum drehen

> **Falsche Freunde**
> Nicht verwechseln mit *turnen – faire de la gymnastique*!

tournesol [tuʀnəsɔl] *m* Sonnenblume *f;* ***graine*** *f* ***de*** ~ Sonnenblumenkern *m*

tourneur, -euse [tuʀnœʀ, -øz] *m, f* Dreher(in) *m(f); (sur bois)* Drechsler(in) *m(f)*

tournevis [tuʀnəvis] *m* Schraubendreher *m,* Schraubenzieher *m*

tournicoter [tuʀnikɔte] <1> *vi,* **tourniquer** [tuʀnike] <1> *vi (fam)* [ziellos] auf und ab [*o* hin und her] laufen

tourniquet [tuʀnikɛ] *m* ❶ *(barrière)* Drehkreuz *nt* ❷ *(porte)* Drehtür *f* ❸ *(pour arroser)* Rasensprenger *m* ❹ *(présentoir)* Drehständer *m*

tournis [tuʀni] *m (fam)* Drehwurm *m*

tournoi [tuʀnwa] *m* Turnier *nt*

tournoiement [tuʀnwamɑ̃] *m* Kreisen *nt; des feuilles* Herumwirbeln *nt*

tournoyer [tuʀnwaje] <6> *vi* sich [im Kreis] drehen; *(plus vite)* herumwirbeln

tournure [tuʀnyʀ] *f* ❶ *(évolution)* Wendung *f*; ***prendre bonne ~*** sich zum Guten wenden ❷ LING Wendung *f*; *(idiomatique)* Redewendung ❸ *(apparence)* Erscheinung *f* ❹ ***~ d'esprit*** Denkweise *f* ▶ **prendre** ~ Gestalt annehmen

tour-opérateur [tuʀɔpeʀatœʀ] <tour-opérateurs> *m* Reiseveranstalter *m*

tourte [tuʀt] *f* Pastete *f*

tourteau [tuʀto] <x> *m* ZOOL Taschenkrebs *m*

tourtereau [tuʀtəʀo] <x> *m* ❶ *pl (hum: amoureux)* Turteltäubchen *Pl* ❷ ORN Turteltaubenjunge(s) *nt*

tourterelle [tuʀtəʀɛl] *f* Turteltaube *f*

tourtière [tuʀtjɛʀ] *f (moule à tarte)* runde Pastetenform

tous [tu, tus] *v.* **tout**

toussailler [tusaje] <1> *vi* hüsteln

Toussaint [tusɛ̃] *f* ***la ~*** Allerheiligen *nt*

tousser [tuse] <1> *vi* ❶ *(avoir un accès de toux)* husten ❷ *(s'éclaircir la gorge)* sich räuspern ❸ *(pour avertir)* hüsteln ❹ *(avoir des ratés) moteur:* stottern

toussotement [tusɔtmɑ̃] *m* [leichter] Husten; *(pour avertir, de gêne)* Hüsteln *nt*

toussoter [tusɔte] <1> *vi* ❶ *(tousser légèrement)* leicht husten ❷ *(pour avertir, de gêne)* hüsteln

tout(e) [tu, tut, *pl:* tu(s), tut] <tous, toutes> **I.** *adj indéf* ❶ *sans pl (entier)* ***~ le temps/l'argent*** die ganze Zeit/das ganze Geld; ***~ le monde*** jeder[mann]; ***il a plu ~e la journée*** es hat den ganzen Tag geregnet; ***de ~ son poids*** mit seinem ganzen Gewicht; ***~ ce bruit*** dieser ganze Lärm, all dieser Lärm; ***nous avons ~ notre temps*** wir können uns Zeit lassen ❷ *sans pl (tout à fait)* ***c'est ~ le contraire*** ganz im Gegenteil ❸ *sans pl (seul, unique)* ***c'est ~ l'effet que ça te fait*** mehr fällt dir dazu nicht ein? ❹ *sans pl (complet)* ***j'ai lu ~ Balzac*** ich habe alles von Balzac gelesen; ***~ Londres*** ganz London; ***à ~ prix*** um jeden Preis; ***à ~e vitesse*** in aller Eile, schleunigst ❺ *sans pl (quel qu'il soit)* ***~ homme*** jeder [Mensch]; ***de ~e manière*** auf jeden Fall ❻ *pl (l'ensemble des)* ***~es les places*** alle Plätze; ***tous les jours*** jeden Tag; ***dans tous les cas*** in jedem Fall, in allen Fällen ❼ *pl (chaque)* ***tous les quinze jours*** alle vierzehn Tage; ***tous les deux jours*** jeden zweiten Tag ❽ *pl (ensemble)* ***nous avons fait tous les cinq ce voyage*** wir fünf haben diese Reise gemacht ❾ *pl (la totalité des)* ***à tous égards*** in jeder Beziehung; ***de tous côtés*** *arriver* von allen Seiten; *regarder* nach allen Seiten; ***de ~es sortes*** aller Art; ***un film tous publics*** ein Film für jedes Publikum; ***chiffon ~ usage*** Allzwecktuch *nt* **II.** *pron indéf* ❶ *sans pl (opp: rien)* alles ❷ *pl (opp: personne/aucun)* alle; ***un film pour tous*** ein Film *m* für jedermann; ***nous tous*** wir alle; ***tous/~es ensemble*** alle zusammen ❸ *sans pl (l'ensemble des choses)* ***~ ce qui bouge*** alles, was sich bewegt ▶ **il/elle a ~ pour lui/elle** *(fam)* alles spricht für ihn/sie; **et c[e n]'est pas ~!** und das ist [noch] nicht alles!; **être ~ pour qn** jds Ein und Alles sein; **c[e n]'est pas ~ [que] de faire qc** es reicht nicht etw zu tun; **~ est bien qui finit bien** *prov)* Ende gut, alles gut *prov;* **et ~ [et ~]** *(fam)* und so weiter [und so fort]; **~ ou rien** alles oder nichts; **en ~** *(au total)* im Ganzen; *(dans toute chose)* in allem; **en ~ et pour ~** alles in allem **III.** *adv* ❶ *(totalement)* ganz; ***le ~ premier/dernier*** der Allererste/-letzte; ***c'est ~ autre chose*** das ist etwas ganz Anderes ❷ *(très, vraiment)* ganz; ***~ autrement/simplement*** ganz anders/einfach; ***~ près*** ganz in der Nähe; ***~ près de*** ganz nahe bei; ***~ à côté*** gleich daneben; ***~ à côté de qn/qc*** genau neben jdm/etw; ***~ autour*** ringsherum; ***~ autour de*** rings um ❸ *(aussi)* ***~e maligne qu'elle soit*** so schlau sie auch ist ❹ *inv (en même temps)* ***~ en faisant qc*** während jd etw tut; *(quoique)* obwohl jd etw tut ❺ *(en totalité)* ganz; ***tissu ~ laine/soie*** Stoff *m* aus reiner Wolle/Seide ▶ **~ à coup** plötzlich; **~ d'un coup** *(en une seule fois)* gleichzeitig; *(soudain)* plötzlich; **~ à fait** ganz; ***être ~ à fait charmant*** äußerst charmant sein; ***c'est ~ à fait possible*** das ist sehr gut möglich; **~ de suite** sofort; **c'est ~ comme** *(fam)* es läuft auf dasselbe hinaus; **c'est ~ vu** das ist todsicher *fam;* **~ de même** *(quand même)* trotz alledem; **le ~ Paris** alles, was in Paris Rang und Namen hat **IV.** *m(f)* ❶ *(totalité)* Gesamtheit *f* ❷ *(ensemble)* ***le ~*** das Ganze ▶ **[pas] du ~!** [ganz und] gar nicht!; ***elle n'avait pas du ~ de pain*** sie hatte überhaupt kein Brot [im Haus]

tout-à-l'égout [tutalegu] *m inv* Abwasseranschluss *m*

toutefois [tutfwa] *adv* jedoch

toute-puissance [tutpɥisɑ̃s] *f sans pl* Allmacht *f*; ***exercer sa ~ sur qn*** seine/ihre grenzenlose Macht über jdn ausüben

T

tout-fou [tufu] <tout-fous> **I.** *adj* total verrückt **II.** *m (fam)* Spinner *m fam;* ***faire le ~*** verrückt spielen

toutou [tutu] *m (enfantin: chien)* Wauwau *m* ▶ **suivre qn comme un ~** *(fam)* jdm wie ein Hündchen nachlaufen

tout-petit [tup(ə)ti] <tout-petits> *m* Kleinkind *nt* **tout-puissant, toute-puissante** [tupɥisɑ̃, tutpɥisɑ̃t] <tout-puissants> **I.** *adj* allmächtig **II.** *m, f* ❶ *(souverain absolu)* allmächtiger Herrscher *m/*allmächtige Herrscherin *f* ❷ REL ***le Tout-Puissant*** der Allmächtige **tout-répressif** [turepresif] *m sans pl* ***le ~*** staatliche Repressionen *Pl;* ***politique du ~*** staatliche Repressionspolitik **tout-sécuritaire** [tusekyritɛr] *m sans pl* ***politique du ~*** Politik *f* der öffentlichen Sicherheit **tout-terrain** [tutɛrɛ̃] <tout-terrains> **I.** *adj* Gelände-; ***vélo ~*** Mountainbike *nt* **II.** *m (véhicule)* Geländewagen *m* **tout-venant** [tuv(ə)nɑ̃] *m inv* ***le ~*** *(gens banals)* jeder x-Beliebige; *(choses courantes)* nichts Besonderes; ***prendre du ~*** irgend etwas nehmen; ***être fréquenté(e) par le ~*** von der breiten Masse besucht werden

toux [tu] *f* Husten *m*

toxicité [tɔksisite] *f* Giftigkeit *f*

toxico [tɔksiko] *mf abr de* **toxicomane**

toxicologie [tɔksikɔlɔʒi] *f* Toxikologie *f;* ***~ de l'environnement*** Umwelttoxikologie

toxicologique [tɔksikɔlɔʒik] *adj* toxikologisch

toxicologue [tɔksikɔlɔg] *mf* Toxikologe *m/*Toxikologin *f*

toxicomane [tɔksikɔman] **I.** *adj* drogensüchtig **II.** *mf* [Drogen]süchtige(r) *f(m),* Drögler(in) *m(f)* CH

toxicomanie [tɔksikɔmani] *f* Drogensucht *f*

toxine [tɔksin] *f* Toxin *nt*

toxique [tɔksik] *adj* giftig, toxisch; *gaz* Gift-; ***pouvoir ~*** Giftigkeit *f*

trac [trak] *m (fam)* Lampenfieber *nt;* ***avoir le ~*** Lampenfieber haben

tracas [traka] *m* Sorgen *Pl;* ***se faire du ~*** sich *dat* Sorgen machen

tracasser [trakase] <1> **I.** *vt* ***~ qn*** jdm Sorgen bereiten; *administration:* jdn schikanieren **II.** *vpr* ***se ~ pour qn/qc*** sich *dat* um jdn/etw Sorgen machen

tracasserie [trakasri] *f gén pl* Scherereien *Pl fam*

tracassier, -ière [trakasje, -jɛr] *adj* lästig; *administration, bureaucratie* schikanös

trace [tras] *f* ❶ *(empreinte)* Spur *f; d'un animal* Fährte *f* ❷ *(marque laissée)* Spur *f; (cicatrice)* Narbe *f;* ***~s de fatigue*** Anzeichen *Pl* von Müdigkeit; ***disparaître sans laisser de ~s*** spurlos verschwinden ❸ *(voie tracée)* Pfad *m; (au ski)* Spur *f* ❹ *(quantité minime)* ***~s de poison*** Spuren *Pl* von Gift ▶ **marcher sur les ~s de qn** in jds Fußstapfen *akk* treten; **suivre qn à la ~** jdm auf den Fersen sein

tracé [trase] *m* ❶ *(parcours)* Verlauf *m* ❷ *du réseau routier/ferroviaire* Streckenführung *f; d'un bâtiment, d'installations* Grundriss *m* ❸ *(graphisme)* Linienführung *f*

tracer [trase] <2> *vt* ❶ *(dessiner)* zeichnen, schreiben *chiffre, mot;* ziehen *ligne* ❷ *(frayer)* bahnen *piste;* anlegen *route* ❸ *(décrire)* skizzieren *portrait, tableau*

traceur [trasœr] *m* ❶ CHIM, MED, RADIO Indikator *m* ❷ INFORM Plotter *m*

trachée [traʃe] *f* ❶ ANAT Luftröhre *f* ❷ ZOOL, BOT Trachee *f*

trachée-artère [traʃeartɛr] <trachées-artères> *f* Luftröhre *f*

trachéite [trakeit] *f* MED Luftröhrenentzündung *f*

trachéotomie [trakeɔtɔmi] *f* Luftröhrenschnitt *m*

tract [trakt] *m* Flugblatt *nt;* ***~ publicitaire*** Werbeprospekt *m*

tractation [traktasjɔ̃] *f gén pl* Mauschelei *f pej*

tracter [trakte] <1> *vt* schleppen, ziehen *caravane*

tracteur [traktœr] *m* ❶ AUT [Sattel]schlepper *m* ❷ AGR Traktor *m*

traction [traksjɔ̃] *f* ❶ TECH Zugkraft *f* ❷ AUT Antrieb *m;* ***~ avant/arrière*** Vorder-/Hinterradantrieb; ***c'est une ~ avant/arrière*** das Auto hat Vorder-/Hinterradantrieb ❸ *(à la barre, aux anneaux)* Klimmzug *m* ❹ CHEMDFER Antrieb *m*

tractus [traktys] *m* ANAT ***~ digestif*** Verdauungstrakt *m;* ***~ gastro-intestinal*** Gastrointestinaltrakt

tradition [tradisjɔ̃] *f* ❶ *(coutume)* Tradition *f* ❷ *sans pl (coutumes transmises)* Tradition *f* ❸ REL Tradition *f* ❹ JUR Übergabe *f* ▶ **dans la [grande] ~ de qn/qc** wie es bei jdm/etw Tradition ist; **de ~** traditionell

traditionalisme [tradisjɔnalism] *m* Traditionalismus *m*

traditionaliste [tradisjɔnalist] **I.** *adj* traditionalistisch **II.** *mf* Traditionalist(in) *m(f)*

traditionnel(le) [tradisjɔnɛl] *adj* ❶ *(conforme à la tradition)* traditionell; *idée* althergebracht ❷ *(habituel)* üblich

traditionnellement [tʀadisjɔnɛlmɑ̃] *adv* ❶ *(selon la tradition)* traditionsgemäß ❷ *(habituellement)* üblicherweise ❸ *(comme toujours)* wie üblich

traducteur [tʀadyktœʀ] *m* INFORM ~ ***de poche*** Sprachcomputer *m*

traducteur, **-trice** [tʀadyktœʀ, -tʀis] *m, f* *(interprète)* Übersetzer(in) *m(f)*

traduction [tʀadyksjɔ̃] *f* ❶ *(dans une autre langue)* Übersetzung *f;* ~ ***en allemand/français*** Übersetzung ins Deutsche/Französische; ~ ***simultanée*** Simultandolmetschen *nt* ❷ *d'un sentiment* Ausdruck *m*

traductrice [tʀadyktʀis] *f* Übersetzerin *f*

traduire [tʀadɥiʀ] <irr> **I.** *vt* ❶ *(dans une autre langue)* ~ ***Goethe de l'allemand en français*** Goethe vom Deutschen ins Französische übersetzen ❷ *(exprimer)* ~ ***une pensée/un sentiment*** *chose:* der Ausdruck eines Gedankens/eines Gefühls sein; *personne:* einen Gedanken/ein Gefühl zum Ausdruck bringen ❸ JUR ~ ***en justice*** [*o* ***devant les tribunaux***] dem Gericht überstellen **II.** *vpr* ❶ *(être traduisible)* ***se ~ en qc*** sich in etw *akk* übersetzen lassen ❷ *(s'exprimer)* ***se ~ par qc*** *sentiment:* sich in etw *dat* ausdrücken

traduisible [tʀadɥizibl] *adj* übersetzbar; *doctrine* umsetzbar

trafic [tʀafik] *m* ❶ *(circulation)* Verkehr *m* ❷ *(péj: commerce)* Schwarzhandel *m;* ~ ***de drogue*** Drogenhandel *m* ❸ *(fam: activité suspecte)* Machenschaften *Pl*

traficoter [tʀafikɔte] <1> *vt (fam)* ❶ *(falsifier)* frisieren, verfälschen *produit* ❷ *(bricoler)* ~ ***un appareil*** an einem Gerät herumbasteln ❸ *(manigancer)* aushecken

trafiquant(e) [tʀafikɑ̃, ɑ̃t] *m(f)* Schieber(in) *m(f);* ~*(e)* ***de drogue*** Dealer(in) *m(f)*

trafiquer [tʀafike] <1> *vt (fam)* ❶ *(falsifier)* frisieren *comptes, moteur;* verfälschen *produit* ❷ *(bricoler)* ~ ***qc*** an etw *dat* herumbasteln ❸ *(manigancer)* aushecken

tragédie [tʀaʒedi] *f* Tragödie *f*

tragédien(ne) [tʀaʒedjɛ̃, jɛn] *m(f)* Tragödiendarsteller(in) *m(f)*

tragicomédie [tʀaʒikɔmedi] *f* Tragikomödie *f*

tragicomique [tʀaʒikɔmik] *adj* tragikomisch

tragique [tʀaʒik] **I.** *adj auteur* Tragödien-; *accident* tragisch **II.** *m* ❶ *sans pl (genre littéraire)* Tragödie *f* ❷ *sans pl (gravité)* Tragik *f*

tragiquement [tʀaʒikmɑ̃] *adv* tragisch; *mourir* auf tragische [Art und] Weise

trahir [tʀaiʀ] <8> **I.** *vt* ❶ *(tromper)* verraten, hintergehen *ami;* betrügen *femme;* missbrauchen *confiance* ❷ *(révéler)* verraten ❸ *(dénaturer)* verfälschen *auteur, pièce* ❹ *(lâcher) sens:* täuschen **II.** *vi* Verrat begehen **III.** *vpr* ***se ~ par une action/un geste*** sich durch eine Handlung/Geste verraten

trahison [tʀaizɔ̃] *f* ❶ *(traîtrise)* Verrat *m kein Pl; d'une femme* Treuebruch *m* ❷ *d'une œuvre* Verfälschung *f*

train [tʀɛ̃] *m* ❶ CHEMDFER Zug *m;* ~ ***express/omnibus/rapide*** Eilzug/Nahverkehrszug/Schnellzug; ~ ***à grande vitesse*** Hochgeschwindigkeitszug *m;* ~ ***électrique/à vapeur*** Eisenbahn mit Elektrolokomotive/mit Dampflokomotive; ***le ~ en direction/venant de Lyon*** der Zug nach/aus Lyon; ***prendre le ~*** mit dem Zug fahren ❷ *(allure)* Tempo *nt;* ~ ***de sénateur*** Schneckentempo *nt;* ***à ce ~*** bei diesem Tempo; ~ ***de vie*** Lebensstandard *m* ❸ *(jeu)* Satz *m;* ***un ~ de roues/pneus*** ein Satz Räder/Reifen; ~ ***d'atterrissage*** Fahrwerk *nt* ❹ *de textes, négociations* Reihe *f;* ~ ***de réformes*** Reformpaket *nt;* ~ ***d'expulsions/de licenciements*** Ausweisungs-/Entlassungsflut *f* ❺ AUT ~ ***avant/arrière*** Vorder-/Hinterachse *f* ▸ **prendre le ~ en marche** sich noch anschließen; **mener grand ~** auf großem Fuße leben; **un ~ peut en cacher un autre** der erste Eindruck kann täuschen; **être en ~ de faire qc** gerade etw tun, [gerade] dabei sein etw zu tun; **en ~** *(en forme)* fit; ***mettre en ~*** *(moralement)* aufmuntern; *(physiquement)* fit machen; *(personne)* in Stimmung bringen

traînailler [tʀɛnɑje] <1> *vi (fam)* ❶ *(lambiner)* [herum]trödeln *fam* ❷ *(être inoccupé)* herumlungern *fam*

traînant(e) [tʀɛnɑ̃, ɑ̃t] *adj* ❶ *(lent)* schleppend; *démarche* schlurfend ❷ *(qui traîne à terre)* hängend

traînard(e) [tʀɛnaʀ, aʀd] *m(f) (fam: lambin)* Trödelfritze *m*/Trödelliese *f*

traînasser [tʀɛnase] <1> *vi (péj fam)* sich herumtreiben *pej fam*

traîne [tʀɛn] *f* COUT Schleppe *f* ▸ **à la ~** *(en retard)* zu spät

traîneau [tʀɛno] <x> *m* Schlitten *m*

traînée [tʀene] *f (trace)* Spur *f; d'une étoile filante* Schweif *m* ▸ **comme une ~ de poudre** wie ein Lauffeuer

T

traînement [tʀɛnmɑ̃] *m* Nachschleppen *nt;* ~ ***de pieds*** Schlurfen *nt*

traîner [tʀene] <1> **I.** *vt* ❶ *(tirer)* ziehen; *véhicule:* schleppen, nachziehen *jambe* ❷ *(emmener de force)* schleppen ❸ *(être encombré de)* mitschleppen *fam;* ~ ***avec soi*** mit sich herumschleppen *fam* ❹ *(ne pas se séparer de)* ~ ***une idée*** an einer Idee festhalten **II.** *vi* ❶ *(lambiner) personne:* trödeln; *discussion, maladie, procès:* sich [hin]ziehen ❷ *(vadrouiller) personne:* herumhängen ❸ *(être en désordre)* herumliegen ❹ *(pendre à terre)* schleifen ❺ *(être lent)* ***elle a l'accent qui traîne*** sie hat einen schleppenden Tonfall **III.** *vpr* ❶ *(se déplacer difficilement)* ***se*** ~ sich dahinschleppen ❷ *(se forcer)* ***se*** ~ ***pour faire qc*** sich richtig aufraffen müssen etw zu tun

traîne-savates [tʀɛnsavat] *mf inv (fam)* ❶ *(indigent)* Penner(in) *m(f) fam* ❷ *(oisif)* Faulenzer(in) *m(f)*

training [tʀeniŋ] *m (entraînement)* [Fitness]training *nt*

train-train [tʀɛ̃tʀɛ̃] *m sans pl (fam)* [Alltags]trott *m*

traire [tʀɛʀ] <irr, défec> *vt* melken

trait [tʀɛ] *m* ❶ *(ligne)* Strich *m* ❷ *(caractéristique)* [Grund]zug *m; distinctif, dominant* Merkmal *nt* ❸ *gén pl (lignes du visage)* [Gesichts]züge *Pl* ❹ *(preuve)* Beweis *m* ❺ *(courroie)* Zugriemen *m* ❻ MUS Passage *f* ❼ LING Merkmal *nt;* ~ ***d'union*** LING Bindestrich *m; (lien)* Bindeglied *nt* ▶ ~ **de génie** Geistesblitz *m;* **boire à longs ~s** in langen Zügen trinken; **avoir ~ à qc** etw betreffen; *film, livre:* von etw handeln; **tirer un ~ sur qc** *(renoncer)* etw aufgeben; *(mettre un terme)* einen Schlussstrich unter etw *akk* ziehen; **d'un** ~ in einem Zug; ~ **pour** ~ ganz genau

traitant(e) [tʀɛtɑ̃, ɑ̃t] *adj* pflegend; *shampoing, lotion* Pflege-; *médecin* behandelnd

traite [tʀɛt] *f* ❶ *(achat à crédit)* ~ ***de qc*** Rate *f* für etw ❷ AGR *des vaches* Melken *nt* ❸ *(trafic)* Handel *m;* ***la*** ~ ***des noirs/blanches*** der Sklaven-/Mädchenhandel ▶ [**tout**] **d'une** [**seule**] ~ in einem [einzigen] Zug

traité [tʀete] *m* ❶ POL Vertrag *m;* ~ ***de Maastricht*** Maastrichtabkommen *nt;* ~ ***de Versailles*** Versailler Vertrag *m* ❷ *(ouvrage)* Abhandlung *f*

traitement [tʀɛtmɑ̃] *m* ❶ MED Behandlung *f;* ~ ***du visage*** Gesichtsbehandlung ❷ *du chômage, d'un problème, d'une question* Handhabung *f* ❸ *(comportement)* ~ ***de qn*** Art *f* mit jdm umzugehen; ~ ***de faveur*** Sonderbehandlung *f* ❹ TECH Behandeln *nt; de l'eau, de déchets radioactifs* [Wieder]aufbereitung *f* ❺ INFORM ~ ***multitâche*** Multitasking *nt;* ~ ***de l'information*** [*o* ***des données***] Datenverarbeitung *f;* ~ ***de texte*** Textverarbeitung *f* ❻ *(rémunération)* Gehalt *nt*

traiter [tʀete] <1> **I.** *vt* ❶ *(se comporter envers)* behandeln ❷ MED behandeln; ***se faire*** ~ ***pour qc*** wegen etw in Behandlung sein ❸ *(qualifier)* ~ ***qn de fou/menteur*** jdn einen Spinner/Lügner nennen ❹ *(analyser)* behandeln *sujet* ❺ *(régler)* erledigen *affaire, question;* bearbeiten *dossier* ❻ TECH behandeln, [wieder]aufbereiten *déchets, eaux;* raffinieren *pétrole;* ***oranges non traitées*** ungespritzte Orangen ❼ INFORM verarbeiten *données, texte* ❽ *(recevoir à table)* bewirten **II.** *vi* ❶ *(avoir pour sujet)* ~ ***de qc*** sich mit etw befassen; *conférencier:* über etw *akk* sprechen; *film:* von etw handeln ❷ *(négocier)* verhandeln **III.** *vpr (être réglé)* ***se*** ~ erledigt werden

traiteur [tʀɛtœʀ] *m* Feinkostgeschäft *nt; (à domicile)* Partyservice *m*

traître, traîtresse [tʀɛtʀ, tʀɛtʀɛs] **I.** *adj* ❶ *(qui trahit)* verräterisch ❷ *(sournois)* tückisch; *escalier, virage* gefährlich; *paroles* trügerisch **II.** *m, f (judas)* ~ ***à qn/qc*** Verräter an jdm/etw ▶ **en** ~ hinterrücks

traîtreusement [tʀɛtʀøzmɑ̃] *adv* hinterlistig, hinterrücks

traîtrise [tʀetʀiz] *f* ❶ *(déloyauté)* Hinterlist *f* ❷ *(acte perfide)* Verrat *m* ❸ *(danger caché)* Tücke *f; d'un escalier, virage* Gefährlichkeit *f*

trajectoire [tʀaʒɛktwaʀ] *f* ❶ *d'un véhicule* Kurs *m; d'un projectile* Flugbahn *f; d'une planète* Umlaufbahn *f* ❷ *(carrière)* Laufbahn *f*

trajet [tʀaʒɛ] *m* Strecke *f; d'une artère, d'un nerf* Bahn *f*

tralala [tʀalala] *m (fam)* Drum und Dran *nt fam;* ***avec tout le*** ~ mit allem Drum und Dran *fam*

tram [tʀam] *m (fam) abr de* **tramway**

tram-bus [tʀambys] *m inv* Spurbus *m*

trame [tʀam] *f* ❶ TEXTIL Schuss[faden *m*] *m* ❷ *d'un récit, film, livre* Gerüst *nt;* ***sur cette*** ~ vor diesem Hintergrund ▶ **usé jusqu'à la** ~ fadenscheinig

tramer [tʀame] <1> **I.** *vt* ❶ *(ourdir)* planen *coup;* schmieden *complot* ❷ TEXTIL weben **II.** *vpr* ***se*** ~ ***contre qn/qc*** *intrigue:* gegen jdn/etw im Gange sein; *complot:* gegen jdn/etw geschmiedet werden

T

traminot [tʀamino] *m* Straßenbahnangestellte(r) *f(m)*
tramontane [tʀamɔ̃tan] *f* Tramontana *f*
trampoline [tʀɑ̃pɔlin] *m* Trampolin *nt*
tramway [tʀamwɛ] *m* Straßenbahn *f*
tranchant [tʀɑ̃ʃɑ̃] *m* ❶ *(côté coupant)* Schneide *f* ❷ *d'un argument* Durchschlagskraft *f; d'un reproche* Härte *f* ▶ **être à double** ~ zweischneidig sein
tranchant(e) [tʀɑ̃ʃɑ̃, ɑ̃t] *adj* ❶ *(coupant)* scharf ❷ *(péremptoire)* scharf; *reproche* heftig; *personne* kategorisch ❸ *(trop vif)* hart
tranche [tʀɑ̃ʃ] *f* ❶ *(portion)* Scheibe *f* ❷ *de travaux* Abschnitt *m; de remboursement* Rate *f;* ~ ***d'âge*** Altersstufe *f;* ~ ***de revenus*** Einkommensklasse *f;* ~ ***de vie*** Lebensabschnitt *m* ❸ *d'une pièce de monnaie* Rand *m; d'une planche* Kante *f; d'un livre* Schnitt *m* ❹ *(viande) Stück Rindfleisch aus einem Teil der Blume* ▶ **s'en payer une** ~ *(fam)* seinen Spaß haben
tranché(e) [tʀɑ̃ʃe] *adj* klar
tranchée [tʀɑ̃ʃe] *f* ❶ *(fossé)* Graben *m; des câbles* Kanal *m* ❷ MIL [Schützen]graben *m*
trancher [tʀɑ̃ʃe] <1> **I.** *vt* ❶ *(couper au couteau)* durchschneiden; *(couper à l'épée)* durchschlagen ❷ *(résoudre)* entscheiden *différend, débat;* klären *question* **II.** *vi (décider)* ~ ***en faveur de qn/qc*** eine Entscheidung zugunsten von jdm/etw treffen
tranchoir [tʀɑ̃ʃwaʀ] *m* ❶ *(planche)* Tranchierbrett *nt* ❷ *(couteau)* Tranchiermesser *nt*
tranquille [tʀɑ̃kil] **I.** *adj* ❶ *(calme)* ruhig; *eau* still; *élève, enfant* brav ❷ *endroit* friedlich ❸ *(en paix)* ***être*** ~ *personne:* seine/ihre Ruhe haben; ***laisser*** ~ in Ruhe lassen ❹ *(rassuré)* beruhigt ❺ *conviction* still; *courage* fest ❻ *(iron fam: certain)* ***là, je suis*** ~ da kann man Gift drauf nehmen ▶ **pouvoir dormir** ~ beruhigt sein können; **se tenir** ~ stillhalten **II.** *adv (fam)* ❶ *(facilement)* mit links ❷ *(sans crainte)* in aller [Seelen]ruhe
tranquillement [tʀɑ̃kilmɑ̃] *adv* ❶ *(paisiblement)* in [aller] Ruhe; *vivre* in Frieden ❷ *(avec maîtrise de soi)* ruhig ❸ *(sans risque)* unbesorgt ❹ *(sans se presser)* in [aller] Ruhe
tranquillisant [tʀɑ̃kilizɑ̃] *m* Beruhigungsmittel *nt*
tranquillisant(e) [tʀɑ̃kilizɑ̃, ɑ̃t] *adj* beruhigend
tranquilliser [tʀɑ̃kilize] <1> **I.** *vt* beruhigen **II.** *vpr* ***se*** ~ sich beruhigen
tranquillité [tʀɑ̃kilite] *f* ❶ *(calme)* Ruhe *f; d'un lieu, de la mer, rue* Stille *f* ❷ *(sérénité)* Ruhe *f; matérielle* Sicherheit *f* ▶ **en toute** ~ ungestört
transaction [tʀɑ̃zaksjɔ̃] *f* COM Geschäft *nt;* ~ ***boursière*** Börsentransaktion
transactionnel(le) [tʀɑ̃zaksjɔnɛl] *adj* JUR Vergleichs-
transalpin(e) [tʀɑ̃zalpɛ̃, in] *adj* ❶ *(italien)* italienisch ❷ GEOG, HIST transalpin[isch]
transat [tʀɑ̃zat] *abr de* **transatlantique**
transatlantique [tʀɑ̃zatlɑ̃tik] **I.** *adj* überseeisch **II.** *m* ❶ *(paquebot)* Ozeandampfer *m* ❷ *(chaise)* Liegestuhl *m* **III.** *f* [Trans]atlantikregatta *f*
transbahuter [tʀɑ̃sbayte] <1> *vt (fam)* wegschleppen
transbordement [tʀɑ̃sbɔʀdəmɑ̃] *m d'une cargaison* Umschlagen *nt; de passagers* Umsteigen *nt;* NAUT Umschiffen *nt*
transborder [tʀɑ̃sbɔʀde] <1> *vt* umschlagen *marchandises;* umsteigen lassen *personnes;* NAUT umschiffen *personnes*
transbordeur [tʀɑ̃sbɔʀdœʀ] **I.** *adj* ***navire*** ~ Fähre *f* **II.** *m (car-ferry)* Autofähre *f*
transcendance [tʀɑ̃sɑ̃dɑ̃s] *f* Transzendenz *f*
transcendant(e) [tʀɑ̃sɑ̃dɑ̃, ɑ̃t] *adj* ❶ *(remarquable)* überragend; ***ne pas être*** ~***(e)*** *personne:* nicht gerade eine Leuchte sein *fam* ❷ PHILOS, REL, MATH transzendent
transcendantal(e) [tʀɑ̃sɑ̃dɑ̃tal, -o] <-aux> *adj* transzendental
transcender [tʀɑ̃sɑ̃de] <1> **I.** *vt (dépasser)* ~ ***qc*** die Grenzen einer S. *gen* überschreiten **II.** *vpr* ***se*** ~ über sich selbst hinauswachsen
transcodage [tʀɑ̃skɔdaʒ] *m (action)* Übersetzen *nt; (résultat)* Übersetzung *f*
transcoder [tʀɑ̃skɔde] <1> *vt* umcodieren
transcodeur [tʀɑ̃skɔdœʀ] *m* Transcoder *m*
transcontinental(e) [tʀɑ̃skɔ̃tinɑ̃tal, o] <-aux> *adj* transkontinental
transcripteur [tʀɑ̃skʀiptœʀ] *m (personne)* Kopist(in) *m(f); (machine)* Kopiergerät *nt,* Kopierer *m*
transcription [tʀɑ̃skʀipsjɔ̃] *f* ❶ *(copie)* Abschrift *f; d'une émission, conversation* Niederschrift *f* ❷ LING, MUS, BIO Transkription *f;* ~ ***phonétique*** Lautschrift *f*
transcrire [tʀɑ̃skʀiʀ] <irr> *vt* ❶ *(copier)* abschreiben *manuscrit, texte;* aufschreiben *message oral* ❷ ADMIN, JUR eintragen ❸ LING, BIO, MUS transkribieren
transculturel(le) [tʀɑ̃skyltyʀɛl] *adj* kulturübergreifend

transdisciplinaire [tʀɑ̃sdisiplinɛʀ] *adj* fächerübergreifend

transe [tʀɑ̃s] *f* ❶ *pl (affres)* Ängste *Pl* ❷ *(état second)* Trance *f*

transept [tʀɑ̃sɛpt] *m* Querschiff *nt*

transférable [tʀɑ̃sfeʀabl] *adj* ❶ *(transportable)* transportfähig ❷ FIN transferabel; *propriété, valeur* übertragbar

transfèrement [tʀɑ̃sfɛʀmɑ̃] *m* Verlegung *f*

transférer [tʀɑ̃sfeʀe] <5> *vt* ❶ *(déplacer)* verlegen *bureaux, gouvernement;* überführen *cendres, dépouille;* überführen *prisonnier;* versetzen *fonctionnaire;* ***nos bureaux ont été transférés*** wir sind umgezogen ❷ JUR transferieren ❸ FIN **~ *une somme à qn*** jdm einen Betrag überweisen ❹ PSYCH **~ *une émotion sur qn/qc*** eine Emotion auf jdn/etw übertragen

transfert [tʀɑ̃sfɛʀ] *m* ❶ *du gouvernement* Verlegung *f; d'un bureau* Umzug *m; de cendres* Überführung *f; de prisonnier* Verlegung *f; de fonctionnaire* Versetzung *f; de population* Umsiedlung *f; de documents* Umlagerung *f;* **~ *d'appel*** TELEC [automatische] Rufumleitung *f* ❷ SPORT Transfer *m* ❸ FIN Überweisung *f* ❹ PSYCH, INFORM Übertragung *f*

transfiguration [tʀɑ̃sfigyʀasjɔ̃] *f* ❶ *(transformation)* Verwandlung *f* ❷ REL ***la Transfiguration*** die Verklärung [Christi]

transfigurer [tʀɑ̃sfigyʀe] <1> *vt* völlig verwandeln, verklären *visage, réalité*

transfo [tʀɑ̃sfo] *m (fam) abr de* **transformateur** Trafo *m*

transformable [tʀɑ̃sfɔʀmabl] *adj* veränderbar; ***être* ~ *en qc*** sich in etw *akk* verwandeln lassen

transformateur [tʀɑ̃sfɔʀmatœʀ] *m* ELEC Transformator *m*

T

transformation [tʀɑ̃sfɔʀmasjɔ̃] *f* ❶ *(changement)* Veränderung *f; d'une maison, pièce* Umbau *m kein Pl; de matières premières* Verarbeitung *f kein Pl* ❷ *(métamorphose)* **~ *en qc*** Verwandlung *f* in etw *akk* ❸ SPORT Erhöhung *f*

transformer [tʀɑ̃sfɔʀme] <1> **I.** *vt* ❶ *(modifier)* verwandeln, umstrukturieren *entreprise;* [ab]ändern *vêtement;* verarbeiten *matière première* ❷ *(opérer une métamorphose)* **~ *une pièce en bureau*** einen Raum in ein Arbeitszimmer umgestalten ❸ SPORT verwandeln *pénalité, penalty;* erhöhen *essai* ❹ MATH umformen **II.** *vpr* ❶ *(changer)* ***se*** **~** sich verändern ❷ *(changer de nature)* ***se* ~ *en jeune homme sérieux*** zu einem ernsthaften jungen Mann werden ❸ CHIM, PHYS ***l'eau se transforme en glace*** Wasser wird zu Eis

transfrontalier, -ière [tʀɑ̃sfʀɔ̃talje, -jɛʀ] *adj* ECON *production* grenzüberschreitend

transfuge [tʀɑ̃sfyʒ] *mf* Überläufer(in) *m(f)*

transfusé(e) [tʀɑ̃sfyze] *m(f)* Empfänger(in) *m(f)* einer [Blut]transfusion

transfuser [tʀɑ̃sfyze] <1> *vt* übertragen *sang;* **~ *qn*** jdm Blut übertragen

transfusion [tʀɑ̃sfyzjɔ̃] *f* [Blut]transfusion *f*

transgénique [tʀɑ̃sʒenik] *adj* BIO *fruits, légumes* gentechnisch verändert

transgenre [tʀɑ̃sʒɑ̃ʀ] **I.** *adj* transsexuell **II.** *mf* Transsexuelle(r) *f(m)*

transgresser [tʀɑ̃sgʀese] <1> *vt* **~ *la loi*** das Gesetz übertreten

transgression [tʀɑ̃sgʀesjɔ̃] *f* **~ *d'une interdiction*** Verstoß *m* gegen ein Verbot

transhumance [tʀɑ̃zymɑ̃s] *f* Almauftrieb *m,* Herdenwanderung *f*

transhumer [tʀɑ̃zyme] <1> *vi animal:* das Weidegebiet wechseln

transiger [tʀɑ̃ziʒe] <2a> *vi (faire un compromis)* **~ *avec qn/qc*** sich mit jdm/einer S. abfinden; **~ *avec le collègue*** mit dem Kollegen einen Kompromiss schließen; **~ *sur un point*** in einem Punkt nachgeben

transistor [tʀɑ̃zistɔʀ] *m* ❶ RADIO Transistorradio *nt* ❷ ELEC Transistor *m*

transit [tʀɑ̃zit] *m* ❶ COM *des voyageurs, marchandises* Transit *m* ❷ ANAT Verdauung *f* ▶ **en** ~ Transit-

transitaire [tʀɑ̃zitɛʀ] *adj* Transit-

transiter [tʀɑ̃zite] <1> *vi* **~ *par qc*** durch etw reisen; *(en avion)* über etw *akk* fliegen; *marchandise:* transitieren

transitif, -ive [tʀɑ̃zitif, -iv] *adj* transitiv; ***verbe* ~ *direct/indirect*** Verb *nt* mit direktem Objekt/mit indirektem Objekt

transition [tʀɑ̃zisjɔ̃] *f (passage)* **~ *de l'enfance à qc*** Übergang *m* von der Kindheit zu etw; MUS Überleitung *f;* CINE Überblendung *f;* PHYS Übergang *m;* ***sans*** **~** übergangslos ▶ **de** ~ Übergangs-

transitivement [tʀɑ̃zitivmɑ̃] *adv* transitiv

transitivité [tʀɑ̃zitivite] *f* Transitivität *f*

transitoire [tʀɑ̃zitwaʀ] *adj* vorübergehend; *période* Übergangs-

transitoirement [tʀɑ̃zitwaʀmɑ̃] *adv* vorläufig

translation [tʀɑ̃slasjɔ̃] *f* GEOM Parallelverschiebung *f*

translucide [tʀɑ̃slysid] *adj* durchscheinend

translucidité [tʀɑ̃slysidite] *f* ❶ *(transparence)* Transparenz *f* ❷ TECH Lichtdurchlässigkeit *f*

transmanche [tʀɑ̃smɑ̃ʃ] *adj* ***trafic*** ~ Verkehr *m* über den Ärmelkanal

transmetteur [tʀɑ̃smetœʀ] *m* Sender *m*

transmettre [tʀɑ̃smɛtʀ] <irr> **I.** *vt* ❶ *(léguer)* weitergeben ❷ *(faire parvenir)* übermitteln *message;* weiterleiten *renseignement, ordre* ❸ RADIO, TELEC, TV übertragen ❹ BIO, MED ~ ***une maladie à qn*** jdn mit einer Krankheit anstecken ❺ SCI ~ ***de l'énergie/un signal*** Energie/ein Signal übertragen; *corps conducteur:* leiten **II.** *vpr* ❶ *(se passer)* ***se ~ qc*** sich *dat* etw übergeben; ***se ~ une maladie/des nouvelles*** sich [gegenseitig] anstecken/benachrichtigen ❷ *(se communiquer)* ***se*** ~ *secret:* weitergesagt werden; *métier:* weitergereicht werden; *maladie:* übertragen werden

transmissibilité [tʀɑ̃smisibilite] *f* ❶ MED Übertragbarkeit *f* ❷ JUR, ECON *d'un héritage, privilège* Vererbbarkeit *f; des actions* Übertragbarkeit *f;* ~ ***du nom commercial*** Firmenbeständigkeit *f*

transmissible [tʀɑ̃smisibl] *adj* ❶ MED ansteckend ❷ JUR vererbbar

transmission [tʀɑ̃smisjɔ̃] *f* ❶ *(passation)* Weitergabe *f;* ~ ***de l'autorité à qn*** Übertragung *f* der Machtbefugnisse auf jdn ❷ *(diffusion)* ~ ***d'une information à qn*** Weiterleitung *f* einer Information an jdn; ~ ***d'une lettre à qn*** Zustellung *f* einer Briefsendung an jdn; ~ ***de données*** Datenübertragung *f;* ~ ***de pensée*** Gedankenübertragung *f* ❸ RADIO, TELEC, TV Übertragung *f;* ~ ***à distance*** Fernübertragung ❹ SPORT *d'un ballon* Übergabe *f* ❺ BIO, MED, TECH Übertragung *f* ❻ AUT Getriebe *nt*

transmutation [tʀɑ̃smytasjɔ̃] *f* PHYS, CHIM Umwandlung *f*

transocéanique [tʀɑ̃zɔseanik] *adj* transozeanisch; *navigation, télégraphie* Übersee-

transparaître [tʀɑ̃spaʀɛtʀ] <irr> *vi forme, jour, idées, sentiment:* durchscheinen

transparence [tʀɑ̃spaʀɑ̃s] *f* ❶ *du cristal, verre* Transparenz *f; de l'air, de l'eau* Klarheit *f* ❷ *(absence de secret)* Transparenz *f; d'une allusion* Deutlichkeit *f*

transparent [tʀɑ̃spaʀɑ̃] *m* [Transparent]folie *f*

> **Falsche Freunde**
> Nicht verwechseln mit *das Transparent – la banderole*!

transparent(e) [tʀɑ̃spaʀɑ̃, ɑ̃t] *adj* ❶ *(opp: opaque)* durchsichtig; *air, eau* klar; ***papier*** ~ Pauspapier *nt* ❷ *(sans secret)* transparent; *affaire, négociation* offen ❸ *regard, yeux* klar; *personne* leicht zu durchschauen ❹ *(évident)* offensichtlich; *allusion* deutlich

transpercer [tʀɑ̃spɛʀse] <2> *vt* ❶ *(percer)* durchbohren; *balle:* durchschlagen ❷ *(passer au travers) froid:* durchdringen; *regard:* durchbohren; ~ ***qc*** *pluie:* durch etw dringen

transpiration [tʀɑ̃spiʀasjɔ̃] *f* ❶ *(processus)* Schwitzen *nt* ❷ *(sueur)* Schweiß *m; (soudaine)* Schweißausbruch *m*

transpirer [tʀɑ̃spiʀe] <1> *vi* ❶ *(suer)* schwitzen ❷ *(fam: se donner du mal)* ~ ***sur qc*** über etw ins Schwitzen geraten

transplant [tʀɑ̃splɑ̃] *m* Transplantat *nt*

transplantable [tʀɑ̃splɑ̃tabl] *adj* ❶ MED transplantierbar ❷ AGR umpflanzbar

transplantation [tʀɑ̃splɑ̃tasjɔ̃] *f* ❶ BIO, MED Transplantation *f; d'un organe* Verpflanzung *f* ❷ AGR Umpflanzen *nt* ❸ *(déplacement)* Verpflanzung *f; d'une population* Umsiedlung *f*

transplanté(e) [tʀɑ̃splɑ̃te] *m(f)* ❶ MED Organempfänger(in) *m(f)* ❷ SOCIOL Fremdling *m; (d'une autre région/ville)* Zugezogene(r) *f(m)*

transplanter [tʀɑ̃splɑ̃te] <1> **I.** *vt* ❶ BIO, MED verpflanzen ❷ AGR umpflanzen ❸ *(déplacer)* umsiedeln *population* **II.** *vpr* ***se*** ~ umsiedeln

transpondeur [tʀɑ̃spɔ̃dœʀ] *m* Transponder *m*

transport [tʀɑ̃spɔʀ] *m* ❶ *(acheminement)* Transport *m; de bagages, voyageurs* Beförderung *f; d'énergie* Übertragung *f* ❷ *pl* TRANSP ***les ~s*** das Verkehrswesen; ***~s aériens/routiers*** Luft-/Straßenverkehr *m;* ***le ministre des ~s*** der Verkehrsminister ▸ **entreprise de** ~ Spedition *f;* **moyens de** ~ Verkehrsmittel *Pl;* **~s en commun** öffentliche Verkehrsmittel *Pl*

transportable [tʀɑ̃spɔʀtabl] *adj marchandise* transportabel; *blessé, malade* transportfähig

transporter [tʀɑ̃spɔʀte] <1> *vt* ❶ *(acheminer)* transportieren *blessé, prisonnier;* befördern *voyageur* ❷ TECH übertragen *éner-*

gie, son ❸ *(transférer)* versetzen, verlagern *scène, action*
transporteur [tʀɑ̃spɔʀtœʀ] *m* ❶ TECH Förderer *m* ❷ *(entreprise)* Transportunternehmen *nt*
transposable [tʀɑ̃spozabl] *adj* ❶ *(qui peut être transposé)* übertragbar ❷ MUS transponierbar
transposer [tʀɑ̃spoze] <1> *vt* ❶ *(transférer)* übertragen ❷ MUS transponieren *morceau*
transposition [tʀɑ̃spozisjɔ̃] *f* ❶ *(transfert)* Übertragung *f; (dans une autre époque)* Verlagerung *f* ❷ MUS Transposition *f*
transsexualisme [tʀɑ̃(s)sɛksɥalism] *m* Transsexualismus *m*
transsexuel(le) [tʀɑ̃(s)sɛksɥɛl] **I.** *adj* transsexuell **II.** *m(f)* Transsexuelle(r) *f(m)*
transsibérien [tʀɑ̃(s)sibeʀjɛ̃] *m* Transsibirische Eisenbahn *f*
transvaser [tʀɑ̃svɑze] <1> *vt* umfüllen
transversal(e) [tʀɑ̃svɛʀsal, -o] <-aux> *adj* quer verlaufend; ***rue ~e*** Querstraße *f*
transversale [tʀɑ̃svɛʀsal] *f* ❶ *(itinéraire)* Querverbindung *f* ❷ *(route)* Querstraße *f*
transversalement [tʀɑ̃svɛʀsalmɑ̃] *adv* quer
transvider [tʀɑ̃svide] <1> *vt* umfüllen
trapèze [tʀapɛz] *m* ❶ GEOM Trapez *nt* ❷ SPORT Trapez *nt* ❸ ANAT Trapezmuskel *m*
trapéziste [tʀapezist] *mf* Trapezkünstler(in) *m(f)*
trapézoïdal(e) [tʀapezɔidal, -o] <-aux> *adj* trapezförmig
trappe [tʀap] *f* ❶ *(ouverture)* Klappe *f; (dans le plancher)* Falltür *f;* ***~ d'évacuation*** Notausstieg *m* ❷ THEAT [Bühnen]versenkung *f* ❸ *(piège)* Falle *f* ▸ **passer à la ~** in der Versenkung verschwinden *fam*
trappeur [tʀapœʀ] *m* Trapper *m*
trapu(e) [tʀapy] *adj* gedrungen
traque [tʀak] *f du gibier* Treibjagd *f; d'un malfaiteur, d'une vedette* Verfolgung *f*
traquenard [tʀaknaʀ] *m (a. fig)* Falle *f*
traquer [tʀake] <1> *vt* verfolgen *abus, injustices;* Jagd machen auf +*akk vedette, voleur*
trash [tʀaʃ] *adj inv (fam)* Trash-
trauma [tʀoma] *m* MED, PSYCH Trauma *nt*
traumatique [tʀomatik] *adj* traumatisch
traumatisant(e) [tʀomatizɑ̃, ɑ̃t] *adj* schockierend; ***une expérience ~e*** ein traumatisches Erlebnis
traumatiser [tʀomatize] <1> *vt* ❶ *(choquer)* ***~ qn*** jdm einen Schock versetzen; *échec, culpabilité:* für jdn zu einem Trauma werden; ***être traumatisé par qc*** durch etw einen Schock erleiden ❷ MED ***~ qn*** bei jdm ein Trauma hinterlassen
traumatisme [tʀomatism] *m* Trauma *nt*
traumatologie [tʀomatɔlɔʒi] *f* ❶ *(science)* Unfallmedizin *f* ❷ *(service)* Unfallstation *f*
traumatologique [tʀomatɔlɔʒik] *adj* einen/den Unfall [*o* ein/das Trauma] betreffend; ***chirurgie traumatologique*** Unfallchirurgie *f;* ***choc ~*** Unfallschock *m*
traumatologiste [tʀomatɔlɔʒist] *mf* Unfallarzt *m/*-ärztin *f; (chirurgien)* Unfallchirurg(in) *m(f)*
travail [tʀavaj, -o] <-aux> *m* ❶ *(activité)* Arbeit *f;* ***travaux dirigés*** [*o* ***pratiques***] SCOL [praktische] Übungen *Pl;* ***~ d'amateur*** stümperhafte Arbeit; ***~ de force*** Schwerstarbeit *f;* ***~ de fourmi*** Fleißarbeit *f;* ***~ d'équipe*** Teamarbeit *f* ❷ *(tâche)* Arbeit *f* ❸ *(activité professionnelle)* Arbeit *f;* ***~ [au] noir*** Schwarzarbeit; ***~ intérimaire*** [*o* ***temporaire***] Zeitarbeit; ***se mettre au ~*** sich an die Arbeit machen; ***~ à la chaîne*** Fließbandarbeit *f;* ***~ à plein temps*** Ganztagsbeschäftigung *f;* ***~ à temps partiel*** Teilzeitarbeit *f;* ***travaux d'utilité collective*** *(emploi)* ABM-Stelle *f* ❹ *pl (ensemble de tâches)* ***les travaux domestiques/ménagers*** die Hausarbeit; ***travaux d'urbanisme*** städtebauliche Maßnahmen *Pl* ❺ *(réalisation)* Arbeit *f; (résultat)* Werk *nt* ❻ *(publication)* Arbeit *f* ❼ ECON Arbeit *f* ❽ *(façonnage)* Bearbeitung *f;* ***~ de la pâte*** Kneten *nt* des Teiges ❾ *(fonctionnement)* Arbeit *f;* ***~ des reins*** Nierenfunktion *f* ❿ *(effet)* [Ein]wirkung *f;* ***~ de l'érosion/de la fermentation*** Erosions-/Gärprozess *m* ⓫ PHYS Arbeit *f* ⓬ ADMIN ***travaux publics*** Bauarbeiten *Pl* der öffentlichen Hand; *(opp: secteur du bâtiment)* Tiefbau *m;* ***ingénieur des travaux publics*** [Hoch- und] Tiefbauingenieur; ***travaux!*** Bauarbeiten! ⓭ HIST ***travaux forcés*** Zwangsarbeit *f* ▸ **mâcher le ~ à qn** jdm alles vorkauen *fam;* **se tuer au ~** sich totarbeiten *fam*
travailler [tʀavaje] <1> **I.** *vi* ❶ *(accomplir sa tâche)* arbeiten ❷ *(exercer un métier)* arbeiten; ***~ à son compte*** selbstständig sein ❸ *(s'exercer)* arbeiten; *musicien:* üben; *sportif:* trainieren ❹ *(viser un but)* ***~ à un reportage/sur un projet*** an einer Reportage/einem Projekt arbeiten; ***~ à satisfaire les clients*** bestrebt sein die Kunden zufriedenzustellen ❺ *(fonctionner) esprit, muscle:* arbeiten; ***faire ~ sa***

tête *(l'utiliser)* den Kopf gebrauchen; *(réfléchir beaucoup)* angestrengt nachdenken ❻ *(subir des modifications)* arbeiten; *cidre, vin:* gären **II.** *vt* ❶ bearbeiten, [durch]kneten *pâte;* bearbeiten *terre;* feilen an *+dat phrase, style;* ***travaillé à la main*** handgearbeitet ❷ *(s'entraîner à)* üben, [ein]üben *morceau de musique* ❸ *(tourmenter)* **~ *qn*** jdm zu schaffen machen; *douleur, fièvre:* jdn plagen; *problème, question:* jdn beschäftigen ❹ *(opp: chômer)* ***les jours non travaillés*** die Tage, an denen nicht gearbeitet wurde

travailleur, -euse [tʀavajœʀ, -jøz] **I.** *adj* fleißig **II.** *m, f* ❶ *(salarié)* Arbeiter(in) *m(f),* Erwerbstätige(r) *f(m);* **~ *de force*** Schwerarbeiter *m;* **~ *indépendant*** Selbstständige(r) *f(m);* **~ *immigré/étranger*** Gastarbeiter/ausländischer Arbeitnehmer ❷ *(personne laborieuse)* fleißiger Mensch

travailleuse [tʀavajøz] *f* ❶ Arbeiterin *f,* Berufstätige *f,* Erwerbstätige *f;* **~ *étrangère*** ausländische Arbeitnehmerin; **~ *familiale*** Hauswirtschaftsgehilfin *f;* **~ *immigrée/occasionnelle*** Gast-/Aushilfsarbeiterin; **~ *indépendante*** Selb[st]ständige *f;* **~ *manuelle*** Handarbeiterin; **~ *saisonnière*** Saisonarbeiterin; **~ *contrainte au travail obligatoire*** Zwangsarbeiterin ❷ *(personne laborieuse)* fleißiger Mensch, Arbeitsmensch *m* ❸ *(boîte)* Nähkasten *m,* Nähkästchen *nt*

travailliste [tʀavajist] **I.** *adj* POL ***parti*** **~** Labour Party *f* **II.** *mf* Mitglied *nt* der Labour Party

travailloter [tʀavajɔte] <1> *vi* wenig arbeiten, sich nicht überarbeiten

travée [tʀave] *f* ❶ *d'une église* [Bank]reihe *f; d'un théâtre* [Sitz]reihe ❷ ARCHIT Joch *nt; d'une nef* Travée *f*

traveller [tʀavlœʀ] *m (fam) abr de* **traveller's chèque**

traveller's chèque [tʀavlœʀ(s)ʃɛk] <traveller's chèques> *m* Reisescheck *m*

travelling [tʀavliŋ] *m* CINE Kamerafahrt *f*

travelo [tʀavlo] *m (fam)* Tunte *f pej sl*

travers [tʀavɛʀ] *m (petit défaut)* Schwäche *f* ▶ **à ~ champs** querfeldein; **avoir qc en ~ de la gorge** etw noch nicht geschluckt haben *fam;* **prendre qc de ~** etw in den falschen Hals bekommen *fam;* **regarder qn de ~** *(avec suspicion)* jdn schief ansehen *fam; (avec animosité)* jdn böse ansehen; **à ~ qc, au ~ de qc** *(en traversant)* durch etw hindurch; *(par l'intermédiaire de)* durch etw; ***passer à ~ les mailles du filet*** *(fam)* der Polizei entkommen; ***à ~ les siècles*** über Jahrhunderte [hinweg]; ***à ~ le monde*** überall in der Welt; **de ~** *(en biais)* schief; *(mal)* verkehrt; **en ~** quer

traversable [tʀavɛʀsabl] *adj* passierbar; *rue* überquerbar; *rivière, forêt* durchquerbar

traverse [tʀavɛʀs] *f* ❶ CHEMDFER Schwelle *f* ❷ TECH Querbalken *m; d'une fenêtre* Querholz *nt*

traversée [tʀavɛʀse] *f (franchissement)* **~ *d'une rue/d'un pont*** Überqueren *nt* einer Straße/Brücke; **~ *d'une région/d'une ville en voiture*** Fahrt *f* durch eine Gegend/Stadt; ***la ~ de l'Atlantique*** die Überquerung des Atlantiks ▶ **~ du désert** Durststrecke *f*

traverser [tʀavɛʀse] <1> *vt* ❶ *(franchir)* überqueren; *(à pied)* gehen über *+akk; (en voiture, à vélo)* fahren über *+akk; (à la nage)* durchschwimmen; ***faire ~ qn*** jdn über die Straße führen ❷ *(se situer en travers de) route:* durchqueren; *fleuve:* fließen durch; *pont:* führen über *+akk* ❸ *(transpercer)* dringen durch; *clou:* sich bohren in *+akk* ❹ *(subir)* durchmachen ❺ *(se manifester dans)* ***cette idée lui traverse l'esprit*** diese Idee schießt ihm/ihr durch den Kopf ❻ *(fendre)* sich *dat* einen Weg bahnen durch ❼ *(barrer)* ***une balafre lui traversait le front*** eine Narbe zog sich quer über seine/ihre Stirn

traversier [tʀavɛʀsje] *m* CAN *(bac)* Fähre *f*

traversier, -ière [tʀavɛʀsje, -jɛʀ] *adj* quer [gestellt]; ***flûte traversière*** Querflöte *f*

traversin [tʀavɛʀsɛ̃] *m lange, mit Federn gefüllte Kopfkissenrolle*

travesti [tʀavɛsti] *m* ❶ *(homosexuel)* Transvestit *m* ❷ *(rôle: pour un homme)* Frauenrolle *f; (pour une femme)* Hosenrolle *f; (artiste)* Travestiekünstler *m*

travesti(e) [tʀavɛsti] *adj* verkleidet; ***bal*** **~** Maskenball *m*

travestir [tʀavɛstiʀ] <8> *vt* ❶ *(falsifier)* verfälschen, falsch wiedergeben *pensée;* verstellen *voix* ❷ *(déguiser)* **~ *qn en fée*** jdn als Fee verkleiden

travestisme [tʀavɛstism] *m* PSYCH Transvestismus *m*

travestissement [tʀavɛstismɑ̃] *m* ❶ *(déformation)* Verfälschung *f; de la vérité, réalité* verzerrte Darstellung; *d'une pensée* verzerrte Wiedergabe; *de la voix* Verstellung *f* ❷ *(déguisement)* Verkleidung *f*

trayeuse [tʀɛjøz] *f (machine)* Melkmaschine *f*

trébuchant(e) [tʀebyʃɑ̃, ɑ̃t] *adj* ❶ *(chan-*

T

celant) schwankend; *ivrogne* torkelnd ❷ *voix* stockend; *diction* holprig

trébucher [tʀebyʃe] <1> *vi* ❶ *(buter)* **~ *sur une pierre*** über einen Stein stolpern ❷ *(être arrêté par)* ***faire ~ qn*** jdm ein Bein stellen; *(fig)* jdn in Schwierigkeiten bringen

trébuchet [tʀebyʃɛ] *m* ❶ [Vogel]falle *f* ❷ *(balance)* Feinwaage *f; (pour la monnaie)* Münzwaage *f*

trèfle [tʀɛfl] *m* ❶ BOT Klee *m* ❷ JEUX Kreuz *nt* ❸ *(figure)* Kleeblatt *nt* ❹ ARCHIT Dreipass *m*

tréfonds [tʀefɔ̃] *m (littér)* Innerste(s) *nt; d'une affaire* eigentlicher Hintergrund; ***connaître le fonds et le ~ de qc*** etw durch und durch kennen

treillage [tʀɛjaʒ] *m* Gitterwerk *nt; (pour des plantes)* Spalier *nt*

treille [tʀɛj] *f* ❶ *(tonnelle)* Weinlaube *f* ❷ *(vigne)* Spalierwein *m*

treillis [tʀeji] *m* TEXTIL ❶ Drillich *m* ❷ *(vêtement)* Drillichanzug *m,* Drillichzeug *nt*

treize [tʀɛz] **I.** *num* dreizehn **II.** *m inv* Dreizehn *f; v. a.* **cinq**

treizième [tʀɛzjɛm] **I.** *adj antéposé* dreizehnte(r, s) **II.** *mf* ***le/la ~*** der/die/das Dreizehnte **III.** *m (fraction)* Dreizehntel *nt; v. a.* **cinquième**

trekking [tʀekiŋ] *m* SPORT Trekking *nt*

tréma [tʀema] **I.** *m* Trema *nt* **II.** *app* ***e/i/u ~*** e/i/u [mit] Trema; ***a/o/u ~*** *(en allemand)* ä/ö/ü

tremblant(e) [tʀɑ̃blɑ̃, ɑ̃t] *adj* zitternd; *lueur* flackernd

tremble [tʀɑ̃bl] *m* Espe *f,* Zitterpappel *f*

tremblé(e) [tʀɑ̃ble] *adj* zitt[e]rig

tremblement [tʀɑ̃bləmɑ̃] *m* ❶ *(frissonnement)* Zittern *nt; des jambes* Schlottern *nt; d'une lumière, flamme* Flackern *nt;* ***~s de fièvre*** Schüttelfrost *m;* ***~ de terre*** Erdbeben *nt* ❷ *(vibration)* Beben *nt; des feuilles* Zittern; ***des ~s*** Erschütterungen *Pl*

trembler [tʀɑ̃ble] <1> *vi* ❶ *(frissonner)* zittern; *flamme, lumière:* flackern; ***~ de colère*** vor Wut beben ❷ *(vibrer)* beben; *voix:* zittern ❸ *(avoir peur)* erschauern; ***faire ~ qn*** jdm Angst [und Bange] machen

tremblotant(e) [tʀɑ̃blɔtɑ̃, ɑ̃t] *adj* zitt[e]rig; *lumière* flackernd

tremblote [tʀɑ̃blɔt] *f* Zittern *nt;* ***avoir la ~*** *(fam)* zittern, schlottern; *(de peur)* das große Zittern haben *fam; (de vieillesse)* den Tatterich haben *fam*

tremblotement [tʀɑ̃blɔtmɑ̃] *m* [leichtes] Zittern; ***avec un ~ dans la voix*** mit leicht zitternder Stimme

trembloter [tʀɑ̃blɔte] <1> *vi* [leicht] zittern

trémie [tʀemi] *f* TECH [Einfüll]trichter *m*

trémolo [tʀemɔlo] *m* ❶ MUS Tremolo *nt* ❷ *(tremblement)* Beben *nt,* Zittern *nt*

trémousser [tʀemuse] <1> *vpr* ***se ~*** *danseur:* sich verrenken; *enfant:* zappeln

trempage [tʀɑ̃paʒ] *m* ❶ *du linge* Einweichen *nt* ❷ TECH *des grains, semences* Weichen *nt; du papier* Befeuchten *nt*

trempe [tʀɑ̃p] *f* ❶ *(fermeté)* Charakterstärke *f* ❷ *(fam: correction)* Dresche *f* ❸ TECH *de l'acier, du verre* Härten *nt*

trempé(e) [tʀɑ̃pe] *adj* ❶ *(mouillé)* durchnässt; ***~ de sueur*** schweißgebadet ❷ TECH *acier* gehärtet; ***en verre ~*** aus Sicherheitsglas ▶ **bien ~** stark

tremper [tʀɑ̃pe] <1> **I.** *vt* ❶ *(mouiller)* durchnässen, durchtränken *sol* ❷ *(humecter)* quellen lassen *grains, semence* ❸ *(plonger)* ***~ sa plume dans l'encre*** seine Feder in die Tinte eintauchen; ***~ son croissant dans son café au lait*** sein Croissant in den Milchkaffee tunken ❹ TECH härten *acier* **II.** *vi* ❶ *(rester immergé)* ***laisser ~ des légumes secs*** Hülsenfrüchte quellen lassen ❷ *(participer à)* ***~ dans qc*** in etw *akk* verwickelt sein

trempette [tʀɑ̃pɛt] *f (fam)* kurzes Bad, [kurzer] Sprung ins Wasser

tremplin [tʀɑ̃plɛ̃] *m* ❶ SPORT Sprungbrett *nt; (au ski)* Sprungschanze *f* ❷ *(aide, soutien)* Sprungbrett *nt*

trench-coat [tʀɛnʃkot] <trench-coats> *m* Trenchcoat *m*

trentaine [tʀɑ̃tɛn] *f* ❶ *(environ trente)* ***une ~ de personnes/pages*** etwa dreißig Personen/Seiten ❷ *(âge approximatif)* ***avoir la ~*** [*o* ***une ~ d'années***] ungefähr dreißig [Jahre alt] sein; ***approcher de la ~*** auf die Dreißig zugehen; ***avoir largement dépassé la ~*** weit über dreißig [Jahre alt] sein

trente [tʀɑ̃t] **I.** *num* dreißig **II.** *m inv* Dreißig *f; v. a.* **cinq, cinquante**

trentenaire [tʀɑ̃tnɛʀ] *adj* dreißigjährig; ***prescription ~*** Verjährungsfrist *f* von dreißig Jahren

trente-six [tʀɑ̃tsis] **I.** *num* ❶ *(chiffre)* sechsunddreißig; *v. a.* **cinq** ❷ *(fam: une grande quantité)* x ▶ **voir ~ chandelles** Sterne sehen *fam* **II.** *m (fam)* ▶ **tous les ~ du mois** alle Jubeljahre [mal]

trentième [tʀɑ̃tjɛm] **I.** *adj antéposé* dreißigste(r, s) **II.** *mf* ***le/la ~*** der/die/das Dreißigste **III.** *m (fraction)* Dreißigstel *nt; v. a.* **cinquième**

trépas [tʀepɑ] *m (littér)* Tod *m,* [Da]hinscheiden *nt geh;* ***passer de vie à ~*** sterben, verscheiden *geh*
trépasser [tʀepɑse] <1> *vi (littér)* entschlafen *geh,* verscheiden *geh,* [da]hinscheiden *euph geh*
trépassés [tʀepase] *mpl (littér)* ***les ~*** die Verstorbenen *Pl;* ***la fête des ~*** Allerseelen *nt*
trépidant(e) [tʀepidɑ̃, ɑ̃t] *adj* ❶ *danse* rhythmisch; *rythme* pulsierend ❷ *(fébrile)* pulsierend
trépidation [tʀepidasjɔ̃] *f* ❶ *des vitres* Vibrieren *nt; du plancher* Beben *nt,* Vibrieren; *d'une machine* Dröhnen *nt* ❷ *(fébrilité)* Trubel *m,* Hektik *f*
trépider [tʀepide] <1> *vi* vibrieren; *machine:* dröhnen
trépied [tʀepje] *m* ❶ *(siège)* Dreifuß *m* ❷ *(support)* Dreibein *nt; d'un appareil photo* Stativ *nt*
trépignement [tʀepiɲmɑ̃] *m* Trampeln *nt; (de colère)* Aufstampfen *nt*
trépigner [tʀepiɲe] <1> *vi* ***~ d'impatience*** vor Ungeduld von einem Fuß auf den anderen treten
très [tʀɛ] *adv* sehr; *nécessaire* dringend; ***avoir ~ faim/peur*** großen Hunger/große Angst haben; ***faire ~ attention*** gut aufpassen
trésor [tʀezɔʀ] *m* ❶ *(richesse enfouie)* Schatz *m* ❷ *pl (richesses)* Schätze *Pl* ❸ *(source précieuse)* ***dépenser des ~s d'ingéniosité*** sich äußerst einfallsreich zeigen ❹ ADMIN, FIN ***Trésor*** *[public]* *(moyens financiers)* Staatskasse *f; (l'État)* öffentliche Hand; *(administration)* Finanzverwaltung *f; (bureau)* Finanzamt *nt*

Falsche Freunde
Nicht verwechseln mit *der Tresor – le coffre-fort*!

trésorerie [tʀezɔʀʀi] *f* ❶ *(budget)* Finanzen *Pl* ❷ *(gestion)* Haushaltsführung *f; d'une entreprise (budget)* [Firmen]gelder *Pl; (gestion)* [betriebliches] Rechnungswesen *nt* ❸ ADMIN, FIN Finanzverwaltung *f; (bureau)* Finanzamt *nt; (gestion du budget de l'État)* Etatverwaltung *f*
trésorier, -ière [tʀezɔʀje, -jɛʀ] *m, f* Kassenführer(in) *m(f); d'une association, d'un club* Kassenwart *m; d'un parti, syndicat* Schatzmeister(in) *m(f)*
tressaillement [tʀesajmɑ̃] *m* Zucken *nt; du corps* Zusammenzucken, Zucken; ***il eut un ~ de joie*** ein freudiges Beben durchlief ihn
tressaillir [tʀesajiʀ] <irr> *vi* zusammenzucken; *maison:* erzittern; *cœur:* beben
tressauter [tʀesote] <1> *vi* ❶ *(être secoué) personne:* hin- und hergeworfen werden; *(dans un véhicule)* durchgerüttelt werden ❷ *(sursauter)* zusammenzucken; *(dans son sommeil, dans ses pensées)* hochschrecken
tresse [tʀɛs] *f* Zopf *m*
tresser [tʀese] <1> *vt* flechten
tréteau [tʀeto] <x> *m* ❶ *(support)* Bock *m* ❷ THEAT ***les ~x*** die Bühne
treuil [tʀœj] *m* Winde *f*
treuillage [tʀœjaʒ] *m* Bergung *f* [mithilfe einer Winde]; *d'une personne* Rettung *f* [mithilfe einer Winde]
trêve [tʀɛv] *f* ❶ *(répit)* Ruhepause *f* ❷ *(arrêt des hostilités)* Waffenruhe *f* ▶ **mettre une ~ à qc** einer S. *dat* ein Ende setzen; **~ de plaisanteries!** Spaß beiseite!
Trèves [tʀɛv] Trier *nt*
trévise [tʀeviz] *f* Radicchio *m*
tri [tʀi] *m* ❶ *(choix)* [Aus]sortieren *nt;* ***~ des déchets*** Mülltrennung *f;* ***faire le ~ de qc*** eine Auswahl zwischen etw *dat* treffen ❷ POST Sortieren *nt* ❸ INFORM ***effectuer un ~ croissant/décroissant*** aufsteigend/absteigend sortieren
triade [tʀijad] *f* Dreiergruppe *f*
trial [tʀijal] *m* ❶ *(moto)* Moto-Cross-Rad *nt* ❷ *(course)* Moto-Cross[-Rennen *nt*] *nt*
triangle [tʀijɑ̃gl] *m* ❶ GEOM Dreieck *nt* ❷ AUT ***~ de présignalisation*** Warndreieck *nt* ❸ MUS Triangel *m*
triangulaire [tʀijɑ̃gylɛʀ] **I.** *adj* ❶ *(à trois côtés)* dreieckig; *prisme, pyramide* dreiseitig ❷ *(à trois)* zwischen drei Parteien **II.** *f* POL Dreikampf *m*
triathlon [tʀi(j)atlɔ̃] *m* Triathlon *m*
triathlonien(ne) [tʀi(j)atlɔnjɛ̃, jɛn] *m(f)* Triathlet(in) *m(f)*
tribal(e) [tʀibal, -o] <-aux> *adj* ***organisation ~e*** Stammesorganisation *f*
tribalisme [tʀibalism] *m* Tribalismus *m*
tribord [tʀibɔʀ] *m* Steuerbord *nt kein Pl*
tribu [tʀiby] *f* ❶ SOCIOL Stamm *m* ❷ *(iron: grande famille)* Sippe *f*
tribulations [tʀibylasjɔ̃] *fpl* unerfreuliche [*o* missliche *geh*] Abenteuer *Pl;* ***il n'est pas au bout de ses ~*** ihm steht noch einiges bevor, er hat noch einiges auszustehen
tribunal [tʀibynal, -o] <-aux> *m* ❶ *(juridiction)* Gericht *nt;* ***~ administratif*** Verwaltungsgericht; ***~ correctionnel*** Strafgericht [der zweiten Instanz]; ***le ~ compé-***

T

tent das zuständige Gericht; ~ ***de commerce*** Handelsgericht; ~ ***fédéral*** CH *(cour suprême de la Suisse)* Bundesgericht; ~ ***de grande instance*** Zivilgericht [der zweiten Instanz]; ~ ***de police*** ≈ Amtsgericht für Strafsachen; ~ ***d'instance*** Zivilgericht [der ersten Instanz]; ~ ***pour enfants*** Jugendgericht ❷ *(bâtiment)* Gerichtsgebäude *nt,* Gericht *nt* ❸ REL ~ ***suprême*** höchstes Gericht

tribune [tʀibyn] *f* ❶ *(estrade)* [Redner]tribüne *f* ❷ *(galerie surélevée)* [Zuhörer]tribüne *f;* SPORT *d'un champ de courses, stade* [Zuschauer]tribüne ❸ *(lieu d'expression)* Forum *nt; (dans un journal)* Kolumne *f* ▶ **monter à la** ~ auf die [Redner]tribüne steigen; *(prendre la parole)* das Wort ergreifen

tribut [tʀiby] *m* ❶ HIST Tribut *m* ❷ *(sacrifice)* Tribut *m;* ***le ~ du sang*** der Blutzoll

tributaire [tʀibytɛʀ] *adj* ~ ***de qn/qc*** abhängig von jdm/etw

tricentenaire [tʀisɑ̃tnɛʀ] **I.** *adj* dreihundertjährig **II.** *m d'une personne* dreihundertster Geburtstag; *d'un événement* dreihundertster Jahrestag; *(cérémonie)* Dreihundertjahrfeier *f*

triceps [tʀisɛps] *m* Trizeps *m*

triche [tʀiʃ] *f (fam)* Betrug *m,* Beschiss *m sl; (au jeu)* Schummeln *nt,* Mogelei *f;* ***c'est de la*** ~ das ist Beschiss; *(au jeu)* das ist gemogelt

tricher [tʀiʃe] <1> *vi* ❶ *(frauder)* betrügen; ~ ***aux cartes/à l'examen*** beim Kartenspiel/in der Prüfung mogeln *fam* ❷ *(tromper)* ~ ***sur le prix*** den Preis verfälschen

tricherie [tʀiʃʀi] *f* Betrügerei *f; (au jeu, à l'examen)* Schummeln *nt fam*

tricheur, -euse [tʀiʃœʀ, -øz] **I.** *adj* ***être*** ~ [gern] schummeln **II.** *m, f* Betrüger(in) *m(f); (au jeu, à l'examen)* Schummler(in) *m(f); (aux cartes)* Falschspieler(in) *m(f)*

trichine [tʀikin] *f* BIO Trichine *f*

tricolore [tʀikɔlɔʀ] **I.** *adj* ❶ *(bleu, blanc, rouge)* blauweißrot ❷ *(français)* französisch ❸ *(de trois couleurs)* dreifarbig **II.** *mpl* SPORT ***les ~s*** die französische Nationalmannschaft

Land und Leute

Die Trikolore – im Französischen bekannt als **le drapeau tricolore, drapeau bleu-blanc-rouge** oder **le tricolore** – ist seit 1794 die offizielle Nationalflagge Frankreichs. Darüber, was die Farben der Flagge bedeuten, gibt es unterschiedliche Meinungen. Als eine mögliche Deutung gilt der Bezug zum Wahlspruch der Freiheit, Gleichheit, Brüderlichkeit *(liberté, égalité, fraternité)* mit Blau für die Gleichheit, Weiß für die Freiheit und Rot für die brüderliche Liebe.

tricot [tʀiko] *m* ❶ *(vêtement)* Pullover *m; (gilet tricoté)* Strickweste *f;* ~ ***de corps*** Unterhemd *nt* ❷ *(étoffe)* Strickware *f* ❸ *(action)* Stricken *nt*

Falsche Freunde

Nicht verwechseln mit *der Trikot – le maillot*!

tricotage [tʀikɔtaʒ] *m* Stricken *nt*

tricoter [tʀikɔte] <1> **I.** *vt* stricken; ***tricoté à la main/à la machine*** hand-/maschinengestrickt **II.** *vi (faire du tricot)* stricken; ***aiguille à*** ~ Stricknadel *f* ▶ ~ **des jambes** *(fam)* die Beine unter den Arm nehmen

tricycle [tʀisikl] *m* Dreirad *nt*

trident [tʀidɑ̃] *m* ❶ PECHE dreizackiger Fischspeer ❷ AGR [dreizinkige] Heugabel ❸ HIST Dreizack *m*

tridimensionnel(le) [tʀidimɑ̃sjɔnɛl] *adj* dreidimensional

triennal(e) [tʀijenal, -o] <-aux> *adj* ❶ *(qui dure trois ans)* dreijährig ❷ *(qui a lieu tous les trois ans)* alle drei Jahre stattfindend

trier [tʀije] <1> *vt* ❶ *(sélectionner)* auswählen, aussortieren *fruits, habits* ❷ *(classer)* sortieren

trieur, -euse [tʀijœʀ, -jøz] *m, f* ❶ *(dans les mines)* Sortiermaschine *f* ❷ AGR Trieur *m*

trifouiller [tʀifuje] <1> *vi (fam)* herumwühlen, herumkramen; ~ ***dans son moteur*** am/an seinem Motor herumfummeln

trigo [tʀigo] *f (fam) abr de* **trigonométrie**

trigonométrie [tʀigɔnɔmetʀi] *f* Trigonometrie *f*

trigonométrique [tʀigɔnɔmetʀik] *adj* trigonometrisch

trilatéral(e) [tʀilateʀal, -o] <-aux> *adj* ECON, POL trilateral

trilingue [tʀilɛ̃g] **I.** *adj* dreisprachig **II.** *mf* Dreisprachige(r) *f(m)*

trille [tʀij] *m* Triller *m*

trilobé(e) [tʀilɔbe] *adj* BOT dreilappig

trilogie [tʀilɔʒi] *f* Trilogie *f*

trimaran [tʀimaʀɑ̃] *m* Trimaran *m*
trimbal[l]er [tʀɛ̃bale] <1> **I.** *vt (fam)* herumschleppen; *(en voiture)* herumkutschieren, schleppen *bagages* **II.** *vpr (fam)* ***se ~ dans les rues*** durch die Straßen schlendern
trimer [tʀime] <1> *vi* schuften *fam*
trimestre [tʀimɛstʀ] *m* ❶ *(période de trois mois)* Quartal *nt;* SCOL Trimester *nt* ❷ *(somme)* vierteljährliche Zahlung
trimestriel(le) [tʀimɛstʀijɛl] *adj paiement* vierteljährlich; *publication* vierteljährlich erscheinend
trimestriellement [tʀimɛstʀijɛlmɑ̃] *adv* vierteljährlich
tringle [tʀɛ̃gl] *f* Stange *f*
tringlot [tʀɛ̃glo] *m* Soldat *m* eines Versorgungszugs
Trinité [tʀinite] *f* ***la [Sainte] ~*** die Dreifaltigkeit
Trinité-et-Tobago [tʀiniteetɔbago] *f* Trinidad und Tobago *nt*
trinquer [tʀɛ̃ke] <1> *vi* ***~ à la santé de qn*** auf jdn anstoßen
trio [tʀijo] *m a.* MUS Trio *nt*
triomphal(e) [tʀijɔ̃fal, -o] <-aux> *adj* triumphal; *accueil* begeistert
triomphalement [tʀijɔ̃falmɑ̃] *adv* triumphierend; *accueillir* jubelnd
triomphalisme [tʀijɔ̃falism] *m* Siegesgewissheit *f; (après un succès)* Triumphgefühl *nt*
triomphant(e) [tʀijɔ̃fɑ̃, ɑ̃t] *adj* triumphierend; *personne* siegreich, triumphierend
triomphateur, -trice [tʀijɔ̃fatœʀ, -tʀis] **I.** *adj air* triumphierend; *nation, parti* siegreich **II.** *m, f* Sieger(in) *m(f)*
triomphe [tʀijɔ̃f] *m* ❶ *(victoire éclatante)* Triumph *m* ❷ *(grand succès)* triumphaler Erfolg ❸ *(joie rayonnante)* Triumph[gefühl *nt*] *m* ❹ HIST Triumphzug *m*
triompher [tʀijɔ̃fe] <1> *vi* ❶ *(remporter une victoire)* triumphieren; *personne:* siegen; *vérité:* ans Licht kommen; *doctrine, mode:* sich durchsetzen ❷ *(crier victoire)* triumphieren ❸ *(faire un triomphe)* einen [großen] Triumph feiern
trip [tʀip] *m* ❶ *(fam)* [Drogen]trip *m* ❷ *(fig)* ▶ **qu'est-ce qu'il nous fait comme ~?** was reitet den denn?
tripaille [tʀipɑj] *f (fam)* Eingeweide *Pl,* Innereien *Pl*
tripartisme [tʀipaʀtism] *m* Dreiparteiensystem *nt*
tripartite [tʀipaʀtit] *adj* dreiseitige(r, s); ***gouvernement ~*** Dreiparteienregierung *f*
tripatouillage [tʀipatujaʒ] *m (fam)* Machenschaften *Pl pej,* Manipulation *f; (en parlant des affaires)* faule Geschäfte [*o* Machenschaften] *Pl pej; (lors des élections)* Schiebung *f fam,* Manipulation; ***~ fiscal*** Steuerbetrügerei *f fam*
tripatouiller [tʀipatuje] <1> *vt (fam)* ❶ *(trafiquer)* manipulieren, verfälschen, herumpfuschen an *+dat,* manipulieren *texte* ❷ befummeln, betatschen *personne;* herumfummeln an *+dat objet*
tripatouilleur, -euse [tʀipatujœʀ, -jøz] *m, f (fam)* ❶ Fälscher(in) *m(f); (en affaires)* Betrüger(in) *m(f);* ***un ~ de résultats électoraux*** ein Wahlbetrüger *m* ❷ *(touche-à-tout)* Grapscher(in) *m(f) fam,* Fummler(in) *m(f) fam*
tripe [tʀip] *f* ❶ *pl* GASTR Kaldaunen *Pl* ❷ *pl, (fam: boyau de l'homme)* Eingeweide *Pl* ❸ *pl, (fam: ventre)* Bauch *m* ▶ **prendre qn aux ~s** *(fam) nouvelle, accident:* jdm unter die Haut gehen; *misère, violence:* jdm an die Nieren gehen; **faire qc avec ses ~s** *(fam: avec enthousiasme)* etw mit Leib und Seele tun; *(intuitivement)* etw aus dem Bauch heraus tun
triperie [tʀipʀi] *f* ❶ *Metzgerei, die auf Innereien spezialisiert ist* ❷ *(abats)* Innereien *Pl*
triphasé [tʀifɑze] *m* Drehstrom *m*
triphasé(e) [tʀifɑze] *adj* ***courant ~*** Drehstrom *m*
tripier, -ière [tʀipje, -jɛʀ] *m, f Metzger(in) in einer „triperie"*
triple [tʀipl] **I.** *adj* dreifach **II.** *m* ***le ~ du prix*** das Dreifache des Preises; ***le ~ de temps*** dreimal so viel Zeit
triplé [tʀiple] *m* SPORT dreifacher Sieg; *(trois victoires de suite)* Hattrick *m*
triplement [tʀipləmɑ̃] **I.** *adv* ❶ *(trois fois)* dreifach ❷ *(tout à fait)* hundertprozentig; *vrai* absolut **II.** *m* ❶ *(multiplication)* Verdreifachung *f* ❷ *(agrandissement)* Erweiterung *f; d'une autoroute, voie* Bau *m* einer dritten Spur
tripler [tʀiple] <1> **I.** *vt* ❶ *(multiplier par trois)* verdreifachen ❷ *(agrandir de trois éléments)* ***~ l'autoroute*** eine dritte Autobahnspur [aus]bauen **II.** *vi* sich verdreifachen
triplés, triplées [tʀiple] *m, f pl* Drillinge *Pl*
triporteur [tʀipɔʀtœʀ] *m* Lieferdreirad *nt*
tripot [tʀipo] *m (péj)* Spielhölle *f*
tripotage [tʀipɔtaʒ] *m* ❶ Manipulationen *Pl,* Machenschaften *Pl pej* ❷ *(tripatouillage)* Herumwühlen *nt;* ***~ dans un moteur*** Herumbasteln *nt* an einem Mo-

T

tor *fam* ❸ *(toucher avec insistance)* Betatschen *nt fam,* Befingern *nt fam*

tripotée [tʀipɔte] *f (vieilli fam)* ❶ ***une ~ d'admirateurs/de livres*** eine Menge [*o* ein Haufen *fam*] Bewunderer/Bücher; ***avoir une ~ d'enfants*** einen ganzen Stall voll Kinder haben *fam* ❷ *(raclée)* Tracht *f* Prügel *fam,* Dresche *f fam;* ***flanquer une ~ à qn*** jdm eine Tracht Prügel verpassen *fam*

tripoter [tʀipɔte] <1> **I.** *vt* ❶ *(triturer)* herumspielen mit +*dat fam objets;* begrapschen *fam fruits;* herumfummeln an +*dat fam bouton;* herumspielen an +*dat fam appareil* ❷ *(toucher avec insistance)* betatschen *fam* **II.** *vi* ❶ *(fouiller)* ***~ dans un tiroir*** in einer Schublade [herum]kramen *fam* ❷ *(trafiquer)* dunkle Geschäfte machen **III.** *vpr* ❶ *(se caresser)* ***se ~*** sich befummeln *fam* ❷ *(triturer)* ***se ~ la barbe en parlant*** beim Sprechen an seinem Bart herumzwirbeln

tripoteur, -euse [tʀipɔtœʀ, -øz] *m, f* ❶ Fummler(in) *m(f) fam,* Grapscher(in) *m(f) fam* ❷ *(bricoleur)* Stümper *m pej,* Pfuscher *m pej fam* ❸ *(trafiquant)* Schieber *m*

trique [tʀik] *f (gourdin)* Knüppel *m* ► **être sec comme un coup de ~** nur Haut und Knochen sein

trisaïeul(e) [tʀizajœl] <s> *m(f)* Ururgroßvater *m*/-mutter *f*

trisannuel(le) [tʀizanɥɛl] *adj (rare)* ❶ dreijährlich, alle drei Jahre stattfindend; ***cette fête est ~le*** diese Feier findet alle drei Jahre statt ❷ *(qui dure trois ans) plante* dreijährig

trisomie [tʀizɔmi] *f* Trisomie *f*

triste [tʀist] *adj* ❶ *(affligé)* traurig; *air* trübselig; ***avoir l'air ~*** traurig aussehen ❷ *a. antéposé* traurig; *pensée* trübselig; *paysage, région, couleur, bâtiment* trist ❸ *antéposé nouvelle* traurig; *événements, destin* tragisch; *mine* kläglich; ***avoir une ~ mine*** schlecht aussehen ❹ *antéposé (péj) époque, mémoire* traurig; *affaire* unerfreulich; *résultats* kläglich ► **ne pas être ~** *(fam) personne:* eine Nummer für sich sein; *soirée, voyage:* ein Erlebnis sein

tristement [tʀistəmɑ̃] *adv* ❶ *regarder* traurig; *parler, raconter* betrübt ❷ *(de façon lugubre)* traurig ❸ *(cruellement)* auf traurige Weise

tristesse [tʀistɛs] *f* ❶ *(état de mélancolie)* Traurigkeit *f* ❷ *(chagrin)* Trauer *f*

tristounet(te) [tʀistunɛ, ɛt] *adj (fam)* traurig; *temps* trist

trithérapie [tʀiteʀapi] *f (contre le sida)* Kombitherapie *f*

triton [tʀitɔ̃] *m* ❶ ZOOL [Wasser]molch *m* ❷ HIST ***Triton*** Triton *m*

trituration [tʀityʀasjɔ̃] *f* ❶ *(mastication)* Zermahlen *nt* ❷ *(broyage)* Zerreiben *nt; (pilage)* Zerstoßen *nt; (malaxage)* Durchkneten *nt*

triturer [tʀityʀe] <1> *vt* ❶ *(broyer)* zerkleinern, zerkauen *aliments;* zerstoßen *médicament, sel* ❷ *(tripoter)* knautschen *fam veste;* knüllen *fam mouchoir;* herumkauen auf +*dat fam crayon*

trivalent(e) [tʀivalɑ̃, ɑ̃t] *adj* CHIM dreiwertig

trivial(e) [tʀivjal, -jo] <-aux> *adj* ❶ *(vulgaire)* ordinär ❷ *(ordinaire)* banal ❸ *(évident)* trivial

trivialement [tʀivjalmɑ̃] *adv* ordinär

trivialité [tʀivjalite] *f* ❶ *(vulgarité)* Primitivität *f* ❷ *(banalité)* Banalität *f*

troc [tʀɔk] *m* ❶ *(échange)* ***un ~*** ein Tausch[geschäft *nt*] *m* ❷ *(système économique)* ***le ~*** der Tauschhandel

troglodyte [tʀɔglɔdit] **I.** *adj v.* **troglodytique II.** *m* ❶ *(habitant d'une grotte)* Höhlenmensch *m* ❷ ORN Zaunkönig *m*

troglodytique [tʀɔglɔditik] *adj* ***habitations ~s*** Höhlenwohnungen *Pl*

trogne [tʀɔɲ] *f (fam)* Rübe *f; (d'un buveur)* Säufergesicht *nt*

trognon [tʀɔɲɔ̃] *m* Kerngehäuse *nt; de chou* Strunk *m*

troïka [tʀɔjka] *f* Troika *f*

trois [tʀwɑ] **I.** *num (cardinal)* drei ► **en ~ mots** mit zwei, drei Worten **II.** *m inv* Drei *f; v. a.* **cinq**

trois-étoiles [tʀwɑzetwal] **I.** *adj inv* mit drei Sternen **II.** *m inv* ❶ *(hôtel)* Dreisternehotel *nt* ❷ *(restaurant)* Dreisternerestaurant *nt* **trois-huit** [tʀwɑɥit] *mpl inv* ***faire les ~*** in drei Schichten arbeiten

troisième [tʀwɑzjɛm] **I.** *adj antéposé* dritte(r, s); ***le ~ âge*** *(période de vie)* der Ruhestand; *(personnes âgées)* die Senioren; ***le ~ cycle*** *Studium nach Abschluss der Magisterprüfung, das mit einem Doktortitel oder einer Spezialisierung abschließt* **II.** *mf* ***le/la ~*** der/die/das Dritte **III.** *f* SCOL ≈ neunte Klasse; *v. a.* **cinquième**

troisièmement [tʀwɑzjɛmmɑ̃] *adv* drittens

trois-mâts [tʀwɑmɑ] *m inv* Dreimaster *m*

trois-pièces [tʀwɑpjɛs] *m inv* ❶ Dreizimmerwohnung *f* ❷ COUT ***costume ~*** dreiteiliger Anzug

troll [tʁɔl] *m* INET *(arg)* Troll *m (jd, der im

Internet bewusst provokative Beiträge verfasst, um Unruhe zu stiften)

trolleybus [tʀɔlɛbys] *m* Trolleybus *m*

trombe [tʀɔ̃b] *f* ❶ *(forte averse)* Wolkenbruch *m* ❷ METEO Windhose *f* ► **en** ~ *(fam)* wie ein Wirbelwind *m;* ***passer en ~*** vorbeirasen

trombine [tʀɔ̃bin] *f (fam)* Gesicht *nt*

trombone [tʀɔ̃bɔn] **I.** *m* ❶ MUS Posaune *f* ❷ *(attache)* Büroklammer *f* **II.** *mf* Posaunist(in) *m(f)*

trompe [tʀɔ̃p] *f* ❶ MUS Horn *nt* ❷ AUT Hupe *f* ❸ HIST [Signal]horn ❹ ZOOL Rüssel *m; d'un insecte* Saugrüssel ❺ *souvent pl* ANAT Eileiter *m* ❻ TECH ***~ à eau/à mercure*** Wasserstrahl-/Quecksilberpumpe *f*

trompe-l'œil [tʀɔ̃plœj] *m inv* ART Trompe-l'œil *m*

tromper [tʀɔ̃pe] <1> **I.** *vt* ❶ *(duper)* täuschen; ***~ qn sur le prix*** jdn mit dem Preis betrügen ❷ *(être infidèle à)* ***~ qn avec qn*** jdn mit jdm betrügen ❸ *(déjouer)* überlisten ❹ *(décevoir)* enttäuschen *attente, espoir* ❺ *(faire oublier)* hinweghelfen über +*akk,* lindern *faim, soif* **II.** *vi* täuschen **III.** *vpr* ❶ *(faire erreur)* ***se ~*** sich irren; ***se ~ dans son calcul*** sich verrechnen ❷ *(confondre)* ***se ~ de direction*** die falsche Richtung nehmen; *(en voiture)* sich verfahren; ***se ~ de numéro [de téléphone]*** sich verwählen ► **à s'y ~** zum Verwechseln ähnlich

tromperie [tʀɔ̃pʀi] *f* Betrug *m kein Pl*

trompette [tʀɔ̃pɛt] **I.** *f* MUS Trompete *f* ► **nez en ~** Stupsnase *f* **II.** *m* ❶ MUS Trompeter(in) *m(f)* ❷ MIL Hornist(in) *m(f)*

trompettiste [tʀɔ̃petist] *mf* Trompeter(in) *m(f)*

trompeur, -euse [tʀɔ̃pœʀ, -øz] *adj* trügerisch; *promesse* falsch; *distance, résultats* irreführend; *ressemblance* täuschend; *personne* betrügerisch; *discours* lügnerisch

trompeusement [tʀɔ̃pøzmɑ̃] *adv* in betrügerischer Absicht

tronc [tʀɔ̃] *m* ❶ BOT Stamm *m* ❷ ANAT Rumpf *m* ❸ ARCHIT *d'une colonne* Schaft *m* ❹ SCOL ***~ commun*** *(cycle commun) Unter- und Mittelstufe einer Gesamtschule; (partie de programme commune)* Pflichtfächer *Pl;* UNIV Pflichtkurse *Pl*

Aussprache
Das -c am Ende von **tronc** bleibt stumm.

tronche [tʀɔ̃ʃ] *f (fam: visage)* Visage *f sl;* ***avoir une sale ~*** fies aussehen

tronçon [tʀɔ̃sɔ̃] *m* ❶ *(partie)* Teil *m; d'une voie ferrée, route, autoroute* Teilstrecke *f* ❷ *(morceau coupé)* Stück *nt; d'une colonne* Trommel *f*

tronçonner [tʀɔ̃sɔne] <1> *vt* ❶ *(diviser en tronçons)* zerteilen ❷ *(découper)* zerschneiden ❸ *(scier)* zersägen

tronçonneuse [tʀɔ̃sɔnøz] *f* Motorsäge *f*

trône [tʀon] *m* Thron *m*

trôner [tʀone] <1> *vi* thronen; *tableau:* prangen

tronquer [tʀɔ̃ke] <1> *vt* auslassen *détail;* nicht zu Ende führen *conclusion;* verstümmeln *texte, citation;* verfälschen *données*

trop [tʀo] *adv* ❶ *grand, cher* zu; *manger, faire* zu viel; *insister, négliger* zu sehr ❷ *(en quantité excessive)* ***~ de temps/travail*** zu viel Zeit *f*/Arbeit *f* ❸ *(pas tellement)* ***ne pas ~ aimer*** nicht besonders mögen; ***ne pas ~ savoir*** nicht genau wissen; ***je n'ai pas ~ envie*** ich habe keine große Lust ❹ *(fam: beaucoup, extrêmement)* voll; ***c'est ~ bien*** das ist voll gut ► **c'est ~!** *(il ne fallait pas)* das wäre doch nicht nötig gewesen!; *(c'est la meilleure)* das gibt's doch nicht!

trophée [tʀɔfe] *m* Trophäe *f*

tropical(e) [tʀɔpikal, -o] <-aux> *adj* ***climat ~*** tropisches Klima

tropique [tʀɔpik] *m* ❶ GEOG Wendekreis *m;* ***~ du Cancer/Capricorne*** Wendekreis des Krebses/Steinbocks, nördlicher/südlicher Wendekreis ❷ *(région tropicale)* ***les ~s*** die Tropen

tropisme [tʀɔpism] *m* Tropismus *m*

troposphère [tʀɔpɔsfɛʀ] *f* METEO Troposphäre *f*

trop-perçu [tʀopɛʀsy] <trop-perçus> *m* ❶ ADMIN zu viel erhobener Betrag ❷ COM Überschuss *m*

trop-plein [tʀoplɛ̃] <trop-pleins> *m* ❶ *(tuyau d'évacuation)* Überlauf[rohr *nt*] *m* ❷ *(surplus)* Überfülle *f* ❸ *(excès)* ***~ d'amour/d'énergie*** Übermaß *nt* an Liebe/Energie

troquer [tʀɔke] <1> *vt* tauschen

troquet [tʀɔkɛ] *m (fam)* Kneipe *f*

trot [tʀo] *m* ❶ *(allure)* Trab *m* ❷ *(discipline)* ***course de ~ attelé*** Trabrennen [mit Sulky] *nt*

trotte [tʀɔt] *f (fam)* Stück *nt* [Weg]

trotter [tʀɔte] <1> *vi* ❶ *(fam: aller à petits pas) animal:* trippeln; *personne:* trotten ❷ *(aller au trot) cheval:* traben

trotteur, -euse [tʀɔtœʀ, -øz] *m, f (cheval)* Traber *m*

trotteuse [tʀɔtøz] *f* Sekundenzeiger *m*

T

trottiner [tʀɔtine] <1> *vi* trappeln; *enfant:* trippeln
trottinette [tʀɔtinɛt] *f* Roller *m;* ~ ***électrique*** Elektroscooter *m*
trottoir [tʀɔtwaʀ] *m* Bürgersteig *m,* Gehweg *m*
trou [tʀu] *m* ❶ *(cavité)* Loch *nt; d'une aiguille* Öhr *nt;* ~ ***de la serrure*** Schlüsselloch ❷ *(moment de libre)* freier Augenblick ❸ *(déficit)* Loch *nt;* ~ ***[dans la couche] d'ozone*** Ozonloch *nt* ❹ *d'un témoignage, d'une œuvre* Lücke *f;* ~ ***de mémoire*** Black-out *m o nt* ▸ **rester dans son** ~ *(fam)* zu Hause herumhocken
troublant(e) [tʀublɑ̃, ɑ̃t] *adj* ❶ *(déconcertant)* irritierend; *élément* störend ❷ *(inquiétant)* beunruhigend ❸ *(étrange)* merkwürdig ❹ *(qui inspire le désir)* aufregend
trouble[1] [tʀubl] **I.** *adj* ❶ *image, vue* verschwommen; *liquide, lumière* trüb ❷ *période* zwiespältig **II.** *adv voir* unscharf
trouble[2] [tʀubl] *m* ❶ *pl* MED Beschwerden *Pl; (troubles psychiques, mentaux)* Störungen *Pl;* ~ ***du déficit de l'attention*** Aufmerksamkeitsdefizit-Syndrom *nt,* ADS *nt* ❷ *pl (troubles politiques, sociaux)* Unruhen *Pl* ❸ *(désarroi)* Aufregung *f* ❹ *(agitation)* Durcheinander *nt*
trouble-fête [tʀubləfɛt] <trouble-fêtes> *mf* Spielverderber(in) *m(f)*
troubler [tʀuble] <1> **I.** *vt* ❶ *(gêner fortement)* stören ❷ *(perturber)* beunruhigen ❸ *(déranger)* stören ❹ *(émouvoir)* verwirren ❺ *(altérer)* beeinträchtigen *digestion, facultés mentales* ❻ *(altérer la clarté)* verdüstern *atmosphère, ciel;* trüben *eau* **II.** *vpr* ***se*** ~ *(devenir trouble)* sich trüben; *mémoire:* nachlassen
troué(e) [tʀue] *adj* durchlöchert
trouée [tʀue] *f (ouverture)* Loch *nt; d'une forêt* Schneise *f*
trouer [tʀue] <1> **I.** *vt* ❶ *(faire un trou)* ein Loch machen ❷ *(faire plusieurs trous)* zerlöchern; *balles:* durchlöchern ❸ *(traverser) rayon de lumière:* durchdringen **II.** *vpr* ***se*** ~ ein Loch/Löcher bekommen
trouillard(e) [tʀujaʀ, jaʀd] **I.** *adj (fam)* ängstlich **II.** *m(f) (fam)* Angsthase *m*
trouille [tʀuj] *f (fam)* Bammel *m;* ***avoir la*** ~ Bammel haben; ***ficher*** [*o* ***flanquer***] ***la*** ~ ***à qn*** jdm eine Mordsangst einjagen
troupe [tʀup] *f* THEAT, MIL Truppe *f*
troupeau [tʀupo] <x> *m* Herde *f*
trousse [tʀus] *f (étui à compartiments)* Beutel *m;* ~ ***à outils*** Werkzeugset *nt;* ~ ***d'écolier*** [Feder]mäppchen *nt;* ~ ***de toilette*** [*o* ***voyage***] Kulturbeutel *m* ▸ **avoir qn à ses ~s** jdn im Nacken haben; **être aux ~s de qn** jdm auf den Fersen sein
trousseau [tʀuso] <x> *m* ❶ *(clés)* Schlüsselbund *m o nt* ❷ *(vêtements)* Kleidung *f kein Pl; d'une mariée* Aussteuer *f*
trouvaille [tʀuvɑj] *f* [glücklicher] Fund
trouvé(e) [tʀuve] *adj* ❶ *(qui a été trouvé)* ***un enfant*** ~ ein Findelkind *m;* ***les objets ~s*** die Fundsachen *Pl* ❷ *(original)* passend; ***une réponse bien ~e*** eine passende Antwort
trouver [tʀuve] <1> **I.** *vt* ❶ *(découvrir)* finden, bekommen *information;* aufbringen *capitaux* ❷ *(avoir le sentiment)* ~ ***étrange que*** +*subj* es merkwürdig finden, dass ❸ *(voir)* ~ ***du plaisir à faire qc*** Gefallen finden etw zu tun; ***aller/venir*** ~ ***qn*** jdn besuchen gehen/kommen **II.** *vpr* ❶ *(être situé)* ***se*** ~ sich befinden ❷ *(être)* ***se*** ~ ***bloqué/coincé*** blockiert/eingeklemmt sein; ***se*** ~ ***dans l'obligation de partir*** sich gezwungen sehen zu gehen ❸ *(se sentir)* ***se*** ~ ***bien/mal*** sich gut/schlecht fühlen ❹ *(exprime la coïncidence)* ***se*** ~ ***être nés le même jour*** *personnes:* [zufällig] am gleichen Tag geboren sein ❺ *(se rencontrer)* ***un bon job se trouve toujours*** es findet sich immer eine gute Stelle **III.** *vpr impers* ❶ *(par hasard)* ***il se trouve que …*** zufällig … ❷ *(on trouve, il y a)* ***il se trouve toujours un pour faire qc*** es findet sich immer einer, mit dem man etw machen kann ▸ **si ça se trouve, il va pleuvoir** *(fam)* es kann gut sein, dass es regnen wird
truand [tʀyɑ̃] *m* Gauner(in) *m(f)*
truander [tʀyɑ̃de] <1> *vt (fam)* reinlegen
trublion [tʀyblijɔ̃] *m* Unruhestifter(in) *m(f)*
truc [tʀyk] *m* ❶ *(fam: chose)* Ding *nt* ❷ *(fam: personne)* Dings *mf;* ***c'est Truc, tu sais*** das ist der/die Dings, du weißt schon ❸ *(fam: combine)* Trick *m* ❹ *(tour)* [Zauber]trick *m* ▸ **c'est mon** ~ *(fam)* das ist meine Sache; **c'est pas mon** ~ *(fam)* das ist nicht mein Fall
trucage [tʀykaʒ] *m* ❶ *de statistiques, de la réalité* Verfälschung *f; des élections* Fälschung *f; du vin* Panschen *nt* ❷ CINE, PHOT Trickaufnahme *f*
truchement [tʀyʃmɑ̃] *m* ***par le*** ~ ***de qc/qn*** *(soutenu)* mittels einer S./Person *gen geh,* über [*o* durch] jdn/etw; ***elle donne des ordres par le*** ~ ***de son conseiller*** sie lässt durch ihren Berater Anweisungen erteilen
trucider [tʀyside] <1> *vt (fam)* umbringen
truculence [tʀykylɑ̃s] *f* Urwüchsigkeit *f*

T

truculent(e) [tʀykylɑ̃, ɑ̃t] *adj* urwüchsig

truelle [tʀyɛl] *f* Kelle *f*

truffe [tʀyf] *f* ❶ BOT, GASTR Trüffel *f* ❷ *(museau)* Schnauze *f*

truffer [tʀyfe] <1> *vt* ❶ GASTR trüffeln ❷ *(fig)* ~ ***un texte de citations*** einen Text mit Zitaten spicken

truie [tʀɥi] *f* Sau *f*

truisme [tʀɥism] *m (littér)* Binsenwahrheit *f*

truite [tʀɥit] *f* Forelle *f*

truquage [tʀykaʒ] *m v.* **trucage**

truquer [tʀyke] <1> *vt* fälschen, panschen *vin*

truqueur, -euse [tʀykœʀ, -øz] *m, f* Schwindler(in) *m(f); (falsificateur)* Fälscher(in) *m(f)*

trust [tʀœst] *m* ECON Trust *m*

tsar [tsaʀ] *m* Zar *m*

tsarine [tsaʀin] *f* Zarin *f*

tsariste [tsaʀist] *adj* zaristisch

t-shirt [tiʃœʀt] *m abr de* **tee-shirt** T-Shirt *nt*

tsigane [tsigan] *(péj)* **I.** *adj* ***musique*** ~ Zigeunermusik *f* **II.** *mf* Zigeuner(in) *m(f) pej*

tsunami [tsunami] *m* GEOG, METEO Tsunami *m*

TSVP *abr de* **tournez s'il vous plait** b.w.

TTC [tetese] *abr de* **toutes taxes comprises** inkl. MwSt.

tu [ty] <*fam, devant voyelle ou h muet* t'> **I.** *pron pers* ~ ***es grand*** du bist groß **II.** *m* ***dire*** ~ ***à qn*** du zu jdm sagen

tu(e) [ty] *part passé de* **taire**

tuant(e) [tɥɑ̃, ɑ̃t] *adj (fig fam: fatigant, pénible)* tödlich; ***être*** ~ *(pénible)* einem auf die Nerven gehen

tuba [tyba] *m* ❶ MUS Tuba *f* ❷ SPORT Schnorchel *m*

tube [tyb] *m* ❶ *(tuyau)* Rohr *nt; (petit)* Röhrchen *nt;* ~ ***à essai*** Reagenzglas *nt* ❷ ELEC Röhre *f* ❸ *(emballage à presser)* Tube *f* ❹ ANAT ~ ***digestif*** Verdauungstrakt *m* ❺ *(fam: chanson)* Hit *m*

tubercule [tybɛʀkyl] *m* BOT [Wurzel]knolle *f*

tuberculeux, -euse [tybɛʀkylø, -øz] **I.** *adj personne* tuberkulosekrank **II.** *m, f* MED Tuberkulosekranke(r) *f(m)*

tuberculose [tybɛʀkyloz] *f* Tuberkulose *f*

tubéreux, -euse [tybeʀø, -øz] *adj* BOT knollenartig

tubulaire [tybylɛʀ] *adj lampe* röhrenförmig

tubulure [tybylyʀ] *f* ❶ *(ensemble de tubes)* Rohrsystem *nt* ❷ *(conduit)* Rohr *nt;* ~ ***d'alimentation*** TECH Versorgungsleitung *f*

T.U.C. [tyk] *m abr de* **travail d'utilité collective** ABM-Stelle

tucard(e) [tykaʀ, kaʀd] *m(f)* junge(r) ABM-Stelleninhaber(in) *f(m)*

tué(e) [tɥe] *m(f)* Todesopfer *nt*

tuer [tɥe] <1> **I.** *vt* ❶ *(donner la mort à)* töten, erlegen *gibier;* ***se faire*** ~ umkommen ❷ *(nuire à)* zerstören *espoir, environnement;* vernichten *initiative, insectes* **II.** *vi animal, personne:* töten; *poison, arme:* tödlich sein; *catastrophe:* Menschenleben fordern ▶ **ça tue** *(fam)* das ist [echt] ätzend **III.** *vpr* ❶ *(être victime d'un accident)* ***se*** ~ umkommen ❷ *(se donner la mort)* ***se*** ~ sich umbringen ❸ *(se fatiguer)* ***se*** ~ ***à qc*** sich mit etw abmühen

tuerie [tyʀi] *f* Gemetzel *nt*

tue-tête [tytɛt] ***à*** ~ lauthals

tueur, -euse [tɥœʀ, -øz] *m, f* Mörder(in) *m(f);* ~ ***en série*** Serienmörder

tuf [tyf] *m* Tuff[stein *m*] *m*

tuile [tɥil] *f* ❶ *d'un toit* [Dach]ziegel *m* ❷ *(fam: événement fâcheux)* unangenehme Überraschung ❸ GASTR Teegebäck *nt*

tuilerie [tɥilʀi] *f* Ziegelei *f*

tulipe [tylip] *f* Tulpe *f*

tulle [tyl] *m* Tüll *m*

tuméfié(e) [tymefje] *adj* geschwollen

tumeur [tymœʀ] *f* Tumor *m*

tumulte [tymylt] *m d'une foule* Tumult *m; des flots, d'un orage* Toben *nt; des passions* Sturm *m; de la rue, de la ville (agitation)* Treiben *nt; (bruit)* Lärm *m*

tumultueusement [tymyltɥøzmɑ̃] *adv (littér)* aufgebracht; ***agiter*** ~ ***qn*** jdn in Aufruhr bringen [*o* versetzen]

tumultueux, -euse [tymyltɥø, -øz] *adj* ❶ *(agité)* stürmisch; *période, vie* bewegt; *discussion* hitzig; *flots* tosend ❷ *(bruyant)* lärmend

tune [tyn] *f v.* **thune**

tuner [tynœʀ] *m* Tuner *m*

tunique [tynik] *f* ❶ *(vêtement ample)* Tunika *f* ❷ MIL Uniformrock *m*

Tunisie [tynizi] *f* ***la*** ~ Tunesien *nt*

tunisien(ne) [tynizjɛ̃, jɛn] *adj* tunesisch

Tunisien(ne) [tynizjɛ̃, jɛn] *m(f)* Tunesier(in) *m(f)*

tunnel [tynɛl] *m* ❶ *(galerie)* Tunnel *m* ❷ *(période difficile)* Durststrecke *f*

turban [tyʀbɑ̃] *m* Turban *m*

turbine [tyʀbin] *f* Turbine *f*

turbo¹ [tyʀbo] *adj inv véhicule, version* mit Turbomotor; ***moteur*** ~ Turbomotor *m*

turbo² [tyʀbo] *m abr de* **turbocompresseur**

turbocompresseur [tyʀbokɔ̃pʀesœʀ] *m* Turbokompressor *m (als Verdichter arbeitende Turbomaschine in einem Abgasturbolader)*
turbot [tyʀbo] *m* Steinbutt *m*
turbulence [tyʀbylɑ̃s] *f* ❶ *a.* PHYS, METEO *(agitation)* Turbulenz *f* ❷ *(caractère)* Lebhaftigkeit *f*
turbulent(e) [tyʀbylɑ̃, ɑ̃t] *adj* ❶ *(agité)* wild ❷ *(rebelle)* aufsässig
turc [tyʀk] *m* Türkisch *nt; v. a.* **allemand**
turc, turque [tyʀk] *adj* türkisch
Turc, Turque [tyʀk] *m, f* Türke *m*/Türkin *f*
turf [tœʀf, tyʀf] *m* Pferderennsport *m*
turfiste [tœʀfist, tyʀfist] *mf* jd, der/die bei Pferderennen wettet
Turkménistan [tyʀkmenistɑ̃] *m* Turkmenistan *nt*
turlupiner [tyʀlypine] <1> *vt (fam)* ~ ***qn*** jdn plagen, jdm keine Ruhe lassen
turpitude [tyʀpityd] *f gén pl* Schandtat *f*
turque [tyʀk] *v.* **turc** ▶ **W.-C. à la** ~ Stehklo[sett] *nt*
Turquie [tyʀki] *f* ***la*** ~ Türkei *f*
turquoise [tyʀkwaz] **I.** *f (pierre)* Türkis *m* **II.** *m (couleur)* Türkis *nt* **III.** *adj inv* türkis[farben]; ***bleu*** ~ türkisblau
tus [ty] *passé simple de* **taire**
tussilage [tysilaʒ] *m* BOT Huflattich *m*
tutélaire [tytelɛʀ] *adj* JUR schützend; *service* Aufsicht führend
tutelle [tytɛl] *f* ❶ *(protection abusive)* Bevormundung *f* ❷ JUR *d'un mineur* Vormundschaft *f; d'un aliéné* Betreuung *f* ❸ ADMIN, POL Kontrolle *f;* ***en*** [*o* ***sous***] ~ unter Aufsicht ▶ **prendre qn sous sa** ~ JUR die Vormundschaft für jdn übernehmen; *(protéger)* jdn unter seine Fittiche nehmen *fam*
tuteur [tytœʀ] *m (support)* Stütze *f*
tuteur, -trice [tytœʀ, -tʀis] *m, f* ❶ JUR *d'un mineur* Vormund *m; d'un aliéné* Betreuer(in) *m(f)* ❷ SCOL, UNIV Tutor(in) *m(f)*
tutoiement [tytwamɑ̃] *m* Duzen *nt*
tutorat [tytɔʀa] *m* Tutorium *nt*
tuto(riel) [tytɔ(ʁjɛl)] *m* INET Tutorial *nt,* Lernprogramm *nt*
tutoyer [tytwaje] <6> **I.** *vt* duzen **II.** *vpr* ***se*** ~ sich duzen
tutrice [tytʀis] *f* ❶ JUR *d'un mineur* Vormund *m; d'un aliéné* Betreuerin *f* ❷ SCOL, UNIV Tutorin *f*
tutti quanti [tutikwɑ̃ti] ▶ **et** ~ und Konsorten *fam,* und alle anderen
tutu [tyty] *m* Tutu *nt*
tuyau [tɥijo] <x> *m* ❶ *(tube rigide)* Rohr *nt; (tube souple)* Schlauch *m; d'une cheminée* Schacht *m;* ~ ***d'alimentation*** Zulauf *m;* ~ ***d'arrosage*** [Wasser]schlauch *m;* ~ ***d'aspiration*** Saugrohr *nt;* ~ ***d'échappement*** Ablauf *m;* AUT Auspuff[rohr *nt*] *m* ❷ *(fam: conseil)* Tipp *m*
tuyauter [tɥijote] <1> *vt (fam)* einen Tipp/Tipps geben *fam*
tuyauterie [tɥijotʀi] *f d'une installation, chaudière* Leitungsnetz *nt*
tuyère [tɥijɛʀ] *f* Düse *f*
T.V. [teve] *f abr de* **télévision** Fernsehen *nt*
TVA [teveɑ] *f abr de* **taxe à la valeur ajoutée** MwSt.
TVHD [teveaʃde] *f abr de* **Télévision à Haute Définition** HDTV *nt*
tweed [twid] *m* Tweed *m*
tweet [twit] *m* INET Tweet *m;* ***poster un*** ~ einen Tweet absetzen [*o* posten]
twitter [twite] <1> *vi* TELEC, INET twittern
tympan [tɛ̃pɑ̃] *m* ❶ ANAT Trommelfell *nt* ❷ ARCHIT Tympanon *nt*
type [tip] **I.** *m* ❶ *(archétype)* Prototyp *m* ❷ *(genre)* Art *f; asiatique, humain* Typus *m* ❸ *(modèle)* Typ *m;* ~ ***de véhicule*** Fahrzeugtyp ❹ *(individu quelconque)* Typ *m fam* ▶ **du troisième** ~ der dritten Art **II.** *app inv* typisch
typé(e) [tipe] *adj* ***être très*** ~ sehr typisch sein
typhoïde [tifɔid] **I.** *adj* ***fièvre*** ~ Typhusfieber *nt* **II.** *f* Typhus *m*
typhon [tifɔ̃] *m* Taifun *m*
typhus [tifys] *m* Typhus *m*
typique [tipik] *adj* ❶ *(caractéristique)* ~ ***de qn/qc*** typisch für jdn/etw ❷ *(spécifique)* ***caractère*** ~ spezifisches Merkmal
typiquement [tipikmɑ̃] *adv* ***c'est*** ~ ***français*** das ist typisch französisch
typo [tipo] *f (fam) abr de* **typographie** Typografie *f*
typographe [tipɔgʀaf] *mf* [Schrift]setzer(in) *m(f)*
typographie [tipɔgʀafi] *f* Typografie *f*
typographique [tipɔgʀafik] *adj* typografisch
typologie [tipɔlɔʒi] *f* Typologie *f*
tyran [tiʀɑ̃] *m* Tyrann *m*
tyrannie [tiʀani] *f* ❶ *d'un monarque* Tyrannei *f; d'un régime* Gewaltherrschaft *f* ❷ *d'une personne* Tyrannei *f; des médias* Diktatur *f; d'une mode* Diktat *nt*
tyrannique [tiʀanik] *adj* ❶ HIST *pouvoir* tyrannisch; ***régime*** ~ Gewaltherrschaft *f* ❷ *(autoritaire)* herrschsüchtig; *mode* diktatorisch

T

tyranniser [tiʀanize] <1> *vt* tyrannisieren
Tyrol [tiʀɔl] *m* ***le*** ~ Tirol *nt*
tyrolien(ne) [tiʀɔljɛ̃, jɛn] *adj* tirol[er]isch; *chant, population* Tiroler *inv;* ***danse ~ne*** Schuhplattler *m*
Tyrolien(ne) [tiʀɔljɛ̃, jɛn] *m(f)* Tiroler(in) *m(f)*
tyrolienne [tiʀɔljɛn] *f* MUS Jodler *m*
tzar [tsaʀ] *m v.* **tsar**
tzarine [tsaʀin] *f v.* **tsarine**
tzigane [tsigan] *adj (péj) v.* **tsigane**

U, u [y] *m inv* U *nt,* u *nt;* ***en U*** in U-Form
ubac [ybak] *m d'une montagne* Nordseite *f*/-hang *m*
ubérisation [ybeʁizasjɔ̃] *f* INFORM Uberisierung *f*
ubuesque [ybyɛsk] *adj* absurd, grotesk
UCT [ysete] *f abr de* **Unité Centrale de Traitement** CPU *f*
UDF [ydeɛf] *f abr de* **Union pour la démocratie française** *liberal-konservative Parteienkonföderation Frankreichs*
UE [yə] *f abr de* **Union européenne** EU *f;* ***pays [non-]membre de l'~*** [Nicht-]EU-Land *nt*
UEFA [yefa] *f abr de* **Union of European Football Associations** UEFA *f*
UEM [yøɛm] *f abr de* **Union économique et monétaire** WWU *f*
UFR [yɛfɛʀ] *f abr de* **unité de formation et de recherche** *[universitärer] Fachbereich*
U.H.T. [yaʃte] *f abr de* **ultra-haute température** ***lait*** ~ H-Milch *f*
UIT [yite] *f abr de* **Union internationale des télécommunications** IFU *f*
Ukraine [ykʀɛn] *f* ***l'~*** die Ukraine
ukrainien [ykʀɛnjɛ̃] *m* Ukrainisch *nt; v. a.* **allemand**
ukrainien(ne) [ykʀɛnjɛ̃, jɛn] *adj* ukrainisch
Ukrainien(ne) [ykʀɛnjɛ̃, jɛn] *m(f)* Ukrainer(in) *m(f)*
ulcère [ylsɛʀ] *m* Geschwür *nt*
ulcérer [ylseʀe] <5> *vt* tief kränken
ULM [yɛlɛm] *m abr de* **ultra-léger motorisé** Ultraleichtflugzeug *nt*
ultérieur(e) [ylteʀjœʀ] *adj* spätere(r, s)
ultérieurement [ylteʀjœʀmɑ̃] *adv* später; *regretter* im Nachhinein
ultimatum [yltimatɔm] *m* Ultimatum *nt*
ultime [yltim] *adj a. antéposé* [aller]letzte(r, s); *ironie* äußerste(r, s)
ultra [yltʀa] *mf (extrémiste de droite/gauche)* Ultrarechte(r)/-linke(r) *f(m)*
ultraconfidentiel(le) [yltʀakɔ̃fidɑ̃sjɛl] *adj (fam)* streng vertraulich
ultraconservateur, -trice [yltʀakɔ̃sɛʀvatœʀ, -tʀis] *adj (fam)* extrem konservativ
ultracourt(e) [yltʀakuʀ, kuʀt] *adj (fam)* superkurz *fam,* ultrakurz; ***ondes ~es*** Ultrakurzwellen *Pl,* UKW
ultracoûteux, -euse [yltʀakutø, -øz] *adj (fam: cher)* superkostspielig *fam; (qui exige beaucoup)* extrem aufwendig
ultragauchiste [yltʀagoʃist] *m* ***les ~s*** die extreme Linke
ultraléger, -ère [yltʀaleʒe, -ɛʀ] *adj* extraleicht
ultramoderne [yltʀamɔdɛʀn] *adj* hochmodern
ultranationaliste [yltʀanasjɔnalist] **I.** *adj* extrem nationalistisch **II.** *m* ***les ~s*** die extremen Nationalisten
ultraportable [yltʀapɔʀtabl] *m* INFORM Ultrabook *nt* **ultraradical(e)** [yltʀaʀadikal] <-aux> *adj* ultraradikal
ultrarapide [yltʀaʀapid] *adj (fam)* superschnell
ultraréactionnaire [yltʀaʀeaksjɔnɛʀ] *adj (fam)* ultrareaktionär, erzreaktionär, [extrem] reaktionär *pej*
ultrasecret, -ète [yltʀasəkʀɛ, -ɛt] *adj (fam)* supergeheim *fam*
ultrasensible [yltʀasɑ̃sibl] *adj* hoch empfindlich
ultrason [yltʀasɔ̃] *m* Ultraschall *m*
ultrasonore [yltʀasɔnɔʀ] *adj* Ultraschall-; ***signal*** ~ Ultraschallsignal *nt*
ultrasophistiqué(e) [yltʀasɔfistike] *adj (fam)* ❶ *(perfectionné)* hochkomplex ❷ *(affecté)* extrem gekünstelt, affektiert
ultraviolet [yltʀavjɔlɛ] *m* Ultraviolett *nt;* ***les ~s*** ultraviolette Strahlen
ultraviolet(te) [yltʀavjɔlɛ, ɛt] *adj* ultraviolett
ululement [ylylmɑ̃] *m v.* **hululement**
Ulysse [ylis(ə)] *m* Odysseus *m*

U

UME [yɛmø] *f abr de* **Union monétaire européenne** EWU *f*

un [œ̃] **I.** *m inv* Eins *f* **II.** *adv* erstens; ***~, je suis fatigué, deux, j'ai faim*** erstens bin ich müde, und zweitens habe ich Hunger; *v. a.* **cinq**

un, une [œ̃, yn] **I.** *art indéf* ❶ *(un certain)* ein(e); ***avec ~ grand courage*** mit großer Tapferkeit; ***ce n'est pas ~ Picasso!*** das ist kein Picasso! ❷ *(intensif)* ***il y a ~ [de ces] bruit*** ein derartiger Lärm; ***ce type est d'~ culot!*** der Kerl ist vielleicht frech! **II.** *pron* ❶ *(chose/personne parmi d'autres)* ein(e); ***en connaître ~ qui …*** jemanden kennen, der …; ***être l'~ de ceux qui …*** zu denen gehören, die …; ***~ de ces jours, il va tomber!*** eines schönen Tages wird er hinfallen! ❷ *(chose/personne opposée à une autre)* ***les ~s et les autres*** die einen und die anderen; ***ils sont assis en face l'~ de l'autre*** sie sitzen einander gegenüber; ***ils sont aussi menteurs l'~ que l'autre*** sie lügen alle beide; ***s'injurier l'~ l'autre*** sich gegenseitig beschimpfen ▸ **l'~ dans l'autre** alles in allem; **l'~[e] ou l'autre** [entweder] der/die/das eine oder der/die/das andere; **comme pas ~[e]** wie kein anderer/keine andere; **et d'~[e]!** *(fam)* das wäre das Erste!; **~[e] par ~[e]** einer/eine/eines nach dem/der/dem anderen **III.** *num* ❶ ein(e) ❷ *(non divisible)* einzig; ***Dieu est ~*** es gibt nur einen Gott ▸ **c'est tout ~** das ist alles eins; **ne faire qu'~** ein Herz und eine Seele sein; **ne faire ni ~e ni deux** nicht lange überlegen; **c'était moins ~e!** *(fam)* das war haarscharf!; *v. a.* **cinq**

unanime [ynanim] *adj consentement* einhellig; *avis* übereinstimmend; *vote* einstimmig

unanimement [ynanimmɑ̃] *adv approuver* einhellig; *décider* einstimmig; ***être ~ convaincu de qc*** ausnahmslos von etw überzeugt sein

unanimité [ynanimite] *f* Übereinstimmung *f; des suffrages* Einstimmigkeit *f;* ***à l'~*** einstimmig

underground [œndœʀgʀaund] **I.** *adj inv film* Underground- **II.** *m* Underground *m*

une [yn] *f* ***la ~*** *(première page du journal)* die Titelseite, die Seite eins; TV das erste Programm; *(premier sujet)* das Thema des Tages; *(table/chambre/... numéro un)* die Eins

U.N.E.S.C.O. [ynɛsko] *f abr de* **United Nations Educational Scientific and Cultural Organization** UNESCO *f*

uni(e) [yni] **I.** *part passé de* **unir** **II.** *adj* ❶ *(sans motifs)* ungemustert; *(unicolore)* einfarbig ❷ *(en union)* vereint; ***les Etats Unis d'Amérique*** die Vereinigten Staaten von Amerika; ***~s par qc*** durch etw verbunden ❸ *surface* glatt; *chemin* eben

U.N.I.C.E.F. [ynisɛf] *f abr de* **United Nations International Children's Emergency Fund** UNICEF *f*

unicellulaire [yniselylɛʀ] *adj* einzellig

unicité [ynisite] *f d'un cas* Einmaligkeit *f; d'un phénomène* Einzigartigkeit *f*

unicolore [ynikɔlɔʀ] *adj* einfarbig

unième [ynjɛm] *adj* ***vingt et ~*** einundzwanzigste(r, s)

unificateur, -trice [ynifikatœʀ, -tʀis] *adj principe* einigend; ***mouvement ~*** Sammelbewegung *f*

unification [ynifikasjɔ̃] *f* Vereinigung *f; des tarifs* Vereinheitlichung *f; de l'Allemagne* Wiedervereinigung

unifier [ynifje] <1> **I.** *vt* ❶ *(unir)* vereinen, zusammenschließen *partis* ❷ *(uniformiser)* vereinheitlichen *programmes* **II.** *vpr* ***s'~*** sich vereinigen

uniforme [ynifɔʀm] **I.** *adj* ❶ *(pareil)* gleich[artig]; ***des goûts ~s*** Einheitsgeschmack *m* ❷ *(standardisé)* vereinheitlicht ❸ *vitesse* gleich bleibend; *paysage, vie* eintönig; *mouvement* gleichförmig **II.** *m* Uniform *f;* ***~ de l'école*** Schuluniform

uniformément [ynifɔʀmemɑ̃] *adv* ❶ *(de façon monotone)* eintönig ❷ *(de la même façon)* gleichermaßen

uniformisation [ynifɔʀmizasjɔ̃] *f du mode de vie* Angleichung *f; des tarifs* Vereinheitlichung *f*

uniformiser [ynifɔʀmize] <1> *vt* vereinheitlichen, einander anpassen *programmes*

uniformité [ynifɔʀmite] *f* ❶ *des mœurs* Übereinstimmung *f; des produits* Einheitlichkeit *f* ❷ *(monotonie)* Eintönigkeit *f*

unijambiste [yniʒɑ̃bist] **I.** *adj* einbeinig **II.** *mf* Einbeinige(r) *f(m)*

unilatéral(e) [ynilateʀal, -o] <-aux> *adj jugement* einseitig; *garantie* nur für eine Seite verbindlich; POL unilateral; ***stationnement ~*** Parken *nt* auf nur einer der beiden Straßenseiten

unilatéralement [ynilateʀalmɑ̃] *adv* im Alleingang; POL einseitig

unilatéralisme [ynilateʀalism] *m* POL Unilateralismus *m*

unilingue [ynilɛ̃g] *adj* einsprachig

union [ynjɔ̃] *f* ❶ *(alliance)* Vereinigung *f; de partis* Zusammenschluss *m;* ***en ~ avec qn*** gemeinsam mit jdm ❷ *(vie commune)* Lebensgemeinschaft *f;* ***l'~ conjugale*** der

Bund der Ehe ③ *des éléments* Zusammenstellung *f* ④ *(association)* Verband *m;* ~ ***syndicale*** Gewerkschaftsbund *m*

Union économique [ynjɔ̃ ekɔnɔmik] *f* Wirtschaftsunion *f*

Union européenne [ynjɔ̃ øʀɔpeɛn] *f* Europäische Union

Union monétaire [ynjɔ̃ mɔnetɛʀ] *f* Währungsunion *f*

Union Soviétique [ynjɔ̃ sɔvjetik] *f* HIST Sowjetunion *f*

unique [ynik] *adj* ① *(seul)* einzig; *monnaie* einheitlich; ***prix*** ~ Einheitspreis *m;* ***enfant*** ~ Einzelkind *nt;* ***à voie*** ~ einspurig; ***rue à sens*** ~ Einbahnstraße *f* ② *(exceptionnel)* einzigartig

uniquement [ynikmɑ̃] *adv* nur

unir [yniʀ] <8> **I.** *vt* ① *(associer)* verein[ig]en ② *(marier)* trauen ③ *(combiner)* verbinden mit ④ *(relier) chemin de fer, langage:* verbinden **II.** *vpr* ① *(s'associer)* ***s'***~ sich vereinigen ② *(se marier)* ***s'***~ heiraten ③ *(se combiner)* ***s'~ à qc*** sich mit etw verbinden

unisexe [ynisɛks] *adj* für Mann und Frau

unisexué(e) [ynisɛksɥe] *adj* eingeschlechtig

unisson [ynisɔ̃] *m* Unisono *nt; a.* MUS ***être à l'~ de qc*** gleichstimmig mit etw sein; ***se mettre à l'~ de qn*** mit jdm harmonieren

unitaire [ynitɛʀ] *adj* ① POL *revendications* einheitlich; *mouvement* geschlossen ② COM *production* auf ein Produkt beschränkt

unité [ynite] *f* ① *d'une famille* Zusammenhalt *m; d'une classe* Einheit *f; d'un texte* Zusammenhang *m;* ~ ***d'action*** gemeinsames Handeln; ~ ***de vues*** gleiche Standpunkte ② POL Einheit *f* ③ *(étalon de mesure)* Einheit *f;* ~ ***de distance*** Längenmaß *nt* ④ MATH Einer *m* ⑤ *a.* MIL *(section)* Einheit *f;* ~ ***de réanimation*** Intensivstation *f* ⑥ INFORM, TECH ~ ***de stockage*** Speicher[einheit *f*] *m;* ~ ***de bande magnétique/disque*** Band-/Diskettenlaufwerk *nt;* ~ ***de sortie*** Ausgabegerät *nt* ⑦ COM ***prix à l'***~ Einzelpreis *m*

univers [ynivɛʀ] *m* ① ASTRON Universum *nt,* Weltall *nt;* ~ ***parallèle*** Paralleluniversum ② *(milieu)* Welt *f; familier* Umgebung *f; politique* Umfeld *nt*

universalisation [ynivɛʀsalizasjɔ̃] *f* ① *(mondialisation)* [allgemeine] Verbreitung *f* ② *(du particulier à l'universel)* Verallgemeinerung *f,* Universalisierung *f*

universaliser [ynivɛʀsalize] <1> **I.** *vt* verallgemeinern **II.** *vpr* ***s'***~ sich verbreiten

universalité [ynivɛʀsalite] *f* Universalität *f; d'une idée* Allgemeingültigkeit *f*

universel(le) [ynivɛʀsɛl] *adj* ① *(mondial)* weltweit; ***exposition*** **~*le*** Weltausstellung *f* ② *(opp: particulier)* allgemein; *proposition* allgemein verbindlich ③ *remède* universell; ***clé*** **~*le*** Universalschlüssel *m*

universellement [ynivɛʀsɛlmɑ̃] *adv* ① allgemein ② *(mondialement)* weltweit

universitaire [ynivɛʀsitɛʀ] **I.** *adj* universitär; *titre* akademisch; ***résidence*** ~ Studentenwohnheim *nt;* ***diplôme*** ~ Hochschuldiplom *nt;* ***restaurant*** ~ Mensa *f* **II.** *mf* Hochschullehrer(in) *m(f)*

université [ynivɛʀsite] *f* Universität *f;* ~ ***d'été*** Sommerkurs *m;* ~ ***du troisième âge*** Seniorenstudium *nt;* ~ ***populaire*** Volkshochschule *f*

univoque [ynivɔk] *adj* PHILOS eindeutig, univok *Fachspr.*

Untel [œ̃tɛl] ***Monsieur/Madame*** ~ Herr/Frau Sowieso

uploader [œplode] <1> *vt* INFORM hochladen

uranifère [yʀanifɛʀ] *adj* MINER Uran-, uranhaltig

uranium [yʀanjɔm] *m* Uran *nt*

Uranus [yʀanys] *f* Uranus *m*

urbain(e) [yʀbɛ̃, ɛn] *adj* städtisch; *aménagement, paysage* Stadt-

urbanisation [yʀbanizasjɔ̃] *f* ① *d'une région, d'un pays* Urbanisierung *f* ② *d'un secteur, d'une zone* städtische Bebauung *f*

urbaniser [yʀbanize] <1> *vt* urbanisieren *région*

urbanisme [yʀbanism] *m* Städtebau *m*

urbaniste [yʀbanist] *mf* Stadtplaner(in) *m(f)*

urbanistique [yʀbanistik] *adj* städtebaulich

urbanité [yʀbanite] *f* ① *(politesse)* Gewandheit *f,* Urbanität *f liter* ② *(caractère de la ville)* städtische Atmosphäre *f*

urée [yʀe] *f* Harnstoff *m*

uretère [yʀ(ə)tɛʀ] *f* ANAT Harnleiter *m*

urètre [yʀɛtʀ] *m* Harnröhre *f*

urgence [yʀʒɑ̃s] *f* ① *(caractère urgent)* Dringlichkeit *f;* ***il y a*** ~ es eilt; ***d'***~ unverzüglich ② *(cas urgent)* dringende Angelegenheit; *a.* MED Notfall *m;* ***les ~s*** Notfallstation *f;* ***le secours de première*** ~ die Erste Hilfe

urgent(e) [yʀʒɑ̃, ʒɑ̃t] *adj cas* dringend; *affaire* dringlich; **~!** eilt!

urgentiste [yʀʒɑ̃tist] *mf* MED Notarzt *m*/-ärztin *f*

U

urger [yʀʒe] <2a> *vi* ***ça urge!*** *(fam)* es brennt!
urinaire [yʀinɛʀ] *adj* ***maladie*** ~ Erkrankung *f* der Harnwege; ***calcul*** ~ Harnstein *m*
urine [yʀin] *f* Urin *m*
uriner [yʀine] <1> *vi* urinieren
urinoir [yʀinwaʀ] *m* Pissoir *nt*
urne [yʀn] *f* ❶ Urne *f* ❷ POL [Wahl]urne *f;* ***aller aux ~s*** wählen gehen
urologie [yʀɔlɔʒi] *f* Urologie *f*
urologue [yʀɔlɔg] *mf* Urologe *m*/Urologin *f*
URSS [yɛʀɛsɛs] *f* HIST *abr de* **Union des républiques socialistes soviétiques** ***l'~*** die UdSSR
urticaire [yʀtikɛʀ] *f* [allergischer] Hautausschlag ▸ **qn/qc donne de l'~ à qn** *(fam)* jd ist gegen jdn/etw allergisch
Uruguay [yʀygwɛ] *m* ***l'~*** Uruguay *nt*
us [ys] *mpl* ~ ***et coutumes*** Sitten und Bräuche *Pl*
US [yɛs] *f abr de* **Union sportive** SV *m*
usage [yzaʒ] *m* ❶ *(utilisation)* Gebrauch *m; d'un appareil* Benutzen *nt; d'une méthode* Anwendung *f; d'une salle* Benutzung *f;* ***à l'~ de qn/qc*** für jdn/etw; ***hors d'~*** außer Betrieb; ***méthode en ~*** verbreitete Methode; ***être d'~ courant*** häufig benutzt werden; *(habituel)* gang und gäbe sein ❷ JUR ~ ***de faux*** Verwendung *f* gefälschter Urkunden *m* ❸ *(façon de se servir)* Bedienung *f* ❹ *(consommation)* Verbrauch *m* ❺ *(faculté)* ***retrouver l'~ de la vue*** wieder sehen können; ***perdre l'~ de la parole*** die Sprache verlieren ❻ *(coutume)* Brauch *m;* ***c'est contraire aux ~s*** das verstößt gegen die Sitten; ***c'est l'~ de faire qc*** es ist üblich, etw zu tun ▸ **à l'~** in der Praxis
usagé(e) [yzaʒe] *adj* abgenutzt; *pile* verbraucht
usager, -ère [yzaʒe, -ɛʀ] *m, f* Benutzer(in) *m(f); du gaz* Verbraucher(in) *m(f);* ~ ***de la route*** Verkehrsteilnehmer *m*
usant(e) [yzɑ̃, ɑ̃t] *adj* anstrengend
usé(e) [yze] *adj (détérioré)* abgenutzt; *semelles* abgelaufen
user [yze] <1> **I.** *vt* ❶ *(détériorer)* abnutzen, abtragen *roche;* verschleißen *mécanique* ❷ *(épuiser)* ruinieren *santé;* ~ ***qn*** jdm zusetzen ❸ *(consommer)* verbrauchen **II.** *vi* ~ ***d'un droit*** von einem Recht Gebrauch machen; ~ ***de termes*** Ausdrücke *Pl* gebrauchen ▸ ~ **et abuser de qc** etw schamlos ausnutzen **III.** *vpr* ***s'~*** sich abnutzen; ***s'~ à qc*** sich bei etw aufreiben; ***s'~ les yeux*** sich *dat* die Augen verderben
usinage [yzinaʒ] *f d'une pièce* Bearbeitung *f; d'un produit, matériau* Verarbeitung *f*
usine [yzin] *f* Fabrik *f;* ~ ***d'automobiles*** Automobilwerk *nt;* ~ ***d'incinération des déchets*** Müllverbrennungsanlage *f;* ~ ***de traitement des déchets radioactifs*** Wiederaufbereitungsanlage *f*
usiner [yzine] <1> *vt* bearbeiten *pièce;* verarbeiten *produit*
usinier, -ière [yzinje, -jɛʀ] *adj* ❶ *(qui a rapport à l'usine)* Fabrik- ❷ *(industriel) ville, quartier* Industrie-
usité(e) [yzite] *adj* gebräuchlich
ustensile [ystɑ̃sil] *m* Gerät *nt,* Utensil *nt meist Pl*
usuel(le) [yzɥɛl] *adj* gebräuchlich; *emploi* allgemein üblich; *mot* gängig; *objet* weit verbreitet
usuellement [ysɥɛlmɑ̃] *adv* [für] gewöhnlich, üblicherweise
usufruit [yzyfʀɥi] *m* JUR Nutznießung *f*
usuraire [yzyʀɛʀ] *adj* ***taux ~s*** Wucherzinsen *Pl*
usure [yzyʀ] *f* ❶ *(détérioration)* Abnutzung *f* ❷ *(état)* abgenutzter Zustand ❸ *(érosion)* Abschleifung *f* ❹ *(affaiblissement)* Verschleiß *m* ▸ **avoir qn à l'~** *(fam)* jdn herumkriegen
usurier, -ière [yzyʀje, -jɛʀ] *m, f* Wucherer *m*/Wucherin *f*
usurpateur, -trice [yzyʀpatœʀ, -tʀis] *m, f* Usurpator(in) *m(f)*
usurpation [yzyʀpasjɔ̃] *f* ❶ JUR *(appropriation)* Anmaßung *f,* widerrechtliche Aneignung; *d'un titre* Anmaßung, unbefugtes Führen; ~ ***frauduleuse*** betrügerische Aneignung ❷ POL Usurpation *f;* ~ ***de pouvoir*** Amtsmissbrauch *m*
usurper [yzyʀpe] <1> *vt* ~ ***le pouvoir*** widerrechtlich die Macht an sich *akk* reißen; ~ ***un titre*** sich *dat* einen Titel widerrechtlich aneignen
ut [yt] *m inv* MUS C *nt,* c *nt*
utérin(e) [yteʀɛ̃, in] *adj* ❶ *(de la même mère) frères, sœurs* Halb- *(von derselben Mutter)* ❷ MED *grossesse, hémorragie* Gebärmutter-
utérus [yteʀys] *m* Gebärmutter *f*
utile [ytil] **I.** *adj (profitable) cadeau* nützlich; *action* sinnvoll **II.** *m* Nützliche(s) *nt;* ***joindre l'~ à l'agréable*** das Angenehme mit dem Nützlichen verbinden
utilement [ytilmɑ̃] *adv* nützlich; *employer* nutzbringend

U

utilisable [ytilizabl] *adj* verwendbar; *matériel* brauchbar; *livre* benutzbar; ***ce n'est plus ~*** das ist nicht mehr zu gebrauchen

utilisateur, -trice [ytilizatœʀ, -tʀis] *m, f* Benutzer(in) *m(f)*

utilisation [ytilizasjɔ̃] *f d'un téléphone* Benutzung *f; d'un produit* Verwendung *f; de l'énergie* Nutzung *f*

utiliser [ytilize] <1> *vt* ❶ *(se servir de)* benutzen; ***~ de l'huile pour la cuisine*** Speiseöl zum Kochen verwenden ❷ *(recourir à)* nutzen *avantage;* anwenden *moyen;* gebrauchen *mot* ❸ *(exploiter)* ausnutzen *personne;* verwerten *restes*

utilitaire [ytilitɛʀ] **I.** *adj* ❶ *(susceptible d'être utilisé)* für den Gebrauch bestimmt; *objet* Gebrauchs- ❷ *(intéressé)* auf Nutzen ausgerichtet **II.** *m* ❶ INFORM Utility *nt* ❷ AUT Nutzfahrzeug *nt*

utilitarisme [ytilitaʀism] *m* PHILOS Utilitarismus *m*

utilité [ytilite] *f* ❶ *(aide)* Nutzen *m* ❷ *(caractère utile)* Nützlichkeit *f;* ***association reconnue d'~ publique*** gemeinnütziger Verein; ***je n'en ai pas l'~*** dafür habe ich keine Verwendung

utopie [ytɔpi] *f* Utopie *f*

utopique [ytɔpik] *adj* utopisch

utopiste [ytɔpist] *mf* Utopist(in) *m(f)*

U.V.[1] [yve] *mpl abr de* **ultraviolets** UV-Strahlen *Pl*

U.V.[2] *f abr de* **unité de valeur** UNIV Schein *m*

V, v [ve] *m inv* ❶ *(lettre)* V *nt,* v *nt* ❷ *(forme)* ***décolleté en V*** V-Ausschnitt *m*

va [va] *indic prés de* **aller**

vacance [vakɑ̃s] *f* ❶ *pl* SCOL, UNIV Ferien *Pl;* ***~s scolaires*** Schulferien; ***être en ~s*** Ferien haben; ***bonnes ~s!*** schöne Ferien! ❷ *pl (congé)* Urlaub *m kein Pl;* ***partir en ~s*** in Urlaub fahren ❸ *(poste)* unbesetzte Stelle

vacancier, -ière [vakɑ̃sje, -jɛʀ] *m, f* Urlauber(in) *m(f)*

vacant(e) [vakɑ̃, ɑ̃t] *adj* unbesetzt

vacarme [vakaʀm] *m* Lärm *m*

vacataire [vakatɛʀ] *mf* SCOL, UNIV Vertretung *f;* ADMIN Aushilfe *f*

vacation [vakasjɔ̃] *f* ❶ *(rémunération)* Honorar *nt* ❷ *(remplacement)* Vertretung *f*

vaccin [vaksɛ̃] *m* ***~ contre le tétanos*** Tetanusimpfstoff *m*

vaccinal(e) [vaksinal, -o] <-aux> *adj* ***complication ~e*** Impfkomplikation *f*

vaccination [vaksinasjɔ̃] *f* Impfung *f*

vacciner [vaksine] <1> *vt* MED impfen

vachard(e) [vaʃaʀ, aʀd] *adj (fam)* gemein, fies *fam*

vache [vaʃ] **I.** *f* ❶ ZOOL Kuh *f* ❷ *(cuir)* Rindsleder *nt* ▶ **années/période de ~s grasses/maigres** [sieben] fette/magere Jahre; **la ~!** *(fam)* Donnerwetter! **II.** *adj (fam: méchant)* gemein

vachement [vaʃmɑ̃] *adv (fam)* echt

vacher, -ère [vaʃe, -ɛʀ] *m, f* Kuhhirt(in) *m(f)*

vacherie [vaʃʀi] *f (fam)* Gemeinheit *f*

vacherin [vaʃʀɛ̃] *m* ❶ *(fromage) Weichkäse aus dem französischen Jura* ❷ *(dessert) eisgekühltes Baisergebäck mit Crème fraîche*

vachette [vaʃɛt] *f* ❶ kleine Kuh ❷ *(cuir)* Vachetteleder *nt*

vacillant(e) [vasijɑ̃, jɑ̃t] *adj* schwankend; *lumière* flackernd

vacillement [vasijmɑ̃] *m* ❶ *(oscillation d'un côté ot de l'autre) des jambes, murs, meubles* Wackeln *nt; d'une personne, d'un arbre* Schwanken *nt; (avant la chute)* Wanken *nt* ❷ *(tremblement) de la flamme, lumière* Flackern *nt* ❸ *(soutenu: affaiblissement) de la raison* Verwirrung *f* ❹ *(hésitation) d'une personne* Unentschlossenheit *f; de la détermination* Wanken *nt*

vaciller [vasije] <1> *vi personne:* taumeln; *poteau:* wackeln; *lumière:* flackern

vacuité [vakɥite] *f* Nichtigkeit *f*

vadrouille [vadʀuj] *f* ***être en ~*** *(fam)* auf Achse sein

vadrouiller [vadʀuje] <1> *vi (fam: traînasser)* sich herumtreiben

va-et-vient [vaevjɛ̃] *m inv* ❶ *(mouvement alternatif)* Hin und Her *nt* ❷ ELEC Wechselschalter *m*

vagabond(e) [vagabɔ̃, ɔ̃d] **I.** *adj* ❶ *(errant)* ***vie ~e*** Vagabundenleben *nt* ❷ *(sans*

V

règles) rastlos **II.** *m(f) (sans domicile fixe)* Landstreicher(in) *m(f)*

vagabondage [vagabɔ̃daʒ] *m* ❶ JUR Landstreicherei *f* ❷ *(errance)* Herumziehen *nt* ❸ *(fig: rêverie) de l'imagination, la pensée* Umherschweifen *nt*

vagabonder [vagabɔ̃de] <1> *vi (errer)* umherziehen

vagin [vaʒɛ̃] *m* Scheide *f*

vaginal(e) [vaʒinal, -o] <-aux> *adj* vaginal

vagir [vaʒiʀ] <8> *vi bébé:* schreien

vague[1] [vag] **I.** *adj* ❶ *a. antéposé (indistinct)* undeutlich ❷ *antéposé (lointain)* entfernt ❸ *manteau* weit **II.** *m (imprécision)* Unklarheit *f;* ***dans le*** ~ im Unklaren

vague[2] [vag] *f* ❶ GEOG Welle *f* ❷ METEO ~ ***de chaleur/de froid*** Hitze-/Kältewelle *f* ❸ *(afflux)* ***des ~s d'immigrants*** Zustrom *m* von Einwanderern

vaguelette [vaglɛt] *f* kleine Welle *f*

vaguement [vagmɑ̃] *adv* ❶ *(opp: précisément)* ungefähr ❷ *(un peu)* ***avoir l'air*** ~ ***surpris*** etwas überrascht aussehen

vaguer [vage] <1> *vi* ❶ *(littér)* umhergehen ❷ *(fig) pensées, yeux:* schweifen

vaillamment [vajamɑ̃] *adv (littér)* beherzt; *(au combat)* tapfer

vaillance [vajɑ̃s] *f* Beherztheit *f*

vaillant(e) [vajɑ̃, ʒɑ̃t] *adj* beherzt

vaille [vaj] *subj prés de* **valoir**

vain(e) [vɛ̃, vɛn] *adj (inutile)* vergeblich ▸ **en** ~ vergeblich

vaincre [vɛ̃kʀ] <irr> *(soutenu)* **I.** *vi* siegen **II.** *vt* ❶ MIL besiegen *pays* ❷ SPORT schlagen ❸ *(surmonter)* überwinden

vaincu(e) [vɛ̃ky] **I.** *part passé de* **vaincre** **II.** *adj* besiegt; ***s'avouer*** ~ sich geschlagen geben **III.** *m(f) (perdant)* Verlierer(in) *m(f)*

vainement [vɛnmɑ̃] *adv* vergeblich

vainqueur [vɛ̃kœʀ] **I.** *adj (victorieux)* siegreich **II.** *mf* MIL, SPORT, POL Sieger(in) *m(f)*

vairon [vɛʀɔ̃] *adj* ***yeux ~s*** verschieden[farbig]e Augen

vais [vɛ] *indic prés de* **aller**

vaisseau[1] [vɛso] <x> *m* ANAT Gefäß *nt*

vaisseau[2] [vɛso] <x> *m* ❶ ESPACE ~ ***spatial*** Raumschiff *nt* ❷ ARCHIT Mittelschiff *nt*

vaisselier [vɛsəlje] *m* Geschirrschrank *m*

vaisselle [vɛsɛl] *f* ❶ *(service de table)* [Tafel]geschirr *nt kein Pl* ❷ *(objets à nettoyer)* Geschirr *nt;* ***faire*** [*o* ***laver***] ***la*** ~ das Geschirr spülen

val [val, vo] <vaux> *m* Tal *nt*

valable [valabl] *adj a.* JUR, COM [rechts]gültig

valablement [valabləmɑ̃] *adv* ❶ *(légitimement)* rechtmäßig ❷ *(convenablement)* zufriedenstellend ❸ *(d'une manière efficace)* sinnvoll

Valais [valɛ] *m* ***le*** ~ das Wallis

valdingue [valdɛ̃g] *m (fam)* ***faire un*** ~ runterfallen *fam*

valdinguer [valdɛ̃ge] <1> *vi (fam)* ~ ***contre qc*** gegen etw knallen

valence [valɑ̃s] *f* CHIM Wertigkeit *f*

valériane [valeʀjan] *f* Baldrian *m*

valet [valɛ] *m* ❶ *(domestique)* [Haus]diener *m* ❷ JEUX Bube *m*

valeur [valœʀ] *f* ❶ *(prix)* Wert *m;* ~ ***marchande*** Handelswert; ***de*** ~ wertvoll ❷ POST ***envoi en*** ~ ***déclarée*** Wertsendung *f* ❸ *(cours)* [Kurs]wert *m; (titre)* Wertpapier *nt* ❹ ECON [Waren]wert *m;* ~ ***ajoutée*** Mehrwert; ~ ***d'échange*** Tauschwert ❺ *(importance)* Bedeutung *f;* ***accorder*** [*o* ***attacher***] ***de la*** ~ ***à qc*** Wert auf etw *akk* legen; ***mettre qn/qc en*** ~ jdn/etw zur Geltung bringen ❻ *(équivalent)* ***la*** ~ ***d'un litre*** ungefähr ein Liter ❼ MATH, MUS, JEUX Wert *m;* ***la*** ~ ***de x*** der Wert von x

validation [validasjɔ̃] *f* ❶ *d'un passeport* Gültigkeitserklärung *f* ❷ INFORM Bestätigung *f*

valide [valid] *adj* ❶ *personne* gesund; ***être*** ~ fit sein *fam* ❷ *(valable)* gültig

valider [valide] <1> *vt* ❶ *(certifier)* für gültig erklären *passeport;* entwerten *titre de transport* ❷ INFORM bestätigen

validité [validite] *f* Gültigkeit *f*

valise [valiz] *f* [Reise]koffer *m;* ***faire sa*** ~ den Koffer packen

vallée [vale] *f* Tal *nt*

vallon [valɔ̃] *m* kleines Tal

vallonné(e) [valɔne] *adj* hügelig

valoir [valwaʀ] <irr> **I.** *vi* ❶ *(coûter)* kosten; ***combien ça vaut?*** wie viel kostet das? ❷ *(mettre en avant)* ***faire*** ~ ***un argument*** ein Argument geltend machen **II.** *vt* ❶ *(avoir de la valeur)* taugen; ~ ***qc/ne pas*** ~ ***grand-chose*** etw/nicht viel wert sein ❷ *(être valable)* sinnvoll sein; ***autant vaut*** [*o* ***vaudrait***] ***faire qc*** da kann man genauso gut etw tun ❸ *(être équivalent à)* den gleichen Wert haben wie; JEUX zählen; ***rien ne vaut un bon lit quand on est fatigué*** es geht nichts über ein gutes Bett, wenn man müde ist ❹ *(mériter)* lohnen; ***cette ville vaut le détour*** diese Stadt ist einen Umweg wert ❺ *(avoir pour conséquence)* ~ ***qc à qn*** jdm etw einbringen; ***qu'est-ce qui nous vaut cet honneur?*** was verschafft uns die Ehre? **III.** *vpr* ***se*** ~ ❶ COM gleich viel kosten; ***ces deux vases se***

V

valent diese Vasen sind gleich im Preis ❷ *(être comparable) personnes, choses:* [ver]gleich[bar] sein

valorisant(e) [valɔʀizɑ̃, ɑ̃t] *adj* dem Ansehen förderlich

valorisation [valɔʀizasjɔ̃] *f d'une région* Aufwertung *f; des déchets* [Wieder]verwertung *f*

valoriser [valɔʀize] <1> *vt* ECON aufwerten *région;* [wieder]verwerten *déchets*

valse [vals] *f* Walzer *m*

valse-hésitation [valsezitasjɔ̃] <valses-hésitations> *f* [ewiges] Hin und Her *kein Pl*

valser [valse] <1> *vi* einen Walzer tanzen

valve [valv] *f* ❶ TECH Ventil *nt* ❷ ZOOL [Muschel]schale *f*

valvule [valvyl] *f* Klappe *f*

vamp [vɑ̃p] *f* Vamp *m*

vamper [vɑ̃pe] <1> *vt (fam)* anmachen

vampire [vɑ̃piʀ] *m* Vampir *m*

vampiriser [vɑ̃piʀize] *vt (fam)* ~ ***qn*** jdn hörig machen

van [vɑ̃] *m* Pferdetransporter *m*

vandale [vɑ̃dal] *mf (destructeur)* Vandale *m*/Vandalin *f*

vandalisme [vɑ̃dalism] *m* Vandalismus *m*

vanille [vanij] *f* GASTR, BOT Vanille[schote] *f*

vanillé(e) [vanije] *adj crème, sucre* Vanille-

vanilline [vanilin] *f* Vanillin *nt,* Vanillearoma *nt*

vanité [vanite] *f* Eitelkeit *f;* ***être d'une immense*** ~ äußerst eingebildet sein

vaniteux, -euse [vanitø, -øz] *adj* eingebildet

vanity-case [vanitikɛz] <vanity-cases> *m* Kosmetikkoffer *m*

vanne [van] *f* ❶ NAUT *d'une écluse* Schleusentor *nt* ❷ *(fam: plaisanterie)* ***lancer des ~s à qn*** über jdn witzeln

Falsche Freunde
Nicht verwechseln mit *die Wanne – la baignoire*!

vanné(e) [vane] *adj (fam) personne* [völlig] kaputt

vannerie [vanʀi] *f* ❶ *(fabrication)* Korbmacherei *f* ❷ *(objets)* Korbware *f*

vannier [vanje] *m* Korbmacher(in) *m(f)*

vantail [vɑ̃taj, -o] <-aux> *m* [Tür-, Fenster]flügel *m*

vantard(e) [vɑ̃taʀ, aʀd] **I.** *adj* prahlerisch **II.** *m(f)* Prahler(in) *m(f)*

vantardise [vɑ̃taʀdiz] *f* Prahlerei *f*

vanter [vɑ̃te] <1> **I.** *vt* [in den höchsten Tönen] loben, [an]preisen *marchandise* **II.** *vpr* ***se*** ~ prahlen; ***se ~ de qc*** sich einer S. *gen* rühmen

va-nu-pieds [vanypje] *mf inv* Landstreicher(in) *m(f)*

vapes [vap] *fpl* ► **être dans les** ~ *(fam)* benebelt sein

vapeur [vapœʀ] **I.** *f* ❶ *(buée)* ***~ d'eau*** Wasserdampf *m* ❷ *(énergie)* ***bateau/machine à*** ~ Dampfschiff *nt*/-maschine *f* ❸ *pl (émanation)* Dämpfe *Pl;* ***~s d'essence*** Benzindämpfe ► **renverser la** ~ das Steuer herumreißen; **à toute** ~ mit Volldampf *fam* **II.** *m* Dampfschiff *nt*

vaporeux, -euse [vapɔʀø, -øz] *adj tissu, cheveux* duftig

vaporisateur [vapɔʀizatœʀ] *m* Zerstäuber *m*

vaporisation [vapɔʀizasjɔ̃] *f d'un parfum* Zerstäuben *nt; d'une plante* Besprühen *nt*

vaporiser [vapɔʀize] <1> **I.** *vt* ❶ *(pulvériser)* zerstäuben ❷ *(imprégner)* besprühen; ***~ les cheveux avec de la laque*** die Haare mit Haarlack besprühen **II.** *vpr* ***se ~ qc quelque part*** [sich *dat*] etw irgendwohin sprühen

vapoter [vapɔte] *vi e-cigarette* dampfen

vaquer [vake] <1> *vi* ***~ à ses occupations*** seiner Beschäftigung nachgehen

varappe [vaʀap] *f* Klettern *nt;* ***faire de la*** ~ klettern

varapper [vaʀape] <1> *vi* klettern

varappeur, -euse [vaʀapœʀ, -øz] *m, f* Kletterer *m*/Kletterin *f*

varech [vaʀɛk] *m* [See]tang *m*

vareuse [vaʀøz] *f (blouse)* Matrosenjacke

variabilité [vaʀjabilite] *f* ❶ *du temps* Wechselhaftigkeit *f; des humeurs* Veränderlichkeit *f* ❷ BIO Variabilität *f*

variable [vaʀjabl] **I.** *adj* ❶ *(opp: constant)* variabel ❷ METEO veränderlich; ***vent*** ~ Wind *m* aus wechselnden Richtungen **II.** *f* Variable *f*

variante [vaʀjɑ̃t] *f (forme différente)* Variante *f*

variateur [vaʀjatœʀ] *m* ***~ de lumière*** Dimmer *m*

variation [vaʀjasjɔ̃] *f* ❶ *(changement)* Veränderung *f* ❷ MUS Variation *f*

varice [vaʀis] *f souvent pl* Krampfader *f*

varicelle [vaʀisɛl] *f* Windpocken *Pl*

varié(e) [vaʀje] *adj* ❶ *(divers)* abwechslungsreich ❷ *(très différent)* unterschiedlich

varier [vaʀje] <1> **I.** *vi* ❶ *(évoluer)* sich [ver]ändern ❷ *(être différent)* unterschiedlich sein **II.** *vt* ❶ *(diversifier)* abwechs-

V

lungsreich[er] gestalten ❷ *(changer)* wechseln
variété [vaʀjete] *f* ❶ *(diversité)* Vielfalt *f* ❷ *(changement)* Abwechslung *f* ❸ ZOOL, BOT [Ab]art *f* ❹ *pl* THEAT Varieté[theater *nt*] *nt* ❺ *pl* MEDIA [bunte] Unterhaltungssendung
variole [vaʀjɔl] *f* Pocken *Pl*
variolique [vaʀjɔlik] *adj* Pocken-
Varsovie [vaʀsɔvi] Warschau *nt*
vas [va] *indic prés de* **aller**
vasculaire [vaskylɛʀ] *adj* ANAT, MED Gefäß-; ***troubles ~s*** Durchblutungsstörungen *Pl*
vase[1] [vɑz] *m* ❶ *(récipient)* [Blumen]vase *f* ❷ PHYS ***le principe des ~s communicants*** das Prinzip der kommunizierenden Röhren
vase[2] [vɑz] *f* Schlamm *m*
vaseline [vazlin] *f* Vaseline *f*
vaseux, -euse [vɑzø, -øz] *adj* ❶ *(boueux)* schlammig ❷ *(fam: confus)* verworren ❸ *(fam: mal en point)* ***être complètement ~*** völlig daneben sein
vasistas [vazistɑs] *m* ARCHIT Oberlicht *nt*
vasouillard(e) [vazujaʀ, aʀd] *adj (fam) réponse* unklar, schwammig
vasouiller [vazuje] <1> *vi (fam) personne:* unsicher sein
vasque [vask] *f* niedriges Wasserbecken
vassal(e) [vasal, -o] <-aux> *m(f)* HIST Vasall(in) *m(f)*
vaste [vast] *adj antéposé* ❶ *(immense)* weit; *appartement* geräumig ❷ *vêtement* weit ❸ *(puissant)* mächtig
va-t-en-guerre [vatɑ̃gɛʀ] *m inv* Kriegstreiber(in) *m(f) pej*
Vatican [vatikan] *m* ***le ~*** der Vatikan
va-tout [vatu] *m inv* ► **jouer son ~** alles auf eine Karte setzen, va banque [*o* Vabanque] spielen *geh*
vaudeville [vodvil] *m* Vaudeville *nt*
vaudevillesque [vodvilɛsk] *adj* wie in einem Vaudeville; *situation* grotesk
vaudou [vodu] *m inv* Wodu[kult] *m*
vaudrai [vodʀɛ] *fut de* **valoir**
vau-l'eau [volo] *adv* ► **aller à ~** Schiffbruch erleiden
vaurien(ne) [voʀjɛ̃, jɛn] *m(f)* Taugenichts *m pej*
vaut [vo] *indic prés de* **valoir**
vautour [votuʀ] *m* ORN Geier *m*
vautrer [votʀe] <1> *vpr (s'étendre)* sich wälzen; ***se ~ dans un fauteuil*** sich in einen Sessel lümmeln *fam*
vaux [vo] *indic prés de* **valoir**
va-vite [vavit] *adv (fam)* ► **à la ~** auf die Schnelle
veau [vo] <x> *m* ❶ ZOOL Kalb *nt;* ***~ marin*** Seehund *m* ❷ *(viande)* Kalbfleisch *nt*
vécés [vese] *mpl (fam)* Klo *nt fam*
vecteur [vɛktœʀ] *m* ❶ MATH Vektor *m* ❷ *(support)* ***~ de culture*** Kulturträger *m*
vectoriel(le) [vɛktɔʀjɛl] *adj* MATH, INFORM vektoriell
vectorisation [vɛktɔʀizasjɔ̃] *f* INFORM Vektorisierung *f*
vécu [veky] *m* ***le ~*** das Erlebte
vécu(e) [veky] **I.** *part passé de* **vivre II.** *adj* ❶ *(réel)* erlebt ❷ *(éprouvé)* selbst empfunden
vécus [veky] *passé simple de* **vivre**
vedettariat [vədetaʀja] *m (condition de vedette)* Berühmtheit *f*
vedette [vədɛt] **I.** *f* ❶ *(rôle principal)* Hauptdarsteller(in) *m(f);* ***avoir*** [*o* ***tenir***] ***la ~*** die Hauptrolle spielen ❷ *(personnage connu)* Star *m* ❸ *(centre de l'actualité)* ***avoir*** [*o* ***tenir***] ***la ~*** im Mittelpunkt stehen **II.** *app* ***mannequin ~*** Topmodel *nt;* ***émission ~*** MEDIA Quotenhit *m*
végan(e) [vegɑ̃, an] *m(f)* Veganer(in) *m(f)*
véganisme [veganizm] *m* Veganismus *m,* vegane Ernährungsweise *f*
végétal [veʒetal, -o] <-aux> *m* Pflanze *f*
végétal(e) [veʒetal, -o] <-aux> *adj* pflanzlich
végétalien(ne) [veʒetaljɛ̃] **I.** *adj* vegan **II.** *m(f)* Veganer(in) *m(f)*
végétalisme [veʒetalism] *m (rare)* Veganismus *m*
végétarien(ne) [veʒetaʀjɛ̃, jɛn] **I.** *adj* vegetarisch **II.** *m(f)* Vegetarier(in) *m(f)*
végétarisme [veʒetaʀism] *m* Vegetarismus *m*
végétatif, -ive [veʒetatif, -iv] *adj* ANAT vegetativ
végétation [veʒetasjɔ̃] *f* ❶ BOT Vegetation *f* ❷ *pl* MED Polypen *Pl*
végéter [veʒete] <5> *vi plante:* kümmern; *personne:* dahinvegetieren
véhémence [veemɑ̃s] *f d'une discussion* Heftigkeit *f*
véhément(e) [veemɑ̃, ɑ̃t] *adj* heftig
véhiculaire [veikylɛʀ] *adj* ***langue ~*** Verkehrssprache *f*
véhicule [veikyl] *m* ❶ TRANSP Fahrzeug *nt* ❷ *d'une maladie* Überträger *m; d'une information* Übermittler *m* ❸ *(support)* Medium *nt*
véhiculer [veikyle] <1> *vt* ❶ TRANSP transportieren ❷ *(transmettre)* übertragen *maladie;* vermitteln *savoir;* mitteilen *émotions*
veille [vɛj] *f* ❶ *(la journée précédente)* Vortag *m* ❷ *(indication temporelle)* ***la ~*** am

Vortag; ***la ~ au soir*** am Vorabend; ***la ~ de Noël*** am Heiligen Abend ③ *(fait de ne pas dormir)* Wachsein *nt* ④ *(garde de nuit)* [Nacht]wache *f* ⑤ ELEC, INFORM Stand-by-Betrieb *m,* Stand-by-Modus *m* ▶ **à la ~ de qc** *(peu avant)* kurz vor etw *dat*

veillée [veje] *f* ① *(soirée)* abendliche Zusammenkunft ② *(action de veiller)* Wache *f*

veiller [veje] <1> **I.** *vi* ① *(faire attention à)* ***~ à qc*** auf etw *akk* achten ② *(surveiller)* Wache halten; ***~ sur qn/qc*** auf jdn/etw aufpassen ③ *(ne pas dormir)* wach sein **II.** *vt* ***~ qn*** bei jdm Wache halten

veilleur [vɛjœʀ] *m* ***~ de nuit*** Nachtwächter *m*

veilleuse [vɛjøz] *f* ① *(petite lampe)* Nachtlicht *nt* ② *pl (feu de position)* Standlicht *nt* ③ *d'un réchaud* Zündflamme *f;* ***mettre la flamme en ~*** die Flamme klein[er] stellen ▶ **se mettre en ~** kürzertreten *fam*

veinard(e) [vɛnaʀ, aʀd] *m(f) (fam)* Glückspilz *m*

veine [vɛn] *f* ① ANAT Vene *f* ② *(inspiration)* künstlerische Ader ③ *(fam: chance)* Dusel *nt* ④ *(veinure)* Maserung *f*

veiné(e) [vene] *adj peau, marbre* geädert; *bois* gemasert

veineux, -euse [vɛnø, -øz] *adj* venös

veinure [venyʀ] *f* Holzmaserung *f*

velcro® [vɛlkʀo] *m* Klettverschluss *m*

vêler [vele] <1> *vi* kalben

Vélib'® [velib] *m Fahrrad einer öffentlichen Verleihstation in Paris*

véliplanchiste [veliplɑ̃ʃist] *mf* [Wind]surfer(in) *m(f)*

velléitaire [veleitɛʀ] *adj* willensschwach

velléité [veleite] *f (soutenu)* Anwandlung *f*

vélo [velo] *m* ① *(bicyclette)* [Fahr]rad *nt;* ***à*** [*o* ***en*** *fam*] ~ mit dem [Fahr]rad; ***~ électrique*** [*o* ***à assistance électrique***] Elektrofahrrad, E-Bike *nt* ② *(activité)* Radfahren *nt*

véloce [velɔs] *adj (littér)* schnell, flink

vélocité [velɔsite] *f* Geschwindigkeit *f*

vélocross [velokʀɔs] *m* Mountainbike *nt*

vélodrome [velodʀom] *m* Radrennbahn *f*

vélomoteur [velomɔtœʀ] *m* Moped *nt*

véloski [veloski] *m* Skibob *m*

velours [v(ə)luʀ] *m* ① *(tissu)* Samt *m,* Velours *m* ② *d'une pêche* samtige Beschaffenheit

velouté [vəlute] *m d'une peau* samtige Beschaffenheit; *d'un vin* Milde *f; d'un potage* Sämigkeit *f; de la voix* Weichheit *f*

velouté(e) [vəlute] *adj* ① *(doux au toucher)* samtweich ② GASTR sämig ③ *teint* samtig

velu(e) [vəly] *adj* behaart

venaison [vənɛzɔ̃] *f* Wild[bret *nt*] *nt*

vénal(e) [venal, -o] <-aux> *adj* käuflich; *(péj) personne* bestechlich

vénalité [venalite] *f* Käuflichkeit *f*

venant [vənɑ̃] ▶ **à tout ~** dem ersten Besten

vendable [vɑ̃dabl] *adj* verkäuflich

vendange [vɑ̃dɑ̃ʒ] *f souvent pl (récolte)* Weinlese *f*

vendanger [vɑ̃dɑ̃ʒe] <2a> **I.** *vi* Trauben lesen **II.** *vt* lesen *raisin;* abernten *vigne*

vendangeur, -euse [vɑ̃dɑ̃ʒœʀ, -ʒøz] *m, f* Weinleser(in) *m(f)*

Vendée [vɑ̃de] *f **la** ~* die Vendée

vendetta [vɑ̃deta, vɑ̃dɛtta] *f* Blutrache *f*

vendeur, -euse [vɑ̃dœʀ, -øz] **I.** *m, f* ① *(opp: acheteur)* Verkäufer(in) *m(f)* ② *(marchand)* ***~ de légumes*** Gemüsehändler **II.** *adj* ① *(qui fait vendre)* verkaufsfördernd ② *(qui vend)* ***les pays ~s de pétrole*** die Erdöl exportierenden Länder

vendre [vɑ̃dʀ] <14> **I.** *vi* COM verkaufen; ***faire ~*** den Absatz fördern; ***être à ~*** zu verkaufen sein **II.** *vt* ① *(céder)* ***~ une maison à qn*** jdm ein Haus verkaufen; ***~ qc aux enchères*** etw versteigern; ***~ qc par correspondance*** etw im Versandhandel vertreiben ② *(péj: marchander)* ***~ son âme*** seine Seele verkaufen ③ *(fam: trahir)* verpfeifen **III.** *vpr* ① COM ***se ~*** sich verkaufen lassen; ***se ~ bien/mal*** sich gut/schlecht verkaufen ② *(fig)* ***se ~*** *candidat:* sich gut verkaufen

vendredi [vɑ̃dʀədi] *m* Freitag *m;* ***Vendredi saint*** Karfreitag; *v. a.* **dimanche**

Grammatik und Co.

Das Substantiv **vendredi** ist männlich. Es wird ohne den bestimmten Artikel und ohne Präposition gebraucht, wenn es um eine präzise Angabe geht und ein ganz bestimmter Freitag gemeint ist. Wenn eine Wiederholung oder etwas Gewohnheitsmäßiges ausgedrückt werden soll, steht der bestimmte Artikel bei dem Substantiv. In diesem Fall bezieht sich die Angabe auf mehrere Freitage.

vendu(e) [vɑ̃dy] **I.** *part passé de* **vendre** **II.** *adj (corrompu)* gekauft

venelle [vənɛl] *f* kleine Gasse *f,* Gässchen *nt*
vénéneux, -euse [venenø, -øz] *adj* giftig
vénérable [veneʀabl] *adj* ehrwürdig
vénération [veneʀasjɔ̃] *f* Verehrung *f*
vénère [venɛʀ] *adj (arg: énervé)* ***être*** ~ geladen sein *fam*
vénérer [veneʀe] <5> *vt* verehren
vénérien(ne) [veneʀjɛ̃, jɛn] *adj* ***maladie ~ne*** Geschlechtskrankheit *f*
Venezuela [venezɥɛla] *m* ***le*** ~ Venezuela *nt*
vénézuélien(ne) [venezɥeljɛ̃, jɛn] *adj* venezuelisch
Vénézuélien(ne) [venezɥeljɛ̃, jɛn] *m(f)* Venezueler(in) *m(f)*
vengeance [vɑ̃ʒɑ̃s] *f* Rache *f*
venger [vɑ̃ʒe] <2a> **I.** *vt* rächen **II.** *vpr* ***se ~ de qn/qc*** sich an jdm/für etw rächen
vengeur, -geresse [vɑ̃ʒœʀ, -ʒ(ə)ʀɛs] *adj* rachsüchtig *geh*
venimeux, -euse [vənimø, -øz] *adj* giftig
venin [vənɛ̃] *m* Gift *nt*
venir [v(ə)niʀ] <9> **I.** *vi + être* ❶ *(arriver)* kommen; ***viens avec moi!*** komm mit!; ***faire ~ le médecin*** den Arzt rufen; ***faire ~ les touristes*** Touristen anlocken ❷ *(se présenter à l'esprit)* ***l'idée m'est venue de chercher dans ce livre*** mir kam die Idee in diesem Buch zu suchen ❸ *(parvenir)* ~ ***jusqu'à qn/qc*** bis zu jdm/etw dringen ❹ *(arriver)* kommen; *nuit:* hereinbrechen; ***laisser*** ~ [erst mal] abwarten; ***alors, ça vient?*** *(fam)* na wird's bald? ❺ *(se situer dans un ordre)* kommen; ***à*** ~ folgend; *(temps)* zukünftig ❻ *(se développer) plante:* gedeihen ❼ *(étendre ses limites)* ~ ***jusqu'à qc*** bis an etw *akk* reichen ❽ *(provenir)* ~ ***d'Angleterre*** aus England stammen; ***ce mobilier lui vient de sa mère*** die Möbel sind von seiner/ihrer Mutter ❾ *(découler, être la conséquence)* ~ ***de qc*** von etw kommen ❿ *(aboutir à)* ***où veut-il en ~?*** worauf will er hinaus? **II.** *aux + être* ❶ *(se déplacer pour)* ***je viens manger*** ich komme essen ❷ *(avoir juste fini)* ***je viens [juste/à peine] de finir*** ich habe gerade aufgehört ❸ *(être conduit à)* ***s'il venait à passer par là*** wenn er hier vorbeikommen sollte; ***elle en vint à penser que*** sie fing [langsam] an zu glauben, dass **III.** *vi impers + être* ❶ ***il viendra un temps où*** es wird eine Zeit kommen, wo ❷ *(provenir)* ***de là vient que ...*** daher kommt es, dass ...; ***d'où vient que ...*** wie kommt es, dass ...
Venise [vəniz] Venedig *nt*
vénitien [venisjɛ̃] *m* Venezianisch *nt; v. a.* **allemand**
vénitien(ne) [venisjɛ̃, jɛn] *adj* venezianisch; ***blond*** ~ rotblond
Vénitien(ne) [venisjɛ̃, jɛn] *m(f)* Venezianer(in) *m(f)*
vent [vɑ̃] *m* ❶ METEO, NAUT Wind *m;* ~ ***du nord*** Nordwind; ***il y a du*** ~ es ist windig; ***à tous les ~s*** bei Wind und Wetter ❷ *(courant d'air)* Luftzug *m;* ***instrument à*** ~ Blasinstrument *nt* ❸ *(tendance)* ***dans le*** ~ in Mode ▸ **quel bon ~ vous/t'amène?** *(hum)* was führt Sie/dich hierher?; **avoir eu ~ de qc** Wind von etw bekommen haben *fam;* **mettre un ~ à qn** *(fam)* jdn verscheißern; **[se] prendre un ~** *(fam)* einen Korb kriegen
vente [vɑ̃t] *f* ❶ *(action)* Verkauf *m;* ~ ***flash*** Sonderverkauf *m;* ~ ***au détail*** Einzelhandel *m;* ~ ***par correspondance*** Versandhandel; ***mettre en*** ~ auf den Markt bringen ❷ *(service)* Vertrieb *m* ❸ *pl (chiffre d'affaires)* Umsatz *m* ❹ *(réunion où l'on vend)* ~ ***aux enchères*** [*o* ***à la criée***] Versteigerung *f; (réunion)* Auktion *f*
venté(e) [vɑ̃te] *adj* windig
venter [vɑ̃te] <1> *vi impers* ***il vente*** es ist windig
venteux, -euse [vɑ̃tø, -øz] *adj* windig
ventilateur [vɑ̃tilatœʀ] *m* Ventilator *m*
ventilation [vɑ̃tilasjɔ̃] *f* ❶ *(aération)* [Be]lüftung *f* ❷ *du courrier* Verteilung *f*
ventiler [vɑ̃tile] <1> *vt* ❶ *(aérer)* [be]lüften *pièce* ❷ *(répartir)* ~ ***des dépenses sur plusieurs mois*** die Ausgaben auf mehrere Monate verteilen
ventouse [vɑ̃tuz] *f* ❶ *(dispositif)* Saugfuß *m;* ***faire*** ~ sich festsaugen ❷ ZOOL Saugnapf *m;* BOT Haftwurzel *f* ❸ MED Schröpfkopf *m*
ventral(e) [vɑ̃tʀal, -o] <-aux> *adj* ***douleurs ~es*** Bauchschmerzen *Pl*
ventre [vɑ̃tʀ] *m* Bauch *m;* ***avoir mal au*** ~ Bauchschmerzen *Pl* haben; ***prendre du*** ~ Bauch ansetzen ▸ **courir ~ à terre** wie der Blitz rennen *fam;* **avoir quelque chose dans le ~** etwas drauf haben *fam*
ventrée [vɑ̃tʀe] *f (fam)* ***s'en mettre une*** ~ ordentlich zulangen
ventricule [vɑ̃tʀikyl] *m* Kammer *f;* ~ ***droit/gauche*** rechte/linke Herzkammer
ventriloque [vɑ̃tʀilɔk] **I.** *adj* ***être*** ~ bauchreden können **II.** *mf* Bauchredner(in) *m(f)*
ventripotent(e) [vɑ̃tʀipɔtɑ̃, ɑ̃t] *adj* dickbäuchig

V

ventru(e) [vɑ̃tʀy] *adj personne* dickbäuchig; *cruche* bauchig
venu(e) [v(ə)ny] **I.** *part passé de* **venir** **II.** *adj* ***bien/mal*** ~ angebracht/unangebracht **III.** *m(f)* ***nouveau ~/nouvelle ~e*** Neuankömmling *m*
venue [v(ə)ny] *f* Kommen *nt*
Vénus [venys] *f* Venus *f*
vépéciste [vepesist] *mf* Versandhaus *nt*
vêpres [vɛpʀ] *fpl* REL Vesper *f*
ver [vɛʀ] *m* Wurm *m;* ~ ***blanc*** Engerling *m;* ~ ***de terre*** Regenwurm *m;* ~ ***luisant*** Leuchtkäfer *m;* ~ ***solitaire*** Bandwurm *m;* ~ ***à soie*** Seidenraupe *f;* ***être mangé*** [*o* ***piqué***] ***aux ~s*** *bois, fruit:* wurmstichig sein ▸ **tirer les ~s du nez à qn** jdm die Würmer aus der Nase ziehen *fam;* **nu comme un** ~ *(fam)* splitternackt
véracité [veʀasite] *f* Wahrhaftigkeit *f*
véranda [veʀɑ̃da] *f* Veranda *f*
verbal(e) [vɛʀbal, -o] <-aux> *adj accord* mündlich; ***expression ~e*** sprachlicher Ausdruck
verbalement [vɛʀbalmɑ̃] *adv* mündlich, mit Worten, verbal
verbaliser [vɛʀbalize] <1> **I.** *vi* ~ ***contre qn*** jdn gebührenpflichtig verwarnen **II.** *vt (mettre une contravention)* ~ ***qn*** jdm einen Strafzettel verpassen *fam*
verbatim [vɛʀbatim] **I.** *adv* wörtlich **II.** *m* wortwörtlicher Bericht *m*
verbe [vɛʀb] *m* GRAM Verb *nt*
verbeux, -euse [vɛʀbø, -øz] *adj commentaire* wortreich; *style* weitschweifig
verbiage [vɛʀbjaʒ] *m (péj)* leeres Gerede *pej*
verdâtre [vɛʀdɑtʀ] *adj* grünlich; *teint* fahl
verdeur [vɛʀdœʀ] *f (acidité)* Säure *f; d'un vin* Herbheit *f*
verdict [vɛʀdikt] *m* Urteil *nt;* ~ ***d'acquittement*** Freispruch *m*
verdier [vɛʀdje] *m* ZOOL Grünfink *m*
verdir [vɛʀdiʀ] <8> **I.** *vi nature:* grünen **II.** *vt* grün färben
verdoyant(e) [vɛʀdwajɑ̃, jɑ̃t] *adj* [leuchtend] grün; *pré* saftig grün
verdure [vɛʀdyʀ] *f* ❶ *(végétation, couleur)* Grün *nt;* ***un tapis de*** ~ ein grüner Teppich ❷ *(légumes)* Grüne(s) *nt*
véreux, -euse [veʀø, -øz] *adj* ❶ *fruit* wurmig ❷ *personne* zwielichtig
verge [vɛʀʒ] *f* ❶ ANAT [männliches] Glied ❷ *(baguette)* Stock *m*
verger [vɛʀʒe] *m* Obstgarten *m*
vergeture [vɛʀʒətyʀ] *f* Schwangerschaftsstreifen *m*
verglaçant(e) [vɛʀglasɑ̃, ɑ̃t] *adj* ***pluie ~e*** überfrierende Nässe *f; (survenant soudain)* Blitzeis *nt*
verglacé(e) [vɛʀglase] *adj* vereist
verglacer [vɛʀglase] <2> *vi impers* ***ça verglace*** es bildet sich Glatteis
verglas [vɛʀglɑ] *m* Glatteis *nt*
vergogne [vɛʀgɔɲ] *f* ***sans*** ~ schamlos
véridique [veʀidik] *adj information* richtig; *histoire* wahr
vérifiable [veʀifjabl] *adj* nachprüfbar
vérificateur [veʀifikatœʀ] *m* INFORM ~ ***orthographique*** Rechtschreibkontrolle *f*
vérificateur, -trice [veʀifikatœʀ, -tʀis] *m, f* Kontrolleur(in) *m(f)*
vérificatif, -ive [veʀifikatif, -iv] *adj* überprüfend; ***calcul*** ~ Proberechnung *f,* Probe *f*
vérification [veʀifikasjɔ̃] *f* ❶ *(contrôle)* Überprüfung *f* ❷ *(confirmation)* Bestätigung *f*
vérificatrice [veʀifikatʀis] *f* Prüferin *f,* Kontrolleurin *f;* ~ ***des poids et mesures*** Eichbeamtin *f;* ~ ***des comptes*** Abschlussprüferin *f;* ~ ***des coûts*** JUR Kostenrevisorin *f*
vérifier [veʀifje] <1> **I.** *vt* ❶ *(contrôler)* überprüfen ❷ *(confirmer)* bestätigen **II.** *vpr* ***se*** ~ *soupçon:* sich bestätigen
vérifieur, -euse [veʀifjœʀ, -jøz] *m, f* Kontrolleur(in) *m(f)*
vérin [veʀɛ̃] *m* TECH Winde *f*
véritable [veʀitabl] *adj* ❶ *(réel)* wirklich *attr* ❷ *antéposé (vrai)* richtig *attr,* wahr *attr* ❸ *postposé (authentique)* echt
véritablement [veʀitabləmɑ̃] *adv* ❶ *(réellement)* wirklich ❷ *(à proprement parler)* eigentlich
vérité [veʀite] *f* ❶ *(opp: mensonge)* Wahrheit *f* ❷ *sans pl (connaissance du vrai)* Wahrheit *f;* ***dire la*** ~ die Wahrheit sagen ❸ *sans pl (réalisme)* Wirklichkeitstreue *f* ❹ *sans pl (sincérité)* Aufrichtigkeit *f* ▸ **il n'y a que la ~ qui blesse** *(prov)* getroffene Hunde bellen *prov;* **à la** ~ ehrlich gesagt; **en** ~ eigentlich
verjus [vɛʀʒy] *m* Saft *m* von unreifen Trauben
verlan [vɛʀlɑ̃] *m eine Art Geheimsprache, in der die Silben gewisser Wörter in umgekehrter Reihenfolge gesprochen werden*
vermeil [vɛʀmɛj] *m* vergoldetes Silber *nt*
vermeil(le) [vɛʀmɛj] *adj* [leuchtend] rot
vermicelle [vɛʀmisɛl] *m* Fadennudel *f*
vermiculaire [vɛʀmikylɛʀ] *adj* ANAT ***appendice*** ~ Wurmfortsatz *m,* Blinddarm *m fam*

V

vermifuge [vɛʀmifyʒ] *adj* ***remède*** ~ Wurmmittel *nt*

vermillon [vɛʀmijɔ̃] **I.** *adj inv* zinnoberrot **II.** *m* Zinnoberrot *nt*

vermine [vɛʀmin] *f* ❶ *sans pl (parasites)* Ungeziefer *nt* ❷ *sans pl (racaille)* Gesindel *nt pej*

vermisseau [vɛʀmiso] <x> *m* Würmchen *nt*

vermoulu(e) [vɛʀmuly] *adj* wurmstichig

verni(e) [vɛʀni] **I.** *part passé de* **vernir** **II.** *adj* ❶ *ongles, bois* lackiert; *peinture* gefirnisst; ***chaussures ~es*** Lackschuhe *Pl* ❷ *(fam: chanceux)* ***on peut dire qu'il est*** ~ der hat vielleicht ein Glück

vernir [vɛʀniʀ] <8> **I.** *vt* lackieren *bois;* firnissen *peinture* **II.** *vpr* ***se ~ les ongles*** sich *dat* die Nägel lackieren

vernis [vɛʀni] *m* ❶ *(laque)* Firnis *m;* ***~ à ongles*** Nagellack *m* ❷ *(aspect brillant)* Glanz *m* ❸ *(façade)* Fassade *f fig*

vernissage [vɛʀnisaʒ] *m* ❶ *(action)* Lackieren *nt* ❷ *(inauguration)* Vernissage *f geh*

vernissé(e) [vɛʀnise] *adj* ❶ *(verni)* glasiert ❷ *(brillant)* glänzend

vernisser [vɛʀnise] <1> *vt* glasieren

vérole [veʀɔl] *f (fam)* Syphilis *f;* ***petite*** ~ Pocken *Pl*

vérolé(e) [veʀɔle] *adj* INFORM fehlerhaft

véronique [veʀɔnik] *f* Ehrenpreis *m*

verrai [vɛʀɛ] *fut de* **voir**

verre [vɛʀ] *m* ❶ *(matière)* Glas *nt kein Pl;* ***~ à vitre*** Fensterglas; ***~ de sécurité*** Sicherheitsglas ❷ *(récipient)* Glas *nt;* ***~ à pied*** Stielglas ❸ *(contenu)* Glas *nt;* ***deux ~s de vin*** zwei Glas Wein; ***prendre un*** ~ ein Gläschen trinken *fam* ❹ *d'une montre* Glas *nt;* OPT [Brillen]glas *nt;* ***~ de contact*** Kontaktlinse *f*

verrerie [vɛʀʀi] *f* ❶ *(fabrication)* Glasherstellung *f* ❷ *(objet)* Glas *nt kein Pl,* Glaswaren *Pl* ❸ *(fabrique)* Glashütte *f*

verrier [vɛʀje] *m* Glasbläser *m*

verrière [vɛʀjɛʀ] *f* ❶ *(toit)* Glasdach *nt* ❷ *(paroi)* Glaswand *f*

verrou [veʀu] *m* ❶ *(loquet)* Riegel *m* ❷ *(serrure)* Schloss *nt*

verrouillage [veʀujaʒ] *m* ❶ *(fermeture)* Verriegelung *f; d'un ordinateur* Sperren *nt;* ***~ central*** Zentralverriegelung *f* ❷ *(blocage)* Blockade *f*

verrouiller [veʀuje] <1> *vt* ❶ *(fermer)* verriegeln ❷ *(bloquer)* blockieren; INFORM durch Code sperren *disquette*

verrue [veʀy] *f* MED Warze *f*

vers¹ [vɛʀ] *prép* ❶ *(en direction de)* ***~ qn/qc*** auf jdn/etw zu, zu jdm/etw hin; ***~ le sud*** nach Süden; ***se tourner ~ qn/qc*** sich jdm/etw zuwenden ❷ *(aux environs de: lieu)* bei, in der Nähe von; *(temps)* gegen, etwa um; ***~ midi*** gegen Mittag; ***~ la mi-juin*** etwa Mitte Juni

vers² [vɛʀ] *m* Vers[zeile *f*] *m;* ***faire des*** ~ dichten; ***en*** ~ in Versform

versant [vɛʀsɑ̃] *m (pente)* [Berg]hang *m; d'un toit* [Dach]schräge *f*

versatile [vɛʀsatil] *adj personne, caractère* unbeständig; ***humeur*** ~ Launenhaftigkeit *f*

versatilité [vɛʀsatilite] *f* Unbeständigkeit *f*

verse [vɛʀs] *f* ***il pleut à*** ~ es gießt in Strömen

versé(e) [vɛʀse] *adj (littér)* ***~(e) dans la littérature*** bewandert in [*o* auf dem Gebiet] der Literatur

Verseau [vɛʀso] <x> *m* Wassermann *m; v. a.* **Balance**

versement [vɛʀsəmɑ̃] *m* Zahlung *f; (sur un compte)* Einzahlung *f*

verser [vɛʀse] <1> **I.** *vt* ❶ *(faire couler)* ***~ de l'eau à qn*** jdm Wasser eingießen; ***~ du riz dans un plat*** Reis in eine Schüssel schütten ❷ *(payer)* ***~ une somme à qn*** jdm einen Betrag zahlen; ***~ qc sur un compte*** etw auf ein Konto einzahlen ❸ *(ajouter)* ***~ qc au dossier*** etw zu den Akten legen **II.** *vi* ❶ *(basculer)* umkippen ❷ *(faire couler)* ***cette cafetière verse bien*** aus dieser Kaffeekanne gießt es sich gut

verset [vɛʀsɛ] *m* ❶ REL *de la Bible, du Coran* Vers *m* ❷ *(couplet)* Strophe *f*

verseur, -euse [vɛʀsœʀ, -øz] *adj* ***bec*** ~ Tülle *f*

verseuse [vɛʀsøz] *f* Kaffeekanne *f*

versificateur, -trice [vɛʀsifikatœʀ, -tʀis] *m, f* Dichter(in) *m(f); (péj)* Versemacher(in) *m(f) pej*

versification [vɛʀsifikasjɔ̃] *f* ❶ *(technique du vers régulier)* Verslehre *f* ❷ *(technique propre à un poète)* Verskunst *f*

versifier [vɛʀsifje] <1> **I.** *vi* dichten **II.** *vt* in Verse setzen

version [vɛʀsjɔ̃] *f* ❶ MUS, THEAT, CINE Version *f,* Fassung *f;* ***en ~ originale sous-titrée*** in Originalfassung mit Untertiteln ❷ *(modèle)* Modell *nt;* ***la ~ 5 portes d'une voiture*** der Fünftürer ❸ *(interprétation)* Version *f;* ***ma ~ de ce qui c'est passé*** meine Version der Ereignisse ❹ SCOL Übersetzung *f* aus der Fremdsprache

verso [vɛʀso] *m* Rückseite *f*

versus [vɛʀsys] *prép* versus

vert [vɛʀ] *m* Grün *nt;* ***le feu est passé au ~*** die Ampel hat auf Grün geschaltet; ***passer au ~*** *voiture:* bei Grün fahren

vert(e) [vɛʀ, vɛʀt] **I.** *adj* ❶ *(de couleur verte)* grün ❷ *(blême)* ***~ de peur/jalousie*** blass vor Angst/Neid *dat* ❸ *(écologiste)* grün ❹ *(de végétation)* ***espaces ~s*** Grünflächen *Pl* ❺ *(à la campagne)* ***classe ~e*** [Aufenthalt *m* im] Schullandheim *nt* ❻ *fruit* grün; *vin* sauer ❼ *bois* grün; *légumes* frisch ❽ *(vaillant)* rüstig ❾ *(agricole)* ***l'Europe ~e*** der europäische Agrarmarkt **II.** *m(f) (écologiste)* Grüne(r) *f(m)*

vert-de-gris [vɛʀdəgʀi] *inv* **I.** *adj* graugrün **II.** *m* Grünspan *m*

vertébral(e) [vɛʀtebʀal, -o] <-aux> *adj* ***colonne ~e*** Wirbelsäule *f*

vertèbre [vɛʀtɛbʀ] *f* Wirbel *m*

vertébré [vɛʀtebʀe] *m* Wirbeltier *nt*

vertébré(e) [vɛʀtebʀe] *adj* ***animal ~*** Wirbeltier *nt*

vertement [vɛʀtəmɑ̃] *adv* *répliquer* schroff; *réprimander* scharf

vertical(e) [vɛʀtikal, -o] <-aux> *adj (opp: horizontal)* senkrecht, vertikal; TECH lotrecht

verticale [vɛʀtikal] *f* Senkrechte *f,* Vertikale *f;* TECH Lot *nt*

verticalement [vɛʀtikalmɑ̃] *adv* senkrecht, vertikal

vertige [vɛʀtiʒ] *m* ❶ *sans pl (peur du vide)* Schwindel[gefühl *nt*] *m;* ***être sujet au ~*** nicht schwindelfrei sein ❷ *(malaise)* Schwindelanfall *m;* ***il a le ~*** ihm wird schwind[e]lig; ***donner le ~ à qn*** *personne, situation:* jdn schwind[e]lig machen; *hauteur:* Schwindel erregend sein ❸ *(égarement)* Taumel *m;* ***~ du pouvoir*** Machtrausch *m*

vertigineusement [vɛʀtiʒinøzmɑ̃] *adv (a. fig)* Schwindel erregend; ***progresser ~*** *inflation:* in Schwindel erregendem Tempo fortschreiten

vertigineux, -euse [vɛʀtiʒinø, -øz] *adj* Schwindel erregend

vertu [vɛʀty] *f* ❶ *(qualité)* Tugend *f* ❷ *sans pl (moralité)* Tugend[haftigkeit *f*] *f* ❸ *(pouvoir)* Kraft *f; (effet bénéfique)* [positive] Wirkung ▸ **en ~ de** kraft, aufgrund +*gen;* ***en ~ de la loi*** kraft Gesetzes

vertueusement [vɛʀtɥøzmɑ̃] *adv* tugendhaft

vertueux, -euse [vɛʀtɥø, -øz] *adj* tugendhaft

verve [vɛʀv] *f* Witz *m,* Geist *m;* ***être en ~*** *personne:* in Form sein; ***avec beaucoup de ~*** mitreißend

verveine [vɛʀvɛn] *f* Eisenkraut *nt*

vésicule [vezikyl] *f* ❶ ANAT Blase *f;* ***~ biliaire*** Gallenblase *f* ❷ MED Bläschen *nt*

vespasienne [vɛspazjɛn] *f* Pissoir *nt*

vessie [vesi] *f* [Harn]blase *f; d'un poisson* Schwimmblase *f* ▸ **faire prendre à qn des ~s pour des lanternes** *(fam)* jdm einen Bären aufbinden

veste [vɛst] *f* ❶ *(vêtement court)* Jacke *f* ❷ *(veston)* Jackett *nt* ❸ *(gilet)* Strickjacke *f*

vestiaire [vɛstjɛʀ] *m* Garderobe *f*

vestibule [vɛstibyl] *m d'un appartement* Flur *m; d'une maison* Diele *f*

vestige [vɛstiʒ] *m souvent pl* [Über]rest *m*

vestimentaire [vɛstimɑ̃tɛʀ] *adj* ***dépenses ~s*** Ausgaben *Pl* für Kleidung

veston [vɛstɔ̃] *m* Sakko *m o nt*

vét[t]étiste [vetetist] *mf* Mountainbiker(in) *m(f)*

vêtement [vɛtmɑ̃] *m* Kleidungsstück *nt;* ***des ~s*** Kleidung *f;* ***changer de ~s*** sich umziehen

vétéran(e) [veteʀɑ̃, an] *m(f)* ❶ MIL Veteran *m* ❷ *(personne expérimentée)* [alter] Routinier ❸ SPORT ***~s*** Senioren; *(hommes)* Alte Herren

vétérinaire [veteʀinɛʀ] **I.** *adj* tierärztlich *f* **II.** *mf* Tierarzt *m*/-ärztin *f*

vététiste [vetetist] *mf* Mountainbiker(in) *m(f)*

vétille [vetij] *f* Lappalie *f*

vêtir [vetiʀ] <irr> *vpr (soutenu)* ***se ~*** sich ankleiden; ***se ~ de qc*** sich in etw *akk* kleiden

veto [veto] *m inv* Veto *nt;* ***droit de ~*** Vetorecht *nt*

vêtu(e) [vety] **I.** *part passé de* **vêtir** **II.** *adj* bekleidet, angezogen; ***~ de qc*** in etw *dat* [gekleidet]

vétuste [vetyst] *adj (littér) installations* alt, veraltet; *bâtiment* alt, baufällig

veuf, veuve [vœf, vœv] **I.** *adj* verwitwet **II.** *m, f* Witwer *m*/Witwe *f;* ***~ de qn*** jds Witwer

veuille [vœj] *subj prés de* **vouloir**

veule [vøl] *adj (littér)* weichlich, willenlos

veulent [vœl] *indic prés de* **vouloir**

veulerie [vølʀi] *f (littér)* Weichlichkeit *f,* Willenlosigkeit *f*

veut [vø] *indic prés de* **vouloir**

veuvage [vœvaʒ] *m (d'un veuf)* Witwerschaft *f,* Witwertum *nt; (d'une veuve)* Witwenschaft *f,* Witwentum *nt*

veuve *v.* **veuf**

veux [vø] *indic prés de* **vouloir**

vexant(e) [vɛksɑ̃, ɑ̃t] *adj* ❶ *(blessant)* beleidigend ❷ *(rageant)* ärgerlich

vexation [vɛksasjɔ̃] *f* Demütigung *f*

vexatoire [vɛksatwaʀ] *adj (littér)* demütigend

vexer [vɛkse] <1> **I.** *vt* kränken **II.** *vpr* ***se ~*** gekränkt sein; ***se ~ de qc*** etw übel nehmen

via [vja] *prép* über, via *+akk*

viabiliser [vjabilize] <1> *vt* erschließen *terrain*

viabilité [vjabilite] *f* ❶ *d'une route* Befahrbarkeit *f* ❷ *d'un terrain* Erschließung *f* ❸ *(aptitude à vivre)* Lebensfähigkeit *f*

viable [vjabl] *adj* lebensfähig

viaduc [vjadyk] *m* Viadukt *m o nt*

viager [vjaʒe] *m* Leibrente *f*

viager, -ère [vjaʒe, -ɛʀ] *adj* auf Lebenszeit

viande [vjɑ̃d] *f* Fleisch *nt;* ***~ froide*** kalter Braten

viander [vjɑ̃de] <1> *vpr (fam)* ***se ~*** einen Unfall bauen

vibrant(e) [vibʀɑ̃, ɑ̃t] *adj* ❶ *(tremblant)* leidenschaftlich; ***~ de colère*** bebend vor Wut *dat* ❷ MUS *corde* vibrierend

vibration [vibʀasjɔ̃] *f d'une voix* Beben *nt; d'un moteur* Vibrieren *nt; d'une corde* Schwingung *f; de l'air* Flimmern *nt*

vibrato [vibʀato] *m* MUS Vibrato *nt*

vibratoire [vibʀatwaʀ] *adj* ***mouvement ~*** Schwingung *f*

vibrer [vibʀe] <1> **I.** *vi* ❶ *(trembler) mur, voix:* beben; *corde, moteur:* vibrieren ❷ *(trahir une émotion)* ***~ de colère*** *personne:* vor Zorn *dat* beben **II.** *vt* rütteln *béton*

vibromasseur [vibʀomasœʀ] *m* MED Massagegerät *nt; (objet érotique)* Vibrator *m*

vicaire [vikɛʀ] *m* Kaplan *m;* ***~ général*** Generalvikar *m*

vice [vis] *m* ❶ *sans pl (débauche, immoralité)* Laster *nt* ❷ *(anomalie)* Mangel *m;* ***~ de construction*** Konstruktionsfehler *m* **vice-champion(ne)** [visʃɑ̃pjɔ̃, jɔn] <vice-champions> *m(f)* Vizemeister(in) *m(f);* ***~(ne) du monde*** Vizeweltmeister(in); ***titre de ~*** Vizemeisterschaft *f;* ***titre de ~ du monde*** Vizeweltmeisterschaft

vice-consul [viskɔ̃syl] <vice-consuls> *m* Vizekonsul *m*

vicelard(e) [vislaʀ, aʀd] *(fam)* **I.** *adj* ❶ *personne* gewieft *fam* ❷ *air* lüstern **II.** *m(f) (homme)* zudringlicher Kerl *fam; (femme)* zudringliches Weib *fam*

vice-présidence [vispʀezidɑ̃s] <vice-présidences> *f* Vizepräsidentschaft *f*

vice-président(e) [vispʀezidɑ̃, ɑ̃t] <vice-présidents> *m(f)* Vizepräsident(in) *m(f)*

vice versa [vis(e)vɛʀsa] *adv* ***et ~*** und umgekehrt

vichy [viʃi] **I.** *m* ❶ *(tissu)* Vichy[stoff] *m* ❷ *(eau minérale)* ***un ~*** ein Mineralwasser **II.** *f* Mineralwasser *nt*

vicié(e) [visje] *adj* ❶ JUR ungültig ❷ *(pollué)* verschmutzt ❸ *(dévalorisé)* wertlos

vicieux, -euse [visjø, -jøz] **I.** *adj* ❶ *(obsédé sexuel)* lüstern *geh,* geil *pej* ❷ *(fam: vache, tordu)* gemein, fies ❸ *cheval* heimtückisch ❹ SPORT *balle, tir* angetäuscht **II.** *m, f* ❶ *(cochon)* Perverse(r) *f(m)* ❷ *(fam: tordu: homme)* Fiesling *m; (femme)* fiese Person

vicinal(e) [visinal, -o] <-aux> *adj* ***chemin ~*** Gemeindeweg *m*

vicissitudes [visisityd] *f pl (littér)* ❶ *(changements) d'une existence, vie* Wechselfälle *Pl* ❷ *(ennuis)* Ärgernisse *Pl,* Scherereien *Pl fam;* ***nous avons connu bien des ~ avec nos enfants*** wir haben mit unseren Kindern viel durchgemacht

vicomte, -esse [vikɔ̃t, -ɛs] *m, f* Vicomte *m*/Vicomtesse *f*

victime [viktim] *f* ❶ *(blessé)* Opfer *nt; (mort)* [Todes]opfer *nt* ❷ *(personne/chose qui subit)* Opfer *nt;* ***être [la] ~ de qn/qc*** jds Opfer/[das] Opfer einer S. *gen* sein ❸ REL Opfer[tier *nt*] *nt*

victimiser [viktimize] <1> *vt* ***~ qn*** jdn zum Opfer machen [*o* stilisieren]

victoire [viktwaʀ] *f* Sieg *m;* ***~ sur qn/qc*** Sieg über jdn/etw

victorien(ne) [viktɔʀjɛ̃, jɛn] *adj* viktorianisch; ***l'époque ~ne*** das Viktorianische Zeitalter

victorieusement [viktɔʀjøzmɑ̃] *adv* ❶ *(avec succès)* siegreich ❷ *(d'un air triomphant)* triumphierend

victorieux, -euse [viktɔʀjø, -jøz] *adj* ❶ *(vainqueur)* siegreich ❷ *(fanfaron)* siegessicher

victuailles [viktɥaj] *f pl* Lebensmittel *Pl*

vidange [vidɑ̃ʒ] *f* ❶ *d'un circuit* [Ent]leerung *f;* AUT Ölwechsel *m* ❷ *d'un évier* Abfluss *m* ❸ *pl (effluents)* Fäkalien *Pl*

vidanger [vidɑ̃ʒe] <2a> *vt* ❶ AUT ***faire ~ une voiture*** bei einem Auto einen Ölwechsel machen lassen ❷ *(vider)* ***~ un circuit*** das Wasser aus einem Kreislauf ablassen

vidangeur [vidɑ̃ʒœʀ] *m* [Fäkalien]grubenentleerer(in) *m(f)*

vide [vid] **I.** *adj* ❶ *(opp: plein)* leer ❷ *dis-*

cussion sinnlos; ~ ***de qc*** ohne etw ❸ *(opp: occupé)* frei, leer **II.** *m* ❶ *sans pl (abîme)* Abgrund *m* ❷ PHYS luftleerer Raum; ~ ***absolu*** absolutes Vakuum; ***emballé sous*** ~ Vakuum verpackt ❸ *(espace vide)* Lücke *f* ❹ *(néant)* Leere *f* ▶ **faire le** ~ *(débarrasser)* gründlich aufräumen; *(évacuer ses soucis)* abschalten *fam;* **à** ~ *(pour rien)* ins Leere; *(sans chargement)* leer

vidé(e) [vide] *adj* ❶ *poisson, poulet* ausgenommen ❷ *(fam) personne* [völlig] übermüdet; *ressources* ausgebrannt

vide-grenier [vidgʀənje] <vide-greniers> *m* Flohmarkt *m (nur mit privaten Anbietern)*

vidéo [video] **I.** *f* ❶ *(technique)* Videotechnik *f,* Video *nt* ❷ *(film, émission)* Video *nt* **II.** *adj inv* ***caméra*** ~ Videokamera *f;* ***cassette*** ~ Videokassette *f;* ***film*** ~ Videofilm *m;* ***jeu*** ~ Videospiel *nt*

vidéoblog[ue] [videoblɔg] *m* INFORM Videoblog *nt o m*

vidéocassette [videokasɛt] *f* Videokassette *f*

vidéocast [videokast] *m* Videocast *m o nt*

vidéoclip [videoklip] *m* Videoclip *m*

vidéoclub [videoklœb] *m* Videothek *f*

vidéoconférence [videokɔ̃feʀɑ̃s] *f* Videokonferenz *f*

vidéophone [videɔfɔn] *m* Bildtelefon *nt*

vide-ordures [vidɔʀdyʀ] *m inv* Müllschlucker *m*

vidéosurveillance [videosyʀvɛjɑ̃s] *f* Videoüberwachung *f*

vidéotex® [videɔtɛks] *m* Videotext *m; (interactif)* Bildschirmtext *m*

vidéothèque [videɔtɛk] *f* Videothek *f*

vidéotransmission [videotʀɑ̃smisjɔ̃] *f* Übertragung *f* auf [eine] Videowand

vide-poche [vidpɔʃ] <vide-poches> *m* ❶ AUT Ablage *f; (latéral)* Türtasche *f; (au dos du siège)* Kartentasche *f* ❷ *(récipient)* Ablageschale *f*

vider [vide] <1> **I.** *vt* ❶ *(retirer le contenu de)* leeren; ~ ***un bassin de son eau*** das Wasser aus einem Becken ablassen ❷ *(verser)* ausgießen *bouteille;* auskippen *boîte* ❸ *(faire s'écouler)* ausgießen *substance liquide;* ausschütten *substance solide* ❹ *(consommer)* ~ ***son verre*** sein Glas leeren ❺ *(voler le contenu de)* ausräumen *fam appartement* ❻ *(fam: expulser)* rausschmeißen ❼ *(fam: fatiguer)* ***être vidé*** total geschafft sein ❽ GASTR ausnehmen *poisson* **II.** *vpr* ❶ *(perdre son contenu)* ***se*** ~ *bouteille:* auslaufen; *ville:* sich leeren ❷ *(s'écouler)* ***se*** ~ ***dans le caniveau*** *eaux usées:* in den Rinnstein abfließen

videur, -euse [vidœʀ, -øz] *m, f* Rausschmeißer *m fam*

vie [vi] *f* ❶ *(existence)* Leben *nt;* ***revenir à la*** ~ *(reprendre conscience)* wieder zu sich *dat* kommen; *(reprendre goût à la vie)* wieder aufleben; ***être en*** ~ am Leben sein; ***être sans*** ~ leblos sein ❷ *(façon de vivre)* Lebensweise *f;* ***la*** ~ ***active*** das Berufsleben; ***voir la*** ~ ***en rose*** alles durch die rosa Brille sehen; ***c'est la*** ~***!*** so ist das Leben! ❸ *(biographie)* Lebensgeschichte *f* ▶ **à la** ~**, à la mort** auf Gedeih und Verderb; **gagner sa** ~ seinen Lebensunterhalt verdienen; **refaire sa** ~ **avec qn** mit jdm ein neues Leben anfangen; **à** ~ auf Lebenszeit

vieil [vjɛj] *adj v.* **vieux**

> **Grammatik und Co.**
> Die männliche Singularform **vieil** steht an Stelle von **vieux** vor Vokalen oder stummem *h*:
> *un vieux tapis – ein alter Teppich;*
> *un vieil ami – ein alter Freund;*
> *ce vieil homme – dieser alte Mann.*

vieillard [vjɛjaʀ] *m* Greis *m*

vieille [vjɛj] *v.* **vieux**

vieillerie [vjɛjʀi] *f* ~***s*** alter Trödel *fam; (vêtements)* alte Klamotten *Pl fam*

vieillesse [vjɛjɛs] *f* ❶ *(opp: jeunesse)* Alter *nt* ❷ *sans pl (personnes âgées)* ***la*** ~ die Alten *Pl*

vieilli(e) [vjeji] *adj* ❶ *(marqué par l'âge) personne* gealtert ❷ *(dépassé) expression, mot* veraltet

vieillir [vjejiʀ] <8> **I.** *vi* ❶ *(prendre de l'âge) personne:* alt werden; *chose:* altern; *fromage, vin:* reifen ❷ *(péj: diminuer) personne:* altern ❸ *(se démoder)* an Aktualität verlieren; ***être vieilli*** veraltet sein **II.** *vt (faire paraître plus vieux) coiffure, vêtements:* älter machen **III.** *vpr* ***se*** ~ *(se faire paraître plus vieux)* sich älter machen

vieillissement [vjejismɑ̃] *m d'une personne* Älterwerden *nt; d'une population* Überalterung *f; d'une idéologie* Veralten *nt*

vieillot(te) [vjɛjo, jɔt] *adj* altmodisch

vielle [vjɛl] *f* [Dreh]leier *f*

viendrai [vjɛ̃dʀɛ] *fut de* **venir**

vienne [vjɛn] *subj prés de* **venir**

Vienne [vjɛn] Wien *nt*

viennent [vjɛn] *indic prés de* **venir**

viennois(e) [vjɛnwa, waz] *adj* Wiener *inv,* wienerisch

Viennois(e) [vjɛnwa, waz] *m(f)* Wiener(in) *m(f)*
viennoiserie [vjɛnwazʀi] *f* Feingebäck *nt*
viens, vient [vjɛ̃] *indic prés de* **venir**
vierge [vjɛʀʒ] *adj* ❶ *fille, garçon* unschuldig; *fille* unberührt ❷ *disquette, page* leer; *film* unbelichtet ❸ *(inexploré)* unberührt; ***la forêt ~*** der Urwald ❹ *(pur)* rein
Vierge [vjɛʀʒ] *f* ❶ REL ***la ~ Marie*** die Jungfrau Maria; ***la Sainte ~*** die Heilige Jungfrau ❷ ASTROL Jungfrau *f; v. a.* **Balance**
Vietnam, Viêt-nam [vjɛtnam] *m* ***le ~*** Vietnam *nt*
vietnamien [vjɛtnamjɛ̃] *m* Vietnamesisch *nt; v. a.* **allemand**
vietnamien(ne) [vjɛtnamjɛ̃, jɛn] *adj* vietnamesisch
Vietnamien(ne) [vjɛtnamjɛ̃, jɛn] *m(f)* Vietnamese *m*/Vietnamesin *f*
vieux [vjø] **I.** *m (choses anciennes)* alte Sachen *Pl* **II.** *adv faire, s'habiller* alt; ***faire ~*** *coiffure, habits:* alt machen
vieux, vieil, vieille [vjø, vjɛj] **I.** *adj* ❶ alt; ***être ~ d'un mois/de deux ans*** einen Monat/zwei Jahre alt sein; ***la vieille ville de Beaune*** die Altstadt von Beaune ❷ *antéposé (de longue date)* langjährig; ***mon vieil ami*** mein alter Freund ❸ *antéposé (péj fam) con, schnock* fies, gemein ▶ **se faire** ~ alt werden; **vivre** ~ ein hohes Alter erreichen **II.** *m, f* ❶ *(vieille personne)* Alte(r) *f(m)*; ***un petit ~/une petite vieille*** *(fam)* ein alter Opa/eine alte Oma ❷ *(fam: mère/père)* Alte(r) *f(m)*; ***mes ~*** meine Alten *fam* ▶ **mon** [**petit**] **~!/ma** [**petite**] **vieille!** *(fam)* mein Lieber!/meine Liebe!
vif [vif] *m* PECHE Köderfisch *m* ▶ **le ~ du sujet** der Kern der Sache; **au** ~ zutiefst; **sur le** ~ *(sur place)* vor Ort
vif, vive [vif, viv] *adj* ❶ *personne* lebhaft ❷ *(rapide)* schnell, rasch; ***avoir l'esprit ~*** aufgeweckt sein ❸ *douleur* heftig; *soleil* sengend; *froid* schneidend; *couleur* kräftig; *lumière* hell ❹ *antéposé plaisir, intérêt* groß; *souvenir, regret* lebhaft; *impression, chagrin* tief ❺ *(vivant)* lebend; ***eau vive*** fließendes Wasser ❻ *angle* scharf; ***plaie à ~*** offene Wunde
vigie [viʒi] *f* ❶ *(en marine)* Ausguck[posten *m*] *m* ❷ *(surveillance)* Wache *f*
vigilance [viʒilɑ̃s] *f* Wachsamkeit *f*
vigilant(e) [viʒilɑ̃, ɑ̃t] *adj personne* wachsam
vigile [viʒil] *mf* Wächter(in) *m(f)*, Wachmann *m*
vigne [viɲ] *f* ❶ BOT Wein *m; **pied de ~*** Rebstock *m* ❷ *(vignoble)* Weinberg *m* ❸ *sans pl (activité viticole)* Weinbau *m*
vigneron(ne) [viɲ(ə)ʀɔ̃, ɔn] **I.** *adj* ***activité ~ne*** Weinbau *m* **II.** *m(f)* Winzer(in) *m(f)*, Weinhauer(in) *m(f)* A
vignette [viɲɛt] *f* ❶ HIST *d'une automobile* Kfz-Steuermarke *f* ❷ *(attestant un paiement)* Kontrollmarke *f* ❸ *(image)* Sammelbild *nt* ❹ *(petite illustration)* Vignette *f*
vignoble [viɲɔbl] *m* ❶ *(terrain)* Weinberg *m* ❷ *sans pl (ensemble de vignobles)* Weinbaugebiet *nt*
vigogne [vigɔɲ] *f* Vikunja *nt*
vigoureusement [viguʀøzmɑ̃] *adv (avec force)* kräftig; *(avec détermination)* energisch
vigoureux, -euse [viguʀø, -øz] *adj* ❶ *(fort)* kräftig ❷ *(ferme)* kraftvoll ❸ *(énergique)* energisch
vigueur [vigœʀ] *f* ❶ *d'une personne* Vitalität *f*; ***sans ~*** kraftlos ❷ *d'un argument* Kraft *f*; *d'une réaction* Heftigkeit *f*; ***avec ~*** mit Nachdruck ▶ **en** ~ in Kraft, geltend
V.I.H. [veiaʃ] *m* MED *abr de* **virus de l'immunodéficience humaine** HIV *nt*
Viking [vikiŋ] *m* Wikinger *m*
vilain [vilɛ̃] *m (grabuge)* ***il va y avoir du ~*** das wird Ärger geben
vilain(e) [vilɛ̃, ɛn] *adj* ❶ *(laid)* hässlich ❷ *antéposé mot* unanständig; *coup* gemein; ***jouer un ~ tour à qn*** jdm übel mitspielen ❸ *antéposé (inquiétant)* schlimm ❹ *antéposé (enfantin: opp: gentil) personne, animal* gar nicht lieb ❺ *antéposé (désagréable)* schlecht
vilaine [vilɛn] *f (enfantin)* böses [*o* unartiges] Mädchen
vilainement [vilɛnmɑ̃] *adv* ❶ *(laidement)* hässlich; ***il est ~ bâti*** er ist schlecht gebaut ❷ *(désagréablement) parler, se conduire* frech, ungezogen ❸ *(gravement)* schlimm, böse
vilebrequin [vilbʀəkɛ̃] *m* AUT Kurbelwelle *f*
vilenie [vil(ə)ni] *f*, **vilénie** [vileni] *f (littér: caractère vil, action vile)* Gemeinheit *f*, Niedertracht *f geh*
vilipender [vilipɑ̃de] <1> *vt (littér)* verunglimpfen *geh*
villa [villa] *f* Villa *f*
village [vilaʒ] *m* Dorf *nt*
villageois(e) [vilaʒwa, waz] *m(f)* Dorfbewohner(in) *m(f)*
village-vacances [vilaʒvakɑ̃s] *m* Feriendorf *nt*
ville [vil] *f* ❶ *(agglomération)* Stadt *f*; ***~ jumelée*** Partnerstadt *f* ❷ *(quartier)*

Stadtteil *m;* ***vieille*** ~ Altstadt *f* ③ *(opp: la campagne)* ***la*** ~ die Stadt ④ *(municipalité)* Stadt[verwaltung] *f* ▶ **en** ~ in der/die Stadt

Aussprache

Das -ille wird in **ville** nicht wie in der Regelaussprache als [ij] (fille, vanille...) gesprochen, sondern als [il] wie z.B. in *avril*.

ville-dortoir [vildɔʀtwaʀ] <villes-dortoirs> *f* Schlafstadt *f*

villégiature [vi(l)leʒjatyʀ] *f (vacances)* Ferien *Pl,* Sommerfrische *f*

ville-satellite [vilsatelit] <villes-satellites> *f* Satellitenstadt *f*

vin [vɛ̃] *m* Wein *m;* ~ ***blanc/rosé/rouge*** Weißwein/Rosé[wein]/Rotwein; ~ ***de pays*** Landwein ▶ **quand le ~ est tiré, il faut le boire** *(prov)* wer A sagt, muss auch B sagen *prov;* **cuver son** ~ *(fam)* seinen Rausch ausschlafen

vinaigre [vinɛɡʀ] *m* Essig *m* ▶ **tourner au** ~ eine schlechte Wendung nehmen

vinaigrer [vineɡʀe] <1> *vt* mit Essig abschmecken

vinaigrette [vinɛɡʀɛt] *f* Vinaigrette *f*

vinasse [vinas] *f (fam)* billiger Wein

vindicatif, -ive [vɛ̃dikatif, -iv] *adj* rachsüchtig

vineux, -euse [vinø, -øz] *adj couleur* weinrot

vingt [vɛ̃] **I.** *num* ① *(cardinal)* zwanzig ② *(dans l'indication des époques)* ***les années*** ~ die Zwanzigerjahre **II.** *m inv* Zwanzig *f; v. a.* **cinq**

vingtaine [vɛ̃tɛn] *f* ① *(environ vingt)* ***une ~ de personnes/pages*** etwa zwanzig Personen/Seiten ② *(âge approximatif)* ***avoir la*** ~ [*o* ***une ~ d'années***] ungefähr zwanzig [Jahre alt] sein

vingt-deux [vɛ̃tdø] **I.** *num* ① zweiundzwanzig ② *(dans l'indication de l'âge, la durée)* ***avoir/avoir bientôt ~ ans*** zweiundzwanzig [Jahre alt] sein/werden; ***personne/période de ~ ans*** Zweiundzwanzigjährige(r) [*o* 22-Jährige(r)]/Zeitraum von zweiundzwanzig Jahren ③ *(dans l'indication de l'heure)* ***il est ~ heures*** es ist zweiundzwanzig [Uhr] ④ *(dans l'indication de la date)* ***le ~ mars,*** *geschrieben:* ***le 22 mars*** der zweiundzwanzigste März, *écrit:* der 22. März ⑤ *(dans l'indication de l'ordre)* ***arriver ~ ou vingt-troisième*** als Zweiundzwanzigste(r) oder Dreiundzwanzigste(r) kommen ▶ **~!** *(fam)* Achtung! **II.** *m inv* ① Zweiundzwanzig *f* ② *(numéro)* Nummer *f* zweiundzwanzig ③ TRANSP ***le*** ~ die Linie [*o* Nummer] zweiundzwanzig ④ JEUX Zweiundzwanzig *f* **III.** *f (table/chambre/... numéro vingt-deux)* Zweiundzwanzig *f; v. a.* **cinq**

vingt-deuxième [vɛ̃tdøzjɛm] **I.** *adj antéposé* zweiundzwanzigste(r, s) **II.** *mf* ***le/la*** ~ der/die/das Zweiundzwanzigste **III.** *m (étage)* zweiundzwanzigster Stock

vingt-et-un [vɛ̃teœ̃] **I.** *num* einundzwanzig **II.** *m inv* ① *(cardinal)* Einundzwanzig *f* ② JEUX ***quatre cent*** ~ Siebzehnundvier *nt; v. a.* **cinq**

vingtième [vɛ̃tjɛm] **I.** *adj antéposé* zwanzigste(r, s) **II.** *mf* ***le/la*** ~ der/die/das Zwanzigste **III.** *m* ① *(fraction)* Zwanzigstel *nt* ② *(siècle)* zwanzigstes Jahrhundert; *v. a.* **cinquième**

vingt-quatre [vɛ̃tkat(ʀ)] *num* vierundzwanzig; ***quel âge as-tu? – Vingt-quatre ans*** wie alt bist du? – Vierundzwanzig

vinicole [vinikɔl] *adj* ***région*** ~ Weinbaugebiet *nt*

vinification [vinifikasjɔ̃] *f* Keltern *nt*

vinifier [vinifje] <1> *vt, vi* keltern

vînmes [vɛ̃m], **vinrent** [vɛ̃ʀ], **vins** [vɛ̃], **vint** [vɛ̃], **vîntes** [vɛ̃t] *passé simple de* **venir**

vinyle [vinil] *m* Vinyl *nt*

viol [vjɔl] *m* Vergewaltigung *f*

violacé(e) [vjɔlase] **I.** *adj rouge* ins Violett gehend; *teinte, tache, visage* bläulich; *main* blau **II.** *m(f) pl* Veilchengewächse *Pl*

violateur, -trice [vjɔlatœʀ, -tʀis] *m, f d'un secret* Verräter(in) *m(f); d'un domicile* Einbrecher(in) *m(f); d'un lieu sacré* Schänder(in) *m(f);* ~ ***des lois*** Gesetzesbrecher

violation [vjɔlasjɔ̃] *f* ① *d'un secret* Verrat *m; d'un serment* Bruch *m;* ~ ***des correspondances*** Verletzung *f* des Briefgeheimnisses ② *(effraction)* ~ ***de domicile*** Hausfriedensbruch *m* ③ *d'un lieu sacré* Schändung *f*

viole [vjɔl] *f* Viola *f*

violemment [vjɔlamɑ̃] *adv* heftig

violence [vjɔlɑ̃s] *f* ① *(brutalité)* Gewalt *f;* ***par la*** ~ mit Gewalt ② *(acte de violence: physique)* Gewalttätigkeit *f; (morale)* Zwang *m;* ***se faire*** ~ sich zwingen ③ *du comportement, d'une tempête* Heftigkeit *f*

violent(e) [vjɔlɑ̃, ɑ̃t] *adj* ① *personne* gewalttätig; *mort* gewaltsam; ***acte*** ~ Gewalttat *f* ② *(intense)* heftig ③ *désir* stark

violenter [vjɔlɑ̃te] <1> *vt* ~ ***qn*** jdm Gewalt antun

violer [vjɔle] <1> *vt* ① *(abuser de)* verge-

V

waltigen; ***se faire ~ par qn*** von jdm vergewaltigt werden ❷ *(transgresser)* verletzen *droit, traité;* brechen *promesse;* verraten *secret* ❸ *(profaner)* verletzen *frontière;* schänden *lieu sacré*

violet [vjɔlɛ] *m* Violett *nt*

violet(te) [vjɔlɛ, ɛt] *adj* violett

violette [vjɔlɛt] *f* BOT Veilchen *nt*

violeur [vjɔlœʀ] *m* Vergewaltiger *m*

violine [vjɔlin] *adj* rötlich-violett

violon [vjɔlɔ̃] *m* Violine *f,* Geige *f*

violoncelle [vjɔlɔ̃sɛl] *m* [Violon]cello *nt*

violoncelliste [vjɔlɔ̃selist] *mf* Cellist(in) *m(f)*

violoniste [vjɔlɔnist] *mf* Geiger(in) *m(f),* Violinist(in) *m(f)*

V.I.P. [veipe, viajpi] *m inv abr de* **very important person** *(fam)* VIP *m*

vipère [vipɛʀ] *f* ❶ ZOOL Viper *f* ❷ *(personne)* [Gift]schlange *f*

virage [viʀaʒ] *m* ❶ *(tournant)* Kurve *f* ❷ *d'une politique* Wende *f* ❸ CHIM ***~ au bleu/rouge*** Blau-/Rotfärbung *f* ▸ **faire un ~** *route:* eine Kurve machen

virago [viʀago] *f* Mannweib *nt pej*

viral(e) [viʁal, o] <-aux> *adj* viral, Virus-; ***avoir une origine ~e*** durch Viren übertragen werden

vire [viʀ] *f* [Berg]vorsprung *m*

virée [viʀe] *f (fam)* Spritztour *f*

virement [viʀmɑ̃] *m* FIN Überweisung *f*

virer [viʀe] <1> **I.** *vi véhicule:* abbiegen; *temps:* umschlagen; *personne:* umschwenken; *visage, couleur:* sich verfärben **II.** *vt* ❶ FIN ***~ une somme à qn/sur le compte de qn*** [jdm] einen Betrag überweisen/einen Betrag auf jds Konto überweisen ❷ *(fam: renvoyer)* feuern ❸ *(fam: se débarrasser de)* rausschmeißen

vireux, -euse [viʀø, -øz] *adj (soutenu) plante* giftig; *odeur, saveur* widerlich

virevoltant(e) [viʀvɔltɑ̃, ɑ̃t] *adj* wirbelnd

virevolte [viʀvɔlt] *f* ❶ *d'un cheval, d'une danseuse* Drehung *f* ❷ *(volte-face)* Kehrtwendung *f*

virevolter [viʀvɔlte] <1> *vi* eine plötzliche Drehung vollführen

virginal(e) [viʀʒinal, -o] <-aux> *adj (soutenu)* jungfräulich

virginité [viʀʒinite] *f* Jungfräulichkeit *f*

virgule [viʀgyl] *f* Komma *nt*

viril(e) [viʀil] *adj (mâle)* männlich; *attitude* mannhaft

virilité [viʀilite] *f* ❶ ANAT Potenz *f* ❷ *(caractère viril)* Männlichkeit *f*

virole [viʀɔl] *f* Zwinge *f*

virologiste [viʀɔlɔʒist] *mf,* **virologue** [viʀɔlɔg] *mf* Virologe *m*/Virologin *f*

virtualité [viʀtɥalite] *f* Virtualität *f*

virtuel(le) [viʀtɥɛl] *adj* ❶ *(possible)* virtuell; *réussite* potenziell ❷ INFORM virtuell

virtuellement [viʀtɥɛlmɑ̃] *adv (pratiquement)* so gut wie

virtuose [viʀtɥoz] *mf* MUS Virtuose *m*/Virtuosin *f*

virtuosité [viʀtɥozite] *f d'un pianiste* Virtuosität *f; d'un artiste* Kunstfertigkeit *f*

virulence [viʀylɑ̃s] *f* ❶ *d'une critique* Heftigkeit ❷ MED *d'un microbe* Virulenz *f*

virulent(e) [viʀylɑ̃, ɑ̃t] *adj* ❶ *(véhément)* heftig ❷ MED *microbe* virulent; *poison* stark

virus [viʀys] *m* ❶ MED Virus *m o nt* ❷ INFORM [Computer]virus *m o nt*

vis[1] [vis] *f* Schraube *f;* ***~ platinée*** AUT Unterbrecherkontakt *m*

vis[2] [vi] *indic prés de* **vivre**

vis[3] [vi] *passé simple de* **voir**

visa [viza] *m* ❶ *(autorisation de résider)* Visum *nt;* ***~ d'entrée/de sortie*** Einreise-/Ausreisevisum ❷ *(signature)* [Genehmigungs]vermerk *m*

visage [vizaʒ] *m* ❶ *(figure)* Gesicht *nt;* ***Visage pâle*** Bleichgesicht *nt* ❷ *(mine)* Miene *f* ❸ *(aspect)* [Erscheinungs]bild *nt;* ***à ~ humain*** mit menschlichem Gesicht

visagiste® [vizaʒist] *mf* Visagist(in) *m(f)*

vis-à-vis [vizavi] **I.** *prép* ❶ *(en face de)* ***~ de l'église*** gegenüber der Kirche ❷ *(envers)* ***~ de qn/qc*** jdm/einer S. gegenüber ❸ *(comparé à)* ***~ de qn/qc*** im Vergleich zu jdm/etw **II.** *m inv (personne, immeuble)* Gegenüber *nt*

viscéral(e) [viseʀal, -o] <-aux> *adj* ❶ *peur* tief sitzend ❷ ANAT ***muscle ~*** Organmuskel *m*

viscère [visɛʀ] *f* inneres Organ; ***les ~s*** die Eingeweide *Pl*

viscose [viskoz] *f* Viskose *f*

viscosité [viskozite] *f* ❶ *de la peau* Klebrigkeit *f* ❷ PHYS *d'un liquide* Zähflüssigkeit *f*

visée [vize] *f* ❶ *d'une arme* Zielen *nt; d'un appareil* Ausrichten *nt* ❷ *pl (dessein)* ***~s sur qc*** Streben *nt* nach etw

viser[1] [vize] <1> **I.** *vi* ❶ *(avec une arme)* zielen ❷ *(avoir pour but)* ***~ au succès*** nach Erfolg *dat* streben; ***~ haut*** hoch hinaus wollen **II.** *vt* ❶ *(mirer) tireur:* zielen auf *+akk* ❷ *(ambitionner)* anstreben *carrière* ❸ *(concerner)* ***~ qn/qc*** *remarque:* jdm/einer S. gelten; *mesure:* jdn/etw betreffen ❹ *(chercher à atteindre)* es abgesehen haben auf *+akk*

viser[2] [vize] <1> *vt (mettre un visa sur)* be-

glaubigen *document;* mit einem Sichtvermerk versehen *passeport*
viseur [vizœʀ] *m* Visier *nt*
visibilité [vizibilite] *f* ❶ METEO [Fern]sicht *f;* TRANSP Sichtverhältnisse *Pl* ❷ *d'un objet* Sichtbarkeit *f*
visible [vizibl] *adj* ❶ *(qui peut être vu)* sichtbar; **~ *à l'œil nu*** mit bloßem Auge erkennbar; ***être ~*** *personne:* zu sprechen sein ❷ *(évident)* merklich
visiblement [viziblәmɑ̃] *adv* [offen]sichtlich
visière [vizjɛʀ] *f* Mützenschirm *m; d'une casquette* Schild *m*
visioconférence [vizjokɔ̃feʀɑ̃s] *f* Videokonferenz *f*
vision [vizjɔ̃] *f* ❶ *(faculté)* Sehvermögen *nt* ❷ *(perception avec appareil)* Sicht *f* ❸ *(action de voir qc)* Anblick *m* ❹ *(conception)* [An]sicht *f;* **~ *du monde*** Weltanschauung *f* ❺ *a.* REL *(apparition)* Vision *f*
visionnage [vizjɔnaʒ] *m d'une émission, de diapositives* Vorführung *f*
visionnaire [vizjɔnɛʀ] **I.** *adj* ❶ *(intuitif)* [hell]seherisch ❷ *(halluciné)* zu Halluzinationen neigend **II.** *mf* ❶ *a.* REL *(intuitif)* Visionär(in) *m(f)* ❷ *(péj: illuminé)* Fantast *m*
visionner [vizjɔne] <1> *vt* sich *dat* ansehen *film, diapositives*
visionneuse [vizjɔnøz] *f* ❶ *(appareil)* Bildbetrachter *m* ❷ INFORM Viewer *m*
visiophone [vizjɔfɔn] *m* Bildtelefon *nt*
visite [vizit] *f* ❶ *(action de visiter)* Besuch *m; d'un musée* Besichtigung *f;* **~ *guidée*** Führung *f;* ***rendre ~ à qn*** jdn besuchen; ***en ~*** zu Besuch ❷ *des bagages* Durchsuchung *f* ❸ MED *d'un médecin* Hausbesuch *m;* **~ *médicale*** ärztliche Untersuchung
visiter [vizite] <1> **I.** *vt* ❶ *(explorer)* besichtigen ❷ MED besuchen *malades* ❸ COM, MED, REL **~ *qn*** bei jdm einen Hausbesuch machen **II.** *vpr* ***se ~*** zu besichtigen sein
visiteur, -euse [vizitœʀ, -øz] *m, f* ❶ *(personne qui visite)* Besucher(in) *m(f); (hôte)* Gast *m* ❷ *(métier)* **~ *des douanes*** Zollinspektor
vison [vizɔ̃] *m* Nerz[mantel *m*] *m*
visqueux, -euse [viskø, -øz] *adj liquide* zähflüssig; *peau* klebrig
visser [vise] <1> **I.** *vt* TECH zuschrauben *couvercle* **II.** *vi* schrauben **III.** *vpr* ***se ~*** sich schrauben lassen
visu[1] [vizy] *adv* ***de ~*** mit eigenen Augen, durch persönlichen Augenschein
visu[2] [vizy] *m abr de* **visuel**
visualisation [vizɥalizasjɔ̃] *f* bildliche Darstellung; INFORM Anzeige *f;* **~ *de la page*** Seitenansicht *f*
visualiser [vizɥalize] <1> *vt* bildlich darstellen; *écran:* anzeigen
visuel [vizɥɛl] *m* INFORM Display *nt*
visuel(le) [vizɥɛl] *adj mémoire* visuell; *panneau* anschaulich
visuellement [vizɥɛlmɑ̃] *adv* ❶ *(quant à la vue)* optisch ❷ *(de visu)* mit eigenen Augen
vit[1] [vi] *indic prés de* **vivre**
vit[2] [vi] *passé simple de* **voir**
vital(e) [vital, -o] <-aux> *adj* ❶ BIO, PHILOS *fonction* lebenswichtig; ***principe ~*** Lebensprinzip *nt* ❷ *(essentiel)* vital; *question* existenziell
vitalité [vitalite] *f* ❶ *(énergie)* Vitalität *f* ❷ *(longévité)* Lebenskraft *f*
vitamine [vitamin] *f* Vitamin *nt*
vitaminé(e) [vitamine] *adj* vitaminhaltig
vitaminique [vitaminik] *adj* Vitamin-
vite [vit] *adv* schnell; ***ce sera ~ fait*** das geht schnell; ***faire ~*** sich beeilen; ***au plus ~*** so schnell wie möglich
vîtes [vit] *passé simple de* **voir**
vitesse [vitɛs] *f* ❶ *(rapidité)* Geschwindigkeit *f;* ***à la ~ de 100 km/h*** mit einer Geschwindigkeit von 100 km/h; **~ *de pointe*** Spitzengeschwindigkeit *f;* **~ *du son*** Schallgeschwindigkeit *f;* **~ *maximale*** Höchstgeschwindigkeit *f;* ***en grande/petite ~*** CHEMDFER, POST als Expressgut/als Frachtgut ❷ *(promptitude)* Schnelligkeit *f* ❸ AUT Gang *m;* ***changer de ~*** schalten ▶ **à la ~ grand V** *(fam)* in Windeseile; **prendre** [*o* **gagner**] **qn de ~** jdn überrunden; **à toute ~** *(à vive allure)* mit hoher Geschwindigkeit; *(rapidement)* in aller Eile; **en** [**quatrième**] **~** *(fam)* in aller Eile
viticole [vitikɔl] *adj* ***production ~*** Weinproduktion *f*
viticulteur, -trice [vitikyltœʀ, -tʀis] *m, f* Winzer(in) *m(f)*
viticulture [vitikyltyʀ] *f* Weinbau *m*
vitrage [vitʀaʒ] *m* Verglasung *f*
vitrail [vitʀaj, -o] <-aux> *m* buntes [Kirchen]fenster *nt*
vitre [vitʀ] *f* ❶ *(carreau)* [Fenster]scheibe *f* ❷ *(fenêtre)* Fenster *nt*
vitré(e) [vitʀe] *adj* verglast; ***porte ~e*** Glastür *f*
vitrer [vitʀe] <1> *vt* verglasen
vitrerie [vitʀәʀi] *f* ❶ *(activité)* Glaserei *f* ❷ *(marchandise)* Glaserartikel *m*
vitreux, -euse [vitʀø, -øz] *adj yeux* glasig
vitrier [vitʀije] *m* Glaser(in) *m(f)*
vitrification [vitʀifikasjɔ̃] *f* ❶ *d'un émail,*

V

d'une substance Verschmelzung *f* zu Glas ❷ *d'un parquet* Versiegelung *f*

vitrifier [vitʀifje] <1> *vt* ❶ *(action)* zu Glas verschmelzen *substance* ❷ *(recouvrir)* versiegeln *parquet*

vitrine [vitʀin] *f* ❶ *(étalage)* Schaufenster *nt; **lécher les ~s*** einen Schaufensterbummel machen ❷ *(armoire vitrée)* Vitrine *f*

vitriol [vitʀijɔl] *m (fig) **critique au ~*** ätzende Kritik

vitrioler [vitʀijɔle] <1> *vt ~ **qn*** jdm Säure ins Gesicht schütten

vitrocéramique [vitʀoseʀamik] *f* Glaskeramik *f*

vitupération [vitypeʀasjɔ̃] *f (littér)* Beschimpfung *f*, Schmähung *f geh; (reproche violent)* heftiger Vorwurf

vitupérer [vitypeʀe] <5> *vi ~ **contre qn*** auf jdn schimpfen

vivable [vivabl] *adj personne* angenehm; *monde* lebenswert

vivace [vivas] *adj* ❶ BOT *plante* mehrjährig ❷ *(tenace)* lebendig; *haine* tief sitzend

vivacité [vivasite] *f* ❶ *(promptitude)* Lebhaftigkeit *f; ~ **d'esprit*** schnelle Auffassungsgabe *f* ❷ *d'un langage* Heftigkeit *f* ❸ *d'une couleur* Leuchtkraft *f; d'une émotion* Heftigkeit *f*

vivant [vivɑ̃] *m* ❶ *(personne en vie)* Lebende(r) *f(m); **bon*** ~ Genießer(in) *m(f)* ❷ REL ***les ~s*** die Lebenden *Pl* ▶ **du ~ de qn** zu jds Lebzeiten *Pl*

vivant(e) [vivɑ̃, ɑ̃t] *adj* ❶ *(en vie)* lebend; ***être encore*** ~ noch am Leben sein ❷ *souvenir* lebhaft; *rue* belebt ❸ *(doué de vie)* lebend; ***être*** ~ Lebewesen *nt* ❹ *(expressif)* lebendig, anschaulich ❺ *(en usage)* gebräuchlich

vivarium [vivaʀjɔm] *m* Vivarium *nt*

vivat [viva] *m gén pl* Hochruf *m*

vive[1] [viv] **I.** *adj v.* **vif II.** *interj ~ **la mariée/la liberté!*** es lebe die Braut/die Freiheit!

vive[2] [viv] *f* ZOOL Petermännchen *nt*

vivement [vivmɑ̃] **I.** *adv* ❶ *(intensément)* lebhaft; *regretter* zutiefst ❷ *(brusquement)* barsch ❸ *briller* hell **II.** *interj (souhait) ~ **les vacances!*** wenn nur schon Ferien wären!

vivier [vivje] *m (étang)* Fischteich *m; (bac)* Frischwasserbehälter *m*

vivifiant(e) [vivifjɑ̃, jɑ̃t] *adj air* kräftigend, stärkend; *ambiance* anregend, belebend

vivifier [vivifje] <1> *vt* ❶ *(stimuler)* beleben, kräftigen *personne, plante* ❷ *(animer)* Leben bringen in +*akk région, ville*

vivipare [vivipaʀ] *adj* ZOOL lebend gebärend

vivisection [vivisɛksjɔ̃] *f* Vivisektion *f*

vivoir [vivwaʀ] *m* CAN *(living-room)* Wohnzimmer *nt*

vivoter [vivɔte] <1> *vi (fam)* dahin vegetieren; *(avec des petits moyens)* sich durchschlagen

vivre [vivʀ] <irr> **I.** *vi* ❶ *(exister, habiter, mener sa vie)* leben; ~ ***bien/pauvrement*** ein gutes/ärmliches Leben führen ❷ *(subsister)* ~ ***de son salaire/ses rentes*** von seinem Gehalt/seiner Rente leben; ***faire ~ qn*** jdn ernähren ❸ *(persister) coutume:* lebendig sein ❹ *(être plein de vie) portrait:* Lebendigkeit ausstrahlen; *rue:* voller Leben sein ▶ **il faut bien** ~ irgendwie muss man sich *dat* die Brötchen verdienen; **qui vivra verra** *(prov)* kommt Zeit, kommt Rat **II.** *vt* ❶ *(passer)* erleben *moment;* leben *vie* ❷ *(être mêlé à)* erleben *événement* ❸ *(éprouver intensément)* miterleben *époque*

vivres [vivʀ] *mpl* Verpflegung *f* ▶ **couper les ~ à qn** jdm den Unterhalt streichen

vizir [viziʀ] *m* Wesir *m*

vlan [vlɑ̃] *interj (fam)* peng

vlog [vlɔg] *m* INFORM Vlog *nt*

V.O. [veo] *f abr de* **version originale** Originalfassung *f; **en ~ sous-titrée*** in Originalfassung mit Untertiteln

vocable [vɔkabl] *m (vieilli: d'une langue étrangère)* Vokabel *f; (dans la même langue)* Bezeichnung *f*

vocabulaire [vɔkabylɛʀ] *m* ❶ *(terminologie)* Vokabular *nt* ❷ *d'une langue* Wortschatz *m* ❸ *(dictionnaire)* Grundwortschatz *m*

vocal(e) [vɔkal, -o] <-aux> *adj* ❶ *corde* Stimm- ❷ *(du chant) **musique ~e*** Vokalmusik *f; **technique ~e*** Stimmtechnik *f*

vocalique [vɔkalik] *adj* vokalisch

vocalisation [vɔkalizasjɔ̃] *f* Vokalisation *f*

vocalise [vɔkaliz] *f* Stimmübung *f*

vocaliser [vɔkalize] <1> **I.** *vi* vokalisieren **II.** *vt* vokalisieren *consonne* **III.** *vpr **se ~** consonne:* vokalisiert werden

vocatif [vɔkatif] *m* Vokativ *m*

vocation [vɔkasjɔ̃] *f* ❶ *(disposition)* Berufung *f; **il faut avoir la ~!*** *(fam)* dazu muss man wirklich berufen sein! ❷ *d'une personne, d'un peuple* Bestimmung *f* ❸ REL [innere] Berufung; ***avoir la*** ~ berufen sein

vocifération [vɔsifeʀasjɔ̃] *f souvent pl* Geschrei *nt kein Pl*

vociférer [vɔsifeʀe] <5> **I.** *vi* schreien;

~ ***contre qn*** jdn anschreien **II.** *vt* brüllen *ordre*

vocodeur [vɔkɔdœʀ] *m* INFORM Spracherkennungs-PC *m*

vodka [vɔdka] *f* Wodka *m*

vœu [vø] <x> *m* ❶ *(désir)* Wunsch *m;* ***faire un*** ~ sich *dat* etwas wünschen ❷ *pl (souhaits)* [Glück]wunsch *m* ❸ REL Gelübde *nt*

vogue [vɔg] *f* Beliebtheit *f;* ***en*** ~ in Mode

voguer [vɔge] <1> *vi* NAUT *(littér)* [dahin] fahren/segeln; *(dériver)* [dahin] treiben

voici [vwasi] **I.** *adv* hier; ~ ***mon père et voilà ma mère*** hier mein Vater und da meine Mutter **II.** *prép (soutenu: il y a)* ~ ***quinze ans que …*** vor 15 Jahren …; *(depuis)* ~ ***bien des jours que …*** schon einige Tage … **III.** *interj (soutenu)* ❶ *(réponse)* hier! ❷ *(présentation)* bitte [sehr]!

voie [vwa] *f* ❶ *(passage)* Weg *m;* ~ ***d'accès*** Zufahrtstraße; ~ ***de garage*** Abstellgleis *nt;* ~ ***sans issue*** Sackgasse *f* ❷ *d'une route* [Fahr]spur *f;* ~ ***d'eau*** *(brèche)* Leck *nt* ❸ CHEMDFER ~ ***[ferrée]*** [Bahn]gleis *nt* ❹ *(moyen de transport)* ~ ***aérienne*** Luftweg *m;* ***par*** ~ ***postale*** per Post; ~ ***des ondes*** Funk *m* ❺ *(filière)* Weg *m;* ~ ***de la réussite*** Weg zum Erfolg ❻ *(ligne de conduite)* Weg *m;* ***s'engager sur la*** ~ ***du mal*** sich auf Abwege begeben; ~ ***de fait*** *(violence)* Gewalttat *f;* ~ ***de recours*** JUR Rechtsmittel *nt* ❼ *(conduit)* Weg *m,* Kanal *m;* ~***s respiratoires*** Atemwege *Pl* ❽ AUT Spurweite *f* ❾ ASTRON ~ ***lactée*** Milchstraße *f* ▶ **par** ~ **de <u>conséquence</u>** als logische Folge; **être en <u>bonne</u>** ~ *affaire:* gut vorankommen; **être <u>en</u>** ~ **de guérison** auf dem Wege der Besserung sein

voilà [vwala] **I.** *adv* ❶ *(opp: voici)* da, dort; ***voici ma maison, et*** ~ ***le jardin*** hier mein Haus und da der Garten ❷ *(pour désigner)* ~ ***mes amis*** das sind meine Freunde; ~ ***pour toi*** das ist für dich; ~ ***pourquoi/où …*** deshalb also/dort[hin] also …; ***et*** ~ ***tout*** und das ist alles; ***la jeune femme que*** ~ die junge Frau dort; ***en*** ~ ***une histoire!*** das ist vielleicht eine Geschichte!; ***me*** ~***/te*** ~ hier bin ich/da bist du ❸ *explétif* ~ ***que*** jetzt; ***et le*** ~ ***qui recommence*** jetzt fängt er schon wieder an *fam;* ***en*** ~ ***assez!*** jetzt aber genug! ▶ ~ **ce que c'<u>est</u> de faire une bêtise** *(fam)* das hat man davon, wenn man eine Dummheit macht; **en <u>veux-tu</u>, en** ~ *(fam)* mehr als genug; **<u>nous</u> y** ~ das ist es also **II.** *prép (il y a)* ~ ***quinze ans que …*** es ist 15 Jahre her, dass …; *(depuis)* ~ ***bien une heure que …*** schon seit einer Stunde … **III.** *interj* ❶ *(réponse)* hier! ❷ *(présentation)* bitte [sehr]! ❸ *(naturellement)* ***et*** ~***!*** natürlich!

voilage [vwalaʒ] *m* Store *m*

voile¹ [vwal] *m* ❶ *(foulard)* Schleier *m;* ***prendre le*** ~ REL den Schleier nehmen *geh* ❷ *(tissu fin, pour cacher)* Tuch *nt* ❸ *(léger écran)* Schleier *m;* ~ ***de brume*** Dunstschleier ❹ *(fig) de l'oubli* Schleier *m* ❺ PHOT Schleier *m* ❻ MED Schatten *m* ❼ ANAT *du palais* Gaumensegel *nt* ❽ BOT *d'un champignon* Schleier *m* ▶ **<u>sous</u> le** ~ **de la dévotion** unter dem Deckmantel der Frömmigkeit

voile² [vwal] *f* ❶ NAUT Segel *nt;* ***bateau à*** ~***s*** Segelboot *nt* ❷ SPORT ***la*** ~ [das] Segeln; ***faire de la*** ~ segeln

voilé(e)¹ [vwale] *adj* ❶ *femme* verschleiert; *statue* verhüllt ❷ *allusion* versteckt

voilé(e)² [vwale] *adj (déformé) planche* verzogen; ***être*** ~ *roue:* eine Acht haben

voilement [vwalmɑ̃] *m d'une planche* Verwerfung *f; d'une roue* Acht *f*

voiler¹ [vwale] <1> **I.** *vpr* ***se*** ~ ❶ *(se dissimuler)* sich verschleiern ❷ *(perdre sa clarté) ciel:* sich bedecken; *horizon:* verschwimmen; *regard:* sich trüben; *voix:* heiser werden **II.** *vt (cacher)* verhüllen, bedecken *visage*

voiler² [vwale] <1> **I.** *vpr (se fausser)* ***se*** ~ *roue:* sich verbiegen **II.** *vt (fausser)* verbiegen *roue, étagère*

voilette [vwalɛt] *f* [Hut]schleier *m*

voilier [vwalje] *m* ❶ NAUT Segelboot *nt,* Segeljacht *f* ❷ *(fabricant)* Segelmacher(in) *m(f)*

voilure [vwalyʀ] *f* ❶ NAUT Segelfläche *f* ❷ AVIAT Tragfläche *f*

voir [vwaʀ] <irr> **I.** *vt* ❶ *(percevoir par la vue)* sehen; ***je l'ai vu comme je vous vois*** ich habe ihn/es mit eigenen Augen gesehen ❷ *(montrer)* ***fais-moi donc*** ~ ***ce que*** lass mich doch mal sehen, was ❸ *(rencontrer)* sehen; *(rendre visite à)* zusammenkommen mit *personne;* ***aller/venir*** ~ ***qn*** jdn besuchen ❹ *(examiner)* [sich *dat*] ansehen *dossier, leçon;* ~ ***page 6*** siehe Seite 6 ❺ *(constater)* sehen; ***on le voit: …*** eins steht fest: …; ~ ***qn/qc faire qc*** erleben, wie jd/etw etw macht ❻ *(connaître)* erleben *drame, guerre;* ***elle a vu son chiffre d'affaires tripler*** ihr Umsatz hat sich verdreifacht; ***en*** ~ ***[de dures]*** *(fam)* Schlimmes erleben ❼ *(comprendre)* sehen, begreifen *problème;* ***faire*** ~ ***à qn***

V

que ... *personne:* jdm klarmachen, dass ...; *expérience:* jdm zeigen, dass ... ❽ *(se représenter)* ***~ qc/qn sous un autre jour*** etw/jdn ganz anders sehen; ***~ ça [d'ici]!*** *(fam)* sich *dat* etw lebhaft vorstellen können ❾ *(trouver)* ***~ une solution à qc*** eine Lösung für etw sehen ❿ *(apparaître)* ***faire/laisser ~ sa déception*** sich *dat* seine Enttäuschung anmerken lassen ⓫ *(sentir)* ***~ venir la catastrophe*** die Katastrophe kommen sehen ▶ **je voudrais bien t'y/vous y ~** *(fam)* du hast/Sie haben gut reden; **on aura tout vu!** *(fam)* das ist nicht zu fassen!; **avoir quelque chose/n'avoir rien à ~ avec** [*o* **dans**] **cette histoire** etwas/nichts mit dieser Geschichte zu tun haben; **~ venir** abwarten **II.** *vi* ❶ ***tu [y fam] vois sans tes lunettes?*** kannst du [was] ohne deine Brille sehen? ❷ *(prévoir)* ***~ grand/petit*** großzügig/knapp kalkulieren ❸ *(constater)* sehen; ***on verra bien*** wir werden [schon] sehen ❹ *(veiller)* ***il faut ~ à ce que*** +*subj* man sollte darauf achten, dass ❺ *(fam: donc)* ***essaie/regarde ~!*** probier/sieh mal! ▶ **à toi de ~** du musst es wissen; **pour ~** zum Ausprobieren; **vois-tu** weißt du **III.** *vpr* ❶ *(être visible)* ***se ~ bien la nuit*** *couleur:* in der Nacht deutlich zu sehen sein ❷ *(se rencontrer)* ***se ~*** sich sehen ❸ *(se produire)* ***se ~*** *phénomène:* sich ereignen; ***ça ne s'est jamais vu*** das hat es [ja] noch nie gegeben ❹ *(se trouver)* ***se ~ contraint de faire qc*** sich gezwungen sehen etw zu tun ❺ *(constater)* ***se ~ mourir*** spüren, dass man stirbt; ***il s'est vu refuser l'entrée*** man hat ihm den Eintritt verwehrt ❻ *(s'imaginer)* ***se ~ faire qc*** sich *dat* vorstellen können etw zu tun

voire [vwaʀ] *adv* ja sogar

voirie [vwaʀi] *f* ❶ *(routes)* [öffentliche] Straßen *Pl* ❷ *(entretien des routes)* Straßenmeisterei *f;* *(service administratif)* Straßenbauamt *nt* ❸ *(enlèvement des ordures)* Müllabfuhr *f;* *(dépotoir)* Müllhalde *f*

voisin(e) [vwazɛ̃, in] **I.** *adj* ❶ *maison* Nachbar-; *rue* benachbart; *pièce* Neben-; ***région ~e de la frontière*** Grenzregion *f;* ***être ~ de qc*** an etw *akk* angrenzen ❷ *sens* ähnlich; *espèce animale* verwandt; ***être ~ de qc*** einer S. *dat* ähnlich sein **II.** *m(f)* Nachbar(in) *m(f);* ***passe à ton ~!*** weitergeben!

voisinage [vwazinaʒ] *m* ❶ *(voisins)* Nachbarschaft *f;* ***des relations de bon ~*** gutnachbarliche Beziehungen ❷ *(proximité)* [unmittelbare] Nähe ❸ *(environs)* Umgebung *f*

voisiner [vwazine] <1> *vi* ***~ avec qn/qc*** sich neben jdm/einer S. befinden

voiture [vwatyʀ] *f* ❶ AUT Auto *nt;* ***~ particulière*** Personen[kraft]wagen, Pkw; ***~ de course*** Rennwagen; ***~ de location/d'occasion*** Mietwagen/Gebrauchtwagen; ***~ d'enfant*** Kinderwagen *m* ❷ CHEMDFER [Eisenbahn]wagen *m* ❸ *(véhicule attelé)* Fuhrwerk *nt;* ***~ à cheval*** Pferdewagen *m* ❹ *(véhicule utilitaire)* ***~ de livraison*** Lieferwagen *m;* ***~ de dépannage*** Abschleppwagen; ***~ d'infirme*** Rollstuhl *m* ▶ **en ~** mit dem Auto; ***en ~, s'il vous plaît!*** CHEMDFER bitte einsteigen!

voiture-balai [vwatyʀbalɛ] <voitures-balais> *f* SPORT Begleitfahrzeug *nt* **voiture-bar** [vwatyʀbaʀ] <voitures-bars> *f* CHEMDFER Büfettwagen *m* **voiture-école** [vwatyʀekɔl] <voitures-écoles> *f* Fahrschule *f* **voiture-lit** [vwatyʀli] <voiture[s]-lits> *f* Schlafwagen *m* **voiture-poste** [vwatyʀpɔst] <voitures-poste> *f* Postauto *nt*

voiturer [vwatyʀe] <1> *vt (fam)* herumkutschieren **voiture-restaurant** [vwatyʀʀɛstɔʀɑ̃] <voitures-restaurants> *f* Speisewagen *m*

voiturette [vwatyʀɛt] *f* AUT Kleinwagen *m*

voix [vwɑ] *f* ❶ *(organe de la parole)* Stimme *f;* ***d'une ~ forte*** mit einer lauten Stimme; ***à ~ basse*** leise; ***~ de stentor*** dröhnende Stimme ❷ *(organe du chant)* [Sing]stimme *f;* ***avoir la ~ fausse/juste*** falsch/richtig singen; ***~ de ténor/tête*** Tenor-/Kopfstimme; ***à une/deux ~*** ein-/zweistimmig ❸ *d'un animal* Stimme *f;* *d'un instrument* Ton *m;* *du vent* Lied *nt* ❹ *(suffrage)* [Wähler]stimme *f;* ***d'une seule ~*** einstimmig ❺ *du peuple, de la conscience* Stimme *f;* *d'un ami* Rat *m;* ***faire entendre la ~ de qn*** in jds Namen *dat* sprechen ❻ LING Form *f;* ***~ passive/active*** Passiv/Aktiv *nt;* ***être utilisé à la ~ passive*** *verbe:* im Passiv stehen ▶ **avoir ~ au chapitre** [ein Wort] mitzureden haben; **de vive ~** mündlich; **élever la ~** *(hausser le ton)* seine Stimme heben, lauter werden; *(s'exprimer)* die Stimme erheben *geh*

vol[1] [vɔl] *m* ❶ AVIAT, ZOOL Flug *m;* ***~ de nuit*** Nachtflug; ***~ domestique*** Inlandsflug ❷ SPORT ***~ libre*** Drachenfliegen *nt;* ***~ à voile*** Segelfliegen ▶ **à ~ d'oiseau** in der Luftlinie; **en ~ plané** im Gleitflug; **prendre son ~** *oiseau:* fortfliegen; *adolescent:* flügge werden; **rattraper qc au ~** etw im Flug fangen

vol[2] [vɔl] *m (larcin)* Diebstahl *m;* *(avec vio-*

lence) Raub *m;* ~ ***à main armée*** bewaffneter Raubüberfall; ~ ***avec effraction*** Einbruchsdiebstahl

volage [vɔlaʒ] *adj personne* flatterhaft, leichtfertig; *époux* treulos; *humeur* wechselhaft; ***être d'humeur*** ~ launisch sein; ***cœur*** ~ unstetes Wesen *nt*

volaille [vɔlɑj] *f* Geflügel[fleisch *nt*] *nt*

volailler, -ère [vɔlɑje, -ɛʀ] *m, f* Geflügelhändler(in) *m(f)*

volant [vɔlɑ̃] *m* ❶ AUT Lenkrad *nt;* ***être au*** ~ am Steuer sitzen; ***se mettre au*** [*o* ***prendre le***] ~ sich ans Steuer setzen ❷ TECH Schwungrad *nt* ❸ *d'un rideau* Volant *m* ❹ SPORT Federball *m* ❺ *pl (personnel volant)* Flugpersonal *nt*

volant(e) [vɔlɑ̃, ɑ̃t] *adj* ❶ *(qui vole)* fliegend; ***machine*** ***~e*** Flugmaschine *f* ❷ *feuille* lose; *personnel* mobil; *pont* beweglich; ***douane ~e*** Zollstreife *f*

volatil(e) [vɔlatil] *adj* ❶ CHIM flüchtig ❷ *(soutenu: qui disparaît)* vergänglich; ***mémoire ~e*** INFORM Arbeitsspeicher *m*

volatile [vɔlatil] *m* Geflügel *nt*

volatilisation [vɔlatilizasjɔ̃] *f* ❶ CHIM Verdunstung *f* ❷ *(disparition)* spurloses Verschwinden

volatiliser [vɔlatilize] <1> **I.** *vt* verdunsten lassen **II.** *vpr* **se** ~ ❶ CHIM verdunsten ❷ *(disparaître)* spurlos verschwinden

volatilité [vɔlatilite] *f* Flüchtigkeit *f*

vol-au-vent [vɔlovɑ̃] *m inv* Blätterteigpastete *f*

volcan [vɔlkɑ̃] *m* Vulkan *m*

volcanique [vɔlkanik] *adj* vulkanisch

volcanologie [vɔlkanɔlɔʒi] *f* Vulkanologie *f*

volée [vɔle] *f* ❶ *(groupe)* ***une ~ de moineaux*** ein Schwarm *m* Spatzen ❷ *(décharge)* ***une ~ de projectiles*** ein Kugelhagel *m* ❸ *(raclée)* Schläge *Pl;* ***une ~ de coups*** eine Tracht Prügel ❹ SPORT Volley *m;* ***jouer/monter à la*** ~ am Netz spielen/ans Netz gehen ▶ ~ **de bois vert** *(critiques violentes)* harte Kritik; **personnage de haute** ~ hervorragende Persönlichkeit; **prendre sa** ~ *(s'émanciper)* flügge werden; **à la** ~ *(d'un geste ample)* ausladend; *(au passage)* im Vorbeigehen; **à toute** ~ mit viel Schwung

voler[1] [vɔle] <1> *vi* ❶ *(se mouvoir dans l'air)* fliegen ❷ *(être projeté) feuilles, pierre:* fliegen; *information:* kursieren; ~ ***au vent*** *feuilles:* im Wind flattern; ***faire ~ des feuilles*** Blätter aufwirbeln ❸ *(courir)* eilen

voler[2] [vɔle] <1> **I.** *vt* ❶ *(dérober)* stehlen, wegnehmen *place* ❷ *(tromper)* ~ ***qn sur la quantité*** jdn in Bezug auf die Menge betrügen ▶ **il ne l'a pas volé** *(fam)* das geschieht ihm recht **II.** *vi* stehlen

volet [vɔlɛ] *m* ❶ *(persienne)* [Fenster]laden *m;* ~ ***roulant*** Rollladen *m,* Rollbalken *m* A ❷ *d'une pièce administrative* [Falt]blatt *nt; d'un triptyque* Flügel *m* ❸ AVIAT, TECH, AUT Klappe *f* ❹ *d'un plan* Teil *m* ▶ **trier des personnes/choses sur le** ~ Menschen/Dinge sorgfältig aussuchen

voleter [vɔlte] <4> *vi (voltiger)* flattern

voleur, -euse [vɔlœʀ, -øz] **I.** *adj (qui dérobe)* diebisch **II.** *m, f* Dieb(in) *m(f);* ~ ***à la tire*** Taschendieb; ~ ***de grand chemin*** Wegelagerer ▶ **au ~!** haltet den Dieb!; **partir** [*o* **filer**] **comme un** ~ sich [wie ein Dieb] davonschleichen

volière [vɔljɛʀ] *f* Voliere *f*

volley[-ball] [vɔlɛ(bol), vɔlɛ(bal)] *m sans pl* Volleyball *m*

volleyer [vɔleje] <1> *vi* Volleyball spielen

volleyeur, -euse [vɔlɛjœʀ, -jøz] *m, f* ❶ *(joueur de volley)* Volleyballspieler(in) *m(f)* ❷ SPORT Netzspieler(in) *m(f)*

volontaire [vɔlɔ̃tɛʀ] **I.** *adj* ❶ *(voulu)* beabsichtigt; ***incendie*** ~ Brandstiftung *f* ❷ *(non contraint)* freiwillig; ***engagé*** ~ Freiwillige(r) *m* ❸ *(décidé)* energisch; *péj) personne* eigensinnig **II.** *mf* ❶ *a.* MIL Freiwillige(r) *f(m)* ❷ *(péj: personne têtue)* Starrkopf *m pej*

volontairement [vɔlɔ̃tɛʀmɑ̃] *adv* ❶ *(exprès)* absichtlich ❷ *(de son plein gré)* freiwillig ❸ JUR in gegenseitigem Einvernehmen

volontariat [vɔlɔ̃taʀja] *m* ❶ *(bénévolat)* Freiwilligkeit *f* ❷ MIL freiwilliger Dienst

> **Falsche Freunde**
> Nicht verwechseln mit *das Volontariat – le stage*!

volontariste [vɔlɔ̃taʀist] **I.** *adj* voluntaristisch **II.** *mf* PHILOS Voluntarist(in) *m(f)*

volonté [vɔlɔ̃te] *f* ❶ *(détermination)* Wille *m* ❷ *(désir)* Wunsch *m* ❸ *(énergie)* Willensstärke *f* ▶ **avec la meilleure ~ du monde** beim besten Willen; **à** ~ nach Belieben

volontiers [vɔlɔ̃tje] *adv* ❶ *(avec plaisir)* gern[e]; ***plus ~/le plus*** ~ lieber/am liebsten ❷ *(souvent)* gern

volt [vɔlt] *m* Volt *nt*

voltage [vɔltaʒ] *m* ELEC Spannung *f*

volte-face [vɔltəfas] *f inv (a. fig)* Kehrtwendung *f a. fig*
voltige [vɔltiʒ] *f* ❶ *(au cirque)* ***numéro de haute ~*** Trapeznummer *f* ❷ AVIAT Kunstfliegen *nt* ❸ *(équitation)* Kunstreiten *nt*
voltiger [vɔltiʒe] <2a> *vi* ❶ *(voler çà et là)* hin- und herfliegen ❷ *(flotter légèrement)* ***faire ~ qc*** etw durch die Luft wirbeln
voltigeur, -euse [vɔltiʒœʀ, -ʒøz] *m, f* ❶ *(acrobate au trapèze)* Trapezkünstler(in) *m(f)* ❷ *(acrobate sur un cheval)* Voltigierer(in) *m(f)*
voltmètre [vɔltmɛtʀ] *m* Spannungsmesser *m*
volubile [vɔlybil] *adj* redselig
volubilité [vɔlybilite] *f* Redseligkeit *f*
volume [vɔlym] *m* ❶ SCI Volumen *nt* ❷ COM [Gesamt]menge *f; des investissements* Umfang *m* ❸ *(intensité de la voix)* Volumen *nt;* ***~ sonore*** [*o* ***du son***] Lautstärke *f* ❹ *(tome)* Band *m* ❺ *(objet)* Körper *m*
volumétrique [vɔlymetʀik] *adj* volumetrisch; ***analyse ~*** Maßanalyse *f;* ***compteur ~*** Volumenzähler *m*
volumineux, -euse [vɔlyminø, -øz] *adj dossier* umfangreich; *paquet* voluminös
volumique [vɔlymik] *adj* ***masse ~*** Dichte *f*
volupté [vɔlypte] *f* ❶ *(plaisir sensuel)* Genuss *m* ❷ *(plaisir sexuel)* Wollust *f geh* ❸ *(plaisir intellectuel)* Wonne *f*
voluptueusement [vɔlyptɥøzmɑ̃] *adv* genüsslich
voluptueux, -euse [vɔlyptɥø, -øz] **I.** *adj* sinnlich **II.** *m, f* Sinnenmensch *m*
volute [vɔlyt] *f* ❶ *(spirale)* Windung *f* ❷ ARCHIT Volute *f*
vomi [vɔmi] *m (fam)* Erbrochene *nt*
vomir [vɔmiʀ] <8> **I.** *vt (régurgiter)* [er]brechen, speiben A **II.** *vi* sich übergeben
vomissement [vɔmismɑ̃] *m* ❶ *(action)* Erbrechen *nt* ❷ *(vomissure)* Erbrochene(s) *nt*
vomissure [vɔmisyʀ] *f souvent pl* Erbrochene(s) *nt*

vomitif [vɔmitif] *m* MED Brechmittel *nt*
vomitif, -ive [vɔmitif, -iv] *adj* MED Brechreiz auslösend
vont [vɔ̃] *indic prés de* **aller**
vorace [vɔʀas] *adj animal, personne* gefräßig
voracement [vɔʀasmɑ̃] *adv* gierig
voracité [vɔʀasite] *f* Gier *f a. fig*
vortex [vɔʀtɛks] *m* ❶ *(dans un fluide)* Strudel *m* ❷ METEO Wirbel *m*
vos [vo] *dét poss v.* **votre**
Vosges [voʒ] *fpl* ***les ~*** die Vogesen *Pl*
vosgien(ne) [voʒjɛ̃, jɛn] *adj* der Vogesen *gen*
votant(e) [vɔtɑ̃, ɑ̃t] *m(f)* ❶ *(participant au vote)* Wähler(in) *m(f)* ❷ *(électeur)* Stimmberechtigte(r) *f(m)*
votation [vɔtasjɔ̃] *f* CH ***~ populaire*** Volksabstimmung *f*
vote [vɔt] *m* ❶ *des crédits* Bewilligung *f; d'un projet de loi* Annahme *f* ❷ *(suffrage)* Abstimmung *f;* POL Wahl *f;* ***~ de confiance*** Vertrauensvotum *nt;* ***~ par correspondance*** Briefwahl
voter [vɔte] <1> **I.** *vi* wählen; ***~ contre/pour qn/qc*** gegen/für jdn/etw stimmen; ***~ sur qc*** über etw *akk* abstimmen; ***~ à main levée*** durch Handzeichen abstimmen **II.** *vt* bewilligen *crédits;* verabschieden *loi*
votre [vɔtʀ, vo] <vos> *dét poss* ❶ *(à une/plusieurs personne(s) vouvoyée(s))* Ihr(e); ***~ chaise*** Ihr Stuhl; ***à ~ approche*** als Sie näher kommen ❷ *(à plusieurs personnes tutoyées)* euer/eu[e]re; ***~ maison*** euer Haus; ***à ~ avis*** eu[e]rer Meinung nach; *v. a.* **ma, mon** ❸ *avec un titre, (form)* ***Votre Majesté*** Eu[e]re Majestät
vôtre [votʀ] *pron poss* ❶ ***le/la ~*** *(à une/plusieurs personne(s) vouvoyée(s))* der/die/das Ihre/ihre, Ihre(r, s); *(à plusieurs personnes tutoyées)* der/die/das Eu[e]re/eu[e]re, eurer/eu[e]re(s) ❷ *pl (ceux de votre famille)* ***les ~s*** Ihre/eure Angehörigen; *(vos partisans)* Ihre/eu[e]re Anhänger; ***il est des ~s*** er gehört zu Ihnen/euch, er ist einer von Ihnen/euch ► **à la** [**bonne**] **~!** *(fam)* auf Ihr/euer Wohl!; *v. a.* **mien**
vouer [vwe] <1> **I.** *vt* ❶ *(condamner)* verdammen; ***~ qn/qc à l'échec*** jdn/etw zum Scheitern verurteilen ❷ *(consacrer)* widmen *son temps* ❸ REL ***~ qc à un saint/une sainte*** etw einem/einer Heiligen weihen ❹ *(ressentir)* ***~ de la haine à qn*** Hass gegen jdn hegen **II.** *vpr* ***se ~ à qn/qc*** sich jdm/einer Sache widmen
vouivre [vwivʀ] *f* ❶ DIAL *schlangenartiges Fabelwesen* ❷ *(figure de blason)* Schlange *f*
vouloir [vulwaʀ] <irr> **I.** *vt* ❶ *(exiger)* wollen; ***~ un livre de qn*** ein Buch von jdm verlangen; ***que lui voulez-vous?*** was wollen Sie von ihm/ihr? ❷ *(souhaiter)* ***il veut/voudrait ce gâteau/deux kilos de pommes*** er will/möchte diesen Kuchen/zwei Kilo Äpfel; ***elle voudrait être médecin*** sie wäre gerne Ärztin ❸ *(consentir à)*

veux-tu/voulez-vous [*o* ***veuillez***] [*o* ***voudriez-vous***] ***prendre place*** *(poli)* würdest du/würden Sie bitte Platz nehmen; *(impératif)* nimm/nehmen Sie bitte Platz ❹ *(attendre)* erwarten *décision, réponse;* ***que veux-tu/voulez-vous que je te/vous dise?*** was erwartest Du/erwarten Sie von mir? ❺ *(nécessiter)* brauchen *soins* ❻ *(faire en sorte)* ***le hasard a voulu que*** *+subj* der Zufall wollte es, dass ❼ *(prétendre)* vorschreiben; ***la loi veut que*** *+subj* das Gesetz schreibt vor, dass ▶ **bien ~ que** *+subj* einverstanden sein, dass; **il l'a voulu!** er hat es [ja] so gewollt! **II.** *vi* ❶ *(être disposé)* wollen ❷ *(souhaiter)* wollen, mögen ❸ *(accepter)* ***ne plus ~ de qn/qc*** von jdm/etw nichts mehr wissen wollen ❹ *(avoir des griefs envers)* ***en ~ à un collègue de qc*** einem Kollegen wegen etw böse sein ❺ *(avoir des visées sur)* ***en ~ à qc/qn*** es auf etw/jdn abgesehen haben ▶ **[moi,] je veux bien** *(volontiers)* [oh ja,] gerne, ich möchte gerne; *(concession douteuse)* [na ja,] von mir aus; **en ~** *(fam)* ehrgeizig sein; **en veux-tu, en voilà!** in Hülle und Fülle **III.** *vpr* ***se ~ honnête*** nett sein wollen ▶ **s'en ~ de qc** sich Vorwürfe wegen etw machen

voulu(e) [vuly] **I.** *part passé de* **vouloir** **II.** *adj* ❶ *effet* gewünscht; *moment* richtig; ***en temps ~*** rechtzeitig ❷ *(délibéré)* absichtlich; ***c'est ~*** *(fam)* das ist gewollt

vous [vu] **I.** *pron pers, 2. pers. pl* ❶ *sujet* ihr; ***~ êtes grands*** ihr seid groß; ***nous avons fini, mais pas ~*** wir sind fertig, aber ihr [noch] nicht; ***~ autres*** ihr ❷ *complément d'objet direct et indirect* euch; ***je ~ aime*** ich liebe euch; ***il ~ demande le chemin*** er fragt euch nach dem Weg; ***il ~ laisse/fait conduire [la voiture]*** er lässt euch [das Auto] fahren ❸ *avec être, devenir, sembler, (soutenu)* ***cela ~ semble bon*** das erscheint euch gut; *v. a.* **me** ❹ *avec les verbes pronominaux* ***vous ~ nettoyez [les ongles]*** ihr macht euch [die Nägel] sauber ❺ *(fam: pour renforcer)* ***~, vous n'avez pas ouvert la bouche*** ihr habt den Mund nicht aufgemacht; ***c'est ~ qui l'avez dit*** ihr habt das gesagt; ***il veut ~ aider, ~?*** euch möchte er helfen? ❻ *(avec un sens possessif)* ***le cœur ~ battait fort*** eure Herzen schlugen heftig ❼ *avec un présentatif* ihr; ***~ voici!*** hier seid ihr! ❽ *avec une préposition* ***avec/sans ~*** mit/ohne euch; ***à ~ deux*** ihr beide; ***la maison est à ~?*** gehört das Haus euch?; ***c'est à ~ de décider*** ihr müsst entscheiden; ***c'est à ~!*** ihr seid dran! ❾ *dans une comparaison* ihr; ***nous sommes comme ~*** wir sind wie ihr; ***plus fort que ~*** stärker als ihr **II.** *pron pers, forme de politesse* ❶ ***~ habitez ici?*** wohnen Sie hier?; ***nous avons fini, mais pas ~*** wir sind fertig, aber Sie [noch] nicht ❷ *complément d'objet direct et indirect* ***je ~ aime*** ich liebe Sie; ***il ~ explique le chemin*** er erklärt Ihnen den Weg; ***il ~ laisse/fait conduire [la voiture]*** er lässt Sie [das] Auto fahren ❸ *avec être, devenir, sembler, (soutenu)* ***cela ~ semble bon*** das erscheint Ihnen gut; *v. a.* **me** ❹ *avec les verbes pronominaux* ***vous ~ nettoyez [les ongles]*** Sie machen sich [die Nägel] sauber ❺ *(fam: pour renforcer)* ***~, vous n'avez pas ouvert la bouche*** Sie haben den Mund nicht aufgemacht; ***c'est ~ qui l'avez dit*** Sie haben das gesagt; ***il veut ~ aider, ~?*** Ihnen möchte er helfen? ❻ *(avec un sens possessif)* ***le cœur ~ battait fort*** Ihr Herz schlug heftig ❼ *avec un présentatif* Sie; ***~ voici!*** hier sind Sie! ❽ *avec une préposition* ***avec/sans ~*** mit Ihnen/ohne Sie; ***à ~ deux*** Sie beide; ***la maison est à ~?*** gehört das Haus Ihnen?; ***c'est à ~ de décider*** Sie müssen entscheiden; ***c'est à ~!*** Sie sind dran!; ***de ~ à moi*** unter uns ❾ *dans une comparaison* Sie; ***je suis comme ~*** ich bin wie Sie; ***plus fort que ~*** stärker als Sie **III.** *pron* ❶ *(on)* man; ***~ ne pouvez même pas dormir*** man kann nicht einmal schlafen ❷ *([à] quelqu'un)* ***des choses qui ~ gâchent la vie*** Dinge, die einem das Leben schwer machen **IV.** *m* ***dire ~ à qn*** Sie zu jdm sagen

vous-même [vumɛm] <vous-mêmes> **I.** *pron pers, 2. pers. pl* ❶ *(toi et toi en personne)* ***~s n'en saviez rien*** ihr selbst wusstet nichts davon; ***vous êtes venus de ~s*** ihr seid von selbst gekommen ❷ *(toi et toi aussi)* ebenfalls, auch; *v. a.* **nous-même** **II.** *pron pers, forme de politesse* ❶ *(toi de politesse en personne)* ***~ n'en saviez rien*** Sie selbst wussten nichts davon; ***vous êtes venu de ~*** Sie sind von selbst gekommen ❷ *(toi de politesse aussi)* ebenfalls, auch; *v. a.* **moi-même**

voussure [vusyʀ] *f* Wölbung *f;* ***~ de la fenêtre*** Fensterbogen *m*

voûte [vut] *f* ❶ ARCHIT Gewölbe *nt* ❷ ANAT ***~ crânienne*** Schädeldach *nt* ❸ *(ciel)* ***~ étoilée*** Sternenzelt *nt geh*

voûté(e) [vute] *adj* ❶ ARCHIT gewölbt; ***cave ~e*** Gewölbekeller *m* ❷ *dos, personne* krumm, gebeugt

V

voûter [vute] <1> **I.** *vt* ① ARCHIT mit einem Gewölbe versehen; ***être voûté*** gewölbt sein ② *(courber)* krümmen; ***l'âge avait voûté son dos*** sein/ihr Rücken war vom Alter [ganz] gekrümmt **II.** *vpr* ***se*** ~ sich krümmen

vouvoiement [vuvwamɑ̃] *m* Siezen *nt*

vouvoyer [vuvwaje] <6> **I.** *vt* siezen, mit Sie anreden **II.** *vpr* ***se*** ~ sich siezen

vox populi [vɔkspɔpyli] *f inv (littér)* die Stimme des Volkes

voyage [vwajaʒ] *m* ① *(le fait de voyager)* Reise *f;* ~ ***en avion/train*** Flug-/Bahnreise ② *(trajet)* Fahrt *f;* ~ ***aller/retour*** Hin-/Rückfahrt ③ *(fam: trip)* Trip *m;* ~ ***scolaire*** Klassenfahrt *f*

voyager [vwajaʒe] <2a> *vi* ① *(aller en voyage)* reisen ② COM ~ ***pour une entreprise*** Handelsreisende(r) *f(m)* eines Unternehmens sein ③ *(être transporté) marchandises:* befördert werden

voyageur, -euse [vwajaʒœʀ, -ʒøz] **I.** *adj* ***être d'humeur voyageuse*** reiselustig sein **II.** *m, f* ① *(personne qui voyage)* Reisende(r) *f(m)* ② *(dans un avion/sur un bateau)* Fluggast *m*/Passagier *m* ③ COM ~ ***de commerce*** [Handels]reisende(r) *f(m)*

voyagiste [vwajaʒist] *m* Reiseveranstalter *m*

voyais [vwajɛ] *imparf de* **voir**

voyance [vwajɑ̃s] *f (occultisme)* Hellsehen *nt*

voyant [vwajɑ̃] *m* Kontrolllampe *f*

voyant(e) [vwajɑ̃, jɑ̃t] **I.** *part prés de* **voir** **II.** *adj (qui se remarque)* auffallend **III.** *m(f)* ① *(devin)* Hellseher(in) *m(f)* ② *(opp: aveugle)* Sehende(r) *f(m)*

voyelle [vwajɛl] *f* Vokal *m*

voyeur, -euse [vwajœʀ, -jøz] *m, f* ① *(amateur de scènes lubriques)* Voyeur *m* ② *(curieux)* Schaulustige(r) *f(m)*

voyeurisme [vwajœʀism] *m* ① *(perversion du voyeur)* Voyeurismus *m* ② *(curiosité)* Schaulust *f*

voyez [vwaje], **voyons** [vwajɔ̃] *indic prés et impératif de* **voir**

voyou [vwaju] **I.** *adj* ***il/elle est un peu*** ~ er/sie ist ein kleiner Gauner **II.** *m* ① *(délinquant)* Gauner *m* ② *(garnement)* Schlingel *m*

voyoucratie [vwajukʀasi] *f (fam)* ① *(pouvoir exercé par des personnes corrompues)* Ganovenhandel *m veraltet fam* ② *(népotisme)* Vetternwirtschaft *f pej fam*

V.P.C. [vepese] *f abr de* **vente par correspondance** Versandhandel *m*

vrac [vʀak] *m* Schüttgut *nt;* ***en*** ~ lose

vrai [vʀɛ] **I.** *m* ***le*** ~ das Wahre; ***être dans le*** ~ Recht haben; ***il y a du*** ~ da ist etwas Wahres daran ▶ **à dire** ~ [*o* **à** ~ **dire**] offen gestanden; **pour de** ~ *(fam)* im Ernst **II.** *adv* ***dire*** [*o* ***parler***] ~ die Wahrheit sagen; ***faire*** ~ echt aussehen

vrai(e) [vʀɛ] *adj* ① *(véridique)* wahr; *événement* tatsächlich ② *postposé (conforme à la réalité)* lebensecht ③ *antéposé (authentique)* echt; *cause, délice* wahr; *nom* richtig ④ *antéposé (digne de ce nom)* echt ⑤ *antéposé méthode, moyen* [einzig] richtig ▶ **il n'en est pas moins** ~ **qu'il est trop jeune** nichtsdestoweniger ist er zu jung; **pas** ~? *(fam)* oder?; ~ **de** ~ *(fam)* waschecht; ~**!/?** wirklich!/?

vrai-faux, vraie-fausse [vʀɛfo, vʀɛfos] <vrais-faux> *adj* nachgemacht; ***il s'est acheté de vraies-fausses lunettes Christian Dior*** er hat sich ein Imitat einer Christian-Dior-Brille gekauft

vraiment [vʀɛmɑ̃] *adv* wirklich

vraisemblable [vʀɛsɑ̃blabl] *adj* ① *(plausible)* einleuchtend ② *(probable)* wahrscheinlich

vraisemblablement [vʀɛsɑ̃blabləmɑ̃] *adv* wahrscheinlich

vraisemblance [vʀɛsɑ̃blɑ̃s] *f* ① *(crédibilité)* Glaubwürdigkeit *f* ② *(probabilité)* Wahrscheinlichkeit *f*

vrille [vʀij] *f* ① TECH Nagelbohrer *m* ② AVIAT Schraube *f* ③ BOT Ranke *f* ▶ **en** ~ spiralenförmig

vrillé(e) [vʀije] *adj* ① BOT mit Ranken ② *(tordu)* verdreht

vriller [vʀije] <1> **I.** *vi avion:* trudeln; *cordon, fil:* sich verdrehen **II.** *vt (a. fig: percer)* [durch]bohren

vrombir [vʀɔ̃biʀ] <8> *vi* brummen

vrombissement [vʀɔ̃bismɑ̃] *m* Dröhnen *nt,* Brummen *nt*

vroom, vroum [vʀum] *interj* brumm

VRP [veɛʀpe] *mf inv abr de* **voyageur représentant placier** Handelsreisende(r) *f(m)*

vs *prép abr de* **versus** vs

V.T.C. [vetese] *m abr de* **vélo tout chemin** All Terrain Bike *nt,* A.T.B. *nt,* Trekkingbike *nt,* Trekkingrad *nt*

V.T.T. [vetete] *m abr de* **vélo tout terrain** ① *(vélo)* Mountainbike *nt,* M.T.B., Bike ② *(sport)* Mountainbike-Fahren *nt*

vu [vy] **I.** *prép* in Anbetracht +*gen* **II.** *conj* ~ ***que ...*** da ... **III.** *m* ***c'est du déjà/jamais*** ~ das ist nichts Neues/völlig neu ▶ **au** ~ **et au su de tous** vor aller Augen **IV.** *adv* ***ni*** ~ ***ni connu*** ohne dass jd etw bemerkt **V.** *adj (compris)* alles klar; *~? (fam)* klar?

vu(**e**) [vy] **I.** *part passé de* **voir** **II.** *adj* ❶ *(d'accord)* in Ordnung ❷ *(form: lu)* zur Kenntnis genommen ❸ *(observé)* ***la remarque est bien/mal ~e*** die Bemerkung ist [zu]treffend/unzutreffend ❹ *(apprécié)* ***être bien/mal ~ de qn*** von jdm gern/nicht gern gesehen sein ▶ **c'est tout ~!** *(fam)* Schluss jetzt!

vue [vy] *f* ❶ *(sens)* Sehvermögen *nt;* ***bonne ~*** gute Augen *Pl;* ***organe de la ~*** Sehorgan *nt;* ***~ d'aigle*** Adlerauge *nt* ❷ *(regard)* Blick *m;* ***perdre qn/qc de ~*** jdn/etw aus den Augen verlieren ❸ *(panorama)* Aussicht *f* ❹ *d'une personne, du sang* Anblick *m* ❺ *(photo, peinture)* Ansicht *f;* ***~ d'ensemble*** *(fig)* Überblick *m* ❻ *des événements* Vorstellung *f;* ***les ~s de qn*** jds Ansichten *Pl* ❼ *(visées)* ***avoir qn/qc en ~*** jdn/etw im Auge haben ▶ **à ~ de nez** *(fam)* über den Daumen gepeilt; **à ~ d'œil** merklich; **garder à ~** unter Aufsicht stellen; **dessiner à ~** nach Augenmaß zeichnen; **à la ~ de qn** *(en voyant qn)* bei jds Anblick; *(sous le regard de qn)* vor jds Augen; **en ~** *(visible)* im Blickfeld; *(tout proche)* in Sicht; *(envié)* begehrt; *(célèbre)* sehr bekannt; **en ~ de [faire] qc** im Hinblick auf etw

vulcanisation [vylkanizasjɔ̃] *f* Vulkanisierung *f*

vulcaniser [vylkanize] <1> *vt* vulkanisieren

vulcanologie *v.* **volcanologie**

vulgaire [vylgɛʀ] **I.** *adj* ❶ *(grossier)* vulgär ❷ *antéposé (quelconque)* gewöhnlich ❸ *postposé (populaire)* volkstümlich **II.** *m* ***le ~*** das Gewöhnliche; ***tomber dans le ~*** vulgär werden

vulgairement [vylgɛʀmɑ̃] *adv* ❶ *(grossièrement)* vulgär ❷ *(couramment)* für gewöhnlich

vulgarisation [vylgaʀizasjɔ̃] *f* allgemeine Verbreitung; *de la connaissance, de la science* Popularisierung *f geh;* ***revue de ~*** populärwissenschaftliche Zeitschrift

vulgariser [vylgaʀize] <1> **I.** *vt* allgemein zugänglich machen **II.** *vpr* ***se ~*** zum Allgemeingut werden

vulgarité [vylgaʀite] *f* ❶ *d'un langage* vulgärer Stil; *d'une personne* vulgäre Art ❷ *(parole vulgaire)* vulgärer Ausdruck

vulgum pecus [vylgɔmpekys] *m inv (hum fam)* ***le ~*** der Normalsterbliche *fam*

vulnérabilité [vylneʀabilite] *f* Verletzbarkeit *f;* ***la ~ de ma situation*** meine prekäre Situation

vulnérable [vylneʀabl] *adj* verletzbar; *situation* prekär

vulvaire [vylvɛʀ] *adj* die äußeren Geschlechtsorgane [der Frau] betreffend

vulve [vylv] *f* ***la ~*** die äußeren Geschlechtsorgane *Pl* [der Frau]

Ww

W, w [dubləve] *m inv* W *nt,* w *nt*

wagon [vagɔ̃] *m* CHEMDFER Wagen *m,* Waggon *m*

wagon-citerne [vagɔ̃sitɛʀn] <wagons-citernes> *m* Tankwagen *m* **wagon-lit** [vagɔ̃li] <wagons-lits> *m* Schlafwagen *m* **wagon-restaurant** [vagɔ̃ʀɛstɔʀɑ̃] <wagons-restaurants> *m* Speisewagen *m*

walkie-talkie [wokitoki, wɔlkitɔlki] *m v.* **talkie-walkie**

walkman® [wɔ(l)kman] <s> *m* Walkman *m*

Wallis-et-Futuna [walisefytyna] *französisches Territorium auf den Fidschiinseln*

wallon [walɔ̃] *m* Wallonisch *nt; v. a.* **allemand**

wallon(ne) [walɔ̃, ɔn] *adj* wallonisch

Wallon(ne) [walɔ̃, ɔn] *m(f)* Wallone *m/* Wallonin *f*

Wallonie [walɔni] *f* ***la*** ~ Wallonien *nt*

waouh [wau] *interj (ouah)* wau

WAP [wap] *m abr de* **Wireless Application Protocol** WAP *nt*

wapnaute [wapnot] *mf* Handysurfer(in) *m(f)*

wargame [waʀgɛm] *m (jeu électronique, simulation d'un conflit)* Kriegsspiel *nt*

warning [waʀniŋ] *m* Warnblinkanlage *f*

watergang [watɛʀgɑ̃g] *m* NORD, BELG *(canal, fossé)* Wasserlauf *m*

Waterloo [watɛʀlo] *m (ville belge)* Waterloo *nt*

water-polo [watɛʀpɔlo] <water-polos> *m* Wasserball *m*

waterproof [watɛʀpʀuf] *adj inv* wasserfest

waters [watɛʀ] *mpl* Toilette *f*

watt [wat] *m* Watt *nt*

wattheure [watœʀ] *m* Wattstunde *f*

W.-C. [vese, dubləvese] *mpl abr de* **water-closet(s)** WC *nt*

web, Web [wɛb] **I.** *m abr de* **World Wide Web:** ***le*** ~ das Web **II.** *app* Web-

webcam [wɛbkam] *f* INFORM Webcam *f*

webmagazine [wɛbmagazin] *m* Internetzeitschrift *f,* Webmagazin *nt*

webmane [wɛbman] *mf* Internetfreak *mf*

webmaster [wɛbmastɛʀ] *m,* **webmestre** [wɛbmɛstʀ] *m* INFORM Webmaster *m*

webnaute [wɛbnot] *mf* [Internet]surfer(in) *m(f)*

webzine [wɛbzin] *m* Internetzeitschrift *f*

week-end [wikɛnd] <week-ends> *m* Wochenende *nt*

welsch(e) [vɛlʃ] *adj* CH *(iron)* welsch-[schweizerisch]

Welsch(e) [vɛlʃ] *m(f)* CH *(iron)* Welschschweizer(in) *m(f)*

western [wɛstɛʀn] *m* Western *m*

Westphalie [vɛsfali] *f* ***la*** ~ Westfalen *nt*

whisky [wiski] <s *o* whiskies> *m* Whisky *m*

white-spirit [wajtspiʀit] *m inv* Terpentinersatz *m*

wi-fi [vifi] *m inv abr de* **Wireless Fidelity** WLAN *nt*

win [win] *f (fam)* ***être la*** ~ voll der Bringer sein

wisigoth(e) [vizigo, ɔt] *adj* HIST westgotisch; ***le peuple*** ~ die Westgoten

Wisigoth(e) [vizigo, ɔt] *m(f)* HIST Westgote *m/*-gotin *f*

wok [wɔk] *m* Wok *m*

World Wide Web [wœʀldwaidwɛb] *m* World Wide Web *nt*

wrap [ʁap] *m* Wrap *m o nt*

Wurtemberg [vyʀtɛ̃bɛʀ] *m* ***le*** ~ Württemberg *nt*

Wurtzbourg [vyʀtsbuʀ] Würzburg *nt*

WWW [dubləvedubləvedubləve] *v.* **World Wide Web**

X, x [iks] *m inv* ❶ X *nt*, x *nt* ❷ *(fam: plusieurs)* ***x fois*** x-mal gesagt ❸ *(Untel)* [Herr/Frau] X; ***X ou Y*** irgendeiner; ***contre X*** gegen unbekannt ❹ CINE ***film classé X*** nicht jugendfreier Film
xénon [gzenɔ̃] *m* CHIM Xenon *nt*
xénophilie [gzenɔfili] *f (rare)* Xenophilie *f geh*
xénophobe [gzenɔfɔb] **I.** *adj* ausländerfeindlich **II.** *mf* ausländerfeindliche Person
xénophobie [gzenɔfɔbi] *f* Fremdenfeindlichkeit *f*, Xenophobie *f geh*
xérès [keʀɛs, gzeʀɛs] *m* Sherry *m*
xylophone [gzilɔfɔn] *m* Xylofon *nt*

y [i] **I.** *adv* dort **II.** *pron pers (à/sur cela)* ***s'y entendre*** sich damit auskennen; ***ne pas y tenir*** keinen Wert darauf legen
Y, y [igʀɛk] *m inv* Y *nt*, y *nt*
yacht [jɔt] *m* Jacht *f*

Ausspracho

Bei **yacht** gibt es zwei Fallen: Das -a- wird als geschlossenes o gesprochen, und das -ch- bleibt stumm.

yacht-club [jɔtklœb] <yacht-clubs> *m* Jachtklub *m*
yachting [jɔtiŋ] *m* Segelsport *m*
yaourt [jauʀt] *m* Joghurt *m o nt*
Yémen [jemɛn] *m* ***le*** ~ Jemen *m*
yen [jɛn] *m* Yen *m*
yéti [jeti] *m* ❶ *(homme des neiges)* Yeti *m* ❷ *(glace à l'eau)* Wassereis *nt*
yeux [jø] *mpl v.* **œil**
yéyé, yé-yé [jeje] *inv* **I.** *adj (fam)* ***musique*** ~ ≈ Beatmusik *f* **II.** *m (style) Musik-/Modestil der Beatgeneration* **III.** *mf (fam: adepte)* ≈ Beatnik *m*
yiddish [jidiʃ] **I.** *adj inv* jiddisch **II.** *m* Jiddisch *nt*; *v. a.* **allemand**
yog[h]ourt [jɔguʀt] *m v.* **yaourt**
yoga [jɔga] *m* Yoga *m o nt*
yole [jɔl] *f* Jolle *f*
yougoslave [jugɔslav] *adj* HIST jugoslawisch
Yougoslave [jugɔslav] *mf* HIST Jugoslawe *m*/Jugoslawin *f*
Yougoslavie [jugɔslavi] *f* HIST ***République fédérale de*** ~ Bundesrepublik *f* Jugoslawien
youpi, youppie [jupi] *interj* hurra
yoyo® [jojo] <s> *m*, **yo-yo** [jojo] <yo-yo> *m* Jo-Jo *nt*
yucca [juka] *m* Yucca[palme *f*] *f*
yuppie [jupi] *mf* Yuppie *m*

Zz

Z, **z** [zɛd] *m inv* Z *nt*, z *nt*
zadiste [zadist] *mf* ökologischer Aktivist *m*/ökologische Aktivistin *f*, militanter Umweltschützer *m*/militante Umweltschützerin *f*
Zaïre [zaiʀ] *m* HIST ***le*** ~ Zaire *nt*
Zambie [zɑ̃bi] *f* ***la*** ~ Sambia *nt*
zapette, **zappette** [zapɛt] *f (fam)* Fernbedienung *f*
zapper [zape] <1> *vi* zappen
zappette [zapɛt] *f (fam)* Fernbedienung *f*
zapping [zapiŋ] *m* Zappen *nt*
Zarathoustra [zaʀatustʀa] *m* Zarathustra *m*
zèbre [zɛbʀ] *m* ZOOL Zebra *nt*
zébrer [zebʀe] <5> *vt* ***être zébré de qc*** mit etw gestreift sein
zébrure [zebʀyʀ] *f* ❶ *(rayure)* Streifen *Pl* ❷ *(marques sur la peau)* Striemen *Pl*
zèle [zɛl] *m* Eifer *m*; ***faire du*** ~ *(péj)* übereifrig sein *pej*
zélé(e) [zele] *adj* eifrig
zen [zɛn] **I.** *adj inv* Zen-; ***le bouddhisme*** ~ der Zenbuddhismus; ***être*** ~ *(fam)* [total] relaxed sein **II.** *m* Zen *nt*
zénith [zenit] *m (a. fig)* Zenit *m*
Z.E.P. [zɛp] *f abr de* **zone d'éducation prioritaire** *sozial problematisches Gebiet, das gezielte [Schul]bildungsmaßnahmen erfordert*
zeppelin [zɛplɛ̃] *m* Zeppelin *m*
zéro [zeʀo] **I.** *num* ❶ *antéposé (aucun)* null ❷ *(fam: nul)* ***qn/qc est*** ~ jd/etw ist eine Null **II.** *m* ❶ *inv (nombre)* Null *f* ❷ METEO, PHYS *(a. fig)* Nullpunkt *m a. fig* ❸ *(rien)* Nichts *nt*; ***compter pour*** ~ *(fam)* nicht[s] zählen ❹ *(personne incapable)* Null *f fig*
zeste [zɛst] *m* ❶ *(écorce)* ~ ***de citron râpé*** geriebene Zitronenschale ❷ *(fig)* Spur *f fig*
zézaiement [zezɛmɑ̃] *m* Lispeln *nt*
zézayer [zezeje] <7> *vi* lispeln, zuzeln SDEUTSCH, A
Z.I. [zɛdi] *abr de* **zone industrielle** Gewerbegebiet *nt*, Industriegebiet *nt*
zibeline [ziblin] *f (animal, fourrure)* Zobel *m*
zic[mu] [zik(my)] *f (arg: musique)* Mucke *f sl*
zieuter [zjøte] <1> *vt (fam)* anglotzen
zig [zig] *m (fam)* Kerl *m fam*
zigoto [zigɔto] *m (fam)* Typ[e *f*] *m*
zigouiller [ziguje] <1> *vt (fam: tuer)* ~ ***qn*** jdn in Stücke schneiden
zigzag [zigzag] *m* Zickzack[linie *f*] *m*
zigzaguer [zigzage] <1> *vi* zickzacken; *(à pied/en véhicule)* im Zickzack gehen/fahren; *route:* im Zickzack verlaufen
Zimbabwe [zimbabwe] *m* ***le*** ~ Simbabwe *nt*
zinc [zɛ̃g] *m* ❶ *(métal)* Zink *nt* ❷ *(fam: comptoir)* Theke *f* ❸ *(fam: avion)* Vogel *m*

Aussprache
Das -c am Ende von **zinc** wird [g] gesprochen.

zingueur [zɛ̃gœʀ] *m* Galvaniseur *m*
zinzin [zɛ̃zɛ̃] *(fam)* **I.** *adj* plemplem **II.** *m* Ding *nt*
zip®[1] [zip] *m (fermeture à glissière)* Reißverschluss *m*
zip[2] [zip] *m* INFORM Zip-Programm *nt*
zipper[1] [zipe] <1> *vt* einen Reißverschluss einnähen; ***être zippé*** *vêtement:* einen Reißverschluss haben
zipper[2] [zipe] <1> *vt* INFORM zippen, komprimieren *fichier, données*
zizanie [zizani] *f (vieilli)* Zwietracht *f veraltet*
zizi [zizi] *m (enfantin fam)* Schniedel *m*, Pullermann *m* DIAL
zodiacal(e) [zɔdjakal, -o] <-aux> *adj* ***signe*** ~ Sternzeichen *nt*
zodiaque [zɔdjak] *m* Tierkreis *m*
zombi[e] [zɔ̃bi] *m (fam)* Zombie *m*
zona [zona] *m* Gürtelrose *f*
zonard(e) [zonaʀ, aʀd] **I.** *adj (fam)* asozial **II.** *m(f) (péj fam: marginal)* Asoziale(r) *f(m) pej*
zone [zon] *f* ❶ *(secteur)* Zone *f*; ~ ***bleue*** Kurzparkzone; ~ ***d'influence*** Einflussbereich *m* ❷ GEOG Zone *f*; ~ ***côtière*** Küstengebiet *nt*; ~ ***de dépression*** Tiefdruckgebiet *nt* ❸ FIN ~ ***monétaire*** Geldwirtschaftszone *f*; ~ ***douanière*** Zollgebiet *nt* ❹ ECON ~ ***euro*** Euro-Währungsgebiet *nt* ❺ INFORM ~ ***de dialogue*** Dialogbox *f* ❻ HIST ***la*** ~ ***libre*** die freie Zone
zoner [zone] <1> **I.** *vi (fam)* ❶ *in den sozial problematischen Randbezirken leben* ❷ *(traîner sans but)* herumhängen **II.** *vpr* ***se*** ~ *(se coucher)* sich flachlegen
zoo [z(o)o] *m* Zoo *m*

Z

zoologie [zɔɔlɔʒi] *f* Zoologie *f*
zoologique [zɔɔlɔʒik] *adj* zoologisch; ***parc*** ~ Tierpark *m*
zoologiste [zɔɔlɔʒist] *mf* Zoologe *m*/Zoologin *f*
zoom [zum] *m (effet, objectif)* Zoom *nt*
zoophile [zɔɔfil] **I.** *adj* ❶ *(qui aime les animaux)* [übertrieben] tierlieb ❷ *(qui pratique la zoophilie)* sodomitisch **II.** *mf* ❶ *(qui aime les animaux)* Tierliebhaber(in) *m(f)* ❷ *(qui pratique la zoophilie)* Sodomit(in) *m(f)*
zostère [zɔstɛʀ] *f* BOT Seegras *nt*
zou [zu] *interj (fam)* hopp [hopp]
zozoter [zɔzɔte] <1> *vi (fam)* lispeln
Zumba® [zumba] *f* Zumba® *nt*
Z.U.P. [zyp] *f abr de* **zone à urbaniser en priorité** *Gebiet mit vorrangigen städtebaulichen Entwicklungsmaßnahmen*
Zurich [zyʀik] Zürich

Aussprache
Das -ch wird in **Zurich** als [k] artikuliert.

zurichois(e) [zyʀikwa, waz] *adj* aus Zürich, Zürcher CH
zut [zyt] *interj (fam)* verdammt

Aussprache
Bei **zut** und ähnlichen einsilbigen Wörtern wird das -t am Ende gesprochen.

Z

Aa

A, a [aː] <-, -> *nt* ❶ *(Buchstabe)* A *m* / a *m* ❷ MUS la *m* ► **das A und [das] O einer S.** *gen* l'essentiel *m* de qc; **von A bis Z** *(fam)* de A à Z

à [a] *präp +nom* ***à ein Liter/drei Euro*** à un litre/trois euros

Ä, ä [ɛː] <-, -> *nt* A *m* / a *m* tréma

AA ❶ *Abk von* **Auswärtiges Amt:** ***das Auswärtige ~*** *le ministère des Affaires étrangères allemand* ❷ *Abk von* **Anonyme Alkoholiker** les alcooliques anonymes

Aachen ['aːxən] <-s> *nt* Aix-la-Chapelle

Aal [aːl] <-[e]s, -e> *m* anguille *f*

aalen ['aːlən] *vr (fam)* ***sich ~*** se prélasser

aalglatt *adj* glissant(e) comme une anguille

a.a.O. *Abk von* **am angegebenen Ort** ib[id].

Aargau ['aːɐ̯gau̯] <-s> *m* ***der ~*** l'Argovie *f*

Aas [aːs] <-es, -e *o* Äser> *nt* ❶ *(Tierleiche)* charogne *f* ❷ <Äser> *(fam: Schimpfwort)* salaud *m* / salope *f*

Aasfresser <-s, -> *m* charognard *m*

Aasgeier *m* vautour *m*

ạb [ap] **I.** *präp +dat* ❶ *(räumlich)* ~ ***hier*** à partir d'ici; ***der Zug fährt ~ Hamburg*** le train part de Hambourg ❷ *(zeitlich)* ***~ nächster Woche*** à partir de la semaine prochaine; ***~ sofort*** dès maintenant ❸ COM ***der Preis ~ Werk*** le prix au départ usine **II.** *adv* ❶ *(weg, fort)* ***zur Post geht es links ~*** pour aller à la poste, il faut tourner à gauche; ***Berlin ~ 14.15 Uhr*** départ de Berlin [à] 14 h 15 ❷ *(fam: abgelöst)* ***ein Knopf ist ab*** j'ai perdu un bouton; ***erst muss die alte Farbe ~*** il faut d'abord enlever l'ancienne peinture ► **~ und zu** NDEUTSCH de temps en temps

AB [a'beː] <-[s], -s> *m Abk von* **Anrufbeantworter** répondeur *m*

ạb|ändern *vt* remanier *Text;* amender *Gesetzentwurf*

Ạbänderung *f eines Textes* modification *f; eines Urteils* réformation *f*

Ạbänderungsantrag *m* amendement *m*

ạb|arbeiten *vt* ❶ *(tilgen)* travailler pour rembourser *Schulden* ❷ *(der Reihe nach erledigen)* exécuter

ạbartig I. *adj* ❶ *(fam: pervers)* déviant(e) ❷ *(fam: unglaublich)* dingue **II.** *adv (pervers)* de manière anormale

Abb. *Abk von* **Abbildung** Ill.

Ạbbau <-s> *m* ❶ *eines Gerüsts* démontage *m* ❷ MIN *(von Kohle)* exploitation *f* ❸ *(Verringerung) von Arbeitskräften* réduction *f; von Leistungen* suppression *f; von Vorurteilen* élimination *f;* ***sozialer ~*** dégradation *f* des conditions sociales ❹ CHEM *von Alkohol* décomposition *f; von Schadstoffen* filtrage *m*

ạbbaubar *adj* CHEM, ÖKOL décomposable; ***biologisch ~*** biodégradable

ạb|bauen I. *vt* ❶ *(zerlegen)* démonter *Gerüst* ❷ MIN ***Kohle ~*** exploiter du charbon ❸ *(verringern)* supprimer *Arbeitsstellen;* éliminer *Vorurteile* ❹ CHEM ***etw ~*** *Körper:* décomposer qc; *Leber:* filtrer qc **II.** *vi (fam)* connaître une baisse de régime

ạb|beißen *irr* **I.** *vt* couper avec les dents; ***etw ~*** couper qc avec les dents; ***ein Stück von einer Wurst ~*** croquer un morceau de saucisse; ***sich*** *dat* ***die Zunge ~*** se mordre la langue **II.** *vi* mordre

ạb|beizen *vt* décaper *Tür*

Ạbbeizmittel *nt* décapant *m*

ạb|bekommen* *vt irr (fam)* ❶ *(als Anteil erhalten)* recevoir; ***jeder bekommt etwas ab*** tout le monde en aura ❷ *(getroffen werden)* recevoir *Spritzer, Prügel;* récolter *Kratzer;* ***etwas ~*** *Person:* être amoché; *Auto:* être esquinté ❸ *(loslösen können)* enlever

ạb|bestellen* *vt* décommander *Ware;* annuler la réservation de *Hotelzimmer*

ạb|bezahlen* *vt* achever de payer *Schulden;* ***etw ~*** payer qc à crédit

ạb|biegen *vi irr + sein* tourner; ***nach links/rechts ~*** tourner à gauche/à droite; ***von der Straße ~*** quitter la route

Ạbbiegespur *f (Rechtsabbiegespur)* file *f* de droite; *(Linksabbiegespur)* file de gauche

Ạbbiegung *f* virage *m*

Ạbbild *nt* ❶ *(a. fig: Bild)* image *f* ❷ *(Plastik)* représentation *f*

ạb|bilden *vt* représenter

Ạbbildung <-, -en> *f* ❶ illustration *f; einer Person* représentation *f* ❷ MATH projection *f*

ạb|binden *irr* **I.** *vt* ❶ *(losbinden)* dénouer *Krawatte* ❷ MED mettre un garrot à *Arm;* ligaturer *Arterie* ❸ *(andicken)* ***etw mit etw ~*** lier qc avec qc **II.** *vi Beton:* prendre

Ạbbitte *f (geh)* excuses *f pl*

ạb|blasen *vt irr (fam: absagen)* annuler

ạb|blättern *vi + sein* ❶ *Pflanze:* s'effeuiller

A

❷ *(sich lösen)* ***von etw*** ~ *Farbe:* s'écailler de qc

ab|blenden **I.** *vi* CINE couper **II.** *vt* ***die Scheinwerfer*** ~ se mettre en code[s]

Abblendlicht *nt* codes *mpl*

ab|blitzen *vi + sein (fam)* ***jdn ~ lassen*** envoyer balader qn

ab|blocken *(fam)* **I.** *vt* faire barrage; ***jdn/etw mit etw*** ~ faire barrage à qn/qc par qc **II.** *vi* refuser la discussion

ab|brechen *irr* **I.** *vt + haben* ❶ *(lösen)* casser *Ast;* cueillir *Blüte;* ***ein Stück von etw*** ~ couper un morceau de qc ❷ *(abbauen)* lever *Lager;* démonter *Zelt* ❸ *(niederreißen)* détruire *Gebäude* ❹ *(beenden)* interrompre *Kontakt;* rompre *Beziehungen* ❺ INFORM annuler ► **sich** *dat* **einen** ~ *(fam: viel reden, erklären)* se casser la tête **II.** *vi* ❶ *+ sein (kaputtgehen)* se casser ❷ *(beendet werden) Verhandlungen:* s'interrompre

ab|bremsen **I.** *vt* réduire la vitesse de *Fahrzeug* **II.** *vi Person:* ralentir sa vitesse

ab|brennen *irr* **I.** *vt + haben* ❶ brûler *Bewuchs* ❷ *(niederbrennen)* incendier *Dorf* ❸ *(brennen lassen)* tirer *Feuerwerk* **II.** *vi + sein* ❶ *(niederbrennen) Dorf:* être détruit par un incendie ❷ *(sich aufbrauchen) Kerze:* se consumer ► **abgebrannt sein** *(kein Geld haben)* être à sec *fam*

ab|bringen *vt irr* ***jdn vom Weg/vom Thema*** ~ détourner qn du chemin/du sujet; ***jdn davon ~ etw zu tun*** dissuader qn de faire qc; ***sich von einer Meinung nicht ~ lassen*** ne pas vouloir se défaire d'une opinion

ab|bröckeln *vi + sein* s'effriter

Abbruch *m* ❶ *(Abriss)* démolition *f* ❷ *(Beendigung) von Beziehungen* rupture *f; einer Reise* arrêt *m* ❸ MED *einer Schwangerschaft* interruption *f* ► **einer S.** *dat* **keinen ~ tun** *(fam)* ne pas ternir qc

abbruchreif *adj* ❶ *(baufällig)* bon(ne) pour la démolition ❷ CH *(schrottreif)* bon(ne) pour la casse

ab|buchen *vt* prélever; ***das Abbuchen*** le prélèvement

Abbuchung *f* prélèvement *m*

ab|bürsten **I.** *vt (reinigen)* brosser **II.** *vr* ***sich*** ~ brosser ses vêtements

ab|büßen *vt* purger *Strafe;* expier *Schuld*

Abc [a(:)be(:)'tse:] <-, -> *nt* alphabet *m*

ab|checken *vt (fam: kontrollieren)* vérifier; ***~, ob ...*** vérifier que ...

Abc-Schütze *m (hum)* petit écolier *m*

ABC-Waffen *Pl* MIL armes *f pl* ABC

ab|danken *vi Minister:* démissionner; *Herrscher:* abdiquer

Abdankung <-, -en> *f (Rücktritt) eines Ministers* démission *f; eines Herrschers* abdication *f*

ab|decken *vt* ❶ débarrasser *Tisch* ❷ *(bedecken)* recouvrir ❸ *(von den Dachziegeln befreien)* **das Dach** ~ *Person:* démonter la toiture; *Sturm:* arracher les tuiles du toit ❹ FIN ***etw mit etw*** ~ couvrir qc par qc

Abdeckung *f (Material)* revêtement *m*

ab|dichten *vt* ❶ colmater *Ritzen;* étancher *Rohr* ❷ *(isolieren)* ~ **gegen** isoler contre

Abdichtung *f (Dichtungsmaterial)* isolement *m*

ab|drängen *vt* repousser; ***jdn vom Tor*** ~ écarter qn du but

ab|drehen **I.** *vt + haben* ❶ *(abstellen)* fermer *Gas;* éteindre *Licht* ❷ CINE tourner *Film, Szene* **II.** *vi + haben o sein Schiff, Flugzeug:* changer de cap

ab|driften *vi + sein* ❶ *(abgetrieben werden)* dériver ❷ *(fig: abgleiten)* ***nach rechts*** ~ *Person:* virer à droite; ***in den Suff*** ~ tourner à l'alcoolo *fam*

Abdruck[1] <-drücke> *m (in Gips, Wachs)* empreinte *f*

Abdruck[2] <-drucke> *m* ❶ *(Veröffentlichung)* parution *f* ❷ *kein Pl (das Nachdrucken)* reproduction *f*

ab|drucken *vt* faire paraître; ***abgedruckt werden*** *Artikel:* paraître

ab|drücken **I.** *vt* ❶ MED comprimer ❷ *(fam: bezahlen)* raquer *Betrag* **II.** *vi* tirer

ab|dunkeln *vt* ❶ *(abschirmen)* tamiser la lumière de *Lampe* ❷ *(dunkler machen)* obscurcir *Farbe;* occulter *Fenster*

ab|ebben *vi + sein Wut:* passer; *Streit:* se calmer; *Lärm:* diminuer

Abend ['a:bənt] <-s, -e> *m (Tageszeit)* soir *m;* ***jeden*** ~ tous les soirs; ***am*** ~ *(heute Abend)* ce soir; *(jeden Abend)* le soir; ***heute/gestern/morgen*** ~ ce/hier/demain soir; ***am frühen/späten*** ~ tôt/tard dans la soirée; ***am ~ des 13.*** le 13 au soir; ***~ für ~*** soir après soir; ***eines schönen ~s*** un beau soir; ***gegen*** ~ vers le soir; ***es wird*** ~ le soir tombe; ***es ist*** ~ il fait nuit; ***zu ~ essen*** *(geh)* dîner; ***guten ~!*** bonsoir!

Abendbrot *nt repas froid du soir;* ***~ essen*** dîner [froid] **Abenddämmerung** *f* crépuscule *m* **Abendessen** *nt* dîner *m* **abendfüllend** *adj* qui occupe toute la soirée **Abendgymnasium** *nt* cours *mpl* secondaires du soir **Abendkasse** *f* caisse *f* **Abendkleid** *nt* robe *f* du soir **Abendkurs** *m* cours *m* du soir **Abendland** *nt kein Pl (geh)* ***das*** ~ l'Occident *m*

abendländisch ['a:bəntlɛndɪʃ] *adj* occidental(e)
abendlich ['a:bəntlɪç] *adj Nachrichten, Stille* du soir; *Veranstaltung* en soirée
Abendmahl *nt kein Pl* REL ***das*** ~ la sainte Cène **Abendprogramm** *nt* programme *m* de la soirée; ***im ~ sehen Sie heute ...*** au programme [de] ce soir, vous pourrez voir ... **Abendrot** *nt* coucher *m* de soleil
abends ['a:bənts] *adv (heute Abend)* ce soir; *(jeden Abend)* le soir
Abendschule *f* cours *mpl* du soir **Abendsonne** *f* soleil *m* du soir **Abendstunde** *f* heure *f* de la soirée; ***bis in die ~n*** jusqu'au soir **Abendvorstellung** *f* séance *f* du soir
Abenteuer ['a:bəntɔ͜yɐ] <-s, -> *nt (a. fig)* aventure *f*
abenteuerlich ['a:bəntɔ͜yɐlɪç] **I.** *adj* ❶ *Reise* riche en aventures; *Leben* aventureux, -euse; ***ein ~es Erlebnis*** une aventure ❷ *Geschichte* rocambolesque **II.** *adv (fantastisch)* ~ ***klingen*** sembler extravagant
Abenteuerlust *f* attrait *m* de l'aventure **abenteuerlustig** *adj* qui a l'esprit aventureux **Abenteuerroman** *m* roman *m* d'aventures **Abenteuerspielplatz** *m* terrain *m* d'aventures
Abenteurer(in) ['a:bəntɔ͜yrɐ] <-s, -> *m(f)* aventurier, -ière *m, f*
aber ['a:bɐ] **I.** *konj* ❶ *(jedoch)* mais; ***~ dennoch, ...*** et pourtant ... ❷ *(wirklich)* ***das ist ~ nett von Ihnen*** ça, c'est sympa de votre part; ***~ selbstverständlich!*** mais bien sûr!; ***oder*** ~ ou bien [alors] ❸ *(oh)* voyons; ~, ~! [voyons,] voyons! **II.** *adv* ► **~ und abermals** *(geh)* à de nombreuses reprises
Aber <-s, - *o fam:* -s> *nt* ❶ *(Einwand)* mais *m* ❷ *(Schwierigkeit, Haken)* ***etw hat ein*** ~ il y a un hic dans qc
Aberglaube[n] *m* superstition *f*
abergläubisch ['a:bɐglɔ͜ybɪʃ] *adj* superstitieux, -euse
ab|erkennen* *vt irr* ***jdm einen Titel*** ~ retirer un titre à qn; ***jdm ein Recht*** ~ priver qn d'un droit
Aberkennung <-, -en> *f eines Titels* dépossession *f; eines Rechts* privation *f*
abermals ['a:bɐma:ls] *adv* une nouvelle fois
ab|ernten *vt* récolter; ***die Obstbäume*** ~ récolter les fruits des arbres
abertausend *num (geh)* des milliers [et des milliers] **Abertausende** *Pl (geh)* des milliers *mpl* [et des milliers]; ***zu ~n*** par milliers **aberwitzig** *adj (geh)* insensé(e); ~ ***sein*** être un défi au bon sens
ab|fackeln *vt* ❶ brûler *Gase* ❷ *(fam: niederbrennen)* incendier
abfahrbereit *s.* **abfahrtbereit**
ab|fahren *irr* **I.** *vi + sein* ❶ *(losfahren)* partir ❷ SPORT descendre [à skis] ❸ *(fam: beeindruckt sein)* ***auf jdn/etw*** ~ craquer pour qn/qc **II.** *vt* ❶ *+ haben o sein (bereisen)* ***ein Land*** ~ parcourir un pays [de long en large] ❷ *+ haben o sein (inspizieren)* inspecter *Strecke* **III.** *vr + haben* ***sich*** ~ *Reifen:* s'user
Abfahrt *f* ❶ *eines Zugs* départ *m* ❷ *(fam: Autobahnabfahrt)* sortie *f* ❸ SPORT descente *f; (Abfahrtsstrecke)* piste *f* [de ski]
abfahrtbereit *adj* prêt(e) à partir
Abfahrtszeit *f* heure *f* de départ
Abfall <-[e]s, Abfälle> *m* ❶ *(unbrauchbare Überreste)* déchets *mpl; (Müll)* ordures *fpl* ❷ *kein Pl* POL sécession *f* ❸ REL apostasie *f* ❹ *kein Pl (Neigung) eines Geländes* déclivité *f*
Abfallbeseitigung *f* collecte *f* et traitement des déchets **Abfalleimer** *m* poubelle *f*
ab|fallen *vi irr + sein* ❶ *(herunterfallen)* ***von etw*** ~ tomber de qc ❷ *(abtrünnig sein) Gläubiger:* apostasier; *Gruppierung:* faire sécession ❸ *(schwinden)* ***von jdm*** ~ *Scheu:* disparaître de qn ❹ *(sich neigen)* ***gegen etw*** ~ *Gelände, Hang:* descendre vers qc; ***~d*** en pente ❺ *(sich vermindern) Druck, Temperatur:* baisser ❻ *(zurückfallen) Sportler:* rétrograder
Abfallentsorgung *f* élimination *f* des déchets; *(Müllentsorgung)* élimination des ordures **Abfallhaufen** *m* tas *m* d'ordures
abfällig **I.** *adj* dédaigneux, -euse **II.** *adv* avec dédain
Abfallprodukt *nt* ❶ CHEM résidu *m* ❷ *(Nebenprodukt)* sous-produit *m* **Abfallverwertung** *f* recyclage *m* [des déchets] **Abfallwirtschaft** *f* industrie *f* des déchets
ab|fangen *vt irr* ❶ *(aufhalten)* intercepter ❷ *(abwehren)* amortir *Schlag*
Abfangjäger *m* AVIAT, MIL avion *m* d'interception
ab|färben *vi (a. fig)* déteindre
ab|fassen *vt* rédiger
Abfassung *f* rédaction *f;* ***jdn mit der ~ einer Rede beauftragen*** charger qn de rédiger un discours
ab|faulen *vi + sein* pourrir
ab|federn **I.** *vt + haben* ❶ *(dämpfen)* amortir *Sprung, Stoß;* améliorer la suspension de

Wagen ❷ *(abmildern)* freiner *Verlust* **II.** *vi + haben o sein* SPORT ❶ *(hochfedern)* prendre de l'élan ❷ *(zurückfedern)* se recevoir [au sol]; ***das Abfedern*** la réception

ab|feiern *vt (fam)* ***Überstunden ~*** récupérer des heures supplémentaires en jours de congé

ab|fertigen *vt* ❶ *(versandfertig machen)* enregistrer ❷ *(be- und entladen)* s'occuper du fret de ❸ *(bedienen)* servir *Passagier;* ***jdn am Zoll ~*** contrôler qn à la douane ❹ *(behandeln)* ***jdn barsch/kurz ~*** expédier qn durement/rapidement

Abfertigung *f* ❶ *von Paketen* expédition *f* ❷ *(Abfertigungsstelle)* enregistrement *m* ❸ *(Bedienung) eines Kunden* service *m* ❹ *(Kontrolle) von Reisenden* contrôle *m* ❺ A *(Abfindung)* dédommagement *m*

Abfertigungshalle *f* hall *m* d'enregistrement **Abfertigungsschalter** *m* guichet *m* d'enregistrement

ab|feuern *vt* tirer *Schuss*

ab|finden *irr* **I.** *vt* dédommager **II.** *vr* ***sich mit jdm/etw ~*** s'accommoder de qn/qc

Abfindung <-, -en> *f* dédommagement *m*

ab|flachen I. *vi + sein Niveau:* baisser; *Kultur:* décliner; *Diskussion:* s'effriter **II.** *vt + haben* niveler *Wall*

Abflachung <-, -en> *f* ❶ *(abgeflachte Form)* aplatissement *m* ❷ *(das Abflachen) eines Hangs* nivellement *m* ❸ *(Sinken) des Niveaus* baisse *f*

ab|flauen ['apflau̯ən] *vi + sein* ❶ *(schwächer werden) Wind:* faiblir; **~d** faible ❷ *(zurückgehen) Interesse:* retomber

ab|fliegen *vi irr + sein Passagier:* partir; *Flugzeug:* décoller; ***nach München ~*** s'envoler pour Munich; ***von Hamburg ~*** décoller de Hambourg

ab|fließen *vi irr + sein* ❶ *(wegfließen)* s'écouler ❷ *(sich entleeren)* se vider ❸ FIN ***ins Ausland ~*** *Kapital:* fuir à l'étranger

Abflug *m eines Passagiers* départ *m* [en avion]; *eines Flugzeugs* décollage *m*

abflugbereit *adj* **~ *sein*** *Passagier:* être prêt à s'envoler; *Flugzeug* être prêt au décollage **Abflughalle** *f* salle *f* d'embarquement **Abflugzeit** *f* heure *f* de décollage, horaire *m* de départ

Abfluss *m* ❶ *kein Pl (das Abfließen)* écoulement *m; (fig) von Kapital* fuite *f* ❷ *(Abflussrohr)* [conduit *m* d']écoulement *m*

Abflussreiniger *m* déboucheur *m* **Abflussrinne** *f* caniveau *m* **Abflussrohr** *nt* collecteur *m*

Abfolge *f (geh)* succession *f*

Abfrage *f* INFORM requête *f*

ab|fragen *vt* ❶ interroger; ***jdn etw ~*** interroger qn sur qc ❷ INFORM consulter *Daten*

ab|frieren *irr* **I.** *vi + sein Blüte:* geler **II.** *vt + haben* ▶ **sich** *dat* **einen ~** *(fam)* se les geler

Abfuhr <-, -en> *f* ❶ *kein Pl (form: Abtransport)* ramassage *m* ❷ *(Zurückweisung)* fin *f* de non-recevoir; ***jdm eine ~ erteilen*** opposer une fin de non-recevoir à qn ❸ *(sportliche Niederlage)* ***jdm eine ~ erteilen*** infliger une défaite à qn

ab|führen I. *vt* ❶ *(wegbringen)* emmener *Person;* **~!** emmenez-le! ❷ *(bezahlen)* ***etw an jdn/etw ~*** verser qc à qn/qc **II.** *vi* MED être laxatif

abführend *adj* MED laxatif, -ive

Abführmittel *nt* MED laxatif *m*

ab|füllen *vt* ❶ *(abziehen)* tirer; ***etw in Flaschen ~*** mettre qc en bouteilles ❷ *(fam: betrunken machen)* soûler la gueule à

Abgabe *f* ❶ *kein Pl (das Abgeben) eines Urteils* délivrance *f* ❷ *kein Pl (das Abliefern) eines Passes* dépôt *m* ❸ *kein Pl (Verkauf) von Alkoholika* vente *f* ❹ *kein Pl (Abstrahlung) von Wärme, Energie* rayonnement *m* ❺ *kein Pl (das Abspielen) des Balls* passe *f* ❻ *(Steuer)* taxe *f;* ***jährliche ~n*** impôts *mpl*

abgabenfrei *adj* exonéré(e) d'impôts **abgabenpflichtig** *adj* assujetti(e) à l'impôt

Abgabetermin *m* date *f* limite de remise

Abgang <-gänge> *m* ❶ *(von der Schule)* ***sich für einen vorzeitigen ~ von der Schule entscheiden*** se décider à quitter l'école prématurément ❷ *kein Pl (Ausscheiden aus einem Amt)* départ *m; (in den Ruhestand)* départ en retraite ❸ *kein Pl* THEAT sortie *f* ❹ *kein Pl (Absendung) von Briefen* expédition *f* ❺ *(Absprung)* sortie *f* ❻ MED *(form) eines Embryos* expulsion *f* ❼ A *(Fehlbetrag)* débit *m*

Abgänger(in) <-s, -> *m(f) (form)* élève *mf* qui quitte l'école

Abgangszeugnis *nt* certificat *m* de fin de scolarité

Abgas *nt meist Pl* gaz *mpl* d'échappement

abgasarm *adj Auto* propre; ***~ sein*** polluer peu **abgasfrei I.** *adj* non polluant(e); ***~ sein*** ne pas produire de gaz d'échappement **II.** *adv* sans polluer **Abgasnorm** *f meist Pl* norme *f* sur les émissions polluantes **Abgassonderuntersuchung** *f* contrôle *m* antipollution

abgearbeitet *adj* vanné(e)

ab|geben *irr* **I.** *vt* ❶ *(verschenken)* donner; ***etw an jdn ~*** donner qc à qn ❷ *(verkau-*

fen) ***etw an jdn*** ~ céder qc à qn ❸ *(hinterlegen)* ***etw bei jdm*** ~ déposer qc chez qn ❹ *(äußern)* donner *Meinung;* ***eine Stellungnahme zu etw*** ~ émettre une opinion à propos de qc ❺ POL donner *Stimme;* ***die abgegebenen Stimmen*** les suffrages *mpl* [exprimés] ❻ *(einreichen)* rendre *Doktorarbeit* ❼ *(überlassen, übergeben)* laisser *Arbeit, Auftrag* ❽ *(liefern)* ***den Rahmen für etw*** ~ constituer le cadre de qc; ***den Stoff für etw*** ~ fournir la matière pour qc ❾ *(fam: sein)* ***eine gute Lehrerin*** ~ faire une bonne enseignante ❿ *(abfeuern)* ***einen Schuss auf jdn/etw*** ~ tirer sur qn/qc ⓫ *(ausströmen lassen)* émettre *Wärme* ⓬ *(abspielen)* passer *Ball* ⓭ *(verlieren)* ***Punkte/den Platz an jdn*** ~ *Mannschaft:* céder des points/la place à qn **II.** *vr* ❶ ***sich nicht mit Kleinigkeiten*** ~ ne pas perdre son temps avec des babioles ❷ *(pej: sich einlassen)* ***sich mit jdm*** ~ fréquenter qn **III.** *vi Spieler:* faire une passe

ạbgebrannt *adj (fam)* fauché(e)

ạbgebrochen *adj Ausbildung* interrompu(e)

ạbgebrüht *adj (fam: skrupellos)* pourri(e); *(dreist)* culotté(e)

ạbgedreht I. *PP von* **abdrehen II.** *adj (fam: verrückt, skurril)* déjanté(e) *fam;* ***total ~ sein*** être complètement déjanté(e)

ạbgedroschen *adj (pej fam)* rebattu(e)

ạbgefahren *adj (fam)* loufoque

ạbgefuckt ['apgəfakt] *adj (vulg: heruntergekommen)* nase *fam*

ạbgehackt I. *adj Sprechweise* haché(e) **II.** *adv* ~ ***sprechen*** avoir un débit haché

ạbgehärtet *adj* ***gegen Schnupfen ~ sein*** être résistant aux rhumes; ***gegen Vorwürfe/Kritik ~ sein*** être vacciné contre les reproches/critiques *fam*

ạb|gehen *irr* **I.** *vi + sein* ❶ partir; ***von etw*** ~ *Farbe:* partir de qc; *Knopf:* se détacher de qc ❷ *(abgezogen werden)* ***von dieser Summe gehen fünf Prozent Rabatt ab*** il faut déduire cinq pour cent de la somme totale ❸ *(abzweigen)* ***von etw*** ~ *Straße, Weg:* quitter qc ❹ *(Abstand nehmen)* ***von einer Forderung*** ~ renoncer à une revendication ❺ *(abfahren) Zug:* partir; *Schiff:* appareiller ❻ *(fam: fehlen)* ***jdm geht etw ab*** qn manque de qc ❼ *(fortgehen)* ***von der Schule*** ~ quitter l'école ❽ MED *Embryo:* être expulsé ❾ *(verlaufen)* ***ohne Komplikationen*** ~ se passer sans complications ❿ *(fam: passieren)* se passer; ***da geht doch nichts ab!*** il n'y a pas d'ambiance! **II.** *vt + sein* ❶ *(absuchen)* ***die Straße*** ~ repasser dans la rue ❷ *(in Augenschein nehmen)* ***eine Strecke*** ~ parcourir un itinéraire

ạbgehetzt *adj* stressé(e)

ạbgehoben *adj* ❶ *Sprache* abstrait(e); *Vorstellung* irréaliste ❷ *(weltfremd)* coupé(e) du réel

ạbgekartet ['apgəkartət] *adj (fam)* goupillé(e) à l'avance

ạbgeklärt ['apgəklɛːɐ̯t] **I.** *adj* serein(e) **II.** *adv* sereinement

ạbgelagert *adj* ❶ GEOL déposé(e) ❷ *Wein* qui a vieilli

ạbgelegen *adj Dorf* isolé(e)

ạbgeneigt *adj* ***jdm nicht ~ sein*** ne pas être mal disposé envers qn; ***nicht ~ sein etw zu tun*** avoir bien envie de faire qc

Ạbgeordnete(r) *f(m) dekl wie adj* député(e) *m(f)*

ạbgerissen *adj Person* déguenillé(e); *Kleidung* en lambeaux

Ạbgesandte(r) *f(m) dekl wie adj (geh)* émissaire *m;* POL ambassadeur, -drice *m, f*

ạbgeschieden ['apgəʃiːdən] *adj o adv (geh)* loin de tout

Ạbgeschiedenheit <-> *f* isolement *m*

ạbgeschlafft *adj (fam)* ❶ *(erschöpft)* flagada ❷ *(energielos, ideenlos)* mollasson(ne)

ạbgeschlossen *adj* ❶ *attr Wohnung* indépendant(e) ❷ *Grundstück* clos(e)

ạbgeschmackt ['apgəʃmakt] *adj* de mauvais goût

ạbgesehen *adv* ~ ***von ihm/dieser Frage*** [mis] à part lui/cette question; ~ ***davon, dass …*** mis à part [le fait] que …

ạbgespannt *adj Aussehen* fatigué(e)

Ạbgespanntheit <-> *f* fatigue *f*

ạbgestanden ['apgəʃtandən] *adj* ❶ *Bier* éventé(e); *Wasser* pas frais(fraîche) ❷ *Luft* vicié(e)

ạbgestumpft *adj Person* endurci(e); *Gewissen, Gefühle* émoussé(e)

ạbgetragen *adj Kleidungsstück* usé(e) jusqu'à la corde

ạbgewetzt *adj Stoff* élimé(e)

ạb|gewinnen* *vt irr (mögen)* ***einer S.*** *dat* ***etwas/nichts*** ~ apprécier quelque chose/ne trouver aucun plaisir à qc

ạb|gewöhnen* *vt* ***jdm etw*** ~ faire perdre qc à qn; ***sich*** *dat* ***etw*** ~ arrêter de faire qc ▶ **zum Abgewöhnen sein** *(fam)* être écœurant

ạbgezehrt *adj* étique

abgezockt *(fam)* **I.** *pp von* **abzocken II.** *adj (kaltschnäuzig, routiniert)* arnaqué(e)

A

ạb|gießen *vt irr* jeter; ***das Wasser vom Gemüse*** ~ égoutter les légumes
ạb|gleichen *vt irr [**etw mit etw**]* ~ comparer [qc avec qc]
ạb|gleiten *vi irr + sein (geh)* ❶ *(abrutschen)* glisser ❷ *(abschweifen)* ***in etw*** *akk* ~ tomber dans qc; ***von etw*** *akk* ~ s'écarter de qc ❸ *(absinken)* déraper ❹ *(abprallen)* ***an jdm*** ~ *Beleidigung:* laisser qn indifférent
Ạbgott, -göttin *m, f* idole *f*
ạbgöttisch ['apgœtɪʃ] **I.** *adj* idolâtre *soutenu* **II.** *adv* jusqu'à l'idolâtrie; ***jdn ~ lieben*** idolâtrer qn
ạb|grasen *vt* ❶ *(abfressen)* brouter ❷ *(fam: besuchen)* ***ein Vertriebsgebiet*** ~ *Vertreter:* ratisser un district de distribution ❸ *(fam: bearbeiten)* épuiser *Gebiet, Thema*
ạb|grenzen **I.** *vt (einfrieden)* délimiter **II.** *vr* ***sich gegen jdn/etw*** ~ se démarquer de qn/qc
Ạbgrenzung <-, -en> *f* ❶ *kein Pl (das Einfrieden)* délimitation *f* ❷ *(Einfriedung) eines Grundstücks* clôture *f* ❸ *(Eingrenzung) von Begriffen* définition *f* ❹ *(das Abgrenzen)* démarcation *f*
Ạbgrund *m (a. fig)* abîme *m*
ạbgrundhạ̈sslich *adj* laid(e) comme un pou
ạbgrundtief *adj* très profond(e)
ạb|gucken **I.** *vt (fam)* pomper; ***eine Lösung von jdm*** ~ pomper une solution sur qn ► **jdm etwas** ~ *(euph fam)* reluquer qn **II.** *vi* ***bei jdm*** ~ *Schüler:* copier sur qn
Ạbguss *m* ❶ KUNST moulage *m* ❷ DIAL *(Ausguss)* évier *m*
ạb|hacken *vt* abattre [à la hache]; ***einen Baum/Ast*** ~ abattre un arbre/couper une branche [à la hache]; ***sich*** *dat* ***etw*** ~ se trancher qc
ạb|haken *vt* ❶ *(markieren)* cocher ❷ *(den Schlussstrich ziehen)* tirer un trait sur *Affäre;* classer *Sache*
ạb|halten *vt irr* ❶ *(hindern)* empêcher; ***jdn davon ~ etw zu tun*** empêcher qn de faire qc; ***sich von etw ~ lassen*** se laisser dissuader par qc ❷ *(am Eindringen hindern)* protéger de *Kälte* ❸ *(durchführen)* organiser *Wahlen*
abhạnden|kommen [ap'handən-] *vi irr + sein* disparaître
Ạbhandlung *f* ❶ *(wissenschaftliche Arbeit)* étude *f* ❷ *kein Pl (das Abhandeln)* ***mit der ~ einer S.*** *gen* ***befasst sein*** être occupé(e) à traiter qc
Ạbhang *m* versant *m*
ạb|hängen[1] *vi irr* ❶ *+ haben (abhängig sein)* ***von jdm/etw*** ~ dépendre de qn/qc ❷ *+ sein Fleisch:* rassir ❸ *+ sein (fam: herumhängen)* traîner
ạb|hängen[2] *vt + haben* ❶ *(abkuppeln)* décrocher ❷ *(fam: hinter sich lassen)* ***jdn/etw*** ~ semer qn/qc
ạbhängig *adj* ❶ *(bedingt)* ***von etw ~ sein*** dépendre de qc ❷ *(euph: süchtig)* dépendant(e)
Ạbhängige(r) *f(m) dekl wie adj* ❶ *(abhängiger Mensch)* personne *f* dépendante ❷ *(Süchtiger)* toxicomane *mf*
Ạbhängigkeit <-, -en> *f* ❶ *(Angewiesensein)* dépendance *f;* ~ ***von jdm*** dépendance à l'égard de qn; ***ihre gegenseitige*** ~ leur interdépendance ❷ *(euph: Sucht)* dépendance *f* ❸ *kein Pl (Bedingtheit)* ***in ~ von einer S. erfolgen*** avoir lieu en relation étroite avec qc
Ạbhängigkeitsverhältnis *nt* rapport *m* de dépendance
ạb|härten **I.** *vt* endurcir; ***jdn gegen etw*** ~ endurcir qn à qc **II.** *vi* ***gegen etw*** ~ endurcir à qc **III.** *vr* ***sich gegen Kälte*** ~ s'endurcir au froid
Ạbhärtung <-> *f* ❶ *(das Abhärten)* endurcissement *m* ❷ *(Widerstandsfähigkeit)* ~ ***gegen etw*** *akk* résistance *f* à qc
ạb|hauen[1] <hieb ab *o fam:* haute ab, ạbgehauen> *vt* abattre [à la hache]; ***einen Baum*** ~ abattre un arbre [à la hache]
ạb|hauen[2] <haute ab, ạbgehauen> *vi + sein (fam: fortgehen)* se casser
ạb|heben *irr* **I.** *vi* ❶ *Flugzeug:* décoller ❷ *(abnehmen)* décrocher *Hörer* ❸ SPIEL couper ❹ JUR *(form: sich beziehen)* ***auf etw*** *akk* ~ *Gericht:* faire référence à qc ❺ *(fam: spinnen)* déconner; *(ins Träumen kommen)* planer **II.** *vt* ❶ ***Geld vom Konto*** ~ retirer de l'argent de son compte ❷ SPIEL tirer *Karte* ❸ *(herunterheben)* rabattre *Masche* **III.** *vr* ❶ *(sich unterscheiden)* ***sich von jdm/etw*** ~ se distinguer de qn/qc ❷ *(sich abzeichnen)* ***sich vom Himmel*** ~ *Silhouette:* se détacher du ciel
Ạbhebung *f* retrait *m*
ạb|heften *vt* archiver *Papiere*
ạb|heilen *vi Wunde:* guérir
ạb|helfen *vi irr* ***einem Missstand*** ~ remédier à un inconvénient
ạb|hetzen *vr* ***sich*** ~ se presser
Ạbhilfe *f* remède *m;* ~ ***schaffen*** trouver le remède qui s'impose
ạbholbereit *adj* prêt(e) à emporter
ạb|holen *vt* ❶ *(hingehen und mitnehmen)* aller chercher; *(kommen und mitnehmen)* venir chercher; ***jdn/etw ~ lassen*** faire

chercher qn/qc ❷ *(euph: verhaften)* emmener

Abholmarkt *m* libre-service *m* **Abholpreis** *m* prix *m* à emporter

Abholung <-, -en> *f* ***Ihre Bestellung steht bei uns zur ~ bereit*** votre commande est prête, vous pouvez venir la chercher

ab|holzen *vt* abattre *Bäume, Wald;* déboiser *Gebiet;* ***das Abholzen*** déboisement *m*

Abholzung <-, -en> *f von Bäumen* abattage *m; eines Waldgebiets* déboisement *m*

Abhöranlage *f* table *f* d'écoute

ab|hören *vt* ❶ *(belauschen)* écouter *Gespräch, Telefonat* ❷ *(überwachen)* ***von jdm abgehört werden*** être mis sur écoute par qn ❸ *(abfragen)* interroger *Schüler* ❹ MED ausculter *Patienten*

abhörsicher *adj* anti-écoute *inv*

Abi ['abi] <-s, -s> *nt (fam) Abk von* **Abitur** ≈ bac *m*

Land und Leute

Après l'examen du bac, les élèves allemands fêtent la fin de leur scolarité en organisant eux-mêmes un **Abiball** auquel ils invitent notamment leurs familles, leurs enseignants et leurs amis. Les élèves jouent des sketches sur leurs professeurs, puis un concert rythme la danse. La tenue de soirée est souvent de rigueur.

Abitur [abi'tu:ɐ̯] <-s, -e> *nt* ≈ baccalauréat *m*

Land und Leute

L'**Abitur** est le diplôme obtenu par les examens de la dernière année du *Gymnasium*. C'est l'équivalent du baccalauréat en France. On parle aussi de *Hochschulreife* mais les élèves préfèrent utiliser l'abréviation *Abi*. En Autriche et en Suisse, l'**Abitur** s'appelle *Matura* ou *Maturität*.

Abiturfeier *f fête des bacheliers*

Abiturient(in) [abitu'ri̯ɛnt] <-en, -en> *m(f)* bachelier, -ière *m, f*

Abiturklasse *f* [classe *f* de] terminale *f*

Abiturzeugnis *nt* [diplôme *m* du] baccalauréat *m*

Abk. *Abk von* **Abkürzung** abrév.

ab|kanzeln *vt (fam)* engueuler; ***sich nicht einfach ~ lassen*** ne pas se laisser engueuler comme ça *fam*

ab|kapseln *vr* ❶ *(sich isolieren)* ***sich ~*** s'isoler du monde; ***sich von jdm/etw ~*** s'isoler de qn/qc ❷ MED ***sich ~*** s'enkyster

ab|kassieren* **I.** *vt* ❶ ***jdn/etw ~*** *Bedienung:* encaisser qn/qc ❷ *(fam: einnehmen)* empocher **II.** *vi* ❶ *(abrechnen)* ***bei jdm ~*** *Bedienung:* encaisser l'addition de qn ❷ *(fam: finanziell profitieren)* palper; ***beim Lotto ganz schön ~*** gagner un sacré paquet au loto

ab|kauen *vt* ronger *Fingernagel*

ab|kaufen *vt* ❶ *(von jdm kaufen)* ***jdm etw ~*** acheter qc à qn ❷ *(fam: glauben)* ***ich kaufe dir das nicht ab!*** tu me feras pas gober ça!

Abkehr ['apke:ɐ] <-> *f* ***~ von einer Methode*** éloignement *m* d'une méthode; ***die ~ von der Welt*** le renoncement au monde

ab|kehren *(gch)* **I.** *vt* détourner *Blick* **II.** *vr* ***sich von etw ~*** se détourner de qc

ab|kippen *vt* déverser

ab|klappern *vt (fam)* ratisser; ***die Gegend nach jdm/etw ~*** ratisser la région pour trouver qn/qc; ***alle Läden nach jdm/etw ~*** faire tous les magasins pour trouver qn/qc

ab|klären *vt* clarifier; ***mit jdm ~, ob ...*** élucider avec qn si ...

Abklatsch <-[e]s, -e> *m (schlechte Kopie)* pâle imitation *f*

ab|klemmen *vt* ❶ *(abbinden)* comprimer *Arterie* ❷ ELEC débrancher *Kabel*

ab|klingen *vi irr + sein* ❶ *(leiser werden)* ***etw klingt ab*** [l'intensité de] qc diminue ❷ *(schwinden) Wut:* [re]tomber; *Erkältung:* guérir; *Fieber:* baisser

ab|klopfen *vt* ❶ *(abschlagen)* ***etw ~*** enlever qc [en tapant dessus] ❷ *(reinigen)* battre *Teppich* ❸ MED percuter *Brustkorb;* ***jdn ~*** ausculter qn par percussion

ab|knallen *vt (pej fam)* descendre

ab|knapsen ['apknapsən] *vt (fam)* ***sich*** *dat* ***hundert Euro ~*** se serrer la ceinture pour mettre cent euros de côté

ab|knicken **I.** *vt + haben* ❶ *(abbrechen)* [plier et] casser *Blume, Stängel* ❷ *(falten)* plier *Papier* **II.** *vi + sein* ❶ *(umknicken und abbrechen) Blume, Stängel:* [plier et] casser ❷ *(abzweigen)* bifurquer; ***von etw ~*** *Straße:* quitter qc

ab|knöpfen *vt* ❶ *(durch Knöpfen entfernen)* déboutonner; ***etw von etw ~*** déboutonner qc de qc ❷ *(fam: abverlangen)* ***jdm etw ~*** taxer qc à qn

ab|knutschen *vt (pej fam: küssen)* ***jdn ~***

A

rouler une pelle à qn; ***sich*** ~ se rouler des pelles

ab|kochen *vt* faire bouillir *Wasser*

ab|kommandieren* *vt* ❶ *(woandershin kommandieren)* détacher ❷ *(befehlen)* ***jdn*** ~ donner des ordres à qn; ***jdn zum Wachdienst*** ~ donner l'ordre à qn de monter la garde

ab|kommen *vi irr + sein* ❶ *(abweichen)* ***vom Weg*** ~ dévier du chemin ❷ *(aufgeben)* ***von einer Gewohnheit*** ~ perdre une habitude ❸ *(abschweifen)* perdre le fil; ***vom Thema/Punkt*** ~ s'écarter d'un sujet/point

Abkommen <-s, -> *nt* accord *m*

abkömmlich ['apkœmlɪç] *adj* disponible; ~ ***sein*** être disponible

Abkömmling ['apkœmlɪŋ] <-s, -e> *m* *(geh: Nachkomme)* descendant *m*

ab|können *vt irr (fam: leiden können)* ***jdn nicht*** ~ ne pas pouvoir blairer qn; ***etw nicht*** ~ ne pas supporter qc

ab|koppeln **I.** *vt* décrocher; ***etw von etw*** ~ décrocher qc de qc **II.** *vr (fam)* ***sich von etw*** ~ se séparer de qc

ab|kratzen **I.** *vt + haben* gratter *Tapete* **II.** *vi + sein (fam: sterben)* crever

ab|kriegen *s.* **abbekommen**

ab|kühlen **I.** *vi + sein* ❶ *(kälter werden)* refroidir ❷ *(an Intensität verlieren)* se refroidir **II.** *vt + haben* ❶ *(kalt stellen)* ***etw*** ~ mettre qc au frais ❷ *(weniger intensiv machen)* refroidir *Beziehung;* faire retomber *Zorn* **III.** *vr + haben* ❶ ***es kühlt [sich] ab*** ça se rafraîchit ❷ *(an Intensität verlieren)* ***sich*** ~ *Beziehungen:* se refroidir

Abkühlung *f* ❶ METEO rafraîchissement *m* ❷ *(kühlende Erfrischung)* ***sich*** *dat* ***eine leichte ~ verschaffen*** se rafraîchir un peu

Abkunft ['apkʊnft] <-> *f (geh)* origine *f;* ***edler/asiatischer*** ~ *gen* ***sein*** être d'origine noble/asiatique

ab|kupfern *(pej fam)* **I.** *vt* pomper *Text, Passage;* ***etw von jdm*** ~ pomper qc de qn **II.** *vi* ***aus etw*** ~ pomper des passages de qc

ab|kürzen **I.** *vt* ❶ *(verkürzt schreiben)* ***„Doktor" wird mit „Dr." abgekürzt*** en abrégé, "Docteur" s'écrit "Dr" ❷ *(verkürzen)* ***etw um etw*** ~ écourter qc de qc **II.** *vi* ❶ *(als Abkürzung schreiben)* écrire en abrégé ❷ *(einen kürzeren Weg nehmen)* prendre un raccourci

Abkürzung *f eines Worts* abréviation *f; eines Wegs* raccourci *m*

Abkürzungsverzeichnis *nt* tableau *m* des abréviations

ab|küssen **I.** *vt [jdn]* ~ couvrir [qn] de baisers **II.** *vr* ***sich*** ~ s'embrasser à bouche que veux-tu

ab|laden *vt irr* ❶ *(deponieren)* déposer *Schutt* ❷ *(entladen)* décharger *Anhänger* ❸ *(absetzen)* déposer *Passagiere* ❹ *(fam: abwälzen)* décharger *Schuld*

Ablage *f* ❶ *(Ablagemöglichkeit)* ***etw als ~ für die Zeitungen benutzen*** utiliser qc pour y poser les journaux ❷ *(Archiv)* archives *fpl; (für Akten)* classeurs *mpl* d'archivage ❸ *kein Pl (das Ablegen)* archivage *m;* ***die ~ machen*** archiver ❹ *(Ablagekorb)* corbeille *f* à courrier

Ablagekorb *m* corbeille *f* à courrier

ab|lagern **I.** *vt + haben* ❶ GEOL déposer *Schlamm* ❷ *(lagern)* entreposer *Müll* **II.** *vi + haben o sein Holz:* sécher **III.** *vr + haben* ***sich auf/in etw*** *dat* ~ *Kalk, Sediment:* se déposer sur/dans qc

Ablagerung *f* ❶ *kein Pl (Trocknung) von Holz* séchage *m* ❷ *(Sediment)* sédiment *m*

ab|lassen *irr* **I.** *vt* ❶ *(abfließen lassen)* vider; ***Wasser/Luft aus etw*** ~ vider l'eau/enlever l'air de qc ❷ *(leeren)* vidanger *Teich* **II.** *vi* ❶ *(geh: abgehen)* ***von etw*** ~ renoncer à qc ❷ *(in Ruhe lassen)* ***von jdm*** ~ laisser qn tranquille

Ablativ ['ablatiːf, 'aplatiːf] <-s, -e> *m* LING ablatif *m*

Ablauf *m* ❶ *(Verlauf)* déroulement *m* ❷ *(das Verstreichen) einer Frist* expiration *f;* ***nach ~ von drei Tagen*** passé le délai de trois jours ❸ LITER *(Handlungsablauf)* action *f*

ab|laufen **I.** *vi irr + sein* ❶ *(abfließen)* s'écouler; ***aus etw*** ~ s'écouler de qc ❷ *(sich leeren) Becken:* se vider ❸ *(ungültig werden) Ausweis, Visum:* expirer; ***abgelaufen*** périmé ❹ *(verstreichen) Frist:* expirer; *Zeit:* s'achever ❺ *(auslaufen) Vertrag:* arriver à échéance ❻ *(vonstattengehen)* ***gut/friedlich*** ~ *Demonstration:* se dérouler bien/sans heurts ❼ MEDIA *Tonband, Videokassette:* passer ❽ *(fam: unbeeindruckt lassen)* ***an ihr läuft alles ab*** rien ne réussit à la perturber **II.** *vt irr* ❶ *+ haben (abnützen)* ***[sich*** *dat****] die Absätze/Sohlen*** ~ user ses talons/semelles ❷ *+ haben o sein (abgehen)* ***eine Strecke*** ~ parcourir un trajet [à pied]

Ablaut *m* LING apophonie *f*

Ableben *nt kein Pl (form)* décès *m*

ab|lecken *vt* lécher

ab|legen **I.** *vt* ❶ *(hinlegen)* déposer ❷ *(archivieren)* ranger *Akten* ❸ *(ausziehen)* retirer *Hut, Mantel* ❹ *(aufgeben)* se départir de *Scheu;* se défaire de *Gewohnheit*

❺ *(absolvieren)* passer *Prüfung* ❻ *(aussprechen, leisten)* faire *Geständnis;* prêter *Eid;* ***die Beichte ~*** se confesser ❼ SPIEL écarter ❽ ZOOL pondre *Eier;* déposer *Laich* **II.** *vi* ❶ *Schiff:* lever l'ancre; ***vom Hafen ~*** quitter le port ❷ *(geh: den Mantel ausziehen)* se débarrasser

Ạbleger <-s, -> *m* ❶ BOT bouture *f* ❷ *(fam: Filiale)* filiale *f* ❸ *(hum fam: Sprössling)* rejeton *m*

ạb|lehnen I. *vt* ❶ *(zurückweisen)* refuser *Bewerber;* rejeter *Angebot* ❷ *(sich weigern)* ***es ~, etw zu tun*** refuser de faire qc ❸ *(missbilligen)* désapprouver *Benehmen* **II.** *vi* refuser

ạblehnend I. *adj Antwort, Haltung* négatif, -ive; *Einstellung* de refus **II.** *adv sich äußern* négativement; ***ich stehe dieser Sache eher ~ gegenüber*** je suis plutôt hostile à cette affaire

Ạblehnung <-, -en> *f* ❶ *kein Pl (die Zurückweisung) eines Bewerbers* refus *m; eines Angebots, Vorschlags* rejet *m;* ***auf ~ stoßen*** *Bewerber:* se heurter à un refus; *Vorschlag:* être rejeté ❷ *(Schreiben)* refus *m* ❸ *(Missbilligung)* réprobation *f*

ạb|leisten *vt (form)* effectuer

ạb|leiten I. *vt* ❶ *(umleiten)* détourner *Bach* ❷ *(ausströmen lassen)* évacuer *Gase* ❸ *(herleiten)* déduire *Anspruch* ❹ MATH déduire *Formel;* dériver *Funktion* ❺ LING dériver *Form* **II.** *vr* ***sich aus/von etw ~*** *Anspruch:* découler de qc; *Vorrecht:* provenir de qc; LING dériver de qc

Ạbleitung *f* ❶ LING *einer Form* dérivation *f; (abgeleitetes Wort)* dérivé *m* ❷ MATH *einer Funktion* dérivée *f; einer Formel* déduction *f*

ạb|lenken I. *vt (zerstreuen)* distraire **II.** *vi* ❶ *(ausweichen)* dévier; ***vom Thema ~*** détourner la conversation ❷ *(der Zerstreuung dienen)* changer les idées **III.** *vr* ***sich mit Sport ~*** se changer les idées en faisant du sport

Ạblenkung *f* ❶ *(Zerstreuung)* distraction *f* ❷ *(Störung)* diversion *f* ❸ PHYS diffraction *f*

Ạblenkungsmanöver *nt* manœuvre *f* de diversion

ạb|lesen *irr* **I.** *vt* ❶ relever *Zählerstand;* consulter *Messgerät* ❷ *(vorlesen)* ***etw vom Blatt ~*** lire qc sur le papier ❸ *(erkennen)* ***etw an bestimmten Vorkommnissen ~*** déduire qc de certains incidents **II.** *vi* ❶ *(den Zählerstand feststellen)* relever le(s) compteur(s) ❷ *(vorlesen)* lire son texte; ***vom Blatt ~*** lire sa feuille

ạb|lichten *vt* ❶ *(fam: fotografieren)* photographier ❷ *(fotokopieren)* photocopier

ạb|liefern *vt* ❶ remettre *Schlüssel;* rendre *Diplomarbeit* ❷ *(zustellen)* livrer *Ware* ❸ *(hum fam: übergeben)* ***sein Kind/seinen Hund bei jdm ~*** laisser son enfant/chien chez qn

ạb|lösen I. *vt* ❶ relayer *Kollegen;* relever *Wachposten* ❷ *(ersetzen)* remplacer *Politiker* ❸ *(abmachen)* décoller *Etikett* ❹ *(abkratzen)* enlever *Lack* ❺ FIN purger *Hypothek* **II.** *vr* ❶ *(sich abwechseln)* ***sich beim Fahren ~*** se relayer pour conduire ❷ *(abgehen)* ***sich ~*** *Etikett:* s'enlever; *Lack:* s'écailler; *Netzhaut:* se décoller

Ạblösesumme *f* [montant *m* du] transfert *m*

Ạblösung *f* ❶ *(Auswechslung) eines Mitarbeiters* relève *f* ❷ *(Ersatzmann)* remplaçant(e) *m(f)* ❸ *(Entlassung) eines Ministers* remplacement *m*

ạb|luchsen [apluksn] *vt (fam)* ***jdm etw ~*** soutirer qc à qn

Ạbluft *f eines Betriebs* rejets *mpl* dans l'atmosphère

ABM [a:be:'ʔɛm] <-> *f Abk von* **Arbeitsbeschaffungsmaßnahme** mesure *f* d'aide à l'emploi

ạb|machen *vt* ❶ *(fam: entfernen)* enlever; ***etw von etw ~*** enlever qc de qc ❷ *(vereinbaren)* ***etw mit jdm ~*** convenir de qc avec qn; ***abgemacht!*** d'accord!

Ạbmachung <-, -en> *f* accord *m*

ạb|magern *vi + sein* maigrir

Ạbmagerungskur *f* cure *f* d'amaigrissement

Ạbmahnung *f* rappel *m* à l'ordre

ạb|malen *vt* peindre; *(kopieren)* copier

Ạbmarsch *m* départ *m*

ạb|marschieren* *vi + sein* se mettre en marche

ạb|melden I. *vt* ❶ retirer *Schüler* ❷ *(nicht mehr nutzen)* demander la résiliation de *Telefon* ❸ *(fam: unten durch sein)* ***der ist bei mir abgemeldet*** je ne veux plus entendre parler de lui **II.** *vr* ❶ *(seinen Umzug anzeigen)* ***sich ~*** faire une déclaration de changement de domicile ❷ *(sein Fortgehen melden)* ***sich bei jdm ~*** demander une autorisation de sortie à qn; MIL prendre congé de qn

Ạbmeldung *f* ❶ *eines Telefons* résiliation *f; eines Autos* déclaration *f* de non-utilisation ❷ *(Anzeige des Umzugs)* déclaration *f* de changement de domicile

ạb|messen *vt irr* mesurer

Ạbmessung *f meist Pl* dimension *f*

ạb|mildern *vt* atténuer *Aufprall, Sturz;* édulcorer *Äußerung*

ạb|montieren* *vt* démonter; ***etw von der Decke ~*** démonter qc du plafond

ABM-Stelle [aːbeːˈʔɛm-] *f* ÖKON *emploi créé dans le cadre des mesures d'aide à l'emploi*

ạb|mühen *vr* ***sich ~*** se donner du mal; ***sich mit jdm/etw ~*** se donner du mal avec qn/pour faire qc

ạb|murksen [ˈapmʊrksən] *vt (sl)* zigouiller *fam*

ạb|nabeln **I.** *vt* couper le cordon ombilical de *Neugeborenes* **II.** *vr (fig)* ***sich ~*** couper le cordon [ombilical]

ạb|nagen *vt* ronger

Ạbnahme [ˈapnaːmə] <-, -n> *f* ❶ *(Rückgang) des Umsatzes* baisse *f; des Gewichts* perte *f;* ***~ des Interesses*** baisse d'intérêt ❷ *(Kauf)* achat *m* ❸ *(Prüfung) eines Neubaus* réception *f; eines Fahrzeugs* contrôle *m* technique ❹ *(das Herunternehmen)* décrochage *m*

ạbnehmbar *adj Verdeck* amovible

ạb|nehmen *irr* **I.** *vi* ❶ *(dünner werden)* perdre du poids; ***an den Hüften/im Gesicht ~*** maigrir des hanches/du visage ❷ *(zurückgehen) Anzahl:* baisser; *Interesse:* décliner ❸ TELEC décrocher **II.** *vt* ❶ *(wegnehmen)* ***jdm etw ~*** retirer qc à qn ❷ *(fam: rauben)* ***jdm viel Geld ~*** piquer beaucoup d'argent à qn; *(abgewinnen)* soutirer au jeu beaucoup d'argent à qn ❸ *(herunternehmen)* décrocher *Wäsche* ❹ *(tragen helfen)* ***jdm die Tasche/den Mantel ~*** débarrasser qn de son sac/manteau ❺ *(entgegennehmen)* prendre livraison de *Ware* ❻ *(übernehmen)* ***jdm Arbeit/Sorgen ~*** soulager qn du travail/des soucis ❼ SPIEL piocher ❽ *(amputieren)* couper ❾ *(fam: glauben)* gober ❿ *(begutachten)* réceptionner *Gebäude;* ***sein Auto vom TÜV ~ lassen*** soumettre sa voiture au contrôle technique ⓫ *(durchführen)* effectuer *Inspektion;* faire passer *Prüfung*

Ạbnehmer(in) <-s, -> *m(f)* acheteur, -euse *m, f;* ***~ finden*** trouver preneur

Ạbneigung *f* aversion *f*

abnọrm [apˈnɔrm], **ạbnormal** [ˈapnɔrmaːl] A, CH **I.** *adj* anormal(e) **II.** *adv* ❶ MED de façon anormale ❷ *(überdurchschnittlich)* anormalement

Abnormitạ̈t [apnɔrmiˈtɛːt] <-, -en> *f* ❶ *kein Pl eines Verhaltens* anormalité *f* ❷ MED *(geistige Auffälligkeit)* anomalie *f*

ạb|nötigen *vt (geh)* ***jdm Respekt/Bewunderung ~*** ne pouvoir que susciter le respect/l'admiration de qn

ạb|nutzen **I.** *vt* user; ***abgenutzt*** usé **II.** *vr* ***sich ~*** ❶ *(verschleißen) Reifen:* s'user; *Möbel:* s'abîmer ❷ *(unwirksam werden) Worte:* finir par être usé; *Drohung:* finir par tomber à plat

Ạbnutzung *f* usure *f*

Ạbnutzungserscheinung *f* signe *m* d'usures

Ạbo [ˈabo] <-s, -s> *nt (fam)* abonnement *m*

Abonnement [abɔnəˈmãː] <-s, -s> *nt* abonnement *m*

Abonnẹnt(in) [abɔˈnɛnt] <-en, -en> *m(f)* abonné(e) *m(f)*

abonni̱eren* [abɔˈniːrən] *vt* s'abonner à *Zeitung;* prendre un abonnement à *Konzerte*

ạb|ordnen *vt* envoyer en mission; ***jdn ~*** envoyer qn en mission

Ạbordnung *f* délégation *f*

Abọrt [aˈbɔrt] <-s, -e> *m* MED *(Fehlgeburt)* fausse couche *f; (Schwangerschaftsabbruch)* avortement *m*

ạb|packen *vt* emballer

ạb|passen *vt* ❶ guetter *Zeitpunkt* ❷ *(auflauern)* ***jdn ~*** guetter qn

ạb|pausen *vt* décalquer

ạb|pfeifen *irr* **I.** *vt* siffler *Halbzeit* **II.** *vi (zur Halbzeit/am Spielende pfeifen)* siffler la mi-temps/la fin du match

Ạbpfiff *m* coup *m* de sifflet final

Ạbprall <-[e]s, -e> *m eines Balls* rebond *m; einer Kugel* ricochet *m*

ạb|prallen *vi + sein* ❶ *(zurückprallen)* rebondir; ***von etw/an etw*** *dat* ***~*** *Ball:* rebondir sur qc; *Geschoss:* ricocher sur qc ❷ *(nicht treffen)* ***an jdm ~*** *Beleidigung:* glisser sur qn

ạb|pumpen *vt* pomper; ***Wasser aus etw ~*** pomper de l'eau de qc

ạb|putzen *vt (reinigen)* nettoyer

ạb|quälen *vr* ❶ *(sich abmühen)* ***sich mit einer Arbeit ~*** s'acharner sur un travail ❷ *(sich abzwingen)* ***sich*** *dat* ***ein Lächeln ~*** se forcer pour/à sourire

ạb|rackern *vr (fam)* ***sich ~*** se crever

ạb|raten *vi irr* ***jdm von etw ~*** déconseiller qc à qn

ạb|räumen *vt* débarrasser *Tisch*

ạb|reagieren* [ˈapreagiːrən] **I.** *vt* défouler *Aggressionen;* ***seine Wut an jdm ~*** passer sa rage sur qn **II.** *vr (fam)* ***sich ~*** se défouler

ạb|rechnen *vi* ❶ *(das Gehalt berechnen)* faire les comptes ❷ *(die Zeche berechnen)*

encaisser; ***beim Abrechnen*** en faisant la caisse ❸ *(zur Rechenschaft ziehen)* ***mit jdm*** ~ régler ses comptes avec qn
Abrechnung *f* ❶ *(Schlussrechnung)* comptes *mpl* ❷ *(Aufstellung)* facture *f* détaillée ❸ *(Abzug)* *von Steuern* déduction *f* ❹ *(Rache)* règlement *m* de comptes
Abrede *f* ▶ **etw in ~ stellen** *(form)* contester qc
ab|regen *vr (fam)* ***sich*** ~ se calmer
ab|reiben *vt irr* ❶ *(entfernen)* ***etw*** ~ enlever qc en frottant ❷ *(säubern)* ***sich*** *dat* ***die Hände an etw*** *dat* ~ se frotter les mains sur qc ❸ *(trockenreiben)* ***jdn/sich mit einem Handtuch*** ~ essuyer qn/s'essuyer avec une serviette
Abreibung *f (fam)* raclée *f*
Abreise *f* départ *m*
ab|reisen *vi + sein* partir en voyage; ***ich reise ab*** je m'en vais; *Hotelgast:* je quitte la chambre
ab|reißen *irr* **I.** *vt + haben* ❶ *(abtrennen)* arracher; ***etw von der Wand*** ~ arracher qc du mur ❷ *(niederreißen)* raser *Gebäude* **II.** *vi + sein* ❶ *(reißen)* *Seil:* se casser ❷ *(aufhören)* *Kontakt:* s'interrompre
Abreißkalender *m* éphéméride *f*
ab|richten *vt* dresser
ab|riegeln *vt* boucler *Straße*
ab|ringen *vt irr* ***sich*** *dat* ***ein Lächeln*** ~ se forcer à sourire
Abriss *m* ❶ *eines Gebäudes* démolition *f* ❷ *(Übersicht)* abrégé *m*
Abrissparty *f* soirée *f* avant travaux
ab|rücken *vi + sein* ❶ *(wegrücken)* s'écarter; ***von jdm/etw*** ~ s'écarter de qn/qc ❷ *(abmarschieren)* se mettre en marche
Abruf *m* ❶ FIN *einer Summe* retrait *m* ❷ INFORM *von Daten* consultation *f* ▶ **auf ~ bereitstehen** être à disposition
abrufbar *adj Daten* consultable
abrufbereit *adj* ❶ *Person* prêt(e) à intervenir; *Ware* disponible ❷ FIN encaissable; ~ ***sein*** *Kredit:* pouvoir être retiré
ab|rufen *vt irr* ❶ prendre livraison de *Waren* ❷ FIN retirer *Kredit* ❸ INFORM consulter *Daten*
ab|runden *vt* ❶ arrondir; ***eine Zahl nach unten*** ~ arrondir un nombre au chiffre inférieur ❷ *(vollkommen machen)* parfaire *Abend, Geschmack* ❸ *(rund machen)* arrondir *Kanten*
abrupt [ap'rʊpt] *adj* brusque
ab|rüsten I. *vi* réduire les armements **II.** *vt* réduire *Atomwaffen*
Abrüstung *f kein Pl* désarmement *m*
Abrüstungsverhandlungen *Pl* négociations *fpl* pour le désarmement
ab|rutschen *vi + sein* glisser; ***an etw*** *dat/* ***von etw*** ~ glisser sur qc
Abs. ❶ *Abk von* **Absender** Exp. ❷ *Abk von* **Absatz 2**
ABS [aːbeː'ʔɛs] <-> *nt Abk von* **Antiblockiersystem** A.B.S. *m*
ab|sacken *vi + sein* ❶ *(einsinken)* s'affaisser ❷ *Flugzeug:* perdre brusquement de l'altitude ❸ *(fam: sich verschlechtern)* dégringoler
Absage ['apzaːgə] *f* réponse *f* négative
ab|sagen I. *vt* décommander *Teilnahme;* annuler *Spiel* **II.** *vi* ***jdm*** ~ se décommander auprès de qn
ab|sägen *vt* ❶ scier *Ast* ❷ POL *(fam)* ***jdn*** ~ faire sauter qn
ab|sahnen *(fam)* **I.** *vt* se mettre dans les poches; ***etw*** ~ se mettre qc dans les poches **II.** *vi* ***bei jdm*** ~ s'en ficher plein les poches sur le dos de qn
ab|satteln *vt, vi* desseller
Absatz *m* ❶ *(Schuhabsatz)* talon *m* ❷ *(Abschnitt)* paragraphe *m* ❸ *(Treppenabsatz)* palier *m* [de repos] ❹ *(Verkauf)* ventes *fpl;* ***guten/reißenden ~ finden*** se vendre bien/comme des petits pains ▶ **auf dem ~ kehrtmachen** tourner les talons
Absatzflaute *f* marasme *m* des ventes
Absatzgebiet *nt* secteur *m* commercial
Absatzmarkt *m* débouché *m,* marché *m;* ***begrenzter*** ~ débouchés restreints
Absatzsteigerung *f* augmentation *f* des ventes
ab|saugen *vt* ❶ aspirer; ***etw aus etw/von etw*** ~ aspirer qc de qc ❷ *(staubsaugen)* passer l'aspirateur sur *Teppich*
ab|schaben *vt (entfernen)* racler; ***den Putz/den Rost von etw*** ~ racler le crépi/la rouille de qc
ab|schaffen *vt (beseitigen)* supprimer *Zoll, Strafe;* abroger *Gesetz;* abolir *Privileg*
Abschaffung *f eines Gesetzes* abrogation *f; einer Institution* abolition *f*
ab|schalten I. *vt* éteindre *Fernseher;* couper *Strom;* arrêter *Motor* **II.** *vi (fam) Person:* décrocher **III.** *vr* ***sich*** ~ *Maschine, Strom:* se couper
Abschaltung *f des Stroms, Telefons* coupure *f; eines Reaktors* arrêt *m*
ab|schätzen *vt* évaluer *Kosten;* prévoir *Reaktion*
abschätzig ['apʃɛtsɪç] *adj Bemerkung* désobligeant(e); *Blick* méprisant(e)
Abschätzung *f a.* COM évaluation *f,* estimation *f*

A

ab|schauen *vt* A *(fam: abgucken)* copier; ***etw von jdm ~*** copier qc sur qn
Abschaum *m kein Pl (pej)* rebut *m*
ab|scheiden *irr* **I.** *vt + haben* ❶ *(absondern)* sécréter ❷ CHEM séparer **II.** *vr* CHEM ***sich von etw ~*** se séparer de qc
Abscheu [ˈapʃɔy] <-[e]s> *m* dégoût *m*
abscheulich [apˈʃɔylɪç] *adj* ❶ *(entsetzlich)* abominable ❷ *(fam) Schmerzen* atroce; *Kälte* épouvantable
Abscheulichkeit <-, -en> *f* abomination *f; eines Anblicks* atrocité *f*
ab|schicken *vt* expédier *Brief;* envoyer *Kurier*
Abschiebehaft *f* maintien *m* administratif; ***in ~ kommen*** faire l'objet d'une mesure de rétention administrative avant l'expulsion
ab|schieben *vt irr + haben* ❶ *(ausweisen)* expulser ❷ *(abwälzen)* ***die Schuld auf jdn ~*** faire endosser la culpabilité à qn
Abschiebepraxis *f* conditions *fpl* d'expulsion
Abschiebung *f* reconduite *f* à la frontière
Abschiebungshaft *s.* **Abschiebehaft**
Abschied [ˈapʃiːt] <-[e]s, -e> *m* adieu *m souvent pl;* ***von jdm ~ nehmen*** faire ses adieux à qn
Abschiedsbrief *m* lettre *f* d'adieu[x] **Abschiedsfeier** *f* fête *f* d'adieu[x] **Abschiedsgruß** *m (Wort)* mot *m* d'adieu; *(Geste)* geste *m* d'adieu **Abschiedskuss** *m* baiser *m* d'adieu **Abschiedsschmerz** *m* douleur *f* de la séparation
ab|schießen *vt irr* ❶ MIL, JAGD abattre ❷ *(abfeuern)* tirer *Pfeil;* lancer *Rakete* ❸ *(fam: erschießen)* descendre ❹ *(fam: entlassen)* dégommer
ab|schirmen *vt* ❶ *(schützen)* isoler; ***jdn von jdm/etw ~*** isoler qn de qn/qc ❷ *(dämpfen)* tamiser [la lumière de] *Lampe*
Abschirmung <-, -en> *f* ❶ *(Isolierung) einer Person* isolement *m* ❷ *(Schutzschirm)* écran *m* protecteur
ab|schlachten **I.** *vt* massacrer **II.** *vr* ***sich [gegenseitig] ~*** se massacrer
ab|schlaffen *vi + sein (fam)* avoir un coup de pompe; *(schlapp sein)* être ramollo
Abschlag *m* ❶ *(Preisnachlass)* réduction *f*, rabais *m* ❷ *(Vorschuss)* ***ein ~ auf etw*** *akk* un acompte sur qc ❸ SPORT remise *f* en jeu
ab|schlagen *irr* **I.** *vt* ❶ *(abtrennen)* casser *Henkel;* ébrécher *Ecke* ❷ *(fällen)* abattre *Baum* ❸ *(ablehnen)* décliner *Einladung;* ***jdm eine Bitte ~*** repousser une demande à qn ❹ SPORT ***den Ball ~*** remettre le ballon en jeu **II.** *vi Torwart:* dégager
abschlägig [ˈapʃlɛːgɪç] *adj* négatif, -ive; ***jdn/etw ~ bescheiden*** *(form)* donner une réponse négative à qn/rejeter qc
Abschlag[s]zahlung *f* acompte *m*
ab|schleifen *irr* **I.** *vt* ❶ *(entfernen)* ***etw ~*** éliminer qc par ponçage ❷ *(glätten)* poncer *Oberfläche* **II.** *vr* **sich ~** ❶ *(sich abnutzen)* s'émousser ❷ *(nachlassen, sich verlieren)* se dégrossir
Abschleppdienst *m* service *m* de dépannage
ab|schleppen *vt* ❶ *(wegziehen)* remorquer ❷ *(fam: mitnehmen)* ***jdn/etw ~*** embarquer qn/qc
Abschleppfahrzeug *nt s.* **Abschleppwagen** **Abschleppseil** *nt* câble *m* de remorquage **Abschleppwagen** *m* dépanneuse *f*
ab|schließen *irr* **I.** *vt* ❶ *(zuschließen)* ***etw ~*** fermer qc à clé ❷ *(absolvieren)* achever *Schule;* ***mit abgeschlossenem Studium*** avec un diplôme en poche ❸ *(vereinbaren)* conclure *Geschäft;* passer *Vertrag;* souscrire *Versicherung* ❹ *(beenden)* conclure *Rede;* clôturer *Konferenz;* clore *Geschäftsjahr* **II.** *vi* ❶ *(zuschließen)* fermer à clé ❷ *(Vertrag schließen)* ***mit jdm ~*** *Kunde:* faire affaire avec qn ❸ FIN, COM ***mit Gewinn/Verlust ~*** se solder par des gains/pertes ❹ *(zum Abschluss bringen)* ***mit der Vergangenheit ~*** tirer un trait sur le passé ❺ *(eingefasst sein)* ***mit einer Borte/Verzierung ~*** être bordé d'un galon/d'une décoration
abschließend **I.** *adj Bemerkung* final(e) **II.** *adv bemerken* en conclusion
Abschluss *m* ❶ *kein Pl (Ende)* conclusion *f; eines Geschäftsjahrs* clôture *f;* ***etw zum ~ bringen*** conclure qc; ***zum ~ kommen*** *Redner:* conclure ❷ *(Abschlussprüfung)* diplôme *m* [de fin d'études]; *(Hauptschulabschluss)* certificat *m* de fin d'études ❸ *(Zustandekommen) eines Geschäfts* conclusion *f; eines Vertrags* souscription *f;* ***~ einer Wette*** pari *m* ❹ *(Geschäft)* marché *m;* ***einen ~ tätigen*** conclure un marché ❺ FIN *von Konten* bilan *m* ▶ **der krönende ~** le clou
Abschlussball *m* bal *m* de clôture **Abschlussbericht** *m* rapport *m* final **Abschlussfeier** *f* grande fête *f;* SCHULE, UNIV cérémonie *f* pour la remise des diplômes **Abschlussklasse** *f* [classe *f* de] terminale *f* **Abschlussprüfung** *f* examen *m* de fin d'études **Abschlusszeugnis** *nt* diplôme *m* de fin d'études
ab|schmecken *vt* vérifier l'assaisonnement

de *Gericht*; ***etw mit Gewürz/Salz*** ~ assaisonner qc avec des épices/du sel

ab|schmettern *vt (fam: zurückweisen)* envoyer valser *Antrag;* rejeter *Klage*

ab|schminken I. *vr* ***sich*** ~ se démaquiller **II.** *vt* démaquiller *Gesicht* ▶ **sich** *dat* **etw** ~ **können** *(fam)* pouvoir faire une croix sur qc

ab|schmirgeln *vt* ***einen Tisch*** ~ passer une table au papier de verre; ***den Rost von etw*** ~ enlever la rouille de qc au papier de verre

ab|schnallen I. *vi (fam: fassungslos sein)* être scié; ***da schnallst du ab!*** ça t'en bouche un coin! **II.** *vt* ***[sich dat] den Rucksack*** ~ décrocher son sac à dos; ***[sich dat] die Skier*** ~ enlever ses skis

ab|schneiden *irr* **I.** *vt* ❶ *(abtrennen, versperren)* couper ❷ *(unterbinden)* ***jdm das Wort*** ~ couper la parole à qn **II.** *vi (fam)* ***bei etw gut/schlecht*** ~ s'en tirer bien/mal avec qc

Abschnitt *m* ❶ *(Passus) eines Textes* paragraphe *m; eines Formulars* partie *f* ❷ *(abtrennbares Stück) einer Bestellkarte* coupon *m; einer Eintrittskarte* partie *f* détachable ❸ *(Zeitabschnitt)* période *f* ❹ *(Teil, Bereich) eines Gebäudes* partie *f; einer Autobahn* tronçon *m; einer Strecke* étape *f*

ab|schnüren *vt* garrotter *Arm, Bein;* ***jdm das Blut/die Luft*** ~ faire un garrot à qn/asphyxier qn

ab|schöpfen *vt* ❶ *(herunternehmen)* ***das Fett*** ~ dégraisser; ***den Schaum*** ~ écumer; ***den Rahm von der Milch*** ~ écrémer le lait ❷ ÖKON résorber *Gewinn*

ab|schotten ['apʃɔtən] **I.** *vr* ***sich*** ~ s'isoler; ***sich gegen äußere Einflüsse*** ~ se fermer aux influences externes; ***abgeschottet leben*** mener une vie recluse **II.** *vt* NAUT cloisonner

ab|schrauben *vt* dévisser

ab|schrecken I. *vt* ❶ faire peur à; ***jdn von etw*** ~ dissuader qn de qc; ***sich nicht ~ lassen*** ne pas se laisser intimider ❷ GASTR refroidir *Eier* **II.** *vi Waffen:* être dissuasif

abschreckend I. *adj Beispiel, Wirkung* dissuasif, -ive; *Eindruck* défavorable; *Hässlichkeit* repoussant(e) **II.** *adv* ~ ***wirken*** *Strafe:* avoir un effet dissuasif

Abschreckung <-, -en> *f* ❶ MIL dissuasion *f* ❷ *(das Fernhalten)* ***der ~ dienen*** servir d'intimidation

ab|schreiben *irr* **I.** *vt* ❶ *(kopieren)* recopier ❷ *(plagiieren)* ***etw bei jdm/aus etw*** ~ copier qc sur qn/dans qc ❸ FIN déduire *Betrag* ❹ *(fam: verloren geben)* ***ich hatte ihn schon abgeschrieben*** j'en avais [déjà] fait mon deuil ▶ **bei jdm abgeschrieben sein** *(fam)* être mort et enterré pour qn **II.** *vi (plagiieren)* ***von jdm/etw*** ~ copier sur qn/qc

Abschreiber(in) *m(f) (fam)* copieur, -euse *m, f*

Abschreibung *f* FIN déduction *f*

Abschrift *f* duplicata *m*

ab|schürfen *vr* ***sich*** *dat* ***die Haut*** ~ s'écorcher la peau

Abschürfung <-, -en> *f* écorchure *f*

Abschuss *m* ❶ *(das Abfeuern) eines Geschützes* tir *m; einer Rakete* lancement *m* ❷ *(Zerstörung) eines Flugkörpers* destruction *f* ❸ JAGD ***zehn Abschüsse erzielen*** abattre dix pièces de gibier ▶ **zum ~ freigeben** JAGD autoriser le tir de *Tier; (fig fam)* lâcher la meute sur *Politiker*

abschüssig ['apʃʏsɪç] *adj Straße* escarpé(e); *Hang* abrupt(e)

Abschussliste *f* ▶ **auf der ~ stehen** *(fam)* être sur la liste des gens à abattre

Abschussrampe *f* rampe *f* de lancement

ab|schütteln *vt* ❶ secouer; ***die Krümel von etw*** ~ secouer les miettes de qc ❷ *(sich befreien von)* semer *Verfolger* ❸ *(vertreiben)* évacuer *Ärger*

ab|schütten *vt* jeter *Wasser;* vider *Eimer, Wanne;* égoutter *Gemüse, Kartoffeln*

ab|schwächen I. *vt* atténuer *Wirkung;* édulcorer *Formulierung;* amortir *Aufprall* **II.** *vr* ***sich*** ~ *Lärm:* s'atténuer

Abschwächung *f* ❶ *einer Wirkung* diminution *f;* METEO *eines Tiefs* affaiblissement *m* ❷ *(Abfederung) eines Aufpralls* amortissement *m*

ab|schwatzen *vt (fam)* ***jdm etw*** ~ soutirer qc à qn en le baratinant, réussir à extorquer qc à qn en le baratinant

ab|schweifen *vi + sein* faire une digression; ***vom Thema*** ~ s'écarter du sujet

Abschweifung <-, -en> *f* digression *f*

ab|schwellen *vi irr + sein* ❶ *Entzündung, Füße:* désenfler ❷ *(sich vermindern) Lärm:* faiblir

ab|schwirren *vi + sein* ❶ *Vogelschwarm:* s'envoler dans un bruissement d'ailes ❷ *(fam: weggehen)* se tirer

ab|schwören *vi irr* ***dem Glauben*** ~ abjurer sa foi; ***dem Alkohol*** ~ décider de renoncer à l'alcool

Abschwung *m* ❶ SPORT sortie *f* ❷ ÖKON récession *f*

ab|segnen *vt (fam)* donner sa bénédiction à

absehbar *adj* prévisible; ***es ist ~, dass ...*** on peut s'attendre à ce que ... *+subj*

A

ab|sehen *irr* **I.** *vt (voraussehen)* ***etw ~ können*** pouvoir prévoir qc ▶ **es auf jdn abgesehen haben** *(jdn schikanieren wollen)* avoir qn dans le collimateur; *(an jdm interessiert sein)* avoir jeté son dévolu sur qn; **es auf etw** *akk* **abgesehen haben** en vouloir à qc **II.** *vi* ***von einer Strafe ~*** renoncer à une peine

ab|seilen *vr* **sich ~** ❶ *(sich hinunterlassen)* descendre avec une corde; *Bergsteiger:* descendre en rappel ❷ *(fam: verschwinden)* reprendre ses billes

abseits ['apzaits] **I.** *adv* à l'écart **II.** *präp +gen* ***~ des Dorfs liegen*** être à l'écart du village

Abseits <-, -> *nt* ❶ SPORT hors-jeu *m* ❷ *(das Aus)* ***im gesellschaftlichen ~ leben*** être marginalisé(e) sur le plan social

abseits|stehen *vi irr + sein* SPORT être hors-jeu

ab|senden *vt irr o reg* expédier

Absender(in) <-s, -> *m(f)* expéditeur, -trice *m, f*

ab|senken I. *vt* abaisser le niveau de *Fundament, Terrasse;* abaisser, faire baisser *Grundwasserstand* **II.** *vr* ***sich ~*** *Gelände, Hang:* s'incliner

ab|servieren* *vt* ❶ *(abräumen)* débarrasser *Tisch* ❷ *(fam: kaltstellen)* balancer ❸ *(fam: umbringen)* liquider

ab|setzen I. *vt* ❶ *(des Amtes entheben)* destituer ❷ *(abnehmen)* enlever *Hut* ❸ *(hinstellen)* poser *Trinkgefäß* ❹ *(aussteigen lassen)* déposer *Mitfahrer* ❺ COM écouler *Produkt* ❻ FIN ***etw von der Steuer ~*** déduire qc des impôts ❼ *(nicht stattfinden lassen)* annuler *Veranstaltung* ❽ MED arrêter *Medikament* ❾ *(wegnehmen)* lever *Feder, Flöte;* ***trinken, ohne das Glas abzusetzen*** boire d'un trait **II.** *vr* ❶ *a.* CHEM, GEOL ***sich ~*** se déposer ❷ *(fam: verschwinden)* ***sich ~*** se tirer ❸ *(sich unterscheiden)* ***sich von jdn/etw ~*** trancher sur qn/qc **III.** *vi* ***trinken ohne abzusetzen*** boire d'un trait

Absetzung <-, -en> *f einer Fernsehsendung* déprogrammation *f*

ab|sichern I. *vr* ***sich ~*** prendre des précautions; ***sich gegen etw ~*** se prémunir contre qc **II.** *vt* ❶ *(garantieren)* garantir ❷ *(sicher machen)* ***einen Raum durch etw ~*** protéger une pièce au moyen de qc

Absicherung *f* protection *f; (Versicherung)* assurance *f*

Absicht <-, -en> *f* ❶ intention *f;* ***mit etw eine ~ verfolgen*** poursuivre un but avec qc ❷ *(Mutwillen)* ***etw mit ~ tun*** faire qc exprès; ***das war keine/das war ~*** ce n'était pas/c'était intentionnel

absichtlich ['apzɪçtlɪç] *adj* intentionnel(le)

ab|sinken *vi irr + sein* ❶ *Leistung:* baisser; *Boden:* s'affaisser ❷ *Schiff:* sombrer [au fond de la mer]

Absinth [ap'zɪnt] <-[e]s, -e> *m* absinthe *f*

ab|sitzen *irr* **I.** *vt + haben* ❶ *(verbringen)* laisser passer *Zeit* ❷ *(verbüßen)* purger *Haftstrafe* **II.** *vi + sein Reiter:* mettre pied à terre

absolut [apzo'lu:t] **I.** *adj* ❶ *Verbot, Ruhe* absolu(e); *Ablehnung* catégorique ❷ *(fam: völlig)* total(e) **II.** *adv (fam) unverständlich* absolument

Absolution [apzolu'tsi̯o:n] <-, -en> *f* REL absolution *f;* ***jdm die ~ erteilen*** donner l'absolution à qn

Absolutismus [apzolu'tɪsmʊs] <-> *m* absolutisme *m*

absolutistisch *adj Herrscher* absolu(e); *Herrschaftsanspruch* absolutiste

Absolvent(in) [apzɔl'vɛnt] <-en, -en> *m(f) (Universitätsabsolvent)* diplômé(e) *m(f)*

absolvieren* [apzɔl'vi:rən] *vt* effectuer *Ausbildung;* passer *Prüfung;* accomplir *Wehrdienst*

absonderlich [ap'zɔndɐlɪç] **I.** *adj* bizarre **II.** *adv* bizarrement

Absonderlichkeit <-, -en> *f* bizarrerie *f*

ab|sondern I. *vt* ❶ *(isolieren)* isoler ❷ *(ausscheiden)* sécréter **II.** *vr* ***sich von jdm ~*** s'isoler de qn

Absonderung <-, -en> *f* ANAT *(Sekret)* sécrétion *f*

absorbieren* [apzɔr'bi:rən] *vt (a. fig)* absorber

Absorption [apzɔrp'tsi̯o:n] <-, -en> *f* absorption *f*

ab|spalten I. *vr* ❶ REL, POL ***sich von etw ~*** se séparer de qc ❷ CHEM ***sich von etw ~*** se libérer de qc **II.** *vt* CHEM ***Moleküle von etw ~*** libérer des molécules de qc

Abspaltung *f* CHEM dissociation *f*

Abspann <-[e]s, -e> *m* CINE, TV générique *m*

ab|specken ['apʃpɛkən] *(fam)* **I.** *vi* ❶ *(abnehmen)* perdre du lard ❷ *(verkleinert werden) Abteilung:* dégraisser **II.** *vt (reduzieren)* ***eine abgespeckte Version*** une version allégée

ab|speichern *vt* INFORM sauvegarder; ***etw auf der Festplatte ~*** sauvegarder qc sur le disque dur

ab|speisen *vt* éconduire gentiment; ***ich lasse mich von Ihnen nicht einfach so***

~! vous ne vous en tirerez pas à si bon compte!

abspenstig ['apʃpɛnstɪç] *adj* ***jdm jdn/etw ~ machen*** détourner qn/qc de qn

ab|sperren **I.** *vt* ❶ *(versperren)* barrer ❷ *(abstellen)* couper *Gas* ❸ SDEUTSCH *(zuschließen)* ***die Tür ~*** fermer la porte à clé **II.** *vi* SDEUTSCH fermer à clé

Absperrhahn *m* robinet *m* d'arrêt

Absperrung *f* ❶ *kein Pl (das Absperren)* barrage *m* ❷ *(Sperre)* barrage *m; (Absperrgitter)* barrière *f*

ab|spielen **I.** *vr* ***sich ~*** *Szene:* se dérouler **II.** *vt* ❶ passer *CD* ❷ SPORT passer *Ball*

ab|splittern *vi + sein* ***[von etw]*** *~ Lack, Holz:* sauter [*o* se détacher] [de qc]

Absprache *f* accord *m;* ***nach ~*** après accord

ab|sprechen *irr* **I.** *vt* ❶ convenir de *Plan;* s'entendre sur *Aussagen;* ***wir haben abgesprochen, dass ...*** nous avons convenu que ... ❷ *(aberkennen)* dénier *Recht* **II.** *vr* ***sich ~*** *(eine Vereinbarung treffen)* se concerter

ab|springen *vi irr + sein* ❶ SPORT sauter ❷ *(sich lösen)* ***von etw ~*** *Farbe, Lack:* s'écailler de qc ❸ *(fam: sich zurückziehen)* se raviser

ab|spritzen **I.** *vt (reinigen)* ***etw [mit dem Schlauch] ~*** passer qc au jet **II.** *vr* ***sich mit etw ~*** s'asperger avec qc **III.** *vi (vulg)* décharger *fam*

Absprung *m* ❶ *(Absprungstelle)* saut *m* ❷ *(Abgang vom Gerät)* sortie *f* ❸ *(fam: Ausstieg)* ***den ~ schaffen*** sauter le pas; ***den ~ verpasst haben*** avoir raté le coche

ab|spulen *vt (fam)* ❶ laisser défiler *Film;* dérouler, débobiner *Kabel* ❷ *(vorbringen, vortragen)* débiter *fam*

ab|spülen *vt* ❶ *(reinigen)* rincer ❷ *(entfernen)* ***den Schmutz von etw ~*** enlever la saleté sur qc à grande eau ❸ SDEUTSCH *(abwaschen)* laver *Geschirr*

ab|stammen *vi kein PP* ***von jdm ~*** descendre de qn

Abstammung <-, -en> *f* origine *f*

Abstand *m* ❶ *(räumliche Distanz)* écart *m;* ***~ halten*** *(im Straßenverkehr)* garder les distances ❷ *(zeitliche Distanz)* intervalle *m* ❸ *(innere Distanz)* recul *m* ❹ SPORT *(Unterschied in der Wertung)* avance *f; (Rückstand)* retard *m;* ***mit großem ~ führen*** mener très largement ▶ **von etw ~ <u>nehmen</u>** *(form)* renoncer à qc; **<u>mit</u> ~** de loin

ab|statten ['apʃtatən] *vt* ***jdm einen Besuch ~*** rendre visite à qn

ab|stauben **I.** *vt* ❶ dépoussiérer *Möbel* ❷ *(fam: sich aneignen)* ***etw von/bei jdm ~*** resquiller qc à qn **II.** *vi* faire la poussière

ab|stechen *irr* **I.** *vt* saigner *fam* **II.** *vi* ***von jdm/etw ~*** se distinguer de qn/qc

Abstecher <-s, -> *m (Ausflug)* virée *f fam; (Umweg)* crochet *m*

ab|stecken *vt* ❶ *(markieren)* jalonner *Grundstück* ❷ *(feststecken)* épingler *Saum* ❸ *(umreißen)* esquisser les contours de *Ziel*

ab|stehen *vi irr Haare:* être hérissé; *Zöpfe:* être écarté; *Ohren:* être décollé

Absteige *f (fam)* ❶ *(Stundenhotel)* hôtel *m* de passe ❷ *(schäbiges Hotel)* hôtel *m* borgne

ab|steigen *vi irr + sein* ❶ *(heruntersteigen) Bergsteiger:* descendre; ***vom Fahrrad/Pferd ~*** descendre de vélo/de cheval ❷ *(fam: sich einquartieren)* ***in einer kleinen Pension ~*** descendre dans une petite pension ❸ *(sich verschlechtern)* ***in die zweite Liga ~*** descendre en deuxième division; ***beruflich/sozial ~*** régresser professionnellement/socialement

Absteiger <-s, -> *m* SPORT relégué *m*

ab|stellen *vt* ❶ *(hinstellen)* déposer; ***etw bei jdm ~*** déposer qc chez qn ❷ *(parken)* garer *Wagen* ❸ *(ausschalten)* débrancher *Computer;* arrêter *Motor;* couper *Gas* ❹ *(abkommandieren)* détacher

Abstellgleis *nt* voie *f* de garage **Abstellkammer** *f,* **Abstellraum** *m* débarras *m*

ab|stempeln *vt* ❶ tamponner *Brief* ❷ *(pej: abwerten)* ***jdn als Wichtigtuer ~*** cataloguer qn comme frimeur

ab|sterben *vi irr + sein* ❶ mourir ❷ *(gefühllos werden) Arm:* s'engourdir

Abstieg ['apʃtiːk] <-[e]s, -e> *m* ❶ *(das Hinabklettern)* descente *f* ❷ *(Verlust der sozialen Stellung)* déchéance *f* ❸ SPORT descente *f;* ***vom ~ bedroht sein*** être au bord de la relégation

ab|stillen **I.** *vt* sevrer *Baby* **II.** *vi* cesser d'allaiter

ab|stimmen **I.** *vi* voter; ***über etw*** *akk* ***~ lassen*** soumettre qc au vote **II.** *vt (in Einklang bringen)* accorder *Instrumente;* coordonner *Termine;* ***den Teppich und die Vorhänge aufeinander ~*** assortir le tapis et les rideaux **III.** *vr* ***sich mit jdm ~*** se mettre d'accord avec qn

Abstimmung *f (Stimmabgabe)* vote *m,* scrutin *m;* ***in geheimer ~*** à bulletin secret

Abstimmungsergebnis *nt* résultat *m* du scrutin

abstinent [apsti'nɛnt] *adj* abstinent(e)

Abstinenz [apsti'nɛnts] <-> *f* abstinence *f*

Abstinenzler(in) <-s, -> *m(f)* *(pej)* non-buveur, -euse *m, f*

Abstoß *m* SPORT dégagement *m*

ab|stoßen *irr* **I.** *vt* ❶ MED rejeter *Transplantat* ❷ *(anwidern)* dégoûter ❸ *(abschlagen)* écorner *Ecke, Stück* ❹ *(verkaufen)* vendre *Wertpapiere* ❺ *(nicht eindringen lassen)* être imperméable à *Wasser* ❻ *(wegstoßen)* ***das Boot vom Ufer*** ~ éloigner le bateau de la rive **II.** *vr (sich wegbewegen)* ***sich*** ~ s'élancer **III.** *vi Aussehen:* être répugnant

abstoßend *adj* répugnant(e)

Abstoßung <-, -en> *f* MED rejet *m*

ab|stottern *vt (fam)* *[**etw**]* ~ payer [qc] à tempérament; ***etw mit hundert Euro pro Monat*** ~ payer qc à raison de cent euros par mois

abstrahieren* [apstra'hi:rən] *vi* abstraire

abstrakt [ap'strakt] *adj* abstrait(e)

Abstraktion <-, -en> *f* abstraction *f*

ab|streifen *vt* ❶ retirer *Ring;* ôter *Handschuhe* ❷ DIAL *(reinigen)* essuyer *Schuhe, Füße*

ab|streiten *vt irr* ❶ nier *Tat;* dénier *Beteiligung* ❷ *(absprechen)* contester; ***das kann man nicht*** ~ il faut bien le reconnaître

Abstrich *m* ❶ *meist Pl (Streichung von Mitteln)* réduction *f;* ***erhebliche ~e an etw*** *dat* des coupes *fpl* sombres dans qc ❷ *Pl (Einschränkung)* ***~e machen müssen*** *(ideell)* devoir en rabattre; *(finanziell)* devoir se restreindre ❸ MED frottis *m*

abstrus [ap'stru:s] *adj (geh)* abscons(e), abstrus(e)

ab|stufen *vt* ❶ *(terrassieren)* étager ❷ *(staffeln)* échelonner *Gehälter* ❸ *(herabstufen)* rétrograder *Mitarbeiter;* réduire *Tarif* ❹ *(nuancieren)* dégrader *Farbtöne*

Abstufung <-, -en> *f* ❶ *(Geländestufe)* terrasse *f* ❷ *kein Pl (das Herabstufen) eines Mitarbeiters* rétrogradation *f; eines Tarifs* réduction *f* ❸ *(Staffelung)* barème *m* ❹ *(Nuance)* dégradé *m*

ab|stumpfen **I.** *vt + haben* abrutir *Person;* émousser *Gewissen* **II.** *vi* ❶ *+ sein Person:* s'abrutir; *Gewissen:* s'émousser ❷ *+ haben (abstumpfend wirken)* être abrutissant

Absturz *m* ❶ *eines Flugzeugs* écrasement *m; eines Bergsteigers* chute *f* ❷ INFORM *eines Computers* plantage *m fam*

ab|stürzen *vi + sein* ❶ *Flugzeug:* s'écraser; *Bergsteiger:* dévisser ❷ INFORM *Computer:* se bloquer

ab|stützen **I.** *vt* étayer *Decke* **II.** *vr* ***sich mit etw/an etw*** *dat* ~ s'appuyer sur qc/à qc

ab|suchen *vt* ❶ ratisser *Gegend* ❷ *(ableuchten)* ***etw*** ~ *Scheinwerfer:* balayer qc

absurd [ap'zʊrt] *adj* absurde

Absurdität [apzʊrdi'tɛ:t] <-, -en> *f* absurdité *f*

Abszess [aps'tsɛs] <-es, -e> *m* abcès *m*

Abt [apt, *Pl:* ɛptə] <-[e]s, Äbte> *m* abbé *m*

ab|tanzen *vi (fam)* ❶ *+ sein (fortgehen)* se casser ❷ *+ haben (ausdauernd tanzen)* danser tout son soûl

ab|tasten *vt* ❶ *a.* MED palper ❷ *(durchsuchen)* fouiller ❸ INFORM ***etw*** ~ *Scanner:* lire qc par balayage

ab|tauchen *vi + sein (fam: verschwinden)* se planquer

ab|tauen **I.** *vt + haben* dégivrer *Kühlschrank* **II.** *vi + sein Eis:* fondre

Abtei [ap'tai̯] <-, -en> *f* abbaye *f*

Abteil [ap'tai̯l] *nt* compartiment *m*

ab|teilen *vt* délimiter *Raum;* ***von etw eine Ecke*** ~ séparer un coin de qc

Abteilung [ap'tai̯lʊŋ] *f* ❶ *einer Firma, eines Krankenhauses* service *m; eines Geschäfts* rayon *m* ❷ MIL détachement *m*

Abteilungsleiter(in) *m(f) einer Firma* chef *mf* de service; *eines Geschäfts* chef de rayon

ab|tippen *vt (fam)* taper

Äbtissin [ɛp'tɪsɪn] <-, -nen> *f* abbesse *f*

ab|törnen ['aptœrnən] *vt* faire flipper

ab|töten *vt* tuer

ab|tragen *vt irr* ❶ user *Kleidung* ❷ *(geh: abbezahlen)* s'acquitter de *Schulden* ❸ *(geh: abräumen)* enlever *Geschirr* ❹ *(entfernen)* niveler *Gelände;* déblayer *Boden;* démolir *Mauer* ❺ GEOL éroder *Boden*

abträglich ['aptrɛ:klɪç] *adj Bemerkung* préjudiciable

ab|transportieren* *vt* ❶ *(wegfahren)* transporter *Bauschutt;* enlever *Müll* ❷ *(evakuieren)* évacuer *Opfer;* transférer *Gefangene*

ab|treiben *irr* **I.** *vt + haben* ❶ MED ***ein Kind ~ lassen*** se faire avorter d'un enfant ❷ *(forttreiben)* déporter *Ballon;* entraîner *Schwimmer* ❸ *(zu Tal treiben)* faire redescendre *Vieh;* ***die Kühe von der Alm*** ~ ramener les vaches du pâturage **II.** *vi* ❶ *+ haben* MED ~ ***lassen*** se faire avorter ❷ *+ sein (abkommen) Boot, Ballon:* dériver; ***vom Kurs*** ~ *Boot, Ballon:* dévier de sa route; ***vom Ufer*** ~ être entraîné au large

Abtreibung <-, -en> *f* avortement *m*

Abtreibungspille *f (fam)* pilule *f* abortive

ab|trennen *vt* ❶ *(abreißen)* détacher; ***etw von etw ~*** détacher qc de qc ❷ *(abmachen)* ***die Ärmel von etw ~*** découdre les manches de qc ❸ *(abteilen)* délimiter *Raum* ❹ *(abschneiden)* couper ❺ *(amputieren)* amputer

ab|treten *irr* **I.** *vt + haben* ❶ JUR céder ❷ *(fam: überlassen)* refiler ❸ *(abnutzen)* user *Teppich;* ***abgetretene Schuhe*** des chaussures *f pl* usées ❹ *(durch Treten entfernen)* secouer *Schnee;* gratter *Schmutz* **II.** *vi + sein* ❶ *(abgehen)* ***von der Bühne ~*** sortir de scène ❷ *(fam: sterben)* claquer ❸ MIL rompre les rangs

Abtreter <-s, -> *m (fam: Fußmatte)* paillasson *m; (Gitterrost)* décrottoir *m*

Abtretung <-, -en> *f* JUR cession *f*

ab|trocknen **I.** *vt* essuyer **II.** *vi* essuyer [la vaisselle] **III.** *vr* ***sich ~*** s'essuyer

ab|tropfen *vi + sein* [s']égoutter

Abtropfgestell *nt* égouttoir *m*

abtrünnig ['aptrʏnɪç] *adj Ketzer* renégat(e); *Provinz* dissident(e); ***dem Glauben ~ werden*** renier sa foi

Abtrünnige(r) *f(m) dekl wie adj* dissident(e) *m(f)*

ab|tun *vt irr* ❶ *(nicht beachten)* ignorer *Argument;* ***etw mit einem Achselzucken ~*** écarter qc d'un haussement d'épaules ❷ *(erledigen)* ***die Sache war mit einem Brief abgetan*** l'affaire était réglée par une lettre

ab|tupfen *vt* ❶ *(entfernen)* éponger *Blut;* essuyer *Tränen* ❷ *(reinigen)* essuyer *Gesicht;* nettoyer *Wunde*

ab|turnen ['aptœrnən] *s.* **abtörnen**

Abverkauf *m* SDEUTSCH, A *(Ausverkauf)* liquidation *f*

ab|verlangen* *vt* exiger; ***jdm etw ~*** exiger qc de qn

ab|wägen ['apvɛːgən] *vt irr* peser *Vorteile;* examiner avec soin *Angebot*

Abwägung <-, -en> *f der Vorteile, Nachteile* comparaison *f; eines Angebots, Plans* examen *m*

ab|wählen *vt* blackbouler *Person;* abandonner *Schulfach*

ab|wälzen *vt* se décharger de *Verantwortung;* répercuter *Kosten;* ***die Schuld/Arbeit auf jdn ~*** rejeter la faute/se décharger de la corvée sur qn

ab|wandeln *vt* modifier *Melodie*

ab|wandern *vi + sein* ❶ *(wegziehen)* déménager ❷ *(fig fam) Kapital:* fuir

Abwart(in) ['apvart] <-s, -e> *m(f)* CH gardien(ne) *m(f)* d'un/de l'immeuble

ab|warten *vt, vi* attendre *Ergebnis;* ***er kann es nicht ~ sie anzurufen*** il est impatient de lui téléphoner

abwärts ['apvɛrts] *adv* ❶ *(nach unten)* en bas; ***weiter ~*** plus bas ❷ *(fig)* ***vom Chef ~*** depuis le chef jusqu'en bas de la hiérarchie

Abwärtstrend *m* tendance *f* à la baisse

Abwasch ['apvaʃ] <-[e]s> *m (fam)* ***den ~ machen*** faire la vaisselle

abwaschbar *adj* lavable

ab|waschen *irr* **I.** *vt* ❶ *(säubern)* laver ❷ *(entfernen)* enlever **II.** *vi* faire la vaisselle

Abwasser <-wässer> *nt* eaux *f pl* usées; ***industrielle Abwässer*** eaux industrielles

Abwasseraufbereitung *f* traitement *m* des eaux usées **Abwasserkanal** *m,* **Abwasserleitung** *f* égout *m* **Abwasserreinigung** *f* épuration *f* des eaux usées

ab|wechseln *vr (im Wechsel handeln)* ***sich ~*** alterner; ***sich mit jdm ~*** alterner avec qn; ***sich beim Kochen/Spülen ~*** se relayer pour faire la cuisine/vaisselle

abwechselnd *adv (einer nach dem anderen)* à tour de rôle; *(eins nach dem anderen)* tour à tour

Abwechslung <-, -en> *f (Zerstreuung)* distraction *f; (Veränderung)* changement *m;* ***zur ~*** pour changer

abwechslungsreich *adj* varié(e)

Abweg *m meist Pl* ***auf ~e geraten*** sortir du droit chemin

abwegig ['apveːgɪç] *adj* aberrant(e)

Abwehr ['apveːɐ̯] *f* ❶ SPORT défense *f* ❷ MIL riposte *f* ❸ *(Spionageabwehr)* contre-espionnage *m* ❹ MED *(das Abwehren)* défense *f; (Abwehrsystem)* défenses *f pl* ❺ *(Ablehnung)* résistance *f*

ab|wehren **I.** *vt* ❶ *a.* MIL *(zurückschlagen)* repousser ❷ SPORT repousser *Strafstoß;* stopper *Angriff* ❸ *(abblocken)* parer *Schlag* ❹ *(abwenden)* écarter *Gefahr;* enrayer *Auswirkungen* **II.** *vi* ❶ *(ablehnen)* refuser; ***~d die Hände heben*** lever les mains en signe de dénégation ❷ SPORT dégager

Abwehrkräfte *Pl* MED défenses *f pl* [immunitaires] **Abwehrreaktion** *f* MED réaction *f* de défense **Abwehrspieler(in)** *m(f)* SPORT défenseur *m*

ab|weichen *vi irr + sein* ❶ *(nicht befolgen)* ***von etw ~*** s'écarter de qc ❷ *(sich unterscheiden)* ***von etw ~*** *Auffassung:* s'écarter de qc; ***voneinander ~*** diverger; ***~d*** *Meinung* différent ❸ *(abkommen)* ***vom Kurs ~*** dévier de sa route

Abweichung <-, -en> *f* ❶ *(Unterschiedlichkeit)* divergence *f* ❷ *(Kursabwei-*

chung) déviation *f* ❸ TECH *(Differenz)* écart *m*

ab|weisen *vt irr* ❶ *(wegschicken)* renvoyer ❷ *(ablehnen)* rejeter *Bitte;* refuser *Bewerber*

abweisend *adj* rebutant(e); *~ **zu jdm sein*** être bourru avec qn

Abweisung *f* ❶ *einer Person* renvoi *m* ❷ *(das Ablehnen) eines Antrags, einer Bitte* rejet *m*

ab|wenden *irr o reg* **I.** *vr (geh: sich wegdrehen)* ***sich ~*** se détourner; ***sich von jdm/der Tür ~*** tourner le dos à qn/la porte **II.** *vt* ❶ *(verhindern)* éviter *Folgen;* détourner *Unheil;* écarter *Gefahr* ❷ *(geh: zur Seite wenden)* détourner *Blick*

ab|werben *vt irr* débaucher *Mitarbeiter;* racoler *Kunden*

ab|werfen *irr* **I.** *vt* ❶ *(aus der Luft werfen)* lâcher *Ballast;* parachuter *Hilfsgüter;* lancer *Flugblätter;* larguer *Bomben* ❷ *(zu Boden werfen)* ***jdn ~*** *Reittier:* désarçonner qn ❸ *(verlieren)* perdre *Blätter* ❹ *(erzielen)* rapporter *Gewinn* ❺ *(geh: abschütteln)* secouer *Joch;* briser *Fesseln* ❻ SPIEL se défausser de *Karte* **II.** *vi Torwart:* dégager [à la main]

ab|werten *vt* FIN dévaluer *Währung*

abwertend *adj* péjoratif, -ive

Abwertung *f einer Währung* dévaluation *f*

abwesend ['apveːzənt] *adj* absent(e)

Abwesende(r) *f(m) dekl wie adj* absent(e) *m(f)*

Abwesenheit <-, -en> *f (opp: Anwesenheit)* absence *f*

Abwesenheitsnotiz *f* INFORM réponse *f* automatique d'absence du bureau

ab|wickeln *vt* ❶ *(herunterwickeln)* défaire *Verband;* ***etw von einer Rolle ~*** dérouler qc d'un rouleau; ***die Wolle von der Spule ~*** débobiner la laine ❷ *(erledigen)* exécuter *Auftrag;* réaliser *Geschäft*

Abwicklung <-, -en> *f (Erledigung) eines Auftrags* exécution *f; eines Geschäfts* réalisation *f*

ab|wiegen *vt irr* peser

ab|wimmeln *vt (fam)* envoyer balader *Vertreter;* ***sich nicht so leicht ~ lassen*** ne pas se laisser rebuter si facilement

ab|winkeln *vt* plier *Arm, Bein*

ab|winken *vi* faire un geste de dénégation ▶ **bis zum Abwinken** *(fam)* à faire crier grâce

ab|wischen *vt* essuyer

ab|wracken *vt* mettre à la ferraille

Abwrackprämie *f* POL, ÖKON prime *f* à la casse

Abwurf *m* ❶ *von Ballast* lâchage *m; von Bomben* largage *m* ❷ SPORT dégagement *m* [à la main]

ab|würgen *vt (fam)* ❶ caler *Motor* ❷ *(im Keim ersticken)* couper court à *Diskussion;* étouffer *Forderung*

ab|zahlen *vt* ❶ *(zurückzahlen)* rembourser *Kredit* ❷ *(in Raten bezahlen)* ***etw ~*** payer qc à tempérament; ***etw in Raten ~*** payer qc en plusieurs versements

ab|zählen **I.** *vt* compter *Betrag;* ***das Fahrgeld abgezählt bereithalten*** préparer l'appoint du prix du billet **II.** *vi* compter

Abzahlung *f eines Kredits* remboursement *m*

ab|zapfen ['aptsapfən] *vt* ❶ *(zapfen)* tirer *Bier, Wein;* ***Benzin aus dem Tank ~*** siphonner de l'essence du réservoir ❷ *(fam: abnehmen)* ***jdm Geld ~*** soutirer de l'argent à qn *fam*

Abzeichen *nt* insigne *m*

ab|zeichnen **I.** *vt* ❶ *(abmalen)* reproduire ❷ *(signieren)* signer **II.** *vr* **sich ~** ❶ *(erkennbar werden)* se profiler ❷ *(durchscheinen) Unterwäsche, Träger:* se dessiner

Abziehbild *nt* décalcomanie *f*

ab|ziehen *irr* **I.** *vi* ❶ *+ sein* MIL se retirer ❷ *+ sein (fam: weggehen)* décamper; ***zieh ab!*** *(fam)* fiche le camp! ❸ *+ sein (wegziehen) Rauch:* se dissiper; *Gewitter:* s'éloigner **II.** *vt + haben* ❶ *(einbehalten)* retenir *Steuern* ❷ *(abrechnen)* déduire *Betrag* ❸ *(subtrahieren)* retrancher *Zahlen* ❹ *(entnehmen)* retirer ❺ *(entfernen)* ***jdm die Haut ~*** écorcher qn; ***einem Tier das Fell ~*** dépouiller un animal ❻ *(von den Bezügen befreien)* ***das Bett ~*** retirer les draps [du lit] ❼ *(abfüllen)* tirer *Most, Wein;* ***Wein auf Flaschen ~*** mettre du vin en bouteilles ❽ *(vervielfältigen)* tirer *Text, Vorlage*

ab|zielen *vi* ❶ *(treffen wollen)* ***auf jdn/etw ~*** *Bemerkung, Seitenhieb:* viser qn/qc; ***worauf zielst du mit deiner Bemerkung ab?*** où veux-tu en venir avec ta remarque? ❷ *(zum Ziel haben)* ***auf etw** akk **~*** *Person:* avoir qc en vue; *Gesetz, Maßnahme:* viser à qc

Abzocke ['aptsɔkə] <-> *f (fam)* ❶ *(Übervorteilung)* arnaque *f fam;* ***das ist die reinste ~!*** c'est vraiment l'arnaque! ❷ *(Habgier, rücksichtslose Selbstbereicherung)* magouille *f gén pl fam;* ***die ~ dieser Topmanager*** les magouilles de ces cadres supérieurs *fam*

ab|zocken *vt (fam)* arnaquer

Abzug *m* ❶ *(Einbehalt) von Sozialabgaben*

retenue *f* ❷ *(das Abziehen) eines Rabatts* déduction *f* ❸ *(Vervielfältigung)* copie *f* ❹ *(Bilderabzug)* épreuve *f* ❺ *kein Pl* MIL retrait *m* ❻ FIN *von Kapital* retrait *m* ❼ *(Luftzufuhr) eines Kamins* tirage *m; (Abzugsöffnung)* conduit *m* de fumée ❽ *(Drücker) einer Schusswaffe* détente *f*

ạbzüglich ['aptsy:klɪç] *präp +gen* déduction faite de

Ạbzugsrohr *nt* tuyau *m* de cheminée

ạb|zweigen I. *vi + sein* bifurquer; ***von etw ~*** *Weg, Gleis:* bifurquer de qc; ***an etw*** *dat*/***von etw ~*** *Kabel:* partir de qc II. *vt + haben (fam)* ***hundert Euro von etw ~*** prélever cent euros sur qc

Ạbzweigung <-, -en> *f eines Wegs* embranchement *m; eines Kabels* branchement *m*

Accessoire [aksɛ'so̯a:ɐ̯] <-s, -s> *nt* accessoire *m*

Account [ə'ka̯unt] <-s, -s> *m o nt* INFORM compte *m;* ***sich*** *dat* ***ein*** [*o* ***einen***] ***~ einrichten*** créer un compte

ạch [ax] *interj* ❶ *(Ausruf der Verärgerung)* ah; ***~ was!*** allons donc! ❷ *(Ausruf der Überraschung)* ah; ***~ nein!*** *(fam)* allons bon!; ***~ wirklich?*** ah oui?; ***~ so!*** *(nun gut)* bon, bon!; *(aha)* ah bon!

Ạch [ax] <-s, -[s]> *nt* ▶ **mit ~ und Krach** *(fam)* de justesse

Achịllesferse [a'xɪlɛs-] *f* talon *m* d'Achille

Achịllessehne *f* tendon *m* d'Achille

Ạchse ['aksə] <-, -n> *f* ❶ *eines Fahrzeugs* essieu *m* ❷ PHYS, MATH axe *m* ▶ **auf ~ sein** *(fam)* être [toujours] sur les chemins

Ạchsel ['aksəl] <-, -n> *f* ❶ *(Achselhöhle)* aisselle *f* ❷ *(Schulter)* épaule *f;* ***mit den ~n zucken*** hausser les épaules

Ạchselhaare *Pl* poils *mpl* des aisselles

Ạchselhöhle *f* aisselle *f* **Ạchselzucken** <-s> *nt* haussement *m* d'épaules **ạchselzuckend** *adv* en haussant les épaules

Ạchsenbruch *m* rupture *f* d'essieu

ạcht[1] [axt] *num* huit; ***~ [Jahre alt] sein*** avoir huit ans; ***mit ~ [Jahren]*** à huit ans; ***es ist ~ [Uhr]*** il est huit heures; ***um/gegen ~ [Uhr]*** à/vers huit heures; ***kurz vor ~*** peu avant huit heures; ***es ist schon kurz nach ~*** il est déjà huit heures passées; ***alle ~ Stunden*** toutes les huit heures; ***heute/[am] Montag in ~ Tagen*** dans huit jours/lundi en huit; ***es steht ~ zu drei*** le score est de huit à trois

ạcht[2] [axt] *adv* ***zu ~ sein*** être huit; ***etw zu ~ tun*** faire qc à huit

Ạcht[1] [axt] <-, -en> *f* ❶ *(Zahl, Spielkarte)* huit *m* ❷ *kein Pl (U-Bahn-, Bus-, Straßenbahnlinie)* huit *m* ❸ *(einer Acht ähnelnde Form, Linie)* ***eine ~ haben/laufen*** faire un huit

Ạcht[2] [axt] <-> *f* ***~ geben*** faire attention; ***auf jdn/etw ~ geben*** surveiller qn/qc; ***~ geben, dass …*** veiller à ce que … *+subj;* ***außer ~ lassen*** ne pas tenir compte de; ***nicht außer ~ lassen*** ne pas négliger; ***nimm dich in ~!*** prends garde [à toi]!; ***sich in ~ nehmen*** se tenir sur ses gardes; ***sich vor jdm/etw in ~ nehmen*** se méfier de qn/qc; *s. a.* **achtgeben**

ạchtbar *adj (geh)* honorable

ạchte(r, s) *adj* ❶ huitième; ***jeder ~ Franzose*** un Français sur huit ❷ *(bei Datumsangaben)* ***der ~ März*** le huit mars; ***am ~n März*** le huit mars; ***am Freitag, den ~n März*** le vendredi huit mars; ***Bonn, den ~n März*** Bonn, le huit mars

Ạchte(r) *f(m) dekl wie adj* ❶ ***als ~r/~*** en huitième position; ***jeder ~*** une personne sur huit ❷ *(bei Datumsangabe)* ***der ~/am ~n*** le huit ❸ *(als Namenszusatz)* ***Karl der ~*** Charles VIII

Ạchteck ['axtʔɛk] *nt* octogone *m* **ạchteckig** *adj* octogonal(e)

ạchteinhạlb ['axtʔa̯in'halp] *num* ***~ Meter*** huit mètres et demi

ạchtel ['axtəl] *adj* ***ein ~ Gramm*** un huitième de gramme

Ạchtel ['axtəl] <-s, -> *nt* ❶ *a.* MATH huitième *m* ❷ *(Achtelliter)* ballon *m* ❸ *(achtel Pfund)* ***ein ~ Butter*** une demi-plaquette de beurre

Ạchtelfinale *nt* huitième *m* de finale **Ạchtelnote** *f* croche *f*

ạchten ['axtən] I. *vt* ❶ *(wertschätzen)* estimer; ***jdn hoch ~*** tenir qn en haute estime; ***etw hoch ~*** estimer beaucoup qc ❷ *(respektieren)* respecter *Gesetze* II. *vi* ❶ *(aufpassen)* ***auf jdn/etw ~*** surveiller qn/qc ❷ *(beachten)* ***auf jdn/etw ~*** faire attention à qn/qc ❸ *(sehen auf)* ***darauf ~ etw zu tun*** veiller à faire qc

ạ̈chten ['ɛxtən] *vt* ❶ HIST proscrire ❷ *(verdammen)* ***jdn ~*** frapper qn d'ostracisme

ạchtens ['axtəns] *adv* huitièmement

ạchtenswert *adj Person* respectable; *Leistung* méritoire

Ạchter ['axtɐ] <-s, -> *m (Ruderboot)* huit *m*

Ạchterbahn *f* grand huit *m*

ạchterlei *adj inv* ***~ Sorten Brot*** huit sortes de pain; ***in ~ Größen*** en huit tailles

ạchtern *adv* NAUT à l'arrière

ạchtfach I. *adj* octuple; ***eine ~e Vergrößerung*** un agrandissement huit fois plus grand; ***die ~e Menge nehmen*** prendre huit fois cette quantité; ***in ~er Ausfertigung*** en huit exemplaires **II.** *adv falten* huit fois; *ausfertigen* en huit exemplaires

Ạchtfache(s) *nt dekl wie adj* octuple *m;* ***das ~ verdienen*** gagner huit fois plus; ***um das ~*** de huit fois; ***um das ~ höher*** huit fois plus élevé

ạcht|geben *irreg vi* faire attention; ***auf jdn/etw ~*** surveiller qn/qc; ***~, dass ...*** veiller à ce que ... *+subj*

ạchthụndert ['axt'hʊndɐt] *num* huit cents

ạchtjährig ['axtjɛːrɪç] *adj Kind* de huit ans

ạchtkantig I. *adj* à huit arêtes **II.** *adv* ▶ **jdn ~ rauswerfen** *(fam)* ficher qn dehors

ạchtlos I. *adj* inattentif, -ive; ***~ sein*** ne pas faire attention **II.** *adv* sans faire attention

Ạchtlosigkeit <-> *f* inattention *f*

ạchtmal *adv* huit fois; ***~ so viel*** huit fois plus; ***~ so viele ...*** huit fois plus de ...

ạchtsam I. *adj (geh)* précautionneux, -euse; ***~ mit etw sein*** faire attention à qc **II.** *adv (geh)* soigneusement

Ạchtsamkeit <-> *f (geh)* soin *m*

Achtstụndentag [axt'ʃtʊndəntaːk] *m* journée *f* de huit heures

ạchtstündig *adj attr* de huit heures

ạchttägig ['axttɛːgɪç] *adj attr* de huit jours

ạchttausend ['axt'tauzənt] *num* huit mille

Achtundsẹchziger(in) <-s, -> *m(f)* soixante-huitard(e) *m(f) fam*

Ạchtung ['axtʊŋ] <-> *f* ❶ *(Wertschätzung)* respect *m;* ***sich dat ~ bei jdm verschaffen*** imposer le respect à qn ❷ *(Vorsicht)* ***~!*** attention!; ***~, fertig, los!*** attention! prêts? partez! ▶ **alle ~!** chapeau bas!

Ạ̈chtung ['ɛçtʊŋ] <-, -en> *f* ❶ *a.* HIST proscription *f* ❷ *(Verdammung) von Gewalt, von Kriegen* condamnation *f*

ạchtzehn *num* dix-huit; *s. a.* **acht**[1] **ạchtzehnte(r, s)** *adj* dix-huitième; *s. a.* **achte(r, s)**

ạchtzeilig *adj Gedicht, Strophe* de huit vers; *Text* de huit lignes

ạchtzig ['axtsɪç] *num* quatre-vingts, huitante CH, octante BELG; ***~ [Jahre alt] sein*** avoir quatre-vingts ans; ***mit ~ [Jahren]*** à quatre-vingts ans; ***mit ~ Stundenkilometern*** à quatre-vingts kilomètres à l'heure ▶ **jdn mit etw auf ~ bringen** *(fam)* mettre qn en pétard avec qc; **auf ~ sein** *(fam)* être en pétard

Ạchtzig ['axtsɪç] <-, -en> *f* quatre-vingts *m*

ạchtziger ['axtsɪgɐ] *adj inv* ***die ~ Jahre*** les années *fpl* quatre-vingts; ***der ~ Jahrgang*** *(Wein)* la cuvée quatre-vingts; *(fig: Menschen)* la promotion quatre-vingts; *s. a.* **Achtzigerjahre**

Ạchtziger[1] <-s, -> *m* ❶ *(Mann in den Achtzigern)* octogénaire *m* ❷ *s.* **Achtzigjährige(r)**

Ạchtziger[2] *Pl* ❶ *eines Jahrhunderts* ***die ~*** les années *fpl* quatre-vingts ❷ *(Lebensalter)* ***in den ~n sein*** être octogénaire

Ạchtzigerjahre, 80er-Jahre ['axtsɪgɐ-] *Pl* ***die ~*** les années *fpl* quatre-vingts

ạchtzigjährig ['axtsɪçjɛːrɪç] *adj attr* de quatre-vingts ans

Ạchtzigjährige(r) *f(m) dekl wie adj* homme *m* /femme *f* de quatre-vingts ans

ạchtzigste(r, s) ['axtsɪçstə, -stɐ, -stəs] *adj* quatre-vingtième; ***jdm zum ~n Geburtstag gratulieren*** féliciter qn pour son quatre-vingtième anniversaire

ạ̈chzen ['ɛçtsən] *vi* ❶ gémir; ***vor Schmerzen/Anstrengung ~*** gémir de douleur/sous l'effort; ***das/ein Ächzen*** les gémissements/un gémissement; ***~ und stöhnen*** *(fam)* geindre ❷ *(knarren) Baum, Haus:* grincer

Ạcker ['akɐ, *Pl:* 'ɛkɐ] <-s, Ạ̈cker> *m* champ *m*

Ạckerbau *m kein Pl* agriculture *f* **Ạckerland** *nt kein Pl* terre *f* arable

ạckern *vi (fam)* bosser

Acryl [a'kryːl] <-s> *nt* CHEM acrylique *m*

Acrylfarbe *f* peinture *f* acrylique

Action ['ɛkʃən] <-> *f (fam: spannende Handlung)* action *f; (lebhafte Stimmung)* animation *f*

Actionfilm *m* film *m* d'action

a.D. [aː'deː] *Abk von* **außer Dienst** E.R.

ad absụrdum [at ap'zʊrdʊm] *adv* ***etw ~ führen*** *(geh)* prouver l'absurdité de qc

ADAC [aːdeːʔaː'tseː] <-> *m Abk von* **Allgemeiner Deutscher Automobil-Club** *club automobile allemand*

ad ạcta [at 'akta] *adv* ***etw ~ legen*** *(geh)* classer [définitivement] qc

Adamsapfel *m (fam)* pomme *f* d'Adam **Adamskostüm** *nt* ▶ **im ~** *(hum fam)* en costume d'Adam

Adạpter [a'daptɐ] <-s, -> *m* TECH adaptateur *m*

adaptieren* *vt* ❶ adapter; ***etw fürs Fernsehen ~*** adapter qc pour la télévision ❷ A *(einrichten)* aménager *Wohnung*

Adaption <-, -en> *f* ❶ *kein Pl (Anpassung) der Augen* accommodation *f; des Organismus* adaptation *f* ❷ *(Bearbeitung)* adaptation *f*

adäquat [adɛ'kvaːt] *adj Honorar* convenable; *Übersetzung* juste; *Verhalten* adéquat(e)

Adäquatheit <-> *f einer Übersetzung, Kritik* justesse *f; eines Verhaltens* adéquation *f; einer Belohnung, Stellung* rapport *m* convenable

Adblocker ['ædblɔkɐ] <-s, -> *m* INFORM bloqueur *m* de pub

addieren* [a'di:rən] *vt* additionner *Zahlen*

Addition [adi'tsi̯o:n] <-, -en> *f* addition *f*

ade [a'de:] *interj* SDEUTSCH au revoir

Adel ['a:dəl] <-s> *m (Adelsgeschlechter)* noblesse *f; **von ~ sein*** être noble

adelig *adj s.* **adlig**

Adelige(r) *s.* **Adlige(r)**

adeln *vt (den Adel verleihen)* anoblir

Adelstitel *m* titre *m* nobiliaire

Ader ['a:dɐ] <-, -n> *f* ❶ ANAT veine *f* ❷ MIN filon *m* ❸ ELEC fil *m* ❹ BOT nervure *f* ▶ **eine künstlerische ~ haben** avoir un don pour l'art

Äderchen <-s, -> *nt Dim von* **Ader** veinule *f*

Aderlass ['a:dɐlas] <-es, -lässe> *m (geh: Verlust)* hémorragie *f*

ad hoc [at 'hɔk] *adv (geh)* sur-le-champ

adieu [a'di̯ø:] *interj s.* **ade**

Adjektiv ['atjɛkti:f] <-s, -e> *nt* adjectif *m*

adjektivisch ['atjɛkti:vɪʃ] *adj* adjectival(e)

Adler ['a:dlɐ] <-s, -> *m* aigle *m*

Adlerauge *nt* œil *m* d'aigle ▶ **~n haben** avoir un regard d'aigle **Adlernase** *f* nez *m* aquilin

adlig ['a:dlɪç] *adj* noble **Adlige(r)** *f(m) dekl wie adj* noble *mf*

Administration [atminɪstra'tsi̯o:n] <-, -en> *f* administration *f*

administrativ [atminɪstra'ti:f] *adj* administratif, -ive

Administrator, **Administratorin** [atminɪs'tra:to:ɐ̯] <-s, -toren> *m, f* INFORM administrateur, -trice *m, f*

Admiral(in) [atmi'ra:l] <-s, -e *o* Admiräle> *m(f)* MIL amiral *m*

adoptieren* [adɔp'ti:rən] *vt* adopter

Adoption [adɔp'tsi̯o:n] <-, -en> *f* adoption *f*

Adoptiveltern *Pl* parents *mpl* adoptifs **Adoptivkind** *nt* [enfant *m*] adopté *m*

Adrenalin [adrena'li:n] <-s> *nt* adrénaline *f*

Adrenalinstoß *m* décharge *f* d'adrénaline

Adressat(in) [adrɛ'sa:t] <-en, -en> *m(f) (geh: Empfänger)* destinataire *mf*

Adressbuch *nt* ❶ *(amtliches Verzeichnis)* annuaire *m* ❷ *(Notizbuch)* carnet *m* d'adresses

Adresse [a'drɛsə] <-, -n> *f* ❶ *a.* INFORM adresse *f* ❷ *(Firma, Firmenname)* ***die ersten ~n*** les meilleures maisons *fpl; **eine der besten ~n für Software*** une des meilleures marques de logiciels ▶ **bei jdm mit etw an der falschen ~ sein** *(fam)* se tromper d'adresse pour qc en s'adressant à qn

Adressenliste *f* liste *f* d'adresses

adressieren* [adrɛ'si:rən] *vt* mettre l'adresse sur; ***etw an jdn/etw ~*** adresser qc à qn/qc

adrett [a'drɛt] **I.** *adj* coquet(te) **II.** *adv* coquettement

Adria ['a:dria] <-> *f **die ~*** l'Adriatique *f*

ADS [a:de:'ʔɛs] <-> *nt Abk von* **Aufmerksamkeitsdefizit-Syndrom** MED, PSYCH TDA *m*

A-Dur ['a:du:ɐ̯] *nt* la *m* majeur

Advent [at'vɛnt] <-s, -e> *m* avent *m*

Adventskalender *m* calendrier *m* de l'avent **Adventskranz** *m* ≈ couronne *f* de l'avent **Adventszeit** *f* temps *m* de l'avent

Adverb [at'vɛrp] <-s, -ien> *nt* adverbe *m*

adverbial [atvɛr'bi̯a:l] *adj* adverbial(e)

Adverbialsatz *m* GRAM subordonnée *f* circonstancielle

Advokat(in) [atvo'ka:t] <-en, -en> *m(f)* A, CH avocat(e) *m(f)*

Aerobic [ɛ'ro:bɪk] <-s> *nt* aérobic *f*

Aerodynamik [aerody'na:mɪk] *f* ❶ PHYS aérodynamique *f* ❷ AUT aérodynamisme *m* **aerodynamisch** [aerody'na:mɪʃ] *adj Verhalten, Form* aérodynamique

Affäre [a'fɛ:rə] <-, -n> *f* ❶ *(Angelegenheit)* affaire *f* ❷ *(Liebesabenteuer)* aventure *f* ▶ **sich mit etw aus der ~ ziehen** *(fam)* se dépatouiller en faisant qc

Affe ['afə] <-n, -n> *m* ❶ singe *m* ❷ *(fam: unangenehmer Mensch)* conard *m* ▶ **ich glaub', mich laust der ~!** *(fam)* les bras m'en tombent!

Affekt [a'fɛkt] <-[e]s, -e> *m* JUR [im]pulsion *f; **etw im ~ tun*** faire qc sous le coup d'une émotion

Affekthandlung *f* acte *m* impulsif

affektiert [afɛk'ti:ɐ̯t] *(pej)* **I.** *adj Person* maniéré(e); *Benehmen, Stil* affecté(e) **II.** *adv* avec affectation

affenartig *adj* simiesque

affengeil ['afən'gail] *adj (fam)* génial(e)

Affenhitze *f (fam)* chaleur *f* à crever **Affentempo** *nt (fam)* vitesse *f* dingue; ***in einem ~*** à fond la caisse **Affentheater** *nt (fam)* cirque *m*

Affiche [a'fɪʃ(ə)] <-, -n> *f* CH affiche *f*

affig ['afɪç] *(pej fam)* **I.** *adj Benehmen* chichiteux, -euse; *Eindruck* ridicule **II.** *adv* ***sich ~ anstellen*** faire des simagrées

Äffin ['ɛfɪn] <-, -nen> *f* guenon *f*

Affinität [afini'tɛːt] <-, -en> *f (geh)* affinité *f;* ***~ zu jdm/etw*** affinité *f* avec qn/qc

affirmativ [afɪrma'tiːf] *adj* affirmatif, -ive

Affront [a'frɔ̃ː] <-s, -s> *m (geh)* affront *m;* ***~ gegen jdn/etw*** affront à qn/outrage *m* à qc

Afghane, **Afghanin** [af'gaːnə] <-n, -n> *m, f* Afghan(e) *m(f)*

afghanisch [af'gaːnɪʃ] **I.** *adj* afghan(e) **II.** *adv* ***~ miteinander sprechen*** discuter en afghan; *s. a.* **deutsch**

Afghanisch [af'gaːnɪʃ] <-[s]> *nt kein Art* afghan *m; s. a.* **Deutsch**

Afghanistan [af'gaːnɪstaːn] <-s> *nt* l'Afghanistan *m*

Afrika ['aːfrika] <-s> *nt* l'Afrique *f*

Afrikaans [afri'kaːns] <-> *nt* afrika[a]ns *m*

Afrikaner(in) [afri'kaːnɐ] <-s, -> *m(f)* Africain(e) *m(f)*

afrikanisch *adj* africain(e)

After ['aftɐ] <-s, -> *m* anus *m*

Aftershave ['aːftɐʃeɪf] <-[s], -s> *nt* après-rasage *m*

After-Work-Party, **Afterworkparty** ['aːftɐ(')wəːk-] *f* [soirée *f*] afterwork *m*

AG [aː'geː] <-, -s> *f Abk von* **Aktiengesellschaft** S.A. *f*

Ägäis [ɛ'gɛːɪs] <-> *f* ***die ~*** la mer Égée

Agave [aga:və] <-, -n> *f* agave *m*

Agenda [a'gɛnda] <-, Agenden> *f* agenda *f*

Agent(in) [a'gɛnt] <-en, -en> *m(f)* agent *m*

Agentur [agɛn'tuːɐ̯] <-, -en> *f* COM, MEDIA agence *f*

AGG [aːgeː'geː] <-s> *nt Abk von* **Allgemeines Gleichbehandlungsgesetz** JUR *loi allemande pour l'égalité de traitement*

Agglomeration [aglomera'tsi̯oːn] <-, -en> *f (geh)* région *f* à forte concentration urbaine

Aggregat [agre'gaːt] <-[e]s, -e> *nt* TECH organe *m; (Stromaggregat)* groupe *m* électrogène

Aggregatzustand *m* CHEM état *m* physique [de la matière]; ***flüssiger/fester/gasförmiger ~*** état liquide/solide/gazeux

Aggression [agrɛ'si̯oːn] <-, -en> *f* ❶ PSYCH agressivité *f pas de pl* ❷ MIL agression *f*

aggressiv [agrɛ'siːf] *adj* ❶ agressif, -ive ❷ CHEM *Stoff* corrosif, -ive

Aggressivität [agrɛsivi'tɛːt] <-, -en> *f* agressivité *f*

Aggressor [a'grɛsoːɐ̯] <-s, -ssoren> *m (form)* agresseur *m*

agieren* [a'giːrən] *vi (geh)* agir; ***als Vermittler ~*** faire fonction d'intermédiaire

agil [a'giːl] *adj (geh)* ❶ *(beweglich)* ingambe ❷ *(geistig regsam)* alerte

Agitation [agita'tsi̯oːn] <-, -en> *f* agitation *f*

Agitator, **Agitatorin** [agi'taːtoːɐ̯] <-s, -toren> *m, f* agitateur, -trice *m, f*

Agnostizismus [agnɔsti'tsɪsmʊs] <-; *kein Pl*> *m* PHILOS agnosticisme *m*

Agonie [ago'niː] <-, -ien> *f (geh)* agonie *f*

Agrarerzeugnis *nt* produit *m* agricole **Agrarland** *nt* pays *m* agricole **Agrarmarkt** *m* marché *m* agricole **Agrarpolitik** *f* politique *f* agricole **Agrarreform** *f* réforme *f* agraire **Agrarwirtschaft** *f kein Pl* agriculture *f pas de pl* **Agrarwissenschaft** *f* agronomie *f*

Ägypten [ɛ'gʏptən] <-s> *nt* l'Égypte *f*

Ägypter(in) [ɛ'gʏptɐ] <-s, -> *m(f)* Égyptien(ne) *m(f)*

ägyptisch [ɛ'gʏptɪʃ] *adj* égyptien(ne)

Ägyptisch *nt* l'égyptien *m*

ah [aː] *interj (Ausruf des Erstaunens)* ah

äh [ɛː] *interj (Pausenfüller)* euh

aha [a'ha(ː)] *interj* ❶ *(ach so)* ha [ha] ❷ *(sieh da)* tiens [tiens]

Aha-Erlebnis *nt* déclic *m*

Ahn [aːn] <-[e]s *o* -en, -en> *m (geh)* ancêtre *m;* ***unsere ~en*** nos aïeux *mpl*

ahnden ['aːndən] *vt (form)* sanctionner *Verstoß;* punir *Verbrechen*

Ahne[1] *s.* **Ahn**

Ahne[2] <-, -n> *f (selten)* ancêtre *f soutenu*

ähneln ['ɛːnəln] **I.** *vi* ressembler; ***jdm/einer S. ~*** ressembler à qn/qc **II.** *vr* ***sich*** *dat* ~ *(geh)* se ressembler

ahnen ['aːnən] *vt* ❶ se douter de *Ereignis;* pressentir *Gefahr;* ***nichts ~d*** pris au dépourvu; *handeln* sans se douter de rien; ***das konnte ich doch nicht ~!*** je ne pouvais pas le deviner! ❷ *(undeutlich wahrnehmen)* deviner *Umrisse*

Ahnenforschung *f* généalogie *f* **Ahnengalerie** *f* galerie *f* des ancêtres **Ahnentafel** *f* arbre *m* généalogique

ähnlich ['ɛːnlɪç] **I.** *adj* semblable; ***in ~er Weise*** de façon similaire **II.** *adv* de la même façon; ***sie ist ~ unverfroren wie ihr Bruder*** elle est aussi effrontée que son frère ▶ **das sieht ihm [ganz] ~!** *(fam)* c'est bien de lui! **III.** *präp +dat* comme

Ähnlichkeit <-, -en> *f* ❶ *(ähnliches Aussehen)* ressemblance *f;* ***mit jdm/etw ~***

A

haben ressembler à qn/qc ❷ *(Vergleichbarkeit) einer Tat* similitude

ähnlich|sehen *vi irr (typisch oder bezeichnend sein)* ***das sieht ihm/ihr [wieder mal] ähnlich!*** c'est bien de lui/d'elle!

Ahnung <-, -en> *f* ❶ *(Vorgefühl)* pressentiment *m* ❷ *(Vermutung)* présomption *f;* ***er hatte keine ~, dass*** il ne s'est pas douté que *+subj;* ***ich hatte ja keine ~!*** je n'étais pas du tout au courant!; ***keine ~!*** *(fam)* aucune idée! ❸ *(fam: Wissen)* ***~/ keine ~ von EDV haben*** s'y connaître/ n'y rien connaître en informatique ▸ **keine blasse ~ von etw haben** *(fam)* ne pas avoir la moindre idée de qc

ahnungslos I. *adj* ❶ *(arglos)* inconscient(e) [du danger]; ***~ sein*** ne se douter de rien ❷ *(unwissend)* ***~ sein*** être ignorant **II.** *adv (arglos)* sans se douter de rien

ahoi [a'hɔy] *interj* ohé

Ahorn ['a:hɔrn] <-s, -e> *m* érable *m*

Ahornsirup *m* sirop *m* d'érable

Ähre ['ɛ:rə] <-, -n> *f (Blütenstand)* épi *m*

Aids [ɛɪds, e:ts] <-> *nt* sida *m*

Aidshilfe *f* association *f* antisida **aidsinfiziert** *adj* séropositif, -ive **aidskrank** *adj* sidaïque **Aidskranke(r)** *f(m) dekl wie adj* sidaïque *mf* **Aidstest** *m* test *m* de dépistage du sida **Aidsvirus** *nt* virus *m* du sida

Aikido [ai'ki:do] <-[s]> *nt* SPORT aïkido *m*

Airbag ['ɛ:ɐbɛk] <-s, -s> *m* airbag® *m*

Airbus® ['ɛ:ɐbʊs] *m* airbus® *m*

Ajatollah [aja'tɔla] <-s, -s> *m* ayatollah *m*

Akademie [akade'mi:] <-, -ien> *f* ≈ institut *m* universitaire de technologie; *(Kunstakademie)* école *f* des beaux-arts

Akademiker(in) [aka'de:mikɐ] <-s, -> *m(f)* diplômé(e) *m(f)* de l'enseignement supérieur

Falsche Freunde

Nicht verwechseln mit *un académicien - ein Mitglied der Académie française!*

akademisch [aka'de:mɪʃ] *adj* universitaire

Akazie [a'ka:tsi̯ə] <-, -n> *f* acacia *m*

akklimatisieren* [aklimati'zi:rən] *vr sich* ~ s'acclimater

Akklimatisierung <-> *f* ***~ an etw*** acclimatement *m* à qc

Akkord [a'kɔrt] <-[e]s, -e> *m* ❶ MUS accord *m* ❷ ÖKON ***im ~ arbeiten*** travailler aux pièces

Akkordarbeit *f* travail *m* à la tâche **Akkordarbeiter(in)** *m(f)* ouvrier, -ière *m, f* aux pièces

Akkordeon [a'kɔrdeɔn] <-s, -s> *nt* accordéon *m*

akkreditieren* [akredi'ti:rən] *vt* POL accréditer

Akkreditierung <-, -en> *f* POL accréditation *f*

Akkreditiv [akredi'ti:f] <-s, -e> *nt* FIN accréditif *m*

Akku ['aku] <-s, -s> *m Abk von* **Akkumulator** *(fam)* accu *m*

akkurat [aku'ra:t] *adj Person* minutieux, -euse

Akkusativ ['akuzati:f] <-s, -e> *m* accusatif *m*

Akkusativobjekt *nt* complément *m* à l'accusatif

Akne ['aknə] <-, -n> *f* acné *f*

Akontozahlung [a'kɔnto-] *f* acompte *m*

akquirieren [akvi'ri:rən] *vt* prospecter

Akribie [akri'bi:] <-> *f (geh)* méticulosité *f littér*

akribisch [a'kri:bɪʃ] *adj (geh)* méticuleux, -euse

Akrobat(in) [akro'ba:t] <-en, -en> *m(f)* acrobate *mf*

Akrobatik [akro'ba:tɪk] <-> *f* acrobatie *f*

akrobatisch *adj* acrobatique

Akronym [akro'ny:m] <-s, -e> *nt* LING acronyme *m*

Akt¹ [akt] <-[e]s, -e> *m* ❶ KUNST nu *m* ❷ THEAT acte *m* ❸ *(Handlung)* acte *m;* ***ein ~ der Verzweiflung*** un acte désespéré ❹ *(form: Geschlechtsakt)* acte *m* sexuel ▸ **das ist doch kein ~!** *(fam)* c'est pas la mer à boire!

Akt² [akt] <-[e]s, -en> *m* SDEUTSCH, A *s.* **Akte**

Akte ['aktə] <-, -n> *f* dossier *m* ▸ **etw zu den ~n legen** *(ablegen)* classer qc; *(als erledigt betrachten)* classer qc [définitivement]

Aktenkoffer *m* mallette *f* **aktenkundig** *adj* ***~ sein*** *Vorfall:* être consigné **Aktenmappe** *f* ❶ *(Hefter)* chemise *f* ❷ *(Aktentasche)* porte-documents *m* **Aktennotiz** *f* note *f* jointe au dossier **Aktenordner** *m* classeur *m* **Aktenschrank** *m* classeur *m* **Aktentasche** *f* serviette *f* **Aktenvermerk** *m* JUR mention *f* au dossier **Aktenvernichter** <-s, -> *m* INFORM destructeur *m* de documents **Aktenzeichen** *nt* numéro *m* de dossier

Akteur(in) <-s, -e> *m(f)* ❶ *a.* THEAT, CINE acteur *m* /actrice *f* ❷ SPORT joueur, -euse *m, f*

Aktfoto *nt* photo *f* de nu

Aktie ['aktsi̯ə] <-, -n> *f* action *f* ▸ **jds ~n**

A

fallen/steigen les actions de qn baissent/montent

Aktienfonds *m* fonds *m* en actions **Aktiengesellschaft** *f* société *f* anonyme **Aktienindex** *m* indice *m* boursier **Aktienkurs** *m* cours *m* **Aktienmarkt** *m* marché *m* boursier

Aktion [ak'tsi̯o:n] <-, -en> *f* ❶ *a.* MIL action *f;* ***in ~ treten*** *Person:* passer à l'action; *Plan, Vorschrift:* entrer en vigueur ❷ *(Verkaufsmaßnahme)* promotion *f*

Aktionär(in) [aktsi̯o'nɛ:ɐ̯] <-s, -e> *m(f)* actionnaire *mf*

Aktionismus <-> *m (pej)* activisme *m*

Aktionspreis *m* prix *m* promotionnel

Aktionsradius *m* ❶ *eines Schiffs, Flugzeugs* rayon *m* d'action ❷ *(Wirkungsbereich)* champ *m* d'action

aktiv [ak'ti:f] *adj* ❶ *(rührig)* actif, -ive ❷ *(berufstätig)* en activité

Aktiv ['akti:f] <-s, *selten:* -e> *nt* GRAM forme *f* active

Aktiva [ak'ti:va] *Pl* ÖKON actif *m*

aktivieren* [akti'vi:rən] *vt* ❶ *(mobilisieren)* stimuler ❷ MED activer ❸ *(auslösen)* déclencher *Mechanismus*

Aktivierung <-, -en> *f a.* CHEM activation *f*

Aktivist(in) [akti'vɪst] <-en, -en> *m(f)* homme *m* /femme *f* d'action; *(politisch aktiver Mensch)* militant(e) *m(f)*

Aktivität [aktvi'tɛ:t] <-, -en> *f* activité *f*

Aktivurlaub *m* vacances *f pl* actives

Aktmalerei *f* peinture *f* de nus **Aktmodell** *nt* modèle *m* nu

aktualisieren* [aktu̯ali'zi:rən] *vt* ❶ [ré]actualiser ❷ INFORM mettre à jour

Aktualisierung <-, -en> *f* actualisation *f; eines Textes, von Daten* mise *f* à jour

Aktualität [aktu̯ali'tɛ:t] <-, -en> *f* actualité *f*

Aktuar(in) [aktu̯'a:ɐ̯] <-s, -e> *m(f)* CH secrétaire *mf*

aktuell [ak'tu̯ɛl] *adj* actuel(le); *Buch, Film* d'actualité

Aktzeichnung *f* académie *f,* dessin *m* de nus

Akupressur [akuprɛ'su:ɐ̯] <-, -en> *f* massage *m* par pression

Akupunkteur(in) [akupʊŋk'tø:ɐ̯] <-s, -e> *m(f)* acupuncteur, -trice *m, f*

akupunktieren* [akupʊŋk'ti:rən] *vt* ***akupunktiert werden*** se faire soigner par acupuncture

Akupunktur [akupʊŋk'tu:ɐ̯] <-, -en> *f* acupuncture *f*

Akustik [a'kʊstɪk] <-> *f* acoustique *f*

akustisch I. *adj* acoustique; *Frage* d'acoustique **II.** *adv schlecht* du point de vue de l'acoustique

akut [a'ku:t] *adj* ❶ MED aigu(ë) ❷ *Problem* urgent(e); *Mangel* aigu(ë)

AKW [a:ka:'ve:] <-s, -s> *nt Abk von* **Atomkraftwerk** centrale *f* nucléaire

Akzent [ak'tsɛnt] <-[e]s, -e> *m* accent *m;* ***den ~ auf etw*** *akk* ***legen*** *(fig)* mettre l'accent sur qc; ***~e setzen*** *(fig)* marquer un tournant

akzentfrei *adj o adv* sans accent

akzentuieren* [aktsɛntu'i:rən] *vt* accentuer *Silbe*

Akzept [ak'tsɛpt] <-[e]s, -e> *nt* FIN acceptation *f*

akzeptabel [aktsɛp'ta:bəl] *adj* acceptable

Akzeptanz [aktsɛp'tants] <-> *f* admission *f;* ***~ einer S.*** *gen* admission de qc; ***die hohe/geringe ~ dieses Produkts*** la bonne/mauvaise acceptation de ce produit

akzeptieren* [aktsɛp'ti:rən] *vt, vi* accepter

Alabaster [ala'bastɐ] <-s, -> *m* albâtre *m*

Alarm [a'larm] <-[e]s, -e> *m* ❶ *(Warnsignal)* alarme *f* ❷ MIL *(Alarmzustand)* alerte *f* ► ~ **schlagen** donner l'alarme; *(warnen)* tirer la sonnette d'alarme

Alarmanlage *f* système *m* d'alarme **Alarmbereitschaft** *f* état *m* d'alerte; ***jdn/etw in ~ versetzen*** mettre qn/qc en alerte

alarmieren* [alar'mi:rən] *vt* ❶ alerter *Feuerwehr, Polizei* ❷ *(beunruhigen)* ***jdn ~*** *Gerücht:* alarmer qn

alarmierend *adj* alarmant(e)

Alarmruf *m* cri *m* d'alarme **Alarmsignal** *nt* signal *m* d'alarme **Alarmstufe** *f* seuil *m* d'alerte; *~* ***Rot*** l'alerte rouge

Alaska [a'laska] <-s> *nt* l'Alaska *m*

Alb [alp] <-> *f* ***die Schwäbische ~*** le Jura souabe

Albaner(in) [al'ba:nɐ] <-s, -> *m(f)* Albanais(e) *m(f)*

Albanien [al'ba:ni̯ən] <-s> *nt* l'Albanie *f*

albanisch I. *adj* albanais(e) **II.** *adv* ***~ miteinander sprechen*** discuter en albanais; *s. a.* **deutsch**

Albanisch <-[s]> *nt kein Art* albanais *m; s. a.* **Deutsch**

Albatros ['albatrɔs] <-, -se> *m* albatros *m*

Alben *Pl von* **Album**

albern[1] ['albɐn] **I.** *adj (kindisch)* un peu niais(e) **II.** *adv sich benehmen* de façon puérile

albern[2] ['albɐn] *vi* bêtifier

Albernheit <-, -en> *f* ❶ *kein Pl (alberne Art) einer Person* niaiserie *f* ❷ *(Handlung)* enfantillage *m; (Äußerung)* bêtise *f*

Albino [al'bi:no] <-s, -s> *m* albinos *mf*
Albtraum *s.* **Alptraum**
Album ['album, *Pl:* 'albən] <-s, Alben> *nt* album *m*
Alchimie [alçi'mi:] <-> *f* alchimie *f*
Alcopop ['alkopɔp] <-s, -s> *m o nt* prémix *m*
Aldehyd [alde'hy:t] <-s, -e> *m* CHEM aldéhyde *m*
al dente [al'dɛnte] *adj inv Spaghetti* al dente
Alemanne, Alemannin [alə'manə] <-n, -n> *m, f* HIST Alaman(e) *m(f)*
alemannisch [alə'manɪʃ] *adj* HIST alémanique
Alge ['algə] <-, -n> *f* algue *f*
Algebra ['algebra] <-> *f* algèbre *f*
algebraisch [alge'bra:ɪʃ] *adj Formel* algébrique; *Regel* d'algèbre
Algerien [al'ge:ri̯ən] <-s> *nt* l'Algérie *f*
Algerienfranzose, -französin *m, f* pied-noir *mf*
Algerier(in) <-s, -> *m(f)* Algérien(ne) *m(f)*
algerisch [al'ge:rɪʃ] *adj* algérien(ne)
Algorithmus [algo'rɪtmʊs] <-, -men> *m* MATH algorithme *m*
alias ['a:li̯as] *adv* alias
Alibi ['a:libi] <-s, -s> *nt* alibi *m*
Alimente [ali'mɛntə] *Pl* pension *f* alimentaire
alkalisch [al'ka:lɪʃ] *adj* CHEM alcalin(e)
Alkohol ['alkoho:l] <-s, -e> *m* alcool *m*
alkoholabhängig *adj* alcoolique **Alkoholeinfluss** *m (form)* effet *m* de l'alcool; ***unter ~ stehen*** être en état d'ébriété **Alkoholfahne** *f (fam)* haleine *f* qui sent l'alcool; ***eine ~ haben*** puer l'alcool **alkoholfrei** *adj* sans alcool **Alkoholgehalt** *m eines Getränks* teneur *f* en alcool; *des Bluts* alcoolémie *f* **Alkoholgenuss** *m (form)* consommation *f* d'alcool; ***übermäßiger ~*** excès *m* d'alcool **alkoholhaltig** *adj* alcoolisé(e)
Alkoholiker(in) [alko'ho:likɐ] <-s, -> *m(f)* alcoolique *mf*; ***die Anonymen ~*** les alcooliques anonymes
alkoholisch *adj* ❶ *Getränk* alcoolisé(e) ❷ CHEM à base d'alcool
alkoholisiert **I.** *adj Person* ivre; ***in ~em Zustand*** en état d'ébriété **II.** *adv* en état d'ébriété
Alkoholismus <-> *m* alcoolisme *m*
Alkoholkonsum *m* consommation *f* d'alcool **Alkoholmissbrauch** *m* abus *m* d'alcool **Alkoholpegel** *m (hum)*, **Alkoholspiegel** *m* taux *m* d'alcool dans le sang **alkoholsüchtig** *adj* alcoolique **Alkoholtest** *m* alcootest® *m* **Alkoholverbot** *nt* interdiction *f* de consommer de l'alcool **Alkoholvergiftung** *f* intoxication *f* par l'alcool
Alkopop ['alkopɔp] <-s, -s> *m o nt s.* **Alcopop**
all [al] *pron indef* ~ ***die Arbeit*** tout le travail
All [al] <-s> *nt* cosmos *m*
allabendlich [al'ʔabəntlɪç] **I.** *adj* du soir **II.** *adv* tous les soirs
Allah ['ala] <-s> *m* REL Allah *m*
alle ['alə] *adj (fam)* ***die Seife ist ~*** il n'y a plus de savon ▶ **jdn ~ machen** *(fam)* bousiller qn
alle(r, s) ['alə, -lɐ, -ləs] *pron indef* ❶ *attr (der/die/das gesamte ...)* ***ich wünsche dir ~s Gute*** je te souhaite bien des choses; ***das ~s*** tout ça; ***~s, was du willst*** tout ce que tu veux; ***trotz ~m*** malgré tout; ***jdn über ~s lieben*** aimer qn par-dessus tout; ***vor ~m*** avant tout ❷ *(die gesamten ...)* ~ ***Kollegen/Kolleginnen*** tous/toutes les collègues; ~ ***beide*** tous/toutes les deux ❸ *(alle Leute)* ***bitte ~s aussteigen!*** tout le monde descend! ❹ *(fam: im Einzelnen und insgesamt)* ***wer war ~s da?*** qui donc était là?; ***was sie ~s weiß!*** incroyable tout ce qu'elle sait! ❺ *(regelmäßig jeder/jede ...)* ~ ***zwei Stunden*** toutes les deux heures ❻ *(jeder/jede erdenkliche ...)* ***er hat ~n Grund dankbar zu sein*** il a de bonnes raisons pour être reconnaissant ▶ **hast du sie noch ~?** *(fam)* tu es sonné?; **der hat sie [wohl] nicht mehr ~!** *(fam)* il déménage!; **~s in ~m** *(zusammengerechnet)* en tout; *(insgesamt betrachtet)* tout compte fait
Allee [a'le:] <-, -een> *f* allée *f*
Allegorie [alego'ri:] <-, -ien> *f* allégorie *f*
allegorisch *adj* LITER allégorique
allein [a'lain] **I.** *adj* ❶ ~ ***sein*** être seul; ***etw ~ entscheiden*** décider qc en son nom propre; ~ ***erziehend sein*** être parent unique ❷ *(isoliert, ohne Hilfe)* [tout(e)] seul(e); *s. a.* **alleinerziehend** **II.** *adv* ❶ *(bereits)* rien que ❷ *(ausschließlich)* uniquement; ***das ist ganz ~ deine Sache*** c'est exclusivement ton affaire ❸ *(selbstständig, selbsttätig)* ***etw von ~ tun*** faire qc de soi-même; ***das läuft von ~*** ça roule tout seul
alleine *(fam) s.* **allein**
Alleinerbe, -erbin *m, f* unique héritier, -ière *m, f*
alleinerziehend *adj* ~ ***sein*** être parent unique

A

Alleinerziehende(r) *f(m) dekl wie adj* parent *m* unique **Alleingang** <-gänge> *m* initiative *f* individuelle; SPORT action *f* isolée; ***etw im ~ tun*** faire qc en solitaire **Alleinherrschaft** *f einer Person* autocratie *f* **Alleinherrscher(in)** *m(f)* souverain(e) *m(f)* absolu(e)

alleinige(r, s) *adj* ***der ~e Erbe*** l'unique héritier; ***die ~e Vertretung einer S.*** *gen* ***haben*** être le représentant exclusif de qc

Alleinsein *nt* solitude *f*

alleinstehend *adj* célibataire

Alleinunterhalter(in) *m(f) (a. fig)* artiste *mf* **Alleinverdiener(in)** *m(f)* soutien *m* [de famille]

allemal ['alə'ma:l] *adv (fam)* ❶ *(ohne Schwierigkeit)* à tous les coups; ***~!*** sans problème! ❷ *(in jedem Falle)* de toute façon

allenfalls ['alən'fals] *adv* ❶ *(höchstens)* tout au plus ❷ *(bestenfalls)* au mieux

allenthalben ['alənt'halbən] *adv (veraltet geh)* de toute[s] part[s]; ***~ bekannt sein*** être connu(e) un peu partout; ***es wird ~ wärmer*** la température va monter un peu partout

allerbeste(r, s) ['alɐ'bɛstə, -stɐ, -stəs] **I.** *adj* ***der/die/das ~ ...*** le meilleur/la meilleure ...; ***ich wünsche dir das Allerbeste!*** je t'adresse tous mes meilleurs vœux! **II.** *adv* ***es ist am ~n, wenn*** le mieux serait que *+subj* **allerdings** ['alɐ'dɪŋs] *adv* ❶ *(jedoch)* toutefois ❷ *(in der Tat)* en effet ❸ *(gewiss)* ***~!*** et comment! **allererste(r, s)** ['alɐ'ʔe:ɐ̯stə, -stɐ, -stəs] *adj* ❶ ***das Allererste, was wir tun müssen*** la première chose à faire ❷ *(ausgezeichnet)* ***~ Qualität*** qualité *f* première **allerfrühestens** *adv* au plus tôt

Allergen [alɛr'ge:n] <-s, -e> *nt* MED allergène *m*

Allergie [alɛr'gi:] <-, -ien> *f* allergie *f*; ***eine ~ gegen etw haben*** avoir une allergie à qc

Allergietest *m* test *m* d'allergie

Allergiker(in) <-s, -> *m(f)* personne *f* allergique

allergisch *adj* allergique; ***gegen jdn/etw ~ sein*** être allergique à qn/qc

Allergologe, Allergologin [alɛrgo'lo:gə] <-n, -n> *m, f* MED allergologiste *mf*, allergologue *mf*

allerhand ['alɐ'hant] *adj inv (fam)* ❶ *(allerlei)* ***~ Süßigkeiten*** un tas de sucreries ❷ *erzählen, verdrücken* pas mal de choses; *gewinnen, transportieren* un paquet ▶ **das ist** [**ja**] **~!** *(das ist unverschämt)* c'est un peu fort!; *(das ist erstaunlich)* eh ben dis donc!

Allerheiligen ['alɐ'haɪlɪgən] <-> *nt* Toussaint *f*; ***an ~*** à la Toussaint **allerhöchste(r, s)** **I.** *adj* ❶ ***das ~ Gebäude*** l'immeuble le plus haut [de tous]; ***am ~n sein*** être le plus haut/la plus haute ❷ *(allergrößte)* ***die ~ Geschwindigkeit*** la vitesse la plus élevée; ***es ist ~ Zeit!*** il est plus que grand temps! ❸ *(oberste, entscheidende)* ***die ~ [gerichtliche] Instanz*** l'instance [juridique] suprême; ***in den ~n Kreisen verkehren*** fréquenter en très haut lieu **II.** *adv* ***am ~n*** au plus haut

allerlei ['alɐ'laɪ] *adj inv* ***~ Spielzeug*** toutes sortes de jouets; ***~ erzählen*** raconter toutes sortes de choses

Allerlei <-s, *selten:* -s> *nt* méli-mélo *m*

allerletzte(r, s) *adj* ❶ *(letzte, neueste)* ***der/die/das ~ ...*** le tout dernier/la toute dernière ... ❷ *(fam: geschmacklos)* ***das/er ist das Allerletzte!*** c'est/il est pire que tout!

allerliebst **I.** *adj* ravissant(e) **II.** *adv* d'une manière charmante

allermeiste(r, s) *adj* ***die ~n*** la très grande majorité; ***die ~n Menschen*** la très grande majorité des gens **allerneu[e]ste(r, s)** *adj* ***auf dem ~n Stand sein*** être absolument à jour; ***weißt du schon das Allerneueste?*** tu connais la dernière? *fam*

Allerseelen ['alɐ'ze:lən] <-> *nt* jour *m* des Morts; ***an ~*** le jour des Morts

allerseits ['alɐ'zaɪts] *adv* ***guten Morgen ~!*** bonjour tout le monde!

allerspätestens *adv* au plus tard **allerwenigste(r, s)** ['alɐ've:nɪçstə, -tɐ, -təs] *adj* *(Mindeste)* ***das ~*** la moindre des choses; ***das ist das ~, was man erwarten kann!*** c'est le moins qu'on puisse attendre!

alles *s.* **alle(r, s)**

allesamt ['alə'zamt] *adv (fam)* tous/toutes

Allesfresser ['aləsfrɛsɐ] <-s, -> *m* omnivore *m*

Alleskleber *m* colle *f* universelle

allgegenwärtig ['alge:gənvɛrtɪç] *adj (geh)* omniprésent(e)

allgemein ['algə'maɪn] **I.** *adj* ❶ *(nicht speziell)* général(e); ***im Allgemeinen*** en général ❷ *Wahlrecht* universel(le); *Wehrpflicht* obligatoire ❸ *(allen gemeinsam)* général(e) **II.** *adv* ❶ *formulieren* de façon générale ❷ *gültig* généralement; *verbreitet* communément; ***~ gültige Aussage*** déclaration *f* universelle; ***es ist ~ bekannt, dass ...*** tout le monde sait que ... ❸ ***~ zugänglich*** *Informationen* accessible au public; ~ ***verständlich*** accessible à tous; *darstellen, sich ausdrücken* de manière intelligible; *s. a.* **allgemeingültig**

Allgemeinbefinden *nt* état *m* général **allgemeinbildend** *adj Schule* d'enseignement général **Allgemeinbildung** *f kein Pl* culture *f* générale **allgemeingültig** *adj* universel(le); ***~e Aussage*** déclaration *f* universelle **Allgemeingültigkeit** *f* universalité *f*

Allgemeinheit <-> *f* ❶ *(Öffentlichkeit)* collectivité *f;* ***der ~*** *dat* ***zugänglich sein*** *Einrichtung:* être ouvert au public; *Daten:* être accessible au public ❷ *(Unbestimmtheit) einer Äußerung* généralité *f*

Allgemeininteresse *nt kein Pl* intérêt *m* général **Allgemeinmedizin** *f* médecine *f* générale **Allgemeinmediziner(in)** *m(f)* MED [médecin *m*] généraliste *mf* **Allgemeinplatz** *m* lieu *m* commun **Allgemeinwissen** *nt* connaissances *fpl* générales **Allgemeinwohl** *nt* intérêt *m* général

Allheilmittel [al'hailmɪtəl] *nt* panacée *f*

Allianz [a'li̯ants] <-, -en> *f* alliance *f*

Alligator [ali'ga:to:ɐ̯] <-s, -toren> *m* alligator *m*

alliiert *adj* allié(e)

Alliierte(r) [ali'i:ɐ̯tə, -tɐ] *f(m) dekl wie adj* ***die ~n*** HIST les Alliés *mpl*

All-inclusive-Urlaub ['ɔlʔɪn'klu:sɪf-] *m* voyage *m* tout compris

Alliteration [alɪtera'tsio:n] <-, -en> *f* LITER allitération *f*

alljährlich ['al'jɛ:ɐ̯lɪç] **I.** *adj attr* annuel(le) **II.** *adv* tous les ans

Allmacht *f kein Pl* toute-puissance *f*

allmächtig [al'mɛçtɪç] *adj* tout(e)-puissant(e) **Allmächtige(r)** *m dekl wie Adj* REL *(geh)* ***der*** ~ le Tout-Puissant; ***~r!*** *(fam)* sacrebleu!

allmählich [al'mɛ:lɪç] **I.** *adj attr* progressif, -ive **II.** *adv* ***es wird ~ Zeit, dass*** il sera bientôt temps que *+subj*

allnächtlich ['al'nɛçtlɪç] **I.** *adj attr* nocturne **II.** *adv* toutes les nuits

Allradantrieb ['alra:tʔantri:p] *m* quatre roues *fpl* motrices

allseitig ['alzaitɪç] **I.** *adj* unanime; *Zufriedenheit* général(e); *Unruhe* généralisé(e) **II.** *adv begabt* universellement; *informiert* sur tout

allseits *adv* ❶ partout; *bekannt* de tous ❷ *informiert* sur tout; *vorbereitet* à fond

Alltag ['alta:k] *m* ❶ *(Werktag)* jour *m* ouvrable ❷ *(Einerlei) einer Ehe* quotidien *m*

alltäglich [al'tɛ:klɪç] *adj* ❶ *attr (tagtäglich)* quotidien(ne) ❷ *(gang und gäbe)* ~ ***sein*** *Situation:* être habituel ❸ *(gewöhnlich)* ordinaire

alltags ['alta:ks] *adv* en semaine

Alltagskleidung *f* tenue *f* de tous les jours

Allüren [a'ly:rən] *Pl* manières *fpl*

Allwetterreifen <-s, -> *m* pneu *m* tout temps

allwissend ['al'vɪsənt] *adj* ❶ *(fam)* au courant de tout ❷ REL omniscient(e)

Allwissenheit <-> *f* omniscience *f*

allzu ['altsu:] *adv* bien trop; ~ ***früh*** bien trop tôt; ~ ***lang[e]*** bien trop long; ~ ***oft*** bien trop souvent; ~ ***sehr*** que trop; ***nicht ~ sehr!*** pas plus que ça!; ~ ***viel*** trop *fam;* ***etw ~ gern tun*** adorer faire qc; ***etw nicht ~ gern mögen*** ne pas raffoler de qc

Allzweckreiniger <-s, -> *m* nettoyant *m* multiusage **Allzwecktuch** *nt* chiffon *m* multiusage

Alm [alm] <-, -en> *f* alpage *m*

Almosen ['almo:zən] <-s, -> *nt* ❶ *(Spende)* aumône *f* ❷ *(geringer Betrag)* misère *f*

Alpaka <-s, -s> *nt (Lama, Wolle)* alpaga *m*

Alpen ['alpən] *Pl* ***die*** ~ les Alpes *fpl*

Alpenpass *m* col *m* des Alpes **Alpenveilchen** *nt* cyclamen *m* **Alpenvorland** *nt* ***das*** ~ les Préalpes *fpl*

Alphabet [alfa'be:t] <-[e]s, -e> *nt* alphabet *m*

alphabetisch [alfa'be:tɪʃ] **I.** *adj* alphabétique **II.** *adv* par ordre alphabétique

alphabetisieren* [alfabeti'zi:rən] *vt* ❶ *(unterrichten)* alphabétiser ❷ *(ordnen)* ***etw*** ~ classer qc par ordre alphabétique

Alphabetisierung <-, -en> *f* ❶ alphabétisation *f* ❷ *(Anordnung)* classement *m* par ordre alphabétique

alphanumerisch [alfanu'me:rɪʃ] *adj* alphanumérique

Alphastrahlen *Pl* PHYS rayons *mpl* alpha

alpin [al'pi:n] *adj* alpin(e)

Alpinist(in) [alpi'nɪst] <-en, -en> *m(f)* alpiniste *mf*

Alptraum ['alptraum, *Pl:* 'alptrɔymə] *m* cauchemar *m*

al-Qaida [al'kaida] <-> *f* ***die*** ~ Al-Qaïda *f*

als [als] *konj* ❶ *(zeitlich)* quand; *(zu der Zeit, da)* alors que; ***damals, ~ ...*** à l'époque où ...; ***gerade, ~ ...*** au moment précis où ... ❷ *(vergleichend)* ***größer ~ ...*** plus grand que ... ❸ *(gleichsam)* ***es klang, ~ ob ein Glas zerbrach*** ça a fait un bruit comme si un verre se cassait; ***er sah aus, ~ ob er schliefe*** il avait l'air de dormir; ***es sieht aus, ~ würde es bald schneien*** on dirait qu'il va bientôt neiger

❹ *(ausschließend)* ***es ist zu spät, ~ dass*** il est trop tard pour que *+subj* ❺ *(zur Bezeichnung einer Eigenschaft)* ***~ Lehrer*** en tant que professeur; ***schon ~ Kind hatte er …*** déjà enfant, il avait …; ***ich ~ dein Onkel …*** moi qui suis ton oncle, je …; ***noch ~ alte Frau …*** devenue une vieille femme, …; ***~ Held gefeiert werden*** être fêté en héros; ***~ Beweis*** comme preuve

also ['alzo] **I.** *adv* ❶ *(folglich)* donc ❷ *(nun ja)* eh bien; ***~ wie ich schon sagte*** bon, comme je l'ai déjà dit ❸ *(tatsächlich)* donc; ***das ist ~ dein letztes Wort?*** bon alors, c'est ton dernier mot? **II.** *interj* ❶ *(ach)* [ainsi] donc; ***~ so was!*** non mais ça alors!; ***~ doch!*** donc c'était bien ça!; ***na ~!*** ah quand même! ❷ *(überleitender Pausenfüller)* bon; ***~ gut*** bon d'accord

Alsterwasser ['alstɐvasɐ] <-wässer> *nt* NDEUTSCH panaché *m*

alt [alt] <älter, älteste> *adj* ❶ *(betagt)* vieux(vieille); ***ein ~er Mann*** un vieil homme; ***~ werden*** vieillir ❷ *(ein bestimmtes Alter habend)* ***zwanzig Jahre ~ sein*** avoir vingt ans; ***ein drei Jahre ~es Mädchen*** une fille [âgée] de trois ans; ***wie ~ bist du?*** quel âge as-tu?; ***mein älterer Bruder*** mon frère aîné ❸ *Gegenstand* vieux(vieille) *antéposé;* ***~es Brot*** du pain rassis ❹ *attr (ehemalig)* ***mein ~er Kollege*** mon ancien collègue; ***das ~e Paris*** le vieux Paris ❺ *attr (unverändert)* ***der Alte sein*** être le même; ***alles bleibt beim Alten*** les choses ne changent pas ▶ **Alt und Jung** jeunes et vieux; **~ aussehen** *(fam)* avoir bonne mine *iron;* **man ist so ~, wie man sich fühlt** on a l'âge qu'on veut bien avoir; **hier werde ich nicht ~** *(fam)* je ne vais pas m'encroûter ici

Alt[1] [alt] <-s, -e> *m* MUS [contr]alto *m*

Alt[2] [alt] *s.* **Altbier**

Altar [al'taːɐ̯, *Pl:* al'tɛːrə] <-s, Altäre> *m* autel *m*

altbacken ['altbakən] *adj* ❶ *Brot* rassis(rassie) ❷ *Person* vieux jeu *inv; Ansichten* dépassé(e)

Altbau <-bauten> *m* ❶ *(Gebäude)* construction *f* ancienne ❷ *s.* **Altbauwohnung**

Altbauwohnung *f* logement *m* ancien

altbekannt ['altbə'kant] *adj Tatsache, Witz* archiconnu(e); *Lokal* de vieille réputation

altbewährt ['altbə'vɛːɐ̯t] *adj* ❶ *Freundschaft, Verbindung* de longue date; *Tradition* bien établi(e) ❷ *Methode, Mittel* qui a fait ses preuves **Altbier** *nt bière maltée à haute fermentation* **altdeutsch** ['altdɔytʃ] *adj* rustique

Alte(r) *f(m) dekl wie adj* ❶ *(fam: Mensch)* vieux *m* /vieille *f;* ***die ~n*** les vieux *mpl* ❷ *(pej fam: Ehemann/-frau)* bonhomme *m* /bonne femme *f* ❸ *(pej fam: Vater/Mutter)* vieux *m* /vieille *f;* ***meine ~n*** mes vieux *mpl*

Alte(s) *nt dekl wie Adj* ancien *m;* ***das ~ und das Neue*** l'ancien et le nouveau

Altenheim *s.* **Altersheim** **Altenpflege** *f* assistance *f* aux personnes âgées **Altenpflegeheim** *nt* maison *f* de retraite médicalisée **Altenpfleger(in)** *m(f)* infirmier, -ière *m, f* en gériatrie

Alter ['altɐ] <-s, -> *nt* ❶ *(Lebensalter)* âge *m;* ***im ~ von fünfzig Jahren*** à l'âge de cinquante ans; ***ein Mann mittleren ~s*** un homme entre deux âges; ***sie ist in meinem ~*** elle a mon âge ❷ *(Bejahrtheit)* vieillesse *f;* ***im ~*** devenu vieux

älter *adj* ❶ *Komp von* **alt** ❷ *Person* âgé(e)

altern *vi + sein* vieillir

alternativ [altɛrna'tiːf] **I.** *adj* alternatif, -ive **II.** *adv leben* de façon alternative

Alternative [altɛrna'tiːvə] <-, -n> *f* alternative *f;* ***vor eine ~ gestellt werden*** être face à une alternative

Alternative(r) *f(m) dekl wie adj* ❶ *(Umweltschützer)* écolo *mf fam* ❷ POL alternatif, -ive *m, f*

alters ▶ **von** *geh* ~ **[her]** de tout temps

altersbedingt *adj* dû(due) à l'âge; ***~ sein*** être lié à l'âge **Altersbeschwerden** *Pl* maux *mpl* liés à l'âge **Alterserscheinung** *f* signe *m* de vieillesse **Altersforschung** *f* gérontologie *f* **Altersgenosse, -genossin** *m, f* personne *f* du même âge **Altersgrenze** *f* ❶ âge *m* limite ❷ *(für die Rente)* âge *m* de la retraite **Altersgruppe** *f* tranche *f* d'âge **Altersheim** *nt* maison *f* de retraite **Altersklasse** *f* ❶ SPORT catégorie *f* d'âge ❷ *s.* **Altersgruppe** **Alterspyramide** *f* pyramide *f* des âges **Altersrente** *f,* **Altersruhegeld** *nt (form)* [pension *f* de] retraite **altersschwach** *adj* ❶ *Person, Tier* diminué(e) [par l'âge] ❷ *(fam) Auto, Gerät* foutu(e); *Möbel* bien malade **Altersschwäche** *f kein Pl* décrépitude *f* **Altersstufe** *f* ❶ *(Altersgruppe)* tranche *f* d'âge ❷ *(Lebensabschnitt)* étape *f* de la vie **Altersteilzeit** <-> *f* cessation *f* progressive d'activité **Altersunterschied** *m* différence *f* d'âge **Altersversicherung** *f* assurance *f* vieillesse **Altersversorgung** *f (Rente)* prestations *fpl* vieillesse; *(Vorsorge)* retraite *f* complémen-

taire **Altersvorsorge** *f* prévention *f* vieillesse; ***private*** ~ régime *m* de retraite privé
Altertum ['altɐtuːm] <-s> *nt* Antiquité *f*
Altertümer *Pl* œuvres *fpl* d'art antiques
altertümlich ['altɐtyːmlɪç] *adj* ❶ *(altmodisch)* passé(e) de mode ❷ *Brauchtum* [très] ancien(ne); *Begriff, Wort* archaïque
Altertumswert *m* valeur *f* d'ancienneté ► ~ **haben** *(hum fam)* être une véritable antiquité
Alterung <-, -en> *f* vieillissement *m*
Alterungsprozess *m* processus *m* de vieillissement
älteste(r, s) *Superl von* **alt**
Älteste(r) *f(m) dekl wie adj* plus âgé(e) *m(f); (bei Geschwistern)* aîné(e) *m(f); (in einer Gruppe)* doyen(ne) *m(f)* [d'âge]
Ältestenrat *m* POL ≈ comité *m* des sages; *eines Stammes* Conseil *m* des Anciens
Altflöte *f* flûte *f* alto **Altfranzösisch** <-[s]> *nt kein Art* l'ancien français *m;* ***auf*** ~ en ancien français
Altglas *nt* verre *m* usagé
Altglascontainer *m* container *m* à verre
altgriechisch *adj Literatur, Text* en grec ancien; *Grammatik* du grec ancien **althergebracht** ['altheːɐ̯gəbraxt] *adj Art, Brauch* traditionnel(le); *Tradition* très ancien(ne)
althochdeutsch ['althoːxdɔyʧ] *adj Literatur, Text* en ancien haut allemand **Althochdeutsch** <-[s]> *nt kein Art* l'ancien haut allemand *m;* ***auf*** ~ en ancien haut allemand
Altkleidersammlung *f* collecte *f* de vieux vêtements
altklug *adj Kind, Gesicht* précoce; *Bemerkung* d'une maturité précoce **Altlast** *f meist Pl* ❶ ÖKOL déchet *m* toxique ❷ *(Überbleibsel)* vieille baderne *f fam*
ältlich ['ɛltlɪç] *adj* plus tout(e) jeune
Altmaterial *nt* déchets *mpl* **Altmeister(in)** *m(f)* ❶ *(Könner)* maître, -esse *m, f* incontesté(e) ❷ SPORT ex-champion(ne) *m(f)* **Altmetall** *nt* vieux métaux *mpl* **altmodisch** ['altmoːdɪʃ] **I.** *adj* ❶ *Kleidung* démodé(e); *Einrichtung, Möbelstück* vieillot(te) ❷ *Ansicht, Methode* dépassé(e); ~ ***sein*** être vieux jeu **II.** *adv gekleidet* de façon démodée; *eingerichtet* de façon vieillotte **Altöl** *nt* huile *f* usagée **Altpapier** *nt* vieux papiers *mpl*
Altpapiercontainer *m* container *m* pour les vieux papiers **Altpapiersammlung** *f* collecte *f* de vieux papiers
altsprachlich *adj* classique; ***die ~en Fächer*** les langues anciennes **Altstadt** *f* vieille ville *f* **Altstimme** *f* voix *f* d'alto
Alt-Taste *f* INFORM touche *f* "option"
Altweibersommer [alt'vaɪ̯bɐzɔmɐ] *m* ❶ *(Nachsommer)* été *m* indien ❷ *(Spinnfäden)* filandres *fpl*
Alu ['aːlu] <-[s]> *nt Abk von* **Aluminium** alu *m*
Alufolie *f (fam)* papier *m* [d']alu
Aluminium [alu'miːni̯ʊm] <-s> *nt* aluminium *m*
Aluminiumfolie *f* feuille *f* d'aluminium; *(Haushaltsfolie)* papier *m* d'aluminium
Alzheimer ['altshaɪ̯mɐ] <-s> *m* MED *(fam)* maladie *f* d'Alzheimer
am = *s.* **an dem** ❶ *(zur Bildung des Superlativs)* ~ ***schnellsten rennen*** courir le plus vite; ***das ist ~ besten*** c'est ce qu'il y a de mieux ❷ *(fam: beim)* ~ ***Arbeiten sein*** être en train de travailler
Amalgam [amal'gaːm] <-s, -e> *nt* amalgame *m*
Amateur(in) [ama'tøːɐ̯] <-s, -e> *m(f)* amateur *m*
amateurhaft I. *adj* d'amateur; ~ ***sein*** faire amateur; ~ ***wirken*** sentir l'amateurisme **II.** *adv* avec amateurisme
Amateurkicker(in) *m(f) (fam)* footeux *m* amateur **Amateurmannschaft** *f* équipe *f* amateur **Amateursport** *m* sport *m* amateur
Amazone [ama'tsoːnə] <-, -n> *f* amazone *f*
Ambiente [am'bi̯ɛntə] <-> *nt (geh)* ambiance *f*
Ambition [ambi'tsi̯oːn] <-, -en> *f meist Pl* ambition *f;* ***~en auf etw*** *akk* ***haben*** ambitionner qc
ambitioniert [ambitsi̯o'niːɐ̯t] *adj* ambitieux, -euse
ambivalent [ambiva'lɛnt] *adj (geh)* ambivalent(e); *Gefühle, Beziehung* ambigu(ë)
Ambivalenz [ambiva'lɛnts] <-, -en> *f* PSYCH ambivalence *f*
Amboss ['ambɔs] <-es, -e> *m* enclume *f*
ambulant [ambu'lant] **I.** *adj* ambulatoire; *Patient* en consultation externe; *Kosten* sans hospitalisation **II.** *adv behandeln* en ambulatoire
Ambulanz [ambu'lants] <-, -en> *f* ❶ *einer Klinik* consultation *f* externe ❷ *(Rettungswagen)* ambulance *f*
Ameise ['aːmaɪ̯zə] <-, -n> *f* fourmi *f*
Ameisenbär *m* fourmilier *m* **Ameisenhaufen** *m* fourmilière *f* **Ameisensäure** *f* acide *m* formique
amen ['aːmɛn] *interj* amen
Amen <-s, *selten:* -> *nt* amen *m* ► **das ist so sicher wie das ~ in der Kirche** c'est aussi sûr que deux et deux font quatre

A

Amerika [a'me:rika] <-s> *nt* l'Amérique *f*
Amerikaner [ameri'ka:nɐ] <-s, -> *m* ❶ Américain *m* ❷ GASTR ≈ palet *m* glacé
Amerikanerin <-, -nen> *f* Américaine *f*
amerikanisch [ameri'ka:nɪʃ] *adj* américain(e)
Amerikanistik [amerika'nɪstɪk] <-> *f* philologie *f* américaine
Amethyst [ame'tʏst] <-s, -e> *m* améthyste *f*
Ami ['ami] <-s, -s> *m (fam: US-Bürger)* Ricain *m fam*
Aminosäure [a'mi:nozɔɪ̯rə] *f* CHEM acide *m* aminé
Ammann ['aman] <-männer> *m* CH ❶ *(Landammann)* président *m* du canton; *(Gemeindeammann)* maire *m* ❷ JUR *(Vollstreckungsbeamter)* huissier *m*
Amme ['amə] <-, -n> *f* nourrice *f*
Ammenmärchen *nt (fam)* histoire *f* à dormir debout
Ammoniak [amo'ni̯ak] <-s> *nt* CHEM ammoniac *m*
Amnesie [amne'zi:] <-, -ien> *f* amnésie *f*
Amnestie [amnɛs'ti:] <-, -ien> *f* amnistie *f*
amnestieren* [amnɛs'ti:rən] *vt* amnistier
Amöbe [a'mø:bə] <-, -n> *f* BIO amibe *f*
Amok ['a:mɔk] <-s> *m* ~ ***laufen*** être pris de folie furieuse **Amoklauf** *m* crise *f* de folie meurtrière
Amokläufer(in) *m(f)* fou *m* furieux/folle *f* furieuse **Amokschütze, -schützin** *m, f* tireur *m* fou/tireuse *f* folle
amoralisch ['amora:lɪʃ] *adj* amoral(e)
Amortisation [amɔrtiza'tsi̯o:n] <-, -en> *f* ÖKON amortissement *m*
amortisieren* [amɔrti'zi:rən] **I.** *vt* amortir **II.** *vr* ***sich*** ~ être amorti
amourös [amu'rø:s] *adj (geh) Verwicklungen, Abenteuer* amoureux, -euse
Ampel ['ampəl] <-, -n> *f* feu *m*
Ampere [am'pe:ɐ̯] <-[s], -> *nt* PHYS ampère *m*
Amperemeter [ampe:rə'me:tɐ] *nt* PHYS ampèremètre *m*
Amphetamin [amfeta'mi:n] <-s, -e> *nt* amphétamine *f*
Amphibie [am'fi:bi̯ə] <-, -n> *f* ZOOL amphibien *m*
amphibisch [am'fi:bɪʃ] *adj* ZOOL, MIL amphibie
Amphitheater [am'fi:-] *nt* amphithéâtre *m*
Amplitude [ampli'tu:də] <-, -n> *f* MATH, PHYS amplitude *f*
Ampulle [am'pʊlə] <-, -n> *f* ampoule *f*
Amputation [amputa'tsi̯o:n] <-, -en> *f* amputation *f*
amputieren* [ampu'ti:rən] *vt, vi* amputer
Amputierte(r) *f(m) dekl wie adj* amputé(e) *m(f)*
Amsel ['amzəl] <-, -n> *f* merle *m*
Amt [amt, *Pl:* 'ɛmtɐ] <-[e]s, Ämter> *nt* ❶ *(Behörde)* administration *f;* ***das Auswärtige*** ~ *le ministère des Affaires étrangères allemand* ❷ *(Abteilung einer Behörde)* service *m* [administratif] ❸ *(Stellung)* fonction *f;* ***noch im ~ sein*** être encore en fonction; ***kraft meines ~es*** en vertu des pouvoirs qui me sont conférés; ***von ~s wegen*** à titre officiel ❹ *(offizielle Aufgabe)* charge *f* ❺ *(Fernamt)* central *m* ❻ *(Amtsleitung)* ligne *f* [avec l'extérieur] ❼ *(Hochamt)* célébration *f* ▸ **seines ~es walten** *(geh)* remplir son office
amtieren* [am'ti:rən] *vi* être en fonction; ***als Bürgermeister*** ~ exercer les fonctions de maire; *(vorübergehend)* faire fonction de maire; ***~d*** en fonction
amtlich *adj Dokument* officiel(le)
Amtsantritt *m* entrée *f* en fonctions **Amtsarzt, -ärztin** *m, f* médecin-conseil *mf* **Amtsblatt** *nt* bulletin *m* officiel **Amtsdauer** *f* [durée *f* de] mandat *m* **Amtsdeutsch** *nt (pej)* jargon *m* administratif **Amtseid** *m* serment *m* professionnel **Amtseinführung** *f* installation *f* dans ses fonctions **Amtsenthebung** *f,* **Amtsentsetzung** <-, -en> *f* CH, A destitution *f* **Amtsgeheimnis** *nt* ❶ *kein Pl (Schweigepflicht)* devoir *m* de réserve ❷ *(vertrauliche Mitteilung)* secret *m* professionnel **Amtsgericht** *nt* tribunal *m* d'instance **Amtshandlung** *f* acte *m* administratif **Amtshilfe** *f* entraide *f* administrative; ***jdm/einer Behörde ~ leisten*** prêter assistance à qn/une [autre] administration **Amtsinhaber(in)** *m(f)* titulaire *mf* d'un/du poste **Amtsmissbrauch** *m* abus *m* de pouvoir **Amtsperiode** *f* mandat *m* **Amtsrichter(in)** *m(f)* juge *m* d'instance **Amtssprache** *f* ❶ *(Landessprache)* langue *f* officielle ❷ *kein Pl (Behördensprache)* langage *m* administratif **Amtsträger(in)** *m(f)* agent *m* administratif **Amtsweg** *m* voie *f* hiérarchique **Amtszeichen** *nt* tonalité *f* **Amtszeit** *f* mandat *m*
Amulett [amu'lɛt] <-[e]s, -e> *nt* amulette *f*
amüsant [amy'zant] **I.** *adj (lustig)* amusant(e); *(unterhaltsam)* divertissant(e) **II.** *adv* de façon divertissante
amüsieren* [amy'zi:rən] **I.** *vr* ❶ *(sich ver-*

A

gnügen) ***sich*** ~ s'amuser ❷ *(komisch finden)* ***sich über jdn/etw*** ~ trouver qn/qc amusant **II.** *vt* amuser
Amüsierviertel *nt* quartier *m* chaud
an [an] **I.** *präp +dat* ❶ *(direkt bei)* ~ ***der Tür*** près de la porte; ~ ***der Wand*** contre le mur; ***am Fluss*** sur le fleuve; ***Frankfurt am Main*** Francfort-sur-le-Main; ~ ***dieser Stelle*** à cet endroit; ***am Tisch sitzen*** être [assis] à la table; ***am Computer arbeiten*** travailler sur ordinateur ❷ *(in Berührung mit)* ~ ***der Wand stehen*** *Person:* être adossé au mur; *Gegenstand:* être contre le mur; ***einen Ring am Finger tragen*** porter au doigt une alliance; ***jdn*** ~ ***der Hand nehmen*** prendre qn par la main ❸ *(auf, in)* ~ ***der Universität*** à l'université ❹ *(zur Zeit von)* ***am Morgen*** le matin; ~ ***Weihnachten*** à Noël ❺ *(verbunden mit)* ***das Schöne*** ~ ***jdm/etw*** ce qu'il y a de beau chez qn/dans qc ❻ *(nebeneinander)* ***Tür*** ~ ***Tür*** porte à porte; ***Haus*** ~ ***Haus wohnen*** habiter l'un à côté de l'autre **II.** *präp +akk* ❶ *(räumlich)* ~***s Telefon gehen*** répondre au téléphone ❷ *(zeitlich)* ***bis*** ~ ***mein Lebensende*** jusqu'à la fin de ma vie ▸ ~ **[und für] sich** en soi **III.** *adv* ❶ *(ungefähr)* ~ ***die zwanzig Personen*** dans les vingt personnes ❷ *(Ankunftszeit)* ***Köln*** ~ ***16 Uhr 15*** arrivée à Cologne 16 h 15 ❸ *(fam: eingeschaltet)* ~ ***sein*** *Elektrogerät:* être allumé; *Strom:* être ouvert; ***Licht*** ~***!*** allume/allumez! ❹ *(fam: angezogen)* ***ohne etwas*** ~ sans rien sur le dos ❺ *(ab)* ***von jetzt*** ~ à partir de maintenant
Anabolikum [ana'bo:likʊm] <-s, -lika> *nt* MED anabolisant *m*
Anachronismus [anakro'nɪsmʊs] <-, -nismen> *m (geh)* anachronisme *m*
anachronistisch [anakro'nɪstɪʃ] *adj (geh)* anachronique
anal [a'na:l] **I.** *adj* anal(e) **II.** *adv messen, einführen* par voie rectale
analog [ana'lo:k] **I.** *adj* ❶ *(entsprechend)* analogue; ~ ***zu etw*** analogue à qc ❷ INFORM analogique **II.** *adv* ❶ *(entsprechend)* ~ ***zu etw*** par analogie avec qc ❷ INFORM analogiquement
Analogie [analo'gi:] <-, -ien> *f* analogie *f*; ***in*** ~ ***zu etw*** par analogie avec qc
Analogkäse *m* substitut *m* de fromage
Analoguhr *f (Wanduhr)* horloge *f* [à affichage] analogique; *(Armbanduhr)* montre *f* [à affichage] analogique
Analphabet(in) ['anʔalfabe:t] <-en, -en> *m(f) (a. pej)* analphabète *mf*
Analphabetismus [anʔalfabe'tɪsmʊs] <-> *m* analphabétisme *m*
Analyse [ana'ly:zə] <-, -n> *f* analyse *f*
analysieren* [analy'zi:rən] *vt* analyser
Analytiker(in) [ana'ly:tikɐ] <-s, -> *m(f)* analyste *mf*
analytisch [ana'ly:tɪʃ] **I.** *adj Person, Denken* analytique; *Arbeit, Fähigkeit* d'analyse **II.** *adv* de façon analytique
Anämie [anɛ'mi:] <-, -ien> *f* MED anémie *f*
Ananas ['ananas] <-, - *o* -se> *f* ananas *m*
Anarchie [anar'çi:] <-, -ien> *f* anarchie *f*
Anarchismus [anar'çɪsmʊs] <-> *m* anarchisme *m*
Anarchist(in) [anar'çɪst] <-en, -en> *m(f)* anarchiste *mf*
anarchistisch *adj Person, Partei* anarchiste; *Auftreten* anarchique
Anästhesie [anʔɛste'zi:] <-, -ien> *f* anesthésie *f*
Anästhesist(in) [anʔɛste'zɪst] <-en, -en> *m(f)* MED anesthésiste *mf*
Anatomie [anato'mi:] <-, -ien> *f* anatomie *f*
anatomisch [ana'to:mɪʃ] *adj* anatomique
an|baggern ['anbagɐn] *vt (fam)* draguer
an|bahnen **I.** *vt* amorcer *Gespräche* **II.** *vr* ***sich*** ~ *Freundschaft:* s'amorcer; *Unheil:* se préparer
an|bandeln *vi* A, SDEUTSCH *(fam: anbaggern)* draguer; ***mit jdm*** ~ draguer qn
Anbau <-bauten> *m* ❶ *(Gebäude)* bâtiment *m* annexe; *(freistehend)* annexe *f* ❷ *kein Pl (das Anpflanzen)* culture *f* ❸ *kein Pl (das Errichten)* ajout *m*
an|bauen **I.** *vt* ❶ *(anpflanzen)* cultiver ❷ *(bauen)* ajouter **II.** *vi* [s']agrandir
Anbaufläche *f* terre *f* cultivable **Anbaugebiet** *nt* zone *f* cultivée
an|behalten* *vt irr* ***etw*** ~ garder qc [sur soi]
anbei [an'bai] *adv (form)* ci-joint(e)
an|beißen *irr* **I.** *vi* ❶ *Fisch:* mordre ❷ *(fam: Interesse haben)* mordre à l'hameçon; ***bisher hat noch keiner angebissen!*** j'ai pas encore fait de touche! **II.** *vt* entamer *Obst, Kuchen* ▸ **zum Anbeißen** *(fam)* à croquer
an|belangen* ['anbəlaŋən] *vt (geh)* concerner; ***was mich anbelangt ...*** en ce qui me concerne...
an|bellen *vt* ***jdn*** ~ *Hund:* aboyer après qn
an|beraumen* ['anbəraumən] *vt (form)* fixer
an|beten *vt* adorer
Anbetracht ['anbətraxt] ▸ **in** ~ **dessen, dass ...** compte tenu du fait que ...

A

an|betteln *vt [jdn um etw]* ~ mendier [qc auprès de qn]
Anbetung <-, *selten:* -en> *f* adoration *f*
an|biedern ['anbiːdɐn] *vr (pej)* ***sich*** ~ fayoter *fam;* ***sich bei jdm*** ~ fayoter auprès de qn
an|bieten *irr* **I.** *vt* ❶ *(zur Auswahl vorschlagen)* offrir; ***jdm etw*** ~ offrir qc à qn ❷ *(verkaufen)* proposer ❸ *(zur Verfügung stellen)* ***jdm seinen Platz*** ~ offrir sa place à qn **II.** *vr* ❶ *(sich zur Verfügung stellen)* ***sich*** ~ ***etw zu tun*** [se] proposer de faire qc ❷ *(naheliegen)* ***sich geradezu*** ~ *Lösung:* s'imposer de toute évidence; *Ort:* faire parfaitement l'affaire
Anbieter(in) *m(f)* offreur, -euse *m, f; einer Ware* fournisseur, -euse *m, f; einer Dienstleistung* prestataire *mf*
an|binden *vt irr (festbinden)* attacher; ***jdn/etw an etw*** *akk o dat* ~ attacher qn/qc à qc
Anbindung *f (Verkehrsanbindung)* raccordement *m;* ~ ***an etw*** *akk* raccordement *m* à qc
Anblick *m* ❶ *(Bild)* spectacle *m* ❷ *kein Pl (das Blicken, Erblicken)* vue *f*
an|blicken *vt (geh)* regarder
an|braten *vt irr* faire revenir
an|brechen *irr* **I.** *vi* + *sein Tag:* se lever; *Nacht:* tomber; *Jahreszeit:* commencer **II.** *vt* + *haben* ❶ entamer *Packung* ❷ *(teilweise brechen)* ***angebrochen werden/sein*** *Stuhlbein, Knochen:* se fêler/être fêlé
an|brennen *irr* **I.** *vi* + *sein* brûler; *(anhängen)* attacher; ***angebrannt sein*** être brûlé; ***angebrannt riechen/schmecken*** sentir le brûlé/avoir un goût de brûlé ▶ **nichts** ~ **lassen** *(fam)* [ne] faire ni une ni deux **II.** *vt* + *haben* faire prendre
an|bringen *vt irr* ❶ *(befestigen)* fixer; ***etw an etw*** *dat* ~ fixer qc à qc ❷ *(montieren)* poser *Regal;* installer *Telefon* ❸ *(vorbringen)* ***etw als Argument*** ~ présenter qc comme argument ❹ *(äußern)* émettre *Bemerkung*
Anbruch *m kein Pl (geh) einer Epoche* commencement *m;* ***bei*** ~ ***des Tags*** au lever du jour; ***bei*** ~ ***der Nacht*** à la tombée de la nuit
an|brüllen *vt* ❶ ***jdn*** ~ *Löwe:* rugir en direction de qn ❷ *(fam: anschreien)* ***jdn*** ~ *Person:* gueuler après qn; ***angebrüllt werden*** se faire engueuler
Anchovis [an'ʃoːvɪs] <-, -> *f* anchois *m*
Andacht ['andaxt] <-, -en> *f* ❶ REL prière *f* ❷ *(Kontemplation)* ***in*** ~ ***versunken sein*** être plongé dans la méditation
andächtig ['andɛçtɪç] **I.** *adj* ❶ *Stille* recueilli(e) ❷ *Blick* admiratif, -ive **II.** *adv beten* avec recueillement
an|dauern *vi* persister; *Gespräche, Schießereien:* se poursuivre
andauernd *adj* ❶ qui persiste; *Gespräche, Schießereien* qui se poursuit ❷ *(ständig)* continuel(le)
Anden ['andn̩] *Pl* ***die*** ~ les Andes *f pl*
Andenken <-s, -> *nt* ❶ *(Gegenstand)* souvenir *m;* ~ ***an jdn/etw*** souvenir de qn/qc ❷ *kein Pl (Erinnerung)* ***im*** ~ ***an jdn/etw*** en souvenir de qn/qc
andere(r, s) ['andərə, -rɐ, -rəs] *pron indef* ❶ *[etwas]* ~***s*** autre chose; ***ich möchte nichts*** ~***s tun, als schlafen*** je ne souhaite rien d'autre que dormir; ***ein*** ~***r/eine*** ~ un/une autre; ***und*** ~ et autres; ***etwas/nichts*** ~***s*** quelque chose/rien d'autre ❷ *(zusätzlich)* ***ich habe noch*** ~ j'en ai encore d'autres ▶ **alles** ~ **als zufrieden sein** être tout sauf content; **unter** ~**m/**~**n** entre autres; **und** ~**s** et cætera
andererseits ['andərɐzaits] *adv* d'un autre côté
andermal ['andɐmaːl] *adv* ▶ **ein** ~ une autre fois
ändern ['ɛndɐn] **I.** *vt* ❶ *(verändern)* changer *Lage, Umstände* ❷ *(abändern)* changer de *Namen, Richtung;* modifier *Daten* ❸ *(umnähen)* retoucher *Kleidungsstück* **II.** *vr* ***sich*** ~ changer
andernfalls *adv* sinon
andernorts ['andɐnʔɔrts] *adv (geh)* ailleurs
anders ['andɐs] *adj o adv* ❶ différemment; ~ ***denkend*** *Bürger* dissident; *Kritiker* non-conformiste; ~ ***lautend*** *(form)* discordant; ~ ***sein*** être différent; ~ ***schmecken*** avoir un autre goût; ***ganz*** ~ ***aussehen*** avoir une tout autre allure; ***es sich*** ~ ***überlegen*** changer d'avis; ***es geht nicht*** ~ il n'y pas moyen de faire autrement ❷ *(sonst)* sinon; ***jemand*** ~ quelqu'un d'autre ▶ **jd kann nicht** ~ *(fam)* qn ne peut pas faire autrement; **jdm wird ganz** ~ *(jdm wird schwindelig)* qn se sent mal
andersartig ['andɐsʔaːɐ̯tɪç] *adj* différent(e) **andersdenkend** *s.* **anders 1**
Andersdenkende(r) *f(m) dekl wie adj* dissident(e) *m(f)* **andersfarbig** **I.** *adj* de couleur différente **II.** *adv* d'une autre couleur **andersgläubig** *adj* de confession différente **Andersgläubige(r)** *f(m) dekl wie Adj* personne *f* de confession différente
andersherum **I.** *adv* ❶ *(in die andere Richtung)* dans l'autre sens ❷ *(aus der*

A

anderen Richtung) en sens inverse ❸ *(in Bezug auf Kleidung)* de l'autre côté **II.** *adj* ▶ ~ **sein** *(fam)* être homo **anderslautend** *s.* **anders 1**

andersrum ['andɐsrʊm] *s.* **andersherum**

anderswo ['andɐsvoː] *adv* ailleurs

anderswoher ['andɐsvo'heːɐ̯] *adv* d'ailleurs **anderswohin** ['andɐsvo'hɪn] *adv* ailleurs

anderthalb ['andɐt'halp] *num* un(e) et demi(e)

Änderung <-, -en> *f* ❶ *eines Entwurfs* modification *f; eines Gesetzes* amendement *m* ❷ *(Schneiderarbeit)* retouche *f*

Änderungsantrag *m* [demande *f* d']amendement *m* **Änderungsschneider(in)** *m(f)* retoucheur, -euse *m, f* **Änderungsschneiderei** *f* atelier *m* de retouches **Änderungsvorschlag** *m* proposition *f* de modification; *(für ein Gesetz)* proposition *f* d'amendement

anderweitig ['andɐvai̯tɪç] **I.** *adj attr* autre **II.** *adv beschäftigt, hören* par ailleurs; *informiert* ailleurs

an|deuten I. *vt* ❶ *(erwähnen)* évoquer *Angelegenheit* ❷ *(zu verstehen geben)* **jdm ~, dass ...** laisser entendre à qn que ... ❸ *(skizzieren)* esquisser *Thema* **II.** *vr* **sich bei jdm ~** *Veränderungen:* s'esquisser chez qn

Andeutung *f* ❶ *(Hinweis)* allusion *f;* **eine ~ über jdn/etw machen** faire une insinuation à propos de qn/qc ❷ *(Spur) einer Farbe* soupçon *m* ❸ *(Anflug) eines Lächelns* ébauche *f*

andeutungsweise *adv* ❶ *(indirekt)* à mots couverts ❷ *(rudimentär)* très vaguement

Andorra [an'dɔra] <-s> *nt* l'Andorre *f*

Andorraner(in) <-s, -> *m(f)* Andorran(e) *m(f)*

andorranisch *adj* andorran(e)

Andrang *m kein Pl* ❶ *(Menschenmenge)* affluence *f* ❷ *(Zustrom) von Wassermassen* afflux *m*

an|drehen *vt* ❶ *(anstellen)* ouvrir *Gas;* allumer *Licht, Heizung* ❷ *(festdrehen)* serrer *Schraube* ❸ *(fam: verkaufen)* **jdm etw ~** refiler qc à qn

andrerseits ['andrɐ'zai̯ts] *s.* **andererseits**

an|drohen *vt* menacer; **jdm etw ~** menacer qn de qc

Androhung *f* menace *f;* **unter ~ von Gewalt** en menaçant d'utiliser la violence

an|dünsten *vt* faire cuire [quelques minutes] à la vapeur; **etw ~** faire cuire qc [quelques minutes] à la vapeur

an|ecken *vi + sein (fam)* choquer; **bei jdm mit etw ~** choquer qn par qc

an|eignen *vr* ❶ *(erwerben)* **sich** *dat* **Kenntnisse ~** acquérir des connaissances ❷ *(nehmen)* **sich** *dat* **etw ~** s'approprier qc

Aneignung <-, *selten:* -en> *f* ❶ *von Kenntnissen* acquisition *f* ❷ *(Inbesitznahme)* appropriation *f*

aneinander [anʔai̯'nandɐ] *adv* **~ hängen** être attaché l'un à l'autre; **~ vorbeigehen** passer l'un à côté de l'autre; **~ vorbeisehen** se croiser sans se regarder

aneinander|fügen I. *vt* **die Dominosteine ~** mettre les dominos bout à bout **II.** *vr* **sich ~** se combiner **aneinander|geraten*** *vi unreg + sein* **mit jdm ~** *(sich streiten)* s'empoigner avec qn; *(sich prügeln)* en venir aux mains avec qn **aneinander|hängen** *vt* **Waggons ~** attacher des wagons l'un à l'autre **aneinander|reihen** *vt* ❶ *(räumlich)* **Perlen auf einer Schnur ~** enfiler des perles sur un fil ❷ *(zeitlich)* **sich ~** se succéder **aneinander|stoßen** *vi irr* s'entrechoquer

Anekdote [anɛk'doːtə] <-, -n> *f* anecdote *f*

an|ekeln *vt* dégoûter

Anemone [ane'moːnə] <-, -n> *f* anémone *f*

anerkannt ['anʔɛɐ̯kant] *adj* ❶ *Tatsache* reconnu(e) ❷ *Experte* agréé(e); *Diplom* reconnu(e); *Prüfung* validé(e); *Schule* habilité(e); **staatlich ~** reconnu par l'État

an|erkennen* *vt irr* ❶ *(würdigen)* reconnaître ❷ SPORT homologuer *Leistung* ❸ *(akzeptieren)* accepter *Meinung;* **~, dass ...** reconnaître que ...

anerkennend I. *adj* approbateur, -trice **II.** *adv* en signe d'approbation

Anerkennung *f* ❶ *(Würdigung)* reconnaissance *f* ❷ *(lobende Zustimmung)* approbation *f;* **jds ~ finden** *Leistung:* recevoir les faveurs de qn ❸ SPORT homologation *f*

an|fachen ['anfaxən] *vt (a. fig geh)* attiser

an|fahren *irr* **I.** *vi + sein (losfahren)* démarrer **II.** *vt + haben* ❶ *(streifen)* accrocher *Person, Auto* ❷ *(liefern)* livrer *Ware* ❸ NAUT mettre le cap sur *Hafen* ❹ *(schelten)* houspiller

Anfahrt *f* ❶ *(Strecke, Zeit)* trajet *m* ❷ *(das Kommen)* **zwanzig Euro für die ~ verlangen** *Taxifahrer, Handwerker:* exiger vingt euros pour la course

Anfall *m* ❶ *(Herzanfall, Asthmaanfall)* crise *f; (Schwächeanfall)* malaise *m; (Ohnmachtsanfall)* syncope *f* ❷ *(Wutanfall)*

A

accès *m; **einen ~ kriegen*** *(fam)* piquer sa crise

an|fallen *irr* **I.** *vt + haben (angreifen)* attaquer **II.** *vi + sein* ❶ *(entstehen) Nebenprodukte, Müll:* être produit ❷ FIN *Kosten:* être dû ❸ *(sich anhäufen) Papier:* s'accumuler; ***die ~de Arbeit*** le travail à effectuer

anfällig ['anfɛlɪç] *adj (kränklich) Person* de santé fragile; ***für etw ~ sein/werden*** être/devenir réceptif à qc

Anfälligkeit *f* fragilité *f*

Anfang ['anfaŋ, *Pl:* 'anfɛŋə] <-[e]s, Anfänge> *m* ❶ *(Beginn)* début *m,* commencement *m; **den ~ machen*** prendre l'initiative; ***einen neuen ~ machen*** prendre un nouveau départ; ***am ~*** au début; ***von ~ an*** dès le départ; ***~ September*** début septembre; ***~ des Jahres*** au début de l'année; ***~ vierzig sein*** avoir la quarantaine; ***von ~ bis Ende*** du début [jusqu']à la fin ❷ *(Ursprung) des Lebens* commencement *m; einer Firma* débuts *mpl* ► **der ~ vom Ende** le commencement de la fin *fam;* **aller ~ ist schwer** *(prov)* tous les débuts sont difficiles

an|fangen *irr* **I.** *vt* ❶ *(beginnen)* commencer *Arbeit; ~ **mit*** commencer par ❷ *(fam: anbrechen)* entamer *Packung* ❸ *(angehen) **etw richtig/anders ~*** s'y prendre bien/autrement avec qc ► **mit jdm ist nichts anzufangen** il n'y a rien à tirer de qn; **nichts mit sich anzufangen wissen** ne pas savoir quoi faire de ses dix doigts **II.** *vi* ❶ ***mit seinem Vortrag ~*** commencer sa conférence ❷ *(beginnen) Veranstaltung:* commencer ❸ *(ins Berufsleben gehen) **als Vertreter ~*** débuter comme représentant

Anfänger(in) ['anfɛŋɐ] <-s, -> *m(f)* débutant(e) *m(f)*

Anfängerkurs *m* cours *m* pour débutants

anfänglich ['anfɛŋlɪç] *adj attr Übelkeit* initial(e); ***nach ~em Zögern*** après avoir hésité au début

anfangs ['anfaŋs] **I.** *adv* au début **II.** *präp +gen* CH ***~ des Monats*** en début de mois; ***~ des Jahres*** au début de l'année

Anfangsbuchstabe *m* [lettre *f*] initiale *f*
Anfangsschwierigkeiten *Pl* difficultés *fpl* initiales [*o* de départ] **Anfangsstadium** *nt einer Krankheit* premier stade *m; eines Projekts, Versuchs* phase *f* initiale
Anfangszeit *f* premiers temps *mpl*

an|fassen **I.** *vt* ❶ *(berühren)* toucher; ***jdn am Ärmel ~*** saisir qn par la manche; ***jdn grob ~*** empoigner qn sans ménagement ❷ *(ergreifen) **die Flasche am Hals ~*** prendre la bouteille par le goulot ❸ *(angehen)* aborder *Angelegenheit, Problem* ❹ *(behandeln)* traiter; ***jdn richtig/falsch ~*** s'y prendre bien/mal avec qn ► **zum Anfassen** *(fam: verständlich)* accessible [à tous]; *(volksnah)* proche des gens **II.** *vi* ❶ *(berühren)* toucher ❷ *(helfen) [**mit**] ~* filer un coup de main *fam* **III.** *vr (sich bei der Hand nehmen) **sich ~*** se donner la main

an|fauchen *vt* ❶ ***jdn ~*** *Katze:* feuler en direction de qn ❷ *(fam: zurechtweisen)* engueuler

anfechtbar ['anfɛçtba:ɐ̯] *adj* contestable; JUR attaquable

an|fechten *vt irr* ❶ contester *Aussage, These* ❷ JUR contester la validité de *Abkommen, Vertrag;* faire appel de *Beschluss, Urteil*

Anfeindung <-, -en> *f* attaque *f; **den ~en der Kollegen ausgesetzt sein*** être en butte aux attaques des collègues

an|fertigen *vt* confectionner *Kleidungsstück;* fabriquer *Möbelstück;* dresser *Protokoll*

Anfertigung *f eines Kleidungsstücks* confection *f; eines Möbelstücks* fabrication *f; eines Protokolls* rédaction *f*

an|feuchten *vt* humecter

an|feuern *vt* ❶ *(anspornen)* encourager; ***~de Zurufe*** des cris d'encouragement ❷ *(anheizen)* allumer *Ofen*

an|flehen *vt* supplier

an|fliegen *irr* **I.** *vt + haben **eine Stadt ~*** *(sich nähern)* approcher d'une ville; *(eine Flugverbindung unterhalten)* desservir une ville **II.** *vi + sein **angeflogen kommen** Vogel:* arriver; *Geschoss:* fuser

Anflug *m* ❶ AVIAT approche *f; **beim ~ auf Rom*** à la descente sur Rome ❷ *(Spur) **der ~ eines Lächelns*** l'ébauche *f* d'un sourire

an|fordern *vt* demander

Anforderung *f* ❶ *kein Pl (das Anfordern)* demande *f* ❷ *meist Pl (Anspruch)* exigences *fpl; **große ~en an jdn stellen*** être très exigeant avec qn; ***den ~en genügen*** remplir les conditions

Anfrage *f* ❶ demande *f* [de renseignement]; ***auf ~*** sur demande ❷ INFORM demande *f*

an|fragen *vi* demander; *(Auskunft erfragen)* se renseigner

an|freunden *vr* ❶ ***sich ~*** se lier d'amitié; ***sich mit jdm ~*** se lier d'amitié avec qn ❷ *(sich gewöhnen an) **sich mit jdm/etw ~*** se faire à qn/qc

an|fügen ['anfy:gən] *vt* ❶ *(beilegen)*

[r]ajouter ❷ *(hinzufügen)* ***~, dass …*** ajouter que …

an|fühlen I. *vt* toucher II. *vr* ***sich weich/rau ~*** être doux/rêche [au toucher]

an|führen *vt* ❶ *(befehligen)* commander *Truppe* ❷ *(vorbringen)* donner *Grund;* fournir *Beweise;* mentionner *Zitat*

Anführer(in) *m(f)* ❶ *einer Truppe* commandant *m; einer Bande* chef *mf* ❷ *(pej: Rädelsführer)* meneur, -euse *m, f*

Anführungszeichen *nt meist Pl* guillemets *mpl;* ***~e unten/oben*** guillemets ouvrants/fermants

Angabe <-, -n> *f* ❶ *meist Pl (Aussage)* déclaration *f;* ***~n über etw*** *akk* ***/zu etw machen*** donner des indications à propos de qc/sur qc; ***~n zur Person*** renseignements *mpl* sur l'identité ❷ SPORT service *m* ❸ *kein Pl (fam: Prahlerei)* frime *f*

an|gaffen *vt (pej)* ***[jdn]*** ~ regarder [qn] bouche bée; ***was gaffst du mich so an?*** qu'est-ce que tu as à me regarder avec des yeux pareils?

an|geben *irr* I. *vt* ❶ *(nennen)* donner *Grund, Namen* ❷ *(behaupten)* fournir *Gründe* ❸ *(anzeigen)* indiquer *Preis* II. *vi* ❶ *(prahlen)* frimer *fam* ❷ SPORT servir

Angeber(in) <-s, -> *m(f)* frimeur, -euse *m, f fam*

Angeberei [angeːbəˈrai] <-, -en> *f (fam)* ❶ *kein Pl (das Prahlen)* frime *f* ❷ *meist Pl (Äußerung, Handlung)* fanfaronnade *f*

angeberisch I. *adj* de fanfaron(ne); ***wie ~!*** quelle frime! *fam* II. *adv* en fanfaronnant

Angebetete(r) *f(m) dekl wie Adj (geh)* bien-aimé(e) *m(f);* ***seine ~*** sa bien-aimée; ***ihr ~r*** son bien-aimé

angeblich [ˈangeːplɪç] I. *adj* prétendu(e) II. *adv* soi-disant

angeboren *adj* ❶ *Behinderung* congénital(e) ❷ *(fam: chronisch)* inné(e)

Angebot <-[e]s, -e> *nt* ❶ offre *f* ❷ *(Warenangebot)* choix *m;* ***~ und Nachfrage*** l'offre et la demande ❸ *(Sonderangebot)* promotion *f*

angebracht [ˈangəbraxt] *adj* ❶ *(sinnvoll)* opportun(e) ❷ *(angemessen)* ***für jdn/etw ~ sein*** être approprié pour qn/qc

angegossen [ˈangəgɔsən] *adj* ▶ **wie ~ passen** *(fam)* aller comme un gant

angeheiratet *adj* par alliance

angeheitert [ˈangəhaitɐt] *adj (fam)* éméché(e)

an|gehen *irr* I. *vi + sein* ❶ *Licht:* s'allumer; *Elektrogerät:* se mettre en route ❷ *(zu brennen beginnen) Feuer:* prendre ❸ *(vorgehen, ankämpfen)* ***gegen jdn ~*** agir contre qn; ***gegen die Flammen ~*** combattre le feu; ***gegen den Drogenhandel ~*** s'attaquer au trafic de drogue ❹ *(vertretbar sein)* être possible; ***es geht nicht an, dass*** il est inacceptable que *+subj* II. *vt* ❶ *+ haben o* SDEUTSCH *sein (in Angriff nehmen)* s'attaquer à *Problem;* entamer *Verhandlungen* ❷ *+ sein* aborder *Hindernis* ❸ *+ haben (attackieren)* attaquer ❹ *+ haben (betreffen)* concerner; ***das geht dich nichts an!*** ça ne te regarde pas!; ***was geht dich das an?*** de quoi je me mêle? *fam;* ***was mich angeht, …*** pour ma part, …

angehend *adj* futur(e)

an|gehören* *vi* faire partie de; ***einer Partei ~*** être membre d'un parti; ***einer Gruppe ~*** faire partie d'un groupe; ***der Vergangenheit ~*** appartenir au passé

Angehörige(r) *f(m) dekl wie adj* ❶ *(Familienangehöriger)* [proche] parent(e) *m(f);* ***meine ~n wohnen alle in Süddeutschland*** toute ma famille vit en Allemagne du Sud ❷ *(Mitglied)* membre *m*

Angeklagte(r) *f(m) dekl wie adj* accusé(e) *m(f)*

Angel [ˈaŋəl] <-, -n> *f* ❶ canne *f* à pêche ❷ *(Türangel, Fensterangel)* gond *m*

Angelegenheit *f* ❶ affaire *f;* ***in welcher ~ wollen Sie mich sprechen?*** à quel sujet désirez-vous me voir? ❷ *(Aufgabe)* ***das ist seine/ihre ~*** cela lui incombe

angelernt *adj* ❶ *Arbeiter* spécialisé(e) ❷ *Wissen* approximatif, -ive

Angelgerät *nt* accessoires *mpl* de pêche

Angelhaken *m* hameçon *m*

angeln [ˈaŋəln] I. *vi* ❶ pêcher; ***~ gehen*** aller à la pêche ❷ *(greifen)* ***nach dem Telefon ~*** essayer d'attraper le téléphone II. *vt* ❶ *(fischen)* pêcher; ***wir haben noch nicht viel geangelt*** nous n'avons pas pris grand-chose ❷ *(fam: ergattern)* ***sich*** *dat* ***einen Millionär ~*** mettre le grappin sur un millionnaire

Angelpunkt *m* question *f* centrale **Angelrute** *f* canne *f* à pêche

Angelsachse, -sächsin [ˈaŋəlzaksə] *m, f* Anglo-Saxon(ne) *m(f)* **angelsächsisch** [ˈaŋəlzɛksɪʃ] *adj* anglo-saxon(ne)

Angelschein *m* carte *f* de pêche **Angelschnur** *f* fil *m* à pêche **Angelsport** *m* pêche *f* à la ligne

angemessen I. *adj Preis* raisonnable; *Honorar* adapté(e); *Kleidung* approprié(e); *Verhalten* convenable; ***der Leistung*** *dat* ***~ sein*** être proportionnel au rendement II. *adv würdigen* à sa/leur juste valeur; *bezahlen*

A

en conséquence; *sich verhalten* convenablement

angenehm ['angəne:m] **I.** *adj* agréable; ***es wäre mir ~er, wenn*** je préférerais que +*subj;* ***[sehr] ~!*** enchanté! **II.** *adv* ~ ***riechen*** sentir bon; ~ ***überrascht sein*** être agréablement surpris

angenommen ['angənɔmən] *PP von* **annehmen**

angepasst ['angəpast] **I.** *adj* conformiste **II.** *adv sich verhalten* selon la norme

Angepasstheit <-> *f* conformisme *m*

angeregt ['angəre:kt] **I.** *adj Atmosphäre, Diskussion* animé(e) **II.** *adv* de façon animée

angesagt I. *PP von* **ansagen II.** *adj (fam)* ❶ *(im Trend)* tendance *fam;* ***diese Musik ist voll ~*** c'est de la musique très tendance *fam* ❷ *(gefragt, erforderlich)* ***jetzt ist Stimmung ~!*** il est temps de mettre de l'ambiance! *fam*

angeschlagen *adj (fam) Person* mal fichu(e); *Gesundheit* chancelant(e); *Nerven* en pelote

angeschmutzt ['angəʃmʊtst] *adj* un peu sale

angeschrieben ▶ **bei jdm gut/schlecht ~ sein** *(fam)* être bien/mal vu(e) de qn

angesehen *adj Person* estimé(e); *Firma* de renom; ***hoch*** ~ très estimé

Angesicht <-[e]s, -er> *nt (geh)* face *f;* ***von ~ zu ~*** seul à seul ▶ **im ~ des Todes** devant la mort

angesichts *präp +gen* face à; ~ ***der Tatsache, dass ...*** du fait que ...

angespannt ['angəʃpant] **I.** *adj* tendu(e) **II.** *adv* [très] attentivement

angestammt ['angəʃtamt] *adj Rechte, Privilegien* héréditaire; *Platz, Rolle* habituel(le); *Besitz* reçu(e) en héritage

angestaubt ['angəʃtaupt] *adj (fig fam)* poussiéreux, -euse

Angestellte(r) *f(m) dekl wie adj* employé(e) *m(f)*

angestrengt ['angəʃtrɛŋt] **I.** *adj* ❶ *Gesicht* fatigué(e) ❷ *(intensiv) Nachdenken* intense; *Arbeiten* intensif, -ive **II.** *adv arbeiten, nachdenken* assidûment

angetan *adj (erbaut)* conquis; ***von jdm/etw sehr ~ sein*** être tout à fait conquis par qn/qc

Angetraute(r) *f(m) dekl wie Adj (hum fam)* ***seine*** ~ sa moitié *fam;* ***ihr ~r*** son cher et tendre époux

angetrunken *adj* un peu gris(e)

angewandt ['angəvant] *adj attr Wissenschaft* appliqué(e)

angewiesen ['angəvi:zən] *adj* ***auf jdn/etw ~ sein*** dépendre de qn/qc; ***sie sind auf jede Euro ~*** ils en sont à compter chaque euro

an|gewöhnen* **I.** *vt* habituer; ***jdm etw ~*** habituer qn à qc **II.** *vr* ***sich dat etw ~*** prendre l'habitude de faire qc

Angewohnheit *f* habitude *f*

angewurzelt *adj* ▶ **wie ~ stehen bleiben** rester planté [là]

Angina [aŋ'gi:na] <-, Anginen> *f* angine *f*

an|gleichen *irr* **I.** *vt* harmoniser; ***etw einer S. dat ~*** harmoniser qc avec qc **II.** *vr* ***sich jdm ~*** s'adapter à qn; ***sich aneinander ~*** *Kulturen, Systeme:* s'harmoniser les uns/unes avec les autres

Angleichung *f* harmonisation *f; der Preise, Gehälter* réajustement *m;* ~ ***an etw*** *akk* harmonisation à qc

Angler(in) ['aŋlɐ] <-s, -> *m(f)* pêcheur, -euse *m, f* à la ligne

an|gliedern *vt* annexer; ***etw einem Staat ~*** annexer qc à un État; ***etw einem Konzern ~*** rattacher qc à un groupe

Angliederung *f eines Gebiets* annexion *f; einer Organisation, Firma* rattachement *m*

anglikanisch [aŋgli'ka:nɪʃ] *adj Kirche* anglican(e)

Anglist(in) [aŋ'glɪst] <-en, -en> *m(f)* ❶ *(Wissenschaftler)* angliciste *mf* ❷ *(Student)* étudiant(e) *m(f)* en anglais

Anglistik [aŋ'glɪstɪk] <-> *f* lettres *fpl* et civilisation anglaises

Anglizismus [aŋgli'tsɪsmʊs] <-, -zismen> *m* LING anglicisme *m*

an|glotzen *vt (fam)* ***jdn ~*** regarder qn avec des yeux ronds

Angola [aŋ'go:la] <-s> *nt* l'Angola *m*

Angorawolle *f* laine *f* angora

angreifbar *adj Person* critiquable; *Theorie* contestable

an|greifen *irr* **I.** *vt* ❶ ***jdn/etw ~*** attaquer qn/qc ❷ *(schädigen)* ***etw ~*** attaquer qc ❸ *(beeinträchtigen)* ***jdn ~*** *Nachricht:* affecter qn; *Stress:* altérer la santé de qn ❹ *(anbrechen)* puiser dans *Geld* **II.** *vi* ❶ *(attackieren)* attaquer ❷ A *(anfassen)* toucher

Angreifer(in) <-s, -> *m(f)* ❶ MIL assaillant(e) *m(f)* ❷ *meist Pl* SPORT attaquant(e) *m(f)*

an|grenzen *vi* être limitrophe; ***an etw akk ~*** *Land:* être limitrophe de qc; *Fluss, See:* être en bordure de qc

angrenzend *adj attr Gebäude* voisin(e); *Hecke* avoisinant(e); *Land* limitrophe

Angriff *m* ❶ MIL, SPORT offensive *f* ❷ *(Kritik)*

A

attaque *f* ▶ **etw in ~ nehmen** s'attaquer à qc

Angriffsfläche *f* cible *f* **angriffslustig** *adj Journalist, Opposition* combatif, -ive; SPORT offensif, -ive **Angriffsspieler(in)** *m(f)* attaquant(e) *m(f)*

an|grinsen *vt [jdn]* ~ regarder [qn] en ricanant; ***warum grinst du mich so an?*** qu'est-ce que tu as à me ricaner au nez?

angst ▶ **jdm wird** ~ **[und bange]** qn prend peur

Angst [aŋst, *Pl:* 'ɛŋstə] <-, Ängste> *f* ❶ peur *f; **vor jdm/etw ~ haben*** avoir peur de qn/qc; ***um jdn/etw ~ haben*** avoir peur pour qn/qc; ~ ***bekommen*** prendre peur; ***keine ~!*** pas de panique! ❷ PSYCH angoisse *f*

Angsthase *m (fam)* trouillard(e) *m(f)*

ängstigen ['ɛŋstɪgən] **I.** *vt* faire peur à; ***jdn*** ~ *(in Furcht versetzen)* faire peur à qn; *(in Sorge versetzen)* inquiéter qn **II.** *vr* ❶ *(sich fürchten)* ***sich vor jdm/etw*** ~ avoir peur de qn/qc ❷ *(sich sorgen)* ***sich um jdn/wegen etw*** ~ s'inquiéter pour qn/de qc

ängstlich ['ɛŋstlɪç] **I.** *adj* ❶ *Person, Blick* craintif, -ive ❷ *(besorgt)* ~ ***werden/sein*** s'inquiéter/être inquiet **II.** *adv hüten, verbergen* jalousement

Ängstlichkeit <-> *f* ❶ *(Furcht)* crainte *f* ❷ *(Besorgtheit)* inquiétude *f*

Angstmacherei *f* alarmisme *m* **Angstschrei** *m* cri *m* de frayeur

Angstschweiß *m* sueur *f* d'angoisse

angstvoll I. *adj* angoissé(e) **II.** *adv **jdn** ~ **anblicken*** lancer un regard angoissé à qn

an|gucken *vt (fam)* regarder

an|gurten I. *vr **sich*** ~ mettre sa ceinture [de sécurité] **II.** *vt* attacher

an|haben *vt irr* ❶ *(fam: angezogen haben)* porter; ***nichts*** ~ être tout nu ❷ *(fam: angeschaltet haben)* ***den Fernseher*** ~ avoir la télé allumée ❸ *(zuleide tun)* ***jdm etwas ~ können*** pouvoir faire du mal à qn; *Konkurrent, Widersacher:* pouvoir nuire à qn; ***die Kälte kann mir nichts*** ~ le froid n'a aucune prise sur moi

an|halten *irr* **I.** *vi* ❶ *(stehen bleiben)* s'arrêter ❷ *(fortdauern) Wetter:* continuer; *Beschwerden:* persister; *Lärm:* durer ❸ *(werben)* ***um die Hand der Tochter*** ~ demander la main de la fille **II.** *vt* ❶ *(stoppen)* stopper *Person, Fahrzeug;* retenir *Luft* ❷ *(anleiten)* ***jdn zu Ordnung*** ~ éduquer qn à être ordonné

anhaltend *adj Hitze* persistant(e); *Lärm* continuel(le)

Anhalter(in) *m(f)* auto-stoppeur, -euse *m, f;* ***per ~ fahren*** faire de l'auto-stop

Anhaltspunkt *m* indice *m*

anhand [an'hant] *präp +gen* à l'aide de

Anhang <-[e]s, Anhänge> *m* appendice *m*

an|hängen I. *vt* ❶ *(befestigen)* accrocher *Schild* ❷ *(ankuppeln)* atteler *Wohnwagen* ❸ *(hinzufügen)* ajouter *Bemerkung* ❹ *(fam: anlasten)* ***jdm einen Diebstahl*** ~ coller un vol sur le dos de qn **II.** *vr (hinterherfahren)* ***sich an jdn/etw*** ~ *Fahrer, Wagen:* coller qn/qc *fam* **III.** *vi irr* ***jdm*** ~ *Vorwurf, Makel:* coller à la peau de qn *fam*

Anhänger <-s, -> *m* ❶ SPORT supporter *m* ❷ *(Gefolgsmann)* partisan *m* ❸ *(Wagen)* remorque *f* ❹ *(Schmuckstück)* pendentif *m*

Anhängerkupplung *f* AUT attelage *m* de remorque

Anhängerschaft <-> *f* ❶ SPORT supporte[u]rs *mpl* ❷ *(Gefolgsleute)* partisans *mpl*

anhängig *adj* JUR ~ ***sein*** être en instance

anhänglich ['anhɛŋlɪç] *adj Kind* très attaché(e); *Haustier* attaché(e)

Anhänglichkeit <-> *f eines Kindes* attachement *m; eines Haustiers* fidélité *f*

an|hauchen *vt* souffler en direction de

an|hauen *vt irr (sl)* aborder; ***jdn um Geld*** ~ taper qn *fam*

an|häufen I. *vt* amasser *Geld;* entasser *Müll* **II.** *vr **sich*** ~ s'accumuler

Anhäufung <-, -en> *f von Müll* accumulation *f;* ***durch die ~ eines ungeheuren Vermögens*** en amassant une fortune immense

an|heben *vt irr* ❶ soulever *Möbelstück;* lever *Glas* ❷ *(erhöhen)* augmenter *Abgaben;* élargir *Freigrenze*

an|heften *vt* fixer; ***etw mit Heftklammern*** ~ agrafer qc

anheim|fallen [an'haimfalən] *vi irr (geh)* ***dem Staat*** ~ *Vermögen, Erbschaft:* tomber en déshérence; ***einem Betrug*** ~ être victime d'une escroquerie

an|heizen *vt* ❶ allumer *Kamin* ❷ *(fam: verschlimmern)* renforcer *Inflation;* aggraver *Krise*

an|heuern I. *vt* enrôler **II.** *vi **auf einem Schiff*** ~ s'engager sur un bateau

Anhieb ['anhi:p] ▶ **auf** ~ *(fam)* d'emblée

an|himmeln ['anhɪməln] *vt (fam)* ***jdn*** ~ *(verehren)* adorer qn; *(schwärmerisch ansehen)* dévorer qn des yeux

Anhöhe *f* hauteur *f*

an|hören I. *vt* ❶ *(bewusst hören)* écouter ❷ *(mithören)* entendre **II.** *vr* ❶ ***sich ko-***

A

misch/heiser ~ *Person:* avoir une drôle de voix/la voix enrouée ❷ *(Klänge wiedergeben)* ***sich gut*** ~ *Anlage:* avoir un bon son

Anhörung <-, -en> *f* audition *f*

animalisch [ani'ma:lɪʃ] *adj (pej)* animal(e)

Animateur(in) [anima'tø:ɐ̯] <-s, -e> *m(f)* animateur, -trice *m, f*

Animation [anima'tsi̯o:n] <-, -en> *f* animation *f*

animieren* [ani'mi:rən] **I.** *vt* inciter; ***jdn zu etw*** ~ inciter qn à [faire] qc **II.** *vi* stimuler

animierend *adj (anregend)* stimulant(e)

Anion ['anio:n] <-s, -en> *nt* CHEM, PHYS anion *m*

Anis [a'ni:s] <-[es], -e> *m* ❶ *(Pflanze, Gewürz)* anis *m* ❷ *(Schnaps)* anisette *f*

an|kämpfen *vi* lutter; ***gegen jdn/etw*** ~ lutter contre qn/qc

Ankauf *m* achat *m; eines Grundstücks* acquisition *f;* ***An- und Verkauf*** vente *f* et achat

an|kaufen *vt* acheter

Anker ['aŋkɐ] <-s, -> *m* ancre *f;* ***den ~ werfen/lichten*** jeter/lever l'ancre

ankern *vi* ❶ *(den Anker werfen)* jeter l'ancre ❷ *(vor Anker liegen)* mouiller

Ankerplatz *m* mouillage *m*

an|ketten *vt* ❶ attacher *Fahrrad* ❷ *(fesseln)* enchaîner *Sträfling*

Anklage *f* ❶ JUR *(Tatvorwurf)* inculpation *f;* *(Anklagevertreter)* accusation *f;* ***gegen jdn ~ wegen etw erheben*** engager des poursuites contre qn pour qc; ***wegen etw unter ~ stehen*** faire l'objet de poursuites pour qc ❷ *(Vorwurf, Klage)* accusation *f*

Anklagebank <-bänke> *f* banc *m* des accusés **Anklageerhebung** *f* demande *f* de mise en accusation

an|klagen **I.** *vt* ❶ JUR inculper ❷ *(anprangern)* dénoncer *Missstände, Politik* ❸ *(beschuldigen)* accuser **II.** *vi Person:* accuser; *Rede:* être une accusation

anklagend **I.** *adj* accusateur, -trice **II.** *adv ansehen* d'un air accusateur

Anklagepunkt *m* chef *m* d'accusation

Ankläger(in) *m(f)* accusateur, -trice *m, f*

Anklageschrift *f* acte *m* d'accusation

Anklagevertreter(in) *m(f)* JUR ≈ procureur *mf* de la République

an|klammern **I.** *vt* ***ein Blatt Papier an etw*** *akk o dat* ~ accrocher une feuille à qc **II.** *vr* ***sich an jdn/etw*** ~ *Kind, Ertrinkender:* s'agripper à qn/qc

Anklang *m* ❶ *kein Pl (Zustimmung)* accueil *m* favorable, écho *m* [favorable]; ***bei jdm ~ finden*** *Person:* avoir du succès auprès de qn; *Plan:* être bien accueilli par qn ❷ *(Reminiszenz)* ~ ***an jdn/etw*** référence *f* à qn/qc

an|kleben *vt + haben* coller

Ankleidekabine *f eines Geschäfts* cabine *f* d'essayage

an|kleiden **I.** *vt (geh)* vêtir **II.** *vr (geh)* ***sich*** ~ s'habiller

Ankleideraum *m eines Schwimmbads* vestiaire *m*

an|klicken *vt* INFORM cliquer sur

an|klopfen *vi* frapper

an|knabbern *vt (fam)* grignoter

an|knipsen *vt (fam)* allumer

an|knoten *vt* nouer; ***ein Seil*** ~ attacher une corde

an|knüpfen **I.** *vt* ❶ *(befestigen)* attacher *Schnur* ❷ *(aufnehmen)* nouer *Beziehung* **II.** *vi* ***an alte Zeiten*** ~ renouer avec le passé

an|kommen *irr* **I.** *vi + sein* ❶ *(das Ziel erreichen)* arriver ❷ *(fam: Anklang finden)* ***bei jdm*** ~ *Idee:* être bien accueilli par qn; *Mode:* avoir du succès auprès de qn; ***nicht [gut]*** ~ faire un bide ❸ *(fam: Eindruck machen)* ***bei jdm ~/gut ~*** avoir la cote auprès de qn ❹ *(sich behaupten)* ***gegen jdn ~ können*** arriver à s'imposer face à qn **II.** *vi unpers + sein* ***es kommt darauf an, dass*** il importe que *+subj* ▶ ***es darauf ~ lassen*** *(fam)* risquer le coup; ***es auf etw*** *akk* ~ ***lassen*** *(fam)* se laisser embarquer dans qc

Ankömmling ['ankœmlɪŋ] <-s, -e> *m* arrivant(e) *m(f)*

an|koppeln **I.** *vt* atteler *Waggon* **II.** *vi* ***an etw*** *akk* ~ *Raumfähre:* arrimer à qc

an|kotzen *vt (fam: anwidern)* faire gerber

an|kreiden *vt* reprocher; ***jdm etw*** ~ reprocher qc à qn

an|kreuzen *vt* cocher

an|kündigen *vt, vr* ***[sich]*** ~ [s']annoncer

Ankündigung *f* ❶ *kein Pl (das Ankündigen)* annonce *f* ❷ *(Vorzeichen) einer Katastrophe* signe *m* avant-coureur

Ankunft ['ankʊnft] <-, Ankünfte> *f* arrivée *f;* ***bei ~ des Zuges*** lors de l'entrée [du train] en gare

Ankunftshalle *f* hall *m* d'arrivée

Ankunftszeit *f* heure *f* d'arrivée

an|kurbeln *vt* ❶ relancer *Wirtschaft* ❷ *(in Gang setzen)* ***den Motor*** ~ mettre le moteur en marche

an|lächeln *vt* sourire à

an|lachen *vt* ***jdn*** ~ *Person:* regarder qn en riant; *Sonne:* sourire à qn

Anlage <-, -n> *f* ❶ *(Produktionsgebäude)* complexe *m* ❷ *kein Pl (das Schaffen) eines Stausees* construction *f; eines Parks* aménagement *m* ❸ *(Einrichtung)* ***sanitäre ~n*** installations sanitaires ❹ *(Briefbeilage)* annexe *f;* INFORM attachement *m;* ***als*** ~ en annexe ❺ *meist Pl (Veranlagung)* [pré]dispositions *f pl* ❻ *kein Pl (Gliederung) eines Romans* plan *m*

an|langen *vt + haben* ❶ *(betreffen)* concerner; ***was das Projekt anlangt, ...*** en ce qui concerne le projet, ... ❷ SDEUTSCH *(anfassen)* toucher

Anlass ['anlas, *Pl:* 'anlɛsə] <-es, Anlässe> *m* ❶ *(Grund)* raison *f* ❷ *(Gelegenheit)* occasion *f;* ***beim geringsten ~*** pour un oui ou pour un non; ***aus gegebenem ~*** puisque l'occasion en est/était/... donnée ❸ *(Veranstaltung)* ***ein festlicher ~ sein*** être l'occasion de festivités

an|lassen *irr* **I.** *vt* ❶ [faire] démarrer *Auto* ❷ *(fam: anbehalten)* garder *Schuhe* ❸ *(fam: nicht abstellen)* laisser tourner *Motor;* laisser brûler *Kerze* **II.** *vr (fam)* ***sich gut/schlecht ~*** *Geschäft, Tag:* se présenter bien/mal

Anlasser <-s, -> *m* démarreur *m*

anlässlich ['anlɛslɪç] *präp +gen* à l'occasion de

an|lasten *vt* reprocher; ***jdm etw ~*** reprocher qc à qn

Anlauf *m* ❶ SPORT élan *m* ❷ *(Versuch)* essai *m*

an|laufen *irr* **I.** *vi + sein* ❶ *(beginnen) Saison, Verhandlungen:* commencer ❷ *(herauskommen) Film:* sortir ❸ *(Anlauf nehmen)* prendre de l'élan ❹ *(beschlagen) Brille, Spiegel:* s'embuer ❺ *(die Hautfarbe ändern)* ***blau ~*** devenir tout bleu ❻ *(oxidieren) Metall:* s'oxyder **II.** *vt + haben* faire escale dans *Bucht, Hafen*

Anlaufstelle *f* lieu *m* d'accueil

Anlaut *m* son *m* initial

Anlegebrücke *f* embarcadère *m*

an|legen **I.** *vt* ❶ *(erstellen)* constituer *Akte;* établir *Liste* ❷ aménager *Garten* ❸ *(ansammeln)* constituer *Vorratslager* ❹ FIN placer ❺ *(ausgeben)* mettre ❻ *(beabsichtigen)* ***es auf einen Streit ~*** chercher une dispute ❼ *(anlehnen)* mettre *Leiter* ❽ *(hinlegen)* appliquer *Lineal* ❾ *(geh: anziehen, antun)* mettre *Schmuck* ❿ *(ausrichten)* ***ein Projekt auf sechs Jahre ~*** concevoir un projet sur six ans **II.** *vi* ❶ ***im Hafen ~*** faire escale dans le port ❷ *(zielen)* ***mit einem Gewehr auf jdn ~*** mettre qn en joue avec un fusil **III.** *vr* ***sich mit jdm ~*** entrer en conflit avec qn

Anlegeplatz *m* embarcadère *m,* débarcadère *m*

Anleger(in) <-s, -> *m(f)* investisseur, -euse *m, f*

Anlegestelle *f* NAUT *s.* **Anlegeplatz**

an|lehnen **I.** *vt* ❶ poser; ***etw an etw*** *akk* ~ poser qc contre qc ❷ *(offen lassen)* ***das Fenster ~*** laisser la fenêtre entrouverte **II.** *vr* ❶ ***sich an jdn/etw ~*** s'appuyer contre qn/qc ❷ *(sich orientieren)* ***sich an etw*** *akk* ~ *Inszenierung:* s'inspirer de qc

Anlehnung <-, en> *f (Orientierung)* ***in ~ an jdn/etw*** en référence à qn/qc

anlehnungsbedürftig *adj* qui a besoin de se sentir entouré(e)

an|leiern *vt (fam)* goupiller

Anleihe <-, -n> *f* emprunt *m;* ***eine ~ aufnehmen*** contracter un emprunt

an|leimen *vt* [***etw an etw***] ~ coller [qc à qc]

an|leiten *vt (unterweisen)* instruire; ***jdn ~ etw zu tun*** apprendre à qn à faire qc

Anleitung *f* directives *f pl*

an|lernen *vt (einarbeiten)* former

an|lesen *vt irr* ❶ lire le début de *Buch* ❷ *(aneignen)* ***sich*** *dat* ***etw ~*** assimiler qc par la lecture

an|liefern *vt* livrer à domicile; ***etw ~*** livrer qc à domicile

Anlieferung *f* livraison *f* [à domicile]

an|liegen *vi irr* ❶ *Problem:* être à régler ❷ ***eng ~*** *Kleid:* être moulant

Anliegen <-s, -> *nt (Bitte)* demande *f*

anliegend *adj* ❶ *Schreiben* ci-joint(e) ❷ *Grundstück* attenant(e) ❸ *(den Körper betonend)* ***ein eng ~es Kleid*** un robe moulante ❹ *Haare* plaqué(e)

Anlieger(in) <-s, -> *m(f)* riverain(e) *m(f);* ~ ***frei!*** accès réservé aux riverains!

Anliegerstaat *m* État *m* riverain

an|locken *vt* attirer *Käufer;* appâter *Tier*

an|lügen *vt irr* mentir à

Anm. *Abk von* **Anmerkung**

Anmache <-> *f (fam)* drague *f*

an|machen *vt* ❶ *(anstellen)* allumer ❷ *(zubereiten)* assaisonner *Salat* ❸ *(fam: befestigen)* fixer ❹ *(fam: gefallen)* ***jdn total ~*** *Projekt, Film:* intéresser vachement qn ❺ *(fam: flirten, ansprechen)* draguer ❻ *(fam: rüde ansprechen)* ***jdn ~*** prendre qn à partie

an|malen **I.** *vt (bemalen)* peindre **II.** *vr (pej fam)* ***sich ~*** se peinturlurer

an|maßen ['anma:sən] *vr* ***sich*** *dat* ***etw ~*** se permettre qc

anmaßend *adj* prétentieux, -euse

A

Anmaßung <-, -en> *f* prétention *f*
Anmeldeformular *nt* formulaire *m* d'inscription **Anmeldefrist** *f* délai *m* d'inscription **Anmeldegebühr** *f* frais *mpl* d'inscription
an|melden **I.** *vt* ❶ *(ankündigen)* annoncer *Gast, Besucher;* ***ich bin angemeldet*** j'ai rendez-vous ❷ *(vormerken lassen)* inscrire ❸ *(polizeilich melden)* déclarer *Wohnsitz* ❹ *(registrieren lassen)* déclarer *Radio;* déposer *Patent* ❺ *(geltend machen)* faire valoir *Anspruch;* exprimer *Bedenken* **II.** *vr* ❶ *(ankündigen)* ***sich ~*** annoncer sa venue ❷ *(sich eintragen lassen)* ***sich zu einem Kurs ~*** s'inscrire à un cours ❸ *(einen Termin vereinbaren)* ***sich ~*** prendre rendez-vous ❹ *(sich polizeilich melden)* ***sich in Stuttgart ~*** déclarer son domicile à Stuttgart
Anmeldeschluss *m* [date *f* de] clôture *f* des inscriptions
Anmeldung *f* ❶ *kein Pl (Ankündigung) eines Besuchs* annonce *f* ❷ *(Terminvereinbarung)* rendez-vous *m* ❸ *(Einschreibung)* inscription *f* ❹ *(Registrierung) eines Einwohners* enregistrement *m; eines Radiogeräts* déclaration *f; eines Patents* dépôt *m*
an|merken *vt* ❶ *(ansehen)* ***sich** dat* ***den Ärger ~ lassen*** laisser transparaître sa colère; ***ich merke dir an, dass ...*** je lis à ton visage que ... ❷ *(bemerken, äußern)* ***etwas ~*** faire une remarque
Anmerkung <-, -en> *f* commentaire *m*
an|motzen *vt (fam)* ***jdn ~*** traiter qn de tous les noms
Anmut ['anmuːt] <-> *f (geh)* grâce *f*
anmutig *adj (geh) Person* gracieux, -euse; *Gemälde* charmant(e)
an|nähen *vt* coudre; ***eine Tasche an etw** akk o dat* **~** coudre une poche à qc; ***einen Knopf wieder ~*** recoudre un bouton
an|nähern **I.** *vr* ***sich [einander] ~*** se rapprocher **II.** *vt* rapprocher
annähernd *adj* approximatif, -ive
Annäherung <-, -en> *f* rapprochement *m*
Annäherungsversuch *m* tentative *f* de rapprochement; ***~e machen*** faire des avances
annäherungsweise *adv* approximativement
Annahme ['annaːmə] <-, -n> *f* ❶ *(Vermutung)* supposition *f;* ***in der ~, dass ...*** en supposant que ...; ***der ~** gen* ***sein, dass ...*** supposer que ... ❷ *kein Pl (das Annehmen) eines Angebots* acceptation *f* ❸ *kein Pl* JUR, POL *eines Gesetzes* adoption *f*
Annahmefrist *f* délai *m* de réception
Annahmeschluss *m kein Pl (bei einem Wettbewerb)* clôture *f* des inscriptions; *(bei einem Gewinnspiel)* date *f* limite de participation
Annahmestelle *f* ❶ *(Lottoannahmestelle)* bureau *m* de validation ❷ *(Anlieferstelle)* point *m* de récupération
Annalen [a'naːlən] *Pl* annales *fpl;* ***in die ~ eingehen*** rester dans les annales
annehmbar *adj* ❶ *(akzeptabel)* acceptable ❷ *Qualität, Preis* convenable; *Duft, Geschmack* correct(e)
an|nehmen *irr* **I.** *vt* ❶ *(akzeptieren)* accepter *Angebot;* relever *Herausforderung* ❷ *(meinen)* supposer; ***~, dass ...*** supposer que ...; ***du nimmst doch nicht etwa an, dass ...*** tu n'imagines quand même pas que ... ❸ *(billigen)* adopter *Gesetz* ❹ *(sich zulegen)* prendre *Angewohnheit;* adopter *Staatsangehörigkeit* ❺ *(zulassen)* accepter *Anmeldung;* admettre *Patienten* ❻ *(bekommen)* prendre *Aussehen* **II.** *vr* ***sich einer Angelegenheit*** *gen* **~** se charger d'une affaire
Annehmlichkeit <-, -en> *f* ❶ *(Bequemlichkeit)* commodité *f* ❷ *(Vorteil)* avantage *m*
annektieren* [anɛk'tiːrən] *vt* annexer
Annexion [anɛ'ksi̯oːn] <-, -en> *f* annexion *f*
anno, Anno ['ano] *adv* ***anno 1810*** en 1810 ▶ **von anno dazumal** *(fam)* qui date de Mathusalem
Annonce [a'nõːsə] <-, -n> *f* [petite] annonce *f*
annoncieren* [anõ'siːrən] **I.** *vi* passer une annonce/des annonces **II.** *vt* mettre une annonce/des annonces pour *Haus, Auto*
annullieren* [anʊ'liːrən] *vt* annuler
Annullierung <-, -en> *f* annulation *f*
Anode [a'noːdə] <-, -n> *f* PHYS anode *f*
an|löden ['anʔøːdən] *vt (fam)* barber
anomal ['anomaːl] *adj* anormal(e)
Anomalie [anoma'liː] <-, -ien> *f* anomalie *f*
anonym [ano'nyːm] *adj* anonyme; ***~ bleiben*** garder l'anonymat
Anonymität [anonymi'tɛːt] <-> *f* anonymat *m*
Anorak ['anorak] <-s, -s> *m* anorak *m*
an|ordnen *vt* ❶ *(festsetzen)* décréter *Maßnahme;* imposer *Überstunden* ❷ *(ordnen)* classer
Anordnung <-, -en> *f* ❶ *(Verfügung) einer Behörde* disposition *f; eines Vorgesetzten* ordre *m;* ***auf ~ der Geschäftsleitung***

sur ordre de la direction ❷ *(Ordnung)* von *Karteikarten* classement *m*
Anorexie [anʔɔrɛ'ksiː] <-, -ien> *f* MED anorexie *f*
anorganisch ['anʔɔrgaːnɪʃ] *adj* inorganique
anormal ['anɔrmaːl] *s.* **anomal**
an|packen I. *vt (fam)* ❶ *(anfassen)* empoigner ❷ *(beginnen)* se mettre à *Arbeit, Aufgabe, Projekt* **II.** *vi (fam)* **[mit]** ~ filer un coup de main
an|passen I. *vt* ❶ *(passend machen)* ***etw einer S.*** *dat* ~ adapter qc à qc; *Handwerker:* ajuster qc à qc ❷ *(anmessen, anprobieren)* ***jdm etw*** ~ essayer qc à qn **II.** *vr* ***sich jdm*** ~ s'adapter à qn; ***sich einer S.*** *dat* ~ *Mieten, Preise:* évoluer en fonction de qc
Anpassung <-, -en> *f (Abstimmung)* adaptation *f; (Neufestsetzung)* réajustement *m*
anpassungsfähig *adj* capable de s'adapter
Anpassungsfähigkeit *f* adaptabilité *f*
Anpassungsschwierigkeiten *Pl* difficultés *f pl* d'adaptation
an|peilen *vt* ❶ *(orten)* repérer ❷ *(ansteuern)* mettre le cap sur *Hafen* ❸ *(fam: anstreben)* loucher sur *Position*
an|pfeifen *irr* **I.** *vi Schiedsrichter:* siffler [le coup d'envoi] **II.** *vt (fam: zurechtweisen)* engueuler
Anpfiff *m* ❶ SPORT ***der*** ~ le coup d'envoi ❷ *(fam: Zurechtweisung)* engueulade *f;* ***einen ~ bekommen*** se prendre un savon
an|pflanzen *vt* planter *Blumen;* cultiver *Nutzpflanzen*
an|pflaumen *vt (fam)* ***[jdn]*** ~ mettre [qn] en boîte
an|piepsen *vt* biper *fam*
an|pirschen *vr* **sich** ~ ❶ *Jäger:* s'approcher [sans bruit] ❷ *(fam: sich nähern)* s'approcher en douce
an|pöbeln *vt (pej)* apostropher [en insultant], interpeller [grossièrement]
an|prangern ['anpraŋɐn] *vt* vilipender; ***etw als Missstand*** ~ dénoncer qc comme étant inacceptable
an|preisen *vt irr* vanter
Anprobe *f* essayage *m*
an|probieren* *vt, vi* essayer
an|pumpen *vt (fam)* taper; ***jdn um zehn Euro*** ~ taper dix euros à qn
an|quatschen *vt (fam)* tenir la jambe à; ***von jdm angequatscht werden*** se faire tenir la jambe par qn
an|rechnen *vt* ❶ *(gutschreiben)* déduire *Anzahlung;* faire la reprise de *Gebrauchtwagen* ❷ *(berechnen)* ***jdm etw*** ~ facturer qc à qn ❸ *(bewerten)* compter *Fehler* ❹ *(einschätzen, würdigen)* ***jdm/sich etw als Verdienst*** ~ mettre qc à l'actif de qn/s'attribuer le mérite de qc
Anrecht *nt* droit *m;* ~ ***auf etw*** *akk* droit à qc
Anrede *f* titre *m*
an|reden *vt* s'adresser à; ***jdn mit einem Titel*** ~ appeler qn par un titre; ***jdn mit „du"*** ~ dire "tu" à qn
an|regen I. *vt* ❶ *(ermuntern)* stimuler; ***jdn zu etw*** ~ inciter qn à qc ❷ *(geh: vorschlagen)* ~ ***etw zu tun*** suggérer de faire qc ❸ BIO ouvrir *Appetit* **II.** *vi Kaffee:* stimuler
anregend *adj* stimulant(e); *(sexuell stimulierend)* excitant(e)
Anregung *f* ❶ *(Vorschlag)* suggestion *f* ❷ *(Impuls)* impulsion *f* ❸ *kein Pl* BIO stimulation *f*
an|reichern ['anraɪçɐn] **I.** *vt* ❶ CHEM enrichir; ***etw mit etw*** ~ enrichir qc avec qc ❷ ***etw mit Vitaminen*** ~ rehausser qc avec des vitamines **II.** *vr* BIO, CHEM ***sich im Körper*** ~ s'accumuler dans le corps
Anreicherung <-, -en> *f* enrichissement *m*
Anreise *f* ❶ *(Anfahrt)* voyage *m* ❷ *(Ankunft)* arrivée *f*
an|reisen *vi + sein* ❶ *(ein Ziel anfahren)* voyager ❷ *(eintreffen)* arriver
Anreiz *m* invite *f;* ***~e bieten etw zu tun*** donner des motifs *mpl* pour faire qc
an|rempeln ['anrɛmpəln] *vt* bousculer
an|rennen *vi irr + sein* ❶ ***angerannt kommen*** *Person:* arriver en courant; *Pferd:* arriver au galop; *Hund, Katze:* arriver à toute allure ❷ *(anstürmen)* ***gegen die feindlichen Stellungen*** ~ se lancer contre les positions ennemies
Anrichte ['anrɪçtə] <-, -n> *f* buffet *m*
an|richten *vt* ❶ *(garnieren)* présenter *Essen* ❷ *(verursachen)* causer *Schaden, Unheil;* ***was hast du denn da schon wieder angerichtet?*** qu'est-ce que t'as encore fabriqué! *fam*
anrüchig ['anrʏçɪç] *adj* ❶ *Lokal, Viertel* mal famé(e); *Etablissement* douteux, -euse; *Geschäft* louche ❷ *Abbildung* indécent(e)
an|rücken *vi + sein (fam: herbeikommen)* rappliquer
Anruf *m* ❶ TELEC coup *m* de téléphone ❷ MIL sommation *f*
Anrufbeantworter <-s, -> *m* répondeur *m* [téléphonique]
an|rufen *irr* **I.** *vt* ❶ TELEC ***jdn*** ~ téléphoner à qn ❷ JUR ***eine höhere Instanz*** ~ en appe-

A

ler à une plus haute instance **II.** *vi* ***bei jdm/für jdn*** ~ appeler chez/pour qn

Anrufer(in) <-s, -> *m(f)* correspondant(e) *m(f)*

an|rühren *vt* ❶ *(berühren)* ***jdn/etw*** ~ toucher qn/à qc ❷ *(geh: innerlich bewegen)* toucher ❸ *(zubereiten)* préparer *Teig* ❹ *(mischen, verrühren)* mélanger *Farbe*

ans [ans] = *s.* **an das** *s.* **an**

Ansage ['anza:gə] *f* ❶ *der Nachrichten* présentation *f; des Programms* annonce *f* ❷ SPIEL ***jd hat die*** ~ c'est à qn de parler; *(beim Skat)* qn fait les annonces

an|sagen **I.** *vt (durchsagen)* présenter *Nachrichten;* annoncer *Programm* **II.** *vr (sich ankündigen)* ***sich*** ~ s'annoncer **III.** *vi* RADIO, TV présenter

Ansager(in) <-s, -> *m(f) (Conférencier)* animateur, -trice *m, f*

an|sammeln **I.** *vt* amasser *Dinge;* accumuler *Zinsen, Vermögen* **II.** *vr* ***sich*** ~ *Personen:* se rassembler; *Staub:* s'accumuler; *Gegenstände:* s'entasser

Ansammlung *f* ❶ *von Gegenständen* amoncellement *m* ❷ *(Menschenmenge)* foule *f* ❸ *(das Anstauen) von Hass, Wut* accumulation *f*

ansässig ['anzɛsɪç] *adj (form)* domicilié(e)

Ansatz *m* ❶ *der Haare* base *f* ❷ *(Anzeichen)* signe *m* ❸ *(Beginn)* ***im ~ richtig/falsch sein*** être juste dans les grandes lignes/faux dès le départ ❹ *(Schicht, Ablagerung) von Kalk* dépôt *m; von Rost* couche *f*

Ansatzpunkt *m* point *m* de départ *pas de pl*

ansatzweise *adv* dans les grandes lignes

an|schaffen **I.** *vt (kaufen)* acheter; ***[sich dat] etw*** ~ [s']acheter qc **II.** *vi (fam)* ***für jdn ~ gehen*** faire le tapin pour qn

Anschaffung <-, -en> *f* achat *m*

Anschaffungskosten *Pl* frais *mpl* d'achat

an|schalten **I.** *vt* mettre en marche *Anlage;* allumer *Strom* **II.** *vr* ***sich*** ~ *Anlage:* se mettre en marche; *Licht, Strom:* s'allumer

an|schauen *vt* regarder

anschaulich *adj Vortrag* clair(e); *Beispiel* parlant(e); ***jdm etw ~ machen*** illustrer qc pour qn

Anschaulichkeit <-> *f einer Beschreibung* clarté *f; eines Vortrags, Beispiels* caractère *f* explicite

Anschauung <-, -en> *f* ❶ *(Ansicht)* façon *f* de voir; ***nach unserer*** ~ à notre avis; ***eine andere ~ vertreten*** concevoir les choses différemment ❷ *(geh: Vorstellung)* idée *f* ❸ *(geh: Erfahrung)* ***aus eigener*** ~ de ma/sa/... propre expérience

Anschauungsmaterial *nt* documents *mpl*

Anschein *m* apparence *f;* ***dem äußeren ~ nach*** vu de l'extérieur; ***es hat den ~, als ob ...*** on dirait que ... ▶ **allem ~ nach** selon toute apparence

anscheinend *adv* apparemment

an|schicken *vr (geh)* ***sich ~ etw zu tun*** se disposer à faire qc

an|schieben *vt, vi irr* pousser

an|schießen *irr* **I.** *vt (verletzen)* ***jdn*** ~ blesser qn [d'un coup de fusil/revolver] **II.** *vi* ***angeschossen kommen*** *Fahrzeug:* arriver comme une flèche

Anschiss <-es, -e> *m (vulg)* engueulade *f fam;* ***einen ~ bekommen*** se faire engueuler *fam*

Anschlag *m* ❶ *(Attentat)* attentat *m;* ***auf jdn/etw einen ~ verüben*** commettre un attentat contre qn/qc ❷ *(Bekanntmachung)* avis *m; (Plakat)* affiche *f* ❸ *(geschriebenes Zeichen)* ***250 Anschläge in der Minute schreiben*** taper 250 signes à la minute ❹ MUS *eines Pianisten* toucher *m* ❺ *(Widerstand) eines Pedals* seuil *m* de résistance; ***einen leichten ~ haben*** *Tastatur:* avoir une frappe douce; ***bis zum*** ~ à fond ❻ *(schussbereite Stellung)* ***das Gewehr im ~ haben*** tenir braqué le fusil

Anschlagbrett *nt* panneau *m* d'affichage

an|schlagen *irr* **I.** *vt* + *haben* ❶ *(befestigen)* apposer *Plakat;* fixer *Brett;* ***etw am Schwarzen Brett*** ~ afficher qc sur le tableau d'affichage ❷ MUS jouer *Ton, Akkord;* frapper *Taste* ❸ *(beschädigen)* ébrécher *Teller* ❹ *(anstimmen)* prendre *Ton;* ***einen anderen Ton*** ~ changer de ton **II.** *vi* ❶ + *haben* SPORT *Schwimmer:* toucher ❷ + *haben (wirken)* ***bei jdm*** ~ *Therapie:* agir chez qn **III.** *vr* ***sich*** ~ se cogner

an|schleichen *vr irr* ***sich*** ~ s'approcher tout doucement; ***sich an jdn/etw*** ~ s'approcher tout doucement de qn/qc

an|schleppen *vt* ❶ traîner *Koffer* ❷ *(fam)* apporter *Essen* ❸ *(fam: mitbringen)* ***jdn*** ~ trimballer qn ❹ *(zu schleppen beginnen)* remorquer *Auto*

an|schließen *irr* **I.** *vt* ❶ brancher *Elektrogerät;* ***etw*** ~ raccorder qc ❷ *(befestigen)* ***das Fahrrad am Geländer*** ~ attacher le vélo à la rampe **II.** *vr* ❶ *(mitgehen)* ***sich jdm*** ~ se joindre à qn; ***sich einer Partei*** *dat* ~ s'engager dans un parti; ***einer Organisation angeschlossen sein*** être rattaché à une organisation ❷ *(beipflichten)* ***sich***

A

jdm/einer Theorie ~ se rallier à qn/une théorie ③ *(folgen)* ***sich an die Preisverleihung*** ~ succéder à la remise des prix **III.** *vi* ***an etw*** *akk* ~ succéder à qc

anschließend I. *adj* qui suit/suivait/... [immédiatement] **II.** *adv* ensuite

Anschluss *m* ① *(Telefonanschluss)* branchement *m* [téléphonique] ② *(Telefonverbindung)* ***der ~ ist besetzt*** la ligne est occupée; ***kein ~ unter dieser Nummer!*** le numéro que vous avez demandé n'est plus en service actuellement! ③ *kein Pl (das Anschließen) eines Computers* connexion *f* ④ *(Anschlusszug)* ***~ an einen Zug/nach Marseille haben*** avoir une correspondance avec un train/pour Marseille ⑤ *kein Pl (Kontakt)* contacts *mpl;* ***~ finden*** nouer des contacts

Anschlusszug *m* correspondance *f*

an|schmiegen ['anʃmiːgən] *vr (sich anlehnen)* ***sich*** ~ se blottir; ***sich an jdn/etw*** ~ se blottir contre qn/qc

anschmiegsam *adj* ① *Person* câlin(e) ② *Material* souple

an|schmieren I. *vt* ① *(bemalen)* barbouiller ② *(fam: hereinlegen)* ***jdn mit etw*** ~ arnaquer qn avec qc; ***du bist ganz schön angeschmiert worden!*** tu t'es bien fait arnaquer! **II.** *vr* ***sich mit etw*** ~ se barbouiller de qc *fam*

an|schnallen *vt* ① *(angurten)* attacher *Kind;* ***sich*** ~ attacher sa ceinture [de sécurité] ② *(unterschnallen)* attacher *Schlittschuhe*

Anschnallpflicht *f* port *m* obligatoire de la ceinture [de sécurité]

an|schnauzen *vt (fam)* engueuler

an|schneiden *vt irr* ① *(anbrechen)* entamer *Brot* ② *(ansprechen)* aborder *Problem*

an|schrauben *vt* visser; ***ein Schild an etw*** *akk o dat* ~ visser un écriteau à qc

an|schreiben *irr* **I.** *vt* ① écrire; ***etw an die Tafel*** ~ écrire qc au tableau ② *(sich wenden an)* ***jdn wegen etw*** ~ envoyer un courrier à qn à cause de qc ③ *(fam: auf Kredit geben)* ***jdm etw*** ~ mettre qc sur le compte de qn **II.** *vi (fam: Kredit gewähren)* faire crédit; ***bei jdm ~ lassen*** faire mettre sur sa note chez qn

an|schreien *vt irr* crier; ***jdn wegen etw*** ~ crier après qn à cause de qc

Anschrift *f* adresse *f*

an|schuldigen ['anʃʊldɪgən] *vt* accuser; ***jdn einer S.*** *gen* ~ accuser qn de qc

Anschuldigung <-, -en> *f* accusation *f*

an|schwärzen *vt (fam)* ① *(schlechtmachen)* débiner; ***jdn bei jdm*** ~ débiner qn auprès de qn ② *(denunzieren)* ***jdn wegen etw*** ~ balancer qn à cause de qc

an|schweigen *irr* **I.** *vt* opposer son mutisme à **II.** *vr* ***sich [gegenseitig]*** ~ ne plus s'adresser la parole

an|schweißen *vt* souder; ***ein Metallstück an etw*** *akk o dat* ~ souder un morceau de métal à qc

an|schwellen *vi irr + sein Arm:* enfler

an|schwemmen *vt + haben* ***etw*** ~ *Meer:* rejeter qc [sur la rive]

an|schwindeln *vt (fam)* raconter des bobards à

an|sehen *vt irr* ① *(anblicken)* regarder; ***jdn unschuldig/böse*** ~ regarder qn d'un air innocent/méchant ② *(besichtigen)* ***sich*** *dat* ***etw*** ~ visiter qc ③ *(Zuschauer sein)* ***sich*** *dat* ***etw*** ~ voir qc; *(Fernsehzuschauer sein)* regarder qc ④ *(halten für)* ***jdn als seinen Freund*** ~ considérer qn comme son ami ⑤ *(anmerken)* ***jdm die Erleichterung*** ~ pouvoir lire le soulagement sur le visage de qn; ***man sieht ihm sein Alter nicht an*** il ne paraît pas son âge ► **sieh mal einer an!** *(fam)* eh ben, voyons! *iron*

Ansehen <-s> *nt (Reputation)* réputation *f;* ***bei jdm großes ~ genießen*** jouir d'une grande estime auprès de qn

ansehnlich *adj* ① *Erbschaft* important(e); *Leistung* beau(belle) ② *Person, Gebäude* beau(belle) *antéposé*

an|seilen *vt* encorder; ***jdn/sich*** ~ encorder qn/s'encorder

an|sengen *vt + haben* roussir

an|setzen I. *vt* ① *(anfügen)* ajouter; ***ein Verlängerungsstück an etw*** *akk o dat* ~ ajouter un raccord à qc ② *(positionieren)* placer *Werkzeug;* ***das Glas [zum Trinken]*** ~ porter le verre à sa bouche ③ *(veranschlagen)* estimer; ***die Kosten zu niedrig*** ~ sous-estimer les coûts ④ *(festlegen)* fixer *Termin* ⑤ *(hetzen)* ***einen Detektiv auf jdn/etw*** ~ mettre un détective derrière qn/sur qc ⑥ *(bilden)* ***Grünspan/Rost*** ~ se couvrir de vert-de-gris/de rouille ⑦ *(zubereiten)* préparer *Bowle* **II.** *vi* ① *(beginnen)* ***zum Sprechen/Trinken*** ~ s'apprêter à parler/boire ② *(dick machen)* ***bei jdm*** ~ *Essen:* faire grossir qn

Ansicht <-, -en> *f* ① *(Meinung)* avis *m;* ***der ~ sein, dass ...*** être d'avis que ...; ***ich teile Ihre*** ~ je suis tout à fait de votre avis; ***nach ~ ihrer Eltern*** selon ses parents; ***meiner/seiner ~ nach*** à mon/son avis ② *(Abbildung)* vue *f* ③ *kein Pl (das Prüfen)* examen *m;* ***zur*** ~ pour examen

Ạnsichtskarte *f* carte *f* postale **Ạnsichtssache** *f [reine]* **~ *sein*** être une question de point de vue

ạn|siedeln ['anzi:dəln] **I.** *vt* installer *Volk;* introduire *Tierart;* implanter *Industrie* **II.** *vr* ***sich*** **~** *Personen, Keime:* se fixer; *Industrie:* s'implanter

Ạnsiedler(in) *m(f)* colon *m*

Ạnsiedlung *f* colonie *f*

ansọnsten [an'zɔnstən] *adv (fam)* ❶ *(im Übrigen)* pour le reste ❷ *(sonst)* à part ça ❸ *(andernfalls)* sinon

ạn|spannen *vt* ❶ bander *Muskel;* crisper *Nerven* ❷ *(anschirren)* atteler *Pferd, Wagen*

Ạnspannung *f (Spannung, Konzentration)* tension *f*

Ạnspiel *nt kein Pl* SPORT *(das Anspielen)* coup *m* d'envoi; *(das Zuspielen)* passe *f*

ạn|spielen **I.** *vi* ❶ *(andeuten)* faire allusion; ***mit einer Bemerkung auf jdn/etw*** **~** faire allusion par une remarque à qn/qc ❷ SPORT donner le coup d'envoi **II.** *vt* passer le ballon à *Spieler*

Ạnspielung <-, -en> *f* allusion *f*

ạn|spitzen *vt* tailler *Bleistift*

Ạnsporn <-[e]s> *m* motivation *f*

ạn|spornen *vt* ❶ *(ermuntern)* motiver; ***jdn*** **~ *etw zu tun*** pousser qn à faire qc ❷ *(antreiben)* éperonner *Pferd*

Ạnsprache *f* allocution *f*

ạnsprechbar *adj (nicht beschäftigt)* disponible; *Kranker:* lucide

ạn|sprechen *irr* **I.** *vt* ❶ *(anreden)* adresser la parole à ❷ *(betiteln)* ***wie soll ich Sie*** **~*?*** comment dois-je vous appeler? ❸ *(sich wenden an)* ***jdn auf etw*** *akk* **~** parler à qn de qc ❹ *(erwähnen)* aborder *Thema* ❺ *(beeindrucken)* ***jdn*** **~** *Person:* impressionner qn; *Kunstwerk:* interpeller qn; *(gefallen)* plaire à qn **II.** *vi* ❶ ***auf etw*** *akk* **~** *Patient:* réagir à qc; ***bei jdm*** **~** *Medikament:* faire de l'effet à qn ❷ *(reagieren) Bremse:* répondre

ạnsprechend *adj Äußeres* charmant(e); *Verpackung* attrayant(e); *Umgebung* plaisant(e)

Ạnsprechpartner(in) *m(f)* interlocuteur, -trice *m, f*

ạn|springen *irr* **I.** *vi + sein* ❶ *Fahrzeug:* démarrer ❷ *(fam: reagieren)* ***auf etw*** *akk* **~** réagir à qc **II.** *vt + haben* ***jdn*** **~** bondir sur qn

Ạnspruch *m* ❶ *(Anrecht)* droit *m;* **~ *auf etw*** *akk* ***haben*** avoir droit à qc ❷ *(Forderung)* **~ *auf etw*** *akk* ***erheben*** *Person:* revendiquer qc; *Theorie:* prétendre à qc ❸ *(Gebrauch)* ***ein Angebot in*** **~ *nehmen*** profiter d'une offre; ***ein Recht in*** **~ *nehmen*** faire valoir un droit ❹ *Pl (Anforderung)* exigences *fpl;* ***hohe Ansprüche an jdn stellen*** *Person:* être très exigeant avec qn; *Aufgabe:* exiger beaucoup de qn ▸ **jdn in ~ nehmen** accaparer qn

ạnspruchslos *adj* ❶ *Person, Pflanze* peu exigeant(e) ❷ *(trivial)* sans prétention

Ạnspruchslosigkeit <-> *f* ❶ *einer Person* simplicité *f; einer Pflanze* manque *m* d'exigence ❷ *(Trivialität)* trivialité *f*

ạnspruchsvoll *adj* ❶ *Person, Tätigkeit* exigeant(e) ❷ *(niveauvoll)* ambitieux, -euse

ạn|spucken *vt* cracher sur

ạn|stacheln ['anʃtaxəln] *vt* aiguillonner; ***jdn [dazu]*** **~ *etw zu tun*** inciter qn à faire qc

Ạnstalt ['anʃtalt] <-, -en> *f* ❶ *(Heilanstalt)* établissement *m* spécialisé *euph* ❷ *(geh: Einrichtung)* établissement *m; (Privateinrichtung)* institution *f*

Ạnstand *m* courtoisie *f;* ***keinen*** **~ *haben*** n'avoir aucun sens des convenances

ạnständig ['anʃtɛndɪç] **I.** *adj* ❶ *Person* décent(e); *Verhalten* honorable; *Lokal* convenable ❷ *(fam: akzeptabel)* bon(ne) *antéposé* **II.** *adv (fam: akzeptabel) bezahlen, essen* correctement

Ạnständigkeit <-> *f* honorabilité *f*

ạnstandshalber *adv* par souci des convenances

ạnstandslos *adv einwilligen* sans hésitation; *bezahlen* sans difficulté; *durchkommen* sans encombre

ạn|starren *vt* regarder fixement

anstạtt [an'ʃtat] **I.** *präp +gen* **~ *der Eltern*** à la place des parents; **~ *eines Briefs*** au lieu d'une lettre **II.** *konj* **~ *zu antworten*** au lieu de répondre

ạn|stauen *vr* ***sich*** **~** *Wasser, Hass:* s'accumuler

ạn|stechen *vt irr* ❶ piquer *Braten* ❷ *(beschädigen)* crever *Reifen* ❸ *(anzapfen)* ***ein Fass*** **~** mettre un tonneau en perce

ạn|stecken **I.** *vt* ❶ épingler *Orden* ❷ *(anzünden)* ***sich*** *dat* ***eine Zigarette*** **~** s'allumer une cigarette ❸ *(in Brand stecken)* faire brûler *Papier;* incendier *Gebäude* ❹ *(infizieren)* contaminer; ***jdn mit etw*** **~** passer qc à qn ❺ *(fig)* ***jdn mit seiner Begeisterung*** **~** communiquer son enthousiasme à qn **II.** *vr* ***sich bei jdm*** **~** être contaminé par qn; ***sich bei jdm mit etw*** **~** attraper qc au contact de qn

ạnsteckend *adj* contagieux, -euse

Ạnstecker *m* insigne *m; (Werbeanstecker)* pin's *m*

Ạnstecknadel *f* épingle *f*

Ansteckung <-, -en> *f* contamination *f*
Ansteckungsgefahr *f* risque *m* de contagion
an|stehen *vi irr + haben o* SDEUTSCH *sein* ❶ *(Schlange stehen)* faire la queue; ***nach etw*** ~ faire la queue pour qc ❷ *(zu erledigen sein) Arbeit:* rester en suspens; *Termin:* être à l'ordre du jour ❸ *(bevorstehen)* ***etw steht bei jdm an*** qn a qc de prévu
an|steigen *vi irr + sein* ❶ *(sich erhöhen)* grimper ❷ *(steiler werden) Weg:* monter
anstelle [an'ʃtɛlə] *präp +gen* ~ ***eines Menschen*** à la place d'un homme
an|stellen I. *vt* ❶ allumer *Licht;* mettre *Wasser;* ouvrir *Gas;* brancher *Klingel;* ***eine Maschine*** ~ mettre une machine en route ❷ *(beschäftigen)* ***jdn als Drucker*** ~ embaucher qn comme imprimeur; ***bei jdm als Sekretärin angestellt sein*** être employé chez qn comme secrétaire ❸ *(form: durchführen)* ***Nachforschungen*** ~ procéder à des recherches ❹ *(fam: bewerkstelligen)* ***es geschickt*** ~ s'en sortir bien ❺ *(fam: anrichten)* ***etw*** ~ faire des conneries **II.** *vr* ❶ ***sich*** ~ faire la queue ❷ *(fam: sich verhalten)* ***sich geschickt*** ~ s'y prendre bien
Anstellung *f* emploi *m*
an|steuern *vt* ❶ ***etw*** ~ *Schiff:* mettre le cap sur qc ❷ *(anvisieren)* viser *Fortschritt;* poursuivre *Zweck*
Anstich *m eines Fasses* mise *f* en perce
Anstieg ['anʃtiːk] <-[e]s, -e> *m* ❶ *kein Pl (das Ansteigen) der Kosten* hausse *f* ❷ *(Aufstieg)* ***der ~ zum Gipfel*** l'ascension *f* du sommet ❸ *kein Pl (Steigung) einer Straße* pente *f*
an|stiften *vt* ❶ inciter; ***jdn [dazu] ~ Unfug zu machen*** inciter qn à faire des bêtises ❷ *(anzetteln)* fomenter *Komplott*
Anstifter(in) *m(f)* instigateur, -trice *m, f*
Anstiftung *f* incitation *f;* ~ ***zu einer Straftat*** incitation à un délit
an|stimmen *vt* entonner *Lied*
an|stinken *vt (fam)* gaver
Anstoß *m* ❶ *(Ansporn)* impulsion *f* ❷ *(geh: Ärgernis)* ***bei jdm ~ erregen*** scandaliser qn; ***an etw*** *dat* ~ ***nehmen*** être choqué par qc ❸ SPORT coup *m* d'envoi
an|stoßen *irr* **I.** *vi* ❶ + *sein (dagegen stoßen)* se cogner ❷ + *haben (prosten)* ***auf jdn/etw*** ~ trinquer à la santé de qn/à qc **II.** *vt + haben* ❶ *(berühren)* ***jdn mit dem Fuß*** ~ pousser qn du pied ❷ *(in Bewegung setzen)* frapper *Kugel* ❸ *(in Gang setzen)* déclencher
Anstößer(in) [-ʃtøːsɐ] <-s, -> *m(f)* CH riverain(e) *m(f)*
anstößig ['anʃtøːsɪç] **I.** *adj* choquant(e); ***das ist doch nichts Anstößiges!*** ça n'a rien de choquant! **II.** *adv* de façon choquante
Anstößigkeit <-, -en> *f* ❶ *kein Pl einer Bemerkung* inconvenance *f; eines Kleidungsstücks* indécence *f* ❷ *(Bemerkung, Handlung)* obscénité *f*
an|strahlen *vt (anleuchten)* illuminer
an|streben *vt* aspirer à, ambitionner *Stelle*
an|streichen *vt irr* ❶ ***etw rot*** ~ peindre qc en rouge ❷ *(markieren)* marquer
Anstreicher(in) <-s, -> *m(f)* peintre *mf*
an|strengen ['anʃtrɛŋən] **I.** *vr* ❶ *(sich einsetzen)* ***sich*** ~ se fatiguer ❷ *(sich Mühe geben)* ***sich in der Schule*** ~ se donner de peine à l'école **II.** *vt* ❶ *(strapazieren)* fatiguer ❷ *(beanspruchen)* concentrer *Kräfte;* ***sein Gehör/seine Augen*** ~ tendre l'oreille/écarquiller les yeux ❸ JUR *(einleiten)* intenter *Prozess*
anstrengend *adj* fatigant(e)
Anstrengung <-, -en> *f* ❶ *(Kraftaufwand)* dépense *f* physique ❷ *(Bemühung)* effort *m*
Anstrich *m* ❶ *kein Pl (das Anstreichen) eines Gebäudes* peinture *f* ❷ *(Farbüberzug)* couche *f* [de peinture] ❸ *kein Pl (Note)* ***ein künstlerischer*** ~ une touche artistique
an|stupsen ['anʃtʊpsən] *vt (fam)* faire un appel du coude à
Ansturm *m (Andrang)* ruée *f;* ~ ***auf die Geschäfte/Banken*** ruée sur les magasins/banques
Antagonist(in) <-en, -en> *m(f)* antagoniste *mf*
an|tanzen *vi + sein (fam)* se pointer; ***bei jdm*** ~ se pointer chez qn
Antarktis [ant'ʔarktɪs] <-> *f* ***die*** ~ l'Antarctique *m*
antarktisch *adj* antarctique
an|tasten *vt (beeinträchtigen)* porter atteinte à *Würde*
Anteil ['antail] *m* ❶ *(Teil)* part *f;* ~ ***an etw*** *dat* part de qc; ~ ***an etw*** *dat* ***haben*** prendre une part active à qc ❷ *(Kapitalbeteiligung)* ~ ***an etw*** *dat* participation *f* dans qc ❸ *(Anteilnahme)* ***an etw*** *dat* ~ ***nehmen*** prendre part à qc
anteilig *adj* proportionnel(le)
Anteilnahme ['antailnaːmə] <-> *f* ❶ *(Beileid)* condoléances *f pl* ❷ *(Interesse)* intérêt *m*
Antenne [an'tɛnə] <-, -n> *f* antenne *f*

A

Anthologie [antolo'gi:] <-, -ien> *f* anthologie *f*

Anthrax *m* MED anthrax *m*

Anthrazit [antra'tsi:t] <-s, -e> *m* anthracite *m*

anthrazitfarben *adj* anthracite *inv*

Anthropologe, **Anthropologin** [antropo'lo:gə] <-n, -n> *m, f* anthropologue *mf*

Anthropologie [antropolo'gi:] <-> *f* anthropologie *f*

Anthroposophie [antropozo'fi:] <-> *f* anthroposophie *f*

anthroposophisch [antropo'zo:fɪʃ] *adj* anthroposophique

Anti-Aging-Creme [anti'eɪdʒɪŋ-] *f s.* **Antifaltencreme**

Antialkoholiker(in) [antiʔalko'ho:likɐ] *m(f)* antialcoolique *mf* **antiautoritär** [antiʔaʊtori'tɛ:ɐ̯] *adj* antiautoritaire **Antibabypille** [anti'be:bipɪlə] *f (fam)* pilule *f* **antibakteriell** [antibakte'ri̯ɛl] *adj* antibactérien(ne) **Antibiotikum** [anti'bi̯o:tikʊm] <-s, -biotika> *nt* MED antibiotique *m*

Antiblockiersystem *nt* système *m* antiblocage **Antidepressivum** [antidepre'si:vʊm] <-s, -depressiva> *nt* MED, PHARM antidépresseur *m* **Antifaltencreme** *f* crème *f* anti-âge **Antifaschismus** [antifa'ʃɪsmʊs] *m* antifascisme *m* **Antifaschist(in)** *m(f)* antifasciste *mf* **antifaschistisch** *adj* antifasciste

Antigua und Barbuda <-s> [an'ti:gu̯a-] *nt* Antigua-et-Barbuda

antihaftbeschichtet *adj Kochtopf, Pfanne* anti-adhésif, -ive

antik [an'ti:k] *adj* ❶ *(aus der Antike stammend)* antique ❷ *(als Antiquität anzusehen)* ancien(ne)

Antike [an'ti:kə] <-> *f* Antiquité *f*

antiklerikal [antikleri'ka:l] *adj* anticléri-cal(e) **Antikörper** ['antikœrpɐ] *m* anticorps *m*

Antikriegsbewegung *f* mouvement *m* contre la guerre

Antikriegskundgebung *f* manifestation *f* anti-guerre

Antillen *Pl* ***die*** ~ les Antilles *fpl*

Antilope [anti'lo:pə] <-, -n> *f* antilope *f*

Antioxidans [anti'ʔɔksidans] <-, -danzien *o* -dantien> *nt*, **Antioxydans** [anti'ʔɔksydans] <-, -danzien *o* -dantien> *nt* CHEM antioxydant *m*

Antipathie [antipa'ti:] <-, -ien> *f* antipathie *f;* ~ ***gegen jdn*** antipathie envers qn

an|tippen *vt* tapoter *Person, Taste;* effleurer *Bremse, Bildschirm*

Antiquar(in) [anti'kva:ɐ̯] <-s, -e> *m(f)* bouquiniste *mf*

Antiquariat [antikva'ri̯a:t] <-[e]s, -e> *nt (Geschäft)* librairie *f* d'occasion

antiquarisch [anti'kva:rɪʃ] *adj o adv* d'occasion

antiquiert *adj (geh)* suranné(e)

Antiquität [antikvi'tɛ:t] <-, -en> *f* antiquité *f*

Antiquitätenhändler(in) *m(f)* antiquaire *mf*

Antisemit(in) [antize'mi:t] *m(f)* antisémite *mf* **antisemitisch** *adj* antisémite **Antisemitismus** [antizemi'tɪsmʊs] <-> *m* antisémitisme *m* **Antiseptikum** [anti'zɛptikʊm] <-s, -septika> *nt* MED antiseptique *m* **antiseptisch** [anti'zɛptɪʃ] *adj* antiseptique **antistatisch** [anti'sta:tɪʃ] *adj* PHYS antistatique

Antiterrorkampf *m* lutte *f* contre le terrorisme **Antithese** *f* antithèse *f*

Antivirenprogramm *nt* INFORM antivirus *m*

an|törnen ['antœrnən] *vt (fam)* ***jdn*** ~ *Droge:* speeder qn; *Musik:* faire vibrer qn

Antrag ['antra:k, *Pl:* 'antrɛ:gə] <-[e]s, Anträge> *m* ❶ demande *f;* ***einen*** ~ ***auf etw*** *akk* ***stellen*** faire une demande de qc ❷ *(Antragsformular)* [formulaire *m* de] demande *f* ❸ JUR requête *f* ❹ POL motion *f*

Antragsformular *nt* formulaire *m* de demande

Antragsteller(in) ['antra:kʃtɛlɐ] <-s, -> *m(f) (form)* demandeur, -euse *m, f;* JUR requérant(e) *m(f)*

an|trainieren [-trɛ:'ni:rən, -trɛ:'ni:rən] *vt* ***sich*** *dat* ***Muskeln*** ~ développer des muscles; ***sich*** *dat* ***Geduld*** ~ apprendre à être patient(e); ***einem Hund ein Kunststück*** ~ apprendre un tour à un chien

an|treffen *vt irr* ❶ rencontrer; ***jdn zu Hause*** ~ rencontrer qn à la maison ❷ *(vorfinden)* ***jdn beim Essen*** ~ trouver qn en train de manger

an|treiben *vt irr + haben* ❶ faire avancer *Person, Tier* ❷ *(drängen)* pousser *Mitarbeiter;* ***jdn zur Eile*** ~ presser qn ❸ ***etw an den Strand/ans Ufer*** ~ rejeter qc sur la plage/sur le rivage ❹ *(veranlassen)* ***jdn*** ~ ***etw zu tun*** *Sehnsucht:* pousser qn à faire qc

an|treten *irr* **I.** *vt + haben* ❶ *(beginnen)* ***eine Reise*** ~ partir en voyage; ***eine Strafe*** ~ commencer à purger une peine ❷ *(übernehmen)* prendre *Stellung;* entrer en possession de *Erbe;* ***sein Amt*** ~ prendre ses fonctions **II.** *vi + sein* ❶ *(sich auf-*

stellen) Soldaten: se rassembler; ***im Hof ~ Häftlinge:*** se placer dans la cour; ***in Reihen*** ~ se mettre en rang[s] ❷ *(erscheinen)* ***zum Wettkampf*** ~ se présenter en compétition; ***gegen jdn*** ~ *Sportler:* affronter qn

Antrieb [an'tri:p] *m* ❶ *(Antriebskraft)* propulsion *f* ❷ *(Impuls)* motivation *f;* ***etw aus eigenem ~ tun*** faire qc de sa propre initiative

Antriebskraft *f* force *f* motrice **antriebsschwach** *adj* PSYCH indolent(e) **Antriebswelle** *f* arbre *m* de transmission

an|trinken *vt irr (fam)* ❶ entamer *Flasche* ❷ ***sich*** *dat* ***Mut*** ~ se donner du courage en buvant un verre ▶ **sich** *dat* **einen** ~ se prendre une cuite

Antritt *m kein Pl* ❶ *(Beginn)* début *m* ❷ *(Übernahme) eines Amtes* prise *f* en charge; *einer Erbschaft* entrée *f* en possession **Antrittsrede** *f* discours *m* inaugural **Antrittsvorlesung** *f* conférence *f* inaugurale

an|trocknen *vi + sein* ❶ sécher; ***an etw*** *dat* ~ sécher sur qc ❷ *(ein wenig trocknen)* commencer à sécher

an|tun *vt irr* ***jdm ein Leid*** ~ faire du mal à qn; ***sich*** *dat* ***etwas*** ~ *(euph)* attenter à ses jours ▶ **das hat es ihm angetan** cela l'a séduit

an|turnen ['antœrnən] *s.* **antörnen**

Antwerpen [ant'vɛrpən] <-s> *nt* Anvers

Antwort ['antvɔrt] <-, -en> *f* réponse *f;* ~ ***auf etw*** *akk* réponse à qc; ***um ~ wird gebeten!*** répondez s'il vous plaît! ▶ **nie um eine ~ verlegen sein** ne jamais être à court de réponses

Antwortbrief *m* lettre *f* de réponse

antworten ['antvɔrtən] **I.** *vi* ❶ répondre; ***jdm*** ~ répondre à qn; ***jdm auf seine Frage/seinen Brief*** ~ répondre à la question/lettre de qn ❷ *(reagieren)* ***mit einem Lächeln*** ~ répondre par un sourire **II.** *vt* ***~, dass …*** répondre que …

Antwortschreiben *nt (form)* [lettre-]réponse *f*

Anus ['a:nʊs, *Pl:* 'a:ni] <-, Ani> *m* ANAT anus *m*

an|vertrauen* **I.** *vt* confier; ***er hat ihr ein Geheimnis anvertraut*** il lui a confié un secret **II.** *vr* ***sich jdm*** ~ se confier à qn

an|visieren* *vt* ❶ *(ins Visier nehmen)* viser ❷ *(anstreben)* envisager

an|wachsen *vi irr + sein* ❶ *(Wurzeln schlagen)* prendre racine ❷ *(zunehmen) Bevölkerung:* augmenter; *Lärm, Lautstärke:* s'intensifier

Anwalt, Anwältin ['anvalt, *Pl:* 'anvɛltə] <-[e]s, Anwälte> *m, f* avocat(e) *m(f)*

Anwaltsbüro *nt* ❶ *(Anwaltssozietät)* cabinet *m* d'avocats ❷ *(Büro)* étude *f*

Anwaltschaft <-, *selten:* -en> *f* ❶ *kein Pl (das Verteidigen)* défense *f* ❷ *(Gesamtheit der Anwälte)* ordre *m* des avocats

Anwaltskanzlei *f s.* **Anwaltsbüro**

Anwandlung *f* lubie *f;* ***etw in einer ~ von Großzügigkeit tun*** faire qc dans un [soudain] accès de générosité

an|wärmen *vt* réchauffer *Milch;* chauffer *Bett*

Anwärter(in) *m(f)* ❶ *(Kandidat)* candidat(e) *m(f)* ❷ SPORT favori(te) *m(f)*

an|weisen *vt irr (beauftragen)* donner des instructions; ***jdn ~ etw zu tun*** donner des instructions à qn pour qu'il fasse qc

Anweisung *f* instruction *f;* ***auf ~ der Geschäftsleitung*** sur ordre de la direction

anwendbar *adj* applicable

an|wenden *vt reg o irr* employer *Technologie;* se servir de *Programm;* appliquer *Regel*

Anwender(in) <-s, -> *m(f)* INFORM utilisateur, -trice *m, f*

Anwendung *f* ❶ *kein Pl (der Gebrauch)* utilisation *f; einer Regel* application *f;* ~ ***von Gewalt*** recours *m* à la force ❷ INFORM application *f*

an|werben *vt irr a.* MIL recruter

an|werfen *vt irr* ❶ lancer *Motor* ❷ *(fam: anstellen)* allumer *Elektrogerät*

Anwesen ['anve:zən] <-s, -> *nt (geh)* propriété *f*

anwesend ['anve:zənt] *adj* présent(e); ***bei einer Besprechung ~ sein*** être présent à une discussion

Anwesende(r) *f(m) dekl wie adj* personne *f* présente

Anwesenheit <-> *f* présence *f;* ***in seiner/ihrer*** ~ en sa présence

Anwesenheitsliste *f* feuille *f* de présence **Anwesenheitspflicht** *f kein Pl* présence *f* obligatoire

an|widern ['anvi:dɐn] *vt* dégoûter

an|winkeln *vt* [re]plier

Anwohner(in) <-s, -> *m(f)* riverain(e) *m(f)*

Anwohnerparkplatz *m* place *f* de stationnement réservée aux riverains

Anzahl *f kein Pl* nombre *m*

an|zahlen *vt* verser un acompte sur le prix de *Auto*

Anzahlung *f* acompte *m;* ***eine ~ machen*** verser un acompte

an|zapfen *vt* ❶ ***ein Fass*** ~ mettre un tonneau en perce ❷ *(fam: technisch manipulieren)* se brancher clandestinement sur

A

Stromnetz; ***das Telefon*** ~ mettre le téléphone sur écoute

Anzeichen *nt* ❶ *(Indiz)* signe *m* ❷ MED symptôme *m*

an|zeichnen *vt* ❶ *(markieren)* marquer ❷ ***etw an die Tafel*** ~ dessiner qc au tableau

Anzeige <-, -n> *f* ❶ JUR plainte *f;* ~ ***erstatten*** porter plainte; ~ ***gegen unbekannt*** plainte *f* contre X ❷ *(Inserat)* annonce *f* ❸ *(Bekanntgabe) einer Heirat* faire-part *m* ❹ *kein Pl (das Anzeigen) eines Messwerts* indication *f; des Spielstands* affichage *m*

an|zeigen *vt* ❶ JUR porter plainte contre *Person;* signaler *Straftat;* ***jdn wegen etw*** ~ porter plainte contre qn pour qc ❷ *(angeben)* indiquer *Messwert;* signaler *Richtung*

Anzeigenblatt *nt* journal *m* de petites annonces **Anzeigenteil** *m* rubrique *f* des petites annonces

Anzeiger *m (Amtsanzeiger)* bulletin *m; (in Zeitungsnamen)* courrier *m*

Anzeigetafel *f* panneau *m* d'affichage; SPORT tableau *m* d'affichage

an|zetteln *vt* fomenter *Verschwörung;* déclencher *Streit*

an|ziehen *irr* **I.** *vt* ❶ mettre *Kleid;* ***sich*** *dat* ***etw*** ~ mettre qc; ***jdm etw*** ~ mettre qc à qn; ***die Kinder warm*** ~ habiller les enfants chaudement ❷ *(straffen)* tirer *Schlinge* ❸ *(festziehen)* serrer *Handbremse* ❹ *(an den Körper ziehen)* ramener *Bein* ❺ *(anlocken)* attirer *Besucher* ❻ PHYS *Magnet:* attirer **II.** *vr* ❶ ***sich*** ~ s'habiller ❷ *(sich attraktiv finden)* ***sich [gegenseitig]*** ~ *Verliebte:* se sentir attirés l'un vers l'autre

anziehend *adj Äußeres* attirant(e); *Werbung* attrayant(e)

Anziehung *f* ❶ *(Reiz)* attrait *m* ❷ PHYS attraction *f*

Anziehungskraft *f* ❶ *(Attraktivität)* attrait *m* ❷ PHYS attraction *f*

Anzug *m* ❶ costume *m* ❷ *(Hosenanzug)* tailleur-pantalon *m* ▶ **im** ~ **sein** *Armee:* être en marche; *Gewitter:* se préparer; *Gefahr:* être imminent

anzüglich ['antsy:klɪç] *adj* ❶ *Bemerkung* désobligeant(e) ❷ *Witz* scabreux, -euse; *Geste* obscène

an|zünden *vt* ❶ allumer; ***sich*** *dat* ***eine Zigarette*** ~ s'allumer une cigarette ❷ *(in Brand stecken)* incendier *Gebäude*

Anzünder *m (für Gasherde)* allume-gaz *m; (für Kohle)* allume-feu *m*

an|zweifeln *vt* douter de; ***etw*** ~ douter de qc

AOK [a:ʔo:'ka:] <-, -s> *f Abk von* **Allgemeine Ortskrankenkasse** *caisses d'assurance-maladie allemande*

Aorta [a'ɔrta] <-, Aorten> *f* MED aorte *f*

apart [a'part] **I.** *adj Frau* qui a du cachet; ~ ***aussehen*** avoir de la classe **II.** *adv sich kleiden, sich einrichten* avec recherche

Apartheid [a'pa:ɐthait] <-> *f* apartheid *m*

Apartment [a'partmənt] <-s, -s> *nt* studio *m*

> **Falsche Freunde**
> Nicht verwechseln mit *l'appartement* – *die Wohnung*!

Apathie [apa'ti:] <-, *selten:* -ien> *f* apathie *f*

apathisch [a'pa:tɪʃ] *adj* apathique

Aperitif [aperi'ti:f] <-s, -s *o* -e> *m* apéritif *m*

Apfel ['apfəl, *Pl:* 'ɛpfəl] <-s, Äpfel> *m* pomme *f* ▶ **der** ~ **fällt nicht weit vom Stamm** *(prov)* tel père, tel fils; **in den sauren** ~ **beißen** *(fam)* avaler la pilule

Apfelbaum *m* pommier *m* **Apfelkuchen** *m* tarte *f* aux pommes **Apfelmost** *m* SDEUTSCH *s.* **Apfelwein** **Apfelmus** *nt* compote *f* de pommes **Apfelsaft** *m* jus *m* de pomme **Apfelsaftschorle, Apfelschorle** *f o nt mélange de jus de pomme et d'eau minérale gazeuse*

Apfelsine [apfəl'zi:nə] <-, -n> *f* orange *f*

Apfelsorte *f* variété *f* de pommes

Apfelstrudel *m sorte de chausson aux pommes avec des morceaux de pommes à l'intérieur et qui se consomme avec une crème à la vanille* **Apfeltasche** *f* ≈ chausson *m* aux pommes **Apfelwein** *m* ≈ cidre *m*

Aphorismus [afo'rɪsmʊs] <-, -rismen> *m (geh)* aphorisme *m*

Aphrodisiakum [afrodi'zi:akʊm] <-s, -disiaka> *nt (geh)* aphrodisiaque *m*

apodiktisch [apo'dɪktɪʃ] *(geh)* **I.** *adj* apodictique **II.** *adv* apodictiquement

Apokalypse [apoka'lʏpsə] <-, -n> *f* ❶ REL ***die*** ~ L'Apocalypse *f* ❷ *(fig geh)* apocalypse *f*

apokalyptisch [apoka'lʏptɪʃ] *adj* apocalyptique

Apostel [a'pɔstəl] <-s, -> *m* REL *(a. fig geh)* apôtre *m*

Apostroph [apo'stro:f] <-s, -e> *m* apostrophe *f*

Apotheke [apo'te:kə] <-, -n> *f* pharmacie *f*

A

apothekenpflichtig *adj* vendu(e) uniquement en pharmacie

Apotheker(in) [apo'teːkɐ] <-s, -> *m(f)* pharmacien(ne) *m(f)*

App [ɛp] <-, -s> *f o nt* TELEC, INET appli *f fam*

Apparat [apa'raːt] <-[e]s, -e> *m* ❶ *(elektrisches Gerät)* appareil *m* ❷ *(Fernsehapparat)* poste *m* ❸ *(Telefon)* appareil *m*; ***bleiben Sie am ~!*** ne quittez pas! ❹ *Pl selten (Verwaltungsapparat)* appareil *m*

Apparatur [apara'tuːɐ̯] <-, -en> *f* appareillage *m*

Appartement [apartə'mãː] <-s, -s *o* CH -e> *nt* ❶ *s.* **Apartment** ❷ *(Hotelsuite)* suite *f*

Appell [a'pɛl] <-s, -e> *m a.* MIL appel *m*; ***~ an die Vernunft*** appel à la raison; ***einen ~ an jdn richten*** lancer un appel à qn; ***zum ~ antreten*** se présenter à l'appel

appellieren* [apɛ'liːrən] *vi* ❶ *(sich wenden)* exhorter; ***an jdn ~ etw zu tun*** exhorter qn à faire qc ❷ *(ansprechen)* ***an etw*** *akk* ~ en appeler à qc

Appetit [ape'tiːt] <-[e]s> *m* appétit *m*; ***~ auf etw*** *akk* ***haben*** avoir envie de qc; ***jdm den ~ verderben*** couper l'appétit à qn; ***guten ~!*** bon appétit!

appetitanregend *adj Speise* appétissant(e)

appetitlich *adj Speise, Aussehen* appétissant(e)

Appetitlosigkeit <-> *f* manque *m* d'appétit **Appetitzügler** <-s, -> *m* coupe-faim *m*

applaudieren* [aplau̯'diːrən] *vi* applaudir; ***jdm*** ~ applaudir qn

Applaus [a'plau̯s] <-es> *m* applaudissements *mpl*

Applikation [aplika'tsioːn] <-, -en> *f a.* MED application *f*

apportieren* *vt, vi Hund:* rapporter

Apposition [apozi'tsi̯oːn] <-, -en> *f* LING apposition *f*

Après-Ski [aprɛ'ʃiː] <-> *nt* sortie *f* [sympa] au ski

Falsche Freunde

Nicht verwechseln mit *l'après-ski – der Schneestiefel*!

Aprikose [apri'koːzə] <-, -n> *f* abricot *m*

April [a'prɪl] <-[s], -e> *m* avril *m*; ***im ~*** en avril, au mois d'avril; ***Anfang/Ende ~*** début/fin avril; ***ab [dem] ersten ~*** à partir du premier avril; ***sie ist am 10. ~ 1963 geboren*** elle est née le 10 avril 1963; ***es ist ~*** c'est le mois d'avril; ***Berlin, den 9. ~ 1998*** Berlin, le 9 avril 1998; ***Freitag, den 6. ~ 1998*** vendredi 6 avril 1998 ▶ **jdn in den ~ schicken** faire un poisson d'avril à qn

Aprilscherz *m* poisson *m* d'avril **Aprilwetter** *nt* giboulées *fpl* de mars

a priori [aː pri'oːri] *adv a.* PHILOS *(geh)* a priori

apropos [apro'poː] *adv (geh)* à propos; ***~ Kino, da fällt mir ein, dass …*** à propos cinéma, ça me fait penser que …

Aquädukt [akvɛ'dʊkt] <-[e]s, -e> *m o nt* aqueduc *m*

Aquamarin [akvama'riːn] <-s, -e> *m* aigue-marine *f*

Aquaplaning [akva'plaːnɪŋ] <-s> *nt* aquaplaning *m*

Aquarell [akva'rɛl] <-s, -e> *nt* aquarelle *f*

Aquarellfarbe *f* aquarelle *f*

Aquarium [a'kvaːri̯ʊm] <-s, -rien> *nt* aquarium *m*

Äquator [ɛ'kvaːtoːɐ̯] <-s, -toren> *m* équateur *m*

äquatorial [ɛkvato'ri̯aːl] *adj* GEOG équatorial(e)

Äquatorialguinea <-s> *nt* la Guinée-Équatoriale

äquivalent [ɛkviva'lɛnt] *adj (geh)* équivalent(e)

Äquivalent [ɛkviva'lɛnt] <-s, -e> *nt* équivalent *m*

Äquivalenz [ɛkviva'lɛnts] <-, -en> *f a.* MATH, LING *(geh)* équivalence *f*

Ar [aːɐ̯] <-s, -e> *nt o m* are *m*

Ära ['ɛːra] <-, Ären> *f (geh)* ère *f*

Araber(in) ['arabɐ] <-s, -> *m(f)* Arabe *mf*

Arabeske [ara'bɛskə] <-, -n> *f* KUNST arabesque *f*

Arabien [a'raːbi̯ən] <-s> *nt* l'Arabie *f*

arabisch [a'raːbɪʃ] **I.** *adj* arabe; *Klima, Wüste* d'Arabie **II.** *adv* ***~ miteinander sprechen*** discuter en arabe; *s. a.* **deutsch**

Arabisch <-[s]> *nt kein Art* arabe *m*; *s. a.* **Deutsch**

Arbeit ['arbai̯t] <-, -en> *f* ❶ *(Tätigkeit)* travail *m*; ***sich an die ~ machen*** se mettre au travail; ***bei der ~ sein*** être au travail ❷ *(Arbeitsplatz)* travail *m*; ***~ haben*** avoir du travail; ***ohne ~ sein*** être sans travail; ***~ suchend*** à la recherche d'un emploi ❸ *(Werk)* travail *m*, ouvrage *m* ❹ SCHULE *(Klassenarbeit)* contrôle *m*; *(Hausarbeit)* devoir *m* ❺ *kein Pl (Mühe)* travail *m*; ***jdm ~/viel ~ machen*** donner du travail/beaucoup de travail à qn

arbeiten ['arbai̯tən] **I.** *vi* ❶ *(tätig sein)* tra-

A

vailler; ***an etw*** *dat* ~ travailler à qc ❷ *(berufstätig sein)* ~ ***[gehen]*** travailler; ***die ~de Bevölkerung*** la population active ❸ *(funktionieren) Maschine:* fonctionner ❹ *(sich chemisch, physikalisch verändern)* travailler **II.** *vr (sich vorwärtsbewegen)* ***sich durch das Gestein*** ~ se frayer un chemin dans la roche; ***sich durch die Akten*** ~ venir à bout des dossiers **III.** *vt* ❶ *(herstellen)* fabriquer ❷ *(beruflich tun)* ***etwas/nichts*** ~ faire quelque chose/ne rien faire

Arbeiter(in) <-s, -> *m(f)* ❶ *(Industriearbeiter)* ouvrier, -ière *m, f;* ***ungelernter*** ~ manœuvre *m* ❷ *(tätiger Mensch)* ***ein gewissenhafter*** ~ un travailleur consciencieux

Arbeiterbewegung *f* mouvement *m* ouvrier **Arbeiterfamilie** *f* famille *f* ouvrière **Arbeitergewerkschaft** *f* syndicat *m* ouvrier **Arbeiterklasse** *f* classe *f* ouvrière **Arbeiterpartei** *f* POL parti *m* ouvrier; ***Sozialistische*** ~ parti ouvrier socialiste

Arbeiterschaft <-> *f* ouvriers *mpl,* travailleurs *mpl*

Arbeiterviertel *nt* quartier *m* ouvrier **Arbeiterwohlfahrt** *f association comparable à une mutualité ouvrière*

Arbeitgeber(in) <-s, -> *m(f)* employeur, -euse *m, f*

Arbeitgeberanteil *m* cotisation *f* patronale **Arbeitgeberverband** *m* syndicat *m* patronal

Arbeitnehmer(in) *m(f)* salarié(e) *m(f)*

Arbeitnehmeranteil *m* cotisation *f* salariale

Arbeitsablauf *m* processus *m* de fabrication

arbeitsam *adj (geh)* travailleur, -euse

Arbeitsamt *nt* agence *f* pour l'emploi **Arbeitsatmosphäre** *f* ambiance *f* de travail **Arbeitsaufwand** *m* somme *f* de travail; ***der ~ für die Reparatur*** le temps de travail nécessaire à la réparation **Arbeitsausfall** *m* perte *f* de travail **Arbeitsbedingungen** *Pl* conditions *fpl* de travail **Arbeitsbeginn** *m* ❶ *(Beginn der Arbeiten)* début *m* du travail ❷ *(täglicher Arbeitsantritt)* début *m* de la journée de travail **Arbeitsbereich** *m* ❶ *(Ort)* poste *m* de travail ❷ *(Arbeitsgebiet)* domaine *m* d'activité **Arbeitsbeschaffungsmaßnahme** *f* mesure *f* d'aide à l'emploi **Arbeitsdienst** *m* HIST service *m* du travail obligatoire **Arbeitseifer** *m* ardeur *f* au travail **Arbeitsentgelt** *nt (form)* rémunération *f* du travail **Arbeitserlaubnis** *f* ❶ *(Recht)* autorisation *f* de travail ❷ *(Bescheinigung)* carte *f* de travail **Arbeitserleichterung** *f* allégement *m* du travail **Arbeitsessen** *nt* repas *m* d'affaires **arbeitsfähig** *adj Person* apte au travail **Arbeitsfläche** *f* plan *m* de travail **Arbeitsgang** <-gänge> *m* ❶ *(Produktionsabschnitt)* phase *f* de fabrication ❷ *(Bearbeitungsabschnitt)* phase *f* [de travail] **Arbeitsgemeinschaft** *f (Projektgruppe)* groupe *m* d'études **Arbeitsgericht** *nt* ≈ conseil *m* des prud'hommes *(constitué par des juges professionnels en Allemagne)* **Arbeitsgruppe** *f* groupe *m* de travail **arbeitsintensiv** *adj* qui exige un travail intensif **Arbeitskleidung** *f* tenue *f* de travail **Arbeitsklima** *nt* ambiance *f* de travail **Arbeitskollege, -kollegin** *m, f* collègue *mf* de travail **Arbeitskraft** *f* ❶ *kein Pl (Leistungskraft)* puissance *f* de travail ❷ *(Mitarbeiter)* travailleur, -euse *m, f* **Arbeitskreis** *m* ❶ *(ständige Institution)* commission *f* ❷ *(Arbeitsgruppe bei Konferenzen)* groupe *m* de travail **Arbeitslager** *nt* camp *m* de travail **Arbeitsleben** *nt kein Pl* vie *f* professionnelle **Arbeitslohn** *m* salaire *m*

arbeitslos *adj* au chômage; ~ ***werden/sein*** se retrouver/être au chômage

Arbeitslose(r) *f(m) dekl wie adj* chômeur, -euse *m, f*

Arbeitslosengeld *nt* allocation *f* [de] chômage *(accordée pendant les 18 premiers mois de chômage)* **Arbeitslosenhilfe** *f allocation [de] chômage accordée aux chômeurs de longue durée dans le besoin* **Arbeitslosenquote** *f* taux *m* de chômage **Arbeitslosenversicherung** *f* assurance *f* chômage **Arbeitslosenzahl** *f* nombre *m* des chômeurs

Arbeitslosigkeit <-> *f* chômage *m*

Arbeitsmarkt *m* marché *m* de l'emploi **Arbeitsmaterial** *nt (Ausrüstung)* équipement *m* [professionnel] **Arbeitsminister(in)** *m(f)* ministre *mf* du Travail **Arbeitsministerium** *nt* ministère *m* du Travail **Arbeitsmittel** *Pl* matériaux *mpl* et outils servant aux besoins de la profession **Arbeitsmoral** *f* conscience *f* professionnelle **Arbeitsniederlegung** *f* arrêt *m* du travail **Arbeitsort** *m* lieu *m* de travail **Arbeitspensum** *nt* tâche *f* **Arbeitsplan** *m* planning *m* [de travail] **Arbeitsplatte** *f* plan *m* [*o* surface *f*] de travail **Arbeitsplatz** *m* ❶ *(Platz)* poste *m* de travail ❷ *(Stelle)* emploi *m* **Arbeitsrecht** *nt* droit *m* du travail **ạrbeitsreich** *adj Leben, Zeit* bien rempli(e) **Ạrbeitsrhythmus** *m* rythme *m* de travail **Ạrbeitsrichter(in)** *m(f)* ≈ prud'homme *m (juge professionnel en Allemagne)* **ạrbeitsscheu** *adj (pej)* réfractaire au travail **Ạrbeitsschutz** *m* protection *f* contre les maladies et les accidents du travail **Ạrbeitsspeicher** *m* INFORM mémoire *f* vive **Ạrbeitsstelle** *f* ❶ *(Anstellung)* emploi *m* ❷ *(Arbeitsort)* lieu *m* de travail **Ạrbeitsstunde** *f* heure *f* de travail **Ạrbeitssuche** *f* recherche *f* d'un emploi **Ạrbeitstag** *m* ❶ journée *f* de travail ❷ *(Werktag)* jour *m* ouvrable **Ạrbeitsteilung** *f* répartition *f* du travail **Ạrbeitstier** *nt* ❶ *(Zugtier)* bête *f* de trait; *(Lasttier)* bête de somme ❷ *(fig fam: Mensch)* bourreau *m* de travail **Ạrbeitstitel** *m* titre *m* provisoire

ạrbeitsuchend *adj s.* **Arbeit 2**

Ạrbeitsuchende(r) *f(m) dekl wie adj* demandeur, -euse *m, f* d'emploi

ạrbeitsunfähig *adj* en incapacité de travail

Ạrbeitsunfähigkeit *f* incapacité *f* de travail

Ạrbeitsunfähigkeitsbescheinigung *f* certificat *m* d'incapacité de travail

Ạrbeitsunfall *m* accident *m* du travail

Ạrbeitsverhältnis *nt* contrat *m* de travail **Ạrbeitsvermittlung** *f* ❶ *(das Vermitteln)* recrutement *m* ❷ *(Abteilung im Arbeitsamt)* agence *f* pour l'emploi ❸ *(private Agentur)* bureau *m* de placement **Ạrbeitsvertrag** *m* contrat *m* de travail **Ạrbeitsverweigerung** *f* refus *m* d'effectuer un travail **Ạrbeitsweise** *f* ❶ *(Vorgehensweise)* méthode *f* de travail ❷ *(Funktionsweise) eines Geräts* mode *m* de fonctionnement **Ạrbeitswelt** *f* monde *m* du travail **ạrbeitswillig** *adj* désireux(-euse) de travailler; *~ **sein*** être prêt(e) à travailler **Ạrbeitswoche** *f* semaine *f* de travail **Ạrbeitswut** *f (hum fam)* frénésie *f* de travail **ạrbeitswütig** *adj (hum fam)* acharné(e) au travail **Ạrbeitszeit** *f* temps *m* de travail; ***gleitende** ~* horaire *m* flexible

Ạrbeitszeitverkürzung *f* réduction *f* du temps de travail

Ạrbeitszeugnis *nt* certificat *m* de travail

Ạrbeitszimmer *nt* bureau *m*

archaisch [ar'ça:ɪʃ] *adj* archaïque

Archäologe, Archäologin [arçɛo'lo:gə] <-n, -n> *m, f* archéologue *mf*

Archäologie [arçɛolo'gi:] <-> *f* archéologie *f*

archäologisch [arçɛo'lo:gɪʃ] *adj* archéologique

Ạrche ['arçə] <-, -n> *f* arche *f*; ***die ~ Noah*** REL l'Arche de Noé

Architẹkt(in) [arçi'tɛkt] <-en, -en> *m(f)* architecte *mf*

architektonisch [arçitɛk'to:nɪʃ] *adj* architectural(e)

Architektur [arçitɛk'tu:ɐ̯] <-, -en> *f* architecture *f*

Archiv [ar'çi:f] <-s, -e> *nt* archives *fpl*

Archivar(in) [arçi'va:ɐ̯] <-s, -e> *m(f)* archiviste *mf*

archivieren* *vt* archiver

Archivierung <-, -en> *f a.* INFORM archivage *m*

ARD [a:ʔɛɐ̯'de:] <-> *f Abk von* **Arbeitsgemeinschaft der Rundfunkanstalten Deutschlands** *première chaîne publique de radio et de télévision allemande*

Ardẹnnen *Pl **die** ~* les Ardennes *fpl*

Areal [are'a:l] <-s, -e> *nt* ❶ *(Fläche)* superficie *f* ❷ *(Gelände)* terrain *m*

Ären *Pl von* **Ära**

Arena [a're:na] <-, Arenen> *f* ❶ *eines Stadions* terrain *m* ❷ *(Stierkampfarena)* arène *f* ❸ *(Zirkusarena)* piste *f*

ạrg [ark] <ạrger, ạrgste> SDEUTSCH **I.** *adj* ❶ grave; *Schicksal* cruel(le); *Enttäuschung* grand(e) *antéposé; **unser ärgster Feind*** notre pire ennemi; ***das Ärgste befürchten*** craindre le pire ❷ *attr (fam) Freude* grand(e) *antéposé* ▶ **im Argen liegen** *(geh)* être en mauvaise posture **II.** *adv (schlimm, übel)* ***~ in der Klemme stecken*** être dans un sacré pétrin *fam*

Argentinien [argɛn'ti:ni̯ən] <-s> *nt* l'Argentine *f*

Argentinier(in) [argɛn'ti:ni̯ɐ] <-s, -> *m(f)* Argentin(e) *m(f)*

argentinisch [argɛn'ti:nɪʃ] *adj* argentin(e)

Ạrger ['ɛrgɐ] <-s> *m* ❶ *(Unmut)* colère *f* ❷ *(Unannehmlichkeiten)* ennuis *mpl; **mit jdm ~ haben*** avoir des ennuis avec qn; ***jetzt gibt es ~*** maintenant ça va aller mal; ***mach [mir] keinen ~!*** *(fam)* [ne] me fais pas d'histoires!

ạrgerlich *adj* ❶ *Blick* irrité(e) ❷ *Angelegenheit* ennuyeux, -euse

ạrgern ['ɛrgɐn] **I.** *vt* ❶ ***jdn*** ~ énerver qn; ***es ärgert mich, dass er nie pünktlich ist*** cela m'énerve qu'il ne soit jamais à l'heure ❷ *(mutwillig reizen, necken)* agacer **II.** *vr **sich über jdn/etw*** ~ se mettre en colère contre qn/à cause de qc

Ạrgernis <-ses, -se> *nt* [objet *m* de] scandale

A

Arglist ['arklɪst] <-> *f (geh)* perfidie *f*
arglistig *adj (geh)* perfide *littér*
arglos *adj Person* confiant(e); *Bemerkung* innocent(e)
Arglosigkeit <-> *f* candeur *f*, innocence *f*
Argument [argu'mɛnt] <-[e]s, -e> *nt* argument *m*; ***ein ~ für/gegen etw*** un argument à l'appui de/contre qc
Argumentation [argumɛnta'tsi̯o:n] <-, -en> *f* argumentation *f*
argumentativ *(geh)* **I.** *adj Beweisführung, Begründung* argumenté(e) **II.** *adv überzeugend, schwach* sur le plan de l'argumentation; *standhalten, widerlegen* en argumentant, par des arguments
argumentieren* [argumɛn'ti:rən] *vi* argumenter; ***mit etw ~*** argumenter de qc
Argwohn ['arkvo:n] <-s> *m (geh)* suspicion *f*
argwöhnen ['arkvø:nən] *vt (geh)* soupçonner
argwöhnisch *adj (geh)* soupçonneux, -euse
Arie ['a:ri̯ə] <-, -n> *f* aria *f*; *(Opernarie)* air *m* d'opéra
Arier(in) ['a:ri̯ɐ] <-s, -> *m(f)* Aryen(ne) *m(f)*
arisch ['a:rɪʃ] *adj* aryen(ne)
Aristokrat(in) [arɪsto'kra:t] <-en, -en> *m(f)* aristocrate *mf*
Aristokratie [arɪstokra'ti:] <-, -i̯en> *f* aristocratie *f*
aristokratisch *adj* aristocratique
Arithmetik [arɪt'me:tɪk] <-> *f* arithmétique *f*
arithmetisch [arɪt'me:tɪʃ] *adj* arithmétique
Arkade [ar'ka:də] <-, -n> *f* arcade *f*
Arktis ['arktɪs] <-> *f* ***die ~*** l'Arctique *m*
arktisch *adj* ❶ GEOG arctique ❷ *(fig) Temperaturen* polaire
arm [arm] <ärmer, ärmste> **I.** *adj* ❶ *(mittellos)* pauvre; ***jdn ~ machen*** ruiner qn ❷ *(bedauernswert)* pauvre *antéposé*; ***das ~e Kind!*** le pauvre enfant! ❸ *(karg)* pauvre ► **Arm und Reich** pauvres *mpl* et riches *mpl* **II.** *adv* ► **~ dran sein** *(fam)* être à plaindre
Arm [arm] <-[e]s, -e> *m* ❶ bras *m*; ***jdm den ~ reichen*** *(geh)* offrir le bras à qn; ***~ in ~*** bras dessus, bras dessous; ***ein Kind im ~ halten*** tenir un enfant dans ses bras; ***jdn in den ~ nehmen*** prendre qn dans ses bras; ***sich** dat **in den ~en liegen*** être enlacés ❷ *kein Pl (Machtinstrument)* bras *m*; ***der ~ des Gesetzes*** *(geh)* le bras de la justice ❸ *(Flussarm)* bras *m* ❹ *(armähnlicher Teil) eines Krans* bras *m*; *eines Leuchters* branche *f* ► **jdm unter die ~e greifen** tirer qn d'affaire; **jdm in die ~e laufen** *(fam)* tomber sur qn; **jdn auf den ~ nehmen** faire marcher qn *fam*, se payer la tête de qn *fam*
Armatur [arma'tu:ɐ̯] <-, -en> *f meist Pl* ❶ *(Schalt- und Messgerät)* AUT commande *f*; AVIAT instrument *m* de bord ❷ *(Badarmatur)* ***die ~en*** la robinetterie
Armaturenbrett *nt* tableau *m* de bord
Armband <-bänder> *nt* bracelet *m*
Armbanduhr *f* montre-bracelet *f* **Armbeuge** ['armbɔɪgə] *f* ANAT saignée *f* du bras
Armbinde *f* ❶ *eines Blinden* brassard *m* ❷ *(Armschlinge)* écharpe *f* **Armbrust** *f* arbalète *f*
Arme(r) *f(m) dekl wie adj* ❶ *(mittelloser Mensch)* pauvre, -esse *m, f* ❷ *(bedauernswerter Mensch)* ***du ~r!*** mon pauvre [petit]!
Armee [ar'me:] <-, -een> *f* ❶ MIL armée *f*; ***die Rote ~*** HIST l'armée rouge ❷ *(riesige Menge)* ***eine ~ von Heuschrecken*** une armée de sauterelles
Ärmel ['ɛrməl] <-s, -> *m* manche *f* ► **[sich** *dat*] **die ~ hochkrempeln** retrousser ses manches; **etw aus dem ~ schütteln** *(fam)* sortir qc de son chapeau
Ärmelkanal *m* ***der ~*** la Manche
ärmellos *adj* sans manches
Armenhaus *nt* HIST asile *m*
Armenien [ar'me:ni̯ən] <-s> *nt* l'Arménie *f*
Armenier(in) [ar'me:ni̯ɐ] <-s, -> *m(f)* Arménien(ne) *m(f)*
armenisch [ar'me:nɪʃ] **I.** *adj* arménien(ne) **II.** *adv* ***~ miteinander sprechen*** discuter en arménien; *s. a.* **deutsch**
Armenisch <-[s]> *nt kein Art* arménien *m*; *s. a.* **Deutsch**
Armenviertel *nt* quartier *m* pauvre
Armlehne *f* accoudoir *m* **Armleuchter** *m* ❶ *(Leuchter)* candélabre *m* ❷ *(pej fam: Dummkopf)* andouille *f*
ärmlich ['ɛrmlɪç] *adj* ❶ *Verhältnisse* misérable ❷ *Essen* maigre *antéposé*
Armreif *m* bracelet *m*
armselig ['armse:lɪç] *adj* ❶ *(sehr arm)* miteux, -euse ❷ *(dürftig)* maigre *antéposé* ❸ *Feigling* misérable *antéposé; Ausrede* minable; *Summe* misérable
Armsessel *m* fauteuil *m* [à accoudoirs]
Armut ['armu:t] <-> *f* ❶ *(Bedürftigkeit)* pauvreté *f* ❷ *(Dürftigkeit) des Stils* indi-

gence *f;* ***geistige*** ~ pauvreté *f* intellectuelle

Armutsgrenze *f* seuil *m* de pauvreté **Armutszeugnis** ▸ **sich** *dat* **mit einer Bemerkung ein ~ ausstellen** démontrer son incapacité en faisant une remarque

Aroma [a'roːma] <-s, Aromen *o* -s *o* -ta> *nt* arôme *m*

aromatisch [aro'maːtɪʃ] *adj* ❶ *Duft* aromatique ❷ *(wohlschmeckend)* savoureux, -euse

aromatisieren* [aromati'ziːrən] *vt* aromatiser

Arrangement [arãʒə'mãː, araŋʒə'mãː] <-s, -s> *nt* ❶ *(geh: Übereinkunft)* disposition *f,* arrangement *m* ❷ MUS arrangement *m* ❸ *(Organisation) einer Veranstaltung* organisation *f*

arrangieren* [arã'ʒiːrən, araŋ'ʒiːrən] **I.** *vt* ❶ *(organisieren)* organiser ❷ *(gestalten)* arranger **II.** *vr (übereinkommen)* ***sich mit jdm*** ~ s'arranger avec qn

Arrest [a'rɛst] <-[e]s, -e> *m* ❶ *(Freiheitsentzug)* détention *f* ❷ *(Schularrest)* consigne *f* ❸ MIL arrêts *mpl*

arrogant [aro'gant] *adj* arrogant(e)

Arroganz [aro'gants] <-> *f* arrogance *f*

Arsch [arʃ, *Pl:* 'ɛrʃə] <-[e]s, Ärsche> *m (vulg)* ❶ *(Gesäß)* cul *m fam* ❷ *(blöder Mensch)* conard *m* ▸ **am ~ der Welt** en pleine cambrousse *fam;* **sich** *dat* **den ~ abfrieren** se geler le cul; **leck mich [doch] am ~!** va te faire foutre!; **jdm geht etw am ~ vorbei** qn n'a rien à cirer de qc

Arschkarte *f kein Pl* ▸ **die ~ ziehen** [*o* **haben**] *(sl)* tirer le mauvais numéro

Arschkriecher(in) *m(f) (vulg)* lèche-cul *mf* **Arschloch** *nt (vulg)* trou *m* du cul

Arsen [ar'zeːn] <-s> *nt* CHEM arsenic *m*

Arsenal [arze'naːl] <-s, -e> *nt (Waffenlager)* arsenal *m*

Art. *Abk von* **Artikel** art.

Art [aːɐ̯t] <-, -en> *f* ❶ *(Spezies)* espèce *f* ❷ *(Sorte)* genre *m;* ***jede ~ von Gewalt ablehnen*** refuser toute forme de violence ❸ *(Weise)* façon *f;* ***auf diese ~ und Weise*** de cette façon; ***auf natürliche/seltsame*** ~ d'une manière naturelle/étrange ❹ *kein Pl (Wesensart)* nature *f* ❺ *kein Pl (Benehmen)* manières *fpl* ▸ **etw nach ~ des Hauses zubereiten** préparer qc maison

Artdirector, Artdirectorin ['aːɐ̯tdirɛktɐ] <-s, -toren> *m, f* directeur, -trice *m, f* artistique

Artenschutz *m* protection *f* des espèces

Artensterben *nt* disparition *f* des espèces

Artenvielfalt *f* variété *f* des espèces

Arterhaltung *f* conservation *f* de l'espèce

Arterie [ar'teːri̯ə] <-, -n> *f* ANAT artère *f*

arteriell [arte'ri̯ɛl] *adj* MED artériel(le)

Arterienverkalkung *f* MED artériosclérose *f*

artfremd *adj* atypique **Artgenosse, -genossin** *m, f* congénère *mf* **artgerecht** *adj Tierhaltung* qui respecte les besoins des animaux

Arthritis [ar'triːtɪs] <-> *f* MED arthrite *f*

Arthrose [ar'troːzə] <-, -n> *f* MED arthrose *f*

artifiziell [artifi'tsiɛl] *adj* artificiel(le)

artig ['artɪç] *adj Kind* sage

Artikel [ar'tiːkəl] <-s, -> *m* article *m*

Artikulation [artikula'tsi̯oːn] <-, -en> *f* articulation *f*

artikulieren* [artiku'liːrən] **I.** *vt* articuler **II.** *vr (geh)* ***sich in etw*** *dat* ~ s'exprimer dans qc

Artillerie [artɪlə'riː] <-> *f* artillerie *f*

Artischocke [arti'ʃɔkə] <-, -n> *f* artichaut *m*

Artist(in) [ar'tɪst] <-en, -en> *m(f)* ❶ *(Zirkusartist)* artiste *mf* de cirque; *(Zirkusakrobat)* acrobate *mf* ❷ *(Könner)* artiste *mf*

artistisch *adj* ❶ *Kunststück* artistique ❷ *(geschickt)* acrobatique

artverwandt *adj* d'espèce voisine

Arznei [aːɐ̯ts'nai̯] <-, -en> *f* médicament *m*

Arzneimittel *nt* médicament *m*

Arzneimittelhersteller *m* fabricant *m* de produits pharmaceutiques

Arzt, Ärztin [aːɐ̯tst, *Pl:* 'ɛːɐ̯tstə] <-es, Ärzte> *m, f* médecin *m,* docteur *m;* ***zum ~ gehen*** aller chez le médecin

Arztbesuch *m* visite *f* du médecin

Ärztekammer *f* conseil *m* de l'ordre des médecins

Ärzteschaft <-> *f* corps *m* médical

Arzthelfer(in) *m(f)* auxiliaire *mf* médical(e)

Ärztin ['ɛːɐ̯tstɪn] *s.* **Arzt**

ärztlich ['ɛːɐ̯tstlɪç] **I.** *adj Attest* médical(e) **II.** *adv* ***sich ~ behandeln lassen*** suivre un traitement médical

Arztpraxis *f* cabinet *m* médical **Arzttermin** *m* rendez-vous *m* chez le médecin

As [as] <-, -> *nt* MUS la *m* bémol

Asbest [as'bɛst] <-[e]s, -e> *m* amiante *m*

Asbestsanierung *f* désamiantage *m*

asbestverseucht *adj* contaminé(e) par l'amiante

aschblond *adj* blond cendré *inv*

Asche ['aʃə] <-, -n> *f* cendre *f souvent pl*

Aschenbahn *f* [piste *f*] cendrée *f* **Aschenbecher** *m* cendrier *m* **Aschenputtel** ['aʃənpʊtəl] <-s> *nt* Cendrillon *f*

Ascher <-s, -> *m (fam)* cendrier *m*

Aschermittwoch [aʃɐ'mɪtvɔx] *m* mercredi *m* des Cendres

Aschewolke *f* nuage *m* de cendres

aschfahl *adj Gesicht* livide **aschgrau** *adj Haar* cendré(e); *Kleidung* [d'un] gris cendré *inv*

ASCII-Code ['askiko:t] *m* INFORM code *m* ASCII

Aserbaidschan [azɛrbai̯'dʒa:n] <-s> *nt* l'Azerbaïdjan *f*

asexuell ['azɛksu̯ɛl] *adj* asexué(e)

Asiat(in) [a'zi̯a:t] <-en, -en> *m(f)* Asiatique *mf*

asiatisch [a'zi̯a:tɪʃ] *adj* asiatique

Asien ['a:zi̯ən] <-s> *nt* l'Asie *f*

Askese [as'ke:zə] <-> *f* ascèse *f*

Asket(in) [as'ke:t] <-en, -en> *m(f)* ascète *mf*

asketisch [as'ke:tɪʃ] *adj* ascétique

asozial ['azotsi̯a:l] *adj* asocial(e)

Asoziale(r) *f(m) dekl wie adj (pej)* asocial(e) *m(f)*

Aspekt [as'pɛkt] <-[e]s, -e> *m* aspect *m*

Asphalt [as'falt] <-[e]s, -e> *m* asphalte *m*, bitume *m*

asphaltieren* [asfal'ti:rən] *vt* asphalter

Aspik [as'pi:k] <-s, -e> *m o* A *nt* aspic *m*

Aspirin® [aspi'ri:n] <-s> *nt* aspirine *f*

aß [a:s] *Imp von* **essen**

Ass [as] <-es, -e> *nt* ❶ *(Spielkarte)* as *m* ❷ *(fähiger Mensch)* as *m*; ***ein ~ in Physik sein*** être un as de la physique

Assel ['asəl] <-, -n> *f* cloporte *m*

Assessment-Center, **Assessmentcenter** [ə'sɛsmɛntsɛntɐ] <-s, -> *nt* assessment center *m*

Assimilation [asimila'tsi̯o:n] <-, -en> *f* assimilation *f*

assimilieren* [asimi'li:rən] *vt a.* BIO assimiler

Assimilierung <-, -en> *f a.* BIO *(geh)* assimilation *f*

Assistent(in) [asɪs'tɛnt] <-en, -en> *m(f)* assistant(e) *m(f)*

Assistenz <-> *f (geh: Mithilfe)* concours *m*

Assistenzarzt, -ärztin *m, f* ≈ interne *mf* des hôpitaux

assistieren* [asɪs'ti:rən] *vi* assister; ***jdm bei etw ~*** assister qn dans qc

Assoziation [asotsi̯a'tsi̯o:n] <-, -en> *f (geh)* association *f*

assoziativ [asotsi̯a'ti:f] *adj* associatif, -ive

assoziieren* [asotsi'i:rən] *vt (geh)* ***etw mit etw ~*** associer qc à qc

Ast [ast, *Pl:* 'ɛstə] <-[e]s, Äste> *m (Zweig)* branche *f* ▶ **auf dem absteigenden ~ sein** *(fam)* être en perte de vitesse

AStA ['asta] <-[s], -[s] *o* Asten> *Abk von* **Allgemeiner Studentenausschuss** *m comité général des étudiants d'une université*

Aster ['astɐ] <-, -n> *f* aster *m*

Asteroid [astero'i:t] <-en, -en> *m* astéroïde *m*

Astgabel *f* fourche *f*

Ästhet(in) [ɛs'te:t] <-en, -en> *m(f)* esthète *mf*

Ästhetik [ɛs'te:tɪk] <-, -en> *f* ❶ *(Wissenschaft)* esthétique *f* ❷ *kein Pl (Schönheit)* caractère *m* esthétique

ästhetisch *adj* esthétique

Asthma ['astma] <-s> *nt* asthme *m*

Asthmatiker(in) [ast'ma:tikɐ] <-s, -> *m(f)* asthmatique *mf*

asthmatisch *adj Beschwerden* asthmatique; *Anfall* d'asthme

astrein *adj (fam: hervorragend)* impec

Astrologe, Astrologin [astro'lo:gə] <-n, -n> *m, f* astrologue *mf*

Astrologie [astrolo'gi:] <-> *f* astrologie *f*

astrologisch [astro'lo:gɪʃ] *adj Zeitschrift* d'astrologie; *Gutachten* astrologique

Astronaut(in) [astro'nau̯t] <-en, -en> *m(f)* astronaute *mf*

Astronom(in) [astro'no:m] <-en, -en> *m(f)* astronome *mf*

Astronomie [astrono'mi:] <-> *f* astronomie *f*

astronomisch [astro'no:mɪʃ] *adj Instrument* astronomique; *Werk* d'astronomie; *Kenntnisse* en astronomie

Astrophysik [astrofy'zi:k] *f* astrophysique *f*

ASU ['a:zu] <-, -s> *f Abk von* **Abgassonderuntersuchung** HIST contrôle *m* antipollution

Asyl [a'zy:l] <-s, -e> *nt* ❶ *Pl selten (Zuflucht)* asile *m*; ***jdm ~ gewähren*** *Staat:* accorder le droit d'asile à qn; *Privatperson:* offrir un asile à qn ❷ *(Obdachlosenheim)* asile *m* de nuit [pour les sans-abri]

Asylant(in) [azy'lant] *m(f) s.* **Flüchtling**

Asylantenwohnheim *nt* foyer *m* pour les demandeurs d'asile

Asylantrag *m* demande *f* d'asile **Asylbewerber(in)** *m(f)* demandeur, -euse *m, f* d'asile **Asylrecht** *nt (Recht auf Asyl)* droit

A

m d'asile **Asylverfahren** *nt* procédure *f* de demande d'asile
Asymmetrie [azyme'triː] <-, -ien> *f* asymétrie *f*
asymmetrisch ['azymeːtrɪʃ] *adj* asymétrique
Aszendent [astsɛn'dɛnt] <-en, -en> *m* ASTRON, ASTROL ascendant *m*
at [ɛt] INFORM ar[r]obase *f*
Atelier [ate'li̯eː] <-s, -s> *nt* ❶ *(Künstlerwerkstatt)* atelier *m* ❷ *(Filmatelier)* studio *m* [de production]
Atem ['aːtəm] <-s> *m* ❶ *(Atemluft)* souffle *m;* ***außer ~ sein*** être hors d'haleine ❷ *(Atemgeruch)* haleine *f* ❸ *(das Atmen)* respiration *f* ▶ **den längeren ~ haben** tenir le coup *fam;* **den ~ anhalten** retenir sa respiration; *(sehr gespannt sein)* retenir son souffle; **jdn in ~ halten** *(jdn auf Trab halten)* tenir qn en mouvement; *(jdn in Spannung halten)* tenir qn en haleine; **das/es verschlägt einem [glatt] den ~!** c'est à en avoir le souffle coupé!
atemberaubend *adj Schönheit* vertigineux, -euse **Atembeschwerden** *Pl* troubles *mpl* respiratoires
atemlos *adj* ❶ *(außer Atem)* essoufflé(e) ❷ *Stille* absolu(e)
Atemlosigkeit <-> *f* essoufflement *m* **Atemmaske** *f* masque *m*
Atemnot *f* crise *f* d'étouffements **Atempause** *f* pause *f* pour respirer **Atemstillstand** *m* arrêt *m* respiratoire **Atemwege** *Pl* voies *fpl* respiratoires **Atemzug** *m* inspiration *f* ▶ **im selben ~** en même temps
Atheismus [ate'ɪsmʊs] <-> *m* athéisme *m*
Atheist(in) [ate'ɪst] <-en, -en> *m(f)* athée *mf*
atheistisch [ate'ɪstɪʃ] *adj* athée
Athen [a'teːn] <-s> *nt* Athènes
Äther ['ɛːtɐ] <-s> *m* CHEM éther *m*
ätherisch [ɛ'teːrɪʃ] *adj* CHEM *Öl* essentiel(le)
Äthiopien [ɛ'ti̯opi̯ən] <-s> *nt* l'Éthiopie *f*
Äthiopier(in) [ɛ'ti̯oːpi̯ɐ] <-s, -> *m(f)* Éthiopien(ne) *m(f)*
äthiopisch [ɛ'ti̯oːpɪʃ] *adj* éthiopien(ne)
Athlet(in) [at'leːt] <-en, -en> *m(f)* athlète *mf*
athletisch [at'leːtɪʃ] *adj Körperbau* athlétique
Atlanten *Pl von* **Atlas**
Atlantik [at'lantɪk] <-s> *m* ***der*** ~ l'Atlantique *m*
atlantisch *adj* atlantique
Atlas ['atlas, *Pl:* 'at'lantən] <- *o* -ses, Atlanten *o* -se> *m* atlas *m*
atmen ['aːtmən] *vt, vi* respirer
Atmosphäre [atmo'sfɛːrə] <-, -n> *f* atmosphère *f*
atmosphärisch [atmo'sfɛːrɪʃ] *adj* atmosphérique
Atmung <-> *f* respiration *f*
atmungsaktiv *adj* thermoactif, -ive **Atmungsorgane** *Pl* organes *mpl* de la respiration
Ätna ['ɛːtna, 'ɛtna] <-[s]> *m* ***der*** ~ l'Etna *m*
Atoll [a'tɔl] <-s, -e> *nt* atoll *m*
Atom [a'toːm] <-s, -e> *nt* atome *m*
Atomangriff *m* attaque *f* nucléaire
atomar [ato'maːɐ̯] *adj* ❶ PHYS atomique ❷ MIL *Bedrohung* nucléaire
Atombombe *f* bombe *f* atomique **Atomenergie** *f* énergie nucléaire *f* **Atomexplosion** *f* explosion *f* nucléaire **Atomgemeinschaft** *f* ***Europäische*** ~ Communauté *f* européenne de l'énergie atomique **Atomindustrie** *f kein Pl* ÖKON industrie *f* nucléaire
atomisieren* [atomi'ziːrən] *vt* pulvériser
Atomkern *m* noyau *m* [de l'atome] **Atomkraft** *f kein Pl* énergie *f* nucléaire
Atomkraftgegner(in) *m(f)* opposant(e) *m(f)* à l'énergie nucléaire
Atomkraftwerk *nt* centrale *f* nucléaire **Atomkrieg** *m* guerre *f* nucléaire **Atommacht** *f* puissance *f* nucléaire **Atommeiler** *m* réacteur *m* nucléaire **Atommüll** *m* déchets *mpl* nucléaires **Atomphysik** *f* physique *f* nucléaire **Atomphysiker(in)** *m(f)* spécialiste *mf* de physique nucléaire **Atomrakete** *f* fusée *f* nucléaire **Atomreaktor** *m* réacteur *m* nucléaire **Atomsprengkopf** *m* ogive *f* nucléaire **Atomstreit** *m* querelle *f* nucléaire **Atomtest** *m* essai *m* nucléaire **Atom-U-Boot** *nt* sous-marin *m* nucléaire **Atomuhr** *f* horloge *f* atomique **Atomwaffe** *f* arme *f* nucléaire
atomwaffenfähig *adj inv Material, Plutonium* utilisable pour la fabrication d'armes nucléaires **atomwaffenfrei** *adj Zone* dénucléarisé(e) **Atomwaffensperrvertrag** *m* traité *m* de non-prolifération [des armes nucléaires]
Atomzeitalter *nt kein Pl* ***das*** ~ l'ère *f* atomique
Atrium ['aːtriʊm] <-s, Atrien> *nt* ❶ patio *m* ❷ HIST atrium *m*
ätsch [ɛːtʃ] *interj (fam)* bien fait
Attachment [a'tatʃmənt] <-s, -s> *nt* INFORM pièce *f* jointe, fichier *m* joint
Attacke [a'takə] <-, -n> *f* ❶ MIL *(Rei-*

A

terangriff) charge *f* de cavalerie ❷ SPORT, MED *(a. fig)* attaque *f*
attackieren* [ata'kiːrən] *vt* attaquer
Attentat ['atəntaːt] <-[e]s, -e> *nt* attentat *m;* ***ein ~ auf jdn verüben*** commettre un attentat contre qn
Attentäter(in) [atəntɛːtɐ] *m(f)* auteur *mf* de l'attentat
Attest [a'tɛst] <-[e]s, -e> *nt* certificat *m* [médical]
attestieren* *vt* attester
Attraktion [atrak'tsi̯oːn] <-, -en> *f* ❶ *kein Pl (Anziehungskraft)* attrait *m* ❷ *(Glanznummer)* attraction *f*
attraktiv [atrak'tiːf] *adj* ❶ *Person* séduisant(e) ❷ *Stadt* attrayant(e); *Angebot* intéressant(e)
Attraktivität [atraktivi'tɛːt] <-> *f* ❶ *einer Person* pouvoir *m* de séduction ❷ *(Anreiz) einer Stadt* caractère *m* attrayant; *eines Angebots* caractère intéressant
Attrappe [a'trapə] <-, -n> *f* ❶ *(Nachbildung)* objet *m* factice ❷ *(gemalte optische Täuschung)* trompe-l'œil *m*

Falsche Freunde
Nicht verwechseln mit *l'attrape – der Scherzartikel*!

Attribut [atri'buːt] <-[e]s, -e> *nt* ❶ *(geh: Eigenschaft)* particularité *f* ❷ GRAM *eines Substantivs* épithète *f*
attributiv [atribu'tiːf] *adj Adjektiv* épithète
atypisch ['atyːpɪʃ] *adj* atypique
ätzen ['ɛtsən] *vi Säure:* corroder
ätzend *adj* ❶ CHEM corrosif, -ive ❷ *Geruch* délétère ❸ *(fam: sehr schlecht)* chiant(e)
au [a̯u] *interj* ❶ *(Ausruf des Schmerzes)* aïe ❷ *(Ausruf der Freude)* ***~ ja/klasse!*** *(fam)* ouah super!
AU [aː'ʔuː] <-, -s> *f Abk von* **Abgasuntersuchung** contrôle *m* antipollution
aua ['a̯ua] *interj (fam)* aïe, ouille
Aubergine [obɛr'ʒiːnə] <-, -n> *f* aubergine *f*
auch [a̯ux] *adv* ❶ *(ebenfalls)* aussi; ***ich möchte ~ mitkommen*** moi aussi, j'aimerais venir; ***~ die Regierung*** le gouvernement [lui] aussi; ***nicht nur ich, sondern ~ er*** non seulement moi, mais lui aussi; ***ich ~ nicht*** moi non plus ❷ *(sogar)* même; ***~ wenn*** même si ❸ *(verstärkend)* effectivement; ***wozu [denn] ~?*** de toute façon, à quoi bon?; ***ich habe das nicht nur gesagt, ich meine das ~!*** je ne l'ai pas seulement dit, je le pense [effectivement]! ❹ *(immer)* ***was er ~ sagen wird*** quoi qu'il dise; ***wie dem ~ sei*** quoi qu'il en soit ► **~ gut!** [eh bien] tant pis!; **~ das noch!** il ne manquait plus que ça!
Audienz [a̯u'di̯ɛnts] <-, -en> *f* audience *f*
Audioguide ['a̯udi̯oga̯id] <-s, -s> *m* audioguide *m*
audiovisuell [a̯udi̯ovi'zu̯ɛl] *adj* audiovisuel(le)
Auditorium [a̯udi'toːri̯ʊm] <-s, -rien> *nt* ❶ *(geh: Zuhörerschaft)* auditoire *m* ❷ *(Hörsaal)* amphithéâtre *m*
Aue ['aʊə] <-, -n> *f* DIAL *(geh)* prairie *f*
Auerhahn ['a̯uɐhaːn] *m* coq *m* de bruyère
Auerochse ['a̯uɐɔksə] *m* aurochs *m*
auf [a̯uf] **I.** *präp + dat* ❶ sur; ***~ dem Tisch/dem Teller*** sur la table/dans l'assiette; ***~ dem Boden*** par terre; ***~ der Straße*** dans la rue; ***~ dem Meeresgrund*** au fond de la mer; ***~ dem Land*** à la campagne; ***~ einer Insel*** sur une île; ***auf Mallorca/Korsika*** à Majorque/en Corse ❷ *(in, bei)* à; ***~ der Schule/Post/Bank*** à l'école/la poste/la banque; ***~ einem Sparkonto*** sur un compte [d']épargne ❸ *(während)* pendant; ***~ dem Weg*** en chemin; ***~ der Feier*** à la fête ❹ *(für)* ***~ einen Tee bleiben*** rester le temps de boire un thé **II.** *präp + akk* ❶ sur; ***~ den Tisch/den Teller*** sur la table/dans l'assiette; ***~ den Boden*** par terre; ***~ die Straße gehen*** sortir dans la rue; ***~s Land fahren*** aller à la campagne ❷ *(zu)* à; ***~ die Schule/Post/Bank*** à l'école/la poste/la banque; ***~ das Fest gehen*** aller à la fête ❸ *(bei Zeitangaben)* ***~ einen Dienstag fallen*** tomber un mardi; ***etw ~ die nächste Woche verschieben*** repousser qc à la semaine prochaine; ***in der Nacht ~ Dienstag*** dans la nuit de lundi [à mardi] ❹ *(bei Maß- und Mengenangaben)* à; ***sich ~ zehn Meter nähern*** s'approcher à dix mètres; ***~ die Sekunde/den Cent genau*** à la seconde/au centime près ❺ *(pro)* pour; ***fünf Liter ~ hundert Kilometer verbrauchen*** consommer cinq litres aux cent [kilomètres] ❻ *(aufgrund, infolge)* sur; ***~ Wunsch des Chefs*** sur la demande du chef; ***~ den Rat des Arztes [hin]*** suite au conseil du médecin ❼ *(mittels)* ***~ diese Art*** de cette manière ❽ *(in Trinksprüchen)* ***~ dein Wohl!*** à la tienne! ❾ *(mit Superlativen)* ***jdn ~ das Herzlichste begrüßen*** saluer qn de la manière la plus cordiale **III.** *adv* ❶ *(los)* ***~ geht's!*** on y va!; ***~ nach Kalifornien!*** en route pour la Californie! ❷ *(fam: setz/setzt auf!)* ***Helm ~!*** mets

A

ton/mettez votre casque! ❸ *(fam: offen)* **~ *sein*** être ouvert; ***Mund ~!*** ouvre/ouvrez la bouche! ❹ *(fam: aufgestanden)* **~ *sein*** être debout ❺ *(nach oben)* **~ *und ab fahren*** *Aufzug:* monter et descendre ▶ **~ und ab gehen** faire les cent pas; **mit etw geht es ~ und ab** qc a des hauts et des bas; **~ und davon sein** avoir filé **IV.** *konj* **~ *dass*** *(geh)* souhaitons que *+subj*

Auf [aʊ̯f] *nt* ***das ~ und Ab*** *(Höhen und Tiefen)* les hauts *mpl* et les bas

auf|arbeiten *vt* ❶ traiter *Akten* ❷ *(auswerten)* exploiter *Literatur* ❸ *(bewältigen)* assumer *Vergangenheit*

Aufarbeitung <-, -en> *f* ❶ *(Erledigung)* mise *f* à jour ❷ *(Erneuerung)* remise *f* à neuf ❸ PSYCH *(Bewältigung)* assimilation *f*

auf|atmen *vi* ❶ respirer profondément ❷ *(erleichtert sein)* respirer

auf|backen *vt unreg* passer [quelques minutes] au four; ***etw*** **~** passer qc [quelques minutes] au four; ***etw noch einmal*** **~** repasser qc au four

auf|bahren *vt* exposer *Sarg*

Aufbau *m kein Pl* ❶ *(Zusammenbauen) eines Regals* montage *m; einer Stereoanlage* installation *f* ❷ *(Wiederaufbau)* **~ *Ost*** reconstruction *f* de l'Est ❸ *(Errichtung) einer Wirtschaftsordnung* instauration *f; eines Unternehmens* mise *f* sur pied ❹ *(das Herstellen) von Kontakten* établissement *m* ❺ *(Struktur) eines Unternehmens* organisation *f; eines Geräts* agencement *m; eines Romans* composition *f; eines Atoms* structure *f*

auf|bauen I. *vt* ❶ monter *Regal;* installer *Stereoanlage* ❷ *(errichten)* **[*wieder*] ~** reconstruire *Haus* ❸ *(schaffen)* instaurer *Wirtschaftsordnung;* mettre sur pied *Unternehmen;* ***sich*** *dat* ***eine Existenz*** **~** organiser sa vie ❹ *(herstellen)* établir *Kontakt* ❺ *(arrangieren)* installer *Spielfiguren;* dresser *Büfett* ❻ *(basieren)* ***etw auf der Vermutung ~, dass …*** fonder qc en supposant que … ❼ ELEC, PHYS établir *Spannung* ❽ PHYS, CHEM ***symmetrisch aufgebaut sein*** avoir une structure symétrique **II.** *vi* ***auf etw*** *dat* **~** *Theorie:* se fonder sur qc **III.** *vr* ❶ *(fam: sich postieren)* ***sich vor jdm/etw*** **~** se planter devant qn/qc ❷ INFORM ***sich*** **~** *Homepage:* s'afficher

Aufbaukurs *m* cours *m* de perfectionnement

auf|bäumen *vr* ***sich*** **~** se cabrer; ***sich gegen jdn/etw*** **~** se cabrer contre qn/qc

auf|bauschen *vt (übertreiben)* gonfler *Kleinigkeit;* ***etw zu einem Skandal*** **~** faire tout un scandale de qc

Aufbaustudium *nt* complément *m* de formation [universitaire]

auf|begehren* *vi (geh)* se soulever; ***gegen jdn/etw*** **~** se soulever contre qn/qc

auf|behalten* *vt irr* garder *Hut*

auf|bekommen* *vt irr (fam)* ❶ ***Hausaufgaben*** **~** avoir des devoirs [à faire] ❷ *(öffnen können)* arriver à ouvrir

auf|bereiten* *vt* ÖKOL traiter *Wasser;* retraiter *Brennelemente*

Aufbereitung <-, -en> *f* ❶ *von Wasser* traitement *m* ❷ *(Wiederaufbereitung) von Brennelementen* retraitement *m*

auf|bessern *vt (erhöhen)* augmenter *Gehalt;* arrondir *Taschengeld*

Aufbesserung <-, -en> *f* ❶ *(Erhöhung)* augmentation *f;* ***zur ~ seines Taschengeldes*** pour arrondir son argent de poche ❷ *(Auffrischung)* amélioration *f;* ***zur ~ meiner Englischkenntnisse*** pour améliorer mes connaissances d'anglais

auf|bewahren* *vt* garder

Aufbewahrung <-, -en> *f* ❶ *(Verwahrung)* dépôt; ***jdm etw zur ~ geben*** confier la garde de qc à qn ❷ *(Ort der Gepäckaufbewahrung)* consigne *f*

Aufbewahrungsort *m* ***der ~ des Gemäldes*** l'endroit *m* où est déposé le tableau; ***etw an einen sicheren ~ bringen*** déposer qc en lieu sûr

auf|bieten *vt irr* ❶ mobiliser *Mittel* ❷ *(Eheschließungsabsichten veröffentlichen)* publier les bans du mariage de

auf|binden *vt irr* défaire *Krawatte,* délacer *Schuh*

auf|blähen I. *vt* ❶ ballonner *Darm* ❷ *(fig)* ***aufgebläht*** *Verwaltungsapparat* hypertrophié **II.** *vr* ***sich*** **~** *Ballon:* [se] gonfler; *Darm:* ballonner

aufblasbar *adj* gonflable

auf|blasen *irr* **I.** *vt* gonfler **II.** *vr* ❶ ***sich automatisch*** **~** se gonfler automatiquement ❷ *(pej fam: sich wichtigmachen)* ***sich*** **~** se rengorger

auf|bleiben *vi irr + sein (fam)* ❶ *(geöffnet bleiben)* rester ouvert(e) ❷ *(nicht zu Bett gehen)* rester debout

auf|blenden *vi* ❶ *(das Fernlicht einschalten)* se mettre en pleins phares; *(die Lichthupe betätigen)* faire un appel de phares ❷ PHOT ouvrir le diaphragme

auf|blicken *vi* ❶ lever les yeux; ***zu jdm/etw*** **~** lever les yeux en direction de qn/qc ❷ *(fig: als Vorbild verehren)* ***zu jdm*** **~** admirer qn

A

auf|blitzen *vi* ❶ + *haben (aufleuchten) Leuchtturm:* jeter un éclair de lumière ❷ + *sein (fig)* ***in jdm*** ~ *Erinnerung:* jaillir dans l'esprit de qn

auf|blühen *vi* + *sein* ❶ *(sich öffnen) Knospe:* s'épanouir ❷ *(aufleben) Person:* s'épanouir ❸ *(sich entwickeln) Kultur:* fleurir

auf|bohren *vt* ouvrir à la perceuse; ***etw*** ~ ouvrir qc à la perceuse

auf|brauchen *vt* épuiser *Vorräte;* finir *Packung*

auf|brausen *vi* + *sein* ❶ *Beifall:* éclater ❷ *(wütend werden) Person:* monter comme une soupe au lait

aufbrausend *adj Person* soupe au lait *inv*

auf|brechen *irr* **I.** *vt* + *haben* forcer *Verschluss;* fracturer *Pkw* **II.** *vi* + *sein* ❶ *Eisdecke:* se fendre; *Wunde:* s'ouvrir ❷ *(sich auf den Weg machen)* ***zu einer Reise/nach Prag*** ~ partir en voyage/à Prague

auf|brezeln *vr (fam)* ***sich*** ~ se pomponner *fam*

auf|bringen *vt irr* ❶ *(bezahlen)* réunir *Summe;* régler *Miete* ❷ *(mobilisieren)* trouver *Geduld* ❸ *(erzürnen)* ***jdn gegen jdn/etw*** ~ monter [la tête à] qn contre qn/qc

Aufbruch *m kein Pl* ❶ *(das Fortgehen)* départ *m* ❷ *(geh: Erneuerung)* renouveau *m*

auf|brühen *vt* préparer; ***sich*** *dat* ***einen Tee*** ~ se faire un thé

auf|brummen *vt (fam)* ***jdm eine Strafe/Arbeit*** ~ coller une punition/un travail à qn

auf|bürden *vt (geh)* ***jdm eine Arbeit*** ~ accabler qn d'un travail; ***jdm die ganze Verantwortung*** ~ imputer toute la responsabilité à qn

auf|decken *vt* ❶ découvrir *Schlafenden;* défaire *Decke* ❷ *(enthüllen)* découvrir *Wahrheit;* élucider *Zusammenhänge;* démasquer *Komplott* ❸ SPIEL retourner *Spielkarte*

auf|donnern *vr (pej fam)* ***sich*** ~ se faire un look d'allumeuse

auf|drängen **I.** *vt* forcer à prendre; ***jdm etw*** ~ forcer qn à prendre qc **II.** *vr* ***sich jdm*** ~ *Person:* imposer sa présence à qn; *Verdacht:* s'imposer à [l'esprit de] qn

auf|drehen **I.** *vt* ❶ ouvrir *Hahn* ❷ *(fam: lauter stellen)* ***das Radio voll*** ~ mettre la radio à plein[s] tube[s] **II.** *vi (fam: loslegen) Person:* s'éclater; ***aufgedreht sein*** être remonté

aufdringlich *adj* ❶ *Person* envahissant(e) ❷ *Parfüm* pénétrant(e); *Kleidung* voyant(e)

Aufdringlichkeit <-, -en> *f* ❶ *kein Pl einer Person* caractère *m* importun ❷ *(Penetranz) eines Kleidungsstücks* côté *m* tape-à-l'œil

Aufdruck <-drucke> *m (Zeichen)* inscription *f; (Text)* impression *f*

auf|drucken *vt* imprimer; ***etw auf etw*** *akk* ~ imprimer qc sur qc

auf|drücken *vt* ❶ *(öffnen)* ***etw*** ~ ouvrir qc en poussant dessus ❷ *(drücken auf)* apposer *Stempel*

aufeinander [aʊfʔaiˈnandɐ] *adv* ❶ *(gegen)* ~ ***losgehen*** *Personen:* s'élancer l'un sur l'autre/les uns sur les autres ❷ *(gegenseitig)* ~ ***angewiesen sein*** *Personen:* être tributaires l'un de l'autre/les uns des autres

aufeinander|folgen *vi* se succéder

aufeinanderfolgend *adj Ereignisse* successif, -ive; *Tage, Wochen* de suite **aufeinander|legen** *vt* ***zwei Scheiben Brot*** ~ mettre deux tartines de pain l'une sur l'autre **aufeinander|liegen** *vi irr Personen, Tiere:* être couché(e)s l'un(e) sur l'autre/les un(e)s sur les autres; *Gegenstände:* être empilé(e)s

Aufenthalt [ˈaʊfʔɛnthalt] <-[e]s, -e> *m* ❶ séjour *m* ❷ *(Halt eines Zugs)* arrêt *m*

Aufenthaltsdauer *f* durée *f* du séjour

Aufenthaltserlaubnis *f* permis *m* de séjour **Aufenthaltsgenehmigung** *f* permis *m* de séjour **Aufenthaltsort** *m* lieu *m* de résidence **Aufenthaltsraum** *m* salle *f* de détente **Aufenthaltsrecht** *nt* autorisation *f* de séjourner

auf|erlegen* *vt (geh)* ***jdm eine Prüfung/Strafe*** ~ imposer un examen/infliger une punition à qn

auf|erstehen* *vi irr* + *sein* ressusciter

Auferstehung <-, -en> *f* résurrection *f*

auf|essen *irr* **I.** *vt* terminer *Essen* **II.** *vi* finir son assiette

auf|fahren *irr* **I.** *vi* + *sein* ❶ ***auf eine Rampe/Fähre*** ~ monter sur une rampe/un ferry ❷ *(kollidieren mit)* ***auf jdn/ein Fahrzeug*** ~ emboutir qn/un véhicule ❸ *(näher heranfahren)* ***dicht auf seinen Vordermann*** ~ talonner le véhicule qui précède ❹ *(hochschrecken)* sursauter; ***aus dem Schlaf*** ~ s'éveiller en sursaut **II.** *vt* + *haben* ❶ MIL *(in Stellung bringen)* ***Geschütze*** ~ mettre des pièces d'artillerie en batterie ❷ *(fam: herbeischaffen)* sortir *Speisen*

Auffahrt *f* ❶ *kein Pl (das Hinauffahren)* montée *f* ❷ *(Zufahrt)* accès *m; (Autobahnauffahrt)* bretelle *f* d'accès [à l'autoroute]

Auffahrunfall *m* carambolage *m*

auf|fallen *vi irr + sein* ❶ *(ins Auge springen) Person:* ne pas passer inaperçu(e); *Sache:* se remarquer; ***jdm** ~ Person:* attirer l'attention de qn; *Sache:* frapper qn; ***mir fällt auf, dass ...*** je remarque que ... ❷ *(auf angenehme/unangenehme Weise bemerkt werden) Person:* se distinguer/se faire remarquer; ***angenehm/unangenehm*** ~ produire une impression agréable/désagréable

auffallend **I.** *adj Kleidungsstück* voyant(e); *Ähnlichkeit* frappant(e); *Intelligenz* remarquable **II.** *adv ruhig* étonnamment

auffällig **I.** *adj Kleidung* qui ne passe pas inaperçu(e); *Farbe* voyant(e) **II.** *adv nervös* visiblement; *sich verhalten* étrangement

auf|falten **I.** *vt* déplier **II.** *vr* **sich** ~ ❶ *Fallschirm:* s'ouvrir ❷ GEOL *Gesteinsschichten:* se plisser

auf|fangen *vt irr* ❶ attraper *Ball* ❷ *(sammeln)* recueillir *Regenwasser* ❸ *(zufällig hören)* intercepter *Funkspruch;* saisir [au vol] *Gesprächsfetzen* ❹ *(kompensieren)* compenser *Verluste* ❺ *(dämpfen)* amortir *Aufprall*

Auffanggesellschaft *f* ÖKON société *f* de défaisance **Auffanglager** *nt* centre *m* d'accueil

auf|fassen *vt* concevoir; ***etw als Einladung/Beleidigung*** ~ concevoir qc comme une invitation/offense; ***etw richtig/falsch/anders*** ~ comprendre qc comme il faut/de travers/autrement

Auffassung *f (Vorstellung)* conception *f; (Meinung)* avis *m*

Auffassungsgabe *f kein Pl* intelligence *f*

auffindbar *adj* ~ ***sein*** pouvoir être retrouvé; ***nicht*** ~ ***sein*** être introuvable

auf|finden *vt irr* retrouver; ***nirgends aufzufinden sein*** être introuvable

auf|flackern *vi + sein* ❶ *Feuer, Kerze:* se raviver ❷ *Kämpfe:* se rallumer

auf|fliegen *vi irr + sein* ❶ *(hochfliegen) Vogel:* prendre son envol ❷ *(fam: entdeckt werden) Bande:* se faire pincer; *Betrug:* être démasqué

auf|fordern *vt* ❶ ***jdn zum Bleiben/Gehen*** ~ prier qn de rester/partir ❷ *(zum Tanz bitten)* ***jdn*** ~ inviter qn [à danser]

Aufforderung *f* ❶ *(Bitte)* demande *f* pressante; *(Bitte um einen Tanz)* invitation *f* ❷ *(Anordnung) der Polizei* ordre *m; eines Gerichts* injonction *f*

auf|forsten ['aufɔrstən] *vt* boiser *Wald;* ***das Aufforsten*** le [re]boisement

auf|fressen *vt irr* dévorer

auf|frischen **I.** *vt + haben* ❶ rafraîchir *Kenntnisse;* renouer *Freundschaft* ❷ *(erneuern)* ravaler *Anstrich* ❸ MED faire le rappel de *Impfung* ❹ *(ergänzen)* renouveler *Vorrat* **II.** *vi unpers + sein* ***es frischt auf*** ça se rafraîchit

auf|führen **I.** *vt* ❶ représenter *Theaterstück;* interpréter *Komponisten;* jouer *Oper* ❷ *(auflisten)* produire *Zeugen;* énumérer *Fakten;* citer *Beispiele* **II.** *vr* ***sich gut/schlecht*** ~ bien/mal se comporter

Aufführung *f eines Stücks* représentation *f*

auf|füllen *vt* ❶ remplir *Tank* ❷ *(nachfüllen)* ***Benzin*** ~ reprendre de l'essence; ***Öl*** ~ remettre de l'huile

Aufgabe <-, -n> *f* ❶ tâche *f;* ***die ~ haben etw zu tun*** avoir pour tâche de faire qc ❷ *(Pflicht)* devoir *m* ❸ *(Auftrag)* mission *f* ❹ SCHULE *(Übung)* exercice *m* ❺ *(Zweck) eines Gerätes* fonction *f* ❻ *kein Pl (Ablieferung) von Gepäck* dépôt *m; eines Pakets* expédition *f* ❼ *kein Pl (Verzicht)* renoncement *m* ❽ *kein Pl a.* SPORT *(Nichtfortführen)* abandon *m* ❾ *kein Pl (Kapitulation)* reddition *f*

auf|gabeln *vt (fam)* dégoter *Person*

Aufgabenbereich *m* ressort *m* **Aufgabengebiet** *s.* **Aufgabenbereich**

Aufgabenheft *nt* cahier *m* d'exercices

Aufgabenstellung *f* ❶ *(gestellte Aufgabe)* mission *f* ❷ SCHULE *(Formulierung)* ***die ~ ist ziemlich unklar*** l'exercice *m* n'est pas posé clairement **Aufgabenverteilung** *f* répartition *f* des tâches

Aufgang <-gänge> *m* ❶ *der Sonne* lever *m* ❷ *(Treppe)* escalier *m; (Treppenhaus)* cage *f* d'escalier

auf|geben *irr* **I.** *vt* ❶ abandonner *Studium, Hoffnung;* quitter *Freunde, Wohnort;* fermer [définitivement] *Geschäft;* se défaire de *Gewohnheit;* ***gib's auf!*** *(fam)* laisse tomber! ❷ *(auftragen)* ***jdm Hausaufgaben*** ~ donner des devoirs à qn ❸ *(zu lösen geben)* ***jdm Fragen/ein Rätsel*** ~ poser des questions/une énigme à qn ❹ *(abliefern)* faire enregistrer *Gepäck;* poster *Brief, Paket;* [faire] passer *Annonce* **II.** *vi* abandonner

aufgeblasen *adj (fam: eingebildet)* bouffi(e) d'orgueil

Aufgebot *nt* ❶ *(große Menge)* ***ein großes ~ von Freiwilligen*** une multitude de bénévoles ❷ *(Heiratsankündigung)* publication *f* des bans; ***das ~ bestellen*** faire publier les bans

aufgebracht **I.** *adj* en colère; ***wegen jdm/etw ~ sein*** être déchaîné contre qn/à cause de qc **II.** *adv reden, gestikulieren* sous l'emprise de la colère

aufgedreht *adj (fam)* ~ ***sein*** *(lebhaft)* être remonté

aufgedunsen *adj Gesicht* bouffi(e); *Bauch* gonflé(e)

auf|gehen *vi irr + sein* ❶ *Sonne:* se lever ❷ *(sich öffnen) Tür:* s'ouvrir; *Vorhang:* se lever ❸ *(sich lösen) Knoten:* se défaire ❹ *(sich lösen, verwirklichen lassen) Rechnung:* tomber juste; *Planung:* se réaliser ❺ *(klar werden)* ***jdm geht etw auf*** qn commence à comprendre qc ❻ *(Erfüllung finden)* ***völlig in etw*** *dat* ~ s'investir entièrement dans qc ❼ *(wachsen) Saat:* lever

aufgehoben *adj* ***bei jdm gut/schlecht ~ sein*** être en de bonnes/mauvaises mains chez qn

auf|geilen *(sl)* **I.** *vt* faire bander *fam Mann* **II.** *vr* ***sich*** ~ *Mann:* bander *fam;* ***sich an jdm/etw*** ~ s'exciter en regardant qn/qc

aufgeklärt *adj* PHILOS *Person* éclairé(e)

aufgekratzt *adj (fam)* excité(e)

aufgelegt *adj* ***gut/schlecht ~ sein*** être de bonne/mauvaise humeur

aufgelöst *adj* ❶ *(außer sich)* bouleversé(e); ***völlig ~ sein*** être complètement bouleversé ❷ *(erschöpft)* fourbu(e); ***ganz ~ sein*** n'en plus pouvoir

aufgeräumt ['aufgərɔymt] *adj (geh) Person* de belle humeur

aufgeregt *adj Person* excité(e); *(nervös)* énervé(e)

aufgeschlossen *adj Person* ouvert(e)

Aufgeschlossenheit <-> *f* ouverture *f* d'esprit

aufgeschmissen *adj (fam)* paumé(e); ~ ***sein*** être dans le potage

aufgesetzt **I.** *adj Lächeln, Fröhlichkeit* forcé(e) **II.** *adv* ~ ***wirken*** faire l'effet d'être forcé

aufgeweckt *adj* vif(vive) [d'esprit]; *Kind* dégourdi(e)

auf|gießen *vt irr (aufbrühen)* ***[den] Kaffee/Tee*** ~ verser de l'eau sur le café/thé

auf|gliedern *vr* ***sich [in etw*** *akk]* ~ se décomposer [en qc]

auf|greifen *vt irr* ❶ saisir *Vorschlag;* s'emparer de *Fall;* ***eine Idee/ein Thema wieder*** ~ reprendre une idée/un sujet ❷ *(festnehmen)* arrêter *Täter*

aufgrund [auf'grʊnt] *präp +gen* en raison de; ~ ***zahlreicher Beschwerden*** suite à de nombreuses plaintes

Aufguss *m* ❶ MED infusion *f* ❷ *(in der Sauna)* projection *f* d'eau

auf|haben *irr (fam)* **I.** *vt* ❶ *(geöffnet haben)* ouvrir *Geschäft* ❷ *(aufgesetzt haben)* avoir [mis] *Hut* ❸ *(als Aufgabe bekommen haben)* avoir *Hausaufgaben;* ***heute haben wir nichts/viel auf*** aujourd'hui, on n'a pas/on a beaucoup de devoirs **II.** *vi Geschäft:* être ouvert

auf|halsen *(fam)* **I.** *vt* coller; ***jdm eine Arbeit*** ~ coller un travail à qn **II.** *vr* ***sich*** *dat* ***etw*** ~ se coller qc sur le dos

auf|halten *irr* **I.** *vt* ❶ *(a. fig: am Weiterkommen hindern)* retenir *Person;* arrêter *Fahrzeug* ❷ *(fam: offen hinhalten)* tendre *Hand;* ***seine Tasche*** ~ tendre son sac ouvert **II.** *vr* ❶ ***sich in der Wohnung/im Garten*** ~ se trouver dans l'appartement/le jardin; ***sich drei Tage in Paris*** ~ rester trois jours à Paris; ***sich einige Jahre in Wien*** ~ séjourner quelques années à Vienne ❷ *(verweilen)* ***sich bei einem Punkt*** ~ s'attarder sur un point ❸ *(fam: sich weiterhin befassen)* ***sich mit jdm/etw*** ~ passer du temps avec qn/à faire qc

auf|hängen **I.** *vt* ❶ [sus]pendre, accrocher *Bild, Mantel;* pendre, étendre *Wäsche;* raccrocher *Hörer* ❷ *(erhängen)* pendre **II.** *vr* ***sich an etw*** *dat* ~ se pendre à qc

Aufhänger <-s, -> *m* ❶ COUT bride *f* ❷ *(fam: Anknüpfungspunkt)* point *m* de départ

Aufhängung <-, -en> *f* TECH suspension *f*

auf|häufen *vt, vr* ***[sich]*** ~ [s']amasser

auf|heben *vt irr* ❶ ramasser; ***etw von der Erde/vom Teppich*** ~ ramasser qc à terre/sur le tapis ❷ *(aufbewahren)* garder ❸ *(abschaffen)* abroger *Gesetz;* casser *Urteil* ❹ *(beenden)* lever *Embargo*

Aufheben ▶ **viel/nicht viel ~[s] machen** *(geh)* faire/ne pas faire toute une histoire

Aufhebung <-, -en> *f* ❶ *eines Gesetzes, einer Verfügung* abrogation *f; eines Urteils* invalidation *f* ❷ *(Beendigung)* levée *f*

auf|heitern **I.** *vt* dérider *Person;* détendre *Stimmung* **II.** *vr* **sich** ~ ❶ *Gesicht:* s'éclairer ❷ METEO *Himmel:* se dégager

Aufheiterung <-, -en> *f* ❶ ***zur allgemeinen*** ~ pour détendre l'atmosphère ❷ METEO éclaircie *f*

auf|heizen **I.** *vt* [é]chauffer *Stimmung;* réchauffer *Atmosphäre* **II.** *vr* ***sich*** ~ *Atmosphäre, Stimmung:* s'enfiévrer

auf|hellen **I.** *vt* éclaircir *Haare* **II.** *vr* ***sich*** ~ *Gesicht:* s'éclairer; *Wetter:* s'éclaircir

auf|hetzen *vt* exciter; ***jdn gegen jdn/etw*** ~ exciter qn contre qn/qc; ***jdn zu Gewalttaten*** ~ pousser qn à des actes de violence

auf|heulen *vi* ❶ *Person, Tier:* pousser un hurlement ❷ *(laut tönen) Sirene:* se mettre à mugir; *Sturm:* se mettre à rugir; *Motor:* s'emballer; ***seinen Motor ~ lassen*** faire rugir son moteur

auf|holen I. *vt* rattraper *Rückstand* **II.** *vi* rattraper son retard

auf|horchen *vi* dresser l'oreille

auf|hören *vi* arrêter ▶ **da hört sich doch alles auf!** *(fam)* là, c'est le bouquet!

auf|kaufen *vt* accaparer *Sammlung;* acheter en grande quantité *Immobilien*

aufklappbar *adj* rabattable

auf|klappen *vt + haben* soulever *Deckel;* ouvrir *Buch;* déplier *Liegestuhl*

auf|klaren ['aufkla:rən] *vi Himmel, Wetter:* se dégager; ***es klart auf*** le temps s'éclaircit

auf|klären I. *vt* ❶ *(aufdecken)* ***ein Rätsel/Verbrechen ~*** tirer une énigme/un crime au clair ❷ *(erklären)* expliquer *Missverständnis* ❸ *(informieren)* ***jdn über etw*** *akk* ~ mettre qn au courant de qc ❹ *(über Sexuelles unterrichten)* ***jdn*** ~ faire l'éducation sexuelle de qn; ***aufgeklärt sein*** avoir reçu une éducation sexuelle ❺ MIL reconnaître *Lage* **II.** *vr* ***sich*** ~ *Rätsel, Himmel:* s'éclaircir; *Missverständnis:* s'expliquer

Aufklärer <-s, -> *m* ❶ PHILOS esprit *m* éclairé ❷ *(Aufklärungsflugzeug)* avion *m* de reconnaissance

Aufklärung *f* ❶ *(Aufdeckung)* élucidation *f* ❷ *(Klärung)* explication *f* ❸ *(Information)* ~ ***über etw*** *akk* éclaircissements *mpl* sur qc ❹ *(sexuelle Aufklärung)* éducation *f* sexuelle ❺ MIL reconnaissance *f* ❻ *kein Pl* PHILOS ***die*** ~ les lumières *fpl*

Aufklärungsflugzeug avion *m* de reconnaissance

auf|kleben *vt* coller; ***etw auf etw*** *akk* ~ coller qc sur qc

Aufkleber *m* autocollant *m*

auf|knacken *vt* ❶ casser *Nuss* ❷ *(fam)* fracturer *Auto, Tresor*

auf|knöpfen *vt* déboutonner *Bluse;* défaire *Knopf*

auf|knoten *vt* dénouer *Schnürsenkel, Tuch;* défaire *Knoten*

auf|kochen *vt + haben* ***die Milch/Suppe*** ~ porter le lait/la soupe à ébullition

auf|kommen *vi irr + sein* ❶ *(finanzieren)* ***für jdn*** [*o* ***jds Unterhalt***] ~ subvenir aux besoins de qn; ***für die Kosten/den Schaden*** ~ prendre les coûts/les dégâts en charge ❷ *(entstehen) Zweifel:* se faire jour; *Gerücht:* commencer à circuler ❸ METEO *Wind:* se lever ❹ *(landen)* ***hart/weich auf dem Boden*** ~ *Person:* se recevoir rudement/en douceur au sol

Aufkommen <-s, -> *nt* ❶ *(Gesamtmenge)* ~ ***an Steuern*** produit *m* des impôts; ***das ~ an Verkehr*** le trafic routier ❷ *kein Pl (das Entstehen)* apparition *f*

auf|kratzen *vt* gratter *Oberfläche;* ***eine Wunde*** ~ gratter une plaie jusqu'au sang

auf|kreischen *vi* pousser des cris; ***vor Freude/Schreck*** ~ pousser des cris de joie/d'épouvante

auf|krempeln *vt* retrousser *Ärmel*

auf|kreuzen *vi + sein (fam: erscheinen)* se pointer; ***bei jdm*** ~ se pointer chez qn

auf|kriegen *vt (fam)* ❶ arriver à ouvrir *Tür* ❷ *(aufgetragen bekommen)* ***Hausaufgaben*** ~ avoir des devoirs [à faire]

auf|lachen *vi* éclater de rire

auf|laden *irr* **I.** *vt* ❶ charger; ***etw auf etw*** *akk* ~ charger qc sur qc ❷ *(fam: aufbürden)* ***jdm die ganze Arbeit/Verantwortung*** ~ mettre tout le travail/toute la responsabilité sur le dos de qn ❸ ELEC [re]charger *Batterie* **II.** *vr* ***sich*** ~ *Batterie:* se charger d'électricité

Auflage <-, -n> *f* ❶ *(Ausgabe)* édition *f* ❷ *(Auflagenhöhe, -zahl)* tirage *m* ❸ *(Verpflichtung)* condition *f;* ***jdm eine ~/~n machen*** imposer un cahier des charges à qn

Auflage[n]höhe *f* tirage *m*

auf|lassen *vt irr* ❶ *(fam: geöffnet lassen)* ***etw*** ~ laisser qc ouvert ❷ *(fam: aufbehalten)* garder *Hut*

auf|lauern *vi* guetter; ***jdm*** ~ guetter qn

Auflauf *m* ❶ *(Speise)* soufflé *m* ❷ *(Menschenauflauf)* attroupement *m*

auf|laufen *vi irr + sein* ❶ rentrer; ***auf etw*** *akk o dat* ~ *Person:* rentrer dans qc; *Schiff:* s'échouer sur qc ❷ *(scheitern)* échouer ❸ *(sich ansammeln) Zinsen:* s'accumuler

Auflaufform *f* moule *m* à soufflé

auf|leben *vi + sein* ❶ *Person:* s'animer ❷ *(wiederbelebt werden) Erinnerungen:* se ranimer

auf|lecken *vt* lécher

auf|legen I. *vt* ❶ mettre *Schallplatte;* reposer *Telefonhörer;* [re]mettre *Holz, Kohle* ❷ *(veröffentlichen)* éditer *Buch;* ***neu aufgelegt werden*** être réédité **II.** *vi Person:* raccrocher

auf|lehnen *vr* se rebeller; ***sich gegen jdn/etw*** ~ se rebeller contre qn/qc

auf|lesen *vt irr* ❶ ramasser ❷ *(pej fam: zufällig finden und mitnehmen)* dégoter *Person*

auf|leuchten *vi + haben o sein Augen,*

A

Sterne: se mettre à briller; *Licht:* s'allumer; *Blitz:* déchirer le ciel

auf|listen *vt* faire la liste de

Auflistung <-, -en> *f* ❶ *kein Pl (das Auflisten)* listage *m* ❷ *(Liste)* liste *f*

auf|lockern **I.** *vt* ❶ SPORT détendre *Muskulatur* ❷ *(ansprechender machen)* détendre *Stimmung;* adoucir *Frisur;* ***den Unterricht*** ~ rendre le cours plus attrayant **II.** *vr* **sich** ~ ❶ SPORT *Person:* se détendre ❷ METEO *Bewölkung:* se dissiper

Auflockerung *f* ❶ SPORT *der Muskeln* assouplissement *m* ❷ *(ansprechendere Gestaltung)* ***zur ~ des Unterrichts*** pour rendre plus attrayant le cours ❸ METEO *der Bewölkung* dissipation *f*

auf|lodern *vi + sein* ❶ *Flammen:* jaillir [en flamboyant] ❷ *(beginnen) Kämpfe:* se déchaîner

auflösbar *adj a.* CHEM soluble; *Gleichung* résoluble

auf|lösen **I.** *vt* ❶ ***etw*** ~ *Person:* [faire] dissoudre qc; *Säure:* décomposer qc ❷ *(beenden)* disperser *Versammlung;* dissoudre *Parlament;* fermer *Konto;* liquider *Haushalt* ❸ MATH, MUS résoudre *Klammern* **II.** *vr* ***sich*** ~ *(sich zersetzen)* se décomposer; *Pulver, Tablette:* se dissoudre; *Nebel:* se dissiper

Auflösung *f* ❶ *kein Pl (Zersetzung)* dissolution *f; von Nebel* dissipation *f* ❷ *kein Pl (Beendigung der Existenz) eines Parlaments* dissolution *f; einer Versammlung* dispersion *f; eines Haushalts* liquidation *f; eines Kontos* fermeture *f; eines Vertrags* résolution *f* ❸ *(Bildauflösung)* définition *f;* INFORM résolution *f*

Auflösungszeichen *nt* MUS bécarre *m*

auf|machen **I.** *vt* ❶ *(fam)* ouvrir, défaire *Mantel, Schnürsenkel* ❷ *(eröffnen)* monter *Firma* ❸ *(präsentieren)* ***einen Bericht spannend*** ~ présenter un reportage de façon captivante **II.** *vi* ***jdm*** ~ ouvrir à qn **III.** *vr (aufbrechen)* ***sich in die Stadt*** ~ partir en ville

Aufmacher *m* PRESSE [article *m*] leader *m*

Aufmachung <-, -en> *f einer Person* tenue *f; einer Titelseite* présentation *f*

Aufmarsch *m* ❶ *(das Aufmarschieren)* défilé *m* ❷ MIL *(Beziehen der Stellungen)* déploiement *m*

auf|marschieren* *vi + sein* MIL se déployer

aufmerksam *adj* ❶ attentif, -ive; ***auf jdn/etw ~ werden*** remarquer qn/qc; ***jdn auf etw*** *akk* ~ ***machen*** faire remarquer qc à qn ❷ *(zuvorkommend)* attentionné(e); ***[das ist] sehr ~ von Ihnen!*** c'est très aimable à vous!

Aufmerksamkeit <-, -en> *f* ❶ *kein Pl (Wachsamkeit)* attention *f* ❷ *kein Pl (Zuvorkommenheit)* attentions *fpl* ❸ *(Geschenk)* ***kleine*** ~ gentille attention *f*

auf|möbeln *vt (fam)* ❶ ***etw*** ~ retaper qc ❷ *(aufmuntern)* requinquer *Person*

auf|motzen *vt (fam)* relooker *fam Kleidung, Äußeres;* trafiquer *fam Auto, Motorrad*

auf|mucken *vi (fam)* râler; ***gegen jdn/etw*** ~ râler contre qn/qc

auf|muntern *vt* ❶ ***jdn*** ~ *Person:* remonter [le moral à] qn; *Kaffee:* ragaillardir qn ❷ *(ermutigen)* ***jdn zu etw*** ~ encourager qn à [faire] qc

aufmunternd **I.** *adj Lächeln, Zurufe* d'encouragement **II.** *adv* ***jdm ~ zulächeln*** sourire à qn pour l'encourager

Aufmunterung <-, -en> *f (Ermutigung)* encouragement *m*

aufmüpfig *adj (fam) Schüler* récalcitrant(e)

auf|nähen *vt* coudre; ***etw auf etw*** *akk* ~ coudre qc sur qc

Aufnahme <-, -n> *f* ❶ *kein Pl (Empfang)* accueil *m; von Gästen* réception *f* ❷ *kein Pl (Rezeption) eines Theaterstücks* accueil *m* ❸ *kein Pl (das Aufnehmen in ein Krankenhaus)* admission *f; (das Aufnehmen in eine Liste)* insertion *f* ❹ *kein Pl (Beginn) einer Tätigkeit* début *m* ❺ *kein Pl (Einverleibung) von Nahrung* prise *f; von Nährstoffen* absorption *f* ❻ *(Fotografie)* photo[graphie] *f* ❼ *(Tonbandaufnahme, Videoaufnahme)* enregistrement *m*

aufnahmefähig *adj* réceptif, -ive; ***für etw ~ sein*** être réceptif à qc **Aufnahmefähigkeit** *f kein Pl einer Person* réceptivité *f pas de pl* **Aufnahmegebühr** *f* droits *mpl* d'admission **Aufnahmeland** *nt* POL pays *m* d'accueil **Aufnahmeleiter(in)** *m(f)* responsable *mf* des prises de vue[s] **Aufnahmeprüfung** *f* examen *m* d'entrée **Aufnahmetaste** *f* touche *f* d'enregistrement

auf|nehmen *vt irr* ❶ *(empfangen)* accueillir *Gast* ❷ *(beherbergen)* héberger *Gäste;* accueillir *Asylbewerber* ❸ *(rezipieren)* prendre *Nachricht;* accueillir *Buch* ❹ *(zulassen)* ***jdn*** ~ *Internat:* admettre qn ❺ *(beginnen)* entamer *Tätigkeit;* prendre *Kontakt;* ***Verbindung zu jdm*** ~ entrer en relation avec qn ❻ *(sich einverleiben)* prendre *Nahrung;* absorber *Nährstoffe* ❼ *(fotografieren)* ***jdn/etw*** ~ prendre qn/qc en photo; *(filmen)* filmer qn/qc ❽ *(auf Tonband, Video festhalten)* enregistrer ❾ *(feststellen)* prendre *Personalien*

❿ *(geistig verarbeiten)* enregistrer ⓫ FIN prendre *Kredit* ▶ **es mit jdm/etw ~ können** pouvoir se mesurer avec qn/qc

auf|nötigen *vt* imposer; ***jdm seine Meinung*** ~ imposer son opinion à qn; ***jdm einen Nachtisch*** ~ forcer qn à prendre un dessert

auf|opfern *vr* ***sich*** ~ se sacrifier; ***sich für jdn/etw*** ~ se sacrifier pour qn/qc

aufopfernd, **aufopferungsvoll** **I.** *adj Person, Haltung* dévoué(e) **II.** *adv* avec dévouement

auf|päppeln *vt (fam)* retaper

auf|passen *vi* ❶ faire attention; ***im Unterricht*** ~ être attentif en cours ❷ *(beaufsichtigen)* ***auf jdn*** ~ surveiller qn; ***auf einen Hund/eine Wohnung*** ~ garder un chien/un appartement

Aufpasser(in) <-s, -> *m(f) (pej)* surveillant(e) *m(f);* SCHULE pion(ne) *m(f) fam*

auf|peitschen *vt* ❶ fouetter *Meer* ❷ exciter *Menschen, Sinne*

auf|peppen [ˈaufpɛpən] *vt (fam)* relooker

auf|picken *vt* picorer *Futter*

auf|platzen *vi + sein Frucht:* éclater; *Naht:* craquer; *Wunde:* s'ouvrir

auf|plustern **I.** *vt* gonfler *Gefieder* **II.** *vr* **sich** ~ ❶ *Vogel:* gonfler ses plumes ❷ *(pej fam: sich wichtigmachen)* faire de l'esbroufe

auf|polieren* *vt* ❶ [re]polir *Möbelstück* ❷ *(fig fam)* rafraîchir *Kenntnisse;* redorer *Image*

Aufprall <-[e]s, -e> *m* choc *m; eines Geschosses* impact *m*

auf|prallen *vi + sein* s'écraser; ***auf etw*** *akk o dat* ~ s'écraser contre qc

Aufpreis *m* supplément *m*

auf|pumpen *vt* gonfler

auf|putschen *vt* ❶ doper ❷ *(aufwiegeln)* exciter

Aufputschmittel *nt* dopant *m*

auf|quellen *vi irr + sein* gonfler

auf|raffen *vr* ❶ ***sich von seinem Lager*** ~ se soulever de sa couche ❷ *(sich entschließen)* ***sich zu einem Brief*** ~ [parvenir à] se décider à écrire une lettre

auf|ragen *vi Berg, Turm:* se dresser

auf|rappeln *vr (fam)* ❶ ***sich*** ~ se ramasser; *(zu Kräften kommen)* se retaper ❷ ***sich endlich ~ etw zu tun*** se décider enfin à faire qc

auf|rauen *vt* gratter [légèrement] *Oberfläche*

auf|räumen **I.** *vt* ranger *Zimmer* **II.** *vi* ❶ *(Ordnung schaffen)* ranger ❷ *(fam: beseitigen)* ***mit etw*** ~ mettre fin à qc

Aufräumungsarbeiten *Pl* travaux *mpl* de déblaiement

auf|rechnen *vt (verrechnen)* ***etw gegen etw*** ~ défalquer qc de qc

aufrecht [ˈaufrɛçt] *adj Gang* en position verticale; *Körperhaltung* le dos droit

aufrecht|erhalten* *vt irr* maintenir *Kontakt, These;* persister dans *Anklage, Behauptung*

Aufrechterhaltung *f des Kontakts* maintien *m*

auf|regen **I.** *vt* énerver **II.** *vr* ***sich über jdn/etw*** ~ s'énerver à cause de qn/qc

aufregend *adj* passionnant(e); ***wie ~!*** *(fam)* comme c'est palpitant!

Aufregung *f* ❶ *(aufgeregte Stimmung)* excitation *f; (Beunruhigung)* énervement *m* ❷ *(Durcheinander)* agitation *f*

auf|reiben *irr* **I.** *vt* ❶ *(zermürben)* user ❷ *(wund reiben)* écorcher; ***sich dat etw*** ~ s'écorcher qc ❸ MIL anéantir *Truppen* **II.** *vr (sich zermürben)* ***sich*** ~ s'user

aufreibend *adj Arbeit* usant(e)

auf|reihen **I.** *vt* enfiler *Perlen* **II.** *vr* ***sich*** ~ *Personen:* s'aligner; ***aufgereiht*** en rangs

auf|reißen *irr* **I.** *vt + haben* ❶ ouvrir *Brief, Straße;* déchirer *Umschlag;* ***das Fenster/die Tür*** ~ ouvrir la fenêtre/la porte d'un geste brusque ❷ *(beschädigen)* déchirer *Kleid;* égratigner *Haut* ❸ *(fam: kennenlernen)* lever **II.** *vi + sein Wolkendecke:* se déchirer

auf|reizen *vt* ❶ *(sexuell erregen)* exciter ❷ *(provozieren)* ***jdn zu etw*** ~ exciter qn à qc

aufreizend *adj* excitant(e)

auf|richten **I.** *vt* ❶ relever; ***den Oberkörper*** ~ redresser le buste ❷ *(aufrecht hinstellen)* monter *Zelt;* dresser *Maibaum* **II.** *vr* ***sich*** ~ se redresser

aufrichtig *adj* sincère

Aufrichtigkeit <-> *f* sincérité *f*

auf|rollen **I.** *vt* ❶ rouler *Teppich;* enrouler *Kabel* ❷ *(entrollen)* dérouler *Poster* ❸ *(erneut aufgreifen)* ***wieder*** ~ rouvrir *Fall* **II.** *vr* ***sich automatisch*** ~ *Bandmaß:* se rembobiner automatiquement

auf|rücken *vi + sein* ❶ *(weiterrücken)* se pousser ❷ *(aufsteigen)* monter en grade

Aufruf *m* ❶ appel *m;* ***ein ~ zum Streik*** un appel à la grève ❷ *kein Pl (das Aufrufen) einer Person* appel *m; eines Flugs* annonce *f* ❸ *kein Pl* INFORM *eines Programms* appel *m*

auf|rufen *irr* **I.** *vt* ❶ ***jdn ~ etw zu tun*** appeler qn à faire qc ❷ *(rufen)* faire l'appel de *Teilnehmer* ❸ *(auffordern)* appeler *Passagier;* désigner *Schüler* ❹ *(bekannt geben)* annoncer *Flug* ⑤ INFORM appeler *Programm* **II.** *vi* ***zum Streik/Widerstand*** ~ appeler à la grève/résistance

Aufruhr ['aufru:ɐ̯] <-[e]s, -e> *m* ① *(Aufstand)* émeute *f* ② *kein Pl (geh: Unruhe) der Bevölkerung* [vive] agitation *f;* ***jdn in ~ versetzen*** mettre qn en ébullition

aufrührerisch ['aufry:rərɪʃ] *adj attr* ① *Bevölkerung* rebelle; *Stimmung* insurrectionnel(le) ② *Flugblatt* séditieux, -euse

auf|runden *vt* arrondir

auf|rüsten **I.** *vi* s'armer **II.** *vt* ① armer *Land* ② INFORM augmenter la capacité de *Rechner*

Aufrüstung *f* ① armement *m;* ***atomare/konventionelle*** ~ armement nucléaire/conventionnel ② INFORM *eines Rechners* augmentation *f* de la capacité

auf|rütteln *vt* ① ***jdn aus dem Schlaf*** ~ tirer qn du sommeil ② *(aufstören)* provoquer un choc chez *Person;* réveiller *Gewissen*

aufs [aufs] = *s.* **auf das** ① *(fam) s.* **auf** ② *bei Superl* ~ ***Äußerste*** à l'extrême

auf|sagen *vt* réciter

auf|sammeln *vt* ramasser

aufsässig ['aufzɛsɪç] *adj* récalcitrant(e); *Mitarbeiter* insoumis(e)

Aufsatz *m* ① *(Schulaufsatz)* rédaction *f; (in der Oberstufe)* dissertation *f* ② *(Essay)* essai *m*

Aufsatzthema *nt* sujet *m* de rédaction; *(in der Oberstufe)* sujet *m* de dissertation

auf|saugen *vt reg o irr* éponger *Flüssigkeit;* absorber *Tintenklecks;* aspirer *Staub*

auf|schauen *s.* **aufblicken**

auf|schäumen **I.** *vi + sein Getränk:* mousser; *Meer, Wogen:* écumer **II.** *vt + haben* faire bouillir *Kunststoff;* faire mousser *Milch*

auf|scheuchen *vt* effaroucher *Reh, Vogel*

auf|schichten *vt* empiler

auf|schieben *vt irr* ① *(öffnen)* ouvrir *Schiebetür* ② *(zurückschieben)* tirer *Riegel* ③ *(verschieben)* ***etw auf den nächsten Tag*** ~ remettre qc au lendemain ▶ **aufgeschoben ist nicht aufgehoben** *(prov)* ce n'est que partie remise

Aufschlag *m* ① *(Aufprall)* impact *m* ② SPORT service *m* ③ *(Aufpreis)* majoration *f*

auf|schlagen *irr* **I.** *vi* ① *+ sein (auftreffen)* s'écraser; ***auf etw*** *akk o dat* ~ s'écraser sur qc; *Meteorit:* tomber sur qc; ***mit dem Kopf auf dem Boden*** ~ se cogner la tête par terre ② *+ haben* SPORT servir **II.** *vt + haben* ① ouvrir *Buch* ② *(öffnen)* ouvrir *Augen* ③ *(aufbauen)* monter *Zelt* ④ *(einrichten)* installer *Lager* ⑤ *(zusätzlich berechnen)* ***hundert Euro auf etw*** *akk* ~ majorer le prix de qc de cent euros

Aufschläger(in) *m(f)* SPORT serveur, -euse *m, f*

auf|schließen *irr* **I.** *vt* ouvrir *Schrank* **II.** *vi* ***jdm*** ~ ouvrir à qn

auf|schlitzen *vt* ① *(beschädigen)* taillader ② *(verletzen)* ***jdm/einem Tier den Bauch*** ~ éventrer qn/un animal

Aufschluss *m (Aufklärung)* éclaircissements *mpl;* ***jdm ~ über jdn/etw geben*** donner des éclaircissements à qn sur qn/qc

auf|schlüsseln *vt* ① *(zuordnen)* établir un calcul détaillé de *Kosten* ② *(analysieren)* ***etw nach Altersgruppen*** ~ analyser qc par tranches d'âge

aufschlussreich *adj* instructif, -ive; *Information* révélateur, -trice

auf|schnappen *vt (fam: mitbekommen)* saisir au vol

auf|schneiden *irr* **I.** *vt* ① *(tranchieren)* découper *Kuchen* ② *(auseinanderschneiden)* couper *Knoten* ③ MED inciser *Geschwür* **II.** *vi (fam: prahlen)* frimer

Aufschneider(in) *m(f) (fam)* frimeur, -euse *m, f*

Aufschnitt *m kein Pl (Wurstaufschnitt)* charcuterie *f* en tranches; *(Käseaufschnitt)* fromage *m* en tranches

auf|schnüren *vt* défaire *Paket, Schnürsenkel;* délacer *Schuh*

auf|schrauben *vt (öffnen)* ouvrir *Marmeladenglas;* dévisser *Deckel*

auf|schrecken <schreckte *o* schrak auf, aufgeschreckt> *vi + sein Person:* sursauter; *(aus dem Schlaf)* se réveiller en sursaut

Aufschrei *m* cri *m* strident

auf|schreiben *vt irr (niederschreiben)* noter

auf|schreien *vi irr* pousser un cri

Aufschrift *f* inscription *f*

Aufschub *m* ① *(Verzögerung)* report *m* ② FIN *(Stundung)* délai *m*

auf|schürfen *vt* ***sich*** *dat* ***das Knie*** ~ s'écorcher le genou

auf|schütten *vt (aufhäufen)* déverser *Sand*

auf|schwatzen *vt (fam)* fourguer; ***jdm etw*** ~ fourguer qc à qn; ***sich*** *dat* ***etw von jdm ~ lassen*** se faire refiler qc par qn

auf|schwätzen *vt* DIAL *(fam) s.* **aufschwatzen**

Aufschwung *m* ① *(Auftrieb)* élan *m* ② ÖKON essor *m* ③ SPORT rétablissement *m*

auf|sehen *vi irr* lever les yeux; ***von etw*** ~ lever les yeux de qc; ***zu jdm*** ~ lever les yeux vers qn; *(bewundern)* vénérer qn

Aufsehen *nt* remue-ménage *m;* ***~ erregen***

faire sensation; **~ erregend** *Neuigkeit* sensationnel; *Modell* qui fait sensation; *Bericht* qui fait du bruit

aufsehenerregend *s.* **Aufsehen**

Aufseher(in) <-s, -> *m(f)* gardien(ne) *m(f)*

aufseiten [aufˈzaitən] *präp +gen* du côté de

auf|setzen I. *vt* ❶ mettre *Brille* ❷ *(auf den Boden)* poser *Fuß* ❸ *(verfassen)* rédiger *Schreiben* ❹ *(zur Schau tragen)* **ein aufgesetztes Lächeln** un sourire de façade **II.** *vr* **sich ~** se redresser **III.** *vi* **auf der Piste ~** *Flugzeug:* se poser sur la piste

Aufsicht <-, -en> *f* ❶ *kein Pl (Überwachung)* surveillance *f* ❷ *(Person)* personne *f* [chargée] de [la] surveillance

Aufsichtführende(r) *f(m) dekl wie adj (form)* surveillant(e) *m(f)*

Aufsichtsbehörde *f* autorité *f* de contrôle **Aufsichtspersonal** *nt* personnel *m* de surveillance [*o* de gardiennage] **Aufsichtspflicht** *f* devoir *m* de surveillance **Aufsichtsrat** <-räte> *m* conseil *m* de surveillance

auf|sitzen *vi irr* ❶ *+ sein Reiter:* monter en selle ❷ *+ sein (fam: hereinfallen)* **jdm ~** se faire avoir par qn

auf|spalten I. *vt* ❶ *(teilen)* diviser; **etw in etw** *akk* **~** diviser qc en qc ❷ CHEM **etw in etw** *akk* **~** décomposer qc en qc **II.** *vr* **sich in etw** *akk* **~** se diviser en qc

Aufspaltung *f* CHEM décomposition *f*

auf|spannen *vt* ❶ tendre *Netz* ❷ ouvrir *Schirm, Trockenständer*

auf|sparen *vt* économiser *Kräfte;* [**sich** *dat*] **etwas Käse ~** [se] mettre un peu de fromage de côté

auf|sperren *vt* ❶ **den Schnabel ~** ouvrir le bec en grand ❷ SDEUTSCH, A ouvrir *Tür*

auf|spielen *vr (fam)* **sich ~** faire de l'esbroufe; **sich als Held ~** jouer au héros

auf|spießen *vt* piquer; *(mit einem Spieß)* embrocher; *(mit einer Nadel)* épingler

auf|springen *vi irr + sein* ❶ *(hochspringen)* bondir ❷ *(auf etw springen)* **auf den Zug ~** sauter dans le train [en marche] ❸ *(sich öffnen)* s'ouvrir d'un seul coup

auf|sprühen *vt* bomber *fam Parolen, Graffiti;* **Farbe/Lack auf etw** *akk* **~** appliquer de la peinture/laque au pistolet sur qc

auf|spulen [ˈaufʃpuːlən] *vt* embobiner

auf|spüren *vt* dépister; **jdn/ein Tier ~** *Person:* dépister qn/un animal; *Tier:* flairer qn/un animal

auf|stacheln *vt* exciter; **jdn zum Widerstand ~** exciter qn à la résistance; **jdn gegen jdn ~** monter qn contre qn

Aufstand *m* soulèvement *m,* insurrection *f*

aufständisch *adj* insurgé(e)

Aufständische(r) *f(m) dekl wie adj* insurgé(e) *m(f)*

auf|stapeln *vt* empiler

auf|stauen *vr* **sich ~** *Wasser, Ärger:* s'accumuler

auf|stechen *vt irr* percer

auf|stecken *vt* ❶ relever *Haare* ❷ *(fam: aufgeben)* laisser tomber

auf|stehen *vi irr + sein* ❶ *(sich erheben)* se lever ❷ *(das Bett verlassen)* se lever ❸ *(offen sein)* être [grand] ouvert

auf|steigen *vi irr + sein* ❶ *(in die Luft steigen)* s'élever [dans les airs]; *Rauch:* monter ❷ *(besteigen)* **auf ein Pferd ~** monter sur un cheval; **zum Gipfel ~** grimper jusqu'au sommet ❸ *(befördert werden)* monter en grade; **zum Abteilungsleiter ~** être promu chef de service ❹ SPORT **in die Bundesliga ~** monter en première division

aufsteigend *adj* croissant(e)

Aufsteiger <-s, -> *m* ❶ *(erfolgreicher Mensch)* homme *m* qui gravit [tous] les échelons ❷ SPORT promu *m*

Aufsteigerin <-, -nen> *m (fam)* femme *f* qui gravit [tous] les échelons

auf|stellen I. *vt* ❶ *(aufbauen)* installer *Gerät;* ériger *Denkmal;* poser *Falle* ❷ *(äußern)* poser *Behauptung;* avancer *Vermutung* ❸ *(ausarbeiten)* échafauder *Theorie* ❹ *(erstellen)* dresser *Liste;* établir *Rechnung* ❺ *(postieren)* poster *Wachposten* ❻ *(nominieren)* désigner *Kandidaten;* sélectionner *Spieler;* composer *Mannschaft;* lever *Truppen* ❼ *(erzielen)* établir *Rekord* **II.** *vr* **sich ~** *(sich hinstellen) Sportler:* se placer

Aufstellung *f kein Pl* ❶ *(das Aufstellen) eines Geräts* installation *f; eines Denkmals* érection *f* ❷ *(Äußerung) einer Behauptung* formulation *f* ❸ *(Ausarbeitung) einer Theorie* élaboration *f* ❹ *(Erstellung) einer Liste* établissement *m* ❺ MIL *einer Wache* mise *f* en place; *einer Truppe* levée *f* ❻ *(Nominierung) eines Kandidaten* désignation *f; eines Spielers* sélection *f; einer Mannschaft* composition *f* ❼ SPORT *eines Rekords* établissement *m*

Aufstieg [ˈaufʃtiːk] <-[e]s, -e> *m* ascension *f;* **der berufliche ~** la promotion professionnelle; **der ~ in die Bundesliga** ≈ la montée en première division

Aufstiegschance [-ʃɑ̃ːs(ə), -ʃaŋs(ə)] *f* perspective *f* de promotion

auf|stöbern *vt* ❶ *(entdecken)* dénicher ❷ JAGD débusquer

auf|stocken *vt* ❶ *(erhöhen)* augmenter;

etw auf tausend Euro/um zehn Prozent ~ augmenter qc jusqu'à mille euros/de dix pour cent ❷ ARCHIT surélever *Gebäude*

auf|stöhnen *vi* pousser un gémissement

auf|stoßen *irr* **I.** *vi* ❶ + *haben (rülpsen)* avoir un renvoi; *Baby:* faire son rot ❷ + *sein (fam: auffallen)* ***jdm*** ~ frapper qn **II.** *vt* + *haben (öffnen)* ***die Tür*** ~ ouvrir la porte d'un coup

aufstrebend *adj* ❶ *Stadt* en plein développement ❷ *(ehrgeizig)* ambitieux, -euse

Aufstrich *m* préparation *f* à tartiner

auf|stützen **I.** *vt* s'appuyer sur *Arme* **II.** *vr* ***sich auf etw*** *akk* ~ s'appuyer sur qc

auf|suchen *vt (geh)* ❶ *(besuchen)* aller consulter *Arzt* ❷ *(sich begeben)* ***die Toilette*** ~ aller aux toilettes

auf|takeln *vr (pej fam)* ***sich*** ~ s'attifer

Auftakt *m* ❶ *(Beginn)* ouverture *f;* ***der*** ~ ***zu etw*** le début de qc ❷ MUS anacrouse *f*

auf|tanken **I.** *vt* faire le plein [de carburant] de *Wagen* **II.** *vi* ❶ *(voll tanken)* faire le plein [de carburant] ❷ *(fam: sich erholen)* se requinquer

auf|tauchen *vi* + *sein* ❶ *U-Boot:* remonter à la surface ❷ *(zum Vorschein kommen) Person, Beweisstück:* apparaître

auf|tauen **I.** *vi* + *sein* ❶ *(tauen) Tiefkühlkost:* décongeler; *Erdreich:* dégeler ❷ *(fig) Person:* se dégeler **II.** *vt* + *haben* décongeler *Tiefkühlkost;* dégeler *Autoschloss*

auf|teilen *vt* ❶ *(aufgliedern)* diviser; ***etw in Bereiche/Parzellen*** ~ diviser qc en secteurs/parcelles ❷ *(verteilen)* répartir

Aufteilung *f (Einteilung)* division *f;* ~ ***in Teams*** *akk* division en équipes

auf|tischen *vt* ❶ servir *Essen* ❷ *(fam: erzählen)* ***jdm etw*** ~ faire gober qc à qn

Auftrag ['aʊ̯ftraːk, *Pl:* 'aʊ̯ftrɛːgə] <-[e]s, Aufträge> *m* ❶ *(Bestellung von Produkten)* commande *f; (Bestellung von Leistungen)* contrat *m;* ***den ~ für ein Projekt bekommen*** obtenir le marché pour un projet; ***im ~ von ...*** d'ordre de ... *form* ❷ *(Anweisung)* ordre *m;* ***jdm den ~ geben etw zu tun*** charger qn de faire qc; ***etw im ~ von jdm tun*** faire qc sur ordre de qn ❸ *kein Pl (geh: Mission)* mission *f*

auf|tragen *irr* **I.** *vt* ❶ *(aufstreichen)* appliquer; ***etw auf etw*** *akk* ~ appliquer qc sur qc ❷ *(form: beauftragen)* ***jdm ~ etw zu tun*** charger qn de faire qc **II.** *vi* ▶ **dick** ~ *(pej fam)* en rajouter

Auftraggeber(in) *m(f)* mandant(e) *m(f); eines Lieferanten* client(e) *m(f); eines Autors* commanditaire *mf*

Auftragsarbeit *f* travail *m* sur commande

Auftragsbestätigung *f* confirmation *f* de commande **Auftragslage** *f* état *m* des carnets de commandes

auf|treffen *vi unreg* + *sein* ***auf der Linie*** ~ *Ball:* toucher la ligne; ***mit dem Kopf auf der Stufe*** ~ heurter la marche avec la tête

auf|treiben *vt irr* + *haben (fam: ausfindig machen)* dégoter

auf|trennen *vt* défaire *Naht;* découdre *Saum*

auf|treten *irr* **I.** *vi* + *sein* ❶ *(den Fuß aufsetzen)* poser le pied; ***leise*** ~ ne pas faire de bruit en marchant ❷ *(eintreten) Schwierigkeiten:* apparaître; *Verzögerungen:* survenir ❸ *(erscheinen)* ***als Zeuge*** ~ comparaître comme témoin ❹ THEAT *(spielen)* se produire; *(auftauchen)* entrer en scène ❺ *(sich benehmen)* ***arrogant/bescheiden*** ~ se montrer arrogant/modeste ❻ *(handeln)* ***als Vermittler*** ~ intervenir en tant que médiateur **II.** *vt* + *haben* enfoncer *Tür*

Auftreten <-s> *nt* ❶ *(Benehmen)* comportement *m,* conduite *f* ❷ *(Erscheinen) einer Person, Krankheit* apparition *f*

Auftrieb *m* ❶ *kein Pl* PHYS poussée *f* verticale ❷ *kein Pl (frischer Schwung)* impulsion *f*

Auftritt *m* ❶ *(Erscheinen)* apparition *f* ❷ THEAT entrée *f* en scène

auf|trumpfen *vi ([sich] großtun)* parader; ***mit etw*** ~ parader avec qc

auf|tun *irr* **I.** *vr* ❶ *(geh: sich öffnen)* s'ouvrir; ***sich vor jdm*** ~ *Tür, Abgrund:* s'ouvrir devant qn ❷ *(sich ergeben)* ***sich*** ~ *Möglichkeit:* se présenter **II.** *vt (fam: entdecken)* découvrir

auf|türmen **I.** *vt* empiler **II.** *vr (geh)* ***sich*** ~ *Probleme:* s'accumuler

auf|wachen *vi* + *sein* se réveiller

Aufwachraum *m* MED salle *f* de réveil

auf|wachsen *vi irr* + *sein* grandir

auf|wallen *vi* + *sein* ❶ *Wasser:* frémir ❷ *(geh)* ***in jdm*** ~ *Emotionen:* monter en qn

Aufwand ['aʊ̯fvant] <-[e]s> *m kein Pl* ❶ *(Einsatz)* investissement *m; (finanziell)* dépense *f;* ***der zeitliche*** ~ le temps investi ❷ *(Luxus)* faste *m;* ***[großen] ~ treiben*** *(viel Geld ausgeben)* mener grand train; *(viel einsetzen)* investir beaucoup

aufwändig *adj s.* **aufwendig**

Aufwandsentschädigung *f* indemnités *f pl* de représentation

auf|wärmen **I.** *vt* ❶ réchauffer *Essen*

❷ *(fam: zur Sprache bringen)* ***etw [wieder]*** ~ remettre qc sur le tapis **II.** *vr* ***sich*** ~ se réchauffer; *Sportler:* s'échauffer

auf|warten *vi (geh: zu bieten haben)* ***mit etw*** ~ avoir qc à offrir

aufwärts ['aufvɛrts] *adv* ❶ *(nach oben)* vers le haut ❷ *(ab)* ***von fünf Euro*** ~ à partir de cinq euros

aufwärts|gehen *vi irr + sein (besser werden)* ***es geht mit jdm/etw aufwärts*** la situation de qn/qc s'améliore **Aufwärtstrend** *m der Preise* tendance *f* à la hausse; *der Konjunktur* tendance *f* ascendante

auf|wecken *vt* réveiller

auf|weichen I. *vt + haben* ❶ *(morastig machen)* détremper *Boden* ❷ *(weich machen)* ramollir *Brot* **II.** *vi + sein (morastig werden) Boden, Erde:* se ramollir

auf|weisen *vt irr* ❶ *(haben)* présenter; ***Kenntnisse aufzuweisen haben*** avoir des connaissances à son actif ❷ *(enthalten)* comporter *Fehler*

auf|wenden *vt reg o irr (einsetzen)* déployer *Energie;* consacrer *Zeit;* engager *Material*

aufwendig *adj* ❶ *(teuer)* coûteux, -euse ❷ *(umfangreich)* de longue haleine

Aufwendung *f Pl (Ausgaben)* dépenses *f pl*

auf|werfen *vt irr* soulever *Frage*

auf|werten *vt* ❶ ÖKON réévaluer; ***etw um zwei Prozent*** ~ réévaluer qc de deux pour cent ❷ *(fig)* rehausser *Ansehen*

Aufwertung *f* ❶ ÖKON réévaluation *f* ❷ *(fig) des Ansehens* renforcement *m; einer Rolle* revalorisation *f*

auf|wickeln *vt (aufrollen)* enrouler *Garn*

auf|wiegeln ['aufvi:gəln] *vt* exciter à la révolte; ***jdn*** ~ exciter qn à la révolte; ***Menschen gegeneinander*** ~ monter les gens les uns contre les autres

auf|wiegen *vt unreg* compenser

Aufwind *m* ❶ *kein Pl (Aufschwung)* reprise *f* ❷ METEO courant *m* ascendant

auf|wirbeln I. *vi + sein* s'envoler en tourbillonnant **II.** *vt + haben* soulever des tourbillons de *Staub*

auf|wischen I. *vt* essuyer *Wasser;* passer la serpillière sur *Fußboden* **II.** *vi* passer la serpillière

auf|wühlen *vt* ❶ *(geh: stark bewegen)* bouleverser ❷ *(aufwerfen)* ***aufgewühlt sein*** *Meer:* être démonté; *Wasser:* être très agité

auf|zählen *vt* énumérer

Aufzählung *f* énumération *f*

auf|zäumen *vt* brider ► **etw von hinten ~** *(fam)* prendre qc par le mauvais bout

auf|zeichnen *vt* ❶ enregistrer *Sendung* ❷ *(aufmalen)* ***etw auf etw*** *akk* ~ dessiner qc sur qc; *(erklärend)* faire un croquis de qc sur qc

Aufzeichnung *f* ❶ *einer Sendung* enregistrement *m* ❷ *meist Pl (Notizen)* notes *f pl*

auf|zeigen *vt* démontrer

auf|ziehen *irr* **I.** *vt + haben* ❶ *(öffnen)* ouvrir *Vorhang;* défaire *Schleife* ❷ *(herausziehen)* tirer *Schublade* ❸ *(befestigen)* monter *Saite* ❹ *(spannen)* remonter *Uhr* ❺ *(großziehen)* élever *Kind* ❻ *(fam: verspotten)* ***jdn mit etw*** ~ charrier qn à cause de qc ❼ *(veranstalten)* organiser *Fest* **II.** *vi + sein Gewitter:* s'approcher

Aufzucht *f kein Pl (das Großziehen)* élevage *m*

Aufzug *m* ❶ *(Fahrstuhl)* ascenseur *m; (Lastenaufzug)* monte-charge *m; (Speisenaufzug)* monte-plat *m* ❷ *(Festzug)* défilé *m* ❸ *kein Pl (das Herannahen) eines Gewitters* arrivée *f* ❹ THEAT acte *m* ❺ *kein Pl (pej fam: Kleidung)* accoutrement *m*

auf|zwingen *irr* **I.** *vt (gewaltsam auferlegen)* ***jdm etw*** ~ imposer qc à qn **II.** *vr* ***sich jdm*** ~ *Gedanke:* s'imposer à qn

Augapfel *m* ANAT globe *m* oculaire ► **jdn/etw wie seinen ~ hüten** surveiller qn/qc comme la prunelle de ses yeux

Auge ['augə] <-s, -n> *nt* ❶ œil *m;* ***grüne/braune ~n haben*** avoir les yeux verts/marron; ***jdm in die ~n schauen*** regarder qn dans les yeux ❷ *(Sehfähigkeit)* ***gute/schlechte ~n haben*** avoir une bonne/mauvaise vue ❸ *(Punkt beim Würfeln)* point *m* ❹ BOT *einer Kartoffel* œil *m* ❺ *(Fettauge)* œil *m* ► **keine ~n im Kopf haben** *(fam)* ne pas avoir les yeux en face des trous; **aus den ~n, aus dem Sinn** *(prov)* loin des yeux, loin du cœur; **~ um ~, Zahn um Zahn** REL œil pour œil, dent pour dent; **mit einem blauen ~ davonkommen** *(fam)* s'en tirer à bon compte; **mit bloßem ~** à l'œil nu; **etw mit [seinen] eigenen ~n gesehen haben** avoir vu qc de ses propres yeux; **jdn mit großen ~n anschauen** regarder qn en ouvrant de grands yeux; **die ~n offen halten** ouvrir l'œil; **jdm schöne ~n machen** faire les yeux doux à qn; **jdm wird schwarz vor ~n** tout se brouille devant les yeux de qn; **unter vier ~n** entre quat'z'yeux *fam;* **so weit das ~ reicht** à perte de vue; **jdm etw von den ~n ablesen** lire qc dans les yeux de qn; **jdn/etw im ~ behalten** *(beobachten)* ne pas quitter qn/qc des yeux; *(sich vormerken)* marquer qn/qc sur ses tablet-

tes; **jdm etw aufs ~ drücken** *(fam)* imposer qc à qn; **ins ~ fassen** avoir en vue *Projekt;* envisager *Möglichkeit;* **jdm etw vor ~n führen** montrer qc à qn; **ins ~ gehen** *(fam)* foirer; **ein ~ auf jdn/etw haben** *(aufpassen)* avoir l'œil sur qn/qc; **nur ~n für jdn haben** n'avoir d'yeux que pour qn; **jdn nicht aus den ~n lassen** ne pas quitter qn des yeux; **[große] ~n machen** *(fam)* ouvrir de grands yeux; **ins ~ fallen** sauter aux yeux; **seinen ~n nicht trauen** n'en pas croire ses yeux; **sich aus den ~n verlieren** se perdre de vue; **ein ~ zudrücken** *(fam)* fermer les yeux; **kein ~ zutun** *(fam)* ne pas fermer l'œil; **in jds ~n** *dat* aux yeux de qn; **vor aller ~n** aux yeux de tous; **~n zu und durch!** *(fam)* foncer tête baissée!

Augenarzt, **-ärztin** *m, f* oculiste *mf* **Augenaufschlag** *m* œillade *f* **Augenblick** *m* instant *m,* moment *m;* ***im ersten*** ~ dans un premier temps; ***im richtigen*** ~ au bon moment; ***im*** ~ pour le moment; ***einen ~, bitte*** un instant, s'il vous plaît; ***jeden*** ~ à tout moment

augenblicklich *adj* ❶ *(sofortig)* instantané(e) ❷ *(derzeitig)* actuel(le) ❸ *Besserung* momentané(e); *Modeerscheinung* passager, -ère

Augenbraue *f* sourcil *m;* ***die ~n hochziehen*** froncer les sourcils

augenfällig *adj Abweichen* évident(e); *Unterschied* qui saute aux yeux

Augenfarbe *f* couleur *f* des yeux/d'yeux **Augengläser** *Pl* A *(fam)* lunettes *fpl* **Augenheilkunde** *f* ophtalmologie *f* **Augenhöhe** *f* niveau *m* des yeux; ***in*** ~ au niveau des yeux **Augenhöhle** *f* orbite *f* **Augenklappe** *f* cache-œil *m* **Augenlicht** *nt kein Pl (geh)* vue *f* **Augenlid** *nt* paupière *f* **Augenmaß** *nt kein Pl* ❶ *(für Entfernungen)* ***nach*** ~ à vue d'œil ❷ *(fig)* juste vision *f* des choses **Augenmerk** <-s> *nt kein Pl* attention *f;* ***sein ~ auf etw*** *akk* ***richten*** fixer son attention sur qc **Augenoptiker** *s.* **Optiker(in)** **Augenringe** *Pl* cernes *mpl* **Augenschein** *m kein Pl (Anschein)* apparence *f;* ***dem ~ nach*** en apparence ▶ **jdn/etw in ~ nehmen** examiner qn/qc

augenscheinlich **I.** *adj* évident(e) **II.** *adv* manifestement

Augentropfen *Pl* gouttes *fpl* pour les yeux **Augenweide** *f* régal *m* pour les yeux **Augenwinkel** *m* coin *m* de l'œil **Augenwischerei** <-, -en> *f (pej)* poudre *f* aux yeux **Augenzeuge**, **-zeugin** *m, f* témoin *m* oculaire **Augenzwinkern** <-s> *nt* clignement *m* d'œil **augenzwinkernd** *adv* en clignant de l'œil

August [au̯'gʊst] <-[e]s, -e> *m* août *m; s. a.* **April**

Auktion [au̯k'tsi̯oːn] <-, -en> *f* vente *f* aux enchères

Auktionator, **Auktionatorin** [au̯ktsi̯o'naːtoːɐ̯] <-s, -toren> *m, f* commissaire-priseur, -euse *m, f*

Aula ['au̯la] <-, Aulen> *f* salle *f* des fêtes

Aupairmädchen, **Au-pair-Mädchen** [o'pɛːr'mɛːtçən] *nt* [jeune] fille *f* au pair

Aura ['au̯ra] <-> *f (geh)* aura *f*

aus [au̯s] **I.** *präp +dat* ❶ *(räumlich)* de; ***~ dem Zimmer gehen*** sortir de la chambre; ***~ dem Fenster sehen*** regarder par la fenêtre; ***einen Artikel ~ der Zeitung ausschneiden*** découper un article dans le journal; ***Zigaretten ~ dem Automaten ziehen*** prendre des cigarettes au distributeur; ***~ der Flasche trinken*** boire à la bouteille ❷ *(zur Angabe der Ursache)* par; ***~ Angst/Liebe*** par peur/amour ❸ *(zur Angabe der Herkunft)* de; ***~ Hamburg/Frankreich*** d'Hambourg/de France ❹ *(zur Angabe der Beschaffenheit)* en; ***~ Gold/Wolle*** en or/laine **II.** *adv (fam)* ❶ *(beendet)* ~ ***sein*** être fini; ***zwischen ihnen ist es*** ~ c'est fini entre eux ❷ *(nicht an)* ~ ***sein*** *Gerät, Feuer:* être éteint; *Motor:* être arrêté; ***Licht ~!*** éteins/éteignez la lumière! ❸ SPORT ~ ***sein*** *Ball:* être hors jeu ❹ *(ausgerichtet)* ***auf jdn ~ sein*** avoir jeté son dévolu sur qn; ***auf etw*** *akk* ~ ***sein*** ne viser que qc ❺ *(ausgegangen)* ***mit jdm ~ sein*** être sorti avec qn

Aus [au̯s] <-> *nt* ❶ SPORT sortie *f;* ***ins ~ gehen*** *Ball:* sortir ❷ *(Spielende)* ***das*** ~ la fin du match ❸ *(Ende)* fin *f;* ***das soziale*** ~ la mort sociale; ***das ist das ~ für die Verhandlungen*** cela signifie la rupture des négociations

aus|arbeiten *vt* élaborer, mettre au point

Ausarbeitung <-, -en> *f* élaboration *f,* mise *f* au point

aus|arten *vi + sein* dégénérer; ***in einen Streit*** ~ dégénérer en dispute

aus|atmen *vt, vi* expirer

aus|baden *vt (fam)* ***das musst du alleine*** ~ c'est à toi seul de payer les pots cassés

aus|baggern *vt* creuser *Graben*

aus|balancieren* [-balãsiːrən] *vt (a. fig)* équilibrer

Ausbau *m kein Pl* ❶ *(das Ausbauen) eines Dachgeschosses* aménagement *m* ❷ *(das Herausmontieren) eines Geräteteils* démontage *m* ❸ *(das Verbessern) von Be-*

A

ziehungen renforcement *m; einer Freundschaft* consolidation *f*

aus|bauen *vt* ❶ *(baulich erweitern)* aménager; ***etw zu einem Studio ~*** aménager qc en studio ❷ *(herausmontieren)* ***etw aus etw ~*** démonter qc de qc ❸ *(verbessern)* renforcer *Kontakte;* consolider *Freundschaft, Markt*

ausbaufähig *adj* ❶ *(fam) Idee* perfectible ❷ *Absatz, Markt* qui peut être consolidé; *Beziehung* qui peut être renforcé

aus|beißen *vt irr* ***sich dat einen Zahn ~*** se casser une dent

aus|bessern *vt* raccommoder *Kleidungsstück;* réparer *Dach*

Ausbesserung <-, -en> *f eines Kleidungsstücks* raccommodage *m; eines Dachs* réparation *f*

aus|beulen I. *vt* déformer *Kleidungsstück* **II.** *vr* ***sich ~*** se déformer

Ausbeute *f* ❶ MIN ***die ~ an Erz/Kohle*** le rendement en minerai/charbon ❷ *(Gewinn)* gain *m*

aus|beuten *vt a.* MIN exploiter

Ausbeuter(in) <-s, -> *m(f) (pej)* exploiteur, -euse *m, f*

Ausbeutung <-, -en> *f a.* MIN exploitation *f*

aus|bezahlen* *vt* verser *Geld;* payer *Person*

aus|bilden I. *vt* ❶ *(beruflich unterweisen)* former *Azubi;* entraîner *Nachwuchssportler;* ***jdn zum Arzt/Sänger ~*** former qn à la médecine/au chant ❷ *(entwickeln)* développer; ***eine ausgebildete Stimme*** une voix qui a été travaillée **II.** *vr (sich schulen)* ***sich zum Pianisten ~*** se former au piano

Ausbilder(in) <-s, -> *m(f) (in einem Betrieb)* formateur, -trice *m, f*

Ausbildung *f (Schulung)* formation *f*

Ausbildungsbeihilfe *f* allocation *f* de formation professionnelle **Ausbildungsberuf** *m* profession *f* à formation professionnelle **Ausbildungsförderung** *f* bourse *f* d'études **Ausbildungsplatz** *m* place *f* d'apprenti **Ausbildungsvertrag** *m* contrat *m* d'apprentissage

aus|blasen *unreg vt* souffler *Kerze*

aus|bleiben *vi irr + sein (nicht erfolgen)* ne pas venir; *Symptome:* ne pas se manifester

aus|blenden I. *vt* ❶ *(herausnehmen)* couper *Szene* ❷ *(ausklingen lassen)* ***den Ton [langsam] ~*** éteindre le son en fondu **II.** *vr* ***wir müssen uns leider ~*** nous sommes malheureusement obligés de rendre l'antenne

Ausblick *m* ❶ *(Aussicht)* vue *f;* ***der ~ auf etw*** *akk* la vue sur qc ❷ *(Zukunftsvision)* perspective *f*

aus|bomben *vt* ***ausgebombt werden*** être sinistré suite à un bombardement

aus|booten *vt (fam)* débarquer *Konkurrenten*

aus|borgen *vt (fam)* ❶ *(verleihen)* filer; ***jdm etw ~*** filer qc à qn ❷ *(sich ausleihen)* ***[sich dat] etw von jdm ~*** piquer qc à qn

aus|brechen *vi irr + sein* ❶ s'évader; ***aus dem Gefängnis ~*** s'évader de prison; ***aus dem Käfig ~*** s'échapper de la cage ❷ *(fig)* ***aus der Ehe/einer Beziehung ~*** rompre avec le mariage/une relation ❸ *(zur Eruption gelangen) Vulkan:* entrer en éruption ❹ *(losbrechen) Krieg:* éclater; *Hass:* se déchaîner; *Seuche:* se déclarer ❺ *(verfallen in)* ***in Jubel ~*** laisser éclater sa joie; ***in Tränen ~*** fondre en larmes; ***in Gelächter ~*** éclater de rire

Ausbrecher(in) <-s, -> *m(f)* évadé(e) *m(f)*

aus|breiten I. *vt* ❶ *(hinlegen)* étaler; ***etw vor jdm ~*** étaler qc devant qn ❷ *(ausstrecken)* déployer *Flügel;* ***die Arme ~*** ouvrir [grand] les bras ❸ *(darlegen)* ***seine Pläne vor jdm ~*** exposer ses plans à qn **II.** *vr* ❶ *(sich erstrecken)* ***sich ~*** s'étendre ❷ *(übergreifen)* ***sich auf etw*** *akk o dat* ***~*** *Feuer, Seuche:* se propager à/sur qc; *Krieg:* s'étendre à qc

Ausbreitung <-, -en> *f eines Feuers, einer Seuche* propagation *f; eines Kriegs* extension *f*

ausbrennen *vi irr + sein* ❶ *Haus:* brûler ❷ *Feuer:* s'éteindre ❸ *(sl: energielos sein)* ***ausgebrannt sein*** être nase *fam*

Ausbruch *m* ❶ *(das Ausbrechen)* évasion *f;* ***~ aus etw*** évasion de qc ❷ MIL percée *f* ❸ *(Beginn)* déclenchement *m* ❹ *(Eruption)* éruption *f; eines Geysirs* jaillissement *m* ❺ *(Entladung)* ***~ von Hass/Wut*** explosion *f* de haine/colère

aus|brüten *vt* ❶ ***etw ~*** *Vogel:* couver qc [jusqu'à éclosion] ❷ *(fam: aushecken)* mijoter

Ausbuchtung <-, -en> *f* échancrure *f*

aus|buddeln *vt (fam: ausgraben)* déterrer

aus|bügeln *vt (fam: bereinigen)* arranger

aus|buhen *vt (fam)* huer; ***ausgebuht werden*** se faire conspuer [*o* huer]

aus|bürgern ['au̯sbʏrgɐn] *vt* ***jdn ~*** déclarer qn déchu(e) de sa nationalité

Ausbürgerung <-, -en> *f* déchéance *f* de la nationalité

aus|bürsten *vt* brosser *Mantel;* ***einen Fleck ~*** enlever une tache à la brosse

aus|checken *vi Fluggast:* passer les contrôles; *Hotelgast:* régler sa note

aus|chillen ['aʊsʔtʃɪlən] *vi (sl)* poser un cul *fam*

Ausdauer *f kein Pl* persévérance *f; (körperlich)* endurance *f*

ausdauernd *adj Mitarbeiter* persévérant(e); *Bemühungen* constant(e); *Sportler* résistant(e)

ausdehnbar *adj* extensible

aus|dehnen I. *vr* ❶ ***sich*** ~ *Ballonhülle:* se gonfler; *Metall, Gas:* se dilater ❷ *(sich ausbreiten)* ***sich auf ein Land*** ~ *Krieg, Seuche:* s'étendre à un pays ❸ ***sich*** ~ *Wartezeit:* se prolonger **II.** *vt* ❶ *(verlängern)* prolonger *Urlaub* ❷ *(erweitern)* ***etw auf das Nachbarland*** ~ étendre qc au pays voisin

Ausdehnung *f* ❶ *(Verlängerung) eines Aufenthalts* prolongation *f* ❷ *(Ausbreitung) eines Kriegs* extension *f; eines Brands, einer Seuche* propagation *f* ❸ *(Fläche)* étendue *f*

aus|denken *vt irr* ***sich*** *dat* ***eine Ausrede*** ~ inventer une excuse; ***sich*** *dat* ***einen Plan*** ~ imaginer un plan

aus|diskutieren* *vt* discuter [à fond]; ***etw*** ~ discuter qc [à fond]

aus|drehen *vt (fam)* fermer

Ausdruck[1] <-drücke> *m* ❶ *(Bezeichnung)* expression *f* ❷ *kein Pl (Gesichtsausdruck)* expression *f* ❸ *kein Pl (Bekundung)* ***in etw*** *dat* ***zum ~ kommen*** s'exprimer à travers qc; ***als ~ meiner Dankbarkeit*** en témoignage de ma gratitude

Ausdruck[2] <-drucke> *m (ausgedruckter Text)* imprimé *m*

aus|drucken *vt* lister *Statistik, Tabelle;* imprimer *Text*

aus|drücken I. *vt* ❶ *(bekunden) Blick:* exprimer ❷ *(formulieren)* exprimer *Meinung* ❸ *(auspressen)* presser *Orange; [**sich** dat]* ***einen Pickel*** ~ [se] percer un bouton ❹ *(löschen)* écraser *Zigarette* **II.** *vr* ❶ *(formulieren)* ***sich*** ~ s'exprimer ❷ *(sich widerspiegeln)* ***sich in etw*** *dat* ~ s'exprimer dans qc

ausdrücklich ['aʊsdrʏklɪç] **I.** *adj attr Erlaubnis* exprès(-esse); *Zuwiderhandlung* caractérisé(e) **II.** *adv* expressément

Ausdruckskraft *f* force *f* expressive

ausdruckslos *adj* inexpressif, -ive

ausdrucksvoll *adj* expressif, -ive

Ausdrucksweise *f* façon *f* de s'exprimer

aus|dünsten *vt* dégager

Ausdünstung <-, -en> *f einer Person, eines Tiers* transpiration *f; von Farbe* émanation *f;* ***giftige ~en*** des émanations toxiques

auseinander [aʊsʔaɪ'nandɐ] *adv* ❶ *(räumlich entfernt)* ***[weit] ~ sein*** être [très] écartés ❷ *(zeitlich entfernt)* ***drei Jahre ~ sein*** *Personen:* avoir trois ans de différence ❸ *(fam: getrennt)* ~ ***sein*** *Paar:* être séparés

auseinander|brechen *irr* **I.** *vt* rompre **II.** *vi + sein Möbelstück, Familie:* se disloquer

auseinander|bringen *vt irr* ***zwei Menschen*** ~ bousiller un couple *fam* **auseinander|falten** *vt* déplier **auseinander|gehen** *vi irr + sein Paar:* se séparer; *Beziehung, Ehe:* se briser; *Menschenmenge:* se disperser; *Ansichten:* diverger **auseinander|halten** *vt irr* distinguer **auseinander|klaffen** *vi Wunde:* s'ouvrir; *Riss:* s'écarter; *Meinungen:* différer **auseinander|laufen** *vi irr + sein (fam) Demonstranten, Menge:* se disperser; *Wege:* se séparer **auseinander|liegen** *vi irr + sein* ❶ *(räumlich entfernt sein)* ***weit*** ~ *Ortschaften:* être [très] loin les uns des autres ❷ *(zeitlich entfernt sein)* ***zeitlich weit*** ~ *Ereignisse:* être éloignés dans le temps **auseinander|nehmen** *vt irr (zerlegen)* démonter *Maschine* **auseinander|reißen** *vt unreg* déchirer *Stoff, Karton;* détruire *Auto, Flugzeug;* séparer *Geschwister, Familie* **auseinander|rücken I.** *vt* pousser *Tische, Stühle* **II.** *vi Personen:* se pousser **auseinander|schreiben** *vt irr* ***etw*** ~ écrire qc séparément **auseinander|setzen** *vr* ***sich mit jdm/etw*** ~ *(sich befassen)* se pencher sur qn/qc; *(wahrnehmen)* prêter attention à qn/qc

Auseinandersetzung <-, -en> *f* ❶ *(Streit)* explication *f* ❷ *(Beschäftigung)* ***die ~ mit etw*** la prise en compte de qc

auseinander|treiben *irr* **I.** *vt* disperser *Menge, Herde* **II.** *vi + sein Wolken:* se disperser

auserkoren *adj (geh)* élu(e); ***dazu ~ sein etw zu tun*** être appelé à faire qc

auserlesen *adj* de choix

aus|erwählen* *vt (geh)* ***jdn zu etw*** ~ élire qn pour qc; ***jdn ~ etw zu tun*** choisir qn pour faire qc

Auserwählte(r) *f(m) dekl wie adj (geh)* élu(e) *m(f)*

ausfahrbar *adj Fahrgestell* escamotable; *Antenne* télescopique

aus|fahren *irr* **I.** *vt + haben* ❶ *(ausliefern)* livrer *Waren* ❷ *(herauslassen)* sortir *Antenne* **II.** *vi + sein (sich nach außen bewegen) Antenne:* sortir

Ausfahrt *f (Hofausfahrt, Autobahnausfahrt)* sortie *f;* ~ ***freihalten!*** sortie de voitures!
Ausfahrt[s]schild *nt* panneau *m* de sortie d'autoroute
Ausfall *m* ❶ *(Fehlbetrag)* déficit *m; (Verlust)* perte *f* ❷ *(Versagen)* défaillance *f; eines Organs* arrêt *m* ❸ *kein Pl (das Nichtstattfinden)* annulation *f* ❹ *kein Pl (Fehlen) von Mitarbeitern* absence *f*
aus|fallen *vi irr + sein* ❶ *(herausfallen) Haare:* tomber; ***ihr fallen die Haare aus*** elle perd ses cheveux ❷ *(nicht stattfinden)* être supprimé; ~ ***lassen*** laisser tomber *fam Termin;* faire sauter *Unterrichtsstunde;* sauter *Mahlzeit* ❸ *(nicht funktionieren) Apparat:* tomber en panne; *Atmung:* s'arrêter; *Organ:* cesser de fonctionner ❹ *(entfallen) Verdienst:* disparaître ❺ *(nicht zur Verfügung stehen) Person:* manquer; *Maschine:* lâcher ❻ *(beschaffen sein)* ***groß/klein/eng*** ~ *Kleidungsstück:* tailler grand/petit/étroit; ***gut/schlecht*** ~ *Klassenarbeit:* être bon/mauvais
aus|fällen *vt* CHEM précipiter dans une solution; ***etw aus einer Lösung*** ~ précipiter qc dans une solution
ausfallend *adj* offensant(e); ~ ***werden*** se faire insultant
Ausfallstraße *f* voie *f* de dégagement
aus|fechten *vt irr* vider *Streit*
aus|fegen *vt* balayer
aus|feilen *vt (fig)* peaufiner *soutenu Rede*
aus|fertigen *vt (form)* établir *Dokument*
Ausfertigung *f (form)* ❶ *kein Pl eines Dokuments* établissement *m* ❷ *(Abschrift)* exemplaire *m*
ausfindig *adj* ***jdn/etw*** ~ ***machen*** trouver qn/qc
aus|fliegen *vi irr + sein* ❶ *Vogel:* s'envoler ❷ *(fam: weggehen)* s'envoler
aus|fließen *vi irr + sein Öl:* s'écouler
aus|flippen ['ausflɪpən] *vi + sein (fam)* ❶ *(wütend werden)* piquer sa crise; ***völlig*** ~ péter les plombs ❷ *(sich freuen)* ne plus se sentir ❸ *(durchdrehen)* débloquer; ***total ausgeflippt sein*** être complètement cinglé
Ausflucht ['ausflʊxt] <-flüchte> *f* faux-fuyant *m*
Ausflug *m (Betriebsausflug)* excursion *f; (Wanderung)* randonnée *f*
Ausflügler(in) <-s, -> *m(f)* excursionniste *mf*
Ausflugslokal *nt* restaurant *m* touristique
Ausflugsziel *nt* but *m* d'excursion
Ausfluss *m* ❶ *(Abflussstelle) eines Beckens* écoulement *m* ❷ *kein Pl* MED pertes *fpl* [blanches]
aus|fragen *vt* interroger en détail; ***jdn*** ~ interroger qn en détail
aus|fransen *vi + sein Stoffrand:* s'effilocher
aus|fressen *vt irr (fam)* ***hast du wieder was ausgefressen?*** tu as encore fait quelque chose de travers?
Ausfuhr <-, -en> *f (Export)* exportation *f*
ausführbar *adj* réalisable
Ausfuhrbestimmungen *Pl* dispositions *fpl* réglementant les exportations
aus|führen *vt* ❶ *(durchführen)* exécuter *Befehl;* remplir *Auftrag;* réaliser *Plan, Bauarbeiten;* faire *Operation* ❷ *(exportieren)* exporter ❸ *(erläutern)* ***jdm etw*** ~ exposer qc à qn ❹ *(spazieren führen)* sortir
Ausführende(r) *f(m) dekl wie adj* THEAT, MUS interprète *mf*
ausführlich ['ausfy:ɐlɪç] **I.** *adj* détaillé(e) **II.** *adv* en détail
Ausführlichkeit <-> *f* présentation *f* détaillée; ***in aller*** ~ dans les moindres détails
Ausfuhrsperre *f* embargo *m*
Ausführung *f* ❶ *kein Pl (Durchführung)* exécution *f; einer Anweisung* application *f; eines Entwurfs* réalisation *f* ❷ *(Modell)* modèle *m;* ***einfache/elegante*** ~ version *f* ordinaire/de luxe ❸ *meist Pl (Darlegung)* exposé *m*
Ausfuhrzoll *m* COM droit *m* de douane à l'exportation
aus|füllen *vt* ❶ *(Antworten eintragen)* remplir *Antrag* ❷ *(befriedigen)* ***jdn ganz*** ~ *Beschäftigung:* satisfaire parfaitement qn
Ausgabe *f* ❶ *kein Pl (das Austeilen) von Proviant* distribution *f; von Fahrkarten, Dokumenten* délivrance *f* ❷ *kein Pl* FIN *von Aktien* émission *f* ❸ INFORM *einer Datei, von Daten* édition *f* ❹ *(Schalter, Bücherausgabetheke)* guichet *m; (Essensausgabetheke)* comptoir *m* ❺ *(Edition) eines Buchs* édition *f; (Version)* version *f* ❻ *Pl (Kosten)* dépenses *fpl*
Ausgabegerät *nt* INFORM périphérique *m* de sortie
Ausgang <-gänge> *m* ❶ *eines Gebäudes, einer Ortschaft* sortie *f* ❷ AVIAT porte *f* ❸ *(Ausgeherlaubnis)* ~ ***haben*** pouvoir sortir ❹ *kein Pl (Ende) einer Epoche* fin *f* ❺ *kein Pl (Ergebnis)* issue *f*
Ausgangsbasis *f* base *f* de départ; ***wir haben die gleiche*** ~ nous démarrons sur la même base
Ausgangspunkt *m* point *m* de départ

Ausgangssperre *f (für Zivilisten)* couvre-feu *m; (für Soldaten)* consigne *f*

ausgebaut *adj Infrastruktur, Verkehrssystem* organisé(e); *Straße* aménagé(e); *[gut] ~ Infrastruktur, Verkehrssystem* [bien] organisé(e); *Straße* [bien] aménagé(e)

aus|geben *irr* **I.** *vt* ❶ *(austeilen)* distribuer; ***Essen/Medikamente an jdn ~*** distribuer des repas/médicaments à qn ❷ *(aushändigen, verkaufen)* délivrer *Ausweise, Fahrkarten;* donner *Karten* ❸ INFORM ***etw ~*** *Drucker:* sortir qc ❹ FIN émettre *Aktie* ❺ *(aufwenden)* dépenser *Geld* ❻ *(fam: spendieren)* ***eine Runde/ein Bier ~*** payer une tournée/bière **II.** *vr* ***sich jdm gegenüber als Arzt ~*** se faire passer pour un médecin aux yeux de qn

ausgebrannt ['ausgəbrant] *adj* vanné(e) *fam; (körperlich)* sur les genoux *fam; (geistig)* vidé(e) *fam*

ausgebucht *adj Hotel* complet, -ète; *Reise* complètement réservé(e)

ausgebufft *adj (fam) Person* roublard(e); *Methode* pas très catholique

ausgedehnt *adj* ❶ *(zeitlich)* prolongé(e) ❷ *(räumlich)* vaste, étendu(e)

ausgefallen *adj Person* original(e); *Hobby, Speise* peu ordinaire

ausgeglichen *adj Person* pondéré(e)

Ausgeglichenheit <-> *f einer Person* pondération *f*

aus|gehen *vi irr + sein* ❶ *(aus dem Haus gehen)* sortir ❷ *(ausfallen) Haare:* tomber; ***ihm gehen die Haare aus*** il perd ses cheveux ❸ *(zugrunde legen)* ***von einem geringen Umsatz ~*** escompter un chiffre d'affaire modeste; ***davon ~, dass …*** partir du principe que … ❹ *(herrühren)* ***von jdm ~*** *Vorschlag:* être de qn ❺ *(seinen Ursprung haben)* ***von etw ~*** *Straße:* partir de qc; *Strahlung:* se dégager de qc ❻ *(erlöschen) Feuer:* s'éteindre ❼ *(enden)* ***gut/schlecht ~*** *Spiel, Verhandlungen:* bien/mal se terminer; *Film:* bien/mal finir ❽ *(schwinden) Vorräte:* s'épuiser

ausgehungert *adj* ❶ *(fam: sehr hungrig)* affamé(e); ***~ sein*** avoir les crocs ❷ *(ausgezehrt)* famélique

Ausgehverbot *nt* interdiction *f* de sortir; ***jdm ~ erteilen*** interdire à quelqu'un de sortir

ausgekocht *adj (pej fam: durchtrieben)* roublard(e)

ausgelassen **I.** *adj Kind* turbulent(e); *Stimmung* débridé(e) **II.** *adv* avec entrain

Ausgelassenheit <-> *f (ausgelassene Stimmung)* exubérance *f; (auf einer Party)* ambiance *f* du tonnerre *fam; von Kindern* turbulence *f*

ausgemacht *adj* ❶ ***es ist ~, dass …*** il est convenu que … ❷ *attr (fam) Witzbold* sacré(e) *antéposé; Lügner* fieffé(e) *antéposé*

ausgemergelt *adj* décharné(e)

ausgenommen *präp +akk* à l'exception de; ***ihn/sie ~*** excepté lui/elle

ausgepowert ['ausgəpauɐt] *adj (fam) Person* vidé(e)

ausgeprägt *adj* ❶ prononcé(e); *Stolz* grand(e) ❷ *Gesichtszüge* accusé(e); *Kinn* proéminent(e)

ausgerechnet ['ausgə(')rɛçnət] *adv* ***~ jetzt/heute*** juste maintenant/aujourd'hui; ***~ mir muss das passieren!*** c'est justement à moi que ça arrive!

ausgeschlafen **I.** *PP von* **ausschlafen** **II.** *adj* bien reposé(e)

ausgeschlossen **I.** *PP von* **ausschließen** **II.** *adj* ***völlig ~!*** c'est absolument hors de question!

ausgeschnitten *adj Kleid* décolleté(e)

ausgesorgt ▸ ~ **haben** avoir assuré ses vieux jours

ausgesprochen *adj* ❶ extrême; *Begabung* affirmé(e); *Ähnlichkeit* grand(e) ❷ *(ausgeprägt)* prononcé(e); ***eine ~e Schönheit sein*** être une vraie beauté *fam;* ***du hast wirklich ~es Pech!*** tu n'as vraiment pas de chance!

ausgestorben *adj* ❶ *Tierart* disparu(e) ❷ ***[wie] ~ sein*** *Gegend* être désert

Ausgestoßene(r) *f(m) dekl wie adj* exclu(e) *m(f)*

ausgesucht *adj* ❶ *Wein* fin(e); *Qualität* choisi(e) ❷ *Worte* choisi(e); *Gesellschaft* trié(e) sur le volet

ausgewachsen *adj* ❶ *Tier* adulte ❷ *(fam) Blödsinn* achevé(e); *Skandal* parfait(e)

ausgewählt *adj* ❶ *Werke* choisi(e) ❷ *(erlesen)* sélectionné(e); *Kreise* d'élite; *Weine* fin(e)

ausgewogen *adj Ernährung* équilibré(e); *Programm* bien réparti(e)

Ausgewogenheit <-> *f* équilibre *m*

ausgezeichnet ['ausgə(')tsaiçnət] *adj* excellent(e)

ausgiebig ['ausgi:bɪç] **I.** *adj Mahlzeit* copieux, -euse; *Mittagsschlaf* réparateur, -trice; *Bericht* détaillé(e); *Gebrauch* abondant(e) **II.** *adv schlafen* bien; *berichten* par le menu; *gebrauchen* abondamment

aus|gießen *vt irr* ❶ *(weggießen)* jeter *Kaffee* ❷ *(leeren)* vider *Krug*

Ausgleich <-[e]s, -e> *m* ❶ *(Kompensie-*

rung, Entschädigung) compensation *f;* ***zum*** ~ pour compenser ❷ *kein Pl* SPORT égalisation *f;* ***den ~ erzielen*** égaliser [le score] ❸ FIN *der Schuld* remboursement *m*

aus|gleichen *irr* **I.** *vt* ❶ *(wettmachen)* compenser ❷ FIN balancer *Konto;* rembourser *Schulden;* régler *Rechnung* ❸ *(ausbalancieren)* régler *Konflikte* **II.** *vi* SPORT ***zum 1:1*** ~ égaliser 1 à 1 **III.** *vr* ***sich durch etw*** ~ *Ungleichheiten:* être compensé par qc

Ausgleichssport *m* sport *m* de compensation **Ausgleichstor** *nt* but *m* égalisateur

aus|graben *vt irr* exhumer *Leiche;* déterrer *Pflanzen;* mettre à jour *Altertümer*

Ausgrabung *f* ❶ *eines Schatzes, einer Leiche* exhumation *f* ❷ *(Grabungsarbeiten)* fouilles *fpl; (Grabungsfund)* trouvaille *f* due aux fouilles

aus|grenzen *vt* exclure; ***jdn/etw aus einem Bereich*** ~ exclure qn/qc d'un domaine

Ausgrenzung <-; *kein Pl*> *f* ***~ aus einem Bereich*** exclusion *f* d'un domaine; ***soziale*** ~ exclusion sociale; ***die ~ durch die Kollegen*** la mise à l'écart par les collègues

aus|gucken *vr (fam)* ***sich*** *dat* ***jdn/etw*** ~ repérer qn/qc

Ausguss *m (Spüle)* évier *m*

aus|haben *irr* **I.** *vt (fam)* ❶ *(beendet haben)* avoir fini [de lire] *Buch;* ***Schule*** ~ sortir de l'école ❷ *(ausgezogen haben)* avoir enlevé *Schuhe* **II.** *vi (fam) Schüler:* sortir [de l'école]

aus|haken I. *vt* décrocher *Fensterladen, Kette* **II.** *vi unpers* ► ***bei jdm hakt es aus*** *(fam: jd versteht nichts mehr)* qn patauge; *(jd wird wütend)* qn pique une crise

aus|halten *irr* **I.** *vt* ❶ *(ertragen können)* supporter; ***das ist ja nicht auszuhalten!*** c'est insupportable! ❷ *(standhalten)* supporter *Belastungen* ❸ *(pej fam: unterhalten)* entretenir **II.** *vi* tenir

aus|handeln *vt* négocier; ***etw mit jdm*** ~ négocier qc avec qn

aus|händigen ['aʊshɛndɪgən] *vt* remettre; ***jdm etw*** ~ remettre qc à qn

Aushang *m* affiche *f*

aus|hängen I. *vt* ❶ *(bekannt machen)* afficher *Nachricht* ❷ *(aus den Angeln heben)* décrocher *Tür;* faire sauter *Haken* **II.** *vi irr Ankündigung:* être affiché

Aushängeschild *nt* ❶ *(Reklametafel)* enseigne *f* ❷ *(Renommierstück)* figure *f* de proue

aus|harren *vi* persévérer

aus|härten *vt, vi* TECH durcir

aus|hauchen *vt (geh)* expirer *Atem;* ***sein Leben*** ~ rendre l'âme

aus|hebeln *vt (zunichtemachen)* faire sauter

aus|heben *vt irr* ❶ *(ausschaufeln)* déblayer *Erde;* creuser *Grab* ❷ *(hochgehen lassen)* débusquer *Bande;* neutraliser *Schlupfwinkel*

aus|hecken *vt (fam)* manigancer

aus|helfen *vi irr* donner un coup de main; ***jdm*** ~ donner un coup de main à qn; ***jdm mit etw*** ~ dépanner qn en lui prêtant qc

aus|heulen *vr (fam)* ***sich bei jdm*** ~ aller pleurer chez qn

Aushilfe *f* ❶ *(Hilfe)* intérim *m* ❷ *(Hilfskraft)* intérimaire *mf*

Aushilfskraft *f* intérimaire *mf* **Aushilfspersonal** *nt* personnel *m* intérimaire

aushilfsweise *adv* ***in einer Firma ~ tätig sein*** être intérimaire dans une entreprise

aus|höhlen *vt* évider *Kürbis;* éroder *Ufer*

aus|holen *vi* ❶ *Boxer:* lever la main/le bras [pour frapper]; *Tennisspieler:* prendre son élan; ***mit dem Hammer*** ~ brandir le marteau; ***mit weit ~den Schritten*** à grandes enjambées ❷ *(ausschweifen)* ***weit*** ~ *Redner:* se perdre dans les détails

aus|horchen *vt (fam)* cuisiner; ***jdn über jdn/etw*** ~ cuisiner qn sur qn/qc

aus|hungern *vt* réduire par la famine; ***jdn*** ~ réduire qn par la famine

aus|kennen *vr irr* ***sich*** ~ s'y connaître; ***sich in Paris*** ~ bien connaître Paris; ***sich mit Kindern*** ~ savoir s'y prendre avec les enfants; ***sich mit Computern*** ~ s'y connaître en ordinateurs

aus|kippen *vt (fam)* vider

aus|klammern *vt* mettre entre parenthèses; ***etw*** ~ mettre qc entre parenthèses

Ausklang *m kein Pl (geh)* fin *f*

ausklappbar *adj* escamotable

aus|klappen *vt* sortir

aus|kleiden I. *vt (beziehen)* ***etw mit einer Tapete*** ~ recouvrir qc de papier peint **II.** *vr (geh)* ***sich*** ~ se dévêtir

aus|klingen *vi irr + sein (geh) Tag:* décliner; ***etw mit einem Lied ~ lassen*** terminer qc en chantant

aus|klinken *vr (fam: nicht mehr mitmachen)* ***sich*** ~ tirer son épingle du jeu

aus|klopfen *vt* battre *Teppich;* débourrer *Pfeife*

aus|klügeln *vt (fam)* goupiller *System;* ***ausgeklügelt*** ingénieux

aus|knipsen *vt (fam)* éteindre *Licht*

aus|kommen *vi irr + sein* ❶ *(zurechtkommen)* s'en sortir; ***mit dem Geld*** ~ s'en sortir avec l'argent; ***ohne Auto*** ~ pouvoir se passer de voiture ❷ *(sich vertragen)* ***mit jdm gut/nicht gut*** ~ s'entendre bien/mal avec qn

Auskommen <-s> *nt* ressources *f pl;* ***sein ~ haben/finden*** [bien] s'en sortir

aus|kosten *vt (genießen)* savourer, profiter de *Leben*

aus|kotzen *vt, vr (sl)* ***[sich]*** ~ dégueuler *arg*

aus|kramen *vt (fam)* ❶ *(hervorkramen)* ressortir *alte Briefe, Fotos* ❷ *(leeren)* vider en fouillant *Schublade* ❸ *(ausplaudern)* déballer *Geheimnisse*

aus|kratzen *vt* gratter *Bratpfanne*

aus|kugeln *vt* ***sich*** *dat* ***den Arm/das Gelenk*** ~ se démettre le bras/l'articulation; ***ausgekugelt*** démis

aus|kühlen *vi + sein Person:* prendre froid; *Raum:* se refroidir; *Speise:* refroidir

aus|kundschaften *vt* reconnaître *Weg;* explorer *Lage;* espionner *feindliche Stellungen*

Auskunft ['aʊskʊnft, *Pl:* -kʏnftə] <-, -künfte> *f* ❶ *(Information)* renseignement *m;* ***bei jdm eine ~ über jdn/etw einholen*** se renseigner sur qn/qc auprès de qn ❷ *(Auskunftsschalter)* information *f* ❸ *(Fernsprechauskunft)* renseignements *mpl*

Auskunftsbüro *nt* bureau *m* de renseignements

aus|kuppeln *vi* débrayer

aus|kurieren* **I.** *vt (fam)* ***etw*** ~ soigner qc jusqu'à complète guérison **II.** *vr (fam)* ***sich*** ~ bien se soigner

aus|lachen *vt* se moquer de

aus|laden *vt irr* ❶ *(entladen)* décharger ❷ *(Einladung zurücknehmen)* décommander *Gast*

ausladend *adj Äste* retombant(e); *Hüften* large; *Bewegung* ample

Auslage *f* ❶ *(Schaufenster)* vitrine *f* ❷ *(ausgestellte Ware)* choix *m* ❸ *meist Pl* FIN frais *mpl*

aus|lagern *vt (verlagern)* transférer, délocaliser *Produktion*

Auslagerung *f* transfert *m*

Ausland *nt kein Pl* étranger *m*

Ausländer(in) ['aʊslɛndɐ] <-s, -> *m(f)* étranger, -ère *m, f*

ausländerfeindlich *adj* xénophobe **Ausländerfeindlichkeit** *f* xénophobie *f* **ausländerfreundlich** *adj* xénophile **Ausländerpolitik** *f* politique *m* d'asile et des étrangers

ausländisch ['aʊslɛndɪʃ] *adj attr (aus dem Ausland stammend) Freunde, Erzeugnisse* étranger, -ère; *Pflanze* exotique

Auslandsabteilung *f* service *m* des relations avec l'étranger **Auslandsaufenthalt** *m* séjour *m* à l'étranger **Auslandsflug** *m* vol *m* international **Auslandsgeschäft** *nt* affaire *f* avec l'étranger **Auslandsgespräch** *nt* communication *f* avec l'étranger **Auslandskorrespondent(in)** *m(f)* correspondant(e) *m(f)* à l'étranger **Auslandsreise** *f* voyage *m* à l'étranger **Auslandsvertretung** *f* ❶ POL légation *f* ❷ COM représentation *f* [à l'étranger]

aus|lassen *irr* **I.** *vt* ❶ *(weglassen)* omettre, oublier *Satz* ❷ *(verpassen)* laisser passer *Gelegenheit* ❸ *(abreagieren)* ***seine Wut/Launen an jdm*** ~ passer sa colère/mauvaise humeur sur qn ❹ *(fam: ausgeschaltet lassen)* ne pas allumer *Radio* **II.** *vr* ***sich über jdn/etw*** ~ se prononcer sur qn/qc

Auslassung <-, -en> *f kein Pl (das Weglassen)* omission *f*

Auslassungspunkte *Pl* points *mpl* de suspension

aus|lasten *vt* ❶ *(voll beanspruchen)* ***etw*** ~ utiliser qc à plein rendement ❷ *(voll fordern)* ***jdn*** ~ *Arbeit:* occuper qn à plein temps

Auslauf *m kein Pl (Bewegungsfreiheit)* espace *m* [pour se dépenser]

aus|laufen *vi irr + sein* ❶ *(herauslaufen) Flüssigkeit:* [s'é]couler; *Behälter:* fuir ❷ NAUT appareiller ❸ *(nicht fortgeführt werden) Modell:* être en fin de série ❹ *(enden) Vertrag:* expirer

Ausläufer <-s, -> *m* ❶ METEO prolongement *m* ❷ *meist Pl* GEOG contreforts *mpl*

Auslaufmodell *nt* ÖKON fin *f* de série

aus|laugen *vt* ❶ *(Nährstoffe entziehen)* épuiser *Boden* ❷ *(erschöpfen)* épuiser *Person*

Auslaut *m* son *m* final

aus|leben **I.** *vr* **sich** ~ ❶ *(das Leben auskosten)* profiter de la vie ❷ *(sich verwirklichen) Fantasie:* s'exprimer **II.** *vt (geh)* objectiver *Neigungen*

aus|lecken *vt* lécher

aus|leeren *vt* vider *Eimer;* ***etw in den Abfluss*** ~ déverser qc dans la canalisation

aus|legen *vt* ❶ *(ausbreiten)* étaler *Waren* ❷ *(hinlegen)* placer *Köder* ❸ *(bedecken)* ***etw mit Stoff*** ~ revêtir qc de tissu ❹ *(deuten)* ***etw richtig/falsch*** ~ interpréter qc bien/mal ❺ *(vorstrecken)* ***jdm zehn Euro*** ~ avancer dix euros à qn

Ausleger <-s, -> *m eines Krans* flèche *f*

Auslegung <-, -en> *f (Deutung)* interprétation *f*
aus|leiern **I.** *vi + sein* se détendre **II.** *vr + haben* ***sich*** ~ se détendre **III.** *vt + haben* détendre *Gummizug*
Ausleihe <-, -n> *f* ❶ *kein Pl (das Ausleihen)* prêt *m* ❷ *(Schalter)* guichet *m* de prêt
aus|leihen *vt irr* prêter; ***jdm etw*** ~ prêter qc à qn; ***sich** dat* ***etw bei/von jdm*** ~ emprunter qc à qn
aus|lernen *vi* ***ausgelernt haben*** *Auszubildender:* avoir terminé son apprentissage; ***ausgelernt*** diplômé ► **man lernt nie aus** *(prov)* on apprend à tout âge
Auslese <-, -n> *f* ❶ *(Elite)* élite *f* ❷ *(Wein)* grand cru *m* ❸ *kein Pl (Auswahl)* sélection *f;* ***natürliche*** ~ sélection naturelle
aus|lesen *vt irr* ❶ ***ein Buch*** ~ lire un livre jusqu'au bout ❷ *(aussondern)* trier
aus|leuchten *vt* ❶ éclairer *Raum, Bühne* ❷ *(die Hintergründe klären)* faire la lumière sur *Angelegenheit, Frage*
aus|liefern *vt* ❶ *(liefern)* livrer *Waren* ❷ *(überstellen)* ***jdn an ein Land*** ~ extrader qn dans un pays ❸ *(preisgeben)* ***jdm/einer S. ausgeliefert sein*** être livré à qn/qc
Auslieferung *f* ❶ *(Lieferung) einer Ware* livraison *f* ❷ *(Überstellung) einer Person* extradition *f*
aus|liegen *vi irr (bereitliegen)* être étalé; *Prospekte:* être à disposition
Auslinie [-liːniə] *f (beim Fußball)* ligne *f* de touche; *(beim Tennis, Hockey)* limite *f*
aus|loben *vt* offrir une récompense; ***etw für etw*** ~ offrir une récompense de qc pour qc
aus|löffeln *vt* ***die Suppe*** ~ manger la soupe [à la cuillère] ► **etw ~ müssen** *(fam)* trinquer pour qc
aus|loggen ['ausl̯ɔgən] *vr* INFORM ***sich*** ~ se déconnecter, clôturer une session
aus|löschen *vt* ❶ *(ausschalten)* éteindre *Feuer, Licht;* souffler *Kerze* ❷ *(tilgen)* effacer *Erinnerung* ❸ *(vernichten)* éliminer *Volk;* détruire *Existenz*
aus|losen *vt, vi* tirer au sort; ***jdn/etw*** ~ tirer qn/qc au sort
aus|lösen *vt (in Gang setzen, hervorrufen)* déclencher
Auslöser <-s, -> *m* ❶ PHOT déclencheur *m* ❷ *(Anlass)* motif *m;* PSYCH déclencheur *m*
Auslosung <-, -en> *f* tirage *m* au sort
Auslösung *f eines Alarms, einer Reaktion* déclenchement *m*
aus|loten ['ausloːtən] *vt* ❶ NAUT sonder ❷ *(geh: ergründen)* sonder
aus|machen *vt* ❶ *(fam: ausschalten)* éteindre ❷ *(entdecken)* apercevoir *Gestalt; (ermitteln)* repérer *Position* ❸ *(vereinbaren)* fixer *Termin;* ***etw mit jdm*** ~ convenir de qc avec qn ❹ *(klären)* ***das müsst ihr unter euch** dat* ~ il vous faut régler ça entre vous ❺ *(darstellen)* ***den Zauber einer Landschaft*** ~ faire le charme d'un paysage ❻ *(fam: Wirkung haben)* ***etwas/viel/nichts*** ~ faire de l'effet/beaucoup d'effet/ne faire aucun effet ❼ *(stören)* ***jdm etwas/nichts*** ~ déranger/ne pas déranger qn
aus|malen **I.** *vr* ***sich** dat* ***etw*** ~ s'imaginer qc **II.** *vt (kolorieren)* colorier
Ausmaß *nt* ❶ *(Ausdehnung)* étendue *f; (Größe)* dimensions *fpl* ❷ *(Umfang)* ampleur *f;* ***immer größere ~e annehmen*** prendre des proportions de plus en plus grandes
aus|merzen *vt* ❶ *(ausrotten)* éliminer ❷ *(beseitigen)* supprimer *Fehler*
aus|messen *vt irr* mesurer
aus|misten *vt* ❶ nettoyer *Stall* ❷ *(fam: ausräumen)* faire le tri dans *Schrank*
aus|mustern *vt* ❶ *(aussortieren)* éliminer *Maschine* ❷ MIL réformer
Ausnahme ['ausnaːmə] <-, -n> *f* exception *f;* ***bei etw die ~ sein*** faire exception dans qc; ***mit ~ von ein paar Zuschauern*** excepté quelques spectateurs; ***mit einer*** ~ à une exception près **Ausnahmeerscheinung** *f* cas *m* exceptionnel
Ausnahmefall *m* cas *m* d'exception **Ausnahmezustand** *m* état *m* d'urgence
ausnahmslos *adj o adv* sans exception
ausnahmsweise *adv* exceptionnellement
aus|nehmen *vt irr* ❶ *(ausweiden)* vider *Geflügel* ❷ *(ausschließen)* excepter ❸ *(fam: beim Glücksspiel um Geld erleichtern)* plumer; *(bei einem Handel um Geld erleichtern)* arnaquer
ausnehmend *(geh)* **I.** *adj Erscheinung* exceptionnel(le) **II.** *adv* extraordinairement
aus|nüchtern *vi + sein* dessoûler
Ausnüchterungszelle *f* cellule *f* de dégrisement
aus|nutzen, **aus|nützen** *vt bes.* SDEUTSCH, A, CH ❶ *(ausbeuten)* exploiter ❷ *(sich zunutze machen)* profiter de
Ausnutzung, **Ausnützung** <-> *f bes.* SDEUTSCH, A ❶ *(Ausbeutung) einer Person* exploitation *f* ❷ *(das Wahrnehmen) einer Gelegenheit, Chance* mise *f* à profit
aus|packen **I.** *vt* défaire *Koffer;* ouvrir *Ge-*

A

schenk; déballer *Ware* **II.** *vi (fam: gestehen)* se mettre à table
aus|peitschen *vt* fouetter
aus|pfeifen *vt irr* siffler
aus|plaudern *vt* rapporter
aus|plündern *vt (ausrauben)* dévaliser *Person;* piller *Ortschaft, Laden*
aus|posaunen* *vt (fam)* ***etw*** ~ crier qc sur les toits
aus|prägen *vr (sich entwickeln)* ***sich*** ~ se manifester
aus|pressen *vt* presser *Frucht*
aus|probieren* *vt* essayer; ***~, ob/wie ...*** faire un essai pour voir si/comment ...; ***etw an jdm*** ~ tester qc sur qn
Auspuff <-[e]s, -e> *m,* **Auspufftopf** *m* AUT pot *m* d'échappement
Auspuffrohr *nt* tuyau *m* d'échappement
aus|pumpen *vt* ❶ ***den Keller*** ~ vider la cave [avec une pompe]; ***jdm den Magen*** ~ faire un lavage d'estomac à qn ❷ *(fam: erschöpfen)* ***ausgepumpt sein*** être pompé
aus|pusten *vt (fam)* souffler
aus|quartieren* *vt* déloger
aus|quetschen *vt* ❶ *(auspressen)* presser *Frucht* ❷ *(fam: ausfragen)* ***jdn über jdn/etw*** ~ cuisiner qn sur qn/qc
aus|radieren* *vt* ❶ *(wegradieren)* gommer ❷ *(fam: vernichten)* exterminer *Menschheit;* rayer de la carte *Stadt*
aus|rangieren* *vt (fam)* ***etw*** ~ mettre qc au rancart
aus|rasten *vi + sein (fam: durchdrehen)* craquer
aus|rauben *vt* dévaliser, piller *Grabstätte*
aus|räumen *vt* ❶ vider *Schrank* ❷ *(fam: ausrauben)* vider ❸ *(beseitigen)* régler *Missverständnis;* balayer *Zweifel*
aus|rechnen *vt* ❶ *(ermitteln)* calculer *Gewicht* ❷ *(lösen)* résoudre *Mathematikaufgabe* ❸ *(vermuten)* ***sich*** *dat* ***Chancen*** ~ compter sur ses chances
Ausrede *f* prétexte *m;* ***faule*** ~ *(fam)* faux prétexte
aus|reden **I.** *vi* finir de parler; ***jdn ~ lassen*** laisser qn terminer **II.** *vt* ***jdm etw*** ~ dissuader qn de [faire] qc
aus|reichen *vi* suffire; ***für jdn/etw*** ~ suffire pour qn/qc
ausreichend *adj* ❶ *(genügend)* suffisant(e) ❷ *(Schulnote)* ≈ passable; *(in Frankreich)* neuf/dix sur vingt
aus|reifen *vi + sein* ❶ *Frucht, Wein:* mûrir ❷ ***ausgereift sein*** *Technik, Idee:* être au point
Ausreise *f* sortie *f* [du territoire]
Ausreiseantrag *m* demande *f* [d'autorisation] de sortie du territoire **Ausreisegenehmigung** *f* autorisation *f* de sortie du territoire, visa *m*
aus|reisen *vi + sein* quitter le territoire
aus|reißen *irr* **I.** *vt + haben* arracher *Haare* **II.** *vi + sein (fam: davonlaufen)* se sauver
Ausreißer(in) <-s, -> *m(f)* ❶ *(Person, Tier)* fugueur, -euse *m, f* ❷ *(fam: Ausnahme)* exception *f*
aus|reiten *vi irr + sein* sortir à cheval
aus|renken *vt* ***sich*** *dat* ***den Arm*** ~ se déboîter le bras
aus|richten **I.** *vt* ❶ *(übermitteln)* transmettre *Gruß;* ***jdm ~, dass ...*** dire à qn que ... ❷ *(bewirken)* ***etwas ~ können*** réussir à obtenir quelque chose; ***nichts ~ können*** ne rien pouvoir obtenir ❸ *(einstellen)* ***das Teleskop auf etw*** *akk* ~ orienter le télescope sur qc ❹ *(konzipieren)* ***die Produkte auf den Markt*** ~ adapter les produits en fonction du marché ❺ *(veranstalten)* organiser *Hochzeit* **II.** *vr* ***sich an etw*** *dat* ~ se ranger à qc
Ausrichtung *f kein Pl* ❶ *(Einstellung) einer Antenne* orientation *f; eines Teleskops* mise *f* au point ❷ *(Veranstaltung) einer Hochzeit* organisation *f*
Ausritt *m* sortie *f* à cheval
aus|rollen *vt + haben* ❶ *(entrollen)* dérouler *Kabel* ❷ *(rollen)* ***den Teig*** ~ étendre la pâte [au rouleau]
aus|rotten *vt* exterminer *Volk;* éliminer *Schädlinge, Ideen*
Ausrottung <-, -en> *f* extermination *f*
aus|rücken *vi + sein Truppen:* se mettre en marche; *Feuerwehr:* sortir
Ausruf *m* exclamation *f*
aus|rufen *vt irr* ❶ *(laut rufen)* s'exclamer ❷ *(bekannt geben)* annoncer *Haltestelle* ❸ *(über Lautsprecher suchen)* ***jdn ~ lassen*** faire appeler qn ❹ *(proklamieren)* proclamer *Streik, Krieg*
Ausrufezeichen *nt* point *m* d'exclamation
Ausrufungszeichen *nt,* **Ausrufzeichen** *nt* CH point *m* d'exclamation
aus|ruhen **I.** *vi, vr [**sich**]* ~ se reposer **II.** *vt* reposer *Füße*
aus|rupfen *vt* arracher *Federn, Unkraut*
aus|rüsten *vt* armer *Armee;* équiper *Fahrzeug*
Ausrüstung *f* équipement *m; einer Armee* armement *m*
aus|rutschen *vi + sein (ausgleiten)* glisser; ***auf etw*** *dat* ~ glisser sur qc
Ausrutscher <-s, -> *m (fam: Fehlleistung)* faux pas *m; (Fehltritt)* gaffe *f*
Aussaat *f* ❶ *kein Pl (das Säen)* semis *mpl;*

des Getreides semailles *f pl* ❷ *(Saat)* semence *f*

aus|säen *vt* semer

Aussage *f* ❶ *(Darstellung)* déclaration *f*; *(Zeugenaussage)* déposition *f* ❷ *(Sinngehalt) eines Romans* message *m*

aussagekräftig *adj* expressif, -ive

aus|sagen **I.** *vt* ❶ JUR déclarer ❷ *(deutlich machen)* ***viel/wenig über jdn/etw ~*** *Foto:* en dire long/peu sur qn/qc **II.** *vi* JUR ***vor Gericht*** *dat* ~ *Angeklagter:* déposer en justice; *Zeuge:* témoigner en justice

aus|sägen *vt* découper [à la scie]; ***etw ~*** découper qc [à la scie]

Aussagesatz *m* proposition *f* énonciative

aus|saugen *vt* ❶ *(leer saugen)* sucer ❷ *(ausbeuten)* ***jdn/etw ~*** saigner qn/qc à blanc

aus|schalten *vt* ❶ *(abstellen)* éteindre *Gerät, Licht;* couper *Strom* ❷ *(eliminieren)* éliminer *Gegner*

Ausschaltung *f* *(Eliminierung)* élimination *f*

Ausschank ['aʊsʃaŋk] <-[e]s> *m (das Ausschenken)* ***~ von 18 bis 24 Uhr*** service *m* de 18 à 24 heures

Ausschau <-> *f* ***nach jdm/etw ~ halten*** regarder pour trouver qn/qc

aus|schauen *vi* *(entgegensehen)* ***nach jdm/etw ~*** chercher qn/qc des yeux

aus|scheiden *irr* **I.** *vi + sein* ❶ *(nicht weitermachen)* ***aus seinem Amt ~*** quitter ses fonctions; ***aus einem Wettkampf/Rennen ~*** se retirer d'une compétition/course ❷ *(nicht in Betracht kommen)* *Plan:* ne pas être retenu; *Kandidat:* être éliminé **II.** *vt + haben* éliminer *Giftstoffe*

Ausscheidung <-, -en> *f Pl (Exkrement)* excréments *m pl*

Ausscheidungskampf *m*, **Ausscheidungsspiel** *nt* SPORT match *m* éliminatoire

aus|schenken *vt (verkaufen)* servir; ***Wein an jdn ~*** servir du vin à qn

aus|scheren *vi + sein (abschwenken)* déboîter; ***nach links/rechts ~*** *Fahrzeug:* déboîter à gauche/droite

aus|schildern *vt* signaler; ***ausgeschildert*** indiqué(e)

aus|schimpfen *vt* gronder; ***jdn wegen etw ~*** gronder qn à cause de qc

aus|schlachten *vt (fam)* ❶ ***ein altes Auto ~*** mettre une vieille auto en pièces ❷ ***ein Ereignis ~*** mettre un événement à profit

aus|schlafen *irr* **I.** *vi, vr [sich] ~* dormir tout son soûl **II.** *vt* ***seinen Rausch ~*** cuver son vin/sa bière *fam*

Ausschlag *m* ❶ *einer Kompassnadel* déviation *f* ❷ MED éruption *f* [cutanée] ▶ **bei etw den ~ geben** être déterminant pour/dans qc

aus|schlagen *irr* **I.** *vt + haben* ❶ *(herausschlagen)* ***jdm einen Zahn ~*** casser une dent à qn ❷ *(ablehnen)* décliner *Angebot* **II.** *vi* ❶ *+ haben (treten) Pferd:* ruer ❷ *+ haben o sein (sich bewegen) Kompassnadel:* osciller; *Wünschelrute:* vibrer

ausschlaggebend *adj Umstand* déterminant(e); *Stimme* prépondérant(e)

aus|schließen *vt irr* ❶ *(entfernen)* exclure; ***jdn aus einer Gemeinschaft/von den Verhandlungen ~*** exclure qn d'une communauté/des négociations ❷ *(für unmöglich halten)* exclure *Fehler*

ausschließlich **I.** *adj attr Vertretung* exclusif, -ive **II.** *präp +gen* sauf

aus|schlüpfen *vi + sein Küken:* éclore

Ausschluss *m* exclusion *f*; ***unter ~ der Öffentlichkeit*** à huis clos

Ausschlussprinzip *nt* principe *m* d'exclusion

aus|schmücken *vt* décorer; ***etw mit etw*** *(dekorieren)* décorer qc avec qc; *(ausgestalten)* enjoliver qc avec qc

aus|schneiden *vt irr* découper; ***etw aus einer Zeitung ~*** découper qc dans un journal

Ausschnitt *m* ❶ *(Zeitungsausschnitt)* coupure *f* [de presse] ❷ MATH *(Sektor)* secteur *m* ❸ *(Dekolleté)* décolleté *m* ❹ *(kleiner Auszug)* ***ein ~ aus einem Foto/Film*** un détail d'une photo/un extrait d'un film

aus|schöpfen *vt* ❶ vider *Flüssigkeit* ❷ *(Gebrauch machen von)* user de *Befugnisse;* exploiter à fond *Möglichkeiten;* épuiser *Reserven*

aus|schreiben *vt irr* ❶ *(ungekürzt schreiben)* écrire en toutes lettres *Wort* ❷ *(ausstellen)* établir *Rechnung;* libeller *Scheck;* rédiger *Rezept* ❸ *(bekannt machen)* annoncer *Wahlen;* ***eine Stelle ~*** mettre un poste au concours

Ausschreibung <-, -en> *f eines Projekts, einer Arbeit* mise *f* en adjudication, appel *m* d'offres; *einer Stelle* mise au concours

Ausschreitung <-, -en> *f meist Pl (Gewalttaten)* acte *m* de violence

Ausschuss *m* ❶ *(Komitee)* comité *m*, commission *f* ❷ *kein Pl (Fehlproduktion)* rebut *m*

Ausschusssitzung *f* réunion *f* du comité

Ausschussware *f* marchandise *f* de rebut

aus|schütteln *vt* secouer *Tischtuch*

aus|schütten *vt* ❶ *(ausleeren)* vider ❷ *(ab-*

A

sondern) sécréter *Hormon* ③ FIN verser *Dividende*

Ausschüttung <-, -en> *f* FIN *einer Dividende* distribution *f*

aus|schweifen *vi + sein Fantasie:* vagabonder

ausschweifend *adj Fantasie* débordant(e); *Leben* de débauche

Ausschweifung <-, -en> *f* excès *mpl*

aus|schweigen *vr irr* ***sich ~*** garder le silence; ***sich über etw*** *akk* ~ ne rien dire au sujet de qc

aus|schwenken *vi + sein* se déporter; ***zur Seite ~*** *Anhänger:* se déporter sur le côté

aus|schwitzen *vt* ① éliminer en transpirant; ***eine Erkältung ~*** guérir un rhume en transpirant ② *(absondern)* ***die Wand schwitzt Feuchtigkeit aus*** le mur suinte, l'humidité suinte du mur

aus|sehen *vi irr* ① ***gut/schlecht ~*** avoir bonne/mauvaise mine; ***wie sieht ein Leguan aus?*** à quoi ressemble un iguane?; ***gut ~d*** beau ② *(den Anschein haben)* ***sie sieht [ganz so] aus, als …*** on dirait qu'elle …; ***nach etwas/nichts ~*** *Haus, Mantel:* faire de l'effet/ne ressembler à rien; ***es sieht nach Schnee/Regen aus*** on dirait qu'il va neiger/pleuvoir ► **so siehst du [gerade] aus!** *(fam)* à d'autres!; **sehe ich so aus?** *(fam)* est-ce que j'en ai l'air?

Aussehen <-s, -> *nt* aspect *m;* ***jdn nach dem ~ beurteilen*** juger qn sur les apparences

außen ['ausən] *adv* à l'extérieur; ***von ~*** de l'extérieur; ***nach ~ aufgehen*** *Tür:* s'ouvrir sur l'extérieur ► **~ vor bleiben** *Person:* être laissé à l'écart; *Angelegenheit:* être laissé de côté **Außenantenne** *f* antenne *f* extérieure

Außenbezirk *m* quartier *m* périphérique

Außenbordmotor *m* moteur *m* hors-bord

aus|senden *vt irr (geh)* ① *(ausschicken)* envoyer *Boten* ② *(ausstrahlen)* émettre *Signal*

Außendienst *m* visites *fpl* à la clientèle **Außenhandel** *m* commerce *m* extérieur **Außenminister(in)** *m(f)* ministre *mf* des Affaires étrangères **Außenministerium** *nt* ministère *m* des Affaires étrangères **Außenpolitik** *f* politique *f* extérieure **außenpolitisch** **I.** *adj Debatte* concernant la politique extérieure; *Kurs* de la politique extérieure **II.** *adv* en politique extérieure **Außenseite** *f eines Kleidungsstücks* endroit *m; eines Gebäudes* façade *f* extérieure

Außenseiter(in) <-s, -> *m(f)* marginal(e) *m(f);* SPORT outsider *m*

Außenspiegel *m* rétroviseur *m* extérieur **Außenstände** *Pl* dettes *fpl* actives **Außenstehende(r)** *f(m) dekl wie adj* personne *f* extérieure **Außenstelle** *f* filiale *f* **Außenstürmer(in)** *m(f)* ailier, -ière *m, f* **Außentasche** *f* poche *f* extérieure **Außentemperatur** *f* température extérieure *f* **Außenverteidiger(in)** *m(f)* SPORT défenseur(e) *m(f)* latéral(e) **Außenwand** *f* mur *m* extérieur **Außenwelt** *f kein Pl* monde *m* extérieur **Außenzelt** *nt* double-toit *m*

außer ['ausɐ] **I.** *präp +dat* ① *(ausgenommen)* ***alle ~ dir*** tous sauf toi, tous toi excepté; ***~ den Kindern habe ich niemanden gesehen*** à part les enfants, je n'ai vu personne; ***man hörte nichts ~ ihrem Atem*** on n'entendait rien que sa respiration ② *(außerhalb)* ***~ Sicht/Gefahr sein*** être hors de vue/danger ► **~ sich** *dat* **sein** être hors de soi **II.** *präp +akk* ***etw ~ [jeden] Zweifel stellen*** mettre qc hors de doute ► **~ sich geraten** sortir de ses gonds **III.** *konj* ***~ dass …*** si ce n'est que …; ***~ [wenn] …*** sauf si …

außerberuflich *adj* extra-professionnel(le)

außerdem ['ausɐde:m] *adv* en plus

außerdienstlich *adj Telefonat* privé(e)

äußere(r, s) *adj* ① *Rand, Verletzung* externe; *Planet* supérieur(e) ② *Anlass* apparent(e)

Äußere(s) ['ɔysərə(s)] *nt dekl wie adj* apparence *f;* ***ein angenehmes ~s haben*** avoir un physique agréable

außerehelich **I.** *adj Geschlechtsverkehr* extraconjugal(e); *Kind* illégitime **II.** *adv* hors mariage **außergewöhnlich** ['ausɐgə'vø:nlɪç] **I.** *adj Person, Begabung* exceptionnel(le) **II.** *adv* particulièrement

außerhalb ['ausɐhalp] **I.** *adv* à l'extérieur; ***~ wohnen*** habiter en dehors [de la ville] **II.** *präp +gen* en dehors de; ***~ der Stadt*** à la périphérie de la ville

außerirdisch *adj* extraterrestre

äußerlich ['ɔysɐlɪç] *adj* ① *Ähnlichkeit* extérieur(e); *Verletzung* externe ② *(oberflächlich)* superficiel(le); ***[rein] ~ betrachtet*** au premier abord

Äußerlichkeit <-, -en> *f* ① *(äußere Form)* superficialité *f* ② *(Unwesentliches)* détails *mpl* superficiels

äußern ['ɔysɐn] **I.** *vt* exprimer *Meinung;* émettre *Kritik* **II.** *vr* ① ***sich zu etw ~*** *(Stellung nehmen)* se prononcer sur qc; *(seine Meinung sagen)* donner son avis sur qc

❷ *(in Erscheinung treten)* ***sich durch etw ~*** *Krankheit, Unzufriedenheit:* se manifester par qc

außerordentlich ['a̯usɐ'ʔɔrdəntlɪç] **I.** *adj (ungewöhnlich)* exceptionnel(le) **II.** *adv* extrêmement

außerorts *adv* CH, A hors agglomération

außerparlamentarisch *adj* extraparlementaire **außerplanmäßig** ['a̯usɐpla:nmɛ:sɪç] **I.** *adj Besuch, Ausgaben* non prévu(e) **II.** *adv* en dehors des horaires prévus **außerschulisch** *adj* extrascolaire

äußerst ['ɔ̯ysɐst] *adv (höchst)* extrêmement; *(absolut)* vraiment

außerstande [a̯usɐ'ʃtandə] *adj* ***~ sein etw zu tun*** être dans l'impossibilité de faire qc; *(körperlich unfähig sein)* être hors d'état de faire qc

äußerste(r, s) *adj* ❶ ***der ~ Punkt*** le point le plus éloigné; ***am ~n Ende des Tisches*** à l'extrémité de la table ❷ *Zugeständnis, Preis* dernier, -ière; ***mit ~r Kraft*** de toutes ses/mes/... forces

Äußerste(s) *nt dekl wie adj* ***auf das ~ gefasst sein*** s'attendre au pire; ***bis zum ~n gehen*** aller jusqu'au bout

äußerstenfalls ['ɔ̯ysɐstən'fals] *adv* [tout] au plus

Äußerung <-, -en> *f (Bemerkung)* observation *f; (Aussage)* propos *mpl*

aus|setzen I. *vt* ❶ abandonner *Kind, Haustier;* lâcher *Wild* ❷ *(preisgeben)* ***jdn/etw einer Gefahr*** *dat* exposer qn/qc à un danger; ***heftigen Vorwürfen ausgesetzt sein*** faire l'objet de reproches virulents ❸ *(festsetzen)* offrir *Belohnung;* accorder *Summe* ❹ *(unterbrechen)* suspendre *Verhandlung;* cesser *Rückzahlung, Zinsen* ❺ JUR surseoir *Strafverfolgung* ❻ *(bemängeln)* ***an jdm/etw etwas auszusetzen haben*** avoir quelque chose à redire à qn/qc **II.** *vr* ***sich einer Gefahr*** *dat* ~ s'exposer à un danger **III.** *vi* ❶ *(pausieren)* ***bei etw ~*** faire une pause au cours de qc; ***eine Runde ~*** passer son tour ❷ *(versagen) Atmung, Herz:* s'arrêter; *Motor:* caler; *Zündung:* avoir des ratés

Aussetzer <-s, -> *m* TECH *(fam)* raté *m*

Aussicht *f* ❶ *(Blick)* vue *f;* ***~ auf etw*** *akk* vue sur qc ❷ *(Chance)* chance *f;* ***das sind ja schöne ~en!*** *(iron fam)* ça promet! ▸ **etw in ~ haben** avoir qc en vue; **jdm etw in ~ stellen** laisser entrevoir qc à qn

aussichtslos *adj* vain(e); ***so gut wie ~ sein*** être quasiment impossible

Aussichtslosigkeit <-> *f einer Situation* caractère *m* désespéré

Aussichtspunkt *m* point *m* de vue **aussichtsreich** *adj* prometteur, -euse **Aussichtsturm** *m* belvédère *m*

aus|sieben *vt (fam)* ❶ sélectionner; ***die Besten aus einer Gruppe ~*** sélectionner les meilleurs d'un groupe ❷ ***ungeeignete Bewerber ~*** trier les candidats non qualifiés

aus|siedeln *vt* expatrier

Aussiedler(in) <-s, -> *m(f) (Emigrant)* émigrant(e) *m(f); (Zurückgekehrte)* rapatrié(e) *m(f)*

aus|sitzen *vt irr (fam)* résoudre par l'attentisme *Problem*

aus|söhnen ['a̯uszø:nən] *vr* ***sich ~*** se réconcilier; ***sich mit jdm ~*** se réconcilier avec qn

Aussöhnung <-, -en> *f* réconciliation *f*

aus|sondern *vt (als nicht geeignet ansehen)* trier; *(als geeignet ansehen)* sélectionner

aus|sortieren* *vt* trier

aus|spannen I. *vt (fam: abspenstig machen)* ***er hat ihm die Freundin ausgespannt*** il lui a piqué sa petite amie **II.** *vi Person:* se détendre

aus|sparen *vt* ❶ *(frei lassen)* ne pas recouvrir *Fläche, Platz* ❷ *(ausnehmen)* laisser de côté *Frage, Thema*

Aussparung <-, -en> *f* emplacement *m*

aus|sperren I. *vt* ❶ ***jdn ~*** enfermer qn dehors ❷ *(von der Arbeit ausschließen)* lock-outer **II.** *vr* ***sich ~*** s'enfermer dehors *(en laissant les clés à l'intérieur)*

Aussperrung <-, -en> *f* lock-out *m*

aus|spielen I. *vt* ❶ jouer *Karte, Trumpf* ❷ *(manipulativ einsetzen)* ***jdn gegen jdn ~*** se servir de qn contre qn **II.** *vi (das Spiel eröffnen)* ouvrir la partie; *(eine Karte ablegen)* jouer une carte

aus|spionieren* *vt* espionner

Aussprache *f* ❶ *kein Pl (Artikulation)* prononciation *f* ❷ *(Unterredung)* explication *f*

aus|sprechen *irr* **I.** *vt* ❶ *(artikulieren)* prononcer *Laut, Wort* ❷ *(äußern)* dire *Satz, Verleumdung;* exprimer *Meinung, Verdächtigung;* donner *Warnung* ❸ *(ausdrücken)* ***jdm sein Bedauern ~*** exprimer son regret à qn ❹ JUR prononcer *Scheidung, Strafe* **II.** *vr* ❶ *(offen sprechen)* ***sich mit jdm über etw*** *akk* ~ s'expliquer à propos de qc avec qn ❷ *(Stellung beziehen)* ***sich für/gegen jdn/etw ~*** se prononcer pour/contre qn/qc **III.** *vi* finir [de parler]; ***lassen Sie mich doch ~!*** laissez-moi finir!

A

Ausspruch *m* ❶ *(Bemerkung)* remarque *f* ❷ *(geflügeltes Wort)* bon mot *m*

aus|spucken *vt, vi* cracher; ***vor jdm** ~* cracher devant qn

aus|spülen *vt* rincer *Geschirr;* ***sich** dat **den Mund** ~* se rincer la bouche

aus|staffieren* *vt* ❶ *(einrichten)* aménager *Raum* ❷ *(einkleiden)* ***jdn mit etw** ~* affubler qn de qc *fam*

Ausstand *m* ❶ *(Streik)* grève *f;* ***in den ~ treten*** se mettre en grève ❷ SDEUTSCH, A, CH *(Abschiedsfeier)* retrait *m;* ***seinen ~ geben*** fêter son départ

aus|stanzen *vt* découper; ***etw aus einer Metallfolie** ~* découper qc dans une feuille de métal

aus|statten ['aʊsʃtatən] *vt* ❶ installer *Raum* ❷ *(versehen, ausrüsten)* ***jdn mit etw** ~* équiper qn de qc

Ausstattung <-, -en> *f* ❶ *(Ausrüstung)* équipement *m* ❷ *(Einrichtung)* agencement *m*

aus|stechen *vt irr* ❶ *(zerstören, entfernen)* crever *Auge* ❷ *(übertreffen)* supplanter

Ausstechform *f* emporte-pièce *m*

aus|stehen *irr* **I.** *vt* supporter *Qualen;* ***große Angst um jdn** ~* avoir très peur pour qn ▶ **jdn/etw nicht ~ können** *(fam)* ne pas pouvoir supporter qn/qc **II.** *vi* ❶ *(anstehen)* ***[noch]** ~ Antwort:* ne pas être encore là; *Stellungnahme:* être attendu ❷ COM, FIN être dû

aus|steigen *vi irr + sein* ❶ descendre; ***aus dem Bus/Zug** ~* descendre du bus/train ❷ *(fam: aufgeben)* ***aus etw** ~* abandonner qc

Aussteiger(in) <-s, -> *m(f) (sich von der Gesellschaft Abwendender)* marginal(e) *m(f)*

aus|stellen **I.** *vt* ❶ *(zur Schau stellen)* exposer *Waren, Bilder* ❷ *(ausfertigen)* établir *Rechnung;* délivrer *Bescheinigung;* ***einen Scheck auf jdn** ~* émettre un chèque au nom de qn ❸ *(fam: abstellen)* éteindre *Radio;* arrêter *Kaffeemaschine* **II.** *vi Künstler:* exposer

Aussteller(in) <-s, -> *m(f)* ❶ exposant(e) *m(f)* ❷ *eines Schecks* tireur, -euse *m, f* ❸ *(ausstellende Behörde)* bureau *m* de délivrance

Ausstellung <-, -en> *f* ❶ *(Kunstausstellung, Messe)* exposition *f* ❷ *kein Pl (Ausfertigung) einer Rechnung* établissement *m; einer Urkunde* délivrance *f; eines Schecks* émission *f*

Ausstellungsstück *nt* modèle *m* d'exposition

aus|sterben *vi irr + sein Familie, Geschlecht:* s'éteindre; *Tierart, Pflanzenart:* disparaître

Aussterben *nt einer Familie* extinction *f; einer Tierart* disparition *f*

Aussteuer <-, -n> *f* trousseau *m*

Ausstieg <-[e]s, -e> *m* ❶ *kein Pl (das Aussteigen)* descente *f* ❷ *(Ausgang) eines Busses, Wagens* sortie *f* ❸ *kein Pl (das Aufgeben)* ***der ~ aus der Atomenergie*** la sortie du nucléaire

aus|stopfen *vt* ❶ *(präparieren)* empailler *Tier* ❷ *(ausfüllen)* bourrer *Kissen;* calfeutrer *Ritze*

Ausstoß *m* ❶ *(Produktion)* production *f* ❷ *(Emission) von Schadstoffen* émission *f*

aus|stoßen *vt irr* ❶ *(von sich geben)* pousser *Laut, Schrei;* proférer *Drohung* ❷ *(herausstoßen)* rejeter *Staub, Gas;* expulser *Plazenta* ❸ *(aus einer Organisation ausschließen)* exclure; *(aus einer Gemeinschaft ausschließen)* rejeter

aus|strahlen **I.** *vt + haben* ❶ *(abstrahlen, senden)* diffuser ❷ *(verbreiten)* exprimer *Ruhe;* répandre *Unruhe* **II.** *vi + sein* ❶ *(sich ausdehnen) Wärme:* se diffuser; *Licht:* jaillir ❷ *(übergehen)* ***auf jdn/etw** ~* gagner qn/qc

Ausstrahlung *f* ❶ *(Wirkung) einer Person* rayonnement *m* ❷ *(das Senden)* diffusion *f*

aus|strecken **I.** *vt* tendre *Arm;* sortir *Fühler* **II.** *vr* ***sich** ~* s'étirer; ***ausgestreckt daliegen*** être étendu là de tout son long

aus|streichen *vt irr* ❶ *(wegstreichen)* rayer *Wörter, Zeilen* ❷ *(innen bestreichen)* enduire *Auflaufform;* ***eine Backform mit Butter** ~* beurrer un moule à gâteau ❸ *(glätten)* lisser *Knitterfalten*

aus|streuen *vt (verstreuen)* répandre *Vogelfutter*

aus|strömen **I.** *vt + haben* ❶ *(austreten lassen)* exhaler *Duft;* dégager *Kälte, Wärme* ❷ *(verbreiten)* répandre *Ruhe* **II.** *vi + sein* ❶ *(herauskommen)* ***aus etw** ~ Wasser:* s'écouler de qc; *Gas:* s'échapper de qc ❷ *(ausgehen)* ***von jdm/etw** ~ Duft:* émaner de qn/qc ❸ *(ausstrahlen)* ***von etw** ~ Hitze, Wärme:* se dégager de qc

aus|suchen *vt* choisir

Austausch *m* échange *m;* ***im ~ gegen etw*** en échange de qc

austauschbar *adj* ❶ *Teil* remplaçable; *Begriffe* interchangeable ❷ *(nicht unverwechselbar)* ***~ sein** Person:* être permutable

aus|tauschen **I.** *vt* ❶ *(ersetzen)* remplacer *Spieler;* échanger *Motor* ❷ *(wechselseitig geben)* échanger *Gefangene, Erfahrungen* **II.** *vr* ***sich über jdn/etw ~*** parler de qn/qc

Austauschschüler(in) *m(f)* élève *mf* qui participe à un échange scolaire

aus|teilen *vt* ❶ *(verteilen)* distribuer *Essen, Spielkarten* ❷ *(erteilen)* donner *Schläge;* administrer *Sakrament*

Auster ['au̯stɐ] <-, -n> *f* huître *f*

Austernpilz *m* pleurote *m*

aus|toben *vr* ***sich ~*** *Kind:* se défouler; *Erwachsener:* mener une vie de bâton de chaise

aus|tragen *vt irr* ❶ *(zustellen)* ***die Post ~*** distribuer le courrier [à domicile] ❷ *(stattfinden lassen)* régler *Konflikt;* disputer *Wettkampf* ❸ *(bis zur Geburt behalten)* garder *Kind*

Austragung <-, -en> *f eines Wettkampfs* déroulement *m*

Austragungsort *m* lieu *m* organisateur de la compétition

Australien [au̯s'traːli̯ən] <-s> *nt* l'Australie *f*

Australier(in) <-s, -> *m(f)* Australien(ne) *m(f)*

australisch *adj* australien(ne)

aus|treiben *vt irr* ❶ *(abgewöhnen)* ***jdm seine Launen ~*** faire passer ses humeurs à qn ❷ *(geh: verbannen)* exorciser *Dämon*

aus|treten *irr* **I.** *vi + sein* ❶ *(nach außen treten) Flüssigkeit:* s'écouler; *Gas:* s'échapper; *Blut:* couler ❷ *nur Infin (fam: zur Toilette gehen)* aller quelque part ❸ *(ausscheiden)* ***aus einer Partei ~*** quitter un parti; ***aus der Kirche ~*** se détourner de l'Église **II.** *vt + haben* ❶ *(auslöschen)* ***das Feuer ~*** éteindre le feu avec les pieds; ***eine Zigarettenkippe ~*** écraser un mégot [du pied] ❷ *(abnutzen)* élargir *Schuhe*

aus|tricksen *vt (fam)* feinter *Fußballspieler*

aus|trinken *irr* **I.** *vt* finir *Getränk;* vider *Tasse, Glas* **II.** *vi* vider son verre

Austritt *m* ❶ *kein Pl (das Herauskommen) von Wasser* fuite *f; von Gas* émission *f; von Blut* écoulement *m* ❷ *(das Ausscheiden)* démission *f*

aus|trocknen **I.** *vt + haben* ❶ *(trockenlegen)* assécher *Sumpf* ❷ *(trocken machen)* dessécher *Haut* **II.** *vi + sein Wasserlauf:* tarir; *Haut:* se déshydrater; *Brot, Käse:* se dessécher

aus|tüfteln *vt (fam)* bricoler *Konstruktion, Computerprogramm;* mijoter *Plan*

aus|üben *vt* ❶ *(praktizieren, innehaben)* exercer ❷ *(wirksam werden lassen)* ***Einfluss auf jdn ~*** exercer une influence sur qn; ***auf jdn Druck ~*** faire pression sur qn

Ausübung *f* exercice *m;* ***in ~ ihrer Pflicht*** dans l'exercice de ses fonctions

aus|ufern *vi + sein* dégénérer; ***in eine endlose Diskussion ~*** dégénérer en une discussion interminable

Ausverkauf *m* soldes *mpl*

aus|verkaufen* *vt* ❶ ***die Sandalen ~*** vendre toutes les sandalettes ❷ *(räumen)* ***das Lager ~*** liquider totalement les stocks

ausverkauft *adj Artikel, Sonderangebot* épuisé(e); *Konzert, Veranstaltung* complet, -ète

Auswahl *f (Wahl, Sortiment)* choix *m*

aus|wählen **I.** *vt* choisir; ***sich*** *dat* ***jdn/etw ~*** choisir qn/qc; ***jdn unter mehreren Bewerbern ~*** choisir qn parmi plusieurs candidats **II.** *vi* choisir

Auswahlmenü *nt* INFORM barre *f* de sélection **Auswahlspieler(in)** *m(f)* joueur, -euse *m, f* sélectionné(e) **Auswahlverfahren** *nt* sélection *f*

Auswanderer, **Auswanderin** *m, f* émigrant(e) *m(f)*

aus|wandern *vi + sein* émigrer; ***nach Australien/in die USA ~*** émigrer en Australie/aux Etats-Unis

Auswanderung *f* émigration *f*

auswärtig ['au̯svɛrtɪç] *adj attr* ❶ *(auswärts befindlich)* étranger, -ère ❷ *(von auswärts stammend)* [qui vient] de l'extérieur ❸ POL *Angelegenheiten* extérieur(e); *Vertretung* étranger, -ère

auswärts ['au̯svɛrts] *adv wohnen, spielen* à l'extérieur; ***von ~ kommen*** venir de l'extérieur; ***~ essen*** manger en ville

Auswärtsspiel *nt* match *m* à l'extérieur

aus|waschen *irr* **I.** *vt* ❶ *(beseitigen)* ***die Flecken aus einem Kleid ~*** faire partir les taches d'une robe en la lavant ❷ *(säubern)* laver *Geschirr, Wunde;* rincer *Pinsel, Wäsche* **II.** *vr* ***sich ~*** *Farbe:* passer

Auswechselbank <-bänke> *f* banc *m* des remplaçants

auswechselbar *adj Begriff* interchangeable; *Teil, Element* remplaçable

aus|wechseln *vt* remplacer *Spieler;* changer *Zündkerzen*

Auswechselspieler(in) *m(f)* remplaçant(e) *m(f)*

Auswechs[e]lung <-, -en> *f einer Person* remplacement *m; einer Geschäftsleitung, eines Teils* changement *m*

Ausweg *m* issue *f*

A

A

ausweglos *adj Lage* sans issue; *Situation* désespéré(e)
Ausweglosigkeit <-> *f* désespoir *m*
aus|weichen *vi irr + sein* ❶ éviter; ***jdm/einer S. ~*** éviter qn/qc; ***nach links/rechts ~*** *(ein Hindernis umgehen)* faire une embardée sur la gauche/droite ❷ *(fig)* ***jdm/einer S. ~*** se défiler devant qn *fam/* esquiver qc; ***~de Antworten geben*** répondre évasivement ❸ *(als Alternative wählen)* ***auf etw** akk* ~ se rabattre sur qc
Ausweichmanöver *nt* ❶ manœuvre *f* d'évitement ❷ *(Ausflucht)* échappatoire *f*
aus|weinen *vr* ***sich ~*** soulager son cœur; ***sich bei jdm ~*** soulager son cœur auprès de qn
Ausweis ['au̯svai̯s] <-es, -e> *m* carte *f*; *(Personalausweis)* carte *f* d'identité
aus|weisen *irr* **I.** *vt* ❶ *(des Landes verweisen)* expulser ❷ *(Identität nachweisen)* ***jdn als Betrüger ~*** *Papiere:* prouver que qn est un fraudeur **II.** *vr* ***sich ~*** justifier son identité
Ausweiskontrolle *f* contrôle *m* d'identité
Ausweispapiere *Pl* pièce *f* d'identité
Ausweisung *f (Abschiebung)* expulsion *f*
aus|weiten **I.** *vt* ❶ *(weiter machen)* élargir ❷ *(verbessern)* développer *Kontakte, Handel* **II.** *vr* ❶ ***sich ~*** *Kleidung:* s'élargir; *Gummiband:* se distendre ❷ *(sich ausdehnen)* ***sich zu etw ~*** *Konflikt:* dégénérer en qc
Ausweitung <-, -en> *f eines Konflikts* extension *f*
auswendig *adv* ***etw ~ lernen/können*** apprendre/savoir qc par cœur
aus|werfen *vt irr* ❶ jeter *Anker, Netz* ❷ *(ausstoßen)* cracher *Lava, Asche* ❸ INFORM sortir *Informationen* ❹ *(verteilen)* allouer *Dividende*
aus|werten *vt* éplucher *Zeitungen, Prospekte;* dépouiller *Statistiken*
Auswertung *f von Zeitungen, Prospekten* épluchage *m; einer Statistik* dépouillement *m*
aus|wickeln *vt* enlever le papier de *Geschenk*
aus|wiegen *vt irr* peser
aus|wirken *vr* ***sich ~*** avoir des répercussions; ***sich negativ/positiv auf etw** akk* ~ avoir des répercussions négatives/positives sur qc
Auswirkung *f* répercussion *f souvent pl*
aus|wischen *vt* ❶ *(löschen)* effacer ❷ *(säubern)* essuyer ▶ **jdm eins ~** *(fam)* jouer un sale tour à qn
aus|wringen ['au̯svrɪŋən] *vt irr* tordre
Auswuchs <-es, -wüchse> *m* ❶ MED excroissance *f* ❷ *(Missstand)* excès *m;* ***Auswüchse der Fantasie*** aberrations *f pl* de l'imagination
aus|wuchten *vt* équilibrer
Auswurf *m* ❶ MED expectoration *f* ❷ *kein Pl (das Auswerfen) von Asche, Lava* projection *f*
aus|zahlen *vt* ❶ *(Betrag aushändigen)* verser *Gehalt;* rembourser *Pflichtteil* ❷ *(abfinden)* régler *Arbeiter;* désintéresser *Gläubiger;* rembourser *Kompagnon, Miterben*
aus|zählen *vt* ❶ dépouiller *Stimmen* ❷ SPORT ***jdn ~*** compter qn K.-O.
Auszahlung *f* ❶ *eines Gehalts, von Spesen* versement *m; eines Erbteils* paiement *m; eines Pflichtteils* remboursement *m;* ***die ~ der Löhne*** la paie ❷ *(Abfindung) einer Person* remboursement *m*
Auszählung *f von Stimmen* dépouillement *m*
aus|zeichnen **I.** *vt* ❶ *(mit Preisschild versehen)* étiqueter *Ware* ❷ *(ehren)* ***jdn mit einem Preis/Orden ~*** décerner un prix/une médaille à qn ❸ *(hervorheben)* distinguer *Person* **II.** *vr* ***sich durch etw ~*** se distinguer par qc
Auszeichnung *f* ❶ *kein Pl (das Auszeichnen) eines Artikels* étiquetage *m* ❷ *kein Pl (das Ehren)* distinction *f* honorifique ❸ *(Orden)* décoration *f* ❹ *(Preis)* prix *m;* ***etw mit ~ bestehen*** réussir qc avec mention
Auszeit *f* SPORT temps *m* mort
ausziehbar *adj Antenne* télescopique; *Tisch* à rallonges
aus|ziehen *irr* **I.** *vt + haben* ❶ *(entkleiden)* déshabiller *Person* ❷ *(ablegen)* enlever *Kleidungsstück* ❸ *(verlängern)* [r]allonger *Tisch;* [é]tirer *Antenne* **II.** *vi + sein (Wohnung aufgeben)* déménager **III.** *vr + haben* ***sich ~*** se déshabiller
Ausziehtisch *m* table *f* à rallonges
Auszubildende(r) <-n, -n> *f(m) dekl wie adj* apprenti(e) *m(f)*
Auszug <-[e]s, -züge> *m* ❶ *(Umzug)* déménagement *m* ❷ *(Auswanderung)* procession *f;* ***der ~ aus Ägypten*** l'Exode *m* [des Hébreux] ❸ *(Ausschnitt) eines Textes, einer Rede* extrait *m* ❹ *(Kontoauszug)* relevé *m*
auszugsweise *adv* par extraits
autark [au̯'tark] *adj Land* qui vit dans l'autarcie; *Wirtschaft* autosuffisant(e)
Autarkie [au̯tar'kiː] <-, -i̯en> *f (wirtschaftlich)* autosuffisance *f; (landwirtschaftlich)* autarcie *f*
authentisch [au̯'tɛntɪʃ] *adj* authentique

Authentizität [autɛntitsi'tɛ:t] <-> *f* authenticité *f*

Autismus [au'tɪsmʊs] <-> *m* MED autisme *m*

autistisch *adj* MED autiste

Auto ['auto] <-s, -s> *nt* voiture *f*; ***~ fahren*** conduire; *(mitfahren)* aller en voiture; ***mit dem ~ fahren*** prendre la voiture; *(mitfahren)* aller en voiture

Autoatlas *m* atlas *m* routier

Autobahn *f* autoroute *f*

Autobahnausfahrt *f* sortie *f* d'autoroute **Autobahndreieck** *nt* échangeur *m* **Autobahngebühr** *f* péage *m* **Autobahnkreuz** *nt* échangeur *m* **Autobahnpolizei** *f* gendarmerie *f* **Autobahnraststätte** *f* restoroute *m*

Autobatterie *f* batterie *f* de voiture

Autobiografie [autobiogra'fi:] *f* autobiographie *f*

autobiografisch [autobio'gra:fɪʃ] *adj* autobiographique

Autobombe *f* voiture *f* piégée

Autodidakt(in) [autodi'dakt] <-en, -en> *m(f)* autodidacte *mf* **autodidaktisch** *adj* autodidacte

Autodieb(in) *m(f)* voleur, -euse *m, f* de voiture[s] **Autodiebstahl** *m* vol *m* de voiture **Autofähre** *f* [car-]ferry *m* **Autofahrer(in)** *m(f)* automobiliste *mf* **Autofahrt** *f* trajet *m* en voiture

autogen [auto'ge:n] *adj* TECH, PSYCH autogène

Autogramm [auto'gram] <-s, -e> *nt* autographe *m*

Autohändler(in) *m(f)* vendeur, -euse *m, f* de voitures **Autokennzeichen** *nt* numéro *m* d'immatriculation; *(Schild)* plaque *f* d'immatriculation **Autokino** *nt* ciné-parc *m* **Autoknacker(in)** ['autoknakɐ] <-s, -> *m(f)* *(fam)* cambrioleur, -euse *m, f* de voitures

Autokrat(in) [auto'kra:t] <-en, -en> *m(f)* autocrate *mf*

Autokratie [autokra'ti:] <-, -ien> *f* autocratie *f*

autokratisch *adj* autocratique

Automarke *f* marque *f* [de voiture]

Automat [auto'ma:t] <-en, -en> *m* *(Verkaufsautomat)* distributeur *m* [automatique]; *(Musikautomat)* juke-box *m*; *(Spielautomat)* machine *f* à sous

Automatik [auto'ma:tɪk] <-, -en> *f* ❶ *(Steuerungsautomatik)* automatisme *m* ❷ AUT embrayage *m* automatique

Automatikgetriebe *nt* boîte *f* [de vitesses] automatique

automatisch [auto'ma:tɪʃ] *adj* automatique

automatisieren* [automati'zi:rən] *vt* automatiser

Automatisierung <-, -en> *f* automatisation *f*

Automatismus [automa'tɪsmʊs] <-, -tismen> *m* MED automatisme *m*

Automechaniker(in) *m(f)* mécanicien(ne) *m(f)* [-auto]

Automobilindustrie *f* industrie *f* automobile

autonom [auto'no:m] *adj* autonome

Autonome(r) *f(m)* *dekl wie adj* autonomiste *mf*

Autonomie [autono'mi:] <-, -ien> *f* autonomie *f*

Autonummer *f* numéro *m* d'immatriculation

Autopilot *m* TECH pilotage *m* automatique

Autopsie [autɔ'psi:] <-, -ien> *f* autopsie *f*

Autor, Autorin ['auto:ɐ̯] <-s, -toren> *m, f* auteur *mf*

Autoradio *nt* autoradio *m* **Autoreifen** *m* pneu *m* [de voiture] **Autorennen** *nt* course *f* automobile

autorisieren* [autori'zi:rən] *vt* autoriser

autoritär [autori'tɛ:ɐ̯] *adj* autoritaire

Autorität [autori'tɛ:t] <-, -en> *f* autorité *f*

autoritätsgläubig *adj* *(pej)* *Person* qui accepte aveuglément une autorité

Autoschlange *f* file *f* de voitures **Autoschlüssel** *m* clé *f* de voiture **Autoskooter** ['autosku:tɐ] <-s, -> *m* auto *f* tamponneuse **Autostunde** *f* heure *f* de voiture; ***eine von Köln entfernt*** à une heure de voiture de Cologne

Autosuggestion [autozʊgɛs'ti̯o:n] *f* autosuggestion *f* **autosuggestiv** [autozʊgɛs'ti:f] *adj* *Methode, Techniken* autosuggestif, -ive

Autotelefon *nt* radiotéléphone *m* **Autotür** *f* portière *f* **Autounfall** *m* accident *m* de voiture **Autoverkehr** *m* circulation *f* [automobile] **Autoverleih** *m*, **Autovermietung** *f* *(Unternehmen)* société *f* de location de voitures; *(Niederlassung)* agence *f* de location de voitures **Autowerkstatt** *f* garage *m* **Autowrack** *nt* épave *f* de voiture

autsch [autʃ] *interj* *(fam)* aïe

auweh [aʊ've:], **auwei[a]** *interj* oh là là

Avantgarde [avɑ̃'gardə] <-, -n> *f* *(geh)* avant-garde *f*

avantgardistisch [avɑ̃gar'dɪstɪʃ] *adj* avant-gardiste

Aversion [avɛr'zi̯o:n] <-, -en> *f* aversion *f*; ***eine ~ gegen jdn/etw haben*** avoir qn/qc en aversion

B

Avocado [avo'ka:do] <-, -s> *f* avocat *m*
Ạxt [akst, *Pl:* 'ɛkstə] <-, Ạ̈xte> *f* hache *f*
Ayurveda, Ayurweda [ajʊr've:da] <-[s]; *kein Pl*> *m* ayurvéda *m*
Azalee [atsa'le:ə] <-, -n> *f* azalée *f*
Azoren [a'tso:rən] *Pl **die** ~* les Açores *fpl*
Azteke, Aztekin [ats'te:kə] <-n, -n> *m, f* Aztèque *mf*
Azubi [a'tsu:bi] <-s, -s> *m,* <-, -s> *f Abk von* **Auszubildende**(**r**) apprenti(e) *m(f)*
azurblau [a'tsu:ɐ̯-] *adj (geh)* bleu azur *inv*

Bb

B, b [be:] <-, -> *nt* ❶ *(Buchstabe)* B *m* / b *m* ❷ MUS *(Note, Ton)* si *m* bémol; *(Erniedrigungszeichen)* bémol *m*
bạbbeln ['babəln] DIAL **I.** *vt* jacasser; ***Unsinn** ~* raconter des âneries **II.** *vi Baby:* babiller
Baby ['be:bi] <-s, -s> *nt* bébé *m* **Babyboom** ['be:bibu:m] *m* baby-boom *m*
Babyfon® [be:bi'fo:n] <-s, -e> *nt* babyphone *m* **Babyjahr** *nt (fam)* congé *m* parental d'éducation
Babylon ['ba:bylɔn] <-s> *nt* HIST Babylone
babysitten ['be:bizɪtən] *vi nur Infin* faire du baby-sitting **Babysitter**(**in**) ['be:bizɪtɐ] <-s, -> *m(f)* baby-sitter *mf* **Babyspeck** *m (hum fam)* rondeurs *fpl* de bébé **Babytragetasche** *f* porte-bébé *m*
Bạch [bax, *Pl:* 'bɛçə] <-[e]s, Bạ̈che> *m* ruisseau *m; (Gebirgsbach)* torrent *m*
Bachelor ['bɛtʃəlɐ] <-[s], -s> *m* bachelor *m;* ***das Studium mit dem ~ abschließen*** terminer ses études de licence; ***den ~ machen*** faire une licence
Bachelorstudiengang ['bɛtʃəlɐ-] *m* études *fpl* de bachelor [*o* de Bachelor]
Bạchstelze *f* bergeronnette *f*
Bạckblech *nt* plaque *f* de four
Bạckbord ['bakbɔrt] <-[e]s, *selten:* -e> *nt* NAUT bâbord *m*
bạckbord[s] *adv* NAUT à bâbord
Bạcke ['bakə] <-, -n> *f* ❶ *(Wange)* joue *f* ❷ *(fam: Pobacke)* fesse *f* ❸ TECH *eines Schraubstocks, einer Bremse* mâchoire *f*
bạcken ['bakən] <bạckt *o* bạ̈ckt, bạckte, gebạcken> **I.** *vt* faire *Brot, Kuchen;* ***selbst gebacken*** fait maison **II.** *vi* cuire
Bạckenbart *m* favoris *mpl* **Bạckenknochen** *m* pommette *f* **Bạckenzahn** *m* molaire *f*
Bạ̈cker ['bɛkɐ] <-s, -> *m* ❶ boulanger *m* ❷ *(Bäckerei)* ***zum ~ gehen*** aller à la boulangerie; ***beim ~*** chez le boulanger
Bäckerei [bɛkə'raɪ̯] <-, -en> *f* boulangerie *f*
Bạ̈ckerin <-, -nen> *f* boulangère *f*
Bạ̈ckerladen *m* boulangerie *f* **Bạ̈ckermeister**(**in**) *m(f)* maître *m* boulanger
Bạckfisch *m* poisson *m* frit **Bạckform** *f* moule *m* à gâteau
Backgammon ['bɛkgɛmən] <-[s]; *kein Pl*> *nt* backgammon *m*
Bạckmischung *f* préparation *f* instantanée pour gâteaux **Bạckobst** *nt* fruits *mpl* secs **Bạckofen** *m* four *m* **Bạckpapier** *nt kein Pl* papier *m* de cuisson **Bạckpfeife** *f* DIAL gifle *f* **Bạckpflaume** *f* pruneau *m* **Bạckpulver** *nt* levure *f* chimique
Backslash ['bɛkslɛʃ] <-s, -s> *m* INFORM barre *f* oblique inverse [*o* inversée]
Backspace-Taste ['bɛkspeɪstastə] *f* INFORM touche *f* "retour arrière"
Bạckstein *m* brique *f* **Bạckstube** *f* fournil *m*
Backup [bɛk'ʔap] *nt* INFORM copie *f* de sauvegarde
Bạckwaren *Pl* pâtisseries *fpl*
Bad [ba:t, *Pl:* 'bɛ:dɐ] <-[e]s, Bäder> *nt* ❶ *a.* CHEM bain *m* ❷ *(das Schwimmen)* baignade *f* ❸ *(Badezimmer)* salle *f* de bains ❹ *(Schwimmbad)* piscine *f* ❺ *(Kurort)* station *f* thermale; *(Seebad)* station balnéaire
Badeanzug *m* maillot *m* de bain [une pièce] **Badehandtuch** *nt* drap *m* de bain **Badehose** *f* maillot *m* de bain **Badekappe** *f* bonnet *m* de bain **Badelatschen** *m (fam)* tongs *fpl* **Bademantel** *m* peignoir *m* **Badematte** *f* tapis *m* de bain **Bademeister**(**in**) *m(f)* maître-nageur *m* **Bademütze** *s.* **Badekappe**
baden ['ba:dən] **I.** *vi* ❶ prendre un bain; ***heiß** ~* prendre un bain bouillant ❷ *(schwimmen)* ***in einem See** ~* se baigner dans un lac **II.** *vt* donner un bain à *Kind*

Baden ['ba:dən] <-s> *nt* le Bade
Badenixe *f (hum)* sirène *f*
Baden-Württemberg ['ba:dən'vʏrtəmbɛrk] <-s> *nt* le Bade-Wurtemberg
Badeort *s.* **Bad** **Badesaison** [-zɛzõ:, -zɛzɔŋ] *f* saison *f* balnéaire **Badesalz** *nt* sels *mpl* de bain **Badestrand** *m* plage *f* **Badetuch** *s.* **Badehandtuch** **Badewanne** *f* baignoire *f* **Badewasser** *nt* eau *f* du bain **Badewetter** *nt* temps *m* idéal pour se baigner **Badezimmer** *nt* salle *f* de bains **Badezusatz** *m (Salz/Öl)* sels *mpl*/ huile *f* de bain
Badminton ['bɛtmɪntən] <-> *nt* badminton *m*
Badmintonplatz *m* terrain *m* de badminton **Badmintonschläger** *m* raquette *f* de badminton
baff [baf] *adj (fam)* ***da bist du baff, was?*** ça t'en bouche un coin, hein?
BAföG ['ba:fœk] <-[s]> *nt Abk von* **Bundesausbildungsförderungsgesetz** *(fam: Stipendium)* ≈ bourse *f* d'études *(en partie à titre de prêt)*
Bagatelldelikt [baga'tɛl-] *nt* affaire *f* mineure
Bagatelle [baga'tɛlə] <-, -n> *f* bagatelle *f*
bagatellisieren* [bagatɛli'zi:rən] **I.** *vt* minimiser **II.** *vi* minimiser l'affaire
Bagatellschaden *m* dommage *m* minime
Bagel ['beɪgl̩] <-s, -s> *m* GASTR bagel *m*
Bagger ['bagɐ] <-s, -> *m* excavatrice *f*
baggern ['bagɐn] **I.** *vt* creuser *Baugrube;* ***Sand*** ~ excaver du sable **II.** *vi* creuser
Baggersee *m* lac *m* artificiel
Baguette [ba'gɛt] <-s, -s> *nt* baguette *f*
bäh [bɛ:] *interj* ❶ *(Ausdruck des Ekels)* be[u]rk, pouah; ***das ist*** ~ *(Kinderspr.)* c'est caca *enfantin* ❷ *(Ausdruck der Schadenfreude)* tralalalalère ❸ *(Laut eines Schafs)* mê; ~ ***machen*** *(Kinderspr.)* faire mê *enfantin*
Bahamas [ba'ha:mas] *Pl* ***die*** ~ les Bahamas *fpl*
Bahn [ba:n] <-, -en> *f* ❶ *(Eisenbahn)* train *m;* ***mit der*** ~ par le train; ***per*** ~ par voie ferrée ❷ *(Verkehrsnetz, Verwaltung der Eisenbahn)* chemins *mpl* de fer ❸ *(Straßenbahn)* tram *m* ❹ SPORT piste *f; eines Schwimmbeckens* couloir *m* ❺ *einer Rakete* trajectoire *f; eines Himmelskörpers* orbite *f* ❻ *(Stoffbahn)* lé *m; (Tapetenbahn)* panneau *m* ❼ *(Fahrbahn)* voie *f* ► ~ **frei!** cédez le passage!; **aus der ~!** barrez-vous! *fam*
Bahnbeamte(r) *m dekl wie adj,* **Bahnbeamtin** *f* employé(e) *m(f)* des chemins de fer
bahnbrechend *adj* révolutionnaire
Bahndamm *m* remblai *m*
bahnen ['ba:nən] *vt* ***sich dat einen Weg*** ~ *Person:* se frayer un chemin; *Fluss:* se creuser un passage
Bahnfahrt *f* voyage *m* en train **Bahngleis** *nt* voie *f* ferrée **Bahnhof** *m* gare *f*
Bahnhofshalle *f* hall *m* de la gare **Bahnhofsmission** *f* centre *m* d'accueil de la gare **Bahnhofsvorsteher(in)** *m(f)* chef *mf* de gare
Bahnlinie *f* ligne *f* de chemin de fer **Bahnschranke** *f,* **Bahnschranken** *m* A barrière *f* de passage à niveau **Bahnstation** *f* station *f* de chemin de fer **Bahnsteig** ['ba:nʃtaɪ̯k] *m* quai *m* de gare **Bahnstrecke** *f (Anlage)* ligne *f* [de chemin de fer] **Bahnübergang** *m* passage *m* à niveau; ***beschrankter/unbeschrankter*** ~ passage à niveau muni de barrières/ sans barrières **Bahnverbindung** *f* liaison *f* ferroviaire **Bahnwärter(in)** *m(f)* garde-barrière *mf*
Bahrain [ba(x)'raɪ̯n] <-s> *nt* Bahreïn *m*
Bahre ['ba:rə] <-, -n> *f (Krankenbahre)* civière *f; (Totenbahre)* catafalque *m*
Baiser [bɛ'ze:] <-s, -s> *nt* GASTR meringue *f*
Baisse ['bɛ:sə] <-, -n> *f* FIN baisse *f*
Bajonett [bajo'nɛt] <-[e]s, -e> *nt* baïonnette *f*
Bakterie [bak'te:ri̯ə] <-, -n> *f meist Pl* bactérie *f*
bakteriell [bakte'ri̯ɛl] **I.** *adj* bactérien(ne) **II.** *adv* par des bactéries
bakteriologisch [bakteri̯o'lo:gɪʃ] *adj* bactériologique
bakterizid [bakteri'tsi:t] **I.** *adj* bactéricide **II.** *adv* ~ ***wirken*** être bactéricide
Balance [ba'lã:s(ə)] <-, -n> *f* équilibre *m*

> **Falsche Freunde**
> Nicht verwechseln mit *la balance* – *die Waage*!

balancieren* [balã'si:rən] **I.** *vt* + *haben* tenir en équilibre; ***etw auf dem Kopf*** ~ tenir qc en équilibre sur sa tête **II.** *vi* + *sein (sich bewegen)* se tenir en équilibre
bald [balt] <eher, am ehesten> **I.** *adv* ❶ *(in Kürze)* bientôt; ***so ~ wie möglich*** le plus tôt possible; ***nicht so*** ~ pas de si tôt; ***bis ~!*** à bientôt! ❷ *(schnell)* vite; ~ ***darauf*** peu après ❸ *(fast)* presque; ~ ***wäre***

B

ich hingefallen j'ai failli tomber ❹ *(fam: endlich)* enfin ▶ **wird's ~?** *(fam)* alors, ça vient? **II.** *konj (geh)* ~ ***regnet es*** il va pleuvoir sous peu

Baldachin <-s, -e> *m* baldaquin *m*

baldig ['baldɪç] *adj attr Antwort* rapide; *Besuch, Wiedersehen* prochain(e); *Genesung* prompt(e)

baldigst *adv* aussi tôt que possible

baldmöglichst *adj (form)* dans les plus brefs délais

Baldrian ['baldria:n] <-s, -e> *m* valériane *f*

Balearen [bale'a:rən] *Pl* ***die*** ~ les Baléares *fpl*

Balg[1] [balk, *Pl:* 'bɛlgə] <-[e]s, Bälge> *m* ❶ soufflet *m* ❷ *(Tierhaut)* peau *f*

Balg[2] [balk, *Pl:* 'bɛlgɐ] <-[e]s, Bälger> *m o nt (pej fam: Kind)* mioche *m*

balgen ['balgən] *vr* ***sich*** ~ se chamailler; ***sich um etw*** ~ se chamailler pour qc

Balgerei [balgə'rai] <-, -en> *f* bagarre *f*

Balkan ['balka:n] <-s> *m* ***der*** ~ les Balkans *mpl; (das Gebirge)* le [mont] Balkan; ***auf dem*** ~ dans les Balkans

Balken ['balkən] <-s, -> *m* ❶ *(Holzbalken)* poutre *f* ❷ *(Stützbalken)* pilier *m* ❸ SPORT *(Schwebebalken)* poutre *f* ❹ TYP barre *f*

Balkendiagramm *nt* diagramme *m* en bâtons **Balkenwaage** *f* balance *f* à fléau

Balkon [bal'kõ:, bal'kɔŋ] <-s, -s> *m* balcon *m*

Balkonpflanze *f* plante *f* de balcon **Balkontür** *f* porte *f* du balcon

Ball[1] [bal, *Pl:* 'bɛlə] <-[e]s, Bälle> *m* ❶ balle *f; (in der Größe eines Fußballs)* ballon *m;* ~ ***spielen*** jouer à la balle/au ballon ❷ *(runder Gegenstand)* boule *f* ▶ **am ~ bleiben** *Spieler:* avoir la balle; *(fig)* se tenir au courant

Ball[2] [bal, *Pl:* 'bɛlə] <-[e]s, Bälle> *m (Tanzfest)* bal *m*

Ballade [ba'la:də] <-, -n> *f* ballade *f*

Ballast [ba'last] <-[e]s, -e> *m* ❶ NAUT, AVIAT lest *m* ❷ *(Unnützes)* poids *m* mort ❸ *(lästiger Mensch)* charge *f*

> **Falsche Freunde**
> Nicht verwechseln mit *le ballast – das Schotterbett!*

Ballaststoffe *Pl* fibres *fpl* [alimentaires]

ballen ['balən] **I.** *vt* serrer; ***die Faust*** ~ serrer le poing **II.** *vr* ***sich*** ~ *Verkehr:* se concentrer; *Probleme:* s'accumuler

Ballen ['balən] <-s, -> *m* ❶ *(Packen)* balle *f; (klein)* ballot *m* ❷ ANAT éminence *f; (Teil der Pfote)* coussinet *m*

Ballerina [balə'ri:na] <-, Ballerinen> *f* ballerine *f*

ballern ['balɐn] *(fam)* **I.** *vi* ❶ tirailler ❷ *(Knallkörper zünden)* faire du boucan avec des pétards **II.** *vt* ▶ **jdm eine ~** en mettre une à qn

Ballett [ba'lɛt] <-[e]s, -e> *nt* ballet *m*

Balletttänzer(in) *m(f)* danseur, -euse *m, f*

Ballistik [ba'lɪstɪk] <-> *f* PHYS balistique *f*

Balljunge *m* ramasseur *m* de balles

Ballkleid *nt* robe *f* de bal

Ballon [ba'lõ:, ba'lɔŋ] <-s, -s> *m* ballon *m*

Ballsaal *m* salle *f* de bal

Ballspiel *nt* jeu *m* de ballon

Ballung [ba'lʊŋ] <-, -en> *f* concentration *f*

Ballungsgebiet *nt,* **Ballungsraum** *m* région *f* à forte concentration urbaine **Ballungszentrum** *nt* zone *f* à forte concentration urbaine

Balsam ['balza:m] <-s, Balsame> *m* baume *m*

Balte, Baltin ['baltə] <-n, -n> *m, f* Balte *mf*

Baltikum ['baltikʊm] <-s> *nt* ***das*** ~ les pays *mpl* baltes

baltisch ['baltɪʃ] *adj* balte

Balustrade [balʊs'tra:də] <-, -n> *f* balustrade *f*

Balz [balts] <-> *f* ❶ parade *f* nuptiale ❷ *(Balzzeit)* pariade *f*

balzen ['baltsən] *vi* ❶ *Vogel:* effectuer une parade nuptiale ❷ *(hum) Mann:* se pavaner

Bambus ['bambʊs] <-[ses], -se> *m* bambou *m*

Bambusrohr *nt* bambou *m* **Bambussprossen** *Pl* pousses *fpl* de bambou

Bammel <-s> *m (fam)* trouille *f;* ***vor jdm/etw ~ haben*** avoir la trouille de qn/qc

banal [ba'na:l] *adj* banal(e)

banalisieren* *vt (geh)* banaliser

Banalität [banali'tɛ:t] <-, -en> *f* banalité *f*

Banane [ba'na:nə] <-, -n> *f* banane *f*

Bananenschale *f* peau *f* de banane

Bananenstaude *f* bananier *m*

Banause [ba'nauzə] <-n, -n> *m (pej)* ***du ~!*** espèce d'ignare!

band [bant] *Imp von* **binden**

Band[1] [bant, *Pl:* 'bɛndɐ] <-[e]s, Bänder> *nt* ❶ ruban *m* ❷ *(Tonband)* bande *f* [magnétique] ❸ *(Fließband)* chaîne *f; (Förderband)* tapis *m* ❹ *meist Pl* ANAT ligament *m* ▶ **am laufenden ~** *(fam)* sans arrêt; *produzieren* en série

B

Band² [bant, *Pl:* 'bɛndə] <-[e]s, Bände> *m* volume *m; **in zwei Bänden*** en deux volumes ▶ **etw spricht Bände** qc en dit long
Band³ [bɛnt] <-, -s> *f* groupe *m; (Jazzband)* orchestre *m*
Bandage [ban'da:ʒə] <-, -n> *f* bandage *m*
bandagieren* [banda'ʒi:rən] *vt* bander
Bandbreite *f von Gehältern* échelle *f; von Meinungen* éventail *m; von Wechselkursen* marge *f* de fluctuation
Bändchen <-s, -> *nt Dim von* **Band¹** 1
Bande¹ ['bandə] <-, -n> *f* ❶ *(Verbrecherbande)* gang *m* ❷ *(fam: Kinder)* bande *f*
Bande² ['bandə] <-, -n> *f* SPORT bande *f*
Bändel ['bɛndəl] *m* lacet *m*
Bandenkriminalität *f* délinquance *f* de groupe
Bandenwerbung *f* affichage *m* publicitaire des stades
Banderole [bandə'ro:lə] <-, -n> *f* bande *f* fiscale
Bänderriss *m* MED déchirure *f* des ligaments **Bänderzerrung** *f* claquage *m*
bändigen ['bɛndɪgən] *vt* ❶ dompter *Tier, Temperament* ❷ *(beruhigen)* en venir à bout avec *Kind*
Bändigung <-, -en> *f* ❶ *(Zähmung)* domptage *m* ❷ *(Bezwingung) einer Person* neutralisation *f*
Bandit(in) [ban'di:t] <-en, -en> *m(f)* bandit *m*
Bandmaß *nt* mètre *m* souple; *(aus Metall)* mètre à ruban **Bandnudeln** *Pl* tagliatelles *f pl* **Bandscheibe** *f* disque *m* [intervertébral] **Bandscheibenvorfall** *m* MED hernie *f* discale **Bandwurm** *m* ver *m* solitaire
bang[e] ['baŋ(ə)] <-er *o* bänger, -ste *o* bängste> *adj Augenblick* angoissant(e); *Schweigen* plein(e) d'inquiétude; ***jdm ist ~*** qn a peur
Bange ['baŋə] <-> *f* ***[nur] keine ~!*** *(fam)* pas de panique!
bangen ['baŋən] *vi (geh)* trembler; ***um jdn/etw ~*** trembler pour qn/qc; ***jdm bangt [es] vor etw*** qn s'inquiète pour qc
Bangladesch [baŋgla'dɛʃ] <-> *nt* le Bangladesh
Bank¹ [baŋk, *Pl:* 'bɛŋkə] <-, Bänke> *f* ❶ banc *m* ❷ *(Werkbank)* établi *m*
Bank² <-, -en> *f (Geldinstitut, Spielbank)* banque *f* ▶ **eine sichere ~ sein** *Person, Projekt:* être bancable, être banquable
Bankangestellte(r) *f(m) dekl wie adj* employé(e) *m(f)* de banque **Bankautomat** *m* distributeur *m* automatique de billets
Bankdirektor(in) *m(f)* directeur, -trice *m, f* de banque **Bankeinzug** *m* prélèvement *m* bancaire; ***per** [o **mit**] **~ zahlen*** payer par prélèvement bancaire **Bankenviertel** *nt* quartier *m* des banques
Banker(in) ['bɛŋkɐ] <-s, -> *m(f) (fam)* banquier, -ière *m, f*
Bankett [baŋ'kɛt] <-[e]s, -e> *nt* banquet *m*
Bankfach *nt* ❶ *(Schließfach)* coffre[-fort] *m* ❷ *(Bankgewerbe)* secteur *m* bancaire
Bankfiliale *f* FIN succursale *f* **Bankgeheimnis** *nt* secret *m* bancaire **Bankguthaben** *nt* avoir *m* en banque
Bankier [baŋ'ki̯e:] <-s, -s> *m* banquier *m*
Bankkaufmann, -kauffrau *m, f* employé(e) *m(f)* de banque diplômé(e) **Bankkonto** *nt* compte *m* en banque **Bankkredit** *m* crédit *m* bancaire **Bankleitzahl** *f* code *m* banque **Banknote** *f* billet *m* [de banque] **Bankraub** *m* hold-up *m* **Bankräuber(in)** *m(f)* cambrioleur, -euse *m, f* de banque
bankrott [baŋ'krɔt] *adj* en faillite
Bankrott [baŋ'krɔt] <-[e]s, -e> *m* faillite *f;* ***~ machen*** faire faillite
bankrottgehen *vi irr (fam)* faire faillite
Bankschließfach *nt* coffre[-fort] *m* **Banküberfall** *m* hold-up *m* **Bankverbindung** *f* coordonnées *f pl* bancaires; ***jdm seine ~ mitteilen*** communiquer ses coordonnées bancaires à qn; *(in Frankreich)* donner son RIB à qn **Bankvollmacht** *f* procuration *f* bancaire
Bann [ban] <-[e]s> *m* ❶ *(geh: Einfluss)* envoûtement *m; **in den ~ einer Person/Sache geraten*** se laisser envoûter par qn/qc ❷ HIST bannissement *m;* REL anathème *m* ▶ **jdn in seinen ~ ziehen** fasciner qn
bannen ['banən] *vt* ❶ *(geh: faszinieren)* fasciner *Zuschauer* ❷ *(abwenden)* conjurer *Gefahr* ❸ *(exkommunizieren)* anathématiser
Banner ['banɐ] <-s, -> *nt* étendard *m*
Bannkreis *m* sphère *f* d'influence **Bannmeile** *f* périmètre *m* de sécurité
Baptist(in) [bap'tɪst] <-en, -en> *m(f)* baptiste *mf*
bar [ba:ɐ̯] **I.** *adj* ❶ en liquide; ***in ~*** en espèces ❷ *Zufall* pur(e) **II.** *adv* ***~ zahlen*** payer en espèces
Bar [ba:ɐ̯] <-, -s> *f* ❶ *(Nachtlokal)* boîte *f* de nuit ❷ *(Theke)* bar *m*
Bär [bɛ:ɐ̯] <-en, -en> *m* ours *m*
Baracke [ba'rakə] <-, -n> *f* baraque *f*
Barauszahlung *f* paiement *m* en espèces

B

Barbados [bar'ba:dɔs, 'barbadɔs] <-> *nt* la Barbade
Barbar(in) [bar'ba:ɐ] <-en, -en> *m(f)* barbare *mf* ▶ **sich wie die ~en benehmen** se comporter comme des sauvages
Barbarei [barba'rai] <-, -en> *f* barbarie *f*
barbarisch [bar'ba:rɪʃ] **I.** *adj* **a.** HIST barbare **II.** *adv* sauvagement
Barbe ['barbə] <-, -n> *f* ZOOL barbeau *m*
bärbeißig ['bɛ:ɐbaisɪç] *adj (fam) Miene* renfrogné(e); ***ein ~er Mensch*** un ours [mal léché]
Barcode ['ba:ɐkoʊd, -ko:t] <-s, -s> *m* code-barres *m*
Bardame *f* barmaid *f*
Bärendienst ▶ **jdm einen ~ erweisen** rendre un mauvais service à qn **Bärenhunger** *m* faim *f* de loup; ***einen ~ haben*** *(fam)* avoir une faim de loup **bärenstark** *adj (fam)* ❶ fort(e) comme un bœuf ❷ *(ausgezeichnet) Typ, Mode, Musik* génial(e)
Barett [ba'rɛt] <-[e]s, -e *o* -s> *nt* ❶ MIL béret *m* ❷ UNIV, JUR toque *f* ❸ REL barrette *f*
barfuß ['ba:ɐfu:s] *adj* ***~ gehen*** marcher pieds nus
barg [bark] *Imp von* **bergen**
Bargeld *nt* argent *m* liquide
bargeldlos *adj* ***der ~e Zahlungsverkehr*** la transaction par virement
Barhocker *m* tabouret *m* de bar
Bärin *f* ourse *f*
Barista [ba'rɪsta] <-[s], -s> *m* barista *m*
Bariton ['ba:ritɔn] <-s, -e> *m* baryton *m*
Barium ['ba:ri̯ʊm] <-s> *nt* CHEM baryum *m*
Barkauf *m* achat *m* au comptant
Barke ['barkə] <-,-n> *f* barque *f*
Barkeeper(in) ['ba:ɐki:pɐ] <-s, -> *m(f)* barman *m* / barmaid *f*
Barmann <-männer> *s.* **Barkeeper**
barmherzig [barm'hɛrtsɪç] *adj* charitable, miséricordieux, -euse *Gott*
Barmherzigkeit <-> *f* charité *f; Gottes* miséricorde *f*
Barmixer(in) *s.* **Barkeeper(in)**
barock [ba'rɔk] *adj* baroque
Barock <-[s]> *nt o m* baroque *m*
Barometer [baro'me:tɐ] <-s, -> *nt (a. fig)* baromètre *m*
Barometerstand *m* hauteur *f* barométrique
Baron(in) [ba'ro:n] <-s, -e> *m(f)* baron(ne) *m(f)*
Baroness <-, -en> *f* baronne *f*
Barrel ['bɛrəl, 'barəl] <-s, -s> *nt* baril *m*
Barren ['barən] <-s, -> *m* ❶ barres *fpl* parallèles; *(Stufenbarren)* barre *f* fixe ❷ *(Goldbarren)* lingot *m*
Barrengold *nt* or *m* en lingot
Barriere [ba'ri̯e:rə] <-, -n> *f* ❶ barrière *f* ❷ PSYCH blocage *m*
Barrierefreiheit *f kein pl* accessibilité *f*
Barrikade [bari'ka:də] <-, -n> *f* barricade *f*
barsch [barʃ] **I.** *adj* brusque **II.** *adv* brutalement
Barsch [ba:ɐʃ] <-[e]s, -e> *m* perche *f*
Barscheck *m* chèque *m* de retrait
barst [barst] *Imp von* **bersten**
Bart [ba:ɐt, *Pl:* 'bɛ:ɐtə] <-[e]s, Bärte> *m* ❶ *(Vollbart)* barbe *f; (Schnurrbart)* moustache *f; (Kinnbart)* bouc *m* ❷ *(Tasthaare)* moustaches *fpl* ❸ *(Teil eines Schlüssels)* panneton *m*
Barthaar *nt* ❶ poil *m* de barbe ❷ *Pl (Schnurrhaare)* moustaches *fpl*
bärtig ['bɛ:ɐtɪç] *adj* barbu(e)
bartlos *adj* imberbe
Bartstoppeln *Pl* barbe *f* piquante **Bartwisch** *m* A balayette *f* **Bartwuchs** *m eines Mannes* barbe *f; einer Frau* pilosité *f spéc*
Barzahlung *f* paiement *m* en espèces
Basalt [ba'zalt] <-[e]s, -e> *m* MINER basalte *m*
Basar [ba'za:ɐ] <-s, -e> *m* ❶ *(Markt)* bazar *m* ❷ *(Wohltätigkeitsbasar)* vente *f* de charité
Base ['ba:zə] <-, -n> *f* CHEM base *f*
Baseball ['beɪsbo:l] <-s> *m* base-ball *m*
Baseballschläger *m* batte *f* de base-ball
Basel ['ba:zəl] <-s> *nt* Bâle
Basen *Pl von* **Basis**, **Base**
basieren* [ba'zi:rən] *vi* s'appuyer; ***auf einer S.*** ~ s'appuyer sur qc
Basilika [ba'zi:lika] <-, Basiliken> *f* basilique *f*
Basilikum [ba'zi:likʊm] <-s> *nt* basilic *m*
Basis ['ba:zɪs] <-, Basen> *f* base *f*
basisch ['ba:zɪʃ] *adj* CHEM basique
Basisdemokratie *f* démocratie *f* directe **Basislager** *nt* camp *m* de base **Basisstation** *f* TELEC station *f* de base
Baske, Baskin ['baskə] <-n, -n> *m, f* Basque *mf*
Baskenland *nt* ***das*** ~ le Pays basque **Baskenmütze** *f* béret *m* basque
Basketball *m* basket[-ball] *m*
Basketballkorb *m* panier *m* [de basket]
baskisch ['baskɪʃ] *adj* basque
Basmatireis [bas'ma:ti-] <-s> *m kein Pl* riz *m* basmati
Bass [bas, *Pl:* 'bɛsə] <-es, Bässe> *m* ❶ MUS

(Stimme, Sänger) basse *f* ❷ RADIO, TV basses *f pl*
Bassgitarre *f* guitare *f* basse, basse *f*
Bassin [ba'sɛ̃:] <-s, -s> *nt* ❶ *(Schwimmbecken)* bassin *m* ❷ *(Behälter)* citerne *f*
Bassist(in) <-en, -en> *m(f)* ❶ *(Sänger)* basse *f* ❷ *(Streicher)* [contre]bassiste *mf*
Bassschlüssel *m* clé *f* de fa **Bassstimme** *f* [voix *f* de] basse *f*
Bast [bast] <-[e]s, -e> *m* raphia *m*
basta ['basta] *interj (fam)* basta
Bastard ['bastart] <-[e]s, -e> *m* ❶ *(pej fam: Schimpfwort)* fils *m* de pute ❷ HIST bâtard(e) *m(f)* ❸ BOT hybride *m*
Bastelarbeit *f* ❶ *(das Basteln)* bricolage *m* ❷ *(gebastelter Gegenstand)* travail *m* manuel
Bastelei [bastə'lai] <-, -en> *f (pej fam: knifflige Arbeit)* travail *m* fastidieux
basteln ['bastəln] **I.** *vi* bricoler; ***an etw dat ~*** bricoler à qc; ***das Basteln*** le bricolage **II.** *vt* ***jdm etw ~*** bricoler qc pour qn
Basteln <-s> *nt* bricolage *m*; ***das ~ eines Drachens*** la fabrication d'un cerf-volant; ***stör' mich nicht beim ~!*** ne me dérange pas quand je bricole!
Bastion [bas'ti̯o:n] <-, -en> *f* bastion *m*
Bastler(in) ['bastlɐ] <-s, -> *m(f)* bricoleur, -euse *m, f*
Bastmatte *f* natte *f* en [*o* de] raphia
bat [ba:t] *Imp von* **bitten**
Bataillon [batal'jo:n] <-s, -e> *nt* bataillon *m*
Batik ['ba:tɪk] <-, -en> *f* batik *m*
Batist [ba'tɪst] <-[e]s, -e> *m* batiste *f*
Batterie [batə'ri:] <-, -ien> *f* ❶ pile *f*; *(Autobatterie)* batterie *f* ❷ *(Mischbatterie)* mélangeur *m* ❸ *(fam: Ansammlung)* ***eine ganze ~ von ...*** tout un stock de ... ❹ MIL batterie *f*
Batteriebetrieb *m* alimentation *f* sur piles
batteriebetrieben *adj* [qui fonctionne] à piles
Batteriehaltung *f kein Pl* élevage *m* en batterie
Batzen <-s, -> *m (Klumpen)* motte *f* ▶ **ein schöner ~ [Geld]** *(fam)* un joli magot
Bau[1] [bau̯] <-[e]s, -ten> *m* ❶ *kein Pl (das Bauen)* construction *f*; ***im ~ befindlich*** en [cours de] construction ❷ *(Gebäude)* bâtiment *m* ❸ *(Bauwerk)* édifice *m* ❹ *kein Pl (fam: Baustelle)* chantier *m*; ***auf dem ~ arbeiten*** travailler sur des chantiers ❺ *kein Pl (fam: Arrestzelle)* trou *m*
Bau[2] [bau̯] <-[e]s, -e> *m (Fuchsbau)* terrier *m*
Bauabschnitt *m* tranche *f* de travaux
Bauamt *nt* office *m* d'urbanisme **Bauarbeiten** *Pl* travaux *mpl* **Bauarbeiter(in)** *m(f)* ouvrier, -ière *m, f* du bâtiment **Bauaufsichtsbehörde** *f* service *m* de surveillance des travaux
Bauch [baux, *Pl:* 'bɔyçə] <-[e]s, Bäuche> *m* ❶ ventre *m* ❷ *(fig) eines Schiffs* coque *f*; *eines Flugzeugs* soute *f*; *einer Flasche* ventre *m* ▶ **aus dem ~ [heraus]** *entscheiden* instinctivement; *spielen* avec ses tripes *fam*
Bauchdecke *f* ANAT paroi *f* abdominale
Bauchfell *nt* ANAT péritoine *m* **bauchfrei** *adj Oberteil, T-Shirt* ultracourt(e) **Bauchgefühl** *nt* intuition *f* **Bauchhöhle** *f* cavité *f* abdominale
Bauchhöhlenschwangerschaft *f* MED grossesse *f* extra-utérine
bauchig ['bauxɪç] *adj* bombé(e)
Bauchladen *m* éventaire *m* **Bauchlandung** *f eines Flugzeugs* atterrissage *m* sur le ventre ▶ **eine ~ mit etw machen** *(fam)* se planter avec qc **Bauchmuskeln** *Pl* abdominaux *mpl* **Bauchnabel** *m* nombril *m* **Bauchredner(in)** *m(f)* ventriloque *mf* **Bauchschmerzen** *Pl* mal *m* au ventre **Bauchspeck** *m* ❶ *(fam)* ventre *m* ❷ GASTR lard *m* maigre **Bauchspeicheldrüse** *f* ANAT pancréas *m* **Bauchtanz** *m* danse *f* du ventre **Bauchtänzerin** *f* danseuse *f* du ventre **Bauchweh** *s.* **Bauchschmerzen**
Baudenkmal *nt* construction *f* à caractère historique **Bauelement** *nt eines Gebäudes* élément *m* [préfabriqué]; *einer Maschine* composant *m*
bauen ['bauən] **I.** *vt* ❶ construire *Gebäude;* faire *Nest* ❷ *(herstellen)* fabriquer *Möbel;* construire *Maschine* ❸ *(fam: verursachen)* provoquer *Unfall* **II.** *vi* ❶ *(ein Haus bauen)* [faire] construire ❷ *(vertrauen)* ***auf jdn/etw ~*** compter sur qn/qc
Bauer[1] ['bau̯ɐ] <-n *o* -s, -n> *m* ❶ paysan *m*; *(Landwirt)* agriculteur *m* ❷ *(pej fam)* plouc *m* ❸ SPIEL pion *m* ▶ **was der ~ nicht kennt, frisst er nicht** *(prov)* ≈ on ne mange que ce qu'on connaît
Bauer[2] ['bau̯ɐ] <-s, -> *nt o m (Vogelkäfig)* cage *f*
Bäuerchen <-s, -> *nt (Kinderspr.)* rot *m fam*; ***[ein] ~ machen*** faire son rot
Bäuerin ['bɔyərɪn] *f* paysanne *f*; *(Landwirtin)* agricultrice *f*
bäuerlich ['bɔyɐlɪç] *adj (ländlich)* agricole
Bauernbrot *nt* pain *m* de campagne **Bauernfrühstück** *nt plat composé de pommes de terre sautées, d'œufs brouillés et de lard* **Bauernhaus** *nt* ferme *f*

B

Bauernhof *m* ferme *f* **Bauernregel** *f* dicton *m* paysan **bauernschlau** *adj* finaud(e)
Bauersfrau *f* fermière *f*
baufällig *adj* délabré(e) **Baufinanzierung** *f* financement *m* de la construction
Baufirma *f* entreprise *f* de construction **Baugenehmigung** *f* permis *m* de construire **Baugerüst** *nt* échafaudage *m* **Baugesellschaft** *f* société *f* de construction **Baugewerbe** *nt* [industrie *f* du] bâtiment *m* **Baugrube** *f* fouille *f* de construction **Baugrundstück** *nt* terrain *m* à bâtir **Bauherr(in)** *m(f)* maître *m* d'ouvrage **Bauholz** *nt* bois *m* de charpente **Bauingenieur(in)** *m(f)* ingénieur *mf* du bâtiment **Baujahr** *nt eines Gebäudes* année *f* de construction; *eines Autos* année *f* de fabrication **Baukasten** *m* jeu *m* de construction **Bauklotz** *m* pièce *f* de jeu de construction **Baukonzern** *m* groupe *m* de construction **Bauland** *nt kein Pl* terrain *m* constructible **Baulärm** *m* bruit *m* de[s] travaux [de construction] **Bauleiter(in)** *m(f)* chef *mf* de chantier **Bauleitung** *f* direction *f* des travaux
baulich *adj* ***~e Veränderungen vornehmen*** faire des transformations
Baulöwe *m (fam)* gros promoteur *m*
Baum [baum, *Pl:* 'bɔymə] <-[e]s, Bäume> *m* ❶ arbre *m* ❷ *(fam: Weihnachtsbaum)* sapin *m*
Baumarkt *m* ❶ *(Geschäft)* hypermarché *m* de l'outillage et des matériaux ❷ *(Baugewerbe)* [industrie *f* du] bâtiment *m* **Baumaschine** *f* machine *f* de chantier **Baumaterial** *nt* matériaux *mpl* de construction **Baumeister(in)** *m(f)* ❶ HIST maître *m* d'œuvre ❷ *(geh: Architekt)* architecte *mf*
baumeln ['bauməln] *vi (fam)* pendouiller
Baumkrone *f* cime *f* de l'arbre **Baumnuss** *f* CH noix *f* **Baumrinde** *f* écorce *f* d'arbre **Baumschule** *f* pépinière *f* **Baumstamm** *m* tronc *m* d'arbre **Baumsterben** *nt* dépérissement *m* des arbres **Baumstruktur** *f* INFORM structure *f* arborescente **Baumstumpf** *m* souche *f* [d'arbre] **Baumwolle** *f* coton *m*
Bauordnung *f* législation *f* sur les constructions **Bauplan** *m* ❶ *(Planzeichnung)* plan *m* de construction ❷ *(fig)* ***genetischer ~*** structure *f* génétique ❸ *Pl (Bauvorhaben)* projets *mpl* de construction **Bauplatz** *m* terrain *m* à bâtir **Bauruine** *f* construction *f* inachevée **Bausatz** *m* kit *m*
Bausch [bauʃ] <-es, -e *o* Bäusche> *m (Wattebausch)* tampon *m*
bauschen *vr* ***sich ~*** *Kleidung, Vorhang:* bouffer
bauschig *adj* bouffant(e)
Bauschutt *m* gravats *mpl* **bausparen** *vi nur Infin* souscrire une épargne-logement **Bausparer(in)** *m(f)* titulaire *mf* d'un plan d'épargne-logement **Bausparkasse** *f* caisse *f* d'épargne-logement **Bausparvertrag** *m* plan *m* d'épargne-logement **Baustein** *m* ❶ *(Stein)* pierre *f* de construction ❷ INFORM ***elektronischer ~*** composant *m* électronique ❸ *(Bestandteil)* élément *m* constitutif **Baustelle** *f* chantier *m* **Baustil** *m* style *m* [architectural] **Baustoff** *s.* **Baumaterial** **Baustopp** *m* arrêt *m* des travaux **Bausubstanz** *f* état *m* du gros œuvre **Bauteil** *nt* ❶ TECH élément *m* préfabriqué ❷ *(Maschinenbauteil)* constituant *m*
Bauten *Pl von* **Bau**[1]
Bauträger(in) *m(f)* promoteur *m* immobilier **Bauunternehmen** *nt* entreprise *f* de bâtiment **Bauunternehmer(in)** *m(f)* entrepreneur, -euse *m, f* de bâtiment **Bauvorhaben** *nt* projet *m* de construction **Bauweise** *f (Art des Bauens)* méthode *f* de construction; *(Stil)* style *m* **Bauwerk** *nt* construction *f*; *(Gebäude)* édifice *m* **Bauwesen** *nt kein Pl* bâtiment *m*
Bauxit [bau'ksiːt] <-s, -e> *m* bauxite *f*
Bauzaun *m* clôture *f* de chantier
Bayer(in) ['baiɐ] <-n, -n> *m(f)* Bavarois(e) *m(f)*
bayerisch ['baiərɪʃ] *adj* bavarois(e)
Bayern ['baiɐn] <-s> *nt* la Bavière
bayrisch ['bairɪʃ] *s.* **bayerisch**
Bazillus [ba'tsɪlʊs] <-, Bazillen> *m* ❶ MED bacille *m* ❷ *(fig geh)* virus *m*
Bd., **Bde.** *Abk von* **Band**, **Bände**
B-Dur [beː'duːɐ̯] <-> *nt* MUS si *m* bémol majeur
beabsichtigen* [bə'ʔapzɪçtɪgən] *vt* ❶ *(planen)* ***~ etw zu tun*** envisager de faire qc; ***wie beabsichtigt*** comme prévu ❷ *(wollen, bezwecken)* ***das war beabsichtigt*** c'était voulu
beachten* *vt* ❶ *(befolgen)* suivre *Ratschlag;* respecter *Vorfahrt* ❷ *(berücksichtigen)* tenir compte de ❸ *(mit Aufmerksamkeit bedenken)* faire attention à
beachtenswert *adj* remarquable
beachtlich *adj* ❶ considérable; *Leistung* remarquable ❷ *Stellung* important(e)
Beachtung <-> *f* ❶ *einer Anleitung* observation *f*; *einer Vorschrift* respect *m* ❷ *(Auf-*

merksamkeit) ***jdm/einer S. ~ schenken*** prêter attention à qn/qc

Beachvolleyball ['biːtʃ-] *m kein Pl* beach-volley *m*, volley[-ball] *m* de plage

Beamer ['biːmɐ] <-s, -> *m* projecteur *m*

Beamte(r) [bə'ʔamtə, -tɐ] *m dekl wie adj*, **Beamtin** *f* fonctionnaire *mf; (Bahnbeamter, Beamte(r) in öffentlichen Ämtern)* employé(e) *m(f)*

Land und Leute

L'État allemand emploie environ 1,8 million de **Beamten**. Les fonctionnaires, qu'ils soient enseignants, juges ou avocats, membres de l'armée ou de la police, ne peuvent pas être licenciés mais ils n'ont pas non plus le droit de grève.

Beamtenbeleidigung *f* outrage *m* à magistrat **Beamtenlaufbahn** *f* carrière *f* de fonctionnaire

Beamtentum <-s> *nt* ❶ *(Stand der Beamten)* fonctionnariat *m* ❷ *(Beamtenschaft)* fonction *f* publique

Beamtenverhältnis *nt* statut *m* de fonctionnaire; ***im ~ stehen*** être fonctionnaire

beamtet *adj* fonctionnarisé(e); *Lehrer* titulaire

Beamtin [bə'ʔamtɪn] *s.* **Beamte(r)**

beängstigen* [bə'ʔɛŋstɪgən] *vt (geh)* inquiéter

beängstigend I. *adj* inquiétant(e) **II.** *adv* ***~ schön*** d'une beauté troublante

beanspruchen* [bə'ʔanʃprʊxən] *vt* ❶ *(fordern)* demander *Schadenersatz;* ***ein Territorium für sich ~*** revendiquer un territoire pour soi ❷ *(erfordern)* prendre *Zeit* ❸ *(in Anspruch nehmen)* accaparer *Kraft;* ***jds Gastfreundschaft ~*** abuser de l'hospitalité de qn ❹ *(strapazieren)* ***beruflich sehr beansprucht sein*** être très pris par le travail

Beanspruchung <-, -en> *f* ❶ *(das Fordern) eines Territoriums* revendication *f; eines Schadenersatzes* réclamation *f* ❷ *(Inanspruchnahme)* sollicitation *f*

beanstanden* *vt* critiquer; ***etw an jdm/etw ~*** critiquer qc chez qn/dans qc

Beanstandung <-, -en> *f* critique *f; von Waren* réclamation *f*

beantragen* *vt* ❶ demander *Kredit, Sozialhilfe* ❷ JUR requérir ❸ POL proposer

beantworten* [bə'ʔantvɔrtən] *vt* répondre à

Beantwortung <-, -en> *f* réponse *f;* ***~ einer Frage*** réponse à une question

bearbeiten* *vt* ❶ s'occuper de *Antrag* ❷ *(herrichten)* travailler *Material, Boden* ❸ *(behandeln)* traiter ❹ *(überarbeiten)* remanier *Manuskript;* arranger *Musikstück;* adapter *Buch* ❺ *(fam: schlagen)* battre ❻ *(fam: einwirken auf)* travailler; ***jdn politisch ~*** influencer qn politiquement

Bearbeiter(in) *m(f)* ❶ *(Sachbearbeiter)* personne *f* compétente; *einer Akte* personne chargée ❷ *(Autor)* rédacteur, -trice *m, f;* MUS arrangeur, -euse *m, f;* CINE, THEAT adaptateur, -trice *m, f*

Bearbeitung <-, -en> *f* ❶ *eines Werkstoffs* travail *m* ❷ *(das Behandeln) eines Antrags* traitement *m* ❸ *(die Überarbeitung)* remaniement *m;* MUS arrangement *m;* CINE, THEAT adaptation *f* ❹ *(bearbeitete Fassung) eines Buchs* nouvelle édition *f*

Bearbeitungsgebühr *f* frais *mpl* de dossier

beargwöhnen* [bə'ʔarkvøːnən] *vt* regarder d'un mauvais œil, ***jdn/etw ~*** regarder qn/qc d'un mauvais œil

beatmen* *vt (Mund zu Mund)* faire du bouche-à-bouche; *(künstlich)* pratiquer la respiration artificielle

Beatmung *f* ***künstliche ~*** respiration *f* artificielle

beaufsichtigen* [bə'ʔaufzɪçtɪgən] *vt* surveiller

Beaufsichtigung <-, -en> *f* surveillance *f*

beauftragen* *vt* charger; ***jdn mit etw ~*** charger qn de qc

Beauftragte(r) *f(m) dekl wie adj* mandataire *mf*

bebauen* *vt* ❶ construire; ***dicht bebaut sein*** être fortement urbanisé ❷ *(Anbau)* cultiver *Acker*

Bebauung <-, -en> *f* ❶ *(das Bebauen)* aménagement *m* ❷ *(Bauten)* construction *f* ❸ *(das Anbauen)* culture *f*

beben ['beːbən] *vi* trembler

Beben ['beːbən] <-s, -> *nt* tremblement *m*

bebildern* [bə'bɪldɐn] *vt* illustrer

Bebilderung <-, -en> *f* ❶ *kein Pl (das Bebildern)* illustration *f* ❷ *(Illustrationen)* illustrations *fpl*

Béchamelsoße [beʃa'mɛl-] *f* sauce *f* béchamel

Becher ['bɛçɐ] <-s, -> *m* gobelet *m; (Plastikbecher, Pappbecher)* verre *m*

bechern ['bɛçɐn] *vi (hum fam)* picoler

Becken ['bɛkən] <-s, -> *nt* ❶ *a.* GEOL, ANAT bassin *m* ❷ *(Spülbecken)* bac *m* [à évier];

B

(Waschbecken) lavabo *m* ❸ *meist Pl* MUS cymbales *fpl*

Beckenknochen *m* os *m* du bassin

bedacht [bə'daxt] **I.** *adj* ❶ *(überlegt)* réfléchi(e) ❷ *(besorgt)* ***auf etw akk ~ sein*** être très soucieux de qc; ***darauf ~ sein, dass*** accorder une grande importance à ce que +*subj* **II.** *adv* avec circonspection

Bedacht ▶ **mit** ~ *(geh: vorsichtig)* avec circonspection; *(absichtlich)* volontairement

bedächtig [bə'dɛçtɪç] **I.** *adj* ❶ *(gemessen)* posé(e) ❷ *(besonnen)* réfléchi(e) **II.** *adv* ❶ *(gemessen)* posément ❷ *(vorsichtig)* avec circonspection

bedachtsam [bə'daxtza:m] *adj (geh)* réfléchi(e)

bedanken* *vr* ***sich ~*** dire merci; ***sich bei jdm für etw ~*** remercier qn de qc

Bedarf [bə'darf] <-[e]s> *m* besoins *mpl;* ***bei ~*** en cas de besoin; ***je nach ~*** selon les besoins ▶ **[danke,] kein ~!** *(iron fam)* merci bien!

bedauerlich [bə'daʊɐlɪç] *adj* regrettable

bedauerlicherweise [bə'daʊɐlɪçɐ'vaizə] *adv* malheureusement

bedauern* [bə'daʊɐn] *vt* ❶ regretter ❷ *(bemitleiden)* plaindre

Bedauern <-s> *nt* ❶ *(Kummer)* regret *m* ❷ *(Mitgefühl)* sympathie *f*

bedauernswert *adj,* **bedauernswürdig** *adj (geh)* malheureux, -euse *antéposé;* ***~ sein*** être à plaindre

bedecken* **I.** *vt* ❶ *(zudecken)* recouvrir ❷ *(verhüllen, überhäufen)* couvrir **II.** *vr* ***sich mit etw ~*** se couvrir de qc

bedeckt *adj Himmel* couvert(e)

bedenken* *vt irr* ❶ penser à ❷ *(durchdenken)* réfléchir à *Maßnahmen;* ***jdm zu ~ geben, dass ...*** faire remarquer à qn que ...

Bedenken <-s, -> *nt* ❶ *Pl (Zweifel)* doutes *fpl;* ***~ haben*** émettre des réserves ❷ *kein Pl (das Überlegen)* réflexion *f;* ***ohne ~*** sans hésitation

bedenkenlos **I.** *adj (nicht zögernd)* inconditionnel(le) **II.** *adv* ❶ *(ohne Überlegung)* sans hésitation ❷ *(skrupellos)* sans scrupules

Bedenkenträger(in) *m(f)* personne *f* qui émet des réserves

bedenklich *adj* ❶ *Methoden* douteux, -euse ❷ *Neuigkeiten* inquiétant(e); *Gesundheitszustand* critique ❸ *Miene* préoccupé(e)

Bedenkzeit *f* délai *m* de réflexion

bedeuten* *vt* ❶ *(ausdrücken)* signifier; *(meinen)* vouloir dire; *(versinnbildlichen)* symboliser; ***was hat das zu ~?*** qu'est-ce que ça veut dire?; ***das hat nichts zu ~*** ça ne veut rien dire ❷ *(ankündigen)* présager ❸ *(gelten)* ***Geld bedeutet mir viel*** j'attache beaucoup d'importance à l'argent; ***was bedeute ich dir?*** qu'est-ce que je représente pour toi?

bedeutend **I.** *adj* important(e); *Leistung* remarquable; *Erfolg* considérable **II.** *adv (beträchtlich)* nettement

bedeutsam *adj* ❶ important(e); *Fortschritt* considérable ❷ *(viel sagend)* significatif, -ive

Bedeutung <-, -en> *f* ❶ *(Sinn)* sens *m;* ***in wörtlicher/übertragener ~*** au sens propre/figuré ❷ *(Wichtigkeit)* importance *f;* *(Geltung)* valeur *f*

bedeutungslos *adj* insignifiant(e)

Bedeutungslosigkeit <-> *f* insignifiance *f*

bedeutungsvoll *s.* **bedeutsam** **Bedeutungswandel** *m* changement *m* de sens

bedienen* **I.** *vt* ❶ servir; ***werden Sie schon bedient?*** on s'occupe de vous? ❷ *(umsorgen)* ***sich von jdm ~ lassen*** se faire servir par qn ❸ *(benutzen)* se servir de *Telefon;* faire fonctionner *Computer;* faire marcher *Maschine* ❹ SPIEL fournir à **II.** *vi* ❶ servir ❷ SPIEL fournir **III.** *vr* ***sich ~*** se servir; ***~ Sie sich!*** servez-vous!

bedienerfreundlich *adj* facile d'utilisation; INFORM convivial(e)

Bedienstete(r) *f(m) dekl wie adj* ADMIN agent *m* de la fonction publique

Bedienung <-, -en> *f* ❶ *kein Pl (Handhabung)* utilisation *f;* *einer Schaltzentrale* fonctionnement *m;* *eines Geschützes* service *m* ❷ *kein Pl (das Bedienen) eines Kunden* service *m* ❸ *(Kellner)* garçon *m;* *(Kellnerin)* serveuse *f;* ***~!*** Garçon!/Mademoiselle!

Bedienungsanleitung *f* mode *m* d'emploi **Bedienungsfehler** *m* erreur *f* de manipulation **Bedienungshinweise** *Pl* conseils *mpl* d'utilisation

bedingen* [bə'dɪŋən] *vt* ❶ *(verursachen)* provoquer; ***durch etw bedingt sein*** être dû à qc ❷ *(verlangen)* nécessiter

bedingt **I.** *adv (eingeschränkt)* partiellement; ***~ gültig/richtig*** partiellement valable/correct; ***das ist nur ~ richtig*** c'est vrai en partie **II.** *adj* conditionnel(le)

Bedingung <-, -en> *f* condition *f*

bedingungslos **I.** *adj* sans condition **II.** *adv* inconditionnellement; ***jdm ~ vertrauen*** avoir une confiance absolue en qn

Bedingungssatz *m* GRAM proposition *f* conditionnelle

bedrängen* *vt* ❶ *(bestürmen)* harceler; ***jdn mit etw*** ~ harceler qn de qc; ***jdn ~ etw zu tun*** presser qn de faire qc ❷ SPORT pousser ❸ *(belasten)* tourmenter
Bedrängnis <-, -se> *f (geh)* détresse *f*
bedrohen* *vt* menacer
bedrohlich I. *adj* menaçant(e) II. *adv* de façon menaçante
Bedrohung *f* menace *f*
bedrucken* *vt* imprimer
bedrücken* *vt* tourmenter
bedrückend *adj Nachricht* déprimant(e); *Schweigen* oppressant(e)
bedrückt I. *adj Person* abattu(e); *Schweigen* pesant(e) II. *adv schweigen* lugubrement
Beduine, Beduinin [bedu'i:nə] <-n, -n> *m, f* Bédouin(e) *m(f)*
bedürfen <bedarf, bedurfte, bedurft> *vi (geh)* avoir besoin de
Bedürfnis [bə'dʏrfnɪs] <-ses, -se> *nt* besoin *m*
bedürfnislos *adj* frugal(e)
bedürftig *adj Person* dans le besoin
Bedürftigkeit <-> *f* dénuement *m*
Beefsteak ['bi:fste:k] *nt* ❶ *(Steak)* bifteck *m* ❷ *(Frikadelle)* steak *m* haché
beehren* *vt (iron geh)* honorer
beeiden* *vt* affirmer sous serment; ***etw ~*** affirmer qc sous serment
beeilen* *vr* ❶ *(schnell machen)* ***sich ~*** se dépêcher ❷ *(geh: nicht zögern)* ***sich ~ etw zu tun*** s'empresser de faire qc
Beeilung <-> *f [**los,**] **~!** (fam)* grouille-toi/grouillez-vous! *fam*
beeindrucken* *vt* impressionner
beeindruckend *adj* impressionnant(e)
beeinflussbar *adj* influençable
beeinflussen* [bə'ʔaɪ̯nflʊsən] *vt* influencer
Beeinflussung <-, -en> *f* influence *f*
beeinträchtigen* [bə'ʔaɪ̯ntrɛçtɪgən] *vt* nuire à, restreindre *Freiheit;* ***der Lärm beeinträchtigt meine Konzentration*** le bruit m'empêche de bien me concentrer
Beeinträchtigung <-, -en> *f einer Beziehung* dégradation *f; der Qualität* détérioration *f; der Arbeit* perturbation *f; der Bewegungsfreiheit* restriction *f*
beenden* *vt* mettre fin à *Gespräch, Verhandlungen;* terminer *Studium;* mettre un terme à *Streit;* lever *Blockade;* cesser *Krieg;* INFORM quitter *Programm*
beendigen* *s.* **beenden**
Beendigung <-> *f* fin *f*
beengen* [bə'ɛŋən] *vt* étouffer; ***jdn ~*** *Person:* étouffer qn; *Zimmerdecke:* oppresser qn; *Kleidungsstück:* serrer qn
beengt I. *adj* étroit(e); ***in sehr ~en Verhältnissen wohnen*** être logé très à l'étroit II. *adv wohnen* à l'étroit
Beengtheit <-> *f* exiguïté *f*
beerben* *vt* ❶ hériter *Verstorbenen* ❷ *(nachfolgen)* succéder à
beerdigen* [bə'ʔe:ɐ̯dɪgən] *vt* enterrer
Beerdigung <-, -en> *f* enterrement *m*
Beerdigungsfeier *f* funérailles *fpl form*
Beerdigungsinstitut *nt* [entreprise *f* de] pompes *fpl* funèbres
Beere ['be:rə] <-, -n> *f* baie *f; (Weinbeere)* grain *m*
Beet [be:t] <-[e]s, -e> *nt* plate-bande *f; (Blumenbeet)* parterre *m; (Gemüsebeet)* carré *m*
befähigen* [bə'fɛ:ɪgən] *vt* ❶ ***jdn zu etw ~*** rendre qn capable de qc ❷ *(berechtigen)* ***jdn zu etw ~*** *Ausbildung:* qualifier qn pour qc
befähigt *adj (fähig)* compétent(e); *(qualifiziert)* qualifié(e)
Befähigung <-> *f (Können)* compétence *f; (naturgegebene Eignung)* aptitude *f; (Qualifikation)* qualification *f*
befahl [bə'fa:l] *Imp von* **befehlen**
befahrbar *adj Straße* praticable; *Wasserweg* navigable
befahren* *vt irr* ❶ emprunter *Straße;* naviguer sur *Seeweg* ❷ MIN descendre dans *Schacht;* exploiter *Grube*
Befall <-[e]s> *m* invasion *f;* ~ ***einer Pflanze*** invasion d'une plante; ***bei ~ der inneren Organe*** si les organes sont attaqués
befallen[*1] *vt irr* ❶ ***jdn ~*** *Virus:* contaminer qn; ***eine Pflanze ~*** *Schädlinge:* infester une plante ❷ *(überkommen)* ***jdn befällt hohes Fieber*** qn est pris d'une forte fièvre
befallen[2] *adj Organ* contaminé(e); *Pflanze* infesté(e)
befangen *adj* ❶ *(gehemmt)* inhibé(e) ❷ *(parteiisch)* partial(e)
Befangenheit <-> *f* ❶ *(Gehemmtheit)* inhibitions *fpl* ❷ *(Parteilichkeit)* partialité *f*
befassen* I. *vr* ***sich mit jdm/etw ~*** s'occuper de qn/qc; ***sich mit einem Angebot ~*** étudier une offre; ***sich mit etw näher ~*** examiner qc de plus près II. *vt (form)* ***jdn mit etw ~*** charger qn de qc
Befehl [bə'fe:l] <-[e]s, -e> *m* ❶ ordre *m* ❷ *(Befehlsgewalt)* ***den ~ über etw*** *akk* ***haben*** avoir le commandement de qc ❸ INFORM instruction *f* ▶ **auf** ~ *(fam)* sur commande; MIL selon les ordres
befehlen [bə'fe:lən] <befiehlt, befahl,

befohlen> *vt* ordonner; **~, dass** ordonner que +*subj;* ***du hast mir gar nichts zu ~!*** tu n'as pas d'ordres à me donner!

befehligen* [bəˈfeːlɪgən] *vt* commander

Befehlsform *f* GRAM impératif *m* **befehlsgemäß** *adj* conforme aux ordres [reçus] **Befehlsgewalt** *f* commandement *m*

Befehlshaber(in) [bəˈfeːlshaːbɐ] <-s, -> *m(f)* commandant(e) *m(f)*

Befehlston *m* ton *m* impérieux **Befehlsverweigerung** *f* MIL insubordination *f* **Befehlszeile** *f* INFORM ligne *f* de commande

befestigen* [bəˈfɛstɪgən] *vt* ❶ *(anbringen)* fixer; ***etw an etw*** *dat* **~** fixer qc à qc ❷ *(fest machen)* stabiliser *Fahrbahn;* consolider *Deich* ❸ MIL fortifier

Befestigung <-, -en> *f* ❶ fixation *f* ❷ MIL fortification *f* ❸ *(bauliche Konsolidierung) einer Fahrbahn* stabilisation *f; eines Damms* consolidation *f*

befeuchten* *vt* humidifier

Befeuerung <-, -en> *f* NAUT, AVIAT balisage *m*

befiehlt [bəˈfiːlt] *3. Pers Präs von* **befehlen**

befinden* *irr* **I.** *vr* ❶ *(sich aufhalten)* ***sich im Ausland*** **~** être à l'étranger ❷ *(form: sich fühlen)* ***sich gut/schlecht*** **~** se porter bien/mal **II.** *vt (form)* ***jdn für kompetent*** **~** déclarer qn compétent; ***etw für angemessen*** **~** considérer qc comme convenable **III.** *vi (geh)* ***über jdn/etw*** **~** se prononcer sur qn/qc

Befinden <-s> *nt* ❶ *(Gesundheitszustand)* état *m* [de santé] ❷ *(geh: Meinung)* position *f*

befindlich *adj meist attr (form)* étant; ***die an der Macht ~e Regierung*** le gouvernement [qui est/était] au pouvoir; ***im Bau ~ sein*** être en construction

Befindlichkeit *f* disposition *f* affective

befingern* *vt (fam)* tripoter

beflecken* *vt* ❶ tacher ❷ *(geh: entehren)* salir *Ehre*

beflissen [bəˈflɪsən] **I.** *adj Schüler* appliqué(e); *Mitarbeiter* zélé(e); *Diener* empressé(e) **II.** *adv* avec empressement

beflügeln* *vt (geh)* ***jdn*** **~** stimuler qn; *Liebe, Angst:* donner des ailes à qn

befohlen [bəˈfoːlən] *PP von* **befehlen**

befolgen* *vt* suivre, respecter *Vorschrift;* exécuter *Befehl*

befördern* *vt* ❶ *(transportieren)* transporter, acheminer *Briefe;* ***etw mit/durch etw ~ lassen*** expédier qc par qc ❷ *(aufrücken lassen)* ***jdn*** **~** promouvoir qn; ***befördert werden*** avoir de l'avancement

Beförderung *f* ❶ *von Personen, Waren* transport *m; von Postsendungen* acheminement *m* ❷ *(das Aufrücken) eines Mitarbeiters, Soldaten* promotion *f; eines Beamten* avancement *m*

Beförderungsmittel *nt* moyen *m* de transport

befrachten* *vt* charger

befragen* *vt* ❶ interroger, entendre *Zeugen;* ***jdn nach seiner Meinung*** **~** demander son avis à qn ❷ *(um Rat fragen)* consulter

Befragte(r) *f(m) dekl wie adj* personne *f* interrogée

Befragung <-, -en> *f* ❶ interrogation *f; eines Zeugen* interrogatoire *m* ❷ *(Umfrage)* sondage *m*

befreien* **I.** *vt* ❶ libérer *Person, Land* ❷ *(freistellen)* ***jdn von einer Pflicht*** **~** exempter qn d'une obligation; ***jdn vom Wehrdienst*** **~** dispenser qn du service militaire ❸ *(entlasten, erlösen)* ***jdn von einer Verantwortung/von seinen Schmerzen*** **~** soulager qn d'une charge/de ses douleurs ❹ *(reinigen)* ***die Straße vom Abfall*** **~** débarrasser les rues des détritus **II.** *vr* ***sich*** **~** ❶ *(entkommen)* s'évader ❷ *Volk:* se libérer ❸ *(sich lösen)* se débarrasser *Vorurteil*

befreiend **I.** *adj Lachen* libérateur, -trice **II.** *adv* **~ *wirken*** soulager

Befreier(in) <-s, -> *m(f)* libérateur, -trice *m, f*

befreit **I.** *adj Person* soulagé(e); *Lächeln* de soulagement **II.** *adv* de soulagement

Befreiung <-, -en> *f* ❶ *(das Befreien) einer Person, eines Landes* libération *f; eines Tiers* délivrance *f* ❷ *(Freistellung)* dispense *f; (Steuerbefreiung)* exonération *f* ❸ *(Erlösung)* soulagement *m* **Befreiungskampf** *m* lutte *f* pour l'indépendance **Befreiungsschlag** *m* ❶ SPORT dégagement *m* ❷ POL *(a. fig)* bouffée *f* d'oxygène

befremden* [bəˈfrɛmdən] **I.** *vt* déconcerter **II.** *vi* paraître insolite

Befremden <-s> *nt* ***zu meinem*** **~** à ma [grande] stupeur

befremdet *adj* stupéfait(e)

befremdlich *adj (geh)* déconcertant(e)

befreunden* [bəˈfrɔʏndən] *vr* ***sich*** **~** se lier d'amitié; ***sich mit jdm*** **~** se lier d'amitié avec qn

befreundet *adj Person* ami(e); *Staat* allié(e)

befrieden* *vt (geh)* POL rétablir la paix dans *Land*

befriedigen* [bəˈfriːdɪɡən] **I.** *vt* ❶ satisfaire ❷ *(sexuell befriedigen)* donner du plaisir à **II.** *vi Lösung:* être satisfaisant **III.** *vr* ***sich [selbst]*** ~ se masturber

befriedigend *adj a.* SCHULE satisfaisant(e)

befriedigt I. *adj* satisfait(e); *(sexuell erfüllt)* comblé(e) sur le plan sexuel **II.** *adv* avec satisfaction

Befriedigung <-> *f* ❶ *(das Zufriedenstellen)* satisfaction *f* ❷ *(das Stillen)* assouvissement *m* ❸ *(sexuelle Befriedigung)* satisfaction *f* [sexuelle]

befristen* *vt* fixer un délai pour *Tätigkeit, Projekt;* ***etw auf ein Jahr*** ~ limiter qc à un an

befristet I. *adj* ❶ temporaire; *Arbeitsverhältnis* à durée déterminée ❷ FIN *Anlage* à [court/long] terme **II.** *adv* ~ ***gelten*** avoir une durée de validité déterminée

Befristung <-, -en> *f* ❶ limitation *f* de durée ❷ *(Gültigkeitsdauer)* durée *f* de validité

befruchten* *vt* ❶ féconder; ***jdn/ein Tier künstlich*** ~ inséminer qn/un animal artificiellement ❷ *(geistig anregen)* enrichir

Befruchtung <-, -en> *f* fécondation *f;* ***künstliche*** ~ insémination *f* artificielle

Befugnis [bəˈfuːknɪs] <-, -se> *f (form)* habilitation *f*

befugt [bəˈfuːkt] *adj (form)* ~ ***sein etw zu tun*** avoir autorité pour faire qc

befühlen* *vt* tâter

Befund <-[e]s, -e> *m* résultat *m;* ***ärztlicher*** ~ résultat de l'analyse médicale

befürchten* *vt* craindre

Befürchtung <-, -en> *f* craintes *f pl;* ***die*** ~ ***haben, dass*** craindre que *+subj*

befürworten* [bəˈfyːɐ̯vɔrtən] *vt* appuyer; ***~, dass*** préconiser que *+subj*

befürwortend *adj* favorable

Befürworter(in) <-s, -> *m(f) einer Haltung, eines Vorgehens* partisan(e) *m(f); einer Idee* avocat(e) *m(f)*

begabt [bəˈɡaːpt] *adj* doué(e); ***hoch*** ~ surdoué

Begabung [bəˈɡaːbʊŋ] <-, -en> *f* ❶ *(Talent)* don *m* ❷ *(Mensch)* talent *m*

begann [bəˈɡan] *Imp von* **beginnen**

begatten* **I.** *vt* couvrir **II.** *vr* ***sich*** ~ ZOOL s'accoupler

Begattung <-, -en> *f* ZOOL saillie *f*

begeben* *vr irr (geh)* ❶ *(gehen, fahren)* ***sich in den Garten*** ~ se rendre dans le jardin; ***sich ins Haus*** ~ entrer dans la maison; ***sich an die Arbeit*** ~ se mettre au travail ❷ *(fig)* ***sich in eine schwierige Lage*** ~ se mettre dans une situation difficile; ***sich in Gefahr*** ~ s'exposer au danger; ***sich in Behandlung*** ~ aller se faire soigner

Begebenheit <-, -en> *f (geh)* événement *m*

begegnen* [bəˈɡeːɡnən] **I.** *vi + sein* ❶ *(treffen)* ***jdm/einer S.*** ~ rencontrer qn/qc ❷ *(geh: entgegentreten)* ***einer S.*** *dat* ***mit Misstrauen*** ~ accueillir qc avec méfiance ❸ *(widerfahren)* ***jdm begegnet etw*** qc arrive à qn **II.** *vr* ***sich*** *dat* ~ se rencontrer

Begegnung <-, -en> *f* ❶ *a.* SPORT rencontre *f* ❷ *(das Kennenlernen)* ~ ***mit etw*** contact *m* avec qc

begehbar *adj* praticable à pied

begehen* *vt irr* ❶ *(verüben)* commettre *Tat, Verbrechen;* faire *Dummheit* ❷ *(geh: feiern)* célébrer ❸ *(betreten)* passer sur *Weg*

begehren* [bəˈɡeːrən] *vt (geh)* désirer

Begehren <-s, -> *nt (geh)* désir *m*

begehrenswert *adj Person* désirable; *Gegenstand* tentant(e)

begehrlich *(geh)* **I.** *adj* de convoitise **II.** *adv* avec convoitise

begehrt *adj Person* courtisé(e); *Stellung* convoité(e); *Urlaubsort* prisé(e)

begeistern* [bəˈɡaistɐn] **I.** *vt* enthousiasmer; ***jdn für seine Ziele*** ~ rallier qn à ses visées **II.** *vr* ***sich für jdn/etw*** [*o* ***an etw*** *dat*] ~ s'enthousiasmer pour qn/qc

begeistert I. *adj* ❶ *(hingerissen)* enthousiaste; ***von etw*** ~ ***sein*** être enthousiasmé par qc ❷ *(leidenschaftlich)* passionné(e) **II.** *adv* avec enthousiasme

Begeisterung <-> *f* enthousiasme *m*

begeisterungsfähig *adj* capable de s'enthousiasmer

Begierde [bəˈɡiːɐ̯də] <-, -n> *f (geh)* ❶ soif *f;* ~ ***nach Besitz/Macht*** soif de possession/pouvoir ❷ *(sexuelles Verlangen)* concupiscence *f*

begierig *adj* ❶ avide ❷ *(voll sexuellem Verlangen)* concupiscent(e) *hum*

begießen* *vt irr* arroser

Beginn [bəˈɡɪn] <-[e]s> *m (zeitlicher Anfang)* commencement *m; (räumlicher Anfang)* début

beginnen <begann, begonnen> **I.** *vi* commencer; *(wieder beginnen)* recommencer **II.** *vt (anfangen)* commencer

beglaubigen* [bəˈɡlaubɪɡən] *vt* légaliser *Unterschrift;* authentifier *Testament;* ***eine***

Kopie ~ lassen faire certifier une copie conforme

Beglaubigung <-, -en> *f* ① *einer Kopie* attestation *f* de conformité; *einer Unterschrift* légalisation *f; eines Testaments* authentification *f* ② POL accréditation *f*

begleichen* *vt irr* régler

Begleichung <-, *selten:* -en> *f* règlement *m*

begleiten* *vt a.* MUS accompagner

Begleiter(in) <-s, -> *m(f)* accompagnateur, -trice *m, f*

Begleiterscheinung *f* effet *m* secondaire **Begleitmusik** *f eines Films* musique *f* de/du film **Begleitperson** *f (form)* accompagnateur, -trice *m, f* **Begleitschreiben** *nt* lettre *f* d'accompagnement; *einer Warensendung* notice *f* explicative **Begleitumstände** *Pl* circonstances *fpl* concomitantes

Begleitung <-, -en> *f* ① *kein Pl (das Begleiten)* compagnie *f* ② *kein Pl (Gesellschaft)* ***in ~*** accompagné; ***in ~ eines Freundes*** en compagnie d'un ami ③ *kein Pl (Begleiter)* accompagnateur, -trice *m, f;* ***ohne ~*** non accompagné ④ MUS accompagnement *m* [musical]

beglücken* *vt* combler d'aise; ***jdn mit etw ~*** combler d'aise qn avec qc

beglückt I. *adj* heureux, -euse, ravi(e) II. *adv* comblé(e)

beglückwünschen* *vt* féliciter

begnadet [bə'gna:dət] *adj Künstler* d'un talent exceptionnel

begnadigen* [bə'gna:dɪgən] *vt* gracier

Begnadigung <-, -en> *f* grâce *f*

begnügen* [bə'gny:gən] *vr* ***sich mit etw ~*** se contenter de qc

Begonie [be'go:ni̯ə] <-, -n> *f* bégonia *m*

begonnen [bə'gɔnən] *PP von* **beginnen**

begraben* *vt irr* ① enterrer ② *(verschütten)* ensevelir

Begräbnis [bə'grɛ:pnɪs] <-ses, -se> *nt* enterrement *m*

begradigen* [bə'gra:dɪgən] *vt* rectifier

begreifen* *irr* I. *vt* ① *(verstehen)* comprendre ② *(nachvollziehen, mitempfinden)* concevoir *Verhalten, Gefühl;* comprendre *Person* ③ *(auffassen)* ***etw als Herausforderung ~*** considérer qc comme un défi II. *vi* ***schnell/langsam ~*** comprendre facilement/difficilement III. *vr* ***sich als Künstler ~*** se considérer comme artiste

begreiflich *adj* compréhensible; ***jdm etw ~ machen*** faire comprendre qc à qn

begreiflicherweise [bə'grai̯flɪçɐ'vai̯zə] *adv* bien entendu

begrenzen* *vt* ① *(die Grenze bilden)* [dé]limiter ② *(beschränken)* limiter

begrenzt I. *adj* limité(e); *Rahmen* étroit(e) II. *adv* de façon limitée

Begrenztheit <-> *f* caractère *m* limité

Begrenzung <-, -en> *f* ① *kein Pl (das Begrenzen)* délimitation *f; (Geschwindigkeit)* limitation *f* ② *(Grenze)* limite *f*

Begriff <-[e]s, -e> *m* ① *(Wort)* terme *m; (Inhalt)* notion *f* ② *(Vorstellung)* conception *f;* ***sich*** *dat* ***einen ~ von etw machen*** se faire une idée de qc; ***für meine/seine ~e*** selon moi/lui ③ *(Inbegriff)* symbole *m* ▶ **im ~ sein etw zu tun** être sur le point de faire qc

begriffen *adj (form)* ***im Gehen ~ sein*** être sur le point de partir

begrifflich *adj attr* sémantique

begriffsstutzig *adj* borné(e); ***~ sein*** avoir du mal à comprendre **Begriffsvermögen** *nt* entendement *m*

begründen* *vt* ① justifier ② *(gründen)* fonder *Geschäft;* créer *Ruhm*

Begründer(in) *m(f) eines Staats* fondateur, -trice *m, f; einer Theorie* créateur, -trice *m, f*

begründet *adj* fondé(e) ▶ **in etw** *dat* **~ sein** s'expliquer par qc

Begründung *f* ① *(Erläuterung, Rechtfertigung)* justification *f* ② *(Urteilsbegründung)* exposé *m* des motifs ③ *(geh: Gründung)* fondation *f*

begrüßen* *vt* saluer

begrüßenswert *adj Vorschlag* qui mérite d'être salué; ***es ist ~, dass*** je me félicite/nous nous félicitons de ce que +*subj*

Begrüßung <-, -en> *f* souhaits *mpl* de bienvenue

begünstigen* [bə'gʏnstɪgən] *vt* favoriser; JUR prêter assistance à

Begünstigung <-, -en> *f* ① *kein Pl (das Begünstigen)* ***eine ~ des öffentlichen Verkehrs bewirken*** *Maßnahme:* favoriser les transports en commun ② *kein Pl (das Bevorzugen)* ***~ eines Kindes*** favoritisme *m* à l'égard d'un enfant ③ JUR ***~ des Täters*** assistance *f* prêtée à l'auteur du crime

begutachten* *vt* ① *(fachlich prüfen)* expertiser *Gegenstand, Schaden* ② *(fam: ansehen)* examiner

Begutachtung *f* expertise *f*

begütert [bə'gy:tɐt] *adj (geh)* fortuné(e)

begütigend I. *adj* apaisant(e) II. *adv* de façon apaisante

behaart [bə'ha:ɐ̯t] *adj* poilu(e)

Behaarung <-, -en> *f* ① pilosité *f* ② ZOOL pelage *m*

behäbig [bə'hɛːbɪç] *adj Person* flegmatique; *Bewegung* posé(e)
behaftet [bə'haftət] *adj* ***mit einer Krankheit ~ sein*** être atteint d'une maladie; ***mit Mängeln ~ sein*** être défectueux
behagen* [bə'haːgən] *vi* plaire; ***jdm ~*** plaire à qn
Behagen <-s> *nt* plaisir *m*
behaglich [bə'haːklɪç] *adj* agréable
Behaglichkeit <-> *f* confort *m*
behalten* *vt irr* ❶ garder ❷ *(nicht vergessen)* retenir
Behälter [bə'hɛltɐ] <-s, -> *m,* **Behältnis** [bə'hɛltnɪs] <-ses, -se> *nt* récipient *m; (groß)* réservoir *m*
behämmert [bə'hɛmɐt] *s.* **bescheuert**
behandeln* *vt* ❶ *(a. fig)* traiter; ***jdn/etw schlecht ~*** maltraiter qn/qc ❷ *(pflegen)* ***etw mit Wachs ~*** entretenir qc avec de la cire
Behandlung <-, -en> *f* ❶ *(Umgang)* traitement *m* ❷ *(Versorgung) eines Patienten* consultation *f* [médicale]; *einer Verletzung* soins *mpl* [médicaux]; *(Therapie)* traitement *m* [médical]; ***bei jdm in ~ sein*** être en traitement chez qn ❸ *(Pflege)* entretien *m* ❹ *(chemische Bearbeitung)* traitement *m* ❺ *(Abhandlung)* ***bei der ~ dieser Frage*** en traitant cette question
Behandlungskosten *Pl* frais *mpl* médicaux **Behandlungsmethode** *f* méthode *f* de traitement
behängen* *vt* couvrir; ***jdn/sich mit Orden ~*** *(pej)* couvrir qn/se couvrir de décorations; ***die Wände mit Bildern ~*** accrocher des tableaux aux murs
beharren* [bə'harən] *vi* ne pas démordre de; ***auf seiner Meinung ~*** ne pas démordre de son opinion
beharrlich I. *adj Person* persévérant(e); *Schweigen* obstiné(e) II. *adv* avec ténacité; *schweigen, sich weigern* obstinément
Beharrlichkeit <-> *f* ténacité *f*
behaupten* [bə'hauptən] I. *vt* ❶ *(sagen)* prétendre ❷ *(erfolgreich verteidigen)* maintenir *Vorsprung* II. *vr* ***sich gegen jdn/etw ~*** s'imposer face à qn/qc
Behauptung <-, -en> *f* ❶ *(Äußerung)* affirmation *f* ❷ *(Verteidigung, das Sichbehaupten)* maintien *m*
Behausung <-, -en> *f (hum geh)* logis *m littér*
beheben* *vt irr* ❶ réparer *Fehler, Schaden;* remédier à *Störung, Missstände;* aplanir *Schwierigkeit* ❷ A retirer *Geldbetrag*
beheimatet *adj* ***in Berlin ~*** originaire de Berlin
beheizbar *adj Raum, Freibad* disposant d'un chauffage; *Heckscheibe* chauffant(e); ***~ sein*** *Raum, Freibad:* avoir un chauffage
beheizen* *vt* chauffer *Wohnung*
Behelf <-[e]s, -e> *m* moyen *m* de fortune
behelfen* *vr irr* ❶ *(als Ersatz verwenden)* ***sich mit etw ~*** se contenter provisoirement de qc ❷ *(auskommen)* ***sich ~*** se débrouiller
behelfsmäßig *adj (provisorisch)* provisoire; *(improvisiert)* de fortune
behelligen* [bə'hɛlɪgən] *vt* importuner *soutenu*
beherbergen* [bə'hɛrbɛrgən] *vt* héberger
beherrschen* I. *vt* ❶ *(können)* maîtriser ❷ *(herrschen über)* dominer ❸ *(verfolgen)* ***von einer Idee beherrscht werden*** être dominé par une idée II. *vr* ***sich ~*** se dominer
beherrscht *adj* contrôlé(e)
Beherrschung <-> *f* ❶ *(das Können) eines Instruments, einer Sprache* maîtrise *f; eines Handwerks* connaissance *f* ❷ *(Kontrolle)* maîtrise *f* de soi; ***die ~ verlieren*** perdre la maîtrise de soi ❸ *(das Herrschen)* domination *f*
beherzigen* [bə'hɛrtsɪgən] *vt* suivre *Rat*
beherzt [bə'hɛrtst] I. *adj* courageux, -euse; *(entschlossen)* résolu(e) II. *adv* résolument
Beherztheit <-> *f* vaillance *f*
behilflich [bə'hɪlflɪç] *adj* ***jdm ~ sein*** aider qn; ***jdm beim Aussteigen ~ sein*** aider qn à descendre
behindern* *vt* gêner; ***jdn ~*** *Person, Kleid:* gêner qn; *Verletzung:* handicaper qn; ***die Verhandlungen ~*** *Aktionen:* entraver les négociations
behindert *adj* handicapé(e); ***schwer ~*** lourdement handicapé
Behinderte(r) *f(m) dekl wie adj* handicapé(e) *m(f);* ***geistig/körperlich ~*** handicapé mental/physique
behindertengerecht *adj* adapté(e) aux handicapés **Behindertenparkplatz** *m* place *f* de parking réservée aux handicapés
Behinderung <-, -en> *f* ❶ handicap *m;* ***geistige/körperliche ~*** handicap mental/physique ❷ *kein Pl* gêne *f;* ***~ des Straßenverkehrs*** entrave *f* à la circulation
Behörde [bə'høːɐ̯də] <-, -n> *f* ❶ *(Dienststelle)* service *m* [administratif] ❷ *(Amtsgebäude)* bâtiment *m* public
behördlich [bə'høːɐ̯tlɪç] *adj* officiel(le)
behüten* *vt* veiller sur
behütet I. *adj* protégé(e) II. *adv* à l'abri du monde

B

behutsam [bə'hu:tza:m] **I.** *adj* précautionneux, -euse **II.** *adv* avec précaution
Behutsamkeit <-> *f* précaution *f*
bei [bai̯] *präp +dat* ❶ *(räumlich)* ~ ***jdm*** chez qn; *(in der Nähe von jdm)* auprès de qn; ***~m Bäcker*** chez le boulanger ❷ *(mit)* ***etw ~ sich haben*** avoir qc sur soi ❸ *(zur Angabe eines Tätigkeitsbereichs)* ~ ***einer Behörde/der Post arbeiten*** travailler dans une administration/à la poste ❹ *(an)* ***jdn ~ der Hand fassen*** prendre qn par la main ❺ *(anlässlich, während)* ~ ***der Vorführung*** pendant la présentation; ~ ***seiner Ankunft*** à son arrivée; ***störe mich nicht ~ der Arbeit!*** ne me dérange pas quand je travaille! ❻ *(zur Angabe der Umstände)* ~ ***Kerzenlicht*** aux chandelles; ~ ***einer Flasche Wein*** en buvant une bouteille de vin; ~ ***vierzig Grad*** par quarante degrés; ~ ***Eis und Schnee*** qu'il gèle ou qu'il neige; ***Paris ~ Regen*** Paris sous la pluie ❼ *(im Fall von)* ~ ***Gefahr/Feuer/Nebel*** en cas de danger/d'incendie/de brouillard ❽ *(zur Angabe der Herkunft, Urheberschaft)* ***der Fehler lag ~ ihr*** l'erreur venait d'elle; ~ ***Camus*** chez Camus ❾ *(zur Angabe annähernder Größen)* ***der Preis liegt ~ hundert Euro*** le prix est d'environ cent euros ❿ *(trotz)* ~ ***all seinen Bemühungen*** malgré tous ses efforts ⓫ *(in Schwurformeln)* ~ ***meiner Ehre/meinem Leben*** sur mon honneur/ma vie; ***ich schwöre ~ Gott*** je jure devant Dieu
bei|behalten* *vt irr* garder
Beiblatt *nt* feuille *f* jointe; *(mit Erklärungen)* notice *f*
Beiboot *nt* canot *m* de bord
bei|bringen *vt irr* ❶ *(lehren, mitteilen)* apprendre; *(zu verstehen geben)* faire comprendre ❷ *(zufügen)* ***jdm eine Wunde ~*** faire une blessure à qn ❸ *(herbeibringen)* amener *Person;* apporter *Gegenstand*
Beichte ['bai̯çtə] <-, -n> *f* confession *f;* ***zur ~ gehen*** aller se confesser
beichten **I.** *vt (a. fig, hum fam: gestehen)* confesser **II.** *vi* se confesser
Beichtgeheimnis *nt* secret *m* de la confession **Beichtstuhl** *m* confessionnal *m* **Beichtvater** *m* confesseur *m*
beide ['bai̯də] *pron o adj* ❶ ***die ~n Frauen/Häuser*** les deux femmes/maisons; ***welches von den ~n Kleidern willst du?*** laquelle des deux robes veux-tu?; ***die ~n lieben sich*** ils s'aiment tous les deux; ***euch/uns ~n*** vous/nous deux ❷ *(zwei Dinge)* ***~s*** les deux [choses]; ***eins von ~n!*** c'est l'un ou [c'est] l'autre! ❸ SPORT ***fünfzehn/dreißig ~*** quinze/trente partout
beiderlei ['bai̯dɐ'lai̯] *adj inv, attr* ***Kinder ~ Geschlechts*** des enfants des deux sexes
beiderseitig ['bai̯dɐzai̯tɪç] *adj* réciproque
beiderseits ['bai̯dɐ'zai̯ts] **I.** *adv* ❶ *(auf beiden Seiten)* des deux côtés ❷ *(gegenseitig)* chacun(e) de son côté **II.** *präp +gen* ~ ***des Rheins*** des deux côtés du Rhin
beidhändig **I.** *adj Person* ambidextre; *Rückhand* à deux mains **II.** *adv* à deux mains
beidseitig ['bai̯tzai̯tɪç] **I.** *adj Beschichtung* des deux côtés; *Lähmung* bilatéral(e) **II.** *adv* des deux côtés; ~ ***gelähmt sein*** avoir une paralysie bilatérale
beidseits SDEUTSCH, CH *s.* **beiderseits II.**
beieinander [bai̯ʔai̯'nandɐ] *adv* l'un(e) près de l'autre/les un(e)s près des autres; ~ ***sein*** être réunis
beieinander|haben *vt irr* ***seine Sachen ~*** avoir ses affaires au complet
beieinander|wohnen *vi* ***sehr dicht ~*** *(in einer Siedlung)* habiter les uns sur les autres
Beifahrer(in) *m(f)* passager, -ère *m, f* avant
Beifahrersitz *m* siège *m* du passager avant
Beifall <-[e]s> *m* ❶ applaudissements *mpl* ❷ *(Zustimmung)* approbation *f*
beifällig ['bai̯fɛlɪç] **I.** *adj* approbateur, -trice **II.** *adv nicken, schmunzeln* d'un air approbateur
Beifallssturm *m* tempête *f* d'applaudissements
bei|fügen *vt* ❶ *(mitsenden)* joindre ❷ *(ergänzend sagen)* ajouter *Bemerkung*
Beigabe <-, -n> *f* ❶ *kein Pl (das Beigeben)* addition *f* ❷ *(Beilage)* accompagnement *m*
beige [be:ʃ, bɛ:ʃ] *adj inv* beige
Beige [be:ʃ, bɛ:ʃ] <-, - *o fam:* -s> *nt* beige *m*
bei|geben *vt irr (hinzufügen)* ajouter
Beigeschmack *m* ❶ petit goût *m* ❷ *(fig) eines Wortes* connotation *f*
Beiheft *nt (beigegebenes Heft)* encart *m;* PRESSE supplément *m*
Beihilfe *f* ❶ *(finanzielle Unterstützung)* aide *f* financière ❷ JUR ~ ***zum Diebstahl*** complicité *f* de vol
bei|kommen *vi irr + sein* ***jdm/einer S. ~*** venir à bout de qn/qc
Beil [bai̯l] <-[e]s, -e> *nt* ❶ *(Werkzeug)* hache *f* ❷ *(Fallbeil, Hackbeil)* couperet *m*
Beilage *f* ❶ GASTR garniture *f* ❷ *kein Pl (das Beilegen)* ***wir bitten Sie um ~ der Rechnung*** nous vous prions de joindre la fac-

ture à votre envoi ❸ *(Publikation)* supplément *m; (Werbebeilage)* encart *m* publicitaire ❹ A, CH *(Anlage)* annexe *f*
Beilagensalat *m* salade *f* d'accompagnement
bei|läufig ['baɪlɔyfɪç] **I.** *adj* incident(e) **II.** *adv* ❶ *(nebenbei)* incidemment ❷ A *(ungefähr)* à peu près
bei|legen *vt* ❶ *(dazulegen)* joindre ❷ *(schlichten)* régler
Beilegung <-, -en> *f eines Konflikts* règlement *m*
beileibe [baɪ'laɪbə] *adv* ~ ***nicht!*** surtout pas!
Beileid *nt kein Pl* condoléances *f pl* ▸ **mein herzliches ~!** mes sincères condoléances!
Beileidskarte *f* carte *f* de condoléances
bei|liegen *vi irr* ***einer S.*** *dat* ~ être joint à qc
beiliegend I. *adj* joint(e) **II.** *adv* ~ ***übersenden wir Ihnen …*** veuillez trouver ci--joint …
beim [baɪm] = *s.* **bei dem** *s.* **bei**
bei|mengen *vt* ajouter *Gewürze;* mélanger *Gift*
bei|messen *vt irr* ***einer S.*** *dat* ***Bedeutung*** ~ accorder de l'importance à qc
bei|mischen *s.* **beimengen**
Bein [baɪn] <-[e]s, -e> *nt* ❶ *einer Person* jambe *f; eines Tiers* patte *f* ❷ *(Tischbein, Stuhlbein)* pied *m* ❸ *(Hosenbein)* jambe *f* ▸ **auf eigenen ~en stehen** voler de ses propres ailes; **sich** *dat* **kein ~ ausreißen** *(fam)* ne pas se casser la nénette; **jdn wieder auf die ~e bringen** remettre qn d'aplomb; **etw auf die ~e stellen** mettre qc sur pied; **jdm ein ~ stellen** faire un croche-pied à qn; *(hereinlegen)* mettre des bâtons dans les roues à qn *fam*
beinah[e] ['baɪna:(ə)] *adv* ~ ***immer/nie*** presque toujours/jamais; ~ ***hätte es einen Unfall gegeben*** il a failli y avoir un accident
Beiname *m* surnom *m*
Beinarbeit *f kein Pl* jeu *m* de jambes **Beinbruch** *m* fracture *f* de la jambe
beinhalten* [bə'ʔɪnhaltən] *vt* ❶ *(enthalten)* comporter ❷ *(bedeuten)* signifier
Beinprothese *f* jambe *f* artificielle **Beinschiene** *f* MED gouttière *f*
Beipackzettel *m* notice *f*
bei|pflichten *vi* approuver; ***jdm/einer S.*** ~ approuver qn/qc
Beirat ['baɪra:t, *Pl:* 'baɪrɛ:tə] *m* conseil *m* consultatif
Beiried <-, -> *f* A rosbif *m*
beirren* [bə'ʔɪrən] *vt* troubler; ***sich nicht ~ lassen*** ne pas se laisser troubler
Beis[e]l <-s, -n> *nt* A *(fam)* bistro[t] *m*
beisammen [baɪ'zamən] *adv* ❶ l'un(e) près de l'autre/les un(e)s près des autres; ~ ***sein*** être réunis ❷ *(fig)* ***körperlich/geistig noch gut ~ sein*** être encore très alerte/avoir encore toute sa tête
beisammen|haben *vt irr (fam)* avoir [réuni] ▸ **[sie] nicht alle ~** *(fam)* débloquer
Beisammensein *nt* réunion *f* **beisammen|stehen** *vi irr* ***zu dicht*** ~ être trop près l'un de l'autre **beisammen|wohnen** *vi* ***sehr dicht*** ~ *(in einer Siedlung)* habiter les uns sur les autres
Beischlaf *m (form)* coït *m;* ***den ~ vollziehen*** accomplir l'acte sexuel
Beisein ▸ **im ~** en présence; **ohne sein ~** en son absence
beiseite|gehen [baɪ'zaɪtə-] *vi irr + sein* ***geh bitte etwas beiseite!*** écarte-toi un peu, s'il te plaît! **beiseite|lassen** *vt irr (fig)* ***etw*** ~ laisser qc de côté **beiseite|legen** *vt* ***etw*** ~ mettre qc de côté **beiseite|schaffen** *vt (fig)* ***jdn/etw*** ~ supprimer qn/détourner qc **beiseite|schieben** *vt irr* ***jdn/etw*** ~ pousser qn/qc de côté
bei|setzen *vt (geh)* inhumer *Toten;* déposer *Urne*
Beisetzung <-, -en> *f (geh) eines Toten* inhumation *f; einer Urne* dépôt *m*
Beisitzer(in) <-s, -> *m(f)* assesseur *mf*
Beispiel ['baɪʃpi:l] *nt* exemple *m*
beispielhaft I. *adj* ❶ *(vorbildlich)* modèle ❷ *(veranschaulichend)* exemplaire **II.** *adv* de manière exemplaire
beispiellos *adj* ❶ *(einzigartig gut)* unique ❷ *(einzigartig schlecht)* sans précédent; *Frechheit* inouï(e)
beispielsweise *adv* par exemple
beißen ['baɪsən] <biss, gebissen> **I.** *vt* mordre **II.** *vi* ❶ mordre ❷ *(brennen)* brûler; ***in der Nase/den Augen*** ~ *Rauch:* irriter le nez/les yeux **III.** *vr* ❶ ***sich*** *akk o dat* ***auf die Zunge*** ~ se mordre la langue ❷ *(nicht harmonieren)* ***diese Farben ~ sich*** ces couleurs jurent entre elles
beißend *adj* ❶ *Rauch, Geruch* âcre ❷ *(fig) Spott, Ironie* caustique
Beißzange *f* tenailles *f pl*
Beistand *m kein Pl* soutien *m; eines Priesters* assistance *f;* ***jdm seelischen ~ leisten*** soutenir qn moralement
bei|stehen *vi irr* ***jdm*** ~ assister qn
bei|steuern *vt* verser *Summe;* apporter *Teil, Gegenstand*
bei|stimmen *s.* **zustimmen**

B

Beistrich *m bes.* A virgule *f*

Beitrag ['baitra:k, *Pl:* 'baitrɛ:gə] <-[e]s, Beiträge> *m* ❶ *(Mitgliedsbeitrag)* cotisation *f; (Versicherungsbeitrag)* prime *f* ❷ *(Artikel, Aufsatz)* article *m* ❸ *(Filmbeitrag, Radiobeitrag)* sujet *m* ❹ *(Mitwirkung)* ***einen ~ zu etw leisten*** apporter sa contribution à qc

bei|tragen *vi, vt irr* contribuer

Beitragserhöhung *f* augmentation *f* de la contribution **beitragsfrei** **I.** *adj* gratuit(e) **II.** *adv versichert* gratuitement **Beitragssatz** *m* taux *m* de cotisation; *(bei einer Versicherung)* tarif *m* de la prime **Beitragszahler(in)** *m(f)* cotisant(e) *m(f)* **Beitragszahlung** *f* versement *m* des cotisations

bei|treten *vi irr + sein* ***einem Verein ~*** adhérer à un club

Beitritt *m* adhésion *f;* ***seinen ~ erklären*** s'inscrire

Beitrittserklärung *f* déclaration *f* d'adhésion

Beiwagen *m* side-car *m*

Beiwerk *nt (geh)* rajout *m*

bei|wohnen *vi (form: miterleben)* ***einer S.*** *dat* ~ assister à qc

Beiwort <-wörter> *nt* ❶ qualificatif *m* ❷ *(Adjektiv)* adjectif *m*

Beize ['baitsə] <-, -n> *f* ❶ *(Holzbeize)* teinture *f* ❷ *(das Färben)* teinture *f* ❸ GASTR marinade *f* ❹ JAGD fauconnerie *f*

beizeiten [bai'tsaitən] *adv (rechtzeitig)* à temps; *(früh)* assez tôt

beizen ['baitsən] *vt* ❶ teinter ❷ GASTR [faire] mariner

bejahen* [bə'ja:ən] *vt* ❶ répondre par l'affirmative à *Frage* ❷ *(gutheißen)* approuver

bejahend *adj* affirmatif, -ive

bejammern* *vt* se lamenter sur

bejammernswert *adj Person* pitoyable; *Schicksal* lamentable

bejubeln* *vt* fêter

bekämpfen* **I.** *vt* ❶ combattre ❷ *(eindämmen)* lutter contre *Krankheit, Arbeitslosigkeit* **II.** *vr* ***sich gegenseitig*** ~ se combattre mutuellement

Bekämpfung <-, -en> *f* lutte *f;* ***zur ~ der Kriminalität*** pour combattre la criminalité

bekannt [bə'kant] *adj* ❶ *(berühmt)* ***~ werden*** accéder à la notoriété; ***durch etw in der Öffentlichkeit ~ werden*** se faire connaître du public par qc; ***~ für etw sein*** être connu pour qc; ***wohl ~*** bien connu ❷ *(nicht unbekannt)* connu(e); ***das war mir nicht ~*** je n'étais pas au courant de cela; ***das ist doch allgemein ~*** tout le monde sait cela ❸ *(nicht fremd)* ***jdm ~ sein*** être connu à qn; ***jdn mit jdm ~ machen*** présenter qn à qn; ***mit jdm ~ sein*** connaître qn ❹ *(öffentlich)* ***~ geben*** proclamer *Wahlergebnis;* ***~ machen*** publier *Aufruf;* révéler *Information;* ***~ werden*** être divulgué; ***das darf nicht ~ werden*** personne ne doit l'apprendre

Bekannte(r) *f(m) dekl wie adj* connaissance *f; (Freund)* ami(e) *m(f)*

Bekanntenkreis *m* relations *f pl*

bekanntermaßen *s.* **bekanntlich**

Bekanntgabe *f einer Nachricht, Hochrechnung* annonce *f; eines Wahlergebnisses* proclamation *f*

bekannt|geben *s.* **bekannt 4**

Bekanntheit <-> *f* notoriété *f*

Bekanntheitsgrad *m* degré *m* de notoriété

bekanntlich *adv* comme chacun sait

bekannt|machen *s.* **bekannt 3, 4**

Bekanntmachung <-, -en> *f* ❶ publication *f* ❷ *(Anschlag)* avis *m*

Bekanntschaft <-, -en> *f* ❶ *kein Pl (das Kennenlernen)* connaissance *f;* ***jds ~ machen*** faire la connaissance de qn ❷ *(fam: Bekanntenkreis)* connaissances *f pl*

bekannt|werden *s.* **bekannt 4**

bekehren* *vt, vr [sich]* ~ [se] convertir; ***jdn/sich zu etw ~*** convertir qn/se convertir à qc

Bekehrung <-, -en> *f* conversion *f*

bekennen* *irr* **I.** *vt* ❶ *(eingestehen)* reconnaître ❷ REL confesser, proclamer **II.** *vr* ❶ ***sich zu jdm ~*** se prononcer pour qn; ***sich schuldig ~*** s'avouer coupable; ***sich zu einer Tat ~*** reconnaître un fait ❷ *(sich zeigen als)* ***~der Christ sein*** être chrétien déclaré

Bekenntnis [bə'kɛntnɪs] *nt* ❶ *(Eingeständnis)* aveu *m* ❷ *(das Eintreten)* ***~ zu etw*** profession *f* de foi en faveur de qc ❸ REL *des Glaubens, von Sünden* confession *f*

beklagen* **I.** *vt* déplorer **II.** *vr* ***sich bei jdm/über etw ~*** se plaindre à qn/de qc

beklagenswert *adj* regrettable

bekleben* *vt* ***eine Wand mit etw ~*** coller qc sur un mur

bekleckern* *(fam)* **I.** *vt* tacher **II.** *vr* ***sich mit etw ~*** se tacher avec qc

bekleiden* *(geh)* **I.** *vt* occuper *Posten, Rang;* exercer *Amt* **II.** *vr* ***sich mit etw ~*** se vêtir de qc

bekleidet *adj* vêtu(e); ***mit etw ~ sein*** être vêtu de qc

Bekleidung *f* ❶ vêtements *mpl* ❷ *kein Pl (form: das Innehaben) eines Amtes* exercice *m*
beklemmend I. *adj* ❶ *Enge* oppressant(e) ❷ *Gefühl, Schweigen* angoissant(e) **II.** *adv* ~ ***wirken*** *Zimmer:* avoir quelque chose d'oppressant
Beklemmung <-, -en> *f* oppression *f;* ***~en bekommen*** être pris d'angoisses
beklommen [bə'klɔmən] **I.** *adj* angoissé(e) **II.** *adv* avec angoisse
Beklommenheit <-> *f* angoisse *f*
bekloppt [bə'klɔpt] *s.* **bescheuert**
beknackt *s.* **bescheuert**
beknien* *vt (fam)* tanner
bekommen* *irr* **I.** *vt* + *haben* ❶ *(erhalten)* recevoir, percevoir *Ration;* obtenir *Anschluss, Mehrheit;* ***sie hat das Buch geliehen*** ~ on lui a prêté ce livre; ***soeben*** ~ ***wir die Nachricht, dass ...*** nous venons d'apprendre que ...; ***was ~ Sie für die Fahrt?*** combien vous dois-je pour la course?; ***wann bekommt man hier etwas zu essen?*** quand est-ce que l'on peut manger, ici? ❷ *(fig)* ***etw zu tun*** ~ aller avoir de quoi faire; ***etw an den Kopf*** ~ recevoir qc à la tête; ***sie hat ihren Wunsch erfüllt*** ~ elle a eu ce qu'elle a souhaité ❸ *(sich einhandeln)* avoir *Ärger;* prendre *fam Gefängnisstrafe* ❹ *(erdulden, sich zuziehen)* attraper *Krankheit;* avoir *Schlaganfall* ❺ *(entwickeln)* avoir *Angst, Bedenken;* ***Risse*** ~ se fissurer; ***Flecken*** ~ se tacher; ***eine Glatze*** ~ se dégarnir; ***einen Zahn*** ~ [être en train de] faire une dent ❻ *(zur Welt bringen)* ***sie hat gestern ein Mädchen*** ~ elle a eu une fille hier ❼ *(erwarten)* ***sie ~ Nachwuchs*** ils attendent une naissance ❽ *(erreichen)* avoir *fam Bus, Zug* ❾ *(behandelt werden mit)* ***ein Kreislaufmittel*** ~ devoir prendre un veinotonique; ***dieser Patient bekommt eine Spritze*** on fait une piqûre à ce patient ❿ *(wünschen)* ***was ~ Sie bitte?*** *(im Restaurant)* qu'est-ce que je vous sers?; *(im Laden)* qu'est-ce que vous désirez?; ***ich bekomme ein Brötchen*** pour moi, ce sera un petit pain ⓫ *(bewegen können)* ***jdn ins Bett/aus dem Bett*** ~ faire aller qn au lit/tirer qn du lit; ***etw nach oben/unten*** ~ arriver à monter/descendre qc ▸**jdn dazu ~ etw zu tun** *(fam)* arriver à faire faire qc à qn **II.** *vi* + *sein* ***das Essen ist ihr gut/nicht*** ~ elle a bien/n'a pas supporté le repas
bekömmlich [bə'kœmlɪç] *adj* digeste; ***nicht sehr*** ~ peu digeste
beköstigen* [bə'kœstɪgən] *vt* nourrir
bekräftigen* *vt* confirmer
Bekräftigung <-, -en> *f* confirmation *f*
bekränzen* *vt* couronner
bekreuzigen* *vr* ***sich*** ~ se signer
bekriegen* **I.** *vr* ***sich [gegenseitig]*** ~ se faire la guerre **II.** *vt* faire la guerre à
bekritzeln* *vt* griffonner sur
bekümmert *adj (sorgenvoll)* préoccupé(e); *(traurig)* affligé(e)
bekunden* [bə'kʊndən] *vt* manifester; ***sein Interesse/seine Abneigung*** ~ manifester son intérêt/sa réprobation
Bekundung <-, -en> *f* manifestation *f*
belächeln* *vt* sourire de
beladen*1 *irr* **I.** *vt* charger *Wagen* **II.** *vr* ***sich mit etw*** ~ transporter qc; *(fig)* prendre qc sur soi
beladen2 *adj* chargé(e); ***mit Säcken*** ~ chargé de sacs; ***schwer*** ~ lourdement chargé
Belag [bə'laːk, *Pl:* bə'lɛːgə] <-[e]s, Beläge> *m* ❶ *einer Pizza, eines Kuchens* garniture *f* ❷ *(Zahnbelag)* plaque *f* dentaire; *(Zungenbelag)* dépôt *m* ❸ *(Schicht)* dépôt *m* ❹ *(Bremsbelag)* garniture *f* ❺ *(Fußbodenbelag, Straßenbelag)* revêtement *m*
Belagerer, Belagerin <-s, -> *m, f* assiégeant(e) *m(f)*
belagern* [bə'laːgen] *vt (a. fig fam)* assiéger
Belagerung <-, -en> *f* MIL siège *m*
Belagerungszustand *m* état *m* de siège
Belang [bə'laŋ] <-[e]s, -e> *m* ❶ *Pl (Interesse, Angelegenheit)* affaires *fpl;* ***er vertritt die ~e seiner Mandantin*** il défend les intérêts de sa cliente ❷ *(Bedeutung)* ***ohne/von ~ sein*** être sans importance/avoir de l'importance
belangen* *vt* JUR poursuivre [en justice]; ***jdn wegen etw*** ~ poursuivre qn [en justice] pour qc
belanglos *adj* insignifiant(e)
Belanglosigkeit <-, -en> *f* ❶ *kein Pl* insignifiance *f* ❷ *(Bemerkung)* futilité *f*
belassen* *vt irr* ❶ *(bewenden lassen)* ***es bei etw*** ~ s'en tenir à qc ❷ *(form: bleiben lassen)* ***ein Möbel an seinem Platz*** ~ laisser un meuble à sa place ❸ *(verhaftet sein lassen)* ***jdn in seinem Glauben*** ~ laisser croire qn
belastbar *adj* ❶ ***eine bis zu zwanzig Tonnen ~e Brücke*** un pont pouvant porter une charge allant jusqu'à vingt tonnes ❷ *(beanspruchbar)* ***~ sein*** être performant ❸ ÖKOL ***die Atmosphäre ist nicht unbe-***

B

grenzt ~ on ne peut indéfiniment polluer l'atmosphère; ***die Gewässer sind immer weniger*** ~ l'équilibre hydrographique est de plus en plus fragile ❹ FIN ***wie hoch ist mein Konto ~?*** de quel découvert puis-je disposer sur mon compte?

Belastbarkeit <-, -en> *f* ❶ *einer Brücke, Straße* charge *f* admissible; *eines Aufzugs* poids *m* autorisé ❷ *(fig)* possibilités *fpl* ❸ ÖKOL ***die ~ der Atmosphäre ist überschritten*** les limites de la pollution atmosphérique sont dépassées ❹ FIN *eines Steuerzahlers* capacité *f* fiscale

belasten* **I.** *vt* ❶ *(beschweren)* charger ❷ *(stark fordern)* exiger trop de *Person;* ***jdn mit Arbeit*** ~ accabler qn de travail ❸ *(bedrücken)* ***jdn mit etw*** ~ encombrer qn de qc; ***etw belastet ihn*** qc pèse sur lui ❹ ÖKOL polluer *Umwelt;* ***stark belastet sein*** *Gewässer, Luft:* être très pollué ❺ MED solliciter *Körper, Kreislauf* ❻ JUR charger; ***~des Material*** pièces *fpl* à conviction ❼ FIN débiter *Konto;* ***jdn mit hohen Gebühren*** ~ grever qn avec des taxes élevées **II.** *vr* ❶ *(sich aufbürden)* ***sich mit etw*** ~ s'encombrer de qc ❷ JUR ***sich [selbst]*** ~ se charger soi-même

belästigen* [bəˈlɛstɪgən] *vt* incommoder; ***jdn*** ~ *Person:* incommoder qn; *Lärm:* gêner qn; ***jdn sexuell*** ~ harceler qn sexuellement

Belästigung <-, -en> *f (Störung, Nachstellung)* harcèlement *m;* ***sexuelle*** ~ harcèlement sexuel

Belastung [bəˈlastʊŋ] <-, -en> *f* ❶ *(schweres Gewicht)* charge *f* ❷ *(Anstrengung) einer Person* charges *fpl; (Last)* corvée *f* ❸ *(Bürde)* poids *m* ❹ ÖKOL pollution *f;* ***eine ~ der Umwelt darstellen*** représenter une nuisance pour l'environnement ❺ *(Beanspruchung)* ***eine ~ für die Nerven sein*** mettre les nerfs à l'épreuve ❻ JUR charges *fpl* ❼ FIN *eines Steuerzahlers* charge *f; eines Kontos* débit *m;* ***die steuerliche*** ~ la pression fiscale ❽ *Pl (Ausgaben)* dépenses *fpl*

Belastungsprobe *f* ❶ TECH charge *f* d'essai; MED test *m* d'endurance ❷ *(fig) einer Ehe, Koalition* épreuve *f* de vérité **Belastungszeuge, -zeugin** *m, f* témoin *m* à charge

belaubt [bəˈlaupt] *adj* feuillu(e); ***ein dunkelgrün ~er Baum*** un arbre couvert de feuilles vert foncé

belauern* *vt* épier

belaufen* *vr irr* ***sich auf hundert Euro*** *akk* ~ se monter à cent euros

belauschen* *vt* épier

beleben* **I.** *vt* ❶ *(anregen)* ragaillardir *Person;* activer *Kreislauf* ❷ *(lebendig gestalten)* animer *Unterhaltung;* ***etw neu*** ~ ranimer qc ❸ *(ankurbeln)* stimuler *Konjunktur, Wirtschaft;* ***etw neu*** ~ relancer qc **II.** *vr* ❶ ***sich [wieder]*** ~ *Konjunktur, Wirtschaft:* connaître une reprise ❷ *(sich bevölkern)* ***sich*** ~ *Straßen:* s'animer **III.** *vi* stimuler

belebend *adj (anregend)* stimulant(e); *(erfrischend)* tonifiant(e)

belebt *adj* ❶ *(bevölkert)* animé(e) ❷ *Natur* vivant(e)

Belebung <-, -en> *f* stimulation *f*

Beleg [bəˈleːk] <-[e]s, -e> *m* ❶ *(Kassenbon)* ticket *m* de caisse; *(Quittung)* quittance *f* ❷ *(Nachweis)* justificatif *m; (Unterlage)* document *m* [à l'appui] ❸ *(Quellennachweis)* référence *f*

belegen* *vt* ❶ GASTR garnir; ***mit etw*** ~ garnir de qc; ***ein mit Schinken belegtes Brot*** ≈ un sandwich au jambon ❷ *(beweisen)* prouver *Abstammung;* justifier *Behauptung* ❸ *(bestrafen)* ***jdn mit einem Bußgeld*** ~ frapper qn d'une amende ❹ UNIV suivre *Kurs* ❺ *(innehaben, bewohnen)* occuper

Belegexemplar *nt* exemplaire *m* justificatif

Belegschaft <-, -en> *f* effectif *m*

belegt *adj Zunge* chargé(e); *Mandeln* blanc (blanche); *Stimme* enroué(e)

Belegung <-, -en> *f* inscription *f;* ***~ eines Kurses*** inscription à un cours

belehren* *vt* ❶ *(pej)* faire la leçon à ❷ *(informieren)* ***jdn über etw*** *akk* ~ informer qn de qc; JUR renseigner qn sur qc ❸ ***sich ~ lassen*** accepter d'entendre raison

belehrend *adj (pej)* doctoral(e)

Belehrung <-, -en> *f* ❶ *(pej: Lehre)* conseil *m* ❷ *(Zurechtweisung) eines Zeugen, Angeklagten* information *f; eines Verkehrssünders* avertissement *m*

beleibt [bəˈlaipt] *adj (geh)* corpulent(e)

Beleibtheit <-> *f (geh)* corpulence *f*

beleidigen* [bəˈlaidɪgən] *vt* offenser; ***~d*** offensant

beleidigt *adj* offensé(e); ~ ***sein*** être vexé

Beleidigung <-, -en> *f* injure *f*

beleihen* *vt irr* hypothéquer *Haus;* ***Schmuck*** ~ prendre des bijoux en gage

belesen [bəˈleːzən] *adj* cultivé(e)

Belesenheit <-> *f* culture *f* [littéraire]

beleuchten* *vt* ❶ *(erhellen)* éclairer ❷ *(mit Festbeleuchtung versehen)* illuminer ❸ *(geh: betrachten)* examiner *Problem*

Beleuchtung <-, -en> *f* ❶ éclairage *m* ❷ *(Festbeleuchtung)* illumination *f*
Belgien ['bɛlgi̯ən] <-s> *nt* la Belgique
Belgier(in) ['bɛlgi̯ɐ] <-s, -> *m(f)* Belge *mf*
belgisch *adj* belge
Belgrad ['bɛlgraːt] <-s> *nt* Belgrade
belichten* *vt* exposer
Belichtung <-, -en> *f* exposition *f*
Belichtungsmesser <-s, -> *m* posemètre *m* **Belichtungszeit** *f* temps *m* de pose
belieben* *(geh)* **I.** *vt (iron)* ~ ***etw zu tun*** se plaire à faire qc **II.** *vi* ***wie es euch beliebt*** *(geh)* comme il vous plaira
Belieben <-s> *nt* guise *f;* ***ganz nach ~*** tout à sa/ma/... guise
beliebig **I.** *adj* quelconque; ***einen ~en Stift nehmen*** prendre un stylo quelconque; ***jedes ~e Argument/Rätsel*** n'importe quel argument/quelle énigme **II.** *adv* à volonté; ***~ viele Versuche machen*** faire autant d'essais que l'on veut; ***~ lange/oft*** aussi longtemps/souvent que l'on veut
beliebt *adj* apprécié(e); ***sich ~ machen*** se faire bien voir
Beliebtheit <-> *f* popularité *f; eines Buchs, Films* audience *f; eines Orts* renommée *f;* ***sich großer ~ erfreuen*** être très apprécié
beliefern *vt* fournir
Belieferung *f* livraison *f*
Belize [bəˈliːz, beˈliːθe] <-s> *nt* le Belize
bellen ['bɛlən] *vi* aboyer
Belletristik [bɛleˈtrɪstɪk] <-> *f* [belles-]lettres *fpl*
belletristisch *adj* littéraire
Belobigung <-, -en> *f (form)* félicitations *fpl;* ***offizielle ~*** citation *f* officielle
belohnen* *vt* récompenser
Belohnung <-, -en> *f* récompense *f*
belüften* *vt* aérer
Belüftung *f* ❶ *kein Pl (das Belüften)* aération *f* ❷ *(Anlage)* ventilation *f*
belügen* *irr* **I.** *vt* mentir à **II.** *vr* ***sich [selbst] ~*** se faire des illusions
belustigen* [bəˈlʊstɪgən] **I.** *vt* amuser; ***jdn ~*** *Person:* amuser qn; ***~d*** amusant **II.** *vr (geh)* ***sich über jdn/etw ~*** s'amuser de qn/qc
Belustigung <-, -en> *f* amusement *m;* ***zu jds ~*** pour amuser qn
bemächtigen* [bəˈmɛçtɪgən] *vr (geh)* ***sich jds/einer S.*** *gen* ~ s'emparer de qn/qc
bemalen* *vt* peindre
Bemalung <-, -en> *f* ❶ *kein Pl (das Bemalen)* ornementation *f* ❷ *(Motiv)* décor *m*
bemängeln* [bəˈmɛŋəln] *vt* se plaindre; ***~, dass*** se plaindre [de ce] que *+subj;* ***etw an jdm/einer S. ~*** critiquer qc chez qn/à propos de qc
bemannt *adj* habité(e); ***~ sein*** *Raumschiff, U-Boot:* avoir un équipage
bemerkbar *adj* perceptible; ***sich durch etw ~ machen*** se manifester par qc
bemerken* *vt* ❶ *(wahrnehmen)* remarquer ❷ *(äußern)* faire une remarque
bemerkenswert *adj* remarquable
Bemerkung <-, -en> *f* remarque *f*
bemessen* *irr* **I.** *vt* calculer; ***knapp/reichlich ~ sein*** *Zeit:* être calculé juste/large **II.** *vr (form)* ***sich nach etw ~*** *Gehalt:* se mesurer à qc; *Steuer, Strafe:* se calculer selon qc
Bemessungsgrundlage *f* base *f* de calcul
bemitleiden* [bəˈmɪtlai̯dən] **I.** *vt* prendre en pitié; ***jdn ~*** prendre qn en pitié **II.** *vr* ***sich selbst ~*** se lamenter sur son propre sort
bemitleidenswert *adj* pitoyable
bemühen* [bəˈmyːən] **I.** *vr* ❶ *(sich Mühe geben)* ***sich ~*** faire des efforts; ***bitte ~ Sie sich nicht!*** je vous en prie, ne vous dérangez pas! ❷ *(sich kümmern)* ***sich um jdn ~*** être aux petits soins avec qn; ***sich um eine Stelle ~*** s'efforcer d'obtenir un poste ❸ *(geh: gehen)* ***sich zu jdm ~*** rendre visite à qn; ***sich nach nebenan ~*** aller dans la pièce à côté **II.** *vt (geh)* ❶ *(beauftragen)* faire appel à ❷ *(benutzen)* avoir recours à *Ausrede;* consulter *Notizbuch*
Bemühen <-s> *nt (geh)* efforts *mpl littér*
bemüht *adj Mitarbeiter* sérieux, -euse; *Schüler* appliqué(e); ***um Gerechtigkeit ~ sein*** s'efforcer d'être juste
Bemühung <-, -en> *f* ❶ effort *m* ❷ *Pl (Dienstleistung) eines Arztes* soins *mpl; eines Anwalts* services *mpl*
bemuttern* [bəˈmʊtɐn] *vt* materner
benachbart [bəˈnaxbaːɐ̯t] *adj* voisin(e)
benachrichtigen* [bəˈnaːxrɪçtɪgən] *vt* informer; ***jdn von etw ~*** informer qn de qc
Benachrichtigung <-, -en> *f* ❶ *kein Pl (das Benachrichtigen)* ***sich um die ~ der Eltern kümmern*** se charger d'informer les parents; ***ich bitte um sofortige ~*** je désire être mis au courant immédiatement ❷ *(Nachricht)* notification *f*
benachteiligen* [bəˈnaːxtai̯lɪgən] *vt* ❶ *(zurücksetzen)* désavantager; ***jdn wegen etw ~*** désavantager qn en raison de qc ❷ *(behindern)* ***jdn jdm gegenüber ~*** *Umstand:* handicaper qn par rapport à qn
Benachteiligte(r) *f(m) dekl wie adj* déshérité(e) *m(f)*
Benachteiligung <-, -en> *f* ❶ *kein Pl (das*

B

Benachteiligen) ***die ständige ~ von Minderheiten*** le fait que les minorités sont constamment défavorisées; ***die ~ eines Menschen aus religiösen Gründen ist verboten*** personne ne doit être l'objet de discrimination religieuse ❷ *(Nachteil)* handicap *m*

Benediktiner(in) <-s, -> *m(f)* bénédictin(e) *m(f)*

Benefizkonzert [bene'fi:ts-] *nt* concert *m* [au bénéfice d'une œuvre] de bienfaisance

benehmen* *vr irr* ❶ *(sich gesittet verhalten)* ***sich ~*** se tenir bien; ***benimm dich!*** tiens-toi bien! ❷ *(sich verhalten)* ***sich anständig/schlecht ~*** se tenir correctement/mal

Benehmen <-s> *nt* comportement *m;* ***kein ~ haben*** ne pas savoir se tenir

beneiden* [bə'naidən] *vt* envier; ***jdn um etw ~*** envier qc à qn

beneidenswert *adj* enviable

Beneluxländer [bene'lʊkslɛndɐ] *Pl* ***die ~*** le Benelux, les pays *mpl* du Benelux

benennen* *vt irr* ❶ *(mit Namen versehen)* nommer ❷ *(nennen)* désigner

Benennung <-, -en> *f* ❶ *(Bezeichnung)* dénomination *f* ❷ *(Ernennung) eines Kandidaten* désignation *f; eines Zeugen* citation *f*

benetzen* *vt (geh)* mouiller, humecter *Lippen*

Bengel ['bɛŋəl] <-s, -[s]> *m* ❶ *(frecher Junge)* garnement *m;* ***du frecher/unverschämter ~!*** espèce d'effronté/de petit voyou! ❷ *(fam: netter Junge)* gamin *m*

Benin [be'ni:n] <-s> *nt* le Bénin

benommen [bə'nɔmən] *adj (vom Schlaf, durch Drogen)* abruti(e); *(durch einen Schlag)* sonné(e); *(durch einen Schock)* étourdi(e)

Benommenheit <-> *f* engourdissement *m*

benoten* *vt* noter

benötigen* [bə'nø:tɪgən] *vt* avoir besoin de

Benotung <-, -en> *f (Note)* note *f*

benutzbar *adj Gegenstand* utilisable

benutzen*, **benützen*** *vt* ❶ utiliser, consulter *Literatur;* ***nach dem Benutzen*** après usage ❷ *(wahrnehmen)* saisir *Gelegenheit;* profiter de *Nachmittag* ❸ *(fahren mit)* prendre *Bus, Straßenbahn* ❹ *(ausnutzen)* se servir de *Person;* ***sich benutzt fühlen*** se sentir exploité

Benutzer(in) <-s, -> *m(f) einer Software* utilisateur, -trice *m, f; eines Verkehrsmittels* usager, -ère *m, f*

benutzerfreundlich *adj Gerät, Wörterbuch* pratique; *Computer, Programm* convivial(e)

Benutzerfreundlichkeit *f kein Pl* facilité *f* d'utilisation; *eines Computers* convivialité *f* **Benutzerkonto** *nt* INFORM compte *m* d'utilisateur **Benutzername** *m* INFORM nom *m* d'utilisateur **Benutzeroberfläche** *f* INFORM interface *f* d'utilisateur

Benutzung *f kein Pl eines Gegenstands* usage *m; eines Wegs, Zimmers* utilisation *f; eines Nachschlagewerks* consultation *f*

Benutzungsgebühr *f* taxe *f* d'utilisation; *(Leihgebühr)* taxe de location

Benzin [bɛn'tsi:n] <-s, -e> *nt* essence *f*

Benzinkanister *m* bidon *m* d'essence **Benzinpumpe** *f* pompe *f* à essence **Benzintank** *m* AUT réservoir *m* [d'essence] **Benzinuhr** *f* AUT jauge *f* **Benzinverbrauch** *m* consommation *f* d'essence

Benzol [bɛn'tso:l] <-s, -e> *nt* CHEM benzène *m*

beobachten* [bə'ʔo:baxtən] *vt* ❶ *(genau betrachten)* observer ❷ *(observieren)* ***beobachtet werden*** être surveillé ❸ *(bemerken)* ***an jdm/etw ~*** observer chez qn/dans qc

Beobachter(in) <-s, -> *m(f)* observateur, -trice *m, f*

Beobachtung <-, -en> *f* ❶ observation *f* ❷ *(Kontrolle)* surveillance *f*

Beobachtungsgabe *f kein Pl* esprit *m* d'observation **Beobachtungsposten** *m* ***auf ~ sein*** *(fam)* être en faction

beordern* [bə'ʔɔrdɐn] *vt* envoyer; ***jdn nach Bonn/zu sich ~*** envoyer qn à Bonn/convoquer qn

bepacken* **I.** *vt* charger **II.** *vr* ***sich mit etw ~*** se charger de qc

bepflanzen* *vt* planter *Beet*

Bepflanzung *f (die Pflanzen)* plantations *fpl*

bequatschen* *vt (fam)* ❶ *(bereden)* discuter ❷ *(überreden)* baratiner

bequem [bə'kve:m] *adj* ❶ *(angenehm)* confortable; ***es sich*** *dat* ***~ machen*** se mettre à l'aise ❷ *Bedienung* commode ❸ *Elektrogerät* pratique ❹ *(pej) Person* paresseux, -euse

bequemen* *vr* consentir à

Bequemlichkeit <-> *f* ❶ *(Behaglichkeit)* confort *m* ❷ *(Trägheit)* paresse *f*

berappen* *vt (fam)* payer

beraten* *irr* **I.** *vt* ❶ *(informieren)* conseiller ❷ *(besprechen)* délibérer sur **II.** *vr* ***sich über jdn/etw ~*** débattre de qn/qc; ***sich mit jdm über jdn/etw ~*** se concerter avec qn au sujet de qn/qc

beratend **I.** *adj* consultatif, -ive **II.** *adv* ***jdm***

~ ***zur Seite stehen*** assister qn à titre de conseiller

Berater(in) <-s, -> *m(f)* conseiller, -ère *m, f;* COM, FIN, JUR conseil *m*

beratschlagen* [bə'ra:tʃla:gən] *vt, vi* délibérer [de]

Beratung <-, -en> *f* ① *kein Pl (Besprechung)* délibération *f* ② *(das Beratenwerden)* ***auf die ~ durch Experten angewiesen sein*** devoir s'en remettre aux conseils des experts ③ *(Information) eines Patienten* consultation *f*

Beratungsstelle *f* service *m* de consultation

berauben* *vt* ① *(bestehlen)* dévaliser; ***jdn einer S.*** *gen* ~ dépouiller qn de qc ② *(geh: entziehen)* ***jdn seiner Rechte*** ~ priver qn de ses droits

berauschen* *(geh)* **I.** *vt* enivrer **II.** *vr* ① *(sich betrinken)* s'enivrer ② *(in Ekstase geraten)* se délecter

berauschend **I.** *adj Droge* euphorisant(e); *Getränk, Wirkung* grisant(e) **II.** *adv* ~ ***wirken*** avoir un effet euphorisant

Berber <-s, -> *m* ① Berbère *m* ② *(sl: Obdachloser)* clodo *m fam* ③ *(Teppich)* tapis *m* berbère

Berberin <-, -nen> *f* ① Berbère *f* ② *(sl: Obdachlose)* clodo *f fam*

Berberteppich *m* tapis *m* berbère

berechenbar [bə'rɛçənba:ɐ̯] *adj* ① *Kosten, Projekt* évaluable ② *Person* dont on peut prévoir les réactions; *Politik* prévisible

berechnen* *vt* ① *(ausrechnen)* calculer ② *(in Rechnung stellen)* facturer ③ *(veranschlagen)* prévoir

berechnend *adj (pej)* calculateur, -trice

Berechnung *f (a. pej)* calcul *m*

Berechnungsgrundlage *f* ÖKON base *f* de calcul

berechtigen* [bə'rɛçtɪgən] *vt* ***berechtigt sein etw zu tun*** avoir le droit de faire qc; ***sich zu etw berechtigt fühlen*** se sentir autorisé à faire qc

berechtigt *adj* légitime

berechtigterweise [bə'rɛçtɪçtɐ'vaizə] *adv (form)* à juste titre

Berechtigung <-, -en> *f* ① *(Befugnis)* autorisation *f;* ***die/keine ~ haben etw zu tun*** être/ne pas être autorisé à faire qc ② *(Rechtmäßigkeit) einer Forderung* légitimité *f*

bereden* **I.** *vt* ① discuter ② *(überreden)* convaincre **II.** *vr* ***sich*** ~ se concerter; ***sich mit jdm über etw*** *akk* ~ discuter avec qn de qc

Beredsamkeit <-> *f (geh)* éloquence *f*

beredt [bə're:t] *adj (geh)* ① *Gestik, Mimik* expressif, -ive ② *(viel sagend, redegewandt)* éloquent(e)

Bereich [bə'raiç] <-[e]s, -e> *m* ① *(Gebiet)* zone *f* ② *(Verantwortungsbereich)* domaine *m,* secteur *m*

bereichern* [bə'raiçɐn] **I.** *vr* ***sich*** ~ s'enrichir; ***sich an jdm/etw*** ~ s'enrichir grâce à qn/avec qc **II.** *vt* enrichir [de]

Bereicherung <-, -en> *f* enrichissement *m*

Bereifung <-, -en> *f* pneumatiques *mpl*

bereinigen* *vt* régler

Bereinigung *f* règlement *m*

bereisen* *vt* parcourir

bereit [bə'rait] *adj* ① *(fertig, vorbereitet)* prêt(e) ② *(willens)* disposé(e)

bereiten* *vt* ① *(verursachen)* ***jdm Freude*** ~ causer de la joie à qn; ***jdm Kopfschmerzen*** ~ donner mal à la tête à qn ② *(zuteilwerden lassen)* ***jdm eine Überraschung*** ~ réserver une surprise à qn ③ *(geh: zubereiten)* préparer

bereit|halten **I.** *vt irr* ① *(griffbereit haben)* préparer *Ausweis, Geld;* tenir prêt(e) *Gerät, Spritze* ② *(in petto haben)* ***für jdn eine Überraschung*** ~ réserver une surprise à qn **II.** *vr* ***sich für etw*** ~ se tenir prêt pour qc

bereit|legen *vt* préparer; ***jdm etw*** ~ préparer qc à qn

bereit|liegen *vi irr* être prêt; ***für jdn*** ~ être à la disposition de qn

bereit|machen *vr* ***sich*** ~ se préparer; ***sich für jdn/etw*** ~ se préparer pour qn/qc

bereits [bə'raits] *adv* déjà

Bereitschaft <-, -en> *f* ① *kein Pl (Bereitwilligkeit)* bonne volonté *f* ② *kein Pl (Bereitschaftsdienst)* service *m* de garde; ~ ***haben*** être de [service de] garde ③ *(Alarmbereitschaft)* ***in ~ sein*** être en alerte ④ *(Einheit der Polizei)* unité *f* de gardes mobiles

Bereitschaftsarzt, -ärztin *m, f* médecin *m* de garde **Bereitschaftsdienst** *m* service *m* de garde

bereit|stehen *vi irr* être prêt

bereit|stellen *vt* ① *(zur Verfügung stellen)* préparer; ***etw für jdn*** ~ mettre qc à la disposition de qn ② *(einsetzen)* prévoir *Zug, Sonderzug;* ***Truppen*** ~ mettre des troupes en place

Bereitstellung *f von Material, Fahrzeugen* mise *f* à disposition; *von Zügen, Truppen* mise *f* en place

bereitwillig **I.** *adj* empressé(e) **II.** *adv* avec empressement

Bereitwilligkeit <-> *f* empressement *m*

B

bereuen* [bəˈrɔyən] *vt* se repentir de
Berg [bɛrk] <-[e]s, -e> *m* ❶ montagne *f;* *(Hügel)* colline *f* ❷ *Pl (Gebirge)* montagne *f;* ***in die ~e fahren*** aller à la montagne ❸ *(große Menge)* ***~e von Zeitschriften*** des monceaux de revues ▶ **über den ~/noch nicht über den ~ sein** *(fam)* avoir passé le cap [difficile]/ne pas être sorti de l'auberge
bergab [bɛrkˈʔap] *adv* en descente; ~ ***gehen*** descendre ▶ **mit etw geht es ~** qc est sur la mauvaise pente
Bergarbeiter(in) *m(f)* mineur *m*
bergauf [bɛrkˈʔau̯f] *adv* en montant; ~ ***gehen*** grimper ▶ **mit jdm geht es ~** qn remonte la pente; ***mit dem Umsatz geht es wieder ~*** les affaires reprennent
Bergbahn *f (Zahnradbahn)* train *m* de montagne; *(Seilbahn)* téléphérique *m* **Bergbau** *m kein Pl* industrie *f* minière; ***im ~ arbeiten*** travailler à la mine **Bergbewohner(in)** *m(f)* montagnard(e) *m(f)*
bergen [ˈbɛrgən] <birgt, barg, geborgen> *vt* ❶ *(retten, sicherstellen)* sauver *Personen, Kunstschätze;* remonter *Ertrunkenen;* récupérer *Giftfässer, Ladung;* renflouer *Schiffswrack* ❷ *(befreien)* dégager *Unfallopfer* ❸ *(geh: enthalten)* ***Kunstschätze*** *[in* ***sich*** *dat]* ~ receler des trésors ❹ *(mit sich bringen)* ***eine Gefahr/Vorteile*** *[**in sich**]* ~ présenter un danger/des avantages ❺ *(geh: verstecken)* ***sein Gesicht in den Händen*** ~ dissimuler son visage dans ses mains
Bergfahrt *f* [re]montée *f* **Bergführer(in)** *m(f)* guide *mf* de montagne **Berggipfel** *m* sommet *m* **Berghütte** *f* refuge *m*
bergig [ˈbɛrgɪç] *adj* montagneux, -euse
Bergkette *f* chaîne *f* de montagnes **Bergland** *nt* région *f* montagneuse **Bergmann** <-leute> *m* mineur *m* **Bergmassiv** *nt* GEOG massif *m* montagneux **Bergpredigt** *f* Sermon *m* sur la Montagne **Bergrücken** *m* arête *f* **Bergspitze** *f* pic *m* **Bergstation** *f* station *f* supérieure **bergsteigen** *vi irr, nur Infin und PP + haben o sein* faire de l'alpinisme; ***das Bergsteigen*** l'alpinisme *m* **Bergsteiger(in)** <-s, -> *m(f)* alpiniste *mf* **Bergstraße** *f* ❶ route *f* de montagne ❷ GEOG ***die ~*** *région allemande à l'ouest de l'Odenwald* **Bergtour** [-tuːɐ̯] *f* randonnée *f* en montagne
Berg-und-Tal-Bahn *f* montagnes *fpl* russes
Berg-und-Tal-Fahrt *f* parcours *m* de montagnes russes
Bergung [ˈbɛrgʊŋ] <-, -en> *f von Verletzten* sauvetage *m; eines Schiffswracks* renflouement *m; einer Ladung* récupération *f*
Bergungsmannschaft *f* équipe *f* de secours
Bergwacht [ˈbɛrkvaxt] *f* secours *m* en montagne **Bergwand** *f* paroi *f* rocheuse **Bergwanderung** *f* randonnée *f* en montagne **Bergwerk** *nt* mine *f*
Bericht [bəˈrɪçt] <-[e]s, -e> *m* ❶ *(Report)* rapport *m* ❷ *(Reportage, Nachricht)* reportage *m;* ***ein ausführlicher ~ über etw*** *akk* un compte rendu détaillé de qc
berichten* **I.** *vi* ❶ *(mitteilen)* informer; ***jdm über etw*** *akk* ~ informer qn de qc; ***jdm darüber ~, dass …*** informer qn que …; ***es wird berichtet, dass …*** on raconte que … ❷ ***aus aller Welt ~*** *Journalist:* envoyer des reportages du monde entier; ***das Fernsehen berichtet über das Tagesgeschehen*** la télévision nous informe sur les faits du jour; ***wie uns soeben berichtet wird*** comme on nous le communique à l'instant **II.** *vt* ***jdm etw ~*** raconter qc à qn
Berichterstatter(in) [bəˈrɪçtʔɛɐ̯ʃtatɐ] <-s, -> *m(f)* correspondant(e) *m(f)* **Berichterstattung** *f* ❶ *(Nachrichteninformation)* reportage *m* ❷ POL consultation *f*
berichtigen* [bəˈrɪçtɪgən] *vt a.* JUR corriger
Berichtigung <-, -en> *f* ❶ correction *f* ❷ JUR rectification *f*
berieseln* *vt (bewässern)* arroser
beritten [bəˈrɪtən] *adj* à cheval
Berlin [bɛrˈliːn] <-s> *nt* Berlin
Berliner[1] [bɛrˈliːnɐ] <-s, -> *m* ❶ Berlinois *m* ❷ DIAL *(Gebäck)* beignet *m*
Berliner[2] [bɛrˈliːnɐ] *adj attr* berlinois(e); ***das ~ Wappen*** les armoiries de Berlin

Land und Leute

Les *Berliner Filmfestspiele*, également appelés **Berlinale**, ont lieu tous les ans depuis 1951. On peut y découvrir des films en compétition et hors compétition, des hommages et diverses rétrospectives. La section *Generation* est consacrée aux films pour la jeunesse. Les récompenses sont des ours, symbole de Berlin, notamment l'Ours d'or, attribué au meilleur film de la sélection officielle, ainsi que, depuis 1986, la *Berlinale Kamera*.

Berlinerin <-, -nen> *f* Berlinoise *f*

Bermudadreieck [bɛrˈmuːda-] *nt* triangle *m* des Bermudes
Bermudas[1] [bɛrˈmuːdas] *Pl* GEOG ***die*** ~ les Bermudes *f pl*
Bermudas[2] [bɛrˈmuːdas], **Bermudashorts** [bɛrˈmuːdaʃoːɐ̯ts] *Pl* bermuda *m*
Bern [bɛrn] <-s> *nt* Berne
Berner(in) [ˈbɛrnɐ] <-s, -> *m(f)* Bernois(e) *m(f)*
Bernhardiner [bɛrnharˈdiːnɐ] <-s, -> *m (Hund)* saint-bernard *m*
Bernstein [ˈbɛrnʃtain] *m kein Pl* ambre *m* jaune
bernsteinfarben *adj* ambré(e), ambre
bersten [ˈbɛrstən] <birst, barst, geborsten> *vi + sein (geh)* ❶ *Glasgefäß, Vase:* se fendre; *Erde, Damm:* exploser; *Ballon:* éclater; *Reifen:* crever ❷ *(fig)* crever de
berüchtigt [bəˈrʏçtɪçt] *adj Person* tristement célèbre; *Gegend* mal famé(e)
berücksichtigen* [bəˈrʏkzɪçtɪgən] *vt* ❶ tenir compte de; ***berücksichtigt werden*** être pris en compte ❷ *(wohlwollend prüfen)* prendre en considération; ***eine Bewerbung*** ~ retenir une candidature
Berücksichtigung <-> *f* prise *f* en considération; ***unter*** ~ ***seines Alters*** compte tenu de son âge
Beruf [bəˈruːf] <-[e]s, -e> *m* profession *f; (Handwerksberuf)* métier *m*
berufen[1] *adj* ❶ *(kompetent)* compétent(e) ❷ *(auserwählt)* ***sich für etw*** ~ ***fühlen*** se sentir une vocation pour qc; ***sich*** ~ ***fühlen etw zu tun*** se sentir la vocation de faire qc
berufen*[2] *irr* **I.** *vt* nommer; ***jdn in ein Amt*** ~ nommer qn à une fonction **II.** *vr* ***sich auf jdn/etw*** ~ se référer à qn/qc
beruflich *adj* professionnel(le)
Berufsakademie *f* institut *m* universitaire professionnalisé **Berufsausbildung** *f* formation *f* professionnelle **Berufsaussichten** *Pl* débouchés *mpl* **berufsbedingt** *adj* professionnel(le); ***diese Krankheit ist*** ~ c'est une maladie professionnelle **Berufsberater(in)** *m(f)* conseiller, -ère *m, f* d'orientation **Berufsberatung** *f* orientation *f* professionnelle **Berufsbezeichnung** *f* profession *f* **Berufsbild** *nt* profil *m* **Berufserfahrung** *f* expérience *f* professionnelle **Berufsethos** *nt* déontologie *f* [professionnelle] **Berufsfachschule** *f* ≈ lycée *m* d'enseignement professionnel **Berufsfreiheit** *f* libre choix *m* de la profession **Berufsgeheimnis** *nt* secret *m* professionnel **Berufsgenossenschaft** *f* caisse *f* de prévoyance des accidents du travail **Berufsgruppe** *f* catégorie *f* professionnelle **Berufskrankheit** *f* maladie *f* professionnelle **Berufsleben** *nt* vie *f* professionnelle; ***im*** ~ ***stehen*** exercer une activité professionnelle
berufsmäßig I. *adj* professionnel(le) **II.** *adv* professionnellement; ***etw*** ~ ***betreiben*** pratiquer qc à titre professionnel
Berufsrisiko *nt* risques *mpl* du métier **Berufsschule** *f* centre *m* de formation [professionnelle] **Berufsschüler(in)** *m(f)* élève *mf* d'un centre de formation [professionnelle] **Berufssoldat(in)** *m(f)* soldat(e) *m(f)* de métier **Berufsstand** *m* corps *m* de métier; *von Ärzten, Anwälten* ordre *m* **berufstätig** *adj* actif, -ive; ~ ***sein*** travailler **Berufstätige(r)** *f(m) dekl wie adj* personne *f* active **Berufstätigkeit** *f* activité *f* professionnelle **berufsunfähig** *adj* qui ne peut plus exercer de profession **Berufsunfähigkeit** *f* incapacité *f* à exercer une profession **Berufsverband** *m* association *f* professionnelle **Berufsverbot** *nt* interdiction *f* professionnelle **Berufsverkehr** *m* circulation *f* aux heures de pointe **Berufswahl** *f* choix *m* d'une profession **Berufszweig** *m* branche *f* professionnelle
Berufung [bəˈruːfʊŋ] <-, -en> *f* ❶ JUR appel *m; (in Frankreich)* cassation *f;* ***in die*** ~ ***gehen*** se pourvoir en appel; *(in Frankreich)* se pourvoir en cassation; ***gegen ein Urteil*** ~ ***einlegen*** faire appel d'un jugement ❷ *(Angebot für ein Amt)* ~ ***auf einen Lehrstuhl*** nomination *f* à une chaire ❸ *(innere Bestimmung)* vocation *f;* ***aus*** ~ par vocation ❹ *(Bezugnahme)* ***unter*** ~ ***auf jdn/etw*** en se référant à qn/qc
Berufungsgericht *nt* cour *f* d'appel
beruhen* *vi* ***auf etw*** *dat* ~ *Angelegenheit, Bericht:* reposer sur qc; *Brauch:* remonter à qc ▸ **etw auf sich** *dat* ~ **lassen** ne pas donner suite à qc
beruhigen* [bəˈruːɪgən] **I.** *vt* ❶ ***jdn*** ~ *Musik, Medikament:* calmer qn; *Nachricht:* rassurer qn ❷ *(Bedenken zerstreuen)* rassurer; *(trösten)* calmer ❸ *(reduzieren, entlasten)* réduire *Verkehr* **II.** *vr* ***sich*** ~ se calmer
beruhigend I. *adj* ❶ *Gewissheit, Nachricht* rassurant(e); *Musik* apaisant(e) ❷ MED *Medikament* calmant(e) **II.** *adv* de façon rassurante; ~ ***wirken*** *Medikament:* avoir un effet calmant
beruhigt [bəˈruːɪçt] *adj o adv* rassuré(e)
Beruhigung <-> *f* ❶ *(das Beruhigen)* ***zur*** ~ ***der Nerven*** pour calmer les nerfs ❷ *(das Beruhigtsein)* apaisement *m* ❸ *(Versicherung)* ***zu deiner*** ~ ***kann ich***

sagen: … pour te rassurer, je peux te dire: …

Beruhigungsmittel *nt* calmant *m* **Beruhigungsspritze** *f* piqûre pour calmer *f*

berühmt [bə'ry:mt] *adj* célèbre

Berühmtheit <-, -en> *f* célébrité *f*; *~ **erlangen*** devenir célèbre

berühren* **I.** *vt* ❶ toucher; ***etw leicht ~*** effleurer qc ❷ *(seelisch bewegen)* toucher; ***jdn peinlich ~*** gêner qn; ***jdn schmerzlich ~*** faire mal à qn ❸ *(kurz erwähnen)* évoquer; ***etw nur kurz ~*** ne faire qu'effleurer qc **II.** *vr* ***sich ~*** *Personen, Gegenstände:* se toucher

Berührung <-, -en> *f* ❶ *(Anfassen)* contact *m*; *(leicht, vorsichtig)* effleurement *m* ❷ *(Erwähnung) eines Themas* évocation *f* ▶ **mit jdm/etw in ~ kommen** toucher qn/qc; *(fig)* entrer en contact avec qn/qc

Berührungsangst *f meist Pl* peur des contacts **Berührungsbildschirm** *m* INFORM écran *m* tactile **Berührungspunkt** *m* point *m* commun; GEOM point *m* de contact

besagen* *vt* vouloir dire; ***was besagt das schon?*** qu'est-ce que ça prouve?

besagt *adj attr (form)* ***der ~e Schriftsteller*** ledit écrivain; ***~e Frau Braun*** ladite Madame Braun; ***der Besagte*** le susnommé

besaiten* *vt* mettre des cordes à

besamen* *vt* inséminer

besänftigen* [bə'zɛnftɪgən] *vt* calmer

Besänftigung <-, -en> *f* ***zu seiner ~*** pour le calmer; ***zur ~ ihres Zornes*** pour calmer sa colère

Besatz <-es, -sätze> *m (Einfassung)* garniture *f*; *(Borte)* bordure *f*

Besatzer(in) <-s, -> *m(f)* occupant(e) *m(f)*

Besatzung <-, -en> *f eines Schiffes, Panzers* équipage *m*; *einer Festung* garnison *f*

Besatzungsarmee *f* armée *f* d'occupation **Besatzungsmacht** *f* occupant *m* **Besatzungszone** *f* zone *f* d'occupation

besaufen* *vr irr (fam)* ***sich ~*** se soûler la gueule

Besäufnis [bə'zɔyfnɪs] <-ses, -se> *nt (fam)* beuverie *f*

beschädigen* *vt* abîmer *Gegenstand, Lack;* endommager *Fahrzeug, Haus, Gerät*

Beschädigung <-, -en> *f* ❶ *kein Pl (das Beschädigen)* endommagement *m* ❷ *(beschädigte Stelle)* dégâts *mpl*

beschaffen*[1] [bə'ʃafən] *vt* procurer

beschaffen[2] [bə'ʃafən] *adj (form)* ***so ~ sein, dass …*** être tel que …

Beschaffenheit <-> *f* texture *f*

Beschaffung <-> *f* ***jdm bei der ~ falscher Papiere helfen*** aider qn à se procurer de faux papiers; ***sich um die ~ einer Unterkunft kümmern*** s'occuper de trouver un hébergement

Beschaffungskriminalität *f* délits *mpl* commis pour se procurer de la drogue

beschäftigen* [bə'ʃɛftɪgən] **I.** *vr* ***sich ~*** s'occuper; ***sich mit jdm ~*** s'occuper de qn; ***sich mit etw ~*** s'intéresser à qc **II.** *vt* ❶ ***jdn mit etw ~*** *Eltern, Lehrer:* occuper qn à qc ❷ *(interessieren)* ***jdn ~*** *Frage, Problem:* préoccuper qn ❸ *(an-, einstellen)* employer

beschäftigt *adj* ❶ occupé(e); ***mit jdm/etw ~ sein*** être occupé avec qn/à qc; ***viel ~*** très occupé ❷ *(angestellt)* ***als Sekretärin/bei einer Bank ~ sein*** travailler comme secrétaire/dans une banque

Beschäftigte(r) *f(m) dekl wie adj* ***die ~n*** *(Werktätige)* les employé(e)s; *(Belegschaft)* le personnel; ***die ~n in den Banken*** les employés de banque

Beschäftigung <-, -en> *f* ❶ *(Tätigkeit)* occupation *f* ❷ *kein Pl (geistige Tätigkeit)* ***~ mit etw*** étude *f* de qc ❸ *kein Pl (Beschäftigungsverhältnis)* emploi *m*

Beschäftigungstherapie *f* ergothérapie *f*

beschämen* *vt* faire honte à

beschämend **I.** *adj* ❶ *(demütigend)* humiliant(e) ❷ *(schändlich)* honteux, -euse **II.** *adv* de honte

beschämt *adj Person* honteux, -euse

beschatten* *vt* ***jdn ~*** prendre qn en filature; ***jdn ~ lassen*** faire suivre qn

Beschattung <-, -en> *f (Überwachung)* filature *f*

beschauen* *vt* ❶ contrôler *Fleisch* ❷ DIAL *(betrachten, ansehen)* ***[sich*** *dat]* ***jdn/etw ~*** contempler qn/qc

beschaulich **I.** *adj* paisible; REL contemplatif, -ive **II.** *adv leben* au calme; *gestalten* tranquillement

Beschaulichkeit <-> *f* calme *m*

Bescheid [bə'ʃaɪt] <-[e]s, -e> *m* ❶ ADMIN réponse *f*; ***positiver ~*** confirmation *f*; ***negativer ~*** réponse *f* négative ❷ *(Nachricht)* information *f*; ***jdm ~ über etw*** *akk* ***geben*** informer qn de qc ▶ **jdm ~ sagen** dire à qn; **über etw** *akk* **~ wissen** être au courant de qc; ***ich weiß ~!*** oui, oui, je sais!

bescheiden[1] [bə'ʃaɪdən] **I.** *adj* ❶ *(genügsam, einfach)* modeste ❷ *(fam: gering)* assez minable ❸ *Frage* modeste ❹ *(euph fam) Essen* infect(e); *Gefühl, Situation* dés-

agréable; *Wetter* sale *antéposé; Zustand* minable **II.** *adv* ❶ *(selbstgenügsam, einfach)* modestement ❷ *(euph fam: miserabel)* ***ihm geht es*** ~ il est mal foutu
bescheiden[*2] [bəˈʃaidən] *irr* **I.** *vt* ❶ *(form: entscheiden)* statuer sur *Antrag;* ***etw positiv/abschlägig*** ~ accepter/rejeter qc ❷ *(geh: zuteilwerden lassen)* ***jdm beschieden sein*** être donné à qn **II.** *vr (geh)* ***sich mit etw*** ~ se contenter de qc
Bescheidenheit <-> *f* ❶ *einer Person* modestie *f* ❷ *(Einfachheit) eines Lebensstils* simplicité *f* ❸ *(Geringfügigkeit) eines Gehalts* modicité *f; einer Leistung* médiocrité *f* ▸ **[nur] keine falsche ~!** pas de fausse modestie!
bescheinigen* [bəˈʃainɪgən] *vt* faire un certificat; ***jdm etw*** ~ faire un certificat de qc à qn; ***den Empfang einer S.*** *gen* ~ accuser réception de qc
Bescheinigung <-, -en> *f* ❶ *kein Pl (das Bescheinigen)* attestation *f* ❷ *(Dokument)* certificat *m*
bescheißen* *irr (fam)* **I.** *vt* entuber **II.** *vi* ***bei etw*** ~ tricher à qc
beschenken* *vt* faire un cadeau/des cadeaux; ***jdn*** ~ faire un cadeau/des cadeaux à qn
bescheren* [bəˈʃeːrən] *vt* ❶ *(schenken)* ***jdm etw*** ~ offrir qc à qn pour Noël ❷ *(beschenken)* ***jdn mit etw*** ~ faire cadeau de qc à qn pour Noël ❸ *(zuteilwerden lassen)* ***jdm etw*** ~ accorder qc à qn
Bescherung <-, -en> *f* distribution *f* des cadeaux de Noël

Land und Leute
Selon la tradition allemande, les cadeaux sont placés sous le sapin illuminé le soir du 24 décembre, la veille de Noël, et non pas le 25 au matin. Les enfants attendent avec impatience le grand moment de la **Bescherung**, qui a lieu après le passage du *Christkind*, l'Enfant Jésus, souvent dès 18 heures ou après le repas.

bescheuert [bəˈʃɔyɐt] *(fam)* **I.** *adj* ❶ *(blöd)* débile ❷ *Gefühl, Situation* emmerdant(e); *Wetter* dégueulasse **II.** *adv* ***sich*** ~ ***anstellen*** faire le con; ~ ***aussehen*** avoir l'air débile
beschichten* *vt* recouvrir
Beschichtung <-, -en> *f* TECH ❶ *(das Beschichten)* application *f* ❷ *(Schicht)* couche *f*
beschießen* *vt irr* ❶ ***jdn/etw*** ~ *Geschütze:* mitrailler qn/qc; *Flugzeug, Kriegsschiff:* bombarder qn/qc ❷ PHYS bombarder
beschildern* *vt* signaliser *Straße;* étiqueter *Exponate*
Beschilderung <-, -en> *f* signalisation *f*
beschimpfen* *vt* insulter
Beschimpfung <-, -en> *f* ❶ *kein Pl (das Beschimpfen)* injure *f* ❷ *(Schimpfworte)* insultes *fpl*
Beschiss <-es> *m (sl)* arnaque *f fam*
beschissen [bəˈʃɪsən] *(fam)* **I.** *adj Situation, Gefühl* emmerdant(e); *Wetter, Bezahlung* dégueulasse **II.** *adv* ***sich ~ fühlen*** être mal foutu; ***ihm geht es*** ~ il est dans la merde *vulg*
Beschlag [bəˈʃlaːk, *Pl:* bəˈʃlɛːgə] <-[e]s, Beschläge> *m* ferrure *f* ▸ **jdn/etw in ~ nehmen** monopoliser qn/qc
beschlagen[*1] [bəˈʃlaːgən] *irr* **I.** *vt* + *haben* ferrer *Pferd* **II.** *vi* + *sein (anlaufen)* se couvrir de buée
beschlagen[2] [bəˈʃlaːgən] *adj* ***in etw*** *dat* ***sehr ~ sein*** être très ferré en qc *fig*
beschlagnahmen* [bəˈʃlaːknaːmən] *vt* ❶ JUR saisir ❷ *(hum: in Anspruch nehmen)* ***jdn*** ~ accaparer qn
Beschlagnahmung <-, -en> *f* JUR, ADMIN saisie *f*
beschleichen* *vt irr (geh)* envahir
beschleunigen* [bəˈʃlɔynɪgən] **I.** *vt, vi* accélérer; ***seine Schritte*** ~ presser le pas **II.** *vr* ***sich*** ~ s'accélérer
Beschleunigung <-, -en> *f* accélération *f*
beschließen* *vt irr* ❶ décider ❷ *(verbindlich festlegen)* adopter *Gesetz, Plan* ❸ *(geh: beenden)* terminer
Beschluss <-es, -schlüsse> *m* ❶ *(Entscheidung)* décision *f;* ***einen ~ fassen*** prendre une décision ❷ JUR *eines Gerichts* arrêt *m;* ***auf ~ des Gerichts*** par décret du tribunal
beschlussfähig *adj* ~ ***sein*** atteindre le quorum **Beschlussfähigkeit** *f* capacité *f* de statuer **beschlussunfähig** *adj* ~ ***sein*** ne pas atteindre le quorum
beschmieren* **I.** *vt* ❶ *(besudeln)* barbouiller *Tafel;* faire des taches *Tischdecke* ❷ *(bestreichen)* tartiner **II.** *vr* ***sich*** ~ se tacher
beschmutzen* *vt (a. fig)* salir
Beschmutzung <-, -en> *f* salissures *fpl*
beschneiden* *vt irr* ❶ tailler *Baum;* rogner *Bogen, Flügel* ❷ REL circoncire *Jungen;* exciser *Mädchen* ❸ *(beschränken)* réduire, amputer *Rechte*
Beschneidung <-, -en> *f* ❶ *von Bäumen* taille *f; von Bögen, der Flügel*

rognage *m* ❷ REL *eines Jungen* circoncision *f; eines Mädchens* excision *f* ❸ *(Beschränkung)* réduction *f; von Rechten* amputation *f*

beschnitten *adj* REL *Mann* circoncis; *Frau* excisée

beschnüffeln* *vt, vr [**sich**]* ~ [se] renifler

beschnuppern* I. *vt* ❶ ***jdn/etw*** ~ *Tier:* flairer qn/qc ❷ *(fam: kennenlernen)* tâter II. *vr* ***sich [gegenseitig]*** ~ *Tiere:* se renifler; *(fig fam) Personen:* se jauger

beschönigen* [bəˈʃøːnɪgən] *vt* embellir *Vorfall;* **~d** *Darstellung* édulcoré

Beschönigung <-, -en> *f* embellissement *m;* ***ohne ~en*** sans édulcorer

beschränken* [bəˈʃrɛŋkən] I. *vt* limiter II. *vr* ***sich auf etw*** *akk* ~ se limiter à qc; ***sich darauf ~ etw zu tun*** se contenter de faire qc

beschränkt *adj* ❶ *(eingeschränkt)* limité(e); ***räumlich ~ sein*** être à l'étroit ❷ *(pej: geistig)* limité(e) *fam; (engstirnig)* borné(e)

Beschränktheit <-> *f* ❶ *(Begrenztheit) von Mitteln* insuffisance *f* ❷ *(mangelnde Intelligenz)* manque *m* d'intelligence; *(Engstirnigkeit)* étroitesse *f* d'esprit

Beschränkung <-, -en> *f* limitation *f*

beschreiben* *vt irr* ❶ *(darstellen)* décrire ❷ *(voll schreiben)* remplir *Heft* ❸ *(vollführen)* décrire *Kreis*

Beschreibung *f* ❶ *(das Schildern)* description *f; eines Täters* signalement *m* ❷ *(fam: Beipackzettel, Gebrauchsanweisung)* notice *f*

beschreiten* *vt irr (geh)* ❶ emprunter *Pfad, Weg* ❷ *(fig)* prendre *Weg*

beschriften* [bəˈʃrɪftən] *vt* mettre une adresse sur *Umschlag;* étiqueter *Marmeladenglas*

Beschriftung <-, -en> *f* ❶ *kein Pl (das Beschriften)* inscription *f; einer Gedenktafel* gravure *f; eines Marmeladenglases* étiquetage *m* ❷ *(Aufschrift)* inscription *f; eines Marmeladenglases* étiquette *f*

beschuldigen* [bəˈʃʊldɪgən] *vt* accuser de; JUR inculper de

Beschuldigte(r) *f(m) dekl wie adj* accusé(e) *m(f)*

Beschuldigung <-, -en> *f* accusation *f*

beschummeln* *(fam)* I. *vt* rouler; ***jdn beim Kartenspiel/um zehn Euro*** ~ rouler qn aux cartes/de dix euros II. *vi* ***bei etw*** ~ tricher à qc

Beschuss *m* ❶ *(mit Munition)* tir *m; (mit Granaten, Raketenwerfern)* bombardement *m; (mit automatischen Waffen)* mitraillage *m* ❷ PHYS *(Neutronenbeschuss)* bombardement *m*

beschützen* *vt (behüten)* protéger

Beschützer(in) <-s, -> *m(f)* protecteur, -trice *m, f*

beschwatzen* *vt (fam)* ❶ *(überreden)* baratiner ❷ *(bereden)* discuter de

Beschwerde [bəˈʃveːɐ̯də] <-, -n> *f* ❶ plainte *f* ❷ JUR recours *m; (gegen das Urteil einer höheren Instanz)* pourvoi *m* ❸ *Pl* MED *(Leiden, Schmerzen)* douleurs *fpl*

beschweren* [bəˈʃveːrən] I. *vr* ***sich*** ~ se plaindre; ***sich über jdn/etw*** ~ se plaindre de qn/qc II. *vt* ***die Briefe mit etw*** ~ poser qc sur les lettres

beschwerlich *adj* pénible

beschwichtigen* [bəˈʃvɪçtɪgən] *vt* calmer *Person, Zorn;* soulager *Gewissen*

beschwichtigend I. *adj* apaisant(e) II. *adv* ~ ***auf jdn einreden*** parler à qn en essayant de le calmer

Beschwichtigung <-, -en> *f* apaisement *m;* ***zur ~ seines Zorns*** pour apaiser sa colère

beschwindeln* *vt (fam)* ❶ *(belügen)* raconter des bobards *mpl* à ❷ *(betrügen)* rouler

beschwingt [bəˈʃvɪŋt] *adj Person* plein(e) d'entrain; *Musik* entraînant(e); *Gang* léger, -ère

beschwipst *adj (fam)* éméché(e)

beschwören* *vt irr* ❶ *(beeiden)* jurer ❷ *(anflehen)* ***jdn ~ etw zu tun*** supplier qn de faire qc ❸ *(magisch beeinflussen)* conjurer *Dämon, Geist, Teufel;* charmer *Schlange* ❹ *(geh: hervorrufen)* évoquer *Erinnerung, Vergangenheit*

Beschwörung <-, -en> *f* ❶ *(das Anflehen)* supplication *f* ❷ *(das Hervorrufen) von Bildern* évocation *f* ❸ *eines Geistes* conjuration *f*

beseelen* [bəˈzeːlən] *vt* ❶ *(durchdringen)* ***jdn*** ~ *Mut, Zuversicht:* remplir qn; *Geist:* animer qn ❷ *(mit Leben erfüllen)* animer

beseitigen* [bəˈzaɪ̯tɪgən] *vt* ❶ faire disparaître *Spuren, Hindernisse;* enlever *Schmutz, Müll;* dissiper *Zweifel* ❷ *(euph: umbringen)* supprimer

Beseitigung <-> *f* ❶ *von Spuren* élimination *f; von Flecken, Schmutz* enlèvement *m; eines Zweifels* dissipation *f; eines Hindernisses* suppression *f* ❷ *(euph: Tötung) einer Person* suppression *f*

Besen [ˈbeːzən] <-s, -> *m* balai *m*

Besenstiel *m* manche *m* à balai

besessen [bəˈzɛsən] *adj* ❶ *(unter einem*

Zwang stehend) obsédé(e); ***von etw ~ sein*** être obsédé par qc ❷ REL ***vom Teufel ~ sein*** être possédé du démon ▶ **wie ~** comme un forcené

Besessene(r) *f(m) dekl wie adj* ❶ *(fanatischer Mensch)* fanatique *mf* ❷ REL possédé(e) *m(f)* ▶ **wie ein ~r** comme un forcené

Besessenheit <-> *f* ❶ obsession *f* ❷ REL possession *f*

besetzen* *vt* ❶ *(belegen)* réserver *Platz, Stuhl* ❷ *(widerrechtlich beziehen)* occuper, squatter *Haus* ❸ *(ausfüllen)* pourvoir *Stelle, Amt;* distribuer *Rolle;* ***eine Stelle/eine Rolle mit jdm ~*** attribuer un poste/un rôle à qn ❹ *(verzieren)* ***etw mit Pailletten ~*** garnir qc de paillettes

besetzt *adj* ❶ *Platz, Leitung, WC* occupé(e) ❷ *(gefüllt) Saal:* comble; *Theater, Kino:* plein(e) à craquer ❸ *(bezogen)* occupé(e); ***ein ~es Haus*** un squat

Besetztzeichen *nt* signal *m* "occupé"

Besetzung <-, -en> *f* ❶ *eines Postens, einer Stelle* attribution *f* ❷ *(Vergabe) einer Rolle* distribution *f* ❸ *(Mannschaftskonstellation)* formation *f* ❹ *a.* MIL *(das Okkupieren)* occupation *f; eines Hauses* squat *m*

besichtigen* [bəˈzɪçtɪgən] *vt* visiter

Besichtigung <-, -en> *f* visite *f*

besiedeln* [bəˈziːdəln] *vt* ❶ *Volk, Pflanzenart:* peupler ❷ *(kolonisieren)* ***etw ~*** *Siedler:* coloniser qc; *(bewohnen)* habiter dans qc

besiedelt I. *PP von* **besiedeln II.** *adj* peuplé(e); ***schwach ~*** peu peuplé(e)

Besied[e]lung <-, -en> *f* ❶ *kein Pl (das Besiedeln) einer Landschaft* colonisation *f; eines Wirtschaftsraums* peuplement *m* ❷ *(Ansiedlung)* peuplement *m*

besiegeln* *vt* ❶ *(bestärken)* sceller, confirmer *Versprechen, Zusage* ❷ *(endgültig machen)* sceller *Schicksal, Untergang;* sanctionner *Scheitern*

besiegen* *vt* vaincre *Person, Land;* battre *Mannschaft*

Besiegte(r) *f(m) dekl wie adj* vaincu(e) *m(f)*

besinnen* *vr irr* ❶ *(überlegen)* ***sich ~*** réfléchir; ***sich eines anderen ~*** *(geh)* changer d'avis; ***sich eines Besseren ~*** *(geh)* se raviser ❷ *(sich erinnern)* ***sich auf jdn/etw ~*** se souvenir de qn/qc

besinnlich *adj Person* méditatif, -ive; *Zeit* de méditation; ***ein paar ~e Minuten*** quelques minutes de recueillement

Besinnung <-> *f* ❶ *(Bewusstsein)* connaissance *f;* ***bei/ohne ~ sein*** être conscient/sans connaissance ❷ *(Reflexion)* recueillement *m*

besinnungslos *adj* sans connaissance

Besinnungslosigkeit <-> *f* inconscience *f*

Besitz [bəˈzɪts] <-es> *m* ❶ *(Eigentum)* biens *mpl; (Grundbesitz)* propriété *f; (landwirtschaftlicher Besitz)* terres *fpl* ❷ *(das Besitzen)* possession *f; einer Schusswaffe* détention *f* ▶ **von jdm ~ ergreifen** *(geh) Leere, Verzweiflung:* s'emparer de qn

Besitzanspruch *m* droit *m* de possession

besitzanzeigend *adj* GRAM possessif, -ive

besitzen* *vt irr* posséder

Besitzer(in) <-s, -> *m(f)* propriétaire *mf*

besitzergreifend *adj* possessif, -ive

Besitzergreifung *f (form)* appropriation *f*

besitzlos *adj (ohne Besitz)* sans biens; *(mittellos)* démuni(e)

Besitztum <-s, -tümer> *nt (Grundbesitz)* terres *fpl; (Eigentum)* propriété *f*

Besitzverhältnisse *Pl* répartition *f* des biens

besoffen [bəˈzɔfən] *adj (fam)* bourré(e)

besohlen* [bəˈzoːlən] *vt* mettre une semelle à

besolden* [bəˈzɔldən] *vt* rétribuer

Besoldung <-, -en> *f* ❶ *(das Besolden)* rétribution *f* ❷ *(Gehalt)* traitement *m*

besondere(r, s) [bəˈzɔndərə, -rə, -rəs] *adj* ❶ particulier, -ière; *Fall, Umstand* spécial(e); *Ehre, Freude* tout(e) particulier, -ière; *Qualität, Schönheit* exceptionnel(le) ❷ *Raum, Tür* à part; *Weinkarte* séparé(e)

Besondere(s) *nt dekl wie adj* ❶ *(Eigenschaft)* ***das ~ an diesem Gerät*** ce que cet appareil a de particulier ❷ *(Person)* ***jemand/nichts ~s*** quelqu'un de spécial/d'ordinaire ❸ *(Sache)* ***etwas/nichts ~s*** quelque chose/rien de spécial ▶ **im ~n** en particulier

Besonderheit <-, -en> *f* particularité *f; einer Person* signe *m* particulier

besonders [bəˈzɔndɐs] *adv* ❶ particulièrement; ***nicht ~ warm/teuer*** pas tellement chaud/cher; ***nicht ~ viel*** pas vraiment beaucoup ❷ *(vor allem)* surtout; ***~ du müsstest das wissen*** toi le premier/la première tu devrais savoir ça

besonnen [bəˈzɔnən] **I.** *adj Charakter, Vorgehen* réfléchi(e); *Art* posé(e) **II.** *adv* avec circonspection; ***sich ~ verhalten*** garder son sang-froid

Besonnenheit <-> *f* circonspection *f*

besorgen* *vt* ❶ *(beschaffen)* procurer ❷ *(kaufen)* acheter ❸ *(erledigen)* effectuer *Arbeit;* se charger de *Auftrag*

Besorgnis [bəˈzɔrknɪs] <-, -se> *f* inquiétude *f;* ~ ***erregend sein*** être inquiétant

besorgniserregend *s.* **Besorgnis**

besorgt [bəˈzɔrkt] *adj* ❶ *Person* inquiet, -ète; *Miene* soucieux, -euse ❷ *(fürsorglich)* ***um jdn ~ sein*** être aux petits soins pour qn; ***um etw ~ sein*** être très soucieux de qc

Besorgung <-, -en> *f* ❶ *(Einkauf)* course *f;* ***~en machen*** faire des courses ❷ *kein Pl (das Kaufen)* achat *m*

bespannen* *vt* tapisser *Wand;* recouvrir *Stuhl;* [re]corder *Gitarre, Tennisschläger*

Bespannung *f* ❶ *(Stoffbespannung)* tenture *f;* ***für die ~ des Liegestuhls*** pour recouvrir la chaise longue ❷ *(Saiten) eines Instruments* cordes *fpl; eines Tennisschlägers* cordage *m* ❸ *kein Pl (das Bespannen)* ***~ einer Gitarre/eines Tennisschlägers*** pose *f* des cordes sur une guitare/raquette

bespaßen* *vt (fam) Kind* divertir

bespielbar *adj* SPORT *Rasen* praticable

bespielen* *vt* ❶ enregistrer *Kassette* ❷ SPORT jouer sur *Platz, Feld*

bespitzeln* *vt* espionner

besprechen* *irr* **I.** *vt* ❶ discuter; ***etw mit jdm*** ~ discuter de qc avec qn; ***wie besprochen*** comme convenu ❷ *(rezensieren)* faire la critique de ❸ MEDIA enregistrer **II.** *vr* ***sich*** ~ se concerter; ***sich mit jdm*** ~ s'entretenir avec qn

Besprechung <-, -en> *f* ❶ *(Konferenz)* réunion *f; (Unterredung)* entretien *m* ❷ *(Rezension)* critique *f* ❸ *kein Pl (das Besprechen)* discussion *f* **Besprechungszimmer** *nt* salle *f* de réunion

bespritzen* **I.** *vt* ❶ *(befeuchten)* asperger ❷ *(beschmutzen)* éclabousser ❸ *(besprühen)* vaporiser *Pflanze* **II.** *vr* **sich** ~ ❶ *(sich befeuchten)* s'asperger ❷ *(sich beschmutzen)* s'éclabousser

besprühen* *vt* ❶ vaporiser; ***etw mit Wasser*** ~ vaporiser de l'eau sur qc ❷ *(bemalen)* bomber *Wand*

bespucken* *vt* cracher sur

besser [ˈbɛsɐ] **I.** *adj Komp von* **gut** ❶ *(von höherer Qualität)* meilleur(e); ***ein ~er Computer*** un ordinateur de meilleure qualité; ***das Wetter wird*** ~ le temps s'améliore ❷ *(von höherer Qualifikation)* ~ ***sein*** *(höher befähigt)* être meilleur; *(besser geeignet)* être mieux ❸ *(vernünftiger, angebrachter)* ***es ist ~, wenn*** il vaut mieux que *+subj;* ***es ist ~ zuerst das hier zu machen*** c'est mieux de commencer par faire ceci ❹ *(sozial höhergestellt)* supérieur(e); ***er wohnt in einer ~en Gegend*** il habite dans les beaux quartiers; ***die ~ Verdienenden*** les gros salaires *mpl* **II.** *adv Komp von* **gut, wohl** *schwimmen, tanzen, singen* mieux; ***dieser Käse/Apfel schmeckt ~ als der andere*** ce fromage est meilleur/cette pomme est meilleure que l'autre; ***ich kann das ~!*** je sais mieux le faire! ▸ **~ gehen** aller mieux; ***jdm/etw geht es*** ~ qn/qc va mieux; **oder ~ gesagt** plus exactement; **es ~ haben** avoir une vie plus agréable; **immer alles ~ wissen [wollen]** se croire plus malin que tout le monde; **um so ~!** *(fam)* tant mieux!

bessern I. *vr* ***sich*** ~ s'améliorer **II.** *vt* corriger *Person;* améliorer *Lage*

Besserung <-> *f* ❶ amélioration *f* ❷ *(Gesundung)* ***gute ~!*** bon rétablissement!

Besserverdienende(r) *f(m) dekl wie adj s.* **besser I. 4**

Besserwisser(in) <-s, -> *m(f)* *(pej)* pédant(e) *m(f)*

besserwisserisch I. *adj* pédant(e) **II.** *adv* comme un(e) pédant(e)

Bestand [bəˈʃtant, *Pl:* bəˈʃtɛndə] <-[e]s, Bestände> *m* ❶ *kein Pl (Fortdauer)* persistance *f; einer Regierung, Koalition* stabilité *f;* ~ ***haben*** être durable ❷ *(vorhandene Menge)* ***~ an Medikamenten*** stock *m* de médicaments; ***~ an Bäumen*** peuplement *m* [forestier]; ***den ~ von etw aufnehmen*** faire l'inventaire de qc ❸ *kein Pl* A *(das Bestehen)* existence *f*

bestanden I. *PP von* **bestehen II.** *adj* SCHULE, UNIV réussi(e)

beständig *adj* ❶ *Verhalten* constant(e); *Wetter* stable ❷ *Freundschaft* durable ❸ *(widerstandsfähig)* résistant(e) ❹ *attr* continuel(le); *Regen* ininterrompu(e)

Beständigkeit <-> *f* ❶ *des Wetters* stabilité *f* ❷ *(Dauerhaftigkeit)* constance *f* ❸ *(Widerstandsfähigkeit)* résistance *f*

Bestandsaufnahme *f* ❶ inventaire *m* ❷ *(fig)* bilan *m*

Bestandteil *m* composant *m; (Einzelteil)* élément *m*

bestärken* *vt* appuyer; ***jdn in seinem Entschluss*** ~ conforter qn dans sa décision

Bestärkung *f* ❶ *(Unterstützung)* appui *m* ❷ *(Erhärtung) eines Verdachts, Vorsatzes* renforcement *m*

bestätigen* [bəˈʃtɛːtɪgən] *vt* ❶ renforcer la certitude de *Person;* confirmer *Theorie, Aussage;* entériner *Urteil* ❷ *(quittieren)* attester *Anwesenheit, Teilnahme;* confirmer *Auftrag, Bestellung;* valider *Befehl, Eingabe;*

hiermit wird bestätigt, dass … par la présente, nous certifions que …
Bestätigung <-, -en> *f* ❶ *a.* JUR *(das Bestätigen)* confirmation *f* ❷ *kein Pl (das Attestieren) der Anwesenheit* attestation *f; eines Auftrags* confirmation *f;* INFORM *eines Befehls, einer Eingabe* validation *f* ❸ *(Schriftstück) der Teilnahme* attestation *f; eines Auftrags, einer Bestellung* confirmation *f*
bestatten* [bəˈʃtatən] *vt (geh)* inhumer
Bestattung <-, -en> *f (geh)* inhumation *f,* obsèques *fpl*
Bestattungsinstitut *nt* |entreprise *f* de| pompes *fpl* funèbres
bestäuben* [bəˈʃtɔybən] *vt* ❶ ***etw ~*** *Biene:* féconder qc ❷ GASTR saupoudrer
Bestäubung <-, -en> *f* pollinisation *f*
bestaunen* *vt* admirer
beste(r, s) [ˈbɛstə, -tɐ, -təs] **I.** *adj Superl von* **gut** ❶ *attr* meilleur(e); ***von ~r Qualität*** de la meilleure qualité; ***aus ~m Hause*** de très bonne famille ❷ *(am besten qualifiziert, geeignet)* ***der/die Beste*** le meilleur/la meilleure ▶ **der erste Beste** le premier venu; **sein Bestes tun** faire de son mieux; **zu seinem Besten** pour son bien **II.** *adv* ***er/sie singt am ~n*** c'est lui/elle qui chante le mieux; ***es wäre |wohl| am ~n, wenn*** le mieux serait que *+subj*
bestechen* *irr* **I.** *vt* ❶ soudoyer ❷ *(für sich einnehmen)* séduire **II.** *vi (beeindrucken) Person:* fasciner; *Gemälde, Garten:* séduire
bestechend I. *adj* séduisant(e) **II.** *adv einfach, schön* étonnamment; *klar* admirablement
bestechlich [bəˈʃtɛçlɪç] *adj* vénal(e)
Bestechlichkeit <-> *f* vénalité *f*
Bestechung <-, -en> *f* corruption *f; eines Zeugen* subornation *f*
Bestechungsaffäre *f* affaire *f* de pots-de-vin **Bestechungsgeld** *nt meist Pl* pot-de-vin *m* **Bestechungsversuch** *m* tentative *f* de corruption
Besteck [bəˈʃtɛk] <-[e]s, -e> *nt* ❶ couverts *mpl* ❷ *(medizinische Instrumente)* instruments *mpl* ❸ *(Drogenbesteck)* matériel *m* de drogué
Besteckkasten *m* ménagère *f*
bestehen* *irr* **I.** *vt* ❶ réussir *Prüfung* ❷ *(durchstehen)* surmonter *Gefahr, Probe;* sortir vainqueur de *Kampf* **II.** *vi* ❶ *(gegeben sein)* ***es besteht die Möglichkeit, dass*** il se peut que *+subj* ❷ *(existieren)* ***seit Langem ~*** *Brauch, Tradition:* exister depuis longtemps; ***~ bleiben*** *Hoffnung, Verdacht:* demeurer; *Vorschrift:* rester valable ❸ *(sich zusammensetzen)* ***aus Einzelteilen ~*** se composer d'éléments ❹ *(zum Inhalt haben)* ***die Aufgabe besteht darin etw zu tun*** notre tâche consiste à faire qc ❺ *(standhalten)* ***vor jdm/etw ~ können*** pouvoir affronter qn/qc ❻ *(insistieren)* ***auf etw*** *dat* ~ tenir à qc
Bestehen <-s> *nt* ❶ *(Vorhandensein)* existence *f* ❷ *(Beharren)* insistance *f* ❸ *(erfolgreiches Absolvieren)* ~ ***einer Prüfung*** réussite *f* à un examen
bestehend *adj* ❶ *Vorschrift* en vigueur ❷ *Gesellschaftsordnung* existant(e); *Verhältnisse* actuel(le)
bestehlen* *vt irr* voler
besteigen* *vt irr* ❶ *(erklettern)* escalader *Berg;* monter au sommet de *Turm;* monter sur *Gerüst, Thron;* monter à *Leiter, Tribüne* ❷ *(aufsteigen)* monter sur *Pferd* ❸ *(einsteigen)* monter dans *Bus, Flugzeug, Auto;* monter sur *Fahrrad, Motorrad, Fähre*
Besteigung *f* ascension *f*
bestellen* *vt* ❶ *(kaufen wollen)* commander; ***etw bei jdm*** ~ commander qc chez qn ❷ *(reservieren)* réserver *Hotelzimmer* ❸ *(ausrichten)* transmettre ❹ *(kommen lassen)* faire venir *Mitarbeiter;* appeler *Taxi* ❺ *(bearbeiten)* cultiver *Acker* ▶ **wie bestellt und nicht abgeholt** *(hum fam)* tout bête
Bestellkarte *f* bon *m* de commande **Bestellnummer** *f* numéro *m* de commande **Bestellschein** *m* bon *m* de commande
Bestellung <-, -en> *f* ❶ commande *f* ❷ *(Reservierung)* réservation *f* ❸ *(Bearbeitung) eines Ackers* culture *f* ❹ *(Berufung) eines Gutachters, Vormundes* désignation *f* ▶ **auf** ~ sur commande
Bestellzettel *s.* **Bestellschein**
bestenfalls *adv* au mieux
bestens *adv* ❶ très bien; *bedienen, sich bewähren* parfaitement; ***das hat sich ~ bewährt*** cela s'est avéré parfait ❷ *(herzlich)* cordialement
besteuern* *vt* imposer *Person, Firma;* taxer *Alkohol, Tabak*
Besteuerung <-, -en> *f von Einkünften* imposition *f; von Gütern* taxation *f*
Bestform *f* top niveau *m*
bestialisch [bɛsˈti̯aːlɪʃ] **I.** *adj* ❶ *(grausam)* sauvage ❷ *(fam: unerträglich)* infect(e) **II.** *adv (fam) stinken, wehtun* vachement
Bestialität [bɛsti̯aliˈtɛːt] <-, -en> *f* bestialité *f; einer Tat* atrocité *f*
besticken* *vt* broder
Bestie [ˈbɛsti̯ə] <-, -n> *f* ❶ *(Tier)* bête *f* féroce ❷ *(pej: Mensch)* monstre *m*

bestimmen* **I.** *vt* ❶ *(festsetzen)* fixer *Preis, Ort;* déterminer *Grenze* ❷ *(entscheiden)* décider; *Gesetzgeber, Parlament:* décréter; *Gesetz, Vorschrift:* stipuler ❸ *(prägen)* caractériser *Landschaft, Epoche* ❹ *(beeinflussen)* déterminer *Wert, Konjunktur* ❺ *(wissenschaftlich einordnen)* identifier *Tier, Pflanze;* déterminer *Alter, Herkunft* ❻ *(vorsehen)* désigner *Nachfolger;* destiner *Erbteil* **II.** *vi* ❶ *(befehlen)* décider ❷ *(verfügen)* ***über jdn/etw*** ~ disposer de qn/qc

bestimmend *adj* ❶ *Faktor, Einfluss* déterminant(e) ❷ *Person* déterminé(e); *Persönlichkeit* fort(e)

bestimmt **I.** *adj* ❶ *Buch, Vorstellung* précis(e) ❷ *Preis, Summe* fixé(e); ***am ~en Tag/Ort*** au jour/lieu dit; ***zur ~en Stunde*** à l'heure dite ❸ GRAM *Artikel* défini(e) ❹ *Auftreten* décidé(e); *Ton* ferme ❺ *Personen, Kreise* certain(e) **II.** *adv* ❶ *(sicher)* certainement; ***~ wissen, dass …*** être sûr que … ❷ *(entschieden)* catégoriquement; ***sehr ~ auftreten*** être très déterminé

Bestimmtheit <-> *f* détermination *f; eines Tons* fermeté *f;* ***etw mit ~ sagen können*** pouvoir dire qc avec certitude

Bestimmung <-, -en> *f* ❶ *(Vorschrift)* règlement *m; (vertraglich)* clause *f; (administrativ)* disposition *f* ❷ *kein Pl (Zweck)* destination *f* ❸ *(Schicksal)* destinée *f; (Berufung)* vocation *f* ❹ *(Festlegung)* fixation *f* ❺ *(Analyse, Ermittlung) eines Fundes* identification *f; des Alters* détermination *f* ❻ *(Definition)* définition *f*

Bestimmungsort *m* [lieu *m* de] destination *f*

Bestleistung *f* meilleure performance *f*

Bestmarke *f* SPORT record *m*

Best.-Nr. *Abk von* **Bestellnummer** réf.

bestrafen* *vt* ❶ punir, pénaliser *Sportler* ❷ JUR condamner

Bestrafung <-, -en> *f* punition *f; eines Sportlers* pénalisation *f*

bestrahlen* *vt* ❶ MED ***jdn*** ~ traiter qn aux rayons X ❷ *(beleuchten)* illuminer *Gebäude*

Bestrahlung *f* ❶ MED radiothérapie *f* ❷ *(Beleuchtung)* illumination *f*

Bestreben *nt* souci *m;* ***im ~ etw zu tun*** soucieux de faire qc; ***in seinem/ihrem ~ etw zu tun*** dans son souci de faire qc

bestrebt *adj* ***~ sein etw zu tun*** s'efforcer de faire qc

Bestrebung *f meist Pl* effort *m*

bestreichen* *vt irr* enduire; ***etw mit Salbe/Farbe ~*** enduire qc de pommade/peinture; ***das Brot mit Butter/Marmelade ~*** beurrer le pain/tartiner le pain de confiture

bestreiken* *vt* faire grève dans *Firma;* ***der Betrieb wird bestreikt*** l'entreprise est en grève; ***bestreikt*** en grève

bestreiten* *vt irr* ❶ *(leugnen)* contester; ***~ etw zu tun*** nier faire qc ❷ *(finanzieren)* payer *Kosten, Unterhalt;* financer *Studium* ❸ *(gestalten)* assurer *Veranstaltung, Gestaltung*

bestreuen* *vt* saupoudrer; ***den Kuchen mit etw ~*** saupoudrer le gâteau de qc

Bestseller ['bɛstzɛlɐ] <-s, -> *m* best-seller *m*

Bestsellerautor(in) ['bɛstzɛlɐ-] *m(f)* auteur *mf* de best-sellers

Bestsellerliste *f* meilleures ventes *f pl*

bestücken* *vt* équiper *Küche, Rakete;* remplir *Lager, Keller*

bestürmen* *vt* assaillir

bestürzend **I.** *adj Ereignis, Nachricht* bouleversant(e); *Tod* tragique **II.** *adv* ***~ gering/schlecht/hoch*** extrêmement faible/mauvais(e)/haut(e)

bestürzt [bəˈʃtʏrtst] **I.** *adj Person, Gesicht* bouleversé(e); *Miene* consterné(e) **II.** *adv* avec consternation

Bestürzung <-> *f* consternation *f*

Bestzeit *f* meilleur temps *m*

Besuch [bəˈzuːx] <-[e]s, -e> *m* ❶ visite *f;* ***einen ~ bei jdm machen*** aller voir qn ❷ *(Frequentieren)* fréquentation *f* ❸ *(Besucher)* visiteur *m; (Gast)* invité(e) *m(f);* ***~ haben*** avoir de la visite

besuchen* *vt* ❶ aller voir *Freund, Verwandten* ❷ *(aufsuchen)* aller voir *Kunden;* visiter *Patienten* ❸ *(frequentieren)* aller à *Schule, Theater;* visiter *Museum;* assister à *Gottesdienst;* suivre *Kurs*

Besucher(in) <-s, -> *m(f)* ❶ visiteur, -euse *m, f; (Gast)* invité(e) *m(f)* ❷ *(Interessent, Kunde) einer Veranstaltung, Ausstellung* visiteur, -euse *m, f; eines Lokals* client(e) *m(f)* ❸ *(Zuschauer)* spectateur, -trice *m, f; (Zuhörer)* auditeur, -trice *m, f* ❹ *(Teilnehmer)* participant(e) *m(f)* **Besucherparkplatz** *m* parking *m* réservé aux visiteurs **Besucherzahl** *f* nombre *m* de visiteurs; *(in Bezug auf Theater, Konzerte)* nombre *m* de spectateurs; ***die ~en*** les visiteurs *m pl; von Theatern, Kinos* les entrées *f pl*

Besuchszeit *f* heures *f pl* de visite

besucht *adj* ***gut/schlecht ~*** *Ausstellung, Museum* beaucoup/peu visité; ***viel ~*** qui attire un grand nombre de personnes

besudeln* *(geh)* **I.** *vt (a. fig)* souiller *sou-*

*tenu; **sich** dat **den Kittel mit Blut** ~* souiller sa blouse de sang *soutenu* **II.** *vr* ***sich mit etw*** ~ se salir avec qc

Betablocker ['be:tablɔkɐ] <-s, -> *m* PHARM, MED bêtabloquant *m*

betagt [bə'ta:kt] *adj (geh)* âgé(e)

betasten* *vt* palper, tâter *Frucht, Käse*

Betatest ['be:ta-] *m* INFORM test *m* bêta

betätigen* [bə'tɛ:tɪgən] **I.** *vt* actionner *Hebel;* appuyer sur *Pedal, Bremse, Schalter;* tourner *Knopf;* tirer *Wasserspülung* **II.** *vr (aktiv sein)* ***sich politisch*** ~ faire de la politique; ***sich künstlerisch*** ~ avoir une activité artistique

Betätigung <-, -en> *f* ❶ *kein Pl (das Betätigen)* ***durch ~ dieses Hebels/Knopfes*** en actionnant ce levier/en appuyant sur ce bouton; ***vor ~ des Schalters*** avant d'actionner le commutateur ❷ *(Tätigkeit)* activité *f*

Betätigungsfeld *nt* domaine *m*

betatschen* *vt (pej fam)* peloter; *Kind:* tripoter

betäuben* [bə'tɔybən] *vt* ❶ MED endormir ❷ *(unterdrücken)* ***seinen Kummer mit Alkohol/durch Arbeit*** ~ noyer son chagrin dans l'alcool/le travail ▶ **wie betäubt sein** *Person:* être comme assommé

betäubend *adj Lärm* assourdissant(e); *Duft* entêtant(e)

Betäubung <-, -en> *f* ❶ MED anesthésie *f;* ***örtliche*** ~ anesthésie locale ❷ *(Benommenheit)* étourdissement *m* ❸ *(Unterdrückung) des Kummers* refoulement *m*

Betäubungsmittel *nt* anesthésique *m*

Betaversion ['be:ta-] *f* INFORM version *f* bêta

Bete ['be:tə] <-, -n> *f* ***Rote*** ~ betterave *f* rouge

beteiligen* [bə'tailɪgən] **I.** *vt* ***jdn am Gewinn*** ~ attribuer une part du bénéfice à qn; ***jdn an einer Firma*** ~ faire participer qn aux bénéfices d'une entreprise **II.** *vr* ***sich an etw*** *dat* ~ participer à qc

beteiligt *adj* ❶ ***an etw*** *dat* ***~ sein*** *(teilnehmen, mitwirken)* être associé à qc; *(verwickelt sein)* être impliqué dans qc ❷ FIN, COM ***an einer Firma ~ sein*** avoir une part dans une entreprise

Beteiligte(r) *f(m) dekl wie adj (Mitwirkender)* participant(e) *m(f); (Betroffener)* personne *f* concernée

Beteiligung <-, -en> *f* ❶ *kein Pl (Teilnahme)* participation *f;* ***~ an etw*** *dat* participation à qc ❷ FIN, COM *(Anteil)* ***~ an etw*** *dat* participation *f* dans qc

beten ['be:tən] **I.** *vi* prier; ***zu Gott*** ~ prier Dieu; ***für jdn*** ~ prier pour qn **II.** *vt* dire *Vaterunser*

beteuern* [bə'tɔyɐn] *vt* assurer

betiteln* *vt* ❶ intituler *Buch, Film* ❷ *(pej: beschimpfen)* traiter de ❸ *(anreden)* appeler

Beton [be'tɔŋ] <-s> *m* béton *m*

Betonbau <-bauten> [be'tɔŋ-] *m* ❶ construction *f* en béton ❷ *kein Pl (Bauweise)* béton *m*

betonen* [bə'to:nən] *vt* ❶ LING accentuer ❷ MUS soutenir ❸ *(zur Geltung bringen)* souligner, mettre en valeur *Figur, Formen* ❹ *(nachdrücklich erwähnen)* insister sur; ***~, dass ...*** souligner que ...

betonieren* [beto'ni:rən] *vt* bétonner

Betonmischer <-s, -> *m* bétonnière *f;* *(Lkw)* toupie *f*

Betonmischmaschine *f* bétonnière *f*

betont [bə'to:nt] **I.** *adj Höflichkeit, Sachlichkeit* marqué(e); *Eleganz* prononcé(e); *Gleichgültigkeit, Lässigkeit* ostensible **II.** *adv* ostensiblement

Betonung <-, -en> *f* ❶ LING accentuation *f;* ***die ~ liegt auf der ersten Silbe*** la première syllabe est accentuée ❷ *kein Pl (das Hervorheben)* mise *f* en valeur ❸ *kein Pl (nachdrückliche Erwähnung)* ***die ~ einer S.*** *gen* l'accent *m* mis sur qc ❹ *kein Pl (Nachdruck)* insistance *f*

betören* [bə'tø:rən] *vt* envoûter

betörend **I.** *adj* envoûtant(e) **II.** *adv* d'une façon envoûtante

betr. *Abk von* **betreffend, betreffs**

Betr. *Abk von* **Betreff**

Betracht [bə'traxt] <-[e]s> *m* ▶ **in ~/nicht in ~ kommen** entrer/ne pas entrer en ligne de compte; **etw außer ~ lassen** ne pas prendre qc en considération; **in ~ ziehen, dass** envisager que *+subj*

betrachten* **I.** *vt* ❶ *(anschauen)* contempler *Person, Kunstwerk;* regarder *Foto;* ***einen Gegenstand genau*** ~ examiner un objet ❷ *(bedenken, untersuchen)* considérer; ***genau betrachtet*** tout bien considéré ❸ *(halten für)* ***jdn als Freund*** ~ considérer qn comme un ami **II.** *vr* ❶ *(sich anschauen)* ***sich*** ~ se contempler ❷ *(sich halten für)* ***sich als jds Freund*** ~ se considérer comme l'ami de qn

Betrachter(in) <-s, -> *m(f) eines Kunstwerks* contemplateur, -trice *m, f; eines Geschehens* observateur, -trice *m, f*

beträchtlich [bə'trɛçtlɪç] **I.** *adj* considérable **II.** *adv erhöhen, steigen, zurückgehen* considérablement; *höher, niedriger* nettement

B

Betrachtung <-, -en> *f* ❶ *kein Pl (das Anschauen)* contemplation *f; eines Gegenstands* observation *f* ❷ *(Untersuchung, Analyse)* étude *f;* ***bei genauerer ~*** en y regardant de plus près ❸ *meist Pl (Überlegung)* réflexion *f*
Betrachtungsweise *f* façon *f* de voir
Betrag [bəˈtraːk, *Pl:* bəˈtrɛːgə] <-[e]s, Beträge> *m (Rechnungsbetrag)* montant *m; (Geldbetrag)* somme *f;* ***~ dankend erhalten*** pour acquit
betragen* *irr* **I.** *vi* s'élever à; ***hundert Euro/drei Prozent ~*** s'élever à cent euros/trois pour cent; ***zwei Meter/fünf Tonnen ~*** représenter deux mètres/cinq tonnes **II.** *vr* ***sich gut/schlecht ~*** se conduire bien/mal
Betragen <-s> *nt* conduite *f;* ***~: ungenügend*** zéro de conduite
betrauen* *vt* ***jdn mit etw ~*** confier qc à qn
betrauern* *vt* pleurer *Toten, Tod;* déplorer *Verlust*
beträufeln* *vt* mettre quelques gouttes de; ***etw mit Rum ~*** mettre quelques gouttes de rhum sur qc
Betreff [bəˈtrɛf] <-[e]s, -e> *m (form)* objet *m*
betreffen* *vt irr (angehen)* concerner; ***was mich/dich betrifft*** quant à moi/toi; ***was die Feier betrifft*** pour ce qui est de la fête
betreffend *adj attr* ❶ *(besagt)* ***die ~e Zeitung*** le journal en question ❷ *(zuständig)* ***die ~e Kollegin*** la collègue compétente ❸ *(bezüglich)* ***den Vertrag ~*** concernant le contrat
Betreffende(r) *f(m) dekl wie adj (betroffene Person)* personne *f* concernée; *(zuständige Person)* personne *f* compétente
betreffs *präp +gen (form)* ***~ Ihres Angebots*** concernant votre offre
betreiben* *vt irr* ❶ *(ausüben, treiben)* exercer *Gewerbe;* effectuer *Forschung;* pratiquer *Politik* ❷ *(unternehmerisch führen)* tenir *Firma;* exploiter *Kraftwerk;* régir *Sender* ❸ *(hinarbeiten auf)* travailler à *Stilllegung;* mener *Untersuchung, Prozess* ❹ TECH ***elektrisch/mit Batterien betrieben werden*** fonctionner à l'électricité/à pile
Betreiber(in) <-s, -> *m(f)* exploitant(e) *m(f); eines Geschäfts, eines Restaurants* gérant(e) *m(f)*
betreten*[1] *vt irr* ❶ entrer dans *Gebäude, Raum;* monter sur *Podium;* entrer en *Bühne* ❷ *(treten auf)* marcher sur *Teppich* ❸ *(fig)* ***gefährliches Terrain ~*** aborder un sujet dangereux
betreten[2] *adj Person* gêné(e); *Schweigen* embarrassé(e); *Gesicht, Miene* déconfit(e)
betreuen* [bəˈtrɔyən] *vt* prendre en charge *Kind, Patienten;* s'occuper de *Kunden, Tier;* être responsable de *Abteilung*
Betreuer(in) <-s, -> *m(f) einer Reisegruppe* responsable *mf; einer Mannschaft* dirigeant(e) *m(f);* ***medizinischer ~*** soigneur *m*
Betreuung <-> *f* ❶ *(das Betreuen)* prise *f* en charge ❷ *(Betreuer) von Pflegebedürftigen* aide-soignant(e) *m(f); einer Mannschaft* encadrement *m*
Betreuungskosten *Pl* frais *mpl* de garde
Betrieb [bəˈtriːp] <-[e]s, -e> *m* ❶ *(Industriebetrieb)* entreprise *f* ❷ *(Belegschaft)* personnel *m* ❸ *kein Pl (Betriebsamkeit)* activité *f* ❹ *(Tätigkeit, Ablauf)* activité *f; einer Maschine, Fabrik* fonctionnement *m; einer Bahnlinie* exploitation *f;* ***etw in ~ setzen*** mettre qc en marche; ***in/außer ~ sein*** être en/hors service
betrieblich *adj attr* ❶ *(zur Firma gehörend)* de l'entreprise ❷ *(firmenintern)* interne à l'entreprise
betriebsam *adj* actif, -ive
Betriebsamkeit <-> *f* activité *f*
Betriebsangehörige(r) *f(m) dekl wie adj* employé(e) *m(f)* de l'entreprise **Betriebsanleitung** *f* notice *f* d'utilisation **Betriebsarzt, -ärztin** *m, f* médecin *m* d'entreprise **Betriebsausflug** *m* sortie *f* d'entreprise **betriebsbereit** *adj* prêt(e) à fonctionner **betriebseigen** *adj Kindergarten* de l'entreprise **Betriebsferien** *Pl* fermeture *f* annuelle **Betriebsgeheimnis** *nt* information *f* confidentielle; *(Produktionsgeheimnis)* secret *m* de fabrication **Betriebsgelände** *nt* enceinte *f* de l'entreprise **betriebsintern** *s.* **betrieblich** **Betriebskapital** *nt* fonds *m* de roulement **Betriebsklima** *nt* climat *m* de l'entreprise **Betriebskosten** *Pl einer Firma, Maschine* frais *mpl* d'exploitation; *eines Kraftfahrzeugs* frais fixes **Betriebskrankenkasse** *f* caisse *f* de maladie de l'entreprise **Betriebsleiter(in)** *m(f)* directeur, -trice *m, f* d'entreprise **Betriebsleitung** *f (Person, Büro)* direction *f* **Betriebsprüfung** *f* contrôle *m* fiscal **Betriebsrat, -rätin** *m, f* délégué(e) *m(f)* du personnel **Betriebsschluss** *m* fermeture *f* [de l'entreprise] **Betriebsstörung** *f* panne *f* **Betriebssystem** *nt* INFORM système *m* d'exploitation **Betriebsunfall** *m* accident *m* du travail **Betriebsvereinbarung** *f* accord *m* d'entreprise **Betriebswirt(in)**

m(f) diplômé(e) *m(f)* en gestion d'entreprise **Betriebswirtschaft** *f (Schulfach)* économie *f* d'entreprise; *(Studienfach)* gestion *f* [d'entreprise] **Betriebswirtschaftslehre** *f kein Pl* gestion *f* d'entreprise

betrinken* *vr irr* ***sich*** ~ se soûler; ***sich mit etw*** ~ se soûler à qc

betroffen [bəˈtrɔfən] **I.** *adj* ❶ *(beteiligt)* concerné(e); ***von etw ~ sein*** être concerné par qc ❷ *(bestürzt)* consterné(e) **II.** *adv* avec consternation

Betroffene(r) *f(m) dekl wie adj* personne *f* concernée

Betroffenheit <-> *f* consternation *f*

betrüben* *vt* faire de la peine à; ***jdn*** ~ *Person:* faire de la peine à qn; *Verhalten:* désoler qn

betrüblich [bəˈtryːplɪç] *adj* attristant(e); ~ ***sein*** être fâcheux

betrübt *adj* désolé(e)

Betrug [bəˈtruːk, *Pl:* bəˈtryːgə] <-[e]s> *m* ❶ *(Straftat)* escroquerie *f* ❷ *(Schwindel)* duperie *f*

betrügen* [bəˈtryːgən] *irr* **I.** *vt* ❶ *(finanziell hintergehen)* frauder; ***jdn um etw*** ~ escroquer qc à qn ❷ *(beschwindeln)* duper; ***sich in etw*** *dat* ***betrogen sehen*** se sentir abusé dans qc ❸ *(untreu sein)* ***jdn mit jdm*** ~ tromper qn avec qn **II.** *vr* ***sich [selbst]*** ~ s'abuser

Betrüger(in) <-s, -> *m(f)* fraudeur, -euse *m, f; (beim Spielen)* tricheur, -euse *m, f*

Betrügerei <-, -en> *f (pej)* ❶ *(finanzieller Betrug)* escroquerie *f* ❷ *(Schwindel)* duperie *f; (beim Spielen)* tricherie *f* ❸ *meist Pl (Seitensprung)* infidélités *f pl*

betrügerisch *adj (pej)* frauduleux, -euse

betrunken [bəˈtrʊŋkən] *adj* ivre

Betrunkene(r) *f(m) dekl wie adj* personne *f* ivre

Betrunkenheit <-> *f* ivresse *f*

Bett [bɛt] <-[e]s, -en> *nt* ❶ *(Möbel)* lit *m;* ***französisches*** ~ grand lit; ***ins ~ gehen*** aller se coucher; ***im ~ sein*** être dans son lit; ***im ~ liegen*** être couché; ***jdn ins ~ bringen*** coucher qn ❷ *(Bettdecke)* couverture *f; (Daunenbett)* couette *f* ❸ *(Flussbett)* lit *m* ▶ **ans ~ gefesselt sein** *(geh)* être cloué au lit; **mit jdm ins ~ gehen** *(euph)* coucher avec qn

Bettbezug *m* housse *f* de couette **Bettdecke** *f* couverture *f; (Daunendecke)* couette *f*

bettelarm [ˈbɛtəlˈʔarm] *adj* totalement démuni(e)

Bettelei [bɛtəˈlai] <-, -en> *f (pej)* mendicité *f*

Bettelmönch *m* moine *m* mendiant

betteln [ˈbɛtəln] *vi* mendier

betten [ˈbɛtən] *vt (hinlegen)* coucher; ***weich gebettet*** douillettement couché

Bettflasche *f* SDEUTSCH, CH bouillotte *f*

Bettgestell *nt* bois *m* de lit **Betthupferl** [ˈbɛthʊpfɐl] <-s, -> *nt* bonbon *m (avant d'aller au lit)* **Bettkante** *f* [re]bord *m* du lit

bettlägerig [ˈbɛtlɛːgərɪç] *adj (momentan)* alité(e); *(dauernd)* grabataire

Bettlaken *nt* drap *m* **Bettlektüre** *f* livre *m* de chevet

Bettler(in) [ˈbɛtlɐ] <-s, -> *m(f)* mendiant(e) *m(f)*

Bettnässen [ˈbɛtnɛsən] <-s> *nt* incontinence *f* nocturne

Bettnässer(in) <-s, -> *m(f)* incontinent(e) *m(f)*

Bettruhe *f* repos *m* **Bettsofa** *nt* canapé-lit *m* **Betttuch** <-tücher> *nt* drap *m* **Bettvorleger** *m* descente *f* de lit **Bettwäsche** *f* parure *f* de lit **Bettzeug** *nt (fam)* literie *f*

betucht [bəˈtuːxt] *adj (fam)* rupin(e); ~/***nicht ~ sein*** rouler/ne pas rouler sur l'or

betulich [bəˈtuːlɪç] **I.** *adj* ❶ *(gemächlich)* apathique ❷ *(besorgt)* soucieux(-ieuse) ❸ *(wenig einfallsreich)* fade **II.** *adv (gemächlich)* nonchalamment

betupfen* *vt* tamponner *Wunde, Pickel;* moucheter *Stoff, Leinwand*

Beuge [ˈbɔygə] <-, -n> *f* ❶ *eines Knies* pliure *f* ❷ *(Rumpfbeuge)* flexion *f*

beugen [ˈbɔygən] **I.** *vt* ❶ *(neigen)* pencher *Kopf, Rumpf, Oberkörper;* fléchir *Knie, Arm* ❷ GRAM conjuguer *Verb;* décliner *Adjektiv, Substantiv* **II.** *vr* ❶ *(sich neigen)* ***sich nach links/nach vorn/zur Seite*** ~ se pencher sur la gauche/en avant/sur le côté ❷ *(sich unterwerfen)* ***sich*** ~ s'incliner

Beugung <-, -en> *f* ❶ *(das Beugen) eines Arms* flexion *f* ❷ GRAM flexion *f* ❸ *(Brechung) von Licht* diffraction *f*

Beule [ˈbɔylə] <-, -n> *f* bosse *f*

beunruhigen* [bəˈʔʊnruːɪgən] **I.** *vt* inquiéter; ~***d*** inquiétant **II.** *vr* ***sich wegen jdm/etw*** ~ s'inquiéter au sujet de qn/qc

beunruhigt *adj* inquiet, -ète; ***über etw*** *akk* ~ ***sein*** être inquiet de qc

Beunruhigung <-, -en> *f* inquiétude *f*

beurkunden* [bəˈʔuːɐ̯kʊndən] *vt* authentifier

Beurkundung <-, -en> *f* ❶ *kein Pl (das Beurkunden)* authentification; ***notari-***

elle ~ authentification d'un acte *f* ❷*(Urkunde)* attestation *f*

beurlauben* [bə'ʔuːɐ̯laubən] *vt* ❶*(Urlaub geben, bewilligen)* donner un congé à; MIL donner une permission à; ***einen Schüler vom Unterricht*** ~ dispenser un élève de cours ❷*(vom Dienst suspendieren)* ***jdn*** ~ mettre qn en disponibilité; ***von etw beurlaubt sein*** être suspendu de qc ❸UNIV ***sich*** ~ ***lassen*** *Lehrkraft:* se mettre en disponibilité; *Student:* demander l'autorisation d'interrompre ses études

Beurlaubung <-, -en> *f* ❶*kein Pl* congé *m;* MIL permission *f;* ~ ***vom Unterricht*** dispense *f* de cours ❷*(Suspendierung)* suspension *f* ❸UNIV mise *f* en disponibilité

beurteilen* *vt* juger *Person;* estimer *Kunstobjekt, Wertgegenstand*

Beurteilung <-, -en> *f* ❶*kein Pl (das Beurteilen)* jugement *m* ❷*(Einschätzung) einer Publikation, Aufführung* critique *f; eines Kunstobjekts, Wertgegenstands* estimation *f* ❸*(schriftliches Urteil)* appréciation *f*

Beute ['bɔytə] <-> *f* ❶*(Jagdbeute) eines Jägers* prise *f; eines Tiers* proie *f* ❷*(Diebesbeute, Kriegsbeute)* butin *m* ❸*(geh: Opfer)* proie *f*

Beutel ['bɔytəl] <-s, -> *m* ❶sac *m* ❷*(fam: Geldbeutel)* bourse *f* ❸ZOOL poche *f*

beuteln ['bɔytəln] *vt* A, SDEUTSCH *(fam)* secouer; ***das Leben hat sie tüchtig gebeutelt*** elle en a vu de toutes les couleurs

Beuteltier *nt* marsupial *m*

bevölkern* [bə'fœlkɐn] *vt* ❶*(besiedeln)* peupler *Gebiet, Land* ❷*(beleben)* remplir

bevölkert *adj* ❶*(besiedelt)* peuplé(e) ❷*(belebt)* fréquenté(e)

Bevölkerung <-, -en> *f* population *f*

Bevölkerungsdichte *f* densité *f* de population **Bevölkerungsexplosion** *f* explosion *f* démographique **Bevölkerungsgruppe** *f* groupe *m* de population **Bevölkerungsschicht** *f* couche *f* de [la] population **Bevölkerungswachstum** *nt* croissance *f* démographique **Bevölkerungszahl** *f* chiffre *m* de [la] population **Bevölkerungszunahme** *f* croissance *f* démographique

bevollmächtigen* [bə'fɔlmɛçtɪgən] *vt* donner pouvoir; ***jdn*** ~ ***etw zu tun*** donner pouvoir à qn de faire qc

Bevollmächtigte(r) *f(m) dekl wie adj* fondé(e) *m(f)* de pouvoir; POL mandataire *mf*

Bevollmächtigung <-, -en> *f* autorisation *f; (Vollmacht)* procuration *f*

bevor [bə'foːɐ̯] *konj* ❶*(ehe)* avant que +*subj;* ~ ***ich abreise, möchte ich gerne ...*** avant de partir en voyage, je voudrais ... ❷*(solange)* ~ ***du nicht aufräumst, darfst du nicht gehen*** tu ne partiras pas tant que tu n'auras pas rangé

bevormunden* [bə'foːɐ̯mʊndən] *vt* tenir en tutelle; ***jdn*** ~ tenir qn en tutelle

Bevormundung <-, -en> *f* tutelle *f; (durch einen Chef, Staat)* paternalisme *m*

bevor|stehen *vi irr* ❶*(zu erwarten haben)* ***jdm*** ~ attendre qn ❷*(in Kürze eintreten)* ***etw steht bevor*** on est à la veille de qc

bevorstehend *adj* imminent(e)

bevorzugen* [bə'foːɐ̯tsuːgən] *vt* ❶*(begünstigen)* favoriser ❷*(lieber mögen)* préférer

bevorzugt I. *adj* ❶privilégié(e) ❷*(beliebt)* préféré(e) II. *adv bedienen, behandeln* avec des égards particuliers; *zustellen* en priorité

Bevorzugung <-, -en> *f* préférence *f*

bewachen* *vt* ❶*(beaufsichtigen)* surveiller ❷SPORT marquer *Spieler;* garder *Tor*

Bewacher(in) <-s, -> *m(f) (Wächter)* gardien(ne) *m(f)*

bewachsen* [bə'vaksən] I. *vt irr* recouvrir II. *adj* ***mit Moos*** ~ recouvert de mousse

Bewachung <-, -en> *f* ❶*kein Pl* surveillance *f* ❷*(Wachmannschaft)* garde *f*

bewaffnen* [bə'vafnən] *vt, vr [**sich**]* ~ [s']armer; ***jdn/sich mit etw*** ~ armer qn/s'armer de qc

bewaffnet *adj* armé(e); ***mit etw*** ~ armé de qc; ***schwer*** ~ solidement armé

Bewaffnung <-, -en> *f* armement *m*

bewahren* [bə'vaːrən] *vt* ❶*(schützen)* préserver ❷*(behalten)* préserver *Ehre, Traditionen;* garder *Geheimnis* ❸*(geh: aufbewahren)* garder

bewähren* [bəvɛːrən] *vr* ***sich*** ~ *Person, Methode:* faire ses preuves; *Freundschaft:* résister au temps

bewahrheiten* [bə'vaːɐ̯haitən] *vr* ***sich*** ~ se vérifier

bewährt [bə'vɛːɐ̯t] *adj* éprouvé(e), qui a fait ses preuves

Bewahrung <-, -en> *f* ❶*(Erhaltung)* préservation *f* ❷*(Aufbewahrung)* garde *f*

Bewährung <-, -en> *f* JUR sursis *m*

Bewährungsfrist *f* période *f* de probation **Bewährungshelfer(in)** *m(f)* agent *m* de probation **Bewährungsprobe** *f* mise *f* à l'épreuve; ***die*** ~ ***bestehen*** réussir la mise à l'épreuve

bewältigen* [bə'vɛltɪgən] *vt* ❶*(meistern)*

venir à bout de ❷ *(verarbeiten)* assumer *Vergangenheit;* digérer *fam Erlebnis*

Bewältigung <-, -en> *f* ❶ *kein Pl (das Meistern)* ***jdm bei der ~ seiner Schwierigkeiten helfen*** aider qn à surmonter ses difficultés ❷ *(Verarbeitung) der Vergangenheit* prise *f* en compte

bewandert [bəˈvandɐt] *adj* ~ ***sein*** être expert

Bewandtnis [bəˈvantnɪs] <-, -se> *f (geh)* ***mit jdm/etw hat es eine besondere ~*** qn/qc est un cas particulier; ***das hat folgende ~*** *(geh)* voilà ce qui en est

bewässern* [bəˈvɛsɐn] *vt* arroser, irriguer *Feld*

Bewässerung <-, -en> *f* arrosage *m; eines Feldes* irrigation *f*

bewegen*¹ [bəˈveːgən] **I.** *vt* ❶ *(rühren)* déplacer ❷ *(beschäftigen)* ***jdn*** ~ *Gedanke, Vorstellung:* occuper l'esprit de qn; *(aufwühlen) Ereignis, Erlebnis:* remuer qn ❸ *(bewirken)* ***viel/wenig*** ~ faire bouger beaucoup/peu de choses **II.** *vr* ❶ ***sich*** ~ *Person:* bouger ❷ *(verkehren, rotieren)* ***sich frei/um die Sonne*** ~ se déplacer librement/autour du soleil ❸ *(schwanken)* ***sich um die hundert Euro*** ~ *Preis:* tourner autour de cent euros

bewegen² [bəˈveːgən] <bewog, bewogen> *vt* amener; ***jdn zum Nachgeben/Einlenken*** ~ amener qn à céder/composer; ***sich ~ lassen etw zu tun*** se laisser convaincre de faire qc ► **sich bewogen fühlen etw zu tun** *(geh)* se sentir poussé à faire qc

bewegend *adj* émouvant(e)

Beweggrund *m* mobile *m*

beweglich [bəˈveːklɪç] *adj* ❶ *Gelenk, Feiertag* mobile ❷ *Person* mobile; *Fahrzeug* maniable ❸ *(geistig beweglich)* ~ ***sein*** être vif

Beweglichkeit <-> *f* mobilité *f; (geistige Wendigkeit)* vivacité *f*

bewegt [bəˈveːkt] *adj* ❶ *Oberfläche, Wasser* agité(e) ❷ *(erlebnisreich)* mouvementé(e) ❸ *(innerlich gerührt)* ***von etw ~ sein*** être touché par qc

Bewegung <-, -en> *f* ❶ mouvement *m; (Geste)* geste *m; (Fortbewegung)* déplacement *m;* ***sich in ~ setzen*** se mettre en mouvement; ***keine [falsche] ~!*** pas un geste! ❷ *(körperliche Betätigung)* exercice *m* ❸ *(Ergriffenheit)* émotion *f* ❹ POL, KUNST mouvement *m* ❺ *(Dynamik, Änderung)* changement *m*

Bewegungsablauf *m* enchaînement *m* des mouvements **Bewegungsfreiheit** *f kein Pl* liberté *f* de mouvement

bewegungslos *adj o adv* immobile

bewegungsunfähig *adj o adv* incapable de se mouvoir

bewehrt *adj* armé(e); ~ ***mit etw*** armé(e) de qc

beweihräuchern* [bəˈvaɪrɔyçɐn] **I.** *vt* ❶ REL encenser ❷ *(pej: mit Lob bedenken)* ***jdn*** ~ porter qn aux nues **II.** *vr (pej)* ***sich [selbst]*** ~ s'envoyer des fleurs

beweinen* *vt* pleurer *Verstorbenen;* déplorer *Scheitern, Tod*

Beweis [bəˈvaɪs] <-es, -e> *m a.* JUR preuve *f* ► **etw unter ~ stellen** prouver qc

Beweisaufnahme *f* examen *m* des preuves

beweisbar *adj* prouvable

beweisen* *irr* **I.** *vt* ❶ *(nachweisen)* prouver; ***jdm etw*** ~ *(anlasten)* prouver qc contre qn ❷ *(erkennen lassen)* ***Takt*** ~ faire preuve de tact; ***das beweist, dass ...*** cela prouve que ... **II.** *vr* ***sich*** ~ faire ses preuves

Beweisführung *f* exposé *m* des preuves **Beweisgegenstand** *m* JUR corps *m* du délit **Beweiskraft** *f* force *f* probante **beweiskräftig** *adj* probant(e) **Beweislage** *f* preuves *fpl* rassemblées **Beweismaterial** *nt* pièces *fpl* à conviction **Beweismittel** *s.* **Beweisstück** **Beweisstück** *nt* pièce *f* à conviction

bewenden *vt* ***es bei [o mit] etw ~ lassen*** s'en tenir à qc; ***es dabei ~ lassen etw zu tun*** se contenter de faire qc

bewerben* *irr* **I.** *vr* ***sich*** ~ poser sa candidature **II.** *vt* promouvoir *Produkt*

Bewerber(in) <-s, -> *m(f)* candidat(e) *m(f)*

Bewerbertraining *nt* cours *m* de candidature

Bewerbung <-, -en> *f* ❶ candidature *f;* ***~ um eine Stelle*** candidature à un emploi ❷ *(Werbemaßnahmen)* promotion *f*

Bewerbungsformular *nt* formulaire *m* de candidature

Bewerbungsgespräch *nt* entretien *m* [d'embauche] **Bewerbungsmappe** *f* dossier *m* de candidature **Bewerbungsschreiben** *nt* lettre *f* de candidature **Bewerbungsunterlagen** *Pl* dossier *m* de candidature

bewerfen* *vt irr* bombarder

bewerkstelligen* [bəˈvɛrkʃtɛlɪgən] *vt (zuwege bringen)* réussir [à faire]

bewerten* *vt* ❶ *(benoten)* évaluer ❷ *(schätzen)* estimer

Bewertung *f* ❶ *(Benotung)* évaluation *f* ❷ *(Schätzung)* estimation *f*
Bewertungsmaßstab *m* SCHULE barème *m*
bewilligen* [bəˈvɪlɪgən] *vt* approuver *Geldmittel;* accorder *Antrag*
Bewilligung <-, -en> *f* ❶ *kein Pl (das Bewilligen) eines Etats, einer Stelle* approbation *f; von Geldmitteln* octroi *m; von Krediten* accord *m* ❷ *(schriftliche Genehmigung)* autorisation *f*
bewirken* *vt* ❶ *(verursachen)* provoquer ❷ *(erreichen)* obtenir
bewirten* [bəˈvɪrtən] *vt* régaler; *(im Restaurant)* restaurer; ***jdn mit etw*** ~ servir qc à qn
bewirtschaften* *vt* ❶ exploiter *Land, Betrieb* ❷ *(staatlich kontrollieren)* réglementer, rationner *Lebensmittel*
Bewirtung <-, -en> *f* ❶ *(Bedienung)* service *m* ❷ *(Speisen und Getränke)* boire *m* et manger
bewog [bəˈvoːk] *Imp von* **bewegen²**
bewogen [bəˈvoːgən] *PP von* **bewegen²**
bewohnbar *adj* habitable
bewohnen* *vt* habiter
Bewohner(in) <-s, -> *m(f)* habitant(e) *m(f)*
bewölken* [bəˈvœlkən] *vr* ***sich*** ~ *Himmel:* se couvrir
bewölkt *adj* nuageux, -euse
Bewölkung <-, -en> *f* nuages *mpl*
Bewunderer, Bewunderin <-s, -> *m, f* admirateur, -trice *m, f*
bewundern* *vt* admirer
bewundernswert *adj (geh)* admirable
Bewunderung <-, -en> *f* admiration *f*
bewusst [bəˈvʊst] **I.** *adj* ❶ *attr (vorsätzlich)* délibéré(e) ❷ *attr Handlung* réfléchi(e); *Ernährung* équilibré(e) ❸ *attr Nichtraucher* convaincu(e); *Ablehnung, Einstellung* délibéré(e) ❹ PSYCH conscient(e) ❺ *attr (besagt)* fameux, -euse *antéposé* **II.** *adv* ❶ *leben* de façon équilibrée ❷ *(vorsätzlich)* délibérément ❸ *(klar)* ***sich*** *dat* ***etw ~ machen*** prendre conscience de qc
bewusstlos [bəˈvʊstloːs] *adj Person* inconscient(e); *Verfassung, Zustand* d'inconscience; ~ ***werden/sein*** perdre connaissance/être inconscient
Bewusstlosigkeit <-, -en> *f* inconscience *f; (kurzfristig)* évanouissement *m; (Koma)* coma *m*
bewusst|machen *s.* **bewusst II. 3**
Bewusstsein <-s> *nt* ❶ *(bewusster Zustand)* conscience *f;* ***bei vollem/klarem ~ sein*** être conscient/lucide; ***das ~ verlieren*** perdre conscience ❷ PHILOS, PSYCH conscient *m* ❸ *(explizites Wissen)* conscience *f* **Bewusstseinserweiterung** *f* psychédélisme *m*
bezahlbar *adj (erschwinglich)* abordable
bezahlen* *vt, vi* payer
bezahlt *adj* payé(e); ***gut*** ~ *Position, Stellung* bien payé ▸ **sich für jdn ~ machen** être payant pour qn
Bezahlung *f* ❶ *kein Pl (das Bezahlen)* paiement *m* ❷ *(Entlohnung)* rémunération *f; (Lohn, Gehalt)* paie *f*
bezähmen* *(geh)* **I.** *vt* réfréner **II.** *vr* ***sich*** ~ se retenir
bezaubern* **I.** *vt* charmer *Person;* ***bezaubert sein*** être sous le charme **II.** *vi* avoir du charme
bezaubernd *adj* ❶ *Person, Klang* charmant(e); *Gegenstand, Schönheit* ravissant(e) ❷ *(iron: wenig erfreulich)* charmant(e) *antéposé*
bezeichnen* **I.** *vt* ❶ *(bedeuten)* désigner ❷ *(kennzeichnen)* indiquer ❸ *(benennen)* qualifier **II.** *vr* ***sich als liberal*** ~ se qualifier de libéral
bezeichnend *adj* typique
bezeichnenderweise *adv* ***er hat das ~ verschwiegen*** il est typique qu'il ait gardé le silence à ce sujet
Bezeichnung *f* ❶ *(Name, Beschreibung)* désignation *f* ❷ *(Kennzeichnung)* indication *f*
bezeugen* [bəˈtsɔygən] *vt* ❶ *(bestätigen) Person:* certifier; *Äußerung, Verhalten:* attester; ***etw unter Eid*** ~ témoigner qc sous serment ❷ *(geh: nachweisen)* certifier *Richtigkeit, Umstand*
bezichtigen* [bəˈtsɪçtɪgən] *vt* accuser; ***jdn einer S.*** *gen* ~ accuser qn de qc
beziehen* *irr* **I.** *vt* ❶ recouvrir *Polster;* ***die Betten frisch*** ~ changer les draps ❷ *(einnehmen)* emménager dans *Wohnung;* prendre *Posten, Stellung, Standpunkt* ❸ COM recevoir *Lieferung, Zeitschrift* ❹ FIN percevoir *Einkommen, Rente;* CH percevoir *Steuern* ❺ *(fam: bekommen)* [se] prendre *Ohrfeige, Schelte* ❻ *(in Beziehung setzen)* ***etw auf jdn/etw*** ~ rapporter qc à qn/qc **II.** *vr* ❶ ***sich*** ~ *Himmel:* se couvrir ❷ *(betreffen)* ***sich auf jdn/etw*** ~ *Bemerkung:* se rapporter à qn/qc ❸ *(sich berufen)* ***sich auf jdn/etw*** ~ se référer à qn/qc
Bezieher(in) <-s, -> *m(f)* ❶ FIN bénéficiaire *mf; von Sozialleistungen* prestataire *mf* ❷ *(Abonnent)* abonné(e) *m(f)* ❸ COM *eines Artikels, einer Ware* acheteur, -euse *m, f*
Beziehung <-, -en> *f* ❶ *(Verbindung)* rapport *m* ❷ *meist Pl (nützliche Bekannt-*

schaften) relation *f souvent pl* ❸ *(Verhältnis, Liebesbeziehung)* relation *f* ❹ *(Hinsicht)* ***in mancher/jeder ~ Recht haben*** avoir raison à bien des égards/à tous [les] égards

beziehungslos *adj* indépendant(e)

beziehungsweise *konj (oder auch)* ou bien; *(oder vielmehr)* ou plutôt; *(respektive)* respectivement

beziffern* [bəˈtsɪfɐn] **I.** *vt* chiffrer *Schaden, Verlust;* estimer *Anzahl* **II.** *vr* ***sich auf tausend Euro ~*** *Schaden, Verlust:* se chiffrer à mille euros; ***die Zahl der Opfer beziffert sich auf hundert*** le nombre des sinistrés s'élève à cent

Bezirk [bəˈtsɪrk] <-[e]s, -e> *m* ❶ *(Gebiet)* région *f* ❷ COM secteur *m* ❸ *(Verwaltungsbezirk)* district *m* administratif; A, CH district *m* ❹ *(Stadtbezirk)* ≈ arrondissement *m*

Bezug [bəˈtsuːk, *Pl:* bəˈtsyːgə] <-[e]s, Bezüge> *m* ❶ *(Bettbezug)* housse *f; (Kissenbezug)* taie *f;* ***die Bezüge wechseln*** changer la literie ❷ *(Bezugsstoff)* revêtement *m* ❸ COM achat *m; von Zeitschriften* abonnement *m* ❹ *(das Erhalten) von Einkommen* perception *f* ❺ *Pl (Einkünfte) eines Verwaltungsangestellten* émoluments *mpl; eines Abgeordneten* indemnités *fpl; (Honorar)* honoraires *mpl* ❻ *(Beziehung)* ***~ zu etw*** rapport *m* à qc; ***keinen ~ zur Wirklichkeit haben*** ne pas avoir le sens des réalités ❼ CH *(das Beziehen) eines Hauses* emménagement *m* ► **auf etw** *akk* ~ **nehmen** faire référence à qc; ~ **nehmend auf etw** *akk* en référence à qc; **in ~ auf etw** concernant qc

bezüglich [bəˈtsyːklɪç] **I.** *präp +gen* ***~ Ihres Angebots*** *(form)* concernant votre offre **II.** *adj* relatif, -ive

Bezugnahme [bəˈtsuːknaːmə] *f (form)* ► **unter ~ auf etw** *akk* en référence à qc

bezugsberechtigt *adj* bénéficiaire; ***für etw ~ sein*** être bénéficiaire de qc

bezugsfertig *adj* habitable **Bezugsperson** *f* personne *f* d'identification **Bezugsquelle** *f* source *f* d'approvisionnement

bezwecken* [bəˈtsvɛkən] *vt* ❶ *(bewirken)* ***etwas/nichts ~*** servir à quelque chose/ne servir à rien ❷ *(beabsichtigen)* ***etwas mit etw ~*** rechercher quelque chose avec qc; ***etw ~*** *Maßnahme:* viser qc

bezweifeln* *vt* mettre en doute; ***etw ~*** mettre qc en doute; ***~, dass*** douter que *+subj*

bezwingen* *irr* **I.** *vt* ❶ *(besiegen)* vaincre ❷ *(überwinden)* prendre *Festung* ❸ *(bezähmen)* maîtriser *Neugierde, Wut* **II.** *vr* ***sich ~*** se maîtriser

BGB [beːgeːˈbeː] <-> *nt Abk von* **Bürgerliches Gesetzbuch** code *m* civil

BGH [beːgeːˈhaː] <-> *m Abk von* **Bundesgerichtshof** cour *f* suprême fédérale

BH [beˈhaː] <-[s], -[s]> *m (fam) Abk von* **Büstenhalter** soutif *m*

Bhagwan <-s, -s> *m* Bhagwan *m*

Bhutan [ˈbuːtan] <-s> *nt* le Bhoutan

bi [biː] *adj (fam)* ***~ sein*** être bi

Biathlon [ˈbiːatlɔn] <-s, -s> *nt* biathlon *m*

bibbern [ˈbɪbɐn] *vi (fam)* trembloter *fam;* ***vor Aufregung/Angst ~*** trembloter d'excitation/de froid; ***vor Kälte ~*** grelotter de froid

Bibel [ˈbiːbəl] <-, -n> *f* bible *f*

bibelfest *adj Person* qui connaît bien sa Bible **Bibelspruch** *m* verset *m* biblique

Biber [ˈbiːbɐ] <-s, -> *m* ❶ *(Tier, Fell)* castor *m* ❷ *(Baumwollflanell)* flanelle *f*

Bibliografie [bibliograˈfiː] <-, -ien> *f* bibliographie *f*

bibliografisch [biblioˈgraːfɪʃ] *adj* bibliographique

Bibliothek [biblioˈteːk] <-, -en> *f* bibliothèque *f*

Bibliothekar(in) [biblioteˈkaːɐ̯] <-s, -e> *m(f)* bibliothécaire *mf*

biblisch [ˈbiːblɪʃ] *adj* ❶ *(aus der Bibel)* biblique ❷ *(hum) Alter* canonique

BIC [bɪk] <-, -s> *m Abk von* **bank identifier code** code *m* BIC

Bidet [biˈdeː] <-s, -s> *nt* bidet *m*

bieder [ˈbiːdɐ] *adj* ❶ *(brav)* bien sage ❷ *(pej: einfältig)* simplet(te)

Biedermann <-männer> *m (pej)* brave homme *m*

biegen [ˈbiːgən] <bog, gebogen> **I.** *vt* + *haben* ❶ tordre, plier *Zweig, Weidengerte* ❷ GRAM A décliner *Adjektiv, Substantiv;* conjuguer *Verb* ► **auf Biegen und Brechen** *(fam)* envers et contre tout **II.** *vi* + *sein* ***nach rechts/links ~*** tourner à droite/gauche; ***zu schnell um die Kurve ~*** *Fahrer, Fahrzeug:* prendre son virage trop vite **III.** *vr* + *haben* ❶ ***sich nach vorne/rechts ~*** se pencher en avant/à droite ❷ *(sich verziehen)* ***sich ~*** *Baum:* plier; *Kerze, Metallstab:* se tordre; *Regalbrett:* ployer

biegsam *adj* souple

Biegsamkeit <-> *f* souplesse *f*

Biegung <-, -en> *f* ❶ *(Kurve) einer Straße* tournant *m; eines Flusses* courbe *f;* ***eine ~ machen*** *Straße:* faire un virage; *Fluss:* faire

B

une courbe ❷ *(Krümmung) einer Wirbelsäule* courbure *f* ❸ GRAM A flexion *f*

Biene ['bi:nə] <-, -n> *f* abeille *f*

Bienenhonig *m* miel *m* d'abeilles **Bienenkönigin** *f* reine *f* des abeilles **Bienenkorb** *m* ruche *f* en paille **Bienenschwarm** *m* essaim *m* [d'abeilles] **Bienenstich** *m* ❶ *(Stich)* piqûre *f* d'abeille ❷ GASTR amandine *f (gâteau aux amandes)* **Bienenstock** *m* ruche *f* [en bois] **Bienenwabe** *f* rayon *m*, gâteau *m* de cire **Bienenwachs** *nt* cire *f* d'abeille **Bienenzucht** *f* apiculture *f*

Bier [bi:ɐ̯] <-[e]s, -e> *nt* bière *f*

Bierbauch *m (fam)* abdo[minaux] *mpl* Kronenbourg®, panse *f* à bière **Bierbrauerei** *f* brasserie *f* **Bierdeckel** *m* sous-bock *m* **Bierdose** *f* canette *f* [de bière] **bierernst** ['bi:ɐ̯ʔɛrnst] *adj (fam)* sérieux(-euse) comme un pape **Bierfass** *nt* tonneau *m* de bière **Bierflasche** *f* bouteille *f* à bière **Biergarten** *m* brasserie *f* en plein air **Bierglas** *nt* verre *m* à bière **Bierkasten** *m* caisse *f* de bouteilles de bière **Bierkrug** *m* chope *f* [à bière] **Bierzelt** *nt* chapiteau *m (grande tente où est installée une brasserie)*

Land und Leute

Les grandes fêtes populaires allemandes, les *Volksfeste*, très nombreuses dès le printemps, sont généralement organisées en plein air sous des **Bierzelte**. Ce sont de grandes tentes sous lesquelles tout est organisé pour boire et manger des spécialités allemandes. Une scène y est souvent installée et une fanfare ou un groupe joue de la musique et des chansons populaires pour faire danser et chanter les gens. La bière, la boisson la plus servie sous cette **Bierzelt**, lui a donné son nom.

Biest [bi:st] <-[e]s, -er> *nt (pej fam)* ❶ *(bösartiges Tier)* sale bête *f; (Insekt)* bestiole *f* ❷ *(Mensch)* teigne *f*

biestig *adj (fam)* hargneux, -euse

bieten ['bi:tən] <bot, geboten> **I.** *vt* ❶ offrir ❷ *(pej: zumuten)* infliger; ***sich dat etw ~/nicht ~ lassen*** tolérer/ne pas tolérer qc **II.** *vi* ❶ SPIEL annoncer ❷ *(ein Angebot machen)* enchérir **III.** *vr* ❶ *(sich anbieten)* ***sich ~*** *Chance, Lösung:* se présenter ❷ *(sich darbieten)* ***sich jdm ~*** *Anblick, Schauspiel:* s'offrir à qn

Bieter(in) <-s, -> *m(f)* enchérisseur, -euse *m, f*

Bigamie [biga'mi:] <-, -ien> *f* bigamie *f*

bigott [bi'gɔt] *adj* bigot(e)

biken ['bai̯kən] *vi* ❶ *(Motorrad fahren)* faire de la moto ❷ *(Fahrrad fahren)* faire de la bicyclette

Bikini [bi'ki:ni] <-s, -s> *m* deux-pièces *m*

Bilanz [bi'lants] <-, -en> *f* bilan *m;* ***eine ~ aufstellen*** dresser un bilan ► **~ ziehen** faire le bilan

Bilanzbuchhalter(in) *m(f) [expert-]comptable chargé(e) du bilan* **Bilanzbuchhaltung** *f* comptabilité *f* du bilan

bilateral ['bi(:)latera:l] *adj* bilatéral(e)

Bild [bɪlt] <-[e]s, -er> *nt* ❶ *(Gemälde)* tableau *m; (Zeichnung)* dessin *m* ❷ *(Foto)* photo *f;* ***ein ~ machen*** prendre une photo ❸ TV, CINE image *f* ❹ *(Spiegelbild)* image *f* ❺ *(Anblick)* spectacle *m; (Aussehen)* aspect *m* ❻ *(Vorstellung)* image *f* ► **über jdn/etw im ~e sein** être renseigné sur qn/qc; ***jetzt bin ich im ~e*** maintenant je suis au courant **Bildarchiv** *nt* archives *fpl* photographiques

Bildauflösung *f* définition *f* [d'image] **Bildband** <-bände> *m* livre *m* illustré **Bildbearbeitung** *f* INFORM retouche *f [o* traitement *m]* d'images **Bildbeschreibung** *f* description *f* de tableau **Bilddatei** *f* INFORM fichier *m* vidéo

bilden ['bɪldən] **I.** *vt* ❶ former ❷ *(darstellen)* constituer *Gruppe, Höhepunkt* ❸ KUNST ***etw aus etw ~*** modeler qc en qc **II.** *vr* ***sich ~*** ❶ *(entstehen)* se former ❷ *(sich Bildung verschaffen)* se cultiver **III.** *vi* former

Bilderbogen *m* planche *f* **Bilderbuch** *nt* livre *m* d'images **Bilderrahmen** *m* cadre *m* **Bilderrätsel** *nt* rébus *m* **Bilderstürmer(in)** *m(f)* HIST iconoclaste *mf*

Bildfläche *f* écran *m* ► **auf der ~ erscheinen** *(fam)* faire son apparition

bildhaft **I.** *adj* imagé(e) **II.** *adv* de façon imagée

Bildhauer(in) <-s, -> *m(f)* sculpteur, -euse *m, f*

Bildhauerei ['bɪlthau̯ərai̯] <-> *f* sculpture *f*

bildhübsch ['bɪlt'hʏpʃ] *adj* ravissant(e)

Bildlaufleiste *f* barre *f* de défilement

bildlich **I.** *adj* ❶ *Darstellung* imagé(e) ❷ *(in bildhafter Sprache)* figuré(e), métaphorique **II.** *adv* ❶ *darstellen* en images; ***stell dir das mal ~ vor!*** représente-toi la scène! ❷ *(in bildhafter Sprache)* au sens figuré, au figuré

Bildmaterial *nt (Film-, Videoaufnahmen)*

images *f pl; (Fotos)* photo[graphie]s *f pl; (in einer Bildstelle, Bildagentur)* iconographie *f*

Bildnis ['bɪltnɪs] <-ses, -se> *nt (geh)* portrait *m; (auf Münzen)* effigie *f*

Bildpunkt *m* INFORM pixel *m* **Bildqualität** *f* ❶ TV, CINE qualité *f* de l'image ❷ PHOT qualité *f* d'image **Bildröhre** *f* tube *m* cathodique **Bildschärfe** *f* netteté *f* de l'image **Bildschirm** *m* écran *m*

Bildschirmarbeit *f* travail *m* sur écran **Bildschirmschoner** *m* INFORM économiseur *m* d'écran **Bildschirmtext** *m* ≈ minitel® *m*

bildschön *s.* **bildhübsch** **Bildstörung** *f* perturbation *f* de l'image; *(Bildausfall)* panne *f* d'image **Bildtelefon** *nt* visiophone *m*

Bildung ['bɪldʊŋ] <-, -en> *f* ❶ *kein Pl (Kenntnisse)* culture *f; (Erziehung)* formation *f* ❷ *kein Pl a.* BOT *(das Hervorbringen)* formation *f* ❸ *kein Pl (das Bilden) einer Regierung, von Vermögen* constitution *f; einer Meinung, Theorie* formation *f* ❹ GRAM formation *f* ❺ LING *(Wort)* forme *f*

Bildungseinrichtung *f (form)* établissement *m* de formation **Bildungsgut** *nt* bien *m* culturel **Bildungslücke** *f* lacune *f* **Bildungsniveau** [-nivo:] *nt* niveau *m* culturel **Bildungsnotstand** *m* situation *f* critique de l'enseignement **Bildungspolitik** *f* politique *f* éducative **Bildungsreform** *f* POL réforme *f* de l'enseignement **Bildungsreise** *f* voyage *m* éducatif **Bildungssystem** *nt* système *m* éducatif **Bildungsurlaub** *m* congé-formation *m* **Bildungsweg** *m* formation *f;* ***auf dem zweiten ~*** en formation parallèle **Bildungswesen** *nt* enseignement *m*

Bildzuschrift *f* réponse *f* avec photo

bilingual ['bi:lɪŋgu̯a:l] *adj* bilingue

Billard ['bɪljart] <-s, -e *o* A -s> *nt* billard *m*

Billardkugel ['bɪljart-] *f* boule *f* de billard **Billardstock** *m* queue *f* [de billard] **Billardtisch** *m* billard *m*

Billett [bɪl'jɛt] <-[e]s, -e *o* -s> *nt* ❶ A *(Brief)* lettre *f* ❷ CH *(Fahrkarte)* billet *m*

Billiarde [bɪ'li̯ardə] <-, -n> *f* mille billions *mpl*

billig ['bɪlɪç] *adj* ❶ *(preisgünstig)* bon marché; ~ ***einkaufen*** acheter à bon prix; ***nicht ganz ~ sein*** ne pas être bon marché; ***jdm etw ~/~er verkaufen*** vendre qc à qn à prix réduit/moins cher; ***diese Äpfel sind ~er*** ces pommes sont meilleur marché ❷ *(fam) Preis* bas(se) ❸ *(pej: minderwertig)* bon marché ❹ *(pej: dümmlich, primitiv)* ***eine ~e Ausrede*** une pauvre excuse *fam*

Billiganbieter *m* discounter *m*

billigen ['bɪlɪgən] *vt* approuver **Billigflieger** *m (fam),* **Billigfluglinie** *f* compagnie *f* aérienne à bas prix, compagnie aérienne discount

Billigflug *m* vol *m* économique **Billigfluggesellschaft** *f* compagnie *f* aérienne à bas prix **Billigladen** *m (pej fam)* magasin *m* discount **Billiglohnarbeit** *f* travail *m* mal rémunéré **Billigpreis** *m* prix *m* bas

Billigung <-, -en> *f* approbation *f*

Billigwaren *Pl* ÖKON marchandises *f pl* bas de gamme

Billion [bɪ'li̯o:n] <-, -en> *f* billion *m*

bimbam ['bɪm'bam] *interj* ding, ding, dong

bimmeln ['bɪməln] *vi (fam)* carillonner; *Telefon, Wecker:* sonner

Bimsstein ['bɪmsʃta̯in] *m* ❶ pierre *f* ponce ❷ *(Baustein)* béton *m* ponce

bin [bɪn] *1. Pers Präs von* **sein**[1]

binär [bi'nɛ:ɐ] *adj* binaire

Binärcode *m* INFORM code *m* binaire **Binärdatei** *f* INFORM binaire *m* **Binärdaten** *Pl* INFORM données *f pl* binaires **Binärsystem** *nt kein Pl* INFORM système *m* de numération binaire

Binde ['bɪndə] <-, -n> *f* ❶ MED bande *f; (Schlinge)* écharpe *f* ❷ *(Monatsbinde)* serviette *f* hygiénique ❸ *(Armbinde)* brassard *m* ❹ *(Augenbinde)* bandeau *m*

Bindegewebe *nt* tissu *m* conjonctif **Bindeglied** *nt* lien *m* **Bindehaut** *f* conjonctive *f*

Bindehautentzündung *f* conjonctivite *f*

Bindemittel *nt* agglutinant *m;* TECH liant *m*

binden ['bɪndən] <band, gebunden> **I.** *vt* ❶ *(zusammenbinden durch Bündeln)* lier; *(zusammenbinden durch Knoten)* nouer ❷ *(herstellen)* fabriquer *Kranz, Strauß* ❸ *(verpflichten)* ***jdn an etw*** *akk* ~ lier qn à qc ❹ CHEM fixer ❺ GASTR, TECH épaissir ❻ FIN ***Kapital*** ~ immobiliser des capitaux ❼ *(mit einem Einband versehen)* relier *Buch* **II.** *vi (eine Gefühlsbindung schaffen)* lier **III.** *vr* ❶ *(eine Beziehung eingehen)* ***sich an jdn*** ~ se lier avec qn ❷ *(sich verpflichten)* ***sich*** ~ s'engager

bindend *adj* ferme; ***eine ~e Zusage machen*** faire une promesse ferme; ***für jdn ~ sein*** engager qn

Bindestrich *m* trait *m* d'union **Bindewort** <-wörter> *nt* conjonction *f*

Bindfaden *m* ficelle *f*

Bindung <-, -en> *f* ❶ *(Verbundenheit)*

B

B

attachement *m* ❷ *(Verpflichtung)* engagement *m* ❸ *(Beziehung)* liaison *f* ❹ SPORT fixation *f* ❺ CHEM liaison *f* ❻ PHYS combinaison *f*

binnen ['bɪnən] *präp +dat o gen* ~ ***einem Jahr*** [*o* ***eines Jahres*** *form*] dans un délai d'un an; ~ ***Kurzem*** sous peu

Binnengewässer *nt* eaux *fpl* continentales **Binnenhafen** *m* port *m* fluvial **Binnenhandel** *m* commerce *m* intérieur **Binnenmarkt** *m* marché *m* intérieur; ***der europäische*** ~ le marché intérieur européen **Binnenmeer** *nt* mer *f* intérieure **Binnenschifffahrt** *f* navigation *f* fluviale **Binnensee** *m* lac *m* intérieur **Binnenverkehr** *m* TRANSP circulation *f* intérieure; COM trafic *m* interne

binomisch [bi'no:mɪʃ] *adj* MATH binomial(e)

Binse ['bɪnzə] <-, -n> *f* jonc *m* ▶ **in die ~n gehen** *(fam)* foirer

Binsenweisheit *f* truisme *m*

Bio ['bi:o] <-> *kein Art* SCHULE *(fam)* sciences *fpl* nat; ***sie ist gut in*** ~ elle est bonne en bio

Bioabfall *m s.* **Biomüll** **bioaktiv** [bioʔak'ti:f] *adj* à activateur biologique **Biochemie** [bioçe'mi:] *f* biochimie *f* **Biochemiker(in)** [bio'çe:mikɐ] *m(f)* biochimiste *mf* **Biodiesel** *m* diesel *m* écologique **biodynamisch** [biody'na:mɪʃ] *adj* biologique **Bioethik** ['bi:oʔe:tɪk] *f* bioéthique *f* **Biogas** *nt* biogaz *m*

Biograf(in) [bio'gra:f] <-en, -en> *m(f)* biographe *mf*

Biografie [biogra'fi:] <-, -ien> *f* ❶ *(Buch)* biographie *f* ❷ *(Lebenslauf)* curriculum *m* [vitæ]

biografisch [bio'gra:fɪʃ] *adj* biographique

Biokost *f s.* **Bionahrung** **Bioladen** *m* *(fam)* magasin *m* bio **Biolandbau** *m* agriculture *f* biologique

Biologe, **Biologin** [bio'lo:gə] <-n, -n> *m, f* biologiste *mf*

Biologie [biolo'gi:] <-> *f* biologie *f*

biologisch [bio'lo:gɪʃ] **I.** *adj* biologique **II.** *adv* biologiquement; ~ ***abbaubar*** biodégradable

Biomasse *f kein Pl* biomasse *f* **Biomechanik** *f* biomécanique *f*

Biometrie [biome'tri:] <-> *f* biométrie *f*

biometrisch [bio'metrɪʃ] *adj Daten* biométrique; ***~er Personalausweis*** carte *f* d'identité biométrique

Biomüll *m* déchets *mpl* biodégradables [*o* organiques] **Bionahrung** *f* alimentation *f* biologique **Biophysik** [biofy'zi:k] *f* biophysique *f*

Biopic ['baɪɔpɪk] <-[s], -s> *nt* TV, CINE biopic *m*

Biopsie [biɔ'psi:] <-, -ien> *f* biopsie *f*

Biorhythmus ['bi:orʏtmʊs] *m* biorythme *m* **Biosphäre** [bio'sfɛ:rə] *f* biosphère *f* **Biosupermarkt** *m* supermarché *m* bio **Biotechnik** [bio'tɛçnɪk] *f*, **Biotechnologie** *f* biotechnique *f* **Biotonne** *f* poubelle *f* pour déchets biodégradables

Biotop [bio'to:p] <-s, -e> *nt* biotope *m*

Biotreibstoff *m* biocombustible *m*

BIP ['be:ʔi:ʔpe:] <-> *nt Abk von* **Bruttoinlandsprodukt** P.I.B. *m*

birgt [bɪrkt] *3. Pers Präs von* **bergen**

Birke ['bɪrkə] <-, -n> *f* bouleau *m*

Birkhuhn *nt* tétras-lyre *m*

Birnbaum *m* poirier *m*

Birne ['bɪrnə] <-, -n> *f* ❶ *(Frucht)* poire *f* ❷ *(Glühbirne)* ampoule *f* ❸ *(fam: Kopf)* caboche *f*

birnenförmig ['bɪrnənfœrmɪç] *adj* en forme de poire

birst [bɪrst] *3. Pers Präs von* **bersten**

bis [bɪs] **I.** *präp +akk* ❶ *(zeitlich)* jusqu'à; *(nicht später als)* d'ici; ***warte ~ nächste Woche*** attends jusqu'à la semaine prochaine; ***vom ersten ~ dritten März*** du premier au trois mars ❷ *(räumlich)* ***~ Frankfurt fahren*** aller jusqu'à Francfort **II.** *präp mit adv o pron* ❶ *(zeitlich)* ***~ jetzt*** jusqu'à maintenant; ~ ***dahin*** d'ici là; ***er hat ~ jetzt noch nicht angerufen*** il n'a pas encore appelé; ~ ***bald!*** à bientôt!; ***~ dann!*** à tout à l'heure!; ***~ gleich!*** à tout de suite!; ~ ***später!*** à plus tard! ❷ *(räumlich)* ***~ hierhin*** jusqu'ici; ***von oben ~ unten*** de haut en bas; ~ ***wohin ...?*** jusqu'où ...? ❸ *(einschließlich)* ***alles ~ auf den letzten Krümel aufessen*** manger tout jusqu'à la dernière miette ❹ *(mit Ausnahme von)* ***alle ~ auf Robert*** tous sauf Robert; ***alle ~ auf einen*** tous à l'exception d'un seul **III.** *adv* ~ ***zum Herbst muss es fertig sein*** ça doit être fini d'ici l'automne; ***ich bin ~ gegen acht Uhr noch da*** je serai encore là jusque vers huit heures; ~ ***zum 17. Lebensjahr*** jusqu'à l'âge de 17 ans; ***~ zu zehn Metern hoch werden*** atteindre jusqu'à dix mètres de haut **IV.** *konj* ❶ *(ungefähr)* ***zwei ~ drei Stunden*** entre deux et trois heures ❷ *(so lange, bis)* jusqu'à ce que *+subj*; ***warte hier, ~ ich wiederkomme*** attends ici jusqu'à ce que je revienne

Bisam ['bi:zam] <-s, -e *o* -s> *m* *(Bisampelz)* rat *m* musqué
Bisamratte *f* rat *m* musqué
Bischof, Bischöfin ['bɪʃɔf, *Pl:* 'bɪʃœfə] <-s, Bischöfe> *m, f* évêque *m*
bischöflich ['bɪʃœflɪç] *adj* épiscopal(e)
Bischofsamt *nt* épiscopat *m* **Bischofssitz** *m* évêché *m* **Bischofsstab** *m* crosse *f*
Bisexualität [bizɛksuali'tɛ:t, 'bi:sɛksualitɛ:t] *f* bisexualité *f*
bisexuell [bizɛ'ksu̯ɛl, 'bi:zɛksu̯ɛl] *adj* bisexuel(le)
bisher [bɪs'he:ɐ̯] *adv* jusqu'à présent; ~ ***noch nicht!*** pas encore!
bisherig [bɪs'he:rɪç] *adj attr* ***die ~e Personalchefin*** *(gegenwärtig/ehemalig)* la chef du personnel actuelle/en poste jusqu'ici; ***sein ~es Verhalten*** le comportement qu'il a eu jusqu'à présent
Biskaya [bɪs'ka:ja] <-> *f* GEOG ***die*** ~ le golfe de Gascogne
Biskuit [bɪs'kvi:t] <-[e]s, -s *o* -e> *nt o m* génoise *f* **Biskuitrolle** *f* gâteau *m* roulé **Biskuitteig** *m* génoise *f*
bislang [bɪs'laŋ] *s.* **bisher**
Bismarckhering *m* hareng *m* mariné
Bison ['bi:zɔn] <-s, -s> *m* bison *m*
biss [bɪs] *Imp von* **beißen**
Biss [bɪs] <-es, -e> *m* ❶ *(das Beißen)* ***mit einem kräftigen*** ~ d'un bon coup de dent ❷ *(Bissverletzung, -wunde)* morsure *f*
bisschen ['bɪsçən] **I.** *pron indef, inv* ***ein ~ Milch*** un peu de lait; ***kein ~ Geduld haben*** n'avoir pas du tout de patience; ***ein ~ mehr*** un peu plus; ***ein ~ wenig/zu wenig*** pas assez/trop peu; ***kein ~ besser/schlechter*** pas mieux/pas pire **II.** *nt kleingeschrieben* ***ein*** ~ un peu; ***das ~, das*** le peu qui/que
Bissen ['bɪsən] <-s, -> *m* ❶ *(Happen)* morceau *m* ❷ *(Mundvoll)* bouchée *f*
bissig ['bɪsɪç] **I.** *adj* ❶ *Hund* qui mord; ~ ***sein*** mordre; ***Vorsicht, ~er Hund!*** attention, chien méchant! ❷ *(sarkastisch)* virulent(e); *Ton, Antwort* mordant(e) **II.** *adv reagieren* avec virulence; *antworten* d'une manière mordante
Bisswunde *f* morsure *f*
bist [bɪst] *2. Pers Präs von* **sein**[1]
Bistro ['bɪstro] <-s, -s> *nt* bistro[t] *m*
Bistum ['bɪstu:m, *Pl:* 'bɪsty:mɐ] <-s, -tümer> *nt* évêché *m*
bisweilen [bɪs'vaɪlən] *adv (geh)* de temps à autre
Bit [bɪt] <-[s], -[s]> *nt* INFORM bit *m*
bitte ['bɪtə] *adv* ❶ *(Höflichkeitsformel in Bitten, Aufforderungen)* s'il vous plaît; *(wenn man den Gesprächspartner duzt)* s'il te plaît; ***Herr Ober, ~ zahlen!*** garçon, l'addition s'il vous plaît! ❷ *(Höflichkeitsformel in Antworten)* ~ ***[schön]!*** je vous en prie!/je t'en prie!; ***~, gern geschehen!*** il n'y a pas de quoi!, de rien!; ***~ nach Ihnen!*** mais je vous en prie, après vous! ❸ *(in ironischen, sarkastischen Antworten)* ***na ~!*** ah, vous voyez [bien]!/ah, tu vois [bien]!; ***~, wie du willst!*** c'est comme tu voudras! ❹ *(Höflichkeitsformel in Nachfragen)* ***[wie] ~?*** pardon?
Bitte <-, n> *f* demande *f*; ***ich habe eine ~ an Sie*** je veux vous demander une faveur
bitten <bat, gebeten> **I.** *vt* ❶ ***jdn um etw*** ~ demander qc à qn; ***jdn ~ etw zu tun*** prier qn de faire qc; ***darf ich Sie um das Brot ~?*** pourriez-vous me passer le pain, s'il vous plaît? ❷ *(einladen)* ***jdn zum Abendessen*** ~ inviter qn à dîner ❸ *(bestellen)* ***jdn zu sich*** ~ demander à voir qn ▶ **sich gerne ~ lassen** aimer [bien] se faire prier; **aber ich bitte Sie/dich!** mais enfin, voyons!; *(schockiert)* je vous en/t'en prie! **II.** *vi* ❶ ***darf ich um Ihre Aufmerksamkeit ~?*** puis-je vous demander un peu d'attention?; ***darf ich ~?*** *(beim Tanzen)* puis-je me permettre?; ***es wird gebeten nicht zu rauchen*** *(form: als Hinweis)* on est prié de ne pas fumer; *(als Schildinschrift)* prière de ne pas fumer ❷ *(flehen)* supplier; ***um Gnade*** ~ demander grâce ❸ *(hereinbitten)* ***ich lasse ~!*** faites entrer! ▶ **wenn ich ~ darf!** *(auffordernd)* si possible!; *(befehlend)* je vous prie!
Bitten <-s> *nt* supplications *f pl*
bitter **I.** *adj* ❶ *Geschmack* amer, -ère; ***~e Schokolade*** chocolat *m* noir ❷ *Enttäuschung* amer, -ère; *Verlust* douloureux, -euse; *Unrecht* cruel(le); *Kälte, Frost* rigoureux, -euse ❸ *Hohn, Ironie* amer, -ère ❹ *Lachen, Worte* amer, -ère **II.** *adv* ❶ ~ ***schmecken*** avoir un goût amer ❷ *lachen* avec amertume ❸ *bereuen* amèrement
bitterböse ['bɪtɐ'bø:zə] **I.** *adj Person* très fâché(e); *Kommentar, Brief* très méchant(e); *Blick* mauvais(e); ~ ***werden*** se mettre en colère **II.** *adv antworten, sich ausdrücken* sur un ton méchant; ***jdn ~ ansehen*** regarder qn d'un œil mauvais
bitterernst ['bɪtɐ'ʔɛrnst] **I.** *adj Person* très sérieux, -euse; *Lage* très grave **II.** *adv* ***es ~ meinen*** être tout ce qu'il y a de plus sérieux **bitterkalt** *adj Tag, Nacht* glacial(e)
Bitterkeit <-> *f (a. fig)* amertume *f*

B

bitterlich *adj* amer, -ère
bittersüß *adj (süßsauer)* doux-amer(douce-amère); ***ein ~es Gefühl*** un sentiment mi-figue, mi-raisin **Bittschrift** *f* pétition *f*
Bittsteller(in) <-s, -> *m(f)* pétitionnaire *mf*
Bitumen [bi'tu:mən] <-s, - *o* Bitumina> *nt* CHEM bitume *m*
Biwak ['bi:vak] <-s, -s *o* -e> *nt* bivouac *m*
bizarr [bi'tsar] *adj* bizarre
Bizeps ['bi:tsɛps] <-es, -e> *m* biceps *m*
BKA [be:ka:'ʔa:] <-> *nt Abk von* **Bundeskriminalamt** *direction générale de la police judiciaire*
Blabla [bla'bla:] <-s> *nt (pej fam)* [bla]blabla *m*
Blackbox ['blɛkbɔks] <- -, - -es> *f* AVIAT boîte *f* noire
Blackout, Black-out ['blɛkʔaut] <-s, -s> *m (Bewusstseinstrübung)* perte *f* de conscience momentanée; *(in einer Prüfung)* trou *m* [noir]
blähen ['blɛ:ən] **I.** *vt* gonfler **II.** *vr* ***sich ~*** *Segel, Vorhänge:* se gonfler **III.** *vi Hülsenfrüchte:* ballonner
Blähung <-, -en> *f meist Pl* ballonnement *m*
blamabel [bla'ma:bəl] *adj (geh)* honteux, -euse
Blamage [bla'ma:ʒə] <-, -n> *f (geh)* honte *f*
blamieren* [bla'mi:rən] **I.** *vt* ridiculiser **II.** *vr* ***sich durch etw ~*** se couvrir de ridicule par qc

Falsche Freunde
Nicht verwechseln mit *blâmer – tadeln*!

blanchieren* [blã'ʃi:rən] *vt* blanchir
blank [blaŋk] *adj* ❶ *(glänzend)* brillant(e); *(sauber)* étincelant(e) [de propreté]; *(abgescheuert)* lustré(e); ***~ sein*** *(glänzend)* briller ❷ *(rein, pur)* pur(e) ❸ *(bloß)* nu(e) ▶ **~ sein** *(fam)* être fauché
Blank [blɛŋk] *nt* TYP, INFORM blanc *m*
blanko ['blaŋko] *adv* en blanc
Blankoscheck *m* chèque *m* en blanc **Blankovollmacht** *f* blanc-seing *m; **jdm ~ geben*** donner les pleins pouvoirs à qn
blankpoliert *s.* **blank 1**
Bläschen ['blɛ:sçən] <-s, -> *nt Dim von* **Blase 2, 3** MED bouton *m; (im Mund)* aphte *m*
Blase ['bla:zə] <-, -n> *f* ❶ ANAT vessie *f* ❷ MED ampoule *f; (Brandblase)* cloque *f* ❸ *(Luftblase)* bulle *f* ❹ *(Sprechblase)* bulle *f* ❺ *(pej fam: Clique)* bande *f*
Blasebalg <-[e]s, -bälge> *m* soufflet *m*
blasen ['bla:zən] <bläst, blies, geblasen> **I.** *vi* souffler **II.** *vt* ❶ ***den Staub vom Buch ~*** souffler sur la poussière du livre ❷ *(spielen)* jouer *Melodie;* jouer de *Trompete* ❸ *(vulg: fellationieren)* ***jdm einen ~*** tailler une pipe à qn
Blasenentzündung *f* MED cystite *f*
Bläser(in) ['blɛ:zɐ] <-s, -> *m(f)* joueur, -euse *m, f* d'instrument à vent; ***die ~ und die Streicher*** les cuivres *mpl* et les cordes
blasiert [bla'zi:ɐt] **I.** *adj (pej geh)* hautain(e) **II.** *adv sich benehmen* de manière snob; *sprechen* sur un ton hautain
Blasinstrument *nt* instrument *m* à vent **Blaskapelle** *f* fanfare *f* **Blasmusik** *f* musique *f* de fanfare **Blasorchester** *nt* orchestre *m* d'instruments à vent
Blasphemie [blasfe'mi:] <-, -ien> *f (geh)* blasphème *m*
Blasrohr *nt* sarbacane *f*
blass [blas] *adj* ❶ *(bleich, hell)* pâle ❷ *(schwach)* vague ❸ *(nichts sagend)* fade
Blässe ['blɛsə] <-, -n> *f* ❶ *(blasse Farbe)* pâleur *f* ❷ *(nichts sagende Art)* fadeur *f*
blässlich *adj* pâlot(te)
bläst [blɛ:st] *3. Pers Präs von* **blasen**
Blatt [blat, *Pl:* 'blɛtɐ] <-[e]s, Blätter> *nt* ❶ *einer Pflanze* feuille *f* ❷ *(Blatt Papier)* feuille *f* ❸ *(Seite)* page *f* ❹ *(Grafik)* feuillet *m* ❺ *(Zeitung)* journal *m* ❻ *(flächiger Teil) eines Ruders, Propellers* pale *f* ❼ SPIEL jeu *m* ❽ JAGD, GASTR *(Schulter)* épaule *f* ▶ **kein ~ vor den Mund nehmen** ne pas mâcher ses mots; **noch ein unbeschriebenes ~ sein** être encore novice
blättern ['blɛtɐn] **I.** *vi* ❶ ***in etw*** *dat* ~ feuilleter qc; *(suchend)* chercher dans qc ❷ INFORM dérouler; ***nach oben/unten ~*** faire défiler vers le haut/le bas **II.** *vt* ***etw auf den Tisch ~*** aligner qc sur la table
Blätterteig *m* pâte *f* feuilletée
Blätterteiggebäck *nt* feuilleté *m; (mit Puddingfüllung)* mille-feuille *m*
Blattgold *nt* feuille *f* d'or **Blattgrün** *nt* chlorophylle *f* **Blattlaus** *f* puceron *m* **Blattpflanze** *f* plante *f* verte **Blattsalat** *m* salade *f* verte **Blattspinat** *m* épinards *mpl* en branches **Blattwerk** *nt kein Pl* feuillage *m*
blau [blau] *adj* ❶ bleu(e) ❷ *(fam: betrunken)* ***~ sein*** être soûl
Blau [blau] <-s, - *o fam:* -s> *nt* bleu *m*
Blaualge *f* cyanobactérie *f*

blauäugig *adj* ❶ *(mit blauen Augen)* aux yeux bleus ❷ *(naiv)* naïf(-ïve)
Blaubeere *f* myrtille *f*
Blaue ▶ **er lügt das ~ vom Himmel [herunter]** *(fam)* il ment comme il respire
blaugrau *adj* gris bleu *inv* **blaugrün** *adj* bleu vert *inv* **Blauhelm** *m* casque *m* bleu **Blaukraut** *nt* SDEUTSCH, A chou *m* rouge
bläulich ['blɔylɪç] *adj* bleuté(e); *(ins Blaue spielend)* bleuâtre
Blaulicht *nt* gyrophare *m;* ***mit*** **~** avec le gyrophare en marche **blau|machen** *vi (fam: krankfeiern)* se passer d'aller au boulot, se faire porter pâle *fam* **Blaumann** *m (fam)* bleu *m* [de travail]; ***im*** **~** en bleu de travail **Blaumeise** *f* mésange *f* bleue **Blaupause** *f* bleu *m* **blaurot** *adj* rouge bleu *inv* **Blausäure** *f* CHEM acide *m* prussique **Blauschimmelkäse** *m* fromage *m* bleu **blauschwarz** *adj* bleu nuit *inv* **Blauwal** *m* [grande] baleine *f* bleue
Blazer ['ble:zɐ] <-s, -> *m* blazer *m*
Blech [blɛç] <-[e]s, -e> *nt* ❶ *kein Pl (Material)* tôle *f; (Weißblech)* fer-blanc *m* ❷ *(Stück Blech)* [morceau *m* de] tôle *f* ❸ *(Backblech)* plaque *f* [de four] ❹ *kein Pl (fam: Unsinn)* bêtises *fpl*
Blechbläser(in) <-s, -> *m(f)* cuivres *mpl*
Blechblasinstrument *nt* cuivre *m* **Blechbüchse** *f,* **Blechdose** *f* boîte *f* en fer-blanc
blechen ['blɛçən] *(fam)* **I.** *vt* raquer **II.** *vi* casquer
blechern ['blɛçɐn] *adj* ❶ *attr* en tôle; *(aus Weißblech)* en fer-blanc ❷ *Geräusch* creux, -euse; *Klang* métallique
Blechinstrument *s.* **Blechblasinstrument** **Blechschaden** *m* dégâts *mpl* matériels [de tôle]
Blei [blai] <-[e]s, -e> *nt* ❶ *kein Pl (Metall)* plomb *m* ❷ *(Lot)* fil *m* à plomb ❸ *(Kugeln)* plomb *m*
Bleibe ['blaibə] <-, -n> *f* demeure *f; (vorübergehend)* abri *m;* ***eine/keine*** **~** ***haben*** avoir un logement/être sans logis
bleiben ['blaibən] <blieb, geblieben> **I.** *vi + sein* ❶ *(verweilen)* rester; ***zu Hause/bei jdm/im Büro*** **~** rester à la maison/chez qn/au bureau; ***sie möchten unter sich*** **~** ils préfèrent rester entre eux; ***wo bleibst du so lange?*** mais qu'est-ce que tu fais [encore]? ❷ *(weiterhin sein)* ***gleich*** **~** rester stable; ***es soll regnerisch*** **~** les pluies doivent persister; ***offen*** **~** *Tür:* rester ouvert ❸ *(zurückbleiben)* ***liegen*** **~** *Gegenstände:* rester là; ***im Zug liegen*** **~** rester dans le train ❹ *(übrig bleiben)* ***drei Fehler sind stehen geblieben*** on a oublié trois fautes ❺ *(in der Erinnerung bleiben)* ***an jdm hängen*** **~** *Verdacht:* peser sur qn ❻ *(festsitzen)* ***hängen*** **~** rester accroché; ***kleben*** **~** rester collé ❼ *(nicht vorankommen)* ***liegen*** **~** *Fahrzeug:* rester immobilisé; ***mit einer Panne liegen*** **~** rester en panne; ***stecken*** **~** *Fahrer, Fahrzeug:* s'enliser; ***stehen*** **~** *Person:* s'arrêter; *Uhr:* être arrêté; *Fahrzeug:* s'immobiliser; **~** ***Sie sofort stehen!*** halte! ❽ *(hinkommen, hingeraten)* ***wo ist meine Brille geblieben?*** où sont passées mes lunettes? ❾ *(fam: unterkommen)* ***wo sollen die Leute alle ~?*** où vont-ils tous crécher?; ***sieh zu, wo du bleibst!*** débrouille-toi [tout seul]! ❿ *(verharren)* ***bei einer Marke*** **~** rester fidèle à une marque; ***es bleibt bei meiner Entscheidung*** je maintiens ma décision ⓫ *(übrig bleiben)* ***stehen*** **~** *Getränk, Essen:* rester; ***mir bleibt keine andere Wahl*** je n'ai pas le choix ▶ **das bleibt sich gleich** ça revient au même; **etw ~ lassen:** ***das Rauchen ~ lassen*** *(fam)* arrêter de fumer; **wo waren wir stehen geblieben?** où en étions-nous [restés]?; **das bleibt unter uns** cela reste entre nous **II.** *vi unpers* ***es bleibt zu hoffen, dass …*** il ne reste qu'à espérer que …; ***es bleibt abzuwarten, ob …*** il ne reste plus qu'à attendre si …
bleibend *adj* ❶ *(beständig)* permanent(e) ❷ *(unveränderlich)* ***gleich*** **~** constant; ***gleich*** **~** ***sein*** rester constant
bleiben|lassen *s.* **bleiben I. 12**
bleich [blaiç] *adj* blême; *Gesichtsfarbe, Haut* pâle
bleichen ['blaiçən] <bleichte, gebleicht> **I.** *vt + haben* blanchir *Farbe, Wäsche;* éclaircir *Haare* **II.** *vi + sein* ***diese Tapeten*** **~** ***schnell*** ces papiers [peints] perdent vite leurs couleurs
Bleichmittel *nt* agent *m* blanchissant
bleiern ['blaiɐn] *adj* ❶ *attr (aus Blei)* en plomb ❷ *(bleifarben)* plombé(e) ❸ *(schwer lastend)* accablant(e)
bleifrei *adj Benzin* sans plomb **Bleigießen** <-s> *nt* coulage *m* du plomb *(coutume qui consiste à lire l'avenir dans des figures de plomb obtenues en jetant du plomb fondu dans de l'eau)*
bleihaltig ['blaihaltɪç] *adj* plombifère; *Benzin* contenant du plomb
Bleikristall *nt* cristal *m* de plomb **bleischwer** ['blai'ʃveːɐ] *adj* de plomb **Bleistift** *m* crayon *m* [à papier]
Bleistiftspitzer *m* taille-crayon *m*

B

B

Bleivergiftung *f* intoxication *f* par le plomb
Blende ['blɛndə] <-, -n> *f* ❶ PHOT *(Öffnung)* diaphragme *m; (Blendenzahl)* ouverture *f* ❷ *(Lichtschutz)* écran *m* ❸ ARCHIT *(blinder Bogen)* arcade *f* aveugle; *(blinde Tür)* fausse porte *f* ❹ *(Stoffblende)* garniture *f*
blenden ['blɛndən] **I.** *vt* ❶ éblouir ❷ *(täuschen)* abuser ❸ *(blind machen)* aveugler **II.** *vi* ❶ *Sonne:* éblouir ❷ *(hinters Licht führen)* chercher à impressionner
blendend **I.** *adj* excellent(e) **II.** *adv* ❶ *(großartig)* merveilleusement bien ❷ *(strahlend)* ~ ***weiß*** d'un blanc éclatant
blendfrei *adj* ❶ *Glas, Bildschirm* antireflet *inv* ❷ *Beleuchtung* indirect(e)
Blessur [blɛ'suːɐ] <-, -en> *f (geh)* blessure *f* [légère]; *(von einer Stoßwaffe verursacht)* blessure *f* [légère]
Blick [blɪk] <-[e]s, -e> *m* ❶ *(das Schauen)* regard *m; (flüchtig)* coup *m* d'œil ❷ *(Augen)* ***den ~ heben/senken*** lever/baisser les yeux; ***alle ~e auf sich*** *akk* ***ziehen*** attirer tous les regards [sur soi] ❸ *kein Pl (Augenausdruck)* regard *m* ❹ *kein Pl (Ausblick)* vue *f* ❺ *kein Pl (Urteilskraft)* coup *m* d'œil ❻ *(Hinblick, Hinsicht)* ***mit ~ auf die kommenden Wahlen*** eu égard aux prochaines élections ▸ **auf den ersten** ~ *(sofort)* du premier coup d'œil; *(beim ersten flüchtigen Hinsehen)* à première vue; **auf den zweiten** ~ en [y] regardant de plus près; **auf einen ~, mit einem ~** d'un [seul] coup d'œil
blicken **I.** *vi* regarder **II.** *vt* ***sich ~ lassen*** se montrer; ***sich bei jdm ~ lassen*** aller voir qn
Blickfang *m* point *m* de mire **Blickfeld** *nt* champ *m* de vision **Blickkontakt** *m* contact *m* visuel; ***mit jdm ~ haben*** regarder qn dans les yeux **Blickpunkt** *m* point *m* de vue **Blickrichtung** *f* ❶ *(beim Schauen)* direction *f* [du regard]; ***in ~ [nach] Westen*** direction ouest ❷ *(Richtung der Gedanken)* ligne *f* de vision **Blickwinkel** *m* angle *m;* ***aus diesem ~*** sous cet angle
blieb [bliːp] *Imp von* **bleiben**
blies [bliːs] *Imp von* **blasen**
blind [blɪnt] **I.** *adj* ❶ aveugle ❷ *Fenster* mat(e) ❸ *(ohne Ausgang)* en cul-de-sac ❹ *(ohne Sicht)* sans visibilité **II.** *adv* ❶ *(wahllos)* au hasard ❷ *(unkritisch)* aveuglément
Blindbewerbung *f* candidature *f* spontanée **Blinddarm** *m* ANAT appendice *m*
Blinddarmentzündung *f* appendicite *f*
Blinddate ['blaɪnt'deːt] <-[s], -s>, **Blind Date** <- -[s], - -s> *nt* blind date *f,* rendez-vous *m* avec un inconnu/une inconnue
Blinde(r) *f(m) dekl wie adj* aveugle *mf*
Blindekuh ['blɪndəkuː] *kein Art* colin-maillard *m;* ~ ***spielen*** jouer à colin-maillard
Blindenhund *m* chien *m* d'aveugle **Blindenschrift** *f* [écriture *f*] braille *m* **Blindenstock** *m* canne *f* blanche
Blindflug *m* vol *m* sans visibilité
Blindgänger <-s, -> *m* MIL engin *m* explosif non éclaté
Blindheit <-> *f kein Pl* cécité *f*
blindlings ['blɪntlɪŋs] *adv* aveuglément
Blindschleiche ['blɪntʃlaɪçə] <-, -n> *f* orvet *m*
blindwütig **I.** *adj* aveuglé(e) par la colère **II.** *adv* dans une rage aveugle
blinken ['blɪŋkən] **I.** *vi* ❶ *Edelstein:* scintiller ❷ *(blitzen)* ***vor Sauberkeit ~*** étinceler ❸ *(Zeichen geben)* clignoter; ***rechts/links ~*** *Autofahrer:* mettre son clignotant à droite/gauche **II.** *vt* ***SOS ~*** émettre des signaux de S.O.S.
Blinker <-s, -> *m* ❶ AUT clignotant *m* ❷ *(Angelköder)* cuillère *f*
Blinklicht *nt* ❶ *(Signal)* feu *m* clignotant ❷ *(fam: Blinkleuchte)* clignotant *m* **Blinkzeichen** *nt* signal *m* optique; ***~ geben*** faire des signaux lumineux
blinzeln ['blɪntsəln] *vi* cligner des yeux; *(zwinkern)* faire un clin d'œil
Blitz [blɪts] <-es, -e> *m* ❶ éclair *m; (Blitzschlag)* foudre *f;* ***vom ~ getroffen werden*** être frappé par la foudre ❷ *(das Aufblitzen)* éclair *m* ❸ PHOT flash *m* ▸ **wie ein ~ einschlagen** faire l'effet d'une bombe; **wie der ~** *(fam)* comme l'éclair
Blitzableiter <-s, -> *m* ❶ paratonnerre *m* ❷ *(fig)* souffre-douleur *m inv*
blitzartig **I.** *adj* d'une rapidité foudroyante **II.** *adv* en un éclair
blitzblank ['blɪts'blaŋk] *adj (fam)* nickel *inv* **Blitzeis** <-es> *nt* pluie *f* verglaçante
blitzen ['blɪtsən] **I.** *vi unpers* ***es blitzt*** il y a des éclairs **II.** *vi (strahlen)* étinceler **III.** *vt (fam)* ***geblitzt werden*** *Autofahrer:* se faire prendre par un radar
Blitzgerät *nt* radar *m* **Blitzkarriere** [-karieːrə] *f* carrière *f* fulgurante **Blitzkrieg** *m* guerre *f* éclair **Blitzlicht** *nt* flash *m* **Blitzlichtgewitter** *nt (fam)* crépitement *m* des flash[e]s **blitzsauber** ['blɪts'zaubɐ] *s.* **blitzblank** **Blitzschlag** *m* foudre *f* **blitzschnell** ['blɪts'ʃnɛl] *s.* **blitzartig**
Block[1] [blɔk, *Pl:* 'blœkə] <-[e]s, Blöcke> *m*

(Quader) bloc *m; (aus Schokolade)* plaque *f*
Block² [blɔk, *Pl:* 'blœkə] <-[e]s, Blöcke *o* -s> *m* ❶ *(Häuserblock)* pâté *m* de maisons; *(großes Mietshaus)* bloc *m* ❷ *(Schreibblock)* bloc *m; (Notizblock)* bloc-notes *m; (Fahrkartenblock)* carnet *m* ❸ POL bloc *m* ❹ *(Kernreaktorblock)* réacteur *m*
Blockade [blɔ'ka:də] <-, -n> *f* ❶ *(Absperrung, Isolierung)* blocus *m* ❷ *(Denkblockade)* blocage *m*
Blockbuchstabe *m* lettre *f* en caractères d'imprimerie
Blockbuster ['blɔkbastɐ] <-s, -> *m* blockbuster *m* **Blockflöte** *f* flûte *f* à bec
blockfrei *adj* non-aligné(e)
Blockhaus *nt*, **Blockhütte** *f* cabane *f* en rondins
blockieren* [blɔ'ki:rən] **I.** *vt* bloquer, couper *Stromzufuhr* **II.** *vi Bremsen, Rad:* [se] bloquer
Blocksatz *m* composition *f* en carré **Blockschokolade** *f* chocolat *m* à cuire **Blockschrift** *f* caractères *mpl* d'imprimerie **Blockunterricht** *m kein Pl* cours *mpl* regroupés
blöd[e] *(fam)* **I.** *adj* ❶ *(dumm)* idiot(e) ❷ *Situation* embêtant(e); ***zu ~!*** c'est con! **II.** *adv* comme un idiot/une idiote; *gucken* bêtement; *sich verhalten* comme un manche
Blödelei <-, -en> *f (fam)* ❶ *kein Pl (das Blödeln)* conneries *fpl* ❷ *(Bemerkung)* bêtises *fpl*
blödeln *vi (fam)* déconner
blöderweise ['blø:dɐ'vaizə] *adv (fam)* bêtement
Blödheit <-, -en> *f (fam)* connerie *f*
Blödmann <-männer> *m (fam)* imbécile *m*
Blödsinn *m kein Pl (pej fam)* bêtise *f*
blödsinnig *adj (pej fam) Idee* stupide
Blog [blɔg] <-s, -s> *nt o m* INFORM blog *m*
bloggen ['blɔgən] *vi* INFORM bloguer
Blogger(in) ['blɔgɐ] <-s, -> *m(f)* INFORM blogueur, -euse *m, f*
Blogosphäre *f* INET blogosphère *f*
blöken ['blø:kən] *vi* bêler
blond [blɔnt] *adj Person, Haare* blond(e)
Blond <-s> *nt* blond *m*
Blonde(r) *f(m) dekl wie adj* blond(e) *m(f)*
blondieren* [blɔn'di:rən] *vt* teindre en blond; ***die Haare ~*** teindre les cheveux en blond
Blondine [blɔn'di:nə] <-, -n> *f* blonde *f*
bloß [blo:s] **I.** *adj* ❶ *(unbedeckt)* nu(e) ❷ *attr (alleinig)* pur(e) **II.** *adv (fam)* ❶ *(nur)* seulement ❷ *(eine Frage oder Aufforderung verstärkend)* ***was hat sie ~?*** qu'est-ce qui lui prend?; ***hör ~ auf damit!*** arrête donc!
Blöße ['blø:sə] <-, -n> *f (geh: Nacktheit)* nudité *f*
bloß|legen *vt* ❶ *(ausgraben)* dégager ❷ *(enthüllen)* dévoiler **bloß|stellen I.** *vt* ridiculiser **II.** *vr* ***sich ~*** se couvrir de ridicule
Blouson [blu'zõ:] <-[s], -s> *m o nt* blouson *m*
blubbern *vi (fam)* gargouiller
Bluejeans ['blu:dʒi:ns] *Pl* blue-jean *m*
Blues [blu:s] <-, -> *m (Musik)* blues *m; (Tanz)* slow *m*
Bluetooth® ['blu:tu:θ] <-[s]> *m o nt* Bluetooth *m*
Bluff [blʊf, blaf, blœf] <-[e]s, -s> *m* bluff *m*
bluffen ['blœfən] *vt, vi (fam)* bluffer
blühen ['bly:ən] *vi* ❶ *Pflanze:* fleurir; *Garten, Park:* être en fleurs ❷ *(florieren)* être florissant ❸ *(fam: bevorstehen)* ***das kann mir auch noch ~!*** ça me pend au nez!
blühend *adj* ❶ *Pflanze, Garten* en fleur[s] ❷ *Gesichtsfarbe, Gesundheit* florissant(e); ***ein ~es Aussehen*** une mine resplendissante ❸ *(florierend)* florissant(e) ❹ *Unsinn, Fantasie* délirant(e) *fam*
Blume ['blu:mə] <-, -n> *f* ❶ *(Blüte, Pflanze)* fleur *f* ❷ *(Duftnote) des Weins, Weinbrands* bouquet *m* ❸ *(Bierschaum)* mousse *f* ▶ **etw durch die ~ sagen** faire comprendre qc à demi-mot
Blumenbeet *nt* parterre *m* [de fleurs] **Blumenerde** *f* terreau *m* **Blumenhändler(in)** *m(f)* fleuriste *mf* **Blumenkasten** *m* jardinière *f* [de fleurs] **Blumenkohl** *m* chou-fleur *m* **Blumenladen** *m* fleuriste *m* **Blumenmädchen** *nt* bouquetière *f* **Blumenstrauß** <-sträuße> *m* bouquet *m* [de fleurs] **Blumentopf** *m* ❶ *(Topf)* pot *m* à fleurs ❷ *(Topfpflanze)* pot *m* de fleurs **Blumenvase** *f* vase *m*
blumig I. *adj* ❶ *Parfüm* fleuri(e); *Wein* bouqueté(e) ❷ *Sprache* fleuri(e) **II.** *adv* ***sich ~ ausdrücken*** utiliser un langage fleuri
Bluse ['blu:zə] <-, -n> *f (mit Kragen)* chemisier *m; (Hemdbluse)* chemise *f*
Blut [blu:t] <-[e]s> *nt* sang *m*
Blutabnahme *f* prise *f* de sang **blutarm** ['blu:tʔarm] *adj* MED anémié(e) **Blutbad** *nt* bain *m* de sang; ***ein ~ anrichten*** faire un carnage **Blutbahn** *f* circuit *m* sanguin **Blutbank** <-banken> *f* banque *f* du

B

sang **Blutbild** *nt* formule *f* sanguine **Blutdiamanten** *Pl* diamants *mpl* de sang [*o* de conflits] **Blutdruck** *m kein Pl* tension *f* [artérielle]; ***zu hohen/niedrigen ~ haben*** faire de l'hypertension/l'hypotension

Blutdruckmesser <-s, -> *m* tensiomètre *m*

blutdrucksenkend **I.** *adj* hypotenseur, -euse; ***ein ~es Mittel*** un hypotenseur **II.** *adv* ~ ***wirken*** avoir un effet hypotenseur

Blüte ['bly:tə] <-, -n> *f* ❶ *einer Pflanze* fleur *f* ❷ *kein Pl (das Blühen)* floraison *f* ❸ *(fam: falsche Banknote)* faux billet *m* ❹ *kein Pl (geh: Höhepunkt)* apogée *m*

Blutegel ['blu:tʔe:gəl] *m* sangsue *f*

bluten ['blu:tən] *vi* saigner

Blütenblatt *nt* pétale *m* **Blütenknospe** *f* bouton *m* [de fleur] **Blütenstand** *m* inflorescence *f* **Blütenstaub** *m* pollen *m*

Blutentnahme *f* prise *f* de sang

Bluter ['blu:tɐ] <-s, -> *m* hémophile *m*

Bluterguss ['blu:tʔɛɐ̯gʊs] *m* hématome *m*

Bluterkrankheit *f* hémophilie *f*

Blütezeit *f* ❶ *(Zeit des Blühens)* floraison *f* ❷ *(Zeit hoher Blüte) einer Kultur* prospérité *f*

Blutfleck *m* tache *f* de sang **Blutgefäß** *nt* vaisseau *m* sanguin **Blutgerinnsel** *nt* caillot *m* [de sang] **Blutgerinnung** *f* coagulation *f* **Blutgruppe** *f* groupe *m* sanguin **Bluthochdruck** *m kein Pl* hypertension *f* **Bluthund** *m* limier *m* ▶ **ein ~ sein** être un monstre sanguinaire

blutig ['blu:tɪç] *adj* ❶ *(blutend)* en sang ❷ *(blutbefleckt)* taché(e) de sang; ~ ***sein*** être plein de sang ❸ GASTR saignant(e) ❹ *Schlacht* sanglant(e) ❺ *(fam: völlig)* ***ein ~er Anfänger*** un novice complet

blutjung ['blu:t'jʊŋ] *adj* tout(e) jeune **Blutkonserve** *f* poche *f* de sang *(destinée à la transfusion)* **Blutkörperchen** ['blu:tkœrpɐçən] *nt* globule *m;* ***rotes/weißes ~*** globule rouge/blanc **Blutkrebs** *m* leucémie *f* **Blutkreislauf** *m* circulation *f* sanguine **Blutlache** *f* mare *f* de sang **blutleer** *adj* MED *Gesicht, Kopf* exsangue **Blutorange** [-orãʒə, -oraŋʒə] *f* sanguine *f* **Blutplasma** *nt* plasma *m* sanguin **Blutplättchen** ['blu:tplɛtçən] <-s, -> *nt* plaquette *f* [sanguine] **Blutprobe** *f* prise *f* de sang **Blutrache** *f* vendetta *f*

blutrünstig ['blu:trʏnstɪç] *adj* sanguinaire

Blutsauger *m* ❶ *(Insekt)* suceur *m* de sang ❷ *(Vampir)* suceur *m* de sang

Blutsbruder *m* frère *m* de sang

Blutspende *f* don *m* du sang **Blutspender(in)** *m(f)* donneur, -euse *m, f* de sang **Blutspur** *f* trace *f* de sang **blutstillend** *adj* hémostatique

Blutstropfen *m* goutte *f* de sang **Blutsturz** *m* MED hémorragie *f* **blutsverwandt** *adj* consanguin(e)

Bluttat *f (geh)* assassinat *m* **Bluttransfusion** *f,* **Blutübertragung** *f* transfusion *f* sanguine **blutüberströmt** *adj* tout ensanglanté(e)

Blutung <-, -en> *f* ❶ saignement *m;* ***innere ~en*** hémorragie *f* interne ❷ *(Monatsblutung)* règles *fpl*

blutunterlaufen *adj Augen* injecté(e) de sang; ***eine ~e Stelle*** une ecchymose **Blutuntersuchung** *f* analyse *f* de sang **Blutvergießen** <-s> *nt (geh)* effusion *f* de sang *souvent pl* **Blutvergiftung** *f* empoisonnement *m* du sang **Blutverlust** *m* perte *f* de sang **Blutwurst** *f* boudin *m* [noir] **Blutzucker** *m* MED glycémie *f*

Blutzuckerwert *m* MED glycémie *f*

BLZ *f Abk von* **Bankleitzahl** code *m* banque

BMI [be:ʔɛm'ʔi:] <-> *m Abk von* **Body-Mass-Index** MED IMC *m*

b-Moll ['be:mɔl] *nt* si *m* bémol mineur

BMX-Rad [be:ʔɛm'ʔɪks-] *nt* bicross *m*

BND [be:ʔɛn'de:] <-> *m Abk von* **Bundesnachrichtendienst** *service de renseignements fédéral allemand*

Bö [bø:] <-, -en> *f* rafale *f*

Boa ['bo:a] <-, -s> *f* ZOOL, COUT boa *m*

Bob [bɔp] <-s, -s> *m* bob[sleigh] *m*

Bobbahn *f* piste *f* de bob[sleigh]

Bock [bɔk, *Pl:* 'bœkə] <-[e]s, Böcke> *m* ❶ *(Schafbock)* bélier *m; (Ziegenbock)* bouc *m; (Rehbock)* chevreuil *m; (Rammler)* bouquin *m* ❷ *(Untergestell)* tréteau *m* ❸ *(Sportgerät)* cheval *m* d'arçons ❹ *(fam: Lust)* ***~/keinen ~ haben etw zu tun*** avoir/ne pas avoir envie de faire qc ❺ *(fam: Schimpfwort)* ***so ein sturer ~!*** quelle tête de mule! ❻ *(Kutschbock)* siège *m* du cocher

Bockbier *nt* bière *f* forte

bocken *vi (fam) Person:* faire la tête; *Tier:* refuser d'avancer

bockig *adj Erwachsener* récalcitrant(e); *Tier* rétif, -ive; ***ein ~es Kind*** un enfant entêté

Bockshorn ▶ **sich von jdm ins ~ jagen lassen** *(fam)* se laisser intimider par qn

Bockspringen *nt* SPORT saut *m* au cheval d'arçons **Bockwurst** *f* saucisse *f (réchauffée à l'eau bouillante)*

Boden ['bo:dən, *Pl:* 'bø:dən] <-s, Böden> *m* ❶ *(Erde, Grundfläche)* sol *m;* ***zu ~ fal-***

len/sinken Person: s'effondrer ❷ (Acker) sol m; (Erdreich) terre f ❸ kein Pl (Grund und Boden) terrain m ❹ (Territorium) sol m ❺ (Fußboden) sol m ❻ (Teppichboden) moquette f ❼ NDEUTSCH (Dachboden) grenier m ❽ (unterster Teil) eines Behälters, Gewässers fond m; einer Flasche cul m ❾ (Tortenboden) fond m de tarte ❿ (Grundlage) base f ▶ **den ~ unter den Füßen verlieren** perdre pied; **auf dem ~ der Tatsachen bleiben** s'en tenir aux faits; **an ~ gewinnen/verlieren** gagner/perdre du terrain

Bodenbelag m revêtement m de sol **Bodenfrost** m gelée f au sol **Bodenhaftung** f AUT adhérence f au sol ▶ **die ~ verlieren** perdre le contact avec la réalité

bodenlos adj ❶ (fam: unerhört) inouï(e) ❷ (sehr tief) sans fond

Bodenpersonal nt AVIAT personnel m au sol **Bodenreform** f réforme f agraire **Bodensatz** m ❶ dépôt m; (im Kaffee) marc m; (im Wein) lie f ❷ CHEM résidu m ❸ (fig: Abschaum) rebut m **Bodenschätze** Pl richesses fpl minières

Bodensee ['bo:dənze:] m *der* ~ le lac de Constance

bodenständig adj ❶ (lange ansässig) autochtone ❷ (fest in einer Region verwurzelt) attaché(e) ❸ (unkompliziert) nature

Bodenturnen nt gymnastique f au sol

Body ['bɔdi] <-s, -s> m body m

Bodybuilding ['bɔdibɪldɪŋ] <-s> nt bodybuilding m **Bodyguard** ['bɔdiga:ɐ̯t] <-s, -s> m garde m du corps **Body-Mass-Index** ['bɔdimɛsʔɪndɛks] <-[es]> m MED indice m de masse corporelle

Böe ['bø:ə] <-, -n> f bourrasque f

bog [bo:k] Imp von **biegen**

Bogen ['bo:gən, Pl: 'bø:gən] <-s, - o Bögen> m ❶ a. MATH (Bogenlinie) arc m; ***einen ~ machen*** Straße, Fluss: faire un coude ❷ (Papierbogen) feuille f ❸ (Schusswaffe) arc m ❹ MUS eines Streichinstruments archet m; (Haltebogen) [signe m de] liaison f ❺ ARCHIT arc m ❻ (Brückenbogen) arche f

bogenförmig ['bo:gənfœrmɪç] adj arqué(e)

Bogengang <-gänge> m arcades fpl **Bogenschießen** <-s> nt tir m à l'arc **Bogenschütze**, **-schützin** m, f archer m /archère f; SPORT tireur m /tireuse f à l'arc

Böhme, **Böhmin** ['bø:mə] <-n, -n> m, f Bohémien(ne) m(f)

Böhmen ['bø:mən] <-s> nt la Bohême

böhmisch ['bø:mɪʃ] adj bohémien(ne)

Bohne ['bo:nə] <-, -n> f ❶ haricot m ❷ (Kaffeebohne) grain m [de café]

Bohnenkaffee m café m; (ungemahlen) café m en grains **Bohnenstange** f ❶ rame f ❷ (hum fam: großer Mensch) grande perche f

bohnern ['bo:nɐn] I. vt cirer II. vi passer la cireuse

Bohnerwachs nt encaustique f

bohren ['bo:rən] I. vt ❶ creuser Brunnen ❷ TECH percer Beton, Holz, Metall ❸ (graben) ***ein Loch ~*** Insekt: creuser un trou ❹ (hineinstoßen) ***etw in etw*** akk ~ enfoncer qc dans qc II. vi ❶ (stochern) ***in der Nase*** ~ se mettre les doigts dans le nez ❷ MED Zahnarzt: passer la roulette ❸ MIN creuser ❹ (fam: fragen) revenir à la charge ❺ (quälend nagen) ***in jdm*** ~ Zweifel: ronger qn III. vr ***sich in die Erde*** ~ Speer: se planter dans le sol

bohrend adj Schmerz lancinant(e)

Bohrer <-s, -> m ❶ (Bohrmaschine) perceuse f; (Bohreinsatz) mèche f ❷ (Handbohrer) chignole f ❸ MED (Zahnarztbohrer) fraise f

Bohrinsel f plate-forme f de forage **Bohrloch** nt ❶ MIN puits m de forage ❷ (gebohrtes Loch) trou m **Bohrmaschine** f perceuse f [électrique] **Bohrturm** m derrick m

Bohrung <-, -en> f ❶ kein Pl (das Bohren) ***eine ~ nach Erdöl*** un forage pour trouver du pétrole ❷ (Bohrloch) forage m

böig ['bø:ɪç] adj Wetter venteux, -euse; ***~er Wind*** vent m en rafales

Boiler ['bɔylɐ] <-s, -> m chauffe-eau m

Boje ['bo:jə] <-, -n> f balise f

Bolero <-s, -s> m MUS, COUT boléro m

Bolivien [bo'li:vi̯ən] <-s> nt la Bolivie

Bollwerk ['bɔlvɛrk] nt (geh) bastion m

Bologna-Reform [bo'lɔnja-] f *die* ~ la réforme de Bologne

Bolschewismus [bɔlʃe'vɪsmʊs] <-> m HIST bolchevisme m

bolschewistisch adj HIST bolchevique

Bolzen ['bɔltsən] <-s, -> m ❶ TECH boulon m ❷ (Geschoss) flèche f

Bombardement [bɔmbardə'mã:] <-s, -s> nt MIL bombardement m

bombardieren* [bɔmbar'di:rən] vt ❶ (mit Bomben) bombarder; (mit Granaten) pilonner ❷ (überschütten) ***jdn mit Fragen*** ~ assaillir qn de questions

Bombardierung [bɔmbar'di:rʊŋ] <-, -en> f (mit Bomben) bombardement m; (mit Granaten) pilonnage m

bombastisch [bɔm'bastɪʃ] adj (pej)

B

❶ *(schwülstig)* ronflant(e) ❷ *(pompös)* pompeux, -euse

Bombe ['bɔmbə] <-, -n> *f* ❶ MIL bombe *f* ❷ *(Geldbombe)* sacoche *f* ▸ **wie eine ~ einschlagen** faire l'effet d'une bombe

Bombenalarm *m* alerte *f* à la bombe; *(Fliegeralarm)* alerte *f* aérienne **Bombenangriff** *m* bombardement *m* **Bombenanschlag** *m* attentat *m* à la bombe **Bombendrohung** *f* alerte *f* à la bombe **Bombenerfolg** *m* *(fam)* succès *m* fou **bombenfest** *adv* *(fam)* *kleben, sitzen* comme du béton *fam* **Bombengeschäft** *nt* *(fam)* affaire *f* en or **bombensicher** *adj* ❶ *Bunker* anti-bombe ❷ *(fam)* *Tipp* absolument sûr(e) **Bombenstimmung** *f kein Pl* *(fam)* ambiance *f* d'enfer *fam*

Bomber ['bɔmbɐ] <-s, -> *m* *(fam)* bombardier *m*

Bomberjacke *f* bombardier *m*

bombig ['bɔmbɪç] *adj* *(fam)* ***eine ~e Stimmung*** une ambiance du tonnerre

Bommel ['bɔməl] <-, -n> *f*, <-s, -> *m* DIAL pompon *m*

Bon [bɔŋ, bõː] <-s, -s> *m* ❶ *(Kassenzettel)* ticket *m* de caisse ❷ *(Gutschein)* bon *m*

Bonbon [bõ'bõː, bɔŋ'bɔŋ] <-s, -s> *nt o m* bonbon *m*

bongen ['bɔŋən] *vt* *(fam)* enregistrer ▸ **[das ist] gebongt!** *(sl)* pas de problème! *fam*

Bonn [bɔn] <-s> *nt* Bonn

Bonsai ['bɔnzai] <-[s], -s> *m* bonsaï *m*

Bonus ['boːnʊs] <-[ses], -[se] *o* Boni> *m* ❶ *(Versicherungsrabatt)* bonus *m* ❷ *(Punktgutschrift)* bonification *f* ❸ *(Vorteil)* bonus *m*

Bonze ['bɔntsə] <-n, -n> *m* ❶ *(pej)* pontife *m fam* ❷ REL bonze *m*

Bookmark ['bʊkmaːk] <-, -s> *f* INFORM signet *m*

Boom [buːm] <-s, -s> *m* boom *m*

boomen ['buːmən] *vi* connaître un boom

Boot [boːt] <-[e]s, -e> *nt* bateau *m; (Ruderboot)* barque *f; (Segelboot)* voilier *m;* ***~ fahren*** faire du bateau ▸ **wir sitzen alle in einem ~** nous sommes tous logés à la même enseigne

booten ['buːtən] *vt* INFORM démarrer

Bootsfahrt *f* promenade *f* en bateau **Bootshaus** *nt* hangar *m* à bateaux **Bootsmann** <-leute> *m* NAUT quartier-maître *m;* MIL premier-maître *m* **Bootssteg** *m* ponton *m* **Bootsverleih** *m* location *f* de bateaux

Bor [boːɐ̯] <-s> *nt* CHEM bore *m*

Bord[1] [bɔrt] <-[e]s> *m* ***an ~ gehen/kommen*** monter à bord; ***über ~ gehen*** passer par-dessus bord ▸ **etw über ~ werfen** jeter qc par-dessus bord; *(fig)* mettre qc au panier

Bord[2] [bɔrt] <-[e]s, -e> *nt* *(Wandbrett)* tablette *f*

Bordcomputer *m* ordinateur *m* de bord

Bordell [bɔr'dɛl] <-s, -e> *nt* maison *f* close

Bordkarte *f* carte *f* d'embarquement **Bordpersonal** *nt* AVIAT équipage *m* **Bordstein** *m* bordure *f* de trottoir

Bordüre [bɔr'dyːrə] <-, -n> *f* bordure *f*

borgen ['bɔrgən] **I.** *vr* ***sich ~*** emprunter; ***sich*** *dat* ***etw von jdm ~*** emprunter qc à qn **II.** *vt* ***jdm etw ~*** prêter qc à qn

Borke ['bɔrkə] <-, -n> *f* ❶ BOT écorce *f* ❷ NDEUTSCH *(Schorf)* croûte *f*

Borkenkäfer *m* ZOOL bostryche *m*

borniert [bɔr'niːɐ̯t] *adj* *(pej)* borné(e)

Börse ['bœrzə] <-, -n> *f* *(Wertpapierhandel, Gebäude)* Bourse *f*

Börsenbericht *m* bulletin *m* de la Bourse **Börsengang** <-gänge> *m* introduction *f* en Bourse **Börsengeschäft** *nt* opération *f* boursière **Börsenhandel** *m* commerce *m* boursier **Börsenkrach** *m* krach *m* boursier **Börsenkurs** *m* cours *m* de Bourse **Börsenmakler(in)** *m(f)* agent *m* de change **börsennotiert** *adj* FIN *Firma* coté(e) en Bourse **Börsennotierung** *f* cotation *f* en Bourse **Börsenschluss** *m* clôture *f* de la Bourse; ***bei ~*** à la clôture **Börsenspekulation** *f* spéculation *f* en Bourse **Börsenstart** *m* FIN introduction *f* en Bourse

Borste ['bɔrstə] <-, -n> *f* ❶ *einer Bürste* poil *m; (fein)* soie *f* ❷ *(Schweineborste)* soie *f*

borstig *adj* poilu(e)

Borte ['bɔrtə] <-, -n> *f* galon *m*

bösartig ['bøːsʔaːɐ̯tɪç] *adj* ❶ méchant(e) ❷ MED malin(-igne)

Bösartigkeit <-, -en> *f* ❶ méchanceté *f* ❷ MED malignité *f*

Böschung ['bœʃʊŋ] <-, -en> *f einer Straße, eines Bahndamms* talus *m; eines Flusses, Kanals* berge *f*

böse ['bøːzə] **I.** *adj* ❶ *Person, Grinsen* méchant(e); *Absicht, Geist* mauvais(e) *antéposé; Kräfte* maléfique ❷ *(fam: unartig)* vilain(e); ***du ~s Kind!*** sale gosse! ❸ *attr Angelegenheit, Sache* sale *antéposé; Folgen, Konsequenzen* fâcheux, -euse; *Streich* mauvais(e) *antéposé* ❹ *Gesicht* fâché(e); ***sei [mir] nicht ~, aber ...*** ne m'en veux pas, mais ... ❺ *(fam: schlimm)* méchant(e) *antéposé* **II.** *adv* ❶ *(übelwollend)* méchamment; ***ich habe es nicht ~ gemeint!*** je n'ai pas pensé à mal! ❷ *(schlimm)* **~ *aussehen*** ne pas être beau [à voir]; ***das/es sieht ~ für ihn aus*** ça se présente mal pour lui ❸ *(fam) sich blamieren* méchamment

Böse(r) *f(m) dekl wie adj* ❶ CINE, THEAT méchant(e) *m(f)* ❷ *(geh: Teufel)* ***der ~*** le malin

Böse(s) *nt dekl wie Adj* ❶ *a.* REL mal *m;* ***das ~*** le mal ❷ *(Übles)* ***[etwas] ~s*** quelque chose de mal; ***jdm etwas/nichts ~s antun wollen*** vouloir faire du mal/ne vouloir faire rien de mal à qn; ***im ~n [auseinandergehen]*** [se quitter] fâché(e)s

Bösewicht ['bøːzəvɪçt] <-[e]s, -e *o* -er> *m* ❶ *(veraltet: Schurke)* gredin *m* ❷ *(hum fam)* ***na, du kleiner ~!*** espèce de petit galopin!

boshaft ['boːshaft] *adj* méchant(e)

Bosheit ['boːshait] <-, -en> *f* méchanceté *f*

Bosnien ['bɔsni̯ən] <-s> *nt* la Bosnie

Bosnien-Herzegowina ['bɔsni̯ənhɛrtse'goːvina] <-s> *nt* la Bosnie-Herzégovine

Bosnier(in) ['bɔsni̯ɐ] <-s, -> *m(f)* Bosniaque *mf*

bosnisch ['bɔsnɪʃ] *adj* bosniaque

Boss [bɔs] <-es, -e> *m (fam)* boss *m*

böswillig **I.** *adj* ❶ *Bemerkung* méchant(e); *Plan* malveillant(e) ❷ JUR *Absicht, Verlassen* délictueux, -euse **II.** *adv* avec malveillance; ~ ***handeln*** agir dans une mauvaise intention

Böswilligkeit <-> *f* malveillance *f*

bot [boːt] *Imp von* **bieten**

Botanik [bo'taːnɪk] <-> *f* botanique *f*

Botaniker(in) [bo'taːnikɐ] <-s, -> *m(f)* botaniste *mf*

botanisch [bo'taːnɪʃ] **I.** *adj* botanique **II.** *adv betrachten* du point de vue botanique

Bote, Botin ['boːtə] <-n, -n> *m, f* ❶ *(Kurier)* messager, -ère *m, f* ❷ *(Laufbursche)* coursier, -ière *m, f; einer Kanzlei, Firma* commissionnaire *mf*

Botengang <-gänge> *m* course *f*

Botox® ['boːtɔks] <-> *nt Abk von* **Botulinumtoxin** botox® *m*

Botschaft ['boːtʃaft] <-, -en> *f* ❶ *(Gesandtschaft)* ambassade *f* ❷ *(geh: Nachricht)* annonce *f; (Mitteilung, Nachricht)* message *m* ❸ *(Aussage) eines Werks* message *m*

Botschafter(in) <-s, -> *m(f)* ambassadeur, -drice *m, f*

Botswana [bɔ'tsvaːna] <-s> *nt* le Botswana

Bottich ['bɔtɪç] <-[e]s, -e> *m* baquet *m*

Bouclé [bu'kleː] <-s, -s> *nt (Garn)* bouclette *f; (Wolle)* laine *f* bouclette

Bouillon [bʊl'jõː, bʊl'jɔŋ] <-, -s> *f* bouillon *m* gras

Boulevard [bulə'vaːɐ̯] <-s, -s> *m* boulevard *m*

Boulevardblatt [bulə'vaːɐ-] *nt (pej)* journal *m* à sensation

Boulevardjournalist(in) *m(f)* journaliste *mf* people **Boulevardpresse** *f (pej)* presse *f* à sensation **Boulevardzeitung** *f* journal *m* à sensation

Boutique [bu'tiːk] <-, -n> *f* boutique *f*

Bowle ['boːlə] <-, -n> *f boisson alcoolisée à base de vin ou de champagne à laquelle on ajoute du sucre et des fruits*

Bowling ['boːlɪŋ] <-s, -s> *nt* bowling *m*

Bowlingkugel ['boːlɪŋ] *f* boule *f* de bowling

Box [bɔks] <-, -en> *f* ❶ *(Pferdebox, Einstellplatz)* box *m* ❷ *(Montageplatz für Rennwagen)* stand *m* ❸ *(Behälter)* mallette *f* ❹ *(Lautsprecherbox)* enceinte *f*

boxen ['bɔksən] **I.** *vi* boxer; ***gegen jdn/um etw ~*** boxer contre qn/pour qc **II.** *vt* ❶ *(schlagen)* donner des coups de poing à ❷ SPORT *(fam)* boxer

Boxen <-s> *nt* boxe *f*

Boxer(in) ['bɔksɐ] <-s, -> *m(f)* boxeur, -euse *m, f*

Boxershorts *Pl* boxer-short *m*

Boxhandschuh *m* gant *m* de boxe **Boxkampf** *m* ❶ match *m* de boxe ❷ *kein Pl (Boxsport)* boxe *f* **Boxring** *m* ring *m* **Boxsport** *m* boxe *f*

Boygroup ['bɔygruːp] <-, -s> *f* boys band *m*

Boykott [bɔy'kɔt] <-[e]s, -e *o* -s> *m* boycott[age] *m*

boykottieren* [bɔykɔ'tiːrən] *vt* boycotter

brabbeln ['brabəln] *vt, vi (fam)* marmonner

brach [braːx] *Imp von* **brechen**

brachial [bra'xi̯aːl] *adj* ❶ MED brachial(e) ❷ *(geh)* brutal(e)

Brachland *nt* friche *f* **brachliegen** *vi irr (a. fig: generell)* être en friche; *(vorübergehend)* être en jachère

brachte ['braxtə] *Imp von* **bringen**

Brailleschrift ['braj-] *f* braille *m,* écriture *f* braille

Braindrain ['breɪndreɪn] <-s> *m* fuite *f* des cerveaux

Brainstorming ['breːnstoːɐ̯mɪŋ] <-s; *kein*

Pl> *nt* brainstorming *m,* remue-méninges *m*

Branche ['brã:ʃə] <-, -n> *f (Wirtschaftszweig, Tätigkeitsbereich)* branche *f*

Branchenbuch *nt,* **Branchenverzeichnis** *nt* ≈ pages jaunes® *fpl* **Branchenführer(in)** *m(f)* leader *m* dans la branche **Branchenverzeichnis** *nt* annuaire *m* professionnel

Brand [brant, *Pl:* 'brɛndə] <-[e]s, Brände> *m* ① *(Feuer)* incendie *m;* ***etw in ~ stecken*** mettre le feu à qc; ***in ~ geraten*** prendre feu ② *(fam: Durst)* ***einen ~ haben*** avoir la pépie ③ MED gangrène *f* ④ BOT rouille *f*

brandaktuell *adj (fam) Thema, Frage, Buch* d'une brûlante actualité **Brandanschlag** *m* incendie *m* criminel **Brandblase** *f* cloque *f* **Brandbombe** *f* bombe *f* incendiaire

branden ['brandən] *vi* déferler; ***an*** [*o* ***gegen***] ***etw*** ~ déferler contre qc

Brandenburg ['brandənbʊrk] <-s> *nt (Bundesland)* le Brandebourg

Brandenburger *adj* de Brandenbourg; ***das ~ Tor*** la porte de Brandenbourg

Brandfleck *m* [trace *f* de] brûlure *f* **Brandgefahr** *f* risque *m* d'incendie **brandmarken** *vt (anprangern)* dénoncer; ***jdn als Betrüger*** ~ dénoncer qn comme étant un escroc **Brandmauer** *f* mur *m* coupe-feu **brandneu** ['brant'nɔy] *adj (fam) Computer, Auto* flambant neuf(neuve); ***~ sein*** *CD, Buch, Film:* venir de sortir **Brandschaden** *m* dégâts *mpl* causés par le feu **Brandschutz** *m* protection *f* contre l'incendie **Brandstifter(in)** *m(f)* incendiaire *mf* **Brandstiftung** *f* incendie *m* criminel

Brandung <-, -en> *f* déferlement *m* des vagues

Brandwunde *f* brûlure *f* **Brandzeichen** *nt* marque *f* au fer rouge

brannte ['brantə] *Imp von* **brennen**

Branntwein ['brantvain] *m* eau-de-vie *f*

Brasilianer(in) [brazi'li̯a:nɐ] <-s, -> *m(f)* Brésilien(ne) *m(f)*

brasilianisch [brazi'li̯a:nɪʃ] *adj* brésilien(ne)

Brasilien [bra'zi:li̯ən] <-s> *nt* le Brésil

brät [brɛ:t] *3. Pers Präs von* **braten**

Bratapfel *m* pomme *f* [cuite] au four

braten ['bra:tən] <brät, briet, gebraten> **I.** *vt* faire cuire; ***etw in der Pfanne/im Ofen*** ~ faire cuire qc à la poêle/au four **II.** *vi (gar werden)* cuire

Braten <-s, -> *m* rôti *m*

Bratensaft *m* jus *m* de rôti **Bratensoße** *f* sauce *f* de rôti **Bratenwender** <-s, -> *m* tournebroche *m*

Bräter ['brɛ:tɐ] <-s, -> *m* GASTR sauteuse *f*

Brathähnchen *nt,* **Brathendl** ['bra:thɛndl] <-s, -[n]> *nt* A, SDEUTSCH poulet *m* rôti **Brathering** *m* hareng *m* frit puis mariné **Brathuhn** *s.* **Brathähnchen** **Bratkartoffeln** *Pl* pommes *fpl* de terre sautées **Bratpfanne** *f* poêle *f* [à frire]

Bratsche ['bra:tʃə] <-, -n> *f* alto *m*

Bratwurst *f* ① *(gebratene Wurst)* saucisse *f* grillée ② *(Wurst zum Braten)* saucisse *f* à griller

Brauch [braux, *Pl:* 'brɔyçə] <-[e]s, Bräuche> *m* coutume *f*

brauchbar *adj* ① *(geeignet)* adéquat(e) ② *(verwendbar)* utilisable ③ *(gut)* valable

brauchen ['brauxən] **I.** *vt* ① *(nötig haben)* avoir besoin de; ***jdn/etw*** ~ avoir besoin de qn/qc ② *(aufwenden müssen)* ***eine Stunde ~ um etw zu tun*** mettre une heure pour faire qc; ***wie lange ~ Sie noch?*** il vous faut encore combien de temps? ③ *(gebrauchen)* ***jdn/etw nicht ~ können*** n'avoir vraiment pas besoin de qn/qc ④ *(verbrauchen)* consommer *Strom, Wasser* **II.** *aux modal* ***du brauchst nur anzurufen*** tu dois juste téléphoner; ***Sie ~ es gar nicht erst zu versuchen*** ce n'est pas la peine d'essayer

Brauchtum <-[e]s, -tümer> *nt* coutumes *fpl*

Braue ['brauə] *f* sourcil *m*

brauen ['brauən] *vt* ① brasser *Bier* ② *(fam: zubereiten)* concocter

Brauer(in) <-s, -> *m(f)* brasseur, -euse *m, f*

Brauerei [brauə'rai] <-, -en> *f* ① *(Betrieb)* brasserie *f* ② *kein Pl (das Brauen)* brassage *m*

Brauhaus *nt* brasserie *f*

braun [braun] *adj* ① *Haar, Haarfarbe* brun(e); *Augen, Pullover* marron *inv* ② *Hautfarbe* mat(te) ③ *(sonnengebräunt)* ~ *[gebrannt]* bronzé ④ *(pej: nationalsozialistisch)* nazi(e)

Braun <-s, -> *nt* marron *m; der Haut, Augen* couleur *f* brune; *der Haare* brun *m*

Braunbär *m* ours *m* brun

Bräune ['brɔynə] <-> *f* couleur *f* brune; *(Sonnenbräune)* bronzage *m*

bräunen **I.** *vt* ① ***jdn/die Haut*** ~ faire bronzer qn/brunir la peau ② GASTR faire revenir *Speck;* faire dorer *Zwiebeln, Butter;* faire brunir *Mehl* **II.** *vi* ① *Sonne:* bronzer ② *(braun werden)* ***in der Sonne*** ~ bronzer au soleil ③ GASTR *Braten:* dorer; *Butter:*

rissoler **III.** *vr* ***sich*** ~ *Person:* se [faire] bronzer; *Haut:* brunir

braungebrannt *s.* **braun 3** **Braunkohle** *f* lignite *m*

bräunlich ['bɔynlɪç] *adj* brunâtre

Braunschweig ['braunʃvaik] <-s> *nt* Brunswick

Bräunung <-> *f (das Braunwerden)* bronzage *m*

Brause ['brauzə] <-, -n> *f* ❶ DIAL *(veraltet: Dusche)* douche *f;* ***sich unter die ~ stellen*** se doucher ❷ *(Aufsatz für Gießkannen)* pomme *f* [d'arrosoir] ❸ *(veraltet: Limonade)* limonade *f*

brausen ['brauzən] *vi* ❶ + *haben Wind, Wellen:* mugir; ***~der Beifall*** un tonnerre d'applaudissements ❷ + *sein (fam: rasen)* ***durch die Stadt*** ~ foncer à travers la ville

Brausepulver *nt* limonade *f* en poudre **Brausetablette** *f* comprimé *m* effervescent

Braut [braut, *Pl:* 'brɔytə] <-, Bräute> *f* mariée *f*

Bräutigam ['brɔytɪgam] <-s, -e> *m* marié *m*

Brautjungfer *f* demoiselle *f* d'honneur **Brautkleid** *nt* robe *f* de mariée **Brautpaar** *nt* [jeunes] mariés *mpl* **Brautschleier** *m* voile *m* de mariée

brav [bra:f] *adj* ❶ sage; *Haustier* brave *antéposé* ❷ *(bieder)* sage

bravo ['bra:vo] *interj* bravo

Bravour [bra'vu:ɐ̯] <-> *f (geh: Meisterschaft)* virtuosité *f; (Kühnheit)* bravoure *f;* ***etw mit ~ tun*** *(meisterhaft)* faire qc avec brio; *(mit Kühnheit)* faire qc avec entrain

bravourös [bravu'rø:s] **I.** *adj* ❶ *(meisterhaft)* magistral(e) ❷ *(kühn) Einsatz, Haltung* courageux, -euse **II.** *adv* ❶ *(meisterhaft)* avec brio ❷ *(kühn)* courageusement

BRD [be:ʔɛr'de:] <-> *f Abk von* **Bundesrepublik Deutschland** ***die*** ~ la R.F.A.

Breakdance ['bre:kda:ns] <-[s]> *m* MUS smurf *m*

Brechdurchfall *m* gastroentérite *f*

Brecheisen *nt* pince-monseigneur *f*

brechen ['brɛçən] <bricht, brach, gebrochen> **I.** *vt* + *haben* ❶ casser *Knochen* ❷ *(zerbrechen)* briser *Eis;* rompre *Brot* ❸ *(herausbrechen)* ***die Steine aus der Mauer*** ~ arracher les pierres du mur ❹ *(abbauen)* ***Marmor*** ~ extraire du marbre ❺ *(nicht einhalten)* rompre *Vertrag, Schwur* ❻ *(übertreffen)* battre *Rekord* ❼ *(niederkämpfen)* briser *Widerstand;* détruire *Willen* ❽ *(geh: pflücken)* cueillir *Blume* ❾ *(abprallen lassen)* réfracter *Licht;* briser *Wellen* ❿ *(erbrechen)* vomir **II.** *vi* ❶ + *sein Achse, Ast:* [se] casser ❷ + *sein (brüchig sein) Leder:* se fendre; *Teppich:* se couper ❸ + *sein (hindurchbrechen)* ***durch die Wolken*** ~ *Sonne:* faire une percée à travers les nuages ❹ + *haben (den Kontakt, die Gewohnheit beenden)* ***mit jdm/etw*** ~ rompre avec qn/qc ❺ + *haben (sich erbrechen)* vomir **III.** *vr* + *haben* ***sich an etw*** ~ *Wellen:* se briser contre qc; *Licht:* se réfracter sur qc; *Schall:* se répercuter sur qc

Brechmittel *nt* MED vomitif *m* **Brechreiz** *m* nausée *f* **Brechstange** *f* pince-monseigneur *f*

Brechung <-, -en> *f des Lichts* réfraction *f; des Schalls* répercussion *f; der Meereswellen* déferlement *m*

Brei [brai] <-[e]s, -e> *m* ❶ *(Speise)* bouillie *f; (Püree)* purée *f;* ***etw zu ~ zerstampfen*** réduire qc en purée ❷ *(dickflüssige Masse)* pâte *f*

breiig ['braiɪç] *adj* visqueux, -euse

breit [brait] **I.** *adj* ❶ large; *Schrift* étendu(e); *Nase* plat; ***drei Meter ~ sein*** avoir trois mètres de large; ***etw ~er machen*** élargir qc ❷ *(breitschultrig)* large [d'épaules] ❸ *Publikum* vaste; *Zustimmung* large *antéposé;* ***die ~e Öffentlichkeit*** le grand public ❹ *Grinsen* large *antéposé; Lachen* gros(se) *antéposé* ❺ *Dialekt* prononcé(e) ❻ DIAL *(fam: betrunken)* ~ ***sein*** être bourré **II.** *adv* ❶ ***etw ~ drücken*** aplatir qc ❷ *(kräftig)* ~ ***gebaut sein*** être carré d'épaules ❸ *(ungeniert)* ~ ***grinsen*** arborer un large sourire; ~ ***lachen*** éclater d'un gros rire ❹ *(breitbeinig)* ***sich ~ hinsetzen*** s'étendre

breitbeinig *adj o adv* les jambes écartées

Breite ['braitə] <-, -n> *f* ❶ largeur *f* ❷ *(Ausgedehntheit)* étendue *f* ❸ GEOG latitude *f* ❹ *(Ausführlichkeit)* ***in aller*** ~ en long et en large

Breitengrad *m* GEOG degré *m* de latitude **Breitenkreis** *m* GEOG parallèle *m* **Breitensport** *m* sport *m* populaire [*o* de masse]

breit|machen *vr* **sich** ~ ❶ *(viel Raum einnehmen) Person:* prendre beaucoup de place ❷ *(um sich greifen) Stimmung:* monter; *Ideologie:* se répandre **breit|schlagen** *vt irr (fam)* baratiner; ***sich von jdm ~ lassen*** se laisser baratiner par qn

breitschult[e]rig *adj* large d'épaules

Breitseite *f* ❶ NAUT bordée *f* ❷ *(scharfe Attacke)* attaque *f* cinglante **breit|treten** *irr (fam)* s'appesantir sur *Thema;* étaler *Ge-*

B

schichte, Details **Breitwand** *f* grand écran *m*

Bremen ['bre:mən] <-s> *nt* Brême

Bremsbacke *f* mâchoire *f* de frein **Bremsbelag** *m* plaquette *f* de frein[s]

Bremse ['brɛmzə] <-, -n> *f* ❶ AUT frein *m* ❷ ZOOL taon *m*

bremsen ['brɛmzən] **I.** *vi* ❶ freiner ❷ *(hinhaltend reagieren) Partei, Opposition:* faire barrage **II.** *vt* ❶ *(abbremsen)* [faire] freiner *Fahrzeug, Zug* ❷ *(verzögern)* freiner *Entwicklung* ❸ *(dämpfen)* refréner *Begeisterung* ❹ *(fam: zurückhalten)* retenir *Person, Redefluss*

Bremsflüssigkeit *f* liquide *m* de frein[s] **Bremshebel** *m* levier *m* de frein **Bremsklotz** *m* cale *f,* sabot *m* de frein **Bremsleuchte** *f,* **Bremslicht** *nt* AUT [feu *m* de] stop *m* **Bremspedal** *nt* pédale *f* de frein **Bremsscheibe** *f* AUT, TECH disque *m* de frein **Bremsspur** *f* trace *f* de freins

Bremsung <-, -en> *f* freinage *m*

Bremsvorrichtung *f (form)* dispositif *m* de freinage **Bremsweg** *m* distance *f* de freinage

brennbar *adj* combustible

Brennelement *nt* PHYS élément *m* combustible

brennen ['brɛnən] <brannte, gebrannt> **I.** *vi* ❶ *(in Flammen stehen)* brûler ❷ *(angezündet sein)* brûler; *Zigarette:* être allumé ❸ *(sich entzünden)* ***nicht*** ~ ne pas s'allumer; *Streichholz, Kohle:* ne pas s'enflammer ❹ *(angeschaltet sein)* être allumé ❺ *(schmerzen)* brûler; ***auf der Haut/Zunge*** ~ piquer la peau/langue ❻ *(inständig sinnen)* ***auf Rache*** *akk* ~ avoir soif de vengeance ❼ *(ungeduldig sein)* ***darauf*** ~ ***etw zu tun*** brûler de faire qc **II.** *vi unpers* ***es brennt!*** au feu! ▶ **wo brennt's denn?** *(fam)* il y a le feu quelque part? **III.** *vt* ❶ *(rösten)* griller *Mandeln;* torréfier *Kaffee* ❷ *(destillieren)* distiller *Schnaps* ❸ *(härten)* cuire *Ton* ❹ *(einbrennen, aufbrennen)* marquer *Rind;* ***ein Loch in den Teppich*** ~ faire un trou sur le tapis **IV.** *vr* ***sich an etw*** *dat* ~ se brûler à qc

brennend **I.** *adj* ❶ *Hitze* torride; *Durst* ardent(e) ❷ *Frage, Problem* brûlant(e); *Wichtigkeit* capital(e); *Interesse* vif(vive) *antéposé* **II.** *adv (fam) interessiert* vivement

Brenner ['brɛnɐ] <-s, -> *m* TECH brûleur *m*

Brennerei [brɛnə'rai] <-, -en> *f* distillerie *f*

Brennglas *nt* miroir *m* ardent **Brennholz** *nt* bois *m* de chauffage **Brennnessel** *f* ortie *f* **Brennpunkt** *m* ❶ PHYS foyer *m* ❷ MATH focale *f* ❸ *(Zentrum) der Ereignisse* centre *m;* ***ein sozialer*** ~ un quartier sensible **Brennspiritus** *m* alcool *m* à brûler **Brennstab** *m* [barre *f* de] combustible *m* nucléaire **Brennstoff** *m* combustible *m* **Brennstoffzelle** *f* pile *f* à combustible **Brennweite** *f* PHYS distance *f* focale

brenzlig ['brɛntslɪç] *adj (fam) Situation* critique; ***das ist/wird mir zu*** ~ ça sent le roussi

Bresche ['brɛʃə] <-, -n> *f* HIST brèche *f* ▶ **für jdn in die ~ springen** *(verteidigen)* monter au créneau pour défendre qn; *(einspringen)* monter en première ligne à la place de qn

Bretagne [bre'tanjə] <-> *f* ***die*** ~ la Bretagne

Bretone, Bretonin [bre'to:nə] <-n, -n> *m, f* Breton(ne) *m(f)*

bretonisch [bre'to:nɪʃ] **I.** *adj* breton(ne) **II.** *adv* en breton; *s. a.* **deutsch**

Brett [brɛt] <-[e]s, -er> *nt* ❶ *(Planke)* planche *f* ❷ *(Regalbrett)* étagère *f* ❸ *(Holzplatte)* planche *f;* *(klein)* planchette *f* ❹ *(Sprungbrett)* plongeoir *m* ❺ *(Spielbrett)* plateau *m* [de jeu]; *(Schachbrett)* échiquier *m;* *(Damebrett)* damier *m* ▶ **das Schwarze** ~ le tableau d'affichage

brettern ['brɛtɐn] *vi + sein (fam)* rouler à toute berzingue

Bretterzaun *m* palissade *f* **Brettspiel** *nt* jeu *m* de table

Brexit <-s> ['brɛksɪt] *m kein pl* POL Brexit *m*

Brezel ['bre:tsəl] <-, -n> *f* bretzel *m*

bricht [brɪçt] *3. Pers Präs von* **brechen**

Bridge [brɪdʒ] <-> *nt* bridge *m*

Brief [bri:f] <-[e]s, -e> *m* ❶ lettre *f* ❷ *(Versendungsart)* ***etw als ~ schicken*** envoyer qc comme lettre ❸ REL épître *f* ▶ **blauer** ~ SCHULE *(fam)* avertissement *m*

Briefbeschwerer <-s, -> *m* presse-papiers *m* **Briefbogen** *m* feuille *f* de papier à lettres **Briefbombe** *f* lettre *f* piégée **Briefdrucksache** *f* imprimé-lettre *m*

briefen ['bri:fən] *vt* briefer *Mitarbeiter, Journalisten* **Brieffreund(in)** *m(f)* correspondant(e) *m(f)* **Briefgeheimnis** *nt* secret *m* postal

Briefing ['bri:fɪŋ] <-s, -s> *nt* briefing *m*

Briefkasten *m* boîte *f* aux lettres; ***elektronischer*** ~ boîte aux lettres électronique **Briefkastenfirma** *f* société *f* boîte aux lettres **Briefkopf** *m* en-tête *m* [de lettre]

brieflich *adj o adv* par écrit

Briefmarke *f* timbre[-poste] *m*

Briefmarkenautomat *m* distributeur *m* [automatique] de timbres[-poste] **Briefmarkensammler(in)** *m(f)* philatéliste *mf* **Briefmarkensammlung** *f* collection *f* de timbres

Brieföffner *m* coupe-papier *m* **Briefpapier** *nt* papier *m* à lettres **Briefpartner(in)** *m(f)* correspondant(e) *m(f)* **Brieftasche** *f* portefeuille *m* **Brieftaube** *f* pigeon *m* voyageur **Briefträger(in)** *m(f)* facteur, -trice *m, f* **Briefumschlag** *m* enveloppe *f* **Briefwaage** *f* pèse-lettres *m* **Briefwahl** *f* vote *m* par correspondance **Briefwechsel** *m* correspondance *f*

briet [bri:t] *Imp von* **braten**

Brigade [bri'ga:də] <-, -n> *f* brigade *f*

Brikett [bri'kɛt] <-s, -s> *nt* briquette *f*

brillant [brɪl'jant] *adj* brillant(e)

Brillant [brɪl'jant] <-en, -en> *m* brillant *m*

Brillanz [brɪl'jants] <-> *f einer Rede, Darbietung* virtuosité *f; eines Einfalls* ingéniosité *f; des Klangs* pureté *f; eines Fotos* netteté *f*

Brille ['brɪlə] <-, -n> *f* lunettes *fpl*

Brillenetui [-ɛtvi:] *nt* étui *m* à lunettes **Brillengestell** *nt* monture *f* de lunettes **Brillenglas** *nt* verre *m* de lunettes **Brillenträger(in)** *m(f)* porteur, -euse *m, f* de lunettes; ~ ***sein*** porter des lunettes

Brimborium [brɪm'bo:ri̯ʊm] <-s> *nt (pej fam)* ❶ *(unnötiges Drumherum)* chichis *mpl* ❷ *(viel Aufheben)* cinéma *m;* ***viel ~ um etw machen*** faire tout un cinéma de qc

bringen ['brɪŋən] <brachte, gebracht> *vt* ❶ apporter ❷ *(servieren)* servir ❸ *(wegbringen)* [ap]porter ❹ *(vermitteln)* apporter *Nachricht* ❺ *(befördern)* amener; *Fahrer:* conduire ❻ *(begleiten)* ***jdn nach Hause ~*** ramener qn à la maison; ***jdn zur Tür ~*** [r]accompagner qn à la porte ❼ *(darbieten)* ***etw ~*** *Artist, Theater:* présenter qc; *Kino:* passer qc; *Schauspieler:* jouer qc; *Fernsehen:* diffuser qc ❽ *(veröffentlichen)* publier ❾ *(bescheren)* apporter *Regen;* donner *Ernte* ❿ *(schicken, versetzen)* ***jdn vor Gericht ~*** mener qn devant le tribunal; ***jdn in Bedrängnis ~*** mettre qn dans l'embarras ⓫ *(rauben)* ***jdn um den Schlaf ~*** empêcher qn de dormir; ***du wirst mich noch um den Verstand ~*** tu me feras perdre la tête ⓬ *(lenken)* ***das Gespräch auf jdn/etw ~*** amener la conversation sur qn/qc ⓭ *(einbringen)* rapporter *Geld* ⓮ *(fam: hin-, wegbekommen)* ***etw nicht von der Stelle ~*** ne pas arriver à bouger qc ⓯ *(bewegen)* ***jdn dazu ~ etw zu tun*** amener qn à faire qc; ***jdn so weit ~, dass er aufgibt*** forcer qn à céder ⓰ *(bewerkstelligen)* ***jdn zum Weinen ~*** faire pleurer qn ⓱ *(erreichen)* ***sie brachte es auf 105 Jahre*** elle a atteint 105 ans; ***es auf eine Zwei in Deutsch ~*** ≈ réussir à avoir un quinze en allemand ⓲ *(Erfolg haben)* ***es zu etwas/nichts ~*** arriver à quelque chose/n'arriver à rien ⓳ *(fam: machen)* ***das kannst du doch nicht ~!*** tu vas pas faire ça! ⓴ *(fam: gut sein)* ***es voll ~*** assurer un max ㉑ *(fam: funktionieren)* ***es nicht mehr ~*** *Motor:* ne plus tenir le coup ㉒ *(sich aneignen)* ***etw an sich*** *akk* ~ s'approprier qc ㉓ *(bewältigen)* ***etw hinter sich*** *akk* ~ en finir avec qc ㉔ *(zur Folge haben)* ***etw mit sich ~*** avoir qc pour conséquence ㉕ *(fertigbringen)* ***es nicht über sich*** *akk* ***~ etw zu tun*** ne pas pouvoir se résoudre à faire qc ▶ **das bringt nichts** *(fam)* c'est pas la peine

brisant [bri'zant] *adj* ❶ *(geh: heikel)* brûlant(e) ❷ *Sprengstoff* explosif, -ive

Brisanz [bri'zants] <-> *f (geh) eines Problems* caractère *m* brûlant

Brise ['bri:zə] <-, -n> *f* brise *f*

Britannien [bri'tani̯ən] <-s> *nt* HIST les îles *fpl* Britanniques

Brite, Britin ['brɪtə] <-n, -n> *m, f* Britannique *mf*

britisch *adj* britannique

bröckelig *adj Brot, Gestein, Mauer* friable; ~ ***werden*** *Gestein, Mauer:* s'effriter

bröckeln *vi* ❶ + *haben Gestein:* s'effriter; *Brot:* s'émietter ❷ + *sein* ***von etw ~*** *Putz:* s'effriter de qc; *Farbe:* se détacher de qc

Brocken ['brɔkən] <-s, -> *m* ❶ *(Erdbrocken)* motte *f* ❷ *(Steinbrocken)* bloc *m* [de pierre] ❸ *Pl (fig)* ***ein paar ~ Französisch*** quelques bribes *fpl* de français ❹ *(fam: massiger Mensch)* costaud *m* ▶ **ein harter ~ sein** *(fam) Gegner, Aufgabe:* être un gros morceau

brodeln ['bro:dəln] *vi* bouillonner

Brokat [bro'ka:t] <-[e]s, -e> *m* brocart *m*

Broker(in) ['bro:kɐ] <-s, -> *m(f)* agent *m* de change

Brokkoli ['brɔkoli] *Pl* brocoli *m*

Brom [bro:m] <-s> *nt* CHEM brome *m*

Brombeere ['brɔmbe:rə] *f* ❶ *(Frucht)* mûre *f* ❷ *(Strauch)* ronce *f*

Brombeerstrauch *m* ronce *f,* roncier *m*

Bronchie ['brɔnçi̯ə] <-, -n> *f meist Pl* bronche *f*

Bronchitis [brɔn'çi:tɪs] <-, -tiden> *f* bronchite *f*

B

Bronze ['brõ:sə] <-, -n> *f* bronze *m*
Bronzemedaille ['brõ:səmedaljə] *f* médaille *f* de bronze
Bronzezeit *f* âge *m* du bronze
Brosche ['brɔʃə] <-, -n> *f* broche *f*
broschiert [brɔ'ʃi:ɐt] *adj Ausgabe, Buch* broché(e)
Broschüre [brɔ'ʃy:rə] <-, -n> *f* brochure *f*
Brösel ['brø:zəl] <-s, -> *m bes.* A *(Krümel)* miette *f*
Brot [bro:t] <-[e]s, -e> *nt* pain *m; **belegtes** ~* sandwich *m*
Brotaufstrich *m* préparation *f [o* pâte *f]* à tartiner **Brotbelag** *m* garniture *f* sur le pain
Brötchen ['brø:tçən] <-s, -> *nt* petit pain *m*
Brötchengeber(in) *m(f) (hum fam)* employeur, -euse *m, f*
Broteinheit *f* unité *f* pain **Broterwerb** *m* gagne-pain *m* **Brotkasten** *m* boîte *f* à pain **Brotkorb** *m* corbeille *f* à pain **Brotkruste** *f* croûte *f* du pain
brotlos *adj (stellungslos)* sans emploi
Brotmaschine *f s.* **Brotschneidemaschine** **Brotmesser** *nt* couteau *m* à pain **Brotschneidemaschine** *f* trancheuse *f* à pain **Brotzeit** *f* DIAL ❶ *(Pause)* heure *f* du casse-croûte ❷ *(Essen)* casse-croûte *m inv*
Brownie ['braʊni] <-s, -s> *m* brownie *m*
browsen ['braʊzən, 'braʊzən] *vi* INFORM *[**im Internet**] ~* chercher [sur le Net]
Browser ['braʊzɐ, 'braʊzɐ] *m* INFORM logiciel *m* de recherche [*o* de navigation]
Bruch [brʊx, *Pl:* 'brʏçə] <-[e]s, Brüche> *m* ❶ *(das Brechen) einer Achse, eines Damms* rupture *f* ❷ *(Nichteinhaltung) eines Vertrags* rupture *f; eines Gesetzes* violation *f* ❸ MED *(Knochenbruch)* fracture *f; (Eingeweidebruch)* hernie *f* ❹ *(fig) einer Entwicklung* cassure *f; mit der Tradition* rupture *f* ❺ *(Zerwürfnis, Entzweiung)* rupture *f* ❻ MATH fraction *f* ❼ *kein Pl (zerbrochene Ware)* débris *mpl* ❽ *(fam: Einbruch)* casse *m* ▶ **zu ~ gehen** *Geschirr, Vase:* se casser; **in die Brüche gehen** *Beziehung, Ehe:* se solder par un échec
Bruchbude *f (pej fam)* taudis *m* **bruchfest** *adj* robuste
brüchig ['brʏçɪç] *adj* ❶ *Gestein* friable; *Leder, Pergament* cassant(e) ❷ *Stimme* cassé(e) ❸ *(überholt, hinfällig)* fragile
Bruchlandung *f* atterrissage *m* forcé **Bruchrechnen** *nt,* **Bruchrechnung** *f kein Pl* calcul *m* de fractions **Bruchstelle** *f* cassure *f; (in einem Knochen)* fracture *f* **Bruchstrich** *m* barre *f* de fraction **Bruchstück** *nt* ❶ *(Scherbe)* morceau *m* ❷ *(Ausschnitt) eines Lieds* fragment *m; einer Rede* bribes *fpl*
bruchstückhaft **I.** *adj* morcelé(e); *Beweis* incomplet, -ète **II.** *adv* partiellement; *mitbekommen* par bribes
Bruchteil *m* fraction *f* **Bruchzahl** *f* nombre *m* fractionnaire
Brücke ['brʏkə] <-, -n> *f* ❶ *(a. fig)* pont *m* ❷ NAUT passerelle *f* ❸ *(Zahnersatz)* bridge *m* ❹ *(Teppich)* carpette *f* ❺ SPORT pont *m* **Brückenbogen** *m* arche *f* de pont **Brückenpfeiler** *m* pilier *m* du pont
Brückentag *m* pont *m* ▶ **einen ~ machen** faire le pont
Bruder ['bru:dɐ, *Pl:* 'bry:dɐ] <-s, Brüder> *m* frère *m*
Brüderchen <-s, -> *nt* ❶ *(kleiner Bruder)* petit frère *m* ❷ *(als Anrede)* frérot *m fam,* frangin *m fam*
brüderlich *adj* fraternel(le)
Brüderlichkeit <-> *f* fraternité *f*
Brudermord *m* fratricide *m*
Bruderschaft <-, -en> *f* REL confrérie *f*
Brüderschaft <-, -en> *f **mit jdm ~ trinken*** trinquer avec qn *(pour marquer le début du tutoiement)*
Brügge ['brʏgə] <-s> *nt* Bruges
Brühe ['bry:ə] <-, -n> *f* ❶ *(Suppe)* bouillon *m; **eine kräftige** ~* un consommé ❷ *(pej fam: Schmutzwasser)* eau *f* cradingue
brühen *vt [**sich** dat] **einen Kaffee/Tee** ~* se faire un café/un thé
brühwarm ['bry:'varm] *(fam)* **I.** *adj* tout(e) chaud(e) **II.** *adv weitererzählen* illico **Brühwürfel** *m* cube *m* de bouillon
brüllen ['brʏlən] **I.** *vi* ❶ *Person:* crier; *(lang und heftig)* hurler ❷ *(Laute von sich geben) Affe:* hurler; *Raubtier:* rugir; *Stier, Vieh:* mugir **II.** *vt **er brüllte mir etwas ins Ohr*** il m'a crié quelque chose à l'oreille
Brüller ['brʏlɐ] <-s, -> *m (fam)* blague *f* hilarante
Brummbär *m (fam: brummiger Mensch)* râleur, -euse *m, f*
brummeln ['brʊməln] *vt, vi* grommeler
brummen ['brʊmən] **I.** *vi* ❶ *Insekt, Kreisel:* bourdonner; *Bär:* grogner; *Motor:* ronfler; *Triebwerk:* vrombir ❷ *(singen)* chanter d'une voix caverneuse ❸ *(fam: in Haft sein)* être en cabane ❹ *(murren)* ronchonner **II.** *vt* grommeler *Antwort, Namen*
Brummer ['brʊmɐ] <-s, -> *m (fam)* ❶ *(Insekt)* espèce *f* de bourdon ❷ *(Lastwagen)* gros-cul *m*

Brummi ['brʊmi] <-s, -s> *m (hum fam)* bahut *m*

Brummschädel *m (fam)* ***einen ~ haben*** avoir mal aux cheveux; *(verkatert sein)* avoir la gueule de bois

Brunch [brantʃ, branʃ] <-[e]s, -[e]s *o* -e> *nt* brunch *m*

brunchen ['brantʃn̩, 'branʃn̩] *vi* prendre un brunch

Brunei ['bru:nai̯] <-s> *nt* le Brunei

brünett [bry'nɛt] *adj* brun(e)

Brunft [brʊnft, *Pl:* 'brʏnftə] <-, Brünfte> *f* rut *m*

Brunftzeit *f* période *f* du rut

Brunnen ['brʊnən] <-s, -> *m* ❶ *(Ziehbrunnen)* puits *m* ❷ *(Zierbrunnen)* fontaine *f*

Brunnenkresse *f* cresson *m* de fontaine

Brunst [brʊnst, *Pl:* 'brʏnstə] *s.* **Brunft**

brünstig ['brʏnstɪç] *adj* ❶ *Tier* en rut ❷ *(hum: lüstern)* lubrique

Bruschetta <-, -s *o* Bruschette> [brʊs'kɛta] *f* bruschetta *f*

brüsk [brʏsk] **I.** *adj* brutal(e) **II.** *adv sich abwenden* brusquement; *sagen, abfertigen* brutalement

brüskieren* [brʏs'ki:rən] *vt* brusquer

Brüssel ['brʏsəl] <-s> *nt* Bruxelles

Brüsseler(in) <-s, -> *m(f)* Bruxellois(e) *m(f)*

Brust [brʊst, *Pl:* 'brʏstə] <-, Brüste> *f* ❶ *(Brustkasten)* thorax *m* ❷ *(weibliche Brust)* sein *m; (Büste)* poitrine *f* ❸ GASTR poitrine *f; von Geflügel* blanc *m* ❹ *(Brustschwimmen)* ***die 200 Meter ~ gewinnen*** gagner le 200 mètres brasse

Brustbein *nt* ANAT sternum *m* **Brustbeutel** *m* pochette *f* de sécurité *(portée sur la poitrine autour du cou)*

brüsten ['brʏstən] *vr* ***sich*** ~ se vanter; ***sich mit etw*** ~ se vanter de qc

Brustfell *nt* ANAT plèvre *f* **Brustkasten** *m (fam)* coffre *m* **Brustkorb** *m* cage *f* thoracique **Brustkrebs** *m* cancer *m* du sein **Brustmuskel** *m* [muscle *m*] pectoral *m* **Brustschwimmen** <-s> *nt* brasse *f* **Brusttasche** *f (außen)* poche *f* de poitrine; *(innen)* poche intérieure **Brustumfang** *m* tour *m* de poitrine

Brüstung ['brʏstʊŋ] <-, -en> *f* ❶ *(Balkonbrüstung)* balustrade *f* ❷ *(Fensterbrüstung)* appui *m* de fenêtre

Brustwarze *f* mamelon *m*

Brut [bru:t] <-, -en> *f* ❶ *kein Pl (das Brüten)* couvaison *f* ❷ *(die Jungtiere) von Hühnern, Vögeln* couvée *f; von Bienen* couvain *m*

brutal [bru'ta:l] *adj* ❶ *Person, Vorgehen, Misshandlung* brutal(e); ***ein ~er Kerl*** une brute ❷ *Gesicht* de brute

Brutalität [brutali'tɛ:t] <-, -en> *f* brutalité *f*

Brutapparat *m* incubateur *m*

brüten ['bry:tən] *vi* ❶ *Vogel:* couver ❷ *(grübeln)* ***über etw*** *dat* ~ cogiter sur qc

Brüter <-s, -> *m* ***schneller*** ~ sur[ré]générateur *m*

Bruthitze *f (fam)* chaleur *f* d'étuve

Brutkasten *m* MED couveuse *f* **Brutpflege** *f* élevage *m* de la portée; *(bei Vögeln)* élevage de la couvée; ***~ betreiben*** élever sa portée; *Vogel:* élever sa couvée **Brutstätte** *f* ❶ *(Nistplatz)* nid *m* ❷ *(fig)* ***eine ~ des Lasters*** un lieu de perdition

brutto ['brʊto] *adv* brut

Bruttoeinkommen *nt* revenu *m* brut **Bruttogehalt** *nt* salaire *m* brut **Bruttoinlandsprodukt** *nt* produit *m* intérieur brut **Bruttolohn** *m* salaire *m* brut **Bruttopreis** *m* prix *m* brut **Bruttosozialprodukt** *nt* produit *m* national brut

brutzeln ['brʊtsəln] **I.** *vi* cuire; ***in der Pfanne*** ~ cuire à la poêle **II.** *vt (fam)* ***sich etw*** ~ [se] faire cuire qc

BSE [be:ʔɛs'e:] <-> *f Abk von* **bovine spongiforme Enzephalopathie** encéphalopathie *f* spongiforme bovine

Btx [be:te:'ʔɪks] *Abk von* **Bildschirmtext** HIST ≈ minitel® *m*

Bub [bu:p] <-en, -en> *m* SDEUTSCH, A, CH gamin *m*

Bubbletea ['bʌbəlti:] <-s, -s> *m* thé *m* aux bulles, bubble tea *m*

Bube <-n, -n> *m* SPIEL valet *m*

Buch [bu:x, *Pl:* 'by:çe] <-[e]s, Bücher> *nt* ❶ livre *m* ❷ *meist Pl (Geschäftsbuch)* livre *m* de comptes ▶ **..., wie er/es im ~e steht** ..., tel qu'on se l'imagine **Buchbesprechung** *f* compte *m* rendu

Buchbinder(in) <-s, -> *m(f)* relieur, -euse *m, f* **Buchbinderei** [bu:xbɪndə'rai̯] <-, -en> *f* ❶ *(Betrieb)* atelier *m* de relieur ❷ *kein Pl (das Binden)* reliure *f* **Buchdeckel** *m* plat *m;* ***der vordere/hintere ~*** le plat supérieur/inférieur **Buchdruck** *m kein Pl* typographie *f* **Buchdrucker(in)** *m(f)* typographe *mf* **Buchdruckerei** [bu:xdrʊkə'rai̯] *f* ❶ *(Betrieb)* atelier *m* de typographie ❷ *kein Pl (das Drucken)* typographie *f*

Buche ['bu:xə] <-, -n> *f* hêtre *m*

Buchecker <-, -n> *f* faine *f*

buchen ['bu:xən] *vt* ❶ réserver, s'inscrire à *Reise* ❷ COM *(verbuchen)* ***etw*** ~ *Person:*

B

B

comptabiliser qc; *Registrierkasse:* enregistrer qc

Bücherbord <-borde> *nt (Brett)* tablette *f; (Regal)* étagères *f pl* **Bücherbrett** *nt* tablette *f* **Bücherbus** *m* bibliobus *m*

Bücherei [byːçəˈrai] <-, -en> *f* bibliothèque *f*

Bücherregal *nt* étagères *f pl; (in einer Bibliothek)* rayon *m* de bibliothèque **Bücherschrank** *m* bibliothèque *f* **Büchersendung** *f* colis *m* de livres **Bücherverbrennung** *f* autodafé *m* de livres **Bücherwurm** *m (hum)* rat *m* de bibliothèque *fam*

Buchfink *m* pinson *m*

Buchführung *f* comptabilité *f* **Buchhalter(in)** *m(f)* comptable *mf*

buchhalterisch *adj Pflichten, Tätigkeit* de comptable; *Arbeit* de comptabilité

Buchhaltung *f* ❶ *(Rechnungsabteilung)* [service *m* de la] comptabilité *f* ❷ *(Buchführung)* comptabilité *f* **Buchhandel** *m (Handel)* commerce *m* du livre; ***im ~ erhältlich*** disponible en librairie **Buchhändler(in)** *m(f)* libraire *mf* **Buchhandlung** *f* librairie *f* **Buchmacher(in)** *m(f)* bookmaker *m* **Buchmesse** *f* foire *f* du livre **Buchprüfer(in)** *m(f)* expert-comptable *m* **Buchprüfung** *f* vérification *f* des livres, expertise *f* comptable **Buchrücken** *m* dos *m* du livre

Buchsbaum *m* buis *m*

Buchse [ˈbʊksə] <-, -n> *f* ❶ ELEC douille *f* ❷ TECH manchon *m*

Büchse [ˈbʏksə] <-, -n> *f* ❶ *(Behälter, Konserve)* boîte *f* ❷ *(Sammelbüchse)* tronc *m* ❸ *(Jagdgewehr)* carabine *f* **Büchsenmilch** *f* lait *m* concentré *(en boîte)*

Büchsenöffner *m* ouvre-boîte *m*

Buchstabe [ˈbuːxʃtaːbə] <-n[s], -n> *m* lettre *f; (Druckbuchstabe)* caractère *m* [d'imprimerie]

buchstabieren* [buːxʃtaˈbiːrən] *vt* épeler

buchstäblich [ˈbuːxʃtɛːplɪç] *adv* littéralement

Buchstütze *f* serre-livres *m*

Bucht [bʊxt] <-, -en> *f* ❶ *(Meeresbucht)* baie *f; (klein)* crique *f;* ***die Deutsche ~*** la baie allemande ❷ *(Parkbucht)* place *f* [de parking]

Buchtel [ˈbʊxtl̩] <-, -n> *f* A beignet *m*

Buchung <-, -en> *f* ❶ *(Reservierung)* réservation *f* ❷ *(Verbuchung)* écriture *f*

Buchungsbeleg *m* FIN document *m* [*o* pièce *f*] comptable

Buchungsnummer *f* numéro *m* de réservation

Buchweizen *m* sarrasin *m*

Buckel [ˈbʊkəl] <-s, -> *m* ❶ *(Verwachsung)* bosse *f* ❷ *(fig)* ***einen ~ machen*** *Katze:* faire le gros dos ❸ *(fam: Rücken)* dos *m* ❹ *(fam: Bergkuppe)* mamelon *m* ❺ *(Wölbung)* bosse *f* ▶ **rutsch mir [doch] den ~ runter!** *(fam)* lâche-moi les baskets!

buckelig *s.* **bucklig**

Buckelige(r) *s.* **Bucklige(r)**

buckeln *vi (fam)* ❶ *Katze:* faire le gros dos ❷ *(pej: devot sein)* ***vor jdm ~*** courber l'échine devant qn

bücken [ˈbʏkən] *vr* ***sich ~*** se pencher; ***sich nach etw ~*** se pencher pour ramasser qc

bucklig *adj (fam)* ❶ *Person* bossu(e) ❷ *Straße, Fläche* bosselé(e)

Bucklige(r) *f(m) dekl wie adj* bossu(e) *m(f)*

Bückling [ˈbʏklɪŋ] <-s, -e> *m (Hering)* hareng *m* saur

Budapest <-s> *nt* Budapest

buddeln [ˈbʊdəln] *(fam)* **I.** *vi* faire un trou/des trous **II.** *vt* creuser *Loch*

Buddha [ˈbʊda] <-s, -s> *m* ❶ REL Bouddha *m* ❷ *(Buddhastatue)* bouddha *m*

Buddhismus [bʊˈdɪsmʊs] <-> *m* bouddhisme *m*

Buddhist(in) [bʊˈdɪst] <-en, -en> *m(f)* bouddhiste *mf*

buddhistisch [bʊˈdɪstɪʃ] **I.** *adj* bouddhiste **II.** *adv* selon le rite bouddhiste

Bude [ˈbuːdə] <-, -n> *f* ❶ cabane *f* ❷ *(Kiosk)* stand *m*

Budget [bʏˈdʒeː] <-s, -s> *nt* budget *m*

Büfett [byˈfeː] <-[e]s, -e *o* -s> *nt* ❶ *(Anrichte)* buffet *m* ❷ *(angerichtete Speisen)* ***kaltes ~*** buffet *m* froid ❸ *(Schanktisch)* comptoir *m*

Büffel [ˈbʏfəl] <-s, -> *m* buffle *m*

büffeln *vt, vi (fam)* bûcher

Buffet [bʏˈfeː] <-s, -s> *nt,* **Büffet** [bʏˈfeː] <-s, -s> *nt* CH *(Bahnhofsgaststätte)* buffet *m*

Bug[1] [buːk] <-[e]s, -e> *m* ❶ *eines Schiffs* proue *f; eines Flugzeugs* nez *m* ❷ <Büge> GASTR épaule *f*

Bug[2] [bʌg] <-s, -s> *m* INFORM bug *m,* bogue *m*

Bügel [ˈbyːgəl] <-s, -> *m* ❶ *(Kleiderbügel)* cintre *m* ❷ *(Brillenbügel)* branche *f* ❸ *(Steigbügel)* étrier *m* ❹ *(Einfassung) einer Geldbörse, Handtasche* monture *f* ❺ *(Schleppliftbügel)* perche *f* ❻ *(Handtaschengriff)* poignée *f*

Bügelbrett *nt* table *f* à repasser **Bügeleisen** *nt* fer *m* à repasser **Bügelfalte** *f* pli *m* [de pantalon] **bügelfrei** *adj* infroissable; ***~ sein*** ne pas se repasser

bügeln ['by:gəln] *vt, vi* repasser; ***etw glatt*** ~ repasser qc [pour enlever les faux plis]
Bügelsäge *f* TECH scie *f* à chantourner
Buggy ['bagi] <-s, -s> *m (Kinderwagen)* poussette-canne *f*
buh [bu:] *interj* [h]ou
buhen *vi (fam)* pousser des huées de mécontentement
buhlen ['bu:lən] *vi (pej geh)* ***um etw*** ~ chercher à s'attirer qc
Buhmann ['bu:man] <-männer> *m (fam)* bouc *m* émissaire; ***jdn zum ~ machen*** prendre qn comme bouc émissaire
Bühne ['by:nə] <-, -n> *f* ❶ *eines Theaters* scène *f;* ***auf der ~ stehen*** se produire [sur scène] ❷ *(Theater)* théâtre *m* ❸ *(Tribüne)* estrade *f* ❹ *(Hebebühne)* pont *m* élévateur ▸ **etw über die ~ bringen** *(fam)* en finir avec qc
Bühnenanweisung *f* indication *f* scénique, didascalie *f* **Bühnenausstattung** *f* décors *mpl* **Bühnenbild** *nt* décors *mpl* **Bühnenbildner(in)** ['by:nənbɪltnɐ] <-s, -> *m(f)* scénographe *mf* **bühnenreif** *adj* ❶ *Stück* prêt [à être représenté] ❷ *(iron) Auftritt, Szene* théâtral(e) **Bühnenstück** *nt* pièce *f* de théâtre **bühnenwirksam** **I.** *adj* scéniquement approprié(e) **II.** *adv* pour la scène
Buhruf *m* huées *fpl*
buk [bu:k] *Imp von* **backen**
Bukarest ['bu:karɛst] <-s> *nt* Bucarest
Bukett [bu'kɛt] <-s, -s *o* -e> *nt (Strauß, Duft)* bouquet *m*
Bulette [bu'lɛtə] <-, -n> *f* DIAL boulette *f* [de viande] ▸ **ran an die ~n!** *(fam)* faut y aller!
Bulgare, Bulgarin [bʊl'ga:rə] <-n, -n> *m, f* Bulgare *mf*
Bulgarien [bʊl'ga:ri̯ən] <-s> *nt* la Bulgarie
bulgarisch [bʊl'ga:rɪʃ] **I.** *adj* bulgare **II.** *adv* ~ ***miteinander sprechen*** discuter en bulgare; *s. a.* **deutsch**
Bulgarisch <-[s]> *nt kein Art* bulgare *m; s. a.* **Deutsch**
Bulgur ['bʊlgʊr] <-s> *m* GASTR boulgour *m*
Bulimie [buli'mi:] <-> *f* MED boulimie *f*
Bullauge ['bʊlʔau̯gə] *nt* hublot *m* **Bulldogge** <-, -n> *f* ZOOL bouledogue *m*
Bulldozer ['bʊldo:zɐ] <-s, -> *m* bulldozer *m*
Bulle ['bʊlə] <-n, -n> *m* ❶ *(Rind)* taureau *m* ❷ *(männliches Tier)* mâle *m* ❸ *(fam: starker Mann)* gros balèze *m* ❹ *(fam: Polizist)* flic *m*
Bullenhitze *f (fam)* chaleur *f* à crever *fam*
Bulletin [bʏl'tɛ̃:] <-s, -s> *nt* communiqué *m*
bullig ['bʊlɪç] *adj (fam) Kerl, Mann* balèze
bum *interj* boum; ***es machte*** ~ ça a fait boum
Bumerang ['bu:məraŋ] <-s, -s *o* -e> *m* boomerang *m*
Bummel <-s, -> *m* balade *f*
Bummelei <-, -en> *f (pej fam)* ***Schluss mit der ~!*** arrête/arrêtez de traînasser!
bummeln *vi* ❶ + *sein (schlendern, spazieren)* ~ ***gehen*** aller se balader ❷ + *haben (fam: trödeln)* traînasser
Bummelstreik *m* grève *f* du zèle **Bummelzug** *m (fam)* tortillard *m*
bums *interj s.* **bum**
bumsen ['bʊmzən] **I.** *vi unpers* + *haben (fam)* ***es bumst*** *(es kracht)* ça fait boum; *(ein Unfall passiert)* ça cartonne **II.** *vi* ❶ + *haben (fam: schlagen)* ***gegen die Tür*** ~ tambouriner à la porte [en faisant un boucan pas possible] ❷ + *sein (prallen)* ***auf/gegen etw*** ~ rentrer dans qc ❸ + *haben (vulg: koitieren)* baiser *fam;* ***mit jdm*** ~ coucher avec qn **III.** *vt* + *haben (vulg)* ***jdn*** ~ baiser qn *fam*
Bund[1] [bʊnt, *Pl:* 'bʏndə] <-[e]s, Bünde> *m* ❶ *(Vereinigung, Verband)* association *f* ❷ *(Konföderation)* fédération *f* ❸ *(Bündnis)* alliance *f* ❹ POL ***[der] ~ und [die] Länder*** le Bund et les Länder ❺ *(fam: Bundeswehr)* ***der*** ~ l'armée [allemande] ❻ *(Rockbund, Hosenbund)* ceinture *f* ❼ MUS *eines Zupfinstruments* touche *f* ▸ **den ~ fürs Leben schließen** *(geh)* contracter mariage; **mit jdm im ~e sein** être le complice de qn
Bund[2] [bʊnt] <-[e]s, -e> *nt* botte *f;* ***zwei ~ Radieschen*** deux bottes de radis
Bündchen ['bʏntçən] <-s, -> *nt* ❶ *(am Hals)* col *m* ❷ *(am Ärmel)* poignet *m*
Bündel ['bʏndəl] <-s, -> *nt* ❶ ***ein ~ Wäsche/Kleidung*** un paquet de linge/vêtements; ***ein ~ Banknoten*** une liasse de billets de banque; ***ein ~ Stroh*** une botte de paille ❷ *(große Menge)* ***ein ganzes ~ von Fragen*** tout un tas de questions ▸ **jeder hat sein ~ zu tragen** chacun doit porter sa croix
bündeln ['bʏndəln] *vt* ❶ *(zusammenschnüren)* faire un paquet/des paquets avec *Zeitungen, Altpapier;* faire une liasse/des liasses avec *Banknoten;* faire une botte/des bottes avec *Radieschen, Stroh* ❷ PHYS focaliser *Strahlen*
bündelweise *adv verkaufen* en bottes

B

Bundesagentur *f* ~ ***für Arbeit*** Agence *f* fédérale pour l'emploi **Bundesamt** *nt* office *m* fédéral **Bundesanstalt** *f* office *m* fédéral **Bundesanwalt, -anwältin** *m, f* procureur *mf* fédéral(e) **Bundesausbildungsförderungsgesetz** *nt loi fédérale visant à promouvoir la formation et déterminant les bourses d'études* **Bundesbahn** *f* chemins *mpl* de fer; ***die Deutsche*** ~ HIST les chemins de fer allemands; ***die Östereichischen/Schweizerischen ~en*** les chemins de fer autrichiens/suisses **Bundesbank** *f* banque *f* fédérale; ***die Deutsche*** ~ la banque fédérale allemande **Bundesbehörde** *f* administration *f* [d'un Land]; ***oberste*** ~ administration fédérale **Bundesbürger(in)** *m(f)* citoyen(ne) *m(f)* de la République fédérale d'Allemagne **Bundesebene** *f* ***auf*** ~ à l'échelon fédéral **Bundesfinanzhof** *m* Cour *f* fédérale des finances **Bundesgebiet** *nt* territoire *m* fédéral **Bundesgenosse, -genossin** *m, f* allié(e) *m(f)* **Bundesgericht** *nt* CH Tribunal *m* fédéral [suprême]

Bundesgerichtshof *m* cour *f* suprême fédérale

Bundesgrenzschutz *m police fédérale allemande pour la protection des frontières*

Bundeshauptstadt *f* capitale *f* fédérale **Bundeshaus** *nt* ❶ siège *m* du Parlement fédéral ❷ CH siège *m* du Parlement de la Confédération **Bundesinnenminister(in)** *m(f)* ministre *mf* de l'Intérieur **Bundeskanzler(in)** *m(f)* chancelier *m* fédéral/chancelière *f* fédérale; CH chancelier de la Confédération

Land und Leute
En Allemagne, le **Bundeskanzler** ou la **Bundeskanzlerin** est élu(e) par le *Bundestag*, le parlement fédéral, puis installé(e) par le président ou la présidente de la République fédérale. Il ou elle est à la tête du gouvernement.
En Autriche, le parti ayant le plus de représentants au Conseil national propose un(e) candidat(e) pour la fonction de chancelier ou chancelière que le président ou la présidente de la République fédérale nomme par la suite. Il ou elle est président(e) du gouvernement et dirige la chancellerie fédérale.
En Suisse, le chancelier ou la chancelière de la Confédération dirige la chancellerie qui est placée sous la tutelle du président ou de la présidente de la Confédération.

Bundeskanzleramt *nt* chancellerie *f* fédérale **Bundesland** *nt* Land *m* **Bundesliga** *f* SPORT ≈ première division *f* **Bundesminister(in)** *m(f)* ministre *mf* fédéral **Bundesministerium** *nt* ministère *m* fédéral **Bundesnachrichtendienst** *m service de renseignements fédéral allemand* **Bundespost** *f* poste *f* fédérale; ***die Deutsche*** ~ HIST la poste fédérale allemande; ***die Österreichische*** ~ la poste fédérale autrichienne **Bundespräsident(in)** *m(f)* président(e) *m(f)* de la République fédérale; CH président(e) *m(f)* de la Confédération

Land und Leute
Le **Bundespräsident** ou la **Bundespräsidentin** est en Allemagne et en Autriche le chef de l'État. Il ou elle exerce principalement des fonctions représentatives. En Suisse, en revanche, il ou elle fait partie du gouvernement qui est composé de sept personnes et que l'on appelle le Conseil fédéral. Celui-ci élit tous les ans parmi ses membres un **Bundespräsident** ou la **Bundespräsidentin** qui n'a, toutefois, que la fonction de représentant.

Bundesrat *m kein Pl* Conseil *m* fédéral; A, CH Conseil *m* fédéral

Land und Leute
En Allemagne, les membres des gouvernements des Länder forment le **Bundesrat**. Chaque Land dispose d'au moins trois voix, les plus peuplés peuvent en avoir jusqu'à six. Dans le système fédéral allemand, le **Bundesrat** joue un rôle législatif important.
En Autriche, le **Bundesrat** est une partie du parlement. Le nombre d'habitants des Länder décide de la représentation de ces derniers au **Bundesrat**.
En Suisse, en revanche, le **Bundesrat** est en fait le gouvernement. Il est constitué de sept membres élus pour quatre ans et son président ou sa présidente est aussi celui ou celle de la Confédération.

Bundesrechnungshof *m* Cour *f* fédérale des comptes **Bundesrecht** *nt kein Pl* JUR droit *m* fédéral **Bundesregierung** *f* gouvernement *m* fédéral **Bundesrepublik** *f* République *f* fédérale; ***die ~ Deutschland*** la République fédérale d'Allemagne **Bundesstaat** *m* ❶ *(Staatenbund)* État *m* fédéral ❷ *(Gliedstaat)* État *m* fédéré **Bundesstraße** *f* ≈ route *f* nationale **Bundestag** *m* Bundestag *m*

Land und Leute
Les membres de la représentation nationale de la République fédérale d'Allemagne sont élus pour quatre ans lors d'élections libres à bulletins secrets. Le **Bundestag** élit le chancelier ou la chancelière, discute et adopte les projets de lois.

Bundestagsabgeordnete(r) *f(m) dekl wie Adj* député(e) *m(f)* au Bundestag **Bundestagsfraktion** *f* POL groupe *m* parlementaire [du Bundestag]
Bundestagspräsident(in) *m(f)* président(e) *m(f)* du Bundestag **Bundestagswahl** *f* élections *fpl* au Bundestag
Bundestrainer(in) *m(f)* entraîneur *m* / entraîneuse *f* de l'équipe nationale
Bundesverdienstkreuz *nt* croix *f* fédérale du Mérite **Bundesverfassungsgericht** *nt* tribunal *m* constitutionnel suprême **Bundesversammlung** *f* Assemblée *f* fédérale **Bundeswehr** ['bʊndəsveːɐ] *f* armée *f* fédérale **bundesweit** *adj o adv* dans l'ensemble du territoire fédéral
Bundfalte *f* pince *f*
Bundfaltenhose *f* pantalon *m* à pinces
bündig ['bʏndɪç] **I.** *adj* ❶ *Antwort, Auskunft* concis(e) ❷ *(auf gleicher Ebene)* plan(e) **II.** *adv antworten* de manière concise
Bündnis ['bʏntnɪs] <-ses, -se> *nt* alliance *f*; ***~ 90/Die Grünen*** POL *parti allemand écologiste et alternatif*
Bündnispartner(in) *m(f)* partenaire *mf* de l'alliance
Bundweite *f* taille *f*
Bungalow ['bʊŋgalo] <-s, -s> *m* bungalow *m*
Bungeejumping ['bandʒidʒampɪŋ] <-s> *nt*, **Bungeespringen** *nt* saut *m* à l'élastique
Bunker ['bʊnkɐ] <-s, -> *m* bunker *m*
bunkern ['bʊnkɐn] *vt* ❶ *(einlagern)* entreposer *Kohle, Erz* ❷ *(fam: verstecken)* planquer
Bunsenbrenner ['bʊnzənbrɛnɐ] *m* bec *m* Bunsen
bunt [bʊnt] **I.** *adj* ❶ de toutes les couleurs; *Stoff, Vorhang* multicolore; ***sehr ~ sein*** être très coloré ❷ *(ungeordnet)* disparate ❸ *Menge, Gewirr* bigarré(e); *Mischung, Auswahl* varié(e) **II.** *adv* ❶ *anstreichen* de toutes les couleurs; ***~ bemalt*** peint [de multiples couleurs]; ***sich ~ färben*** *Laub:* devenir multicolore ❷ *(ungeordnet)* ***~ verstreut im Zimmer liegen*** être posé pêle-mêle dans la pièce ❸ *(abwechslungsreich)* ***~ gemischt*** varié ▶ **jdm <u>wird</u> es zu ~** *(fam)* qn en a marre
buntgemischt *s.* **bunt II. 3 Buntspecht** *m* pic *m* épeiche **Buntstift** *m* crayon *m* de couleur **Buntwäsche** *f* linge *m* de couleur
Bürde ['bʏrdə] <-, -n> *f (geh)* fardeau *m*
Burg [bʊrk] <-, -en> *f* ❶ HIST château *m* fort ❷ *(Sandburg)* château *m* de sable
Bürge, Bürgin ['bʏrgə] <-n, -n> *m, f* JUR garant(e) *m(f)*, caution *f*
bürgen ['bʏrgən] *vi* ❶ JUR se porter garant ❷ *(Qualität verbürgen)* garantir
Bürger(in) ['bʏrgɐ] <-s, -> *m(f)* citoyen(ne) *m(f)*
Bürgerbegehren *nt* pétition *f* de citoyens
Bürgerbewegung *f* mouvement *m* citoyen **Bürgerhaus** *nt* ❶ *(Gemeindezentrum)* centre *m* social et culturel ❷ ARCHIT maison *f* bourgeoise **Bürgerinitiative** *f* comité *m* de défense **Bürgerkrieg** *m* guerre *f* civile **bürgerkriegsähnlich** *adj* comparable à une guerre civile; ***~e Zustände*** un climat de guerre civile
bürgerlich ['bʏrgɐlɪç] *adj* ❶ *attr Recht* civil(e) ❷ *(dem Bürgertum entsprechend)* bourgeois(e)
Bürgerliche(r) *f(m) dekl wie adj* roturier, -ière *m, f*
Bürgermeister(in) *m(f)* maire *m* **Bürgerrecht** *nt meist Pl* droit *m* civique
Bürgerrechtler(in) ['bʏrgɐrɛçtlɐ] <-s, -> *m(f)* défenseur *mf* des droits du citoyen
Bürgerschaft <-, -en> *f* ❶ *(die Bürger)* citoyens *mpl* ❷ *(Bürgervertretung)* municipalité *f*
Bürgersteig ['bʏrgɐʃtaɪk] <-[e]s, -e> *m* trottoir *m*
Bürgertum <-[e]s> *nt* bourgeoisie *f*
Bürgin ['bʏrgɪn] *s.* **Bürge**
Burgruine *f* ruines *fpl* d'un château
Bürgschaft ['bʏrkʃaft] <-, -en> *f* caution *f*;

B

für jdn/etw ~ leisten se porter garant pour qn/de qc

Burgund [bʊrˈgʊnt] <-[s]> *nt* la Bourgogne

Burgunder [bʊrˈgʊndɐ] <-s, -> *m (Wein)* bourgogne *m*

Burka [ˈbʊrka] <-, -s> *f* burqa *f*, burka *f*

burlesk [bʊrˈlɛsk] *adj* burlesque

Burn-out [ˈbəːnʔaʊt] <-s, -s> *m* MED épuisement *m* physique et moral, burn[-]out *m*

Burn-out-Syndrom [bøːɐnˈʔaʊt-] *nt* MED syndrome *m* d'épuisement physique et moral

Büro [byˈroː] <-s, -s> *nt* bureau *m*

Büroangestellte(r) *f(m) dekl wie adj* employé(e) *m(f)* de bureau **Büroarbeit** *f* travail *m* de bureau **Bürobedarf** *m* fournitures *f pl* de bureau **Bürogebäude** *nt* bâtiment *m* à usage de bureaux, immeuble *m* de bureaux **Bürohaus** *nt* immeuble *m* de bureaux **Bürohengst** *m (pej)* rond-de-cuir *m* **Bürokaufmann, -kauffrau** *m, f* secrétaire *mf* commercial(e) **Büroklammer** *f* trombone *m*

Bürokrat(in) [byroˈkraːt] <-en, -en> *m(f) (pej)* bureaucrate *mf*

Bürokratie [byrokraˈtiː] <-, -ien> *f* bureaucratie *f*

bürokratisch [byroˈkraːtɪʃ] I. *adj* bureaucratique II. *adv* de façon bureaucratique

Büromaterial *nt* matériel *m* de bureau **Büromöbel** *nt meist Pl* meuble *m* de bureau **Büroschluss** *m* fermeture *f* des bureaux **Bürostuhl** *m* chaise *f* de bureau **Bürostunden** *Pl* heures *f pl* de bureau **Bürozeiten** *Pl* heures *f pl* de bureau

Bursche [ˈbʊrʃə] <-n, -n> *m* ❶ *(Halbwüchsiger)* jeune *m*; ***na warte, ~!*** attends un peu, mon gaillard! ❷ *(fam: Kerl)* ***ein [ganz] übler ~*** un sale type ❸ *(fam: Exemplar)* engin *m*

Burschenschaft <-, -en> *f* corporation *f* d'étudiants

burschikos [bʊrʃiˈkoːs] *adj Mädchen* sans façons; *Art, Benehmen* décontracté(e) *fam*; *Ausdrucksweise* relâché(e)

Bürste [ˈbʏrstə] <-, -n> *f* brosse *f*

bürsten *vt* brosser

Burundi [buˈrʊndi] <-s> *nt* le Burundi

Bus [bʊs] <-ses, -se> *m* ❶ bus *m*; *(Reisebus)* car *m* ❷ INFORM bus *m*

Busbahnhof *m* gare *f* routière

Busch [bʊʃ, *Pl:* ˈbʏʃə] <-[e]s, Büsche> *m* ❶ *(Strauch)* buisson *m* ❷ *(Buschwald)* brousse *f*

Büschel [ˈbʏʃəl] <-s, -> *nt* touffe *f*

büschelweise *adv* par touffes

Buschfeuer *nt* feu *m* de brousse

buschig I. *adj* touffu(e); *Augenbrauen* en broussaille II. *adv wachsen* en buisson

Buschmesser *nt* machette *f* **Buschwerk** *nt kein Pl* broussailles *f pl*

Busen [ˈbuːzən] <-s, -> *m* poitrine *f*

Busenfreund(in) *m(f)* ami(e) *m(f)* intime **Busenwunder** *nt (fam)* super poitrine *f*

Busfahrer(in) *m(f)* conducteur *m* / conductrice *f* de bus **Bushaltestelle** *f* arrêt *m* de bus

Business [ˈbɪznɪs, ˈbɪznɛs] <-> *nt (fam)* ❶ *(Geschäftsleben, Berufsleben)* travail *m* ❷ *(Firma, Unternehmen)* affaire *f*

Businessclass, Business-Class [ˈbɪznɪsklaːs] <-> *f* classe *f* affaires **Buslinie** *f* ligne *f* de bus

Bussard [ˈbʊsart] <-s, -e> *m* buse *f*

Buße [ˈbuːsə] <-, -n> *f* ❶ *kein Pl* REL pénitence *f* ❷ *(Schadenersatz)* amende *f*

büßen [ˈbyːsən] I. *vt* ❶ ***er hat seinen Leichtsinn mit dem Leben gebüßt*** son inconscience lui a coûté la vie; ***das wirst*** [*o* ***sollst***] ***du mir ~!*** tu vas me le payer! ❷ CH *(mit einer Geldbuße belegen)* ***jdn*** ~ frapper qn d'une amende II. *vi* ***für etw*** ~ subir les conséquences de qc; ***dafür wird er mir ~!*** il me le paiera!

Büßer(in) [ˈbyːsɐ] <-s, -> *m(f)* pénitent(e) *m(f)*

Busserl [ˈbʊsɐl] <-s, -[n]> *nt* SDEUTSCH, A *(fam)* bisou *m fam*

Bußgeld *nt* amende *f*

Bußgeldbescheid *m* contravention *f*

Bussi [ˈbʊsi] <-s, -s> *nt (fam)* bisou *m fam*

Busspur *f* voie *f* réservée aux autobus

Buß- und Bettag *m jour férié protestant consacré à la pénitence et au recueillement*

Büste [ˈbʏstə] <-, -n> *f* ❶ *a.* KUNST buste *m* ❷ *(Schneiderpuppe)* mannequin *m*

Büstenhalter *m* soutien-gorge *m*

Busverbindung *f* correspondance *f* [de bus]

Butan [buˈtaːn] <-s, -e> *nt* CHEM butane *m*

Butangas *nt* [gaz *m*] butane *m*

Butt [bʊt] <-[e]s, -e> *m* turbot *m*

Bütte [ˈbʏtə] <-, -n> *f* DIAL baquet *m*

Büttenrede *f* DIAL discours *m* de carnaval

Butter [ˈbʊtɐ] <-> *f* beurre *m*

Butterblume *f (fam)* bouton *m* d'or **Butterbrot** *nt* tartine *f* [de beurre] **Butterbrotpapier** *nt* papier *m* sulfurisé **Buttercreme** [-kreːm] *f* crème *f* au beurre **Butterdose** *f* beurrier *m* **Butterkeks** *m* petit-beurre *m*; ***ein paar ~e essen*** manger quelques petits-beurre **Buttermilch** *f*

petit-lait *m* **Buttersäure** *f* CHEM acide *m* butyrique **butterweich** ['bʊtɐ'vaiç] **I.** *adj* ❶ *Frucht* fondant(e) ❷ *Landung* en douceur **II.** *adv landen* en douceur
Button ['batən] <-s, -s> *m* badge *m*
Butzenscheibe ['bʊtsən-] *f* vitre *f* en cul de bouteille
b. w. *Abk von* **bitte wenden** T.S.V.P.
BWL [beːveː'ʔɛl] *Abk von* **Betriebswirtschaftslehre** sciences *f pl* éco
Bypass ['baipas, *Pl:* -pɛsə] <-es, -pässe> *m* MED pontage *m*
Byte [bait] <-s, -s> *nt* INFORM octet *m*
byzantinisch [bytsan'tiːnɪʃ] *adj* byzantin(e)
bzw. *Abk von* **beziehungsweise**

C c

C, c [tseː] <-, -> *nt* ❶ *(Buchstabe)* C *m* / c *m* ❷ MUS do *m*
ca. *Abk von* **circa** env.
Cabrio ['kaːbrio] <-[s], -s>, **Cabriolet** [kabrio'lɛt] <-s, -s> *nt* cabriolet *m*
Cache [kɛʃ] <-, -s> *m* INFORM cache *m; **etw im ~ speichern*** sauvegarder qc en cache
CAD [tseːʔaː'deː] <-> *nt Abk von* **computer-aided design** C.A.O. *f*
Caddie ['kɛdi] <-s, -> *m* SPORT ❶ *(Mensch)* caddie *m* ❷ *(Wagen)* chariot *m* de golf
Cadmium ['katmiʊm] <-> *nt* CHEM *s.* **Kadmium**
Café [ka'feː] <-s, -s> *nt* ≈ salon *m* de thé
Cafeteria [kafetə'riːa] <-, -s> *f* cafétéria *f*
cal *Abk von* **[Gramm]kalorie** cal.
Calcium ['kaltsiʊm] *s.* **Kalzium**
Callboy ['kɔːlbɔɪ] <-s, -s> *m* call-boy *m* **Callcenter** ['kɔːlsɛntɐ] <-s, -> *nt* centre *m* d'appels **Callgirl** ['kɔːlgəːl] <-s, -s> *nt* call-girl *f*
Calvinismus [kalvi'nɪsmʊs] <-> *m* calvinisme *m*
CAM [tseːʔaː'ɛm] <-> *nt Abk von* **computer-aided manufacturing** fabrication *f* assistée par ordinateur
Camcorder ['kɛmkɔrdɐ] <-s, -> *m* caméscope *m*
Camembert ['kaməmbɛːɐ̯] <-s, -s> *m* camembert *m*
Camp [kɛmp] <-s, -s> *nt* camp *m*
campen ['kɛmpən] *vi* faire du camping
campieren* [kam'piːrən] *vi* A, CH *s.* **campen**
Camping ['kɛmpɪŋ] <-s> *nt* camping *m*
Campingbus *m* camping-car *m* **Campingplatz** *m* terrain *m* de camping **Campingstuhl** *m* chaise *f* pliante [*o* de camping]
Campus ['kampʊs] <-, -> *m* campus *m*
Canapé <-s, -s> *nt* GASTR canapé *m*
Canasta [ka'nasta] <-s> *nt* canasta *f*
canceln ['kɛntsəln] *vt a.* INFORM annuler
Cannabis ['kanabɪs] <-> *m* cannabis *m*
Cannelloni [kanɛ'loːni] *Pl* cannelloni[s] *mpl*
Cañon ['kanjɔn] <-s, -s> *m* canyon *m*
Cape [keːp, keɪp] <-s, -s> *nt* cape *f*
Cappuccino [kapʊ'tʃiːno] <-[s], -[s]> *m* cappuccino *m*
CapsLock-Taste ['kɛpslɔk] *f* INFORM touche *f* "verrouillage majuscule"
Captcha ['kɛptʃa] <-s, -s> *m o nt* INET CAPTCHA *m*
Caravan ['karavan] <-s, -s> *m (Wohnwagen)* caravane *f*
Carport ['kaːɐ̯poːɐ̯t, 'kaːpɔːt] <-s, -s> *m* *auvent servant d'abri à une voiture*
Carsharing ['kaːɐ̯ʃɛːrɪŋ, 'kaːʃɛərɪŋ] <-s> *m* covoiturage *m*
Cartoon [kar'tuːn] <-s, -s> *m o nt* dessin *m* [humoristique]
Casanova [kaza'noːva] <-s, -s> *m* don Juan *m*
Cashewkern ['kɛʃu-] *m*, **Cashewnuss** ['kɛʃu] *f* noix *f* de cajou
Cashflow ['kɛʃflɔʊ] <-s, -s> *m* cash-flow *m*
Casino [ka'ziːno] <-s, -s> *nt* ❶ *(Spielcasino)* casino *m* ❷ *(Offizierscasino)* mess *m*
Casting ['kaːstɪŋ] <-[s], -s> *nt* CINE, TV casting *m*
Castingshow *f* émission *f* de casting
Cateringservice ['keɪtərɪŋsøːɐvis] *m* traiteur *m*
Cayennepfeffer [ka'jɛn-] *m* poivre *m* de Cayenne
CB-Funk [tseː'beːfʊŋk] *m* C.B. *f*
CD[1] [tseː'deː] <-, -s> *f Abk von* **compact disc** CD *m*, compact *m*
CD[2] [tseː'deː] <-s, -s> *nt Abk von* **corporate design** identité *f* graphique

C

CD-Brenner [tseːˈdeːbrɛnɐ] <-s, -> *m* graveur *m* de CD **CD-Player** [tseːˈdeːpleɪɐ] <-s, -> *m* lecteur *m* laser **CD-ROM** [tseːdeːˈrɔm] <-, -s> *f* INFORM CD-ROM *m*, cédérom *m* **CD-ROM-Laufwerk** *nt* INFORM lecteur *m* de CD-ROM **CD-Spieler** *s.* **CD-Player**

CDU [tseːdeːˈʔuː] <-> *f Abk von* **Christlich-Demokratische Union** *parti chrétien-démocrate d'Allemagne*

C-Dur [ˈtseːduːɐ̯] <-> *nt* do *m* majeur

Cellist(in) [tʃɛˈlɪst] <-en, -en> *m(f)* violoncelliste *mf*

Cello [ˈtʃɛlo] <-s, -s *o* Celli> *nt* violoncelle *m*

Cellophan® [tsɛloˈfaːn] <-s> *nt* cellophane® *f*

Celsius [ˈtsɛlzi̯ʊs] *kein Art, inv* Celsius

Cembalo [ˈtʃɛmbalo] <-s, -s *o* Cembali> *nt* clavecin *m*

Cent [sɛnt] <-[s], -[s]> *m* cent *m*, centime [d'euro] *m*

ces, Ces [tsɛs] <-, -> *nt* do *m* bémol

Ceylon [ˈtsai̯lɔn] <-s> *nt* HIST le Ceylan

Cha-Cha-Cha [ˈtʃaˈtʃaˈtʃa] <-[s], -s> *m* cha-cha-cha *m*

Chalet [ʃaˈleː] <-s, -s> *nt* CH chalet *m*

Chamäleon [kaˈmɛːleɔn] <-s, -s> *nt* caméléon *m*

Champagner [ʃamˈpanjɐ] <-s, -> *m* champagne *m*

Champignon [ˈʃampɪnjɔŋ] <-s, -s> *m* champignon *m* de Paris

> **Falsche Freunde**
> Nicht verwechseln mit *le champignon* – *der Pilz*!

Champion [ˈtʃɛmpi̯ən] <-s, -s> *m* champion(ne) *m(f)*

Chance [ˈʃãːs(ə)] <-, -n> *f* ❶ *(Möglichkeit)* chance *f*; ***keine ~ ungenutzt lassen*** ne pas laisser passer sa chance ❷ *(Torchance)* occasion *f* ❸ *Pl (Aussichten)* chances *fpl*; ***die ~n auf einen Erfolg*** les chances de succès; ***wie stehen die ~n?*** *(fam)* comment ça se présente?

Chancengleichheit [ˈʃãːsn] *f kein Pl* égalité *f* des chances

chancenlos [ˈʃãːsnloːs] *adj* malchanceux, -euse; ~ ***sein*** n'avoir aucune chance

Chanson [ʃãˈsõː] <-s, -s> *nt* chanson *f* *(à texte)*

Chansonsänger(in) *m(f)* chanteur, -euse *m, f (à texte)*

Chaos [ˈkaːɔs] <-> *nt* chaos *m*; ***in der Wohnung herrscht ein einziges ~*** c'est le chaos total dans l'appartement

Chaostheorie *f* théorie *f* du chaos

Chaot(in) [kaˈoːt] <-en, -en> *m(f)* *(pej)* personne *f* bordélique *fam*

chaotisch [kaˈoːtɪʃ] **I.** *adj Person* bordélique *fam; Durcheinander* chaotique *fam* **II.** *adv* ***bei den Nachbarn geht es ~ zu*** c'est le bordel chez les voisins *fam;* ***ziemlich ~ klingen*** avoir l'air bien confus

Charakter [kaˈraktɐ] <-s, -tere> *m* ❶ *(Wesen)* caractère *m*; ***den ~ prägen*** former le caractère ❷ *(Mensch)* personnalité *f*; ***sie sind ganz gegensätzliche ~e*** ils ont des personnalités opposées ❸ *Pl (Gestalt)* caractère *m*; ***die typischen ~e in den Komödien Molières*** les personnages typiques des comédies de Molière ▶ ~ **haben** avoir du caractère

Charakterdarsteller(in) *m(f)* acteur *m* / actrice *f* qui joue des rôles de caractère

Charaktereigenschaft *f* trait *m* de caractère **Charakterfehler** *m* défaut *m* de caractère **charakterfest** *adj* de caractère; ~ ***sein*** avoir du caractère

charakterisieren* [karakteriˈziːrən] *vt* ❶ *(schildern)* décrire ❷ *(kennzeichnen)* caractériser

Charakterisierung <-, -en> *f* description *f*

Charakteristik [karakteˈrɪstɪk] <-, -en> *f* ❶ *(Schilderung)* portrait *m* ❷ TECH *(Eigenschaft)* caractéristique *f*

Charakteristikum [karakteˈrɪstɪkʊm] <-s, Charakteristika> *nt (geh)* caractéristique *f*

charakteristisch [karakteˈrɪstɪʃ] *adj* caractéristique; ***für jdn/etw ~ sein*** être caractéristique chez qn/de qc

charakterlich **I.** *adj* de caractère; ***das ist eine seiner ~en Stärken*** c'est une des forces de son caractère **II.** *adv sich verändern* en ce qui concerne le caractère

charakterlos *adj Person* sans caractère; *Verhalten* méprisable

Charakterlosigkeit <-, -en> *f* bassesse *f*

Charakterschwäche *f* faiblesse *f* de caractère **Charakterschwein** *nt (pej fam)* salaud *m* **Charakterstärke** *f* force *f* de caractère

charaktervoll *adj* ❶ *Verhalten* droit(e) ❷ *Gesichtszüge* qui a du caractère

Charakterzug *m* trait *m* de caractère

Charisma [ˈçaːrɪsma, çaˈrɪsma] <-s, Charismen *o* Charismata> *nt (geh)* charisme *m*

charismatisch [çarɪs'maːtɪʃ] *adj* charismatique
Charleston ['tʃarlstn] <-, -s> *m* charleston *m*
charmant [ʃar'mant] **I.** *adj* charmant(e); ***sehr ~ von dir!*** très gentil de ta part! **II.** *adv* de façon charmante
Charme [ʃarm] <-s> *m* charme *m;* ***~ haben*** avoir du charme
Charmeur [ʃar'møːɐ̯] <-s, -e> *m* charmeur *m*
Charta ['karta] <-, -s> *f* charte *f*
Charterflug ['tʃartɐfluːk] *m* [vol *m*] charter *m* **Charterfluggesellschaft** *f* compagnie *f* de charters **Charterflugzeug** *s.* **Chartermaschine** **Chartergesellschaft** *s.* **Charterfluggesellschaft** **Chartermaschine** *f* [avion *m*] charter *m*
chartern ['tʃartɐn] *vt* affréter
Charts [tʃaːts] *Pl* hit-parade *m*
Chassis [ʃa'siː, 'ʃasiː] <-, -> *nt* châssis *m*
Chat [tʃɛt] *m* INFORM chat *m*
Chatroom ['tʃɛtruːm] <-s, -s> *m* INET chatroom *m*
chatten ['tʃɛtən] *vi (fam)* INFORM chatter
Chauffeur(in) [ʃɔ'føːɐ̯] <-s, -e> *m(f)* chauffeur *m*
Chauvi ['ʃoːvi] <-s, -s> *m (fam)* macho *m*
Chauvinismus [ʃovi'nɪsmʊs] <-> *m (pej)* ❶ POL chauvinisme *m* ❷ *(männlicher Chauvinismus)* machisme *m*
Chauvinist [ʃovi'nɪst] <-en, -en> *m (pej)* ❶ POL chauvin(e) *m(f)* ❷ *(Sexist)* machiste *m*
chauvinistisch [ʃovi'nɪstɪʃ] *adj (pej)* ❶ POL chauvin(e) ❷ *(sexistisch)* machiste
checken ['tʃɛkən] *vt* ❶ *(überprüfen)* vérifier ❷ *(fam: begreifen)* piger ❸ SPORT contrer *Mitspieler*
Check-in ['tʃɛk'in] <-s, -s> *m* enregistrement *m*
Check-in-Automat ['tʃɛk'in-] *m* guichet *m* d'enregistrement automatique **Check-in-Schalter** *m* guichet *m* d'enregistrement
Checkliste *f* ❶ *(Passagierliste)* liste *f* des passagers ❷ *(Kontrollliste des Piloten)* liste *f* de vérification ❸ *(allgemeine Aufstellung)* liste *f*
Check-up ['tʃɛkap] <-s, -s> *m* ❶ MED bilan *m* de santé ❷ TECH révision *f*
Chef [ʃɛf] <-s, -s> *m einer Firma* patron *m; einer Abteilung* chef *m fam*
Chefarzt, -ärztin *m, f* médecin-chef *m* **Chefetage** *f* bureaux *mpl* de la direction
Chefin ['ʃɛfɪn] <-, -nen> *f* ❶ *einer Firma* patronne *f; einer Abteilung* chef *f fam; eines Kabinetts* directrice *f* ❷ *(fam: Frau des Chefs)* patronne *f*
Chefkoch, -köchin ['ʃɛf-] *m, f* chef *mf* [de cuisine]
Chefredakteur(in) ['ʃɛfredaktøːɐ̯] *m(f)* rédacteur, -trice *m, f* en chef **Chefsekretär(in)** *m(f)* secrétaire *mf* de direction
chem. *adj Abk von* **chemisch**
Chemie [çe'miː] <-> *f* ❶ chimie *f* ❷ *(fam: Chemikalie)* produit *m* chimique
Chemiefaser *f* fibre *f* synthétique
Chemikalie [çemi'kaːli̯ə] <-, -n> *f meist Pl* produit *m* chimique
Chemiker(in) ['çeːmikɐ] <-s, -> *m(f)* chimiste *mf*
chemisch ['çeːmɪʃ] **I.** *adj* chimique; *Labor* de chimie **II.** *adv* ***~ behandelt sein*** avoir subi un traitement chimique; ***etw ~ untersuchen*** faire une analyse chimique de qc
Chemotherapie [çemotera'piː] *f* chimiothérapie *f*
chic [ʃɪk] *adj s.* **schick**
Chicorée [ʃiko'reː, 'ʃɪkore] <-> *f*, <-s> *m* endive *f*
Chiffon ['ʃɪfõ, ʃɪ'fõː] <-s, -s> *m* gaze *f*
Chiffre ['ʃɪfrə] <-, -n> *f* ❶ *einer Annonce* numéro *m* [d'identification] ❷ *(Zeichen)* code *m* secret

> **Falsche Freunde**
> Nicht verwechseln mit *le chiffre – die Ziffer*!

chiffrieren* [ʃɪ'friːrən] *vt* coder
Chile ['tʃiːle, 'çiːle] <-s> *nt* le Chili
Chilene, Chilenin [tʃi'leːnə, çi'leːnə] <-n, -n> *m, f* Chilien(ne) *m(f)*
chilenisch [tʃi'leːnɪʃ, çi'leːnɪʃ] *adj* chilien(ne)
Chili ['tʃiːli] <-s> *m* ❶ *(Schote)* piment *m* fort ❷ *(Soße)* chili *m*
chillen ['tʃɪlən] *vi (fam)* chiller **chillig** ['tʃɪlɪç] *adj (fam)* chill
China ['çiːna] <-s> *nt* la Chine
Chinakohl *m* chou *m* de Chine
Chinese, Chinesin [çi'neːzə] <-n, -n> *m, f* Chinois(e) *m(f)*
chinesisch [çi'neːzɪʃ] **I.** *adj* chinois(e) ▶ **das ist ~ für mich** *(fam)* pour moi, c'est du chinois **II.** *adv* ***~ miteinander sprechen*** discuter en chinois; *s. a.* **deutsch**
Chinesisch <-[s]> *nt kein Art* chinois *m; s. a.* **Deutsch**
Chinin [çi'niːn] <-s> *nt* quinine *f*
Chip [tʃɪp] <-s, -s> *m* ❶ INFORM puce *f* ❷ *meist Pl (Kartoffelchip)* chips *f* ❸ *(runde*

Spielmarke) jeton *m; (rechteckige Spielmarke)* plaque *f*

Chipkarte *f* INFORM carte *f* à puce **Chipkartenleser** *m*, **Chipkartenterminal** *nt* lecteur *m* de carte à puce

Chirurg(in) [çi'rʊrk] <-en, -en> *m(f)* chirurgien(ne) *m(f)*

Chirurgie [çirʊr'giː] <-, -ien> *f* chirurgie *f*

chirurgisch [çi'rʊrgɪʃ] *adj* chirurgical(e); ***~e Abteilung*** service *m* de chirurgie

Chlor [kloːɐ̯] <-s> *nt* chlore *m*

Chlorid [klo'riːt] <-[e]s, -e> *nt* CHEM chlorure *m*

chlorig ['kloːrɪç] *adj Wasser* chloré(e)

Chloroform [kloʀo'fɔrm] <-s> *nt* chloroforme *m*

Chlorophyll [kloʀo'fʏl] <-s> *nt* BOT chlorophylle *f*

Choke [tʃoːk] <-s, -s> *m* starter *m*

Cholera ['koːlera] <-> *f* MED choléra *m*

Choleriker(in) [ko'leːrikɐ] <-s, -> *m(f)* homme *m* coléreux/femme *f* coléreuse

cholerisch [ko'leːrɪʃ] *adj* colérique

Cholesterin [çolɛste'riːn] <-s> *nt* cholestérol *m*

Chor [koːɐ̯, *Pl:* 'køːrə] <-[e]s, Chöre> *m* ❶ *(Gruppe von Sängern)* chorale *f; (in der Kirche, Armee)* chœur *m; (Opernchor)* chœurs *mpl;* ***im ~ rufen*** crier en chœur ❷ *(Komposition, Altarraum)* chœur *m*

Choral [ko'raːl, *Pl:* ko'rɛːlə] <-s, Choräle> *m* choral *m*

Choreograf(in) [koreo'graːf] <-en, -en> *m(f)* chorégraphe *mf*

Choreografie [koreogra'fiː] <-, -ien> *f* chorégraphie *f*

choreografisch [koreo'graːfɪʃ] *adj* chorégraphique

Chorgesang *m* chœur *m* **Chorknabe** *m* petit chanteur *m* **Chorleiter(in)** *m(f)* chef *mf* de chorale **Chorsänger(in)** *m(f)* choriste *mf*

Chose ['ʃoːzə] <-, -n> *f (fam)* ❶ *(Angelegenheit)* truc *m* ❷ *(Dinge)* ***die ganze ~*** tout le bazar

Chr. *Abk von* **Christus, Christi** J.C.

Christ(in) ['krɪst] <-en, -en> *m(f)* chrétien(ne) *m(f)*

Christbaum *m* DIAL arbre *m* de Noël **Christdemokrat(in)** *m(f)* chrétien(ne)-démocrate *m(f)*

Christenheit ['krɪstn-] <-> *f* chrétienté *f*

Christentum ['krɪstntuːm] <-[e]s> *nt* christianisme *m*

Christi *gen von* **Christus**

christianisieren* [krɪsti̯ani'ziːrən] *vt* évangéliser

Christin *s.* **Christ**

Christkind *nt* ❶ enfant *m* Jésus ❷ *(Symbolfigur für Weihnachten)* petit Jésus *m*

christlich **I.** *adj* chrétien(ne) **II.** *adv* dans la foi chrétienne

Christmesse, **Christmette** ['krɪst-] *f* messe *f* de minuit

Christus ['krɪstʊs] <Christi> *m* REL le Christ; KUNST christ *m;* ***vor/nach Christi [Geburt]*** avant/après Jésus-Christ; ***Christi Himmelfahrt*** l'Ascension *f*

Chrom [kroːm] <-s> *nt* CHEM chrome *m*

chromatisch [kro'maːtɪʃ] *adj* chromatique

Chromosom [kromo'zoːm] <-s, -en> *nt* chromosome *m*

Chronik ['kroːnɪk] <-, -en> *f* chronique *f*

chronisch ['kroːnɪʃ] **I.** *adj* chronique **II.** *adv* ***~ kranke Menschen*** des malades chroniques

Chronist(in) [kro'nɪst] <-en, -en> *m(f)* chroniqueur, -euse *m, f*

Chronologie [kronolo'giː] <-, -ien> *f* chronologie *f*

chronologisch [krono'loːgɪʃ] **I.** *adj* chronologique **II.** *adv* dans l'ordre chronologique

Chronometer [krono'meːtɐ] <-s, -> *nt* montre *f* de précision

Chrysantheme [kryzan'teːmə] <-, -n> *f* chrysanthème *m*

CI [tseː'ʔiː] <-, -s> *f Abk von* **corporate identity** identité *f* visuelle

CIA ['siːʔaɪ'ʔeː] <-> *Abk von* **Central Intelligence Agency** *f o m* CIA *f*

Cidre ['siːdrə] <-s; *kein Pl*> *m* cidre *m*

circa ['tsɪrka] *adv* environ

cis, Cis [tsɪs] <-, -> *nt* do *m* dièse

City ['sɪti] <-, -s> *f* centre-ville *m*

Clan [klaːn] <-s, -e *o* -s> *m (a. fig, pej)* clan *m*

clean [kliːn] *adj (fam)* ***~ sein*** *Person:* être clean

Clementine [klemɛn'tiːnə] *f* clémentine *f*

clever ['klɛvɐ] *adj (fam)* ❶ *(gewitzt, geschickt)* futé(e); ***nicht ~ genug sein*** ne pas être assez fute-fute ❷ *(pej: raffiniert)* habile

Clinch [klɪntʃ] <-[e]s> *m* ❶ SPORT *(beim Boxen)* corps à corps *m* ❷ *(fam: Auseinandersetzung)* partie *f* de bras de fer; ***mit jdm im ~ sein*** être en désaccord avec qn

Clip <-s, -s> *m* ❶ *(Videoclip)* clip *m* [vidéo] ❷ *(Ohrclip)* clip *m*

Clique ['klɪkə] <-, -n> *f* ❶ *(Freundeskreis)* bande *f* ❷ *(pej)* clique *f*

Cliquenwirtschaft *f (pej fam)* copinage *m*

Clou [kluː] <-s, -s> *m* ❶ *(Glanzpunkt)* clou *m* ❷ *(Kernpunkt)* nœud *m*
Cloud [klaud] <-, -s> *f* INET cloud *m*
Clown(in) [klaʊn] <-s, -s> *m(f)* clown *m* ▶ **sich zum ~ machen** se ridiculiser; **den ~ spielen** faire le clown
Club [klʊp] <-s, -s> *m* club *m*
Clutch [klʌtʃ] <-, -[e]s>, **Clutchbag** ['klʌtʃbɛk] <-, -s> *f* pochette *f*
cm *Abk von* **Zentimeter** cm
c-Moll ['tseːmɔl] <-> *nt* do *m* mineur
Co. *Abk von* **Kompagnon**, **Kompanie** Co
CO_2-Bilanz *f* bilan *m* de dioxyde de carbone [*o* de CO_2] **CO_2-Emission** *f* émission *f* de dioxyde de carbone [*o* de CO_2]
Coach [kɔʊtʃ] <-[s], -s> *m* entraîneur *m*
Coca-Cola® <-, -[s]> *f*, <-[s], -[s]> *nt* coca-cola *m inv*
Cockpit ['kɔkpɪt] <-s, -s> *nt* cockpit *m*
Cocktail ['kɔkteɪl] <-s, -s> *m* cocktail *m*
Cocktailkleid ['kɔkteɪl-] *nt* robe *f* de cocktail **Cocktailparty** ['kɔkteɪlpaːɐti] *f* cocktail *m*
Cocooning [kə'kuːnɪŋ] <-s> *nt* cocooning *m*
Code [koːt] *m* code *m*
Codex ['koːdɛks] <- *o* -es, -e *o* Codizes> *m* ❶ *(Verhaltensregeln)* code *m* ❷ *(Handschrift)* manuscrit *m*
codieren* [ko'diːrən] *vt* coder
Codierung <-, -en> *f* codage *m*
Coffein [kɔfe'iːn] <-s> *nt* BIO caféine *f*
Cognac® ['kɔnjak] <-s, -s> *m* cognac *m*
Cola ['koːla] <-, -[s]> *f (fam)* coca *m*
Collage [kɔ'laːʒə] <-, -n> *f* collage *m*
Collier [kɔ'li̯eː] <-s, -s> *nt* collier *m*
Colt® [kɔlt] <-s, -s> *m* colt *m*
Comeback, Come-back [kam'bɛk] <-[s], -s> *nt* come-back *m*; ***sein ~ feiern*** faire son come-back
Comic ['kɔmɪk] <-s, -s> *m* bande *f* dessinée, B.D. *f fam*
Comicheft ['kɔmɪkhɛft] *nt* bande *f* dessinée
Coming-out [kamɪŋ'ʔaut] <-[s], -s> *nt eines Homosexuellen* aveu *m* public de son homosexualité
Community [kɔ'mjuːnɪti] <-, -s> *f* INFORM communauté *f* [virtuelle] [*o* d'internautes]
Compact Disc [kɔm'pakt'dɪsk] <-, -s>, **Compact Disk** <- -, - -s> *f* disque *m* compact
Compiler [kɔm'pai̯lɐ] <-s, -> *m* INFORM compilateur *m*
Computer [kɔm'pjuːtɐ] <-s, -> *m* ordinateur *m*
Computerarbeitsplatz *m* poste *m* de travail informatisé **Computerausdruck** *m* listing *m* **Computerfreak** [kɔm'pjuːtɐfriːk] *m (fam)* mordu(e) *m(f)* d'ordinateur **computergeneriert** *adj* assisté(e) par ordinateur **computergesteuert** *adj Fertigung* informatisé(e); *Ampel* commandé(e) par ordinateur **computergestützt** *adj o adv* assisté(e) par ordinateur **Computergrafik** *f* graphique *m* sur ordinateur **Computergrafiker(in)** *m(f)* infographiste *mf*
computerisieren* [kɔmpjutəri'ziːrən] *vt* informatiser
computerlesbar *adj* lisible informatiquement **Computerlinguistik** *f* linguistique *f* informatique **Computerprogramm** *nt* programme *m* informatique **Computerspiel** *nt* ❶ jeu *m* vidéo ❷ *meist Pl (Spielesoftware)* ludiciel *m* **Computerspieler(in)** *m(f)* joueur, -euse *m, f* de jeu vidéo **Computertechnik** *f* technique *f* informatique **Computertomografie** *f* MED scanographie *f* **computerunterstützt** *s.* **computergestützt** **Computervirus** *m* virus *m* [informatique] **Computerzeitalter** *nt* époque *f* de l'informatique
Conférencier [kõferã'si̯eː] <-s, -s> *m* animateur *m*
Container [kɔn'teːnɐ] <-s, -> *m* ❶ COM conteneur *m* ❷ *(Müllcontainer)* benne *f* [à ordures]
Containerhafen *m* port *m* de conteneurs **Containerschiff** *nt* porte-conteneurs *m*
Content ['kɔntənt] <-s, -s> *m* INFORM contenu *m*
Contergan® [kɔntɛr'gaːn] *nt* thalidomide *f*
Contergankind *nt (fam)* enfant *mf* victime de la thalidomide
Controller(in) [kɔn'troːlɐ] <-s, -> *m(f)* ÖKON contrôleur, -euse de gestion *m*
Controlling [kɔn'troːlɪŋ] <-s> *nt* contrôle *m* de gestion
Cookie ['kʊki] <-s, -s> *nt* INFORM mouchard *m* électronique
cool [kuːl] *adj (fam)* cool
Copilot(in) ['koːpiloːt] *m(f)* copilote *mf*
Copyright ['kɔpirai̯t] <-s, -s> *nt* copyright *m* **Copyshop** ['kɔpiʃɔp] <-s, -s> *m* magasin *m* de reprographie
Cord [kɔrt] <-s> *m* velours *m* [côtelé] **Cordhose** *f* pantalon *m* en velours [côtelé]
Cordjeans [kɔrtdʒiːnz] *Pl* jean *m* en velours
Cornflakes ['kɔːnfleɪks] *Pl* corn-flakes *mpl*
Cornichon [kɔrni'ʃõː] <-s, -s> *nt* cornichon *m*

C

C

Cortison [kɔrtiˈzoːn] <-s, -e> *nt* MED cortisone *f*
Costa Rica [ˈkɔsta ˈriːka] <- -s> *nt* Costa Rica *m*
Couch [kaʊ̯tʃ] <-, -es *o* -en> *f o* CH *m* canapé *m*
Couchgarnitur *f* salon *m* **Couchsurfing®** [ˈkaʊtʃsœːfɪŋ] <-(s), *kein pl*> *nt* navigation *f* sofa **Couchtisch** *m* table *f* de salon
Countdown, **Count-down** [ˈkaʊ̯ntˈdaʊ̯n] <-[s], -s> *m o nt* compte *m* à rebours
Coup [kuː] <-s, -s> *m* coup *m*; ***einen ~ landen*** réussir un coup [de maître]
Coupé [kuˈpeː] <-s, -s> *nt* ❶ *(Limousine)* coupé *m* ❷ A *(Zugabteil)* compartiment *m*
Coupon [kuˈpõː] <-s, -s> *m* ❶ ticket *m* détachable ❷ *(Antwortschein)* coupon-réponse *m* ❸ FIN coupon *m* [d'action]
Courage [kuˈraːʒə] <-> *f (fam)* courage *m*
couragiert [kuraˈʒiːɐ̯t] **I.** *adj* courageux, -euse **II.** *adv* courageusement; ***sich ~ verhalten*** avoir une attitude courageuse
Courtage [kʊrˈtaːʒə] <-, -n> *f* courtage *m*
Couscous [ˈkʊskʊs] <-, -> *m o nt* couscous *m pas de pl*
Cousin [kuˈzɛ̃ː] <-s, -s> *m* cousin *m*
Cousine [kuˈziːnə] <-, -n> *f* cousine *f*
Cover [ˈkavɐ] <-s, -[s]> *nt* ❶ *(Titelseite)* couverture *f* ❷ *(Plattenhülle)* pochette *f*
Covergirl [ˈkavɐgœːl] <-s, -s> *nt* cover-girl *f* **Coverversion** *f* reprise *f*
Cowboy [ˈkaʊ̯bɔy̯] <-s, -s> *m* cow-boy *m*
Crack [krɛk] <-s, -s> *m* crack *m* **cracken** [ˈkrɛkn̩] *vt* ❶ CHEM craquer ❷ INFORM cracker
Cracker [ˈkrækɐ] <-s, -[s]> *m* cracker *m*
Crashkurs [ˈkrɛʃkʊrs] *m* cours *m* accéléré **Crashtest** [ˈkrɛʃtɛst] *m* essai *m* de collision
Crema [ˈkreːma] <-> *f* crème *f*
Creme [kreːm] <-, -s> *f* crème *f*
Crème [krɛːm] ▶ **die ~ de la ~** *(geh)* la fine fleur
cremefarben [kreːm-, krɛːm-] *adj* [de couleur] crème
Crème fraîche [krɛːm ˈfrɛʃ, *Pl* krɛːm ˈfrɛʃ] <- -, Crèmes fraîches> *f* GASTR crème *f* fraîche
Cremetorte [ˈkreːm-, ˈkrɛːm-] *f* gâteau *m* à la crème
cremig [ˈkreːmɪç] **I.** *adj* crémeux, -euse **II.** *adv* *rühren* jusqu'à consistance crémeuse
Crêpe [krɛp] <-, -s> *f* GASTR crêpe *f*
Creutzfeldt-Jakob-Krankheit [ˈkrɔy̯tsfɛltˈjaːkɔp-] *f* MED maladie *f* de Creutzfeldt-Jakob
Crew [kruː] <-, -s> *f* ❶ AVIAT, NAUT équipage *m* ❷ *(Arbeitsgruppe)* équipe *f*
Croissant [kroaˈsõː] <-[s], -s> *nt* croissant *m*
Crosstrainer [ˈkrɔstreːnɐ] <-s, -> *m* vélo *m* elliptique
Croupier [kruˈpi̯eː] <-s, -s> *m* croupier *m*
Crowdfunding [ˈkraʊdfandɪŋ] <-(s), *ohne pl*> *nt* INET financement *m* participatif
Crux [krʊks] <-> *f* ❶ *(Schwierigkeit)* problème *m*; ***die ~ bei der Sache ist ...*** le problème dans l'histoire c'est ... ❷ *(Kummer)* ***man hat seine*** [*o* ***es ist eine***] ***~ mit ihm/ihr*** on n'est pas gâté(e) avec lui/elle
CSU [tseːʔɛsˈʔuː] <-> *f Abk von* **Christlich-Soziale Union** *aile bavaroise du parti chrétien-démocrate*
cum tempore *adv en tenant compte du quart d'heure académique*
Cup [kap] <-s, -s> *m* SPORT coupe *f*
Cupcake [ˈkʌpkeːk] <-s, -s> *m* cupcake *m*
Cupfinale [ˈkap-] *nt* finale *f* de coupe
Curling [ˈkøːɐ̯lɪŋ, ˈkœːɐ̯lɪŋ] <-s; *kein Pl*> *nt* SPORT curling *m*
Curry [ˈkœri] <-s, -s> *m o nt* curry *m*
Currypulver *nt* curry *m* en poudre **Currywurst** *f saucisse grillée au curry*
Cursor [ˈkœːzɐ] <-s, -> *m* INFORM curseur *m*
cutten [ˈkatən] **I.** *vi* faire un montage **II.** *vt* faire le montage de *Filmszene*
Cutter(in) [ˈkatɐ] <-s, -> *m(f)* monteur, -euse *m, f*
CVJM [tseːfaʊ̯jɔtˈʔɛm] *m Abk von* **Christlicher Verein Junger Menschen** Union *f* des jeunes chrétiens
C-Waffe [ˈtseːvafə] *f* arme *f* chimique
Cybercafé [ˈsaɪ̯bɐkafeː] *nt* cybercafé *m* **Cybersex** [ˈsaɪ̯bɐsɛks] *m* cybersexe *m* **Cyberspace** [ˈsaɪ̯bɐspeɪs] *m* cyberespace *m*

Dd

D, d [deː] <-, -> *nt* ❶ *(Buchstabe)* D *m* / d *m* ❷ MUS ré *m*

da [daː] **I.** *adv* ❶ *(dort, an dieser Stelle)* là; ***~ ist ein Bach*** voilà un ruisseau; ***~ drüben*** là-bas; ***~, wo ...*** là où ...; ***schau mal, ~!*** regarde voir!; ***dieses Haus ~*** cette maison-là; ***~ kommst du [ja]!*** te voilà! ❷ *(hier)* ***~!*** tiens/tenez!; ***~ hast du dein Buch!*** voilà ton livre!; ***wo ist denn nur meine Brille? – Da!*** où sont passées mes lunettes? – Les voilà! ❸ *(fam: anwesend)* ***~ sein*** être là; ***ich bin gleich wieder ~!*** je reviens tout de suite! ❹ *(gekommen)* ***es ist jemand für dich ~*** il y a [là] quelqu'un qui te demande; ***war der Postbote schon ~?*** le facteur est passé?; ***ist die Überweisung inzwischen ~?*** est-ce que mon virement est arrivé? ❺ *(verfügbar)* ***für jdn ~ sein*** être là pour qn ❻ *(fam: geistig anwesend)* ***nur halb ~ sein*** avoir la tête ailleurs; ***wieder voll ~ sein*** être de nouveau frais et dispos ❼ *(in diesem Augenblick)* [juste] à ce moment ❽ *(daraufhin)* alors; ***~ lachte sie nur*** elle s'est contentée de rire ❾ *(fam: in diesem Fall)* ***~ hast du Glück gehabt!*** tu as eu de la chance!; ***was gibt's denn ~ zu lachen?*** il n'y a pas de quoi rire!; ***und ~ wunderst du dich noch?*** et ça t'étonne?; ***~ fällt mir gerade ein, ...*** tiens, au fait, ...; ***~ kann man nichts machen*** tant pis ▶ **~ und dort** ici et là **II.** *konj* ❶ *(weil)* comme ❷ *(geh: als, wenn)* où; ***die Stunde, ~ ...*** l'heure où ... dit ça comme ça ❺ *(bei einer Veranstaltung, Unternehmung)* ***bei etw ~ sein*** participer à qc; ***ich war ~*** j'y étais; ***ich bin [mit] ~*** je suis partant; ***ich bin mit zehn Euro ~*** je veux bien mettre dix euros; ***~ sein ist alles*** l'essentiel, c'est de participer ❻ *(obgleich)* et pourtant ❼ *(wie es vereinbart ist)* ***wir sollten es ~ belassen*** nous devrions en rester là; ***es bleibt ~, dass ihr morgen alle mitkommt*** c'est toujours d'accord, vous venez tous demain; ***..., und ~ bleibt es!*** ..., un point, c'est tout! ▶ **nichts ~ finden** ne pas voir ce qu'il y a de mal; **da ist [doch] nichts ~!** *(das ist nicht schwierig)* ça n'est pas sorcier!; *(das ist nicht schlimm)* ça n'a pas d'importance!; **was ist schon ~?** qu'est-ce que ça peut faire?

da|behalten* *vt irr* ❶ garder ❷ *(in Haft halten)* incarcérer

dabei [da'bai] *adv* ❶ *(daneben)* avec; *(in der Nähe)* à côté; ***ich stand direkt ~*** je me trouvais juste à côté ❷ *(währenddessen)* en même temps; *(bei dieser Gelegenheit, diesem Ereignis)* à cette occasion ❸ *(im Begriff)* ***[gerade] ~ sein etw zu tun*** être en train de faire qc ❹ *(bei dieser Aktion, in diesem Zusammenhang)* ***~ wurde er leider erwischt*** malheureusement, on l'a surpris en train de faire cela; ***kauf diesen Wagen, aber denk ~ daran, dass ...*** tu peux acheter cette voiture, mais n'oublie pas que ...; ***ein wenig Angst war schon [mit] ~*** ce n'était pas sans une certaine crainte; ***ich habe ~ nicht viel gelernt*** je n'y ai pas appris grand-chose; ***es kommt nichts ~ heraus*** il n'en sortira rien; ***ich habe mir nichts ~ gedacht*** j'ai

dabei|bleiben *vi irr + sein* rester

dabei|haben *vt irr* ***jdn ~*** avoir qn avec soi; ***etw ~*** avoir qc sur soi

dabei|stehen *vi irr* ***[mit] ~*** être là; ***bei etw [mit] ~*** être présent à qc

da|bleiben *vi irr + sein* rester

da capo [da 'kaːpo] *adv* ❶ MUS da capo ❷ *(Zuruf)* ***~!*** bis!

Dach [dax, *Pl:* 'dɛçɐ] <-[e]s, Dächer> *nt* ❶ toit *m;* ***unterm ~ wohnen*** habiter sous les combles ❷ *(Schutzdach)* auvent *m* ▶ **etw unter ~ und Fach bringen** *(in Sicherheit bringen)* mettre qc à l'abri; *(zum Abschluss bringen)* conclure qc; **kein ~ über dem Kopf haben** *(fam)* être sans abri; **jdm aufs ~ steigen** *(fam)* sonner les cloches à qn

Dacharbeiten *Pl* réparations *fpl* de toiture **Dachboden** *m* grenier *m;* ***auf dem ~*** au grenier **Dachdecker(in)** <-s, -> *m(f)* couvreur, -euse *m, f* **Dachfenster** *nt* fenêtre *f* mansardée **Dachfirst** *m* faîte *m,* faîtage *m* **Dachgarten** *m* ❶ *(Garten)* jardin-terrasse *m,* jardin suspendu ❷ DIAL *(Dachterrasse)* toit *m* en terrasse **Dachgaube, Dachgaupe** *f* ARCHIT DIAL chien-assis *m* **Dachgepäckträger** *m* galerie *f* **Dachgeschoss** *nt* étage *m* mansardé **Dachkammer** *f* mansarde *f* **Dachlatte** *f* volige *f* **Dachluke** *f* lucarne *f* **Dachorganisation** *f* centrale *f* **Dachpappe** *f* carton *m* bitumé [*o* goudronné] **Dachrinne** *f* gouttière *f*

Dachs [daks] <-es, -e> *m* blaireau *m*

Dachschaden *m* dégât *m* de toiture ▶ **ei-**

D

nen ~ <u>haben</u> *(fam)* avoir une araignée au plafond **Dachschräge** *f* pente *f* de comble; ***ein Raum mit ~*** une pièce mansardée **Dachstube** *f* DIAL mansarde *f* **Dachstuhl** *m* charpente *f*

dachte ['daxtə] *Imp von* **denken**

Dachterrasse *f* toit *m* en terrasse **Dachverband** *m* confédération *f* **Dachwohnung** *f* appartement *m* mansardé **Dachziegel** *m* tuile *f* **Dachzimmer** *nt* mansarde *f*

Dackel <-s, -> *m* ❶ teckel *m* ❷ DIAL *(fam: Schimpfwort)* idiot *m*

Dadaismus <-> *m* dadaïsme *m*

dadurch [da'dʊrç] *adv* ❶ *(da hindurch)* par-là ❷ *(aus diesem Grund)* de ce fait; *(auf diese Weise)* de cette façon; ***~, dass …*** du fait que …

dafür [da'fyːɐ̯] *adv* ❶ *(für das)* pour cela; ***was wohl der Grund ~ sein mag?*** quelle peut bien en être la raison?; ***das ist kein Beweis ~, dass er es war*** cela ne prouve pas que c'était lui ❷ *(deswegen)* pour ça; ***~ bin ich ja da*** je suis là pour ça; ***ich bezahle Sie nicht ~, dass …*** je ne vous paie pas pour que … *+subj* ❸ *(als Gegenleistung)* en échange; ***er packte aus, ~ ließ man ihn laufen*** il a parlé, c'est pour cela qu'on l'a relâché ❹ *(andererseits)* en revanche ❺ *(im Hinblick darauf)* ***~, dass du angeblich nichts weißt*** pour quelqu'un qui prétend ne rien savoir ❻ *(für das, für dieses)* ***ich kann nichts ~, dass …*** je n'y peux rien, moi, si …; ***was kann ich denn ~?*** que veux-tu/voulez-vous que j'y fasse?; ***ich interessiere mich nicht ~*** ça ne m'intéresse pas; ***sie opfert ihre ganze Freizeit ~*** elle y consacre tous ses loisirs; ***es ist zwar kein Silber, man könnte es aber ~ halten*** ce n'est pas de l'argent, mais on pourrait croire que c'en est ❼ *(befürwortend)* ***~ sein*** être pour; ***ich bin ~, dass …*** je suis d'avis que … *+subj*

dafür|können *s.* **dafür 6**

dagegen [da'geːgən] **I.** *adv* ❶ *(örtlich)* là contre; ***er setzte sich an den Baumstamm und lehnte sich ~*** il s'assit au pied de l'arbre et s'appuya contre ❷ *(gegen das, gegen dieses)* contre cela; ***~ sein, dass*** être contre le fait que *+subj;* ***sie kann doch nichts ~ haben*** elle ne peut pas ne pas être d'accord; ***haben Sie etwas ~, wenn ich rauche?*** ça vous dérange si je fume?; ***sollen wir ausgehen? – Ich hätte nichts ~!*** on sort? – Je veux bien!; ***ich kann nichts ~ machen*** je n'y peux rien ❸ *(im Vergleich dazu)* en comparaison **II.** *konj* en revanche

dagegen|halten *vt irr* ❶ *(einwenden)* ***etwas ~*** [y] opposer quelque chose; ***~, dass …*** [y] objecter que … ❷ *(vergleichend hinhalten)* ***etw ~*** mettre qc à côté

dagegen|setzen *vt* y opposer; ***etwas ~*** y opposer quelque chose **dagegen|stellen** *vr* ***sich ~*** s'y opposer **dagegen|stemmen** *vr* ***sich ~*** s'y opposer avec force

da|haben *vt irr, Zusammenschreibung nur bei Infin und PP (fam)* ❶ *(vorrätig/zur Hand haben)* ***etw ~*** avoir qc [en réserve/sous la main] ❷ *(zu Besuch haben)* ***jdn ~*** avoir la visite de qn

daheim [da'haɪ̯m] *adv* SDEUTSCH, A, CH ❶ *(in Bezug auf die Wohnung)* chez moi/soi/…; ***bei ihm ~*** chez lui ❷ *(in Bezug auf den Wohnort)* ***wie jetzt wohl das Wetter ~ sein mag?*** quel temps peut-il bien faire chez nous? ❸ *(in Bezug auf die Heimat)* ***von ~ fortgehen*** quitter son pays natal; ***in Augsburg ~ sein*** être d'Augsbourg

Daheim <-s> *nt* SDEUTSCH, A, CH chez-soi *m*

daher [da'heːɐ̯] *adv* ❶ *(von dort)* de là; ***ich komme gerade ~*** j'en viens ❷ *(aus diesem Grund)* c'est pourquoi; …; ***… ~ war sie verärgert*** … de là son énervement

daher|bringen *vt irr* A apporter

dahergelaufen *adj (pej)* ***ein ~er Kerl*** un pas grand-chose *fam*

daher|kommen *vi irr + sein* ❶ *(herankommen)* arriver ❷ *(fam: sich zeigen)* ***schick ~*** être bien habillé

daher|reden **I.** *vi* parler sans réfléchir **II.** *vt* ***etw ~*** dire qc sans réfléchir; ***was der wieder daherredet!*** [il dit] n'importe quoi! *fam*

dahin [da'hɪn] **I.** *adv* ❶ *(an diesen Ort)* y; ***ich will nicht ~*** je ne veux pas y aller ❷ *(in dem Sinne)* ***~ gehend*** en ce sens; ***sie haben sich ~ gehend geeinigt, dass*** ils se sont mis d'accord pour que *+subj;* ***all unsere Bestrebungen gehen ~, dass*** tous nos efforts tendent à ce que *+subj* ▶ **es <u>kommt</u> noch ~, dass** on va en arriver à ce que *+subj;* **<u>bis</u>** ~ *(solange)* d'ici là; *(inzwischen)* entre-temps **II.** *adj* ***~ sein*** *Vase, Kanne:* être irréparable; *Teppich:* être irrécupérable; ***all meine Hoffnungen sind ~*** tous mes espoirs se sont évanouis

dahin|gehen *vi irr + sein (geh)* ❶ *(vergehen) Zeit, Jahre:* passer ❷ *(euph: sterben)* disparaître **dahingestellt** *adj* ▶ **das <u>bleibt</u>** ~ la question reste posée

dahin|schleppen *vr* ❶ *(mit Mühe gehen)* ***sich ~*** se traîner ❷ *(sich hinziehen)*

sich ~ *Verhandlungen:* traîner [en longueur]

dahinten [da'hɪntən] *adv* là-bas

dahinter [da'hɪntɐ] *adv* ❶ *(räumlich)* [là] derrière ❷ *(zeitlich)* après

dahinter|klemmen *vr (fig fam)* ***sich ~[, dass]*** mettre le turbo[, pour que +*subj*]

dahinter|kommen *vi irr (fig fam)* ***~, warum …*** arriver à comprendre pourquoi …

dahinter|stecken *vi irr (fig fam)* ***da steckt dein Bruder dahinter*** derrière tout ça, il y a ton frère

dahinter|stehen *vi unreg + haben o* SDEUTSCH, A, CH *sein* ***voll/mit ganzer Kraft*** ~ apporter pleinement/à fond son soutien; ***wir können das nur erreichen, wenn alle*** ~ nous n'atteindrons nos objectifs que si tous, nous soutenons à fond le projet

Dahlie ['da:li̯ə] <-, -n> *f* dahlia *m*

da|lassen *vt irr* ❶ *(an Ort und Stelle lassen)* ***jdn*** ~ laisser qn; ***etw*** ~ laisser qc là ❷ *(überlassen)* ***jdm etw*** ~ laisser qc à qn

da|liegen *vi irr* ❶ *(liegen) Person:* être étendu là; *Gegenstand:* être là; ***bewegungslos*** ~ gésir inanimé ❷ *(sein)* ***der See lag ruhig da*** rien ne troublait le calme du lac

dalli *adv (fam)* ▶ **nun mach mal ~!** allez, magne-toi!; **~, ~!** et que ça saute!

damalig ['da:ma:lɪç] *adj attr* d'alors

damals ['da:ma:ls] *adv* à l'époque; ***seit*** ~ depuis lors; ***von*** ~ de l'époque

Damast <-[e]s, -e> *m* damas *m*

Dame ['da:mə] <-, -n> *f* ❶ *(Frau)* dame *f;* ***eine ältere*** ~ une dame d'un certain âge; ***die ~ des Hauses*** la maîtresse de maison; ***meine sehr verehrten ~n und Herren!*** *(form)* Mesdames et Messieurs! ❷ *Pl* SPORT dames *fpl;* ***unsere ~n*** notre équipe féminine ❸ *kein Pl (Spiel)* jeu *m* de dames; ~ ***spielen*** jouer aux dames ❹ *(Schach, Karten)* dame *f*

Damebrett *nt* damier *m*

Damenbinde *f* serviette *f* périodique

Damenfußball *m* football *m* féminin

Damengesellschaft *f* ❶ *(Damenrunde)* cercle *m* féminin ❷ *(Damenbegleitung)* ***in ~ sein*** être en galante compagnie

damenhaft **I.** *adj Kleidungsstück* féminin(e); ***ein sehr ~es Aussehen haben*** avoir vraiment l'air d'une dame **II.** *adv sich verhalten* comme une dame

Damenmode *f* mode *f* féminine **Damentoilette** [-to̯alɛtə] *f* toilettes *fpl* pour dames **Damenwahl** *f* quart *m* d'heure américain

Damespiel *nt* jeu *m* de dames

Damhirsch ['damhɪrʃ] *m* daim *m*

damisch ['da:mɪʃ] *(fam)* **I.** *adj* SDEUTSCH, A ❶ *(dämlich)* idiot(e); ***dieser ~e Kerl!*** quel idiot! ❷ *(schwindlig)* ***jdn ~ machen*** donner le tournis à qn **II.** *adv* SDEUTSCH, A *(sehr)* drôlement

damit [da'mɪt] **I.** *adv* ❶ *(mit diesem Gegenstand)* avec; ***~ kann man Wasser erhitzen*** on peut chauffer de l'eau avec; ***was soll ich ~?*** que veux-tu/voulez-vous que j'en fasse? ❷ *(mit dieser Angelegenheit)* ***nichts ~ zu tun haben*** n'avoir rien à voir là-dedans; ***~ fing alles an*** c'est ainsi que tout a commencé; ***~ ist noch bis Oktober Zeit*** ça peut attendre octobre; ***musst du denn immer wieder ~ anfangen?*** est-il vraiment nécessaire de revenir sans arrêt là-dessus? ❸ *(mit diesen Worten, diesem Verhalten)* ***~ hatte ich nicht gerechnet*** je ne m'y attendais pas, ***was willst du ~ sagen?*** qu'entends-tu par là?; ***sind Sie ~ einverstanden?*** vous êtes d'accord? ❹ *(in Befehlen)* ***weg ~!*** enlève-moi ça!; ***Schluss ~!*** ça suffit!, ***her ~, das ist mein Geld!*** donne-moi ça, c'est mon argent! ❺ *(somit)* ainsi **II.** *konj* pour que +*subj;* ***halt dich fest, ~ du nicht fällst!*** tiens-toi bien pour ne pas tomber!

dämlich ['dɛ:mlɪç] *(pej fam)* **I.** *adj* ❶ *(dumm)* stupide; ***dieser ~e Kerl*** cet imbécile ❷ *(ungeschickt)* ***zu ~!*** c'est trop bête! **II.** *adv* ***sich ~ anstellen*** s'y prendre comme un manche; ***guck nicht so ~!*** ne prends pas cet air idiot!

Dämlichkeit <-, -en> *f (pej fam)* ❶ *kein Pl (dummes Verhalten)* bêtise *f,* connerie *f fam* ❷ *(dumme Handlung)* bêtise *f,* connerie *f fam*

Damm [dam, *Pl:* 'dɛmə] <-[e]s, Dämme> *m* ❶ *(Staudamm)* barrage *m; (Deich)* digue *f* ❷ *(Schutzwall)* digue *f* ❸ ANAT périnée *m* ▶ **wieder auf dem ~ sein** *(fam)* être de nouveau d'attaque

dämmen *vt* amortir *Schall;* isoler *Rohr, Wand*

dämmerig ['dɛmərɪç] *adj* ❶ ***es ist*** ~ il commence à faire nuit ❷ *Licht* faible *antéposé*

Dämmerlicht *nt* ❶ *(Halbdunkel)* pénombre *f* ❷ *(nach Sonnenuntergang)* crépuscule *m*

dämmern ['dɛmɐn] **I.** *vi* ❶ *(geh) Tag:* se lever; *Abend:* tomber ❷ *(fam: klar werden)* ***so langsam dämmert es mir, was er meinte*** je commence à piger ce qu'il a voulu dire **II.** *vi unpers* ***es dämmert*** *(mor-*

D

D

gens) il commence à faire jour; *(abends)* la nuit tombe

Dämmerung ['dɛmərʊŋ] <-, -en> *f* ❶ *(Abenddämmerung)* crépuscule *m;* ***in der ~*** au crépuscule ❷ *(Morgendämmerung)* aube *f*

Dämmung <-> *f* amortissement *m*

Dämon ['dɛːmɔn] <-s, Dämonen> *m* démon *m*

dämonisch [dɛ'moːnɪʃ] **I.** *adj* démoniaque **II.** *adv* d'une façon démoniaque

Dampf [dampf, *Pl:* 'dɛmpfə] <-[e]s, Dämpfe> *m* ❶ *(Wasserdampf)* vapeur *f* ❷ *Pl* CHEM émanation *f* ▶ **~ ablassen** *(fam)* décompresser; **jdm ~ machen** *(fam)* secouer les puces à qn

Dampfbad *nt* ❶ bain *m* de vapeur ❷ *(Raum)* étuve *f* humide **Dampfbügeleisen** *nt* fer *m* [à] vapeur **Dampfdruck** <-drücke> *m* pression *f* de la vapeur

dampfen *vi* + *haben Schüssel:* fumer; *Badezimmer:* être plein de vapeur; *Pferd:* être fumant

dämpfen ['dɛmpfən] *vt* ❶ étouffer *Geräusch;* baisser *Stimme;* ***gedämpft*** *Farben* estompé; *Licht* tamisé ❷ *(mindern)* amortir *Stoß* ❸ *(mäßigen)* freiner *Person;* tempérer *Begeisterung;* apaiser *Wut* ❹ *(mit Dampf glätten)* ***ein Kleid ~*** repasser une robe à la vapeur ❺ GASTR ***etw ~*** cuire qc à l'étuvée

Dampfer <-s, -> *m* vapeur *m*

Dämpfer ['dɛmpfɐ] <-s, -> *m einer Trompete* sourdine *f; eines Klaviers* étouffoir *m* ▶ **jdm einen ~ aufsetzen** freiner qn; **einen ~ bekommen** être refroidi

Dampfkessel *m* chaudière *f* à vapeur **Dampfkochtopf** *m* autocuiseur *m* **Dampflok** *f,* **Dampflokomotive** *f* locomotive *f* à vapeur **Dampfmaschine** *f* machine à vapeur *f* **Dampfnudel** *f* SDEUTSCH *boule au levain cuite à l'étuvée* **Dampfreiniger** *m,* **Dampfsauger** *m* nettoyeur *m* vapeur **Dampfschiff** <-s, -e> *nt* vapeur *m* **Dampfstrahler** *m* éjecteur *m* à vapeur

Dämpfung <-, -en> *f* ❶ *(Abschwächung) von Schall, Geräuschen* amortissement *m* ❷ *(Milderung) der Inflation, Konjunktur* ralentissement *m*

Dampfwalze *f* rouleau *m* compresseur

Damwild ['damvɪlt] *nt* daims *mpl*

danach [da'naːx] *adv* ❶ *(zeitlich, örtlich)* après ❷ *(zielgerichtet)* ***das Kind sah den Ball und wollte ~ greifen*** l'enfant a aperçu le ballon et a voulu l'attraper ❸ *(demnach)* ***es liegen Zeugenaussagen vor; ~ war er in der fraglichen Zeit dort*** il y a des témoignages, selon lesquels il était à cet endroit pendant le laps de temps en question ❹ *(hiernach)* ***ich sehne mich so ~*** j'en aurais tellement envie; ***bitte richten Sie sich ~!*** veuillez vous y conformer! ❺ *(fam: zumute)* ***ein Spaziergang? Irgendwie ist mir ~!*** une promenade? J'en ai bien envie!

Däne, Dänin ['dɛːnə] <-n, -n> *m, f* Danois(e) *m(f)*

daneben [da'neːbən] *adv* ❶ *legen, stellen* à côté; ***rechts ~*** à sa/leur/... droite; ***links ~*** à sa/leur/... gauche ❷ *(verglichen damit)* à côté ❸ *(außerdem)* ***tagsüber ist sie im Büro, ~ muss sie sich noch um den Haushalt kümmern*** pendant la journée, elle est au bureau, et il faut en plus qu'elle s'occupe des tâches ménagères ▶ **~ sein** *(fam: verwirrt sein)* être à côté de la plaque

daneben|benehmen* *vr irr (fam)* ***sich ~*** se comporter mal **daneben|gehen** *vi irr + sein* ❶ *Schuss:* manquer son but ❷ *(fig fam)* foirer **daneben|liegen** *vi irr (fam)* être à côté de la plaque **daneben|treffen** *vi irr (vorbeitreffen) Person:* manquer son coup; *Pfeil, Schuss:* manquer son but; ***danebengetroffen!*** raté!

Dänemark ['dɛːnəmark] <-s> *nt* le Danemark

Dänin ['dɛːnɪn] *s.* **Däne**

dänisch I. *adj* danois(e) **II.** *adv* ***~ miteinander sprechen*** discuter en danois; *s. a.* **deutsch**

Dänisch <-[s]> *nt kein Art* danois *m; s. a.* **Deutsch**

dank [daŋk] *präp + dat o gen* grâce à; ***~ deiner Hilfe*** grâce à ton aide

Dank [daŋk] <-[e]s> *m* ❶ *(Anerkennung)* remerciement *m;* ***vielen ~*** merci beaucoup; ***herzlichen ~*** je vous remercie de tout cœur ❷ *(iron: Undank)* ***zum ~ dafür*** pour tout remerciement; ***das ist der ~ dafür*** voilà le remerciement ❸ *(Dankbarkeit)* gratitude *f*

Dankadresse *f (form)* remerciements *mpl* officiels

dankbar ['daŋkbaːɐ̯] **I.** *adj* ❶ *Person, Blick* reconnaissant(e); ***ich wäre Ihnen ~, wenn ...*** je vous serais reconnaissant de ... *+infin* ❷ *Aufgabe* gratifiant(e); *(finanziell)* lucratif, -ive ❸ *Zuhörer* facile **II.** *adv* avec gratitude; ***jdn ~ anlächeln*** adresser un sourire reconnaissant à qn

Dankbarkeit <-> *f* gratitude *f*

danke *adv* merci; ***~ schön*** merci bien; ***jdm***

für etw ~ sagen dire merci à qn pour qc; ***ja,*** ~ oui, merci
danken ['daŋkən] **I.** *vi* remercier; ***jdm für seine Hilfe/sein Geschenk*** ~ remercier qn de son aide/pour son cadeau; ***nichts zu ~!*** de rien!, [il n'y a] pas de quoi! **II.** *vt* ***jdm etw*** ~ dire merci à qn pour qc
dankend *adv* ~ ***annehmen*** accepter avec joie; ~ ***ablehnen*** refuser poliment; ***Betrag*** ~ ***erhalten*** pour acquit
dankenswert ['daŋkənsveːɐ̯t] *adj* méritoire
Dankeschön <-s> *nt* remerciement *m*
Danksagung <-, -en> *f* remerciement *m* *souvent pl*
Dankschreiben *nt* lettre *f* de remerciement
dann [dan] *adv* ❶ *(danach)* ensuite; ***noch drei Tage,*** ~ ***habe ich Geburtstag*** encore trois jours et c'est mon anniversaire ❷ *(irgendwann später)* un peu plus tard ❸ *(zu dem Zeitpunkt)* ~, ***wenn ...*** au moment où ... ❹ *(unter diesen Umständen)* alors; ***ich fahre nur ~, wenn du mitkommst*** je ne partirai qu'à condition que tu m'accompagnes; ~ ***eben nicht!*** comme vous voulez! ❺ *(sonst)* ***wenn nicht du, wer ~?*** si ce n'est pas toi, qui est-ce? ❻ *(außerdem)* ***erst zu spät kommen und ~ auch noch stören*** non seulement il arrive en retard, mais en plus il dérange tout le monde ▶ ~ **und wann** de temps en temps
daran [da'ran] *adv* ❶ *befestigen* y; *vorbeigehen* à côté ❷ *(zeitlich)* ensuite; ~ ***knüpfte sich eine lebhafte Diskussion*** il s'ensuivit une vive discussion ❸ *(an dieser Sache)* ***erinnerst du dich noch ~?*** tu t'en souviens?; ~ ***denken*** y penser; ***bist du ~ interessiert?*** ça t'intéresse?; ~ ***ist nichts wahr*** il n'y a rien de vrai dans tout ça
daran|gehen *vi irr + sein* ~ ***etw zu tun*** se mettre à faire qc **daran|machen** *vr (fam)* ***sich*** ~ s'y mettre; ***sich*** ~ ***etw zu tun*** se mettre à faire qc **daran|setzen** [da'ranzɛtsən] **I.** *vt* ***alles*** ~ ***etw zu tun*** mettre tout en œuvre pour faire qc **II.** *vr* ***sich*** ~ s'y mettre
darauf [da'rau̯f] *adv* ❶ *(örtlich)* dessus; ***ein Gebäude mit sechs Schornsteinen*** ~ un bâtiment surmonté de six cheminées ❷ *(danach)* puis; ***bald*** ~ peu après; ***einen Monat*** ~ un mois après ❸ *(auf einen Bezugspunkt zurückführend)* ~ ***basieren*** se fonder là dessus; ***sich*** ~ ***beziehen*** s'y référer; ***sich*** ~ ***stützen, dass ...*** s'appuyer sur le fait que ... ❹ *(als Reaktion)* là-dessus ❺ *(auf eine Sache)* y; ***sich*** ~ ***vorbereiten*** s'y préparer; ***sich*** ~ ***verlassen*** compter dessus; ~ ***kannst du stolz sein*** tu peux en être fier
darauffolgend *adj* suivant(e); ***am*** ~ ***Tag*** le lendemain
daraufhin [darau̯f'hɪn] *adv* ❶ *(infolgedessen)* dans la suite ❷ *(im Hinblick darauf)* ***etw*** ~ ***untersuchen, ob ...*** inspecter qc pour voir si ...
daraus [da'rau̯s] *adv* ❶ *(aus diesem Material)* en ❷ *(aus diesem Gefäß)* ~ ***kann man essen*** on peut manger dedans ❸ *(aus dieser Sache, Angelegenheit)* ~ ***ergibt sich ...*** il en résulte ...; ***was ist ~ eigentlich geworden?*** qu'est-ce que ça a donné?
dar|bieten ['daːɐ̯biːtən] *irr* **I.** *vt (geh)* ❶ *(vorführen)* présenter *Schauspiel;* dire *Gedicht* ❷ *(anbieten)* offrir *Speisen;* tendre *Hand* **II.** *vr* ***sich jdm*** ~ *Anblick, Gelegenheit:* se présenter à qn
Darbietung ['daːɐ̯biːtʊŋ] <-, -en> *f* ❶ *(das Vorführen)* représentation *f* ❷ *(Nummer)* numéro *m*
darf [darf] *3. Pers Präs von* **dürfen**
darin [da'rɪn] *adv* ❶ *(in dem/der)* à l'intérieur ❷ *(in dieser Hinsicht)* ***sie stimmen*** ~ ***überein, dass ...*** ils/elles sont d'accord sur le fait que ...; ~ ***irrst du dich!*** là, tu te trompes!
dar|legen ['daːɐ̯leːgən] *vt* exposer
Darlegung <-, -en> *f* exposé *m*
Darlehen ['daːɐ̯leːən] <-s, -> *nt* *(aus Sicht der Bank)* prêt *m; (aus Sicht des Kunden)* emprunt *m;* ***ein*** ~ ***gewähren*** consentir un prêt; ***ein*** ~ ***von ... aufnehmen*** faire un emprunt de ... **Darlehenssumme** *f* somme *f* prêtée; ***eine höhere*** ~ ***vereinbaren*** *(aus Sicht der Bank)* convenir d'un prêt plus élevé; *(aus Sicht des Kunden)* contracter un emprunt plus important **Darlehenszins** *m* FIN intérêts *mpl*
Darm [darm, *Pl:* 'dɛrmə] <-[e]s, Därme> *m* ❶ ANAT intestin *m* ❷ *(von Schlachttieren)* boyau *m* **Darmflora** *f* flore *f* intestinale
Darmgrippe *f* grippe *f* intestinale **Darminfektion** *f* entérite *f* **Darmverschluss** *m* occlusion *f* intestinale
dar|stellen ['daːɐ̯ʃtɛlən] **I.** *vt* ❶ *(wiedergeben)* représenter ❷ *(verkörpern)* interpréter ❸ *(beschreiben)* exposer *Theorie;* établir *Verlauf* ❹ *(bedeuten)* constituer *Fortschritt* **II.** *vr* ❶ ***sich als schwierig*** ~ s'avérer difficile ❷ *(sich ausgeben als)* ***er stellt***

sich immer als großzügig dar il raconte toujours qu'il est généreux

Darsteller(in) ['da:ɐ̯ʃtɛlɐ] <-s, -> *m(f)* interprète *mf*

darstellerisch **I.** *adj* ***das ~e Können*** le talent d'interprétation; ***eine ~e Leistung*** une prestation de comédien **II.** *adv* ***der Film ist ~ hervorragend*** dans ce film, l'interprétation est excellente; ***das Stück war ~ hervorragend besetzt*** la pièce était remarquablement interprétée

D

Darstellung <-, -en> *f* ❶ *kein Pl (das Darstellen)* représentation *f* ❷ *kein Pl* THEAT *einer Rolle* interprétation *f; eines Stoffes* représentation *f* ❸ *(objektive/subjektive Wiedergabe) von Ereignissen, Fakten* présentation *f*

Darts [da:ɐ̯ts] <-> *nt* fléchettes *fpl;* ***~ spielen*** jouer aux fléchettes

darüber [da'ry:bɐ] *adv* ❶ *(örtlich)* [par-]dessus ❷ *(höher, weiter oben)* au-dessus ❸ *(über ... hinweg)* par-dessus; ***der Graben ist nicht breit, man kann ~ springen*** le fossé n'est pas large, on peut l'enjamber d'un saut ❹ *(mehr)* ***die Teilnehmer waren 50 Jahre alt und ~*** les participants avaient 50 ans et plus ❺ *(währenddessen)* pendant ce temps; ***sie hatte gelesen und war ~ eingeschlafen*** elle s'était endormie en lisant ❻ *(über diese/dieser Angelegenheit)* à ce sujet; ***~ reden*** en parler; ***~ nachdenken*** y réfléchir ▶ ~ **hinweg sein** *(über den Ärger)* avoir dépassé ce stade; *(über einen Verlust)* en avoir fait son deuil; ~ **hinaus** au delà

darüber|liegen *vi irr* se situer au-dessus; *Nebel:* recouvrir **darüber|stehen** *vi irr* être au-dessus de ça

darum [da'rʊm] *adv* ❶ *(deshalb)* c'est pourquoi; ***sie ist zwar klein, aber ~ nicht schwach*** elle est petite, mais pas faible pour autant; ***warum? – ~!*** pourquoi? – Parce que! ❷ *(örtlich)* ~ *[herum]* tout autour ❸ *(um diese Angelegenheit)* ***jdn ~ bitten etw zu tun*** demander à qn de faire qc; ***es geht ~, wer am schnellsten laufen kann*** il s'agit de savoir qui court le plus vite

darunter [da'rʊntɐ] *adv* ❶ *(unter diesem/diesen Gegenstand)* en dessous; ***~ hervorsehen*** *Person:* apparaître; *Gegenstand:* dépasser ❷ *(unter dieser Etage)* en dessous ❸ *(mitten unter diesen)* parmi eux/elles; ***einige Länder der EU, ~ Dänemark, Frankreich, ...*** quelques pays de l'Union européenne, dont le Danemark, la France, ... ❹ *(unter dieser Angelegenheit)* ***~ leiden*** en souffrir; ***was verstehst du denn ~?*** qu'est-ce que tu entends par là?; ***~ kann ich mir nichts vorstellen*** ça ne me dit rien

darunter|fallen *vi irr (zu einer Kategorie gehören)* en faire partie; *(davon betroffen sein)* être concerné **darunter|liegen** *vi irr Werte:* être inférieur **darunter|mischen** *vt* ***etw*** ~ y mélanger qc

Darwinismus [darvi'nɪsmʊs] <-> *m* darwinisme *m*

das[1] [das] *art def, Neutrum, nom und akk Sing* le/la; ~ ***kleine Mädchen*** la petite fille; ~ ***Arbeiten*** le travail; ~ ***Schöne*** le beau

das[2] [das] **I.** *pron dem, Neutrum, nom und akk Sing* ***~ Kind da*** cet enfant-là; ***was ist denn ~ da?*** qu'est-ce que c'est que ça? **II.** *pron rel, Neutrum, nom Sing* qui; ***ein Pferd, ~ nicht gehorcht*** un cheval qui n'obéit pas **III.** *pron rel, Neutrum, akk Sing* que; ***ein Kind, ~ alle mögen*** un enfant que tous apprécient

Dasein ['da:zain] <-s> *nt* ❶ *a.* PHILOS existence *f* ❷ *(Anwesenheit)* présence *f*

Daseinsberechtigung *f* ❶ *eines Menschen* droit *m* à l'existence ❷ *einer Sache* raison *f* d'être

da|sitzen *vi irr* ❶ être là; ***untätig*** ~ rester assis sans rien faire ❷ *(fam: zurechtkommen müssen)* ***ohne einen Pfennig*** ~ se retrouver sans un sou

dasjenige *pron dem* ***~ Baby, das ...*** ce bébé qui ...; ***unser Haus ist kleiner als ~ unserer Freunde*** notre maison est plus petite que celle de nos amis

dass [das] *konj* ❶ que +*indic o subj;* ***schade, ~*** dommage que +*subj;* ***ich bin dagegen, ~*** je ne suis pas d'accord que +*subj;* ***das liegt daran, ~ ...*** cela vient du fait que ... ❷ *(zur Angabe der Folge)* que; ***er hupte so laut, ~ alle wach wurden*** il a klaxonné si fort que tous se sont réveillés ❸ *(als Einleitung einer Aufforderung)* ***und ~ du pünktlich zurückkommst!*** et tâche de rentrer à l'heure!

dasselbe *pron dem, nom und akk Sing* le/la même

da|stehen *vi irr* ❶ être là; ***ratlos*** ~ rester là perplexe ❷ *(erscheinen)* ***allein*** ~ se retrouver seul; ***als Lügner*** ~ faire figure de menteur

Date [de:t] <-[s], -s> *nt (fam)* rendez-vous *m,* rancard *m;* ***ein ~ ausmachen*** se donner rendez-vous; ***mit jdm ein ~ haben*** avoir un rendez-vous [*o* un rancard] avec qn

Datei [da'tai] <-, -n> *f* INFORM fichier *m* **Dateianhang** *m* fichier *m* attaché **Dateiname** *m* nom *m* de fichier

daten ['de:tən] *vt (fam)* donner rancard à

Daten¹ ['da:tən] *Pl von* **Datum**

Daten² ['da:tən] *Pl* ① *a.* INFORM *(Angaben)* données *fpl* ② TECH informations *fpl;* ***technische*** ~ caractéristiques *fpl*

Datenaustausch *m* échange *m* de données **Datenautobahn** *f* autoroute *f* de l'information **Datenbank** <-banken> *f* banque *f* de données **Datenbestand** *m* stock *m* de données

Datenbrille *f* INFORM lunettes *fpl* intelligentes **Datenerfassung** *f* saisie *f* de données **Datenfernübertragung** *f* télétransmission *f* **Datenfernverarbeitung** *f* télétraitement *m* **Datenformat** *nt* format *m* de données

Datenklau <-s> *m kein Pl (fam)* piratage *m* de données

Datenkomprimierung *f* compression *f* de données **Datenmenge** *f* masse *f* de données **Datenmissbrauch** *m* utilisation *f* abusive de données **Datenmüll** *m* données *fpl* inutiles [*o* non exploitables] **Datenschutz** *m* protection *f* des données

Datenschützer(in) <-s, -> *m(f) (fam)* contrôleur, -euse *m, f* de l'utilisation des données informatiques **Datenschutzgesetz** *nt* JUR loi *f* informatique et liberté[s]

Datensicherung *f* sauvegarde *f* des données **Datenspeicher** *m* INFORM support *m* d'informations **Datensperre** *f* système *m* de verrouillage d'accès **Datenträger** *m* support *m* de données **Datentypist(in)** ['da:təntypɪst] <-en, -en> *m(f)* opérateur, -trice *m, f* de saisie **Datenübernahme** *f* réception *f* de données **Datenübertragung** *f* transmission *f* de données **Datenverarbeitung** *f* traitement *m* des données **Datenzentrum** *nt* serveur *m* de réseau

datieren* [da'ti:rən] **I.** *vt (mit Datum versehen)* dater; ***etw auf den 5. Mai*** ~ dater qc du 5 mai **II.** *vi* ① *(stammen)* ***aus der Steinzeit*** ~ dater de l'âge de pierre ② *(mit Datum versehen sein)* ***vom 30. April*** ~ être daté du 30 avril ③ *(bestehen)* ***seit letzten Sommer*** ~ *Freundschaft:* dater de l'été dernier

Datierung <-, -en> *f* datation *f*

Dativ ['da:ti:f] <-s, -e> *m* datif *m*

Dativobjekt *nt* complément *m* au datif

dato ['da:to] *adv (geh)* ▶ **bis** ~ jusqu'à ce jour

Dattel ['datəl] <-, -n> *f* datte *f*

Datum ['da:tʊm] <-s, Daten> *nt* date *f;* ***was für ein ~ haben wir heute?*** quel jour sommes-nous aujourd'hui?

Datumsanzeige *f einer Uhr, eines PC* affichage *m* de la date **Datumsgrenze** *f* ligne *f* de changement de date

Datumsstempel *m* ① *(Stempel)* dateur *m* ② *(Aufdruck)* cachet *m*

Dauer ['daʊɐ] <-> *f* durée *f* ▶ **von ~ sein** durer; **auf die** ~ à la longue; **auf** ~ pour une durée illimitée

Dauerarbeitslose(r) *f(m) dekl wie adj* chômeur, -euse *m, f* de longue durée **Dauerarbeitslosigkeit** *f* chômage *m* de longue durée **Dauerauftrag** *m* FIN virement *m* permanent; ***per*** ~ par virement permanent **Dauerbelastung** *f* charge *f* permanente

Dauerbrenner <-s, -> *m (fam)* ① *(Thema)* question *f* qui reste d'actualité ② *(fam: Erfolg)* succès *m;* ***der Film war ein*** ~ le film a fait un tabac

Dauerfrost *m* gel *m* permanent **Dauergast** *m* ① *in Kneipe, Nachtlokal* habitué(e) *m(f)* ② *(in Hotel, Pension)* pensionnaire *mf*

dauerhaft *adj* ① *Material* résistant(e) ② *Bündnis* durable; *Einrichtung* permanent(e)

Dauerhaftigkeit <-> *f* ① *eines Materials* résistance *f* ② *eines Bündnisses, Friedens* stabilité *f,* durabilité *f*

Dauerkarte *f* carte *f* d'abonnement **Dauerlauf** *m* jogging *m*

dauern ['daʊɐn] *vi* ① *(andauern)* durer ② *(Zeit benötigen)* ***es dauerte lange, bis er den Weg gefunden hatte*** il a mis longtemps à trouver le chemin ▶ **das dauert und dauert!** *(fam)* que c'est long!

dauernd ['daʊɐnt] **I.** *adj Frieden* durable; *Ausstellung* permanent(e); *Anstellung* stable; *Wohnsitz* fixe; *Ärger* continuel(le) **II.** *adv* ① *(für immer)* définitivement ② *(immer wieder)* sans arrêt

Dauerparker(in) <-s, -> *m(f)* abonné(e) *m(f)* [au parking] **Dauerregen** *m* pluie *f* persistante, pluies *fpl* continuelles **Dauerstellung** *f* emploi *m* stable **Dauerton** *m* tonalité *f* continue **Dauerwelle** *f* permanente *f* **Dauerzustand** *m* ***ein*** ~ ***werden*** devenir la règle

Daumen ['daʊmən] <-s, -> *m* pouce *m* ▶ **jdm die ~ drücken** croiser les doigts pour porter chance à qn; **über den ~ gepeilt** grosso modo **Daumennagel** *m* ongle *m* du pouce **Daumenschraube** *f meist Pl* poucettes *fpl* ▶ **jdm die ~n anlegen** HIST mettre les poucettes à qn; *(fam:*

unter Druck setzen) mettre le couteau sous la gorge à qn

Daune ['daʊnə] <-, -n> *f* plumule *f;* **~n** du duvet

Daunendecke *f* couette *f* en duvet **Daunenjacke** *f* doudoune *f* **Daunenschlafsack** *m* duvet *m*

Daviscup ['de:viskap] <-[s]> *m* coupe *f* Davis

davon [da'fɔn] *adv* ❶ *(von diesem Ort)* ***nicht weit ~*** un peu plus loin; ***hier bin ich auf dem Foto, links ~ meine Tante*** c'est moi sur la photo, et à ma gauche ma tante ❷ *(von diesem)* ***~ essen*** en manger; ***möchten Sie mehr ~?*** vous en voulez plus?; ***das ist nicht alles, sondern nur ein Teil ~*** ce n'est pas tout mais seulement une partie ❸ *(von dieser Sache)* ***sich kaum ~ unterscheiden*** ne s'en distinguer que par un petit détail ❹ *(dadurch)* ***~ wird man dick*** ça fait grossir; ***~ stirbst du nicht!*** tu n'en mourras pas!; ***sie wachte ~ auf*** ça la réveilla ❺ *(mittels dieser Sache)* ***ich lebe doch ~!*** j'en vis! ❻ *(hinsichtlich dieser Sache)* ***was halten Sie ~?*** qu'en pensez-vous?; ***reden wir nicht mehr ~!*** n'en parlons plus!; ***wissen Sie etwas ~?*** vous êtes au courant? ▸ **ich habe nichts ~!** je n'en ai que faire!; **was hast du denn ~?** qu'est-ce que tu y gagnes?; **das kommt ~!** voilà ce qui arrive! **davon|eilen** *vi + sein (geh)* partir en hâte, s'en aller rapidement

davon|fliegen *vi irr + sein (geh)* s'envoler **davon|gehen** *vi irr + sein (geh)* s'en aller, partir **davon|jagen I.** *vt + haben* chasser **II.** *vi + sein Person:* s'enfuir; *Auto:* s'éloigner à toute allure **davon|kommen** *vi irr + sein* ***mit einer Geldstrafe ~*** s'en sortir avec une amende; ***nicht ungeschoren ~*** y laisser des plumes **davon|laufen** *vi irr + sein* ❶ *(weglaufen)* se sauver; *(von zu Hause fortlaufen)* fuguer ❷ *(hinter sich lassen)* ***jdm ~*** distancer qn ❸ *(fam: verlassen)* ***jdm ~*** lâcher qn ❹ *(eskalieren) Kosten:* s'envoler **davon|machen** *vr* ***sich ~*** *(fam)* se casser **davon|rennen** *vi irr* partir en courant **davon|schleichen** *irr* **I.** *vi + sein* s'esquiver, s'éclipser **II.** *vr* ***sich ~*** s'esquiver, s'éclipser **davon|tragen** *vt irr* ❶ *(wegtragen)* emporter ❷ *(erringen)* remporter *Sieg;* retirer *Ruhm* ❸ *(erleiden)* subir *Schaden;* recevoir *Prellung* **davon|ziehen** *vi unreg + sein* ❶ *(geh: sich weiterbewegen)* continuer son chemin ❷ SPORT *(fam)* prendre de l'avance; ***jdm ~*** distancer qn, lâcher qn, semer qn ❸ TECH *Technologie:* progresser

davor [da'fo:ɐ̯ *hinweisend:* 'da:fo:ɐ̯] *adv* ❶ *(räumlich)* devant; ***dort ist das Rathaus, und ~ befindet sich …*** la mairie est là-bas, et juste devant se trouve … ❷ *(zeitlich)* avant; ***ich muss zur Post gehen und ~ noch zum Bäcker*** il faut que j'aille à la poste et avant chez le boulanger ❸ *(in Bezug auf eine Sache)* ***jdn ~ warnen, etw zu tun*** avertir qn de ne pas faire qc; ***Angst ~ haben, etw zu tun*** avoir peur de faire qc ❹ *(auf eine bestimmte Sache hinweisend)* ***~ fürchtet er sich*** c'est ça qu'il craint

davor|stehen *vi unreg + haben o* SDEUTSCH, A, CH *sein* ***jd/etw steht davor*** il y a qn/qc devant

dazu [da'tsu: *hinweisend:* 'da:tsu:] *adv* ❶ *(gleichzeitig)* ***sie singt, und ~ spielt sie Harfe*** elle chante tout en jouant de la harpe ❷ *(außerdem)* par-dessus le marché ❸ *(zu dem Gegenstand)* ***dies ist die Tischdecke, und dies sind die Servietten ~*** voici la nappe, et voici les serviettes qui vont avec ❹ *(zu der Konsequenz)* ***das führte ~, dass …*** ça a eu pour résultat que …; ***wie konnte es nur ~ kommen?*** comment a-t-on pu en arriver là? ❺ *(zu der Sache)* ***du musst mir helfen! – Wie komme ich ~!*** *(fam)* il faut que tu m'aides! – Tu veux rire ou quoi!; ***ich würde gern etwas ~ sagen*** je voudrais dire quelques mots à ce propos; ***was meinst du ~?*** qu'en penses-tu? ❻ *(auf eine bestimmte Sache hinweisend)* ***wozu gehört dieses Teil? – Dazu!*** avec quoi va cette pièce? – Avec ça! ❼ *(dafür)* ***~ ist er zu unerfahren*** pour ça, il n'a pas assez d'expérience

dazu|geben *vt irr* ❶ *(zusätzlich geben)* ***jdm etw ~*** donner à qn qc en plus ❷ *(dazutun)* ajouter **dazu|gehören*** *vi* ❶ *Freund:* être à sa place; *Zubehör:* aller avec ❷ *(erforderlich sein)* ***es gehört schon einiges dazu, das zu tun*** il faut une certaine dose de courage pour oser faire ça **dazugehörig** *adj attr* qui va avec **dazu|kommen** *vi irr + sein* ❶ arriver en plus ❷ *(hinzugefügt werden)* venir s'ajouter; ***kommt noch etwas dazu?*** et avec ceci? **dazu|lernen** *vt* apprendre **dazu|rechnen** *vt* ajouter en plus; ***etw ~*** *(in Betracht ziehen)* prendre aussi qc en compte **dazu|setzen I.** *vt* ❶ *(dazuschreiben)* ajouter *Gruß, Namen* ❷ *(platzieren)* asseoir *Person* **II.** *vr* ***sich ~*** s'asseoir **dazu|tun** *vt irr (fam)* ajouter

dazwịschen [da'tsvɪʃən] *adv* ❶ *(zwischen zwei Dingen)* entre les deux; *(zwischen mehreren Dingen)* y ❷ *(in der Zwischenzeit)* entre-temps
dazwịschen|funken *vi (fam)* y mettre son grain de sel; ***jdm*** ~ venir enquiquiner qn
dazwịschen|gehen *vi irr (fam)* intervenir
dazwịschen|kommen *vi irr + sein* ❶ *(räumlich)* ***mit dem Finger*** ~ s'y coincer le doigt ❷ *(zeitlich)* ***leider ist mir etwas dazwischengekommen*** j'ai malheureusement eu un empêchement; ***wenn nichts dazwischenkommt, ...*** sauf imprévu, ... **dazwịschen|reden** *vi* couper la parole; ***jdm*** ~ couper la parole à qn
dazwịschen|treten *vi irr + sein* ❶ s'interposer ❷ *(geh: störend auftreten)* s'immiscer
dB [deː'beː] *Abk von* **Dezibel** dB
DB [deː'beː] <-> *f Abk von* **Deutsche Bahn** *société des chemins de fer allemands*
DDR [deːdeː'ʔɛr] <-> *f Abk von* **Deutsche Demokratische Republik** HIST ***die*** ~ la R.D.A.; ***die ehemalige*** ~ l'ex R.D.A.
D-Dur ['deːduːɐ̯, 'deː'duːɐ̯] *nt* MUS ré *m* majeur
Deal ['diːl] <-s, -s> *m (fam)* deal *m;* ***mit jdm einen ~ machen*** passer un marché avec qn
dealen ['diːlən] *vi (fam)* ***mit etw*** ~ dealer qc
Dealer(in) ['diːlɐ] <-s, -> *m(f) (fam)* deale[u]r, -euse *m, f*
Deba̲kel [de'baːkəl] <-s, -> *nt (geh)* échec *m* [total]
Debạtte [de'batə] <-, -n> *f* ❶ *(Streitgespräch)* débat *m;* ***zur ~ stehen*** être à l'ordre du jour; ***sich auf keine ~ einlassen*** refuser la discussion ❷ POL débats *mpl*
debatti̲eren* [deba'tiːrən] *vt, vi* débattre [de]
debi̲l [de'biːl] *adj* débile [mental(e)]
Debugger [di'bʌgɐ] <-s, -> *m* INFORM débogueur *m,* débugueur *m*
Debüt [de'byː] <-s, -s> *nt* débuts *mpl;* ***sein ~ liefern*** faire ses débuts
Debütạnt(in) [deby'tant] <-en, -en> *m(f)* débutant(e) *m(f)*
debüti̲eren* [deby'tiːrən] *vi (a. fig)* débuter
dechiffri̲eren* [deʃɪ'friːrən] *vt* déchiffrer
Dẹck [dɛk] <-[e]s, -s> *nt* ❶ *(Schiffsdeck)* pont *m* ❷ *(Parkdeck)* niveau *m*
Dẹckblatt *nt eines Papierstapels* couverture *f*
Dẹcke ['dɛkə] <-, -n> *f* ❶ *(Zimmerdecke)* plafond *m* ❷ *(Wolldecke)* couverture *f* ❸ *(Bettdecke)* couette *f* ▶ **jdm fällt die ~ auf den Kopf** *(fam)* qn a l'impression d'avoir la tête dans un bocal; **an die ~ gehen** *(fam)* exploser; **mit jdm unter einer ~ stecken** *(fam)* être de mèche avec qn
Dẹckel ['dɛkəl] <-s, -> *m (Verschluss)* couvercle *m* ▶ **jdm eins auf den ~ geben** *(fam)* remonter les bretelles à qn
dẹcken ['dɛkən] **I.** *vt* ❶ couvrir; *Tisch* mettre ❷ SPORT marquer **II.** *vr* **sich ~** ❶ *Aussagen:* se recouper ❷ GEOM *Figuren:* coïncider
Dẹckenlampe *f* plafonnier *m; (Hängelampe)* suspension *f*
Dẹckfarbe *f* peinture *f* couvrante
Dẹckmantel *m* prétexte *m* **Dẹckname** *m* pseudonyme *m*
Dẹckung ['dɛkʊŋ] <-, -en> *f* ❶ SPORT *(das Decken)* marquage *m; (Verteidigung)* défense *f* ❷ *(Feuerschutz)* couverture *f;* ***jdm ~ geben*** couvrir qn ❸ MIL abri *m* ❹ *(das Verheimlichen)* dissimulation *f* ❺ COM, FIN *eines Schecks* provision *f;* ***zur ~ der Schulden*** pour couvrir les dettes ❻ *(Übereinstimmung)* ***unterschiedliche Interessen zur ~ bringen*** faire coïncider des intérêts différents
dẹckungsgleich *adj* ❶ GEOM coïncident(e) ❷ *Aussage* concordant(e); ***~ sein*** coïncider
Dẹckweiß *nt* blanc *m* couvrant
Decoder [de'koːdɐ, dɪ'koʊdə] <-s, -> *m* décodeur *m*
decodi̲eren* [deko'diːrən] *vt* décoder
Décolleté [de'kɔlteː] *s.* **Dekolleté**
dedukti̲v [dedʊk'tiːf] *adj* déductif, -ive
de fạcto [deː 'fakto] *adv* de facto
defẹkt [de'fɛkt] *adj* défectueux, -euse
Defẹkt <-[e]s, -e> *m* ❶ TECH panne *f;* ***einen ~ haben*** avoir un problème ❷ MED *(Missbildung)* malformation *f; (psychische Störung)* troubles *mpl*
defensi̲v [defɛn'ziːf] *adj* défensif, -ive
Defensi̲ve [defɛn'ziːvə] <-, -n> *f* MIL défensive *f;* SPORT défense *f*
Defibrillator [defibrɪ'laːtoːɐ̯, *Pl:* defibrɪla'toːrən] <-s, -en> *m* MED défibrillateur *m*
defini̲erbar [defi'niːɐ̯baːɐ̯] *adj* définissable
defini̲eren* [defi'niːrən] *vt* définir
Definitio̲n [definiˈtsi̯oːn] <-, -en> *f* définition *f*
definiti̲v [defini'tiːf] **I.** *adj* précis(e) **II.** *adv sich entscheiden* définitivement
De̲fizit ['deːfitsɪt] <-s, -e> *nt* ❶ FIN, COM déficit *m* ❷ *(Mangel)* ***~ an Zuwendung*** *dat* manque *m* d'attention; ***ein ~ an etw haben*** manquer de qc
defizitär [defitsi'tɛːɐ̯] *adj* ÖKON déficitaire

Deflation [defla'tsi̯oːn] <-, -en> *f* ÖKON déflation *f*

deflationär [deflatsi̯o'nɛːɐ̯] *adj* ÖKON déflationniste

Deformation <-, -en> *f* ❶ MED difformité *f; einer Nase, Wirbelsäule* déformation *f* ❷ PHYS déformation *f*

deformieren* [defɔr'miːrən] *vt* déformer

deftig ['dɛftɪç] *adj* ❶ *Mahlzeit* consistant(e) ❷ *Prügel* bon(ne) *antéposé* ❸ *Witz* cru(e) ❹ *Preis* sacré(e) *antéposé fam*

Degen ['deːgən] <-s, -> *m* épée *f*

Degeneration [degenera'tsioːn] <-, -en> *f a.* MED dégénérescence *f*

degeneriert *adj* dégénéré(e)

degradieren* [degra'diːrən] *vt* dégrader

Degradierung <-, -en> *f* dégradation *f*

dehnbar ['deːnbaːɐ̯] *adj (a. fig)* élastique

Dehnbarkeit <-> *f (a. fig)* élasticité *f*

dehnen ['deːnən] *vt Gummizug* détendre; *Glieder* étirer; *Wörter* allonger

Dehnung <-, -en> *f* ❶ *(das Ausdehnen)* tension *f* ❷ *(gedehnte Aussprache)* allongement *m*

Dehydrierung <-, -en> *f* déshydrogénation *f*

Deich [dai̯ç] <-[e]s, -e> *m* digue *f*

Deichsel ['dai̯ksəl] <-, -n> *f* timon *m*

deichseln *vt (fam)* goupiller

dein [dai̯n] *pron poss* ❶ ~ ***Bruder*** ton frère; ***~e Freundin*** ta copine; ***~e Eltern*** tes parents; ***dieses Buch ist ~[e]s*** ce livre est à toi ❷ *substantivisch* ***der/die/das Deine*** le tien/la tienne; ***du hast das Deine bekommen*** tu as eu ta part; ***du hast das Deine getan*** tu as fait ce que tu avais à faire

deiner *pron pers, gen von* **du** *(geh)* ***ich werde ~ gedenken*** je me souviendrai de toi

deinerseits ['dai̯nɐ'zai̯ts] *adv* ❶ *(du wiederum)* de ton côté ❷ *(was dich betrifft)* pour ta part

deinesgleichen ['dai̯nəs'glai̯çən] *pron inv* ❶ *(pej: Menschen deines Schlags)* ***du und ~*** toi et tes semblables *mpl* ❷ *(Menschen wie du)* ***du verkehrst nur mit ~*** tu ne fréquentes que les gens de ta sorte

deinetwegen ['dai̯nət'veːgən] *adv* ❶ *(wegen dir)* à cause de toi ❷ *(dir zuliebe)* pour toi ❸ *(wenn es nach dir ginge)* s'il ne tient qu'à toi

deinetwillen ['dai̯nət'vɪlən] ***um ~*** pour ton bien

deinstallieren* *vt* INFORM désinstaller *Software*

Déjà-vu-Erlebnis [deʒa'vyː-] *nt* impression *f* de déjà-vu

Dekade [de'kaːdə] <-, -n> *f (zehn Tage)* décade *f; (zehn Jahre)* décennie *f*

dekadent [deka'dɛnt] *adj* décadent(e)

Dekadenz [deka'dɛnts] <-> *f* décadence *f*

Dekagramm [deka'gram, 'dɛkagram] *nt* A décagramme *m*

Dekan(in) [de'kaːn] <-s, -e> *m(f)* doyen(ne) *m(f)*

Dekanat [deka'naːt] <-[e]s, -e> *nt* décanat *m*

Deklaration [deklara'tsioːn] <-, -en> *f* déclaration *f*

deklarieren* [dekla'riːrən] *vt* déclarer

deklassieren* *vt* ❶ *(sozial benachteiligen)* dégrader ❷ *(im ökonomischen Wettbewerb, im Sport überflügeln)* surclasser

Deklination [deklina'tsi̯oːn] <-, -en> *f* GRAM déclinaison *f*

deklinieren* [dekli'niːrən] *vt* GRAM décliner

dekodieren* [deko'diːrən] *s.* **decodieren**

Dekolleté, **Dekolletee** [dekɔl'teː] <-s, -s> *nt* décolleté *m*

dekontaminieren* [dekɔntami'niːrən] *vt* décontaminer

Dekor [de'koːɐ̯] <-s, -s *o* -e> *m o nt* ❶ *(Muster)* motif *m* ❷ THEAT décor *m*

Dekorateur(in) [dekora'tøːɐ̯] <-s, -e> *m(f)* décorateur, -trice *m, f*

Dekoration [dekora'tsi̯oːn] <-, -en> *f* ❶ *kein Pl (Ausschmückung)* décoration *f* ❷ *(Schaufensterdekoration)* vitrine *f* ❸ THEAT décors *mpl*

dekorativ [dekora'tiːf] *adj* décoratif, -ive

dekorieren* [deko'riːrən] *vt* décorer

Dekret [de'kreːt] <-[e]s, -e> *nt* décret *m*

Delegation [delega'tsi̯oːn] <-, -en> *f* délégation *f*

delegieren* [dele'giːrən] *vt* déléguer; ***etw an jdn ~*** déléguer qc à qn

Delegierte(r) *f(m) dekl wie adj* délégué(e) *m(f)*

Delfin [dɛl'fiːn] <-s, -e> *m* dauphin *m*

Delfinschwimmen <-s> *nt* [brasse *f*] papillon *m*

delikat [deli'kaːt] *adj* ❶ *(wohlschmeckend)* délicieux, -euse; ***sehr ~*** succulent ❷ *(behutsam)* subtil(e) ❸ *(heikel)* délicat(e) ❹ *(geh: empfindlich)* sensible

Delikatesse [delika'tɛsə] <-, -n> *f* mets *m* de choix

Delikt [de'lɪkt] <-[e]s, -e> *nt* délit *m*

Delinquent(in) <-en, -en> *m(f) (geh)* délinquant(e) *m(f)*

Delirium [de'liːri̯ʊm] <-s, -rien> *nt* délire *m; **im ~ sein*** délirer

Delle ['dɛlə] <-, -n> *f (fam)* bosse *f*
Delta ['dɛlta] <-s, -s *o* Delten> *nt* delta *m*
dem[1] [de:m] **I.** *art def, maskulin, dat Sing von* **der**[1] **I.** ❶ ***von ~ Nachbarn sprechen*** parler du voisin; ***sie folgte ~ Mann*** elle suivit l'homme; ***er gab ~ Großvater den Brief*** il donna la lettre à son grand-père ❷ *(fam: in Verbindung mit Eigennamen)* ***ich werde es ~ Frank sagen*** je le dirai à Frank **II.** *art def, Neutrum, dat Sing von* **das**[1] ***von ~ Kind sprechen*** parler de l'enfant; ***an ~ Fenster klopfen*** frapper à la fenêtre; ***die Frau auf ~ Foto*** la femme sur la photo
dem[2] [de:m] **I.** *pron dem, maskulin, dat Sing von* **der**[2] **I.** ce/cette; ***zeig deine Eintrittskarte ~ Mann da!*** présente ton billet d'entrée à ce monsieur-là! **II.** *pron dem, Neutrum, dat Sing von* **das**[2] ***möchtest du mit ~ Plüschtier hier spielen?*** veux-tu jouer avec cette peluche-là? **III.** *pron rel, maskulin, dat Sing von* **der**[2] **I.** ***der Kollege, ~ ich den Brief geben soll*** le collègue à qui je dois donner la lettre; ***der Freund, mit ~ ich mich gut verstehe*** l'ami avec qui je m'entends bien **IV.** *pron rel, Neutrum, dat Sing von* **das**[2] **II.** ***das Kind, ~ dieses Spielzeug gehört*** l'enfant à qui appartient ce jouet
Demagoge, Demagogin [dema'go:gə] <-n, -n> *m, f (pej)* démagogue *mf*
Demagogie [demago'gi:] <-, -ien> *f (pej)* démagogie *f*
demagogisch [dema'go:gɪʃ] *(pej)* **I.** *adj* démagogique **II.** *adv* avec démagogie
Demarkationslinie [demarka'tsi̯o:ns-] *f* ligne *f* de démarcation
demaskieren* *(geh)* **I.** *vt* démasquer; ***jdn als Verräter ~*** démasquer qn comme traître **II.** *vr* ***sich als Lügner ~*** se démasquer comme étant un menteur
Dementi [de'mɛnti] <-s, -s> *nt* démenti *m*
dementieren* [demɛn'ti:rən] **I.** *vt* démentir **II.** *vi* donner un démenti
dementsprechend ['de:mʔɛnt'ʃprɛçənt] *adj Anordnung* en conséquence; *Bemerkung* dans ce sens; ***~ sein*** être à l'avenant
Demenz [de'mɛnts] <-, -en> *f* PSYCH démence *f;* ***an ~*** *dat* ***leiden*** être atteint(e) de démence
demgegenüber ['de:mge:gən'ʔy:bɐ] *adv* en revanche
demgemäß *s.* **dementsprechend**
Demission [demɪ'si̯o:n] <-, -en> *f* démission *f*
demnach ['de(:)mna:x] *adv* ❶ *(danach)* il ressort que ... ❷ *(folglich)* en conséquence
demnächst ['de:m'nɛ:çst] *adv* prochainement
Demo ['de:mo] <-, -s> *f (fam) Abk von* **Demonstration** manif *f*
demobilisieren* [demobili'zi:rən] *vt* démobiliser
Demografie [demogra'fi:] <-, -ien> *f (Wissenschaft)* démographie *f*
demografisch [demo'gra:fɪʃ] *adj* démographique
Demokrat(in) [demo'kra:t] <-en, -en> *m(f)* démocrate *mf*
Demokratie [demokra'ti:] <-, -ien> *f* démocratie *f*
demokratisch [demo'kra:tɪʃ] *adj* démocratique
Demokratische Republik Kongo [-'kɔŋgo] *f* République *f* démocratique du Congo
demokratisieren* [demokrati'zi:rən] *vt* démocratiser
Demokratisierung <-, -en> *f* démocratisation *f*
demolieren* [demo'li:rən] *vt* ❶ *(zerstören)* démolir ❷ *(beschädigen)* endommager *Fahrzeug;* ***völlig demoliert*** complètement défoncé *fam*
Demonstrant(in) [demɔn'strant] <-en, -en> *m(f)* manifestant(e) *m(f)*
Demonstration [demɔnstra'tsi̯o:n] <-, -en> *f* ❶ *(Protestkundgebung)* manifestation *f* ❷ *(Bekundung, Veranschaulichung)* démonstration *f;* ***eine ~ des guten Willens*** une marque de bonne volonté
Demonstrationsrecht *nt kein Pl* droit *m* de manifester
demonstrativ [demɔnstra'ti:f] *adj* ostensible
Demonstrativpronomen *nt (adjektivisches Pronomen)* adjectif *m* démonstratif; *(substantivisches Pronomen)* pronom *m* démonstratif
demonstrieren* [demɔn'stri:rən] **I.** *vi* manifester **II.** *vt* ❶ *(bekunden)* manifester ❷ *(veranschaulichen)* démontrer
Demontage [demɔn'ta:ʒə] <-, -n> *f (das Demontieren)* démontage *m; einer Anlage, Fabrik* démantèlement *m*
demontieren* [demɔn'ti:rən] *vt (abmontieren)* démanteler *Fabrik*
demoralisieren* [demorali'zi:rən] *vt* ❶ *(entmutigen)* démoraliser ❷ *(moralisch untergraben)* avilir *Bevölkerung*
demotivieren* [demoti'vi:rən] *vt (geh)* PSYCH démotiver
Demoversion ['de:movɛrzi̯o:n] *f* version *f* de démonstration

D

demselben *pron dem, dat Sing von* **derselbe/dasselbe** au même; ~ ***Mann helfen*** aider le même homme

Demut ['de:mu:t] <-> *f* humilité *f;* ***in*** ~ humblement

demütig ['de:my:tiç] *adj* humble

demütigen *vt* humilier

Demütigung <-, -en> *f* humiliation *f*

demzufolge ['de(:)mtsu'fɔlgə] *adv* ❶ *(wonach)* il en ressort que … ❷ *(folglich)* donc

den[1] [de:n] **I.** *art def, maskulin, akk Sing von* **der**[1] le/la; ***sie begrüßt ~ Nachbarn*** elle salue le voisin; ~ ***Salat essen*** manger la salade **II.** *art def, dat Pl von* **der**[1], **die**[1], **das**[1] aux; ***mit ~ Freundinnen sprechen*** parler avec les copines; ***von ~ Kollegen sprechen*** parler des collègues; ***sie folgte ~ Leuten*** elle suivit les gens

den[2] [de:n] **I.** *pron dem, maskulin, akk Sing von* **der**[2] **I.** ce/cette; ~ ***Angeber kann ich nicht leiden!*** je ne supporte pas ce frimeur!; ***darf ich ~ streicheln?*** je peux le caresser, celui-là? **II.** *pron rel, akk Sing von* **der**[2] **II.** que

denaturieren* *vt* dénaturer

denen ['de:nən] **I.** *pron dem, dat Pl von* **der**[2] **I., die**[2] **I., das**[2] **I.** à ceux **II.** *pron rel, dat Pl von* **die**[2] à qui

Den Haag [de:n'ha:k] <-s> *m* La Haye *f*

Denkanstoß *m* piste *f* de réflexion **Denkaufgabe** *f* énigme *f*

denkbar *adj* concevable; ***sich*** *dat* ***alle nur ~e Mühe geben*** se donner toutes les peines possibles et imaginables; ***es ist durchaus ~, dass*** il n'est pas impensable que +*subj*

denken ['dɛŋkən] <dachte, gedacht> **I.** *vi* ❶ *(überlegen)* penser ❷ *(meinen)* penser que …; ***ich denke ja*** je pense que oui ❸ *(urteilen)* ***gut von jdm*** ~ penser du bien de qn; ***inzwischen denke ich anders*** j'ai changé d'avis; ***wie ~ Sie darüber?*** qu'en pensez-vous? ❹ *(sich vorstellen)* ***denk nur, Eva heiratet!*** imagine, Eva se marie! ► **ich denke nicht daran!** je n'en ai pas la moindre intention!; **jdm zu ~ geben** donner à réfléchir à qn; **wo denkst du hin!** qu'est-ce que tu crois! **II.** *vt* ❶ *(annehmen)* ***nur das Schlechteste von jdm*** ~ penser tout mal possible de qn ❷ *(ahnen)* ***das habe ich mir fast gedacht*** j'en étais à peu près sûr ❸ *(sich vorstellen)* ***sich*** *dat* ***etw*** ~ s'imaginer qc; ***ich habe mir das so gedacht: …*** je vois les choses comme ça: … ❹ *(beabsichtigen)* ***sich*** *dat* ***nichts Böses*** ~ ne pas penser à mal

Denken <-s> *nt* pensée *f*

Denker(in) <-s, -> *m(f)* penseur, -euse *m, f*

Denkfehler *m* erreur *f* de raisonnement

Denkmal ['dɛŋkma:l, *Pl:* -mɛ:lɐ] <-s, -mäler *o* -e> *nt* monument *m;* ***jdm ein ~ errichten*** ériger un monument à [la gloire de] qn; ***sich*** *dat* ***mit etw ein ~ setzen*** passer à la postérité avec qc

Denkmalschutz *m* protection *f* des monuments historiques **Denkpause** *f* pause *f* [de réflexion]; ***eine ~ einlegen*** faire une pause [pour réfléchir]

Denkprozess *m* évolution *f* des mentalités **Denkschrift** *f* mémorandum *m* **Denksportaufgabe** *s.* **Denkaufgabe** **Denkvermögen** *nt kein Pl* capacité *f* de réflexion [*o* de penser] **Denkweise** *f* façon *f* de penser **denkwürdig** *adj* mémorable **Denkzettel** *m* ***jdm einen ~ verpassen*** *(fam)* flanquer une bonne leçon à qn

denn [dɛn] **I.** *konj* ❶ *(weil)* car ❷ *(vorausgesetzt)* ***es sei ~, …*** à moins que … +*subj* **II.** *adv* ❶ *(eigentlich)* donc; ***he, was soll das ~?*** holà, qu'est-ce qui se passe?; ***wo ~ sonst?*** où d'autre? ❷ NDEUTSCH *(fam: dann)* alors

dennoch ['dɛnɔx] *adv* malgré tout; ***und*** ~ et pourtant

denselben **I.** *pron dem, akk von* **derselbe** le/la même; ***für ~ Sänger schwärmen*** raffoler du même chanteur **II.** *pron dem, dat von* **dieselben** aux mêmes

Denunziant(in) [denʊn'tsi̯ant] <-en, -en> *m(f) (pej)* délateur, -trice *m, f*

Denunziation [denʊntsi̯a'tsi̯o:n] <-, -en> *f (pej)* dénonciation *f*

denunzieren* [denʊn'tsi:rən] *vt (pej: anzeigen)* dénoncer; ***jdn bei jdm*** ~ dénoncer qn à qn

Deo ['de:o], **Deodorant** [de?odo'rant] <-s, -s> *nt* déodorant *m*

deodorierend **I.** *adj* déodorant(e) **II.** *adv* ~ ***wirken*** avoir un effet déodorant

Deoroller *m* déodorant *m* à bille **Deospray** *nt o m* déodorant *m*

Departement [departə'mã:] <-s, -s> *nt* département *m*

deplatziert [depla'tsi:ɐ̯t] *adj* incongru(e)

Deponie [depo'ni:] <-, -i̯en> *f* décharge *f*

deponieren* [depo'ni:rən] *vt* ❶ *(hinterlegen)* mettre en dépôt; ***etw bei der Bank*** ~ mettre qc en dépôt à la banque ❷ *(hinstellen)* ***etw im Keller*** ~ mettre qc dans la cave

Deportation [depɔrta'tsi̯o:n] <-, -en> *f* déportation *f*

deportieren* [depɔr'ti:rən] *vt* déporter

Deportierte(r) *f(m) dekl wie adj* déporté(e) *m(f)*
Depot [de'po:] <-s, -s> *nt* ❶ *(Lager)* entrepôt *m* ❷ FIN coffre-fort *m* ❸ TRANSP dépôt *m* ❹ *(Bodensatz) von Wein* dépôt *m* ❺ CH *(Flaschenpfand)* consigne *f*
Depp [dɛp] <-en *o* -s, -e[n]> *m* SDEUTSCH, A, CH *(fam)* andouille *f*
Depression [deprɛ'si̯o:n] <-, -en> *f* dépression *f*
depressiv *adj* dépressif, -ive
deprimieren* [depri'mi:rən] *vt* déprimer
Deputierte(r) *f(m) dekl wie adj* député(e) *m(f)*
der[1] [de:ɐ̯] **I.** *art def, maskulin, nom Sing* le/la; ~ ***Nachbar*** le voisin; ~ ***Salat*** la salade **II.** *art def, feminin, gen Sing von* **die**[1] **I.** de la/du **III.** *art def, feminin, dat Sing von* **die**[1] **I.** à la/au; ***mit ~ Nachbarin sprechen*** parler avec la voisine; ***sie folgte ~ Frau/Menge*** elle suivit la femme/foule **IV.** *art def, gen Pl von* **die**[1] **II.** des; ***das Ende ~ Ferien*** la fin des vacances
der[2] [de:ɐ̯] **I.** *pron dem, maskulin, nom Sing* ce/cette; ~ ***Mann da*** cet homme-là; ***beißt ~?*** est-ce qu'il mord? **II.** *pron rel, maskulin, nom Sing* qui; ***ein Mann, ~ es eilig hatte*** un homme qui était pressé **III.** *pron dem, feminin, gen Sing von* **die**[2] **I.** de cette/de ce **IV.** *pron dem, feminin, dat Sing von* **die**[2] **I.** à cette/à ce; ***mit ~ Freundin verstehe ich mich gut*** je m'entends bien avec cette copine; ***glaub ~ bloß nicht!*** ne la crois surtout pas, celle-là! **V.** *pron dem, gen Pl von* **die**[1] **II.** de ces **VI.** *pron rel, feminin, dat Sing von* **die**[2] **III.** à qui; ***die Freundin, mit ~ ich mich gut verstehe*** l'amie avec qui je m'entends bien; ***die Kälte, unter ~ sie leiden*** le froid dont ils souffrent
derart ['de:ɐ̯'ʔa:ɐ̯t] *adv* à tel point; ~ ***reizen, dass …*** provoquer à tel point que …; ***es ist ~ heiß, dass …*** il fait tellement chaud que …
derartig I. *adj* tel(le) **II.** *adv* si
derb [dɛrp] **I.** *adj* ❶ *Manieren* grossier, -ère ❷ *Stoff* solide **II.** *adv* ❶ *anfahren* brutalement ❷ *sich ausdrücken* grossièrement
Derby ['dɛrbi] <-s, -s> *nt* derby *m*
deregulieren* [deregu'li:rən] *vt* POL, ÖKON déréglér
Deregulierung [de-] *f* dérégulation *f*
deren ['de:rən] **I.** *pron dem, gen Sing von* **die**[2] **II.** ***seine Mutter, seine Schwester und ~ Hund*** sa mère, sa sœur et le chien de cette dernière **II.** *pron dem, gen Pl von* **die**[2] **III.** ***ein Ehepaar mit seinen Freunden und ~ Kindern*** un couple avec ses amis et les enfants de ces derniers **III.** *pron rel, gen Sing von* **die**[2] **III.** dont; ***die Frau, ~ Namen ich vergessen habe*** la femme dont j'ai oublié le nom; ***die Freundin, mit ~ Hilfe ich eine Wohnung gefunden habe*** l'amie avec l'aide de qui j'ai trouvé un logement **IV.** *pron rel, gen Pl von* **die**[2] **V.** dont
derentwillen ['de:rənt'vɪlən] *adv* ❶ *(auf eine Person bezogen)* **um ~** pour qui; *(wegen dieser)* pour celle-là ❷ *(auf eine Sache bezogen)* **um ~** *Sing* pour lequel/laquelle; *Pl* pour lesquels/lesquelles
derer ['de:rɐ] *pron dem, gen Pl von* **die**[2] **II.** de ceux
dergestalt ['de:ɐ̯gə'ʃtalt] *adv (geh)* ainsi; ***~, dass …*** à tel point que …
dergleichen ['de:ɐ̯'glai̯çən] *pron dem, inv* ce genre de choses; ~ ***Fälle sind selten*** ce genre de cas est rare; ***und ~ mehr*** et cetera
Derivat [deri'va:t] <-[e]s, -e> *nt* dérivé *m*
derjenige ['de:ɐ̯je:nɪgə] *pron dem, maskulin, nom Sing* ce/cette; ***~ Mann, der …*** l'homme qui …; ***~, der das gesagt hat*** celui qui a dit cela ▶ **das ist ~, welcher!** *(fam)* c'est lui notre homme!
derlei *pron dem, inv* ce genre de choses; ~ ***Probleme*** ce genre de problèmes
dermaßen ['de:ɐ̯'ma:sən] *s.* **derart**
Dermatologe, Dermatologin [dɛrmato'lo:gə] <-n, -n> *m, f* dermatologue *mf*
Dermatologie [dɛrmatolo'gi:] <-> *f* dermatologie *f*
derselbe [de:ɐ̯'zɛlbə] *pron dem, nom Sing* le/la même
derzeit ['de:ɐ̯'tsai̯t] *adv* actuellement
derzeitig *adj attr* actuel(le); ***mein ~es Befinden ist ausgezeichnet*** je suis en excellente forme actuellement
des [dɛs] **I.** *art def, maskulin o Neutrum, gen Sing von* **der**[1] **I., der I.** du/de la; ***der Name ~ Hundes*** le nom du chien **II.** *pron dem, maskulin o Neutrum, gen Sing von* **der**[2] **I., das II.** de ce/de cette; ***der Name ~ Kindes*** le nom de cet enfant
Des <-> *nt* MUS ré *m* bémol
Desaster [de'zastɐ] <-s, -> *nt* désastre *m*
desensibilisieren* *vt* désensibiliser; ***jdn gegen etw ~*** désensibiliser qn à qc
Deserteur(in) [dezɛr'tø:ɐ̯] <-s, -e> *m(f)* déserteur *m*
desertieren* [dezɛr'ti:rən] *vi + sein* déserter
desgleichen ['dɛs'glai̯çən] *adv* également
deshalb ['dɛs'halp] *adv* ~ ***ist das nicht***

möglich c'est la raison pour laquelle cela n'est pas possible; ***~ müssen Sie sich nicht gleich aufregen!*** ce n'est pas une raison pour vous énerver!

Design [di'zain] <-s, -s> *nt* design *m; eines Kleidungsstücks* style *m*

Designer(in) [di'zainɐ] <-s, -> *m(f)* designer *mf; (Modeschöpfer)* styliste *mf*

Designerbaby [di'zainɐ] *nt* bébé-médicament *m* **Designermode** *f* mode *f* de créateurs

designiert [dezi'gni:ɐt] *adj attr* désigné(e)

desillusionieren* [dɛsʔɪluzi̯o'ni:rən, dezɪ-] *vt* désillusionner

Desillusionierung [dɛsʔɪ-, dezɪlu-] <-, -en> *f* désillusion *f*

Desinfektion [dɛsʔɪnfɛk'tsi̯o:n, dezɪ-] <-, -en> *f* désinfection *f*

Desinfektionsmittel *nt* désinfectant *m*

desinfizieren* [dɛsʔɪnfi'tsi:rən, dezɪ-] *vt* désinfecter

Desinfizierung [dɛsʔɪ-, dezɪ-] <-, -en> *s.* **Desinfektion**

Desinformation [dɛsʔɪnfɔrma'tsi̯o:n, dezɪ-] *f* ❶ *(Verfahrensweise)* désinformation *f* ❷ *(falsche Information)* fausse information *f*

Desinteresse ['dɛsʔɪntərɛsə, dezɪ-] *nt* manque *m* d'intérêt; ***~ an etw*** manque d'intérêt pour qc

desinteressiert [dɛsʔɪntərɛ'si:ɐ̯t, dezɪ-] *adj Zuschauer* peu intéressé(e); ***an etw ~ sein*** ne pas être intéressé par qc

Falsche Freunde
Nicht verwechseln mit *désintéressé(e) – uneigennützig*!

Desktop ['dɛsktɔp] <-s, -s> *m* INFORM *(Mikrocomputer, Bildschirmdarstellung)* bureau *m*

Desktop-Publishing, Desktoppublishing ['dɛsktɔppablɪʃɪŋ] <-[s]> *nt* INFORM publication *f* assistée par ordinateur

desolat [dezo'la:t] *adj (geh)* piteux, -euse *antéposé*

desorientiert [dɛsʔori̯ɛn'ti:ɐ̯t, dezo-] *adj* désorienté(e)

Despot(in) [dɛs'po:t] <-en, -en> *m(f)* despote *mf*

despotisch [dɛs'po:tɪʃ] **I.** *adj* despotique **II.** *adv* en despote

desselben [dɛs'zɛlbən] *pron dem* du même/de la même

dessen ['dɛsən] **I.** *pron dem* ***mein Onkel und ~ Haus*** mon oncle et la maison de ce dernier **II.** *pron rel* dont; ***der Freund, mit ~ Hilfe ich das Auto repariert habe*** l'ami avec l'aide de qui j'ai réparé la voiture

dessentwillen *adv* ***das Kind, um ~ sie sich gesorgt hatten*** l'enfant pour qui ils s'étaient fait des soucis; ***der Frieden, um ~ sie zu Verhandlungen bereit waren*** la paix pour laquelle ils étaient prêts à entamer des négociations

Dessert [dɛ'sɛ:ɐ̯] <-s, -s> *nt* dessert *m*

Dessertteller *m* assiette *f* à dessert

Dessous [dɛ'su:] <-, -> *nt meist Pl* dessous *mpl*

destabilisieren *vt* déstabiliser

Destabilisierung <-, -en> *f (geh)* déstabilisation *f*

Destillation [dɛstɪla'tsi̯o:n] <-, -en> *f* distillation *f*

destillieren* [dɛstɪ'li:rən] *vt* distiller

desto ['dɛsto] *konj* ***je eher du dich daranmachst, ~ schneller bist du fertig*** plus vite tu t'y mettras, plus vite tu auras terminé; ***je länger ich darüber nachdenke, ~ fragwürdiger finde ich dieses Angebot*** plus je réfléchis, plus cette offre me paraît louche

destruktiv [destrʊk'ti:f] *adj* négatif, -ive

deswegen ['dɛs've:gən] *s.* **deshalb**

Detail [de'tai] <-s, -s> *nt* détail *m;* ***in allen ~s*** dans les moindres détails

Detailfrage [de'taɪ-, de'ta:j-] *f* question *f* de détail

detailliert [deta'ji:ɐ̯t] **I.** *adj* détaillé(e); *Vorstellung* précis(e) **II.** *adv* en détail

Detektiv(in) [detɛk'ti:f] <-s, -e> *m(f)* ❶ *(Privatdetektiv)* détective *m* ❷ *(Zivilfahnder)* inspecteur, -trice *m, f*

Detektivbüro *nt* agence *f* de détectives **Detektivroman** *m* roman *m* policier

determinieren* [detɛrmi'ni:rən] *vt (geh)* déterminer

Determinismus [detɛrmi'nɪsmʊs] <-> *m* déterminisme *m*

Detonation [detona'tsi̯o:n] <-, -en> *f* détonation *f*

detonieren* [deto'ni:rən] *vi+sein* exploser

deuten ['dɔytən] **I.** *vt* interpréter *Traum, Text;* ***jdm die Zukunft ~*** prédire l'avenir à qn **II.** *vi* ❶ *(zeigen)* ***auf etw ~*** montrer qc ❷ *(hinweisen)* ***auf etw ~*** faire penser à qc

deutlich ['dɔytlɪç] **I.** *adj* ❶ *Konturen* net(te); *Aussprache* distinct(e); *Skizze* clair(e); *Schrift* lisible ❷ *(eindeutig)* clair(e) **II.** *adv* ❶ distinctement; *schreiben* lisiblement ❷ *sagen* clairement; *merken* sans le moindre doute

Deutlichkeit <-, -en> *f* clarté

deutsch [dɔytʃ] **I.** *adj* allemand(e); ***die ~e Staatsangehörigkeit*** la nationalité allemande **II.** *adv* en allemand; ***~ miteinander sprechen*** discuter en allemand
Deutsch [dɔytʃ] <-[s]> *nt kein Art* ❶ *(Sprache)* l'allemand *m;* ***~ lernen/verstehen*** apprendre/comprendre l'allemand; ***~ können*** savoir parler l'allemand; ***sprechen Sie ~?*** parlez-vous allemand?; ***sich auf ~ unterhalten*** discuter en allemand; ***wie heißt „arrivederci" auf ~?*** comment dit-on "arrivederci" en allemand? ❷ *(Unterrichtsfach)* ***gut in ~ sein*** être bon en allemand ▶ **auf gut ~** *(fam)* ≈ en bon français
Deutsche(r) *f(m) dekl wie adj* Allemand(e) *m(f)*; ***~r sein*** être Allemand
deutschfeindlich *adj* germanophobe **deutsch-französisch** *adj* ***ein ~es Wörterbuch*** un dictionnaire allemand-français; ***die ~e Freundschaft*** l'amitié franco-allemande **deutschfreundlich** *adj* germanophile **Deutschland** *nt* l'Allemagne *f;* ***in ~*** en Allemagne **Deutschlandlied** *nt* l'hymne *m* national allemand **Deutschlehrer(in)** ['dɔytʃle:rɐ] *m(f)* professeur *mf* d'allemand
deutschsprachig ['dɔytʃʃpra:xɪç] *adj Bevölkerung, Gebiet* germanophone; *Literatur* en langue allemande
deutschstämmig ['dɔytʃʃtɛmɪç] *adj* d'origine allemande
Deutschtürke, -türkin *m, f* Allemand(e) *m(f)* d'origine turque **deutsch-türkisch** *adj inv* germano-turque
Deutung ['dɔytʊŋ] <-, -en> *f* interprétation *f*
Devise [de'vi:zə] <-, -n> *f (Wahlspruch)* devise *f*
Devisen [de'vi:zən] *Pl (Währung)* devises *fpl* **Devisengeschäft** *nt* opération *f* en devises [*o* de change]
Devisenhandel *m* marché *m* des changes **Devisenkurs** *m* taux *m* de change **Devisenmarkt** *m* marché *m* des devises
devot [de'vo:t] *(pej)* **I.** *adj* soumis(e) **II.** *adv* dans une attitude servile
Dezember [de'tsɛmbɐ] <-s, -> *m* décembre *m; s. a.* **April**
dezent [de'tsɛnt] **I.** *adj Farbe, Lächeln* discret, -ète **II.** *adv andeuten* discrètement; *gekleidet* avec discrétion

Falsche Freunde
Nicht verwechseln mit *décent – anständig*!

dezentral [detsɛn'tra:l] *adj* décentralisé(e)
Dezentralisierung <-, -en> *f* décentralisation *f*
Dezernat [detsɛr'na:t] <-[e]s, -e> *nt* service *m*
Dezernent(in) [detsɛr'nɛnt] <-en, -en> *m(f)* chef *mf* de service
Dezibel ['de:tsibɛl] <-s, -> *nt* décibel *m*
Dezigramm [detsi'gram, 'de:tsigram] *nt* décigramme *m* **Deziliter** [detsi'li:tɐ, 'de:tsili:tɐ] *m o nt* décilitre *m*
dezimal [detsi'ma:l] *adj* décimal(e)
Dezimalbruch *m* MATH fraction *f* décimale **Dezimalrechnung** *f kein Pl* MATH calcul *m* décimal **Dezimalstelle** *f* décimale *f* **Dezimalsystem** *nt* système *m* décimal **Dezimalzahl** *f* nombre *m* décimal
Dezimeter [detsi'me:tɐ, 'de:tsime:tɐ] *m o nt* décimètre *m*
dezimieren* [detsi'mi:rən] *vt* décimer
DFÜ [de:ʔɛfʔy:] <-> *f Abk von* **Datenfernübertragung** télétransmission *f* des données
DGB [de:ge:'be:] <-> *m Abk von* **Deutscher Gewerkschaftsbund** *confédération des syndicats allemands*
d. h. *Abk von* **das heißt** c.-à-d.
Dia ['di:a] <-s, -s> *nt* diapo *f fam*
Diabetes [dia'be:tɛs] <-> *m* MED diabète *m*
Diabetiker(in) [dia'be:tikɐ] <-s, -> *m(f)* diabétique *mf*
diabolisch [dia'bo:lɪʃ] *adj (geh)* diabolique
Diadem [dia'de:m] <-s, -e> *nt* diadème *m*
Diagnose [dia'gno:zə] <-, -n> *f* MED diagnostic *m*
Diagnosezentrum *nt* centre *m* de médecine préventive
Diagnostik [dia'gnɔstɪk] <-> *f* science *f* du diagnostic
diagnostizieren* [diagnɔsti'tsi:rən] *vt* diagnostiquer; ***etw bei jdm ~*** diagnostiquer qc chez qn
diagonal [diago'na:l] *adj* diagonal(e)
Diagonale <-, -n> *f* diagonale *f*
Diagramm [dia'gram] <-s, -e> *nt* diagramme *m*
Diakon(in) <-s *o* -en, -e[n]> *m(f)* diacre *m*
Diakonie <-> *f* diaconat *m*
Diakonissin <-, -nen> *f* diaconesse *f*
Dialekt [dia'lɛkt] <-[e]s, -e> *m* dialecte *m*
dialektal [dialɛk'ta:l] *adj* dialectal(e)
Dialektik [dia'lɛktɪk] <-> *f* PHILOS dialectique *f*
Dialog [dia'lo:k] <-[e]s, -e> *m* dialogue *m;* ***in ~ treten*** entamer un dialogue
Dialogfeld *nt* INFORM boîte *f* de dialogue

D

Dialogfenster *nt* INFORM fenêtre *f* de dialogue conversationnel

Dialyse [dia'ly:zə] <-, -n> *f* CHEM, MED dialyse *f*

Diamant [dia'mant] <-en, -en> *m* diamant *m*

diametral [diame'tra:l] *adv (geh)* diamétralement; **~ *entgegengesetzt*** diamétralement opposé

Diapositiv [diapozi'ti:f, 'di:apoziti:f] *nt* diapositive *f* **Diaprojektor** ['di:aprojɛkto:ɐ̯] *m* projecteur *m* de diapositives

Diät [di'ɛ:t] <-, -en> *f (Ernährungsregeln)* régime *m* alimentaire; ***jdn auf ~ setzen*** *(fam)* mettre qn au régime

Diäten *Pl* POL indemnité *f* parlementaire

diätetisch [diɛ'te:tɪʃ] *adj a.* MED diététique

Diätkost *f* aliments *mpl* diététiques

dich [dɪç] **I.** *pron pers, akk von* **du** ***ich habe ~ gesehen*** je t'ai vu; ***er hat ~ gemeint*** c'est de toi qu'il parlait; ***ohne ~*** sans toi **II.** *pron refl* ***du hast ~ verändert*** tu as changé; ***du darfst ~ nicht wundern, wenn …*** ne t'étonne pas si …

Dichotomie [dɪçoto'mi:] <-,-n> *f* MED dichotomie *f*

dicht [dɪçt] **I.** *adj* ❶ épais(se); *Verkehr* dense; *Reihe* serré(e) ❷ *(undurchdringlich) Nebel* épais(se); *Regen* dru(e) ❸ *(undurchlässig)* étanche; *Fenster* hermétique; *Stoff* imperméable; *Vorhänge* épais(se) ❹ *(fest) Gewebe* serré(e) ▸ **nicht ganz ~ sein** *(fam)* déconner **II.** *adv* ❶ *(nah)* **~ *beieinanderstehen*** être près les uns des autres; **~ *hinter jdm stehen*** être juste derrière qn ❷ *(unmittelbar)* **~ *bevorstehen*** être imminent ❸ *(stark)* **~ *besiedelt sein*** être très peuplé; **~ *bewölkt sein*** être très nuageux; **~ *gedrängt*** *Menschenmenge* [très] dense ❹ *(fest) schließen* hermétiquement; *weben* serré

dichtbesiedelt *s.* **dicht II. 3**

dichtbevölkert *s.* **dicht II. 3** **dichtbewölkt** *s.* **dicht II. 3**

Dichte <-, -n> *f a.* PHYS densité *f; eines Waldes* épaisseur *f*

dichten ['dɪçtən] **I.** *vt* composer *Ode, Ballade* **II.** *vi* faire de la poésie

Dichter(in) ['dɪçtɐ] <-s, -> *m(f)* poète *m* / poétesse *f*

dichterisch ['dɪçtərɪʃ] *adj* poétique

Dichterlesung *f* LITER lecture *f* de poèmes; ***eine ~ halten*** faire une lecture de ses propres poèmes

dichtgedrängt *s.* **dicht II. 3** **dicht|halten** ['dɪçthaltən] *vi irr (fam)* ne pas lâcher le morceau **dicht|machen** *vt, vi (fam)* fermer *Laden, Fabrik, Grenze*

Dichtung ['dɪçtʊŋ] <-, -en> *f* ❶ *(Dichtkunst)* poésie *f; (Fiktion)* fiction *f* ❷ TECH joint *m*

Dichtungsmasse *f* mastic *m* [pour joints]

dick [dɪk] **I.** *adj* ❶ gros(se) *antéposé* ❷ *(stark)* ***ein zwei Zentimeter ~es Brett*** une planche de deux centimètres d'épaisseur ❸ *(dickflüssig) Sauce, Nebel* épais(se); *Milch* caillé(e) ❹ *(fam: eng) Freundschaft* grand(e) *antéposé* ▸ **mit jdm durch ~ und dünn gehen** suivre qn jusqu'en enfer **II.** *adv* ❶ *(warm)* ***sich ~ anziehen*** bien se couvrir ❷ *(deutlich) unterstreichen* en gros ❸ *(reichlich)* ***etw ~ auftragen*** étaler une grosse couche de qc ❹ *(fam: sehr gut)* **~ *befreundet sein*** être comme cul et chemise; **~ *im Geschäft sein*** faire son beurre ▸ **~ auftragen** *(pej fam)* en rajouter; **etw ~e haben** *(fam)* en avoir ras le bol de qc

dickbäuchig ['dɪkbɔyçɪç] *adj* ventru(e)

Dickdarm *m* gros intestin *m*

Dicke ['dɪkə] <-, -n> *f* grosseur *f; einer Schicht* épaisseur *f;* ***eine ~ von einem Meter haben*** avoir un mètre d'épaisseur

Dickerchen ['dɪkɐçən] <-s, -> *nt (hum fam)* petit gros *m* / petite grosse *f*

dickfellig *adj (pej fam)* buté(e)

dickflüssig *adj* visqueux, -euse; *Sauce* épais(se)

Dickhäuter ['dɪkhɔytɐ] <-s, -> *m (hum fam)* pachyderme *m* ▸ **ein ~ sein** avoir la peau dure

Dickicht ['dɪkɪçt] <-[e]s, -e> *nt* ❶ *(Gebüsch)* fourré *m* ❷ *(Unübersichtlichkeit)* maquis *m*

Dickkopf *m (fam)* ❶ *(Starrsinn)* entêtement *m;* ***einen ~ haben*** être tête de mule; ***seinen ~ durchsetzen*** faire ses quatre volontés ❷ *(Mensch)* tête *f* de mule

dickköpfig ['dɪkkœpfɪç] *adj (fam)* têtu(e)

dicklich *adj* ❶ *Person* grassouillet(te) ❷ *(dickflüssig)* épais(se)

Dickmilch *f* lait *m* caillé **Dickschädel** *m s.* **Dickkopf**

Dickwanst *m (pej fam)* gros *m* plein de soupe

Didaktik [di'daktɪk] <-, -en> *f* didactique *f*

didaktisch [di'daktɪʃ] *adj* didactique

die[1] [di:] **I.** *art def, feminin, nom und akk Sing* le/la; **~ *Großmutter anrufen*** téléphoner à la grand-mère **II.** *art def, nom und akk Pl von* **der**[1], **die**[1] **I., das**[1] les

die[2] [di:] **I.** *pron dem, feminin, nom und akk Sing* ce/cette; **~ *weiß das doch***

nicht! celle-là, elle ne le sait pas! **II.** *pron dem, nom und akk Pl von* **der² I.**, **die² I.**, **das² I.** ces; ***~ wissen das doch nicht!*** ils ne la savent pas, eux! **III.** *pron rel, feminin, nom Sing* qui; ***eine Frau, ~ es eilig hatte*** une femme, qui était pressée **IV.** *pron rel, feminin, akk Sing* que; ***eine Frau, ~ man schätzt*** une femme qu'on apprécie **V.** *pron rel, nom Pl* qui; ***Menschen, ~ es eilig hatten*** des gens qui étaient pressés **VI.** *pron rel, akk Pl* que; ***drei Städte, ~ wir besichtigen werden*** trois villes que nous allons visiter **VII.** *pron dem o rel, feminin, nom Sing* celle qui; ***~ dieses Amt anstrebt*** celle qui brigue ce fauteuil

Dieb(in) [diːp] <-[e]s, -e> *m(f)* voleur, -euse *m, f;* ***haltet den ~!*** au voleur! ▶ **Gelegenheit macht ~e** *(prov)* l'occasion fait le larron

Diebesbande [ˈdiːbəs-] *f* bande *f* de voleurs **Diebesgut** *nt kein Pl* butin *m*

diebisch [ˈdiːbɪʃ] *adj* ❶ *Person* voleur, -euse ❷ *(heimlich) Freude* furtif, -ive

Diebstahl [ˈdiːpʃtaːl] <-[e]s, -stähle> *m* vol *m;* ***schwerer ~*** vol qualifié; ***geistiger ~*** plagiat *m*

diejenige [ˈdiːjenɪgə] *pron dem, feminin, nom und akk Sing* cette; ***~ Kollegin, die …*** cette collègue qui …; ***für ~ Schülerin mit den besten Noten*** pour l'élève ayant obtenu les meilleurs résultats

diejenigen *pron dem, nom und akk Pl von* **derjenige, diejenige, dasjenige** ***~ Schüler, die teilnehmen wollen*** ceux parmi les élèves qui souhaitent participer; ***eine Überraschung für ~n unter Ihnen, die …*** une surprise pour ceux d'entre vous qui …; ***für meine Schuhe und ~ meiner Kinder*** pour mes chaussures à moi et celles de mes enfants

Diele [ˈdiːlə] <-, -n> *f (Flur)* vestibule *m*

dienen [ˈdiːnən] *vi* ❶ *(nützlich sein)* ***der Verteidigung*** *dat* ~ servir à la défense; ***wozu soll das alles ~?*** ça sert à quoi, tout ça? ❷ *(helfen)* ***mit etw ~ können*** pouvoir être utile en qc; ***womit kann ich ~?*** en quoi puis-je être utile?; ***mit dieser Auskunft ist mir wenig gedient*** ce renseignement ne m'avance pas beaucoup; ***ist dir mit einem Schraubenzieher gedient?*** est-ce qu'un tournevis t'irait? ❸ *(verwendet werden)* ***jdm als Brieföffner ~*** servir de coupe-papier à qn ❹ MIL ***bei der Marine ~*** faire son service dans la marine

Diener [ˈdiːnɐ] <-s, -> *m* ❶ serviteur *m* vieilli ❷ *(fam: Verbeugung)* ***einen ~ machen*** s'incliner

dienern [ˈdiːnɐn] *vi (pej)* faire des courbettes; ***vor jdm ~*** faire des courbettes à qn

Dienerschaft <-, -en> *f* domestiques *mpl*

dienlich *adj* ***einer S.*** *dat* ***~ sein*** être utile à qc

Dienst [diːnst] <-[e]s, -e> *m* ❶ service *m;* ***bei jdm ~ tun*** travailler chez qn; ***jdn vom ~ befreien*** donner un congé à qn; ***außer ~*** *(in der Freizeit)* en congé; *(im Ruhestand)* en retraite; ***öffentlicher ~*** fonction *f* publique ❷ *(Bereitschaftsdienst)* service *m;* ***~ haben*** être de service; ***~ habend*** de garde ❸ *meist Pl (Unterstützung, Gefallen)* services *mpl;* ***jdm einen ~ erweisen*** rendre service à qn

Dienstag [ˈdiːnstaːk] *m* mardi *m;* ***am ~*** *(dienstags)* le mardi; *(kommenden Dienstag)* mardi prochain; *(letzten Dienstag)* mardi dernier; ***~ vormittags/abends/nachts*** le mardi matin/soir/dans la nuit; ***jeden ~*** tous les mardis; ***[am] letzten ~*** mardi dernier; ***am nächsten ~*** mardi prochain; ***an einem ~*** un mardi; ***hast du diesen ~ Zeit?*** tu as le temps mardi?; ***heute ist ~, der 31. Mai*** aujourd'hui nous sommes le mardi 31 mai

Dienstagabend [diːnstaːkˈʔaːbənt] *m* mardi *m* soir **Dienstagmorgen** *m* mardi *m* matin

dienstags [ˈdiːnstaːks] *adv* le mardi

Dienstalter *nt* années *fpl* de service

Dienstantritt *m* prise *f* de service **Dienstanweisung** *f* instructions *fpl* [de service] **Dienstaufsicht** *f* inspection *f;* ***die ~ über etw*** *akk* ***haben*** inspecter qc **dienstbereit** *adj Apotheke* de garde **Dienstbereitschaft** *f kein Pl (Notbereitschaft)* garde *f* **Dienstbote, -botin** *m, f (veraltet)* domestique *mf* **Dienstboteneingang** *m (veraltet)* entrée *f* de service **dienstfrei** *adj Tag* de libre **Dienstgeheimnis** *nt* secret *m* professionnel **Dienstgrad** *m (Rangstufe)* grade *m*

diensthabend *s.* **Dienst 2** **Dienstkleidung** *f* tenue *f* [de service]

Dienstleistung *f* prestation *f* de services **Dienstleistungsbetrieb** *m* entreprise *f* du tertiaire **Dienstleistungsgewerbe** *m* secteur *m* tertiaire

dienstlich **I.** *adj Angelegenheit* professionnel(le); *Schreiben* officiel(le) **II.** *adv verreisen* à titre professionnel; *sprechen* pour affaires

Dienstmädchen *nt* bonne *f* **Dienstplan** *m* tableau *m* de service **Dienst-**

reise *f* déplacement *m* professionnel; ***auf ~ gehen*** partir en déplacement **Dienstschluss** *m* fermeture *f* **Dienststelle** ['di:nstʃtɛlə] *f* bureau *m;* ***die höhere ~*** l'autorité *f* supérieure **diensttauglich** *adj* apte au service **dienstuntauglich** *adj* inapte au service [militaire] **Dienstverhältnis** *nt* état *m* de service **Dienstvertrag** *m* convention *f* **Dienstvorschrift** *f* règlement *m* [intérieur]; MIL consigne *f* **Dienstwagen** *m* voiture *f* de fonction **Dienstweg** *m* voie *f* hiérarchique **Dienstwohnung** *f* logement *m* de fonction **Dienstzeit** *f* ❶ *(Arbeitszeit)* horaire *m* de travail ❷ *(Dienstjahre)* années *f pl* de service

dies [di:s] *pron dem, inv* ❶ *(das hier)* ***~ ist meine Tante*** voici ma tante; ***~ ist der Freund, der bei uns wohnt*** c'est l'ami qui habite chez nous; ***~ alles gehört mir*** tout ça est à moi ❷ *(dieses)* ce/cette ► **über ~ und das sprechen** parler de choses et d'autres

diesbezüglich *adj o adv (form)* à ce sujet

diese(r, s) ['di:zə, -zɐ, -zəs] *pron dem* ce/cette; ***~s Kind*** cet enfant; ***in ~n Jahren*** ces années-là ► **~s und jenes** différentes choses *f pl*

Diesel <-s> *nt (fam)* gasoil *m*

dieselbe *pron dem, nom und akk Sing von* **derselbe** le/la même; ***diese beiden Bücher hat ~ Journalistin geschrieben*** c'est la même journaliste qui a écrit ces deux livres

dieselben *pron dem, nom und akk Pl von* **derselbe, dieselbe, dasselbe** les mêmes

Dieselmotor *m* [moteur *m*] diesel *m* **Dieselöl** *s.* **Diesel**

dieser, dieses *s.* **diese(r, s)**

diesig ['di:zɪç] *adj* brumeux, -euse

diesjährig *adj attr* de cette année **diesmal** *adv* cette fois-ci **diesseitig** *adj* ❶ *(auf dieser Seite)* de ce côté-ci ❷ *(geh: irdisch) Leben* d'ici-bas; *Denken* temporel(le)

diesseits ['di:szaɪts] *präp +gen* ***~ des Flusses*** de ce côté-ci du fleuve

Diesseits <-> *nt* ***das ~*** *(die Welt)* les choses *f pl* d'ici-bas; *(das Leben)* la vie ici-bas; ***im ~*** dans ce bas monde

Dietrich ['di:trɪç] <-s, -e> *m* rossignol *m*

diffamieren* [dɪfa'mi:rən] *vt* diffamer

diffamierend I. *adj* diffamatoire II. *adv* de façon diffamatoire

Diffamierung <-, -en> *f* diffamation *f*

Differential [dɪfərɛn'tsi̯a:l] *s.* **Differenzial**

Differenz [dɪfə'rɛnts] <-, -en> *f* ❶ différence *f* ❷ *(zeitlicher Abstand)* écart *m* ❸ *meist Pl (Meinungsverschiedenheit)* différend *m*

Differenzbetrag *m* différence *f*

Differenzial [dɪfərɛn'tsi̯a:l] <-s, -e> *nt* MATH différentielle *f*

Differenzialgetriebe *nt* [engrenage *m*] différentiel *m* **Differenzialrechnung** *f* MATH calcul *m* différentiel

differenzieren* [dɪfərɛn'tsi:rən] *(geh)* I. *vi* différencier; ***zwischen zwei Phänomenen ~*** faire la distinction entre deux phénomènes II. *vt* nuancer *Behauptung;* modifier *Angebot*

differenziert [dɪfərɛn'tsi:ɐ̯t] *adj (geh)* nuancé(e); *Methode* subtil(e)

Differenzierung <-, -en> *f (geh)* ❶ *kein Pl (das Differenzieren)* jugement *m* nuancé *soutenu* ❷ BIO différenciation *f*

differieren* [dɪfə'ri:rən] *vi (geh)* différer

diffus [dɪ'fu:s] I. *adj* ❶ *Licht* diffus(e) ❷ *(verworren)* confus(e) II. *adv leuchten* diffusément

Diffusion [dɪfu'zio:n] <-, -en> *f* CHEM, PHYS diffusion *f*

digital [digi'ta:l] I. *adj Daten, Anzeige* numérique; *Technik* digital(e); *Kassette* audionumérique II. *adv* ***~ erfolgen*** s'effectuer par numérisation; ***etw ~ darstellen*** digitaliser qc

Digitalanzeige *f* affichage *m* numérique **Digitalfernsehen** *nt* télévision *f* numérique

digitalisieren* [digitali'zi:rən] *vt* ❶ numériser *Daten, Anzeige* ❷ *(digital darstellen)* digitaliser

Digitalisierung [digitali'zi:rʊŋ] <-, -en> *f* numérisation *f*

Digitalkamera *f* appareil *m* photo numérique **Digital Native** ['dɪdʒɪtəl 'neɪtɪv] <-s, -s> *m meist Pl* INFORM natif *m* numérique **Digitaluhr** *f (Wanduhr)* horloge *f* (à affichage) numérique; *(Armbanduhr)* montre *f* (à affichage) numérique **Digitalzeitalter** *nt* ère *f* numérique

Diktat [dɪk'ta:t] <-[e]s, -e> *nt* ❶ dictée *f* ❷ *(Zwang, Willkür)* diktat *m*

Diktator, Diktatorin [dɪk'ta:to:ɐ̯] <-s, -toren> *m, f (pej)* dictateur, -trice *m, f*

diktatorisch [dɪkta'to:rɪʃ] *(pej)* I. *adj* dictatorial(e) II. *adv* en dictateur

Diktatur [dɪkta'tu:ɐ̯] <-, -en> *f (pej)* dictature *f*

diktieren* [dɪk'ti:rən] *vt* dicter; ***jdm etw ~*** dicter qc à qn

Diktiergerät *nt* dictaphone *m*

Dildo ['dɪldo] <-s, -s> *m* godemiché *m*

Dilemma [di'lɛma] <-s, -s *o* -ta> *nt (geh)* dilemme *m*

Dilettant(in) [dilɛ'tant] <-en, -en> *m(f) (a. pej)* dilettante *mf*

dilettantisch [dilɛ'tantɪʃ] *(pej)* **I.** *adj* de dilettante; ***auf ~e Weise*** en dilettante **II.** *adv* en dilettante

Dilettantismus [dilɛtan'tɪsmʊs] <-> *m (a. pej)* dilettantisme *m*

Dill [dɪl] <-[e]s, -e> *m* aneth *m*

Dimension [dimɛn'zi̯o:n] <-, -en> *f* dimension *f*

Dimmer ['dɪmɐ] <-s, -> *m* variateur *m*

DIN [di:n] <-> *f Abk von* **Deutsche Industrie-Norm** *norme industrielle allemande;* ***im Format ~ A4*** de format A4

Dinar [di'na:ɐ̯] <-s, -e> *m* dinar *m*

DIN-Format *nt* format *m* standard *(aux normes allemandes)*

Ding [dɪŋ] <-[e]s, -e *o fam:* -er> *nt* ❶ *(Gegenstand, Sache)* machin *m;* ***persönliche ~e*** des affaires *fpl* personnelles ❷ *Pl (Angelegenheit, Frage)* ***so, wie die ~e liegen*** au point où en sont les choses; ***wie ich die ~e sehe, wird das nicht einfach sein*** il me semble que cela ne sera pas facile ▶ **die ~e beim Namen nennen** appeler les choses par leur nom; **das ist ein ~ der Unmöglichkeit** cela relève de l'impossible; **aller guten ~e sind drei** *(prov)* jamais deux sans trois; **ein krummes ~ drehen** *(fam)* faire un mauvais coup; **über den ~en stehen** être au-dessus de ça

dingfest *adj* ***jdn ~ machen*** arrêter qn

Dings[1] ['dɪŋs] <-; *kein Pl*>, **Dingsbums** ['dɪŋsbʊms] <-; *kein Pl*> *nt (fam: Gegenstand)* truc *m*

Dings[2] ['dɪŋs] <-; *kein Pl*>, **Dingsbums** ['dɪŋsbʊms] <-; *kein Pl*> *m o f (fam: Person)* machin(e) *m(f);* ***hat der/die ~ angerufen?*** est-ce que Machin/Machine [Chouette] a téléphoné? *fam*

Dingsda[1] ['dɪŋsda:] <-> *nt (fam) s.* **Dings[bums]**[1]

Dingsda[2] ['dɪŋsda:] <-> *m o f (fam) s.* **Dings[bums]**[2]

Dinkel ['dɪŋkl̩] <-s; *kein Pl*> *m* BOT épeautre *m*

Dinosaurier [dino'zau̯ri̯ɐ] *m* dinosaure *m*

Diode [di'ʔo:də] <-, -n> *f* diode *f*

Dioptrie [diɔp'tri:] <-, -i̯en> *f* dioptrie *f*

Dioxid ['di:ʔɔksi:t, diʔɔ'ksi:t] <-s, -e> *nt* CHEM dioxyde *m*

Dioxin [diɔ'ksi:n] <-s, -e> *nt* CHEM dioxine *f*

Diözese [diø'tse:zə] <-, -n> *f* diocèse *m*

Dip [dɪp] <-s, -s> *m* GASTR sauce *f* dip

Diphtherie [dɪfte'ri:] <-, -i̯en> *f* MED diphtérie *f*

Diphthong [dɪf'tɔŋ] <-s, -e> *m* LING diphtongue *f*

Dipl. *Abk von* **Diplom** diplôme

Diplom [di'plo:m] <-s, -e> *nt* diplôme *m*

Diplomarbeit *f* mémoire *m*

Diplomat(in) [diplo'ma:t] <-en, -en> *m(f)* diplomate *mf*

Diplomatie [diploma'ti:] <-> *f* diplomatie *f*

diplomatisch [diplo'ma:tɪʃ] *adj* diplomatique

Diplomingenieur(in) *m(f)* ingénieur *mf* diplômé(e) **Diplomkaufmann**, **-kauffrau** *m, f* diplômé(e) *m(f)* d'études commerciales

dippen ['dɪpən] *vt* ***etw [in etw akk] ~*** tremper qc [dans qc]

dir [di:ɐ̯] **I.** *pron pers, dat von* **du** ***das wird ~ gut tun*** ça te fera du bien; ***gehört das Fahrrad ~?*** c'est à toi, ce vélo?; ***geht es ~ heute besser?*** tu vas mieux aujourd'hui? **II.** *pron refl* ***stell ~ vor, es klappt!*** figure-toi, ça marche!; ***was hast du ~ dabei gedacht?*** qu'est-ce que tu avais en tête?

direkt [di'rɛkt] **I.** *adj* direct(e) **II.** *adv (ohne Umweg)* directement; *antworten, fragen* sans détour; ***etw ~ übertragen*** retransmettre qc en direct

Direktbank *f* banque *f* directe

Direktbanking [di'rɛktbɛŋkɪŋ] <-s> *nt* télébanking *m* **Direktflug** *m* AVIAT vol *m* direct

Direktion [dirɛk'tsi̯o:n] <-, -en> *f* ❶ *(Geschäftsleitung, Büro)* direction *f* ❷ CH *(Ressort)* ministère *m* cantonal

Direktor, **Direktorin** [di'rɛkto:ɐ̯] <-s, -toren> *m, f* directeur, -trice *m, f*

Direktorium [dirɛk'to:ri̯ʊm] <-s, -rien> *nt* directoire *m*

Direktrice [dirɛk'tri:sə] <-, -n> *f* COUT styliste *f*

Direktübertragung *f* retransmission *f* en direct **Direktverbindung** *f* liaison *f* directe **Direktzugriff** *m* INFORM accès *m* direct

Dirigent(in) [diri'gɛnt] <-en, -en> *m(f)* chef *mf* d'orchestre

> **Falsche Freunde**
> Nicht verwechseln mit *un dirigeant – eine führende Persönlichkeit*!

Dirigentenpult *nt* pupitre *m* [de chef d'orchestre]

dirigieren* [diri'gi:rən] *vt* ❶ diriger *Orchester* ❷ *(leiten)* diriger *Firma, Wirtschaft;* régler *Verkehr*
Dirndl ['dɪrndḷ] <-s, -> *nt* ❶ *s.* **Dirndlkleid** ❷ SDEUTSCH, A *(Mädchen)* fille *f*
Dirndlkleid *nt* dirndl *m* *(robe traditionnelle bavaroise ou autrichienne)*
D
Dirne ['dɪrnə] <-, -n> *f* prostituée *f*
Discjockey ['dɪskdʒɔki] <-s, -s> *m* disque-jockey *m*
Disclaimer [dɪs'kleɪmɐ] <-s, -> *m* INET exclusion *f* de responsabilité
Disco ['dɪsko] *s.* **Disko**
Discounter [dɪs'ka͜untɐ] <-s, -> *m* ❶ *(Person)* discounte[u]r *m* ❷ *(Geschäft)* magasin *m* discount
Discountladen ['dɪska͜unt-] *m* magasin *m* discount **Discountpreis** ['dɪska͜unt-] *m* prix *m* choc
Disharmonie [dɪsharmo'ni:] *f* ❶ MUS discordance *f* ❷ *(geh: Unstimmigkeit)* discorde *f*
disharmonisch [dɪshar'mo:nɪʃ] *adj* ❶ MUS discordant(e) ❷ *(unpassend) Farbgebung* discordant(e) ❸ *(unharmonisch) Atmosphäre* de discorde *soutenu*
Diskette [dɪs'kɛtə] <-, -n> *f* disquette *f;* ***eine ~ in das Laufwerk legen*** introduire une disquette dans le lecteur
Diskettenlaufwerk *nt* lecteur *m* de disquettes
Disko ['dɪsko] <-, -s> *f (fam)* boîte *f;* ***in die ~ gehen*** aller en boîte
Diskont [dɪs'kɔnt] <-s, -e> *m* ❶ escompte *m* ❷ *s.* **Diskontsatz**
Diskontsatz *m* taux *m* d'escompte
Diskothek [dɪsko'te:k] <-, -en> *f* discothèque *f*
diskreditieren* *vt (geh)* discréditer
Diskrepanz [dɪskre'pants] <-, -en> *f* décalage *m*
diskret [dɪs'kre:t] *(geh)* **I.** *adj Person* discret, -ète; *Angelegenheit* confidentiel(le) **II.** *adv* avec discrétion
Diskretion [dɪskre'tsi̯o:n] <-> *f* discrétion *f*
diskriminieren* [dɪskrimi'ni:rən] *vt (geh)* discriminer
diskriminierend *adj (geh)* discriminatoire
Diskriminierung <-, -en> *f (geh)* discrimination *f*
Diskriminierungsverbot *nt* interdiction *f* de la discrimination
Diskurs [dɪs'kʊrs] <-es, -e> *m (geh)* débat *m*
Diskus ['dɪskʊs] <-[ses], Disken *o* -se> *m* disque *m*
Diskussion [dɪskʊ'si̯o:n] <-, -en> *f* débat *m;* ***zur ~ stehen*** être à l'ordre du jour; ***das steht nicht zur ~*** là n'est pas la question
Diskussionsbeitrag *m* contribution *f* à la discussion; ***Diskussionsbeiträge liefern*** apporter sa contribution à la discussion
Diskussionsforum *nt* forum *m* de discussion
Diskussionsleiter(in) *m(f)* personne *f* qui mène les débats
Diskuswerfen <-s> *nt* lancer *m* du disque; ***im ~*** au lancer du disque
Diskuswerfer(in) *m(f)* lanceur, -euse *m, f* de disque
diskutieren* [dɪsku'ti:rən] *vi* discuter; ***mit jdm über etw*** *akk* ~ discuter avec qn de qc
Display [dɪs'pleɪ] <-s, -s> *nt* INFORM écran *m* de visualisation
Dispokredit *s.* **Dispositionskredit**
disponieren* [dɪspo'ni:rən] *vi (geh)* disposer
Disposition [dɪspozi'tsi̯o:n] <-, -en> *f (geh)* disposition; ***jdm zur ~ stehen*** être disponible à qn
Dispositionskredit *m* découvert *m* autorisé
Disput [dɪs'pu:t] <-[e]s, -e> *m (geh)* discussion *f*
Disqualifikation [dɪskvalifika'tsi̯o:n] <-, -en> *f* disqualification *f*
disqualifizieren* [dɪskvalifi'tsi:rən] *vt* disqualifier
Disqualifizierung *s.* **Disqualifikation**
dissen ['dɪsən] *vt (fam)* casser *vulg*
Dissertation [dɪsɛrta'tsi̯o:n] <-, -en> *f* thèse *f* [de doctorat]

Falsche Freunde
Nicht verwechseln mit *la dissertation – der Aufsatz*!

Dissident(in) [dɪsi'dɛnt] <-en, -en> *m(f)* dissident(e) *m(f)*
dissonant [dɪso'nant] *adj* MUS dissonant(e)
Dissonanz [dɪso'nants] <-, -en> *f a.* MUS dissonance *f*
Distanz [dɪs'tants] <-, -en> *f (a. fig)* distance *f*
distanzieren* [dɪstan'tsi:rən] *vr* ***sich von jdm ~*** prendre ses distances par rapport à qn
distanziert *(geh)* **I.** *adj* distant(e) **II.** *adv sich verhalten* de façon distante
Distel ['dɪstəl] <-, -n> *f* chardon *m*

Distribution [dɪstribu'tsio:n] <-, -en> *f* ÖKON, COM distribution *f*

Distrikt [dɪs'trɪkt] <-[e]s, -e> *m* district *m*

Disziplin [dɪstsi'pli:n] <-, -en> *f* discipline *f;* ***~ üben*** faire preuve de discipline

disziplinarisch [dɪstsipli'na:rɪʃ] *adj* disciplinaire

Disziplinarverfahren *nt* procédure *f* disciplinaire

disziplinieren* *(geh)* **I.** *vt* discipliner *soutenu* **II.** *vr* ***sich ~*** s'astreindre à une discipline

diszipliniert [dɪstsipli'ni:ɐ̯t] *(geh)* **I.** *adj* discipliné(e) **II.** *adv* de façon disciplinée

disziplinlos **I.** *adj* indiscipliné(e) **II.** *adv* de façon indisciplinée

Disziplinlosigkeit <-, -en> *f* ❶ *kein Pl (Einstellung)* indiscipline *f* ❷ *(Handlung)* acte *m* d'indiscipline

dito ['di:to] *adv* de même

Diva ['di:va] <-, -s *o* Diven> *f (Sängerin)* diva *f; (Filmschauspielerin)* star *f*

Divergenz [divɛr'gɛnts] <-, -en> *f a.* MATH divergence *f*

divergieren* [divɛr'gi:rən] *vi (geh)* diverger

divers [di'vɛrs] *adj attr (geh)* ***~e Fragen*** diverses questions; ***Diverses besprechen*** discuter de diverses choses

Diversifikation [divɛrzifika'tsi̯o:n] <-, -en> *f* diversification *f*

Dividend [divi'dɛnt] <-en, -en> *m* MATH dividende *m*

Dividende [divi'dɛndə] <-, -n> *f* ÖKON dividende *m*

dividieren* [divi'di:rən] *vt, vi* MATH diviser; ***eine Zahl durch drei ~*** diviser un nombre par trois

Division [divi'zi̯o:n] <-, -en> *f* MATH, MIL division *f*

Divisor [di'vi:zo:ɐ̯] <-s, -soren> *m* MATH *(Teiler)* diviseur *m*

DJ ['di:dʒe:] <-[s], -s> *m Abk von* **Diskjockey** D.J. *m*

DKP [de:ka:'pe:] <-> *f Abk von* **Deutsche Kommunistische Partei** *parti communiste ouest-allemand*

dl *Abk von* **Deziliter** dl

dm *Abk von* **Dezimeter** dm

DM HIST *Abk von* **Deutsche Mark** DM

DNA [de:ʔɛn'ʔa:] <-> *f Abk von* **deoxyribonucleic acid** BIO, CHEM ADN *m*

DNA-Analyse *f* test *m* ADN **DNA-Spur** *f* empreinte *f* ADN **DNA-Test** *m* test *m* A.D.N.

D-Netz ['de:nɛts] *nt* réseau *m* de radiotéléphone à couverture européenne

DNS [de:ʔɛn'ʔɛs] <-> *f Abk von* **Desoxyribonukleinsäure** A.D.N. *m*

doch [dɔx] **I.** *konj* mais **II.** *adv* ❶ *(dennoch)* quand même; ***kommen Sie ~ morgen wieder*** revenez donc demain ❷ *(wirklich)* tout de même ❸ *(Widerspruch ausdrückend)* si ❹ *(hoffentlich)* ***du hast dich ~ bei ihr bedankt?*** j'espère bien que tu l'as remerciée?; ***du hast mir ~ die Wahrheit gesagt, oder?*** tu m'as bien dit la vérité, n'est-ce pas? ❺ *(zweifellos)* ***du weißt ~, wie das ist*** tu sais bien comment c'est; ***Sie kennen sich hier ~ aus*** vous connaissez certainement l'endroit

Docht [dɔxt] <-[e]s, -e> *m* mèche *f*

Dock [dɔk] <-s, -s *o* -e> *nt* dock *m*

Dogge ['dɔgə] <-, -n> *f* dogue *m*

Dogma ['dɔgma] <-s, Dogmen> *nt* dogme *m*

dogmatisch [dɔg'ma:tɪʃ] *adj (pej)* dogmatique

Dohle <-, -n> *f* choucas *m*

Doktor, Doktorin ['dɔkto:ɐ̯] <-s, -toren> *m, f* ❶ *(Arzt)* docteur *m;* ***guten Tag, Frau/Herr ~!*** bonjour, docteur! ❷ *(akademischer Grad)* docteur *m;* ***~ der Philosophie*** docteur ès lettres

Doktorand(in) [dɔkto'rant] <-en, -en> *m(f)* doctorant(e) *m(f)*

Doktorarbeit *f* thèse *f* [de troisième cycle]

Doktorin *s.* **Doktor**

Doktortitel *m* titre *m* de docteur; ***den ~ haben*** posséder le titre de docteur **Doktorvater** *m* patron *m* de thèse

Doktrin [dɔk'tri:n] <-, -en> *f* ❶ *(Programm)* principe *m* ❷ *(geh: Lehre)* doctrine *f*

Dokudrama *nt* TV docudrame *m*

Dokument [doku'mɛnt] <-[e]s, -e> *nt* ❶ *(Schriftstück)* document *m* ❷ *(Zeugnis)* témoignage *m*

Dokumentarfilm *m* [film *m*] documentaire *m*

dokumentarisch [dokumɛn'ta:rɪʃ] **I.** *adj* documentaire **II.** *adv* *beweisen* par des documents; ***etw ~ belegen*** documenter qc

Dokumentation [dokumɛnta'tsi̯o:n] <-, -en> *f* ❶ *(Nachweissammlung)* dossier *m* ❷ *(Beschreibung)* documentation *f*

dokumentieren* [dokumɛn'ti:rən] *vt (aufzeigen)* ***etw ~*** *Person:* manifester qc; *Schriftstück:* témoigner de qc

Dokumentvorlage *f* INFORM modèle *m* de document

Dokusoap, Doku-Soap ['do:kuso͜up] <-, -s> *f* TV feuilleton *m* docudrame

D

Dolch [dɔlç] <-[e]s, -e> *m* poignard *m*

doll [dɔl] *(fam)* **I.** *adj* ❶ *(schlimm)* méchant(e) *antéposé* ❷ *(großartig)* super ❸ *(unerhört)* dingue **II.** *adv* DIAL *sich freuen* drôlement; ***so ~, dass …*** tellement que …

Dollar ['dɔlar] <-[s], -s> *m* dollar *m*

Dollarkurs *m* cours *m* du dollar

dolmetschen ['dɔlmɛtʃən] **I.** *vi* servir d'interprète; ***für jdn ~*** servir d'interprète à qn **II.** *vt* traduire *Gespräch*

Dolmetscher(in) <-s, -> *m(f)* interprète *mf*

Dolomiten *Pl* ***die ~*** les Dolomites *fpl*

Dom [doːm] <-[e]s, -e> *m* cathédrale *f*

Domain [do'meɪn] <-, -s> *f* INET domaine *m*

Domäne [do'mɛːnə] <-, -n> *f* domaine *m*

dominant [domi'nant] *adj* ❶ *Person* dominateur, -trice; ***eine ~e Persönlichkeit*** une forte personnalité ❷ BIO dominant(e); ***~ vererbt werden*** être un caractère héréditaire dominant

Dominante <-, -n> *f* MUS dominante *f*

Dominanz [domi'nants] <-, -en> *f* ❶ autorité *f* ❷ BIO dominance *f*

Dominica [dɔ'miːnika] <-s> *nt* la Dominique

dominieren* [domi'niːrən] **I.** *vi* ❶ *(vorherrschen)* commander ❷ *(überwiegen)* prédominer **II.** *vt* dominer

Dominikaner[1] [domini'kaːnɐ] <-s, -> *m* REL dominicain *m*

Dominikaner[2] [domini'kaːnɐ] <-s, -> *m* GEOG Dominicain *m*

Dominikanische Republik [domini'kaːnɪʃ-] *f* République *f* dominicaine

Domino ['doːmino] <-s, -s> *nt* SPIEL dominos *mpl*

Dominostein *m* ❶ *(Spielstein)* domino *m* ❷ GASTR *bouchée de pain d'épice fourré nappé de chocolat*

Domizil [domi'tsiːl] <-s, -e> *nt* *(geh)* domicile *m*

Dompfaff ['doːmpfaf] <-en, -en> *m* bouvreuil *m*

Dompteur(in) [dɔmp'tøːɐ̯] <-s, -e> *m(f)* dompteur, -euse *m, f*

Dompteuse [dɔmp'tøːzə] <-, -n> *f* dompteuse *f*

Donau ['doːnau̯] <-> *f* ***die ~*** le Danube

Döner <-s, -s> *m* kebab *m*

Donner ['dɔnɐ] <-s, -> *m* tonnerre *m*

donnern **I.** *vi unpers + haben* ***es donnert*** il tonne **II.** *vi + sein (fam)* ❶ *(prallen)* ***auf das Dach ~*** s'abattre à grand fracas sur le toit; ***mit dem Auto gegen den Baum ~*** s'écraser avec fracas contre un arbre en voiture ❷ *(sich bewegen)* ***durch den Bahnhof ~*** *Zug:* traverser la gare dans un bruit fracassant **III.** *vt + haben (fam)* ***etw gegen die Wand ~*** claquer qc contre le mur

Donnerschlag *m* coup *m* de tonnerre

Donnerstag *m* jeudi *m; s. a.* **Dienstag**

Donnerstagabend *m* jeudi *m* soir **Donnerstagmorgen** *m* jeudi *m* matin

donnerstags *adv* le jeudi

Donnerwetter *nt (fam: Schelte)* tempête *f;* ***ein ~ über sich akk ergehen lassen müssen*** devoir laisser passer l'orage ▶ **~!** *(fam)* chapeau!; **zum ~!** *(fam)* mille tonnerres!

doof [doːf] <döfer, döfste> *adj (fam)* ❶ *(unsinnig)* débile ❷ *(geistig beschränkt)* ***~ sein*** *Person:* être un crétin ❸ *(ärgerlich)* ***eine ~e Sache*** une affaire à la con; ***zu ~ aber auch!*** c'est vraiment trop bête!

Doofheit <-, -en> *f (fam)* connerie *f*

Doofmann <-männer> *m (fam)* connard *m*

Dope [doːp] <-s, -s> *nt (fam)* dope *f*

dopen ['doːpən] *vt* doper

Doping ['doːpɪŋ] <-s, -s> *nt* dopage *m*

Dopingfall *m* cas *m* de dopage **Dopingkontrolle** *f* contrôle *m* antidopage **Dopingmittel** *nt* [produit *m*] dopant *m*

Doppel ['dɔpəl] <-s, -> *nt a.* SPORT double *m*

Doppelbelastung *f* double charge *f* **Doppelbett** *nt* lit *m* à deux places

Doppeldecker <-s, -> *m* ❶ *(fam: Bus)* bus *m* à deux étages ❷ *(Flugzeug)* biplan *m*

Doppeldeckerbus *m* [auto]bus *m* à deux étages

doppeldeutig ['dɔpəldɔʏtɪç] *adj* à double sens

Doppeldeutigkeit <-, -en> *f* ambiguïté *f*

Doppelfehler *m* double faute *f* **Doppelfenster** *nt* double fenêtre *f*

Doppelgänger(in) <-s, -> *m(f)* sosie *m*

Doppelglasfenster *nt* fenêtre *f* à double vitrage

doppelgleisig **I.** *adj Strecke* à double voie **II.** *adv* ***etw ~ ausbauen*** élargir qc à deux voies ▶ **~ fahren** jouer sur [les] deux tableaux

Doppelhaus *nt* maisons *fpl* jumelées

Doppelhaushälfte *f* maison *f* jumelée

Doppelkinn *nt* double menton *m* **Doppelklick** <-s, -s> *m* INFORM double-clic *m;* ***per ~*** en cliquant deux fois **doppelklicken** <*PP* doppelgeklickt, *Infin* doppelzuklicken> *vi* cliquer deux fois **Doppelkopf** *m jeu de cartes pour 4 joueurs avec deux jeux de 24 cartes* **Doppelle-**

ben *nt* double vie *f* **Doppelmoral** ['dɔpəlmora:l] *f* double morale *f* **Doppelname** *m (Nachname)* nom *m* double; *(Vorname)* prénom *m* double **Doppelpass** *m* SPORT une-deux *m* **Doppelpunkt** *m* deux-points *mpl*; ***hier steht ein*** ~ ici il y a deux-points **Doppelrolle** *f* double rôle *m* ▸ **eine ~ spielen** *Schauspieler:* jouer un double rôle; *(fig)* remplir un double rôle

doppelseitig I. *adj* ❶ *Lungenentzündung* double; *Lähmung* bilatéral(e) ❷ *(zweiseitig)* sur une double page II. *adv* ***~ gelähmt sein*** avoir une paralysie bilatérale

Doppelstecker *m* prise *f* multiple **Doppelstunde** *f* heure *f* double

doppelt I. *adj (zweifach)* ***das ~e Gehalt*** le double salaire; ***die ~e Menge*** deux fois la quantité II. *adv* ❶ ***~ so groß wie …*** deux fois plus grand que … ❷ *(zweifach) prüfen, bezahlen* deux fois ❸ *(um so mehr) vorsichtig, zählen* doublement ▸ **~ und dreifach** plutôt deux fois qu'une; **~ genäht hält besser!** deux précautions valent mieux qu'une

Doppelte(s) *nt dekl wie adj* ***das*** ~ le double; ***auf das ~ ansteigen*** doubler

Doppelverdiener(in) *m(f)* ❶ *Pl (Paar)* couple *m* avec deux salaires ❷ *(Einzelperson)* ***~ sein*** cumuler deux salaires **Doppelwährungsphase** *f* période *f* de double circulation **Doppelzentner** *m* quintal *m* **Doppelzimmer** *nt* chambre *f* double

doppelzüngig *(pej)* I. *adj* hypocrite II. *adv* ***~ reden*** tenir un double langage **Doppelzüngigkeit** <-, -en> *f (pej)* hypocrisie *f*

Dorf [dɔrf, *Pl:* 'dœrfɐ] <-[e]s, Dörfer> *nt* village *m*; ***auf dem*** ~ dans le village; ***er ist vom*** ~ il est de la campagne; ***die Leute vom*** ~ les villageois *mpl*

Dorfbewohner(in) *m(f)* villageois(e) *m(f)*

Dorfjugend *f* jeunesse *f* du village

dörflich *adj* rural(e) **Dorfplatz** *m* place *f* du village

Dorfschaft <-, -en> *f* CH petite commune *f*

Dorftrottel *m (fam)* idiot *m* du village

Dorn [dɔrn] <-[e]s, -en> *m* ❶ *(Stachel)* épine *f* ❷ <Dorne> *(Metallstift) einer Gürtelschnalle* ardillon *m*; *(Werkzeug)* mandrin *m* ▸ **jdm ein ~ im Auge sein** *Person:* hérisser qn; *Sache:* être une insulte permanente pour qn **Dornenhecke** *f* haie *f* d'épines

dornig *adj* épineux, -euse

Dornröschen [dɔrn'rø:sçən] *nt* la Belle au bois dormant

dörren ['dœrən] I. *vt + haben* ***etw ~*** *Person:* sécher qc; *Hitze, Sonne:* dessécher qc II. *vi + sein Obst, Fisch:* sécher

Dörrobst *nt* fruits *mpl* secs

dorsal [dɔr'za:l] *adj* ANAT, LING dorsal(e)

Dorsch [dɔrʃ] <-[e]s, -e> *m* morue *f*

dort [dɔrt] *adv* là-bas; ***~ oben*** là-haut; ***~ unten*** là en bas; ***von ~*** de là; ***ich komme gerade von ~*** j'en reviens juste

dorther ['dɔrt'he:ɐ̯] *adv* ***ich komme doch gerade ~!*** mais je viens juste d'en revenir!

dorthin ['dɔrt'hɪn] *adv* ***~ gehen*** aller là-bas; ***bis ~*** jusque là-bas; ***wie komme ich ~?*** comment je peux y aller? **dorthinaus** ['dɔrthɪ'naʊ̯s] *adv* ***~ bitte!*** la sortie est là-bas! ▸ **frech bis ~ sein** *(fam)* être insolent à un point pas possible **dorthinein** ['dɔrthɪ'naɪ̯n] *adv* là-dedans

dortig *adj attr Einrichtungen* sur place; *Gepflogenheiten* de là-bas

Dose ['do:zə] <-, -n> *f (Büchse)* boîte *f*; *(Getränkedose)* canette *f*

Dosen *Pl von* **Dosis, Dose**

dösen ['dø:zən] *vi (fam)* somnoler

Dosenbier *nt* bière *f* en canette

Dosenmilch *f* lait *m* en boîte **Dosenöffner** *m* ouvre-boîte *m* **Dosenpfand** *nt kein Pl* consigne *f* sur les cannettes

dosieren* [do'zi:rən] *vt* doser; ***etw sparsam ~*** doser qc avec parcimonie

Dosierkapsel *f* dosette *f*

Dosierung <-, -en> *f* ❶ *(Dosis)* dose *f* ❷ *kein Pl (das Dosieren)* dosage *m*

Dosis ['do:zɪs] <-, Dosen> *f* dose *f*; ***in kleinen Dosen*** à petites doses

Dossier [dɔ'si̯e:] <-s, -s> *nt* dossier *m*

Dotcom-Unternehmen *nt* [entreprise *f*] dotcom *f*

dotieren* [do'ti:rən] *vt* rémunérer; ***eine Stelle mit … Euro ~*** rémunérer un emploi à hauteur de … euros; ***gut dotiert*** lucratif

Dotter ['dɔtɐ] <-s, -> *m o nt* jaune *m* d'œuf

doubeln ['du:bəln] I. *vt* doubler *Schauspieler, Szene* II. *vi* faire des doublages

Double ['du:bl] <-s, -s> *nt* doublure *f*

down [daʊn] *adj (fam)* ***~ sein*** être à plat

Download ['daʊ̯nlo:t] <-s, -s> *m o nt* INFORM téléchargement *m* **downloadbar** *adj* INFORM téléchargeable

downloaden ['daʊnlɔʊdən] *vt* INFORM télécharger *Text*

Downsyndrom ['daʊ̯n-] <-s, -e> *nt* trisomie 21 *f*

Dozent(in) [do'tsɛnt] <-en, -en> *m(f)* *(Universitätsdozent)* maître *m* de conférences; *(Volkshochschuldozent)* formateur, -trice *m, f;* ***~ für Linguistik sein*** être chargé de cours de linguistique

dozieren* [do'tsiːrən] *vi (geh)* ① *(lehren) [**über etw** akk]* ~ donner un cours/des cours [sur qc] ② *(belehren)* pontifier

dpa [deːpeː'ʔaː] <-> *f Abk von* **Deutsche Presse-Agentur** agence *f* dpa

Dr. *Abk von* **Doktor** Dr; ***guten Tag, Herr ~ Bauer!*** bonjour Monsieur Bauer!

Drache ['draxə] <-n, -n> *m* HIST dragon *m*

Drachen ['draxən] <-s, -> *m* ① *(Spielzeug)* cerf-volant *m;* ***einen ~ steigen lassen*** lancer un cerf-volant ② *(Flugdrachen)* deltaplane® *m* ③ *(pej fam: zänkische Frau)* dragon *m*

Drachenfliegen *nt* deltaplane® *m* **Drachenflieger(in)** *m(f)* libériste *mf*

Dragee, Dragée [dra'ʒeː] <-s, -s> *nt* dragée *f*

Draht [draːt, *Pl:* 'drɛːtə] <-[e]s, Drähte> *m* fil *m* métallique ▶ **zu jdm einen guten ~ haben** être bien avec qn; **der heiße ~** le téléphone rouge; **auf ~ sein** *(fam)* être dans le coup

Drahtbürste *f* brosse *f* métallique **Drahtgitter** *nt* grillage *m* métallique

drahtig ['draːtɪç] *adj* ① *Person* nerveux, -euse ② *(rau) Haar* dur(e)

drahtlos *adj* sans fil; ***~e Telegrafie*** radiotélégraphie *f*

Drahtseil *nt* câble *m* métallique

Drahtseilakt *m* numéro *m* de haute voltige ▶ **ein [echter] ~ sein** être très risqué(e)

Drahtseilbahn *f (Schwebebahn)* téléphérique *m; (Schienenbahn)* funiculaire *m*

Drahtzieher(in) <-s, -> *m(f)* instigateur, -trice *m, f;* ***er soll der ~ sein*** on dit qu'il tire les ficelles

Drainage [drɛ'naːʒə] <-, -n> *f* MED drainage *m*

drakonisch [dra'koːnɪʃ] *adj* draconien(ne)

drall [dral] *adj Busen* plantureux, -euse; *Backen* rebondi(e); *Arme, Beine* bien en chair

Drall <-[e]s, -e> *m* ① *eines Geschosses* dérivation *f; eines Balls, einer Billardkugel* effet *m; eines Rohrlaufs* pas *m* de rayure ② *(Tendenz)* ***~ nach links*** penchant *m* pour la gauche

Drama ['draːma] <-s, Dramen> *nt* drame *m*

Dramatik <-> *f* intensité *f* dramatique; *(Dichtkunst)* dramaturgie *f*

Dramatiker(in) [dra'maːtɪkɐ] <-s, -> *m(f)* dramaturge *mf*

dramatisch **I.** *adj* dramatique **II.** *adv* de façon dramatique

dramatisieren* [dramati'ziːrən] *vt, vi* dramatiser

Dramatisierung <-, -en> *f* dramatisation *f*

Dramaturg(in) [drama'tʊrk] <-en, -en> *m(f)* conseiller, -ère *m, f* artistique

Dramaturgie [dramatʊr'giː] <-, -ien> *f* ① *(Lehre)* dramaturgie *f* ② *(Gestaltung)* adaptation *f* ③ *(Abteilung)* réalisation *f*

dramaturgisch *adj Geschick* d'adaptation; ***~e Gestaltung*** adaptation *f*

dran [dran] *adv (fam)* ▶ **früh/spät ~ sein** être en avance/en retard; **gut ~ sein** *(fam)* être bien loti; **schlecht ~ sein** *(fam)* être en mauvaise posture; **er ist ~** c'est à lui

Dränage [drɛ'naːʒə] <-, -n> *f s.* **Drainage**

dran|bleiben ['dranblaibən] *vi irr + sein (fam)* ① *Anrufer:* ne pas quitter ② SPORT ***an jdm ~*** s'accrocher à qn

drang *Imp von* **dringen**

Drang [draŋ, *Pl:* 'drɛŋə] <-[e]s, Dränge> *m* besoin *m;* ***sein/ihr ~ nach Anerkennung*** son besoin d'approbation; ***der ~ nach Osten*** la poussée vers l'Est

dran|gehen *vi irr + sein (fam)* ***an etw** akk* ~ toucher à qc

Drängelei [drɛŋə'lai] <-, -en> *f (fam)* ① *(Gedränge)* bousculade *f* ② *kein Pl (das Drängeln)* harcèlement *m*

drängeln ['drɛŋəln] **I.** *vi Wartende:* pousser; ***bitte nicht ~!*** ne bousculez pas, s'il vous plaît! **II.** *vt **jdn** ~* harceler qn; ***das Drängeln*** le harcèlement **III.** *vr **sich an der Kasse** ~* jouer des coudes à la caisse

drängen ['drɛŋən] **I.** *vi* ① ***zum Ausgang ~*** pousser vers la sortie; ***in den Bus ~*** se bousculer pour entrer dans le bus ② *(fordern)* ***zum Aufbruch ~*** vouloir hâter le départ; ***auf eine Antwort ~*** insister pour obtenir une réponse; ***warum drängst du so zur Eile?*** pourquoi nous presses-tu ainsi?; ***das Drängen*** l'insistance *f* ③ *(eilig sein)* ***die Zeit drängt*** le temps presse **II.** *vt* ① *(drücken)* ***jdn zur Seite ~*** pousser qn sur le côté ② *(auffordern)* ***jdn ~ etw zu tun*** presser qn de faire qc; ***sich nicht ~ lassen*** ne pas se laisser stresser ③ *(treiben)* ***jdn ~ etw zu tun*** *Umstände, Unruhe:* pousser qn à faire qc; ***meine Termine ~ mich zur Eile*** mes rendez-vous m'obligent à me dépêcher **III.** *vr* ① ***sich zum Eingang ~*** se bousculer vers l'entrée; ***sich durch die Menge ~*** se frayer un chemin dans la foule ② *(sich häufen) Termine:* s'accumuler

drängend *adj* pressant(e)

drangsalieren* [draŋza'liːrən] *vt* harceler

dran|hängen *(fam)* **I.** *vt* ❶ *(befestigen)* accrocher; ***etw daran*** ~ y accrocher qc ❷ *(erübrigen)* ***an eine Sendung noch eine halbe Stunde*** ~ prolonger une émission d'une demi-heure **II.** *vr* ***sich an jdn*** ~ ne pas lâcher qn d'une semelle

dran|kommen *vi irr + sein (fam)* ❶ *(erreichen)* ***an etw*** *akk* ~ arriver à attraper qc; ***kommst du dran?*** tu peux l'attraper/les attraper? ❷ *(an die Reihe kommen)* ***du kommst dran*** c'est ton tour ❸ *(aufgerufen werden)* se faire interroger ❹ *(durchgenommen werden)* être traité; ***was kommt im Unterricht dran?*** quel est le sujet du cours? **dran|kriegen** *vt (fam: hereinlegen)* entuber **dran|nehmen** *vt irr (fam)* interroger *Schüler;* prendre *Patienten*

dran|setzen ['dranzɛtsən] **I.** *vt* ***alles*** ~ ***um zu …*** mettre tout en œuvre pour … **II.** *vr (fam)* ***sich*** ~ s'y mettre

drastisch ['drastɪʃ] **I.** *adj* ❶ *(einschneidend)* draconien(ne) ❷ *(überdeutlich)* radical(e) **II.** *adv* ❶ *(einschneidend)* de façon draconienne ❷ *(überdeutlich)* ***um es ~ auszudrücken*** pour le dire tout à fait clairement

drauf [drauf] *adv (fam)* dessus ▸ **gut ~ sein** *(fam)* avoir la pêche; ~ **und dran sein etw zu tun** être à deux doigts de faire qc *fam*

Draufgänger(in) ['draufgɛŋɐ] <-s, -> *m(f)* fonceur, -euse *m, f fam*

draufgängerisch *adj* fonceur, -euse *fam*

drauf|gehen *vi irr + sein (fam)* ❶ *(sterben)* y rester; ***bei einem Unfall*** ~ y rester lors d'un accident ❷ *(ausgegeben werden)* ***beim Pokern*** ~ *Geld:* y passer dans une partie de poker ❸ *(beschädigt werden)* ***bei etw*** ~ *Anzug, Geschirr:* être bousillé au cours de qc **drauf|haben** *vt irr (fam)* ❶ *(kennen)* ***seinen Text*** ~ connaître son texte sur le bout du doigt; ***viele Witze*** ~ être un sacré déconneur; ***etwas*** ~ être calé; ***nichts*** ~ être un nullard/une nullarde ❷ *(fahren)* ***ein hohes Tempo*** ~ tracer; ***gut hundert Sachen*** ~ faire bien du cent **drauf|hauen** *vi irr (fam)* cogner dessus **drauf|kommen** *vi irr + sein (fam)* ***jdm*** ~ démasquer qn *fig* **drauf|legen** *vt (fam)* ***hundert Euro*** ~ y mettre cent euros de plus

drauflos [drauˈfloːs] *adv* ***immer munter ~!*** allez, du nerf! *fam*

drauflos|fahren *vi (fam)* partir à l'aventure **drauflos|gehen** *vi irr + sein (fam: zielstrebig gehen)* y aller carrément **drauflos|reden** *vi (fam)* se mettre à causer à tort et à travers **drauflos|schreiben** *vi (fam)* écrire comme ça vient

drauf|machen *vt* ▸ **einen** ~ *(fam)* faire la java **drauf|satteln** *vt (fam)* ❶ *(gewähren)* refiler *fam;* ***ein Prozent Tariferhöhung*** ~ refiler une rallonge d'un pourcent sur les tarifs ❷ *(vorbringen)* revenir à la charge avec *fam Forderung*

Draufsicht *f* vue *f* plongeante **drauf|zahlen** *(fam)* **I.** *vt* mettre une rallonge de; ***hundert Euro*** ~ *(zusätzlich bezahlen)* mettre une rallonge de cent euros; *(zu viel bezahlen)* se faire carotter de cent euros **II.** *vi* ~ ***müssen*** devoir y laisser des plumes

draus *adv (fam) s.* **daraus**

draußen ['drausən] *adv* ❶ dehors; ***nach*** ~ dehors; ***von*** ~ de dehors ❷ *(nicht im Hafen)* en mer; ~ ***auf dem Meer*** en pleine mer

drechseln ['drɛksəln] **I.** *vt* façonner au tour; ***etw*** ~ façonner qc au tour **II.** *vi* travailler au tour

Drechsler(in) ['drɛksle] <-s, -> *m(f)* tourneur, -euse *m, f* sur bois

Dreck [drɛk] <-[e]s> *m* ❶ *(fam: Schlamm)* gadoue *f; (Schmutz)* saloperie *f;* ~ ***machen*** faire des cochonneries; ***vor ~ starren*** être dégueulasse ❷ *(pej fam: Schund)* merde *f* ❸ *(pej fam: nichts)* ***einen ~ davon verstehen*** y piger que dalle; ***einen ~ wert sein*** valoir des clopinettes; ***sich einen ~ um jdn kümmern*** *(fam)* en avoir rien à branler de qn *vulg* ▸ ~ **am Stecken haben** *(fam)* traîner une casserole; **der letzte ~ sein** *(fam)* n'être qu'une merde *vulg;* **jdn durch den ~ ziehen** *(fam)* traîner qn dans la boue

Dreckarbeit *f (fam)* ❶ *(Schmutzarbeit)* travail *m* salissant ❷ *(pej: niedere Arbeit)* sale boulot *m*

dreckig **I.** *adj* ❶ *(schmutzig)* sale; ***sich ~ machen*** se salir ❷ *(fam: gemein)* sale *antéposé* **II.** *adv (fam)* ❶ *(abstoßend)* ~ ***lachen*** avoir un sale rire ❷ *(miserabel)* ***es geht ihr*** ~ elle est mal foutue; *(finanziell)* elle est dans la mouise

Drecksack *m (sl)* saligaud *m fam*

Drecksarbeit *f (pej fam) s.* **Dreckarbeit 2**

Drecksau *f (pej vulg: Frau)* salope *f; (Mann)* salaud *m* **Dreckschleuder** *f (pej fam)* ❶ *(Person)* fouteur, -euse *m, f* de merde *fam* ❷ *(umweltbelastendes Auto/Unternehmen)* voiture *f* /entreprise *f* qui empeste; ***eine ~ sein*** empester *fam*

Dreckschwein *s.* **Drecksau**

Dreckskerl *s.* **Drecksack** **Dreckspatz** *m (fam)* [petit] cochon *m*

Dreh [dreː] <-s, -s *o* -e> *m (fam)* truc *m*; ***den ~ heraushaben*** *(fam)* avoir trouvé le truc ▸ **[so] um den ~** *(fam)* à quelque chose près
Dreharbeit *f meist Pl* tournage *m pas de pl*
Drehbank <-bänke> *f* tour *m*
drehbar *adj* pivotant(e)
Drehbewegung *f* rotation *f* **Drehbuch** *nt* scénario *m*
Drehbuchautor(in) *m(f)* scénariste *mf*
Drehbühne *f* scène *f* tournante
drehen ['dreːən] **I.** *vt* ❶ *(herumdrehen)* bouger *Hand;* tourner *Kopf, Schlüssel;* ***nach links ~*** tourner à gauche ❷ *(rollen)* rouler *Zigarette;* faire *Pillen* ❸ CINE tourner ❹ *(stellen)* ***die Musik leiser ~*** baisser le son; ***die Heizung höher ~*** monter le chauffage ❺ *(fam: hinkriegen)* goupiller ▸ **wie man es auch dreht und wendet** qu'on prenne le problème par n'importe quel bout *fam* **II.** *vi* ❶ ***an einem Knopf ~*** tourner un bouton ❷ *(umdrehen) Fahrer:* faire demi-tour; *Wind:* tourner ❸ *(Filmaufnahmen machen)* tourner **III.** *vr* ❶ *(rotieren)* ***sich ~*** tourner ❷ *(sich umdrehen)* ***sich nach rechts/links ~*** se tourner à droite/gauche ❸ *(betreffen)* ***sich um Politik ~*** traiter de politique; ***es dreht sich darum, dass ...*** ce qu'il y a, c'est que ...; ***alles dreht sich um ihn*** il est le centre du monde ▸ **mir dreht sich alles** j'ai la tête qui tourne
Dreher(in) ['dreːɐ] <-s, -> *m(f)* tourneur, -euse *m, f* **Drehkran** *m* grue *f* tournante
Drehkreuz *nt* tourniquet *m* **Drehleiter** *f* échelle *f* orientable **Drehmoment** *nt* PHYS moment *m* de rotation **Drehorgel** *f* orgue *m* de Barbarie **Drehort** *m* CINE lieu *m* du tournage **Drehpause** *f* pause *f* [entre les prises] **Drehscheibe** *f (a. fig)* plaque *f* tournante **Drehstrom** *m* ELEC [courant *m*] triphasé *m* **Drehstuhl** *m* chaise *f* pivotante **Drehtür** *f* porte *f* à tambour
Drehung <-, -en> *f* rotation *f*; *(Kreis)* tour *m*; ***eine ~ zur Seite machen*** pivoter sur le côté
Drehwurm ▸ **einen ~ kriegen** *(fam)* attraper le tournis **Drehzahl** *f* nombre *m* de tours **Drehzahlmesser** <-s, -> *m* compte-tours *m inv*
drei [drai̯] *num* trois; *s. a.* **acht**[1]
Drei <-, -en> *f* ❶ trois *m* ❷ *(Schulnote) note située entre onze et treize sur vingt; s. a.* **Acht**[1]
Dreiakter <-s, -> *m* THEAT, MUS pièce *f* en trois actes
Drei-D-Drucker [drai̯'deː-] *m* INFORM imprimante *f* 3D **Drei-D-Effekt** [drai̯'deː-] *m* effet *m* de relief **Drei-D-Film** *m* film *m* en 3D
dreidimensional ['drai̯dimɛnzi̯onaːl] **I.** *adj* tridimensionnel(le); *Raum* à trois dimensions **II.** *adv darstellen, wiedergeben* en trois dimensions
Dreieck ['drai̯ʔɛk] *nt* triangle *m* **dreieckig** ['drai̯ʔɛkɪç] *adj* triangulaire
Dreiecksverhältnis *nt* ménage *m* à trois
dreieinhalb ['drai̯ʔai̯n'halp] *num* ***~ Meter*** trois mètres et demi; *s. a.* **achteinhalb**
dreierlei ['drai̯ɐ'lai̯] *adj inv* ***~ Sorten Brot*** trois sortes de pain; *s. a.* **achterlei**
dreifach ['drai̯fax] **I.** *adj* triple; ***die ~e Menge nehmen*** en prendre trois fois plus **II.** *adv falten* trois fois; *s. a.* **achtfach**
Dreifaltigkeit <-> *f* REL Trinité *f*
dreifarbig *adj* tricolore **Dreigestirn** *nt* ❶ ASTRON trois étoiles *f pl* ❷ *(Dreiergruppe)* trio *m*
dreihundert ['drai̯'hʊndɐt] *num* trois cents
dreijährig *adj Kind* de trois ans
Dreikampf *m* triathlon *m*
Dreikäsehoch [drai̯'kɛːzəhoːx] <-s, -[s]> *m (hum fam)* demi-portion *f*
Dreikönige [drai̯'køːnigə] *Pl,* **Dreikönigsfest** *nt* Épiphanie *f*
Dreikönigstag *m* jour *m* des Rois
Dreiländereck [drai̯'lɛndɐʔɛk] *nt* triangle *m* de trois pays
Dreiliterauto, 3-Liter-Auto *nt* trois litres *f*
dreimal ['drai̯maːl] *adv* trois fois ▸ **~ darfst du raten!** *(fam)* je te le donne en mille!; *s. a.* **achtmal**
Dreimeterbrett *nt* plongeoir *m* de trois mètres
drein|blicken ['drai̯nblɪkən] *vi* ***traurig ~*** avoir l'air triste **drein|reden** *vi (fam)* ❶ *(belehren)* ***lass dir nicht ~!*** n'écoute pas les autres! ❷ *(unterbrechen)* ***jdm ~*** couper la parole à qn **drein|schauen** *s.* **dreinblicken**
Dreirad *nt* ❶ *(Spielzeug)* tricycle *m* ❷ *(Lieferfahrzeug)* triporteur *m* **Dreisatz** *m* règle *f* de trois
Dreisprung *m kein Pl* triple saut *m*
dreispurig *adj o adv* à trois voies
dreißig ['drai̯sɪç] *num* trente; *s. a.* **achtzig**
Dreißig <-, -en> *f* trente *m*
dreißiger *adj inv* ***die ~ Jahre*** les années trente; *s. a.* **Dreißigerjahre**
Dreißiger[1] <-s, -> *m* ❶ *(Mann in den Dreißigern)* homme *m* qui a la trentaine ❷ *s.* **Dreißigjährige(r)**

Dreißiger[2] *Pl* ❶ ***die ~** eines Jahrhunderts* les années *f pl* trente ❷ *(Lebensalter)* ***in den ~n sein*** avoir la trentaine

Dreißigerjahre, 30er-Jahre ['draisɪgɐ-] *Pl* ***die ~*** les années *f pl* trente

dreißigjährig ['draisɪçjɛːrɪç] *adj attr* de trente ans; *s. a.* **achtzigjährig**

Dreißigjährige(r) *f(m) dekl wie Adj* homme *m* /femme *f* de trente ans

dreißigste(r, s) *adj* trentième; *s. a.* **achtzigste(r, s)**

Dreißigstel <-s, -> *nt* trentième *m*

dreist [draist] *adj* impudent(e); ***immer ~er werden*** avoir de plus en plus d'aplomb

dreistellig *adj Betrag* à trois chiffres; *Zahl* de trois chiffres

Dreistigkeit <-, -en> *f einer Person, eines Verhaltens* impudence *f; eines Einbruchs* audace *f*

Dreitagebart *m* barbe *f* de trois jours

dreitägig *adj attr* de trois jours

dreitausend ['drai'tauzənt] *num* trois mille

dreiteilig *adj* en trois parties; ***ein ~er Anzug*** un costume trois-pièces

dreitürig [-tyːrɪç] *adj* [à] trois portes; ***~ sein*** avoir trois portes

Dreiviertelstunde ['draifɪrtəl'ʃtʊndə] *f* trois quarts *mpl* d'heure **Dreivierteltakt** [drai'fɪrtəltakt] *m* mesure *f* à trois temps

Dreizack ['draitsak] <-s, -e> *m* trident *m*

dreizehn ['draitseːn] *num* treize ▶ ***jetzt schlägt's ~*** *(fam)* alors là, c'est le bouquet!; *s. a.* **acht**[1] **dreizehnte(r, s)** *adj* treizième; *s. a.* **achte(r, s)**

Dreizimmerwohnung *f* trois-pièces *m*

dreschen ['drɛʃən] <drischt, drosch, gedroschen> *vt* ❶ battre *Getreide* ❷ *(fam: prügeln)* ***jdn windelweich ~*** flanquer une bonne dérouillée à qn

Dreschmaschine *f* batteuse *f*

Dresden ['dreːsdən] <-s> *nt* Dresde

dressieren* [drɛ'siːrən] *vt* ❶ *(abrichten)* dresser; ***ein Tier darauf ~ etw zu tun*** apprendre à un animal à faire qc; ***ein dressierter Hund*** un chien savant ❷ *(pej: erziehen)* dresser *Person*

Dressing <-s, -s> *nt* sauce *f* de salade

Dressur [drɛ'suːɐ̯] <-, -en> *f* dressage *m*
Dressurreiten <-s> *nt* dressage *m*

dribbeln ['drɪbəln] *vi* SPORT dribbler

Dribbling ['drɪblɪŋ] <-s, -s> *nt* SPORT dribble *m*

driften ['drɪftən] *vi + sein* ❶ *(auf dem Wasser treiben)* dériver ❷ *(hintreiben)* ***zur Mitte ~*** *Partei:* dériver vers le centre; ***in die Isolation ~*** *Staat:* s'isoler de plus en plus

Drill [drɪl] <-[e]s> *m* ❶ MIL mise *f* au pas ❷ SCHULE *(pej)* rabâchage *m fam*

drillen ['drɪlən] *vt* ❶ MIL ***jdn ~*** mettre qn au pas ❷ *(erziehen)* ***jdn ~*** faire travailler qn à la baguette; ***auf absoluten Gehorsam gedrillt sein*** *Kind:* être dressé à obéir au doigt et à l'œil

Drilling ['drɪlɪŋ] <-s, -e> *m* ❶ triplé *m;* ***~e bekommen*** avoir des triplés *mpl* ❷ *(Jagdgewehr)* drilling *m*

drin [drɪn] *adv (fam)* ❶ dedans; ***in der Vase ist noch Wasser ~*** il y a encore de l'eau dans le vase ❷ *(möglich)* ***~ sein*** pouvoir se faire; ***das ist nicht ~*** c'est pas possible

dringen ['drɪŋən] <drang, gedrungen> *vi* ❶ *+ sein (stoßen)* ***durch etw ~*** *Person, Tier:* pénétrer dans qc; *Speer, Regen:* traverser qc; *Licht:* percer qc; ***in etw*** *akk* ***~*** *Geschoss:* traverser qc ❷ *+ sein (vordringen)* ***an die Öffentlichkeit ~*** *Nachricht:* être connu du grand public ❸ *+ sein (geh: einwirken)* ***mit Bitten in jdn ~*** presser qn de prières; ***in jdn ~ etw zu tun*** presser qn de faire qc ❹ *+ haben (fordern)* ***auf etw*** *akk* ***~*** exiger qc; ***darauf ~, dass etw getan wird*** insister que qc soit fait

dringend ['drɪŋənt] **I.** *adj Anruf* urgent(e); *Operation* d'urgence; *Warnung* pressant(e) **II.** *adv benötigen* de toute urgence; *operieren* d'urgence; *warnen, bitten* avec insistance; *erforderlich* absolument

dringlich ['drɪŋlɪç] *s.* **dringend**

Dringlichkeit <-> *f* urgence *f*

Drink [drɪnk] <-s, -s> *m* boisson *f; (mit Alkohol)* drink *m*

drinnen ['drɪnən] *adv* à l'intérieur

drin|stecken ['drɪnʃtɛkən] *vi (fam)* ❶ ***in etw*** *dat* ~ *Schlüssel:* être dans qc ❷ *(verwickelt sein)* ***in etw*** *dat* ***mit ~*** être dans le coup; ***in was steckst du da wieder drin?*** dans quoi tu t'es encore embarqué? ❸ *(investiert sein)* ***in diesem Haus steckt viel Arbeit drin*** on a mis beaucoup de travail dans cette maison **drin|stehen** *vi irr (fam)* ❶ être dedans ❷ *(verzeichnet sein)* ***in einem Buch ~*** se trouver dans un livre

drischt *3. Pers Präs von* **dreschen**

dritt [drɪt] *adv* ***zu ~ sein*** être à trois; *s. a.* **acht**[2]

dritte(r, s) *adj* ❶ troisième ❷ *(bei Datumsangaben)* ***der ~ Mai*** le trois mai; *s. a.* **achte(r, s)**

Dritte(r) *f(m) dekl wie adj* ❶ troisième *mf*

❷ *(bei Datumsangaben)* ***der ~/am ~n*** *écrit:* ***der 3./am 3.*** le trois *geschrieben:* le 3 ❸ *(als Namenszusatz)* ***Karl der ~*** *écrit:* ***Karl III.*** Charles trois *geschrieben:* Charles III ❹ JUR tiers *m* ▶ **wenn zwei sich streiten, freut sich der ~** *(prov)* les disputes des uns font le bonheur des autres; *s. a.* **Achte(r, s)**

D

drittel *adj* troisième; *s. a.* **achtel**

Drittel ['drɪtəl] <-s, -> *nt* ❶ *a.* MATH tiers *m* ❷ *(Teil der Spielzeit)* période *f*

dritteln *vt* ***etw ~*** partager qc en trois

drittens ['drɪtəns] *adv* troisièmement

Dritte-Welt-Laden ['drɪtə'vɛltla:dən] *m* magasin *m* de produits du tiers-monde

Dritte-Welt-Land *nt* pays *m* du tiers-monde

DRK [de:ʔɛr'ka:] <-> *nt Abk von* **Deutsches Rotes Kreuz** Croix-Rouge *f* allemande

droben ['dro:bən] *adv (geh)* là-haut

Droge ['dro:gə] <-, -n> *f* drogue *f;* ***~n nehmen*** prendre de la drogue; ***harte/weiche ~n*** des drogues dures/douces; ***unter ~n stehen*** être drogué

drogenabhängig *adj* toxicomane **Drogenabhängige(r)** *f(m) dekl wie adj* toxicomane *mf* **Drogenabhängigkeit** *f* toxicomanie *f* **Drogenberatungsstelle** *f* association *f* d'aide pour les drogués **Drogenhandel** *m* trafic *m* de drogue **Drogenkonsum** *m* consommation *f* de drogue **Drogenmissbrauch** *m* consommation *f* abusive de stupéfiants **Drogensucht** *f* toxicomanie *f* **drogensüchtig** *s.* **drogenabhängig Drogensüchtige(r)** *s.* **Drogenabhängige(r) Drogenszene** *f* milieu *m* de la drogue **Drogentote(r)** *f(m) dekl wie adj* mort(e) *m(f)* par overdose

Drogerie [drogə'ri:] <-, -ien> *f* droguerie-herboristerie *f*

Drogist(in) <-en, -en> *m(f)* droguiste-herboriste *mf*

Drohbrief *m* lettre *f* de menace

drohen ['dro:ən] *vi* ❶ menacer; ***jdm mit etw ~*** menacer qn de qc; ***jdm ~ etw zu tun*** menacer qn de faire qc ❷ *(bevorstehen) Gefahr:* menacer; ***ihnen droht die Verurteilung*** leur condamnation semble inévitable ❸ *(im Begriff sein)* ***einzustürzen ~*** menacer de s'écrouler

drohend *adj Blick, Wolken* menaçant(e); *Gefahr* imminent(e)

Drohmittel *nt* moyen *m* de menace

Drohne ['dro:nə] <-, -n> *f* ZOOL faux bourdon *m*

dröhnen ['drø:nən] *vi* ❶ *(dumpf klingen) Stimme, Musik:* résonner; *Donner:* gronder ❷ *(dumpf widerhallen) Wand:* résonner; ***ihm dröhnt der Schädel*** il a la tête qui bourdonne

Drohnenangriff *m* MIL attaque *f* de drone

dröhnend *adj Stimme* de stentor; *Gelächter* sonore; *Applaus* vibrant(e); ***ein ~er Lärm*** un grondement

Drohung ['dro:ʊŋ] <-, -en> *f* menace *f;* ***eine leere ~*** une menace en l'air

drollig ['drɔlɪç] *adj* ❶ *(belustigend) Art, Anekdote* drôle ❷ *(niedlich)* mignon(ne)

Dromedar ['dro:meda:ɐ̯] <-s, -e> *nt* dromadaire *m*

Drop-down-Menü [drɔp'daʊ̯n-] *nt* INFORM menu *m* déroulant

Drops [drɔps] <-, - *o* -e> *m o nt* bonbon *m*

drosch *Imp von* **dreschen**

Drossel ['drɔsəl] <-, -n> *f* grive *f*

drosseln ['drɔsəln] *vt* réduire *Heizung;* ***das Tempo auf 30 km/h ~*** réduire la vitesse à 30 km/h

drüben ['dry:bən] *adv* en face

drüber ['dry:bɐ] *adv s.* **darüber**

Druck[1] [drʊk, *Pl:* 'drʏkə] <-[e]s, Drücke> *m* ❶ PHYS pression *f* ❷ *(drückendes Gefühl)* oppression *f; (im Magen, Kopf)* lourdeur *f;* ***~ auf der Blase haben*** avoir une envie pressante ❸ *kein Pl (das Drücken)* ***mit einem ~ auf diese Taste*** par simple pression sur cette touche ❹ *kein Pl (Zwang, Zeitnot)* contrainte *f;* ***unter ~ stehen*** être sous pression; *(in Zeitnot sein)* être pressé par le temps; ***jdn unter ~ setzen*** presser qn; ***hinter etw*** *akk* ***~ machen*** *(fam)* faire accélérer qc ❺ *(fam: Drogeninjektion)* shoot *m*

Druck[2] [drʊk] <-[e]s, -e> *m* ❶ *kein Pl (das Drucken)* impression *f;* ***etw in ~ geben*** faire imprimer qc ❷ *(gedrucktes Werk)* imprimé *m*

Druckabfall *m kein Pl* chute *f* de la pression **Druckausgleich** *m kein Pl* PHYS compensation *f* de pression **Druckbehälter** *m* récipient *m* sous pression **Druckbleistift** *m* portemine *m* **Druckbuchstabe** *m* caractère *m* d'imprimerie

Drückeberger(in) ['drʏkəbɛrgɐ] <-s, -> *m(f) (pej fam)* ❶ *(Faulenzer)* tire-au-cul *m* ❷ *(Feigling)* dégonflé(e) *m(f)*

druckempfindlich *adj Stelle* sensible

drucken ['drʊkən] *vt, vi* imprimer

drücken ['drʏkən] **I.** *vt* ❶ appuyer sur *Klinke, Knopf* ❷ *(pressen)* ***jdn an sich*** *akk* ***~*** étreindre qn; ***jdm einen Kuss auf die Stirn ~*** déposer un baiser sur le front de qn

❸ *(schieben)* ***etw nach vorne*** ~ pousser qc en avant; ***den Hut in die Stirn*** ~ enfoncer le chapeau jusqu'aux oreilles ❹ *(behindern, schmerzen)* ***jdn*** ~ *Schuhe, Gürtel:* serrer qn; *Rucksack, Last:* peser sur qn ❺ *(herabsetzen)* faire baisser *Leistung, Niveau* ❻ *(bedrücken)* ***jdn*** ~ *Sorgen, Schulden:* oppresser qn ❼ *(fam: Rauschgift spritzen)* ***sich*** *dat* ***Heroin*** ~ se shooter à l'héroïne **II.** *vi* ❶ *(ein Druckgefühl verursachen) Brille, Schuhe:* serrer; ***im Magen*** ~ *Essen:* peser sur l'estomac ❷ *(pressen)* ***auf einen Knopf*** ~ appuyer sur un bouton; ***bitte ~!*** poussez S.V.P.! ❸ *(bedrückend sein) Verantwortung:* être oppressant ❹ *(fam: Rauschgift spritzen)* se shooter **III.** *vr* ❶ ***sich an die Wand*** ~ se plaquer contre le mur; ***sich in eine Ecke*** ~ se blottir dans un coin ❷ *(fam: sich entziehen)* ***sich*** ~ se défiler; ***sich vor einem Problem*** ~ essayer de couper à un problème

drückend *adj* ❶ *(lastend) Last* lourd(e); *Armut, Verantwortung* accablant(e) ❷ *(schwül)* lourd(e)

Drucker <-s, -> *m* ❶ TECH imprimante *f* ❷ *(Person)* imprimeur *m*

Drücker <-s, -> *m* ❶ ELEC *(Knopf)* bouton *m; (Türöffner)* loquet *m* ❷ *(Gewehrabzug)* détente *f* ▶ **auf den letzten** ~ *(fam)* à la dernière minute; **am ~ sein** *(fam)* être aux commandes

Druckerei [drʊkəˈrai̯] <-, -en> *f* imprimerie *f*

Druckerin <-, -nen> *f* imprimeuse *f*

Druckerlaubnis *f* imprimatur *m*

Druckerschwärze *f* encre *f* d'imprimerie **Druckertreiber** *m* INFORM driver *m*

Druckfahne *f* placard *m*

Druckfehler *m* faute *f* d'impression

druckfertig *s.* **druckreif druckfrisch** *adj* tout juste sorti(e) des presses; ~ ***sein*** venir de sortir des presses

Druckkabine *f* cabine *f* pressurisée **Druckknopf** *m* bouton-pression *m* **Drucklegung** <-, -en> *f* mise *f* à l'impression **Druckluft** *f kein Pl* air *m* comprimé **Druckmesser** <-s, -> *m* manomètre *m* **Druckmittel** *nt* moyen *m* de pression

Druckplatte *f* forme *f* imprimante **druckreif** *adj* prêt(e) à imprimer **Drucksache** *f* imprimé *m* **Druckschrift** *f* ❶ *(Schriftart)* [écriture *f* en] lettres *fpl* d'imprimerie ❷ MEDIA imprimé *m*

drucksen [ˈdrʊksən] *vi (fam)* bafouiller

Druckstelle *f* meurtrissure *f* **Drucktaste** *f* touche *f* **Druckverband** *m* bandage *m* compressif **Druckvorlage** *f* original *m* **Druckwelle** [ˈdrʊkvɛlə] *f* onde *f* de choc

Druide [druˈiːdə] <-n, -n> *m* druide *m*

drum [drʊm] *adv (fam)* ❶ *(um den, die, das)* ~ ***herum*** tout autour ❷ *(deswegen)* ~ ***sagt er nichts*** c'est pour ça qu'il ne dit rien ▶ **mit allem Drum und Dran** avec tout le tralala; **sei's ~!** soit!

Drumherum [drʊmhɛˈrʊm] <-s> *nt (fam)* ***das ganze*** ~ le tralala

drunten [ˈdrʊntən] *adv* DIAL en bas

drunter [ˈdrʊntɐ] *adv* ▶ **das Drunter und Drüber** le remue-ménage; **alles geht ~ und drüber** c'est la pagaille *fam*

Drüse [ˈdryːzə] <-, -n> *f* glande *f*

Dschibuti [dʒiˈbuːti] <-s> *nt* le Djibouti

Dschihad [dʒiˈhaːt] <-> *m* REL djihad *m*

Dschungel [ˈdʒʊŋəl] <-s, -> *m* jungle *f*

DSL [deːɛsˈɛl] <-> *Abk von* **digital subscriber line** TELEC DSL *f*

DSL-Anschluss *m* branchement *m* DSL

dt. *adj o adv Abk von* **deutsch** alld.

DTP [deːteːˈpeː] <-> *nt Abk von* **Desktop-Publishing** P.A.O. *f*

Dtzd. *Abk von* **Dutzend**

du [duː] *pron pers, 2. Pers, Sing* ❶ tu; ***hast ~ Zeit?*** as-tu le temps?; ***wenn ich ~ wäre*** si j'étais toi ❷ *(als Anrede)* toi; ***zu jdm ~ sagen*** dire tu à qn; ~ ***Arme!*** ma pauvre!; ~ ***Mutti, kannst ~ mir mal helfen?*** dis, maman, est-ce que tu peux m'aider? ▶ **mit jdm per ~ sein** tutoyer qn

Du <-[s]> *nt* ***sie hat ihm das ~ angeboten*** elle lui a proposé de la tutoyer ▶ **mit jdm auf ~ und ~ stehen** être à tu et toi avec qn *fam*

dual [duˈaːl] *adj* dual(e)

Dualsystem [duˈaːlzʏsteːm] *nt* système *m* binaire

Dübel [ˈdyːbəl] <-s, -> *m* cheville *f*

dubios [duˈbi̯oːs] *adj (geh)* douteux, -euse

ducken [ˈdʊkən] *vr* ❶ *(sich bücken)* se baisser; ***sich vor etw*** *dat* ~ se baisser pour éviter qc; ***sich in eine Ecke*** ~ se tapir dans un coin ❷ *(pej: unterwürfig sein)* ***sich*** ~ plier l'échine

Duckmäuser(in) [ˈdʊkmɔy̯zɐ] <-s, -> *m(f) (pej)* dégonflé(e) *m(f) fam*

dudeln I. *vi (pej fam) Radio:* seriner la même rengaine **II.** *vt (pej fam)* seriner

Dudelsack [ˈduːdəlzak] *m* cornemuse *f*

Duell [duˈɛl] <-s, -e> *nt* duel *m;* ***jdn zum ~ herausfordern*** provoquer qn en duel

duellieren* [duɛˈliːrən] *vr* ***sich*** ~ se battre en duel; ***sich mit jdm*** ~ se battre en duel avec qn

D

Duẹtt [du'ɛt] <-[e]s, -e> *nt* duo *m*

Dụft [dʊft, *Pl:* 'dʏftə] <-[e]s, Düfte> *m von Blumen, Gewürzen* parfum *m; eines Essens, Kaffees, Parfüms* arôme *m; eines Bratens* fumet *m*

dụfte ['dʊftə] *adj* DIAL *(fam)* d'enfer

dụften ['dʊftən] **I.** *vi* sentir bon; ***nach Harz*** ~ sentir la résine **II.** *vi unpers* ***es duftet*** ça sent bon; ***es duftet nach Veilchen*** ça sent la violette

dụftend *adj attr* odorant(e)

dụftig ['dʊftɪç] *adj Stoff* vaporeux, -euse

Dụftmarke *f* marque *f* odorante [laissée par un animal] **Dụftnote** *f* ❶ *des Parfüms* note *f* parfumée ❷ *(pej: Ausdünstung)* odeur *f* [corporelle] **Dụftöl** *nt* huile *f* aromatique

Dụftstoff *m* CHEM substance *f* aromatique; BIO substance *f* odorante **Dụftwolke** *f* bouffée *f* de parfum

dụlden ['dʊldən] *vt* tolérer, supporter [le poids de] *Leid*

dụldsam ['dʊltza:m] **I.** *adj* tolérant(e); ***einer S. gegenüber ~ sein*** être tolérant face à qc **II.** *adv* d'une façon tolérante

dụmm [dʊm] <dümmer, dümmste> **I.** *adj* ❶ bête ❷ *(albern, unsinnig)* stupide; ***~es Zeug reden*** dire des bêtises ❸ *(fam: ärgerlich) Sache, Geschichte* sale *antéposé;* ***ich habe das ~e Gefühl, dass …*** j'ai le sentiment désagréable que … **II.** *adv* ***~ fragen*** poser des questions idiotes; ***~ dastehen*** se retrouver comme un idiot; ***sich ~ anstellen*** faire l'idiot ▶ **sich** *akk* **~ und dämlich zahlen** *(fam)* dépenser un pognon fou; **jdm ~ kommen** *(fam)* marcher sur les pieds de qn; **jdn für ~ verkaufen** *(fam)* prendre qn pour une andouille

Dụmme(r) *f(m) dekl wie adj (fam)* gros bêta *m* / grosse bêtasse *f;* ***der ~ sein*** être le dindon; ***einen ~n finden*** trouver une bonne poire

dụmmerweise ['dʊmɐvaizə] *adv* ❶ *(leider)* ***~ habe ich kein Geld dabei*** c'est bête, je n'ai pas d'argent sur moi ❷ *(unklugerweise)* bêtement

Dụmmheit <-, -en> *f* bêtise *f*

Dụmmkopf *m (pej fam)* andouille *f;* ***sei kein ~!*** ne fais pas le con!

dụ̈mmlich ['dʏmlɪç] **I.** *adj* niais(e) **II.** *adv* niaisement

Dummy ['dami] <-, -s> *m* mannequin *m*

dụ̈mpeln *vi* tanguer

dụmpf [dʊmpf] **I.** *adj* ❶ *(hohl klingend)* sourd(e); *Ton* grave ❷ *(feucht, muffig) Luft* moite; *Geruch* de renfermé ❸ *(unbestimmt) Ahnung* vague; *Schmerz* diffus(e) ❹ *(stumpfsinnig) Geist, Sinn* obtus(e) **II.** *adv* ❶ *(hohl) klingen* sourdement; *aufprallen* avec un son sourd ❷ *(stumpfsinnig) starren* d'un air stupide

Dụmpfbacke *f (fam)* pauvre tache *f*

Dumping ['dampɪŋ] <-s> *nt* ÖKON dumping *m*

Dumpingpreis *m* prix *m* sacrifié; ***zu ~en*** à des prix sacrifiés

Dü̲ne ['dy:nə] <-, -n> *f* dune *f*

Dụng [dʊŋ] <-[e]s> *m* fumier *m*

Dụ̈ngemittel *nt* engrais *m*

dụ̈ngen ['dʏŋən] **I.** *vt* mettre de l'engrais dans *Acker, Garten;* mettre de l'engrais à *Beet, Pflanzen;* ***die Pflanzen mit Kompost ~*** composter les plantes **II.** *vi* ❶ mettre de l'engrais ❷ *(düngende Wirkung haben)* ***schlecht ~*** être un mauvais engrais

Dụ̈nger <-s, -> *m* engrais *m*

dụnkel ['dʊŋkəl] *adj* ❶ *Zimmer, Nacht* sombre; ***es wird ~*** il fait de plus en plus sombre; ***im Dunkeln*** dans l'obscurité ❷ *(von düsterer Farbe) Kleidung, Haut, Wolke* sombre; *Haare* foncé(e); *Brot* bis(e) ❸ *(tief) Stimme, Klang* grave ❹ *(unklar) Andeutung, Erinnerung* confus(e); *Ursprung* obscur(e); *Verdacht* vague *antéposé* ❺ *(pej: zwielichtig) Punkt, Vergangenheit* obscur(e); *Geschäfte* louche ▶ **jdn im Dunkeln lassen** laisser qn dans le vague; **im Dunkeln tappen** être dans le brouillard

Dụnkel <-s> *nt (geh)* ❶ *(Dunkelheit)* obscurité *f* ❷ *(Undurchschaubarkeit)* mystère *m*

dụnkelblau ['dʊŋkəlblau̯] *adj* bleu foncé *inv* **dụnkelblond** *adj* blond foncé *inv* **dụnkelgrün** *adj* vert foncé *inv;* ***~ Decken*** des couvertures vert foncé **dụnkelhaarig** ['dʊŋkəlha:rɪç] *adj* brun(e)

dụnkelhäutig ['dʊnkəlhɔy̯tɪç] *adj* à la peau brune; ***~ sein*** être brun de peau

Dụnkelheit <-> *f* obscurité *f;* ***bei einbrechender ~*** à la nuit tombante

Dụnkelkammer *f* chambre *f* noire **dụnkelrot** *adj Kleidung, Stoff* rouge foncé *inv* **Dụnkelziffer** *f* chiffres *mpl* non connus

Dü̲nkirchen ['dy:nkɪrçən] <-s> *nt* Dunkerque

dụ̈nn [dʏn] **I.** *adj* ❶ *(schlank)* mince; *(mager)* maigre; ***~er werden*** maigrir; ***sich ~ machen*** *(fam)* rentrer son ventre ❷ *(nicht konzentriert) Brei* liquide; *Kaffee, Tee* léger, -ère; *Suppe* clair(e) ❸ *(fein, leicht) Stoff* fin(e) ❹ *(spärlich) Haarwuchs, Besiedlung* clairsemé(e) **II.** *adv* ***~ besiedelt*** [*o* ***bevölkert***] ***sein*** être peu peuplé ▶ **~ gesät sein** ne pas courir les rues

dünnbesiedelt *s.* **dünn II. dünnbevölkert** *s.* **dünn II. Dünndarm** *m* ANAT intestin *m* grêle **dünnflüssig** *adj* liquide

dünnhäutig *adj* ❶ *Insektenflügel* fin(e) ❷ *(zart besaitet)* sensible **dünn|machen** *vr (fam)* ***sich*** ~ se casser **Dünnschiss** *m (sl)* chiasse *f*

Dunst [dʊnst, *Pl:* 'dʏnstə] <-[e]s, Dünste> *m* ❶ *(Nebel)* brume *f* ❷ *(Dampf)* vapeur *f* ❸ *(Geruch)* odeur *f; (Ausdünstung)* émanation *f* ▶ **keinen blassen ~ von etw haben** *(fam)* y connaître que dalle à qc

Dunstabzugshaube *f* hotte *f* [aspirante]

dünsten ['dʏnstən] *vt* faire cuire à la vapeur; ***etw*** ~ faire cuire qc à la vapeur

Dunstglocke *f* nappe *f* de pollution

dunstig ['dʊnstɪç] *adj* ❶ *(neblig)* brumeux, -euse ❷ *(verraucht) Kneipe, Wartesaal* enfumé(e)

Dunstkreis *m (geh) einer Persönlichkeit* entourage *m* **Dunstwolke** *f* nuage *m* de fumée

Duo ['du:o] <-s, -s> *nt* ❶ MUS duo *m* ❷ *(Paar)* tandem *m;* ***ihr zwei seid mir ein feines ~!*** vous deux, vous me faites une sacrée paire!

düpieren* *vt (geh)* abuser *soutenu*

Duplikat [dupli'ka:t] <-[e]s, -e> *nt* double *m;* ADMIN duplicata *m*

Dur [du:ɐ̯] <-> *nt* mode *m* majeur

durch [dʊrç] **I.** *präp +akk* ❶ *(hindurch)* ~ ***das Fenster*** par la fenêtre; ~ ***die Stadt bummeln*** faire un tour en ville; ~ ***den Fluss waten*** passer une rivière à gué; ***quer ~ das Tal gehen*** traverser la vallée; ~ ***sein*** *(passiert haben) Zug:* être passé ❷ *(mithilfe)* ***etw ~ einen Boten bekannt geben*** faire savoir qc par un messager ❸ *(aufgrund, infolge)* ~ ***Zufall*** par hasard; ~ ***Fragen*** à force de demander; ~ ***den Unfall das Bewusstsein verlieren*** perdre conscience à la suite de l'accident ❹ *(dank)* ~ ***jdn*** grâce à qn ❺ *(während)* ***das ganze Jahr ~ arbeiten*** travailler pendant toute l'année; ~ ***den Winter kommen*** tenir tout l'hiver ❻ MATH ***vier geteilt ~ zwei*** quatre divisé par deux **II.** *adv* ❶ *(fam: vorbei)* ***es ist Mittag*** ~ il est midi passé ❷ *(fam: fertig)* ***mit etw ~ sein*** *Buch, Hausaufgaben* avoir fini [de lire] qc ❸ *(fam: kaputt)* ~ ***sein*** *Seil, Sohlen:* être nase ❹ *(fam: genehmigt)* ~ ***sein*** *Gesetz:* être passé; *Antrag:* être accordé ❺ *(fam: gar)* ~ ***sein*** être bien cuit ❻ *(fam: reif)* ~ ***sein*** *Käse:* être bien fait ▶ ~ **und ~ ehrlich sein** être on ne peut plus intègre; ~ **und ~ nass sein** être mouillé jusqu'aux os

durch|ackern ['dʊrçʔakɐn] *(fam)* **I.** *vt* potasser *Lehrbuch;* éplucher *Akten* **II.** *vr* ***sich*** ~ s'en sortir; ***sich durch etw*** ~ se farcir qc **durch|arbeiten I.** *vt* ❶ ***ein Buch*** ~ étudier un livre à fond ❷ *(durchkneten)* travailler *Teig* **II.** *vi* travailler sans interruption **III.** *vr* ❶ ***sich durch die Post*** ~ venir à bout du courrier ❷ *(sich durchkämpfen)* ***sich durch ein Dickicht*** ~ se frayer un passage à travers le fourré **durch|atmen** *vi* respirer profondément

durchaus [dʊrç'ʔaʊ̯s] *adv* ❶ *(unbedingt)* absolument ❷ *(völlig, sehr)* tout à fait; ***eine ~ unerfreuliche Nachricht*** une très très mauvaise nouvelle ❸ *(überhaupt)* ~ ***nicht schlecht sein*** être loin d'être mauvais

durch|beißen ['dʊrçbaɪ̯sən] *irr* **I.** *vt* couper avec ses dents; ***etw*** ~ couper qc avec ses dents **II.** *vr (fam)* ***sich*** ~ s'en sortir à force de persévérance **durch|biegen** ['dʊrçbi:gən] *irr vt, vr [sich]* ~ [se] courber

durch|blättern*, **durchblättern** *vt* feuilleter **Durchblick** *m* ❶ *(Ausblick)* ***der ~ auf das Tal*** la vue sur la vallée ❷ *(fam: Überblick)* ***den ~ bei etw haben*** assurer dans qc; ***keinen ~ haben*** n'y piger rien

durch|blicken *vi* ❶ *(hindurchsehen)* ***durch etw*** ~ regarder à travers qc ❷ *(fam: den Überblick haben)* ***ich blicke da nicht mehr durch*** j'y pige plus rien ❸ *(erkennbar werden)* ***etw ~ lassen*** laisser paraître qc; ~ ***lassen, dass …*** laisser entendre que …

durchbluten* [dʊrç'blu:tən] *vt* irriguer; ***gut durchblutet sein*** être bien irrigué; ***schlecht durchblutete Hände haben*** avoir des problèmes de circulation dans les mains

Durchblutung [dʊrç'blu:tʊŋ] *f* circulation *f* sanguine

Durchblutungsstörung *f* problème *m* de circulation

durchbohren* [dʊrç'bo:rən] *vt* ❶ transpercer ❷ *(fig)* ***jdn mit Blicken*** ~ fusiller qn du regard

durch|boxen ['dʊrçbɔksən] *vr (fam)* ***sich*** ~ se battre **durch|braten** ['dʊrçbra:tən] *vt irr + haben* faire [bien] rôtir

durch|brechen[1] ['dʊrçbrɛçən] *irr* **I.** *vt + haben* ***etw*** ~ casser qc en deux **II.** *vi + sein* ❶ *Brett:* se casser ❷ *(hervorkommen) Sonne, Zahn:* percer; *Knospen:* sortir ❸ *(sich zeigen) Eifersucht:* transparaître

durchbrechen*[2] [dʊrç'brɛçən] *vt irr* ❶ *(gewaltsam passieren)* enfoncer *Mauer* ❷ *(überwinden)* franchir *Schallmauer;* for-

D

cer *Blockade* **durch|brennen** ['dʊrçbrɛnən] *vi irr* ❶ *+ sein Glühbirne:* griller; *Sicherung:* sauter ❷ *+ haben (ununterbrochen brennen) Ofen:* continuer de brûler; *Lampe:* brûler ❸ *+ sein (fam: davonlaufen)* ***jdm ~*** *Kind:* fuguer [de chez qn]; ***mit jdm ~*** *Ehepartner:* se barrer avec qn **durch|bringen** ['dʊrçbrɪŋən] *vt irr* ❶ *(durchsetzen)* réussir à faire passer *Gesetz, Kandidaten* ❷ *(mit Unterhalt versorgen)* ***jdn ~*** subvenir aux besoins de qn ❸ *(ausgeben)* dilapider *Vermögen* **Durchbruch** *m* ❶ *(Erfolg)* percée *f;* ***sein ~ zur Spitze*** son pas décisif vers la tête; ***einer S. dat zum ~ verhelfen*** permettre à qc de percer ❷ MIL percée *f* ❸ *kein Pl (das Hindurchkommen) eines Zahnes* percée *f;* ***zum ~ kommen*** *Eifersucht:* se faire jour ❹ MED *des Blinddarms* perforation *f* ❺ *(Öffnung)* brèche *f* **durch|checken** ['dʊrçtʃɛkən] *vt (fam)* ❶ ***jdn ~*** *Arzt:* examiner qn ❷ *(überprüfen)* ***die Passagierliste ~*** passer la liste des passagers en revue

durchdacht *adj* ***wohl ~*** mûrement réfléchi(e)

durchdenken* ['dʊrçdɛŋkən] *vt irr* ***etw ~*** réfléchir mûrement à qc

durch|diskutieren* ['dʊrçdɪskuti:rən] *vt* discuter à fond; ***etw mit jdm ~*** discuter à fond de qc avec qn **durch|drehen** ['dʊrçdre:ən] **I.** *vi* ❶ *+ haben Räder:* tourner dans le vide ❷ *+ haben o sein (fam: die Nerven verlieren)* disjoncter; ***durchgedreht sein*** *(fam)* avoir pété les plombs **II.** *vt + haben* GASTR mouliner *Gemüse, Kartoffeln;* hacher *Fleisch* **durch|dringen**[1] ['dʊrçdrɪŋən] *vi irr + sein* ❶ *(eindringen)* passer à travers; ***durch etw ~*** *Regen, Kälte:* passer à travers qc ❷ *(hindringen) Stimme, Geräusch:* passer à travers; ***bis zu jdm ~*** parvenir jusqu'à qn **durchdringen***[2] [dʊrç'drɪŋən] *vt irr* ❶ *(durch etw dringen)* passer à travers *Material;* percer *Dunkelheit* ❷ *(geh: erfüllen)* ***jdn ~*** *Gefühl:* s'emparer de qn *fam* **durchdringend** ['dʊrçdrɪŋənt] *adj Kälte* mordant(e); *Schmerz* aigu(ë); *Schrei, Blick* perçant(e); *Geruch* pénétrant(e) **durch|drücken** ['dʊrçdrʏkən] *vt* ❶ tendre *Knie* ❷ *(fam: durchsetzen)* faire passer *Vorhaben, Änderungen;* ***~, dass*** réussir à obtenir que *+subj*

durcheinander [dʊrçʔai'nandɐ] *adj (fam)* ❶ *(unordentlich)* ***~ sein*** *Wohnung:* être en pagaille; *Karteikarten:* être tout mélangé; ***hier ist alles ~*** c'est le foutoir ici ❷ *(verwirrt)* ***~ sein*** être tourneboulé

Durcheinander [dʊrçʔai'nandɐ] <-s> *nt* ❶ *(Unordnung)* désordre *m* ❷ *(Wirrwarr)* confusion *f*

durcheinander|bringen *vt irr* ***etw ~*** *(in Unordnung bringen)* déranger qc; *(verwechseln)* confondre qc **durcheinander|essen** *vt irr* ***viel ~*** manger beaucoup et n'importe comment **durcheinander|geraten** *vi irr + sein Person:* perdre le nord; *Unterlagen:* se mélanger **durcheinander|reden** *vi* ***alle reden durcheinander*** tous parlent en même temps

durch|exerzieren* *vt (fam)* ❶ *(üben)* réviser; ***mit jdm Vokabeln ~*** réviser du vocabulaire avec qn ❷ *(durchspielen)* ***einige Möglichkeiten mit jdm ~*** répéter quelques possibilités avec qn

durch|fahren ['dʊrçfa:rən] *vi irr + sein* ❶ ***durch etw ~*** passer par qc ❷ *(nicht anhalten)* ***bei Rot ~*** passer au [feu] rouge; ***bis Frankfurt ~*** *Zug:* ne pas s'arrêter avant Francfort

Durchfahrt ['dʊrçfa:ɐt] *f* ❶ *(Öffnung)* passage *m;* ***~ bitte freihalten!*** ne pas stationner! ❷ *kein Pl (das Durchfahren)* passage *m;* ***~ verboten!*** passage interdit! ❸ *kein Pl (das Fahren im Transitverkehr)* ***auf der ~ sein*** être en transit **Durchfall** ['dʊrçfal] *m* ❶ MED diarrhée *f* ❷ *(fam: Misserfolg)* échec *m* **durch|fallen** ['dʊrçfalən] *vi irr + sein* ❶ *(fallen)* passer à travers; ***durch ein Loch ~*** passer à travers un trou ❷ *(fam: nicht bestehen)* ***bei etw ~*** se faire étendre à qc ❸ *(einen Misserfolg haben) Aufführung:* être un fiasco

durch|fechten *vt unreg* mener à terme; ***etw ~*** mener qc à terme **durch|feiern** ['dʊrçfaiɐn] *vt, vi (fam)* faire la java **durch|fliegen**[1] ['dʊrçfli:gən] *vi irr + sein* ❶ *(fliegen)* ***durch etw ~*** passer [en volant] par qc ❷ *(ohne Zwischenstopp fliegen)* voler sans escale ❸ *(fam: durchfallen)* se faire étendre **durchfliegen***[2] [dʊrç'fli:gən] *vt irr* traverser *Wolken, Gewitter* **durch|fließen** ['dʊrçfli:sən] *vi irr + sein* s'écouler à travers; ***durch etw ~*** *Wasser:* s'écouler à travers qc

Durchfluss *m* ❶ *kein Pl (das Durchfließen)* écoulement *m* ❷ *(Öffnung)* chenal *m* **durchforschen*** [dʊrç'fɔrʃən] *vt* ❶ *(durchstreifen)* explorer *Gegend* ❷ *(durchsuchen)* ***Bücher nach etw ~*** consulter des livres à la recherche de qc **durch|fragen** ['dʊrçfra:gən] *vr* ***sich ~*** finir par trouver [à force de poser des questions] **durch|fressen** ['dʊrçfrɛsən] *irr* **I.** *vr* ❶ ***sich ~*** *Säure, Rost:* finir par traverser; ***sich durch etw ~*** ronger complètement qc ❷ *(nagen)* ***sich** ~ Tier:* se frayer un passage ❸ *(pej fam)* ***sich bei jdm** ~* jouer les pique-assiettes chez qn **II.** *vt* ***das Metall** ~ Säure, Rost:* corroder le métal

durchfroren *adj* [complètement] gelé(e)

durchführbar *adj* réalisable

durch|führen ['dʊrçfy:rən] **I.** *vt* ❶ faire *Messung, Reform;* ***einen Plan** ~* mettre un plan à exécution ❷ *(hindurchführen)* ***jdn durch etw** ~ Führer:* guider qn à travers qc ❸ *(durchleiten)* ***ein Kabel unter einer Mauer** ~* faire passer un câble sous un mur **II.** *vi (verlaufen)* ***durch etw** ~* traverser qc

Durchführung *f eines Projekts* mise *f* en œuvre

durch|füttern ['dʊrçfʏtən] *vt (fam)* entretenir; ***sich von jdm ~ lassen*** vivre aux crochets de qn *péj* **Durchgang** ['dʊrçgaŋ] <-gänge> *m* ❶ passage *m;* ***kein ~!*** passage interdit! ❷ *(Phase) eines Wettkampfs* tour *m* **durchgängig** ['dʊrçgɛŋɪç] **I.** *adj (allgemein feststellbar)* général(e) **II.** *adv ablehnen, befürworten* à l'unanimité; *feststellen* de manière constante

Durchgangsstraße *f* grand axe *m*

durch|geben ['dʊrçge:bən] *vt irr (über Radio, Fernsehen)* communiquer **durchgefroren** *adj* [complètement] gelé(e) **durch|gehen** ['dʊrçge:ən] *irr* **I.** *vi + sein* ❶ *Person:* avancer; ***durch den Zoll** ~* passer la douane ❷ *(fam: durchpassen)* ***unter der Tür** ~* passer sous la porte ❸ *(keinen Zwischenhalt machen) Flug, Zug:* être direct ❹ *(fam: ohne Unterbrechung andauern)* être non-stop ❺ *(durchdringen)* ***durch etw** ~ Strahlung, Regen:* traverser qc ❻ *(angenommen werden) Antrag:* être adopté ❼ *(außer Kontrolle geraten) Pferd:* s'emballer [et s'enfuir]; ***seine Nerven gingen ihm durch*** ses nerfs le lâchèrent ▶ **etw ~ lassen** laisser passer qc **II.** *vt + sein (prüfend durchlesen)* revoir *Text* **durchgehend** ['dʊrçge:ənt] **I.** *adj* ❶ *Öffnungszeiten* sans interruption ❷ *(ohne Zwischenhalt fahrend) Zug* direct(e) **II.** *adv (ständig)* en permanence; ***~ geöffnet*** ouvert sans interruption **durchgeknallt** *adj (fam) Person* à la masse **durch|greifen** ['dʊrçgraifən] *vi irr* ❶ *(eingreifen)* prendre des mesures énergiques; ***hart** ~* sévir ❷ *(hindurchfassen)* ***durch etw** ~* passer la main à travers qc **durchgreifend** *adj Maßnahme* énergique

durch|gucken *s.* **durchblicken 1**

durch|haben ['dʊrçha:bən] *vt irr (fam)* ❶ avoir fini de lire *Buch, Artikel;* avoir révisé *Vokabeln* ❷ *(durchtrennt haben)* ***etw** ~* avoir coupé qc en deux **durch|halten** ['dʊrçhaltən] *irr* **I.** *vt* ❶ *(ertragen)* supporter ❷ *(weiterhin durchführen)* poursuivre *Streik* ❸ *(beibehalten)* tenir *Tempo;* aller jusqu'au bout de *Strecke* ❹ *(aushalten)* résister à *Beanspruchung* **II.** *vi (standhalten, funktionieren)* tenir bon

Durchhalteparole *f (pej)* paroles *f pl* d'encouragement; *(im Krieg)* mot *m* d'ordre jusqu'au-boutiste

Durchhaltevermögen *nt kein Pl* endurance *f*

Durchhaltewille[n] *m kein Pl* volonté *f* de tenir bon

durch|hängen ['dʊrçhɛŋən] *vi irr + haben o sein* ❶ *(schlaff hängen) Hängebrücke:* être arqué; *Seil:* être lâche ❷ *(fam: abgespannt sein)* être à plat; *(deprimiert sein)* avoir le blues; ***lass dich nicht so ~!*** ne te laisse pas aller comme ça!

Durchhänger <-s, -> *m (fam)* ▶ **einen ~ haben** *(körperlich)* être mal fichu(e); *(moralisch)* déprimer

durch|kämmen[1] ['dʊrçkɛmən] *vt* peigner; *(durchbürsten)* coiffer

durchkämmen*[2] [dʊrç'kɛmən] *vt (durchsuchen)* passer au peigne fin; ***etw nach jdm** ~* passer qc au peigne fin pour trouver qn

durch|kämpfen ['dʊrçkɛmpfən] **I.** *vr* ❶ *(sich einen Weg bahnen)* ***sich [durch etw]** ~* se frayer un chemin [à travers qc] ❷ *(durcharbeiten)* ***sich** ~* en venir à bout ❸ *(sich behaupten)* ***sich [hart/mühsam]** ~* se battre [beaucoup/péniblement] pour s'imposer **II.** *vt (erkämpfen)* réussir à imposer; ***etw ~ müssen*** devoir se battre pour imposer qc **III.** *vi Soldaten:* continuer les combats **durch|kauen** ['dʊrçkauən] *vt* ❶ [bien] mâcher *Essen, Fleisch* ❷ *(fam: behandeln)* ***etw mit jdm** ~* rabâcher qc avec qn **durch|kneten** *vt* ❶ GASTR bien pétrir *Teig* ❷ *(fam: massieren)* ***jdn** ~* masser [vigoureusement] qn **durch|kommen** ['dʊrçkɔmən] *vi irr + sein* ❶ *(durchfahren)* passer; ***durch ein Dorf** ~* traverser un village ❷ *(passieren)* pouvoir passer ❸ *(durchdringen)* ***durch etw** ~ Feuchtigkeit:* s'infiltrer à travers qc ❹ *(in Erscheinung treten)* ***bei jdm** ~ Eifersucht:* se faire sentir chez qn ❺ *(Erfolg haben)* ***bei jdm mit etw** ~* avoir du succès avec qc auprès de qn; ***mit Englisch kommt man überall durch*** avec l'anglais on passe partout ❻ *(Prüfung bestehen)* réussir ❼ *(fam: überleben)* s'en tirer ❽ *(durchgesagt werden)* ***im Radio** ~ Meldung:* passer à la radio **durchkreuzen**[*1] [dʊrç'krɔytsən] *vt (geh)* ❶ *(vereiteln)* contrarier *Pläne* ❷ *(durchqueren)* parcourir **durch|kreuzen**[2] ['dʊrçkrɔytsən] *vt (durchstreichen)* barrer **durch|kriechen** ['dʊrçkri:çən] *vi irr + sein* ramper; ***durch etw/unter etw*** *dat* ~ ramper dans qc/sous qc

Durchlass ['dʊrçlas, *Pl:* -lɛsə] <-es, -lässe> *m* ❶ *(Durchgang)* passage *m* ❷ *kein Pl (geh: Einlass)* ***jdm ~ gewähren*** accorder le droit de passage à qn

durch|lassen ['dʊrçlasən] *vt irr* ❶ laisser passer *Person, Licht* ❷ *(fam: durchgehen lassen)* ***jdm etw ~*** passer qc à qn **durch|lässig** ['dʊrçlɛsɪç] *adj* ❶ *(porös)* perméable ❷ *(fig)* ~ ***sein*** *System:* être souple; *Grenze:* être facile à passer **Durchlauf** *m* ❶ INFORM exécution *f* ❷ SPORT manche *m* **durch|laufen**[1] ['dʊrçlaufən] *irr* **I.** *vi + sein* passer; ***ohne Pause*** ~ marcher sans s'arrêter **II.** *vt + haben* user *Sohlen* **durchlaufen**[*2] [dʊrç'laufən] *vt irr* ❶ *(durchqueren)* traverser *Gebiet* ❷ SPORT parcourir *Strecke* ❸ *(absolvieren)* faire *Ausbildung;* traverser *Phase;* ***die Schule*** ~ effectuer sa scolarité ❹ *(erfassen)* ***jdn*** ~ *Schauder:* parcourir qn; ***es durchlief mich siedend heiß*** j'en ai eu des bouffées de chaleur **durchlaufend** *adj Geländer* continu(e)

Durchlauferhitzer <-s, -> *m* chauffe-eau *m inv*

durchleben* [dʊrç'le:bən] *vt* ❶ *(erleben)* vivre *Zeit* ❷ *(durchmachen)* passer par *Angst* **durchleiden*** [dʊrç'laidən] *vt irr* endurer *Qualen, Entbehrungen* **durch|lesen** ['dʊrçle:zən] *vt irr* ***etw*** ~ lire qc; *(bis zum Ende)* lire qc en entier; ***etw auf Fehler*** *akk* ~ relire qc pour trouver des fautes; ***das Durchlesen*** la lecture **durchleuchten*** [dʊrç'lɔyçtən] *vt* ❶ MED radiographier *Patienten* ❷ *(fam: überprüfen)* éplucher *Angelegenheit;* ***einen Bewerber*** ~ examiner un candidat à la loupe **durchlöchern*** [dʊrç'lœçɐn] *vt* ❶ perforer *Karosserie;* transpercer *Opfer;* ***durchlöchert*** perforé(e); *Kleidung:* troué(e) ❷ *(schwächen)* miner *Gesetzeswerk*

durch|lüften ['dʊrçlʏftən] *vt, vi* aérer [à fond] **durch|machen** ['dʊrçmaxən] **I.** *vt* ❶ *(mitmachen)* avoir *Krankheit;* traverser *schwere Zeiten;* vivre *Unangenehmes* ❷ *(durchlaufen)* faire *Ausbildung;* passer par *Phase* **II.** *vi (fam)* ❶ *(durchfeiern)* faire la bringue jusqu'au petit matin ❷ *(durcharbeiten)* travailler en non-stop

Durchmesser ['dʊrçmɛsɐ] <-s, -> *m* diamètre *m; einer Gewehrkugel* calibre *m;* ***im*** ~ de diamètre/calibre

durch|mischen[1] *vt (gut mischen)* [bien] mélanger

durch|mischen[1] *vt (gut mischen)* [bien] mélanger

durchmischen[*2] *vt* ❶ mélanger; ***etw mit Sand*** ~ mélanger [*o* mêler] du sable à qc ❷ *(fig)* ***ein gut durchmischtes Team*** une équipe hétérogène

durchmischen[*2] *vt* ❶ mélanger; ***etw mit Sand*** ~ mélanger [*o* mêler] du sable à qc ❷ *(fig)* ***ein gut durchmischtes Team*** une équipe hétérogène

durch|mogeln ['dʊrçmo:gəln] *vr (fam)* ***sich durch die Kontrolle*** ~ se débrouiller pour passer le contrôle; ***sich durch die Schule*** ~ ne pas être très catholique à l'école **durchnässen*** [dʊrç'nɛsən] *vt* tremper; ***völlig durchnässt sein*** être complètement trempé **durch|nehmen** ['dʊrçne:mən] *vt irr* faire **durch|nummerieren*** ['dʊrçnʊməri:rən] *vt* numéroter

durch|organisieren* *vt* organiser [dans le détail]; ***[gut] durchorganisiert sein*** être [bien] organisé(e) **durch|pausen** ['dʊrçpauzən] *vt* calquer **durchqueren*** [dʊrç'kve:rən] *vt* traverser **durch|rasseln** ['dʊrçrasəln] *vi (fam) s.* **durchfallen**

durch|rechnen ['dʊrçrɛçnən] *vt (vollständig rechnen)* calculer; ***[noch einmal]*** ~ *(prüfen)* recompter [encore une fois]

durch|regnen ['dʊrçre:gnən] *vi unpers* ❶ *(Regen durchlassen)* passer; ***es regnet durch etw durch*** la pluie passe à travers qc ❷ *(weiterregnen)* ***es regnet durch*** il n'arrête pas de pleuvoir

Durchreiche ['dʊrçraiçə] <-, -n> *f* passe-plat *m*

durch|reichen *vt* passer; ***etw durch etw*** ~ passer qc par qc

Durchreise ['dʊrçraizə] *f* ❶ *(das Durchreisen)* traversée *f;* ***die ~ durch ein Land*** la traversée d'un pays ❷ *(Durchfahrt)* ***auf der ~ sein*** être de passage

durch|reisen[1] ['dʊrçraizən] *vi + sein* ❶ voyager sans s'arrêter; ***die Nacht*** ~ voyager toute la nuit ❷ *(durchqueren)* traverser **durchreisen**[*2] [dʊrç'raizən] *vt* parcourir *Gegend* **Durchreisende(r)** *f(m) dekl wie adj (Transitreisende(r))* voyageur, -euse *m, f* en transit; ***~ nach Bangkok*** les passagers pour Bangkok

durch|reißen ['dʊrçraisən] *irr* **I.** *vt + haben* déchirer **II.** *vi + sein Seil:* se casser; *Stoff:* se déchirer **durch|ringen** ['dʊrçrɪŋən] *vr irr* ***sich dazu ~ etw zu tun*** se résoudre à faire qc **durch|rosten** ['dʊrçrɔstən] *vi + sein* rouiller [complètement]

durch|rühren *vt* remuer

durchs [dʊrçs] = *(fam) s.* **durch das** *s.* **durch**

Durchsage ['dʊrçza:gə] *f* communiqué *m; (Verkehrsdurchsage)* point *m* sur la circulation routière; *(Wetterdurchsage)* bulletin *m* météo

durch|sagen ['dʊrçza:gən] *vt* ❶ RADIO, TV communiquer; ***die Zeit im Radio* ~** donner l'heure à la radio ❷ *(mündlich weitergeben)* transmettre *Parole;* ***nach hinten ~!*** faites passer derrière! **durch|sägen** *vt* scier [en deux]; ***etw* ~** scier qc [en deux]

durchschaubar [dʊrç'ʃaʊba:ɐ̯] *adj* ❶ clair(e); ***schwer* ~** peu clair ❷ *Charakter* transparent(e); ***ein schwer ~er Mensch*** une personne impénétrable

durchschauen[*1] [dʊrç'ʃaʊən] *vt* voir clair dans *Intrige;* deviner *Absichten;* ***leicht zu ~ sein*** être facile à déceler; ***jdn* ~** voir clair dans le jeu de qn; ***du bist durchschaut!*** tu es découvert!

durch|schauen[2] ['dʊrçʃaʊən] *s.* **durchsehen**

durch|scheinen ['dʊrçʃaɪnən] *vi irr* luire

durchscheinend *adj* transparent(e)

durch|scheuern **I.** *vt* user; ***am Ärmel durchgescheuert sein*** être élimé(e) à la manche **II.** *vr (sich verschleißen)* ***sich* ~** s'user

durch|schimmern *vi* luire; ***durch etw* ~** luire à travers qc **durch|schlafen** ['dʊrçʃla:fən] *vi irr* dormir d'une traite **Durchschlag** ['dʊrçʃla:k] *m* ❶ *(Kopie)* copie *f* ❷ *(Sieb)* passoire *f* **durch|schlagen** ['dʊrçʃla:gən] *irr* **I.** *vt + haben* ❶ enfoncer *Wand* ❷ ***einen Nagel durch etw* ~** enfoncer un clou à travers qc **II.** *vi + sein* ***bei jdm* ~** *Eigenschaft:* ressortir chez qn **III.** *vr + haben (sich durchbringen)* ***er muss sich* ~** il doit se débrouiller comme il peut *fam* **durchschlagend** ['dʊrçʃla:gənt] *adj Erfolg* éclatant(e); *Argument* décisif, -ive

Durchschlagpapier *nt (Kohlepapier)* [papier *m*] carbone *m*

Durchschlagskraft *f* ❶ *eines Geschosses* force *f* de pénétration ❷ *(überzeugende Wirkung)* impact *m*

durch|schlängeln ['dʊrçʃlɛŋəln] *vr* ***sich [zu jdm/etw]*** ~ se faufiler [jusqu'à qn/qc]; ***sich durch etw* ~** *Bach:* serpenter à travers qc **durch|schleusen** ['dʊrçʃlɔɪzən] *vt* ❶ NAUT écluser *Schiff* ❷ *(fam)* faire passer; ***jdn durch eine Kontrolle* ~** faire passer un contrôle à qn **durch|schneiden** ['dʊrçʃnaɪdən] *vt irr* couper *Brot, Draht;* ***jdm die Kehle* ~** trancher la gorge à qn

Durchschnitt ['dʊrçʃnɪt] *m* ❶ *(Mittelwert)* moyenne *f;* ***unter dem* ~** en dessous de la moyenne ❷ *(die Mehrzahl)* ***der ~ der Kunden*** la majorité des clients

durchschnittlich ['dʊrçʃnɪtlɪç] **I.** *adj* moyen(ne) **II.** *adv* ❶ *(im Durchschnitt)* en moyenne ❷ *(mäßig)* moyennement

Durchschnittsalter *nt* âge *m* moyen

Durchschnittseinkommen *nt* revenu *m* moyen **Durchschnittsgeschwindigkeit** *f* vitesse *f* moyenne **Durchschnittsmensch** *m* Monsieur *m* /Madame *f* Tout-le-monde; ***kein* ~ *sein*** ne pas être une personne ordinaire

Durchschreibeblock *m* bloc *m* à calquer

Durchschrift *f* double *m* **durch|schütteln** ['dʊrçʃʏtəln] *vt* secouer **durch|schwimmen** ['dʊrçʃvɪmən] *vi irr + sein* ❶ *(hindurchschwimmen)* ***durch etw* ~** à travers qc, passer à la nage; ***unter etw*** *dat* ~ passer sous qc à la nage ❷ *(ohne Pause schwimmen)* nager sans s'arrêter **durch|schwitzen** ['dʊrçʃvɪtsən] *vt* tremper de sueur; ***etw* ~** tremper qc de sueur **durch|sehen** ['dʊrçze:ən] *irr* **I.** *vt* ❶ *(überprüfen)* vérifier; ***etw auf Fehler*** *akk* ~ relire qc pour corriger ❷ *(durchblättern)* feuilleter **II.** *vi (hindurchsehen)* ***durch etw* ~** regarder à travers qc; ***durch das Kleid kann man* ~** on peut voir à travers la robe

durch|setzen[1] ['dʊrçzɛtsən] **I.** *vt* ❶ *(erzwingen)* imposer ❷ *(verwirklichen)* imposer *Plan;* faire aboutir *Forderung* ❸ *(bewilligt bekommen)* ***etw bei jdm* ~** faire accepter qc par qn; ***bei jdm ~, dass*** obtenir de qn que *+subj* **II.** *vr* ❶ *(sich Geltung verschaffen)* ***sich gegen jdn* ~** s'imposer face à qn; ***sich mit etw nicht ~ können*** ne pas avoir beaucoup de succès avec qc ❷ *(sich verbreiten)* ***sich* ~** *Idee:* s'imposer

durchsetzen[*2] [dʊrç'zɛtsən] *vt (infiltrieren)* ***eine Organisation mit etw* ~** noyauter une organisation avec qc

Durchsetzungsvermögen *nt kein Pl* capacité *f* de s'imposer

Durchsicht ['dʊrçzɪçt] *f* examen *m;* ***bei ~ der Rechnungen*** en vérifiant les factures; ***die Post zur* ~** le courrier à dépouiller

durchsichtig ['dʊrçzɪçtɪç] *adj* ❶ transparent(e) ❷ *(offensichtlich)* évident(e)

Durchsichtigkeit *f* transparence *f*

durch|sickern ['dʊrçzɪkɐn] *vi + sein* ❶ *(bekannt werden)* filtrer; ***zu jdm* ~** filtrer jusqu'à qn; ***es ist durchgesickert,***

dass … on a divulgué que …; ***etw ~ lassen*** laisser filtrer qc; ***~ lassen, dass*** laisser filtrer l'information selon laquelle ❷ *(durchdringen)* ***durch etw ~*** *Flüssigkeit:* s'infiltrer à travers qc

dụrch|sieben[1] *vt* ❶ tamiser *Sand, Mehl* ❷ *(ausmustern)* ***die Kandidaten ~*** passer les candidats au crible

D

durchsi̲eben*[2] *vt (fam: durchlöchern)* cribler; ***jdn/etw mit etw ~*** cribler qn/qc de qc **dụrch|spielen** *vt* envisager **dụrch|sprechen** ['dʊrçʃprɛçən] *vt irr* discuter; ***etw mit jdm ~*** discuter de qc avec qn

dụrch|spülen *vt* [bien] rincer *Wäsche*

dụrch|starten *vi Fahrer:* démarrer; *Pilot, Flugzeug:* remettre les gaz

dụrch|stechen[1] *vi unreg* ***mit einer Nadel durch etw ~*** piquer une aiguille à travers qc

durchstẹchen*[2] *vt unreg* ❶ *(durchdringen)* percer; ***etw mit einer Nadel ~*** percer qc avec une aiguille; ***sich*** *dat* ***die Ohrläppchen ~ lassen*** se faire percer les oreilles ❷ *(durchbohren)* ***jdn mit etw ~*** transpercer qn avec qc **dụrch|stehen** ['dʊrçʃte:ən] *vt irr* ❶ *(ertragen)* surmonter *harte Zeiten;* endurer *Entbehrungen* ❷ *(standhalten)* résister *Beanspruchung;* réussir *Test* **dụrch|steigen** ['dʊrçʃtaɪgən] *vi irr + sein* ❶ *(steigen)* passer; ***durch etw ~*** passer par qc ❷ *(sl: verstehen)* y piger quelque chose *fam;* ***nicht ~*** y piger que dalle *fam* **dụrch|stellen** ['dʊrçʃtɛlən] **I.** *vt* passer *Gespräch* **II.** *vi* ***einen Moment, ich stelle durch!*** un moment, je vous mets en communication!

durchstö̲bern* [dʊrç'ʃtø:bɐn] *vt (fam)* farfouiller; ***einen Schrank nach etw ~*** farfouiller dans une armoire pour trouver qc

durchsto̲ßen*[1] [dʊrç'ʃto:sən] *vt irr* ❶ *(durchbohren)* transpercer ❷ MIL percer

dụrch|stoßen[2] ['dʊrçʃto:sən] *irr* **I.** *vi + sein* ❶ *(durchdringen)* s'enfoncer; ***durch etw ~*** s'enfoncer dans qc ❷ MIL *(vorstoßen)* ***bis zu etw ~*** faire une percée jusqu'à qc **II.** *vt + haben* ***eine Stange durch etw ~*** enfoncer une barre dans qc

dụrch|streichen ['dʊrçʃtraɪçən] *vt irr (ausstreichen)* rayer

durchstre̲ifen* [dʊrç'ʃtraɪfən] *vt (geh)* parcourir *Gegend* **durchsu̲chen*** [dʊrç'zu:xən] *vt* fouiller *Person, Wohnung;* explorer *Gegend;* ***eine Wohnung nach etw ~*** fouiller un appartement à la recherche de qc; *Polizei:* perquisitionner un appartement à la recherche de qc

Durchsu̲chung [dʊrç'zu:xʊŋ] <-, -en> *f* ❶ fouille *f* ❷ *(durch die Polizei) einer Wohnung* perquisition *f; einer Gegend* exploration *f*

Durchsu̲chungsbefehl *m* mandat *m* de perquisition

du̲rchtrainiert *adj* musclé(e)

dụrch|trennen ['dʊrçtrɛnən], **durchtrẹnnen*** [dʊrç'trɛnən] *vt* sectionner **dụrch|treten** ['dʊrçtre:tən] *irr* **I.** *vt + haben* ❶ *(betätigen)* appuyer à fond sur *Pedal* ❷ *(abnutzen)* user *Teppich, Schuhe* **II.** *vi + sein (durchsickern)* ***[durch etw] ~*** passer à travers [qc], traverser [qc]

durchtri̲eben [dʊrç'tri:bən] *adj (pej)* rusé(e)

durchwạchsen [dʊrç'vaksən] *adj* ❶ *Speck* maigre ❷ *(hum fam: mittelmäßig)* ***~ sein*** être couci-couça

Dụrchwahl ['dʊrçva:l] *f* ❶ ligne *f* directe ❷ *(fam: Durchwahlnummer)* numéro *m* de poste **dụrch|wählen** ['dʊrçvɛ:lən] *vi* appeler directement

Dụrchwahlnummer *f* numéro *m* de poste

dụrchweg ['dʊrçvɛk] *adv* ***sie sind ~ zufrieden*** ils sont tous contents

dụrch|weichen[1] *vi + sein* s'imbiber; ***durchgeweicht sein*** être détrempé(e)

durchwe̲ichen[2] *vt* [dé]tremper

dụrch|wühlen[1] ['dʊrçvy:lən] **I.** *vt* fouiller; ***etw nach etw ~*** fouiller qc à la recherche de qc **II.** *vr* ❶ *(sich durcharbeiten)* ***sich ~*** voir le bout; ***sich durch etw ~*** venir à bout de qc ❷ *(durch Wühlen gelangen)* ***sich durch etw*** *dat* ***~*** *Maulwurf:* se creuser un passage dans qc **durchwü̲hlen***[2] [dʊrç'vy:lən] *vt* ❶ *(durchstöbern)* retourner *Schrank, Zimmer* ❷ *(aufwühlen)* ***die Erde ~*** fouiller la terre; ***den Boden ~*** *Granaten:* ravager le sol **dụrch|wurschteln** *vr,* **dụrch|wursteln** *vr (sl)* ***sich ~*** se démerder *fam* **dụrch|zählen** ['dʊrçtsɛ:lən] *vt, vi* compter **durchzappen** *vi* zapper **dụrch|ziehen**[1] ['dʊrçtsi:ən] *irr* **I.** *vt + haben* ❶ *(hindurchziehen)* ***einen Faden durch etw ~*** faire passer un fil par qc ❷ *(fam: zu Ende führen)* ***einen Plan ~*** mener à bien un plan **II.** *vi + sein* ❶ *(durchkommen)* ***durch die Stadt ~*** traverser la ville ❷ GASTR *(marinieren)* macérer **III.** *vr + haben* ***sich durch etw ~*** *Motiv, Thema:* se retrouver tout au long de qc

durchzi̲ehen*[2] [dʊrç'tsi:ən] *vt irr* ❶ *(durchqueren)* parcourir ❷ *(enthalten sein)* ***ein Buch ~*** *Thema:* traverser un livre ❸ *(durch etw verlaufen) Verkehrswege:* traverser; ***von Flüssen durchzogenen*** traversé de fleuves

durchzucken* [dʊrç'tsʊkən] *vt* ❶ *(geh) Blitz:* sillonner ❷ *(einfallen) Gedanke:* traverser

Durchzug ['dʊrçtsu:k] *m* ❶ *kein Pl (Luftzug)* courant *m* d'air ❷ *(das Durchziehen)* passage *m* ▶ **auf ~ schalten** *(fam)* faire la sourde oreille

dürfen[1] ['dʏrfən] <darf, durfte, dürfen> *aux modal* ❶ pouvoir; ***etw tun*** **~** pouvoir faire qc; *(Erlaubnis haben)* avoir le droit de faire qc ❷ *(Anlass haben, können)* ***ich darf annehmen, dass …*** je peux supposer que …; ***wir ~ uns nicht beklagen*** on n'a pas à se plaindre; ***Sie ~ mir das ruhig glauben*** vous pouvez me croire; ***man wird doch wohl noch fragen ~!*** on a tout de même le droit de poser la question! ❸ *(sollen, müssen)* ***wir ~ den Bus nicht verpassen*** il ne faut pas que nous rations notre bus; ***wir ~ uns nichts anmerken lassen*** nous ne devons rien laisser transparaître; ***das hätte er nicht tun ~*** il n'aurait pas dû faire ça; ***du darfst ihm das nicht übel nehmen*** il ne faut pas lui en vouloir; ***es darf nicht sein, dass*** il est inadmissible que *+subj* ❹ *(in Höflichkeitsformeln)* ***darf ich noch ein Stück Kuchen haben?*** puis-je avoir encore un morceau de gâteau?; ***dürfte ich um Ihre Aufmerksamkeit bitten!*** pourrais-je avoir votre attention s'il vous plaît!; ***darf ich um den nächsten Tanz bitten?*** m'accorderez-vous la prochaine danse?; ***was darf es denn sein?*** vous désirez? ❺ *(zum Ausdruck der Wahrscheinlichkeit)* ***es dürfte genügen, wenn …*** cela devrait suffire si …; ***es dürfte wohl das Beste sein, wenn …*** le mieux serait de … *+infin;* ***es klingelt, das dürfte Christina sein*** ça sonne, ça doit être Christina

dürfen[2] ['dʏrfən] <darf, durfte, gedurft> **I.** *vi* pouvoir; *(Erlaubnis haben)* avoir la permission; ***darf ich? – Ja, du darfst*** je peux? – Oui, tu peux **II.** *vt* ***er darf alles*** il peut faire tout ce qu'il veut; ***darf sie das wirklich?*** elle a vraiment la permission?; ***das hätten Sie nicht ~!*** vous n'auriez pas dû faire ça!

dürftig ['dʏrftɪç] **I.** *adj* ❶ *(kärglich) Essen* frugal(e); *Unterkunft* rudimentaire; *Bekleidung* miteux, -euse ❷ *(pej: kümmerlich) Einkommen* dérisoire ❸ *(nicht ausreichend) Ergebnis* piètre *antéposé* ❹ *(spärlich) Vegetation* clairsemé(e) **II.** *adv (kümmerlich) beleuchtet* faiblement; *bekleidet* misérablement

Dürftigkeit <-> *f der Verpflegung* frugalité *f; einer Unterkunft* caractère *m* rudimentaire; *eines Einkommens* insuffisance *f*

dürr [dʏr] *adj* ❶ *(trocken) Ast, Laub* mort(e); *Boden* sec, sèche ❷ *(pej: dünn)* maigre ❸ *(knapp)* succinct(e)

Dürre ['dʏrə] <-, -n> *f* sécheresse *f*

Durst [dʊrst] <-[e]s> *m* soif *f;* ***großen ~ haben*** avoir très soif; **~ *auf etw akk* haben** avoir envie de boire qc; **~ machen** *Essen:* donner soif ▶ **einen über den ~ trinken** *(fam)* boire un coup de trop

Durstgefühl *nt* soif *f*

durstig *adj Person* assoiffé(e); ***jdn ~ machen*** donner soif à qn

durststillend *adj* désaltérant(e) **Durststrecke** *f* période *f* difficile

Dusche ['dʊʃə] <-, -n> *f* douche *f*

duschen I. *vi, vr [**sich**]* **~** se doucher **II.** *vt* doucher

Duschgel *nt* gel *m* douche **Duschkabine** *f* cabine *f* de douche **Duschkopf** *m* pomme *f* de douche **Duschvorhang** *m* rideau *m* de douche

Düse ['dy:zə] <-, -n> *f a.* AVIAT tuyère *f*

Dusel ['du:zəl] <-s> *m* ❶ *(Glück)* **~ *haben*** *(fam)* avoir du pot; ***so ein ~!*** *(fam)* quel pot! ❷ *(Benommenheit)* ***im ~ sein*** *(fam)* être dans les vapes

düsen ['dy:zən] *vi + sein (fam)* ***nach München ~*** *(fliegen)* filer en avion à Munich; *(fahren)* filer à Munich; ***zum Bäcker ~*** *(schnell gehen)* foncer chez le boulanger

Düsenantrieb *m* propulsion *f* par réaction; ***mit ~*** à réaction **Düsenflugzeug** *nt* avion *m* à réaction **düsengetrieben** *adj* à moteur à réaction **Düsenjäger** ['dy:zənjɛ:gɐ] *m* MIL chasseur *m* à réaction **Düsentriebwerk** *nt* propulseur *m* à réaction

Dussel <-s, -> *m (fam)* andouille *f*

dusselig ['dʊsəlɪç], **dusslig** ['dʊslɪç] *(fam)* **I.** *adj* con(ne) **II.** *adv (dämlich)* ***sich ~ anstellen*** faire le con; **~ *herumstehen*** rester debout comme un con

düster ['dy:stɐ] *adj* ❶ *(finster) Stimmung* sombre; ***es ist ~ draußen*** il fait sombre dehors ❷ *(bedrückend)* sombre *antéposé; Gestalten* sinistre; ***mit der Prüfung sieht es ~ aus*** l'examen ne s'annonce pas très bien

Dutt [dʊt] <-[e]s, -s *o* -e> *m* DIAL chignon *m*

Dutyfreeshop ['dju:ti'fri:ʃɔp] <-s, -s> *m* duty-free *m*

Dutzend ['dʊtsənt] <-s, -e> *nt* ❶ *(zwölf Stück)* douzaine *f* ❷ *Pl (fam: jede Menge)* douzaines *f pl;* ***~e von Schülern kamen***

angelaufen des douzaines d'élèves sont arrivés en courant

dutzendfach I. *adj (sehr häufig)* mille et un(e) *antéposé;* ***in ~en Varianten*** sous de multiples variantes II. *adv zeigen, erklären* x fois; ***es gibt ~ Belege*** il y a des dizaines de références **dutzendmal** *adv (fam)* des dizaines de fois **dutzendweise** ['dʊtsəntvaizə] *adv* ❶ *(im Dutzend) kaufen* à la douzaine ❷ *(fam: in großen Mengen)* par douzaines

E

duzen ['du:tsən] *vt, vr [**sich**]* ~ [se] tutoyer

DV <-> *f Abk von* **Datenverarbeitung** informatique *f*

DVD [de:fau'de:] *f Abk von* **digital versatile disc** DVD *m*

DVD-Brenner *m* graveur *m* [de] DVD

DVD-Laufwerk *nt* INFORM lecteur *m* [de] DVD **DVD-Player** [-pleɪɐ] <-s, -> *m* lecteur *m* DVD

Dynamik [dy'na:mɪk] <-> *f* ❶ PHYS dynamique *f* ❷ *(Triebkraft) einer Idee* dynamique *f; einer Person* dynamisme *m*

dynamisch [dy'na:mɪʃ] I. *adj* ❶ *Entwicklung* dynamique ❷ *(regelmäßig angepasst) Rente* indexé(e) II. *adv* avec dynamisme

Dynamit [dyna'mi:t] <-s> *nt (a. fig)* dynamite *f*

Dynamo [dy'na:mo, 'dy:namo] <-s, -s> *m* dynamo *f*

Dynastie [dynas'ti:] <-, -ien> *f* dynastie *f*

D-Zug ['de:tsu:k] *m* express *m* ▸ **ich bin [doch] kein ~!** *(hum fam)* je ne suis pas aux pièces!

Ee

E, e [e:] <-, -> *nt* ❶ E *m* / e *m* ❷ MUS mi *m*

Ebbe ['ɛbə] <-, -n> *f* marée *f* basse; ***~ und Flut*** le flux et le reflux

eben[1] ['e:bən] I. *adj (flach, glatt)* plat(e); ***zu ~er Erde*** *(im Erdgeschoss)* au rez-de-chaussée; *(auf dem Erdboden)* à même le sol II. *adv verlaufen* sur le plat

eben[2] ['e:bən] *adv* ❶ *(gerade)* ***was hast du ~ gesagt?*** qu'est-ce que tu viens de dire?; ***dein Bruder war ~ noch hier/da*** ton frère était encore ici/là à l'instant ❷ *(nämlich)* justement; ***na ~!*** alors, tu vois/vous voyez! ❸ *(nun einmal)* tout simplement; ***es ist ~ so*** c'est comme ça ❹ *(gerade noch)* [tout] juste; *(zeitlich)* de justesse

Ebenbild *nt* portrait *m;* ***ganz sein/dein ~*** tout son/ton portrait

ebenbürtig ['e:bənbʏrtɪç] *adj Gegner, Partner* de même valeur

Ebenbürtigkeit <-> *f* valeur *f* égale

ebenda ['e:bən'da:] *adv (genau dort)* là-même; *(in Verweisen)* ibidem **ebendarum** ['e:bənda'rʊm] *adv* voilà justement pourquoi **ebendas**, **ebender** ['e:bən'de:ɐ] *pron dem* justement ce(tte) **ebendeshalb** ['e:bəndɛs'halp] *s.* **ebendarum** **ebendeswegen** ['e:bəndɛs've:gən] *s.* **ebendarum** **ebendie** *pron dem* justement ce(tte) **ebendiese(r, s)** ['e:bən'di:zə, -zɐ, -zəs] *pron dem, (geh)* justement ce(tte)

Ebene ['e:bənə] <-, -n> *f* ❶ *(ebene Gegend)* plaine *f* ❷ GEOM, PHYS plan *m* ❸ *(Stufe)* échelon *m,* niveau *m*

ebenerdig *adj* de plain-pied

ebenfalls ['e:bənfals] *adv* aussi, également; ***ich ~*** moi aussi; ***ich war ~ nicht eingeladen*** moi non plus, je n'étais pas invité; ***danke, ~!*** merci, pareillement!

Ebenholz ['e:bənhɔlts] *nt* [bois *m* d'] ébène *m* **Ebenmaß** *nt kein Pl (geh)* harmonie *f*

ebenmäßig I. *adj Proportionen* harmonieux, -euse; *Gestalt* bien proportionné(e) II. *adv* ***~ geformt sein*** être bien proportionné

ebenso ['e:bənzo:] *adv* ❶ *(genauso)* ***~ gern/gut*** tout aussi bien; ***~ lang[e]/oft*** [tout] aussi longtemps/souvent; ***~ sehr/viel*** tout autant; ***~ wenig*** tout aussi peu; ***~ intelligent wie ...*** tout aussi intelligent que ... ❷ *(desgleichen)* également

Eber ['e:bɐ] <-s, -> *m* verrat *m; (wilder Eber)* sanglier *m*

E-Bike ['i:baik] <-s, -s> *nt* vélo *m* électrique, vélo à assistance électrique

ebnen ['e:bnən] *vt* aplanir ▸ **jdm den Weg ~** frayer le chemin à qn

E-Book ['i:bʊk] <-s, -s> *nt* INFORM livre *m* électronique **E-Book-Reader** ['i:bʊkri:dɐ] <-s, -> *m* INFORM liseuse *f* **E-Business** ['i:bɪznɪs] <-> *nt* e-commerce *m*

EC [e:'tse:] <-s, -s> *m* ❶ *Abk von* **Euroci-**

ty[-**Zug**] Eurocity *m* ❷ FIN *Abk von* **Euroscheck** eurochèque *m*

echauffieren* [eʃɔ'fi:rən] *vr (veraltet)* ***sich ~*** s'échauffer *vieilli;* ***sich über jdn/etw ~*** s'échauffer au sujet de qn/qc

Echo ['ɛço] <-s, -s> *nt* ❶ *(Widerhall, Reaktion)* écho *m* ❷ *(Nachbeter)* réplique *f*

Echolot *nt* sonde *f* acoustique

Echse ['ɛksə] <-, -n> *f* saurien *m*

echt [ɛçt] **I.** *adj* ❶ *(nicht künstlich)* véritable; *Haar, Bräunung* naturel(le); *(nicht gefälscht) Unterschrift, Gemälde* authentique; ***ein ~er Geldschein*** un vrai billet ❷ *(aufrichtig) Liebe* sincère; *Schmerz* vrai(e) ❸ *(typisch)* vrai(e) *antéposé* ❹ *(beständig) Farbe* grand teint *inv* ❺ *(wirklich) Problem, Reinfall* véritable *antéposé* **II.** *adv* ❶ *(typisch)* typique ❷ *(rein)* ***~ Gold/Silber sein*** être de l'or/l'argent véritable ❸ *(fam: wirklich)* vraiment

Echtheit <-> *f* ❶ *(echte Beschaffenheit)* authenticité *f* ❷ *(Aufrichtigkeit)* sincérité *f*

Echtzeit *f* INFORM temps *m* réel

Eck [ɛk] <-[e]s, -e> *nt* ❶ A, SDEUTSCH *(Ecke)* coin *m* ❷ SPORT *(Ecke des Tores)* coin *m*

EC-Karte [e'tse:-] *f* ≈ carte *f* bancaire

Eckball *m* corner *m;* ***einen ~ verwandeln*** marquer un but sur corner **Eckbank** <-bänke> *f* banquette *f* d'angle **Eckdaten** *m Pl* valeur *f* de référence

Ecke ['ɛkə] <-, -n> *f* ❶ *eines Zimmers, Buches* coin *m;* GEOM *einer Fläche, eines Körpers* angle *m* ❷ *(Straßenecke)* coin *m;* ***gleich um die ~*** juste au coin ❸ *(fam: Gegend)* coin *m* ❹ *(fam: Strecke)* bout *m* de chemin ❺ SPORT corner *m* ▶ **an allen ~n und Enden sparen** économiser sur tout [et n'importe quoi]

eckig ['ɛkɪç] *adj* ❶ *Tisch* carré(e); *Skulptur, Gesicht* anguleux, -euse ❷ *(ungelenk)* raide

Eckpfeiler *m* ARCHIT pilier *m* d'angle **Eckstoß** *m* corner *m;* ***einen ~ verwandeln*** marquer un but sur corner **Eckzahn** *m* canine *f*

ECOFIN *m Abk von* **Rat der Wirtschafts- und Finanzminister** ECOFIN *m*

E-Commerce ['i:kɔmə:s] <-> *m* commerce *m* électronique

Economyklasse [i'kɔnəmi-] *f kein Pl* AVIAT classe *f* économique

Ecstasy ['ɛkstəsi] <-s> *nt (Droge)* ecstasy *f*

Ecstasypille ['ɛkstəzi-] *f* pilule *f* d'ecstasy

Ecu [e'ky:] <-[s], -[s]> *m,* <-, -> *f Abk von* **European currency unit** HIST écu *m*

Ecuador [ekua'do:ɐ̯] <-s> *nt* l'Équateur *m*

Edamer ['e:damɐ] <-s, -> *m* édam *m*

edel ['e:dəl] **I.** *adj* ❶ *(geh)* noble ❷ *(hochwertig) Hölzer* précieux, -euse; *Wein* noble ❸ *(reinrassig) Pferd* de race ❹ *(geh: schön geformt) Profil* aristocratique **II.** *adv handeln* noblement; *verarbeitet* élégamment; ***~ denken*** avoir des pensées nobles

Edelfrau *f* dame *f* de la noblesse **Edelgas** *nt* gaz *m* rare **Edelmann** <-leute> *m* gentilhomme *m* **Edelmetall** *nt* métal *m* précieux **Edelmut** ['e:dəlmu:t] *m kein Pl (geh)* noblesse *f* d'âme

edelmütig ['e:dəlmy:tɪç] **I.** *adj (geh)* noble **II.** *adv* avec magnanimité; ***~ handeln*** se montrer magnanime

Edelstahl *m* acier *m* affiné **Edelstein** *m* pierre *f* précieuse **Edeltanne** *f* sapin *m* argenté **Edelweiß** ['e:dəlvai̯s] <-[es], -e> *nt* edelweiss *m*

Eden <-s> *nt (geh)* éden *m littér;* ***der Garten ~*** le jardin d'éden

Edikt [e'dɪkt] <-[e]s, -e> *nt* édit *m*

editieren* *vt* INFORM éditer *Datei, Text*

Edition [edi'tsi̯o:n] <-, -en> *f* ❶ *(Ausgabe)* édition *f* ❷ *(Verlag)* maison *f* d'édition

Editor ['e:dito:ɐ̯] <-s, -toren> *m* ❶ *(geh: Herausgeber)* éditeur *m* ❷ INFORM éditeur *m* [de textes]

Editorin <-, -nen> *f (geh)* éditrice *m*

editorisch *adj* au niveau de l'édition

E-Dur ['e:-] *nt* MUS mi *m* majeur

EDV [e:de:'fau̯] <-> *f kein Pl* INFORM *Abk von* **elektronische Datenverarbeitung** informatique *f*

EDV-Anlage *f* installation *f* informatique **EDV-Fachmann, -frau** *m, f* informaticien(ne) *m(f)*

Efeu ['e:fɔy̯] <-s> *m* lierre *m*

Effeff ▶ **aus dem ~** *(fam)* sur le bout des doigts

Effekt [ɛ'fɛkt] <-[e]s, -e> *m (Wirkung)* effet *m*

effektiv [ɛfɛk'ti:f] *adj* ❶ *(wirksam) Maßnahme* efficace ❷ *(tatsächlich) Verbesserung* effectif, -ive; *Zinsen* réel(le)

Effektivität [-vi-] <-> *f* efficacité *f*

effektvoll [ɛ'fɛktfɔl] *adj* qui fait de l'effet

effizient [ɛfi'tsi̯ɛnt] **I.** *adj (geh)* performant(e) **II.** *adv (geh)* avec efficience

Effizienz [ɛfi'tsi̯ɛnts] <-, -en> *f (geh)* efficacité *f*

EG [e:'ge:] <-> *f* ❶ HIST *Abk von* **Europäische Gemeinschaft** C.E. *f* ❷ COM *Abk von* **Eingetragene Genossenschaft** coopérative *f* inscrite au registre

egal [e'ga:l] **I.** *adj (fam)* ❶ *(gleich aussehend)* identique ❷ *(gleichgültig)* ***jdm ~ sein*** ne pas avoir d'importance pour

E

qn; **~, was** quoi que *+subj;* **~, wie/wo/warum ...** peu importe comment/où/pourquoi ...; ***das ist mir ~*** ça m'est égal **II.** *adv (fam: gleich)* pareillement

Egge ['ɛgə] <-, -n> *f* herse *f*

Ego <-s, -s> *nt* ego *m*

Egoismus [ego'ɪsmʊs] <-, -ismen> *m* égoïsme *m*

Egoist(in) [ego'ɪst] <-en, -en> *m(f)* égoïste *mf*

egoistisch **I.** *adj* égoïste **II.** *adv* d'une manière égoïste

Egomane, Egomanin <-n, -n> *m, f (geh)* égoïste *mf* forcené(e)

Egotrip ['e:go-] <-s, -s> *m (fam)* nombrilisme *m;* ***auf dem ~ sein*** *(fam)* ne penser qu'à sa pomme **egozentrisch** [ego'tsɛntrɪʃ] *adj (geh)* égocentriste

eh[1] [e:] *interj (fam)* ❶ *(he)* eh ❷ *(wie bitte)* hein

eh[2] [e:] *adv* ▶ **seit/wie ~ und je** depuis/comme toujours

ehe ['e:ə] *konj (bevor)* avant que [ne] *+subj;* ***sie verabschiedet sich, ~ sie fährt*** elle dit au revoir avant de partir

Ehe ['e:ə] <-, -n> *f* mariage *m;* ***die ~ schließen*** *Standesbeamter:* procéder au mariage; ***eine glückliche ~ führen*** former un couple heureux; ***~ ohne Trauschein*** union *f* libre

eheähnlich *adj* ***mit jdm in einer ~en Gemeinschaft leben*** vivre maritalement avec qn **Eheberatung** *f* ❶ *(das Beraten)* consultation *f* conjugale ❷ *(Stelle)* cabinet *m* de consultation conjugale **Ehebett** *nt* lit *m* conjugal **Ehebrecher(in)** <-s, -> *m(f)* homme *m* /femme *f* adultère **ehebrecherisch** *adj* adultère **Ehebruch** *m* adultère *m* **Ehefrau** *f* femme *f* **Ehegatte** *m* ❶ *(form)* époux *m* ❷ *Pl* JUR ***die ~n*** les époux

Ehegattensplitting *nt* FIN imposition *f* séparée des époux

Ehegattin *f (form)* épouse *f* **Ehekrach** *m (fam)* scène *f* de ménage **Ehekrise** *f* crise *f* conjugale **Eheleben** *nt kein Pl* vie *f* conjugale **Eheleute** *Pl (form)* conjoints *mpl*

ehelich ['e:əlɪç] **I.** *adj* conjugal(e); *Kind* légitime; *Rechte* matrimonial(e) **II.** *adv* ***ein ~ geborenes Kind*** un enfant légitime

ehelichen *vt (hum)* convoler avec *hum*

ehelos *adv bleiben* célibataire; *leben* dans le célibat

ehemalig ['e:əma:lɪç] *adj attr (früher)* ancien(ne) *antéposé*

ehemals ['e:əma:ls] *adv (form)* jadis *soutenu*

Ehemann <-männer> *m* mari *m* **Ehepaar** *nt* couple *m* **Ehepartner(in)** *m(f)* conjoint(e) *m(f)*

eher ['e:ɐ] *adv* ❶ *(früher) kommen, gehen* plus tôt; ***je ~, desto besser*** plus tôt ce sera, mieux ce sera ❷ *(wahrscheinlicher)* plutôt; ***das ist ~ möglich*** c'est plus probable ❸ *(lieber, mehr)* plutôt

Ehering *m* alliance *f* **Ehescheidung** *f* divorce *m* **Eheschließung** *f* mariage *m*

ehest ['e:əst] *adv* A [très] bientôt

eheste(r, s) **I.** *adj* ***der ~ Termin*** le prochain rendez-vous possible; ***bei ~r Gelegenheit*** à la première occasion **II.** *adv* ***am ~n*** *(am wahrscheinlichsten)* très vraisemblablement; *(am liebsten)* de préférence

ehestens ['e:əstəns] *adv* ❶ *(frühestens)* au plus tôt ❷ A *s.* **ehest**

Eheverkündigung *f* CH publication *f* des bans **Ehevermittlung** *f* ❶ *kein Pl (das Vermitteln)* conseil *m* matrimonial ❷ *(Büro)* agence *f* matrimoniale **Ehevertrag** *m* contrat *m* de mariage

ehrbar ['e:ɐba:ɐ] *adj* respectable

Ehre ['e:rə] <-, -n> *f* honneur *m;* ***zu ~n kommen*** être à l'honneur; ***jdm zu ~n*** en l'honneur de qn; ***in ~n halten*** respecter *Andenken;* ***wir geben uns*** *dat* ***die ~, ...*** *(form)* nous avons l'honneur de ...; ***jdm die letzte ~ erweisen*** *(geh)* rendre les derniers honneurs à qn ▶ **auf ~ und Gewissen** en son/ton/... âme et conscience; **mit wem habe ich die ~?** *(iron form)* à qui ai-je l'honneur?; **was verschafft mir die ~?** *(iron form)* qu'est-ce qui me vaut l'honneur?

ehren ['e:rən] *vt* honorer; ***jdn durch/mit etw ~*** honorer qn de qc; ***hoch geehrt*** très honoré *antéposé;* ***sich durch etw geehrt fühlen*** être honoré de qc

Ehrenamt *nt* fonction *f* honorifique **ehrenamtlich** *adj Mitarbeiter, Tätigkeit* bénévole; *Vorsitzender* honoraire **Ehrenbürger(in)** *m(f)* citoyen(ne) *m(f)* d'honneur **Ehrendoktor** *m* docteur *m* honoris causa **Ehrendoktorwürde** *f* titre *m* de docteur honoris causa **Ehrengast** *m* invité(e) *m(f)* d'honneur

ehrenhaft ['e:rənhaft] *adj* honorable

Ehrenkodex *m* code *m* de l'honneur

Ehrenlegion *f* légion *f* d'honneur **Ehrenmal** *nt* monument *m* aux morts **Ehrenmann** <-männer> *m* homme *m* d'honneur **Ehrenmitglied** *nt* membre *m* d'honneur **Ehrenplatz** *m* place *f* d'honneur **Ehrenpreis** *m (Auszeichnung)* prix *m* d'honneur **Ehrenrettung** *f* réhabilitation *f*; ***zu seiner/ihrer ~*** pour sa réhabilitation **Ehrenrunde** *f* ❶ SPORT tour *m* d'honneur ❷ SCHULE *(iron)* redoublement *m* **Ehrensache** *f* affaire *f* d'honneur **Ehrentag** *m (geh)* grand jour *m*; ***zum heutigen ~*** en ce jour solennel **Ehrenurkunde** *f* diplôme *m* d'honneur

ehrenvoll *adj Auftrag, Aufgabe, Friede* honorable; *Begräbnis* solennel(le); ***etw als ~ betrachten*** considérer qc comme un honneur

Ehrenwache *f* garde *f* d'honneur

ehrenwert *s.* **ehrbar** **Ehrenwort** <-worte> *nt* parole *f* d'honneur; ***sein ~ brechen*** manquer à sa parole; ***sein ~ halten*** tenir parole

ehrerbietig ['eːɐ̯ʔɛɐ̯biːtɪç] *(geh)* **I.** *adj* déférent(e) **II.** *adv* avec déférence

Ehrfurcht *f* respect *m*; ***die ~ vor jdm/etw*** le respect pour qn/de qc

ehrfürchtig **I.** *adj* respectueux, -euse **II.** *adv* avec respect

ehrfurchtsvoll **I.** *adj* respectueux, -euse **II.** *adv* avec respect

Ehrgefühl *nt kein Pl* sens *m* de l'honneur

Ehrgeiz *m* ambition *f*

ehrgeizig *adj* ambitieux, -euse

ehrlich **I.** *adj* ❶ *(aufrichtig)* sincère; *Absicht, Angebot* honnête ❷ *(verlässlich) Mitarbeiter, Finder* honnête **II.** *adv* ❶ *teilen, verdienen, spielen* honnêtement ❷ *(aufrichtig, offen)* ***~ gesagt, …*** franchement …; ***um ~ zu sein, …*** pour parler franchement, … ❸ *(fam: wirklich)* ***ich kann nichts dafür, ~!*** je n'y peux rien, vraiment!

Ehrlichkeit <-> *f* ❶ *(Aufrichtigkeit)* sincérité *f* ❷ *(Verlässlichkeit)* honnêteté *f*

ehrlos **I.** *adj Person* sans honneur **II.** *adv* de façon infâme

Ehrung ['eːrʊŋ] <-, -en> *f (Beweis der Wertschätzung)* distinction *f*

ehrwürdig *adj* ❶ *Gebäude, Alter* vénérable ❷ REL révérend(e)

ei *interj (Ausdruck der Verwunderung)* et bien, tiens

Ei [ai̯] <-[e]s, -er> *nt* ❶ œuf *m*; ***hartes/weiches ~*** œuf dur/à la coque ❷ ANAT ovule *m* ❸ *Pl (vulg: Hoden)* couilles *fpl* ❹ *Pl (vulg: Euro)* balles *fpl fam* ▶ **wie aus dem ~ gepellt** *(fam)* tiré à quatre épingles; **jdn wie ein rohes ~ behandeln** prendre des gants avec qn; **sich** *dat* [*o* **einander**] **gleichen wie ein ~ dem anderen** se ressembler comme deux gouttes d'eau

Eibe ['ai̯bə] <-, -n> *f* if *m*

Eiche ['ai̯çə] <-, -n> *f (Baum, Holz)* chêne *m*

Eichel ['ai̯çəl] <-, -n> *f* BOT, ANAT gland *m*

eichen ['ai̯çən] *vt* étalonner *Maß, Gewicht;* jauger *Gefäß* ▶ **auf etw** *akk* **geeicht sein** *(fam)* être calé en qc

Eichhörnchen ['ai̯çhœrnçən] *nt* écureuil *m*

Eichmaß *nt* étalon *m*

Eichung <-, -en> *f* étalonnage *m*; *eines Gefäßes* jaugeage *m*

Eid [ai̯t] <-[e]s, -e> *m* JUR serment *m*; ***einen ~ auf jdn/etw leisten*** prêter serment sur qn/qc; ***unter ~ stehen*** être assermenté

eidbrüchig *adj* parjure; ***~ werden*** se parjurer *soutenu*

Eidechse ['ai̯dɛksə] *f* lézard *m*

Eidesformel *f* formule *f* de prestation de serment; ***jdm die ~ vorsprechen/nachsprechen*** dicter à qn/répéter après qn la formule de prestation de serment

eidesstattlich *adj Erklärung* sur l'honneur

Eidgenosse, -genossin *m, f* citoyen(ne) *m(f)* helvétique **Eidgenossenschaft** *f* ***die Schweizerische ~*** la Confédération helvétique

eidgenössisch ['ai̯tgənœsɪʃ] *adj* helvétique; *(im Gegensatz zu kantonal)* confédéral(e)

eidlich ['ai̯tlɪç] **I.** *adj Abmachung* passé(e) sous serment **II.** *adv gebunden, verpflichtet* par serment

Eidotter ['ai̯dɔtɐ] *m o nt* jaune *m* d'œuf

Eierbecher *m* coquetier *m* **Eierkocher** *m* œufrier *m* **Eierkopf** *m (pej sl: Kopf)* grosse tête *f fam; (Person)* intello *mf fam* **Eierkuchen** *m* ≈ crêpe *f* **Eierlikör** *m* liqueur *f* au jaune d'œuf **Eierlöffel** *m* cuillère *f* à œufs

eiern ['ai̯ɐn] *vi (fam) Rad:* être voilé; *Schallplatte:* être gondolé

Eierschale *f* coquille *f* d'œuf **Eierschwamm** *m* DIAL, CH, **Eierschwammerl** <-s, -e> *nt* A *(fam)* chanterelle *f*, girolle *f* **Eierspeise** *f* ❶ *(Gericht aus Eiern)* ≈ plat *m* à base d'œufs ❷ A *(Rührei)* œufs *mpl* brouillés **Eierstock** *m* ANAT ovaire *m* **Eieruhr** *f* sablier *m* [de cuisine]

Eifer ['ai̯fɐ] <-s> *m* ❶ zèle *m*; ***mit ~ bei der Sache sein*** se donner à fond ❷ *(Eile, Aufregung)* ***er hat im ~ die Schlüssel vergessen*** dans son agitation, il a oublié les clés ▶ **im ~ des Gefechts** *(fam)* dans le feu de l'action

E

eifern ['aifɐn] *vi (geh)* ***gegen etw ~*** fulminer contre qc
Eifersucht ['aifɐzʊxt] *f kein Pl* jalousie *f*
eifersüchtig ['aifɐzʏçtɪç] *adj* jaloux, -ouse; ***jdn ~ machen*** rendre qn jaloux
Eiffelturm ['aifəltʊrm] *m* tour *f* Eiffel
eifrig ['aifrɪç] **I.** *adj Schüler* studieux, -euse; *Leser, Sammler* fervent(e); *Theater-, Museumsbesucher* assidu(e); *Bemühen* empressé(e); *Suche* intensif, -ive **II.** *adv lernen* avec assiduité; ***~ bemüht sein etw zu tun*** s'efforcer avec zèle de faire qc
Eigelb <-s> *nt* jaune *m* d'œuf
eigen ['aigən] *adj* ❶ *Zimmer, Haus, Auto* propre *antéposé;* ***er besitzt kein ~es Land*** il n'a pas de terrain à lui ❷ *(ganz persönlich) Meinung* personnel(le) ❸ *(separat) Bad, Eingang* particulier, -ière ❹ *(typisch)* ***jdm ~ sein*** être propre à qn ❺ *(eigenartig) Reiz, Schönheit* particulier, -ière ❻ DIAL *(pingelig)* ***in etw dat ~ sein*** être pointilleux sur qc ► **etw sein Eigen nennen** *(geh)* détenir qc
Eigenart *f einer Person* particularité *f; einer Landschaft, Stadt* caractère *m* particulier
eigenartig **I.** *adj* particulier, -ière **II.** *adv sich benehmen* bizarrement; ***~ riechen*** sentir une drôle d'odeur
Eigenbedarf *m* besoins *mpl* personnels
Eigenbrötler(in) ['aigənbrøːtlɐ] <-s, -> *m(f)* original(e) *m(f)*
Eigendynamik *f* dynamique *f* interne
eigenhändig ['aigənhɛndɪç] **I.** *adj* ***Ihre ~e Unterschrift*** votre propre signature **II.** *adv* moi-même/lui-même/...
Eigenheim *nt* maison *f* individuelle
Eigenheimzulage *f* aide *f* à l'accession à la propriété
Eigenheit *f s.* **Eigenart**
Eigeninitiative *f* initiative *f* individuelle; ***in ~*** de sa/leur/... propre initiative **Eigenkapital** *nt einer Person* apport *m* personnel; *einer Firma* capital *m* propre **Eigenleben** *nt kein Pl* ❶ *(Privatsphäre)* vie *f* personnelle ❷ *(opp: Arbeitsleben)* vie *f* privée ❸ *(selbstständige Existenz)* ***ein ~ führen*** *Person, Institution, Tier:* mener une existence propre **Eigenleistung** *f* ❶ *(eigene Schöpfung)* œuvre *f* personnelle ❷ *(eigene Arbeit)* travail *m* personnel; ***etw in ~ erstellen/errichten*** faire qc soi-même **eigenmächtig** ['aigənmɛçtɪç] **I.** *adj Entscheidung* pris(e) sans concertation préalable; ***~es Vorgehen*** initiative *f* individualiste et non concertée **II.** *adv anordnen, handeln* de son/mon/... propre chef
Eigenmächtigkeit <-, -en> *f* ❶ *kein Pl (Selbstherrlichkeit)* individualisme *m;* ***die ~ seines Vorgehens*** sa façon d'agir individualiste ❷ *(Handlung)* initiative *f* individualiste
Eigenname *m* nom *m* propre
Eigennutz ['aigənnʊts] <-es> *m* intérêt *m* personnel
eigennützig ['aigənnʏtsɪç] **I.** *adj* intéressé(e) **II.** *adv* par intérêt [personnel]
Eigenregie *f* ***etw in ~ machen*** faire qc de son propre chef
eigens ['aigəns] *adv* ❶ *(extra)* spécialement ❷ *(ausschließlich)* tout exprès
Eigenschaft ['aigənʃaft] <-, -en> *f* ❶ *(Charaktereigenschaft)* trait *m* de caractère; ***gute und schlechte ~en*** des qualités et des défauts ❷ CHEM, PHYS propriété *f*
Eigenschaftswort <-wörter> *nt* adjectif *m*
Eigensinn *m kein Pl* obstination *f;* ***aus ~*** par entêtement
eigensinnig ['aigənzɪnɪç] *adj* obstiné(e)
eigenständig ['aigənʃtɛndɪç] **I.** *adj* autonome **II.** *adv* de façon autonome
Eigenständigkeit <-> *f* autonomie *f*
eigentlich ['aigəntlɪç] **I.** *adj* ❶ *(wirklich) Name, Wesen, Zweck* véritable; *Tatsache, Wert* réel(le) ❷ *(ursprünglich)* d'origine **II.** *adv* ❶ *(normalerweise)* en principe ❷ *(überhaupt)* au juste; ***wie reden Sie ~ mit mir?*** qu'est-ce que c'est, cette façon de [me] parler? ❸ *(wirklich)* en fait; ***wie alt bist du ~?*** mais quel âge as-tu au fait?
Eigentor *nt* but *m* contre son camp
Eigentum ['aigəntuːm] <-s> *nt* propriété *f; (Besitzgüter)* biens *mpl*
Eigentümer(in) ['aigəntyːmɐ] <-s, -> *m(f)* propriétaire *mf*
eigentümlich ['aigəntyːmlɪç] **I.** *adj* ❶ *(merkwürdig)* particulier, -ière; *Verhalten* singulier, -ière ❷ *(geh: typisch)* ***jdm/einer S. ~ sein*** être caractéristique de qn/qc ❸ *(übel)* ***mir ist/wird ganz ~*** je me sens/commence à me sentir tout drôle **II.** *adv sich verhalten* bizarrement; ***~ aussehen*** avoir un drôle d'aspect
Eigentümlichkeit <-, -en> *f* ❶ *einer Person* particularité *f; eines Minerals, einer Pflanze* propriété *f* ❷ *kein Pl (Merkwürdigkeit)* bizarrerie *f*
Eigentumsrecht *nt* droit *m* de propriété
Eigentumswohnung *f* appartement *m* en copropriété
eigenverantwortlich *adj Handeln* autonome

Eigenverantwortung *f* autoresponsabilité *f*

eigenwillig ['aigənvɪlɪç] *adj* ❶ *(eigensinnig)* obstiné(e) ❷ *(unkonventionell)* original(e) **Eigenwilligkeit** <-, -en> *f* ❶ *kein Pl (Eigensinn)* obstination *f; (unkonventionelle Art)* originalité *f* ❷ *(Handlung)* ***ich habe genug von deinen ~en!*** j'en ai assez de subir tes quatre volontés!

eignen ['aignən] *vr* ***sich ~*** être apte; ***sich für eine bestimmte Arbeit ~*** être apte à faire un certain travail; ***sich als Illustration ~*** pouvoir servir d'illustration; ***die CD eignet sich sehr gut zum Verschenken*** le CD fera sûrement un beau cadeau

Eigner(in) <-s, -> *m(f) (form)* propriétaire *mf*

Eignung ['aignʊŋ] <-> *f* aptitude *f;* ***seine ~ für diese Arbeit*** son aptitude à faire ce travail; ***die ~ zum Lehrer*** l'aptitude pour être enseignant

Eignungsprüfung *f*, **Eignungstest** *m* examen *m* [*o* test *m*] d'aptitude

Eiland <-lande> *nt (geh)* île *f*

Eilbote, -botin *m, f* porteur, -euse *m, f* spécial(e) **Eilbrief** *m* lettre *f* [par] exprès; ***als ~*** en exprès

Eile ['ailə] <-> *f* hâte *f;* ***in ~ sein*** être pressé; ***jdn zur ~ antreiben*** inciter qn à se dépêcher [davantage]; ***nur keine ~!*** doucement!

Eileiter ['ai-] *m (bei Menschen)* trompe *f* de Fallope

eilen ['ailən] **I.** *vi* ❶ *+ sein* ***nach Hause ~*** se dépêcher de rentrer; ***durch die Straßen ~*** courir dans les rues ❷ *+ sein (fig)* ***von Erfolg zu Erfolg ~*** accumuler les succès ❸ *+ haben (dringlich sein) Angelegenheit:* être urgent; ***Eilt!*** urgent! **II.** *vi unpers + haben* ***es eilt*** c'est urgent

eilig ['ailɪç] **I.** *adj* ❶ *(dringend)* urgent(e); ***es mit etw ~ haben*** être pressé de faire qc ❷ *(schnell)* pressé(e) **II.** *adv* rapidement

Eiltempo *nt* ***im ~*** *(fam)* en quatrième vitesse **Eilzustellung** *f* distribution *f* exprès

Eimer ['aimɐ] <-s, -> *m* seau *m* ▸ ***im ~ sein*** *(fam)* être foutu

ein [ain] *adv* ***auf „~" drücken*** appuyer sur "marche" ▸ **weder ~ noch aus wissen, weder aus noch ~ wissen** ne savoir plus quoi faire

ein [ain], **eine** ['ainə], **ein I.** *num* un/une; ***es ist ~ Uhr*** il est une heure; ***~e Stunde/~en Tag dauern*** durer une heure/une journée; ***~ Pfund/Kilo wiegen*** peser une livre/un kilo; ***sie hat nicht ~ Wort gesagt*** elle n'a pas dit un seul mot ▸ **mein/sein Ein und Alles** tout ce que j'ai/qu'il a de plus cher; **das ist doch ~ und dasselbe** c'est du pareil au même *fam;* **~ und derselbe/dieselbe** *(dieselbe Person)* une seule et même personne; *s. a.* **eins II.** *art indef* ❶ un/une; ***~ Buch/Tisch*** un livre/une table; ***~e Tür*** une porte; ***als Tochter ~er Lehrerin*** en tant que fille d'enseignante; ***so ~e Frechheit!*** quelle insolence!; *s. a.* **eine(r, s)** ❷ *(jeder)* ***~ Wal ist ein Säugetier*** les baleines sont des mammifères

Einakter ['ain?aktɐ] <-s, -> *m* pièce *f* en un acte

einander [ai'nandɐ] *pron (geh)* se/nous/vous; ***wir respektieren ~*** nous nous respectons mutuellement; ***reicht ~ die Hände*** donnez-vous la main

ein|arbeiten I. *vr* ***sich ~*** *(am Arbeitsplatz)* s'adapter; ***sich in etw*** *akk* ***~*** se mettre au courant de qc **II.** *vt (einweisen)* former; ***jdn in etw*** *akk* ***~*** initier qn à qc

Einarbeitungszeit *f* période *f* de formation

einarmig ['ain?armɪç] **I.** *adj Person* manchot(e) **II.** *adv* avec un [seul] bras

ein|äschern ['ain?ɛʃɐn] *vt* incinérer *Toten*

Einäscherung <-, -en> *f* incinération *f*

ein|atmen I. *vt* respirer, inhaler *Gas, Dämpfe* **II.** *vi* inspirer

einäugig ['ain?ɔygɪç] *adj* borgne

Einbahnstraße *f* [rue *f* à] sens *m* unique

ein|balsamieren* ['ainbalzamiːrən] **I.** *vt* embaumer **II.** *vr (hum fam)* ***sich mit etw ~*** s'enduire le corps de qc

Einband <-bände> *m* reliure *f*

einbändig ['ainbɛndɪç] *adj* en un volume

Einbau <-bauten> *m meist Pl (eingebautes Teil)* équipement *m*

ein|bauen *vt* ❶ *(montieren)* installer *Möbel;* poser, monter *Motor, Geräteteil* ❷ *(einfügen)* insérer *Hinweis, Zitat;* intégrer *Theorie*

Einbauküche *f* cuisine *f* intégrée **Einbauschrank** *m* placard *m*

ein|behalten* *vt irr* retenir

einbeinig *adj Person* unijambiste; *Hocker* à un pied

ein|berufen* *vt irr* ❶ *(zusammenkommen lassen)* convoquer ❷ MIL incorporer

Einberufene(r) *f(m) dekl wie adj* appelé(e) *m(f)*

Einberufung *f kein Pl* convocation *f;* MIL incorporation *f*

Einberufungsbefehl *m*, **Einberufungsbescheid** *m* avis *m* d'incorporation

einǀbetonieren* *vt* sceller dans du béton; ***einen Pfeiler*** ~ sceller un pilier dans du béton

einǀbetten *vt* implanter *Fundament;* insérer *Implantat*

Einbettzimmer *nt* chambre *f* à un lit; *(im Krankenhaus)* chambre *f* privée

einǀbeziehen* *vt irr* ❶ *(beteiligen)* impliquer; ***jdn in etw*** *akk* ***[mit]*** ~ *(mitreden lassen)* impliquer qn dans qc; *(mitwirken lassen)* associer qn à qc ❷ *(berücksichtigen)* ***etw in etw*** *akk* ***[mit]*** ~ prendre en compte qc pour qc

E

Einbeziehung *f* ❶ *kein Pl (das Beteiligen)* implication *f* ❷ *kein Pl (das Berücksichtigen)* prise *f* en compte; ***unter ~ von ...*** eu égard à ..., compte tenu de ...

einǀbiegen *vi irr + sein* tourner; ***in eine Straße*** ~ tourner dans une rue

einǀbilden *vr* ❶ *(fantasieren)* ***sich*** *dat* ***etw*** ~ s'imaginer qc ❷ *(stolz sein)* ***sich*** *dat* ***etwas/einiges auf seine Leistungen*** ~ être fier/ne pas être peu fier de ses performances; ***was bildest du dir eigentlich ein?*** *(fam)* pour qui tu te prends?

Einbildung *f* ❶ *kein Pl (Fantasie)* imagination *f* ❷ *kein Pl (Arroganz)* prétention *f*

Einbildungskraft *f kein Pl* imagination *f*

einǀbinden *vt irr* ❶ *(mit Einband versehen)* relier; ***ein Buch in Leder*** *akk* ~ relier un livre en cuir ❷ *(einbeziehen)* engager *Kollegen, Freund;* intégrer *Gebiet, Land;* ***jdn in die Verantwortung*** ~ impliquer qn sur le plan de la responsabilité

Einbindung *f* intégration *f;* ***die ~ der Jugend in die Politik*** l'intégration des jeunes dans la politique

einǀbläuen [ˈaɪnblɔɪən] *vt (fam)* ❶ *(einschärfen)* rabâcher *fam;* ***jdm etw*** ~ rabâcher qc à qn ❷ *(einprügeln)* ***ihnen wurden die Grammatikregeln eingebläut*** on leur a fait rentrer les règles de grammaire à coups de trique

einǀblenden **I.** *vt* CINE, TV insérer; RADIO intercaler **II.** *vr* TV, RADIO ***sich in etw*** *akk* ~ passer l'antenne à qc

Einblendung *f einer Werbung, Telefonnummer* insertion *f*

Einblick *m* ❶ *(Einsichtnahme)* aperçu *m;* ***~ in etw*** *akk* aperçu de qc; ***jdm ~ in etw*** *akk* ***gewähren*** *(betrachten lassen)* laisser qn regarder dans qc; *(kennenlernen lassen)* laisser qn recueillir des informations sur qc; ***~ in etw*** *akk* ***gewinnen*** pouvoir se faire une idée de qc; ***~ in die Unterlagen haben/nehmen*** avoir/prendre connaissance des documents ❷ *Pl (Kenntnisse)* ***jdm interessante ~e eröffnen*** ouvrir des perspectives intéressantes à qn ❸ *(Sicht)* ***[einen]*** ~ ***in den Garten haben*** avoir vue sur le jardin

einǀbrechen *irr* **I.** *vi* ❶ + *haben o sein (einen Einbruch verüben)* cambrioler; ***bei jdm/in etw*** *akk o dat* ~ cambrioler qn/qc ❷ + *sein (eindringen)* ***in ein Land*** ~ envahir un pays ❸ + *sein (einsinken)* ***auf dem Eis*** ~ passer au travers de la glace ❹ + *sein (einstürzen) Decke:* s'effondrer; *Stollen, Tunnel:* s'ébouler **II.** *vt* + *haben* enfoncer *Tür, Wand*

Einbrecher(in) *m(f)* cambrioleur, -euse *m, f*

einǀbringen *irr* **I.** *vt* ❶ *(eintragen)* rapporter; ***jdm etw*** ~ rapporter qc à qn ❷ *(beitragen)* apporter *Kapital, Know-how* ❸ *(einfahren)* rentrer *Ernte* ❹ *(vorschlagen)* ***etw im Parlament*** ~ déposer qc au Parlement **II.** *vr* ***sich bei etw/in etw*** *akk* ~ s'investir dans qc

einǀbrocken *vt (fam)* ***jdm etwas [Schönes]*** ~ mettre qn dans le pétrin

Einbruch [ˈai̯nbrʊx] *m* ❶ cambriolage *m;* ***~ in etw*** *akk* cambriolage de qc ❷ *kein Pl (Einsturz)* effondrement *m* ❸ *kein Pl (das Fallen) des Kurses* chute *f* ❹ *(Verluste)* échec *m* ❺ *(Beginn) des Winters* irruption *f*

einǀbuchten *vt (sl)* coffrer *fam,* mettre en taule *arg;* ***jdn*** ~ coffrer qn *fam,* mettre qn en taule *arg*

einǀbuddeln *(fam)* **I.** *vt* enterrer, enfouir **II.** *vr* ***sich*** ~ s'enterrer

einǀbürgern [ˈai̯nbʏrgɐn] **I.** *vt* ❶ ADMIN naturaliser; ***sich in der*** [*o* ***die***] ***Schweiz ~ lassen*** se faire naturaliser Suisse ❷ *(heimisch machen)* acclimater *Tier, Pflanze* ❸ *(verbreiten)* importer *Fremdwort, Brauch* **II.** *vr* ❶ *(übernommen werden)* ***sich*** ~ *Fremdwort, Brauch:* s'implanter ❷ *(üblich werden)* ***das hat sich bei uns/in der Firma so eingebürgert*** c'est devenu une habitude chez nous/dans l'entreprise

Einbürgerung <-, -en> *f* ❶ ADMIN naturalisation *f* ❷ *kein Pl eines Tieres, einer Pflanze* acclimatation *f* ❸ *kein Pl eines Fremdworts, Brauchs* importation *f*

Einbürgerungsantrag *m* ADMIN, POL demande *f* de naturalisation

Einbürgerungstest *m* ≈ test *m* de naturalisation

Einbuße *f* perte *f;* ***finanzielle ~n erleiden*** subir des pertes financières

einǀbüßen **I.** *vt* perdre; ***sein Leben*** ~ perdre la vie **II.** *vi* ***sehr an Ansehen*** ~ perdre beaucoup de son crédit

ein|checken ['aintʃɛkən] **I.** *vi* ❶ *Fluggast:* se faire enregistrer; ***nach dem Einchecken*** après l'enregistrement ❷ *(absteigen)* ***im Hotel*** ~ descendre dans l'hôtel; *(sich anmelden)* se présenter à l'hôtel **II.** *vt* enregistrer *Fluggast;* faire enregistrer *Gepäck*

ein|cremen **I.** *vt* mettre de la crème; ***er cremt ihr den Rücken ein*** il lui met de la crème sur le dos **II.** *vr* ***sich*** *dat* ***das Gesicht*** ~ se mettre de la crème sur le visage

ein|dämmen ['aindɛmən] *vt (a. fig)* endiguer, enrayer *Seuche;* circonscrire *Brand*

ein|decken **I.** *vr* ***sich mit Gemüse/Fleisch*** ~ s'approvisionner en légumes/viande; ***sich mit Holz/Kohle*** ~ faire des provisions de bois/charbon **II.** *vt* ❶ ***das Dach mit etw*** ~ couvrir le toit de qc ❷ *(fam: überhäufen)* ***jdn mit etw*** ~ submerger qn de qc

eindeutig ['aindɔytɪç] **I.** *adj* ❶ *(unmissverständlich)* clair(e); *Absage, Weigerung, Bitte* explicite ❷ *(unzweifelhaft) Beweis, Niederlage, Sieg* indiscutable **II.** *adv (ohne jeden Zweifel)* manifestement; ***ganz*** ~ de toute évidence

Eindeutigkeit <-> *f (Unzweifelhaftigkeit)* netteté *f,* évidence *f; eines Beweises* caractère *m* indiscutable

ein|deutschen ['aindɔytʃən] *vt* LING, POL germaniser

ein|dicken **I.** *vt + haben* épaissir *Soße* **II.** *vi + sein Soße:* épaissir

eindimensional *adj* ❶ unidimensionnel(le) ❷ *Denkweise* monolithique

ein|dösen *vi + sein (fam)* s'assoupir

ein|dringen *vi irr + sein* ❶ ***in etw*** *akk* ~ *Einbrecher:* s'introduire dans qc; *Truppen, Wasser:* pénétrer dans qc ❷ *(sich einarbeiten)* ***in die Materie*** ~ étudier plus à fond le sujet ❸ *(bestürmen)* ***mit etw auf jdn*** ~ harceler qn de qc

eindringlich **I.** *adj Bitte, Stimme, Warnung* pressant(e); *Rede* suppliant(e) **II.** *adv bitten, warnen* avec insistance

Eindringlichkeit *f einer Bitte, Warnung* insistance *f*

Eindringling ['aindrɪŋlɪŋ] <-s, -e> *m* intrus(e) *m(f)*

Eindruck ['aindrʊk] <-drücke> *m* ❶ impression *f;* ***den*** ~ ***haben, dass ...*** avoir l'impression que ...; ***von jdm/etw den*** ~ ***gewinnen, dass ...*** avoir peu à peu le sentiment à propos de qn/qc que ...; ***den*** ~ ***erwecken, als sei alles in Ordnung*** donner l'impression que tout va bien; ***Eindrücke sammeln*** emmagasiner des impressions ❷ *(Wirkung, Effekt)* ***unter dem*** ~ ***einer S.*** *gen* ***stehen*** être sous le coup de qc ❸ *(Abdruck)* empreinte *f*

ein|drücken **I.** *vt* ❶ *(beschädigen)* ***etw*** ~ *Person, Wassermassen:* enfoncer qc; *Sturm, Explosion:* défoncer qc, démolir qc ❷ *(verletzen)* ***das Lenkrad hat ihm den Brustkorb eingedrückt*** le volant lui a écrasé la cage thoracique **II.** *vr* ***sich in etw*** *akk* ~ *Tischbeine, Reifen:* laisser des marques sur qc

eindrücklich ['aindrʏklɪç] CH, **eindrucksvoll** **I.** *adj* impressionnant(e) **II.** *adv* de façon saisissante

eine(r, s) *pron indef* ❶ *(jemand)* quelqu'un; ~ ***aus der Nachbarschaft*** une voisine; ***~s der Kinder*** un des enfants; ***du bist mir ~r!*** *(fam)* [non mais,] toi alors!; ***das ist ~r!*** c'est quelqu'un!; *s. a.* **ein** ❷ *(fam: man)* ***und das soll ~r glauben?*** laisse-moi rire! ❸ *(eine Sache)* ***~s*** [*o* ***eins***] ***gefällt mir nicht an ihm*** il y a une chose qui me déplaît en lui; *s. a.* **eins** ▶ **~r für alle, alle für ~n** *(prov)* un pour tous, tous pour un

ein|ebnen *vt* aplanir

eineiig ['ainʔaiɪç] *adj* ***~e Zwillinge*** de vrais jumeaux

eineinhalb *num* un(e) ... et demi(e)

eineinhalbmal *adv* une fois et demie; *s. a.* **achtmal**

einem *pron indef, dat von* **man** ***solch ein Entschluss fällt*** ~ ***schwer*** on a du mal à prendre une telle décision; ***wenn*** ~ ***das nicht gefällt*** si on n'aime pas cela

einen ['ainən] *pron indef, akk von* **man** ***das freut*** ~ on s'en réjouit; ***er grüßt*** ~ ***nie*** il ne vous dit jamais bonjour

ein|engen *vt* ❶ *(bedrängen)* étouffer ❷ *(beschränken)* ***jdn in etw*** *dat* ~ restreindre qn dans qc ❸ *(beengen) Kleidungsstück:* serrer

einer *pron s.* **eine(r, s)**

Einer <-s, -> *m* ❶ MATH unité *f* ❷ SPORT skif[f] *m*

einerlei ['ainɐ'lai] *adj inv* ~ ***sein*** être égal; ***das ist mir/ihm*** ~ ça m'est/lui est égal

Einerlei <-s> *nt* monotonie *f*

einerseits ['ainɐ'zaits] *adv* ***~ ... andererseits ...*** d'un côté ..., de l'autre [côté] ...

eines *pron s.* **eine(r, s)**

Ein-Euro-Job, **Eineurojob** [ain'ʔɔyro-] <-s, -s> *m (pej)* job *m* à un euro *(emploi réservé aux bénéficiaires de l'allocation chômage)*

einfach ['ainfax] **I.** *adj* ❶ *(nicht schwierig,*

nicht kompliziert) facile; ***eine ganz ~e Konstruktion*** une construction élémentaire; ***es sich*** *dat* ***mit etw zu ~ machen*** s'en tirer un peu vite avec qc ❷ *(nicht doppelt) Knoten, Faden* simple; *Ausfertigung* en un exemplaire ❸ *(nicht hin und zurück)* ***eine ~e Fahrkarte*** un aller simple **II.** *adv* ❶ *(leicht) erklären* simplement; ***~ zu verstehen sein*** être facile à comprendre ❷ *(geradezu)* vraiment ❸ *(ohne Umstände) weggehen, hinunterschlingen* tout bonnement ❹ *(verstärkend)* ***es will ~ nichts werden*** ça ne veut pas marcher

E

Einfachheit <-> *f* simplicité *f;* ***der ~ halber*** pour plus de simplicité

ein|fädeln ['aɪnfɛːdəln] **I.** *vt* ❶ enfiler; ***einen Faden/einen Film in etw*** *akk* ~ faire passer un fil/engager une pellicule dans qc ❷ *(fam: einleiten)* combiner *Geschäft;* manigancer *Intrige* **II.** *vr* ***sich in etw*** *akk* ~ *Autofahrer:* s'insérer dans qc

ein|fahren *irr* **I.** *vi + sein* ❶ faire son entrée; ***in etw*** *akk* ~ *Rennfahrer:* faire son entrée dans/sur qc; ***in den Bahnhof/Hafen*** ~ entrer en gare/dans le port ❷ MIN ***in etw*** *akk* ~ descendre dans qc **II.** *vt + haben* ❶ *(kaputt fahren)* défoncer *Mauer* ❷ *(einziehen)* rentrer *Antenne, Fahrgestell* ❸ *(zu benutzen beginnen)* roder *Auto*

Einfahrt *f* ❶ *kein Pl des Zuges* entrée *f* en gare; *des Schiffes* arrivée *f* au port; ***~ haben*** *Zug:* entrer en gare ❷ *(Zufahrt)* voie *f* d'accès; ***~ freihalten!*** sortie de véhicules!

Einfall ['aɪnfal] *m* ❶ *(Idee)* idée *f* ❷ MIL ***der ~ des Feindes in unser Land*** l'invasion de notre pays par l'ennemi ❸ *kein Pl (das Einfallen) des Lichtes, der Strahlen* pénétration *f*

ein|fallen *vi irr + sein* ❶ *(in den Sinn kommen)* ***jdm*** ~ venir à l'esprit de qn; ***sich*** *dat* ***etwas ~ lassen*** trouver quelque chose; ***was fällt Ihnen ein!*** qu'est-ce qui vous prend? *fam* ❷ *(in Erinnerung kommen)* ***jdm fällt etw [wieder] ein*** qn retrouve qc ❸ *(einstürzen)* s'écrouler ❹ *(eindringen)* ***in etw*** *akk* ~ envahir qc ❺ *(hereinströmen)* ***in etw*** *akk* ~ *Licht:* rentrer dans qc ❻ *(einsinken) Gesicht, Wangen:* se creuser

einfallslos *adj o adv* sans imagination

Einfallslosigkeit <-> *f einer Person* manque *m* d'imagination

einfallsreich **I.** *adj* qui fait preuve d'imagination **II.** *adv* de façon ingénieuse; *(originell)* de manière originale **Einfallsreichtum** *m kein Pl* ingéniosité *f*

Einfallswinkel *m* angle *m* d'incidence

Einfalt ['aɪnfalt] <-> *f* naïveté *f*

einfältig ['aɪnfɛltɪç] *adj Person, Frage* naïf, -ïve; *Gemüt* candide

Einfaltspinsel *m (pej fam)* gogo *m,* nigaud(e) *m(f)*

Einfamilienhaus *nt* maison *f* individuelle

ein|fangen *irr* **I.** *vt* ❶ prendre *Person;* capturer *Tier* ❷ *(wiedergeben)* ***die Stimmung in einem Bild*** ~ rendre l'ambiance dans un tableau **II.** *vr (fam)* ***sich*** *dat* ***einen Schnupfen*** ~ attraper un rhume

ein|färben *vt* ❶ teindre; ***die Haare/einen Stoff schwarz*** ~ teindre ses cheveux/un tissu en noir ❷ TYP ***etw mit Druckfarbe*** ~ encrer qc avec de l'encre d'imprimerie

einfarbig **I.** *adj* d'une seule couleur; *Stoff* uni(e) **II.** *adv streichen* d'une seule couleur

ein|fassen *vt* ❶ border *Beet* ❷ *(mit Borte)* galonner ❸ sertir *Edelstein*

ein|fetten *vt* graisser *Leder, Backform*

ein|finden *vr irr (form)* ***sich*** ~ *Gäste:* arriver

ein|flechten *vt unreg* ❶ tresser *Band, Muster;* entrelacer *Bänder;* ***Blumen in einen Kranz*** ~ tresser des fleurs dans une couronne ❷ *(einfließen lassen)* ***Kommentare in seine Rede*** ~ glisser des commentaires dans son discours; ***~, dass*** glisser [*o* signaler] que

ein|fließen *vi irr + sein* ❶ *(einen Zuschuss darstellen)* être alloué(e); ***in etw*** *akk* ~ être alloué à qc ❷ *(nebenbei bemerken)* ***etw ~ lassen*** mentionner [incidemment] qc

ein|flößen *vt* ❶ *(geben)* ***jdm Arznei*** ~ faire prendre des médicaments à qn ❷ *(erwecken)* ***jdm Ehrfurcht/Vertrauen*** ~ inspirer du respect/[de la] confiance à qn; ***du flößt ihm Angst ein*** tu lui fais peur

Einflugschneise *f* axe *m* d'atterrissage

Einfluss *m* ❶ *(Wirkung) einer Person* influence *f; der Witterung, des Windes* action *f;* ***auf etw*** *akk* ***~ nehmen*** peser sur qc ❷ *(Beziehungen)* ***seinen ~ geltend machen*** faire jouer son crédit

Einflussbereich *m* ❶ POL sphère *f* d'influence ❷ METEO zone *f* d'influence **Einflussnahme** <-, *selten:* -n> *f* influence *f;* ***seine ~ auf ihn/die Politik*** son influence *f* sur lui/la politique **einflussreich** *adj* influent(e)

ein|flüstern *vt (pej)* souffler; ***jdm etw*** ~ souffler qc à [l'oreille de] qn

ein|fordern ['aɪnfɔrdən] *vt (geh)* exiger; ***etw von jdm*** ~ exiger qc de qn

einförmig ['aɪnfœrmɪç] **I.** *adj* uniforme **II.** *adv verlaufen* de façon uniforme

ein|frieden ['aɪnfriːdən] *vt (geh)* enclore

ein|frieren *irr* **I.** *vi + sein Wasserleitung:* geler; ***im See*** ~ *Boot, Pflanzen:* être pris dans les glaces du lac **II.** *vt + haben* ❶ *(konservieren)* congeler *Lebensmittel* ❷ *(suspendieren)* geler *Projekt, Gehälter*

ein|fügen I. *vt* rajouter **II.** *vr* ❶ *(sich anpassen)* ***sich in eine Gemeinschaft*** ~ s'adapter à une communauté ❷ *(hineinpassen)* ***sich gut in die Landschaft*** ~ *Bauwerk:* bien s'intégrer dans l'environnement

Einfügetaste *f* INFORM touche *f* "insertion"

ein|fühlen *vr* ***sich in jdn*** ~ se mettre à la place de qn

einfühlsam ['ainfy:lza:m] **I.** *adj Person, Verhalten, Worte* compréhensif, -ive **II.** *adv vorgehen, sich verhalten* avec tact; *schildern* avec beaucoup de sensibilité

Einfühlungsvermögen *nt (gegenüber Menschen)* faculté *f* d'identification

Einfuhr ['ainfu:ɐ] <-, -en> *f* importation *f*

ein|führen I. *vt* ❶ *(importieren)* importer ❷ *(bekannt machen)* introduire, établir *Sitte;* lancer *Artikel* ❸ *(einweisen)* ***jdn in seine Arbeit*** ~ initier qn à son travail ❹ *(hineinschieben)* ***etw in etw*** *akk* ~ introduire qc dans qc **II.** *vr* ***sich gut/hervorragend*** ~ *Person:* faire bonne/très bonne impression **III.** *vi* ***in etw*** *akk* ~ *Person, Vortrag:* initier à qc; ***~de Worte*** paroles d'introduction

Einfuhrgenehmigung *f* licence *f* d'importation **Einfuhrsperre** *f* arrêt *m* des importations

Einführung *f* ❶ *(Einweisung)* initiation *f;* ***die ~ in eine Tätigkeit/neue Aufgabe*** l'initiation à une activité/une nouvelle tâche; ***die ~ in ein Amt*** l'installation *f* dans une fonction ❷ *(Einleitung)* ***die ~ in etw*** *akk* l'introduction *f* à qc

Einfuhrverbot *nt s.* **Einfuhrsperre Einfuhrzoll** *m* taxe *f* à l'importation

ein|füllen *vt* verser; ***etw in einen Behälter*** ~ verser qc dans un récipient

Eingabe *f* ❶ ADMIN pétition *f* ❷ INFORM entrée *f*

Eingabegerät *nt* INFORM périphérique *m* d'entrée-sortie **Eingabetaste** *f* INFORM touche *f* "entrée"

Eingang ['aingaŋ] <-gänge> *m* ❶ entrée *f;* ***kein ~!*** entrée interdite! ❷ *Pl (Eingangspost im Büro)* courrier *m* ❸ *kein Pl (Erhalt)* réception *f*

eingängig I. *adj* ❶ *(einprägsam) Spruch, Slogan* évocateur, -trice ❷ *(einleuchtend) Erklärung, Theorie* limpide **II.** *adv* d'une façon limpide

eingangs ['aingaŋs] **I.** *adv* au début **II.** *präp +gen* au début de

Eingangshalle *f* hall *m* d'entrée **Eingangsstempel** *m* cachet *m* de réception **Eingangstür** *f* porte *f* d'entrée

ein|geben *vt irr* ❶ *(verabreichen)* ***jdm etw*** ~ administrer qc à qn ❷ INFORM ***etw in den Computer*** ~ entrer qc dans l'ordinateur ❸ *(geh: inspirieren)* ***jdm einen Gedanken/eine Idee*** ~ inspirer une pensée/idée à qn

eingebildet *adj* ❶ *(pej: hochmütig)* prétentieux, -euse ❷ *(imaginär)* imaginaire

eingeboren *adj (einheimisch)* autochtone

Eingeborene(r) *f(m) dekl wie adj* autochtone *mf*

Eingebung <-, -en> *f* inspiration *f*

eingefahren *adj Verhaltensweise* conventionnel(le)

eingefallen *adj Gesicht* émacié(e); *Wangen* creux, -euse

eingefleischt ['aingəflaiʃt] *adj attr Junggeselle, Optimist* endurci(e); *Demokrat* convaincu(e)

ein|gehen *irr* **I.** *vi + sein* ❶ *(ankommen)* arriver; ***im Sekretariat*** ~ *Post:* arriver au secrétariat ❷ FIN ***auf dem Konto*** ~ être viré sur le compte ❸ *(sterben)* ***an etw*** *dat* ~ *Tier, Pflanze:* mourir de qc ❹ *(einlaufen)* ***beim Waschen*** ~ *Kleidung:* rétrécir au lavage ❺ *(sich auseinandersetzen)* ***auf jdn/etw*** ~ s'occuper de qn/aborder qc ❻ *(zustimmen)* ***auf ein Angebot*** ~ accepter une offre ❼ *(Aufnahme finden)* ***in die Geschichte*** ~ entrer dans l'histoire ❽ *(fam: einleuchten)* ***es will mir nicht ~, dass ...*** je n'arrive pas à comprendre que ... **II.** *vt + sein* accepter *Kompromiss;* courir *Risiko;* prendre *Verpflichtung;* faire *Wette;* conclure *Bündnis*

eingehend ['ainge:ənt] **I.** *adj* détaillé(e) **II.** *adv* à fond

Eingemachte(s) *nt dekl wie adj* conserves *f pl*

eingenommen *adj* ***gegen jdn/etw ~ sein*** avoir des préjugés contre qn/qc; ***von sich*** *dat* ***~ sein*** *(pej)* être imbu de soi-même

eingeschnappt I. *PP von* **einschnappen II.** *adj (pej fam)* vexé(e) ▶ **gleich ~ sein** prendre la mouche

eingeschränkt ['aingəʃrɛnkt] *adj Möglichkeiten* limité(e)

eingeschrieben I. *adj Mitglied* inscrit(e); *Brief, Sendung* recommandé(e) **II.** *adv* en recommandé

eingeschworen *adj* ***auf etw*** *akk* ***~ sein***

E

Konsument: ne jurer que par qc; *Politiker, Fraktion:* être attaché(e) à qc

eingespannt *adj [sehr]* ***~ sein*** être [très] pris

eingespielt *adj* bien rodé(e); ***gut aufeinander ~ sein*** former une bonne équipe

Eingeständnis *nt* aveu *m*

ein|gestehen* *irr* **I.** *vt* admettre *Irrtum, Schwäche* **II.** *vr* ***sich*** *dat* ***~, dass …*** s'avouer que …

eingestellt *adj* ❶ *(gesinnt)* ***konservativ ~ sein*** être conservateur; ***fortschrittlich ~e Menschen*** des partisans du progrès ❷ *(vorbereitet)* ***auf Besuch ~ sein*** s'attendre à [recevoir] de la visite ❸ *(ausgerichtet)* ***sie war auf einen ruhigen Tag ~*** elle pensait passer un jour tranquille

eingetragen *adj Mitglied* inscrit(e); *Verein* déclaré(e); *Warenzeichen* déposé(e)

Eingeweide <-s, -> *nt meist Pl* viscères *mpl*

Eingeweihte(r) *f(m) dekl wie adj (Experte)* initié(e) *m(f)*

Eingewöhnung *f* acclimatation *f*

ein|gießen *vt irr* verser; ***[jdm] Saft ~*** servir du jus [à qn]; ***sich*** *dat* ***noch etwas ~*** se reverser [quelque chose] à boire

eingleisig ['aɪnglaɪzɪç] *adj Strecke* à voie unique

ein|gliedern **I.** *vt* ❶ *(integrieren)* réinsérer; ***jdn [wieder] in etw*** *akk* ***~*** réinsérer qn dans qc ❷ ADMIN, POL ***etw in ein Unternehmen ~*** incorporer qc dans une entreprise **II.** *vr* ***sich in etw*** *akk* ***~*** s'intégrer dans qc

Eingliederung *f* réinsertion *f; einer Behörde* incorporation *f; (Integration)* intégration *f*

ein|graben *irr* **I.** *vt* enterrer; ***jdn/etw in etw*** *akk* ***~*** enterrer qn/qc dans qc **II.** *vr* ***sich in etw*** *akk* ***~*** *Fluss:* s'enfoncer dans qc

ein|gravieren* *vt* graver; ***etw in etw*** *akk* ***~*** graver qc dans qc

ein|greifen *vi irr* ❶ *(einschreiten)* intervenir; ***durch das Eingreifen der Polizei*** grâce à l'intervention de la police ❷ *(sich einschalten)* ***in etw*** *akk* ***~*** intervenir dans qc; ***helfend ~*** donner un coup de main

ein|grenzen *vt* ❶ délimiter *Grundstück, Gebiet* ❷ *(fig)* limiter

Eingriff *m* ❶ MED intervention *f* ❷ *(Übergriff)* ***ein ~ in etw*** *akk* une atteinte à qc

ein|haken **I.** *vt* accrocher; ***etw in etw*** *akk* ***~*** accrocher qc dans qc **II.** *vi (fam)* ***bei einem Thema/an einem Punkt ~*** réagir aussitôt à propos d'un sujet/sur un point **III.** *vr* ***sich bei jdm ~*** prendre le bras à qn

Einhalt ['aɪnhalt] *m (geh)* ***jdm/einer S.*** *akk* ***~ gebieten*** arrêter qn/qc

ein|halten *irr* **I.** *vt* ❶ *(beachten)* respecter *Abmachung;* suivre *Diät* ❷ *(beibehalten)* maintenir *Geschwindigkeit, Kurs* **II.** *vi (geh)* s'interrompre

ein|handeln *vt (fam: hinnehmen müssen)* ***sich*** *dat* ***Probleme/Ärger ~*** s'attirer des problèmes/des ennuis

einhändig ['aɪnhɛndɪç] **I.** *adj* manchot(e) **II.** *adv* d'une [seule] main

ein|hängen **I.** *vt* ❶ *(montieren)* accrocher *Tür, Fenster* ❷ *(auflegen)* raccrocher *Hörer* **II.** *vi* raccrocher **III.** *vr* ***sich bei jdm ~*** prendre le bras à qn

ein|hauen *irr* **I.** *vt* démolir **II.** *vi* ***auf jdn/etw ~*** taper sur qn/qc

ein|heben *vt irr* A encaisser *Geld, Steuern*

ein|heften *vt* classer

einheimisch ['aɪnhaɪmɪʃ] *adj* ❶ *(ortsansässig) Bevölkerung, Pflanzen, Tiere* local(e); *(in dem Land, der Gegend ansässig)* indigène ❷ *(opp: ausländisch) Produkt, Industrie* national(e); *Mannschaft* local(e)

Einheimische(r) *f(m) dekl wie adj (Ortsansässiger)* habitant(e) *m(f); (Inländer)* personne *f* du pays; ***die ~n*** *(Ortsbewohner)* les gens *mpl* du coin; *(Inländer)* les gens *mpl* du pays

Einheit ['aɪnhaɪt] <-, -en> *f* ❶ *a.* MIL unité *f;* ***eine [geschlossene] ~ bilden*** former un tout ❷ *(Einigkeit)* union *f* ❸ *(Telefoneinheit)* unité *f*

einheitlich ['aɪnhaɪtlɪç] **I.** *adj* ❶ *(gleich) Farbe, Kleidung* uniforme ❷ *(in sich geschlossen) Gestaltung, Werk* homogène; *Front* unitaire **II.** *adv handeln, vorgehen* de façon unitaire; *gestalten* de façon homogène; *sich kleiden* de façon uniforme

Einheitlichkeit <-> *f* ❶ *(Gleichheit)* uniformité *f* ❷ *(Geschlossenheit)* homogénéité *f*

Einheitsbrei *m kein Pl (pej fam)* bouillie *f* uniforme **Einheitslook** [-lʊk] <-s, -s> *m* look *m* uniforme **Einheitspartei** *f* parti *m* unique **Einheitspreis** *m* prix *m* unique **Einheitstarif** *m* tarif *m* unique

ein|heizen *vi* ❶ mettre le chauffage; ***tüchtig ~*** bien chauffer ❷ *(fam)* ***jdm ~*** *(die Meinung sagen)* secouer les puces à qn

einhellig ['aɪnhɛlɪç] *adj* unanime

Einhelligkeit *f* unanimité *f*

ein|holen *vt* ❶ *(einziehen)* [r]amener *Netz;* amener *Fahne, Segel* ❷ *(anfordern)* demander *Gutachten* ❸ *(erreichen)* rattraper ❹ *(wiedereinholen)* rattraper *Versäumtes, Zeit*

Einhorn *nt* licorne *f*

ein|hüllen **I.** *vt (geh)* envelopper **II.** *vr (geh)* ***sich in eine Decke ~*** s'envelopper dans une couverture

einhundert *num* cent

einig ['aɪnɪç] *adj* ❶ *(geeint)* uni(e) ❷ *(einer Meinung)* ***sich*** *dat* ***über etw*** *akk* ***~ sein/werden*** être/se mettre d'accord sur qc; ***sich*** *dat* ***[darüber] ~ sein, dass*** être d'accord pour que *+subj*

einige(r, s) ['aɪnɪgə, -gɐ, -gəs] *pron indef* ❶ *(ziemlich viel, ziemlich groß)* ***~s Geld/~ Zeit*** pas mal d'argent/de temps; ***in ~r Entfernung*** à une certaine distance; ***~s an Mut*** une certaine dose de courage; ***das kostet aber ~s!*** ça n'est pas donné! ❷ *(mehrere)* plusieurs; ***~ Tausend Teilnehmer*** plusieurs milliers de participants; ***in/vor ~n Tagen*** dans/il y a quelques jours; ***~ Mal*** plusieurs fois; ***~ von euch*** quelques-uns d'entre vous; ***nur ~ wenige*** seuls quelques-uns; ***mit Ausnahme ~r weniger*** à l'exception d'un petit nombre de gens; ***~ andere*** certains autres

einigen **I.** *vr* ***sich ~*** se mettre d'accord; ***sich auf/über etw*** *akk* ***~*** se mettre d'accord sur qc **II.** *vt* ***Menschen/ein Volk ~*** unifier des personnes/un peuple

einiger *pron s.* **einige(r, s)**

einigermaßen **I.** *adv* ❶ *(ziemlich)* relativement; ***ich bin ~ überrascht, dass*** je suis relativement surpris que *+subj* ❷ *(leidlich)* moyennement; ***er hat sich wieder ~ erholt*** il s'est à peu près remis **II.** *adj (fam)* ***der Film/der Nachtisch war ~*** le film/le dessert n'était pas trop mal

einiges *s.* **einige(r, s)**

Einigkeit <-> *f* ❶ *(Eintracht) einer Nation, eines Volkes* union *f* ❷ *(Übereinstimmung)* entente *f;* ***in diesem Punkt herrscht ~*** tous les avis sont unanimes sur ce point

Einigung <-, -en> *f* ❶ *kein Pl (das Vereinen) von Staaten* unification *f;* ***die ~ Europas*** l'union *f* de l'Europe ❷ *(Übereinstimmung, Vereinbarung)* accord *m*

ein|jagen *vt* ***jdm Furcht/Schrecken ~*** effrayer qn; ***jdm Angst ~*** faire peur à qn

einjährig ['aɪnjɛːrɪç] *adj* ❶ *Kind, Tier* [âgé(e)] d'un an ❷ BOT annuel(le) ❸ *(ein Jahr dauernd)* d'un an

ein|kalkulieren* *vt* ❶ *(mit bedenken)* ***[mit] ~, dass ...*** tenir compte du fait que ... ❷ *(mit einrechnen)* ***etw in seine Berechnungen [mit] ~*** inclure qc dans ses calculs

ein|kassieren* *vt* ❶ *(kassieren)* encaisser; ***einen Betrag von jdm ~*** encaisser une somme auprès de qn ❷ *(fam: wegnehmen)* embarquer

Einkauf *m (das Einkaufen)* achat *m*

ein|kaufen **I.** *vt* acheter; ***etw billig/teuer ~*** acheter qc bon marché/cher **II.** *vi* ***~ gehen*** aller faire des/les courses **III.** *vr (einen Anteil erwerben)* ***sich in etw*** *akk* ***~*** acheter des parts dans qc

Einkäufer(in) *m(f)* acheteur, -euse *m, f*

Einkaufsbummel *m* lèche-vitrine[s] *m*

Einkaufskorb *m* panier *m* à provisions

Einkaufsliste *f* liste *f* d'achats **Einkaufspassage** *f* passage *m* commercial **Einkaufspreis** *m* prix *m* coûtant; ***zum ~*** à prix coûtant **Einkaufstasche** *f* sac *m* à provisions **Einkaufstüte** *f* sac *m* à provisions **Einkaufswagen** *m* chariot *m* **Einkaufszeile** *f* alignement *m* de boutiques; *(Haupteinkaufsstraße)* rue *f* commerçante **Einkaufszentrum** *nt* centre *m* commercial **Einkaufszettel** *m* liste *f* des commissions

Einkehr <-> *f* ❶ *(geh: Besinnung)* méditation *f;* ***~ halten*** se recueillir ❷ *(veraltet: Gaststättenbesuch)* ***in einem Gasthof ~ halten*** s'arrêter dans une auberge pour se restaurer

ein|kehren *vi + sein (geh)* s'installer; ***bei jdm [wieder] ~*** *Ruhe, Friede, Not:* s'installer chez qn

Einkerbung <-, -en> *f* ❶ *kein Pl (das Einkerben)* gravure *f* ❷ *(Eingekerbtes)* inscription *f*

ein|kesseln *vt* encercler

ein|klagen *vt* opposer juridiquement *Anspruch, Zusage;* poursuivre le recouvrement de *Schulden*

ein|klammern *vt* ***etw ~*** *(mit runden Klammern versehen)* mettre qc entre parenthèses; *(mit eckigen Klammern versehen)* mettre qc entre crochets

Einklang *m (geh)* harmonie *f*

ein|kleben *vt* coller

ein|kleiden **I.** *vt* habiller *Rekruten, Novizen* **II.** *vr* ***sich neu ~*** renouveler sa garde-robe

ein|klemmen *vt (quetschen)* coincer

ein|klinken **I.** *vt* ❶ *(schließen)* enclencher *Tür* ❷ *(einrasten lassen)* enclencher, accrocher *Sicherheitsgurt;* ***ein Seil in etw*** *akk* ***~*** accrocher une corde dans qc **II.** *vi* *Tür:* s'enclencher **III.** *vr (fam)* ***sich in etw*** *akk* ***~*** se mêler à qc

ein|knicken **I.** *vi + sein* ❶ *Person:* se tordre

E

le pied; ***in*** [*o* ***mit***] ***den Knien*** ~ se tordre les genoux; ***mein Fuß knickt dauernd ein*** je me tords continuellement le pied ❷ *(geknickt werden) Papier, Bild:* se plier; ***am Rand/an der Ecke eingeknickt*** écorné(e) **II.** *vt + haben* plier *Papier;* casser *Streichholz, Zweig*

ein|kochen **I.** *vt + haben* ***etw*** ~ mettre qc en conserve **II.** *vi + sein* réduire

E

Einkommen <-s, -> *nt* revenu *m*

Einkommensgrenze *f (obere Grenze)* plafond *m* de ressources; *(untere Grenze)* seuil *m* de revenus **Einkommensgruppe** *f* catégorie *f* de revenus **einkommensschwach** *adj* à faibles revenus **Einkommen[s]steuer** *f* impôt *m* sur le revenu

Einkommen[s]steuererklärung *f* déclaration *f* d'impôts [sur le revenu]

ein|kreisen *vt* ❶ *(kennzeichnen)* entourer *Zahl, Wort, Stelle* ❷ *(umschließen)* encercler *Person, Tier* ❸ *(eingrenzen)* cerner

ein|kriegen *vr (fam)* ***sich*** [***wieder***] ~ se reprendre; ***sich nicht mehr ~ können*** ne plus en pouvoir

Einkünfte ['a̯inkʏnftə] *Pl* revenus *mpl*

ein|laden[1] *vt irr* ❶ inviter; ***jdn zum Essen/in ein Restaurant/zu sich*** ~ inviter qn à manger/au restaurant/chez soi ❷ CH *(auffordern)* ***jdn ~ etw zu tun*** inviter qn à faire qc

ein|laden[2] *vt irr* charger *Waren*

einladend **I.** *adj* ❶ *(auffordernd) Geste* engageant(e); *Blick, Lächeln* enjôleur, -euse ❷ *(appetitlich) Essen* appétissant(e); *Lokal* attrayant(e) **II.** *adv dekorieren, Tisch decken* de façon charmante

Einladung *f* invitation *f*

Einladungskarte *f* carte *f* [*o* carton *m*] d'invitation **Einladungsschreiben** *nt* lettre *f* d'invitation

Einlage <-, -n> *f* ❶ *(Schuheinlage)* semelle *f* [intérieure] ❷ THEAT intermède *m* ❸ GASTR ***Brühe mit ~*** *bouillon enrichi de vermicelles, de légumes ou de petits morceaux de viande* ❹ FIN *(Spareinlage)* dépôt *m; (Beteiligung)* apport *m*

ein|lagern *vt* faire [sa] provision de *Vorräte, Kartoffeln, Kohlen;* entreposer *Brennstäbe, Raketen;* ***eingelagert*** stocké

Einlagerung *f* ❶ *(das Einlagern)* stockage *m* ❷ MINER incrustation *f*

ein|langen ['a̯inlaŋən] *vi* A arriver

Einlass ['a̯inlas, *Pl:* -lɛsə] <-es, -lässe> *m* ❶ *kein Pl (Zutritt)* accès *m;* ~ ***ab 19 Uhr*** ouverture *f* des portes à partir de 19 heures; ~ ***finden*** être admis ❷ TECH admission *f*

ein|lassen *irr* **I.** *vt* ❶ *(eintreten lassen)* faire entrer ❷ *(einlaufen lassen)* ***sich*** *dat* ***ein Bad*** ~ se faire couler un bain ❸ *(einarbeiten)* ***etw in Holz/Metall*** ~ incruster qc dans du bois/métal ❹ A *(bohnern)* cirer *Boden* **II.** *vr* ❶ *(eingehen auf)* ***sich auf eine Diskussion*** ~ s'embarquer dans une discussion ❷ *(pej: Kontakt aufnehmen)* ***sich mit jdm*** ~ s'acoquiner avec qn ❸ JUR ***sich zu etw*** ~ déposer des conclusions concernant qc

Einlauf *m* ❶ *kein Pl (das Betreten)* ~ ***ins Stadion*** entrée *f* dans le stade ❷ *kein Pl (das Hineinlaufen)* ~ ***ins Ziel*** franchissement *m* de la ligne d'arrivée ❸ MED lavement *m*

ein|laufen *irr* **I.** *vi + sein* ❶ *(kleiner werden) Pullover:* rétrécir ❷ *(hineinströmen) Badewasser:* couler ❸ *(hineinlaufen)* ***ins Stadion*** ~ faire son entrée dans le stade; ***in die Zielgerade*** ~ aborder la dernière ligne droite ❹ *(einfahren)* ***in den Hafen*** ~ entrer dans le port **II.** *vt + haben* ***Schuhe*** ~ faire des chaussures [à son pied] **III.** *vr* ***sich*** ~ *Sprinter:* [courir pour] s'échauffer; *Maschine:* se roder

ein|läuten *vt* ❶ *Glocken:* sonner [pour annoncer]; ***den Sonntag*** ~ *Glocken:* sonner [pour annoncer] dimanche ❷ SPORT ***eine neue Runde*** ~ sonner le début d'un nouveau round ❸ *(fig)* ***den Wahlkampf*** ~ ouvrir la campagne électorale

ein|leben *vr* ***sich*** ~ s'acclimater; ***sich bei jdm/in etw*** *akk o dat* ~ s'intégrer chez qn/s'acclimater à qc

ein|legen *vt* ❶ *(hineintun)* introduire *Kassette;* mettre *Sohlen* ❷ *(die Gangschaltung betätigen)* passer *Gang* ❸ GASTR faire mariner *Heringe* ❹ *(machen)* faire *Pause, Sonderschicht* ❺ *(geltend machen)* émettre *Protest* ❻ *(einzahlen)* déposer *Gelder* ❼ *(einarbeiten)* incruster *Intarsien*

Einlegesohle *f* semelle *f*

ein|leiten *vt* ❶ ouvrir *Untersuchung;* engager *Verfahren;* ***gegen jdn Maßnahmen/Schritte*** ~ prendre des mesures/entamer une action contre qn ❷ MED provoquer *Geburt* ❸ *(den Beginn darstellen)* marquer le début de *Zeitalter* ❹ *(den Auftakt bilden)* introduire *Buch* ❺ *(hineinleiten)* ***Abwässer in einen See*** ~ déverser des eaux usées dans un lac

einleitend **I.** *adj* préliminaire **II.** *adv* en [guise d']introduction

Einleitung *f* ❶ *(Beginn)* préface *f* ❷ *kein*

Pl (die Inangriffnahme) einer Untersuchung ouverture *f; eines Verfahrens* introduction *f; von Maßnahmen* prise *f; von Schritten* mise *f* en œuvre ❸ *kein Pl (das Einleiten) von Abwasser* déversement *m*

ein|lenken *vi (sich versöhnlich zeigen)* lâcher du lest

ein|lesen ['ainle:zən] *irr* **I.** *vt* INFORM entrer par lecture directe; ***etw in den Rechner ~*** entrer qc dans l'ordinateur par lecture directe **II.** *vr* ***sich in ein Sachgebiet ~*** se familiariser avec un domaine

ein|leuchten *vi Argument:* être clair; ***es leuchtet mir nicht ein, wieso …*** je ne vois pas bien pourquoi …

einleuchtend I. *adj Erklärung* clair(e); *Argument* convaincant(e) **II.** *adv erklären* clairement; *begründen* de façon convaincante

ein|liefern *vt* déposer; ***etw beim Postamt ~*** déposer qc à la poste; ***jdn ins Krankenhaus/Gefängnis ~*** hospitaliser/incarcérer qn

Einlieferung *f eines Patienten* hospitalisation *f; eines Häftlings* incarcération *f; von Briefen, Paketen* dépôt *m*

Einlieferungsschein *m* POST récépissé *m*

ein|lochen *vt* ❶ *(fam: inhaftieren)* coffrer; ***jdn wegen etw ~*** coffrer qn pour qc ❷ *(ins Loch befördern)* ***den Ball ~*** rentrer la balle [dans le trou]

ein|loggen ['ainlɔgən] *vr* INFORM ***sich ~*** se connecter; ***sich ins Netz/ins Internet ~*** se connecter au réseau/sur Internet

ein|lösen *vt* ❶ FIN honorer *Scheck* ❷ *(auslösen)* retirer *Pfand* ❸ *(wahr machen)* honorer *Versprechen*

Einlösung *f* ❶ *eines Schecks* paiement *m* ❷ *(Auslösung) eines Pfands* retrait *m* ❸ *(das Wahrmachen) eines Versprechens* accomplissement *m*

ein|machen *vt* mettre en bocaux; ***Obst/Gemüse ~*** mettre des fruits/légumes en bocaux

Einmachglas *nt (für Obst, Gemüse)* bocal *m; (für Marmelade)* pot *m* [à confitures]

einmal ['ainma:l] *adv* ❶ *(ein einziges Mal)* une fois; ***wieder ~*** encore une fois; ***~ mehr*** une fois de plus; ***~ vier ist vier*** une fois quatre quatre ❷ *(mal)* un jour; ***~ sagt er dies, ~ das*** il dit tantôt blanc, tantôt noir; ***nicht ~*** [ne] … même pas ❸ *(irgendwann in der Vergangenheit)* autrefois; ***es war ~*** il était une fois ❹ *(irgendwann in der Zukunft)* un jour; ***ich will ~ Pilot werden*** plus tard, je veux être pilote ▶ **auf ~** *(plötzlich)* tout d'un coup; *(an einem Stück)* d'un seul coup

Einmaleins [ainma:l'ʔains] <-> *nt* table *f* de multiplication

einmalig [ain'ma:lɪç] **I.** *adj* unique **II.** *adv schön, gut* extraordinairement

Einmaligkeit <-> *f* caractère *m* exceptionnel

Einmalspritze ['ainma:l-] *f* seringue *f* jetable

Einmarsch *m* ❶ MIL ***~ in ein Land*** invasion *f* d'un pays ❷ *(Einzug)* ***~ ins Stadion*** entrée *f* dans le stade

ein|marschieren* *vi + sein a.* MIL ***in ein Gebiet/Land ~*** envahir un territoire/pays

ein|massieren* *vt* appliquer en massant légèrement; ***[jdm] etw ~*** appliquer qc [à qn] en massant légèrement

ein|mauern *vt* ❶ *(einfügen)* sceller ❷ *(ummauern)* emmurer

Einmeterbrett *nt* tremplin *m* d'un mètre

ein|mischen *vr* ***sich [in etw akk] ~*** s'immiscer [dans qc], se mêler [de qc] *péj;* ***misch dich da nicht ein!*** ne te mêle pas de ça!

Einmischung *f* ingérence *f;* ***~ in fremde Angelegenheiten*** ingérence dans les affaires des autres

einmotorig *adj* monomoteur

ein|münden *vi + sein* ***in etw*** *akk* ~ *Straße:* déboucher sur qc; *Fluss, Rohr:* se jeter dans qc

Einmündung ['ainmʏndʊŋ] *f* ❶ ***an der ~ dieser Straße*** au débouché de cette rue ❷ *(Mündung) eines Flusses* confluent *m; eines Stromes* embouchure *f; eines Rohrs* sortie *f*

einmütig ['ainmy:tɪç] **I.** *adj* unanime **II.** *adv befürworten* d'une seule voix

Einnahme ['ainna:mə] <-, -n> *f* ❶ *(eingenommenes Geld)* rentrée *f* [d'argent] ❷ *Pl (Einkünfte)* revenus *mpl* ❸ *kein Pl (das Einnehmen) eines Medikaments* prise *f* ❹ *kein Pl (das Erobern) einer Stellung, Stadt* prise *f*

Einnahmequelle *f* source *f* de revenus, ressources *fpl*

ein|nehmen *vt irr* ❶ *(verdienen)* encaisser *Geld* ❷ *(einziehen)* percevoir *Steuern* ❸ *(zu sich nehmen)* prendre *Medikament* ❹ *(besetzen)* occuper *Position;* ***seinen Platz ~*** prendre place ❺ *(vertreten)* adopter *Standpunkt* ❻ MIL prendre; ***eingenommen*** conquis ▶ **von sich eingenommen sein** *(pej)* être imbu de sa personne

einnehmend *adj* plein(e) de séduction

ein|nicken *vi + sein (fam)* piquer du nez

ein|nisten *vr* ❶ *(pej: sich niederlassen)* ***sich bei jdm ~*** *Person:* s'incruster chez qn *fam; Ungeziefer:* s'installer chez qn ❷ *(nisten)* ***sich ~*** *Vogel:* nicher ❸ ANAT ***sich in der Gebärmutter ~*** *Ei:* s'implanter dans l'utérus
Einöde ['ai̯nʔøːdə] *f* étendue *f* déserte
ein|ölen I. *vt* ❶ ***jdn ~*** mettre [*o* passer] de l'huile sur le corps de qn ❷ huiler *Holzboden* II. *vr* ***sich ~*** se mettre de l'huile [sur le corps]

E

ein|ordnen I. *vt* ❶ *(einsortieren)* classer *Karteikarten* ❷ *(klassifizieren)* ***ein Kunstwerk zeitlich ~*** déterminer l'époque d'une œuvre II. *vr* ❶ *(sich einfügen)* ***sich in etw*** *akk* ~ s'intégrer dans qc ❷ *(Fahrspur wählen)* ***sich [richtig] ~*** se mettre dans la bonne file
ein|packen I. *vt* ❶ *(verpacken)* emballer; ***etw in Papier ~*** emballer qc dans du papier ❷ *(einstecken)* ***sich*** *dat* ***warme Sachen ~*** prendre des vêtements chauds ❸ *(fam: einmummeln)* emmitoufler II. *vi* faire sa valise ► ~ **können** *(fam)* pouvoir remballer ses gaules III. *vr (fam)* ***sich in etw*** *akk* ~ s'emmitoufler dans qc
ein|parken ['ai̯nparkən] *vt, vi* [se] garer
Einparkhilfe *f* système *m* d'aide au stationnement
ein|passen I. *vt* ajuster II. *vr* ***sich in etw*** *akk* ~ s'adapter à qc
ein|pendeln ['ai̯npɛndəln] *vr* ***sich*** ~ se stabiliser; ***sich auf etw*** *akk* ~ se stabiliser à qc
ein|pferchen *vt* parquer, entasser
ein|pflanzen ['ai̯nplantsən] *vt* ❶ planter ❷ MED ***jdm etw ~*** implanter qc à qn
ein|pinseln *vt* badigeonner
ein|planen *vt* ***etw [mit] ~*** prévoir qc
ein|prägen I. *vr* ***sich leicht ~*** être facile à retenir II. *vt* ❶ *(einschärfen)* ***sich*** *dat* ***einen Namen ~*** retenir un nom; ***jdm etw ~*** inculquer qc à qn ❷ *(prägen)* ***etw in Metall ~*** graver qc dans du métal
einprägsam *adj* facile à retenir
ein|programmieren* *vt* INFORM installer
ein|prügeln I. *vt (fam)* ***jdm Ordnung ~*** apprendre l'ordre à qn à coups de pied aux fesses *fam* II. *vi* ***mit Gummiknüppeln auf jdn ~*** rosser qn de coups de matraque
ein|quartieren* I. *vt* loger; MIL cantonner II. *vr* ***sich bei jdm ~*** *Gast:* s'installer chez qn
Einrad *nt* monocycle *m*
ein|rahmen *vt (a. fig)* encadrer
ein|rasten *vi + sein* s'enclencher; ***in etw*** *akk* ~ s'enclencher dans qc
ein|räumen *vt* ❶ *(hineinstellen)* ranger ❷ *(zugeben)* admettre ❸ *(gewähren)* accorder *Frist, Kredit* ❹ *(zugestehen)* reconnaître *Rechte*
ein|rechnen *vt (mit einbeziehen, berechnen)* inclure; ***jdn/etw [mit] ~*** inclure qn/qc; ***dich mit eingerechnet*** toi compris(e), y compris toi; ***Bedienung mit eingerechnet*** service compris
ein|reden I. *vt* faire croire; ***jdm etw ~*** faire croire qc à qn; ***sich*** *dat* ***~, dass ...*** se persuader que ... II. *vi* ***auf jdn ~*** harceler qn [de paroles]
ein|reiben *irr* I. *vt* ❶ *(reiben)* ***etw in die Haut/Haare ~*** frictionner la peau/les cheveux avec qc ❷ *(massieren)* ***jdm den Rücken ~*** frictionner le dos de qn II. *vr* ***sich mit etw ~*** se frictionner avec qc
ein|reichen *vt* ❶ *(übersenden)* déposer *Bewerbungen, Unterlagen* ❷ *(beantragen)* remettre *Entlassung;* déposer une demande de *Versetzung, Pensionierung*
ein|reihen I. *vt* classer II. *vr* ***sich in eine Schlange ~*** prendre place dans une file d'attente
Einreise *f* entrée *f* **Einreiseerlaubnis** *f*, **Einreisegenehmigung** *f* autorisation *f* d'entrée
ein|reisen *vi + sein (form)* entrer; ***in die USA/nach Großbritannien ~*** entrer aux États-Unis/en Grande-Bretagne
Einreiseverbot *nt* interdiction *f* d'entrée; ***~ haben*** être interdit(e) d'entrée
Einreisevisum *nt* visa *m* d'entrée
ein|reißen *irr* I. *vi + sein* ❶ *Stoff, Papier:* se déchirer ❷ *(fam: zur Gewohnheit werden)* devenir une [mauvaise] habitude II. *vt + haben* ❶ abattre *Mauer* ❷ déchirer *Papier*
ein|renken ['ai̯nrɛŋkən] *vt* MED remboîter *Arm, Schulter*
ein|richten I. *vt* ❶ *(möblieren)* aménager *Wohnung* ❷ *(ausstatten)* aménager *Hobbyraum;* installer *Labor, Praxis* ❸ *(eröffnen)* ouvrir *Konto* ❹ *(arrangieren)* ***es so ~, dass alle dabei sein können*** s'arranger pour que tous soient là ❺ MED réduire *Bruch* II. *vr* ❶ *(sich möblieren)* ***sich neu ~*** se meubler de neuf ❷ *(sich der Lage anpassen)* ***sich ~*** s'adapter ❸ *(sich einstellen)* ***sich auf lange Wartezeiten ~*** se préparer mentalement à une longue attente
Einrichtung <-, -en> *f* ❶ *(Wohnungseinrichtung)* mobilier *m* ❷ *(Ausstattung) eines Labors* aménagement *m* [intérieur] ❸ *kein Pl (das Möblieren) einer Wohnung* ameublement *m; (das Ausstatten) eines Labors* équipement *m* ❹ *kein Pl (das Schaffen) einer Dienststelle* création *f; einer Be-*

hörde installation *f* ❺ *kein Pl (das Eröffnen) eines Kontos* ouverture *f* ❻ *Pl (Anlage)* ***sanitäre ~en*** installations *f pl* sanitaires ❼ *(Institution)* organisation *f*

ein|ritzen *vt* graver; ***seinen Namen in etw*** *akk* ~ graver son nom dans qc

ein|rollen I. *vt* rouler *Teppich, Plakat* **II.** *vr + haben* ***sich*** ~ *Person:* se pelotonner; *Igel, Katze:* se rouler en boule; *Schlange:* se lover **III.** *vi + sein Zug:* entrer en gare

ein|rosten *vi + sein (a. fig: rostig werden)* [se] rouiller

ein|rücken I. *vi + sein* ❶ *(eindringen)* ***in ein Land*** ~ pénétrer dans un pays ❷ *(eingezogen werden) Soldat:* être incorporé; ***zum Militär*** ~ partir à l'armée **II.** *vt + haben* TYP ***etw*** ~ mettre qc en retrait

eins [ains] **I.** *num* un; ***es ist*** ~ il est une heure; ***etw ~ zu ~ umsetzen*** appliquer qc à la lettre; *s. a.* **acht**[1] **II.** *adj* ❶ *(eine Einheit)* ***~ sein*** être une seule et même chose; ***das ist alles*** ~ *(fam)* c'est du pareil au même ❷ *(fam: egal)* ***das ist mir*** ~ je m'en balance ❸ *(einig)* ***mit jdm/etw ~ sein*** être en harmonie avec qn/qc

Eins <-, -en> *f* ❶ un *m* ❷ *(Schulnote) excellente note entre dix-huit et vingt*

ein|sacken[1] *vt (fam)* ❶ *(an sich bringen)* empocher ❷ *(einheimsen)* ramasser *Prämien*

ein|sacken[2] *vi + sein (fam: einsinken, sich senken)* s'affaisser

einsam ['ainza:m] **I.** *adj* ❶ *(verlassen) Person* seul(e); *Leben* solitaire ❷ *(abgelegen, menschenleer) Dorf, Alm, Strand* isolé(e) ❸ *(vereinzelt) Boot, Fasan* isolé(e) ❹ *(allein getroffen) Entschluss* unilatéral(e) **II.** *adv leben, liegen* à l'écart

Einsamkeit <-, -en> *f* solitude *f*

ein|sammeln *vt* ❶ ramasser *Schulhefte;* collecter *Spenden* ❷ *(aufsammeln)* ramasser *Gegenstände*

Einsatz <-es, -sätze> *m* ❶ *(Leistungsbereitschaft)* engagement *m* ❷ SPIEL mise *f* ❸ FIN mise *f* de fonds ❹ *kein Pl (die Aufbietung, Verwendung) eines Spielers* entrée *f* en jeu; *von Truppen* engagement *m;* ***der ~ von Atomwaffen*** le recours aux armes nucléaires ❺ *(Aktion) der Polizei, Feuerwehr* intervention *f; von Truppen* opération *f;* ***im ~ sein*** *Feuerwehr:* être en action; *Soldaten:* être en opération ❻ MUS départ *m*

Einsatzbefehl *m der Polizei* ordre *m* d'intervention; *der Truppen* ordre *m* d'engagement **einsatzbereit** *adj Truppen, Geschütze* opérationnel(le); *Feuerwehr, Wasserwerfer* prêt(e) à intervenir **Einsatzbereitschaft** *f kein Pl* ***in ~ sein*** être à pied d'œuvre **einsatzfähig** *adj* disponible; *Spieler* prêt(e) à jouer; *Truppen, Panzer* opérationnel(le) **Einsatzkommando** *nt* ***mobiles*** ~ groupe *m* d'intervention rapide; *(in Frankreich)* G.I.G.N. *m* **Einsatzleiter(in)** *m(f)* chef *mf* des secours **Einsatztruppe** *f* MIL troupe *f* d'intervention **Einsatzwagen** *m* ❶ *(Polizeifahrzeug)* véhicule *m* d'intervention ❷ *(zusätzlicher Bus)* véhicule *m* supplémentaire

ein|saugen *vt* aspirer *Luft, Duft*

ein|scannen ['ainskɛnən] *vt* scanner; ***das Einscannen*** le scannage

ein|schalten I. *vt* ❶ *(in Betrieb setzen)* allumer ❷ *(hinzuziehen)* ***jdn in die Ermittlungen*** ~ avoir recours à qn pour l'enquête **II.** *vr* ***sich in etw*** *akk* ~ intervenir dans qc

Einschaltquote *f* audimat *m*

ein|schärfen *vt* recommander

ein|schätzen *vt* estimer; ***jdn/etw richtig*** ~ estimer qn/qc à sa juste valeur; ***jdn/etw falsch*** ~ se tromper sur qn/qc

Einschätzung ['ainʃɛtsʊŋ] *f* jugement *m* porté; ***die ~ einer S.*** *gen* le jugement porté sur qc

ein|schenken *vt* verser

ein|schicken *vt* envoyer

ein|schieben *vt irr* ❶ *(hineinschieben)* introduire; ***eine CD-ROM in das Laufwerk*** ~ introduire un CD-ROM dans le lecteur ❷ *(zusätzlich einsetzen)* ajouter *Sonderzug* ❸ *(fam: zwischendurch drannehmen)* ***einen Patienten*** ~ prendre un patient en plus ❹ *(einfügen)* se ménager *Unterbrechung*

ein|schiffen I. *vt* embarquer **II.** *vr* ***sich in Hamburg/nach Australien*** ~ [s']embarquer à Hambourg/pour l'Australie

ein|schlafen *vi irr + sein* ❶ *(in Schlaf fallen)* s'endormir; ***bei/über etw*** *dat* ~ s'endormir pendant/sur qc ❷ *(gefühllos werden)* s'engourdir ❸ *(nachlassen) Beziehung:* s'espacer puis s'interrompre; *Freundschaft:* ne plus être entretenu

ein|schläfern ['ainʃlɛ:fɐn] *vt* ❶ endormir *Kind* ❷ *(schläfrig machen)* ***jdn*** ~ *Hitze:* endormir qn ❸ *(euph: töten)* piquer *Tier*

einschläfernd *adj a.* MED soporifique; ***ein ~es Mittel*** un somnifère

Einschlag *m* ❶ ***der ~ des Blitzes*** la foudre ❷ MIL *eines Geschosses* impact *m* ❸ *(Schussloch)* [point *m* d']impact *m* ❹ *(Anteil)* ***ein leichter asiatischer*** ~ un petit air asiatique

E

E

ein|schlagen *irr* **I.** *vt + haben* ❶ planter *Nagel* ❷ *(aufbrechen)* défoncer *Tür;* fracasser *Fenster* ❸ *(zerschmettern)* ***jdm den Schädel*** ~ fracasser le crâne de qn ❹ *(einwickeln)* ***etw*** *akk* ***in Zeitungspapier*** ~ emballer qc dans du papier journal ❺ *(wählen)* prendre *Richtung;* entrer dans *Laufbahn* **II.** *vi* ❶ *+ haben o sein* ***in etw*** *akk* ~ *Blitz:* tomber sur qc ❷ *+ sein* MIL *(auftreffen)* ***in etw*** *akk* ~ *Geschoss:* tomber sur qc ❸ *+ haben o sein (fam: für Aufsehen sorgen) Nachricht:* faire grand bruit ❹ *+ haben (einprügeln)* ***auf jdn/etw*** ~ taper comme un sourd sur qn/qc ❺ *+ haben (seinen Handschlag geben)* toper; ***schlag ein!*** tope là!

einschlägig ['ai̯nʃlɛgɪç] **I.** *adj Literatur, Paragraf* s'y rapportant **II.** *adv* JUR à ce titre

ein|schleichen *vr irr* ❶ *(hineinschleichen)* ***sich in ein Haus*** ~ se glisser dans une maison ❷ *(fig)* ***sich*** ~ *Verdacht:* s'insinuer; *Fehler:* se glisser

ein|schleimen *vr (pej fam)* ***sich [bei jdm]*** ~ faire de la lèche [à qn]

ein|schleppen *vt* introduire

ein|schließen *vt irr* ❶ *(einsperren)* enfermer ❷ *(wegschließen)* enfermer; ***eingeschlossen*** mis sous clé ❸ *(inbegriffen sein)* ***im Preis eingeschlossen sein*** être compris dans le prix ❹ MIL *(einkesseln)* encercler

einschließlich ['ai̯nʃliːslɪç] **I.** *präp +gen* ~ ***aller Ausgaben*** y compris toutes les dépenses **II.** *adv* inclus(e)

ein|schlummern *vi + sein (geh)* ❶ *(einschlafen)* s'assoupir ❷ *(euph: sterben)* s'en aller *euph*

ein|schmeicheln *vr* ***sich*** ~ s'insinuer; ***sich bei jdm*** ~ s'insinuer dans les bonnes grâces de qn

einschmeichelnd *adj Stimme* enjôleur, -euse; *Musik* langoureux, -euse

ein|schmieren **I.** *vt (fam)* ❶ *(einölen)* graisser *Metallteil* ❷ *(eincremen)* ***jdm den Rücken mit etw*** ~ enduire le dos de qn de qc **II.** *vr (fam)* ***sich mit Sonnenöl*** ~ s'enduire le corps d'huile solaire

ein|schmuggeln **I.** *vt* ❶ *(einschleusen)* introduire clandestinement; ***jdn in ein Land*** ~ introduire qn clandestinement dans un pays ❷ *(hineinschaffen)* ***etw*** ~ glisser qc subrepticement; ***Drogen/Devisen in ein Land*** ~ introduire de la drogue/des devises en fraude dans un pays **II.** *vr* ***sich*** ~ s'infiltrer, s'insinuer

ein|schnappen *vi + sein* ❶ *Tür, Türschloss:* se [re]fermer ❷ *(fam: beleidigt sein)* ***eingeschnappt sein*** faire la gueule

ein|schneiden *irr* **I.** *vt* ❶ *(einen Schnitt machen)* entailler *Papier, Stoff* ❷ *(hineinschneiden)* ***einen Namen/ein Zeichen in etw*** *akk* ~ graver un nom/un signe dans qc ❸ GEOG ***in den Fels eingeschnitten sein*** *Tal, Flussbett:* être entaillé dans la roche **II.** *vi* ***[in die Haut]*** ~ rentrer dans la peau

einschneidend ['ai̯nʃnai̯dənt] *adj Bedeutung* décisif, -ive; *Veränderung, Wirkung* radical(e)

ein|schneien *vi + sein Auto:* se couvrir de neige; ***eingeschneit [sein]*** *Person:* [être] bloqué par la neige

Einschnitt *m* ❶ GEOG ***ein ~ im Fels*** une entaille dans la roche ❷ *(Schnitt)* coupure *f* [accidentelle]; *(in eine Baumrinde)* entaille *f* ❸ MED incision *f* ❹ *(Zäsur)* tournant *m*

ein|schränken ['ai̯nʃrɛŋkən] **I.** *vt* ❶ *(reduzieren)* restreindre *Ausgaben* ❷ *(beschränken)* restreindre *Rechte, Vollmachten* **II.** *vr* ***sich*** ~ se restreindre

einschränkend **I.** *adj* restrictif, -ive **II.** *adv* à titre restrictif

Einschränkung <-, -en> *f* ❶ *(Beschränkung)* restriction *f;* ***~en machen*** apporter des restrictions; ***mit der ~, dass*** sous réserve que *+subj;* ***ohne ~[en]*** sans restriction ❷ *kein Pl (das Reduzieren) des Alkoholkonsums* réduction *f*

Einschreib[e]brief *m* lettre *f* recommandée

ein|schreiben *irr* **I.** *vt* ***eingeschrieben*** *Brief, Päckchen* recommandé **II.** *vr* ***sich in eine Liste/für einen Kurs*** ~ s'inscrire sur une liste/pour un cours

Einschreiben *nt* [envoi *m*] recommandé *m;* ~ ***mit Rückschein*** envoi recommandé avec accusé de réception; ***etw als [o per]*** ~ ***schicken*** envoyer qc en recommandé

Einschreibung *f* inscription *f*

ein|schreiten *vi irr + sein* ***gegen jdn*** ~ intervenir contre qn; ***gegen etw*** ~ prendre des mesures contre qc

Einschub *m* rajout *m*

ein|schüchtern ['ai̯nʃʏçtɐn] *vt* intimider

Einschüchterung <-, -en> *f* intimidation *f*

ein|schulen *vt* ***eingeschult werden*** être scolarisé

Einschulung *f* scolarisation *f*

Einschuss *m (in einem Gebäude)* impact *m; (im Körper)* blessure *f* par balle

Einschussloch *nt,* **Einschussstelle** *f* [point *m* d'impact *m* [d'une balle]
ein|schweißen *vt* ❶ ***Nahrungsmittel*** ~ emballer des aliments sous vide ❷ TECH souder *Rohrstück, Blechstück*
ein|schwören *vt unreg* imposer; ***jdn auf etw*** *akk* ~ imposer qc à qn
Einsegnung *f* ❶ *einer Kirche* consécration *f; eines Hauses* bénédiction *f* ❷ *(Konfirmation)* confirmation *f*
einsehbar *adj inv Gelände, Raum* visible
ein|sehen *vt irr* ❶ *(begreifen)* reconnaître; ***das sehe ich nicht ein!*** je ne suis pas d'accord! ❷ *(eingehend prüfen)* examiner; *(flüchtig prüfen)* prendre connaissance de ❸ *(hineinsehen)* avoir vue sur *Garten, Gelände*
Einsehen <-> *nt* ***kein ~ haben*** ne rien vouloir entendre
ein|seifen *vt* ❶ ***jdn/sich*** ~ savonner qn/se savonner ❷ *(fam: hintergehen)* rouler
einseitig I. *adj* ❶ *Liebe, Zuneigung* non partagé(e); *Willenserklärung, Absicht* unilatéral(e) ❷ MED localisé(e) d'un côté ❸ *(unausgewogen) Ausbildung, Studium* trop spécialisé(e); *Begabung* limité(e) [à un seul domaine]; *Ernährung* peu varié(e) ❹ *(voreingenommen)* partial(e) **II.** *adv* ❶ *(auf einer Seite)* d'un [seul] côté ❷ *(unausgewogen)* ***sich ~ ernähren*** avoir une alimentation peu variée ❸ *(parteiisch)* avec partialité
Einseitigkeit <-, -en> *f* ❶ *(Voreingenommenheit)* partialité *f* ❷ *(Unausgewogenheit) der Ausbildung* manque *m* de diversité; *der Ernährung* déséquilibre *m*
ein|senden *vt irr* envoyer
Einsender(in) *m(f)* expéditeur, -trice *m, f*
Einsendeschluss *m* date *f* limite; ***der ~ für etw*** la date limite d'envoi de qc
ein|setzen I. *vt* ❶ *(einfügen)* poser *Fensterscheibe, Ersatzteil* ❷ *(einnähen)* mettre *Flicken;* monter *Ärmel* ❸ *(hineinschreiben)* inscrire *Lösungswort, Ziffer* ❹ *(ernennen)* instituer *Komitee;* ***jdn zum*** [*o* ***als***] ***Erben*** ~ instituer qn héritier ❺ *(zum Einsatz bringen)* faire appel à *Truppen, Polizei;* avoir recours à *Waffen;* mettre en service *Sonderzug* ❻ *(aufbieten)* déployer *Kraft;* mettre en œuvre *Mittel;* mettre en jeu *Leben* ❼ SPIEL jouer *Los;* miser *Geldbetrag* **II.** *vi (beginnen)* commencer; *Sturm:* se mettre à souffler; *Regen:* se mettre à tomber **III.** *vr* ❶ *(sich engagieren)* ***sich*** ~ s'investir; ***sich voll*** ~ se donner à fond ❷ *(sich verwenden für)* ***sich für jdn/etw*** ~ intervenir en faveur de qn/œuvrer pour qc

Einsetzung <-, -en> *f* ❶ *einer Kommission* institution *f;* ***ihre ~ in dieses Amt*** son installation dans ces fonctions ❷ JUR *(persönliche Surrogation)* désignation *f*
Einsicht *f* ❶ *(Vernunft)* raison *f* ❷ *(Erkenntnis)* révélation *f* ❸ *(Durchsicht)* ***~ in die Akten/Unterlagen*** consultation *f* des dossiers/documents; ***jdm etw zur ~ vorlegen*** présenter qc à qn pour examen
einsichtig ['a͜inzɪçtɪç] *adj* ❶ *(vernünftig)* sensé(e); ***~ sein*** se montrer raisonnable ❷ *(verständlich)* plausible
ein|sickern *vi + sein* s'infiltrer
Einsiedler(in) ['a͜inziːdlɐ] *m(f) (a. fig)* ermite *m*
einsilbig ['a͜inzɪlbɪç] *adj* ❶ *Wort* monosyllabique ❷ *(wortkarg) Person* peu loquace; *Antwort* laconique
Einsilbigkeit <-> *f einer Person* caractère *m* peu loquace
ein|sinken *vi irr + sein* [s']enfoncer; ***in etw*** *akk o dat* ~ [s']enfoncer dans qc
ein|sortieren* *vt* classer *Dias, Papiere, Karteikarten;* ***etw in die Fächer der Schublade*** ~ ranger qc dans les compartiments du tiroir
ein|spannen *vt* ❶ atteler *Ochsen, Pferd* ❷ *(hineinspannen)* serrer *Werkstück;* placer *Briefbogen* ❸ *(fam: heranziehen)* ***jdn für etw*** ~ mettre qn à contribution pour qc
ein|sparen *vt* ❶ ÖKOL économiser, faire des économies de *Energie, Strom, Wasser* ❷ FIN économiser sur *Ausgaben, Geld, Löhne*
Einsparung <-, -en> *f* ÖKOL *von Energie, Strom, Wasser* économie *f*
ein|speichern *vt* INFORM entrer; ***Daten in den Rechner*** ~ entrer des données dans l'ordinateur
ein|speisen *vt* ❶ ***Strom in das Netz*** ~ alimenter le réseau en courant [électrique] ❷ INFORM entrer *Daten, Programme*
ein|sperren *vt* enfermer
ein|spielen I. *vr* ❶ ***sich*** ~ *Regelung, Zusammenarbeit:* se roder ❷ *(sich aneinander gewöhnen)* ***sich aufeinander*** ~ *Beziehungspartner:* apprendre à se connaître; *Kollegen:* apprendre à travailler ensemble ❸ SPORT ***sich*** ~ *Spieler:* s'échauffer; *Mannschaft:* trouver ses automatismes **II.** *vt* ❶ *(einbringen)* couvrir *Kosten* ❷ *(senden)* diffuser *Beitrag*
Einsprache CH *s.* **Einspruch**
einsprachig ['a͜inʃpraːxɪç] *adj Wörterbuch* monolingue
ein|springen *vi irr + sein* ❶ *(vertreten)* venir à la rescousse; ***für jdn*** ~ remplacer

E

qn au pied levé ❷ *(finanziell aushelfen)* mettre la main au porte-monnaie

Einspruch *m* ❶ *(Einwand)* objection *f* ❷ *(Rechtsmittel)* recours *m*

Einspruchsfrist *f* JUR délai *m* d'opposition

einspurig ['ainʃpu:rɪç] **I.** *adj* ❶ *Strecke* à une voie ❷ *(pej) Denken* sectaire **II.** *adv* ❶ *befahrbar* sur une [seule] voie ❷ *(pej) denken* de façon sectaire

einst [ainst] *adv* ❶ *(früher)* autrefois; ***Russland ~ und heute*** la Russie d'hier et d'aujourd'hui ❷ *(geh: in Zukunft)* un jour

Einstand *m* ❶ *(Arbeitsanfang)* entrée *f* en fonction; ***seinen ~ geben*** arroser son entrée en fonction[s] ❷ *kein Pl* SPORT égalité *f*

ein|stecken *vt* ❶ *(in die Tasche tun)* ***etw ~*** mettre qc dans sa poche ❷ *(mitnehmen)* ***ich habe vergessen Geld einzustecken*** j'ai oublié de prendre de l'argent [avec moi] ❸ *(fam: in die eigene Tasche stecken)* rafler ❹ *(fam: einwerfen)* ***einen Brief ~*** mettre une lettre à la boîte ❺ *(fam: hinnehmen, erleiden)* encaisser ❻ *(anschließen)* brancher *Stecker*

ein|stehen *vi irr + sein (sich verbürgen)* ***für jdn/etw ~*** répondre de qn/qc; ***mit seinem Wort dafür ~, dass …*** donner sa parole que …

ein|steigen *vi irr + sein* ❶ *(besteigen)* monter; ***in ein Auto/einen Zug ~*** monter en voiture/dans un train; ***bitte ~!*** en voiture, s'il vous plaît! ❷ *(fam: sich beteiligen)* ***in ein Geschäft ~*** entrer dans une affaire; ***in die Politik ~*** se lancer dans la politique

einstellbar *adj* réglable

ein|stellen **I.** *vt* ❶ embaucher; ***jdn als Buchhalter ~*** embaucher qn comme comptable ❷ *(beenden)* cesser *Arbeit, Erscheinen;* stopper *Projekt;* suspendre *Prozess;* ***ein Verfahren ~*** rendre un non-lieu ❸ *(regulieren, justieren)* régler ❹ *(hineinstellen)* ranger *Buch;* garer *Auto* ❺ *(egalisieren)* égaler *Rekord* **II.** *vr* ❶ *(auftreten)* ***sich ~*** *Zweifel:* se manifester; *Beschwerden:* survenir; *Schmerzen:* se faire sentir ❷ *(sich anpassen)* ***sich auf jdn/etw ~*** se mettre au diapason de qn/qc ❸ *(sich einfinden)* ***sich ~*** *Person:* paraître **III.** *vi Firma:* embaucher

einstellig *adj* à un chiffre; ***~ sein*** avoir un seul chiffre

Einstellung *f* ❶ *von Mitarbeitern* embauche *f* ❷ *(Beendigung) einer Arbeit, eines Projekts* interruption *f* ❸ *(Justierung)* réglage *m; der Entfernung* réglage *m* ❹ *(Kameraeinstellung)* plan *m;* ***eine lange ~*** un plan-séquence ❺ *meist Pl* INFORM paramètre *m* ❻ *(Haltung, Meinung)* ***die richtige ~ mitbringen*** faire preuve du bon état d'esprit; ***das ist die falsche ~*** c'est la mauvaise attitude

Einstellungsbescheid *m* avis *m* d'embauche **Einstellungsgespräch** *nt* entretien *m* d'embauche **Einstellungstermin** *m* date *f* d'embauche

Einstich *m* piqûre *f*

Einstieg ['ainʃti:k] <-[e]s, -e> *m* ❶ *(Tür, Öffnung)* porte *f* ❷ *kein Pl (das Einsteigen)* ***der ~ ist hinten*** la montée se fait à l'arrière ❸ *(Zugang)* ***der ~ in die Materie*** l'initiation *f* à cette matière ❹ *kein Pl (Übernahme, Anwendung)* ***~ in die Marktwirtschaft/Kernenergie*** entrée *f* dans l'économie de marché/adoption *f* de l'énergie nucléaire

Einstiegsdroge *f* drogue *f* douce *(favorisant l'escalade vers les substances dures)*

einstig *adj attr* ancien(ne) *antéposé*

ein|stimmen **I.** *vi* ❶ *(mitsingen)* se mettre également à chanter; ***in einen Kanon [mit] ~*** reprendre un canon ❷ *(sich anschließen)* faire chorus; ***in etw** akk* ***~*** s'associer à qc **II.** *vt* ***jdn/sich auf ein Fest ~*** mettre qn/se mettre dans l'ambiance de la fête

einstimmig **I.** *adj* ❶ *Lied* à une [seule] voix ❷ *(einmütig) Beschluss, Wahl* unanime **II.** *adv* ❶ *singen* à l'unisson ❷ *(einmütig) beschließen, wählen* à l'unanimité

Einstimmigkeit <-> *f* unanimité *f*

Einstimmung *f kein Pl* ***zur ~ auf die Veranstaltung*** comme prélude à la manifestation

einstöckig ['ainʃtœkɪç] *adj* à un étage

ein|stöpseln *vt (fam)* brancher

ein|streichen *vt irr* ❶ *(fam: einheimsen)* empocher ❷ *(bestreichen)* ***etw mit Kleister ~*** passer une couche de colle sur qc

ein|streuen *vt* ❶ *(einflechten)* glisser; ***eine Bemerkung in etw** akk* ***~*** glisser une remarque dans qc ❷ *(ganz bestreuen)* ***etw mit Streusalz ~*** saler qc

ein|studieren* *vt* répéter *Lied, Gedicht, Rolle;* étudier *Antwort, Grimasse;* ***einstudiert*** *Antwort* tout prêt

ein|stufen ['ainʃtu:fən] *vt* [re]classer *Person;* classer *Produkt*

Einstufung <-, -en> *f* classification *f; (Umstufung)* [re]classement *m*

einstündig ['ainʃtʏndɪç] *adj attr* d'une heure

Einsturz *m eines Gebäudes* écroulement *m;*

einer Decke effondrement *m; einer Mauer* éboulement *m*

ein|stürzen *vi + sein* ❶ *(zusammenbrechen) Gebäude:* s'écrouler; *Decke:* s'effondrer; *Mauer:* s'ébouler ❷ *(eindringen)* ***auf jdn ~*** *Ereignisse:* s'abattre sur qn

Einsturzgefahr *f* risque *m* d'écroulement

einstweilen *adv* ❶ *(vorläufig)* momentanément ❷ *(in der Zwischenzeit)* entre-temps

einstweilig *adj attr Schließung, Sperrung* temporaire; *Anordnung* provisoire

eintägig ['ai̯ntɛːgɪç] *adj attr* d'une [seule] journée

Eintagsfliege *f* ❶ ZOOL éphémère *m o f* ❷ *(fig)* chose *f* éphémère

ein|tauchen **I.** *vt + haben* tremper **II.** *vi + sein* ***in etw*** *akk* ***~*** *Person:* plonger dans qc; *U-Boot:* s'enfoncer dans qc

ein|tauschen *vt* ❶ *(tauschen)* échanger ❷ *(umtauschen)* changer *Devisen*

eintausend ['ai̯n'tau̯zənt] *num (form)* mille

ein|teilen *vt* ❶ *(aufteilen)* répartir *Vorräte, Urlaub;* ***ich habe mir das so eingeteilt, dass*** je me suis organisé de telle sorte que *+indic o subj* ❷ *(verpflichten)* ***jdn zu etw ~*** affecter qn à qc ❸ *(unterteilen)* subdiviser *Skala;* ***etw in Unterarten ~*** classer qc en sous-espèces

Einteiler <-s, -> *m* maillot *m* une pièce

einteilig ['ai̯ntai̯lɪç] *adj* une pièce; ***ein ~er Badeanzug*** un [maillot] une pièce

Einteilung *f* ❶ *der Vorräte, Zeit, des Geldes* répartition *f* ❷ ***~ zum Wachdienst*** affectation *f* au service de garde

ein|tippen *vt* saisir *Daten, Text;* ***etw in den Computer ~*** entrer qc dans l'ordinateur

eintönig ['ai̯ntøːnɪç] **I.** *adj* monotone; *Stimme* monocorde **II.** *adv vortragen* de façon monotone

Eintönigkeit <-> *f* monotonie *f; des Lebens* uniformité *f*

Eintopf *m* potée *f*

Eintracht ['ai̯ntraxt] <-> *f* concorde *f*

einträchtig ['ai̯ntrɛçtɪç] **I.** *adj Stimmung* cordial(e) **II.** *adv* dans la concorde

Eintrag ['ai̯ntraːk, *Pl:* 'ai̯ntrɛːgə] <-[e]s, Einträge> *m* ❶ *(Vermerk)* note *f* ❷ JUR inscription *f* ❸ SCHULE avertissement *m* ❹ *(Artikel in einem Wörterbuch, Lexikon)* article *m* ❺ *(form: Einleiten) von Schadstoffen, Abwässern* émission *f*

ein|tragen *vt irr* ❶ *(einschreiben)* inscrire; ***jdn/sich in eine Liste ~*** inscrire qn/s'inscrire sur une liste ❷ JUR ***jdn/etw ins Handelsregister ~*** inscrire qn/qc au registre du commerce ❸ *(einzeichnen)* inscrire, porter

einträglich ['ai̯ntrɛːklɪç] *adj* lucratif, -ive

Eintragung *s.* **Eintrag**

ein|treffen *vi irr + sein* ❶ *(ankommen)* arriver; ***am Ziel/in Frankfurt/bei jdm ~*** arriver au but/à Francfort/chez qn ❷ *(in Erfüllung gehen) Prophezeiung:* s'accomplir; *Vorhersage:* se vérifier; *Katastrophe:* se produire

ein|treiben *vt irr* ❶ rentrer *Vieh* ❷ *(einziehen)* recouvrer *Geld*

ein|treten *irr* **I.** *vi* ❶ *+ sein* entrer ❷ *+ sein (beginnen)* ***mit jdm in Verhandlungen/eine Diskussion ~*** entrer en négociations/discussion avec qn ❸ *+ sein (sich ereignen) Fall, Besserung:* se produire; *Verschlechterung, Übelkeit:* se manifester; *Bewusstlosigkeit, Tod:* intervenir; ***das Eintreten*** l'apparition *f* ❹ *+ sein (auftreten) Stille:* se faire; *Tauwetter:* arriver ❺ *+ sein (gelangen)* ***in die Umlaufbahn ~*** se mettre sur orbite ❻ *+ sein (sich einsetzen)* ***für jdn/etw ~*** prendre fait et cause pour qn/défendre qc ❼ *+ haben (treten)* ***auf jdn ~*** donner des coups de pied à qn **II.** *vt + haben* ❶ *(zerstören)* ***die Tür ~*** défoncer la porte [à coups de pied] ❷ *(sich eindrücken)* ***sich*** *dat* ***einen Dorn ~*** s'enfoncer une épine dans le pied

ein|trichtern *vt (fam)* ***jdm etw ~*** seriner qc à qn

Eintritt *m (das Betreten, Eintrittsgeld)* entrée *f;* ***~ frei*** entrée libre; *(bei Besichtigungen)* entrée gratuite

Eintrittsgeld *nt* [prix *m* d']entrée *f* **Eintrittskarte** *f* ticket *m* d'entrée **Eintrittspreis** *m* prix *m* d'entrée

ein|trocknen *vi + sein* ❶ *(trocknen) Blut, Farbe, Sauce:* sécher; ***eingetrocknet*** séché(e) ❷ *(verdunsten) Bach, Teich:* s'assécher; ***eingetrocknet*** asséché(e), tari(e) ❸ *(trocken werden) Frucht, Käse:* sécher, se dessécher

ein|trudeln ['ai̯ntruːdəln] *vi + sein (fam)* se pointer

ein|tunken *vt* DIAL tremper; ***Brot in etw*** *akk* ***~*** tremper du pain dans qc

ein|üben *vt* répéter *Rolle, Stück*

ein|verleiben* ['ai̯nfɛɐ̯lai̯bən] *vt* ❶ *(eingliedern)* ***einem Land ein Gebiet ~*** annexer un territoire à un pays; ***einem Konzern eine Firma ~*** absorber une firme dans un groupe ❷ *(hinzufügen)* ***etw einer Ausstellung ~*** s'approprier qc pour enrichir une exposition ❸ *(hum fam: verzehren)* ***sich*** *dat* ***etw ~*** engouffrer qc

E

E

Einvernehmen <-s> *nt* accord *m*; ***in gutem*** ~ en bonne intelligence
einvernehmlich *(form)* **I.** *adj* consensuel(le) **II.** *adv* à l'amiable
einverstanden ['aɪnfɛɐ̯ʃtandən] *adj* d'accord; ***mit jdm/etw ~ sein*** être d'accord avec qn/sur qc; ***sich mit etw ~ erklären*** donner son accord pour qc; ***~!*** d'accord!
Einverständnis ['aɪnfɛɐ̯ʃtɛntnɪs] *nt* accord *m*
Einverständniserklärung *f* accord *m* écrit
Einwaage <-> *f (Reingewicht)* poids *m* net
Einwand ['aɪnvant, *Pl:* -vɛndə] <-[e]s, -wände> *m* objection *f*
Einwanderer, **Einwanderin** *m, f* immigrant(e) *m(f)*
ein|wandern *vi + sein* ***nach Neuseeland/in die USA*** ~ immigrer en Nouvelle Zélande/aux États-Unis
Einwanderung ['aɪnvandərʊŋ] *f* immigration *f*
Einwanderungsbehörde *f* office *m* d'immigration **Einwanderungsland** *nt* pays *m* d'immigration **Einwanderungspolitik** *f* politique *f* de l'immigration
einwandfrei ['aɪnvantfraɪ] **I.** *adj* ❶ *(tadellos)* impeccable; *Leumund* irréprochable; *Lebensmittel* [de qualité] irréprochable ❷ *(unzweifelhaft) Beweis, Tatsache* incontestable **II.** *adv (unzweifelhaft) zeigen* formellement; *beweisen* de façon irréfutable; *erlogen* incontestablement
einwärts ['aɪnvɛrts] *adv* vers l'intérieur
ein|wechseln *vt* ❶ changer *Geldschein;* ***Euro in*** [*o* ***gegen***] ***Dollar*** ~ changer des euros en [*o* contre] dollars ❷ SPORT ***jdn*** ~ faire jouer qn en remplacement
ein|wecken *vt* mettre en conserve *Obst, Gemüse*
Einwegflasche *f* bouteille *f* non consignée **Einwegkamera** *f* appareil *m* photo jetable **Einwegrasierer** *m* rasoir *m* jetable **Einwegspritze** *f* seringue *f* à usage unique **Einwegverpackung** *f* emballage *m* perdu
ein|weichen *vt* ramollir *Zwieback;* faire tremper *Linsen, Wäsche*
ein|weihen *vt* ❶ *(eröffnen)* inaugurer ❷ *(vertraut machen)* ***jdn in etw*** *akk* ~ mettre qn au courant de qc
Einweihung <-, -en> *f* inauguration *f*
Einweihungsfeier *f* cérémonie *f* inaugurale [*o* d'inauguration]
ein|weisen *vt irr* ❶ MED ***jdn*** [***in ein Krankenhaus***] ~ hospitaliser qn; ***jdn in eine psychiatrische Klinik*** ~ interner qn dans une clinique psychiatrique ❷ *(unterweisen)* ***jdn in seine Aufgaben*** ~ mettre qn au courant en ce qui concerne ses tâches ❸ *(Zeichen machen)* guider
ein|wenden *vt irr* ***etwas gegen jdn*** ~ reprocher quelque chose à qn; ***etwas/nichts gegen etw einzuwenden haben*** avoir quelque chose/n'avoir rien à objecter à qc
ein|werfen *irr* **I.** *vt* ❶ poster *Brief, Umschlag;* glisser *Münze;* ***etw in den Postkasten*** ~ mettre qc à la boîte aux lettres ❷ *(zerschlagen)* [fra]casser *Fensterscheibe* ❸ SPORT ***den Ball*** ~ remettre le ballon en jeu **II.** *vi Spieler:* faire la remise en jeu
einwertig ['aɪnveːɐ̯tɪç] *adj* CHEM monovalent(e)
ein|wickeln **I.** *vt* ❶ envelopper ❷ *(fam: überlisten)* embobiner **II.** *vr* ***sich in etw*** *akk* ~ s'enrouler dans qc
ein|willigen *vi* donner son accord; ***in etw*** *akk* ~ donner son accord pour qc
Einwilligung <-, -en> *f* accord *m*
ein|wirken *vi* ❶ *(beeinflussen)* ***auf jdn/etw*** ~ exercer une influence sur qn/qc ❷ *(Wirkung haben)* ***auf etw*** *akk* ~ *Kraft:* exercer une action sur qc; *Salbe:* agir sur qc
Einwirkung *f* ❶ *(Einfluss)* influence *f;* ~ ***auf jdn/etw*** influence sur qn/qc ❷ *(Wirkung) einer Kraft* effet *m; eines Mittels* action *f*
Einwohner(in) <-s, -> *m(f)* habitant(e) *m(f)*
Einwohnermeldeamt *nt administration locale où chaque changement de domicile doit être déclaré*
Einwohnerzahl *f* nombre *m* d'habitants
Einwurf *m* ❶ *kein Pl (das Einwerfen) eines Briefs* postage *m; einer Münze, Altglasflasche* introduction *f* ❷ *(Einwurföffnung) eines Briefkastens* fente *f; eines Automaten, Containers* ouverture *f* ❸ SPORT [re]mise *f* en jeu; ***den ~ ausführen*** effectuer la touche ❹ *(Bemerkung)* remarque *f*
Einzahl *f kein Pl* GRAM singulier *m*
ein|zahlen *vt* verser; ***Geld auf ein Konto*** ~ verser de l'argent sur un compte
Einzahlung *f* versement *m*
ein|zäunen ['aɪntsɔʏnən] *vt* clôturer
ein|zeichnen *vt* faire figurer; ***auf einer Karte eingezeichnet sein*** figurer sur une carte
Einzel ['aɪntsəl] <-s, -> *nt* SPORT simple *m*
Einzelanfertigung *f* modèle *m* unique [*o* sur mesure]
Einzelbett *nt* lit *m* individuel [*o* pour une personne] **Einzelfahrschein** *m* ticket *m* à

l'unité **Einzelfall** *m* cas *m* isolé **Einzelfrage** *f meist Pl* question *f* particulière
Einzelgänger(in) ['aintsəlgɛŋɐ] <-s, -> *m(f)* ❶ solitaire *mf* ❷ ZOOL animal *m* solitaire **einzelgängerisch** I. *adj* solitaire II. *adv* de façon solitaire
Einzelhaft *f* isolement *m* cellulaire **Einzelhandel** *m* commerce *m* de détail **Einzelhändler(in)** *m(f)* détaillant(e) *m(f)*
Einzelhaus *nt* maison *f* individuelle
Einzelheit <-, -en> *f* détail *m*
Einzelkämpfer(in) *m(f)* *(fig)* combattant(e) *m(f)* solitaire **Einzelkind** *nt* enfant *mf* unique
einzellig ['aintsɛlɪç] *adj* unicellulaire
einzeln ['aintsəln] I. *adj* ❶ *(separat)* ***ein ~er Teller kostet ...*** une assiette seule coûte ...; ***die ~en Teile des Regals*** les différentes parties de l'étagère ❷ *(individuell)* ***ein ~er Mensch*** un individu seul; ***jeder ~e Bürger*** chaque citoyen à lui tout seul ❸ *(gesondert, einsam)* isolé(e) ❹ *(einige wenige)* ***~e Gäste*** quelques rares invités; ***~e Fragen*** des questions isolées ❺ *substantivisch (Mensch)* ***der Einzelne*** l'individu *m* ❻ *substantivisch (manches)* ***Einzelnes habe ich nicht verstanden*** je n'ai pas compris certaines choses ▸ **im Einzelnen** en détail II. *adv abgeben, verkaufen, kaufen* séparément; ***bitte ~ eintreten!*** une seule personne à la fois, s'il vous plaît!
Einzelperson *f* personne *f* seule **Einzelstück** *nt* pièce *f* unique **Einzeltäter(in)** *m(f)* malfaiteur, -trice *m, f* isolé(e) **Einzelteil** *nt* pièce *f*; ***etw in ~e zerlegen*** mettre qc en pièces détachées **Einzelunterricht** *m* cours *m* particulier **Einzelzimmer** *nt* chambre *f* individuelle
ein|ziehen *irr* I. *vt + haben* ❶ rentrer ❷ *(nach innen ziehen)* accepter *Geldschein;* tirer *Papier* ❸ *(kassieren)* prélever *Steuern, Gebühren* ❹ *(beschlagnahmen)* confisquer ❺ *(aus dem Umlauf nehmen)* ***etw*** ~ retirer qc de la circulation ❻ *(einberufen)* ***jdn zum Militärdienst*** ~ incorporer qn au service militaire ❼ *(einbauen)* monter *Wand;* poser *Zwischendecke* ❽ *(einsaugen)* aspirer *Flüssigkeit;* inspirer *Luft;* inhaler *Rauch* II. *vi + sein* ❶ *(in eine Wohnung ziehen)* ***in etw*** *akk*/***bei jdm*** ~ emménager dans qc/chez qn ❷ *(aufgesogen werden)* ***in etw*** *akk* ~ pénétrer dans qc ❸ *(einmarschieren)* entrer ❹ *(gewählt werden)* ***ins Parlament*** ~ faire son entrée au parlement
einzig I. *adj* ❶ *(alleinig)* seul(e); ***etw als Einziger tun*** être le seul à faire qc; ***kein Einziger*** pas un; ***kein*** [*o* ***nicht ein***] ***~er Schüler*** pas le moindre élève ❷ *substantivisch (einziges Kind)* ***unser Einziger/unsere Einzige*** notre fils/fille unique ❸ *(unvergleichlich)* ~ ***in seiner Art sein*** être unique en son genre ❹ *(völlig)* ***eine ~e Qual*** une vraie torture II. *adv* ***die ~ mögliche Lösung*** la seule et unique solution possible; ***das ~ Richtige*** la seule chose de correcte
einzigartig ['aintsɪça:ɐ̯tɪç] I. *adj* unique en son genre II. *adv* extraordinairement; ***~ schön sein*** être d'une beauté sans nom
Einzigartigkeit <-> *f* caractère *m* unique
Einzimmerappartement *nt*, **Einzimmerwohnung** *f* studio *m*
Einzug *m* ❶ *(Bezug einer Wohnung)* emménagement *m* ❷ *(Einmarsch) von Sportlern, Truppen* entrée *f* ❸ *(Wahlerfolg)* ***~ ins Parlament*** entrée *f* au parlement ❹ TYP retrait *m*
Einzugsbereich *m einer Stadt, eines Senders* zone *f* d'influence; *eines Geschäftszentrums* zone de chalandise; *einer Schule* circonscription *f* scolaire **Einzugsermächtigung** *f* autorisation *f* de prélèvement automatique
Eis [ais] <-es> *nt* ❶ glace *f*; ***Champagner auf ~ legen*** mettre du champagne au frais ❷ *(Speiseeis)* glace *f*; ***~ am Stiel*** esquimau® *m* ▸ **jdn/etw auf ~ legen** *(fam)* mettre qn/qc au placard
Eisbahn *f* patinoire *f* **Eisbär** *m* ours *m* blanc **Eisbecher** *m* ❶ *(Gefäß)* coupe *f* à glace; *(Pappbecher)* petit pot *m* à glace ❷ *(Portion)* coupe *f* de glace; *(in einem Pappbecher)* petit pot *m* de glace **Eisbein** *nt* GASTR jambonneau *m* **Eisberg** *m* iceberg *m* **Eisbergsalat** *m* iceberg *f* **Eisblume** *f* fleur *f* de givre **Eisbrecher** *m* brise-glace *m* **Eiscafé** *m s.* **Eisdiele**
Eischnee ['ai-] *m (von einem Ei/mehreren Eiern)* blanc *m* [battu]/blancs [battus] en neige
Eiscreme *f* crème *f* glacée **Eisdecke** *f* couche *f* de glace **Eisdiele** *f* glacier *m*
Eisen ['aizən] <-s, -> *nt* ❶ *kein Pl a.* MED fer *m* ❷ *(Eisenbeschlag)* ferrure *f* ▸ **mehrere/noch ein ~ im Feuer haben** *(fam)* avoir plus d'une corde à son arc; **man muss das ~ schmieden, solange es heiß ist** *(prov)* il faut battre le fer pendant qu'il est chaud; **ein heißes ~** un sujet brûlant
Eisenbahn ['aizənba:n] *f* ❶ *(Zug)* train *m* ❷ *(Spielzeugeisenbahn)* train *m* [électri-

que] **Eisenbahnbrücke** *f* pont *m* de chemin de fer

Eisenbahner(in) <-s, -> *m(f) (fam)* cheminot(e) *m(f)*

Eisenbahnnetz *nt* réseau *m* ferroviaire **Eisenbahnstrecke** *f* ligne *f* de chemin de fer **Eisenbahnwagen** *m* wagon *m*

Eisenerz ['aizən?eːɐ̯ts] *nt* minerai *m* de fer **Eisengitter** *nt* grille *f* en fer

eisenhaltig ['aizənhaltɪç] *adj Erz* ferreux, -euse; *Nahrungsmittel* riche en fer

Eisenmangel *m kein Pl* carence *f* en fer **Eisenoxid** *nt* oxyde *m* de fer **Eisenstange** *f* barre *f* de fer

Eisen- und Stahlindustrie *f* sidérurgie *f*

Eisenwaren *Pl* articles *mpl* de quincaillerie

Eisenwarenhandlung *f* quincaillerie *f*

Eisenzeit *f kein Pl* âge *m* du fer

eisern ['aizɐn] **I.** *adj (a. fig)* de fer **II.** *adv* ❶ *(unerschütterlich) schweigen* obstinément; *sparen, trainieren* inlassablement; *einhalten* résolument ❷ *(hart) durchgreifen* d'une façon implacable

Eisfach *nt* compartiment *m* à glace **Eisfläche** *f* surface *f* gelée **eisgekühlt** *adj* glacé(e) **Eisglätte** *f* verglas *m* **Eishockey** [aishɔki] *nt* hockey *m* sur glace

Eishockeyschläger *m* crosse *f* **Eishockeyspieler(in)** *m(f)* joueur, -euse *m, f* de hockey sur glace, hockeyeur, -euse *m, f*

eisig ['aizɪç] **I.** *adj* ❶ *(kalt)* glacial(e) ❷ *(fig)* glacial(e); *Schrecken, Grauen* glaçant(e) **II.** *adv empfangen* de manière glaciale

Eiskaffee *m café froid avec une boule de glace à la vanille et de la chantilly* **eiskalt** ['ais'kalt] **I.** *adj* ❶ glacé(e); *Wohnung* glacial(e) ❷ *(fig)* glacé(e); *Mörder* implacable **II.** *adv handeln, vorgehen* de sang froid; ~ ***reagieren*** rester de glace **Eiskristall** *nt* cristal *m* de glace **Eiskunstlauf** *m* patinage *m* artistique **Eiskunstläufer(in)** *m(f)* patineur, -euse *m, f* artistique **eislaufen** *vi irr* faire du patin à glace **Eisläufer(in)** *m(f)* patineur, -euse *m, f* **Eispickel** *m* piolet *m*

Eisprung ['ai-] *m* ovulation *f*

Eisregen *m* grésil *m; (gefrierender Regen)* pluie *f* verglaçante **Eissalon** [-zalɔ̃ː, -zaloːn] *m* A café *m* glacier **Eisschnelllauf** *m* patinage *m* de vitesse **Eisscholle** *f* bloc *m* de glace **Eisschrank** *m (Kühlschrank)* réfrigérateur *m* **Eissport** *m* sports *mpl* de glace **Eisstadion** *nt* patinoire *f* **Eistee** *m* thé *m* glacé **Eisverkäufer(in)** *m(f)* marchand(e) *m(f)* de glaces **Eisvogel** *m* martin-pêcheur *m* **Eiswaffel** *f* ❶ *(Eistüte)* cornet *m* de glace ❷ *(Waffel, die zum Eis gegessen wird)* gaufrette *f* **Eiswürfel** *m* glaçon *m* **Eiszapfen** *m* stalactite *f* de glace **Eiszeit** *f* ❶ période *f* glaciaire ❷ *(fig)* période *f* de refroidissement

eitel ['aitəl] *adj (pej: selbstgefällig)* vaniteux, -euse; *(in Bezug auf das Äußere)* coquet(te)

Eitelkeit <-> *f (pej: Selbstgefälligkeit)* vanité *f; (in Bezug auf das Äußere)* coquetterie *f*

Eiter ['aitɐ] <-s> *m* pus *m*

eiterig *s.* **eitrig**

eitern *vi* suppurer

eitrig *adj Wunde* purulent(e)

Eiweiß *nt* ❶ protéine *f* ❷ GASTR blanc *m* d'œuf

Eizelle *f* ovule *m*

Ejakulat <-[e]s, -e> *nt* sperme *m*

Ejakulation <-, -en> *f* éjaculation *f*

ejakulieren* [ejaku'liːrən] *vi* éjaculer

Ekel[1] ['eːkəl] <-s> *m (Abscheu)* dégoût *m; (Überdruss)* nausée *f;* ~ ***erregend*** répugnant

Ekel[2] ['eːkəl] <-s, -> *nt (pej fam: ekelhafter Mensch)* salaud *m* / salope *f;* ***du ~!*** espèce de dégueulasse!

ekelerregend *s.* **Ekel**[1]

ekelhaft I. *adj* ❶ répugnant(e) ❷ *(fam: heftig) Schmerzen* affreux, -euse **II.** *adv* ❶ *stinken, sich benehmen* de façon dégoûtante *fam;* ~ ***schmecken*** avoir un goût dégoûtant ❷ *(fam: unangenehm) jucken* affreusement

ekelig ['eːkəlɪç] *s.* **ekelhaft**

ekeln I. *vt* dégoûter **II.** *vt unpers* ***mich ekelt es vor jdm/etw*** je suis dégoûté par qn/qc **III.** *vr* ***sich vor jdm/etw*** ~ éprouver de la répulsion pour qn/qc

EKG [eːkaː'geː] <-s, -s> *nt Abk von* **Elektrokardiogramm** électrocardiogramme *m*

Eklat [e'kla(ː)] <-s, -s> *m (geh)* éclat *m soutenu;* ***es kommt zum*** ~ cela fait un éclat

eklatant [ekla'tant] *adj (geh)* flagrant(e)

eklig ['eːklɪç] *s.* **ekelhaft**

Eklipse [ɛk'lɪpsə] <-, -n> *f* éclipse *f*

Ekstase [ɛk'staːzə] <-, -n> *f* extase *f*

Ekzem [ɛk'tseːm] <-s, -e> *nt* MED eczéma *m*

Elan [e'laːn] <-s> *m (geh)* entrain *m*

elastisch [e'lastɪʃ] *adj* élastique; *Gelenk* mobile

Elastizität [elastitsi'tɛːt] <-, -en> *f (a. fig)* élasticité *f*

Elbe ['ɛlbə] <-> *f* ***die*** ~ l'Elbe *f*

Elch [ɛlç] <-[e]s, -e> *m* élan *m*

E-Learning ['iːlœːnɪŋ] <-s> *nt Abk von* **electronic learning** formation *f* en ligne, e-formation *f*, e-learning *m*

Electronic Banking [ɪlɛk'trɔnɪk'bɛŋkɪŋ] <- -[s]> *nt* règlement *m* électronique des opérations bancaires
Electronic Cash-Service [ɪlɛktrɔnɪk-'kɛʃsœrvɪs] <- -> *m* paiement *m* par carte
Elefant [ele'fant] <-en, -en> *m* éléphant *m*
elegant [ele'gant] **I.** *adj* élégant(e) **II.** *adv* avec élégance
Eleganz [ele'gants] <-> *f* élégance *f*
elektrifizieren* [elɛktrifi'tsi:rən] *vt* électrifier
Elektrik [e'lɛktrɪk] <-, -en> *f* installation *f* électrique
Elektriker(in) [e'lɛktrikɐ] <-s, -> *m(f)* électricien(ne) *m(f)*
elektrisch [e'lɛktrɪʃ] **I.** *adj* électrique **II.** *adv funktionieren* à l'électricité; *sich rasieren* au rasoir électrique
elektrisieren* [elɛktri'si:rən] *vt* électriser
Elektrizität [elɛktritsi'tɛ:t] <-> *f* électricité *f*
Elektrizitätswerk *nt* centrale *f* électrique
Elektroauto *nt* voiture *f* électrique **Elektrochemie** [e'lɛktroçemi:, elɛktroçe'mi:] *f* électrochimie *f*
Elektrode [elɛk'tro:də] <-, -n> *f* électrode *f*
Elektrofahrrad *nt* vélo *m* électrique **Elektrogerät** *nt* appareil *m* électrique **Elektrogeschäft** *nt* magasin *m* d'électroménager **Elektroherd** *m* cuisinière *f* électrique **Elektroingenieur(in)** *m(f)* ingénieur *mf* électricien **Elektrokardiogramm** [elɛktrokardi̯o'gram] *nt* MED électrocardiogramme *m*
Elektrolyse [elɛktro'ly:zə] <-, -n> *f* électrolyse *f*
Elektrolyt [elɛktro'ly:t] <-s, -e> *m meist Pl* CHEM, MED électrolyte *m*
Elektromagnet *m* électroaimant *m* **elektromagnetisch** **I.** *adj* électromagnétique **II.** *adv* par électromagnétisme **Elektromotor** *m* moteur *m* électrique
Elektron ['e:lɛktrɔn, e'lɛktrɔn] <-s, -tronen> *nt* électron *m*
Elektronenmikroskop *nt* microscope *m* électronique **Elektronenrechner** *m* INFORM calculatrice *f* électronique
Elektronik [elɛk'tro:nɪk] <-> *f* électronique *f*
elektronisch [elɛk'tro:nɪʃ] *adj* électronique
Elektroofen *m* ❶ radiateur *m* électrique ❷ *(Schmelzofen)* four *m* électrique **Elektrorasierer** *m* rasoir *m* électrique **Elektroschock** *m* électrochoc *m* **Elektroschocker** *m* pistolet *m* à électrochoc **Elektrosmog** *m* pollution *f* électromagnétique, smog *m* électromagnétique **Elektrotechnik** [elɛktro'tɛçnɪk] *f kein Pl* électrotechnique *f* **Elektrotechniker(in)** *m(f)* électrotechnicien(ne) *m(f)* **elektrotechnisch** *adj* électrotechnique
Element [ele'mɛnt] <-[e]s, -e> *nt* élément *m*
elementar [elemɛn'ta:ɐ̯] *adj* ❶ élémentaire ❷ *(urwüchsig, mächtig)* primaire
elend ['e:lɛnt] *adj* ❶ *Leben, Verhältnisse, Hütte* misérable ❷ *(krank) Aussehen* pitoyable; ***sich ~ fühlen*** se sentir mal ❸ *(pej fam: gemein)* misérable
Elend <-[e]s> *nt* misère *f* ▶ **das heulende ~ kriegen** *(fam)* attraper le blues
elendig ['e:lɛndɪç] DIAL *s.* **elend**
Elendsquartier *nt* taudis *m* **Elendsviertel** *nt* quartier *m* miséreux
elf [ɛlf] *num* onze; *s. a.* **acht**[1]
Elf [ɛlf] <-, -en> *f (Zahl, Fußballmannschaft)* onze *m*
Elfe ['ɛlfə] <-, -n> *f* sylphide *f*
Elfenbein ['ɛlfənbai̯n] *nt* ivoire *m*
elfenbeinfarben *adj* couleur d'ivoire
Elfenbeinküste *f* Côte-d'Ivoire *f;* ***die Republik ~*** la République de Côte-d'Ivoire
Elferrat *m conseil de onze personnes, chargé de préparer les fêtes de Carnaval*
Elfmeter [ɛlf'me:tɐ] *m* penalty *m*
Elfmeterpunkt *m* point *m* de penalty **Elfmeterschießen** <-s> *nt* tir *m* au but
elfte(r, s) *adj* ❶ onzième ❷ *(bei Datumsangaben)* ***der ~ März*** le onze mars; *s. a.* **achte(r, s)**
eliminieren* [elimi'ni:rən] *vt* éliminer *Gegner, Konkurrenten;* supprimer *Fehler*
Eliminierung <-, -en> *f (geh) eines Gegners* élimination *f; eines Fehlers, einer Unklarheit* suppression *f*
elitär [eli'tɛ:ɐ̯] **I.** *adj Person, Einstellung* élitiste; *Gruppe, Schicht* élitaire **II.** *adv denken, handeln* de façon élitiste
Elite [e'li:tə] <-, -n> *f* élite *f*
Eliteschule *f* école *f* prestigieuse **Elitetruppe** *f* troupe *f* d'élite **Eliteuniversität** *f* université *f* d'élite; *(in Frankreich)* grande école *f*
Elixier [elɪ'ksi:ɐ̯] <-s, -e> *nt* élixir *m*
El Kaida [ɛl'kai̯da] <-> *f* ***die ~*** Al-Qaïda
Ellbogen ['ɛlbo:gən] <-s, -> *m* coude *m*
Ellbogengesellschaft *f* société *f* d'arrivistes
Elle ['ɛlə] <-, -n> *f* ❶ ANAT cubitus *m*

❷ *(Maßstock)* aune *f* ❸ *(altes Längenmaß)* coudée *f*
Ellenbogen *s.* **Ellbogen**
ellenlang *adj (fam) Liste, Roman* interminable; ***ein ~er Kerl*** une grande perche
Ellipse [ɛ'lɪpsə] <-, -n> *f* ellipse *f*
elliptisch [ɛ'lɪptɪʃ] *adj* elliptique
E-Lok ['e:lɔk] <-, -s> *f Abk von* **elektrische Lokomotive** locomotive *f* électrique
eloquent *(geh)* **I.** *adj* éloquent(e) *soutenu* **II.** *adv* avec éloquence *soutenu*
Eloquenz <-> *f (geh)* éloquence *f soutenu*
El Salvador [ɛlzalva'do:ɐ̯] <-s> *nt* le Salvador
Elsass ['ɛlzas] <-[es]> *nt **das** ~* l'Alsace *f*
Elsässer(in) ['ɛlzɛsɐ] <-s, -> *m(f)* Alsacien(ne) *m(f)*
elsässisch ['ɛlzɛsɪʃ] *adj* alsacien(ne); ***die ~e Hauptstadt*** la capitale de l'Alsace
Elsässisch <-[s]> *nt* l'alsacien *m; **auf** ~* en alsacien
Elsass-Lothringen ['ɛlzas 'lo:trɪŋən] *nt* HIST l'Alsace-Lorraine *f*
Elster ['ɛlstɐ] <-, -n> *f* pie *f*
elterlich ['ɛltelɪç] *adj Fürsorge* des parents; ***~e Sorge*** autorité *f* parentale
Eltern ['ɛltɐn] *Pl* parents *mpl*
Elternabend *m* réunion *f* parents-professeurs **Elternbeirat** *m* conseil *m* des parents **Elterngeld** *nt kein Pl* allocation *f* parentale **Elternhaus** *nt* ❶ *(Gebäude)* maison *f* familiale ❷ *(familiäres Umfeld)* milieu *m* familial
elternlos **I.** *adj* orphelin(e) **II.** *adv aufwachsen* sans avoir de parents **Elternsprechtag** *m* journée *f* de rencontre parents-enseignants
Elternteil *m **einen ~ verlieren*** perdre l'un de ses deux parents **Elternzeit** *f kein Pl* congé *m* parental
Email [e'mai̯] <-s, -s> *nt* émail *m*
E-Mail ['i:meɪl] <-s, -s> *f o nt (Nachricht)* courrier *m* électronique
E-Mail-Adresse ['i:meɪladrɛsə] *f* adresse *f* électronique
Emaille [e'maljə] <-, -n> *s.* **Email**
Emanze [e'mantsə] <-, -n> *f (pej fam)* féministe *f*
Emanzipation [emantsipa'tsi̯o:n] <-, -en> *f* émancipation *f*
Emanzipationsbewegung *f* mouvement *m* d'émancipation
emanzipieren* [emantsi'pi:rən] *vr **sich** [**von etw**] ~* s'émanciper [de qc]
emanzipiert *adj* émancipé(e)
Embargo [ɛm'bargo] <-s, -s> *nt* embargo *m*
Emblem [ɛm'ble:m, ã'ble:m] <-[e]s, -e> *nt* ❶ *(Hoheitszeichen)* emblème *m* ❷ *(Sinnbild)* symbole *m*
Embolie [ɛmbo'li:] <-, -ien> *f* embolie *f*
Embryo ['ɛmbryo] <-s, -s *o* Embryonen> *m o* A *nt* MED embryon *m*
embryonal [ɛmbryo'na:l] *adj* MED embryonal(e)
emeritieren* *vt* accorder des droits à la retraite; ***einen Professor/eine Professorin ~*** accorder à un/une professeur d'université ses droits à la retraite; ***emeritierter Professor/emeritierte Professorin*** professeur *mf* honoraire
Emigrant(in) [emi'grant] <-en, -en> *m(f)* émigré(e) *m(f)*
Emigration [emigra'tsi̯o:n] <-, -en> *f* émigration *f*
emigrieren* [emi'gri:rən] *vi + sein **nach Frankreich/in die USA** ~* émigrer en France/aux Etats-Unis
Eminenz <-, -en> *f* éminence *f; **Seine/Eure** ~* Son/Votre Éminence ▶ **graue** ~ éminence *f* grise
Emir [e'mi:ɐ] <-s, -e> *m* émir *m*
Emirat [emi'ra:t] <-[e]s, -e> *nt* émirat *m*
Emission [emɪ'si̯o:n] <-, -en> *f* ÖKOL, FIN émission *f*
emittieren* [emɪ'ti:rən] *vt* ÖKOL dégager *Abgase, Schadstoffe*
Emoji <-s, -s> [e'mo:dʒi] *nt* INFORM emoji *m*
Emoticon [e'mo:tikon] <-s, -s> *nt* INFORM émoticone *m*
Emotion [emo'tsi̯o:n] <-, -en> *f* émotion *f*
emotional [emotsi̯o'na:l] *adj* émotif, -ive
emotionslos *adj* qui n'éprouve aucune émotion
empfahl [ɛm'pfa:l] *Imp von* **empfehlen**
empfand [ɛm'pfant] *Imp von* **empfinden**
Empfang [ɛm'pfaŋ, *Pl:* ɛm'pfɛŋə] <-[e]s, Empfänge> *m* ❶ *kein Pl (das Entgegennehmen)* réception *f; **etw in ~ nehmen*** réceptionner qc; ***jdn in ~ nehmen** (fam)* accueillir qn ❷ *kein Pl* TV, RADIO réception *f* ❸ *(Rezeption)* réception *f* ❹ *kein Pl (Begrüßung)* accueil *m; **jdm einen stürmischen ~ bereiten*** réserver un accueil enthousiaste à qn ❺ *(Festveranstaltung)* réception *f*
empfangen <empfängt, empfing, empfangen> *vt* ❶ *(geh: erhalten)* recevoir *Post, Auftrag* ❷ *(geh: begrüßen)* accueillir *Gäste, Freunde* ❸ TV, RADIO ***einen Sender über Satellit ~*** capter une chaîne par satellite

Empfänger [ɛmˈpfɛŋɐ] <-s, -> *m* ❶ *eines Briefs, Pakets* destinataire *m; einer Zahlung, Überweisung* bénéficiaire *m;* ~ ***verzogen*** n'habite plus à l'adresse indiquée ❷ MED *eines Organs, einer Blutspende* receveur *m* ❸ *(Empfangsgerät)* récepteur *m*

Empfängerin <-, -nen> *f* ❶ *eines Briefs, Pakets* destinataire *f; einer Zahlung, Überweisung* bénéficiaire *f* ❷ MED *eines Organs, einer Blutspende* receveuse *f*

empfänglich [ɛmˈpfɛŋlɪç] *adj* ❶ *(anfällig)* sensible ❷ *(offen, aufgeschlossen)* réceptif, -ive

Empfängnis [ɛmˈpfɛŋnɪs] <-> *f* conception *f;* ***die*** ~ ***verhüten*** éviter une conception

empfängnisverhütend *adj Mittel* contraceptif, -ive **Empfängnisverhütung** *f* contraception *f*

Empfangsbestätigung *f* accusé *m* de réception **Empfangschef(in)** *m(f)* chef *mf* de la réception **Empfangsdame** *s.* **Empfangschef(in)**

empfängt *3. Pers Präs von* **empfangen**

empfehlen [ɛmˈpfeːlən] <empfiehlt, empfahl, empfohlen> **I.** *vt* recommander; ***jdm*** ~ ***etw zu tun*** recommander à qn de faire qc **II.** *vr unpers (ratsam sein)* ***es empfiehlt sich etw zu tun*** il est recommandé de faire qc **III.** *vr* ❶ ***sich jdm als Sachverständiger*** ~ se présenter à qn comme expert ❷ *(hum geh: sich verabschieden)* ***sich*** ~ tirer sa révérence

empfehlenswert *adj* ❶ *(ratsam)* préférable ❷ *(gut) Lokal, Hotel* recommandable

Empfehlung <-, -en> *f* ❶ *(Rat, Referenz)* recommandation *f* ❷ *meist Pl (form: höflicher Gruß)* ***… verbleibe ich mit den besten ~en, Ihr/Ihre …*** … avec mes sentiments les plus dévoués …

Empfehlungsschreiben *nt* lettre *f* de recommandation

empfiehlt *3. Pers Präs von* **empfehlen**

empfinden [ɛmˈpfɪndən] <empfand, empfunden> *vt* ❶ éprouver *Gefühl* ❷ *(auffassen)* ressentir

Empfinden <-s> *nt* impression *f;* ***für mein*** ~ à mon sens

empfindlich **I.** *adj* ❶ *(leicht reizbar)* susceptible ❷ *(leicht zu beschädigen)* fragile; ***gegen Sonnenlicht*** ~ ***sein*** craindre la lumière du soleil; ***hoch*** ~ *Material* très fragile ❸ *(anfällig, wenig robust)* fragile ❹ *(spürbar)* sévère; *Kälte* vif, vive ❺ *(fein reagierend) Messgerät, Film* sensible **II.** *adv* ~ ***auf etw*** *akk* ***reagieren*** réagir vivement à qc

Empfindlichkeit <-, -en> *f* ❶ *(Reizbarkeit)* susceptibilité *f* ❷ *kein Pl (Beschaffenheit) eines Materials* fragilité *f;* PHOT, TECH sensibilité *f* ❸ *kein Pl* MED ~ ***gegen eine Krankheit*** sensibilité *f* à une maladie

empfindsam *adj* sensible

Empfindung <-, -en> *f* ❶ *(Gefühlsregung)* sentiment *m* ❷ *(sinnliche Wahrnehmung)* sensation *f* ❸ *(Eindruck)* impression *f*

empfing *Imp von* **empfangen**

empfunden [ɛmˈpfʊndən] *PP von* **empfinden**

Emphase [ɛmˈfaːzə] <-, -n> *f (geh)* emphase *f*

emphatisch [ɛmˈfaːtɪʃ] *(geh)* **I.** *adj* emphatique **II.** *adv* avec emphase

empirisch [ɛmˈpiːrɪʃ] **I.** *adj* empirique **II.** *adv* empiriquement

empor [ɛmˈpoːɐ̯] *adv (geh)* en haut

empor|arbeiten *vr (geh)* ***sich zu etw*** ~ parvenir par son travail à devenir qc

Empore [ɛmˈpoːrə] <-, -n> *f* galerie *f; (Orgelempore)* tribune *f*

empören* [ɛmˈpøːrən] **I.** *vt* indigner **II.** *vr* ❶ *(sich entrüsten)* ***sich über jdn/etw*** ~ s'indigner contre qn/de qc ❷ *(rebellieren)* ***sich gegen jdn/etw*** ~ se révolter contre qn/qc

empörend *adj* révoltant(e)

Emporkömmling [ɛmˈpoːɐ̯kœmlɪŋ] <-s, -e> *m (pej)* parvenu(e) *m(f)*

empor|ragen [ɛmˈpoːɐ̯raːgən] *vi (geh)* se dresser; ***über etw*** *akk* ~ se dresser au dessus de qc **empor|steigen** *irr (geh)* **I.** *vi + sein* ❶ *Nebel:* s'élever ❷ *(fig)* ***in jdm*** ~ *Angst:* monter en qn **II.** *vt + sein* monter *Stufen, Treppe;* gravir *Berg*

empört [ɛmˈpøːɐ̯t] **I.** *adj* indigné(e); ***über jdn/etw*** ~ ***sein*** être indigné contre qn/de qc **II.** *adv* avec indignation

Empörung <-, -en> *f* ❶ *kein Pl (Entrüstung)* indignation *f* ❷ *(Rebellion)* révolte *f*

Ems [ˈɛms] <-> *f* ***die*** ~ l'Ems *f*

emsig [ˈɛmzɪç] **I.** *adj Person* travailleur, -euse; *Ameise, Biene* laborieux, -euse; *Tätigkeit* intense **II.** *adv arbeiten* avec ardeur; *lernen* avec assiduité; *sammeln* infatigablement

Emu [ˈeːmu] <-s, -s> *m* émeu *m*

Emulsion [emʊlˈzi̯oːn] <-, -en> *f* émulsion *f*

E-Musik [ˈeːmuziːk] *f kein Pl* musique *f* classique

Endabrechnung *f* facture *f* définitive **Endbetrag** *m* montant *m* définitif

Ende [ˈɛndə] <-s, -n> *nt* ❶ *kein Pl (zeit-*

licher Abschluss) fin *f; eines Projekts* aboutissement *m;* ***zu ~ gehen*** *Urlaub, Vertrag:* se terminer; *Vorräte:* s'épuiser; ***etw zu ~ bringen*** mener qc à son terme ❷ *kein Pl (bei Zeit-, Altersangaben)* ***~ Januar*** fin janvier; ~ ***1950*** à la fin de l'année 1950; ***er ist ~ zwanzig*** il approche de la trentaine ❸ *(räumlicher Abschluss)* bout *m* ❹ *kein Pl (geh: Tod)* fin *f* ❺ DIAL *(Stückchen)* bout *m* ▶ ~ **gut, alles gut** *(prov)* tout est bien qui finit bien; **letzten ~s** au bout du compte; *(schließlich)* en fin de compte; *(sogar, vielleicht)* des fois *fam;* **am ~ sein** *(fam: erschöpft sein)* être vidé; *(ruiniert, mittellos sein)* être raide

Endeffekt *m* résultat *m;* ***im ~*** en fin de compte

endemisch [ɛn'de:mɪʃ] *adj* MED, BIO endémique

enden ['ɛndən] *vi* ❶ *(zu Ende gehen) Jahr, Urlaub:* se terminer; ***nicht ~ wollender Beifall*** des applaudissements à n'en plus finir ❷ *(ablaufen) Frist, Ultimatum:* expirer ❸ *(räumlich) Rock, Weg:* s'arrêter

Endergebnis *nt* résultat *m* définitif; ***im ~*** en fin de compte **Endgerät** *nt* INFORM terminal *m* **endgültig** *adj* définitif, -ive **Endgültigkeit** *f* irrévocabilité *f* **Endhaltestelle** *f* terminus *m*

Endivie [ɛn'di:vi̯ə] <-, -n> *f* chicorée *f*

Endiviensalat *m* chicorée *f*

Endkampf *m* finale *f*

endlich ['ɛntlɪç] **I.** *adv* enfin; ***na ~!*** *(fam)* c'est pas trop tôt! **II.** *adj* MATH, PHILOS fini(e)

endlos I. *adj* ❶ *(ständig) Ärger* sans fin ❷ *(sehr lang, ausgedehnt)* interminable; *Weite* infini(e) **II.** *adv (sehr lange)* indéfiniment

Endlosigkeit <-> *f* infinitude *f*

Endlospapier *nt* papier *m* en continu

Endorphin [ɛndɔr'fi:n] <-s, -e> *nt* MED endorphine *f*

Endoskop [ɛndo'sko:p] <-s, -e> *nt* MED endoscope *m*

Endphase *f* phase *f* finale **Endprodukt** *nt* produit *m* final **Endrunde** *f* SPORT finale *f* **Endsilbe** *f* syllabe *f* finale **Endspiel** *nt* SPORT finale *f* **Endspurt** *m* SPORT sprint *m* **Endstadium** *nt einer Krankheit* stade *m* terminal **Endstation** *f* TRANSP *(a. fig)* terminus *m* **Endsumme** *f* somme *f* totale

Endung <-, -en> *f* terminaison *f*

Endverbraucher(in) *m(f)* consommateur *m* final/consommatrice *f* finale **Endzeit** *f* fin *f* des temps **Endzeitstimmung** *f* atmosphère *f* de fin du monde **Endziffer** *f* dernier chiffre *m*

Energie [enɛr'gi:] <-, -i̯en> *f* ❶ PHYS énergie *f* ❷ *kein Pl (Tatkraft)* énergie *f;* ***viel/wenig ~ haben*** être très/peu dynamique **Energieausweis** *m* diagnostic *m* de performance énergétique, DPEB *m* **Energiebedarf** *m* besoins *mpl* énergétiques **energiebewusst I.** *adj* économe en énergie **II.** *adv* de façon économe en énergie **energieeffizient** *adj Bauen, Gebäude* à efficacité énergétique **Energiehaushalt** *m* BIO, ÖKON bilan *m* énergétique **Energiekrise** *f* crise *f* de l'énergie

energielos *adj* indolent(e)

Energiepass *m s.* **Energieausweis Energiepolitik** *f* politique *f* énergétique **Energiequelle** *f* source *f* d'énergie **Energiesparen** <-s> *nt* économies *fpl* d'énergie **energiesparend** *adj* à faible consommation d'énergie **Energiesparlampe** *f* lampe *f* à économie d'énergie **Energieträger** *m* vecteur *m* énergétique [*o* d'énergie] **Energieverbrauch** *m* consommation *f* d'énergie **Energieverschwendung** *f* gaspillage *m* d'énergie **Energieversorgung** *f* approvisionnement *m* en énergie **Energievorrat** *m* ressources *fpl* énergétiques **Energiewende** *f* tournant *m* dans le domaine de l'énergie **Energiezufuhr** *f* approvisionnement *m* en énergie

energisch [e'nɛrgɪʃ] *adj* énergique

eng [ɛŋ] **I.** *adj* ❶ *Öffnung* étroit(e) ❷ *(beengt) Raum* exigu(ë) ❸ *(knapp sitzend) Kleidung* étroit(e); ***jdm zu ~ sein*** serrer trop qn ❹ *(dicht gedrängt) Pflanzung* rapproché(e) ❺ *(beschränkt)* étroit(e); *Horizont* limité(e); *Rahmen* strict(e) ❻ *(eingeschränkt)* ***im ~eren Sinne*** dans un sens plus strict; ***in die ~ere Wahl kommen*** être parmi les premiers choix ❼ *(nah, vertraut) Beziehung, Freundschaft* étroit(e); *Verwandtschaft* proche ❽ *(fam: schwierig)* ***das wird ~*** *(fam)* ça va être dur **II.** *adv* ❶ *(knapp)* ***~ anliegen*** *Kleidung:* être moulant; ~ ***anliegend*** moulant; ***einen Rock ~er machen*** ajuster une jupe ❷ *(dicht)* ~ ***nebeneinandersitzen*** être serrés l'un contre l'autre; ***sehr ~ tanzen*** danser étroitement enlacés ❸ *(nah, vertraut) liiert* étroitement; ~ ***befreundet sein*** avoir des liens d'amitié étroits ❹ *(fam: kleinlich, intolerant)* ***etw [zu] ~ sehen*** être trop à cheval sur qc; ***etw nicht so ~ sehen*** ne pas être trop pointilleux sur qc

Engagement [ãgaʒə'mã:] <-s, -s> *nt* ❶ *(geh)* engagement *m* ❷ *(Verpflichtung) eines Künstlers* engagement *m*

engagieren* [ãga'ʒi:rən] **I.** *vt* engager

II. *vr* ***sich für jdn/etw*** ~ s'engager pour qn/qc

engagiert [ãga'ʒiːɐ̯t] *adj (geh) Person, Kunstwerk* engagé(e)

enganliegend *s.* **eng II. 1 engbefreundet** *s.* **eng II. 3**

Enge ['ɛŋə] <-> *f einer Kurve* étroitesse *f; eines Raums* exiguïté *f* ▶ **jdn in die ~ treiben** pousser qn dans ses derniers retranchements

Engel ['ɛŋəl] <-s, -> *m* ange *m*

engherzig *adj* mesquin(e)

England ['ɛŋlant] *nt* l'Angleterre *f*

Engländer(in) ['ɛŋlɛndɐ] <-s, -> *m(f)* Anglais(e) *m(f)*

englisch ['ɛŋlɪʃ] **I.** *adj* anglais(e) **II.** *adv* ❶ ~ ***miteinander sprechen*** discuter en anglais; *s. a.* **deutsch** ❷ *(auf britische Art)* ***das Fleisch ~ braten*** faire griller la viande de façon saignante

Englisch <-[s]> *nt kein Art* anglais *m; s. a.* **Deutsch**

englischsprachig *adj* ❶ *Buch* en anglais ❷ *Bevölkerung* anglophone

engmaschig ['ɛŋmaʃɪç] *adj Netz* à mailles serrées

Engpass *m* ❶ GEOG défilé *m* ❷ *(Fahrbahnverengung)* rétrécissement *m* ❸ ÖKON goulot *m* d'étranglement

en gros [ã'groː] *adv* en gros

engstirnig *(pej)* **I.** *adj Person* borné(e); *Denken* étroit(e) **II.** *adv handeln* à courte vue

Engstirnigkeit <-> *f* étroitesse *f* d'esprit

Enkel(in) ['ɛŋkəl] <-s, -> *m(f)* ❶ petit-fils *m* /petite-fille *f;* ***die*** ~ les petits-enfants *mpl* ❷ *(Nachfahre)* descendant(e) *m(f)*

Enkelkind *s.* **Enkel(in) 1 Enkelsohn** *m* petit-fils *m* **Enkeltochter** *f* petite-fille *f*

Enklave [ɛn'klaːvə] <-, -n> *f* enclave *f*

enorm [e'nɔrm] **I.** *adj* ❶ *(sehr groß) Belastung* énorme; *Hitze, Kälte* terrible; *Kraft, Geschwindigkeit* inouï(e); *Summe* exorbitant(e) ❷ *(fam: beeindruckend)* ***das ist ja ~!*** ça, c'est vraiment super! **II.** *adv (fam: sehr) günstig, praktisch* vachement

Ensemble [ã'sãːbəl] <-s, -s> *nt* ❶ THEAT troupe *f* ❷ MUS, COUT ensemble *m*

entarten* [ɛnt'ʔartən] *vi + sein* dégénérer

Entartung <-, -en> *f* ❶ *kein Pl (a. fig)* dégénérescence *f* ❷ *(Phänomen)* phénomène *m* de dégénérescence

entbehren* [ɛnt'beːrən] *vt (verzichten auf)* ***jdn/etw ~ können*** pouvoir se passer de qn/qc

entbehrlich [ɛnt'beːɐ̯lɪç] *adj* superflu(e)

Entbehrung <-, -en> *f* privation *f*

entbinden* *irr* **I.** *vt (dispensieren)* ***jdn von seinem Versprechen*** ~ délier qn de sa promesse **II.** *vi* MED accoucher

Entbindung *f* ❶ MED accouchement *m* ❷ *kein Pl (Dispensierung)* déliement *m*

Entbindungsstation *f* maternité *f*

entblättern* **I.** *vt* ***die Bäume ~*** *Sturm:* faire tomber les feuilles des arbres **II.** *vr* ***sich*** ~ *Bäume:* perdre ses feuilles

entblößen* [ɛnt'bløːsən] *(geh)* **I.** *vt* ❶ dénuder *Beine, Oberkörper* ❷ MIL, SPORT découvrir **II.** *vr* ***sich*** ~ se découvrir; *Exhibitionist:* s'exhiber

entblößt *adj (geh) Person* nu(e); *Schultern* dénudé(e)

entbrennen* *vi irr + sein (geh)* ❶ *Kampf, Streit:* éclater ❷ *(fig)* s'enflammer

entbunden *PP von* **entbinden**

entdecken* *vt* ❶ dénicher *Person, Gegenstand;* trouver *Fehler, Versteck* ❷ *(durch Forschung finden)* découvrir *Virus, Kontinent*

Entdecker(in) <-s, -> *m(f)* explorateur, -trice *m, f*

Entdeckung *f (das Entdecken, das Entdeckte)* découverte *f; (talentierter Mensch)* révélation *f*

Entdeckungsreise *f* voyage *m* d'exploration **Entdeckungstour** *f* circuit *m* de découverte

Ente ['ɛntə] <-, -n> *f* ❶ canard *m; (weibliches Tier)* cane *f* ❷ *(fam: Falschmeldung)* bobard *m* ❸ *(fam: Auto)* deuche *f*

entehren* [ɛnt'ʔeːrən] *vt* déshonorer

enteignen* [ɛnt'ʔaignən] *vt* exproprier

Enteignung <-, -en> *f* expropriation *f*

enterben* *vt* déshériter

Enterich ['ɛntərɪç] <-s, -e> *m* canard *m* [mâle]

entern ['ɛntɐn] **I.** *vt + haben* prendre à l'abordage *Schiff* **II.** *vi + sein* monter à l'abordage; ***das Entern*** l'abordage *m*

Entertainer(in) ['ɛntɐteːnɐ] <-s, -> *m(f)* animateur, -trice *m, f*

Enter-Taste ['ɛntɐ-] *f* INFORM touche *f* "entrée"

entfachen* [ɛnt'faxən] *vt (geh)* ❶ déclencher *Brand, Feuer* ❷ *(entfesseln)* attiser *Leidenschaft;* déclencher *Streit*

entfahren* *vi irr + sein* ***jdm*** ~ *Seufzer, Schrei:* échapper à qn

entfallen* *vi irr + sein* ❶ *(aus dem Gedächtnis kommen)* ***jdm*** ~ sortir de l'esprit à qn, échapper à qn ❷ *(wegfallen, nicht stattfinden) Punkt:* être laissé de côté; *Veranstaltung:* être annulé ❸ *(zukommen)* ***auf jdn*** ~ *Anteil:* revenir à qn ❹ *(geh: entglei-*

E

ten) ***die Vase entfiel ihr*** le vase lui tomba des mains

entfalten* I. *vt* ❶ déplier *Zeitung, Brief* ❷ *(entwickeln)* déployer *Aktivität;* épanouir *Fähigkeiten, Kräfte* ❸ *(zur Geltung bringen)* déployer *Pracht* II. *vr* **sich ~** ❶ *Fallschirm:* s'ouvrir ❷ *(sich entwickeln) Persönlichkeit, Talent:* s'épanouir

Entfaltung <-, -en> *f* ❶ *eines Fallschirms* ouverture *f* ❷ *(Entwicklung) von Aktivitäten* déploiement *m; eines Talents, der Persönlichkeit* épanouissement *m* ❸ *(Demonstration) von Pracht* déploiement *m*

entfärben* *vt, vr [**sich**]* ~ [se] décolorer

Entfärber <-s, -> *m*, **Entfärbungsmittel** *nt* décolorant *m*

entfernen* [ɛnt'fɛrnən] I. *vt* ❶ enlever *Fleck, Blinddarm, Hindernis* ❷ *(forttun, fortbringen)* ***jdn aus der Schule ~*** exclure qn de l'école II. *vr* ***sich von/aus etw ~*** s'éloigner de qc

Entfernen-Taste *f* INFORM touche *f* "effacement"

entfernt I. *adj* ❶ reculé(e); ***von jdm/etw ~ sein*** être loin de qn/qc; ***fünf Kilometer/drei Stunden von etw ~ sein*** être à cinq kilomètres/trois heures de qc ❷ *(weitläufig) Verwandtschaft* éloigné(e) ❸ *(gering) Ähnlichkeit* vague *antéposé* II. *adv* ❶ *(geringfügig)* de loin; *erinnern* vaguement ❷ *(weitläufig)* ***~ verwandt sein mit …*** être parent éloigné de …

Entfernung <-, -en> *f* ❶ distance *f;* ***in einer ~ von drei Metern, in drei Metern ~*** à une distance de trois mètres; ***aus der ~*** de loin ❷ *kein Pl (das Entfernen) eines Flecks, Hindernisses* élimination *f* ❸ *kein Pl (das Weggehen)* ***unerlaubte ~ von der Truppe*** absence *f* illégale de la troupe

Entfernungsmesser <-s, -> *m* télémètre *m*

entfesseln* *vt* déclencher *Begeisterung, Krieg;* ***entfesselt*** déchaîné

entfetten* *vt* dégraisser *Haut, Haar*

entflammbar [ɛnt'flamba:ɐ̯] *adj* inflammable

entflammen* *(geh)* I. *vt + haben* ❶ enflammer ❷ *(verliebt machen)* conquérir II. *vi + sein* ❶ *Streit:* éclater; *Liebe:* s'enflammer ❷ *(verliebt sein)* ***für jdn entflammt sein*** être épris de qn

entfliehen* *vi irr + sein* ❶ *(fliehen)* s'enfuir; ***aus der Haft ~*** s'évader de prison ❷ *(geh: entkommen)* ***dem Lärm/der Hektik ~*** échapper au bruit/à l'agitation

entflohen *PP von* **entfliehen**

entfremden* I. *vt* ❶ *(fremd machen)* ***zwei Menschen einander ~*** rendre deux personnes étrangères l'une à l'autre ❷ *(zweckentfremden)* ***etw seinem Zweck ~*** détourner qc de son usage II. *vr* ***sich jdm ~*** se détacher de qn

Entfremdung <-, -en> *f* détachement *m*

entfreunden INFORM *(fam)* I. *vr (auf Facebook®)* ▶ **sich ~** ne plus être ami(e)s II. *vt (auf Facebook®)* retirer de sa liste d'amis

entführen* *vt* ❶ enlever, kidnapper *Kind, Geisel;* détourner *Flugzeug* ❷ *(hum fam: wegnehmen)* emprunter

Entführer(in) *m(f)* ravisseur, -euse *m, f; (Luftpirat)* pirate *mf* de l'air

Entführung *f eines Kindes, einer Geisel* enlèvement *m; eines Flugzeugs* détournement *m*

entgegen [ɛnt'ge:gən] I. *adv* ***dem Ziel ~*** au devant du but; ***dem Morgen/Sommer ~*** vers le matin/l'été II. *präp +dat* ❶ *(zuwider)* ***~ unserer Abmachung*** contrairement à notre accord ❷ *(im Gegensatz zu)* ***~ allen Erwartungen*** contre toute attente

entgegen|bringen *vt irr* ***jdm Vertrauen/Achtung ~*** faire preuve de confiance/respect à l'égard de qn; ***einer S.*** *dat* ***Interesse/Verständnis ~*** manifester de l'intérêt/de la compréhension pour qc **entgegen|fahren** *vi unreg + sein* aller à la rencontre; ***jdm ~*** aller à la rencontre de qn **entgegen|fiebern** *vi* ***einer S.*** *dat* ~ attendre qc avec impatience **entgegen|gehen** *vi irr + sein* ❶ ***jdm ~*** aller à la rencontre de qn ❷ *(zu erwarten haben)* ***einer Gefahr/dem Tod ~*** aller au devant d'un danger/de la mort **entgegengesetzt** [ɛnt'ge:gəngəzɛtst] I. *adj Richtung, Interessen* opposé(e) II. *adv* ***~ handeln*** faire le contraire **entgegen|halten** *vt irr* ❶ *(hinhalten)* ***jdm etw ~*** tendre qc à qn ❷ *(als Gegenargument anführen)* présenter *Einwand, Beweis* **entgegen|kommen** [ɛnt'ge:gənkɔmən] *vi irr + sein* ❶ ***jdm ~*** venir à la rencontre de qn; *(fahrend)* arriver en sens inverse de qn ❷ *(Zugeständnisse machen)* ***jdm ~*** faire une concession à qn ❸ *(entsprechen)* ***jds Interessen*** *dat* ~ aller dans le sens des intérêts de qc **Entgegenkommen** <-s> *nt* ❶ *(gefällige Haltung)* compréhension *f* ❷ *(Zugeständnis)* concession *f* **entgegenkommend** *adj* bienveillant(e) **entgegen|laufen** *vi unreg + sein* ❶ courir à la rencontre; ***jdm ~*** courir à la rencontre de qn ❷ *(zuwiderlaufen)* ***einer S.*** *dat* ~ être contraire à qc **entge-**

gen|nehmen *vt irr* accepter *Brief, Ware;* encaisser *Geldbetrag* **entgegen|setzen** *vt* ***nichts entgegenzusetzen haben*** n'avoir rien à redire à qc **entgegen|stehen** *vi irr* ***dem steht nichts entgegen*** rien ne s'y oppose **entgegen|steuern** *vi* combattre; ***einem Trend*** ~ combattre une tendance **entgegen|treten** *vi irr + sein* ❶ *(in den Weg treten)* faire front à ❷ *(sich zur Wehr setzen)* ***jdm/einer S.*** ~ lutter contre qn/qc **entgegen|wirken** *vi* ***einer S.*** *dat* ~ agir contre qc

entgegnen* [ɛnt'geːgnən] *vt* rétorquer

Entgegnung <-, -en> *f* réplique *f*

entgehen* *vi irr + sein* ❶ *(nicht bemerkt werden, entkommen)* échapper ❷ *(ungenutzt bleiben)* ***sich*** *dat* ***etw*** ~ ***lassen*** laisser passer qc

entgeistert [ɛnt'gaistɐt] **I.** *adj* hébété(e) **II.** *adv anstarren* l'air hébété

Entgelt [ɛnt'gɛlt] <-[e]s, -e> *nt (form)* rétribution *f;* ***gegen*** ~ moyennant finances

entgiften* *vt* ÖKOL, MED épurer

Entgiftung <-, -en> *f* ÖKOL, MED épuration *f*

entgleisen* [ɛnt'glaizən] *vi + sein* ❶ *Zug, Straßenbahn:* dérailler ❷ *(ausfallend werden)* commettre un impair

Entgleisung <-, -en> *f* ❶ déraillement *m* ❷ *(Taktlosigkeit)* impair *m*

entgleiten* *vi irr + sein* ❶ ***jds Händen*** ~ glisser des mains de qn ❷ *(verloren gehen) Kontrolle, Leitung:* échapper

enthaaren* [ɛnt'haːrən] *vt* épiler

Enthaarung <-, -en> *f* épilation *f*

enthalten* *irr* **I.** *vt* ❶ contenir ❷ *(einschließen)* ***im Preis [mit]*** ~ ***sein*** être compris dans le prix **II.** *vr (nicht abstimmen)* ***sich [der Stimme]*** ~ s'abstenir

enthaltsam [ɛnt'haltzaːm] **I.** *adj Person* modéré(e); *Leben* d'abstinence **II.** *adv* ~ ***leben*** vivre dans l'abstinence

Enthaltsamkeit <-> *f* abstinence *f; (sexuelle Abstinenz)* chasteté *f*

Enthaltung [ɛnt'haltʊŋ] *f (Stimmenthaltung)* abstention *f*

enthärten* *vt* adoucir *Wasser*

enthaupten* [ɛnt'hauptən] *vt* décapiter

entheben* *vt irr (geh)* ❶ ***jdn seines Amtes/Dienstes*** ~ relever qn de ses fonctions ❷ *(entbinden)* ***jdn aller Verpflichtungen*** ~ dégager qn de toute obligation

enthüllen* **I.** *vt* dévoiler **II.** *vr* ***sich jdm*** ~ se révéler à qn

Enthüllung <-, -en> *f* ❶ *eines Denkmals* dévoilement *m* ❷ *(Aufdeckung)* révélation *f*

Enthusiasmus [ɛntu'ziasmʊs] <-> *m* enthousiasme *m*

enthusiastisch [ɛntu'ziastɪʃ] **I.** *adj* enthousiaste **II.** *adv* avec enthousiasme

entjungfern* [ɛnt'jʊŋfɐn] *vt* dépuceler

Entjungferung <-, -en> *f* dépucelage *m*

entkalken* *vt* détartrer *Kaffeemaschine;* adoucir *Wasser*

entkeimen* *vt* débarrasser, désinfecter; ***etw*** ~ débarrasser qc de ses germes, désinfecter qc

entkernen* *vt* dénoyauter *Kirsche, Pfirsich, Olive;* épépiner *Apfel, Birne, Orange*

entkleiden* *vt, vr (geh)* ***[sich]*** ~ [se] dévêtir

entknoten* *vt* dénouer

entkoffeiniert [ɛntkɔfei'niːɐt] *adj* décaféiné(e)

Entkolonialisierung *f* décolonisation *f*

entkommen* *vi irr + sein* s'échapper; ***jdm*** ~ échapper à qn

entkorken* [ɛnt'kɔrkən] *vt* déboucher

entkräften* [ɛnt'krɛftən] *vt* ❶ *(schwächen)* épuiser ❷ *(widerlegen)* réfuter *Behauptung, Verdacht*

Entkräftung <-, -en> *f* ❶ *(Erschöpfung)* épuisement *m* ❷ *(Widerlegung)* infirmation *f*

entkrampfen* *vt, vr* **[sich]** ~ ❶ *Muskulatur, Körper:* [se] décontracter ❷ *Atmosphäre, Lage:* [se] décrisper

entladen* *irr* **I.** *vt* décharger **II.** *vr* ❶ ***sich über jdm/etw*** ~ *Gewitter:* éclater au-dessus de qn/qc ❷ ELEC ***sich*** ~ se décharger ❸ *(ausbrechen)* ***sich über jdm*** ~ *Emotionen:* éclater contre qn

Entladung *f* déchargement *m*

entlang [ɛnt'laŋ] **I.** *präp + dat o gen* le long de **II.** *präp + akk* le long de **III.** *adv* ***hier*** ~ par ici; ***wir müssen die Grenze*** ~ nous devons longer la frontière

entlang|gehen *vi irr + sein* ***eine Straße*** ~ longer une route

entlarven* [ɛnt'larfən] **I.** *vt* ❶ *(enttarnen)* démasquer ❷ *(aufdecken)* ***ein Angebot als Falle*** ~ découvrir qu'une offre est un piège **II.** *vr* ***sich selbst als Lügner*** ~ se démasquer soi-même comme étant un menteur

entlassen* *vt irr* ❶ licencier *Mitarbeiter* ❷ *(gehen lassen)* laisser sortir *Patienten;* libérer *Häftling;* ***aus der Haft*** ~ ***werden*** sortir de prison ❸ *(geh: verabschieden)* congédier *Besucher, Bittsteller*

Entlassung <-, -en> *f (Kündigung)* licenciement *m*

entlasten* *vt* ❶ JUR décharger ❷ *(von einer Belastung befreien)* soulager *Person;* délester *Verkehr* ❸ *(ausgleichen)* créditer *Konto* ❹ *(bestätigen)* donner quitus à *Vorstand, Hausverwaltung*

Entlastung <-, -en> *f* ❶ JUR décharge *f* ❷ *(Hilfe)* soulagement *m;* ***zu deiner ~*** pour te soulager ❸ *(Bestätigung)* quitus *m*

Entlastungsmaterial *nt* documents *mpl* à décharge **Entlastungszeuge, -zeugin** *m, f* témoin *m* à décharge

E

entlaufen* *vi irr + sein* ❶ *(fliehen) Häftling, Sklave:* s'évader; *Heimkind:* faire une fugue ❷ *(fortlaufen)* ***Hund/Katze ~!*** perdu chien/chat!

entlausen* *vt* épouiller

entledigen* [ɛntˈleːdɪgən] *vr (geh)* ❶ *(aus dem Wege räumen)* ***sich eines Komplizen ~*** se débarrasser d'un complice ❷ *(erfüllen)* ***sich eines Auftrags ~*** s'acquitter d'une mission

entleeren* *vt* vider *Behälter, Darm;* vidanger *Grube, Becken*

Entleerung *f eines Behälters* vidage *m; einer Grube, eines Beckens* vidange *f;* ***zur ~ der Blase*** pour vider la vessie

entlegen [ɛntˈleːgən] *adj* ❶ *(abgelegen)* isolé(e) ❷ *Gedanke, Vorstellung* saugrenu(e)

Entlehnung <-, -en> *f* LING emprunt *m*

Entleiher(in) <-s, -> *m(f)* emprunteur, -euse *m, f*

entlocken* *vt* extorquer *Geständnis;* ***einem Instrument Töne ~*** tirer des sons d'un instrument

entlohnen* *vt* CH ***jdn für etw ~*** rétribuer qn pour qc

Entlüftung <-, -en> *f* ❶ *eines Raums* ventilation *f* ❷ TECH *von Bremsen* purge *f*

entmachten* [ɛntˈmaxtən] *vt* renverser

entmilitarisieren* [ɛntmilitariˈziːrən] *vt* démilitariser

Entmilitarisierung *f* démilitarisation *f*

entmündigen* [ɛntˈmʏndɪgən] *vt* ***jdn [wegen etw] ~*** mettre qn sous tutelle [pour qc]

Entmündigung <-, -en> *f* ❶ JUR mise *f* sous tutelle ❷ *(Bevormundung)* déresponsabilisation *f*

entmutigen* [ɛntˈmuːtɪgən] *vt* décourager

Entmutigung <-, -en> *f* découragement *m*

Entnahme [ɛntˈnaːmə] <-, -n> *f* prélèvement *m*

entnazifizieren* [ɛntnatsifiˈtsiːrən] *vt* HIST, POL dénazifier

Entnazifizierung <-, -en> *f* HIST, POL dénazification *f*

entnehmen* *vt irr* ❶ *(herausnehmen)* ***etw [aus] der Schublade ~*** retirer qc du tiroir ❷ MED ***jdm Blut ~*** prélever du sang à qn ❸ *(schlussfolgern)* ***einem Artikel ~, dass …*** déduire d'un article que …

entnerven* *vt* énerver, mettre à bout [de nerfs]; ***~d*** énervant(e), nerveusement épuisant(e)

entnervt I. *PP von* **entnerven II.** *adj* excédé(e), à bout [de nerfs]

entprivatisieren* *vt* étatiser, nationaliser

Entprivatisierung *f* étatisation *f,* nationalisation *f*

entpuppen* [ɛntˈpʊpən] *vr* ***sich als Betrüger ~*** se révéler être un escroc

enträtseln* *vt* déchiffrer *Schrift*

entreißen* *vt irr* arracher

entrichten* *vt (form)* régler

entriegeln* *vt* déverrouiller

entrinnen* *vi irr + sein (geh)* ***jdm/einer S. ~*** échapper à qn/qc

entrosten* *vt* dérouiller; ***entrostet werden*** être débarrassé de sa rouille

entrückt [ɛntˈrʏkt] *adj (geh)* absent(e); ***der Wirklichkeit*** *dat* ***~ sein*** être détaché de la réalité

entrümpeln* [ɛntˈrʏmpəln] *vt* débarrasser

entrüsten* [ɛntˈrʏstən] *vr* ***sich über jdn ~*** être scandalisé par qn; ***sich über etw ~*** s'indigner de qc

entrüstet I. *adj* indigné(e) **II.** *adv* d'un air outré; *rufen, sagen* d'un ton outré

Entrüstung *f* indignation *f;* ***~ über jdn/etw*** indignation contre qn/qc

entsaften* *vt* ❶ *(auspressen)* presser le jus de ❷ *(auskochen)* extraire le jus de

Entsafter <-s, -> *m (Presse)* centrifugeuse *f*

entsagen* *vi (geh)* ***einer S.*** *dat* ~ renoncer à qc

entsalzen* *vt* dessaler

entschädigen* *vt a.* JUR dédommager

Entschädigung *f (Leistung)* indemnité *f*

entschärfen* *vt* ❶ désamorcer *Bombe, Mine* ❷ *(entspannen)* décrisper *Debatte, Konflikt*

Entscheid [ɛntˈʃait] *s.* **Entscheidung**

entscheiden* *irr* **I.** *vt* ❶ *(beschließen)* ***~, dass/ob/wann …*** décider que/si/quand … ❷ *(klären)* trancher *Fall* ❸ *(gewinnen)* ***etw [für sich] ~*** avoir une influence décisive sur qc; ***das Spiel ist entschieden*** le match est joué **II.** *vi* décider; ***für jdn/etw ~*** se prononcer en faveur de qn/qc **III.** *vr (beschließen)* ***sich ~*** se décider

entscheidend I. *adj (ausschlaggebend)* décisif, -ive; *Fehler, Irrtum* grave **II.** *adv* de manière décisive

Entscheidung *f* ❶ *(Beschluss)* décision *f;* ***jdn vor eine ~ stellen*** mettre qn au pied du mur ❷ JUR verdict *m* ❸ SPORT résultat *m*
Entscheidungsfreiheit *f* liberté *f* de décision; ***völlige ~ haben*** avoir toute liberté de décision
Entscheidungsspiel *nt* match *m* décisif
entschieden [ɛnt'ʃiːdən] **I.** *PP von* **entscheiden II.** *adj* ❶ *(entschlossen) Befürworter, Gegner* résolu(e) ❷ *(eindeutig) Ablehnung* catégorique; *Befürwortung* total(e); *Stellungnahme* clair(e) [et net(te)] **III.** *adv* ❶ *(entschlossen) ablehnen* catégoriquement ❷ *(eindeutig)* incontestablement
Entschiedenheit <-> *f* détermination *f;* ***mit [aller] ~*** catégoriquement
entschlacken* **I.** *vt* désintoxiquer **II.** *vi* avoir un effet dépuratif
Entschlackung <-, -en> *f* ***der ~*** *dat* ***des Blutes dienen*** servir à libérer le sang de ses toxines
entschließen* *vr irr* ***sich ~*** se décider; ***sich für/zu etw ~*** opter pour qc; ***sich zu nichts ~ können*** ne pas arriver à se décider
entschlossen [ɛnt'ʃlɔsən] **I.** *PP von* **entschließen II.** *adj* décidé(e); ***fest ~*** déterminé; ***wild ~*** *(fam)* remonté à bloc; ***zu allem ~*** prêt à tout **III.** *adv* avec détermination
Entschlossenheit <-> *f* détermination *f*
Entschluss [ɛnt'ʃlʊs] *m* décision *f;* ***einen ~ fassen*** prendre une décision
entschlüsseln* *vt* décoder **Entschlusskraft** *f kein Pl* esprit *m* de décision
entschuldbar [ɛnt'ʃʊltbaːɐ̯] *adj* excusable
entschuldigen* [ɛnt'ʃʊldɪgən] **I.** *vi* excuser; ***~ Sie, können Sie mir sagen, …*** s'il vous plaît, pouvez-vous me dire …; ***Sie müssen [schon] ~, …*** excusez-moi, … **II.** *vr* ❶ ***sich bei jdm ~*** s'excuser auprès de qn ❷ *(sich abwesend melden)* ***sich ~*** *Schüler:* s'excuser **III.** *vt* ❶ ***jdn ~*** excuser qn ❷ *(als abwesend melden)* ***jdn/etw bei jdm ~*** excuser qn/qc auprès de qn ❸ *(verzeihlich machen)* ***etw ~*** *Umstand, Tatsache:* excuser qc
Entschuldigung <-, -en> *f* ❶ *(Bitte um Verzeihung)* excuses *fpl;* ***sie hat ihre Eltern wegen etw um ~ gebeten*** elle a prié ses parents de l'excuser de qc; ***ich bitte vielmals um ~*** je vous demande mille fois pardon; ***~!*** pardon!, excuse-moi/excusez-moi!; ***~, wie spät ist es bitte?*** excusez-moi, vous avez l'heure s'il vous plaît? ❷ *(Rechtfertigung)* excuse *f;* ***als ~ für etw*** pour excuser qc; ***zu meiner/deiner ~*** à ma/ta décharge ❸ *(Entschuldigungsschreiben)* mot *m* d'excuse
entsenden* *vt irr o reg (geh)* ❶ *(offiziell)* ***jdn zu einer Tagung ~*** déléguer qn à une conférence ❷ *(schicken)* ***jdn zu jdm ~*** envoyer qn auprès de qn
entsetzen* **I.** *vt* effarer; ***jdn ~*** *Umstand, Tatsache:* effarer qn **II.** *vr* ***sich über jdn/etw ~*** être horrifié par qn/qc; *(fassungslos sein)* être effaré par qn/qc
Entsetzen <-s> *nt* horreur *f*
entsetzlich [ɛnt'zɛtslɪç] *adj* horrible
entsetzt [ɛnt'zɛtst] **I.** *adj* horrifié(e); *(fassungslos)* effaré(e) **II.** *adv* l'air épouvanté; ***~ aufschreien*** pousser un cri d'épouvante
entsichern* *vt* enlever le cran de sûreté de *Pistole*
entsinnen* *vr irr (geh)* se souvenir; ***wenn ich mich recht entsinne*** si mes souvenirs sont exacts
entsorgen* *vt* ❶ *(wegschaffen)* évacuer ❷ *(von Abfallstoffen befreien)* éliminer les déchets de *Stadt, Fabrik*
Entsorgung <-, -en> *f von Müll* évacuation *f*
Entsorgungsbetrieb *m* usine *f* de traitement des déchets
entspannen* **I.** *vr* ***sich ~*** *Person, Lage:* se détendre; ***entspannt*** détendu **II.** *vt* ❶ *(lockern)* détendre *Muskeln, Nerven* ❷ *(beruhigen)* détendre *Lage*
Entspannung *f* détente *f;* ***zur ~*** pour se détendre
Entspannungspolitik *f* politique *f* de détente **Entspannungsübung** *f* exercice *m* de relaxation
entsprechen* *vi irr* ❶ *(übereinstimmen mit)* ***einer S.*** *dat* ***~*** correspondre à qc ❷ *(genügen)* ***den Anforderungen/Bedingungen ~*** satisfaire aux exigences/conditions
entsprechend [ɛnt'ʃprɛçənt] **I.** *adj* ❶ *(angemessen) Entschädigung, Gehalt* correspondant(e) ❷ *(gemäß) Benehmen, Kleidung* approprié(e) ❸ *(zuständig) Sachbearbeiter* compétent(e) **II.** *adv bezahlen, handeln* en conséquence **III.** *präp + dat* ***~ Ihrem Vorschlag/unserer Abmachung*** conformément à votre proposition/notre accord
Entsprechung <-, -en> *f* ❶ *(Gegenstück)* pendant *m* ❷ *(Übereinstimmung)* point *m* commun
entspringen* *vi irr + sein* ***in den Bergen ~*** *Fluss:* prendre sa source dans les montagnes
entstammen* *vi + sein* ***einer armen Familie*** *dat* ***~*** être issu d'une famille pauvre

E

E

entstauben* *vt* dépoussiérer

entstehen* *vi irr + sein* ❶ *(zu existieren beginnen)* se constituer; *Kunstwerk, Gebäude, Stadtteil:* naître; ***das Haus ist in acht Monaten entstanden*** la maison a été construite en l'espace de huit mois ❷ *(verursacht werden) Brand, Streit, Unruhe:* se déclencher ❸ CHEM se former ❹ *(sich ergeben)* ***ihm ~ durch den Unfall Kosten*** l'accident lui a occasionné des frais

Entstehung <-, -en> *f* ❶ *(das Werden) des Lebens* origine *f; eines Kunstwerkes* création *f; eines Gebäudes* construction *f* ❷ *(Verursachung) eines Streits, Brandes* origine *f* ❸ CHEM formation *f*

Entstehungsgeschichte *f* genèse *f*

entsteinen* *vt* dénoyauter

entstellen* *vt* ❶ *(verunstalten)* défigurer *Person, Gesicht* ❷ *(verzerren)* ***etw ~*** *Hass, Schmerz:* déformer qc ❸ *(verzerrt wiedergeben)* déformer *Vorfall, Wahrheit*

entstören* *vt* déparasiter

Entstörungsstelle *s.* **Störungsstelle**

enttarnen* *vt* ***jdn ~*** démasquer qn

enttäuschen* **I.** *vt* décevoir **II.** *vi Sportler, Mannschaft:* être décevant; *Auto, Elektrogerät:* se révéler décevant(e)

enttäuschend **I.** *adj* décevant(e) **II.** *adv schlecht, kurz* étonnamment

enttäuscht [ɛnt'tɔyʃt] **I.** *adj* déçu(e); ***von jdm/etw ~ sein*** être déçu par qn/qc **II.** *adv dreinschauen* d'un air déçu; *sagen* d'un ton déçu

Enttäuschung *f* déception *f;* ***jdm eine ~ bereiten*** décevoir [les espérances de] qn

entthronen* *vt (geh)* détrôner

entwaffnen* [ɛnt'vafnən] *vt (a. fig)* désarmer

entwaffnend **I.** *adj* désarmant(e) **II.** *adv* ***~ lächeln*** avoir un sourire désarmant

Entwaffnung <-, -en> *f* désarmement *m*

Entwaldung <-, -en> *f* ÖKOL déforestation *f*

entwarnen* *vi* donner le signal de fin d'alerte

Entwarnung *f* signal *m* de fin d'alerte; ***~ geben*** donner le signal de fin d'alerte

entwässern* [ɛnt'vɛsɐn] *vt* drainer

entweder ['ɛntveːdɐ, ɛnt'veːdɐ] *konj* ***~ ..., oder ...*** ou [bien] ..., ou [bien] ... ▸ ~ **oder!** [c'est] l'un ou l'autre!

entweichen* *vi irr + sein* ❶ *(austreten)* fuir; ***aus etw ~*** *Gas, Luft:* fuir de qc ❷ *(geh: fliehen)* ***aus etw ~*** s'échapper de qc

entweihen* *vt* profaner

entwenden* *vt (geh)* dérober; ***jdm etw ~*** dérober qc à qn

entwerfen* *vt irr* ❶ *(zeichnerisch)* concevoir, faire les plans de *Gartenanlage, Gebäude* ❷ *(ausarbeiten)* élaborer

entwerten* *vt* ❶ *(abstempeln)* valider *Fahrschein, Eintrittskarte;* oblitérer *Briefmarke* ❷ *(im Wert mindern)* dévaluer *Banknoten, Münzen* ❸ *(fig)* déprécier *Argument*

Entwertung *f* ❶ *(das Abstempeln)* validation *f; von Briefmarken* oblitération *f* ❷ *(Wertminderung) von Banknoten, Münzen* dévaluation *f*

entwickeln* **I.** *vt* ❶ *(erfinden)* développer ❷ *(am Bildschirm entwerfen)* concevoir ❸ *(ausarbeiten)* élaborer; ***hoch entwickelt*** *(technisch fortschrittlich)* ultraperfectionné ❹ *(entfalten)* développer *Talent;* déployer *Energie* ❺ PHOT développer ❻ *(entstehen lassen)* dégager *Gas, Hitze* **II.** *vr* **sich ~** ❶ *(sich entfalten)* se développer; ***aus der Raupe entwickelt sich der Schmetterling*** la chenille se transforme en papillon; ***hoch entwickelt*** *Volk, Kultur* très développé ❷ *(vorankommen) Verhandlungen:* évoluer ❸ CHEM *Gase, Wärme:* se former

Entwicklung <-, -en> *f* ❶ *(das Entwickeln)* mise *f* au point; *eines Präparats, Verfahrens* développement *m* ❷ *(das Entwerfen)* élaboration *f* ❸ *(Entfaltung)* développement *m; von Kräften* déploiement *m* ❹ PHOT développement *m* ❺ *(das Vorankommen) eines Projektes* évolution *f* ❻ CHEM formation *f*

Entwicklungshelfer(in) *m(f)* coopérant(e) *m(f)* **Entwicklungshilfe** *f* POL aide *f* au[x pays en voie de] développement **Entwicklungsland** *nt* pays *m* en voie de développement **Entwicklungspolitik** *f* politique *f* de développement **Entwicklungsstufe** *f* stade *m* de développement

entwirren* *vt* démêler, débrouiller

entwischen* [ɛnt'vɪʃən] *vi + sein* se sauver; ***aus etw ~*** se sauver de qc; ***jdm ~*** échapper à qn

entwöhnen* [ɛnt'vøːnən] *vt* ❶ sevrer *Säugling* ❷ *(fig)* ***einer S.*** *dat* ***entwöhnt sein*** avoir perdu l'habitude de qc

entwürdigend [ɛnt'vʏrdɪgənt] *adj* dégradant(e)

Entwürdigung *f* avilissement *m*

Entwurf *m* ❶ *(Skizze)* projet *m; (eines Modemachers)* dessin *m* ❷ *(Konzept)* ébauche *f*

entwurzeln* *vt* déraciner

Entwurzelung <-, -en> *f* déracinement *m*

entzaubern* *vt (geh)* ❶ *(seines Glanzes berauben)* ***jdn*** ~ faire descendre qn de son piédestal; ***etw*** ~ faire tomber de haut qc ❷ *(von einem Zauber befreien)* désenvoûter

entziehen* *irr* **I.** *vt* ❶ *(wegnehmen)* retirer *Hand, Führerschein, Vertrauen* ❷ *(fernhalten)* ***jdn den Blicken der Schaulustigen*** ~ soustraire qn à la vue des badauds ❸ *(entnehmen)* ***einer S.*** *dat* ***das Wasser*** ~ extraire l'eau de qc **II.** *vr* ***sich jdm/einer S.*** ~ se dérober à qn/qc

Entziehungsanstalt *f* établissement *m* de désintoxication **Entziehungskur** *f* cure *f* de désintoxication

entziffern* [ɛnt'tsɪfɐn] *vt* déchiffrer

Entzifferung <-, -en> *f* déchiffrement *m*

entzippen* [ɛnt'tsɪpn̩, ɛnt'zɪpn̩] *vt* INFORM dézipper

entzücken* [ɛnt'tsʏkən] *vt* ravir; ***von jdm entzückt sein*** être sous le charme de qn; ***über etw*** *akk* ***entzückt sein*** être ravi de qc

Entzücken [ɛn'tsʏkən] <-s> *nt* ravissement *m*

entzückend *adj* ravissant(e)

Entzug <-[e]s> *m* ❶ ADMIN *eines Führerscheins, einer Lizenz* retrait *m* ❷ MED désaccoutumance *f* ❸ *(fam: Entziehungskur)* cure *f* de désintoxication; ***auf ~ sein*** être en cure de désintoxication

Entzugserscheinung *f* syndrome *m* de manque

entzündbar [ɛnt'tsʏntbaːɐ̯] *adj* inflammable

entzünden* **I.** *vt (geh)* allumer, [faire] craquer *Streichholz* **II.** *vr (erkranken, in Brand geraten)* ***sich*** ~ s'enflammer; ***entzündet*** enflammé

entzündlich *adj* ❶ *Erkrankung* inflammatoire ❷ *Gas, Brennstoff* inflammable; ***leicht*** ~ *Material* facilement [*o* très] inflammable

Entzündung *f* inflammation *f*

entzündungshemmend *adj* anti-inflammatoire

Entzündungsherd *m* foyer *m* infectieux

entzwei [ɛnt'tsvai̯] *adj* ~ ***sein*** être cassé

entzweien* [ɛnt'tsvai̯ən] *(geh)* **I.** *vt* diviser *Freunde* **II.** *vr* ***sich mit jdm [wegen etw]*** ~ se brouiller avec qn [à cause de qc]

entzweigehen *vi irr + sein* se casser

Enzian ['ɛntsi̯aːn] <-s, -e> *m (Blume, Schnaps)* gentiane *f*

Enzyklopädie [ɛntsyklopɛ'diː] <-, -ien> *f* encyclopédie *f*

enzyklopädisch [ɛntsyklo'pɛːdɪʃ] *adj* encyclopédique

Enzym [ɛn'tsyːm] <-s, -e> *nt* MED, BIO enzyme *f*

Epidemie [epide'miː] <-, -ien> *f* MED épidémie *f*

Epidermis [epi'dɛrmɪs] <-, Epidermen> *f* ANAT épiderme *m*

Epik ['eːpɪk] <-> *f* littérature *f* épique

Epilepsie [epilɛ'psiː] <-, -ien> *f* MED épilepsie *f*

Epileptiker(in) [epi'lɛptikɐ] <-s, -> *m(f)* MED épileptique *mf*

epileptisch [epi'lɛptɪʃ] MED **I.** *adj* épileptique **II.** *adv* ~ ***veranlagt sein*** être prédisposé à l'épilepsie

Epilog [epi'loːk] <-s, -e> *m* épilogue *m*

episch ['eːpɪʃ] *adj Gedicht* épique

Episode [epi'zoːdə] <-, -n> *f* épisode *m*

Epistel [e'pɪstəl] <-, -n> *f* épître *f*

Epizentrum [epi'tsɛntrʊm] *nt* GEOL épicentre *m*

Epoche [e'pɔxə] <-, -n> *f* époque *f*

Epos ['eːpɔs] <-, Epen> *nt* épopée *f*

er [eːɐ̯] *pron pers, 3. Pers Sing, nom* ❶ *(auf eine Person, ein männliches Tier bezogen)* il; *(betont)* lui; ~ ***ist nicht da*** il n'est pas là; ***sie ist größer als*** ~ elle est plus grande que lui; ***da kommt ~!*** le voilà qui arrive!; ~ ***ist es [wirklich]!*** c'est bien lui! ❷ *(allgemein auf ein Tier, eine Sache bezogen)* ***einem Storch/Hubschrauber zuschauen, wie ~ fliegt*** regarder voler une cigogne/un hélicoptère

erachten* [ɛɐ̯'ʔaxtən] *vt (geh)* considérer

Erachten <-s> *nt* ***meines ~s*** à mon avis

erahnen* *vt (geh)* entrevoir

erarbeiten* *vt* ❶ *(durch Arbeit erwerben)* ***sich*** *dat* ***sein Wissen hart*** ~ acquérir ses connaissances à la sueur de son front ❷ *(ausarbeiten)* réaliser *Entwurf, Vorschlag*

Erbanlage ['ɛrpʔanlaːgə] *f meist Pl* caractère *m* héréditaire

erbarmen* [ɛɐ̯'barmən] **I.** *vt* faire pitié à **II.** *vr* ❶ *(Mitleid haben)* ***sich eines Bettlers/einer S.*** ~ avoir pitié d'un mendiant/de qc ❷ *(hum fam: sich annehmen)* ***sich*** ~ se dévouer

Erbarmen <-s> *nt* pitié *f*; ~ ***mit jdm/etw haben*** avoir de la pitié pour qn/qc; ***voller*** ~ pris de pitié; ~***!*** pitié!

erbarmenswert *adj (geh)* pitoyable; ~ ***sein*** être pitoyable, faire pitié

erbärmlich [ɛɐ̯'bɛrmlɪç] **I.** *adj* ❶ *(gemein) Kerl, Schuft* infâme ❷ *(furchtbar) Angst, Hunger, Kälte* terrible ❸ *(jämmerlich)* lamentable; *Hütte, Unterkunft* misérable

E

II. *adv (pej)* ❶ *(gemein)* ***sich ~ verhalten*** se conduire de façon déplorable ❷ *(furchtbar) kalt, frieren, wehtun* terriblement ❸ *(jämmerlich) schluchzen* à fendre l'âme

erbarmungslos *adj* impitoyable

erbauen* **I.** *vt* ❶ *(errichten)* bâtir, construire *Gebäude, Ortschaft* ❷ *(geh: seelisch bereichern)* ***jdn ~*** *Kunstwerk, Musik:* enrichir spirituellement qn **II.** *vr (geh)* ***sich an etw*** *dat* ~ savourer spirituellement qc

erbaulich *adj* édifiant(e)

Erbauung <-, -en> *f eines Gebäudes* construction *f*

erbberechtigt *adj* successible

Erbe[1] ['ɛrbə] <-s> *nt* JUR *(a. fig)* héritage *m*

Erbe[2] ['ɛrbə] <-n, -n> *m (Person)* héritier *m*

erbeben* *vi + sein (geh: beben) Erde, Gebäude:* trembler

erben ['ɛrbən] **I.** *vt* ❶ hériter; ***etw von jdm ~*** hériter qc de qn ❷ *(hum fam: geschenkt bekommen)* ***etw von jdm ~*** récupérer qc de qn **II.** *vi* hériter

erbeuten* [ɛɐ̯'bɔy̯tən] *vt* capturer; ***etw ~*** *Tier:* capturer qc; *Verbrecher, Soldat:* s'emparer de qc

Erbfaktor *m* MED facteur *m* héréditaire **Erbfeind(in)** *m(f)* ennemi(e) *m(f)* héréditaire **Erbfolge** *f* [ordre *m* de] succession *f* **Erbgut** *nt kein Pl* MED patrimoine *m* héréditaire

Erbin <-, -nen> *f* héritière *f*

erbitten* *vr irr* demander; ***etw von jdm ~*** demander qc à qn

erbittert *adj* acharné(e)

Erbitterung <-> *f* acharnement *m*

Erbkrankheit *f* MED maladie *f* héréditaire

erblassen* [ɛɐ̯'blasən] *vi + sein* blêmir

erblich ['ɛrplɪç] *adj* héréditaire

erblicken* *vt (geh)* ❶ *(sehen)* apercevoir ❷ *(erkennen)* ***in jdm/einer S. eine Gefahr ~*** voir en qn/dans qc un danger

erblinden* [ɛɐ̯'blɪndən] *vi + sein* perdre la vue

Erblindung <-, -en> *f* cécité *f*

erblühen* *vi + sein (geh)* fleurir

erbrechen *vt, vi irr* vomir

Erbrecht *nt* droit *m* de succession

erbringen* [ɛɐ̯'brɪŋən] *vt irr* ❶ *(aufbringen)* régler *Summe, Ratenzahlung;* verser *Kaution;* réaliser *Leistung* ❷ *(einbringen)* rapporter *Gewinn* ❸ *(ergeben)* aboutir à *Kenntnisse, Ergebnisse* ❹ JUR apporter *Beweis;* produire *Alibi*

Erbrochene(s) *nt dekl wie adj* vomi *m*

Erbschaft ['ɛrpʃaft] <-, -en> *f* héritage *m*

Erbschaft[s]steuer *f* droits *mpl* de succession

Erbschein *m* certificat *m* d'hérédité **Erbschleicher(in)** <-s, -> *m(f)* captateur, -trice *m, f* [de testament]

Erbse ['ɛrpsə] <-, -n> *f* pois *m*

Erbsensuppe *f* soupe *f* aux pois

Erbstück *nt* bien *m* reçu en héritage **Erbsünde** *f* péché *m* originel **Erbteil** *nt* part *f* d'héritage

Erdachse ['eːɐ̯tʔaksə] *f* axe *m* terrestre

erdacht [ɛɐ̯'daxt] *adj* inventé(e)

Erdanziehung *f kein Pl* attraction *f* terrestre **Erdapfel** *m* A, SDEUTSCH pomme *f* de terre **Erdatmosphäre** *f* atmosphère *f* terrestre **Erdball** *s.* **Erdkugel** **Erdbeben** *nt* tremblement *m* de terre

Erdbebengebiet *nt* région *f* sismique

Erdbeere ['eːɐ̯tbeːrə] *f (Frucht)* fraise *f*

Erdbeereis *nt* glace *f* à la fraise **Erdbeertorte** *f* fraisier *m* **Erdbewohner(in)** *m(f)* terrien(ne) *m(f)*

Erdboden *m* sol *m* ► **etw dem ~ gleichmachen** raser qc

Erde ['eːɐ̯də] <-, -n> *f* ❶ *kein Pl (Welt)* terre *f;* ***auf der ganzen ~*** au monde ❷ *(Planet)* Terre *f* ❸ *(Erdboden, Erdreich)* terre *f;* ***auf der ~*** par terre; ***über/unter der ~*** au dessus du niveau du sol/sous terre

erden ['eːɐ̯dn̩] *vt* ***etw ~*** mettre qc à la terre

Erdenbürger(in) *m(f) (hum)* terrien(ne) *m(f);* ***ein kleiner*** [*o* ***neuer***] ~ un nouveau-né

erdenken* *vt irr* imaginer

erdenklich *adj attr* imaginable; ***alles ~ Gute/Schlechte*** tout le bien/mal possible

Erderwärmung *f* ÖKOL réchauffement *m* de la Terre **Erdgas** *nt* gaz *m* naturel **Erdgeschoss** *nt* rez-de-chaussée *m* **Erdhalbkugel** *f* GEOG hémisphère *m*

erdichten* *vt (geh)* inventer

erdig ['eːɐ̯dɪç] *adj* terreux, -euse

Erdinnere(s) *nt dekl wie adj* profondeurs *fpl* de la Terre **Erdkruste** *f* croûte *f* [*o* écorce *f*] terrestre **Erdkugel** *f* globe *m* terrestre **Erdkunde** <-> *f* géographie *f* **Erdmännchen** *nt* ZOOL mangouste *f*

Erdnuss *f (Frucht)* cacah[o]uète *f*

Erdnussbutter *f* beurre *m* de cacah[o]uète **Erdnussflips** [-flɪps] *Pl* cacah[o]uètes *fpl* soufflées

Erdoberfläche *f* surface *f* terrestre **Erdöl** *nt* pétrole *m* **Erdreich** *nt* terre *f*

erdreisten* *vr* ***sich ~*** ne pas se gêner; ***sich ~ etw zu tun*** ne pas se gêner pour faire qc, avoir l'audace de faire qc

erdröhnen* *vi + sein* ❶ *(widerhallen)* résonner; ***von Musik/Gehämmer ~*** *Gebäude, Raum:* résonner de musique/coups de marteau ❷ *(dröhnen) Lautsprecher, Wand:* vibrer
erdrosseln* *vt* étrangler
erdrücken* *vt* ❶ *(zermalmen)* ***jdn ~*** écraser qn; *Schlange:* étouffer qn ❷ *(fig)* ***jdn mit etw ~*** étouffer qn avec qc ❸ *(fig: überwältigen)* ***jdn ~*** *Sorgen:* étouffer qn; *Schulden:* prendre qn à la gorge
Erdrutsch ['eːɐ̯trʊtʃ] *m* ❶ *(Erdbewegung)* glissement *m* de terrain ❷ *(überwältigender Wahlsieg)* raz *m* de marée **Erdschicht** *f* ❶ *(Schicht Erde)* couche *f* de terre ❷ GEOL strate *f* **Erdstoß** *m* secousse *f* sismique **Erdteil** *m* continent *m*
erdulden* *vt* endurer
Erdumdrehung *f* rotation *f* de la Terre [sur elle-même] **Erdumfang** *m* circonférence *f* terrestre **Erdumlaufbahn** *f* orbite *f* terrestre
Erdung ['eːɐ̯dʊŋ] <-, -en> *f* ❶ *(das Erden)* mise *f* à la terre ❷ *(Verbindung)* prise *f* de terre
Erdwärme *f* géothermie *f*
E-Reader ['iːriːdɐ] <-s, -> *m* INFORM liseuse *f*
ereignen* [ɛɐ̯'ʔaignən] *vr* ***sich ~*** se produire
Ereignis [ɛɐ̯'ʔaignɪs] <-ses, -se> *nt* événement *m*
ereignislos I. *adj* calme II. *adv* ***~ verlaufen*** se dérouler sans incident
ereignisreich *adj* mouvementé(e)
ereilen* *vt (geh) Schicksal, Tod:* rattraper; *Nachricht:* parvenir à; ***jdn ~*** *Schicksal, Tod:* rattraper qn; *Nachricht:* parvenir à qn
Erektion [erɛk'tsi̯oːn] <-, -en> *f* érection *f*
Eremit(in) [ere'miːt] <-en, -en> *m(f)* ermite *m*
erfahren[1] [ɛɐ̯'faːrən] *irr* I. *vt* ❶ *(zu hören bekommen)* apprendre *Neuigkeit;* être informé de *Plan;* ***etw über jdn/etw ~*** apprendre qc au sujet de qn/qc ❷ *(erleben)* faire l'expérience de *Liebe, Leid* II. *vi* ***von etw/über etw*** *akk* ~ être informé de qc
erfahren[2] [ɛɐ̯'faːrən] *adj (kundig)* expérimenté(e)
Erfahrenheit <-> *f (geh)* expérience *f*
Erfahrung <-, -en> *f* expérience *f;* ***~ haben*** avoir de l'expérience; ***~en sammeln*** faire ses propres expériences; ***ein Mann mit ~*** un homme d'expérience; ***die ~ machen, dass …*** faire l'expérience que … **Erfahrungsaustausch** *m* échange *m* d'expériences **erfahrungsgemäß** *adv* comme l'expérience le prouve **Erfahrungswert** *m* valeur *f* empirique
erfassen* *vt* ❶ *(mitreißen)* ***jdn/etw ~*** *Auto, Strömung:* happer qn/qc ❷ *(befallen)* ***jdn ~*** *Traurigkeit, Verlangen:* saisir qn ❸ *(begreifen)* comprendre ❹ *(registrieren)* recenser ❺ INFORM saisir *Daten, Text*
Erfassung *f* ❶ ADMIN recensement *m* ❷ INFORM saisie *f*
erfinden* *vt irr* ❶ *(neu hervorbringen)* inventer ❷ *(erdichten)* inventer *Geschichte;* ***frei erfunden sein*** *Behauptung:* être inventé de toutes pièces; *Namen, Personen:* être imaginaire
Erfinder(in) [ɛɐ̯'fɪndɐ] *m(f)* inventeur, -trice *m, f*
Erfindergeist *m kein Pl* esprit *m* d'invention
erfinderisch [ɛɐ̯'fɪndərɪʃ] *adj* inventif, -ive, ingénieux, -euse
Erfindung <-, -en> *f* invention *f*
Erfolg [ɛɐ̯'fɔlk] <-[e]s, -e> *m* succès *m;* ***mit etw/bei jdm keinen ~ haben*** ne pas avoir de succès avec qc/auprès de qn; ***viel ~!*** bonne chance!
erfolgen* *vi + sein (form)* avoir lieu
erfolglos I. *adj* ❶ *Person* malchanceux, -euse ❷ *(vergeblich) Bestrebungen, Versuch* infructueux, -euse; ***~ bleiben*** rester vain II. *adv* sans succès
Erfolglosigkeit <-> *f* ❶ *eines Autors, Künstlers* insuccès *m* ❷ *(Vergeblichkeit)* inutilité *f*
erfolgreich I. *adj* couronné(e) de succès; ***~ sein*** réussir II. *adv* avec succès
Erfolgsaussichten *Pl* chances *fpl* de succès **Erfolgsdenken** *nt* manière *f* positive de penser **Erfolgserlebnis** *nt* réussite *f* **Erfolgsmensch** *m* personne *f* à qui tout réussit professionnellement **Erfolgsrezept** *nt* recette *f* du succès
erfolgversprechend I. *adj* prometteur, -euse II. *adv* de façon prometteuse; ***~ aussehen*** avoir l'air prometteur
erforderlich [ɛɐ̯'fɔrdɐlɪç] *adj* nécessaire; ***es ist ~, dass*** il est nécessaire que +*subj;* ***etw ~ machen*** rendre qc nécessaire
erfordern* *vt* exiger, demander *Zeit*
Erfordernis <-ses, -se> *nt* exigence *f*
erforschen* *vt* explorer, étudier *Verhalten, Zusammenhänge;* rechercher *Hintergründe, Wahrheit*
Erforschung *f einer Gegend* exploration *f; eines Verhaltens* étude *f; der Wahrheit* recherche *f;* ***~ des Gewissens*** examen *m* de conscience

E

erfragen* *vt* demander; ***etw von jdm ~*** demander qc à qn
erfreuen* **I.** *vt* faire plaisir; ***jdn mit etw ~*** faire plaisir à qn avec qc **II.** *vr* ❶ *(Freude haben)* ***er hat sich an ihrem Geschenk erfreut*** son cadeau lui a fait plaisir ❷ *(geh: genießen)* ***sich großer Beliebtheit ~*** jouir d'une grande popularité
erfreulich **I.** *adj* qui fait plaisir; ***es wäre ~, wenn Sie mir ...*** cela me ferait plaisir si vous ... +*subj* **II.** *adv* remarquablement
erfreulicherweise *adv* heureusement, par bonheur
erfreut **I.** *adj* content(e); ***sehr ~!*** *(geh)* enchanté! **II.** *adv antworten* l'air réjoui
erfrieren* *vi irr* + *sein* ❶ *(eingehen) Pflanze:* geler ❷ *(absterben)* ***ihm sind die Finger/Zehen erfroren*** il a les doigts/orteils gelés ❸ *(sterben)* mourir de froid; ***erfroren*** gelé
Erfrierung <-, -en> *f meist Pl* gelure *f*
erfrischen* **I.** *vt* ❶ *(abkühlen)* ***jdn ~*** *Dusche, Getränk:* rafraîchir qn ❷ *(beleben)* ***jdn ~*** *Kaffee, Ruhepause:* faire du bien à qn; ***wieder erfrischt sein*** être de nouveau en forme **II.** *vi* rafraîchir **III.** *vr* ***sich ~*** se rafraîchir
erfrischend **I.** *adj Getränk, Dusche, Humor* rafraîchissant(e) **II.** *adv* ***~ wirken*** *Getränk, Dusche:* avoir un effet rafraîchissant; ***~ kühl*** rafraîchissant
Erfrischung <-, -en> *f* ❶ *(Getränk)* rafraîchissement *m;* ***zur ~*** comme rafraîchissement ❷ *(Abkühlung)* ***eine ~ brauchen*** avoir besoin de se rafraîchir
Erfrischungsgetränk *nt* boisson *f* rafraîchissante **Erfrischungstuch** *nt* serviette *f* rafraîchissante
erfroren *PP von* **erfrieren**
erfüllen* **I.** *vt* ❶ remplir *Funktion, Zweck;* satisfaire *Forderung, Bitte;* accomplir *Aufgabe;* ***sich*** *dat* ***einen Wunsch ~*** se faire [un petit] plaisir ❷ *(anfüllen)* ***den Raum ~*** *Duft, Klänge:* emplir la pièce ❸ *(durchdringen)* ***jdn ~*** *Gefühl:* envahir qn **II.** *vr* ***sich ~*** *Wunsch:* se réaliser
Erfüllung *f* ❶ satisfaction *f; einer Pflicht, eines Vertrags* respect *m;* ***in ~ gehen*** se réaliser ❷ *(Befriedigung)* épanouissement *m*
Erfüllungsort *m* JUR lieu *m* d'exécution d'une prestation
ergänzen* [ɛɐ̯ˈgɛntsən] **I.** *vt (vervollständigen)* compléter **II.** *vr* ***sich*** [*o* ***einander*** *geh*] ~ se compléter
ergänzend **I.** *adj* complémentaire **II.** *adv* pour compléter
Ergänzung <-, -en> *f* ❶ [r]ajout *m* ❷ *(das Auffüllen) eines Lagers* [ré]approvisionnement *m; einer Sammlung* enrichissement *m* ❸ GRAM complément *m*
ergattern* [ɛɐ̯ˈgatɐn] *vt (fam)* dégot[t]er
ergeben*¹ *irr* **I.** *vt* ❶ *(als Resultat haben)* montrer ❷ *(reichen für)* correspondre à ❸ MATH donner *Betrag* **II.** *vr* ❶ MIL ***sich jdm ~*** se rendre à qn ❷ *(sich fügen)* ***sich in sein Schicksal ~*** se résigner à son sort ❸ *(sich hingeben)* ***sich dem Alkohol ~*** s'adonner à l'alcool ❹ *(folgen)* ***sich aus etw ~*** résulter de qc
ergeben² *adj* ❶ *Gesicht, Blick* résigné(e) ❷ *(treu) Person* dévoué(e)
Ergebenheit <-> *f* ❶ *(Demut)* résignation *f* ❷ *(Treue)* dévouement *m*
Ergebnis [ɛɐ̯ˈgeːpnɪs] <-ses, -se> *nt* résultat *m;* ***zu dem ~ führen, dass ...*** avoir pour conséquence que ...
ergebnislos **I.** *adj* sans résultat **II.** *adv* sans [qu'on parvienne à un] résultat
ergebnisorientiert *adj* orienté(e) vers un résultat
ergehen* *irr* **I.** *vi* + *sein (form)* ***an jdn ~*** *Bescheid:* être adressé à qn ▶ **etw über sich** *akk* **~ lassen** supporter qc **II.** *vr* + *haben (sich auslassen)* ***sich in Schmähungen gegen jdn/etw ~*** se répandre en invectives contre qn/qc
ergiebig [ɛɐ̯ˈgiːbɪç] *adj* ❶ *(sparsam) Waschmittel, Shampoo* économique ❷ *(fruchtbar) Diskussion* fertile
Ergiebigkeit <-> *f eines Waschmittels* pouvoir *m* concentré
ergo [ˈɛrgo] *konj* donc
Ergometer [ɛrgoˈmeːtɐ] <-s, -> *nt* MED appareil *m* ergométrique
Ergonomie [ɛrgonoˈmiː] <-> *f* ergonomie *f*
ergonomisch [ɛrgoˈnoːmɪʃ] **I.** *adj* ergonomique **II.** *adv* dans un souci d'ergonomie
ergrauen* *vi* + *sein* grisonner; ***ergraut*** grisonnant(e)
ergreifen* *vt irr* ❶ *(fassen)* saisir ❷ *(übergreifen)* ***von den Flammen ergriffen werden*** être pris dans les flammes ❸ *(in die Wege leiten)* prendre *Maßnahmen*
ergreifend **I.** *adj* bouleversant(e) **II.** *adv schildern, berichten* de façon bouleversante
ergriffen [ɛɐ̯ˈgrɪfən] *adj* bouleversé(e)
Ergriffenheit <-> *f* émotion *f,* bouleversement *m*
ergründen* *vt* étudier *Phänomen;* pénétrer *Sinn*
Erguss [ɛɐ̯ˈgʊs] *m* ❶ *(Bluterguss)* hématome *m* ❷ *(Samenerguss)* éjaculation *f*

❸ GEOL *von Lava* coulée *f* ❹ *(pej: Gefühlsausbruch)* épanchement *m*

erhaben [ɛɐ̯ˈhaːbən] *adj* sublime; *Gedanke* noble

Erhabenheit <-> *f* majesté *f; eines Augenblicks* solennité *f; eines Gedankens* noblesse *f*

Erhalt *m* ❶ *(form: Empfang) einer Lieferung, Zahlung* réception *f;* ***den ~ einer S. gen bestätigen*** accuser réception de qc ❷ *(das Bewahren)* ***~ der Macht*** maintien *m* au pouvoir

erhalten* *irr* **I.** *vt* ❶ *(bekommen)* recevoir *Erlaubnis, Urlaub, Preis* ❷ *(bewahren)* sauvegarder *Bauwerk, Fassade;* maintenir *Leistungsfähigkeit;* conserver *Gesundheit, Vitamine;* ***sich** dat* ***seinen Optimismus ~*** garder son optimisme ❸ *(fam: treu)* ***jdm ~ bleiben*** *Person:* rester aux côtés de qn **II.** *vr* ***sich ~*** *Brauch:* se maintenir

erhältlich [ɛɐ̯ˈhɛltlɪç] *adj* disponible; ***kaum noch ~*** pratiquement introuvable

Erhaltung *f einer Fassade, eines Kunstwerks* sauvegarde *f; der Arbeitskraft, Gesundheit* préservation *f; des Friedens, Einvernehmens* maintien *m*

erhängen* **I.** *vt* pendre *f* **II.** *vr* ***sich ~*** se pendre

erhärten* **I.** *vt Zeuge:* confirmer; *Aussage, Beweis:* renforcer **II.** *vr* ***sich ~*** *Verdacht:* se confirmer

erheben* *irr* **I.** *vt* ❶ *(hochheben)* lever *Glas, Waffe* ❷ *(einfordern)* ***eine Steuer auf etw** akk* ***~*** percevoir un impôt sur qc **II.** *vr* ❶ *(aufstehen)* ***sich von seinem Platz ~*** se lever de son siège ❷ *(sich auflehnen)* ***sich gegen jdn/etw ~*** se révolter contre qn/qc ❸ *(aufragen)* ***sich über etw** akk* ***~*** s'élever au-dessus de qc ❹ *(herabblicken auf)* ***sich über jdn ~*** s'élever au-dessus de qn

erhebend *adj (geh)* exaltant(e)

erheblich [ɛɐ̯ˈheːplɪç] **I.** *adj Belastung, Verspätung, Vorteil* considérable; *Nachteil* sérieux, -euse **II.** *adv* ❶ *stören* considérablement; *beeinträchtigen* sérieusement ❷ *(deutlich) teurer, besser, weniger, mehr* nettement

Erhebung *f* ❶ *(Einforderung) von Steuern* levée *f; von Abgaben* perception *f* ❷ *(Aufstand)* insurrection *f* ❸ *(Ermittlung) von Daten* relevé *m* ❹ GEOG hauteur *f*

erheitern* [ɛɐ̯ˈhaɪtɐn] *vt* dérider

erhellen* **I.** *vt (hell machen)* éclairer **II.** *vr* ***sich ~*** *Himmel:* s'éclaircir

erhitzen* [ɛɐ̯ˈhɪtsən] **I.** *vt* ❶ *(heiß machen)* faire chauffer; ***etw auf 70 °C ~*** faire chauffer qc à 70° C ❷ *(zum Schwitzen bringen)* ***jdn ~*** donner chaud à qn **II.** *vr* ***sich an etw** dat* ***~*** s'échauffer à propos de qc

erhoffen* *vr* ***sich ~*** espérer; ***sich** dat* ***etw von jdm/etw ~*** espérer qc de qn/qc

erhöhen* [ɛɐ̯ˈhøːən] **I.** *vt* ❶ rehausser; ***etw um einen Meter ~*** rehausser qc d'un mètre ❷ FIN accroître *Zahl* ❸ *(verstärken)* intensifier *Wirkung;* faire monter *Spannung* ❹ MUS hausser *Note* **II.** *vr* ❶ FIN ***sich um drei Prozent ~*** augmenter de trois pour cent; ***sich auf hundert Euro ~*** s'élever à cent euros ❷ *(sich verstärken)* ***sich ~*** *Blutdruck:* augmenter; *Wirkung:* s'intensifier

erhöht [ɛɐ̯ˈhøːt] *adj* ❶ MED *Blutdruck* élevé(e); *Wert* en augmentation; *Herzschlag, Puls* accéléré(e); ***bei ~em Blutdruck*** en cas d'hypertension ❷ *(gesteigert) Aufmerksamkeit* accru(e)

Erhöhung <-, -en> *f* ❶ *(Anhebung) von Gehältern, Gebühren* augmentation *f; von Zahlen* accroissement *m* ❷ *(Zunahme) einer Spannung* renforcement *m; einer Wirkung* intensification *f; des Blutdrucks, der Produktion* augmentation *f; der Frequenz* accélération *f*

erholen* *vr* ❶ ***sich ~*** se remettre; ***sich von einer Krankheit/Operation ~*** se remettre d'une maladie/opération ❷ *(ausspannen)* ***sich ~*** se reposer

erholsam [ɛɐ̯ˈhoːlzaːm] *adj Urlaub* reposant(e); *Schlaf* réparateur, -trice

Erholung <-> *f einer Person* repos *m*

Erholungsgebiet *nt* région *f* de détente

Erholungsort *m* lieu *m* de repos **Erholungsurlaub** *m* vacances *fpl,* congé *m* pour se détendre

erhören* *vt (geh)* ❶ exaucer *Bitte, Gebet;* accéder à *Flehen* ❷ *(sich erweichen lassen)* ***jdn ~*** céder à qn

erinnern* [ɛɐ̯ˈʔɪnɐn] **I.** *vt* rappeler; ***jdn an etw** akk* ***~*** rappeler qc à qn **II.** *vr* ***sich an jdn/etw ~*** se souvenir de qn/qc; ***soweit ich mich ~ kann*** autant que je me souvienne **III.** *vi* ❶ *(hinweisen auf)* ***daran ~, dass …*** rappeler que … ❷ *(denken lassen an)* ***an jdn/etw ~*** faire penser à qn/qc

Erinnerung <-, -en> *f* ❶ *(Gedächtnis)* mémoire *f;* ***jds ~** dat* ***nachhelfen*** rafraîchir la mémoire de qn ❷ *meist Pl (Eindruck)* ***~ an etw** akk* souvenir *m* de qc ❸ *Pl (Memoiren)* mémoires *fpl* ❹ *(form: Zahlungserinnerung)* rappel *m* **Erinnerungsvermögen** *nt kein Pl* mémoire *f*

Eritrea [eriˈtreːa] <-s> *nt* l'Érythrée *f*

erkälten* [ɛɐ̯ˈkɛltən] *vr* ***sich ~*** prendre froid

E

E

erkältet [ɛɐ̯'kɛltət] *adj* enrhumé(e); ~ ***klingen*** avoir une voix enrhumée
Erkältung <-, -en> *f* rhume *m*
erkennbar *adj* ❶ *(sichtbar)* visible ❷ *(wahrnehmbar)* ***für jdn/etw ~ sein*** être perceptible pour qn/qc; ***an diesem Trend ist ~, dass*** cette tendance laisse entrevoir que +*indic*
erkennen* *irr* **I.** *vt* ❶ *(wahrnehmen)* distinguer *Einzelheiten, Details;* s'apercevoir de *Fehler;* ***jdm zu ~ geben, dass ...*** faire comprendre à qn que ...; ***~ lassen, dass ...*** indiquer que ... ❷ *(identifizieren)* reconnaître *Person, Stimme;* déceler *Krankheit, Motorschaden;* ***jdn an etw*** *dat* ~ reconnaître qn à qc **II.** *vi* ❶ JUR ***auf Freispruch*** *akk* ~ prononcer un non-lieu ❷ SPORT ***auf Elfmeter*** *akk* ~ accorder un penalty
erkenntlich [ɛɐ̯'kɛntlɪç] *adj* ***sich jdm für etw ~ zeigen*** témoigner à qn sa reconnaissance pour qc
Erkenntnis [ɛɐ̯'kɛntnɪs] *f a.* PHILOS, PSYCH connaissance *f;* ***zu der ~ kommen, dass ...*** arriver à la conclusion que ...
Erkennung <-> *f von Sprache* reconnaissance *f*
erkennungsdienstlich *adj* anthropométrique **Erkennungszeichen** *nt* signe *m* de reconnaissance
Erker ['ɛrkɐ] <-s, -> *m* encorbellement *m*
Erkerfenster *nt* fenêtre *f* en encorbellement, oriel *m*
erklärbar [ɛɐ̯'klɛːɐ̯baːɐ̯] *adj* explicable
erklären* **I.** *vt* ❶ *(erläutern)* expliquer; ***jdm ~, dass/warum ...*** expliquer à qn que/pourquoi ...; ***das lässt sich nur schwer ~*** c'est difficile à expliquer ❷ KUNST, LITER interpréter *Bild, Text* ❸ *(bekannt geben)* annoncer *Rücktritt;* exprimer *Einverständnis;* déclarer *Krieg* ❹ *(deklarieren)* ***jdn für tot/schuldig/vermisst ~*** déclarer qn mort/coupable/disparu **II.** *vr* ❶ *(sich aufklären)* ***sich ~*** *Vorfall:* s'expliquer ❷ *(sich bezeichnen)* ***sich mit jdm solidarisch ~*** se déclarer solidaire de qn
erklärend **I.** *adj* explicatif, -ive **II.** *adv* à titre explicatif
erklärt *adj attr Gegner, Liebling* déclaré(e); *Ziel* avoué(e); ***der ~e Favorit dieses Rennens*** le super-favori de cette course
Erklärung *f* ❶ *(Darlegung)* explication *f* ❷ *(Presseerklärung, öffentliche Stellungnahme)* déclaration *f*
erklettern* *vt* escalader
erklingen* *vi irr + sein (geh)* retentir
erkranken* *vi + sein Person, Tier:* tomber malade; ***an etw*** *dat* ~ attraper qc; ***an Krebs*** *dat* ***erkrankt sein*** être atteint du cancer
Erkrankung <-, -en> *f* maladie *f*
erkunden* [ɛɐ̯'kʊndən] *vt* ❶ MIL reconnaître ❷ *(sondieren)* sonder
erkundigen* [ɛɐ̯'kʊndɪɡən] *vr* ❶ *(fragen nach)* ***sich ~*** se renseigner; ***sich bei jdm nach jdm/etw ~*** se renseigner auprès de qn sur qn/qc ❷ *(Informationen einholen)* ***sich bei jdm über jdn/etw ~*** prendre des renseignements sur qn/qc auprès de qn
Erkundung <-, -en> *f* MIL reconnaissance *f*
erlahmen* *vi + sein* ❶ *(kraftlos werden)* s'engourdir ❷ *(nachlassen)* s'émousser
erlangen* [ɛɐ̯'laŋən] *vt (geh)* obtenir
Erlass [ɛɐ̯'las, *Pl:* ɛɐ̯'lasə, ɛɐ̯'lɛsə] <-es, -e *o* A Erlässe> *m* ❶ *(Verordnung)* arrêté *m* ❷ *kein Pl (das Erlassen) einer Strafe, von Schulden* remise *f; von Sünden* rémission *f*
erlassen* *vt irr* ❶ ***jdm die Gebühren ~*** exonérer qn des taxes; ***jdm seine Strafe ~*** gracier qn; ***jdm die Schulden ~*** remettre les dettes à qn ❷ *(verkünden)* édicter *Befehl;* promulguer *Verfügung*
erlauben* [ɛɐ̯'laṷbən] **I.** *vt* ❶ *(gestatten)* permettre; ***jdm etw ~*** permettre qc à qn; ***~ Sie/erlaubst du, dass*** vous permettez/tu permets que +*subj;* ***~ Sie, dass ich mich vorstelle!*** permettez-moi de me présenter! ❷ *(form: ermöglichen)* ***jdm etw ~*** *Finanzen, Mittel:* permettre qc à qn **II.** *vr* ❶ *(sich leisten)* ***sich*** *dat* ***etw ~*** s'offrir qc ❷ *(wagen)* ***sich*** *dat* ***eine Bemerkung ~*** se permettre [de faire] une remarque; ***was ~ Sie sich [eigentlich]!*** pour qui vous prenez-vous?
Erlaubnis <-, -se> *f* ❶ *(Genehmigung)* permission *f* ❷ *(Schriftstück)* autorisation *f*
erläutern* [ɛɐ̯'lɔytɐn] *vt* expliquer; ***jdm etw ~*** expliquer qc à qn
Erläuterung <-, -en> *f* explication *f;* ***~en zum Text*** des explications relatives au texte
Erle ['ɛrlə] <-, -n> *f (Baum, Holz)* aulne *m*
erleben* *vt* ❶ vivre *Ereignis;* passer *Urlaub* ❷ *(durchmachen)* endurer *Schlimmes;* connaître *Enttäuschung;* essuyer *Misserfolg;* ***der/die kann was ~!*** *(fam)* ça va barder pour lui/elle! ❸ *(Zeitzeuge sein von)* connaître *Herrscher* ❹ *(kennenlernen, mit ansehen)* entendre *Redner, Musiker;* voir *Schauspieler*
Erlebnis [ɛɐ̯'leːpnɪs] <-ses, -se> *nt* expérience *f* [vécue]

erlebnisreich *adj* aventureux, -euse
erledigen* [ɛɐ̯'leːdɪɡən] **I.** *vt* ❶ *(ausführen)* accomplir *Aufgabe, Formalitäten;* effectuer *Besorgung;* ***[das] wird erledigt!*** *(fam)* ça roule! ❷ *(fam: erschöpfen)* ***jdn*** ~ *Arbeit:* crever qn ❸ *(fam: umbringen)* liquider ▶ **das ist erledigt!** *(fam: Schwamm drüber)* c'est réglé! **II.** *vr* ***sich von selbst*** ~ s'arranger tout seul
erledigt [ɛɐ̯'leːdɪçt] *adj* ❶ *(fam: erschöpft)* crevé(e) ❷ *(nicht mehr interessant)* ***für jdn ~ sein*** *Fall:* être réglé pour qn
Erledigung <-, -en> *f* ❶ *(Ausführung)* exécution *f;* ***für die ~ der Korrespondenz zuständig sein*** être responsable de la correspondance ❷ *(Besorgung)* ***~en machen müssen*** avoir des choses à faire
erlegen* [ɛɐ̯'leːɡən] *vt* ❶ abattre *Tier* ❷ A *(bezahlen)* acquitter
erleichtern* [ɛɐ̯'laɪçtɐn] **I.** *vt* ❶ *(einfacher machen)* faciliter *Arbeit, Aufgabe;* adoucir *Los* ❷ *(beruhigen)* ***jdn*** ~ *Nachricht:* soulager qn ❸ *(leichter machen)* alléger *Tasche, Rucksack* ❹ *(hum fam: bestehlen)* ***jdn um hundert Euro*** ~ soulager qn de cent euros **II.** *vr (euph geh)* ***sich*** ~ se soulager
erleichtert *adj* soulagé(e)
Erleichterung <-, -en> *f* soulagement *m;* ***zu deiner ~ kann ich dir sagen, dass ...*** pour te rassurer, je peux te dire que ...
erleiden* *vt irr* subir *Niederlage, Verluste;* endurer *Schmerzen*
erlernbar [ɛɐ̯'lɛrnbaːɐ̯] *adj* qui s'apprend
erlernen* *vt* apprendre
erlesen *adj Geschmack* raffiné(e); *Kunstwerk, Teppich* de qualité; *Wein* de choix
erleuchten* *vt* ❶ *(erhellen)* éclairer ❷ *(inspirieren)* ***jdn*** ~ *Gott:* éclairer qn; *Eingebung:* illuminer qn
Erleuchtung <-, -en> *f (Inspiration)* illumination *f*
erliegen* *vi irr* + *sein* ***einem Irrtum*** ~ être dans l'erreur; ***der Krankheit*** ~ succomber à la maladie
Erlös [ɛɐ̯'løːs] <-es, -e> *m* recette *f,* produit *m;* ***~ aus Kapitalvermögen*** revenus du capital
erlöschen <erlischt, erlosch, erloschen> *vi* + *sein Feuer, Leidenschaft:* s'éteindre
erlösen* *vt* délivrer; ***jdn aus/von etw*** ~ délivrer qn de qc
Erlöser(in) <-s, -> *m(f)* ❶ rédempteur *m* ❷ REL ***der*** ~ le Rédempteur, le Sauveur
Erlösung *f* ❶ *(Erleichterung)* soulagement *m;* ***der Tod war für ihn eine*** ~ la mort fut pour lui une délivrance ❷ REL Rédemption *f*
ermächtigen* [ɛɐ̯'mɛçtɪɡən] *vt* habiliter; ***jdn zu etw*** ~ habiliter qn à faire qc
Ermächtigung <-, -en> *f* autorisation *f*
ermahnen* *vt (warnend mahnen)* ***jdn*** ~ rappeler qn à l'ordre
Ermahnung *f* rappel *m* à l'ordre
Ermang[e]lung <-> *f (geh)* ***in ~ eines Besseren*** faute de mieux
ermäßigen* [ɛɐ̯'mɛːsɪɡən] *vt* faire une réduction; ***etw um drei Prozent*** ~ faire une réduction sur qc de trois pour cent
Ermäßigung <-, -en> *f* réduction *f*
ermessen* *vt irr* concevoir
Ermessen <-s> *nt* appréciation *f;* ***nach menschlichem/freiem*** ~ pour autant qu'on puisse juger/en toute liberté
Ermessensspielraum *m* JUR pouvoirs *mpl* discrétionnaires
ermitteln* [ɛɐ̯'mɪtəln] **I.** *vt* ❶ *(herausfinden)* identifier *Täter;* retrouver *Gesuchten;* découvrir *Versteck;* établir *Identität* ❷ *(feststellen)* déterminer, désigner *Sieger* ❸ *(errechnen)* calculer *Wert* **II.** *vi* JUR ***gegen jdn wegen etw*** ~ enquêter sur qn pour qc
Ermittler <-s, -> *m* enquêteur *m*
Ermittlung <-, -en> *f* ❶ *kein Pl (das Feststellen) eines Siegers* désignation *f* ❷ JUR ***~en durchführen*** mener une enquête
Ermittlungsrichter(in) *m(f)* juge *mf* d'instruction
Ermittlungsverfahren *nt* information *f* judiciaire
ermöglichen* [ɛɐ̯'møːklɪçən] *vt* permettre; ***jdm etw*** ~ permettre qc à qn; ***es jdm ~ etw zu tun*** permettre à qn de faire qc
ermorden* *vt* assassiner
Ermordung <-, -en> *f* assassinat *m*
ermüden* [ɛɐ̯'myːdən] **I.** *vt* + *haben* fatiguer *Person* **II.** *vi* + *sein* ❶ *(müde werden)* se fatiguer ❷ TECH fatiguer
ermüdend *adj* fatigant(e)
Ermüdung <-, -en> *f* ❶ *(das Ermüden)* fatigue *f* ❷ TECH usure *f*
ermuntern* [ɛɐ̯'mʊntɐn] *vt* ❶ *(ermutigen)* ***jdn ~ etw zu tun*** encourager qn à faire qc ❷ *(beleben)* revigorer
Ermunterung <-, -en> *f* encouragement *m*
ermutigen* [ɛɐ̯'muːtɪɡən] *vt* encourager; ***jdn zu einer Bewerbung*** ~ encourager qn à poser sa candidature
ermutigend **I.** *adj* encourageant(e); *Worte* d'encouragement **II.** *adv* en guise d'encouragement
Ermutigung <-, -en> *f* encouragement *m*

E

ernähren* **I.** *vt* ❶ *(mit Nahrung versorgen)* nourrir *Person;* donner à manger à *Tier* ❷ *(unterhalten)* ***jdn ~*** *Person:* entretenir qn; *Tätigkeit:* faire vivre qn **II.** *vr* ❶ ***sich von etw ~*** se nourrir de qc; ***sich ungesund ~*** se nourrir de manière peu variée ❷ *(seinen Unterhalt bestreiten)* ***sich ~*** assurer sa subsistance; ***sich von etw ~*** vivre de qc

Ernährer(in) <-s, -> *m(f)* ***der ~ sein*** être celui qui entretient la famille

Ernährung <-> *f* ❶ *(Art des Ernährens)* alimentation *f;* ***richtige ~*** alimentation équilibrée; ***falsche ~*** mauvaise alimentation ❷ *(Unterhalt)* entretien *m* ❸ *(Nahrung)* nourriture *f;* ***pflanzliche ~*** nourriture végétarienne **Ernährungsgewohnheit** *f* habitude *f* alimentaire **Ernährungsweise** *f* alimentation *f*

Ernährungswissenschaft *f* diététique *f*

Ernährungswissenschaftler(in) *m(f)* nutritionniste *mf*

ernennen* *vt irr* nommer

Ernennung *f* nomination *f;* ***ihre ~ zur Ministerin*** sa nomination en qualité de ministre

erneuerbar *adj* ❶ *(austauschbar) Teil, Material* remplaçable ❷ ÖKOL renouvelable

Erneuerbare-Energien-Gesetz *nt* loi *f* sur les énergies renouvelables

erneuern* [ɛɐ̯ˈnɔɪ̯ɐn] *vt* ❶ changer *Bettwäsche, Reifen;* renouveler *Verband, Ausweis, Pass* ❷ *(renovieren)* rénover

Erneuerung *f* ❶ *von Bettwäsche, Reifen* changement *m; eines Verbands, Ausweises, Passes* renouvellement *m* ❷ *(Renovierung)* rénovation *f* ❸ *(Wandel)* renouvellement *m*

erneut [ɛɐ̯ˈnɔɪ̯t] **I.** *adj attr* nouveau, -velle *antéposé* **II.** *adv* de nouveau

erniedrigen* [ɛɐ̯ˈniːdrɪgən] **I.** *vt* ❶ *(demütigen)* humilier ❷ MUS [a]baisser **II.** *vr* ***sich ~*** s'abaisser

Erniedrigung <-, -en> *f (Demütigung)* humiliation *f*

ernst [ɛrnst] *adj* ❶ *(gravierend) Krankheit, Lage* grave; *Zustand* sérieux, -euse; ***es steht ~ um ihn*** son état est sérieux ❷ *(nicht heiter) Person* sérieux, -euse; *Miene, Blick, Stimmung* austère ❸ *(aufrichtig) Absicht* réel(le); ***es ~ meinen*** être sérieux; ***damit ist es ihr ~*** cela lui tient à cœur; ***~ gemeint*** sérieux ❹ *(wichtig) Anlass* grave; *Anliegen* important(e); ***jdn/etw ~ nehmen*** prendre qn/qc au sérieux

Ernst [ɛrnst] <-[e]s> *m* ❶ *(Ernsthaftigkeit) eines Blicks, einer Stimme* gravité *f; von Worten* sérieux *m;* ***feierlicher ~*** ferme résolution *f;* ***allen ~es*** sérieusement ❷ *(Bedrohlichkeit) einer Situation, Lage* gravité *f* ❸ *(Entschlossenheit)* détermination *f*

Ernstfall *m* situation *f* de crise; ***im ~*** en cas de coup dur; ***den ~ proben*** procéder à des exercices d'alerte simulée **ernstgemeint** *s.* **ernst**

ernsthaft **I.** *adj* ❶ *Person, Vorschlag* sérieux, -euse ❷ *(eindringlich) Ton, Worte* grave; *Miene* sévère ❸ MED grave **II.** *adv* ❶ *(wirklich) glauben, verliebt* sérieusement ❷ *(ernstlich, gravierend) erkranken, krank* gravement ❸ *(eindringlich) ermahnen, warnen* sérieusement

Ernsthaftigkeit <-> *f (Aufrichtigkeit)* sérieux *m*

ernstlich **I.** *adj attr Absicht* ferme *antéposé; Bedenken* sérieux, -euse **II.** *adv s.* **ernsthaft II.**

Ernte [ˈɛrntə] <-, -n> *f* ❶ *(Ertrag)* récolte *f* ❷ *kein Pl (Getreideernte)* moisson *f; (Obsternte)* cueillette *f; (Kartoffelernte)* récolte *f*

Ernte[dank]fest *nt* jour *f* d'action de grâce *(pour les moissons et les récoltes)* **Ernteertrag** *m* produit *m* de la récolte

ernten [ˈɛrntən] *vt* ❶ récolter, moissonner *Getreide;* cueillir *Obst* ❷ *(erlangen)* ***etw mit/für etw ~*** récolter qc avec/pour qc

ernüchtern* [ɛɐ̯ˈnʏçtɐn] *vt* ***jdn ~*** *Alltag:* ramener qn à la réalité; *Wirklichkeit:* faire retomber qn sur terre; ***~d*** *Vorfall* qui fait l'effet d'une douche froide; *Gespräch* qui ramène à la réalité

Ernüchterung <-, -en> *f* désillusion *f*

Eroberer, **Eroberin** [ɛɐ̯ˈʔoːbərɐ] <-s, -> *m, f* conquérant(e) *m(f)*

erobern* [ɛɐ̯ˈʔoːbɐn] *vt* MIL *(a. fig)* conquérir

Eroberung <-, -en> *f* conquête *f*

eröffnen* **I.** *vt* ❶ ouvrir *Geschäft, Praxis;* inaugurer *Ausstellung, Museum* ❷ JUR engager *Verfahren* ❸ *(beginnen)* ouvrir *Diskussion, Schachpartie, Feuer* ❹ *(mitteilen)* ***jdm etw ~*** révéler qc à qn ❺ *(bieten)* ***jdm gute Aussichten ~*** ouvrir de bonnes perspectives à qn **II.** *vr* ***sich jdm durch etw ~*** *Möglichkeiten, Wege:* s'ouvrir à qn grâce à qc **III.** *vi* FIN ***ruhig/hektisch ~*** débuter calmement/très vite

Eröffnung *f* ❶ *eines Geschäfts, einer Praxis* ouverture *f; einer Ausstellung, eines Museums* inauguration *f* ❷ *a.* JUR, MIL *(Beginn)* ouverture *f*

Eröffnungsansprache *f* discours *m* d'ouverture
Eröffnungsspiel *nt* SPORT match *m* d'ouverture
erogen [ero'ge:n] *adj* érogène
erörtern* [ɛɐ̯'ʔœrtən] *vt* discuter
Erörterung <-, -en> *f* ❶ *(Erörterungsaufsatz)* dissertation *f* ❷ *kein Pl (das Erörtern)* discussion *f*
Erosion [ero'zi̯o:n] <-, -en> *f* érosion *f*
Erotik [e'ro:tɪk] <-> *f* érotisme *m*
erotisch [e'ro:tɪʃ] *adj* érotique
Erpel ['ɛrpəl] <-s, -> *m* canard *m* [mâle]
erpicht [ɛɐ̯'pɪçt] *adj* ***darauf/nicht darauf ~ sein etw zu tun*** brûler d'envie/n'avoir aucune envie de faire qc
erpressen* *vt* ❶ *(nötigen)* faire chanter ❷ *(abpressen)* ***Geld von jdm ~*** extorquer de l'argent à qn
Erpresser(in) <-s, -> *m(f)* maître *m* chanteur
Erpresserbrief *m* lettre *f* de chantage
erpresserisch [ɛɐ̯'prɛsərɪʃ] **I.** *adj Verhalten* de maître chanteur; ***ein ~es Vorgehen*** un chantage **II.** *adv* en maître chanteur
Erpressung <-, -en> *f* ❶ *(das Erpressen) einer Person* chantage *m* ❷ *(das Abpressen) von Geld, eines Zugeständnisses* extorsion *f*
erproben* *vt* tester *Gerät, Verfahren*
erprobt [ɛɐ̯'pro:bt] *adj* ❶ *(erfahren) Person* chevronné(e) ❷ *(zuverlässig) Gerät* fiable; *Verfahren* éprouvé(e)
erquicken* [ɛɐ̯'kvɪkən] *vt* rafraîchir; ***jdn ~*** *Quelle, Getränk:* rafraîchir qn; *Schlaf:* revigorer qn
erraten* [ɛɐ̯'ra:tən] *vt irr* deviner
errechnen* *vt* calculer
erregbar [ɛɐ̯'re:kba:ɐ̯] *adj (leicht aufzuregen)* susceptible; ***leicht ~ sein*** être hypersusceptible
Erregbarkeit <-> *f* susceptibilité *f*
erregen* [ɛɐ̯'re:gən] **I.** *vt* ❶ *(aufregen)* ***jdn ~*** *Vorwurf, Streit:* irriter qn ❷ *(sexuell anregen)* exciter ❸ *(hervorrufen)* susciter *Neid, Heiterkeit;* éveiller *Zweifel;* ***Aufsehen/Anstoß ~*** faire sensation/scandale **II.** *vr* ***sich über jdn/etw ~*** être énervé par qn/qc
Erreger [ɛɐ̯'re:gɐ] <-s, -> *m* agent *m* pathogène
erregt **I.** *adj* ❶ *Wortwechsel, Debatte* orageux, -euse ❷ *(aufgeregt)* énervé(e), agité(e); *(aufgebracht)* en colère **II.** *adv (aufgeregt)* en proie à l'agitation; *(aufgebracht)* en proie à la colère
Erregung *f* ❶ *(das Aufgewühltsein)* énervement *m* ❷ *(das Aufgebrachtsein)* irritation *f;* ***in ~ geraten*** se mettre dans tous ses états ❸ *(sexuelle Erregung)* excitation *f* ❹ *kein Pl (Erzeugung) von Missfallen, Zweifel* apparition *f;* ***~ öffentlichen Ärgernisses*** outrage *m* à la pudeur publique
erreichbar *adj* ❶ ***~ sein*** *Person:* être joignable; *Ort:* être accessible ❷ *(nicht abgelegen)* ***der Bahnhof ist zu Fuß/in zehn Minuten ~*** on peut rejoindre la gare à pied/en dix minutes
erreichen* *vt* ❶ *(reichen an)* attraper; ***etw mit der Hand ~*** *(in der Entfernung/Höhe)* attraper qc avec la main ❷ *(erlangen)* atteindre *Zweck, Alter* ❸ *(bewirken)* ***etw bei jdm ~*** obtenir qc de qn; ***damit erreichst du nur, dass sie ärgerlich wird*** [comme ça,] tu ne vas réussir qu'à l'énerver ❹ *(antreffen)* ***jdn ~*** *Person:* joindre qn; *Nachricht:* parvenir à qn ❺ *(nicht verpassen)* avoir *Zug, Flugzeug, Fähre* ❻ *(eintreffen)* ***den Bahnhof ~*** *Zug:* atteindre la gare; ***sein Ziel ~*** arriver à destination ❼ *(hingelangen)* arriver à *Amt, Gebäude*
errichten* *vt* ❶ *(erbauen)* construire *Haus;* ériger *Bauwerk* ❷ *(aufstellen)* dresser ❸ *(begründen)* instaurer *Herrschaft, Tyrannei;* fonder *Reich*
Errichtung *f* ❶ *eines Gebäudes* construction *f; eines Denkmals* édification *f* ❷ *von Barrikaden* construction *f; eines Podiums* installation *f* ❸ *einer Herrschaft* instauration *f*
erringen* *vt irr* ❶ *(erkämpfen)* remporter *Sieg* ❷ *(erlangen)* gagner *Vertrauen*
erröten* [ɛɐ̯'rø:tən] *vi + sein* rougir; ***vor Freude/Scham ~*** rougir de plaisir/honte
Errungenschaft [ɛɐ̯'rʊŋənʃaft] <-, -en> *f* ❶ *(Erfolg)* conquête *f;* ***die neuesten ~en der Technik*** les toutes dernières nouveautés *fpl* techniques ❷ *(hum: Anschaffung)* acquisition *f*
Ersatz [ɛɐ̯'zats] <-es> *m* ❶ *(Mensch)* remplaçant(e) *m(f); (Gerät)* appareil *m* de remplacement; *(Stoff, Ware)* produit *m* de remplacement ❷ *(Entschädigung)* dédommagement *m*
Ersatzdienst *m* service *m* civil
ersatzlos *adv* sans être remplacé **Ersatzmann** <-männer *o* -leute> *m* remplaçant(e) *m(f)* **Ersatzreifen** *m* pneu *m* de rechange **Ersatzschlüssel** *m* double *m* **Ersatzspieler(in)** *m(f)* SPORT remplaçant(e) *m(f)* **Ersatzteil** *nt* pièce *f* de rechange

E

ersatzweise *adv* en remplacement; ~ ***für etw*** en remplacement de qc

ersaufen* *vi irr + sein (fam)* boire le bouillon

ersäufen* *vt (ertränken)* noyer

erschaffen *vt irr a.* REL créer

Erschaffung *f a.* REL création *f*

erschaudern* *vi + sein (geh)* frémir *soutenu*

E

erscheinen* *vi irr + sein* ❶ *(sichtbar werden)* apparaître ❷ *(veröffentlicht werden) Buch, Zeitschrift:* sortir ❸ *(scheinen, vorkommen)* ***jdm ruhig*** ~ paraître calme [à qn] ❹ *(sich einfinden)* ***zum Dienst*** ~ prendre son service; ***wieder auf der Bildfläche*** ~ *(hum)* réapparaître ❺ *(sich als Vision zeigen)* ***jdm*** ~ *Geist, Verstorbener:* apparaître à qn

Erscheinen <-s> *nt* ❶ *(das Auftreten) von Gästen, Besuchern* arrivée *f* ❷ *(Veröffentlichung)* sortie *f* ❸ *(Vision) von Verstorbenen, Geistern* apparition *f*

Erscheinung <-, -en> *f* ❶ *(Phänomen)* phénomène *m;* ***in*** ~ ***treten*** se manifester; ***persönlich in*** ~ ***treten*** apparaître en personne ❷ *(Persönlichkeit)* ***eine elegante*** ~ une figure élégante ❸ *(Vision)* apparition *f*

Erscheinungsbild *nt einer Person* apparence *f* [extérieure]; *einer Stadt, eines Gebäudes* aspect *m* extérieur

erschießen* *irr* **I.** *vt* abattre **II.** *vr* ***sich*** ~ se tuer [d'un coup d'une arme à feu]

Erschießung <-, -en> *f* exécution *f*

erschlaffen* [ɛɐ̯'ʃlafən] *vi + sein Muskeln:* se relâcher; *Arme, Penis:* mollir; *Haut:* se ramollir; ***etw*** ~ ***lassen*** relâcher qc

erschlagen*[1] *vt irr* ❶ *(töten)* tuer; ***von einem Baum*** ~ ***werden*** être écrasé par un arbre; ***von einem Blitz*** ~ ***werden*** être touché mortellement par l'éclair ❷ *(fig)* ***von den Informationen*** ~ ***werden*** être submergé d'informations

erschlagen[2] *adj (fam)* ~ ***sein*** être crevé

erschließen* *vt irr* ❶ viabiliser *Grundstück, Baugebiet* ❷ *(sich zugänglich machen)* ouvrir *Gebiet;* conquérir *Käufer-, Wählerschicht;* dégager *Einnahmequelle;* ***Bodenschätze*** ~ mettre des ressources minières en exploitation ❸ *(zugänglich werden)* ***sich jdm*** ~ *Gedicht:* se révéler à qn; *Wunderwelt:* s'ouvrir à qn

Erschließung <-, -en> *f* mise *f* en valeur

erschöpfen* **I.** *vt* ❶ *(ermüden)* épuiser ❷ *(aufbrauchen)* épuiser *Kräfte, Geduld;* absorber *Mittel* **II.** *vr (zu Ende gehen)* ***sich*** ~ s'épuiser; *Interesse:* s'émousser

erschöpfend **I.** *adj* ❶ *(zur Erschöpfung führend)* épuisant(e) ❷ *(ausführlich)* complet, -ète, exhaustif, -ive **II.** *adv berichten* de façon complète, par le menu

Erschöpfung <-, -en> *f* épuisement *m*

erschossen **I.** *PP von* **erschießen** **II.** *adj (fam)* ***völlig*** ~ ***sein*** être complètement vidé

erschrecken[1] <erschreckte, erschreckt> *vt + haben* ❶ *(in Schrecken versetzen)* faire peur à ❷ *(bestürzen)* ***das erschreckt mich*** ça m'effraie

erschrecken[2] <erschrickt, erschrak, erschrocken> *vi + sein* avoir peur; ***vor jdm/etw*** ~ avoir peur de qn/qc; ***sie erschrak bei dem Gedanken, dass*** elle a été effrayée à l'idée que *+subj*

erschrecken[3] <erschrickt, erschreckte *o* erschrak, erschreckt *o* erschrocken> *vr + haben (fam)* ***sich*** ~ être effrayé; ***sich über eine Nachricht*** ~ être effrayé par un message

erschreckend **I.** *adj* effrayant(e) **II.** *adv* ❶ *(schrecklich)* de façon épouvantable; ~ ***aussehen*** avoir un aspect effrayant ❷ *(unglaublich) wenig, wenige* vraiment

erschrocken **I.** *PP von* **erschrecken**[2], **erschrecken**[3] **II.** *adj* effrayé(e)

erschüttern* [ɛɐ̯'ʃʏtɐn] *vt* ❶ *(zum Beben bringen)* ***etw*** ~ *Erdstoß, Explosion:* secouer qc ❷ *(infrage stellen)* ébranler *Glaubwürdigkeit* ❸ *(tief bewegen)* ***jdn*** ~ *Nachricht:* bouleverser qn; ***das hat mich sehr erschüttert*** ça m'a beaucoup frappé; ***sie kann nichts mehr*** ~ plus rien ne peut l'atteindre

erschütternd *adj Nachricht, Szene* bouleversant(e); *Umstand* dramatique

erschüttert *adj Person* bouleversé(e); *Gesichtsausdruck* décomposé(e); ***über etw akk*** ~ ***sein*** être consterné par qc

Erschütterung <-, -en> *f* ❶ *(Stoß, Bewegung)* secousse *f* ❷ *(fig) eines Staates, Preisgefüges* déstabilisation *f pas de pl* ❸ *(Beeinträchtigung)* affaiblissement *m* ❹ *(Ergriffenheit)* consternation *f*

erschweren* [ɛɐ̯'ʃveːrən] *vt* compliquer; ***jdm etw*** ~ compliquer qc à qn

erschwerend **I.** *adj Umstand* qui complique les choses; JUR aggravant(e) **II.** *adv* ~ ***kommt hinzu, dass ...*** ce qui complique les choses, c'est que ...

erschwinglich [ɛɐ̯'ʃvɪŋlɪç] *adj Preis* abordable; *Lebensstandard* accessible; ***kaum noch ~e Mieten*** des loyers presque inabordable

ersehen* *vt irr* ***aus etw ~, dass ...*** voir d'après qc que ...

ersetzbar [ɛɐ̯'zɛtsbaːɐ̯] *adj Mitarbeiter, Ring* remplaçable; *Schaden, Verlust* réparable; ***ein kaum ~er Verlust*** une perte quasiment irréparable

ersetzen* *vt* ❶ *(erstatten)* rembourser *Unkosten* ❷ *(austauschen)* ***etw durch etw ~*** remplacer qc par qc ❸ *(vertreten)* ***den Kindern die Mutter ~*** remplacer la mère auprès des enfants

ersichtlich [ɛɐ̯'zɪçtlɪç] *adj Ursache* apparent(e); ***aus etw ist ~, dass …*** il ressort de qc que …

ersparen* *vt* ❶ ***jdm etw ~*** épargner qc à qn ❷ FIN ***[sich dat] ein Vermögen ~*** mettre une fortune de côté

Ersparnis [ɛɐ̯'ʃpaːɐ̯nɪs] <-, -se> *f,* <-ses, -se> *nt* A ❶ *kein Pl (Einsparung)* ***eine ~ an Kosten*** une économie de frais; ***eine ~ von einer Stunde*** un gain d'une heure ❷ *meist Pl* FIN économies *f pl*

erst [eːɐ̯st] *adv* ❶ *(zuerst)* d'abord ❷ *(nicht früher, jünger als)* ***~ jetzt*** seulement maintenant; ***~ als ich dich sah*** ce n'est que lorsque je t'ai vu ❸ *(schon)* seulement ❹ *(gerade, unlängst)* ***gerade ~*** à l'instant; ***er hat eben ~ das Büro verlassen*** il vient de quitter son travail; ***~ gestern/heute*** pas plus tard qu'hier/seulement aujourd'hui; ***~ vor Kurzem*** tout récemment ▶ **jetzt ~ recht** eh bien, raison de plus

erstarken* *vi + sein (geh)* se renforcer; *Glaube:* s'affermir

erstarren* *vi + sein* ❶ *(fest werden)* se solidifier; ***bei 0 °C erstarrt Wasser zu Eis*** l'eau gèle à 0° C ❷ *(steif werden)* ***vor Kälte dat ~*** *Person:* être transi de froid; *Finger, Hände:* s'engourdir de froid ❸ *(fig)* se figer; ***vor Schrecken*** *dat* ***~*** être paralysé par la peur

erstatten* [ɛɐ̯'ʃtatən] *vt* ❶ rembourser *Unkosten* ❷ *(form: mitteilen)* signaliser qc; ***jdm Bericht über etw*** *akk* ***~*** faire un rapport à qn sur qc; ***gegen jdn Anzeige ~*** déposer plainte contre qn

Erstattung <-, -en> *f (Vergütung)* remboursement *m*

Erstaufführung *f* première *f* **Erstauflage** *f* première édition *f,* édition originale

erstaunen* **I.** *vt + haben* ***jdn ~*** étonner qn **II.** *vi + sein* ***über etw*** *akk* ***~*** s'étonner par qc

Erstaunen <-s> *nt* étonnement *m*

erstaunlich [ɛɐ̯'ʃtaunlɪç] **I.** *adj* étonnant(e); ***es ist ~, dass/wie*** c'est étonnant que +*subj*/de voir comment **II.** *adv gut, billig, wenig* étonnamment

erstaunlicherweise *adv* étonnamment, de manière surprenante [*o* inattendue]

erstaunt **I.** *adj* étonné(e) **II.** *adv* avec étonnement; ***du schaust so ~!*** tu en as un air étonné!

Erstausgabe *f* ❶ *(erste Veröffentlichung)* première édition *f* ❷ *(Buch)* édition *f* originale **Erstausstrahlung** *f* première diffusion *f*

erstbeste(r, s) ['eːɐ̯st'bɛstə, -tɐ, -təs] *adj attr* ***der ~ Mann*** le premier homme venu; ***das ~ Auto*** la première voiture venue

erste(r, s) ['eːɐ̯stə, -tɐ, -təs] *adj* ❶ premier, -ière *antéposé;* ***die ~n drei Häuser*** les trois premières maisons; ***das ~ Mal/beim ~n Mal*** la première fois; ***zum ~n Mal*** pour la première fois ❷ *(bei Datumsangaben)* ***am ~n September*** le premier septembre ❸ *(führend)* ***das ~ Hotel am Ort*** le premier hôtel de la ville ▶ **der/das ~ beste …** le premier ... venu; **fürs Erste, als Erstes** pour commencer; *s. a.* **achte(r, s)**

Erste(r) *f(m) dekl wie adj* ❶ premier, -ière *m, f;* ***~r werden/sein*** terminer/être premier; ***als ~r/~ kommen*** être le premier/la première à arriver ❷ *(bei Datumsangaben)* ***der ~*** le premier; ***vor dem jeweiligen ~n*** avant le premier du mois ❸ *(als Namenszusatz)* ***Friedrich der ~*** *écrit:* ***Friedrich I.*** Frédéric premier *geschrieben:* Frédéric Ier

erstechen* *vt irr* poignarder; ***jdn mit etw ~*** poignarder qn avec qc

Erste-Hilfe-Kasten *m* trousse *f* de secours **Erste-Hilfe-Kurs** [eːɐ̯stə'hɪlfə-] *m* cours *m* de secourisme

ersteigern* *vt* ÖKON acquérir aux enchères

Ersteigerung *f* acquisition *f* dans une vente aux enchères

Erste-Klasse-Abteil *nt* compartiment *m* de première classe

erstellen* *vt* ❶ *(bauen)* construire; ***etw in Beton*** *dat* ***~*** construire qc en béton ❷ *(anfertigen)* dresser *Gutachten, Liste*

erstens ['eːɐ̯stəns] *adv* premièrement

erstgeboren ['eːɐ̯stgəboːrən] *adj attr* aîné(e); ***der Erstgeborene*** l'aîné *m* **erstgenannt** ['eːɐ̯stgənant] *adj attr* nommé(e) en premier

ersticken* [ɛɐ̯'ʃtɪkən] **I.** *vi + sein* ❶ *(sterben)* s'étouffer; ***am Rauch/Gas ~*** s'étouffer avec de la fumée/asphyxier par le gaz; ***an einer Fischgräte ~*** s'étrangler avec une arête ❷ *(erlöschen) Feuer:* s'éteindre ❸ *(fig)* ***im Geld ~*** crouler sous l'or **II.** *vt + haben* étouffer

erstickt *adj Stimme* étouffé(e)
Erstickung <-> *f* étouffement *m*
erstklassig ['eːɐ̯stklasɪç] **I.** *adj* ❶ excellent(e); *Service, Stoff* de première qualité; *Ware* de premier choix ❷ *(sehr kompetent) Chirurg, Anwalt* de premier plan **II.** *adv* à la perfection; *sich kleiden* impeccablement; ~ ***schmecken*** être excellent
Erstklässler(in) ['eːɐstklɛslɐ] <-s, -> *m(f)* SDEUTSCH, CH ≈ élève *mf* du cours préparatoire, ≈ C.P. *mf fam*

E

Erstling ['eːɐstlɪŋ] <-s, -e> *m* ❶ *(erstes Werk)* première œuvre *f* ❷ *(erstes Kind)* premier-né *m* /première-née *f*
Erstlingswerk *nt* LITER première œuvre *f*
erstmalig ['eːɐ̯stmaːlɪç] **I.** *adj* premier, -ière *antéposé* **II.** *adv (form)* pour la première fois
erstmals ['eːɐ̯stmaːls] *adv* pour la première fois
erstrahlen* *vi + sein (geh)* resplendir; ***in weihnachtlichem Glanz*** ~ resplendir de l'éclat des lumières de Noël
erstrangig ['eːɐ̯straŋɪç] *adj* ❶ *(wichtig)* primordial(e) ❷ FIN de premier rang
erstreben* *vt (geh)* aspirer à
erstrebenswert [ɛɐ̯'ʃtreːbənsveːɐ̯t] *adj* tentant(e)
erstrecken* **I.** *vr* ❶ *(sich ausdehnen)* ***sich*** ~ s'étendre; ***sich in beide Richtungen/über große Weiten*** ~ s'étendre des deux côtés/sur de grandes étendues ❷ *(beziehen)* ***sich auf Details*** ~ s'étendre aux détails **II.** *vt* CH ***eine Frist/einen Abgabetermin um eine Woche*** ~ prolonger un délai/une date limite de remise d'une semaine
Erstwähler(in) *m(f)* nouvel électeur *m* / nouvelle électrice *f*
ertappen* **I.** *vt* prendre sur le fait; ***jdn*** ~ prendre qn sur le fait **II.** *vr* ***sich bei dem Gedanken an jdn/etw*** ~ se surprendre à penser à qn/qc
erteilen* *vt (form)* ❶ *(zukommen lassen)* donner *Auftrag;* accorder *Genehmigung;* décerner *Lob* ❷ SCHULE ***jdm Unterricht*** ~ donner un cours à qn
ertönen* [ɛɐ̯'tøːnən] *vi + sein* se faire entendre; ***seine Stimme ~ lassen*** faire retentir sa voix
Ertrag [ɛɐ̯'traːk, *Pl:* ɛɐ̯'trɛːgə] <-[e]s, Erträge> *m* AGR rendement *m;* FIN revenu *m;* ***gute Erträge bringen*** [*o* ***abwerfen***] AGR avoir un bon rendement; FIN assurer des bénéfices
ertragen* *vt irr* supporter
erträglich [ɛɐ̯'trɛːklɪç] *adj* supportable
ertragreich *adj* ayant un bon rendement
Ertragslage *f* résultats *mpl*
ertränken* **I.** *vt* noyer **II.** *vr* ***sich*** ~ se noyer
erträumen* *vr* ***sich*** *dat* ***jdn/etw*** ~ rêver de qn/qc
ertrinken* *vi irr + sein* se noyer; ***in etw*** *dat* ~ se noyer dans qc
Ertrinken <-s> *nt* noyade *f;* ***Tod durch*** ~ mort *f* par noyade
ertrunken *PP von* **ertrinken**
erübrigen* [ɛɐ̯'ʔyːbrɪgən] **I.** *vr* ***sich*** ~ être superflu; ***da erübrigt sich jeder Kommentar!*** ça se passe de commentaire! **II.** *vt* ***etw ~ können*** ne plus avoir besoin de qc; ***etwas Zeit für jdn ~ können*** s'arranger pour accorder un peu de temps à qn
Eruption [erʊp'tsi̯oːn] <-, -en> *f* éruption *f*
erwachen* *vi + sein (geh)* ❶ *(aufwachen)* se réveiller; ***aus einem Traum*** ~ sortir d'un rêve; ***vom Lärm*** ~ être réveillé par le bruit ❷ *(sich regen) Gefühle:* s'éveiller
Erwachen <-s> *nt (geh)* réveil *m;* ***beim*** ~ au réveil ▶ **ein böses** ~ un réveil douloureux
erwachsen [ɛɐ̯vaksən] *adj Person* adulte; ***eine ~e Tochter haben*** avoir une grande fille
Erwachsene(r) *f(m) dekl wie adj* adulte *mf*
Erwachsenenbildung *f kein Pl* formation *f* pour adultes
erwägen* [ɛɐ̯'vɛːgən] *vt irr* étudier *Angebot;* envisager *Möglichkeit;* réfléchir *Schritt*
Erwägung <-, -en> *f* réflexion *f;* ***etw in ~ ziehen*** envisager qc
erwähnen* [ɛɐ̯'vɛːnən] *vt* ❶ *(nennen)* citer *Person;* mentionner *Angebot* ❷ *(bemerken)* ***jdm gegenüber ~, dass …*** évoquer devant qn le fait que …
erwähnenswert *adj* digne d'être mentionné(e); ***das ist nicht weiter*** ~ ça ne vaut pas la peine d'en parler; ***nichts Erwähnenswertes*** ne ... rien qui mérite d'être signalé
Erwähnung <-, -en> *f* mention *f*
erwärmen* **I.** *vt* ❶ *(warm machen)* faire chauffer *Essen;* réchauffer *Luft;* ***auf 30 °C erwärmt werden*** être chauffé à 30° C ❷ *(begeistern)* ***jdn für etw*** ~ gagner qn à qc **II.** *vr* ❶ ***sich*** ~ se réchauffer; ***sich auf 30 °C*** ~ atteindre 30° C [en se réchauffant] ❷ *(sich begeistern)* ***sich für etw*** ~ se passionner pour qc
Erwärmung <-, -en> *f* réchauffement *m;* ***globale*** ~ réchauffement global [*o* climatique]
erwarten* *vt* ❶ *(entgegensehen)* attendre

Kind, Besuch, Post ❷ *(voraussetzen)* ***von jdm ~, dass*** attendre [de qn] que +*subj* ❸ *(rechnen mit)* attendre *Unheil*

Erwartung <-, -en> *f* ❶ *Pl (Hoffnung)* attentes *f pl;* ***den ~en entsprechen*** *Person:* répondre aux espoirs; *Leistung:* être conforme aux espérances; ***große ~en an etw*** *akk* ***knüpfen*** fonder de grands espoirs sur qc ❷ *kein Pl (Anspannung)* ***voller ~*** rendu fébrile par l'attente

erwartungsgemäß *adv* comme prévu **Erwartungshaltung** *f* attentes *f pl*

erwartungsvoll I. *adj* plein(e) d'espoir; ***zu ~ sein*** en attendre trop **II.** *adv* plein(e) d'espoir

erwecken* *vt* ❶ *(hervorrufen)* susciter *Interesse, Zweifel;* donner *Eindruck* ❷ *(geh: aufwecken)* réveiller

erweisen* [ɛɐ̯'vaizən] *irr* **I.** *vt* ❶ ***jdm einen Gefallen ~*** rendre un service [à qn] ❷ *(nachweisen)* établir *Schuld;* ***es ist erwiesen, dass …*** il est prouvé que … **II.** *vr* ❶ ***sich als richtig/falsch ~*** se révéler [être] juste/faux ❷ *(sich zeigen)* ***sich jdm gegenüber dankbar ~*** se montrer reconnaissant envers qn

erweitern* [ɛɐ̯'vaitɐn] **I.** *vt* ❶ *(verbreitern)* élargir *Öffnung* ❷ *(umbauen)* agrandir *Flughafen* ❸ *(vergrößern)* élargir *Angebot;* augmenter *Kapazität;* enrichir *Produktpalette* **II.** *vr* ❶ ***sich auf etw*** *akk*/***um etw ~*** *Straße, Tunnel:* s'élargir à/de qc ❷ ANAT ***sich ~*** *Gefäß:* se dilater

Erweiterung <-, -en> *f* ❶ *(Verbreiterung) einer Straße* élargissement *m* ❷ *(Umbau) eines Flughafens* extension *f* ❸ *(Vergrößerung) eines Angebots* élargissement *m; eines Katalogs* enrichissement *m; der Kapazität* accroissement *m*

Erwerb [ɛɐ̯'vɛrp] <-[e]s, -e> *m (form)* ❶ *kein Pl (Kauf)* acquisition *f* ❷ *(Erwerbstätigkeit)* gagne-pain *m*

erwerben* *vt irr* ❶ *(erlangen)* acquérir *Besitz, Titel, Würde;* conquérir *Achtung;* gagner *Vertrauen* ❷ *(kaufen)* faire l'acquisition de

erwerbsfähig *adj (form)* apte à exercer un emploi **Erwerbsfähigkeit** *f kein Pl* capacité *f* de travail **Erwerbsleben** *nt (form)* ***im ~ stehen*** être dans la vie active

erwerbslos *adj (form)* sans-emploi

Erwerbslosigkeit <-> *f* chômage *m*

Erwerbsquelle *f* source *f* de revenus **erwerbstätig** *adj* actif, -ive **Erwerbstätige(r)** [ɛɐ̯'vɛrpstɛːtɪgə, -gɐ] *f(m) dekl wie adj* actif, -ive *m, f* **Erwerbstätigkeit** *f* activité *f* rémunérée **erwerbsunfähig** *adj (form)* inapte à exercer un emploi; ***~ sein*** être en incapacité de travail

erwidern* [ɛɐ̯'viːdɐn] *vt* ❶ *(antworten)* répliquer ❷ *(zurückgeben)* rendre *Gruß, Kuss;* retourner *Kompliment*

Erwiderung <-, -en> *f* réponse *f;* ***die ~ seiner Liebe*** la réponse à son amour

erwiesenermaßen [ɛɐ'viːzənɐ'maːsən] *adv* ***das ist ~ richtig/falsch*** il est avéré que c'est juste/faux

erwirtschaften* *vt* réaliser *Gewinn;* enregistrer *Verlust*

erwischen* *vt (fam)* ❶ *(ertappen)* pincer; ***jdn beim Stehlen ~*** pincer qn en train de voler ❷ *(zu fassen bekommen)* choper *Person, Tier* ❸ *(erreichen)* réussir à avoir *Bus, Bahn;* ***jdn gerade noch ~*** trouver qn encore ❹ *(treffen)* ***die Kugel hat ihn am Arm erwischt*** il s'est pris une balle dans le bras

erworben [ɛɐ̯'vɔrbən] *adj* MED acquis(e)

erwünscht [ɛɐ̯'vʏnʃt] *adj* ❶ *(gewünscht) Effekt* escompté(e); *Eigenschaft, Kenntnisse* souhaité(e) ❷ *(willkommen) Gelegenheit* attendu(e); *Anwesenheit* souhaité(e); ***Rauchen nicht ~!*** prière de ne pas fumer!

erwürgen* [ɛɐ̯'vʏrgən] *vt* étrangler

Erz [eːɐ̯ts] <-es, -e> *nt* minerai *m*

erzählen* *vt, vi* raconter

Erzähler(in) [ɛɐ̯'tsɛːlɐ] *m(f)* ❶ *(Novellist)* conteur, -euse *m, f* ❷ LITER *(im Roman)* narrateur, -trice *m, f* ❸ *(Geschichtenerzähler)* conteur, -euse *m, f*

Erzählung *f* ❶ *(Prosawerk)* conte *m* ❷ *kein Pl (das Erzählen)* récit *m*

Erzbischof, -bischöfin ['ɛrtsbɪʃɔf] *m, f* archevêque *m* **Erzbistum** ['ɛrtsbɪstuːm] *nt* archevêché *m* **Erzengel** ['ɛrtsʔɛŋəl] *m* archange *m*

erzeugen* *vt* ❶ *(produzieren, hervorbringen)* produire ❷ *(hervorrufen)* provoquer *Ärger;* ***Langeweile bei jdm ~*** provoquer de l'ennui chez qn

Erzeuger(in) <-s, -> *m(f)* ❶ *landwirtschaftlicher Produkte* producteur, -trice *m, f* ❷ *(hum fam: Vater)* géniteur *m*

Erzeugnis [ɛɐ̯'tsɔyknɪs] <-ses, -se> *nt* produit *m*

Erzeugung <-, -en> *f* ❶ production *f* ❷ INFORM génération *f*

Erzfeind(in) *m(f)* ennemi *m* juré/ennemie *f* jurée

Erzgebirge ['eːɐ̯tsgəbɪrgə] *nt* ***das ~*** les monts Métallifères

Erzherzog(in) ['ɛrtshɛrtsoːk] *m(f)* archiduc *m* / archiduchesse *f*

erziehbar *adj* ***leicht/schwer ~ sein*** s'éle-

E

ver [*o* s'éduquer] facilement/difficilement; ***schwer*** ~ inadapté

erziehen* *vt irr* ❶ élever *Kind;* ***jdn streng katholisch*** ~ donner une éducation strictement catholique à qn ❷ *(anleiten)* ***jdn zur Ordnung/Selbstständigkeit*** ~ apprendre l'ordre/l'indépendance à qn

Erzieher(in) [ɛɐ̯'tsiːɐ̯] <-s, -> *m(f)* éducateur, -trice *m, f*

erzieherisch *adj* éducatif, -ive

Erziehung *f* éducation *f*

erziehungsberechtigt [ɛɐ̯'tsiːʊŋsbərɛçtɪçt] *adj* investi(e) de l'autorité parentale

Erziehungsberechtigte(r) *f(m) dekl wie adj* responsable *mf* légal(e) **Erziehungsgeld** *nt* allocation *f* parentale d'éducation **Erziehungsjahr** *nt* année *f* de congé parental **Erziehungsurlaub** *m* congé *m* parental d'éducation **Erziehungswesen** *nt kein Pl* système *m* éducatif, éducation *f* **Erziehungswissenschaft** *f* pédagogie *f*

erzielen* *vt* ❶ *(erreichen)* parvenir à *Einigung;* obtenir *Ergebnis;* remporter *Gewinn, Preis;* tirer *Treffer;* atteindre *Geschwindigkeit* ❷ SPORT établir *Rekord;* réaliser *Jahresbestzeit;* marquer *Punkt*

erzkonservativ *adj* ultraconservateur, -trice

erzürnen* [ɛɐ̯'tsʏrnən] *(geh)* **I.** *vt* mettre en colère; ***jdn*** ~ mettre qn en colère **II.** *vr* ***sich über jdn/etw*** ~ se mettre en colère contre qn/à propos de qc

erzwingen* *vt irr* forcer *Entscheidung;* ***ein erzwungenes Geständnis*** un aveu obtenu sous la contrainte

es [ɛs] **I.** *pron pers, 3. Pers Sing, nom* ❶ *(Person, Tier, Sache)* il/elle; ***wo ist mein Buch/Hemd? – Es liegt auf dem Bett!*** où est mon livre/ma chemise? – Il/Elle est sur le lit! ❷ *(das)* ~ ***ist Onkel Paul/Tante Inge*** c'est l'oncle Paul/la tante Inge; ***ich bin*** ~ c'est moi; ~ ***sind meine Kinder/Bücher*** ce sont mes enfants/livres; ***hoffentlich macht*** ~ ***Ihnen nichts aus*** j'espère que cela ne vous gêne pas *fam* ❸ *(einem Subjektsatz vorausgehend)* ~ ***gefällt ihr, dass*** ça lui plaît que +*subj;* ~ ***freut mich, dass es dir gut geht*** je suis content que tu ailles bien ❹ *(in unpersönlichen Ausdrücken)* ~ ***regnet/schneit*** il pleut/neige; ~ ***ist warm*** il fait chaud; ~ ***geht ihr/ihnen gut*** elle va/ils vont bien; ~ ***ist schon drei Uhr*** il est déjà trois heures; ***jetzt reicht*** ~***!*** cela suffit maintenant! *fam* ❺ *(in passivischen Ausdrücken)* ~ ***wurde getanzt*** on dansait ❻ *(in reflexiven Ausdrücken)* ***hier lebt*** ~ ***sich angenehm*** ici, la vie est agréable ❼ *(als Einleitewort mit folgendem Subjekt)* ~ ***meldete sich niemand*** personne ne se manifesta; ~ ***fehlen zehn Euro*** il manque dix euros **II.** *pron pers, 3. Pers Sing, akk* ❶ *(Person, Tier, Sache)* le/la; ***möchtest du dieses Brötchen/Stück Kuchen oder kann ich*** ~ ***nehmen?*** veux-tu ce petit pain/cette part de gâteau ou puis-je le/la prendre? ❷ *(das)* le; ***ich glaube*** ~ ***nicht*** je ne le crois pas ❸ *(einem Objektsatz vorausgehend)* ~ ***nicht mögen, dass/wenn*** ne pas aimer que +*subj*

Es <-, -> *nt* MUS mi *m* bémol

ESA ['eːzaː] <-> *f Abk von* **European Space Agency** ASE *f*

Escapetaste [ɪ'skeɪp'tastə] *f* INFORM touche *f* "échappement"

Esche ['ɛʃə] <-, -n> *f (Baum, Holz)* frêne *m*

Esel ['eːzəl] <-s, -> *m* ❶ âne *m* ❷ *(fam: Dummkopf)* ***ich*** ~***!*** ce que je suis bête!

Eselin <-, -nen> *f* ânesse *f*

Eselsbrücke *f (fam)* moyen *m* mnémotechnique **Eselsohr** *nt (fam)* corne *f*

Eskalation [ɛskala'tsi̯oːn] <-, -en> *f eines Konflikts* aggravation *f; von Gewalt* escalade *f*

eskalieren* [ɛska'liːrən] **I.** *vi* dégénérer; ***zu etw*** ~ dégénérer en qc **II.** *vt* accroître *Spannungen;* envenimer *Konflikt*

Eskapade [ɛska'paːdə] <-, -n> *f (geh)* ❶ incartade *f* ❷ *(Seitensprung)* frasque *f*

Eskimo, -frau ['ɛskimo] <-s, -s> *m, f* Esquimau(de) *m(f)*

Eskorte [ɛs'kɔrtə] <-, -n> *f* escorte *f*

eskortieren* [ɛskɔr'tiːrən] *vt* escorter

Esoterik [ezo'teːrɪk] <-> *f* ésotérisme *m*

Esoteriker(in) [ezo'teːrikɐ] <-s, -> *m(f)* ésotérique *mf*

esoterisch [ezo'teːrɪʃ] *adj* ésotérique

Espe ['ɛspe] <-, -n> *f* tremble *m*

Espresso [ɛs'prɛso] <-[s], -s *o* **Espressi**> *m* [café *m*] express *m*

Espressomaschine *f* machine *f* à expresso[s]

Esprit [ɛs'priː] <-s> *m (geh)* esprit *m;* ***eine Frau mit*** ~ une femme d'esprit

Essay ['ɛse] <-s, -s> *m o nt* essai *m*

Essayist(in) [ɛse'ɪst] <-en, -en> *m(f)* essayiste *mf*

essbar ['ɛsbaːɐ̯] *adj Pilz* comestible

Essbesteck *nt* couverts *mpl; (Garnitur)* ménagère *f*

Essecke *f* coin *m* repas

essen ['ɛsən] <isst, aß, gegessen> **I.** *vt* manger; ***gern Obst*** ~ aimer les fruits ▶ **das** [*o* **der Fall**] **ist gegessen** *(fam)* c'est classé

II. *vi* ❶ manger; ***gut/warm ~*** manger bien/chaud; ***chinesisch ~ gehen*** aller manger chinois; ***von einem Teller ~*** manger dans une assiette ❷ *(probieren)* ***von etw ~*** prendre de qc
Essen <-s, -> *nt* ❶ *(Mahlzeit, Speise)* repas *m;* ***das ~ kochen*** faire à manger ❷ *(Festessen)* banquet *m* ❸ *(Nahrung)* nourriture *f*
Essen[s]marke *f* ticket *m* [de] repas
Essenszeit *f* heure *f* du repas
essentiell [ɛsɛnˈtsi̯ɛl] *adj s.* **essenziell**
Essenz [ɛˈsɛnts] <-, -en> *f (a. fig)* essence *f*
essenziell [ɛsɛnˈtsi̯ɛl] *adj* essentiel(le)
Essgeschirr *nt* service *m* de table
Essgewohnheiten *Pl* habitudes *fpl* alimentaires
Essig [ˈɛsɪç] <-s, -e> *m* vinaigre *m*
Essigessenz *f* essence *f* de vinaigre
Essiggurke *f* cornichon *m* à la russe
Essigsäure *f* acide *m* acétique
Esskastanie *f* châtaigne *f* **Esslöffel** *m* cuillère *f* à soupe **Essstörung** *f meist Pl* troubles *mpl* du comportement alimentaire **Esstisch** *m* table *f* [de salle à manger] **Esszimmer** *nt* salle *f* à manger
Este, Estin [ˈeːstə] <-n, -n> *m, f* Estonien(ne) *m(f)*
Estland [ˈeːstlant] *nt* l'Estonie *f*
estnisch [ˈeːstnɪʃ] **I.** *adj* estonien **II.** *adv* ***~ miteinander sprechen*** discuter en estonien; *s. a.* **deutsch**
Estnisch <-[s]> *nt kein Art* estonien *m; s. a.* **Deutsch**
Estragon [ˈɛstragɔn] <-s> *m* estragon *m*
Estrich [ˈɛstrɪç] <-s, -e> *m* ❶ chape *f* de ciment ❷ CH *(Dachboden)* grenier *m*
ESZB [eːʔɛstsɛtˈbeː] <-> *nt Abk von* **Europäisches System der Zentralbanken** SEBC *m*
etablieren* [etaˈbliːrən] **I.** *vt* établir **II.** *vr* ***sich als Arzt ~*** s'établir comme médecin
etabliert *adj (geh)* établi(e)
Etage [eˈtaːʒə] <-, -n> *f* étage *m;* ***in der obersten ~*** au dernier étage
Etagenbett *nt* lits *mpl* superposés
Etappe [eˈtapə] <-, -n> *f a.* SPORT étape *f;* ***in ~n*** par étapes
Etappensieg *m* victoire *f* d'étape
Etat [eˈtaː] <-s, -s> *m a.* POL budget *m;* ***Eingriffe in den ~*** ponctions *fpl* budgétaires

Falsche Freunde
Nicht verwechseln mit *l'état – der Zustand* oder *l'État – der Staat*!

etc. [ɛtˈtseːtera] *Abk von* **et cetera** etc.
etepetete [ˈeːtəpəˈteːtə] *adj (fam)* ***~ sein*** être chichiteux
Ethik [ˈeːtɪk] <-> *f* éthique *f*
Ethikunterricht *m* SCHULE cours *m* d'éthique
ethisch [ˈeːtɪʃ] *adj* éthique
ethnisch [ˈɛtnɪʃ] *adj* ethnique
Ethnografie [ɛtnograˈfiː] <-, -ien> *f* ethnographie *f*
Ethnologie [ɛtnoloˈgiː] <-, -ien> *f* ethnologie *f*
Ethos [ˈeːtɔs] <-> *nt* éthique *f*
Etikett [etiˈkɛt] <-[e]s, -e[n]> *nt* étiquette *f*
Etikette [etiˈkɛtə] <-> *f (Verhaltensregeln)* étiquette *f*
etikettieren* [etikɛˈtiːrən] *vt* étiqueter
etliche(r, s) [ˈɛtlɪçə, -çe, -çəs] *pron indef* ❶ *attr* pas mal de ❷ *(zahlreiche Personen)* ***~ waren zum ersten Mal da*** [un] bon nombre d'entre eux étaient là pour la première fois ❸ *(einiges)* ***~s*** pas mal de choses; ***um ~s älter/größer sein*** être bien plus âgé/grand
Etui [ɛtˈviː, eˈtỹiː] <-s, -s> *nt* étui *m*
etwa [ˈɛtva] *adv* ❶ *(ungefähr)* [*in*] ~ à peu près ❷ *(zum Beispiel)* par exemple ❸ *(womöglich)* par hasard; ***willst du ~ hierbleiben?*** tu veux vraiment rester ici?; ***oder ~ nicht?*** ou [bien] non?
etwas [ˈɛtvas] *pron indef* ❶ quelque chose; ***~/nichts sagen*** dire quelque chose/ne rien dire; ***kannst du mir ~ davon abgeben?*** peux-tu m'en donner?; ***hast du ~ von ihr gehört?*** as-tu eu de ses nouvelles?; ***hast du ~?*** il y a quelque chose qui ne va pas? ❷ *attr* ***~ Nettes/Neues*** quelque chose de gentil/de nouveau; ***~ anderes wäre es, wenn …*** ce serait [tout] autre chose si …; ***so ~ Dummes!*** que c'est bête! ❸ *(ein wenig)* un peu; ***~ Kaffee*** un peu de café; ***~ arbeiten*** travailler un peu
Etwas [ˈɛtvas] <-> *nt* ***ein kleines ~*** quelque chose de petit ▶ **das gewisse ~** un je ne sais quoi
Etymologie [etymoloˈgiː] <-, -ien> *f* étymologie *f*
etymologisch [etymoˈloːgɪʃ] *adj* étymologique
Et-Zeichen [ˈɛttsai̯çən] *nt* esperluette *f*
EU [eːˈʔuː] <-> *f Abk von* **Europäische Union** UE *f*
EU-Außenminister *m* ministre *m* européen des Affaires étrangères **EU-Beitritt** *m* entrée *f* dans l'UE **EU-Bürger(in)** *m(f)* citoyen(ne) *m(f)* de l'UE
euch [ɔy̯ç] **I.** *pron pers, dat von* **ihr**[1]

E

❶ vous; ***mit*** ~ avec vous; ***alle außer*** ~ tous excepté vous; ***eine Bekannte von*** ~ une de vos connaissances; ***weg mit*** ~***!*** allez-vous-en! ❷ *refl* vous; ***stellt*** ~ ***vor, sie heiraten!*** figurez-vous, ils vont se marier! **II.** *pron pers, akk von* **ihr**[1] ❶ vous; ***er beobachtet*** ~ il vous regarde ❷ *refl* ***beeilt*** ~***!*** dépêchez-vous!

Eucharistie [ɔyçarɪs'tiː] <-> *f* eucharistie *f*

euer ['ɔyɐ] *pron poss* ❶ ~ ***Bruder*** votre frère; ***eure Schwester*** votre sœur; ***eure Bücher*** vos livres; ***dieser Koffer ist eurer*** cette valise est à vous; ***ist das mein Schlüssel oder eurer?*** est-ce ma clé ou la vôtre?; ***alles Liebe, eure Petra/Eltern*** affectueusement, Petra/vos parents ❷ *substantivisch (geh)* ***der/die/das eure*** le/la vôtre; ***sind das unsere Schlüssel oder die euren?*** est-ce que ce sont nos clés ou les vôtres?; ***tut ihr das Eure!*** faites ce que vous avez à faire!; ***die Euren*** les vôtres *mpl soutenu* ❸ *(gewohnt, üblich)* ***wollt ihr jetzt*** ~ ***Nickerchen machen?*** vous voulez faire votre petite sieste habituelle?

Eugenik [ɔy'geːnɪk] <-> *f* MED eugénique *f*

EU-Haushalt [eː'ʔuː-] *m* budget *m* communautaire

Eukalyptus [ɔyka'lʏptʊs] <-, Eukalypten> *m* eucalyptus *m* **EU-Kommissar(in)** *m(f)* commissaire *mf* européen(ne)

EU-Kommission [eː'ʔuː-] *f* Commission *f* européenne **EU-Land** *nt* pays *m* de l'UE; ***die EU-Länder*** les pays membres de l'UE **EU-Länder** [eː'ʔuː-] *Pl* pays *mpl* membres de l'UE

Eule ['ɔylə] <-, -n> *f* chouette *f; (mit Ohrfedern)* hibou *m*

EU-Minister(in) *m(f)* ministre *mf* de l'UE **EU-Ministerrat** *m* Conseil *m* européen

EU-Mitgliedsland *nt* pays *m* membre de l'UE **EU-Norm** *f* norme *f* européenne

Eunuch [ɔy'nuːx] <-en, -en> *m* eunuque *m*

EU-Osterweiterung *f* élargissement *m* à l'Est de l'Union européenne

Euphemismus [ɔyfe'mɪsmʊs] <-, -mismen> *m* euphémisme *m*

Euphorie [ɔyfo'riː] <-, -ien> *f* euphorie *f*

euphorisch [ɔy'foːrɪʃ] *adj* euphorique

EUR *Abk von* **Euro** EUR

Euratom [ɔyra'toːm] <-> *f Abk von* **Europäische Atomgemeinschaft** Euratom *m*

eurerseits ['ɔyrɐ'zaits] *adv* ❶ *(ihr wiederum)* de votre côté ❷ *(was euch betrifft)* pour votre part

eures ['ɔyrəs] *s.* **euer**

euresgleichen ['ɔyrəs'glaiçən] *pron inv* ❶ *(pej: Menschen eures Schlags)* vos semblables *mpl;* ***ihr und*** ~ vous et vos semblables ❷ *(Menschen wie ihr)* ***ihr verkehrt nur mit*** ~ vous ne fréquentez que les gens de votre sorte

euretwegen ['ɔyrət'veːgən] *adv (wegen euch)* à cause de vous; *(euch zuliebe)* pour vous **euretwillen** ['ɔyrət'vɪlən] *adv* ***um*** ~ pour [l'amour de] vous

EU-Richtlinie [eː'ʔuː-] *f* directive *f* communautaire

Euro ['ɔyro] <-[s], -[s]> *m* euro *m;* ***der Übergang zum*** ~ le passage à l'euro; ***auf*** ~ ***lauten*** être libellé en euros; ***am*** ~ ***teilnehmen*** participer au passage à l'euro

Eurobanknoten *Pl* billets *mpl* [en] euro

Eurobond [-bɔnt] <-s, -s> *m* FIN euro-obligation *f* **Eurocent** *m* eurocent[ime] *m,* centime *m* d'euro **Eurocheque** *s.* **Euroscheck** **Eurocity**® ['ɔyrosɪti] <-s, -s> *m* Eurocity *m* **Eurocityzug** *m* train *m* Eurocity **Eurodollars** *Pl* ÖKON eurodollars *mpl*

Eurokrat(in) [ɔyro'kraːt] <-en, -en> *m(f)* eurocrate *mf péj fam*

Eurokrise *f* crise *f* de l'euro **Eurokurs** *m* cours *m* de l'euro; ***steigender*** ~ cours de l'euro en hausse **Euromarkt** *m* marché *m* européen **Euromünzen** *Pl* pièces *fpl* [en] euro

Europa [ɔy'roːpa] <-s> *nt* l'Europe *f*

Europaabgeordnete(r) *f(m) dekl wie adj* eurodéputé(e) *m(f)*

Europäer(in) [ɔyro'pɛːɐ] <-s, -> *m(f)* Européen(ne) *m(f)*

europäisch [ɔyro'pɛːɪʃ] *adj* européen(ne)

Europäisierung <-> *f* européisation *f*

Europameister(in) *m(f)* champion(ne) *m(f)* d'Europe **Europameisterschaft** *f* championnat *m* d'Europe **Europaparlament** *nt kein Pl* Parlement *m* européen **Europapokal** *m* SPORT coupe *f* d'Europe **Europarat** *m kein Pl* Conseil *m* de l'Europe **Europarecht** *nt kein Pl* droit *m* européen **Europawahl** *f* élections *fpl* européennes **europaweit** **I.** *adj* à l'échelle européenne **II.** *adv* dans l'Europe entière

Euroraum *m* zone *f* euro **Euro-Rettungsschirm**, **Eurorettungsschirm** *m* FIN, POL fonds *m* de sauvetage de la zone euro **Euroscheck** ['ɔyroʃɛk] *m* eurochèque *m* **Euroskeptiker(in)** *m(f)* POL eurosceptique *mf* **Euroskeptisch** *adj* POL eurosceptique **Eurotunnel** *m* tunnel *m* sous la manche **Eurovision** [ɔyrovi'zioːn] *f* eurovision *f* **Eurowährung** *f* eurode-

vise *f* **Eurowährungsgebiet** *nt* zone *f* euro **Eurozone** *f* zone *f* euro
Euter ['ɔytɐ] <-s, -> *nt o m* pis *m*
Euthanasie [ɔytana'ziː] <-> *f* euthanasie *f*
EU-Verfassung [eː'ʔuː-] *f* constitution *f* [de l'Union] européenne [*o* de l'UE] **EU-Vertrag** [eː'ʔuː-] *m* traité *m* [de l']UE
ev. *Abk von* **evangelisch** protestant(e)
e. V., E.V. [eː'fau̯] *Abk von* **eingetragener Verein** association *f* déclarée
evakuieren* [evaku'iːrən] *vt* évacuer *Bewohner, Stadt, Region*
Evakuierung <-, -en> *f* évacuation *f*
evangelisch [evaŋ'geːlɪʃ] *adj* protestant(e)

Land und Leute
Né de la Réforme au XVIème siècle, le protestantisme – ou l'**evangelische Religion** comme l'appellent les Allemands – est la conséquence directe de l'opposition de Luther au pape, dont il refusait l'autorité. En Allemagne, l'**evangelische Kirche** représente près de 22 millions de fidèles, majoritairement dans le nord du pays.

Evangelist [evaŋge'lɪst] <-en, -en> *m* évangéliste *m*
Evangelium [evaŋ'geːli̯ʊm] <-s, -lien> *nt* évangile *m*
Event [i'vɛnt] <-s, -s> *nt o m* évènement *m,* événement *m*
Eventmanager(in) *m(f)* organisateur, -trice *m, f* d'événements
Eventualität [evɛntu̯ali'tɛːt] <-, -en> *f* éventualité *f*
eventuell [evɛn'tu̯ɛl] *adj* éventuel(le)
evident [evi'dɛnt] *adj (geh)* évident(e); ***es ist ~, dass*** il est évident que +*indic*
Evolution [evolu'tsi̯oːn] <-, -en> *f* évolution *f*
evtl. *adj o adv Abk von* **eventuell**
E-Werk ['eːvɛrk] *nt Abk von* **Elektrizitätswerk** centrale *f* électrique
EWG [eːveː'geː] <-> *f* HIST *Abk von* **Europäische Wirtschaftsgemeinschaft** C.E.E. *f*
EWI [eːveː'ʔiː] <-> *nt Abk von* **Europäisches Währungsinstitut** IME *m*
ewig ['eːvɪç] **I.** *adj (immer während)* éternel(le) **II.** *adv* ❶ *(seit jeher) bestehen* de toute éternité ❷ *(für immer)* ***auf ~*** pour toujours ❸ *(fam: ständig)* toujours ❹ *(fam: eine lange Zeit)* une éternité; *(seit Langem)* depuis une éternité
Ewigkeit <-, -en> *f* éternité *f*
EWS [eːveː'ʔɛs] <-> *nt Abk von* **Europäisches Währungssystem** S.M.E. *m*
EWU [eːveː'ʔuː] <-> *f Abk von* **Europäische Währungsunion** U.M.E. *f*
ex [ɛks] *adv (fam)* ▸ **etw [auf] ~ trinken** boire qc cul sec
exakt [ɛ'ksakt] **I.** *adj* exact(e) **II.** *adv* exactement; *arbeiten* avec [beaucoup de] précision
Exaktheit <-> *f* exactitude *f*
Examen [ɛ'ksaːmən] <-s, - *o* Examina> *nt* examen *m;* ***~ machen*** passer ses examens
Examenskandidat(in) *m(f)* candidat(e) *m(f)* à un examen
examinieren* *vt (geh)* ❶ *(prüfen)* examiner; ***jdn in Mathematik*** *dat* / ***über etw*** *akk* ~ examiner qn en mathématique/sur qc ❷ *(ausforschen)* ***jdn ~*** soumettre qn à un interrogatoire
exekutieren* *vt (form)* exécuter
Exekution [ɛkseku'tsi̯oːn] <-, -en> *f* ❶ exécution *f* ❷ A *(Pfändung)* saisie *f*
Exekutive [ɛkseku'tiːvə] <-, -n> *f* POL exécutif *m*
Exekutivgewalt [ɛkseku'tiːf-] *f* POL pouvoir *m* exécutif
Exekutor(in) [ɛkse'kuːtoːɐ̯] <-s, -en> *m(f)* A *(Gerichtsvollzieher)* huissier *m*
Exemplar [ɛksɛm'plaːɐ̯] <-s, -e> *nt* exemplaire *m;* ***ein seltenes ~*** un spécimen rare
exemplarisch [ɛksɛm'plaːrɪʃ] **I.** *adj (beispielhaft)* exemplaire **II.** *adv bestrafen* de façon exemplaire
exerzieren* [ɛksɛr'tsiːrən] **I.** *vi* MIL faire l'exercice **II.** *vt* ❶ répéter ❷ *(geh: praktizieren)* pratiquer
Exfrau *f* ex-femme *f* **Exfreund** *m* ex-petit ami *m* **Exfreundin** *f* ex-petite amie *f*
Exhibitionismus [ɛkshibitsi̯o'nɪsmʊs] <-> *m* exhibitionnisme *m*
Exhibitionist(in) [ɛkshibitsi̯o'nɪst] <-en, -en> *m(f)* exhibitionniste *mf*
exhumieren* *vt* exhumer
Exil [ɛ'ksiːl] <-s, -e> *nt* exil *m;* ***ins ~ nach Südamerika gehen*** s'exiler en Amérique du Sud
existent [ɛksɪs'tɛnt] *adj (geh)* existant(e); ***für jdn nicht mehr ~ sein*** ne plus exister pour qn
Existentialismus [ɛksɪstɛntsi̯a'lɪsmʊs] *s.* **Existenzialismus**
existentiell [ɛksɪstɛn'tsi̯ɛl] *s.* **existenziell**
Existenz [ɛksɪs'tɛnts] <-, -en> *f* ❶ *kein Pl (das Existieren)* existence *f* ❷ *(Lebensgrundlage)* moyens *mpl* d'existence
Existenzangst *f* angoisse *f* existentielle
Existenzberechtigung *f kein Pl einer*

Person droit *m* à l'existence; *einer Sache* raison *f* d'être
Existenzgründer(in) *m(f)* créateur, -trice *m, f* d'entreprise **Existenzgründung** *f* création *f* d'entreprise
Existenzialismus [ɛksɪstɛntsi̯a'lɪsmʊs] <-> *m* existentialisme *m*
existenziell [ɛksɪstɛn'tsi̯ɛl] *adj* vital(e)
Existenzminimum *nt* minimum *m* vital
Existenzsicherung *f* assurance *f* de l'existence
existieren* [ɛksɪs'tiːrən] *vi* ❶ *(vorhanden sein)* exister ❷ *(leben)* ***von etw ~*** vivre de qc
Exitus ['ɛksitʊs] <-> *m* MED décès *m*
exklusiv [ɛksklu'ziːf] *adj* raffiné(e)
exklusive [ɛksklu'ziːvə] *präp +gen* non compris(e); ***Preis: tausend Euro ~ Mehrwertsteuer*** prix: mille euros, non compris la T.V.A. [*o* T.V.A. non comprise]
Exklusivität [-vi-] <-> *f (geh) eines Gegenstands, Designs* classe *f; einer Einrichtung* grand standing *m; des Geschmacks* raffinement *m*
Exkommunikation [ɛkskɔmunika'tsi̯oːn] *f* excommunication *f*
exkommunizieren* [ɛkskɔmuni'tsiːrən] *vt* excommunier
Exkrement [ɛkskre'mɛnt] <-[e]s, -e> *nt meist Pl (geh)* excrément *m*
Exkurs [ɛks'kʊrs] <-es, -e> *m* digression *f*
Exkursion [ɛkskʊr'zi̯oːn] <-, -en> *f* excursion *f*
Exmann *m* ex-mari *m*
Exmatrikulation [ɛksmatrikula'tsi̯oːn] <-, -en> *f radiation de la liste des étudiants inscrits à l'université*
exmatrikulieren* [ɛksmatriku'liːrən] *vt* radier; ***jdn/sich ~*** radier qn/se faire radier de la liste des étudiants
Exodus ['ɛksodʊs] <-, -se> *m (geh) der Bevölkerung* exode *f*
Exot(in) [ɛ'ksoːt] <-en, -en> *m(f)* ❶ *(Mensch)* habitant(e) *m(f)* d'un pays lointain; *(fam: ausgefallene Person)* drôle *m* de spécimen *fam* ❷ *(Pflanze)* plante *f* exotique; *(Tier)* animal *m* exotique; *(fam: ausgefallenes Exemplar)* modèle *m* rare
exotisch [ɛ'ksoːtɪʃ] *adj* ❶ *(fremdländisch) Person* d'un pays lointain; *Pflanze, Aussehen* exotique ❷ *(fam: ausgefallen) Person* farfelu(e); *Exemplar* extravagant(e); *Hobby, Beruf* insolite
expandieren* [ɛkspan'diːrən] *vi* ❶ *(sich vergrößern) Firma:* s'agrandir ❷ PHYS *Gas, Wasserdampf:* se dilater; *Universum:* être en expansion
Expansion [ɛkspan'zi̯oːn] <-, -en> *f* POL, COM expansion *f*
expansiv *adj a.* ÖKON d'expansion
Expedition [ɛkspedi'tsi̯oːn] <-, -en> *f* ❶ *(Forschungsreise)* expédition *f* ❷ *(Versandabteilung)* [service *m* d']expédition *f*
Experiment [ɛksperi'mɛnt] <-[e]s, -e> *nt* expérience *f; (wissenschaftlicher Versuch)* expérimentation *f*
experimentell [ɛksperimɛn'tɛl] **I.** *adj* expérimental(e); ***auf ~e Weise*** expérimentalement **II.** *adv* ***~ vorgehen*** expérimenter
experimentieren* [ɛksperimɛn'tiːrən] *vi* faire des expériences; ***mit etw/an Tieren ~*** faire des expériences avec qc/sur des animaux
Experte, Expertin [ɛks'pɛrtə] <-n, -n> *m, f* expert(e) *m(f)*
Expertensystem *nt* INFORM système *m* expert
explizit [ɛkspli'tsiːt] *adj (geh) Anordnung* explicite
explodieren* [ɛksplo'diːrən] *vi + sein (a. fig)* exploser
Explorer [ɪk'splɔːrɐ] <-s, -> *m* INFORM explorateur *m*
Explosion [ɛksplo'zi̯oːn] <-, -en> *f (a. fig)* explosion *f*
explosionsartig **I.** *adj* ❶ ***ein ~es Geräusch*** un bruit d'explosion ❷ *(rasant) Zunahme* explosif, -ive **II.** *adv* à une vitesse fulgurante
Explosionsgefahr *f* danger *m* d'explosion
explosiv [ɛksplo'ziːf] *adj* explosif, -ive
Exponat [ɛkspo'naːt] <-[e]s, -e> *nt* pièce *f* d'exposition
Exponent [ɛkspo'nɛnt] <-en, -en> *m* ❶ représentant *m* ❷ MATH exposant *m*
exponiert *adj* ❶ *Ort, Lage* exposé(e) ❷ *(fig)* en vue
Export [ɛks'pɔrt] <-[e]s, -e> *m* exportation *f*
Exporteur(in) [ɛkspɔr'tøːɐ̯] <-s, -e> *m(f)* exportateur, -trice *m, f*
Exportfirma *f* entreprise *f* d'exportation **Exportgeschäft** *nt (Firma)* société *f* d'exportation; *(Handel)* activité *f* d'exportation **Exporthandel** *m* commerce *m* d'exportation
exportieren* [ɛkspɔr'tiːrən] *vt* ❶ exporter; ***etw ins Ausland/nach Australien ~*** exporter qc à l'étranger/vers l'Australie ❷ *(fig)* exporter *Inflation, Mode;* transmettre *Virus* **Exportschlager** *m* meilleure exportation *f*

Express [ɛks'prɛs] <-es> *m* ***per ~*** par exprès
Expressionismus [ɛksprɛsi̯o'nɪsmʊs] <-> *m* expressionnisme *m*
Expressionist(in) [ɛksprɛsi̯o'nɪst] <-en, -en> *m(f)* expressionniste *mf*
expressionistisch [ɛksprɛsi̯o'nɪstɪʃ] *adj* expressionniste
exquisit [ɛkskvi'ziːt] **I.** *adj Essen, Wein* exquis(e); *Lokal* excellent(e) **II.** *adv* ***~ schmecken*** être exquis
extensiv [ɛkstɛn'ziːf] *adj Landwirtschaft* extensif, -ive
extern [ɛks'tɛrn] *adj Schüler* externe; *Kandidat* venu(e) de l'extérieur; *Prüfung* subi(e) à l'extérieur
Externe(r) *f(m) dekl wie adj (Schüler)* externe *mf*
extra ['ɛkstra] *adv* ❶ *(besonders)* extra[-]; ***~ dünne Scheiben*** des tranches *f pl* extrafines ❷ *(zusätzlich)* en plus ❸ *(eigens)* exprès ❹ *(gesondert)* à part
Extra ['ɛkstra] <-s, -s> *nt* accessoire *m* [optionnel]
Extrablatt *nt* édition *f* spéciale **Extraklasse** *f* première catégorie *f;* ***ein Sportler/Wagen der ~*** un sportif/une voiture d'exception
Extrakt [ɛks'trakt] <-[e]s, -e> *m* extrait *m*
Extratour *f (fam)* lubie *f fam*
extravagant [ɛkstrava'gant] **I.** *adj* extravagant(e) **II.** *adv* de façon extravagante
Extravaganz [ɛkstrava'gants] <-, -en> *f* extravagance *f*
extravertiert [ɛkstravɛr'tiːɐ̯t] *adj* extraverti(e)
Extrawurst *f (fam)* régime *m* spécial ▶ **jdm eine ~ braten** faire une fleur à qn *fam*
extrem [ɛks'treːm] **I.** *adj* extrême **II.** *adv* ❶ *mit adj (äußerst)* ***~ links/rechts stehen*** *Politiker:* être d'extrême gauche/droite ❷ *mit Verb* ***sich ~ konzentrieren*** se concentrer énormément
Extrem [ɛks'treːm] <-s, -e> *nt* extrême *m*
Extremfall *m* cas *m* extrême; ***im ~*** au grand maximum; *(bestenfalls)* dans le meilleur des cas; *(schlimmstenfalls)* dans le pire des cas
Extremismus [ɛkstre'mɪsmʊs] <-, -ismen> *m* extrémisme *m*
Extremist(in) [ɛkstre'mɪst] <-en, -en> *m(f)* extrémiste *mf*
extremistisch [ɛkstre'mɪstɪʃ] *adj* extrémiste
Extremitäten [ɛkstremi'tɛːtən] *Pl* extrémités *f pl*
Extremsportart *f* sport *m* extrême
Extremsportler(in) *m(f)* sportif, -ive *m, f* extrême
extrovertiert [ɛkstrovɛr'tiːɐ̯t] *s.* **extravertiert**
exzellent [ɛkstsɛ'lɛnt] **I.** *adj* excellent(e) **II.** *adv sich fühlen* en excellente forme; *speisen* extrêmement bien
Exzellenz [ɛkstsɛ'lɛnts] <-, -en> *f* Excellence *f;* ***Eure ~!*** Votre Excellence!
Exzentriker(in) [ɛks'tsɛntrɪkɐ] <-s, -> *m(f)* excentrique *mf*
exzentrisch [ɛks'tsɛntrɪʃ] *adj* excentrique
exzerpieren* *vt (geh)* extraire; ***etw aus etw ~*** extraire qc de qc
Exzerpt [ɛks'tsɛrpt] <-[e]s, -e> *nt (geh)* extrait *m*
Exzess [ɛks'tsɛs] <-es, -e> *m meist Pl* excès *m;* ***etw bis zum ~ treiben*** pousser qc à l'extrême
exzessiv [ɛkstsɛ'siːf] *adj* excessif, -ive
Eyeliner ['aɪlaɪnɐ] <-s, -> *m* eye-liner *m*
EZB [eːtsɛtʔ'beː] <-> *f Abk von* **Europäische Zentralbank** BCE *f*

E

Ff

F

F, f [ɛf] <-, -> *nt* ❶ *(Buchstabe)* F *m* /f *m* ❷ MUS fa *m*
Fa. *Abk von* **Firma** Sté
Fabel ['fa:bəl] <-, -n> *f (a. fig)* fable *f*
fabelhaft *adj Aussehen, Wetter* merveilleux, -euse; *Qualität* fabuleux, -euse; ***das ist ja ~!*** c'est vraiment sensationnel!
Fabeltier *nt* animal *m* fabuleux **Fabelwesen** *nt* être *m* fabuleux
Fabrik [fa'bri:k] <-, -en> *f* usine *f*
Fabrikant(in) [fabri'kant] <-en, -en> *m(f)* ❶ *(Fabrikbesitzer)* industriel(le) *m(f)* ❷ *(Hersteller)* fabricant(e) *m(f)*
Fabrikarbeiter(in) *m(f)* ouvrier, -ière *m, f* d'usine
Fabrikat [fabri'ka:t] <-[e]s, -e> *nt* ❶ *(Produkt)* produit *m* ❷ *(Marke)* marque *f*
Fabrikation [fabrika'tsi̯o:n] <-, -en> *f* fabrication *f*
Fabrikgelände *nt* terrain *m* industriel **Fabrikhalle** *f* atelier *m* de production **fabrikneu** *adj* fraîchement sorti(e) d'usine
fabrizieren* [fabri'tsi:rən] *vt (a. fig)* fabriquer
fabulieren* [fabu'li:rən] *vi* raconter des histoires
Facebook® <-[s]> ['fɛɪ̯sbʊk] *nt kein pl* INFORM Facebook® *m* **facebooken** ['fɛɪ̯sbʊkn̩] *vi* INFORM être sur Facebook®
Facelifting ['feɪslɪftɪŋ] <-s, -s> *nt* lifting *m*
Facette [fa'sɛtə] <-, -n> *f* facette *f*
Facettenauge [fa'sɛtn-] *nt* ZOOL œil *m* à facettes
Fach [fax, *Pl:* 'fɛçɐ] <-[e]s, Fächer> *nt* ❶ *einer Tasche* compartiment *m; eines Schranks* rayon *m* ❷ *(Schubfach)* tiroir *m* ❸ *(Schulfach)* matière *f* ❹ *(Sachgebiet)* domaine *m; **vom ~ sein*** être du métier
Facharbeiter(in) *m(f)* ouvrier, -ière *m, f* qualifié(e) **Facharzt, -ärztin** *m, f* [médecin *m*] spécialiste *mf* **fachärztlich** *adj Behandlung* par un(e) spécialiste; *Gutachten* d'un(e) spécialiste **Fachausdruck** <-ausdrücke> *m* terme *m* technique **Fachbereich** *m einer Universität* ≈ unité *f* de formation et de recherche **Fachbuch** *nt* ouvrage *m* spécialisé
fächeln ['fɛçəln] **I.** *vi **mit etw** ~* agiter qc pour produire un courant d'air **II.** *vt **jdn/sich mit etw** ~* éventer qn/s'éventer avec qc
Fächer ['fɛçɐ] <-s, -> *m* éventail *m*
Fachfrau *f* spécialiste *f* **fachfremd** **I.** *adj* non spécialisé(e); ***sich mit ~en Aufgaben beschäftigen*** s'occuper de tâches qui ne sont pas de sa compétence **II.** *adv* [en de]hors de sa compétence; *~ **unterrichten*** enseigner dans des disciplines étrangères à sa spécialité **Fachgebiet** *nt* spécialité *f* **fachgerecht** *adj* approprié(e); *Ausbildung* spécialisé(e) **Fachgeschäft** *nt* magasin *m* spécialisé **Fachgruppe** *f* commission *f* spécialisée, groupe *m* de travail **Fachhandel** *m* commerce *m* spécialisé **Fachhändler(in)** *m(f)* spécialiste *mf,* commerçant *m* spécialisé/commerçante *f* spécialisée
Fachhochschule *f école supérieure spécialisée où on peut faire des études techniques ou artistiques*

Land und Leute

Les **Fachhochschulen** sont des universités d'enseignement technique ou artistique qui correspondent globalement aux I.U.T. (Instituts Universitaires de Technologie) en France. L'enseignement, particulièrement axé sur la pratique, dure trois ans. Pour accéder à une **Fachhochschule**, il faut détenir la *Fachhochschulreife*, équivalent du baccalauréat d'enseignement professionnel en France et de la *Berufsmatura* en Autriche.

Fachhochschulreife *f* ≈ brevet *m* d'études professionnelles
Fachidiot(in) *m(f) (pej fam)* spécialiste *mf* borné(e) **Fachkenntnisse** *Pl* connaissances *fpl* professionnelles **Fachkraft** *f* spécialiste *mf; **Fachkräfte*** personnel *m* qualifié **fachkundig** *adj* compétent(e) **Fachlehrer(in)** *m(f)* enseignant(e) *m(f)* qualifié(e) **Fachleute** *Pl* spécialistes *mpl*
fachlich **I.** *adj Qualifikation* professionnel(le); *Beratung* compétent(e) **II.** *adv* sur le plan professionnel
Fachliteratur *f* littérature *f* spécialisée **Fachmann** <-leute> *m* spécialiste *m*
fachmännisch ['faxmɛnɪʃ] **I.** *adj* de spécialiste **II.** *adv prüfen* en connaisseur; *beraten* avec compétence **Fachmesse** *f* salon *m* professionnel
Fachoberschule *f* ≈ lycée *m* d'enseigne-

ment technique et professionnel **Fachpresse** *f* presse *f* spécialisée
Fachrichtung *f* branche *f*
Fachschaft <-, -en> *f* étudiants *mpl* de la discipline; ***die ~ Romanistik*** la section romaniste **Fachschule** *f* école *f* professionnelle
fachsimpeln ['faxzɪmpəln] *vi (fam)* parler boutique; ***mit jdm ~*** parler boutique avec qn
fachspezifisch **I.** *adj Arbeit, Ausbildung, Aufgabe* spécifique; *Literatur, Unterricht* spécialisé(e) **II.** *adv* de façon spécifique
Fachsprache *f* jargon *m* **Fachwerk** *nt kein Pl* colombage *m*
Fachwerkhaus *nt* maison *f* à colombages
Fachwissen *nt* savoir *m* technique **Fachwort** *nt* terme *m* technique **Fachzeitschrift** *f* revue *f* spécialisée
Fackel ['fakəl] <-, -n> *f* torche *f*
fackeln *vi (fam)* ***nicht [lange] ~*** ne faire ni une ni deux
Fackelzug *m* retraite *f* aux flambeaux
fad [faːt], **fade** ['faːdə] **I.** *adj* ❶ *Geschmack* fade ❷ *(langweilig) Person* insipide **II.** *adv* ***~ schmecken*** être fade, avoir un goût fade
Faden ['faːdən, *Pl:* 'fɛːdən] <-s, Fäden> *m a.* MED fil *m* ▸ **alle Fäden [fest] in der Hand halten** tenir les rênes; **der rote ~** le fil conducteur; **dort laufen alle Fäden zusammen** c'est là qu'on tire [toutes] les ficelles; **den ~ verlieren** perdre le fil
Fadenkreuz *nt* OPT réticule *m* ▸ **ins ~ geraten** tomber dans le collimateur; **jdn im ~ haben** avoir qn dans le collimateur [o à l'œil]; **etw im ~ haben** avoir l'œil sur qc
fadenscheinig ['faːdənʃaɪnɪç] *adj* ❶ *(pej) Ausrede* cousu(e) de fil blanc ❷ *(abgewetzt)* usé(e) jusqu'à la corde
Fagott [fa'gɔt] <-[e]s, -e> *nt* basson *m*
Fagottbläser(in) *m,* **Fagottist(in)** [fagɔ'tɪst] <-en, -en> *m(f)* basson *m*
fähig ['fɛːɪç] *adj* capable; *Mitarbeiter* qualifié(e); ***zu allem ~ sein*** être capable de tout
Fähigkeit <-, -en> *f* ❶ *kein Pl (das Imstandesein)* faculté *f,* capacité *f* ❷ *(Begabung)* aptitude *f*
fahl [faːl] *adj* blafard(e)
Fähnchen <-s, -> *nt Dim von* **Fahne** petit drapeau *m*
fahnden ['faːndən] *vi* rechercher; ***nach jdm/etw*** ~ rechercher qn/qc
Fahnder(in) <-s, -> *m(f)* enquêteur, -trice *m, f*
Fahndung <-, -en> *f* recherches *fpl*
Fahndungserfolg *m* succès *m* des recherches
Fahndungsliste *f* liste *f* des personnes recherchées
Fahne ['faːnə] <-, -n> *f* ❶ *(Banner)* drapeau *m* ❷ *(fam: Alkoholfahne)* haleine *f* qui pue l'alcool; ***eine ~ haben*** *(fam)* puer l'alcool ❸ TYP placard *m*
Fahneneid *m* serment *m* de fidélité au drapeau **Fahnenflucht** *f kein Pl* désertion *f;* ***~ begehen*** déserter **fahnenflüchtig** *adj* ***~ werden*** déserter **Fahnenflüchtige(r)** *f(m) dekl wie adj* déserteur *m* **Fahnenmast** *m* mât *m* **Fahnenträger(in)** *m(f)* porte-drapeau *m*
Fahrausweis *m* ❶ titre *m* de transport ❷ CH *(Führerschein)* permis *m* de conduire
Fahrbahn *f* ❶ *(Straße)* chaussée *f* ❷ *(Fahrspur)* voie *f* [de circulation]
Fähre ['fɛːrə] <-, -n> *f* bac *m; (Autofähre)* [car-]ferry *m*
fahren ['faːrən] <fährt, fuhr, gefahren> **I.** *vi* ❶ + *sein (Fahrgast sein)* ***nach Hamburg/Frankreich ~*** aller à Hambourg/en France; ***mit dem Zug ~*** prendre le train; ***auf der Autobahn ~*** rouler sur l'autoroute; ***wollen wir ~ oder zu Fuß gehen?*** nous y allons en voiture ou à pied? ❷ + *sein (sich bewegen) Fahrzeug:* rouler; ***nach oben/unten ~*** *Fahrstuhl:* monter/descendre ❸ + *sein (ein Fahrzeug lenken)* conduire; ***links ~*** rouler à gauche; ***gegen etw ~*** rentrer dans qc ❹ + *sein (losfahren)* partir ❺ + *sein (verkehren)* passer; ***alle zehn Minuten ~*** *Verkehrsmittel:* passer toutes les dix minutes; ***~ heute keine Busse?*** les bus ne circulent pas aujourd'hui?; ***welche Linie fährt zum Bahnhof?*** quelle ligne va jusqu'à la gare? ❻ + *sein (reisen)* ***mit der Bahn ~*** voyager en train ❼ + *sein (zucken)* ***der Schreck fuhr ihr in die Glieder*** la peur lui a coupé les jambes; ***was ist [denn] in dich gefahren?*** qu'est-ce qui t'a pris? ❽ + *haben o sein (streichen)* ***sich*** *dat* ***mit der Hand über die Stirn ~*** se passer la main sur le front ❾ + *sein (fam: zurechtkommen)* ***mit jdm/etw gut ~*** être satisfait de qn/qc ▸ **einen ~ lassen** *(fam)* lâcher un pet **II.** *vt* ❶ + *haben (lenken)* conduire *Auto;* rouler sur *Fahrrad* ❷ + *haben (befördern)* conduire *Personen;* transporter *Sachen* ❸ + *sein (benutzen)* ***Autobahn ~*** *Person:* prendre l'autoroute ❹ + *sein (als Geschwindigkeit haben)* ***90 km/h ~*** rouler à 90 km/h ❺ + *haben o sein* SPORT effectuer *Rennen*

fahrend *adj Musikant* ambulant(e); *Volk* nomade

Fahrenheit ['faːrənhait] Fahrenheit

Fahrer(in) ['faːrɐ] <-s, -> *m(f)* ❶ *(Autofahrer)* conducteur, -trice *m, f; (Motorradfahrer)* motard(e) *m(f)* ❷ *(Chauffeur)* chauffeur *m*

Fahrerflucht *f* délit *m* de fuite

Fahrerlaubnis *f (form)* permis *m* de conduire

Fahrersitz *m* siège *m* du conducteur

F

Fahrgast *m* passager, -ère *m, f* **Fahrgeld** *nt (für den Bus)* argent *m* pour le ticket; *(für den Zug)* argent pour le billet **Fahrgemeinschaft** *f* covoiturage *m* **Fahrgestell** *nt eines Autos* châssis *m*

fahrig ['faːrɪç] *adj Person* surexcité(e); *Bewegung* nerveux, -euse

Fahrkarte *f* ticket *m; (für den Zug)* billet *m* **Fahrkartenautomat** *m* distributeur *m* [automatique] de tickets **Fahrkartenschalter** *m* guichet *m* [de vente] des billets

fahrlässig ['faːɐ̯lɛsɪç] *adj* imprudent(e); JUR *Tötung* par imprudence

Fahrlässigkeit <-, -en> *f* imprudence *f*

Fahrlehrer(in) *m(f)* moniteur, -trice *m, f* d'auto-école

Fährmann ['fɛːɐ̯man] <-männer *o* -leute> *m* passeur *m*

Fahrplan *m* [indicateur *m*] horaire *m*

fahrplanmäßig **I.** *adj* prévu(e) [selon l'horaire] **II.** *adv* selon l'horaire prévu

Fahrpreis *m* prix *m* du transport **Fahrprüfung** *f* examen *m* du permis de conduire **Fahrrad** ['faːɐ̯raːt] *nt* vélo *m*, bicyclette *f* **Fahrradfahrer(in)** *m(f)* cycliste *mf* **Fahrradhelm** *m* casque *m* de cycliste **Fahrradkette** *f* chaîne *f* de vélo **Fahrradkurier** *m* coursier, -ière *m, f* à bicyclette **Fahrradschloss** *nt* antivol *m* **Fahrradständer** *m (am Fahrrad)* béquille *f; (Gestell für Fahrräder)* support *m* pour vélos **Fahrradtour** *f* randonnée *f* à bicyclette [*o* à vélo] **Fahrradweg** *m* piste *f* cyclable

Fahrschein *f* ticket *m; (für den Zug)* billet *m*

Fahrscheinautomat *m* distributeur *m* automatique [de tickets] **Fahrscheinentwerter** *m* composteur *m*

Fährschiff *s.* **Fähre**

Fahrschule *f* auto-école *f* **Fahrschüler(in)** *m(f)* élève *mf* d'auto-école **Fahrspur** *f* voie *f* [de circulation]; ***die rechte/linke* ~** la voie de droite/gauche **Fahrstil** *m* façon *f* de conduire **Fahrstuhl** *m* ascenseur *m* **Fahrstunde** *f* leçon *f* de conduite

Fahrt [faːɐ̯t] <-, -en> *f* ❶ *(das Fahren)* trajet *m; **freie** ~* circulation *f* fluide; *(für Züge)* voie *f* libre; ***gute ~!*** bonne route! ❷ *(Geschwindigkeit)* allure *f; **mit voller** ~* à pleine vitesse ❸ *(Reise)* voyage *m; **hattet ihr eine angenehme ~?*** vous avez fait bon voyage?; ***eine einfache ~ nach London*** un aller simple pour Londres ▶ **eine ~ ins Blaue** une excursion surprise; **in ~ kommen** *(fam: in Schwung kommen)* trouver la forme

fährt [fɛːɐ̯t] *3. Pers Präs von* **fahren**

Fahrtdauer *f* durée *f* du trajet [*o* du voyage]

Fährte ['fɛːɐ̯tə] <-, -n> *f* trace *f*, piste *f* ▶ **auf der falschen ~ sein** être sur la mauvaise piste

Fahrtenbuch *nt* AUT carnet *m* de route

Fahrtenschreiber *m* tachygraphe *m*

Fahrtkosten *Pl* frais *mpl* de transport

Fahrtrichtung *f* destination *f; **in** ~* dans le sens de la marche; ***entgegen der** ~* dans le sens contraire

Fahrtrichtungsanzeiger *m* AUT indicateur *m* de direction

fahrtüchtig *adj Person* en état de conduire; *Kraftfahrzeug* en [bon] état de marche

Fahrtwind *m* déplacement *m* d'air

Fährverbindung *f* liaison *f* ferry

Fahrverbot *nt (generelles Fahrverbot)* interdiction *f* de circuler; *(gegen Einzelpersonen)* suspension *f* de permis **Fahrwasser** ▶ **in jds ~** *dat* **schwimmen** *(fam)* naviguer dans les eaux de qn **Fahrweise** *f* façon *f* de conduire **Fahrwerk** *nt eines Autos* châssis *m; eines Flugzeugs* train *m* d'atterrissage **Fahrzeit** *f* durée *f* du trajet **Fahrzeug** <-, -e> *nt* véhicule *m*

Fahrzeugbrief *m titre de propriété du véhicule* **Fahrzeughalter(in)** *m(f)* propriétaire *mf* du véhicule **Fahrzeugpapiere** *Pl* papiers *mpl* du véhicule **Fahrzeugschein** *m* ≈ carte *f* grise

Faible ['fɛːbl] <-s, -s> *nt* faible *m*

fair [fɛːɐ̯] **I.** *adj Person* fair-play; *Angebot, Spiel* correct(e); ***das ist nicht ~!*** ce n'est pas juste! **II.** *adv spielen* avec fair-play; *kämpfen* loyalement; *sich verhalten* de façon correcte

Fairness ['fɛːɐ̯nɛs] <-> *f* fair-play *m*

Fairway ['fɛːɐ̯veː] <-s, -s> *nt (beim Golf)* allée *f*

Fäkalien [fɛ'kaːli̯ən] *Pl* matières *fpl* fécales

Fake [feɪk] <-s, -s> *m o nt (fam)* fake *m fam*

Fakir ['faːkiːɐ̯] <-s, -e> *m* fakir *m*

Faksimile [fak'ziːmilə] <-s, -s> *nt* fac-similé *m*
Fakt [fakt] <-[e]s, -en> *m o nt* fait *m*
faktisch ['faktɪʃ] **I.** *adj attr* effectif, -ive **II.** *adv* en fait
Faktor ['faktoːɐ̯] <-s, -toren> *m* facteur *m*
Faktum ['faktʊm] <-s, Fakten> *nt (geh)* fait *m*
Fakultät [fakʊl'tɛːt] <-, -en> *f* faculté *f*
fakultativ [fakʊlta'tiːf] *adj (geh)* facultatif, -ive
Falke ['falkə] <-n, -n> *m a.* POL faucon *m*
Fall [fal, *Pl:* 'fɛlə] <-[e]s, Fälle> *m* ❶ *a.* GRAM, MED, JUR cas *m; **in diesem** ~* dans ce cas; ***für den ~, dass*** au cas où; ***das ist nicht der*** ~ ce n'est pas le cas; ***gesetzt den*** ~ à supposer que *+subj; **auf jeden** ~* en tout cas; ***auf keinen*** ~ en aucun cas; ***für alle Fälle*** pour tous les cas; ***auf alle Fälle*** en tout cas; ***er ist ein hoffnungsloser*** ~ on ne peut plus rien faire pour lui ❷ *kein Pl (a. fig: Sturz, das Fallen)* chute *f; **der freie*** ~ la chute libre ► **klarer** ~! *(fam)* évidemment!; **sein/mein/... ~ sein** *(fam) Person:* être son/mon/... genre, *Sache:* être son/mon/... truc; **von ~ zu ~** cas par cas
Fallbeil *nt* guillotine *f*
Falle ['falə] <-, -n> *f* ❶ *(a. fig)* piège *m; **jdm eine ~ stellen** (fig)* tendre un piège à qn; ***in der ~ sitzen** (fig)* être pris au piège ❷ *(fam: Bett)* pieu *m*
fallen ['falən] <fällt, fiel, gefallen> *vi + sein* ❶ *(hinabfallen, umfallen)* tomber; ***auf den Boden/ins Wasser*** ~ tomber par terre/dans l'eau; ***auf/durch/in etw** akk ~ Licht:* tomber sur/passer par/pénétrer dans qc ❷ *(stolpern) **über etw** akk* ~ buter sur qc ❸ *(fam: nicht bestehen) **durch die Prüfung*** ~ être recalé à l'examen ❹ *(sinken) Wert, Preise:* baisser; ***die Aktien sind gefallen*** les actions ont connu une baisse ❺ MIL *Soldat:* tomber à la guerre; *Festung:* tomber ❻ *(treffen) **auf jdn** ~ Wahl, Verdacht:* se porter sur qn; ***auf einen Dienstag*** ~ tomber un mardi ❼ JUR ***an den Erben*** ~ revenir à l'héritier ❽ *(ergehen) Entscheidung:* être pris; *Urteil:* tomber ❾ *(sich ereignen) Ausgleichstreffer:* être marqué; *Schuss:* être tiré ❿ *(geäußert werden) Wort:* être prononcé; *Bemerkung:* être fait ► ~ **lassen** abandonner *Plan;* laisser échapper *Bemerkung*
fällen ['fɛlən] *vt* ❶ abattre *Baum* ❷ JUR prendre *Entscheidung;* rendre *Urteil*
fallen|lassen* *s.* **fallen** ►

Fallgeschwindigkeit *f* PHYS vitesse *f* de chute **Fallgrube** *f* trappe *f*
fällig ['fɛlɪç] *adj* ❶ FIN *Rechnung* parvenu(e) à échéance; ~ ***sein*** être exigible; ***bis zum 23./innerhalb von zehn Tagen ~ sein*** être payable avant le 23/dans les dix jours ❷ *(erforderlich) Entschuldigung* dû(e); *Reform* attendu(e)
Fälligkeit <-, -en> *f* échéance *f; **bei/nach/vor*** ~ à/après/avant l'échéance
Fallobst *nt* fruits *mpl* tombés
Fallout, Fall-out [foːl'ʔaʊ̯t, fɔːl'aʊ̯t] <-s, -s> *m* PHYS retombées *fpl*
falls [fals] *konj* au cas où; ~ ***möglich/nötig*** si possible/nécessaire
Fallschirm *m* parachute *m; **mit dem ~ abspringen*** sauter en parachute
Fallschirmjäger(in) *m(f)* MIL parachutiste *mf* **Fallschirmspringen** <-s> *nt* parachutisme *m* **Fallschirmspringer(in)** *m(f)* parachutiste *mf*
Fallstudie *f* étude *f* de cas
fällt [fɛlt] *3. Pers Präs von* **fallen**
Falltür *f* trappe *f*
falsch [falʃ] **I.** *adj* ❶ *(nicht richtig)* faux, fausse; *Schlüssel, Zug* mauvais(e); *Verdacht* non fondé(e); ***hier sind Sie*** ~ vous n'êtes pas où il faut ❷ *(nicht aufrichtig) Versprechen* mensonger, -ère; *Person* faux, fausse ❸ *(gefälscht) Schmuck, Banknote* faux, fausse ❹ *(unangebracht) Scham* faux, fausse ► **an den Falschen geraten** ne pas avoir choisi la bonne adresse **II.** *adv* mal; *singen* faux
Falschaussage *f* JUR faux témoignage *m*
fälschen ['fɛlʃən] *vt* falsifier *Urkunde;* contrefaire *Banknoten, Unterschrift*
Fälscher(in) <-s, -> *m(f)* faussaire *mf*
Falschfahrer(in) *m(f)* automobiliste *mf* circulant à contresens **Falschgeld** *nt* fausse monnaie *f*
Falschheit <-> *f* fausseté *f*
fälschlich ['fɛlʃlɪç] *adj Annahme* erroné(e); *Behauptung* faux, fausse
fälschlicherweise *adv (irrtümlicherweise)* de façon erronée
falsch|liegen *vi irr (fam: sich irren) **mit etw*** ~ se fourrer le doigt dans l'œil à propos de qc **Falschmeldung** *f* fausse nouvelle *f* **Falschmünzer(in)** ['falʃmʏntsɐ] <-s, -> *m(f)* faux-monnayeur *m* /fausse-monnayeuse *f* **Falschparker(in)** ['falʃparkɐ] *m(f)* automobiliste *mf* mal garé(e) **Falschspieler(in)** *m(f)* tricheur, -euse *m, f*
Fälschung ['fɛlʃʊŋ] <-, -en> *f* ❶ *kein Pl (das Fälschen)* falsification *f* ❷ *(das Gefälschte)* faux *m*

F

fạlschungssicher *adj* infalsifiable

Falsẹtt [fal'zɛt] <-[e]s, -e> *nt* voix *f* de tête [*o* de fausset]; ~ ***singen*** chanter en voix de tête [*o* de fausset]

Fạltblatt *nt* dépliant *m* **Fạltboot** *nt* canot *m* pliant

Fạ̈ltchen <-s, -> *nt Dim von* **Falte 2** ridule *f*

Fạlte ['faltə] <-, -n> *f* ❶ *eines Kleidungsstücks, Papiers* pli *m; eines Stoffs* fronce *f;* ***~n werfen*** faire des plis ❷ *(Hautfalte)* ride *f;* ***die Stirn in ~n legen*** plisser le front

fạlten ['faltən] *vt* plier *Papier, Wäschestück;* joindre *Hände*

Fạltenrock *m* jupe *f* plissée

Fạlter ['faltɐ] <-s, -> *m* papillon *m*

fạltig ['faltɪç] *adj* ❶ *(zerknittert)* froissé(e) ❷ *(runzelig) Haut* ridé(e)

Fạltprospekt *m* dépliant *m*

Fạlz [falts] <-es, -e> *m* TECH rainure *f*

fạlzen ['faltsən] *vt* plier *Papier*

Fam. *Abk von* **Familie** famille *f*

familiär [fami'li̯ɛːɐ̯] *adj* ❶ familial(e) ❷ *(zwanglos) Atmosphäre* décontracté(e); *Umgangston* familier, -ière

Familie [fa'miːli̯ə] <-, -n> *f* famille *f;* ***aus guter ~ sein*** être de bonne famille; ***eine ~ gründen*** fonder une famille ▶ **das kommt in den besten ~n vor** ça peut arriver à tout le monde

Familienangehörige(r) *f(m) dekl wie adj* membre *m* de la famille **Familienbeihilfe** *f* A ≈ allocations *f pl* familiales **Familienbetrieb** *m* entreprise *f* familiale **Familienchronik** *f* chronique *f* familiale **Familienfeier** *f* réunion *f* familiale **familienfreundlich** *adj Politik* en faveur des familles; *Hotel* favorable aux familles **Familienkreis** *m* ***im engsten ~*** dans la plus stricte intimité **Familienleben** *nt* vie *f* de famille **Familienmitglied** *s.* **Familienangehörige(r)** **Familienname** *m* nom *m* de famille **Familienoberhaupt** *nt* chef *m* de famille **Familienplanung** *f* planning *m* familial **Familienstand** *m* situation *f* de famille **Familienunternehmen** *s.* **Familienbetrieb** **Familienvater** *m* père *m* de famille **Familienverhältnisse** *Pl* situation *f* familiale

Fan [fɛn] <-s, -s> *m* fan *mf*

Fanatiker(in) [fa'naːtɪkɐ] <-s, -> *m(f)* fanatique *mf*

fanatisch [fa'naːtɪʃ] *adj Person* fanatique; *Schrei* excité(e)

Fanatịsmus [fana'tɪsmʊs] <-> *m* fanatisme *m*

Fanclub ['fɛnklʊb] *m* fan-club *m*

fạnd [fant] *Imp von* **finden**

Fanfare [fan'faːrə] <-, -n> *f (Instrument)* clairon *m*

> **Falsche Freunde**
> Nicht verwechseln mit *la fanfare – die Blaskapelle*!

Fạng [faŋ, *Pl:* 'fɛŋə] <-[e]s, Fạ̈nge> *m* ❶ *kein Pl (das Fangen von Fischen)* pêche *f; (das Fangen von Tieren)* chasse *f* ❷ *(Beute) einer Person* prise *f; eines Tiers* proie *f* ▶ **mit jdm/etw einen guten ~ machen** faire une belle prise avec qn/qc

Fạngarm *m* tentacule *m*

Fangemeinde ['fɛngəmaində] *f* cercle *m* des fans

fạngen [faŋən] <fängt, fịng, gefạngen> **I.** *vt* ❶ attraper *Ball* ❷ arrêter *Verbrecher* ❸ *Jäger:* attraper *Tier;* capturer *Pelztier;* prendre *Fisch* ▶ **eine ~** *(fam)* en attraper une **II.** *vr* ❶ *(nicht stürzen)* ***sich ~*** reprendre l'équilibre ❷ *(sich seelisch beruhigen)* ***sich wieder ~*** se ressaisir

Fạngen <-s> *nt* ~ ***spielen*** jouer au chat

Fạngflotte *f* flotte *f* de pêche **Fạngfrage** *f* question *f* piège **Fạngnetz** *nt* filet *m*

Fangopackung ['faŋgo-] *f* cataplasme *m* [chaud] de boue minérale

Fạngschaltung *f* système *m* de détection de la provenance des appels

fạ̈ngt [fɛŋt] *3. Pers Präs von* **fangen**

Fạngzahn *m* croc *m*

Fanklub *s.* **Fanclub**

Fanmeile ['fɛnmailə] *f* SPORT zone *f* réservée aux supporters

Fantasie [fanta'ziː] <-, -ien> *f* ❶ *kein Pl* imagination *f* ❷ *meist Pl (Träumerei)* fantasme *m* ❸ MUS fantaisie *f* **Fantasiegebilde** *nt* créature *f* imaginaire

fantasielos *adj Person* dépourvu(e) d'imagination; *Sache* banal(e)

Fantasielosigkeit <-> *f* absence *f* d'imagination

fantasieren* [fanta'ziːrən] *vi* ❶ [af]fabuler; ***von jdm/etw ~*** [af]fabuler à propos de qn/qc ❷ MED délirer

fantasievoll *adj Person* imaginatif, -ive; *Darstellung* plein(e) d'imagination

Fantạst(in) [fan'tast] <-en, -en> *m(f) (pej)* rêveur, -euse *m, f*

fantạstisch [fan'tastɪʃ] **I.** *adj* ❶ *(fam: großartig)* formidable; *Figur* fantastique; *Geschwindigkeit* incroyable ❷ *(geh: illusionär) Vorstellung, Geschichte* fantastique

II. *adv (fam: großartig)* merveilleusement [bien]; ~ ***schmecken*** avoir vachement bon goût
Fantasy ['fæntəzi] *f* fantastique *m*
FAQ [ɛfʔeɪ'kju:] *Pl Abk von* **Frequently Asked Questions** *a.* INFORM FAQ *f*
Farbband <-bänder> *nt* ruban *m* **Farbbild** *nt* photo *f* en couleurs **Farbdruck** <-drucke> *m* ❶ *kein Pl* impression *f* en couleurs ❷ *(Erzeugnis)* imprimé *m* en couleurs **Farbdrucker** *m* imprimante *f* couleur
Farbe ['farbə] <-, -n> *f* ❶ *(Farbton)* couleur *f; eines Stoffs* coloris *m;* ***in*** ~ en couleurs ❷ *(Gesichtsfarbe)* teint *m;* ~ ***bekommen*** prendre des couleurs ❸ *(Druckfarbe)* couleur *f; (Malfarbe)* peinture *f; (Färbemittel)* teinture *f* ▶ ~ **bekennen** annoncer la couleur
farbecht *adj* grand teint *inv*
Färbemittel *nt* teinture *f*
färben ['fɛrbən] **I.** *vt* teindre; ***sich*** *dat* ***die Haare rot*** ~ se teindre les cheveux en roux **II.** *vi (fam: abfärben)* déteindre **III.** *vr* ***sich*** ~ *Laub:* se colorer; ***sich orange*** ~ prendre des teintes orangées
farbenblind *adj* daltonien(ne) **farbenfreudig, farbenfroh** *adj* [très] coloré(e) **Farbenlehre** *f* théorie *f* des couleurs **Farbenpracht** *f* couleurs *f pl* somptueuses **farbenprächtig** *adj* aux couleurs somptueuses **Farbenspiel** *nt* jeu *m* des couleurs
Färber(in) ['fɛrbɐ] <-s, -> *m(f)* teinturier, -ière *m, f*
Färberei [fɛrbə'rai] <-, -en> *f* teinturerie *f*
Farbfernsehen *nt* télévision *f* en couleur **Farbfernseher** *m (fam)* télé *f* couleur **Farbfilm** *m* film *m* couleur **Farbfoto** *s.* **Farbbild**
farbig ['farbɪç] **I.** *adj* ❶ *(mehrfarbig)* coloré(e); *(einfarbig)* de couleur ❷ *Foto, Film* en couleur ❸ *Hautfarbe, Person* de couleur ❹ *(anschaulich)* coloré(e) **II.** *adv* ❶ *anstreichen* en couleur ❷ *(anschaulich)* d'une manière colorée
Farbige(r) *f(m) dekl wie adj* homme *m* / femme *f* de couleur
Farbkasten *m* boîte *f* de couleurs **Farbkopierer** *m* [photo]copieur *m* couleur
farblich ['farplɪç] *adj* de couleurs
farblos ['farplo:s] *adj* ❶ incolore ❷ *(unauffällig)* terne; *(langweilig)* insipide
Farbmonitor *m* moniteur *m* couleur **Farbscanner** *m* scanne[u]r *m* couleur **Farbstift** *m* crayon *m* de couleur **Farbstoff** *m (Färbemittel)* colorant *m* **Farbton** <-töne> *m* ❶ *(Farbe)* ton *m* ❷ *(Tönung, Nuance)* teinte *f*
Färbung ['fɛrbʊŋ] <-, -en> *f* ❶ *kein Pl (das Färben) von Textilien* teinture *f* ❷ *(Tönung)* couleur *f*
Farce [fars] <-, -n> *f* farce *f;* ***zur*** ~ ***werden*** devenir ridicule
Farm [farm] <-, -en> *f* ❶ ranch *m* ❷ *(Nutztierfarm)* ferme *f* d'élevage intensif
Farmer(in) <-s, -> *m(f)* exploitant(e) *m(f)* agricole
Farn [farn] <-[e]s, -e> *m* fougère *f*
Fasan [fa'za:n] <-s, -e[n]> *m* faisan *m*
faschieren* [fa'ʃi:rən] *vt* A hacher
Faschierte(s) [fa'ʃi:ɐ̯təs] *nt dekl wie Adj* A viande *f* hachée
Fasching ['faʃɪŋ] <-s, -e *o* -s> *m* SDEUTSCH carnaval *m*
Faschingsball *m* SDEUTSCH bal *m* de carnaval
Faschingsdienstag ['faʃɪŋs'di:nsta:k] *m* SDEUTSCH mardi *m* gras **Faschingsumzug** *m* SDEUTSCH défilé *m* de carnaval
Faschismus [fa'ʃɪsmʊs] <-> *m* fascisme *m*
Faschist(in) [fa'ʃɪst] <-en, -en> *m(f)* fasciste *mf*
faschistisch *adj* fasciste
faseln ['fa:zəln] *(pej fam)* **I.** *vi* débloquer **II.** *vt* radoter
Faser ['fa:zɐ] <-, -n> *f* fibre *f*
faserig ['fa:zərɪç] *adj* fibreux, -euse; *Fleisch* filandreux, -euse
fasern ['fa:zɐn] *vi Gewebe:* s'effilocher
Faserschreiber *m* crayon *m* feutre
Fasnacht ['fasnaxt] SDEUTSCH, CH *s.* **Fastnacht**
Fass [fas, *Pl:* 'fɛsɐ] <-es, Fässer> *nt (Holzfass)* tonneau *m; (Metallfass)* fût *m* métallique; *(Ölfass)* bidon *m;* ***Bier vom*** ~ bière *f* [à la] pression *m* ▶ **ein ~ ohne Boden** un vrai gouffre; **das schlägt dem ~ den Boden aus!** *(fam)* c'est le bouquet!
Fassade [fa'sa:də] <-, -n> *f (a. fig)* façade *f*
fassbar *adj* ❶ *(konkret, benennbar)* concret, -ète ❷ *(begreiflich)* ***es ist kaum ~, dass*** c'est à peine croyable que *+subj*
Fassbier *nt* bière *f* [à la] pression
Fässchen ['fɛsçən] <-s, -> *nt Dim von* **Fass** *(klein)* baril *m; (sehr klein)* tonnelet *m*
fassen ['fasən] **I.** *vt* ❶ *(ergreifen)* saisir; ***jdn an der Hand*** ~ prendre qn par la main; ***etw zu ~ bekommen*** attraper qc; ***fass!*** mords! ❷ *(festnehmen)* arrêter ❸ *(zu etw gelangen)* prendre *Entschluss;* ***keinen klaren Gedanken ~ können*** ne

pas arriver à se concentrer ❹ *(begreifen)* réaliser; ***ich kann es nicht ~!*** je n'arrive pas à y croire! ❺ *(aufnehmen können)* pouvoir contenir ❻ *(einfassen)* monter *Edelstein* **II.** *vr* ***sich wieder*** ~ se ressaisir

Fassette [fa'sɛtə] *f* facette *f*

Fasson [fa'sõ:, fa'sɔŋ] ▸ **jeder soll nach seiner ~ selig werden** *(prov)* chacun mène sa vie comme il l'entend

Fassung ['fasʊŋ] <-, -en> *f* ❶ *einer Glühbirne* douille *f; eines Edelsteins, einer Brille* monture *f* ❷ *(Version)* version *f* ❸ *kein Pl (Selbstbeherrschung)* maîtrise *f* de soi/de lui-même/d'elle-même/...; ***die ~ bewahren/verlieren*** garder/perdre son sang-froid; ***etw mit ~ tragen*** prendre qc avec stoïcisme

F

Fassungskraft <-> *f* compréhension *f*

fassungslos *adj* décontenancé(e); ***~ sein*** être stupéfait

Fassungslosigkeit <-> *f* stupeur *f*

Fassungsvermögen *nt eines Behälters* contenance *f*

fast [fast] *adv* presque; ***~ immer/drei Uhr*** presque toujours/trois heures; ***er wäre ~ gestürzt*** il a failli tomber; ***~ hätte ich's vergessen*** pour un peu, je l'aurais oublié

fasten ['fastən] *vi* être à la diète; REL jeûner

Fastenkur *f* cure *f* d'amaigrissement **Fastenzeit** *f* carême *m*

Fastfood ['fa:stfu:d] <-[s]>, **Fast Food** <--[s]> *nt* restauration *f* rapide

Fastnacht ['fastnaxt] *f kein Pl* carnaval *m*

Land und Leute

Les régions à majorité catholique ont gardé la tradition des réjouissances de la **Fastnacht**, aussi appelée *Fasching* dans le sud de l'Allemagne ou *Karneval* en Rhénanie. La date de cette fête varie selon les années et les villes. La **Basler Fastnacht**, la nuit du carnaval de Bâle, ville suisse à majorité pourtant protestante, fait partie des plus célèbres avec Cologne, Mayence et Munich.

Fastnachtsdienstag *m* mardi *m* gras

Faszination [fastsina'tsi̯o:n] <-, -en> *f* fascination *f*

faszinieren* [fastsi'ni:rən] *vt* fasciner

faszinierend *adj* fascinant(e)

fatal [fa'ta:l] *adj (geh)* fatal(e); *Irrtum* affreux, -euse

Fatalismus [fata'lɪsmʊs] <-> *m (geh)* fatalisme *m*

Fatalist(in) [fata'lɪst] <-en, -en> *m(f)* fataliste *mf*

Fata Morgana ['fa:tamɔr'ga:na] <- -, - Morganen *o* -s> *f* mirage *m*

fauchen ['fau̯xən] *vi Tier:* feuler; *Person:* grogner

faul [fau̯l] *adj* ❶ *(nicht fleißig)* paresseux, -euse ❷ *(verfault) Lebensmittel* avarié(e); *Wasser* putride; *Obst, Holz, Laub* pourri(e); *Zahn* gâté(e) ❸ *(fam: zweifelhaft) Kompromiss* boiteux, -euse; *Ausrede* mauvais(e) *antéposé;* ***an der Sache ist etwas ~*** il y a quelque chose de pas net dans cette affaire

Fäule ['fɔy̯lə] <-> *f (geh)* pourriture *f*

faulen ['fau̯lən] *vi + haben o sein* pourrir; *Wasser:* croupir

faulenzen ['fau̯lɛntsən] *vi* fainéanter

Faulenzer(in) ['fau̯lɛntsɐ] <-s, -> *m(f) (pej)* fainéant(e) *m(f)*

Faulenzerei [fau̯lɛntsə'rai̯] <-, *selten:* -en> *f (pej)* fainéantise *f*

Faulheit <-> *f* paresse *f*

faulig ['fau̯lɪç] *s.* **faul**

Fäulnis ['fɔy̯lnɪs] <-> *f von Getreide, Holz* pourriture *f; von Fleisch* décomposition *f*

Faulpelz *m (pej fam)* feignant(e) *m(f)*

Faultier *nt* ZOOL paresseux *m*

Fauna ['fau̯na] <-, Faunen> *f* faune *f*

Faust [fau̯st, *Pl:* 'fɔy̯stə] <-, Fäuste> *f* poing *m;* ***die ~ ballen*** serrer le poing ▸ **auf eigene ~** *vorgehen* de sa/ma/... propre initiative; *handeln* de son/mon/... propre chef

Fäustchen ['fɔy̯stçən] <-s, -> *nt* ▸ **sich** *dat* **ins ~ lachen** rire dans sa barbe *fam,* rire sous cape *fam*

faustdick ['fau̯st'dɪk] *adj (fam) Lüge* grossier, -ière

faustgroß *adj* gros(se) comme le poing

Fausthandschuh *m,* **Fäustling** ['fɔy̯stlɪŋ] <-s, -e> *m* moufle *f*

Faustpfand *nt* gage *m*

Faustregel *f* règle *f* générale **Faustschlag** *m* coup *m* de poing

Fauxpas [fo'pa] <-, -> *m (geh)* manque *m* de savoir-vivre

favorisieren* [-vo-] *vt (geh)* favoriser

Favorit(in) [favo'ri:t] <-en, -en> *m(f)* favori(te) *m(f)*

Fax ['faks] <-, -e> *nt* fax *m; (Gerät)* [télé]fax *m*

Faxanschluss *m* prise *f* [de] fax

faxen ['faksən] **I.** *vi* envoyer un fax **II.** *vt* faxer

Faxen *Pl (fam: Albereien)* gamineries *fpl*

Faxgerät *nt* [télé]fax *m* **Faxnummer** *f* numéro *m* de fax

Fazit ['fa:tsɪt] <-s, -s *o* -e> *nt* bilan *m; (Ergebnis)* résultat *m;* ***das ~ aus etw ziehen*** dresser le bilan de qc

FC [ɛf'tse:] <-[s]> *m* SPORT *Abk von* **Fußballclub** FC *m*

FCKW [ɛftse:ka:'ve:] <-s, -s> *m Abk von* **Fluorchlorkohlenwasserstoff** C.F.C. *m*

FCKW-frei *adj* sans C.F.C.

F-Dur ['ɛfdu:ɐ̯] <-> *nt* fa *m* majeur

Feature ['fi:tʃɐ] <-s, -s> *nt* document *m* exclusif

Feber ['fe:bɐ] <-s, -> *m* A *s.* **Februar**

Februar ['fe:brua:ɐ̯] <-[s], -e> *m* février *m; s. a.* **April**

fechten ['fɛçtən] <ficht, focht, gefochten> *vi* ❶ faire de l'escrime; ***das Fechten*** l'escrime *f* ❷ *(sich einsetzen)* ***für etw ~*** combattre pour qc

Fechten <-s; *kein Pl*> *nt* escrime *f*

Fechter(in) <-s, -> *m(f)* escrimeur, -euse *m, f*

Feder ['fe:dɐ] <-, -n> *f* ❶ *(Vogelfeder)* plume *f; (Hutfeder)* plumet *m* ❷ TECH ressort *m* ❸ *(Schreibfeder)* plume *f* ▸ **sich mit fremden ~n schmücken** se parer des plumes du paon; **noch in den ~n liegen** *(fam)* être encore au plumard

Federball *m* ❶ volant *m* ❷ *kein Pl (Spiel)* badminton *m* **Federbett** *nt* couette *f* **federführend** I. *adj* responsable II. *adv* ***an etw*** *dat* ***~ beteiligt sein*** prendre une part prépondérante à qc **Federgewicht** *nt* SPORT poids *m* plume **federleicht** ['fe:dɐ'laiçt] *adj* ultraléger, -ère

Federlesen ▸ **ohne viel ~[s]** purement et simplement

Federmäppchen *nt,* **Federmappe** *f* trousse *f* [d'écolier]

federn ['fe:dɐn] I. *vi* faire ressort; ***in den Knien ~*** se recevoir en souplesse II. *vt* ***gut/schlecht gefedert sein*** avoir une bonne/mauvaise suspension

federnd *adj Gang, Schritt* souple

Federung <-, -en> *f* suspension *f*

Federvieh *nt (fam)* volailles *f pl*

Federweiße(r) *m dekl wie adj* vin *m* nouveau

Federzeichnung *f* dessin *m* à la plume

Fee [fe:] <-, -een> *f* fée *f*

Feedback, Feed-back ['fi:dbɛk] <-s, -s> *nt* réactions *f pl*

Feeling ['fi:lɪŋ] <-s> *nt (Feinfühligkeit)* feeling *m*

Fegefeuer ['fe:gəfɔyɐ] *nt* purgatoire *m*

fegen ['fe:gən] I. *vt* + *haben* ❶ balayer *Straße;* ramoner *Schornstein* ❷ CH *(feucht wischen)* laver II. *vi* ❶ + *haben (ausfegen)* balayer ❷ + *haben* CH *(feucht wischen)* passer la serpillière ❸ + *sein (fam: jagen)* ***um die Ecke ~*** tourner en sprintant au coin de la rue; ***über die Dächer ~*** balayer les toits

Fehde ['fe:də] <-, -n> *f (geh)* querelle *f*

fehl [fe:l] *s.* **Platz**

Fehl [fe:l] ▸ **ohne ~ [und Tadel]** *(geh)* irréprochable

Fehlalarm *m* fausse alerte *f* **Fehlanzeige** *f ~! (fam)* le bide complet!

fehlbar *adj (selten)* faillible

Fehlbesetzung *f einer Stelle* mauvaise attribution *f* de poste; *einer Rolle* mauvaise distribution *f* **Fehlbetrag** *m* COM déficit *m* **Fehlbildung** *f* BIO, MED malformation *f* **Fehldiagnose** *f* erreur *f* de diagnostic **Fehleinschätzung** *f* erreur *f* d'appréciation

fehlen ['fe:lən] I. *vi* ❶ manquer; ***mir fehlen hundert Euro*** il me manque cent euros ❷ *(abwesend sein)* ***im Unterricht ~*** être absent du cours ❸ *(krank sein)* ***fehlt dir etwas?*** tu ne vas pas bien? ▸ **das hat mir gerade noch gefehlt!** *(fam)* il ne me manquait plus que ça! II. *vi unpers* ***es fehlt etw*** il manque qc; ***es fehlt jdm an etw*** *dat* qn manque de qc

Fehlentscheidung *f* mauvaise décision *f*

Fehler ['fe:lɐ] <-s, -> *m* ❶ *(Versehen, Fehlhandlung)* faute *f;* ***einen ~ machen*** faire une faute; ***das ist mein ~*** c'est [de] ma faute ❷ *(Mangel)* défaut *m*

fehlerfrei *s.* **fehlerlos**

fehlerhaft I. *adj* ❶ *(mangelhaft) Arbeit* incorrect(e); *Ware* défectueux, -euse; *Rechnung* erroné(e) ❷ *(beschädigt)* endommagé(e) II. *adv* mal

fehlerlos *adj Arbeit* impeccable

Fehlermeldung *f* information *f* d'une faute **Fehlerquelle** *f* source *f* d'erreur **Fehlerquote** *f* pourcentage *m* d'erreurs

Fehlgeburt *f* fausse couche *f* **fehl|gehen** *vi irr* + *sein (geh: sich irren)* faire erreur **Fehlgriff** *m* erreur *f* **Fehlinformation** *f* fausse information *f* **Fehlinvestition** *f* mauvais placement *m* **Fehlkalkulation** *f* erreur *f* de calcul **Fehlkonstruktion** *f* ***eine ~ sein*** être mal conçu **Fehlpass** *m* SPORT passe *f* manquée **Fehlschlag** *m* échec *m* **fehl|schlagen** *vi irr* + *sein* échouer **Fehlstart** *m* SPORT faux départ *m;* TECH lancement *m* raté **Fehltritt** *m* ❶ faux pas *m* ❷ *(geh: Verstoß gegen die Moral)* écart *m* de conduite **Fehlurteil** *nt* JUR erreur *f* judiciaire **Fehlver-**

F

halten *nt* mauvais comportement *m*
Fehlzündung *f* AUT raté *m* [d'allumage]
Feier ['faie] <-, -n> *f* *(Fest)* fête *f*; *(Festakt)* cérémonie *f* ▸ **zur ~ des Tages** en cet honneur
Feierabend *m* *(Arbeitsschluss)* fin *f* de la journée de travail; *(Geschäftsschluss)* heure *f* de fermeture; ***~!*** la journée est finie!; *(in Gaststätten)* on ferme!
feierlich *adj* solennel(le) ▸ **das ist [schon] nicht mehr ~!** *(fam)* c'est vraiment lamentable!
Feierlichkeit <-, -en> *f* festivité *f*; *kein Pl eines Augenblicks* solennité *f*
feiern ['faien] **I.** *vt* ❶ fêter *Fest;* organiser *Party;* ***das muss gefeiert werden!*** ça se fête! ❷ *(umjubeln)* fêter *Sieger* **II.** *vi* faire la fête
Feierstunde *f* cérémonie *f* **Feiertag** *m* jour *m* férié **feiertags** ['faieta:ks] *adv* les jours fériés
feig[e] *adj* lâche
Feige ['faigə] <-, -n> *f* *(Frucht)* figue *f*
Feigenbaum *m* figuier *m* **Feigenblatt** *nt* BOT feuille *f* de figuier
Feigheit <-> *f* lâcheté *f*
Feigling ['faiklɪŋ] <-s, -e> *m* lâche *mf;* ***du ~!*** espèce de lâche!
Feile ['failə] <-, -n> *f* lime *f*
feilen ['failən] *vt* limer
feilschen ['failʃən] *vi* *(pej)* marchander; ***um etw ~*** marchander qc
fein [fain] **I.** *adj* ❶ *Staub, Linie, Gehör, Humor* fin(e) ❷ *(erlesen) Geruch, Geschmack* subtil(e); *Gericht* fin(e); ***etwas Feines*** quelque chose d'exquis ❸ *(fam: anständig) Charakter* sympathique ❹ *(vornehm)* distingué(e) ❺ *(sehr gut)* ***~!*** super! *fam* ▸ **~ [he]raus sein** *(fam)* ne pas avoir à se plaindre **II.** *adv* *(Kinderspr.)* ***sei ~ artig!*** sois bien sage!
Feinabstimmung *f* réglage *m*
Feinarbeit *f* fignolage *m*
Feind(in) [faint] <-[e]s, -e> *m(f)* ennemi(e) *m(f);* ***sich*** *dat* ***jdn zum ~ machen*** se faire un ennemi de qn
Feindbild *nt* spectre *m*
feindlich ['faintlɪç] *adj* ❶ MIL ennemi(e) ❷ *(feindselig)* hostile
Feindlichkeit <-> *f* hostilité *f*
Feindschaft <-, -en> *f* *(Haltung)* hostilité *f*; *(Verhältnis)* haine *f*
feindselig *adj* hostile
Feindseligkeit <-, -en> *f* hostilité *f*
feinfühlig ['fainfy:lɪç] *adj* sensible; *(taktvoll)* qui a du tact
Feingefühl *nt kein Pl* sensibilité *f*, délicatesse *f*
feingemahlen *s.* **fein II. 4**
feinglied[e]rig ['faingli:d(ə)rɪç] *adj* gracile *soutenu*
Feinheit <-, -en> *f* *(a. fig)* finesse *f*
feinkörnig *adj* fin(e) **Feinkost** *f* épicerie *f* fine
Feinkostgeschäft *nt* épicerie *f* fine
feinmaschig *adj* aux mailles serrées
Feinmechanik *f* mécanique *f* de précision
Feinmechaniker(in) *m(f)* mécanicien(ne) *m(f)* de précision
Feinschmecker(in) <-s, -> *m(f)* gourmet *m*
feinsinnig ['fainzɪnɪç] *adj* *(geh)* subtil(e)
Feinstaub *m kein Pl* poussières *fpl* fines
Feinstaubbelastung *f* ÖKOL charge *f* de particules fines **Feinstrumpfhose** *f* collant *m* fin **Feinwäsche** *f* linge *m* délicat
Feinwaschmittel *nt* lessive *f* basse température
feist [faist] *adj* *(pej)* gras(se)
feixen ['faiksən] *vi* *(fam)* ricaner
Feld [fɛlt] <-[e]s, -er> *nt* ❶ *kein Pl* *(offenes Gelände)* campagne *f*; ***freies ~*** rase campagne ❷ *(Acker)* champ *m* ❸ *(abgeteilte Fläche) eines Formulars* cadre *m*; *eines Spielbretts* case *f* ❹ SPORT *(Spielfeld)* terrain *m* ❺ PHYS champ *m* ▸ **ein weites ~** un vaste sujet; **etw ins ~ führen** *(geh)* avancer qc; **das ~ räumen** *(Platz machen)* libérer le terrain
Feldarbeit *f* travail *m* des champs **Feldbett** *nt* lit *m* de camp **Feldblume** *f* fleur *f* des champs **Feldflasche** *f* gourde *f* **Feldfrüchte** *Pl* produits *mpl* de la terre **Feldherr** *m* général *m* en chef **Feldjäger(in)** *m(f)* MIL ***die ~*** *Pl* la police militaire **Feldküche** *f* cuisine *f* roulante **Feldlazarett** *nt* hôpital *m* de campagne **Feldmarschall(in)** *m(f)* feld-maréchal(e) *m(f)* **Feldmaus** *f* campagnol *m* **Feldpost** *f* poste *f* militaire **Feldsalat** *m* mâche *f* **Feldspieler(in)** *m(f)* joueur, -euse *m, f* de terrain **Feldstecher** <-s, -> *m* jumelles *fpl* **Feldstudie** *f* étude *f* sur le terrain
Feldwebel(in) ['fɛltve:bəl] <-s, -> *m(f)* feldwebel *m*; *(in der französischen Armee)* adjudant(e) *m(f)*
Feldweg *m* chemin *m* de terre **Feldzug** *m* campagne *f*
Felge ['fɛlgə] <-, -n> *f* ❶ jante *f* ❷ SPORT tour *m* d'appui
Felgenbremse *f* frein *m* sur jante
Fell [fɛl] <-[e]s, -e> *nt* pelage *m* ▸ **jdm das ~ über die Ohren ziehen** *(fam)* dou-

bler qn; **ein dickes ~ haben** *(fam)* être blindé
Fels [fɛls] <-ens, -en> *m* ❶ rocher *m* ❷ *(Felsgestein)* roche *f*
Felsblock <-blöcke> *m* bloc *m* de pierre
Felsen ['fɛlzən] <-s, -> *m* rocher *m*
felsenfest I. *adj* inébranlable II. *adv überzeugt sein* absolument; *glauben* dur comme fer
Felsgestein *nt* roche *f*
felsig *adj Küste* rocheux, -euse; *Gegend* couvert(e) de rochers **Felsmassiv** *nt* massif *m* rocheux
Felsspalte *f* crevasse *f* **Felsvorsprung** *m* saillie *f* rocheuse **Felswand** *f* paroi *f* rocheuse
feminin [femi'niːn] *adj a.* GRAM féminin(e)
Femininum <-s, Feminina> *nt* féminin *m*
Feminismus [femi'nɪsmʊs] <-> *m* féminisme *m*
Feminist(in) [femi'nɪst] <-en, -en> *m(f)* féministe *mf*
feministisch *adj* féministe
Fenchel ['fɛnçəl] <-s> *m* fenouil *m*
Fenster ['fɛnstɐ] <-s, -> *nt a.* INFORM fenêtre *f* ▶ **weg vom ~ sein** *(fam)* être hors circuit
Fensterbank <-bänke> *f* tablette *f* d'appui **Fensterbrett** *nt (innen am Fenster)* rebord *m* intérieur de [la] fenêtre; *(außen am Fenster)* rebord extérieur de [la] fenêtre **Fensterflügel** *m* battant *m* de fenêtre **Fensterfront** *f* façade *f* toute en fenêtres **Fensterglas** *nt* verre *m* à vitre **Fensterheber** ['fɛnstɐheːbɐ] <-s, -> *m* lève-glace *m* **Fensterladen** *m* volet *m* **Fensterleder** *nt* peau *f* de chamois
fensterln ['fɛnstɐln] *vi* SDEUTSCH, A *passer par la fenêtre pour rejoindre sa bien-aimée*
fensterlos *adj* sans fenêtre
Fensterplatz *m* place *f* côté fenêtre **Fensterputzer(in)** <-s, -> *m(f)* laveur, -euse *m, f* de carreaux **Fensterrahmen** *m* châssis *m* de fenêtre **Fensterscheibe** *f* vitre *f*
Ferien ['feːri̯ən] *Pl* vacances *fpl; (Betriebsferien)* fermeture *f* annuelle; ***die großen ~*** les grandes vacances; ***in die ~ fahren*** partir en vacances; ***~ haben*** être en vacances
Feriendorf *nt* village-vacances *m* **Feriengast** *m* vacancier, -ière *m, f* en pension **Ferienhaus** *nt* maison *f* de vacances **Ferienkurs** *m* cours *m* de vacances **Ferienlager** *nt* camp *m* de vacances **Ferienort** *m* lieu *m* de vacances **Ferienreise** *f* voyage *m* touristique [*o* de vacances] [*o* d'agrément]; ***wir haben eine ~ gemacht*** nous avons fait du tourisme pendant les vacances **Ferientag** *m* jour *m* de vacances **Ferienwohnung** *f* appartement *m* de vacances **Ferienzeit** *f* [période *f* des] vacances *fpl*
Ferkel ['fɛrkəl] <-s, -> *nt* ❶ ZOOL porcelet *m* ❷ *(pej fam: unsauberer Mensch)* cochon(ne) *m(f)*
Ferkelei <-, -en> *f (pej fam)* cochonnerie *f*
fern [fɛrn] I. *adj* ❶ *(räumlich)* lointain(e) ❷ *(zeitlich)* loin *attr* II. *adv (räumlich)* loin; ***von ~*** de loin
Fernabfrage *f* interrogation *f* à distance **Fernbedienung** *f* télécommande *f* **Fernbeziehung** *f* relation *f* à distance **fern|bleiben** *vi irr + sein (geh)* ***dem Unterricht ~*** ne pas venir au cours **Fernbus** *m* autocar *m* longue distance
Ferne ['fɛrnə] <-> *f* lointain *m;* ***in der ~*** au loin; ***eine Brille für die ~*** des lunettes *fpl* pour voir de loin; ***in weiter ~ liegen*** être encore très loin
ferner ['fɛrnɐ] I. *adv* encore et toujours ▶ **unter ~ liefen** *(fam)* dans la catégorie "ne fait pas le poids" II. *konj* de plus
Fernfahrer(in) *m(f)* routier, -ière *m, f* **Fernflug** *m* vol *m* long-courrier **Ferngespräch** *nt* communication *f* à moyenne et grande distance **Fernglas** *nt* [paire *f* de] jumelles *fpl* **fern|halten** *vt irr* ***sich von etw ~*** ne pas s'approcher de qc **Fernheizung** *f* chauffage *m* à distance **Fernkopierer** *m* télécopieur *m* **Fernkurs[us]** *m* cours *m* par correspondance **Fernlastzug** *m* poids *m* lourd **Fernleitung** *f* circuit *m* interurbain **Fernlenkung** *f* téléguidage *m;* ***mit ~*** téléguidé **Fernlicht** *nt* phares *mpl* **fern|liegen** *vi irr, unpers (fig)* ***jdm ~*** ne venir pas à l'esprit de qn
Fernmeldeamt *nt* centre *m* télécoms *fam* **Fernmeldesatellit** *m* satellite *m* de télécommunications **Fernmeldetechnik** *f kein Pl* télécommunications *fpl* **Fernmeldewesen** *nt kein Pl* TELEC télécommunications *fpl*
fernmündlich I. *adj (form)* téléphonique II. *adv (form)* par téléphone
Fernost ['fɛrn'ʔɔst] *kein Art* ***in/nach ~*** en Extrême-Orient **fernöstlich** ['fɛrn'ʔœstlɪç] *adj* d'Extrême-Orient **Fernrohr** *nt* télescope *m* **Fernschreiben** *nt* télex *m* **Fernschreiber** *m* téléscripteur *m*
Fernsehabend *m* soirée *f* télé
Fernsehansager(in) *m(f)* speaker(ine) *m(f)* **Fernsehansprache** *f* allocution *f* télévisée **Fernsehanstalt** *f* société *f* de

F

télévision **Fernsehantenne** *f* antenne *f* de télévision **Fernsehapparat** *m (form)* poste *m* de télévision **Fernsehbericht** *m* reportage *m* télévisé **Fernsehduell** *nt* duel *m* télévisé

fernlsehen ['fɛrnzeːən] *vi irr* regarder la télévision **Fernsehen** <-s> *nt* télévision *f; **im** ~* à la télé[vision] **Fernseher** <-s, -> *m (fam)* télé *f*

Fernsehfilm *m* téléfilm *m* **Fernsehgebühren** *Pl* redevance *f* télé *fam* **Fernsehgerät** *nt (form)* téléviseur *m* **Fernsehkamera** *f* caméra *f* de télévision **Fernsehprogramm** *nt* ❶ programme *m* de télévision ❷ *(Kanal)* chaîne *f* de télévision **Fernsehreportage** *f* reportage *m* télévisé **Fernsehsender** *m* émetteur *m* de télévision **Fernsehsendung** *f* émission *f* de télévision **Fernsehserie** *f (Fortsetzungsreihe)* série *f* [télévisée] **Fernsehstudio** *nt* studio *m* de télévision **Fernsehturm** *m* tour *f* de télévision **Fernsehübertragung** *f* retransmission *f* télévisée **Fernsehwerbung** *f* publicité *f* télévisée **Fernsehzeitschrift** *f* programme *m* de télévision **Fernsehzuschauer(in)** *m(f)* téléspectateur, -trice *m, f*

Fernsicht *f* vue *f*

Fernsprecher <-s, -> *m (form)* téléphone *m*

Fernsprechteilnehmer(in) *m(f)* abonné(e) *m(f)* du téléphone

fernlsteuern *vt* télécommander **Fernsteuerung** *f (Gerät)* télécommande *f* **Fernstraße** *f* grande route *f* **Fernstudium** *nt* cours *m* universitaire à distance **Fernuniversität** *f* institut *m* universitaire de téléenseignement **Fernverkehr** *m* trafic *m* routier sur les grands axes; *(eisenbahn)* trafic grandes lignes **Fernwärme** *f* chauffage *m* urbain **Fernweh** <-s> *nt (geh)* besoin *m* de courir le monde **Fernziel** *nt* but *m* lointain **Fernzug** *m* train *m* de grande ligne

Ferse ['fɛrzə] <-, -n> *f* talon *m* ▶ **jdm auf den ~n sein** être sur les talons de qn

Fersenbein *nt* calcanéum *m*

fertig ['fɛrtɪç] **I.** *adj* ❶ *(abgeschlossen) Arbeit* terminé(e); *~ **werden*** finir; ***mit etw ~ sein*** avoir fini qc ❷ *(bereit) Speise* prêt(e); *~ **zum Aufbruch*** prêt à partir ▶ ~ **sein** *(fam: erschöpft)* être crevé; *(verblüfft)* être scié; **mit jdm ~ werden** *(fam)* arriver à tenir qn; **mit etw ~ werden** *(bewältigen)* venir à bout de qc **II.** *adv* ❶ ***etw ~ stellen*** finir qc ❷ *(bereit)* ***sich für etw ~ machen*** se préparer pour qc

Fertigbau <-bauten> *m* ❶ *kein Pl (Bauweise)* préfabriqué *m* ❷ *(Gebäude)* construction *f* préfabriquée **fertiglbringen** *vt (über sich bringen)* ***etw*** ~ arriver à faire qc

fertigen ['fɛrtɪgən] *vt (form)* fabriquer

Fertiggericht *nt* plat *m* cuisiné **Fertighaus** *nt* maison *f* préfabriquée

Fertigkeit <-, -en> *f* ❶ *kein Pl (Geschicklichkeit)* adresse *f* ❷ *Pl (Fähigkeiten)* aptitudes *f pl*

fertiglmachen *vt (fig)* ***jdn*** ~ *(fam) Person:* mettre qn dans un état épouvantable; *Situation:* démolir qn **Fertignahrung** *f* GASTR prêt-à-consommer *m* **Fertigprodukt** *nt* produit *m* fini **fertiglstellen** *vt* finir

Fertigstellung *f kein Pl* achèvement *m*

Fertigung <-, -en> *f* fabrication *f*

Fertigungsstandort *m* lieu *m* de fabrication

fertiglwerden *vi (fig)* ***mit jdm*** ~ arriver à tenir qn; ***mit etw*** ~ venir à bout de qc

Fes [fɛs] <-, -> *nt* MUS fa *m* bémol

fesch [fɛʃ] *adj* A *(fam)* ❶ *(hübsch)* joli(e) ❷ *(nett)* ***sei ~!*** sois sympa!

Fessel ['fɛsəl] <-, -n> *f* ❶ lien *m; (Kette)* chaîne *f; **jdn in ~n legen*** mettre qn aux fers *soutenu* ❷ ANAT *eines Menschen* attaches *f pl soutenu; eines Pferds* paturon *m soutenu*

fesseln ['fɛsəln] *vt* ❶ attacher; ***jdn mit etw an etw*** ~ attacher qn avec qc à qc; ***ans Bett gefesselt sein*** *(fig)* être cloué au lit; ***jdn an sich*** *akk* ~ *(fig geh)* s'attacher qn ❷ *(faszinieren) Buch, Film:* captiver; *Anblick:* envoûter

fesselnd *adj Bericht* passionnant(e)

fest [fɛst] **I.** *adj* ❶ solide; ~ ***werden*** *Lava:* se solidifier ❷ *(endgültig) Entschluss* ferme; *Absicht* ferme *antéposé; Plan* bien arrêté(e) ❸ *(nicht locker) Händedruck* ferme; *Knoten* serré(e) ❹ *(dauerhaft) Anstellung* définitif, -ive; *Mitarbeiter, Wohnsitz* permanent(e); *Kosten, Einkommen* fixe **II.** *adv* ❶ *(kräftig)* fort ❷ *(nicht locker) zudrehen* à fond; *zubinden* solidement ❸ *(nachdrücklich) zusagen* formellement; *glauben* fermement ❹ *(dauernd) vereinbaren* définitivement; *~ **angestellt*** sous contrat à durée indéterminée ❺ *(tief) schlafen* profondément

Fest [fɛst] <-[e]s, -e> *nt* fête *f; **frohes ~!*** joyeuse fête!

Festakt *m* cérémonie *f*

festangestellt *s.* **fest II. 4**

Festangestellte(r) *f(m) dekl wie Adj*

employé(e) *m(f)* sous contrat à durée indéterminée

Fẹstansprache *s.* **Festrede** **fẹst|beißen** *vr irr* ❶ ***sich*** ~ s'accrocher avec ses dents; ***sich an jdm/etw*** ~ s'accrocher avec ses dents à qn/qc ❷ *(fig)* ***sich an etw*** *dat* ~ *Person:* s'accrocher sur qc

Fẹstbeleuchtung *f* éclairage *m* des grandes occasions; ***was soll denn diese ~?*** *(hum fam)* en quel honneur cet éclairage des grands jours? **fẹst|binden** *vt irr* attacher; ***etw an etw*** *dat* ~ attacher qc à qc **fẹst|bleiben** *vi irr + sein* se montrer ferme

Fẹstessen *nt* banquet *m*

fẹst|fahren *vr irr (a. fig)* ***sich*** ~ s'enliser **Fẹstgeld** *nt* FIN dépôt *m* à terme fixe

Fẹstgeldkonto *nt* FIN compte *m* de dépôt à terme

Fẹsthalle *f* salle *f* des fêtes

fẹst|halten *irr* **I.** *vt* ❶ retenir ❷ *(konstatieren)* mettre en exergue; *(schriftlich)* consigner par écrit **II.** *vi* ***an jdm/etw*** ~ être fidèle à qn/qc **III.** *vr* ***sich an jdm/etw*** ~ s'accrocher à qn/qc

fẹstigen ['fɛstɪgən] *vt, vr [**sich**]* ~ [se] consolider

Fẹstiger <-s, -> *m* fixateur *m*

Fẹstigkeit ['fɛstɪçkaịt] <-> *f (Stabilität)* résistance *f*

Fẹstigung <-, -en> *f* consolidation *f*

Festival ['fɛstivəl] <-s, -s> *nt* festival *m*

fẹst|klammern *vr* ***sich*** ~ s'agripper; ***sich an jdm/etw*** ~ s'agripper à qn/qc **fẹst|kleben I.** *vt + haben* coller **II.** *vi + sein* ***an etw*** *dat* ~ coller à qc **fẹst|klemmen** *vt* coincer; ***etw mit etw*** ~ coincer qc avec qc **Fẹstkörper** *m* PHYS corps *m* solide **Fẹstland** ['fɛstlant] *nt* ❶ *(Landmasse)* continent *m* ❷ *kein Pl (opp: Wasserfläche)* continents *mpl* **fẹst|legen I.** *vt* fixer **II.** *vr* ***sich auf etw*** *akk* ~ s'engager à propos de qc

Fẹstlegung <-, -en> *f eines Themas* détermination *f; einer Tagesordnung* fixation *f*

fẹstlich ['fɛstlɪç] **I.** *adj Anlass* solennel(le); *Stimmung* de fête; *Kleidung* de cérémonie; *Beleuchtung* des grands jours **II.** *adv* ~ ***begehen*** *(geh)* célébrer

Fẹstlichkeit <-, -en> *f (Feier)* fête *f,* festivité *f;* ***die ~en*** les festivités *fpl*

fẹst|liegen *vi irr* ❶ *(festgesetzt sein)* être fixé ❷ *(nicht weiterkönnen)* être bloqué **fẹst|machen I.** *vt* ❶ *(befestigen)* fixer ❷ *(vereinbaren)* fixer *Termin;* conclure *Geschäft* **II.** *vi* NAUT ***an etw*** *dat* ~ accoster qc

fẹst|nageln *vt* ❶ clouer ❷ *(fam: festlegen)* ***jdn auf etw*** *akk* ~ coincer qn sur qc

Fẹstnahme ['fɛstnaːmə] <-, -n> *f* arrestation *f*

fẹst|nehmen *vt irr* arrêter **Fẹstnetz** *nt* TELEC réseau *m* fixe

Fẹstnetzanschluss *m* téléphone *m* fixe **Fẹstplatte** *f* INFORM disque *m* dur

Fẹstplatz *m* champ *m* de foire **Fẹstpreis** *m* prix *m* fixe

Fẹstrede *f* discours *m* officiel **Fẹstsaal** *m* salle *f* des fêtes

fẹst|schnallen *vr* ***sich*** ~ boucler sa ceinture **fẹst|schrauben** *vt* serrer

Fẹstschrift *f* brochure *f* commémorative

fẹst|setzen I. *vt* fixer *Preis;* déterminer *Wert* **II.** *vr* ***sich*** ~ *Schmutz:* s'incruster

Fẹstsetzung <-, -en> *f des Preises* fixation *f; der Rente* liquidation *f; des Werts* détermination *f*

fẹst|sitzen *vi irr* ❶ ne plus bouger; *(halten)* tenir bien; *Schmutz:* être incrusté ❷ *(stecken geblieben sein) Fahrzeug:* être enlisé; *Schiff:* être immobilisé **Fẹstspeicher** *m* INFORM mémoire *f* morte

Fẹstspiele *Pl* festival *m;* ***die ~ dauern zwei Wochen*** le festival dure deux semaines

Fẹstspielhaus *nt* palais *m* des festivals

fẹst|stehen *vi irr* ❶ *(festgelegt sein)* être fixé ❷ *(unveränderlich sein) Entschluss:* être irrévocable; *Meinung:* être fait; ***es steht fest, dass ...*** il est clair que ...

fẹststehend *adj attr Redewendung* tout(e) fait(e); *Reihenfolge* déterminé(e)

Fẹststellbremse *f* frein *m* parking

fẹst|stellen *vt* ❶ *(ermitteln)* établir *Sachverhalt* ❷ *(konstatieren)* constater *Veränderung* ❸ *(arretieren)* bloquer

Fẹststelltaste *f* touche *f* "verrouillage majuscule"

Fẹststellung *f* ❶ *(Bemerkung)* remarque *f* ❷ *(Ermittlung) eines Täters* identification *f; eines Sachverhalts* établissement *m* ❸ *(Beobachtung)* observation *f; (das Bemerken)* constatation *f* **Fẹsttafel** *f (geh)* table *f* des convives

Fẹsttag *m* jour *m* de fête

fẹst|treten *vt, vr unreg [**sich**]* ~ [se] tasser

Fẹstung ['fɛstʊŋ] <-, -en> *f* forteresse *f*

fẹstverzinslich ['fɛstfɛɐ̯tsɪnslɪç] *adj* à revenu fixe

Fẹstzelt *nt* chapiteau *m*

fẹst|ziehen *vt unreg* serrer; *(strammer ziehen)* resserrer **Fẹstzug** *m* cortège *m*

fẹst|zurren *vt* arrimer *Boot, Plane;* serrer *Gurt, Schnur*

Fete ['fe:tə, 'fɛ:tə] <-, -n> *f* fête *f*
Fetisch ['fe:tɪʃ] <-[e]s, -e> *m* fétiche *m*
Fetischismus [fetɪ'ʃɪsmʊs] <-> *m* fétichisme *m*
Fetischist(in) [fetɪ'ʃɪst] <-en, -en> *m(f)* fétichiste *mf*
fett [fɛt] **I.** *adj* ❶ *(fetthaltig)* gras(se) ❷ *(pej: dick) Person, Tier* gros(se) *antéposé,* énorme ❸ TYP gras(se) ❹ *(üppig) Boden* gras(se); *(fam) Gewinn* gros(se) *antéposé* **II.** *adv* ❶ *essen* gras ❷ TYP ~ ***gedruckt*** [imprimé] en caractères gras
Fett [fɛt] <-[e]s, -e> *nt* graisse *f* ▶ **sein ~ abkriegen** *(fam)* se faire remettre en place
fettarm **I.** *adj* allégé(e) **II.** *adv essen, kochen* léger
Fettauge *nt* rond *m* de graisse **Fettdruck** <-drucke> *m* [caractères *mpl*] gras *m*
fetten ['fɛtən] **I.** *vt* graisser **II.** *vi Haut, Haare:* être gras; *Creme:* être huileux
Fettfleck *m* tache *f* de graisse
fettgedruckt *s.* **fett II. 2**
Fettgehalt *m* teneur *f* en matières grasses
fettig ['fɛtɪç] *adj* gras(se)
fettleibig ['fɛtlaibɪç] *adj (geh)* obèse **fettlöslich** *adj* liposoluble
Fettnäpfchen ['fɛtnɛpfçən] <-s, -> *nt (fam)* ▶ **ins ~ treten** faire une gaffe
Fettpolster *nt (fam)* bourrelet *m* de graisse
Fettsäure *f* acide *m* gras **Fettschicht** *f* couche *f* de graisse **Fettsucht** *f kein Pl* obésité *f* **Fettwanst** *m (pej)* tas *m* de graisse *fam*
Fetus ['fe:tʊs] <-[ses], -se *o* Feten> *m* MED fœtus *m*
fetzen ['fɛtsən] **I.** *vt (fam)* arracher **II.** *vi + haben (fam: mitreißen)* déménager
Fetzen ['fɛtsən] <-s, -> *m von Papier, Stoff* lambeau *m; der Haut* morceau *m; eines Gesprächs* bribe *f;* ***etw in ~ reißen*** déchirer qc en morceaux
fetzig *adj (fam) Musik* qui déménage; *Frisur, Kleidung* d'enfer
feucht [fɔyçt] *adj* humide
Feuchtbiotop *nt o m* biotope *m* humide **feuchtfröhlich** *adj (hum fam) Abend* bien arrosé(e); *Gesellschaft* joyeux, -euse
Feuchtigkeit <-> *f* humidité *f*
Feuchtigkeitscreme [-kre:m] *f* crème *f* hydratante **Feuchtigkeitsgehalt** *m der Luft* taux *m* d'humidité
feuchtkalt *adj* froid(e) et humide **feuchtwarm** *adj* chaud(e) et humide
feudal [fɔy'da:l] *adj* ❶ HIST féodal(e) ❷ *(fam: luxuriös) Essen* royal(e); *Restaurant* de luxe
Feudalherrschaft *f,* **Feudalismus** <-; *kein Pl> m* régime *m* féodal
Feuer ['fɔyɐ] <-s, -> *nt* ❶ feu *m;* ***das olympische ~*** la flamme olympique; ***jdm ~ geben*** donner du feu à qn; ~ ***speiend*** *Drache* qui crache du feu; *Vulkan* qui vomit du feu; ~ ***legen*** mettre le feu ❷ *(Brand)* incendie *m;* ***~!*** au feu! ❸ *kein Pl* MIL *(Beschuss)* tir *m;* ***das ~ eröffnen/einstellen*** *Militär:* ouvrir/cesser le feu ❹ *kein Pl (Schwung)* passion *f* ▶ **~ und Flamme für jdn/etw sein** *(fam)* être tout feu tout flamme pour qn/qc; **jdm ~ unter dem Hintern machen** *(fam)* pousser qn aux fesses; **~ fangen** prendre feu; *(fig)* s'enflammer; **für jdn durchs ~ gehen** se jeter dans le feu pour qn
Feueralarm *m* alerte *f* au feu **Feuerbefehl** *m* MIL ordre *m* de tirer **feuerbeständig** *adj* résistant(e) au feu; *Material* ininflammable **Feuerbestattung** *f* incinération *f* **Feuereifer** *m* ardeur *f*
feuerfest *adj Glas* résistant(e) aux températures élevées; *Porzellan* à feu
Feuergefahr *f* danger *m* d'incendie **feuergefährlich** *adj* [facilement] inflammable **Feuergefecht** *nt* fusillade *f* **Feuerholz** *nt kein Pl* bois *m* de chauffage **Feuerleiter** *f eines Gebäudes* échelle *f* de secours; *eines Feuerwehrfahrzeugs* grande échelle [des pompiers] **Feuerlöscher** *m* extincteur *m* **Feuermelder** <-s, -> *m* avertisseur *m* d'incendie
feuern **I.** *vi* ❶ *(schießen)* faire feu ❷ *(heizen)* ***mit Holz ~*** se chauffer au bois **II.** *vt (fam: entlassen)* virer
Feuerpause *f* MIL trêve *f* **Feuerprobe** *f (fig)* épreuve *f* du feu; ***die ~ bestehen*** faire ses preuves **feuerrot** ['fɔyɐ'ro:t] *adj* rouge vif *inv;* ~ ***werden*** devenir écarlate
Feuersbrunst ['fɔɪɐsbrʊnst] *f (geh)* incendie *m* dévastateur **Feuerschlucker(in)** *m(f)* cracheur, -euse *m, f* de feu **Feuerstein** *m* ❶ *eines Feuerzeugs* pierre *f* à briquet ❷ MINER silex *m* **Feuerstelle** *f* foyer *m* **Feuertreppe** *f* escalier *m* de secours **Feuertür** *f* porte *f* anti-feu
Feuerung <-, -en> *f kein Pl (Brennstoff)* combustible *m*
Feuerversicherung *f* assurance *f* incendie **Feuerwache** *f* caserne *f* de pompiers **Feuerwehr** ['fɔyɐve:ɐ] <-, -en> *f* [sapeurs-]pompiers *mpl;* ***die freiwillige ~*** les pompiers volontaires
Feuerwehrauto *nt* camion *m* de pompiers **Feuerwehrmann** <-leute *o* -männer> *m* [sapeur-]pompier *m*

Feuerwerk *nt* feu *m* d'artifice
Feuerwerkskörper *m* pièce *f* d'artifice
Feuerzange *f* pincettes *fpl*
Feuerzangenbowle *f boisson chaude à base de rhum, de vin rouge et de jus de fruit qu'on fait flamber*
Feuerzeug <-[e]s, -e> *nt* briquet *m*
Feuilleton [føjə'tõ:] <-s, -s> *nt* pages *fpl* culturelles
feurig ['fɔy̆rɪç] *adj (temperamentvoll) Liebhaber* ardent(e); *Blick* enflammé(e); *Pferd* fougueux, -euse
ff. *Abk von* **folgende Seiten** ss.
Fiaker ['fi̯akɐ] <-s, -> *m* A *(Kutsche)* fiacre *m*
Fiasko ['fi̯asko] <-s, -s> *nt* fiasco *m*
Fibel[1] ['fi:bəl] <-, -n> *f* ❶ *(veraltet: Lesebuch)* abécédaire *m* ❷ *(Handbuch)* manuel *m*
Fibel[2] <-, -n> *f* ARCHÄOL fibule *f*
Fiber ['fi:bɐ] <-, -n> *f* MED, BIO fibre *f*
ficht [fɪçt] *3. Pers Präs von* **fechten**
Fichte ['fɪçtə] <-, -n> *f* épicéa *m; (Holz)* sapin *m*
Fichtenholz *nt* [bois *m* de] sapin *m*
Fick [fɪk] <-s, -s> *m (vulg)* coup *m vulg*
ficken ['fɪkən] *vt, vi (vulg)* tringler *vulg,* baiser *fam*
fidel [fi'de:l] *adj (fam)* joyeux, -euse

Falsche Freunde
Nicht verwechseln mit *fidèle – treu*!

Fidschi ['fɪdʒi] <-s> *nt* Îles *fpl* Fidji
Fieber ['fi:bɐ] <-s> *nt (a. fig)* fièvre *f; **~ haben*** avoir de la fièvre
fieberfrei *adj **~/wieder ~ sein*** ne pas/ne plus avoir de fièvre
fieberhaft *adj* ❶ *Eile* fébrile ❷ MED accompagné(e) de fièvre
fieberkrank *adj* fiévreux, -euse **Fieberkurve** *f* courbe *f* de température **Fiebermittel** *nt* MED fébrifuge *m*
fiebern ['fi:bɐn] *vi* ❶ être fiévreux ❷ *(sich sehnen)* ***nach etw ~*** attendre fébrilement qc
fiebersenkend *adj **~es Mittel*** [médicament *m*] fébrifuge *m*
Fieberthermometer *nt* thermomètre *m* médical **Fieberwahn** *m* délire *m*
fiebrig ['fi:brɪç] *adj* ❶ MED fiévreux, -euse ❷ *(aufgeregt)* fébrile
Fiedel ['fi:dəl] <-, -n> *f (hum fam)* violon *m*
fiedeln *vt, vi (hum)* violoner *fam*
fiel [fi:l] *Imp von* **fallen**

fiepen ['fi:pən] *vi Hund:* gémir; *Vogel:* piailler
fies [fi:s] *adj (fam) Verhalten* vache; ***ein ~er Kerl*** un type infect
Fiesling ['fi:slɪŋ] <-s, -e> *m (pej fam)* ordure *f vulg,* fumier *m fam*
Fifa, FIFA <-> *f Abk von* **Fédération Internationale de Football Association** F.I.F.A. *f*
fifty-fifty ['fɪfti'fɪfti] *adv **die Chancen stehen ~*** il y a une chance sur deux
Figur [fi'gu:ɐ̯] <-, -en> *f* ❶ *(Körperbau)* silhouette *f; **auf seine ~ achten*** faire attention à sa ligne ❷ *(Schachfigur)* pièce *f* ❸ LITER personnage *m* ❹ *(Skulptur, Zeichnung)* figure *f* ▶ **eine gute ~ machen** faire une bonne impression
figurativ [figura'ti:f] *adj* ❶ *(geh)* figuratif, -ive ❷ LING figuré(e)
Fiktion [fɪk'tsi̯o:n] <-, -en> *f (geh)* fiction *f*
fiktiv [fɪk'ti:f] *adj (geh)* fictif, -ive
Filet [fi'le:] <-s, -s> *nt* filet *m*
Filetsteak *nt* steak *m* dans le filet
Filiale [fi'li̯a:lə] <-, -n> *f* succursale *f; einer Bank, Versicherung* agence *f*

Falsche Freunde
Nicht verwechseln mit *la filiale – die Tochtergesellschaft*!

Filialleiter(in) *m(f)* gérant(e) *m(f)* de succursale; *einer Bank, Versicherung* responsable *mf* d'agence
filigran I. *adj* filigrane **II.** *adv* finement
Filigranarbeit *f* ouvrage *m* de filigrane
Film [fɪlm] <-[e]s, -e> *m* ❶ *(Kinofilm, Fernsehfilm)* film *m* ❷ PHOT pellicule *f* ❸ *(Branche)* cinéma *m; **zum ~ gehen*** *(fam)* se lancer dans le cinéma ❹ *(dünne Schicht)* pellicule *f*
Filmarchiv *nt (für Spielfilme)* cinémathèque *f; (für Dokumentarfilme)* filmothèque *f* **Filmatelier** *nt* studio *m* **Filmaufnahme** *f* prise *f* de vue **Filmbranche** *f* cinéma *m* **Filmdiva** [-va] *f* diva *f* du cinéma **Filmemacher(in)** *m(f)* cinéaste *mf*
filmen ['fɪlmən] **I.** *vt* filmer **II.** *vi* tourner
Filmfan *m* fan *mf* de ciné *fam*
Filmfestival *nt,* **Filmfestspiele** *Pl* festival *m* du film **Filmindustrie** *f* industrie *f* cinématographique [*o* du cinéma]
filmisch *adj* cinématographique
Filmkamera *f* caméra *f* **Filmkarriere** *f* carrière *f* cinématographique **Filmkritiker(in)** *m(f)* critique *mf* de cinéma **Film-**

F

kulisse *f* décor *m* de cinéma **Filmmusik** *f* musique *f* de film **Filmpremiere** *f* première *f* cinématographique **Filmproduzent(in)** *m(f)* producteur, -trice *m, f* de cinéma **Filmprojektor** *m* projecteur *m* de film **Filmregisseur(in)** *m(f)* réalisateur, -trice *m, f* **Filmriss** *m* ▶ **einen ~ haben** *(fam)* avoir un trou [de mémoire] **Filmschauspieler(in)** *m(f)* acteur, -trice *m, f* de cinéma **Filmstar** *m* vedette *f* de cinéma **Filmstudio** *nt* studio *m* de cinéma **Filmverleih** *m* société *f* de distribution de films **Filmvorführer(in)** *m(f)* projectionniste *mf* **Filmvorführung** *f* projection *f* de film

Filter ['fɪltɐ] <-s, -> *nt o m* filtre *m*

Filterkaffee *m* café *m* filtre

filtern *vt* filtrer

Filterpapier *nt* papier-filtre *m* **Filtertüte** *f* filtre *m* **Filterzigarette** *f* cigarette *f* [à bout] filtre

Filtrat [fɪl'tra:t] <-[e]s, -e> *nt* filtrat *m*

filtrieren* [fɪl'tri:rən] *vt* filtrer

Filz [fɪlts] <-es, -e> *m* ❶ *(Wollmaterial)* feutre *m* ❷ POL *(pej)* magouille *f fam*

filzen ['fɪltsən] **I.** *vi* *Wolle:* feutrer **II.** *vt* *(fam)* fouiller *Person*

Filzhut *m* feutre *m*

filzig *adj Wolle* feutré(e); *Haare* rêche

Filzlaus *f* ZOOL pou *m* du pubis **Filzpantoffel** *m* charentaise *f* **Filzstift** *m* [crayon-]feutre *m*

Fimmel ['fɪməl] <-s, -> *m (pej fam)* marotte *f*

Finale [fi'na:lə] <-s, - *o* -s> *nt* ❶ SPORT finale *f* ❷ MUS finale *m*

Finalist(in) [fina'lɪst] *m(f)* finaliste *mf*

Finalsatz *m* GRAM proposition *f* subordonnée de but

Finanzamt *nt* fisc *m; (Gebäude)* perception *f* **Finanzausgleich** *m* péréquation *f* financière **Finanzbeamte(r)** *m dekl wie adj,* **-beamtin** *f* fonctionnaire *mf* aux finances **Finanzberater(in)** *m(f)* conseiller *m* financier/conseillère *f* financière **Finanzbericht** *m* rapport *m* financier **Finanzbuchhalter(in)** *m(f)* comptable *mf*

Finanzen [fi'nantsən] *Pl* finances *fpl*

Finanzhoheit *f* souveraineté *f* fiscale

finanziell [finan'tsi̯ɛl] *adj* financier, -ière

finanzierbar *adj* financièrement réalisable

finanzieren* [finan'tsi:rən] *vt* financer

Finanzierung <-, -en> *f* financement *m* **Finanzierungsplan** *m* plan *m* de financement

finanzkräftig *adj Unternehmen* qui dispose de ressources solides **Finanzkrise** *f* crise *f* budgétaire **Finanzlage** *f* situation *f* financière **Finanzmarkt** *m* marché *m* financier **Finanzminister(in)** *m(f)* ministre *mf* des Finances **Finanzministerium** *nt* ministère *m* des Finances **Finanzpolitik** *f* politique *f* budgétaire **finanzschwach** *adj* économiquement faible **Finanzspritze** *f* ❶ ÖKON injection *f* de capitaux ❷ *(hum: im privaten Bereich)* aide *f* financière **Finanzverwaltung** *f* gestion *f* financière

Finanzwesen *nt* finances *fpl*

Findelkind ['fɪndəlkɪnt] *nt* enfant *mf* trouvé(e)

finden ['fɪndən] <fand, gefunden> **I.** *vt* ❶ trouver; ***bei jdm Hilfe*** ~ trouver de l'aide auprès de qn ❷ *(einschätzen)* ***jdn/etw gut*** ~ trouver qn/qc bon; ***das finde ich nicht/auch!*** je ne trouve pas/je trouve aussi! ▶ **nichts an etw** *dat* ~ ne rien trouver d'extraordinaire à qc; **nichts dabei ~ etw zu tun** ne rien voir de mal à faire qc **II.** *vi* ❶ ***nach Hause*** ~ trouver son chemin pour rentrer chez soi; ***zu sich selbst*** ~ se retrouver ❷ *(meinen)* ~, *[**dass**]* **...** trouver que ... **III.** *vr* ❶ *(sich ausfindig machen lassen)* ***es findet sich keiner, der ...*** il n'y a personne pour ... ❷ *(sich begegnen)* ***sich*** ~ se trouver

Finder <-s, -> *m* ***der [ehrliche]*** ~ la personne qui le rapportera

Finderlohn *m* récompense *f*

findig ['fɪndɪç] *adj* futé(e)

Findling ['fɪntlɪŋ] <-s, -e> *m* ❶ GEOL bloc *m* erratique ❷ *s.* **Findelkind**

Finesse [fi'nɛsə] <-, -n> *f Pl (geh: Detail)* détails *mpl* sophistiqués

fing [fɪŋ] *Imp von* **fangen**

Finger ['fɪŋɐ] <-s, -> *m* doigt *m;* ***der kleine*** ~ le petit doigt; ***mit dem ~ auf jdn/etw zeigen*** montrer qn/qc du doigt ▶ **die ~ im Spiel haben** *(fam)* tremper dans une affaire; **keinen ~ krumm machen** *(fam: nicht helfen)* ne pas remuer le petit doigt; **sich** *dat* **etw an den fünf ~n abzählen können** *(fam)* pouvoir [bien] se douter de qc; **jdn in die ~ kriegen** *(fam)* attraper qn; **die ~ von etw lassen** *(fam)* laisser tomber qc; **sich** *dat* **etw aus den ~n saugen** *(fam)* inventer qc [de toutes pièces]; **jdm auf die ~ gucken** *(fam)* avoir qn à l'œil; **sich** *dat* **bei etw die ~ verbrennen** *(fam)* se brûler les ailes dans qc; **jdn um den kleinen ~ wickeln** *(fam)* mener qn par le bout du nez

Fingerabdruck <-abdrücke> *m* empreinte *f* digitale **Fingerbreit** <-, -> *m* ▶ **kei-**

nen ~ nachgeben ne pas céder d'un pouce **Fingerfarbe** *f* peinture *f* au doigt **fingerfertig** *adj* habile de ses doigts **Fingerfertigkeit** *f* dextérité *f* **Fingerhandschuh** *m* gant *m* **Fingerhut** *m* ❶ *(Nähutensil)* dé *m* [à coudre] ❷ BOT digitale *f* [pourprée] **Fingerknöchel** *m* articulation *f* du doigt **Fingerkuppe** *f* bout *m* du doigt

fingern *vi* tripoter; ***an etw*** *dat* ~ tripoter qc *fam*

Fingernagel *m* ongle *m* **Fingerspitze** *f* bout *m* du doigt **Fingerspitzengefühl** *nt kein Pl* doigté *m; (Takt)* tact *m* **Fingerzeig** <-s, -e> *m Gottes* signe *m*

fingieren* [fɪŋ'giːrən] *vt* simuler

Finish ['fɪnɪʃ] <-s, -s> *nt* finish *m*

Fink [fɪŋk] <-en, -en> *m* pinson *m*

Finne, Finnin ['fɪnə] <-n, -n> *m, f* Finlandais(e) *m(f)*

finnisch ['fɪnɪʃ] **I.** *adj* finlandais(e); *Kultur, Literatur, Sprache* finnois(e) **II.** *adv* ~ ***miteinander sprechen*** discuter en finnois; *s. a.* **deutsch**

Finnisch <-[s]> *nt kein Art* finnois *m; s. a.* **Deutsch**

Finnland ['fɪnlant] *nt* la Finlande

finster ['fɪnstɐ] *adj* ❶ *(dunkel)* sombre; *Nacht* noir(e); ***im Finstern*** dans le noir ❷ *(düster, schrecklich) Miene, Gedanken* sinistre; *Zeit* obscur(e); *Gestalt* lugubre ▶ **im Finstern tappen** être dans le brouillard

Finsternis <-, -se> *f* ❶ *(Dunkelheit)* obscurité *f* ❷ ASTRON éclipse *f*

Finte ['fɪntə] <-, -n> *f* feinte *f*

Firlefanz <-es> *m (fam: überflüssige Dinge)* gadgets *mpl*

Firma ['fɪrma] <-, Firmen> *f* entreprise *f*, firme *f*

Firmament [fɪrma'mɛnt] <-s> *nt* firmament *m*

firmen *vt* confirmer

Firmen *Pl von* **Firma**

Firmenchef(in) *m(f)* chef *mf* d'entreprise **firmeneigen** *adj* appartenant à l'entreprise **Firmeninhaber(in)** *m(f)* propriétaire *mf* d'une/de l'entreprise **firmenintern** *adj* interne à l'entreprise **Firmenname** *m* raison *f* sociale **Firmensitz** *m* siège *m* social **Firmenwagen** *m* voiture *f* d'entreprise **Firmenzeichen** *nt* emblème *m* de l'entreprise

firmieren* [fɪr'miːrən] *vi* ***als ...*** ~ avoir comme raison sociale ...

Firmling ['fɪrmlɪŋ] <-s, -e> *m* confirmand(e) *m(f)*

Firmung ['fɪrmʊŋ] <-, -en> *f* confirmation *f*

Firn [fɪrn] <-[e]s, -e> *m* névé *m*

Firnis ['fɪrnɪs] <-ses, -se> *m* vernis *m*

First [fɪrst] <-[e]s, -e> *m* faîte *m*

Fis [fɪs] <-, -> *nt* fa *m* dièse

Fisch [fɪʃ] <-[e]s, -e> *m* ❶ poisson *m* ❷ ASTROL ***er ist*** ~ il est Poissons ▶ **weder ~ noch Fleisch sein** *(fam)* être ni chair ni poisson; **munter wie ein ~ im Wasser** *(fam)* [heureux] comme un poisson dans l'eau; **das sind kleine ~e** *(fam: unwichtige Dinge)* ce sont des broutilles; **stumm wie ein ~** *(fam)* muet comme une carpe

Fischauge *nt* ❶ ZOOL œil *m* de poisson ❷ PHOT objectif *m* à très grand angle **Fischbestand** *m* réserves *f pl* en poissons

fischen *vt, vi* pêcher

Fischer(in) <-s, -> *m(f)* pêcheur, -euse *m, f*

Fischerboot *nt* bateau *m* de pêche

Fischerdorf *nt* village *m* de pêcheurs

Fischerei [fɪʃə'rai] <-> *f kein Pl* pêche *f*

Fischereihafen *m* port *m* de pêche

Fischernetz *nt* filet *m* de pêche

Fischfabrik *f* conserverie *f* de poisson **Fischfang** *m kein Pl* pêche *f* **Fischfilet** *nt* filet *m* de poisson **Fischgeschäft** *nt* poissonnerie *f* **Fischgräte** *f* arête *f* de poisson **Fischgründe** *Pl* fonds *mpl* de pêche **Fischhändler(in)** *m(f)* poissonnier, -ière *m, f,* marchand(e) *m(f)* de poisson **Fischkonserve** *f* conserve *f* de poisson **Fischkutter** *m* chalutier *m* **Fischmarkt** *m* marché *m* aux poissons **Fischmehl** *nt* farine *f* de poisson **Fischrogen** [-roːgən] <-s, -> *m* œufs *mpl* de poisson **Fischschwarm** *m* banc *m* de poissons **Fischstäbchen** ['fɪʃʃtɛːpçən] *nt* [tranche *f* de] poisson *m* pané **Fischsterben** *nt* hécatombe *f* de poissons **Fischsuppe** *f* soupe *f* de poisson **Fischzucht** *f kein Pl (Tätigkeit)* pisciculture *f*

Fiskus ['fɪskʊs] <-, -se *o* Fisken> *m* fisc *m*

Fisole [fi'zoːlə] <-, -n> *f* A haricot *m* vert

fit [fɪt] *adj* en forme; ***sich ~ halten*** entretenir sa forme

Fitness ['fɪtnɛs] <-> *f* [bonne] condition *f* physique

Fitnesscenter ['fɪtnɛssɛntɐ] *nt,* **Fitnessstudio** *f* centre *m* de culturisme **Fitnessraum** *m* salle *f* de musculation **Fitnessstudio** *f* centre *m* de fitness **Fitnesstraining** [-treːnɪŋ, -trɛːnɪŋ] *nt* culturisme *m*, musculation *f*

Fittich ['fɪtɪç] <-[e]s, -e> *m (geh)* aile *f* ▶ **jdn unter seine ~e nehmen** *(hum)* prendre qn sous son aile

fix [fɪks] *adj* ❶ *(feststehend)* fixe ❷ *(fam: flink)* rapide ▶ **jdn ~ und fertig machen** *(fam: demütigen)* passer un savon à qn; *(erschöpfen)* crever qn

Fixa *Pl von* **Fixum**

fixen ['fɪksən] *vi (fam)* se shooter

Fixer(in) ['fɪksɐ] <-s, -> *m(f) (fam)* camé(e) *m(f)*

fixieren* [fɪ'ksiːrən] *vt* ❶ *(geh: schriftlich festhalten)* fixer ❷ *(anstarren)* ***jdn ~*** fixer qn [du regard] ❸ PSYCH ***auf jdn/etw fixiert sein*** faire une fixation sur qn/qc ❹ PHOT fixer

F

Fixiermittel [fɪ'ksiːɐ̯-] *nt* ❶ PHOT fixateur *m* ❷ KUNST fixatif *m*

Fixierung <-, -en> *f a.* PSYCH fixation *f*

Fixkosten *Pl* coûts *mpl* fixes **Fixpunkt** *m* point *m* fixe **Fixstern** *m* étoile *f* fixe

Fixum ['fɪksʊm] <-s, Fixa> *nt* fixe *m*

Fjord [fjɔrt] <-[e]s, -e> *m* fjord *m*

FKK [ɛfkak'aː] <-> *Abk von* **Freikörperkultur** nudisme *m*

FKK-Strand *m* plage *f* de nudistes

flach [flax] **I.** *adj* ❶ *Land, Stirn* plat(e); *Dach* en terrasse ❷ *(niedrig) Gebäude, Hügel* peu élevé(e); *Absatz* plat(e); *Gewässer* peu profond(e); *Teller* plat(e) ❸ *(nicht steil) Küste, Hang* peu escarpé(e) ❹ *(oberflächlich) Unterhaltung* superficiel(le) **II.** *adv liegen* à plat; *atmen* faiblement

Flachbau *m* construction *f* basse **Flachbildschirm** *m* écran *m* plat **Flachdach** *nt* toit *m* en terrasse **Flachdruck** *m kein Pl (Verfahren)* procédé *m* offset, offset *m*

Fläche ['flɛçə] <-, -n> *f* ❶ *(Oberfläche, Ebene)* surface *f; eines Würfels* face *f* ❷ *(messbare Oberfläche)* superficie *f*

Flächenbrand *m* incendie *m* gigantesque **flächendeckend** *adj* généralisé(e); *Netz* vaste; *Maßnahmen* sur une grande échelle **Flächeninhalt** *m* GEOM superficie *f* **Flächenmaß** *nt* mesure *f* de superficie

flach|fallen *vi irr + sein (fam)* tomber à l'eau

flächig ['flɛçɪç] *adj Gesicht* plein(e)

Flachland *nt* pays *m* plat

flach|legen *(fam)* **I.** *vt* ***jdn ~*** *(niederschlagen)* mettre qn sur le carreau **II.** *vr* ***sich ~*** s'étendre, s'allonger **flach|liegen** *vi irr (fam: krank sein)* être sur le flanc **Flachmann** <-männer> *m (fam)* flasque *f*

Flachs [flaks] <-es> *m* ❶ BOT lin *m* ❷ *(fam: Witzelei)* blague *f*

flachsblond *adj Haare* blond filasse

Flachschuss *m* SPORT tir *m* au ras du sol

flachsen ['flaksən] *vi (fam)* déconner

flachsig ['flaksɪç] *adj (sehnig)* filandreux, -euse

flackern ['flakɐn] *vi Feuer:* vaciller; *Licht:* clignoter

Fladen ['flaːdən] <-s, -> *m* ❶ GASTR galette *f* ❷ *(Kuhfladen)* bouse *f*

Fladenbrot *nt pain plat en forme de galette*

Flagge ['flagə] <-, -n> *f* drapeau *m;* NAUT pavillon *m;* ***unter französischer ~ fahren*** battre pavillon français

flaggen *vi* hisser le drapeau

Flaggschiff *nt* vaisseau *m* amiral

Flair [flɛːɐ̯] <-s> *nt o geh m einer Person* aura *f; eines Ortes* ambiance *f; einer Stadt* charme *m*

> **Falsche Freunde**
> Nicht verwechseln mit *le flair – der Geruchssinn*!

Flak [flak] <-, - *o* -s> *f Abk von* **Flug[zeug]abwehrkanone** *(Kanone)* canon *m* antiaérien

Flakon [fla'kõː] <-s, -s> *nt o m* flacon *m*

flambieren* [flam'biːrən] *vt* flamber

Flame, Flamin *o* **Flämin** ['flaːmə] <-n, -n> *m, f* Flamand(e) *m(f)*

Flamingo [fla'mɪŋgo] <-s, -s> *m* flamant *m* rose

flämisch ['flɛːmɪʃ] **I.** *adj* flamand(e) **II.** *adv* ~ ***miteinander sprechen*** discuter en flamand; *s. a.* **deutsch**

Flämisch <-[s]> *nt kein Art* flamand *m; s. a.* **Deutsch**

Flamme ['flamə] <-, -n> *f* flamme *f;* ***etw auf kleiner ~ kochen*** cuire qc à feu doux; ***in ~n aufgehen*** prendre feu; ***in ~n stehen*** être en flammes

flammend *adj* ❶ *(leuchtend)* ***ein ~es Rot*** un roux ardent ❷ *(leidenschaftlich) Rede* enflammé(e)

Flammenmeer *nt (geh)* mer *f* de feu; ***ein einziges/riesiges ~ sein*** n'être qu'un immense brasier

Flammenwerfer <-s, -> *m* lance-flammes *m inv*

Flandern ['flandɐn] <-s> *nt* la Flandre

flandrisch *adj* flamand(e)

Flanell [fla'nɛl] <-s, -e> *m* flanelle *f*

flanieren* *vi + haben o sein* flâner

Flanke ['flaŋkə] <-, -n> *f* ❶ *a.* MIL flanc *m* ❷ SPORT tir *m* au centre

flanken *vi* SPORT passer au centre

flankieren* [flaŋ'kiːrən] *vt* ***von jdm/etw flankiert werden*** être encadré par qn/qc

Flansch <-[e]s, -e> *m* collet *m*
flapsig *(fam)* **I.** *adj Benehmen* désinvolte **II.** *adv sich benehmen* avec impertinence
Fläschchen <-s, -> *nt eines Säuglings* biberon *m*
Flasche ['flaʃə] <-, -n> *f* ❶ bouteille *f*; ***eine ~ Wasser*** une bouteille d'eau; ***aus der ~ trinken*** boire à la bouteille ❷ *(Säuglingsflasche)* biberon *m* ❸ *(fam: Versager)* minable *mf* ▶ **zur ~ greifen** se mettre à boire
Flaschenbier *nt* bière *f* en bouteille **Flaschengärung** *f* fermentation *f* en bouteilles **Flaschenhals** *m* goulot *m* [de bouteille] **Flaschennahrung** *f* nourriture *f* de bébé spéciale biberon **Flaschenöffner** *m* ouvre-bouteille[s] *m* **Flaschenpfand** *nt* consigne *f* [pour bouteilles] **Flaschenpost** *f* bouteille *f* à la mer **Flaschenverschluss** *m* capsule *f*
Flaschenzug *m* palan *m*
Flaschner(in) ['flaʃnɐ] <-s, -> *m(f)* SDEUTSCH, CH plombier *m*
Flat [flɛt] <-, -s> *f*, **Flatrate** ['flɛtreɪt] <-, -s> *f* TELEC, INFORM accès *m* forfaitaire illimité, forfait *m* illimité
flatterhaft *adj (pej)* inconstant(e)
Flatterhaftigkeit <-> *f (pej)* inconstance *f*
flattern ['flatɐn] *vi* ❶ + *haben Tier:* battre des ailes; *Hände:* trembler; *Fahne:* flotter ❷ + *sein (irgendwohin flattern) Schmetterling:* papillonner; *Vogel:* voleter; ***zu Boden ~*** *Papier:* s'envoler sur le sol
Flattersatz *m* composition *f* en drapeau
flau [flau̯] *adj* ❶ *(unwohl)* ***mir ist ~*** je me sens mal ❷ *Geschäft, Börse* morose
Flaum [flau̯m] <-[e]s> *m* duvet *m*
flaumig ['flau̯mɪç] *adj Gefieder, Haut* duveté(e)
Flausch <-[e]s, -e> *m* molleton *m*
flauschig *adj* moelleux, -euse
Flausen ['flau̯zən] *Pl (fam)* ❶ *(Unsinn)* sottises *fpl*; ***nichts als ~ im Kopf haben*** ne penser qu'à faire des conneries ❷ *(Ausflüchte)* balivernes *fpl*
Flaute ['flau̯tə] <-, -n> *f* ❶ NAUT calme *m* ❷ COM marasme *m*; *(nicht sehr betriebsame Zeit)* période *f* creuse
Flechte ['flɛçtə] <-, -n> *f* ❶ BOT lichen *m* ❷ MED dartre *m*
flechten ['flɛçtən] <flicht, flocht, geflochten> *vt* tresser *Haare, Korb, Kranz*
Fleck [flɛk] <-[e]s, -e *o* -en> *m* ❶ *(Schmutzfleck, Farbfleck)* tache *f*; ***blauer ~*** bleu *m* ❷ *(Stelle)* endroit *m*; *(Stück Land)* bout *m* de terrain ▶ **nicht vom ~ kommen** ne pas avancer; **sich nicht vom ~ rühren** ne pas bouger [d'un pouce]
Fleckchen <-s, -> *nt (Gegend)* endroit *m*
Flecken ['flɛkən] <-s, -> *m (Fleck)* tache *f*
Fleckenentferner <-s, -> *m* détachant *m*
fleckenlos *adj* sans tache
Fleckentferner *s.* **Fleckenentferner**
fleckig ['flɛkɪç] *adj Kleidungsstück* taché(e); *Haut, Frucht* tacheté(e)
Fledermaus ['fle:dɐmau̯s] *f* chauve-souris *f*
Fleece [fli:s] <-> *nt (Textil)* polaire *m*
Flegel ['fle:gəl] <-s, -> *m (pej: Kind)* garnement *m*; *(Mann)* mufle *m*
flegelhaft *adj (pej)* sans-gêne
flehen ['fle:ən] *vi (geh)* supplier; ***um Gnade ~*** demander grâce
flehentlich ['fle:əntlɪç] *(geh)* **I.** *adj Blick, Bitte* implorant(e) **II.** *adv* en suppliant; *bitten* instamment
Fleisch [flai̯ʃ] <-[e]s> *nt* ❶ *(Nahrungsmittel)* viande *f*; ***~fressend*** carnivore ❷ ANAT chair *f* ❸ *(Fruchtfleisch)* chair *f* ▶ **jdm in ~ und Blut übergehen** devenir une habitude pour qn; **sich** *akk o dat* **ins eigene ~ schneiden** se nuire à soi-même [par qc]
Fleischbrühe *f (Bouillon)* bouillon *m* de viande; *(Kraftbrühe)* consommé *m*
Fleischer(in) ['flai̯ʃɐ] <-s, -> *m(f)* boucher, -ère *m, f*
Fleischerei [flai̯ʃə'rai̯] <-, -en> *f* boucherie *f*
Fleischermesser *nt* couteau *m* de boucherie
Fleischesser(in) *m(f)* carnassier, -ière *m, f*
fleischfarben *adj* [de] couleur chair
fleischfressend *s.* **Fleisch 1**
Fleischfresser <-s, -> *m* ZOOL carnassier *m*, carnivore *m*
Fleischgericht *nt* plat *m* de viande
Fleischhauer(in) *m(f)* A boucher, -ère *m, f*
fleischig ['flai̯ʃɪç] *adj Person* dodu(e); *Frucht* charnu(e)
Fleischkäse *m préparation de viande hachée, d'œufs et d'épices, traditionnelle dans le Sud de l'Allemagne* **Fleischkloß** *m* GASTR boulette *f* de viande
fleischlich *adj attr* ❶ *Kost* à base de viande ❷ *(geh) Begierden* charnel(le)
fleischlos *adj Kost* sans viande
Fleischpastete *f* pâté *m* **Fleischsalat** *m lanières de cervelas préparées avec des cornichons et de la mayonnaise* **Fleischspieß** *m* brochette *f* de viande **Fleischstück** *nt* bout *m* de viande **Fleischtomate** *f* tomate *f* charnue [à farcir] **Fleischvergiftung** *f* intoxication *f* ali-

mentaire causée par de la viande avariée **Fleischwolf** *m* hache-viande *m* **Fleischwunde** *f* lésion *f* profonde **Fleischwurst** *f sorte de cervelas*

Fleiß [flais] <-[e]s> *m kein Pl* zèle *m,* application *f* ▶ **ohne ~ kein Preis** *(prov)* on n'a rien sans peine

Fleißarbeit *f* ❶ travail *m* assidu ❷ *(pej)* *[**reine**]* ~ travail *m* de gratte-papier

fleißig ['flaisɪç] **I.** *adj Mitarbeiter* travailleur, -euse; *Schüler* appliqué(e); *(fam) Sammler* assidu(e) **II.** *adv arbeiten* avec application

F

flektieren* *vt* décliner *Substantiv;* conjuguer *Verb*

flennen ['flɛnən] *vi (pej fam)* pleurnicher

fletschen ['flɛtʃən] *vt **die Zähne** ~* montrer les dents

flexibel [flɛ'ksiːbəl] *adj* flexible; *Material* souple

Flexibilisierung <-, -en> *f der Arbeitszeit* aménagement *m; der Ladenschlusszeiten* assouplissement *m; der Altersgrenze* modulation *f*

Flexibilität [flɛksibili'tɛːt] <-> *f* ❶ *(Anpassungsfähigkeit)* flexibilité *f* ❷ *(Elastizität)* souplesse *f*

Flexion [flɛ'ksi̯oːn] <-, -en> *f eines Substantivs, Adjektivs* déclinaison *f; eines Verbs* conjugaison *f*

Flexitarier(in) <-s, -(nen)> [flɛksi'taːri̯ɐ] *m(f)* flexitarien(ne) *m(f)*

flicht [flɪçt] *3. Pers Präs von* **flechten**

flicken ['flɪkən] *vt* rapiécer *Kleidung;* réparer *Fahrradschlauch, Schuhe*

Flicken <-s, -> *m (Stück Stoff)* pièce *f; (Stück Gummi)* rustine *f*

Flickwerk *nt kein Pl (pej)* rafistolage *m fam*
Flickzeug <-[e]s, -e> *nt* nécessaire *m* de réparation

Flieder ['fliːdɐ] <-s, -> *m* lilas *m*

fliederfarben *adj* [de couleur] lilas

Fliege ['fliːgə] <-, -n> *f* ❶ ZOOL mouche *f* ❷ COUT nœud *m* papillon ▶ **zwei ~n mit einer Klappe schlagen** *(fam)* faire d'une pierre deux coups; **er tut keiner ~ etwas zuleide** il ne ferait pas de mal à une mouche *fam;* **die ~ machen** *(fam)* se casser

fliegen ['fliːgən] <flog, geflogen> **I.** *vi + sein* ❶ voler; ***nach Paris*** *~ Flugzeug:* voler vers Paris; *Fluggesellschaft:* desservir Paris; *Person:* aller à Paris en avion; ***auf den Boden*** *~ Ball:* voler sur le sol ❷ *(eilen)* voler; ***jdm um den Hals*** ~ sauter au cou de qn ❸ *(fam: hinausgeworfen werden)* se faire virer ❹ *(fam: durchfallen)* ***durch eine Prüfung*** ~ se ramasser à un examen ❺ *(fam: angezogen werden)* ***auf jdn/etw*** ~ craquer pour qn/qc **II.** *vt* ❶ *+ haben o sein (steuern)* piloter *Flugzeug* ❷ *+ haben (befördern)* transporter par avion *Passagiere, Güter* ❸ *+ haben o sein (zurücklegen)* faire *Route, Strecke*

fliegend *adj attr* ❶ volant(e) ❷ *(nicht stationär) Händler* ambulant(e)

Fliegenfänger <-s, -> *m* attrape-mouche *m* **Fliegenfischen** <-s; *kein Pl*> *nt* pêche *f* au lancer **Fliegengewicht** *nt* SPORT poids *m* mouche **Fliegengitter** *nt* moustiquaire *f* **Fliegenklatsche** <-, -n> *f* tapette *f* **Fliegenpilz** *m* amanite *f* tue-mouche

Flieger ['fliːgɐ] <-s, -> *m* ❶ *(Pilot)* aviateur *m* ❷ *(fam: Flugzeug)* avion *m*

Fliegeralarm *m* alerte *f* aérienne

Fliegerei [fliːgə'rai] <-> *f* aviation *f*

Fliegerhorst *m* base *f* aérienne

Fliegerin <-, -nen> *f* aviatrice *f*

fliehen ['fliːən] <floh, geflohen> *vi + sein* s'enfuir; ***zu jdm*** ~ se réfugier chez qn

fliehend *adj Kinn* fuyant(e)

Fliehkraft *f* force *f* centrifuge

Fliese ['fliːzə] <-, -n> *f* carreau *m*

fliesen *vt* carreler

Fliesenleger(in) <-s, -> *m(f)* carreleur, -euse *m, f*

Fließband <-bänder> *nt* chaîne *f* [de montage]; ***am ~ arbeiten*** travailler à la chaîne

Fließbandarbeit *f* travail *m* à la chaîne

fließen ['fliːsən] <floss, geflossen> *vi + sein* ❶ *Flüssigkeit:* couler; ***durch Paris*** *~ Fluss:* traverser Paris; ***in die Seine*** ~ se jeter dans la Seine ❷ *(sich bewegen) Luftmassen:* affluer; *elektrischer Strom:* passer; ***~der Verkehr*** circulation *f* fluide

fließend **I.** *adj Grenze, Übergang* flou(e) **II.** *adv lesen, sprechen* couramment

flimmerfrei *adj Bildschirm* avec une stabilité parfaite de l'image **Flimmerkiste** *f (pej fam)* télé *f*

flimmern ['flɪmɐn] *vi Bild* trembler; *Luft:* vibrer; ***es flimmert ihr vor den Augen*** elle a un éblouissement

flink [flɪŋk] **I.** *adj Person, Finger* agile; *Bewegung* vif, vive **II.** *adv sich bewegen* avec agilité; *arbeiten* avec adresse

Flinte ['flɪntə] <-, -n> *f (Schrotflinte)* fusil *m* [de chasse] ▶ **die ~ ins Korn werfen** *(fam)* jeter le manche après la cognée

Flipchart ['flɪptʃart, 'flɪptʃaːɐ̯t] <-, -s> *nt* paperboard *m*

Flipflop® ['flɪpflɔp] <-s, -s> *m meist Pl* tong *f gén pl*

Flipper ['flɪpɐ] <-s, -> *m* flipper *m*

flippern *vi* jouer au flipper
flippig ['flɪpɪç] *(fam)* **I.** *adj* farfelu(e), loufoque **II.** *adv herumlaufen, sich kleiden* de manière farfelue [*o* loufoque]
Flirt [flœrt] <-s, -s> *m* flirt *m*
flirten [flœrtən] *vi* flirter
Flittchen ['flɪtçən] <-s, -> *nt (pej fam)* traînée *f*
Flitter ['flɪtɐ] <-s, -> *m* ❶ *(Pailletten)* paillettes *f pl* ❷ *kein Pl (pej: Tand)* clinquant *m*
Flitterwochen *Pl* lune *f* de miel
flitzen ['flɪtsən] *vi + sein (fam: sich schnell fortbewegen)* filer
Flitzer <-s, -> *m (fam)* bolide *m*
floaten ['floʊtən, 'flo:tən] *vi* ÖKON flotter
flocht [flɔxt] *Imp von* **flechten**
Flocke ['flɔkə] <-, -n> *f (Schneeflocke, Getreideflocke)* flocon *m; (Staubflocke)* mouton *m*
flockig *adj* floconneux, -euse
flog [flo:k] *Imp von* **fliegen**
floh [flo:] *Imp von* **fliehen**
Floh [flo:, *Pl:* 'flø:ə] <-[e]s, Flöhe> *m* ❶ ZOOL puce *f* ❷ *Pl (fam: Geld)* fric *m* ▸ **jdm einen ~ ins Ohr setzen** *(fam)* fourrer une idée dans le crâne de qn
Flohmarkt *m* marché *m* aux puces
Flop [flɔp] <-s, -s> *m (fam)* bide *m*
Flor [flo:ɐ̯] <-s, -e> *m* ❶ *(dünnes Gewebe)* voile *m,* crêpe *m* ❷ *(Teppichflor)* poil *m*
Flora ['flo:ra] <-, Floren> *f* flore *f*
Florenz [flo'rɛnts] <-> *nt* Florence
Florett [flo'rɛt] <-[e]s, -e> *nt* ❶ fleuret *m* ❷ *kein Pl (Fechtdisziplin)* escrime *f* au fleuret
florieren* [flo'ri:rən] *vi Geschäft:* prospérer; *Wirtschaft:* être florissant
Florist(in) [flo'rɪst] <-en, -en> *m(f)* fleuriste *mf*
Floskel ['flɔskl̩] <-, -n> *f* figure *f* de rhétorique
floskelhaft **I.** *adj* ronflant(e) *péj* **II.** *adv* pompeusement
floss [flɔs] *Imp von* **fließen**
Floß [flo:s, *Pl:* 'flø:sə] <-es, Flöße> *nt* radeau *m*
Flosse ['flɔsə] <-, -n> *f* ❶ ZOOL nageoire *f* ❷ *(Schwimmflosse)* palme *f* ❸ *(fam: Hand)* patte *f*
flößen ['flø:sən] *vt (als Floß befördern)* flotter *Holz, Bäume*
Flöte ['flø:tə] <-, -n> *f (Instrument)* flûte *f*
flöten **I.** *vi* ❶ MUS jouer de la flûte ❷ *(zwitschern)* siffler ▸ ~ **gehen** *(fam)* s'envoler en fumée **II.** *vt* jouer à la flûte *Melodie* **Flötenspiel** *nt* petit concert *m* de flûte
Flötenspieler(in) *m(f)* joueur, -euse *m, f* de flûte
Flötist(in) [flø'tɪst] <-en, -en> *m(f)* flûtiste *mf*
flott [flɔt] *(fam)* **I.** *adj* ❶ *(zügig) Arbeiter* rapide; *Bedienung* dégourdi(e); *Musik* entraînant(e) ❷ *(schick) Person* smart(e); *Auto, Kleidung* fringant(e) ❸ *(unbeschwert) Lebensstil* dépensier, -ière **II.** *adv* ❶ *(zügig)* vite; ***aber ein bisschen ~!*** *(fam)* plus vite que ça! ❷ *(schick) sich anziehen* chic
Flotte ['flɔtə] <-, -n> *f* MIL flotte *f*
Flottenstützpunkt *m* base *f* navale
flott|machen *vt* mettre à flot *Schiff; (fam)* mettre en état *Fahrzeug*
Flöz [flø:ts] <-es, -e> *nt* filon *m,* couche *f* [sédimentaire]
Fluch [flu:x, *Pl:* 'fly:çə] <-[e]s, Flüche> *m* ❶ *(Schimpfwort)* juron *m* ❷ *kein Pl (Verwünschung)* malédiction *f*
fluchen ['flu:xən] *vi* jurer; ***auf jdn/etw ~*** jurer contre qn/qc
Flucht [flʊxt] <-, -en> *f* ❶ fuite *f; (aus dem Gefängnis)* évasion *f;* ***auf der ~ sein*** être en fuite; ***die ~ ergreifen*** *(geh)* prendre la fuite; ***jdn in die ~ schlagen*** faire fuir qn; ***die ~ nach vorn*** *(fig)* la fuite en avant ❷ ARCHIT alignement *m* ❸ *(geh: Zimmerflucht)* enfilade *f*
fluchtartig **I.** *adj* précipité(e) **II.** *adv* avec précipitation
Fluchtauto *nt* voiture *f* utilisée par le[s] fugitif[s]
flüchten ['flʏçtən] **I.** *vi + sein* [s'en]fuir **II.** *vr + haben* ***sich ins Haus/in den Alkohol ~*** se réfugier dans la maison/l'alcool
Fluchtgefahr *f* risque *m* de fuite **Fluchthelfer(in)** *m(f) (Schleuser)* passeur, -euse *m, f* **Fluchthilfe** *f* complicité *f* de fuite
flüchtig ['flʏçtɪç] **I.** *adj* ❶ *Person* fugitif, -ive; ~ ***sein*** être en fuite ❷ *(kurz) Berührung* fugitif, -ive; *Blick* furtif, -ive; *Arbeit* superficiel(le); *Bekanntschaft* vague ❸ CHEM volatil(e) **II.** *adv grüßen* rapidement; *kennen* superficiellement
Flüchtigkeit <-, -en> *f* ❶ *kein Pl (kurze Dauer)* caractère *m* éphémère ❷ *kein Pl (Oberflächlichkeit)* caractère *m* superficiel ❸ *(Unachtsamkeit)* inattention *f* ❹ *kein Pl* CHEM volatilité *f*
Flüchtigkeitsfehler *m* faute *f* d'inattention
Flüchtling ['flʏçtlɪŋ] <-s, -e> *m* réfugié(e) *m(f)*
Flüchtlingskrise *f* POL *[europäische]* ~

F

crise *f* migratoire [en Europe] **Flüchtlingslager** *nt* camp *m* de réfugiés **Flüchtlingsstrom** *m* afflux *m* de réfugiés

Fluchtversuch *m* tentative *f* de fuite; *(Ausbruchsversuch)* tentative *f* d'évasion **Fluchtweg** *m* ❶ *eines Häftlings* chemin d'évasion ❷ *(in Gebäuden)* issue *f* de secours

Flug [flu:k, *Pl:* 'fly:gə] <-[e]s, Flüge> *m* vol *m; **einen ~ buchen*** réserver un billet sur un vol; ***guten ~!*** bon vol! ▶ **wie im ~[e] vergehen** filer à toute allure

F

Flugabwehr *f* défense *f* antiaérienne **Flugangst** *f* peur *f* de monter en avion **Flugbahn** *f* trajectoire *f* **Flugbegleiter(in)** *m(f)* AVIAT steward *m* /hôtesse *f* de l'air **Flugblatt** *nt* tract *m* **Flugdauer** *f* durée *f* de vol

Flügel ['fly:gəl] <-s, -> *m* ❶ *a.* AVIAT, POL, SPORT aile *f; **mit den ~n schlagen*** battre des ailes ❷ *(Fensterflügel, Türflügel)* battant *m; (Altarflügel)* volet *m* ❸ *eines Propellers* pale *f; einer Windmühle, eines Gebäudes* aile *f* ❹ MIL flanc *m* ❺ MUS piano *m* à queue ▶ **jdm die ~ stutzen** rogner les ailes à qn; **die ~ hängen lassen** *(fam)* baisser les bras; **jdm ~ verleihen** *(geh)* donner des ailes à qn

flügellahm *adj Vogel* blessé(e) à l'aile **Flügelmutter** <-muttern> *f* papillon *m* **Flügeltür** *f* porte *f* à deux battants

Fluggast *m* passager, -ère *m, f*

flügge ['flʏgə] *adj* ~ ***sein*** *Vogel:* savoir voler; *Kind:* voler de ses propres ailes

Fluggeschwindigkeit *f* vitesse *f* de vol **Fluggesellschaft** *f* compagnie *f* aérienne **Flughafen** *m* aéroport *m* **Flughöhe** *f* altitude *f* [de vol] **Flugkapitän(in)** *m(f)* commandant(e) *m(f)* de bord **Flugkörper** *m* engin *m* volant **Fluglärm** *m* bruit *m* [du trafic] aérien **Fluglehrer(in)** *m(f)* moniteur, -trice *m, f* d'aviation **Fluglinie** *f* ligne *f* aérienne **Fluglotse, -lotsin** *m, f* contrôleur, -euse *m, f* de la navigation aérienne **Flugnummer** *f* numéro *m* de vol **Flugobjekt** *nt* objet *m* volant; ***unbekanntes*** ~ objet volant non identifié **Flugpersonal** *nt* personnel *m* volant **Flugplan** *m* horaire *m* des vols **Flugplatz** *m* aérodrome *m* **Flugreise** *f* voyage *m* en avion **Flugschein** *m (Pilotenschein)* brevet *m* de pilote **Flugschreiber** *m* boîte *f* noire **Flugsicherheit** *f kein Pl* sécurité *f* aérienne **Flugsicherung** *f* sécurité *f* aérienne **Flugsimulator** *m* simulateur *m* de vol **Flugsteig** <-[e]s, -e> *m* porte *f* d'embarquement **Flugstunde** *f* ❶ *(Flugzeit)* heure *f* de vol ❷ *(Flugunterricht)* ***bei jdm ~n nehmen*** prendre des cours de pilotage avec qn **flugtauglich** *adj* apte à voler **Flugticket** *nt* billet *m* d'avion **Flugverbindung** *f* liaison *f* aérienne **Flugverbot** *nt* interdiction *f* de vol **Flugverkehr** *m* trafic *m* aérien **Flugzeit** *f* durée *f* de vol **Flugzettel** *m* A tract *m*

Flugzeug ['flu:ktsɔʏk] <-[e]s, -e> *nt* avion *m; **per** ~* par avion

Flugzeugabsturz *m* crash *m* **Flugzeugbau** *m kein Pl* construction *f* aéronautique **Flugzeugbesatzung** *f* équipage *m* de l'avion **Flugzeugentführung** *f* détournement *m* d'avion **Flugzeugträger** *m* porte-avions *m* **Flugzeugtyp** *m* type *m* d'avion **Flugzeugunglück** *nt* accident *m* d'avion **Flugzeugwrack** *nt* carcasse *f* d'avion

Flugziel *nt* destination *f*

Fluktuation [flʊktua'tsi̯o:n] <-, -en> *f (geh)* fluctuations *f pl*

fluktuieren* [flʊktu'i:rən] *vi (geh)* fluctuer

Flunder ['flʊndɐ] <-, -n> *f* flétan *m*

flunkern ['flʊŋkɐn] *vi (fam)* raconter des bobards

Fluor ['flu:o:ɐ̯] <-s> *nt* CHEM fluor *m*

Fluorchlorkohlenwasserstoff ['flu:o:ɐ̯-klo:ɐ̯-] *m* CHEM chlorofluorocarbone *m*

fluoreszieren* [fluorɛs'tsi:rən] *vi* être fluorescent

Fluorid [fluo'ri:t] <-[e]s, -e> *nt* CHEM fluorure *m*

Flur[1] [flu:ɐ̯] <-[e]s, -e> *m (Korridor)* couloir *m; (Diele)* vestibule *m*

Flur[2] [flu:ɐ̯] <-, -en> *f (geh: freies Land)* campagne *f* ▶ **allein auf weiter ~ sein** être seul à perte de vue; *(ohne Gleichgesinnte sein)* rester à l'écart

Flurbereinigung *f* remembrement *m* **Flurschaden** *m* ❶ AGR dégâts *mpl* causés aux cultures ❷ *(fig)* dégâts *mpl*

Fluss [flʊs, *Pl:* 'flʏsə] <-es, Flüsse> *m (Strom)* fleuve *m; (Nebenfluss)* rivière *f*

flussabwärts [flʊs'ʔapvɛrts] *adv* en aval; ~ ***fahren*** descendre le cours de la rivière **Flussarm** *m* bras *m* [de rivière] **flussaufwärts** [flʊs'ʔau̯fvɛrts] *adv* en amont; ~ ***fahren*** remonter le cours de la rivière **Flussbarsch** *m* ZOOL perche *f* **Flussbett** *nt* lit *m* du fleuve/de la rivière

Flussdiagramm *nt* INFORM ordinogramme *m*

flüssig ['flʏsɪç] **I.** *adj* ❶ *(opp: fest)* liquide; *Glas, Metall, Wachs* fondu(e) ❷ *(fließend) Verkehr, Stil* fluide ❸ *(verfügbar) Mittel* disponible; ***Geld ~ machen*** débloquer des fonds ▶ **~/nicht ~ sein** *(fam)* être en fonds/à sec **II.** *adv lesen, sprechen* aisément; *schreiben* avec aisance

Flüssiggas *nt* gaz *m* liquide

Flüssigkeit <-, -en> *f (flüssige Substanz)* liquide *m* **Flüssigkeitszufuhr** *f (Ernährung mit Flüssigkeit)* apport *m* en eau

Flüssigkristallanzeige *f* affichage *m* à cristaux liquides

Flüssigseife *f* savon *m* liquide

Flusskrebs *m* écrevisse *f* **Flusslauf** *m* cours *m* du fleuve/de la rivière **Flussmündung** *f* embouchure *f* du fleuve **Flusspferd** *nt* hippopotame *m* **Flussufer** *nt* rive *f*

flüstern ['flʏstɐn] **I.** *vi* chuchoter **II.** *vt* chuchoter; ***jdm etwas ins Ohr ~*** chuchoter quelque chose à l'oreille de qn ▶ **das kann ich dir ~!** *(fam)* ça, fais-moi confiance!; **dem werde ich was flüstern!** celui-là, il va m'entendre!

Flüsterpropaganda *f* bouche à oreille *m* **Flüsterton** <-töne> *m* chuchotement *m;* ***im ~*** à voix basse **Flüstertüte** *f (hum fam)* gueulard *m fam*

Flut [flu:t] <-, -en> *f* ❶ *kein Pl (opp: Ebbe)* marée *f* montante/haute; ***die ~ kommt*** la marée monte; ***die ~ geht zurück*** la marée se retire ❷ *meist Pl (geh: Wassermassen)* flots *mpl* ❸ *(große Menge)* ***eine ~ von Briefen*** un déferlement de lettres

fluten I. *vi* + *sein (geh) Hochwasser:* couler à flots; ***ins Zimmer ~*** *Licht:* inonder la pièce **II.** *vt* + *haben (volllaufen lassen)* remplir d'eau; *(unter Wasser setzen)* submerger

Flutkatastrophe *f* inondation *f* catastrophique **Flutlicht** *nt kein Pl* projecteurs *mpl*

flutschen I. *vi* + *sein (fam)* glisser; ***aus der Hand ~*** glisser des mains **II.** *vi* + *haben (fam) Arbeit:* marcher comme sur des roulettes

Flutwelle *f* raz *m* de marée

Flyer ['flaj̯ɐ] <-s, -> *m* flyer *m; (Flugblatt)* tract *m*

focht [fɔxt] *Imp von* **fechten**

Fock <-, -en> *f* NAUT [voile *f* de] misaine *f*

föderal *adj* fédéral(e)

Föderalismus [fødera'lɪsmʊs] <-> *m* fédéralisme *m*

föderalistisch [fødera'lɪstɪʃ] *adj Verfassung* fédéral(e); *Tendenzen* fédéraliste

Föderation [fødera'tsi̯o:n] <-, -en> *f* fédération *f*

Föderationsrat *m* POL Conseil *m* de la fédération

fohlen ['fo:lən] *vi* pouliner

Fohlen ['fo:lən] <-s, -> *nt eines Pferds* poulain *m*

Föhn [fø:n] <-[e]s, -e> *m* ❶ METEO fœhn *m,* föhn *m* ❷ *(Haartrockner)* sèche-cheveux *m*

föhnen ['fø:nən] *vt* sécher; ***sich dat die Haare ~*** se sécher les cheveux au séchoir

Fokus ['fo:kʊs] <-, -se> *m* foyer *m*

Folge ['fɔlgə] <-, -n> *f* ❶ *(Auswirkung)* conséquence *f;* ***zur ~ haben*** avoir pour conséquence; ***das wird für Sie ~n haben!*** vous en subirez les conséquences! ❷ *(Reihe) von Eindrücken, Zahlen* série *f;* INFORM *von Befehlen* séquence *f;* ***in ~*** de suite ❸ RADIO, TV épisode *m*

Folgeerscheinung *f* effet *m* **Folgekosten** *Pl* frais *mpl* consécutifs

folgen ['fɔlgən] *vi* ❶ + *sein (a. fig)* ***jdm/einer S. ~*** suivre qn/qc; ***können Sie mir ~?*** vous me suivez? ❷ + *sein (als Nächstes kommen)* venir ensuite; ***auf jdn/etw ~*** succéder à qn/qc; ***wie folgt*** comme suit ❸ + *haben (gehorchen)* ***jdm ~*** obéir à qn ❹ + *sein (resultieren)* ***aus etw ~*** résulter de qc

folgend *adj Seite* suivant(e); ***im Folgenden*** comme suit; ***es handelt sich um Folgendes*** voici de quoi il s'agit

folgendermaßen *adv* de la manière suivante

folgenlos *adj* ***~ bleiben*** ne pas tirer à conséquence

folgenschwer *adj* lourd(e) de conséquences

folgerichtig *adj* logique **Folgerichtigkeit** *f* [conséquence *f*] logique *f*

folgern ['fɔlgɐn] **I.** *vt* conclure **II.** *vi* déduire

Folgerung <-, -en> *f* conclusion *f*

Folgesatz *m* GRAM [proposition *f*] consécutive *f* **Folgezeit** *f* ***in der ~*** par la suite; *(in der Zukunft)* à l'avenir

folglich ['fɔlklɪç] *adv* par conséquent

folgsam ['fɔlkza:m] **I.** *adj* docile **II.** *adv* bravement

Folgsamkeit <-> *f* docilité *f*

Folie ['fo:li̯ə] <-, -n> *f* ❶ *(Plastikfolie)* film *m* plastique; *(Aluminiumfolie)* feuille *f* d'alu[minium] ❷ *(durchsichtiges Blatt, Projektorfolie)* transparent *m; (für Bildschirmpräsentation)* image *f* de diaporama

Folklore [fɔl'klo:rə] <-> *f* folklore *m*

folkloristisch [fɔlklo:'rɪstɪʃ] *adj* folklorique

Follikel [fɔ'li:kəl] <-s, -> *m* BIO, MED *(Eihülle)* follicule *m* [ovarien]

F

Folter ['fɔltɐ] <-, -n> *f* torture *f* ▶ **jdn auf die ~ spannen** faire languir qn
Folterbank <-bänke> *f* chevalet *m* de torture
Folterinstrument *nt* instrument *m* de torture **Folterkammer** *f* chambre *f* de torture **Folterknecht** *m* bourreau *m*
foltern ['fɔltɐn] *vt* torturer
Folterung <-, -en> *f* torture *f*
Fon [fo:n] *s.* **Phon**
Fön® <-[e]s, -e> *m* sèche-cheveux *m inv*
Fond [fõ:] <-s, -s> *m* ❶ *(Hintergrund) eines Stoffs, Gemäldes* fond *m* ❷ *(Rücksitz)* arrière *m* ❸ *(Fleischsaft)* jus *m* de viande
Fonds [fõ:(s)] <-, -> *m* FIN fonds *m*
Fondsmanager(in) *m(f)* manageur, -euse *m, f* de fonds
Fondue [fõ'dy:] <-s, -s> *nt,* <-, -s> *f* fondue *f*
Fontäne [fɔn'tɛ:nə] <-, -n> *f* jet *m* [d'eau]

Falsche Freunde
Nicht verwechseln mit *la fontaine* – *der Brunnen*!

Football ['fʊtbɔ:l] <-[s]> *m* football *m* américain
foppen ['fɔpən] *vt (fam)* faire marcher
forcieren* [fɔr'si:rən] *vt (geh)* accélérer *Arbeiten;* redoubler *Anstrengungen*
forciert *adj (geh) Lächeln* forcé(e)
Förderband <-bänder> *nt* tapis *m* roulant; MIN convoyeur *m*
Förderer, Förderin <-s, -> *m, f* protecteur, -trice *m, f; eines Künstlers* mécène *m*
Fördergelder *Pl* ADMIN subvention *f*
Förderkorb *m* monte-charge *m* **Förderkreis** *m* groupe *m* de soutien
förderlich *adj* ***einer S. dat ~ sein*** être utile à qc
Fördermittel *Pl* aide[s] *f* financière[s]
fordern ['fɔrdɐn] **I.** *vt* ❶ *(verlangen) Person, Gewerkschaft:* revendiquer *Rechte* ❷ *(abverlangen)* exiger; ***viel von jdm ~*** *Person:* exiger beaucoup de qn; *Sache:* demander beaucoup de qn ❸ *(kosten)* ***zehn Menschenleben ~*** coûter la vie à dix personnes **II.** *vi* ***~, dass*** exiger que *+subj*
fördern ['fœrdɐn] *vt* ❶ *(unterstützen)* aider *Personen;* favoriser *Karriere;* encourager *Projekt, Talent* ❷ *(finanzieren)* financer *Projekt* ❸ MIN, TECH extraire
fordernd *adj* exigeant(e)
Förderschacht *m* puits *m* d'extraction **Förderstufe** *f classes transitoires au cours desquelles l'élève peut préparer, à l'âge de dix et onze ans, son orientation vers l'un ou l'autre type d'école* **Förderturm** *m* tour *f* d'extraction
Forderung <-, -en> *f* ❶ *von Rechten* revendication *f* ❷ *(Erwartung)* exigence *f;* ***~en an jdn stellen*** poser des exigences à qn ❸ FIN créance *f*
Förderung <-, -en> *f* ❶ *(Unterstützung)* encouragement *m; von Künstlern, Sportlern* aide *f* ❷ *(finanzielle Hilfe)* aide *f* financière; *(durch Steuergelder)* subvention *f* ❸ MIN, TECH extraction *f*
Förderunterricht *m* cours *m* de rattrapage
Forelle [fo'rɛlə] <-, -n> *f* truite *f*
Foren *Pl von* **Forum**
Form [fɔrm] <-, -en> *f* ❶ forme *f;* ***in ~ von*** sous forme de ❷ *Pl (Umgangsform)* manières *f pl;* ***die ~ wahren*** *(geh)* observer les convenances; ***der ~ halber*** pour la forme ❸ *kein Pl (Kondition)* forme *f;* ***in ~ bleiben*** garder sa forme ❹ *(Back-, Gussform)* moule *m* ▶ **in aller ~** en bonne et due forme; **~ annehmen** prendre forme
formal [fɔr'ma:l] *adj* formel(le)
Formaldehyd ['fɔrmʔaldehy:t] <-s> *m* CHEM formaldéhyde *m*
Formalie [-liə] <-, -n> *f meist Pl* formalité *f*
Formalität [fɔrmali'tɛ:t] <-, -en> *f* formalité *f*
Format [fɔr'ma:t] <-[e]s, -e> *nt* ❶ *(Größe)* format *m* ❷ *(Bedeutung) einer Person* carrure *f;* ***~ haben*** *Person:* avoir de l'envergure
formatieren* *vt* INFORM formater
Formatierung <-, -en> *f* INFORM formatage *m*
Formation [fɔrma'tsi̯o:n] <-, -en> *f* formation *f*
formbar *adj* malléable
Formbarkeit <-> *f* malléabilité *f*
formbeständig *adj* indéformable **Formblatt** *nt* formulaire *m*
Formel ['fɔrməl] <-, -n> *f a.* MATH, CHEM formule *f* ▶ **etw auf eine einfache ~ bringen** résumer qc à une formule simple
Formel-1-Pilot(in) ['fɔrml̩'ʔai̯ns-] *m(f)* pilote *mf* de formule 1
Formel-1-Rennen ['fɔrml̩'ʔai̯ns-] *nt* course *f* de formule 1
formell [fɔr'mɛl] *adj* ❶ *(offiziell)* officiel(le) ❷ *(förmlich)* formaliste
Formelsammlung *f* recueil *m* de formules
formen ['fɔrmən] *vt* former
Formenlehre *f* ❶ GRAM morphologie *f* ❷ MUS théorie *f* des formes musicales

Formfehler *m* JUR vice *m* de forme; *(Fehlverhalten)* inconvenance *f*

formieren* [fɔr'miːrən] *vt, vr [sich]* ~ [se] former

Formierung <-, -en> *f* formation *f*

förmlich ['fœrmlɪç] **I.** *adj* ❶ *(formell) Bitte* dans les formes ❷ *(unpersönlich) Person* formaliste; *Begrüßung* cérémonieux, -euse **II.** *adv (regelrecht)* vraiment

Förmlichkeit <-, -en> *f* ❶ *kein Pl (Steifheit)* formalisme *m* ❷ *meist Pl* formes *fpl*; ***ohne ~en*** sans cérémonie

formlos *adj* ❶ *(gestaltlos)* informe ❷ *(zwanglos)* sans cérémonie ❸ ADMIN ***ein ~er Antrag*** une demande sur papier libre

Formsache *f* formalité *f*; ***eine reine ~ sein*** n'être qu'une simple formalité **formschön** *adj* esthétique; ***~ sein*** être esthétique

Formular [fɔrmu'laːɐ̯] <-s, -e> *nt* formulaire *m*

formulieren* [fɔrmu'liːrən] **I.** *vt* formuler **II.** *vi* s'exprimer

Formulierung <-, -en> *f* ❶ *kein Pl (das Formulieren)* formulation *f* ❷ *(Ausdruck)* expression *f*

formvollendet *adj Design* de finition parfaite

forsch [fɔrʃ] *adj Auftreten* fringant(e); *Vorgehen* dynamique

forschen ['fɔrʃən] *vi* ❶ faire de la recherche ❷ *(suchen)* ***nach etw*** ~ chercher qc

forschend *adj Blick* scrutateur, -trice *littér*

Forscher(in) <-s, -> *m(f)* chercheur, -euse *m, f* **Forscherteam** [-tiːm] *nt* équipe *f* de chercheurs

Forschheit <-> *f* mordant *m*

Forschung <-, -en> *f* recherche *f* scientifique

Forschungsabteilung *f* département *m* de recherche **Forschungsarbeit** *f* travail *m* de recherche

Forschungsauftrag *m* mission *f* scientifique **Forschungsergebnis** *nt* résultat *m* de la recherche scientifique **Forschungsgebiet** *nt* domaine *m* de recherche **Forschungsinstitut** *nt* institut *m* de recherche **Forschungslabor** *nt* laboratoire *m* de recherche **Forschungsreise** *f* voyage *m* d'exploration **Forschungszentrum** *nt* centre *m* de recherches

Forst [fɔrst] <-[e]s, -e[n]> *m* bois *m*

Forstamt *nt* ≈ administration *f* des bois et forêts; *(in Frankreich)* Eaux et Forêts *fpl*

Förster(in) ['fœrstɐ] <-s, -> *m(f)* garde *m* forestier

Forsthaus *nt* maison *f* forestière **Forstrevier** [-viːɐ] *nt* secteur *m* forestier **Forstschaden** *m* dégât *m* forestier **Forstverwaltung** *f* ≈ administration *f* des bois et forêts; *(in Frankreich)* [administration des] Eaux et Forêts *fpl* **Forstwesen** *nt* ≈ domaine *m* des forêts; *(in Frankreich)* Eaux et Forêts *fpl* **Forstwirt(in)** *m(f)* ≈ titulaire *m* du diplôme d'une école supérieure des forêts; *(in Frankreich)* ingénieur *mf* des Eaux et Forêts **Forstwirtschaft** *f* exploitation *f* forestière

Forsythie [fɔr'zyːtsi̯ə] <-, -n> *f* forsythia *m*

fort [fɔrt] *adv* ~ ***sein*** *Geld, Schlüssel:* avoir disparu; *Person:* être parti; ~ ***mit euch!*** allez-vous-en!; ***schnell ~!*** déguerpissons!; ~ ***damit!*** à la poubelle! ▸ **in einem** ~ sans arrêt; **und so** ~ et ainsi de suite

Fort [foːɐ̯] <-s, -s> *nt* fort *m*

fortan [fɔrt'ʔan] *adv (geh)* dorénavant

Fortbestand ['fɔrtbəʃtant] *m kein Pl einer Institution* maintien *m*; *einer Tierart* subsistance *f* **fort|bestehen*** *vi irr Institution:* se maintenir; *Tradition:* persister; *Zustand:* continuer **fort|bewegen*** *vt, vr* [se] déplacer **Fortbewegung** *f kein Pl* locomotion *f*

Fortbewegungsmittel *nt* moyen *m* de locomotion

fort|bilden **I.** *vr* ***sich*** ~ se perfectionner **II.** *vt* donner des cours de formation [continue] à **Fortbildung** *f kein Pl* formation *f* continue **Fortbildungskurs[us]** *m*, **Fortbildungslehrgang** *m* cours *m* de formation continue [*o* de perfectionnement] **fort|bleiben** *vi irr + sein* ***nicht lange*** ~ ne pas être parti longtemps

Fortbleiben <-s> *nt* absence *f*; *(Verspätung)* retard *m* **Fortdauer** *f* persistance *f* **fort|dauern** *vi* persister **fortdauernd** *adj* persistant(e)

forte ['fɔrtə] *adv* MUS forte

fort|fahren **I.** *vi* ❶ + *sein (wegfahren)* partir ❷ + *haben o sein (weitermachen)* poursuivre; ~ ***etw zu tun*** continuer à faire qc **II.** *vt* + *haben* emmener *Person;* emporter *Gegenstand* **fort|fallen** *s.* **wegfallen** **fort|fliegen** *vi* + *sein* s'envoler **fort|führen** *vt* ❶ *(fortsetzen)* continuer ❷ *(wegführen)* emmener **Fortführung** *f* continuation *f*

Fortgang *m kein Pl* ❶ *(Weggang)* départ *m* ❷ *(weiterer Verlauf)* poursuite *f* **fort|gehen** *vi* + *sein* ❶ partir; ***von jdm/aus einer Stadt*** ~ quitter qn/une ville ❷ *(sich fortsetzen)* se poursuivre

fortgeschritten ['fɔrtgəʃrɪtən] *adj* avancé(e)

F

Fortgeschrittene(r) *f(m) dekl wie adj* personne *f* au niveau perfectionnement
Fortgeschrittenenkurs *m* cours *m* de niveau supérieur
fortgesetzt ['fɔrtgəsɛtst] **I.** *adj* permanent(e) **II.** *adv* continuellement **fort|jagen** *vt + haben* chasser *Tier, Person* **fort|kommen** *vi + sein* ❶ *(sich entfernen)* partir; ***mach, dass du fortkommst!*** *(fam)* dégage! ❷ *(Erfolg haben)* avancer **Fortkommen** <-> *nt (Karriere)* avancement *m* **fort|können** *vi irr (abkömmlich sein)* pouvoir s'absenter **fort|laufen** *vi irr + sein Person:* s'échapper; *Tier:* se sauver **fortlaufend I.** *adj* continu(e) **II.** *adv erscheinen* régulièrement; *nummerieren* dans l'ordre **fort|leben** *vi (geh)* ***in jdm/etw ~*** se survivre dans qn/qc **fort|pflanzen** *vr* ***sich ~*** se reproduire
Fortpflanzung *f kein Pl* reproduction *f* **fortpflanzungsfähig** *adj* capable de se reproduire **Fortpflanzungsorgan** *nt* organe *m* de reproduction
fort|reißen *vt irr* ***jdn/etw mit sich ~*** *Menge, Flut, Strom:* emporter qn/qc avec soi **Fortsatz** *m* appendice *m* **fort|schaffen** *s.* **wegschaffen fort|schicken** *vt* renvoyer **fort|schreiben** *vt irr* actualiser *Statistik, Wert;* reprendre *Planung, Trend* **fort|schreiten** *vi irr + sein* progresser **fortschreitend** *adj* croissant(e) **Fortschritt** *m* progrès *m;* ***~e erzielen*** progresser
fortschrittlich *adj Einstellung* progressiste; *Methode* avancé(e)
fort|setzen I. *vt* poursuivre; ***fortgesetzt werden*** continuer **II.** *vr* ***sich ~*** *(andauern)* se poursuivre; *(sich erstrecken)* s'étendre **Fortsetzung** <-, -en> *f* ❶ *kein Pl (das Fortsetzen)* poursuite *f* ❷ *(folgender Teil)* suite *f;* ***~ folgt*** à suivre
Fortsetzungsroman *m* roman-feuilleton *m*
fort|treiben *irr* **I.** *vt + haben* ❶ *(verjagen)* chasser *Schafe* ❷ ***jdn/etw ~*** *Sturm, Strömung, Wellen:* emporter qn/qc **II.** *vi + sein Boot:* dériver **fortwährend** *adj attr* perpétuel(le) **fort|wollen** *vi* vouloir partir **fort|ziehen** *s.* **wegziehen**
Forum ['fo:rʊm] <-s, Foren> *nt* ❶ *(Diskussionsforum)* forum *m* ❷ *(Personenkreis)* cercle *m*
fossil [fɔ'si:l] *adj* fossile
Fossil <-s, -ien> *nt* fossile *m*
Föten *Pl von* **Fötus**
Foto ['fo:to] <-s, -s> *nt* photo[graphie] *f*
Fotoalbum *nt* album *m* de photos **Fotoapparat** *m* appareil *m* photo[graphique] **Fotoarchiv** *nt* archives *fpl* photographique **Fotoatelier** [-lie:] *nt* atelier *m* [o studio *m*] de photographie **Fotoecke** *f* coin-photo *m* [auto-]adhésif
fotogen [foto'ge:n] *adj* photogénique
Fotograf(in) [foto'gra:f] <-en, -en> *m(f)* photographe *mf*
Fotografie [fotogra'fi:] <-, -ien> *f* photo[graphie] *f*
fotografieren* [fotogra'fi:rən] **I.** *vt* prendre une photo de **II.** *vi* prendre des photos
fotografisch [foto'gra:fɪʃ] *adj* photographique
Fotohandy *nt* portable *m* avec appareil [photo] numérique **Fotokopie** [fotoko'pi:] *f* photocopie *f* **fotokopieren*** [fotoko'pi:rən] *vt* photocopier **Fotokopierer** <-s, -> *m (fam),* **Fotokopiergerät** *nt* photocopieur *m,* photocopieuse *f* **Fotolabor** *nt* laboratoire *m* photo **Fotomodell** *nt* modèle *m* **Fotomontage** *f* photomontage *m* **Fotopapier** *nt* papier *m* photographique
Fotosynthese [fotosʏn'te:zə] *f* BIO photosynthèse *f* **Fototermin** *m* séance *f* [de] photos
Fotozelle *f* cellule *f* photoélectrique
Fötus ['fø:tʊs] <-[ses], Föten *o* -se> *m* MED fœtus *m*
Fotze ['fɔtsə] <-, -n> *f (vulg)* con *m*
Foul [faul] <-s, -s> *nt* SPORT faute *f*
foulen ['faulən] *vt, vi* SPORT commettre une faute; ***jdn ~*** commettre une faute sur qn
Foxtrott <-s, -e *o* -s> *m* fox-trot *m*
Foyer [foa'je:] <-s, -s> *nt* foyer *m*
FPÖ ['ɛfpe:?ø:] *f Abk von* **Freiheitliche Partei Österreichs** *parti libéral de droite autrichien à tendance nationaliste*
Fr. *Abk von* **Frau** Mme
Fracht [fraxt] <-, -en> *f* ❶ *eines Schiffs* cargaison *f; eines Lastwagens* chargement *m; eines Flugzeugs* fret *m* aérien ❷ *(Gebühr)* fret *m*
Frachtbrief *m* COM connaissement *m; (beim Straßentransport)* lettre *f* de voiture
Frachter ['fraxtɐ] <-s, -> *m* cargo *m*
Frachtflugzeug *nt* avion-cargo *m* **Frachtgut** *nt* marchandise *f* en petite vitesse **Frachtkosten** *Pl* frais *mpl* de transport **Frachtraum** *m eines Schiffs* cale *f; eines Flugzeugs* soute *f* **Frachtschiff** *nt* cargo *m* **Frachtverkehr** *m* trafic *m* de marchandises
Frack [frak, *Pl:* 'frɛkə] <-[e]s, Fräcke *o fam:* -s> *m* frac *m*

Fracking ['frɛkɪŋ] <-s> *nt* GEOL fracturation *f* hydraulique, fracking *m*

Frage ['fra:gə] <-, -n> *f* question *f* ▶ **das ist die** [**große**] ~ c'est là toute la question; **in ~ kommen** entrer en ligne de compte; **das kommt nicht in ~** il n'en est pas question; **außer ~ stehen** être évident; **etw in ~ stellen** remettre qc en question; [**das ist**] **gar keine ~!** la question ne se pose même pas!; **ohne ~** sans aucun doute; *s. a.* **infrage**

Fragebogen *m* questionnaire *m* **Fragefürwort** <-wörter> *nt* pronom *m* interrogatif

fragen ['fra:gən] **I.** *vi* ❶ poser des questions/une question; ***frag nicht so dumm!*** *(fam)* ne pose pas de questions idiotes! ❷ *(verlangen)* ***nach jdm ~*** demander [à parler à] qn; ***nach etw ~*** demander qc ▶ **da fragst du noch?** et tu me poses encore la question? **II.** *vr* ***sich ~, ob ...*** se demander si ... **III.** *vt* ***jdn etw ~*** demander qc à qn; ***das dürfen Sie mich nicht ~!*** ce n'est pas à moi qu'il faut le demander!

fragend I. *adj* interrogateur, -trice **II.** *adv* d'une manière interrogative

Fragepronomen *nt* pronom *m* interrogatif

Fragerei [fra:gə'raɪ] <-, -en> *f (pej)* interrogatoire *m* **Fragesatz** *m* phrase *f* interrogative **Fragestellung** *f* ❶ *(Formulierung)* façon *f* de formuler une question ❷ *(Problem)* problème *m* **Fragestunde** *f* questions *fpl* orales **Fragewort** <-wörter> *nt* [pronom *m*] interrogatif *m* **Fragezeichen** *nt* point *m* d'interrogation

fragil [fra'gi:l] *adj (geh)* fragile

fraglich ['fra:klɪç] *adj* ❶ *(unsicher)* douteux, -euse; ***es ist ~, ob ...*** il est à se demander si ... ❷ *attr (betreffend)* en question

fraglos *adv* incontestablement

Fragment [fra'gmɛnt] <-[e]s, -e> *nt* fragment *m*

fragmentarisch [fragmɛn'ta:rɪʃ] *adj* fragmentaire

fragwürdig *adj (zweifelhaft)* douteux, -euse; *(pej: anrüchig)* louche

Fragwürdigkeit <-, -en> *f (pej)* caractère *m* louche

Fraktion [frak'tsi̯o:n] <-, -en> *f* POL groupe *m* parlementaire

Fraktionsführer(in) *m(f)* président(e) *m(f)* du groupe parlementaire

fraktionslos *adj* non-inscrit(e)

Fraktionssitzung *f* séance *f* du groupe parlementaire **Fraktionsvorsitzende(r)** *f(m) dekl wie adj* président(e) *m(f)* du groupe parlementaire

Fraktur [frak'tu:ɐ̯] <-, -en> *f* MED fracture *f*

Franc [frɑ̃:] <-, -s> *m* HIST franc *m*

Franchising ['frɛntʃaɪzɪŋ, 'fræntʃaɪzɪŋ] <-s> *nt* ÖKON franchisage *m*

frank [fraŋk] ▶ **~ und frei** en toute franchise

Franke, Fränkin ['fraŋkə] <-n, -n> *m, f* GEOG Franconien(ne) *m(f)*

Franken[1] ['fraŋkən] <-s> *nt* GEOG Franconie *f*

Franken[2] ['fraŋkən] <-s, -> *m* franc *m* suisse

Frankfurt ['fraŋkfʊrt] <-s> *nt* Francfort

Frankfurter <-, -> *f* GASTR saucisse *f* de Francfort

frankieren* [fraŋ'ki:rən] *vt* affranchir

Frankiermaschine *f* machine *f* à affranchir

Frankierung <-, -en> *f* affranchissement *m*

fränkisch ['frɛŋkɪʃ] *adj* franconien(ne)

franko ['fraŋko] *adv inv* franco

frankofon [fraŋko'fo:n] *adj (geh)* francophone

Frankokanadier(in) ['fraŋkokana:di̯ɐ] *m(f)* Canadien *m* français/Canadienne *f* française, Québécois(e) *m(f)* **frankokanadisch** ['fraŋkokana:dɪʃ] *adj* québécois(e)

frankophil [fraŋko'fi:l] *adj (geh)* francophile

Frankophilie <-> *f (geh)* francophilie *f*

Frankreich ['fraŋkraɪ̯ç] <-s> *nt* la France

Franse ['franzə] <-, -n> *f* frange *f*

fransig ['franzɪç] *adj* effrangé(e)

Franz [frants] <-> *m* ❶ François *m* ❷ HIST ***~ I.*** François Ier

Franziskaner(in) [frantsɪs'ka:nɐ] <-s, -> *m(f)* franciscain(e) *m(f)*

Franzose, Französin [fran'tso:zə] <-n, -n> *m, f* Français(e) *m(f)*

französisch [fran'tsø:zɪʃ] **I.** *adj* français(e) **II.** *adv* ***~ miteinander sprechen*** discuter en français; *s. a.* **deutsch**

Französisch <-[s]> *nt kein Art* français *m*; *s. a.* **Deutsch**

französischsprachig *adj* francophone

frappieren* [fra'pi:rən] *vt (geh)* surprendre

Fräse ['frɛ:zə] <-, -n> *f (Fräsmaschine)* fraiseuse *f*

fräsen ['frɛ:zən] *vt* fraiser

fraß [fra:s] *Imp von* **fressen**

Fraß [fra:s] <-es, -e> *m* ❶ *(pej fam: Essen)* tambouille *f* ❷ *(für Tiere)* pâture *f*

Fratz [frats] <-es, -e *o* A -en, -en> *m (fam)* petit chou *m* /petite choute *f*

F

Fratze ['fratsə] <-, -n> *f* ❶ *(pej: Gesicht)* face *f* hideuse ❷ *(Grimasse)* grimace *f*
frau [frau̯] *pron* on *(formation féministe par opposition au "man" soi-disant masculin)*
Frau [frau̯] <-, -en> *f* ❶ *(a. Ehefrau)* femme *f* ❷ *(in der Anrede)* ~ ***Müller*** madame Müller; ~ ***Ministerin/Doktor*** Madame la Ministre/la docteur
Frauchen ['frau̯çən] <-s, -> *nt (fam: Haustierbesitzerin)* maîtresse *f*
Frauenarzt, -ärztin *m, f* gynécologue *mf* **Frauenbeauftragte(r)** *f(m) dekl wie adj* délégué(e) *m(f)* à la condition féminine **Frauenbewegung** *f kein Pl* mouvement *m* féministe **Frauenfeind** *m* misogyne *m* **frauenfeindlich** *adj* misogyne **Frauenhaus** *nt* foyer *m* pour femmes **Frauenheilkunde** *f* gynécologie *f* **Frauenheld** *m* tombeur *m* **Frauenklinik** *f* clinique *f* gynécologique **Frauenquote** *f* quota *m* féminin
Frauenrechtler(in) ['frau̯ənrɛçtlɐ] <-s, -> *m(f)* combattant(e) *m(f)* pour les droits de la femme
Frauenwahlrecht *nt* [droit *m* de] vote *m* des femmes **Frauenzeitschrift** *f* magazine *m* pour femmes
Fräulein ['frɔylai̯n] <-s, - *o* -s> *nt (in der Anrede)* ~ ***Schmidt*** mademoiselle Schmidt
fraulich *adj* féminin(e)
Freak [fri:k] <-s, -s> *m (fam)* mordu(e) *m(f)*
frech [frɛç] *adj* ❶ *Person, Antwort* effronté(e); *Lüge* éhonté(e); ~ ***sein*** *(in den Äußerungen)* être insolent; *(im Benehmen)* être impudent ❷ *Kleidung* osé(e)
Frechdachs *m (fam)* galopin(e) *m(f)*
Frechheit <-, -en> *f* effronterie *f*; ***die ~ besitzen etw zu tun*** avoir l'audace de faire qc
Free-TV ['fri:ti:vi:] <-s> *nt kein Pl* chaînes *f pl* gratuites **Freeware** ['fri:vɛ:ɐ̯] <-, -s> *f* INFORM freeware *m*, grat[u]iciel *m*
Fregatte [fre'gatə] <-, -n> *f* NAUT frégate *f*
frei [frai̯] **I.** *adj* ❶ libre; *Einstellung* libéral(e); *Mitarbeiter* indépendant(e); *Beruf* libéral(e); *Stunde* [de] libre; *Tag* de congé; ***einen Tag ~ nehmen*** prendre un jour de congé; ***sich von etw ~ machen*** s'affranchir de qc ❷ *Platz* libre; *Zimmer, Wohnung* [de] libre; *Stelle* vacant(e) ❸ *(kostenlos)* gratuit(e) ❹ *(unverheiratet)* libre ❺ *(leer)* blanche; ***eine Seite ~ lassen*** laisser une page ❻ *Gelände, Natur* plein(e) ❼ *Rede* sans notes; *Übersetzung* libre ▸ **ich bin so ~!** *(form)* si vous [me] permettez! **II.** *adv* ❶ *(unbeeinträchtigt)* librement; ~ ***laufend*** *Huhn* en liberté; ~ ***stehend*** *Gebäude:* isolé(e) ❷ *(ungezwungen)* de manière décontractée ❸ *(improvisiert)* librement; ~ ***nach Goethe*** en citant très librement Goethe
Freibad *nt* piscine *f* en plein air **frei|bekommen*** *irr* **I.** *vi (fam) Schüler:* avoir un jour de libre **II.** *vt* faire libérer *Häftling*
Freiberufler(in) <-s, -> *m(f)* travailleur *m* indépendant/travailleuse *f* indépendante
freiberuflich I. *adj (selbstständig)* indépendant(e) **II.** *adv arbeiten* à son compte **Freibetrag** *m* montant *m* exonéré
Freibeuter(in) <-s, -> *m(f) (veraltet: Seeräuber)* flibustier, -ière *m, f vieilli* **Freibier** *nt* bière *f* gratuite **Freibrief** ▸ **kein ~ für etw sein** ne pas être un passe-droit pour qc
Freiburg ['frai̯bʊrk] *nt* ~ ***[im Breisgau]*** Fribourg [en Brisgau] **Freidenker(in)** *m(f)* libre penseur *m* /libre penseuse *f*
Freie(s) *nt dekl wie adj* ***im ~n*** *stattfinden* en plein air; *übernachten* à la belle étoile
Freier ['frai̯ɐ] <-s, -> *m (Kunde einer Prostituierten)* client *m*
Freiexemplar *nt* exemplaire *m* gratuit **Freifahrt** *f* trajet *f* gratuit **Freifläche** *f* ❶ *(Grünfläche)* espace *m* vert ❷ *(unge-bautes Grundstück)* terrain *m* vague
Freigabe *f des Wechselkurses* libération *f*
Freigänger(in) <-s, -> *m(f)* détenu(e) *m(f)* qui a un droit de sortie
frei|geben *irr* **I.** *vt* libérer *Gefangenen, Aktienkurs;* débloquer *Mieten, Preise;* autoriser la sortie de *Film;* ouvrir à la circulation *Strecke* **II.** *vi* ***jdm zwei Stunden ~*** donner deux heures de libre à qn
freigebig ['frai̯ge:bɪç] *adj* généreux, -euse
Freigebigkeit <-> *f* générosité *f*
Freigehege *nt* réserve *f* d'animaux **Freigeist** *s.* **Freidenker(in)**
frei|haben *vi irr (fam)* être en congé; *Schüler:* ne pas avoir cours **Freihafen** *m* port *m* franc **frei|halten** *vt irr* ❶ ne pas stationner devant *Einfahrt;* ***Einfahrt ~!*** sortie de voitures! ❷ garder *Platz* **Freihandel** *m* libre-échange *m*
Freihandelszone *f* zone *f* de libre-échange
freihändig ['frai̯hɛndɪç] *adj o adv Rad fahren* sans les mains
Freiheit ['frai̯hai̯t] <-, -en> *f* liberté *f*; ***in ~ leben*** vivre en liberté; ***sich*** *dat* ***~en erlauben*** se permettre des libertés ▸ **~, Gleichheit, Brüderlichkeit** liberté, éga-

lité, fraternité; **sich** *dat* **die ~ nehmen etw zu tun** prendre la liberté de faire qc
freiheitlich I. *adj* libéral(e) II. *adv gesinnt* de tendance libérale
Freiheitsberaubung *f* atteinte *f* à la liberté [individuelle] **Freiheitsdrang** *m* besoin *m* de liberté **Freiheitsentzug** *m* réclusion *f* **Freiheitskampf** *m* lutte *f* pour la liberté **Freiheitskämpfer(in)** *m(f)* combattant(e) *m(f)* pour la liberté **Freiheitsstatue** *f* statue *f* de la Liberté **Freiheitsstrafe** *f* peine *f* de prison
freiheraus [fraihɛ'raus] *adv* franchement
Freiherr *m* baron *m* **Freikarte** *f* place *f* gratuite **frei|kaufen** *vt* racheter **Freiklettern** <-s> *nt* escalade *f* libre **frei|kommen** *vi irr + sein* être remis en liberté
Freikörperkultur *f kein Pl* nudisme *m*
Freiland *nt kein Pl* AGR pleine terre *f*
Freilandhuhn *nt* poule *f* élevée en plein air
frei|lassen *vt irr* relaxer *Verhafteten;* relâcher *Geisel*
Freilassung <-, -en> *f einer Geisel* libération *f*
Freilauf *m* roue *f* libre **freilaufend** *s.* **frei II. 1 frei|legen** *vt* mettre au jour **Freileitung** *f* ELEC ligne *f* aérienne
freilich ['frailɪç] *adv* ❶ *(allerdings)* toutefois ❷ *bes.* SDEUTSCH *(natürlich)* bien sûr
Freilichtbühne *f* théâtre *m* de plein air
Freilichtmuseum *nt* écomusée *m*
Freilos *nt* billet *m* de loterie gratuit **Freilufttheater** *nt* théâtre *m* en plein air
frei|machen I. *vt* ❶ POST affranchir ❷ *(entkleiden)* dénuder; ***den Oberkörper ~*** enlever le haut II. *vi (fam)* prendre un repos III. *vr* ***sich*** ~ se déshabiller **Freimaurer** ['fraimaurɐ] *m* franc-maçon *m*
freimütig ['fraimy:tɪç] *adj* franc, franche
Freimütigkeit <-> *f* franchise *f*
frei|nehmen *vt, vi irr* prendre des congés **Freiraum** *m* liberté *f* d'action **freischaffend** *adj attr* indépendant(e)
Freischaffende(r) *f(m) dekl wie adj* free-lance *mf*
Freischärler(in) <-s, -> *m(f)* milicien(ne) *m(f)*
frei|schaufeln *vt* ***etw*** ~ déblayer qc à la pelle **frei|schwimmen** *vr irr* ▶ **sich** ~ passer son brevet de natation premier degré **Freischwimmer(in)** *m(f)* breveté(e) *m(f)* de natation premier degré **frei|setzen** *vt* ❶ *a.* CHEM libérer ❷ *(euph: entlassen)* remercier **Freisetzung** <-, -en> *f* ❶ *a.* CHEM libération *f* ❷ *(euph: Entlassung)* congédiement *m* **frei|spielen** *vr* SPORT ***sich*** ~ se démarquer

Freisprechanlage *f,* **Freisprecheinrichtung** *f* TELEC kit *m* main-libre
frei|sprechen *vt irr* JUR ***jdn*** ~ déclarer qn non coupable
Freisprechmikrofon *nt* TECH micro[phone] *m* mains-libres
Freispruch *m* JUR non-lieu *m* **Freistaat** *m* État *m* libre; ***der ~ Bayern*** l'État libre de Bavière **frei|stehen** *irr* I. *vi unpers* ***es steht ihr frei, das zu tun*** elle est libre de faire cela II. *vi Gebäude:* être inoccupé **frei|stellen** *vt* ❶ ***es jdm ~, ob ...*** laisser à qn le choix de décider si ... ❷ *(beurlauben)* suspendre, dispenser du cours *Schüler* **Freistellung** *f a.* JUR exonération *f;* ***~ vom Wehrdienst*** exemption *f* du service militaire **Freistil** *m kein Pl (beim Schwimmen)* nage *f* libre; *(beim Ringen)* lutte *f* libre **Freistoß** *m* SPORT coup *m* franc **Freistunde** *f* heure *f* de libre
Freitag ['fraita:k] *m* vendredi *m; s. a.* **Dienstag**
freitags ['fraita:ks] *adv* le vendredi
Freitod *m (euph)* suicide *m* **Freitreppe** *f* perron *m* **Freiumschlag** *m* enveloppe *f* affranchie **Freiwild** *nt* ❶ gibier *m* ❷ *(fig)* proie *f* facile **freiwillig** ['fraivɪlɪç] I. *adj Dienst, Helfer* bénévole; *Versicherung, Teilnahme* facultatif, -ive II. *adv* de son plein gré **Freiwillige(r)** ['fraivɪlɪgə, -gɐ] *f(m) dekl wie adj a.* MIL volontaire *mf*
Freiwilligkeit <-> *f* volontariat *m*
Freiwurf *m* coup *m* franc **Freizeichen** *nt* tonalité *f* **Freizeit** *f kein Pl* loisirs *mpl*
Freizeitangebot *nt* liste *f* des loisirs **Freizeitbeschäftigung** *f* occupation *f* **Freizeitgestaltung** *f* organisation *f* des loisirs **Freizeitindustrie** *f* industrie *f* des loisirs **Freizeitkleidung** *f* tenue *f* décontractée **Freizeitpark** *m* parc *m* de loisirs **Freizeitvergnügen** *nt* hobby *m* **Freizeitverhalten** *nt* manière *f* de concevoir les loisirs **Freizeitwert** *m* ***einen hohen ~ haben*** *Region:* offrir un large éventail de loisirs
Freizone *f* ÖKON zone *f* franche
freizügig ['fraitsy:gɪç] *adj* ❶ *Moral* libéral(e); *Kleidung* audacieux, -euse ❷ *(großzügig)* abondant(e)
Freizügigkeit <-, -en> *f einer Person* largeur *f* d'esprit; *der Sitten* liberté *f*
fremd [frɛmt] *adj* ❶ *(nicht einheimisch)* étranger, -ère; ***ich bin hier*** ~ je ne suis pas d'ici ❷ *(opp: eigen)* de quelqu'un d'autre; *Leute, Angelegenheiten* autre; *Eigentum* d'autrui ❸ *(unbekannt)* étranger, -ère, inconnu(e)

F

frẹmdartig ['frɛmtʔaːɡ̊ɪç] *adj* étrange; *(exotisch)* exotique

Frẹmdartigkeit <-> *f* ① étrangeté *f* ② *(exotische Art)* caractère *m* exotique

frẹmdbestimmt *adj* dépendant(e)

Frẹmde ['frɛmdə] <-> *f (geh)* ***in die/der*** ~ à l'étranger *m*

Frẹmde(r) *f(m) dekl wie adj (Unbekannter)* inconnu(e) *m(f); (Ortsfremder, Ausländer)* étranger, -ère *m, f*

frẹmdenfeindlich *adj* xénophobe **Frẹmdenführer(in)** *m(f)* guide *mf* **Frẹmdenlegion** *f* Légion *f* [étrangère] **Frẹmdenverkehr** *m* tourisme *m* **Frẹmdenverkehrsamt** *nt,* **Frẹmdenverkehrsverein** *m* syndicat *m* d'initiative **Frẹmdenzimmer** *nt* chambre *f* d'hôte

frẹmd|gehen *vi irr + sein (fam)* être infidèle

Frẹmdheit <-> *f* étrangeté *f*

Frẹmdherrschaft *f kein Pl* domination *f* étrangère **Frẹmdkapital** *nt* capitaux *mpl* étrangers **Frẹmdkörper** *m* MED corps *m* étranger **frẹmdländisch** ['frɛmtlɛndɪʃ] *adj* exotique

Frẹmdling <-s, -e> *m (veraltet geh)* étranger, -ère *m, f*

frẹmd|schämen, frẹmdschämen *vr (fam)* ***sich*** ~ avoir honte pour qn **Frẹmdsprache** *f* langue *f* étrangère

Frẹmdsprachenkorrespondent(in) *m(f)* secrétaire *mf* bilingue/trilingue

frẹmdsprachig *adj Literatur, Unterricht* en langue étrangère; *Besucher, Tourist* parlant une langue étrangère

frẹmdsprachlich *adj Unterricht* de langues étrangères **Frẹmdverschulden** *nt* faute *f* incombant à un tiers **Frẹmdwort** <-wörter> *nt* mot *m* étranger **Frẹmdwörterbuch** *nt* dictionnaire *m* des mots étrangers

frenetisch *adj* frénétique

frequentieren* *vt (geh)* fréquenter

Frequẹnz [fre'kvɛnts] <-, -en> *f a.* PHYS, MED fréquence *f*

Frequẹnzmodulation *f* RADIO modulation *f* de fréquence

Frẹsko ['frɛsko] <-s, Frẹsken> *nt* KUNST fresque *f*

Fressalien [frɛ'saːli̯ən] *Pl (fam)* bouffe *f*

Frẹsse ['frɛsə] <-, -n> *f (vulg)* gueule *f fam;* ***die ~ halten*** fermer sa gueule *fam;* ***jdm eine in die ~ hauen*** casser la gueule à qn *fam;* ***[eins*** [*o* ***was***]***] auf die ~ kriegen*** se faire casser la gueule *fam*

frẹssen ['frɛsən] <frịsst, fraß, gefrẹssen> **I.** *vt, vi* ① manger; ***aus/von etw*** ~ *Tier:* manger dans qc ② *(pej fam: essen)* bouffer ▶ **jdn zum Fressen gern haben** *(fam)* adorer qn; **jdn gefressen haben** *(fam)* ne pas pouvoir sentir qn **II.** *vr (eindringen)* ***sich in etw*** *akk* ~ *Bohrer:* s'enfoncer dans qc; *Rost, Säure:* ronger qc

Frẹssen <-s> *nt* ① *(Futter)* nourriture *f* ② *(pej fam: Essen)* bouffe *f* ▶ **ein gefundenes ~ für jdn sein** *(fam)* être une bonne aubaine pour qn

Fresserei [frɛsə'rai̯] <-, -en> *f (pej sl: Gelage)* bouffe *f fam*

Frẹssgier *f (pej)* goinfrerie *f*

Frẹsskorb *m (fam)* panier *m* de bouffe *fam*

Frẹsslust *f (pej)* gloutonnerie *f*

Frẹssnapf *m* gamelle *f*

Frẹsspaket *nt (fam)* colis *m* de bouffe *fam*

Frẹsssack *m (pej fam)* goinfre *m*

Frẹttchen ['frɛtçən] <-s, -> *nt* furet *m*

Freude ['frɔydə] <-, -n> *f* ① *kein Pl* joie *f;* ***jdm eine ~ machen*** faire plaisir à qn; ***~ am Leben haben*** avoir goût à la vie; ***vor ~*** *dat* ***jubeln*** exulter de joie; ***es macht jdm ~ etw zu tun*** cela fait plaisir à qn de faire qc; ***es ist mir eine ~*** c'est une joie pour moi; ***zu meiner großen ~*** à ma grande joie ② *Pl (Wonnen)* joies *fpl;* ***die kleinen ~n des Alltags*** les petites joies de la vie ▶ **Freud und Leid** *(geh)* les joies et les peines

Freudenfest *nt* joyeuse fête *f* **Freudengeschrei** *nt* cris *mpl* de joie **Freudenhaus** *nt* maison *f* close **Freudenmädchen** *nt (euph)* fille *f* de joie **Freudenschrei** *m* cri *m* de joie; ***~e ausstoßen*** laisser éclater sa joie **Freudensprung** *m* saut *m* de joie **Freudentanz** *m* ▶ **einen ~ aufführen** danser de joie **Freudentaumel** *m* joie *f* folle **Freudentränen** *Pl* larmes *fpl* de joie

freudestrahlend *adj* rayonnant(e) [de joie]

freudig ['frɔydɪç] **I.** *adj* ① *(voller Freude)* joyeux, -euse ② *(erfreulich)* heureux, -euse **II.** *adv* joyeusement; ~ ***erregt*** excité(e) de joie

freudlos ['frɔytloːs] *adj* sans joie

freuen ['frɔyən] **I.** *vr* ***sich*** ~ être heureux; ***sich über jdn/etw*** ~ être content de qn/qc; ***sich für jdn/mit jdm*** ~ se réjouir pour qn/avec qn; ***sich auf jdn/etw*** ~ se réjouir [d'avance] de qn/qc **II.** *vt* ***jdn*** ~ *Geschenk, Nachricht:* réjouir qn; ***es freut mich, dass*** je me réjouis que +*subj*

Freund(in) [frɔynt] <-[e]s, -e> *m(f)* ① ami(e) *m(f);* ***unter ~en*** *(fam)* entre amis ② *(Anhänger)* amateur *m* ▶ **mein lieber ~!** *(iron)* mon petit ami!; **du bist mir**

ein schöner ~! *(iron fam)* tu parles d'un ami!
Freundeskreis ['frɔyndəskraɪs] *m* cercle *m* d'amis; ***im engsten ~ feiern*** fêter dans la plus stricte intimité
freundlich ['frɔyntlɪç] **I.** *adj* ❶ *(liebenswürdig)* aimable; ***~ zu jdm sein*** être aimable envers qn; ***das ist sehr ~ von Ihnen*** c'est très aimable à vous; ***so ~ sein und etw tun*** avoir l'amabilité de faire qc ❷ *Himmel* serein(e); *Wetter* agréable; *Zimmer* accueillant(e) **II.** *adv* de façon amicale
freundlicherweise ['frɔyntlɪçɐ'vaɪzə] *adv* aimablement; ***könnten Sie mir ~ sagen, ...?*** auriez-vous l'amabilité de me dire ...?
Freundlichkeit <-, -en> *f* ❶ *kein Pl (Liebenswürdigkeit)* amabilité *f* ❷ *(Handlung)* aimable attention *f; (Bemerkung)* parole *f* aimable
Freundschaft <-, -en> *f* amitié *f; **mit jdm ~ schließen*** se lier d'amitié avec qn; ***da hört die ~ auf!*** il y a des limites! *fam*
freundschaftlich **I.** *adj* amical(e) **II.** *adv* amicalement; ***mit jdm ~ verbunden sein*** être lié d'amitié avec qn
Freundschaftsdienst *m* service *m* d'ami **Freundschaftspreis** *m* prix *m* d'ami **Freundschaftsspiel** *nt* rencontre *f* amicale
Frevel ['fre:fəl] <-s, -> *m (geh)* ignominie *f;* REL sacrilège *m*
frevelhaft *adj (geh)* ignominieux, -euse; *Tat* criminel(le)
Frevler(in) ['fre:flɐ] <-s, -> *m(f) (geh)* scélérat(e) *m(f)*, criminel(le) *m(f);* REL sacrilège *mf*
Friede ['fri:də] <-ns, -n> *m* REL ***~ sei mit euch!*** la paix soit avec vous!
Frieden ['fri:dən] <-s, -> *m* paix *f; **im ~*** en temps de paix; ***mit jdm ~ schließen*** faire la paix avec qn; ***~ stiften*** faire régner la paix; ***[er] ruhe in ~!*** REL qu'il repose en paix! ▶ **jdn in ~ lassen** laisser qn en paix
Friedensangebot *nt* proposition *f* de paix
Friedensbewegung *f* mouvement *m* pacifiste **Friedenskonferenz** *f* conférence *f* de paix **Friedensnobelpreis** *m* prix *m* Nobel de la paix **Friedenspfeife** *f* calumet *m* de la paix **Friedenspolitik** *f* politique *f* de paix **Friedensprozess** *m* processus *m* de paix **Friedensrichter(in)** *m(f)* ❶ juge *m* de paix ❷ CH *(Laienrichter)* arbitre *m* **Friedensschluss** *m* accord *m* de paix **Friedenssicherung** *f* maintien *m* de la paix **friedensstiftend** *adj Maßnahme* pacifique **Friedensstifter(in)** *m(f)* pacificateur, -trice *m, f* **Friedenstaube** *f* colombe *f* de la paix **Friedenstruppe** *f* force *f* d'interposition **Friedensverhandlungen** *Pl* négociations *fpl* de paix **Friedensvertrag** *m* traité *m* de paix **Friedenszeit** *f* période *f* de paix; ***in ~en*** en temps de paix
friedfertig ['fri:tfɛrtɪç] *adj* pacifique
Friedfertigkeit *f* caractère *m* conciliant
Friedhof ['fri:tho:f] *m* cimetière *m*
friedlich **I.** *adj* pacifique; *Anblick* paisible **II.** *adv sterben* en paix
friedliebend ['fri:tli:bənt] *adj* pacifique
frieren ['fri:rən] <fror, gefroren> **I.** *vi* ❶ *+ haben* avoir froid; ***an den Füßen/Händen ~*** avoir froid aux pieds/mains ❷ *+ sein (gefrieren)* geler **II.** *vi unpers + haben **es friert*** il gèle **III.** *vt unpers + haben **es friert mich*** je suis gelé(e)
Fries [fri:s] <-es, -e> *m* ARCHIT frise *f*
Friese, **Friesin** ['fri:zə] <-n, -n> *m, f* Frison(ne) *m(f)*
friesisch ['fri:zɪʃ] *adj* frison(ne)
frigide [fri'gi:də] *adj* frigide
Frigidität [frigidi'tɛ:t] <-> *f* frigidité *f*
Frikadelle [frika'dɛlə] <-, -n> *f* boulette *f* [de viande]
Frikassee [frika'se:] <-s, -s> *nt* fricassée *f*
Frisbee® ['frɪzbi:] <-, -s> *nt* frisbee® *m*
frisch [frɪʃ] **I.** *adj* ❶ *Lebensmittel, Luft, Farbe* frais, fraîche; *Kräfte, Mut* nouveau, -velle; ***~ und munter sein*** *(fam)* être frais et dispos ❷ *(sauber)* propre; ***sich ~ machen*** faire un brin de toilette ❸ *(kühl)* frais, fraîche; ***es ist ~*** il fait frais **II.** *adv* fraîchement; ***~ gestrichen!*** peinture fraîche!; ***die Betten ~ beziehen*** changer les draps
Frische ['frɪʃə] <-> *f* fraîcheur *f* ▶ **in alter ~** *(fam)* plus frais, fraîche que jamais
Frischfleisch *nt* viande *f* fraîche **frischgebacken** *(fig, hum fam) Ehepaar* [tout(e)] jeune; *Lehrer* frais, fraîche émoulu(e)
Frischhaltebeutel *m* sachet *m* plastique
Frischhaltefolie [-fo:li̯ə] *f* cellophane® *f*
Frischkäse *m* fromage *m* frais
Frischling <-s, -e> *m* marcassin *m*
Frischluft *f* air *m* frais **Frischmilch** *f* lait *m* frais
Friseur(in) [fri'zø:ɐ̯] <-s, -e> *m(f)* coiffeur, -euse *m, f*
Friseursalon [fri'zø:ɐ̯zalõ:, -zalɔŋ] *m* salon *m* de coiffure
Friseuse [fri'zø:zə] <-, -n> *f* coiffeuse *f*
frisieren* [fri'zi:rən] *vt* ❶ coiffer *Person, Haare* ❷ *(fam)* trafiquer *Abrechnung, Auto*
Frisierkommode *f* coiffeuse *f*
frisiert *adj (fam) Zahlen* manipulé(e); *Mofa* trafiqué(e)

Frisör [fri'zøːɐ̯] *s.* **Friseur**
Frisöse *s.* **Friseuse**
frisst [frɪst] *3. Pers Präs von* **fressen**
Frist [frɪst] <-, -en> *f* délai *m*; ***eine ~ einhalten*** observer un délai; ***eine ~ verstreichen lassen*** laisser expirer un délai; ***innerhalb einer ~ von …*** dans un délai de …
fristen ['frɪstən] *vt* ***sein Dasein ~*** mener sa vie
Fristenregelung *f* loi *f* sur l'interruption volontaire de grossesse
fristgemäß, fristgerecht *adj o adv* dans les délais [impartis]; ***nicht ~*** en dehors des délais
fristlos *adj o adv kündigen* sans préavis
Fristverlängerung *f* prorogation *f* [de délai]
Frisur [fri'zuːɐ̯] <-, -en> *f* coiffure *f*
Fritten ['frɪtən] *Pl (fam)* frites *f pl*
Frittenbude *f (fam)* baraque *f* à frites *fam*
Fritteuse [frɪ'tøːzə] <-, -n> *f* friteuse *f*
frittieren* [frɪ'tiːrən] *vt* faire frire
frivol [fri'voːl] *adj* déplacé(e)
Frivolität [-vo-] <-, -en> *f (Anzüglichkeit)* incongruité *f*
Frl. *Abk von* **Fräulein** Mlle
froh [froː] *adj* ❶ *(glücklich)* joyeux, -euse ❷ *(fam: zufrieden)* ***über etw akk ~ sein*** être content de qc; ***[darüber] ~ sein, dass*** se réjouir que *+subj* ❸ *(erfreulich)* heureux, -euse; *Nachricht* bon(ne)
fröhlich ['frøːlɪç] **I.** *adj* joyeux, -euse **II.** *adv* allègrement
Fröhlichkeit <-> *f* gaieté *f*
frohlocken* *vi (geh: Schadenfreude empfinden)* jubiler
Frohnatur *f (geh: Mensch)* heureuse nature *f* **Frohsinn** *m kein Pl* heureuse nature *f*, heureux caractère *m*
fromm [frɔm] <-er *o* frömmer, -ste *o* frömmste> *adj* pieux, -euse
Frömmelei [frœmə'laɪ̯] <-, -en> *f (pej)* bigoterie *f*
Frömmigkeit ['frœmɪçkaɪ̯t] <-> *f* piété *f*
Fron [froːn] <-, -en> *f (geh)* corvée *f*
Fronarbeit *f* ❶ CH travail *m* d'intérêt général *(bénévole)* ❷ HIST corvée *f*
frönen ['frøːnən] *vi (geh)* ***einer S. dat ~*** s'adonner à qc
Fronleichnam [froːn'laɪ̯çnaːm] *kein Pl, kein Art* la Fête-Dieu
Front [frɔnt] <-, -en> *f* ❶ *(Vorderseite)* devant *m* ❷ MIL, POL, METEO front *m* ▶ **klare ~en schaffen** mettre les choses [clairement] au point

frontal [frɔn'taːl] **I.** *adj attr* frontal(e) **II.** *adv* de front; *darstellen* de face
Frontalangriff *m* MIL attaque *f* frontale **Frontalunterricht** *m* SCHULE cours *m* magistral **Frontalzusammenstoß** *m* collision *f* frontale
Frontantrieb *m* traction *f* avant **Frontlader** *m (Waschmaschine)* lave-linge *m* à chargement frontal **Fronturlaub** *m* permission *f (d'un soldat au front)* **Frontwechsel** *m* POL revirement *m*
fror [froːɐ̯] *Imp von* **frieren**
Frosch [frɔʃ, *Pl:* 'frœʃə] <-[e]s, Frösche> *m* ZOOL grenouille *f* ▶ **einen ~ im Hals** *fam* **haben** avoir un chat dans la gorge; **sei kein ~!** *(fam)* ne te fais pas prier! **Froschlaich** *m* frai *m* de grenouille
Froschmann <-männer> *m* homme-grenouille *m* **Froschperspektive** *f* contre-plongée *f* **Froschschenkel** *m* cuisse *f* de grenouille
Frost [frɔst, *Pl:* 'frœstə] <-[e]s, Fröste> *m* gel *m*; ***bei eisigem ~*** par forte gelée
Frostbeule *f* engelure *f*
frösteln ['frœstəln] **I.** *vi* grelotter **II.** *vt unpers* ***es fröstelt ihn*** il a des frissons
Frostgefahr *f* risque *m* de gelée
frostig ['frɔstɪç] **I.** *adj (a. fig)* glacial(e) **II.** *adv* avec froideur; *klingen* glacial(e)
Frostigkeit <-> *f* ❶ METEO ***die ~ des Wetters/Winds*** le temps/vent glacial ❷ *(fig) einer Person* froideur *f*
Frostschaden *m* dégât *m* causé par le gel **Frostschutzmittel** *nt* antigel *m*
Frottee [frɔ'teː] <-s, -s> *nt o m* tissu *m* éponge
Frotteehandtuch *nt* serviette *f* éponge
frottieren* [frɔ'tiːrən] *vt, vr* ***[sich] ~*** [se] frictionner
Frotzelei [frɔtsə'laɪ̯] <-, -en> *f (fam: Bemerkung)* sarcasme *m*
frotzeln ['frɔtsəln] *vi (fam)* se moquer
Frucht [frʊxt, *Pl:* 'frʏçtə] <-, Früchte> *f (a. fig)* fruit *m*; ***Früchte tragen*** donner des fruits
fruchtbar ['frʊxtbaːɐ̯] *adj (Person, Tier)* fécond(e); *Erde* fertile; *Gespräch, Arbeit* fructueux, -euse
Fruchtbarkeit <-> *f* fécondité *f*
Fruchtblase *f* poche *f* des eaux
Früchtchen <-s, -> *nt (fam)* chenapan *m*
Fruchteis *nt* glace *f* aux fruits
fruchten ['frʊxtən] *vi* porter ses fruits; ***nichts ~*** ne servir à rien
Früchtetee *m* thé *m* aux fruits
Fruchtfleisch *nt* pulpe *f* **Fruchtfliege** *f*

mouche *f* du vinaigre **Fruchtgummi** *nt* bonbon *m* gélifié aux fruits
fruchtig ['frʊxtɪç] *adj* fruité(e)
Fruchtjoghurt *m o nt* yaourt *m* aux fruits **Fruchtknoten** *m* BOT ovaire *m*
fruchtlos *adj Bemühungen* infructueux, -euse; *Ermahnungen* sans effet
Fruchtsaft *m* jus *m* de fruit **Fruchtsäure** *f* acide *m* des fruits **Fruchtwasser** *nt kein Pl* liquide *m* amniotique **Fruchtzucker** *m* fructose *m*
frugal [fru'ga:l] *adj (geh)* frugal(e)
früh [fry:] I. *adj* ❶ tôt; ***es ist noch*** ~ il est encore tôt; ***am ~en Abend*** tôt dans la soirée; ***am ~en Morgen*** de bon matin; ***der ~este Zug*** le [tout] premier train; ***seine ~e Kindheit*** sa prime enfance *soutenu* ❷ *Eintritt, Winter* précoce; *Tod* prématuré(e) II. *adv aufbrechen* de bonne heure; ***heute*** ~ ce matin; ***von ~ bis spät*** du matin au soir; ***~er als sechs Uhr*** avant six heures ▸ **~er oder später** tôt ou tard
Frühaufsteher(in) <-s,-> *m(f)* lève-tôt *mf fam*
Frühbucherrabatt *m* offre *f* [de] réservation anticipée
Frühchen ['fry:çən] <-s, -> *nt (fam)* petit prématuré *m* / petite prématurée *f fam*
Frühdienst *m* service *m* du matin
Frühe ['fry:ə] <-> *f* ***in aller*** ~ de bon matin
früher ['fry:ɐ] I. *adj* ❶ *(vergangen)* passé(e) ❷ *(ehemalig)* ancien(ne) II. *adv (ehemals)* autrefois; ***von*** ~ d'autrefois
Früherkennung *f* dépistage *m* précoce
frühestens ['fry:əstəns] *adv* au plus tôt
frühestmöglich *adj attr* ***zum ~en Zeitpunkt*** le plus tôt possible
Frühgeburt *f* ❶ naissance *f* avant terme ❷ *(Kind)* prématuré(e) *m(f)* **Frühgeschichte** *f* ❶ *kein Pl* protohistoire *f* ❷ *einer Bewegung* origines *f pl* **Frühjahr** ['fry:ja:ɐ] *nt* printemps *m*
Frühjahrsmüdigkeit *f fatigue intervenant au printemps*
frühkindlich *adj* infantile
Frühling ['fry:lɪŋ] <-s, -e> *m* printemps *m*; ***es wird*** ~ le printemps arrive; ***der Arabische*** ~ POL le Printemps arabe
Frühlingsanfang *m* début *m* du printemps **Frühlingsblume** *f* fleur *f* printanière
frühlingshaft *adj* printanier, -ière
Frühlingsrolle *f* GASTR rouleau *m* de printemps **Frühlingstag** *m* journée *f* printanière **Frühlingswetter** *nt* temps *m* printanier **Frühlingszwiebel** *f* échalote *f* nouvelle
Frühmesse *f* première messe *f* **frühmorgens** [fry:'mɔrgəns] *adv* de bon matin **Frühnebel** *m* brume *f* matinale **frühreif** *adj Kind* précoce **Frührente** *f* préretraite *f* **Frührentner(in)** *m(f)* préretraité(e) *m(f)* **Frühschicht** *f* équipe *f* du matin; ~ ***haben*** être [de l'équipe] du matin **Frühschoppen** *m réunion le dimanche matin dans le bistrot du coin* **Frühsommer** *m* début *m* de l'été; ***wir haben*** ~ c'est le début de l'été; ***im*** ~ au début de l'été **Frühsport** *m* gymnastique *f* matinale **Frühstadium** *nt* stade *m* précoce **Frühstart** *m* SPORT faux départ *m*
Frühstück ['fry:ʃtʏk] <-stücke> *nt* petit-déjeuner *m*
frühstücken ['fry:ʃtʏkən] *vi* prendre son petit-déjeuner **Frühstücksbüfett** *nt* petit-déjeuner *m* buffet **Frühstücksei** *nt* œuf *m* à la coque
Frühstücksfernsehen *nt* émissions *f pl* [de télé] matinales **Frühstücksflocken** *Pl* céréales *f pl* **Frühstückspause** *f* pause *f* petit-déjeuner *fam*
Frühverrentung *f* retraite *f* anticipée **Frühwarnsystem** *nt* système *m* de surveillance électronique **Frühwerk** *nt* œuvre *f* de jeunesse **frühzeitig** ['fry:tsaitɪç] I. *adj* précoce; *Tod* prématuré(e); *Operation* effectué(e) à temps II. *adv* [suffisamment] tôt; *(vorzeitig)* prématurément
Fruktose [frʊk'to:zə] <-; *kein Pl*> *f* fructose *m*
Frust [frʊst] <-[e]s> *m (fam)* frustration *f*
Frustration [frʊstra'tsi̯o:n] <-, -en> *f* frustration *f*
frustrieren* [frʊs'tri:rən] *vt* frustrer
frustrierend *adj* frustrant(e)
F-Schlüssel ['ɛfʃlʏsəl] *m* MUS clé *f* de fa
Fuchs [fʊks, *Pl:* 'fʏksə] <-es, Füchse> *m* ❶ *(Tier, Pelz)* renard *m* ❷ *(Pferd)* alezan *m* ❸ *(fam: Mensch)* [fin] renard *m*; ***ein schlauer*** ~ un vieux renard
Fuchsbau <-baue> *m* renardière *f*
fuchsen ['fʊksən] *vt (fam)* ***jdn*** ~ foutre qn en rogne
Fuchsie ['fʊksi̯ə] <-, -n> *f* fuchsia *m*
fuchsig ['fʊksɪç] I. *adj (fam)* ~ ***sein/werden*** être/se foutre en rogne *fam* II. *adv (fam)* en rogne *fam*
Füchsin ['fʏksɪn] <-, -nen> *f* ZOOL renarde *f*
Fuchsschwanz *m (Säge)* [scie *f*] égoïne *f*
fuchsteufelswild ['fʊks'tɔʏfəls'vɪlt] *adj (fam)* furax
Fuchtel ['fʊxtəl] ▸ **unter jds** *dat* ~ *(fam)* sous la coupe de qn

fuchteln *vi (fam)* gesticuler; ***mit etw ~*** agiter qc

Fug [fuːk] ▶ **mit ~ und Recht** *(geh)* à bon droit

Fuge ['fuːgə] <-, -n> *f* ❶ *(Ritze) im Holz* rainure *f; in der Mauer* joint *m* ❷ MUS fugue *f* ▶ **aus den ~n geraten** *(geh)* s'en aller à vau-l'eau

fügen ['fyːgən] **I.** *vr* ***sich ~*** *(sich unterordnen)* se soumettre; *(passen)* bien s'intégrer; *(sich ergeben)* s'arranger **II.** *vt (geh)* ***etw an/auf etw*** *akk* ~ ajouter qc à/sur qc

F

fügsam *adj (geh)* docile

Fügung <-, -en> *f* effet *m* de la Providence; ***eine glückliche ~*** un hasard providentiel; ***eine ~ des Schicksals*** un arrêt du destin

fühlbar *adj* ❶ *(merklich)* sensible ❷ *(tastbar)* palpable

fühlen ['fyːlən] **I.** *vt* ❶ *(empfinden)* sentir; *(spüren)* ressentir *Schmerz* ❷ *(ertasten)* toucher **II.** *vi* ***nach etw ~*** porter la main à qc; ***fühl mal!*** touche [voir]! **III.** *vr* ❶ ***sich schlecht ~*** se sentir mal; ***wie ~ Sie sich?*** comment vous sentez-vous? ❷ *(sich einschätzen)* se considérer comme

Fühler <-s, -> *m* ❶ *eines Insekts* antenne *f; einer Schnecke* corne *f* ❷ TECH *(Temperaturfühler)* sonde *f; (Sensor)* capteur *m* ▶ **seine ~ ausstrecken** *(fam)* tâter le terrain

fuhr [fuːɐ̯] *Imp von* **fahren**

Fuhre ['fuːrə] <-, -n> *f* ❶ *(Ladung)* chargement *m* ❷ *(Fahrt)* course *f*

führen ['fyːrən] **I.** *vt* ❶ *(geleiten)* guider; *(hinführen)* conduire; ***jdn zu jdm ~*** conduire qn chez qn; ***jdn über die Straße ~*** faire traverser la rue à qn; ***jdn durch eine Stadt ~*** guider qn à travers une ville ❷ *(bringen)* ***jdn auf ein Thema ~*** amener qn sur un sujet; ***was führt Sie zu mir?*** *(form)* qu'est-ce qui vous amène?; ***das Glas zum Mund ~*** porter le verre à ses lèvres ❸ *(leiten)* diriger ❹ *(form: steuern)* conduire ❺ *(form)* porter *Namen, Titel;* ***mit sich ~*** avoir avec soi *Papiere, Waffen* ❻ COM vendre *Artikel* **II.** *vi* ❶ *(in Führung liegen)* mener; ***2:0 ~*** mener 2 à 0 ❷ *(verlaufen)* ***durch den Tunnel ~*** traverser le tunnel; ***nach Kassel ~*** mener à Kassel ❸ *(als Ergebnis haben)* ***zu etw ~*** conduire à qc; ***das führt zu nichts*** ça ne mène à rien **III.** *vr (form: sich benehmen)* se conduire

führend *adj* de premier plan; ***in etw*** *dat* ***~ sein*** être leader dans qc

Führer(in) ['fyːrɐ] <-s, -> *m(f)* ❶ *(Leiter)* dirigeant(e) *m(f)* ❷ *(Reiseführer, Bergführer)* guide *mf* ❸ CH *(Lenker)* conducteur, -trice *m, f* ▶ **der ~** HIST le führer

Führerhaus *nt* cabine *f*

führerlos *adj* ❶ *(ohne Führung)* privé(e) de dirigeant(e) ❷ *(form) Kraftfahrzeug* privé(e) de conducteur, -trice

Führerschein *m* permis *m* [de conduire]; ***den ~ machen*** passer le permis [de conduire]

Führerscheinentzug *m* retrait *m* du permis [de conduire]

Fuhrpark *m* parc *m* automobile

Führung ['fyːrʊŋ] <-, -en> *f* ❶ *(Besichtigung)* visite *f* guidée ❷ *kein Pl (Betragen)* conduite *f* ❸ *kein Pl (leitende Gruppe)* direction *f;* ***unter jds*** *dat* ~ sous la direction de qn ❹ *kein Pl* SPORT avance *f;* ***in ~ gehen*** prendre la tête; ***in ~ liegen*** être en tête

Führungsanspruch *m* leadership *m* **Führungsebene** *f* ***auf ~*** au niveau de la direction **Führungskraft** *f* cadre *m* supérieur **Führungskrise** *f* crise *f* de management **führungslos** *adj inv* sans chef [*o* dirigeant] **Führungsposten** *m* poste *m* de dirigeant **Führungsriege** *f* direction *f* **Führungsrolle** *f* rôle *m* dirigeant **Führungsschwäche** *f* manque *m* d'autorité **Führungsspitze** *f eines Unternehmens* direction *f; einer Partei* comité *m* directeur **Führungsstärke** *f* autorité *f* dans la conduite des affaires **Führungsstil** *m* style *m* de direction **Führungswechsel** *m* changement *m* de direction **Führungszeugnis** *nt* certificat *m* de bonne conduite

Fuhrunternehmen *nt* société *f* de transports **Fuhrwerk** *nt* charrette *f*

Fülle ['fʏlə] <-> *f* ❶ *des Klanges, des Haares* volume *m* ❷ *(Körperfülle)* embonpoint *m* ❸ *(Menge)* ***eine ~ von etw*** une foule de qc

füllen ['fʏlən] **I.** *vt* ❶ remplir *Gefäß* ❷ GASTR farcir ❸ *(einfüllen)* ***etw in einen Behälter ~*** verser qc dans un récipient **II.** *vr* ***sich ~*** se remplir

Füller ['fʏlɐ] <-s, -> *m* stylo *m*

Füllfederhalter *m* stylo-plume *m* **Füllgewicht** *nt* COM poids *m* net

füllig *adj Figur* enveloppé(e); *Haar* volumineux, -euse

Füllung <-, -en> *f* ❶ *eines Polsters* rembourrage *m; eines Zahns* plombage *m* ❷ GASTR farce *f* ❸ *(Türfüllung)* panneau *m*

Füllwort <-wörter> *nt* explétif *m*

Fummel ['fʊməl] <-s, -> *m (fam)* fringues *f pl*

fummeln ['fʊməln] *vi (fam)* ❶ *(hantieren)* tripatouiller; ***an etw*** *dat* ~ tripatouiller qc ❷ *(sexuell)* se peloter
Fund [fʊnt] <-[e]s, -e> *m* ❶ *kein Pl (form: das Entdecken)* découverte *f*; ***einen ~ machen*** *(geh)* faire une découverte ❷ *(etwas Gefundenes)* trouvaille *f*
Fundament [fʊnda'mɛnt] <-[e]s, -e> *nt* ❶ fondations *fpl* ❷ *(Grundlage)* base *f*; ***das ~ zu etw legen*** jeter les bases de qc
fundamental [fʊndamɛn'taːl] *adj* fondamental(e)
Fundamentalismus [fʊndamɛnta'lɪsmʊs] <-> *m* fondamentalisme *m*; REL intégrisme *m*
Fundamentalist(in) [fʊndamɛnta'lɪst] <-en, -en> *m(f)* intégriste *mf*
fundamentalistisch [fʊndamɛnta'lɪstɪʃ] *adj* fondamentaliste; REL intégriste
Fundbüro *nt* bureau *m* des objets trouvés **Fundgrube** *f* mine *f*
fundiert *adj Beurteilung* fondé(e); *Untersuchung* approfondi(e)
fündig ['fʏndɪç] *adj* ~ ***werden*** trouver quelque chose
Fundort *m* lieu *m* de la découverte **Fundsache** *f* objet *m* trouvé
Fundus <-, -> *m* THEAT magasin *m* des accessoires
fünf [fʏnf] *num* cinq ▶ **es ist ~ [Minuten] vor zwölf** il est grand temps [d'agir]; **~[e] gerade sein lassen** *(fam)* fermer un œil; *s. a.* **acht**[1]
Fünf <-, -en> *f* ❶ *(schlechte Schulnote)* ≈ huit *m* [sur vingt] ❷ CH *(gute Schulnote)* ≈ seize *m* [sur vingt]
Fünfeck *nt* pentagone *m* **fünfeckig** *adj* pentagonal(e) **fünfeinhalb** ['fʏnfʔain-'halp] *num* ~ ***Meter*** cinq mètres et demi; *s. a.* **achteinhalb**
Fünfer ['fʏnfɐ] <-s, -> *m (fam: Lottogewinn)* cinq bons numéros *mpl*
fünferlei ['fʏnfɐ'lai] *adj inv* ~ ***Sorten Brot*** cinq sortes de pain; *s. a.* **achterlei**
Fünfeuroschein *m* billet *m* de cinq euros
fünffach ['fʏnffax] **I.** *adj* ***die ~e Menge nehmen*** prendre cinq fois la dose **II.** *adv falten* cinq fois; *s. a.* **achtfach**
fünfhundert ['fʏnf'hʊndɐt] *num* cinq cents **Fünfjahresplan** ['fʏnf'jaːrəsplaːn] *m* plan *m* quinquennal **Fünfkampf** *m* pentathlon *m* **Fünfkämpfer(in)** *m(f)* pentathlonien(ne) *m(f)*
Fünfling <-s, -e> *m* quintuplé(e) *m(f)*
fünfmal *adv* cinq fois; *s. a.* **achtmal** **Fünfprozenthürde** *f* barre *f* des cinq pour cent
Fünfprozentklausel *f* clause *f* des cinq pour cent
fünfstellig *adj Zahl* de cinq chiffres
fünft [fʏnft] *adv* ***zu ~ sein*** être cinq; *s. a.* **acht**[2]
Fünftagewoche [fʏnf'taːgə-] *f* semaine *f* de cinq jours
fünftausend ['fʏnf'tauzənt] *num* cinq mille
fünfte(r, s) ['fʏnftə, -tɐ, -təs] *adj* ❶ cinquième ❷ *(bei Datumsangabe)* ***der ~ März*** le cinq mars; *s. a.* **achte(r, s)**
fünftel ['fʏnftəl] *adj* cinquième; *s. a.* **achtel**
Fünftel ['fʏnftəl] <-s, -> *nt* cinquième *m*
fünftens ['fʏnftəns] *adv* cinquièmement
Fünftürer <-s, -> *m* cinq portes *f*
fünfzehn ['fʏnftseːn] *num* quinze; *s. a.* **acht**[1] **Fünfzehntel** *nt a.* MATH quinzième *m*
fünfzig ['fʏnftsɪç] *num* cinquante; *s. a.* **achtzig**
Fünfzig <-, -en> *f* cinquante *m*
Fünfzigcentstück *nt* pièce *f* de cinquante cents
fünfziger *adj inv* ***die ~ Jahre*** les années *fpl* cinquante; *s. a.* **Fünfzigerjahre**
Fünfziger ['fʏnftsɪgɐ] *Pl* ❶ ***die ~*** *eines Jahrhunderts* les années *fpl* cinquante ❷ *(Lebensalter)* ***in den ~n sein*** être quinquagénaire
Fünfzigerjahre, 50er-Jahre ['fʏnftsɪgɐ-] *Pl* ***die ~*** les années *fpl* cinquante
Fünfzigeuroschein *m* billet *m* de cinquante euros
fünfzigjährig *adj attr* de cinquante ans; *s. a.* **achtzigjährig**
fünfzigste(r, s) *adj* cinquantième; *s. a.* **achtzigste(r, s)**
Fünfzigstel <-s, -> *nt* cinquantième *m*; ***ein ~ einer S.*** *gen* un cinquantième de qc
Fünfzimmerwohnung *f* appartement *m* de cinq pièces
fungieren* [fʊŋ'giːrən] *vi (walten)* ***als etw ~*** *Person:* faire fonction de qc; *Gegenstand:* faire office de qc
Funk [fʊŋk] <-s> *m* radio *f*
Funkamateur(in) [-amatøːɐ] *m(f)* radioamateur *m*
Fünkchen ▶ **ein ~ Hoffnung** une lueur d'espoir
Funke ['fʊŋkə] <-ns, -n> *m* étincelle *f*; ***~n sprühend*** projetant des étincelles ▶ **ein ~n Hoffnung** une lueur d'espoir
funkeln ['fʊŋkəln] *vi* étinceler
funkelnagelneu ['fʊŋkəl'naːgəl'nɔy] *adj (fam)* flambant neuf, neuve
funken ['fʊŋkən] **I.** *vt* transmettre par

F

radio; ***eine Nachricht/ein Signal ~*** transmettre une nouvelle/lancer un signal par radio **II.** *vi (Funken sprühen)* faire des étincelles **III.** *vi unpers (fam: verstehen)* ***es hat bei ihm gefunkt*** il a pigé

Funken ['fʊŋkən] <-s, -> *m s.* **Funke**

Funker(in) ['fʊŋkɐ] <-s, -> *m(f)* [opérateur, -trice *m, f*] radio *m*

Funkgerät *nt* appareil *m* de radio **Funkhaus** *nt* studios *mpl* **Funkloch** *nt* zone *f* non couverte par le réseau **Funkpeilung** *f* radiogoniométrie *f* **Funksignal** *nt* signal *m* radio **Funksprechgerät** *nt* talkie-walkie *m* **Funkspruch** *m* message *m* radio **Funkstation** *f* ❶ *(Sendestation)* poste *m* émetteur ❷ *(Empfangsstation)* station *f* radio **Funkstille** *f* TELEC silence *m* radio ► **es herrscht bei jdm ~** *(fam)* c'est le grand silence chez qn **Funkstreife** *f* ronde *f* de police [en voiture radio] **Funktaxi** *nt* radio-taxi *m* **Funktechnik** *f kein Pl* radiotechnique *f* **Funktelefon** *nt* radio-téléphone *m*

Funktion [fʊŋk'tsi̯oːn] <-, -en> *f* fonction *f;* ***in ~ treten*** entrer en fonction; ***außer ~ sein*** être hors service

funktional [fʊŋktsi̯o'naːl] *s.* **funktionell**

Funktionär(in) [fʊŋtsi̯o'nɛːɐ̯] <-s, -e> *m(f)* permanent(e) *m(f)*

funktionell [fʊŋtsi̯o'nɛl] *adj a.* MED fonctionnel(le)

funktionieren* [fʊŋtsi̯o'niːrən] *vi* fonctionner

funktionsfähig *adj* en état de marche **funktionsgerecht** *adj* TECH fonctionnel(le) **Funktionsstörung** *f* MED trouble *m* fonctionnel **Funktionstaste** *f* INFORM touche *f* "fonction" **funktionstüchtig** *adj* en état de marche

Funkturm *m* tour *f* hertzienne **Funkuhr** *f* horloge *f* radio-pilotée; *(Armbanduhr)* montre *f* radio-pilotée **Funkverbindung** *f* liaison *f* radio **Funkverkehr** *m* radiocommunication *f*

für [fyːɐ̯] *präp +akk* ❶ pour; ***~ Kinder*** pour enfants; ***~ jdn bestimmt sein*** être destiné à qn; ***jdn ~ intelligent halten*** juger qn intelligent(e) ❷ *(wiederholend)* ***Tag ~ Tag*** jour après jour ❸ *mit Fragepronomen* ***was ~ ...*** quel(le)s ...; ***was ~ ein ...*** quelle sorte de ...; ***~ was soll das gut sein?*** à quoi cela peut-il servir? ► **~ sich** *(allein)* seul(e); ***jeder ~ sich*** chacun pour soi; ***etw ~ sich [allein] entscheiden*** décider de qc à titre personnel; **~ sich [genommen]** pris(e) séparément

Für <-> *nt* ► **das ~ und Wider** le pour et le contre

Fürbitte *f* prière *f* [d'intercession]

Furche ['fʊrçə] <-, -n> *f* ❶ *(Ackerfurche)* sillon *m* ❷ *(Gesichtsfalte)* ride *f*

furchen *vt (geh)* ❶ tracer des sillons dans *Acker* ❷ rider *Stirn*

Furcht [fʊrçt] <-> *f* peur *f;* ***jdm ~ einflößen*** faire peur à qn; ***~ erregend*** effrayant(e)

furchtbar I. *adj* terrible; ***das ist ja ~!*** mais c'est affreux! **II.** *adv mit adj* terriblement; *mit Verb* affreusement

furchteinflößend *s.* **Furcht**

fürchten ['fʏrçtən] **I.** *vt* ❶ redouter ❷ *(befürchten)* craindre; ***nichts zu ~ haben*** n'avoir rien à craindre **II.** *vr* ***sich vor jdm/etw ~*** avoir peur de qn/qc **III.** *vi* ***um jdn/etw ~*** craindre pour qn/qc; ***zum Fürchten sein*** faire peur

fürchterlich ['fʏrçtɐlɪç] *s.* **furchtbar**

furchterregend *s.* **Furcht**

furchtlos *adj Person* hardi(e); *Vorgehen* courageux, -euse

Furchtlosigkeit <-> *f* audace *f*

furchtsam *adj (geh)* craintif, -ive

Furchtsamkeit <-, -en> *f (geh)* crainte *f*

füreinander [fyːɐ̯ʔai̯'nandɐ] *adv* l'un(e) pour l'autre/les un(e)s pour les autres; ***~ bestimmt sein*** être faits l'un pour l'autre

Furie ['fuːri̯ə] <-, -n> *f (pej: Frau)* furie *f*

Furnier [fʊr'niːɐ̯] <-s, -e> *nt* placage *m*

furnieren* [fʊr'niːrən] *vt* plaquer

Furore [fu'roːrə] <-> *f,* <-s> *nt* ► **~ machen** *(fam)* faire un malheur

Fürsorge ['fyːɐ̯zɔrgə] *f kein Pl* ❶ *(Betreuung)* soins *mpl* ❷ *(fam: Sozialhilfe)* aide *f* sociale

Fürsorgeamt *nt* CH bureau *m* d'aide sociale **Fürsorgepflicht** *f* devoir *m* d'assistance [sociale]

fürsorglich ['fyːɐ̯zɔrklɪç] **I.** *adj* attentionné(e) **II.** *adv* avec soin

Fürsorglichkeit <-> *f* attention *f*

Fürsprache ['fyːɐ̯ʃpraːxə] *f* intervention *f;* ***~ für jdn einlegen*** intercéder en faveur de qn **Fürsprecher(in)** *m(f)* avocat(e) *m(f)*

Fürst(in) ['fʏrst] <-en, -en> *m(f)* prince, -esse *m, f*

Fürstentum <-[e]s, -tümer> *nt* principauté *f*

fürstlich I. *adj* princier, -ière; *Trinkgeld* royal(e) **II.** *adv* de façon princière

Furt [fʊrt] <-, -en> *f* gué *m*

Furunkel [fu'rʊŋkəl] <-s, -> *nt o m* furoncle *m*

Fürwort <-wörter> *nt* pronom *m*

Furz [fʊrts, *Pl:* 'fʏrtsə] <-es, Fürze> *m* *(fam)* pet *m*

furzen ['fʊrtsən] *vi (fam)* péter

Fusel ['fu:zəl] <-s, -> *m (pej fam)* tord-boyaux *m*

Fusion [fu'zi̯o:n] <-, -en> *f* COM, PHYS fusion *f*

fusionieren* [fuzi̯o'ni:rən] *vi* fusionner

Fusionsreaktor *m* PHYS réacteur *m* thermonucléaire

Fuß [fu:s, *Pl:* 'fy:sə] <-es, Füße> *m* ❶ pied *m; **gut zu ~ sein*** avoir de bonnes jambes; ***sich jdm zu Füßen werfen*** se jeter aux pieds de qn; ***zu ~*** à pied; ***bei ~!*** au pied! ❷ *kein Pl (Längenmaß)* pied *m* ▶ **auf eigenen Füßen stehen** voler de ses propres ailes; **sich auf freiem ~ befinden** être en liberté; **auf großem ~ leben** mener grand train; **mit jdm auf gutem ~ stehen** être en bons termes avec qn; **kalte Füße bekommen** *(fam)* se défiler; **irgendwo ~ fassen** prendre pied quelque part; **einer S. auf dem ~e folgen** succéder [immédiatement] à qc; **etw mit Füßen treten** fouler aux pieds qc

Fußabdruck <-abdrücke> *m* empreinte *f* de pied **Fußabstreifer** <-s, -> *m,* **Fußabtreter** <-s, -> *m* DIAL décrottoir *m* **Fußbad** *nt* bain *m* de pieds **Fußball** *m* ❶ *kein Pl (Spiel)* football *m* ❷ *(Ball)* ballon *m* [de football]

Fußballer(in) <-s, -> *m(f) (fam)* footballeur, -euse *m, f*

Fußballfan *m* fan *mf* de foot **Fußballmannschaft** *f* équipe *f* de football **Fußballplatz** *m* terrain *m* de football **Fußballschuh** *m* chaussure *f* de football [*o* de foot *fam*] **Fußballspiel** *nt* match *m* de football **Fußballspieler(in)** *m(f)* joueur, -euse *m, f* de football **Fußballverein** *m* club *m* de football

Fußbank <-bänke> *f* petit banc *m*

Fußboden *m* sol *m*

Fußbodenbelag *m* revêtement *m* de sol **Fußbodenheizung** *f* chauffage *m* par le sol

Fußbreit ['fu:sbrai̯t] <-> *m kein Pl* pied *m; **keinen ~** zurückweichen* pas d'une semelle

Fußbremse *f* pédale *f* de frein

Fussel ['fʊsəl] <-, -n> *f,* <-s, -> *m* peluche *f*

fusselig ['fʊsəlɪç] *adj* qui peluche

fusseln ['fʊsəln] *vi* pelucher

fußen ['fu:sən] *vi* reposer; ***auf etw dat ~*** reposer sur qc

Fußende *nt* pied *m*

Fußgänger(in) ['fu:sgɛŋɐ] <-s, -> *m(f)* piéton(ne) *m(f)*

Fußgängerampel *f* feu *m* pour piétons **Fußgängerüberweg** *m* passage *m* pour piétons **Fußgängerzone** *f* zone *f* piétonne

Fußgelenk *nt* cheville *f*

fußläufig *adj* à pied **Fußleiste** *f* plinthe *f*

fusslig ['fʊslɪç] *s.* **fusselig**

Fußmarsch *m* marche *f* à pied **Fußmatte** *f* paillasson *m* **Fußnagel** *m* ongle *m* [du pied] **Fußnote** *f* note *f* [de bas de page] **Fußpflege** *f* soins *mpl* des pieds **Fußpilz** *m* mycose *f* [du pied] **Fußsohle** *f* plante *f* du pied **Fußspitze** *f* pointe *f* du pied **Fußspur** *f* trace *f* de pas **Fußstapfen** *m* ▶ **in jds** *akk* **~ treten** marcher sur les traces de qn **Fußstütze** *f* ❶ repose-pied *m* ❷ *eines Schuhs* semelle *f* orthopédique **Fußtritt** *m* coup *m* de pied **Fußvolk** *nt (pej fam)* ***das ~*** le petit peuple **Fußweg** *m (Pfad)* sentier *m* **Fußzeile** *f* pied *m* de page

futsch [fʊtʃ] *adj (fam)* **~ *sein*** être fichu

Futter ['fʊtɐ] <-s, -> *nt* ❶ *kein Pl (Nahrung)* nourriture *f* ❷ *eines Mantels, Umschlags* doublure *f* ❸ TECH mandrin *m*

Futteral [fʊtə'ra:l] <-s, -e> *nt* étui *m*

Futterkrippe *f* mangeoire *f*

futtern ['fʊtɐn] *vt, vi (fam)* bouffer

füttern ['fʏtɐn] *vt* ❶ nourrir *Säugling, Tier* ❷ INFORM *(fam)* alimenter *Computer* ❸ COUT doubler

Futternapf *m* écuelle *f* **Futterneid** *m* ≈ peur *f* d'en avoir moins que les autres **Futterpflanze** *f* plante *f* fourragère **Futterstoff** *m* doublure *f* **Futtertrog** *m* auge *f*

Fütterung ['fʏtərʊŋ] <-, -en> *f (Tierfütterung)* alimentation *f*

Futterzusatz *m* AGR complément *m* alimentaire

Futur [fu'tu:ɐ̯] <-s, -e> *nt* GRAM futur *m*

futuristisch [futu'rɪstɪʃ] *adj* futuriste

Gg

g *Abk von* **Gramm** g
G, g [geː] <-, -> *nt* ❶ G *m* /g *m* ❷ MUS sol *m*
gab [gaːp] *Imp von* **geben**
Gabe ['gaːbə] <-, -n> *f* ❶ *(geh: Geschenk)* présent *m* ❷ *(Spende)* ***eine milde ~*** une aumône ❸ *(Begabung)* don *m* ❹ *kein Pl (das Verabreichen)* administration *f*
Gabel ['gaːbəl] <-, -n> *f* ❶ fourchette *f* ❷ *(Heugabel)* fourche *f*

G

gabeln ['gaːbəln] *vr* ***sich ~*** *Straße:* bifurquer
Gabelstapler ['gaːbəlʃtaːplɐ] <-s, -> *m* chariot *m* élévateur [à fourche]
Gabelung <-, -en> *f* bifurcation *f*
Gabentisch *m table où sont disposés les cadeaux à Noël ou pour un anniversaire*
Gabun [ga'buːn] <-s> *nt* le Gabon
Gabuner(in) [ga'buːnɐ] <-s, -> *m(f)* Gabonais(e) *m(f)*
gabunisch [ga'buːnɪʃ] *adj* gabonais(e)
gackern ['gakɐn] *vi (a. fig, pej)* glousser *péj*
gaffen ['gafən] *vi (pej)* reluquer; ***nach jdm/etw ~*** reluquer qn/qc *fam*
Gaffer(in) <-s, -> *m(f) (pej)* badaud(e) *m(f)*
Gag [gɛk] <-s, -s> *m* gag *m*
Gage ['gaːʒə] <-, -n> *f* cachet *m*
gähnen ['gɛːnən] *vi* bâiller
Gala ['ga(ː)la] <-> *f* tenue *f* de gala; ***sich in ~ werfen*** *(fam)* se mettre sur son trente et un
Galaabend *m* soirée *f* de gala
galaktisch [ga'laktɪʃ] *adj Nebel* galactique
galant [ga'lant] *adj* galant(e)
Galavorstellung *f* représentation *f* de gala
Galaxie [gala'ksiː] <-, -i̯en> *f* ASTRON galaxie *f*
Galeere [ga'leːrə] <-, -n> *f* galère *f*
Galerie [galə'riː] <-, -i̯en> *f* ❶ *(Kunstgalerie)* galerie *f* [d'art] ❷ ARCHIT galerie *f* ❸ CH, A *(Tunnel)* tunnel *m*
Galerist(in) [galə'rɪst] <-en, -en> *m(f)* galeriste *mf*
Galgen ['galgən] <-s, -> *m* potence *f*
Galgenfrist *f (fam)* ultime délai *m* **Galgenhumor** *m* humour *m* noir
Galionsfigur [ga'li̯oːns-] *f (a. fig)* figure *f* de proue
Galle ['galə] <-, -n> *f* ❶ *(Organ)* vésicule *f* biliaire ❷ *(Sekret)* bile *f*
Gallenblase *f* vésicule *f* biliaire **Gallenkolik** *f* colique *f* hépatique **Gallenstein** *m* calcul *m* biliaire
Gallert ['galɐt, ga'lɛrt] <-[e]s, -e> *nt* gelée *f*
gallertartig [ga'lɛrtʔaːɐ̯tɪç] *adj* gélatineux, -euse
Gallien ['gali̯ən] <-s> *nt* Gaule *f*
Gallier(in) ['galiɐ] <-s, -> *m(f)* Gaulois(e) *m(f)*
gallisch ['galɪʃ] *adj* gaulois(e)
Galopp [ga'lɔp] <-s, -s *o* -e> *m* galop *m;* ***im ~*** au galop
galoppieren* [galɔ'piːrən] *vi + haben o sein* galoper
galt [galt] *Imp von* **gelten**
galvanisch [gal'vaːnɪʃ] *adj* TECH galvanique
Galvaniseur(in) [galvani'zøːɐ̯] <-s, -e> *m(f)* TECH galvaniseur, -euse *m, f*
galvanisieren* [galvani'ziːrən] *vt* TECH galvaniser
Gambia ['gambi̯a] <-s> *nt* la Gambie
Gameboy® ['gembɔy] <-s, -s> *m* Gameboy® *m* **Gamepad** ['geːmpɛd] <-s, -s> *nt* INFORM gamepad *m* **Gameshow** ['geːmʃoː] <-, -s> *f* jeu *m* télévisé
Gammastrahlen ['gamaʃtraːlən] *Pl* PHYS rayons *mpl* gamma
gammelig ['gaməlɪç] *adj (fam) Obst* pourri(e)
gammeln ['gaməln] *vi (pej fam: faulenzen)* gland[ouill]er
Gämse ['gɛmzə] <-, -n> *f* chamois *m*
gang [gaŋ] ► **~ und gäbe sein** être monnaie courante
Gang¹ [gaŋ, *Pl:* 'gɛŋə] <-[e]s, Gänge> *m* ❶ *kein Pl (Gangart)* démarche *f* ❷ *(Behördengang)* démarche *f;* ***der ~ zum Zahnarzt*** la visite chez le dentiste ❸ *(Ablauf) der Ereignisse, Geschäfte* cours *m* ❹ GASTR plat *m* ❺ TECH vitesse *f;* ***im ersten/dritten ~*** en première/troisième ❻ *(Korridor)* couloir *m* ► **in vollem ~e sein** *Vorbereitungen, Party:* battre son plein; **in ~ bringen** mettre en marche *Maschine;* entamer *Verhandlungen;* **in ~ kommen** *Arbeiten:* démarrer; *Verhandlungen:* s'engager
Gang² [gɛŋ] <-, -s> *f (Bande)* gang *m*
Gangart *f eines Pferdes* allure *f*
gangbar *adj* ***ein ~er Weg*** un chemin praticable; *(fig)* une voie envisageable
gängeln ['gɛŋəln] *vt (pej)* tenir en laisse
gängig ['gɛŋɪç] *adj* ❶ *(üblich)* courant(e)

❷ COM *Artikel* demandé(e); *Größe* courant(e)
Gangschaltung *f (beim Auto)* changement *m* de vitesse; *(beim Fahrrad)* dérailleur *m*
Gangster ['gɛŋstɐ] <-s, -> *m (pej)* gangster *m*
Gangsterboss ['gæŋstɐ-] *m (pej)* chef *m* de gang *péj*
Gangway ['gɛŋveː] <-, -s> *f* passerelle *f* [d'embarquement]
Ganove [ga'noːvə] <-n, -n> *m (pej fam: Verbrecher)* truand *m*
Gans [gans, *Pl:* 'gɛnzə] <-, Gänse> *f* ❶ oie *f* ❷ *(pej fam: Schimpfwort)* ***[du] dumme ~!*** espèce d'âne!
Gänseblümchen ['gɛnzəblyːmçən] *nt* pâquerette *f* **Gänsebraten** *m* oie *f* rôtie
Gänsefüßchen ['gɛnzəfyːsçən] *Pl (fam)* guillemets *mpl* **Gänsehaut** *f* chair *f* de poule; ***eine ~ haben*** avoir la chair de poule **Gänseleberpastete** *f* foie *m* gras [d'oie] **Gänsemarsch** *m* ***im ~*** à la queue leu leu
Gänserich ['gɛnzərɪç] <-s, -e> *m* jars *m*
Gänseschmalz *nt* graisse *f* d'oie
ganz [gants] **I.** *adj* ❶ *(gesamt, vollzählig)* complet, -ète; ***die ~e Nachbarschaft*** tous les voisins; ***die ~e Wahrheit*** toute la vérité; ***~ Paris*** tout Paris ❷ *Drehung* complet, -ète; *Zahl* entier, -ière; ***eine ~e Note*** une ronde *f;* ***den ~en Tag [über]*** toute la journée ❸ *(fam: all der/die/das ...)* ***dieses ~e Gerede*** tous ces discours ❹ *(fam: unbeschädigt)* intact(e); ***etw [wieder] ~ machen*** rafistoler qc ❺ *(fam: nur)* ***~e zehn Euro spenden*** donner tout juste dix euros ❻ *(fam: ziemlich viel)* ***eine ~e Menge Geld*** une sacrée somme [d'argent] **II.** *adv* ❶ *kalt, hoch* très; *fürchterlich, schön* vraiment; *begeistert, überrascht* totalement; *allein* tout; *egal, ruhig* parfaitement; ***~ gleich, was passiert*** quoi qu'il arrive; ***~ recht!*** très juste! ❷ *(fam: ziemlich)* assez; ***ein ~ gutes Gehalt*** un assez bon salaire ❸ *(an der äußersten Stelle)* tout [à fait] ❹ *(vollständig)* complètement ► **~ und gar** totalement; **~ und gar nicht** pas du tout
Ganze <-> *f* intégralité *f;* ***in seiner/ihrer ~*** *(geh)* dans son intégralité
Ganze(s) *nt dekl wie adj* ❶ *(Ganzheit)* ensemble *m* ❷ *(alle Sachen)* ***das ~*** le tout; *(die ganze Angelegenheit)* tout cela *fam* ► **aufs ~ gehen** *(fam)* risquer le tout; **es geht ums ~** risquer le tout pour le tout
ganzheitlich *adj* global(e)
Ganzheitsmedizin *f* médecine *f* globale
ganzjährig *adj o adv* [durant] toute l'année
gänzlich ['gɛntslɪç] **I.** *adj Fehlen, Mangel* total(e) **II.** *adv* totalement
ganzseitig I. *adj Anzeige* pleine page **II.** *adv inserieren* en pleine page
ganztägig ['gantstɛːgɪç] **I.** *adj Arbeit, Stelle* à temps complet; *Ausflug* d'une journée **II.** *adv* toute la journée; *arbeiten* à plein temps
ganztags *adv arbeiten* à plein temps
Ganztagsbeschäftigung *f* [emploi *m* à] plein temps *m* **Ganztagsschule** *f type d'école et de scolarité où les cours ont lieu toute la journée*
gar[1] [gaːɐ̯] *adv* ❶ *(überhaupt)* ***~ nichts/niemand*** absolument rien/personne; ***~ nicht teuer*** pas cher, chère du tout ❷ *(geschweige)* ***100 oder ~ 200 Euro sind einfach zu viel*** 100 voire 200 euros sont bien trop
gar[2] [gaːɐ̯] *adj* ***~ sein*** être bien cuit
Garage [ga'raːʒə] <-, -n> *f* garage *m*
Garant(in) [ga'rant] <-en, -en> *m(f)* garant(e) *m(f)*
Garantie [garan'tiː] <-, -ien> *f* garantie *f;* ***ein Jahr ~ haben*** être garanti un an
garantieren* [garan'tiːrən] **I.** *vt* garantir **II.** *vi* ***für etw ~*** *Person:* se porter garant pour qc
garantiert *adv (fam)* ***er hat das ~ vergessen!*** à coup sûr, il l'a oublié!
Garantieschein *m* bon *m* de garantie **Garantiezeit** *f* délai *m* de garantie
Garaus ['gaːɐ̯ʔaus] ► **jdm den ~ machen** *(fam)* achever qn
Garbe ['garbə] <-, -n> *f* ❶ *(Getreidegarbe)* gerbe *f* ❷ *(Geschossgarbe)* rafale *f*
Garde ['gardə] <-, -n> *f* garde *f* **Garderegiment** *nt* régiment *m* de la garde
Garderobe [gardə'roːbə] <-, -n> *f* ❶ *(Ständer)* portemanteau *m* ❷ *(Aufbewahrungsraum)* vestiaire *m* ❸ *(geh: Kleidung)* garde-robe *f* ❹ *(Umkleideraum)* *eines Schauspielers* loge *f*
Garderobenfrau *f* dame *f* du vestiaire **Garderobenmarke** *f* numéro *m* de vestiaire **Garderobenständer** *m* portemanteau *m*
Garderobier, **Garderobiere** [gardəro'bi̯eː] <-s, -s> *m, f* THEAT *(für die Kostüme zuständige Person)* habilleur, -euse *m, f*
Gardine [gar'diːnə] <-, -n> *f* rideau *m* ► **hinter schwedischen ~n sitzen** *(hum fam)* être à l'ombre
Gardinenleiste *f* tringle *f* de rideau
Gardinenstange *f* tringle *f* à rideau

G

garen ['ga:rən] *vt* [faire] cuire *Fleisch, Gemüse*
gären ['gɛ:rən] <gärte *o* gor, gegärt *o* gegoren> *vi + haben o sein* fermenter
Garn [garn] <-[e]s, -e> *nt* fil *m*
Garnele [gar'ne:lə] <-, -n> *f* crevette *f* [rose]
garnieren* [gar'ni:rən] *vt* garnir; ***einen Braten/Kuchen mit etw ~*** garnir un rôti de qc/décorer un gâteau avec qc
Garnison [garni'zo:n] <-, -en> *f* garnison *f*
Garnitur [garni'tu:ɐ̯] <-, -en> *f* parure *f*; ***eine ~ Bettwäsche/Unterwäsche*** une parure de draps/de linge

Falsche Freunde
Nicht verwechseln mit *la garniture* – *die Beilage*!

Garnrolle *f* bobine *f* de fil
garstig ['garstɪç] *adj (geh)* ❶ *(ungezogen)* vilain(e) ❷ *(abscheulich)* répugnant(e), affreux, -euse
Garten ['gartən, *Pl:* 'gɛrtən] <-s, Gärten> *m* jardin *m*; ***zoologischer ~*** jardin *m* zoologique ▶ **der ~ Eden** le jardin d'Éden
Gartenarbeit *f* jardinage *m* **Gartenarchitekt(in)** *m(f)* [architecte *mf*] paysagiste *mf* **Gartenbau** *m kein Pl* horticulture *f* **Gartenfest** *nt* garden-party *f* **Gartengerät** *nt* outil *m* de jardin **Gartenhaus** *nt* pavillon *m* **Gartenlaube** *f* gloriette *f* **Gartenlokal** *nt* café-restaurant *m* avec terrasse **Gartenmöbel** *Pl* mobilier *m* [*o* meubles *mpl*] de jardin **Gartenschere** *f* sécateur *m* **Gartentor** *nt* porte *f* du/de jardin **Gartenzaun** *m* clôture *f* de jardin **Gartenzwerg** *m* nain *m* de jardin
Gärtner(in) ['gɛrtnɐ] <-s, -> *m(f)* jardinier, -ière *m, f*
Gärtnerei [gɛrtnə'rai] <-, -en> *f* établissement *m* horticole; *(Gemüsegärtnerei)* entreprise *f* maraîchère
gärtnern *vi* jardiner
Gärung ['gɛ:rʊŋ] <-, -en> *f* fermentation *f*
Gas [ga:s] <-es, -e> *nt* ❶ gaz *m* ❷ *(fam: Gaspedal)* accélérateur *m* ❸ *(Treibstoff)* ***~ geben*** accélérer; ***[das] ~ wegnehmen*** lever le pied
Gasanzünder *m* allume-gaz *m inv* **Gasfeuerzeug** *nt* briquet *m* à gaz **Gasflasche** *f* bouteille *f* de gaz
gasförmig ['ga:sfœrmɪç] *adj* gazeux, -euse
Gashahn *m* robinet *m* du gaz **Gasherd** *m* cuisinière *f* à gaz **Gaskammer** *f* HIST chambre *f* à gaz **Gaskocher** *m* réchaud *m* à gaz **Gaslampe** *f* lampe *f* à gaz **Gasleitung** *f* conduite *f* de gaz; *(Fernleitung)* gazoduc *m* **Gasmaske** *f* masque *m* à gaz **Gasofen** *m* radiateur *m* à gaz **Gaspedal** *nt* pédale *f* d'accélérateur
Gässchen ['gɛsçən] <-s, -> *nt Dim von* Gasse [petite] ruelle *f*
Gasse ['gasə] <-, -n> *f* ❶ ruelle *f* ❷ A *(Straße)* rue *f*
Gassi ['gasi] ▶ **~ gehen** *(fam)* faire sortir le chien
Gast [gast, *Pl:* 'gɛstə] <-es, Gäste> *m* ❶ invité(e) *m(f)* ❷ *(Hotelgast)* pensionnaire *mf* ❸ *(Besucher)* hôte *m*; ***bei jdm zu ~ sein*** *(geh)* être l'hôte de qn
Gastarbeiter(in) *m(f)* travailleur immigré *m* /travailleuse immigrée *f* **Gastauftritt** *m* apparition *f* en tant qu'artiste invité **Gastdozent(in)** *m(f)* professeur *mf* associé(e)
Gästebuch *nt* livre *m* d'hôtes **Gästehaus** *nt* maison *f* d'hôtes **Gästezimmer** *nt* chambre *f* d'amis
Gastfamilie *f* famille *f* d'accueil **gastfreundlich** *adj* hospitalier, -ière **Gastfreundschaft** *f* hospitalité *f* **Gastgeber(in)** *m(f)* hôte, -esse *m, f* **Gastgeschenk** *nt* cadeau *m* **Gastgewerbe** *nt* industrie *f* hôtelière **Gasthaus** *nt*, **Gasthof** *m* auberge *f* **Gasthörer(in)** *m(f)* auditeur, -trice *m, f* libre
gastieren* [gas'ti:rən] *vi* se produire en tournée
Gastland *nt* pays *m* d'accueil
gastlich ['gastlɪç] *adj (geh) Haus* hospitalier, -ière; *Bewirtung* prévenant(e)
Gastlichkeit <-> *f* hospitalité *f*
Gastmannschaft *f* équipe *f* des visiteurs
Gastprofessor(in) *m(f)* ≈ professeur *mf* invité(e)
Gastritis [gas'tri:tɪs] <-, Gastritiden> *f* MED gastrite *f*
Gastroenterologie [gastroʔɛnterolo'gi:] <-; *kein Pl*> *f* MED gastroentérologie *f*
Gastronom(in) [gastro'no:m] <-en, -en> *m(f)* restaurateur, -trice *m, f*
Gastronomie [gastrono'mi:] <-, -ien> *f* *(form)* restauration *f*

Falsche Freunde
Nicht verwechseln mit *la gastronomie* – *die Kochkunst*!

gastronomisch [gastro'no:mɪʃ] *adj* gastronomique

Gastspiel *nt* ① ***ein ~ geben*** se produire en tournée ② SPORT match *m* [à l'] extérieur **Gaststätte** *f* café-restaurant *m* **Gaststube** *f* salle *f* de restaurant **Gastwirt(in)** *m(f)* cafetier-restaurateur *m* / cafetière-restauratrice *f* **Gastwirtschaft** *f s.* **Gaststätte**

Gasuhr *f s.* **Gaszähler** **Gasvergiftung** *f* intoxication *f* par le gaz **Gaswerk** *nt* usine *f* à gaz **Gaszähler** *m* compteur *m* à gaz

GATT [gat] <-> *nt Abk von* **General Agreement on Tariffs and Trade** GATT *m*

Gatte, Gattin ['gatə] <-n, -n> *m, f (form)* époux *m* / épouse *f*

Gatter ['gatɐ] <-s, -> *nt* barrière *f*

Gattung ['gatʊŋ] <-, -en> *f* ① BIO ordre *m* ② *(Kunstgattung)* genre *m*

Gattungsbegriff *m (Oberbegriff)* hyperonyme *m* **Gattungsname** *m* ① BIO nom *m* générique ② LING terme *m* générique

GAU [gau̯] <-s, -s> *m Abk von* **größter anzunehmender Unfall** accident *m* maximal hypothétique

Gaudi ['gau̯di] <-> *f* SDEUTSCH, A *(fam)* ***das war vielleicht eine ~!*** ce qu'on a pu se marrer!

Gaukler(in) ['gau̯klɐ] <-s, -> *m(f)* HIST bateleur, -euse *m, f* [de foire]

Gaul [gau̯l, *Pl:* 'gɔy̯lə] <-[e]s, Gäule> *m (pej)* canasson *m*

Gaullismus [go'lɪsmʊs] <-> *m* gaullisme *m*

Gaullist(in) [go'lɪst] <-en, -en> *m(f)* gaulliste *mf*

Gaumen ['gau̯mən] <-s, -> *m* palais *m*

Gauner(in) ['gau̯nɐ] <-s, -> *m(f) (pej)* ① *(Betrüger)* escroc *m* ② *(fam: schlaue Person)* filou *m*

Gaunerei [gau̯nə'rai̯] <-, -en> *f (pej)* escroquerie *f*

Gazastreifen ['ga:za-] *m* bande *f* de Gaza

Gaze ['ga:zə] <-, -n> *f* gaze *f*

Gazelle [ga'tsɛlə] <-, -n> *f* gazelle *f*

G-Dur ['ge:(')du:ɐ̯] <-> *nt* sol *m* majeur

geädert *adj Blatt* nervuré(e)

geartet [gə'ʔa:ɐ̯tət] *adj* ① *(veranlagt)* ***ganz anders ~ sein*** être d'un caractère tout à fait différent ② *(beschaffen)* ***ein anders ~er Fall*** un cas d'une autre [*o* d'autre] nature

Geäst [gə'ʔɛst] <-[e]s> *nt* branchage *m*

geb. *Abk von* **geborene(r)** né(e)

Gebäck [gə'bɛk] <-[e]s> *nt* ① pâtisseries *fpl; (Kleingebäck)* petits gâteaux *mpl; (Kekse)* gâteaux *mpl* secs ② A *(Brötchen)* [petit] pain *m*

gebacken [gə'bakən] *PP von* **backen**

Gebälk [gə'bɛlk] <-[e]s> *nt* charpente *f*

geballt [gə'balt] *adj* ***mit ~er Kraft*** de toutes mes/ses/... forces

gebannt [gə'bant] *adj* fasciné(e)

gebar [gə'ba:ɐ̯] *Imp von* **gebären**

Gebärde [gə'bɛ:ɐ̯də] <-, -n> *f* geste *m*

gebärden* [gə'bɛ:ɐ̯dən] *vr* ***sich ~*** se comporter

Gebärdensprache *f* langage *m* gestuel

Gebaren [gə'ba:rən] <-s> *nt* comportement *m*

gebären [gə'bɛ:rən] <gebiert, gebar, geboren> *vt* mettre au monde *Kind;* ***in Italien geboren sein*** être né en Italie

Gebärmutter <-mütter> *f* utérus *m*

Gebärmutterhals *m* col *m* de l'utérus

Gebäude [gə'bɔy̯də] <-s, -> *nt* bâtiment *m*

Gebäudekomplex *m* [grand] ensemble *m* **Gebäudereinigung** *f (Betrieb)* entreprise *f* de nettoyage industriel **Gebäudeteil** *m* corps *m* de bâtiment, aile *f* **Gebäudeversicherung** *f* assurance-habitation *f*

gebaut *adj* bâti(e); ***gut ~ sein*** être bien bâti

Gebeine [gə'bai̯nə] *Pl (geh)* ossements *mpl*

Gebell [gə'bɛl] <-s> *nt (pej)* aboiements *mpl* [continuels]

geben ['ge:bən] <gibt, gab, gegeben> **I.** *vt* ① *(aushändigen, reichen, schenken)* donner; ***gibst du mir mal das Salz?*** tu peux me passer le sel? ② donner *Antwort, Befehl;* ***jdm ein Zeichen ~*** faire signe à qn ③ donner *Empfang, Konzert, Interview;* jouer *Theaterstück* ④ *(produzieren)* ***Milch ~*** donner du lait ⑤ faire *Rabatt* ⑥ donner *Kraft, Mut* ⑦ donner *Unterricht, Nachhilfestunden;* ***Deutsch/Mathe ~*** enseigner l'allemand/les maths ⑧ *(verbinden mit)* passer ⑨ donner *Frist, Termin* ⑩ ***von sich ~*** émettre *Laute, Worte* ► **sie würde viel darum ~ dabei zu sein** elle donnerait cher pour y assister; **viel/nichts auf etw** *akk* **~** faire cas/ne faire aucun cas de qc **II.** *vi a.* SPIEL donner **III.** *vt unpers* ① *(vorhanden sein)* ***es gibt ...*** il y a ... ② *(sein, sich ereignen)* ***was gibt's?*** qu'est-ce qu'il y a?; ***wann gibt es Essen?*** quand est-ce qu'on mange? ► **das gibt's doch nicht!** *(fam: freudig überrascht)* [c'est] pas possible!; *(unangenehm überrascht)* c'est pas vrai!; **was es nicht alles gibt!** *(fam)* on aura tout vu!; **da gibt's gar nichts!** *(fam: das ist doch sonnenklar)* y a pas photo! **IV.** *vr (nachlassen)* ***sich ~*** se

calmer; ***das wird sich bald*** ~ ça s'arrangera bientôt
Gebet [gəˈbeːt] <-[e]s, -e> *nt* prière *f*
Gebetbuch *nt* livre *m* de prières
gebeten [gəˈbeːtən] *PP von* **bitten**
gebeugt **I.** *adj Haltung, Kopf* courbé(e); *Schultern* voûté(e) **II.** *adv* voûté(e)
gebiert [gəˈbiːɐ̯t] *3. Pers Präs von* **gebären**
Gebiet [gəˈbiːt] <-[e]s, -e> *nt* ❶ *(Fläche)* territoire *m; (Region)* région *f* ❷ *(Sachgebiet)* domaine *m*
gebieten* [gəˈbiːtən] *irr (geh)* **I.** *vt* ❶ *(befehlen)* ordonner, imposer ❷ *(verlangen)* *[es]* ***~, dass ...*** *Umstände:* exiger que ... +*subj* **II.** *vi* ❶ *(herrschen)* ***über jdn/etw*** ~ régner sur qn/qc ❷ *(verfügen)* ***über etw*** *akk* ~ disposer de qc
Gebieter(in) <-s, -> *m(f) (geh)* maître, -esse *m, f*
gebieterisch [gəˈbiːtərɪʃ] *(geh)* **I.** *adj* impérieux, -euse **II.** *adv* d'un air impérieux
Gebietsanspruch *m* revendication *f* territoriale **Gebietshoheit** *f kein Pl* souveraineté *f* territoriale **Gebietsleiter(in)** *m(f)* directeur *m* régional/directrice *f* régionale **Gebietsreform** *f* réforme *f* territoriale
gebietsweise *adv* par endroits
Gebilde [gəˈbɪldə] <-s, -> *nt (Ding)* chose *f; (Formation)* formation *f*
gebildet [gəˈbɪldət] *adj* cultivé(e)
Gebildete(r) *f(m) dekl wie Adj* personne *f* cultivée, érudit(e) *m(f)*
Gebinde [gəˈbɪndə] <-s, -> *nt (geh: Blumengebinde)* gerbe *f*
Gebirge [gəˈbɪrgə] <-s, -> *nt* montagnes *fpl;* ***im/ins*** ~ à la montagne
gebirgig [gəˈbɪrgɪç] *adj* montagneux, -euse
Gebirgsbach *m* torrent *m* **Gebirgskette** *f* chaîne *f* de montagnes **Gebirgslandschaft** *f (Gegend)* paysage *m* de montagne **Gebirgsmassiv** *nt* massif *m* montagneux **Gebirgsstraße** *f* route *f* de montagne
Gebiss [gəˈbɪs] <-es, -e> *nt* dentition *f; (Zahnprothese)* dentier *m*
gebissen [gəˈbɪsən] *PP von* **beißen**
Gebläse [gəˈblɛːzə] <-s, -> *nt* ventilateur *m*
geblasen *PP von* **blasen**
geblichen *PP von* **bleichen**
geblieben [gəˈbliːbən] *PP von* **bleiben**
geblümt *adj Kleid* à fleurs
gebogen [gəˈboːgən] **I.** *PP von* **biegen** **II.** *adj Nase, Schnabel* recourbé(e)
geboren [gəˈboːrən] **I.** *PP von* **gebären** **II.** *adj* ❶ ***Anne Lauer, ~e Klein*** Anne Lauer, née Klein ❷ *(gebürtig)* de naissance ❸ *(perfekt)* ***die ~e Schauspielerin sein*** être la parfaite actrice
geborgen [gəˈbɔrgən] **I.** *PP von* **bergen** **II.** *adj* à l'abri; ***sich ~ fühlen*** se sentir en sécurité
Geborgenheit <-> *f* [sentiment *m* de] sécurité *f*
geborsten [gəˈbɔrstən] *PP von* **bersten**
Gebot [gəˈboːt] <-[e]s, -e> *nt* ❶ *(Befehl, Anweisung)* règle *f* ❷ *(geh: Erfordernis)* exigence *f;* ***ein ~ der Höflichkeit*** une règle de politesse ❸ *(bei Auktionen)* enchère *f* ❹ REL commandement *m;* ***die Zehn ~e*** les dix commandements
geboten [gəˈboːtən] **I.** *PP von* **gebieten, bieten** **II.** *adj (geh)* ***besondere Vorsicht ist*** ~ une prudence extrême s'impose
Gebr. *Abk von* **Gebrüder** ~ ***Lang*** Lang frères *mpl*
gebracht [gəˈbraxt] *PP von* **bringen**
gebrannt [gəˈbrant] *PP von* **brennen**
gebraten [gəˈbraːtən] *PP von* **braten**
Gebräu <-[e]s, -e> *nt (pej)* breuvage *m* infâme
Gebrauch [gəˈbraʊ̯x, *Pl:* gəˈbrɔy̯çə] <-[e]s, Gebräuche> *m* ❶ *kein Pl (das Verwenden)* usage *m; eines Worts* emploi *m;* ***von etw ~ machen*** faire usage de qc, user de qc; ***vor ~ schütteln!*** agiter avant usage! ❷ *meist Pl (Brauch)* usage *m*
gebrauchen* *vt* utiliser *Werkzeug, Mittel;* employer *Ausdruck, Wort* ▸ **zu nichts zu ~ sein** *(fam) Person:* n'être bon à rien
gebräuchlich [gəˈbrɔy̯çlɪç] *adj Verfahren* courant(e), en usage; *Präparat* utilisé(e); *Wort* usité(e)
Gebrauchsanleitung *f,* **Gebrauchsanweisung** *f* notice *f* d'utilisation, mode *m* d'emploi **Gebrauchsgegenstand** *m* objet *m* d'usage courant
gebraucht [gəˈbraʊ̯xt] *adj o adv* d'occasion
Gebrauchtwagen *m* voiture *f* d'occasion
Gebrauchtwagenhändler(in) *m(f)* AUT marchand(e) *m(f)* de voitures d'occasion
Gebrechen [gəˈbrɛçən] <-s, -> *nt (geh)* déficience *f* [fonctionnelle]
gebrechlich [gəˈbrɛçlɪç] *adj* sénile
Gebrechlichkeit <-> *f* sénilité *f*
gebrochen [gəˈbrɔxən] **I.** *PP von* **brechen** **II.** *adj* ❶ *Person* brisé(e) ❷ *(fehlerhaft)* ***in ~em Deutsch*** en mauvais allemand **III.** *adv* ~ ***Französisch sprechen*** parler un mauvais français
Gebrüder [gəˈbryːdɐ] *Pl* frères *mpl*

Gebrüll [gəˈbrʏl] <-[e]s> *nt* ❶ *eines Rindes* mugissements *mpl,* beuglements *mpl; eines Löwen* rugissements *mpl* ❷ *(Geschrei)* hurlements *mpl*

gebückt **I.** *adj* voûté(e); ***in ~er Haltung*** penché(e) **II.** *adv* le dos courbé

Gebühr [gəˈbyːɐ̯] <-, -en> *f* taxe *f; (Telefongebühr)* tarif *m; (Rundfunk-, Fernsehgebühr)* redevance *f;* ***eine ~ erheben*** prélever une taxe; ***~ bezahlt Empfänger*** port dû [par le destinataire]

gebühren* [gəˈbyːrən] *(geh)* **I.** *vi* ***ihr gebührt Respekt*** elle mérite le respect *fam* **II.** *vr* ***wie es sich für einen Sportler gebührt*** comme il convient en tant que sportif *fam*

gebührend **I.** *adj* ❶ *Achtung, Respekt* dû, due ❷ *Abstand* approprié(e) **II.** *adv* ***sein Erfolg wurde ~ gefeiert*** son succès fut dûment fêté

Gebühreneinzugszentrale *f centrale de collecte de la redevance audiovisuelle* **Gebührenerhöhung** *f* hausse *f* des taxes

gebührenfrei *adj Anruf* gratuit(e); ***~e Telefonnummer*** numéro *m* vert

gebührenpflichtig *adj* payant(e); *Autobahnbenutzung* à péage

gebunden [gəˈbʊndən] **I.** *PP von* **binden** **II.** *adj* ❶ *Preise* imposé(e) ❷ *(verpflichtet)* ***vertraglich ~ sein*** être lié par contrat

Geburt [gəˈbuːɐ̯t] <-, -en> *f* ❶ *kein Pl (das Geborenwerden)* naissance *f;* ***von ~*** de naissance ❷ *(Entbindung)* accouchement *m;* ***bei der ~*** lors de l'accouchement

Geburtenbeschränkung *f* limitation *f* des naissances **Geburtenkontrolle** *f kein Pl* contrôle *m* des naissances **Geburtenrate** *f* natalité *f* **Geburtenregelung** *f kein Pl* régulation *f* des naissances **Geburtenrückgang** *m* baisse *f* de la natalité

geburtenschwach *adj* ***~er Jahrgang*** classe *f* d'âge creuse **geburtenstark** *adj* ***~er Jahrgang*** année *f* à forte natalité **Geburtenüberschuss** *m* excédent *m* des naissances **Geburtenzahl** *f* [taux *m* de] natalité *f* **Geburtenziffer** *f* taux *m* de natalité

gebürtig [gəˈbʏrtɪç] *adj* de naissance; ***aus Ulm ~ sein*** être [originaire] d'Ulm

Geburtsanzeige *f (in der Zeitung)* annonce *f* de naissance **Geburtsdatum** *nt* date *f* de naissance **Geburtsfehler** *m* malformation *f* congénitale **Geburtshaus** *nt* maison *f* natale **Geburtshelfer(in)** *m(f)* obstétricien(ne) *m(f)* **Geburtshilfe** *f kein Pl* obstétrique *f* **Geburtsjahr** *nt* année *f* de naissance **Geburtsort** *m* lieu *m* de naissance **Geburtstag** *m* ❶ anniversaire *m;* ***sie hat ~*** c'est son anniversaire; ***[seinen] ~ feiern*** fêter son anniversaire ❷ *(Geburtsdatum)* date *f* de naissance

Geburtstagsfeier *f* fête *f* d'anniversaire **Geburtstagsgeschenk** *nt* cadeau *m* d'anniversaire **Geburtstagskarte** *f* carte *f* d'anniversaire **Geburtstagskind** *nt (hum)* ***das ~*** ≈ celui/celle qui est à l'honneur du jour **Geburtstagskuchen** *m* gâteau *m* d'anniversaire

Geburtsurkunde *f* acte *m* de naissance

Gebüsch [gəˈbʏʃ] <-[e]s, -e> *nt* buissons *mpl*

Gecko [ˈgɛko] <-s, -s> *m* ZOOL gecko *m*

gedacht [gəˈdaxt] *PP von* **denken, gedenken**

Gedächtnis [gəˈdɛçtnɪs] <-ses, -se> *nt* ❶ mémoire *f;* ***kein gutes ~ für Namen haben*** ne pas avoir la mémoire des noms; ***jdn/etw im ~ behalten*** garder qn/qc en mémoire; ***sich*** *dat* ***etw ins ~ zurückrufen*** se remettre qc en mémoire; ***aus dem ~*** *aufsagen* de mémoire ❷ *(Andenken)* souvenir *m*

Gedächtnislücke *f* trou *m* de mémoire **Gedächtnisschwund** *m* MED perte *f* de la mémoire **Gedächtnisstütze** *f* moyen *m* mnémotechnique

Gedanke [gəˈdaŋkə] <-ns, -n> *m* ❶ *(Überlegung)* pensée *f; (Einfall)* idée *f;* ***mit dem ~n spielen etw zu tun*** caresser l'idée de faire qc *soutenu* ❷ *(Vorstellung)* idée *f* ▶ **jdn auf andere ~n bringen** changer les idées à qn; **auf dumme ~n kommen** *(fam)* faire des bêtises; **sich** *dat* **über etw** *akk* **~n machen** réfléchir à qc; *(sich Sorgen machen)* s'inquiéter de qc; **ganz in ~n sein** être absorbé dans ses pensées

Gedankenaustausch *m* échange *m* de points de vue **Gedankenblitz** *m (fam)* idée *f* subite **Gedankenfreiheit** *f kein Pl* liberté *f* de pensée **Gedankengang** <-gänge> *m* raisonnement *m* **Gedankengut** *nt kein Pl* idéologie *f*

gedankenlos **I.** *adj Handlung, Vorgehen* inconsidéré(e) **II.** *adv* sans réfléchir

Gedankenlosigkeit <-> *f (Unüberlegtheit)* manque *m* de réflexion; *(Zerstreutheit)* distraction *f*

Gedankensprung *m* saute *f* d'idées; ***Gedankensprünge/einen ~ machen*** passer du coq à l'âne

Gedankenstrich *m* tiret *m* **Gedankenübertragung** *f* transmission *f* de pensée

gedankenverloren *adv (geh)* d'un air absent **gedankenvoll** I. *adj* pensif, -ive II. *adv* pensivement
gedanklich [gəˈdaŋklɪç] *adj* intellectuel(le)
Gedärm [gəˈdɛrm] <-[e]s, -e> *nt einer Person* intestins *mpl; eines Tieres* boyaux *mpl*
Gedeck [gəˈdɛk] <-[e]s, -e> *nt* ❶ *(Tischgedeck)* couvert *m* ❷ *(Tagesmenü)* menu *m* du jour
gedeckt I. *PP von* **decken** II. *adj* ❶ *Farben* neutre ❷ FIN *Scheck* approvisionné(e)
Gedeih ▸ **jdm auf ~ und Verderb ausgeliefert sein** être entièrement livré à qn
gedeihen [gəˈdaiən] <gedieh, gediehen> *vi + sein* ❶ *(sich entwickeln)* bien pousser ❷ *(vorankommen) Verhandlungen, Pläne:* prendre une bonne tournure
gedenken* *vi irr* ❶ *(geh: ehren)* ***jds/einer S. ~*** commémorer qn/qc; *(erwähnen)* rappeler [solennellement] le souvenir de qn/qc ❷ *(beabsichtigen)* ***~ etw zu tun*** avoir l'intention de faire qc
Gedenken <-s> *nt* souvenir *m;* ***zum ~ an jdn/etw*** à la mémoire de qn/en souvenir de qc
Gedenkfeier *f* fête *f* commémorative **Gedenkminute** *f* minute *f* de silence **Gedenkrede** *f* discours *m* commémoratif **Gedenkstätte** *f* mémorial *m* **Gedenkstunde** *f* cérémonie *f* commémorative **Gedenktafel** *f* plaque *f* commémorative **Gedenktag** *m* journée *f* commémorative [*o* du souvenir]
Gedicht [gəˈdɪçt] <-[e]s, -e> *nt* poème *m*
Gedichtband *m* recueil *m* de poésies [*o* de poèmes]
Gedichtsammlung *f* recueil *m* de poèmes
gediegen [gəˈdiːgən] *adj* ❶ *(rein)* pur(e) ❷ *(solide)* solide
gedieh [gəˈdiː] *Imp von* **gedeihen**
gediehen [gəˈdiːən] *PP von* **gedeihen**
Gedöns <-es> *nt (fam)* cinéma *m;* ***viel ~ um etw machen*** faire tout un cinéma pour qc
Gedränge [gəˈdrɛŋə] <-s> *nt* cohue *f*
gedrängt *adj (knapp)* succinct(e)
Gedribbel [gəˈdrɪbəl] *nt (fam)* SPORT dribble *m*
gedroschen [gəˈdrɔʃən] *PP von* **dreschen**
gedruckt *adj* imprimé(e); ***klein ~*** *Text* écrit(e) en petits caractères ▸ **er/sie lügt wie ~** il/elle ment comme il/elle respire
gedrückt *adj Stimmung* morose
gedrungen [gəˈdrʊŋən] I. *PP von* **dringen** II. *adj Körper, Gestalt* trapu(e)

G

Gedudel <-s> *nt (pej fam) eines Radios* ritournelle *f*
Geduld [gəˈdʊlt] <-> *f* patience *f;* ***mit jdm/etw ~ haben*** être patient avec qn/qc; ***die ~ verlieren*** perdre patience
gedulden* [gəˈdʊldən] *vr* ***sich ~*** patienter
geduldig I. *adj* patient(e) II. *adv* patiemment
Geduldsfaden ▸ **jdm reißt der ~** *(fam)* qn est à bout de patience **Geduldsprobe** *f* ***für jdn eine harte ~ sein*** mettre la patience de qn à rude épreuve **Geduldsspiel** *nt* jeu *m* de patience
gedurft [gəˈdʊrft] *PP von* **dürfen**
geehrt [gəˈʔeːɐ̯t] *adj (bei schriftlicher Anrede)* ***Sehr ~e Damen und Herren, ...*** Madame, Monsieur, ...; ***Sehr ~er Herr Lang, ...*** Monsieur, ...
geeignet [gəˈʔaignət] *adj Bewerber* qui convient; *Maßnahme* adéquat(e); *Moment* approprié(e); ***für eine Arbeit ~ sein*** convenir pour un travail
Gefahr [gəˈfaːɐ̯] <-, -en> *f* ❶ danger *m;* ***außer/in ~ sein*** être hors de/en danger; ***bei ~*** en cas de danger ❷ *(Risiko)* ***auf die ~ hin, dass*** quitte à ce que *+subj;* ***auf eigene ~*** à ses risques et périls
gefährden* [gəˈfɛːɐ̯dən] *vt* ❶ mettre en danger [la vie de] ❷ *(in Frage stellen)* compromettre
gefährdet *adj* menacé(e); ***[stark] ~ sein*** être en [grand] danger
Gefährdung <-, -en> *f* atteinte *f;* ***~ der öffentlichen Sicherheit*** atteinte à la sécurité publique
gefahren *PP von* **fahren**
Gefahrenherd *m* foyer *m* de troubles **Gefahrenzone** *f* zone *f* dangereuse **Gefahrenzulage** *f* prime *f* de risque
Gefahrgut *nt* matières *fpl* dangereuses
gefährlich [gəˈfɛːɐ̯lɪç] I. *adj* dangereux, -euse II. *adv (bedrohlich) aussehen* menaçant(e)
Gefährlichkeit <-> *f* ❶ *einer Aktion* caractère *m* dangereux ❷ *(Bedrohlichkeit)* dangerosité *f; einer Krankheit* gravité *f*
gefahrlos [gəˈfaːɐ̯loːs] *adj o adv* sans danger
Gefährt [gəˈfɛːɐ̯t] <-[e]s, -e> *nt (hum geh)* véhicule *m*
Gefährte, Gefährtin [gəˈfɛːɐ̯tə] <-n, -n> *m, f (geh)* compagnon *m* /compagne *f*
gefaked [gəˈfeɪkt] *adj Nachrichtenmeldung* faux, fausse
Gefälle [gəˈfɛlə] <-s, -> *nt* ❶ *(Neigungsgrad)* pente *f; einer Straße* déclivité *f* ❷ *(Unterschied)* écart *m*

gefạllen[1] [gəˈfalən] <gefạ̈llt, gefiel, gefạllen> *vi* ***jdm [gut]*** ~ plaire à qn ▶ **sich** *dat* **etw** ~ **lassen** *(hinnehmen)* tolérer qc; *(sehr gut finden)* trouver qc à son goût; **sich** *dat* **nichts gefallen lassen** ne pas se laisser faire

gefạllen[2] [gəˈfalən] *PP von* **fallen**

Gefạllen[1] <-s> *nt (geh)* plaisir *m;* ***an etw*** *dat* ~ ***finden*** trouver du plaisir à qc; ***sie findet großes ~ an ihm*** il lui plaît beaucoup

Gefạllen[2] <-s, -> *m* service *m;* ***jdm einen ~ tun*** rendre un service à qn

Gefạllene(r) *f(m) dekl wie adj* soldat *m* mort à la guerre

gefạ̈llig [gəˈfɛlɪç] *adj* ❶ *Person* serviable ❷ *(ansprechend)* charmant(e) ❸ *(fam: erwünscht)* ***[ein] Kaffee ~?*** vous prendrez un café?

Gefạ̈lligkeit <-, -en> *f* ❶ *(Gefallen)* service *m;* ***jdm eine ~ erweisen*** rendre [un] service à qn ❷ *kein Pl (das Entgegenkommen)* complaisance *f;* ***etw aus ~ tun*** faire qc par complaisance

gefạ̈lligst [gəˈfɛlɪçst] *adv (fam)* ***sei still!*** tu vas me faire le plaisir de te taire!; ***das soll er ~ selbst machen!*** il n'a qu'à le faire lui-même!

gefạngen [gəˈfaŋən] **I.** *PP von* **fangen** **II.** *adj* ***jdn ~ halten*** retenir prisonnier, -ière qn; ***jdn ~ nehmen*** faire qn prisonnier, -ère

Gefạngene(r) *f(m) dekl wie adj* ❶ *(Häftling)* détenu(e) *m(f)* ❷ *(Kriegsgefangener)* prisonnier, -ière *m, f*

gefạngen|halten *s.* **gefangen II.**

Gefạngennahme <-, -n> *f eines Soldaten* capture *f*

gefạngen|nehmen *s.* **gefangen II.**

Gefạngenschaft <-, -en> *f* captivité *f;* ***in ~ geraten*** être fait prisonnier

Gefạ̈ngnis [gəˈfɛŋnɪs] <-ses, -se> *nt* ❶ prison *f;* ***ins ~ kommen*** aller en prison ❷ *(Gefängnisstrafe)* ***jdn zu zwei Jahren ~ verurteilen*** condamner qn à deux ans de prison

Gefạ̈ngnisaufseher(in) *m(f)* gardien(ne) *m(f)* de [la] prison, maton(ne) *m(f) fam* **Gefạ̈ngnisdirektor, -direktorin** *m, f* directeur, -trice *m, f* de [la] prison **Gefạ̈ngnisinsasse, -insassin** *m, f* détenu(e) *m(f)*

Gefạ̈ngnisstrafe *f* peine *f* de prison **Gefạ̈ngniswärter(in)** *m(f)* gardien(ne) *m(f)* de [la] prison **Gefạ̈ngniszelle** *f* cellule *f*

Gefasel <-s> *nt (pej)* radotage *m*

Gefäß [gəˈfɛːs] <-es, -e> *nt* ❶ *(Behälter)* récipient *m* ❷ ANAT vaisseau *m*

Gefäßkrankheit *f* maladie *f* vasculaire

gefạsst [gəˈfast] **I.** *adj* ❶ *Person* calme ❷ *(eingestellt)* ***sich auf etw*** *akk* ***~ machen*** s'attendre à qc **II.** *adv* avec calme; ***~ wirken*** donner une impression de calme

Gefạsstheit <-> *f* calme *m*

Gefẹcht [gəˈfɛçt] <-[e]s, -e> *nt* combat *m* ▶ **jdn außer ~ setzen** *(kampfunfähig machen)* mettre qn hors de combat; *(handlungsunfähig machen)* mettre qn sur la touche **Gefẹchtsstand** *m* poste *m* de commandement

gefeiert *adj* très populaire

gefeit [gəˈfait] *adj (geh)* ***gegen etw ~ sein*** être à l'abri de qc

gefẹstigt *adj Person, Charakter* solide

Gefieder [gəˈfiːdɐ] <-s, -> *nt* plumage *m*

gefiedert *adj (mit Federn)* à plumes

gefiel *Imp von* **gefallen**

Geflẹcht [gəˈflɛçt] <-[e]s, -e> *nt* ❶ *(Flechtwerk)* lacis *m* ❷ *(Gewirr)* entrelacs *m*

geflẹckt [gəˈflɛkt] *adj* tacheté(e)

Geflịmmer <-s> *nt (schlechtes Bild)* tremblement *m* des images

geflịssentlich *adv (geh)* à dessein

geflọchten [gəˈflɔxtən] *PP von* **flechten**

geflogen [gəˈfloːgən] *PP von* **fliegen**

geflohen [gəˈfloːən] *PP von* **fliehen**

geflọssen [gəˈflɔsən] *PP von* **fließen**

Geflügel [gəˈflyːgəl] <-s> *nt* volaille *f*

geflügelt [gəˈflyːgəlt] *adj* ailé(e)

Geflügelzucht *f* élevage *m* de volailles

Geflụnker [gəˈflʊŋkɐ] <-s> *nt (pej fam)* craques *f pl*

Geflụ̈ster [gəˈflʏstɐ] <-s> *nt* chuchotements *m pl*

gefọchten [gəˈfɔxtən] *PP von* **fechten**

Gefọlge [gəˈfɔlgə] <-s, -> *nt* cortège *m*

Gefọlgschaft <-, -en> *f* ❶ *(Anhängerschaft)* partisans *m pl* ❷ *(Gehorsam)* ***jdm die ~ verweigern*** refuser de suivre qn ❸ HIST *(Gefolge)* cortège *m*

gefragt [gəˈfraːkt] *adj Künstler* en vogue; *Produkt* demandé(e)

gefräßig [gəˈfrɛːsɪç] *adj (pej) Tier* vorace; *Person* glouton(ne)

Gefräßigkeit <-> *f eines Tiers* voracité *f; einer Person* gloutonnerie *f*

Gefreite(r) [gəˈfraitə, tɐ] *f(m) dekl wie adj (in der Artillerie)* brigadier *m*

gefrẹssen [gəˈfrɛsən] *PP von* **fressen**

Gefrierbeutel *m* sachet *m* de congélation

gefrieren* [gəˈfriːrən] *vi irr + sein* geler; ***gefroren*** gelé(e)

Gefrierfach *nt* freezer *m* **gefriergetrocknet** *adj* lyophilisé(e) **Gefrierpunkt** *m* point *m* de congélation; ***über dem ~*** au-dessus de 0° **Gefrierschrank** *m* congélateur *m* armoire **Gefriertruhe** *f* congélateur *m* [coffre]

gefroren [gəˈfroːrən] **I.** *PP von* **frieren, gefrieren II.** *adj* ***hart ~*** complètement gelé

Gefüge [gəˈfyːgə] <-s, -> *nt (geh)* structure *f*

gefügig *adj* docile; *Untergebener* soumis(e); ***[sich dat] jdn ~ machen*** soumettre qn à sa volonté

G

Gefühl [gəˈfyːl] <-[e]s, -e> *nt* ❶ *(Sinneswahrnehmung)* sensation *f;* ***kein ~ mehr in den Fingern haben*** ne plus sentir ses doigts ❷ *(seelische Empfindung)* sentiment *m;* ***jds ~e verletzen*** froisser qn ❸ *(Gespür)* intuition *f;* ***etw im ~ haben*** sentir qc ❹ *(Ahnung, Eindruck)* pressentiment *m*

gefühllos *adj* ❶ insensible; *(vor Kälte taub)* engourdi(e) ❷ *(ohne Gespür) Person* insensible

gefühlsarm *adj Mensch* impassible **Gefühlsausbruch** *m* réaction *f* passionnée **gefühlsbetont** *adj* émotionnel(le); *Rede* passionné(e) **Gefühlsduselei** <-, -en> *f (pej fam)* sensiblerie *f* **gefühlskalt** *adj* ❶ *(herzlos)* de glace ❷ *(frigide)* frigide **Gefühlskälte** *f* ❶ *(Gefühllosigkeit)* insensibilité *f* ❷ *(Frigidität)* frigidité *f* **Gefühlsleben** *nt* vie *f* affective

gefühlsmäßig *adv* intuitivement

Gefühlsregung *f* émotion *f* **Gefühlssache** *f* ▶ **das ist reine** ~ c'est une question de feeling *fam*

gefühlvoll I. *adj Person* sensible **II.** *adv* avec beaucoup de sensibilité

gefüllt *adj Tomate, Paprikaschote* farci(e); *Gebäck* fourré(e); ***mit Hackfleisch/Likör ~*** farci(e) de viande hachée/fourré(e) à la liqueur

Gefummel <-s> *nt (fam: an einer Person)* pelotage *m fam;* ***hör mit dem ~ auf!*** arrête de me peloter! *fam; (fass das nicht an)* arrête de [tout] tripoter!

gefunden [gəˈfʊndən] *PP von* **finden**

gegangen [gəˈgaŋən] *PP von* **gehen**

gegeben [gəˈgeːbən] **I.** *PP von* **geben II.** *adj* ❶ *(vorhanden)* présent(e); ***aus ~em Anlass*** puisque l'occasion en est donnée; ***unter den ~en Umständen*** étant donné les circonstances ❷ *(geeignet)* ***zu ~er Zeit*** en temps voulu

gegebenenfalls *adv* le cas échéant

Gegebenheit <-, -en> *f meist Pl* réalité *f*

gegen [ˈgeːgən] **I.** *präp +akk* ❶ *(entgegen)* contre; ***~ jdn/etw sein*** être contre qn/qc ❷ *(wider)* ***das ist ~ unsere Abmachung*** c'est contraire à notre accord ❸ *(an)* ***~ eine Wand/einen Baum prallen*** *Auto:* heurter un mur/un arbre ❹ *(für)* ***~ Quittung*** contre accusé de réception; ***~ bar*** [au] comptant ❺ *(verglichen mit)* comparé(e) à ❻ *(ungefähr)* ***~ acht Uhr/Mittag*** vers huit heures/midi **II.** *adv* ***~ zehn Personen*** une dizaine de personnes

Gegenangebot *nt* contre-offre *f* **Gegenangriff** *m* contre-attaque *f* **Gegenantrag** *m* contre-proposition *f* **Gegenanzeige** *f* contre-indication *f* **Gegenargument** *nt* objection *f* **Gegenbeispiel** *nt* contre-exemple *m* **Gegenbesuch** *m* ***jdm einen ~ abstatten*** rendre sa visite à qn **Gegenbewegung** *f* réaction *f* **Gegenbeweis** *m* preuve *f* du contraire; ***den ~ erbringen*** apporter la preuve du contraire

gegenchecken *vt (fam)* checker

Gegend [ˈgeːgənt] <-, -en> *f* ❶ *a.* ANAT région *f;* ***die ~ von Paris*** la région parisienne; ***in der ~ von Hamburg leben*** vivre du côté de Hambourg ❷ *(nähere Umgebung)* ***das muss hier in der ~ sein*** ça ne doit pas être loin d'ici ❸ *(Wohngegend)* quartier *m*

Gegendarstellung *f* ❶ version *f* contradictoire ❷ *(Presseartikel)* réponse *f*

Gegendemonstration *f* contre-manifestation *f*

gegeneinander [geːgənʔaiˈnandɐ] *adv (einer gegen den anderen)* ***~ spielen*** *Mannschaften, Sportler:* entrer en lice [l'un contre l'autre]

gegeneinanderǀhalten *vt irr* ***zwei Fotos ~*** *(nebeneinanderhalten)* mettre deux photos en regard

Gegenfahrbahn *f* voie *f* opposée **Gegenfrage** *f* question *f* en réponse à une question **Gegengewicht** *nt* ❶ *(Gewicht)* contrepoids *m* ❷ *(fig)* ***ein ~ zu etw schaffen*** faire contrepoids à qc **Gegengift** *nt* contrepoison *m* **Gegenkandidat(in)** *m(f)* challenge[u]r *m* **Gegenklage** *f* demande *f* reconventionnelle

gegenläufig *adj Bewegung* opposé(e); *Tendenz* contraire

Gegenleistung *f* contrepartie *f;* ***als ~ für etw*** en contrepartie de qc **gegenǀlenken** [ˈgeːgənlɛŋkən] *vi* contre-braquer **gegenǀlesen** *vt irr* faire une relecture de **Gegenlicht** *nt* contre-jour *m* **Gegenliebe** *f* ***auf wenig ~ stoßen*** ne pas avoir beaucoup de succès **Gegenmaßnahme** *f* *(vorbeugende Maßnahme)* mesure *f* préventive; *(Maßnahme zur Bekämpfung)* mesure *f* énergique **Gegenmittel** *nt* antidote *m* **Gegenoffensive** *s.* **Gegenangriff** **Gegenpartei** *f* JUR partie *f* adverse **Gegenpol** *m (fig)* ***jds ~ sein, der ~ zu jdm sein*** être l'antithèse *f* de qn **Gegenposition** *f* point *m* de vue opposé **Gegenprobe** *f* contre-épreuve *f* **Gegenreformation** *f* contre-réforme *f* **Gegenrichtung** *f* direction *f* opposée **Gegensatz** *m* ❶ *(Gegenteil)* contraire *m;* ***im ~ zu seiner Behauptung*** contrairement à son affirmation ❷ *Pl (Unterschiedlichkeit)* différences *f pl* ▶ **Gegensätze ziehen sich an** *(prov)* les extrêmes s'attirent

gegensätzlich ['ge:gənzɛtslɪç] **I.** *adj* opposé(e) **II.** *adv* d'une façon différente

Gegensätzlichkeit <-, -en> *f* incompatibilité *f*

Gegenschlag *m* riposte *f* **Gegenseite** *f* ❶ *(gegenüberliegende Seite)* autre côté *m* ❷ JUR partie *f* adverse

gegenseitig ['ge:gənzaitɪç] *adj* mutuel(le)

Gegenseitigkeit *f* ***auf ~ beruhen*** être [tout à fait] réciproque

Gegenspieler(in) *m(f)* adversaire *mf* **Gegensprechanlage** *f* interphone *m*

Gegenstand <-[e]s, -stände> *m* ❶ *(Ding, Objekt)* objet *m* ❷ *(Thema) einer Abhandlung* sujet *m*

gegenständlich ['ge:gənʃtɛntlɪç] **I.** *adj Malerei* figuratif, -ive **II.** *adv darstellen* d'une manière figurative

gegenstandslos *adj* sans objet

gegen|steuern *s.* **gegenlenken** **Gegenstimme** *f* voix *f* contre **Gegenströmung** *f* contre-courant *m* **Gegenstück** *nt* pendant *m* **Gegenteil** ['ge:gəntail] *nt* contraire *m;* ***ganz im ~!*** bien au contraire!

gegenteilig ['ge:gəntailɪç] *adj* contraire

Gegentor *nt* SPORT but *m* de l'équipe adverse

gegenüber [ge:gən'ʔy:bɐ] **I.** *präp +dat* ❶ ***~ dem Bahnhof*** en face de la gare ❷ *(zu, in Bezug auf)* ***jdm/einer S. ~*** à l'égard de qn/qc; ***mir ~ hat er das nicht geäußert*** il ne me l'a pas dit en face ❸ *(im Vergleich zu)* ***jdm ~ im Vorteil sein*** avoir un avantage par rapport à qn **II.** *adv wohnen* en face

Gegenüber [ge:gən'ʔy:bɐ] <-s, -> *nt* vis-à-vis *m*

gegenüber|liegen *vi irr* ***jdm/einer S. ~*** se trouver en face de qn/qc **gegenüberliegend** *adj attr* d'en face **gegenüber|sitzen** *vi irr* ***sich*** *dat* ~ être assis l'un en face de l'autre **gegenüber|stehen** *vi irr (eingestellt sein)* ***jdm/einer S. wohlwollend ~*** être favorable à qn/qc; ***jdm/einer S. misstrauisch ~*** être méfiant à l'égard de qn/qc **gegenüber|stellen** *vt* confronter; ***jdn einem Zeugen ~*** confronter qn avec un témoin **Gegenüberstellung** *f* confrontation *f* **gegenüber|treten** *vi irr + sein* ***jdm*** ~ se présenter devant qn

Gegenverkehr *m* circulation *f* en sens inverse **Gegenvorschlag** *m* contre-proposition *f*

Gegenwart ['ge:gənvart] <-> *f* ❶ *a.* GRAM présent *m* ❷ *(heutige Zeit)* époque *f* actuelle; ***die Kunst der ~*** l'art contemporain ❸ *(Anwesenheit)* présence *f;* ***in seiner ~*** en sa présence

gegenwärtig ['ge:gənvɛrtɪç] **I.** *adj* ❶ *attr Angebot, Lage* actuel(le); ***zum ~en Zeitpunkt*** à l'heure actuelle ❷ *(geh: erinnerlich)* ***etw ist jdm ~*** qn a qc présent à l'esprit **II.** *adv* à l'heure actuelle

gegenwartsbezogen *adj Person* tourné(e) vers le présent; *Roman* très actuel(le) **Gegenwartsliteratur** *f* littérature *f* contemporaine

Gegenwehr *f* résistance *f* **Gegenwert** *m* contre-valeur *f* **Gegenwind** *m* vent *m* contraire **gegen|zeichnen** *vt* contresigner **Gegenzug** *m (Reaktion)* riposte *f*

gegessen [gə'gɛsən] *PP von* **essen**

geglichen [gə'glɪçən] *PP von* **gleichen**

geglitten [gə'glɪtən] *PP von* **gleiten**

geglommen [gə'glɔmən] *PP von* **glimmen**

Gegner(in) ['ge:gnɐ] <-s, -> *m(f)* ❶ MIL ennemi(e) *m(f)* ❷ SPORT adversaire *mf* ❸ *(opp: Befürworter)* opposant(e) *m(f)*

gegnerisch *adj attr* ❶ MIL ennemi(e) ❷ SPORT, JUR adverse

Gegnerschaft <-, -en> *f* opposition *f;* ***~ gegen etw*** opposition à qc

gegolten [gə'gɔltən] *PP von* **gelten**

gegoren [gə'go:rən] *PP von* **gären**

gegossen [gə'gɔsən] *PP von* **gießen**

gegraben *PP von* **graben**

gegriffen [gə'grɪfən] *PP von* **greifen**

Gehabe [gə'ha:bə] <-s> *nt (pej fam: affektiertes Verhalten)* manières *f pl*

gehabt I. *PP von* **haben II.** ▶ **wie gehabt** comme toujours

Gehackte(s) *nt dekl wie adj* viande *f* hachée

Gehalt[1] [gə'halt, *Pl:* gə'hɛltɐ] <-[e]s,

G

Gehälter> *nt o* A *m (Monatsgehalt)* salaire *m*

Gehalt² [gəˈhalt] <-[e]s, -e> *m* ❶ *(Anteil)* teneur *f;* **~ *an Kalzium*** teneur en calcium ❷ *(gedanklicher Inhalt)* contenu *m*

gehalten [gəˈhaltən] *PP von* **halten**

gehaltlos *adj* ❶ *(nährstoffarm)* peu nutritif, -ive ❷ *(nichts sagend)* inconsistant(e)

Gehaltsabrechnung *f* bulletin *m* de paye **Gehaltsempfänger(in)** *m(f)* salarié(e) *m(f)* **Gehaltserhöhung** *f* augmentation *f* de salaire **Gehaltsgruppe** *f* échelon *m* **Gehaltskonto** *nt* compte *m* où est viré le salaire [*o* traitement] **Gehaltskürzung** *f* diminution *f* de salaire **Gehaltsstufe** *f s.* **Gehaltsgruppe** **Gehaltsvorstellung** *f meist Pl* prétentions *fpl* salariales **Gehaltswunsch** *m meist Pl* prétentions *fpl* salariales **Gehaltszahlung** *f* versement *m* du salaire **Gehaltszulage** *f* supplément *m* de salaire

gehaltvoll *adj* ❶ *(nahrhaft)* nutritif, -ive ❷ *(geistvoll)* riche

gehandikapt [gəˈhɛndikɛpt] *adj (fam)* handicapé(e)

gehangen [gəˈhaŋən] *PP von* **hängen**

gehässig [gəˈhɛsɪç] **I.** *adj* venimeux, -euse **II.** *adv* avec malveillance

Gehässigkeit <-, -en> *f* ❶ *kein Pl (Boshaftigkeit)* hargne *f* ❷ *(Bemerkung)* méchanceté *f*

gehauen *PP von* **hauen**

gehäuft [gəˈhɔyft] **I.** *adj* ❶ *Löffel* bon(ne); ***ein ~er Esslöffel Mehl*** une bonne cuillerée de farine ❷ *(wiederholt)* répété(e) **II.** *adv* fréquemment

Gehäuse [gəˈhɔyzə] <-s, -> *nt* ❶ *eines Geräts* boîtier *m* ❷ *(Kerngehäuse)* trognon *m*

gehbehindert [ˈgeːbəhɪndɐt] *adj* **~ *sein*** avoir du mal à se déplacer

Gehege [gəˈheːgə] <-s, -> *nt* enclos *m*

geheiligt *adj Brauch, Tradition, Recht* sacré(e)

geheim [gəˈhaim] **I.** *adj* secret, -ète; ***streng*** **~** strictement confidentiel(le); ***im Geheimen*** en secret **II.** *adv abstimmen* à bulletins secrets; ***etw vor jdm ~ halten*** cacher qc à qn

Geheimagent(in) *m(f)* agent *m* secret **Geheimbund** <-bünde> *m* société *f* secrète **Geheimdienst** *m* services *mpl* secrets **Geheimfach** *nt* compartiment *m* secret

Geheimhaltung *f* secret *m;* **~ *einer S. gen*** secret sur qc

Geheimnis [gəˈhaimnɪs] <-ses, -se> *nt* secret *m;* ***aus etw kein ~ machen*** ne pas faire mystère de qc ▶ **ein offenes ~** un secret de Polichinelle

Geheimniskrämer(in) *m(f) (pej)* cachottier, -ière *m, f*

Geheimnistuerei [gəhaimnɪstuːəˈrai] *f (pej fam)* cachotteries *fpl* **geheimnisumwittert** *adj (geh)* enveloppé(e) [*o* entouré(e)] de mystère

geheimnisvoll *adj* mystérieux, -euse

Geheimnummer *f* ❶ *(Telefonnummer)* numéro *m* sur la liste rouge ❷ *(Geheimzahl)* code *m* confidentiel **Geheimpolizei** *f* police *f* secrète **Geheimratsecken** *Pl (hum fam)* tempes *fpl* dégarnies **Geheimsache** *f* affaire *f* confidentielle **Geheimschrift** *f* caractères *mpl* secrets **Geheimtipp** *m* tuyau *m fam* **Geheimtür** *f* porte *f* dérobée **Geheimwaffe** *f* arme *f* secrète **Geheimzahl** *f* code *m* confidentiel; ***geben Sie Ihre ~ ein*** faites votre code

Geheiß [gəˈhais] <-es> *nt (geh)* ***auf sein/ihr ~*** sur son ordre

geheißen *PP von* **heißen**

gehemmt *adj Person* inhibé(e)

gehen [ˈgeːən] <ging, gegangen> **I.** *vi + sein* ❶ *(sich fortbewegen)* aller; ***zu jdm/zur Post ~*** aller chez qn/à la poste; ***ans Telefon/an die Tür ~*** aller au téléphone/à la porte; ***in die Stadt/den Wald ~*** aller en ville/dans la forêt; ***über die Straße ~*** traverser la rue ❷ *(zu Fuß gehen)* marcher ❸ *(besuchen)* ***ins Kino/an die Uni ~*** aller au cinéma/à la fac; ***schwimmen/einkaufen/tanzen ~*** aller nager/faire des courses/danser ❹ *(weggehen)* partir, s'en aller ❺ *(eine Tätigkeit aufnehmen)* ***in die Industrie/die Politik ~*** entrer dans l'industrie/la politique; ***zum Theater ~*** se lancer dans le théâtre ❻ *(zeigen nach)* ***auf den Garten ~*** *Balkon, Fenster:* donner sur le jardin ❼ *(funktionieren, florieren) Uhr, Maschine, Geschäft:* marcher; ***sehr gut ~*** *Ware:* fonctionner très bien; ***gut ~d*** *Geschäft:* prospère ❽ *(fam: verlaufen)* ***gut ~*** bien se passer; ***na, wenn das mal gut geht!*** ça m'étonnerait que ça se passe bien! ❾ *(sich unterbringen lassen)* ***durch die Tür ~*** *Schrank:* passer par la porte; ***in diesen Saal ~ 500 Personen*** cette salle peut accueillir 500 personnes ❿ *(dauern)* durer ⓫ *(reichen)* ***der Rock geht ihr bis zum/bis übers Knie*** la jupe lui va jusqu'au genou/jusqu'en dessous du genou; ***das Wasser geht ihm bis zur Hüfte*** l'eau lui monte jusqu'aux hanches; ***der Schaden geht in die Millionen*** les dommages s'élèvent à des millions ⑫ *(aufgehen) Teig:* lever ⑬ *(fam: sich kleiden)* ***in Schwarz ~*** mettre du noir ⑭ *(fam: sich verkleiden)* ***als Fee ~*** se déguiser en fée ⑮ *(ertönen) Klingel, Telefon:* sonner ⑯ *(möglich sein)* ***ja, das geht*** oui, c'est possible ⑰ *(lauten)* ***die Melodie/der Text geht so: …*** l'air est/les paroles sont [ainsi]: … ⑱ *(fam: liiert sein)* ***mit jdm ~*** sortir avec qn ⑲ *(urteilen)* ***nach dem Gefühl ~*** se fier à son intuition; ***danach kann man nicht ~*** on ne peut pas se fier à ça ⑳ *(abhängen von)* ***wenn es nach mir ginge*** si ça ne tenait qu'à moi ㉑ *(geschehen)* ***vor sich ~*** se passer ▶ **sich ~ lassen** *(nachlässig sein)* se laisser aller; *(sich nicht beherrschen)* ne pas se contrôler; **es geht nichts über …** il n'y a rien de tel que …; **nichts geht mehr** rien ne va plus **II.** *vi unpers + sein* ① *(sich fühlen, befinden)* ***jdm geht es [gesundheitlich] gut/nicht gut*** qn va bien/ne va pas bien; ***wie geht es dir?*** comment vas-tu?; ***wie geht's?*** *(fam)* comment ça va? ② *(ergehen)* ***mir geht es genauso*** pour moi, c'est la même chose ③ *(zu schaffen sein)* ***geht es, oder soll ich dir tragen helfen?*** ça va, ou faut-il que je t'aide à porter? ④ *(sich drehen um)* ***es geht um viel Geld*** beaucoup d'argent est en jeu; ***es geht ihm nur ums Prestige*** le prestige, c'est tout ce qui lui importe ⑤ *(sich begeben)* ***es geht nach oben/unten*** ça monte/descend; ***jetzt geht es nach Hause!*** c'est l'heure de rentrer!; ***auf geht's!*** allez [, on y va]!; ***wohin geht es im Urlaub?*** où vas-tu/allez-vous en vacances? **III.** *vt + sein* prendre *Weg;* ***eine Strecke ~*** prendre un chemin à pied

Gehen <-s> *nt* ① *a.* SPORT marche *f* ② *(das Weggehen)* départ *m;* ***im ~*** en partant

gehen|lassen* *vr s.* **gehen I.** ▶

Geher(in) <-s, -> *m(f)* SPORT marcheur, -euse *m, f*

gehetzt *adj* ① *Person, Wild* traqué(e) ② *(gestresst)* stressé(e)

geheuer [gəˈhɔyɐ] *adj* ***diese Sache ist mir nicht ganz ~*** cette affaire ne me paraît pas très nette

Geheul <-[e]s> *nt (pej: Weinen)* pleurnicheries *f pl*

Gehhilfe *f* déambulateur *m*

Gehilfe, Gehilfin [gəˈhɪlfə] <-n, -n> *m, f* ① *(Helfer)* aide *mf* ② *(Komplize)* complice *mf*

Gehirn [gəˈhɪrn] <-[e]s, -e> *nt* cerveau *m;* *(Gehirnsubstanz)* cervelle *f*

Gehirnblutung *f* hémorragie *f* cérébrale

Gehirnerschütterung *f* commotion *f* cérébrale **Gehirnhautentzündung** *f* MED méningite *f* **Gehirnschlag** *m* attaque *f* [d'apoplexie] **Gehirntumor** *m* MED tumeur *f* du cerveau **Gehirnwäsche** *f* lavage *m* de cerveau

gehoben [gəˈhoːbən] **I.** *PP von* **heben** **II.** *adj Stellung* élevé(e); *Ausdrucksweise* distingué(e); *Stilebene* soutenu(e); *Stimmung* bonne

Gehöft [gəˈhøːft] <-[e]s, -e> *nt* ferme *f*

geholfen [gəˈhɔlfən] *PP von* **helfen**

Gehölz <-es, -e> *nt (geh)* bosquet *m*

Gehör [gəˈhøːɐ̯] <-[e]s, -e> *nt* ouïe *f;* ***ein gutes ~ haben*** avoir une bonne oreille ▶ **jdm/einer S. ~ schenken** prêter une oreille attentive à qn/qc; **sich ~ verschaffen** arriver à se faire entendre

gehorchen* *vi* obéir; ***jdm ~*** obéir à qn

gehören* **I.** *vi* ① *(Eigentum sein)* ***jdm ~*** appartenir à qn; ***das gehört mir*** c'est à moi ② *(fig)* ***jdm/einer S. ~*** *Herz, Liebe:* appartenir à qn/qc; *Sympathie:* aller à qn/qc ③ *(dazugehören)* ***zur Familie ~*** faire partie de la famille; ***nicht zur Sache ~*** être hors sujet ④ *(hingehören)* ***du gehörst ins Bett*** tu devrais être au lit; ***er/sie gehört bestraft*** il faudrait le/la punir ⑤ *(nötig sein)* ***dazu gehört viel Geduld/Mut*** il faut beaucoup de patience/courage pour faire ça **II.** *vr* ***das gehört sich nicht*** ça ne se fait pas; ***wie es sich gehört*** comme il faut

Gehörgang <-gänge> *m* conduit *m* auditif

gehörig [gəˈhøːrɪç] **I.** *adj* ① *attr (entsprechend)* convenable ② *(geh: gehörend)* ***zu etw ~*** afférent(e) à qc ③ *attr (fam: beträchtlich)* sacré(e) *antéposé,* bon(ne) *antéposé* **II.** *adv (fam) ausschimpfen* salement; ***da hast du dich ~ getäuscht*** tu t'es mis le doigt dans l'œil

gehörlos *adj (form)* sourd(e)

Gehörlose(r) *f(m) dekl wie adj (form)* sourd(e) *m(f)*

gehörnt *adj Tier* cornu(e)

gehorsam [gəˈhoːɐ̯zaːm] **I.** *adj* obéissant(e); ***~ sein*** obéir **II.** *adv* docilement

Gehorsam [gəˈhoːɐ̯zaːm] <-s> *m* obéissance *f*

Gehörsinn *m* ouïe *f*

Gehsteig [ˈgeːʃtaɪ̯k] *m,* **Gehweg** [ˈgeːveːk] *m* trottoir *m*

Geier [ˈgaɪ̯ɐ] <-s, -> *m* vautour *m*

geifern [ˈgaɪ̯fɐn] *vi (pej: sich gehässig äußern)* bavasser *fam*

Geige [ˈgaɪ̯gə] <-, -n> *f* violon *m;* ***~ spie-***

len jouer du violon ▶ **die erste ~ spielen** *(fam)* donner le la; **die zweite ~ spielen** *(fam)* jouer les deuxièmes couteaux

geigen *vi* jouer du violon

Geigenbauer(in) <-s, -> *m(f)* luthier, -ière *m, f* **Geigenbogen** *m* archet *m* **Geigenkasten** *m* étui *m* à violon

Geiger(in) <-s, -> *m(f)* violoniste *mf; (Orchestermusiker)* violon *m*

Geigerzähler ['gaigetsɛːlɐ] *m* compteur *m* Geiger

geil [gail] **I.** *adj* ❶ *(lüstern)* vicieux, -euse ❷ *(fam: sehr gut)* super *inv; Musik, Kleider* génial(e), d'enfer **II.** *adv* ❶ *(mit Lüsternheit)* de façon lubrique ❷ *(fam: auf sehr gute Art)* super bien; **~ *aussehen*** avoir un look d'enfer

G

Geilheit <-> *f* lubricité *f*

Geisel ['gaizəl] <-, -n> *f* otage *mf;* ***jdn als ~ nehmen*** prendre qn en otage

Geiseldrama *nt* prise *f* d'otages

Geiselnahme ['gaizəlnaːmə] <-, -n> *f* prise *f* d'otage[s]

Geiselnehmer(in) <-s, -> *m(f)* preneur, -euse *m, f* d'otage[s]

Geiß [gais] <-, -en> *f* SDEUTSCH, A, CH *(Ziege)* chèvre *f*

Geißbock *m* SDEUTSCH, A, CH bouc *m*

Geißel ['gaisəl] <-, -n> *f* ❶ *(Peitsche)* fouet *m* ❷ *(geh: Plage)* fléau *m*

geißeln ['gaisəln] *vt (schlagen)* flageller

Geist [gaist] <-[e]s, -er> *m* ❶ *kein Pl (Vernunft)* intelligence *f* ❷ *kein Pl (Scharfsinn)* esprit *m* ❸ *(geistige Wesenheit)* esprit *m;* ***der Heilige*** ~ le Saint-Esprit ❹ *(Gespenst)* spectre *m* ▶ **jdm auf den ~ gehen** *(fam)* taper sur le système à qn; **den/seinen ~ aufgeben** *(fam)* rendre l'âme

Geisterbahn *f* train *m* fantôme **Geisterfahrer(in)** *m(f) (fam) chauffard circulant à contresens sur l'autoroute* **geisterhaft** *adj o adv* fantomatique **Geisterhand** ▶ **wie von ~** comme par magie

geistern ['gaisten] *vi + sein (spuken)* hanter

Geisterstadt *f* ville *f* fantôme **Geisterstunde** *f* douze coups *mpl* de minuit **geistesabwesend I.** *adj* absent(e) **II.** *adv antworten* l'air absent **Geistesabwesenheit** *f* absence *f* **Geistesblitz** *m (fam)* trait *m* de génie **Geistesgegenwart** *f* présence *f* d'esprit **geistesgegenwärtig** *adj Tat* qui témoigne de présence d'esprit **geistesgestört** *adj* souffrant de troubles mentaux; **~ *sein*** avoir des troubles mentaux **Geistesgestörte(r)** *f(m) dekl wie adj* malade *mf* mental(e) **Geisteshaltung** *f* mentalité *f* **geisteskrank** *adj* malade mental(e); **~ *sein*** souffrir de maladie mentale **Geisteskranke(r)** *f(m) dekl wie adj* malade *mf* mental(e) **Geisteskrankheit** *f* maladie *f* mentale **Geisteswissenschaften** *Pl* sciences *fpl* humaines **Geisteswissenschaftler(in)** *m(f)* spécialiste *mf* des sciences humaines; *(opp: Naturwissenschaftler)* littéraire *mf* **geisteswissenschaftlich** *adj* de sciences humaines **Geisteszustand** *m* état *m* mental

geistig ['gaistɪç] **I.** *adj* ❶ *(verstandesmäßig)* intellectuel(le) ❷ *(spirituell)* spirituel(le) **II.** *adv* MED mentalement; **~ *behindert*** handicapé(e) mental(e)

geistlich ['gaistlɪç] *adj* religieux, -euse; *Amt* ecclésiastique

Geistliche(r) *f(m) dekl wie adj* ecclésiastique *mf*

Geistlichkeit <-> *f* clergé *m*

geistlos *adj* stupide

geistreich *adj Person* spirituel(le); *Beschäftigung, Unterhaltung* enrichissant(e)

geistvoll *adj Äußerung* plein(e) d'esprit

Geiz [gaits] <-es> *m* avarice *f*

geizen ['gaitsən] *vi* lésiner; ***mit etw*** ~ lésiner sur qc

Geizhals *m (pej)* grippe-sou *m*

geizig ['gaitsɪç] *adj* avare

Geizkragen *m (pej fam)* crevard(e) *m(f)*

Gejammer [gə'jamɐ] <-s> *nt (pej fam)* jérémiades *mpl*

Gejohle <-s> *nt (pej)* clameurs *fpl*

gekannt [gə'kant] *PP von* **kennen**

Gekicher [gə'kɪçɐ] <-s> *nt (pej fam)* ricanements *mpl*

Geklapper <-s> *nt (pej fam)* tintamarre *m*

gekleidet *adj* ***modisch/gut ~ sein*** être habillé à la mode/bien habillé

Geklimper <-s> *nt (pej fam: Klaviergeklimper)* pianotage *m*

geklungen [gə'klʊŋən] *PP von* **klingen**

geknickt [gə'knɪkt] *adj (fam)* déprimé(e)

gekniffen [gə'knɪfən] *PP von* **kneifen**

Geknister <-s> *nt* froissement *m*

gekommen *PP von* **kommen**

gekonnt [gə'kɔnt] **I.** *PP von* **können** **II.** *adj* techniquement parfait(e)

Gekritzel [gə'krɪtsəl] <-s> *nt (pej: Hingekritzeltes)* pattes *fpl* de mouche

gekrochen [gə'krɔxən] *PP von* **kriechen**

gekünstelt [gə'kʏnstəlt] *(pej)* **I.** *adj* affecté(e), apprêté(e) **II.** *adv* avec affectation

Gel [geːl] <-s, -e> *nt* gel *m*

Gelächter [gə'lɛçtɐ] <-s, -> *nt* rires *mpl*

gelackmeiert [gə'lakmaiɐt] *adj (fam)*

der/die Gelackmeierte sein se faire pigeonner
geladen [gə'la:dən] **I.** *PP von* **laden II.** *adj (fam)* **~ *sein*** être furax
Gelage [gə'la:gə] <-s, -> *nt* orgie *f*
gelähmt [gə'lɛ:mt] *adj* paralysé(e); ***halbseitig*** **~** hémiplégique
Gelähmte(r) *f(m) dekl wie adj* paralysé(e) *m(f)*
Gelände [gə'lɛndə] <-s, -> *nt* terrain *m*
Geländefahrzeug *s.* **Geländewagen geländegängig** *adj* tout-terrain **Geländelauf** *m* cross *m*
Geländer [gə'lɛndɐ] <-s, -> *nt (Treppengeländer)* rampe *f; (Balkongeländer, Brückengeländer)* balustrade *f*
Geländewagen *m* véhicule *m* tout-terrain
gelang [gə'laŋ] *Imp von* **gelingen**
gelangen* [gə'laŋən] *vi + sein* ❶ *(hinkommen)* ***ans Ziel*** **~** arriver au but; ***an die Öffentlichkeit*** **~** être rendu public ❷ *(fig form)* ***zum Abschluss/zur Aufführung*** **~** être terminé/représenté ❸ *(erwerben)* ***zu Ruhm/Ehren*** **~** accéder à la célébrité/aux honneurs
gelangweilt I. *adj Person* qui s'ennuie; *Blick* d'ennui **II.** *adv dasitzen, zuhören* l'air ennuyé
gelassen [gə'lasən] **I.** *PP von* **lassen II.** *adj* placide; ***[ganz]*** **~ *bleiben*** rester imperturbable
Gelassenheit <-> *f* flegme *m*
Gelatine [ʒela'ti:nə] <-> *f* gélatine *f*
gelaufen *PP von* **laufen**
geläufig [gə'lɔyfɪç] *adj* courant(e); ***jdm*** **~ *sein*** être familier à qn
gelaunt [gə'laʊnt] *adj* ***gut/schlecht*** **~ *sein*** être de bonne/mauvaise humeur, être bien/mal disposé; ***übel*** **~ *sein*** être mal luné(e)
gelb [gɛlp] *adj* jaune
Gelb <-s, - *o fam:* -s> *nt* ❶ *(Farbe)* jaune *m* ❷ *(gelbes Ampellicht)* [feu *m*] orange *m;* ***bei*** **~ *über die Ampel fahren*** passer à l'orange
Gelbe(s) ▶ **das ist nicht gerade das ~ vom Ei** *(fam)* ça ne casse pas des briques
Gelbfieber *nt* fièvre *f* jaune **gelbgrün** *adj* vert(e) tirant sur le jaune
gelblich ['gɛlplɪç] *adj* jaune pâle; *Gesichtsfarbe* jaunâtre
Gelbsucht *f kein Pl* MED jaunisse *f*
Geld [gɛlt] <-[e]s, -er> *nt* ❶ *kein Pl (Zahlungsmittel)* argent *m;* ***bares*** **~** des espèces *fpl,* du liquide; ***etw für teures*** **~ *kaufen*** acheter qc au prix fort; ***mit etw*** **~ *machen*** *(fam)* [se] faire du fric avec qc; ***eine Idee zu*** **~ *machen*** *(fam)* tirer du fric d'une idée ❷ *Pl (Mittel)* fonds *mpl;* ***öffentliche*** **~*er*** deniers *mpl* publics ▶ **~ wie Heu haben** être plein aux as; **das ~ zum Fenster hinauswerfen** jeter l'argent par les fenêtres; **jdm das ~ aus der Tasche ziehen** se jeter sur l'argent de qn; **ins ~ gehen** *(fam)* finir par chiffrer; **in** [*o* **im**] **~ schwimmen** *(fam)* être plein aux as, rouler sur l'or
Geldangelegenheit *f* question *f* d'argent; ***in*** **~*en*** en matière d'argent **Geldanlage** *f* placement *m* financier **Geldautomat** *m* distributeur *m* de billets, billetterie *f* **Geldbetrag** *m* somme *f* d'argent **Geldbeutel** *m,* **Geldbörse** *f* porte-monnaie *m* **Geldbote, -botin** *m, f* convoyeur, -euse *m, f* de fonds **Geldbuße** *f* amende *f* **Geldgeber(in)** *m(f)* bailleur, -esse *m, f* de fonds **Geldgeschäft** *nt* opération *f* financière **Geldgier** *f* cupidité *f* **geldgierig** *adj* cupide **Geldhahn** ▶ **jdm den ~ zudrehen** couper les vivres à qn **Geldinstitut** *nt* établissement *m* financier
Geldmacherei <-, -en> *f (pej fam) le fait de ne faire qc que dans un but lucratif*
Geldmangel *m kein Pl* manque *m* d'argent
Geldmittel *Pl* capitaux *mpl* **Geldnot** *f* manque *m* d'argent **Geldschein** *m* billet *m* de banque **Geldschrank** *m* coffre-fort *m* **Geldsorgen** *Pl* soucis *mpl* d'argent **Geldspende** *f* don *m* d'argent **Geldstrafe** *f* amende *f* **Geldstück** *nt* pièce *f* de monnaie **Geldsumme** *f* somme *f* d'argent **Geldtransporter** *m* convoyeur *m* de fonds **Geldwäsche** *f* blanchiment *m* de l'argent **Geldwechsel** *m* change *m* **Geldwert** *m* pouvoir *m* d'achat de la monnaie
geleckt *adj* ▶ **wie ~ aussehen** *(fam) Person:* être tiré(e) à quatre épingles; *Wohnung:* être briqué(e) [du sol au plafond]
Gelee [ʒe'le:] <-s, -s> *m o nt* gelée *f*
Gelege [gə'le:gə] <-s, -> *nt* couvée *f*
gelegen [gə'le:gən] **I.** *PP von* **liegen II.** *adj* ❶ *(passend)* opportun(e); *Anlass* bon(ne) *antéposé;* ***der Besuch kommt mir*** **~*/nicht sehr*** **~** la visite tombe/ne tombe pas très à propos ❷ *(von Wichtigkeit, Interesse)* ***ihr ist sehr daran*** **~*, dass ...*** il lui importe beaucoup que ... ❸ *(befindlich)* ***einsam*** **~ *sein*** *Haus, Ortschaft:* être isolé
Gelegenheit [gə'le:gənhaɪt] <-, -en> *f* occasion *f;* ***bei*** **~** à l'occasion; ***bei der ersten/nächsten*** **~** à la première occasion ▶ **die ~ beim Schopf ergreifen** sauter sur l'occasion

Gelegenheitsarbeit *f,* **Gelegenheitsjob** *m (fam)* petit boulot *m fam* **Gelegenheitskauf** *m* occasion *f*
gelegentlich [gəˈleːgəntlɪç] **I.** *adj attr* ***von ~en Aufheiterungen abgesehen*** à part quelques éclaircies passagères **II.** *adv* ❶ *(manchmal)* de temps en temps ❷ *(bei Gelegenheit)* à l'occasion
gelehrig [gəˈleːrɪç] *adj* éveillé(e); *Tier* intelligent(e)
Gelehrsamkeit <-> *f* érudition *f*
gelehrt [gəˈleːɐ̯t] *adj* érudit(e)
Gelehrte(r) *f(m) dekl wie adj* érudit(e) *m(f)*
Geleise [gəˈlaizə] <-s, -> *nt* A, CH voie *f*
G
Geleit [gəˈlait] <-[e]s, -e> *nt* ❶ *(Eskorte)* escorte *f* ❷ *kein Pl (geh: das Geleiten)* ***freies*** ~ JUR sauf-conduit *m* ► **jdm das letzte ~ geben** *(geh)* accompagner qn à sa dernière demeure
geleiten* *vt (geh)* accompagner
Geleitschutz *m* escorte *f;* ***jdm/einer S. ~ geben*** escorter qn/qc **Geleitzug** *m* convoi *m*
Gelenk [gəˈlɛŋk] <-[e]s, -e> *nt* ❶ ANAT articulation *f* ❷ TECH joint *m*
Gelenkbus *m* bus *m* articulé **Gelenkentzündung** *f* arthrite *f*
gelenkig *adj* souple
gelernt *adj Bäcker, Friseurin* qualifié(e)
gelesen *PP von* **lesen**
geliebt [gəˈliːpt] *adj* bien-aimé(e); ***heiß ~*** adoré; ***viel ~*** très apprécié
Geliebte(r) *f(m) dekl wie adj* amant *m* / maîtresse *f*
geliefert [gəˈliːfɐt] *adj (fam)* ***~ sein*** être fichu
geliehen [gəˈliːən] *PP von* **leihen**
gelieren* [ʒeˈliːrən, ʒəˈliːrən] *vi* se gélifier

Falsche Freunde
Nicht verwechseln mit *geler – gefrieren*!

gelind[e] **I.** *adj* ❶ *(geh: gemäßigt)* tempéré(e); *Frost, Regen* léger, -ère ❷ *(fam) Wut, Schrecken* terrible **II.** *adv* ***~ gesagt*** c'est le moins que l'on puisse dire
gelingen [gəˈlɪŋən] <gelang, gelungen> *vi + sein Werk, Coup:* réussir; ***nicht gelungen sein*** *Essen, Kuchen:* être raté; ***jdm gelingt es etw zu tun*** qn réussit à faire qc
Gelingen <-s> *nt* réussite *f;* ***auf [ein] gutes ~!*** à votre/notre réussite!
gelitten [gəˈlɪtən] *PP von* **leiden**
gell[e] *interj* SDEUTSCH, CH *s.* **gelt**
gellen [ˈgɛlən] *vi* retentir
gellend *adj* strident(e), perçant(e)
geloben* *vt (geh)* promettre solennellement; ***jdm etw ~*** promettre solennellement qc à qn
Gelöbnis [gəˈløːpnɪs] <-ses, -se> *nt* ❶ *(geh: Versprechen)* promesse *f* solennelle; ***ein ~ ablegen*** prêter serment ❷ MIL serment *m*
gelockt *adj Haare* bouclé(e)
gelogen [gəˈloːgən] *PP von* **lügen**
gelöst *adj Person, Atmosphäre, Stimmung* détendu(e)
gelt [gɛlt] *interj* SDEUTSCH, A, CH *(fam)* hein
gelten [ˈgɛltən] <gilt, galt, gegolten> **I.** *vi* ❶ *(gültig sein)* être valable; *Gesetz, Vorschrift:* être en vigueur; *Zahlungsmittel:* avoir cours; ***Einwände ~ lassen*** admettre des objections; ***die Wette gilt!*** tope/topez-là!; ***das gilt nicht!*** ce n'est pas du jeu! ❷ *(bestimmt sein)* ***jdm/einer S. ~*** *Aufmerksamkeit:* être consacré à qn/qc; *Attentat, Schuss:* être dirigé contre qn/qc ❸ *(sich beziehen)* ***für jdn ~*** *Aussage:* valoir pour qn; ***das gilt auch für dich*** c'est aussi valable pour toi ❹ *(angesehen werden)* ***als zuverlässig ~*** *Person:* passer pour [être] fiable; ***es gilt als sicher, dass*** on affirme que **II.** *vt* ***viel/wenig ~*** *Meinung:* avoir un certain poids/n'avoir aucune valeur
geltend *adj attr Preis, Bestimmung* en vigueur; *Meinung* répandu(e)
Geltung <-, -en> *f* ❶ *(Gültigkeit)* validité *f;* ***~ haben*** être valable; *Gesetz, Vorschrift:* être en vigueur ❷ *(Ansehen)* considération *f;* ***sich/einer S.*** *dat* ***~ verschaffen*** s'imposer/faire respecter qc ❸ *(Wirkung)* ***etw zur ~ bringen*** mettre qc en valeur; ***zur ~ kommen*** être mis en valeur
Geltungsbedürfnis *nt kein Pl* besoin *m* de se faire valoir **Geltungsbereich** *m einer Fahrkarte* secteur *m* de validité; *eines Gesetzes* domaine *m* d'application; ***in den ~ eines Gesetzes fallen*** tomber dans le domaine d'application d'une loi **Geltungsdauer** *f* durée *f* de validité **Geltungssucht** *f kein Pl (pej)* besoin *m* de se mettre en avant
Gelübde [gəˈlʏpdə] <-s, -> *nt* vœu *m;* ***ein ~ ablegen*** faire un vœu
gelungen [gəˈlʊŋən] **I.** *PP von* **gelingen** **II.** *adj attr Abend* [très] réussi(e); *Essen* [bien] réussi(e)
gelüsten* *vt unpers (geh)* ***jdn gelüstet es etw zu tun*** qn a [grande] envie de faire qc
GEMA [ˈgeːma] <-> *f Abk von* **Gesellschaft für musikalische Aufführungs-**

und mechanische Vervielfältigungsrechte ≈ S.A.C.E.M. *f*

gemächlich [gəˈmɛːçlɪç] *adj* tranquille, paisible

Gemahl(in) [gəˈmaːl] <-s, -e> *m(f) (geh)* époux *m* /épouse *f*

Gemälde [gəˈmɛːldə] <-s, -> *nt* tableau *m*, peinture *f*

Gemäldegalerie *f* galerie *f* de peinture[s]

gemasert *adj Holz, Marmor* veiné(e)

gemäß [gəˈmɛːs] **I.** *präp +dat* conformément à; **~ *Ihrem Wunsch*** selon vos désirs **II.** *adj **jdm/einer S. ~ sein*** être adapté à qn/qc

gemäßigt [gəˈmɛːsɪçt] *adj* ❶ *Klima, Zone* tempéré(e) ❷ *(moderat)* modéré(e)

Gemäuer [gəˈmɔyɐ] <-s, -> *nt* murailles *f pl*

Gemecker [gəˈmɛkɐ] <-s> *nt* ❶ *einer Ziege* bêlement *m gén pl* ❷ *(pej fam: Nörgelei)* rouspétances *f pl*

gemein [gəˈmain] *adj* ❶ *(niederträchtig)* infâme ❷ *(fam: unfair)* vache; ***das war ~ von dir!*** c'est vache d'avoir fait cela! ❸ *Lüge* odieux, -euse; *Bemerkung* méchant(e), de mauvais goût ❹ *(gemeinsam)* ***etw mit jdm/etw ~ haben*** avoir qc en commun avec qn/qc

Gemeinde [gəˈmaində] <-, -n> *f* ❶ *(Kommune)* commune *f* ❷ *(Pfarrgemeinde)* paroisse *f*; *(Gläubige bei der Messe)* assistance *f*

Gemeindeamt *nt* municipalité *f* **Gemeindebezirk** *m* ❶ *(Gemeindegebiet)* territoire *m* communal ❷ *(Stadtteil)* arrondissement *m* **Gemeindemitglied** *nt* paroissien(ne) *m(f)* **Gemeinderat** *m* ❶ conseil *m* municipal ❷ *(Person)* conseiller *m* municipal **Gemeinderätin** *f* conseillère *f* municipale **Gemeindeschwester** *f* infirmière *f* à domicile *(employée par la commune)* **Gemeindeversammlung** *f* CH assemblée *f* municipale **Gemeindeverwaltung** *f* municipalité *f* **Gemeindewahl** *f* élections *f pl* municipales **Gemeindezentrum** *nt* foyer *m* socioculturel

Gemeineigentum *nt* propriété *f* publique **gemeingefährlich** *adj* représentant un danger public **Gemeingut** *nt* bien *m* commun

Gemeinheit <-, -en> *f* ❶ méchanceté *f* ❷ *(fam: Ärgernis)* vacherie *f*

gemeinhin [gəˈmainhɪn] *adv* communément

Gemeinkosten *Pl* frais *m pl* généraux

Gemeinnutz [gəˈmainnʊts] *m* intérêt *m* général

gemeinnützig [gəˈmainnʏtsɪç] *adj Verein* à but non lucratif; *Einrichtung* d'utilité publique

Gemeinplatz *m* lieu *m* commun

gemeinsam [gəˈmainzaːm] **I.** *adj* ❶ commun(e); *Konto* joint(e) ❷ *(verbindend)* ***sie haben vieles ~*** ils/elles ont beaucoup de choses en commun **II.** *adv besprechen, lösen* ensemble

Gemeinsamkeit <-, -en> *f (das Gemeinsame)* point *m* commun

Gemeinschaft <-, -en> *f von Personen, Staaten* communauté *f*; ***die Europäische ~*** la Communauté européenne

gemeinschaftlich **I.** *adj Projekt* en coopération; *Nutzung, Aktivitäten* [en] commun **II.** *adv erarbeiten, nutzen* en commun; *begehen* en complicité

Gemeinschaftsarbeit *f* travail *m* collectif **Gemeinschaftsgefühl** *nt kein Pl* esprit *m* d'équipe [*o* de solidarité] **Gemeinschaftsgeist** *m* esprit *m* de solidarité **Gemeinschaftskunde** <-> *f* instruction *f* civique **Gemeinschaftspraxis** *f* cabinet *m* de groupe **Gemeinschaftsproduktion** *f* coproduction *f* **Gemeinschaftsraum** *m* salle *f* commune **Gemeinschaftsrecht** *nt* JUR droit *m* communautaire; ***europäisches ~*** droit européen communautaire

Gemeinsinn *m kein Pl* esprit *m* de solidarité **gemeinverständlich** *adj **in ~em Deutsch*** dans un allemand accessible à tous **Gemeinwesen** *nt* communauté *f* **Gemeinwohl** *nt* intérêt *m* commun/général

Gemenge [gəˈmɛŋə] <-s, -> *nt* ❶ *(Gemisch)* mélange *m* ❷ *(Durcheinander)* fouillis *m*

gemessen [gəˈmɛsən] **I.** *PP von* **messen** **II.** *adj Auftreten* grave; *Höflichkeit* réservé(e); ***~en Schrittes*** à pas mesurés

Gemetzel [gəˈmɛtsəl] <-s, -> *nt* carnage *m*

gemieden [gəˈmiːdən] *PP von* **meiden**

Gemisch [gəˈmɪʃ] <-[e]s, -e> *nt* mélange *m*

gemischt [gəˈmɪʃt] *adj* mélangé(e), mêlé(e); *Kost, Gemüse* varié(e); *Chor, Klasse* mixte

gemocht [gəˈmɔxt] *PP von* **mögen**

gemolken [gəˈmɔlkən] *PP von* **melken**

Gemurmel [gəˈmʊrməl] <-s> *nt* murmures *m pl*

Gemüse [gəˈmyːzə] <-s, -> *nt* légumes *m pl*

Gemüseanbau *m* culture *f* maraîchère

Gemüsebeet *nt* carré *m* de légumes **Gemüsebrühe** *f* bouillon *m* de légumes **Gemüsefach** *nt* bac *m* à légumes **Gemüsegarten** *m* [jardin *m*] potager *m* **Gemüsehändler(in)** *m(f)* marchand(e) *m(f)* de légumes **Gemüseladen** *m* magasin *m* de légumes **Gemüsesaft** *m* jus *m* de légumes **Gemüsesorte** *f* sorte *f* de légumes **Gemüsesuppe** *f* soupe *f* de légumes **Gemüsezwiebel** *f* oignon *m* jaune

gemusst [gəˈmʊst] *PP von* **müssen**

gemustert [gəˈmʊstɐt] *adj* imprimé(e); ***bunt/braun*** ~ en imprimé multicolore/brun

G

Gemüt [gəˈmyːt] <-[e]s, -er> *nt* ***ein zartes/empfindliches*** ~ un cœur tendre/sensible; ***die ~er bewegen*** émouvoir les esprits ▶ **sich** *dat* **etw zu ~e führen** *(essen, trinken)* déguster qc; **jdm aufs ~ schlagen** saper le moral à qn; **etwas fürs ~** *(hum)* quelque chose de très sentimental

gemütlich **I.** *adj* ❶ *Wohnung* douillet(te), confortable; *Sessel, Bett* confortable; ***es sich/jdm ~ machen*** se mettre à son aise/mettre qn à son aise ❷ *Abend* agréable; *Beisammensein, Lokal* sympathique **II.** *adv* ❶ *(gemächlich)* tranquillement ❷ *(behaglich, gesellig)* confortablement

Gemütlichkeit <-> *f* ❶ *(Behaglichkeit) einer Wohnung* confort *m* [douillet]; *eines Lokals* atmosphère *f* sympathique ❷ *(Gemächlichkeit)* ***etw in aller ~ tun*** faire qc bien tranquillement

Gemütsbewegung *f* émotion *f* **gemütskrank** *adj* neurasthénique **Gemütslage** *f* état *m* d'âme; ***je nach*** ~ selon mon/son / ... humeur **Gemütsmensch** *m (fam)* bonne pâte *f* **Gemütsregung** *f* émotion *f* **Gemütsruhe** *f* quiétude *f*; ***in aller ~*** *(fam)* en toute quiétude **Gemütsverfassung** *f* état *m* d'âme

Gen [geːn] <-s, -e> *nt* BIO gène *m*

genannt [gəˈnant] *PP von* **nennen**

genarbt *adj* grenu(e)

genas [gəˈnaːs] *Imp von* **genesen**

genau [gəˈnau̯] **I.** *adj* ❶ *(exakt)* précis(e) ❷ *(gewissenhaft)* ***in etw*** *dat* ***~ sein*** être rigoureux dans qc **II.** *adv* ❶ exactement; *kennen* très bien; *passen* juste; ***auf die Sekunde/den Millimeter*** ~ à la seconde/au millimètre près; ***es stimmt*** ~ c'est tout à fait juste; ***etw ~/nicht ~ wissen*** savoir parfaitement/ne pas savoir exactement qc; ***so ~ wollte ich es nicht wissen!*** je ne voulais pas en savoir tant! ❷ *(eben, gerade)* justement; ***~!*** *(fam)* absolument! ▶ **~ genommen** strictement parlant; **es mit etw ~ nehmen** prendre qc au pied de la lettre

genaugenommen *s.* **genau II.** ▶

Genauigkeit <-> *f* précision *f*, exactitude *f*

genauso [gəˈnau̯zoː] *adv* de même; ***~ gut/schlecht wie*** tout aussi bien/mal que; ***es ist ~ gekommen, wie ...*** c'est arrivé exactement comme ...

Genbank *f* BIO banque *f* d'informations génétiques

Gendarm [ʒanˈdarm] <-en, -en> *m* A gendarme *m*

Gendarmerie [ʒandarməˈriː] <-, -ien> *f* A gendarmerie *f*

Gender <-s> [ˈdʒɛndɐ] *nt kein pl* SOZIOL genre *m*

Genealogie [genealoˈgiː] <-, -ien> *f* généalogie *f*

genealogisch [geneaˈloːgɪʃ] *adj* généalogique

genehm [gəˈneːm] *adj (geh)* ***jdm ~ sein*** *Person:* plaire à qn; *Lösung, Vorschlag, Termin:* agréer à qn

genehmigen* [gəˈneːmɪgən] **I.** *vt* autoriser; ***einen Antrag*** ~ *Behörde:* autoriser une demande; ***genehmigt!*** approuvé! **II.** *vr* ***sich*** *dat* ***etw*** ~ *(fam)* s'offrir qc

Genehmigung <-, -en> *f* ❶ *(das Genehmigen)* autorisation *f*; *eines Antrags* acceptation *f* ❷ *(Berechtigungsschein)* autorisation *f*

genehmigungspflichtig *adj* soumis(e) à une autorisation préalable

geneigt [gəˈnai̯kt] *adj (geh)* ~ ***sein etw zu tun*** être disposé à faire qc

Genera *Pl von* **Genus**

General [genəˈraːl, *Pl:* genəˈraːlə, genəˈrɛːlə] <-[e]s, -e *o* Generäle> *m* général *m* **Generaldirektor(in)** *m(f)* directeur *m* général/directrice *f* générale

Generalin <-, -nen> *f* général *m*; *(Frau eines Generals)* générale *f*

Generalintendant(in) *m(f)* directeur *m* général/directrice *f* générale

generalisieren* [genəraliˈziːrən] *vi* généraliser

Generalität [genəraliˈtɛːt] <-, *selten:* -en> *f* généraux *mpl*

Generalkonsul(in) *m(f)* consul *m* général **Generalkonsulat** *nt* consulat *m* général **Generalprobe** *f* [répétition *f*] générale *f* **Generalsekretär(in)** *m(f)* secrétaire *mf* général(e) **Generalstaatsanwalt, -anwältin** *m, f* procureur *mf* général **Generalstab** *m* état-major *m* **generalstabsmäßig** *adv (fam)* en ne laissant rien au hasard **Generalstreik** *m* grève *f* générale **generalüberholen*** *vt nur Infin und PP* ***einen Wagen ~ lassen*** faire faire une révision complète d'une voiture **Generalüberholung** *f* TECH révision *f* générale **Generalversammlung** *f* assemblée *f* générale **Generalvertreter(in)** *m(f)* représentant *m* exclusif/représentante *f* exclusive **Generalvertretung** *f* représentation *f* exclusive **Generalvollmacht** *f* procuration *f* générale; ~ ***besitzen*** avoir pleins pouvoirs

Generation [genəra'tsi̯o:n] <-, -en> *f* génération *f*

Generationenvertrag *m* pacte *m* de solidarité entre générations

Generationskonflikt *m* conflit *m* des générations **Generationswechsel** *m (bei Menschen)* renouvellement *m* des générations

Generator [genə'ra:to:ɐ̯] <-s, -toren> *m* génératrice *f*

generell [genə'rɛl] **I.** *adj* général(e) **II.** *adv* d'une manière générale

generieren* *vt* INFORM produire

Genese <-, -n> *f eines Werks, einer Krankheit* genèse *f*

genesen [gə'ne:zən] <genas, -> *vi + sein (geh)* se remettre; ***von einer Operation/nach einer Grippe*** ~ se remettre d'une opération/se rétablir après une grippe

Genesung [gə'ne:zʊŋ] <-, -en> *f* guérison *f; (nach einem Unfall)* rétablissement *m*

Genetik [ge'ne:tɪk] <-> *f* génétique *f*

genetisch [ge'ne:tɪʃ] *adj* génétique

Genf [gɛnf] <-s> *nt* Genève

Genfer ['gɛnfɐ] *adj attr* genevois(e); ***der ~ See*** le lac Léman; ***die ~ Konvention*** la convention de Genève

Genforscher(in) *m(f)* généticien(ne) *m(f)* **Genforschung** *f* génétique *f*

genial [ge'ni̯a:l] *adj* génial(e)

Genialität [geni̯ali'tɛ:t] <-> *f einer Person* génie *m; eines Plans* caractère *m* génial

Genick [gə'nɪk] <-[e]s, -e> *nt* nuque *f* ▸ **jdm das ~ brechen** *(fam: zugrunde richten)* casser les reins à qn

Genickschuss *m* balle *f* dans la nuque **Genickstarre** *f* raideur *f* de la nuque

Genie [ʒe'ni:] <-s, -s> *nt* génie *m*

genieren* [ʒe'ni:rən] *vr* ***sich*** ~ être gêné; ***sich vor jdm*** ~ être gêné devant qn

genießbar *adj* consommable

genießen [gə'ni:sən] <genoss, genossen> *vt* ❶ profiter de *Leben, Wetter, Urlaub* ❷ *(essen, trinken)* savourer ❸ *(geh)* recevoir *Erziehung;* jouir de *Ansehen, Vertrauen*

Genießer(in) <-s, -> *m(f)* bon vivant *m; (Feinschmecker)* gourmet *m*

genießerisch **I.** *adj* épicurien(ne) **II.** *adv* voluptueusement

genital [geni'ta:l] *adj* des parties génitales

Genitalbereich *m* zone *f* des parties génitales

Genitalien [geni'ta:li̯ən] *Pl* les parties génitales

Genitiv ['ge:niti:f] <-s, -e> *m* GRAM génitif *m*

Genius ['ge:ni̯ʊs] <-, Genien> *m* génie *m*

Genmais *m* maïs *m* transgénique **Genmanipulation** *f* manipulation *f* génétique

genmanipulieren* [ge:nmanipu'li:rən] *vt* ***etw genmanipulieren*** manipuler qc génétiquement **genmanipuliert** *adj* manipulé(e) génétiquement

Genom [ge'no:m] <-s, -e> *nt* BIO génome *m*

genommen [gə'nɔmən] *PP von* **nehmen**

genoss [gə'nɔs] *Imp von* **genießen**

Genosse, Genossin [gə'nɔsə] <-n, -n> *m, f* camarade *mf*

genossen [gə'nɔsən] *PP von* **genießen**

Genossenschaft <-, -en> *f* coopérative *f*

genossenschaftlich **I.** *adj* coopératif, -ive **II.** *adv* en coopérative

Genossin [gə'nɔsɪn] *s.* **Genosse**

genötigt *adj* ***~ sein/sich ~ sehen etw zu tun*** être contraint/se voir contraint de faire qc

Genozid [geno'tsi:t] <-[e]s, -e *o* -ien> *m o nt (geh)* génocide *m;* ***~ an den Juden/Armeniern*** génocide *m* des Juifs/Arméniens

Genre ['ʒã:rə] <-s, -s> *nt* KUNST genre *m*

Gent [gɛnt] <-s> *nt* Gand

Gentechnik *f* génétique *f* **Gentechniker(in)** *m(f)* spécialiste *mf* en génétique **gentechnisch** *adj* génétique; ~ ***verändert*** génétiquement modifié **Gentechnologie** *f* génie *m* génétique **Gentherapie** *f* MED thérapie *f* génétique

Genua ['ge:nu̯a] <-s> *nt* Gênes *f*

genug [gə'nu:k] *adv* assez; ***das ist*** ~ ça suffit; ~ ***Käse/Brot*** assez de fromage/pain; ***alt/groß*** ~ assez vieux, vieille/grand(e) ▸ **von etw ~ haben** *(überdrüssig sein)* en avoir assez de qc; **jetzt ist[s] aber ~!** ça suffit maintenant!

Genüge [gə'ny:gə] <-> *f* ▸ **zur ~** *(hinreichend)* suffisamment; *(bis zum Überdruss)* à satiété

genügen* [gə'ny:gən] *vi* ❶ *(ausreichen)*

G

suffire; ***jdm*** ~ suffire à qn ❷ *(gerecht werden)* ***den Ansprüchen/Wünschen*** ~ satisfaire aux exigences/désirs

genügend [gəˈnyːgənt] *adv* suffisamment

genügsam [gəˈnyːkzaːm] **I.** *adj* peu exigeant(e); ~ ***sein*** se contenter de peu **II.** *adv leben* frugalement

Genügsamkeit <-> *f einer Person* frugalité *f*, modération *f*

Genugtuung [gəˈnuːktuːʊŋ] <-> *f* satisfaction *f*

Genus [ˈgɛnʊs] <-, Genera> *nt* GRAM genre *m*

G

Genuss [gəˈnʊs, *Pl:* gəˈnʏsə] <-es, Genüsse> *m* ❶ *(Köstlichkeit)* régal *m*, délice *m* ❷ *(Freude)* ***es ist ein ~ etw zu tun*** c'est un [vrai] plaisir de faire qc; ***mit*** ~ avec délectation ❸ *kein Pl (form: Verzehr)* consommation *f* ▶ **in den ~ einer Sache** *gen* **kommen** pouvoir bénéficier de qc

genüsslich [gəˈnʏslɪç] **I.** *adj* de délectation **II.** *adv* avec délectation

Genussmittel *nt* stimulant *m*

genussvoll *adj* délicieux, -euse

Geodreieck [ˈgeːodrai̯ʔɛk] *nt (fam)* équerre-rapporteur *f*

Geograf(in) [geoˈgraːf] <-en, -en> *m(f)* géographe *mf*

Geografie [geograˈfiː] <-> *f* géographie *f*

geografisch [geoˈgraːfɪʃ] **I.** *adj* géographique; *Studium, Unterricht* de géographie **II.** *adv* géographiquement

Geologe, Geologin [geoˈloːgə] <-n, -n> *m, f* géologue *mf*

Geologie [geoloˈgiː] <-> *f* géologie *f*

geologisch [geoˈloːgɪʃ] *adj* géologique

Geometrie [geomeˈtriː] <-> *f* géométrie *f*

geometrisch [geoˈmeːtrɪʃ] *adj* géométrique

Geophysik [geofyˈziːk] *f* géophysique *f*

geopolitisch *adj* géopolitique

Georgien [geˈɔrgi̯ən] <-s> *nt* la Géorgie

Gepäck [gəˈpɛk] <-[e]s> *nt* bagages *mpl*

Gepäckabfertigung *f* guichet *m* d'enregistrement des bagages **Gepäckablage** *f* porte-bagages *m* **Gepäckanhänger** *m* étiquette *f* pour bagages **Gepäckannahme** *f s.* **Gepäckabfertigung Gepäckaufbewahrung** *f* consigne *f* **Gepäckausgabe** *f* guichet *m* de retrait des bagages **Gepäckfach** *nt* compartiment *m* à bagages **Gepäckkontrolle** *f* contrôle *m* des bagages **Gepäcknetz** *nt* filet *m* à bagages **Gepäckraum** *m* soute *f* à bagages **Gepäckschalter** *m* guichet *m* d'enregistrement des bagages **Gepäckschein** *m* bulletin *m* de bagages **Gepäckstück** *nt* bagage *m* **Gepäckträger** *m* ❶ *(Person)* porteur *m* ❷ *(Vorrichtung)* porte-bagages *m* **Gepäckwagen** *m* fourgon *m*

Gepard [ˈgeːpart] <-s, -e> *m* guépard *m*

gepfeffert [gəˈpfɛfɐt] *adj (fam)* ❶ *(sehr teuer)* salé(e) ❷ *(schwer)* dur(e)

gepfiffen [gəˈpfɪfən] *PP von* **pfeifen**

gepflegt [gəˈpfleːkt] **I.** *adj* ❶ *Person, Aussehen* soigné(e); *Eindruck* bien entretenu(e) ❷ *Ausdrucksweise* raffiné(e); *Restaurant, Speisen* de qualité **II.** *adv* ~ ***essen gehen*** aller manger dans un bon restaurant

Gepflogenheit [gəˈpfloːgənhai̯t] <-, -en> *f (geh)* habitude *f*

gepierct [gəˈpɪəst] *adj* percé(e)

Geplänkel [gəˈplɛŋkəl] <-s, -> *nt* escarmouche *f*

Geplapper [gəˈplapɐ] <-s> *nt (pej fam)* bavardages *mpl; eines Kindes* babillage *m*

Geplätscher [gəˈplɛtʃɐ] <-s> *nt* clapotis *m*

Geplauder <-s> *nt* causeries *fpl*

Gepolter [gəˈpɔltɐ] <-s> *nt (Geräusch von Schritten)* vacarme *m*

gepriesen [gəˈpriːzən] *PP von* **preisen**

gepunktet *adj* ❶ *Linie* pointillé(e) ❷ *Stoff, Kleid* ***blau*** ~ à pois bleus

gequält [gəˈkvɛːlt] **I.** *adj Lächeln* forcé(e) **II.** *adv lächeln* d'un air contraint

Gequassel <-s> *nt (pej fam)* bavardages *mpl*

gequollen [gəˈkvɔlən] *PP von* **quellen**

gerade [gəˈraːdə] **I.** *adj* ❶ *(aufrecht, nicht krumm)* droit(e) ❷ *(opp: ungerade)* pair(e) ❸ *(aufrichtig)* franc, franche, droit(e) **II.** *adv* ❶ *(aufrecht, nicht krumm)* ~ ***biegen*** *(in gerade Form biegen)* redresser; ***sich ~ halten*** se tenir droit; ~ ***sitzen*** se tenir droit(e) sur sa chaise/son siège; ~ ***stehen*** se tenir droit(e) ❷ *(im Augenblick, soeben)* justement; ~ ***vor zehn Minuten*** il y a juste dix minutes; ***sie arbeitet*** ~ elle est en train de travailler; ***er ist ~ angekommen*** il vient d'arriver ❸ *(knapp)* ***sie hat die Prüfung ~ so bestanden*** elle a réussi son examen de justesse ❹ *(genau)* ~ ***deswegen habe ich das gesagt*** c'est justement pour cette raison que j'ai dit ça ❺ *(ausgerechnet)* ***nicht ~ hübsch/billig*** pas spécialement beau/bon marché

Gerade [gəˈraːdə] <-n, -n> *f* ❶ GEOM droite *f* ❷ SPORT ligne *f* droite ❸ *(beim Boxen)* ***rechte*** ~ direct *m* du droit

geradeaus [gəraːdəˈʔau̯s] *adv* tout droit

gerade|biegen *vt* ❶ *s.* **gerade II. 1** ❷ *(fig fam: in Ordnung bringen)* arranger

geradeheraus [gəraːdəhɛˈrau̯s] *(fam)* **I.** *adj* ~ ***sein*** être franc **II.** *adv sagen* franco

gerädert [gəˈrɛːdɐt] **I.** *PP von* **rädern** **II.** *adj* ▶ **sich wie ~ fühlen, wie ~ sein** *(fam)* être vanné
geradeso *adv* **~ viel** tout autant **gera|de|stehen** *vi irr* ***für jdn/etw ~*** *(für jdn/etw aufkommen)* répondre de qn/qc
geradewegs [gəˈraːdəveːks] *adv* directement
geradezu [gəˈraːdətsuː] *adv* tout simplement
geradlinig [gəˈraːtliːnɪç] **I.** *adj* ❶ *(in gerader Richtung)* rectiligne ❷ *(aufrichtig)* droit(e) **II.** *adv verlaufen* en ligne droite **Geradlinigkeit** <-> *f (a. fig)* rectitude *f*
gerammelt ▶ **~ voll** *(fam)* plein(e) à craquer
Gerangel <-s> *nt (Auseinandersetzung)* bagarre *f*
Geranie [geˈraːni̯ə] <-, -n> *f* géranium *m*
gerann *Imp von* **gerinnen**
gerannt [gəˈrant] *PP von* **rennen**
Gerät [gəˈrɛːt] <-[e]s, -e> *nt* ❶ *(Haushaltsgerät, Bürogerät)* ustensile *m* ❷ *(Gartengerät)* outil *m* [de jardin]; ***die ~e*** l'outillage *m* [de jardin] ❸ *(Elektrogerät)* appareil *m* ❹ *(Turngerät)* agrès *mpl* ❺ *kein Pl (Ausrüstung)* outils *mpl*
geraten [gəˈraːtən] <gerät, geriet, -> *vi + sein* ❶ *(gelangen)* ***in einen Sturm ~*** être surpris par la tempête; ***in Schwierigkeiten ~*** se retrouver en difficulté; ***an jdn ~*** tomber sur qn *fam* ❷ *(unbeabsichtigt kommen)* ***unter einen Zug ~*** passer sous un train; ***mit der Hand in die Maschine ~*** se prendre la main dans la machine ❸ *(einen Zustand erlangen)* ***in Wut ~*** se mettre en colère; ***in Panik ~*** être pris de panique; ***ins Schwitzen ~*** se mettre à transpirer, s'emballer pour qc; ***in Brand ~*** commencer à brûler; ***ins Stocken ~*** *Gespräch:* commencer à se traîner; *Verkehr:* se ralentir ❹ *(ausfallen)* ***jdm zu lang/groß ~*** être trop long/grand pour qn; ***etw gerät jdm gut/nicht gut*** qn réussit/ne réussit pas qc ❺ *(ähnlich werden)* ***nach jdm ~*** ressembler à qn ▶ **außer sich ~** sortir de ses gonds
Geräteraum *m* SPORT local *m* pour ranger les agrès
Geräteschuppen *m* remise *f* à outils **Geräteturnen** *nt* exercices *mpl* aux agrès
Geratewohl [gəraːtəˈvoːl] *nt* ▶ **aufs ~** *(fam)* au petit bonheur [la chance]
Gerätschaften *Pl* outils *mpl*, outillage *m*
geraum [gəˈraum] *adj attr (geh) Weile* long, longue
geräumig [gəˈrɔymɪç] *adj* spacieux, -euse
Geräusch [gəˈrɔyʃ] <-[e]s, -e> *nt* bruit *m*
geräuscharm *adj* silencieux, -euse **geräuschempfindlich** *adj* sensible au[x] bruit[s] **Geräuschkulisse** *f* bruit *m* de fond; MEDIA bruitage *m*
geräuschlos **I.** *adj* silencieux, -euse **II.** *adv* sans bruit
Geräuschlosigkeit <-> *f* absence *f* de bruit
Geräuschpegel *m* niveau *m* sonore **geräuschvoll** **I.** *adj* bruyant(e) **II.** *adv* bruyamment
Geräusper [gəˈrɔɪspɐ] <-s> *nt* raclement *m* de gorge *gén pl*
gerben [ˈgɛrbən] *vt* tanner
Gerber(in) <-s, -> *m(f)* tanneur, -euse *m, f*
Gerbera [ˈgɛrbera] <-, -> *f* BOT gerbéra *m*, gerbera *m*
Gerberei [gɛrbəˈrai̯] <-, -en> *f* tannerie *f*
Gerbsäure *f* acide *m* tannique
gerecht [gəˈrɛçt] **I.** *adj* ❶ *(unparteiisch)* juste ❷ *(verdient)* juste, équitable ❸ *(berechtigt)* justifié(e); *Sache* juste ▶ **jdm/einer S. ~ werden** *(angemessen urteilen)* apprécier qn/qc à sa juste valeur **II.** *adv* équitablement
gerechterweise *adv* pour être juste
gerechtfertigt *adj* justifié(e)
Gerechtigkeit <-> *f* justice *f*; ***ausgleichende ~*** justice *f* distributive; ***jdm ~ widerfahren lassen*** *(geh)* rendre justice à qn **Gerechtigkeitssinn** *m* sens *m* de la justice
Gerede [gəˈreːdə] <-s> *nt* ❶ *(Klatsch)* racontars *mpl*; ***ins ~ kommen*** faire jaser [les gens] ❷ *(leeres Gerede)* histoires *fpl*
geregelt **I.** *PP von* **regeln** **II.** *adj (regelmäßig)* régulier, -ière
gereizt [gəˈrai̯tst] **I.** *PP von* **reizen** **II.** *adj Person, Ton* agacé(e); *Stimmung* de grande nervosité **III.** *adv* avec irritation
Geriatrie [geri̯aˈtriː] <-> *f* MED gériatrie *f*
Gericht [gəˈrɪçt] <-[e]s, -e> *nt* ❶ GASTR plat *m* ❷ *(Institution)* tribunal *m*; ***jdn vor ~ bringen*** traduire qn en justice; ***etw vor ~ bringen*** saisir le tribunal de qc; ***wegen etw vor ~ stehen*** passer en jugement pour qc ❸ *(Gebäude)* palais *m* de justice ❹ REL ***das Jüngste ~*** le Jugement dernier ▶ **mit jdm ins ~ gehen** chapitrer dûment qn
gerichtlich **I.** *adj attr* judiciaire **II.** *adv* en justice; ***etw ~ untersuchen*** mener une enquête judiciaire sur qc
Gerichtsakte *f* dossier *m*
Gerichtsbarkeit *f* juridiction *f* **Gerichtsbeschluss** *m* décision *f* de justice

G

Gerichtsdiener *m* huissier *m* appariteur **Gerichtsgebäude** *nt* palais *m* de justice **Gerichtshof** *m* cour *f* de justice; ***der Europäische ~*** la Cour de justice des Communautés européennes; ***der Oberste ~*** la Cour suprême **Gerichtskosten** *Pl* frais *mpl* de justice **Gerichtsmedizin** *f* médecine *f* légale **Gerichtsmediziner(in)** *m(f)* médecin *m* légiste **Gerichtssaal** *m* salle *f* d'audience, prétoire *m* **Gerichtsstand** *m* juridiction *f* **Gerichtstermin** *m* date *f* d'audience **Gerichtsurteil** *nt* jugement *m*; *eines Berufungsgerichts* arrêt *m* **Gerichtsverfahren** *nt* procédure *f* judiciaire **Gerichtsverhandlung** *f* audience *f* **Gerichtsvollzieher(in)** <-s, -> *m(f)* huissier *m*

G

gerieben [gə'ri:bən] **I.** *PP von* **reiben** **II.** *adj (fam)* roublard(e)

geriet *Imp von* **geraten**

gering [gə'rɪŋ] **I.** *adj* ❶ faible; *Anzahl, Menge* petit(e); ***sehr ~*** insignifiant(e); ***nicht die ~ste Ahnung haben*** n'avoir pas la moindre idée; ***nicht das Geringste bemerken*** ne s'apercevoir de rien du tout ❷ *(niedrig)* bas(se) ❸ *(nicht nennenswert)* ***~e Bedeutung haben*** avoir peu d'importance ❹ *Qualität, Kenntnisse* médiocre ▶ **nicht im Geringsten** pas le moins du monde **II.** *adv* ***~ schätzen*** mépriser *Person, Leistung;* sous-estimer *Gefahr, Folgen*

geringfügig [gə'rɪŋfy:gɪç] **I.** *adj* insignifiant(e), peu important(e), minime **II.** *adv* légèrement

Geringfügigkeit <-, -en> *f eines Unterschieds* caractère *m* minime; *einer Veränderung, eines Vergehens* insignifiance *f; einer Verletzung* légèreté *f*

gering|schätzen *s.* **gering II.**

geringschätzig [gə'rɪŋʃɛtsɪç] **I.** *adj* méprisant(e) **II.** *adv denken, sprechen* avec mépris

Geringschätzung *f kein Pl* mépris *m*, dédain *m*

gerinnen [gə'rɪnən] <gerann, geronnen> *vi + sein Blut:* coaguler; *Milch:* cailler

Gerinnsel [gə'rɪnzəl] <-s, -> *nt* MED caillot *m*

Gerinnung <-, -en> *f* coagulation *f*

Gerippe [gə'rɪpə] <-s, -> *nt* squelette *m*

gerissen [gə'rɪsən] **I.** *PP von* **reißen** **II.** *adj (fam) Person* roublard(e)

Gerissenheit <-> *f (fam)* roublardise *f*

geritten [gə'rɪtən] *PP von* **reiten**

Germ [gɛrm] <-> *f* A levure *f*

Germane, Germanin [gɛr'ma:nə] <-n, -n> *m, f* Germain(e) *m(f)*

germanisch *adj* HIST, LING germanique

Germanist(in) <-en, -en> *m(f)* germaniste *mf*

Germanistik [gɛrma'nɪstɪk] <-> *f* langue *f* et littérature *f* allemandes

Germknödel ['gɛrm-] <-s, -> *m* A, SDEUTSCH *boule de pâte levée sucrée*

gern[e] <lieber, am liebsten> *adv* ❶ ***etw ~ tun*** aimer bien faire qc; ***ich möchte ~ essen gehen*** [*o* ***würde***] je voudrais bien aller au restaurant; ***~ geschehen!*** [il n'y a] pas de quoi!; ***ja, ~!*** volontiers! ❷ *(ohne Weiteres)* sans problème; ***das glaube ich ~!*** je veux bien le croire! ❸ *(gewöhnlich, oft)* volontiers

Gernegroß <-, -e> *m (hum fam)* crâneur, -euse *m, f*

gern|haben *vt irr* ***jdn ~*** aimer [bien] qn

Geröchel [gə'rœçəl] <-s> *nt (fam)* râles *mpl*

gerochen [gə'rɔxən] *PP von* **riechen**

Geröll [gə'rœl] <-[e]s, -e> *nt* éboulis *m*

geronnen [gə'rɔnən] *PP von* **rinnen, gerinnen**

Gerste ['gɛrstə] <-, -n> *f* orge *f*

Gerstenkorn *nt* ❶ grain *m* d'orge ❷ MED orgelet *m*

Gerte ['gɛrtə] <-, -n> *f* verge *f*

gertenschlank *adj* svelte

Geruch [gə'rʊx, *Pl:* gə'rʏçə] <-[e]s, Gerüche> *m* odeur *f*

geruchlos *adj* inodore

Geruchssinn *m kein Pl* odorat *m; eines Hundes* flair *m*

Gerücht [gə'rʏçt] <-[e]s, -e> *nt* rumeur *f;* ***ein ~ in die Welt setzen*** répandre une rumeur; ***es geht das ~, dass ...*** le bruit court que ...

Gerüchteküche *f (fam)* foire *f* aux ragots

gerufen *PP von* **rufen**

geruhen* *vi (form)* ***~ etw zu tun*** daigner faire qc

geruhsam [gə'ru:za:m] *adj* tranquille

Gerümpel [gə'rʏmpəl] <-s> *nt (pej)* bric-à-brac *m*

Gerundium [ge'rʊndi̯ʊm] <-s, -dien> *nt* GRAM gérondif *m*

gerungen [gə'rʊŋən] *PP von* **ringen**

Gerüst [gə'rʏst] <-[e]s, -e> *nt* ❶ *(Baugerüst)* échafaudage *m* ❷ *(Grundplan) eines Aufsatzes* charpente *f*

Ges <-, -> *nt* MUS sol *m* bémol

gesalzen [gə'zaltsən] **I.** *PP von* **salzen** **II.** *adj (fam) Preis* exorbitant(e); *Rechnung* salé(e)

gesammelt *adj Werke* complet, -ète

gesamt [gə'zamt] *adj attr* ***die ~e Familie***

toute la famille; ***die ~en Kosten*** le total des frais

Gesạmtansicht *f* vue générale *f* **Gesạmtauflage** *f* tirage *m* global **Gesạmtausgabe** *f* [édition *f* des] œuvres *fpl* complètes **Gesạmtbetrag** *m* montant *m* global **gesạmtdeutsch** *adj* panallemand(e) **Gesạmteindruck** *m* impression d'ensemble *f* **Gesạmtergebnis** *nt* résultat *m* global **gesạmteuropäisch** *adj* paneuropéen(ne)

Gesạmtheit <-> *f von Personen* ensemble *m; von Tieren, Pflanzen* totalité *f*

Gesạmthochschule *f* université *f* polyvalente **Gesạmtnote** *f* note *f* globale **Gesạmtpreis** *m* prix *m* net **Gesạmtschule** *f* collège *m (regroupant les trois filières du premier et second cycle en Allemagne)*

Land und Leute

En Allemagne, la **Gesamtschule** est une alternative à la répartition traditionnelle du premier cycle *Sekundarstufe I* entre le *Gymnasium* (enseignement général), la *Realschule* (école intermédiaire pré-professionnelle) et la *Hauptschule* (filière courte à caractère professionnel). Cette répartition a cessé d'être la norme dans tous les Länder allemands et n'existait pas dans les nouveaux Länder. Les trois filières sont ici combinées sous différentes formes, afin d'éviter la sélection dès la fin de l'école primaire, à l'âge de neuf ou dix ans, et de permettre des passerelles entre elles. Au terme de six années scolaires, les élèves ont la possibilité de passer au lycée *gymnasiale Oberstufe* pour obtenir un baccalauréat général *Allgemeine Hochschulreife*, ou de continuer leur cursus dans une école professionnelle. Toutefois la **Gesamtschule** n'existe pas dans tous les Länder allemands. Certains ont regroupé la *Hauptschule* et la *Realschule*, d'autres ont créé pour les compléter de nouvelles formes d'enseignement permettant également aux élèves d'obtenir un diplôme de fin d'études secondaires.

Gesạmtübersicht *f* vue *f* d'ensemble **Gesạmtumsatz** *m* chiffre d'affaires *m* total **Gesạmtverzeichnis** *nt* inventaire *m* complet **Gesạmtwerk** *nt* œuvres *fpl* complètes **Gesạmtwert** *m* valeur *f* totale **Gesạmtwertung** *f* classement *m* général

gesạndt [gə'zant] *PP von* **senden²**

Gesạndte(r) *f(m) dekl wie adj* POL ministre *mf* plénipotentiaire

Gesạndtschaft <-, -en> *f* légation *f*

Gesạng [gə'zaŋ, *Pl:* gə'zɛŋə] <-[e]s, Gesạ̈nge> *m* ❶ *kein Pl* chant *m* ❷ *(Lied)* chant *m; **gregorianischer** ~* [chant *m*] grégorien *m*

Gesạngbuch *nt* livre *m* de cantiques **Gesạnglehrer(in)** *m(f)* professeur *mf* de chant

gesạnglich *adj* vocal(e) **Gesạngsstunde** *f* leçon *f* [*o* cours *m*] de chant **Gesạngsunterricht** *m* enseignement *m* du [*o* cours *mpl* de] chant **Gesạngverein** *m* chorale *f*

Gesä̲ß [gə'zɛːs] <-es, -e> *nt* derrière *m*

Gesä̲ßbacke *f* fesse *f* **Gesä̲ßmuskel** *m* fessier *m* **Gesä̲ßtasche** *f* poche *f* revolver

gesạ̈ttigt I. *PP von* **sättigen II.** *adj* CHEM saturé(e)

Geschä̲digte(r) *f(m) dekl wie adj* victime *f*

geschạffen [gə'ʃafən] *PP von* **schaffen²**

Geschạ̈ft [gə'ʃɛft] <-[e]s, -e> *nt* ❶ *(Laden)* magasin *m* ❷ *(Unternehmen)* affaire *f; **ins ~ gehen** (fam)* aller au boulot ❸ *(Handel)* commerce *m; **die ~e gehen gut*** les affaires *fpl* vont bien; ***das ~ mit Computern*** le commerce des ordinateurs; ***mit jdm ins ~ kommen*** faire affaire avec qn ❹ *kein Pl (Gewinn)* ***ein ~ machen*** faire une affaire ❺ *(Kinderspr. fam)* ***sein ~ verrichten*** faire ses besoins

Geschạ̈ftemacher(in) *m(f) (pej)* affairiste *mf*

geschạ̈ftig [gə'ʃɛftɪç] **I.** *adj* affairé(e) **II.** *adv* de façon affairée

Geschạ̈ftigkeit <-> *f* affairement *m*

geschạ̈ftlich [gə'ʃɛftlɪç] **I.** *adj Verabredung, Gespräch* d'affaires; *Kontakt, Angebot* commercial(e) **II.** *adv* pour affaires; ***~ unterwegs sein*** être en voyage pour les affaires

Geschạ̈ftsabschluss *m* conclusion *f* d'une affaire **Geschạ̈ftsadresse** *f* adresse *f* du bureau [*o* du travail] **Geschạ̈ftsaufgabe** *f* cessation *f* d'activité **Geschạ̈ftsbedingungen** *Pl **die allgemeinen** ~* les conditions *fpl* générales **Geschạ̈ftsbereich** *m eines Ministeriums, Ministers* ressort *m; **Minister ohne** ~* ministre sans portefeuille **Geschạ̈ftsbericht** *m* rapport *m* d'activité **Geschạ̈ftsbeziehungen** *Pl* relations *fpl* commerciales **Geschạ̈ftsbrief** *m* lettre *f* d'affaires **Geschạ̈ftsbuch** *nt* livre *m* de commerce **Geschạ̈fts-**

eröffnung *f (Ladeneröffnung)* ouverture *f* d'un magasin; *(Betriebseröffnung)* fondation *f* d'une entreprise **Geschäftsessen** *nt* repas *m* d'affaires **geschäftsfähig** *adj* JUR apte à accomplir un acte juridique **Geschäftsfrau** *f* femme *f* d'affaires **Geschäftsfreund(in)** *m(f)* relation *f* d'affaires **geschäftsführend** *adj* ❶ ***~er Direktor*** directeur *m* général ❷ *(amtierend)* ***die ~e Regierung/Ministerin*** le gouvernement en place/la ministre en fonction **Geschäftsführer(in)** *m(f) einer Firma* gérant(e) *m(f); eines Vereins, einer Partei* secrétaire *mf* général(e) **Geschäftsführung** *f (Leitung)* direction *f* **Geschäftsinhaber(in)** *m(f)* patron(ne) *m(f)* **Geschäftsjahr** *nt* exercice *m* **Geschäftskosten** *Pl* ***auf ~*** aux frais de la société **Geschäftslage** *f (Gegend)* ***in guter/bester ~*** bien/très bien situé(e) **Geschäftsleitung** *f s.* **Geschäftsführung Geschäftsleute** *Pl von* **Geschäftsmann Geschäftsmann** <-leute> *m* homme *m* d'affaires

geschäftsmäßig I. *adj* propre aux affaires **II.** *adv* professionnellement

Geschäftsordnung *f* règlement *m* intérieur **Geschäftspartner(in)** *m(f)* ❶ partenaire *mf* commercial(e) ❷ *(Kompagnon)* associé(e) *m(f)* **Geschäftsreise** *f* voyage *m* d'affaires **geschäftsschädigend** *adj* préjudiciable à l'entreprise **Geschäftsschädigung** *f* préjudice *m* causé à l'entreprise **Geschäftsschluss** *m* fermeture *f* des magasins **Geschäftssinn** *m kein Pl* sens *m* des affaires **Geschäftsstelle** *f einer Partei, eines Vereins* bureau *m; (Filiale)* agence *f* **Geschäftsstraße** *f* rue *f* commerçante **Geschäftsstunden** *Pl* heures *fpl* de bureau **geschäftstüchtig** *adj* doué(e) en affaires **Geschäftsverbindung** *f* relation *f* d'affaires **Geschäftsviertel** *nt* quartier *m* des affaires **Geschäftszeit** *f* heures *fpl* d'ouverture **Geschäftszimmer** *nt* bureau *m* **Geschäftszweig** *m* branche *f* commerciale

geschah [gəˈʃaː] *Imp von* **geschehen**

gescheckt [gəˈʃɛkt] *adj Fell* tacheté(e)

geschehen [gəˈʃeːən] <geschieht, geschah, -> *vi + sein* ❶ *(sich ereignen)* se passer; *Unfall, Ereignis:* arriver; ***als ob nichts ~ wäre*** comme si de rien n'était ❷ *(getan werden)* ***es muss etwas ~!*** il faut faire quelque chose!; ***was soll damit ~?*** que faut-il en faire? ❸ *(begangen werden) Verbrechen:* se produire ❹ *(widerfahren)* ***er weiß nicht, wie ihm geschieht*** il ne sait pas ce qui lui arrive ► **es ist um jdn/etw ~** c'en est fait de qn/qc

Geschehen <-s, -> *nt (geh)* événements *mpl*

Geschehnis <-ses, -se> *nt (geh)* événement *m*

gescheit [gəˈʃait] *adj* ❶ *(klug)* intelligent(e) ❷ *(vernünftig)* raisonnable

Geschenk [gəˈʃɛŋk] <-[e]s, -e> *nt* cadeau *m;* ***jdm ein ~ machen*** faire un cadeau à qn

Geschenkartikel *m* article-cadeau *m* **Geschenkgutschein** *m* chèque-cadeau *m* **Geschenkpackung** *f* emballage-cadeau *m* **Geschenkpapier** *nt* papier cadeau *m*

Geschichte [gəˈʃɪçtə] <-, -n> *f* ❶ *(Erzählung, Wissenschaft)* histoire *f* ❷ *(fam: Angelegenheit)* histoire *f;* ***das sind [ja] schöne ~n!*** *(fam)* en voilà de belles! ► **~ machen** faire date; **mach keine ~n!** *(fam)* allez, pas d'histoires!

Geschichtenerzähler(in) *m(f)* conteur, -euse *m, f*

geschichtlich [gəˈʃɪçtlɪç] *adj* historique

Geschichtsbuch *nt* livre *m* d'histoire **Geschichtsschreibung** *f* historiographie *f*

Geschick[1] [gəˈʃɪk] <-s> *nt* habileté *f*

Geschick[2] [gəˈʃɪk] <-[e]s, -e> *nt (geh: Schicksal)* destin *m*

Geschicklichkeit <-> *f* habileté *f*

geschickt I. *adj* adroit(e) **II.** *adv* ***sich ~ anstellen*** [savoir] bien se débrouiller

geschieden [gəˈʃiːdən] **I.** *PP von* **scheiden II.** *adj* divorcé(e)

Geschiedene(r) *f(m) dekl wie adj* divorcé(e) *m(f);* ***ihr ~r/seine ~*** *(fam)* son ex

geschieht [gəˈʃiːt] *3. Pers Präs von* **geschehen**

geschienen [gəˈʃiːnən] *PP von* **scheinen**

Geschirr [gəˈʃɪr] <-[e]s, -e> *nt* ❶ vaisselle *f; (Service)* service *m* ❷ *(Riemenzeug) von Zugtieren* harnais *m*

Geschirrschrank *m* vaisselier *m* **Geschirrspüler** <-s, -> *m (fam),* **Geschirrspülmaschine** *f* lave-vaisselle *m* **Geschirrspülmittel** *nt* produit *m* [pour la] vaisselle **Geschirrtuch** <-tücher> *nt* torchon *m*

geschissen [gəˈʃɪsən] *PP von* **scheißen**

geschlafen *PP von* **schlafen**

geschlagen [gəˈʃlaːgən] *PP von* **schlagen**

Geschlecht [gəˈʃlɛçt] <-[e]s, -er> *nt* ❶ *kein Pl (geschlechtliche Zugehörigkeit)* sexe *m;* ***beiderlei ~s*** des deux sexes ❷ GRAM genre *m* ❸ *(Sippe)* famille *f* ❹ *(Ge-*

neration) génération *f* ▶ **das schwache/starke ~** *(hum fam)* le sexe faible/fort

geschlechtlich *adj* sexuel(le); *Fortpflanzung* sexué(e)

Geschlechtsakt *m* acte *m* sexuel **Geschlechtsbestimmung** *f* MED détermination *f* du sexe; ***chromosomale ~*** détermination chromosomique du sexe **Geschlechtshormon** *nt* hormone *f* sexuelle **Geschlechtskrankheit** *f* maladie *f* vénérienne **Geschlechtsmerkmal** *nt* caractères *mpl* sexuels **Geschlechtsorgan** *nt* organe *m* génital **geschlechtsreif** *adj* formé(e); *Mädchen* nubile **Geschlechtsreife** *f* maturité *f* sexuelle **Geschlechtsteil** *nt* sexe *m* **Geschlechtsverkehr** *m* rapports *mpl* sexuels

geschlichen [gəˈʃlɪçən] *PP von* **schleichen**

geschliffen [gəˈʃlɪfən] *PP von* **schleifen**[2]

geschlossen [gəˈʃlɔsən] **I.** *PP von* **schließen** **II.** *adj* ❶ *Front* uni(e); *Ablehnung* général(e) ❷ *Schneedecke, Bebauung* homogène ❸ LING *Vokal* fermé(e) **III.** *adv befürworten, ablehnen* unanimement; **~ *hinter jdm stehen*** faire bloc derrière qn

Geschlossenheit <-> *f (Einigkeit)* unité *f*

geschlungen [gəˈʃlʊŋən] *PP von* **schlingen**

Geschmack [gəˈʃmak, *Pl:* gəˈʃmɛkə] <-[e]s, Geschmäcke *o hum fam:* Geschmäcker> *m* goût *m;* ***für meinen ~ zu mild*** trop doux à mon goût; ***~ haben*** avoir du goût; ***einen guten/schlechten ~ haben*** avoir bon/mauvais goût ▶ **an etw** *dat* **~ finden** prendre goût à qc; **auf den ~ kommen** y prendre goût; **über ~ lässt sich nicht streiten** *(prov)* des goûts et des couleurs on ne discute pas

geschmacklich *adj* de goût

geschmacklos *adj* ❶ *Speise* fade ❷ *(taktlos)* de mauvais goût

Geschmacklosigkeit <-, -en> *f* ❶ *kein Pl (Mangel an Takt)* mauvais goût *m* ❷ *(taktlose Bemerkung)* incongruité *f*

Geschmacksfrage *f* question *f* de goût **Geschmacksnerv** *m* nerf *m* gustatif **geschmacksneutral** *adj* GASTR insipide **Geschmacksrichtung** *f (Aroma)* arôme *m* **Geschmackssache** *f kein Pl* affaire *f* de goût; ***das ist reine ~*** c'est une affaire de goût **Geschmackssinn** *m kein Pl* sens *m* du goût **Geschmacksverirrung** *(pej)* ▶ **unter ~ leiden** *(fam)* avoir un goût de chiotte **Geschmacksverstärker** *m* exhausteur *m* de goût

geschmackvoll **I.** *adj* de bon goût **II.** *adv* avec goût

geschmeidig [gəˈʃmaidɪç] **I.** *adj* ❶ souple; *Masse, Teig* malléable ❷ *(biegsam)* souple **II.** *adv sich bewegen* avec souplesse

Geschmeidigkeit <-> *f* ❶ souplesse *f; eines Teigs, einer Masse* malléabilité *f* ❷ *(Biegsamkeit)* souplesse *f*

Geschmier [gəˈʃmiːɐ̯] <-[e]s>, **Geschmiere** [gəˈʃmiːrə] <-s> *nt (pej fam: unsauber Geschriebenes)* gribouillage *m*

geschmissen [gəˈʃmɪsən] *PP von* **schmeißen**

geschmolzen [gəˈʃmɔltsən] *PP von* **schmelzen**

Geschnetzelte(s) *nt dekl wie adj* émincé *m*

geschniegelt [gəˈʃniːgəlt] ▶ **~ und gebügelt** *(hum fam)* propre sur lui/elle/...

geschnitten [gəˈʃnɪtən] *PP von* **schneiden**

geschoben [gəˈʃoːbən] *PP von* **schieben**

gescholten [gəˈʃɔltən] *PP von* **schelten**

geschönt [gəˈʃøːnt] *adj Statistik* maquillé(e)

Geschöpf [gəˈʃœpf] <-[e]s, -e> *nt (Person, Tier)* créature *f*

geschoren [gəˈʃoːrən] *PP von* **scheren**[1]

Geschoss [gəˈʃɔs] <-es, -e> *nt* ❶ *(Stockwerk)* étage *m;* ***im ersten ~*** au premier étage ❷ MIL projectile *m*

geschossen [gəˈʃɔsən] *PP von* **schießen**

geschraubt *(pej)* **I.** *adj Stil* tarabiscoté(e) **II.** *adv reden* de manière tarabiscotée

Geschrei <-s> *nt (Lärm)* cris *mpl*

geschrieben [gəˈʃriːbən] *PP von* **schreiben**

geschrien *PP von* **schreien**

geschritten [gəˈʃrɪtən] *PP von* **schreiten**

geschunden [gəˈʃʊndən] *PP von* **schinden**

Geschütz [gəˈʃʏts] <-es, -e> *nt* MIL pièce *f* d'artillerie ▶ **schweres ~ auffahren** *(fam)* sortir la grosse artillerie

Geschützfeuer *nt kein Pl* feu *m* d'artillerie

geschützt *adj Standort, Art* protégé(e); *Name, Marke* déposé(e)

Geschwader [gəˈʃvaːdɐ] <-s, -> *nt von Flugzeugen* escadrille *f*

Geschwätz [gəˈʃvɛts] <-es> *nt (pej fam)* ❶ *(dummes Gerede)* conneries *fpl* ❷ *(Klatsch)* ragots *mpl* [de bonnes femmes]

geschwätzig *adj (pej)* bavard(e)

Geschwätzigkeit <-> *f (pej)* jacasserie *f péj*

G

geschweige [gəˈʃvaigə] *konj* et encore moins
geschwiegen [gəˈʃviːgən] *PP von* **schweigen**
geschwind [gəˈʃvɪnt] *adj* SDEUTSCH rapide
Geschwindigkeit [gəˈʃvɪndɪçkait] <-, -en> *f* vitesse *f*
Geschwindigkeitsbegrenzung *f*, **Geschwindigkeitsbeschränkung** *f* limitation *f* de vitesse **Geschwindigkeitsüberschreitung** *f* excès *m* de vitesse
Geschwister [gəˈʃvɪstɐ] *Pl* frères et sœurs *mpl*
geschwisterlich I. *adj* fraternel(le) II. *adv* fraternellement

G

geschwollen [gəˈʃvɔlən] I. *PP von* **schwellen** II. *adj (pej) Ausdrucksweise* ronflant(e) III. *adv (pej)* d'une manière pompeuse
geschwommen [gəˈʃvɔmən] *PP von* **schwimmen**
geschworen [gəˈʃvoːrən] *PP von* **schwören**
Geschworene(r) *f(m) dekl wie adj* juré(e) *m(f)*
Geschworenengericht *nt* [cour *f* d']assises *fpl*
Geschwulst [gəˈʃvʊlst, *Pl:* gəˈʃvʏlstə] <-, Geschwülste> *f* tumeur *f*
geschwunden [gəˈʃvʊndən] *PP von* **schwinden**
geschwungen [gəˈʃvʊŋən] I. *PP von* **schwingen** II. *adj Linie* courbe
Geschwür [gəˈʃvyːɐ̯] <-s, -e> *nt* abcès *m*; *(Magengeschwür)* ulcère *m*
gesegnet *adj (geh)* ***~e Mahlzeit!*** bon appétit!; ***~e Weihnachten!*** joyeux Noël!
gesehen *PP von* **sehen**
Geselle [gəˈzɛlə] <-n, -n> *m* ❶ *(Handwerksgeselle)* compagnon *m* ❷ *(Kerl)* gaillard *m*; ***ein lustiger ~*** un gai luron
gesellen* [gəˈzɛlən] *vr (geh)* ***sich zu jdm ~*** se joindre à qn
Gesellenbrief *m* brevet *m* d'apprentissage **Gesellenprüfung** *f* [examen *m* du] certificat *m* d'aptitude professionnelle **Gesellenstück** *nt* ouvrage *m* de compagnon
gesellig I. *adj Person* sociable; *Runde* entre amis II. *adv zusammensitzen* entre amis
Geselligkeit <-> *f* convivialité *f*
Gesellin [gəˈzɛlɪn] <-, -nen> *f* compagnon *m*
Gesellschaft [gəˈzɛlʃaft] <-, -en> *f* ❶ SOZIOL, ÖKON société *f* ❷ *(Fest)* réception *f*; ***geschlossene ~*** réunion *f* privée ❸ *kein Pl (Begleitung)* compagnie *f*; ***jdm ~ leisten*** tenir compagnie à qn
Gesellschafter(in) <-s, -> *m(f) (Teilhaber)* associé(e) *m(f)*
gesellschaftlich *adj* social(e)
gesellschaftsfähig *adj Person* sortable; *Benehmen* convenable **Gesellschaftskritik** *f* critique *f* sociale **Gesellschaftsordnung** *f* ordre *m* social **gesellschaftspolitisch** *adj* en matière de politique sociale **Gesellschaftsschicht** *f* couche *f* sociale **Gesellschaftsspiel** *nt* jeu *m* de société
gesessen [gəˈzɛsən] *PP von* **sitzen**
Gesetz [gəˈzɛts] <-es, -e> *nt* loi *f*
Gesetzbuch *nt* code *m*; ***Bürgerliches ~*** code *m* civil **Gesetzentwurf** *m* projet *m* de loi
Gesetzesbrecher(in) <-s, -> *m(f)* contre-venant(e) *m(f)*
Gesetzeshüter(in) *m(f) (hum)* gardien(ne) *m(f)* de la paix **Gesetzeskraft** *f* force *f* de loi; ***~ erlangen*** acquérir force de loi **Gesetzeslücke** *f* lacune *f* juridique **Gesetzestext** *m* texte *m* de loi **gesetzestreu** *adj* respectueux, -euse des lois **Gesetzesvorlage** *f s.* **Gesetzentwurf**
gesetzgebend *adj* législatif, -ive
Gesetzgeber(in) *m(f)* législateur, -trice *m, f*
Gesetzgebung <-, -en> *f* législatif *m*
gesetzlich [gəˈzɛtslɪç] I. *adj* légal(e) II. *adv vorgeschrieben, anerkannt* par la loi
Gesetzlichkeit <-> *f* légalité *f*
gesetzlos *adj Zustand* anarchique
Gesetzlosigkeit <-, -en> *f* ❶ *(Missachtung der Gesetze)* non-respect *m* de la loi ❷ *kein Pl (Fehlen von Gesetzen)* anarchie *f*
gesetzmäßig I. *adj* légal(e); *(rechtmäßig)* légitime II. *adv* d'une manière légale
Gesetzmäßigkeit <-, -en> *f* légalité *f*
gesetzt [gəˈzɛtst] *adj* posé(e)
gesetzwidrig *adj* illégal(e) **Gesetzwidrigkeit** <-, -en> *f* illégalité *f*
Gesicht [gəˈzɪçt] <-[e]s, -er> *nt* ❶ visage *m* ❷ *(Erscheinungsbild) einer Stadt, Landschaft* physionomie *f* ▶ **jdm wie aus dem ~ geschnitten sein** être le portrait tout craché de qn; **jdm im ~ geschrieben stehen** être écrit sur le visage de qn; **sein wahres ~ zeigen** montrer son vrai visage; **etw zu ~ bekommen** [avoir l'occasion de] voir qc; **ein [langes] ~ machen** faire une tête d'enterrement; **jdm etw ins ~ sagen** dire qc à qn en face; **sein ~ verlieren/wahren** perdre/sauver la face
Gesichtsausdruck <-ausdrücke> *m* expression *f* [du visage] **Gesichtsbehandlung** *f* traitement *m* du visage

Gesichtscreme *f* crème *f* pour le visage [*o* de beauté] **Gesichtsfarbe** *f* teint *m* **Gesichtsmaske** *f* ❶ masque *m; eines Verbrechers* cagoule *f* ❷ *(Kosmetikprodukt)* masque *m* pour le visage **Gesichtspartie** *f* partie *f* du visage **Gesichtspunkt** *m* point *m* de vue **Gesichtswasser** <-wässer> *nt* lotion *f* pour le visage **Gesichtszüge** *Pl* traits *mpl* [du visage]

Gesims [gəˈzɪms] <-es, -e> *nt* corniche *f*

Gesindel [gəˈzɪndəl] <-s> *nt (pej)* racaille *f*

gesinnt [gəˈzɪnt] *adj* ***gleich ~*** sympathisant; ***jdm gut/übel ~ sein*** être bien/mal intentionné à l'égard de qn

Gesinnung [gəˈzɪnʊŋ] <-, -en> *f* opinions *f pl*

Gesinnungsgenosse, -genossin *m, f einer Person* ami(e) *m(f)* politique **Gesinnungswandel** *m* revirement *m* [d'opinion], volte-face *f inv*

gesittet [gəˈzɪtət] *adj Person* bien élevé(e); *Benehmen* correct(e)

Gesöff <-[e]s, -e> *nt (pej sl)* pisse *f* d'âne

gesoffen [gəˈzɔfən] *PP von* **saufen**

gesogen [gəˈzoːgən] *PP von* **saugen**

gesondert [gəˈzɔndɐt] *adj* séparé(e)

gesonnen [gəˈzɔnən] **I.** *PP von* **sinnen** **II.** *adj (geh: gewillt)* ***~ sein etw zu tun*** être disposé à faire qc

gesotten [gəˈzɔtən] *PP von* **sieden**

gespalten [gəˈʃpaltən] *PP von* **spalten**

Gespann [gəˈʃpan] <-[e]s, -e> *nt* ❶ *(Zugtiere)* attelage *m* ❷ *(Wagen und Zugtiere)* équipage *m* ❸ *(Paar)* paire *f*

gespannt [gəˈʃpant] **I.** *adj* ❶ *Zuhörer, Zuschauer* captivé(e); *Aufmerksamkeit* soutenu(e); *Erwartung* curieux, -euse ❷ *Lage* tendu(e) **II.** *adv* attentivement

Gespenst [gəˈʃpɛnst] <-[e]s, -er> *nt (Geist)* fantôme *m*

gespenstisch **I.** *adj* fantomatique; *Ort, Ruhe* sinistre **II.** *adv* ***~ aussehen*** avoir un aspect sinistre

gespien *PP von* **speien**

gesponnen [gəˈʃpɔnən] *PP von* **spinnen**

Gespött [gəˈʃpœt] <-[e]s> *nt* raillerie *f* ▸ **sich zum ~ [der Leute] machen** se couvrir de ridicule

Gespräch [gəˈʃprɛːç] <-[e]s, -e> *nt* ❶ *(Unterhaltung)* conversation *f;* ***mit jdm ins ~ kommen*** entrer en conversation avec qn ❷ *(förmliche Unterredung)* entretien *m* ❸ *Pl (politische Verhandlung)* pourparlers *mpl* ❹ *(Telefongespräch)* communication *f* [téléphonique]

gesprächig [gəˈʃprɛːçɪç] *adj* loquace

Gesprächsbasis *f* base *f* d'entendement; ***eine gemeinsame ~ finden*** trouver un terrain d'entente

gesprächsbereit *adj* ouvert(e) à la discussion **Gesprächsdauer** *f* TELEC durée *f* de la communication **Gesprächseinheit** *f* TELEC unité *f* **Gesprächsfetzen** *m* fragment *m* de conversation **Gesprächskreis** *m* cercle *m* de discussion **Gesprächspartner(in)** *m(f)* interlocuteur, -trice *m, f* **Gesprächsrunde** *f* table *f* ronde **Gesprächsstoff** *m* sujet *m* de conversation **Gesprächsteilnehmer(in)** *m(f)* participant(e) *m(f)* à une discussion **Gesprächsthema** *nt* sujet *m* de discussion

gespreizt [gəˈʃpraitst] *(pej)* **I.** *adj* affecté(e) **II.** *adv* avec affectation

gesprenkelt [gəˈʃprɛŋkəlt] *adj* tacheté(e)

gesprochen [gəˈʃprɔxən] *PP von* **sprechen**

gesprossen [gəˈʃprɔsən] *PP von* **sprießen**

gesprungen [gəˈʃprʊŋən] *PP von* **springen**

Gespür [gəˈʃpyːɐ̯] <-s> *nt* flair *m;* ***ein gutes ~ für etw haben*** avoir une bonne intuition pour qc

gest. *adj Abk von* **gestorben** mort(e)

Gestalt [gəˈʃtalt] <-, -en> *f* ❶ *(Mensch)* créature *f* ❷ *(pej: fragwürdiges Individuum)* individu *m* ❸ *(Wuchs)* silhouette *f* ❹ *(literarische, historische Figur)* personnage *m* ❺ *(äußere Form)* forme *f;* ***~ annehmen*** prendre corps; ***in ~ von*** sous la forme de

gestalten* [gəˈʃtaltən] **I.** *vt* ❶ organiser *Leben, Freizeit;* présenter *Unterricht, Text;* animer *Programm* ❷ *a.* ARCHIT, KUNST concevoir; *(konstruieren)* agencer; *(einrichten)* aménager; *(schmücken)* décorer **II.** *vr* ***sich schwierig ~*** s'avérer difficile

gestalterisch [gəˈʃtaltərɪʃ] *adj* de design; *Begabung, Talent* de créateur

Gestaltung <-, -en> *f* ❶ *des Lebens, der Freizeit* organisation *f; des Unterrichts, eines Textes* présentation *f; eines Programms* animation *f* ❷ *a.* ARCHIT, KUNST conception *f; (Einrichtung)* aménagement *m; (Dekoration)* décoration *f*

Gestammel [gəˈʃtaməl] <-s> *nt (pej)* bredouillement *m gén pl*

gestand *Imp von* **gestehen**

gestanden [gəˈʃtandən] *PP von* **stehen, gestehen**

geständig [gəˈʃtɛndɪç] *adj Angeklagter* qui avoue; ***~ sein*** avouer

Geständnis [gəˈʃtɛntnɪs] <-ses, -se> *nt*

G

JUR aveux *mpl; **ein ~ ablegen*** passer aux aveux
Gestank [gəˈʃtaŋk] <-[e]s> *m* puanteur *f*
Gestapo [geˈstaːpo] <-> *f* HIST *Abk von* **Geheime Staatspolizei** Gestapo *f*
gestatten* [gəˈʃtatən] *vt (form)* permettre; ***jdm etw ~*** permettre qc à qn; ***gestatten Sie, dass ich rauche?*** vous permettez que je fume?
Geste [ˈgɛstə] <-, -n> *f (Bewegung, Handlung)* geste *m*
Gesteck <-[e]s, -e> *nt* composition *f* florale
gestehen <gestand, gestanden> *vt* avouer *Fehler, Tat, Verbrechen; **offen gestanden*** à vrai dire
Gestein [gəˈʃtain] <-[e]s, -e> *nt* roche *f*
Gesteinsprobe *f* échantillon *m* de roche **Gesteinsschicht** *f* couche *f* rocheuse
Gestell [gəˈʃtɛl] <-[e]s, -e> *nt* ❶ *(Regalgestell)* étagère *f* ❷ *(Brillengestell)* monture *f* ❸ TECH *(Unterbau)* châssis *m; (Stütze)* support *m*
gestern [ˈgɛstɐn] *adv* hier; ***~ Morgen*** hier matin; ***~ Mittag*** hier à midi; ***~ vor einer Woche*** [*o* ***acht Tagen***] il y a eu une semaine [*o* huit jours] hier ▶ **er ist nicht von ~** *(fam)* il n'est pas né de la dernière pluie
gestiefelt ▶ **~ und gespornt** *(hum fam)* fin prêt(e)
gestiegen [gəˈʃtiːgən] *PP von* **steigen**
Gestik [ˈgɛstɪk, ˈgeːstɪk] <-> *f* gestes *mpl*
gestikulieren* [gɛstikuˈliːrən] *vi* gesticuler
gestimmt *adj **fröhlich/traurig ~*** d'humeur joyeuse/triste
Gestirn [gəˈʃtɪrn] <-[e]s, -e> *nt (geh)* constellation *f*
gestochen [gəˈʃtɔxən] *PP von* **stechen**
gestohlen [gəˈʃtoːlən] *PP von* **stehlen**
gestorben [gəˈʃtɔrbən] *PP von* **sterben**
gestört [gəˈʃtøːɐ̯t] *adj* ❶ *(nicht harmonisch)* en crise ❷ *(verwirrt)* caractériel(le)
gestoßen *PP von* **stoßen**
Gestotter [gəˈʃtɔtɐ] <-s> *nt (pej fam)* bégaiements *mpl*
gestreift [gəˈʃtraift] *adj* rayé(e); ***quer ~*** à rayures horizontales
gestrichen [gəˈʃtrɪçən] **I.** *PP von* **streichen II.** *adj **ein ~er Esslöffel Zucker*** une cuillère rase de sucre
gestriegelt *s.* **geschniegelt**
gestrig [ˈgɛstrɪç] *adj **die ~e Zeitung*** le journal d'hier
gestritten [gəˈʃtrɪtən] *PP von* **streiten**
Gestrüpp [gəˈʃtrʏp] <-[e]s, -e> *nt* broussailles *fpl*
gestunken [gəˈʃtʊŋkən] *PP von* **stinken**
Gestüt [gəˈʃtyːt] <-[e]s, -e> *nt* haras *m*
Gesuch [gəˈzuːx] <-[e]s, -e> *nt* requête *f; **ein ~ einreichen*** présenter une requête
gesucht [gəˈzuːxt] *adj (begehrt)* recherché(e)
Gesumm <-[e]s> *nt von Insekten* bourdonnement *m*
gesund [gəˈzʊnt] <-er *o* gesünder, -este *o* gesündeste> **I.** *adj* ❶ *(a. fig) Person, Firma* en bonne santé; *Organ, Wirtschaft* sain(e); *Herz* solide; *Gesichtsfarbe* frais, fraîche; *Appetit* bon(ne) *antéposé; **wieder ~ werden*** se rétablir ❷ *(gut für die Gesundheit)* sain(e); ***Obst ist ~*** les fruits sont bons pour la santé ❸ *Misstrauen* de bon aloi, sain(e) ▶ **~ und munter** en pleine forme **II.** *adv leben, sich ernähren* sainement
gesunden* [gəˈzʊndən] *vi + sein (geh) Person:* recouvrir la santé; *Wirtschaft:* se rétablir
Gesundheit <-> *f* santé *f; **bei guter ~*** en bonne santé; ***auf deine/Ihre ~!*** à ta/votre santé!
gesundheitlich I. *adj* de santé **II.** *adv **wie geht es Ihnen ~?*** comment va la santé?
Gesundheitsamt *nt* services *mpl* d'hygiène **gesundheitsbewusst** *adj **~ sein*** surveiller sa santé **Gesundheitsfonds** *m* ≈ fonds *m* pour la santé *(créé en 2009 dans le cadre de la réforme globale du système de sécurité sociale en Allemagne)* **Gesundheitsfürsorge** *f* santé *f* publique **Gesundheitsreform** *f* réforme *f* de la santé publique **gesundheitsschädlich** *adj* dangereux, -euse pour la santé **Gesundheitswesen** *nt* santé *f* [publique] **Gesundheitszeugnis** *nt* certificat *m* médical **Gesundheitszustand** *m kein Pl* état *m* de santé
gesund|schlafen *vr irr **sich ~*** guérir en dormant **gesund|schreiben** *vt* faire un certificat médical de reprise du travail; ***jdn ~*** faire un certificat médical de reprise du travail à qn **gesund|schrumpfen** *vt (fam)* assainir *Unternehmen*
Gesundung <-> *f (geh)* guérison *f; (wirtschaftlich)* convalescence *f*
gesungen [gəˈzʊŋən] *PP von* **singen**
gesunken [gəˈzʊŋkən] *PP von* **sinken**
getan [gəˈtaːn] *PP von* **tun**
getigert *adj* tigré(e)
Getöse [gəˈtøːzə] <-s> *nt* fracas *m; des Verkehrs* vacarme *m; eines Wasserfalls* tumulte *m*
getragen [gəˈtraːgən] **I.** *PP von* **tragen**

II. *adj* *Melodie* assez lent(e); *Rhythmus* modéré(e)

Getränk [gəˈtrɛŋk] <-[e]s, -e> *nt* boisson *f*

Getränkeautomat *m* distributeur *m* de boissons **Getränkedose** *f* [boisson *f* en] boîte *f* **Getränkekarte** *f* carte *f* des consommations; *(Weinkarte)* carte des vins **Getränkemarkt** *m* magasin *m* de boissons; *(im Supermarkt)* rayon *m* des boissons

getrauen* *vr* ***sich ~ etw zu tun*** oser faire qc

Getreide [gəˈtraidə] <-s, -> *nt* céréales *fpl*

Getreide[an]bau *m kein Pl* culture *f* céréalière **Getreidefeld** *nt* champ *m* de plantes céréalières **Getreideprodukt** *nt* produit *m* céréalier **Getreidesilo** *m o nt* silo *m* à céréales **Getreidesorte** *f* céréale *f*

getrennt [gəˈtrɛnt] I. *adj Haushalt, Zimmer* séparé(e) II. *adv leben* séparément; *schreiben* en deux mots

getreten *PP von* **treten**

getreu [gəˈtrɔy] I. *adj (geh)* fidèle II. *präp +dat* ***~ unserer Abmachung*** conformément à notre convention

Getriebe [gəˈtriːbə] <-s, -> *nt* TECH boîte *f* de vitesses

getrieben [gəˈtriːbən] *PP von* **treiben**

getroffen [gəˈtrɔfən] *PP von* **treffen, triefen**

getrogen [gəˈtroːgən] *PP von* **trügen**

getrost [gəˈtroːst] *adv* ***sich ~ auf jdn verlassen können*** pouvoir compter sur qn en toute tranquillité

getrunken [gəˈtrʊŋkən] *PP von* **trinken**

Getto *s.* **Ghetto**

Getue [gəˈtuːə] <-s> *nt (pej fam)* chiqué *m;* ***dieses alberne ~*** ces chichis *mpl*

Getümmel <-s> *nt* cohue *f*

getüpfelt [gəˈtʏpfəlt] *adj,* **getupft** [gəˈtʊpft] *adj* à pois

Getuschel <-s> *nt (pej fam)* messes *fpl* basses

geübt [gəˈʔyːpt] *adj Fahrer, Griff* expert(e); ***in etw*** *dat* ***~ sein*** être expert dans qc

GEW [geːʔeːˈveː] <-> *f Abk von* **Gewerkschaft Erziehung und Wissenschaft** *syndicat des enseignants allemands*

Gewächs [gəˈvɛks] <-es, -e> *nt* ❶ *(Pflanze)* plante *f* ❷ MED excroissance *f*

gewachsen [gəˈvaksən] I. *PP von* **wachsen**[1] II. *adj* ***jdm ~ sein*** pouvoir se mesurer à qn; ***einer S.*** *dat* ***~ sein*** être à la hauteur de qc

Gewächshaus *nt* serre *f*

gewagt [gəˈvaːkt] *adj* osé(e); *(gefährlich)* risqué(e)

gewählt [gəˈvɛːlt] I. *adj Ausdrucksweise* choisi(e) II. *adv sich ausdrücken* en termes choisis

Gewähr [gəˈvɛːɐ̯] <-> *f* garantie *f;* ***für etw keine ~ übernehmen*** ne pas garantir qc; ***ohne*** ~ sous réserve d'erreur

gewähren* [gəˈvɛːrən] I. *vt* ❶ accorder *Kredit, Rabatt* ❷ *(zuteilwerden lassen)* apporter II. *vi (geh)* ***jdn ~ lassen*** laisser faire qn

gewährleisten* *vt* garantir; ***jdm etw ~*** garantir qc à qn

Gewährleistung *f* garantie *f*

Gewahrsam [gəˈvaːɐ̯zaːm] <-s> *m* ❶ *(Verwahrung)* ***etw in ~ nehmen*** prendre qc en garde ❷ *(Haft)* garde *f;* ***sich in [polizeilichem] ~ befinden*** être détenu

Gewährung <-, -en> *f* octroi *m*

Gewalt [gəˈvalt] <-, -en> *f* ❶ *(Herrschaft)* pouvoir *m;* ***elterliche ~*** autorité *f* parentale; ***jdn in seiner ~ haben*** tenir qn à sa merci; ***die ~ über etw*** *akk* ***verlieren*** perdre le contrôle de qc ❷ *kein Pl (gewaltsames Vorgehen)* violence *f;* ***~ anwenden*** recourir à la force ❸ *kein Pl (Heftigkeit)* violence *f* ▶ **das ist höhere ~** c'est un cas de force majeure; **sich in der ~ haben** être maître de soi; **mit ~** par la force; *(unbedingt)* à tout prix

Gewaltakt *m* acte *m* de violence **Gewaltanwendung** *f* recours *m* à la violence **Gewaltausbruch** *m* irruption *f* de violence **gewaltbereit** *adj* capable de violence **Gewalteinwirkung** *f* violence *f;* ***Spuren von ~ aufweisen*** *Person, Gegenstand:* présenter des traces de violence

Gewaltenteilung *f kein Pl* POL séparation *f* des pouvoirs

gewaltfrei *adj* non-violent(e)

Gewaltherrschaft *f kein Pl* despotisme *m*

Gewaltherrscher(in) *m(f)* despote *m*

gewaltig [gəˈvaltɪç] I. *adj* ❶ *(heftig)* violent(e), grande *antéposé* ❷ *Bauwerk, Menge* énorme; *Anblick* impressionnant(e) II. *adv (fam)* drôlement

gewaltlos I. *adj* non-violent(e) II. *adv* sans violence; *demonstrieren* pacifiquement

Gewaltlosigkeit <-> *f* non-violence *f*

Gewaltmaßnahme *f* mesure *f* violente

gewaltsam [gəˈvaltzaːm] I. *adj Tod* violent(e) II. *adv durchsetzen* par la force; ***etw ~ öffnen*** forcer qc

Gewalttat *f* acte *m* de violence **Gewalttäter(in)** *m(f)* criminel(le) *m(f)* **gewalttätig** *adj* violent(e) **Gewalttätigkeit** *f* violence *f* **Gewaltverbrechen** *nt* crime *m;*

G

(Mord) crime *m* de sang **Gewaltverbrecher(in)** *m(f)* criminel(le) *m(f)* **Gewaltverzicht** *m* non-belligérance *f*

Gewand [gə'vant, *Pl:* gə'vɛndɐ] <-[e]s, Gewänder> *nt (geh)* robe *f*

gewandt [gə'vant] **I.** *PP von* **wenden** **II.** *adj Redner* habile; *Auftreten* aisé(e); *Bewegung* souple **III.** *adv auftreten* avec aisance

Gewandtheit <-> *f von Bewegungen* souplesse *f*

gewann [gə'van] *Imp von* **gewinnen**

Gewäsch [gə'vɛʃ] <-[e]s> *nt (pej fam)* foutaises *fpl*

G

gewaschen *PP von* **waschen**

Gewässer [gə'vɛsɐ] <-s, -> *nt* eaux *fpl*

Gewässerschutz *m* protection *f* des eaux

Gewebe [gə've:bə] <-s, -> *nt a.* ANAT tissu *m*

Gewebeprobe *f* prélèvement *m* de tissu organique

Gewehr [gə've:ɐ̯] <-[e]s, -e> *nt* fusil *m*

Gewehrkolben *m* crosse *f* de fusil **Gewehrlauf** *m* canon *m* de fusil

Geweih [gə'vai̯] <-[e]s, -e> *nt* bois *mpl*

Gewerbe [gə'vɛrbə] <-s, -> *nt (Handwerk)* activité *f* artisanale; *(Handel)* activité commerciale; *(Industrie)* activité industrielle

Gewerbeaufsicht *f,* **Gewerbeaufsichtsamt** *nt* inspection *f* du Travail **Gewerbebetrieb** *m (Geschäft)* entreprise *f* commerciale **Gewerbegebiet** *nt* zone *f* industrielle **Gewerbeordnung** *f (Vorschriften für Handwerk/Handel/Industrie)* réglementation *f* de l'artisanat/du commerce/de l'industrie **Gewerbeschein** *m* licence *f* **Gewerbesteuer** *f* taxe *f* professionnelle

gewerbetreibend *adj* commerçant(e)

Gewerbetreibende(r) *f(m) dekl wie adj (Handwerker)* artisan(e) *m(f); (Kaufmann)* commerçant(e) *m(f); (Fabrikinhaber)* [petit(e)] industriel(le) *m(f)*

gewerblich [gə'vɛrplɪç] **I.** *adj Ausbildung* technique; *Nutzung* à des fins professionnelles **II.** *adv nutzen* à des fins professionnelles

gewerbsmäßig *adv* à titre professionnel

Gewerkschaft [gə'vɛrkʃaft] <-, -en> *f* syndicat *m*

Gewerkschaft[l]er(in) <-s, -> *m(f)* syndicaliste *mf*

gewerkschaftlich **I.** *adj* syndical(e) **II.** *adv* au niveau syndical

Gewerkschaftsbund *m* confédération *f* syndicale **Gewerkschaftsmitglied** *nt* syndiqué(e) *m(f)*

gewesen [gə've:zən] *PP von* **sein**[1]

gewichen [gə'vɪçən] *PP von* **weichen**

Gewicht [gə'vɪçt] <-[e]s, -e> *nt* ❶ *kein Pl (Schwere, Körpergewicht)* poids *m* ❷ *(Metallstück)* poids *m;* SPORT haltères *fpl* ▶ **ins ~/nicht ins ~ fallen** avoir de l'importance/n'avoir aucune importance

gewichten* *vt* évaluer *Fakten, Projekte*

Gewichtheben <-s> *nt* SPORT haltérophilie *f* **Gewichtheber(in)** <-s, -> *m(f)* haltérophile *mf*

gewichtig [gə'vɪçtɪç] *adj* ❶ *(hum: schwer)* fort(e), corpulent(e) ❷ *(bedeutsam)* important(e)

Gewichtsabnahme *f* perte *f* de poids **Gewichtsklasse** *f* catégorie *f* **Gewichtsverlust** *m* perte *f* de poids **Gewichtszunahme** *f* prise *f* de poids

gewieft [gə'vi:ft] *(fam)* **I.** *adj* roublard(e) **II.** *adv* de manière roublarde

gewiesen [gə'vi:zən] *PP von* **weisen**

gewillt [gə'vɪlt] *adj* ~ ***sein etw zu tun*** être disposé à faire qc

Gewimmel [gə'vɪməl] <-s> *nt* grouillement *m*

Gewimmer <-s> *nt* gémissements *mpl*

Gewinde [gə'vɪndə] <-s, -> *nt* filetage *m*

Gewinn [gə'vɪn] <-[e]s, -e> *m* ❶ *(Profit)* bénéfice *m;* ***etw mit ~ verkaufen*** vendre qc avec bénéfices; ***viel/einen ordentlichen ~ bringen*** rapporter beaucoup/pas mal ❷ *(Preis)* gain *m; (Treffer)* numéro *m* gagnant; ***einen ~ machen*** gagner [à la loterie] ❸ *kein Pl (Vorteil)* enrichissement *m; s. a.* **gewinnbringend**

Gewinnbeteiligung *f* participation *f* aux bénéfices **gewinnbringend** **I.** *adj Geschäft* rentable; *Geldanlage* lucratif, -ive; *Verkauf* avantageux, -euse **II.** *adv wirtschaften* de façon rentable; *anlegen* lucrativement; *verkaufen* avantageusement

gewinnen [gə'vɪnən] <gewann, gewonnen> **I.** *vt* ❶ gagner *Preis, Prozess, Krieg;* remporter *Spiel, Meisterschaft* ❷ *(überreden)* ***jdn als Mitarbeiter ~*** gagner qn comme collaborateur; ***jdn für eine Idee ~*** gagner qn à une idée ❸ *(erzeugen)* ***Kohle/Erz ~*** extraire du charbon/du minerai; ***etw aus etw ~*** tirer qc de qc ▶ **wie gewonnen, so zerronnen** *(prov)* argent vite gagné sera vite envolé **II.** *vi* ❶ *(siegen)* gagner ❷ *(Gewinn bringen) Los, Zahlen:* être gagnant ❸ *(zunehmen)* ***an Sicherheit/Bedeutung ~*** gagner en assurance/importance ❹ *(besser wirken, aussehen)*

sie gewinnt durch ihre neue Frisur sa nouvelle coiffure l'avantage

gewinnend *adj Art* engageant(e)

Gewinner(in) <-s, -> *m(f)* gagnant(e) *m(f);* MIL vainqueur *mf*

Gewinnlos <-es, -e> *nt* billet *m* gagnant **Gewinnmarge** [-marʒə] <-, -n> *f* ÖKON marge *f* bénéficiaire **Gewinnquote** *f* cote *f* gagnante **Gewinnspanne** *f* marge *f* bénéficiaire **Gewinnzahl** *f* numéro *m* gagnant

Gewinsel [gəˈvɪnzəl] <-s> *nt eines Tieres* gémissements *mpl; einer Person* geignements *mpl*

Gewirr [gəˈvɪr] <-[e]s> *nt* ❶ *(Knäuel)* enchevêtrement *m* ❷ *(fig: Stimmengewirr)* brouhaha *m*

gewiss [gəˈvɪs] **I.** *adj* ❶ *attr (nicht näher benannt)* certain(e) *antéposé* ❷ *(sicher)* sûr(e); ***[sich dat] einer S.*** *gen* ***~ sein*** être sûr de qc **II.** *adv* certainement; ***aber ~!*** mais bien sûr!

Gewissen [gəˈvɪsən] <-s> *nt* conscience *f;* ***ein schlechtes ~ haben*** avoir mauvaise conscience; ***sein ~ erleichtern*** soulager sa conscience ▶ **jdn/etw auf dem ~ haben** avoir qn/qc sur la conscience; **jdm ins ~ reden** faire appel à la conscience de qn

gewissenhaft *adj* consciencieux, -euse

Gewissenhaftigkeit <-> *f einer Person* conscience *f* [professionnelle]; *einer Ausführung* minutie *f*

gewissenlos **I.** *adj* sans scrupule **II.** *adv* sans aucun scrupule

Gewissenlosigkeit <-, -en> *f kein Pl (Skrupellosigkeit)* manque *m* de scrupules

Gewissensbisse *Pl* remords *mpl* **Gewissensfrage** *f* cas *m* de conscience **Gewissensfreiheit** *f* liberté *f* de conscience **Gewissensgründe** *Pl* raisons *fpl* de conscience **Gewissenskonflikt** *m* débat *m* de conscience

gewissermaßen *adv* en quelque sorte

Gewissheit *f* certitude *f;* ***sich*** *dat* ***~ über etw*** *akk* ***verschaffen*** faire toute la lumière sur qc; ***~ über etw*** *akk* ***haben*** connaître avec certitude qc

Gewitter [gəˈvɪtɐ] <-s, -> *nt* orage *m*

gewitterig *s.* **gewittrig**

gewittern* *vi unpers* ***es gewittert*** il fait de l'orage

Gewitterregen *m* averse *f* orageuse **Gewitterwolke** *f* nuage *m* orageux

gewittrig *adj* orageux, -euse

gewitzt [gəˈvɪtst] *adj* roué(e)

gewoben [gəˈvoːbən] *PP von* **weben**

gewogen [gəˈvoːgən] **I.** *PP von* **wiegen**[1] **II.** *adj (geh)* ***jdm/einer S. ~ sein*** être dévoué à qn/qc

gewöhnen* [gəˈvøːnən] **I.** *vt* habituer; ***jdn an etw*** *akk* ***~*** habituer qn à qc; ***an jdn/etw gewöhnt sein*** être habitué à qn/qc **II.** *vr* ***sich an jdn/etw ~*** s'habituer à qn/qc

Gewohnheit [gəˈvoːnhait] <-, -en> *f* habitude *f;* ***aus ~*** par habitude

gewohnheitsmäßig *adv* par habitude **Gewohnheitsmensch** *m* routinier, -ière *m, f* **Gewohnheitsrecht** *nt (Recht)* droit *m* d'usage **Gewohnheitssache** *f* question *f* d'habitude **Gewohnheitstier** *nt (hum fam)* ***ein ~ sein*** être esclave de ses habitudes **Gewohnheitstrinker(in)** *m(f)* buveur *m* invétéré/buveuse *f* invétérée

gewöhnlich [gəˈvøːnlɪç] **I.** *adj* ❶ *(üblich)* habituel(le) ❷ *(durchschnittlich)* ordinaire ❸ *(pej: ordinär)* vulgaire **II.** *adv* ❶ ***wie ~*** comme d'habitude ❷ *(pej: ordinär)* de manière ordinaire

gewohnt [gəˈvoːnt] *adj Stunde, Zeit* habituel(le); *Umgebung* familier, -ière; ***etw ~ sein*** être habitué à qc; ***es ~ sein, etw zu tun/, dass*** avoir l'habitude de faire qc/que *+subj*

Gewöhnung [gəˈvøːnʊŋ] <-> *f* accoutumance *f;* ***~ an etw*** *akk* accoutumance à qc

gewöhnungsbedürftig *adj* à quoi il faut s'habituer

Gewölbe [gəˈvœlbə] <-s, -> *nt* ❶ *(Gewölbedecke)* voûte *f* ❷ *(Raum)* cave *f* voûtée

gewölbt [gəˈvœlpt] *adj Decke* voûté(e)

gewollt **I.** *adj* intentionnel(le) **II.** *adv* délibérément

gewonnen [gəˈvɔnən] *PP von* **gewinnen**

geworben [gəˈvɔrbən] *PP von* **werben**

geworden [gəˈvɔrdən] *PP von* **werden**

geworfen [gəˈvɔrfən] *PP von* **werfen**

gewrungen [gəˈvrʊŋən] *PP von* **wringen**

Gewühl [gəˈvyːl] <-[e]s> *nt (Gedränge)* cohue *f*

gewunden [gəˈvʊndən] **I.** *PP von* **winden**[1] **II.** *adj Flusslauf, Weg* sinueux, -euse

gewunken [gəˈvʊŋkən] *(fam) PP von* **winken**

Gewürz [gəˈvʏrts] <-es, -e> *nt* épice *f; (Gewürzmischung)* condiment *m*

Gewürzgurke *f* cornichon *m* à la russe **Gewürzmischung** *f* mélange *m* d'aromates **Gewürznelke** *f* clou *m* de girofle

gewusst [gəˈvʊst] *PP von* **wissen**

Geysir [ˈgaizɪr] <-s, -e> *m* geyser *m*

G

gez. *adj Abk von* **gezeichnet** *Abk von* **zeichnen**
gezackt [gə'tsakt] *adj Blatt* crénelé(e); *Hahnenkamm* dentelé(e)
Gezanke [gə'tsaŋkə] <-s> *nt (pej fam)* chamailleries *fpl*
Gezeiten [gə'tsaitən] *Pl* marées *fpl*
Gezeitenkraftwerk *nt* usine *f* marémotrice **Gezeitenwechsel** *m* changement *m* de marée
Gezeter [gə'tse:tɐ] <-s> *nt (fam)* braillements *mpl*
gezielt [gə'tsi:lt] **I.** *adj* ciblé(e) **II.** *adv* de façon ciblée
geziemen* [gə'tsi:mən] *vr (geh)* ***es geziemt sich für jdn etw zu tun*** il sied à qn de faire qc
geziert *(pej)* **I.** *adj* affecté(e) **II.** *adv* avec affectation
gezogen [gə'tso:gən] *PP von* **ziehen**
Gezwitscher [gə'tsvɪtʃɐ] <-s> *nt* gazouillement *m*
gezwungen [gə'tsvʊŋən] **I.** *PP von* **zwingen** **II.** *adj Benehmen* contraint(e); *Lachen* forcé(e) **III.** *adv* ***ihr Lachen wirkt etwas*** ~ elle a un rire un peu forcé
gezwungenermaßen *adv* contraint(e) et forcé(e)
ggf. *adv Abk von* **gegebenenfalls**
Ghana ['ga:na] <-s> *nt* le Ghana
Ghetto ['gɛto] <-s, -s> *nt* ghetto *m*
Ghostwriter(in) ['go:straitɐ] <-s, -> *m(f)* nègre *m*
Gibbon ['gɪbɔn] <-s, -s> *m* gibbon *m*
gibt [gi:pt] *3. Pers Präs von* **geben**
Gicht [gɪçt] <-> *f* goutte *f*
Giebel ['gi:bəl] <-s, -> *m* pignon *m*
Giebeldach *nt* toit *m* à pignon **Giebelfenster** *nt* fenêtre *f* du pignon
Gier [gi:ɐ̯] <-> *f* ❶ *(maßloses Verlangen)* avidité *f; (Essgier)* voracité *f* ❷ *(Geldgier)* cupidité *f*
gieren ['gi:rən] *vi* avoir une envie folle; ***nach etw*** ~ avoir une envie folle de qc
gierig **I.** *adj Person, Blick* avide **II.** *adv essen, trinken* avec avidité
gießen ['gi:sən] <goss, gegossen> **I.** *vt* ❶ arroser *Pflanzen* ❷ *(schütten)* ***Wasser auf/über etw*** *akk* ~ verser de l'eau dans/sur qc; ***etw voll*** ~ remplir qc à ras bord ❸ *(herstellen, formen)* ***etw in Bronze*** ~ couler qc en bronze **II.** *vi unpers (fam)* ***es gießt*** il tombe des cordes
Gießer(in) <-s, -> *m(f)* fondeur, -euse *m, f*
Gießerei [gi:sə'rai] <-, -en> *f* fonderie *f*
Gießkanne *f* arrosoir *m*
Gift [gɪft] <-[e]s, -e> *nt* poison *m; einer Schlange* venin *m* ▸ **darauf kannst du ~ nehmen** *(fam)* tu peux en être sûr
Giftgas *nt* gaz *m* toxique **giftgrün** *adj* d'un vert criard
gifthaltig *adj* vénéneux, -euse
giftig ['gɪftɪç] *adj* ❶ *Schlange* venimeux, -euse; *Pflanze* vénéneux, -euse; *Chemikalie, Stoff* toxique ❷ *(fam) Person, Bemerkung* venimeux, -euse
Giftigkeit <-> *f* ❶ *einer Substanz* toxicité *f* ❷ *(fam) einer Person* méchanceté *f*
Giftmüll *m* déchets *mpl* toxiques **Giftmülldeponie** *f* décharge *f* pour [*o* de] déchets toxiques **Giftpilz** *m* champignon *m* vénéneux **Giftschlange** *f* serpent *m* venimeux **Giftschrank** *m* MED armoire *f* aux stupéfiants **Giftstoff** *m* substance *f* toxique **Giftzahn** *m* crochet *m* à venin **Giftzwerg(in)** *m(f) (pej fam)* nabot(e) *m(f)* malfaisant(e)
Gigabyte ['gi:gabait] *nt* INFORM giga-octet *m*
Gigant(in) [gi'gant] <-en, -en> *m(f)* géant(e) *m(f)*
gigantisch [gi'gantɪʃ] *adj* ❶ gigantesque ❷ *(fam: sehr gut)* géant(e)
Gigolo ['ʒi:golo, 'ʒɪgolo] <-s, -s> *m* gigolo *m fam*
Gilde ['gɪldə] <-, -n> *f* HIST guilde *f*
gilt [gɪlt] *3. Pers Präs von* **gelten**
Gin [dʒɪn] <-s, -s> *m* gin *m*
ging [gɪŋ] *Imp von* **gehen**
Ginkgo ['gɪŋko] <-s, -s> *m* BOT ginkgo *m*
Ginster ['gɪnstɐ] <-s, -> *m* genêt *m*
Gipfel ['gɪpfəl] <-s, -> *m* ❶ *(Bergspitze)* sommet *m* ❷ *(Zenit) des Glücks* comble *m; einer Karriere* sommet *m* ❸ *(Gipfelkonferenz)* sommet *m* ▸ **das ist der ~!** *(fam)* c'est le comble!
Gipfelkonferenz *f* conférence *f* au sommet
gipfeln *vi* atteindre son apogée; ***in etw*** *dat* ~ atteindre son apogée dans qc
Gipfelpunkt *m* ❶ *einer Flugbahn* sommet *m* ❷ *(Höhepunkt)* apogée *m* **Gipfelstürmer(in)** *m(f) (euph fam)* battant(e) *m(f)* **Gipfeltreffen** *nt* rencontre *f* au sommet
Gips [gɪps] <-es, -e> *m* ❶ plâtre *m;* ***den Fuß in ~ haben*** avoir le pied dans le plâtre ❷ MINER gypse *m*
Gipsabdruck <-abdrücke> *m* empreinte *f* **Gipsarm** *m (fam)* bras *m* plâtré [*o* dans le plâtre] **Gipsbein** *nt (fam)* jambe plâtrée *f*
gipsen *vt* MED *(fam)* plâtrer
Gipser(in) <-s, -> *m(f)* plâtrier, -ière *m, f*

Gipsfigur *f* statue[tte *f*] *f* en plâtre **Gipsverband** *m* plâtre *m*

Giraffe [gi'rafə] <-, -n> *f* girafe *f*

Girlande [gɪr'landə] <-, -n> *f* guirlande *f*

Giro ['ʒi:ro] <-s, -s *o* A Giri> *nt* virement *m*

Girokonto *nt* compte *m* courant

Gis [gɪs] <-, -> *nt* sol *m* dièse

Gischt [gɪʃt] <-[e]s, -e> *m*, <-, -en> *f* écume *f*

Gitarre [gi'tarə] <-, -n> *f* guitare *f*; **~ *spielen*** jouer de la guitare

Gitarrist(in) <-en, -en> *m(f)* guitariste *mf*

Gitter ['gɪtɐ] <-s, -> *nt* ❶ *(Metallgitter)* grille *f* ❷ *(Holzgitter)* treillage *m* ❸ GEOG, MATH quadrillage *m* ❹ PHYS, CHEM structure *f* ▶ **hinter ~/~n** *(fam)* derrière les barreaux

Gitterfenster *nt* fenêtre *f* à barreaux **Gitterrost** *m* grille *f* **Gitterstab** *m* barreau *m*

Glaceehandschuh, **Glacéhandschuh** [gla'se:hantʃu:] *m* gant *m* en chevreau glacé ▶ **jdn/etw mit ~en anfassen** *(fam)* prendre des gants avec qn/pour qc

Gladiator [gla'dǐa:to:ɐ̯] <-s, -toren> *m* gladiateur *m*

Gladiole [gla'dǐo:lə] <-, -n> *f* glaïeul *m*

Glamour ['glɛmɐ] <-s> *m o nt kein Pl* ***einer S. dat* ~ *verleihen*** glamouriser qc

Glanz [glants] <-es> *m* ❶ *von Haaren, Augen, Perlen* brillant *m; einer Fläche, von Sternen, Schuhen* éclat *m* ❷ *(Pracht)* magnificence *f*

glänzen ['glɛntsən] *vi* ❶ briller; *Möbel, Schuhe:* reluire; *Sterne:* scintiller; *Fläche:* miroiter ❷ *(sich hervortun)* ***durch Wissen* ~** briller par son savoir

glänzend ['glɛntsənt] **I.** *adj* ❶ brillant(e); *Möbel, Schuhe* reluisant(e); *Fläche* miroitant(e) ❷ *Aussehen* superbe; *Einfall, Idee* brillant(e) **II.** *adv bestehen, spielen* superbement

Glanzleistung *f* brillante performance *f*

glanzlos *adj Haare* terne; *Augen* éteint(e); *Oberfläche* mat(e)

Glanzpapier *nt* papier *m* glacé **glanzvoll** *adj Auftritt, Vorführung* brillant(e); *Fest* somptueux, -euse **Glanzzeit** *f* ***seine/ihre* ~** l'époque *f* de sa splendeur

Glarus ['gla:rʊs] <-> *nt* Glaris

Glas [gla:s, *Pl:* 'glɛ:zɐ] <-es, Gläser> *nt* ❶ *(Trinkgefäß)* verre *m* ❷ *(Material)* verre *m* ❸ *(Konservenglas)* bocal *m; (Honigglas, Marmeladenglas)* pot *m* ❹ *(Brillenglas)* verre *m* ▶ **ein ~ über den Durst trinken** boire un coup de trop; **zu tief ins ~ geschaut haben** *(fam)* avoir un verre dans le nez

> **Falsche Freunde**
> Nicht verwechseln mit *la glace* – *das Eis*!

Glasbläser(in) *m(f)* souffleur, -euse *m, f* de verre

Gläschen ['glɛ:sçən] <-s, -> *nt Dim von* **Glas** petit verre *m*

Glascontainer *m* container *m* à verre

Glaser(in) ['gla:zɐ] <-s, -> *m(f)* vitrier, -ière *m, f*

Glaserei [gla:zə'rai] <-, -en> *f* vitrerie *f*

gläsern ['glɛ:zɐn] *adj* ❶ *(aus Glas)* de verre ❷ *(fig: transparent)* transparent

Glasfaser *f meist Pl* fibre *f* de verre **Glasfaserkabel** *nt* TELEC câble *m* à fibres optiques **Glashaus** ▶ **wer [selbst] im ~ sitzt, soll nicht mit Steinen werfen** *(prov)* avant d'en remontrer aux autres, il faut balayer devant sa porte **Glashütte** *f* verrerie *f*

glasieren* [gla'zi:rən] *vt* ❶ émailler *Ziegel, Kacheln* ❷ napper *Kuchen*

glasig ['gla:zɪç] *adj* ❶ *Augen, Blick* vitreux, -euse ❷ *(durchsichtig)* ***die Zwiebeln* ~ *dünsten*** faire blondir les oignons

Glaskeramikkochfeld *nt* table *f* de cuisson en vitrocéramique

glasklar **I.** *adj* limpide **II.** *adv (fam) beweisen* [très] clairement **Glaskörper** *m* ANAT corps *m* vitré **Glasmalerei** *f* peinture *f* sur verre

Glasnudeln *Pl* vermicelle *m* chinois **Glasperle** *f* perle *f* en verre **Glasscheibe** *f* verre *m; (Fensterscheibe)* vitre *f* **Glasscherbe** *f* morceau *m* de verre **Glassplitter** *m* éclat *m* de verre **Glasteller** *m* assiette *f* en verre **Glastür** *f* porte *f* vitrée

Glasur [gla'zu:ɐ̯] <-, -en> *f* ❶ TECH glaçure *f* ❷ GASTR glaçage *m*

Glaswaren *Pl* verrerie *f* **Glaswolle** *f* laine *f* de verre

glatt [glat] <-er *o* glätter, -este *o* glätteste> **I.** *adj* ❶ *Fläche, Wasserfläche* plan(e) ❷ *Haut, Stoff, Oberfläche* lisse ❸ *Haare* raide; *Fell* lisse ❹ *Straße, Fußboden* glissant(e) ❺ *Landung* en douceur; *Ablauf, Verlauf* sans accroc ❻ *attr (fam) Verstoß, Bruch* type; *Betrug, Lüge, Unsinn* pur(e) *antéposé;* ***ein ~er Betrag*** un compte tout rond ❼ *(pej) Person* glissant(e) comme une anguille **II.** *adv* ❶ *(problem-*

G

los) sans accroc ❷ *(fam) abstreiten, vergessen* carrément

glatt|bügeln *s.* **bügeln**

Glätte ['glɛtə] <-> *f* ❶ *(Glattheit) der Haut* douceur *f; der Haare* raideur *f; eines Fells* caractère *m* lisse ❷ *(Straßenglätte)* ***aufgrund der ~ der Straße*** en raison de la chaussée glissante

Glatteis *nt* verglas *m* ▶ **jdn aufs ~ führen** induire qn en erreur

Glätteisen *nt* ❶ CH *(Bügeleisen)* fer *m* à repasser ❷ *(Frisierstab)* fer *m* à cheveux

glätten ['glɛtən] **I.** *vt* ❶ lisser *Haar;* défroisser *Banknote* ❷ *(besänftigen)* apaiser **II.** *vr* ***sich ~*** *Wogen:* s'apaiser

glatt|gehen *vi irr (fam)* marcher comme sur des roulettes

glatt|polieren *s.* **polieren** **glattrasiert** *s.* **rasieren I.** **glatt|streichen** *s.* **streichen I. 3**

glattweg *adv (fam)* carrément

Glatze ['glatsə] <-, -n> *f* calvitie *f;* ***eine ~ bekommen/haben*** devenir chauve/ avoir une calvitie

Glatzkopf *m (fam)* ❶ *(Kopf)* boule *f* de billard ❷ *(Mensch)* crâne *m* d'œuf

glatzköpfig ['glatskœpfɪç] *adj* chauve; *(kahl geschoren)* à la tête rasée

Glaube ['glaʊbə] <-ns> *m* ❶ REL croyance *f;* ***der christliche ~*** la foi chrétienne; ***evangelischen/jüdischen ~ns sein*** être de confession protestante/juive ❷ *(Überzeugung)* foi *f;* ***in dem ~n sein, dass*** être persuadé que; ***jdn in dem ~n [be]lassen, dass*** laisser croire à qn que; ***jdm/einer S. ~n/keinen ~n schenken*** accorder un crédit/n'accorder aucun crédit à qn/qc; ***in gutem ~n*** de bonne foi

glauben ['glaʊbən] **I.** *vt* ❶ croire; ***jdm etw ~*** croire qc de qn; ***~, dass*** croire que; ***das glaube ich dir nicht*** je ne te crois pas; ***es ist nicht zu ~*** c'est à peine croyable; ***ob du es glaubst oder nicht, ...*** que tu me croies ou non ...; ***das glaubst du doch selbst nicht!*** *(fam)* tu n'y crois pas toi-même! ❷ *(vermuten)* ***jdn in New York ~*** croire qn à New York **II.** *vi* ❶ ***jdm ~*** croire qn ❷ *a.* REL ***an jdn/etw ~*** croire en qn/à qc ▶ **dran ~ müssen** *(fam: sterben)* devoir y passer; *(ranmüssen)* être obligé de s'y mettre

Glauben *s.* **Glaube**

Glaubensbekenntnis *nt (Konfession)* confession *f* **Glaubensfrage** *f* question *f* de foi; ***in ~n*** pour les questions d'ordre religieux **Glaubensfreiheit** *f* liberté *f* de religion **Glaubensgemeinschaft** *f* communauté *f* religieuse **Glaubensgenosse, -genossin** *m, f* REL coreligionnaire *mf*

glaubhaft **I.** *adj* digne de foi **II.** *adv* de façon convaincante

Glaubhaftigkeit <-> *f* crédibilité *f*

gläubig ['glɔybɪç] *adj* REL croyant(e)

Gläubige(r) *f(m) dekl wie adj* croyant(e) *m(f)*

Gläubiger(in) ['glɔybɪgɐ] <-s, -> *m(f)* créancier, -ière *m, f*

glaubwürdig *adj Person* crédible

Glaubwürdigkeit <-> *f* crédibilité *f*

gleich [glaɪç] **I.** *adj* ❶ *(ähnlich, identisch)* même *antéposé;* ***der ~e Kuli/Schlüssel*** le même stylo à bille/la même clé; ***er hat das Gleiche gesagt*** il a dit la même chose; ***ihr Männer seid doch alle ~!*** vous, les hommes, vous êtes bien tous pareils!; ***jdm an Mut/Schönheit ~ sein*** égaler qn en courage/beauté ❷ MATH ***zwei mal zwei ist ~ vier*** deux fois deux égalent quatre ❸ *(gleichgültig)* ***das ist ihm/ihr völlig ~*** cela lui est complètement égal; ***ganz ~, wer das getan hat*** peu importe qui a fait cela; ***ganz ~, was er sagt*** quoi qu'il dise; ***es ist ihr ~, ob/wo ...*** [savoir] si/où ... la laisse indifférente ▶ **Gleich und Gleich gesellt sich gern** *(prov)* qui se ressemble s'assemble; **Gleiches mit Gleichem vergelten** rendre la pareille **II.** *adv* ❶ *behandeln, gekleidet* de la même façon; ***~ groß/schwer sein*** être de même taille/ poids; ***~ alt/stark sein*** être du même âge/de force égale ❷ *(unmittelbar)* ***~ neben/hinter der Kirche*** juste à côté de/ derrière l'église ❸ *(in Kürze)* tout de suite; ***es ist ~ sechs Uhr*** il est bientôt six heures; ***jetzt ~*** dès maintenant; ***~ heute*** dès aujourd'hui; ***~ nachdem sie gegangen war*** juste après qu'elle soit partie; ***~ danach*** [*o* ***darauf***] aussitôt après; ***bis ~!*** à tout de suite! ❹ *(ohnehin)* ***habe ich es nicht ~ gesagt!*** c'est bien ce que j'avais dit! ❺ *(eben)* ***wie heißt sie [doch] ~?*** comment s'appelle-t-elle déjà? **III.** *präp +dat (geh)* ***~ einem Kind*** semblable à un enfant

gleichaltrig ['glaɪçʔaltrɪç] *adj* du même âge

gleichartig *adj* de même nature

gleichauf *adv* ***mit jdm ~ sein*** [*o* ***liegen***] être à égalité avec qn; ***~ sein*** [*o* ***liegen***] *Läufer:* être au coude à coude; *Rennwagen, Rennpferde:* être sur la même ligne; *(wertungsgleich sein)* être à égalité

gleichbedeutend *adj* ***mit etw ~ sein*** équivaloir à qc **Gleichbehandlung** *f* éga-

lité *f* de traitement **gleichberechtigt** *adj* égal(e) en droits **Gleichberechtigung** *f* égalité *f* des droits **gleichbleibend** *s.* **bleibend 2**
gleichen ['glaiçən] <glich, geglichen> *vi* ressembler; ***jdm/einer S.*** ~ ressembler à qn/qc; ***sich*** *dat* ~ se ressembler
gleichermaßen *adv* de la même façon
gleichfalls *adv* également; ***danke ~!*** merci pareillement!
gleichförmig **I.** *adj Verlauf* uniforme; *Struktur* homogène **II.** *adv verlaufen* uniformément; *strukturiert, aufgebaut* de façon homogène
Gleichförmigkeit ['glaiçfœrmɪçkait] <-> *f* uniformité *f*
gleichgeschlechtlich *adj* ❶ *(homosexuell)* homosexuel(le) ❷ *(gleichgeschlechtig)* de même sexe **gleichgesinnt** *s.* **gesinnt**
gleichgestellt *adj* POL, JUR ***rechtlich ~ sein*** avoir les mêmes droits **Gleichgewicht** *nt kein Pl (a. fig)* équilibre *m;* ***jdn aus dem ~ bringen*** déséquilibrer qn; ***das ~ verlieren*** perdre l'équilibre
Gleichgewichtssinn *m* sens *m* de l'équilibre **Gleichgewichtsstörung** *f* trouble *m* de l'équilibre
gleichgültig *adj* ❶ *Person* indifférent(e); *Gesicht* impassible ❷ *(belanglos)* sans intérêt ❸ *(egal)* ***jdm ~ sein*** être indifférent à qn
Gleichgültigkeit ['glaiçgʏltɪçkait] *f* indifférence *f*
Gleichheit <-, -en> *f* ❶ *(Übereinstimmung)* similitude *f* ❷ *(gleiche Stellung)* ***die ~ von Mann und Frau*** l'égalité *f* de l'homme et de la femme
Gleichheitszeichen *nt* signe *m* d'égalité
gleich|kommen *vi irr + sein* ❶ égaler; ***jdm/einer S. an Wichtigkeit ~*** égaler qn/qc en importance ❷ *(gleichbedeutend sein)* ***einer S.*** *dat* ~ revenir à qc
gleichlautend *s.* **lauten 1**
gleich|machen *vt* niveler
gleichmäßig **I.** *adj* régulier, -ière **II.** *adv atmen, sich bewegen* régulièrement; *auftragen* uniformément
Gleichmäßigkeit ['glaiçmɛːsɪçkait] *f (Regelmäßigkeit)* régularité *f*
Gleichmut *m* impassibilité *f*
gleichmütig ['glaiçmyːtɪç] *adj* impassible
gleichnamig ['glaɪçnaːmɪç] *adj Person* du même nom; *Literaturwerk, Buch, Film* de même titre [*o* nom]
Gleichnis ['glaiçnɪs] <-ses, -se> *nt* parabole *f*
gleichsam ['glaiçzaːm] *adv (geh)* pour ainsi dire; ~ ***als ob …*** tout comme si …
gleich|schalten *vt (pej)* ***gleichgeschaltet*** mis(e) au pas **Gleichschritt** *m kein Pl* pas *m* cadencé; ***im ~ marschieren*** marcher au pas cadencé
gleichseitig ['glaiçzaitɪç] *adj Dreieck* équilatéral(e)
gleich|setzen *vt* ❶ *(vergleichen)* ***Unsicherheit mit Unwissenheit ~*** confondre manque d'assurance et ignorance ❷ *(als gleichwertig ansehen)* ***die Jungen mit den Alten ~*** mettre les jeunes et les vieux au même rang **Gleichstand** *m kein Pl* égalité *f* de score **gleich|stellen** *vt* mettre sur un pied d'égalité; ***die Frauen den Männern ~*** mettre les femmes et les hommes sur un pied d'égalité; ***die Angestellten mit den Beamten ~*** assimiler les employés aux fonctionnaires **Gleichstellung** *f kein Pl* égalité *f;* ***die ~ der Frauen mit den Männern*** l'égalité des femmes par rapport aux hommes **Gleichstrom** *m* courant *m* continu **gleich|tun** *vt irr, unpers* égaler; ***es jdm in etw*** *dat* ~ égaler qn en qc
Gleichung ['glaiçʊŋ] <-, -en> *f* équation *f*
gleichviel ['glaiçfiːl] *adv (geh)* qu'importe
gleichwertig *adj Ersatz* équivalent(e); *Gegner* de force égale
Gleichwertigkeit *f kein Pl eines Artikels* qualité *f* équivalente
gleichwohl [glaiç'voːl] *adv (geh)* néanmoins
gleichzeitig **I.** *adj Vorgänge* simultané(e); *Ereignisse* contemporain(e) **II.** *adv (zur gleichen Zeit)* en même temps
Gleichzeitigkeit <-> *f* simultanéité *f*
gleich|ziehen *vi irr (fam)* se hausser au niveau; ***mit jdm in etw*** *dat* ~ se hausser au niveau de qn pour qc
Gleis [glais] <-es, -e> *nt* voie *f;* ***der Zug fährt auf ~ zwölf ein*** le train entre en gare sur la voie douze ► **etw wieder ins [rechte] ~ bringen** remettre qc sur les rails
Gleitboot ['glait-] *nt* hydroglisseur *m*
gleiten ['glaitən] <glitt, geglitten> *vi* ❶ + *sein (schweben) Vogel, Segelflugzeug:* planer ❷ + *sein (huschen)* ***über etw*** *akk* ~ *Blick, Lächeln:* glisser sur qc; ***seine Hand über etw ~ lassen*** passer sa main sur qc ❸ + *sein (rutschen)* ***ins Wasser/zu Boden*** ~ glisser dans l'eau/par terre
Gleitflug *m* vol *m* plané **Gleitmittel** *nt* lubrifiant *m* **Gleitschirm** *m* parapente *m* **Gleitschirmfliegen** *nt* parapente *m* **Gleitschirmflieger(in)** *m(f)* parapen-

tiste *mf* **Gleitsichtbrille** *f* lunettes *fpl* à verres progressifs **Gleitzeit** *f (opp: Kernzeit)* heures *fpl* mobiles
Gletscher ['glɛtʃɐ] <-s, -> *m* glacier *m*
Gletscherspalte *f* crevasse *f*
glibberig ['glɪbərɪç] *adj* NDEUTSCH *(fam)* gluant(e)
glich [glɪç] *Imp von* **gleichen**
Glied [gliːt] <-[e]s, -er> *nt* ❶ *(Körperteil)* membre *m* ❷ *(Fingerglied, Zehenglied)* phalange *f; (Kettenglied)* maillon *m* ❸ *(fig) einer Gesellschaft* membre *m* ❹ *(Penis)* membre *m* [viril]
gliedern ['gliːdɐn] **I.** *vt* diviser; ***etw in verschiedene Abschnitte*** ~ diviser qc en plusieurs parties **II.** *vr* ***sich in etw*** *akk* ~ se diviser en qc **Gliederschmerzen** *Pl* douleurs *fpl* dans les membres
Gliederung <-, -en> *f* ❶ *kein Pl (das Gliedern) eines Aufsatzes* division *f* ❷ *(Aufbau) einer Firma, Organisation* structure *f; eines Aufsatzes* plan *m*
Gliedmaßen ['gliːtmaːsən] *Pl* membres *mpl*
glimmen ['glɪmən] <glomm, geglommen> *vi Licht, Asche:* rougeoyer
Glimmstängel *m (hum fam)* tige *f*
glimpflich ['glɪmpflɪç] **I.** *adj Ausgang, Verlauf* bénin, -igne; *Strafe* léger, -ère **II.** *adv (ohne schlimme Folgen)* de façon bénigne; ***du bist ~ davongekommen!*** tu t'en es tiré(e) à bon compte!
glitschig ['glɪtʃɪç] *adj (fam)* glissant(e)
glitt [glɪt] *Imp von* **gleiten**
glitzern [glɪtsɐn] *vi* scintiller
global [glo'baːl] **I.** *adj (weltweit)* général(e) **II.** *adv (weltweit)* universellement
Globalisierung <-> *f* mondialisation *f*
Globalisierungsgegner(in) *m(f)* altermondialiste *mf,* antimondialiste *mf*
Globen *Pl von* **Globus**
Globetrotter(in) ['gloːbətrɔtɐ, 'gloːptrɔtɐ] <-s, -> *m(f)* bourlingueur, -euse *m, f fam*
Globus ['gloːbʊs] <- *o* -ses, Globen *o* -se> *m* globe *m* [terrestre]
Glöckchen ['glœkçən] <-s, -> *nt Dim von* **Glocke** clochette *f*
Glocke ['glɔkə] <-, -n> *f* ❶ *(Kirchenglocke)* cloche *f* ❷ *(Läutwerk)* sonnerie *f; (Ladenglocke)* sonnette *f* ❸ *(Käseglocke)* cloche *f* [à fromage] ▶ **etw an die große ~ hängen** *(fam)* crier qc sur les toits
Glockenblume *f* campanule *f* [des murailles]
glockenförmig *adj Blüte* en forme de clochette
Glockengeläut[e] *nt* carillon *m* **Glockenläuten** *s.* **Glockengeläut[e]** **Glockenschlag** *m* ▶ **mit dem** ~ à l'heure sonnante **Glockenspiel** *nt* carillon *m* **Glockenturm** *m* clocher *m*
glomm [glɔm] *Imp von* **glimmen**
Glorie ['gloːri̯ə] <-> *f (geh)* gloire *f*
glorifizieren* [glorifi'tsiːrən] *vt* célébrer; ***jdn als Helden*** ~ célébrer qn comme un héros
Glorifizierung <-, -en> *f* glorification *f*
glorreich ['gloːɐ̯raiç] *adj* glorieux, -euse
Glossar [glɔ'saːɐ̯] <-s, -e> *nt* glossaire *m*
Glosse ['glɔsə] <-, -n> *f* commentaire *m* [succinct]
Glotze ['glɔtsə] <-, -n> *f (sl)* téloche *f*
glotzen ['glɔtsən] *vi (pej fam)* reluquer
Glück [glʏk] <-[e]s> *nt* ❶ *(opp: Pech)* chance *f;* ***jdm ~ bringen*** porter chance à qn; ***~/kein ~ haben*** avoir de la/ne pas avoir de chance; ***viel ~!*** bonne chance!; ***zum*** ~ par chance; ***ein ~!*** heureusement! ❷ *(Freude, Zufriedenheit)* bonheur *m* ▶ **jeder ist seines ~es Schmied** *(prov)* chacun est l'artisan de son propre bonheur; **~ im Unglück haben** avoir de la chance dans son malheur; **auf gut ~** au petit bonheur [la chance] *fam;* **von ~ sagen können, dass** pouvoir dire qu'il a eu de la chance que *+subj;* **noch nichts von seinem ~ wissen** *(iron: nicht wissen, was bevorsteht)* ne pas savoir ce qui l'attend; **~ auf!** MIN salut! **Glück[s]sache** *f kein Pl* ▶ **reine ~ sein** être une pure question de chance
Glucke ['glʊkə] <-, -n> *f (Henne mit Küken)* poule *f; (brütende Henne)* couveuse *f*
glücken ['glʏkən] *vi + sein Unternehmen, Plan:* réussir
gluckern ['glʊkɐn] *vi + haben* glouglouter *fam*
glücklich ['glʏklɪç] **I.** *adj* ❶ *Person, Zeit* heureux, -euse; *Gesicht, Lächeln* ravi(e); ***sich ~ schätzen können*** pouvoir s'estimer heureux, -euse ❷ *(erfreulich, vom Glück begünstigt)* heureux, -euse *antéposé* **II.** *adv leben* heureux, -euse; ***~ verheiratet sein*** être heureux en ménage
glücklicherweise *adv* par chance
glücklos *adj* malheureux, -euse
Glücksbringer <-s, -> *m* porte-bonheur *m*
glückselig [glʏk'zeːlɪç] *adj Person* pleinement heureux, -euse
Glückseligkeit <-> *f (Zustand)* ravissement *m*
glucksen ['glʊksən] *s.* **gluckern**
Glücksfall *m* coup *m* de chance **Glücks-**

gefühl *nt* sentiment *m* de bonheur **Glücksgriff** *m* coup *m* de maître **Glückskind** *nt (fam)* veinard(e) *m(f)* **Glücksklee** *m* trèfle *m* à quatre feuilles **Glückspilz** *m (fam)* ***du ~!*** quel(le) veinard(e)! **Glücksrad** *nt* roue *f* de la fortune **Glückssache** *f* ▶ **[reine] ~ sein** être une [pure] question de chance **Glücksspiel** *nt* jeu *m* de hasard **Glücksspieler(in)** *m(f)* joueur, -euse *m, f* [pour de l'argent] **Glückssträhne** *f* baraka *f fam;* ***eine ~ haben*** avoir la baraka **Glückstag** *m* jour *m* de chance **Glückstreffer** *m* coup *m* gagnant *fam* **Glückszahl** *f* chiffre *m* porte-bonheur

Glückwunsch *m* félicitation *f;* ***herzlichen ~ zur bestandenen Prüfung!*** toutes mes félicitations pour tes examens!; ***herzlichen ~ zum Geburtstag!*** bon anniversaire!

Glückwunschkarte *f* carte *f* de félicitations **Glückwunschtelegramm** *nt* télégramme *m* de félicitations

Glucose [glu'ko:zə] *s.* **Glukose**

Glühbirne *f* ampoule *f*

glühen ['gly:ən] *vi* ① *(glimmen)* être incandescent; *Docht, Zigarette:* rougeoyer ② *(sehr heiß sein)* être brûlant ③ *(fig)* ***vor Erregung*** *dat* **~** brûler d'excitation *soutenu*

glühend I. *adj* ① *Metall* incandescent(e); *Kohle* ardent(e) ② *(sehr heiß)* brûlant(e); ***eine ~e Hitze*** une fournaise ③ *(leidenschaftlich)* enflammé(e) II. *adv heiß* terriblement

Glühfaden *m* filament *m* **Glühlampe** *f* ampoule *f* électrique **Glühwein** *m* vin *m* chaud **Glühwürmchen** ['gly:vʏrmçən] *nt (fam)* ver *m* luisant

Glukose [glu'ko:zə] <-> *f* CHEM glucose *m*

Glut [glu:t] <-, -en> *f eines Feuers* braise *f; einer Zigarette* cendre *f* incandescente

Glutamat [gluta'ma:t] <-[e]s, -e> *nt* CHEM glutamate *m;* ***~ ist ein neutrales Salz*** le glutamate est un sel neutre

Gluten [glu'te:n] <-s> *nt* gluten *m*

glutenfrei *adj* sans gluten

Gluthitze *f* fournaise *f*

Glyzerin [glytse'ri:n] <-s> *nt* glycérine *f*

GmbH [ge:ʔɛmbe:'ha:] <-, -s> *f Abk von* **Gesellschaft mit beschränkter Haftung** S.A.R.L. *f*

g-Moll ['e:mɔl] <-> *nt* sol *m* mineur

Gnade ['gna:də] <-, -n> *f* ① *(Gunst)* faveurs *fpl* ② *(Milde, Nachsicht)* grâce *f;* ***um ~ bitten*** demander grâce ▶ **~ vor Recht ergehen lassen** faire preuve d'indulgence; **von Gottes ~n** par la grâce de Dieu

Gnadenakt *m* grâce *f* **Gnadenfrist** *f* délai *m* de grâce **Gnadengesuch** *nt* recours *m* en grâce; ***ein ~ an jdn richten*** déposer un recours en grâce auprès de qn

gnadenlos *adj* impitoyable

Gnadenstoß *m* coup *m* de grâce

gnädig ['gnɛ:dɪç] I. *adj* ① *(herablassend)* condescendant(e) ② *(milde)* clément(e) II. *adv* ① *(herablassend)* d'un air condescendant ② *(milde)* avec clémence

Gnom [gno:m] <-en, -en> *m* ① *(Sagenfigur)* gnome *m* ② *(pej fam: kleiner Mensch)* nabot *m*

Gnu <-s, -s> *nt* gnou *m*

Goal [go:l] <-s, -s> *nt* A, CH but *m*

Gobelin [gobə'lɛ̃:] <-s, -s> *m* gobelin *m*

Gockel ['gɔkəl] <-s, -> *m bes.* SDEUTSCH coq *m*

Gokart ['go:kart] <-[s], -s> *m* kart *m*

Gold [gɔlt] <-[e]s> *nt* ① or *m* ② *(fam: Goldmedaille)* médaille *f* d'or ▶ **nicht für alles ~ der Welt** pas pour tout l'or du monde; **es ist nicht alles ~, was glänzt** *(prov)* tout ce qui brille n'est pas d'or

Goldader *f* filon *m* d'or **Goldbarren** *m* lingot *m* d'or **Goldbrasse** *f* ZOOL dorade *f*

golden ['gɔldən] I. *adj attr* en or II. *adv glänzen* d'un éclat doré

Goldesel *m* ① *(Märchenwesen)* âne *m* aux pièces d'or ② *(fig fam: Geldquelle)* poule *f* aux œufs d'or

goldfarben *adj* doré(e)

Goldfisch *m* poisson *m* rouge **goldgelb** *adj* jaune d'or **Goldgräber(in)** ['gɔltgrɛ:bɐ] *m(f)* chercheur, -euse *m, f* d'or **Goldgrube** *f* ① *(fam: lukratives Unternehmen)* mine *f* d'or ② *s.* **Goldmine**

Goldhamster *m* hamster *m* [doré]

goldig ['gɔldɪç] *adj (fam: allerliebst)* chou(te)

Goldmedaille *f* médaille *f* d'or **Goldmine** *f* mine *f* d'or **Goldmünze** *f* pièce *f* d'or **Goldregen** *m* BOT cytise *m* **goldrichtig** ['gɔlt'rɪçtɪç] *adj (fam)* ***~ sein*** *Person:* être en or; *Antwort, Entscheidung:* être impeccable **Goldschmied(in)** *m(f)* orfèvre *mf* **Goldschmiedearbeit** *f* [travail *m* d']orfèvrerie *f* **Goldschmiedekunst** *f kein Pl* orfèvrerie *f* **Goldschmuck** *m* bijou *m* en or **Goldstück** *nt (Goldmünze)* pièce *f* d'or **Goldwaage** *f* trébuchet *m* **Goldwährung** *f* ÖKON étalon-or *m*

Golf[1] [gɔlf] <-[e]s, -e> *m* GEOG golfe *m*

Golf[2] [gɔlf] <-s> *nt* SPORT golf *m;* ***~ spielen*** jouer au golf

Golfball *m* balle *f* de golf
Golfclub *m* club *m* de golf
Golfkrieg *m* ***der*** ~ HIST la guerre du Golfe
Golfkrise *f* HIST ***die*** ~ la crise du Golfe
Golfplatz *m* terrain *m* de golf
Golfregion *f* région *f* du Golfe
Golfschläger *m* club *m* **Golfspieler(in)** *m(f)* joueur, -euse *m, f* de golf
Golfstrom *m* GEOG ***der*** ~ le Gulf Stream
Golftasche *f* sac *m* de golf
Gondel ['gɔndəl] <-, -n> *f* ❶ *(Schiff)* gondole *f* ❷ *(Kabine) einer Seilbahn* [télé]cabine *f; eines Fesselballons* nacelle *f*
Gondelbahn *f* CH télécabine *f*, télébenne *f*

G

Gondoliere [gɔndo'li̯eːrə] <-, Gondolieri> *m* gondolier *m*
Gong [gɔŋ] <-s, -s> *m* gong *m*
Gongschlag *m* coup *m* de gong
gönnen ['gœnən] *vt* ❶ *(neidlos zugestehen)* ***jdm etw*** ~ se réjouir pour qn de qc; ***du gönnst mir auch gar nichts!*** tu ne m'accordes aucun plaisir! ❷ *(gewähren)* ***jdm etw*** ~ accorder qc à qn; ***sich*** *dat* ***etw*** ~ s'offrir qc
Gönner(in) ['gœnɐ] <-s, -> *m(f)* bienfaiteur, -trice *m, f; eines Künstlers* mécène *m*
gönnerhaft *(pej)* **I.** *adj* condescendant(e) **II.** *adv* avec condescendance
googeln® ['guːgəln] <goog[e]le, gegoogelt> **I.** *vt* rechercher dans Google® *Begriff, Name* **II.** *vi* chercher sur Google®
gor [goːɐ̯] *Imp von* **gären**
Gör [gøːɐ̯] <-[e]s, -en> *nt,* **Göre** ['gøːrə] <-, -n> *f (fam: Kind)* gosse *mf; (Mädchen)* gamine *f*
Gorilla [go'rɪla] <-s, -s> *m (a. fig fam: Leibwächter)* gorille *m*
Gospel ['gɔspəl] <-s, -s> *nt o m,* **Gospelsong** ['gɔspəlzɔŋ] *m* gospel *m*
goss [gɔs] *Imp von* **gießen**
Gosse ['gɔsə] <-, -n> *f* ❶ caniveau *m* ❷ *(pej fam: Elend, Verwahrlosung)* ***in der ~ enden*** finir dans le ruisseau
Gote, Gotin ['goːtə] <-n, -n> *m, f* Goth(e) *m(f)*
Gotik ['goːtɪk] <-> *f* gothique *m*
gotisch ['goːtɪʃ] *adj* got[h]ique
Gott, Göttin [gɔt, *Pl:* 'gœtɐ] <-es, Götter> *m, f* ❶ dieu *m* /déesse *f* ❷ *(Gott der Christen)* Dieu *m;* ***bei ~ schwören*** jurer devant Dieu; ***der liebe*** ~ le bon Dieu; ***~ hab ihn/sie selig!*** que Dieu ait son âme!; ***~ sei Dank!*** Dieu merci!; ***ach du lieber ~!*** *(fam)* [oh] mon Dieu!; ***~ bewahre!*** Dieu m'en garde! *fam;* ***in ~es Namen!*** *(fam)* au nom de Dieu!; ***grüß ~!*** SDEUTSCH, A bonjour! ▶ **leben wie ~ in Frankreich** *(fam)* vivre comme un coq en pâte; **über ~ und die Welt reden** *(fam)* parler de tout et de rien; **weiß ~ nicht** *(fam)* certainement pas; **um ~es willen!** mon Dieu!; *(ich bitte Sie/dich)* pour l'amour de Dieu!
Gotterbarmen ▶ **zum ~ weinen** *(fam)* pleurer à fendre l'âme **Götterbote** *m* messager *m* des dieux **Götterdämmerung** *f kein Pl* crépuscule *m* des dieux
Götterspeise *f* GASTR *dessert à base de gélatine gélifié et transparent* **Gottesanbeterin** *f* ZOOL mante *f* religieuse
Gottesdienst *m* office *m* [religieux]; *(katholisch)* messe *f* **gottesfürchtig** *adj* pieux, -euse **Gotteshaus** *nt* maison *f* du Seigneur; *(katholisch)* église *f; (evangelisch)* temple *m* **Gotteskrieger(in)** *m(f) (im Islam)* guerrier, -ière *m, f* de Dieu **Gotteslästerer, -lästerin** *m, f* blasphémateur, -trice *m, f* **Gotteslästerung** <-, -en> *f* blasphème *m*
Gottheit <-, -en> *f* divinité *f*
Göttin ['gœtɪn] *s.* **Gott**
göttlich ['gœtlɪç] *adj* ❶ divin(e) ❷ *Humor* sublime
gottlob [gɔt'loːp] *adv (geh)* Dieu merci
gottlos *adj Person* athée; *Leben* païen(ne); *Gesinnung* irréligieux, -euse
Gottlosigkeit <-> *f* ❶ *(Verwerflichkeit)* irréligiosité *f* ❷ *(Unglaube)* athéisme *m*
gottverdammt *adj (sl)* foutu(e) *fam* **gottverlassen** ['gɔtfɛɐ̯'lasən] *adj (fam)* perdu(e)
Götze ['gœtsə] <-n, -n> *m,* **Götzenbild** *nt* idole *f*
Gourmet [gʊr'meː] <-s, -s> *m* gourmet *m*
Gouvernante [guvɛr'nantə] <-, -n> *f* gouvernante *f*
Gouverneur(in) [guvɛr'nøːɐ̯] <-s, -e> *m(f)* gouverneur *m*
GPS [dʒiːpiː'ʔɛs, geːpeː'ʔɛs] <-> *nt Abk von* **global positioning system** GPS *m*
GPS-System [geːpeː'ʔɛs-] *nt* système *m* GPS
Grab [graːp, *Pl:* 'grɛːbɐ] <-[e]s, Gräber> *nt* tombe *f;* ***jdn zu ~e tragen*** *(geh)* porter qn en terre ▶ **ein Geheimnis mit ins ~ nehmen** emporter un secret dans la tombe; **sich** *dat* **sein eigenes ~ schaufeln** courir à sa perte; **verschwiegen sein wie ein ~** être [muet comme] une tombe; **sich im ~e umdrehen** *(fam)* se retourner dans sa tombe
graben ['graːbən] <gräbt, grub, gegraben> **I.** *vi* creuser; ***nach Wasser/Gold ~*** chercher de l'eau/or [en creusant] **II.** *vt*

creuser *Loch, Grube, Tunnel* **III.** *vr (fig)* ***sich jdm ins Gedächtnis*** ~ se graver dans la mémoire de qn

Graben ['gra:bən, *Pl:* 'grɛ:bən] <-s, Gräben> *m* ❶ fossé *m* ❷ *(Schützengraben)* tranchée *f* ❸ GEOL fosse *f*

Grabesstille *f (geh)* silence *m* de mort *fam*

Grabinschrift *f* inscription *f* tombale **Grabkammer** *f* chambre *f* funéraire **Grabmal** <-s, -mäler *o geh:* -e> *nt* tombeau *m* **Grabrede** *f* oraison *f* funèbre **Grabschändung** *f* violation *f* de sépulture

grabschen *s.* **grapschen**

Grabschmuck *m* ornements *mpl* funéraires **Grabstätte** *f (geh)* sépulture *f* **Grabstein** *m* pierre *f* tombale **Grabstelle** *f* concession *f* [funéraire]

gräbt [grɛ:pt] *3. Pers Präs von* **graben**

Grabung <-, -en> *f* fouilles *fpl*

Grad [gra:t] <-[e]s, -e> *m* ❶ *(Wärme-, Kälte-, Winkelmaß)* degré *m;* ***zwanzig ~ Wärme*** vingt degrés; ***zehn ~ Kälte*** dix degrés en dessous de zéro; ***ein Winkel von 60 ~*** un angle de 60 degrés ❷ *(Stufe)* degré *m;* ***Verbrennung ersten/zweiten ~es*** brûlure *f* au premier/deuxième degré ❸ *(Rang)* grade *m;* ***akademischer ~*** grade universitaire ❹ *(Ausmaß)* ***bis zu einem gewissen ~[e]*** jusqu'à un certain point; ***im höchsten ~[e]*** au plus haut point

Gradeinteilung *f* graduation *f* **Gradmesser** <-s, -> *m* indicateur *m;* ***~ für etw*** indicateur de qc

graduell [gra'du̯ɛl] *adj Veränderung* progressif, -ive

Graf [gra:f] <-en, -en> *m* comte *m*

Graffiti [gra'fi:ti] *Pl* graffitis *mpl*

Grafik ['gra:fɪk] <-, -en> *f* ❶ *(Kunstwerk)* œuvre *f* graphique ❷ *kein Pl (Kunstform, Technik)* arts *mpl* graphiques ❸ *(Schaubild)* graphique *m*

Grafikchip *m* INFORM puce *f* graphique

Grafiker(in) ['gra:fikɐ] <-s, -> *m(f)* graphiste *mf; (Werbegrafiker)* dessinateur, -trice *m, f* publicitaire

Grafikkarte *f* INFORM carte *f* graphique **Grafikmodus** *m* INFORM mode *m* graphique **Grafikprogramm** *nt* INFORM grapheur *m*

Gräfin ['grɛ:fɪn] <-, -nen> *f* comtesse *f*

grafisch ['gra:fɪʃ] *adj* graphique

Grafit [gra'fi:t] <-s, -e> *m* graphite *m*

gräflich ['grɛ:flɪç] *adj* du comte

Grafschaft <-, -en> *f* comté *m*

gram [gra:m] *adj (geh)* ***jdm ~ sein*** en vouloir à qn

Gram [gra:m] <-[e]s> *m (geh)* affliction *f*

grämen ['grɛ:mən] *vr (geh)* ***sich*** ~ s'affliger; ***sich über jdn/etw*** ~ s'affliger à cause de qn/qc

Gramm [gram] <-s, -e> *nt* gramme *m;* ***hundert ~ Tee*** cent grammes de thé

Grammatik [gra'matɪk] <-, -en> *f* grammaire *f*

grammatikalisch [gramati'ka:lɪʃ], **grammatisch** *adj* grammatical(e); *Regel* de grammaire

Grammel ['graml̩] <-, -n> *f* A lardon *m* frit

Grammofon® [gramo'fo:n] <-s, -e> *nt* gramophone® *m*

Granat [gra'na:t] <-[e]s, -e *o* A -en> *m* MINER grenat *m*

Granatapfel *m* grenade *f*

Granate [gra'na:tə] <-, -n> *f* obus *m; (Handgranate)* grenade *f*

grandios [gran'di̯o:s] **I.** *adj Anblick* grandiose; *Idee* génial(e); *Erfolg* triomphal(e) **II.** *adv* remarquablement bien

Granit [gra'ni:t] <-s, -e> *m* granit[e] *m*

grantig ['grantɪç] *adj (fam)* de mauvais poil

Granulat [granu'la:t] <-[e]s, -e> *nt (Streumaterial)* granulat *m*

Grapefruit ['gre:pfru:t] <-, -s> *f* pamplemousse *m*

grapschen ['grapʃən] *(fam)* **I.** *vt* choper; ***[sich dat] jdn/etw*** ~ choper qn/qc **II.** *vi* ***nach etw*** ~ choper qc

Gras [gra:s, *Pl:* 'grɛ:zɐ] <-es, Gräser> *nt* ❶ *kein Pl (Rasen, Wiese)* herbe *f* ❷ *meist Pl (Graspflanze)* graminée *f* ▶ **ins ~ beißen** *(fam)* manger les pissenlits par la racine; **das ~ wachsen hören** *(iron fam)* faire des supputations hasardeuses; **über eine Sache ~ wachsen lassen** *(fam)* laisser qc tomber dans l'oubli

grasen ['gra:zən] *vi* brouter

grasgrün ['gra:s'gry:n] *adj* vert pomme *inv*

Grashalm *m* brin *m* d'herbe **Grashüpfer** <-s, -> *m (fam)* sauterelle *f* **Grasland** *nt kein Pl* herbage *m* **Grasnarbe** *f* petit gazon *m*

grassieren* [gra'si:rən] *vi* sévir

grässlich ['grɛslɪç] *adj* horrible

Grat [gra:t] <-[e]s, -e> *m eines Bergs, Dachs* crête *f*

Gräte ['grɛ:tə] <-, -n> *f* arête *f*

Gratifikation [gratifika'tsi̯o:n] <-, -en> *f* gratification *f*

Gratin [gra'tɛ̃:] <-s, -s> *nt* gratin *m*

gratinieren* [grati'ni:rən] *vt* [faire] gratiner

G

gratis ['gra:tɪs] **I.** *adv* gratis **II.** *adj* ***etw ist*** ~ qc est gratuit(e)
Gratisprobe *f* échantillon *m* gratuit **Gratisvorstellung** *f* représentation *f* gratuite
Grätsche ['grɛ:tʃə] <-, -n> *f* grand écart *m*
grätschen *vi* + *sein* SPORT sauter
Gratulant(in) [gratu'lant] <-en, -en> *m(f)* personne *f* qui félicite
Gratulation [gratula'tsi̯o:n] <-, -en> *f* félicitations *fpl*
gratulieren* [gratu'li:rən] *vi* féliciter; ***jdm zu einem Jubiläum*** ~ féliciter qn à l'occasion d'un anniversaire; ***ich gratuliere Ihnen zum Geburtstag*** je vous souhaite un bon anniversaire; ***[ich] gratuliere!*** félicitations!
Gratwanderung *f (schwieriges Unterfangen)* exercice *m* sur la corde raide
grau [grau̯] *adj* ❶ *Farbe* gris(e) ❷ *(trostlos)* morne; ***der ~e Alltag*** la grisaille du quotidien
Grau <-s, - *o fam:* -s> *nt* gris *m*
grauäugig *adj Person* aux yeux gris **graublau** *adj* gris ardoise *inv; Augen* couleur du temps **Graubrot** DIAL *s.* **Mischbrot**
Graubünden [grau̯'bʏndən] <-s> *nt* [canton *m* des] Grisons *mpl*
Gräuel ['grɔy̯əl] <-s, -> *m (geh)* atrocité *f*
Gräuelmärchen *nt* atrocité *f* inventée **Gräueltat** *f* atrocité *f*
grauen[1] ['grau̯ən] *vi (geh) Morgen, Tag:* poindre
grauen[2] ['grau̯ən] *vi unpers* ***mir graut vor jdm/etw*** qn/qc m'épouvante
Grauen ['grau̯ən] <-s, -> *nt* ❶ *kein Pl (Entsetzen)* épouvante *f;* ~ ***erregend*** horrible ❷ *(Ereignis)* horreur *f;* ***die ~ des Krieges*** les horreurs de la guerre
grauenerregend *s.* **Grauen 1**
grauenhaft, **grauenvoll** *adj* ❶ *(entsetzlich)* horrible ❷ *(fam) Durcheinander, Lärm* infernal(e); *Bild, Musik* horrible
graugrün *adj* vert-de-gris *inv; Augen* gris-vert *inv* **grauhaarig** *adj Person* aux cheveux gris
graulen ['grau̯lən] *vt (fam)* ***jdn aus dem Haus*** ~ faire perdre à qn l'envie de rester à la maison
gräulich[1] ['grɔy̯lɪç] *adj* grisâtre; *Haare* grisonnant(e)
gräulich[2] ['grɔy̯lɪç] *adj* atroce
graumeliert *adj Stoff* gris moucheté [de blanc] *inv*
Graupe <-, -n> *f (Weizenkorn)* blé *m* mondé
Graupel ['grau̯pəl] <-, -n> *f meist Pl* grésil *m*
graupeln ['grau̯pəln] *vi unpers* ***es graupelt*** il y a du grésil
Graupelschauer *m* giboulée *f*
Graus [grau̯s] <-es> *m (fam)* ***für jdn ein ~ sein*** être un cauchemar pour qn
grausam ['grau̯za:m] *adj (brutal)* cruel(le)
Grausamkeit <-, -en> *f* ❶ *kein Pl (Verhalten)* cruauté *f* ❷ *(Tat)* atrocité *f*
Grauschleier *m* grisaille *f*
grausen ['grau̯zən] *s.* **grauen**[2]
Grausen <-s> *nt* épouvante *f*
grausig ['grau̯zɪç] *s.* **grauenhaft**
Grauzone *f* zone *f* d'ombre
Graveur(in) [gra'vø:ɐ̯] <-s, -e> *m(f)* graveur, -euse *m, f*
gravieren* [gra'vi:rən] *vt* graver
gravierend *adj Unterschied* grand(e); *Fehler, Irrtum* grave
Gravierung <-, -en> *f* gravure *f*
Gravitation [gravita'tsi̯o:n] <-> *f* gravitation *f*
Gravitationsfeld *nt* champ *m* de gravitation
Gravur [gra'vu:ɐ̯] <-, -en> *f* gravure *f*
Grazie ['gra:tsi̯ə] <-> *f (Anmut) einer Person, Bewegung* grâce *f*
grazil [gra'tsi:l] *adj* gracile
graziös [gra'tsi̯ø:s] *adj* gracieux, -euse
Greenpeace ['gri:npi:s] *kein Art* Greenpeace
gregorianisch [grego'ri̯a:nɪʃ] *adj Kalender* grégorien(ne)
Greifarm *m* bras *m* manipulateur
greifbar **I.** *adj* ❶ *(verfügbar)* disponible ❷ *Ergebnis, Vorteil* concret, -ète **II.** *adv* ~ ***nahe*** *(fig)* à portée de main
greifen ['grai̯fən] <griff, gegriffen> **I.** *vt (nehmen, ergreifen, fangen)* attraper ▶ **zum Greifen nahe** à portée de main **II.** *vi* ❶ ***nach etw*** ~ saisir qc ❷ *(benutzen)* ***zum Hammer/zu einem Buch*** ~ prendre le marteau/un livre ❸ TECH *Reifen, Sohlen:* adhérer ❹ *(Wirkung haben)* faire effet
Greifer <-s, -> *m* TECH grappin *m*
Greifvogel *m* rapace *m* **Greifzange** *f* pince *f*
greis [grai̯s] *adj (geh) Person* vieux, vieille
Greis(in) [grai̯s] <-es, -e> *m(f)* vieillard *m* /vieille *f*
Greisenalter *nt* quatrième âge *m*
grell [grɛl] **I.** *adj* ❶ *Sonne* éblouissant(e); *Licht, Farbe* cru(e) ❷ *Stimme* perçant(e) **II.** *adv* ❶ ~ ***scheinen*** *Sonne:* être éblouissant; ~ ***leuchten*** *Farben:* être cru ❷ *(schrill)* ~ ***klingen*** émettre des sons perçants

G

Gremium ['gre:mi̯ʊm] <-s, Gremien> *nt* commission *f*

Grenada [gre'na:da] <-s> *nt* la Grenade *f*

Grenzbeamte(r) *m dekl wie adj,* **-beamtin** *f* agent *m* des douanes **Grenzbereich** *m kein Pl (Umkreis der Landesgrenze)* secteur *m* frontalier **Grenzbewohner(in)** *m(f)* frontalier, -ière *m, f* **Grenzbezirk** *m* secteur *m* frontalier

Grenze ['grɛntsə] <-, -n> *f* ❶ *(Staatsgrenze)* frontière *f;* ***die ~ zu/mit Frankreich*** la frontière avec la France ❷ *(Trennlinie, Abgrenzung)* limite *f;* ***die ober[st]e/unter[st]e ~*** le maximum/minimum; ***ihm/ihr sind ~n gesetzt*** il/elle est limité(e); ***seinem Engagement sind ~n gesetzt*** son engagement a des bornes ▸ **sich in ~n halten** *Freude:* être mesuré; *Kosten:* être raisonnable

grenzen ['grɛntsən] *vi* ❶ ***an ein Land ~*** confiner à un pays ❷ *(fig)* ***an ein Wunder ~*** être à la limite du miracle

grenzenlos I. *adj* ❶ illimité(e) ❷ *Macht* illimité(e); *Vertrauen* infini(e) **II.** *adv* infiniment

Grenzenlosigkeit <-> *f* immensité *f*

Grenzfall *m* cas *m* limite

Grenzgänger(in) ['grɛntsgɛŋɐ] <-s, -> *m(f)* frontalier, -ière *m, f*

Grenzgebiet *nt* zone *f* frontalière **Grenzkonflikt** *m* conflit *m* de frontière **Grenzkontrolle** *f* contrôle *m* douanier **Grenzlinie** *f* SPORT ligne *f* **Grenzposten** *m* poste *m* frontière **Grenzschutz** *m (fam: Truppe)* [unité *f* de] garde-frontière *f* **Grenzstadt** *f* ville *f* frontalière **Grenzstein** *m* borne *f* **Grenzübergang** *m* poste *m* frontière **grenzüberschreitend** *adj Handel* transfrontalier, -ière **Grenzübertritt** *m* passage *m* de la frontière **Grenzverkehr** *m* trafic *m* transfrontalier **Grenzwert** *m* valeur *f* limite

grenzwertig *adj (fam)* ***~ sein*** *Film, Sache, Verhalten:* être limite

Grenzzwischenfall *m* incident *m* de frontière

Greyerzer ['grai̯ɐtsɐ] <-s, -> *m* GASTR gruyère *m*

Griebe ['gri:bə] <-, -n> *f meist Pl* petits lardons *mpl* frits

Grieche, Griechin ['gri:çə] <-n, -n> *m, f* Grec *m*/Grecque *f*

Griechenland ['gri:çənlant] *nt* la Grèce

Griechin ['gri:çɪn] *s.* **Grieche**

griechisch ['gri:çɪʃ] **I.** *adj* grec, grecque **II.** *adv* ***~ miteinander sprechen*** discuter en grec; *s. a.* **deutsch**

Griechisch <-[s]> *nt kein Art* grec *m; s. a.* **Deutsch**

Griesgram ['gri:sgra:m] <-[e]s, -e> *m (pej)* grincheux, -euse *m, f*

griesgrämig ['gri:sgrɛ:mɪç] *adj* grincheux, -euse; ***~ dreinschauen*** avoir l'air grincheux, -euse

Grieß [gri:s] <-es, -e> *m* semoule *f*

Grießbrei *m* [bouillie *f* de] semoule *f* **Grießklößchen** <-s, -> *nt* boulette *f* de semoule **Grießpudding** *m* gâteau *m* de semoule

griff [grɪf] *Imp von* **greifen**

Griff [grɪf] <-[e]s, -e> *m* ❶ *(Haltegriff, Tragegriff)* poignée *f; eines Schirms, Messers* manche *m; einer Pistole* crosse *f* ❷ *(Handgriff)* geste *m;* ***mit einem ~*** en un tournemain ❸ *a.* SPORT *(Greifbewegung, Grifftechnik)* prise *f* ▸ **jdn/etw in den ~ bekommen** *(fam)* venir à bout de qn/qc; **jdn/etw im ~ haben** avoir qn/qc bien en main

griffbereit *adj* ***~ sein*** être à portée de [la] main

Griffel ['grɪfəl] <-s, -> *m* ❶ crayon *m* d'ardoise ❷ *meist Pl (fam: Finger)* paluche *f*

griffig *adj* ❶ *(handlich)* maniable ❷ *Untergrund* qui accroche ❸ *(praktikabel)* pénétrant(e)

Grill [grɪl] <-s, -s> *m* ❶ barbecue *m* ❷ *(Kühlergrill)* calandre *f*

Grille ['grɪlə] <-, -n> *f* ZOOL grillon *m*

grillen ['grɪlən] **I.** *vi* faire un barbecue **II.** *vt* ***etw ~*** faire griller qc [au barbecue] **Grillkohle** *f* charbon *m* de bois

Grillparty *f* barbecue *m* **Grillplatz** *m* emplacement *m* pour barbecue

Grimasse [gri'masə] <-, -n> *f* grimace *f;* ***~n schneiden*** faire des grimaces

grimmig ['grɪmɪç] **I.** *adj* ❶ furibond(e) ❷ *Kälte* terrible **II.** *adv* furieusement

grinsen ['grɪnzən] *vi* ricaner

Grinsen ['grɪnzən] <-s> *nt* ricanement *m*

grippal [grɪ'pa:l] *adj* grippal(e)

Grippe ['grɪpə] <-, -n> *f* grippe *f; (fam: fiebrige Erkältung)* rhume *m;* ***[die/eine] ~ haben*** avoir la grippe/un rhume

Grippeepidemie *f* épidémie *f* de grippe **Grippeimpfung** *f* vaccination *f* contre la grippe

grippekrank *adj* grippé(e); ***~ sein*** avoir la grippe **Grippevirus** *nt o fam m* virus *m* grippal **Grippewelle** *f* épidémie *f* de grippe

Grips [grɪps] <-es, -e> *m (fam)* jugeote *f;* ***seinen ~ anstrengen*** faire travailler sa matière grise

Grizzlybär ['grɪsli-] *m* grizzli *m*

grob [gro:p] <gröber, gröbste> **I.** *adj* ❶ *Gesichtszüge, Mehl* grossier, -ière; *Sieb* gros(se) ❷ *(ungefähr)* sommaire; ***in ~en Zügen*** en gros ❸ *(barsch)* grossier, -ière ❹ *Fehler* grossier, -ière ▶ **aus dem Gröbsten heraus sein** avoir passé le plus dur **II.** *adv* ❶ *sortieren, mahlen* grossièrement ❷ *(barsch)* grossièrement

Grobheit <-, -en> *f* grossièreté *f*

Grobian ['gro:bia:n] <-[e]s, -e> *m (pej: ungehobelter Mensch)* mufle *m*

grobkörnig *adj* ❶ *Mehl, Sand* gros(se) ❷ PHOT à gros grains

gröblich ['grø:plɪç] *(geh)* **I.** *adj Verstoß* grave; *Missachtung* grand(e) **II.** *adv* de façon grossière

grobmaschig *adj Netz* à grosses mailles

Grog [grɔk] <-s, -s> *m* grog *m*

groggy ['grɔgi] *adj (fam)* groggy *inv*

grölen ['grø:lən] *vt, vi (pej fam)* brailler

Groll [grɔl] <-[e]s> *m (geh)* ressentiment *m;* ***einen ~ gegen jdn hegen*** nourrir du ressentiment contre qn

grollen *vi* ❶ *(geh)* ruminer; ***jdm wegen etw ~*** garder rancune à qn de qc ❷ *(dröhnen) Donner:* gronder

Grönland ['grø:nlant] <-s> *nt* le Groenland

Grönländer(in) ['grø:nlɛndɐ] <-s, -> *m(f)* Groenlandais(e) *m(f)*

grönländisch *adj* groenlandais(e) **groovig** ['gru:vɪç] *adj (fam)* groove

Gros [gro:] <-, -> *nt* gros *m*

Groschen ['grɔʃən] <-s, -> *m* ❶ A groschen *m* ❷ *(fam: Geld)* ***ein paar ~*** quelques sous ▶ **bei ihr ist der ~ gefallen** *(hum fam)* ça a fait tilt

Groschenroman *m (pej)* roman *m* de quatre sous

groß [gro:s] <größer, größte> **I.** *adj* ❶ *(nicht klein)* grand(e) *antéposé;* ***ein ~er Park/Fluss*** un grand parc/fleuve; ***hundert Quadratmeter ~ sein*** mesurer cent mètres carrés ❷ *(in Bezug auf die Körpergröße)* grand(e) *antéposé;* ***eine ~e Frau*** une femme grande; ***er ist 1,80 m ~*** il mesure 1,80 m; ***wie ~ bist du?*** combien mesures-tu? ❸ *(erheblich, heftig)* grand(e) *antéposé; Summe, Erfolg, Dummheit* gros(se); *Pause* long, longue *antéposé; Verspätung* important(e) ❹ *(älter)* ***meine ~e Schwester*** ma grande sœur ❺ *Buchstabe* majuscule; ***ein ~es V*** un V majuscule ❻ *Dichter, Werk, Erfindung* grand(e) *antéposé* ❼ *(als Namenszusatz)* ***der/die Große*** le Grand/la Grande; ***Karl der Große*** Charlemagne ▶ **im Großen und Ganzen** dans l'ensemble; **Groß und Klein** petits et grands *fam* **II.** *adv* ❶ *(fam: besonders)* ***sich nicht ~ um etw kümmern*** ne pas s'occuper des masses de qc; ***was soll man da schon ~ sagen?*** qu'est-ce qu'on peut bien dire de plus? ❷ *(in großem Umfang)* en grande pompe; ***~ einkaufen*** *(fam)* faire ses grosses courses ❸ *(fam: großartig)* ***mit etw ~ rauskommen*** faire un tabac avec qc; ***~ daherreden*** se payer de mots ▶ **~ und breit** *(fam) schildern* en long et en large; *sich entschuldigen* dans toutes les règles de l'art

Großabnehmer *m* gros client *m*

großangelegt *s.* **groß II. 2** **Großangriff** *m* MIL attaque *f* de grande envergure

großartig ['gro:sʔa:ɐ̯tɪç] **I.** *adj Person, Plan* génial(e) *fam; Bauwerk* grandiose; ***na, [das ist ja] ~!*** *(iron fam)* génial! **II.** *adv funktionieren* magnifiquement

Großaufnahme *f* gros plan *m* **Großauftrag** *m* grande commande *f* **Großbaustelle** *f* grand chantier *m* **Großbetrieb** *m* grande entreprise *f*

Großbildleinwand *f* écran *m* géant

Großbrand *m* grand incendie *m*

Großbritannien [gro:sbri'tani̯ən] <-s> *nt* la Grande-Bretagne

Großbuchstabe *m* majuscule *f;* TYP capitale *f*

Größe ['grø:sə] <-, -n> *f* ❶ *einer Fläche* superficie *f; eines Raums* taille *f; einer Zahl* importance *f* ❷ *(Körpergröße, Höhe, Länge)* taille *f;* ***in voller ~*** dans toute sa grandeur ❸ *(Kleidergröße)* taille *f; (Schuhgröße)* pointure *f* ❹ *kein Pl (Erheblichkeit) eines Erfolgs* importance *f* ❺ MATH, PHYS *(Wert)* grandeur *f;* ***unbekannte ~*** inconnue *f* ❻ *kein Pl (Bedeutsamkeit) einer Person* grandeur *f* ❼ *(bedeutender Mensch)* personnalité *f*

Großeinkauf *m* grosses courses *fpl fam* **Großeinsatz** *m der Polizei* intervention *f* massive **Großeltern** *Pl* grands-parents *mpl* **Großenkel(in)** *m(f)* arrière-petit-fils *m* /arrière-petite-fille *f*

Größenordnung *f* ordre *m* de grandeur

großenteils ['gro:sən'tai̯ls] *adv* en grande partie

Größenunterschied *m (in Bezug auf die Körpergröße, den Umfang)* différence *f* de taille **Größenverhältnis** *nt (Proportion)* proportions *fpl* **Größenwahn** *m (pej)* mégalomanie *f* **größenwahnsinnig** *adj* mégalomane

größer *Komp von* **groß**

Großfahndung *f* vastes recherches *fpl*

Großfamilie *f* grande famille *f* **großflächig** ['gro:sflɛçɪç] *adj Fenster* grande(s) *antéposé; Brand, Verwüstung* très étendu(e) **Großformat** *nt* grand format *m* **Großgrundbesitz** *m* grande propriété *f* **Großgrundbesitzer(in)** *m(f)* grand propriétaire *m* [terrien] **Großhandel** *m* commerce de *m* gros; ***etw im ~ kaufen*** acheter qc chez un grossiste

Großhandelspreis *m* prix *m* de gros

Großhändler(in) *m(f)* grossiste *mf* **Großhandlung** *f* magasin *m* de gros

großherzig *(geh)* I. *adj* magnanime II. *adv* généreusement

Großherzog(in) *m(f)* grand-duc *m* /grande-duchesse *f* **Großherzogtum** *nt* grand-duché *m* **Großhirn** *nt* cerveau *m* **Großhirnrinde** *f* cortex *m* [cérébral]

großkotzig ['gro:skɔtsɪç] *(pej fam)* I. *adj* vantard(e) II. *adv* avec vantardise

Großküche *f* cuisine *f* industrielle **Großkundgebung** *f* grande manifestation *f* **Großmacht** *f* grande puissance *f* **Großmarkt** *m* marché *m* de gros; *(für Lebensmittel, Blumen)* marché-gare *m* **Großmaul** *nt (pej fam)* grande gueule *f*

großmäulig *(pej fam)* I. *adj Person* frimeur, -euse *péj fam* II. *adv* ~ ***behaupten, dass*** prétendre avec vantardise, que *+indic* **Großmut** *f (geh)* magnanimité *f*

großmütig ['gro:smy:tɪç] *s.* **großherzig**

Großmutter *f* grand-mère *f* **Großneffe** *m* petit-neveu *m* **Großnichte** *f* petite-nièce *f* **Großonkel** *m* grand-oncle *m* **Großraum** *m* agglomération *f*

Großraumabteil *nt* compartiment *m* à grande capacité **Großraumbüro** *nt* bureau *m* en espace ouvert **Großraumflugzeug** *nt* gros-porteur *m*

großräumig ['gro:srɔymɪç] I. *adj (geräumig)* spacieux, -euse II. *adv absperren* dans un large rayon; *umfahren* largement

Großraumwagen *m* [wagon-]salle *m*

Großrechner *m* macroordinateur *m*

groß|schreiben *vt irr* ❶ ***etw ~*** écrire qc en majuscules ❷ *(fig fam)* ***etw ~*** *(besonders schätzen)* accorder beaucoup d'importance à qc **Großschreibung** *f* écriture *f* majuscule **Großsegel** *nt* grand-voile *f*

großspurig ['gro:sʃpu:rɪç] *(pej)* I. *adj* vantard(e) II. *adv verkünden* avec vantardise

Großstadt ['gro:sʃtat] *f* grande ville *f* **Großstädter(in)** ['gro:sʃtɛ(:)tɐ] *m(f)* habitant(e) *m(f)* d'une grande ville **großstädtisch** ['gro:sʃtɛ(:)tɪʃ] *adj Atmosphäre* de grande ville; ~ ***wirken*** faire grande ville **Großtante** *f* grand-tante *f*

größte(r, s) *Superl von* **groß**

Großteil *m* ❶ *(der größere Teil)* ***der ~*** la majeure partie ❷ *(erheblicher Teil)* grande partie *f;* ***zu einem ~*** en grande partie

größtenteils ['grø:stən'tails] *adv* ***das Bild ist ~ fertig*** le tableau est en majeure partie fini; *(fast alle(s))* pour la plupart

größtmöglich ['grø:st'mø:klɪç] *adj* ***der/die ~e ...*** le plus grand/la plus grande ... possible

Großunternehmen *nt s.* **Großbetrieb** **Großvater** *m* grand-père *m* **Großveranstaltung** *f* grande manifestation *f* **Großverdiener(in)** *m(f)* gros salaire *m* **groß|ziehen** *vt irr* élever *Kind, Tier*

großzügig ['gro:stsy:gɪç] I. *adj* ❶ *(freigebig)* généreux, -euse; *(nachsichtig)* large d'esprit ❷ *Planung* de grande envergure; *Wohnung* vaste II. *adv* ❶ *(freigebig)* généreusement; *behandeln* avec largesse d'esprit ❷ *(weiträumig)* en grand

Großzügigkeit <-> *f* ❶ *(Freigebigkeit)* générosité *f;* *(Nachsichtigkeit)* largesse *f* d'esprit ❷ *(Weiträumigkeit)* grandeur *f*

grotesk [gro'tɛsk] *adj* grotesque

Grotte ['grɔtə] <-, -n> *f* grotte *f*

grottenschlecht *adj* très mauvais(e)

grub [gru:p] *Imp von* **graben**

Grübchen ['gry:pçən] <-s, -> *nt* fossette *f*

Grube ['gru:bə] <-, -n> *f* ❶ fosse *f;* *(klein)* trou *m* ❷ *(Baugrube)* tranchée *f* ❸ *(Bergwerk)* mine *f* ▸ **wer andern eine ~ gräbt, fällt selbst hinein** *(prov)* tel est pris qui croyait prendre

Grübelei [gry:bə'lai] <-, -en> *f* ruminations *fpl*

grübeln ['gry:bəln] *vi* ruminer; ***über etw akk o dat ~*** ruminer qc

Grubenarbeiter *m* mineur *m* **Grubenunglück** *nt* accident *m* de mine

Grübler(in) <-s, -> *m(f)* méditatif, -ive *m, f*

grüblerisch ['gry:blərɪʃ] *adj* pensif, -ive

grüezi ['gry:ɛtsi] *interj* CH bonjour

Gruft [grʊft, *Pl:* 'grʏftə] <-, Grüfte> *f* caveau *m*

Grufti <-s, -s> *m (sl)* ringard(e) *m(f) fam*

grummeln ['grʊməln] *vi (fam) Person:* marmonner; *Donner:* gronder

grün [gry:n] *adj* ❶ *Farbe, Hemd* vert(e) ❷ *Politiker, Wähler* vert(e); *Politik* écologiste ▸ **jdn ~ und blau schlagen** *(fam)* rouer qn de coups

Grün [gry:n] <-s, - *o fam:* -s> *nt* ❶ vert *m;* ***die Ampel steht auf ~*** le feu est vert ❷ *(Grünfläche)* espace *m* vert; *eines Golfplatzes* green *m* ❸ *(Grünpflanzen)* ver-

G

dure *f* ▶ **das ist dasselbe in ~** *(fam)* c'est kif-kif

grün-alternativ ['gry:naltɐna'ti:f] *adj* écologiste et alternatif, -ive

Grünanlage *f* espace *m* vert

Grund [grʊnt, *Pl:* 'grʏndə] <-[e]s, Gründe> *m* ❶ *(Veranlassung, Beweggrund)* raison *f;* ***aus gutem ~*** avec [juste] raison; ***aus gesundheitlichen Gründen*** pour des raisons de santé; ***ohne ~*** sans raison ❷ *(Ursache)* cause *f* ❸ *kein Pl (Erdboden)* sol *m* ❹ A *(Grundbesitz)* ***~ und Boden besitzen*** posséder du terrain ❺ *kein Pl (Boden) eines Gewässers, Gefäßes* fond *m;* ***auf ~ laufen*** *Schiff:* toucher le fond ❻ *kein Pl (Untergrund, Hintergrund)* fond *m* ▶ **jdn in ~ und Boden reden** couper le sifflet à qn *fam;* **im ~e meines Herzens** au fond de mon cœur; **einer S.** *dat* **auf den ~ gehen** aller au fond des choses; **den ~ zu etw legen** poser les fondements de qc; **von ~ auf** de fond en comble; **zu ~e gehen** *Person:* se perdre; *s. a.* **aufgrund, zugrunde**

Grundausbildung *f* formation *f* de base **Grundausstattung** *f* équipement *m* de base **Grundbedingung** *f* condition *f* de base **Grundbegriff** *m* notion *f* élémentaire **Grundbesitz** *m* propriété *f* foncière **Grundbesitzer(in)** *m(f)* propriétaire *mf* foncier, -ière **Grundbuch** *nt* cadastre *m*

Grundeinstellung *f* INFORM réglage *m* de base

gründen ['grʏndən] **I.** *vt* ❶ *(schaffen)* fonder *Firma, Verein* ❷ *(fußen lassen)* ***seine Hoffnungen auf etw*** *akk* ~ fonder ses espoirs sur qc **II.** *vi, vr* ***[sich] auf etw*** *akk* ~ [se] baser sur qc

Gründer(in) <-s, -> *m(f)* fondateur, -trice *m, f*

grundfalsch ['grʊnt'falʃ] *adj* absolument faux, fausse **Grundfarbe** *f* ❶ *(Primärfarbe)* couleur *f* primaire ❷ *(Farbe des Untergrunds)* couleur *f* du fond **Grundfesten** *Pl* ▶ **etw in seinen ~ erschüttern** ébranler qc jusque dans ses fondements **Grundfläche** *f* superficie *f* **Grundform** *f* ❶ forme primitive *f* ❷ GRAM forme *f* de base; *eines Verbs* infinitif *m* **Grundgebühr** *f* taxe *f* de base **Grundgedanke** *m* idée *f* fondamentale **Grundgehalt** *nt* salaire *m* de base **Grundgesetz** *nt (Verfassung)* ***das ~*** la constitution allemande **Grundhaltung** *f* position *f*

grundieren* [grʊn'di:rən] *vt* appliquer une sous-couche sur

Grundierung <-, -en> *f (Grundanstrich)* sous-couche *f*

Grundkapital *nt* capital *m* engagé **Grundkenntnisse** *Pl* connaissances *f pl* de base **Grundkonsens** *m* SOZIOL, POL consensus *m* de base **Grundkurs** *m* SCHULE cours *m* de base; UNIV [cours d']initiation *f* **Grundlage** *f* base *f;* ***jeder ~ entbehren*** être dénué de tout fondement

Grundlagenforschung *f* recherche *f* fondamentale

grundlegend **I.** *adj Erkenntnisse, Unterschiede* essentiel(le) **II.** *adv* fondamentalement

gründlich ['grʏntlɪç] **I.** *adj Person, Arbeit* rigoureux, -euse; *Kenntnisse* approfondi(e) **II.** *adv* ❶ *arbeiten* rigoureusement ❷ *(fam) sich irren* lourdement

Gründlichkeit <-> *f* rigueur *f*

Grundlinie *f* ❶ GEOM base *f* ❷ SPORT ligne *f* de fond **Grundlohn** *m* salaire *m* de base

grundlos **I.** *adj Verdacht, Aufregung* infondé(e); *Lachen* sans raison **II.** *adv* sans raison

Grundmauer *f* soubassement *m* **Grundnahrungsmittel** *nt* denrée *f* alimentaire de base

Gründonnerstag [gry:n'dɔnɐsta:k] *m* Jeudi *m* saint

Grundpfeiler *m* pilier *m* **Grundprinzip** *nt* principe *m* de base **Grundrechenart** *f* opération *f* [élémentaire] **Grundrecht** *nt* droit *m* fondamental **Grundregel** *f* règle *f* de base **Grundrente** *f* ❶ [pension *f* de] retraite *f* minimum ❷ *(Rente aus Immobilienbesitz)* rente *f* foncière **Grundriss** *m* ❶ *(Zeichnung)* plan *m* ❷ *(Kurzfassung)* abrégé *m* **Grundsatz** *m* principe *m;* ***es sich*** *dat* ***zum ~ machen, fair zu sein*** avoir pour principe d'être régulier

Grundsatzdebatte *f* débat *m* de principe **Grundsatzentscheidung** *f* décision *f* de principe **Grundsatzfrage** *f* question *f* de principe

grundsätzlich [grʊntzɛtslɪç] **I.** *adj* ❶ *Problem, Unterschied* fondamental(e) ❷ *attr (prinzipiell)* de principe **II.** *adv* ❶ *(völlig)* fondamentalement ❷ *(prinzipiell)* au fond ❸ *verbieten* formellement; *ablehnen* strictement

Grundschule *f* ≈ école *f* primaire

Land und Leute

En Allemagne, la **Grundschule** est obligatoire pour tous les enfants. En principe, et selon les Länder, on entre entre cinq et sept ans à l'école qui dure généralement quatre ans, six dans certains Länder. Dans la plupart des cas, l'enseignement n'y est dispensé que le matin, du lundi au vendredi. Le système de la *Ganztagsschule*, où les élèves restent à l'école l'après-midi, se développe néanmoins de plus en plus.

Grundschullehrer(in) *m(f)* instituteur, -trice *m, f*
Grundstein *m* première pierre *f* ▶ **den ~ zu etw legen** poser la première pierre de qc **Grundsteuer** *f* impôt *m* foncier
Grundstock *m* base *f* **Grundstoff** *m* ❶ *(Rohstoff)* matière *f* première ❷ CHEM corps *m* simple **Grundstück** *nt* propriété *f; (Baugrundstück)* terrain *m*
Grundstücksmakler(in) *m(f)* agent *m* immobilier
Grundstudium *nt* premier cycle *m* **Grundstufe** *f* SCHULE cours *m* moyen **Grundton** <-töne> *m* ❶ MUS *eines Akkords* note *f* fondamentale; *einer Tonleiter* clé *f*, clef *f* ❷ *(Grundfarbe)* ton *m* dominant ❸ *(fig: Stimmung)* note *f* dominante
Gründung ['grʏndʊŋ] <-, -en> *f* fondation *f* **Gründungsmitglied** *nt* membre *m* de la fondation
grundverschieden ['grʊntfɛɐ̯'ʃiːdən] *adj* radicalement différent(e)
Grundwasser *nt kein Pl* nappe *f* phréatique
Grundwasserspiegel *m* niveau *m* de la nappe phréatique
Grundwehrdienst *m* classes *fpl;* ***den ~ leisten*** faire ses classes **Grundwortschatz** *m* vocabulaire *m* de base **Grundzahl** *s.* **Kardinalzahl** **Grundzug** *m* ❶ *(Charakterzug)* trait *m* caractéristique ❷ *(große Linie)* ***etw in seinen Grundzügen darstellen*** présenter qc dans ses grandes lignes
Grüne(r) *f(m) dekl wie adj* POL écolo *mf fam;* ***die ~n*** les verts
Grüne(s) *nt dekl wie adj (Natur)* ***ins ~ fahren*** [aller] se mettre au vert; ***im ~n*** dans la nature
grünen ['gryːnən] *vi (geh)* verdir
Grünfink *m* verdier *m* **Grünfläche** *f* espace *m* vert **Grünfutter** *nt* fourrage *m* vert **Grüngürtel** *m einer Stadt* ceinture *f* verte **Grünkern** *m* grain *m* vert d'épeautre **Grünkohl** *m* chou *m* de Milan **Grünland** *nt kein Pl* AGR pâturages *mpl*
grünlich *adj* verdâtre
Grünpflanze *f* plante *f* verte
Grünschnabel *m (fam)* blanc-bec *m* **Grünspan** *m kein Pl* vert-de-gris *m* **Grünstreifen** *m (Mittelstreifen)* terre-plein *m* central; *(Seitenstreifen)* terre-plein [aménagé]
grunzen ['grʊntsən] *vi* ❶ *Schwein:* grogner ❷ *(fam: laut atmen)* grogner
Grünzeug <-s> *nt* ❶ *(fam)* verdure *f;* ***~ zum Garnieren*** de la verdure pour garnir ❷ A *(Suppengrün)* herbes *fpl* potagères
Gruppe ['grʊpə] <-, -n> *f* groupe *m*
Gruppenarbeit *f kein Pl (in der Schule)* travail *m* de groupe; *(in der Arbeitswelt)* travail en équipe **Gruppenbild** *nt* photo *f* de groupe **Gruppendynamik** *f* dynamique *f* de groupe **Gruppenfoto** *nt* photo *f* de groupe **Gruppenleiter(in)** *m(f) (Leiter einer Arbeitsgruppe)* chef *mf* d'équipe **Gruppenreise** *f* voyage *m* organisé **Gruppensex** *m* rapports *mpl* sexuels en groupe **Gruppentarif** *m* tarif *m* de groupe **gruppenweise** *adv* par groupes
gruppieren* [grʊ'piːrən] **I.** *vt* rassembler; ***die Gäste/die Stühle um den Tisch ~*** rassembler les invités/chaises autour de la table **II.** *vr* ***sich um jdn/etw ~*** se rassembler autour de qn/qc
Gruppierung <-, -en> *f* ❶ POL groupuscule *m; (innerhalb einer Partei)* fraction *f* ❷ *(Anordnung)* disposition *f*
Gruselfilm *m* film *m* d'épouvante
gruselig ['gruːzəlɪç] *adj* épouvantable
gruseln ['gruːzəln] **I.** *vt, vi unpers* ***ihn*** [*o* ***ihm***] ***gruselt es*** il a le frisson **II.** *vr* ***sich ~*** avoir le frisson
gruslig ['gruːzlɪç] *s.* **gruselig**
Gruß [gruːs, *Pl:* 'gryːsə] <-es, Grüße> *m* ❶ *(Begrüßung)* salut *m;* ***zum ~*** en guise de salut ❷ *(übermittelter Gruß)* salutations *fpl;* ***jdm Grüße von jdm bestellen*** donner le bonjour à qn de la part de qn; ***einen [schönen] ~ an die Kinder*** bien le bonjour aux enfants ❸ *(schriftliche Grußformel)* ***mit freundlichen Grüßen*** reçois/recevez mes sincères salutations
grüßen ['gryːsən] **I.** *vt* ❶ *(begrüßen)* saluer ❷ *(Grüße übermitteln)* ***jdn von jdm ~*** saluer qn de la part de qn; ***grüß dich!*** *(fam)* salut! **II.** *vi* dire bonjour; ***Paul lässt ~*** Paul donne le bonjour **III.** *vr* ***sich ~*** se saluer
Grußformel *f* formule *f* de politesse
Grußwort <-worte> *nt* discours *m* de bienvenue
Grütze ['grʏtsə] <-, -n> *f* bouillie *f* de gruau ▶ **rote ~** *compote refroidie de fruits rouges, épaissie avec de la fécule*

G

Guatemala [gu̯ate'maːla] <-s> *nt* le Guatemala
Guave ['gu̯aːvə] <-, -n> *f* goyave *f*
gucken ['gʊkən] *vi (fam)* ❶ *(sehen)* regarder ❷ *(hervorgucken)* dépasser
Guckloch *nt (in einer Wand, einem Zaun)* judas *m*
Guerilla [ge'rɪlja] <-, -s> *f*, **Guerillakrieg** *m* guérilla *f*
Gugelhupf ['guːgəlhʊpf] <-s, -e> *m* A, SDEUTSCH kouglof *m*
Guillotine [gɪljo'tiːnə, gijo'tiːnə] <-, -n> *f* guillotine *f*
Guinea [gi'neːa] <-s> *nt* la Guinée
Guinea-Bissau [gi'neːa-bɪ'sau̯] <-s> *nt* Guinée-Bissau *f*
Gulasch ['gʊlaʃ] <-[e]s, -e *o* -s> *nt o m* goulache *m o f*, goulasch *m*
Gulaschsuppe *f* soupe *f* de goulasch
Gulden ['gʊldən] <-s, -> *m* HIST florin *m*
Gülle <-> *f* lisier *m*
Gully ['gʊli] <-s, -s> *m o nt* bouche *f* d'égout
gültig ['gʏltɪç] *adj* ❶ *Fahrschein, Eintrittskarte* valable; *Pass* valide ❷ *Urteil, Gesetz* en vigueur ❸ *(legal)* légal(e)
Gültigkeit <-> *f* validité *f*
Gültigkeitsdauer *f eines Fahrscheins, einer Eintrittskarte* durée *f* de validité; *eines Ausweises, Passes* [durée *f* de] validité *f*
Gummi[1] ['gʊmi] <-s, -[s]> *m o nt (Material)* caoutchouc *m*
Gummi[2] ['gʊmi] <-s, -s> *m (fam)* ❶ *(Radiergummi)* gomme *f* [à effacer] ❷ *(Kondom)* capote *f* [anglaise]
Gummi[3] ['gʊmi] <-s, -s> *nt (fam: Gummiband)* élastique *m*
Gummiball *m* balle *f* de caoutchouc **Gummiband** <-bänder> *nt* élastique *m* **Gummibärchen** *nt* ourson *m* [gélifié] **Gummibaum** *m* caoutchouc *m* **Gummihandschuh** *m* gant *m* en caoutchouc **Gummiknüppel** *m (fam)* matraque *f* [en caoutchouc] **Gummiring** *m* élastique *m* **Gummistiefel** *m* botte *f* en caoutchouc **Gummizelle** *f* cellule *f* capitonnée **Gummizug** *m* [bande *f*] élastique *m*
Gunst [gʊnst] <-> *f* ❶ *(Wohlwollen)* bienveillance *f*; ***in jds ~ dat stehen*** être dans les bonnes grâces de qn ❷ *(fig: günstige Konstellation)* ***die ~ der Stunde*** l'opportunité du moment ❸ *(Vergünstigung)* faveur *f* ▸ **zu seinen/meinen/… ~en** en sa/ma/… faveur; *s. a.* **zugunsten**
günstig ['gʏnstɪç] **I.** *adj* ❶ *(zeitlich passend)* favorable; *Zugverbindung, Flug* commode ❷ *(preisgünstig)* avantageux, -euse
II. *adv* ❶ *kaufen* à un prix avantageux ❷ *(gut)* ***es trifft sich ~, dass*** ça tombe bien que *+subj;* ***im ~sten Fall*** dans le meilleur des cas
Günstling ['gʏnstlɪŋ] <-s, -e> *m (pej) eines Herrschers* favori(te) *m(f)*
Gurgel ['gʊrgəl] <-, -n> *f* gorge *f* ▸ **sie wäre ihm am liebsten an die ~ gesprungen** *(fam)* elle aurait voulu lui sauter dessus
gurgeln ['gʊrgəln] *vi* ❶ *(den Rachen spülen)* faire un gargarisme/des gargarismes ❷ *(gluckern)* gargouiller
Gurke ['gʊrkə] <-, -n> *f (Salatgurke)* concombre *m; (eingelegt)* cornichon *m;* ***saure ~n*** cornichons à la russe
Gurkensalat *m* salade *f* de concombre
gurren ['gʊrən] *vi (a. fig)* roucouler
Gurt [gʊrt] <-[e]s, -e> *m* ❶ *(Riemen)* sangle *f* ❷ *(Sicherheitsgurt)* ceinture *f* de sécurité
Gürtel ['gʏrtəl] <-s, -> *m* ceinture *f* ▸ **den ~ enger schnallen** *(fam)* se serrer la ceinture
Gürtellinie *f* taille *f* ▸ **unter die ~ zielen** viser en dessous de la ceinture **Gürtelreifen** *m* pneu *m* à carcasse radiale **Gürtelrose** *f* MED zona *m* **Gürtelschlaufe** *f* passant *m* [de ceinture]; ***ein Handyetui mit ~*** un étui de portable avec passant **Gürtelschnalle** *f* boucle *f* de ceinture **Gürteltasche** *f* sac *m* banane **Gürteltier** *nt* tatou *m*
Gurtpflicht *f* port *m* obligatoire de la ceinture de sécurité
Guru ['guːru] <-s, -s> *m* REL gourou *m*, guru *m*
GUS [gʊs, geːʔuː'ʔɛs] <-> *f Abk von* **Gemeinschaft Unabhängiger Staaten** ***die ~*** la C.E.I.
Guss [gʊs, *Pl:* 'gʏsə] <-es, Güsse> *m* ❶ *kein Pl (das Gießen)* fonte *f* ❷ *(Zuckerguss)* couche *f* de sucre ❸ *(fam: Regenguss)* saucée *f* ▸ **[wie] aus einem ~** comme formant une unité
Gusseisen *nt* fonte *f* **gusseisern** *adj* en fonte **Gussform** *f* moule *m*
Gusto <-s> *m* guise *f*; ***[ganz] nach ~*** *(geh)* à ma/sa/… guise
gut [guːt] **I.** <besser, beste> *adj* ❶ *(opp: schlecht)* bon(ne) *antéposé;* ***~e Augen/Ohren haben*** avoir de bons yeux/l'oreille fine; ***jdn/etw ~ finden*** trouver bien qn/qc ❷ *Mann, Frau* bon(ne) *postposé; Mutter, Sohn* bon(ne) *antéposé;* ***er ist ein ~er Mensch*** c'est quelqu'un de bien; ***~ zu jdm sein*** être gentil avec qn; ***sei so ~ und***

hilf mir mal! sois gentil(le) de m'aider! ❸ *(körperlich wohl)* ***ihm/ihr ist nicht ~*** il/elle ne se sent pas bien ❹ *(gelungen)* ***~ werden/sein*** *Foto:* être réussi ❺ *meist attr Charakter, Manieren* bon(ne) *antéposé; Benehmen* correct(e) ❻ *(richtig)* ***~ so!*** c'est bien comme ça! ❼ *Idee* bon(ne) *antéposé; Angebot* intéressant(e) ❽ *Schüler, Leistung* bon(ne) *antéposé;* ***~ in Geschichte sein*** être bon en histoire ❾ *(Schulnote) bonne note située entre quatorze et seize sur vingt* ❿ *Mittel, Methode* bon(ne) *antéposé;* ***~ gegen Husten sein*** être bon contre la toux; ***wer weiß, wozu das noch ~ ist!*** qui sait à quoi ça peut servir un jour! ⓫ *(reichlich)* ***eine ~e Stunde Zeit haben*** avoir une bonne heure ▶ **Gut und Böse** le bien et le mal; **~ und schön, aber ...** c'est bien joli, mais ... *fam;* **du bist ~!** *(iron fam)* elle est bonne, celle-là!; **es mit etw ~ sein lassen** *(fam)* en rester là avec qc; ***lass mal ~ sein!*** *(fam)* laisse tomber!; **alles wird** [**wieder**] **~** tout va s'arranger; **schon ~!** *(fam)* c'est bon[, c'est bon]! **II.** <besser, am besten> *adv* ❶ *(opp: schlecht)* bien; ***~ gelaunt sein*** être de bonne humeur; ***sich ~ lesen lassen*** se lire bien; ***[das hast du] ~ gemacht!*** bien joué! ❷ *(reichlich)* bien, largement ❸ *(leicht, erfolgreich)* bien ❹ *(angenehm)* ***~ riechen*** sentir bon; ***sich ~ anhören*** *Vorschlag:* avoir l'air intéressant(e); ***das schmeckt ~*** c'est bon ▶ **~ dran sein** *(fam)* être à envier; **~ drauf sein** *(fam: gut gelaunt sein)* être bien luné; *(gut in Form sein)* avoir la pêche; **~ und gern**[**e**] largement; **du hast ~ reden/lachen!** tu as beau dire/rire!; **~ gehen** *(florieren)* bien marcher; *(sich gut verkaufen)* bien se vendre; **es ~ haben** avoir de la chance; **das kann ~ sein** ça se pourrait bien; **mach's ~!** *(fam)* salut!; **so ~ wie ...** *(fam)* pratiquement ...

Gut [guːt, *Pl:* 'gyːtɐ] <-[e]s, Güter> *nt* ❶ *(Ware)* bien *m* ❷ *(Landgut)* domaine *m* ❸ JUR ***unbewegliche Güter*** biens *mpl* immobiliers

Gutachten ['guːtʔaxtən] <-s, -> *nt* expertise *f*

Gutachter(**in**) <-s, -> *m(f)* expert(e) *m(f)*

gutartig *adj* ❶ *Person* d'un bon naturel; *Tier* inoffensif, -ive ❷ MED bénin, -igne

gutaussehend *s.* **aussehen 1**

gutbezahlt *s.* **bezahlt**

gutbürgerlich ['guːt'bʏrgəlɪç] *adj a.* GASTR bourgeois(e)

Gutdünken ['guːtdʏŋkən] <-s> *nt* ***sie entschied nach [eigenem] ~*** elle a décidé comme bon lui semblait

Güte ['gyːtə] <-> *f (Freundlichkeit)* bonté *f;* ***würden Sie die ~ haben meinen Koffer zu tragen?*** *(form)* auriez-vous la bonté de porter ma valise? ▶ **es war ein Reinfall erster ~** *(fam)* on s'est planté comme c'est pas permis; **ach du liebe ~!** *(fam)* c'est pas vrai!

Gute(**s**) *nt dekl wie adj* ❶ *(qualitativ Hochwertiges)* ***etwas ~s*** quelque chose de bon ❷ *(Angenehmes, Positives)* ***~s über jdn sagen*** dire du bien à propos de qn; ***das ~ daran ist, dass*** l'avantage, c'est que; ***alles ~!*** bonne chance! ❸ *(gute Tat)* ***~s tun*** faire le bien ▶ **an das ~ im Menschen glauben** croire en la bonté humaine; **es hat alles sein ~s** *(prov)* toute chose a du bon

Güteklasse *f* catégorie *f*

Gutenachtgeschichte [gʊtə'naxtgəʃɪçtə] *f* histoire *f* pour dormir **Gutenachtkuss** [gʊtə'naxtkʊs] *m* bisou *m fam*

Güterbahnhof *m* gare *f* de marchandises **Gütergemeinschaft** *f* communauté *f* de biens **Gütertrennung** *f* séparation *f* des biens **Güterverkehr** *m* transport *m* [de] marchandises **Güterwagen** *m* wagon *m* de marchandises **Güterzug** *m* train *m* de marchandises

Gütesiegel *nt* marque *f* [*o* label *m*] de qualité; ***etw mit einem ~ versehen*** labelliser qc **Gütezeichen** *nt* marque *f* [*o* label *m*] de qualité

gut|gehen *irr* **I.** *vi s.* **gehen I. 7, 8 II.** *vi unpers s.* **gehen II. 1 gutgläubig** *adj* crédule **Gutgläubigkeit** *f* crédulité *f*

gut|haben *vt irr* ***bei jdm etw ~*** avoir qc à son crédit auprès de qn **Guthaben** <-s, -> *nt* avoir *m* **gut|heißen** *vt irr* accepter, admettre

gutherzig *adj (geh)* généreux, -euse

gütig ['gyːtɪç] *adj* ❶ bienveillant(e); *(nachsichtig)* complaisant(e) ❷ *(freundlich)* ***würden Sie so ~ sein ...*** *(geh)* voudriez-vous avoir l'obligeance de ...

gütlich ['gyːtlɪç] *adj o adv* à l'amiable

gut|machen *vt* ❶ *(in Ordnung bringen)* réparer *Fehler, Unrecht;* ***etwas/viel an jdm gutzumachen haben*** avoir quelque chose/beaucoup à se faire pardonner de qn ❷ *(sich revanchieren)* ***ich weiß gar nicht, wie ich das ~ soll*** je ne sais pas comment rendre la pareille

gutmütig ['guːtmyːtɪç] *adj* d'un bon naturel

Gutmütigkeit <-> *f* complaisance *f*

Gutsbesitzer(in) *m(f)* propriétaire *mf* d'un domaine
Gutschein *m* bon *m* **gut|schreiben** *vt irr* ***jdm etw*** ~ inscrire qc au crédit de qn **Gutschrift** *f* ❶ *(gebuchter Betrag)* crédit *m* ❷ *(Beleg)* avis *m* de crédit
Gutshaus *nt* maison *f* de maître **Gutsherr(in)** *m(f)* *s.* **Gutsbesitzer(in)** **Gutshof** *m* ferme *f* domaniale **Gutsverwalter(in)** *m(f)* gérant(e) *m(f)* de propriété
gut|tun *vi irr* ***jdm*** ~ faire du bien à qn
guttural [gʊtu'raːl] **I.** *adj* guttural(e) **II.** *adv* d'une voix gutturale
gutunterrichtet *s.* **unterrichten I. 3**
gutwillig I. *adj* plein(e) de bonne volonté **II.** *adv* de plein gré
Guyana [gu'jaːna] <-s> *nt* la Guyane
gymnasial [gʏmna'ziaːl] *adj attr Bildung* en lycée; *Unterricht* au lycée
Gymnasiallehrer(in) *m(f)* professeur *mf* de "Gymnasium"
Gymnasiast(in) [gʏmna'zi̯ast] <-en, -en> *m(f)* élève *mf* de "Gymnasium"
Gymnasium [gʏm'naːzi̯ʊm] <-s, -ien> *nt* *établissement scolaire comprenant les classes entre l'école primaire et le baccalauréat*

> **Land und Leute**
> Le **Gymnasium** accueille les élèves directement après l'école primaire. Il comprend les classes du collège et du lycée français et dure ainsi huit ou neuf années scolaires, selon les Länder. Il dispense un enseignement général et prépare aux études supérieures. À la fin des deux dernières années, appelées *Oberstufe*, les élèves passent le baccalauréat (*Abitur*). En Suisse, le **Gymnasium** s'appelle *Kantonsschule* et l'*Abitur* porte en Autriche et en Suisse le nom de *Matura* ou de *Maturität*.

Gymnastik [gʏm'nastɪk] <-> *f* gymnastique *f*
Gymnastikanzug *m* SPORT tenue *f* de gym[nastique]
Gynäkologe, Gynäkologin [gynɛko'loːgə] <-n, -n> *m, f* gynécologue *mf*
Gynäkologie [gynɛkolo'giː] <-> *f* gynécologie *f*
gynäkologisch [gynɛko'loːgɪʃ] *adj* gynécologique

Hh

H, h [haː] <-, -> *nt* ❶ *(Buchstabe)* H *m* / h *m* ❷ MUS si *m*
ha *Abk von* **Hektar** ha
Haar [haːɐ̯] <-[e]s, -e> *nt* ❶ *(einzelnes Kopfhaar)* cheveu *m*; *(gesamtes Kopfhaar)* cheveux *mpl*; ***sie hat blondes*** ~ elle a les cheveux blonds; ***die ~e kurz/offen tragen*** avoir les cheveux courts/au vent ❷ *(Körperhaar, Tierhaar)* poil *m* ▶ **[immer] ein ~ in der Suppe finden** *(fam)* chercher la petite bête; **~e auf den Zähnen haben** *(fam)* ne pas avoir la langue dans sa poche; **sich in die ~e kriegen** *(fam)* se tomber sur le poil; **sich** *dat* **die ~e raufen** s'arracher les cheveux
Haaransatz *m* naissance *f* des cheveux **Haarausfall** *m* chute *f* des cheveux **Haarband** <-bänder> *nt* ruban *m* **Haarbürste** *f* brosse *f* à cheveux **Haarbüschel** *nt* touffe *f* de cheveux
haaren ['haːrən] *vi* perdre ses poils
Haarentferner <-s, -> *m* dépilatoire *m*
Haaresbreite ▶ **[nur] um** ~ d'un cheveu
Haarfarbe *f* couleur *f* de[s] cheveux **Haarfestiger** *m* fixateur *m* [pour les cheveux] **Haargel** *nt* gel *m* coiffant **haargenau** *adj Beschreibung* minutieux, -euse **Haargummi** <-s, -s> *m o nt* élastique *m* [pour cheveux]
haarig ['haːrɪç] *adj* ❶ *(behaart) Arm, Bein* poilu(e) ❷ *(fam: heikel, schwierig)* délicat(e)
Haarklammer *f* pince *f* [à cheveux] **haarklein** ['haːɐ̯'klai̯n] *adv* par le menu **Haarlack** *m* laque *f* pour les cheveux **Haarnadel** *f* épingle *f* à cheveux
Haarnadelkurve *f* virage *m* en épingle [à cheveux]
Haarnetz *nt* résille *f* **Haarpflege** *f* soins *mpl* capillaires **Haarpracht** *f (a. hum)* chevelure *f* magnifique **Haarreif** *m* serre-tête *m* **Haarriss** *m (in einem Rohr, einer Leitung)* [fine] fissure *f* **haarscharf** *adv daneben* de très peu **Haarschleife** *f* nœud

m [dans les cheveux] **Haarschnitt** *m (das Schneiden, die Frisur)* coupe *f* de cheveux **Haarspalterei** [ha:ɐ̯ʃpaltəˈrai̯] <-, -en> *f (pej)* ergotage *m*; ***das ist ~!*** c'est couper les cheveux en quatre! **Haarspange** *f* grosse barrette *f* [à cheveux] **Haarspray** *nt o m* laque *f* **Haarsträhne** *f* mèche *f* [de cheveux] **haarsträubend** [ˈha:ɐ̯ʃtrɔy-bənt] *adj* scandaleux, -euse **Haarteil** *nt* postiche *m* **Haartrockner** *m* sèche-cheveux *m inv* **Haarwaschmittel** *nt* shampo[o]ing *m* **Haarwasser** *nt* lotion *f* capillaire **Haarwuchs** *m* pousse *f* des cheveux/poils **Haarwurzel** *f* racine *f* du cheveu

Hab ▶ **sein/ihr ganzes ~ und Gut** *(geh)* tous ses biens *mpl*

Habe [ˈha:bə] <-> *f (geh)* ***seine/ihre ganze ~*** tous ses biens *mpl*

haben [ˈha:bən] <hat, hatte, gehabt> **I.** *vt* ❶ *(besitzen, verfügen über, aufweisen)* avoir; ***Kinder ~*** avoir des enfants; ***dieses Haus hat einen Garten*** cette maison a un jardin; ***jdn/etw bei sich ~*** avoir qn avec soi/qc sur soi ❷ *(führen, verkaufen)* avoir; ***~ Sie Wasserkocher?*** est-ce que vous avez des bouilloires électriques? ❸ *(umfassen)* ***eine Größe/Fläche/einen Inhalt von ... ~*** avoir une grandeur/surface/contenance de ... ❹ SCHULE avoir *Lehrer, Note*; ***heute ~ wir Chemie*** aujourd'hui nous avons chimie ❺ *(empfinden, erleben)* avoir; ***Lust/Angst ~*** avoir envie/peur; ***Sonne/schlechtes Wetter ~*** avoir du soleil/du mauvais temps; ***wir hatten heute Nacht Vollmond*** cette nuit, c'était la pleine lune; ***ihr habt's aber schön warm!*** il fait agréablement chaud chez vous! ❻ MED ***es am Herzen/im Rücken ~*** *(fam)* être malade du cœur/avoir mal au dos ❼ *(ausstehen)* ***ich kann es nicht ~, wenn*** je ne supporte pas que *+subj* ▶ **noch/nicht mehr zu ~ sein** *(fam) Mann, Frau:* être encore libre/être déjà pris; **es in sich ~** *(fam) Arbeit, Aufgabe:* être plus compliqué que ça en a l'air; *Wein:* faire de l'effet; **Paul hat etwas mit Brigitte** il y a quelque chose entre Paul et Brigitte; **viel/wenig von jdm/etw ~** profiter beaucoup/peu de qn/qc; **jdn vor sich** *dat* **~, der ...** avoir affaire à qn qui ...; **ich hab's!** *(fam)* [ça y est,] j'y suis!; **hast du was?** qu'est-ce que tu as?; **wie hätten Sie es gern?** comment le/la/les désirez-vous? **II.** *vr (fam)* ***er hat sich immer so mit seinem Auto*** il est drôlement maniaque avec sa voiture **III.** *vr unpers (fam)* ▶ **und damit hat es sich!** *(fam)* et après basta! **IV.** *vi modal* ***du hast zu gehorchen*** tu dois obéir; ***du hast dich nicht darum zu kümmern*** tu n'as pas à t'occuper de ça **V.** *aux* ***er hat/hatte den Brief geschrieben*** il a/avait écrit la lettre; ***ihr habt euch getäuscht*** vous vous êtes trompé(e)s; ***sie hätte ihm helfen können/müssen*** elle aurait pu/dû l'aider

Haben <-s> *nt* FIN avoir *m*; ***mit tausend Euro im ~ sein*** avoir un crédit de mille euros

Habenichts [ˈha:bənɪçts] <-[es], -e> *m (fam)* sans-le-sou *m inv*

Habgier [ˈha:pgi:ɐ̯] *f* rapacité *f*

habgierig [ˈha:pgi:rɪç] *adj* rapace

habhaft *adj (geh)* ***eines Menschen/einer S. ~ werden*** s'emparer d'une personne/de qc

Habicht [ˈha:bɪçt] <-s, -e> *m* autour *m*

Habilitation [habilitaˈtsi̯o:n] <-, -en> *f qualification pour l'enseignement supérieur*

Habilitationsschrift *f mémoire de qualification pour l'enseignement supérieur*

habilitieren* [habiliˈti:rən] **I.** *vr* ***sich ~*** se qualifier pour l'enseignement supérieur **II.** *vt* habiliter

Habseligkeiten [ˈha:pze:lɪçkai̯tən] *Pl* affaires *fpl*

Habsucht *f kein Pl s.* **Habgier** **habsüchtig** [ˈha:pzʏçtɪç] *s.* **habgierig**

Hachel [ˈhaxl̩] <-, -n> *f* A râpe *f*

Hachse [ˈhaksə] <-, -n> *f* ❶ *eines Kalbs* jarret *m*; *eines Schweins* jambonneau *m* ❷ *(fam: Bein)* guibo[l]le *f*

Hackbeil *nt* couperet *m* **Hackbraten** *m* rôti *m* de viande hachée

Hacke [ˈhakə] <-, -n> *f* ❶ *(Ferse, Absatz)* talon *m* ❷ *(Werkzeug)* houe *f* ❸ A hache *f*

Hackebeil *s.* **Hackbeil**

hacken [ˈhakən] **I.** *vt* ❶ *(zerkleinern)* hacher; ***etw klein ~*** *(mit dem Beil)* couper qc petit; *(mit dem Messer)* hacher qc; ***Holz ~*** fendre du bois ❷ *(auflockern)* biner; *(von Unkraut befreien)* sarcler **II.** *vi* ❶ ***nach jdm/etw ~*** *Vogel:* donner des coups de bec à qn/dans qc ❷ *(den Boden bearbeiten)* sarcler ❸ INFORM *(fam)* pirater; ***das Hacken*** le piratage [informatique]

Hacker(in) [ˈhakɐ, ˈhɛkɐ] <-s, -> *m(f) (fam: Computerpirat)* pirate *mf* [informatique]; *(Computerfan)* mordu(e) *m(f)* d'informatique

Hackfleisch *nt* viande *f* hachée

Hackordnung *f* ordre *m* hiérarchique

Häcksel <-s> *nt o m* fourrage *m* haché

Hacksteak *nt* steak *m* haché

H

hadern ['ha:dɐn] *vi* se révolter; ***mit etw ~*** se révolter contre qc
Hafen ['ha:fən, *Pl:* 'hɛ:fən] <-s, Häfen> *m* ❶ port *m;* ***in den ~ einlaufen*** entrer au port; ***aus dem ~ auslaufen*** quitter le port ❷ *(geh: Zufluchtsort)* havre *m*
Hafenanlagen *Pl* installations *fpl* portuaires **Hafenarbeiter(in)** *m(f)* docker *m* **Hafeneinfahrt** *f* entrée *f* du port **Hafenpolizei** *f* police *f* du port **Hafenstadt** *f* ville *f* portuaire **Hafenverwaltung** *f* administration *f* portuaire **Hafenviertel** *nt* quartier *m* du port **Hafenzufahrt** *f* accès *m* au port
Hafer ['ha:fɐ] <-s, -> *m* avoine *f*
Haferbrei *m* bouillie *f* d'avoine **Haferflocken** *Pl* flocons *mpl* d'avoine
Haferl ['ha:fɐl] SDEUTSCH, A, **Häferl** ['hɛ:fɐl] <-s, -n> *nt* A *(fam)* tasse *f*
Haferschleim *m* crème *f* d'avoine
Haff [haf] <-[e]s, -s *o* -e> *nt* lagune *f*
Haft [haft] <-> *f* détention *f;* ***in ~ sein*** être en détention; ***zu fünf Jahren ~ verurteilt werden*** être condamné à cinq ans de prison; ***aus der ~ entlassen werden*** être libéré
Haftanstalt *f* maison *f* d'arrêt
haftbar *adj* ***für etw ~ sein*** être responsable de qc; ***jdn für etw ~ machen*** rendre qn responsable de qc
Haftbefehl *m* mandat *m* d'arrêt **Haftdauer** *f* détention *f* **Hafteinrichtung** *f* établissement *m* de détention
haften ['haftən] *vi* ❶ *(die Haftung übernehmen)* ***für jdn/etw ~*** *Person:* être responsable de qn/qc; ***jdm dafür ~, dass …*** garantir à qn que … ❷ COM ***mit seinem Vermögen ~*** être responsable sur son capital ❸ *(festkleben)* ***an/auf etw*** *dat* ~ adhérer sur qc; ***an/auf etw*** *dat* ***~ bleiben*** adhérer à qc ❹ *(sich festsetzen)* ***auf/an etw*** *dat* ***~ bleiben*** *Rauch, Geruch:* rester imprégné dans qc ❺ *(hängen bleiben)* ***an jdm ~*** *Makel, Verleumdung:* rester attaché au nom de qn; *Verdacht:* continuer de peser sur qn ❻ *(im Gedächtnis bleiben)* ***jdm ~ bleiben*** rester gravé dans la mémoire de qn
haften|bleiben *s.* **haften 6**
Haftentlassung *f* [re]mise *f* en liberté
Häftling ['hɛftlɪŋ] <-s, -e> *m* détenu(e) *m(f)*
Haftnotiz *f* post-it® *m*
Haftpflicht *f* ❶ *(fam: Haftpflichtversicherung)* assurance *f* responsabilité civile ❷ *(Schadenersatzpflicht)* responsabilité *f* civile
haftpflichtig *adj* civilement responsable
haftpflichtversichert *adj* ***~ sein*** être assuré en responsabilité civile **Haftpflichtversicherung** *f* assurance *f* responsabilité civile
Haftrichter(in) *m(f)* juge *m* d'instruction
Haftstrafe *f* peine *f* de prison
Haftung <-, -en> *f* ❶ JUR responsabilité *f;* *einer Versicherung* garantie *f* ❷ *kein Pl* TECH, PHYS adhérence *f*
Hagebutte ['ha:gəbʊtə] <-, -n> *f* cynor[r]hodon *m*
Hagebuttentee *m* tisane *f* de cynor[r]hodon
Hagel ['ha:gəl] <-s> *m* grêle *f*
Hagelkorn <-körner> *nt* grêlon *m*
hageln ['ha:gəln] **I.** *vi unpers* grêler; ***es hagelt*** il grêle **II.** *vt unpers (fam)* ***es hagelt Geschosse/Steine*** il tombe une grêle de balles/pierres
Hagelschauer *m* averse *f* de grêle
hager ['ha:gɐ] *adj* maigre; *Person, Arme, Beine, Gestalt* grêle; *Hals* maigre
Hahn [ha:n, *Pl:* 'hɛ:nə] <-[e]s, Hähne> *m* ❶ coq *m* ❷ *(Wetterhahn)* coq *m* de clocher ❸ *(Wasserhahn)* robinet *m* ❹ *(Zapfhahn)* chantepleure *f* ► **~ im Korb sein** *(fam)* être comme le coq au milieu de la basse-cour
Hähnchen ['hɛ:nçən] *nt* poulet *m;* ***ein gebratenes ~*** un poulet rôti
Hähnchenkeule *f* cuisse *f* de poulet
Hahnenfuß *m* bouton-d'or *m* **Hahnenkampf** *m* combat *m* de coqs
Hai <-[e]s, -e> *m,* **Haifisch** *m* requin *m*
Haiti [ha'i:ti] <-s> *nt* Haïti *f*
Häkchen ['hɛ:kçən] *nt Dim von* **Haken** *(Zeichen)* coche *f*
Häkelarbeit *f (gehäkelter Gegenstand)* ouvrage *m* au crochet
häkeln ['hɛ:kəln] **I.** *vi* faire du crochet; ***das Häkeln*** le crochet **II.** *vt* ***etw ~*** faire qc au crochet
Häkelnadel *f* crochet *m*
Haken ['ha:kən] <-s, -> *m* ❶ [clou *m* à] crochet *m; (Handtuchhaken)* crochet *m; (Kleiderhaken)* patère *f* ❷ *(Angelhaken)* hameçon *m* ❸ SPORT crochet *m* ❹ *(Zeichen)* coche *f;* ***hinter jedem Namen einen ~ machen*** cocher chaque nom ❺ *(fam: Schwierigkeit)* hic *m* ► **die Sache hat einen ~** *(fam)* il y a quelque chose qui cloche
hakenförmig *adj* en forme de crochet
Hakenkreuz *nt* croix *f* gammée **Hakennase** *f* nez *m* crochu
halb [halp] **I.** *adj* ❶ ***ein ~er Meter*** un demi mètre; ***das ~e Buch*** la moitié du

livre ❷ *(bei der Angabe der Uhrzeit)* ***~ sieben*** six heures et demie; ***gleich ist es ~*** il va être la demie; ***es ist erst drei vor ~*** il n'est que vingt-sept; ***um fünf nach ~*** à moins vingt-cinq ❸ *(fam: ein Großteil von)* ***~ Köln/Frankreich*** presque tout Cologne/toute la France; ***die ~en Pralinen sind ja schon weg!*** la moitié des bonbons au chocolat sont déjà partis! ❹ *(halbherzig)* ***~e Reformen/Schritte*** des demi-réformes/demi-mesures; ***mit ~em Ohr zuhören*** n'écouter que d'une oreille ▶ **das ist nichts Halbes und nichts Ganzes** *(fam)* ce n'est ni fait ni à faire **II.** *adv* ❶ *(zur Hälfte)* à moitié; ***etw nur ~ verbrauchen*** n'utiliser qc qu'à moitié; ***nicht ~ so schön sein wie ...*** être loin d'être aussi beau que ...; ***~ so intelligent sein wie ...*** être deux fois moins intelligent que ...; ***~ so viel*** moitié moins ❷ *(halbwegs)* à moitié *antéposé;* ***das Fleisch ist noch ~ roh*** la viande est encore à moitié crue ❸ *(teilweise, nicht ganz)* ***etw nur ~ verstehen*** ne comprendre qc qu'à moitié; ***nur ~ hinhören/zuhören*** n'écouter que d'une oreille

halbamtlich *adj* semi-officiel(le) **halbbitter** *adj* semi-amer, -ère; *Schokolade* fondant(e) **Halbbruder** *m* demi-frère *m;* ***mein ~ väterlicherseits/mütterlicherseits*** mon frère consanguin/utérin **Halbdunkel** ['halpdʊŋkəl] *nt* pénombre *f* **Halbedelstein** *m* pierre *f* fine

halbe-halbe ['halbə'halbə] ▶ **mit jdm ~ machen** *(fam)* faire fifty fifty avec qn

halber ['halbɐ] *präp +gen (geh)* ***der Form ~*** pour la forme; ***der Ordnung/Pflicht ~*** par souci de l'ordre/du devoir; ***der Sicherheit ~*** par mesure de sécurité

halbfett I. *adj* ❶ TYP [de]mi-gras(se) ❷ GASTR allégé(e) **II.** *adv* TYP en demi-gras **Halbfinale** *nt* demi-finale *f* **Halbgeschwister** *Pl* demi-frère[s] et sœur[s] *mpl;* ***sie sind ~*** ils sont enfants de deux lits

halbherzig I. *adj Antwort, Zustimmung* du bout des lèvres; *Reform* timide **II.** *adv* sans conviction; *antworten, zustimmen* du bout des lèvres

halbieren* [hal'biːrən] **I.** *vt* ❶ *(teilen)* ***etw ~*** partager qc en deux; *(schneiden)* couper qc en deux ❷ *(um die Hälfte vermindern)* réduire de moitié **II.** *vr* ***sich ~*** diminuer de moitié

Halbierung <-, -en> *f (Verminderung)* réduction *f* de moitié; *(Abnahme)* diminution *f* de moitié

Halbinsel ['halpʔɪnzəl] *f* presqu'île *f;* *(groß)* péninsule *f* **Halbjahr** *nt* semestre *m*

Halbjahreszeugnis *nt* bulletin *m* semestriel

halbjährig ['halpjɛːrɪç] *adj attr (ein halbes Jahr dauernd)* [d'une durée] de six mois

halbjährlich ['halpjɛːɐ̯lɪç] **I.** *adj* semestriel(le) **II.** *adv* tous les six mois **Halbkanton** *m* CH demi-canton *m* **Halbkreis** *m* demi-cercle *m* **Halbkugel** *f* hémisphère *m* **halblang** *adj* mi-long, -longue **halblaut** *adj* [prononcé(e)] à mi-voix **Halbleiter** *m* TECH semi-conducteur *m* **halbmast** ['halpmast] *adv* ***auf ~*** en berne **Halbmesser** *m* rayon *m* **Halbmond** *m* ❶ demi-lune *f* ❷ *(Symbol)* croissant *m*

halbmondförmig *adj* en demi-lune

halbnackt *s.* **nackt halboffen** *s.* **offen I. 1**

Halbpension *f* demi-pension *f* **halbrund** *adj* semi-circulaire **Halbschatten** *m* clair-obscur *m* **Halbschlaf** *m* demi-sommeil *m;* ***im ~ sein*** être à moitié endormi **Halbschuh** *m* chaussure *f* basse **Halbschwergewicht** ['halpʃveːɐ̯gəvɪçt] *nt kein Pl (Gewichtsklasse)* poids *m* mi-lourd **Halbschwester** *f* demi-sœur *f* **Halbstiefel** *m* mi-botte *f*

halbstündig ['halpʃtʏndɪç] *adj attr* d'une demi-heure

halbstündlich ['halpʃtʏntlɪç] *adj o adv* toutes les demi-heures **halbtags** *adv* à mi-temps

Halbtagsarbeit *f kein Pl (Arbeit)* [travail *m* à] mi-temps *m* **Halbtagsbeschäftigung** *f* emploi *m* à mi-temps **Halbtagskraft** *f* salarié(e) *m(f)* à mi-temps **Halbtagsstelle** *f* emploi *m* à mi-temps

Halbton <-töne> *m* MUS demi-ton *m* **halbtot** *s.* **tot 1 Halbvokal** *m* semi-voyelle *f* **halbvoll** *s.* **voll 1 halbwach** *s.* **wach 1 Halbwahrheit** *f* demi-vérité *f* **Halbwaise** *f* orphelin(e) *m(f)* [de père/mère]

halbwegs ['halp'veːks] *adv* ❶ *(einigermaßen)* à peu près ❷ *(nahezu)* pratiquement

Halbwertszeit *f* PHYS période *f*

Halbwissen *nt (pej)* semblant *m* de savoir

halbwüchsig ['halpvyːksɪç] *adj* adolescent(e)

Halbzeit *f* mi-temps *f*

Halde ['haldə] <-, -n> *f* ❶ *(Müllhalde)* montagne *f* d'ordures ❷ MIN *(Kohlenhalde)* dépôt *m* de charbon; *(Abraumhalde)* terril *m* ❸ *(Lager, Lagerbestand)* stock *m* d'invendus; ***etw auf ~ legen*** mettre qc en réserve

half [half] *Imp von* **helfen**

H

Halfpipe ['haːfpa̯ip] <-, -s> *f* SPORT half-pipe *m*

Hälfte ['hɛlftə] <-, -n> *f* moitié *f*; ***eine Frucht in zwei ~n zerteilen*** couper un fruit en deux; ***die eine ~*** l'une des [deux] moitiés; ***Kinder unter zehn Jahren zahlen die ~*** les enfants de moins de dix ans paient demi-tarif; ***um die ~ größer als …*** une fois et demie plus grand(e) que …; ***etw um die ~ anheben/vermindern*** augmenter/baisser qc de moitié; ***um die ~ mehr/weniger*** moitié plus/moins; ***zur ~*** à moitié *antéposé*

Halfter[1] ['halftɐ] <-s, -> *m o nt (Teil des Geschirrs)* licou *m*

Halfter[2] ['halftɐ] <-, -n> *f,* <-s, -> *nt (Holster)* gaine *f* [de revolver]

H

Hall <-[e]s, -e> *m* ❶ *(geh: Schall)* résonance *f* ❷ *(Widerhall)* écho *m*

Halle ['halə] <-, -n> *f* ❶ *(Ankunftshalle, Ausstellungshalle)* hall *m* ❷ *(großer Saal)* [grande] salle *f* ❸ *(Sporthalle)* salle *f* [de sport]; *(Turnhalle)* gymnase *m; (Tennishalle)* tennis *m* couvert; ***in der ~*** en salle

hallen ['halən] *vi* résonner

Hallenbad *nt* piscine *f* couverte

Hallig ['halɪç] <-, -en> *f île plate du Schleswig-Holstein recouverte en partie ou en totalité par la mer lors des grosses marées*

hallo [ha'loː, 'halo] *interj* ❶ *(Begrüßung)* salut ❷ *(Gruß am Telefon)* allo, allô ❸ *(Ausruf der Überraschung)* tiens ❹ *(Anrede)* ***~, Sie!*** hé, vous!

Hallo [ha'loː, 'halo] <-s, -s> *nt* salut *m*

Halloween [hɛlo'viːn] <-[s], -s> *nt* halloween *f*

Halluzination [halutsina'tsi̯oːn] <-, -en> *f* hallucination *f*

Halluzinogen [halutsino'geːn] <-s, -e> *nt* PHARM hallucinogène *m*

Halm [halm] <-[e]s, -e> *m* ❶ *(Grashalm)* brin *m; (Strohhalm)* [brin *m* de] paille *f; (Getreidehalm)* tige *f; (Stoppelhalm)* chaume *m; (Schilfhalm)* roseau *m* ❷ *(Trinkhalm)* paille *f*

Halogen [halo'geːn] <-s, -e> *nt* CHEM halogène *m*

Halogenbirne *f* ampoule *f* halogène **Halogenlampe** *f* [lampe *f* à] halogène *m*

Hals [hals, *Pl:* 'hɛlzə] <-es, Hälse> *m* ❶ cou *m* ❷ *(Rachen)* gorge *f* ❸ *(Flaschenhals)* col *m* ▶ **~ über Kopf** en quatrième vitesse *fam;* **jdm mit etw vom ~ bleiben** *(fam)* ne pas casser les pieds à qn avec qc; **jdn am ~ haben** *(fam)* avoir qn sur le dos; **das hängt mir zum ~ heraus** *(fam)* j'en ai ras le bol; **sich jdn vom ~ schaffen** *(fam)* se débarrasser de qn; **sich jdm an den ~ werfen** *(pej fam)* se jeter sur qn

Halsabschneider(in) <-s, -> *m(f) (pej fam)* rapace *m* **Halsausschnitt** *m* encolure *f* **Halsband** <-bänder> *nt* ❶ *(Hundehalsband, Katzenhalsband)* collier *m* ❷ *(Schmuckband aus Samt)* ruban *m* [de velours]

halsbrecherisch ['halsbrɛçərɪʃ] **I.** *adj Tempo* fou, folle; *Aktion, Fahrt* casse-cou *inv* **II.** *adv herumturnen, klettern* au risque de se casser le cou

Halsentzündung *f* inflammation *f* de la gorge **Halskette** *f* chaîne *f* [de cou]; *(mit Steinen besetzt)* collier *m*

Hals-Nasen-Ohren-Arzt, -Ärztin ['hals'naːzən'ʔoːrənaːɐ̯tst] *m, f* oto-rhino-laryngologiste *mf*

Halsschlagader *f* [artère *f*] carotide *f* **Halsschmerzen** *Pl* mal *m* de gorge; ***~ haben*** avoir mal à la gorge

halsstarrig ['halsʃtarɪç] *adj (pej)* buté(e) *fam*

Halstuch *nt* foulard *m*

Hals- und Beinbruch *interj* bonne chance

Halsweh *nt s.* **Halsschmerzen** **Halswirbel** *m* vertèbre *f* cervicale

halt [halt] *interj* halte[-là]

Halt [halt] <-[e]s, -e *o* -s> *m* ❶ *(Stütze)* appui *m;* ***als ~ gedacht sein*** être fait pour se [re]tenir ❷ *(Greif-, Trittstelle beim Bergsteigen)* prise *f* ❸ *(fig)* ***dem Haar ~ geben*** donner du maintien aux cheveux ❹ *(Gleichgewicht)* ***jdm ~ geben*** être un soutien pour qn; ***den ~ verlieren*** perdre l'équilibre ❺ *(inneres Gleichgewicht)* équilibre *m* [moral/psychologique] ❻ *(Stopp)* arrêt *m;* ***~ machen*** s'arrêter; ***ohne ~ durchfahren*** *Zug:* être sans arrêt; *s. a.* **haltmachen**

hält [hɛlt] *3. Pers Präs von* **halten**

haltbar *adj* ❶ *Lebensmittel, Konserve* [de] longue conservation; ***~ sein*** se conserver; ***etw ~ machen*** conserver qc; ***mindestens ~ bis …*** à consommer de préférence avant le … ❷ *(strapazierfähig)* résistant(e); ***~ sein*** faire de l'usage *fam; Leder:* résister; ***lange ~ sein*** durer longtemps ❸ *Behauptung, Theorie, Vorwurf* qui tient debout

Haltbarkeit <-, -en> *f* ❶ *von Konserven, Lebensmitteln* durée *f* de conservation ❷ *(Widerstandsfähigkeit)* résistance *f*

Haltbarkeitsdatum *nt* date *f* limite [de consommation]

Haltegriff *m* poignée *f* [de maintien]; *(Wannengriff)* barre *f* d'appui

halten ['haltən] <hält, hielt, gehalten>

I. *vt* ① *(festhalten)* tenir ② *(zum Bleiben veranlassen)* retenir ③ *(strecken)* ***die Beine ins Wasser ~*** garder les jambes dans l'eau ④ *(tragen)* ***etw ~*** *Haken, Mauerhaken:* maintenir qc ⑤ *(stützen)* soutenir ⑥ *(zurückhalten)* ***etw ~*** *Isolierschicht:* maintenir qc; *Ventil:* contenir qc ⑦ SPORT arrêter *Ball* ⑧ *(haben)* ***[sich dat] ein Tier ~*** avoir un animal ⑨ conserver *Tabellenplatz, Rekord;* maintenir *Position;* ***vor Müdigkeit kaum noch die Augen offen ~ können*** ne plus pouvoir garder les yeux ouverts à cause de la fatigue ⑩ MIL défendre *Festung, Stadt* ⑪ maintenir *Behauptung, Theorie* ⑫ *(handhaben)* ***es mit etw genauso/ähnlich/anders ~*** faire pareillement/analoguement/autrement avec qc; ***das kannst du ~, wie du willst*** tu fais comme tu veux ⑬ *(farblich gestalten)* ***das Kinderzimmer ganz in Hellblau ~*** décorer la chambre d'enfant tout en bleu clair ⑭ prononcer *Rede, Ansprache;* faire *Vortrag, Diavortrag* ⑮ tenir *Versprechen, Zusage* ⑯ *(ansehen als)* ***jdn für einen Journalisten/Angeber ~*** prendre qn pour un journaliste/frimeur; ***hältst du ihn für den Schuldigen?*** crois-tu qu'il soit coupable?; ***ich hätte Sie für ehrlicher gehalten*** je vous aurais cru plus honnête ⑰ *(denken)* ***etwas/nichts von jdm/etw ~*** faire cas/ne faire aucun cas de qn/qc; ***etwas/viel davon ~ etw zu tun*** trouver bien/très bien de faire qc; ***nichts davon ~ etw zu tun*** ne pas être d'avis de faire qc **II.** *vi* ① *(festhalten)* tenir; ***kannst du mal einen Moment ~?*** tu peux tenir ça une minute? ② *(haltbar sein) Konserve:* se garder; *Lebensmittel:* se conserver ③ *(stehen bleiben) Fahrer, Fahrzeug:* s'arrêter ④ SPORT arrêter ⑤ *(stehen zu)* ***zu jdm ~*** prendre le parti de qn **III.** *vr* ① *(sich festhalten)* ***sich an etw*** *dat* ~ se tenir à qc ② *(nicht verderben)* ***sich ~*** se garder ③ METEO ***sich ~*** se maintenir; *Schnee:* tenir ④ *(eine Richtung verfolgen)* ***sich rechts/nach Süden ~*** tenir sa droite/le cap sud ⑤ *(sich richten nach)* ***sich an ein Versprechen/die Tatsachen ~*** tenir sa promesse/s'en tenir aux faits; ***sich an die Regeln ~*** respecter les règles; ***sich eng an den Text ~*** rester très près du texte ⑥ *(sich orientieren an)* ***sich an jdn ~*** s'en tenir à qn ⑦ *(haften)* ***sich ~*** *Duft, Parfüm, Gestank:* persister; *Gas, Giftstoff:* se maintenir ⑧ *(sich behaupten)* ***sich ~*** *Regierung:* tenir; *Truppen:* se maintenir ⑨ *(eine bestimmte Haltung haben)* ***sich aufrecht/im Gleichgewicht ~*** se tenir droit/en équilibre ⑩ *(sich wenden an)* ***sich an jdn ~*** s'adresser à qn ⑪ *(einschätzen)* ***sich für einen Künstler/für klug ~*** se considérer comme artiste/intelligent(e); ***du hältst dich wohl für unwiderstehlich?*** tu te crois irrésistible?

Haltepunkt *m* arrêt *m* [facultatif]

Halter(in) <-s, -> *m(f)* ① *eines Fahrzeugs* utilisateur *m* habituel; *(Versicherter)* assuré *m* ② *(Besitzer) eines Haustiers* propriétaire *m*

Halterung <-, -en> *f* support *m*

Haltestelle *f von Bussen* arrêt *m; von Straßenbahnen, U-Bahnen* station *f* **Halteverbot** *nt kein Pl* ① interdiction *f* de s'arrêter; ***absolutes/eingeschränktes ~*** arrêt *m* / stationnement *m* interdit ② *(Bereich)* ***im ~ parken/stehen*** se garer/être garé en zone d'arrêt interdit

Halteverbotsschild *nt* panneau *m* d'arrêt interdit

haltlos *adj Person, Charakter, Vorwurf* inconsistant(e)

Haltlosigkeit <-> *f* inconsistance *f*

halt|machen *vi* s'arrêter

Haltung ['haltʊŋ] <-, -en> *f* ① *(Körperhaltung)* attitude *f* ② SPORT style *m* ③ *(Meinung)* position *f;* ***eine klare ~ einnehmen*** avoir une position claire ④ *kein Pl (Verhalten)* attitude *f* ⑤ *kein Pl (Beherrschtheit)* contenance *f;* ***~ bewahren*** faire bonne contenance ⑥ *kein Pl von Haustieren* détention *f; von Vieh* élevage *m*

Haltungsfehler *m* malformation *f* du squelette; SPORT faute *f* de style

Halunke [ha'lʊŋkə] <-n, -n> *m* ① *(pej: Gauner)* fripouille *f fam* ② *(hum: Schlingel)* fripon *m*

Hamburg ['hambʊrk] <-s> *nt* Hambourg

Hamburger[1] ['hambʊrgɐ] <-s, -> *m (Person)* Hambourgeois *m*

Hamburger[2] ['hambʊrgɐ, 'hɛmbøːɐgɐ] <-s, -> *m* GASTR hamburger *m*

Hamburger[3] ['hambʊrgɐ] *adj attr* de Hambourg, hambourgeois(e)

Hamburgerin <-, -nen> *f* Hambourgeoise *f*

hamburgisch ['hambʊrgɪʃ] *adj* de Hambourg

hämisch ['hɛːmɪʃ] **I.** *adj Bemerkung, Blick* hargneux, -euse; *Grinsen* sardonique **II.** *adv bemerken* hargneusement; *grinsen* sardoniquement

Hammel ['haməl] <-s, -> *m* ① *(Tier, Fleisch)* mouton *m* ② *(pej fam: Dummkopf)* connard *m*

H

Hammelfleisch *nt* [viande *f* de] mouton *m* **Hammelkeule** *f* gigot *m* de mouton

Hammer ['hame, *Pl:* 'hɛme] <-s, Hämmer> *m* ❶ *a.* SPORT, ANAT, MUS marteau *m* ❷ *(fam: Fehler)* connerie *f; (Unverschämtheit)* insolence *f;* ***das ist [ja] ein ~!*** *(das ist falsch)* quelle connerie!; *(das ist unverschämt)* c'est le comble!; *(das ist unglaublich)* c'est pas croyable! ▸ **du hast einen ~!** *(fam)* t'es [complètement] marteau!

hämmern ['hɛmen] *vi* ❶ *Handwerker, Bastler:* donner des coups de marteau; ***das Hämmern*** le martèlement ❷ *(klopfen)* ***gegen die Wand/die Tür ~*** marteler le mur/la porte ❸ *(pulsieren) Puls, Herz:* battre très fort

Hammerwerfen <-s> *nt* lancer *m* du marteau **Hammerwerfer(in)** <-s, -> *m(f)* lanceur, -euse *m, f* de marteau

Hämoglobin [hɛmoglo'bi:n] <-s> *nt* MED hémoglobine *f*

Hämorrhoide, **Hämorride** [hɛmɔr'i:də] <-, -n> *f meist Pl* MED hémorroïde *f*

Hampelmann ['hampəlman] <-männer> *m* pantin *m* ▸ **jdn zum ~ machen, einen ~ aus jdm machen** *(fam)* prendre qn pour un pantin

hampeln *vi (fam)* gigoter

Hamster ['hamste] <-s, -> *m* hamster *m*

hamstern I. *vi* se constituer des provisions **II.** *vt* faire des provisions de *Lebensmittel, Kohlen*

Hand [hant, *Pl:* 'hɛndə] <-, Hände> *f* ❶ main *f;* ***jdm die ~ geben*** *(geh)* donner la main à qn; ***etw zur ~ nehmen*** *(geh)* prendre qc; ***etw aus der ~ legen*** poser qc; ***mit der flachen ~*** du plat de la main; ***von ~ genäht*** cousu(e) à la main; ***Hände weg!*** bas les pattes! *fam* ❷ *(Seite)* ***linker/rechter ~*** à [main] gauche/droite ❸ *(Besitz, Obhut)* ***in jds Hände übergehen*** passer aux mains de qn; ***aus privater ~*** d'un particulier; ***bei jdm in guten Händen sein*** être en de bonnes mains avec qn; ***zu Händen [von] Herrn Peter Braun*** à l'attention de Monsieur Peter Braun ❹ *(Gewalt, Entscheidungsgewalt)* ***jdn völlig in der ~ haben*** tenir qn sous sa coupe; ***in der ~ von Entführern sein*** être aux mains de kidnappeurs; ***jdm in die Hände fallen*** *Person:* tomber aux mains de qn; ***in jds ~*** *dat* ***liegen*** *(geh)* dépendre de qn ▸ **man konnte die ~ nicht vor den Augen sehen** on n'y voyait goutte; **~ und Fuß haben** se tenir; **sich mit Händen und Füßen wehren** *(fam)* se défendre de toutes ses forces; **von der ~ in den Mund leben** vivre au jour le jour; **seine Hände in Unschuld waschen** s'en laver les mains; **freie ~ haben** avoir carte blanche; **jds rechte ~ sein** être le bras droit de qn; **eine ~ voll** une poignée; **alle Hände voll zu tun haben** avoir du travail par-dessus la tête; **etw fällt jdm in die Hände** qc tombe entre les mains/aux mains de qn; **jdm die ~ darauf geben** promettre qc à qn; **jdm zur ~ gehen** donner un coup de main à qn; **mit etw ~ in ~ gehen** aller de pair avec qc; **jdn an der ~ haben** *(fam)* avoir qn sous la main; [**klar**] **auf der ~ liegen** être clair comme de l'eau de roche; **zur ~ sein** être à disposition; **jdn auf Händen tragen** porter qn aux nues; **eine ~ wäscht die andere** un bienfait n'est jamais perdu; **an ~ einer S.** *gen* à l'aide de qc; **tausend Euro [bar] auf die ~ bekommen** *(fam)* recevoir mille euros cash; **unter der ~** *anbieten, verkaufen* sous le manteau

Handapparat *m (Titelauswahl)* ouvrages *mpl* de référence

Handarbeit *f* ❶ *kein Pl (Arbeit mit den Händen)* travail *m* manuel; ***in ~ hergestellt*** fabriqué(e) à la main ❷ *(Gegenstand)* ouvrage *m* fait à la main; *(kunstgewerblicher Gegenstand)* travail *m* artisanal; ***etw ist ~*** qc est fait(e) à la main ❸ *(Näh-, Strick-, Häkelarbeit)* travaux *mpl* d'aiguille ❹ *(fam: Handarbeitsunterricht)* [cours *m* de] couture *f* **Handball** *m* ❶ *kein Pl (Spiel)* handball *m;* ***~ spielen*** faire du handball ❷ *(Ball)* balle *f,* ballon *m*

Handballer(in) *m(f) (fam)* joueur, -euse *m, f* de hand

Handballspieler(in) *m(f)* handballeur, -euse *m, f*

Handbesen *s.* **Handfeger** **Handbetrieb** *m kein Pl* fonctionnement *m* manuel **Handbewegung** *f* geste *m* de la main **handbreit I.** *adj* large comme la main **II.** *adv* ***~ offen stehen*** *Fenster, Tür:* être ouvert d'une largeur de main **Handbremse** *f* frein *m* à main; *eines Fahrrads* frein **Handbuch** *nt* manuel *m*

Händchen <-s, -> *nt Dim von* **Hand** menotte *f;* ***~ halten*** *(fam)* se tenir par la main

Handcreme *f* crème *f* pour les mains

Händedruck ['hɛndədrʊk] <-drücke> *m* poignée *f* de main ▸ **goldener ~** *(üppige Abfindung)* parachute *m* doré

Handel ['handəl] <-s> *m* ❶ commerce *m;* ***~ treiben*** faire du commerce; ***etw in den ~ bringen*** mettre qc sur le marché; ***etw***

aus dem ~ ziehen retirer qc du commerce ❷ *(Abmachung, Geschäft)* marché *m*

handeln ['handəln] **I.** *vi* ❶ ***mit etw ~*** faire le commerce de qc ❷ *(feilschen)* ***um den Preis ~*** marchander le prix ❸ *(tätig sein)* agir ❹ *(vorgehen, verfahren)* ***richtig/falsch/egoistisch ~*** agir de manière correcte/incorrecte/égoïste ❺ *(zum Thema haben)* ***von jdm/etw ~*** traiter de qn/qc **II.** *vr unpers* ***bei dem Bild handelt es sich um eine Fälschung*** en ce qui concerne le tableau, il s'agit d'un faux **III.** *vt* ❶ ***an der Börse/für 50 Euro das Kilo gehandelt werden*** se négocier à la Bourse/pour 50 euros le kilo ❷ *(fig)* ***als Kandidat gehandelt werden*** être pressenti comme candidat

Handeln ['handəln] <-s> *nt* ❶ *(Handeltreiben)* ***das ~ mit Büchern*** le commerce des livres ❷ *(Feilschen)* marchandage *m* ❸ *(Tätigwerden)* réaction *f;* ***jetzt ist rasches ~ gefragt*** maintenant, il faut agir vite ❹ *(Vorgehen)* attitude *f*

Handelsabkommen *nt* accord *m* commercial **Handelsakademie** *f* A ≈ école *f* supérieure de commerce **Handelsbank** <-banken> *f* ÖKON banque *f* de commerce **Handelsbeschränkung** *f* restriction *f* commerciale **Handelsbeziehungen** *Pl* relations *fpl* commerciales **Handelsbilanz** *f einer Firma* bilan *m* commercial; *eines Staates* balance *f* commerciale **handelseinig** *adj* d'accord; ***mit jdm ~ werden/sein*** tomber/être d'accord avec qn **Handelsembargo** *nt* embargo *m* [commercial] **Handelsflotte** *f* marine *f* marchande **Handelsgesellschaft** *f* société *f* commerciale **Handelsgesetzbuch** *nt* ≈ code *m* de commerce **Handelshafen** *m* port *m* de commerce **Handelskammer** *f* chambre *f* de commerce **Handelsklasse** *f* [catégorie *f* de] qualité *f* **Handelsmarke** *f* marque *f* de fabrique **Handelspartner(in)** *m(f)* partenaire *mf* commercial(e) **Handelspolitik** *f* politique *f* commerciale **Handelsrecht** *nt* droit *m* commercial **Handelsregister** *nt* registre *m* du commerce **Handelsschiff** *nt* navire *m* de commerce **Handelsschule** *f* ≈ école *f* de commerce **Handelsspanne** *f* marge *f* commerciale **handelsüblich** *adj Gepflogenheit, Preis* conforme aux usages commerciaux; *Größe, Packung* courant(e) **Handelsvertreter(in)** *m(f)* représentant(e) *m(f)* de commerce **Handelsware** *f* marchandise *f*

händeringend ['ɛndərɪŋənd] **I.** *adj* désespéré(e) **II.** *adv* ❶ *bitten, flehen* en suppliant ❷ *(fam) benötigen, brauchen* absolument; *suchen* désespérément **Händeschütteln** <-s> *nt* poignée *f* de main **Händetrockner** *m* sèche-mains *m inv*

Handfeger ['hantfeːgɐ] *m* balayette *f* **Handfertigkeit** *f* dextérité *f* **handfest** *adj* ❶ *Person* solide; *Essen* consistant(e) ❷ *Streit, Prügelei* violent(e) ❸ *Beweis, Information* solide **Handfeuerwaffe** *f* arme *f* de poing **Handfläche** *f* paume *f* de la main **handgearbeitet** ['hantgəʔarbaitət] *adj* fait(e)-main **Handgelenk** *nt* poignet *m* **handgemacht** *adj* fait(e) à la main **Handgemenge** *nt* bagarre *f* **Handgepäck** *nt* bagages *mpl* à main **handgeschrieben** *adj* manuscrit(e) **handgestrickt** *adj (von Hand gestrickt)* tricoté(e) à la main **Handgranate** *f* grenade *f* [à main]

handgreiflich ['hantgraiflɪç] *adj* ❶ ***gegen jdn ~ werden*** en venir aux mains avec qn ❷ *Beweis, Erfolg* tangible

Handgreiflichkeiten *Pl* empoignade *f;* JUR voie *f* de fait; ***es kam zu ~*** il y a eu voie de fait

Handgriff *m* ❶ *(Aktion)* geste *m,* opération *f;* ***mit ein paar ~en*** en deux temps trois mouvements ❷ *(Griff)* poignée *f*

Handhabe *f* preuve *f;* ***gegen jdn eine/keine ~ haben*** avoir/ne pas avoir prise sur qn

handhaben ['hanthaːbən] *vt* ❶ *(bedienen)* manier, manipuler *Gerät, Apparat;* se servir de *Werkzeug;* commander *Fernseher, Videorecorder* ❷ *(anwenden)* appliquer *Gesetz, Vorschrift*

Handhabung <-> *f* ❶ *(Bedienung) eines Geräts* utilisation *m; eines Autos* maniement *m; eines Fernsehers, Videorecorders* commande *f* ❷ *(Anwendung) von Gesetzen* application *f*

Handicap, Handikap ['hɛndikɛp] <-s, -s> *nt a.* SPORT handicap *m*

händisch ['hɛndɪʃ] *adj* A, SDEUTSCH *(fam)* manuel(le)

Handkoffer *m* mallette *f* **Handkuss** *m* baisemain *m*

Handlanger(in) ['hantlaŋɐ] <-s, -> *m(f)* ❶ *(ungelernter Helfer)* manœuvre *m* ❷ *(pej: Erfüllungsgehilfe)* larbin *m*

Handlangerdienst *m* ***jdm ~e leisten*** être l'homme de main de qn

Handlauf *m* main *f* courante

Händler(in) ['hɛndlɐ] <-s, -> *m(f)* ❶ *(Fachhändler, Kleinhändler)* commer-

H

çant(e) *m(f)*; *(Großhändler)* négociant(e) *m(f)* ❷ *(Vertragshändler)* concessionnaire *mf*

hạndlich ['hantlɪç] *adj* pratique; *Auto* maniable

Hạndlichkeit <-> *f* maniabilité *f*

Hạndlung ['handlʊŋ] <-, -en> *f* ❶ *(Tat, Akt)* acte *m*; ***unbedachte/symbolische ~*** geste *m* irréfléchi/symbolique ❷ *(Geschehen) eines Buchs, Films, Theaterstücks* action *f*

Hạndlungsablauf *m* déroulement *m* de l'action **Hạndlungsbedarf** *m* urgence *f*; ***es besteht ~/kein ~*** il y a/n'y a pas urgence **Hạndlungsbevollmächtigte(r)** *f(m) dekl wie adj* JUR fondé(e) *m(f)* de pouvoir **hạndlungsfähig** *adj* JUR ayant capacité **Hạndlungsfähigkeit** *f kein Pl* JUR capacité *f* légale **Hạndlungsfreiheit** *f kein Pl* liberté *f* d'action **Hạndlungsspielraum** *m* marge *f* de manœuvre **hạndlungsunfähig** *adj* JUR frappé(e) d'incapacité **Hạndlungsunfähigkeit** *f* JUR incapacité *f* légale **Hạndlungsvollmacht** *f* procuration *f* commerciale **Hạndlungsweise** *f (Verhalten)* comportement *m*

H

Hạndmixer *m* mixeur *m*

Hand-out, Handout ['hɛntaʊ̯t] <-s, -s> *nt* feuillet *m*

Hạndpflege *f* manucure *f* **Hạndpuppe** *f* marionnette *f* **Hạndreichung** <-, -en> *f (Hilfeleistung)* coup *m* de main **Hạndrücken** *m* dos *m* de la main **Hạndrührgerät** *nt* batteur-mixeur *m* **Hạndschelle** *f meist Pl* menottes *fpl*; ***jdm ~n anlegen*** passer les menottes à qn **Hạndschlag** *m* poignée *f* de main; ***mit ~*** d'une poignée de main **Hạndschrift** ['hantʃrɪft] *f* ❶ *(Schrift)* écriture *f* ❷ *(Text)* manuscrit *m* **hạndschriftlich I.** *adj* ❶ *(von Hand geschrieben)* manuscrit(e) ❷ *(als Handschrift überliefert)* manuscrit(e) **II.** *adv* ❶ *sich bewerben* par écrit; ***etw ~ einfügen*** rajouter qc à la main ❷ *(in Form von Handschriften)* sous forme manuscrite **Hạndschuh** *m* gant *m*

Hạndschuhfach *nt* boîte *f* à gants

Hạndspiel *nt kein Pl* main *f* **Hạndstand** *m* poirier *m* **Hạndtasche** *f* sac *m* à main **Hạndtuch** <-tücher> *nt* serviette *f* [de toilette]; *(Frotteehandtuch)* serviette éponge

Hạndtuchhalter *m* porte-serviettes *m inv*

Hạndumdrehen ['hantʔʊmdreːən] ▶ **im** ~ en un tour de main **hạndverlesen** *adj (sorgfältig ausgewählt)* trié(e) sur le volet

Hạndvoll *s.* **Hand** ▶ **Hạndwäsche** *f* ❶ *(Waschvorgang)* lavage *m* à la main ❷ *kein Pl (Wäschestücke)* linge *m* à laver à la main

Hạndwerk *nt* ❶ *(Beruf)* métier *m* [manuel] ❷ *kein Pl (Berufsstand)* artisanat *m*

Hạndwerker(in) <-s, -> *m(f)* artisan(e) *m(f)*

hạndwerklich *adj* artisanal(e)

Hạndwerksbetrieb *m* entreprise *f* artisanale **Hạndwerkskammer** *f* chambre *f* des métiers **Hạndwerkszeug** *nt* outils *mpl*

Hạndwurzel *f* carpe *m*

Handy ['hɛndi] <-s, -s> *nt* portable *m*, mobile *m*

Handyhülle ['hɛndi-] *f (weiches Etui, fester Einband)* housse *f* pour téléphone portable; *(starre Schale)* coque *f* pour téléphone portable **Handynummer** *f* numéro *m* de portable [*o* de mobile]

Hạndzeichen *nt* signe *m* de la main

Hạndzettel *m* tract *m*

ha̱nebüchen *adj* inouï(e)

Hạnf [hanf] <-[e]s> *m* ❶ chanvre *m* ❷ *(Hanfsamen)* chènevis *m*

Hạng [haŋ, *Pl:* 'hɛŋə] <-[e]s, Hạ̈nge> *m* ❶ *(Abhang)* versant *m*; *eines Weinbergs* coteau *m* ❷ *kein Pl (Vorliebe)* penchant *m*

Hangar ['haŋgaːɐ̯, haŋ'gaːɐ̯] <-s, -s> *m* hangar *m*

Hạ̈ngebrücke *f* pont *m* suspendu **Hạ̈ngelampe** *f* lustre *m* **Hạ̈ngematte** *f* hamac *m*

hạ̈ngen[1] ['hɛŋən] <hịng, gehạngen> *vi* ❶ *Lampe, Bild, Vorhang:* être accroché; ***an der Decke/über dem Tisch ~*** être suspendu au plafond/au-dessus de la table; ***im Schrank ~*** être pendu dans l'armoire ❷ *(herunterhängen) Zweige:* pendre ❸ *(schweben)* ***über dem Wald ~*** *Nebel:* s'étendre sur la forêt; ***tief ~*** *Wolken:* être très bas; ***der Zigarettenrauch hängt noch im Zimmer*** la fumée de cigarettes flotte encore dans la pièce ❹ *(angebunden sein, befestigt sein)* ***an etw*** *dat* ~ être accroché à qc; *(angekoppelt sein)* être attelé à qc ❺ *(voll sein)* ***voller Mäntel ~*** être plein de manteaux; ***voller Kirschen ~*** être chargé de cerises ❻ *(sich verbunden fühlen)* ***an jdm/etw ~*** tenir à qn/qc ❼ *(sich neigen)* ***nach rechts/links ~*** pencher vers la droite/vers la gauche ❽ *(festhängen)* ***mit dem Ärmel/der Tasche an etw*** *dat* ~ être accroché à qc par sa manche/son sac ❾ *(haften)* ***an etw*** *dat* ~ *Schmutz:* adhérer à qc; *Blicke:* être fixé sur qc ⑩ *(fam: sitzen, stehen)* ***im Sessel ~*** s'avachir dans le fauteuil; ***vor dem Fernseher ~*** être collé devant la télé ⑪ *(abhängig sein)* ***an etw*** *dat* **~** dépendre de qc ⑫ *(gehenkt werden)* être pendu

hängen² ['hɛŋən] **I.** <hängte, gehängt> *vt* ① *(anbringen)* ***etw an die Wand/Decke ~*** accrocher qc au mur/au plafond ② *(aufbewahren)* ***etw auf einen Bügel/in den Schrank ~*** mettre qc sur un cintre/dans l'armoire ③ *(herunterhängen lassen)* ***die Arme ~ lassen*** laisser pendre les bras ④ *(baumeln lassen)* ***etw in etw*** *akk* **~** laisser pendre qc dans qc ⑤ *(anhängen, befestigen)* ***das Boot/den Wohnwagen ans Auto ~*** atteler le bateau/la caravane à la voiture ⑥ *(erhängen)* pendre **II.** *vr (sich festsetzen)* ***sich an jdn/etw ~*** *Qualle, Schmutz:* s'accrocher à qn/qc; ***sich ans Telefon ~*** *(fam)* se mettre au téléphone

hängen|bleiben *s.* **bleiben I. 5 hängen|lassen** <*PP* hängen[ge]lassen> *s.* **lassen I.** ▶ **Hängepartie** *f* ① SCHACH ajournement *m* ② *(fig)* [période *f* de] flottement *m*

Hängerkleid *nt* robe *f* housse

Hängeschrank *m* élément *m* du haut

Hanglage *f* terrain *m* en pente; ***ein Haus in ~*** une maison située sur un terrain en pente

Hannover [ha'no:fɐ] <-s> *nt* Hanovre

Hannoveraner [hanova'ra:nɐ] <-s, -> *m* *(Pferd)* hanovrien *m*

Hansaplast® [hanza'plast] <-[e]s> *nt* sparadrap *m*

Hansdampf [hans'dampf] ▶ **[ein] ~ in allen Gassen sein** *(fam)* être un touche-à-tout

Hanse ['hanze] <-> *f* Hanse *f*

Hanseat(in) [hanze'a:t] <-en, -en> *m(f)* HIST hanséate *mf*

hanseatisch [hanze'a:tɪʃ] *adj* ① *propre aux habitants des villes hanséatiques* ② HIST hanséatique

hänseln ['hɛnzəln] *vt* se moquer de; ***jdn wegen etw ~*** se moquer de qn à cause de qc

Hansestadt *f* ville *f* hanséatique

Land und Leute

La *Hanse* était à l'origine un regroupement de villes se trouvant sur les grands axes commerciaux. Le but des **Hansestädte** était de mieux réguler le commerce des marchandises. La *Hanse* allemande détint pendant 200 ans environ le monopole de l'activité commerciale sur la Baltique. De nos jours, sept villes du nord de l'Allemagne sont toujours appelées villes hanséatiques. Il s'agit de Brême, Greifswald, Hambourg, Lübeck, Rostock, Stralsund et Wismar.

Hanswurst ['hansvʊrst] <-e *o* -würste> *m* ① THEAT *figure comique du théâtre allemand du 18ème siècle* ② *(dummer Mensch)* guignol *m*

Hantel ['hantəl] <-, -n> *f* haltère *m*

hantieren* [han'ti:rən] *vi* bricoler; ***mit einem Werkzeug an etw*** *dat* **~** bricoler qc avec un outil; ***in der Küche ~*** s'affairer dans la cuisine

hapern *vi unpers (fam: nicht gut klappen)* ***in Mathe hapert es bei dir*** tu cafouilles en maths

Häppchen <-s, -> *nt Dim von* **Happen** *(Kleinigkeit)* bricole *f fam*

Happen ['hapən] <-s, -> *m (fam: Bissen, Kleinigkeit)* morceau *m*

happig ['hapɪç] *adj (fam) Preis, Rechnung* salé(e)

happy ['hɛpi] *adj (fam)* tout(e) content(e)

Happyend ['hɛpi'ʔɛnt] <-[s], -s>, **Happy End** <- -[s], - -s> *nt* happy end *m* **Happy Hour** ['hɛpi 'ʔaʊɐ] <- -, - -s> *f* happy-hour *m*

Härchen ['hɛ:ɐçən] <-s, -> *nt Dim von* **Haar** petit poil *m*

Hardcover ['ha:ɐtkavɐ] <-s, -s>, **Hard Cover** <- -s, - -s> *nt* livre *m* à couverture rigide

Hardliner(in) ['ha:ɐtlaɪnɐ] <-s, -> *m(f)* pur *m* [et dur]/pure *f* [et dure]

Hardware ['ha:ɐtvɛ:ɐ] <-, -s> *f* matériel *m*

Harem ['ha:rɛm] <-s, -s> *m* harem *m*

Harfe ['harfə] <-, -n> *f* harpe *f*; ***~ spielen*** jouer de la harpe

Harke ['harkə] <-, -n> *f bes.* NDEUTSCH râteau *m*

harken *vt bes.* NDEUTSCH ratisser

Harlekin <-s, -e> *m* arlequin *m*

harmlos ['harmlo:s] **I.** *adj* ① *Person, Tier* inoffensif, -ive; *Krankheit* bénin, -igne; *Droge, Wunde* anodin(e); *Kurve, Rennstrecke* sans danger ② *(arglos)* anodin(e) **II.** *adv* ① *(ungefährlich)* ***~ beginnen*** *Streit:* débuter de manière anodine; ***~ verlaufen*** *Krankheit:* évoluer de manière bénigne ② *(arglos)* sans penser à mal

Harmlosigkeit <-, -en> *f einer Person* caractère *m* inoffensif; *einer Droge* innocuité *f*

H

Harmonie [harmo'ni:] <-, -ien> *f* harmonie *f*

Harmonielehre *f* MUS harmonie *f*

harmonieren* [harmo'ni:rən] *vi* ① MUS s'accorder ② *(zueinander passen)* ***miteinander ~*** aller bien ensemble; *(miteinander auskommen)* s'entendre bien

Harmonika [har'mo:nika] <-, -s *o* Harmoniken> *f* *(Ziehharmonika)* accordéon *m*

harmonisch [har'mo:nɪʃ] **I.** *adj* harmonieux, -euse **II.** *adv* harmonieusement; *verlaufen, zusammenleben* dans l'harmonie; ***nicht sehr ~ klingen*** *Musik:* ne pas être très harmonieux

harmonisieren* [harmoni'zi:rən] *vt* harmoniser; ***die Preise ~*** harmoniser les prix

Harmonium [har'mo:ni̯ʊm] <-s, -nien> *nt* harmonium *m*

Harn [harn] <-[e]s, -e> *m* urine *f*

Harnblase *f* vessie *f*

Harnisch <-[e]s, -e> *m* HIST armure *f*

Harnleiter *m* uretère *m* **Harnröhre** *f* urètre *m* **Harnstoff** *m* urée *f* **harntreibend** **I.** *adj* diurétique **II.** *adv* ~ ***wirken*** avoir un effet diurétique

Harpune [har'pu:nə] <-, -n> *f* harpon *m*

harpunieren* [harpu'ni:rən] *vt* harponner

harren ['harən] *vi (geh)* attendre; ***er harrte ihrer*** *gen* il l'attendait

Harsch [harʃ] <-[e]s> *m* neige *f* tôlée

hart [hart] <härter, härteste> **I.** *adj* ① *(nicht weich)* dur(e); *Matratze, Stoßdämpfer* ferme; *Kontaktlinsen* rigide ② *(heftig)* brutal(e) ③ *Klang, Akzent* rude ④ *Auseinandersetzung* véhément(e) ⑤ *Droge* dur(e) ⑥ *Pornografie, Film* hard ⑦ *Person* endurci(e); ~ ***werden*** s'endurcir ⑧ *Währung* fort(e) ⑨ *Person, Worte, Strafe, Gesetz* dur(e); *Winter* rigoureux, -euse ⑩ *Zeiten, Schlag* dur(e); *Schicksal, Tatsache* cruel(le); ***es ist ~ für jdn, dass*** c'est dur pour qn de voir que ⑪ *Arbeit* dur(e); *Verhandlung* difficile ▶ **~ im Nehmen sein** [bien] encaisser *fam* **II.** *adv* ① *schlafen* sur quelque chose de dur ② *fallen* brutalement; *aufprallen, zuschlagen, geraten* violemment; ***~ durchgreifen*** sévir; ***jdn ~ treffen*** *Kritik, Verlust:* toucher durement qn ③ *(streng)* durement ④ *arbeiten* dur ⑤ *(unmittelbar)* ***~ an der Grenze des Erlaubten sein*** être à la limite de la légalité

Härte ['hɛrtə] <-, -n> *f* ① *eines Metalls* trempe *f* ② *(Kalkgehalt)* dureté *f* ③ *kein Pl (Wucht)* force *f* ④ *kein Pl (Stabilität) einer Währung* force *f* ⑤ *kein Pl (Strenge, Unerbittlichkeit) eines Gesetzes, einer Maßnahme* dureté *f; von Auseinandersetzungen* véhémence *f; des Lebens* rigueur *f* ▶ **das ist die ~!** *(fam: das ist unerhört)* c'est le bouquet!; *(das ist super)* c'est génial!

Härtefall *m* ① cas *m* social extrême ② *(fam: Mensch)* cas *m* difficile *péj* **Härtegrad** *m* degré *m* de dureté

härten *vt* tremper *Metall*

Härtetest *m* test *m* [de résistance]

hartgekocht *s.* **kochen II. 1** **Hartgeld** *nt* pièces *fpl* [de monnaie] **hartgesotten** *adj* ***ein ~er Bursche*** un dur [à cuire] *fam* **hartherzig** *adj Person* insensible

Hartherzigkeit <-, -en> *f* ① *kein Pl (Gefühllosigkeit)* insensibilité *f* ② *(Tat)* acte *m* impitoyable **Hartholz** *nt* bois *m* dur **Hartkäse** *m* fromage *m* à pâte dure

hartnäckig ['hartnɛkɪç] **I.** *adj* ① *Person* persévérant(e); *Widerstand* acharné(e); *Schweigen* têtu(e) ② *Erkältung* tenace **II.** *adv* avec persévérance; *schweigen* avec entêtement

Hartnäckigkeit <-> *f* ① *(Beharrlichkeit)* persévérance *f; (pej)* entêtement *m* ② *(Langwierigkeit)* ténacité *f*

Hartwurst *f* saucisson *m*

Hartz IV [ha:ɐ̯ts'fi:ɐ̯] Hartz IV *(revenu minimum alloué aux chômeurs de longue durée)*

Harz¹ [ha:ɐ̯ts] <-es, -e> *nt* BOT résine *f*

Harz² [ha:ɐ̯ts] <-es> *m* GEOG ***der ~*** le Harz

Harzer ['ha:ɐ̯tsɐ] <-s, -> *m* fromage *m* du Harz

harzig ['ha:ɐ̯tsɪç] *adj Holz* résineux, -euse

Hasch [haʃ] <-[s]> *nt (fam)* hasch *m*

Haschee [ha'ʃe:] <-s, -s> *nt* hachis *m*

haschen ['haʃən] *vi (fam: Haschisch rauchen)* fumer du hasch, fumer le bédo

Haschisch ['haʃɪʃ] <-[s]> *nt o m* haschich *m,* haschisch *m*

Hase ['ha:zə] <-n, -n> *m* ① *(Tier, Fleisch)* lièvre *m* ② DIAL *(Kaninchen)* lapin *m* ▶ **ein alter ~ sein** *(fam)* être un vieux routier

Haselnuss *f* noisette *f*

Hasenbraten *m* rôti *m* de lièvre **Hasenfuß** *m (fam)* poule *f* mouillée **Hasenscharte** *f* bec-de-lièvre *m*

Hashtag <-s, -s> ['hæʃtæg] *nt* INFORM hashtag *m*

Hass [has] <-es> *m* haine *f* ▶ **einen ~ auf jdn haben** *(fam)* en vouloir à mort à qn; **einen ~ auf jdn kriegen** piquer une crise contre qn

hassen ['hasən] *vt* ① *(verabscheuen)* haïr *Person, Ideologie* ② *(nicht mögen)* détester; ***es ~, etw zu tun*** avoir horreur de faire qc

hasserfüllt *adj* haineux, -euse

Hasskriminalität *f kein pl* crime *m* de haine

hässlich ['hɛslɪç] **I.** *adj* ❶ laid(e) ❷ *Ausdruck, Fluch, Wort* méchant(e) ❸ *(unerfreulich)* regrettable; *Streit* désagréable **II.** *adv* ❶ *geschminkt, angezogen* mal ❷ *(gemein)* mal; ***~ von jdm sprechen*** dire du mal de qn

Hässlichkeit <-> *f* laideur *f*

Hassliebe *f* mélange *m* d'amour et de haine **Hassprediger(in)** *m(f)* prêcheur *m* de haine

hast *2. Pers Präs von* **haben**

Hast [hast] <-> *f* hâte *f;* ***ohne ~*** tranquillement; ***voller ~*** à la hâte

hasten ['hastən] *vi + sein (geh)* se hâter; ***zum Bus ~*** courir au bus

hastig I. *adj Bewegung* précipité(e); *Schritte* pressé(e); *Essen* rapide; *Befehl, Erklärung* bref, -ève; ***nicht so ~!*** pas si vite! **II.** *adv* précipitamment

hat [hat] *3. Pers Präs von* **haben**

hätscheln *vt (liebkosen)* dorloter

hatschi *interj* atchoum

hatte ['hatə] *Imp von* **haben**

Haube ['haubə] <-, -n> *f* ❶ *(Kopfbedeckung)* coiffe *f* ❷ *(Trockenhaube)* casque *m* ❸ *(Motorhaube)* capot *m*

Hauch [haux] <-[e]s, -e> *m (geh)* ❶ *(Atem)* souffle *m* ❷ *(Luftzug)* souffle *m* ❸ *(Duft)* ***ein ~ von Flieder*** des effluves de lilas ❹ *(Anflug)* ***ein ~ von Ironie*** un soupçon d'ironie; ***der ~ eines Lächelns*** l'ombre d'un sourire ❺ *(Flair)* ***der ~ von Abenteuer*** un parfum d'aventure

hauchdünn ['haux'dʏn] **I.** *adj Scheibe* mince; *Stoff* vaporeux, -euse; *Mehrheit, Sieg* [très] juste **II.** *adv schneiden* en tranche[s] très fine[s]; *auftragen* en couche[s] très fine[s]

hauchen ['hauxən] **I.** *vi* souffler; ***gegen/in etw*** *akk* ~ souffler contre/dans qc **II.** *vt* ***eine Antwort ~*** murmurer une réponse dans un souffle; ***jdm etw ins Ohr ~*** chuchoter qc à l'oreille de qn

Haue ['hauə] <-, -n> *f* ❶ *kein Pl (fam: Prügel)* raclée *f;* ***~ kriegen*** prendre une raclée ❷ SDEUTSCH, A, CH *(Hacke)* houe *f*

hauen[1] ['hauən] <haute *o* hieb, gehauen *o fam:* gehaut> **I.** *vt + haben (schlagen, verprügeln)* cogner ▶ **jdm eine ~** en coller une à qn **II.** *vi + haben* cogner; ***er hat ihm anerkennend auf die Schulter gehauen*** il lui a tapé avec approbation sur l'épaule

hauen[2] ['hauən] <haute, gehauen *o* DIAL gehaut> **I.** *vt + haben* ❶ *(schlagen)* ***ein Loch/einen Nagel in die Wand ~*** faire un trou/enfoncer un clou dans le mur ❷ *(herstellen)* ***eine Statue in Marmor ~*** tailler une statue dans le marbre **II.** *vi + sein (fam)* ***mit dem Kopf gegen etw ~*** se cogner la tête contre qc **III.** *vr + haben (fam)* ❶ *(sich prügeln)* ***sich ~*** se tabasser ❷ *(sich werfen)* ***sich aufs Sofa/in den Sessel ~*** s'écrouler sur le canapé/dans le fauteuil

Hauer ['hauɐ] <-s, -> *m (Eckzahn)* défense *f*

Häufchen ['hɔyfçən] <-s, -> *nt Dim von* **Haufen** petit tas *m*

Haufen ['haufən] <-s, -> *m* ❶ tas *m;* ***alles auf einen ~ werfen*** jeter tout en tas ❷ *(fam: große Menge, Menschenschar)* tas *m;* ***ein ~ Kinder*** un tas d'enfants ❸ *(fam: Gruppe)* bande *f;* ***ein wilder ~*** une bande de fripouilles ▶ **etw über den ~ werfen** *(fam)* mettre qc au panier

häufen ['hɔyfən] **I.** *vt* entasser *Vorräte;* cumuler *Ämter;* ***sich*** *dat* ***Reis auf den Teller ~*** entasser du riz sur son assiette **II.** *vr* ***sich ~*** *Abfall, Müll:* s'entasser; *Fälle, Vorkommnisse:* se répéter

haufenweise *adv* ❶ en tas ❷ *(fam: in großer Zahl)* en masse

Haufenwolke *f* cumulus *m*

häufig ['hɔyfɪç] **I.** *adj* fréquent(e) **II.** *adv* fréquemment, souvent

Häufigkeit <-, -en> *f* fréquence *f*

Häuflein <-s, -> *nt s.* **Häufchen**

Häufung <-, -en> *f von Ämtern* cumul *m*

Haupt [haupt, *Pl:* 'hɔyptɐ] <-[e]s, Häupter> *nt (geh)* ❶ tête *f;* ***etw mit bloßem ~ tun*** faire qc nu-tête ❷ *(zentrale Figur)* tête *f*

Hauptakzent *m* LING accent *m* principal ▶ **den ~ auf etw legen** mettre l'accent sur qc **Hauptaltar** *m* maître-autel *m* **hauptamtlich** *adj Tätigkeit* professionnel(le) **Hauptargument** *nt* argument *m* principal **Hauptaugenmerk** *nt* attention *f* particulière; ***sein ~ auf etw/jdn richten*** accorder sa plus grande attention à qc/qn **Hauptausgang** *m* sortie *f* principale **Hauptbahnhof** *m* gare *f* centrale **Hauptbelastungszeuge, -zeugin** *m, f* JUR témoin *m* principal à charge **Hauptberuf** *m* activité *f* [professionnelle] principale **hauptberuflich I.** *adj* ***~e Tätigkeit*** principale activité *f* professionnelle **II.** *adv* ***was***

H

machen Sie ~? que faites-vous comme métier? **Hauptbestandteil** *m* composant *m* essentiel; ***etw in seine ~e zerlegen*** démonter qc **Hauptdarsteller(in)** *m(f)* premier rôle *m* **Haupteingang** *m* entrée *f* principale

Häuptel ['hɔyptəl] <-s, -[n]> *nt* A tête *f*

Hauptfach *nt* matière *f* principale **Hauptfeldwebel** *m* adjudant-chef *m* **Hauptfigur** *f* figure *m* de proue **Hauptgang** <-gänge> *m* ❶ *(Speise)* plat *m* de résistance ❷ ARCHIT couloir *m* central **Hauptgebäude** *nt* bâtiment *m* central **Hauptgericht** *nt* plat *m* de résistance **Hauptgeschäftszeit** *f* heures *fpl* d'affluence **Hauptgewinn** *m* gros lot *m* **Hauptgrund** *m* raison *f* principale **Hauptlast** *f* charge *f* principale **Hauptleute** *Pl von* **Hauptmann**

Häuptling ['hɔyptlɪŋ] <-s, -e> *m* chef *m* de tribu

Hauptmahlzeit *f* repas *m* principal **Hauptmann** <-leute> *m* MIL capitaine *m* **Hauptmenü** *nt* INFORM menu *m* principal **Hauptperson** *f* ❶ THEAT personnage *m* principal ❷ *(tonangebende Person)* vedette *f; (wichtigste Person)* personnage *m* central **Hauptpost** *f,* **Hauptpostamt** *nt* poste *f* centrale **Hauptproblem** *nt* problème *m* principal **Hauptquartier** *nt* quartier *m* général **Hauptreisezeit** *f* période *f* des grands départs **Hauptrolle** *f* premier rôle *m; **in etw** dat **die ~ spielen*** *Schauspieler:* jouer le premier rôle dans qc **Hauptsache** *f* ***die ~*** le principal; ***~, du bleibst*** l'important, c'est que tu restes; ***in der ~*** essentiellement

hauptsächlich ['hauptzɛçlɪç] **I.** *adj Anliegen, Problem* capital(e), principal(e) **II.** *adv* surtout

Hauptsaison *f* haute saison *f* **Hauptsatz** *m (übergeordneter Satz)* proposition *f* principale **Hauptschalter** *m* ❶ guichet *m* principal ❷ ELEC commutateur *m* central **Hauptschlagader** *f* aorte *f* **Hauptschlüssel** *m* passe-partout *m*

Hauptschulabschluss *m brevet sanctionnant la “Hauptschule”*

Hauptschuld *f kein Pl* responsabilité *f* principale **Hauptschuldige(r)** *f(m) dekl wie adj* principal fautif *m* /principale fautive *f*

Hauptschule *f établissement scolaire entre l'école primaire et la formation professionnelle, surtout artisanale, qui propose des cours plus simples que la “Realschule”*

Land und Leute

Dans certains Länder allemands, la **Hauptschule**, type d'école qui n'existe plus en France, propose après l'école primaire un enseignement professionnel orienté vers la pratique. Après l'obtention du *Hauptschulabschluss*, vers 15 ou 16 ans, les élèves doivent trouver une place d'apprenti, nécessaire pour la plupart des emplois. Le nombre des **Hauptschulen** en Allemagne a énormément baissé au cours des dernières années car ce type de scolarité a été remplacé par de nouvelles formes de cursus scolaires dans certains états fédéraux *Bundesländer*.

Hauptschüler(in) *m(f) élève de “Hauptschule”* **Hauptschullehrer(in)** *m(f) professeur de “Hauptschule”* **Hauptschwierigkeit** *f* difficulté *f* majeure **Hauptseminar** *nt cours pour étudiants du deuxième cycle*

Hauptsendezeit *f* heures *fpl* de grande écoute **Hauptspeicher** *m* INFORM mémoire *f* centrale **Hauptspeise** *f* A plat *m* principal **Hauptstadt** *f* capitale *f* **Hauptstraße** *f* rue *f* principale **Hauptstrecke** *f (Straße)* grand axe *m; (Bahnstrecke)* grande ligne *f* **Hauptstudium** *nt* UNIV études *fpl* de deuxième cycle **Hauptteil** *m* majeure partie *f* **Hauptthema** *nt* sujet *m* principal **Hauptursache** *f* cause *f* principale **Hauptverhandlung** *f* audience *f* principale **Hauptverkehrsstraße** *f (innerhalb/außerhalb einer Ortschaft)* rue *f* /route *f* à grande circulation **Hauptverkehrszeit** *f* heures *fpl* de pointe **Hauptversammlung** *f* assemblée *f* générale **Hauptwaschgang** *m* [cycle *m* de] lavage *m* **Hauptwerk** *nt* KUNST, LITER chef-d'œuvre *m* **Hauptwohnsitz** *m* résidence *f* principale **Hauptwort** <-wörter> *nt* nom *m,* substantif *m*

hau ruck ['hau'rʊk] *interj **~!*** Oh! Hisse!

Haus [haus, *Pl:* 'hɔyzɐ] <-es, Häuser> *nt* ❶ *(Wohnhaus)* maison *f; (mehrstöckiges Wohnhaus)* immeuble *m; **ins ~ gehen/kommen*** aller/venir à la maison ❷ *(Wohnung, Zuhause)* ***aus dem ~ gehen*** sortir de chez soi; ***nach ~e gehen/kommen*** rentrer [à la maison]; ***jdn nach ~e bringen*** raccompagner qn chez lui/elle; ***bei ihr zu ~e*** chez elle; ***zu ~e ist es doch am schönsten!*** c'est encore chez soi qu'on est le mieux!; ***etw ins ~ liefern*** *(fam)* livrer qc à domicile ❸ *(Familie)* ***die Dame/die Tochter des ~es*** la maîtresse de maison/la fille de la maison; ***aus gutem ~e*** de bonne famille ❹ *(Dynastie)* ***das ~ Habsburg*** la maison des Habsbourg ❺ *(geh: Firma)* maison *f;* ***im ~e sein*** être dans l'établissement; ***außer ~[e] sein*** être à l'extérieur ❻ *(Schneckenhaus)* coquille *f* ❼ *(fam: Mensch, Freund)* ***na, altes ~!*** *(fam)* alors, vieille branche! ▶ **das europäische** ~ la construction européenne; **das Weiße** ~ la Maison-Blanche; **sich bei jdm wie zu ~e fühlen** se sentir chez qn comme chez soi; ***fühl dich/fühlen Sie sich wie zu ~e!*** fais comme chez toi/faites comme chez vous!; **in Hamburg zu ~e sein** être [originaire] de Hambourg

Hausangestellte(r) *f(m)* employé(e) *m(f)* de maison **Hausapotheke** *f* pharmacie *f* **Hausarbeit** *f* ❶ *(Arbeit im Haushalt)* travaux *mpl* ménagers ❷ UNIV ***[wissenschaftliche]*** ~ mémoire *m* **Hausarrest** *m* *(Strafe für ein Kind)* privation *f* de sortie; ***~ haben*** être privé de sortie **Hausarzt, -ärztin** *m, f* médecin *m* de famille **Hausaufgabe** *f* devoirs *mpl* [à faire à la maison] ▶ **seine ~n machen** *Schüler:* faire ses devoirs; *(fig)* bien apprendre sa leçon *hum*

hausbacken ['hausbakən] *adj* vieillot(te) **Hausbar** *f (Teil eines Wohnzimmerschranks)* élément-bar *m* **Hausbau** <-bauten> *m* construction *f* de la maison/de l'immeuble **Hausbesetzer(in)** *m(f)* squatte[u]r *m* **Hausbesetzung** *f* squat *m* **Hausbesitzer(in)** *m(f)* propriétaire *mf* [de la maison/de l'immeuble] **Hausbesorger(in)** [hausbəzɔrgɐ] A *s.* **Hausmeister(in)** **Hausbesuch** *m* ❶ MED visite *f* à domicile ❷ ADMIN contrôle *m* à domicile **Hausbewohner(in)** *m(f)* occupant(e) *m(f)* [de l'immeuble] **Hausboot** *nt* péniche *f* aménagée; *(Tourismus)* house-boat *m*

Häuschen ['hɔysçən] <-s, -> *nt Dim von* **Haus** petite maison *f* ▶ **ganz aus dem ~ sein** *(fam)* être [tout] tourneboulé

Hausdurchsuchung *f* perquisition *f*

hauseigen *adj (hoteleigen)* privé(e)

Hauseigentümer(in) *s.* **Hausbesitzer(in)** **Hauseinfahrt** *f* porte *f* cochère **Hauseingang** *m* entrée *f*

hausen ['hauzən] *vi (pej fam: wohnen)* crécher; ***in einer Bruchbude ~*** crécher dans une turne

Häuserblock ['hɔyzɐblɔk] *m* pâté *m* de maisons **Häuserfront** *f* alignement *m* de façades **Häuserreihe** *f,* **Häuserzeile** *f* rangée *f* de maisons

Hausflur *m* vestibule *m* **Hausfrau** *f* ❶ femme *f* au foyer ❷ A, SDEUTSCH *(Zimmerwirtin)* logeuse *f* **Hausfreund** *m* *(Freund der Familie)* ami *m* de la famille **Hausfriedensbruch** *m* violation *f* de domicile **Hausgebrauch** ▶ **für den ~** *(für durchschnittliche Ansprüche)* pour ce que qu'il veut/je veux/... en faire **Hausgeburt** *f* accouchement *m* à domicile **hausgemacht** ['hausgəmaxt] *adj Brot, Marmelade* [fait(e)] maison **Hausgemeinschaft** *f* communauté *f* des occupants de l'immeuble

Haushalt ['haushalt] <-[e]s, -e> *m* ❶ *(Familie, Personengruppe)* foyer *m;* ***ein großer/kleiner ~*** une grande/petite famille ❷ ***jdm den ~ führen*** tenir la maison de qn ❸ *(Etat)* budget *m*

haus|halten *vi irr (fig)* ***mit seinen Kräften ~*** ménager ses forces

Haushälter(in) <-s, -> *m(f)* intendant(e) *m(f);* ***die ~in des Pfarrers*** la gouvernante du curé

haushälterisch ['haushɛltərɪʃ] **I.** *adj (sparsam)* économe **II.** *adv nutzen* de façon économe

Haushaltsartikel *m* article *m* ménager **Haushaltsausschuss** *m* ÖKON, POL commission *f* budgétaire **Haushaltsdebatte** *f* débat *m* budgétaire **Haushaltsführung** *f* tenue *f* de la maison; ***doppelte ~*** frais *mpl* de double résidence **Haushaltsgeld** *nt* argent *m* du ménage **Haushaltsgerät** *nt* ustensile *m* ménager **Haushaltshilfe** *f* aide *f* familiale **Haushaltsjahr** *nt* année *f* budgétaire **Haushaltskasse** *f kein Pl* caisse *f* du ménage **Haushaltsmittel** *Pl* fonds *mpl* budgétaires **Haushaltsplan** *m* état *m* prévisionnel **Haushaltswaren** *Pl* articles *mpl* ménagers

Haushaltung *f (form: Haushalt)* foyer *m*

Hausherr(in) *m(f)* maître, -esse *m, f* de maison **haushoch** ['haus'ho:x] **I.** *adj* ❶ *Mauer, Flammen* immense; *Kran, Lkw* énorme ❷ *Favorit, Sieger* grandissime *fam; Niederlage, Sieg* écrasant(e) **II.** *adv* de façon écrasante; *gewinnen* haut la main

hausieren* [hau'zi:rən] *vi* colporter; ***mit etw ~*** colporter qc

Hausierer(in) <-s, -> *m(f)* colporteur, -euse *m, f*

Hauslehrer(in) *m(f)* précepteur, -trice *m, f*

häuslich ['hɔyslɪç] *adj Person* casanier, -ière; *Frieden, Glück, Harmonie* familial(e);

H

Arbeiten, Pflichten ménager, -ère; *Angelegenheiten* privé(e)
Häuslichkeit <-> *f* côté *m* casanier
Hausmacherart ▶ **nach** ~ à l'ancienne
Hausmann <-männer> *m* homme *m* au foyer **Hausmeister(in)** *m(f)* concierge *mf* **Hausmittel** *nt* remède *m* de grand-mère **Hausmüll** *m* ordures *fpl* ménagères **Hausmusik** *f* concert *m* en famille **Hausnummer** *f* numéro *m* **Hausordnung** *f* règlement *m* intérieur **Hauspost** *f* courrier *m* interne **Hausrat** *m kein Pl* biens *mpl* mobiliers
Hausratversicherung *f* assurance *f* mobilière
Hausrecht *nt* JUR droit *m* de jouissance légale **Hausschlüssel** *m* clé *f* de la maison **Hausschuh** *m* chausson *m*
Hausse ['ho:s(ə)] <-, -n> *f* FIN hausse *f*; ***auf ~ spekulieren*** spéculer à la hausse
Haussegen ▶ **der ~ hängt bei jdm schief** *(hum fam)* il y a de l'eau dans le gaz chez qn
haussieren *vi* FIN *Markt, Börse:* être en hausse
Haussuchung *s.* **Hausdurchsuchung** **Haustelefon** *nt* interphone *m* **Haustier** *nt* animal *m* domestique **Haustür** *f* porte *f* d'entrée **Hausverbot** *nt* interdiction *f* d'entrer **Hausverwalter(in)** *m(f)* gérant(e) *m(f)* de l'immeuble **Hausverwaltung** *f (Institution)* gérance *f* de l'immeuble **Hauswirt(in)** *m(f)* logeur, -euse *m, f* **Hauswirtschaft** *f* économie *f* domestique; *(Hauswirtschaftslehre)* enseignement *m* ménager **Hauswirtschafter(in)** <-s, -> *m(f)* intendant(e) *m(f)*
Haut [haut, *Pl:* 'hɔytə] <-, Häute> *f* peau *f*; ***trockene/empfindliche ~*** peau sèche/sensible; ***viel ~ zeigen*** *(hum)* dévoiler beaucoup de choses ▶ **mit heiler ~ davonkommen** *(fam: unverletzt)* s'en tirer sans une égratignure; *(ungestraft)* s'en sortir sans dommage; **nass bis auf die ~** trempé(e) jusqu'aux os; **aus der ~ fahren** *(fam)* sortir de ses gonds
Hautabschürfung *f* éraflure *f* **Hautarzt, -ärztin** *m, f* dermatologue *mf* **Hautausschlag** *m* éruption *f* **Hautcreme** *f* crème *f*
häuten ['hɔytən] **I.** *vt* retirer la peau de *Fisch;* écorcher *Hasen* **II.** *vr* ***sich*** ~ muer
hauteng ['hautɛŋ] **I.** *adj* moulant(e) **II.** *adv* ~ ***anliegen*** coller à la peau
Hautfarbe *f* couleur *f* de peau
hautfarben *adj* couleur chair *inv*
Hautkontakt *m* contact *m* corporel **Hautkrankheit** *f* maladie *f* de peau **Hautkrebs** *m* cancer *m* de la peau **hautnah** **I.** *adj Kontakt* corps contre corps **II.** *adv* ❶ *(sehr nah)* collé(e)s l'un(e) à l'autre ❷ *(fam) darstellen, schildern* en collant à la réalité; *miterleben* de tout près; *vermitteln* de façon palpable **Hautpflege** *f* soins *mpl* de peau
Häutung <-, -en> *f* mue *f*
Havarie [hava'ri:] <-, -ien> *f* NAUT accident *m* de navigation
Haxe ['haksə] SDEUTSCH *s.* **Hachse**
Hbf. *Abk von* **Hauptbahnhof** gare *f* centrale
H-Bombe ['ha:bɔmbə] *f* bombe *f* H
h.c. [ha:'tse:] *Abk von* **honoris causa** honoris causa
HD-Diskette [ha:'de:dɪs'kɛtə] *f* INFORM disquette *f* haute densité
HDTV [ha:de:te:'fau] <-s> *nt Abk von* **High Definition Television** télévision *f* HD
H-Dur ['ha:-] <-> *nt* si *m* majeur
heavy ['hɛvi] *adj (fam)* ~ ***sein*** être dingue
Heavymetal ['hɛvi'mɛtl] <-> *nt* heavy metal *m*
Hebamme ['he:pʔamə] <-, -n> *f* sage--femme *f*
Hebebühne *f* pont *m* élévateur
Hebel ['he:bəl] <-s, -> *m* levier *m*; ***einen ~ betätigen*** actionner un levier ▶ **alle ~ in Bewegung setzen** *(fam)* mettre tout en œuvre; **am längeren ~ sitzen** *(fam)* tenir les commandes
heben ['he:bən] <hob, gehoben> **I.** *vt* ❶ lever *Hand, Arm, Bein, Kopf* ❷ *(hochheben)* soulever ❸ *(bergen)* mettre au jour ❹ *(verbessern)* rehausser *Ansehen;* remonter *Stimmung, Selbstbewusstsein;* relever *Niveau* ❺ *(fam: trinken)* ***einen*** ~ boire un coup; ***einen auf etw*** *akk* ~ arroser qc; ***gern einen*** ~ lever bien le coude **II.** *vr* ***sich*** ~ *Vorhang, Schranke:* se lever; *Brust, Deckel:* se soulever **III.** *vi (Lasten heben)* soulever de lourdes charges
Hebräer(in) [he'brɛ:ɐ] <-s, -> *m(f)* Hébreu *m* /Juive *f*
hebräisch [he'brɛ:ɪʃ] **I.** *adj* hébraïque **II.** *adv* ~ ***miteinander sprechen*** discuter en hébreu; *s. a.* **deutsch**
Hebräisch <-[s]> *nt kein Art* hébreu *m*; *s. a.* **Deutsch**
Hebung <-, -en> *f (in der Dichtkunst)* accent *m*
hecheln ['hɛçəln] *vi* ❶ *(schnell atmen)* haleter ❷ *(fam: herziehen)* ***über jdn/etw*** ~ baver sur qn/qc

Hecht [hɛçt] <-[e]s, -e> *m* brochet *m*
Hechtsprung *m* saut *m* en extension
Heck [hɛk] <-[e]s, -e *o* -s> *nt eines Autos* arrière *m; eines Schiffs* poupe *f; eines Flugzeugs* queue *f*
Heckantrieb *m* traction *f* arrière
Hecke ['hɛkə] <-, -n> *f* haie *f*
Heckenrose *f (Busch)* églantier *m* **Heckenschere** *f (elektrisch)* taille-haie *m* **Heckenschütze, -schützin** *m, f* franc-tireur *m*
Heckfenster *nt* lunette *f* arrière **Heckklappe** *f* hayon *m* **Heckleuchte** *f* feu *m* arrière **Heckmotor** *m* moteur *m* [à l']arrière **Heckscheibe** *f* vitre *f* arrière
Heckscheibenheizung *f* dégivrage *m* de la vitre arrière **Heckscheibenwischer** *m* essuie-glace *m* arrière
Heckspoiler *m* spoiler *m* arrière
Heer [heːɐ̯] <-[e]s, -e> *nt* ❶ MIL armée *f; (Bodenstreitkräfte)* armée de terre ❷ *(große Anzahl)* ***ein ~ von Touristen/Heuschrecken*** une armée de touristes/une nuée de sauterelles
Hefe ['heːfə] <-, -n> *f* levure *f; (Backhefe für Kuchen)* levure [fraîche] de boulanger; *(Trockenhefe)* levure chimique
Hefekuchen *m* gâteau *m* à la pâte levée **Hefepilz** *m* levure *f* **Hefeteig** *m* pâte *f* levée **Hefeweizen** *m* bière *f* blanche de froment **Hefezopf** *m* brioche *f* tressée
Heft [hɛft] <-[e]s, -e> *nt* ❶ *(Schreibheft)* cahier *m* ❷ *(Zeitschrift)* revue *f; (einzelne Ausgabe)* numéro *m*
Heftchen ['hɛftçən] <-s, -> *nt Dim von* **Heft** ❶ *(Schreibheft)* carnet *m* ❷ *(pej)* journal *m* illustré
heften ['hɛftən] **I.** *vt* ❶ *(befestigen)* ***etw an die Tür/Wand ~*** fixer qc sur la porte/au mur ❷ *(nähen)* faufiler; *(mit Nadeln feststecken)* épingler ❸ *(klammern)* brocher **II.** *vr* ***sich auf jdn/etw ~*** *Blick, Augen:* se fixer sur qn/qc
Hefter <-s, -> *m (Mappe)* classeur *m*
heftig ['hɛftɪç] **I.** *adj Person, Schmerz, Schlag* violent(e); *Erkältung, Schneefall* fort(e); ***~ werden*** *Person:* s'emporter **II.** *adv* ❶ *nicken, dementieren* avec véhémence; *wettern, sich streiten* violemment ❷ *aufprallen, schlagen* avec violence; *schneien* fortement
Heftigkeit <-> *f (Intensität)* violence *f*
Heftklammer *f* ❶ agrafe *f* ❷ *(Büroklammer)* trombone *m* **Heftmaschine** *f* agrafeuse *f* **Heftpflaster** *nt* sparadrap *m*
Heftroman *m* LITER roman *m* à quatre sous
Heftzwecke <-, -n> *f* punaise *f*

Hegemonie [hegemo'niː] <-, -ien> *f* hégémonie *f*
hegen ['heːgən] *vt* ❶ prendre soin de *Garten, Pflanzen;* ***Wild ~*** gérer un territoire de chasse ❷ *(geh)* avoir *Wunsch, Hoffnung, Zweifel;* ***Abneigung/Groll/einen Verdacht gegen jdn ~*** nourrir une aversion/un ressentiment/un soupçon contre qn
Hehl [heːl] *nt o m* ▶ **kein[en] ~ aus etw machen** ne pas faire mystère de qc
Hehler(in) ['heːlɐ] <-s, -> *m(f)* receleur, -euse *m, f*
Hehlerei <-, -en> *f* recel *m*
Heide[1] ['hai̯də] <-, -n> *f* ❶ lande *f* ❷ *kein Pl s.* **Heidekraut**
Heide[2] ['hai̯də] <-n, -n> *m* REL païen *m*
Heidekraut *nt* bruyère *f* **Heideland** *nt* lande *f*
Heidelbeere ['hai̯dəlbeːrə] *f* myrtille *f*
Heidenangst *f kein Pl (fam)* peur *f* bleue **Heidengeld** *nt kein Pl (fam)* argent *m* fou; ***ein ~ kosten*** coûter la peau des fesses **Heidenrespekt** *m (fam)* respect *m* religieux **Heidenspaß** *m (fam)* ***jdm einen ~ machen*** faire vachement plaisir à qn; ***das war ein ~!*** c'était le pied!
Heidentum <-s> *nt* paganisme *m*
Heidin ['hai̯dɪn] <-, -nen> *f* païenne *f*
heidnisch ['hai̯dnɪʃ] **I.** *adj* païen(ne) **II.** *adv* en païen(ne)
heikel ['hai̯kəl] *adj (schwierig)* délicat(e)
heil [hai̯l] *adj Person, Gegenstand* intact(e); ***~ sein*** *Person:* être sain et sauf, être indemne; *Glieder, Knochen:* ne pas avoir subi de dommage
Heil [hai̯l] <-s> *nt (Wohlergehen)* bien-être *m; (Glück)* bonheur *m; (seelisches Heil)* salut *m*
Heiland ['hai̯lant] <-[e]s, -e> *m* Sauveur *m*
Heilbad *nt* station *f* thermale
heilbar *adj* curable
Heilbarkeit <-> *f* curabilité *f*
Heilbutt *m* flétan *m*
heilen ['hai̯lən] **I.** *vi + sein Wunde, Bruch:* guérir **II.** *vt* guérir *Person, Krankheit* ▶ **von jdm/etw geheilt sein** *(hum)* être guéri de qn/qc **Heilfasten** *nt* jeûne *m*
heilfroh ['hai̯l'froː] *adj (fam)* ***~ sein*** être vachement content
heilig ['hai̯lɪç] *adj* ❶ *Ort, Stätte* sacré(e); *Kommunion, Sakrament, Taufe* saint(e); ***der ~e Benedikt*** saint Benoît; ***die Heilige Jungfrau Maria*** la Sainte Vierge ❷ *(unantastbar)* ***jdm ist etw ~*** qc est sacré pour qn ❸ *(geh) Stille, Schauer, Scheu, Pflicht* sacré(e); *Eid* solennel(le); *Eifer* saint(e)

H

❹ *(fam) Zorn* saint(e) *antéposé; Respekt* [sacro-]saint(e) *antéposé; Not* sacré(e) *antéposé fam* ▶ **jdm ist nichts ~** qn n'a de respect pour rien

Heiligabend [haɪlɪç'ʔaːbənt] *m (Abend des 24. Dezembers)* soir *m* de Noël; *(Feier)* réveillon *m* de Noël

Heilige(r) *f(m) dekl wie adj* saint(e) *m(f)*

heiligen ['haɪlɪgən] *vt* ❶ *(weihen)* consacrer; ***geheiligt*** sacré(e) ❷ *(heilighalten)* sanctifier

Heiligenschein *m* auréole *f*

Heiligkeit <-> *f kein Pl* ***Eure/Seine ~*** Votre/Sa Sainteté

heilig|sprechen *vt irr* ***jdn ~*** canoniser qn

Heiligsprechung *f* canonisation *f*

H

Heiligtum ['haɪlɪçtuːm, *Pl:* -tyːmɐ] <-s, -tümer> *nt* sanctuaire *m* ▶ **das ist sein/ihr ~** *(fam)* il/elle y tient comme à la prunelle de ses yeux

Heilkraft *f* vertus *fpl* curatives **Heilkraut** *nt meist Pl* simple *f* **Heilkunde** <-> *f (geh)* médecine *f*

heillos I. *adj* terrible **II.** *adv* terriblement

Heilmittel *nt* remède *m* **Heilpflanze** *f* plante *f* officinale **Heilpraktiker(in)** *m(f)* guérisseur, -euse *m, f* [reconnu(e) par l'État] **Heilquelle** *f* source *f* thermale

heilsam *adj* salutaire

Heilsarmee *f kein Pl* Armée *f* du Salut

Heilung ['haɪlʊŋ] <-, -en> *f* ❶ *eines Kranken, einer Krankheit* guérison *f* ❷ *einer Wunde* cicatrisation *f*

Heilungsprozess *m* processus *m* de guérison

Heilverfahren *nt (Behandlungsmethode)* thérapeutique *f*

heim [haɪm] *adv* à la maison

Heim [haɪm] <-[e]s, -e> *nt* ❶ *(Zuhause)* domicile *m* ❷ *(Seniorenheim)* foyer *m* de personnes âgées ❸ *(Erziehungsheim)* foyer *m* [éducatif] ❹ *(Erholungsheim)* maison *f* de repos; *(Kindererholungsheim)* centre *m*

Heimarbeit *f* travail *m* à domicile **Heimarbeiter(in)** *m(f)* travailleur, -euse *m, f* à domicile

Heimat ['haɪmaːt] <-, -en> *f* ❶ pays *m* [natal] ❷ *(Zufluchtstätte)* refuge *m* ❸ *(Herkunftsland) eines Tiers, einer Pflanze* pays *m* d'origine

Heimatanschrift *f* adresse *f* [à la maison] **Heimatdichter(in)** *m(f)* poète *m* /poétesse *f* du terroir **Heimatdorf** *nt* village *m* natal **Heimatfilm** *m* film *m* régionaliste *(sur les mœurs villageoises)* **Heimatkunde** <-> *f* étude *f* du patrimoine local **Heimatland** *nt* pays *m* [natal]

heimatlich *adj* ❶ *(zur Heimat gehörend)* du pays, de son/mon/... pays [natal] ❷ *Gerüche, Düfte, Klänge* du pays

heimatlos *adj* apatride

Heimatlose(r) *f(m) dekl wie adj* apatride *mf*

Heimatmuseum *nt* musée *m* local **Heimatort** *m* lieu *m* d'origine **Heimatschein** *m* CH reconnaissance *f* du droit de cité **Heimatstadt** *f* ville *f* natale **Heimatvertriebene(r)** *f(m) dekl wie adj* expulsé(e) *m(f)*

heim|bringen *vt irr* ***jdn ~*** ramener qn chez lui/elle

Heimchen ['haɪmçən] ▶ **~ am Herd** *(pej)* ménagère *f* popote *fam*

Heimcomputer *m* ordinateur *m* familial

heimelig ['haɪməlɪç] *adj* douillet(te)

heim|fahren *irr* **I.** *vi + sein* rentrer à la maison **II.** *vt + haben* ***jdn ~*** reconduire qn à la maison **Heimfahrt** *f* [trajet *m* du] retour *m* **heim|finden** *vi irr* retrouver le chemin de la maison **heim|gehen** *vi irr + sein* rentrer chez soi **Heimindustrie** *f* industrie *f* à domicile

heimisch ['haɪmɪʃ] *adj* ❶ *(einheimisch)* local(e); *Bevölkerung* autochtone ❷ *(vertraut)* ***sich ~ fühlen*** se sentir chez soi

Heimkehr ['haɪmkeːɐ̯] <-> *f* ❶ retour *m* [à la maison] ❷ *(Rückkehr ins Heimatland)* retour *m* au pays

heim|kehren ['haɪmkeːrən] *vi + sein* ❶ rentrer; ***ihr seid schon heimgekehrt?*** vous êtes déjà de retour? ❷ *(in das Heimatland zurückkehren)* retourner dans son pays

Heimkind *nt* enfant *mf* de la D.A.S.S.

Heimkino *nt (Filmvorführung)* cinéma *m* à domicile **heim|kommen** *vi irr + sein* rentrer [chez soi] **Heimleiter(in)** *m(f)* directeur, -trice *m, f*

heimlich ['haɪmlɪç] **I.** *adj* ❶ *(geheim)* secret, -ète ❷ *Blick, Geste* furtif, -ive ❸ *(inoffiziell)* occulte **II.** *adv* ❶ *(unbemerkt)* en cachette; *zusagen, abmachen* en secret ❷ *ansehen* furtivement

Heimlichkeit <-, -en> *f* ❶ *kein Pl (heimliche Art)* caractère *m* secret; ***in aller ~*** dans le plus grand secret ❷ *(Geheimnis)* secret *m;* ***immer diese ~en*** toujours ces cachotteries

Heimlichtuer(in) <-s, -> *m(f) (pej)* cachottier, -ière *m, f fam*

Heimlichtuerei [haɪmlɪçtuːə'raɪ] <-, -en> *f (pej)* cachotterie *f souvent pl* **Heimniederlage** *f* SPORT défaite *f* à domicile

Heimreise *f* [trajet *m* du] retour *m* **Heim-**

sieg *m* SPORT victoire *f* à domicile **Heimspiel** *nt* match *m* à domicile

heim|suchen *vt* ❶ *(überfallen)* s'abattre sur ❷ *(bedrängen)* ***jdn*** ~ *Alpträume, Wahnvorstellungen:* hanter qn

Heimtrainer [-trɛːnɐ] *m* home-trainer *m*

Heimtücke ['haimtʏkə] *f kein Pl* ❶ *(heimtückische Art)* perfidie *f* ❷ *einer Krankheit* caractère *m* insidieux

heimtückisch ['haimtʏkɪʃ] **I.** *adj* ❶ *(tückisch)* perfide ❷ *Krankheit, Erreger* insidieux, -euse **II.** *adv* perfidement

Heimvorteil *m kein Pl* avantage *m* du terrain/de la salle

heimwärts ['haɪmvɛrts] *adv* à la maison; *sich begeben, ziehen* vers son domicile [*o* sa maison] **Heimweg** *m kein Pl* [trajet *m* du] retour *m;* ***auf dem*** ~ sur le chemin du retour **Heimweh** <-s> *nt* mal *m* du pays; ~ ***bekommen/haben*** attraper/avoir le mal du pays **Heimwerker(in)** <-s, -> *m(f)* bricoleur, -euse *m, f*

heim|zahlen *vt* faire payer; ***jdm etw*** ~ faire payer qc à qn

Heinrich <-s> *m* ❶ Henri *m* ❷ HIST ~ ***IV.*** Henri IV

Heinzelmännchen ['haintsəlmɛnçən] *nt* lutin *[qui fait le travail pendant la nuit]*

Heirat ['haira:t] <-, -en> *f* mariage *m;* ~ ***aus Liebe/Vernunftgründen*** mariage d'amour/de raison; ***unstandesgemäße*** ~ mésalliance *f*

heiraten ['haira:tən] **I.** *vt* épouser *Mann, Frau* **II.** *vi* se marier

Heiraten <-s> *nt* mariage *m;* ***du bist noch zu jung zum*** ~**!** tu es encore trop jeune pour te marier!

Heiratsantrag *m* demande *f* en mariage

Heiratsanzeige *f* ❶ *(Mitteilung)* faire-part *m* de mariage ❷ *(Annonce zur Partnersuche)* annonce *f* matrimoniale **heiratsfähig** *adj* en âge de se marier **Heiratsschwindler(in)** *m(f)* escroc *m* au mariage **Heiratsurkunde** *f* acte *m* de mariage **Heiratsvermittlung** *f (Institut)* agence *f* matrimoniale

heiser ['haizɐ] **I.** *adj Person, Stimme* enroué(e); *Laut, Bellen* rauque **II.** *adv* ***sich*** ~ ***reden/schreien*** parler/crier à en perdre la voix

Heiserkeit <-> *f* enrouement *m*

heiß [hais] **I.** *adj* ❶ *(sehr warm)* [très] chaud(e); *(zu warm)* brûlant(e); *Flüssigkeit* bouillant(e); *Klima, Luft, Sonne, Tag* torride; ***kochend*** ~ bouillant; ***jdm etw*** ~ ***machen*** chauffer qc à qn; ***es ist brütend*** ~ il fait une chaleur d'étuve ❷ *(heftig, innig)* ardent(e) ❸ *(fam) Musik* qui chauffe; *Bild, Film* excitant(e) ❹ *(fam: aus kriminellen Aktionen)* qui brûle les doigts ❺ *Punkt, Problem, Thema* brûlant(e) ❻ *attr (fam: aussichtsreich)* tout(e) premier, -ière *antéposé; Spur, Fährte* très sérieux, -euse ❼ *(fam) Person, Kleidungsstück, Anlage* du tonnerre ❽ *(fam) Wagen, Motorrad* qui décoiffe ❾ *(fam) Tier* en chaleur **II.** *adv* ❶ *(sehr warm)* très chaud; ~ ***laufen*** *Motor:* chauffer; *Achse, Lager, Kolben:* s'échauffer ❷ *(fam)* ~ ***laufen*** *(nicht stillstehen) Telefon:* ne pas arrêter de sonner; *Faxgerät, Fernschreiber:* tourner à fond ❸ *ersehnen, lieben, wünschen* ardemment ▸ **es geht** ~ **her** *(fam)* ça chauffe

heißblütig ['haisbly:tɪç] *adj* ❶ *(impulsiv)* fougueux, -euse ❷ *(leidenschaftlich)* passionné(e)

heißen ['haisən] <hieß, geheißen> **I.** *vi* ❶ ***Paul/Brigitte*** ~ s'appeler Paul/Brigitte; ***wie heißt du/*** ~ ***Sie?*** comment tu t'appelles/vous vous appelez?; ***ich heiße Karin*** je m'appelle Karin; ***wie soll das Baby*** ~**?** quel sera le [pré]nom du bébé? ❷ *(bedeuten)* ***das heißt, dass …*** cela veut dire que …; ***was soll das*** ~**?** qu'est-ce que ça signifie? ❸ *(lauten)* ***„ja" heißt auf Japanisch „hai"*** "oui" se dit "hai" en japonais; ***das gesuchte Sprichwort heißt folgendermaßen: …*** le proverbe qu'il fallait trouver est le suivant: … ▸ **das heißt** *(in anderen Worten)* c'est-à-dire; *(beziehungsweise)* ou plutôt **II.** *vi unpers* ❶ *(zu lesen sein)* ***in der Zeitung/bei Goethe heißt es …*** il est dit dans le journal/chez Goethe …; ***wie heißt es doch so schön, …*** comme on dit si bien, … ❷ *(geh: nötig sein)* ***nun heißt es handeln!*** maintenant, il faut agir! ❸ *(behauptet werden, verlauten)* ***es heißt, dass …*** on dit que …, il paraît que …

heißgeliebt *s.* **geliebt**

Heißhunger *m* fringale *f;* ~ ***auf etw*** *akk* ***haben*** avoir une fringale de qc *fam;* ***mit*** ~ avec voracité **heißhungrig I.** *adj* affamé(e) **II.** *adv* voracement

Heißluft *f* air *m* chaud

Heißluftballon *m* montgolfière *f* **Heißluftherd** *m* four *m* à chaleur tournante

heißumkämpft *s.* **umkämpft**

Heißwasserbereiter <-s, -> *m* chauffe-eau *m inv* **Heißwasserspeicher** [hais'vasɐʃpaiçɐ] *m* cumulus *m* [d'eau chaude]

heiter ['haitɐ] *adj* ❶ *(fröhlich)* gai(e) ❷ *Wetter* clair(e); *Himmel* dégagé(e); *Tag* beau, belle; ***es wird wieder*** ~ le temps va se remettre au beau; ~ ***bis wolkig*** beau avec quelques passages nuageux ▶ **das kann ja ~ werden!** *(iron)* ça promet!

Heiterkeit <-> *f* ❶ *(heitere Stimmung)* gaieté *f* ❷ *(Belustigung)* hilarité *f*

heizbar *adj Haus* chauffable

Heizdecke *f* couverture *f* chauffante

heizen ['haitsən] **I.** *vi* chauffer; ***mit Öl ~*** se chauffer au fioul; ***gut/schlecht geheizt sein*** être bien/mal chauffé; ***sie hat gut geheizt*** c'est bien chauffé chez elle **II.** *vt* chauffer *Wohnung, Zimmer*

Heizkessel *m* chaudière *f* **Heizkissen** *nt* coussin *m* chauffant **Heizkörper** *m* radiateur *m* **Heizkosten** *Pl* frais *mpl* de chauffage **Heizlüfter** <-s, -> *m* radiateur *m* soufflant **Heizofen** *m* radiateur *m* d'appoint **Heizöl** *nt* mazout *m* **Heizpilz** *m* chauffage *m* de terrasse **Heizstrahler** *m* radiateur *m* infrarouge

Heizung <-, -en> *f* ❶ *(Zentralheizung)* chauffage *m* [central] ❷ *(fam: Heizkörper)* radiateur *m*

Heizungsanlage *f* installation *f* de chauffage **Heizungskeller** *m* chaufferie *f* **Heizungsmonteur(in)** [-mɔntøːɐ̯] *m(f)* chauffagiste *m*

Hektar ['hɛktaːɐ̯] <-s, -e> *nt o m* hectare *m*

Hektik ['hɛktɪk] <-> *f* agitation *f;* ***nur*** [*o* ***bloß***] ***keine ~!*** *(fam)* pas d'affolement!, y a pas le feu au lac!

hektisch ['hɛktɪʃ] **I.** *adj Person, Zeit, Leben* agité(e); *Atmosphäre* fébrile; *Geschäfte* houleux, -euse; ***nur mal nicht so ~!*** *(fam)* pas de panique! **II.** *adv leben, essen* avec précipitation; *reagieren, eröffnen, schließen* nerveusement; ***hier geht es sehr ~ zu*** il y a une grande agitation ici

Hektoliter [hɛkto'liːtɐ] *m o nt* hectolitre *m*

Held(in) ['hɛlt] <-en, -en> *m(f)* héros *m* / héroïne *f*

Heldenepos *nt* épopée *f*

heldenhaft *adj* héroïque

Heldensage *f* légende *f* héroïque, épopée *f*

Heldentat *f* exploit *m* **Heldentod** *m (geh)* mort *f* héroïque; ***den ~ sterben*** mourir en héros [*o* au champ d'honneur]

Heldentum <-s> *nt* héroïsme *m*

Heldin *s.* **Held(in)**

helfen ['hɛlfən] <hilft, half, geholfen> *vi* ❶ *(unterstützen)* ***jdm ~*** aider qn; ***kann ich Ihnen ~?*** puis-je vous être utile? ❷ *(nützen)* ***jdm ~*** rendre service à qn; ***das hilft mir wenig*** ça ne me sert pas à grand-chose ❸ MED ***jdm ~*** *Arzt:* venir en aide à qn; *Medikament:* faire de l'effet à qn; ***gegen Husten ~*** agir contre la toux

Helfer(in) <-s, -> *m(f)* ❶ assistant(e) *m(f);* ***die freiwilligen ~ vom Roten Kreuz*** les secouristes volontaires de la Croix rouge ❷ *(Komplize)* complice *mf* ▶ **ein ~ in der Not** un bon Samaritain

Helfershelfer(in) *m(f) (pej)* acolyte *m*

Helgoland <-s> Helgoland

Helikopter <-s, -> *m* hélicoptère *m*

Helium ['heːliʊm] <-s> *nt* CHEM hélium *m*

hell [hɛl] **I.** *adj* ❶ *Raum, Wohnung* clair(e); ***es wird ~*** il commence à faire jour; ***es bleibt lange/länger ~*** il fait clair longtemps/plus longtemps ❷ *Licht* vif, vive; *Lampe, Beleuchtung, Glanz* lumineux, -euse; *Farbe, Rot* clair(e) ❸ *Stimme, Gesang* clair(e) ❹ *(aufgeweckt)* futé(e) *fam;* ***ein ~er Junge*** un petit futé ❺ *attr (rein)* total(e); ***~er Neid*** pure jalousie **II.** *adv (hoch)* ***~ klingen*** avoir des sonorités aiguës; ***ihr Gesang tönte ~ und klar*** son chant résonnait haut et clair

hellblau *adj* bleu clair *inv;* ***~e Söckchen*** des socquettes bleu clair **hellblond I.** *adj Person* aux cheveux blond clair; *Haare* blond clair *inv* **II.** *adv färben* en blond clair **hellbraun** *adj* marron clair *inv; Haare* châtain clair *inv*

helle *adj* DIAL ***~ sein*** être futé; ***sie ist ganz schön ~!*** *(fam)* c'est une petite futée!

Helle(s) *nt dekl wie adj* [bière *f*] blonde *f*

Heller <-s, -> *m* HIST ≈ denier *m*

hellgrün *adj* vert clair *inv* **hellhäutig** ['hɛlhɔɪ̯tɪç] *adj* clair(e) de peau **hellhörig** ['hɛlhøːrɪç] *adj Haus, Wohnung* sonore ▶ **~ werden** dresser l'oreille

Helligkeit <-, -en> *f* ❶ *kein Pl eines Raumes, einer Wohnung* clarté *f* ❷ *(Lichtstärke)* clarté *f; eines Sterns* luminosité *f*

helllicht ['hɛllɪçt] *adj* ***am ~en Tag*** en plein jour **hellrot** *adj* rouge clair *inv* **hellsehen** *vi nur Infin* ***~ können*** avoir le don de double vue **Hellseher(in)** ['hɛlzeːɐ] *m(f)* voyant(e) *m(f)* **hellwach** ['hɛl'vax] *adj* ***~ sein*** être bien réveillé

Helm [hɛlm] <-[e]s, -e> *m* casque *m; eines Ritters* heaume *m*

Hemd [hɛmt] <-[e]s, -en> *nt* chemise *f* ▶ **nass bis aufs ~** trempé(e) jusqu'aux os; **sich ins ~ machen** *(fam)* faire dans son froc

Hemdbluse *f* chemisier *m*

Hemdkragen *m* col *m* de chemise

Hemdsärmel *m* manche *f* de chemise

hemdsärmelig *adj (fam)* familier, -ière

Hemisphäre *f* hémisphère *m*

hemmen ['hɛmən] *vt* ❶ *(ein Hemmnis sein)* entraver ❷ freiner *Maschine, Rad* ❸ PSYCH inhiber *Person;* ***sehr gehemmt sein*** être très complexé

Hemmnis <-ses, -se> *nt,* **Hemmschuh** <-[e]s, -e> *m* obstacle *m*

Hemmschwelle *f* blocage *m;* ***~n/eine ~ abbauen*** vaincre des blocages/un blocage

Hemmung <-, -en> *f meist Pl* PSYCH inhibition *f;* ***~en haben*** avoir des scrupules ▶ **nur keine ~en!** ne te gêne/vous gênez pas!

hemmungslos I. *adj* ❶ *(zügellos)* dépourvu(e) de retenue ❷ *(skrupellos)* sans scrupules II. *adv* ❶ *(zügellos)* sans aucune retenue ❷ *(skrupellos)* sans scrupules

Hemmungslosigkeit <-> *f* ❶ *(Zügellosigkeit)* perte *f* de retenue; ***völlige ~*** la perte de toute retenue ❷ *(Skrupellosigkeit)* absence *f* de scrupules

Hendl ['hɛndl] <-s, -[n]> *nt* A poulet *m* rôti

Hengst [hɛŋst] <-[e]s, -e> *m (Pferd)* étalon *m*

Henkel ['hɛŋkəl] <-s, -> *m* anse *f*

Henker ['hɛŋkɐ] <-s, -> *m* bourreau *m*

Henna ['hɛna] <-> *f,* <-[s]> *nt* henné *m*

Henne ['hɛnə] <-, -n> *f* ❶ *(Haushuhn)* [poule *f*] pondeuse *f* ❷ *(weiblicher Hühnervogel)* poule *f*

Hepatitis <-, -titiden> *f* hépatite *f*

her [heːɐ̯] *adv* ❶ *(hierher)* par ici!; ***~ damit!*** *(fam)* file/filez-moi ça!; *(gib's zurück)* rends-moi/rendez-moi ça!; ***~ mit dem Geld!*** envoie/envoyez la monnaie! ❷ *(zeitlich)* ***drei Monate ~ sein*** dater d'il y a trois mois; ***das ist schon lange ~*** ça fait déjà longtemps; ***ich kenne ihn von früher ~*** je le connais d'autrefois ❸ *(räumlich)* ***wo sind Sie ~?*** vous êtes d'où?; ***hinter jdm/etw ~ sein*** être à la poursuite de qn/qc; *(fig)* courir après qn/chercher qc ❹ *(hinsichtlich)* ***von der Planung/Zeit ~*** pour ce qui est de la planification/du temps; ***von der Technik ~*** d'un point de vue technique

herab [hɛ'rap] *adv (geh)* ***von den Bergen ~*** du haut des montagnes

herab|blicken *s.* **herabsehen** **herab|fließen** *vi unreg + sein* descendre; ***von etw ~*** descendre de qc; ***den Hang ~*** *Bach:* dévaler la pente **herab|hängen** [hɛ'raphɛŋən] *vi irr* pendre; ***von etw ~*** pendre de qc **herab|lassen** *vr irr (gnädigerweise tun)* ***sich [dazu] ~ etw zu tun*** condescendre à faire qc

herablassend I. *adj* condescendant(e) II. *adv* avec condescendance

Herablassung <-> *f* condescendance *f*

herab|mindern *vt* minimiser *Gefahr*

herab|sehen *vi irr* ❶ *(abschätzig betrachten)* ***auf jdn/etw ~*** regarder qn/qc de haut ❷ *(geh: heruntersehen)* ***auf jdn/etw ~*** abaisser son regard sur qn/qc **herab|setzen** *vt* ❶ *(reduzieren)* baisser *Preis, Artikel;* réduire *Kosten, Geschwindigkeit, Druck* ❷ *(herabmindern)* déprécier **herabsetzend** I. *adj Bemerkung* condescendant(e) II. *adv* ***sich über jdn/etw ~ äußern*** porter un jugement méprisant sur qn/qc **Herabsetzung** *f des Rentenalters* abaissement *m* **herab|steigen** *vi irr + sein (geh)* descendre **herab|würdigen** I. *vt* rabaisser II. *vr* ***sich ~*** s'abaisser **Herabwürdigung** <-, -en> *f einer Person* dénigrement *m; einer Leistung* dépréciation *f*

heran [hɛ'ran] *adv* ***links ~!*** serre/serrez à gauche!

heran|fahren *vi irr + sein* s'approcher; ***an etw*** *akk* ***~*** s'approcher de qc; ***rechts/links ~*** serrer à droite/à gauche **heran|führen** *vt (einweihen)* ***jdn an etw*** *akk* ***~*** initier qn à qc **heran|gehen** *vi irr + sein (hingehen)* s'approcher; ***an jdn/etw ~*** s'approcher de qn/qc **heran|kommen** *vi irr + sein* ❶ *(sich nähern)* [s']approcher; ***an jdn/etw ~*** [s']approcher de qn/qc; ***an jdn ~*** *(in Kontakt kommen)* pouvoir approcher qn; *(gleichwertig sein)* arriver au niveau de qn ❷ *(heranreichen)* ***an etw*** *akk* ***~*** pouvoir atteindre qc; ***an das Geld ~*** pouvoir disposer de l'argent, ***an die Informationen ~*** pouvoir obtenir les informations ▶ **sie lässt nichts an sich ~** rien ne la touche **heran|lassen** *vt irr (das Nahekommen dulden)* laisser approcher; ***jdn/etw an sich*** *akk* ***~*** laisser approcher qn/qc de soi **heran|machen** *vr (fam)* ***sich an jdn ~*** accoster qn **heran|nahen** *vi + sein (geh)* se préparer **heran|reichen** *vi* arriver; ***bis an etw*** *akk* ***~*** *Gelände:* arriver jusqu'à qc **heran|reifen** *vi + sein (geh) Person, Plan:* mûrir **heran|rücken** I. *vi + sein Termin:* approcher II. *vt + haben* approcher *Möbel* **heran|schleichen** *unreg* I. *vi + sein* se glisser; ***an jdn/etw ~*** se glisser jusqu'à qn/qc II. *vr + haben* ***sich an jdn/etw ~*** se glisser jusqu'à qn/qc **heran|tasten** *vr (sich nähern)* ***sich an jdn/etw ~*** avancer à tâtons jusqu'à qn/qc **heran|treten** *vi irr + sein (sich nähern)* s'approcher; ***an jdn/etw ~*** s'approcher de qn/qc **heran|wachsen** *vi irr + sein (geh)*

H

zum Mann/zur Frau ~ devenir un homme/une femme

Heranwachsende *Pl* jeunes gens *mpl (entre 18 et 21 ans)*

heran|wagen *vr* ❶ *(heranzukommen wagen)* ***sich an jdn*** ~ oser s'approcher de qn ❷ *(sich zu beschäftigen wagen)* ***sich an etw*** *akk* ~ oser s'attaquer à qc **heran|ziehen** *vt irr + haben* ❶ *(näher holen)* attirer; ***jdn zu sich*** ~ attirer qn vers soi; ***etw zu sich*** ~ rapprocher qc de soi ❷ *(einsetzen)* ***einen Sachverständigen zu etw*** ~ faire appel à un expert pour qc ❸ *(anführen)* alléguer *Paragrafen, Quelle;* ***etw zum Vergleich*** ~ prendre quelque chose à titre d'exemple ❹ *(aufziehen)* élever *Kind, Tier;* faire pousser *Pflanze;* ***[sich*** *dat]* ***eine Nachfolgerin*** ~ former une collaboratrice pour en faire son successeur

herauf [hɛˈrauf] **I.** *adv* ❶ ***von unten*** ~ depuis le bas ❷ *(fam: nach Norden)* ***von München ~ nach Stuttgart ziehen*** venir de Munich pour monter s'installer à Stuttgart **II.** *präp +akk* ***den Berg/die Treppe*** ~ en gravissant la montagne/en montant les escaliers

herauf|beschwören* *vt irr* ❶ évoquer *Erinnerung, Vergangenheit* ❷ provoquer *Unglück, Krise* **herauf|kommen** *vi irr + sein (von unten kommen)* monter **herauf|laden** *vt irr* INET télécharger **herauf|setzen** *vt* relever *Gebühren, Preis, Mindestalter* **herauf|steigen** *irr* **I.** *vi + sein (geh)* ❶ *(nach oben steigen)* ***zu jdm*** ~ monter à côté de qn ❷ *(aufsteigen) Nebel:* monter **II.** *vt + sein* ***einen Berg/die Treppe*** ~ gravir une montagne/monter les escaliers **herauf|ziehen** *vi irr + sein Gewitter:* se lever

heraus [hɛˈraus] **I.** *adj* ❶ *(herausoperiert)* ~ ***sein*** *Blinddarm, Mandeln, Splitter:* être retiré ❷ *(entschieden sein)* ***ist eigentlich schon ~, wann ...?*** sait-on déjà quand ...? ❸ *(entwachsen)* ***aus der Schule ~ sein*** être sorti du système scolaire; ***aus dem Alter ~ sein, in dem man das tut*** avoir passé l'âge de faire cela; ***aus diesem Alter bin ich*** ~ ce n'est plus de mon âge ❹ *(gesagt)* ~ ***sein*** être dit; *Bemerkung:* être fait **II.** *adv* ❶ ~***!*** dehors!; ~ ***da!*** *(fam)* fous-moi/foutez-moi le camp de là!; ~ ***mit ihm!*** *(fam)* fiche-le/fichez-le moi dehors!; ***hier ~!*** sors/sortez par ici! ❷ *(aufgrund)* ***aus Neugier*** ~ par curiosité

heraus|arbeiten *vt* faire ressortir *Unterschiede* **heraus|bekommen*** *vt irr* ❶ *(entfernen)* réussir à enlever; ***den Fleck aus dem Hemd*** ~ réussir à enlever la tache de la chemise; ***den Nagel aus der Wand*** ~ réussir à extraire le clou du mur ❷ *(herausfinden)* réussir à trouver ❸ *(ausgezahlt bekommen)* ***Sie bekommen noch drei Euro heraus*** je dois vous rendre trois euros **heraus|bilden** *vr* ***sich*** ~ prendre forme; ***sich aus etw*** ~ prendre forme à partir de qc

heraus|brechen *unreg* **I.** *vt + haben* extraire; ***etw aus etw*** ~ extraire qc de qc **II.** *vi + sein* ***der Zorn/die Wut brach aus ihm heraus*** il explosa de colère/rage; ***es brach aus ihm heraus*** cela le fit exploser

heraus|bringen *vt irr* ❶ *(nach draußen bringen)* apporter dehors; ***jdm etw*** ~ apporter qc dehors à qn ❷ *(auf den Markt bringen)* ***etw*** ~ sortir qc [sur le marché] ❸ sortir *Buch, Theaterstück;* ***jdn ganz groß*** ~ *(fam)* faire percer qn ❹ *(fam: hervorbringen)* sortir *Antwort, Wort;* émettre *Ton, Krächzen* ❺ *s.* **herausbekommen**

heraus|drehen *vt* dévisser; ***etw aus etw*** ~ dévisser qc de qc

heraus|drücken *vt* ❶ extraire [en pressant]; ***etw*** ~ extraire qc [en pressant]; ***die Zahnpasta aus der Tube*** ~ presser le tube pour en extraire le dentifrice ❷ *(vorwölben)* bomber *Brust, Bauch* **heraus|fahren** *irr* **I.** *vi + sein* sortir **II.** *vt + haben* sortir *Auto* **heraus|fallen** *vi irr* tomber; ***aus etw*** ~ tomber de qc

heraus|filtern *vt* ❶ filtrer; ***etw aus einer Flüssigkeit*** ~ filtrer qc d'un liquide ❷ *(aussondern)* ***jdn/etw aus einer Menge*** ~ sélectionner qn/qc parmi qc **heraus|finden** *irr* **I.** *vt* ❶ *(feststellen)* découvrir, identifier *Täter* ❷ *(herauslesen)* ***einen Gegenstand aus etw*** ~ retrouver un objet parmi qc **II.** *vi* ***aus dem Museum*** ~ trouver la sortie du musée **heraus|fliegen** *vi irr + sein* s'envoler; ***aus etw*** ~ *Vogel:* s'envoler de qc

Herausforderer, -forderin <-s, -> *m, f* SPORT, POL adversaire *mf*

heraus|fordern **I.** *vt* ❶ SPORT défier ❷ *(auffordern)* ***jdn zum Zweikampf*** ~ défier qn en combat singulier; ***jdn zum Duell*** ~ provoquer qn en duel ❸ *(provozieren)* provoquer; ***jdn zu etw*** ~ pousser qn à faire qc ❹ provoquer *Kritik, Protest;* défier *Gefahr* **II.** *vi* ***zu etw*** ~ provoquer qc **herausfordernd** *adj* provocant(e) **Herausforderung** *f* ❶ *kein Pl* SPORT challenge *m* ❷ *(Aufforderung)* ~ ***zum Kampf*** défi *m* en combat; ~ ***zum Duell*** provocation *f* en duel ❸ *(Provokation)* provocation *f* ❹ *(Be-*

H

währungsprobe) défi *m* **Herausgabe** *f* *kein Pl von Konfisziertem* restitution *f* **heraus|geben** *irr* **I.** *vt* ❶ libérer *Gefangenen;* remettre *Mantel;* restituer *Konfisziertes;* rendre *Betrag, Wechselgeld* ❷ *(veröffentlichen)* publier; *(edieren)* éditer ❸ émettre *Banknoten, Briefmarken* **II.** *vi* *(Wechselgeld geben)* ***jdm auf einen Zehneuroschein*** ~ rendre la monnaie à qn sur un billet de dix euros

Herausgeber(in) *m(f)* ❶ *(Verleger)* éditeur, -trice *m, f* ❷ *(verantwortlicher Lektor oder Redakteur)* directeur, -trice *m, f* de [la] publication

heraus|gehen *vi irr + sein* ❶ *(herauskommen)* sortir; ***aus dem Haus*** ~ sortir de la maison ❷ *(sich entfernen lassen)* ***aus etw*** ~ *Fleck:* partir de qc; *Korken, Nagel, Dorn:* s'enlever de qc ▶ **aus sich** ~ s'extérioriser **heraus|greifen** *vt irr* choisir *Person, Zitat* **heraus|haben** ▶ **es** ~ avoir trouvé le truc *fam* **heraus|halten** *irr* **I.** *vt* *(nach draußen halten)* ***etw*** ~ passer qc dehors **II.** *vr* ***sich aus etw*** ~ se tenir en dehors de qc **heraus|helfen** *vi irr (aussteigen helfen)* aider à sortir; ***jdm aus dem Bus*** ~ aider qn à sortir du bus **heraus|holen** *vt* ❶ *(herausnehmen)* sortir; ***etw aus dem Schrank*** ~ sortir qc de l'armoire ❷ extraire *Erdbebenopfer, Lawinenopfer;* ***jdn aus dem Gefängnis*** ~ *(fam)* faire sortir qn de prison ❸ *(fam: erreichen)* ***das Beste aus jdm*** ~ tirer le meilleur de qn; ***das Letzte aus sich*** ~ donner tout ce qu'on a dans le bide ❹ SPORT obtenir *Ergebnis;* arracher *Sieg, Platz;* gagner *Sekunden;* réaliser *Gesamtzeit* **heraus|hören** *vt (unterscheiden können)* reconnaître

heraus|kehren *vt* faire étalage de *Bildung, Wissen;* ***den Großzügigen/den Chef*** ~ jouer au généreux/au chef **heraus|kommen** [hɛˈraʊskɔmən] *vi irr + sein* ❶ *(zum Vorschein kommen)* sortir; ***aus etw*** ~ sortir de qc; ***wieder*** ~ ressortir ❷ *(verlassen können)* ***aus der Wohnung*** ~ quitter l'appartement ❸ *(fam: sich ergeben)* ***bei den Verhandlungen ist kein greifbares Ergebnis herausgekommen*** les pourparlers n'ont abouti à aucun résultat concret; ***das kommt dabei heraus, wenn …*** c'est ce qui arrive quand …; ***das kommt aufs Gleiche heraus*** c'est du pareil au même ❹ *(überwinden können)* ***aus dem Staunen nicht*** ~ ne pas cesser de s'étonner; ***aus dem Lachen nicht*** ~ ne pas arrêter de rigoler ❺ *(auf den Markt kommen) Buch, Zeitschrift, Modell:* sortir [sur le marché] ❻ *(fam: Publicity haben)* ***mit etw groß*** ~ *(fam)* faire un malheur avec qc ❼ *(bekannt gegeben werden) Gesetz, Verordnung:* être publié; *Börsenkurse, Notierungen:* paraître ❽ *(fam: bekannt werden) Schwindel:* être découvert; ***es wird nichts*** ~ rien ne transpirera; ***es kam heraus, dass*** on découvrit que ❾ *(zur Sprache bringen)* ***mit etw*** ~ révéler qc ❿ *(aus der Übung kommen)* perdre la main ⓫ SPIEL avoir la main; ***mit einem Buben*** ~ jouer valet ⓬ *(zur Geltung kommen)* ***bei Tageslicht besser*** ~ ressortir mieux à la lumière du jour **heraus|kriegen** *s.* **herausbekommen, rauskriegen** **heraus|kristallisieren*** *vr* ***sich*** ~ *(fig)* se préciser **heraus|locken** *vt (nach draußen locken)* ***jdn*** ~ attirer qn dehors

herausnehmbar *adj* amovible

heraus|nehmen *vt irr* ❶ *(entnehmen)* retirer; ***etw aus dem Schrank/der Tasche*** ~ retirer qc de l'armoire/du sac ❷ *(fam: operativ entfernen)* ***jdm den Blinddarm/die Mandeln*** ~ enlever l'appendice/les amygdales à qn ❸ *(aussondern)* ***jdn aus der Klasse/dem Internat*** ~ retirer qn de la classe/de l'internat ❹ *(fam: erlauben)* ***sich*** *dat* ***etw*** ~ se permettre qc

heraus|picken **I.** *vt Vogel:* picorer; ***etw*** ~ *Vogel:* picorer qc **II.** *vr* ***sich*** *dat* ***das Beste aus etw*** ~ choisir la meilleure part de qc **heraus|platzen** *vi + sein (fam: spontan äußern)* ***mit etw*** ~ laisser échapper qc **heraus|putzen** *vr* ***sich*** ~ s'endimancher **heraus|ragen** *vi* ❶ *Körperteil, Erker:* faire saillie; *Felsen:* être en surplomb; *Findling:* pointer ❷ *(sich auszeichnen)* ***durch etw*** ~ se distinguer par qc **heraus|reden** *vr* ***sich*** ~ chercher des excuses; ***sich mit etw/auf etw*** *akk* ~ invoquer qc pour excuse; ***sich damit ~, dass*** prétexter que **heraus|reißen** *vt irr* ❶ arracher *Pflanze, Haar, Seite* ❷ *(fig)* ***jdn aus seiner Arbeit*** ~ arracher qn à son travail ❸ *(fam: befreien)* sauver la mise à ❹ *(fam: wettmachen)* relever le niveau de **heraus|rücken** **I.** *vt (fam)* filer; ***etw wieder*** ~ rendre qc **II.** *vi + sein (fam)* ***mit etw*** ~ accoucher de qc **heraus|rutschen** *vi + sein* ❶ *(herausgleiten)* glisser; ***jdm aus der Tasche*** ~ glisser de la poche de qn ❷ *(fam: ungewollt aussprechen)* ***jdm*** ~ *Bemerkung:* échapper à qn **heraus|schauen** *vi* SDEUTSCH ❶ *(nach draußen schauen)* regarder dehors; ***aus dem Fenster*** ~ regarder par la fenêtre ❷ *(zu sehen sein)* ***aus etw*** ~

Hemdzipfel, Unterrock: dépasser de qc **heraus|schlagen** *vt irr (fam: gewinnen)* ***Zeit*** ~ gagner du temps **heraus|schleudern** *vt (herauswerfen)* balancer
heraus|schreiben *vt unreg* relever; ***etw aus einem Buch*** ~ relever qc dans un livre
heraus|schreien *vt unreg* laisser éclater
heraußen [hɛˈrausən] *adv* SDEUTSCH, A dehors
heraus|springen *vi irr + sein* ❶ sauter dehors; ***aus dem Fenster/Auto*** ~ sauter par la fenêtre/de la voiture ❷ *(sich lösen) Brillenglas:* se détacher; *Sicherung:* sauter ❸ *(als Gewinn verbleiben)* ***was springt dabei heraus?*** qu'est-ce qu'il y a à en tirer? *fam*
heraus|sprudeln I. *vi + sein Quelle:* jaillir II. *vt* ***Worte/Sätze*** ~ débiter des mots/phrases [sans fin] **heraus|stehen** *vi irr* dépasser; ***aus etw*** ~ dépasser de qc **heraus|stellen** I. *vt* ❶ *(ins Freie stellen)* sortir ❷ *(hervorheben)* ***etw*** ~ mettre qc en évidence II. *vr* ***sich*** ~ *Unschuld, Wahrheit:* éclater; ***sich als wahr/übertrieben*** ~ se révéler vrai(e)/exagéré(e); ***es stellte sich heraus, dass*** il s'avéra que **heraus|strecken** *vt* tirer *Zunge* **heraus|streichen** *vt irr (tilgen)* rayer **heraus|stürzen** *vi + sein* sortir précipitamment **heraus|suchen** *vt* ❶ *(auswählen)* choisir; ***etw aus etw*** ~ choisir qc parmi qc ❷ rechercher *Seite, Textstelle*
heraus|treten *vi unreg + sein* ❶ ***aus dem Haus/der Reihe*** ~ sortir de la maison/du rang ❷ *(anschwellen) Adern:* ressortir; *Augen:* être exorbité(e) **heraus|wagen** *vr* ***sich*** ~ se risquer dehors; ***sich aus etw*** ~ se risquer hors de qc
heraus|winden *vr unreg* ***sich aus einer misslichen Lage*** ~ se dépêtrer d'une mauvaise situation **heraus|ziehen** *vt irr* tirer *Schublade*
herb [hɛrp] I. *adj* ❶ *Geschmack, Wein* âpre; *Parfüm, Duft* épicé(e) ❷ *Enttäuschung, Verlust* amer, -ère ❸ *Gesichtszüge* accusé(e); *Gesicht* sévère; *Schönheit* austère ❹ *Kritik, Worte* acerbe II. *adv* ❶ ~ ***riechen/schmecken*** avoir une odeur épicée/un goût âpre ❷ *(scharf, kritisch)* de façon acerbe
herbei [hɛɐ̯ˈbai] *adv (geh)* par ici, approchez
herbei|bringen *vt irr* ❶ ***jdn/etw*** ~ amener qn/apporter qc ❷ produire *Zeugen, Unterlagen* **herbei|eilen** *vi + sein* arriver en toute hâte **herbei|führen** [heːɐ̯ˈbaify:rən] *vt* ❶ aboutir à *Einigung, Entscheidung, Kompromiss* ❷ provoquer *Infektion, Ohnmacht, Tod* **herbei|reden** *vt* provoquer à force d'en parler; ***etw*** ~ provoquer qc à force d'en parler **herbei|rufen** *vt irr* appeler; ***Hilfe*** ~ appeler à l'aide **herbei|schaffen** *vt* amener *Hilfe;* se procurer *Geld* **herbei|sehnen** *vt* souhaiter voir venir **herbei|strömen** *vi + sein Menge, Leute:* affluer **herbei|winken** *vt* faire signe à; ***jdn*** ~ faire signe à qn [d'approcher]; ***ein Taxi*** ~ faire signe à un taxi [de s'arrêter]
her|bemühen* *(geh)* I. *vr* ***sich*** ~ se donner la peine de venir II. *vt* ***jdn*** ~ demander à qn de [bien vouloir] venir
Herberge [ˈhɛrbɛrgə] <-, -n> *f (Jugendherberge)* auberge *f* de jeunesse
Herbergseltern *Pl* gérants *mpl* de l'auberge [de jeunesse] **Herbergsmutter** *f* gérante *f* de l'auberge [de jeunesse] **Herbergsvater** *m* père *m* aubergiste
her|bestellen* *vt* convoquer *Person;* commander *Taxi* **her|bitten** *vt irr* ***jdn*** ~ prier qn de venir **her|bringen** *vt irr* ***jdn*** ~ ***lassen*** faire venir qn
Herbst [hɛrpst] <-[e]s, -e> *m* automne *m;* ***im*** ~ en automne
Herbstferien *Pl* vacances *fpl* d'automne
herbstlich [ˈhɛrpstlɪç] I. *adj Tag, Sturm, Witterung* d'automne; *Farben* automnal(e) II. *adv sich kleiden* pour l'automne
Herbstwetter *nt* temps *m* automnal
Herbstzeitlose <-, -n> *f* colchique *m*
Herd [heːɐ̯t] <-[e]s, -e> *m* ❶ *(Küchenherd)* cuisinière *f; (Backofen)* four *m;* ***die Milch vom*** ~ ***nehmen*** retirer le lait du feu; ***am*** ~ ***stehen*** être aux fourneaux ❷ *(Krankheitsherd)* foyer *m*
Herde [ˈheːɐ̯də] <-, -n> *f* troupeau *m*
Herdentier *nt* ❶ bête *f* de troupeau ❷ *(pej: unselbstständiger Mensch)* mouton *m* de Panurge **Herdentrieb** *m (pej) von Personen* esprit *m* moutonnier
Herdplatte *f eines Elektroherds* plaque *f* [de cuisson]; *eines Kohleherds* plaque
herein [hɛˈrain] *adv* ***hier/dort*** ~ par ici/là; ***[nur]*** ~***!*** entrez!
herein|bekommen* *vt irr (fam)* COM, MEDIA recevoir **herein|bitten** *vt irr* ***jdn [zu sich]*** ~ prier qn d'entrer **herein|brechen** *vi irr + sein* ❶ *(überfluten) Flut, Wasser:* déferler; ***über jdn/etw*** ~ inonder qn/qc ❷ *(unerwartet auftreten) Gewitter, Krieg:* éclater; *Katastrophe, Unheil:* survenir; ***über jdn/etw*** ~ s'abattre sur qn/qc ❸ *(anbrechen) Abend, Nacht:* tomber; *Winter:* arriver **herein|bringen** *vt irr* faire entrer *Person;* apporter *Gegenstand*

H

herein|fahren *unreg* **I.** *vi + sein* entrer; ***in etw*** *akk* ~ entrer dans qc **II.** *vt* rentrer *Auto;* ***die Ware*** ~ apporter la marchandise à l'intérieur; ***die Ware in das Lager*** ~ apporter la marchandise dans l'entrepôt **herein|fallen** *vi irr + sein* ❶ *(fallen)* tomber à l'intérieur; ***in etw*** *akk* ~ tomber dans qc ❷ *(eindringen) Licht:* entrer ❸ *(fam: betrogen werden)* ***auf jdn/etw*** ~ se faire avoir par qn/avec qc **herein|holen** *vt (fam)* rapporter *Gewinne;* récupérer *Kosten* **herein|kommen** *vi irr + sein* ❶ entrer; ***in etw*** *akk* ~ entrer dans qc ❷ *(geliefert werden, verdient werden) Ware, Geld:* rentrer **herein|lassen** *vt irr* laisser entrer *Person;* ***lassen Sie ihn bitte herein!*** faites-le entrer! **herein|legen** *vt* ❶ *(fam: betrügen)* arnaquer; ***jdn mit etw*** ~ arnaquer qn avec qc; ***lass dich bloß nicht von ihm ~!*** ne te fais pas avoir par lui! ❷ *(hereinbringen)* ***etw*** ~ déposer qc à l'intérieur **herein|platzen** *vi + sein (fam) Person:* débarquer **herein|rufen** *vt irr* dire d'entrer; ***rufen Sie ihn bitte [zu mir] herein!*** dites-lui d'entrer, s'il vous plaît! **herein|schneien** *vi + sein (fam) Person:* rappliquer sans prévenir **herein|sehen** *vi irr (sehen)* regarder à l'intérieur **herein|spazieren*** *vi + sein (fam)* entrer; ***[immer nur] hereinspaziert!*** entrez donc! **herein|strömen** *vi + sein Besucher:* entrer en masse **herein|stürmen, herein|stürzen** *vi + sein* faire irruption

her|fahren *irr* **I.** *vi + sein (gefahren kommen)* venir [en voiture/en vélo/...] **II.** *vt + haben* conduire *Person* **Herfahrt** *f* trajet *m;* ***auf der*** ~ en venant **her|fallen** *vi irr + sein* ❶ *(überfallen)* ***über jdn*** ~ assaillir qn ❷ *(kritisieren)* ***über die Politiker*** ~ prendre les hommes politiques pour cible; ***über die Presse*** ~ se jeter sur la presse ❸ *(sich stürzen auf)* ***über das Buffet*** ~ se jeter sur le buffet **her|finden** *vi irr* trouver le chemin

Hergang *m kein Pl* déroulement *m*

her|geben *irr* **I.** *vt (weggeben)* donner **II.** *vr* ***sich für etw*** ~ se prêter à qc **hergebracht** ['he:ɐgəbraxt] *adj Art, Brauch* traditionnel(le); *Tradition* très ancien(ne) **her|gehen** *irr* **I.** *vi + sein* ❶ *(begleiten)* ***neben jdm*** ~ marcher à côté de qn; ***hinter jdm*** ~ suivre qn ❷ *(sich erdreisten)* ***~ und Forderungen stellen*** avoir le front de formuler des revendications ❸ A, SDEUTSCH *s.* **herkommen II.** *vi unpers + sein (fam)* ***es geht laut/heiß her*** c'est bruyant/ça chauffe **hergelaufen** *s.* **dahergelaufen** **her|haben** *vt irr (fam)* ***wo haben Sie das her?*** vous avez eu ça où? **her|halten** *vi irr* servir; ***als Kerzenhalter ~ müssen*** devoir servir de bougeoir **her|holen** *vt (fam)* aller chercher **her|hören** *vi (fam)* écouter

Hering ['he:rɪŋ] <-s, -e> *m* ❶ *(Fisch)* hareng *m* ❷ *(Zeltpflock)* sardine *f*

Heringsbrötchen *nt* sandwich *m* au hareng **Heringssalat** *m* salade *f* de hareng

her|kommen *vi irr + sein* ❶ *(herbeikommen)* venir; ***wo kommst du her?*** d'où viens-tu?; ***kommen Sie bitte mal her!*** venez [par] ici! ❷ *(herstammen)* ***wo kommst du her?*** tu es d'où? ❸ *(hergenommen werden können)* ***wo soll das Geld/das Ersatzteil ~?*** où est-ce qu'on va prendre l'argent/trouver la pièce de rechange?

herkömmlich ['he:ɐkœmlɪç] *adj* traditionnel(le)

Herkules ['hɛrkulɛs] <-, -se> *m* Hercule *m*

Herkunft ['he:ɐkʊnft, *Pl:* -kʏnftə] <-, -künfte> *f* origine *f; eines Artikels, Gegenstands* provenance *f*

Herkunftsland *nt* pays *m* d'origine

her|laufen *vi irr + sein (begleiten)* ***neben/hinter jdm*** ~ courir à côté de/derrière qn **her|leiten** *vt* faire dériver *Formel* **her|machen I.** *vr (fam)* ❶ *(sich stürzen auf)* ***sich über ein Buch/das Essen*** ~ se jeter sur un livre/le repas; ***sich über die Arbeit*** ~ s'attaquer au travail ❷ *(an sich nehmen)* ***sich über etw*** *akk* ~ rafler qc ❸ *(angreifen)* ***sich über jdn*** ~ se jeter sur qn **II.** *vt* ***viel*** ~ *(fam)* en jeter; ***wenig/nichts*** ~ *(fam)* ne pas casser des briques

Hermaphrodit [hɛrmafro'di:t] <-en, -en> *m* BIO, MED hermaphrodite *m*

Hermelin [hɛrmə'li:n] <-s, -e> *nt* hermine *f*

Hermeneutik [hɛrme'nɔɪtɪk] <-> *f* PHILOS herméneutique *f*

hermetisch [hɛr'me:tɪʃ] *adj (geh)* hermétique

hernach [hɛɐ'na:x] *adv* DIAL après

her|nehmen *vt irr (herbekommen)* prendre

Heroin [hero'i:n] <-s> *nt* héroïne *f*

heroinsüchtig *adj* héroïnomane

heroisch [he'ro:ɪʃ] *adj (geh)* héroïque

Herold ['he:rɔlt] <-[e]s, -e> *m* héraut *m*

Herpes ['hɛrpɛs] <-> *m* herpès *m*

Herr [hɛr] <-n, -en> *m* ❶ *(in Verbindung mit einem Eigennamen oder Titel)* monsieur *m;* ~ ***Braun*** monsieur Braun; ~ ***Kollege*** cher collègue ❷ *(form: als Anrede oh-*

H

ne Namen) ***mein ~/meine ~en*** Monsieur/Messieurs; ***[aber] meine ~en!*** Messieurs!; ***Ihr ~ Vater/Onkel*** monsieur votre père/oncle; ***sehr geehrte ~en, ...*** *(briefliche Anrede)* Messieurs, ... ❸ *(Tanzpartner)* cavalier *m* ❹ *(Mann)* homme *m;* ***„~en"*** *(Aufschrift auf Toilettentüren)* "hommes" ❺ *(Herrscher, Dienst)* seigneur *m; (Gebieter, Hundehalter)* maître *m* ❻ REL *(Gott)* ***Gott der ~*** le Seigneur ▶ **die ~en der Schöpfung** *(hum)* ces messieurs du sexe fort; **nicht mehr ~ seiner Sinne sein** ne plus se maîtriser

Herrchen <-s, -> *nt (fam)* maître *m*

Herrenbegleitung *f (geh)* cavalier *m;* ***in ~*** en galante compagnie **Herrenbesuch** *m* visite *f* masculine **Herrenfriseur(in)** *m(f)* coiffeur, -euse *m, f* pour hommes **Herrenhaus** *nt* maison *f* de maîtres

herrenlos *adj* abandonné(e)

Herrenmode *f* mode *f* masculine **Herrenrunde** *f* réunion *f* entre hommes **Herrentoilette** *f* toilettes *f pl* pour hommes

Herrgott ['hɛrgɔt] *m* ***~ [noch mal]!*** *(fam)* sacredieu!

Herrgottsfrüh[e] ['hɛrgɔtsfryː(ə)] ▶ **in aller ~** *(fam)* aux aurores

her|richten I. *vt* ❶ faire *Bett, Zimmer;* mettre *Tisch* ❷ *(ausbessern)* ***etw ~*** remettre qc en état **II.** *vr* DIAL ***sich ~*** se préparer

Herrin <-, -nen> *f (Gebieterin)* maîtresse *f*

herrisch ['hɛrɪʃ] *adj* autoritaire

herrlich I. *adj* ❶ *(prächtig)* magnifique ❷ *Essen, Witz* excellent(e) ❸ *(iron)* bon(ne) *antéposé;* ***das sind ja ~e Geschichten/Neuigkeiten!*** en voilà des [bonnes] histoires/nouvelles! **II.** *adv* ❶ *sich amüsieren* drôlement [bien] ❷ ***~ schmecken*** être délicieux

Herrlichkeit <-, -en> *f (Pracht)* splendeur *f*

Herrschaft <-, -en> *f* ❶ *kein Pl (Macht)* pouvoir *m;* ***eine totalitäre ~*** un régime totalitaire; ***die absolute ~*** les pleins pouvoirs; ***zur ~ gelangen*** arriver au pouvoir; ***unter seiner/ihrer ~*** sous sa domination ❷ *(Kontrolle)* ***die ~ über sich*** *akk* ***verlieren*** ne plus se dominer; ***die ~ über ein Fahrzeug verlieren*** perdre le contrôle d'un véhicule ❸ *Pl (Damen und Herren)* ***die ~en*** ces Messieurs [et ces] Dames; ***was wünschen die ~en?*** que souhaitent Monsieur et Madame? ▶ **seine/ihre alten ~en** *(hum fam)* ses vieux

herrschaftlich *adj Park* majestueux, -euse; ***eine ~e Villa*** une maison de maître

herrschen ['hɛrʃən] **I.** *vi* ❶ *(regieren)* régner; ***über jdn/etw ~*** régner sur qn/qc ❷ *(allgegenwärtig sein) Ausnahmezustand, Terror:* régner; *Hunger, Not:* sévir **II.** *vi unpers* ***es herrscht Ruhe*** le calme règne; ***es herrscht lebhafter Verkehr*** il y a une circulation dense

herrschend *adj* ❶ *(regierend)* au pouvoir; ***die Herrschenden*** les dirigeants *mpl* ❷ *Meinungen* régnant(e); *Verhältnisse* présent(e)

Herrscher(in) <-s, -> *m(f)* souverain(e) *m(f);* ***absolutistischer ~*** monarque *m;* ***~ über jdn/etw*** maître *m* de qn/qc

Herrschsucht *f kein Pl* despotisme *m*

herrschsüchtig *adj* despotique

her|rufen *vt irr* appeler; ***etw hinter jdm ~*** crier qc à qn **her|rühren** *vi (geh)* ***von etw ~*** [pro]venir de qc **her|sagen** *vt* réciter **her|schauen** SDEUTSCH, **her|sehen** *vi irr* regarder par ici **her|stammen** *vi (gebürtig sein)* être originaire de **her|stellen** *vt* ❶ *(erzeugen)* fabriquer ❷ établir *Beziehung, Verbindung, Kontakt*

Hersteller(in) <-s, -> *m(f)* ❶ *(Produzent)* fabricant(e) *m(f)* ❷ *(Zeitschriftenhersteller, Buchhersteller)* responsable *mf* de la fabrication

Herstellerfirma *f* usine *f* de fabrication **Herstellerpreis** *m* prix *m* à la production

Herstellung *f kein Pl* ❶ *(Industrie)* fabrication *f* ❷ *(Herstellungsabteilung)* fabrication *f* ❸ *(das Herstellen) von Beziehungen, Verbindungen* instauration *f*

Herstellungskosten *Pl* frais *mpl* de production

Herstellungsland *nt* pays *m* producteur

Hertz [hɛrts] <-, -> *nt* hertz *m*

herüben [hɛ'ryːbən] *adv* SDEUTSCH, A de ce côté-ci

herüber [hɛ'ryːbɐ] *adv* de ce côté-ci **herüber|bringen** *vt unreg* amener *Person;* apporter *Gegenstand;* ***jdn/etw zu jdm ~*** amener qn/apporter qc à qn **herüber|holen** *vt* aller chercher *Person;* attraper *Gegenstand;* ***jdn/etw [zu sich] ~*** aller chercher qn/attraper qc

herüber|kommen *vi irr + sein* venir par ici

herüber|lassen *vt unreg* laisser passer; ***jdn ~*** laisser passer qn; *(in ein anderes Land)* laisser qn passer la frontière **herüber|sehen** *vi unreg* regarder par ici; ***zu jdm ~*** regarder en [*o* dans la] direction de qn

herum [hɛ'rʊm] *adv* ❶ ***um jdn ~ sein*** être sur le dos de qn; ***um jdn/etw ~*** autour de qn/qc *fam* ❷ *(ungefähr)* ***um die hundert***

Leute/um drei Uhr ~ aux environs de cent personnes/trois heures ❸ *(vorüber, beendet)* ***~ sein*** *Film, Veranstaltung, Prüfung:* être fini; *Zeit:* être écoulé

herum|albern *vi* faire le pitre **herum|ärgern** *vr (fam)* ***sich mit jdm/etw*** ~ s'embêter avec qn/qc **herum|bekommen*** *vt irr* ❶ ***den Gürtel nicht um den Bauch*** ~ ne pas réussir à boucler sa ceinture ❷ *(umstimmen)* amadouer **herum|blättern** *vi* ***in etw*** *dat* ~ feuilleter qc **herum|brüllen** *vi (fam)* beugler **herum|bummeln** *vi (fam)* ❶ + *haben (trödeln)* glander ❷ + *sein (herumspazieren)* ***in der Stadt*** ~ se balader en ville **herum|drehen** I. *vt* ❶ tourner *Schlüssel, Propeller* ❷ retourner *Braten, Decke* II. *vr* ***sich zu jdm*** ~ se retourner vers qn

herum|erzählen* *vt* raconter à droite et à gauche; ***etw [überall]*** ~ raconter qc à droite et à gauche **herum|fahren** *vi irr* ❶ + *sein (fam: umherfahren)* faire un tour; ***in der Stadt*** ~ faire un tour en ville ❷ + *sein (umkreisen)* ***um jdn/etw*** ~ tourner autour de qn/qc ❸ + *sein (sich rasch umdrehen)* faire volte-face ❹ + *haben o sein (fam: wischen)* ***sich mit der Hand im Gesicht*** ~ se passer la main sur le visage **herum|fuchteln** *vi (fam)* gigoter **herum|führen** I. *vt* faire faire un tour à *Gast* II. *vi* ***um etw*** ~ contourner qc **herum|fummeln** *vi (fam: herumbasteln an)* ***an etw*** *dat* ~ bricoler après qc **herum|geben** *vt irr* faire passer **herum|gehen** *vi irr* + *sein* ❶ *(umkreisen)* ***um jdn/etw*** ~ faire le tour de qn/qc ❷ *(fam: umhergehen)* ***im Zimmer*** ~ faire les cent pas dans la pièce; ***im Park*** ~ faire un tour dans le parc ❸ *(fam: herumgereicht werden) Liste, Buch:* circuler ❹ *(fam: kursieren) Gerücht:* courir; *Nachricht:* se propager ❺ *(fam: vorübergehen)* prendre fin

herum|geistern [-gaɪstɐn] *vi* + *sein (fam: ziellos umhergehen)* errer; ***in der Wohnung*** ~ errer dans l'appartement **herum|hacken** *vi (fam)* ***auf jdm*** ~ s'acharner après qn **herum|hängen** *vi irr* + *sein (fam)* ❶ traîner ❷ *(untätig sein)* glander; ***vor dem Fernseher*** ~ rester pendu(e) devant la télé **herum|horchen** *vi (fam)* demander autour de soi **herum|irren** *vi* + *sein (fam)* tourner en rond; ***in der Stadt*** ~ tourner en rond dans la ville **herum|kommandieren*** *(fam)* I. *vt* mener à la baguette; ***jdn*** ~ mener qn à la baguette II. *vi* ***gern*** ~ aimer jouer au petit chef **herum|kommen** *vi irr* + *sein (fam)* ❶ *(umfahren können)* pouvoir contourner; ***mit etw um etw*** ~ pouvoir contourner qc avec qc ❷ *(daherkommen)* ***mit dem Wagen um die Ecke*** ~ tourner au coin de la rue en voiture ❸ *(vermeiden können)* ***um Steuererhöhungen*** ~ pouvoir éviter une augmentation des impôts ❹ *(reisen)* ***viel*** ~ voyager beaucoup **herum|kriegen** *s.* **herumbekommen**

herum|kutschieren* *vt (fam)* trimbal[l]er en voiture *fam;* ***jdn in der Stadt*** ~ trimbal[l]er qn en voiture en ville **herum|laufen** *vi irr* + *sein* ❶ ***um einen Baum/eine Statue*** ~ courir autour d'un arbre/d'une statue; ***um einen Platz*** ~ faire le tour d'une place ❷ *(fam: umherlaufen)* se trimbal[l]er **herum|liegen** *vi irr (fam)* ❶ être vautré; ***auf dem Bett*** ~ *Person:* être vautré sur le lit ❷ *(verstreut liegen) Gegenstand:* traîner; ***überall liegt Abfall herum*** il y a des ordures partout; ***etw ~ lassen*** laisser traîner qc **herum|lungern** [hɛˈrʊmlʊŋɐn] *vi (fam)* glander

herum|nörgeln *vi (fam)* rouspéter *fam;* ***an jdm/etw*** ~ rouspéter contre qn/qc **herum|quälen** *vr (fam)* ***sich mit jdm/etw*** ~ s'embêter avec qn/qc **herum|reden** *vi (fam)* ***drum*** ~ tourner autour du pot **herum|reichen** *vt s.* **herumgeben** **herum|reisen** *vi* + *sein* voyager; ***in der Welt/in Ägypten*** ~ courir le monde/parcourir l'Egypte [en tout sens] **herum|reiten** *vi irr* + *sein (sl)* ***auf etw*** *dat* ~ remettre qc sur le tapis *fam*

herum|rennen *vi unreg* + *sein* ❶ ***um etw*** ~ courir autour de qc ❷ *(fam: umherrennen)* courir dans tous les sens; ***in der Stadt*** ~ courir partout à travers la ville; ***in der Wohnung*** ~ tourner comme un ours en cage dans le logement ❸ *s.* **herumlaufen 2** **herum|schlagen** *vr irr (fam)* ***sich mit jdm/etw*** ~ se débattre avec qn/contre qc **herum|schnüffeln** *vi* ❶ *(riechen)* renifler; ***an etw*** *dat* ~ *Person, Tier:* renifler qc ❷ *(pej fam: spionieren)* fouiner

herum|schreien *vi unreg (fam)* gueuler *fam* **herum|sitzen** *vi irr* + *sein* ❶ ***um jdn/etw*** ~ être assis autour de qn/qc ❷ *(fam: dasitzen)* rester là à ne rien faire **herum|sprechen** *vr irr* ***sich*** ~ se répandre **herum|stehen** *vi irr* + *sein* ❶ ***um jdn/etw*** ~ entourer qn/qc ❷ *(fam: dastehen) Person:* rester planté(e); *Gegenstand:* être là **herum|stöbern** *vi (fam: wahllos stöbern)* farfouiller **herum|stochern** *vi (fam)* ***im Essen*** ~ trifouiller dans son

assiette **herụm|streiten** *vr irr (fam)* ***sich mit jdm*** ~ se chamailler avec qn
herụm|streunen *vi + sein (pej)* traîner; ***ziellos [in der Stadt]*** ~ battre le pavé; ***~de Katzen*** des chats *mpl* errants
herụm|toben *vi (fam)* ❶ *+ haben o sein (herumtollen)* chahuter ❷ *+ haben (schimpfen)* faire du barouf
herụm|tragen *vt unreg (fam)* ❶ *(bei sich tragen)* ***etw mit sich*** ~ traîner qc avec soi ❷ *(fig)* ***ein Problem mit sich*** ~ ruminer un problème ❸ *(weitererzählen)* colporter
herụm|trampeln *(sl)* ▶ **auf jdm/etw** ~ s'acharner sur qn/piétiner qc **herụm|treiben** *vr irr (pej fam)* ***sich*** ~ traînasser; ***sich mit jdm/in der Stadt*** ~ traînasser avec qn/en ville
Herụmtreiber(in) <-s, -> *m(f) (pej fam)* noceur, -euse *m, f*
herụm|trödeln *vi (fam)* traînasser **herụm|wickeln** *vt* ***Papier um etw*** ~ envelopper qc dans du papier **herụm|wühlen** *vi (fam: herumstöbern)* farfouiller
herụm|zeigen *vt (fam)* ***etw*** ~ montrer qc à la ronde **herụm|ziehen** *vi irr + sein (fam: von Ort zu Ort ziehen)* vagabonder
herụnten [hɛˈrʊntən] *adv* SDEUTSCH, A [ici] en bas
herụnter [hɛˈrʊntɐ] **I.** *adv* ❶ ***bis auf die Erde*** ~ jusqu'au sol; ***von Hamburg*** ~ de Hambourg ❷ *(fam: heruntergeklettert)* ***von etw*** ~ ***sein*** être descendu de qc ❸ *(fam: heruntergelassen)* ~ ***sein*** *Autofenster, Rollladen:* être baissé ❹ *(fam: gesunken)* ~ ***sein*** *Preis:* avoir baissé; *Fieber:* être tombé; *Übergewicht:* avoir fondu **II.** *präp +akk* ***den Berg/Turm*** ~ ***geht es leichter als hinauf*** pour descendre de la montagne/la tour, c'est plus facile que pour monter
herụnter|bekommen* *vt irr (fam)* arriver à avaler *Essen* **herụnter|brennen** *vi irr + sein Kerze:* se consumer **herụnter|bringen** *vt irr* ❶ *(nach unten bringen)* descendre ❷ *s.* **herunterbekommen** **herụnter|drehen** *vt (fam)* ***etw*** ~ baisser qc **herụnter|fahren** *irr* **I.** *vi + sein* descendre; ***zu jdm*** ~ descendre vers qn; ***die Straße heruntergefahren kommen*** arriver en descendant la rue; ***den Berg*** ~ descendre la montagne **II.** *vt + haben* ❶ *(transportieren)* descendre ❷ réduire *Produktion, Werbung* **herụnter|fallen** *vi irr + sein* tomber; ***von etw*** ~ tomber de qc; ***mir ist der Hammer heruntergefallen*** le marteau m'est tombé des mains **herụnter|gehen** *vt, vi irr+ sein* ❶ descendre; ***die Straße*** ~ descendre la rue ❷ *(sich wegbewegen)* ***vom Teppich/von der Decke*** ~ se pousser du tapis/de la couverture; ***von der Mauer*** ~ descendre du mur ❸ *(sinken)* baisser; *Währung:* tomber ❹ *(reduzieren)* ***mit dem Preis/Tempo*** ~ réduire le prix/la vitesse **herụntergekommen** *adj (pej) Person, Aussehen, Erscheinung* négligé(e); *Fassade, Haus, Wohnung* délabré(e) **herụnter|handeln** *vt (fam)* ***den Preis*** ~ marchander le prix à la baisse **herụnter|hängen** *vi irr* pendre **herụnter|hauen** *vt irr (fam)* ***jdm eine*** ~ en flanquer une à qn; ***eine heruntergehauen bekommen*** s'en prendre une **herụnter|holen** *vt (nach unten holen)* descendre ▶ **sich** *dat* **einen** ~ *(vulg)* se branler *fam* **herụnter|klappen** *vt* rabattre; ***sich*** ~ ***lassen*** être rabattable **herụnter|kommen** *vt, vi irr + sein (hinuntersteigen)* descendre; ***die Treppe*** ~ descendre les escaliers; ***zu jdm in den Keller*** ~ descendre rejoindre qn à la cave
herụnterladbar *adj* INFORM téléchargeable
herụnter|laden *vt irr* INFORM télécharger; ***das Herunterladen*** le téléchargement
herụnter|lassen *vt irr* faire descendre *Person, Korb;* baisser *Rollladen* **herụnter|machen** *vt (fam: zurechtweisen)* engueuler **herụnter|nehmen** *vt irr* descendre **herụnter|reißen** *vt irr (abreißen)* arracher **herụnter|schlucken** *s.* **hinunterschlucken** **herụnter|sehen** *vi irr (herabsehen)* regarder en bas **herụnter|spielen** *vt* minimiser *Problem*
herụnter|stürzen **I.** *vi + sein* ❶ tomber; ***von etw*** ~ tomber de qc ❷ *(heruntereilen)* ***die Treppen/Stufen*** ~ se précipiter en bas de l'escalier/des marches **II.** *vt* ❶ *+ haben* précipiter *Person;* renverser *Gegenstand;* ***ein Standbild vom Sockel*** ~ déboulonner une statue [de son socle] ❷ *(fam: hastig schlucken)* ***etw*** ~ siffler qc en vitesse **III.** *vr + haben* ***sich*** ~ se jeter dans le vide; ***sich von etw*** ~ se jeter de qc [dans le vide] **herụnter|werfen** *vt irr* ***etw [von etw]*** ~ jeter qc en bas [de qc]; ***etw zu jdm*** ~ lancer qc à qn **herụnter|wirtschaften** *vt (pej fam)* couler
hervo̲r [hɛɐ̯ˈfoːɐ̯] *interj* ~ ***mit dir/euch!*** *(geh)* montre-toi/montrez-vous!
hervo̲r|bringen *vt irr* ***jdn/etw*** ~ *Land, Stadt:* donner naissance à qn/qc; *Epoche:* produire qn/qc **hervo̲r|gehen** *vi irr + sein* ❶ *(geh: entstammen)* ***aus einer Ehe/Verbindung*** ~ être issu d'un mariage/d'une union ❷ *(sich ergeben, zu*

folgern sein) ***aus etw*** ~ ressortir de qc
hervorlheben *vt irr* ❶ *(betonen)* souligner ❷ *(kennzeichnen)* ***etw in einem Text*** ~ faire ressortir qc dans un texte; ***hervorgehoben werden*** être mis en évidence **hervorlholen** *vt* sortir; ***etw aus etw*** ~ sortir qc de qc
hervorlkehren *s.* **herauskehren hervorlkommen** *vi irr + sein* apparaître; ***hinter etw*** *dat* ~ sortir de derrière qc
hervorllocken *vt* attirer; ***jdn/ein Tier unter dem Tisch*** ~ attirer qn/un animal de dessous la table **hervorlragen** *vi Felsen:* être en surplomb
hervorragend I. *adj* excellent(e); *Kunstwerk* remarquable **II.** *adv* à la perfection
hervorlrufen *vt irr* susciter; ***bei jdm Bewunderung/Mitleid*** ~ susciter de l'admiration/la compassion chez qn
hervorlspringen *vi unreg + sein* ❶ *(springen)* surgir; ***hinter etw*** *dat* ~ bondir de derrière qc ❷ *s.* **hervorragen 1 hervorltreten** *vi irr + sein* ❶ *(nach vorne treten)* s'avancer ❷ *Wangenknochen:* ressortir **hervorltun** *vr irr (fam: sich auszeichnen)* ***sich*** ~ se faire remarquer; ***sich mit etw*** ~ se faire remarquer par qc **hervorlwagen** *vr* ***sich hinter etw*** *dat* ~ oser sortir de qc
hervorlzaubern *vt* ***etw aus seinem Zylinder*** ~ tirer qc de son chapeau [comme par magie]
Herz [hɛrts] <-ens, -en> *nt* ❶ cœur *m;* ***jdn an sein ~ drücken*** serrer qn sur son cœur ❷ *(Liebe, Zuneigung)* ***jdm sein ~ schenken*** donner son cœur à qn; ***sein ~ an jdn/etw hängen*** s'attacher à qn/se consacrer à qc ❸ *(Leidenschaft, Neigung)* ***sein ~ für jdn/etw entdecken*** se découvrir un penchant pour qn/qc; ***ihr ~ gehört der Fliegerei*** elle ne vit que pour l'aviation ❹ *(Seele, Gemüt)* ***ein gutes ~ haben*** avoir bon cœur; ***tief im ~en*** dans le fond de son/mon/... cœur ❺ *(Mitgefühl, Empfindsamkeit)* ***jemand mit ~ sein*** être quelqu'un qui a du cœur ❻ *(Zentrum, innerster Teil)* cœur *m* ❼ SPIEL cœur *m* ▶ **ein ~ und eine Seele sein** être unis comme les [deux] doigts de la main; **jdm wird bang ums ~** qn a le cœur serré; **von ganzem ~en** de tout cœur; **jdn von ~en gern haben** aimer qn du fond du cœur; **etw von ~en gern tun** faire très volontiers qc; **leichten ~ens** de gaieté de cœur; **schweren ~ens** le cœur gros; **traurigen ~ens** le cœur gros; **jdm sein ~ ausschütten** ouvrir son cœur à qn; **alles, was das ~ begehrt** tout ce qu'on peut désirer; **etw nicht übers ~ bringen** ne pas avoir le cœur de faire qc; **sich** *dat* **ein ~ fassen** prendre son courage à deux mains; **jdm etw ans ~ legen** confier expressément qc à qn; **sich** *dat* **etw zu ~en nehmen** prendre qc à cœur; **jdn in sein ~ schließen** faire à qn une place dans son cœur; **jdm aus dem ~en sprechen** dire tout haut ce que qn pense tout bas
herzallerliebst *adj (geh) Schatz* bien-aimé(e) *soutenu*
Herzanfall *m* crise *f* cardiaque **Herzbeschwerden** *Pl* troubles *mpl* cardiaques **herzbewegend** *adj* émouvant(e) **Herzblatt** *nt* ❶ BOT feuille *f* séminale ❷ *(fam: Liebling)* [petit] chou *m fam* **Herzblut** *nt* ▶ **er gäbe sein ~ für sie hin** *(lit)* il donnerait son sang pour elle; **etw mit [seinem] ~ schreiben** écrire qc avec tout son cœur **Herzdame** *f (a. fig)* dame *f* de cœur
herlzeigen *vt* montrer
herzen ['hɛrtsən] *vt (geh)* cajoler
Herzensangelegenheit *f* ❶ *(wichtiges Anliegen)* affaire *f* personnelle; ***das ist ihr/mir eine*** ~ cela lui/me tient à cœur ❷ *(die Liebe betreffend)* affaire *f* de cœur **Herzensbrecher(in)** *m(f)* bourreau *m* des cœurs/[grande] séductrice *f*
herzensgut *adj* qui a un cœur d'or **Herzenslust** *f* ***nach*** ~ à cœur joie **Herzenswunsch** *m* plus cher désir *m*
herzerfrischend *adj* rafraîchissant(e)
Herzfehler *m* déficience *f* cardiaque
herzförmig *adj* en forme de cœur
herzhaft I. *adj* ❶ *Frühstück* copieux, -euse ❷ *Eintopf, Geschmack* relevé(e) **II.** *adv* ❶ ~ ***schmecken*** avoir un goût épicé ❷ *lachen* de bon cœur; *gähnen* comme une carpe
herlziehen *irr* **I.** *vt (mitschleppen)* ***jdn/etw hinter sich*** *dat* ~ traîner qn/qc derrière soi **II.** *vi + haben (fam: sich auslassen)* ***über jdn/etw*** ~ débiner qn/qc
herzig ['hɛrtsɪç] *adj* mignon(ne); ***wie ~!*** comme c'est mignon!
Herzinfarkt *m* MED infarctus *m* [du myocarde] **Herzkammer** *f* ANAT ventricule *m;* ***linke/rechte*** ~ ventricule gauche/droit **Herzklappe** *f* valvule *f;* ***[künstliche]*** ~ valvule *f* [artificielle] **Herzklopfen** <-s> *nt* palpitations *fpl;* ***mit*** ~ le cœur battant **herzkrank** *adj* cardiaque **Herzkranzgefäß** *nt meist Pl* ANAT artère *f* coronaire
Herz-Kreislauf-Erkrankung *f* MED maladie *f* cardiovasculaire
Herzleiden *nt (geh)* affection *f* cardiaque

herzlich *adj Begrüßung, Lächeln, Worte* chaleureux, -euse; *Willkommen* cordial(e)
Herzlichkeit <-> *f* cordialité *f*; ***mit der gewohnten ~*** avec la chaleur habituelle
herzlos *adj* sans cœur; ***~ sein*** ne pas avoir de cœur
Herzlosigkeit <-> *f* manque *m* de cœur
Herzmassage [-masaːʒə] *f* MED massage *m* cardiaque **Herzmuskel** *m* ANAT myocarde *m*
Herzog(in) ['hɛrtsoːk, *Pl:* 'hɛrtsøːgə] <-s, Herzöge> *m(f)* duc *m* / duchesse *f*
Herzogtum <-s, -tümer> *nt* duché *m*
Herzoperation *f* opération *f* du cœur **Herzpatient(in)** *m(f)* cardiaque *mf* **Herzrhythmusstörung** *f* arythmie *f* **Herzschlag** *m* ❶ *(Herztätigkeit)* pulsations *fpl* cardiaques ❷ *(Kontraktion des Herzmuskels)* systole *f* ❸ *(Herzstillstand)* syncope *f* **Herzschrittmacher** *m* MED pacemaker *m* **Herzspezialist(in)** *m(f)* MED cardiologue *mf* **Herzstillstand** *m kein Pl* arrêt *m* cardiaque; ***bei ~*** en cas d'arrêt cardiaque **Herzstück** *nt* pièce *f* maîtresse **Herzversagen** *nt* défaillance *f* cardiaque **herzzerreißend** **I.** *adj* déchirant(e) **II.** *adv* de façon déchirante
Hesse, Hessin ['hɛsə] <-n, -n> *m, f* Hessois(e) *m(f)*
Hessen ['hɛsən] <-s> *nt* la Hesse
hessisch *adj* hessois(e)
heterogen *adj (geh)* hétérogène
Heterosexualität [hetero-] *f* hétérosexualité *f*
heterosexuell [heterozɛ'ksu̯ɛl] *adj* hétérosexuel(le)
Hetzblatt *nt (pej)* journal *m* à scandale
Hetze <-, -n> *f (pej: Aufhetzung)* campagne *f* de dénigrement
hetzen ['hɛtsən] **I.** *vi* ❶ + *haben (sich beeilen)* se démener ❷ + *sein (eilen)* ***zum Bahnhof/nach Hause ~*** courir à la gare/la maison; ***ich bin ganz schön gehetzt*** je me suis drôlement dépêché(e); ***du brauchst nicht so zu ~*** tu n'as pas besoin de te presser comme ça ❸ + *haben (pej: Hass schüren)* attiser les haines; ***gegen jdn/etw ~*** s'acharner sur qn/qc **II.** *vt* + *haben* ❶ JAGD pourchasser *Hasen* ❷ *(jdn jagen)* ***jdn/einen Hund auf jdn ~*** mettre qn/lâcher un chien aux trousses de qn ❸ *(fam: antreiben)* harceler **III.** *vr* + *haben* ***sich ~*** se dépêcher
Hetzerei <-, -en> *f* ❶ *kein Pl (Hast)* bousculade *f* [continuelle] ❷ *(Gerede)* acharnement *m*
hetzerisch *adj* incendiaire
Hetzjagd *f (fig, pej)* chasse *f* aux sorcières **Hetzkampagne** [-kampanjə] *f (pej)* chasse *f* aux sorcières
Heu [hɔy̯] <-[e]s> *nt* foin *m*; ***ins ~ gehen*** *(fam)* aller aux foins; ***~ machen*** faire les foins
Heuballen *m* botte *f* de foin
Heuboden *m* fenil *m*
Heuchelei [hɔy̯çə'lai̯] <-, -en> *f* hypocrisie *f*
heucheln ['hɔy̯çəln] **I.** *vi* faire l'hypocrite **II.** *vt* feindre
Heuchler(in) ['hɔy̯çlɐ] <-s, -> *m(f)* hypocrite *mf*
heuchlerisch *adj* hypocrite
heuer ['hɔy̯ɐ] *adv* SDEUTSCH, A, CH cette année
Heuer ['hɔy̯ɐ] <-, -n> *f* solde *f*
Heugabel *f* fourche *f* à foin **Heuhaufen** *m* meule *f* de foin
Heulboje *f* NAUT bouée *f* sonore
heulen ['hɔy̯lən] *vi* ❶ *(fam: weinen)* chialer; ***laut ~*** *Baby:* brailler ❷ *(winseln) Hund, Wolf:* hurler ❸ *(ein Geräusch machen) Motor, Wind, Sturm:* rugir; *Sirene:* mugir, rugir
Heulen <-s> *nt* ❶ *(fam: Weinen) eines Kindes* chialement *m*; ***lautes ~*** braillement *m* ❷ *(Winseln)* hurlement *m* ❸ *(Geräusch) eines Motors* rugissement *m*; *einer Sirene* mugissement *m*
Heulsuse <-, -n> *f (pej fam)* chialeuse *f* **Heulton** <-töne> *m* hurlement *m*
heurig ['hɔy̯rɪç] *adj* A, CH de cette année
Heurige(r) *m dekl wie adj* A ❶ *(Weinstube)* bar à vin[s] *m* ❷ *(Wein)* vin *m* nouveau
Heuschnupfen *m* rhume *m* des foins **Heuschrecke** ['hɔy̯ʃrɛkə] <-, -n> *f* ❶ *(Insekt)* sauterelle *f*; *(Wanderheuschrecke)* criquet *m* pèlerin ❷ *(pej fam: skrupelloser Investor)* prédateur *m*
heute ['hɔy̯tə] *adv* ❶ *(an diesem Tag)* aujourd'hui; ***~ früh*** ce matin; ***~ Abend*** ce soir; ***~ Nacht*** cette nuit; ***~ in einem/vor einem Monat*** dans un/il y a un mois jour pour jour; ***ist das Brot von ~?*** le pain, est-il du jour?; ***von ~ an*** à dater d'aujourd'hui; ***er hat die Rechnung bis ~ nicht bezahlt*** à ce jour, il n'a toujours pas payé la facture ❷ *(heutzutage)* de nos jours; ***die Jugend von ~*** les jeunes d'aujourd'hui
heutig ['hɔy̯tɪç] *adj attr Zeitung, Post* d'aujourd'hui; *Abend, Anlass* présent(e) *antéposé;* ***der ~e Tag*** la journée d'aujourd'hui; ***für den ~en Abend*** pour ce soir

heutzutage ['hɔyttsuta:gə] *adv* de nos jours **Heuwender** <-s, -> *m* AGR faneuse *f*
Hexe ['hɛksə] <-, -n> *f* ❶ sorcière *f* ❷ *(pej fam: bösartige Frau)* mégère *f*
hexen ['hɛksən] *vi* pratiquer la magie ▶ **ich kann doch nicht ~!** *(fam)* je ne peux pas aller plus vite que la musique!
Hexenhäuschen [-hɔɪsçən] *nt (Lebkuchenhaus)* maison *f* de sorcière en pain d'épice
Hexenjagd *f* chasse *f* aux sorcières **Hexenkessel** *m* enfer *m* **Hexenschuss** *m kein Pl* tour *m* de reins **Hexenwerk** *nt (fam)* ***das/etw ist kein ~*** qc/ça n'est pas sorcier
Hexer ['hɛksɐ] <-s, -> *m* sorcier *m*
Hexerei [hɛksə'rai̯] <-, -en> *f* sorcellerie *f*
Hibiskus [hi'bɪskʊs] <-, Hibisken> *m* hibiscus *m*
Hickhack ['hɪkhak] <-s, -s> *m o nt (fam)* chamailleries *fpl*
hie [hi:] ▶ **~ und da** *(stellenweise)* ici ou là
hieb [hi:p] *Imp von* **hauen**
Hieb [hi:p] <-[e]s, -e> *m* ❶ *(Schlag)* coup *m;* ***ein ~ mit der Peitsche*** un coup de fouet ❷ *Pl (fam: Prügel)* raclée *f;* ***von jdm ~e bekommen*** recevoir une raclée de qn ❸ *(Seitenhieb)* pique *f;* ***jdm einen ~ versetzen*** lancer une pique à qn; ***der ~ saß*** le coup a fait mouche
hieb- und stichfest *adj Alibi* en béton; *Beweise, Argumente* irréfutable
hielt [hi:lt] *Imp von* **halten**
hier [hi:ɐ̯] *adv* ❶ *(an dieser Stelle, in diesem Land, in dieser Stadt)* ici; ***~ sein*** être là; ***~ bin ich!*** me voilà!; ***wir sind schon eine Stunde ~*** ça fait une heure que nous sommes là; ***~ draußen/drinnen*** dehors/dedans; ***~ oben/unten*** en haut/en bas; ***~ oben auf dem Schrank*** sur l'armoire; ***~ entlang*** par ici; ***von ~ aus bis …*** d'ici à …; ***~ ist Ina Berg*** ici Ina Berg, Ina Berg à l'appareil; ***was ist denn das ~?*** mais qu'est-ce que c'est que ça?; ***wo sind wir denn ~?*** où sommes-nous?; ***Martin Lang! – Hier!*** Martin Lang! – Présent! ❷ *(da)* voilà; ***~, nimm das!*** tiens, prends ça! ❸ *(in diesem Moment)* ici; ***~ versagte ihr die Stimme*** à ce moment, la voix lui manqua; ***von ~ an*** à partir de ce moment-là ▶ **~ und da** *(stellenweise)* ici ou là; *(ab und zu)* de temps à autre; **Herr Braun ~, Herr Braun da** *(iron)* Monsieur Braun par-ci, Monsieur Braun par-là; **jdm steht etw bis ~ [oben]** *(fam)* qn en a jusque-là de qc
hieran ['hi:'ran] *adv* ❶ *festmachen, anlehnen, anschließen* ici; *vorbeikommen, vorübergehen* devant ❷ *(an diesen Sachverhalt, diese Sache)* ***wenn ich ~ denke*** quand j'y pense; ***kannst du dich ~ erinnern?*** t'en souviens-tu? ❸ *(an diesem Sachverhalt, dieser Sache)* ***~ erkennt/unterscheidet man …*** à cela, on reconnaît/distingue …; ***~ zweifle ich*** j'en doute
Hierarchie [hi̯erar'çi:] <-, -ien> *f* hiérarchie *f*
hierarchisch [hi̯e'rarçɪʃ] *adj* hiérarchique
hierauf ['hi:'rau̯f] *adv* ❶ *liegen, sitzen, stellen* là-dessus; ***ein toller Stuhl, ~ sitzt es sich hervorragend*** une chaise super, on y est très bien assis ❷ *(daraufhin)* à la suite de quoi **hieraus** ['hi:'rau̯s] *adv* ❶ *(aus diesem Behälter)* d'ici ❷ *(aus diesem Material)* ***Beton besteht ~: …*** le béton se compose de la matière suivante: … ❸ *(aus dem Genannten)* ***~ folgt, dass …*** il s'ensuit que; ***~ geht hervor, dass …*** de cela ressort que ❹ *(aus diesem Werk)* ***du kannst die Zahlen ~ abschreiben*** tu peux copier les chiffres à partir de ça; ***das ist ein wichtiges Werk, ~ stammen meine Informationen*** c'est une œuvre importante, j'ai pu y puiser de nombreux renseignements **hier|behalten*** *vt irr* ***jdn/etw ~*** garder qn/qc [ici] **hierbei** ['hi:ɐ̯'bai̯] *adv* ❶ *(bei diesem Anlass)* à cette occasion ❷ *(währenddessen)* pendant ce temps ❸ *(gleichzeitig)* en même temps ❹ *(dabei)* ici; ***~ handelt es sich um …*** il s'agit en l'occurrence de **hier|bleiben** *vi irr* rester ici [o là]; ***hiergeblieben!*** reste/restez ici! **hierdurch** ['hi:ɐ̯'dʊrç] *adv* ❶ *(hier hindurch)* par ici ❷ *(aus diesem Grund)* de cette façon, par là **hierfür** ['hi:ɐ̯'fy:ɐ̯] *adv* ❶ *(im Austausch)* ***wie viel möchtest du ~ geben/bekommen?*** tu es prêt(e) à donner/recevoir combien en échange? ❷ *(für das hier)* ***wenn er sich ~ interessiert*** s'il s'intéresse à cela; ***wenn du ~ Platz/Zeit hast*** si tu as la place/le temps pour ça **hierher** ['hi:ɐ̯'he:ɐ̯] *adv* [par] ici ▶ **bis ~ und nicht weiter** jusqu'ici, mais pas plus loin; **mir steht es bis ~** *(fam)* j'en ai jusque-là
hierher|bringen *vt irr* ***jdn ~*** amener qn ici; ***etw ~*** apporter qc ici **hierher|gehören*** *vi* ***jd/etw gehört hierher*** la place de qn/qc est ici **hierher|holen** *vt* aller chercher *Person, Gegenstand*
hierherum ['hi:ɐ̯hɛ'rʊm] *adv* ❶ *(in diese Richtung)* de ce côté-ci ❷ *(fam: etwa an dieser Stelle)* dans ce coin-là **hierhin**

H

['hiːɐ̯'hɪn] *adv (an diese Stelle hier)* ***jdn ~ bringen*** amener qn ici ▶ **~ und dorthin laufen** courir dans tous les sens **hierhinein** *adv* par ici; ***wir müssen ~ [gehen]!*** nous devons entrer par ici! **hierin** ['hiːˈrɪn] *adv* ❶ *(in diesem Behälter)* là-dedans ❷ *(in dieser Hinsicht)* sur ce point

hier|lassen *vt unreg* ***etw ~*** laisser qc ici

hiermit ['hiːɐ̯(')mɪt] *adv* ❶ *(form)* ***~ erkläre/versichere ich ...*** *(in schriftlicher Form)* par la présente, je déclare/certifie que ...; ***~ protestiere ich gegen .../versichere ich ...*** *(in mündlicher Form)* je proteste contre .../j'affirme ... ❷ *(mit diesem Gegenstand)* avec cela; ***was soll ich denn ~?*** qu'est-ce que tu veux/vous voulez que j'en fasse? ❸ *(mit dieser Angelegenheit)* ***~ bin ich einverstanden*** je consens à cela ❹ *(somit)* ***~ beendete sie ihre Rede*** sur ce, elle conclut son discours **hiernach** ['hiːɐ̯'naːx] *adv* ❶ *(danach, darauf)* après cela ❷ *(demgemäß)* d'après cela

Hieroglyphe [hiero'glyːfə] <-, -n> *f* hiéroglyphe *m*

hierüber ['hiːˈryːbɐ] *adv* ❶ *(über diese Stelle)* par-dessus ❷ *(geh: über diese Angelegenheit)* là-dessus **hierum** ['hiːˈrʊm] *adv (in diese Richtung)* de ce côté-ci **hierunter** ['hiːˈrʊntɐ] *adv* ❶ *(unter dieses Möbelstück)* ***stell den Karton ~!*** mets le carton là-dessous! ❷ *(fig)* ***... zehn Personen, ~ befanden sich drei Kinder*** ... dix personnes, dont trois enfants; ***~ fallen auch Partizipien*** les participes entrent dans cette catégorie **hiervon** ['hiːɐ̯'fɔn] *adv* ❶ *(von hier)* ***fünf Kilometer ~ entfernt*** à cinq kilomètres d'ici ❷ *(von diesem, diesen)* ***~ kannst du etwas haben*** tu peux en prendre; ***probier mal*** ~ goûte-z-en *fam* ❸ *(hierüber)* ***~ weiß ich nichts*** j'en sais rien **hiervor** ['hiːɐ̯'foːɐ̯] *adv* ❶ *(räumlich)* là-devant ❷ *(vor dieser Sache)* ***~ fürchtet er sich*** il en a peur **hierzu** ['hiːɐ̯'tsuː] *adv* ❶ *(dazu)* ***~ gehören/passen*** en faire partie/aller avec [cela] ❷ *(zu dieser Kategorie)* ***~ gehören auch Pferde*** les chevaux entrent aussi dans cette catégorie ❸ *(zu diesem Punkt)* sur ce point; ***~ habe ich nichts mehr zu sagen*** je n'ai rien à rajouter à cela

hierzulande ['hiːɐ̯tsu'landə] *adv (in dieser Gegend)* dans cette région; *(in diesem Land)* dans ce pays

hiesig ['hiːzɪç] *adj attr* d'ici; *Bevölkerung, Bräuche, Verhältnisse* local(e)

hieß [hiːs] *Imp von* **heißen**

hieven ['hiːfən] *vt (fam: heben)* hisser

Hi-Fi ['haifi, 'hai'fai] *Abk von* **High Fidelity** hi-fi *inv*

Hi-Fi-Anlage *f* chaîne *f* hi-fi

high [hai] *adj (fam)* ❶ *(von Drogen berauscht)* ***~ sein*** être défoncé; ***völlig ~ sein*** planer ❷ *(euphorisch)* ***~ sein*** être sur son petit nuage

Highlife ['hailaif] <-s> *nt (fam)* ***bei ihm/uns/... ist heute*** ~ il/on/... fait la bringue aujourd'hui

Highlight ['haɪlaɪt] <-[s], -s> *nt* point *m* culminant **High Society** ['hai sə'saiəti] <--> *f* haute société *f*, la haute *fam* **Hightech** ['haitɛk] <-[s]> *nt* high-tech *m*

hijacken ['haidʒɛkən] *vt (fam)* détourner *Flugzeug*

Hijacker(in) ['haidʒɛkɐ] <-s, -> *m(f)* pirate *mf* de l'air

Hilfe ['hɪlfə] <-, -n> *f* ❶ *kein Pl (Beistand)* aide *f*; ***gegenseitige ~*** entraide *f*; ***jdn um ~ bitten*** demander de l'aide à qn; ***um ~ rufen*** appeler au secours; ***jdm zu ~ kommen*** venir en aide à qn; ***~ suchend*** *Person* qui cherche de l'aide; *Blick* implorant(e); ***hol' ~!*** va chercher de l'aide!; ***[zu] ~!*** au secours!, à l'aide! ❷ *(fig)* ***mit ~ eines Seils*** à l'aide d'une corde; ***etw zu ~ nehmen*** s'aider de qc ❸ *(Haushaltshilfe)* aide *mf* ❹ *(finanzielle Unterstützung)* aide *f* [financière] ▶ **Erste ~** les premiers soins *mpl*; *s. a.* **mithilfe**

Hilfeleistung *f (geh)* aide *f*, assistance *f* **Hilferuf** *m* appel *m* au secours **Hilfestellung** *f* ❶ SPORT parade *f* ❷ *(Mensch)* pareur, -euse *m, f* ▶ **jdm ~ geben** SPORT assurer la parade pour qn; *(fig)* aider qn **hilfesuchend** *s.* **Hilfe 1**

hilflos I. *adj* ❶ *Person* sans défense ❷ *Person* désemparé(e); *Benehmen* embarrassé(e) **II.** *adv* ❶ *(hilfsbedürftig)* sans défense; ***~ im Bett liegen*** être cloué au lit, dépendant des autres ❷ *(ratlos)* avec embarras

Hilflosigkeit <-> *f* ❶ *(Hilfsbedürftigkeit)* détresse *f*; *eines Kranken* dépendance *f* ❷ *(Ratlosigkeit)* impuissance *f*

hilfreich *adj* ❶ *Person* serviable; ***Sie waren sehr ~*** vous avez été d'une grande aide ❷ *(nützlich)* utile; ***es wäre ~/~er, wenn ...*** il serait utile/préférable que ...

Hilfsaktion *f* action *f* humanitaire **Hilfsarbeiter(in)** *m(f)* ouvrier, -ière *m, f* [non spécialisé(e)]; *(Bauarbeiter)* manœuvre *m* **hilfsbedürftig** *adj* ❶ *(auf Hilfe angewiesen)* qui a besoin d'aide; ***~ sein*** avoir besoin d'aide ❷ *(bedürftig)* dans le besoin

hilfsbereit *adj* serviable; ***sich ~ zeigen*** se montrer serviable **Hilfsbereitschaft** *f* serviabilité *f* **Hilfsdienst** *m* MED service *m* de secours **Hilfskraft** *f* aide *mf;* ***wissenschaftliche*** ~ ≈ assistant(e) *m(f)* **Hilfsmittel** *nt* ❶ *(Arbeitsmittel)* outil *m* de travail ❷ MED adjuvant *m* ❸ *Pl (finanzielle Mittel)* aides *fpl* financières **Hilfsmotor** *m* moteur *m* auxiliaire **Hilfsorganisation** *f* organisation *f* humanitaire **Hilfspaket** *nt* paquet *m* d'aide **Hilfsprogramm** *nt* programme *m* d'aide **Hilfsverb** *nt* GRAM [verbe *m*] auxiliaire *m;* ***modales*** ~ verbe de modalité **Hilfswerk** *nt* organisation *f* charitable [*o* caritative]

hilft [hɪlft] *3. Pers Präs von* **helfen**

Himalaja [hiˈmaːlaja, himaˈlaːja] <-s> *m* Himalaya *m*

Himbeere [ˈhɪmbeːrə] *f (Frucht)* framboise *f*

Himbeereis *nt* glace *f* à la framboise **Himbeermarmelade** *f* confiture *f* de framboise

Himmel [ˈhɪməl] <-s, *geh:* -> *m* ❶ *(Luftraum)* ciel *m;* ***am*** ~ dans le ciel; ***unter freiem ~ schlafen*** coucher à la belle étoile ❷ REL ciel *m;* ***im*** ~ au ciel ❸ *(Baldachin)* ciel *m* de lit ▸ **zwischen ~ und Erde** entre ciel et terre; **~ und Hölle in Bewegung setzen** *(fam)* remuer ciel et terre; **aus heiterem ~** *(fam)* tout d'un coup; **ach du lieber ~!** *(fam)* sacré nom d'un chien!; **in den ~ kommen** aller au ciel; **um ~s willen!** *(fam)* pour l'amour du ciel!; **~ [noch mal]!** *(fam)* bon Dieu!

himmelangst *adj* ***da kann einem ja ~ werden!*** on peut vraiment prendre peur! **Himmelbett** *nt* lit *m* à baldaquin **himmelblau** *adj* bleu ciel *inv* **Himmelfahrt** *f* l'Ascension *f*

Himmelfahrtskommando *nt (fam)* ❶ *(Unternehmen)* mission *f* [*o* opération *f*] suicide ❷ *(Menschen)* commando *m* suicide **Himmelreich** *nt kein Pl* royaume *m* des cieux **himmelschreiend** *adj Unrecht* criant(e)

Himmelskörper *m* corps *m* céleste **Himmelsrichtung** *f* direction *f* [géographique]; ***die vier ~en*** les quatre points *mpl* cardinaux

himmelweit *adj (fam)* énorme

himmlisch [ˈhɪmlɪʃ] **I.** *adj* ❶ *attr Gnade, Vorsehung* céleste; *Zeichen* du ciel ❷ *Wetter, Essen, Wein* divin(e); *Stoff, Kleidungsstück* superbe **II.** *adv* merveilleusement; *schön, warm* divinement; ***das schmeckt einfach ~!*** c'est tout simplement divin!

hin [hɪn] **I.** *adv* ❶ *(räumlich)* ***bis zum Garten*** ~ jusqu'au jardin; ***bis zu euch*** ~ jusque chez vous; ***zur Straße ~ liegen*** donner sur la rue; ***wo ist der so plötzlich ~?*** *(fam)* où est-ce qu'il est passé tout à coup? ❷ *(den Hinweg betreffend)* ***eine Fahrkarte nach Bonn, aber nur*** ~ un billet pour Bonn, un aller simple; ***~ und zurück*** aller et retour ❸ *(zeitlich)* ***über viele Jahre*** *akk* ~ pendant de nombreuses années; ***wir müssen auf längere Sicht ~ planen*** nous devons faire des projets à long terme; ***das ist noch lange*** ~ c'est encore loin ❹ *(hinsichtlich)* ***etw auf Spuren*** *akk* ***~ untersuchen*** examiner qc en vue de rechercher des traces ❺ *(infolge)* ***auf mein Bitten/sein Drängen*** ~ sur mes prières/ses insistances ❻ *(trotz)* ***auf die Gefahr ~ sich zu blamieren*** au risque de se ridiculiser ▸ **das Hin und Her** *(das Kommen und Gehen)* le va-et-vient; *(der Wechsel)* les fluctuations *fpl;* **~ und her überlegen** tourner et retourner le problème; **~ und wieder** de temps en temps; **vor sich** *akk* **~ reden** parler tout seul **II.** *adj* ❶ *(kaputt)* ***~ sein*** être fichu *fam; Motor, Fernseher, Bildröhre:* être nase *fam* ❷ *(fam: tot)* ***~ sein*** être clamsé ❸ *(verloren)* ***das Geld/die Ruhe ist*** ~ c'en est fini du fric *fam*/du calme ❹ *(fasziniert)* ***von jdm/etw ganz ~ sein*** être emballé par qn/qc

hinab [hɪˈnap] *s.* **hinunter**

hinauf [hɪˈnauf] **I.** *adv* ❶ vers le haut; ***immer weiter*** ~ toujours plus haut; ***bis*** ~ jusqu'en haut; ***hier ~?*** faut-il monter par là? ❷ *(fam: in Richtung Norden)* ***ich muss nach Hamburg*** ~ il faut que je monte à Hambourg **II.** *präp +akk* ***den Berg ~ fünf Stunden brauchen*** mettre cinq heures pour monter au sommet de la montagne

hinauf|begleiten* *vt* accompagner [jusqu']en haut; ***jdn*** ~ accompagner qn [jusqu']en haut

hinauf|fahren *irr* **I.** *vi + sein* monter; ***mit dem Auto/der Seilbahn*** ~ monter en voiture/avec le funiculaire; ***wieder*** ~ remonter **II.** *vt + haben o sein* ***jdn mit dem Auto*** ~ emmener qn en voiture jusqu'en haut; ***sie ist die Donau hinaufgefahren*** elle a remonté le Danube

hinauf|führen **I.** *vi Treppe:* monter jusqu'en haut; *Weg:* conduire jusqu'en haut; ***auf den Dachboden*** ~ *Treppe, Kabel:*

H

conduire au grenier **II.** *vt (geh)* ***jdn ~*** conduire qn en haut **hinauf|gehen** *irr* **I.** *vi + sein* ❶ *(nach oben gehen)* monter; ***auf den Dachboden ~*** monter au grenier ❷ *(fig)* ***mit dem Preis ~*** augmenter le prix ❸ *(steigen)* augmenter; *Miete, Preis, Fieber:* grimper **II.** *vt + sein* monter *Treppe* **hinauf|klettern** *vi + sein* grimper **hinauf|kommen** *irr* **I.** *vi + sein* monter; ***in die Wohnung/zu jdm ~*** monter jusqu'à l'appartement/chez qn **II.** *vt + sein* ❶ *(nach oben kommen)* ***die Treppe/in die Wohnung/zu jdm ~*** monter l'escalier/jusqu'à l'appartement/chez qn ❷ *(es nach oben schaffen)* arriver à monter **hinauf|laufen** *irr* **I.** *vi + sein* ***zu jdm ~*** monter chez qn en courant **II.** *vt + sein* escalader *Berg* **hinauf|reichen** *vi (sich erstrecken)* ***bis zum Dach ~*** arriver jusqu'au toit **hinauf|schauen** *s.* **hinaufsehen** **hinauf|sehen** *vi irr* lever les yeux; ***zu jdm ~*** lever les yeux vers qn; ***zum Dach ~*** regarder vers le haut du toit **hinauf|steigen** *irr* **I.** *vi + sein* monter **II.** *vt + sein* monter en haut de *Leiter* **hinauf|tragen** *vt unreg* monter; ***jdm etw die Treppe/in die Wohnung ~*** monter qc à qn jusqu'en haut de l'escalier/dans l'appartement

hinaus [hɪ'naʊs] *adv* ❶ ***~ sein*** être sorti; ***~ [mit dir/euch]!*** dehors!; ***da/dort/hier ~!*** par là/par là-bas/par ici [la sortie]!; ***nach hinten/zur Straße ~*** sur l'arrière/la rue ❷ *(später als)* ***über einen Termin/eine Frist ~*** au-delà d'une date/d'un délai ❸ *(mehr als)* ***über diesen Betrag ~*** plus que cette somme ❹ *(weiter als)* ***über etw*** *akk* ***~ sein*** avoir dépassé qc; ***über dieses Alter bin ich ~*** j'ai passé l'âge

hinaus|befördern* *vt (fam)* vider **hinaus|bringen** *vt irr* ❶ *(hinausbegleiten)* reconduire ❷ sortir *Müll, Mülleimer* **hinaus|fahren** *irr* **I.** *vi + sein (nach draußen fahren)* sortir **II.** *vt + haben* sortir *Auto* **hinaus|fliegen** *vi irr + sein* ❶ *(nach draußen fliegen) Vogel:* s'envoler ❷ *(fam: hinausfallen)* faire un vol plané ❸ *(fam: hinausgeworfen werden)* ***aus dem Restaurant/der Schule ~*** être viré du restaurant/de l'école **hinaus|gehen** [hɪ'naʊsgeːən] *irr* **I.** *vi + sein* ❶ *(nach draußen gehen) Person:* sortir ❷ *(abgeschickt werden)* ***zu jdm ~*** *Brief, Sendung, Lieferung:* être envoyé chez qn ❸ *(gerichtet sein)* ***auf den Hof ~*** *Fenster, Tür, Zimmer:* donner sur la cour; ***nach Osten ~*** être exposé à l'est ❹ *(überschreiten)* ***über seine Befugnisse ~*** aller au-delà de ses attributions **II.** *vi unpers + sein* ***wo geht es hinaus?*** par où est la sortie?; ***es geht nur [da] vorne hinaus*** on ne peut sortir que par-devant **hinaus|jagen** *vt + haben* ***jdn ~*** mettre qn dehors **hinaus|kommen** *vi irr + sein (nach draußen kommen)* sortir **hinaus|laufen** *vi irr + sein* ❶ *(nach draußen laufen)* sortir [en courant] ❷ *(gleichbedeutend sein)* ***auf etw*** *akk* ***~*** équivaloir à qc; ***das läuft auf dasselbe hinaus*** ça revient au même **hinaus|lehnen** *vr* ***sich ~*** se pencher [au-]dehors; ***sich aus dem Fenster/aus dem Auto ~*** se pencher par la fenêtre/à l'extérieur de la voiture **hinaus|ragen** *vi + sein (nach außen ragen)* dépasser

hinaus|schauen *s.* **hinaussehen** **hinaus|schicken** *vt* envoyer dehors *Kinder* **hinaus|schieben** *vt irr (hinauszögern)* ***etw ~*** remettre qc à plus tard

hinaus|sehen *vi unreg* regarder dehors; ***zum Fenster ~*** regarder par la fenêtre; ***in den Garten/auf den Hof ~*** regarder dans le jardin/dans la cour

hinaus|stürzen **I.** *vi + sein* ❶ *(geh: hinausfallen)* tomber à l'extérieur ❷ *(hinauseilen)* sortir précipitamment; ***zur Tür ~*** se précipiter dehors **II.** *vr + haben* ***sich ~*** se jeter dehors; ***sich aus dem [o zum] Fenster ~*** se jeter par la fenêtre

hinaus|tragen *vt unreg* ❶ *(nach draußen tragen)* ***jdn [zur Tür] ~*** transporter qn dehors; ***etw ~*** porter qc dehors ❷ *(geh: verbreiten)* propager *Geheimnis, Information*

hinaus|treten *vi unreg + sein (geh)* sortir; ***aus der Tür ~*** franchir la porte **hinaus|wachsen** ▶ **über sich selbst ~** se dépasser **hinaus|wagen** *vr* ***sich ~*** s'aventurer dehors **hinaus|werfen** *vt irr* ❶ ***etw ~*** jeter qc dehors ❷ *(fam)* ***jdn ~*** flanquer qn dehors **hinaus|wollen** *vi (nach draußen wollen)* vouloir sortir **hinaus|ziehen** *irr* **I.** *vt + haben (nach draußen ziehen)* entraîner dehors *Person;* tirer dehors *Gegenstand* **II.** *vi + sein* ❶ *(abziehen) Rauch:* sortir ❷ *(nach außerhalb ziehen)* partir **III.** *vr + haben* ***sich ~*** *Prozess, Entscheidung:* être retardé **hinaus|zögern** **I.** *vt* retarder **II.** *vr* ***sich ~*** être retardé

hin|bekommen* *s.* **hinkriegen** **hin|bestellen*** *vt* convoquer **hin|biegen** *vt irr (fam: bereinigen)* rattraper

hin|blättern *vt (fam)* allonger *fam Betrag, Banknoten, Geld* **Hinblick** *m* ▶ **im** [*o* **in**] ***~ auf etw*** *akk (hinsichtlich)* compte tenu de qc; *(wegen, aufgrund)* par considération pour qc; **im ~ darauf, dass** compte tenu du fait que **hin|bringen** *vt irr* ❶ *(bringen)* apporter; ***jdm etw*** ~ apporter qc à qn; ***etw zu jdm ~ lassen*** faire parvenir qc à qn ❷ *(begleiten)* y emmener **hin|denken** ▶ **wo denkst du hin!** que vas-tu imaginer!

hinderlich ['hɪndɐlɪç] *(geh)* **I.** *adj* ❶ *(behindernd)* gênant(e) ❷ *(ein Hindernis darstellend)* ***für jdn/etw ~ sein*** *Tatsache, Umstand, Vorfall:* être un handicap pour qn/qc **II.** *adv* ***sich ~ auf etw*** *akk* ***auswirken*** constituer un handicap pour la suite de qc

hindern ['hɪndɐn] *vt* ❶ *(abhalten)* retenir; ***jdn [daran] ~ etw zu tun*** empêcher qn de faire qc ❷ *(stören)* ***jdn beim Gehen ~*** gêner qn pour marcher

Hindernis ['hɪndɐnɪs] <-ses, -se> *nt* obstacle *m;* ***ein ~ für seine Karriere*** une entrave à sa carrière ▶ **jdm ~se in den Weg legen** mettre des bâtons dans les roues à qn

Hindernislauf *m* course *f* d'obstacles

Hinderungsgrund *m* empêchement *m*

hin|deuten *vi* ❶ *(hinzeigen)* montrer; ***mit dem Finger/einem Zeigestock auf etw*** *akk* ~ montrer qc du doigt/avec une baguette ❷ *(vermuten lassen)* ***auf etw ~*** laisser augurer qc; ***darauf ~, dass*** indiquer que

Hindi ['hɪndi] <-> *nt kein Art* hindi *m; s. a.* **Deutsch**

Hindu ['hɪndu] <-[s], -[s]> *m* hindou(e) *m(f)*

Hinduismus [hɪndu'ɪsmʊs] <-> *m* hindouisme *m*

hinduistisch I. *adj* hindou(e) **II.** *adv erziehen* dans l'hindouisme; *prägen* par l'hindouisme

hindurch [hɪn'dʊrç] *adv* ❶ *(räumlich)* ***hier ~*** par ici; ***wo ~?*** par où passer?; ***durch die Wand ~*** à travers le mur ❷ *(zeitlich)* ***die ganze Nacht ~*** toute la nuit; ***Jahre ~*** pendant des années

hindurch|gehen *vi irr + sein* ❶ *(durchschreiten)* ***durch etw/unter etw*** *dat* ~ passer par/sous qc ❷ *(durchdringen)* ***durch jdn/etw ~*** *Strahlen, Messer, Geschoss:* traverser qn/qc ❸ *(bewegt werden können)* ***durch etw ~*** *Bohrer:* passer au travers de qc ❹ *(passen)* ***durch etw ~*** passer par qc

hin|eilen *vi + sein (geh)* ❶ ***zu jdm ~*** se rendre en hâte chez qn ❷ *(eilen)* se hâter

hinein [hɪ'naɪn] *adv* ***da/dort/hier ~!*** il faut entrer là/là-bas/ici!; ***nur ~!*** entre/entrez donc!

hinein|begeben* *vr unreg (geh)* ***sich ~*** entrer; ***sich in etw*** *akk* ~ se rendre à l'intérieur de qc

hinein|bekommen* *vt irr (fam)* ***etw [in etw*** *akk]* ~ faire entrer qc [dans qc]

hinein|bringen *vt irr (hineintragen)* apporter **hinein|denken** *vr irr* ***sich in jdn ~*** se mettre à la place de qn

hinein|fallen *vi unreg + sein* tomber dedans; ***in etw*** *akk* ~ tomber dans qc

hinein|fressen *vt irr (fam: nicht abreagieren)* ***etw in sich*** *akk* ~ ravaler qc [en soi-même] **hinein|gehen** *vi irr + sein (eintreten, hineinpassen)* entrer; ***in etw*** *akk* ~ entrer dans qc **hinein|geraten*** *vi irr + sein* ***in etw*** *akk* ~ tomber dans qc

hinein|gießen *vt unreg* ❶ ***etw ~*** verser qc dedans; ***etw in etw*** *akk* ~ verser qc dans qc ❷ *(fam: trinken)* ***etw in sich*** *akk* ~ siffler qc *fam*

hinein|greifen *vi unreg* mettre la main dedans; ***in etw*** *akk* ~ mettre la main dans qc; ***hier, greif mal hinein!*** *(bedien dich)* vas-y, sers-toi! **hinein|interpretieren*** *vt* ***etw in etw*** *akk* ~ tirer qc de qc **hinein|knien** [hɪ'naɪnkniː(ə)n] *vr (fam)* ***sich ~*** se donner à fond; ***sich in etw*** *akk* ~ se donner à fond dans qc **hinein|kommen** *vi irr + sein* entrer **hinein|kriegen** *s.* **hineinbekommen** **hinein|laufen** *vi irr + sein (schnell eintreten)* entrer [en courant]

hinein|legen I. *vt (legen)* ***etw ~*** mettre qc dedans; ***etw wieder ~*** remettre qc dedans; ***etw in die Schublade ~*** mettre qc dans le tiroir **II.** *vr* ***sich ~*** se coucher dedans; ***sich in etw*** *akk* ~ se coucher dans qc

hinein|passen *vi (dazu passen)* être à sa place **hinein|pfuschen** *vi (fam)* ***jdm ~*** mettre son bazar dans les affaires de qn

hinein|platzen *vi + sein (fam)* ***bei jdm/in etw*** *akk* ~ débarquer [*o* se pointer *fam*] chez qn/dans qc

hinein|ragen *vi + sein* ***in etw*** *akk* ~ dépasser sur qc **hinein|reden** *vi (sich einmischen)* ***jdm ~*** se mêler des affaires de qn

hinein|rutschen *vi* **in etw** *akk* ~ ❶ glisser dans qc ❷ *(fig fam)* se retrouver dans qc

hinein|schlüpfen *vi + sein (anziehen)* enfiler; ***können Sie [schnell/kurz] ~?*** pouvez-vous enfiler ça [vite fait]?; ***in etw*** *akk* ~ enfiler qc

hinein|setzen I. *vt* ***jdn ~*** asseoir qn dedans; ***jdn in etw*** *akk* ~ asseoir qn dans qc **II.** *vr* ***sich ~*** s'asseoir dedans; ***sich in etw*** *akk* ~ s'asseoir dans qc **hinein|stecken** *vt* mettre

H

dedans; ***jdn/etw*** ~ mettre qn/qc dedans **hineinǀsteigern** *vr* ***sich in etw*** *akk* ~ se laisser emporter par qc

hineinǀstopfen *vt* ❶ *(stopfen)* ***etw*** ~ fourrer qc dedans; ***etw in etw*** *akk* ~ fourrer qc dans qc ❷ *(fam: essen)* ***Pralinen in sich*** *akk* ~ se bourrer de chocolats *fam*

hineinǀtun *vt unreg (fam)* ***etw*** ~ mettre qc dedans; ***etw in etw*** *akk* ~ mettre qc dans qc **hineinǀversetzen*** *vr* ***sich in jdn*** ~ se mettre à la place de qn; ***sich in die Antike hineinversetzt fühlen*** avoir l'impression d'être transporté dans l'Antiquité **hineinǀwachsen** *vi irr + sein (vertraut werden)* ***in eine Gemeinschaft*** ~ s'accoutumer à une communauté **hineinǀwollen** *vi (fam)* vouloir entrer **hineinǀziehen** *vt + haben* compromettre; ***jdn [mit]*** ~ compromettre qn; ***jdn in etw*** *akk* ***[mit]*** ~ entraîner qn dans qc

H

hinǀfahren *irr* **I.** *vi + sein* y aller; ***zu jdm*** ~ aller chez qn **II.** *vt + haben* ***jdn*** ~ y conduire qn; ***etw*** ~ y apporter qc [en voiture] **Hinfahrt** *f* trajet *m* [pour y aller]; ***auf der*** ~ à l'aller **hinǀfallen** *vi irr + sein* tomber

hinfällig *adj* ❶ *(gebrechlich)* infirme ❷ *Forderung, Rechnung* caduc, -uque; *Argument* sans valeur

Hinfälligkeit <-> *f* ❶ *a.* JUR caducité *f* ❷ *(Ungültigkeit)* invalidité *f*

hinǀfinden *vi irr (fam)* trouver le chemin; ***zu jdm/zur Post*** ~ trouver le chemin pour aller chez qn/à la poste

hinǀfliegen *vi unreg + sein* ❶ AVIAT y aller en avion ❷ *(fam: hinfallen)* s'étaler *fam* **Hinflug** *m* vol *m* [pour y aller]; ***auf dem*** ~ à l'aller; ***auf dem ~ nach Paris*** pendant le vol aller pour Paris **hinǀführen** **I.** *vt* y conduire; ***jdn*** ~ y conduire qn; ***jdn zu etw*** ~ conduire qn à qc **II.** *vi* y conduire; ***zu etw*** ~ conduire à qc ▸ **wo soll das ~?** où cela va-t-il nous mener?

hing [hɪŋ] *Imp von* **hängen**

Hingabe *f kein Pl* ardeur *f;* ***mit*** ~ avec ardeur **hinǀgeben** *irr* **I.** *vr* ❶ *(sich überlassen)* ***sich dem Nichtstun/der Verzweiflung*** ~ s'abandonner au farniente/désespoir; ***sich dem Laster*** ~ s'adonner au vice ❷ *(euph geh: sich nicht verweigern)* ***sich jdm*** ~ se donner à qn **II.** *vt (geh)* donner *Geld;* sacrifier *Ruf*

Hingebung *s.* **Hingabe**

hingebungsvoll **I.** *adj Blick, Klavierspiel* passionné(e); *Pflege* plein(e) de dévouement **II.** *adv spielen* avec ferveur; *lauschen, sich widmen* passionnément; *pflegen* avec dévouement

hingegen [hɪn'ge:gən] *konj (geh)* en revanche

hinǀgehen *vi irr + sein (dorthin gehen)* y aller **hinǀgehören*** *vi (fam)* ***wo gehört die Schüssel hin?*** il se range où, ce plat?

hinǀgeraten* *vi irr + sein* ***wo bin ich hier bloß ~?*** *(fam)* où est-ce que je suis tombé(e)?

hingerissen ['hɪngərɪsən] **I.** *adj* ❶ *(erfreut)* ravi(e) ❷ *(begeistert)* émerveillé(e) ▸ **hin- und hergerissen sein** *(fam: unschlüssig sein)* être écartelé(e) **II.** *adv* avec ravissement

hinǀhalten *vt irr* ❶ *(entgegenhalten)* ***jdm etw*** ~ tendre qc à qn ❷ *(warten lassen)* abuser; ***sich von jdm ~ lassen*** se laisser bercer par qn **hinǀhauen** *vi irr (fam: gut gehen)* coller **hinǀhören** *vi* écouter

hinken ['hɪŋkən] *vi + haben* boiter; ***auf dem linken Bein*** ~ [*o* ***mit***] boiter du pied gauche

hinǀknien **I.** *vi + sein* s'agenouiller **II.** *vr + haben* ***sich*** ~ s'agenouiller **hinǀkommen** *vi irr + sein* ❶ *(gelangen)* y arriver ❷ *(hingehören)* ***die Gläser kommen hier hin*** les verres se mettent ici **hinǀkriegen** *vt (fam)* ❶ *(reparieren)* ***etw [wieder]*** ~ rafistoler qc ❷ *(fertigbringen)* arranger; ***es ~, dass*** arriver à se débrouiller pour que *+subj*

hinlänglich *adj* suffisant(e)

hinǀlaufen *vi irr + sein* ❶ *(hinrennen)* y courir; ***zu jdm*** ~ courir chez qn ❷ DIAL *(fam: zu Fuß gehen)* y aller à pied **hinǀlegen** **I.** *vt* ❶ déposer *Buch, Päckchen* ❷ allonger *Person* ❸ *(vorlegen, bereitlegen)* ***wo soll ich dir die Handtücher ~?*** où dois-je te mettre les serviettes? ❹ *(fam: bezahlen)* ***viel Geld für etw ~ müssen*** devoir allonger beaucoup d'argent pour qc ❺ *(fam)* faire *Vortrag, Solonummer;* sortir *Rede* **II.** *vr* ❶ *(sich schlafen legen)* ***sich*** ~ s'allonger, se coucher ❷ *(fam: hinfallen)* ***sich*** ~ s'étaler **hinǀnehmen** *vt irr (ertragen)* accepter, supporter *Beleidigung, Verstoß;* ***eine Niederlage ~ müssen*** essuyer une défaite **hinǀpassen** *vi* aller; ***der Tisch passt da [gut] hin*** là, la table va bien

hinǀpfeffern *vt (fam)* ❶ *(hinwerfen)* balancer; ***er hat ihm den Brief/seine Kündigung hingepfeffert*** il lui a balancé la lettre/sa lettre de licenciement *fam* ❷ *(verfassen)* ***sie wird ihnen einen Artikel*** ~ elle va leur envoyer un article dans les gencives *fam* **hinǀreichen** *vt (geh)* tendre *Hand*

hinreichend *adj* suffisant(e)
Hinreise *f* trajet *m* [pour y] aller; ***die ~ nach Rom*** le trajet pour aller à Rome; ***auf der ~*** à l'aller; ***Hin- und Rückreise*** aller *m* et retour **hin|reißen** *vt irr* ❶ *(begeistern)* ***jdn ~*** *Person:* séduire qn; *Sportwagen, Villa:* ravir qn; ***von jdm/etw hingerissen sein*** être émerveillé(e) par qn/qc ❷ *(verleiten)* ***sich ~ lassen*** s'emporter; ***sich zu einer Bemerkung ~ lassen*** se laisser aller à une remarque
hinreißend I. *adj* ravissant(e) **II.** *adv tanzen, spielen* merveilleusement [bien]; ***~ aussehen*** être ravissant
hin|richten *vt* exécuter
Hinrichtung *f* exécution *f*
hin|rotzen *vt (sl)* torcher *fam*
hin|schauen *s.* **hinsehen** **hin|schicken** *vt* envoyer
hin|schleppen I. *vr* ❶ *(sich hinmühen)* ***sich ~*** se traîner jusque-là; ***sich zu der Veranstaltung ~*** se traîner jusqu'à la manifestation ❷ *(sich hinziehen)* ***sich ~*** *Verhandlungen, Untersuchungen:* traîner en longueur **II.** *vt* ❶ *(tragen)* ***etw zu jdm/zum Auto ~*** traîner qc jusque chez qn/jusqu'à la voiture ❷ *(fam: mitnehmen)* ***jdn mit ~*** y emmener qn; ***jdn mit zu jdm ~*** emmener qn chez qn **hin|schludern** *vt (fam)* bâcler **hin|schmeißen** *(fam) s.* **hinwerfen**
hin|schmieren *vt (fam)* ❶ étaler *Schmutz* ❷ *(pej: malen)* barbouiller *Bild* ❸ *(pej: schreiben)* torch[onn]er *fam,* gribouiller *Parole* **hin|schreiben** *irr vt* noter *Name*
hin|sehen *vi irr* regarder; ***genauer ~*** y regarder de plus près; ***vom bloßen Hinsehen*** rien qu'à le/la/... regarder; ***bei genauerem Hinsehen*** en y regardant de plus près **hin|setzen I.** *vr* ***sich ~*** s'asseoir **II.** *vt* ❶ asseoir *Person* ❷ [dé]poser *Kiste, Tasche* **Hinsicht** *f kein Pl* point *m* de vue; ***in dieser ~*** à cet égard; ***in mancher ~*** à maints égards; ***in beruflicher/finanzieller ~*** du point de vue professionnel/financier
hinsichtlich *präp +gen (form)* en ce qui concerne; ***~ des Vertrags*** en ce qui concerne le contrat
hinsitzen *vr* CH, A ***sich ~*** s'asseoir **Hinspiel** *nt* match *m* aller **hin|stellen I.** *vt* ❶ *(hintun)* ***etw da/dort ~*** mettre qc là ❷ déposer *Fahrrad;* garer *Auto* ❸ *(charakterisieren)* ***jdn als Angeber ~*** faire passer qn pour un frimeur **II.** *vr* ***sich ~*** se mettre debout; *(sich aufrichten)* se mettre droit(e); ***sich vor jdn ~*** se planter devant qn
hin|stürzen *vi + sein* ❶ *(eilen)* s'y précipiter ❷ *(hinfallen)* tomber
hinten ['hɪntən] *adv* derrière; ***~ sein*** être derrière; ***~ bleiben*** rester en arrière; ***~ im Bus*** au fond du bus; ***~ in der Schlange*** à l'arrière de la queue; ***~ am Kragen/an der Hose*** sur l'envers du col/du pantalon; ***der Blinker ~ rechts*** le clignotant arrière droit; ***~ im Buch*** à la fin du livre; ***ganz ~ sitzen*** être assis tout au fond; ***nach ~ schauen/durchgehen*** regarder derrière/aller vers le fond; ***nach ~ fallen*** tomber à la renverse; ***von ~*** de derrière; ***von ~ kommen*** venir par derrière; ***von ~ anfangen*** commencer par la fin; ***von ~ sahen Sie ihm ähnlich*** vous lui ressembliez de dos ▶ **das Geld reicht weder ~ noch vorn[e]** *(fam)* n'importe comment, c'est pas assez [d'argent]; **sie weiß nicht mehr, wo ~ und vorn[e] ist** *(fam)* elle ne sait plus où elle en est
hintendran *adv (fam)* [par] derrière **hintendrauf** *adv (fam)* derrière ▶ **jdm eins ~ geben** donner une tape sur les fesses à qn
hintenherum ['hɪntənhɛrʊm] *adv* ❶ *gehen, kommen* par derrière; ***kommen Sie ~!*** passez par derrière! ❷ *(fam: auf Umwegen)* par la bande ❸ *(fam) bekommen, besorgen* sous le manteau **hintenrum** ['hɪntɔnrʊm] *s.* **hintenherum** **hintenüber** [hɪntən'ʔy:bɐ] *adv* à la renverse
hinter ['hɪntɐ] **I.** *präp +dat* ❶ ***~ jdm/etw stehen*** être derrière qn/qc; ***zwei Kilometer ~ der Grenze*** deux kilomètres après la frontière ❷ *(nach)* ***~ jdm/etw*** après qn/qc; ***einer ~ dem anderen*** l'un après l'autre; ***die Tür ~ sich schließen*** fermer la porte sur soi **II.** *präp +akk* ***sich ~ jdn/etw stellen*** se mettre derrière qn/qc
Hinterachse *f* essieu *m* arrière **Hinterausgang** *m* sortie *f* de derrière **Hinterbacke** *f meist Pl (fam)* fesse *f* **Hinterbein** *nt* patte *f* de derrière
Hinterbliebene(r) *f(m) dekl wie adj* parent(e) *m(f)* survivant(e); ***die ~n*** la famille
Hinterbliebenenrente *f* rente *f* allouée aux survivants
hinter|bringen* [hɪntɐ'brɪŋən] *vt irr* rapporter
hintere(r, s) *adj Haus, Tür, Zimmer* de derrière; ***die ~n Reihen*** les rangées du fond; ***die ~n Seiten*** les dernières pages; ***der ~ Teil/Bereich*** la partie arrière; ***das ~ Stück*** le bout [final]; ***im ~n Teil des***

Zuges à l'arrière du train; ***im ~n Teil des Saales*** au fond de la salle
hintereinander [hɪntɐʔa͜iˈnandɐ] *adv* ❶ *(räumlich)* l'un(e) derrière l'autre ❷ *(zeitlich)* ***etw ~ tun*** *(wiederholt)* faire qc de suite; *(an einem Stück)* faire qc d'affilée
hintereinander|fahren *vi irr + sein* rouler l'un(e) derrière l'autre **hintereinander|gehen** *vi irr + sein* marcher en file indienne **hintereinanderher** [hɪntɐʔa͜inandɐˈheːɐ̯] *adv* l'un(e) derrière l'autre
Hintereingang *m* entrée *f* de derrière **hinterfotzig** *adj o adv* DIAL *(sl) Person* salaud, salope *fam; Intrige* dégueulasse *fam;* ***ein ganz ~er Typ*** un véritable salaud *fam;* ***dieses ~e Weib*** cette salope *fam*
hinterfragen* [hɪntɐˈfraːgən] *vt (geh)* ***etw ~*** remettre qc en question **Hintergedanke** *m* arrière-pensée *f;* ***~n haben*** avoir quelque chose derrière la tête; ***ohne ~n*** sans [aucune] arrière-pensée **hintergehen*** [hɪntɐˈgeːən] *vt irr* ❶ *(betrügen)* tromper ❷ *(sexuell betrügen)* ***jdn mit jdm ~*** tromper qn avec qn
Hintergrund *m* ❶ *einer Bühne, eines Raumes, Gemäldes* fond *m* ❷ *(Bedingungen, Umstände)* toile *f* de fond; ***einen realen ~ haben*** *Legende:* reposer sur un fait authentique; ***vor dem ~ dieser Ereignisse*** au vu de ces événements ❸ *Pl (verborgene Zusammenhänge)* dessous *mpl* ▸ **im ~ bleiben** rester dans l'ombre; **in den ~ treten** être relégué au second plan
Hintergrunddatei *f* INFORM fichier *m* d'arrière-plan
hintergründig [ˈhɪntɐgrʏndɪç] **I.** *adj Frage, Lächeln* énigmatique; *Humor* hermétique; *Affäre, Zusammenhänge* complexe **II.** *adv lächeln* de façon énigmatique; ***~ fragen*** poser des questions pleines de sous-entendus
Hintergrundinformation *f* information *f* de fond **Hintergrundspeicher** *m* INFORM mémoire *f* à arrière-plan **Hintergrundverarbeitung** *f* INFORM traitement *m* de fond **Hintergrundwissen** *nt* connaissances *fpl* générales
Hinterhalt *m* cachette *f* [pour une embuscade]; ***jdn in einen ~ locken*** attirer qn dans une embuscade; ***in einen ~ geraten*** tomber dans une embuscade; ***aus dem ~*** par surprise
hinterhältig [ˈhɪntɐhɛltɪç] **I.** *adj* sournois(e); ***so ein ~er Betrüger!*** quel faux jeton! *fam* **II.** *adv* de façon sournoise
Hinterhältigkeit <-, -en> *f* sournoiserie *f*
Hinterhand ▸ **etw in der ~ haben** avoir qc dans sa manche **Hinterhaus** *nt* maison *f* du fond
hinterher [hɪntɐˈheːɐ̯] *adv* ❶ *(zeitlich)* après; *(im Nachhinein)* après coup ❷ *(räumlich)* derrière; ***los, schnell ~!*** vite, courons après!
hinterher|fahren *vi irr + sein* suivre en voiture **hinterher|hinken** *vi + sein* ❶ suivre derrière en boitant ❷ *(mit Verzögerung folgen)* ***der Inflation*** *dat* **~** suivre l'inflation tant bien que mal **hinterher|laufen** *vi irr + sein* ❶ *(folgen)* courir derrière; ***jdm ~*** courir après qn ❷ *(fam: sich bemühen)* ***jdm/einer S. ~*** courir après qn/qc **hinterher|schicken** *vt* envoyer; ***jdm jdn/etw ~*** envoyer qn/qc à la suite de qn
Hinterhof *m* arrière-cour *f* **Hinterkopf** *m* arrière *m* de la tête **Hinterland** *nt kein Pl* arrière-pays *m* **hinter|lassen*** [hɪntɐˈlasən] *vt irr* ❶ *(zurücklassen)* laisser; ***~e Werke*** œuvres *fpl* posthumes; ***etw sauber/unaufgeräumt ~*** laisser qc parfaitement propre/en désordre ❷ *(vermachen)* léguer
Hinterlassenschaft <-, -en> *f (Vermächtnis)* héritage *m*
hinterlegen* [hɪntɐˈleːgən] *vt* déposer
Hinterlegung <-, -en> *f* dépôt *m;* ***gegen ~ eines Pfands*** contre le dépôt d'une caution
Hinterlist *f kein Pl* ruse *f* **hinterlistig** **I.** *adj* sournois(e) **II.** *adv* de façon sournoise
hinterm [ˈhɪntɐm] = *(fam) s.* **hinter dem** *s.* **hinter**
Hintermann <-männer> *m* ❶ *(opp: Vordermann)* ***dein ~*** ton voisin de derrière; *(Auto, Autofahrer)* le conducteur [qui est] derrière toi ❷ *Pl (pej fam: Drahtzieher)* instigateurs *mpl*
hintern [ˈhɪntɐn] = *(fam) s.* **hinter den** *s.* **hinter**
Hintern [ˈhɪntɐn] <-s, -> *m (fam)* postérieur *m*, derrière *m;* ***er hat ihn in den ~ getreten*** il lui a donné un coup de pied dans le derrière; ***jdm den ~ versohlen*** flanquer une fessée à qn ▸ **ich könnte mich in den ~ beißen, dass ich das vergessen habe!** *(fam)* je me flanquerais des baffes pour avoir oublié ça!; **jdm in den ~ kriechen** *(fam)* lécher les bottes à qn
Hinterrad *nt* roue *f* arrière
hinterrücks [ˈhɪntɐrʏks] *adv* par derrière
hinters [ˈhɪntɐs] = *(fam) s.* **hinter das** *s.* **hinter**
Hinterschinken *m* jambon *m (de la cuisse)*

Hinterseite *f eines Gebäudes* arrière *m*
hintersinnig *adj Person* énigmatique; *Bemerkung* plein(e) de sous-entendu[s]; *Wort* lourd(e) de sens
hinterste(r, s) *adj Superl von* **hintere(r, s)** ❶ ***der ~ Winkel des Zimmers*** le coin le plus reculé de la chambre; ***in der ~n Reihe*** au [tout] dernier rang ❷ GEOG ***im ~n Afrika*** au fin fond de l'Afrique
Hinterteil *nt (fam: Gesäß)* arrière-train *m*
Hintertreffen *nt kein Pl* ▶ **gegenüber jdm ins ~ geraten** perdre du terrain par rapport à qn; **jdm gegenüber im ~ sein** se retrouver à la traîne par rapport à qn
Hintertreppe *f* escalier *m* de service
Hintertür *f* ❶ *eines Gebäudes* porte *f* de derrière ❷ *(fam: Ausweg)* porte *f* de sortie ▶ **sich** *dat* [**noch**] **eine ~ offenhalten** [*o* **lassen**] se ménager une porte de sortie; **durch die ~** par la bande
Hinterwäldler(in) ['hɪntɐvɛltlɐ] <-s, -> *m(f) (fam)* plouc *mf*
hinterwäldlerisch *adj (fam)* de plouc; ***~ sein*** être un plouc
hinterziehen* [hɪntɐ'tsiːən] *vt irr* frauder sur; ***Steuern ~*** frauder le fisc **Hinterzimmer** *nt* chambre *f* donnant sur l'arrière; *einer Gaststätte* arrière-salle *f; eines Ladens* arrière-boutique *f*
hin|treten *vi irr + sein (sich nähern)* ***zu jdm ~*** s'avancer vers qn **hin|tun** *vt irr (fam)* ***etw da/dort ~*** mettre qc là
hinüber [hɪ'nyːbɐ] **I.** *adv* de l'autre côté **II.** *adj (fam)* ❶ *(verdorben, defekt)* ***~ sein*** *Lebensmittel, Gerät, Motor:* être fichu ❷ *(tot)* ***~ sein*** avoir passé l'arme à gauche ❸ *(bewusstlos)* ***~ sein*** être tombé dans les vapes ❹ *(hinübergegangen)* ***zu jdm/ins Büro ~ sein*** être parti chez qn/au bureau
hinüber|blicken *vi* regarder de l'autre côté; ***zu jdm/etw ~*** regarder du côté de qn/qc **hinüber|fahren** *irr* **I.** *vt + haben* ***jdn/etw zu jdm ~*** amener qn/apporter qc chez qn **II.** *vi + sein* ***zu jdm ~*** passer chez qn **hinüber|führen I.** *vt* conduire de l'autre côté; ***jdn ~*** conduire qn de l'autre côté; ***jdn auf die andere Straßenseite ~*** faire traverser la rue à qn; ***jdn ins Behandlungszimmer ~*** amener qn dans la salle de soins **II.** *vi* conduire de l'autre côté; ***auf die andere Seite ~*** conduire de l'autre côté; ***über den Fluss ~*** traverser la rivière **hinüber|gehen** *vi irr + sein (auf die andere Seite gehen)* traverser **hinüber|helfen** *vi unreg* aider à traverser; ***sie half ihm auf die andere Straßenseite*** elle l'aida à traverser la rue **hinüber|kommen** *vi irr + sein* ❶ ***sie wird auf die andere Straßenseite ~*** elle va traverser la rue; ***er ist über die Brücke hinübergekommen*** il a traversé par le pont ❷ *(fam: besuchen)* ***ich komme zu dir/euch ... hinüber*** je viens chez toi/vous ... **hinüber|reichen** *vt (geh)* passer *Salz* **hinüber|schauen** *s.* **hinüberblicken**
hin- und her|bewegen* **I.** *vt (vor und zurück)* manœuvrer d'avant en arrière; *(nach rechts und links)* manœuvrer de gauche à droite; ***etw ~*** *(vor und zurück)* manœuvrer qc d'avant en arrière; *(nach rechts und links)* manœuvrer qc de gauche à droite **II.** *vr* ***sich ~*** se balancer [de droite à gauche] **hin- und her|fahren** *unreg* **I.** *vi + sein* passer et repasser; ***zwischen zwei Orten ~*** faire la navette entre deux endroits **II.** *vt* ***jdn zum Einkaufen ~*** conduire qn faire les courses et le ramener
Hin- und Rückfahrt *f* aller *m* [et] retour
Hin- und Rückflug *m* vol *m* aller [et] retour
hinunter [hɪ'nʊntɐ] *adv* ***die Treppe ~ ist es einfacher als hinauf*** c'est plus facile de descendre l'escalier que de le monter; ***da/hier ~!*** [c'est] par là/ici!
hinunter|blicken *vi* regarder vers le bas **hinunter|bringen** *vt irr* ❶ *(nach unten begleiten)* ***jdn ~*** raccompagner qn jusqu'en bas; ***etw in den Keller ~*** descendre qc dans la cave ❷ *(fam: herunterbekommen)* arriver à avaler *Essen* **hinunter|fahren** *irr* **I.** *vi + sein* descendre; ***die Piste/ins Tal ~*** descendre la piste/dans la vallée **II.** *vt + haben* ***jdn ins Tal ~*** descendre qn dans la vallée **hinunter|fallen** *vi irr + sein* tomber; ***die Treppe ~*** dégringoler dans l'escalier; ***mir ist der Blumentopf hinuntergefallen*** j'ai fait tomber le pot de fleurs **hinunter|gehen** *vi irr + sein* descendre **hinunter|lassen** *vt unreg (hinablassen)* faire descendre; ***jdn/etw in den Schacht/zu den Verschütteten ~*** faire descendre qn/qc dans le puits/jusqu'aux personnes ensevelies **hinunter|reichen** *vi Kleid:* descendre **hinunter|schlucken** *vt* ❶ *(schlucken)* avaler ❷ *(fam)* ravaler *Ärger* **hinunter|schütten** *vt* ❶ *(hinuntergießen)* ***etw ~*** jeter qc en bas ❷ *(fam: hastig trinken)* siffler, descendre **hinunter|sehen** *vi* ❶ regarder vers le bas; ***ins Tal ~*** regarder la vallée en bas ❷ *(fig)* ***auf jdn ~*** regarder qn de haut **hinunter|spülen** *vt* ❶ *(fortspülen)* faire disparaître; ***etw den Ausguss/die Toilette ~*** faire disparaître qc

H

dans l'évier/les toilettes ❷ *(schlucken)* ***die Tablette mit Wasser*** ~ faire descendre le cachet avec de l'eau ❸ *(fig fam)* ***etw*** ~ essayer d'oublier qc [en buvant]; ***seinen Ärger mit Wein*** ~ noyer son ennui dans le vin **hinunter|stürzen** **I.** *vi + sein (hinunterfallen)* tomber **II.** *vt + haben* ***jdn*** ~ précipiter qn dans le vide **III.** *vr + haben* ***sich*** ~ se précipiter dans le vide **hinunter|werfen** *vt irr* ***etw*** ~ lancer qc en bas; ***jdm etw vom Balkon*** ~ lancer qc à qn du balcon **hinunter|würgen** *vt* faire descendre **hinunter|ziehen** *unreg* **I.** *vt + haben* tirer vers le bas; ***jdn/etw*** ~ tirer qn/qc vers le bas; ***jdn zu sich*** ~ attirer qn à soi **II.** *vi + sein (umziehen)* déménager à un étage inférieur; ***in den zweiten Stock*** ~ déménager et descendre au deuxième étage **III.** *vr + haben* ***sich bis ins Tal*** ~ *Wald, Weide:* s'étendre jusqu'à la vallée

H

hinweg [hɪn'vɛk] *adv (geh)* ❶ *(räumlich)* ***über jdn/etw*** ~ par-dessus qn/qc ❷ *(zeitlich)* ***über drei Monate*** ~ pendant trois mois ❸ *(fort)* ~ ***mit dir/euch!*** disparais/disparaissez!; ~ ***damit!*** fais/faites-moi disparaître ça!

Hinweg ['hɪnveːk] *m* trajet *m;* ***auf dem*** ~ à l'aller **hinweg|fegen** *vi* ***über etw*** *akk* ~ *Wind, Sturm* balayer qc

hinweg|gehen *vi irr + sein* ***über etw*** *akk* ~ *(nicht beachten)* ne pas tenir compte de qc **hinweg|helfen** *vi irr* ***jdm über etw*** *akk* ~ aider qn à surmonter qc **hinweg|hören** *vi* ***über etw*** *akk* ~ ignorer qc **hinweg|kommen** *vi irr + sein* ***über etw*** *akk* ~ surmonter qc **hinweg|sehen** *vi irr* ❶ *(darüber sehen)* ***über jdn/etw*** ~ regarder par-dessus qn/qc ❷ *(nicht beachten)* ***über etw*** *akk* ~ ne pas tenir compte de qc; ***darüber ~, dass*** ne pas tenir compte du fait que ❸ *(ignorieren)* ***über jdn*** ~ ignorer qn **hinweg|setzen** *vr* ***sich über etw*** *akk* ~ passer outre à qc **hinweg|täuschen** *vt* masquer; ***jdn über etw*** *akk* ~ masquer qc à qn

Hinweis ['hɪnvais] <-es, -e> *m* ❶ *kein Pl (das Hinweisen)* ***unter*** ~ ***auf etw*** *akk* au motif de qc ❷ *(Bemerkung, Information)* remarque *f;* ***sachdienliche ~e*** des indices susceptibles de faire progresser l'enquête

hin|weisen *irr* **I.** *vt* attirer l'attention de; ***jdn auf etw*** *akk* ~ attirer l'attention de qn sur qc; ***jdn darauf ~, dass*** attirer l'attention de qn sur le fait que **II.** *vi* ❶ *(aufmerksam machen)* ***darauf ~, dass*** attirer l'attention sur le fait que ❷ *(schließen lassen)* ***darauf ~, dass*** *Tatsache, Umstand:* laisser penser que

Hinweisschild <-schilder> *nt* panonceau *m* **Hinweistafel** *f* panneau *m* d'information

hin|wenden *vr irr* ***sich zu jdm/etw*** ~ se tourner vers qn/qc **hin|werfen** *irr* **I.** *vt* ❶ *(zuwerfen)* ***jdm etw*** ~ jeter qc à qn; ***einen Blick*** ~ jeter un coup d'œil ❷ *(fam: aufgeben)* envoyer promener ❸ *(beiläufig erwähnen)* ***etw nur so*** ~ dire qc comme ça [en passant] **II.** *vr* ***sich vor jdn/etw*** ~ se jeter aux pieds de qn/qc **hin|wirken** *vi* ***auf etw*** *akk* ~ faire en sorte d'obtenir qc **hin|wollen** *vi (fam)* vouloir y aller **hin|ziehen** *irr* **I.** *vt + haben* ❶ *(zu sich ziehen)* ***jdn/etw zu sich*** ~ attirer qn à soi/tirer qc vers soi ❷ *(anziehen)* ***es zieht sie zu ihm hin*** elle se sent attirée par lui ❸ *(in die Länge ziehen)* ***etw über Jahre*** ~ faire traîner qc pendant des années **II.** *vr + haben* ❶ *(sich zeitlich ausdehnen)* ***sich über Wochen/mehrere Monate*** ~ traîner des semaines/plusieurs mois ❷ *(sich örtlich ausdehnen)* ***sich über mehrere Kilometer*** ~ s'étendre sur plusieurs kilomètres **hin|zielen** *vi (zum Ziel haben)* ***auf etw*** *akk* ~ viser à qc

hinzu [hɪn'tsuː] *adv* en plus

hinzu|fügen *vt* ajouter; ***einer S.*** *dat* ***etw*** ~ ajouter qc à qc; ***dem habe ich nichts mehr hinzuzufügen*** je n'ai plus rien à ajouter

hinzu|geben *s.* **dazugeben** **hinzu|kommen** *vi irr + sein* ❶ *(eintreffen)* arriver ❷ *(zu berücksichtigen sein)* ***es kommt hinzu, dass*** à cela, il faut ajouter que; ***die Mehrwertsteuer kommt noch hinzu*** il faut ajouter la T.V.A. ❸ *(dazukommen)* ***kommt sonst noch etwas hinzu?*** il vous faut autre chose?

Hinz und Kunz *m (pej fam)* Pierre et Paul

hinzu|zählen *vt (als dazugehörig ansehen)* inclure; ***jdn/etw [mit]*** ~ inclure qn/qc

hinzu|ziehen *vt irr* s'adjoindre les services de

Hiobsbotschaft ['hiːɔpsboːtʃaft] *f* mauvaise nouvelle *f*

Hip-Hop ['hɪphɔp] <-s> *m* MUS hip-hop *m*

hipp, hipp, hurra *interj* hip, hip, hip, hourra!

Hippie ['hɪpi] <-s, -s> *m* hippie *m*

Hirn [hɪrn] <-[e]s, -e> *nt* ❶ cerveau *m;* ***sich*** *dat* ***das ~ zermartern*** se creuser la cervelle ❷ GASTR cervelle *f*

Hirnanhangdrüse *f* ANAT hypophyse *f*

Hirngespinst ['hɪrngəʃpɪnst] *nt* chimère *f* **Hirnhaut** *f* ANAT méninge *f* **Hirnhautentzündung** *f* MED méningite *f*

hirnlos *adj (fam)* débile *fam*

Hirnrinde *f* ANAT cortex *m* cérébral, écorce *f* cérébrale *vieilli* **hirnrissig** *adj (pej fam)* débile

Hirnschaden *m* lésion *f* cérébrale **Hirnschlag** *m* MED attaque *f* cérébrale **Hirnstamm** *m* ANAT tronc *m* cérébral **Hirntod** *m* MED mort *f* cérébrale **hirntot** *adj* en état de mort cérébrale **Hirntumor** *m* tumeur *f* au cerveau **hirnverbrannt** *adj (pej fam)* s. **hirnrissig Hirnwindung** *f meist Pl* circonvolution *f* cérébrale

Hirsch [hɪrʃ] <-es, -e> *m* cerf *m*

Hirschbraten *m* rôti *m* de cerf **Hirschgeweih** *nt* bois *mpl* de cerf **Hirschkäfer** *m* cerf-volant *m* **Hirschkalb** *nt* faon *m* [de cerf] **Hirschkuh** *f* biche *f*

Hirse ['hɪrzə] <-, -n> *f* mil[let] *m*

Hirsebrei *m* bouillie *f* de millet

Hirt(in) [hɪrt] <-en, -en>, **Hirte, Hirtin** ['hɪrtə] <-n, -n> *m(f) (Viehhirte)* gardien(ne) *m(f)* [de troupeau]; *(Kuhhirte)* vacher, -ère *m, f; (Schweinehirte)* porcher, -ère *m, f; (Schafhirte)* berger, -ère *m, f*

Hirte, Hirtin ['hɪrtə] <-n, -n> *m, f* ❶ *(Viehhirte)* gardien(ne) *m(f)* [de troupeau]; *(Kuhhirte)* vacher, -ère *m, f; (Schweinehirte)* porcher, -ère *m, f; (Schafhirte)* berger, -ère *m, f* ❷ REL pasteur *mf littér*

Hirtenbrief *m* lettre *f* pastorale **Hirtenhund** *m* chien *m* de berger

Hirtin ['hɪrtɪn] *s.* **Hirte**

his [hɪs] <-, -> *nt* MUS si *m* dièse

Hisbollah <-> *f* Hezbollah *m*

hissen ['hɪsən] *vt* hisser

Historie [hɪs'to:riə] <-> *f (geh)* histoire *f*

Historiker(in) [hɪs'to:rɪkɐ] <-s, -> *m(f)* historien(ne) *m(f)*

historisch [hɪs'to:rɪʃ] **I.** *adj* historique **II.** *adv wichtig, korrekt* historiquement; *betrachtet* d'un point de vue historique

Hit [hɪt] <-s, -s> *m (fam)* ❶ tube *m* ❷ *(modisches Muss)* must *m;* ***der [große] ~ sein*** être la grande mode ❸ *(Krönung)* ***das ist/wäre der ~!*** c'est/ce serait le bouquet!

Hitliste *f* hit-parade *m* **Hitparade** *f* hit-parade *m* **hitverdächtig** *adj Song* susceptible de devenir un tube

Hitze ['hɪtsə] <-, -n> *f* ❶ chaleur *f;* ***etw bei schwacher/mittlerer ~ backen*** faire cuire qc à four modéré/moyen; ***brütende ~*** chaleur accablante; ***vor ~ [fast] umkommen*** *(fam)* crever de chaud ❷ *(Aufregung)* ***in der ~ des Gefechts*** dans le feu de l'action; ***leicht in ~ geraten*** s'emporter facilement ❸ *(Hitzewallung)* ***fliegende ~*** bouffées *fpl* de chaleur

hitzebeständig *adj* résistant(e) à la chaleur **hitzeempfindlich** *adj* sensible à la chaleur **hitzefrei** *adj* ***~ bekommen/haben*** ne pas avoir classe en raison de la canicule **Hitzeperiode** *f* période *f* de grosse chaleur **Hitzewallung** *f meist Pl* bouffée *f* de chaleur **Hitzewelle** *f* vague *f* de chaleur

hitzig ['hɪtsɪç] **I.** *adj* ❶ *Person, Temperament* irascible; ***nicht so ~!*** du calme! ❷ *Debatte, Wortwechsel* enflammé(e) **II.** *adv debattieren* dans un climat passionné

Hitzkopf *m (fam)* soupe *f* au lait **Hitzschlag** *m* insolation *f*

HIV [ha:ʔi:'faʊ̯] <-[s], -[s]> *nt Abk von* **Human Immunodeficiency Virus** HIV *m,* V.I.H. *m*

HIV-infiziert *adj* infecté(e) par le virus HIV

HIV-negativ *adj* séronégatif, -ive **HIV-positiv** *adj* séropositif, -ive **HIV-Test** *m* test *m* de dépistage du sida

Hiwi ['hi:vi] <-s, -s> *m (fam: wissenschaftliche Hilfskraft) étudiant aidant un professeur d'université dans ses recherches*

hl *Abk von* **Hektoliter** hl

hl. *Abk von* **heilige(r)** St(e)

hm [hm] *interj* ❶ *(anerkennend)* mmmh; *(in Bezug auf das Essen)* miam-miam ❷ *(fragend)* hein

H-Milch ['ha:mɪlç] *f* lait *m* longue conservation, lait U.H.T.

h-Moll ['ha:mɔl] *nt* si *m* mineur; ***in ~*** en si mineur

HNO [ha:ʔɛn'ʔo:] *Abk von* **Hals, Nasen, Ohren** O.R.L.

HNO-Arzt, -ärztin [ha:ʔɛn'ʔo:artst] *m, f* O.R.L. *mf,* oto-rhino *mf* **HNO-Klinik** *f* clinique *f* oto-rhino-laryngologique

hob [ho:p] *Imp von* **heben**

Hobby ['hɔbi] <-s, -s> *nt* passe-temps *m,* hobby *m;* ***etw als ~ betreiben*** faire qc pour son plaisir

Hobbykoch, -köchin *m, f* cuisinier, -ière *m, f* amateur **Hobbyraum** *m pièce aménagée pour la pratique d'un hobby*

Hobel ['ho:bəl] <-s, -> *m* ❶ *(Werkzeug)* rabot *m* ❷ *(Küchengerät)* râpe *f*

Hobelbank <-bänke> *f* établi *m* de menuisier

hobeln ['ho:bəln] **I.** *vt* ❶ TECH ***[glatt] ~*** raboter ❷ GASTR ***etw ~*** émincer qc [avec une râpe] **II.** *vi* ***an etw*** *dat* ***~*** raboter qc

hoch [hoːx] <*attr* hohe(r, s), höher, höchste> **I.** *adj* ❶ *(räumlich)* haut(e) *antéposé; Schnee, Schneedecke* épais(se); ***hohe Absätze*** de hauts talons; ***ein hundert Meter hoher Turm*** une tour de cent mètres de haut; ***das Dach ist sieben Meter ~*** le toit a sept mètres de hauteur; ***ein Mensch von hohem Wuchs*** une personne de haute stature; ***eine hohe Stirn haben*** avoir le front haut; *(hum)* avoir le front dégarni ❷ *Stimme, Ton* aigu(ë) ❸ MATH ***fünf ist eine höhere Zahl als drei*** cinq est un chiffre plus élevé que trois; ***zwei ~ drei ist acht*** deux [à la] puissance trois égale huit ❹ *Gewicht, Temperatur, Betrag, Gehalt* élevé(e); *Sachschaden, Verlust* gros(se) *antéposé,* important(e); *Strafe* sévère ❺ *Lebensstandard, Ansprüche* élevé(e); *Genuss* grand(e) *antéposé* ❻ *Beamter, Amt* haut(e) *antéposé; Besuch* important(e); *Offizier* supérieur(e); *Position* élevé(e); *Ansehen, Gut* grand(e) *antéposé; Anlass, Feiertag* solennel(le) ► **jdm zu ~ sein** *(fam)* dépasser qn **II.** <höher, am höchsten> *adv* ❶ *(nach oben)* ***ein ~ aufgeschossener Junge*** un garçon monté en graine; ***hundert Meter ~ emporragen*** faire cent mètres de haut; ***es geht sieben Treppen ~*** il faut monter sept étages; ***den Ball ganz ~ werfen*** lancer le ballon très haut; ***wie ~ kannst du den Ball werfen?*** à quelle hauteur peux-tu lancer le ballon? ❷ *fliegen* haut; ***tausend Meter ~ fliegen*** voler à une altitude de mille mètres; ***das Wasser steht drei Zentimeter ~*** il y a trois centimètres d'eau ❸ *(nicht tief)* ***zu ~ singen/spielen*** chanter/jouer trop haut ❹ *verehrt, begehrt* très ❺ *(große Summen betreffend)* ***~ versichert sein*** avoir une assurance chère; ***~ besteuert werden*** être fortement imposé; ***zu ~ gegriffen sein*** *Berechnung, Kosten, Zahl:* être exagéré ► **er hat mir ~ und heilig versprochen** [*o* **versichert**] **zu kommen** *(fam)* il m'a juré ses grands dieux qu'il viendrait; **jdm etw ~ anrechnen** être très reconnaissant à qn de qc; **wenn es ~ kommt** *(fam)* tout au plus

Hoch [hoːx] <-s, -s> *nt* ❶ *(Hochruf)* ovation *f;* ***auf jdn ein ~ ausbringen*** porter un toast à [la santé de] qn ❷ METEO anticyclone *m*

Hochachtung *f* considération *f;* ***jdm ~ entgegenbringen*** *(form)* témoigner sa considération à qn; ***meine ~!*** toutes mes félicitations!, chapeau! *fam*

hochachtungsvoll *adv (form)* avec l'expression de ma considération distinguée

Hochadel *m* haute noblesse *f* **hochaktuell** *adj Information, Nachricht* d'une actualité brûlante **Hochamt** *nt* grand-messe *f* **hochangesehen** *s.* **angesehen** **hochanständig** ['hoːxʔanʃtɛndɪç] *adj* d'une grande loyauté; ***etw ist ~ von jdm*** qn fait preuve d'une grande loyauté en faisant qc **hoch|arbeiten** *vr* ***sich bis zu etw ~*** s'élever dans la hiérarchie et devenir qc à la force du poignet

hochauflösend *adj* INFORM, TV [à] haute définition

Hochbahn *f* métro *m* aérien **Hochbau** *m kein Pl* bâtiment *m* **hochbegabt** *s.* **begabt**

hoch|bekommen* *vt irr* arriver à lever *Arm, Kopf;* arriver à soulever *Möbelstück, Klappe, Deckel* ► **einen/keinen ~** *(sl)* bander/ne pas arriver à bander *fam* **hochbetagt** *adj Person* d'un âge avancé **Hochbetrieb** *m* activité *f* intense; ***im Büro herrscht ~*** c'est l'effervescence au bureau **hoch|bringen** *vt irr (fam)* ***jdn/etw ~*** monter qn/qc **Hochburg** *f einer Partei* fief *m* **hochdeutsch** ['hoːxdɔytʃ] *adj (nicht umgangssprachlich)* en allemand standard **Hochdeutsch** <-[s]> *nt* ❶ l'allemand *m* standard; ***ein fehlerfreies ~ sprechen*** parler parfaitement l'allemand [standard] ❷ LING *(Ober- und Mitteldeutsch)* le haut allemand

hochdotiert *s.* **hoch II. 5** **hoch|drehen** *vt (nach oben drehen)* remonter **Hochdruck** *m kein Pl* ❶ MED hypertension *f* ❷ METEO haute pression *f* ❸ TYP impression *f* en relief

Hochdruckgebiet *nt* METEO anticyclone *m* **Hochdruckreiniger** <-s, -> *m* nettoyeur *m* à haute pression

Hochebene *f* haut plateau *m* **hochempfindlich** *adj s.* **empfindlich I. 2** **hochentwickelt** *s.* **entwickeln I. 3, II. 1** **hocherfreut** *adj* ***~ sein*** être très heureux, -euse **hochexplosiv** *adj* très explosif, -ive **hoch|fahren** *vi irr + sein* ❶ *(fam: nach oben, nach Norden fahren)* monter; ***in den dritten Stock ~*** monter au troisième étage; ***den Berg ~*** monter en haut de la montagne; ***zur Burg ~*** monter jusqu'au château; ***die Straße zum Pass ~*** prendre la route qui monte au col ❷ *(sich plötzlich aufrichten)* ***aus dem Sessel ~*** se lever brusquement du fauteuil; ***aus dem Schlaf ~*** se réveiller en sursaut ❸ *(aufbrausen)* ***wütend ~*** se fâcher tout rouge

hoch|fliegen *vi irr + sein Vogel:* s'envoler **Hochform** *f* ***in ~ sein*** être en pleine forme; ***zur ~ auflaufen*** atteindre le top niveau **Hochformat** *nt* format *m* en hauteur; INFORM format portrait; ***im ~*** en format en hauteur; INFORM en format portrait **Hochgarage** *f* parking *m* étages **hochgebildet** *adj* très cultivé(e) **Hochgebirge** *nt* haute montagne *f;* ***im ~*** en haute montagne **hochgeehrt** *s.* **ehren Hochgefühl** *nt* euphorie *f,* exaltation *f;* ***im ~ des Triumphs*** dans l'euphorie du triomphe **hoch|gehen** *vi irr + sein* ❶ *(fam: nach oben gehen)* monter; ***die Treppe/Stufen ~*** monter l'escalier/les marches; ***den Berg ~*** monter en haut de la montagne ❷ *(fam: detonieren)* ***etw ~ lassen*** faire sauter qc ❸ *(fam: in die Luft gehen)* exploser ❹ *(steigen) Löhne, Preise:* grimper ❺ *(fam: enttarnt werden) Dealer, Hintermänner:* se faire coincer; *Kartell:* être démantelé; ***jdn/etw ~ lassen*** coincer qn/démanteler qc **hochgelehrt** *adj* fort savant(e) **Hochgenuss** *m* plaisir *m* divin **Hochgeschwindigkeitszug** *m* train *m* à grande vitesse

hochgestellt *adj attr Zahl* en exposant **hochgestochen** *(pej fam)* **I.** *adj* ❶ *Phrasen, Reden, Stil* ampoulé(e) ❷ *(überheblich)* prétentieux, -euse **II.** *adv sich ausdrücken* d'une façon ampoulée; *schreiben* dans un style ampoulé **Hochglanz** *m* ❶ *(strahlender Glanz)* ***etw auf ~ polieren*** faire briller qc; ***etw auf ~ bringen*** briquer qc ❷ *(Hochglanzpapier)* ***Foto/Abzug in ~*** photo *f* / tirage *m* sur papier brillant

Hochglanzpapier *nt* papier *m* glacé

hochgradig **I.** *adj* extrême, intense **II.** *adv* extrêmement

hoch|gucken *s.* **hochsehen**

hochhackig ['ho:xhakɪç] *adj* à hauts talons

hoch|halten *vt irr* ❶ lever *Hand, Gegenstand* ❷ brandir *Fahne, Transparent* ❸ *(ehren)* honorer **Hochhaus** *nt* tour *f* **hoch|heben** *vt irr* ❶ soulever *Kind, Last* ❷ lever *Hand, Arm* **hochintelligent** *adj* très intelligent(e) **hochinteressant** **I.** *adj* d'un grand intérêt **II.** *adv* ***~ klingen*** avoir l'air très intéressant(e) **hoch|jubeln** *vt (fam)* faire mousser

hochkant ['ho:xkant] *adv* ❶ *(auf der Schmalseite)* ***~ stehen*** être posé verticalement; ***ein Buch ~ stellen*** mettre un livre debout; ***ein Bild ~ stellen*** mettre un tableau dans le sens vertical ❷ *s.* **hochkantig**

hochkantig ['ho:xkantɪç] *adv (fam)* ▶ ***~ hinausfliegen*** se faire virer; ***~ hinauswerfen*** virer

hochkarätig *adj (fam) Politiker* très calé(e) **hoch|klappen** **I.** *vt + haben* relever *Klappe, Schrankbett;* relever, remonter *Kragen* **II.** *vi + sein* se relever **hoch|klettern** *vi + sein* grimper **hoch|kommen** *vi irr + sein* ❶ *(fam: heraufkommen)* monter ❷ *(fam: aufstehen können)* arriver à se lever **Hochkonjunktur** *f* haute conjoncture *f,* boom *m* économique

hochkonzentriert *s.* **konzentriert I.**

hoch|krempeln *vt* retrousser

hoch|kriegen *s.* **hochbekommen**

hoch|kurbeln *s.* **hochdrehen 2 hoch|laden** *vt* INFORM charger; ***etw ~*** *(im Internet)* télécharger qc vers l'amont **Hochland** *nt* haut plateau *m* **hoch|leben** *vi* ***jdn ~ lassen*** porter un toast à qn; ***hoch lebe die Königin!*** vive la Reine! **hoch|legen** *vt* surélever *Beine* **Hochleistungssport** *m* sport *m* de haut niveau

Hochlohnland *nt* pays *m* à niveau de salaires élevé

hochmodern **I.** *adj Kleidung, Einrichtung, Auto* dernier cri; ***~ sein*** être du dernier cri **II.** *adv gekleidet* à la dernière mode; ***~ eingerichtet sein*** avoir un intérieur [du] dernier cri **Hochmoor** *nt* tourbière *f* de montagne **Hochmut** ['ho:xmu:t] *m* arrogance *f* ▶ ***~ kommt vor dem Fall*** *(prov)* l'orgueil précède la chute

hochmütig ['ho:xmy:tɪç] *adj* arrogant(e)

hochnäsig ['ho:xnɛ:zɪç] *(pej)* **I.** *adj Art, Person* hautain(e) **II.** *adv* avec dédain

Hochnebel *m* couche *f* nuageuse

hoch|nehmen *vt irr* ❶ porter *Person, Tier;* soulever *Gegenstand* ❷ *(fam: verulken)* faire marcher ❸ *(fam: auffliegen lassen)* coincer **Hochofen** *m* haut fourneau *m* **Hochparterre** [-partɛr(ə)] *nt* rez-de-chaussée *m* surélevé

hochprozentig *adj* ❶ *Schnaps, Rum* fortement alcoolisé(e) ❷ CHEM très concentré(e)

hochqualifiziert *adj s.* **qualifiziert**

hoch|ragen *vi + haben o sein* s'élever **hoch|rechnen** *vt* faire une estimation de **Hochrechnung** *f meist Pl* estimation *f* **hoch|reißen** *vt irr* lever *Arme* **hochrot** ['ho:x'ro:t] *adj Gesicht, Wangen* écarlate; ***ihre Wangen waren ~ vor Erregung*** elle avait les joues rouges d'excitation **Hochruf** *m* vivat *m* **Hochsaison** *f* haute saison *f;* COM affluence *f;* ***die Eisdielen haben ~*** c'est la cohue chez les glaciers **hoch|schätzen** *s.* **schätzen I. 3**

hoch|schaukeln *vr* ***sich gegenseitig ~***

s'exciter mutuellement **hoch|schlagen** *irr* **I.** *vt + haben* relever *Kragen* **II.** *vi + sein* *Brecher, Wellen:* déferler
Hochschrank *nt* placard *m*
hoch|schrecken I. *vt + haben* ***jdn*** ~ faire sursauter qn; *(aus dem Schlaf)* réveiller qn en sursaut **II.** *vi unreg + sein* sursauter; *(aus dem Schlaf)* se réveiller en sursaut
Hochschulabschluss *m* diplôme *m* de fin d'études universitaires **Hochschulabsolvent(in)** *m(f)* diplômé(e) *m(f)* **Hochschulbildung** *f* formation *f* universitaire
Hochschule ['ho:xʃu:lə] *f* ❶ *(Universität)* université *f* ❷ *(Fachhochschule)* école *f* supérieure spécialisée; ***pädagogische*** ~ ≈ institut *m* universitaire de formation des maîtres; ***technische*** ~ ≈ institut *m* universitaire de technologie **Hochschüler(in)** *m(f)* étudiant(e) *m(f)*
Hochschullehrer(in) *m(f)* professeur *mf* d'université **Hochschulreife** *f* baccalauréat *m (permission d'accès aux études supérieures)* **Hochschulstudium** *nt* études *fpl* universitaires; ***mit/ohne*** ~ avec une/sans formation universitaire
hochschwanger *adj* en état de grossesse avancée **Hochsee** *f kein Pl* haute mer *f*
Hochseefischerei *m* pêche *f* en haute mer **Hochseeflotte** *f* flotte *f* de haute mer
hoch|sehen *vi irr* lever les yeux **Hochseil** *nt* câble *m* suspendu **Hochsitz** *m* affût *m* perché **Hochsommer** *m* plein été *m;* ***im*** ~ en plein été **hochsommerlich I.** *adj* estival(e) **II.** *adv* comme en plein été **Hochspannung** *f* ELEC haute tension *f;* ***Vorsicht, ~!*** danger [de mort], haute tension!
Hochspannungsleitung *f* ligne *f* [à] haute tension **Hochspannungsmast** *m* pylône *m* [pour lignes] à haute tension
hoch|spielen *vt* monter en épingle; ***etw*** ~ monter qc en épingle **Hochsprache** *f* langue *f* standard **hochsprachlich** *adj* en langue standard **hoch|springen** *vi irr + sein (nach oben springen)* sauter **Hochspringer(in)** *m(f)* sauteur, -euse *m, f* en hauteur **Hochsprung** *m* saut *m* en hauteur
höchst [hø:çst] *adv (überaus)* extrêmement; ~ ***schmackhaft sein*** être excellent
Höchstalter *nt* âge *m* limite
Hochstapelei [ho:xʃta:pə'lai] <-, -en> *f* imposture *f*
hoch|stapeln *vi* commettre une imposture
Hochstapler(in) ['ho:xʃta:plɐ] <-s, -> *m(f)* imposteur *m*
Höchstbetrag *m (bei Miete, Kredittilgung)* traite *f* maximale; ***bis zum ~ von …*** jusqu'à concurrence de …
höchste(r, s) ['hø:çstə, -tɐ, -təs] **I.** *adj Superl von* **hoch** ❶ ***der ~ Berg/Turm*** la montagne/tour la plus haute ❷ *(von größtem Ausmaß)* ***die ~ Summe*** la somme la plus haute; ***der ~ Sachschaden*** le dommage le plus important; ***die ~ Belastung*** la charge maximale; ***die ~ Entschädigung*** l'indemnité la plus forte; ***die ~ Strafe*** la peine la plus sévère; ***das Höchste, was*** *(die äußerste Summe)* le maximum que *+subj* ❸ *(von größter Wichtigkeit)* ***das ~ Amt/Ansehen*** la charge/réputation la plus haute; ***der ~ Feiertag*** la fête la plus importante; ***der ~ Offizier*** l'officier le plus haut placé(e); ***das ~ Gut*** le bien suprême ❹ *(von größter Intensität, Dringlichkeit)* extrême; ***es ist ~e Zeit!*** il est grand temps!; ***aufs H~*** extrêmement **II.** *adv* ❶ ***am ~n*** *stehen, wohnen* le plus haut; *fliegen* à la plus haute altitude ❷ *(von größtem Ausmaß)* ***am ~n besteuert*** soumis(e) à un taux d'imposition maximum; ***am ~n versichert sein*** avoir la plus forte assurance
hoch|stellen *vt* mettre en hauteur; ***etw*** ~ mettre qc en hauteur
höchstens ['hø:çstəns] *adv* au maximum
Höchstfall *m* ***im*** ~ au maximum **Höchstform** *f* top niveau *m;* ***sich in ~*** *dat* ***befinden*** être au mieux de sa forme **Höchstgebot** *nt* offre *f* maximale; ***gegen*** ~ au plus offrant **Höchstgeschwindigkeit** *f* vitesse *f* maximale; ***die zulässige ~ überschreiten*** dépasser la vitesse maximale [autorisée] **Höchstgrenze** *f* limite *f*
hoch|stilisieren* *vt* enjoliver; ***jdn zu einem Idol*** ~ faire passer qn pour une idole; ***etw zu einem Medienereignis*** ~ faire passer qc pour un événement médiatique
Hochstimmung *f kein Pl* bonne humeur *f;* ***in ~ sein*** être de bonne humeur; ***unter den Gästen herrschte*** ~ il y avait une super ambiance parmi les invités
Höchstleistung *f* performance *f* extrême **Höchstmaß** *nt* maximum *m;* ***~ an Genauigkeit*** maximum de précision **Höchstmenge** *f* quantité *f* maximale **höchstpersönlich** *adv* en personne **Höchstpreis** *m* ❶ *(hoher Preis)* prix *m* fort ❷ *(höchster erlaubter Preis)* prix *m* maximum [autorisé] **Höchststand** *m* niveau *m* maximum **Höchststrafe** *f* peine *f* maximale **höchstwahrscheinlich** *adv* selon toute vraisemblance **Höchstwert** *m* valeur *f* maximum **höchstzuläs-**

H

sig *adj attr* ***der ~e Wert/die ~e Geschwindigkeit*** la donnée/vitesse maximale autorisée

Hochtechnologie *f* technologie *f* de pointe, haute technologie *f*

Hochtouren *Pl* ***etw auf ~ bringen*** faire tourner qc à plein régime; ***auf ~ laufen*** *Motor, Produktion:* tourner à plein régime; *Kampagne, Vorbereitungen:* battre son plein

hochtrabend *(pej)* **I.** *adj Rede, Worte* grandiloquent(e) **II.** *adv* avec grandiloquence

hoch|treiben *vt irr* faire grimper

Hoch- und Tiefbau *m* bâtiments *mpl* et travaux *mpl* publics

hochverehrt *adj attr* très honoré(e) *antéposé* **Hochverrat** *m* haute trahison *f*

hochverschuldet *s.* **verschulden II.**

Hochwasser <-wasser> *nt* ❶ *(überhoher Wasserstand)* crue *f;* ***~ führen*** être en crue ❷ *(Überschwemmung)* inondation *f* ❸ *(Höchststand der Flut)* marée *f* haute ▶ ~ **haben** *(hum fam)* avoir le feu au plancher

Hochwassergefahr *f* danger *m* d'inondation **hochwassergefährdet** *adj Gebiet* menacé(e) par les crues

hoch|werfen *vt irr* ***etw*** ~ lancer qc en l'air

hochwertig *adj Ware, Artikel, Material* de grande qualité; *Nahrungsmittel* d'une grande valeur nutritive

Hochwild *nt* gros gibier *m* **Hochzahl** *f* exposant *m*

Hochzeit[1] ['hɔxtsaɪt] <-, -en> *f* ❶ *(Trauung)* mariage *m;* ~ ***feiern*** célébrer des noces *fpl* ❷ *(Jubiläum)* ***die silberne/goldene/diamantene/eiserne ~*** les noces *fpl* d'argent/d'or/de diamant/de fer

Hochzeit[2] ['hoːxtsaɪt] <-, -en> *f (Blütezeit)* apogée *m*

Hochzeitsfeier *f* célébration *f* du mariage **Hochzeitskleid** *nt* robe *f* de mariée **Hochzeitsnacht** *f* nuit *f* de noces **Hochzeitsreise** *f* voyage *m* de noces **Hochzeitstag** *m* ❶ *(Tag der Hochzeit)* jour *m* du mariage ❷ *(Jahrestag der Hochzeit)* anniversaire *m* de mariage

hoch|ziehen *irr* **I.** *vt* ❶ ouvrir *Jalousie, Rollladen;* remonter *Hose, Socke* ❷ redresser *Flugzeug* ❸ *(fam: erbauen, schnell bauen)* faire sortir de terre **II.** *vr* ❶ *(sich nach oben ziehen)* ***sich an etw*** *dat* ~ se relever en se tenant à qc ❷ *(pej fam: sich erfreuen)* ***sich an etw*** *dat* ~ se régaler de qc

Hocke ['hɔkə] <-, -n> *f* ❶ *(Körperhaltung)* position *f* accroupie; ***in die ~ gehen*** s'accroupir ❷ SPORT *(Sprung)* saut *m* fléchi groupé

hocken ['hɔkən] *vi* ❶ + *haben (kauern)* être accroupi; ***in der Ecke/auf dem Boden*** ~ être accroupi dans un coin/sur le sol ❷ + *haben (fam: sitzen)* ***hinter seinem Schreibtisch*** ~ être assis à son bureau ❸ + *sein* SPORT ***über etw*** *akk* ~ sauter genoux fléchis par-dessus qc

Hocker ['hɔkɐ] <-s, -> *m* tabouret *m*

Höcker ['hœkɐ] <-s, -> *m* bosse *f*

Hockey ['hɔki] <-s> *nt* hockey *m* [sur gazon]

Hockeyschläger *m* crosse *f* de hockey

Hockeyspieler(in) *m(f)* joueur, -euse *m, f* de hockey

Hoden <-s, -> *m* ANAT testicule *m*

Hodensack *m* ANAT bourses *fpl*

Hof [hoːf, *Pl:* 'høːfə] <-[e]s, Höfe> *m* ❶ cour *f;* ***auf den/dem ~*** dans la cour ❷ *(Bauernhof)* ferme *f* ❸ *(Herrschersitz, Hofstaat)* cour *f;* ***bei ~e*** à la cour ▶ **jdm den ~ machen** faire la cour à qn

Hofdame *f* dame *f* de la cour; *(Ehrendame)* dame *f* d'honneur

hoffen ['hɔfən] **I.** *vi* ❶ espérer ❷ *(erhoffen)* ***auf etw*** *akk* ~ compter sur qc ❸ *(erwarten, bauen auf)* ***auf jdn*** ~ compter sur qn **II.** *vt* ***~, dass*** espérer que; ***ich hoffe, er kommt*** j'espère qu'il viendra; ***es bleibt zu ~, dass*** il faut espérer que; ***~ wir das Beste!*** ayons bon espoir!; ***das will ich/wollen wir ~!*** j'espère/nous espérons bien!

hoffentlich ['hɔfəntlɪç] *adv* espérons que; ***~ haben wir bald Frühling!*** j'espère que c'est bientôt le printemps! *fam;* ***~ ist es nichts Ernstes?*** pourvu que ce ne soit rien de grave!; ***~!*** j'espère/nous espérons bien!; ***~ nicht!*** j'espère/espérons que non!

Hoffnung ['hɔfnʊŋ] <-, -en> *f* espoir *m;* ***~ auf etw*** *akk* espérance *f* de qc; ***~ auf etw*** *akk* ***haben*** avoir l'espoir de qc; ***jdm ~ machen, dass*** donner à qn l'espoir que; ***jdm ~ auf etw*** *akk* ***machen*** laisser espérer qc à qn; ***jds einzige ~ sein*** être le seul espoir de qn; ***neue ~ schöpfen*** reprendre espoir; ***sich*** *dat* ***~en/keine ~en machen*** nourrir certains espoirs/ne pas se faire d'illusions; ***die ~ aufgeben*** abandonner tout espoir

hoffnungslos **I.** *adj Sache, Lage, Zustand* désespéré(e), sans espoir **II.** *adv* ❶ *(ohne Hoffnung)* sans rien espérer; ***völlig*** ~ sans le moindre espoir ❷ *veraltet, sich verlieben, sich verlaufen* désespérément

Hoffnungslosigkeit <-> *f* désespoir *m*

Hoffnungsschimmer *m kein Pl* lueur *f* d'espoir **Hoffnungsträger(in)** *m(f)* es-

H

poir *m* **hoffnungsvoll** I. *adj (viel versprechend)* prometteur, -euse II. *adv ansehen* plein(e) d'espoir
hofieren* [ho'fi:rən] *vt* courtiser
höfisch ['hø:fɪʃ] *adj Manieren, Zeremoniell* en usage à la cour; *Leben* à la cour; *Dichtung, Epik* courtois(e)
höflich ['hø:flɪç] I. *adj* poli(e), courtois(e) II. *adv* poliment, avec courtoisie; ***wir teilen Ihnen ~[st] mit, dass*** nous avons l'honneur de porter à votre connaissance que
Höflichkeit <-, -en> *f* ❶ *kein Pl (höfliche Art)* politesse *f*, courtoisie *f*; ***aus reiner ~*** par pure politesse ❷ *(höfliche Bemerkung)* politesse *f*
Höflichkeitsfloskel *f* formule *f* de politesse
Höfling ['hø:flɪŋ] <-s, -e> *m* courtisan *m*
Hofnarr *m* fou *m* [du roi] **Hofrat, -rätin** *m, f* A conseiller, -ère *m, f* de la cour **Hofstaat** *m kein Pl* cour *f* **Hoftor** *nt* porte *f* cochère
Höhe ['hø:ə] <-, -n> *f* ❶ *(vertikale Ausdehnung) eines Baums, Gebäudes, Möbelstücks* hauteur *f*; *eines Bergs* altitude *f*; ***in die ~ wachsen/schießen*** *Pflanze:* pousser en hauteur/comme du chiendent ❷ *(Entfernung über dem Boden)* ***aus der ~*** d'en haut; ***in der ~*** dans les airs; ***in schwindelnder ~*** à une hauteur vertigineuse; ***auf halber ~*** à mi-hauteur; ***in die ~ schauen*** regarder en l'air ❸ *(Flughöhe)* altitude *f*; ***in einer ~ von tausend Metern*** à une altitude de mille mètres; ***an ~ gewinnen*** prendre de l'altitude ❹ *(Anhöhe)* hauteur *f* ❺ *(Ausmaß) eines Gehalts* montant *m*; *von Kosten* niveau *m*; *von Schäden* ampleur *f*; ***in ~ von hundert Euro*** d'un montant de cent euros; ***ein Kredit in unbegrenzter ~*** un crédit illimité; ***in die ~ gehen*** *Löhne, Kosten:* augmenter; ***die Preise in die ~ schrauben*** faire monter les prix ❻ *meist Pl (Tonhöhe)* aigu *m* ❼ *(geografische Breite)* latitude *f*; ***auf gleicher ~ liegen*** être à la même latitude; ***wir dürften auf der ~ von Rom sein*** nous devrions être à la hauteur de Rome ▸ **die ~n und Tiefen des Lebens** les hauts *mpl* et les bas *mpl* de la vie; **das ist doch die ~!** *(fam)* c'est le bouquet!
hohe(r, s) ['ho:ə, -ɐ, -əs] *s.* **hoch**
Hoheit ['ho:hait] <-, -en> *f* ❶ *(Mitglied einer fürstlichen Familie)* altesse *f*; ***Seine/Ihre Kaiserliche ~*** Son/Votre Altesse Impériale; ***Seine/Ihre Königliche ~*** Son/Votre Altesse Royale ❷ *kein Pl (oberste Staatsgewalt)* souveraineté *f*
hoheitlich *adj* souverain(e)
Hoheitsgebiet *nt* territoire *m* national **Hoheitsgewässer** *Pl* eaux *fpl* territoriales **Hoheitsrecht** *nt* droit *m* de souveraineté **hoheitsvoll** *adj (geh)* majestueux, -euse
Höhenangst *f* acrophobie *f* **Höhenflug** *m (fig)* grandes envolées *fpl* **Höhenmesser** <-s, -> *m* altimètre *m* **Höhensonne®** *f* lampe *f* à ultraviolets **Höhenunterschied** *m* GEOG dénivellation *f* **höhenverstellbar** *adj* réglable en hauteur
Hohepriester *m* grand prêtre *m*
Höhepunkt *m* ❶ *(wichtigstes Ereignis) eines Festes* grand moment *m*; *(sensationelle Darbietung)* clou *m* ❷ *(Gipfel) einer Auseinandersetzung, Krise, Krankheit* paroxysme *m*; *der Karriere, Macht* apogée *m*; ***die Stimmung war auf dem ~*** l'ambiance était à son paroxysme ❸ *(Orgasmus)* orgasme *m*; ***jdn zum ~ bringen*** faire jouir qn; ***zum ~ kommen*** jouir
höher I. *adj Komp von* **hoch** ❶ ***ein ~er Baum/~es Haus*** un arbre plus haut/une maison plus haute ❷ *(größere Ausmaße habend)* ***ein ~er Preis/Lebensstandard*** un prix/niveau de vie plus élevé; ***eine ~e Temperatur*** une température plus élevée; ***~e Ansprüche*** des exigences plus grandes; ***der Schaden ist ~ als erwartet*** les dégâts sont plus importants que prévu ❸ *(größere Bedeutung habend)* ***ein ~es Ansehen*** un plus grand crédit; ***eine ~e Position*** une situation plus élevée; ***ein ~er Beamter*** un fonctionnaire haut placé; ***ein ~er Offizier*** un officier supérieur; ***ein ~es Gut*** un bien plus précieux II. *adv Komp von* **hoch** ❶ plus haut; ***immer ~*** de plus en plus haut [dans le ciel] ❷ *(mit gesteigertem Wert)* ***etw ~ bewerten*** apprécier mieux qc; ***sich ~ versichern*** augmenter sa police d'assurance
höher|stufen *vt (fig)* ***jdn ~*** promouvoir qn
hohl [ho:l] I. *adj* ❶ creux, -euse ❷ *Klang, Stimme* caverneux, -euse ❸ *(pej: nichts sagend)* ***~e Worte*** de belles paroles II. *adv* ***~ klingen*** sonner creux
Höhle ['hø:lə] <-, -n> *f* ❶ *(im Felsen)* grotte *f*, caverne *f*; *(im Baum)* creux *m* ❷ *(Bärenhöhle)* tanière *f*; *(Kaninchen-, Fuchs-, Dachsbau)* terrier *m* ❸ *(Augenhöhle)* orbite *f* ▸ **sich in die ~ des Löwen begeben** [*o* **wagen**] se jeter dans la gueule du loup
Höhlenforschung *f* spéléologie *f* **Höh-**

lenmalerei *f* peinture *f* rupestre **Höhlenmensch** *m* troglodyte *m*
Hohlkopf *m (pej fam)* demeuré(e) *m(f)* **Hohlkörper** *m* corps *m* creux **Hohlkreuz** *nt* MED forte cambrure *f* des reins **Hohlmaß** *nt* ❶ *(Maßeinheit)* mesure *f* de capacité ❷ *(Messgefäß)* verre *m* mesureur **Hohlraum** *m* cavité *f*
Höhlung <-, -en> *f* cavité *f*, creux *m*
Hohlweg *m* chemin *m* creux
Hohn [hoːn] <-[e]s> *m* sarcasmes *mpl*, railleries *fpl*; ***das ist der reine ~!*** c'est une plaisanterie!
höhnen ['høːnən] *vi* ricaner
Hohngelächter *nt* ricanements *mpl*
höhnisch ['høːnɪʃ] **I.** *adj* sarcastique **II.** *adv* ***~ grinsen*** ricaner
Hokkaido [hɔ'kaido] <-s, -s> *m* BOT, GASTR potimarron *m*
Hokuspokus [hoːkʊs'poːkʊs] <-> *m* ❶ *(Zauberformel)* ***~ [Fidibus dreimal schwarzer Kater]!*** abracadabra! ❷ *(fam: Augenwischerei)* charlatanerie *f* ❸ *(fam: Brimborium)* tralala *m*
hold [hɔlt] *adj (hum: lieb) Gattin, Gatte* cher, chère [et] tendre *iron*
Holding ['hɔʊldɪŋ] <-, -s> *f* holding *m*
holen ['hoːlən] **I.** *vt* ❶ *(herbeibringen)* aller chercher; ***etw beim Nachbarn ~*** aller chercher qc chez le voisin; ***etw aus dem Schrank/Keller ~*** aller chercher qc dans l'armoire/à la cave ❷ *(hereinholen)* aller chercher; ***jdn ~ lassen*** faire venir qn; ***jdn ins Büro/in den Gerichtssaal ~*** faire entrer qn dans le bureau/la salle d'audience ❸ *(herbeirufen)* appeler; ***Hilfe ~*** aller chercher de l'aide ❹ *(fam: gewinnen, erringen)* décrocher ▶ **bei jdm ist nichts zu ~** *(fam)* on ne peut rien tirer de qn **II.** *vr (fam)* ❶ *(sich nehmen)* ***sich*** *dat* ***etw aus etw/von etw ~*** prendre qc dans qc ❷ *(sich zuziehen)* ***sich*** *dat* ***eine Erkältung ~*** attraper un rhume; ***sich blaue Flecke/eine Beule bei etw ~*** se faire des bleus/une bosse en faisant qc ❸ *(sich erbitten)* ***sich*** *dat* ***bei jdm Rat ~*** consulter qn
Holland ['hɔlant] *nt* la Hollande; ***in ~*** en Hollande
Holländer ['hɔlɛndɐ] <-s> *m* ❶ Hollandais *m* ❷ *(Käse)* hollande *m*
Holländerin <-, -nen> *f* Hollandaise *f*
holländisch ['hɔlɛndɪʃ] **I.** *adj* hollandais(e) **II.** *adv (fam: in niederländischer Sprache)* ***~ miteinander sprechen*** discuter en hollandais; *s. a.* **deutsch**
Holländisch <-[s]> *nt kein Art (fam)* hollandais *m*; *s. a.* **Deutsch**

Hölle ['hœlə] <-, -n> *f* REL enfer *m*; HIST enfers *mpl*; ***in die ~ kommen*** aller en enfer; ***in der ~*** en enfer; ***fahr zur ~!*** tu peux aller au diable! ▶ **die ~ auf Erden** l'enfer sur terre; **jdm die ~ heißmachen** *(fam)* travailler qn au corps; **die ~ istlos** *(fam)* c'est l'horreur
Höllenangst *f (fam)* peur *f* bleue **Höllenlärm** ['hœlən'lɛrm] *m (fam)* bruit *m* infernal **Höllenqual** *f meist Pl (fam)* supplice *m* infernal
höllisch **I.** *adj* ❶ *attr* REL, HIST de l'enfer ❷ *(fam) Angst* du diable; *Hitze, Krach* infernal(e); *Schmerzen, Gestank* atroce **II.** *adv (fam) wehtun, brennen* atrocement; *fluchen* comme un charretier; *schreien* comme un veau
Hollywoodschaukel ['hɔliwʊd-] *f* balancelle *f*
Holm [hɔlm] <-[e]s, -e> *m* ❶ *eines Barrens* barre *f*; *einer Leiter* montant *m* ❷ AUT, AVIAT longeron *m*
Holocaust ['hoːlokaust] <-s> *m* holocauste *m*
Holocaustmahnmal ['hoːlokaust-] *nt* ***das ~*** le Mémorial de l'Holocauste
Hologramm [holo'gram] <-gramme> *nt* hologramme *m*
holperig ['hɔlpərɪç] *s.* **holprig**
holpern ['hɔlpɐn] *vi* ❶ *+ haben (rütteln) Wagen, Zug:* cahoter ❷ *+ sein (sich fortbewegen)* ***durch/über etw*** *akk* ***~*** rouler en cahotant à travers/sur qc
holprig ['hɔlprɪç] *adj* ❶ *Straße* défoncé(e); *Weg* cahoteux, -euse; *Pflaster* irrégulier, -ière ❷ *(ungleichmäßig)* hésitant(e)
holterdiepolter ['hɔltɐdi'pɔltɐ] *adv* précipitamment
Holunder [ho'lʊndɐ] <-s, -> *m* sureau *m*
Holunderbeere *f* baie *f* de sureau
Holz [hɔlts, *Pl:* 'hœltsɐ] <-es, Hölzer> *nt* ❶ *kein Pl (Baumsubstanz)* bois *m*; ***~ fällen/sägen*** couper/scier du bois; ***aus ~*** en bois; ***~ verarbeitend*** *Industrie* [de transformation] du bois ❷ *(Holzart)* bois *m*
Holzbein *nt* jambe *f* de bois **Holzblasinstrument** *nt* instrument *m* à vent en bois **Holzbock** *m* ❶ *(Stützgestell)* chevalet *m* ❷ *(fam: Zecke)* tique *f*
hölzern ['hœltsɐn] **I.** *adj* ❶ *(aus Holz)* en bois ❷ *(steif)* guindé(e) **II.** *adv (steif)* avec raideur
Holzfäller(in) ['hɔltsfɛlɐ] <-s, -> *m(f)* bûcheron(ne) *m(f)* **Holzhacken** <-s> *nt* coupe *f* du bois **Holzhacker(in)** A *s.* **Holzfäller** **Holzhammer** *m* maillet *m* **Holzhammermethode** *f (fam: brutale Art)*

H

manière *f* forte; *(ständiges Wiederholen)* matraquage *m* intensif **Holzhandel** *m* commerce *m* du bois **Holzhaus** *nt* maison *f* en bois

holzig ['hɔltsɪç] *adj Spargel, Kohlrabi* filandreux, -euse

Holzklotz *m* ❶ *(Klotz aus Holz)* billot *m* [de bois] ❷ *(Spielzeug)* cube *m* [de bois] **Holzkohle** *f* charbon *m* de bois

Holzkohlengrill *m* barbecue *m* au charbon de bois

Holzkopf *m* ❶ *(pej fam: Dummkopf)* tête *f* de bois *péj* ❷ *(hölzerner Kopf)* tête *f* en bois **Holzleim** *m* colle *f* à bois **Holzleiste** *f* ARCHIT latte *f* de bois **Holzscheit** *nt* bûche *f*

H

Holzschnitt *m* gravure *f* sur bois **Holzschnitzer(in)** *m(f)* sculpteur, -euse *m, f* sur bois **Holzschnitzerei** <-, -en> *f* ❶ *(Arbeit aus Holz)* sculpture *f* sur bois ❷ *kein Pl (das Schnitzen)* xylographie *f* **Holzschuh** *m* sabot *m* **Holzschutzmittel** *nt* produit *m* de traitement du bois **Holzsplitter** *m* éclat *m* de bois **Holzstoß** *m* pile *f* de bois **Holzweg** *m* ▶ **auf dem ~ sein** *(fam)* se fourrer le doigt dans l'œil **Holzwurm** *m* ver *m* du bois

Homebanking ['hoʊmbɛŋkɪŋ, 'hoːmbɛŋkɪŋ] <-s> *nt* INFORM banque *f* à domicile

Homeoffice, Home-Office ['hoːmʔɔfɪs] <-, -s> *nt* ***im ~ arbeiten*** travailler à la maison; ***ich arbeite zwei Tage pro Woche im ~*** je travaille deux jours par semaine chez moi **Homepage** [hɔʊmpəɪdʒ, 'hoːmpeːtʃ] *f* INFORM page *f* d'accueil

Hometrainer ['hɔʊmtreɪnɐ] <-s, -> *m* entraîneur *m* à domicile, home-trainer *m*

Homo ['hoːmo] <-s, -s> *m (fam)* homo *m*

Homo-Ehe *f* mariage *m* homosexuel

homogen [homo'geːn] *adj (geh)* homogène

homogenisieren* [homogeni'ziːrən] *vt* homogénéiser

Homogenität [homogeni'tɛːt] *f* homogénéité *f*

Homonym [homo'nyːm] <-s, -e> *nt* LING homonyme *m*

Homöopath(in) [homøo'paːt] <-en, -en> *m(f)* homéopathe *mf*

Homöopathie [homøopa'tiː] <-> *f* homéopathie *f*

homöopathisch [homøo'paːtɪʃ] *adj Mittel* homéopathique; ***ein ~er Arzt*** un médecin homéopathe

Homosexualität [homozɛksu̯alɪ'tɛt] *f* homosexualité *f*

homosexuell [homozɛ'ksu̯ɛl] *adj* homosexuel(le)

Homosexuelle(r) *f(m) dekl wie adj* homosexuel(le) *m(f)*

Honduras [hɔn'duːras] <-> *nt* le Honduras

Honig ['hoːnɪç] <-s, -e> *m* ❶ miel *m* ❷ *(Süßigkeit)* ***türkischer ~*** ≈ nougat *m* ▶ **jdm ~ ums Maul** [*o* **um den Bart**] **schmieren** *(fam)* passer de la pommade à qn

Honigbiene *f (form)* abeille *f* **Honigkuchen** *m* pain *m* d'épice **Honiglecken** ▶ **kein ~ sein** *(fam)* ne pas être de la tarte **Honigmelone** *f* melon *m* **honigsüß** ['hoːnɪç'zyːs] *(pej)* **I.** *adj Lächeln, Ton* mielleux, -euse **II.** *adv* ***~ lächeln*** avoir un sourire mielleux **Honigwabe** *f* rayon *m* de miel

Honorar [hono'raːɐ̯] <-s, -e> *nt* honoraires *mpl;* ***gegen ~*** moyennant finances

Honoratioren [honora'tsioːrən] *Pl* notables *mpl*

honorieren* [hono'riːrən] *vt* ❶ *(würdigen)* apprécier à sa juste valeur; ***jdn für seine Ehrlichkeit/Arbeit ~*** apprécier qn à sa juste valeur pour son honnêteté/travail; ***die Einsatzbereitschaft eines Mitarbeiters mit etw ~*** récompenser l'engagement d'un collaborateur par qc ❷ *(bezahlen)* rétribuer; ***jdn mit etw ~*** donner qc à qn comme rétribution

Hoodie <-s, -s> ['hʊdi] *m o nt* sweat *m* à capuche

Hooligan ['huːligən] <-s, -s> *m* hooligan *m*

Hopfen ['hɔpfən] <-s, -> *m* houblon *m*

hopp [hɔp] **I.** *interj (fam: los)* allez, hop; ***~, ~!*** magne-toi/magnez-vous! **II.** *adv* ***bei ihm/ihr muss alles ~ gehen*** *(fam)* avec lui/elle, [il] faut que ça saute

hoppeln ['hɔpəln] *vi + sein* faire des bonds

hoppla ['hɔpla] *interj* ❶ *(Vorsicht, Entschuldigung)* ouh, là [là] ❷ *(Moment mal)* attends/attendez voir!

Hops [hɔps] <-es, -e> *m (fam)* [petit] bond *m*

hopsasa ['hɔpsasa] *interj (Kinderspr.)* et hop

hopsen ['hɔpsən] *vi + sein (fam)* sauter; ***durch das Zimmer ~*** traverser la pièce en sautant

hops|gehen *vi irr + sein (fam)* ❶ *(umkommen) Person:* casser sa pipe ❷ *(verloren gehen) Gegenstand:* se volatiliser

hörbar ['høːɐ̯baːɐ̯] *adj* audible, perceptible

hörbehindert *adj* malentendant(e) **Hörbuch** *nt* livre *m* audio

horchen ['hɔrçən] *vi* ❶ *(lauschen)* écouter, tendre l'oreille; ***an der Tür*** ~ écouter à la porte ❷ *(achten auf)* ***auf etw*** *akk* ~ écouter qc

Horde ['hɔrdə] <-, -n> *f* ❶ horde *f* ❷ *(Lattengestell)* claie *f*

hören ['hø:rən] **I.** *vt* ❶ *(wahrnehmen, vernehmen)* entendre; ***jdn singen/lachen/reden*** ~ entendre qn chanter/rire/parler ❷ *(anhören)* écouter; ***hast du diesen Pianisten schon mal gehört?*** tu as déjà entendu ce pianiste?; ***ich kann das nicht mehr ~!*** j'en ai les oreilles rebattues! ❸ *(feststellen)* ***am Tonfall/Klang ~, dass*** percevoir à l'intonation/au son que ❹ *(erfahren)* ***etw über jdn/etw*** ~ entendre dire qc de qn/qc; ***~, dass*** entendre dire que; ***von wem hast du das denn gehört?*** tu l'as appris par qui?; ***etwas/nichts von sich ~ lassen*** donner/ne pas donner de ses nouvelles; ***nichts [davon] ~ wollen*** ne pas vouloir le savoir; ***wie man hört/wie ich höre, …*** à ce qu'on dit … ► **etwas von jdm zu ~ bekommen** [*o* **kriegen** *fam*] se faire remonter les bretelles par qn **II.** *vi* ❶ *(zuhören)* écouter; ***hör mal/~ Sie mal!*** *(fam)* écoute/écoutez! ❷ *(vernehmen)* ***gut/schlecht*** ~ entendre bien/mal ❸ *(erfahren)* ***von jdm/etw gehört haben*** avoir entendu parler de qn/qc ❹ *(fam: sich richten nach)* ***auf jdn/etw*** ~ écouter qn/qc ❺ *(heißen)* ***sie hört auf den Namen Anke*** elle s'appelle Anke ► **ihm/ihr vergeht Hören und Sehen** il/elle ne sait plus où il/elle en est; **du hörst wohl schlecht!** *(fam)* t'es sourd(e), ma parole!; **na hör/~ Sie mal!** non mais alors!; **man höre und staune!** *(als Einschub)* tiens-toi/tenez-vous bien!

Hörensagen ['hø:rənza:gən] *nt* ► **vom** ~ par ouï-dire

Hörer <-s, -> *m* ❶ *(Zuhörer)* auditeur *m* ❷ *(Telefonhörer)* combiné *m*

Hörerbrief *m* lettre *f* d'auditeur

Hörerin <-, -nen> *f* auditrice *f*

Hörerschaft <-, -en> *f* auditoire *m;* RADIO auditeurs *mpl*

Hörfehler *m* défaut *m* d'audition **Hörfunk** *m (form)* radio *f* **Hörgerät** *nt* appareil *m* auditif

hörig ['hø:rɪç] *adj (völlig ergeben)* ***jdm ~ sein*** être [entièrement] soumis à qn; ***jdm sexuell ~ sein*** avoir qn dans la peau

Hörige(r) *f(m) dekl wie adj* HIST serf *m* / serve *f*

Hörigkeit <-, *selten:* -en> *f* ❶ *(völlige Ergebenheit)* soumission *f*, sujétion *f;* ***sexuelle*** ~ dépendance *f* sexuelle ❷ *kein Pl* HIST servage *m*

Horizont [hori'tsɔnt] <-[e]s, -e> *m* horizon *m;* ***am*** ~ à l'horizon ► **einen beschränkten** [*o* **engen**] **~ haben** avoir une vue des choses étriquée; **das geht über seinen/ihren** ~ cela le/la dépasse

horizontal [horitsɔn'ta:l] *adj* horizontal(e)

Horizontale [horitsɔn'ta:lə] *f dekl wie adj* droite *f* horizontale; ***in der ~n*** à l'horizontale ► **sich in die ~ begeben** *(hum fam)* aller se mettre à horizontale

Hormon [hɔr'mo:n] <-s, -e> *nt* hormone *f*

hormonal [hɔrmo'na:l], **hormonell** [hɔrmo'nɛl] **I.** *adj* hormonal(e) **II.** *adv beeinflussen* par les hormones

Hormonbehandlung *f* traitement *m* hormonal

Hormonhaushalt *m* taux *m* hormonal

Hormonpräparat *nt* préparation *f* hormonale

Hörmuschel *f* écouteur *m*

Horn [hɔrn, *Pl:* 'hœrne] <-[e]s, Hörner> *nt* ❶ *eines Tiers* corne *f* ❷ MUS cor *m;* ***die Hörner*** les cors ❸ *kein Pl (Material)* corne *f* ► **ins gleiche ~ stoßen** *(fam)* dire la même chose; **jdm Hörner aufsetzen** *(fam)* faire qn cocu(e)

Hornbrille *f* lunettes *fpl* de corne

Hörnchen ['hœrnçən] <-s, -> *nt* ❶ *(Croissant)* croissant *m* ❷ *Dim von* **Horn** petite corne *f*

Hörnerv *m* nerf *m* auditif

Hornhaut *f* ❶ *(des Auges)* cornée *f* ❷ *(Hautschicht)* corne *f*

Hornisse [hɔr'nɪsə] <-, -n> *f* frelon *m*

Hornist(in) [hɔr'nɪst] <-en, -en> *m(f)* corniste *mf*

Hornochs[e] *m (fam)* bourrique *f*

Horoskop [horo'sko:p] <-s, -e> *nt* horoscope *m;* ***jdm das ~ stellen*** faire l'horoscope de qn

horrend [hɔ'rɛnt] *adj* exorbitant(e)

Hörrohr *nt (Hörgerät)* cornet *m* acoustique

Horror ['hɔro:ɐ̯] <-s> *m* horreur *f;* ***einen ~ vor etw haben*** avoir horreur de qc; ***sie hat einen ~ vor ihnen*** ils lui font horreur

Horrorfilm *m* film *m* d'horreur **Horrorszenario** *nt (fam)* scénario *m* d'horreur

Horrortrip *m (fam)* ❶ *(grässliches Erlebnis)* galère *f;* ***das war der reinste*** ~ ça a été l'horreur ❷ *(Drogenrausch)* trip *m*

Hörsaal *m* amphithéâtre *m*

Hörspiel *nt* pièce *f* radiophonique

Horst [hɔrst] <-[e]s, -e> *m* ❶ *(Nest)* aire *f* ❷ *(Fliegerhorst)* base *f*

Hörsturz *m* MED surdité *f* brusque

Hort [hɔrt] <-[e]s, -e> *m* ❶ *(geh)* **~ der Künste/Stille** havre *m* pour l'art/de paix ❷ *(Kinderhort)* ≈ garderie *f*

horten ['hɔrtən] *vt* stocker *Waren;* entasser *Geld*

Hortensie [hɔr'tɛnzi̯ə] <-, -n> *f* hortensia *m*

Hörvermögen *nt kein Pl* ouïe *f* **Hörverstehen** <-s> *nt* SCHULE compréhension *f* orale **Hörweite** *f* **in/außer ~ sein** être à/hors de portée de voix

Höschen ['høːsçən] <-s, -> *nt* ❶ *Dim von* **Hose** *(kurze Kinderhose)* culotte *f* courte ❷ *(Schlüpfer)* petite culotte *f*

Hose ['hoːzə] <-, -n> *f* **ein Paar ~n** un pantalon; **eine kurze ~** un short; *[sich dat]* **in die ~ machen** *(fam)* faire dans son froc; **die ~n voll haben** *(fam)* avoir fait [caca] dans son froc ▶ **da ist tote ~** *(fam)* c'est mort ici; **die ~n [gestrichen] voll haben** *(fam)* avoir chié dans son froc; **in die ~ gehen** *(fam)* foirer; **sich** *dat* **[vor Angst] in die ~ machen** *(fam)* chier dans son froc de peur; **die ~n vollkriegen** *(fam)* se prendre une fessée

Hosenanzug *m* tailleur-pantalon *m* **Hosenbein** *nt* jambe *f* de pantalon **Hosenboden** *m* fond *m* de culotte ▶ **sich auf den ~ setzen** *(fam)* en mettre un coup **Hosenbund** *m* taille *f* du pantalon **Hosenlatz** *m* ❶ bavette *f* ❷ DIAL *(Hosenschlitz)* braguette *f* **Hosenrock** *m* jupe-culotte *f* **Hosenscheißer** *m* ❶ *(pej fam: Kind)* **ein kleiner ~** un petit pisseux ❷ *(fam: Feigling)* pétochard *m* **Hosenschlitz** *m* braguette *f* **Hosentasche** *f* poche *f* de pantalon **Hosenträger** *Pl* bretelles *fpl*

Hospital [hɔspi'taːl, *Pl:* hɔspi'tɛːlɐ] <-s, -e *o* Hospitäler> *nt* hôpital *m*

Hospitalismus [hɔspita'lɪsmʊs] <-> *m* PSYCH hospitalisme *m;* MED hospitalisme infectieux

Hospitant(in) [hɔspi'tant] <-en, -en> *m(f)* *(geh)* ❶ *(Gastschüler)* stagiaire *mf* ❷ *(Gasthörer)* auditeur, -trice *m, f* libre

hospitieren* [hɔspi'tiːrən] *vi* assister au cours comme stagiaire

Hospiz [hɔs'piːts] <-es, -e> *nt* hospice *m*

Host [hoʊst] <-s, -s> *m* INFORM hôte *m*

Hostess [hɔs'tɛs] <-, -en> *f* hôtesse *f*

Hostie ['hɔsti̯ə] <-, -n> *f* hostie *f*

Hotdog, Hot Dog ['hɔt'dɔk] <-s, -s> *nt o m* hot dog *m*

Hotel [ho'tɛl] <-s, -s> *nt* hôtel *m;* **~ garni** hôtel sans restaurant

Hotelbett *nt* lit *m* d'hôtel **Hotelfachschule** *f* école *f* hôtelière **Hotelführer** *m* guide *m* des hôtels **Hotelgast** *m* client(e) *m(f)* de l'hôtel **Hotelgewerbe** *nt* hôtellerie *f*

Hotelier [hotə'li̯eː] <-s, -s> *m* hôtelier, -ière *m, f*

Hotelkette *f* chaîne *f* d'hôtels

Hotel- und Gaststättengewerbe *nt* industrie *f* hôtelière

Hotelzimmer *nt* chambre *f* d'hôtel

Hotline ['hɔtla͜in] <-, -s> *f* hotline *f;* INFORM service *m* en ligne, hotline

Hotpants ['hɔtpɛnts] *Pl* mini-short *m*

Hr. *Abk von* **Herr** M.

Hrn. *Abk von* **Herrn** M.

hrsg. *Abk von* **herausgegeben** éd.

HTML [haːteːʔɛm'ʔɛl] <-> *nt* INFORM *Abk von* **Hypertext Mark-up Language** HTML *m*

HTTP [haːteːteː'peː] <-, -> *nt* INFORM *Abk von* **Hypertext Transport Protokoll** HTTP *m*

Hub [huːp, *Pl:* 'hyːbə] <-[e]s, Hübe> *m* *(Kolbenhub)* course *f*

hubbelig ['hʊbəlɪç] *adj* DIAL *(fam: uneben)* plein(e) de bosses *fam*

Hubraum ['huːpra͜um] *m* cylindrée *f*

hübsch [hʏpʃ] **I.** *adj* ❶ joli(e) *antéposé;* **ein ~es Gesicht/Foto** une jolie figure/photo; **sich ~ machen** se faire beau, belle; **na, ihr zwei Hübschen?** *(fam)* alors les poulettes? ❷ *(fam) Sümmchen, Betrag* coquet(te) ❸ *(iron fam: unangenehm)* beau, belle; **da hat er sich** *dat* **[ja] was Hübsches eingebrockt!** il s'est mis dans de beaux draps! **II.** *adv* ❶ *sich kleiden, sich einrichten* bien ❷ *(fam: annehmbar)* **ganz ~ singen** ne pas chanter si mal que ça ❸ *(iron fam) fluchen* drôlement ❹ *(fam: Ausdruck eines Gebots)* **seid ~ artig!** soyez bien sages!; **immer ~ langsam!** tout doux!; **das wirst du ~ bleiben lassen!** tu ferais mieux de laisser tomber!

Hubschrauber ['huːpʃra͜ubɐ] <-s, -> *m* hélicoptère *m*

Hubschrauberlandeplatz *m* héliport *m*

huch [hʊx] *interj* *(Ausdruck der Überraschung)* oh; *(Ausdruck des Frierens)* brrr

Hucke ['hʊkə] ▶ **die ~ vollkriegen** *(fam)* prendre une dégelée

huckepack ['hʊkəpak] *adv* **jdn ~ nehmen/tragen** *(fam)* prendre/porter qn sur son dos

hudeln ['huːdəln] *vi bes.* SDEUTSCH, A *(fam)*

❶ *(nachlässig arbeiten)* bâcler le boulot ❷ *(hektisch sein)* **nur nicht ~!** pas d'affolement!
Huf [hu:f] <-[e]s, -e> *m* sabot *m*
Hufeisen *nt* fer *m* à cheval
hufeisenförmig *adj o adv* en fer à cheval
Hufnagel *m* clou *m* de ferrure **Hufschmied(in)** *m(f)* maréchal-ferrant *m*
Hüftbein *nt* os *m* iliaque
Hüfte ['hʏftə] <-, -n> *f* hanche *f*
Hüftgelenk *nt* [articulation *f* de la] hanche *f* **Hüftgold** *nt (fam)* poignées *fpl* d'amour **Hüfthalter** *m* gaine *f*
Huftier *nt* ongulé *m*
Hüftknochen *s.* **Hüftbein**
Hüftsteak *nt* bifteck *m* dans le romsteck
Hügel ['hy:gəl] <-s, -> *m* ❶ colline *f* ❷ *(Haufen)* monticule *m*
hügelig ['hy:gəlɪç] *adj* vallonné(e)
Hugenotte, Hugenottin [hugə'nɔtə] <-n, -n> *m, f* huguenot(e) *m(f)*
Huhn [hu:n, *Pl:* 'hy:nɐ] <-[e]s, Hühner> *nt* ❶ poule *f* ❷ GASTR poulet *m; (Suppenhuhn)* poule *f;* ~ **mit Reis** poule au riz ▶ **ein verrücktes** ~ *(fam)* un foufou/une fofolle; **mit den Hühnern aufstehen** *(fam)* se lever comme les poules; **da lachen ja die Hühner!** *(fam)* laisse-moi rigoler!
Hühnchen ['hy:nçən] <-s, -> *nt Dim von* **Huhn** poulet *m* ▶ **mit jdm ein ~ zu rupfen haben** *(fam)* avoir un compte à régler avec qn
Hühnerauge *nt* cor *m* [au pied]
Hühneraugenpflaster *nt* coricide *m*
Hühnerbrühe *f* bouillon *m* de poule **Hühnerbrust** *f* GASTR blanc *m* de poulet **Hühnerei** *nt* œuf *m* de poule **Hühnerfarm** *f* ferme *f* avicole **Hühnerfleisch** *nt* viande *f* de poulet **Hühnerfrikassee** *nt* fricassée *f* de poule **Hühnerhof** *m* basse-cour *f* **Hühnerstall** *m* poulailler *m* **Hühnersuppe** *f* GASTR bouillon *m* de poule
hui [hʊɪ] *interj* ❶ *[und]* **~, fuhren wir bergab** et hop, on descendait la côte ❷ *(Ausdruck des Erstaunens)* oh là là
huldigen ['hʊldɪgən] *vi (geh)* ***einer Ansicht/einem Prinzip*** ~ défendre un point de vue/un principe; ***einem Laster*** ~ s'adonner à un vice
Huldigung <-, -en> *f* hommage *m*
Hülle ['hʏlə] <-, -n> *f* ❶ *(Schutzhülle)* housse *f* ❷ *(Buchhülle)* couverture *f* ❸ *(Plattenhülle)* pochette *f* ❹ *(Ausweishülle)* étui *m* ▶ **in ~ und Fülle** *(geh)* à profusion
hüllen ['hʏlən] *vt (geh)* envelopper; ***jdn/sich in eine Decke*** ~ envelopper qn/s'envelopper dans une couverture; ***ein Tuch um etw*** ~ enrouler un linge autour de qc
hüllenlos *adj o adv (hum)* en costume d'Adam/d'Ève
Hülse ['hʏlzə] <-, -n> *f* ❶ *(Etui)* fourreau *m* ❷ BOT gousse *f* ❸ *(Patronenhülse)* douille *f*
Hülsenfrucht ['hʏlzənfrʊxt] *f meist Pl* légume *m* sec
human [hu'ma:n] **I.** *adj* ❶ humain(e) ❷ *(verständnisvoll)* compréhensif, -ive **II.** *adv* ❶ humainement; ***etw ~ gestalten*** humaniser qc ❷ *(verständnisvoll)* avec beaucoup de compréhension
Humangenetik *f* MED génétique *f* humaine
Humanismus [huma'nɪsmʊs] <-> *m* humanisme *m*
Humanist(in) [huma'nɪst] <-en, -en> *m(f)* humaniste *mf*
humanistisch **I.** *adj* ❶ humaniste ❷ *(altsprachlich)* classique **II.** *adv* ***~ gebildet sein*** avoir une formation classique
humanitär [humani'tɛ:ɐ̯] *adj* humanitaire; ***für ~e Zwecke*** pour des causes humanitaires
Humanität [humani'tɛ:t] <-> *f* humanité *f*
Humanmedizin *f kein Pl* médecine *f* [humaine]
Humbug ['hʊmbʊk] <-s> *m (pej fam: Unfug)* connerie *f; (Schwindel)* fumisterie *f*
Hummel ['hʊməl] <-, -n> *f* bourdon *m*
Hummer ['hʊmɐ] <-s, -> *m* homard *m*
Humor [hu'mo:ɐ̯] <-s> *m* humour *m;* ***~ haben*** avoir de l'humour; ***keinen ~ haben*** manquer d'humour
Humorist(in) [humo'rɪst] <-en, -en> *m(f)* comique *mf; (Schriftsteller)* humoriste *mf*
humoristisch [humo'rɪstɪʃ] *adj* humoristique; *(witzig)* comique
humorlos **I.** *adj* dépourvu(e) d'humour; ***~ sein*** manquer d'humour **II.** *adv reagieren* sans humour
Humorlosigkeit <-> *f* manque *m* d'humour
humorvoll **I.** *adj* plein(e) d'humour **II.** *adv darbieten* avec humour
humpeln ['hʊmpəln] *vi* ❶ + *haben o sein (hinken)* boitiller ❷ + *sein (sich fortbewegen)* ***nach Hause/über die Straße*** ~ aller à la maison/traverser la rue en boitant
Humus ['hu:mʊs] <-> *m* humus *m*
Humusboden *m* terreau *m*
Hund [hʊnt] <-[e]s, -e> *m* ❶ chien *m;* ***Vorsicht, bissiger ~!*** [attention,] chien méchant! ❷ *(fam: Mensch, Kerl)* ***ein blö-***

der ~ un pauvre con *vulg;* ***ein armer*** ~ un pauvre bougre ❸ *(pej fam: Schuft)* salaud *m;* ***ein gerissener*** ~ un fumier; ***du gemeiner ~!*** *(fam)* [espèce *f* de] salaud *m* ! ▶ **bekannt sein wie ein bunter ~** *(fam)* être connu comme le loup blanc; **das ist ein dicker ~!** *(fam)* celle-là, elle est dure à avaler!; **vor die ~e gehen** *(fam)* se retrouver dans le pétrin

Hündchen <-s, -> *nt Dim von* **Hund** *(kleiner Hund)* petit chien *m; (junger Hund)* chiot *m* **Hundebiss** *m* morsure *f* de chien

hundeelend ['hʊndə'ʔeːlɛnt] *adj* ***sich ~ fühlen*** *(fam)* être malade comme un chien **Hundefutter** *nt* nourriture *f* pour chiens **Hundegebell** *nt* aboiements *mpl* **Hundehalsband** *nt* collier *m* [de chien] **Hundehalter(in)** *m(f)* *(form)* propriétaire *mf* de chien **Hundehaufen** *m* *(fam)* crottes *fpl* de chiens **Hundehütte** *f* niche *f* **Hundekuchen** *m* biscuit *m* pour chien **Hundeleben** *nt (pej fam)* vie *f* de chien **Hundeleine** *f* laisse *f* **Hundelohn** *m (pej fam)* salaire *m* de misère **Hundemarke** *f* plaque *f* de chien *(attestant le paiement de la taxe sur les chiens)* **hundemüde** ['hʊndə'myːdə] *adj (fam)* ~ ***sein*** être [complètement] crevé **Hunderasse** *f* race *f* de chiens

hundert ['hʊndɐt] *num* ❶ cent; ***zwei von ~*** deux sur cent; ***einige Hundert Menschen*** quelques centaines de personnes; *s. a.* **achtzig** ❷ *(fam: viele)* ~ ***Einzelheiten*** trente-six détails

Hundert[1] ['hʊndɐt] <-, -en> *f* *(Zahl)* cent *m*

Hundert[2] ['hʊndɐt] <-s, -e> *nt* centaine *f;* ***ein halbes ~*** une cinquantaine; ***zwanzig vom ~*** vingt pour cent; ***~e von Fliegen*** des centaines de mouches; ***zu ~en*** par centaines; ***in die ~e gehen*** *(fam)* se chiffrer par centaines; ***einer unter ~en*** un sur plusieurs centaines

hunderteins ['hʊndɐtʔaɪns] *num* cent un

Hunderter ['hʊndɐtɐ] <-s, -> *m* ❶ MATH centaine *f* ❷ *(fam: Banknote)* billet *m* de cent

hunderterlei ['hʊndɐtɐ'laɪ] *adj inv (fam)* ~ ***[Dinge]*** trente-six choses; *s. a.* **achterlei**

Hunderteuroschein *m* billet *m* de cent euros

hundertfach ['hʊndɐtfax] *adj* cent fois; *s. a.* **achtfach**

hundertfünfzigprozentig *adj (fam)* pur(e) et dur(e); ***sie ist eine Hundertfünfzigprozentige*** c'est une pure et dure

Hundertjahrfeier [hʊndɐt'jaːɐ̯faɪɐ] *f* centenaire *m*

hundertjährig ['hʊndɐtjɛːrɪç] *adj* ❶ *Person, Baum* centenaire ❷ *(hundert Jahre dauernd)* de cent années; ***das ~e Bestehen*** les cent ans d'existence

Hundertjährige(r) *f(m) dekl wie adj* centenaire *mf*

hundertmal ['hʊndɐtmaːl] *adv* ❶ cent fois; ~ ***so viel/so viele*** cent fois plus/plus de; *s. a.* **achtmal** ❷ *(fam: sehr viel, oft)* ***das ist ~ besser*** c'est cent fois mieux

Hundertmeterlauf [hʊndɐt'meːtɐlaʊf] *m* cent mètres *m* [plat]

hundertprozentig ['hʊndɐtprotsɛntɪç] **I.** *adj* ❶ *Alkohol* [à] cent pour cent ❷ *(fam: total, völlig)* ***mit ~er Sicherheit*** avec cent pour cent de certitude **II.** *adv (fam)* ***sich ~ auf jdn/etw verlassen*** compter sur qn/qc à cent pour cent; ***sich*** *dat* ~ ***sicher sein*** être sûr à cent pour cent

Hundertschaft <-, -en> *f* ***eine ~ Soldaten*** une unité de cent hommes

hundertste(r, s) ['hʊndɐstə, -tɐ, -təs] *adj* centième; ***jedes ~ Los*** un billet sur cent; ***jeder Hundertste*** une personne sur cent ▶ **vom Hundertsten ins Tausendste kommen** *(fam)* passer du coq à l'âne; *s. a.* **achte(r, s)**

hundertstel ['hʊndɐtstəl] *num* ***auf ein ~ Millimeter genau*** au centième de millimètre près

Hundertstel ['hʊndɐtstəl] <-s, -> *nt* centième *m*

hunderttausend ['hʊndɐt'taʊzənt] *num* ❶ cent mille ❷ *(fam: unzählige)* des milliers de; ***zu Hunderttausenden*** par centaines de milliers

Hundesalon *m* salon *m* de toilettage [pour chiens] **Hundeschnauze** *f* museau *m* **Hundesteuer** *f* taxe *f* sur les chiens **Hundewetter** *nt (fam)* temps *m* de chien **Hundezucht** *f* élevage *m* canin **Hundezwinger** *m* chenil *m*

Hündin ['hʏndɪn] *f* chienne *f*

hundsgemein ['hʊntsgə'maɪn] *adj (fam) Kerl, Lüge* sale *antéposé* **hundsmiserabel** ['hʊntsmizə'raːbəl] *(fam)* **I.** *adj Kerl, Verräter* sale *antéposé; Qualität* dégueulasse; *Lage, Zustand* foireux, -euse **II.** *adv* ***jdn ~ behandeln*** traiter qn comme un chien; ***sich ~ fühlen*** être [vraiment] mal foutu **Hundstage** *Pl* canicule *f*

Hüne ['hyːnə] <-n, -n> *m* géant *m;* ***ein ~ von Mann*** un vrai géant

hünenhaft *adj* gigantesque

Hunger ['hʊŋɐ] <-s> *m* ❶ faim *f;* ~ ***ha-***

ben/bekommen avoir/commencer à avoir faim; **~ *auf etw*** *akk* ***haben*** avoir faim de qc; ***vor ~ [fast] umkommen*** *(fam)* crever de faim; ***davon bekomme ich ~*** ça me donne faim; ***ich habe solchen ~!*** j'ai une de ces faims! ❷ *(geh: Verlangen)* ***~ nach Abenteuern*** soif *f* d'aventure ▶ **~ wie ein Wolf** [*o* **Bär**] **haben** *(fam)* avoir une faim de loup

Hungergefühl *nt* sensation *f* de faim **Hungerkur** *f* régime *m* draconien **Hungerleider(in)** <-s, -> *m(f) (pej fam)* crève-la-faim *mf péj fam* **Hungerlohn** *m (pej)* salaire *m* de famine

hungern ['hʊŋɐn] **I.** *vi* ❶ avoir faim; ***jdn ~ lassen*** laisser qn sur sa faim; *(als Strafe)* priver qn de nourriture; ***~d*** affamé(e) ❷ *(geh: verlangen)* ***nach etw ~*** avoir soif de qc **II.** *vr* ***sich zu Tode ~*** se laisser mourir de faim

Hungersnot *f* famine *f*

Hungerstreik *m* grève *f* de la faim **Hungertod** *m (geh)* ***den ~ sterben*** périr d'inanition *soutenu* **Hungertuch** ▶ **am ~ nagen** *(hum fam)* manger de la vache enragée

hungrig ['hʊŋrɪç] *adj* affamé(e); **~ *auf etw*** *akk* ***sein*** avoir faim de qc; ***jdn ~ machen*** donner faim à qn

Hunne, Hunnin ['hʊnə] <-n, -n> *m, f* Hun *m*

Hupe ['hu:pə] <-, -n> *f* klaxon® *m*

hupen ['hu:pən] *vi* klaxonner; ***das Hupen*** les coups de klaxon

hupfen ['hʊpfən] *vi + sein* SDEUTSCH, A *s.* **hüpfen** ▶ **das ist gehupft wie gesprungen** *(fam)* c'est kif-kif

hüpfen ['hʏpfən] *vi + sein Person:* sauter; *Vogel:* sautiller; ***über den Hof ~*** traverser la cour en sautillant

Hürde ['hʏrdə] <-, -n> *f (beim Hürdenlauf)* haie *f; (im Reitsport)* obstacle *m* ▶ **eine ~ nehmen** passer un obstacle

Hürdenlauf *m* course *f* de haies **Hürdenläufer(in)** *m(f)* SPORT coureur, -euse *m, f* de haies

Hure ['hu:rə] <-, -n> *f (pej)* ❶ *(Prostituierte)* putain *f vulg* ❷ *(Schimpfwort)* roulure *f*

huren ['hu:rən] *vi (pej)* baiser *fam*

Hurensohn *m (pej fam)* fils *m* de pute *vulg*

hurra [hʊ'ra:] *interj* hourra

Hurra [hʊ'ra:] <-s, -s> *nt* hourra *m;* ***ein dreifaches ~*** un triple hourra

Hurrikan ['hʊrikan] <-s, -e> *m* ouragan *m*

hurtig ['hʊrtɪç] **I.** *adj* preste **II.** *adv* prestement

Husar [hu'za:ɐ] <-en, -en> *m* HIST hussard *m*

husch [hʊʃ] *interj (fam: schnell)* **~!** et hop!

huschen ['hʊʃən] *vi + sein* ***durchs Zimmer ~*** *Licht, Schatten:* balayer [rapidement] la chambre; ***über jds Gesicht*** *akk* **~** *Lächeln:* glisser furtivement sur le visage de qn; ***aus der Tür ~*** *(schnell/verstohlen hinausgehen)* sortir vivement/furtivement

hüsteln ['hy:stəln] *vi* toussoter; ***das leise Hüsteln*** le toussotement discret

husten ['hu:stən] *vi* tousser; ***durch starkes Husten*** en toussant avec force

Husten ['hu:stən] <-s> *m* toux *f;* **~ *bekommen*** commencer à tousser; **~ *haben*** tousser

Hustenanfall *m* quinte *f* de toux **Hustenbonbon** *m o nt* bonbon *m* contre la toux **Hustenmittel** *nt* remède *m* contre la toux **Hustenreiz** *m* envie *f* de tousser **Hustensaft** *m* sirop *m* contre la toux **hustenstillend** *adj* antitussif, -ive; **~ *wirken*** agir contre la toux **Hustentee** *m* tisane *f* pectorale **Hustentropfen** *Pl* gouttes *f pl* contre la toux

Hut[1] [hu:t, *Pl:* 'hy:tə] <-[e]s, Hüte> *m* a. BOT chapeau *m;* ***nehmen Sie bitte den ~ ab!*** veuillez vous débarrasser de votre chapeau, s'il vous plaît! ▶ **mit jdm/etw nichts am ~ haben** *(fam)* n'être pas du tout porté sur qn/qc; **sich** *dat* **etw an den ~ stecken können** *(fam)* pouvoir se mettre qc quelque part; **~ ab vor jdm/etw!** *(fam)* chapeau à qn/qc!

Hut[2] [hu:t] <-> *f (geh)* ▶ **auf der ~ sein** se tenir sur ses gardes; **vor jdm/etw auf der ~ sein** se méfier de qn/qc

Hutablage *f (an einer Garderobe)* porte-chapeaux *m*

hüten ['hy:tən] **I.** *vt* garder; ***ein Geheimnis ~*** garder un secret [pour soi] **II.** *vr* ***sich vor jdm/etw ~*** se méfier de qn/se garder de qc; ***sich ~ etw zu tun*** se garder de faire qc

Hüter(in) <-s, -> *m(f) (geh)* gardien(ne) *m(f);* ***die ~ des Gesetzes*** *(hum)* les représentants de l'ordre

Hutkrempe *f* bord *m* [du chapeau] **Hutmacher(in)** *m(f)* chapelier, -ière *m, f; (für Frauenhüte)* modiste *mf*

Hutsche ['hʊtʃə] <-, -n> A balançoire *f*

hutschen ['hʊtʃən] *vi* A se balancer, faire de la balançoire

Hutschnur ▶ **das geht mir über die ~** *(fam)* je commence à en avoir jusque là de ça

Hütte ['hʏtə] <-, -n> *f* ❶ cabane *f* ❷ *(in-*

H

dustrielle Anlage) fonderie *f; (Stahlhütte)* aciérie *f*
Hüttenarbeiter(in) *m(f)* métallurgiste *mf* **Hüttenindustrie** *f* industrie *f* métallurgique **Hüttenkäse** *m* cottage® *m (fromage blanc à gros caillots)* **Hüttenwerk** *nt* fonderie *f*
Hyäne ['hyɛːnə] <-, -n> *f* hyène *f*
Hyazinthe [hya'tsɪntə] <-, -n> *f* BOT jacinthe *f*
hybrid [hy'briːt] *adj* LING hybride
Hybridantrieb *m* système *m* de propulsion hybride
Hybridauto *nt* voiture *f* hybride
Hybride [hy'briːdə] <-, -n> *f* BIO hybride *m*
Hybridfahrzeug *nt* véhicule *m* hybride
Hybris ['hyːbrɪs] <-> *f (geh)* outrecuidance *f littér*
Hydrant [hy'drant] <-en, -en> *m* bouche *f* d'incendie
Hydraulik [hy'draulɪk] <-> *f* hydraulique *f; (Hydrauliksystem)* système *m* hydraulique
hydraulisch [hy'draulɪʃ] **I.** *adj* hydraulique **II.** *adv* ~ ***betrieben werden*** fonctionner avec un système hydraulique
Hydrokultur [hydrokʊl'tuːɐ̯] *f* culture *f* hydroponique
Hydrolyse <-, -n> *f* CHEM hydrolyse *f*
Hygge ['hʏgə] <-, *kein pl*> *f* hygge *m*
hyggelig ['hʏgəlɪç] *adj* hygge
Hygiene [hy'gi̯eːnə] <-> *f* hygiène *f*
hygienisch **I.** *adj Verhältnisse, Maßnahmen* hygiénique **II.** *adv verpacken* hygiéniquement; *einwandfrei* sur le plan de l'hygiène
Hygrometer <-s, -> *nt* hygromètre *m*
Hymne ['hʏmnə] <-, -n> *f* hymne *m*
Hype [haɪp] <-s, -s> *m* tapage *m* [médiatique]; ***einen ~ um jdn/etw veranstalten*** faire beaucoup de tapage autour de qn/qc
hyperaktiv [hypɐʔak'tiːf] *adj Kind* hyperactif, -ive
Hyperbel [hy'pɛrbəl] <-, -n> *f* MATH, LING hyperbole *f*
hyperkorrekt [hypɐkɔ'rɛkt] **I.** *adj* ❶ *(übertrieben korrekt) Verhalten* excessivement correct(e) ❷ LING hypercorrect(e) **II.** *adv* LING *aussprechen* de façon hypercorrecte
Hyperlink ['haipɐlɪŋk] *m* INFORM hyperlien *m*
hypernervös [hypɐ-] *adj* hypernerveux, -euse **hypersensibel** ['hyːpɐzɛnziːbəl, hypɐzɛn'ziːbəl] **I.** *adj Mensch* hypersensible **II.** *adv reagieren* de façon hypersensible
Hypertext ['haipɐtɛkst] *m* INFORM hypertexte *m*
Hypnose [hʏp'noːzə] <-, -n> *f* hypnose *f;* ***jdn in ~*** *akk* ***versetzen*** hypnotiser qn; ***unter ~*** *dat* ***stehen*** être en [état d']hypnose
hypnotisch [hʏp'noːtɪʃ] **I.** *adj* hypnotique **II.** *adv wirken* de manière hypnotique
Hypnotiseur(in) [hʏpnoti'zøːɐ̯] <-s, -e> *m(f)* hypnotiseur, -euse *m, f*
hypnotisieren* [hʏpnoti'ziːrən] *vt* hypnotiser
Hypochonder [hypo'xɔndɐ] <-s, -> *m* PSYCH hypocondriaque *mf*
hypochondrisch [hypo'xɔndrɪʃ, hypɔ-] *adj* hypocondriaque
Hypophyse [hypo'fyːzə] <-, -n> *f* ANAT hypophyse *f*
Hypotenuse [hypote'nuːzə] <-, -n> *f* MATH hypoténuse *f*
Hypothek [hypo'teːk] <-, -en> *f* hypothèque *f;* ***eine ~ auf etw*** *akk* ***aufnehmen*** prendre une hypothèque sur qc
Hypothekenzinsen *Pl* intérêts *mpl* hypothécaires
Hypothese [hypo'teːzə] <-, -n> *f* hypothèse *f;* ***eine ~ aufstellen/widerlegen*** émettre/réfuter une hypothèse
hypothetisch [hypo'teːtɪʃ] **I.** *adj* hypothétique **II.** *adv* de façon hypothétique
Hysterie [hʏste'riː] <-, -ien> *f* hystérie *f*
hysterisch [hʏs'teːrɪʃ] **I.** *adj* hystérique; ***ein ~er Anfall*** une crise d'hystérie **II.** *adv* de façon hystérique
Hz *Abk von* **Hertz** Hz

I i

i [iː] *interj (fam: Ausdruck des Ekels)* be[u]rk ▶ ~ **wo!** penses-tu/pensez-vous!

I, i [iː] <-, -> *nt* I *m* /i *m*

i. A. *Abk von* **im Auftrag** p.o.

IBAN ['iːban] <-s, -> *f Abk von* **international bank account number** code *m* IBAN

iberisch [i'beːrɪʃ] *adj* ibérique

Ibis ['iːbɪs] <-, -se> *m* ZOOL ibis *m*

IC® [iː'tseː] <-s, -s> *m Abk von* **Intercity** IC *m*

ICE® [iːtseː'ʔeː] <-s, -s> *m Abk von* **Intercityexpress** *train à grande vitesse*

ich [ɪç] *pron pers* je; *(betont, allein stehend)* moi; ~ ***habe Hunger*** j'ai faim; ***nicht einmal*** ~ pas même moi; ***hier bin ~!*** me voici!; ~ ***war es!*** c'était moi!

Ich [ɪç] <-[s], -s> *nt a.* PSYCH moi *m;* ***mein zweites*** ~ mon autre moi

Ich-AG *f* JUR travail *m* indépendant assisté **ichbezogen** *adj* égocentrique **Ich-Erzähler(in)** *m(f)* narrateur, -trice *m, f* à la première personne **Ich-Erzählung** *f* récit *m* à la première personne **Ichform** *f* première personne *f;* ***in der*** ~ à la première personne

Icon ['aɪkən] <-s, -s> *nt* INFORM icône *f*

IC-Zuschlag [iː'tseː'tsuːʃlaːk] *m* supplément *m* IC

ideal [ide'aːl] **I.** *adj* idéal(e) **II.** *adv* d'une façon idéale

Ideal <-s, -e> *nt* idéal *m;* ***mein/sein*** ~ mon/son idéal; ***noch ~e haben*** avoir encore des idéaux **Idealbild** *nt* idéal *m*

idealerweise *adv* dans l'idéal

Idealfall *m* cas *m* idéal **Idealgewicht** [ide'aːlgəvɪçt] *nt* poids *m* idéal

idealisieren* [ideali'ziːrən] *vt* idéaliser

Idealisierung <-, -en> *f* idéalisation *f*

Idealismus [idea'lɪsmʊs] <-> *m* idéalisme *m*

Idealist(in) [idea'lɪst] <-en, -en> *m(f)* idéaliste *mf*

idealistisch *adj* idéaliste

idealtypisch *adj inv (geh)* PHILOS de type idéal **Idealvorstellung** *f* idéal *m*

Idee [i'deː] <-, -een> *f* ❶ idée *f;* ***eine ~ haben*** avoir une idée; ***jdn auf eine ~ bringen*** donner une idée à qn; ***eine glänzende*** ~ une brillante idée; ***eine fixe*** ~ une idée fixe; ***wie kommst du denn auf die ~?*** où vas-tu chercher une idée pareille? ❷ *(fam: Kleinigkeit)* ***eine ~ lauter/zu kalt*** un soupçon plus fort/trop froid; ***keine ~ besser sein*** ne pas valoir mieux

ideell [ide'ɛl] *adj Werte* spirituel(le); *Gesichtspunkte* intellectuel(le)

ideenarm [i'deːən-] *adj Person* peu inventif, -ive; *Kunstwerk* peu innovateur, -trice; ~ ***sein*** manquer d'idées

ideenlos *adj o adv* sans imagination

ideenreich [i'deːənraɪ̯ç] *adj* inventif, -ive

Ideenreichtum *m einer Person* esprit *m* inventif; *einer Gestaltung* inventivité *f*

Identifikation [idɛntifika'tsi̯oːn] <-, -en> *f* PSYCH identification *f;* ~ ***mit jdm/etw*** identification à qn/qc

Identifikationsfigur *f* modèle *m* identificatoire

identifizieren* [idɛntifi'tsiːrən] **I.** *vt* identifier; ***jdn/etw als jdn/etw*** ~ identifier qn/qc comme étant qn/qc **II.** *vr* ***sich mit jdm/etw*** ~ s'identifier à qn/qc

Identifizierung <-, -en> *f* identification *f*

identisch [i'dɛntɪʃ] *adj* identique; ***mit jdm/etw ~ sein*** être identique à qn/qc

Identität [idɛnti'tɛːt] <-> *f* identité *f*

Identitätskarte *f bes.* CH, A carte *f* d'identité

Ideologe, Ideologin [ideo'loːgə] <-n, -n> *m, f* idéologue *mf*

Ideologie [ideolo'giː] <-, -ien> *f* idéologie *f*

ideologisch [ideo'loːgɪʃ] **I.** *adj* idéologique **II.** *adv* idéologiquement

Idiom [i'di̯oːm] <-s, -e> *nt* LING idiome *m*

Idiomatik [idi̯o'maːtɪk] <-> *f* LING idio[ma]tismes *mpl*

idiomatisch [idi̯o'maːtɪʃ] **I.** *adj* idiomatique **II.** *adv* d'un point de vue idiomatique

Idiot(in) [i'di̯oːt] <-en, -en> *m(f)* ❶ *(pej fam)* crétin(e) *m(f);* ***so ein ~!*** quel idiot! ❷ MED débile *mf* mental(e)

idiotensicher *(hum fam)* **I.** *adj* simple comme bonjour **II.** *adv* ~ ***zu bedienen sein*** être simple comme bonjour à manœuvrer

Idiotie [idi̯o'tiː] <-, -ien> *f* ❶ *(pej fam)* connerie *f* ❷ MED débilité *f* mentale

Idiotin *s.* **Idiot(in)**

idiotisch [idi̯o'tɪʃ] *adj (pej fam)* débile

Idol [i'doːl] <-s, -e> *nt* idole *f*

Idyll [i'dʏl] <-s, -e> *nt* lieu *m* idyllique

Idylle [i'dʏlə] <-, -n> *f* idylle *f*

idyllisch [i'dʏlɪʃ] **I.** *adj* idyllique **II.** *adv* dans un cadre idyllique

IG [iː'geː] <-> *f Abk von* **Industriegewerkschaft**

Igel ['iːgəl] <-s, -> *m* hérisson *m*

igitt[igitt] *interj (fam)* be[u]rk

Iglu <-s, -s> *m o nt* igloo *m*

ignorant *adj (pej geh)* inculte

Ignorant(in) [ɪgno'rant] <-en, -en> *m(f) (pej geh)* inculte *mf*

Ignoranz [ɪgno'rants] <-> *f (pej geh)* ignorance *f*

ignorieren* [ɪgno'riːrən] *vt* ignorer *Person;* ne pas prendre en considération *Sache*

IHK [iːhaː'kaː] <-, -s> *f Abk von* **Industrie- und Handelskammer** C.C.I. *f*

ihm[1] [iːm] *pron pers, dat von* **er** lui; ***bei/mit*** ~ chez/avec lui; ***das gefällt*** ~ cela lui plaît; ***sie glaubt/hilft*** ~ elle le croit/l'aide; ***sie nähern sich*** ~ ils s'approchent de lui; ***es geht*** ~ ***gut*** il va bien

ihm[2] [iːm] *pron pers, dat von* **es** ***er hilft*** ~ il l'aide; ***das gehört*** ~ c'est à lui/elle; ***das gefällt*** ~ cela lui plaît; ~ ***ist langweilig*** il/elle s'ennuie; ***um das Kalb/das Haus zu fotografieren, näherte sie sich*** ~ pour photographier le veau/la maison, elle s'en approcha

ihn [iːn] *pron pers, akk von* **er** ***ohne/für*** ~ sans/pour lui; ***ich kenne*** ~ je le connais; ***er fragt*** ~/***ruft*** ~ ***an*** il lui demande/téléphone; ***wo ist mein Schlüssel/Kuli, siehst du*** ~***?*** où est ma clé/mon stylo bille, est-ce que tu la/le vois?

ihnen ['iːnən] *pron pers, dat von* **sie**[2] ***bei*** ~ chez eux/elles; ***mit*** ~ avec eux/elles; ***das gefällt*** ~ cela leur plaît; ***sie glaubt/hilft*** ~ elle les croit/aide; ***sie nähert sich*** ~ elle s'approche d'eux/d'elles; ***es geht*** ~ ***gut*** ils/elles vont bien

Ihnen *pron pers, dat von* **Sie**[1] vous; ***wie geht es*** ~***?*** comment allez-vous?; ***gefällt es*** ~***?*** est-ce que cela vous plaît?; ***hat er sich*** ~ ***schon vorgestellt?*** est-ce qu'il s'est déjà présenté à vous?

ihr[1] [iːɐ̯] *pron pers* vous; ~ ***seid an der Reihe!*** c'est votre tour!; ~ ***Armen!*** mes pauvres!

ihr[2] [iːɐ̯] *pron pers, dat von* **sie**[1] ***bei/mit*** ~ chez/avec elle; ***das gefällt*** ~ cela lui plaît; ***sie glaubt/hilft*** ~ elle la croit/l'aide; ***es geht*** ~ ***gut*** elle va bien; ***sie nähern sich*** ~ ils s'approchent d'elle; ***um die Katze/die Brücke zu fotografieren, näherte er sich*** ~ pour photographier le chat/le pont, il s'en approcha

ihr[3] [iːɐ̯] *pron poss zu* **sie**[1] ❶ ~ ***Bruder*** son frère; ~***e Schwester/Freundin*** sa sœur/son amie; ~***e Eltern*** ses parents; ***dieses Feuerzeug ist*** ~***[e]s*** ce briquet est à elle ❷ *substantivisch* ***der/die/das*** ~***e*** le sien/la sienne; ***das sind nicht seine Bücher, sondern die*** ~***en*** ce ne sont pas ses livres à lui, mais les siens [à elle]; ***die Ihren*** les siens

ihr[4] [iːɐ̯] *pron poss zu* **sie**[2] ❶ ~ ***Bruder*** leur frère; ~***e Schwester*** leur sœur; ~***e Brüder/Schwestern*** leurs frères/sœurs ❷ *substantivisch* ***der/die/das*** ~***e*** le/la leur; ***das sind nicht eure Bücher, sondern die*** ~***en*** ce ne sont pas vos livres [à vous], mais les leurs; ***die Ihren*** les leurs

Ihr *pron poss zu* **Sie**[1] ❶ votre; ~ ***Vater*** votre père; ~***e Mutter*** votre mère; ~***e Kinder*** vos enfants; ***herzlichst*** ~ ***Peter Braun*** cordialement, Peter Braun ❷ *substantivisch* ***der/die/das*** ~***e*** le/la vôtre; ***die*** ~***en*** les vôtres

ihrer[1] ['iːrɐ] *pron pers, gen von* **sie**[1] *(geh)* ***er erbarmt sich*** ~ il a pitié d'elle; ***wir werden*** ~ ***gedenken*** nous nous souviendrons d'elle

ihrer[2] ['iːrɐ] *pron pers, gen von* **sie**[2] *(geh)* ***es waren*** ~ ***sechs*** ils/elles étaient six; ***wir werden*** ~ ***gedenken*** nous nous souviendrons d'eux/d'elles

Ihrer *pron pers, gen von* **Sie**[1] *(geh)* ***wir werden*** ~ ***gedenken*** nous nous souviendrons de vous

ihrerseits ['iːrɐzaɪ̯ts] *adv* ❶ *(auf eine Person bezogen)* de son côté ❷ *(auf mehrere Personen bezogen)* de leur côté

Ihrerseits *adv* de votre côté

ihresgleichen ['iːrəs'glaɪ̯çən] *pron inv* ***sie verkehrt nur mit*** ~ elle ne fréquente que les gens de sa sorte; ***sie verkehren nur mit*** ~ ils/elles ne fréquentent que les gens de leur sorte; ***unter*** ~ entre eux/elles

Ihresgleichen *pron inv* des gens *mpl* comme vous

ihretwegen ['iːrət'veːgən] *adv* ❶ *(auf eine Person bezogen)* à son sujet; *(ihr zuliebe)* pour elle; *(von ihr aus)* si cela ne tenait/n'avait tenu qu'à elle ❷ *(auf mehrere Personen bezogen)* à leur sujet; *(ihnen zuliebe)* pour eux/pour elles; *(von ihnen aus)* si cela ne tenait/n'avait tenu qu'à eux/elles

Ihretwegen *adv* à votre sujet; *(Ihnen zuliebe)* pour vous; *(von Ihnen aus)* si cela ne tenait/n'avait tenu qu'à vous

ihretwillen ['iːrət'vɪlən] *adv* ❶ *(auf eine Person bezogen)* ***um*** ~ pour elle ❷ *(auf mehrere Personen bezogen)* ***um*** ~ pour eux/elles

Ihretwillen *adv* ***um*** ~ pour vous
Ikone [i'ko:nə] <-, -n> *f* icône *f*
illegal ['ɪlega:l] *adj* illégal(e)
Illegalität [ɪlegali'tɛ:t] <-> *f* illégalité *f*
illegitim ['ɪlegiti:m] *adj* illégitime
illoyal ['ɪlo̯ya:l] *(geh)* **I.** *adj* déloyal(e) **II.** *adv* d'une manière déloyale
Illoyalität <-> *f (geh)* déloyauté *f*
Illumination [ɪlumina'tsio:n] <-, -en> *f* illuminations *fpl*
illuminieren* [ɪlumi'ni:rən] *vt* illuminer
Illusion [ɪlu'zi̯o:n] <-, -en> *f* illusion *f;* ***sich*** *dat* ***über jdn/etw ~en machen*** se faire des illusions sur qn/qc; ***sich einer ~*** *dat* ***hingeben*** se bercer d'illusions
illusionär [ɪluzi̯o'nɛ:ɐ̯] *adj (geh)* illusoire
illusorisch [ɪlu'zo:rɪʃ] *adj* illusoire; ***es ist ~ darauf zu hoffen*** c'est illusoire de compter là-dessus
Illustration [ɪlʊstra'tsi̯o:n] <-, -en> *f* illustration *f*
illustrativ [ɪlʊstra'ti:f] **I.** *adj* destiné(e) à illustrer; *Beispiel* évocateur, -trice **II.** *adv* de façon vivante
Illustrator, Illustratorin [ɪlʊs'tra:to:ɐ̯] <-s, -toren> *m, f* illustrateur, -trice *m, f*
illustrieren* [ɪlʊs'tri:rən] *vt* illustrer
Illustrierte <-n, -n> *f* illustré *m*
Iltis <-ses, -se> *m* putois *m*
im [ɪm] = *s.* **in dem** *s.* **in**
Image ['ɪmɪtʃ] <-[s], -s> *nt* image *f* de marque; ***ein gutes/schlechtes ~ haben*** avoir une bonne/mauvaise image de marque
Imagekampagne ['ɪmɪtʃ-] *f* promotion *f* de son image
Imagepflege *f* ***~ betreiben*** soigner son image de marque **Imageverlust** *m* perte *f* de prestige
imaginär [imagi'nɛ:ɐ̯] *adj (geh)* imaginaire
Imagination <-, -en> *f (geh)* imagination *f*
Imbiss ['ɪmbɪs] <-es, -e> *m* ❶ *(Häppchen)* collation *f* ❷ *(Imbissstand)* friterie *f*
Imbissstand *m* friterie *f*
Imbissstube *f* snack[-bar] *m*
Imitat [imi'ta:t] <-[e]s, -e> *nt* simili *m*
Imitation [imita'tsi̯o:n] <-, -en> *f* imitation *f*
Imitator, Imitatorin [imi'ta:to:ɐ̯] <-s, -toren> *m, f* imitateur, -trice *m, f*
imitieren* [imi'ti:rən] *vt* imiter
Imker(in) ['ɪmkɐ] <-s, -> *m(f)* apiculteur, -trice *m, f*
immateriell ['ɪmateri̯ɛl] *adj (geh)* immatériel(le)
Immatrikulation [ɪmatrikula'tsi̯o:n] <-, -en> *f* UNIV inscription *f*
immatrikulieren* [ɪmatriku'li:rən] *vr* UNIV ***sich*** ~ s'inscrire
immens [ɪ'mɛns] *(geh)* **I.** *adj* énorme **II.** *adv* énormément
immer ['ɪmɐ] *adv* ❶ toujours; ***~ wieder*** sans cesse; ***~ noch*** toujours [et encore]; ***~ während*** *Dunkelheit* perpétuel; *Qual* éternel; ***~ mal [wieder]*** *(fam)* comme ça, à l'occasion; ***bist du ~ noch nicht fertig?*** tu n'as toujours pas fini? ❷ *(zunehmend)* ***~ mehr*** *arbeiten, essen* de plus en plus; ***~ besser werden*** ne cesser de s'améliorer; ***etw ~ häufiger tun*** faire qc de plus en plus fréquemment ❸ *(jedes Mal)* ***~ wenn ich lese*** chaque fois que je lis ❹ *(auch)* ***wann ~ das sein wird*** peu importe quand ce sera; ***wo ~ er sein mag*** où qu'il soit ▸ **für** ~ [**und ewig**] sempiternellement
immerfort *adv* continuellement **immergrün** *adj Pflanze* à feuilles persistantes **Immergrün** *nt* pervenche *f* **immerhin** ['ɪmɐ'hɪn] *adv* tout de même **immerzu** ['ɪmɐ'tsu:] *adv* continuellement
Immigrant(in) [ɪmi'grant] <-en, -en> *m(f)* immigrant(e) *m(f)*
Immigration [ɪmigra'tsi̯o:n] <-, -en> *f* immigration *f*
immigrieren* [ɪmi'gri:rən] *vi + sein* immigrer
Immission <-, -en> *f* ÖKOL nuisance *f*
Immissionsschutz *m* ÖKOL protection *f* contre les nuisances
Immobilie [ɪmo'bi:li̯ə] <-, -n> *f* propriété *f* immobilière; **~n** des biens *mpl* immobiliers
Immobilienfonds *m* fonds *m* de placement immobilier **Immobilienmakler(in)** *m(f)* agent *mf* immobilier
immun [ɪ'mu:n] *adj* MED immunisé(e); ***gegen eine Krankheit ~ werden/sein*** s'immuniser/être immunisé contre une maladie
Immunisierung <-, -en> *f* MED immunisation *f*
Immunität [ɪmuni'tɛ:t] <-, -en> *f* MED, JUR immunité *f;* ***~ gegen etw*** immunité [à qc]
Immunologe, Immunologin [ɪmuno'lo:gə] <-n, -n> *m, f* MED immunologiste *mf*
Immunologie [ɪmunolo'gi:] <-> *f* MED immunologie *f*
Immunschwäche *f* MED immunodéficience *f* **Immunsystem** *nt* MED système *m* immunitaire
Imperativ ['ɪmperati:f] <-s, -e> *m* GRAM impératif *m*

Imperfekt ['ɪmpɛrfɛkt] <-s, -e> *nt* GRAM imparfait *m*

Imperialismus [ɪmperi̯a'lɪsmʊs] <-, -lismen> *m* impérialisme *m*

Imperialist(in) [ɪmperi̯a'lɪst] <-en, -en> *m(f) (a. pej)* impérialiste *mf*

imperialistisch [ɪmperi̯a'lɪstɪʃ] *adj (a. pej)* impérialiste

Imperium [ɪm'peːri̯ʊm] <-s, -rien> *nt* empire *m*

impertinent [ɪmpɛrti'nɛnt] *adj (geh)* impertinent(e)

Impertinenz [ɪmpɛrti'nɛnts] <-, -en> *f (geh)* impertinence *f*

impfen ['ɪmpfən] *vt* MED vacciner; ***jdn/sich gegen etw ~ lassen*** faire vacciner qn/se faire vacciner contre qc

Impfpass ['ɪmpfpas] *m* carnet *m* de vaccination **Impfschutz** *m* immunisation *f* **Impfstoff** *m* vaccin *m*

Impfung <-, -en> *f* vaccination *f*

Implantat [ɪmplan'taːt] <-[e]s, -e> *nt* implant *m*

Implantation [ɪmplanta'tsioːn] <-, -en> *f* MED implantation *f*

implantieren [ɪmplan'tiːrən] *vt* implanter; ***jdm etw ~*** implanter qc à qn

implizieren* [ɪmpli'tsiːrən] *vt (geh)* impliquer

implizit [ɪmpli'tsiːt] **I.** *adj* implicite **II.** *adv* implicitement

implodieren* [ɪmplo'diːrən] *vi + sein* imploser

Implosion <-, -en> *f* implosion *f*

imponieren* [ɪmpo'niːrən] *vi* imposer; ***jdm ~*** *Person, Leistung:* en imposer à qn

imponierend *adj* imposant(e)

Imponiergehabe *nt eines Tiers* parade *f; (pej) einer Person* simagrées *fpl*

Import [ɪm'pɔrt] <-[e]s, -e> *m* ❶ *(Einfuhr)* importation *f* ❷ *(Importartikel)* article *m* d'importation

Importeur(in) [ɪmpɔr'tøːɐ̯] <-s, -e> *m(f)* importateur, -trice *m, f* **Importhandel** *m* commerce *m* d'importation

importieren* [ɪmpɔr'tiːrən] *vt* importer

Importware *f* marchandise *f* d'importation

imposant *adj* impressionnant(e)

impotent ['ɪmpotɛnt] *adj* impuissant(e)

> **Falsche Freunde**
> Nicht verwechseln mit *impotent(e)* – *bewegungsunfähig*!

Impotenz ['ɪmpotɛnts] <-> *f* impuissance *f*

imprägnieren* [ɪmprɛ'gniːrən] *vt* imperméabiliser; ***Kleidung/Schuhe mit etw ~*** imperméabiliser des vêtements/chaussures de qc; ***ein Material gegen etw ~*** traiter un matériau contre qc

Imprägnierung <-, -en> *f von Kleidung, Schuhen* imperméabilisation *f; von Holz* traitement *m;* ***die ~ hält zwei Jahre*** la protection dure deux ans

Impression [ɪmprɛ'sioːn] <-, -en> *f (geh)* impression *f*

Impressionismus [ɪmprɛsi̯o'nɪsmʊs] <-> *m* impressionnisme *m*

Impressionist(in) [ɪmprɛsi̯o'nɪst] <-en, -en> *m(f)* impressionniste *mf*

impressionistisch [ɪmprɛsi̯o'nɪstɪʃ] *adj* impressionniste

Impressum [ɪm'prɛsʊm] <-s, Impressen> *nt* adresse *f* bibliographique; *einer Zeitung* mentions *fpl* obligatoires

Improvisation [ɪmproviza'tsi̯oːn] <-, -en> *f* improvisation *f*

improvisieren* [ɪmprovi'ziːrən] *vt, vi* improviser

Impuls [ɪm'pʊls] <-es, -e> *m* impulsion *f*

impulsiv [ɪmpʊl'ziːf] **I.** *adj* impulsif, -ive **II.** *adv* de façon impulsive

imstande [ɪm'ʃtandə] *adj* ***~ sein etw zu tun*** être capable de faire qc; ***zu nichts mehr ~ sein*** n'être plus bon à rien

in[1] [ɪn] **I.** *präp +dat* ❶ *(bei Ortsangaben)* ***~ der Tasche*** dans le sac; ***im Bett/Büro*** au lit/bureau; ***im Keller/ersten Stock*** à la cave/au premier étage; ***~ der Stadt*** en ville; ***~ Frankreich/Portugal*** en France/au Portugal; ***im Gebirge/~ den Alpen leben*** vivre en montagne/dans les Alpes; ***im Norden Deutschlands wohnen*** habiter dans le nord de l'Allemagne; ***im Gefängnis*** en prison ❷ *(bei Zeitangaben)* ***~ fünf Minuten*** *(innerhalb von)* en cinq minutes; *(nach Ablauf von)* dans cinq minutes; ***~ diesem Jahr*** cette année; ***~ der letzten Woche*** la semaine dernière; ***~ diesen Tagen*** ces jours-ci; ***im Mai*** en mai; ***im Frühling/Sommer*** au printemps/en été; ***im kommenden Herbst*** [à] l'automne prochain; ***im letzten Augenblick*** au dernier moment; ***im Krieg*** pendant la guerre ❸ *(bei Umstandsangaben)* ***~ der Sonne/Kälte*** au soleil/dans le froid; ***im Regen/Schnee*** sous la pluie/la neige; ***~ Rot gekleidet*** habillé(e) en rouge; ***im Badeanzug*** en maillot de bain ❹ *(in Bezug auf)* ***~ Physik*** en physique; ***~ dieser Sprache*** dans cette langue **II.** *präp +akk (bei Richtungsangaben)* ***~ den Garten/den***

Wald/die Stadt gehen aller au jardin/en forêt/en ville; ***~s Bett gehen*** aller au lit; ***~ die Schweiz/den Libanon fahren*** aller en Suisse/au Liban; ***~s Gebirge/~ die Alpen fahren*** aller à la montagne/dans les Alpes; ***~ den Süden fahren*** aller dans le sud; ***~ die Schule gehen*** aller à l'école; ***~s Gefängnis gehen*** aller en prison

in² [ɪn] *adj (fam)* ***~ sein*** être in

inadäquat ['ɪnʔatʔɛkva:t] *adj (geh)* inadéquat(e)

inaktiv ['ɪnʔakti:f] *adj* inactif, -ive

Inaktivität *f a.* CHEM, MED inactivité *f*

inakzeptabel [ɪnʔaktsɛp'ta:bəl] *adj (geh)* inacceptable

Inangriffnahme [ɪn'ʔangrɪfna:mə] <-, -n> *f (form)* mise *f* en œuvre

Inanspruchnahme [ɪn'ʔanʃprʊxna:mə] <-> *f (form)* ❶ *(Nutzung) von Einrichtungen* utilisation *f*; ***~ eines Kredits/von Unterstützung*** recours *m* à un crédit/une aide ❷ *(Belastung) eines Mitarbeiters* mise *f* à contribution; *von Geräten* utilisation *f*

Inbegriff ['ɪnbəgrɪf] *m* incarnation *f*

inbegriffen ['ɪnbəgrɪfən] *adj* inclus(e)

Inbetriebnahme [ɪnbə'tri:pna:mə] <-, -n> *f (form) einer Anlage* mise *f* en service; *einer Maschine* mise en marche

Inbrunst ['ɪnbrʊnst] <-> *f (geh)* ferveur *f*

inbrünstig ['ɪnbrʏnstɪç] *(geh)* **I.** *adj Gebet* fervent(e); *Bitte, Hoffnung* ardent(e) **II.** *adv hoffen* ardemment; *beten* avec ferveur

Inbusschlüssel ['ɪnbʊs-] *m* clé *f* [mâle à] six pans

indem [ɪn'de:m] *konj* ❶ *(dadurch, dass)* en; ***etw bewirken, ~ man etw tut*** obtenir qc en faisant qc ❷ *(während: bei identischen Subjekten)* [tout] en; *(bei unterschiedlichen Subjekten)* tandis que; ***er seufzte, ~ er aufstand*** il soupira tout en se levant; ***~ er sprach, geschah es schon*** tandis qu'il parlait, cela arrivait

Inder(in) ['ɪndɐ] <-s, -> *m(f)* Indien(ne) *m(f) (de l'Inde)*

indes [ɪn'dɛs], **indessen** [ɪn'dɛsən] *adv (geh)* ❶ *(inzwischen)* pendant ce temps[-là] ❷ *(jedoch)* cependant

Index ['ɪndɛks] <-[es], -e *o* **Indizes**> *m* ❶ index *m*; ***auf dem ~ stehen*** être à l'index ❷ ÖKON, MATH *(Kennziffer)* indice *m*

Indianer(in) [ɪn'di̯a:nɐ] <-s, -> *m(f)* Indien(ne) *m(f) (d'Amérique)*

Indianerzelt *nt (für Kinder)* tipi *m*

indianisch [ɪn'di̯a:nɪʃ] *adj* indien(ne)

Indien ['ɪndi̯ən] <-s> *nt* l'Inde *f*

indifferent ['ɪndɪfərɛnt] *adj (geh)* indifférent(e)

Indigo ['ɪndigo] <-s, -s> *m o nt* indigo *m*

indigoblau *adj* indigo *inv*

Indikativ ['ɪndikati:f] <-s, -e> *m* GRAM indicatif *m*

Indikator [ɪndi'ka:to:ɐ̯] <-s, -toren> *m* CHEM indicateur *m* [coloré]

Indio, -frau ['ɪndi̯o] <-s, -s> *m, f* Indien(ne) *m(f) (d'Amérique latine)*

indirekt ['ɪndirɛkt] **I.** *adj* indirect(e) **II.** *adv* indirectement

indisch ['ɪndɪʃ] **I.** *adj* GEOG, LING indien(ne) **II.** *adv* ***gern ~ essen*** aimer la cuisine indienne

indiskret ['ɪndɪskre:t] **I.** *adj* indiscret, -ète **II.** *adv fragen* de façon indiscrète

Indiskretion [ɪndɪskre'tsi̯o:n] <-, -en> *f* indiscrétion *f*

indiskutabel ['ɪndɪskuta:bəl] *adj (pej geh)* inacceptable

> **Falsche Freunde**
> Nicht verwechseln mit *indiscutable – unbestreitbar*!

indisponiert *adj (geh)* indisposé(e)

Individualismus [ɪndividu̯a'lɪsmʊs] <-> *m (geh)* individualisme *m*

Individualist(in) [ɪndividu̯a'lɪst] <-en, -en> *m(f) (geh)* individualiste *mf*

individualistisch [ɪndividu̯a'lɪstɪʃ] *adj (geh)* non-conformiste

Individualität [ɪndividu̯ali'tɛ:t] <-, -en> *f* individualité *f*

Individualverkehr [ɪndivi'du̯a:l-] *m* trafic *m* des véhicules particuliers

individuell [ɪndivi'du̯ɛl] **I.** *adj* personnel(le) **II.** *adv* ***etw ~ gestalten*** agencer qc de façon personnalisée

Individuum [ɪndi'vi:duʊm] <-s, Individuen> *nt (geh)* individu *m*

Indiz [ɪn'di:ts] <-es, -ien> *nt* indice *m*

Indizes *Pl von* **Index**

Indizienbeweis *m* preuve *f* par présomption

indiziert *adj* ❶ MED *Medikament, Operation:* indiqué(e); ***[bei Gicht] indiziert sein*** être indiqué(e) [en cas de goutte] ❷ *(verboten) Publikation* interdit(e) [par la censure]

Indochina [ɪndo'çi:na] *nt* l'Indochine *f*

indoeuropäisch [ɪndoʔɔyro'pɛ:ɪʃ], **indogermanisch** [ɪndogɛr'ma:nɪʃ] *adj* indo-européen(ne)

indoktrinieren* [ɪndɔktri'ni:rən] *vt (pej)* endoctriner

I

Indonesien [ɪndoˈneːzi̯ən] <-s> *nt* l'Indonésie *f*

Induktion [ɪndʊkˈtsi̯oːn] <-, -en> *f* ELEC induction *f*

Induktionsherd *m* cuisinière *f* à induction

industrialisieren* [ɪndʊstrialiˈziːrən] *vt* industrialiser; ***hoch industrialisiert*** très industrialisé

Industrialisierung <-, -en> *f* industrialisation *f*

Industrie [ɪndʊsˈtriː] <-, -i̯en> *f* industrie *f*

Industrieanlage *f* installation *f* industrielle **Industriebetrieb** *m* entreprise *f* industrielle **Industriegebiet** *nt* *(auf dem Land)* région *f* industrielle; *(in der Stadt)* zone *f* industrielle **Industriegesellschaft** *f* société *f* industrielle **Industriegewerkschaft** *f* syndicat *m* ouvrier **Industriekaufmann, -kauffrau** *m, f* agent *m* technico-commercial **Industriekonzern** *m* grand groupe *m* industriel

industriell [ɪndʊstriˈɛl] *adj* industriel(le)

Industrielle(r) *f(m) dekl wie adj* industriel(le) *m(f)* **Industrienation** *f* nation *f* industrielle **Industrienorm** *f* norme *f* industrielle **Industriepark** *m* parc *m* industriel

Industriestaat *m* pays *m* industriel **Industrie- und Handelskammer** *f* chambre *f* de commerce et d'industrie **Industrieunternehmen** *nt* entreprise *f* industrielle **Industriezweig** *m* secteur *m* industriel

ineffektiv [ˈɪnʔɛfɛktiːf] *adj* inefficace

ineinander [ɪnʔaiˈnandɐ] *adv* ~ ***übergehen*** se confondre [l'un avec l'autre]; ***sich ~ verlieben*** tomber amoureux l'un de l'autre

ineinander|fließen *vi unreg + sein Flüsse, Ströme:* confluer; *Farben:* se fondre [entre eux/elles]

ineinander|greifen *vi irr Zahnräder:* s'engrener

infam [ɪnˈfaːm] *(pej)* **I.** *adj* ignoble **II.** *adv* ignoblement

Infanterie [ˈɪnfantəriː] <-, -i̯en> *f* infanterie *f*

Infanterieregiment *nt* MIL régiment *m* d'infanterie

Infanterist(in) [ɪnfantəˈrɪst] <-en, -en> *m(f)* fantassin *m*

infantil [ɪnfanˈtiːl] *(pej)* **I.** *adj* puéril(e) **II.** *adv* de façon puérile

Infarkt [ɪnˈfarkt] <-[e]s, -e> *m* MED infarctus *m*

Infekt <-[e]s, -e> *m* infection *f*

Infektion [ɪnfɛkˈtsi̯oːn] <-, -en> *f* infection *f*

Infektionsgefahr *f* danger *m* d'infection **Infektionskrankheit** *f* maladie *f* infectieuse

Inferno [ɪnˈfɛrno] <-s> *nt (geh)* enfer *m*

Infiltration [ɪnfɪltraˈtsioːn] <-, -en> *f* GEOL, MED *(a. fig)* infiltration *f*

infiltrieren* *vt* ❶ *(Fachspr.: eindringen)* s'infiltrer ❷ *(unterwandern)* infiltrer *milieu, organisation*

Infinitesimalrechnung [ɪnfiniteziˈmaːl-] *f* MATH calcul *m* infinitésimal

Infinitiv [ˈɪnfinitiːf] <-s, -e> *m* GRAM infinitif *m*

infizieren* [ɪnfiˈtsiːrən] **I.** *vt* contaminer *Person, Tier;* ***jdn mit einer Krankheit ~*** transmettre une maladie à qn **II.** *vr Wunde:* s'infecter; ***sich bei jdm ~*** être contaminé par qn

in flagranti [ɪn flaˈgranti] *adv (geh)* en flagrant délit

Inflation [ɪnflaˈtsi̯oːn] <-, -en> *f* inflation *f*

inflationär *adj* inflationniste

Inflationsrate *f* taux *m* d'inflation

Info [ˈɪnfo] <-, -s> *f (fam) Abk von* **Information** info *f*

Infobroschüre *s.* **Informationsbroschüre**

infolge [ɪnˈfɔlgə] *präp +gen* ~ ***dieses Unfalls*** à la suite de cet accident

infolgedessen [ɪnfɔlgəˈdɛsən] *adv* en conséquence

Infomaterial *s.* **Informationsmaterial**

Informant(in) [ɪnfɔrˈmant] <-en, -en> *m(f)* informateur, -trice *m, f*

Informatik [ɪnfɔrˈmaːtɪk] <-> *f* informatique *f*

Informatiker(in) [ɪnfɔrˈmaːtɪkɐ] <-s, -> *m(f)* informaticien(ne) *m(f)*

Information [ɪnfɔrmaˈtsi̯oːn] <-, -en> *f* information *f;* ***zu deiner ~*** pour t'informer

Informationsaustausch *m* échange *m* d'informations **Informationsblatt** *nt* fiche *f* d'information **Informationsbroschüre** *f* brochure *f* d'informations **Informationsfluss** *m* circulation *f* de l'information **Informationsgesellschaft** *f* société *f* d'informations **Informationsmaterial** *nt* documentation *f* **Informationsquelle** *f* source *f* d'information **Informationsstand** *m* ❶ *(Kiosk)* stand *m* d'informations ❷ *kein Pl (Kenntnisstand)* ***nach unserem derzeitigen ~*** en l'état actuel de nos connaissances **Informationstechnologie** *f* technologie *f* de l'information **Informationszeitalter** *nt* époque *f* de l'information

informativ [ɪnfɔrma'tiːf] *adj (geh)* informatif, -ive

informell ['ɪnfɔrmɛl] *(geh)* **I.** *adj* informel(le) **II.** *adv* de manière informelle

informieren* [ɪnfɔr'miːrən] **I.** *vt* informer; ***jdn über etw*** *akk* **~** informer qn sur qc **II.** *vr* ***sich über etw*** *akk* **~** s'informer sur qc

Infostand ['ɪnfo-] *s.* **Informationsstand 1**

infrage [ɪn'fraːgə] ***etw ~ stellen*** remettre qc en question; ***[für jdn] ~ kommen*** entrer en ligne de compte [pour qn] ▶ **[das] kommt nicht ~!** [il n'en est] pas question!

infrarot ['ɪnfraroːt] *adj* infrarouge

Infrarotlampe *f* lampe *f* à infrarouge[s]

Infrastruktur ['ɪnfraʃtrʊktuːɐ̯] *f* infrastructure *f gén pl*

Infusion [ɪnfu'zi̯oːn] <-, -en> *f* perfusion *f*

Falsche Freunde
Nicht verwechseln mit *l'infusion – der Kräutertee*!

Ing. *Abk von* **Ingenieur** Ing.

Ingenieur(in) [ɪnʒe'ni̯øːɐ̯] <-s, -e> *m(f)* ingénieur *mf*

Ingenieurbüro [ɪnʒe'ni̯øːɐ-] *nt* bureau *m* d'études

Ingwer ['ɪŋvɐ] <-s> *m* gingembre *m*

Inh. *Abk von* **Inhaber**, **Inhalt**

Inhaber(in) ['ɪnhaːbɐ] <-s, -> *m(f) eines Geschäfts* propriétaire *mf; von Wertpapieren* détenteur, -trice *m, f*

inhaftieren* [ɪnhaf'tiːrən] *vt* emprisonner; ***inhaftiert sein*** être en prison

Inhaftierung <-, -en> *f* emprisonnement *m*

Inhalation [ɪnhala'tsi̯oːn] <-, -en> *f* MED inhalation *f*

Inhalator [ɪnha'laːtoːɐ̯, *Pl:* ɪnhala'toːrən] <-s, -en> *m* MED inhalateur *m*

inhalieren* [ɪnha'liːrən] **I.** *vt* inhaler, avaler *Rauch* **II.** *vi* MED faire des inhalations

Inhalt ['ɪnhalt] <-[e]s, -e> *m* ❶ *einer Tasche* contenu *m* ❷ *(Sinngehalt) eines Romans* fond *m* ❸ *(Flächeninhalt)* aire *f* ❹ *(Volumen)* volume *m*

inhaltlich **I.** *adj Frage* de contenu; *Arbeit* de fond **II.** *adv* **~ *betrachtet*** du point de vue du contenu

Inhaltsangabe *f* résumé *m*

inhaltslos *adj* creux, -euse

Inhaltsverzeichnis *nt* table *f* des matières

inhomogen *adj* non-homogène

inhuman ['ɪnhumaːn] *adj* inhumain(e)

Initiale [initsi̯'aːlə] <-, -n> *f* initiale *f*

Initialzündung *f* ❶ TECH amorçage *m* initial ❷ *(Idee)* impulsion *f* de départ

Initiationsritus *m a.* REL, SOZIOL rite *m* initiatique

initiativ [initsia'tiːf] *adj* qui fait preuve d'initiative; ***in etw*** *dat* **~ *werden/sein*** prendre des initiatives/faire preuve d'initiative dans qc

Initiative [initsi̯a'tiːvə] <-, -n> *f* ❶ *(Anstoß)* initiative *f;* ***bei/in etw*** *dat* ***die ~ ergreifen*** prendre l'initiative dans qc ❷ *kein Pl (Unternehmungsgeist)* initiative *f;* ***aus eigener*** **~** de sa/ma/... propre initiative ❸ *(Bürgerinitiative)* comité *m* d'action et de défense [des citoyens]

Initiator, **Initiatorin** [ini'tsi̯aːtɔːr] <-s, -toren> *m, f einer Aktion* initiateur, -trice *m, f*

initiieren* [initsi'iːrən] *vt* être l'initiateur de

Injektion [ɪnjɛk'tsi̯oːn] <-, -en> *f* injection *f*

Injektionsnadel *f* MED aiguille *f* à injection

injizieren* [ɪnji'tsiːrən] *vt* injecter; ***jdm etw*** **~** injecter qc à qn

Inka ['ɪŋka] <-[s], -[s]> *m* Inca *m*

Inkarnation [ɪnkarna'tsi̯oːn] <-, -en> *f* *(geh)* incarnation *f*

Inkasso [ɪn'kaso] <-s, -s *o* A Inkassi> *nt* FIN recouvrement *m*, encaissement *m*

inkl. *Abk von* **inklusive**

inklusive [ɪnklu'ziːvə] **I.** *präp* +*gen* inclus(e) *postposé*, compris(e) *postposé;* ~ ***Nebenkosten*** charges incluses **II.** *adv* ***bis ~ dritten März*** jusqu'au trois mars inclus

inkognito [ɪn'kɔgnito] *adv* incognito

Inkognito [ɪn'kɔgnito] <-s, -s> *nt* incognito *m*

inkompatibel *adj* INFORM, JUR incompatible

Inkompatibilität [ɪnkɔmpatibili'tɛːt] <-, -en> *f* INFORM, JUR incompatibilité *f*

inkompetent ['ɪnkɔmpetɛnt] **I.** *adj* incompétent(e) **II.** *adv* de manière incompétente

Inkompetenz ['ɪnkɔmpetɛnts] *f* incompétence *f*

inkonsequent **I.** *adj* inconséquent(e) **II.** *adv* avec inconséquence

Inkonsequenz *f* inconséquence *f*

inkontinent *adj inv* MED incontinent(e)

Inkontinenz ['ɪnkɔntinɛnts] <-, -en> *f* MED incontinence *f*

inkorrekt ['ɪnkɔrɛkt] **I.** *adj* incorrect(e) **II.** *adv sich verhalten* de façon incorrecte

In-Kraft-Treten <-s> *nt (form) eines Gesetzes* entrée *f* en vigueur
Inkubationszeit *f* MED période *f* d'incubation
Inland ['ɪnlant] *nt kein Pl* intérieur *m* du pays; ***im In- und Ausland*** dans le pays même et à l'étranger
Inlandflug *m* vol *m* domestique
inländisch ['ɪnlɛndɪʃ] *adj* national(e)
Inlandsflug *m* vol *m* domestique **Inlandsmarkt** *m* marché *m* intérieur **Inlandsporto** *nt* tarif *m* [d'affranchissement] pour le pays **Inlandsverschuldung** *f* endettement *m* intérieur
Inlett ['ɪnlɛt] <-[e]s, -e *o* -s> *nt* enveloppe *f*
Inliner ['ɪnla͜inɐ] <-s, -> *Pl s.* **Inlineskates**
Inlineskater(in) ['inlaɪnskəɪtɐ] <-s, -> *m(f)* patineur, -euse *m, f* en ligne
Inlineskates ['inlaɪnskəɪts] <-> *Pl* patins *mpl* en ligne **Inlineskating** ['inlaɪnskəɪŋ] <-s> *nt* patin *m* en ligne
inmitten [ɪn'mɪtən] *präp +gen* ~ ***der Leute/des Raumes*** au milieu des gens/de la pièce
innelhaben ['ɪnəha:bən] *vt irr (form)* occuper **innelhalten** *vi irr (geh)* s'interrompre; *(sich besinnen)* faire une pause; ***im Sprechen*** ~ s'arrêter de parler
innen ['ɪnən] *adv* à l'intérieur; ~ ***und außen*** à l'intérieur et à l'extérieur; ***von*** ~ de l'intérieur; ***nach*** ~ ***aufgehen*** *Tür, Fenster:* s'ouvrir vers l'intérieur
Innenarchitekt(in) *m(f)* architecte *mf* d'intérieur **Innenarchitektur** *f* architecture *f* intérieure **Innenausschuss** *m* POL Commission *f* des affaires intérieures **Innenausstattung** *f* équipement *m* intérieur; ***der Raum hat eine interessante*** ~ *(Einrichtung)* l'agencement de la pièce est intéressant **Innenbeleuchtung** *f eines Gebäudes* éclairage *m* intérieur **Innendienst** *m* service *m* de bureau **Inneneinrichtung** *f* aménagement *m* intérieur **Innenhof** *m* cour *f* intérieure **Innenleben** *nt kein Pl* ❶ *(Seelenleben)* vie *f* intérieure ❷ *(fam: das Innere) eines Geräts* ventre *m* **Innenminister(in)** *m(f)* ministre *mf* de l'Intérieur **Innenministerium** *nt* ministère *m* de l'Intérieur **Innenpolitik** *f* politique *f* intérieure **innenpolitisch** ['ɪnənpoli:tɪʃ] **I.** *adj Debatte, Ereignis* concernant la politique intérieure **II.** *adv* en politique intérieure **Innenraum** *m* ❶ *eines Gebäudes* intérieur *m* ❷ *(das Innere) eines Wagens* habitacle *m* **Innenseite** *f eines Kleidungsstücks, Stoffs* envers *m; der Armbeuge* face *f* interne; *eines Gebäudes* façade *f* intérieure **Innenstadt** *f* centre[-ville] *m* **Innentasche** *f* poche *f* intérieure **Innenverteidiger(in)** *m(f)* SPORT défenseur(e) *m(f)* centre **Innenwand** *f* cloison *f* **Innenzelt** *nt* tente *f* intérieure
innerbetrieblich ['ɪnɐbətri:plɪç] *adj* interne à l'entreprise **innerdeutsch** ['ɪnɐdɔytʃ] *adj* ❶ *(Deutschland betreffend)* relatif, -ive aux affaires intérieures de l'Allemagne ❷ HIST *(die beiden deutschen Staaten betreffend)* germano-allemand(e), interallemand(e)
innere(r, s) ['ɪnərə, -rɐ, -rəs] *adj* ❶ *(innerhalb gelegen)* intérieur(e); *Verletzung* interne ❷ *Aufbau, Ordnung* interne ❸ POL *(inländisch)* intérieur(e) ❹ *Anteilnahme* profond(e); *Spannung* intérieur(e); ***ohne*** ~ ***Anteilnahme*** sans se/me/te/... sentir concerné(e)
Innere(s) *nt dekl wie adj* ❶ *(innerer Teil)* intérieur *m* ❷ *(Mitte) eines Landes* intérieur *m* ❸ *(Innenleben)* moi *m* profond; ***tief in seinem/meinem/...*** ~***n*** en son/mon/... for intérieur
Innereien [ɪnə'ra͜iən] *Pl* entrailles *fpl; von Geflügel* abats *mpl; von Fischen* boyaux *mpl*
innerhalb ['ɪnɐhalp] **I.** *adv* ❶ ~ ***von Köln/Deutschland*** dans Cologne/en Allemagne ❷ *(binnen)* ~ ***von wenigen Stunden*** en [l'espace de] quelques heures; ~ ***von drei Tagen*** dans les trois jours **II.** *präp +gen* ❶ ~ ***Berlins/Deutschlands*** dans Berlin/en Allemagne ❷ *(binnen)* ~ ***einer Stunde*** en l'espace d'une heure; ~ ***dieser Woche*** dans le courant de cette semaine; ~ ***kürzester Zeit*** en très peu de temps; ***etw*** ~ ***einer Woche erledigen müssen*** devoir terminer qc dans un délai d'une semaine
innerlich ['ɪnɐlɪç] **I.** *adj* ❶ *Anwendung* interne ❷ *(das Innenleben betreffend)* profond(e); *Anspannung* intérieur(e) **II.** *adv* ❶ *(im Körper)* à l'intérieur du corps ❷ *aufgewühlt* profondément ❸ *(insgeheim)* intérieurement
innerorts *adv* A, CH en agglomération
innerstaatlich **I.** *adj Angelegenheiten* interne [à l'État] **II.** *adv regeln* au sein de l'État
innerste(r, s) ['ɪnɐstə, -tɐ, -təs] *adj* ❶ *(ganz innen gelegen)* central(e); ***im*** ~***n Tempelbezirk*** au cœur du temple; ***die*** ~ ***der drei Stadtmauern*** le plus au centre des trois murs d'enceinte ❷ *(das Innenleben betreffend)* intime

Innerste(s) *nt dekl wie adj* cœur *m;* ***tief in ihrem ~n*** au plus profond d'elle-même
innert ['ɪnɛrt] *präp +dat o gen* A, CH *s.* **innerhalb II. 2**
inne|wohnen ['ɪnəvoːnən] *vi (geh)* ***jdm/einer S.*** ~ être inhérent à qn/qc
innig ['ɪnɪç] **I.** *adj* ❶ *(tiefgehend)* sincère ❷ *(sehr eng)* étroit(e) **II.** *adv* profondément
Innigkeit <-> *f einer Beziehung* profondeur *f; eines Dankes* sincérité *f*
Innovation [ɪnova'ts̯i̯oːn] <-, -en> *f* innovation *f*
innovativ [ɪnova'tiːf] *adj* innovateur, -trice
Innung ['ɪnʊŋ] <-, -en> *f* corporation *f*
inoffiziell ['ɪnʔɔfits̯i̯ɛl] *adj Treffen* non officiel(le); *Information* officieux, -euse
inopportun ['ɪnʔɔpɔrtuːn] *adj (geh)* inopportun(e)
in petto [ɪn'pɛto] ► **etw ~ <u>haben</u>** *(fam)* avoir qc en réserve
in puncto [ɪn'pʊŋkto] *adv (fam)* ***~ Sicherheit*** question sécurité
Input ['ɪnpʊt] <-s, -s> *m o nt* INFORM input *m*
Inquisition [ɪnkvizi'ts̯i̯oːn] <-> *f* HIST Inquisition *f*
Inquisitor [ɪnkvi'ziːtoːɐ] <-s, -toren> *m* Inquisiteur *m*
ins [ɪns] = *s.* **in das** *s.* **in**
Insasse, Insassin ['ɪnzasə] <-n, -n> *m, f* ❶ *(Passagier)* passager, -ère *m, f* ❷ *(Bewohner) eines Heims* pensionnaire *mf; einer Anstalt* patient(e) *m(f); eines Gefängnisses* détenu(e) *m(f)*
insbesondere [ɪnsbə'zɔndərə] *adv* en particulier
Inschrift ['ɪnʃrɪft] *f* inscription *f; (an einem Gebäude)* épigraphe *f; (Grabinschrift)* épitaphe *f*
Insekt [ɪn'zɛkt] <-[e]s, -en> *nt* insecte *m*
Insektenbekämpfungsmittel *nt* insecticide *m* **Insektenspray** *m o nt* bombe *f* insecticide **Insektenstich** *m* piqûre *f* d'insecte **Insektenvernichtungsmittel** *nt,* **Insektenvertilgungsmittel** *nt* insecticide *m*
Insektizid [ɪnzɛkti'tsiːt] <-s, -e> *nt* insecticide *m*
Insel ['ɪnzəl] <-, -n> *f* île *f*
Inselgruppe *f* chapelet *m* d'îles
Inserat [ɪnze'raːt] <-[e]s, -e> *nt* [petite] annonce *f*
Inserent(in) [ɪnze'rɛnt] <-en, -en> *m(f)* annonceur, -euse *m, f*
inserieren* [ɪnze'riːrən] **I.** *vi* passer une annonce; ***in etw*** *dat* ~ passer une annonce dans qc **II.** *vt* ***etw in der Zeitung*** ~ faire mettre qc dans le journal
insgeheim [ɪnsgə'hai̯m] *adv* secrètement
insgesamt [ɪnsgə'zamt] *adv* ❶ *(alles zusammen)* en tout ❷ *(im Großen und Ganzen)* dans l'ensemble; ~ ***gesehen*** en gros, globalement
Insider(in) ['ɪnsai̯dɐ] <-s, -> *m(f) (Eingeweihter)* personne *f* bien informée
Insiderwissen *nt* savoir *m* d'initié
Insignien [ɪn'zɪgniən] *Pl* insignes *mpl*
insistieren* [ɪnzɪs'tiːrən] *vi (geh)* insister; ***darauf ~, dass*** insister sur le fait que *+subj*
insofern[1] [ɪn'zoːfɛrn] *adv* sur ce point; ***dies ist ~ wichtig, als …*** c'est important dans la mesure où …
insofern[2] [ɪnzo'fɛrn] *konj* si
insolvent ['ɪnzɔlvɛnt, ɪnzɔl'vɛnt] *adj* ÖKON insolvable
Insolvenz ['ɪnzɔlvɛnts, ɪnzɔl'vɛnts] <-, -en> *f* insolvabilité *f*
Insolvenzverwalter(in) *m(f)* FIN administrateur, -trice *m, f* judiciaire; JUR administrateur, -trice *m, f* de l'insolvabilité; ***einen ~ bestellen*** faire appel à un administrateur de l'insolvabilité; ***jdn zum ~ bestellen*** nommer qn administrateur de l'insolvabilité
insoweit [ɪn'zoːvai̯t] *s.* **insofern**[1]
in spe [ɪn'speː] *adj (fam)* ***der Schwiegersohn*** ~ le futur gendre
Inspekteur(in) [ɪnspɛk'tøːɐ̯] <-s, -e> *m(f)* chef *mf* d'état-major
Inspektion [ɪnspɛk'ts̯i̯oːn] <-, -en> *f* inspection *f; eines Fahrzeugs* révision *f*
Inspektor, Inspektorin [ɪn'spɛktoːɐ̯] <-s, -toren> *m, f* ADMIN inspecteur, -trice *m, f*
Inspiration [ɪnspira'ts̯i̯oːn] <-, -en> *f* inspiration *f*
inspirieren* [ɪnspi'riːrən] *vt* inspirer; ***sich von jdm/etw zu einem Film ~ lassen*** s'inspirer de qn/qc pour un film
Inspizient(in) [ɪnspi'ts̯i̯ɛnt] <-en, -en> *m(f)* chef *mf* de plateau
inspizieren* [ɪnspi'tsiːrən] *vt* inspecter
instabil ['ɪnstabiːl] *adj* instable
Instabilität ['ɪnstabilitɛːt] <-, *selten:* -en> *f* instabilité *f*
Instagram® <-[s]> ['ɪnstəgrɛm] *nt kein pl* INFORM Instagram® *m*
Installateur(in) [ɪnstala'tøːɐ̯] <-s, -e> *m(f)* ❶ *(Klempner)* plombier *m* ❷ *(Elektroinstallateur)* électricien(ne) *m(f)*
Installation [ɪnstala'ts̯i̯oːn] <-, -en> *f (Leitungen)* installation *f* électrique; *(Rohre, Gasleitungen)* plomberie *f*

Installationsdiskette *f* INFORM disquette *f* d'installation
installieren* [ɪnstaˈliːrən] *vt* ❶ *(einbauen)* installer ❷ INFORM ***etw auf einem Rechner*** **~** installer qc sur un ordinateur
instand [ɪnˈʃtant] *adj* **~ *setzen/halten*** réparer/entretenir
Instandhaltung *f (form)* entretien *m*
Instandhaltungskosten *Pl* frais *mpl* d'entretien
inständig [ˈɪnʃtɛndɪç] **I.** *adj Bitte* pressant(e) **II.** *adv* instamment
Instandsetzung <-, -en> *f* réparation *f*
Instanz [ɪnˈstants] <-, -en> *f* ❶ ADMIN instance *f* ❷ JUR instance *f;* ***in erster/zweiter*** **~** en première/deuxième instance
Instinkt [ɪnˈstɪŋkt] <-[e]s, -e> *m* instinct *m*
instinktiv [ɪnstɪŋkˈtiːf] *adj* instinctif, -ive
Institut [ɪnstiˈtuːt] <-[e]s, -e> *nt* ADMIN, UNIV institut *m*
Institution [ɪnstituˈtsi̯oːn] <-, -en> *f* institution *f*
instruieren* *vt (geh: anweisen)* donner des instructions à
Instruktion [ɪnstrʊkˈtsi̯oːn] <-, -en> *f* ❶ *(Anweisung)* instruction *f* ❷ *(Anleitung)* instructions *fpl*
Instrument [ɪnstruˈmɛnt] <-[e]s, -e> *nt* ❶ *(Musikinstrument)* instrument *m* ❷ *(Messinstrument, Untersuchungsinstrument)* appareil *m* ❸ *(geh: Werkzeug)* instrument *m*
instrumental [ɪnstrumɛnˈtaːl] **I.** *adj* instrumental(e) **II.** *adv* ***jdn*** **~** ***begleiten*** accompagner qn en jouant d'un instrument de musique
instrumentalisieren* [ɪnstrumɛntaliˈziːrən] *vt (geh)* instrumentaliser
Instrumentalist(in) [ɪnstrumɛntaˈlɪst] <-en, -en> *m(f)* MUS instrumentiste *mf*
Instrumentalmusik *f* musique *f* instrumentale
Instrumentarium [ɪnstrumɛnˈtaːriʊm, *Pl:* ɪnstrumɛnˈtaːriən] <-s, -rien> *nt* ❶ *(Ausrüstung)* instrumentation *f* ❷ *(Mittel)* moyens *mpl* ❸ MUS instrumentation *f*
Insulaner(in) [ɪnzuˈlaːnɐ] <-s, -> *m(f)* insulaire *mf*
Insulin [ɪnzuˈliːn] <-s> *nt* MED insuline *f*
inszenieren* [ɪnstseˈniːrən] *vt* mettre en scène; ***etw*** **~** mettre qc en scène
Inszenierung <-, -en> *f (a. fig)* mise *f* en scène
intakt [ɪnˈtakt] *adj* ❶ *(unversehrt)* intact(e) ❷ *(voll funktionsfähig)* en parfait état
integer [ɪnˈteːgɐ] *adj* intègre
integral [ɪnteˈgraːl] *adj attr Bestandteil* intégrant(e)
Integralrechnung *f kein Pl* MATH calcul *m* intégral
Integration [ɪntegraˈtsi̯oːn] <-, -en> *f* intégration *f;* **~ *in etw*** *akk* intégration dans qc
integrieren* [ɪnteˈgriːrən] *vt, vr* intégrer; ***sich in etw*** *akk* **~** s'intégrer dans qc
Integrität <-> *f* intégrité *f*
Intellekt [ɪntɛˈlɛkt] <-[e]s> *m* intellect *m*
intellektuell [ɪntɛlɛkˈtuɛl] *adj* intellectuel(le)
Intellektuelle(r) *f(m) dekl wie adj* intellectuel(le) *m(f)*
intelligent [ɪntɛliˈgɛnt] *adj* intelligent(e)
Intelligenz [ɪntɛliˈgɛnts] <-> *f* intelligence *f;* ***künstliche*** **~** intelligence artificielle
Intelligenzquotient *m* quotient *m* intellectuel **Intelligenztest** *m* test *m* d'intelligence
Intendant(in) [ɪntɛnˈdant] <-en, -en> *m(f) eines Senders* directeur, -trice *m, f; eines Theaters* administrateur, -trice *m, f*
Intendanz [ɪntɛnˈdants] <-, -en> *f* ❶ *(Amt)* poste *m* de directeur; *eines Theaters* poste d'administrateur ❷ *(Büro)* bureau *m* du directeur; *eines Theaters* bureau de l'administrateur
Intensität [ɪntɛnziˈtɛːt] <-, -en> *f* intensité *f*
intensiv [ɪntɛnˈziːf] **I.** *adj* ❶ *Duft, Gefühl* intense ❷ *(angestrengt)* intensif, -ive **II.** *adv* ❶ **~ *duften*** sentir fort; **~ *nach Thymian schmecken*** avoir un goût prononcé de thym ❷ *arbeiten* intensément
intensivieren* [ɪntɛnziˈviːrən] *vt* intensifier
Intensivierung <-, *selten:* -en> *f* intensification *f*
Intensivkurs *m* cours *m* intensif **Intensivstation** *f* service *m* de réanimation
Intention <-, -en> *f (geh)* intention *f*
interaktiv [ɪntɐʔakˈtiːf] *adj* INFORM interactif, -ive
Intercity® [ɪntɐˈsɪti] <-s, -s> *m* ≈ train *m* Intercité
interdisziplinär *adj* pluridisciplinaire
interessant [ɪntərɛˈsant] **I.** *adj* intéressant(e); ***etwas Interessantes*** quelque chose d'intéressant ▶ **sich ~ machen** faire l'intéressant(e) **II.** *adv* d'une façon intéressante
interessanterweise [ɪntərɛˈsantɐˈvaizə] *adv* curieusement
Interesse [ɪntəˈrɛsə] <-s, -n> *nt* ❶ *kein*

Pl (Aufmerksamkeit) intérêt *m;* **~ zeigen** s'intéresser; **~ an jdm/etw haben** être intéressé par qn/qc; **er/sie hat ~ daran mitzuarbeiten** cela l'intéresse de collaborer; **etw aus/mit ~ tun** faire qc par/avec intérêt ❷ *Pl (Neigungen)* centres *mpl* d'intérêts ❸ *meist Pl (Bestrebungen)* **die finanziellen ~n eines Landes** les intérêts *mpl* financiers d'un pays ❹ *(Nutzen, Vorteil)* **für jdn von ~ sein** être intéressant pour qn; **das liegt in seinem/deinem eigenen ~** c'est dans son/ton propre intérêt; **im ~ unserer Zusammenarbeit** dans l'intérêt de notre collaboration

interessehalber [ɪntəˈrɛsəhalbɐ] *adv* par curiosité

interesselos *adj* indifférent(e)

Interesselosigkeit <-> *f* manque *m* d'intérêt

Interessengebiet *nt* centre *m* d'intérêt **Interessengemeinschaft** *f* communauté *f* d'intérêts **Interessengruppe** *f* groupement *m* d'intérêts **Interessenkonflikt** *m* conflit *m* d'intérêts

Interessent(in) [ɪntərɛˈsɛnt] <-en, -en> *m(f)* personne *f* intéressée

Interessenverband *m* groupe *m* de pression **Interessenvertretung** *f kein Pl (das Wahrnehmen der Interessen)* défense *f* des intérêts

Interessieren* [ɪntərɛˈsiːrən] **I.** *vt* intéresser; **jdn ~** *Person, Ereignis:* intéresser qn; **jdn für die Astronomie ~** éveiller l'intérêt de qn pour l'astronomie **II.** *vr* **sich für jdn/etw ~** s'intéresser à qn/qc

interessiert [ɪnt(ə)rɛˈsiːɐt] **I.** *adj* ❶ intéressé(e); **kulturell ~ sein** s'intéresser à la culture; **sich ~ zeigen** manifester de l'intérêt ❷ *(erpicht)* **an jdm ~ sein** s'intéresser à qn; **an etw** *dat* **~ sein** être intéressé par qc; **daran ~ sein etw zu tun** avoir l'intérêt de faire qc **II.** *adv zuhören* avec [grand] intérêt

Interface [ˈɪntɐfeɪs] <-, -s> *nt* INFORM interface *f*

Interferenz [ɪntɐfeˈrɛnts] <-, -en> *f* interférence *f*

Interieur [ɛ̃teˈrjøːɐ] <-s, -s *o* -e> *nt* agencement *m* intérieur **Interimsregierung** *f* gouvernement *m* provisoire

Interjektion [ɪntɐjɛkˈtsi̯oːn] <-, -en> *f* GRAM interjection *f*

interkontinental [ɪntɐkɔntinɛnˈtaːl] *adj* intercontinental(e)

Interkontinentalrakete *f* missile *m* intercontinental

Intermezzo [ɪntɐˈmɛtso] <-s, -s *o* -mezzi> *nt a.* MUS intermède *m*

intern [ɪnˈtɛrn] **I.** *adj Angelegenheit, Regelung* interne; *Schwierigkeiten* intérieur(e) **II.** *adv* **wir werden das ~ regeln** nous allons régler cela entre nous

Internat [ɪntɐˈnaːt] <-[e]s, -e> *nt* internat *m*

international [ɪntɐnatsi̯oˈnaːl] **I.** *adj* international(e); *Anerkennung* dans le monde entier **II.** *adv* au niveau international

Internationale [ɪntɐnatsi̯oˈnaːlə] <-, -n> *f* HIST Internationale *f*

internationalisieren* [ɪntɐnatsi̯onaliˈziːrən] *vt* internationaliser

Internatsschüler(in) *m(f)* interne *mf*

Internet [ˈɪntɐnɛt] *nt* INFORM Internet *m;* **im ~ surfen** naviguer sur Internet

Internetadresse *f* INFORM adresse *f* Internet

Internetaktivist(in) *m(f)* cyberactiviste *mf* **Internetanbieter** *m* fournisseur *m* d'accès [à] Internet **Internetanschluss** *m* branchement *m* Internet **Internetauftritt** *m* site *m* web **Internetbrowser** [ˈɪntɐnɛtbraʊzɐ] *m* navigateur *m* Web, explorateur *m* de réseau **Internetcafé** *nt* INFORM cybercafé *m* **Internetforum** *nt forum de discussion sur Internet* **Internetnutzer(in)** *m(f)* internaute *mf,* utilisateur, -trice *m, f* d'Internet **Internetportal** *nt* INET portail *m* internet **Internetprovider** [ˈɪntɐnɛtprəʊvaɪdɐ] *m* fournisseur *m* d'accès Internet **Internetseite** *f* page *f* web **Internetsurfer(in)** [ˈɪntɐnɛtsœrfɐ] *m(f)* INFORM internaute *mf* **Internetzugang** *m* accès *m* à l'Internet

internieren* [ɪntɐˈniːrən] *vt* interner

Internierung <-, -en> *f* internement *m*

Internierungslager *nt* camp *m* d'internement

Internist(in) [ɪntɐˈnɪst] <-en, -en> *m(f)* spécialiste *mf* des maladies organiques

Interpol [ˈɪntɐpoːl] <-> *f* Interpol *m*

Interpret(in) [ɪntɐˈpreːt] <-en, -en> *m(f)* interprète *mf*

Interpretation [ɪntɐpretaˈtsi̯oːn] <-, -en> *f* interprétation *f*

interpretieren* [ɪntɐpreˈtiːrən] *vt* interpréter

Interpunktion [ɪntɐpʊŋkˈtsi̯oːn] <-, -en> *f* ponctuation *f*

Interrailkarte [ˈɪntɐreːl-] *f* carte *f* InterRail

Interregio® [ɪntɐˈreːgi̯o] <-s, -s> *m* express *m* régional

I

Interrogativpronomen [ɪntɐroga'ti:f-] *nt* GRAM pronom *m* interrogatif
interstellar [ɪntɐstɛ'la:ɐ] *adj* interstellaire
Intervall [ɪntɐ'val] <-s, -e> *nt a.* MUS intervalle *m*
intervenieren* [ɪntɐve'ni:rən] *vi* POL, MIL intervenir
Intervention [ɪntɐvɛn'tsi̯o:n] <-, -en> *f* intervention *f*
Interview ['ɪntɐvju] <-s, -s> *nt* interview *f; **jdm ein ~ geben*** accorder une interview à qn
interviewen* [ɪntɐ'vju:ən] *vt* interviewer; ***jdn zu etw ~*** interviewer qn au sujet de qc
Interviewer(in) [ɪntɐ'vju:ɐ] <-s, -> *m(f)* intervieweur, -euse *m, f; (bei Umfragen)* enquêteur, -euse *m, f*
intim [ɪn'ti:m] *adj* ❶ *(innig, persönlich)* intime ❷ *Sehnsüchte, Wünsche* intime, profond(e) ❸ *(euph: sexuell)* ***mit jdm ~ sein*** avoir des rapports intimes avec qn
Intimbereich *m* parties *f pl* intimes
Intimität [ɪntimi'tɛ:t] <-, -en> *f (geh)* ❶ *kein Pl (Vertrautheit)* intimité *f* ❷ *Pl (Privatangelegenheiten)* détails *m pl* de la vie privée
Intimsphäre *f* intimité *f*
intolerant ['ɪntolerant] **I.** *adj* intolérant(e) **II.** *adv* ***sich ~ verhalten*** faire preuve d'intolérance
Intoleranz ['ɪntolerants] *f* intolérance *f*
Intonation [ɪntona'tsi̯o:n] <-, -en> *f* intonation *f*
intonieren* [ɪnto'ni:rən] *vt* entonner
Intranet ['ɪntranɛt] <-s, -s> *nt* INFORM intranet *m*
intransitiv ['ɪntranziti:f] *adj* GRAM intransitif, -ive
intravenös [ɪntrave'nø:s] MED **I.** *adj* intraveineux, -euse **II.** *adv* par voie intraveineuse
intrigant [ɪntri'gant] *adj Person* intrigant(e)
Intrigant(in) [ɪntri'gant] <-en, -en> *m(f)* intrigant(e) *m(f)*
Intrige [ɪn'tri:gə] <-, -n> *f* intrigue *f* ▸ **eine ~ spinnen** combiner une intrigue
intrigieren* [ɪntri'gi:rən] *vi* comploter; ***gegen jdn ~*** comploter contre qn
introvertiert [ɪntrovɛr'ti:ɐt] *adj (geh)* introverti(e)
Intuition [ɪntui'tsi̯o:n] <-, -en> *f* intuition *f*
intuitiv [ɪntui'ti:f] **I.** *adj* intuitif, -ive **II.** *adv* intuitivement
intus *adj (fam)* ❶ *(verzehrt, getrunken)* ***etw ~ haben*** s'être enfilé qc ❷ *(gelernt, verstanden)* ***etw ~ haben*** avoir pigé qc ▸ **einen ~ haben** *(fam)* être bourré
Invalide, Invalidin [ɪnva'li:də] <-n, -n> *m, f* invalide *mf*
Invalidenrente *f* pension *f* d'invalidité
Invalidität [ɪnvalidi'tɛ:t] <-> *f* invalidité *f*
invariabel ['ɪnvari̯a:bl] *adj* invariable
Invasion [ɪnva'zi̯o:n] <-, -en> *f (a. fig)* invasion *f*
Inventar [ɪnvɛn'ta:ɐ] <-s, -e> *nt* inventaire *m; **lebendes/totes ~*** cheptel *m* vif/mort ▸ **zum ~ gehören** *(fam) Person:* faire partie des meubles
Inventur [ɪnvɛn'tu:ɐ] <-, -en> *f* inventaire *m; **~ machen*** faire l'inventaire
Inversion [ɪnvɛr'zi̯o:n] <-, -en> *f a.* LING inversion *f*
investieren* [ɪnvɛs'ti:rən] *vt (a. fig)* investir; ***etw in Wertpapiere ~*** investir qc dans des valeurs
Investition [ɪvɛsti'tsi̯o:n] <-, -en> *f* investissement *m*
Investitionsbank *f* Banque *f* d'investissements; ***die Europäische ~*** la Banque européenne d'investissements
Investment [ɪn'vɛstmənt] <-s, -s> *nt* ❶ FIN investissement *m*, placement *m* ❷ *(Geldanlage in Investmentfonds) capitaux placés dans des certificats d'investissement*
Investmentfonds [ɪn'vɛstmənt-] *m* FIN fonds *m* d'investissements
Investor(in) [ɪn'vɛsto:ɐ] <-s, -en> *m(f)* ÖKON investisseur *m*
In-vitro-Fertilisation [ɪn'vi:tro-] <-, -en> *f* MED fécondation *f* in vitro
inwendig ['ɪnvɛndɪç] **I.** *adv* à l'intérieur ▸ **etw in- und auswendig kennen** *(fam)* connaître qc sur le bout des doigts **II.** *adj* intérieur(e)
inwiefern [ɪnvi'fɛrn] *adv* dans quelle mesure **inwieweit** [ɪnvi'vai̯t] *adv* jusqu'à quel point
Inzahlungnahme <-, -n> *f* COM reprise *f*
Inzest [ɪn'tsɛst] <-[e]s, -e> *m* inceste *m*
Inzucht ['ɪntsʊxt] *f* union *f* consanguine
inzwischen [ɪn'tsvɪʃən] *adv* entre-temps
IOK [i:ʔo:'ka:] <-[s]> *nt Abk von* **Internationales Olympisches Komitee** C.I.O. *m*
Ion [i̯o:n] <-s, -en> *nt* CHEM, PHYS ion *m*
ionisch ['i̯o:nɪʃ] *adj* ❶ ARCHIT, KUNST ionique ❷ MUS ionien(ne)
IP-Adresse [ai̯'pi:-] *f* INFORM adresse *f* IP
i-Punkt ['i:pʊŋkt] *m* point *m* sur le i ▸ **bis auf den ~** à la virgule près

IQ [iː'kuː] <-[s], -[s]> *m Abk von* **Intelligenzquotient** Q.I. *m*
i.R. [iː'ʔɛr] *Abk von* **im Ruhestand** en retraite
Irak [i'raːk] <-s> *m [der]* ~ l'Irak *m*
Iraker(in) [i'raːkɐ] <-s, -> *m(f)* Irakien(ne) *m(f)*
irakisch [i'raːkɪʃ] *adj* irakien(ne)
Irakkrieg *m* ***der*** ~ la guerre en Irak
Iran [i'raːn] <-s> *m [der]* ~ l'Iran *m*
Iraner(in) [i'raːnɐ] <-s, -> *m(f)* Iranien(ne) *m(f)*
iranisch [i'raːnɪʃ] *adj* iranien(ne)
irdisch ['ɪrdɪʃ] *adj* terrestre
Ire, Irin ['iːrə] <-n, -n> *m, f* Irlandais(e) *m(f)*
irgend ['ɪrgənt] *adv* ❶ *(verstärkend)* ***wenn es dir ~ möglich ist*** si cela t'est possible d'une manière ou d'une autre; ***so vorsichtig wie ~ möglich*** avec le plus de précautions possibles ❷ *(unbestimmt, unbedeutend)* ***~ so ein Spinner/Insekt*** encore un de ces con[n]ards/insectes
irgendein *pron indef* ❶ *(nicht genauer bestimmbar)* quelconque; ***~en Mantel tragen*** porter un manteau quelconque; ***da ist wieder ~ Vertreter*** c'est encore un de ces représentants; ***~ anderer/~e andere*** quelqu'un/quelqu'une d'autre ❷ *(beliebig)* ***sich*** *dat* ***unter den Büchern ~s aussuchen*** choisir un livre au hasard; ***das ist nicht ~ Film*** ce n'est pas n'importe quel film; ***nimm nicht ~en/~e/~s!*** ne choisis pas n'importe quoi! ❸ *(irgendjemand)* ***~er wird schon helfen*** il y aura bien quelqu'un pour aider; ***~ anderer/~e andere*** quelqu'un d'autre **irgendetwas** *pron indef* quelque chose; ***das ist nicht ~*** ce n'est pas n'importe quoi **irgendjemand** *pron indef* quelqu'un; ***sie ist nicht ~*** elle n'est pas n'importe qui **irgendwann** ['ɪrgənt'van] *adv* ***~ einmal werden/sollten sie das tun*** ils vont/devraient faire ça un jour [ou l'autre] **irgendwas** ['ɪrgənt'vas] *pron indef (fam: nicht genauer Bestimmbares)* quelque chose; *(Beliebiges)* n'importe quoi **irgendwelche(r, s)** *pron indef* ❶ *(nicht genauer bestimmbar)* ***~ Kerle/Bücher*** des types/des livres [quelconques] ❷ *(beliebig)* n'importe quel(le) **irgendwer** ['ɪrgənt'veːɐ̯] *pron indef (fam)* ❶ *(nicht genauer bestimmbar)* quelqu'un ❷ *(beliebig)* n'importe qui; ***er/sie ist nicht ~*** il/elle n'est pas n'importe qui **irgendwie** ['ɪrgənt'viː] *adv* ❶ *(nicht genauer bestimmbar)* d'une certaine manière; ***Sie kommen mir ~ bekannt vor*** j'ai l'impression de vous connaître ❷ *(egal wie)* n'importe comment ❸ *(wie auch immer)* d'une façon ou d'une autre **irgendwo** ['ɪrgənt'voː] *adv* ❶ *(nicht genauer bestimmbar)* quelque part *fam* ❷ *(beliebig)* n'importe où ❸ *(wo auch immer)* quelque part **irgendwoher** ['ɪrgəntvo'heːɐ̯] *adv* ❶ *(nicht genauer bestimmbar)* ***ich kenne Sie doch ~*** j'ai l'impression de vous avoir déjà vu quelque part; ***von ~*** de quelque part ❷ *(egal woher)* n'importe où **irgendwohin** ['ɪrgəntvo'hɪn] *adv* ❶ *(nicht genauer bestimmbar)* quelque part ❷ *(egal wohin)* n'importe où
Irin ['iːrɪn] *s.* **Ire**
Iris[1] ['iːrɪs] <-, -> *f* BOT iris *m*
Iris[2] ['iːrɪs, *Pl:* i'riːdən] <-, - *o* Iriden> *f* ANAT iris *m*
irisch ['iːrɪʃ] **I.** *adj* irlandais(e) **II.** *adv* ***~ miteinander sprechen*** discuter en irlandais; *s. a.* **deutsch**
Irisch <-[s]> *nt kein Art* irlandais *m; s. a.* **Deutsch**
Irland ['ɪrlant] *nt* l'Irlande *f*
Ironie [iro'niː] <-, -ien> *f* ironie *f*
ironisch [i'roːnɪʃ] *adj* ironique
irr **I.** *adj* ❶ MED dément(e); *Blick* égaré(e) ❷ *(fig)* fou, folle ❸ *(fam: sehr gut)* dément(e) **II.** *adv* ❶ *(verrückt)* comme un fou/une folle ❷ *(fam: sehr gut)* du tonnerre; ***~e angezogen sein*** avoir un look d'enfer ❸ *(fam: äußerst)* ***~e teuer*** super cher, chère
irrational ['ɪratsi̯onaːl] *(geh)* **I.** *adj* irrationnel(le) **II.** *adv* de façon irrationnelle
irre *s.* **irr**
Irre ['ɪrə] <-> *f* ***jdn in die ~ führen*** induire qn en erreur
Irre(r) *f(m) dekl wie adj* fou *m* /folle *f*
irreal ['ɪreaːl] *adj* irréel(le)
irre|führen ['ɪrəfyːrən] *vt* induire en erreur; ***jdn ~*** induire qn en erreur **irreführend** *adj* trompeur, -euse **Irreführung** *f* mystification *f*
irregulär ['ɪregulɛɐ̯] *adj (geh)* irrégulier, -ière
irrelevant ['ɪrelevant] *adj* insignifiant(e)
Irrelevanz *f* insignifiance *f*
irre|machen *vt* embrouiller
irren ['ɪrən] **I.** *vi* ❶ + *sein (gehen)* ***über den Rummelplatz/durch die Stadt ~*** errer sur le champ de foire/dans la ville ❷ + *haben (geh: sich täuschen)* être dans l'erreur ▸ **Irren ist menschlich** *(prov)* l'erreur est humaine **II.** *vr* ***sich ~*** se tromper; ***wenn ich mich nicht irre*** si je ne me trompe pas

I

Irrenanstalt *f (pej fam)* asile *m* **Irrenhaus** *nt* ▶ **das ist ja hier wie im ~!** *(fam)* on se croirait chez les fous ici!
irreparabel ['ɪrepara:bəl] *adj (geh)* ❶ *(nicht wiedergutzumachen)* irréversible ❷ *(nicht zu reparieren)* irréparable
irreversibel ['ɪrevɛrzi:bəl] *adj (geh)* irréversible
irre|werden *vi* ne plus savoir que penser; ***an jdm/etw ~*** ne plus savoir que penser de qn/qc
Irrfahrt ['ɪrfa:ɐ̯t] *f* odyssée *f* **Irrgarten** *m* labyrinthe *m* **Irrglaube[n]** *m* ❶ *(irrige Ansicht)* opinion *f* erronée ❷ REL hérésie *f*
irrig ['ɪrɪç] *adj* erroné(e)
Irritation [ɪrita'tsio:n] <-, -en> *f (geh)* irritation *f*
irritieren* [ɪri'ti:rən] *vt* ❶ *(verwirren)* déconcerter ❷ *(verärgern)* irriter
Irrläufer *m (Sendung)* courrier *m* distribué par erreur **Irrlehre** *f* hérésie *f* **Irrlicht** <-lichter> *nt* feu *m* follet **Irrsinn** *m kein Pl (fam: Unsinn)* dinguerie *f*
irrsinnig I. *adj* ❶ *(fam: völlig wirr)* complètement dingue ❷ *(fam) Hitze, Kopfschmerzen* terrible; *Verkehr* dingue **II.** *adv (fam)* vachement
Irrtum ['ɪrtu:m, *Pl:* 'ɪrty:mɐ] <-[e]s, Irrtümer> *m* erreur *f*; ***schwer im ~ sein*** être complètement dans l'erreur
irrtümlich ['ɪrty:mlɪç] **I.** *adj attr* erroné(e) **II.** *adv* à tort
irrtümlicherweise *adv (form)* à tort
Irrweg *m (geh: falsches Vorgehen)* fausse piste *f*
ISBN [i:ʔɛsbe:'ʔɛn] <-, -s> *f Abk von* **Internationale Standardbuchnummer** ISBN *m*
Ischias ['ɪʃi̯as] <-> *m o nt* MED sciatique *f*
ISDN [i:ʔɛsde:'ʔɛn] <-s> *nt Abk von* **Integrated Services Digital Network** ≈ Numéris *m*
ISDN-Anschluss *m* ≈ prise *f* Numéris
Islam [ɪs'la:m] <-s> *m* islam *m*
Islamfeindlichkeit *f* islamophobie *f*
islamisch [ɪs'la:mɪʃ] **I.** *adj* islamique **II.** *adv* selon l'islam
Islamist(in) <-en, -en> *m(f)* islamiste *mf*
islamistisch *adj* islamiste
Island ['i:slant] *nt* l'Islande *f*
Isländer(in) ['i:slɛndɐ] <-s, -> *m(f)* Islandais(e) *m(f)*
isländisch ['i:slɛndɪʃ] **I.** *adj* islandais(e) **II.** *adv* ***~ miteinander sprechen*** discuter en islandais; *s. a.* **deutsch**
Isländisch <-[s]> *nt kein Art* islandais *m*; *s. a.* **Deutsch**
Isolation [izola'tsi̯o:n] <-, -en> *f* ❶ TECH isolation *f* ❷ *(Absonderung) einer Person* isolement *m*
Isolationismus [izolatsi̯o'nɪsmʊs] <-> *m* POL isolationnisme *m*
Isolationshaft *f* isolement *m* cellulaire
Isolierband <-bänder> *nt* chatterton *m*
isolieren* [izo'li:rən] **I.** *vt* isoler; ***etw gegen Kälte/Wärme ~*** isoler qc contre le froid/la chaleur; ***jdn von jdm/etw ~*** isoler qn de qn/qc; ***isoliert leben*** vivre reclus(e) **II.** *vr* ***sich von jdm/etw ~*** s'isoler de qn/qc
Isolierkanne *f* thermos® *m* **Isoliermaterial** *nt* [matériau *m*] isolant *m* **Isolierschicht** *f* revêtement *m* isolant
Isolierung *s.* **Isolation**
Isomatte ['i:zo-] *f* tapis *m* de sol [double enduction]
Isotop [izo'to:p] <-s, -e> *nt* isotope *m*
Israel ['ɪsrae:l] <-s> *nt* Israël *m*
Israeli [ɪsra'e:li] <-[s], -[s]> *m*, <-, -s> *f* Israélien(ne) *m(f)*
israelisch [ɪsra'e:lɪʃ] *adj* israélien(ne)
Israelit(in) [ɪsrae'li:t] <-en, -en> *m(f)* Israélite *mf*
israelitisch *adj* israélite
isst [ɪst] *3. Pers Präs von* **essen**
ist [ɪst] *3. Pers Präs von* **sein**[1]
Istbestand, Ist-Bestand *m (an Waren)* inventaire *m* réel
Isthmus ['ɪstmʊs] <-, Isthmen> *m* GEOG isthme *m*
IT [ai̯'ti:] <-> *f Abk von* **Informationstechnologie** TI *f pl*
Italien [i'ta:li̯ən] <-s> *nt* l'Italie *f*
Italiener(in) [ita'li̯e:nɐ] <-s, -> *m(f)* Italien(ne) *m(f)*
italienisch [ita'li̯e:nɪʃ] **I.** *adj* italien(ne) **II.** *adv* ***~ miteinander sprechen*** discuter en italien; *s. a.* **deutsch**
Italienisch <-[s]> *nt kein Art* italien *m*; *s. a.* **Deutsch**
IT-Branche [ai̯'ti:-] *f* secteur *m* des TI
IT-Konzern *m* groupe *m* informatique, entreprise *f* TI
i-Tüpfelchen ['i:typfelçən] <-s, -> *nt* fin *m* du fin; ***bis aufs ~*** à la virgule près
i. V. [i:'fau̯] *Abk von* **in Vertretung** par délégation
IWF [i:ve:'ʔɛf] <-> *m Abk von* **Internationaler Währungsfonds** F.M.I. *m*

J j

J *nt,* **j** [jɔt] <-, -> *nt* J *m* / j *m*

ja [jaː] *adv* ❶ oui; ***zu etw ~ sagen*** dire oui à qc; ***aber ~*** mais bien sûr; ***~, bitte?*** oui, qu'y a-t-il?; ***~, ~[, schon gut]!*** allez, allez! ❷ *(bloß)* bien; ***sei ~ vorsichtig mit dem Messer!*** fais bien attention avec le couteau!; ***geh ~ nicht dahin!*** ne va surtout pas là-bas! ❸ *(schließlich, doch)* après tout; ***es ist ~ noch so früh!*** mais il est encore si tôt!; ***du kannst es ~ mal versuchen*** tu peux toujours essayer; ***da ist er ~!*** ah, le voilà!; ***das ist ~ unerhört!*** mais c'est un comble! ❹ *(und zwar)* et même ❺ *(na)* eh bien; ***~, wenn das so ist*** ben, si c'est comme ça ▶ **zu allem ~ und amen sagen** *(fam)* dire amen à tout

Ja <-s, -[s]> *nt* oui *m;* ***mit ~ stimmen*** voter oui

Jacht [jaxt] <-, -en> *f* yacht *m*

Jachthafen *m* port *m* de plaisance **Jachtklub** *m* yacht-club *m*

Jäckchen ['jɛkçən] <-s, -> *nt Dim von* **Jacke** petite veste *f*

Jacke ['jakə] <-, -n> *f* veste *f*

Jackentasche *f* poche *f* de veste

Jackett [ʒa'kɛt] <-s, -s> *nt* veste *f*

> **Falsche Freunde**
> Nicht verwechseln mit *la jaquette* – *der Schutzumschlag*!

Jade ['jaːdə] <-> *m o f* jade *m*

Jagd [jaːkt] <-, -en> *f* ❶ *(das Jagen, Jagdrevier)* chasse *f;* ***~ auf Hasen/Füchse*** chasse au lièvre/renard ❷ *(fig: Verfolgung)* ***~ auf jdn machen*** *(pej)* pourchasser qn

Jagdbomber *m* chasseur-bombardier *m* **Jagdflugzeug** *nt* avion *m* de chasse **Jagdgewehr** *nt* fusil *m* de chasse **Jagdgründe** *Pl* ▶ **in die ewigen ~ eingehen** *(euph geh)* rejoindre le pays de ses ancêtres **Jagdhund** *m* chien *m* de chasse **Jagdrennen** *nt* steeple-chase *m* **Jagdrevier** *nt* chasse *f* **Jagdschein** *m* permis *m* de chasse

jagen ['jaːgən] **I.** *vt + haben* ❶ ***Hasen ~*** chasser le lièvre ❷ *(verfolgen)* pourchasser ❸ *(fam: scheuchen, treiben)* ***jdn aus dem Bett ~*** tirer qn du lit; ***jdn aus dem Land ~*** chasser qn du pays **II.** *vi* ❶ + *haben* chasser ❷ + *sein (fam: rasen)* ***durch die Wohnung/zum Flughafen ~*** filer à travers l'appartement/à l'aéroport

Jäger ['jɛːgɐ] <-s, -> *m (Person, Jagdflugzeug)* chasseur *m*

Jägerin <-, -nen> *f* chasseuse *f*

Jaguar <-s, -e> *m* jaguar *m*

jäh *adj (geh: abrupt)* soudain(e)

Jahr [jaːɐ̯] <-[e]s, -e> *nt* ❶ an *m; (in seinem Verlauf gesehen)* année *f;* ***in diesem ~*** cette année; ***im ~[e] 1999*** en 1999; ***vor vielen ~en*** il y a bien longtemps; ***nach vielen ~en*** bien des années après; ***alle fünf ~e*** tous les cinq ans; ***~ für ~*** tous les ans; ***mit den ~en*** avec le temps; ***das alte ~*** *(das zu Ende gehende/gegangene Jahr)* l'année qui se termine/vient de se terminer; ***das neue ~*** la nouvelle année ❷ *(Lebensjahr)* an *m;* ***zwölf ~e alt sein*** avoir douze ans; ***mit zwanzig ~en*** à vingt ans ▶ **seit ~ und Tag** depuis des lustres; **in den besten ~en sein** être dans la fleur de l'âge; **soziales ~** service *m* civil *(pour les femmes);* **in die ~e kommen** prendre de l'âge; **alle ~e wieder** tous les ans

jahraus ▶ **~, jahrein** tout au long de l'année

Jahrbuch *nt* annales *fpl*

jahrelang ['jaːrəlaŋ] **I.** *adj attr* de longue haleine; ***~es Warten*** une très longue attente **II.** *adv* pendant des années; *dauern* des années; *sich hinziehen* sur plusieurs années

jähren ['jɛːrən] *vr* ***etw jährt sich zum zehnten Mal[e]*** c'est le dixième anniversaire de qc

Jahresabonnement *nt* abonnement *m* annuel **Jahresabrechnung** *f* ÖKON comptes *mpl* de fin d'année, clôture *f* de l'exercice comptable **Jahresabschluss** *m* bilan *m* annuel **Jahresanfang** *m* début *m* de l'année **Jahresbeginn** *s.* **Jahresanfang** **Jahresbeitrag** *m* cotisation *f* annuelle **Jahreseinkommen** *nt* revenu *m* annuel **Jahresende** *nt* fin *f* de l'année **Jahresetat** *m* ÖKON budget *m* annuel **Jahresfrist** *f* ***binnen ~*** d'ici un an; ***nach ~*** dans un délai d'un an **Jahresgehalt** *nt* revenu *m* annuel **Jahreshälfte** *f* moitié *f* de l'année **Jahreskarte** *f* ❶ *(Eintrittskarte)* abonnement *m* annuel ❷ *(Fahrkarte)* carte *f* d'abonnement annuel **Jahresring** *m* cerne *m* **Jahrestag** *m* anniversaire *m*

Jahresumsatz *m* ÖKON chiffre *m* d'affaires annuel **Jahresurlaub** *m* congés *mpl* annuels **Jahreswagen** *m voiture accordée aux employés d'un constructeur automobile à un tarif préférentiel* **Jahreswechsel** *m* nouvel an *m;* ***zum*** ~ pour le nouvel an **Jahreszahl** *f* année *f* **Jahreszeit** *f* saison *f*

Jahrgang <-gänge> *m* ❶ MIL, SCHULE classe *f;* UNIV promotion *f;* ~ ***1950 sein*** être de 1950 ❷ MEDIA *einer Zeitschrift* année *f* ❸ *(Erntejahr) eines Weins* année *f*

Jahrhundert [jaːɐ̯ˈhʊndɐt] <-s, -e> *nt* siècle *m*

jahrhundertealt *adj* séculaire **jahrhundertelang** I. *adj Entwicklung* séculaire II. *adv* des siècles durant; *dauern* des siècles; *sich hinziehen* sur plusieurs siècles

Jahrhundertwende *f* changement *m* de siècle

jährlich [ˈjɛːɐ̯lɪç] I. *adj* annuel(le) II. *adv* tous les ans; ***einmal/zweimal/...*** ~ une fois/deux fois/... par an

Jahrmarkt *m* foire *f* **Jahrtausend** [jaːɐ̯ˈtaʊ̯zənt] <-s, -e> *nt* millénaire *m*

Jahrtausendwende *f* changement *m* de millénaire

Jahrzehnt [jaːɐ̯ˈtseːnt] <-[e]s, -e> *nt* décennie *f*

jahrzehntelang I. *adj* de plusieurs dizaines d'années II. *adv* pendant des décennies; *dauern* des décennies; *sich hinziehen* sur plusieurs décennies

Jähzorn [ˈjɛːtsɔrn] *m* tempérament *m* irascible **jähzornig** *adj* irascible

Jakobiner(in) [jakoˈbiːnɐ] <-s, -> *m(f)* Jacobin(e) *m(f)* **Jakobsmuschel** *f* coquille *f* Saint-Jacques

Jalousie [ʒaluˈziː] <-, -ien> *f* jalousie *f*

Jamaika [jaˈmaɪ̯ka] <-s> *nt* la Jamaïque

jamaikanisch [jamaɪ̯ˈkaːnɪʃ] *adj* jamaïcain(e)

Jammer [ˈjamɐ] <-s> *m* détresse *f*

jämmerlich [ˈjɛmɐlɪç] I. *adj attr* ❶ *(beklagenswert)* pitoyable ❷ *(kläglich)* déchirant(e) ❸ *Leistung* lamentable II. *adv* ❶ *schluchzen* à fendre l'âme; *frieren* affreusement ❷ *(elend)* ~ ***umkommen*** mourir bêtement

jammern [ˈjamɐn] *vi* ❶ *(lamentieren)* se lamenter; ***über etw*** *akk* ~ se lamenter sur qc ❷ *(verlangen)* ***nach jdm/etw*** ~ réclamer qn/qc d'une voix plaintive

jammerschade [ˈjamɐˈʃaːdə] *adj (fam)* ***es ist ~ um ihn*** c'est bête pour lui

Janker [ˈjaŋkɐ] <-s, -> *m* SDEUTSCH, A *(Trachtenjacke)* jaquette *f*

Jänner [ˈjɛnɐ] <-s, -> *m* A janvier *m; s. a.* **April**

Januar [ˈjanu̯aːɐ̯] <-[s], -e> *m* janvier *m; s. a.* **April**

Japan [ˈjaːpan] <-s> *nt* le Japon

Japaner(in) [jaˈpaːnɐ] <-s, -> *m(f)* Japonais(e) *m(f)*

japanisch I. *adj* japonais(e) II. *adv* ~ ***miteinander sprechen*** discuter en japonais; *s. a.* **deutsch**

Japanisch <-[s]> *nt kein Art* japonais *m; s. a.* **Deutsch**

japsen *vi (fam)* haleter

Jargon [ʒarˈgõː, ʒarˈgɔŋ] <-s, -s> *m* jargon *m*

Jasmin [jasˈmiːn] <-s, -e> *m* jasmin *m*

Jass [jas] <-es> *m* CH jass *m*

jassen [ˈjasən] *vi* CH jouer au jass

Jastimme [ˈjaːʃtɪmə] *f* voix *f* pour

jäten [ˈjɛːtən] *vt* arracher *Unkraut;* sarcler *Beet*

Jauche [ˈjaʊ̯xə] <-, -n> *f* purin *m*

jauchzen *vi (geh)* exulter

jaulen [ˈjaʊ̯lən] *vi Hund:* hurler à la mort

jawohl [jaˈvoːl] *interj* oui[, bien sûr]

Jawort [ˈjaːvɔrt] *nt* ▶ **jdm das ~ geben** donner son consentement à qn

Jazz [dʒɛs, jats] <-> *m* jazz *m*

je [jeː] I. *adv* ❶ *(jemals)* jamais ❷ *(jeweils)* chacun(e); ***die Kisten wiegen ~ fünf Kilo*** les caisses font chacune cinq kilos II. *konj* ❶ ~ ***öfter du übst, desto besser kannst du spielen*** plus tu t'entraînes, mieux tu sauras jouer ❷ *(entsprechend)* ~ ***nach Belieben*** selon la volonté; ~ ***nachdem, wann/wie/...*** ça dépend quand/comment/...

Jeans [dʒiːnz] <-, -> *f meist Pl* jean *m*

Jeansjacke *f* veste *f* en jean

jede(r, s) [ˈjeːdə, -dɐ, -dəs] *pron indef* ❶ chaque; ~ ***Schülerin muss an der Veranstaltung teilnehmen*** toutes les élèves doivent participer à la manifestation; ~ ***Minute*** d'une minute à l'autre; ***zu ~r Zeit/Stunde*** à n'importe quel moment; ***~r zweite Franzose*** un Français sur deux ❷ *(jegliche)* ***ihm ist ~s Mittel recht*** pour lui, tous les moyens sont bons; ***ohne ~ Anstrengung*** sans le moindre effort ❸ *substantivisch* ***~r ist dafür*** tout le monde est pour; ***du kannst ~n fragen*** tu peux demander à n'importe qui; ***~r, der sich dafür interessiert*** quiconque s'y intéresse; ***~r von uns/ihnen*** chacun d'entre nous/eux; ***~r gegen ~n*** tous contre tous

jedenfalls *adv* en tout cas

jedermann *pron indef* tout le monde

jederzeit *adv* ❶ *(zu jeder Zeit)* à tout moment; ***ihr seid ~ willkommen*** vous êtes toujours les bienvenus ❷ *(jeden Augenblick)* d'un moment à l'autre

jedoch [je'dɔx] *konj o adv* pourtant

jedwede(r, s) *pron indef (veraltet)* chaque; ***~r Streit*** chaque dispute; ***~ Anstrengung*** chaque effort; ***~(r) kann das tun*** chacun(e) peut faire cela

Jeep® [dʒiːp] <-s, -s> *m* jeep® *f*

jegliche(r, s) ['jeːklɪçə, -çɐ, -çəs] *pron indef* tout(e)

jeher ['jeːheːɐ̯] ▶ **von** ~ de tout temps

jemals ['jeːmaːls] *adv* jamais

jemand ['jeːmant] *pron indef* quelqu'un; ***~ anders*** *(fam)* quelqu'un d'autre

Jemen ['jeːmən] <-s> *m* le Yémen

jene(r, s) ['jeːnə, -nɐ, -nəs] *pron dem, (geh)* ❶ *(der bewusste)* ***~r Nachbar, der …*** ce voisin[-là] qui …; ***~ Kollegin, die …*** cette collègue[-là] qui … ❷ *(dieser)* ***~r Mann/~ Frau dort*** cet homme-là/cette femme-là; ***wir lachten, während ~r/~ weinte*** on riait tandis que celui-là/celle-là pleurait

jenseits ['jeːnzaɪ̯ts] **I.** *präp +gen* ***~ des Flusses*** de l'autre côté de la rivière **II.** *adv* ***~ von Raum und Zeit*** au-delà de l'univers spatiotemporel

Jenseits ['jeːnzaɪ̯ts] <-> *nt* au-delà *m*

Jesuit [jezu'iːt] <-en, -en> *m* jésuite *m*

Jesus ['jeːzʊs] <Jesu[s]> *m* Jésus *m;* ***~ Christus*** Jésus Christ

Jesuskind *nt* ***das ~*** l'enfant *m* Jésus

Jet [dʒɛt] <-[s], -s> *m (fam)* jet *m*

Jetlag ['dʒɛtlɛk] <-s, -s> *m* troubles *mpl* dus au décalage horaire

Jetset ['dʒɛtsɛt] <-s, *selten:* -s> *m (fam)* jet[-]set *m o f*

jetten ['dʒɛtən] *vi + sein (fam)* ***nach Teneriffa ~*** s'envoler pour Ténériffe

jetzig ['jɛtsɪç] *adj attr Situation* actuel(le)

jetzt [jɛtst] *adv* maintenant; ***bis ~*** jusqu'à présent; ***~ gleich*** tout de suite; ***~ noch/schon?*** maintenant/déjà?; ***wer mag das ~ sein?*** qui cela peut-il bien être?

jeweilig [jeː'vaɪ̯lɪç] *adj attr (vorherrschend)* du moment; *(in der Vergangenheit)* de l'époque; *Währung* correspondant(e)

jeweils [jeː'vaɪ̯ls] *adv* ❶ *(jedes Mal)* chaque fois ❷ *(im Einzelnen)* ***die ~ Betroffenen*** les personnes concernées ❸ *(je)* ***~ drei Kinder gehen zusammen*** les enfants vont par groupes de trois ❹ *(zur entsprechenden Zeit)* de l'époque

Jg. *Abk von* **Jahrgang** année *f*

Jh. *Abk von* **Jahrhundert** siècle *m*

JH *Abk von* **Jugendherberge** auberge *f* de jeunesse

jiddisch *adj* yiddish *inv*

Jiddisch <-[s]> *nt* le yiddish

Jiu-Jitsu ['dʒiːu'dʒɪtsu] <-s; *kein Pl*> *nt* jiu-jitsu *m*

Job [dʒɔp] <-s, -s> *m (fam)* ❶ *(Anstellung)* job *m* ❷ *(Beschäftigung)* boulot *m*

Jobaussicht *f (fam)* perspectives *fpl* d'emploi

jobben ['dʒɔbən] *vi (fam)* faire des petits boulots

Jobbörse *f* bourse *f* de l'emploi

Jobcenter, Job-Center ['dʒɔpsɛntɐ] *nt* agence *f* locale d'aide à la recherche d'emploi **Jobsharing** [dʒɔpʃɛːrɪŋ] <-s> *nt* partage *m* du travail **Jobvermittler(in)** *m(f)* *personne qui met en relation recruteurs et candidats*

Joch [jɔx] <-[e]s, -e> *nt* AGR joug *m*

Jochbein *nt* ANAT os *m* malaire

Jockey ['dʒɔke, 'dʒɔki] <-s, -s> *m* jockey *m*

Jod [joːt] <-s> *nt* CHEM iode *m*

jodeln ['joːdəln] *vi* iodler

jodhaltig *adj* iodé(e)

Jodler(in) ['joːdlɐ] <-s, -> *m(f)* chanteur, -euse *m, f* de tyrolienne

Jodsalz *nt* sel *m* d'iode

joggen ['dʒɔgən] *vi* ❶ + *haben* faire du jogging ❷ + *sein (durchlaufen)* ***drei Kilometer/durch den Wald ~*** jogger trois kilomètres/à travers la forêt

Jogger(in) ['dʒɔgɐ] <-s, -> *m(f)* joggeur, -euse *m, f*

Jogging ['dʒɔgɪŋ] <-s> *nt* jogging *m*

Jogginganzug ['dʒɔgɪŋ-] *m* jogging *m*

Joghurt, Jogurt ['joːgʊrt] <-[s], -[s]> *m o nt* yaourt *m*

Johannisbeere [jo'hanɪsbeːrə] *f* ❶ *(Frucht)* groseille *f;* ***Rote ~*** groseille rouge; ***Schwarze ~*** cassis *m* ❷ *(Strauch)* ***Rote ~*** groseillier *m* rouge; ***Schwarze ~*** cassis *m* **Johanniskraut** *nt* BOT millepertuis *m*

johlen ['joːlən] *vi* hurler

Joint [dʒɔynt] <-s, -s> *m (fam)* joint *m*

Jointventure [dʒɔynt'vɛntʃɐ, dʒɔɪnt'vɛntʃə] <-[s], -s>, **Joint Venture** <- -[s], --s> *nt* ÖKON joint[-]venture *f*

Jo-Jo [jo'joː] <-s, -s> *nt* yoyo® *m*

Joker ['joːkɐ, 'dʒoːkɐ] <-s, -> *m* joker *m*

Jongleur(in) [ʒõ'gløːɐ̯] <-s, -e> *m(f)* jongleur, -euse *m, f*

jonglieren* [ʒõ'gliːrən] *vi (a. fig)* jongler; ***mit etw ~*** jongler avec qc

Jordan ['jɔrdan] ▶ **über den ~ gehen** *(fam)* casser sa pipe
Jordanien [jɔr'da:ni̯ən] <-s> *nt* la Jordanie
Jordanier(in) [jɔr'da:ni̯ɐ] <-s, -> *m(f)* Jordanien(ne) *m(f)*
jordanisch [jɔr'da:nɪʃ] *adj* jordanien(ne)
Jot [jɔt] <-, -> *nt* J *m* / j *m*
Joule [ʒu:l] <-[s], -> *nt* PHYS joule *m*
Journal [ʒʊr'na:l] <-s, -e> *nt* ❶ COM journal *m* ❷ *(geh: Zeitschrift)* revue *f*
Journalismus [ʒʊrna'lɪsmʊs] <-> *m* journalisme *m; (Presse)* presse *f*
Journalist(in) [ʒʊrna'lɪst] <-en, -en> *m(f)* journaliste *mf*
Journalistik [ʒʊrna'lɪstɪk] <-> *f* journalisme *m*
journalistisch [ʒʊrna'lɪstɪʃ] **I.** *adj Ausbildung* de journaliste; *Volontariat* en tant que journaliste **II.** *adv arbeiten* comme journaliste
jovial [jo'vi̯a:l] *adj (geh)* protecteur, -trice
Jovialität [jovi̯ali'tɛ:t] <-; *kein Pl*> *f (geh)* attitude *f* protectrice
Joystick ['dʒɔɪstɪk] <-s, -s> *m* INFORM manette *f* de jeu
jr. *Abk von* **junior** junior
Jubel ['ju:bəl] <-s> *m* cris *mpl* de joie ▶ **es herrscht ~, Trubel, Heiterkeit** *(fam)* il y a une ambiance du tonnerre
Jubeljahr ▶ **alle ~e [einmal]** *(fam)* très rarement
jubeln ['ju:bəln] *vi* jubiler; ***über etw*** *akk* **~** jubiler à cause de qc
Jubelruf *m* cri *m* de joie; ***unter ~en*** sous les acclamations
Jubilar(in) [jubi'la:ɐ̯] <-s, -e> *m(f)* ***der ~/ die ~in*** celui/celle qui fête son anniversaire
Jubiläum [jubi'lɛ:ʊm] <-s, Jubiläen> *nt* [fête *f*] anniversaire *m;* ***sein 50-jähriges ~*** son jubilé
Jubiläumsausgabe *f* numéro *m* spécial [anniversaire] **Jubiläumsfeier** *f* fête *f* anniversaire
jubilieren* [jubi'li:rən] *vi (geh)* jubiler
juchzen ['jʊxtsən] *vi (fam)* pousser des cris de joie
jucken ['jʊkən] **I.** *vt, vi* ❶ démanger; ***mich juckt die Hand*** j'ai la main qui me démange; ***der Pulli juckt*** le pull pique; ***das Jucken*** la démangeaison ❷ *(fam: kümmern)* ***das juckt mich nicht*** j'en ai rien à faire **II.** *vt unpers* ❶ ***es juckt ihn/ mich am Kopf*** ça le/me démange à la tête ❷ *(fam: reizen)* ***es juckt jdn etw zu tun*** ça démange qn de faire qc **III.** *vi unpers* ***es juckt am Kopf*** ça démange à la tête **IV.** *vr (fam: kratzen)* ***sich an etw*** *dat* **~** se gratter qc
Jucken <-s> *nt* démangeaison *f*
Juckreiz *m* démangeaison *f*
Jude, Jüdin ['ju:də] <-n, -n> *m, f* juif *m* / juive *f*
Judenstern *m* étoile *f* jaune
Judentum <-s> *nt (Religion, Kultur)* judaïsme *m*
Judenverfolgung *f* persécution *f* des juifs
Judikative [judika'ti:və] <-, -n> *f* JUR jurisprudence *f*
Jüdin ['jy:dɪn] *s.* **Jude**
jüdisch ['jy:dɪʃ] **I.** *adj* ❶ *(die Juden betreffend)* juif, juive ❷ *(das Judentum betreffend)* judaïque **II.** *adv* selon le rite juif
Judo ['ju:do] <-s> *nt* judo *m*
Jugend ['ju:gənt] <-> *f* ❶ *(Jugendzeit)* jeunesse *f;* ***von ~ an*** depuis l'enfance; ***die frühe ~*** la première jeunesse; ***die früheste ~*** la petite enfance ❷ *(junge Menschen)* ***die ~ von heute*** les jeunes *mpl* d'aujourd'hui
Jugendamt *nt* office *m* de protection de la jeunesse **Jugendarbeit** *f kein Pl (Förderung Jugendlicher)* travail *m* avec des jeunes **Jugendbuch** *nt* livre *m* pour la jeunesse **jugendfrei** *adj* pour tout public; ***nicht ~ sein*** *Film:* être interdit aux moins de 18 ans **Jugendfreund(in)** *m(f)* ami(e) *m(f)* d'enfance **jugendgefährdend** *adj* dangereux, -euse pour la jeunesse **Jugendgericht** *nt* tribunal *m* pour enfants **Jugendgruppe** *f* groupe *m* de jeunes **Jugendherberge** *f* auberge *f* de jeunesse
Jugendhilfe *f* protection *f* sociale des jeunes [*o* de l'enfance] **Jugendkriminalität** *f* délinquance *f* juvénile
jugendlich ['ju:gəntlɪç] **I.** *adj* ❶ *Person* jeune; *Leichtsinn* juvénile ❷ *Erscheinung* jeune; ***jdn ~ machen*** *Kleidung:* donner un air jeune à qn **II.** *adv* jeune; ***sich ~ kleiden*** s'habiller jeune
Jugendliche(r) *f(m) dekl wie adj* jeune *mf*
Jugendlichkeit <-> *f* ❶ *(Alter)* jeunesse *f* ❷ *(junge Erscheinung)* air *m* jeune
Jugendliebe *f* amour *m* de jeunesse **Jugendrichter(in)** *m(f)* juge *mf* pour enfants **Jugendschutz** *m* protection *f* des mineurs **Jugendstil** *m* Art *m* nouveau **Jugendstrafanstalt** *f* maison *f* de détention pour jeunes délinquants **Jugendstrafe** *f* détention *f* en maison de redressement; ***eine ~ verbüßen*** être en maison de redressement **Jugendsünde** *f* péché

J

m de jeunesse **Jugendtraum** *m* rêve *m* de jeunesse **Jugendwahn** *m* jeunisme *m* **Jugendzeit** *f* jeunesse *f* **Jugendzentrum** *nt* maison *f* des jeunes

Jugoslawe, Jugoslawin [jugo'slaːvə] <-n, -n> *m, f* HIST Yougoslave *mf*

Jugoslawien [jugo'slaːvi̯ən] <-s> *nt* HIST la Yougoslavie

Jugoslawin [jugo'slaːvɪn] *s.* **Jugoslawe**

jugoslawisch *adj* HIST yougoslave

Juli ['juːli] <-[s], -s> *m* juillet *m; s. a.* **April**

Jumbo[jet], Jumbo[-Jet] ['jʊmbodʒɛt] <-s, -s> *m* gros-porteur *m*

Jumpsuit <-s, -s> ['dʒampsjuːt] *m* combinaison *f*

jun. *adj Abk von* **junior**

jung [jʊŋ] <jünger, jüngste> **I.** *adj* ❶ jeune; *Sportart* nouveau, -velle ❷ *(später geboren)* ***der jüngere Bruder/die jüngere Schwester*** le frère cadet/la sœur cadette; ***meine jüngste Schwester*** ma sœur la plus jeune; ***der Jüngere*** le cadet; ***der/die Jüngste*** le/la benjamin(e) ► **Jung und Alt** jeunes et vieux **II.** *adv* ~ ***heiraten/sterben*** se marier/mourir jeune

Jungbrunnen *m* fontaine *f* de jouvence

Junge ['jʊŋə] <-n, -n *o fam:* Jungs> *m* ❶ *(junger Mann)* garçon *m* ❷ *(fam: Bursche)* ***hallo, Jungs!*** salut, les gars! *mpl* ► **~, ~!** *(fam)* eh ben, dis donc!

Junge(s) *nt dekl wie adj (Jungtier)* petit *m; (Jungvogel)* oisillon *m*

jungenhaft *adj Mann* jeune; *Mädchen* garçonnier, -ière

jünger ['jʏŋɐ] *adj Komp von* **jung** ❶ plus jeune ❷ *(relativ jung)* plutôt jeune ❸ *(noch nicht weit zurückliegend)* récent(e)

Jünger(in) ['jʏŋɐ] <-s, -> *m(f)* disciple *mf*

Jüngere(r) *f(m) dekl wie adj* ❶ *(relativ junger Mensch)* personne *f* plus jeune ❷ *(Junior)* ***Holbein der ~*** Holbein le jeune

Jungfer ['jʊŋfɐ] <-, -n> *f (pej)* ***eine alte ~*** une vieille fille

Jungfernfahrt *f* première traversée *f* **Jungfernflug** *m* premier vol *m* **Jungfernhäutchen** [-hɔɪ̯tçən] *nt* ANAT hymen *m*

Jungfrau ['jʊŋfrau̯] *f* ❶ [fille *f*] vierge *f* ❷ ASTROL Vierge *f*

jungfräulich ['jʊŋfrɔɪ̯lɪç] *adj (a. fig geh)* vierge

Jungfräulichkeit <-> *f* virginité *f*

Junggeselle, -gesellin ['jʊŋgəzɛlə] *m, f* célibataire *mf*

Junggesellenbude *f (fam)* garçonnière *f*

Junggesellin *s.* **Junggeselle**

Jüngling ['jʏŋlɪŋ] <-s, -e> *m (geh)* éphèbe *m littér*

jüngste(r, s) ['jʏŋstə, -tɐ, -təs] *adj* ❶ *Superl von* **jung** ❷ *(nicht lange zurückliegend)* ***in ~r Zeit*** dernièrement; ***aus ~r Vergangenheit*** d'un passé très récent ❸ *Werk* tout(e) dernier, -ière ► **auch nicht mehr der/die Jüngste sein** ne plus être non plus tout jeune

Jungtier *nt* jeune *m* **jungverheiratet** *adj* fraîchement marié(e) **Jungverheiratete(r)** *f(m) dekl wie adj* jeune marié(e) *m(f)*

Juni ['juːni] <-[s], -s> *m* juin *m; s. a.* **April**

junior ['juːni̯oːɐ̯] *adj* ***Hans Müller ~*** Hans Müller junior

Junior ['juːni̯oːɐ̯] <-s, -en> *m* ❶ *(fam: Sohn)* fiston *m* ❷ *Pl (Sportler)* juniors *mpl*

Juniorchef(in) *m(f)* fils *m* /fille *f* du chef

Juniorin <-, -nen> *f Pl (Sportlerin)* junior *f*

Juniorpass *m* carte *f* jeunes

Junker ['jʊŋkɐ] <-s, -> *m* HIST junker *m*

Junkfood ['dʒankfuːt] <-s> *nt* bouffe *f* industrielle *fam*

Junkie ['dʒaŋki] <-s, -s> *m (fam)* junkie *mf*

Junta ['xʊnta, 'jʊnta] <-, Junten> *f* junte *f*

Jupiter ['juːpitɐ] <-s> *m* [la planète] Jupiter *f*

Jura[1] ['juːra] <-s> *m* ❶ GEOL jurassique *m* ❷ *(Gebirge)* Jura *m* ❸ *(Kanton)* canton *m* du Jura

Jura[2] ['juːra] *kein Art (Rechtswissenschaft)* droit *m*

Jurastudium *nt* études *fpl* de droit

Jurist(in) [ju'rɪst] <-en, -en> *m(f)* ❶ juriste *mf* ❷ *(fam: Jurastudent)* étudiant(e) *m(f)* en droit

juristisch [ju'rɪstɪʃ] *adj Studium* de droit; *Ausbildung* en droit; *Problem* juridique

Juror, Jurorin ['juːroːɐ̯] <-s, Juroren> *m, f meist Pl* membre *m* du jury

Jury [ʒy'riː] <-, -s> *f* jury *m*

Jus[1] [juːs] *nt* A, CH droit *m*

Jus[2] [ʒyː] <-> *f o m o nt* CH jus *m* de fruit

justieren* [jʊs'tiːrən] *vt* régler *Waage*

Justierung <-, -en> *f* ❶ *(das Justieren)* einer *Waage* réglage *m* ❷ *(Einstellmechanismus)* dispositif *m* de réglage

Justitiar(in) *s.* **Justiziar(in)**

Justiz [jʊs'tiːts] <-> *f* justice *f*

Justizbehörde *f* justice *f*

Justiziar(in) [jʊsti'tsi̯aːɐ̯] <-s, -e> *m(f)* conseiller, -ère *m, f* juridique

Justizirrtum *m* erreur *f* judiciaire **Justizminister(in)** *m(f)* ministre *mf* de la Justice; *(in Frankreich)* garde *m* des Sceaux **Justizministerium** *nt* ministère *m* de la Justice **Justizmord** *m* meurtre *m* judi-

J

ciaire **Justizvollzugsanstalt** *f (form)* établissement *m* pénitentiaire, maison *f* d'arrêt

Jute ['ju:tə] <-> *f* jute *m*

Juwel [ju've:l] <-s, -en> *m o nt (Edelstein, Schmuck)* joyau *m*

Juwelier(in) [juve'li:ɐ̯] <-s, -e> *m(f)* bijoutier, -ière *m, f*

Juweliergeschäft *nt* bijouterie *f*

Jux [jʊks] <-es, -e> *m (fam)* blague *f* ▶ **aus [lauter] ~ und Tollerei** *(fam)* pour rigoler

K, k [ka:] <-, -> *nt* K *m* /k *m*

Kabarett [kaba'rɛt] <-s, -e *o* -s> *nt* ❶ *kein Pl (Kleinkunst)* spectacle *m* satirique ❷ *(Kleinkunstbühne)* café-théâtre *m*

Kabarettist(in) [kabarɛ'tɪst] <-en, -en> *m(f)* chansonnier, -ière *m, f*

kabarettistisch *adj Darbietung, Einlage* de chansonnier

kabbeln *vr (fam)* ***sich*** ~ se chamailler

K

Kabel ['ka:bəl] <-s, -> *nt* câble *m*

Kabelanschluss *m* accès *m* au réseau câblé; ***[einen] ~ haben*** *Person:* avoir le câble **Kabelfernsehen** *nt* télévision *f* par câbles

Kabeljau ['ka:bəljau̯] <-s, -e *o* -s> *m* cabillaud *m*

Kabelkanal *m* chaîne *f* câblée **Kabelnetz** *nt* réseau *m* câblé **Kabeltrommel** *f* enrouleur *m* de câble

Kabine [ka'bi:nə] <-, -n> *f* cabine *f*

Kabinett [kabi'nɛt] <-s, -e> *nt* POL gouvernement *m*

Kabinettsbeschluss *m* décret *m* du gouvernement **Kabinettssitzung** *f* séance *f* du conseil des ministres

Kachel ['kaxəl] <-, -n> *f* carreau *m* [de faïence]

kacheln ['kaxəln] *vt* carreler

Kachelofen *m* poêle *m* en faïence

Kacke ['kakə] <-> *f (sl: Exkremente)* merde *f*

kacken *vi (sl)* chier

Kadaver [ka'da:vɐ] <-s, -> *m* cadavre *m* d'animal

Kadenz <-, -en> *f* MUS cadence *f*

Kader ['ka:dɐ] <-s, -> *m* ❶ MIL cadre *m* militaire *souvent pl* ❷ SPORT sélection *f*

Kadett [ka'dɛt] <-en, -en> *m* élève *m* officier

Kadmium ['katmiʊm] <-s> *nt* CHEM cadmium *m*

Käfer ['kɛ:fɐ] <-s, -> *m* coléoptère *m*

Kaff [kaf] <-s, -s *o* -e> *nt (pej fam)* trou *m*

Kaffee ['kafe, ka'fe:] <-s, -s> *m* café *m*; ~ ***kochen*** [*o* ***machen***] faire du café; ~ ***trinken*** prendre le café; ~ ***mit Milch*** café au lait

Kaffeeautomat *m* distributeur *m* [automatique] de café **Kaffeebar** *f* café *m* **Kaffeebohne** *f* grain *m* de café **Kaffeefilter** *m* filtre *m* à café **Kaffeehaus** [ka'fe:haus] *nt* A salon *m* de thé **Kaffeekanne** *f* cafetière *f* **Kaffeekapsel** *f* capsule *f* de café **Kaffeeklatsch** *m kein Pl (fam)* ***sich zum ~ treffen*** se retrouver pour papoter devant une tasse de café **Kaffeekränzchen** [-krɛntsçən] *nt (fam)* ❶ *(Treffen)* ***sich zum ~ treffen*** se retrouver pour bavarder devant une tasse de café ❷ *(Personen) petit cercle d'amies qui se réunit pour bavarder devant une tasse de café* **Kaffeelöffel** *m* cuillère *f* à café **Kaffeemaschine** *f* cafetière *f* [électrique] **Kaffeemühle** *f* moulin *m* à café **Kaffeepad** [-pɛt] *nt* dosette *f* de café **Kaffeepause** *f* pause *f* café **Kaffeesahne** *f crème légère fluide que l'on met dans le café à la place du lait* **Kaffeesatz** *m* marc *m* de café **Kaffeetasse** *f* tasse *f* à café

Käfig ['kɛ:fɪç] <-s, -e> *m* cage *f*

kahl [ka:l] *adj* ❶ chauve; ~ ***scheren*** tondre; ~ ***geschoren*** rasé(e); ***er ist völlig ~ geschoren*** il a la boule à zéro *fam* ❷ *(ohne Blätter)* dénudé(e)

Kahlheit <-> *f* ❶ *(natürliche Kahlköpfigkeit)* calvitie *f* ❷ *(Blattlosigkeit)* nudité *f*

Kahlkopf *m* ❶ *(Kopf)* crâne *m* chauve ❷ *(fam: Mensch)* homme *m* chauve

kahlköpfig ['ka:lkœpfɪç] *adj* chauve

Kahlköpfigkeit <-> *f* calvitie *f*

kahl|scheren *s.* **kahl 1**

Kahlschlag *m (abgeholzte Fläche)* surface *f* déboisée

Kahn [ka:n, *Pl:* 'kɛ:nə] <-[e]s, Kähne> *m* ❶ barque *f*; *(Schleppkahn)* péniche *f*; ***mit***

dem ~ fahren faire de la barque ❷ *Pl (fam: große Schuhe)* godillots *mpl*
Kai [kai] <-s, -e *o* -s> *m* quai *m*
Kaimauer *f* mur *m* du quai
Kain [kain] <-s> *m* REL Caïn *m*
Kairo ['kairo] <-s> *nt* le Caire
Kaiser(in) ['kaizɐ] <-s, -> *m(f)* empereur *m* /impératrice *f* ▶ **..., dann bin ich der ~ von China** ..., alors moi, je suis le pape/la reine d'Angleterre
Kaiserkrone *f* couronne *f* impériale
kaiserlich ['kaizɐlɪç] **I.** *adj* impérial(e) **II.** *adv* ~ ***gesinnt*** impérialiste
Kaiserreich *nt* empire *m* **Kaiserschmarr[e]n** *m* A *crêpes déchirées en morceaux auxquels on ajoute des raisins secs et que l'on saupoudre de sucre* **Kaiserschnitt** *m* césarienne *f*
Kajak ['ka:jak] <-s, -s> *m o nt* kayak *m;* ~ ***fahren*** faire du kayak
Kajalstift *m* crayon *m* khôl
Kajüte [ka'jy:tə] <-, -n> *f* cabine *f*
Kakadu <-s, -s> *m* cacatoès *m*
Kakao [ka'kau] <-s, -s> *m* cacao *m;* ~ ***kochen*** faire un cacao ▶ **jdn durch den ~ ziehen** *(fam)* se foutre [gentiment] de la gueule de qn
Kakaobohne *f* fève *f* de cacao **Kakaopulver** *nt* poudre *f* de cacao
Kakerlake ['ka:kɐlakə] <-, -n> *f* cafard *m*
Kaktus ['kaktʊs, *Pl:* kak'te:ən] <-, Kakteen *o fam:* -se> *m* cactus *m*
Kalauer ['ka:laʊɐ] <-s, -> *m (Witz)* vieille blague *f* usée; *(Wortspiel)* calembour *m*
Kalb [kalp, *Pl:* 'kɛlbɐ] <-[e]s, Kälber> *nt* veau *m*
kalben ['kalbən] *vi* vêler
Kalbfleisch *nt* [viande *f* de] veau *m*
Kalbsbraten *m* rôti *m* de veau
Kaleidoskop [kalaido'sko:p] <-s, -e> *nt* kaléidoscope *m*
kalendarisch [kalɛn'da:rɪʃ] *adj* calendaire
Kalender [ka'lɛndɐ] <-s, -> *m (Wandkalender)* calendrier *m* [mural]; *(Abreißkalender)* éphéméride *f; (Taschenkalender, Terminkalender)* agenda *m*
Kalenderjahr *nt* année *f* civile **Kalenderwoche** *f* semaine *f* calendaire
Kali ['ka:li] <-s, -s> *nt* CHEM potasse *f*
Kaliber [ka'li:bɐ] <-s, -> *nt* ❶ TECH calibre *m* ❷ *(Format)* ***eine Frau dieses ~s*** une femme de cette classe
Kalif [ka'li:f] <-en, -en> *m* calife *m*
Kalifornien [kali'fɔrniən] <-s> *nt* la Californie
Kalium ['ka:liʊm] <-s> *nt* CHEM potassium *m*

Kalk [kalk] <-[e]s, -e> *m* ❶ *(Baumaterial)* chaux *f* ❷ *(Kalziumkarbonat)* calcaire *m* ❸ *(Kalzium)* calcium *m*
kalken ['kalkən] *vt (düngen)* chauler
kalkhaltig *adj* calcaire
Kalkstein *m* pierre *f* à chaux
Kalkül [kal'ky:l] <-s, -e> *m o nt* calcul *m*
Kalkulation [kalkula'tsi̯o:n] <-, -en> *f (Schätzung)* estimation *f*
Kalkulationstabelle *f* tableau *m* de calcul
kalkulierbar [kalku'li:ɐba:ɐ] *adj* prévisible
kalkulieren* [kalku'li:rən] **I.** *vi (schätzen)* calculer **II.** *vt* calculer *Kosten*
Kalligrafie [kaligra'fi:] <-> *f* calligraphie *f*
Kalorie [kalo'ri:] <-, -ien> *f* calorie *f*
kalorienarm **I.** *adj* peu calorique **II.** *adv* ~ ***essen*** avoir une alimentation pauvre en calories **Kalorienbombe** *f (fam)* gourmandise *f* hypercalorique *fam* **Kaloriengehalt** [kalo'ri:əngəhalt] *m* valeur *f* énergétique **kalorienreich** **I.** *adj* calorique **II.** *adv* ~ ***essen*** avoir une alimentation riche en calories
kalt [kalt] <kälter, kälteste> **I.** *adj (a. fig)* froid(e); ***ganz ~e Hände haben*** avoir les mains glacées; ***ihr ist*** ~ elle a froid **II.** *adv* ❶ *sich waschen* à l'eau froide; ***etw ~ stellen*** mettre qc au frais ❷ *(ohne Nebenkosten)* sans les charges ▶ **jdn ~ erwischen** *(fam)* cueillir qn à froid
kalt|bleiben *vi irr + sein (fam: ruhig bleiben) Person:* rester de marbre
Kaltblüter ['kaltbly:tɐ] <-s, -> *m* animal *m* à sang froid
kaltblütig ['kaltbly:tɪç] **I.** *adj* ❶ *(unerschrocken)* qui garde son sang froid ❷ *Person* qui agit de sang-froid; *Tat, Verbrechen* commis(e) de sang-froid **II.** *adv* ❶ *(unerschrocken)* avec sang-froid ❷ *(skrupellos)* froidement
Kaltblütigkeit <-> *f* sang-froid *m*
Kälte ['kɛltə] <-> *f* froid *m; der Luft, des Wassers* froideur *f; des Windes* fraîcheur *f;* ***vor ~ zittern*** trembler de froid
Kälteeinbruch *m* coup *m* de froid **kälteempfindlich** *adj* sensible au froid **Kälteperiode** *f* période *f* de froid **Kältetechnik** *f* technique *f* de réfrigération **Kältewelle** *f* vague *f* de froid
Kaltfront *f* METEO front *m* froid
kaltgepresst *adj* pressé(e) à froid
kaltherzig **I.** *adj* sans cœur **II.** *adv* froidement **kalt|lassen** *vt irr, unpers (fam: unbeeindruckt lassen)* ***das lässt mich kalt*** ça me laisse froid **Kaltluft** *f* masse *f* d'air froid **kalt|machen** *vt (sl)* ***jdn*** ~ refroidir qn *fam* **Kaltmiete** ['kaltmi:tə] *f* loyer *m*

sans [les] charges **Kaltschale** *f* soupe *f* de fruits
kaltschnäuzig *adj (fam)* culotté(e)
Kaltschnäuzigkeit *f (fam)* culot *m fam*
Kaltstart *m* démarrage *m* à froid **kalt|stellen** *vt (fig fam)* ***jdn*** ~ mettre qn au placard
Kalzium ['kaltsi̯ʊm] <-s> *nt* calcium *m*
kam [kaːm] *Imp von* **kommen**
Kambodscha [kam'bɔdʒa] <-s> *nt* le Cambodge
Kamel [ka'meːl] <-[e]s, -e> *nt* ❶ chameau *m* ❷ *(pej fam: Dummkopf)* andouille *f*
Kamelie [ka'meːli̯ə] <-, -n> *f* BOT camélia *m*
Kamellen *Pl* ▶ **das sind alte** [*o* **olle**] ~ *(fam)* c'est archiconnu *fam*
Kamera ['kaməra] <-, -s> *f* ❶ *(Filmkamera)* caméra *f; **vor laufender** ~* devant la caméra ❷ *(Fotoapparat)* appareil *m* photo
Kamerad(in) [kamə'raːt] <-en, -en> *m(f)* camarade *mf*
Kameradschaft [kamə'raːtʃaft] <-, -en> *f* camaraderie *f; **aus** ~* par camaraderie
kameradschaftlich I. *adj Beziehung* de bonne camaraderie; *Zusammenleben* en [bons] camarades; *Geist* de camaraderie II. *adv zusammenleben* en [bons] camarades
Kameramann, -frau <-männer *o* -leute> *m, f* cadreur *m,* caméraman *m* **Kamerateam** *nt* CINE, TV équipe *f* de tournage
Kamerun ['kaməruːn] <-s> *nt* le Cameroun
Kamikaze [kami'kaːtsə] <-, -> *m,* **Kamikazeflieger** <-s, -> *m* kamikaze *m*
Kamille [ka'mɪlə] <-, -n> *f* camomille *f*
Kamillentee *m* [infusion *f* de] camomille *f*
Kamin [ka'miːn] <-s, -e> *m o* DIAL, CH *nt* cheminée *f*
Kaminfeger(in) <-s, -> *m(f)* DIAL ramoneur, -euse *m, f* **Kaminfeuer** *nt* feu *m* de cheminée **Kaminkehrer(in)** <-s, -> *m(f)* DIAL *s.* **Kaminfeger Kaminofen** *m* poêle-cheminée *m* **Kaminsims** *m o nt* chambranle *m* de [la] cheminée
Kamm [kam, *Pl:* 'kɛmə] <-[e]s, Kämme> *m* ❶ peigne *m* ❷ ZOOL *von Hühnervögeln, Sauriern* crête *f* ❸ *(Bergrücken)* crête *f*
kämmen ['kɛmən] *vt* coiffer; ***jdn/sich*** ~ coiffer qn/se coiffer
Kammer ['kamɐ] <-, -n> *f* chambre *f*
Kammerchor *m* chœur *m* de chambre
Kammerjäger(in) *m(f)* agent *m* préposé à la lutte antiparasitaire **Kammerkonzert** *nt* concert *m* de musique de chambre
Kämmerlein ▶ **im stillen** ~ au calme
Kammermusik *f* musique *f* de chambre
Kammerorchester [-ɔrkɛstɐ, -ɔrçɛstɐ] *nt* orchestre *m* de [musique] de chambre
Kammersänger(in) *m(f) titre distinguant un chanteur/une chanteuse d'opéra exceptionnel* **Kammerspiel** *nt* pièce *f* de théâtre intime **Kammerton** *m kein Pl* la *m* du diapason
Kampagne [kam'panjə] <-, -n> *f* campagne *f*
Kampf [kampf, *Pl:* 'kɛmpfə] <-[e]s, Kämpfe> *m* ❶ MIL, SPORT combat *m; **gegen jdn/etw in den ~ ziehen*** partir en guerre contre qn/qc; ***den ~ aufnehmen*** se lancer dans la bataille; ***die Kämpfe einstellen*** cesser les combats ❷ *(Schlägerei)* lutte *f; **ein ~ auf Leben und Tod*** un combat à mort ❸ *(fig)* lutte *f; **~ für** [o **um**] **/gegen etw*** lutte *f* pour/contre qc; ***der ~ ums Dasein*** la lutte pour la vie **kampfbereit** *adj* prêt(e) au combat; ***sich ~ machen*** se préparer au combat
kämpfen ['kɛmpfən] I. *vi* ❶ MIL, SPORT se battre; ***für jdn/etw*** ~ se battre pour qn/qc ❷ *(fig)* ***für/gegen etw*** ~ lutter pour/contre qc; ***mit sich*** ~ mener un combat intérieur; ***mit etw zu ~ haben*** devoir se battre avec qc II. *vr **sich durch das Gestrüpp*** ~ se frayer un chemin à travers les fourrés; ***sich durch ein Buch*** ~ lire un livre avec peine
Kämpfer(in) ['kɛmpfɐ] <-s, -> *m(f)* ❶ *(Krieger)* guerrier, -ière *m, f; (im Heer)* combattant(e) *m(f)* ❷ *(Streiter)* ***ein ~/eine ~in für den Umweltschutz*** un/une défenseur de la protection de l'environnement
kämpferisch I. *adj Person, Natur* combatif, -ive; *Einsatz, Leistung* au combat II. *adv* ~ ***sehr stark sein*** faire preuve de beaucoup de combativité
kampferprobt *adj* MIL aguerri(e) **Kampfflugzeug** *nt* avion *m* de combat **Kampfgeist** *m kein Pl* esprit *m* combatif **Kampfhandlungen** *Pl (form: vereinzelte Kämpfe)* accrochage *m* **Kampfhund** *m* chien *m* de combat
kampflos *adj o adv* sans résistance
kampflustig *adj* d'humeur batailleuse
Kampfmaßnahme *f meist Pl* grève *f*
Kampfrichter(in) *m(f)* juge-arbitre *mf*
Kampfsport ['kampfʃpɔrt] *m* sport *m* de combat *souvent pl* **Kampftechnik** *f* technique *f* de combat **kampfunfähig** *adj (nach einem Kampf)* mis(e) hors de combat
kampieren* [kam'piːrən] *vi* camper; ***wild*** ~ faire du camping sauvage

Kạnada ['kanada] <-s> *nt* le Canada
Kanadier(in) [ka'naːdi̯ɐ] <-s, -> *m(f)* Canadien(ne) *m(f)*
kanadisch *adj* canadien(ne)
Kanaille [ka'naljə] <-, -n> *f (pej)* canaille *f*
Kanal [ka'naːl, *Pl:* ka'nɛːlə] <-s, Kanäle> *m* ❶ *(Wasserstraße)* canal *m* ❷ GEOG ***der ~*** la Manche ❸ *(Abwasserkanal)* égout *m* ❹ *(Frequenzbereich)* canal *m*
Kanalarbeiter(in) *m(f)* égoutier *m* **Kanaldeckel** *m* plaque *f* d'égout
Kanalisation [kanaliza'tsi̯oːn] <-, -en> *f* égouts *mpl*
kanalisieren* [kanali'ziːrən] *vt* ❶ *(a. fig)* canaliser *Fluss, Gefühle* ❷ *(mit Kanalisation versehen)* doter d'un réseau de canalisations
Kanaltunnel *m* ***der ~*** le tunnel sous la Manche
Kạnapee <-s, -s> *nt* GASTR canapé *m*
Kanarienvogel [ka'naːriənfoːgəl] *m* canari *m*
Kandare ▶ **jdn an die ~ nehmen** faire marcher qn à la baguette *fam*
Kandelaber <-s, -> *m* ❶ *(Kerzenständer)* candélabre *m* ❷ *(Straßenlaterne)* lampadaire *m*
Kandidat(in) [kandi'daːt] <-en, -en> *m(f)* candidat(e) *m(f)*; ***jdn als ~en für etw aufstellen*** présenter qn comme candidat à qc
Kandidatur [kandida'tuːɐ̯] <-, -en> *f* candidature *f*
kandidieren* [kandi'diːrən] *vi* se porter candidat(e); ***für etw ~*** se porter candidat à qc
kandiert [kan'diːɐ̯t] *adj* confit(e)
Kạndis ['kandɪs] <-> *m*, **Kạndiszucker** *m* sucre *m* candi
Kạ̈nguru ['kɛŋguru] <-s, -s> *nt* kangourou *m*
Kaninchen [ka'niːnçən] <-s, -> *nt* lapin *m*
Kanịster [ka'nɪstɐ] <-s, -> *m* ❶ *(Behälter)* bidon *m* ❷ *(Benzinkanister)* jerrican[e] *m*
Kạ̈nnchen ['kɛnçən] <-s, -> *nt* ❶ *Dim von* **Kanne** petit pot *m* ❷ *(Portion)* ***ein ~ Kaffee/Tee*** un grand café/thé
Kạnne ['kanə] <-, -n> *f* ❶ *(Kaffeekanne)* cafetière *f*; *(Teekanne)* théière *f* ❷ *(Gießkanne)* arrosoir *m* ❸ *(Milchkanne)* bidon *m* de lait; *(klein)* pot *m* à lait ▶ **volle ~** *(sl)* à fond la caisse
Kannibale, Kannibalin [kani'baːlə] <-n, -n> *m, f* cannibale *mf*
Kannibalịsmus [kaniba'lɪsmʊs] <-> *m* cannibalisme *m*
kạnnte ['kantə] *Imp von* **kennen**
Kanon ['kaːnɔn] <-s, -s> *m (Musikstück, Richtschnur)* canon *m*
Kanone [ka'noːnə] <-, -n> *f* ❶ *(Geschütz)* canon *m* ❷ *(fam: Pistole)* flingue *m* ▶ **mit ~n auf Spatzen schießen** *(fam)* ≈ tirer des moineaux avec un bazooka
Kanonenfutter *nt (fam)* chair *f* à canon
Kanonenkugel *f* boulet *m* de canon
Kantate [kan'taːtə] <-, -n> *f* MUS cantate *f*
Kạnte ['kantə] <-, -n> *f* ❶ *(Ecke, Webkante)* bord *m* ❷ MATH arête *f*
kạnten ['kantən] *vt* ***etw ~*** mettre qc sur l'arête
Kạnten ['kantən] <-s, -> *m* NDEUTSCH croûton *m* **Kạntholz** *nt* bois *m* équarri
kạntig ['kantɪç] *adj* ❶ *Holz, Felsblock* équarri(e) ❷ *Kinn, Gesicht* anguleux, -euse
Kantine [kan'tiːnə] <-, -n> *f* cantine *f*
Kanton [kan'toːn] <-s, -e> *m* canton *m*

Land und Leute

La Suisse est composée de 26 **Kantone**. Les cantons disposent d'une grande autonomie de décision et d'administration mais sont regroupés en sept grandes régions. Ils élisent les 46 représentants du *Ständerat*, le Conseil des États, l'une des deux chambres législatives suisses. Les plus grands cantons sont *les Grisons*, *Berne* et *le Valais*.

kantonal [kanto'naːl] *adj* cantonal(e)
Kạntor, Kantorin <-s, -toren> *m, f* cantor *m*
Kanu ['kaːnu] <-s, -s> *nt* canoë *m*; ***~ fahren*** faire du canoë
Kanüle <-, -n> *f* ❶ *(Hohlnadel)* aiguille *f* ❷ *(Röhrchen)* cathéter *m*
Kanute, Kanutin <-n, -n> *m, f* canoéiste *mf*
Kạnzel ['kantsəl] <-, -n> *f* REL chaire *f*
Kanzlei [kants'lai̯] <-, -en> *f* ❶ *eines Anwalts* cabinet *m*; *eines Notars* étude *f* ❷ *(Behörde)* chancellerie *f*
Kạnzler(in) ['kantslɐ] <-s, -> *m(f) (Regierungschef)* chancelier, -ière *m, f*
Kạnzleramt *nt* chancellerie *f*
Kạnzleramtschef(in) *m(f)* POL chef *mf* de la chancellerie
Kạnzlerkandidat(in) *m(f)* candidat(e) *m(f)* à la chancellerie
Kạp [kap] <-s, -s> *nt* cap *m*
Kapazität [kapatsi'tɛːt] <-, -en> *f* ❶ *(Fassungs-, Leistungsvermögen)* capacité *f* ❷ *(Experte)* autorité *f*

Kapelle [ka'pɛlə] <-, -n> *f* ❶ *(Kirche)* chapelle *f* ❷ MUS orchestre *m*

Kapellmeister(in) *m(f)* chef *mf* d'orchestre

Kaper ['ka:pɐ] <-, -n> *f* câpre *f*

kapern ['ka:pɐn] *vt* jeter le grappin sur *Schiff*

kapieren* [ka'pi:rən] *vt, vi (fam)* piger; ***kapiert?*** pigé?; ***das kapier[e] ich nicht*** je ne pige pas

Kapillargefäße [kapɪ'la:ɐ̯-] *Pl* [vaisseaux *mpl*] capillaires *mpl*

kapital [kapi'ta:l] *adj* ❶ *(fam) Irrtum* énorme ❷ JAGD *Hirsch* majestueux, -euse

Kapital [kapi'ta:l] <-s, -e *o* -ien> *nt* ❶ *kein Pl* capital *m;* ~ ***aufnehmen*** emprunter des fonds ❷ *(Gesellschaftskapital)* capital *m* social

Kapitalanlage *f* placement *m* [financier] **Kapitalertragsteuer** *f* impôt *m* sur les revenus du capital **Kapitalflucht** *f* fuite *f* des capitaux **Kapitalgesellschaft** *f* société *f* de capitaux

K

Kapitalismus [kapita'lɪsmʊs] <-> *m* capitalisme *m*

Kapitalist(in) [kapita'lɪst] <-en, -en> *m(f)* capitaliste *mf*

kapitalistisch **I.** *adj* capitaliste **II.** *adv denken* comme un capitaliste

kapitalkräftig *adj* financièrement solide **Kapitalmarkt** *m* marchés *mpl* financiers

Kapitalverbrechen *nt* crime *m* capital

Kapitalverkehr *m* ÖKON circulation *f* de capitaux; ***freier*** ~ libre circulation de capitaux

Kapitän [kapi'tɛ:n] <-s, -e> *m* ❶ NAUT, SPORT capitaine *m* ❷ *(Flugkapitän)* commandant(e) *m(f)* de bord

Kapitel [ka'pɪtəl] <-s, -> *nt* chapitre *m*

Kapitell [kapi'tɛl] <-s, -e> *nt* ARCHIT chapiteau *m*

Kapitelüberschrift *f* titre *m* du chapitre

Kapitulation [kapitula'tsi̯o:n] <-, -en> *f* capitulation *f*

kapitulieren* [kapitu'li:rən] *vi* capituler

Kaplan [ka'pla:n] <-s, Kapläne> *m (Hilfsgeistlicher)* vicaire *m; (Geistlicher mit besonderen Aufgaben)* aumônier *m*

Kappe ['kapə] <-, -n> *f* ❶ *(Mütze)* casquette *f* ❷ *(Füllerverschluss)* capuchon *m* ❸ *(vorderer Teil des Schuhs)* bout *m; (hinterer Teil des Schuhs)* contrefort *m* ► **etw auf seine ~ nehmen** *(fam)* porter le chapeau de qc

kappen ['kapən] *vt (durchtrennen)* couper

Käppi <-s, -s> *nt* MIL DIAL képi *m*

Kapriole [kapri'o:lə] <-, -n> *f (Streich)* frasque *f*

kapriziös [kapri'tsi̯ø:s] *adj (geh)* capricieux, -ieuse

Kapsel ['kapsəl] <-, -n> *f* capsule *f*

kaputt [ka'pʊt] *adj (fam)* ❶ *(defekt)* fichu(e); *Glühbirne* grillé(e) ❷ *(beschädigt)* cassé(e); *Schuhe, Kleidung, Dach* fichu(e) ❸ *Person* crevé(e) ❹ *(ruiniert)* brisé(e); *Gesundheit* délabré(e); - ***machen*** bousiller *fam; (zerstören)* détruire *Ehe;* ruiner *Gesundheit;* bousiller *Nerven; (nervlich strapazieren)* tuer; ~ ***fahren*** bousiller *fam;* ~ ***kriegen*** bousiller *fam;* ***du kriegst wirklich alles ~!*** tu es brise-tout! *fam;* ***nicht ~ zu kriegen sein*** être increvable *fam; s. a.* **kaputtmachen**

kaputt|gehen *vi irr + sein (fam)* ❶ *(defekt werden)* ne plus marcher ❷ *(beschädigt werden) Porzellan, Spiegel:* se casser; *Kleidung, Möbel:* s'abîmer; ***die Scheibe ist kaputtgegangen*** la vitre est cassée

kaputt|lachen *vr (fam)* ***sich*** ~ se tordre de rire; ***ich lach' mich kaputt!*** c'est à se tordre!

kaputt|machen **I.** *vt (fam)* ❶ bousiller ❷ *(ruinieren)* détruire *Ehe;* ruiner *Gesundheit;* bousiller *Nerven* ❸ *(nervlich strapazieren)* tuer **II.** *vr (fam)* ***sich*** ~ s'esquinter

Kapuze [ka'pu:tsə] <-, -n> *f* capuchon *m*

Kapuzenpullover *m* pull *m* à capuche

Kapuziner <-s, -> *m* capucin *m*

Karabiner <-s, -> *m (Gewehr)* carabine *f*

Karabinerhaken *m* mousqueton *m*

Karacho <-s> *nt (fam)* ***mit*** ~ à toute blinde

Karaffe [ka'rafə] <-, -n> *f* carafe *f*

Karambolage [karambo'la:ʒə] <-, -n> *f (fam: Autounfall)* carambolage *m*

Karamell [kara'mɛl] <-s> *m* caramel *m*

Karamellpudding *m* flan *m* au caramel

Karaoke [kara'o:kə] <-[s]> *nt* karaoké *m*

Karat [ka'ra:t] <-[e]s, -e> *nt* carat *m*

Karate [ka'ra:tə] <-[s]> *nt* karaté *m*

Karawane [kara'va:nə] <-, -n> *f* caravane *f*

Karbonat [karbo'na:t] <-[e]s, -e> *nt* CHEM carbonate *m*

Kardamom [karda'mo:m] <-s> *m o nt* cardamome *f*

Kardanwelle *f* arbre *m* de transmission

Kardinal [kardi'na:l] <-s, Kardinäle> *m* REL, ORN cardinal *m*

Kardinalfehler *m* faute *f* cardinale **Kardinalfrage** *f (geh)* question *f* essentielle **Kardinalzahl** *f* nombre *m* cardinal

Kardiogramm [kardio'gram] <-s, -e> *nt* MED électrocardiogramme *m*

Kardiologe, **Kardiologin** [kardi̯o'lo:gə] <-n, -n> *m, f* MED cardiologue *mf*
Kardiologie [kardi̯olo'gi:] <-> *f* ❶ cardiologie *f* ❷ *(Station)* [service *m* de] cardiologie *f*
Karenz [ka'rɛnts] <-, -en> *f* ❶ *(Wartezeit, Sperrfrist)* délai *m* [d'attente] ❷ *(Enthaltsamkeit)* abstinence *f*
Karenztag [ka'rɛnts-] *m journée de maladie non prise en charge par la Sécurité sociale ou par l'employeur* **Karenzzeit** *f* délai *m* de carence
Karfiol [kar'fi̯o:l] <-s> *m* A chou-fleur *m*
Karfreitag [ka:ɐ̯'frai̯ta:k] *m* Vendredi *m* saint
karg [kark] <karger *o* kärger, kargste *o* kärgste> **I.** *adj* ❶ *Boden* pauvre ❷ *Ausstattung* austère; *Gehalt, Lohn* maigre; *Mahl* frugal(e) **II.** *adv* ~ ***bemessen sein*** être calculé [très] juste; ~ ***ausgestattet sein*** être équipé du strict minimum
Kargheit <-> *f* ❶ *des Bodens* pauvreté *f* ❷ *(Bescheidenheit) der Ausstattung* austérité *f; einer Mahlzeit* frugalité *f*
kärglich ['kɛrklɪç] *adj Rest, Gehalt* maigre; ***ein ~es Auskommen haben*** s'en tirer chichement
Karibik [ka'ri:bɪk] <-> *f* ***die*** ~ la mer des Caraïbes; ***Urlaub in der ~ machen*** passer des vacances dans les Antilles
kariert [ka'ri:ɐ̯t] *adj Stoff, Papier* à carreaux; ***klein*** ~ à petits carreaux
Karies ['ka:ri̯ɛs] <-> *f* carie *f*
Karikatur [karika'tu:ɐ̯] <-, -en> *f* caricature *f*
Karikaturist(in) [karikatu'rɪst] <-en, -en> *m(f)* caricaturiste *mf*
karikieren* [kari'ki:rən] *vt* caricaturer
kariös [ka'ri̯ø:s] *adj* carié(e)
karitativ [karita'ti:f] *adj Organisation* caritatif, -ive; *Zweck* charitable
Karl [karl] <-s> *m* ❶ Charles *m* ❷ HIST ~ ***X.*** Charles X; ~ ***Martell*** Charles Martel; ~ ***der Große*** Charlemagne *m*
Karma ['karma] <-s> *nt* karma *m*
Karneval ['karnəval] <-s, -e *o* -s> *m* carnaval *m*
Karnevalskostüm *nt* déguisement *m* de carnaval **Karnevalsverein** *m* société *f* carnavalesque **Karnevalszug** *m* défilé *m* de carnaval
Karnickel <-s, -> *nt (fam)* lapin *m*
Kärnten ['kɛrntən] <-s> *nt* la Carinthie
Karo ['ka:ro] <-s, -s> *nt* carreau *m*
Karosserie [karɔsə'ri:] <-, -i̯en> *f* carrosserie *f*
Karosseriebauer(in) *m(f)* carrossier *m*

Karotte [ka'rɔtə] <-, -n> *f* carotte *f*
Karpfen ['karpfən] <-s, -> *m* carpe *f*
Karpfenteich *m* vivier *m* à carpes
Karre ['karə] <-, -n> *f* ❶ *s.* **Karren** ❷ *(fam: Auto)* bagnole *f*
Karree [ka're:] <-s, -s> *nt* ❶ *(Geviert)* carré *m* ❷ *(Häuserblock)* pâté *m* de maisons [de forme carrée]; ***ums ~ gehen/fahren*** faire le tour du pâté de maisons ❸ A *(Rippenstück)* carré *m*
karren ['karən] *vt (herankarren)* charrier
Karren ['karən] <-s, -> *m (Leiterwagen)* charrette *f* ▶ **den ~ aus dem Dreck ziehen** sortir qn/qc du pétrin *fam*
Karriere [ka'ri̯e:rə] <-, -n> *f* carrière *f*
Karrierefrau *f* femme *f* qui fait/veut faire carrière **karrieregeil** *adj (pej fam)* avoir les dents longues **Karriereknick** *m* rupture *f* de carrière professionnelle **Karriereleiter** *f* hiérarchie *f* professionnelle
Karrierist(in) [karje'rɪst] <-en, -en> *m(f)* *(pej)* carriériste *mf péj*
Karsamstag [ka:ɐ̯'zamsta:k] *m* Samedi *m* saint
Karst [karst] <-[e]s, -e> *m* GEOL karst *m*
Karte ['kartə] <-, -n> *f* carte *f;* ***~n spielen*** jouer aux cartes ▶ **gute/schlechte ~n haben** avoir de bonnes chances/peu de chances
Kartei [kar'tai̯] <-, -en> *f* fichier *m*
Karteikarte *f* fiche *f* **Karteikasten** *m* fichier *m* **Karteileiche** *f (hum) fiche non réactualisée qui traîne dans un fichier*
Kartell [kar'tɛl] <-s, -e> *nt* cartel *m;* ***ein ~ bilden*** constituer un cartel
Kartellamt *nt* office *m* des cartels **Kartellgesetz** *nt* loi *f* sur les cartels **Kartellverbot** *nt* interdiction *f* frappant la création de cartels
Kartenhaus ▶ **wie ein ~ in sich zusammenfallen** s'effondrer comme un château de cartes **Kartenleger(in)** <-s, -> *m(f)* cartomancien(ne) *m(f)* **Kartenlesegerät** *nt* INFORM lecteur *m* de cartes **Kartenspiel** *nt* ❶ *kein Pl (das Spielen)* partie *f* de cartes ❷ *(Satz Karten)* jeu *m* de cartes
Kartentelefon ['kartəntelefo:n] *nt* téléphone *m* à cartes; ***öffentliches ~*** publiphone *m* **Kartenvorverkauf** *m* location *f* des billets **Kartenzahlung** *f* paiement *m* par carte [bancaire]; ***bei ~ gewähren wir einen Rabatt*** nous accordons une ristourne pour tout paiement par carte [bancaire]; ***Entschuldigung, ist hier ~ möglich?*** excusez-moi, est-il possible de payer par carte?
Kartoffel [kar'tɔfəl] <-, -n> *f* pomme *f* de

K

terre ▸ **jdn fallen lassen wie eine heiße ~** *(fam)* laisser tomber qn comme une vieille chaussette
Kartoffelbrei *m* purée *f* [de pommes de terre] **Kartoffelchips** [kar'tɔfəltʃɪps] *Pl* chips *mpl* **Kartoffelpuffer** *m* galette *f* de pommes de terre [râpées] **Kartoffelpüree** *nt s.* **Kartoffelbrei Kartoffelsalat** *m* salade *f* de pommes de terre **Kartoffelstampfer** *m* presse-purée *m* **Kartoffelsuppe** *f* soupe *f* de pommes de terre
Kartografie [kartogra'fi:] <-> *f* cartographie *f*
Karton [kar'tɔŋ, kar'tõ:, kar'to:n] <-s, -s> *m* carton *m*
kartoniert *adj* cartonné(e)
Kartusche [kar'tʊʃə] <-, -n> *f* cartouche *f*
Karussell [karʊ'sɛl] <-s, -s *o* -e> *nt* manège *m*; *[mit dem] ~ fahren* faire un tour/des tours de manège
Karwoche ['ka:ɐ̯vɔxə] *f* semaine *f* sainte
karzinogen [kartsino'ge:n] *adj* MED cancérogène
Karzinom [kartsi'no:m] <-s, -e> *nt* MED carcinome *m*
Kasachstan ['ka:zaxsta(:)n] <-s> *nt* le Kazakhstan
Kaschemme [ka'ʃɛmə] <-, -n> *f (pej fam)* boui-boui *m*
kaschieren* [ka'ʃi:rən] *vt* dissimuler
Kaschmir ['kaʃmi:ɐ̯] <-s, -e> *m* cachemire *m*
Käse ['kɛ:zə] <-s, -> *m* ❶ fromage *m* ❷ *(pej fam: Quatsch)* conneries *fpl*
Käseblatt *nt (pej fam)* feuille *f* de chou **Käsebrot** *nt* sandwich *m* au fromage **Käsefondue** ['kɛ:zəfõdy:] *nt* fondue *f* au fromage **Käsegebäck** *nt* petits gâteaux *mpl* au fromage **Käseglocke** *f* cloche *f* à fromage **Käsekuchen** *m* gâteau *m* au fromage blanc
Käserei [kɛ:zə'raɪ̯] <-, -en> *f* fromagerie *f*
Käserinde *f* croûte *f* de fromage
Kaserne [ka'zɛrnə] <-, -n> *f* caserne *f*
käseweiß *adj (fam: bleich)* blanc, blanche comme un linge; *(nicht sonnengebräunt)* blanc, blanche comme un cachet d'aspirine
käsig ['kɛ:zɪç] *adj (fam: nicht sonnengebräunt)* blanc, blanche comme un cachet d'aspirine
Kasino [ka'zi:no] <-s, -s> *nt s.* **Casino**
Kaskoversicherung ['kaskofɛɐ̯zɪçərʊŋ] *f* assurance *f* tous risques
Kasper ['kaspɐ] <-s, -> *m (Puppe, Kind)* guignol *m*
Kasper[le]theater *nt* guignol *m*; ***ins ~ gehen*** aller au guignol
Kassa ['kasa] <-, Kassen> *f bes.* A caisse *f*
Kasse ['kasə] <-, -n> *f* ❶ *(Metallkasten, Registrierkasse, Zahlstelle)* caisse *f* ❷ *(fam: Krankenkasse)* caisse *f* d'assurance maladie; *(in Frankreich)* sécu *f* ▸ **zahlbar in acht Tagen netto ~** montant net à régler sous huitaine; **knapp/gut bei ~ sein** *(fam)* être fauché/en fonds; **gegen ~** au comptant
Kassenarzt, -ärztin *m, f* médecin *m* conventionné **Kassenbeleg** *s.* **Kassenbon Kassenbon** ['kasənbɔŋ] *m* ticket *m* de caisse **Kassenbrille** *f (fam)* *lunettes complètement prises en charge par la caisse d'assurance maladie ou la sécu* **Kassengestell** *s.* **Kassenbrille Kassenmagnet** *m (fam) Schauspieler* aimant *m* médiatique; ***dieser Film ist ein echter ~*** ce film est un vrai tabac **Kassenpatient(in)** *m(f) patient affilié à une caisse d'assurance maladie assurant une couverture de base* **Kassenprüfung** *f* vérification *f* de la caisse **Kassenschlager** *m (fam: Film)* film *m* qui fait un tabac; *(Produkt)* article *m* qui se vend comme des petits pains **Kassensturz** *m* vérification *f* de la caisse **Kassenwart(in)** <-s, -e> *m(f)* caissier, -ière *m, f* **Kassenzettel** *s.* **Kassenbon**
Kasserolle [kasə'rɔlə] <-, -n> *f* casserole *f*
Kassette [ka'sɛtə] <-, -n> *f* ❶ *(Videokassette, Musikkassette)* cassette *f*; ***etw auf ~ aufnehmen*** enregistrer qc sur cassette ❷ *(Kästchen, Bücherkassette)* coffret *m* ❸ ARCHIT caisson *m*
Kassettendeck *nt* magnétophone *m* à cassette[s] **Kassettenrekorder** [ka'sɛtənrekɔrdɐ] *m* magnétophone *m* [à cassettes]
Kassier [ka'si:ɐ̯] SDEUTSCH, A, CH *s.* **Kassierer(in)**
kassieren* [ka'si:rən] **I.** *vt* ❶ *(einziehen)* encaisser; ***etw bei jdm ~*** encaisser qc auprès de qn ❷ *(fam: konfiszieren)* sucrer *Führerschein, Spickzettel* **II.** *vi* ***bei jdm ~*** *Kellner:* encaisser l'addition de qn
Kassierer(in) <-s, -> *m(f)* caissier, -ière *m, f*
Kastagnette [kastan'jɛtə] <-, -n> *f* castagnette *f*
Kastanie [kas'ta:ni̯ə] <-, -n> *f* ❶ *(Rosskastanie)* marron *m* [d'Inde]; *(Esskastanie)* châtaigne *f*; ***heiße ~n*** des marrons chauds ❷ *(Rosskastanienbaum)* marronnier *m* [d'Inde]; *(Esskastanienbaum)* châtaignier *m* ▸ **die ~n aus dem Feuer holen** *(fam)* tirer les marrons du feu
Kastanienbaum *s.* **Kastanie 2 kasta-**

K

nienbraun *adj* châtain *pas de forme féminine;* ***~e Haare*** des cheveux châtains
Kästchen ['kɛstçən] <-s, -> *nt* ❶ *Dim von* **Kasten** coffret *m* ❷ *(Karo)* carreau *m*
Kaste ['kastə] <-, -n> *f* caste *f*
kasteien* [kas'taiən] *vr* ***sich*** *~* se mortifier
Kasten ['kastən, *Pl:* 'kɛstən] <-s, Kästen> *m* ❶ *(Behälter, offene Kiste)* caisse *f; (für Besteck, Schmuck)* coffret *m; (für Sicherungen, Kabel)* boîtier *m* ❷ A, CH *(Schrank)* armoire *f* ❸ *(fam: Briefkasten)* boîte *f* à lettres
Kastenform *f* moule *m* à cake
Kastrat <-en, -en> *m* eunuque *m*
Kastration [kastra'tsi̯o:n] <-, -en> *f* castration *f*
kastrieren* [kas'tri:rən] *vt* châtrer
Kasus <-, -> *m* GRAM cas *m*
Kat [kat] <-s, -s> *m Abk von* **Katalysator** pot *m* catalytique
Katakombe <-, -n> *f* catacombe *f*
Katalog [kata'lo:k] <-[e]s, -e> *m* ❶ *(Versandhauskatalog, Bibliothekskatalog)* catalogue *m* ❷ *(Verzeichnis in Kartenform)* fichier *m*
katalogisieren* [katalogi'zi:rən] *vt* cataloguer
Katalogisierung <-, -en> *f* catalogage *m*
Katalysator [kataly'za:to:ɐ̯] <-s, -toren> *m* ❶ AUT pot *m* catalytique; ***geregelter ~*** pot catalytique à régulation électronique ❷ CHEM catalyseur *m*
Katalysatorauto *nt* voiture *f* équipée d'un pot catalytique
Katalyse [kata'ly:zə] <-, -n> *f* CHEM catalyse *f*
katalytisch [kata'ly:tɪʃ] *adj* CHEM catalytique
Katamaran <-s, -e> *m* catamaran *m*
Katapult <-[e]s, -e> *nt o m* catapulte *f*
katapultieren* *vt (a. fig)* catapulter
Katar ['ka(:)tar] <-s> *nt* le Qatar
Katarrh <-s, -e> *m* catarrhe *f*
Kataster <-s, -> *m o nt* cadastre *m*
Katasteramt *nt* [services *mpl* du] cadastre *m*
katastrophal [katastro'fa:l] **I.** *adj* catastrophique **II.** *adv* ***sich ~ auswirken*** avoir des conséquences catastrophiques
Katastrophe [katas'tro:fə] <-, -n> *f* catastrophe *f* ▶ **eine ~ sein** *(fam) Person:* être une plaie
Katastrophenabwehr *f* ≈ plan *m* ORSEC **Katastrophenalarm** *m* alerte *f* en cas de catastrophe **Katastropheneinsatz** *m* opération *f* de sauvetage **Katastrophengebiet** *nt* zone *f* sinistrée **Katastrophenschutz** *m (Vorsorgemaßnahmen)* mesures *f pl* de prévention contre les catastrophes
Katechismus [katɛ'çɪsmʊs] <-, Katechismen> *m* catéchisme *m*
Kategorie [katego'ri:] <-, -ien> *f* catégorie *f*
kategorisch [kate'go:rɪʃ] *adj* catégorique
Kater ['ka:tɐ] <-s, -> *m* ❶ chat *m* ❷ *(fam: nach Alkoholgenuss)* gueule *f* de bois; ***einen ~ haben*** avoir la gueule de bois
Katheder [ka'te:dɐ] <-s, -> *m o nt (veraltet)* ❶ *(Lehrerpult)* chaire *f* ❷ *(Podium)* estrade *f,* podium *m*
Kathedrale [kate'dra:lə] <-, -n> *f* cathédrale *f*
Katheter <-s, -> *m* MED cathéter *m*
Kathode <-, -n> *f* PHYS cathode *f*
Katholik(in) [kato'li:k] <-en, -en> *m(f)* catholique *mf*
katholisch [ka'to:lɪʃ] **I.** *adj* catholique **II.** *adv* ***streng ~ erzogen werden*** recevoir une éducation très catholique
Katholizismus [katoli'tsɪsmʊs] <-> *m* catholicisme *m*
Katz [kats] ▶ **mit jdm ~ und Maus spielen** *(fam)* jouer au chat et à la souris avec qn
katzbuckeln ['katsbʊkəln] *vi (pej fam)* ***das Katzbuckeln*** les courbettes *f pl*
Kätzchen ['kɛtsçən] <-s, -> *nt* chaton *m*
Katze ['katsə] <-, -n> *f* chat *m;* ***ist das ein Kater oder eine ~?*** est-ce un chat ou une chatte? ▶ **wie die ~ um den heißen Brei herumschleichen** tourner autour du pot *fam;* **wenn die ~ aus dem Haus ist, tanzen die Mäuse** *(prov)* quand le chat n'est pas là, les souris dansent; **die ~ lässt das Mausen nicht** *(prov)* chassez le naturel, il revient au galop
Katzenauge *nt* œil *m* de chat **Katzensprung** *m (fam)* ***das ist ein ~*** c'est la porte à côté **Katzenstreu** ['katsənʃtrɔy] *f* litière *f* pour chats **Katzenwäsche** *f (hum fam)* toilette *f* de chat; ***~ machen*** se laver le bout du nez
Kauderwelsch ['kau̯dɐvɛlʃ] <-[s]> *nt (pej: unverständliche Sprache)* sabir *m*
kauen ['kau̯ən] **I.** *vt* mâcher *Brot, Kaugummi* **II.** *vi* ***an einem Stück Brot ~*** mastiquer un bout de pain; ***am Bleistift ~*** mâchonner le crayon
kauern ['kau̯ɐn] **I.** *vi + sein* ***in einer Ecke ~*** être accroupi dans un coin **II.** *vr + haben* ***sich hinter einen Baum ~*** s'accroupir derrière un arbre
Kauf [kauf, *Pl:* 'kɔyfə] <-[e]s, Käufe> *m*

K

achat *m;* ***etw zum ~ anbieten*** mettre qc en vente; ***ein günstiger ~*** une bonne affaire

kaufen ['kaufən] **I.** *vt* acheter; ***jdm etw ~*** acheter qc à qn; ***sich*** *dat* ***etw ~*** [s']acheter qc ▶ **dafür kann ich mir nichts ~** *(iron)* ça me fait une belle jambe *fam* **II.** *vi* ***im Supermarkt/auf dem Markt ~*** faire ses courses au supermarché/sur le marché

Kaufentscheidung *f* décision *f* d'achat

Käufer(in) ['kɔyfɐ] <-s, -> *m(f)* acheteur, -euse *m, f;* ***einen ~ finden*** trouver preneur

Käuferschicht *f* catégorie *f* d'acheteurs

Kauffrau *s.* **Kaufmann** **Kaufhaus** *nt* grand magasin *m* **Kaufkraft** *f* pouvoir *m* d'achat **Kaufleute** ['kauflɔytə] *Pl s.* **Kaufmann**

käuflich **I.** *adj (pej: bestechlich)* vénal(e) **II.** *adv (form) erwerben* à titre onéreux

Kauflustige(r) *f(m) dekl wie adj* acheteur, -euse *m, f*

Kaufmann, -frau ['kaufman] <-leute> *m, f* ❶ ***gelernter ~/gelernte Kauffrau*** commercial(e) *m(f)* ❷ *(Geschäftsmann)* cadre *m* commercial ❸ *(Lebensmittelhändler)* épicier, -ière *m, f*

kaufmännisch ['kaufmɛnɪʃ] **I.** *adj* commercial(e); ***~er Angestellter*** employé *m* de commerce; *(in leitender Position)* cadre *m* commercial **II.** *adv denken, handeln* avec le sens des affaires; ***~ tätig sein*** avoir une activité commerciale

Kaufpreis *m* prix *m* d'achat **Kaufrausch** *m* frénésie *f* d'acheter **Kaufsucht** *f* fièvre acheteuse *fam* **Kaufsumme** *f* montant *m* [de l'achat] **Kaufvertrag** *m* contrat *m* de vente **Kaufzwang** *m* obligation *f* d'achat

Kaugummi ['kau-] *m* chewing-gum *m*

Kaulquappe ['kaulkvapə] <-, -n> *f* têtard *m*

kaum [kaum] *adv* ❶ *(allenfalls, gerade eben)* à peine ❷ *(wahrscheinlich nicht)* difficilement; *[****wohl****]* ***~!*** sûrement pas! ❸ *(fast nicht)* à peine; ***es ist ~ zu fassen, dass*** on a peine à concevoir que *+subj;* ***es ~ erwarten können*** brûler d'impatience; ***das hat ~ jemand gemerkt*** pratiquement personne ne s'en est rendu compte; ***~ noch*** à peine

kausal [kau'za:l] *adj (geh) Zusammenhang* de causalité

Kausalität [kauzali'tɛ:t] <-, -en> *f (geh)* causalité *f*

Kautabak *m* tabac *m* à chiquer

Kaution [kau'tsi̯o:n] <-, -en> *f* caution *f;* ***gegen [tausend Euro] ~ freikommen*** être remis en liberté sous [une] caution [de mille euros]

Kautschuk ['kautʃʊk] <-s, -e> *m* caoutchouc *m*

Kauwerkzeuge *Pl* organes *mpl* masticateurs

Kauz [kauts, *Pl:* 'kɔytsə] <-es, Käuze> *m (fam: Sonderling)* hurluberlu *m*

kauzig ['kautsɪç] *adj* excentrique

Kavalier [kava'li:ɐ̯] <-s, -e> *m* gentleman *m*

Kavaliersdelikt *nt* peccadille *f*

Kavallerie ['kavaləri:] <-, -n> *f* MIL, HIST cavalerie *f*

Kavallerist [kavalə'rɪst] <-en, -en> *m* MIL, HIST cavalier *m*

Kaviar ['ka:vi̯a:ɐ̯] <-s, -e> *m* caviar *m*

KB *Abk von* **Kilobyte** Ko

kcal *Abk von* **Kilokalorie** kcal

keck [kɛk] *adj (vorlaut)* effronté(e)

Kefir ['ke:fɪr] <-s> *m* képhir *m*

Kegel ['ke:gəl] <-s, -> *m* ❶ *(Spielgerät)* quille *f* ❷ GEOM, GEOG cône *m* ❸ *(Lichtkegel)* faisceau *m*

Kegelbahn *f* piste *f* de quilles

kegelförmig ['ke:gəlfœrmɪç] *adj* conique

Kegelklub *m* club *m* de jeu de quilles **Kegelkugel** *f* boule *f* de quilles

kegeln ['ke:gəln] *vi* jouer aux quilles; ***das Kegeln*** le jeu de quilles

Kegelschnitt *m* MATH section *f* conique **Kegelstumpf** *m* MATH tronc *m* de cône

Kegler(in) ['ke:glɐ] <-s, -> *m(f)* joueur, -euse *m, f* de quilles

Kehle ['ke:lə] <-, -n> *f* gorge *f;* ***jdm die ~ zudrücken*** serrer la gorge à qn ▶ **sich** *dat* **die ~ aus dem Hals schreien** *(fam)* s'égosiller; **aus voller ~ singen** chanter à pleine gorge

kehlig ['ke:lɪç] *adj Laut* guttural(e)

Kehlkopf *m* larynx *m*

Kehlkopfentzündung *f,* **Kehlkopfkatarrh** *m* MED laryngite *f*

Kehraus ['ke:ɐ̯ʔaus] <-> *m* dernière danse *f;* ***den ~ bilden*** clore la fête; ***den ~ feiern*** célébrer la fin des festivités **Kehrbesen** SDEUTSCH *s.* **Besen** **Kehrblech** *nt* SDEUTSCH pelle *f* [à poussière]

Kehre ['ke:rə] <-, -n> *f* virage *m* [en épingle à cheveux]

kehren[1] ['ke:rən] **I.** *vt* ***den Kopf zur Seite ~*** détourner la tête; ***seine Hosentaschen nach außen ~*** retourner ses poches de pantalon **II.** *vr* ***sich gegen jdn ~*** *Maßnahme:* se retourner contre qn

kehren[2] ['ke:rən] *vt, vi* SDEUTSCH balayer

Kehricht ['keːrɪçt] <-s> *m o nt* ❶ *(form)* balayures *fpl* ❷ CH *(Müll)* ordures *fpl* [ménagères]
Kehrmaschine *f (Straßenkehrmaschine)* balayeuse *f* [municipale] **Kehrreim** *m* refrain *m* **Kehrschaufel** *f* pelle *f* [à poussière] **Kehrseite** ▶ **die ~ der Medaille** le revers de la médaille
kehrt|machen ['keːɐ̯tmaxən] *vi (fam)* ❶ *(umkehren)* faire demi-tour ❷ MIL faire un demi-tour **Kehrtwendung** *f* ❶ MIL demi-tour *m* ❷ *(fig)* volte-face *f*
Kehrwert *m* MATH valeur *f* réciproque
Kehrwoche *f* SDEUTSCH *obligation faite à tous les locataires d'un immeuble d'assurer à tour de rôle le nettoyage des parties communes pendant une semaine*
keifen ['kaifən] *vi (pej)* brailler
Keil [kail] <-[e]s, -e> *m* ❶ *(Unterlegkeil)* cale *f* ❷ TECH coin *m; **einen ~ ins Holz treiben*** enfoncer un coin dans le bois ❸ *(Zwickel)* soufflet *m*
Keile ['kailə] *Pl* DIAL *(fam)* gnons *mpl*
keilen ['kailən] *vr* DIAL *(fam)* ***sich ~*** se bagarrer
Keilerei [kailə'rai] <-, -en> *f (fam)* bagarre *f*
keilförmig ['kailfœrmɪç] *adj Holzstück, Stein* taillé(e) en biseau; *Grundstück* en biseau; *Schriftzeichen* cunéiforme **Keilkissen** *nt* traversin *m* pupitre
Keilriemen *m* courroie *f* [trapézoïdale] **Keilschrift** *f* écriture *f* cunéiforme
Keim [kaim] <-[e]s, -e> *m* ❶ germe *m* ❷ *(fig geh) einer Freundschaft, Liebe* prémices *fpl* ▶ **etw im ~ ersticken** étouffer qc dans l'œuf
Keimblatt *nt* cotylédon *m* **Keimdrüse** *f* glande *f* génitale
keimen ['kaimən] *vi (a. fig)* germer; ***das Keimen*** la germination
keimfrei *adj* stérilisé(e); *Umgebung* stérile; ***etw ~ machen*** stériliser qc
Keimling ['kaimlɪŋ] <-s, -e> *m* BOT germe *m*
keimtötend *adj* antiseptique
Keimzelle *f* ❶ BIO gamète *m* ❷ *(fig)* ferment *m*
kein [kain] **I.** *pron indef, adjektivisch* ❶ ***~ Wort sagen*** ne pas dire un mot; ***~e Lust/Zeit haben*** ne pas avoir envie/le temps; ***~ Auto/Telefon haben*** ne pas avoir de voiture/de téléphone; ***~e Hunde mögen*** ne pas aimer les chiens; ***~e andere als Brigitte*** nulle autre que Brigitte ❷ *(nicht einmal)* ***~e drei Stunden dauern*** ne même pas durer trois heures
II. *pron indef, substantivisch* ❶ *(auf eine Person bezogen)* ***das weiß ~er*** personne ne le sait; ***das geht ~en etwas an*** cela ne regarde personne; ***es ist ~er mehr da*** il n'y a plus personne; ***sie hat ~en von beiden geheiratet*** elle n'en a épousé aucun des deux ❷ *(auf Dinge bezogen)* ***von den Pullovern gefiel mir ~er*** aucun des pull-overs ne m'a plu; ***Saft habe ich ~en da*** du jus, je n'en ai pas
keinerlei ['kainɐ'lai] *adj inv, attr* ***~ Interesse zeigen*** ne montrer vraiment aucun intérêt
keinesfalls ['kainəs'fals] *adv* ***ich möchte dich ~ beunruhigen*** je ne veux en aucun cas te causer du souci
keineswegs ['kainəs'veːks] *adv* ***sie ist ~ zufrieden*** elle n'est absolument pas satisfaite
keinmal ['kainmaːl] *adv* ***~ fehlen*** ne pas manquer une seule fois
keins *s.* **kein**
Keks [keːks] <-es, -e> *m* gâteau *m* sec
Kelch [kɛlç] <-[e]s, -e> *m* ❶ *(Blütenkelch, Abendmahlskelch)* calice *m* ❷ *(Sektkelch)* flûte *f*
Kelle <-, -n> *f (Schöpflöffel)* louche *f*
Keller ['kɛlɐ] <-s, -> *m* cave *f*
Kellerassel *f* cloporte *m*
Kellerei [kɛlə'rai] <-, -en> *f* cave *f* viticole
Kellerfenster *nt* soupirail *m* **Kellergeschoss** *nt* sous-sol *m*
Kellner(in) ['kɛlnɐ] <-s, -> *m(f)* serveur, -euse *m, f*
kellnern ['kɛlnɐn] *vi (fam)* faire le serveur/la serveuse
Kelte, Keltin ['kɛltə] <-n, -n> *m, f* Celte *mf*
Kelter ['kɛltɐ] <-, -n> *f* pressoir *m*
keltern *vt* pressurer
keltisch ['kɛltɪʃ] *adj* celt[iqu]e
Kendo ['kɛndo] <-[s]> *nt* SPORT *(japanische Kampfsportart)* kendo *m*
Kenia ['keːni̯a] <-s> *nt* le Kenya
Kenianer(in) [ke'ni̯aːnɐ] <-s, -> *m(f)* Kenyan(e) *m(f)*
kenianisch [ke'ni̯aːnɪʃ] *adj* kenyan(e)
kennen ['kɛnən] <kannte, gekannt> **I.** *vt* connaître; ***~ lernen*** apprendre à connaître *Person, Land, Kultur;* ***alle ~ sie als zuverlässige Kollegin*** elle est réputée pour être une collègue sur qui on peut compter; ***so kenne ich sie gar nicht*** je ne l'ai jamais vue comme ça; ***wie ich ihn/sie kenne …*** tel que je le/telle que je la connais … ▶ **das ~ wir schon** *(iron)* on connaît la chanson; **so was ~ wir hier nicht!** ce

K

n'est pas le genre de la maison!; *s. a.* **kennenlernen II.** *vr* ***sich*** ~ se connaître

kẹnnen|lernen I. *vt* ***jdn*** ~ faire la connaissance de qn; ***etw*** ~ apprendre à connaître qc *Land, Kultur;* ***ich freue mich, Sie kennenzulernen!*** je suis heureux, -euse de faire votre connaissance! ► **du wirst/der wird mich noch ~!** *(fam)* tu vas voir/il va voir de quel bois je me chauffe! **II.** *vr* ***sich*** ~ *(Bekanntschaft machen)* faire connaissance; *(vertraut werden)* apprendre à se connaître

Kẹnner(in) <-s, -> *m(f)* ❶ *(Vertrauter)* ***ein ~/eine ~in der Materie*** un expert/une experte en la matière ❷ *(Experte)* connaisseur, -euse *m, f;* ***eine ~in guter Weine/von Antiquitäten*** une connaisseuse en bons vins/en antiquités

Kẹnnerblick *m* œil *m* d'expert

kẹnntlich ['kɛntlɪç] *adj* reconnaissable; ***an etw*** *dat* ~ ***sein*** être reconnaissable à qc; ***etw durch ein Zeichen/mit Leuchtstift ~ machen*** marquer qc d'un signe/au marqueur fluorescent

Kẹnntnis ['kɛntnɪs] <-, -se> *f* ❶ *kein Pl (Wissen)* connaissance *f;* ***jdn von etw in ~ setzen*** porter qc à la connaissance de qn; ***jdn davon in ~ setzen, dass*** porter à la connaissance de qn [le fait] que; ***etw zur ~ nehmen*** prendre acte de qc; ***zur ~ nehmen, dass*** noter que *form;* ***von etw nicht in ~ gesetzt werden*** ne pas être informé au sujet de qc ❷ *Pl (Fachwissen)* connaissances *fpl;* ***über ~se in Informatik verfügen*** posséder des connaissances en informatique

Kẹnntnisnahme <-> *f* ***zur*** ~ pour information *f*

Kẹnnwort <-wörter> *nt* ❶ *(Codewort)* code *m* ❷ *(Losungswort)* mot *m* de passe

Kẹnnzahl ['kɛntsa:l] *f* ❶ *(Ortsnetzkennzahl)* indicatif *m* ❷ *(Zahlenwert)* indice *m*

Kẹnnzeichen *nt* ❶ *(Autokennzeichen)* ***amtliches*** [*o* ***polizeiliches***] ~ numéro *m* d'immatriculation ❷ *(Merkmal)* signe *m* distinctif; ***unveränderliches*** ~ signe *m* particulier ❸ *(Markierung)* signe *m* de reconnaissance

kẹnnzeichnen I. *vt* ❶ marquer *Tier, Fachwort;* signaler *Weg, Behälter;* ***etw als zerbrechlich/explosiv*** ~ marquer qc comme étant fragile/explosif, -ive ❷ *(charakterisieren)* caractériser **II.** *vr* ***sich durch etw*** ~ se caractériser par qc

kẹnnzeichnend *adj* caractéristique **Kẹnnzeichnung** *f* ❶ *(das Kennzeichnen)* marquage *m* ❷ *(Merkmal, Charakterisierung)* marque *f* ❸ MATH *(eindeutige Festlegung)* démonstration *f*

Kẹnnziffer *f* référence *f*

kẹntern ['kɛntɐn] *vi* + *sein* chavirer

Kera̱mik [ke'ra:mɪk] <-, -en> *f* céramique *f*

kera̱misch *adj* en céramique

Kẹrbe ['kɛrbə] <-, -n> *f* encoche *f*

Kẹrbel ['kɛrbəl] <-s> *m* cerfeuil *m*

kẹrben *vt* graver; ***etw in ein Stück Holz*** ~ graver qc dans un morceau de bois

Kẹrbholz ► **etwas auf dem ~ haben** *(fam)* avoir qc à cacher

Kẹrker ['kɛrkɐ] <-s, -> *m* ❶ *(Verlies)* cachot *m* ❷ A *s.* **Zuchthaus**

Kẹrl [kɛrl] <-s, -e *o* -s> *m (fam)* type *m;* ***du fieser ~!*** espèce de salopard!

Kẹrn [kɛrn] <-[e]s, -e> *m* ❶ *(Obstkern)* pépin *m; von Steinobst* noyau *m* ❷ *(Nusskern)* amande *f* ❸ *(Atomkern, Zellkern)* noyau *m* ❹ *(zentraler Punkt) eines Problems* fond *m* ❺ *(zentraler Teil) einer Stadt* cœur *m* ❻ *(wichtiger, aktiver Teil) einer Belegschaft, Mannschaft* noyau *m* dur ► **in jdm steckt ein guter ~** qn a un bon fond; **der harte ~** le noyau dur

Kẹrnarbeitszeit *f* plage *f* [horaire] fixe **Kẹrnbrennstoff** *m* combustible *m* nucléaire **Kẹrnenergie** *s.* **Kernkraft** **Kẹrnfach** *nt* SCHULE matière *f* principale **Kẹrnforschung** *f* recherche *f* nucléaire **Kẹrnfrage** *f* question *f* fondamentale **Kẹrnfusion** ['kɛrnfuzi̯o:n] *f* fusion *f* nucléaire **Kẹrngehäuse** *nt* trognon *m* **kẹrngesund** *adj* en pleine santé

kẹrnig *adj (voller Kerne)* à pépins

Kẹrnkraft *f* énergie *f* nucléaire

Kẹrnkraftbefürworter(in) *m(f)* partisan(e) *m(f)* du nucléaire **Kẹrnkraftgegner(in)** *m(f)* antinucléaire *mf* **Kẹrnkraftwerk** *nt* centrale *f* nucléaire

kẹrnlos *adj* sans pépins

Kẹrnobst *nt* fruits *mpl* à pépins **Kẹrnphysik** *f* physique *f* nucléaire **Kẹrnphysiker(in)** *m(f)* atomiste *mf* **Kẹrnpunkt** *s.* **Kern** **Kẹrnreaktor** *m* réacteur *m* nucléaire **Kẹrnschmelze** *f* fusion *f* du cœur du réacteur **Kẹrnseife** *f* ≈ savon *m* de Marseille **Kẹrnspaltung** *f* PHYS fission *f* nucléaire

Kẹrnspintomografie *f* MED I.R.M. *f*, R.M.N. *f*

Kẹrnstück *nt* point *m* essentiel

Kẹrntechnik *f* technique *f* nucléaire **Kẹrnteilung** *f* BIO mitose *f* **Kẹrnverschmelzung** *f* ❶ PHYS *s.* **Kernfusion** ❷ BIO fusion *f* des gamètes **Kẹrnwaffe** *f*

arme *f* nucléaire **kernwaffenfrei** ['kɛrnvafənfrai] *adj* dénucléarisé(e) **Kernwaffenversuch** *m* essai *m* nucléaire **Kernzeit** *f* plage *f* fixe [de travail]

Kerosin [kero'zi:n] <-s, -e> *nt* kérosène *m*

Kerze ['kɛrtsə] <-, -n> *f* ❶ bougie *f;* REL cierge *m* ❷ *(Zündkerze)* bougie *f* ❸ *(Gymnastikübung)* chandelle *f*

Kerzenbeleuchtung *s.* **Kerzenlicht Kerzendocht** *m* mèche *f* [de bougie] **kerzengerade** ['kɛrtsəngə'ra:də] *adj o adv* droit(e) comme un i **Kerzenhalter** *m (klein)* bougeoir *m; (groß)* chandelier *m; (am Tannenbaum, auf Geburtstagskuchen)* petit bougeoir *m* **Kerzenleuchter** *m* candélabre *m* **Kerzenlicht** *nt* lumière *f* des bougies; ***ein Diner bei ~*** un dîner aux chandelles **Kerzenständer** *m* bougeoir *m*

kess [kɛs] **I.** *adj* ❶ *Person* effronté(e); *Spruch, Antwort* audacieux, -euse; **~ *sein*** *Person:* ne pas avoir froid aux yeux ❷ *(jung, unbekümmert)* joli(e); ***ein ~es Mädchen*** une sacrée minette *fam* ❸ *Hut, Rock* affriolant(e) **II.** *adv antworten, gucken* avec aplomb

Kessel ['kɛsəl] <-s, -> *m* ❶ *(Wasserkessel)* bouilloire *f* ❷ *(Kochtopf)* marmite *f* ❸ *(Heizkessel)* chaudière *f* ❹ GEOG cuvette *f*

Kesselpauke *f* timbale *f*

Ketchup ['kɛtʃap] <-[s], -s> *m o nt* ketchup *m*

Kette ['kɛtə] <-, -n> *f* ❶ chaîne *f; (Halskette)* collier *m* ❷ *(Aneinanderreihung)* succession *f; von Beweisen, Erfolgen* série *f*

ketten *vt (befestigen)* ***jdn/etw an etw akk ~*** enchaîner qn/qc à qc

Kettenbrief *m* lettre *f* en chaîne **Kettenfahrzeug** *nt* véhicule *m* chenillé **Kettenglied** *nt* maillon *m* **Kettenhund** *m* chien *m* enchaîné **Kettenkarussell** *nt* chaises *fpl* volantes **Kettenraucher(in)** *m(f)* grand fumeur *m* /grande fumeuse *f;* **~ *sein*** fumer cigarette sur cigarette **Kettenreaktion** *f* PHYS, CHEM réaction *f* en chaîne **Kettensäge** *f* scie *f* à chaîne **Kettenschutz** *m* carter *m* de chaîne

Ketzer(in) <-s, -> *m(f)* hérétique *mf*

Ketzerei <-, -en> *f* hérésie *f*

ketzerisch *adj* hérétique

keuchen ['kɔyçən] *vi* ❶ + *haben (schwer atmen)* haleter ❷ + *sein (gehen, laufen)* ***durch das Ziel ~*** franchir la ligne d'arrivée en haletant

Keuchhusten *m* coqueluche *f*

Keule ['kɔylə] <-, -n> *f* ❶ *(Waffe)* massue *f* ❷ *(Sportgerät)* mil *m*

keulen ['kɔylən] *vt* ***etw ~*** *Kühe, Tiere* abattre qc

keusch [kɔyʃ] *adj* chaste

Keusche <-, -n> *f* A *(pej: Bruchbude)* taudis *m*

Keuschheit <-> *f* chasteté *f*

Keyboard ['ki:bɔ:t] <-s, -s> *nt* orgue *m* électronique

Kfz [ka:ʔɛf'tsɛt] <-[s], -[s]> *nt Abk von* **Kraftfahrzeug** automobile *f*

Kfz-Mechaniker(in) *m(f)* mécanicien(ne) *m(f)* automobile **Kfz-Werkstatt** *f* garage *m* **Kfz-Zulassung** *f* immatriculation *f* **Kfz-Zulassungsstelle** *f* service *m* des immatriculations

kg *Abk von* **Kilogramm** kg

KG [ka:'ge:] <-, -s> *f Abk von* **Kommanditgesellschaft** SCS *f*

kgl. *adj Abk von* **königlich**

Khaki ['ka:ki] <-s> *m (Stoff)* [toile *f*] kaki *m inv*

khakifarben *adj* kaki *inv*

kHz *Abk von* **Kilohertz** kHz *m*

KI [ka:'ʔi:] <-> *f Abk von* **künstliche Intelligenz** I.A. *f*

Kibbuz [kɪ'bu:ts] <-, Kibbuzim *o* -e> *m* kibboutz *m*

Kichererbse ['kɪçɐʔɛrpsə] *f* pois *m* chiche

kichern ['kɪçɐn] *vi* ricaner

Kickboard ['kɪkbɔ:t] <-s, -s> *nt* trottinette *f*

Kickboxen *nt* kickboxing *m*

kicken ['kɪkən] *vi (fam)* ❶ *(Fußball spielen)* jouer au foot ❷ taper dans *Ball;* ***den Ball ins Aus ~*** botter en touche

Kicker(in) ['kɪkɐ] <-s, -[s]> *m(f) (fam)* footeux, -euse *m, f*

Kickstarter *m* kick *m*

kidnappen ['kɪtnɛpən] *vt* kidnapper

Kidnapper(in) ['kɪtnɛpɐ] <-s, -> *m(f)* kidnappeur, -euse *m, f*

Kidnapping ['kɪtnɛpɪŋ] <-s, -s> *nt* kidnapping *m*

Kidneybohne ['kɪtni-] *f* haricot *m* rouge

Kids [kɪts] <-> *Pl (fam: Kinder)* mômes *mpl; (Jugendliche)* ados *mpl*

Kiebitz ['ki:bɪts] <-es, -e> *m* vanneau *m* huppé

Kiefer[1] ['ki:fɐ] <-, -n> *f (Baum, Holz)* pin *m*

Kiefer[2] ['ki:fɐ] <-s, -> *m* ANAT mâchoire *f*

Kieferchirurg(in) *m(f)* chirurgien(ne) *m(f)* maxillo-facial(e) **Kieferchirurgie** *f* chirurgie *f* maxillo-faciale **Kieferhöhle** *f* ANAT sinus *m* maxillaire

Kieferhöhlenentzündung *f* MED sinusite *f* maxillaire

Kiefernzapfen *m* pomme *f* de pin
Kieker ['ki:kɐ] ▶ **jdn auf dem ~ haben** *(fam: jdn schikanieren)* avoir qn dans le collimateur
Kiel [ki:l] <-[e]s, -e> *m (Schiffskiel)* quille *f*
Kielwasser ▶ **in jds ~** *dat* **schwimmen** naviguer dans le sillage de qn
Kieme ['ki:mə] <-, -n> *f* branchie *f*
Kies [ki:s] <-es, -e> *m* ❶ *(kleine Steine)* gravier *m* ❷ *kein Pl (fam: Geld)* pognon *m*
Kiesel ['ki:zəl] *m s.* **Kieselstein**
Kieselerde *f kein Pl* silice *f* **Kieselsäure** *f* acide *m* silicique **Kieselstein** ['ki:zəlʃtain] *m* gravier *m; (groß)* caillou *m; (am Wasser)* galet *m*
Kiesgrube *f* gravière *f* **Kiesweg** *m* allée *f* de gravier
Kiez [ki:ts] <-es, -e> *m* NDEUTSCH *(Stadtteil)* quartier *m*
kiffen ['kɪfən] *vi (fam)* fumer le bédo, kifer
kikeriki [kikəri'ki:] *interj* cocorico
killen *vt (sl)* buter
Killer(in) <-s, -> *m(f) (fam)* tueur, -euse *m, f* [à gages]
Kilo ['ki:lo] <-s, -[s]> *nt Abk von* **Kilogramm** kilo *m*
Kilobyte [kilo'bait] *nt* kilo-octet *m* **Kilogramm** [kilo'gram] *nt* kilogramme *m* **Kilohertz** [kilo'hɛrts] *nt* kilohertz *m* **Kilojoule** [kilo'dʒu:l] *nt* kilojoule *m* **Kilokalorie** ['ki:lokalori:] *f* kilocalorie *f* **Kilometer** [kilo'me:tɐ] *m* ❶ kilomètre *m;* ***wie viel verbraucht der Wagen auf hundert ~?*** combien la voiture consomme-t-elle aux cent? ❷ *(fam: Stundenkilometer)* ***er fuhr höchstens 50 ~ [in der Stunde]*** il roulait à 50 maxi
Kilometergeld *nt* indemnité *f* kilométrique **kilometerlang** *adj* [long, longue] de plusieurs kilomètres **Kilometerpauschale** *f* forfait *m* kilométrique **Kilometerstand** *m* kilométrage *m* **Kilometerstein** *m* borne *f* kilométrique **kilometerweit** *adj Wanderung* de plusieurs kilomètres **Kilometerzähler** *m* compteur *m* kilométrique
Kilowatt [kilo'vat] *nt* kilowatt *m*
Kilowattstunde *f* kilowattheure *m*
Kind [kɪnt] <-[e]s, -er> *nt* ❶ enfant *mf;* ***uneheliches ~*** enfant illégitime; ***ein ~ von jdm erwarten*** *(geh)* attendre un enfant de qn; ***sie kriegt ein ~*** *(fam)* elle va avoir un gosse; ***bei ihnen ist ein ~ unterwegs*** *(fam)* il y a un gosse en route chez eux ❷ *Pl (fam: Leute)* ***~er, ~er!*** *(fam)* ah, mes enfants!; ***~er, heute bleiben wir zu Hause!*** les enfants, aujourd'hui on reste à la maison! ▶ **das ~ mit dem Bade ausschütten** jeter le bébé avec l'eau du bain; **mit ~ und Kegel** *(hum fam)* avec toute la smala; **das ~ beim Namen nennen** appeler un chat un chat; **ein ~ seiner Zeit sein** vivre avec son temps; **das ist nichts für kleine ~er** *(fam)* ce n'est pas pour les gamins; **sich bei jdm lieb ~ machen** *(fam)* essayer de se mettre dans les petits papiers de qn; **wir werden das ~ schon schaukeln** *(fam)* on va goupiller ça; **das weiß doch jedes ~!** *(fam)* un gosse sait ça!; **von ~ auf** dès son/mon/... plus jeune âge
Kindchen ['kɪntçən] <-s, -> *nt Dim von* **Kind**
Kinderarbeit ['kɪndɐʔarbait] *f* travail *m* des mineurs
kinderarm *adj* ***~es Land*** pays à faible natalité **Kinderarzt, -ärztin** *m, f* pédiatre *mf* **Kinderbetreuung** *f* garde *f* d'enfants **Kinderbuch** *nt* livre *m* d'enfant **Kinderchor** *m* chorale *f* d'enfants
Kinderei [kɪndə'rai] <-, -en> *f* enfantillage *m*
Kinderermäßigung *f* réduction *f* pour enfant **Kindererziehung** *f* éducation *f* des enfants **kinderfeindlich** *adj Gesellschaft* qui ne fait rien pour les enfants **Kinderfest** *nt* fête *f* d'enfants **Kinderfreibetrag** *m* abattement *f* [fiscal] pour enfant[s] à charge **Kinderfreund(in)** *m(f)* ami(e) *m(f)* des enfants; ***ein ~ sein*** aimer les enfants **kinderfreundlich** *adj Person* qui aime les enfants; *Gesellschaft* ouvert(e) aux enfants **Kindergarten** *m* ≈ école *f* maternelle **Kindergärtner(in)** *m(f)* ≈ éducateur, -trice *m, f* d'école maternelle **Kindergeburtstag** *m* anniversaire *m* d'enfant; ***zum ~ eingeladen sein*** être invité à un goûter d'anniversaire **Kindergeld** *nt* ≈ allocations *fpl* familiales **Kinderheim** *nt (Fürsorgeheim)* ≈ foyer *m* de la DDASS; *(Erholungsheim)* centre *m* d'accueil pour enfants **Kinderhort** *m* garderie *f* **Kinderklinik** *f* hôpital *m* d'enfants **Kinderkrankheit** *f* ❶ maladie *f* infantile ❷ *meist Pl (Anfangsproblem)* ratés *mpl* de départ
Kinderkrippe *f* crèche *f* **Kinderladen** *m* jardin *m* d'enfants alternatif *(utilisant des méthodes non-directives)* **Kinderlähmung** *f* poliomyélite *f* **kinderleicht** ['kɪndɐ'laiçt] **I.** *adj* enfantin(e); ***~ sein*** être un jeu d'enfant **II.** *adv* ***etw ist ~ zu montieren/bedienen*** c'est enfantin de monter/se servir de qc **kinderlieb** ['kɪndɐli:p]

adj qui aime les enfants; **~ *sein*** aimer les enfants **Kinderlied** *nt* chanson *f* enfantine

kinderlos *adj* sans enfants

Kindermädchen *nt* bonne *f* d'enfants

Kindermord *m* infanticide *m* **Kindermörder(in)** *m(f)* infanticide *mf* **kinderreich** *adj Paar* qui a beaucoup d'enfants; *Familie* nombreux, -euse; **~ *sein*** *Paar:* avoir beaucoup d'enfants **Kinderschänder(in)** <-s, -> *m(f)* violeur, -euse *m, f* d'enfants **Kinderschändung** *f* pédophilie *f* **Kinderschar** *f* ribambelle *f* d'enfants *fam* **Kinderschuh** *m* chaussure *f* d'enfant ▶ **noch in den ~en stecken** *Entwicklung, Technik:* être encore aux [premiers] balbutiements **kindersicher** **I.** *adj Spielzeug, Verschluss* adapté(e) aux enfants **II.** *adv aufbewahren* hors de portée des enfants **Kindersicherung** *f* sécurité *f* enfants **Kindersitz** *m* siège *m* pour enfant **Kinderspiel** *nt* jeu *m* pour enfants ▶ **für jdn ein ~ sein** être un jeu d'enfant pour qn **Kinderspielplatz** *m* terrain *m* de jeu; *(an der Autobahn)* aire *f* de jeux **Kinderspielzeug** *nt* jouet *m* [d'enfant] **Kindersprache** *f* langage *m* enfantin **Kinderstation** *f* service *m* de pédiatrie **Kindersterblichkeit** *f* mortalité *f* infantile **Kinderstube** *f* DIAL *s.* **Kinderzimmer** ▶ **jd hat eine/keine gute ~ gehabt** qn a reçu une bonne/mauvaise éducation **Kindertagesstätte** *s.* **Kinderhort** **Kinderwagen** *m* landau *m; (Sportwagen)* poussette *f* **Kinderwunsch** *m* désir *m* d'enfant **Kinderzimmer** *nt* chambre *f* d'enfant

Kindesalter *nt* bas âge *m;* ***seit frühestem ~*** depuis son/mon/... plus jeune âge

Kindesbeine ▶ **etw von ~n an lernen** apprendre qc dès sa plus tendre enfance

Kindesmissbrauch *m* abus *m* [sexuel] sur des enfants **Kindesmisshandlung** *f* maltraitance *f* des enfants

kindgemäß, kindgerecht **I.** *adj* adapté(e) aux enfants; *Einrichtung* conçu(e) pour les enfants **II.** *adv* en fonction des enfants

Kindheit <-> *f* enfance *f;* ***etw von ~ an lernen*** apprendre qc dès l'enfance

Kindheitserinnerung *f* souvenir *m* d'enfance **Kindheitstraum** *m* rêve *m* d'enfant; ***sich*** *dat* ***einen ~ erfüllen*** réaliser un rêve d'enfant

kindisch ['kɪndɪʃ] *(pej)* **I.** *adj* puéril(e); ***wieder ~ werden*** retomber dans l'enfance **II.** *adv sich benehmen, verhalten* de façon puérile

kindlich ['kɪntlɪç] **I.** *adj* d'enfant; ***sie ist noch sehr ~*** elle est encore très jeune **II.** *adv sich verhalten* comme un enfant

Kindskopf ['kɪntskɔpf] *m (fam)* gamin *m*

Kindstod *m* MED ***plötzlicher ~*** mort *f* subite du nourrisson

Kinetik <-> *f* cinétique *f*

kinetisch [ki'ne:tɪʃ] *adj* cinétique

Kinkerlitzchen *Pl (fam)* bricoles *fpl*

Kinn [kɪn] <-[e]s, -e> *nt* menton *m*

Kinnbart *m* bouc *m* **Kinnhaken** *m* uppercut *m* **Kinnlade** *f* mâchoire *f* [inférieure]

Kino ['ki:no] <-s, -s> *nt* cinéma *m*

Kinobesuch *m* séance *f* de cinéma **Kinobesucher(in)** *m(f)* spectateur, -trice *m, f* **Kinofilm** ['ki:nofɪlm] *m* film *m* [grand écran] **Kinogänger(in)** ['ki:nogɛŋɐ] <-s, -> *m(f)* cinéphile *mf* **Kinokarte** *f* place *f* de cinéma **Kinokasse** *f* caisse *f* [du cinéma] **Kinoleinwand** *f* écran *m* de cinéma **Kinoprogramm** *nt* ❶ *(gezeigte Filme)* affiche *f* ❷ *(gedrucktes Programm)* programme *m* des films **Kinosaal** *m* salle *f* de cinéma **Kinowerbung** *f* publicité *f* cinématographique

Kiosk ['ki:ɔsk] <-[e]s, -e> *m* kiosque *m*

Kipfe[r]l <-s, -[n]> *nt* A croissant *m*

Kippe ['kɪpə] <-, -n> *f (fam)* ❶ *(fam: Mülldeponie)* décharge *f* ❷ *(fam: Zigarettenstummel)* mégot *m* ❸ *(fam: Zigarette)* sèche *f* ▶ **auf der ~ stehen** *(fam) Schüler, Firma:* être sur la corde raide; *Entscheidung:* être en suspens; ***in Mathe stehe ich genau auf der ~*** en maths, je suis vraiment ric-rac

kippen ['kɪpən] **I.** *vt + haben* ❶ *(schütten)* ***Sand auf die Straße ~*** renverser du sable dans la rue; ***Giftstoffe in den Fluss ~*** déverser des produits toxiques dans la rivière ❷ *(schräg stellen)* basculer; ***bitte nicht ~!*** ne pas retourner s.v.p.! ▶ **einen ~** *(fam)* s'en jeter un **II.** *vi + sein* ❶ *(umfallen) Person, Fahrzeug, Möbelstück:* basculer; *Behälter:* se renverser ❷ *(fam: zurückgehen)* flancher ❸ ÖKOL *(fam) Gewässer:* périr; *Ökosystem:* être perturbé

Kippfenster *nt* fenêtre *f* basculante **Kippschalter** *m* interrupteur *m* [basculant]

Kirche ['kɪrçə] <-, -n> *f* ❶ *(Gebäude, Gottesdienst)* église *f* ❷ *(Institution)* Église *f;* ***die evangelische/katholische/orthodoxe ~*** l'Église protestante/catholique/orthodoxe; ***aus der ~ austreten*** faire une déclaration de non-appartenance à l'Église

Kirchenaustritt *m* déclaration *f* de non-appartenance à l'Église **Kirchenbuch** *nt* registre *m* paroissial **Kirchenchor** *m* chorale *f* paroissiale **Kirchendiener** *m*

K

sacristain *m* **Kirchenfenster** *nt* vitrail *m* **Kirchengemeinde** *f* paroisse *f* **Kirchengeschichte** *f* histoire *f* de l'Église **Kirchenglocke** *f* cloche *f* de l'église **Kirchenjahr** *nt* année *f* religieuse **Kirchenlied** *nt* cantique *m* **Kirchenmaus** ► **arm wie eine ~ sein** *(fam)* être fauché comme les blés **Kirchenmusik** ['kɪrçənmuzi:k] *f* musique *f* religieuse **Kirchenorgel** *f* orgue *m* d'église/de l'église **Kirchenschiff** *nt* *(Längsschiff)* [grande] nef *f*; *(Querschiff)* nef latérale **Kirchenstaat** *m kein Pl* HIST États *mpl* pontificaux **Kirchensteuer** *f* ≈ impôt *m* au bénéfice des Églises **Kirchenvater** *m* Père *m* de l'Église **Kirchenvolk** *nt kein Pl* communauté *f* religieuse

Kirchgang <-gänge> *m* assistance *f* au service religieux

Kirchgänger(in) <-s, -> *m(f)* pratiquant(e) *m(f)*

kirchlich ['kɪrçlɪç] **I.** *adj* de l'Église; *Feiertag, Trauung* religieux, -euse **II.** *adv heiraten, bestatten* à l'église

Kirchtag A *s.* **Kirmes** **Kirchturm** *m* clocher *m*

Kirchturmpolitik ['kɪrçtʊrmpoliti:k] *f* *(pej)* politique *f* de clocher **Kirchturmspitze** *f* flèche *f* du clocher

Kirchweih ['kɪrçvai] <-, -en> *f*, **Kirchweihe** *f* DIAL fête *f* patronale

Kirgisistan <-s> [kɪr'gi:zɪsta:n] *nt* Kirghizistan *m*

Kiribati <-s> [kiri'ba:ti] *nt* Kiribati *fpl*

Kirmes ['kɪrməs] <-, -sen> *f* DIAL kermesse *f*

kirre ► **jdn ~ machen** *(fam: jdn verrückt machen)* rendre dingue qn

Kirsch *s.* **Kirschwasser**

Kirschbaum *m (Baum, Holz)* cerisier *m* **Kirschblüte** *f* fleur *f* de cerisier; ***zur [Zeit der] ~*** quand les cerisiers sont en fleurs

Kirsche ['kɪrʃə] <-, -n> *f* ❶ cerise *f* ❷ *(Baum, Holz)* cerisier *m*; *(Holz der Vogelkirsche)* merisier *m* ► **mit jdm ist nicht gut ~n essen** *(fam)* qn n'est pas à prendre avec des pincettes

Kirschkern *m* noyau *m* de cerise **Kirschtorte** *f* tarte *f* aux cerises; ***Schwarzwälder ~*** forêt-noire *f* **Kirschwasser** <-wasser> *nt* kirsch *m*

Kirtag ['kɪrta:k] SDEUTSCH, A *s.* **Kirmes**

Kissen ['kɪsən] <-s, -> *nt (Kopfkissen)* oreiller *m*; *(Zierkissen)* coussin *m*

Kissenbezug *m (Kopfkissenbezug)* taie *f* [d'oreiller]; *(Zierkissenbezug)* housse *f* [de coussin] **Kissenschlacht** *f (fam)* bataille *f* de polochons

Kiste ['kɪstə] <-, -n> *f* ❶ caisse *f*; *(klein)* boîte *f*; ***eine ~ Bier/Wasser*** une caisse de bières/d'eau; ***eine ~ Zigarren*** une boîte de cigares ❷ *(fam: Auto)* caisse *f* ❸ *(fam: Fernseher)* téloche *f* ❹ *(fam: Computer)* bécane *f*

kistenweise *adv (in großen Mengen)* ***~ Spielsachen wegwerfen*** jeter des pleines caisses de jouets

Kita ['ki:ta] <-, -s> *f Abk von* **Kindertagesstätte** garderie *f*

Kitsch [kɪtʃ] <-es> *m* kit[s]ch *m*

kitschig **I.** *adj* kit[s]ch *inv* **II.** *adv* de façon kit[s]ch

Kitt [kɪt] <-[e]s, -e> *m* mastic *m*

Kittchen ['kɪtçən] <-s, -> *nt (fam)* taule *f*; ***im ~ sitzen*** faire de la taule

Kittel ['kɪtəl] <-s, -> *m (Arbeitskittel)* blouse *f*

Kittelschürze *f* blouse *f* tablier

kitten ['kɪtən] *vt* ❶ mastiquer *Riss* ❷ recoller *Tasse, Vase* ❸ *(fig)* cimenter *Partnerschaft*; ***wieder ~*** reconsolider; ***da lässt sich nichts mehr ~*** impossible de recoller les morceaux

Kitz [kɪts] <-es, -e> *nt eines Rehs* faon *m*; *einer Ziege* chevreau *m*

Kitzel <-s, -> *m (Nervenkitzel)* frisson *m* agréable

kitzelig *s.* **kitzlig**

kitzeln ['kɪtsəln] **I.** *vt* chatouiller; ***jdn unter den Armen ~*** chatouiller qn sous les bras; ***sie kitzelte ihn an den Füßen ~*** elle lui a chatouillé les pieds **II.** *vi Haare, Wolle:* chatouiller; ***das kitzelt*** ça chatouille; ***es kitzelt mich in der Nase*** j'ai le nez qui me chatouille

Kitzeln <-s> *nt* chatouillement *m*

Kitzler ['kɪtslɐ] <-s, -> *m* clitoris *m*

kitzlig *adj* ❶ chatouilleux, -euse ❷ *(heikel)* délicat(e)

Kiwi ['ki:vi] <-, -s> *f* kiwi *m*

KKW [ka:ka:'ve:] <-s, -s> *nt Abk von* **Kernkraftwerk** centrale *f* nucléaire

klacken ['klakən] *vi (fam)* claquer

klacks [klaks] *interj* vlan

Klacks [klaks] <-es, -e> *m (fam)* ***ein ~ Püree*** un chouia de purée ► **für jdn ein ~ sein** *(einfach sein)* être de la rigolade pour qn; *(wenig sein)* être une babiole pour qn

Kladde ['kladə] <-, -n> *f* DIAL cahier *m* de brouillon

klaffen ['klafən] *vi Spalt, Abgrund:* bâiller; *Wundränder:* être écarté(e); *Wunde, Schnitt:* être béant(e)

K

kläffen ['klɛfən] *vi* glapir; ***das Kläffen*** les glapissements *mpl*

klaffend *adj Abgrund* béant(e)

Kläffer ['klɛfɐ] <-s, -> *m (pej)* roquet *m péj*

Klage ['kla:gə] <-, -n> *f* ❶ plainte *f;* ***über jdn/etw ~n vorbringen*** se plaindre de qn/qc; ***keinen Grund zur ~ haben*** n'avoir aucune raison de se plaindre ❷ JUR ***~ gegen jdn erheben*** porter plainte contre qn; ***eine ~ gegen jdn anstrengen/einreichen*** intenter un procès/déposer une plainte contre qn; ***eine ~ abweisen*** débouter un(e) plaignant(e)

Klagegeschrei *nt* lamentations *fpl;* ***ein lautes/jämmerliches ~ anstimmen*** se répandre en lamentations bruyantes/déchirantes **Klagelied** *nt* complainte *f* ▸ **ein ~ über jdn/etw anstimmen** se répandre en lamentations au sujet de qn/qc **Klagemauer** *f* ***die ~*** le mur des Lamentations

klagen ['kla:gən] **I.** *vi* ❶ *(jammern)* se lamenter; ***über etw*** *akk* ~ se lamenter sur qc ❷ *(sich beklagen)* ***über etw*** *akk* ~ se plaindre de qc ❸ JUR ***gegen jdn*** ~ porter plainte contre qn; ***auf Schadenersatz*** ~ intenter une action en dommages-intérêts **II.** *vt* ❶ *(erzählen)* ***jdm sein Leid/seine Not*** ~ se plaindre de sa souffrance/misère auprès de qn ❷ A *s.* **verklagen**

klagend I. *adj* ❶ *Laut, Stimme* plaintif, -ive ❷ JUR *Partei, Teil* plaignant(e) **II.** *adv* en geignant

Kläger(in) ['klɛ:gɐ] <-s, -> *m(f)* plaignant(e) *m(f)*

Klageschrift *f* plainte *f* **Klageweib** *nt* pleureuse *f*

kläglich ['klɛ:klɪç] **I.** *adj* ❶ *(pej: miserabel)* lamentable ❷ *(dürftig)* misérable ❸ *Stimme, Wimmern* pitoyable **II.** *adv (pej) durchfallen, scheitern* lamentablement

Kläglichkeit <-, -en> *f (pej) einer Ausrede, eines Einwands* indigence *f;* ***die ~ dieses Gehalts*** ce salaire de misère

klaglos ['kla:klo:s] *adv* sans rechigner

Klamauk [kla'maʊk] <-s> *m (fam: Alberei)* connerie *f*

klamm [klam] *adj Wäsche* humide et froid(e)

Klamm <-, -en> *f* gorge *f*

Klammer ['klamɐ] <-, -n> *f* ❶ *(Wäscheklammer)* pince *f* [à linge] ❷ *(Heftklammer)* agrafe *f; (Büroklammer)* trombone *m* ❸ *(Haarklammer)* épingle *f* [à cheveux] ❹ MED *(Wundklammer)* agrafe *f* ❺ *(Textsymbol)* ***[runde]*** ~ parenthèse *f;* ***eckige/spitze/geschweifte*** ~ crochet *m* /chevron *m* /accolade *f;* ***in ~n*** entre parenthèses; ~ ***auf*** ouvre/ouvrez la parenthèse; ~ ***zu*** ferme/fermez la parenthèse

Klammeraffe *m* INFORM *(fam)* ar[r]obase *f*

klammern ['klamɐn] **I.** *vt* ❶ *(zusammenheften)* agrafer; ***einen Zettel an etw*** *akk* ~ agrafer un bout de papier à qc ❷ MED ***eine Wunde*** ~ suturer une plaie [au moyen d'agrafes] **II.** *vr* ❶ *(festhalten)* ***sich an jdn/etw*** ~ s'accrocher à qn/qc ❷ *(fig)* ***sich an jdn/etw*** ~ se raccrocher à qn/qc **III.** *vi Boxer:* s'accrocher

klammheimlich ['klam'haɪmlɪç] *adv (fam)* en douce

Klamotten [kla'mɔtən] *Pl (fam)* fringues *fpl*

klang [klaŋ] *Imp von* **klingen**

Klang [klaŋ, *Pl:* 'klɛŋə] <-[e]s, Klänge> *m* ❶ *(Ton)* son *m; einer Stimme* timbre *m* ❷ *Pl (harmonische Klangfolgen)* sons *mpl* ▸ **einen guten ~ haben** *Instrument:* avoir un beau son; *Name:* être réputé **Klangfarbe** *f* MUS timbre *m*

klanglich *adj Qualität* sonore

klanglos ['klaŋlo:s] *adj Stimme* sans timbre; ~ ***sein*** *Stimme:* être sourd

Klangregler *m* régulateur *m* de [la] tonalité **klangvoll** *adj* ❶ *(volltönend)* sonore; *Name, Wort* qui sonne bien ❷ *Titel, Name* impressionnant(e)

Klappbett *nt* lit *m* rabattable

Klappe ['klapə] <-, -n> *f* ❶ *(Verschlussklappe) eines Briefkastens, Mülleimers* couvercle *m; einer Tasche* rabat *m; eines Ofens* clapet *m* ❷ MUS *einer Klarinette, Flöte* clé *f* ❸ *(fam: Mund)* clapet *m;* ***eine große ~ haben*** avoir une grande gueule; ***die ~ aufreißen*** être fort en gueule; ***[halt die] ~!*** la ferme!

klappen ['klapən] **I.** *vt* + *haben* ***etw nach oben/unten/hinten*** ~ rabattre qc vers le haut/vers le bas/en arrière **II.** *vi* ❶ + *haben (fam: funktionieren)* marcher; ***mit dem Projekt hat es nicht geklappt*** le projet n'a pas marché; ***es klappt fantastisch*** ça marche super bien ❷ + *sein (schnappen)* ***nach oben/unten*** ~ *Sitz:* se relever/s'abaisser

Klappentext *m* résumé *m* sur la jaquette d'un/du livre

Klapper ['klapɐ] <-, -n> *f* hochet *m*

klapperdürr ['klapɐ'dʏr] *adj (fam)* maigre comme un clou **Klappergestell** *nt (hum fam)* squelette *m* ambulant *hum fam*

klapperig ['klapərɪç] *s.* **klapprig**

Klapperkiste *f (pej fam)* tas *m* de ferraille

klappern ['klapɐn] *vi* ❶ *(schlagen) Laden, Fensterflügel:* claquer ❷ *(Geräusch erzeu-*

K

gen) ***mit den Zähnen/dem Schnabel ~*** claquer des dents/du bec; ***mit dem Geschirr/den Stricknadeln ~*** faire cliqueter la vaisselle/les aiguilles à tricoter

Klapperschlange *f* serpent *m* à sonnettes **Klapperstorch** *m (Kinderspr.)* [gentille] cigogne *f*

Klappfahrrad *nt* vélo *m* pliant **Klapphandy** *nt* mobile *m* à ouverture rabattable **Klappliege** *f* lit *m* pliant **Klappmesser** *nt* canif *m*

klapprig *adj (fam)* ❶ *(gebrechlich)* décati(e) ❷ *Auto, Möbelstück* déglingué(e)

Klappsitz *m* siège *m* rabattable **Klappstuhl** *m* chaise *f* pliante **Klapptisch** *m* table *f* pliante

Klaps [klaps] <-es, -e> *m* tape *f*

Klapsmühle *f (pej fam)* maison *f* de fous

klar [klaːɐ̯] **I.** *adj* ❶ *Wasser, Himmel, Sicht* clair(e) ❷ *Stimme, Aussprache* clair(e); *Benachteiligung, Ergebnis* évident(e); *Vorsprung* net(te) ❸ *(fam: verständlich)* ***alles ~?*** c'est clair?; ***na ~!*** mais bien sûr!, ben évidemment!; ***alles ~!*** c'est clair! ❹ *(bewusst)* ***jdm ist etw ~*** qn comprend qc; ***jdm wird etw ~*** qn commence à comprendre qc; ***sich über seine Gefühle/Fehler ~ werden*** prendre conscience de ses sentiments/erreurs; ***sich darüber ~ werden, dass ...*** commencer à réaliser que ...; ***langsam wird mir ~, wie ...*** je commence à comprendre comment ... **II.** *adv erkennen, hervortreten* clairement; ***~ denkend*** clairvoyant ▶ **~ und deutlich** de façon claire et nette; **das ist so ~ wie sonst was!** *(fam)* y a pas photo!

Kläranlage [ˈklɛːɐ̯anlaːgə] *f* station *f* d'épuration

klardenkend *s.* **klar II.**

Klare(r) *m dekl wie adj (fam)* gnôle *f*

klären [ˈklɛːrən] **I.** *vt* ❶ *(aufklären)* élucider *Problem, Frage* ❷ *(reinigen)* épurer *Abwasser* **II.** *vr* **sich ~** ❶ *(sich aufklären)* se résoudre; ***die Frage hat sich geklärt*** la question est résolue ❷ *(sauber werden) Wasser:* se décanter

klar|gehen *vi irr + sein (fam)* ***das geht klar*** ça marche

Klarheit <-, -en> *f (a. fig)* clarté *f;* ***etw in aller ~ sagen/zu verstehen geben*** dire/faire comprendre qc en toute clarté; ***sich dat ~ über etw akk verschaffen*** obtenir des précisions sur qc; ***über etw akk besteht ~*** qc est clair(e) [pour tout le monde/entre nous]

Klarinette [klariˈnɛtə] <-, -n> *f* clarinette *f*

klar|kommen *vi irr + sein (fam)* s'en sortir; ***mit jdm/etw ~*** s'en sortir avec qn/qc

Klarlack *m* vernis *m* **klar|machen I.** *vt* faire comprendre; ***jdm etw ~*** faire comprendre qc à qn; ***jdm ~, dass/wie ...*** expliquer à qn que/comment ... **II.** *vr* ***sich dat etw ~*** se rendre compte de qc; ***sich dat ~, dass/wo ...*** réaliser que/où ...

Klärschlamm *m* boues *fpl* d'épuration

klar|sehen *vi irr* ***in etw*** *dat* ~ y voir clair dans qc *fam*

Klarsichtfolie *f* film *m* transparent [étirable] **Klarsichthülle** *f* chemise *f* transparente; *(zum Einheften)* pochette *f* perforée

klar|spülen *vt, vi* rincer **klar|stellen** *vt* clarifier; ***~, dass ...*** mettre en évidence que ...; ***ich möchte ~, dass ...*** je tiens à préciser que ... **Klarstellung** *f* clarification *f;* ***ich verlange von Ihnen eine ~, dass*** je vous demande de spécifier que

Klartext ▶ **mit jdm ~ reden** *(fam)* dire à qn comment on s'appelle

Klärung <-, -en> *f* ❶ *(Aufklärung)* élucidation *f* ❷ *(Reinigung) von Abwässern* épuration *f*

klar|werden *s.* **klar I. 4**

klasse *adj inv (fam)* super

Klasse [ˈklasə] <-, -n> *f* ❶ *a.* SCHULE, SOZIOL, BIO classe *f;* ***erster/zweiter ~ fahren/fliegen*** voyager en première/ seconde [classe]; ***ein Wagen der ersten ~*** une voiture de première classe ❷ *(Fahrzeuggruppe, -art)* catégorie *f* ❸ *(Ziehungsgruppe) einer Lotterie* tirage *m; (Gewinnklasse)* rang *m*

Klassenarbeit *f* contrôle *m* **Klassenausflug** *m* excursion *f* avec la classe **Klassenbeste(r)** *f(m) dekl wie adj* premier, -ière *m, f* [de la classe] **Klassenbuch** *nt* cahier *m* de présence **Klassenfahrt** *f* voyage *m* scolaire **Klassenkamerad(in)** *m(f)* camarade *mf* de classe **Klassenkampf** *m* lutte *f* des classes **Klassenlehrer(in)** *m(f)* professeur *mf* principal

klassenlos *adj Gesellschaft* sans classe

Klassenlotterie *f* loterie *f* [en plusieurs tirages] **Klassenraum** *m s.* **Klassenzimmer** **Klassensprecher(in)** *m(f)* délégué(e) *m(f)* de classe **Klassentreffen** [ˈklasəntrɛfən] *nt* réunion *f* d'anciens [camarades de classe] **Klassenziel** *nt* objectif *m* pédagogique **Klassenzimmer** *nt* salle *f* de classe

Klassifikation [klasifikaˈtsi̯oːn] <-, -en> *f s.* **Klassifizierung**

klassifizierbar *adj* classable

klassifizieren* [klasifiˈtsiːrən] *vt* classifier

Klassifizierung <-, -en> *f* classification *f*

Klassik ['klasɪk] <-> *f* ❶ *(kulturelle Epoche)* classicisme *m* ❷ *(klassisches Altertum)* Antiquité *f* ❸ *(fam: klassische Musik)* classique *m; (klassische Literatur)* œuvres *fpl* classiques

Klassiker(in) <-s, -> *m(f)* ❶ *(Schriftsteller)* classique *m* ❷ *(Komponist)* musicien(ne) *m(f)* classique ❸ *(Autorität)* référence *f;* ***ein ~ des Stummfilms*** un classique du film muet

klassisch *adj* classique

Klassizismus [klasi'tsɪsmʊs] <-, -smen> *m* classicisme *m*

klassizistisch [klasi'tsɪstɪʃ] *adj* classique

klatsch *interj* paf

Klatsch [klatʃ] <-[e]s> *m (pej fam: Gerede)* ragots *mpl*

Klatschbase *f (pej fam)* commère *f*

Klatsche ['klatʃə] <-, -n> *f (fam)* tapette *f* [à mouches]

klatschen ['klatʃən] **I.** *vi* ❶ + *haben* applaudir; ***in die Hände ~*** taper dans les mains ❷ + *haben (schlagen)* ***sich dat auf die Schenkel ~*** se taper sur les cuisses ❸ + *sein (auftreffen)* ***auf/gegen etw*** *akk* **~** s'écraser sur/contre qc ❹ + *haben (pej fam: tratschen)* ***über jdn ~*** taper sur qn; ***über etw*** *akk* ~ jaser sur qc **II.** *vt* + *haben* ❶ *(schlagen)* ***den Takt ~*** battre la mesure [des mains] ❷ *(fam: werfen)* ***etw an die Wand ~*** balancer qc sur le mur; ***er hat ihm eine Torte ins Gesicht geklatscht*** il lui a flanqué un gâteau à la crème en pleine figure

Klatscherei [klatʃə'raɪ] <-, -en> *f (pej fam)* commérages *mpl*

Klatschmaul *nt (pej fam: Klatschbase)* concierge *f* **Klatschmohn** *m kein Pl* coquelicot *m* **klatschnass** ['klatʃ'nas] *adj (fam) Kleidung, Haare* tout(e) trempé(e); ***~ sein*** *Person:* être trempé comme une soupe [*o* jusqu'aux os] **Klatschpresse** *f* presse *f* people **Klatschspalte** *f (pej fam)* rubrique *f* des potins mondains, échos *mpl* **klatschsüchtig** *adj (pej)* cancanier, -ière

Klaue ['klaʊə] <-, -n> *f* ❶ *eines Raubvogels* serres *fpl; eines Raubtiers* griffe *f; eines Insekts* pince *f* ❷ *(pej fam: Handschrift)* écriture *f* de cochon

klauen ['klaʊən] **I.** *vt (fam)* ❶ piquer, faucher; ***jdm etw ~*** piquer qc à qn ❷ *(plagiieren)* piquer **II.** *vi (fam)* faucher; ***beim Klauen erwischt werden*** être surpris en train de faucher

Klausel ['klaʊzəl] <-, -n> *f* clause *f*

Klaustrophobie [klaʊstrofo'bi:] <-> *f* PSYCH claustrophobie *f*

Klausur [klaʊ'zu:ɐ̯] <-, -en> *f* ❶ UNIV [examen *m*] partiel *m* ❷ SCHULE devoir *m* surveillé ❸ *(Klosterbereich)* clôture *f*

Klausurtagung *f* congrès *m* à huis clos

Klaviatur [klavi̯a'tu:ɐ̯] <-, -en> *f eines Instruments* clavier *m*

Klavier [kla'vi:ɐ̯] <-s, -e> *nt* piano *m;* ***~ spielen*** jouer du piano

Falsche Freunde

Nicht verwechseln mit *le clavier* – *die Tastatur*!

Klavierhocker *m* tabouret *m* de piano **Klavierkonzert** *nt* concerto *m* pour piano; *(Veranstaltung)* récital *m* de piano **Klavierlehrer(in)** *m(f)* professeur *mf* de piano **Klaviersonate** *f* sonate *f* pour piano **Klavierspieler(in)** *m(f)* pianiste *mf* **Klavierstimmer(in)** <-s, -> *m(f)* accordeur, -euse *m, f* de pianos **Klavierstunde** *f* leçon *f* de piano **Klavierunterricht** *m* cours *m* de piano

Klebeband ['kle:bəbant] <-bänder> *nt* ruban *m* adhésif **Klebebindung** *f* TYP reliure *f* sans couture

kleben ['kle:bən] **I.** *vi* ❶ *(klebrig sein)* coller ❷ *(haften)* ***an etw*** *dat* ~ être collé à qc; ***gut/schlecht ~*** coller bien/mal; ***diese Folie klebt von selbst*** c'est une feuille autocollante ❸ *(fam: treu befolgen)* ***an etw*** *dat* ~ suivre fidèlement qc **II.** *vt* ❶ *(befestigen)* ***etw an die Wand ~*** coller qc au mur ❷ coller *Film, Tonband* ❸ *(reparieren)* recoller

kleben|bleiben *s.* **bleiben I. 6**

Kleber ['kle:bɐ] <-s, -> *m (fam)* colle *f*

Klebestift *m* bâton *m* de colle **Klebestreifen** *m s.* **Klebstreifen**

klebrig ['kle:brɪç] *adj* collant(e)

Klebstoff *m* colle *f*

Klebstreifen *m* [ruban *m*] adhésif *m*

kleckern ['klɛkɐn] **I.** *vt* + *haben* ***Soße auf etw*** *akk* ~ faire des taches de sauce sur qc; *(großflächig)* répandre de la sauce sur qc **II.** *vi* + *haben* ***mit etw ~*** faire des taches de qc *fam*

Klecks [klɛks] <-es, -e> *m (Fleck)* [grosse] tache *f; (Farbklecks)* éclaboussure *f; (Tintenklecks)* pâté *m*

klecksen ['klɛksən] *vi* + *haben* ❶ *(Kleckse machen) Person:* barbouiller *fam* ❷ *(tropfen) Füller:* baver

Klee [kle:] <-s> *m* trèfle *m*

Kleeblatt *nt* [feuille *f* de] trèfle *m;* ***vierblättriges ~*** trèfle *m* à quatre feuilles

K

Kleid [klait] <-[e]s, -er> *nt* ❶ robe *f* ❷ *Pl (Kleidungsstück)* vêtements *mpl,* habits *mpl* ▶ **~er machen Leute** *(prov)* ≈ on juge les gens sur leur mine
kleiden ['klaidən] **I.** *vr* s'habiller; ***sich dezent/auffällig ~*** s'habiller d'une façon décente/criarde **II.** *vt* ***jdn gut ~*** *Anzug, Farbe:* bien habiller qn
Kleiderbügel *m* cintre *m* **Kleiderbürste** *f* brosse *f* à habits **Kleiderhaken** *m* patère *f,* portemanteau *m* **Kleiderkasten** *m* A, CH, **Kleiderschrank** *m* armoire[-penderie] *f*
kleidsam *adj (geh)* seyant(e)
Kleidung <-, -en> *f* vêtements *mpl,* habits *mpl*
Kleidungsstück *nt* vêtement *m*
Kleie ['klaiə] <-, -n> *f* son *m*
klein [klain] **I.** *adj* ❶ petit(e) *gén antéposé;* ***eine zu ~e Bluse*** un chemisier trop juste; ***jdm zu ~ sein*** être trop petit pour qn ❷ *Person* petit(e) *antéposé;* ***sich ~ machen*** se faire tout(e) petit(e) ❸ *Kind, Hund, Katze* petit; ***als ich ~ war*** quand j'étais tout(e) petit(e) ❹ *Buchstabe* minuscule; ***ein ~es a*** un a minuscule; *(in mathematischen Gleichungen)* un petit a ❺ *(gering)* petit(e) *antéposé;* ***ein ~[es] bisschen, ein ~ wenig*** un [tout] petit peu ❻ *Fehler, Verstoß* petit(e) *antéposé;* ***die ~ste Bewegung*** le moindre mouvement ▶ **im Kleinen wie im Großen** en gros et en détail; **bis ins Kleinste** jusque dans le moindre détail; **von ~ auf** dès ma/sa/... plus tendre enfance **II.** *adv* ▶ **~ anfangen** *(fam: mit wenig Vermögen)* partir de quasiment zéro; **~ beigeben** baisser le ton; **~ machen** *(Kinderspr.)* faire la petite commission
Kleinaktionär(in) *m(f)* petit(e) *m(f)* actionnaire **Kleinanzeige** *f* petite annonce *f* **Kleinarbeit** *f kein Pl* travail *m* de précision; ***etw in mühseliger ~ tun*** faire qc grâce à un véritable travail de fourmi **Kleinasien** [klain'ʔa:ziən] <-s> *nt* l'Asie *f* mineure **Kleinbahn** *f* ligne *f* à voie étroite **klein|bekommen*** ['klainbəkɔmən] *s.* **kleinkriegen Kleinbetrieb** *m* petite entreprise *f*
Kleinbildkamera *f* appareil *m* 24 x 36
Kleinbuchstabe *m* [lettre *f*] minuscule *f* **Kleinbürger(in)** *m(f) (pej: Spießbürger)* petit(e)-bourgeois(e) *m(f)* **kleinbürgerlich** *adj (pej: spießbürgerlich)* petit(e)-bourgeois(e) **Kleinbus** *m* minibus *m*
Kleine(r) *f(m) dekl wie adj (Kind)* petit(e) *m(f);* ***na, ~/~r!*** alors, ma petite/mon petit!; ***die lieben ~n*** *(iron)* les petits chéris
Kleine(s) *nt dekl wie adj* ❶ *(Kind)* petit(e) *m(f)* ❷ *(Jungtier)* petit *m*
Kleinfamilie [-liə] *f* famille *f* nucléaire
Kleinformat *nt* petit format *m*
Kleingarten *m* jardin *m* familial [*o* d'ouvrier] **Kleingärtner(in)** *m(f)* locataire *mf* de jardin ouvrier
kleingedruckt *s.* **gedruckt Kleingedruckte(s)** *nt dekl wie adj* clauses *fpl* en petits caractères; *eines Bestellformulars* conditions *fpl* de vente en petits caractères **Kleingeld** *nt* monnaie *f* **klein|hacken** *s.* **hacken I. 1**
Kleinheit <-> *f* petitesse *f*
Kleinhirn *nt* ANAT cervelet *m* **Kleinholz** ▶ **aus jdm ~ machen** *(fam)* mettre qn en bouillie
Kleinigkeit ['klainɪçkait] <-, -en> *f* ❶ *(Bagatelle)* bricole *f;* ***das ist eine/keine ~*** ce n'est pas un problème/n'est pas rien; ***wegen jeder ~*** pour la moindre broutille ❷ *(Einzelheit)* [petit] détail *m* ❸ *(kleine Menge, Strecke, Portion)* ***eine ~*** un peu; ***eine ~ essen*** manger un petit quelque chose
Kleinkalibergewehr *nt* fusil *m* petit calibre
kleinkariert *adj (pej fam: engstirnig)* borné(e) **Kleinkind** *nt* jeune enfant *m* **Kleinkram** *m (fam: Kleinigkeiten)* broutilles *fpl* **Kleinkrieg** *m* ❶ MIL guérilla *f* ❷ *(Streitereien)* petite guerre *f* **klein|kriegen** *vt (fam)* ❶ arriver à couper *Holz, Steak* ❷ réussir à bousiller *Spielzeug;* ***nicht kleinzukriegen sein*** être increvable **Kleinkunst** *f kein Pl* petits spectacles *mpl*
Kleinkunstbühne *f* café-théâtre *m; (Kabarett)* cabaret *m*
kleinlaut **I.** *adj Antwort, Eingeständnis* embarrassé(e); ***~ werden*** baisser le ton **II.** *adv fragen* d'une [toute] petite voix; *zugeben* d'un ton gêné
kleinlich ['klainlɪç] *adj (pej)* ❶ *(geizig)* pingre ❷ *(engstirnig)* mesquin(e)
Kleinlichkeit <-, -en> *f (pej)* mesquinerie *f*
klein|machen *s.* **machen I. 1 Kleinod** ['klainʔo:t] <-[e]s, -odien> *nt (a. fig geh)* joyau *m* **klein|schneiden** *s.* **schneiden I. 1 klein|schreiben** *vt irr* ❶ *(mit kleinen Anfangsbuchstaben)* écrire en minuscules; ***ein Wort ~*** écrire un mot en minuscules ❷ *(nicht wichtig nehmen)* ***Höflichkeit wird heutzutage kleingeschrieben*** de nos jours, on ne fait pas grand cas de la poli-

tesse **Kleinschreibung** *f* écriture *f* sans majuscules **Kleinstadt** *f* petite ville *f; (mit mehr als 20.000 Einwohnern)* ville *f* moyenne **kleinstädtisch** *adj* ❶ *Umgebung, Verkehr* d'une petite ville ❷ *(pej)* typique des petites villes **Kleinvieh** *nt* [animaux *mpl* de] basse-cour *f* ▶ ~ **macht auch Mist** *(prov)* les petits ruisseaux font les grandes rivières **Kleinwagen** *m* petite voiture *f*

kleinwüchsig ['klainvy:ksɪç] *adj (geh)* de petite taille

Kleister ['klaistɐ] <-s, -> *m* colle *f* [d'amidon]

kleistern ['klaistɐn] *vt* coller

Klementine [klemɛn'ti:nə] <-, -n> *f* clémentine *f*

Klemmbrett *nt* bloc *m* pupitre

Klemme ['klɛmə] <-, -n> *f* ❶ *(Haarklemme)* barrette *f* ❷ ELEC serre-fils *m; eines Starthilfokabels* pince *f* ❸ *(fam: schwierige Lage)* pétrin *m; (finanziell)* dèche *f;* ***in der ~ sitzen*** *(fam)* être dans le pétrin

klemmen ['klɛmən] **I.** *vt* coincer; ***etw in etw*** *akk* ~ coincer qc dans qc; ***etw unter etw*** *akk* ~ glisser qc sous qc **II.** *vr* ❶ *(sich quetschen)* ***sich*** *dat* ***den Daumen*** ~ se coincer le pouce ❷ *(fam: um Unterstützung bitten)* ***sich hinter jdn*** ~ harceler qn pour obtenir de l'aide ❸ *(fam: sich kümmern um)* ***sich hinter etw*** *akk* ~ s'attaquer à qc **III.** *vi Schublade, Tür:* coincer *fam; Schloss:* être bloqué

Klemmmappe *f* chemise *m* à pince

Klempner(in) ['klɛmpnɐ] <-s, -> *m(f)* plombier *m*

Kleptomane, Kleptomanin [klɛpto'ma:nə] <-n, -n> *m, f* cleptomane *mf*

Kleptomanie [klɛptoma'ni:] <-> *f* cleptomanie *f*

klerikal [kleri'ka:l] *adj (geh)* clérical(e)

Kleriker ['kle:rikɐ] <-s, -> *m* ecclésiastique *m*

Klerus ['kle:rʊs] <-> *m* clergé *m*

Klettband <-bänder> *nt* bande *f* velcro®

Klette ['klɛtə] <-, -n> *f* ❶ bardane *f* ❷ *(pej fam: Mensch)* pot *m* de colle ▶ **wie eine ~ an jdm hängen** *(fam)* être pendu aux basques de qn

Kletterer, Kletterin <-s, -> *m, f (Bergsteiger)* alpiniste *mf; (Freikletterer)* varappeur, -euse *m, f*

Klettergerüst *nt* jeu *m* d'extérieur *(pour grimper, dans un terrain de jeu)*

klettern ['klɛtɐn] *vi* ❶ + *sein* faire de l'escalade; ***auf einen Berg*** ~ escalader une montagne; ***auf einen Baum*** ~ grimper sur un arbre ❷ + *sein (steigen)* ***aufs Dach*** ~ monter sur le toit ❸ + *haben o sein* SPORT faire de l'escalade; *(Freiklettern betreiben)* faire de la varappe ❹ + *sein (fam: ansteigen) Preis, Temperatur:* grimper

Klettern <-s; *kein Pl*> *nt (Klettersport)* escalade *f; (Freiklettern)* varappe *f*

Kletterpartie *f* passage *m* d'escalade **Kletterpflanze** *f* plante *f* grimpante **Kletterwand** *f* mur *m* d'escalade

Klettverschluss *m* fermeture *f* velcro®

klicken ['klɪkən] *vi* ❶ *(metallisch klingen)* cliqueter; ***das Klicken*** le cliquetis ❷ INFORM ***mit der Maus auf etw*** *akk* ~ cliquer avec la souris sur qc; ***doppelt*** ~ double-cliquer

Klickzahl *f* INFORM nombre *m* de clics

Klient(in) [kli'ɛnt] <-en, -en> *m(f)* client(e) *m(f)*

Klientel [kliɛn'te:l] <-, -en> *f* clientèle *f*

Kliff [klɪf] <-[e]s, -e> *nt* falaise *f*

Klima ['kli:ma] <-s, -s *o* Klimate> *nt* climat *m*

Klimaanlage *f* climatisation *f* **Klimaerwärmung** *f* réchauffement *m* climatique **Klimakatastrophe** *f* catastrophe *f* climatique

Klimakterium [klimak'te:riʊm] <-s> *nt* MED ménopause *f,* climatère *m spéc* **Klimaschutz** *m* protection *f* du climat **Klimaschutzkonferenz** *f* conférence *f* sur le climat

klimatisch [kli'ma:tɪʃ] **I.** *adj attr* climatique **II.** *adv* du point de vue climatique

klimatisieren* [klimati'zi:rən] *vt* ***klimatisiert werden*** être climatisé

Klimatisierung [klimati'zi:rʊŋ] <-, -en> *f* climatisation *f*

Klimatologie [klimatolo'gi:] <-> *f* climatologie *f*

Klimawandel *m* METEO changement *m* climatique

Klimawechsel *m* changement *m* d'air **Klimazone** *f* zone *f* climatique

Klimbim [klɪm'bɪm] <-s> *m (fam: Kram)* bazar *m*

Klimmzug *m* SPORT traction *f* [à la barre fixe]

klimpern ['klɪmpɐn] *vi* ❶ *(fam: spielen)* ***auf der Gitarre/dem Klavier*** ~ gratter de la guitare/pianoter ❷ *(metallisch klingen) Münzen, Schlüssel:* tinter; ***das Klimpern*** le tintement ❸ *(ein Geräusch erzeugen)* ***mit etw*** ~ faire tinter qc

Klinge ['klɪŋə] <-, -n> *f* lame *f*

Klingel ['klɪŋəl] <-, -n> *f* sonnette *f*

Klingelbeutel *m* panier *m* pour la quête

K

Klingelknopf *m* [bouton *m* de] sonnette *f*
klingeln I. *vi* ❶ *Radfahrer:* tirer la sonnette; *Wecker:* sonner; ***an der Tür*** ~ sonner à la porte; ***das Klingeln*** *eines Weckers* la sonnerie; *einer Türklingel* le coup de sonnette ❷ *(herbeirufen)* ***nach jdm*** ~ *(im Hotel, Krankenhaus)* sonner qn **II.** *vi unpers* ***es klingelt*** *(an der Tür)* on sonne; *(in der Schule)* ça sonne
Klingelton <-töne> *m eines Handys* sonnerie *f*
klingen ['klɪŋən] <klang, geklungen> *vi* ❶ *(erklingen) Glocke:* sonner; *Gläser:* tinter ❷ *(tönen)* ***hohl*** ~ *Behälter, Wand:* sonner creux; ***hell/rau*** ~ *Stimme:* sonner clair(e)/rauque ❸ *(sich anhören)* ***gut/interessant*** ~ avoir l'air bien/intéressant
Klinik ['kliːnɪk] <-, -en> *f* hôpital *m; (Privatklinik)* clinique *f*
Klinikum ['kliːnikum] <-s, Klinika *o* Kliniken> *nt* ❶ *(Klinik)* C.H.U. *m* ❷ *kein Pl (Teil des Medizinstudiums)* ≈ internat *m*
klinisch ['kliːnɪʃ] **I.** *adj Fall* nécessitant une hospitalisation; *Test* clinique **II.** *adv behandeln, versorgen* en milieu hospitalier; ~ ***getestet*** testé(e) en laboratoire; ~ ***tot*** cliniquement mort(e)
Klinke ['klɪŋkə] <-, -n> *f* poignée *f* [de porte]
Klinker <-s, -> *m* brique *f*
klipp ▸ **jdm ~ und klar sagen, dass ...** dire clair et net à qn que ...
Klippe ['klɪpə] <-, -n> *f* écueil *m*
klirren ['klɪrən] *vi* ❶ *(gläsern tönen) Gläser:* tinter; *Fensterscheibe:* vibrer; *(beim Zerbrechen)* faire un bruit de verre brisé; ***das Klirren*** les vibrations *fpl; (beim Zerbrechen)* le bruit de verre brisé ❷ *(metallisch tönen)* cliqueter; ***mit ~den Sporen*** en faisant sonner les éperons; ***das Klirren*** le cliquetis
klirrend *adj Frost, Kälte* glacial(e); ***wir haben ~en Frost*** il gèle à pierre fendre
Klischee [kli'ʃeː] <-s, -s> *nt* ❶ *(Klischeevorstellung)* stéréotype *m* ❷ *(pej geh: Redensart)* lieu *m* commun ❸ TYP cliché *m*
klischeehaft [kli'ʃeːhaft] *adj (pej geh)* stéréotypé(e) **Klischeevorstellung** *f* stéréotype *m*
Klistier [klɪs'tiːɐ] <-s, -e> *nt* MED lavement *m*
Klitoris ['kliːtorɪs] <-, - *o* Klitorides> *f* clitoris *m*
klitschnass ['klɪtʃ'nas] *s.* **klatschnass**
klitzeklein ['klɪtsə'klain] *adj (fam)* riquiqui
Klo [kloː] <-s, -s> *nt (fam)* chiottes *fpl*
Kloake [klo'aːkə] <-, -n> *f (pej)* cloaque *m*
klobig ['kloːbɪç] *adj Schuhe* épais(se)
Klobrille ['kloːbrɪlə] *f (fam)* lunette *f* de/des W.-C. **Klobürste** *f (fam)* brosse *f* à W.-C. **Klodeckel** *m (fam)* abattant *m* de/des W.-C.
Klon [kloːn] <-s, -e> *m* BIO clone *m*
klonen [kloːnən] *vt* BIO cloner; ***das Klonen*** le clonage
klönen *vi* NDEUTSCH *(fam)* tailler une bavette; ***mit jdm*** ~ tailler une bavette avec qn
Klopapier *nt (fam)* P.Q. *m*
klopfen ['klɔpfən] **I.** *vi* ❶ frapper; ***an die Tür*** ~ frapper à la porte; ***ans Fenster/an*** [*o* ***gegen***] ***die Wand*** ~ frapper à la fenêtre/taper contre le mur; ***mit dem Besen an die Decke*** ~ taper du balai contre le plafond; ***ich habe ein Klopfen gehört*** j'ai entendu quelqu'un frapper ❷ *(schlagen)* ***jdm auf die Schulter*** ~ taper qn sur l'épaule ❸ *(pulsieren) Herz:* battre ❹ *(hämmern) Specht:* piquer du bec **II.** *vi unpers* ***es klopft an der Tür*** on frappe à la porte **III.** *vt* ❶ *(entfernen)* ***sich*** *dat* ***den Schnee vom Mantel/von den Schuhen*** ~ taper son manteau/ses chaussures pour faire tomber la neige ❷ *(hämmern)* ***einen Nagel in die Wand*** ~ enfoncer un clou dans le mur ❸ battre *Teppich* ❹ GASTR attendrir *Schnitzel, Roulade*
Klopfer <-s, -> *m* ❶ *(Türklopfer)* heurtoir *m* ❷ *(Teppichklopfer)* tapette *f*
Kloppe *f* NDEUTSCH *(fam)* raclée *f;* ***von jdm ~ kriegen*** prendre une raclée de qn
Klöppel ['klœpəl] <-s, -> *m* ❶ *einer Glocke* battant *m* ❷ *(Trommelschlägel)* baguette *f* ❸ *(Spitzenklöppel)* fuseau *m*
klöppeln I. *vi* faire de la dentelle [au fuseau] **II.** *vt* ***ein Deckchen*** ~ faire une petite nappe en dentelle
kloppen ['klɔpən] NDEUTSCH *(fam)* **I.** *vt* casser *Steine;* battre *Teppich* **II.** *vr* ***sich mit jdm*** ~ se bagarrer avec qn *fam*
Klopperei <-, -en> *f* NDEUTSCH *(fam)* bagarre *f*
Klops [klɔps] <-es, -e> *m* ❶ *(Fleischkloß)* boulette *f* [de viande] ❷ *(fam: Fehler)* boulette *f*
Klosett [klo'zɛt] <-s, -s *o* -e> *nt* W.C. *mpl*
Klospülung *f (fam)* chasse *f* d'eau
Kloß [kloːs, *Pl:* 'kløːsə] <-es, Klöße> *m* boulette *f* ▸ **einen ~ im Hals haben** *(fam)* avoir une boule dans la gorge
Kloster ['kloːstɐ, *Pl:* 'kløːstɐ] <-s, Klöster> *nt (Mönchskloster)* monastère *m; (Nonnenkloster)* couvent *m*
Klosterkirche *f* église *f* du monastère

klösterlich *adj* ❶ *Abgeschiedenheit, Stille* monastique ❷ *(Klöstern/einem bestimmten Kloster gehörend)* des monastères/du monastère
Klosterschule *f* école *f* dirigée par des religieux/des religieuses
Klotz [klɔts, *Pl:* 'klœtsə] <-es, Klötze> *m* *(Holzklotz)* bloc *m* de bois; *(zum Holzhacken)* billot *m*
Klötzchen <-s, -> *nt (Bauklotz)* cube *m* [d'un jeu de construction]
klotzen *vi (sl)* ❶ *(hart arbeiten)* bosser *fam;* ***wir müssen ganz schön ~*** il faut mettre le paquet *fam* ❷ *(massiv investieren)* ***bei etw ~*** sortir la grosse artillerie pour qc *fam*
klotzig *adj (fam)* ❶ *Gebäude, Möbelstück* mastoc *péj* ❷ *Aktion* tapageur, -euse
Klub [klʊp] <-s, -s> *m* club *m*
Klubmitglied *nt* membre *m* du club **Klubobmann, -frau** *m, f* POL A *(Fraktionsvorsitzender)* président *m* du groupe parlementaire
Kluft [klʊft, *Pl:* 'klʏftə] <-, Klüfte> *f (fig)* fossé *m*
klug [klu:k] <klüger, klügste> **I.** *adj* ❶ *Person, Handlungsweise* avisé(e); *Antwort* habile; *Rat* judicieux, -euse; ***~ sein*** *Person:* faire preuve de bon sens; ***es ist ~/klüger, abzuwarten*** il vaut/vaudrait mieux patienter; ***es wird das Klügste [o am klügsten] sein, wenn wir umkehren*** le plus sage serait de faire demi-tour ❷ *(iron: dumm)* intelligent(e) ▶ **genauso ~ wie zuvor [*o* vorher] sein** ne pas en être plus avancé qu'avant *iron,* **daraus soll einer ~ werden!** comprenne qui pourra! **II.** *adv* ❶ *vorgehen, sich verhalten, handeln* intelligemment; ***~ daherreden*** pontifier ❷ *(iron: dumm)* ***das hast du dir wirklich sehr ~ ausgedacht!*** alors là, tu as vraiment eu une idée astucieuse!
Klugheit <-, -en> *f* ❶ *kein Pl (Vernunft)* bon sens *m* ❷ *(iron: Bemerkung)* réflexion *f* [particulièrement] intelligente
Klugscheißer(in) <-s, -> *m(f) (sl)* petit con *m* prétentieux/petite conne *f* prétentieuse
Klümpchen <-s, -> *nt Dim von* **Klumpen** grumeau *m*
klumpen *vi Soße, Salz:* faire des grumeaux
Klumpen ['klʊmpən] <-s, -> *m (Mehlklumpen)* grumeau *m;* ***ein ~ Butter*** une motte de beurre; ***ein ~ Ton*** un bloc d'argile
Klumpfuß *m* pied *m* bot
klumpig ['klʊmpɪç] *adj* grumeleux, -euse; ***~ werden*** faire des grumeaux
Klüngel ['klʏŋəl] <-s, -> *m (pej fam)* clique *f*
Klüngelei [klʏŋə'lai] <-, -en> *f (pej fam)* magouille *f*
Klunker ['klʊŋkɐ] <-s, -> *m (fam: Edelstein)* caillou *m*
km *Abk von* **Kilometer** km
km/h *Abk von* **Kilometer pro Stunde** km/h
Knabbereien *Pl (fam) s.* **Knabberzeug**
knabbern ['knabɐn] **I.** *vi* grignoter; ***an etw dat ~*** grignoter qc **II.** *vt* grignoter; ***etwas zum Knabbern*** quelque chose à grignoter
Knabberzeug *nt (fam)* grignoteries *f pl*
Knabe ['kna:bə] <-n, -n> *m (fam: Kerl)* ***na, alter ~!*** alors, mon vieux!
Knabenchor *m* chœur *m* de jeunes garçons
knabenhaft **I.** *adj* ***ein ~es Mädchen*** une fille à l'allure garçonnière; ***trotz seines ~en Aussehens ist er zwanzig*** malgré son allure puérile, il a vingt ans **II.** *adv* ***~ aussehen [o wirken]*** avoir une allure puérile
knack [knak] *interj* crac; ***es macht ~*** ça fait crac; *(in der Telefonleitung)* il y a un craquement
Knäckebrot ['knɛkəbro:t] *nt* pain *m* suédois
knacken ['knakən] **I.** *vt* ❶ casser *Nuss* ❷ *(fam)* déchiffrer *Code* ❸ *(fam)* forcer *Auto, Safe* **II.** *vi* ❶ *Holz, Diele, Gebälk:* craquer ❷ *(Geräusch erzeugen)* ***mit den Fingern/Gelenken ~*** faire craquer ses doigts/ses articulations **III.** *vi unpers* ***es knackt im Gebälk/in der Leitung*** il y a des craquements dans la charpente/sur la ligne
Knacker <-s, -> *m (pej fam: Mann)* ***ein alter ~*** un vieux chnoque
knackig ['knakɪç] *adj* ❶ *Salat, Apfel* croquant(e) ❷ *(fam)* craquant(e)
Knacklaut *m (Geräusch)* craquement *m*
Knackpunkt *m (fam)* point *m* crucial
Knacks [knaks] <-es, -e> *m* ❶ *(Geräusch)* craquement *m* ❷ *(fam: Sprung, Riss)* fêlure *f* ❸ *(fam: Schaden, Störung)* petit grain *m;* ***einen seelischen ~ bekommen*** recevoir un coup [au moral]; ***einen ~ haben*** *Person:* être un peu fêlé; *Beziehung, Ehe:* battre de l'aile
Knall [knal] <-[e]s, -e> *m (Schuss, Korkenknallen)* détonation *f;* ***mit lautem ~ ins Schloss fallen*** claquer avec grand bruit
Knallbonbon [-bɔŋbɔŋ, -bɔ̃bɔ̃:] *nt* diablotin *m*

K

Knạlleffekt *m (fam)* coup *m* de théâtre
knạllen ['knalən] **I.** *vi* ❶ + *haben Tür, Peitsche:* claquer; *Korken:* sauter; *Feuerwerkskörper:* éclater; *Schuss:* retentir; ***die Korken ~ lassen*** faire sauter les bouchons ❷ + *haben (ein Geräusch erzeugen)* ***mit der Tür ~*** claquer la porte; ***mit der Peitsche ~*** faire claquer le fouet ❸ + *sein (fam: prallen)* ***gegen die Wand/die Tür ~*** cogner contre le mur/la porte; ***auf den Boden ~*** tomber par terre; ***mit dem Auto gegen eine Mauer ~*** rentrer dans un mur avec la voiture ❹ + *haben (fam: schießen)* ***[wild] um sich ~*** canarder dans tous les sens ❺ + *haben (fam: Knallkörper zünden)* faire péter des pétards **II.** *vi unpers + haben* ***es knallt*** *(eine Tür fällt zu)* il y a quelque chose qui claque; *(ein Korken springt heraus)* ça fait plop; *(ein Unfall passiert)* ça cartonne *fam; (ein Knallkörper zündet)* ça éclate; *(ein Schuss fällt)* il y a une détonation; ***Hände hoch, sonst knallt's*** [*o* ***oder es knallt***] ***!*** *(fam)* haut les mains, ou je tire! **III.** *vt + haben* ❶ *(zuschlagen)* claquer ❷ *(fam: werfen)* ***das Päckchen auf den Tisch/in die Ecke ~*** balancer le colis sur la table/dans le coin ▶ **jdm eine ~** *(fam)* balancer une baffe à qn **IV.** *vr + haben (fam)* ***sich aufs Sofa ~*** s'affaler sur le canapé
knạllẹng *adj (fam)* hyper-moulant(e) *fam*
Knạller <-s, -> *m (fam: Sensation)* bombe
Knạllerbse *f* pois *m* fulminant, claque-doigt *m fam*
Knallerei <-, -en> *f (fam)* ❶ *(Feuerwerk)* pétarade *f* ❷ *(Schüsse)* tiraillerie *f*
Knạllfrosch ['knalfrɔʃ] *m* pétard *m* à répétition **Knạllgas** *nt* mélange *m* détonant
knạllhạrt ['knal'hart] **I.** *adj (fam)* ❶ *Geschäftsmann* coriace, impitoyable; *Vorgehen, Kritik* brutal(e) ❷ *Schlag, Aufschlag* terrible **II.** *adv (fam)* ❶ *sagen* sans prendre de gants; *verhandeln* de manière impitoyable ❷ *(kraftvoll)* avec force
knạllig ['knalɪç] *adj (fam) Farbe* qui flashe; *Schlagzeile, Werbung* accrocheur, -euse
Knạllkörper ['knalkœrpɐ] *m* pétard *m*
knạllrot ['knal'roːt] *adj (fam)* rouge vif
knạpp [knap] **I.** *adj* ❶ *Gehalt, Vorräte* maigre *antéposé; Stellen* rare *antéposé;* ***~ sein*** *Geld, Vorräte:* être juste; *Stellen:* être rare; ***~ werden*** *Geld, Vorräte:* devenir juste; *Stellen:* se raréfier; ***mit etw ~ sein*** manquer de qc ❷ *(eng)* un peu juste ❸ *(kaum ausreichend)* serré(e); *Mehrheit* petit(e) *antéposé;* ***das wird [zeitlich] zu ~*** ce sera trop juste ❹ *(nicht ganz)* ***ein ~er Meter*** un petit mètre; ***ein ~es Pfund*** une petite livre; ***vor einer ~en Woche*** il y a une petite semaine ❺ *Antwort, Worte* concis(e) ▶ **und nicht zu ~!** *(fam)* et pas qu'un peu! **II.** *adv* ❶ *(mäßig)* ***eher/sehr ~ bemessen sein*** être plutôt/très juste; ***zu ~ bemessen sein*** ne pas être suffisant ❷ *(nicht ganz)* ***~ zwei Jahre alt sein*** être âgé d'un peu moins de deux ans; ***~ hundert Euro kosten*** coûter pas tout à fait cent euros ❸ *gewinnen, verlieren* de justesse; ***der Gefahr nur ~ entkommen*** échapper de justesse au danger ❹ *(dicht)* ***~ über den Knöcheln enden*** arriver juste au dessus des chevilles ❺ *(eng)* ***~ sitzen*** être juste ❻ *formulieren* de manière concise; ***jdn ~ grüßen*** saluer à peine qn
knạpp|halten *vt irr (fig)* ***jdn ~*** rationner qn
Knạppheit <-> *f* ❶ *(Mangel)* pénurie *f;* ***~ an Gütern*** pénurie de biens ❷ *(Kürze)* concision *f*
knạpsen ['knapsən] *vi (fam)* ***~ müssen*** devoir se serrer la ceinture *fam*
Knạrre <-, -n> *f (sl: Schusswaffe)* flingue *m fam*
knạrren ['knarən] *vi Diele:* craquer; *Bett, Treppe:* grincer; ***das Knarren*** les grincements *mpl; der Dielen* les craquements *mpl*
Knạst [knast, *Pl:* 'knɛstə] <-[e]s, Knạ̈ste> *m (fam)* taule *f;* ***im ~ sitzen*** être en taule
Knạtsch <-[e]s> *m (fam)* bisbilles *f pl*
knạttern ['knatɐn] *vi* ❶ *Moped:* pétarader; *Maschinengewehr:* crépiter; ***im Wind ~*** *Segel, Fahne:* battre dans le vent; ***das Knattern*** *eines Mopeds* les pétarades *f pl; eines Maschinengewehrs* le crépitement ❷ *(fam: fahren)* ***durch die Straßen ~*** pétarader dans les rues
Knäuel ['knɔy̯əl] <-s, -> *m o nt* pelote *f;* ***zwei ~ Wolle*** deux pelotes de laine
Knauf [knau̯f] <-[e]s, Knäufe> *m (Türknauf)* bouton *m*
knauserig ['knau̯zərɪç] *adj (pej fam)* radin(e)
knausern ['knau̯zɐn] *vi (pej fam)* radiner
knautschen ['knau̯tʃən] *(fam)* **I.** *vi Mantel, Stoff:* se chiffonner **II.** *vt* chiffonner *Mantel, Kissen*
Knautschzone *f* zone *f* de déformation
Knebel <-s, -> *m* bâillon *m*
knebeln *vt (a. fig)* bâillonner
Knẹcht [knɛçt] <-[e]s, -e> *m* HIST valet *m* de ferme ▶ **~ Ruprecht** père *m* Fouettard
Knẹchtschaft <-, -en> *f* esclavage *m*
kneifen ['knai̯fən] <knịff, geknịffen> **I.** *vt* pincer; ***jdn*** [*o* ***jdm***] ***in den Arm ~*** pincer

le bras à qn **II.** *vi* ❶ *(zu eng sein) Gummiband, Hose:* serrer ❷ *(fam: zurückscheuen)* ***vor jdm ~*** se dégonfler devant qn; ***vor einer Auseinandersetzung ~*** se défiler face à une confrontation

Kneifzange *f* tenailles *fpl*

Kneipe ['knaipə] <-, -n> *f (fam)* bistro[t] *m*

Kneipenbummel *m (fam)* tournée *f* des bistro[t]s

Kneippkur *f* MED cure *f* selon la méthode Kneipp

knetbar *adj* malléable

Knete ['kne:tə] <-> *f* ❶ *(fam: Knetmasse)* pâte *f* à modeler ❷ *(sl: Geld)* fric *m fam*

kneten ['kne:tən] **I.** *vt* ❶ pétrir, malaxer *Knetgummi, Teig* ❷ *(formen)* ***sich*** *dat* ***etw ~*** se modeler qc; ***das Kneten*** le modelage ❸ *(massieren)* ***jdm den Nacken ~*** masser le cou à qn **II.** *vi* faire du modelage

Knetmasse *f* pâte *f* à modeler

Knick [knɪk] <-[e]s, -e *o* -s> *m* ❶ *(Krümmung)* coude *m;* ***einen ~ machen*** *Straße:* faire un coude ❷ *(Falz, Falte)* pli *m*

knicken ['knɪkən] **I.** *vt + haben* ❶ plier *Blatt Papier;* faire un pli à *Buchseite,* ***bitte nicht ~!*** ne pas plier, S.V.P.! ❷ casser *Streichholz, Strohhalm;* briser [net] *Bäume* ❸ *(umbiegen)* plier ▶ **das** <u>**kannst**</u> **du ~!** *(fam)* tu peux [l']oublier ! **II.** *vi + sein Papier:* se plier; *Telegrafenmast:* se briser [net]

Knickerbocker ['knɪkɐbɔkɐ] *Pl* knickers *mpl*

knick[e]rig ['knɪk(ə)rɪç] *s.* **knauserig**

Knicks [knɪks] <-es, -e> *m* révérence *f*

knicksen ['knɪksən] *vi* faire la révérence

Knie [kni:] <-s, -> *nt* ❶ genou *m;* ***ihm zittern die ~*** il [en] a les jambes qui flageolent ❷ *(Krümmung) eines Wasserlaufs, Rohrs* coude *m* ▶ **in die ~** <u>**gehen**</u> *(die Kniegelenke beugen)* plier les genoux; *(aufgeben)* jeter l'éponge; ***der Boxer geht in die ~*** le boxeur ploie les genoux; **jdn übers ~** <u>**legen**</u> *(fam)* ficher une fessée à qn; **sich** *dat* **ins [eigene] ~** <u>**schießen**</u> *(fam)* se tirer une balle dans le pied

Kniebeuge *f* flexion *f* des genoux **Kniebundhose** *f* knickers *mpl* **Kniefall** *m (geh)* génuflexion *f* **Kniegelenk** *nt* articulation *f* du genou **kniehoch I.** *adj Mauer* à hauteur de genou; *Gras, Schnee, Wasser* qui arrive jusqu'au genou **II.** *adv wachsen* jusqu'à hauteur du genou **Kniekehle** *f* jarret *m* **knielang** *adj Rock* s'arrêtant au genou

knien [kni:n] **I.** *vi* être à genoux; ***auf dem Boden ~*** être à genoux par terre **II.** *vr* ❶ ***sich auf den Boden/neben jdn ~*** s'agenouiller par terre/à côté de qn ❷ *(fam: sich intensiv beschäftigen)* ***sich in etw*** *akk* ~ s'atteler à qc

Kniescheibe *f* rotule *f* **Knieschützer** <-s, -> *m* genouillère *f* **Kniestrumpf** *m (Damenkniestrumpf)* mi-bas *m; (Herrenkniestrumpf)* chaussette *f* montante

kniff [knɪf] *Imp von* **kneifen**

Kniff [knɪf] <-[e]s, -e> *m (Kunstgriff)* truc *m*

Knilch [knɪlç] <-s, -e> *m (pej fam)* péquenot *m péj fam*

knipsen ['knɪpsən] *(fam)* **I.** *vt* ❶ photographier ❷ *(lochen)* poinçonner **II.** *vi* prendre des photos

Knirps[1] [knɪrps] <-es, -e> *m (fam)* ❶ *(kleiner Junge)* petit bonhomme *m* ❷ *(pej: kleiner Mann)* demi-portion *m*

Knirps®[2] [knɪrps] <-es, -e> *m (Regenschirm)* parapluie *m* pliant

knirschen ['knɪrʃən] *vi Kies, Schnee:* crisser; ***mit den Zähnen ~*** grincer des dents

knistern ['knɪstern] **I.** *vi Papier:* faire du bruit en se froissant; *Feuer:* crépiter; ***mit etw ~*** froisser qc **II.** *vi unpers* ***es knistert*** ça grésille; *(es kriselt)* il y a de l'électricité dans l'air

knitterfrei *adj* infroissable

knittern ['knɪtern] *vi* se froisser

knobeln ['kno:bəln] *vi* ❶ *(würfeln)* jouer aux dés; ***um etw ~*** jouer qc aux dés ❷ *(fam: tüfteln)* cogiter; ***an einer Erfindung ~*** se creuser la tête pour une invention

Knoblauch ['kno:plaux] <-[e]s> *m* ail *m*

Knoblauchknolle *f* tête *f* d'ail **Knoblauchpresse** *f* presse-ail *m* **Knoblauchzehe** *f* gousse *f* d'ail

Knöchel ['knœçəl] <-s, -> *m* ❶ *(Fußknöchel)* cheville *f* ❷ *(Fingerknöchel)* articulation *f* [du doigt/des doigts]

knöchellang *adj* qui arrive à la cheville

Knochen ['knɔxən] <-s, -> *m* ❶ os *m* ❷ *Pl (Gliedmaßen)* membres *mpl;* ***mir tun alle ~ weh*** j'ai mal partout ▶ **bis auf die ~** <u>**abgemagert**</u> **sein** ne plus avoir que la peau sur les os; <u>**nass**</u> **bis auf die ~ sein** être trempé jusqu'aux os; <u>**brich**</u> **dir nicht die ~!** *(fam)* [ne] te casse pas la figure!

Knochenarbeit *f (fam)* travail *m* de forçat **Knochenbau** *m kein Pl* ossature *f* **Knochenbruch** *m* fracture *f* **Knochengerüst** *nt* squelette *m* **knochenhart** *adj (fam) Brot, Gebäck* dur(e) comme du bois **Knochenmark** *nt* moelle *f* [osseuse]

K

Knochenschinken *m* jambon *m* à l'os **knochentrocken** *adj (fam) Brot* archisec, -sèche
knochig ['knɔçɪç] *adj* osseux, -euse
Knock-out, Knockout [nɔk'ʔaʊt] <-[s], -s> *m* knock-out *m*
Knödel ['knø:dəl] <-s, -> *m boule à base de pomme de terre ou de pain trempé dans du lait, cuite à l'eau et servie en accompagnement*
Knöllchen ['knœlçən] <-s, -> *nt (fam: Strafzettel)* contredanse *f fam; (an der Windschutzscheibe befestigt)* papillon *m fam*
Knolle ['knɔlə] <-, -n> *f* ❶ *(Teil einer Pflanze)* tubercule *m* ❷ *(fam: Verdickung)* excroissance *f*
Knollen *s.* **Knolle 2**
Knollenblätterpilz *m* amanite *f* phalloïde
Knopf [knɔpf, *Pl:* 'knœpfə] <-[e]s, Knöpfe> *m* bouton *m*
Knopfdruck *m kein Pl* pression *f* [sur un/le bouton]
knöpfen ['knœpfən] *vt* boutonner; ***vorn/hinten geknöpft werden*** se boutonner par devant/derrière; ***falsch geknöpft haben*** avoir boutonné [le] lundi avec [le] mardi *fam*
Knopfleiste *f* boutonnage *m* sous patte
Knopfloch *nt* boutonnière *f* **Knopfzelle** *f* pile *f* bouton
Knorpel ['knɔrpəl] <-s, -> *m* cartilage *m*
knorpelig *adj* cartilagineux, -euse
knorrig ['knɔrɪç] *adj* ❶ *Baum, Ast* noueux, -euse ❷ *(eigenwillig)* bourru(e)
Knospe ['knɔspə] <-, -n> *f* bourgeon *m; (Blütenknospe, Rosenknospe)* bouton *m;* ***~n treiben*** bourgeonner
knospen *vi* bourgeonner
Knötchen <-s, -> *nt Dim von* **Knoten**
knoten ['kno:tən] *vt* nouer; *(ohne eine Schleife zu machen)* faire un nœud à; ***kannst du mir die Krawatte ~?*** tu me fais mon nœud de cravate?
Knoten ['kno:tən] <-s, -> *m* ❶ *(Verschlingung)* nœud *m* ❷ MED *(im Gelenk)* nodosité *f; (in der Brust)* nodule *f* ❸ *(Haarknoten)* chignon *m* ❹ *(Astknoten)* nœud *m* ❺ NAUT nœud *m* ▸ **sich** *dat* **einen ~ ins Taschentuch machen** faire un nœud à son mouchoir
Knotenpunkt *m (Verkehrsknotenpunkt)* nœud *m* de communication; *(Autobahn-/Eisenbahnknotenpunkt)* nœud autoroutier/ferroviaire
knotig ['kno:tɪç] *adj* ❶ *Äste, Finger* noueux, -euse ❷ MED noduleux, -euse

K

Know-how ['noʊhaʊ] <-s> *nt* savoir-faire *m*
Knubbel <-s, -> *m* DIAL renflement *m*
knülle ['knʏlə] *adj (fam)* bourré(e)
knüllen ['knʏlən] *vt* chiffonner
Knüller ['knʏlɐ] <-s, -> *m (fam)* ❶ *(Ware, Produkt)* truc *m* qui fait fureur; ***es ist/wird ein ~*** ça fait/va faire un malheur ❷ *(Nachricht)* scoop *m*
knüpfen ['knʏpfən] **I.** *vt* ❶ nouer *Teppich, Netz, Muster;* ***von Hand geknüpft*** noué(e) [à la] main ❷ faire *Knoten, Schleife* **II.** *vr* ***sich an etw*** *akk* **~** *Erinnerungen:* être lié à qc
Knüppel ['knʏpəl] <-s, -> *m (Stock)* gourdin *m; (Gummiknüppel)* matraque *f* ▸ **jdm ~ zwischen die Beine werfen** *(fam)* mettre des bâtons dans les roues à qn
knüppeldick ['knʏpəl'dɪk] *adv (fam)* ***es kommt*** ~ on en prend plein la figure
knurren ['knʊrən] **I.** *vi* ❶ *Hund:* gronder ❷ *(murren)* grogner **II.** *vt* grommeler *Antwort*
Knurren <-s> *nt eines Hundes* grondement *m*
knurrig ['knʊrɪç] *adj* bougon(ne)
Knusperhäuschen ['knʊspɐhɔɪsçən] *nt* maison *f* en pain d'épice
knuspern ['knʊspɐn] *vi* grignoter; ***an etw*** *dat* ~ grignoter qc
knusprig ['knʊsprɪç] *adj* croustillant(e)
Knute ▸ **unter jds ~** *dat* **stehen** être sous le joug de qn
knutschen ['knu:tʃən] *(fam)* **I.** *vt* bécoter **II.** *vi Pärchen:* se bécoter; ***sie knutscht mit ihm/er knutscht mit ihr*** ils se bécotent **III.** *vr (fam)* ***sich*** ~ se bécoter
Knutschfleck *m (fam)* suçon *m*
k. o. [ka:'ʔo:] *adj Abk von* **knock-out** ❶ **~ *sein*** *Boxer:* être K.-O.; ***jdn ~ schlagen*** mettre qn K.-O. ❷ *(fam: erschöpft)* ***[ganz] ~ sein*** être [complètement] K.-O. *fam*
K. o. <-[s], -> *m Abk von* **Knock-out** K.-O. *m;* ***technischer*** ~ K.-O. technique; ***durch*** ~ par K.-O.
Koala [ko'a:la] <-s, -s> *m* koala *m*
koalieren* [koʔa'li:rən] *vi* former une coalition
Koalition [koʔali'tsi̯o:n] <-, -en> *f* coalition *f*
koalitionsfähig *adj* ***~ sein*** être apte à participer à un gouvernement de coalition
Koalitionspartner(in) *m(f)* partenaire *mf* de la/de coalition **Koalitionsregierung** *f* gouvernement *m* de coalition **Koalitionsverhandlungen** *Pl* négociations

fpl sur la coalition **Koalitionsvertrag** *m* accord *m* de coalition
koaxial [koʔa'ksia:l] *adj* coaxial(e)
Kobalt ['ko:balt] <-s> *nt* cobalt *m*
Koblenz ['ko:blɛnts] <-> *nt* Coblence
Kobold ['ko:bɔlt] <-[e]s, -e> *m* lutin *m*
Kobra ['ko:bra] <-, -s> *f* cobra *m*
Koch, Köchin [kɔx, *Pl:* 'kœçə] <-s, Köche> *m, f* cuisinier, -ière *m, f* ▶ **viele Köche verderben den Brei** *(prov)* trop de cuisiniers gâtent la sauce
Kochbuch *nt* livre *m* de cuisine
kochecht *s.* **kochfest**
köcheln *vi Suppe, Soße:* mijoter; ***etw ~ lassen*** laisser mijoter qc
kochen ['kɔxən] **I.** *vi* ❶ *Wasser, Suppe, Reis:* bouillir; ***etw zum Kochen bringen*** porter qc à ébullition; **~*d*** bouillant ❷ *(Speisen zubereiten)* faire la cuisine; ***gut*** ~ cuisiner bien ❸ *(aufgebracht sein)* ***vor Wut*** ~ bouillir de colère **II.** *vt* ❶ *(zubereiten)* ***das Essen*** ~ préparer le repas; ***Reis*** ~ faire du riz; ***hart gekocht*** *Ei* dur; ***weich gekocht*** *Ei* à la coque; *Fleisch, Gemüse, Nudeln* bien cuit; ***was soll ich uns ~?*** qu'est-ce que je vais nous faire à manger? ❷ *(auskochen)* faire bouillir
Kocher <-s, -> *m* réchaud *m*
Köcher <-s, -> *m (für Pfeile)* carquois *m*
Kochfeld *nt* table *f* de cuisson **kochfest** *adj Wäsche* lavable à 95° **Kochgelegenheit** *f* kitchenette *f* **Kochgeschirr** *nt* gamelle *f*
Köchin ['kœçɪn] *s.* **Koch**
Kochkunst *f* ❶ *kein Pl (Gastronomie)* art *m* culinaire ❷ *Pl (Fähigkeit)* dons *mpl* culinaires **Kochlöffel** *m* cuillère *f* en bois **Kochnische** *f* coin *m* cuisine séparé **Kochplatte** ['kɔxplatə] *f* plaque *f* électrique **Kochrezept** *nt* recette *f* [de cuisine] **Kochsalz** *nt kein Pl* sel *m* de cuisine **Kochsendung** *f*, **Kochshow** [-ʃo:] *f* émission *f* culinaire **Kochtopf** *m* casserole *f*; *(mit Henkeln)* faitout *m*; *(aus Gusseisen)* cocotte *f* **Kochwäsche** *f* linge *m* à bouillir
Kode [ko:t] <-s, -s> *m* code *m*
Köder ['kø:dɐ] <-s, -> *m* appât *m*
ködern ['kø:dɐn] *vt (a. fig)* appâter
Kodex ['ko:dɛks] <- *o* -es, -e *o* Kodizes> *m* ❶ *(Verhaltensregeln)* code *m* ❷ *(Handschrift)* manuscrit *m*
kodieren* [ko'di:rən] *s.* **codieren**
Kodierung *s.* **Codierung**
Koedukation [koʔeduka'tsi̯o:n] <-, -en> *f* éducation *f* mixte
Koeffizient [koʔɛfi'tsi̯ɛnt] <-en, -en> *m* MATH coefficient *m*
Koexistenz ['ko:ʔɛksɪstɛnts] *f kein Pl* coexistence *f*
Koffein [kɔfe'i:n] <-s> *nt* caféine *f*
koffeinfrei *adj Kaffee* décaféiné(e)
Koffer ['kɔfɐ] <-s, -> *m (Reisekoffer)* valise *f*; *(Überseekoffer)* malle *f*; ***den ~ packen*** faire sa valise

> **Falsche Freunde**
> Nicht verwechseln mit *le coffre – die Truhe*!

Kofferkuli *m* chariot *m* à bagages **Kofferradio** *nt* transistor *m* **Kofferraum** *m* coffre *m* [à bagages]
Kognak ['kɔnjak] <-s, -s *o* -e> *m* cognac *m*
kohärent [kohɛ'rɛnt] *adj* cohérent(e)
Kohärenz [kohɛ'rɛnts] <-> *f* cohérence *f*
Kohäsion [kohɛ'zio:n] <-> *f* cohésion *f*
Kohl [ko:l] <-[e]s, -e> *m* chou *m*
Kohldampf *m (fam)* ***~ haben*** avoir la dalle
Kohle ['ko:lə] <-, -n> *f* ❶ *(Brennstoff)* charbon *m*; *(Steinkohle)* houille *f*; *(Braunkohle)* lignite *f* ❷ *(Aktivkohle)* charbon *m* actif ❸ *(Zeichenkohle)* fusain *m* ❹ *(fam: Geld)* fric *m*
Kohlehydrat *s.* **Kohlenhydrat** **Kohlekraftwerk** *nt* centrale *f* thermique au charbon
Kohlenbergbau *m* charbonnages *mpl*
Kohlenbergwerk *nt* mine *f* de charbon
Kohlendioxid [ko:lən'di:ʔɔksi:t] *nt kein Pl* dioxyde *m* de carbone
Kohlendioxidausstoß *m* émission *f* de dioxyde de carbone
Kohlenhydrat *nt* glucide *m* **Kohlenmonoxid** [ko:lən'mo:nɔksi:t] *nt* [mon]oxyde *m* de carbone **Kohlensäure** *f* acide *m* carbonique; *(Kohlendioxid)* gaz *m* carbonique; ***Mineralwasser mit/ohne*** ~ eau *f* [minérale] gazeuse/non gazeuse
kohlensäurehaltig *adj* gazeux, -euse
Kohlenstoff *m* CHEM carbone *m* **Kohlenwasserstoff** *m* hydrocarbure *m*
Kohlepapier *nt* [papier *m*] carbone *m*
Kohlestift *m* fusain *m* **Kohlezeichnung** *f* fusain *m*
Kohlkopf *m* chou *m* **Kohlmeise** *f* mésange *f* charbonnière
kohlrabenschwarz ['ko:l'ra:bən'ʃvarts] *adj Haare, Augen* de jais
Kohlrabi [ko:l'ra:bi] <-[s], -[s]> *m* chou-rave *m*

K

Kohlroulade ['ko:lrula:də] *f* chou *m* farci **Kohlrübe** *f* rutabaga *m* **Kohlsprosse** *f* A *(Rosenkohl)* chou *m* de Bruxelles
Kohorte [ko'hɔrtə] <-, -n> *f* cohorte *f*
Koitus ['ko:itʊs] <-, -[se]> *m* *(form)* coït *m*, acte *m* sexuel
Koje ['ko:jə] <-, -n> *f* NAUT couchette *f*
Kojote [ko'jo:tə] <-n, -n> *m* coyote *m*
Kokain [koka'i:n] <-s> *nt* cocaïne *f*
kokainsüchtig *adj* ~ ***sein*** être à la cocaïne
kokett [ko'kɛt] *adj* coquet(te)
kokettieren* [kokɛ'ti:rən] *vi* ❶ faire du charme; ***mit jdm*** ~ faire du charme à qn ❷ *(scherzend erwähnen)* ***mit etw*** ~ faire des chichis avec qc
Kokon [ko'kõ:] <-s, -s> *m* cocon *m*
Kokosfett *nt* beurre *m* de coco **Kokosmilch** *f* lait *m* de coco **Kokosnuss** *f* noix *f* de coco **Kokospalme** *f* cocotier *m*
Koks[1] [ko:ks] <-es> *m* *(Brennstoff)* coke *m*
Koks[2] [ko:ks] <-es> *m o nt* *(fam: Kokain)* coke *f*
koksen ['ko:ksən] *vi* *(fam)* sni[f]fer de la coke
Kolben ['kɔlbən] <-s, -> *m* ❶ *eines Motors, Füllers* piston *m* ❷ *(Gewehrkolben)* crosse *f* ❸ *(Destilliergefäß)* ballon *m* ❹ *(Maiskolben)* épi *m*
Kolbenfresser <-s> *m* *(fam)* AUT bielle *f* coulée; ***den/einen ~ haben*** couler une bielle
Kolibri ['ko:libri] <-s, -s> *m* colibri *m*
Kolik ['ko:lɪk] <-, -en> *f* MED colique *f*
kollabieren* *vi + sein* ❶ MED être victime d'un collapsus ❷ ASTRON *Stern:* subir un processus d'effondrement gravitationnel ❸ *(geh: zusammenbrechen)* *System, Markt:* s'effondrer
Kollaborateur(in) [kɔlabora'tøːɐ̯] <-s, -e> *m(f)* *(pej)* collaborateur, -trice *m, f*
Kollaboration [kɔlabora'tsi̯o:n] <-, -en> *f* *(pej)* collaboration *f*
kollaborieren* [kɔlabo'ri:rən] *vi* *(pej)* collaborer
Kollaps ['kɔlaps] <-es, -e> *m* ❶ *(Kreislaufkollaps)* collapsus *m* [cardiovasculaire] ❷ *(geh: Zusammenbruch)* effondrement *m*
Kolleg [kɔ'le:k] <-s, -s *o* Kollegien> *nt* *(Schule)* *école permettant à des adultes non-bacheliers de passer le baccalauréat*
Kollege, Kollegin [kɔ'le:gə] <-n, -n> *m, f* collègue *mf*
kollegial [kɔle'gi̯a:l] **I.** *adj* *Mitarbeiter* respectueux, -euse de ses collègues; ~ ***sein*** être bon collègue **II.** *adv* ***sich ~ verhalten*** agir en bon(ne) collègue
Kollegin [kɔ'le:gɪn] *s.* **Kollege**
Kollegium [kɔ'le:giʊm] <-s, -gien> *nt* ❶ *(Lehrerkollegium)* corps *m* enseignant ❷ *(Gremium)* commission *f*; *(Kardinalskollegium, Bischofskollegium)* collège *m*
Kollegmappe *f* porte-documents *m*
Kollekte <-, -n> *f* quête *f*
Kollektion [kɔlɛk'tsi̯o:n] <-, -en> *f* *(Sortiment)* collection *f*
kollektiv [kɔlɛk'ti:f] *adj* *(geh)* collectif, -ive
Kollektiv [kɔlɛk'ti:f] <-s, -e *o* -s> *nt* collectif *m*
Kollektivschuld *f* responsabilité *f* collective; ~ ***an etw*** *dat* responsabilité *f* collective de qc
Kollektor [kɔ'lɛkto:ɐ̯] <-s, -en> *m* PHYS, ELEC collecteur *m*
Koller ['kɔlɐ] <-s, -> *m* *(fam)* crise *f* de colère
kollidieren* [kɔli'di:rən] *vi + sein* *(geh)* ***mit etw*** ~ *Fahrzeug:* entrer en collision avec qc
Kollision [kɔli'zi̯o:n] <-, -en> *f* *(geh)* collision *f*
Kolloquium [kɔ'lo:kviʊm] <-s, -ien> *nt* ❶ UNIV séminaire *m* ❷ *(Symposium)* colloque *m*
Köln [kœln] <-s> *nt* Cologne
Kölner ['kœlnɐ] *adj attr* ***der ~ Dom*** la cathédrale de Cologne
Kölnischwasser, kölnisch Wasser *nt* eau *f* de Cologne
kolonial [kolo'ni̯a:l] *adj* colonial(e)
Kolonialismus [koloni̯a'lɪsmʊs] <-> *m* colonialisme *m*
Kolonialmacht *f* puissance *f* coloniale **Kolonialreich** *nt* empire *m* colonial
Kolonie [kolo'ni:] <-, -ien> *f* colonie *f*
Kolonisation [koloniza'tsi̯o:n] <-, -en> *f* colonisation *f*
kolonisieren* [koloni'zi:rən] *vt* coloniser
Kolonist [kolo'nɪst] <-en, -en> *m* colon *m*
Kolonne [ko'lɔnə] <-, -n> *f* *(Fahrzeugkolonne)* file *f*; ***in [einer] ~ fahren*** rouler les uns derrière les autres
Koloratur [kolora'tu:ɐ̯] <-, -en> *f* colorature *f*
kolorieren* [kolo'ri:rən] *vt* colorier, coloriser *Film*
Kolorit [kolo'ri:t] <-[e]s, -e> *nt* *(Klangfarbe)* timbre *m*
Koloss [ko'lɔs] <-es, -e> *m* *(fam: Mensch)* colosse *m*
kolossal [kolɔ'sa:l] **I.** *adj* ❶ *Bauwerk* colossal(e) ❷ *(fam)* *Dummheit, Fehler, Irrtum* monumental(e) **II.** *adv* *(fam)* *sich freuen*

énormément; *sich irren* dans les grandes largeurs

kolportieren* [kɔlpɔr'tiːrən] *vt (geh)* colporter

Kolumbien [ko'lʊmbi̯ən] <-s> *nt* la Colombie

Kolumne [ko'lʊmnə] <-, -n> *f* ❶ PRESSE chronique *f* ❷ TYP colonne *f*

Koma ['koːma] <-s, -s *o* -ta> *nt* coma *m*

Komasaufen <-s> *nt (sl),* **Komatrinken** <-s> *nt (fam)* biture *f* express

Kombi ['kɔmbi] *m (fam)* break *m*

Kombinat <-[e]s, -e> *nt* HIST combinat *m*

Kombination [kɔmbina'tsi̯oːn] <-, -en> *f* combinaison *f* **Kombinationsschloss** *nt* serrure *f* à combinaison

kombinatorisch [kɔmbina'toːrɪʃ] *adj* ***~e Fähigkeiten haben*** avoir l'esprit *m* de déduction

kombinieren* [kɔmbi'niːrən] **I.** *vt* assortir; ***einen Rock mit einer Bluse ~*** assortir une jupe et une chemise; ***verschiedene Farben miteinander ~*** associer différentes couleurs entre elles **II.** *vi* faire une déduction/des déductions

Kombitherapie *f (gegen Aids)* trithérapie *f*

Kombizange *f* pince *f* universelle

Komet [ko'meːt] <-en, -en> *m* comète *f*

kometenhaft *adj Aufstieg* fulgurant(e)

Komfort [kɔm'foːɐ̯] <-s> *m* confort *m*

komfortabel [kɔmfɔr'taːbəl] *adj* confortable

Komik ['koːmɪk] <-> *f* comique *m*

Komiker(in) ['koːmikɐ] <-s, -> *m(f)* comique *mf*

komisch **I.** *adj* ❶ *(lustig)* comique ❷ *(sonderbar)* bizarre; ***~ riechen/schmecken*** avoir une drôle d'odeur/un drôle de goût ❸ *(unwohl)* ***mir ist/wird so*** [*o* ***ganz***] ***~*** *(fam)* je me sens tout drôle **II.** *adv* ❶ *(lustig)* bizarrement ❷ *(sonderbar)* ***sich ~ verhalten*** se comporter de façon étrange; ***sich ~ fühlen*** se sentir tout drôle *fam*

komischerweise *adv (fam)* bizarrement

Komitee [komi'teː] <-s, -s> *nt* comité *m*

Komma ['kɔma] <-s, -s *o geh:* -ta> *nt* virgule *f*

Kommandant(in) [kɔman'dant] <-en, -en> *m(f)* commandant(e) *m(f)*

Kommandeur(in) [kɔman'døːɐ̯] <-s, -e> *m(f)* commandant(e) *m(f)* en chef

kommandieren* [kɔman'diːrən] **I.** *vt* ❶ *(befehligen)* commander ❷ *(abkommandieren)* ***jdn an die Front ~*** affecter qn au front **II.** *vi* ❶ MIL commander ❷ *(fam: Anweisungen erteilen)* ***gern ~*** aimer bien faire le gendarme

Kommanditgesellschaft [kɔman'diːtgəzɛlʃaft] *f* [société *f* en] commandite *f*

Kommando [kɔ'mando] <-s, -s> *nt* ❶ *a.* MIL ordre *m;* ***auf ~*** *handeln, gehorchen* sur ordre; *lachen* sur commande ❷ *kein Pl (Befehlsgewalt)* commandement *m* ❸ *(abkommandierte Gruppe)* détachement *m*

kommen ['kɔmən] <kam, gekommen> **I.** *vi + sein* ❶ venir; ***nach unten/oben ~*** descendre/monter; ***nach draußen ~*** sortir; ***ich komme ja schon!*** j'arrive!; ***komm!*** viens [ici]! ❷ *(eintreffen, ankommen) Person, Zug:* arriver ❸ *(herkommen, sich nähern) Person, Fahrzeug:* venir; *Gewitter, Frühling:* arriver; ***von rechts/links ~*** arriver sur la droite/gauche ❹ *(zurückkehren)* ***von der Arbeit/aus dem Kino ~*** venir du travail/du cinéma ❺ *(gelangen)* ***wie komme ich bitte zur Post?*** pour aller à la poste, s'il vous plaît? ❻ *(teilnehmen)* ***zur Party ~*** aller à la fête; ***kommst du auch?*** est-ce que tu y vas aussi? ❼ *(stammen)* ***von weit her ~*** venir de loin; ***aus ärmlichen Verhältnissen ~*** être issu d'un milieu modeste; ***aus dem Griechischen ~*** *Wort:* venir du grec ❽ *(gesendet, gezeigt werden)* passer; ***im Fernsehen ~*** passer à la télévision ❾ *(sich verschaffen)* ***billig an Bücher ~*** se procurer des livres bon marché; ***an einen Handwerker ~*** trouver un artisan ❿ *(Einfall haben)* ***auf die Idee wäre ich nie gekommen*** ça ne me serait jamais venu à l'idée; ***wie kommst du denn darauf?*** qu'est-ce qui te fait croire ça? ⓫ *(herrühren)* ***sein Husten kommt vom Rauchen*** sa toux [pro]vient de la cigarette ⓬ *(Zeit finden)* ***nicht zum Abwaschen ~*** ne pas trouver le temps de faire la vaisselle ▶ **da kann** [*o* **könnte**] **ja jeder ~!** *(fam)* et puis quoi, encore?; **auf jdn nichts ~ lassen** *(fam)* ne pas vouloir qu'on touche à qn; **komme, was wolle** quoi qu'il advienne; [**wieder**] **zu sich ~** revenir à soi; *(sich beruhigen)* se remettre **II.** *vi unpers + sein* ***es kam zu einer Auseinandersetzung*** on en vint à une querelle; ***und so kam es, dass*** et c'est ainsi que; ***wie kommt es, dass ...?*** comment se fait-il que ...? ▶ **mag es ~, wie es ~ will** quoi qu'il advienne; **es kam, wie es ~ musste** il est arrivé ce qui devait arriver

Kommen <-s> *nt* venue *f,* arrivée *f;* ***wir rechnen fest mit deinem ~*** nous comptons sur ta visite

K

kommend *adj* ❶ *(nächste)* prochain(e) ❷ *(künftig)* à venir

Kommentar [kɔmɛn'taːɐ̯] <-s, -e> *m* commentaire *m*

Kommentator, **Kommentatorin** <-s, -toren> *m, f* commentateur, -trice *m, f*

kommentieren* [kɔmɛn'tiːrən] *vt* commenter

kommerziell [kɔmɛr'tsi̯ɛl] **I.** *adj* commercial(e) **II.** *adv* à des fins commerciales

Kommilitone, **Kommilitonin** [kɔmili'toːnə] <-n, -n> *m, f* camarade *mf* d'études

Kommissar(in) [kɔmɪ'saːɐ̯] <-s, -e> *m(f)* commissaire *m*

Kommissariat [kɔmɪsa'ri̯aːt] <-s, -e> *nt* commissariat *m*

kommissarisch [kɔmɪ'saːrɪʃ] *adj* intérimaire

Kommission [kɔmɪ'si̯oːn] <-, -en> *f (Ausschuss)* commission *f;* ***die Europäische*** ~ la Commission européenne

Kommode [kɔ'moːdə] <-, -n> *f* commode *f*

K

kommunal [kɔmu'naːl] *adj* municipal(e); *Abgaben* local(e)

Kommunalabgaben *Pl* impôts *mpl* locaux **Kommunalpolitik** *f* politique *f* municipale **Kommunalverwaltung** *f* administration *f* communale **Kommunalwahlen** *Pl* élections *fpl* municipales

Kommune [kɔ'muːnə] <-, -n> *f* ❶ ADMIN commune *f* ❷ HIST ***die Pariser*** ~ la Commune de Paris

Kommunikation [kɔmunika'tsi̯oːn] <-, -en> *f* communication *f*

Kommunikationsdesign *nt* UNIV design *m* de communication **Kommunikationswissenschaften** *Pl* sciences *fpl* de la communication

kommunikativ [kɔmunika'tiːf] *adj* communicatif, -ive

Kommunion [kɔmu'ni̯oːn] <-, -en> *f* communion *f;* ***die heilige*** ~ la sainte communion; *(Erstkommunion)* la première communion

Kommuniqué [kɔmyni'keː] <-s, -s> *nt* communiqué *m*

Kommunismus [kɔmu'nɪsmʊs] <-> *m* communisme *m*

Kommunist(in) [kɔmu'nɪst] <-en, -en> *m(f)* communiste *mf*

kommunistisch *adj* communiste

kommunizieren* *vi (geh: sich verständigen)* communiquer

Komödiant(in) <-en, -en> *m(f) (a. fig, pej)* comédien(ne) *m(f)*

Komödie [ko'møːdi̯ə] <-, -n> *f (a. fig)* comédie *f;* ~ ***spielen*** jouer la comédie

Komoren [ko'moːrən] *Pl* ***die*** ~ les Comores *fpl*

Kompagnon [kɔmpan'jõː] <-s, -s> *m* associé(e) *m(f)*

kompakt [kɔm'pakt] **I.** *adj* compact(e) **II.** *adv* ~ ***gebaut*** de forme compacte

Kompaktanlage *f* minichaîne *f*

Kompanie [kɔmpa'niː] <-, -ien> *f* compagnie *f*

Komparativ ['kɔmparatiːf] <-s, -e> *m* comparatif *m*

Komparse, **Komparsin** <-n, -n> *m, f* figurant(e) *m(f)*

Kompass ['kɔmpas] <-es, -e> *m* boussole *f;* NAUT compas *m*

kompatibel [kɔmpa'tiːbəl] *adj* compatible

Kompatibilität [kɔmpatibili'tɛːt] <-, -en> *f* compatibilité *f*

Kompendium [kɔm'pɛndiʊm, *Pl:* kɔm'pɛndiən] <-s, -dien> *nt* abrégé *m*

Kompensation <-, -en> *f* compensation *f*

kompensieren* [kɔmpɛn'ziːrən] *vt a.* PSYCH compenser

kompetent [kɔmpe'tɛnt] **I.** *adj* compétent(e) **II.** *adv* de manière compétente

Kompetenz [kɔmpe'tɛnts] <-, -en> *f* compétence *f*

Kompetenzgerangel *nt (pej fam)* querelles *fpl* de compétence *péj*

kompilieren* *vt (geh)* ***etw [aus etw]*** ~ compiler qc [à partir de qc]

Komplementärfarbe [kɔmplemɛn'tɛːɐ̯-] *f* couleur *f* complémentaire

komplett [kɔm'plɛt] *adj* ❶ *(vollständig)* complet, -ète ❷ *(fam: vollzählig, völlig)* ***sind wir ~?*** sommes-nous au complet?; ***das ist doch ~er Schwachsinn!*** c'est complètement débile!

komplettieren* *vt (geh)* compléter

komplex [kɔm'plɛks] **I.** *adj* complexe **II.** *adv* de façon complexe

Komplex [kɔm'plɛks] <-es, -e> *m* ARCHIT, PSYCH complexe *m*

Komplikation [kɔmplika'tsi̯oːn] <-, -en> *f* complication *f*

Kompliment [kɔmpli'mɛnt] <-[e]s, -e> *nt* compliment *m*

Komplize, **Komplizin** [kɔm'pliːtsə] <-n, -n> *m, f* complice *mf*

komplizieren* **I.** *vt* compliquer **II.** *vr* ***sich*** ~ se compliquer

kompliziert **I.** *adj* compliqué(e) **II.** *adv* de façon compliquée

Kompliziertheit <-> *f* complexité *f*

Komplizin [tsɪn] *f s.* **Komplize**

Komplott [kɔm'plɔt] <-[e]s, -e> *nt* complot *m* ▸ **ein ~ schmieden** tramer un complot

Komponente <-, -n> *f (Bestandteil)* composant *m*

komponieren* [kɔmpo'niːrən] **I.** *vt* composer **II.** *vi* composer; ***das Komponieren*** la composition

Komponist(in) [kɔmpo'nɪst] <-en, -en> *m(f)* compositeur, -trice *m, f*

Komposita *s.* **Kompositum**

Komposition <-, -en> *f* composition *f*

Kompositum <-s, Komposita> *nt* LING [mot *m*] composé *m*

Kompost [kɔm'pɔst] <-[e]s, -e> *m* compost *m*

Komposthaufen [kɔm'pɔsthaufən] *m* tas *m* de compost

kompostieren* *vt* faire du compost avec; ***etw ~*** faire du compost avec qc; ***das Kompostieren*** le compostage

Kompostierung <-, -en> *f* compostage *m*

Kompott [kɔm'pɔt] <-[e]s, -e> *nt* compote *f*

Kompresse [kɔm'prɛsə] <-, -n> *f* compresse *f*

Kompression [kɔmprɛ'si̯oːn] <-, -en> *f* TECH compression *f*

Kompressor [kɔm'prɛsoːɐ̯] <-s, -pressoren> *m* compresseur *m*

komprimieren* [kɔmpri'miːrən] *vt* comprimer

Komprimierung <-, -en> *f a.* INFORM compression *f*

Kompromiss [kɔmpro'mɪs] <-es, -e> *m* compromis *m;* ***einen ~ mit jdm schließen*** passer un compromis avec qn

kompromissbereit *adj* conciliant(e) **Kompromissbereitschaft** *f* attitude *f* conciliante

kompromisslos *adj Haltung* intransigeant(e) **Kompromisslösung** *f* solution *f* de compromis **Kompromissvorschlag** *m* proposition *f* de compromis

kompromittieren* [kɔmpromɪ'tiːrən] **I.** *vt* compromettre **II.** *vr* ***sich ~*** se discréditer

Kondensat [kɔndɛn'zaːt] <-[e]s, -e> *nt* produit *m* de condensation

Kondensation [kɔndɛnza'tsi̯oːn] <-, -en> *f* condensation *f*

Kondensator [kɔndɛn'zaːtoːɐ̯] <-s, -toren> *m* condensateur *m*

kondensieren* [kɔndɛn'ziːrən] **I.** *vi + haben o sein* se condenser **II.** *vt + haben* concentrer *Milch, Saft*

Kondensmilch [kɔn'dɛnsmɪlç] *f* lait *m* concentré **Kondensstreifen** *m* traînée *f* blanche **Kondenswasser** *nt kein Pl* [eau *f* de] condensation *f*

Kondition [kɔndi'tsi̯oːn] <-, -en> *f* ❶ *(Leistungsfähigkeit)* condition *f;* ***eine gute ~ haben*** être en bonne condition; ***keine ~ haben*** manquer de condition ❷ *Pl (Bedingungen)* conditions *fpl*

Konditional [kɔnditsi̯o'naːl] <-s, -e> *m* GRAM conditionnel *m*

Konditionalsatz [kɔnditsi̯o'naːlzats] *m* GRAM proposition *f* conditionnelle

Konditionstraining *nt* mise *f* en condition

Konditor, **Konditorin** [kɔn'diːtoːɐ̯] <-s, -toren> *m, f* pâtissier *m* [confiseur]/pâtissière *f* [confiseuse]

Konditorei [kɔndito'rai̯] <-, -en> *f* pâtisserie *f* [confiserie] **Kondolenzkarte** *f (geh)* carte *f* de condoléances

kondolieren* *vi (geh)* présenter ses condoléances

Kondom [kɔn'doːm] <-s, -e> *m o nt* préservatif *m*

Konfekt [kɔn'fɛkt] <-[e]s, -e> *nt* ❶ *(Pralinen)* chocolats *mpl* ❷ A, CH *(Gebäck)* petits-fours *mpl*

Konfektionsgröße *f* taille *f* en confection

Konferenz [kɔnfe'rɛnts] <-, -en> *f* ❶ conférence *f;* ***in einer ~ sein*** être en conférence; ***~ über Sicherheit und Zusammenarbeit in Europa*** Conférence sur la sécurité et la coopération en Europe ❷ *(Lehrerkonferenz)* conseil *m* de classe

Konferenzraum *m* salle *f* de conférences

Konferenzschaltung *f* multiplex *m* **Konferenzteilnehmer(in)** *m(f)* participant(e) *m(f)* à la conférence **Konferenzzimmer** *nt* salle *f* de conférences

konferieren* *vi (geh)* conférer

Konfession [kɔnfɛ'si̯oːn] <-, -en> *f* confession *f*

konfessionell *adj* confessionnel(le)

konfessionslos *adj* sans confession

Konfetti [kɔn'fɛti] <-[s]> *nt* confetti *m*

Konfiguration <-, -en> *f* INFORM configuration *f*

konfigurieren* *vt* INFORM configurer

Konfirmand(in) [kɔnfɪr'mant] <-en, -en> *m(f)* confirmand(e) *m(f)*

Konfirmation [kɔnfɪrma'tsi̯oːn] <-, -en> *f* confirmation *f*

konfirmieren* [kɔnfɪr'miːrən] *vt* confirmer

konfiszieren* *vt* ❶ *(beschlagnahmen)* saisir ❷ *(hum: wegnehmen)* confisquer

Konfitüre [kɔnfi'tyːrə] <-, -n> *f* confiture *f*

Konflikt [kɔn'flɪkt] <-s, -e> *m* conflit *m*

Konfliktherd *m* poudrière *f,* foyer *m* de tensions

K

Konföderation [kɔnfødəra'tsi̯oːn] <-, -en> *f* confédération *f*
Konföderationen-Cup *m* SPORT Coupe *f* des Confédérations
konform [kɔn'fɔrm] *adj* concordant(e)
Konformismus <-> *m (geh)* conformisme *m*
konformistisch *adj (geh)* conformiste
Konfrontation [kɔnfrɔnta'tsi̯oːn] <-, -en> *f* ❶ *(Gegenüberstellung)* confrontation *f* ❷ *(Auseinandersetzung)* affrontement *m*
konfrontieren* [kɔnfrɔn'tiːrən] *vt* confronter; ***jdn mit jdm/etw ~*** confronter qn avec qn/qc; ***mit etw konfrontiert werden*** être confronté à qc
konfus [kɔn'fuːs] **I.** *adj* confus(e); ***jdn ganz ~ machen*** embrouiller complètement qn; ***~ klingen*** paraître confus(e) **II.** *adv* de façon confuse
Konfusion [kɔnfu'zioːn] <-, -en> *f* confusion *f*
Konglomerat [kɔnglome'raːt] <-[e]s, -e> *nt (geh) von Hütten* agglomération *f*
Kongregation [kɔngrega'tsi̯oːn] <-, -en> *f* congrégation *f*
Kongress [kɔn'grɛs] <-es, -e> *m* ❶ *(Tagung)* congrès *m* ❷ *(US-Parlament)* ***der ~*** le Congrès
Kongresshalle *f* salle *f* des congrès **Kongresszentrum** *nt* palais *m* des congrès
kongruent [kɔngru'ɛnt] *adj* coïncident(e); ***~ sein*** coïncider
Kongruenz [kɔngru'ɛnts] <-, -en> *f* ❶ GEOM coïncidence *f* ❷ GRAM accord *m*
K.-o.-Niederlage [kaː'ʔoː-] *f* défaite *f* par K.-O.
Konifere [koni'feːrə] <-, -n> *f* conifère *m*
König ['køːnɪç] <-s, -e> *m* roi *m*; ***die Heiligen Drei ~e*** les Rois mages
Königin ['køːnɪgɪn] <-, -nen> *f* reine *f*
königlich ['køːnɪklɪç] *adj (a. fig)* royal(e)
Königreich ['køːnɪkrai̯ç] *nt* royaume *m*; ***das Vereinigte ~*** le Royaume-Uni
konisch ['koːnɪʃ] *adj* conique
Konjugation [kɔnjuga'tsi̯oːn] <-, -en> *f* conjugaison *f*
konjugieren* [kɔnju'giːrən] *vt* conjuguer
Konjunktion [kɔnjʊŋk'tsi̯oːn] <-, -en> *f* GRAM, ASTROL conjonction *f*
Konjunktionalsatz *m* GRAM [proposition *f*] conjonctive *f*
Konjunktiv ['kɔnjʊŋktiːf] <-s, -e> *m* GRAM *mode du potentiel*
Konjunktur [kɔnjʊŋk'tuːɐ̯] <-, -en> *f* conjoncture *f*
konjunkturell [kɔnjʊŋktu'rɛl] *adj* conjoncturel(le) **Konjunkturentwicklung** *f* évolution *f* conjoncturelle **Konjunkturflaute** *f* stagnation *f* de l'activité économique **Konjunkturprognose** *f* prévision *f* conjoncturelle
Konjunkturschwäche *f* faiblesse *f* conjoncturelle [*o* de la conjoncture]
konkav [kɔn'kaːf, kɔŋ'kaːf] *adj* concave
konkret [kɔn'kreːt] *adj* ❶ *Vorstellung, Meinung* concret, -ète ❷ KUNST figuratif, -ive
Konkurrent(in) [kɔnkʊ'rɛnt] <-en, -en> *m(f)* rival(e) *m(f)*; COM concurrent(e) *m(f)*
Konkurrenz [kɔnkʊ'rɛnts] <-, -en> *f* ❶ *kein Pl* concurrence *f* ❷ *(Wettkampf)* compétition *f*; ***außer ~*** hors compétition
Konkurrenzdruck *m kein Pl* pression *f* de la concurrence
konkurrenzfähig *adj* compétitif, -ive
Konkurrenzfähigkeit *m* compétitivité *f*
Konkurrenzkampf *m* concurrence *f*
konkurrenzlos *adj* sans concurrence; *Produkt* défiant toute concurrence
konkurrieren* [kɔnkʊ'riːrən] *vi* COM ***mit jdm/etw ~*** être en concurrence avec qn/qc
Konkurs [kɔn'kʊrs] <-es, -e> *m* ❶ *(Zahlungsunfähigkeit)* faillite *f* ❷ *(Verfahren)* procédure *f* de faillite

> **Falsche Freunde**
> Nicht verwechseln mit *le concours* – *der Wettbewerb*!

Konkursmasse *f* actif *m* de la faillite **Konkursverfahren** *nt* procédure *f* de faillite **Konkursverwalter(in)** *m(f)* administrateur, -trice *m, f* judiciaire
können ['kœnən] **I.** <konnte, -> *aux modal* ❶ *(vermögen)* pouvoir; ***etw tun ~*** pouvoir faire qc; ***etw nicht vergessen ~*** ne pas pouvoir oublier qc ❷ *(eine Fertigkeit haben)* ***laufen/lesen ~*** savoir courir/lire ❸ *(dürfen)* ***etw tun ~*** pouvoir faire qc ❹ *(in höflichen Fragen)* ***~ Sie mir sagen, wo/wie ...?*** pourriez-vous me dire où/comment ...?; ***kann ich Ihnen weiterhelfen?*** puis-je vous aider? ► **man kann nie wissen** on ne sait jamais **II.** <konnte, gekonnt> *vt* savoir *Gedicht*; parler *Fremdsprache*; ***was ~ Sie?*** qu'est-ce que vous savez faire? ► **[et]was/nichts für etw ~** être/ne pas être responsable de qc; **der kann mich mal!** *(fam)* il peut aller se faire foutre! **III.** <konnte, gekonnt> *vi* pouvoir; ***nicht mehr ~*** *(fam: erschöpft sein)* n'en pouvoir plus; *(fam: satt sein)* ne pouvoir plus rien avaler

Können <-s> *nt (geistig)* compétence *f; (manuell)* savoir-faire *m*
Könner(in) <-s, -> *m(f)* expert(e) *m(f)*
konnte ['kɔntə] *Imp von* **können**
Konsekutivsatz [kɔnzeku'tiːfzats] *m* [proposition *f* subordonnée] consécutive *f*
Konsens <-es, -e> *m (geh: Übereinstimmung)* consensus *m*
konsequent [kɔnze'kvɛnt] **I.** *adj* ❶ *(folgerichtig)* cohérent(e) ❷ *(unbeirrbar)* résolu(e); ***bei etw ~ sein*** être cohérent dans qc **II.** *adv* ❶ *(folgerichtig)* de façon cohérente ❷ *(unbeirrbar)* résolument
Konsequenz [kɔnze'kvɛnts] <-, -en> *f* ❶ *(Folge)* conséquence *f;* ***die ~en tragen*** supporter les conséquences ❷ *(Folgerung)* ***aus etw die ~en ziehen*** tirer les conséquences de qc ❸ *kein Pl (Folgerichtigkeit)* cohérence *f* ❹ *kein Pl (Unbeirrbarkeit)* détermination *f*
konservativ [kɔnzɛrva'tiːf] POL **I.** *adj* conservateur, -trice **II.** *adv wählen* à droite
Konservative(r) *f(m) dekl wie adj* conservateur, -trice *m, f*
Konservatorium [kɔnzɛrva'toːri̯ʊm] <-s, -rien> *nt* conservatoire *m*
Konserve [kɔn'zɛrvə] <-, -n> *f* conserve *f*
Konservendose *f* boîte *f* de conserve
konservieren* [kɔnzɛr'viːrən] *vt* conserver
Konservierung <-, -en> *f* ❶ *von Lebensmitteln* conservation *f* ❷ *(geh: Erhaltung)* entretien *m*
Konservierungsmittel *nt* agent *m* de conservation **Konservierungsstoff** *m* CHEM conservateur *m*
Konsistenz [kɔnzɪs'tɛnts] <-> *f (geh)* consistance *f*
Konsole [kɔn'zoːlə] <-, -n> *f* console *f*
konsolidieren* [kɔnzoli'diːrən] *vt (geh)* consolider
Konsolidierung <-, -en> *f (geh)* consolidation *f*
Konsonant [kɔnzo'nant] <-en, -en> *m* LING consonne *f*
konsonantisch *adj* LING consonantique
Konsortium [kɔn'zɔrtsi̯ʊm] <-s, -tien> *nt* consortium *m*
Konspiration [kɔnspira'tsi̯oːn] <-, -en> *f (geh)* conspiration *f*
konspirativ [kɔnspira'tiːf] *adj (geh) Tätigkeit* conspirateur, -trice
konstant [kɔn'stant] *adj* constant(e)
Konstante [kɔn'stantə] <-[n], -n> *f* constante *f*
Konstanz ['kɔnstants] <-> *nt* Constance
konstatieren* *vt (geh)* constater
Konstellation [kɔnstɛla'tsi̯oːn] <-, -en> *f* ❶ *(geh: Gesamtlage)* configuration *f* ❷ ASTRON, ASTROL constellation *f*
konsternieren* *vt (geh)* consterner
konsterniert *(geh)* **I.** *adj* consterné(e) **II.** *adv* avec consternation
konstituieren* [kɔnstitu'iːrən] *(geh)* **I.** *vt* constituer; ***~d*** constituant(e) **II.** *vr* ***sich als etw*** ~ se constituer en qc
Konstitution [kɔnstitu'tsi̯oːn] <-, -en> *f* ❶ *(körperliche Verfassung)* condition *f; (Körperbau)* constitution *f* ❷ POL *(geh)* constitution *f*
konstitutionell [kɔnstitutsio'nɛl] *adj* POL, MED constitutionnel(le); ***~e Monarchie*** monarchie constitutionnelle
konstruieren* [kɔnstru'iːrən] *vt a.* GRAM construire
Konstrukteur(in) [kɔnstrʊk'tøːɐ̯] <-s, -e> *m(f)* constructeur, -trice *m, f*
Konstruktion [kɔnstrʊk'tsi̯oːn] <-, -en> *f* construction *f*
Konstruktionsfehler *m* défaut *m* de fabrication
konstruktiv [kɔnstrʊk'tiːf] *(geh)* **I.** *adj (förderlich)* constructif, -ive **II.** *adv* de façon constructive
Konsul, **Konsulin** ['kɔnzʊl] <-s, -n> *m, f* consul *m*
Konsulat [kɔnzu'laːt] <-[e]s, -e> *nt* consulat *m*
Konsultation <-, -en> *f (form)* consultation *f*
konsultieren* [kɔnzʊl'tiːrən] *vt (form)* consulter *Lexikon, Arzt*
Konsum [kɔn'zuːm] <-s> *m* consommation *f*
Konsument(in) [kɔnzu'mɛnt] <-en, -en> *m(f)* consommateur, -trice *m, f*
Konsumgesellschaft *f* société *f* de consommation **Konsumgut** *nt meist Pl* bien *m* de consommation
konsumieren* [kɔnzu'miːrən] *vt (geh)* ❶ *(verbrauchen)* consommer ❷ *(fig)* être consommateur de *Kunst*
Kontakt [kɔn'takt] <-[e]s, -e> *m* contact *m;* ***der ~ zu jdm*** le contact avec qn; ***private/berufliche ~e*** des relations *fpl* personnelles/d'affaires; ***mit jdm ~ aufnehmen*** prendre contact avec qn; ***~ zu jdm haben*** avoir des contacts avec qn
Kontaktadresse *f* lieu *m* de rencontre; ***eine ~ für Drogensüchtige*** une adresse pour toxicomanes
Kontaktanzeige *f* annonce *f* personnelle
kontaktarm *adj* solitaire **Kontaktaufnahme** *f* prise *f* de contact **Kontaktbild-**

schirm *m* écran *m* tactile **kontaktfreudig** *adj* sociable **Kontaktlinse** *f* lentille *f* [de contact] **Kontaktperson** *f* MED personne *f* ayant été en contact avec le/la malade

Kontamination [kɔntamina'tsi̯oːn] <-, -en> *f* contamination *f*

kontaminieren* *vt* contaminer

Konten *Pl von* **Konto**

Konter ['kɔntɐ] <-s, -> *m* SPORT contre-attaque *f*

Konterfei ['kɔntɐfai̯] <-s, -s *o* -e> *nt* *(hum)* portrait *m*

kontern ['kɔntɐn] *vi (antworten)* riposter

Konterrevolution ['kɔntɐrevolu'tsi̯oːn] *f* contre-révolution *f*

Kontext ['kɔntɛkst] <-[e]s, -e> *m* contexte *m*

Kontinent ['kɔntinɛnt] <-[e]s, -e> *m* continent *m*

kontinental [kɔntinɛn'taːl] *adj* continental(e)

Kontingent [kɔntɪŋ'gɛnt] <-[e]s, -e> *nt* MIL, COM contingent *m*

kontinuierlich [kɔntinu'iːɐ̯lɪç] *(geh)* **I.** *adj* *Bewegung, Strom* continu(e) **II.** *adv* de façon continue

Kontinuität [kɔntinui'tɛːt] <-> *f* continuité *f*

Konto ['kɔnto] <-s, Konten *o* Konti> *nt* compte *m*

Kontoauszug *m* extrait *m* de compte **Kontoführung** *f* tenue *f* de compte **Kontoinhaber(in)** *m(f)* titulaire *mf* du/d'un compte **Kontonummer** *f* numéro *m* de/du compte **Kontostand** *m* situation *f* de compte **Kontoüberziehung** *f* découvert *m* [de compte]

kontra ['kɔntra] *präp +akk* ***der Konflikt Gewerkschaften ~ Unternehmer*** le conflit patronat–syndicats

Kontra ▸ **jdm ~ geben** *(fam)* contredire qn

Kontrabass *m* contrebasse *f*

Kontrahent(in) [kɔntra'hɛnt] <-en, -en> *m(f)* *(geh)* adversaire *mf*

Kontrakt <-[e]s, -e> *m* contrat *m*

kontraproduktiv *adj* contre-productif, -ive **Kontrapunkt** *m* MUS contrepoint *m*

konträr *adj (geh)* contraire

Kontrast [kɔn'trast] <-[e]s, -e> *m* ❶ contraste *m*; ***der ~ zu etw*** le contraste avec qc; ***im*** [*o* ***in***] ***~ zu etw stehen*** être en opposition avec qc ❷ CINE, PHOT, TV contraste *m*

Kontrastmittel *nt* produit *m* de contraste **kontrastreich** *adj* contrasté(e)

Kontrollabschnitt *m* partie *f* détachable [du billet]

Kontrolle [kɔn'trɔlə] <-, -n> *f* ❶ *(Überprüfung)* contrôle *m*; ***eine ~ durchführen*** effectuer un contrôle ❷ *(Überwachung)* contrôle *m*; ***jdn/etw unter ~*** *dat* ***haben*** avoir qn/qc sous son contrôle ❸ *(Gewalt)* ***unter ~ haben*** maîtriser *Brand, Fahrzeug;* ***die ~ über etw*** *akk* ***verlieren*** perdre le contrôle de qc; ***die ~ über sich*** *akk* ***verlieren*** perdre son self-control

Kontrolleur(in) [kɔntrɔ'løːɐ̯] <-s, -e> *m(f)* contrôleur, -euse *m, f*

Kontrollgang <-gänge> *m* ronde *f*

kontrollieren* [kɔntrɔ'liːrən] *vt* ❶ *(überprüfen)* contrôler ❷ *(überwachen)* exercer un contrôle sur ❸ COM contrôler *Konzern, Markt*

Kontrollturm *m* tour *f* de contrôle

kontrovers [kɔntro'vɛrs] *adj (geh: umstritten)* controversé(e)

Kontroverse [kɔntro'vɛrzə] <-, -n> *f (geh)* controverse *f*

Kontur [kɔn'tuːɐ̯] <-, -en> *f meist Pl* contour *m*

Konvention [kɔnvɛn'tsi̯oːn] <-, -en> *f* *meist Pl (Verhaltensnorm)* convention *f*

Konventionalstrafe [kɔnvɛntsi̯o'naːl-] *f* clause *f* pénale

konventionell [kɔnvɛntsi̯o'nɛl] **I.** *adj* conventionnel(le) **II.** *adv* de manière conventionnelle

Konvergenz [kɔnvɛr'gɛnts] <-, -en> *f* *(geh)* convergence *f*

Konversation [kɔnvɛrza'tsi̯oːn] <-, -en> *f* *(geh)* conversation *f*; ***~ machen*** faire la conversation

Konversion [kɔnvɛr'zi̯oːn] <-, -en> *f* REL, LING conversion *f*

konvertibel [kɔnvɛr'tiːbəl], **konvertierbar** [kɔnvɛr'tiːɐ̯baːɐ̯] *adj* FIN, INFORM convertible

konvertieren* [kɔnvɛr'tiːrən] **I.** *vi + haben o sein* se convertir; ***zum Christentum ~*** se convertir au christianisme **II.** *vt* convertir *Datei, Dokument*

Konvertit(in) [kɔnvɛr'tiːt] <-en, -en> *m(f)* REL converti(e) *m(f)*

konvex [kɔn'vɛks] *adj* convexe

Konvoi ['kɔnvɔʏ, kɔn'vɔʏ] <-s, -s> *m* convoi *m*

Konzentrat [kɔntsɛn'traːt] <-[e]s, -e> *nt* concentré *m*

Konzentration [kɔntsɛntra'tsi̯oːn] <-, -en> *f* concentration *f*

Konzentrationsfähigkeit *f kein Pl* pouvoir *m* de concentration **Konzentra-**

tionslager *nt* camp *m* de concentration **Konzentrationsschwäche** *f* difficultés *fpl* de concentration

konzentrieren* [kɔntsɛn'triːrən] *vr* ***sich*** ~ se concentrer; ***sich auf etw*** *akk* ~ se concentrer sur qc

konzentriert [kɔntsɛn'triːɐ̯t] **I.** *adj Saft, Säure* concentré(e); *Nachdenken* approfondi(e); *Aufmerksamkeit* soutenu(e) **II.** *adv nachdenken* en se concentrant

konzentrisch *adj* concentrique

Konzept [kɔn'tsɛpt] <-[e]s, -e> *nt* ❶ *(Entwurf)* brouillon *m* ❷ *(Plan)* projet *m*

Konzeption <-, -en> *f (geh)* concept *m*

Konzeptpapier *nt* [papier *m*] brouillon *m*

Konzern [kɔn'tsɛrn] <-s, -e> *m* groupe *m*

Konzert [kɔn'tsɛrt] <-[e]s, -e> *nt* ❶ *(Komposition)* concerto *m* ❷ *(Aufführung)* concert *m*

Konzertabend *m* soirée *f* musicale **Konzertagentur** *f* agence *f* de spectacles **Konzertbesucher(in)** *m(f)* spectateur, -trice *m, f* **Konzertflügel** *m* piano *m* de concert **Konzerthalle** *f* salle *f* de concert **Konzertsaal** *m* salle *f* de concert

Konzession [kɔntsɛ'si̯oːn] <-, -en> *f* ❶ *(geh: Zugeständnis)* concession *f* ❷ *(Gewerbeerlaubnis)* licence *f*

Konzessivsatz [kɔntsɛ'siːfzats] *m* GRAM [proposition *f*] concessive *f*

Konzil [kɔn'tsiːl] <-s, -e *o* -ien> *nt (Versammlung höherer Kleriker)* concile *m*

konzipieren* [kɔntsi'piːrən] *vt* concevoir

Kooperation [koʔopera'tsi̯oːn] <-, -en> *f* coopération *f*

kooperativ [koʔopera'tiːf] *adj* coopératif, -ive

kooperieren* [koʔope'riːrən] *vi* coopérer

Koordinate [koʔɔrdi'naːtə] <-, -en> *f* ❶ MATH coordonnée *f* ❷ *meist Pl* GEOG coordonnées *fpl* [géographiques]

Koordinatenachse [koʔɔrdi'naːtənʔaksə] *f* axe *m* des coordonnées **Koordinatensystem** *nt* système *m* de coordonnées

Koordination [koʔɔrdina'tsi̯oːn] <-, -en> *f (geh)* coordination *f*

Koordinator, **Koordinatorin** [koʔɔrdi'naːtoːɐ̯] <-s, -toren> *m, f (geh)* coordinateur, -trice *m, f*

koordinieren* [koʔɔrdi'niːrən] *vt (geh)* coordonner

Koordinierung <-, -en> *f (geh)* coordination *f*

Kopenhagen [koːpən'haːgən] <-s> *nt* Copenhague

Kopf [kɔpf, *Pl:* 'kœpfə] <-[e]s, Köpfe> *m* ❶ tête *f*; ***den ~ schütteln*** secouer la tête; ***den ~ einziehen*** rentrer la tête dans les épaules; ***den ~ in die Hände stützen*** se tenir la tête à deux mains ❷ *(Person)* ***pro*** ~ par tête ❸ *(essbarer Teil)* ***ein ~ Salat*** la tête d'une salade ❹ *(Rückseite einer Münze)* ***~ oder Zahl?*** pile ou face? ▶ **von ~ bis Fuß** de la tête aux pieds; **den ~ in den Sand stecken** pratiquer la politique de l'autruche; **den ~ aus der Schlinge ziehen** se tirer d'affaire; **mit dem ~ durch die Wand wollen** *(fam)* faire du forcing; **nicht auf den ~ gefallen sein** *(fam)* ne pas être tombé sur la tête; **das hältst du [ja] im ~ nicht aus!** *(fam)* ça prend la tête!; **für jdn/etw den [*o* seinen] ~ hinhalten** *(fam)* aller au casse-pipe pour qn/qc; **etw auf den ~ hauen** *(fam)* dilapider qc; **etw im ~ rechnen** calculer qc de tête; **sich** *dat* **etw aus dem ~ schlagen** s'ôter qc de la tête; **sich** *dat* **in den ~ setzen etw zu tun** se mettre en tête de faire qc; **du kannst dich auf den ~ stellen und mit den Füßen wackeln, ...** *(fam)* tu auras beau faire des pieds et des mains, ...; **jdm den ~ verdrehen** *(fam)* tourner la tête à qn; **jdm den ~ waschen** passer un savon à qn; **jdm etw an den ~ werfen** jeter qc à la figure de qn; **die Köpfe zusammenstecken** faire des messes basses *fam;* ~ **an** ~ *rennen* au coude à coude

Kopf-an-Kopf-Rennen *nt (a. fig)* course *f* au coude à coude, coude à coude *m*

Kopfarbeit *f kein Pl* travail *m* intellectuel **Kopfbahnhof** *m* gare *f* terminus **Kopfball** *m* tête *f* **Kopfbedeckung** *f* couvre-chef *m*

Köpfchen ['kœpfçən] <-s, -> *nt* ❶ *Dim von* **Kopf** [petite] tête *f* ❷ *(fam: Cleverness)* ~ ***haben*** être futé

köpfen ['kœpfən] **I.** *vt* ❶ *(enthaupten)* décapiter ❷ *(fam)* décapsuler *Flasche* ❸ SPORT ***den Ball ins Tor*** ~ mettre de la tête une balle dans le but **II.** *vi* SPORT faire une tête

Kopfende *nt eines Bettes* tête *f*

Kopfgeld *nt* prime *f* de capture **Kopfgeldjäger** *m* chasseur *m* de prime **Kopfhaut** *f* cuir *m* chevelu **Kopfhörer** *m* casque *m*

Kopfkino *nt* Film *m* dans sa tête ▶ **bei mir läuft das Kopfkino** je me fais un film

Kopfkissen *nt* oreiller *m* **Kopfkissenbezug** *m* taie *f* d'oreiller

kopflastig *adj (zu intellektuell)* hyperintello *péj fam*

Köpfler ['kœpflɐ] <-s, -> *m* A ❶ *(Kopfsprung)* plongeon *m* ❷ *(Kopfball)* tête *f*

K

kopflos *adj (verwirrt)* affolé(e)
Kopfmensch *m (fam)* cérébral *m* **Kopfnicken** <-s> *nt* signe *m* de tête **kopfrechnen** *vi nur Infin* calculer de tête **Kopfrechnen** *nt* calcul *m* mental **Kopfsalat** *m* laitue *f* **Kopfschmerz** *m meist Pl* mal *m* de tête; **~*en haben*** avoir mal à la tête
Kopfschmerztablette *f* cachet *m* contre le mal de tête
Kopfschütteln <-s> *nt* hochement *m* de tête **kopfschüttelnd** *adv* en secouant la tête **Kopfschutz** *m* protection *f* de la tête **Kopfsprung** *m* plongeon *m* **Kopfstand** *m* poirier *m*; ***einen ~ machen*** faire le poirier **kopf|stehen** *vi irr + haben o sein (fig fam) Person:* être dans tous ces états; *Haus, Firma:* être en effervescence
Kopfsteinpflaster *nt* pavé *m*
Kopfstütze *f* appuie-tête *m* **Kopftuch** <-tücher> *nt* foulard *m*

Kopftuchstreit *m* querelle *f* sur le foulard [islamique] **Kopftuchverbot** *nt* interdiction *f* [du port] du foulard [islamique]
kopfüber [kɔpf'ʔyːbɐ] *adv* la tête la première **Kopfverletzung** *f* blessure *f* à la tête **Kopfweh** <-s> *nt s.* **Kopfschmerz**
Kopfzeile *f* INFORM *eines Dokuments* en-tête *m* **Kopfzerbrechen** <-s> *nt* ***jdm ~ bereiten*** causer du tracas à qn
Kopie [ko'piː] <-, -ien> *f* copie *f*
kopieren* [ko'piːrən] *vt* ❶ *(fotokopieren)* [photo]copier; ***sich** dat* ***etw*** ~ se faire une copie de qc ❷ *a.* INFORM *(Kopie erstellen)* faire une copie de
Kopierer <-s, -> *m (fam)* photocopieuse *f*
Kopiergerät [ko'piːɐgərɛːt] *nt* photocopieuse *f* **Kopierpapier** *nt* papier *m* à photocopies **Kopierschutz** *m* INFORM verrouillage *m*
Kopilot(in) ['koːpiloːt] *m(f)* copilote *mf*
Koppel <-, -n> *f (Pferdekoppel)* enclos *m*
koppeln ['kɔpəln] *vt* ❶ TELEC ***an das Telefon gekoppelt sein*** *Anrufbeantworter:* être branché sur le téléphone ❷ AUT, EISENBAHN ***etw an etw*** *akk* ~ accrocher qc à qc; NAUT amarrer qc à qc
Koppelung *s.* **Kopplung**
Koppelungsmanöver *s.* **Kopplungsmanöver**
Kopplung <-, -en> *f* ❶ TELEC branchement *m* ❷ AUT, EISENBAHN accrochage *m* ❸ NAUT amarrage *m*
Kopplungsmanöver *nt* manœuvres *fpl* d'amarrage
Koproduktion ['koːprodʊktsi̯oːn] *f* coproduction *f* **Koproduzent(in)** *m(f)* coproducteur, -trice *m, f*
kopulieren* *vi Tiere:* s'accoupler
Koralle [ko'ralə] <-, -n> *f* corail *m*
Korallenriff *nt* récif *m* corallien
Koran [ko'raːn] <-s, -e> *m* Coran *m*
Koranschule *f* école *f* coranique
Korb [kɔrp, *Pl:* 'kœrbə] <-[e]s, Körbe> *m* ❶ *(mit Henkeln)* panier *m*; *(ohne Henkel)* corbeille *f* ❷ SPORT panier *m* ❸ *(fam: Abfuhr)* rebuffade *f*; ***einen ~ bekommen*** se faire envoyer sur les roses; ***jdm einen ~ geben*** envoyer promener qn
Korbball *m kein Pl sorte de basket-ball*
Körbchen ['kœrpçən] <-s, -> *nt* ❶ *Dim von* **Korb** corbeille *f* ❷ COUT *eines Büstenhalters* bonnet *m*
Korbflasche *f* bouteille *f* clissée
Kord [kɔrt] *s.* **Cord**
Kordel ['kɔrdəl] <-, -n> *f* cordon *m*
Kordhose *f* pantalon *m* en velours
Korea [ko'reːa] <-s> *nt* la Corée
Koreaner(in) [kore'aːnɐ] <-s, -> *m(f)* Coréen(ne) *m(f)*
koreanisch [kore'aːnɪʃ] *adj* coréen(ne)
Koriander [ko'ri̯andɐ] <-s, -> *m* coriandre *f*
Korinthe [ko'rɪntə] <-, -n> *f* raisin *m* de Corinthe
Kork [kɔrk] <-[e]s, -e> *m* liège *m*
Korkeiche *f* chêne-liège *m*
Korken ['kɔrkən] <-s, -> *m* bouchon *m*
Korkenzieher <-s, -> *m* tire-bouchon *m*
Kormoran [kɔrmo'raːn] <-s, -e> *m* cormoran *m*
Korn[1] [kɔrn, *Pl:* 'kœrnɐ] <-[e]s, Körner> *nt* ❶ *(Samenkorn)* graine *f* ❷ *kein Pl (Getreide)* céréales *fpl*
Korn[2] [kɔrn] <-[e]s, -> *m (Getränk)* eau *f* de vie
Kornblume *f* bleuet *m*
Kornfeld *nt* champ *m* de céréales
körnig ['kœrnɪç] *adj Oberfläche* rugueux, -euse
Kornkammer *f*, **Kornspeicher** *m* AGR grenier *m* à blé
Koronargefäß [koro'naːɐ̯-] *nt* vaisseau *m* coronaire
Körper ['kœrpɐ] <-s, -> *m* corps *m*; ***am ganzen ~ zittern*** trembler de tout son corps
Körperbau *m kein Pl* anatomie *f* **körperbehindert** *adj (form)* handicapé(e) physique **Körperbehinderte(r)** *f(m) dekl wie adj (form)* handicapé(e) *m(f)* physique **körperbetont** *adj* qui accuse les formes [du corps] **Körperge-**

ruch *m* odeurs *fpl* corporelles; ~ ***haben*** sentir la transpiration **Körpergewicht** *nt* poids *m* **Körpergröße** *f* taille *f* **Körperkontakt** *m* contacts *mpl* physiques

körperlich I. *adj* ❶ *Anstrengung* physique; *Gebrechen* corporel(le) ❷ *(geh: stofflich)* de chair et d'os **II.** *adv* physiquement; ~ ***tätig sein*** avoir une activité physique

Körperpflege *f* hygiène *f* corporelle

Körperschaft <-, -en> *f* personne *f* morale; ~ ***des öffentlichen Rechts*** personne morale de droit public

Körperschaft[s]steuer *f* impôt *m* sur les [bénéfices des] sociétés [et autres personnes morales]

Körpersprache *f* langage *m* du corps **Körperteil** *m* partie *f* du corps **Körpertemperatur** *f* température *f* [du corps] **Körperverletzung** *f* blessure *f* corporelle; ***fahrlässige*** ~ blessure par imprudence; ***schwere*** ~ blessure grave; ***wegen*** ~ pour coups et blessures

Korps [koːɐ̯] <-, -> *nt* ❶ MIL corps *m* [d'armée] ❷ UNIV association *f* d'étudiants

korpulent [kɔrpu'lɛnt] *adj* corpulent(e); ~ ***sein*** avoir de l'embonpoint

Korpulenz [kɔrpu'lɛnts] <-> *f* corpulence *f*

Korpus[1] <-, -se> *m* ❶ *kein Pl eines Möbelstücks* structure *f* ❷ *(hum fam: Körper)* corps *m* ❸ *kein Pl (geh: Christusfigur)* crucifix *m*

Korpus[2] <-, Korpora> *nt* LING, MEDIA corpus *m*

Korpus[3] <-> *m o nt eines Instruments* corps *m*

korrekt [kɔ'rɛkt] *adj* correct(e)

Korrektheit <-> *f* ❶ *(Richtigkeit)* correction *f; einer Darstellung* exactitude *f* ❷ *(einwandfreie Art) einer Person* conscience *f* [scrupuleuse]

Korrektor, Korrektorin [kɔ'rɛktoːɐ̯] <-s, -toren> *m, f (bei Prüfungen)* correcteur, -trice *m, f*

Korrektur [kɔrɛk'tuːɐ̯] <-, -en> *f* ❶ *(das Korrigieren, korrigierte Stelle)* correction *f* ❷ *(geh: Veränderung)* rectification *f;* JUR amendement *m*

Korrekturband <-bänder> *nt* ruban *m* correcteur **Korrekturflüssigkeit** *f* liquide *m* correcteur **Korrekturtaste** *f* touche *f* de correction

Korrespondent(in) [kɔrɛspɔn'dɛnt] <-en, -en> *m(f)* ❶ MEDIA correspondant(e) *m(f)* ❷ *(Handelskorrespondent)* correspondancier, -ière *m, f*

Korrespondenz [kɔrɛspɔn'dɛnts] <-, -en> *f* correspondance *f*

korrespondieren* [kɔrɛspɔn'diːrən] *vi* correspondre; ***mit jdm*** ~ correspondre avec qn

Korridor <-s, -e> *m* corridor *m*

korrigierbar *adj* qui peut être corrigé(e); ~ ***sein*** pouvoir être corrigé(e)

korrigieren* [kɔri'giːrən] *vt* corriger

korrodieren* *vi + sein (Fachspr.)* se corroder

Korrosion [kɔro'zi̯oːn] <-, -en> *f (das Korrodieren)* corrosion *f*

korrosionsbeständig *adj* inoxydable **Korrosionsschutz** *m* protection *f* anticorrosion

korrumpieren* [kɔrʊm'piːrən] *vt (pej geh)* corrompre

korrupt [kɔ'rʊpt] *adj (pej)* corrompu(e)

Korruption [kɔrʊp'tsi̯oːn] <-, -en> *f (pej)* corruption *f*

Korse, Korsin ['kɔrzə] <-n, -n> *m, f* Corse *mf*

Korsett [kɔr'zɛt] <-s, -s *o* -e> *nt* corset *m*

Korsika ['kɔrzika] <-s> *nt* la Corse; ***auf*** ~ en Corse

korsisch ['kɔrzɪʃ] *adj* corse

Korso ['kɔrso] <-s, -s> *m* cortège *m*

Kortison [kɔrti'zoːn] <-s, -e> *nt* cortisone *f*

Koryphäe [kory'fɛːə] <-, -n> *f (geh)* sommité *f*

Kosak(in) [ko'zak] <-en, -en> *m(f)* cosaque *mf*

koscher ['koːʃɐ] **I.** *adj* ❶ REL casher *inv* ❷ *(fam: einwandfrei)* réglo; ***nicht [ganz]*** ~ ***sein*** ne pas être très catholique **II.** *adv* ❶ REL *essen, kochen* casher ❷ *(fam: einwandfrei)* à la régulière

Koseform *f* diminutif *m* **Kosename** *m* petit nom *m* **Kosewort** *nt* ❶ <-wörter> *(Kosename)* petit nom *m* ❷ <-worte> *(zärtliches Wort)* mot *m* tendre

Kosinus ['koːzinʊs] <-, - *o* -se> *m* cosinus *m*

Kosmetik [kɔs'meːtɪk] <-> *f* soins *mpl* de beauté

Kosmetiker(in) [kɔs'meːtikɐ] <-s, -> *m(f)* esthéticien(ne) *m(f)*

Kosmetikkoffer *m* vanity-case *m*

Kosmetikum [kɔs'meːtikʊm] <-s, -metika> *nt meist Pl* produits *mpl* de beauté

kosmetisch [kɔs'meːtɪʃ] *adj Mittel, Methode* cosmétique

kosmisch [kɔs'mɪʃ] *adj Dimension* planétaire

K

Kosmonaut(in) [kɔsmo'naut] <-en, -en> *m(f)* cosmonaute *mf*
Kosmopolit(in) [kɔsmopo'liːt] <-en, -en> *m(f) (geh)* personne *f* cosmopolite
kosmopolitisch *adj (geh)* cosmopolite
Kosmos ['kɔsmɔs] <-> *m* cosmos *m*
Kost [kɔst] <-> *f (a. fig)* nourriture *f*
kostbar *adj* précieux, -euse
Kostbarkeit <-, -en> *f* objet *m* précieux
kosten ['kɔstən] **I.** *vt* coûter; ***was** [o **wie viel**] **kostet das?*** ça coûte combien?; ***viel/nicht viel** ~* coûter/ne pas coûter cher ▶ **koste es, was es wolle** coûte que coûte **II.** *vi (fam: teuer sein)* coûter cher
Kosten ['kɔstən] *Pl* coût *m; (Auslagen)* frais *mpl* ▶ **auf seine ~ kommen** en avoir pour son argent
Kostenaufwand *m* dépenses *fpl* **kostendeckend** *adv* en couvrant les frais **Kostenersparnis** *f* économie *f* de frais **Kostenerstattung** *f* remboursement *m* des frais **Kostenexplosion** *f (fam)* explosion *f* des coûts **Kostenfrage** *f* question *f* de coût **kostenfrei** *adj* gratuit(e) **kostengünstig** *adj* avantageux, -euse
kostenlos **I.** *adj* gratuit(e) **II.** *adv* gratuitement
Kosten-Nutzen-Analyse *f* ÖKON, POL analyse *f* des coûts et des avantages
kostenpflichtig **I.** *adj* payant(e) **II.** *adv ~ **abgeschleppt werden*** être remorqué moyennant contravention
Kostenpunkt *m (fam)* montant *m* de la facture *fam; ~?* [et le] montant de la facture? *fam* **Kostensenkung** *f* réduction *f* des coûts
Kostensteigerung *f* augmentation *f* des coûts
Kostenstelle *f* poste *m* **Kostenvoranschlag** *m* devis *m*
köstlich ['kœstlɪç] **I.** *adj* délicieux, -euse **II.** *adv ~ **schmecken*** être délicieux
Köstlichkeit <-, -en> *f (Delikatesse)* délice *m*
Kostprobe *f* ❶ GASTR dégustation *f* ❷ *(Probe) des Könnens, Wissens* échantillon *m*
kostspielig *adj* onéreux, -euse; *~ **sein*** coûter cher
Kostüm [kɔs'tyːm] <-s, -e> *nt* ❶ *(Damenkostüm)* tailleur *m* ❷ *(Tracht, Verkleidung)* costume *m*
Kostümball *m* bal *m* costumé
kostümieren* *vr **sich** ~* se déguiser; ***sich als Clown** ~* se déguiser en clown
Kostümprobe *f* répétition *f* en costume **Kostümverleih** *m* costumier, -ière *m, f*

Kostverächter ▶ **kein ~ sein** *(hum)* ne pas cracher sur la nourriture *fam*
Kot [koːt] <-[e]s> *m* excréments *mpl*
Kotangens *m* MATH cotangente *f*
Kotelett [kotə'lɛt] <-[e]s, -s *o* -e> *nt* côtelette *f*
Kotelette <-, -n> *f meist Pl* favoris *mpl*
Köter ['køːtɐ] <-s, -> *m (pej)* cabot *m*
Kotflügel *m* aile *f*
Kotze <-> *f (vulg)* dégueulis *m*
kotzen ['kɔtsən] *vi (vulg)* dégueuler
kotzübel *adj (sl) **jdm wird/ist** ~* qn a envie de gerber *arg*
KP [kaː'peː] <-, -s> *f Abk von* **Kommunistische Partei** P.C. *m*
Krabbe ['krabə] <-, -n> *f* ❶ *(Garnele)* crevette *f* ❷ *(krebsähnliches Tier)* crabe *m*
Krabbelalter ['krabəl-] *nt **im** ~ **sein*** être en âge de marcher à quatre pattes **Krabbelgruppe** *f* crèche *f*
krabbeln ['krabəln] *vi + sein Kind:* marcher à quatre pattes; *Spinne, Käfer:* se promener
Krach [krax, *Pl:* 'krɛçə] <-[e]s, Kräche> *m* ❶ *kein Pl (Lärm)* vacarme *m,* bruit *m; ~ **machen*** faire du vacarme ❷ *(fam: Streit)* engueulade *f; **mit jdm** ~ **kriegen/haben*** se faire engueuler par qn/s'être engueulé avec qn
krachen **I.** *vi + haben (laut knallen) Tür, Schuss:* claquer; *Donner:* éclater *fam* **II.** *vi unpers + haben* ❶ ***an der Kreuzung hat es gekracht*** ça a cartonné au carrefour ❷ *(fam: Streit geben)* ***bei ihnen kracht es ständig*** ils s'engueulent sans arrêt; ***..., sonst kracht's!*** ... sinon ça va péter!
Kracher <-s, -> *m* pétard *m*
Kracherl <-s, -n> *nt* A, SDEUTSCH *(fam: Limonade)* soda *m*
krächzen *vi* ❶ *Krähe:* croasser ❷ *(fam: heiser sprechen)* parler d'une voix enrouée
Kräcker <-s, -> *m* cracker *m*
kraft *präp + gen (form) ~ **Gesetzes*** au nom de la loi
Kraft [kraft, *Pl:* 'krɛftə] <-, Kräfte> *f* ❶ *(körperliche Stärke)* force *f; **mit aller** ~* de toutes ses/mes/... forces; ***aus eigener** ~* par ses/mes/... propres moyens; ***über jds Kräfte** akk **gehen*** être au-dessus des forces de qn; ***wieder zu Kräften kommen*** récupérer ❷ *(starke Wirkung)* pouvoir *m* ❸ PHYS énergie *f* ▶ **volle ~ voraus!** machine avant, toutes!; **in ~ sein/treten** être/entrer en vigueur; **außer ~ sein** ne plus être en vigueur
Kraftakt *m* tour *m* de force **Kraftanstrengung** *f,* **Kraftaufwand** *m* effort *m gén pl*

Kraftausdruck <-ausdrücke> *m* gros mot *m* **Kraftbrühe** *f* bouillon *m* de bœuf

Kräfteverhältnis *nt* rapport *m* de forces **Kraftfahrer(in)** *m(f)* *(form: Lkw-Fahrer)* chauffeur *m* [de camion] **Kraftfahrzeug** *nt (form)* véhicule *m* automobile

Kraftfahrzeugbrief *m titre de propriété du véhicule* **Kraftfahrzeugmechaniker(in)** *m(f)* mécanicien(ne) *m(f)* [automobile] **Kraftfahrzeugschein** *m* carte *f* grise **Kraftfahrzeugsteuer** *f* ≈ vignette *f*

Kraftfeld *nt* champ *m* de force **Kraftfutter** *nt* AGR fourrage *m* concentré

kräftig ['krɛftɪç] **I.** *adj* ❶ *Person, Wuchs* fort(e); *Kinn, Hieb, Strömung* puissant(e); *Händedruck* vigoureux, -euse ❷ *Farbton* soutenu(e); *Duft, Geschmack* fort(e) **II.** *adv* ❶ *drücken, zustoßen* vigoureusement; *rühren* énergiquement ❷ *pusten* fort; *einatmen* profondément

kräftigen ['krɛftɪgən] *vt (geh) Kur:* revigorer

Kräftigung <-, -en> *f (geh)* ❶ *(gesundheitliche Festigung)* rétablissement *m* ❷ *(Stärkung) eines Muskels* raffermissement *m;* ***zur ~ von jdm/etw beitragen*** contribuer à fortifier qn/qc

kraftlos I. *adj Person* sans force; *Händedruck* mou, molle **II.** *adv* sans force

Kraftlosigkeit <-> *f* faiblesse *f*

Kraftprobe *f* épreuve *f* de force **Kraftprotz** <-es, -e> *m (fam)* [gros] tas *m* de muscles *fam,* malabar *m fam* **Kraftsport** *m* sport *m* de force **Kraftstoff** *m (form)* carburant *m* **Kraftstofftank** *m* réservoir *m* d'essence **kraftstrotzend** *adj Person* plein(e) de vigueur **Krafttraining** *nt* SPORT musculation *f* **Kraftübertragung** *f* transmission *f* d'énergie **kraftvoll I.** *adj (geh) Körper* vigoureux, -euse; *Bass, Stimme* puissant(e) **II.** *adv zuschlagen* violemment **Kraftwagen** *m (form)* véhicule *m* automobile **Kraftwerk** *nt* centrale *f* [électrique]

Kragen ['kra:gən, *Pl:* 'kra:gən, 'krɛ:gən] <-s, - *o* SDEUTSCH, CH Krägen> *m* col *m;* ***den ~ nach oben schlagen*** relever son col ▸ **jdm am ~ packen** *(fam)* prendre qn par la peau du dos; **jdm platzt der ~** *(fam)* qn explose

Kragenweite ▸ **er/das ist nicht meine ~** *(fam)* il n'est pas mon genre/ce n'est pas mon truc

Krähe ['krɛ:ə] <-, -n> *f* corneille *f* ▸ **eine ~ hackt der anderen kein Auge aus** *(prov)* les loups ne se mangent pas entre eux

krähen ['krɛ:ən] *vi Hahn:* chanter

Krähenfüße *Pl (fam)* pattes-d'oie *fpl*

Krake ['kra:kə] <-n, -n> *m* pieuvre *f*

krakeelen* [kra'ke:lən] *vi (fam)* brailler

krakelig ['kra:kəlɪç] *adj* tremblé(e)

Kralle ['kralə] <-, -n> *f* ❶ *einer Katze* griffe *f; eines Raubvogels* serre *f* ❷ *(fam: Parkkralle)* sabot *m* de Denver

krallen *vt (bohren)* ***seine Finger in etw*** *akk* **~** enfoncer ses doigts dans qc

Kram [kra:m] <-[e]s> *m (fam)* ❶ *(Zeug)* bazar *m* ❷ *(Angelegenheit)* fourbi *m;* ***kümmere dich um deinen eigenen ~!*** mêle-toi de tes oignons! ▸ **jdm in den ~/nicht in den ~ passen** tomber à pic/tomber mal [pour qn]

kramen ['kra:mən] **I.** *vi* fouiller; ***in der Schublade nach etw ~*** fouiller dans le tiroir à la recherche de qc **II.** *vt* ***etw aus der Handtasche/dem Schrank ~*** tirer qc de son sac/de l'armoire

Kramladen *m (pej fam)* bazar *m*

Krampf [krampf, *Pl:* 'krɛmpfə] <-[e]s, Krämpfe> *m* ❶ *(Muskelkrampf)* crampe *f* ❷ *(Kolik)* spasme *m*

Krampfader *f* varice *f*

krampfen ['krampfən] *vr* ***sich*** **~** se crisper; ***sich um etw ~*** *Finger:* se crisper autour de qc

krampfhaft I. *adj* ❶ *Nachdenken* obstiné(e); *Versuch* désespéré(e) ❷ *(nicht locker)* convulsif, -ive **II.** *adv* ❶ *(angestrengt)* désespérément ❷ *(nicht locker)* convulsivement

krampflindernd, krampflösend *adj* antispasmodique

Kran [kra:n, *Pl:* 'krɛ:nə] <-[e]s, Kräne *o* -e> *m* ❶ TECH grue *f* ❷ DIAL *(Wasserhahn)* robinet *m*

Kranführer(in) *m(f)* grutier, -ière *m, f*

Kranich ['kra:nɪç] <-s, -e> *m* grue *f*

krank [kraŋk] <kränker, kränkste> *adj* ❶ *Person, Herz, Tier, Pflanze* malade; ***schwer ~*** gravement malade; ***~ werden*** tomber malade; ***jdn ~ machen*** rendre qn malade ❷ *(fig)* ***~ vor Eifersucht*** malade de jalousie; ***vor Sehnsucht ~ sein*** se languir; ***jdn mit etw ~ machen*** *(fam) Person:* soûler qn avec qc

Kranke(r) *f(m) dekl wie adj* malade *mf*

kränkeln *vi Branche:* être chancelant

kranken *vi* souffrir; ***an etw*** *dat* **~** souffrir de qc

kränken ['krɛŋkən] *vt* blesser; ***es kränkt jdn, dass*** ça blesse qn que +*subj;* **~d** *Äußerung, Vorwurf* blessant(e) **Krankenbericht** *m* rapport *m* médical

Krankenbesuch *m* visite *f* [à domicile] **Krankenbett** *nt (Krankenlager)* chevet *m* du malade **Krankengeld** *nt* prestations *fpl* maladie **Krankengymnast(in)** <-en, -en> *m(f)* kinésithérapeute *mf* **Krankengymnastik** *f* kinésithérapie *f; **sie muss dreimal in der Woche zur ~*** elle a trois séances de kiné par semaine *fam* **Krankenhaus** *nt* hôpital *m; **ins ~ kommen*** être hospitalisé

Krankenhausaufenthalt *m* hospitalisation *f* **Krankenhausbett** *nt* lit *m* d'hôpital

Krankenkasse *f* caisse *f* d'assurance-maladie **Krankenpflege** *f* soins *mpl* [donnés aux malades] **Krankenpfleger(in)** *m(f)* infirmier, -ière *m, f* **Krankenschein** *m* feuille *f* de prise en charge **Krankenschwester** *f* infirmière *f* **Krankentransport** *m* transport *m* en ambulance **Krankenversichertenkarte** *f* ≈ carte *f* d'assuré social **Krankenversicherung** *f* assurance maladie *f; **gesetzliche ~*** ≈ Sécurité *f* sociale; ***private ~*** ≈ caisse *f* d'assurance maladie **Krankenwagen** *m* ambulance *f* **Krankenzimmer** *nt* ❶ *(im Krankenhaus)* chambre *f* d'hôpital ❷ *(in einem Heim, Internat)* infirmerie *f* ❸ *(in einer Privatwohnung)* chambre *f* de malade

krank|feiern *vi (fam)* ***das Krankfeiern*** les maladies diplomatiques

krankhaft I. *adj* ❶ MED pathologique ❷ *(unnormal)* maladif, -ive **II.** *adv ~ **ehrgeizig*** d'une ambition maladive

Krankheit <-, -en> *f* maladie *f; **akute/chronische ~*** maladie aiguë/chronique; ***wegen ~*** pour cause de maladie

Krankheitsbild *nt* signes *mpl* cliniques

Krankheitserreger *m* agent *m* pathogène **Krankheitsverlauf** *m* évolution *f* de la maladie

krank|lachen *vr (fam)* ***jd lacht sich über jdn/etw krank*** qn/qc fait marrer qn

kränklich *adj* maladif, -ive

krank|melden *vr **sich ~*** se faire porter malade

Krankmeldung *f* déclaration *f* de maladie **krank|schreiben** *vt **jdn ~*** prescrire un arrêt de travail à qn **Krankschreibung** *f* délivrance *f* d'un certificat de maladie

Kränkung ['krɛnkʊŋ] <-, -en> *f* offense *f*

Kranz [krants, *Pl:* 'krɛntsə] <-es, Kränze> *m* ❶ *(aus Pflanzen)* couronne *f,* gerbe *f* ❷ DIAL *(Hefekranz)* brioche *f* en couronne

Kränzchen <-s, -> *nt Dim von* **Kranz** petite couronne *f*

Kranzniederlegung *f* dépôt *m* de gerbe

Krapfen ['krapfən] <-s, -> *m* DIAL beignet *m*

krass [kras] **I.** *adj Außenseiter* manifeste; *Materialist* invétéré(e); *Fall, Gegensatz* flagrant(e) **II.** *adv schildern, sich ausdrücken* crûment

Krater ['kra:tɐ] <-s, -> *m* cratère *m*

Kratzbürste *f (pej fam)* mauvaise coucheuse *f*

Krätze <-> *f* MED gale *f*

kratzen ['kratsən] **I.** *vt* ❶ *Katze:* griffer ❷ *(schaben)* gratter; ***jdn am Rücken ~*** gratter le dos à qn **II.** *vr **sich ~*** se gratter **III.** *vi* ❶ *(mit den Fingernägeln)* griffer ❷ *(jucken)* gratter; ***der Pulli kratzt auf der Haut*** ce pull gratte la peau; ***ich habe ein Kratzen im Hals*** j'ai la gorge qui me gratte ❸ *(schaben) Feder:* gratter; ***mit etw ~*** racler avec qc **IV.** *vt unpers (fam)* ***es kratzt ihn am Rücken*** il a le dos qui le gratte

Kratzer <-s, -> *m* éraflure *f*

Kratzwunde *f* griffure *f*

Kraul [kraul] <-[s]> *nt* crawl *m*

kraulen[1] ['kraulən] **I.** *vi + haben o sein* SPORT nager le crawl **II.** *vt + haben o sein* ***hundert Meter ~*** faire cent mètres en crawl

kraulen[2] ['kraulən] *vt (liebkosen)* grat[t]ouiller

kraus [kraus] *adj* ❶ *Haar* [tout(e)] frisé(e) ❷ *(faltig)* froissé(e); ***die Stirn/Nase ~ ziehen*** froncer le front/nez ❸ *(pej: verworren)* embrouillé(e)

Krause <-, -n> *f (fam: künstliche Locken)* frisettes *fpl*

kräuseln ['krɔyzəln] **I.** *vt* fris[ott]er *Haare;* froncer *Stoff* **II.** *vr **sich ~** Haare:* frisotter; *Wasseroberfläche:* se rider

Krauskopf *m (fam: Person)* tête *f* crépue

Kraut [kraut, *Pl:* 'krɔytɐ] <-[e]s, Kräuter> *nt* ❶ *(Pflanze)* herbe *f souvent pl* ❷ *kein Pl (Blätter und Stängel) von Karotten, Kartoffeln* fanes *fpl* ❸ *kein Pl* DIAL *(Kohl)* chou *m; (Sauerkraut)* choucroute *f* ▸ **wie ~ und Rüben** *(fam)* sens dessus dessous

Kräuterbutter *f* beurre *m* persillé **Kräuterlikör** *m* liqueur *f* à base de plantes **Kräutertee** *m* tisane *f*

Krautkopf SDEUTSCH, A *s.* **Kohlkopf Krautsalat** *m* salade *f* de chou

Krawall <-s, -e> *m (Tumult)* bagarre *f*

Krawatte [kra'vatə] <-, -n> *f* cravate *f*

Krawattenknoten *m* nœud *m* de cravate

kraxeln ['kraksəln] *vi + sein* SDEUTSCH grimper

Kreation [krea'tsio:n] <-, -en> *f* création *f*

kreativ [krea'ti:f] *adj* créatif, -ive

Kreativdirektor(in) *m(f)* directeur *m* créatif/directrice *f* créative

Kreativität [kreativi'tɛ:t] <-> *f* créativité *f*

Kreatur [krea'tu:ɐ̯] <-, -en> *f* créature *f*

Krebs [kre:ps] <-es, -e> *m* ❶ ZOOL crustacé *m;* *(Flusskrebs)* écrevisse *f* ❷ *kein Pl* GASTR crabe *m* ❸ *kein Pl* ASTROL Cancer *m* ❹ MED cancer *m;* **~ *haben*** avoir un cancer; **~ *erregend*** cancérigène

krebserregend *s.* **Krebs 4**

Krebserreger *m* cancérigène *m* **Krebsforschung** *f kein Pl* cancérologie *f* **Krebsfrüherkennung** *f* MED dépistage *m* précoce du cancer **Krebsgeschwulst** *f* MED tumeur *f* cancéreuse **krebskrank** *adj* cancéreux, -euse **Krebskranke(r)** *f(m) dekl wie adj* cancéreux, -euse *m, f* **krebsrot** ['kre:psro:t] *adj* rouge comme une écrevisse **Krebstiere** *Pl* ZOOL crustacés *mpl* **Krebsvorsorge** *f* dépistage *m* du cancer **Krebszelle** *f* MED cellule *f* cancéreuse

Kredit[1] [kre'di:t] <-[e]s, -e> *m* crédit *m;* ***einen ~ aufnehmen*** prendre un crédit; ***er hat ~ bei der Bank*** la banque lui fait crédit; ***auf ~*** à crédit

Kredit[2] ['kre:dɪt] <-s, -s> *nt (Habenseite)* crédit *m*

Kreditgeber(in) <-s, -> *m(f)* prêteur, -euse *m, f* **Kredithai** *m (fam)* requin *m* de la finance

kreditieren* [kredi'ti:rən] *vt* ÖKON créditer *Betrag*

Kreditinstitut *nt* établissement *m* de crédit **Kreditkarte** *f* carte *f* de crédit **Kreditkrise** *m* ÖKON crise *f* des crédits **Kreditnehmer(in)** <-s, -> *m(f)* emprunteur, -euse *m, f* **Kreditrahmen** *m* FIN montant *m* du découvert autorisé **Kreditwesen** *nt kein Pl* organisation *f* du crédit **kreditwürdig** *adj* solvable

Kredo ['kre:do] <-s, -s> *nt (geh)* credo *m*

Kreide ['kraidə] <-, -n> *f* craie *f*

kreidebleich ['kraidə'blaiç], **kreideweiß** ['kraidə'vais] *adj* blanc, blanche comme un linge **Kreidezeichnung** *f* dessin *m* à la craie **Kreidezeit** *f kein Pl* GEOL crétacé *m*

kreieren* [kre'i:rən] *vt* créer

Kreis [krais] <-es, -e> *m* ❶ *a.* GEOM cercle *m* ❷ *(Gruppe)* cercle *m;* ***im engen/engsten ~[e]*** en petit/tout petit comité; ***im ~e von Freunden/der Familie*** au milieu d'amis/au sein de la famille ❸ *Pl (gesellschaftliche Schicht)* milieux *mpl;* ***aus besseren ~en*** de la haute société; ***weite ~e der Bevölkerung*** de larges couches *fpl* de la population

Kreisbahn *f* orbite *m* **Kreisbogen** *m* arc *m* de cercle

kreischen ['kraiʃən] *vi* ❶ *Person:* pousser des cris stridents ❷ *Bremsen:* crier

Kreisel ['kraizəl] <-s, -> *m* ❶ *(Spielzeug)* toupie *f* ❷ *(fam: Kreisverkehr)* rond-point *m*

kreisen ['kraizən] *vi + haben o sein* ❶ *a.* ASTRON ***um etw ~*** tourner autour de qc ❷ *(fliegen)* ***über etw*** *dat* **~** tournoyer au-dessus de qc ❸ *(bewegen)* ***den Arm/das Bein ~ lassen*** effectuer des cercles avec le bras/la jambe

kreisförmig ['kraisfœrmɪç] **I.** *adj* circulaire **II.** *adv* en cercle **Kreisinsel** *f* TRANSP îlot *m* directionnel **Kreislauf** *m* ❶ *des Lebens, der Natur* cycle *m;* *des Geldes* circulation *f* ❷ *(Blutkreislauf)* circulation *f* **Kreislaufkollaps** *m* collapsus *m* cardiovasculaire; ***einen ~ bekommen/haben*** être victime d'un collapsus cardiovasculaire **Kreislaufstörungen** *Pl* troubles *mpl* circulatoires **kreisrund** *adj* tout(e) rond(e) **Kreissäge** *f* scie *f* circulaire

Kreißsaal ['kraisza:l] *m* salle *f* d'accouchement

Kreisstadt *f* ≈ chef-lieu *m* de district; *(in Frankreich)* ≈ chef-lieu de canton **Kreistag** *m* ≈ conseil *m* de district; *(in Frankreich)* ≈ conseil cantonal **Kreisumfang** *m* GEOM circonférence *f* du cercle **Kreisverkehr** *m* rond-point *m*

Krematorium [krema'to:rium] <-s, -rien> *nt* crématorium *m*

kremig *adj* onctueux, -euse

Kreml <-s> *m* ***der ~*** le Kremlin

Krempe <-, -n> *f* bord *m*

Krempel ['krɛmpəl] <-s> *m (pej fam: Ramsch)* camelote *f*

Kreole, **Kreolin** [kre'o:lə] <-n, -n> *m, f* créole *mf*

kreolisch [kre'o:lɪʃ] *adj* créole; *s. a.* **deutsch**

krepieren* [kre'pi:rən] *vi + sein (fam)* crever

Krepp [krɛp] <-s, -e *o* -s> *m* crêpe *m*

Krepppapier *nt* papier *m* crépon

Kresse ['krɛsə] <-, -en> *f* cresson *m*

Kreta ['kre:ta] <-s> *nt* la Crète

kreuz [krɔyts] ▶ **~ und quer** dans tous les sens

Kreuz [krɔyts] <-es, -e> *nt* ❶ *a.* REL *(Symbol, Zeichen)* croix *f* ❷ *(Rücken)* reins *mpl;* ***es im ~ haben*** *(fam)* avoir mal

K

aux reins ❸ *(fam: Autobahnkreuz)* échangeur *m* ❹ SPIEL trèfle *m* ❺ MUS dièse *m* ▶ **drei ~e machen** *(fam)* pousser un ouf de soulagement; **das Rote ~** la Croix-Rouge

Kreuzband <-bänder> *nt* ANAT ligament *m* croisé

kreuzen ['krɔytsən] **I.** *vt + haben* ❶ *(beim Züchten)* croiser; ***etw mit etw ~*** croiser qc avec qc ❷ croiser *Arme, Beine* **II.** *vi + haben o sein Segelschiff:* louvoyer; *Flugzeug, Schiff:* croiser

Kreuzer ['krɔytsɐ] <-s, -> *m (historische Münze)* kreutzer *m*

Kreuzfahrer(in) *m(f)* HIST croisé(e) *m(f)*

Kreuzfahrt *f* croisière *f*

Kreuzfahrtschiff *nt* paquebot *m* de croisière

Kreuzfeuer ▶ **ins ~ [der Kritik] geraten** être attaqué de toutes parts

kreuzförmig I. *adj* cruciforme **II.** *adv* en croix

Kreuzgang <-gänge> *m* cloître *m* **Kreuzgewölbe** *nt (Kreuzgratgewölbe)* voûte *f* d'arête; *(Kreuzrippengewölbe)* voûte en ogives

kreuzigen ['krɔytsɪgən] *vt* crucifier

Kreuzigung <-, -en> *f* crucifixion *f*

Kreuzotter *f* vipère *f* péliade **Kreuzritter** *m* ❶ *(Kreuzfahrer)* croisé *m* ❷ *(Deutschordensritter)* chevalier *m* teutonique

Kreuzschlitzschraubendreher *m* tournevis *m* cruciforme

Kreuzschmerzen *Pl (fam)* maux *mpl* de reins **Kreuzspinne** *f* épeire *f* diadème **Kreuzstich** *m* point *m* de croix

Kreuzung <-, -en> *f* ❶ *(Straßenkreuzung)* carrefour *m* ❷ *(das Kreuzen)* croisement *m* ❸ *(gekreuzte Tierrasse)* bâtard(e) *m(f)*

Kreuzverhör *nt* interrogatoire *m* contradictoire **Kreuzweg** *m* REL chemin *m* de croix **Kreuzworträtsel** *nt* mots *mpl* croisés **Kreuzzug** *m* HIST *(a. fig)* croisade *f*

kribbelig ['krɪbəlɪç] *adj (fam)* ❶ *(unruhig)* fébrile; ***jdn [ganz] ~ machen*** mettre les nerfs en pelote à qn; ***ich bin ganz ~*** *(ungeduldig)* je n'y tiens plus ❷ *(prickelnd)* ***ein ~es Gefühl*** une sensation de picotement

kribbeln ['krɪbəln] **I.** *vi + haben* ***jdm [o jdn] in der Nase ~*** picoter qn dans le nez; ***ein ~des Gefühl*** une sensation de picotement **II.** *vt, vi unpers* ***es kribbelt jdm [o jdn] in der Nase*** qn a des picotements dans le nez

kribblig ['krɪblɪç] *s.* **kribbelig**

Kricket ['krɪkət] <-s> *nt* SPORT cricket *m*

kriechen ['kriːçən] <kroch, gekrochen> *vi* ❶ *+ sein (sich vorwärtsbewegen)* ramper; ***~d*** en rampant ❷ *+ sein (langsam fahren)* se traîner *fam* ❸ *+ haben o sein (pej: unterwürfig sein)* ***vor jdm ~*** ramper devant qn

Kriecher(in) <-s, -> *m(f) (pej fam)* lèche-bottes *mf*

Kriechspur *f* voie *f* réservée aux véhicules lents

Krieg [kriːk] <-[e]s, -e> *m* guerre *f;* ***jdm den ~ erklären*** déclarer la guerre à qn; ***[einen] ~ gegen jdn [o mit jdm] führen*** faire la guerre à qn

kriegen ['kriːgən] **I.** *vt (fam)* ❶ recevoir *Belohnung, Geld;* ***etw zu essen/trinken ~*** pouvoir manger/boire qc; ***wir ~ was zu lachen*** on va rire; ***Prügel/Schläge von jdm ~*** ramasser une volée/des coups de qn ❷ *(in Verbindung mit dem Partizip Präteritum)* ***etw geregelt/geordnet ~*** arriver à régler/ordonner qc; ***er kriegt das Auto geliehen/geschenkt*** on lui prête la voiture/il reçoit la voiture en cadeau ❸ attraper *Bus, Zug;* dénicher *Taxi* ❹ récolter *Strafe, Strafzettel;* écoper [de] *Gefängnis* ❺ METEO aller avoir *Regen, Schnee;* ***wir ~ anderes Wetter*** le temps va changer ❻ *(erwischen)* ***jdn ~*** mettre la main sur qn; *(telefonisch)* arriver à avoir qn ❼ MED choper *Grippe;* ***jd kriegt Spritzen*** on fait des piqûres à qn ❽ *(erwarten)* aller avoir; ***sie hat gestern ein Mädchen gekriegt*** elle a eu une fille hier ▶ **es mit jdm zu tun ~** avoir affaire à qn **II.** *vr (fam)* ***sich ~*** être enfin réunis

Krieger(in) ['kriːgɐ] <-s, -> *m(f)* guerrier, -ière *m, f*

Kriegerdenkmal *nt* monument *m* aux morts

kriegerisch ['kriːgərɪʃ] **I.** *adj* ❶ *Volk* guerrier, -ière; *Einstellung* belliqueux, -euse ❷ *(militärisch)* militaire **II.** *adv* ***~ auftreten/eingestellt sein*** avoir une attitude belliqueuse/des positions belliqueuses

Kriegerwitwe *f* veuve *f* de guerre

Kriegsausbruch *m* déclenchement *m* des hostilités **Kriegsbeil** *nt* hache *f* de guerre ▶ **das ~ ausgraben/begraben** déterrer/enterrer la hache de guerre **Kriegsberichterstatter(in)** *m(f)* correspondant(e) *m(f)* de guerre **kriegsbeschädigt** *adj* mutilé(e) de guerre **Kriegsbeschädigte(r)** *f(m) dekl wie adj* mutilé(e) *m(f)* de guerre **Kriegsdienst** *m* service *m* militaire; ***den ~ verweigern*** faire de l'objection de conscience

Kriegsdienstverweigerer <-s, -> *m* objecteur *m* de conscience

Kriegsdienstverweigerung *f* objection *f* de conscience

Kriegserklärung *f* déclaration *f* de guerre **Kriegsfall** *m* ***für den/im ~*** en cas de guerre **Kriegsfuß** ▶ **mit etw auf ~ stehen** *(fam)* être brouillé avec qc **Kriegsgebiet** *nt* zone *f* en guerre **Kriegsgefangene(r)** *f(m) dekl wie adj* prisonnier, -ière *m, f* de guerre **Kriegsgefangenschaft** *f* captivité *f;* ***in ~ geraten*** se retrouver en captivité **Kriegsgegner(in)** *m(f)* ❶ *(Pazifist)* pacifiste *mf* ❷ *(Feind)* adversaire *mf*

Kriegsgräberfürsorge *f fondation pour l'entretien des cimetières militaires*

Kriegskamerad *m* compagnon *m* d'armes **Kriegslist** *f* ruse *f* de guerre, stratagème *m* **Kriegsopfer** *nt* victime *f* de guerre **Kriegspfad** ▶ **auf dem ~ sein** *(hum)* être sur le sentier de la guerre **Kriegsrat** *m* ▶ **~ halten** *(hum)* tenir un conseil de guerre **Kriegsrecht** *nt kein Pl* droit *m* de la guerre; ***über etw*** *akk* ***das ~ verhängen*** proclamer la loi martiale dans qc **Kriegsschauplatz** *m* zone *f* de combats **Kriegsspiel** *nt* ❶ SPIEL wargame *m* ❷ MIL simulation *f* de guerre **Kriegsverbrechen** *nt* crime *m* de guerre **Kriegsverbrecher(in)** *m(f)* criminel(le) *m(f)* de guerre **Kriegsverletzung** *f* blessure *f* de guerre **Kriegsversehrte(r)** *s.* **Kriegsbeschädigte(r) Kriegsveteran(in)** *m(f)* MIL vétéran *m* **Kriegszustand** *m* guerre *f;* ***sich im ~ befinden*** être en guerre

Krim [krɪm] <-> *f* la Crimée

Krimi ['kriːmi] <-s, -s> *m (fam)* polar *m*

Kriminalbeamte(r) *m dekl wie adj,* **-beamtin** *f (form)* fonctionnaire *mf* de la police judiciaire **Kriminalfall** *m* affaire *f* criminelle; ***ein ungelöster ~*** une affaire criminelle non élucidée **Kriminalfilm** *m* film *m* policier

kriminalisieren* [kriminali'ziːrən] *vt (als Verbrechen hinstellen)* ***etw ~*** faire un crime de qc, considérer qc comme un crime

Kriminalisierung <-> *f* criminalisation *f*

Kriminalist(in) [krimina'lɪst] <-en, -en> *m(f)* spécialiste *mf* des affaires criminelles; *(bei der Polizei)* agent *m* de la P.J.

kriminalistisch I. *adj* de détective **II.** *adv* ***~ begabt sein*** avoir des talents de détective

Kriminalität [kriminali'tɛːt] <-> *f* criminalité *f;* ***organisierte ~*** crime *m* organisé

Kriminalkommissar(in) *m(f)* commissaire *mf* de police judiciaire **Kriminalpolizei** *f* police *f* judiciaire **Kriminalpolizist(in)** *m(f)* agent *m* de la P.J. **Kriminalroman** *m* roman *m* policier

kriminell [krimi'nɛl] *adj* ❶ criminel(le); ***~ sein*** être délinquant ❷ *(fam: gefährlich)* ***~ werden/sein*** devenir/être casse-gueule

Kriminelle(r) *f(m) dekl wie adj* criminel(le) *m(f);* ***jugendliche ~*** de jeunes délinquants

Krimskrams <-es> *m (fam)* fourbi *m*

Kringel <-s, -> *m* ❶ *(Schnörkel)* petit rond *m* ❷ *(Gebäck) gâteau rond en forme d'anneau*

kringeln *vr* ❶ ***sich ~*** *Haarsträhne:* frisotter; *Schwanz:* tire-bouchonner; *Hobelspäne:* friser ❷ *(fam: sich winden)* ***sich vor Lachen ~*** se tordre de rire

Kripo ['krɪpo, 'kriːpo] <-, -s> *f (fam) Abk von* **Kriminalpolizei** P.J. *f*

Krippe ['krɪpə] <-, -n> *f* ❶ *(Futterkrippe)* mangeoire *f* ❷ *(Weihnachtskrippe, Kinderkrippe)* crèche *f*

Krippenplatz *m* place *f* de crèche **Krippenspiel** *nt* spectacle *m* de la nativité

Krise ['kriːzə] <-, -n> *f* crise *f*

kriseln ['kriːzəln] *vi unpers (fam)* ***es kriselt*** ça va mal

krisenfest *adj* sûr(e) **Krisengebiet** *nt* région *f* instable **krisengeschüttelt** *adj Gebiet* en crise **Krisenherd** *m* poudrière *f* **Krisenstab** *m* cellule *f* de crise

Kristall[1] [krɪs'tal] <-s, -e> *m* MINER cristal *m*

Kristall[2] [krɪs'tal] <-s> *nt* ❶ *(Kristallglas)* cristal *m* ❷ *(Gegenstände)* cristaux *mpl*

kristallin [krɪsta'liːn] *adj* cristallin(e)

Kristallisation [krɪstaliza'tsi̯oːn] <-, -en> *f* cristallisation *f*

kristallisieren* [krɪstali'ziːrən] *vi* [se] cristalliser; ***zu etw ~*** [se] cristalliser en qc

kristallklar [krɪs'tal'klaːɐ̯] *adj* cristallin(e)

Kristallnacht *f* ***die ~*** HIST la nuit de cristal

Kristallzucker *m* sucre *m* cristallisé

Kriterium [kri'teːri̯ʊm] <-s, -rien> *nt* critère *m*

Kritik [kri'tiːk] <-, -en> *f* ❶ *kein Pl (Tadel, Beurteilung)* critique *f;* ***an jdm/etw ~ üben*** critiquer qn/qc ❷ *(Rezension)* critique *f*

Kritiker(in) ['kriːtikɐ] <-s, -> *m(f)* ❶ *(Rezensent)* critique *mf* ❷ *(Gegner)* détracteur, -trice *m, f*

K

kritiklos *adj Haltung* dépourvu(e) d'esprit critique

kritisch ['kri:tɪʃ] **I.** *adj* critique **II.** *adv* de façon critique

kritisieren* [kriti'zi:rən] *vt, vi* critiquer; ***an jdm/etw etwas zu ~ haben*** avoir quelque chose à reprocher à qn/à redire à qc

Kritzelei [krɪtsə'laɪ] <-, -en> *f (fam)* ❶ *kein Pl (das Kritzeln)* griffonnage *m;* ***lass diese ~!*** arrête de griffonner! ❷ *(Gekritzel)* gribouillage *m*

kritzeln ['krɪtsəln] *vt, vi* griffonner

Kroate, Kroatin <-n, -n> *m, f* Croate *mf*

Kroatien [kro'ʔa:tsi̯ən] <-s> *nt* la Croatie

kroatisch [kro'ʔa:tɪʃ] **I.** *adj* croate **II.** *adv* en croate; *s. a.* **deutsch**

Kroatisch <-[s]> *nt kein Art* croate *m; s. a.* **Deutsch**

kroch [krɔx] *Imp von* **kriechen**

Krokant [kro'kant] <-s> *m (Masse)* nougatine *f*

Krokette [kro'kɛtə] <-, -n> *f* croquette *f*

Krokodil [kroko'di:l] <-s, -e> *nt* crocodile *m*

Krokodilleder *nt* cuir *m* de crocodile

Krokus ['kro:kʊs] <-, - *o* -se> *m* crocus *m*

Krone ['kro:nə] <-, -n> *f* couronne *f* ▶ **einen in der ~ haben** *(fam)* avoir un verre dans le nez

krönen ['krø:nən] *vt* couronner; ***jdn zum Kaiser/König ~*** couronner qn empereur/roi

Kron[en]korken *m* capsule *f*

Kronleuchter *m* lustre *m* **Kronprinz, -prinzessin** *m, f* prince *m* héritier/princesse *f* héritière

Krönung ['krø:nʊŋ] <-, -en> *f* couronnement *m*

Kronzeuge, -zeugin *m, f* témoin *m* principal

Kropf [krɔpf, *Pl:* 'krœpfə] <-[e]s, Kröpfe> *m* ❶ MED goitre *m* ❷ ZOOL jabot *m*

kross [krɔs] NDEUTSCH **I.** *adj* croustillant(e) **II.** *adv* ***~ gebacken*** croustillant(e); ***~ gebraten*** bien rissolé(e)

Kröte ['krø:tə] <-, -n> *f* ❶ ZOOL crapaud *m* ❷ *Pl (fam: Geld)* fric *m*

Krücke ['krʏkə] <-, -n> *f* béquille *f;* ***an ~n dat gehen*** marcher avec des béquilles

Krückstock *m* canne *f*

Krug ['kru:k, *Pl:* 'kry:gə] <-[e]s, Krüge> *m* ❶ *(Wasserkrug)* cruche *f* ❷ *(Bierkrug)* chope *f* ▶ **der ~ geht so lange zum Brunnen, bis er bricht** *(prov)* tant va la cruche à l'eau qu'à la fin elle se casse

Krume ['kru:mə] <-, -n> *f,* **Krümel** ['kry:məl] <-s, -> *m (Brösel)* miette *f*

krümeln ['kry:məl] *vi* ❶ *(Krümel machen)* faire des miettes ❷ *(zerfallen) Brot, Kuchen:* s'émietter

krumm [krʊm] **I.** *adj* ❶ *(nicht gerade)* tordu(e); *Nase* crochu(e); *Rücken, Schultern* voûté(e) ❷ *Betrag* tordu(e) *fam* **II.** *adv gehen, sitzen, stehen* le dos voûté; *wachsen* de travers; ***etw ~ biegen*** tordre qc

krümmen ['krʏmən] **I.** *vt* ❶ courber *Rücken, Schwanz;* plier *Finger, Schultern;* replier *Hand* ❷ GEOM, PHYS ***gekrümmt*** *Fläche, Oberfläche* incurvé(e) **II.** *vr* **sich ~** ❶ *(eine Biegung machen)* s'incurver; *Straße:* faire une courbe; *Fluss:* faire un coude ❷ *(sich beugen) Ast, Baumstamm:* se courber; ***sich unter der Last ~*** plier sous le poids ❸ *(sich winden) Person, Tier:* se tordre; ***sich ~ vor Lachen*** se tordre de rire

krumm|lachen *vr (fam)* ***sich ~*** se tordre [de rire]

Krümmung ['krʏmʊŋ] <-, -en> *f* ❶ *(Biegung)* courbe *f; eines Flusses* coude *m* ❷ ANAT, MED *eines Fingers* rétraction *f; der Wirbelsäule* courbure *f* ❸ GEOM, PHYS courbure *f*

Krüppel ['krʏpəl] <-s, -> *m* estropié(e) *m(f)*

Kruste ['krʊstə] <-, -n> *f* croûte *f*

Kruzifix ['kru:tsifɪks] <-es, -e> *nt* crucifix *m*

Krypta ['krʏpta] <-, Krypten> *f* crypte *f*

Krypton ['krʏptɔn] <-s> *nt* CHEM krypton *m*

Kuba ['ku:ba] <-s> *nt* Cuba; ***auf ~*** à Cuba

Kübel <-s, -> *m (Pflanzkübel)* jardinière *f*

Kubikmeter [ku'bi:kme:tɐ] *m o nt* mètre *m* cube **Kubikwurzel** *f* MATH racine *f* cubique **Kubikzahl** *f* MATH cube *m* **Kubikzentimeter** *m o nt* centimètre *m* cube

kubisch ['ku:bɪʃ] *adj* cubique

Kubismus [ku'bɪsmʊs] <-> *m* cubisme *m*

Kubist(in) [ku'bɪst] <-en, -en> *m(f)* cubiste *mf*

kubistisch *adj* cubiste

Kubus ['ku:bʊs] <-, Kuben> *m (geh)* cube *m*

Küche ['kʏçə] <-, -n> *f* cuisine *f*

Kuchen ['ku:xən] <-s, -> *m* gâteau *m;* ***einen ~ backen*** faire un gâteau

Küchenabfälle *Pl* épluchures *f pl*

Kuchenblech *nt* plaque *f* [à pâtisserie]

Küchenchef(in) [-ʃɛf] *m(f)* chef *mf* [de cuisine]

Kuchenform *f* moule *m* à gâteau[x] **Kuchengabel** *f* fourchette *f* à gâteaux

Küchengerät *nt* ustensile *m* de cuisine

Küchenhandtuch *nt* essuie-mains *m inv* **Küchenmaschine** *f* robot *m* **Küchenmesser** *nt* couteau *m* de cuisine **Küchenpapier** *nt* essuie-tout *m inv* **Küchenrolle** *f* rouleau *m* essuie-tout **Küchenschabe** *f* cafard *m* **Küchenschrank** *m* buffet *m* de cuisine

Kuchenteig *m* pâte *f* à gâteau

Küchenuhr *f (Wanduhr)* pendule *f* de cuisine; *(Küchenwecker)* minuteur *m* **Küchenwaage** *f* balance *f* [de cuisine] **Küchenwecker** *m* minuteur *m* de cuisine

kucken ['kʊkən] *vi* NDEUTSCH *(fam)* regarder

Kücken ['kʏkən] <-s, -> *nt* A *s.* **Küken**

kuckuck ['kʊkʊk] *interj* coucou

Kuckuck ['kʊkʊk] <-s, -e> *m* coucou *m* ▶ **hol's der ~!** *fam*, **zum ~ [noch mal]!** *(fam)* et zut!; **weiß der ~, ...!** *(fam)* ..., mystère et boule de gomme!

Kuckucksei *nt* ORN œuf *m* de coucou **Kuckucksuhr** *f* coucou *m*

Kuddelmuddel ['kʊdl̩'mʊdl̩] <-s; *kein Pl*> *m o nt (fam)* foutoir *m fam*

Kufe ['ku:fə] <-, -n> *f eines Schlittens* patin *m; eines Schlittschuhs* lame *f*

Kugel ['ku:gəl] <-, -n> *f* ❶ *(runder Gegenstand)* boule *f* ❷ GEOM sphère *f* ❸ SPORT poids *m; (Kegelkugel)* boule *f* ❹ *(Geschoss)* balle *f; (Kanonenkugel)* boulet *m; (Schrotkugel)* plomb *m*

Kügelchen ['ky:gəlçən] <-s, -> *nt Dim von* **Kugel** *(Papierkügelchen)* boulette *f*

kugelförmig ['ku:gəlfœrmɪç] *adj* sphérique

Kugelgelenk *nt* ANAT énarthrose *f* **Kugellager** *nt* roulement *m* à billes

kugeln ['ku:gəln] *vi + sein* rouler

kugelrund ['ku:gəl'rʊnt] *adj* ❶ *(kugelförmig)* sphérique ❷ *(fam: dick)* rondouillard(e) **Kugelschreiber** *m* stylo *m* [à] bille **kugelsicher** *adj* pare-balles; ~ **sein** être à l'épreuve des balles **Kugelstoßen** <-s> *nt* lancer *m* du poids

Kugelstoßer(in) <-s, -> *m(f)* lanceur, -euse *m, f* de poids

Kuh [ku:, *Pl:* 'ky:ə] <-, Kühe> *f* ❶ vache *f* ❷ *(fam)* ***eine blöde*** [*o* ***dumme***] ~ une connasse ▶ **dastehen wie die ~ vorm Scheunentor** *(fam)* avoir l'air d'une vache qui regarde passer un train

Kuhfladen *m* bouse *f* de vache **Kuhhandel** *m (pej fam)* marchandage *m* **Kuhhaut** *f* ▶ **das geht auf keine ~** *(fam)* c'est pas croyable

kühl [ky:l] **I.** *adj* ❶ *(kalt)* frais, fraîche; ***jdm wird es*** ~ qn commence à avoir froid; ***es wird/ist*** ~ ça se rafraîchit/il fait frais ❷ *(reserviert)* froid(e); ***zu jdm ~ sein*** se montrer froid(e) envers qn **II.** *adv* ❶ *lagern* au frais; *servieren* frais, fraîche ❷ *(reserviert)* avec froideur; *empfangen* fraîchement

Kühlbox *f (Kühltasche)* glacière *f; (kleinerer Behälter)* boîte *f* isotherme

Kühle ['ky:lə] <-> *f (Kälte)* fraîcheur *f*

kühlen ['ky:lən] **I.** *vt* rafraîchir *Getränk;* réfrigérer *Fisch;* ***gekühlte Getränke*** des boissons *fpl* fraîches **II.** *vi* rafraîchir

Kühler ['ky:lɐ] <-s, -> *m* ❶ *eines Fahrzeugs* radiateur *m; (Kühlerhaube)* capot *m* ❷ *(Sektkühler)* seau *m* à champagne

Kühlergrill *m* AUT grille *f* de radiateur **Kühlerhaube** *f* capot *m*

Kühlhaus *nt* entrepôt *m* frigorifique **Kühlmittel** *nt eines Motors* liquide *m* de refroidissement; *eines Reaktors* [fluide *m*] caloporteur *m* **Kühlraum** *m* chambre *f* froide **Kühlregal** *nt* rayon *m* réfrigéré **Kühlschrank** *m* réfrigérateur *m* **Kühltasche** *f* glacière *f* **Kühltruhe** *f* congélateur *m* bahut **Kühlturm** *m* tour *f* de réfrigération

Kühlung <-> *f eines Motors* refroidissement *m*

Kühlwasser *nt kein Pl* eau *f* de refroidissement

Kuhmilch *f* lait *m* de vache

kühn [ky:n] **I.** *adj* ❶ *(gewagt)* audacieux, -euse ❷ *Held* téméraire; *Tat* audacieux, -euse; ~ ***sein*** avoir de l'audace **II.** *adv* ❶ *(frech)* ~ ***behaupten, dass*** *akk* avoir l'audace de prétendre que ❷ *(ausgeprägt)* hardiment

Kühnheit <-, -en> *f* ❶ *kein Pl (Wagemut)* audace *f* ❷ *(Tat)* témérité *f; (Dreistigkeit)* audace *f*

Kuhstall *m* étable *f*

k.u.k. ['ka:ʔʊnt'ka:] *Abk von* **kaiserlich und königlich** *austro-hongrois*

Küken ['ky:kən] <-s, -> *nt* poussin *m*

Kukuruz ['kʊkurʊts] <-[es]> *m* A maïs *m*

kulant [ku'lant] *adj Geschäftsmann* arrangeant(e); *Verhalten* accommodant(e)

Kulanz <-> *f* obligeance *f;* ***aus*** ~ gracieusement

Kuli ['ku:li] <-s, -s> *m (fam: Stift)* stylo *m*, bic® *m*

kulinarisch [kuli'na:rɪʃ] *adj* culinaire; *Genuss* gastronomique

Kulisse [ku'lɪsə] <-, -n> *f (a. fig)* décor *m* ▶ **hinter den ~n** dans les coulisses

kullern ['kʊlɐn] *vi + sein (fam)* rouler

kulminieren* [kʊlmi'ni:rən] *vi (geh)* [***in etw*** *dat*] ~ atteindre son paroxysme [dans qc]

K

Kult [kʊlt] <-[e]s, -e> *m* culte *m*
Kultfigur *f* personnage-culte *m* **Kultfilm** *m* film-culte *m*
kultig ['kʊltɪç] *adj (fam)* ***ein ~es Buch, ein ~er Film*** un film-culte
kultisch *adj* cultuel(le); *Gerät* de culte
kultivieren* [kʊlti'viːrən] *vt* cultiver
kultiviert [kʊlti'viːɐt] **I.** *adj* raffiné(e); *Benehmen* distingué(e) **II.** *adv essen* de façon raffinée; *sich benehmen* avec distinction
Kultivierung <-, -en> *f* ❶ *(Urbarmachung)* mise *f* en culture ❷ *(geh: Anbau)* culture *f*
Kultobjekt *nt* objet-culte *m* **Kultserie** *f* série-culte *f*
Kultur [kʊl'tuːɐ] <-, -en> *f* ❶ *(Zivilisationsform)* civilisation *f*; ***die ~ der Antike*** la culture gréco-latine ❷ *kein Pl (kulturelles Niveau)* degré *m* de civilisation ❸ BOT plantation *f* ❹ BIO culture *f*
Kulturabkommen *nt* accord *m* culturel
Kulturaustausch *m* échange *m* culturel
Kulturbanause, -banausin *m, f (pej fam)* béotien(ne) *m(f)* **Kulturbeutel** *m* trousse *f* de toilette **Kulturdenkmal** *nt* monument *m* historique
kulturell [kʊltu'rɛl] **I.** *adj* culturel(le) **II.** *adv* d'un point de vue culturel
Kulturerbe *nt* patrimoine *m* culturel **Kulturfilm** *m* [film *m*] documentaire *m* **Kulturgeschichte** *f kein Pl* histoire *f* de la civilisation **kulturgeschichtlich I.** *adj* historico-culturel(le) **II.** *adv* d'un point de vue historico-culturel **Kulturgut** *nt* élément *m* du patrimoine [historique] **Kulturhauptstadt** *f* capitale *f* de la culture **Kulturhoheit** *f kein Pl* souveraineté *f* dans le domaine culturel **Kulturkreis** *m* milieu *m* culturel **Kulturpflanze** *f* plante *f* cultivée **Kulturpolitik** *f* politique *f* culturelle **kulturpolitisch I.** *adj Ausschuss* des affaires culturelles; *Gesichtspunkt, Kriterien* politico-culturel(le) **II.** *adv bedeutsam, interessant* en matière de politique culturelle **Kulturrevolution** *f* révolution *f* culturelle **Kulturschock** *m* choc *m* culturel **kulturspezifisch** *adj* spécifique [*o* propre] à la culture
Kultusminister(in) ['kʊltʊsminɪstɐ] *m(f)* ≈ ministre *mf* de l'Éducation et des Affaires culturelles [d'un land]
Kultusministerium *nt* ≈ ministère *m* de l'Éducation et de la Culture [d'un land]
Kümmel ['kʏməl] <-s, -> *m* cumin *m*
Kummer ['kʊmɐ] <-s> *m* ❶ *(Betrübtheit)* chagrin *m* ❷ *(Unannehmlichkeiten)* soucis *mpl*; ***~ haben*** avoir des soucis; ***jdm ~ machen*** causer du souci à qn
kümmerlich ['kʏmɐlɪç] *adj Rest* maigre *antéposé*
kümmern ['kʏmɐn] **I.** *vt* concerner; ***was kümmert ihn das?*** en quoi ça le regarde?; ***das hat ihn nicht zu ~*** ça ne le regarde pas **II.** *vr* ❶ ***sich um jdn/etw ~*** s'occuper de qn/qc; ***sich darum ~, dass*** veiller à ce que *+subj* ❷ *(achten auf)* ***sich um etw nicht ~*** ne pas s'occuper de qc; ***sich nicht darum ~, was …*** ne pas se [pré]occuper de savoir ce qui …
kummervoll *adj (geh)* chagrin(e)
Kumpan(in) <-s, -e> *m(f) (pej fam: Komplize)* acolyte *m*
Kumpel ['kʊmpəl] <-s, -> *m* ❶ MIN gueule *f* noire ❷ *(fam: Kamerad)* pote *mf*
kumpelhaft *adj Ton, Art* familier, -ière
Kumquat ['kʊmkvat] <-, -s> *f* BOT kumquat *m*
Kumulation [kumula'tsi̯oːn] <-, -en> *f* MED, ÖKOL accumulation *f*
kumulieren [kumu'liːrən] **I.** *vr* ***sich ~*** *Schadstoffe, Gifte:* s'accumuler **II.** *vt* POL ***mehrere Stimmen auf jdn ~*** cumuler plusieurs voix sur qn
kündbar ['kʏntbaːɐ] *adj Mieter* congédiable
Kunde, Kundin ['kʊndə] <-n, -n> *m, f* client(e) *m(f)*
Kundenberatung *f* conseil-client *m* **Kundenbindung** *f kein Pl* ❶ *(Stärkung der Kundentreue)* fidélisation *f* [client] ❷ *(Treue der Kundschaft)* fidélité *f*
Kundendienst *m* service *m* après-vente
Kundenfeedback *nt* feed-back *m* d'un/du client **Kundenkarte** *f* carte *f* de fidélité
kund|geben *vt unreg (geh)* faire connaître *Meinung;* révéler *Absichten*
Kundgebung <-, -en> *f* manifestation *f*
kundig *adj (geh)* compétent(e)
kündigen ['kʏndɪgən] **I.** *vt* ❶ démissionner de *Stellung, Job* ❷ licencier *Mitarbeiter* ❸ résilier *Versicherung, Vertrag* **II.** *vi* ❶ *(weggehen) Arbeitnehmer:* démissionner; ***bei einem Unternehmen ~*** donner sa démission à une entreprise ❷ *(das Arbeits-, Mietverhältnis beenden)* ***jdm ~*** *Arbeitgeber, Firma:* licencier qn; *Vermieter:* donner congé à qn
Kündigung <-, -en> *f* ❶ *einer Versicherung, eines Vertrags* résiliation *f*; ***die ~ einer Mietwohnung*** la résiliation d'un bail ❷ *(Entlassung)* licenciement *m*; ***jdm die ~ aussprechen*** donner à qn son préavis

[de licenciement] ❸ *(Weggang) eines Arbeitnehmers* démission *f*

Kụ̈ndigungsfrist *f eines Arbeits-, Mietvertrags* délai *m* de préavis, délai-congé *m; eines Abonnements* délai *m* de résiliation; *eines Sparbuchs* délai *m* de clôture **Kụ̈ndigungsschutz** *m* protection *f* contre les licenciements abusifs

Kụndin ['kʊndɪn] *s.* **Kunde**

Kụndschaft <-, -en> *f* ❶ *(Kundenkreis)* clientèle *f* ❷ *(Kunden)* ***es ist ~/wenig ~ im Geschäft*** il y a des clients/peu de clients dans le magasin

kụ̈nftig ['kʏnftɪç] **I.** *adj (zukünftig, kommend)* futur(e) *antéposé;* ***seine ~e Frau*** sa future femme **II.** *adv* à l'avenir

Kung-Fu [kʊŋ'fuː] <-[s]> *nt* SPORT kung-fu *m*

Kụnst [kʊnst, *Pl:* 'kʏnstə] <-, Künste> *f* ❶ KUNST art *m;* ***die bildende ~*** les arts plastiques; ***die schönen Künste*** les beaux-arts ❷ *kein Pl (Schulfach)* arts *mpl* plastiques ▶ **eine brotlose ~ sein** *(fam)* ne pas nourrir son homme

Kụnstakademie *f* école *f* des beaux-arts **Kụnstausstellung** *f* exposition *f* d'art **Kụnstbanause, -banausin** *m, f (pej)* béotien(ne) *m(f)* **Kụnstdruck** <-drucke> *m* reproduction *f*

Kụnstdünger *m* engrais *m* chimique

Kụnsterzieher(in) *m(f) (form)* professeur *mf* d'arts plastiques **Kụnsterziehung** *f (form)* enseignement *m* artistique

Kụnstfaser *f* fibre *f* synthétique

Kụnstfehler *m* erreur *f* médicale **kụnstfertig** *adj (geh)* adroit(e) **Kụnstfliege** *f* SPORT mouche *f* [artificielle] **Kụnstflug** *m* acrobatie *f* aérienne **Kụnstgalerie** *f* galerie *f* d'art **Kụnstgegenstand** *m* objet *m* d'art **Kụnstgeschichte** *f* histoire *f* de l'art **Kụnstgewerbe** *nt* KUNST arts *mpl* décoratifs **Kụnstgewerbler(in)** [-gəvɛrplɐ] <-s, -> *m(f)* artisan(e) *m(f)* en arts décoratifs **Kụnstgriff** *m* astuce *f* **Kụnsthalle** *f* galerie *f* d'art **Kụnsthandel** *m* commerce *m* d'objets d'art **Kụnsthändler(in)** *m(f)* marchand(e) *m(f)* d'objets d'art **kụnsthistorisch I.** *adj Werk, Museum* d'histoire de l'art; *Bedeutung, Interesse* historico-culturel(le) **II.** *adv bedeutend, interessant* du point de vue de l'histoire de l'art; *interessiert* par l'histoire de l'art **Kụnsthochschule** *f* académie *f* des arts plastiques **Kụnstleder** *nt* similicuir *m*

Kụ̈nstler(in) ['kʏnstlɐ] <-s, -> *m(f)* ***[bildender] ~*** artiste *mf;* ***freischaffender ~*** artiste indépendant(e)

kụ̈nstlerisch ['kʏnstlərɪʃ] **I.** *adj Arbeit* d'artiste; *Gegenstand* d'art; *Begabung* artistique **II.** *adv bedeutend* du point de vue artistique; *begabt* artistiquement

Kụ̈nstlername *m* nom *m* d'artiste

kụ̈nstlich ['kʏnstlɪç] **I.** *adj* ❶ *Beleuchtung, See* artificiel(le); *Fingernägel, Diamant* faux, fausse ❷ MED *Befruchtung, Ernährung* artificiel(le) ❸ *Heiterkeit* factice **II.** *adv* artificiellement; *herstellen* industriellement

Kụnstliebhaber(in) *m(f)* amateur, -trice *m, f* d'art

Kụnstmaler(in) *m(f) (form)* artiste *mf* peintre **Kụnstmuseum** *nt* musée *m* d'art

Kụnstrasen *m* gazon *m* artificiel; ***auf ~ Fußball spielen*** jouer au football sur de la pelouse artificielle **Kụnstrichtung** *f* mouvement *m* artistique **Kụnstsammlung** *f* collection *f* d'objets d'art **Kụnstschätze** *Pl* trésors *mpl* artistiques

Kụnstschnee *m* neige *f* artificielle

Kụnstsprache *f* langue *f* conventionnelle

Kụnststoff *m* plastique *m*

Kụnststück *nt* ❶ *(artistische Leistung)* tour *m* d'adresse ❷ *(schwierige Leistung)* tour *m* de force **Kụnsttischler(in)** *m(f)* ébéniste *mf* **Kụnstturnen** *nt* gymnastique *f* artistique **Kụnstunterricht** *m* cours *m* d'arts plastiques **kụnstvoll I.** *adj* fait(e) avec art **II.** *adv* artistiquement **Kụnstwerk** *nt* ❶ œuvre *f* d'art ❷ *(Meisterleistung)* chef-d'œuvre *m*

Kụnstwort <-wörter> *nt* mot *m* créé [de toutes pièces]

kụnterbunt ['kʊntɐbʊnt] *adj (sehr bunt)* bariolé(e)

Kụpfer ['kʊpfɐ] <-s, -> *nt* cuivre *m*

Kụpferblech *nt* plaque *f* de cuivre **Kụpferdraht** *m* fil *m* de cuivre

Kụpfermünze *f* pièce *f* en cuivre **kụpferrot** *adj* rouge cuivre *inv* **Kụpferschmied(in)** *m(f)* chaudronnier, -ière *m, f*

Kụpferstich *m* gravure *f* sur cuivre

Kupon [ku'põː] *s.* **Coupon**

Kụppe ['kʊpə] <-, -n> *f (Bergkuppe)* mamelon *m*

Kụppel ['kʊpəl] <-, -n> *f (Innenkuppel)* coupole *f; (Außenkuppel)* dôme *m*

Kuppelei ['kʊpəlai] <-, -en> *f (pej: Förderung der Prostitution)* proxénétisme *m*

kụppeln ['kʊpəln] *vi Fahrer:* débrayer

Kụpplung ['kʊplʊŋ] <-, -en> *f* ❶ embrayage *m;* ***die ~ [durch]treten*** débrayer; ***die ~ kommen/schleifen lassen*** embrayer/faire patiner l'embrayage ❷ *(Anhängevorrichtung)* attelage *m*

Kụpplungshebel *m* pédale *f* d'embrayage

K

Kupplungspedal *nt* pédale *f* d'embrayage
Kur [kuːɐ̯] <-, -en> *f* cure *f*
Kür [kyːɐ̯] <-, -en> *f* figures *f pl* libres
Kuratorium [kura'toːri̯ʊm] <-s, -torien> *nt* conseil *m* d'administration
Kurbel ['kʊrbəl] <-, -n> *f* manivelle *f*
kurbeln *vi* tourner la manivelle
Kurbelwelle *f* vilebrequin *m*
Kürbis ['kʏrbɪs] <-ses, -se> *m* potiron *m*, citrouille *f*
Kürbiskern *m* graine *f* de citrouille
Kurde, Kurdin ['kʊrdə] <-n, -n> *m, f* Kurde *mf*
kurdisch ['kʊrdɪʃ] *adj* kurde; *s. a.* **deutsch**
Kurdisch <-[s]> *nt kein Art* le kurde; *s. a.* **Deutsch**
kuren ['kuːrən] *vi (fam)* faire une cure
küren ['kyːrən] <kürte, gekürt> *vt (geh)* ***jdn zum Sportler des Jahres*** ~ élire qn sportif de l'année
Kurfürst ['kuːɐ̯fʏrst] *m* HIST prince *m* électeur **Kurgast** *m* curiste *mf*

Kurier [ku'riːɐ̯] <-s, -e> *m* coursier *m*
Kurierdienst *m* ❶ *(Service)* service *m* de messageries ❷ *(Firma)* entreprise *f* de messagerie express
kurieren* [ku'riːrən] *vt* guérir
kurios [ku'ri̯oːs] *adj (geh)* singulier, -ière
Kuriosität [kuri̯ozi'tɛːt] <-, -en> *f* ❶ *(Gegenstand)* curiosité *f* ❷ *kein Pl (Merkwürdigkeit)* singularité *f*
Kurkonzert *nt* concert *m* [pour curistes]
Kurkuma ['kʊrkuma, *Pl:* kʊr'kuːmən] <-, Kurkumen> *f* ❶ BOT curcuma *m* ❷ *kein Pl* GASTR curcuma *m*
Kurort *m* station *f* thermale **Kurpark** *m* parc *m* thermal **Kurpfuscher(in)** *m(f) (pej fam)* charlatan *m* **Kurpfuscherei** [kuːɐ̯pfʊʃə'rai̯] *f (pej fam)* charlatanisme *m*
Kurs [kʊrs] <-es, -e> *m* ❶ *(Fahrtrichtung)* cap *m;* ***den ~ [beibe]halten*** tenir le cap; ***vom ~ abkommen*** dériver ❷ *(politische Linie)* ligne *f* [politique] ❸ *(Wechselkurs)* taux *m* de change ❹ *(Kurswert) von Aktien, Edelmetall* cours *m;* ***die Wertpapiere fallen/steigen im*** ~ le cours des valeurs fléchit/grimpe ❺ *(Lehrgang)* cours *m;* ***einen ~ besuchen*** suivre un cours
Kursänderung *f* NAUT, AVIAT changement *m* de cap **Kursanstieg** *m* hausse *f* des cours **Kursbuch** *nt* indicateur *m* des chemins de fer
Kürschner(in) ['kʏrʃnɐ] <-s, -> *m(f)* pelletier, -ière *m, f*
Kurse *Pl von* **Kursus**
Kursgewinn *m* FIN plus-value *f* boursière
kursieren* [kʊr'ziːrən] *vi* circuler
kursiv [kʊr'ziːf] **I.** *adj* italique; ~ ***sein*** être en italique **II.** *adv* en italique
Kursivschrift *f* italique *m*
Kurskorrektur *f* ❶ *(in der Schifffahrt, Luftfahrt)* correction *f* du cap ❷ *(fig)* changement *m* de trajectoire
Kursleiter(in) *m(f)* responsable *mf* des cours
kursorisch [kʊr'zoːrɪʃ] *(geh)* **I.** *adj* cursif, -ive **II.** *adv* ***etw ~ lesen*** survoler qc
Kursschwankung *f* fluctuation *f* des cours
Kursteilnehmer(in) *m(f)* participant(e) *m(f)* au cours
Kursus ['kʊrzʊs] *s.* **Kurs**
Kursverfall *m* effondrement *m* du cours
Kurswechsel *m* POL changement *m* d'orientation
Kurtaxe *f* taxe *f* de séjour
Kurtisane [kʊrti'zaːnə] <-, -n> *f* courtisane *f*
Kurve ['kʊrvə] <-, -n> *f* ❶ virage *m;* ***aus der ~ fliegen*** *(fam)* louper le virage ❷ GEOM courbe *f*
kurven ['kʊrvən] *vi + sein (fam)* ***um die Ecke*** ~ *Fahrzeug:* prendre le virage sur les chapeaux de roues
kurvenreich *adj* sinueux, -euse
kurvig *s.* **kurvenreich 1**
kurz [kʊrts] <kürzer, kürzeste> **I.** *adj* ❶ *(räumlich und zeitlich)* court(e); *Blick, Unterbrechung* bref, brève *antéposé; Pause* petit(e) *antéposé;* ***in ~er Zeit*** en peu de temps ❷ *Artikel, Bericht* court(e); *Antwort, Frage, Silbe, Vokal* bref, brève **II.** *adv* ❶ ***etw ~ schneiden*** couper qc court; ***ein Kleid kürzer machen*** raccourcir une robe ❷ *bleiben, dauern* peu de temps; *sprechen* brièvement; ~ ***gesagt, ...*** bref, ...; ***vor/bis vor K~em*** il y a encore/il y a peu de temps; ***seit K~em*** depuis peu ❸ *(wenig)* ***es ist ~ vor acht*** il n'est pas loin de huit heures; ~ ***zuvor/danach*** peu de temps avant/après; ~ ***hintereinander*** à brefs intervalles; ~ ***bevor/nachdem sie angekommen ist*** peu [de temps] avant qu'elle soit/après qu'elle est arrivée ▶ ~ **angebunden sein** être bourru; ~ **und bündig** sans détour; ~ **und gut** pour tout dire; **über ~ oder lang** tôt ou tard; **bei etw zu ~ kommen** être lésé lors de qc; **es ~ machen** être bref!
Kurzarbeit *f* chômage *m* partiel **kurz|arbeiten** *vi* travailler à temps réduit **Kurzarbeiter(in)** *m(f)* chômeur *m* partiel/chômeuse *f* partielle
kurzärm[e]lig *adj* à manches courtes

kụrzatmig *adj* poussif, -ive
Kụrzbrief *m* mot *m*
Kụ̈rze ['kʏrtsə] <-, -n> *f* ❶ *kein Pl (geringe Länge)* ***die ~ ihres Rocks/ihrer Haare*** sa jupe courte/ses cheveux courts; ***angesichts der ~ der Strecke*** vu le court trajet ❷ *kein Pl (kurze Dauer)* brièveté *f*; ***in ~*** sous peu ❸ *kein Pl (Knappheit) einer Antwort* brièveté *f*; *eines Artikels* concision *f*; ***in aller ~ antworten*** répondre aussi brièvement que possible ❹ *(kurze Silbe)* brève *f*
Kụrze(r) *m dekl wie adj (fam: Schnaps)* goutte *f*
Kụ̈rzel ['kʏrtsəl] <-s, -> *nt (stenografisches Zeichen)* signe *m* sténographique
kụ̈rzen ['kʏrtsən] *vt* ❶ raccourcir; ***etw um drei Zentimeter ~*** raccourcir qc de trois centimètres ❷ *(verkürzen)* raccourcir, abréger *Text;* ***um die Hälfte ~*** raccourcir de moitié ❸ *(verringern)* diminuer *Budget, Sozialhilfe;* ***um zehn Euro ~*** diminuer de dix euros
kụrzerhạnd ['kʊrtsɐ'hant] *adv abreisen* sans plus attendre
kụrz|fassen *vr* ***sich ~*** être bref **Kụrzfassung** *f* abrégé *m* **Kụrzfilm** *m* court métrage *m*
kụrzfristig ['kʊrtsfrɪstɪç] **I.** *adj Wettervorhersage, Vertrag* à court terme; *Bestellung, Zusage* rapide; *Programmänderung* impromptu(e) **II.** *adv* ❶ *informieren* en dernière minute; ***~ das Programm ändern*** changer le programme à la dernière minute ❷ *(für kurze Zeit)* momentanément; *gelten* temporairement ❸ *(auf kurze Zeit)* ***~ gesehen*** à court terme
Kụrzgeschichte *f* nouvelle *f*
kụrzhaarig *adj Mensch* aux cheveux courts
kụrzlebig ['kʊrtsleːbɪç] *adj (nicht dauerhaft) Modeerscheinung* éphémère; *Produkt* peu durable
kụ̈rzlich ['kʏrtslɪç] *adv* récemment
Kụrzmeldung *f* RADIO flash *m* [d'information] **Kụrznachrichten** *Pl* nouvelles *fpl* brèves **Kụrzparkzone** *f* zone *f* bleue **kụrz|schließen** *vt irr* ELEC court-circuiter **Kụrzschluss** *m* ❶ ELEC court-circuit *m* ❷ PSYCH impulsion *f* irréfléchie **Kụrzschrift** *f* sténo[graphie] *f*
kụrzsichtig **I.** *adj* ❶ MED myope ❷ *(fig) Mensch* myope; *Haltung, Politik* à courte vue **II.** *adv handeln* à la petite semaine
Kụrzsichtigkeit <-> *f* ❶ MED myopie *f* ❷ *(fig) eines Menschen* myopie *f*; *eines Denkens, einer Politik* absence *f* de hauteur de vues
Kụrzstreckenflug *m* vol *m* sur courte distance **Kụrzstreckenläufer(in)** *m(f)* sprinteur, -euse *m, f* **Kụrzstreckenrakete** *f* missile *m* [à] courte portée
kurzụm [kʊrts'ʔʊm] *adv* bref
Kụ̈rzung <-, -en> *f* ❶ FIN diminution *f* ❷ *(Verkürzung) eines Textes* abrégement *m*
Kụrzurlaub *m* bref congé *m* **Kụrzwaren** *Pl* mercerie *f*
kụrzweilig ['kʊrtsvaɪlɪç] *adj* divertissant(e)
Kụrzwelle *f* onde *f* courte; ***auf ~*** sur ondes courtes **Kụrzwellensender** *m* émetteur *m* ondes courtes
Kụrzwort <-wörter> *nt* abréviation *f*
Kụrzzeitgedächtnis *nt* mémoire *f* à court terme
kụrzzeitig **I.** *adj* temporaire; *Absage* de dernière heure **II.** *adv* pour une courte durée; *absagen* au dernier moment
kụschelig ['kʊʃəlɪç] *adj (fam) Bett* douillet(te)
kụscheln ['kʊʃəln] **I.** *vr (fam)* ***sich an jdn ~*** se blottir contre qn **II.** *vi* faire des câlins
Kụscheltier *nt* animal *m* en peluche
kuschen ['kʊʃn̩] *vi* ❶ *(sich nicht wehren)* marcher droit ❷ *(sich hinlegen)* se coucher
Kusine [ku'ziːnə] <-, -n> *f* cousine *f*
Kụss [kʊs, *Pl:* 'kʏsə] <-es, Küsse> *m* baiser *m*
Kụ̈sschen ['kʏsçən] <-s, -> *nt* bise *f fam;* ***gib ~!*** fais un câlin!
kụssecht *adj Lippenstift* longue tenue
kụ̈ssen ['kʏsən] **I.** *vt* embrasser; ***jdn auf die Wange/den Mund ~*** embrasser qn sur la joue/la bouche; ***jdm die Hand ~*** baiser la main à qn **II.** *vr* ***sich ~*** s'embrasser **III.** *vi* embrasser
Kụsshand ▸**jdn/etw mit ~ nehmen** *(fam)* prendre qn/qc plutôt deux fois qu'une
Kụ̈ste ['kʏstə] <-, -n> *f* ❶ *(Meeresufer)* côte *f* ❷ *(Gegend)* littoral *m*
Kụ̈stengebiet *nt* littoral *m* **Kụ̈stenschifffahrt** *f* cabotage *m* **Kụ̈stenwache** *f*, **Kụ̈stenwacht** *f* service *m* de surveillance côtière
Kụ̈ster(in) ['kʏstɐ] <-s, -> *m(f)* sacristain(e) *m(f)*
Kụtsche ['kʊtʃə] <-, -n> *f* carrosse *m;* ***offene ~*** calèche *f*
Kụtscher(in) ['kʊtʃɐ] <-s, -> *m(f)* cocher *m*
kutschieren* [kʊ'tʃiːrən] *vt + haben (fam)* voiturer *Person*
Kụtte ['kʊtə] <-, -n> *f* REL [robe *f* de] bure *f*

Kutter ['kʊtɐ] <-s, -> *m* cotre *m*
Kuvert [ku've:ɐ̯] <-s, -s *o* -[e]s, -e> *nt* enveloppe *f*
Kuvertüre [kuvɛr'ty:rə] <-, -n> *f* chocolat *m* à napper
Kuwait [ku'vait, 'ku:vait] <-s> *nt* ❶ *(Emirat)* le Koweït ❷ *(Hauptstadt)* Koweït
Kuwaiter(in) [ku'vaitɐ, 'ku:vaitɐ] <-s, -> *m(f)* Koweïtien(ne) *m(f)*
kuwaitisch [ku'vaitɪʃ, 'ku:vaitɪʃ] *adj* koweïtien(ne)
kW *Abk von* **Kilowatt** kW
kWh *Abk von* **Kilowattstunde** kWh
Kybernetik [kybɛr'ne:tɪk] <-> *f* cybernétique *f*
Kyoto-Protokoll ['ki̯o:to-] *nt* protocole *m* de Kyoto
kyrillisch [ky'rɪlɪʃ] **I.** *adj* cyrillique **II.** *adv* en caractères cyrilliques
KZ [ka:'tsɛt] <-s, -s> *nt Abk von* **Konzentrationslager** camp *m* de concentration

L l

l *Abk von* **Liter** l
L, l [ɛl] <-, -> *nt* L *m* /l *m*
Label ['leɪbəl] <-s, -> *nt (Schallplattenetikett)* étiquette *f*
laben ['la:bən] *vr (geh)* ***sich*** ~ se délecter; ***sich an etw*** *dat* ~ se délecter de qc
labern ['la:bɐn] *(fam)* **I.** *vi* dégoiser; ***über etw*** *akk* ~ dégoiser au sujet de qc **II.** *vt* dégoiser *Unsinn, Quatsch*
labil [la'bi:l] *adj Person, Kreislauf* instable; *Konstitution, System* fragile
Labilität [labili'tɛ:t] <-, *selten:* -en> *f* instabilité *f; der Wirtschaft* fragilité *f*
Labor [la'bo:ɐ̯] <-s, -s *o* -e> *nt* laboratoire *m*
Laborant(in) [labo'rant] <-en, -en> *m(f)* laborantin(e) *m(f)*
Laboratorium [labora'to:ri̯ʊm] *s.* **Labor**
Laborversuch *m* essai *m* en laboratoire
Labrador[1] [labra'do:ɐ̯] <-s> *nt* GEOG le Labrador *m*
Labrador[2] [labra'do:ɐ̯] <-s, -e> *m* ❶ *(Hund)* labrador *m* ❷ MINER labrador *m*
Labyrinth [laby'rɪnt] <-[e]s, -e> *nt* labyrinthe *m*
Lache[1] ['laxə, 'la:xə] <-, -n> *f (Pfütze)* flaque *f*
Lache[2] ['laxə] <-> *f (pej fam)* [façon *f* de] rire *m*
lächeln ['lɛçəln] *vi* sourire; ***über jdn/etw*** ~ sourire de qn/qc
Lächeln <-s> *nt* sourire *m*
lachen ['laxən] *vi* rire; ***über jdn/etw*** ~ rire de qn/qc; ***jdn zum Lachen bringen*** faire rire qn ▸ **du hast gut ~!** tu as beau jeu de te moquer [de moi]!; **wer zuletzt lacht, lacht am besten** *(prov)* rira bien qui rira le dernier; **das wäre doch gelacht!** *(fam)* ça fait pas un pli!; **dass ich nicht lache!** *(fam)* laisse-moi rigoler!
Lachen ['laxən] <-s> *nt* rire *m* ▸ **sich vor ~ biegen** être plié [en deux] de rire *fam;* **dir wird das ~ [schon] noch vergehen** *(fam)* l'envie de rire va te passer
Lacher(in) <-s, -> *m(f)* ▸ **die ~ auf seiner Seite haben** avoir les rieurs de son côté
lächerlich ['lɛçəlɪç] *adj* ridicule; ***jdn/etw ~ machen*** ridiculiser qn/qc; ***sich vor jdm ~ machen*** se ridiculiser devant qn
Lächerlichkeit <-, -en> *f* ridicule *m*
Lachgas *nt* gaz *m* hilarant
lachhaft *adj* ridicule
Lachkrampf *m* rire *m* convulsif; ***wir bekamen einen*** ~ nous avons eu une crise de fou rire
Lachs [laks] <-es, -e> *m* saumon *m*
lachsfarben *adj* saumon *inv* **Lachsforelle** *f* truite *f* saumonée **Lachsschinken** *m* filet *m* de porc fumé
Lack [lak] <-[e]s, -e> *m* laque *f*
Lackaffe *m (pej fam)* godelureau *m*
lackieren* [la'ki:rən] *vt* laquer *Holz;* ***sich*** *dat* ***die Fingernägel*** ~ se vernir les ongles; ***frisch lackiert!*** peinture fraîche!
Lackierer(in) <-s, -> *m(f)* peintre *mf*
Lackierung <-, -en> *f* ❶ *kein Pl (das Lackieren)* laquage *m* ❷ *(Lack)* laque *f*
Lackleder *nt* cuir *m* verni
Lackmus ['lakmʊs] <-> *nt o m* tournesol *m*
Lackmuspapier *nt* papier *m* de tournesol
Lackschaden *m* peinture *f* abîmée **Lackschuh** *m* chaussure *f* vernie
Lade ['la:də] <-, -n> *f (fam)* tiroir *m*
Ladefläche *f* surface *f* de chargement **Ladegerät** *nt* chargeur *m* **Ladegewicht**

nt poids *m* de chargement **Ladehemmung** *f* enrayage *m* **Ladekabel** *nt* chargeur *m*

laden ['la:dən] <lädt, lud, geladen> *vt* ❶ charger; ***etw auf den Lkw*** ~ charger qc sur le camion; ***etw aus dem Auto*** ~ décharger qc de la voiture; ***etw voll*** ~ charger qc à plein; ***voll geladen*** en pleine charge ❷ *(aufbürden)* ***Verantwortung auf sich*** *akk* ~ endosser une responsabilité ❸ *(geh: einladen)* ***jdn zu einem Empfang*** ~ inviter qn à une réception; ***die geladenen Gäste*** les invités *mpl* ❹ *(vorladen)* citer ❺ *(Munition einlegen)* charger ❻ ELEC charger *Batterie* ❼ INFORM charger, appeler *Programm, Datei* ▶ **geladen haben** *(fam)* être bourré; **geladen sein** *(fam)* être furax

Laden ['la:dən, *Pl:* 'lɛ:dən] <-s, Läden *o* -> *m* ❶ *(Geschäft)* magasin *m; (klein)* boutique *f* ❷ *(fam: Betrieb)* boîte *f;* ***der ~ läuft*** la boîte tourne; ***den ~ dichtmachen*** fermer la boîte

Ladenbesitzer(in) *m(f)* propriétaire *mf* de magasin **Ladendieb(in)** *m(f)* voleur, -euse *m, f* à l'étalage **Ladendiebstahl** *m* vol *m* à l'étalage **Ladenhüter** *m* rossignol *m* **Ladenkette** *f* chaîne *f* de magasins **Ladenöffnungszeit** *f meist Pl* heures *fpl* d'ouverture des magasins **Ladenpreis** *m* prix *m* marqué **Ladenschluss** *m kein Pl* fermeture *f* des magasins

Ladenschlussgesetz *nt* loi *f* sur la fermeture des magasins **Ladenstraße** *f* rue *f* commerçante

Ladentisch *m* comptoir *m* [de magasin] ▶ **etw unter dem ~ verkaufen** *(fam)* vendre qc sous le manteau

Laderampe *f* rampe *f* de chargement **Laderaum** *m* AVIAT, NAUT soute *f* **Ladestation** *f* base *f* de chargement

lädieren* [lɛ'di:rən] *vt* abîmer

lädt [lɛ:t] *3. Pers Präs von* **laden**

Ladung <-, -en> *f* ❶ *(Fracht)* chargement *m* ❷ *(notwendige Menge)* ***eine ~ Dynamit*** une charge de dynamite ❸ ELEC, PHYS charge *f* ❹ JUR citation *f*

lag [la:k] *Imp von* **liegen**

Lage ['la:gə] <-, -n> *f* ❶ *eines Orts* site *m; eines Hauses* situation *f* ❷ *(Liegeposition)* position *f* ❸ *(Situation)* situation *f;* ***sich in die ~ eines anderen versetzen*** se mettre à la place d'autrui ❹ *(fig)* ***in der ~ sein etw zu tun*** être en mesure de faire qc ❺ *(Schicht)* couche *f* ▶ **die ~ peilen** *(fam)* tâter le terrain

Lagebericht *m* compte *m* rendu de la situation **Lagebesprechung** *f* analyse *f* de la situation **Lageplan** *m* plan *m*

Lager ['la:gɐ, *Pl:* 'la:gɐ, 'lɛ:gɐ] <-s, - *o* Läger> *nt* ❶ dépôt *m;* ***etw auf ~ haben*** avoir qc en stock ❷ *(Unterkunft, Gruppierung)* camp *m* ❸ TECH palier *m* ❹ *(geh: Bett)* couche *f* ▶ **etw auf ~ haben** *(fam)* avoir qc en réserve

Lagerfeuer *nt* feu *m* de camp **Lagerhalle** *f* hangar *m* **Lagerhaltung** *f kein Pl* stockage *m* **Lagerhaus** *nt* entrepôt *m*

lagern ['la:gɐn] **I.** *vt* ❶ *(aufbewahren)* stocker; ***kühl ~!*** garder au frais! ❷ *(hinlegen)* ***das Bein hoch*** ~ surélever la jambe **II.** *vi* ❶ ***trocken*** ~ se conserver au sec ❷ *(sich niederlassen)* camper

Lagerraum *m* ❶ dépôt *m* ❷ *(Lagerfläche)* surface *f* d'entreposage

Lagerung <-, -en> *f* ❶ *von Vorräten* stockage *m* ❷ TECH palier *m*

Lagerverwalter(in) *m(f)* magasinier, -ière *m, f*

Lagune [la'gu:nə] <-, -n> *f* lagune *f*

lahm [la:m] *adj* ❶ paralysé(e); ***auf einem Bein ~ sein*** être paralysé d'une jambe ❷ *(fam: steif)* courbaturé(e)

lahmen *vi* boiter

lähmen ['lɛ:mən] *vt* paralyser ▶ **vor Schreck wie gelähmt sein** être [comme] paralysé de peur

lahm|legen *vt (stilllegen)* paralyser *Wirtschaft, Verkehr*

Lähmung <-, -en> *f* MED paralysie *f*

Laib [laip] <-[e]s, -e> *m bes.* SDEUTSCH ***ein ~ Brot/Käse*** une miche de pain/une meule de fromage

Laich [laiç] <-[e]s, -e> *m* frai *m*

laichen *vi* frayer

Laie, Laiin ['laiə] <-n, -n> *m, f* ❶ *(Nichtfachmann)* profane *mf* ❷ REL laïc *m,* laïque *mf*

laienhaft *adj* de profane

Laienprediger(in) *m(f)* prédicateur, -trice *m, f*

Lakai [la'kai] <-en, -en> *m* ❶ *(pej geh)* valet *m* ❷ HIST laquais *m*

Lake <-, -n> *f* saumure *f*

Laken ['la:kən] <-s, -> *nt* drap *m* [de lit]

lakonisch [la'ko:nɪʃ] *adj* laconique

Lakritz <-es, -e> *m* DIAL *s.* **Lakritze**

Lakritze <-, -n> *f* réglisse *m o f*

Laktose [lak'to:zə] <-> *f kein Pl* lactose *m*

laktosefrei I. *adj* sans lactose **II.** *adv* ***sich ~ ernähren*** suivre un régime sans lactose; ***~ kochen*** cuisiner sans lactose

lallen ['lalən] *vt, vi* balbutier

Lama[1] ['la:ma] <-s, -s> *nt* ZOOL lama *m*

Lama[2] ['la:ma] <-[s], -s> *m* REL lama *m*
Lamelle [la'mɛlə] <-, -n> *f einer Jalousie* lame[lle] *f; eines Heizkörpers* ailette *f; eines Pilzhuts* lamelle *f*
lamentieren* [lamɛn'ti:rən] *vi (geh)* se lamenter; ***über etw*** *akk* **~** se lamenter sur qc
Lametta [la'mɛta] <-s> *nt (Weihnachtsschmuck)* lamelles *fpl* argentées/dorées
Laminat [lami'na:t] <-s, -e> *nt* sol *m* stratifié
Lamm [lam, *Pl:* 'lɛmɐ] <-[e]s, Lämmer> *nt* agneau *m*
Lammfell *nt* fourrure *f* d'agneau **Lammfleisch** *nt* viande *f* d'agneau **lammfromm** ['lam'frɔm] *adj* **~ *sein*** être doux comme un agneau **Lammkeule** *f* gigot *m* d'agneau
Lampe ['lampə] <-, -n> *f* lampe *f*
Lampenfieber *nt* trac *m;* **~ *haben*** avoir le trac **Lampenschirm** *m* abat-jour *m inv*
Lampion [lam'pi̯õ] <-s, -s> *m* lampion *m*
LAN [la:n] <-[s], -[s]> *nt Abk von* **Local Area Network** INFORM LAN *m,* réseau *m* local
lancieren* [lã'si:rən] *vt (geh)* lancer
Land [lant, *Pl:* 'lɛndɐ] <-[e]s, Länder> *nt* ❶ *(Staat)* pays *m* ❷ *kein Pl (Festland)* terre *f;* ***an* ~ *gehen*** descendre à terre; **~ *in Sicht!*** terre!; **~ *unter!*** NDEUTSCH terres immergées! ❸ *(Bundesland)* Land *m;* ***die 16 Länder*** les 16 Länder ❹ *kein Pl (Acker)* terrain *m;* ***das* ~ *bebauen*** cultiver la terre ❺ *kein Pl (ländliche Gegend)* campagne *f;* ***auf dem flachen*** **~** dans le plat pays ▶ **~ und Leute kennenlernen** apprendre à connaître le pays et ses habitants; **andere Länder, andere Sitten** autres pays, autres mœurs; **das Gelobte ~** la Terre promise; **[wieder] ~ sehen** *(fam)* voir le bout du tunnel; **an ~ ziehen** *(fam)* décrocher *Job, Auftrag*

Land und Leute

L'Allemagne est un état fédéral. L'organisation politique comprend un niveau centralisé de fédération et seize *Bundesländer*. La Loi fondamentale détermine les attributions de chacun. Les **Länder** ont des compétences et une autonomie beaucoup plus importantes que celles des régions françaises. Ils sont représentés au *Bundesrat*, la chambre haute du parlement allemand, intervenant ainsi dans le processus législatif. Chaque **Land** dispose d'un gouvernement, d'un parlement et d'une capitale. Les **Länder** remplissent trois missions étatiques de manière autonome : la sécurité intérieure, la gestion des communes et l'éducation. C'est pourquoi le système scolaire peut varier d'un **Land** à un autre. L'Autriche, quant à elle, est partagée en neuf *Bundesländer*.

Landadel *m* noblesse *f* campagnarde
Landammann *m* CH président(e) *m(f)* de gouvernement cantonal **Landarbeit** *f kein Pl* travaux *mpl* des champs **Landarbeiter(in)** *m(f)* ouvrier, -ière *m, f* agricole **Landarzt, -ärztin** *m, f* médecin *m* de campagne; ***sie ist Landärztin*** elle est médecin de campagne **Landbesitz** *m* domaine *m* **Landbevölkerung** *f* population *f* rurale
Landeanflug *m* amorce *f* de l'atterrissage **Landebahn** *f* piste *f* d'atterrissage **Landeerlaubnis** *f* autorisation *f* d'atterrir
landeinwärts [lant'ʔa̯invɛrts] *adv* à l'intérieur des terres
landen ['landən] *vi + sein* ❶ *Flugzeug:* atterrir; ***auf dem Mond*** **~** alunir ❷ *(anlegen)* ***im Hafen*** **~** *Schiff:* aborder au port ❸ *(fam: ankommen)* ***zu Hause/im Papierkorb*** **~** atterrir à la maison/dans la corbeille à papier ▶ **bei jdm nicht ~ können** *(fam)* n'avoir aucune chance avec qn
Landenge *f* isthme *m*
Landepiste *f* piste *f* d'atterrissage **Landeplatz** *m* terrain *m* d'atterrissage
Ländereien [lɛndə'ra̯iən] *Pl* terres *fpl*
Länderkampf *m* SPORT compétition *f* internationale **Ländersache** *f kein Pl* ADMIN, POL ressort *m* des Länder **Länderspiel** *nt* SPORT rencontre *f* internationale
Landesbank <-banken> *f* banque *f* régionale
Landesebene *f* ***auf*** **~** au niveau des Länder **Landesgrenze** *f eines Staats* frontière *f; eines Bundeslandes* limite *f* **Landeshauptmann, -frau** *m, f* A chef *mf* de gouvernement *(d'un Etat fédéré)* **Landeshauptstadt** *f* capitale *f* [d'un Land] **Landesinnere(s)** *nt dekl wie adj* intérieur *m* du pays; *(hinter der Küste)* arrière-pays *m* **Landeskunde** <-> *f* civilisation *f* **Landesrat, -rätin** *m, f* A membre *m* d'un gouvernement provincial **Landesrecht** *nt kein Pl* législation *f* du Land **Landesregierung** *f* gouvernement *m* du Land **Landessprache** *f* langue *f* nationale **Landesteil** *m* région *f* **Landestracht** *f* cos-

tume *m* national **lạndesüblich** *adj* d'usage [dans le pays] **Lạndesverrat** *m* haute trahison *f* **Lạndeswährung** *f* monnaie *f* nationale; ***die Ablösung der ~en*** le remplacement des monnaies nationales **lạndesweit** *adj o adv* dans tout le pays, à travers le pays

Lạndeverbot *nt* interdiction *f* d'atterrir

Lạndflucht *f* exode *m* rural **Lạndfriedensbruch** *m* JUR atteinte *f* à l'ordre public **Lạndgericht** *nt* JUR ≈ tribunal *m* de grande instance **Lạndgut** *nt* domaine *m* [rural] **Lạndhaus** *nt* maison *f* de campagne

Landingpage, Landing-Page ['lɛndɪŋpeːtʃ] <-, -s> *f* INET page *f* d'atterrissage

Lạndkarte *f* carte *f* géographique

Lạndkreis *m* ≈ district *m*

lạndläufig ['lantlɔyfɪç] *adj* répandu(e); *Bedeutung* communément admis(e)

Lạndleben *nt* vie *f* à la campagne

lạ̈ndlich ['lɛntlɪç] *adj Brauch* paysan(ne); *Abgeschiedenheit* de la campagne

Lạndluft *f* air *m* de la campagne **Lạndmaschine** *f* machine *f* agricole **Lạndplage** *f* fléau *m* **Lạndrat** <-räte> *m* ❶ chef *m* [administratif] de district *(sous-préfet en France);* CH parlementaire *m* cantonal ❷ CH *(Institution)* Parlement *m* cantonal, Grand-Conseil *m* **Lạndrätin** *f* chef *f* [administrative] de district *(sous-préfet en France);* CH parlementaire *f* cantonale **Lạndratte** *f (hum fam)* éléphant *m* **Lạndregen** *m* crachin *m*

Lạndschaft ['lantʃaft] <-, -en> *f* paysage *m;* GEOG région *f*

lạndschaftlich *adv* ~ ***reizvoll sein*** offrir un paysage attrayant

Lạndschaftsgärtner(in) *m(f)* [jardinier, -ière *m, f*] paysagiste *mf* **Lạndschaftsschutzgebiet** *nt* site *m* protégé

Lạndsitz *m* domaine *m*

Lạndsmann, -männin ['lantsman] <-leute> *m, f* compatriote *mf*

Lạndstraße ['lantʃtraːsə] *f* ≈ [route *f*] départementale *f; (untergeordnete Straße)* route *f* secondaire

Lạndstreicher(in) <-s, -> *m(f)* vagabond(e) *m(f)*

Lạndstreitkräfte *Pl* forces *f pl* terrestres **Lạndstrich** *m* contrée *f*

Lạndtag *m (Parlament)* landtag *m*

Land und Leute

Les chambres qui représentent le peuple dans les Länder allemands et autrichiens s'appellent toutes des **Landtage**, sauf à Hambourg et à Brême, où l'on parle de la *Bürgerschaft*, à Berlin du *Abgeordnetenhaus* et à Vienne du *Gemeinderat*. En Suisse, Les chambres régionales s'appellent, selon les cantons, *Kantonsrat*, *Großer Rat* ou encore *Landrat*.

Lạndung <-, -en> *f* ❶ *eines Flugzeugs* atterrissage *m* ❷ MIL *von Truppen* largage *m; (per Schiff)* débarquement *m*

Lạndungsbrücke *f* débarcadère *m*

Lạndvermessung *f* AGR arpentage *m*

Lạndweg *m* ***auf dem ~*** par voie *f* terrestre **Lạndwein** *m* vin *m* de pays **Lạndwirt(in)** *m(f)* agriculteur, -trice *m, f* **Lạndwirtschaft** *f* ❶ *kein Pl (Erwerbstätigkeit)* agriculture *f* ❷ *(Betrieb)* exploitation *f* agricole **lạndwirtschaftlich** *adj Betrieb, Produkt* agricole **Lạndzunge** *f* langue *f* de terre

lạng [laŋ] <lạ̈nger, lạ̈ngste> **I.** *adj* ❶ *(räumlich ausgedehnt)* long, longue; ***ein ~er Weg*** un long chemin; ***zwei Meter ~ sein*** avoir deux mètres de long ❷ *(zeitlich ausgedehnt)* ***eine ~e Unterbrechung*** une longue interruption; ***ein längerer Aufenthalt*** un séjour prolongé; ***seit Langem*** depuis longtemps ❸ *(fam: groß gewachsen)* grand(e) **II.** *adv* ❶ longtemps; ***zu ~ aufbleiben*** veiller trop tard; ***viele Jahre ~*** pendant de nombreuses années; ***wie ~[e] bleibst du?*** combien de temps restes-tu? ❷ *(seit einer Weile)* ***schon ~[e]*** *warten, fertig sein* depuis longtemps; ***es ist ~[e] her, dass wir uns gesehen haben*** ça fait longtemps qu'on s'est vu ❸ *(räumlich ausgedehnt)* ***~ gestreckt*** *Gebäude* allongé(e) ❹ *(bei Weitem)* ***~[e] nicht so schlimm sein wie …*** être loin d'être aussi grave que …; ***noch ~e nicht fertig sein*** *Person:* être loin d'avoir fini ▶ **~ und breit** en long et en large; **da kannst du ~[e] warten!** *(iron)* tu peux toujours attendre!

lạngärm[e]lig *adj* à manches longues

lạngatmig *adj (pej)* qui traîne en longueur **Lạngatmigkeit** <-> *f (pej) einer Darstellung, Erklärung* prolixité *f*

lạngbeinig *adj Person* aux longues jambes; *Tier* aux longues pattes

lạnge ['laŋə] <lạ̈nger, lạ̈ngste> *s.* **lang**

Lạ̈nge ['lɛŋə] <-, -n> *f* ❶ longueur *f; **ein Seil von zwei Metern ~*** une corde d'une longueur de deux mètres; ***der ~ nach*** en long ❷ *(Dauer)* durée *f; **etw in die ~ zie-***

hen faire traîner qc en longueur; ***in voller ~ zeigen*** en version intégrale; *erscheinen* en édition intégrale ❸ GEOG longitude *f* ▶ **der ~ nach hinfallen** tomber de tout son long

langen ['laŋən] **I.** *vi (fam)* ❶ *(ausreichen)* suffire; ***jdm ~*** suffire à qn ❷ *(sich erstrecken)* ***bis zum Boden ~*** *Vorhang:* arriver jusqu'au sol ❸ *(fassen)* ***an etw*** *akk* **~** toucher [à] qc ▶ **mir langt es** j'en ai marre **II.** *vt (fam)* ***jdm etw ~*** passer qc à qn ▶ **jdm eine ~** en allonger une à qn

Längengrad *m* degré *m* de longitude

Längenmaß *nt* mesure *f* de longueur

länger ['lɛŋɐ] *Komp von* **lang**

längerfristig *adv* à plus long terme

Langeweile ['laŋəvailə] <-> *f* ennui *m;* ***~ haben*** s'ennuyer; ***aus [lauter] ~ essen*** manger par ennui

Langfinger ['laŋfɪŋɐ] *m (hum fam)* voleur, -euse *m, f* à la tire

langfristig *adj o adv* à long terme

langhaarig *adj Person* aux longs cheveux; *Tier* à poil long

langjährig *adj Mitarbeiter, Freundschaft* de longue date; *Verhandlungen* de plusieurs années

Langlauf *m kein Pl* SPORT ski *m* de fond **Langläufer(in)** *m(f) (Skilangläufer)* skieur, -euse *m, f* de fond

Langlaufski *m* ski *m* de fond

langlebig *adj* ❶ qui vit longtemps; *Grünpflanze* vivace ❷ *(dauerhaft)* durable

Langlebigkeit <-> *f* ❶ *eines Menschen, Tiers* longévité *f* ❷ *(fig) eines Konsumguts* solidité *f*

länglich ['lɛŋlɪç] *adj* oblong, -longue

längs [lɛŋs] **I.** *präp +gen* ***~ des Kanals*** le long du canal **II.** *adv* longitudinalement

Längsachse [-aksə] *f* axe *m* longitudinal

langsam ['laŋza:m] **I.** *adj* ❶ *Person, Bewegung* lent(e) ❷ *(allmählich)* progressif, -ive **II.** *adv* ❶ *(nicht schnell)* lentement ❷ *(fam: allmählich)* petit à petit; ***es ist ~ an der Zeit, dass …*** il serait [bientôt] temps de *+infin*/que … *+subj* ▶ **~, aber sicher** lentement mais sûrement

Langsamkeit <-> *f* lenteur *f*

Langschläfer(in) *m(f)* lève-tard *mf fam*

Langspielplatte *f* trente-trois tours *m*

Längsschnitt *m* coupe *f* longitudinale **Längsseite** *f* longueur *f*

längst [lɛŋst] *adv* ❶ *(seit Langem)* depuis longtemps ❷ *(bei Weitem)* ***das ist ~ nicht alles*** c'est loin d'être tout

längste(r, s) *Superl von* **lang**

längstens ['lɛŋstəns] *adv* tout au plus

Langstreckenflug *m* vol *m* long-courrier **Langstreckenflugzeug** *nt* long-courrier *m* **Langstreckenlauf** *m* course *f* de fond **Langstreckenrakete** *f* missile *f* longue portée

Languste [laŋ'gʊstə] <-, -n> *f* langouste *f*

langweilen ['laŋvailən] **I.** *vt* ennuyer **II.** *vr* ***sich ~*** s'ennuyer; ***sich zu Tode ~*** *(fam)* s'ennuyer comme un rat mort

Langweiler(in) <-s, -> *m(f) (pej fam)* ❶ raseur, -euse *m, f* ❷ *(langsamer Mensch)* lambin(e) *m(f)*

langweilig ['laŋvailɪç] *adj* ennuyeux, -euse

Langwelle *f* grandes ondes *fpl*

langwierig ['laŋvi:rɪç] *adj* de longue haleine

Langzeitarbeitslose(r) *f(m) dekl wie adj* chômeur, -euse *m, f* de longue durée **Langzeitarbeitslosigkeit** *f* chômage *m* de longue durée **Langzeitgedächtnis** *nt* mémoire *f* longue **Langzeitstudent(in)** *m(f) étudiant(e) dont la durée des études dépasse celle prévue par le règlement des études* **Langzeitstudie** *f* étude *f* à long terme **Langzeitwirkung** *f* effet *m* de longue durée

Lanze ['lantsə] <-, -n> *f* lance *f* ▶ **für jdn eine ~ brechen** *(geh)* prendre fait et cause pour qn

Laos ['la:ɔs] <-> *nt* le Laos

lapidar [lapi'da:ɐ] *adj (geh)* lapidaire

Lappalie [la'pa:li̯ə] <-, -n> *f* broutille *f*

Lappe, Lappin ['lapə] <-n, -n> *m, f* Lapon(e) *m(f)*

Lappen ['lapən] <-s, -> *m* ❶ chiffon *m* ❷ *(fam: Banknote)* biffeton *m* ▶ **jdm durch die ~ gehen** *(fam) Täter:* filer entre les pattes de qn; *Auftrag:* passer sous le nez de qn

Lappin ['lapɪn] *s.* **Lappe**

läppisch ['lɛpɪʃ] *adj (pej)* ❶ *(albern)* puéril(e) ❷ *(gering)* ridicule

Lappland ['laplant] <-s> *nt* la Laponie

Laptop ['lɛptɔp] <-s, -s> *m* [ordinateur *m*] portable *m*

Lärche ['lɛrçə] <-, -n> *f* mélèze *m*

Lärm [lɛrm] <-[e]s> *m* bruit *m;* ***~ machen*** faire du bruit ▶ **viel ~ um nichts machen** faire beaucoup de bruit pour rien

Lärmbekämpfung *f* lutte *f* antibruit **Lärmbelästigung** *f* nuisances *fpl* sonores **lärmempfindlich** *adj* sensible au bruit

lärmen ['lɛrmən] *vi* faire du bruit; ***~d*** bruyant(e)

Lärmpegel *m* niveau *m* sonore **Lärmschutz** *m* protection *f* antibruit

Larve ['larfə] <-, -n> *f* ❶ larve *f* ❷ *(Halbmaske)* loup *m*
las [laːs] *Imp von* **lesen**
Lasagne [la'zanjə] *Pl* lasagne[s] *f pl*
lasch [laʃ] *adj (fam)* ❶ *Händedruck* mou, molle ❷ *(nachlässig)* relâché(e) ❸ *(fade)* fadasse
Lasche ['laʃə] <-, -n> *f eines Umschlags, einer Tasche* rabat *m; eines Kleids* patte *f*
Laser ['leɪzɐ] <-s, -> *m* laser *m*
Laserdrucker *m* imprimante *f* [à] laser **Laserstrahl** *m* rayon *m* laser
lasieren* [la'ziːrən] *vt [etw]* ~ enduire [qc] d'une lasure
lassen ['lasən] **I.** <lässt, ließ, gelassen> *vt* ❶ *(unterlassen)* arrêter; ***ich kann es einfach nicht*** ~ c'est plus fort que moi; ***lass das!*** arrête! ❷ *(zurücklassen)* ***die Kinder allein*** ~ laisser les enfants seuls; ***seinen Mantel im Restaurant hängen/liegen*** ~ laisser son manteau au restaurant; ***den Wagen stehen*** ~ ne pas prendre la voiture ❸ *(zugestehen)* ***jdm seinen Freiraum*** ~ laisser à qn sa liberté d'action; ***jdn*** ~ *(nicht stören)* laisser qn [tranquille]; *(gewähren lassen)* laisser faire qn ❹ *(irgendwohin lassen)* ***jdn ins Haus*** ~ laisser qn entrer dans la maison; ***Wasser in die Wanne*** ~ faire couler de l'eau dans la baignoire ❺ *(in einem Zustand belassen)* ***etw liegen*** ~ *(unerledigt)* laisser qc en attente; ***die Tür offen*** ~ laisser la porte ouverte; ***lass die Vase bitte stehen!*** ne touche pas au vase!; ***den Schlüssel in der Tür stecken*** ~ laisser la clé sur la porte; ***wir sollten nichts unversucht*** ~ nous devrions tout essayer ❻ *(nicht anrühren)* ***stehen*** ~ ne pas toucher à *Essen, Getränk;* ***du kannst deinen Geldbeutel stecken ~!*** laisse, c'est pour moi! ▶ **jdn hängen** ~ *(fam)* laisser tomber qn; **sich hängen** ~ *(fam)* se laisser aller; **alles stehen und liegen** ~ laisser tout en plan; **das muss man ihr/ihm** ~ il faut lui rendre cette justice **II.** <lässt, ließ, -> *aux modal* ❶ *(dulden, zulassen)* ***die Kinder nicht fernsehen*** ~ ne pas permettre aux enfants de regarder la télé; ***ich lasse mich nicht zwingen!*** on ne me forcera pas!; ***das lasse ich nicht mit mir machen!*** je ne marche pas! ❷ *(veranlassen)* ***jdn warten*** ~ faire attendre qn; ***sich untersuchen*** ~ se faire examiner; ***sich scheiden*** ~ divorcer; ***etw reparieren*** ~ faire réparer qc; ***jdn etw wissen*** ~ faire savoir qc à qn; ***den Tee drei Minuten ziehen*** ~ laisser le thé infuser trois minutes ❸ *(Möglichkeit)* ***das Fenster lässt sich öffnen*** on peut ouvrir la fenêtre; ***das lässt sich machen*** c'est faisable; ***das lässt sich essen*** ça se laisse manger; ***es wird sich kaum vermeiden ~, dass*** il est pratiquement inévitable que +*subj* ❹ *(Aufforderung)* ***lass uns/lasst uns gehen!*** allons-nous en!; ***lasset uns beten!*** prions!; ***lass dich hier nie wieder blicken!*** et ne te montre plus jamais ici! **III.** <lässt, ließ, gelassen> *vi* ***von jdm/etw*** ~ renoncer à qn/qc; ***lass/lasst mal!*** laisse/laissez donc!
lässig ['lɛsɪç] **I.** *adj* décontracté(e) **II.** *adv* ❶ *(ungezwungen)* en toute décontraction ❷ *(fam: mit Leichtigkeit)* les doigts dans le nez
Lässigkeit <-> *f* ❶ *(Ungezwungenheit)* décontraction *f* ❷ *(Leichtigkeit)* facilité *f*
Lasso ['laso] <-s, -s> *nt o m* lasso *m*
lässt [lɛst] *3. Pers Präs von* **lassen**
Last [last] <-, -en> *f* ❶ *(schweres Gewicht)* charge *f,* poids *m* ❷ *(Transportlast, Bürde)* charge *f;* ***jdm zur ~ fallen*** devenir une charge pour qn ❸ *Pl (finanzielle Verpflichtung)* charges *f pl* ▶ **zu jds ~en gehen** être à la charge de qn; **jdm etw zur ~ legen** mettre qc sur le dos de qn; *s. a.* **zulasten**
lasten ['lastən] *vi* ❶ ***auf jdm*** ~ *Verantwortung:* reposer sur [les épaules de] qn; *Sorgen:* peser sur qn ❷ *(finanziell belasten)* ***auf etw*** *dat* ~ grever qc
Lastenaufzug *m* monte-charge *m* **Lastenverteilung** *f* répartition *f* des charges
Laster[1] ['lastɐ] <-s, -> *m (fam: Lkw)* gros-cul *m,* camion *m*
Laster[2] ['lastɐ] <-s, -> *nt (schlechte Gewohnheit)* vice *m*
lasterhaft *adj (geh)* débauché(e); *Leben* dissolu(e)
lästern ['lɛstɐn] *vi* dénigrer; ***über jdn/etw*** ~ dénigrer qn/qc
lästig ['lɛstɪç] *adj Person* importun(e) *soutenu; Erkrankung, Schmerzen* pénible; *Fliegen* agaçant(e); ***jdm ~ sein*** agacer qn
Lastkahn *m* péniche *f* **Lastkraftwagen** *s.* **Lastwagen**
Last-Minute-Flug ['laːst'mɪnɪt-] *m* vol *m* de dernière minute **Last-Minute-Reise** *f* voyage *m* de dernière minute
Lastschrift *f* avis *m* de débit **Lastschriftverfahren** *nt* système *m* de recouvrement direct **Lastwagen** *m* camion *m*
Lastwagenfahrer(in) *m(f)* camionneur, -euse *m, f; (Fernfahrer)* routier *m*
Lastzug *m* semi-remorque *m*
Lasur [la'zuːɐ̯] <-, -en> *f* lasure *f*

lasziv [las'tsi:f] *adj* lascif, -ive
Latein [la'tain] <-s> *nt kein Art* latin *m* ▶ **mit seinem ~ am Ende sein** ne plus savoir quoi essayer; *s. a.* **Deutsch**
Lateinamerika *nt* l'Amérique *f* latine
lateinamerikanisch *adj* latino-américain(e)
lateinisch I. *adj* latin(e); *Vokabeln* de latin; *Inschrift* en latin **II.** *adv* ***~ miteinander sprechen*** discuter en latin; *s. a.* **deutsch**
Lateinisch *nt kein Art* latin *m; s. a.* **Deutsch**
latent *adj* latent
Latenz <-> *f* BIO, MED latence *f*
Latenzzeit <-, -en> *f* MED période *f* d'incubation
Laterne [la'tɛrnə] <-, -n> *f* ❶ *(Straßenlaterne)* réverbère *m* ❷ *(Außenleuchte)* lanterne *f*
Laternenpfahl *m* colonne *f* de réverbère
Latex ['la:tɛks, *Pl:* 'la:titse:s] <-, Latizes> *m* latex *m*
Latinum [la'ti:nʊm] <-s> *nt diplôme d'étude du latin*
Latrine [la'tri:nə] <-, -n> *f* latrines *fpl*
latschen ['la:tʃən] *vi + sein (fam)* ***über die Straße ~*** traverser la rue en traînassant; ***über ein Beet ~*** piétiner une plate-bande
Latschen ['la:tʃən] <-s, -> *m (fam)* ❶ *(Hausschuh)* savate *f* ❷ *(pej: Schuh)* grolle *f* ▶ **aus den ~ kippen** tomber dans les pommes
Latschenkiefer *f* pin *m* de montagne
Latte ['latə] <-, -n> *f* ❶ *(Holzleiste)* latte *f* ❷ SPORT barre *f; (am Tor)* barre *f* [transversale] ❸ *(fam: Menge)* ***eine ganze ~ von Fragen*** tout un paquet de questions ❹ *(fam: Erektion)* trique *f*
Lattenrost *m* sommier *m* à lattes **Lattenzaun** *m* palissade *f*
Latz [lats, *Pl:* 'lɛtsə] <-es, Lätze *o* A -e> *m (Kinderlatz, Hosenlatz)* bavette *f*
Lätzchen ['lɛtsçən] <-s, -> *nt Dim von* **Latz** bavette *f*
Latzhose *f* salopette *f*
lau [lau] *adj* tiède
Laub [laup] <-[e]s> *nt (Belaubung)* feuillage *m; (abgefallene Blätter)* feuilles *fpl* mortes
Laubbaum *m* arbre *m* feuillu
Laube ['laubə] <-, -n> *f* tonnelle *f*
Laubfrosch *m* rainette *f* [verte] **Laubsäge** *f* scie *f* à chantourner **Laubwald** *m* forêt *f* de feuillus
Lauch [laux] <-[e]s, -e> *m* poireau *m*
Laudatio [lau'da:tsio, *Pl:* lauda'tsio:ne:s] <-, Laudationes> *f (geh)* panégyrique *m;* ***die ~ auf jdn halten*** prononcer le panégyrique de qn
Lauer ['lauɐ] ▶ **auf der ~ liegen** être à l'affût
lauern *vi* guetter; ***auf jdn/etw ~*** guetter qn/qc; ***darauf ~, dass*** guetter le moment où
Lauf [lauf, *Pl:* 'lɔyfə] <-[e]s, Läufe> *m* ❶ *kein Pl (das Laufen)* course *f; (das Joggen)* footing *m* ❷ *kein Pl (Flusslauf)* cours *m* ❸ *(Gewehrlauf)* canon *m* ❹ *(Bein) eines Hirsches, Hasen* patte *f* ❺ *(Verlauf)* cours *m;* ***im ~e des Gesprächs/der Jahre*** au cours de la conversation/au fil des ans; ***seinen ~ nehmen*** suivre son cours; ***seiner Fantasie freien ~ lassen*** laisser libre cours à son imagination
Laufbahn *f* carrière *f* **Laufband** <-bänder> *nt* SPORT tapis *m* de course **Laufbursche** *m (pej: Lakai)* larbin *m*
laufen ['laufən] <läuft, lief, gelaufen> **I.** *vi + sein* ❶ *(rennen)* courir; ***nach Hause ~*** courir à la maison ❷ *(fam: gehen)* ***zu seiner Mutter ~*** courir chez sa mère ❸ *(zu Fuß gehen)* marcher ❹ *(fließen) Flüssigkeit:* couler; *(auslaufen)* s'écouler; ***Wasser in die Badewanne ~ lassen*** faire couler de l'eau dans la baignoire ❺ *(funktionieren) Getriebe, Motor:* tourner; *Uhr, Computerprogramm, Gerät:* marcher; *(eingeschaltet sein)* être en marche ❻ *(gespielt, gezeigt werden)* passer ❼ *(gültig sein) Abkommen:* être en cours de validité; ***drei Jahre ~*** *Vertrag:* être valable trois ans ❽ *(verlaufen)* ***ums Haus herum ~*** *Weg:* faire le tour de la maison ❾ *(geführt werden)* ***unter [der Bezeichnung] Sonstiges ~*** se trouver dans la rubrique autres ❿ *(ablaufen)* ***gut/bestens ~*** se passer bien/pour le mieux; ***wie läuft es in der Firma?*** comment ça va dans l'entreprise? ▶ **jdn ~ lassen** *(fam)* laisser filer qn; **gelaufen sein** *(fam)* être fini **II.** *vt + haben o sein* ❶ SPORT établir *Rekord;* ***hundert Meter in zwölf Sekunden ~*** courir cent mètres en douze secondes ❷ *(fahren)* ***Schlittschuh/Ski ~*** faire du patin à glace/du ski **III.** *vr unpers + haben* ***in diesen Schuhen läuft es sich gut*** on marche bien dans ces chaussures
laufend I. *adj attr* ❶ *(gegenwärtig)* en cours ❷ *Arbeiten* en cours; *Ausgaben* courant(e) ▶ **jdn auf dem Laufenden halten** tenir qn au courant; **mit etw auf dem Laufenden sein** être à jour dans qc **II.** *adv* sans arrêt

laufen|lassen *s.* **laufen I.** ►

Läufer ['lɔy̯fɐ] <-s, -> *m* ❶ coureur *m* ❷ *(Schachfigur)* fou *m* ❸ *(Teppich)* tapis *m* de couloir

Lauferei [lau̯fə'rai̯] <-, -en> *f (pej fam)* cavalcades *fpl;* ***ich habe die ganze ~ satt*** j'en ai assez de cavaler partout

Läuferin <-, -nen> *f* coureuse *f*

Lauffeuer ► **sich wie ein ~ verbreiten** *(fam)* se répandre comme une traînée de poudre

läufig ['lɔy̯fɪç] *adj* en chaleur

Laufmasche *f* maille *f* filée **Laufpass** ► **jdm den ~ geben** *(fam)* plaquer qn **Laufschritt** *m* ***im ~*** au pas de gymnastique **Laufstall** *m* parc *m* **Laufsteg** *m* podium *m*

läuft [lɔy̯ft] *3. Pers Präs von* **laufen**

Laufwerk *nt* INFORM *(Diskettenlaufwerk)* lecteur *m* de disquettes; *(CD-ROM-Laufwerk)* lecteur de CD-ROM **Laufzeit** *f eines Vertrags* durée *f* de validité; *eines Kredits* durée **Laufzettel** *m* fiche *f* de contrôle

Lauge ['lau̯gə] <-, -n> *f* ❶ *(Seifenlauge)* lessive *f* ❷ *(Salzlauge)* saumure *f* ❸ CHEM solution *f* alcaline

Laugenbrezel *f* bretzel *m* **Laugenstange** *f petit pain salé allongé*

Laune ['lau̯nə] <-, -n> *f* ❶ *(Stimmung)* humeur *f;* ***gute/schlechte ~ haben*** être de bonne/de mauvaise humeur; ***seine ~ an jdm auslassen*** passer sa mauvaise humeur sur qn; ***jdn bei ~ halten*** *(fam)* entretenir qn dans de bonnes dispositions ❷ *(abwegige Idee)* lubie *f;* ***etw aus einer ~ heraus tun*** faire qc sur un coup de tête

launenhaft *adj Person* lunatique; *Wetter* instable

Launenhaftigkeit <-> *f* ❶ *einer Person* caractère *m* lunatique ❷ *(Wechselhaftigkeit)* instabilité *f*

launisch ['lau̯nɪʃ] *s.* **launenhaft**

Laus [lau̯s, *Pl:* 'lɔy̯zə] <-, Läuse> *f* ❶ *(Kopflaus)* pou *m* ❷ *(Blattlaus)* puceron *m* ► **jdm ist eine ~ über die Leber gelaufen** *(fam)* qn s'est levé(e) de mauvais poil

Lauschaktion *f* mise *f* sur écoute **Lauschangriff** *m* écoute *f* sauvage

lauschen ['lau̯ʃən] *vi* ❶ *(heimlich zuhören)* écouter [en cachette]; ***an der Tür ~*** écouter à la porte ❷ *(zuhören)* ***dem Flötenspiel ~*** écouter le son de la flûte

lauschig ['lau̯ʃɪç] *adj* cosy

lausen ['lau̯zən] *vt, vr [sich]* ~ [s']épouiller

lausig *adj (fam)* ❶ *(schlecht)* minable; *Kälte* de canard ❷ *(lächerlich)* ***~e hundert Euro*** cent misérables euros

laut[1] [lau̯t] *adj* ❶ fort(e); *Straße, Krachen* [très] bruyant(e); ***ein ~es Lachen*** un rire sonore; ***das Radio ~er stellen*** mettre la radio plus fort; ***~ werden*** *Person:* hausser le ton; *(aufbrausen)* monter sur ses grands chevaux ❷ *(publik)* ***~ werden*** *Vermutung:* s'ébruiter; *Verdacht:* transpirer

laut[2] [lau̯t] *präp +dat o gen* selon

Laut <-[e]s, -e> *m (Ton)* son *m;* ***keinen ~ von sich geben*** ne pas faire le moindre bruit

Laute <-, -n> *f* luth *m*

lauten *vi* ❶ *(zum Inhalt haben)* ***der Titel lautet ...*** le titre est ...; ***gleich ~d*** *Angaben, Aussagen* concordant ❷ *(ausgestellt sein)* ***auf seinen/ihren Namen ~*** être établi à son nom

läuten ['lɔy̯tən] *vi* sonner; ***es läutet*** on sonne; SCHULE ça sonne ► **jd hat etwas ~ hören** *(fam)* qn a vaguement entendu parler de quelque chose

lauter ['lau̯tɐ] **I.** *adj (geh: aufrichtig)* probe **II.** *adv* ❶ *(nichts als)* ***~ Nieten ziehen*** ne tirer [rien d'autre] que des numéros perdants ❷ *(viel zu viel)* ***vor ~ Dampf sieht man nichts mehr*** il y a tellement de vapeur qu'on n'y voit plus rien

läutern ['lɔy̯tɐn] *vt (geh)* ***jdn ~*** *Schicksal:* amender qn

lauthals ['lau̯thals] *adv* haut et fort

Lautlehre *f kein Pl* phonétique *f*

lautlich ['lau̯tlɪç] *adj* phonétique

lautlos ['lau̯tlo:s] **I.** *adj* silencieux, -euse **II.** *adv* sans bruit, silencieusement

Lautlosigkeit <-> *f* silence *m* [absolu]

Lautschrift *f* écriture *f* phonétique **Lautsprecher** *m* haut-parleur *m; (Lautsprecheranlage)* enceintes *fpl*

Lautsprecherbox *f* baffle *m* **Lautsprecherdurchsage** *f* annonce *f* par haut-parleur

lautstark *adj* bruyant(e)

Lautstärke *f* son *m,* volume *m* [sonore]; ***bei voller ~*** à fond

Lautstärkeregler *m* [bouton *m* de] réglage *m* du volume

Lautverschiebung *f* LING mutation *f* consonantique

lauwarm ['lau̯varm] *adj* tiède

Lava ['la:va] <-, Laven> *f* lave *f*

Lavabo [la'va:bo, 'la:vabo] <-[s], -s> *nt* CH lavabo *m*

Lavendel [la'vɛndəl] <-s, -> *m* lavande *f*

Lawine [la'vi:nə] <-, -n> *f* avalanche *f*

▶ **eine ~ lostreten** déclencher une réaction en chaîne

lawinenartig **I.** *adj* inexorable **II.** *adv* inexorablement; ***~ anschwellen*** faire boule de neige

Lawinengefahr *f* danger *m* d'avalanche

lax [laks] *adj* laxiste

Layout, Lay-out [leːˈʔaʊt, ˈleːʔaʊt] <-s, -s> *nt* mise *f* en page

Lazarett [latsaˈrɛt] <-[e]s, -e> *nt* hôpital *m* militaire

LCD [ɛltseːˈdeː] <-s, -s> *nt Abk von* **Liquid Crystal Display** LCD *m*

LCD-Bildschirm [ɛltseːˈdeː-] *m* écran *m* LCD **LCD-Fernseher** *m* téléviseur *m* [à écran] LCD

leasen [ˈliːzən] *vt* acheter en leasing; ***einen Drucker ~*** acheter une imprimante en leasing

Leasing [ˈliːzɪŋ] <-s, -s> *nt* leasing *m* **Leasingvertrag** *m* contrat *m* de leasing

leben [ˈleːbən] *vi* vivre; ***glücklich/gesund ~*** vivre heureux, -euse/sainement; ***allein/in Köln ~*** vivre seul(e)/à Cologne; ***Gott sei Dank, er lebt [noch]!*** Dieu soit loué, il est encore en vie!; ***lang lebe die Königin!*** longue vie à la reine! ▶ **leb[e] wohl!** adieu!; **mit etw ~ können** s'accommoder de qc

Leben [ˈleːbən] <-s, -> *nt* ❶ vie *f*; ***am ~ sein*** être en vie; ***jdm das ~ retten*** sauver la vie à qn; ***mit dem ~ davonkommen*** s'en tirer; ***bei etw ums ~ kommen*** trouver la mort lors de/pendant qc; ***sich*** *dat* ***das ~ nehmen*** mettre fin à ses jours; ***es geht um ~ und Tod*** c'est une question de vie ou de mort ❷ *(Lebensbedingungen, -dauer)* existence *f*, vie *f*; ***jdm/sich das ~ schwer machen*** mener la vie dure à qn/se compliquer la vie; ***zeit meines/seines/... ~s*** toute ma/sa/... vie ▶ **das ewige ~** la vie éternelle; **etw für sein ~ gern tun** adorer faire qc; **nie im ~** jamais de la vie; **das öffentliche ~** la vie publique; **um sein ~ laufen** courir avec la mort à ses trousses; **etw ins ~ rufen** donner naissance à qc; **sich mit etw durchs ~ schlagen** survivre tant bien que mal en faisant qc

lebend **I.** *adj* vivant(e); *Virus* actif, -ive **II.** *adv* vif, vive

lebendig [leˈbɛndɪç] **I.** *adj (lebend, anschaulich)* vivant(e); *(gegenwärtig)* vivace; ***wieder ~ werden*** *Organismus:* revenir à la vie; *Erinnerungen:* resurgir du passé **II.** *adv begraben* vivant(e); *verbrennen* vif, vive

Lebendigkeit <-> *f* vivacité *f*; *(Anschaulichkeit)* vie *f*

Lebensabend *m* soir *m* de la vie **Lebensabschnitt** *m* période *f* de la vie **Lebensabschnittsgefährte, -gefährtin** *m, f* compagnon, compagne *m, f* du moment **Lebensalter** *nt* âge *m* **Lebensart** *f* ❶ *kein Pl (Manieren)* art *m* de vivre; ***eine feine ~*** tout un art de vivre; ***~/keine ~ haben*** avoir du/n'avoir aucun savoir-vivre ❷ *s.* **Lebensweise** **Lebensaufgabe** *f* tâche *f* de toute une vie; ***sich*** *dat* ***etw zur ~ machen*** consacrer [toute] sa vie à qc **Lebensbedingungen** *Pl* conditions *fpl* de vie **lebensbejahend** *adj* PSYCH qui dit oui à la vie **Lebensdauer** *f* longévité *f*; *eines Geräts* durée *f* de vie **Lebensende** *nt kein Pl* fin *f*; ***bis ans ~*** jusqu'à ma/sa/... mort **Lebenserfahrung** *f* expérience *f* de la vie **Lebenserwartung** *f* espérance *f* de vie **lebensfähig** *adj* viable **Lebensfähigkeit** *f kein Pl* viabilité *f* **Lebensform** *f* ❶ *(Lebensweise)* mode *m* de vie ❷ BIO forme *f* de vie **Lebensfreude** *f kein Pl* joie *f* de vivre **lebensfroh** *adj* ***~ sein*** respirer la joie de vivre **Lebensgefahr** *f* ***in ~ sein*** être en danger de mort; ***außer ~ sein*** être hors de danger; ***~!*** danger de mort! **lebensgefährlich** **I.** *adj Erkrankung* pouvant être mortel; *Verletzung* présentant des risques vitaux **II.** *adv* ***er ist ~ verletzt*** ses blessures peuvent lui être fatales **Lebensgefährte, -gefährtin** *m, f* compagnon *m*/compagne *f* **Lebensgefühl** *nt kein Pl* façon *f* d'aborder l'existence **Lebensgemeinschaft** *f* ❶ *(Zusammenleben)* communauté *f* de vie ❷ BIO biocénose *f* **Lebensgeschichte** *f kein Pl* ***seine ganze ~ erzählen*** raconter toute sa vie **Lebensgröße** *f* ***ein Porträt in ~*** un portrait grandeur *f* nature ▶ **in [voller] ~ dastehen** *(hum fam)* être là en chair et en os **Lebenshaltung** *f kein Pl* ***die ~ wird immer teurer*** la vie est de plus en plus chère

Lebenshaltungskosten *Pl* ÖKON coût *m* de la vie

Lebensinhalt *m* but *m* dans la vie **Lebensjahr** *nt* année *f* de vie; ***vor/nach Vollendung des sechsten ~s*** avant d'avoir six ans/à six ans révolus **Lebenskraft** *f kein Pl* vitalité *f* **Lebenskünstler(in)** *m(f)* bon vivant *m* **Lebenslage** *f* circonstance *f* [de la vie]; ***in allen ~n*** en toutes circonstances **lebenslang** [ˈleːbənslaŋ] **I.** *adj Verpflichtung* à vie; *Haft* à perpétuité **II.** *adv* toute sa/ma/... vie

lebenslänglich ['le:bənslɛŋlɪç] *adj o adv* à vie

Lebenslauf *m* curriculum *m* [vitæ] **Lebenslust** *f kein Pl s.* **Lebensfreude** **lebenslustig** *s.* **lebensfroh** **Lebensmittel** *nt meist Pl* denrées *fpl* alimentaires

Lebensmittelabteilung *f* rayon *m* [de l']alimentation **Lebensmittelallergie** *f* allergie *f* alimentaire **Lebensmittelgeschäft** *nt* épicerie *f* **Lebensmittelhändler(in)** *m(f)* épicier, -ière *m, f* **Lebensmittelvergiftung** *f* intoxication *f* alimentaire

lebensmüde *adj* suicidaire; ***du bist wohl ~!*** *(fam)* t'as des envies de suicide ou quoi? **lebensnotwendig** *s.* **lebenswichtig** **Lebenspartnerschaft** *f* concubinage *m;* ***eingetragene*** ~ PACS *m,* concubinage notoire **Lebensqualität** *f kein Pl* qualité *f* de vie **Lebensraum** *m* ❶ *kein Pl* espace *m* vital ❷ ÖKOL biotope *m* **Lebensretter(in)** *m(f)* sauveteur, -euse *m, f* **Lebensstandard** *m kein Pl* niveau *m* de vie **Lebensstil** *m* style *m* de vie **Lebensumstände** *Pl* conditions *fpl* de vie **Lebensunterhalt** *m kein Pl* subsistance *f;* ***seinen ~ verdienen*** subvenir à ses besoins **Lebensverlängerung** *f* ❶ MED *(Hinauszögern des Sterbens)* fait *m* de garder un(e) malade en vie; ~ ***mit allen Mitteln*** acharnement *m* thérapeutique ❷ *(längeres Leben)* prolongation *f* de la vie **Lebensversicherung** *f* assurance *f* [sur la] vie **Lebenswandel** *m kein Pl* mode *m* de vie; ***einen zweifelhaften ~ führen*** mener une vie douteuse **Lebensweg** *m (geh)* ***alles Gute für Ihren weiteren ~!*** bonne chance pour l'avenir! **Lebensweise** *f* mode *m* de vie **Lebenswerk** *nt* œuvre *f* d'une [*o* de toute une] vie; ***sein*** ~ l'œuvre de sa vie **lebenswert** *adj* qui vaut d'être vécu(e) **lebenswichtig** *adj* vital(e); *Nahrungsmittel* de première nécessité **Lebenszeichen** *nt* signe *m* de vie; ***ein/kein ~ von sich geben*** donner/ne plus donner signe de vie **Lebenszeit** *f kein Pl* durée *f* de vie

Leber ['le:bɐ] <-, -n> *f* foie *m* ▶ **frisch von der ~ weg** *(fam)* sans y aller par quatre chemins

Leberfleck *m* grain *m* de beauté **Leberkäs[e]** *m préparation de chair à saucisse traditionnelle dans le Sud de l'Allemagne*

Leberkäsebrötchen *nt sandwich à la chair à saucisse*

Leberknödel *m* boulette *f* de foie **Leberpastete** *f* pâté *m* de foie **Lebertran** *m* huile *f* de foie de morue **Leberwert** *m* taux *m* hépatique **Leberwurst** *f* pâté *m* de foie *(sous forme de saucisson)* ▶ **die beleidigte ~ spielen** *(fam)* faire du boudin

Lebewesen *nt* être *m* vivant; BIO organisme *m* **Lebewohl** ['le:bə'vo:l] <-[e]s, -s *o geh:* -e> *nt (geh)* adieu *m;* ***jdm ~ sagen*** dire adieu à qn

lebhaft **I.** *adj* ❶ *(temperamentvoll, angeregt)* vif, vive; *Person* plein(e) de vie ❷ *Verkehr, Treiben* intense ❸ *Erinnerung* vivace **II.** *adv bedauern* vivement; *sich vorstellen* très clairement

Lebhaftigkeit <-> *f* vivacité *f*

Lebkuchen ['le:pku:xən] *m* pain *m* d'épice

leblos *adj* sans vie; *Augen, Gesicht* dépourvu(e) d'expression

Lebzeiten ▶ **zu** ~ de son/leur/... vivant

lechzen ['lɛçtsən] *vi (geh)* ***nach Wasser/Anerkennung*** ~ avoir un besoin impérieux d'eau/être assoiffé de reconnaissance

leck [lɛk] *adj Boot* qui fait eau; *Behälter, Leitung* qui fuit

Leck <-[e]s, -s> *nt eines Schiffs* voie *f* d'eau; *eines Behälters, einer Leitung* fuite *f*

lecken ['lɛkən] **I.** *vi* ❶ ***an jdm/etw*** ~ lécher qn/qc ❷ *Schiff:* faire eau; *Behälter, Leitung:* fuir **II.** *vt* lécher, sucer *Eis* **III.** *vr* ***sich*** ~ se lécher

lecker ['lɛkɐ] *adj* délicieux, -euse

Leckerbissen *m (a. fig)* régal *m*

LED [ɛlʔe:'de:] <-, -s> *f Abk von* **Light Emitting Diode** LED *m,* DEL *m*

Leder ['le:dɐ] <-s, -> *nt* ❶ *(Tierhaut)* cuir *m* ❷ *(Ledertuch)* peau *f* ❸ *(fam: Fußball)* balle *f*

Lederhandschuh *m* gant *m* en [*o* de] cuir

Lederhose *f* pantalon *m* de cuir; *(Trachtenhose)* culotte *f* de peau **Lederjacke** *f* veste *f* en cuir

ledern ['le:dɐn] *adj* en cuir

Lederwaren *Pl* articles *mpl* de maroquinerie

ledig ['le:dɪç] *adj* ❶ *(unverheiratet)* célibataire ❷ *(frei)* ***einer Verantwortung*** *gen* ~ ***sein*** être libéré d'une responsabilité

lediglich ['le:dɪklɪç] *adv (geh)* juste

leer [le:ɐ̯] **I.** *adj* vide; *Seite* blanc, blanche **II.** *adv* ~ ***stehend*** *Wohnung:* inoccupé(e); ***etw ~ essen/trinken*** vider qc ▶ **bei etw ~ ausgehen** repartir les mains vides lors de qc

Leere ['le:rə] <-> *f* vide *m;* ***eine gähnende*** ~ un vide total

leeren ['le:rən] *vt* ❶ *(leer machen)* vider, faire la levée de *Briefkasten* ❷ *(ausleeren)* ***etw in etw*** *akk* ~ vider qc dans qc **leer-**

L

gefegt *adj* ▶ **etw ist wie** ~ qc est désert(e)

Leergewicht *nt eines Fahrzeugs* poids *m* à vide **Leergut** *nt kein Pl* bouteilles *fpl* consignées **Leerlauf** *m* ❶ *eines Motors* point *m* mort ❷ *(fig)* temps *mpl* morts

leerstehend *s.* **leer II.**

Leerstelle *f* TYP, INFORM espace *m* **Leertaste** *f* INFORM touche *f* "espace"

Leerung <-, -en> *f* ❶ *(das Entleeren)* ***die ~ der Mülltonnen erfolgt dienstags*** les poubelles sont vidées tous les mardis ❷ *(das Leeren) eines Postkastens* levée *f*

Leerzeichen *nt* espace *f* **Leerzeile** *f* interligne *m*

legal [le'ga:l] *adj* légal(e)

legalisieren* [legali'zi:rən] *vt* légaliser

Legalität [legali'tɛ:t] <-> *f* légalité *f*; ***außerhalb der ~*** en dehors de toute légalité

Legasthenie [legaste'ni:] <-, -ien> *f* dyslexie *f*

Legastheniker(in) [legas'te:nɪkɐ] <-s, -> *m(f)* dyslexique *mf*

legasthenisch [legas'te:nɪʃ] *adj* dyslexique

legen ['le:gən] **I.** *vt* ❶ *(hinlegen)* ***etw auf den Tisch ~*** [dé]poser qc sur la table ❷ *(betten)* ***jdn ins Bett ~*** allonger qn dans le lit ❸ *(einlegen)* ***etw in Öl*** *akk* ~ mettre qc à tremper dans l'huile ❹ *(verlegen)* poser **II.** *vr* ❶ *(hinlegen)* ***sich in die Badewanne ~*** s'allonger dans la baignoire; ***sich ins Bett ~*** se mettre au lit ❷ *(sich senken auf)* ***sich auf etw*** *akk* ~ *Staub:* se déposer sur qc ❸ *(nachlassen)* ***sich ~*** *Sturm:* s'apaiser; *Wind:* tomber; *Begeisterung, Wut:* retomber

legendär [legɛn'dɛ:ɐ̯] *adj* légendaire

Legende [le'gɛndə] <-, -n> *f* ❶ *(Heiligenlegende, Zeichenerklärung)* légende *f* ❷ *(Lügenmärchen)* mythe *m*

leger [le'ʒe:ɐ̯] *adj* décontracté(e)

> **Falsche Freunde**
> Nicht verwechseln mit *léger(-ère)* – *leicht*!

Leggings ['lɛgɪŋs] *Pl* caleçon *m;* SPORT collant *m*

legieren* *vt* allier

Legierung <-, -en> *f* alliage *m*

Legion [le'gi̯o:n] <-, -en> *f* HIST légion *f*

Legionär [legi̯o'nɛ:ɐ̯] <-s, -e> *m* légionnaire *m*

Legislative [legɪsla'ti:və] <-n, -n> *f* [pouvoir *m*] législatif *m*

Legislaturperiode [legɪsla'tu:ɐ̯peri'o:də] *f* législature *f*

legitim [legi'ti:m] *adj* légitime; *Mittel* légal(e)

Legitimation [legitima'tsi̯o:n] <-, -en> *f* autorisation *f*

legitimieren* [legiti'mi:rən] **I.** *vt* ❶ *(berechtigen)* habiliter; ***jdn zu etw ~*** habiliter qn à faire qc ❷ *(gesetzmäßig machen)* reconnaître *Kind;* légitimer *Beziehung* **II.** *vr (geh)* ***sich ~*** *(sich ausweisen)* justifier de son identité; *(seine Befugnis vorweisen)* justifier de sa qualité

Legitimität [legitimi'tɛ:t] <-> *f (geh)* légalité *f*

Leguan [le'gu̯a:n] <-s, -e> *m* iguane *m*

Lehen ['le:ən] <-s, -> *nt* HIST fief *m*

Lehm [le:m] <-[e]s, -e> *m* [terre *f*] glaise *f*

Lehmboden *m* sol *m* glaiseux

lehmig *adj* glaiseux, -euse

Lehne ['le:nə] <-, -n> *f (Armlehne)* accoudoir *m; (Rückenlehne)* dossier *m*

lehnen ['le:nən] **I.** *vt* appuyer; ***etw an/gegen etw*** *akk* ~ appuyer qc contre qc **II.** *vi* ***an etw*** *dat* ~ être appuyé contre qc **III.** *vr* ***sich an*** [*o* ***gegen***] ***jdn/etw ~*** s'appuyer contre qn/qc; ***sich aus dem Fenster ~*** se pencher par la fenêtre

Lehnsessel *m* fauteuil *m*

Lehnstuhl *m* fauteuil *m* **Lehnwort** <-wörter> *nt* [mot *m* d']emprunt *m*

Lehramt *nt (form)* enseignement *m;* ***das höhere ~*** le professorat **Lehrauftrag** *m* ***einen ~ für BWL haben*** être chargé(e) du cours de sciences éco **Lehrbeauftragte(r)** *f(m) dekl wie adj* chargé(e) *m(f)* de cours **Lehrberuf** *m* métier *m* d'enseignant **Lehrbuch** *nt* ❶ SCHULE manuel *m* scolaire ❷ UNIV traité *m*

Lehre ['le:rə] <-, -n> *f* ❶ *(Theorie)* théorie *f* ❷ *(Ideologie)* idéologie *f* ❸ *(Religion)* doctrine *f* ❹ *(Ausbildung)* apprentissage *m;* ***eine ~ als Friseur machen*** faire un apprentissage de coiffeur ❺ *(Erfahrung)* conseil *m;* ***seine ~ aus etw ziehen*** tirer une leçon de qc ❻ TECH *(Messgerät)* calibre *m; (Hohlmaß)* jauge *f* ▶ **lass dir das eine ~ sein!** que cela te serve de leçon!

lehren ['le:rən] **I.** *vt* ❶ *(unterrichten)* enseigner; ***jdn ~ etw zu tun*** apprendre à qn à faire qc ❷ *(abbringen von)* ***ich werde dich ~, deine Freunde zu belügen!*** je vais t'apprendre à mentir à tes amis[, moi]! **II.** *vi* ***die Erfahrung lehrt, dass*** l'expérience nous enseigne que

Lehrer(in) ['le:rɐ] <-s, -> *m(f)* ❶ enseignant(e) *m(f); (Grundschullehrer)* instituteur, -trice *m, f,* maître, -esse *m, f; (Fachlehrer, Gymnasiallehrer)* professeur *mf* ❷ *(Reitlehrer, Tennislehrer)* moniteur, -trice *m, f* ❸ *(Lehrmeister)* maître *m*

Lehrerkollegium *nt* personnel *m* enseignant **Lehrerkonferenz** *f* réunion *f* des enseignants **Lehrerzimmer** *nt* salle *f* des professeurs

Lehrfach *nt* matière *f* **Lehrgang** <-gänge> *m* stage *m* [de formation]; ***auf einem ~ sein*** être en stage [de formation] **Lehrgeld** *nt* frais *mpl* d'apprentissage **Lehrjahr** *nt* année *f* d'apprentissage **Lehrkörper** *m (form)* ❶ SCHULE corps *m* enseignant ❷ UNIV enseignants *mpl* du supérieur **Lehrkraft** *f (form)* enseignant(e) *m(f)*

Lehrling ['le:ɐ̯lɪŋ] <-s, -e> *m* apprenti(e) *m(f)*

Lehrmeinung *f* doctrine *f* **Lehrmeister(in)** *m(f)* maître, -esse *m, f* d'apprentissage **Lehrmittel** *nt* matériel *m* pédagogique **Lehrpfad** *m* sentier *m* éducatif **Lehrplan** *m* programme *m* scolaire **Lehrprobe** *f* épreuve *f* pratique [du C.A.P.E.S.]; ***in Englisch eine ~ halten*** passer une épreuve pratique d'anglais

lehrreich *adj* instructif, -ive

Lehrsatz *m* théorème *m* **Lehrstelle** *f* place *f* d'apprenti(e) **Lehrstoff** *m* connaissances *fpl* enseignées **Lehrstuhl** *m* chaire *f* **Lehrwerk** *nt (form)* manuel *m* scolaire *form* **Lehrzeit** *f (veraltet)* apprentissage *m*

Leib [laip] <-[e]s, -er> *m* ❶ *(Körper)* corps *m;* ***bei lebendigem ~*** vif, vive ❷ *(Bauch)* ventre *m* ▶ **etw mit ~ und Seele tun** faire qc corps et âme; **etw am eigenen ~e erfahren** faire [soi-même] la dure expérience de qc; **jdm wie auf den ~ geschrieben sein** être fait [sur mesure] pour qn; **sich** *dat* **jdn/etw vom ~e halten** éviter qn/rester à l'écart de qc; **jdm auf den ~ rücken** se pendre aux basques de qn *fam*

Leibarzt, -ärztin *m, f* médecin *m* personnel

Leibeigene(r) *f(m) dekl wie adj* serf *m /* serve *f*

Leibeskräfte *Pl* ▶ **aus ~n schreien** crier de toutes ses forces **Leibesübungen** *Pl (form)* éducation *f* physique et sportive **Leibesvisitation** [laibəsvizita'tsi̯o:n] *f (form)* fouille *f* corporelle

Leibgericht *nt* plat *m* préféré

leibhaftig [laip'haftɪç] *adj (echt)* ***ein ~er Prinz*** un prince en chair et en os ▶ **der Leibhaftige** *(euph)* le malin

leiblich ['laiplɪç] *adj* ❶ *(körperlich)* physique ❷ *(blutsverwandt)* du sang; ***mein ~er Vater*** mon propre père

Leibspeise *f* plat *m* préféré **Leibwache** *f* garde *f* personnelle **Leibwächter(in)** *m(f)* garde *mf* du corps

Leiche ['laiçə] <-, -n> *f* cadavre *m* ▶ **über ~n gehen** *(fam)* être prêt à tuer père et mère [pour parvenir à ses fins]

leichenblass ['laiçən'blas] *adj* pâle comme la mort, d'une pâleur cadavérique **Leichenhalle** *f* salle *f* mortuaire **Leichenschändung** *f* violation *f* de sépulture; *(sexuelles Vergehen)* nécrophilie *f* **Leichenschauhaus** *nt* institut *m* médico-légal **Leichenschmaus** *m (hum)* repas *m* d'enterrement **Leichenstarre** *f* rigidité *f* cadavérique **Leichenwagen** *m* corbillard *m*

Leichnam ['laiçna:m] <-s, -e> *m (geh)* dépouille *f* [mortelle]

leicht [laiçt] **I.** *adj* ❶ léger, -ère ❷ *(einfach)* facile; *Operation* petit(e); ***nichts ~er als das!*** rien de plus facile! ❸ *Kleidung, Kost, Regen, Husten* léger, -ère ❹ *(unbeschwert)* ***jdm ist ~ [zumute]*** qn a le cœur léger **II.** *adv* ❶ *bekleidet* légèrement ❷ *(einfach)* facilement; ***~ zu erklären sein*** être facile à expliquer; ***du hast ~ reden*** tu en parles à ton aise; ***er hat es nicht ~ mit ihr*** il n'a pas la vie facile avec elle ❸ *(schwach, sacht)* légèrement; ***es regnet ~*** il pleuv[i]ote ❹ *(schnell)* facilement; ***~ zerbrechlich sein*** être très fragile ▶ **das ist ~er gesagt als getan** c'est plus facile à dire qu'à faire

Leichtathlet(in) *m(f)* athlète *mf* **Leichtathletik** *f* athlétisme *m* **leicht|fallen** *vi irr + sein* ***jdm ~*** être facile pour qn **leichtfertig I.** *adj* irréfléchi(e) **II.** *adv* inconsidérément; *versprechen* sans [vraiment] réfléchir **Leichtfertigkeit** *f kein Pl* légèreté *f* **leichtgläubig** *adj* crédule **Leichtgläubigkeit** *f* crédulité *f* **leichthin** *adv* comme ça

Leichtigkeit <-> *f* ❶ facilité *f;* ***mit ~*** sans aucun problème ❷ *(Gewicht)* légèreté *f*

leichtlebig *adj* insouciant(e)

Leichtmetall *nt* métal *m* léger **leicht|nehmen** *vt irr* ***etw ~*** prendre qc à la légère **Leichtsinn** ['laiçtzɪn] *m kein Pl* inconscience *f;* ***aus [purem] ~*** simplement par négligence

leichtsinnig ['laiçtzɪnɪç] **I.** *adj Person* inconscient(e); *Handlung* inconsidéré(e) **II.** *adv* étourdiment

Leichtsinnigkeit *s.* **Leichtsinn**

L

leichtverdaulich *s.* **verdaulich leichtverständlich** *s.* **verständlich I. 1**

leid [lait] *adj* ***jdn/etw ~ sein*** en avoir assez de qn/qc

Leid [lait] <-[e]s> *nt* souffrance *f;* ***jdm sein ~ klagen*** confier ses chagrins à qn ▸ **jdm etwas/nichts zu ~e tun** faire du mal/ne pas faire de mal à qn; *s. a.* **zuleide**

leiden ['laidən] <litt, gelitten> **I.** *vi* souffrir; ***unter der Einsamkeit ~*** souffrir de solitude; ***sie leidet unter ihm*** il la fait souffrir; ***an einer Krankheit ~*** souffrir d'une maladie **II.** *vt* ❶ *(erdulden)* ***Not ~*** endurer la misère ❷ *(mögen)* ***jdn/etw gut/nicht gut ~ können*** aimer bien/ne pas pouvoir souffrir qn/qc

Leiden ['laidən] <-s, -> *nt* ❶ *Pl* souffrances *fpl* ❷ *(Krankheit)* affection *f*

leidend *adj* souffrant

Leidenschaft <-, -en> *f* passion *f;* ***~ für jdn empfinden*** être épris de qn; ***sie hat eine ~ für klassische Musik*** elle est passionnée de musique classique; ***mit [wahrer] ~*** avec [une véritable] passion

leidenschaftlich I. *adj* passionné(e) **II.** *adv* ❶ passionnément ❷ *(energisch)* avec ferveur; *ablehnen* énergiquement ❸ *(sehr gern)* ***etw ~ gern tun*** adorer faire qc

Leidenschaftlichkeit <-> *f* ❶ *(Feurigkeit) eines Liebhabers* fougue *f* amoureuse; *einer Umarmung* ferveur *f* ❷ *(Lebhaftigkeit) einer Diskussion* véhémence *f littér*

Leidensgefährte, -gefährtin *m, f* **Leidensgenosse, -genossin** *m, f* compagnon *m* /compagne *f* d'infortune **Leidensgeschichte** *f* calvaire *m* **Leidensmiene** *f (iron)* airs *mpl* de martyr **Leidensweg** *m* chemin *m* de croix

leider ['laidɐ] *adv* malheureusement; ***~ ja/nein*** [*o* ***nicht***] hélas oui/non

leidig *adj* déplaisant

leidlich *adj* acceptable

Leidtragende(r) *f(m) dekl wie adj* ***der/die ~*** celui/celle sur qui ça retombe

leid|tun *vt irr, unpers* ❶ *(als Ausdruck des Bedauerns)* ***es tut jdm leid, dass*** qn regrette que *+subj;* ***tut mir leid!*** *(fam)* désolé! ❷ *(als Ausdruck des Mitleids)* ***jdm ~*** faire pitié à qn **leidvoll** *adj* douloureux, -euse **Leidwesen** *nt kein Pl* ***zu seinem/ihrem ~*** à son grand regret

Leier ['laiɐ] <-, -n> *f* ❶ *(Drehleier)* vielle *f* ❷ *(Kithara)* lyre *f* ❸ ASTRON Lyre *f* ▸ **es ist [immer] dieselbe ~** *(fam)* c'est toujours la même musique

Leierkasten *m* orgue *f* de Barbarie

leiern ['laiɐn] *vt (fam)* débiter *Gedicht*

Leiharbeit *f* travail *m* intérimaire **Leihbücherei** *f* bibliothèque *f* de prêt

leihen ['laiən] <lieh, geliehen> *vt* ❶ *(verleihen)* ***jdm etw ~*** prêter qc à qn ❷ *(ausleihen)* ***sich dat etw von jdm ~*** emprunter qc à qn

Leihgabe *f* prêt *m* **Leihgebühr** *f* frais *mpl* de location **Leihhaus** *nt* mont-de-piété *m* **Leihmutter** *f* mère *f* porteuse **Leihschein** *m* ❶ *(Buchentleihschein)* bulletin *m* de prêt ❷ COM certificat *m* de prêt **Leihwagen** *m* voiture *f* de location

leihweise *adv* en prêt

Leim [laim] <-[e]s, -e> *m* colle *f* forte ▸ **jdm auf den ~ gehen** *(fam)* se faire entuber par qn

leimen ['laimən] *vt* ❶ *(kleben)* coller ❷ *(fam: hereinlegen)* ***jdn ~*** niquer qn

Leine ['lainə] <-, -n> *f* corde *f; (Hundeleine)* laisse *f* ▸ **~ ziehen** *(fam)* se casser

Leinen ['lainən] <-s, -> *nt* lin *m;* ***aus ~*** en lin; ***in ~ gebunden*** *Buch* relié(e) toile

Leinenzwang *m* tenue *f* en laisse obligatoire

Leinöl *nt* huile *f* de lin **Leinsamen** *m* linette *f* **Leintuch** <-tücher> *nt* SDEUTSCH, A, CH drap *m* **Leinwand** *f* ❶ *(Kinoleinwand)* écran *m* ❷ *kein Pl (Gewebe)* toile *f*

leise ['laizə] **I.** *adj* ❶ *Stimme* bas(se); *Musik, Gesang* doux, douce; *Geräusch, Klopfen* léger, -ère; *Weinen* étouffé(e); ***den Fernseher ~r stellen*** baisser le son de la télévision ❷ *Ahnung, Verdacht* vague; *Zweifel, Hauch* léger, -ère; ***bei der ~sten Berührung*** au moindre contact **II.** *adv* doucement

Leiste ['laistə] <-, -n> *f* ❶ *(Rahmenleiste, Tapetenleiste)* baguette *f; (Fußleiste)* plinthe *f* ❷ ANAT aine *f*

leisten ['laistən] *vt* ❶ *(arbeiten)* ***viel ~*** avoir du rendement ❷ *(an Kraft erbringen) Batterie, Solarzelle:* produire; *Motor:* développer ❸ *(fam: gönnen)* ***sich dat etw ~*** s'accorder qc; *(sich anschaffen)* s'offrir qc ❹ *(fam: erlauben)* ***sich dat etw ~*** se permettre qc

Leistenbruch *m* MED hernie *f* inguinale

Leistung <-, -en> *f* ❶ *(Ergebnis der Arbeit)* rendement *m; eines Künstlers, Sportlers* prestation *f; eines Schülers* résultat *m;* ***jdn nach ~ bezahlen*** payer qn au rendement ❷ TECH réalisation *f* ❸ *(Leistungsfähigkeit) einer Batterie, eines Computers* capacité *f; von Solarzellen* puissance *f; eines Motors* puissance *f* mécanique ❹ *(form: Erstattetes, Gewährtes)* presta-

tion *f; (Dienstleistung)* prestation *f* [de service] ❺ *(form: Zahlung)* versement *m*
Leistungsdruck *m kein Pl* compétitivité *f*
leistungsfähig *adj* performant(e) **Leistungsfähigkeit** *f kein Pl eines Arbeitnehmers* efficacité *f; einer Firma* productivité *f; eines Motors* performances *fpl* **Leistungsgesellschaft** *f* société *f* fondée sur le rendement individuel **Leistungskurs** *m* option *f* renforcée **Leistungsnachweis** *m* SCHULE, UNIV relevé *m* de notes **leistungsorientiert** *adj* axé(e) sur le rendement [individuel] **Leistungssport** *m* sport *m* de compétition **leistungsstark** *s.* **leistungsfähig Leistungsträger(in)** *m(f)* SPORT, ÖKON personne *f* qui est la plus performante
Leitartikel *m* éditorial *m*
Leitartikler(in) [-artɪklɐ] <-s, -> *m(f)* PRESSE *(fam)* éditorialiste *mf*
Leitbild *nt* modèle *m*
leiten ['lai̯tən] *vt* ❶ diriger ❷ *(hinleiten)* ***jdn durch ein Museum*** ~ guider qn dans un musée; ***Strom in die Stadt*** ~ acheminer du courant dans la ville ❸ *(fig)* ***sich von Gefühlen ~ lassen*** se laisser guider par son intuition ❹ ELEC, PHYS ***Strom/Wärme*** ~ conduire l'électricité/la chaleur; ***gut*** ~ être bon conducteur
leitend *adj* ❶ *Position* dirigeant(e); ***~er Angestellter*** cadre *m* [supérieur] ❷ *(leitfähig)* conducteur, -trice; ***nicht*** ~ non-conducteur, -trice
Leiter[1] ['lai̯tɐ] <-, -n> *f (Sprossenleiter)* échelle *f; (Stehleiter)* escabeau *m*
Leiter[2] ['lai̯tɐ] <-s, -> *m* ❶ *einer Firma, Schule* directeur *m; einer Arbeitsgruppe* chef *m;* ***kaufmännischer/künstlerischer*** ~ directeur commercial/artistique ❷ ELEC, PHYS conducteur *m*
Leiterin <-, -nen> *f einer Firma, Schule* directrice *f; einer Arbeitsgruppe* chef *f*
Leitersprosse *f* échelon *m*
Leitfaden *m* mémento *m* **leitfähig** *adj* conducteur, -trice **Leitfähigkeit** *f kein Pl* conductibilité *f* **Leitgedanke** *m* idée *f* directrice **Leithammel** *m (fam: Person)* meneur, -euse *m, f* **Leitlinie** *f* POL, ÖKON ligne *f* directrice **Leitmotiv** *nt a.* MUS, LITER leitmotiv *m* **Leitplanke** *f* glissière *f* de sécurité
Leitung <-, -en> *f* ❶ *kein Pl* direction *f; einer Diskussion* conduite *f* ❷ *(Rohrleitung)* conduite *f* ❸ *(Strom-, Telefonleitung)* ligne *f* ▶ **eine lange ~ haben** *(hum fam)* être dur à la détente
Leitungsmast *m* poteau *m* électrique **Leitungsnetz** *nt* réseau *m* **Leitungsrohr** *nt* conduite *f* **Leitungswasser** *nt kein Pl* eau *f* du robinet
Leitwährung *f* monnaie *f* de réserve **Leitwolf** *m (fig)* meneur *m* d'hommes **Leitzins** *m* taux *m* directeur
Lektion [lɛk'tsi̯oːn] <-, -en> *f* leçon *f* ▶ **jdm eine ~ erteilen** *(geh)* donner une leçon à qn
Lektor, Lektorin ['lɛktoːɐ̯] <-s, -toren> *m, f* UNIV, MEDIA lecteur, -trice *m, f*
Lektorat [lɛkto'raːt] <-[e]s, -e> *nt* ❶ *(Verlagsabteilung)* comité *m* de lecture ❷ *(Posten an der Universität)* poste *m* de lecteur, -trice
Lektüre [lɛk'tyːrə] <-, -n> *f* lecture *f*
Lemming ['lɛmɪŋ] <-s, -e> *m* lemming *m*
Lende ['lɛndə] <-, -n> *f* ❶ ANAT reins *mpl* ❷ GASTR aloyau *m*
Lendenschurz *m* pagne *m* **Lendenwirbel** *m* ANAT vertèbre *f* lombaire
lenkbar ['lɛŋkbaːɐ̯] *adj Fahrzeug* manœuvrable; *Räder* dirigeable
lenken ['lɛŋkən] **I.** *vt* ❶ conduire *Fahrzeug* ❷ manipuler *Menschen;* diriger *Wirtschaft, Staat* ❸ *(beeinflussen)* ***gelenkt*** *Medien* orienté(e) ❹ *(richten)* ***seinen Blick auf jdn/etw*** ~ poser son regard sur qn/qc; ***jds Aufmerksamkeit auf etw*** *akk* ~ attirer l'attention de qn sur qc; ***das Gespräch auf etw*** *akk* ~ amener la discussion vers qc **II.** *vi Fahrer:* conduire; ***nach links/rechts*** ~ prendre à gauche/droite
Lenker <-s, -> *m (Fahrradlenker)* guidon *m*
Lenkrad *nt* volant *m* **Lenkradschloss** *nt* [contacteur *m*] antivol *m* **Lenkradsperre** *f* blocage *m* de la direction
Lenkstange *f* guidon *m*
Lenkung <-, -en> *f* ❶ direction *f* ❷ *kein Pl (Beeinflussung) der Medien* orientation *f*
Lenz [lɛnts] <-es, -e> *m* ❶ *(geh: Frühling)* saison *f* printanière ❷ *Pl (hum: Lebensjahre)* printemps *mpl* ▶ **sich** *dat* **einen schönen ~ machen** *(fam)* se la couler douce
Leopard [leo'part] <-en, -en> *m* léopard *m*
Lepra ['leːpra] <-> *f* MED lèpre *f*
Leprakranke(r) *f(m) dekl wie adj* MED lépreux, -euse *m, f*
Lerche ['lɛrçə] <-, -n> *f* alouette *f*
lernbar *adj* ***leicht*** ~ facile à apprendre
lernbehindert *adj* inadapté(e) **Lerneifer** *m* désir *m* d'apprendre
lernen ['lɛrnən] **I.** *vt* ❶ apprendre; ***Mathe/lesen/kochen*** ~ apprendre les maths/à

lire/à faire la cuisine; ***etw bei/von jdm ~*** apprendre qc de qn; ***~ sich zu beherrschen*** apprendre à se maîtriser ❷ *(eine Ausbildung machen)* ***Friseur ~*** faire une formation de coiffeur ▶ **das will gelernt sein** ça ne s'improvise pas; **der lernt's nie** *fam,* **der wird es nie ~** il ne le saura jamais **II.** *vi* étudier; ***für die Prüfung ~*** travailler pour l'examen ▶ **gelernt ist [eben] gelernt** *(prov)* l'expérience, il n'y a que ça de vrai

lernfähig *adj* **~ *sein*** être capable de retenir

Lernfähigkeit *f kein Pl* capacité *f* d'apprendre **Lernmittel** *Pl* fournitures *fpl* scolaires **Lernprogramm** *nt* INFORM didacticiel *m* **Lernprozess** *m* apprentissage *m* **Lernsoftware** *f* INFORM didacticiel *m* **Lernstoff** *m* programme *m* **lernwillig** *adj* désireux, -euse d'apprendre **Lernziel** *nt* objectif *m* éducatif

lesbar ['le:sba:ɐ̯] *adj* lisible

Lesbe ['lɛsbə] <-, -n> *f (fam),* **Lesbierin** ['lɛsbi̯ərɪn] <-, -nen> *f* lesbienne *f*

lesbisch ['lɛsbɪʃ] *adj* lesbien(ne)

Lese ['le:zə] <-, -n> *f* vendange *f*

Lesebrille *f* lunettes *fpl* pour lire **Lesebuch** *nt* livre *m* de lecture **Lesegerät** *nt* INFORM lecteur *m* **Leselampe** *f* lampe *f* [de lecture]

lesen ['le:zən] <liest, las, gelesen> **I.** *vt* ❶ lire; ***gerne Krimis ~*** *(fam)* aimer les polars; ***leicht/schwer zu ~ sein*** être facile/difficile à lire; ***maschinell gelesen werden*** être lu automatiquement ❷ *(erkennen)* ***etw in jds Augen*** *dat* **~** lire qc dans les yeux de qn ❸ *(ernten)* cueillir *Weintrauben, Beeren;* glaner *Ähren* ❹ *(sortieren)* trier **II.** *vi* ❶ lire; ***laut/leise ~*** lire à haute voix/à voix basse; ***stör mich nicht beim Lesen!*** ne me dérange pas quand je lis! ❷ *(Vorlesungen halten)* ***über jdn/etw ~*** faire un cours sur qn/qc

lesenswert *adj* intéressant(e) à lire; ***~ sein*** mériter d'être lu

Leser(in) ['le:zɐ] <-s, -> *m(f)* lecteur, -trice *m, f*

Leseratte *f (hum fam)* bouquineur, -euse *m, f*

Leserbrief *m* lettre *f* de lecteur; ***die ~e*** le courrier des lecteurs

Lese-Rechtschreib-Schwäche *f* MED dyslexie *f*

leserlich *adj* lisible

Leserschaft <-, *selten:* -en> *f* lectorat *m*

Lesesaal *m* salle *f* de lecture **Lesestift** *m* INFORM crayon *m* optique **Lesestoff** *m* lecture *f* **Lesezeichen** *nt* marque-page *m* **Lesezirkel** *m* cercle *m* de lecture

Lesotho [le'zo:to] <-s> *nt* le Lesotho

Lesung <-, -en> *f a.* POL lecture *f*

Lethargie [letar'gi:] <-> *f* léthargie *f;* ***in ~ verfallen*** tomber dans une torpeur

lethargisch [le'targɪʃ] *adj* léthargique

Lette, Lettin ['lɛtə] <-n, -n> *m, f* Letton(e) *m(f)*

Letter ['lɛtɐ] <-, -n> *f* ❶ *(Druckbuchstabe)* lettre *f* ❷ *(Drucktype)* caractère *m*

Lettin ['lɛtɪn] *s.* **Lette**

lettisch ['lɛtɪʃ] **I.** *adj* letton(e) **II.** *adv* ***~ miteinander sprechen*** discuter en letton; *s. a.* **deutsch**

Lettisch <-[s]> *nt kein Art* letton *m; s. a.* **Deutsch**

Lettland ['lɛtlant] *nt* la Lettonie

Letzt [lɛtst] ▶ **zu guter ~** en fin de compte

letzte(r, s) ['lɛtstə, -tɐ, -təs] *adj* ❶ dernier, -ière *antéposé;* ***die ~ Gelegenheit*** l'ultime occasion; ***sein ~s Geld*** l'argent qui lui reste; ***beim ~n Mal*** la dernière fois; ***ich sage es dir zum ~n Mal: …*** c'est la dernière fois que je te le dis: … ❷ *(eine Folge beschließend)* ***Letzter/Letzte werden*** terminer dernier/dernière; ***als Letzter/Letzte ankommen*** arriver le dernier/la dernière; ***der Letzte des Monats*** le dernier du mois ❸ *(vorige)* dernier, -ière *postposé;* ***~s Jahr*** l'an dernier ❹ *(oberste)* ***im ~n Stock*** au dernier étage ❺ *(pej: sehr schlimm)* ***der ~ Schuft*** *(fam)* la dernière des fripouilles ▶ **die Letzten werden die Ersten sein** les derniers seront les premiers

Letzte(s) *nt dekl wie adj* ❶ ***ein ~s*** une dernière chose ❷ *(das Schlimmste)* ***das ist ja wohl das ~!*** *(pej fam)* ça, c'est le bouquet! ▶ **sein ~s geben** se donner à fond

letztendlich ['lɛtst'ʔɛntlɪç] *adv* en fin de compte

letztens ['lɛtstəns] *adv* ❶ *(kürzlich)* dernièrement ❷ *(abschließend)* ***fünftens und ~*** cinquièmement et pour finir

letztere(r, s) *adj* ce dernier/cette dernière

letztgenannt *adj* ***der/die ~e …*** ce dernier …/cette dernière …

letztlich ['lɛtstlɪç] *adv* en fin de compte

letztwillig *adj* testamentaire

Leuchtdiode *f* diode *f* électroluminescente

Leuchte ['lɔɪ̯çtə] <-, -n> *f* ❶ lampe *f* ❷ *(fam: kluger Mensch)* ***eine ~ sein*** être une lumière

leuchten ['lɔɪ̯çtən] *vi* ❶ *Lampe:* éclairer; *Licht, Sonne, Stern:* briller; *Zeiger:* être lumineux; ***~d*** brillant(e); ***jdm im Dun-***

keln ~ éclairer qn dans l'obscurité ❷ *(reflektieren)* resplendir ❸ *(fig)* ***vor Freude*** ~ rayonner de joie

leuchtend *adj* ❶ *Farbe* vif, vive ❷ *(fig)* ***ein ~es Vorbild*** un exemple éclatant

Leuchter <-s, -> *m* chandelier *m*

Leuchtfarbe *f* peinture *f* fluorescente **Leuchtfeuer** *nt* feu *m,* balise *f* [lumineuse] **Leuchtkäfer** *m* insecte *m* luisant **Leuchtkraft** *f kein Pl einer Lichtquelle* pouvoir *m* éclairant; *eines Sterns, einer Farbe* luminosité *f* **Leuchtrakete** *f* fusée *f* éclairante **Leuchtreklame** *f* publicité *f* lumineuse **Leuchtschrift** *f* lettres *fpl* lumineuses **Leuchtstift** *m* surligneur *m*

Leuchtstoffröhre *f* lampe *f* fluorescente

Leuchtturm *m* phare *m*

leugnen ['lɔygnən] *vt, vi* nier; ***es ist nicht zu ~, dass*** on ne peut [pas] nier que

Leukämie [lɔykɛ'miː] <-, -ien> *f* MED leucémie *f*

Leukoplast® [lɔyko'plast] <-[e]s, -e> *nt* sparadrap® *m*

Leumund ['lɔymʊnt] *m kein Pl* réputation *f*

Leute ['lɔytə] *Pl* ❶ *(Mehrzahl von Person)* ***hundert*** ~ cent personnes *fpl;* ***es waren kaum ~ da*** il n'y avait presque personne ❷ *(die Umgebung, Mitmenschen)* gens *mpl;* ***alle*** ~ tout le monde; ***etw der ~ wegen tun*** faire qc à cause des qu'en-dira-t-on ❸ *(fam: als Anrede)* ***an die Arbeit, ~!*** au travail, tout le monde! ❹ *(fam: Mitarbeiter)* collaborateurs, -trices *m, fpl;* *(Angestellte)* employé(e)s *mpl* ❺ MIL, NAUT hommes *mpl* ▶ **die kleinen ~** les petites gens *fpl fam;* **Informationen unter die ~ bringen** *(fam)* faire courir des informations; **unter ~ gehen** voir du monde

Leutnant ['lɔytnant] <-s, -s *o* -e> *m* sous-lieutenant *m*

leutselig *adj* affable

Level ['lɛvl] <-s, -s> *m* niveau *m*

Leviten [le'viːtən] ▶ **jdm die ~ lesen** *(fam)* passer un savon à qn

lexikalisch [lɛksi'kaːlɪʃ] *adj* lexical(e)

Lexikograf(in) [lɛksiko'graːf] <-en, -en> *m(f)* lexicographe *mf*

Lexikografie [lɛksikogra'fiː] <-> *f* lexicographie *f*

Lexikon ['lɛksikɔn] <-s, Lexika> *nt* encyclopédie *f* ▶ **ein wandelndes ~ sein** *(hum fam)* être une bibliothèque ambulante

Liaison [li̯ɛ'zõː] <-, -s> *f (geh)* liaison *f;* ***eine ~ mit jdm haben*** avoir une liaison avec qn

Liane ['li̯aːnə] <-, -n> *f* liane *f*

Libanese, Libanesin [liba'neːzə] <-n, -n> *m, f* Libanais(e) *m(f)*

libanesisch [liba'neːzɪʃ] *adj* libanais(e)

Libanon ['liːbanɔn] <-[s]> *m* ***der*** ~ le Liban

Libelle [li'bɛlə] <-, -n> *f* libellule *f*

liberal [libe'raːl] *adj* libéral(e)

Liberale(r) *f(m) dekl wie adj* libéral(e) *m(f)*

liberalisieren* [liberali'ziːrən] *vt* libéraliser

Liberalisierung <-, -en> *f* libéralisation *f*

Liberalismus [libera'lɪsmʊs] <-> *m* libéralisme *m*

Liberalität [liberali'tɛːt] <-> *f* libéralité *f*

Liberia [li'beːri̯a] <-s> *nt* le Libéria

Libero ['liːbero] <-s, -s> *m* SPORT libéro *m*

Libido ['liːbido, li'biːdo] <-> *f* libido *f*

Libretto [li'brɛto] <-s, -s *o* Libretti> *nt* livret *m*

Libyen ['liːbyən] <-s> *nt* la Libye

licht [lɪçt] *adj* ❶ *(hell)* lumineux, -euse ❷ *(spärlich)* clairsemé(e) ❸ ARCHIT ***~e Höhe*** hauteur *f* sous plafond; ***~e Weite*** diamètre *m* intérieur

Licht [lɪçt] <-[e]s, -er> *nt kein Pl* lumière *f;* ***ein schwaches*** ~ une lueur; ***das ~ anmachen/ausmachen*** allumer/éteindre la lumière; ***etw gegen das ~ halten*** tenir qc à contre-jour ▶ **das ~ der Öffentlichkeit scheuen** fuire les projecteurs [de l'actualité]; **sein ~ nicht unter den Scheffel stellen** ne pas faire mystère de ses talents; **das ~ der Welt erblicken** *(geh)* voir le jour; **in einem anderen ~ erscheinen** apparaître sous un jour nouveau; **das ewige ~** la lampe du Saint-Sacrement; **jdm grünes ~ für etw geben** donner à qn le feu vert pour qc; **etw ins rechte ~ rücken** présenter qc sous son véritable jour; **etw ans ~ bringen** étaler qc au grand jour; **jdn hinters ~ führen** duper qn; **jdm geht ein ~ auf** *(fam)* qn commence à piger; **ans ~ kommen** éclater au grand jour **lichtbeständig** *s.* **lichtecht**

Lichtbild *nt (form)* photo *f* d'identité **Lichtblick** *m* éclaircie *f,* embellie *f* **lichtdurchlässig** *adj* translucide **lichtecht** *adj Farbe* résistant(e) à la lumière; *Stoff* bon teint **Lichteffekt** *m* effet *m* de lumière **lichtempfindlich** *adj* sensible au soleil; *Film* sensible

lichten ['lɪçtən] **I.** *vt* éclaircir *Gestrüpp, Wald* **II.** *vr* ***sich*** ~ *Haare:* s'éclaircir; *Vorräte:* se raréfier; *Bestände:* diminuer; *Angelegenheit:* se clarifier

L

Lichterkette *f* ❶ guirlande *f* lumineuse ❷ *(Demonstration)* chaîne *f* lumineuse
lichterloh ['lɪçtɐ'lo:] *adv* ~ ***brennen*** flamber
Lichtermeer *nt (geh)* océan *m* de lumière *littér*
Lichtgeschwindigkeit <-> *f* PHYS vitesse *f* de la lumière **Lichthof** *m* ❶ ARCHIT cour *f* intérieure ❷ ASTRON halo *m* **Lichthupe** *f* avertisseur *m* lumineux **Lichtjahr** *nt* ASTRON année-lumière *f* **Lichtmaschine** *f* dynamo *f* **Lichtquelle** *f* source *f* lumineuse **Lichtschalter** *m* interrupteur *m* **Lichtschein** *m* lueur *f* **lichtscheu** *adj* lucifuge **Lichtschranke** *f* barrage *m* optique
Lichtschutzfaktor *m* indice *m* de protection
Lichtstärke *f* intensité *f* lumineuse **Lichtstrahl** *m* rayon *m* lumineux **lichtundurchlässig** *adj* opaque
Lichtung <-, -en> *f* clairière *f*
Lichtverhältnisse *Pl* luminosité *f*
Lid [li:t] <-[e]s, -er> *nt* paupière *f*
Lidschatten *m* fard *m* à paupières **Lidstrich** *m (Kosmetikartikel)* eye-liner *m; (aufgemalter Strich)* trait *m* d'eye-liner

L

lieb [li:p] **I.** *adj* ❶ *(liebenswürdig)* ~ ***zu jdm sein*** être gentil avec qn; ***das ist ~ von dir*** c'est gentil de ta part; ***sei bitte so ~ und hilf mir!*** aurais-tu la gentillesse de m'aider? ❷ *(brav)* sage ❸ *(geschätzt)* ***meine ~en Eltern*** mes chers parents; ***meine Liebe/mein Lieber*** ma chère/mon cher; ***~er Paul/~e Paula*** *(in Briefen)* Cher Paul/Chère Paula ❹ *(angenehm)* agréable; ***es wird länger dauern, als dir ~ ist*** ça va durer plus longtemps que tu ne le souhaiterais ► **ach du ~es bisschen!** *(fam)* bonté divine! **II.** *adv* ❶ *(liebenswürdig)* gentiment ❷ *(artig)* sagement ❸ *(gern)* ***jdn/etw ~ gewinnen*** s'attacher à qn/qc; ***jdn/etw ~ haben*** aimer bien qn/qc; ***jdn/etw am ~sten mögen*** préférer qn/qc; ***am ~sten wäre ich gegangen*** j'aurais bien voulu m'en aller
liebäugeln ['li:pʔɔygəln] *vi* lorgner; ***mit etw*** ~ lorgner qc
Liebe ['li:bə] <-, -n> *f* ❶ *kein Pl* amour *m;* ***etw mit viel ~ tun*** faire qc avec beaucoup d'amour; ***aus ~ zur Kunst*** par amour pour l'Art; ***in ~, dein ...*** avec tout mon amour, ton ... ❷ *(sexueller Kontakt)* ***körperliche ~*** amour *m* physique; ***käufliche ~*** *(geh)* amour vénal; ***mit jdm ~ machen*** *(fam)* faire l'amour avec qn ► **die ~ auf den ersten Blick** le coup de foudre; **~ macht blind** *(prov)* l'amour rend aveugle
lieben ['li:bən] **I.** *vt* ❶ aimer ❷ *(mögen)* ***sie liebt es ihre Freunde zu überraschen*** elle aime faire des surprises à ses amis ❸ *(sexuellen Kontakt haben)* ***jdn ~*** faire l'amour à qn **II.** *vr* ***sich*** ~ s'aimer; *(sexuell)* faire l'amour ► **was sich liebt, das neckt sich** *(prov)* qui aime bien châtie bien
liebend *adj* aimant
Liebende(r) *f(m) dekl wie adj* ***zwei*** ~ deux amants *mpl*
liebenswert *adj* sympathique **liebenswürdig** *adj* aimable; ***das ist sehr ~ von Ihnen*** c'est très aimable de votre part; ***wären Sie wohl so ~ mir zu helfen?*** auriez-vous l'amabilité de m'aider?
liebenswürdigerweise *adv* aimablement; ***könnten Sie mich ~ vorlassen?*** auriez-vous l'amabilité de me laisser passer avant vous?
Liebenswürdigkeit <-, -en> *f* amabilité *f;* ***die ~ in Person*** l'amabilité personnifiée
lieber ['li:bɐ] **I.** *adj Komp von* **lieb** ***ihr wäre es ~, wenn du gehst*** elle préférerait que tu partes **II.** *adv* ❶ *Komp von* **gern: *~ schwimmen als joggen*** préférer nager que de faire du footing; ***nichts ~ als das!*** je ne demande que ça! ❷ *(besser)* ***ich schweige*** ~ il vaut mieux que je me taise
Liebesaffäre *f* aventure *f,* affaire *f* [amoureuse] **Liebesbeziehung** *f* relation *f* amoureuse **Liebesbrief** *m* lettre *f* d'amour **Liebeserklärung** *f* déclaration *f* d'amour **Liebesfilm** *m* film *m* d'amour **Liebesgedicht** *nt* poème *m* d'amour **Liebesgeschichte** *f* histoire *f* d'amour **Liebeskummer** *m* chagrin *m* d'amour **Liebesleben** *nt kein Pl* vie *f* amoureuse **Liebeslied** *nt* chanson *f* d'amour **Liebesnest** *nt* nid *m* d'amour **Liebespaar** *nt* couple *m* d'amoureux **Liebesroman** *m* roman *m* d'amour **Liebesspiel** *nt* préliminaires *mpl* amoureux **Liebesszene** *f* scène *f* d'amour
liebevoll **I.** *adj* affectueux, -euse; *Zuwendung* tendre; *Vorbereitung* gentil(le) **II.** *adv (zärtlich)* tendrement; *(besonders sorgfältig)* avec amour
lieb|gewinnen* *s.* **lieb II. 3 lieb|haben** *s.* **lieb II. 3 Liebhaber(in)** ['li:pha:bɐ] <-s, -> *m(f)* ❶ amant *m* /maîtresse *f* ❷ *(Anhänger)* amateur, -trice *m, f*
Liebhaberei [li:pha:bə'raɪ] <-, -en> *f* vio-

lon *m* d'Ingres; ***etw aus reiner ~ tun*** faire qc en simple amateur
Liebhaberwert *m kein Pl* valeur *f* d'amateur
liebkosen* [liːp'koːzən] *vt (geh)* cajoler
lieblich ['liːplɪç] **I.** *adj Duft* suave; *Wein* moelleux, -euse; *Anblick* charmant(e) **II.** *adv lächeln* candidement; ~ ***duften/schmecken*** avoir un parfum suave/une saveur moelleuse
Liebling ['liːplɪŋ] <-s, -e> *m* ❶ chéri(e) *m(f)* ❷ *(Favorit)* préféré(e) *m(f); (Lieblingsschüler)* chouchou(te) *m(f) fam*
Lieblingsband [-bɛnt] *f* groupe *m* préféré **Lieblingsbeschäftigung** *f* activité *f* préférée **Lieblingsgericht** *nt* plat *m* préféré **Lieblingsthema** *nt* sujet *m* de prédilection
lieblos ['liːploːs] **I.** *adj Person* dépourvu(e) de tendresse; *Behandlung, Bemerkung* dénué(e) de sollicitude; *Zubereitung* négligé(e) **II.** *adv* ***jdn/etw ~ behandeln*** traiter qn/qc sans soin
Liebschaft ['liːpʃaft] <-, -en> *f s.* **Liebesaffäre**
Liebste(r) *f(m) dekl wie adj* ***seine ~*** sa bien-aimée; ***ihr ~r*** son bien-aimé
Liebstöckel ['liːpʃtœkəl] <-s, -> *nt o m* livèche *f*
Liechtenstein ['lɪçtənʃtai̯n] <-s> *nt* le Liechtenstein
Liechtensteiner(in) ['lɪçtənʃtai̯nɐ] <-s, -> *m(f)* habitant(e) *m(f)* du Liechtenstein
liechtensteinisch *adj* du Liechtenstein
Lied [liːt] <-[e]s, -er> *nt* chanson *f; (Kirchenlied)* chant *m; (Kunstlied)* lied *m* ► **es ist immer das alte ~ mit ihm** *(fam)* avec lui, c'est toujours la même chanson; **ein ~ von etw singen können** être bien placé pour savoir qc
Liederbuch *nt* recueil *m* de chansons; *(mit Kirchenliedern)* recueil *m* de chants
liederlich ['liːdɐlɪç] *adj (pej)* ❶ *(unordentlich)* désordonné(e); *Arbeit* négligé(e) ❷ *(pej: unmoralisch)* débauché(e); *Lebenswandel* dissolu(e) *soutenu*
Liedermacher(in) *m(f)* auteur-compositeur[-interprète] *mf*
lief [liːf] *Imp von* **laufen**
Lieferant(in) [lifə'rant] <-en, -en> *m(f)* fournisseur, -euse *m, f*
Lieferanteneingang *m* entrée *f* réservée aux fournisseurs
lieferbar *adj* disponible
Lieferbedingungen *Pl* conditions *fpl* de livraison **Lieferfirma** *f* ❶ *(Lieferant)* fournisseur *m* ❷ *(Auslieferer)* messagerie *f* **Lieferfrist** *f* délai *m* de livraison
liefern ['liːfɐn] **I.** *vt* ❶ livrer; ***jdm eine Ware ~*** livrer une marchandise à qn ❷ fournir *Beweis, Rohstoff, Produkt;* avoir *Ertrag* **II.** *vi* livrer
Lieferschein *m* bon *m* de livraison **Lieferservice** *m* service *m* de livraison **Lieferstopp** *m* suspension *f* de livraison **Liefertermin** *m* date *f* de livraison
Lieferung <-, -en> *f* livraison *f*
Liefervertrag *m* JUR contrat *m* de livraison
Lieferwagen *m* camionnette *f* de livraison
Lieferzeit *s.* **Lieferfrist**
Liege ['liːgə] <-, -n> *f* ❶ *(Bett)* divan *m* ❷ *(Liegestuhl)* chaise *f* longue
liegen ['liːgən] <lag, gelegen> *vi + haben o* SDEUTSCH, A, CH *sein* ❶ *Person:* être couché; ***auf dem Bett ~*** être allongé sur le lit; ***bequem ~*** être confortablement couché; ***noch im Bett ~*** être encore au lit; ***im Liegen*** en position *f* couchée; ***der Wein muss ~*** le vin doit être couché ❷ *(herumliegen)* ***auf dem Tisch liegt ein Buch*** il y a un livre sur la table; ***es liegt Schnee*** il y a de la neige; ***auf dem ersten Platz ~*** se situer en première position; ***ganz hinten ~*** être placé loin derrière; ***zwischen zehn und zwölf Euro ~*** *Preis:* se situer entre dix et douze euros; ***in der Zukunft ~*** n'être pas encore pour demain ❸ *(sich befinden)* ***idyllisch ~*** avoir une situation idyllique; ***zur Straße ~*** *Zimmer:* donner sur la rue; ***in Frankreich ~*** être situé en France; ***auf der ersten Silbe ~*** *Betonung:* porter sur la première syllabe ❹ *(begraben sein)* ***im Grab/in Weimar ~*** reposer dans une tombe/à Weimar ❺ NAUT ***am Kai ~*** rester à quai; ***im Hafen ~*** mouiller dans le port ❻ *(zu handhaben sein)* ***gut in der Hand ~*** *Werkzeug, Federhalter:* avoir bien en main ❼ *(zurückgehen auf)* ***an jdm/etw ~*** tenir à qn/qc; ***das liegt daran, dass*** cela tient au fait que; ***an mir soll es nicht ~!*** ce n'est pas moi qui t'en/vous en empêcherai! ❽ *(abhängig sein)* ***bei jdm ~*** dépendre de qn; ***die Entscheidung liegt bei Ihnen*** à vous de décider ❾ *(wichtig sein, gefallen)* ***ihm liegt viel/nichts an ihr*** elle lui importe beaucoup/il n'attache aucune importance à elle; ***ihr liegt viel/nicht viel daran*** cela lui importe beaucoup/ne lui importe guère; ***mir liegt viel daran, dass*** il m'importe beaucoup que *+subj;* ***Sprachen ~ ihm*** il est porté sur les langues; ***seine Art liegt mir nicht*** ses

L

manières ne me plaisent pas ⑩ *(zufallen)* ***bei jdm*** ~ *Verantwortung:* reposer sur qn; *Schuld:* peser sur qn

liegen|bleiben *s.* **bleiben I. 7**

liegend *adj o adv* couché

liegen|lassen *s.* **lassen I. 5,** ▶

Liegenschaft <-, -en> *f meist Pl* biens *mpl* fonciers

Liegeplatz *m* NAUT mouillage *m* **Liegesitz** *m* siège *m* couchette **Liegestuhl** *m* chaise *f* longue **Liegestütz** ['li:gəʃtʏts] <-es, -e> *m* traction *f* **Liegewagen** *m* voiture-couchettes *f* **Liegewiese** *f* pelouse *f*

lieh [li:] *Imp von* **leihen**

ließ [li:s] *Imp von* **lassen**

liest [li:st] *3. Pers Präs von* **lesen**

Lifestylemagazin ['laifstail-] *nt* TV émission *f* lifestyle; PRESSE magazine *m* lifestyle

Lift [lɪft] <-[e]s, -e *o* -s> *m* ① *(Aufzug)* ascenseur *m* ② *(Skilift)* téléski *m; (Sessellift)* télésiège *m*

liften ['lɪftən] *vt* faire un lifting à

Liga ['li:ga] <-, Ligen> *f* ① ligue *f* ② SPORT division *f*

light [lait] *adj Limonade* light; *Käse* allégé(e); *Zigarette* léger, -ère **liken** ['laɪkn̩] *vt* INFORM liker

Likör [li'kø:ɐ̯] <-s, -e> *m* liqueur *f*

lila ['li:la] *adj inv* [couleur] lilas

Lila <-s, -> *nt (fam)* mauve *m*

Lilie ['li:li̯ə] <-, -n> *f* lys *m*

Liliputaner(in) [lilipu'ta:nɐ] <-s, -> *m(f)* lilliputien(ne) *m(f)*

Limette [li'mɛtə] <-, -n> *f* limette *f*

Limit ['lɪmɪt] <-s, -s *o* -e> *nt* ① *(Begrenzung)* limite *f* ② *(Preisgrenze)* plafond *m;* ***jdm ein ~ setzen*** fixer un plafond à qn

limitieren* [limi'ti:rən] *vt* limiter; ***etw auf hundert Exemplare ~*** limiter qc à cent exemplaires

Limo ['lɪmo] <-, -s> *f (fam) Abk von* **Limonade** soda *m*

Limonade [limo'na:də] <-, -n> *f* limonade *f*

Limousine [limu'zi:nə] <-, -n> *f* limousine *f*

Linde ['lɪndə] <-, -n> *f (Baum, Holz)* tilleul *m*

Lindenblütentee *m* [infusion *f* de] tilleul *m*

lindern ['lɪndɐn] *vt* soulager *Schmerzen;* atténuer *Not, Armut*

Linderung <-> *f kein Pl* soulagement *m*

lindgrün *adj* tilleul

Lineal [line'a:l] <-s, -e> *nt* règle *f*

linear [line'a:ɐ̯] *adj* linéaire

Linguist(in) [lɪŋ'gu̯ɪst] <-en, -en> *m(f)* linguiste *mf*

Linguistik [lɪŋ'gu̯ɪstɪk] <-> *f* linguistique *f*

linguistisch *adj* linguistique

Linie ['li:ni̯ə] <-, -n> *f* ligne *f;* ***eine gestrichelte ~*** une ligne de tirets; ***eine politische ~*** une ligne politique; ***in männlicher/weiblicher ~*** par les hommes/femmes; ***die ~ 2 fährt zum Bahnhof*** la ligne deux va à la gare; ***auf die schlanke ~ achten*** garder la ligne ▶ **in erster ~** en premier lieu; **auf der ganzen ~** sur toute la ligne

Linienbus *m* bus *m* de ligne **Linienflug** *m* vol *m* de ligne **Linienmaschine** *f* avion *m* de ligne **Linienrichter(in)** *m(f)* juge *mf* de ligne **linientreu** *adj (pej)* dans la ligne **Linienverkehr** *m* trafic *m* de ligne

linieren*[li'ni:rən], **liniieren*** [lini'i:rən] *vt* ligner; ***ein lin[i]iertes Blatt*** une feuille lignée

link [lɪŋk] *adj (fam)* ***ein ~er Trick*** un coup tordu

Link [lɪŋk] <-s, -s> *m* INFORM lien *m*

Linke <-n, -n> *f* ① *(Hand)* main *f* gauche ② SPORT gauche *m* ③ POL ***die ~*** la gauche; ***die äußerste ~*** l'extrême gauche ▶ **zu seiner/ihrer ~n** *(geh)* à sa gauche

linke(r, s) ['lɪŋkə, -kɐ, -kəs] *adj attr* ① gauche; *Straßenseite, Eingang, Bild* de gauche; ***die ~ Seite*** *eines Kleidungsstücks, Stoffs* l'envers *m* ② POL de gauche; *Flügel* gauche

linken *vt (fam)* entuber

linkisch *adj* gauche

links ['lɪŋks] **I.** *adv* ① *(auf der linken Seite)* à gauche; ***~ oben*** en haut à gauche; ***~ von dir/hinter mir*** à ta gauche/à gauche derrière moi; ***von ~*** de la gauche; ***von ~ nach rechts*** de gauche à droite; ***~ fahren/[nach] ~ abbiegen*** rouler/tourner à gauche; ***halb ~ abbiegen*** tourner légèrement à gauche; ***sich ~ einordnen*** se mettre sur la voie de gauche; ***~ um!*** à gauche, gauche!; ***etw von ~ bügeln*** repasser qc à l'envers; ***~ stricken*** tricoter à l'envers ② POL ***~ wählen*** voter à gauche; ***~ stehen*** avoir des idées de gauche ▶ **jdn ~ liegen lassen** *(fam)* ne pas prêter attention à qn; **etw mit ~ machen** *(fam)* faire qc les doigts dans le nez **II.** *präp +gen* ***~ des Rheins*** à gauche du Rhin

Linksabbieger(in) <-s, -> *m(f)* chauffeur *m* tournant à gauche

Linksaußen [lɪŋks'ʔausən] <-, -> *m* SPORT ailier *m* gauche **Linksextremismus** *m kein Pl* POL extrémisme *m* de gauche **Linksextremist(in)** *m(f)* extrémiste *mf*

de gauche **linksextremistisch** *adj* d'extrême gauche **linksgerichtet** *adj* POL orienté(e) à gauche
Linkshänder(in) ['lɪŋkshɛndɐ] <-s, -> *m(f)* gaucher, -ère *m, f*
linkshändig ['lɪŋkshɛndɪç] **I.** *adj* gaucher, -ère **II.** *adv* de la main gauche
linksherum ['lɪŋkshɛrʊm] *adv* à gauche
linksradikal *adj* d'extrême gauche
Linksradikale(r) *f(m)* extrémiste *mf* de gauche **linksrheinisch** *adj* [situé(e)] à l'ouest du Rhin
linksseitig *adj Lähmung* du côté gauche
Linksverkehr *m* conduite *f* à gauche
Linoleum [li'no:leʊm] <-s> *nt* linoléum *m*
Linolschnitt [li'no:lʃnɪt] *m* linogravure *f*
Linse ['lɪnzə] <-, -n> *f* ❶ BOT, GASTR, PHYS lentille *f* ❷ ANAT cristallin *m*
Linsensuppe *f* GASTR soupe *f* de lentilles
Lipgloss <-, -> *nt* brillant *m* à lèvres, Gloss *m*
Lippe ['lɪpə] <-, -n> *f* lèvre *f*; ***jdm etw von den ~n ablesen*** lire qc sur les lèvres de qn ▸ **etw nicht über die ~n bringen** ne pouvoir se résoudre à dire qc; **an jds ~n** *dat* **hängen** être suspendu aux lèvres de qn
Lippenstift *m* [bâton *m* de] rouge *m* à lèvres
liquid [li'kvi:t] *adj* FIN ❶ *(solvent)* disposant de fonds ❷ *(verfügbar)* disponible [en liquide]
liquide [li'kvi:də] *s.* **liquid**
liquidieren* [likvi'di:rən] *vt* ❶ liquider *Betrieb, Firma* ❷ *(euph: umbringen)* liquider
Liquidität [likvidi'tɛ:t] <-> *f* solvabilité *f*
Lira ['li:ra] <-, Lire> *f* ***italienische ~*** HIST lire *f* [italienne]; ***türkische ~*** livre *f* turque
lispeln ['lɪspəln] *vi* zézayer
Lissabon ['lɪsabɔn] <-s> *nt* Lisbonne
List [lɪst] <-, -en> *f* ruse *f* ▸ **mit ~ und Tücke** en utilisant toutes les combines possibles *fam*
Liste ['lɪstə] <-, -n> *f a.* POL liste *f* ▸ **auf der schwarzen ~ stehen** être sur la liste noire
listig ['lɪstɪç] **I.** *adj Person* rusé(e); *Plan* astucieux, -euse **II.** *adv* avec astuce
Litauen ['li:tau̯ən] <-s> *nt* la Lituanie
Litauer(in) ['li:tau̯ɐ] <-s, -> *m(f)* Lituanien(ne) *m(f)*
litauisch ['li:tau̯ɪʃ] **I.** *adj* lituanien(ne) **II.** *adv* ~ ***miteinander sprechen*** parler en lituanien; *s. a.* **deutsch**
Litauisch <-[s]> *nt kein Art* lituanien *m*; *s. a.* **Deutsch**
Liter ['li:tɐ] <-s, -> *m o nt* litre *m*; ***ein ~ Milch*** un litre de lait
literarisch [lɪtə'ra:rɪʃ] *adj* littéraire
Literat(in) [lɪtə'ra:t] <-en, -en> *m(f) (geh)* homme *m* /femme *f* de lettres; ***die ~en*** les gens *mpl* de lettres
Literatur [lɪtəra'tu:ɐ̯] <-, -en> *f* littérature *f*
Literaturangabe *f* note *f* bibliographique; ***~n*** notice *f* bibliographique
Literaturangaben *Pl* notice *f* bibliographique **Literaturgeschichte** *f* histoire *f* de la littérature **Literaturhinweis** *s.* **Literaturangabe** **Literaturkritik** *f* critique *f* littéraire **Literaturkritiker(in)** *m(f)* critique *mf* littéraire **Literaturpreis** *m* prix *m* littéraire **Literaturverzeichnis** *nt* bibliographie *f* **Literaturwissenschaft** *f* lettres *fpl*; ***vergleichende ~*** littérature *f* comparée
Literflasche *f* [bouteille *f* d'un] litre *m*
literweise *adv* au litre
Litfaßsäule ['lɪtfaszɔylə] *f* colonne *f* Morris
Lithografie [litogra'fi:] <-, -ien> *f* lithographie *f*
Litschi ['lɪtʃi] <-, -s> *f* litchi *m*
litt [lɪt] *Imp von* **leiden**
Liturgie [litʊr'gi:] <-, -ien> *f* liturgie *f*
liturgisch [li'tʊrgɪʃ] *adj* liturgique
live [lai̯f] *adj o adv* en direct **Livekonzert** *nt* concert *m* live **Livemusik** *f* musique *f* live
Livesendung *f* TV, RADIO émission *f* en direct **Livestream** ['lai̯fstri:m] <-s, -s> *m* INET streaming *m* **Liveübertragung** *f* retransmission *f* en direct
Lizentiat [litsɛn'tsi̯a:t] *s.* **Lizenziat**
Lizenz [li'tsɛnts] <-, -en> *f* licence *f*; ***jdm eine ~ erteilen*** délivrer une licence à qn; ***etw in ~ herstellen*** fabriquer qc sous licence
Lizenzgebühr *f* royalties *fpl*
Lizenziat[1] [litsɛn'tsi̯a:t] <-[e]s, -e> *nt* UNIV ≈ licence *f* de théologie; CH ≈ licence *f* de lettres et sciences humaines
Lizenziat[2] [litsɛn'tsi̯a:t] <-en, -en> *m* UNIV *(Person)* ≈ licencié *m* en théologie; CH ≈ licencié *m* ès lettres
Lizenziatin <-, -nen> *f* UNIV ≈ licenciée *f* en théologie; CH ≈ licenciée *f* ès lettres
Lizenzspieler(in) *m(f)* SPORT licencié(e) *m(f)*
Lkw, LKW [ɛlka:'ve:] <-[s], -[s]> *m Abk von* **Lastkraftwagen** poids *m* lourd
Lkw-Fahrer(in) *m,* **LKW-Fahrer(in)** [ɛlka:'ve:-] *m(f)* chauffeur *m* de poids lourds; *(Fernfahrer)* routier *m*

L

Lkw-Maut [ɛlka've:-] *f* péage *m* [autoroutier] pour poids lourds
Lob [lo:p] <-[e]s> *nt* félicitations *fpl*; ***jdm ~ spenden*** prodiguer des louanges à qn *soutenu*; ***des ~es voll sein über jdn/etw*** ne tarir pas d'éloges sur qn/à propos de qc
Lobby ['lɔbi] <-, -s> *f* lobby *m*
Lobbying ['lɔbiɪŋ] <-s, -s> *nt* POL lobbying *m*
Lobbyist(in) [lɔbi'ɪst] <-en, -en> *m(f)* membre *m* d'un lobby
loben ['lo:bən] **I.** *vt* ❶ féliciter; ***jds Arbeit ~*** louer qn pour son travail; ***sein Verhalten ist zu ~*** son attitude est digne d'éloges; ***da lob' ich mir die alten Zeiten*** [c'est là que] je regrette le bon vieux temps ❷ REL ***Gott ~*** louer Dieu **II.** *vi* complimenter
lobend **I.** *adj* élogieux, -euse **II.** *adv* ***jdn/etw ~ erwähnen*** parler de qn/qc en termes élogieux
lobenswert *adj* digne d'éloges
löblich ['lø:plɪç] *adj (geh)* louable
Loblied *nt* ▸ **ein ~ auf jdn/etw singen** chanter les louanges de qn/qc **Lobrede** *f* panégyrique *m*
Loch [lɔx, *Pl:* 'lœçɐ] <-[e]s, Löcher> *nt* ❶ trou *m*; ***schwarzes ~*** ASTRON trou *m* noir ❷ *(pej fam: Wohnung)* trou *m* ▸ **jdm ein ~ in den Bauch fragen** *(fam)* cribler qn de questions; **Löcher in die Luft starren** *(fam)* regarder dans le vide; **auf dem letzten ~ pfeifen** *(fam)* être lessivé
lochen ['lɔxən] *vt* perforer, poinçonner *Fahrkarte*
Locher ['lɔxɐ] <-s, -> *m (für Papier)* perforeuse *f*
löcherig ['lœçərɪç] *adj* troué(e)
löchern ['lœçɐn] *vt (fam)* gonfler
Lochzange *f (für Fahrkarten)* poinçonneuse *f*; TECH emporte-pièce *m*
Locke ['lɔkə] <-, -n> *f* boucle *f* [de cheveux]
locken ['lɔkən] **I.** *vt* ❶ *(verlockend sein)* ***jdn ~*** *Möglichkeit:* attirer qn ❷ appeler *Tier* ❸ *(kräuseln)* boucler *Haare* **II.** *vr* ***sich ~*** *Haare:* boucler
lockend *adj* alléchant(e)
Lockenstab *m* fer *m* à onduler **Lockenwickler** <-s, -> *m* bigoudi *m*
locker ['lɔkɐ] **I.** *adj* ❶ *Halterung, Schraube* desserré(e); *Ziegel, Zahn* branlant(e); *Seil* détendu(e); *Muskel* relâché(e) ❷ *Boden* poreux, -euse; *Teig* léger, -ère ❸ *(fam) Person* libéral(e); *Haltung* détendu(e); *Bekanntschaft* vague ❹ *(fam) Lebenswandel* léger, -ère **II.** *adv* ❶ *(lose)* ***~ sitzen*** *Kleidung:* être ample ❷ *(unverkrampft)* de façon détendue; ***etw ~ handhaben*** manipuler qc de façon décontractée ❸ *(fam: ohne Schwierigkeiten)* ***das schaffe ich doch ~!*** j'y arrive à l'aise ▸ **[bei] ihm sitzt das Geld ~** *(fig fam)* il a l'argent facile
locker|lassen *vi irr (fam)* ***nicht ~*** ne pas lâcher prise **locker|machen** *vt (fam)* ***Geld für jdn/etw ~*** décrocher de l'argent à qn/pour qc; ***bei jdm hundert Euro ~*** soutirer cent euros à qn *hum*
lockern ['lɔkɐn] **I.** *vt* ❶ desserrer *Gürtel, Schraube;* relâcher *Zügel* ❷ *(aufwärmen)* assouplir *Beine, Muskeln; (entspannen)* décontracter *Beine, Muskeln* ❸ assouplir *Gesetz, Embargo* **II.** *vr* **sich ~** ❶ *Schraube, Verbindung:* se desserrer ❷ *(sich aufwärmen)* s'assouplir; *(sich entspannen)* se décontracter, décontracter ses muscles
Lockerung <-, -en> *f* ❶ *von Schrauben* desserrage *m* ❷ *der Muskeln, von Gesetzen* assouplissement *m* ❸ *(fig) der Stimmung* détente *f*
lockig ['lɔkɪç] *adj* bouclé(e)
Lockvogel *m (a. fig)* appât *m*
lodern ['lo:dɐn] *vi + haben Feuer:* flamboyer; ***~d*** flamboyant(e)
Löffel ['lœfəl] <-s, -> *m* ❶ cuillère *f*; ***ein ~ Mehl*** une cuillérée de farine ❷ JAGD *(Hasen-, Kaninchenohr)* oreille *f*; ***seine ~ aufsperren*** *(fam)* ouvrir [toutes grandes] ses esgourdes ▸ **den ~ abgeben** *(fam)* casser sa pipe
löffeln ['lœfəln] *vt (essen)* ***seine Suppe ~*** manger sa soupe à la cuillère
löffelweise *adv essen, füttern* à la cuillère; *hinzugeben* par cuillérées
log [lo:k] *Imp von* **lügen**
Logarithmentafel *f* MATH table *f* de logarithmes
Logarithmus [loga'rɪtmʊs] <-, -rithmen> *m* MATH logarithme *m*
Logbuch ['lɔkbu:x] *nt* NAUT journal *m* de bord
Loge ['lo:ʒə] <-, -n> *f* loge *f*
Logik ['lo:gɪk] <-> *f* logique *f*
Log-in [lɔg'ʔɪn] <-s, -s> *nt* INFORM ouverture *f* d'une session
Logis [lo'ʒi:] <-> *nt* logement *m*
logisch ['lo:gɪʃ] *adj* logique
logischerweise *adv* logiquement
Logistik [lo'gɪstɪk] <-> *f* logistique *f*
logistisch [lo'gɪstɪʃ] *adj* logistique
Logo ['lo:go] <-s, -s> *nt* logo *m*
Log-off [lɔk'ʔɔf] <-s; *kein Pl*> *nt* INFORM clôture *f* d'une session

Logopäde, **Logopädin** [logo'pɛːdə] <-n, -n> *m, f* orthophoniste *mf*
Log-out [lɔg'ʔaʊt] <-s, -s> *nt* INFORM déconnexion *f*
Lohn [loːn, *Pl:* 'løːnə] <-[e]s, Löhne> *m* ❶ *(Arbeitslohn)* salaire *m* ❷ *kein Pl (Belohnung)* récompense *f*; ***als ~ für etw*** en récompense de qc
Lohnabbau *m* réduction *f* de salaire **Lohnausgleich** *m* ajustement *m* de salaire; ***bei vollem ~*** sans perte de salaire **Lohnbuchhaltung** *f* comptabilité *f* des salaires **Lohndumping** *nt* dumping *m* des salaires **Lohnempfänger(in)** *m(f)* salarié(e) *m(f)*
lohnen ['loːnən] **I.** *vr* ***sich ~*** valoir la peine; ***sich für jdn ~*** *Aufwand, Mühe:* valoir la peine pour qn; ***es lohnt sich diesen Film zu sehen*** ça vaut la peine de voir ce film **II.** *vt* ❶ *(wert sein)* ***einen Besuch ~*** *Ausstellung:* mériter une visite; ***die Anstrengung ~*** *Ergebnis:* justifier l'effort ❷ *(belohnen)* ***jdm etw ~*** récompenser qn pour qc
löhnen ['løːnən] *vi (fam)* casquer
lohnend *adj Geschäft, Aufgabe* profitable
lohnenswert *adj* ***~ sein*** en valoir la peine; *(befriedigend)* être satisfaisant(e); *(profitabel)* être profitable
Lohnerhöhung *f* hausse *f* des salaires; *einer Einzelperson* augmentation *f* [de salaire] **Lohnforderung** *f* revendication *f* salariale **Lohnfortzahlung** *f* maintien *m* du salaire **Lohngruppe** *f* catégorie *f* salariale **Lohnkosten** *Pl* coûts *mpl* salariaux **Lohnkürzung** *f* réduction *f* de salaire; ***jdm mit einer ~ drohen*** menacer qn de réduction de salaire **Lohnnebenkosten** *Pl* charges *fpl* annexes [au salaire] **Lohnsteuer** *f* impôt *m* sur le salaire
Lohnsteuerjahresausgleich *m* ❶ *(Antrag) demande de régularisation annuelle du trop-perçu d'impôt sur le salaire* ❷ *(Rückzahlung) remboursement du trop-perçu d'impôt sur le salaire* **Lohnsteuerkarte** *f* fiche *f* fiscale *(sur laquelle figure la catégorie d'imposition d'un employé)*
Lohnstopp *m* blocage *m* des salaires **Lohnzahlung** *f* paiement *m* du salaire
Loipe ['lɔypə] <-, -n> *f* piste *f* de ski de fond
Lok [lɔk] <-, -s> *f (fam) Abk von* **Lokomotive** loco *f fam*
lokal [lo'kaːl] *adj* local(e)
Lokal [lo'kaːl] <-s, -e> *nt (Kneipe)* café *m*, bistro[t] *m*; *(Speiselokal)* restaurant *m*; *(Vereinslokal)* cafétéria *f*
Lokalanästhesie *f* anesthésie *f* locale; ***in ~*** sous anesthésie locale **Lokalblatt** *nt* journal *m* local
lokalisieren* [lokali'ziːrən] *vt (geh)* ❶ localiser ❷ circonscrire *Brand, Konflikt, Krankheitsherd*
Lokalnachricht *f meist Pl* ***~en*** nouvelles *fpl* locales **Lokalpatriotismus** *m* esprit *m* de clocher **Lokalsender** *m* émetteur *m* local **Lokalteil** *m* pages *fpl* locales **Lokaltermin** *m* descente *f* sur les lieux **Lokalverbot** *nt* ***~ haben*** être interdit(e)
Lokalzeitung *f* journal *m* local
Lokomotive [lokomo'tiːvə] <-, -n> *f* locomotive *f*
Lokomotivführer(in) *m(f)* conducteur, -trice *m, f* de locomotive
Lokus ['loːkʊs] <- *o* -ses, - *o* -se> *m (fam)* petit coin *m*
lol [lɔl] *interj (fam) Abk von* **laughing out loud** INFORM mdr
Lolli ['lɔli] <-s, -s> *m (fam)* sucette *f*
London ['lɔndɔn] <-> *nt* Londres
Londoner(in) ['lɔndɔnɐ] <-s, -> *m(f)* Londonien(ne) *m(f)*
Longdrink ['lɔŋdrɪŋk] *m* long drink *m*
Look [lʊk] <-s, -s> *m* look *m*
Looping ['luːpɪŋ] <-s, -s> *m o nt* looping *m*
Lorbeer ['lɔrbeːɐ̯] <-s, -en> *m* ❶ *(Pflanze, Gewürz)* laurier *m* ❷ *s.* **Lorbeerkranz** ▸ **sich auf seinen ~en ausruhen** *(fam)* se reposer sur ses lauriers
Lorbeerblatt *nt* feuille *f* de laurier **Lorbeerkranz** *m* couronne *f* de laurier
los [loːs] **I.** *adj* ❶ *(abgetrennt)* défait(e); *Etikett, Knopf:* défait(e), parti(e) ❷ *(fam: befreit)* ***jdn/etw ~ sein*** être débarrassé de qn/qc; ***sein Geld ~ sein*** avoir paumé son argent ❸ *(im Gange)* ***es ist nichts ~*** *(fam)* rien ne se passe; ***dort ist viel ~*** [il] y a la grosse ambiance là-bas; ***was ist ~?*** qu'est-ce qu'[il] y a?; ***was ist denn hier ~?*** qu'est-ce qui se passe ici?; ***was ist denn mit dir ~?*** qu'est-ce que tu as [donc]?, mais qu'est-ce qu'il te prend? ▸ **..., [dann] ist etwas ~!** *(fam)* ça va chauffer si ...!; **mit ihm ist nichts ~** *(er ist langweilig)* [il] y a rien à tirer de lui; *(er ist erschöpft)* il n'est pas dans son assiette *fam* **II.** *adv* ❶ ***~!*** partez! ❷ *(fam: fort)* ***sie ist schon ~*** elle s'est déjà tirée
Los [loːs] <-es, -e> *nt* ❶ ***etw durch das ~ entscheiden*** décider qc au sort; ***ein ~ ziehen*** tirer au sort; ***das ~ fällt auf jdn*** le sort tombe sur qn ❷ *(Lotterielos)* billet *m* ❸ *kein Pl (geh: Schicksal)* sort *m* ▸ **mit**

L

jdm/etw das große ~ gezogen haben avoir tiré le gros lot avec qn/qc
lösbar *adj* ❶ *Aufgabe* résoluble ❷ CHEM soluble
los|binden *vt irr* détacher; ***etw/jdn [von etw]*** ~ détacher qc/qn [de qc]
los|brechen ['loːsbrɛçən] *irr* **I.** *vt + haben* arracher *Ast;* détacher *Eiszapfen* **II.** *vi + sein* ❶ ***von etw*** ~ se détacher de qc ❷ *(beginnen) Gelächter, Jubel:* éclater
Löschblatt *nt* buvard *m*
löschen ['lœʃən] *vt* ❶ éteindre *Feuer, Licht;* ***seinen Durst*** ~ se désaltérer ❷ *(tilgen)* effacer, résilier *Bankkonto* ❸ NAUT décharger
Löschen ['lœʃən] <-s> *nt* extinction *f*
Löschfahrzeug *nt* voiture *f* de pompiers **Löschpapier** *nt* [papier *m*] buvard *m* **Löschtaste** *f* INFORM touche *f* "effacement"
Löschung <-, -en> *f* ❶ *(das Tilgen)* radiation *f* ❷ NAUT déchargement *m*
lose ['loːzə] *adj* ❶ *Schraube* desserré(e); *Knopf* qui bouge; *Knoten* lâche; *Halterung* instable, branlant(e); *Blatt* volant(e) ❷ *(unverpackt)* ***etw ~ verkaufen*** vendre qc en vrac ❸ *(hum: frech)* ***ein ~s Mundwerk haben*** ne pas avoir la langue dans sa poche
Lösegeld *nt* rançon *f*
los|eisen *(fam)* **I.** *vt* ❶ *(mit Mühe freimachen)* débaucher; ***jdn von seiner Arbeit*** ~ arracher qn à son travail ❷ *(lockermachen)* ***bei jdm Geld*** ~ soutirer de l'argent à qn **II.** *vr* ***sich*** ~ se libérer; ***sich von etw*** ~ s'arracher à qc
Lösemittel *nt* solvant *m*
losen ['loːzən] *vi* tirer au sort; ***um etw*** ~ tirer qc au sort
lösen ['løːzən] **I.** *vt* ❶ *(ablösen)* enlever, ôter *Schicht* ❷ défaire *Haare, Knoten;* desserrer *Handbremse* ❸ MED calmer, soulager *Husten, Verspannung* ❹ résoudre *Aufgabe, Problem* ❺ annuler *Verlobung;* résilier *Vertrag* ❻ *(zergehen lassen)* ***Chemikalien in etw*** *dat* ~ dissoudre des produits chimiques dans qc ❼ prendre *Eintrittskarte, Fahrschein* **II.** *vr* ❶ *(sich ablösen)* ***sich von etw*** ~ *Schicht, Schmutz:* s'enlever de qc; *Stein:* se détacher de qc ❷ *(sich auflösen)* ***sich in etw*** *dat* ~ se dissoudre dans qc ❸ *(sich aufklären)* ***sich*** ~ *Rätsel:* se résoudre ❹ *(sich befreien)* ***sich von jdm*** ~ se détacher de qn; ***sich von etw*** ~ se dégager de qc
los|fahren *vi irr + sein* ❶ *(abfahren)* partir; ***von etw*** ~ partir de qc ❷ *(fam: angreifen)* ***auf jdn*** ~ tomber sur qn **los|gehen** *vi irr + sein* ❶ s'en aller ❷ *(fam: beginnen)* commencer; ***es geht [schon] wieder los*** c'est reparti ❸ *(angreifen)* ***mit etw auf jdn*** ~ s'élancer sur qn avec qc ❹ *(krachen) Flinte, Schuss:* partir **los|kommen** *vi irr + sein (fam)* ❶ *(gehen können)* pouvoir partir ❷ *(sich befreien)* ***von jdm*** ~ se sortir des pattes de qn; ***vom Alkohol*** ~ décrocher de l'alcool **los|kriegen** *vt (fam)* ❶ *(abbekommen)* ***etw von etw*** ~ arriver à retirer qc de qc ❷ *(verkaufen können)* réussir à fourguer *Ware* ❸ *(losbekommen)* se débarrasser de *Person* **los|lassen** *vt irr* ❶ lâcher; ***die Hunde auf jdn*** ~ *(fam)* lâcher les chiens sur qn ❷ *(fig)* ***jdn nicht*** ~ *Vorstellung:* ne pas quitter qn ❸ lâcher *Fluch* **los|laufen** *vi irr + sein* ❶ *(zu laufen beginnen)* se mettre à courir ❷ *(weglaufen)* partir [en courant] **los|legen** *vi (fam: anfangen)* en mettre un coup; ***mit der Arbeit*** ~ s'attaquer au travail
löslich ['løːslɪç] *adj* soluble
los|lösen *vr* ***sich*** ~ se décoller **los|machen** **I.** *vt (losbinden)* détacher **II.** *vr (fam)* ***sich von etw*** ~ *(sich losreißen)* se dégager de qc; *(sich befreien)* se libérer de qc **los|müssen** *vi irr (fam)* devoir partir; ***ich muss los*** il faut que j'y aille
Losnummer *f* numéro *m* de billet **los|reißen** *irr* **I.** *vt* arracher **II.** *vr* ❶ *(sich entwinden)* ***sich von jdm*** ~ se dégager de qn ❷ *(fam: sich innerlich lösen)* ***sich*** ~ s'arrêter; ***er konnte sich von dem Anblick nicht*** ~ il ne pouvait détourner son regard
Löss [lœs] <-es, -e> *m* lœss *m*
los|sagen *vr (geh)* ***sich von jdm/etw*** ~ couper les ponts avec qn/renier qc **los|schicken** *vt* envoyer **los|schrauben** *vt* dévisser
Lostrommel *f* sphère *f* de tirage
Losung ['loːzʊŋ] <-, -en> *f* ❶ *(Wahlspruch)* mot *m* d'ordre ❷ MIL mot *m* de passe ❸ JAGD fumées *fpl*
Lösung ['løːzʊŋ] <-, -en> *f* ❶ *(das Lösen)* résolution *f* ❷ *(Ergebnis)* solution *f* ❸ *(Aufhebung) einer Verlobung* annulation *f; eines Vertrags* résiliation *f* ❹ CHEM solution *f*
Lösungsmittel *nt* solvant *m*
los|werden *vt irr + sein* ❶ se débarrasser de *Person;* ***eine Idee nicht*** ~ ne pas arriver à se défaire d'une idée ❷ *(fam: verlieren)* paumer ❸ *(fam: verkaufen)* fourguer
Lot [loːt] <-[e]s, -e> *nt* ❶ *(Senkblei)* fil *m* à plomb ❷ NAUT sonde *f* ❸ GEOM perpendiculaire *f;* ***das ~ auf etw*** *akk* ***fällen*** abais-

ser la perpendiculaire à qc ▶ **nicht im ~ sein** aller de travers

loten ['loːtən] *vt* sonder

löten ['løːtən] *vt* souder; ***etw an etw*** *akk* **~** souder qc à qc

Lothringen ['loːtrɪŋən] <-s> *nt* la Lorraine

Lothringer(in) ['loːtrɪŋɐ] <-s, -> *m(f)* Lorrain(e) *m(f)*

lothringisch ['loːtrɪŋɪʃ] *adj* lorrain(e)

Lotion [lo'tsi̯oːn] <-, -en> *f* lotion *f*

Lötkolben *m* fer *m* à souder **Lötmetall** *nt* brasure *f*

Lotos ['loːtɔs] <-, -> *m* lotus *m*

Lotse, **Lotsin** ['loːtsə] <-n, -n> *m, f* ❶ NAUT pilote *m* ❷ *(Fluglotse)* aiguilleur, -euse *m, f* du ciel

lotsen ['loːtsən] *vt* ❶ piloter *Schiff* ❷ *(fam: locken)* ***jdn ins Kino*** **~** entraîner qn au cinéma

Lotsendienst *m* service *m* d'aide à la circulation *(chargé notamment d'assurer la sécurité des écoliers)*

Lotsin *s.* **Lotse**

Lotterie [lɔtə'riː] <-, -i̯en> *f* loterie *f;* ***in der ~ spielen*** jouer à la loterie **Lotterielos** *nt* lot *m* de la loterie

Lotteriespiel *nt* ❶ [jeu *m* de] loterie *f* ❷ *(fig)* loterie *f*

Lotterleben ['lɔtɐ-] *nt kein Pl (fam)* vie *f* de patachon *fam;* ***ein ~ führen*** mener une vie de patachon *fam*

Lotto ['lɔto] <-s, -s> *nt* loto *m;* ***~ spielen*** jouer au loto; ***im ~ gewinnen*** gagner au loto

Lottogewinn *m* gain *m* au loto **Lottoschein** *m* bulletin *m* de loto **Lottozahl** *f* ❶ *(angekreuzte Zahl)* numéro *m* du loto ❷ *Pl (Gewinnzahlen)* numéros *mpl* gagnants [du loto]; ***Ziehung der ~en*** tirage du loto

Löwe ['løːvə] <-n, -n> *m* ❶ lion *m* ❷ ASTROL Lion *m*

Löwenanteil *m (fam)* part *f* du lion **Löwenmähne** *f* crinière *f* **Löwenzahn** *m kein Pl* pissenlit *m*

Löwin ['løːvɪn] *f* lionne *f*

loyal [lo̯a'jaːl] *adj (geh)* loyal(e)

Loyalität [lo̯ajali'tɛːt] <-> *f* loyauté *f*

LP [ɛl'peː, ɛl'piː] <-, -s> *f Abk von* **Langspielplatte** 33 tours *m*

LSD [ɛlʔɛs'deː] <-[s]> *nt Abk von* **Lysergsäurediäthylamid** L.S.D. *m*

lt. *präp (form) Abk von* **laut²** d'après

Luchs [lʊks] <-es, -e> *m* lynx *m*

Lücke ['lʏkə] <-, -n> *f* ❶ *(Zwischenraum)* trou *m* ❷ *(Unvollständigkeit)* lacune *f* ▶ **eine ~ reißen** *Tod, Weggang:* laisser un vide

Lückenbüßer(in) <-s, -> *m(f)* ***der ~ sein*** *(fam)* jouer les bouche-trous

lückenhaft **I.** *adj* incomplet, -ète; *Beweis* insuffisant(e); *Erinnerung* défaillant(e) **II.** *adv berichten, darstellen* de façon incomplète; *sich erinnern* vaguement

lückenlos **I.** *adj Bericht, Wissen* complet, -ète; *Beweis* irréfutable **II.** *adv darstellen, wiedergeben* de façon exhaustive; *sich erinnern* intégralement

Lückentest *m* exercice *m* à trous **Lückentext** *m* texte *m* à trous

lud [luːt] *Imp von* **laden**

Luder ['luːdɐ] <-s, -> *nt (fam: durchtriebene Frau)* bougresse *f; (kokette Frau)* garce *f*

Ludwig ['luːtvɪç] *m* ❶ Louis *m* ❷ HIST **~ *XIV.*** Louis XIV

Luft [lʊft, *Pl:* 'lʏftə] <-, Lüfte> *f* ❶ *kein Pl* air *m;* ***frische ~*** de l'air frais; ***an die [frische] ~ gehen*** aller prendre l'air ❷ *kein Pl (Atem)* ***die ~ anhalten*** retenir son souffle; ***keine ~ mehr bekommen*** étouffer; ***nach ~ schnappen*** chercher son souffle; ***tief ~ holen*** inspirer profondément ❸ *(fam: Platz)* espace *m; (Spielraum)* marge *f* de manœuvre ❹ *(Brise)* brise *f* ▶ **von ~ und Liebe leben** *(hum fam)* vivre d'amour et d'eau fraîche; **hier/dort herrscht dicke ~** *(fam)* il y a de l'orage dans l'air; **die ~ ist rein** *(fam)* pas de danger à l'horizon; **sich in ~ auflösen** se volatiliser; **jdn wie ~ behandeln** faire comme si qn n'existait pas; **es liegt etwas in der ~** il y a quelque chose qui se prépare; ***seinem Ärger ~ machen*** donner libre cours à sa colère; **~ für jdn sein** *(fam)* ne pas exister pour qn; **jdn an die [frische] ~ setzen** *(fam)* flanquer qn à la porte

Luftabwehr *f* défense *f* antiaérienne **Luftangriff** *m* attaque *f* aérienne **Luftballon** *m* ballon *m* [de baudruche] **Luftbefeuchter** *m* humidificateur *m* **Luftbild** *nt* vue *f* aérienne **Luftblase** *f* bulle *f* [d'air] **Luftbrücke** *f* pont *m* aérien

Lüftchen <-s, -> *nt Dim von* **Luft** brise *f;* ***es regt*** [*o* ***rührt***] ***sich kein ~*** il n'y a pas un souffle d'air **luftdicht** *adj* hermétique **Luftdruck** *m kein Pl* METEO pression *f* atmosphérique **luftdurchlässig** *adj* perméable à l'air; **~ *sein*** laisser passer l'air

lüften ['lʏftən] **I.** *vt* aérer *Raum, Wohnung;* dévoiler *Geheimnis;* soulever *Hut, Schleier* **II.** *vi* aérer

Lüfter ['lʏftɐ] <-s, -> *m* ventilateur *m*

L

Lụftfahrt *f kein Pl (form)* aviation *f* **Lụftfahrzeug** *nt (form)* aéronef *m* **Lụftfeuchtigkeit** *f* humidité *f* de l'air **Lụftfracht** *f* fret *m* [aérien] **lụftgetrocknet** *adj Schinken* séché(e) [à l'air] **Lụftgewehr** *nt* carabine *f* à air comprimé **Lụfthoheit** *f* souveraineté *f* aérienne

lụftig ['lʊftɪç] *adj Ort* bien aéré(e); *Kleidung* léger, -ère

Lụftkissenboot *nt* hydroglisseur *m* **Lụftkissenfahrzeug** *nt* aéroglisseur *m*

Lụftkorridor *m* couloir *m* aérien **Lụftkurort** *m* station *f* climatique **lụftleer** *adj* vide d'air **Lụftlinie** *f* ligne *f* droite **Lụftloch** *nt* AVIAT trou *m* d'air **Lụftmatratze** *f* matelas *m* pneumatique **Lụftpirat(in)** *m(f)* pirate *mf* de l'air **Lụftpost** *f* poste *f* aérienne; ***per*** [*o* ***mit***] ~ par avion **Lụftpumpe** *f* pompe *f* [à air]; *(für Fahrrad)* pompe à vélo; *(für Luftmatratze, Schlauchboot)* gonfleur *m* **Lụftraum** *m* espace *m* aérien **Lụftröhre** *f* ANAT trachée *f* **Lụftschacht** *m* conduit *m* d'aération **Lụftschiff** *nt* dirigeable *m* **Lụftschlange** *f* serpentin *m* **Lụftschloss** *nt meist Pl* château *m* en Espagne; ***Luftschlösser bauen*** construire des châteaux en Espagne **Lụftschutz** *m* défense *f* [anti]aérienne

Lụftschutzbunker *m* bunker *m* **Lụftschutzkeller** *m* abri *m* antiaérien **Lụftsprung** *m* bond *m* en l'air; ***vor Freude einen ~ machen*** faire un bond/des bonds de joie **Lụftstrom** *m* courant *m* d'air **Lụftstützpunkt** *m* base *f* aérienne

Lụ̈ftung <-, -en> *f* ❶ *(das Lüften)* aération *f* ❷ *(Lüftungssystem)* [système *m* de] ventilation *f*

Lụftveränderung *f* changement *m* d'air **Lụftverkehr** *m* trafic *m* aérien **Lụftverschmutzung** *f* pollution *f* de l'air **Lụftwaffe** *f* armée *f* de l'air **Lụftweg** *m* ❶ *kein Pl* AVIAT voie *f* aérienne ❷ *Pl (Atemwege)* voies *fpl* respiratoires **Lụftwiderstand** *m kein Pl* résistance *f* de l'air **Lụftzufuhr** *f kein Pl* arrivée *f* d'air **Lụftzug** *m* courant *m* d'air

Lüge ['ly:gə] <-, -n> *f* mensonge *m;* ***jdm ~n auftischen*** *(fam)* raconter des bobards à qn ▸ **~n haben kurze Beine** *(prov)* les mensonges ne mènent pas loin; **jdn ~n strafen** *(geh)* convaincre qn de mensonge

lügen ['ly:gən] <log, gelogen> *vi* mentir; ***das ist gelogen!*** c'est faux!

Lügendetektor ['ly:gəndetɛktɔr] <-s, -toren> *m* détecteur *m* de mensonges **Lügengeschichte** *f* tissu *m* de mensonges

lügenhaft *adj (pej: erlogen)* mensonger, -ère

Lügenpresse *f kein pl* presse *f* mensongère

Lügner(in) ['ly:gnɐ] <-s, -> *m(f) (pej)* menteur, -euse *m, f*

lügnerisch ['ly:gnərɪʃ] *adj (pej)* ❶ *(verlogen)* menteur, -euse ❷ *(erlogen)* mensonger, -ère

Luke ['lu:kə] <-, -n> *f* ❶ *(Dachluke)* lucarne *f* ❷ *(Schiffsluke, Panzerluke)* écoutille *f*

lukrativ [lukra'ti:f] *adj (geh)* lucratif, -ive

Lụ̈mmel ['lʏməl] <-s, -> *m* ❶ *(pej: Flegel)* malotru *m* ❷ *(fam: Bürschchen)* bonhomme *m*, coco *m*

lụ̈mmeln ['lʏml̩n] *vr (fam)* ***sich aufs Sofa/in den Sessel ~*** se vautrer sur le sofa/dans le fauteuil

Lụmp [lʊmp] <-en, -en> *m (pej)* crapule *f*

lụmpen ['lʊmpən] ▸ **sich nicht ~ lassen** *(fam)* [ne] pas mégoter

Lụmpen <-s, -> *m* ❶ *meist Pl (Kleidung)* haillon *m souvent pl* ❷ DIAL *(Schmutzlappen)* chiffon *m* **Lụmpensammler(in)** *m(f)* chiffonnier, -ière *m, f*

lụmpig *adj (pej)* ❶ *attr (fam: kümmerlich)* minable ❷ *(gemein)* sordide

Lụnch [lantʃ] <-[e]s *o* -, -[e]s *o* -e> *m* lunch *m*

Lụnchpaket *nt* panier-repas *m*

Lụnge ['lʊŋə] <-, -n> *f* ❶ poumons *mpl;* ***aus voller ~ singen*** chanter à pleins poumons ❷ *(Lungenflügel)* poumon *m* ▸ **sich** *dat* **die ~ aus dem Hals schreien** *(fam)* crier à pleins poumons

Lụngenbläschen ['lʊŋənblɛ:sçən] *nt* ANAT alvéole *f* pulmonaire **Lụngenembolie** *f* MED embolie *f* pulmonaire **Lụngenentzündung** *f* MED pneumonie *f* **Lụngenflügel** *m* poumon *m* **lụngenkrank** *adj* atteint(e) d'une affection pulmonaire **Lụngenkrebs** *m kein Pl* cancer *m* du poumon **Lụngenzug** *m* inhalation *f* par les poumons

lụngern ['lʊŋɐn] *vi (fam)* glandouiller

Lụnte ['lʊntə] <-, -n> *f (Zündschnur)* mèche *f* ▸ **~ riechen** flairer quelque chose

Lupe ['lu:pə] <-, -n> *f* loupe *f* ▸ **jdn/etw unter die ~ nehmen** *(fam)* examiner qn/qc sous toutes les coutures

lupenrein *adj* ❶ *Brillant* d'une parfaite pureté ❷ *(mustergültig)* exemplaire

Lupine [lu'pi:nə] <-, -n> *f* BOT lupin *m*

Lụrch [lʊrç] <-[e]s, -e> *m* amphibien *m*

Lụst [lʊst, *Pl:* 'lʏstə] <-, Lụ̈ste> *f* ❶ *kein Pl (Freude)* plaisir *m* ❷ *kein Pl (Neigung, Be-*

dürfnis) envie *f;* ~ ***auf ein Stück Kuchen haben*** avoir envie d'un morceau de gâteau; ***keine ~ zu etw haben*** ne pas avoir envie de qc; ***mach, wie du ~ hast!*** *(fam)* tu fais comme tu veux! ❸ *(sexuelle Begierde)* désir *m;* ~ ***auf jdn/etw haben*** avoir envie de qn/qc ▶ **nach ~ und Laune** *(fam)* comme ça lui/me/... chante; **mit ~ und Liebe** en y mettant tout son/mon/... cœur

lüstern ['lʏstɐn] **I.** *adj* ❶ *(sexuell erregt)* lubrique ❷ *(begierig)* ~ ***auf etw*** *akk* ***sein*** avoir des envies de qc **II.** *adv (sexuell erregt)* avec convoitise

lustig ['lʊstɪç] *adj* ❶ *(fröhlich)* gai(e), joyeux, -euse; ***sich über jdn/etw ~ machen*** se moquer de qn/qc ❷ *Anblick, Einfall* drôle, amusant(e) ▶ **du bist [vielleicht] ~!** *(iron)* tu en as de bonnes!

Lüstling ['lʏstlɪŋ] <-s, -e> *m (pej)* vicieux *m*

lustlos I. *adj* morose **II.** *adv (antriebslos)* sans entrain

Lustmord *m* crime *m* sexuel **Lustspiel** *nt* comédie *f*

lustvoll *adj* voluptueux

lutschen ['lʊtʃən] **I.** *vt* sucer *Bonbon;* manger *Eis* **II.** *vi* ***an etw*** *dat* ~ sucer qc

Lutscher <-s, -> *m* sucette *f*

Lutschtablette *f* pastille *f*

lütt [lʏt] *adj* NDEUTSCH petit(e)

Lüttich ['lʏtɪç] <-s> *nt* Liège

Luxemburg ['lʊksəmbʊrk] <-s> *nt (Stadt)* Luxembourg; *(Land)* le Luxembourg

Luxemburger(in) ['lʊksəmbʊrgɐ] <-s, -> *m(f)* Luxembourgeois(e) *m(f)*

luxemburgisch ['lʊksəmbʊrgɪʃ] *adj* luxembourgeois(e)

luxuriös [lʊksu'ri̯øːs] **I.** *adj* luxueux, -euse **II.** *adv einrichten* de façon luxueuse; ~ ***wohnen*** être installé luxueusement

Luxus ['lʊksʊs] <-> *m kein Pl* luxe *m;* ***im ~ leben*** vivre dans le luxe

Luxusartikel *m* article *m* de luxe **Luxushotel** *nt* hôtel *m* de luxe **Luxusliner** [-laɪ̯nɐ] <-s, -> *m* paquebot *m* de luxe

Luzern [lu'tsɛrn] <-s> *nt* Lucerne

Luzerne [lu'tsɛrnə] <-, -n> *f* luzerne *f*

Luzifer ['luːtsifɛr] <-s> *m* Lucifer *m*

LW [ɛl'veː] PHYS, RADIO *Abk von* **Langwelle** GO **Lymphdrüse** ['lʏmf-] *f* ANAT ganglion *m* lymphatique

Lymphe ['lʏmfə] <-, -n> *f* lymphe *f*

Lymphgefäß *nt* vaisseau *m* lymphatique **Lymphknoten** *m* ganglion *m* lymphatique

lynchen ['lʏnçən] *vt* lyncher; ***gelyncht werden*** se faire lyncher

Lynchjustiz *f* justice *f* expéditive **Lynchmord** *m* lynchage *m*

Lyrik ['lyːrɪk] <-> *f* poésie *f* lyrique

Lyriker(in) ['lyːrikɐ] <-s, -> *m(f)* poète *m* / poétesse *f* lyrique

lyrisch ['lyːrɪʃ] *adj* lyrique

L

Mm

m *Abk von* **Meter** m

M, m [ɛm] <-, -> *nt* M *m* /m *m*

MA. *Abk von* **Mittelalter**

Mäander [mɛ'andɐ] <-s, -> *m* méandre *m*

Macadamianuss [maka'daːmi̯a-] *f* noix *f* de macadamia

Machart *f* façon *f*

machbar *adj* ~ ***sein*** *Projekt:* être réalisable; *Gehaltserhöhung:* être possible

machen ['maxən] **I.** *vt* ❶ *(tun)* ***sie macht, was sie will*** elle fait ce qu'elle veut; ***was soll ich bloß ~?*** qu'est-ce que je dois faire?; ***so etwas macht man nicht*** ça ne se fait pas; ***mit mir kann man es ja ~*** *(fam)* avec moi, on peut y aller comme ça; ***du lässt ja alles mit dir ~!*** tu te laisses complètement faire!; ***jdm fünf Euro klein ~*** faire de la monnaie sur cinq euros à qn; ***etw mit Wasser voll ~*** *(fam)* remplir qc d'eau ❷ *(fertigen, produzieren)* faire; ***jdm etw ~*** *Handwerker, Künstler:* faire qc à qn; ***sich etw ~ lassen*** se faire faire qc; ***selbst gemacht*** de sa fabrication ❸ faire *Fleck, Loch;* ***Krach ~*** faire du bruit; ***Unordnung ~*** mettre le désordre ❹ *(bereiten)* donner *Hunger, Durst;* ***jdm Angst/Schwierigkeiten ~*** faire peur/des difficultés à qn; ***jdm Arbeit/Sorgen/Mut ~*** donner du travail/des soucis/du courage à qn; ***jdm Ärger/Probleme ~*** causer des ennuis/poser des problèmes à qn; ***das hat mir große Freude gemacht*** ça m'a fait très plaisir ❺ *(vollführen, ausüben)* faire *Sprung;* ***Sport/Musik ~*** faire du sport/de la musique ❻ *(vorgehen)* ***etw richtig/falsch ~*** faire qc bien/mal; ***gut gemacht!*** bien joué! ❼ *(erledigen)* ***wird gemacht!*** ce sera fait!; ***ich mache das schon!*** *(ich erledige das)* je m'en charge[rai]!; *(ich bringe das in Ordnung)* je vais arranger ça! ❽ faire *Zeichen* ❾ *(fam: in Ordnung bringen, reparieren)* faire; ***die Bremsen ~ lassen*** faire refaire les freins ❿ *(zubereiten)* ***jdm ein Schnitzel ~*** faire une escalope à qn; ***sich*** *dat* ***ein Spiegelei ~*** se faire un œuf au plat; ***selbst gemacht*** *Saft, Kuchen* fait(e) maison ⓫ *(fam)* faire *Bad, Küche* ⓬ *(erlangen, ablegen, belegen)* passer *Führerschein, Diplom;* marquer *Punkte;* obtenir *Preis;* suivre *Kurs* ⓭ *(veranstalten, unternehmen)* ***sich*** *dat* ***einen gemütlichen Abend ~*** passer une soirée tranquille; ***sich*** *dat* ***ein paar schöne Stunden ~*** s'offrir de belles heures; ***wann macht ihr Urlaub?*** quand prenez-vous vos vacances? ⓮ *(fam: ergeben)* faire; ***wie viel macht drei mal sieben?*** combien font trois fois sept? ⓯ *(kosten)* faire; ***was macht das?*** combien ça fait? ⓰ *(fam: verdienen)* réaliser *Umsatz, Gewinn* ⓱ *(werden lassen)* ***jdn glücklich/wütend ~*** rendre qn heureux, -euse/mettre qn en colère; ***jdm etw leicht/schwer ~*** faciliter/rendre difficile qc à qn; ***sich*** *dat* ***etw leicht ~*** se simplifier qc; ***es sich*** *dat* ***leicht ~*** ne pas se compliquer la vie; ***sich*** *dat* ***Feinde ~*** se faire des ennemis ⓲ *(erscheinen lassen)* ***jdn schlank ~*** *Kleidung:* amincir qn ⓳ *(durch Veränderung entstehen lassen)* ***[et]was aus einem alten Haus ~*** faire quelque chose d'une vieille maison ⓴ *(fam: einen Laut produzieren)* faire ㉑ *(imitieren)* ***einen Hahn ~*** faire le coq ㉒ faire *Grimasse;* ***was machst du denn für ein Gesicht?*** tu en fais une tête! ㉓ *(bewirken)* ***der Stress macht, dass*** le stress a pour effet que; ***das macht die Hitze*** c'est à cause de la chaleur ㉔ *(fam: sich beeilen)* ***macht, dass ihr verschwindet!*** arrangez-vous pour disparaître! ㉕ *(ausmachen)* ***macht nichts!*** ça ne fait rien!; ***was macht das schon?*** qu'est-ce que ça peut bien faire?; ***mach dir nichts daraus!*** ne t'en fais pas! ㉖ *(mögen)* ***sich*** *dat* ***etwas aus jdm/etw ~*** s'intéresser à qn/qc; ***ich mache mir nichts aus Sauerkraut*** la choucroute, je ne cours pas après ㉗ *(fam: fungieren als)* ***den Dolmetscher ~*** faire l'interprète ㉘ *(ausrichten, bewerkstelligen)* ***etwas/nichts für jdn ~ können*** pouvoir faire quelque chose/ne pouvoir rien faire pour qn; ***nichts zu ~!*** rien à faire!; ***das ist nicht zu ~*** c'est impossible; ***das lässt sich ~*** ça peut se faire ㉙ *(fam: beschmutzen)* ***die Hose[n] voll ~*** faire dans sa culotte ㉚ *(schaffen)* ***für etw wie gemacht sein*** être fait pour qc ㉛ *(Geschlechtsverkehr haben)* ***es mit jdm ~*** *(euph fam)* coucher avec qn ㉜ *(fam: stehen mit)* ***was macht Paul?*** que devient Paul?; *(beruflich)* que fait Paul? **II.** *vt unpers* ❶ ***es macht mich traurig, dass …*** ça me rend triste que … +*subj;* ***es macht mich glücklich zu hören, dass*** je suis heureux, -euse d'entendre que ❷ *(fam: ein Geräusch erzeugen)* ***es***

M

macht bum! ça fait boum! **III.** *vi* ❶ ***dumm*** ~ *Fernsehen:* rendre débile; ***müde*** ~ *Sport:* fatiguer ❷ *(fam: seine Notdurft verrichten)* ***ins Bett*** ~ faire [ses besoins] au lit ❸ *(erscheinen lassen)* ***dick*** ~ *Hose:* grossir ❹ *(fam: sich beeilen)* ***schnell*** ~ se grouiller; ***mach endlich!*** grouille-toi! ❺ *(fam: sich geben)* ***auf Experte*** ~ jouer les experts ❻ *(handeln, verfahren)* ***lass ihn nur*** ~ laisse-le donc faire **IV.** *vr* ❶ ***sich bei jdm beliebt*** ~ s'attirer les sympathies de qn ❷ *(sich entwickeln)* ***sich [gut]*** ~ *Kind, Pflanze:* pousser ❸ *(fam: sich gut entwickeln)* ***sich*** ~ avoir le vent en poupe ❹ *(passen)* ***sich gut zu dem Rock*** ~ *Bluse:* aller bien avec la jupe ❺ *(sich begeben)* ***sich an die Arbeit*** ~ se mettre au travail ❻ *(bereiten)* ***sich Sorgen*** ~ se faire du souci; ~ ***Sie sich wegen mir keine Umstände!*** ne vous dérangez pas pour moi!

Machenschaften *Pl (pej)* machinations *f pl*

Macher(in) <-s, -> *m(f) (fam)* fonceur, -euse *m, f*

Machete [ma'tʃeːtə, ma'xeːtə] <-, -n> *f* machette *f*

Machismo [ma'tʃɪsmo] <-[s]> *m (geh)* machisme *m*

Macho ['matʃo] <-s, -s> *m (fam)* macho *m*

Macht [maxt, *Pl:* 'mɛçtə] <-, Mächte> *f* ❶ *kein Pl (Befugnis)* pouvoir *m;* ***die ~ haben etw zu tun*** avoir le pouvoir de faire qc ❷ *kein Pl (Staats-, Befehlsgewalt)* pouvoir *m;* ***die ~ ausüben*** exercer le pouvoir; ***an die ~ kommen*** arriver au pouvoir ❸ *kein Pl (Herrschaft) eines Staates* domination *f* ❹ *(mächtiger Staat)* puissance *f* ❺ *kein Pl (Einfluss)* ***die ~ der Gewohnheit*** la force de l'habitude; ***die ~ des Schicksals*** la [toute-]puissance du destin ❻ *(mächtige Gruppe)* force *f,* puissance *f* ❼ *(Kraft, Stärke)* force *f;* ***mit aller ~ versuchen etw zu tun*** tenter de toutes ses forces de faire qc

Machtbefugnis *f* pouvoirs *mpl,* compétences *f pl;* ***das überschreitet meine ~*** ceci dépasse mes compétences **machtbewusst** *adj* ambitieux, -euse de pouvoir

Machtergreifung *f* prise *f* du pouvoir

Machthaber(in) <-s, -> *m(f) (pej)* dirigeant(e) *m(f)*

Machthunger *m (pej geh)* soif *f* de pouvoir **machthungrig** *adj (pej geh)* assoiffé(e) de pouvoir

mächtig ['mɛçtɪç] **I.** *adj* ❶ *(einflussreich)* puissant(e) ❷ *Erschütterung, Schlag* violent(e) ❸ *(fam: enorm)* sacré(e) *antéposé* ❹ *(geh: kundig)* ***des Französischen ~ sein*** maîtriser le français **II.** *adv (fam) sich freuen, sich ärgern* drôlement

Machtkampf *m* lutte *f* pour le pouvoir

machtlos **I.** *adj* ❶ *Politiker, Staat* impuissant(e); ***er ist praktisch*** ~ il n'a pratiquement pas de pouvoir ❷ *(hilflos)* ***gegen etw ~ sein*** être désarmé devant qc **II.** *adv* ***einer S.*** *dat* ~ ***gegenüberstehen*** faire face à qc avec un sentiment d'impuissance

Machtlosigkeit <-> *f* impuissance *f*

Machtmissbrauch *m* abus *m* de pouvoir

Machtpolitik *f* politique *f* d'hégémonie

Machtpolitiker(in) *m(f)* politicien(ne) *m(f)* autoritaire **machtpolitisch** *adj* POL qui se rapporte à une politique de puissance

Machtprobe *f* épreuve *f* de force

Machtstellung *f* position *f* de force

Machtstreben *nt* soif *f* de pouvoir

Machtübernahme *s.* **Machtergreifung**

machtvoll *adj Bewegung, Demonstration* puissant(e); *Erneuerung* radical(e) **Machtwechsel** *m* changement *m* de gouvernement **Machtwort** <-worte> *nt* ***ein ~ sprechen*** faire acte d'autorité

Machwerk *nt (pej)* sous-produit *m;* ***dieses Gemälde/Buch ist ein billiges*** ~ ce tableau est une croûte sans valeur/ce livre est un torchon *fam*

Macke ['makə] <-, -n> *f (fam)* ❶ *(Schadstelle)* défaut *m* ❷ *(Tick)* tic *m;* ***eine ~ haben*** *(fam)* avoir le cerveau fêlé

Macker ['makɐ] <-s, -> *m (fam)* mec *m*

Madagaskar [mada'gaskaːɐ̯] <-s> *nt* La Madagascar

madagassisch [mada'gasɪʃ] *adj* malgache

Mädchen ['mɛːtçən] <-s, -> *nt* ❶ fille *f* ❷ *(jugendliche Frau)* [jeune] fille *f* ► ~ **für alles** *(fam)* bonne *f* à tout faire

mädchenhaft *adj* de jeune fille

Mädchenname *m* ❶ *(weiblicher Vorname)* prénom *m* féminin ❷ *(Geburtsname)* nom *m* de jeune fille

Made ['maːdə] <-, -n> *f* asticot *m*

Madel ['maːdəl] <-s, -n> SDEUTSCH, A, **Mädel** ['mɛːdəl] <-s, - *o* SDEUTSCH, A -s> *nt (fam)* fille *f*

madig ['maːdɪç] *adj* véreux, -euse

Madrid [ma'drɪt] <-s> *nt* Madrid

Mafia ['mafi̯a] <-> *f (a. fig, pej)* maf[f]ia *f*

Magazin [maga'tsiːn] <-s, -e> *nt* ❶ *(Lager)* magasin *m* ❷ *(Zeitschrift)* magazine *m* ❸ TECH *einer Werkzeugmaschine* magasin *m; einer Schusswaffe* chargeur *m*

Magen ['maːgən, *Pl:* 'mɛːgən] <-s, Mägen *o* -> *m* estomac *m;* ***etwas/nichts im ~ haben*** avoir quelque chose/ne rien avoir

M

dans l'estomac; ***auf nüchternen ~*** à jeun; ***sich** dat* ***den ~ verderben*** attraper une indigestion *fam*

Magenbeschwerden *Pl* troubles *mpl* gastriques **Magenbitter** <-s, -> *m* [digestif *m*] amer *m* **Magen-Darm-Trakt** *m* ANAT tube *m* gastro-intestinal **Magendrücken** <-s; *kein Pl*> *nt* lourdeurs *fpl* d'estomac **Magengeschwür** *nt* MED ulcère *m* à l'estomac **Magenknurren** *nt* gargouillement *m* **Magenkrampf** *m meist Pl* crampe *f* d'estomac **magenkrank** *adj* malade de l'estomac **Magenleiden** *nt* maladie *f* de l'estomac **Magensaft** *m* suc *m* gastrique **Magensäure** *f* acidité *f* gastrique **Magenschmerzen** *Pl* maux *mpl* d'estomac; ***~ haben*** avoir mal à l'estomac **Magenverstimmung** *f* indigestion *f*

mager ['ma:gɐ] **I.** *adj* ❶ *(dünn)* maigre ❷ *Fleisch, Käse* maigre ❸ *Boden* ingrat(e); *Acker* maigre *antéposé* ❹ *Ergebnis, Ernte, Trinkgeld* médiocre, maigre *antéposé* ❺ TYP *Buchstabe* maigre **II.** *adv* ***~ ausfallen*** *Ernte, Trinkgeld:* se révéler médiocre

Magermilch *f* lait *m* écrémé **Magerquark** *m* ≈ fromage *m* blanc maigre **Magersucht** *f kein Pl* anorexie *f* **magersüchtig** *adj* MED anorexique

Maggikraut ['magi-] *nt kein Pl* BOT, GASTR livèche *f*

Magie [ma'gi:] <-> *f (Zauberei, Anziehungskraft)* magie *f*

Magier(in) ['ma:gi̯ɐ] <-s, -> *m(f)* ❶ *(Zauberkünstler)* prestidigitateur, -trice *m, f* ❷ *(Zauberer)* magicien(ne) *m(f)*

magisch ['ma:gɪʃ] **I.** *adj* magique **II.** *adv* comme par magie

Magister [ma'gɪstɐ] <-s, -> *m* ❶ *(Universitätsgrad)* ***~ Artium*** ≈ maîtrise *f* de sciences humaines; ***den ~ haben*** ≈ avoir la maîtrise ❷ *(Inhaber des Universitätsgrades)* ≈ titulaire *mf* d'une maîtrise

Magistrat [magɪs'tra:t] <-[e]s, -e> *m (Stadtverwaltung)* municipalité *f*

Magma ['magma] <-s, Magmen> *nt* magma *m*

Magnesia [ma'gne:zi̯a] <-; *kein Pl*> *f* CHEM magnésie *f*

Magnesium [ma'gne:ziʊm] <-s> *nt* CHEM magnésium *m*

Magnet [ma'gne:t] <-[e]s *o* -en, -e[n]> *m* aimant *m*

Magnetband *nt* bande *f* magnétique **Magnetfeld** *nt* champ *m* magnétique

magnetisch [ma'gne:tɪʃ] **I.** *adj* magnétique **II.** *adv (unwiderstehlich)* comme par magie

magnetisieren* [magneti'zi:rən] *vt* ❶ PHYS aimanter ❷ MED magnétiser

Magnetismus [magne'tɪsmʊs] <-> *m* magnétisme *m*

Magnetkarte *f* carte *f* magnétique **Magnetstreifen** *m* piste *f* magnétique

Magnolie [ma'gno:li̯ə] <-, -n> *f* magnolia *m*

mäh [mɛ:] *interj* bê

Mahagoni [maha'go:ni] <-s> *nt* acajou *m*

Mähdrescher <-s, -> *m* moissonneuse-batteuse *f*

mähen ['mɛ:ən] **I.** *vt* faucher *Wiese;* moissonner *Getreide;* tondre *Rasen* **II.** *vi* ❶ tondre ❷ *(fam: blöken)* bêler

Mahl [ma:l, *Pl:* 'mɛ:lɐ] <-[e]s, -e *o* Mähler> *nt (geh)* repas *m*

mahlen ['ma:lən] <mahlte, gemahlen> *vt (zermahlen)* moudre

Mahlzeit ['ma:ltsai̯t] *f* repas *m;* ***gesegnete ~!*** *(geh)* bon appétit!; ***~!*** *(fam: guten Appetit)* bon appétit!; DIAL *(fam: schönen Mittag)* salut! *(se dit à l'heure du déjeuner)*

Mähmaschine *f (für Gras)* faucheuse *f; (für Getreide)* moissonneuse *f*

Mahnbescheid *m* lettre *f* de rappel

Mähne ['mɛ:nə] <-, -n> *f (a. pej)* crinière *f*

mahnen ['ma:nən] **I.** *vt* ❶ ***jdn ~*** rappeler qn à l'ordre; ***jdn zur Vorsicht ~*** inviter qn à la prudence ❷ *(zur Zahlung auffordern)* envoyer un rappel à **II.** *vi* ❶ *(anmahnen)* ***zur Ruhe ~*** inviter au calme ❷ *(zur Zahlung auffordern)* envoyer un rappel

Mahnmal <-[e]s, -e> *nt* mémorial *m*

Mahnung <-, -en> *f* ❶ *(Ermahnung)* avertissement *m* ❷ *(geh: warnende Erinnerung)* mise *f* en garde ❸ *(Mahnbrief)* lettre *f* de rappel

Mahnwache *f* commémoration *f* silencieuse

Mai [mai̯] <-[e]s *o* -, -e> *m* mai *m; s. a.* **April**

Maibaum *m* arbre *m* de mai

Land und Leute

Le **Maibaum** est érigé le soir du 30 avril sur certaines places publiques, surtout dans les villages catholiques du sud de l'Allemagne. Il symbolise la fertilité. Le **Maibaum** est fait d'un tronc de sapin ou de bouleau à la cime duquel on fixe une couronne de branches ornée de rubans qui flottent au vent et sont, le plus souvent, aux couleurs de la ville.

M

Maiglöckchen ['maiglœkçən] *nt* muguet *m* **Maikäfer** *m* hanneton *m*
Mail [meɪl] <-, -s> *f (fam)* INFORM [e-]mail *m*
Mailand ['mailant] <-s> *nt* Milan *m*
Mailanhang ['me:l-] *m* INFORM pièce *f* jointe, fichier *m* attaché
Mailbox ['meɪlbɔks] <-, -en> *f* INFORM boîte *f* aux lettres électronique; ***seine ~ leeren*** relever sa boîte aux lettres [électronique]
mailen ['meɪlən] *vt* INFORM ***etw*** ~ envoyer qc par [e-]mail
Mailing ['meɪlɪŋ] <-s, -s> *nt* mailing *m*
Mailprogramm *nt* INFORM logiciel *m* de courrier électronique **Mailsystem** *nt* INFORM messagerie *f*
Main [main] <-s> *m* ***der*** ~ le Main
Mainz [maints] <-> *nt* Mayence
Mais [mais] <-es, -e> *m* maïs *m*
Maiskolben *m* épi *m* de maïs **Maismehl** *nt* farine *f* de maïs
Majestät [majɛs'tɛ:t] <-, -en> *f (Titel, Anrede)* Majesté *f*
majestätisch *adj* majestueux, -euse
Major(in) [ma'jo:ɐ̯] <-s, -e> *m(f)* commandant(e) *m(f)*
Majoran ['ma:joran] <-s, -e> *m* ❶ *(Pflanze)* marjolaine *f* ❷ *(Gewürz)* origan *m*
makaber [ma'ka:bɐ] *adj* macabre
Makel ['ma:kəl] <-s, -> *m* ❶ *(Schandfleck)* tare *f* ❷ *(Fehler)* défaut *m; (auf Früchten)* tache *f*
makellos I. *adj* ❶ *(untadelig)* irréprochable ❷ *(fehlerlos)* impeccable **II.** *adv rein, sauber* impeccablement
Makellosigkeit <-> *f* ❶ *(Untadeligkeit)* caractère *m* irréprochable ❷ *(Fehlerlosigkeit) der Figur, der Haut* perfection *f*
mäkeln ['mɛ:kəln] *vi (pej)* critiquer
Make-up [me:k'ʔap] <-s, -s> *nt* maquillage *m*
Make-up-Entferner <-s, -> *m* démaquillant *m*
Makkaroni [maka'ro:ni] *Pl* macaroni *mpl*
Makler(in) ['ma:klɐ] <-s, -> *m(f)* courtier, -ière *m, f; (Immobilienmakler)* agent *m* immobilier
Maklergebühr *f* courtage *m; (bei Immobilien)* commission *f*
Makrele [ma'kre:lə] <-, -n> *f* maquereau *m*
Makro <-s, -s> *nt o m* INFORM macro *m*
Makrone [ma'kro:nə] <-, -n> *f* macaron *m*
mal [ma:l] *adv* ❶ *(fam: einmal)* ***wieder ~*** une fois de plus; ***das ist nun ~ so*** c'est comme ça; ***warst du schon ~ in Kanada?*** tu as déjà été au Canada? ❷ *(fam: gerade, eben)* ***komm ~ her!*** viens ici!; ***darf ich dich ~ was fragen?*** je peux te demander quelque chose? ❸ MATH fois; ***drei ~ vier ist zwölf*** trois fois quatre [font] douze
Mal[1] [ma:l] <-[e]s, -e> *nt* fois *f;* ***das erste/letzte ~*** la première/dernière fois; ***es ist das letzte ~, dass ...*** c'est la dernière fois que ...; ***beim ersten ~*** la première fois; ***zum ersten ~*** pour la première fois; ***jedes ~*** chaque fois; ***jedes ~, wenn ...*** chaque fois que ...; ***das eine oder andere ~*** de temps en temps; ***von ~ zu ~*** [à] chaque fois; ***ein für alle ~*** une fois pour toutes ▶ **mit einem** ~ tout d'un coup
Mal[2] [ma:l] <-[e]s, -e> *nt (Muttermal)* envie *f fam; (Hautverfärbung)* marque *f*
Malaria [ma'la:ri̯a] <-> *f* MED paludisme *m*
Malawi [ma'la:vi] <-s> *nt* le Malawi
Malaysia [ma'laizi̯a] <-s> *nt* la Malaisie
Malaysier(in) [ma'laiziɐ] <-s, -> *m(f)* Malaysien(ne) *m(f)*
malaysisch [ma'laizɪʃ] *adj* malaysien(ne)
Malbuch *nt* album *m* de coloriage
Malediven [male'di:vən] *Pl* les Maldives *f pl*
malen ['ma:lən] **I.** *vt* ❶ peindre *Gemälde;* ***sich ~ lassen*** se faire peindre, faire faire son portrait ❷ *(zeichnen)* dessiner ❸ DIAL *(anstreichen)* ***etw weiß*** ~ peindre qc en blanc **II.** *vi* peindre, faire de la peinture
Maler(in) <-s, -> *m(f)* ❶ *(Kunstmaler)* peintre *m,* artiste *mf* peintre ❷ *(Anstreicher)* peintre *m* [en bâtiment]
Malerei [ma:lə'rai] <-, -en> *f* peinture *f*
malerisch I. *adj (pittoresk)* pittoresque **II.** *adv gelegen* de façon pittoresque
Malheur [ma'lø:ɐ̯] <-s, -s *o* -e> *nt (fam)* [petit] accident *m;* ***das ist doch kein ~!*** ce n'est pas une catastrophe!
Mali ['ma:li] <-s> *nt* le Mali
Malkasten *m* boîte *f* de couleurs [*o* peintures]
Mallorca [ma'lɔrka, ma'jɔrka] <-s> *nt* la Majorque
mal|nehmen ['ma:lne:mən] *vt irr* ***etw mit etw*** ~ multiplier qc par qc
Maloche [ma'lo:xə] <-> *f (fam)* boulot *m*
malochen* [ma'lo:xən] *vi (fam)* trimer; ***in der Fabrik ~*** bosser à l'usine
Malta ['malta] <-s> *nt* Malte
maltesisch [mal'te:zɪʃ] *adj* maltais
malträtieren* [maltrɛ'ti:rən] *vt* rudoyer
Malve ['malvə] <-, -n> *f* mauve *f*

M

Malz [malts] <-es> *nt* malt *m*
Malzbier *nt* bière *f* de malt
Mama ['mama] <-, -s> *f,* **Mami** ['mami] <-, -s> *f (fam)* maman *f*

Falsche Freunde
Nicht verwechseln mit *la mamie* – *die Oma*!

Mammografie [mamogra'fi:] <-, -ien> *f* MED mammographie *f*
Mammut ['mamʊt] <-s, -s *o* -e> *nt* mammouth *m*
Mammutbaum *m* séquoia *m* **Mammutveranstaltung** *f* manifestation *f* monstre *fam*
mampfen ['mampfən] *(fam)* **I.** *vi* se goinfrer **II.** *vt* bouffer
man [man] *pron indef* on; ~ ***hat festgestellt, dass …*** on a constaté que …, il a été établi que …
Management ['mɛnɪdʒmənt] <-s, -s> *nt* management *m*
managen ['mɛnɪdʒən] *vt* ❶ gérer *Firma, Projekt* ❷ servir d'imprésario à *Künstler;* manager *Sportler* ❸ *(fam: hinkriegen)* gérer *Problem*
Manager(in) ['mɛnɪdʒɐ] <-s, -> *m(f)* ❶ manager *mf* ❷ *(Betreuer) eines Künstlers* imprésario *m,* agent *m; eines Sportlers* manager *mf*
manch *pron indef* ❶ ~ ***eine Frau*** plus d'une femme; ***~e Menschen*** bien des hommes; ~ ***Interessantes*** beaucoup de choses intéressantes, plus d'une chose intéressante ❷ *substantivisch* ***~e lernen es nie*** certains ne l'apprendront jamais; ***~e von denen, die …*** beaucoup de ceux/celles qui …; ***~es, was man so hört, …*** beaucoup de ce qui est dit …; ***in ~em*** *(was dieses oder jenes betrifft)* sur bien des points; *(in einigem)* sur certains points
mancherlei ['mançɐ'lai] *adj inv* toutes sortes de
manchmal *adv* quelquefois, parfois
Mandant(in) [man'dant] <-en, -en> *m(f)* mandant(e) *m(f)*
Mandarine [manda'ri:nə] <-, -n> *f* mandarine *f*
Mandat [man'da:t] <-[e]s, -e> *nt* POL, JUR mandat *m*
Mandatar(in) [manda'ta:ɐ̯] <-s, -e> *m(f)* A *(Abgeordneter)* député(e) *m(f)*
Mandatszeit *f* durée *f* de mandat
Mandel ['mandəl] <-, -n> *f* ❶ amande *f* ❷ ANAT amygdale *f*
Mandelbaum *m* amandier *m*
Mandelentzündung *f* amygdalite *f*
Mandoline [mando'li:nə] <-, -n> *f* mandoline *f*
Manege [ma'ne:ʒə] <-, -n> *f* piste *f*

Falsche Freunde
Nicht verwechseln mit *le manège* – *das Karussell*!

Manga ['maŋga] <-s, -[s]> *m o nt* manga *m*
Mangan [maŋ'ga:n] <-s> *nt* CHEM manganèse *m*
Mangel[1] ['maŋəl, *Pl:* 'mɛŋəl] <-s, Mängel> *m* ❶ *(Fehler)* défaut *m* ❷ *kein Pl (Knappheit)* manque *m;* ~ ***an etw*** *dat* ***haben*** manquer de qc ❸ *kein Pl (Defizit)* ~ ***an Vitaminen*** carence *f* en vitamines; ***ein ~ an Liebe*** *dat* un manque d'amour; ***aus ~ an Beweisen*** faute de preuves
Mangel[2] ['maŋəl] <-, -n> *f* TECH repasseuse *f*
Mangelberuf *m* profession *f* déficitaire
mangelernährt *adj* MED dénutri(e) **Mangelerscheinung** *f* trouble *m* carentiel
mangelhaft **I.** *adj* ❶ défectueux, -euse ❷ *(Note)* médiocre **II.** *adv vorbereitet* insuffisamment
mangeln ['maŋəln] **I.** *vi unpers* ***es mangelt an Medikamenten*** les médicaments font défaut; ***jdm mangelt es an Zuwendung*** qn manque d'attention **II.** *vt* ***etw*** ~ repasser qc à la machine
mangelnd *adj* insuffisant(e); ***das ~e Interesse der Schüler*** le manque d'intérêt des élèves
mangels ['maŋəls] *präp +gen (form)* ~ ***eines Hammers*** à défaut de marteau, faute d'un marteau
Mangelware *f* ▶ ~ **sein** faire défaut
Mango ['maŋgo] <-, -s> *f* mangue *f*
Mangold ['maŋgɔlt] <-[e]s, -e> *m* bette *f*
Mangrove [maŋ'gro:və] <-, -n> *f* mangrove *f*
Manie [ma'ni:] <-, -ien> *f* manie *f*
Manier [ma'ni:ɐ̯] <-, -en> *f meist Pl (Umgangsformen)* manières *fpl*
manierlich **I.** *adj* convenable **II.** *adv sich benehmen, essen* convenablement; ~ ***aussehen*** être présentable
Manifest [mani'fɛst] <-[e]s, -e> *nt* manifeste *m*
Manifestation [manifɛsta'tsio:n] <-, -en> *f (geh)* manifestation *f*
manifestieren* **I.** *vr (geh)* ❶ *(zutage tre-*

ten) **sich** ~ se manifester ❷ MED **sich in jdm** ~ *Krankheit:* se déclarer [*o* se manifester] chez qn **II.** *vi* CH *(demonstrieren)* manifester

Maniküre [mani'ky:rə] <-, -n> *f (Person, Pflege)* manucure *f*

maniküren* [mani'ky:rən] *vt* manucurer

Manipulation [manipula'tsi̯o:n] <-, -en> *f (geh)* manipulation *f*

manipulierbar [manipu'li:ɐ-] *adj (geh)* manipulable; ***leicht ~ sein*** se laisser facilement manipuler

manipulieren* [manipu'li:rən] *(geh)* **I.** *vt* manipuler **II.** *vi **an etw** dat* ~ bricoler qc

Manipulierung *s.* **Manipulation**

manisch ['ma:nɪʃ] *adj* PSYCH maniaque

manisch-depressiv ['ma:nɪʃdeprɛ'si:f] *adj* PSYCH maniacodépressif, -ive

Manko ['maŋko] <-s, -s> *nt* ❶ *(Mangel)* défaut *m* ❷ COM trou *m*

Mann [man, *Pl:* 'mɛnɐ] <-[e]s, Männer> *m* ❶ *(männliche Person)* homme *m;* ***ein ~ von Welt*** un homme du monde; ***der ~ meines Lebens*** l'homme de ma vie ❷ *(Ehemann)* mari *m;* ***der geschiedene ~ meiner Tante*** l'ex-mari de ma tante ❸ *(einzelne Person)* ***pro ~*** par personne; ***~ gegen ~ kämpfen*** lutter corps à corps ▶ **der ~ auf der Straße** l'homme de la rue; **der kleine ~** le simple citoyen; **mein lieber ~!** *(fam: herrje)* eh ben, mon vieux!; *(pass bloß auf)* mon petit ami!; **etw an den ~ bringen** *(fam)* trouver preneur pour qc; **o ~** *(fam)* purée!; **~, o ~!** *(fam)* eh ben, mon vieux!; **selbst ist der ~!** on n'est jamais si bien servi que par soi-même

Männchen ['mɛnçən] <-s, -> *nt* ❶ *Dim von* **Mann** petit homme *m* ❷ *(männliches Tier)* mâle *m* ❸ *(Strichmännchen)* bonhomme *m* ▶ **~ machen** *Hund:* faire le beau

Mannequin ['manəkɛ̃] <-s, -s> *nt* mannequin *m*

Männersache *f* affaire *f* d'hommes

mannhaft *adj* courageux

mannigfach ['manɪçfax] *adj (geh)* divers

Mannigfaltigkeit *s.* **Vielfalt**

männlich ['mɛnlɪç] **I.** *adj* ❶ *Kind, Erbe* du sexe masculin; *Tier, Hormon* mâle; *Geschlecht* masculin(e); *Geschlechtsteil* de l'homme ❷ *(typisch für einen Mann)* masculin(e) ❸ *Auftreten* résolu(e) ❹ *a.* GRAM *Frau* masculin(e) **II.** *adv **sich ~ verhalten*** se comporter de manière virile; *Frau:* se comporter de manière masculine

Männlichkeit <-> *f* virilité *f*

Mannschaft <-, -en> *f* ❶ *von Sportlern, Mitarbeitern* équipe *f* ❷ *Pl* MIL troupes *fpl*

Mannschaftsaufstellung *f* composition *f* d'une/de l'équipe **Mannschaftsgeist** *m kein Pl* esprit *m* d'équipe **Mannschaftssport** *m* sport *m* d'équipe

mannshoch *adj* à hauteur d'homme

Mannweib *nt (pej)* virago *f*

Manometer [mano'me:tɐ] <-s, -> *nt* TECH manomètre *m*

Manöver [ma'nø:vɐ] <-s, -> *nt* MIL *(a. fig)* manœuvre *f*

manövrieren* [manø:'vri:rən] **I.** *vi* manœuvrer; ***mit etw*** ~ manœuvrer qc **II.** *vt **das Bett durch die Tür*** ~ faire passer le lit par la porte

manövrierunfähig *adj* ingouvernable

Mansarde [man'zardə] <-, -n> *f* mansarde *f*

Manschette [man'ʃɛtə] <-, -n> *f* ❶ *(Ärmelabschluss)* poignet *m* ❷ MED *(Halskrause)* manchon *m; (Gummimanschette)* brassard *m* ❸ TECH bague *f*

Manschettenknopf *m* bouton *m* de manchette

Mantel ['mantəl, *Pl:* 'mɛntəl] <-s, Mäntel> *m* ❶ manteau *m* ❷ *(Radmantel)* chape *f* ❸ *(Umhüllung) eines Kabels* gaine *f*

Manteltarifvertrag *m* ÖKON convention *f* collective

manuell [ma'nu̯ɛl] *adj* manuel(le)

Manuskript [manu'skrɪpt] <-[e]s, -e> *nt* manuscrit *m*

Mäppchen <-s, -> *nt Dim von* **Mappe** trousse *f* d'écolier

Mappe ['mapə] <-, -n> *f* ❶ *(Dokumentenhülle)* chemise *f* ❷ *(Zeichenmappe)* carton *m* à dessin ❸ *(Aktentasche)* serviette *f*

Maracuja [mara'ku:ja] <-, -s> *f* fruit *m* de la passion

Marathon ['ma:ratɔn] <-s, -s> *m* marathon *m*

Marathonlauf *m* marathon *m* **Marathonläufer(in)** *m(f)* marathonien *m* **Marathonsitzung** *f* séance-marathon *f*

Märchen ['mɛ:ɐ̯çən] <-s, -> *nt* ❶ LITER conte *m* ❷ *(fam: erfundene Geschichte)* histoire *f* à dormir debout

Märchenbuch *nt* livre *m* de contes **Märchenerzähler(in)** *m(f)* conteur, -euse *m, f*

märchenhaft **I.** *adj* fabuleux, -euse **II.** *adv reich* fabuleusement; *schön* merveilleusement

Märchenland *nt kein Pl* pays *m* des merveilles **Märchenprinz, -prinzessin** *m, f* prince *m* charmant/princesse *f*

M

Marder ['marde] <-s, -> *m* martre *f*
Margarine [marga'riːnə] <-, -n> *f* margarine *f*
Margerite [margə'riːtə] <-, -n> *f* marguerite *f*
marginal [margi'naːl] **I.** *adj* marginal(e) **II.** *adv* accessoirement
Marginalie [margi'naːliə] <-, -n> *f meist Pl* note *f* marginale
marginalisieren* [marginali'ziːrən] *vt (geh)* marginaliser
Maria [ma'riːa] <-s *o* Mariä> *f (Mutter Gottes)* Marie *f;* ***die heilige ~*** la Sainte Vierge
Marienbild *nt* Madone *f* **Marienkäfer** [ma'riːənkɛːfe] *m* coccinelle *f*
Marihuana [marihu'aːna] <-s> *nt* marijuana *f*
Marille [ma'rɪlə] <-, -n> *f* A abricot *m*
Marinade [mari'naːdə] <-, -n> *f* marinade *f*
Marine [ma'riːnə] <-, -n> *f* marine *f*
marineblau *adj* bleu marine *inv* **Marineoffizier** *m* officier *m* de marine **Marinestützpunkt** *m* base *f* navale
marinieren* [mari'niːrən] *vt* mariner
Marionette [mari̯o'nɛtə] <-, -n> *f (a. fig, pej)* marionnette *f*
Marionettenregierung *f* POL gouvernement *m* fantoche
maritim [mari'tiːm] *adj* maritime
Mark[1] [mark] <-, - *o hum:* Märker> *f* HIST *(deutsche Währung)* mark *m*
Mark[2] [mark] <-[e]s> *nt* ❶ *(Knochenmark)* moelle *f* ❷ *(Fruchtmark)* pulpe *f*
markant [mar'kant] *adj Kinn, Nase, Gesichtszüge* prononcé(e); *Stirn* large; *Schrift* ferme; *Erscheinung* affirmé(e); *Punkt* qui se remarque
Marke ['markə] <-, -n> *f* ❶ marque *f* ❷ *(Briefmarke, Beitragsmarke)* timbre *m* ❸ *(Essensmarke, Garderobenmarke)* ticket *m* ❹ *(Dienstmarke, Erkennungsmarke)* plaque *f* ❺ *(Pegelstand)* marque *f*
Markenartikel *m* article *m* de marque **Markenname** *m* [nom *m* de] marque *f* **Markenqualität** *f* [qualité *f* de] marque *f* **Markenzeichen** *nt* ❶ *(Warenzeichen)* logo *m; von Kleidung* griffe *f* ❷ *(Merkmal)* image *f* de marque
Marker ['marke] *m* surligneur *m*
markerschütternd *adj* perçant(e)
Marketing ['markətɪŋ] <-s> *nt* marketing *m*
markieren* [mar'kiːrən] *vt* ❶ marquer *Textstelle, Tier;* signaliser *Fahrbahn* ❷ INFORM surligner

Markierung <-, -en> *f (die Kennzeichen) einer Fahrbahn, Grenze* marquage *m*
markig *adj* puissant
Markise [mar'kiːzə] <-, -n> *f* store *m*
Markknochen *m* os *m* à moelle
Markstein *m* étape *f* décisive
Markstück *nt* HIST pièce *f* d'un mark
Markt [markt, *Pl:* 'mɛrktə] <-[e]s, Märkte> *m* ❶ *(Wochenmarkt)* marché *m;* ***zum ~ gehen*** aller au marché ❷ *(Marktplatz)* [place *f* du] marché *m* ❸ *(Absatzmarkt)* marché *m;* ***etw auf den ~ bringen*** lancer qc sur le marché; ***der Gemeinsame ~*** HIST le Marché commun
Marktanalyse *f* analyse *f* de marché **Marktanteil** *m* part *f* de marché **marktbeherrschend** *adj attr Firma* qui contrôle le marché; *Stellung* dominant(e) sur le marché; ***~ sein*** dominer le marché **Marktforschung** *f kein Pl* étude *f* de marché **Marktfrau** *f* marchande *f* [ambulante] **marktführend** *adj Unternehmen* qui domine le marché **Marktführer** *m* leader *m* **Markthalle** *f* marché *m* couvert **Marktlücke** *f* créneau *m* [commercial] **Marktplatz** *m* place *f* du marché
marktschreierisch ['marktʃrai̯ərɪʃ] *adj (pej) Reklame* tapageur, -euse
Marktstand *m* étal *m* **Marktstellung** *f kein Pl* position *f* sur le marché **Marktstudie** [-ʃtuːdi̯ə] *f* étude *f* de marché **Marktwert** *m* valeur *f* marchande **Marktwirtschaft** *f* économie *f* de marché; ***freie ~*** économie libérale; ***soziale ~*** économie sociale de marché
Marmelade [marmə'laːdə] <-, -n> *f* confiture *f*
Marmor ['marmoːɐ̯] <-s, -e> *m* marbre *m*
marmoriert [marmo'riːɐ̯t] *adj* marbré(e)
Marmorkuchen *m* marbré *m*
marode [ma'roːdə] *adj* épuisé(e); ***~ sein*** être en piteux état
Marokkaner(in) [marɔ'kaːne] <-s, -> *m(f)* Marocain(e) *m(f)*
marokkanisch *adj* marocain(e)
Marokko [ma'rɔko] <-s> *nt* le Maroc
Marone[1] [ma'roːnə] <-, -n *o* Maroni> *f (Kastanie)* marron *m*
Marone[2] [ma'roːnə] <-, -n> *f (Pilz)* bolet *m* bai
Marotte [ma'rɔtə] <-, -n> *f* marotte *f*
Mars [mars] <-> *m* ASTRON Mars *m;* ***der ~*** la planète Mars
marsch [marʃ] *interj (fam)* oust[e]; ***los, ~!*** allez, oust[e]!
Marsch[1] [marʃ, *Pl:* 'mɛrʃə] <-[e]s, Mär-

M

sche> *m (Fußmarsch, Marschmusik)* marche *f*
Marsch² [marʃ] <-, -en> *f* GEOG *terrains cultivables gagnés sur la mer sur la côte de la Mer du Nord*
Marschall(in) ['marʃal, *Pl:* -ʃɛlə] <-s, Marschälle> *m(f)* maréchal(e) *m(f)*
Marschflugkörper *m* MIL missile *m* de croisière
marschieren* [mar'ʃiːrən] *vi + sein* ❶ MIL ***durch eine Stadt*** ~ défiler dans une ville ❷ *(zu Fuß gehen)* marcher
Marschland <-länder> *nt s.* **Marsch²**
Marschmusik *f* musique *f* militaire
Marschroute *f* itinéraire *m*
Marsexpedition *f* expédition *f* sur Mars
Marshallinseln, **Marshall-Inseln** ['marʃalɪnzl̩n] *Pl* Îles Marshall *fpl*
Marsmensch *m* Martien(ne) *m(f)*
Marter ['martɐ] <-, -n> *f* supplice *m*
Marterl ['martɐl] <-s, -n> *nt* A calvaire *m*
martern ['martɐn] *vt (geh)* supplicier
Marterpfahl *m* poteau *m* de torture
martialisch [mar'tsi̯aːlɪʃ] *adj* martial
Martinshorn® *nt* sirène *f*
Märtyrer(in) ['mɛrtyrɐ] <-s, -> *m(f)* ❶ REL martyr(e) *m(f)* ❷ *(fig geh)* victime *f*
Märtyrertod *m* martyre *m;* ***den ~ sterben*** mourir martyr(e)
Martyrium [mar'tyːri̯ʊm] <-s, -rien> *nt* martyre *m*
Marxismus [mar'ksɪsmʊs] <-> *m* marxisme *m*
marxistisch *adj* marxiste
März [mɛrts] <-[es], e> *m* mars *m; s. a.* **April**
Marzipan [martsi'paːn] <-s, -e> *nt o m* pâte *f* d'amandes
Mascara [mas'kaːra] <-, -s> *f* mascara *m*
Masche ['maʃə] <-, -n> *f* ❶ *(Schlaufe)* maille *f;* ***linke/rechte*** ~ maille à l'envers/à l'endroit ❷ A, CH *(Schleife)* nœud *m* ❸ *(fam: Trick)* combine *f*
Maschendraht *m* grillage *m*
Mascherl <-s, -n> *nt* A *(Fliege)* papillon *m*
Maschine [ma'ʃiːnə] <-, -n> *f* ❶ machine *f* ❷ *(Flugzeug)* appareil *m* ❸ *(fam: Schreibmaschine, Waschmaschine)* machine *f;* ***[etw mit der] ~ schreiben*** taper [qc] à la machine ❹ *(fam: Motor)* moulin *m* ❺ *(fam: Motorrad)* bécane *f*
maschinell [maʃi'nɛl] *adj* mécanique
Maschinenbau *m kein Pl* ❶ *(Industrie)* construction *f* mécanique ❷ *(Lehrfach)* mécanique *f* **maschine[n]geschrieben** *adj* tapé(e) à la machine **Maschinengewehr** *nt* mitrailleuse *f* **maschinenlesbar** *adj* exploitable par ordinateur **Maschinenöl** *nt* huile *f* de graissage **Maschinenpistole** *f* mitraillette *f* **Maschinenraum** *m* salle *f* des machines **Maschinenschaden** *m* avarie *f* de machine **Maschinenschlosser(in)** *m(f)* ajusteur-mécanicien *m* /ajusteuse-mécanicienne *f* **Maschinenschrift** *f* dactylographie *f;* ***in*** ~ dactylographié
Maschinist(in) [maʃi'nɪst] <-en, -en> *m(f)* ❶ conducteur, -trice *m, f* ❷ NAUT officier *m* mécanicien
Masern ['maːzɐn] *Pl* MED rougeole *f*
Maserung <-, -en> *f* veinure *f*
Maske ['maskə] <-, -n> *f* ❶ *(a. fig)* masque *m* ❷ THEAT maquillage *m* ❸ INFORM grille *f* d'écran
Maskenball *m* bal *m* masqué
Maskenbildner(in) ['maskənbɪldnɐ] <-s, -> *m(f)* maquilleur, -euse *m, f*
maskenhaft *adj* figé(e)
Maskerade [maskə'raːdə] <-, -n> *f* mascarade *f*
maskieren* [mas'kiːrən] **I.** *vt (verkleiden, verbergen)* masquer **II.** *vr* ***sich als Clown*** ~ se déguiser en clown
Maskierung <-, -en> *f* déguisement *m*
Maskottchen [mas'kɔtçən] <-s, -> *nt* mascotte *f*
maskulin [masku'liːn, 'maskuliːn] *adj* masculin(e)
Maskulinum ['maskuliːnʊm] <-s, Maskulina> *nt* GRAM masculin *m*
Masochismus [mazɔ'xɪsmʊs] <-> *m* masochisme *m*
Masochist(in) [mazɔ'xɪst] <-en, -en> *m(f)* masochiste *mf*
masochistisch *adj* masochiste
Maß¹ [maːs] <-es, -e> *nt* ❶ *(Maßeinheit)* mesure *f* ❷ *(Bandmaß)* mètre *m* ❸ *Pl (Abmessungen, Körpermaße)* mesures *fpl;* ***nach*** ~ sur mesure ❹ *(Ausmaß, Umfang)* proportions *fpl;* ***in zunehmendem ~e*** de plus en plus; ***in dem ~[e], wie ...*** dans la mesure où ... ► ~ **halten** ne pas faire d'excès; **in** **~en** avec mesure; *s. a.* **maßhalten**
Maß² [maːs] <-, -> *f* SDEUTSCH, A chope *f (d'un litre)*
Massage [ma'saːʒə] <-, -n> *f* massage *m*
Massageöl *nt* huile *f* de massage
Massaker [ma'saːkɐ] <-s, -> *nt* massacre *m*
massakrieren* [masa'kriːrən] *vt* massacrer
Maßanzug *m* costume *m* sur mesure **Maßarbeit** *f* travail *m* sur mesure **Maßband** *nt* mètre *m* à ruban

M

Masse ['masə] <-, -n> *f* ❶ *(ungeformter Stoff)* masse *f* ❷ *(Teigmasse, Zutatenmasse)* mélange *m* ❸ *(große Menge)* foule *f*; ***in ~n*** en masse ❹ *(Großteil der Bevölkerung)* ***die breite*** ~ le grand public ❺ PHYS masse *f* ❻ *(Konkursmasse)* ***mangels ~*** par manque d'actif

Maßeinheit *f* unité *f* de mesure

Massenandrang *m* affluence *f* **Massenarbeitslosigkeit** *f* chômage *m* généralisé **Massenartikel** *m* article *m* de grande consommation **Massenentlassung** *f* débauchage *m* de masse **Massengrab** *nt* fosse *f* commune

massenhaft *adj* massif, -ive

Massenhysterie *f* hystérie *f* collective **Massenkarambolage** ['masənkarambola:ʒə] *f* carambolage *m* monstre **Massenmedien** *Pl* media *mpl* **Massenmord** *m* massacre *m* collectif **Massenmörder(in)** *m(f)* tueur, -euse *m, f* en série **Massenproduktion** *f* production *f* de masse **Massentierhaltung** *f* élevage *m* en batterie **Massentourismus** *m* tourisme *m* de masse **Massenunruhe** *f* émeute *f* **Massenveranstaltung** *f* manifestation *f* de masse **Massenvernichtungswaffe** *f meist Pl* arme *f* de destruction massive *gén pl*

massenweise *s.* **massenhaft**

Masseur(in) [ma'sø:ɐ̯] <-s, -e> *m(f)* masseur[-kinésithérapeute] *m* /masseuse[-kinésithérapeute] *f*

Masseuse [ma'sø:zə] <-, -n> *f* masseuse *f*

Maßgabe *f (form)* ***mit der ~, dass ...*** sous réserve que ... +*subj*

maßgebend déterminant

maßgeblich ['ma:sge:plɪç] *adj Kreise* autorisé(e); *Einfluss, Bedeutung, Urteil* déterminant(e); ***für jdn nicht ~ sein*** ne pas être déterminant pour qn

maßgerecht *adj o adv* aux dimensions prescrites **maßgeschneidert** *adj Kleidung* sur mesure **maß|halten** *vi* ne pas faire d'excès

massieren* [ma'si:rən] **I.** *vt* masser *Körper* **II.** *vi* faire des massages

massig ['masɪç] **I.** *adj Gestalt, Möbelstück* massif, -ive **II.** *adv (fam)* des masses

mäßig ['mɛ:sɪç] **I.** *adj* ❶ *Preis, Steigerung* modéré(e) ❷ *(leidlich, gering)* médiocre; *Applaus* timide; *Verdienst* modeste **II.** *adv* ❶ *essen, trinken, rauchen* modérément ❷ *(gering)* ***~ ausfallen*** atteindre des chiffres modestes ❸ *(leidlich)* moyennement

mäßigen ['mɛ:sɪgən] **I.** *vt* modérer **II.** *vr* ***sich ~*** se modérer

Mäßigung <-> *f* modération *f*

massiv [ma'si:f] *adj* ❶ massif, -ive; ***aus ~em Gold*** en or massif ❷ *(solide)* ***ein ~er Bau*** une construction en dur ❸ *(heftig)* vif, vive

Massiv [ma'si:f] <-s, -e> *nt* massif *m*

Maßkrug *m* chope *f (d'un litre)*

maßlos **I.** *adj* démesuré(e) **II.** *adv* excessivement

Maßlosigkeit <-> *f* démesure *f*

Maßnahme ['ma:sna:mə] <-, -n> *f* mesure *f*; ***~n gegen etw ergreifen*** prendre des mesures contre qc

Maßregel *f meist Pl* disposition *f* **maßregeln** *vt* prendre des mesures disciplinaires contre **Maßschneider(in)** *m(f)* tailleur *m* /couturière *f* **Maßstab** ['ma:sʃta:p] *m* ❶ échelle *f*; ***eine Landkarte im ~ 1:10000*** une carte à l'échelle de 1/10000[e] ❷ *(Kriterium)* critère *m*

maßstab[s]getreu *adj o adv* à l'échelle

maßvoll **I.** *adj* modéré(e) **II.** *adv* avec modération

Mast[1] [mast] <-[e]s, -en *o* -e> *m* ❶ *a.* NAUT mât *m* ❷ *(Lichtmast, Telefonmast)* poteau *m* ❸ *(Hochspannungsmast)* pylône *m*

Mast[2] [mast] <-, -en> *f (Mästung)* engraissement *m*

Mastdarm *m* ANAT rectum *m*

mästen ['mɛstən] *vt* engraisser

Master ['ma:stɐ] <-s, -> *m (Hochschulabschluss)* master *m*; ***den*** [*o* ***seinen***] ***~ machen*** faire un [*o* son] master

Masterabschluss *m* diplôme *m* de master

Masterstudiengang *m* études *fpl* de master

Masturbation [masturbatsi̯o:n] <-, -en> *f* masturbation *f*

masturbieren* [mastʊr'bi:rən] **I.** *vi* se masturber **II.** *vt* masturber

Matador [mata'do:ɐ̯] <-s, -e> *m* matador *m*

Match [mɛtʃ, mætʃ] <-[e]s, -e[s]> *nt o* CH *m* SPORT match *m*

Matchball ['mɛtʃbal] *m* SPORT balle *f* de match

Mate ['ma:tə] <-> *m (Tee)* maté *m*

Material [mate'ri̯a:l] <-s, -ien> *nt* ❶ *(Rohstoff)* matériau *m* ❷ *(Ausrüstungsgegenstände)* matériel *m pas de pl* ❸ *(Unterlagen)* matériaux *mpl*

Materialfehler *m* défaut *m* de matériel

Materialismus [materi̯a'lɪsmʊs] <-> *m* matérialisme *m*

materialistisch [materi̯a'lɪstɪʃ] **I.** *adj*

M

matérialiste **II.** *adv* ~ ***denken*** avoir l'esprit matérialiste

Materie [ma'teːri̯ə] <-, -n> *f* ❶ *kein Pl* matière *f* ❷ *(geh: Thema)* sujet *m*

materiell [mate'ri̯ɛl] **I.** *adj* ❶ *(wirtschaftlich orientiert)* matériel(le) ❷ *(pej) Person* matérialiste ❸ *(stofflich)* matériel(le); *Eigenschaft* physique **II.** *adv (pej)* ~ ***eingestellt sein*** avoir l'esprit matérialiste

Mathe ['matə] <-> *f (fam)* math[s] *f pl*

Mathematik [matema'tiːk] <-> *f* mathématiques *f pl*

Mathematiker(in) [mate'maːtikɐ] <-s, -> *m(f)* mathématicien(ne) *m(f)*

mathematisch [mate'maːtɪʃ] *adj* mathématique

Matinee [mati'neː] <-, -een> *f* séance *f* matinale

Matjeshering ['matjəsheːrɪŋ] <-s, -e> *m jeune hareng mariné dans du sel*

Matratze [ma'tratsə] <-, -n> *f* matelas *m*

Mätresse [mɛ'trɛsə] <-, -n> *f* maîtresse *f*; *eines Königs* favorite *f*

matriarchalisch [matriar'çaːlɪʃ] *adj* matriarcal(e)

Matriarchat [matriar'çaːt] <-[e]s, -e> *nt* matriarcat *m*

Matrikel [ma'triːkəl] <-, -n> *f* ❶ UNIV [registre *m*] matricule *f* ❷ A *(Personenstandsregister)* registre *m* d'état civil

Matrikelnummer *f* UNIV numéro *m* d'immatriculation [*o* d'inscription]

Matrix <-, Matrizen *o* Matrizes> *f* matrice *f*

Matrixdrucker *m* INFORM imprimante *f* matricielle

Matrize [ma'triːtsə] <-, -n> *f* stencil *m*

Matrose [ma'troːzə] <-n, -n> *m* matelot *m*

Matsch [matʃ] <-[e]s> *m* ❶ *(Schlamm)* gadoue *f* ❷ *(Schneematsch)* soupe *f* ❸ *(breiige Masse)* bouillie *f*

matschig *adj (fam)* ❶ *(schlammig)* boueux, -euse, bourbeux, -euse ❷ *(aufgeweicht)* boueux, -euse ❸ *Frucht* écrabouillé(e); ~ ***sein*** être de la bouillie

matt [mat] **I.** *adj* ❶ *(kraftlos)* las(se); *Glieder* fatigué(e) ❷ *Lächeln* pâle; *Stimme* éteint(e) ❸ *(glanzlos)* terne; *Metall, Politur* mat(e) ❹ *(trübe)* faible; *Farbe* pâle ❺ *(undurchsichtig)* dépoli(e); *Glühbirne* translucide ❻ SPIEL ~ ***sein*** être mat *inv* **II.** *adv (schwach) erhellen* faiblement

Matt [mat] <-s, -s> *nt* SPIEL mat *m*

Matte ['matə] <-, -n> *f* ❶ *(Unterlage zum Liegen)* natte *f*; *(Isomatte)* matelas *m*; SPORT tapis *m* ❷ *(Fußmatte)* paillasson *m*; *(im Auto)* tapis *m* de sol ❸ CH, A *(Bergwiese)* alpage *m*

Mattigkeit ['matɪçkai̯t] <-> *f* lassitude *f*

Mattscheibe *f (fam: Bildschirm)* télé *f fam*

Matura [ma'tuːra] <-> *f* A, CH baccalauréat *m*

> **Land und Leute**
> En Suisse, la *Maturitätsschule*, aussi appelée *Gymnasium*, dure généralement quatre ans. Elle prépare au *Maturitätsabschluss*, en abrégé **Matura**, l'équivalent du baccalauréat français.

maturieren* [matu'riːrən] *vi* A passer le bac[calauréat]

Maturität [maturi'tɛːt] CH *s.* **Matura**

Mauer ['mau̯ɐ] <-, -n> *f* ❶ *a.* SPORT mur *m* ❷ *(Stadtmauer)* enceinte *f*

Mauerbau *m kein Pl* HIST construction *f* du mur [de Berlin]

Mauerblümchen ['mau̯ɐblyːmçən] *nt (fam)* jeune fille *f* qui fait tapisserie

mauern *vt* maçonner *Mauer, Keller*

Mauerwerk *nt kein Pl* ❶ *(die Mauern)* murs *mpl* ❷ *(Steinmauer)* maçonnerie *f*

Maul [mau̯l, *Pl:* 'mɔy̯lɐ] <-[e]s, Mäuler> *nt* ❶ *eines Tiers* gueule *f* ❷ *(fam: Mund)* gueule *f* ❸ *(fam: Mundwerk)* gueule *f*; ***mach's ~ auf!*** ouvre-la!; ***halt's ~!*** [ferme] ta gueule! ▸ **ein großes ~ haben** *(fam)* avoir une grande gueule

Maulbeere ['mau̯lbeːrə] *f* mûre *f*

maulen ['mau̯lən] *vi (fam)* râler

Maulesel ['mau̯lʔeːzəl] *m* mulet *m* **maulfaul** *adj (fam)* pas très causant(e) **Maulheld(in)** *m(f) (pej fam)* grande gueule *f* **Maulkorb** *m eines Hundes* muselière *f* **Maultasche** *f raviole souabe* **Maultier** ['mau̯ltiːɐ̯] *s.* **Maulesel**

Maul- und Klauenseuche *f* fièvre *f* aphteuse

Maulwurf ['mau̯lvʊrf] <-[e]s, -würfe> *m (a. fig)* taupe *f*

Maulwurfshügel *m* taupinière *f*

Maurer(in) ['mau̯rɐ] <-s, -> *m(f)* maçon(ne) *m(f)*

Maurerkelle *f* truelle *f*

Mauretanien [mau̯re'taːni̯ən] <-s> *nt* la Mauritanie

maurisch ['mau̯rɪʃ] *adj* mauresque

Mauritius [mau̯'riːtsi̯ʊs] <-> *nt* la Maurice

Maus [mau̯s, *Pl:* 'mɔy̯zə] <-, Mäuse> *f* ❶ *a.* INFORM souris *f* ❷ *(fam: Mädchen)* nénette *f* ❸ *Pl (fam: Geld)* pèze *m*

M

mauscheln ['maʊ̯ʃəln] *vi (fam)* magouiller
Mausefalle *f* souricière *f* **Mauseloch** *nt* trou *m* de souris
Mauser ['maʊ̯zɐ] <-> *f* mue *f*; ***in der ~ sein*** être en train de muer
mausern *vr* **sich ~** ❶ *Vogel:* muer ❷ *(fam: sich vorteilhaft verändern)* se métamorphoser
mausetot ['maʊ̯zə'to:t] *adj (fam)* ~ ***sein*** être [bel et] bien mort
Mausklick *m* INFORM ***per ~*** en cliquant; ***mit jedem ~*** chaque fois qu'on clique
Mausoleum [maʊ̯zo'le:ʊm] <-s, Mausoleen> *nt* mausolée *m*
Mauspad ['maʊzpɛt] <-s, -s> *nt* INFORM tapis *m* souris **Maustaste** *f* INFORM bouton *m* de la souris; ***linke/rechte ~*** bouton gauche/droit de la souris **Mauszeiger** *m* INFORM flèche *f* de la souris
Maut [maʊ̯t] <-, -en> *f bes.* A, SDEUTSCH péage *m*
Mautstelle *f* A *s.* **Maut** **Mautsystem** *nt* système *m* de péage
Maxi ['maksi] <-s> *nt kein Art* ~ ***tragen*** porter du long
Maxima *Pl von* **Maximum**
maximal [maksi'ma:l] **I.** *adj* maximum **II.** *adv* au maximum; ***das ~ zulässige Gewicht*** le poids maximal autorisé
Maxime <-, -n> *f (geh)* maxime *f*
maximieren* *vt* maximiser
Maximum ['maksimʊm] <-s, Maxima> *nt* maximum *m*
Mayo ['ma:jo] <-, -s> *f Abk von* **Mayonnaise** *(fam)* mayo *f*
Mayonnaise [majo'nɛ:zə] <-, -n> *f* mayonnaise *f*
Mazedonien [matse'do:ni̯ən] <-s> *nt* la Macédoine
mazedonisch *adj* macédonien
Mäzen [mɛ'tse:n] <-s, -e> *m* mécène *m*
MB [ɛm'be:] *nt Abk von* **Megabyte** Mo *m*
MdB [ɛmde:'be:] *Abk von* **Mitglied des Bundestages** député(e) *m(f)* au Bundestag
m. E. *Abk von* **meines Erachtens** à mon avis
Mechanik [me'ça:nɪk] <-> *f* mécanique *f*
Mechaniker(in) [me'ça:nikɐ] <-s, -> *m(f)* mécanicien(ne) *m(f)*
mechanisch [me'ça:nɪʃ] *adj* mécanique
Mechanisierung <-, -en> *f* mécanisation *f*
Mechanismus [meça'nɪsmʊs] <-, -nismen> *m* mécanisme *m*
Mechatronik [meça'tro:nɪk] <-> *f kein Pl* mécatronique *f*
Mechatroniker(in) <-s, -> *m(f)* mécatronicien(ne) *m(f)*
meckern ['mɛkɐn] *vi* ❶ *Ziege:* bêler ❷ *(fam: nörgeln)* ***über jdn/etw ~*** râler contre qn/qc
Mecklenburg-Vorpommern ['me:klənbʊrk'fo:ɐ̯pɔmɐn] <-s> *nt* le Mecklembourg-Poméranie-Antérieure
Medaille [me'daljə] <-, -n> *f* médaille *f*
Medaillengewinner(in) [me'daljən-] *m(f)* médaillé(e) *m(f)*
Medaillon [medal'jõ:] <-s, -s> *nt* médaillon *m*
Medien ['me:di̯ən] *Pl* ❶ *Pl von* **Medium** ❷ *(Informationsmittel)* média *mpl*
mediengerecht *adj* médiatique
Medienhype <-s, -s> ['me:di̯ənhaɪ̯p] *m* buzz *m* médiatique **Medienkonzern** *m* groupe *m* médiatique **Medienlandschaft** *f* paysage *m* médiatique **Medienrummel** *m (fam)* tapage *m* médiatique **Medienspektakel** *nt* spectacle *m* médiatique **medienwirksam** *adj* médiatique
Medikament [medika'mɛnt] <-[e]s, -e> *nt* médicament *m*
medikamentös [medikamɛn'tø:s] **I.** *adj* médicamenteux, -euse **II.** *adv* avec des médicaments
Meditation [medita'tsi̯o:n] <-, -en> *f* méditation *f*
mediterran [meditɛ'ra:n] *adj* méditerranéen(ne)
meditieren* [medi'ti:rən] *vi* méditer
Medium ['me:di̯ʊm] <-s, -dien> *nt* ❶ *(Mensch)* médium *m* ❷ *(geh: vermittelndes Element)* intermédiaire *m* ❸ PHYS milieu *m*
Medizin [medi'tsi:n] <-, -en> *f* ❶ *kein Pl (Heilkunde)* médecine *f* ❷ *(fam: Medikament)* médicament *m*
Mediziner(in) <-s, -> *m(f)* médecin *m*
medizinisch **I.** *adj* ❶ *Ausbildung, Gebiet* médical(e); *Fakultät, Prüfung* de médecine ❷ *(ärztlich)* médical(e) ❸ *Bad, Zahnpasta* traitant(e); *Tee* médicinal(e); *Anwendung* curatif, -ive **II.** *adv* ❶ *vorgebildet* dans le domaine médical ❷ *(ärztlich)* médicalement
Medizinmann <-männer> *m eines Naturvolks* guérisseur *m*
Meer [me:ɐ̯] <-[e]s, -e> *nt (a. fig)* mer *f*; ***ans ~ fahren*** aller à la mer; ***am ~*** au bord de la mer
Meerbusen *m* golfe *m* **Meerenge** <-, -n> *f* détroit *m*
Meeresarm *m* bras *m* de mer **Meeresforschung** *f* océanographie *f* **Meeres-**

früchte *Pl* fruits *mpl* de mer **Meereskunde** <-> *f s.* **Meeresforschung Meeresspiegel** *m* niveau *m* de la mer **Meeresströmung** *f* courant *m* marin

Meerjungfrau *f* sirène *f* **Meerkatze** *f* macaque *m* **Meerrettich** *m* raifort *m* **Meersalz** *nt* sel *m* marin **Meerschweinchen** ['meːɐ̯ʃvai̯nçən] *nt* cochon *m* d'Inde **Meerwasser** *nt kein Pl* eau *f* de mer

Meeting ['miːtɪŋ] <-s, -s> *nt* réunion *f*

Megabyte ['meːgabai̯t, 'mɛgabai̯t] *nt* méga-octet *m* **Megafon** [mega'foːn] <-s, -e> *nt* mégaphone *m* **Megahertz** ['meːgahɛrts, 'mɛgahɛrts] *nt* mégahertz *m* **Megahit** ['meːgahɪt] *m (fam)* méga-tube *m* **Megavolt** ['meːga-, 'mɛga-] *nt* mégavolt *m* **Megawatt** ['meːgavat, 'mɛga-] *nt* PHYS mégawatt *m*

Mehl [meːl] <-[e]s, -e> *nt* farine *f*

mehlig ['meːlɪç] *adj* ❶ *(mit Mehl bestäubt)* enfariné(e) ❷ *Apfel, Kartoffel* farineux, -euse

Mehlschwitze ['meːlʃvɪtsə] *f* roux *m* **Mehlspeise** *f* A pâtisserie *f*

mehr [meːɐ̯] **I.** *pron indef, inv Komp von* **viel** plus; ~ ***Brot*** plus de pain **II.** *adv* ❶ *(in größerem Maße)* davantage; ***sich noch ~ ärgern*** se fâcher encore plus ❷ *(in Verbindung mit Verneinungen)* ***nicht ~ rauchen*** ne plus fumer; ***nichts ~ sagen*** [ne ...] plus rien dire; ***nie ~*** [ne ...] plus jamais; ***niemand/keiner ~*** [ne] ... plus personne; ***kein Geld/keine Zeit ~ haben*** ne plus avoir d'argent/le temps

Mehr [meːɐ̯] <-[s]> *nt* ❶ *(zusätzlicher Aufwand)* surcroît *m;* ***~ an Arbeit*** *dat* surcroît de travail ❷ CH *(Stimmenmehrheit)* majorité *f*

mehrbändig ['meːɐ̯bɛndɪç] *adj* en plusieurs volumes

Mehrbelastung *f (Last)* surcharge *f*

mehrdeutig ['meːɐ̯dɔytɪç] **I.** *adj Anspielung, Aussage* ambigu(ë) **II.** *adv* de façon ambiguë

Mehrdeutigkeit <-> *f* ambiguïté *f*

mehrdimensional *adj* multidimensionnel(le)

mehrere ['meːrərə] *pron indef* plusieurs; ***~s*** plusieurs choses *fpl*

mehrfach ['meːɐ̯fax] **I.** *adj* ❶ *(vielfach)* multiple ❷ *(wiederholt)* réitéré(e) **II.** *adv ausgezeichnet, operiert* à plusieurs reprises

Mehrfache(s) *nt dekl wie adj* multiple *m*

Mehrfachsteckdose *f* prise *f* multiple

Mehrfamilienhaus *nt* immeuble *m*

mehrfarbig *adj* multicolore

Mehrheit <-, -en> *f* majorité *f;* ***in der ~ sein*** être majoritaire

mehrheitlich *adv* majoritairement

Mehrheitswahlrecht *nt kein Pl* scrutin *m* majoritaire

mehrjährig *adj* pluriannuel

Mehrkornbrot *nt* pain *m* mixte

Mehrkosten *Pl* frais *mpl* supplémentaires

mehrmalig ['meːɐ̯maːlɪç] *adj* réitéré

mehrmals ['meːɐ̯maːls] *adv* plusieurs fois

mehrsprachig **I.** *adj Person* polyglotte; *Land, Wörterbuch* plurilingue **II.** *adv abfassen* en plusieurs langues; ***~ erzogen werden*** recevoir une éducation plurilingue

mehrstimmig *adj o adv* à plusieurs voix

mehrstöckig ['meːɐ̯ʃtœkɪç] **I.** *adj* de plusieurs étages **II.** *adv* sur plusieurs étages

mehrtägig ['meːɐ̯tɛːgɪç] *adj* de plusieurs jours

Mehrteiler <-s, -> *m* TV émission *f* en plusieurs parties

mehrteilig ['meːɐ̯tai̯lɪç] *adj* en plusieurs parties

Mehrwegflasche *f* bouteille *f* consignée

Mehrwegverpackung *f* emballage *m* réutilisable

Mehrwertsteuer *f* taxe *f* à la valeur ajoutée

Mehrwertsteuererhöhung *f* augmentation *f* de la T.V.A.

mehrwöchig *adj* de plusieurs semaines

Mehrzahl *f kein Pl* ❶ ***die ~ der Besucher*** la plupart des visiteurs ❷ *(Überzahl)* ***wir sind in der ~*** nous sommes plus nombreux, -euses ❸ GRAM pluriel *m;* ***in der ~*** au pluriel

Mehrzweckhalle *f* salle *f* polyvalente

meiden ['mai̯dən] <mied, gemieden> *vt (geh)* éviter

Meile ['mai̯lə] <-, -n> *f (1,609 km)* mil[l]e *m*

Meilenstein *m* ❶ borne *f* ❷ *(geh: wichtiger Einschnitt)* date[-]clé *f* **meilenweit** *adv laufen* pendant des kilomètres; *sich erstrecken* sur des kilomètres

mein [mai̯n] *pron poss* ❶ ~ ***Bruder*** mon frère; ***~e Schwester/Freundin*** ma sœur/mon amie; ***~e Eltern*** mes parents; ***~e Damen und Herren*** mesdames, messieurs; ***dieses Buch ist ~[e]s*** ce livre est à moi ❷ *substantivisch* ***der/die/das ~e*** le mien/la mienne; ***das sind die ~en*** ce sont les miens/miennes ❸ *(üblich)* ***ich mache jetzt ~ Nickerchen*** je vais faire mon petit roupillon habituel

Meineid ['mai̯nʔai̯t] *m* parjure *m;* ***einen ~ leisten*** faire un parjure

meinen ['mainən] **I.** *vt* ❶ *(denken, urteilen)* penser; ***~, dass*** penser que; ***man sollte ~, dass das ausreicht*** on pourrait croire que cela est suffisant ❷ *(sagen)* ***~, dass*** dire que ❸ *(sagen wollen)* ***was meinst du damit?*** qu'est-ce que tu entends par là? ❹ *(im Sinn, Auge haben)* ***meinst du die Blonde da?*** tu parles de la blonde là?; ***du bist gemeint!*** c'est de toi qu'il s'agit! ❺ *(beabsichtigen)* ***es gut/nicht gut mit jdm ~*** vouloir du bien à qn/ne pas vouloir du bien à qn; ***es ernst ~*** le penser sérieusement; ***das war [von mir] nicht böse gemeint*** je ne pensais pas à mal; ***so war das nicht gemeint*** ce n'est pas ce que j'ai voulu dire; ***gut gemeint sein*** être bien intentionné **II.** *vi* ***~ Sie?*** vous croyez?; ***wie ~ Sie?*** que voulez-vous dire?; ***[ganz] wie Sie ~!*** comme vous voudrez!; ***wenn Sie ~!*** si vous voulez!

meiner *pron pers, gen von* **ich** *(geh)* ***wer erbarmt sich ~?*** qui a pitié de moi?

meinerseits ['mainɐ'zaits] *adv* ❶ *(ich wiederum)* de mon côté ❷ *(was mich betrifft)* pour ma part ▸ **ganz** ~ de même pour moi

meines *s.* **mein**

meinesgleichen ['mainəs'glaiçən] *pron inv* ***ich verkehre nur mit ~*** je ne fréquente que mes semblables

meinetwegen ['mainət've:gən] *adv* ❶ *(wegen mir)* à cause de moi ❷ *(mir zuliebe)* pour moi ❸ *(wenn es nach mir ginge)* s'il n'en tient qu'à moi **meinetwillen** *adv* ***um ~*** pour moi

Meinung <-, -en> *f* avis *m*, opinion *f*; ***der ~ sein, dass*** être d'avis que; ***meiner ~ nach*** à mon avis; ***anderer ~ sein*** être d'un avis différent; ***seine ~ ändern*** changer d'avis

Meinungsäußerung *f* ***das Recht auf freie ~*** la liberté d'expression **Meinungsaustausch** *m* échange *m* de vues **Meinungsbarometer** *nt (fam)* baromètre *m* d'opinion **Meinungsforscher(in)** *m(f)* enquêteur, -euse *m, f* **Meinungsforschung** *f* sondage *m* d'opinion **Meinungsforschungsinstitut** *nt* institut *m* de sondage **Meinungsfreiheit** *f kein Pl* liberté *f* d'expression **Meinungsumfrage** *f* sondage *m* [d'opinion] **Meinungsverschiedenheit** *f* ❶ *(Unterschiedlichkeit von Ansichten)* divergence *f* d'opinions ❷ *(euph: Auseinandersetzung)* différend *m*

Meise ['maizə] <-, -n> *f* mésange *f*

Meißel ['maisəl] <-s, -> *m* ciseau *m*

meißeln **I.** *vi* travailler au burin; ***an einem Stein ~*** travailler une pierre au burin **II.** *vt* ❶ ciseler *Inschrift;* sculpter *Skulptur* ❷ *(einmeißeln)* ***etw in etw*** *akk* **~** graver qc dans qc

meist [maist] *s.* **meistens**

meistbietend *adv* ***etw ~ verkaufen*** vendre qc au plus offrant

meiste *pron indef Superl von* **viel** ❶ *(der überwiegende Teil)* ***die ~n Leute*** la plupart des gens; ***die ~ Zeit*** la majeure partie de son/mon/... temps; ***die ~n*** la plupart; ***das ~*** la plus grande partie ❷ *(die größte Gesamtmenge)* ***die ~n Probleme macht mir diese Frage*** c'est cette question qui me pose le plus de problèmes; ***das ~*** le plus

meistens ['maistəns] *adv* le plus souvent

Meister(in) ['maistɐ] <-s, -> *m(f)* ❶ *(Handwerksmeister)* contremaître, -esse *m, f; (Chef)* patron(ne) *m(f)* ❷ *(fam: Meisterprüfung)* ***den ~ machen*** *(fam)* passer sa maîtrise ❸ SPORT champion(ne) *m(f)* ❹ KUNST, MUS, REL maître *m*

Meisterbrief *m* brevet *m* de maîtrise

meisterhaft **I.** *adj* magistral(e) **II.** *adv malen, spielen* admirablement [bien] **Meisterleistung** *f* ❶ prestation *f* magistrale ❷ *(Kunstwerk)* chef-d'œuvre *m* ❸ *(iron: miserable Leistung)* exploit *m;* ***nicht gerade*** [*o* ***nicht eben***] ***eine ~ sein*** n'avoir rien d'un chef-d'œuvre

meisterlich *s.* **meisterhaft**

meistern ['maistɐn] *vt* venir à bout de

Meisterprüfung *f* brevet *m* professionnel

Meisterschaft <-, -en> *f* SPORT championnat *m;* ***~ im Boxen*** championnat de boxe

Meisterstück *nt* ❶ *a.* KUNST chef-d'œuvre *m* ❷ *(iron: Meisterleistung)* exploit *m* **Meisterwerk** *nt* chef-d'œuvre *m*

MEK [ɛmʔe:'ka:] <-> *nt Abk von* **mobiles Einsatzkommando** groupe *m* d'intervention rapide; *(in Frankreich)* ≈ G.I.G.N. *m*

Melancholie [melaŋko'li:] <-, -n> *f* mélancolie *f*

Melancholiker(in) [melaŋ'ko:likɐ] <-s, -> *m(f)* mélancolique *mf*

melancholisch [melaŋ'ko:lɪʃ] *adj* mélancolique

Melange [me'lã:ʒə] <-, -n> *f* A café *m* au lait

Melanom [mela'no:m] <-s, -e> *nt* MED mélanome *m*

Melanzani [melan'tsa:ni] <-, -> *f* A aubergine *f*

Meldebehörde *s.* **Einwohnermeldeamt**

Meldefrist *f* délai *m* de déclaration de changement de domicile

melden ['mɛldən] **I.** *vt* ❶ signaler *Verlust,*

Vorfall; déclarer, faire la déclaration de *Unfall, Todesfall* ❷ MEDIA *(veröffentlichen)* rapporter; *(ankündigen)* annoncer; ***wie soeben gemeldet wird*** selon les [dernières] informations ❸ *(denunzieren)* ***jdn bei jdm*** ~ dénoncer qn à qn ❹ *(anmelden)* ***wen darf ich ~?*** qui dois-je annoncer? **II.** *vr* ❶ *(die Hand heben)* ***sich*** ~ lever le doigt; ***sich im Unterricht kaum*** ~ participer très peu en cours ❷ *(sich zur Verfügung stellen)* ***sich zu etw*** ~ se porter volontaire pour qc ❸ *(am Telefon)* ***sich*** ~ répondre; ***es meldet sich keiner*** ça ne répond pas ❹ *(sich bemerkbar machen)* ***sich bei jdm*** ~ se manifester auprès de qn

Meldepflicht *f* ❶ *(Anzeigepflicht)* déclaration *f* obligatoire ❷ *(Pflicht zur An- und Abmeldung) obligation de déclarer tout changement de domicile au service administratif compétent*

meldepflichtig *adj* ~ ***sein*** devoir être obligatoirement déclaré

Meldeschein *m* [formulaire *m* de] déclaration *f* de changement de domicile **Meldezettel** *m* ❶ *(im Hotel)* fiche *f* de renseignements ❷ A *s.* **Meldeschein**

Meldung <-, -en> *f* ❶ MEDIA information *f;* ***~en vom Sport*** nouvelles *fpl* sportives ❷ *(offizielle Mitteilung)* déclaration *f* [officielle]; ~ ***erstatten*** faire son rapport

meliert [me'liːɐt] *adj Wolle, Teppich* chiné(e); *[grau]* ***~e Haare*** des cheveux poivre et sel

Melisse [me'lɪsə] <-, -n> *f* mélisse *f*

melken ['mɛlkən] <melkte, gemolken> **I.** *vt* ❶ traire *Kuh, Ziege;* ***frisch gemolkene Milch*** du lait bourru ❷ *(fam: finanziell ausnutzen)* soutirer du fric à **II.** *vi* faire la traite

Melkmaschine *f* trayeuse *f*

Melodie [melo'diː] <-, -ien> *f* mélodie *f*

melodiös [melo'di̯øːs], **melodisch** [me'loːdɪʃ] **I.** *adj* mélodieux, -euse **II.** *adv* mélodieusement

Melodram [melo'draːm] <-s, -en> *nt* mélodrame *m*

melodramatisch [melodra'maːtɪʃ] *adj* mélodramatique

Melone [me'loːnə] <-, -n> *f* ❶ *(Honigmelone)* melon *m; (Wassermelone)* pastèque *f* ❷ *(fam: Hut)* [chapeau *m*] melon *m*

Membran [mɛm'braːn] <-, -en>, **Membrane** [mɛm'braːnə] <-, -n> *f* TECH, BIO membrane *f*

Memo ['meːmo] <-s, -s> *nt (fam)* mémo *m fam*

Memoiren [memo'aːrən] *Pl* mémoires *mpl*

Memorandum [memo'randʊm] <-s, Memoranden *o* Memoranda> *nt (geh)* mémorandum *m*

Menge ['mɛŋə] <-, -n> *f* ❶ quantité *f;* ***eine kleine ~ Zucker*** une petite quantité de sucre ❷ *(fam: großes Quantum)* ***eine ~ Leute/Arbeit*** un tas de gens/travail; ***eine ganze ~ Äpfel*** pas mal de/beaucoup de pommes; ***das ist eine ~ Geld!*** c'est une sacrée somme!; ***eine ~ lernen*** apprendre beaucoup de choses ❸ *(Menschenmenge)* foule *f* ❹ MATH ensemble *m*

mengen ['mɛŋən] **I.** *vt* mélanger; ***etw in den Teig*** ~ mélanger qc à la pâte **II.** *vr (fam)* ***sich unter die Besucher*** ~ se mêler aux visiteurs

Mengenlehre *f kein Pl* MATH théorie *f* des ensembles

mengenmäßig **I.** *adj* quantitatif, -ive **II.** *adv* quantitativement

Mengenrabatt *m* remise *f* sur achat en quantité

Meniskus [mɛ'nɪskʊs] <-, Menisken> *m* ANAT ménisque *m*

Mensa ['mɛnza] <-, Mensen> *f* restaurant *m* universitaire

Mensch [mɛnʃ] <-en, -en> *m* ❶ *(Person)* personne *f;* ***ein höflicher/guter*** ~ quelqu'un de poli/de bien; ***viele ~en meinen, dass*** beaucoup de gens sont d'avis que; ***viel unter ~en kommen*** voir du monde ❷ *(Gattung)* homme *m* ❸ *Pl (Menschheit)* ***die ~en*** les hommes *mpl* ❹ *(fam: Ausruf)* ~ ***[Meier]!*** putain!

Menschenaffe *m* singe *m* anthropoïde **Menschenansammlung** *f* attroupement *m* **menschenfeindlich** *adj Person, Haltung* misanthrope; *Klima, Landschaft* hostile; *Politik* néfaste **Menschenfresser(in)** <-s, -> *m(f) (fam)* cannibale *mf* **Menschenhandel** *m* traite *f* des esclaves **Menschenhändler(in)** *m(f)* ❶ HIST *(Sklavenhändler)* marchand(e) *m(f)* d'esclaves ❷ *(Schlepper und Zuhälter)* trafiquant(e) *m(f)* d'êtres humains **Menschenkenntnis** *f kein Pl* connaissance *f* du genre humain **Menschenkette** *f* chaîne *f* humaine **Menschenleben** *nt* ❶ ***der Unfall forderte zwei*** ~ l'accident a coûté la vie à deux personnes ❷ *(Leben eines Menschen)* vie *f* d'un homme **menschenleer** *adj* désert(e) **Menschenmenge** *f* foule *f* **Menschenrechte** *Pl* droits *mpl* de l'homme **Menschenrechtsverletzung** *f* violation *f* des droits

M

de l'homme **menschenscheu** *adj* insociable **Menschenseele** *f* ▸ **keine ~ treffen** ne pas rencontrer âme qui vive; **es war keine ~ da** il n'y avait pas âme qui vive

Menschenskind *interj (fam)* ❶ *(Ausdruck der Freude, des Erstaunens)* nom de Dieu ❷ *(Ausdruck des Vorwurfs, Ärgers)* bon Dieu

menschenunwürdig I. *adj* indigne d'un être humain II. *adv* de façon inhumaine **menschenverachtend** *adj* méprisant(e) pour le genre humain **Menschenverstand** ▸ **der gesunde ~** le bon sens **Menschenwürde** *f* dignité *f* humaine **menschenwürdig** I. *adj* digne d'un être humain II. *adv* de façon humaine

Menschheit <-> *f* humanité *f*

menschlich ['mɛnʃlɪç] I. *adj* ❶ humain(e) ❷ *(fam) Aussehen* présentable II. *adv* ❶ humainement ❷ *(fam: annehmbar)* ***wieder ~ aussehen*** être de nouveau présentable

Menschlichkeit <-> *f* humanité *f*

Mensen *Pl von* **Mensa**

Menstruation [mɛnstrua'tsi̯oːn] <-, -en> *f* règles *fpl*

menstruieren* [mɛnstru'iːrən] *vi* avoir ses règles

mental [mɛn'taːl] *adj* mental(e)

Mentalität [mɛntali'tɛːt] <-, -en> *f* mentalité *f*

Menthol [mɛn'toːl] <-s> *nt* menthol *m*

Menü [me'nyː] <-s, -s> *nt* GASTR, INFORM menu *m*

menügesteuert *adj* INFORM commandé(e) par menu

Menüleiste *f* INFORM barre *f* de menu

Merchandising ['mɜːtʃəndaɪzɪŋ] <-s> *nt* marchandisage *m*

Meridian [meri'di̯aːn] <-s, -e> *m* méridien *m*

Merkblatt *nt* notice *f*

merken ['mɛrkən] *vt* ❶ *(wahrnehmen, erkennen)* voir; ***jdn etw nicht ~ lassen*** ne pas montrer qc à qn ❷ *(im Gedächtnis behalten)* ***sich** dat **etw ~*** retenir qc; ***sich** dat **etw nicht ~ können*** ne pas arriver à retenir qc; ***merk dir das!*** *(fam)* rentre-toi ça dans le crâne!

merklich I. *adj* sensible II. *adv* sensiblement; ***sich ~ verändern*** *Person:* changer beaucoup; ***heute ist es ~ wärmer*** il fait nettement plus chaud aujourd'hui

Merkmal <-s, -e> *nt* caractéristique *f*; ***ein charakteristisches ~*** un signe caractéristique; ***besondere ~e: ...*** signes *mpl* particuliers: ... **Merksatz** *m*, **Merkspruch** *m* vers *m* mnémotechnique

Merkur [mɛr'kuːɐ̯] <-s> *m* Mercure *f*; ***der ~*** la planète Mercure

merkwürdig I. *adj* étrange II. *adv* étrangement; ***~ riechen*** avoir une drôle d'odeur

merkwürdigerweise *adv* curieusement

Merkwürdigkeit <-, -en> *f* ❶ *kein Pl (Seltsamkeit)* bizarrerie *f* ❷ *meist Pl (Kuriosität)* curiosité *f*

Merkzettel *m (fam)* pense-bête *m*

messbar *adj* mesurable

Messbecher *m* verre *m* mesureur

Messdiener(in) *m(f)* enfant *mf* de chœur

Messe ['mɛsə] <-, -n> *f* ❶ *(Gottesdienst)* messe *f* ❷ *(Ausstellung)* foire[-exposition] *f* ❸ NAUT carré *m* [des officiers]

Messegelände *nt* parc *m* des expositions

Messehalle *f* hall *m* des expositions

messen ['mɛsən] <misst, maß, gemessen> I. *vt* ❶ *(ermitteln)* mesurer; ***Fieber ~*** prendre la température ❷ *(aus-, vermessen)* mesurer *Fenster* ❸ *(beurteilen)* ***etw an etw** dat* ~ mesurer qc d'après qc II. *vi* ***70 m² ~*** *Wohnung:* faire 70 m² III. *vr (geh)* ***sich nicht mit jdm ~ können*** ne pas être de taille à rivaliser avec qn

Messer ['mɛsɐ] <-s, -> *nt* couteau *m*

messerscharf ['mɛsɐ'ʃarf] I. *adj* ❶ *Kante* coupant(e) ❷ *(fig) Verstand* aigu(ë) II. *adv argumentieren, kombinieren* très subtilement; *schlussfolgern* avec une grande perspicacité **Messerschärfer** [-ʃɛrfɐ] <-s, -> *m* affiloir *m* [à couteaux] **Messerspitze** *f* ❶ pointe *f* du couteau ❷ *(Prise)* ***eine ~ Salz*** une pointe de sel **Messerstecherei** <-, -en> *f* bagarre *f* au couteau **Messerstich** *m* coup *m* de couteau

Messestand *m* stand *m* de foire

Messgerät *nt* ~ ***für die Einschaltquote*** audimat *m*

Messgewand *nt* chasuble *f*

Messias [mɛ'siːas] <-> *m* REL ***der ~*** le Messie

Messie ['mɛsi] <-s, -s> *m (fam)* bordélique *mf*

Messing ['mɛsɪŋ] <-s> *nt* laiton *m*

Messinstrument *nt* instrument *m* de mesure **Messlatte** *f*, **Messstab** *m* jalon *m* **Messlöffel** *m* mesurette *f* **Messtischblatt** *nt* carte *f* topographique

Messung <-, -en> *f*, **Messwert** *m* mesure *f*

Metall [me'tal] <-s, -e> *nt* métal *m*; ***aus ~*** en métal; ~ ***verarbeitend*** *Industrie* métallurgique

Metallarbeiter(in) *m(f)* métallurgiste *mf*

metallen [me'talən] *adj* en métal
metallhaltig *adj* métallifère
metallic [me'talɪk] *adj inv* métallisé(e)
Metallindustrie *f* industrie *f* métallurgique
metallisch [me'talɪʃ] **I.** *adj (aus Metall, metallartig)* métallique **II.** *adv* ~ ***glänzen*** avoir des reflets métalliques
Metallurgie [metalʊr'gi:] <-> *f* métallurgie *f*
Metamorphose [metamɔr'fo:zə] <-, -n> *f (geh)* métamorphose *f*
Metapher [me'tafɐ] <-, -n> *f* métaphore *f*
Metaphorik [meta'fo:rɪk] <-> *f* procédés *mpl* métaphoriques
metaphorisch [meta'fo:rɪʃ] *adj* métaphorique
Metaphysik [metafy'zi:k] *f* métaphysique *f*
metaphysisch [meta'fy:zɪʃ] *adj* métaphysique
Metastase [meta'sta:zə] <-, -n> *f* MED métastase *f*
Meteor [mete'o:ɐ̯] <-s, -e> *m* météore *m*
Meteorit [meteo'ri:t] <-en *o* -s, -e[n]> *m* météorite *m*
Meteorologe, **Meteorologin** [meteoro'lo:gə] <-n, -n> *m, f* météorologiste *mf*
Meteorologie [meteorolo'gi:] <-> *f* météorologie *f*
meteorologisch [meteoro'lo:gɪʃ] *adj* météorologique
Meter ['me:tɐ] <-s, -> *m o nt* mètre *m*; ***zwei ~ groß sein*** faire deux mètres; ***zwei ~ hoch sein*** faire deux mètres de haut[eur]; ***der laufende ~*** le mètre courant
meterdick *adj* épais d'un mètre **meterhoch** *adj* haut d'un mètre **meterlang** ['me:tɐlaŋ] *adj (einen Meter lang)* long d'un mètre **Metermaß** *nt* ❶ *(Bandmaß)* mètre *m* [à] ruban ❷ *(Zollstock)* mètre *m* pliant **Meterware** *f* marchandise *f* au mètre
meterweise *adv verkaufen* au mètre
Methode [me'to:də] <-, -n> *f* ❶ *(Verfahren)* méthode *f* ❷ *Pl (Vorgehensweise)* méthodes *fpl*
Methodik [me'to:dɪk] <-, -en> *f einer Wissenschaft* méthodologie *f*
methodisch [me'to:dɪʃ] *adj Vorgehensweise* méthodique
Metrik ['me:trɪk] <-, -en> *f* LITER, MUS métrique *f*
Metro ['me:tro] <-, -s> *f* métro *m*
Metronom [metro'no:m] <-s, -e> *nt* métronome *m*
Metropole [metro'po:lə] <-, -n> *f* ❶ *(geh: Hauptstadt)* capitale *f* ❷ *(Zentrum)* métropole *f*
Mett [mɛt] <-[e]s> *nt* NDEUTSCH ≈ chair *f* à saucisse
Mettwurst *f* DIAL *sorte de pâté à tartiner conservée sous forme de saucisse*
Metzger(in) ['mɛtsgɐ] <-s, -> *m(f)* DIAL boucher, -ère *m, f*; *(für Wurstwaren)* charcutier, -ière *m, f*
Metzgerei [mɛtsgə'raɪ̯] <-, -en> *f* DIAL boucherie *f*; *(für Wurstwaren)* charcuterie *f*
Meute ['mɔɪ̯tə] <-, -n> *f (a. pej)* meute *f*
Meuterei [mɔɪ̯tə'raɪ̯] <-, -en> *f* mutinerie *f*
Meuterer <-s, -> *m* mutin *m*
meutern ['mɔɪ̯tɐn] *vi* ❶ *(sich auflehnen)* se mutiner, se révolter ❷ *(fam: meckern)* rouspéter
Mexikaner(in) [mɛksi'ka:nɐ] <-s, -> *m(f)* Mexicain(e) *m(f)*
mexikanisch [mɛksi'ka:nɪʃ] *adj* mexicain(e)
Mexiko ['mɛksiko] <-s> *nt* le Mexique
MEZ [ɛmʔe:'tsɛt] *Abk von* **mitteleuropäische Zeit** heure *f* d'Europe centrale
MFG [ɛmʔɛf'ge:] <-, -s> *f Abk von* **Mitfahrgelegenheit** possibilité *f* de covoiturage
MfS [ɛmʔɛf'ɛs] *nt* HIST *Abk von* **Ministerium für Staatssicherheit** *services de Sécurité de la R.D.A.*
mg *Abk von* **Milligramm** mg
MHz *Abk von* **Megahertz** MHz
miau [mi'aʊ] *interj* miaou
miauen* [mi'aʊ̯ən] *vi* miauler
mich [mɪç] **I.** *pron pers, akk von* **ich** ***ohne/für ~*** sans/pour moi; ***er sieht/beobachtet ~*** il me voit/m'observe **II.** *pron refl* ***ich wasche ~*** je me lave; ***ich schäme ~*** j'ai honte
mick[e]rig ['mɪk(ə)rɪç] *adj (pej fam) Kerl* maigrichon(ne); *Pflanze* rabougri(e); *Summe, Trinkgeld* minable
Midlife-Crisis, **Midlifecrisis** ['midlaɪf-'kraɪsis] <-> *f* crise *f* de la quarantaine
Mieder ['mi:dɐ] <-s, -> *nt* ❶ *von Trachtenkleidern* corselet *m* ❷ *(Korsett)* corset *m*
Mief [mi:f] <-[e]s> *m (pej fam)* ❶ *(Geruch von verbrauchter Luft)* odeur *f* de renfermé; *(Abgasmief)* air *m* vicié ❷ *(Beengtheit) einer Kleinstadt* la vie étriquée
miefen ['mi:fən] *vi (pej fam)* [s]chlinguer
Miene ['mi:nə] <-, -n> *f* mine *f*; ***mit freundlicher ~*** d'un air sympathique

mies [miːs] *adj (fam)* ❶ *Person, Essen, Wetter* dégueulasse; *Unterkunft* minable ❷ *(krank)* ***sich ~ fühlen*** se sentir patraque

Miese ['miːzə] *Pl (fam)* ▶ **in den ~n sein** être dans le rouge

Miesmacher(in) *m(f) (pej fam)* rabat-joie *m*

Miesmuschel ['miːsmʊʃəl] *f* moule *f*

Mietauto *nt* voiture *f* de location

Miete ['miːtə] <-, -n> *f (Wohnungsmiete)* loyer *m;* ***zur ~ wohnen*** être locataire

mieten ['miːtən] *vt* louer

Mieter(in) <-s, -> *m(f)* locataire *mf*

Mieterhöhung *f* hausse *f* de loyer

Mieterschutz *m* défense *f* des locataires

mietfrei *adj* ***~es Wohnen*** logement *m* gratuit **Mietnomade, -nomadin** *m, f (fam) locataire qui déménage à la cloche de bois* **Mietpartei** *f (form)* locataire *mf* **Mietpreis** *m* prix *m* de location **Mietrecht** *nt* droit *m* locatif

Mietshaus *nt* immeuble *m* locatif

Mietspiegel *m* indice *m* officiel [du prix] des loyers

Mietvertrag *m* contrat *m* de location **Mietwagen** *m* voiture *f* de location **Mietwohnung** *f* [logement *m* en] location *f*

Miezekatze ['miːtsə-] *f (fam)* minou *m*

Migräne [mi'grɛːnə] <-, -n> *f* migraine *f;* ***~ haben*** avoir la migraine

Migrant(in) [mi'grant] <-en, -en> *m(f)* SOZIOL, POL migrant(e) *m(f)*

Migration [migra'tsioːn] <-, -en> *f* SOZIOL, POL migration *f*

Migrationshintergrund *m* origine *f* migratoire; ***eine Familie mit ~*** une famille d'origine étrangère, une famille issue de l'immigration

Mikro ['miːkro] <-s, -s> *nt (fam) Abk von* **Mikrofon** micro *m*

Mikrobe [mi'kroːbə] <-, -n> *f* microbe *m*

Mikrobiologie [mikrobiolo'giː] *f* microbiologie *f* **Mikrochip** ['miːkrotʃɪp] <-s, -s> *m* INFORM puce *f* **Mikrocomputer** *m* micro[-]ordinateur *m* **Mikroelektronik** ['miːkroelɛktroːnɪk] *f* microélectronique *f* **Mikrofaser** *f* micro-fibre *f* **Mikrofiche** ['miːkrofiːʃ] <-s, -s> *m o nt* microfiche *f* **Mikrofilm** ['miːkrofɪlm] *m* microfilm *m* **Mikrofon** [mikro'foːn] <-s, -e> *nt* microphone *m* **Mikrokosmos** [mikro'kɔsmɔs] *m (a. fig)* microcosme *m*

Mikronesien [mikro'neːzi̯ən] <-s> *nt* la Micronésie

Mikroorganismus ['miːkroɔrganɪsmʊs] *m* micro[-]organisme *m* **Mikroprozessor** ['mikroproˈtsɛsoːɐ̯] *m* INFORM microprocesseur *m* **Mikroskop** [mikro'skoːp] <-s, -e> *nt* microscope *m*

mikroskopisch [mikro'skoːpɪʃ] **I.** *adj* microscopique **II.** *adv* ❶ *(mit dem Mikroskop)* au microscope ❷ *(äußerst)* ***~ klein*** microscopique

Mikrowelle ['miːkrovɛlə] *f* ❶ PHYS micro-onde *f* ❷ *(fam: Herd)* micro-ondes *m*

Mikrowellenherd ['miːkro'vɛlənheːɐ̯t] *m* four *m* à micro-ondes

Milbe <-, -n> *f* acarien *m*

Milch [mɪlç] <-> *f (Tiermilch, Muttermilch, Pflanzensaft)* lait *m*

Milcheis *nt* glace *f* au lait **Milchflasche** *f* ❶ *(Flasche für Milch)* bouteille *f* à lait ❷ *(Babyfläschchen)* biberon *m*

milchig ['mɪlçɪç] *adj Glas* opale; *Flüssigkeit* laiteux, -euse

Milchkaffee *m* café *m* au lait **Milchkännchen** *nt* petit pot *m* à lait **Milchkuh** *f* laitière *f* **Milchprodukt** *nt* produit *m* laitier **Milchpulver** *nt* lait *m* en poudre **Milchreis** *m* riz *m* au lait **Milchsäure** *f* CHEM acide *m* lactique **Milchschaum** *m* lait *m* battu **Milchschokolade** *f* chocolat *m* au lait **Milchshake** [-ʃeːk] <-s, -s> *m* milk-shake *m* **Milchstraße** *f kein Pl* ***die ~*** la Voie lactée

Milchstraßensystem *nt kein Pl* ASTRON galaxie *f* **Milchtopf** *m* casserole *f* à lait **Milchtüte** *f* brique® *f* de lait **Milchzahn** *m* dent *f* de lait

Milchzucker *m kein Pl* BIO lactose *f*

mild [mɪlt], **milde** ['mɪldə] **I.** *adj* ❶ *Klima, Licht, Shampoo, Geschmack* doux, douce ❷ *Prüfer, Richter, Beurteilung, Worte* indulgent(e); *Urteil* clément(e) **II.** *adv* ❶ ***~ gewürzt*** peu épicé(e) ❷ *(nachsichtig)* ***das Urteil fiel ~[e] aus*** le verdict fut clément

Milde ['mɪldə] <-> *f* ❶ *des Klimas, Geschmacks* douceur *f* ❷ *(Nachsichtigkeit)* clémence *f*

mildern ['mɪldɐn] **I.** *vt* ❶ adoucir *Geschmack, Geruch* ❷ commuer *Strafmaß* ❸ *(lindern)* atténuer *Not, Armut* **II.** *vr* ***sich ~*** *Schmerzen, Wut:* s'atténuer; *Wetter:* se radoucir

Milderung <-> *f* atténuation *f*

mildtätig *adj (geh) Person* charitable; *Organisation* caritatif, -ive

Milieu [mɪ'li̯øː] <-s, -s> *nt* ❶ *(soziales Umfeld)* milieu *m* ❷ *(Lebensraum)* milieu *m* [naturel] ❸ *(fam: Prostitutionsszene)* milieu *m* [de la prostitution]

militant [mili'tant] *adj Demonstrant, Gesin-*

nung combatif, -ive; *Gruppe, Organisation* activiste

Militär [mili'tɛːɐ̯] <-s> *nt* ❶ *(Soldaten)* militaires *mpl* ❷ *(Armee)* armée *f*

Militärdienst *m kein Pl* service *m* militaire **Militärdiktatur** *f* dictature *f* militaire **Militärgericht** *nt* tribunal *m* militaire

militärisch [mili'tɛːrɪʃ] *adj* militaire

Militarismus [milita'rɪsmʊs] <-> *m* militarisme *m*

Militarist(in) [milita'rɪst] <-en, -en> *m(f)* militariste *mf*

Militärputsch *m* putsch *m* militaire **Militärregierung** *f* gouvernement *m* militaire **Militärstützpunkt** *m* position *f* stratégique de défense

Miliz [mi'liːts] <-, -en> *f (Polizeiverband)* milice *f*

Milliardär(in) [mɪli̯ar'dɛːɐ̯] <-s, -e> *m(f)* milliardaire *mf*

Milliarde [mɪ'li̯ardə] <-, -n> *f* milliard *m*

milliardenschwer *adj* ❶ *(mehr als eine Milliarde wert seiend/kostend)* qui vaut plus d'un milliard ❷ *(mehr als eine Milliarde besitzend)* milliardaire

Milligramm [mɪli'gram] *nt* milligramme *m* **Milliliter** *m* millilitre *m* **Millimeter** [mɪli'meːtɐ] *m o nt* millimètre *m*

Millimeterpapier *nt* papier *m* millimétré

Million [mɪ'li̯oːn] <-, -en> *f* million *m*

Millionär(in) [mɪli̯o'nɛːɐ̯] <-s, -e> *m(f)* millionnaire *mf*

Millionenbetrag *m* montant *m* d'un million **millionenschwer** *adj (fam) Erbin, Industrieller* multimillionnaire **Millionenstadt** *f* ville *f* de plus d'un million d'habitants

millionste(r, s) *adj* millionième

millionstel [mɪ'li̯oːnstəl] *adj* ***eine ~ Sekunde*** un millionième de seconde

Millionstel [mɪ'li̯oːnstəl] <-s, -> *nt* millionième *m*

Milz [mɪlts] <-, -en> *f* rate *f*

Milzbrand *m* MED maladie *f* du charbon

mimen *vt (fam)* simuler

Mimik ['miːmɪk] <-> *f* mimique *f*

mimisch *adj* mimique

Mimose [mi'moːzə] <-, -n> *f* ❶ BOT mimosa *m* ❷ *(pej: Mensch)* ***eine ~ sein*** être d'une sensibilité exacerbée

mimosenhaft *adj (pej)* hypersensible

min., Min. *Abk von* **Minute[n]** mn

Minarett [mina'rɛt] <-s, -e *o* -s> *nt* minaret *m*

minder ['mɪndɐ] *adv* moins

minderbemittelt *adj* ❶ *(geh: arm)* peu fortuné(e) ❷ *(pej fam)* ***geistig ~*** intellectuellement limité

mindere(r, s) ['mɪndərə, -rɐ, -rəs] *adj attr* moindre

Minderheit <-, -en> *f* minorité *f*; ***in der ~ sein*** être minoritaire

Minderheitsregierung *f* gouvernement *m* minoritaire

minderjährig ['mɪndɐjɛːrɪç] *adj* mineur(e)

Minderjährige(r) *f(m) dekl wie adj* mineur(e) *m(f)*

Minderjährigkeit <-> *f* minorité *f*

mindern ['mɪndɐn] *(geh)* **I.** *vt* réduire **II.** *vr* ***sich ~*** diminuer

Minderung <-, -en> *f (geh)* réduction *f*

minderwertig *adj* ❶ *Material, Produkt* de moindre qualité ❷ *(fig)* ***sich ~ fühlen*** se sentir inférieur(e)

Minderwertigkeit <-> *f* mauvaise qualité *f*

Minderwertigkeitsgefühl *nt* sentiment *m* d'infériorité; ***~e haben*** avoir le sentiment d'être inférieur(e)

Minderwertigkeitskomplex *m* complexe *m* d'infériorité

Minderzahl *f* ***in der ~ sein*** être en minorité

Mindestalter *nt* âge *m* minimum **Mindestbetrag** *m* montant *m* minimum

mindeste(r, s) ['mɪndəstə, -tɐ, -təs] *adj* ***der/die/das ~ …*** le/la moindre …; ***nicht die ~ Ahnung haben*** ne pas avoir la moindre idée

Mindesteinkommen *nt* revenu *m* minimum

mindestens ['mɪndəstəns] *adv* au moins

Mindestgebot *nt* enchère *f* minimum **Mindesthaltbarkeitsdatum** *nt* date *f* limite de conservation **Mindestlohn** *m* salaire *m* minimum **Mindestmaß** *nt* strict minimum *m* **Mindeststrafe** *f* peine *f* minimum

Mindmap <-, -s *o* -s, -s> ['maɪndmɛp] *f* filet *m* à mots

Mine ['miːnə] <-, -n> *f* mine *f*

Minenfeld *nt* champ *m* de mines

Mineral [mine'raːl] <-s, -e *o* -ien> *nt* minéral *m*

Mineralbad *nt (Kurort)* ville *f* d'eaux, station *f* thermale

mineralisch *adj* minéral

Mineralogie [mineralo'giː] <-> *f* minéralogie *f*

Mineralöl *nt* huile *f* minérale

Mineralölgesellschaft *f* compagnie *f* pétrolière **Mineralölsteuer** *f* taxe *f* sur les produits pétroliers

M

Mineralstoffe *Pl* sels *mpl* minéraux **Mineralwasser** *nt* eau *f* minérale
mini ['mɪni] *adj* mini
Mini ['mɪni] <-s, -s> *m (fam)* minijupe *f*
Miniatur [mini̯a'tuːɐ̯] <-, -en> *f* miniature *f*
Minibar *f* minibar *m* **Minibus** *m* minibus *m* **Minigolf** *nt* minigolf *m* **Minijob** *m (geringfügige Beschäftigung)* petit boulot *m; (perspektivlose, schlecht entlohnte Tätigkeit)* minijob *m (emploi précaire à temps partiel)* **Minikleid** *nt* minirobe *f*
Minima ['miːnima] *Pl von* **Minimum**
minimal [mini'maːl] **I.** *adj* minime **II.** *adv* dans des proportions minimes
Minimum ['miːnimʊm] <-s, Minima> *nt* ❶ *(geh: Mindestmaß)* [strict] minimum *m* ❷ METEO *(niedrigster Wert)* minimum *m*
Minirock *m* minijupe *f*
Minister(in) [mi'nɪstɐ] <-s, -> *m(f)* ministre *mf*
Ministerialbeamte(r) [minɪste'ri̯aːl-] *m dekl wie adj,* **-beamtin** *f* fonctionnaire *mf* ministériel(le) **Ministerialdirektor(in)** *m(f)* chef *mf* de division au ministère
ministeriell [minɪste'ri̯ɛl] *adj attr* ministériel(le)
Ministerium [minɪs'teːri̯ʊm] <-s, -rien> *nt* ministère *m*
Ministerpräsident(in) *m(f)* ministre-président(e) *m(f)*

Land und Leute
Le **Ministerpräsident** ou la **Ministerpräsidentin** est le chef du gouvernement d'un Land allemand. En Autriche, c'est le *Landeshauptmann* ou la *Landeshauptfrau*. Le chef du gouvernement d'un canton suisse s'appelle le *Kantonalpräsident* ou la *Kantonalpräsidentin*.

Ministerrat *m* Conseil *m* des ministres
Ministrant(in) [minɪs'trant] <-en, -en> *m(f)* REL enfant *mf* de chœur
Minnesänger ['mɪnəzɛŋɐ] *m* ≈ troubadour *m*
Minorität [minori'tɛːt] <-, -en> *f s.* **Minderheit**
minus ['miːnʊs] **I.** *präp +gen* ***tausend Euro ~ Mehrwertsteuer*** mille euros moins la T.V.A. **II.** *konj* MATH moins **III.** *adv* ❶ *(unter Null)* moins; ***einige Grad ~*** quelques degrés en dessous de zéro ❷ ELEC ***von plus nach ~ fließen*** *Strom:* aller du pôle positif au pôle négatif
Minus ['miːnʊs] <-> *nt* ❶ déficit *m* ❷ *(Manko)* point *m* négatif
Minuspol *m* ❶ ELEC pôle *m* négatif ❷ PHYS pôle *m* magnétique négatif **Minuspunkt** *m* ❶ *(Strafpunkt)* pénalité *f* ❷ *(Manko)* point *m* négatif **Minuszeichen** *nt* signe *m* moins
Minute [mi'nuːtə] <-, -n> *f* minute *f;* ***es ist zehn ~n nach/vor acht*** il est huit heures dix/moins dix; ***in letzter ~*** à la dernière minute
Minutenzeiger *m* grande aiguille *f*
minutiös, minuziös [minu'tsi̯øːs] *(geh)* **I.** *adj* minutieux, -euse **II.** *adv* minutieusement
Minze ['mɪntsə] <-, -n> *f* menthe *f*
Mio. *Abk von* **Million[en]** million[s]
mir [miːɐ̯] **I.** *pron pers, dat von* **ich** ***mit ~*** avec moi; ***er folgt/hilft ~*** il me suit/m'aide; ***dieses Fahrrad gehört ~*** c'est mon vélo; ***er ist ein Freund von ~*** il est un de mes amis; ***es geht ~ heute besser*** je vais mieux aujourd'hui; ***das wird ~ gut tun*** ça me fera du bien; ***das ist ~ egal*** ça m'est égal; ***sag es ~!*** dis-le-moi! ►**von ~ aus!** *(fam)* j'ai rien contre! **II.** *pron refl* ***ich wasche ~ die Haare*** je me lave les cheveux; ***ich werde ~ einen Pulli anziehen*** je vais mettre un pull
Mirabelle [mira'bɛlə] <-, -n> *f* ❶ *(Frucht)* mirabelle *f* ❷ *(Baum)* mirabellier *m*
Mischbrot *nt* pain *m* bis **Mischehe** *f* couple *m* mixte
mischen ['mɪʃən] **I.** *vt* ❶ *(vermengen)* mélanger ❷ *(hineinmischen)* ***etw unter den Teig ~*** mélanger qc à la pâte ❸ *(herstellen)* préparer ❹ SPIEL mélanger **II.** *vr* ❶ *(sich vermischen)* ***sich ~*** *Flüssigkeiten, Substanzen:* se mélanger ❷ *(sich begeben)* ***sich unter die Menge ~*** se mêler à la foule ❸ *(sich einmischen)* ***sich in etw*** *akk* **~** se mêler de qc
Mischform *f* mélange *m;* ***~ aus etw und etw*** *dat* mélange de qc et de qc **Mischkonzern** *m* conglomérat *m*
Mischling ['mɪʃlɪŋ] <-s, -e> *m* ❶ *(Mensch)* métis(se) *m(f)* ❷ ZOOL bâtard *m*
Mischmasch ['mɪʃmaʃ] <-[e]s, -e> *m (fam)* mixture *f*
Mischmaschine *f* bétonnière *f* **Mischpult** *nt* pupitre *m* de mixage
Mischung <-, -en> *f* mélange *m*
Mischungsverhältnis *nt* dosage *m*
Mischwald *m* forêt *f* d'essences mixtes
miserabel [mizə'raːbəl] **I.** *adj* ❶ *Zustand, Leistung, Film* lamentable; *Wetter, Essen,*

Wein exécrable ❷ *Kerl, Benehmen* infâme *antéposé* ❸ *(krank)* ***sich ~ fühlen*** se sentir mal **II.** *adv* ❶ *(sehr schlecht)* lamentablement; ~ ***schmecken*** avoir un goût infect ❷ *(gemein)* de façon infâme
Misere [mi'ze:rə] <-, -n> *f (geh)* situation *f* désastreuse
missachten* [mɪs'ʔaxtən] *vt* ❶ ne pas respecter *Vorschrift;* ne pas tenir compte de *Rat, Warnung* ❷ mésestimer *Person;* dédaigner *Hilfe, Angebot*
Missachtung *f* ❶ *(Geringschätzung)* mépris *m* ❷ *(Ignorierung) einer Vorschrift* non-respect *m; eines Ratschlags, einer Warnung* non-prise *f* en compte
Missbehagen <-s> *nt (geh)* malaise *m*
Missbildung <-, -en> *f* malformation *f*
missbilligen* [mɪs'bɪlɪgən] *vt* désapprouver
missbilligend **I.** *adj Blick* désapprobateur, -trice; *Worte* de désapprobation **II.** *adv* d'un air réprobateur
Missbilligung <-> *f* désapprobation *f*
Missbrauch ['mɪsbrau̯x] *m von Drogen, Medikamenten* abus *m; eines Feuermelders, einer Notbremse* emploi *m* abusif; ***~ des Amtes*** abus de fonction; ***sexueller ~*** abus sexuel
missbrauchen* [mɪs'brau̯xən] *vt* ❶ utiliser *Person;* abuser de *Vertrauen* ❷ faire un usage abusif de *Medikament;* utiliser abusivement *Feuermelder, Notbremse* ❸ *(vergewaltigen)* ***jdn sexuell ~*** abuser sexuellement de qn
missdeuten* [mɪs'dɔytən] *vt* mal interpréter *Worte, Geste*
missen ['mɪsən] *vt (geh)* regretter; ***jdn/etw nicht [mehr] ~ mögen*** [*o* ***wollen***] ne jamais vouloir se passer de qn/qc; ***etw ~ müssen*** être obligé de se priver de qc
Misserfolg *m einer Person* échec *m; eines Stücks* fiasco *m* **Missernte** *f* mauvaise récolte *f*
Missetat ['mɪsəta:t] *f (hum)* sale tour *m*
missfallen* [mɪs'falən] *vi irr (geh)* ***jdm ~*** déplaire à qn
Missfallen <-s> *nt* mécontentement *m*
missgebildet *adj o adv* mal formé(e)
Missgeburt *f* MED enfant *mf* mal formé(e)
Missgeschick *nt* malheur *m*
missglücken* [mɪs'glʏkən] *vi + sein Versuch, Plan:* échouer
missgönnen* [mɪs'gœnən] *vt* envier; ***jdm etw ~*** envier qc à qn
Missgriff *m* mauvais choix *m*
Missgunst *f* jalousie *f*
missgünstig *adj* jaloux, -ouse
misshandeln* [mɪs'handəln] *vt* maltraiter
Misshandlung [mɪs'handlʊŋ] *f* mauvais traitements *mpl*
Mission [mɪ'si̯o:n] <-, -en> *f* mission *f*
Missionar(in) [mɪsi̯o'na:ɐ̯] <-s, -e> *m,* **Missionär(in)** [mɪsi̯o'nɛ:ɐ̯] <-s, -e> *m(f)* A missionnaire *mf*
missionarisch [mɪsi̯o'na:rɪʃ] **I.** *adj* missionnaire **II.** *adv* ***~ tätig sein*** être missionnaire
Missklang *m* ❶ MUS dissonance *f* ❷ *(Unstimmigkeit)* désaccord *m*
Misskredit *m kein Pl* ***jdn in ~ bringen*** discréditer qn; ***in ~ geraten*** se discréditer
misslingen [mɪs'lɪŋən] <misslang, misslungen> *vi + sein Versuch, Plan:* échouer
Misslingen [mɪs'lɪŋən] <-s> *nt* échec *m*
misslungen [mɪs'lʊŋən] *PP von* **misslingen**
Missmanagement ['mɪsmɛnɛdʒmənt] *nt* erreurs *fpl* de management
Missmut ['mɪsmu:t] *m* mauvaise humeur *f*
missmutig *adj o adv* de mauvaise humeur
missraten* [mɪs'ra:tən] *vi irr + sein* rater; ***ein ~es Kind*** un enfant mal élevé
Missstand *m* anomalie *f*
misstrauen* [mɪs'trau̯ən] *vi* se méfier; ***jdm/einer S. ~*** se méfier de qn/qc
Misstrauen ['mɪstrau̯ən] <-s> *nt* méfiance *f*
Misstrauensantrag *m* POL motion *f* de censure **Misstrauensvotum** ['mɪstrau̯ənsvo:tʊm] *nt* POL vote *m* de défiance
misstrauisch ['mɪstrau̯ɪʃ] **I.** *adj* méfiant(e) **II.** *adv* avec méfiance
Missverhältnis ['mɪsfɛɐ̯hɛltnɪs] *nt* disproportion *f*
missverständlich **I.** *adj* qui prête à équivoque **II.** *adv darstellen, sich ausdrücken* d'une façon qui prête à équivoque
Missverständnis ['mɪsfɛɐ̯ʃtɛntnɪs] <-ses, -se> *nt* ❶ malentendu *m* ❷ *meist Pl (Meinungsverschiedenheit)* désaccords *mpl*
missverstehen* ['mɪsfɛɐ̯ʃte:ən] *vt irr* ***jdn/etw ~*** comprendre qn/qc de travers; ***sich missverstanden fühlen*** se sentir mal compris(e)
Misswahl *f* élection *f* de la miss
Misswirtschaft *f* mauvaise gestion *f*
Mist [mɪst] <-[e]s> *m* ❶ *(Dung)* fumier *m* ❷ *(fam: Unsinn, wertlose Sachen)* conneries *fpl;* ***~ bauen*** *(fam)* faire des conneries ❸ *(fam: Ärger)* [***so ein***] ***~!*** merde!
Mistel ['mɪstəl] <-, -n> *f* gui *m*
Mistgabel *f* fourche *f* à fumier **Misthaufen** *m* tas *m* de fumier **Mistkäfer** *m* bou-

M

sier *m* **Mistkerl** *m (pej sl)* enculé *m vulg* **Mistkübel** *m* A *(Mülleimer)* poubelle *f* **Miststück** *nt (pej sl: gemeine Frau)* salope *f vulg* **Mistwetter** *nt (pej sl)* temps *m* de merde *vulg*

mit [mɪt] I. *präp +dat* ❶ *(zur Angabe der Art und Weise)* avec, au moyen de; ***etw ~ Absicht tun*** faire qc exprès; ***~ großen Schritten*** à grands pas ❷ *(per)* ***~ dem Fahrrad*** à vélo; ***~ dem Bus/Auto/Flugzeug*** en bus/voiture/avion; ***~ dem Lkw*** par camion; ***~ der Post/Bahn*** par la poste/le train ❸ *(in Begleitung von, einschließlich)* avec ❹ *(versehen mit)* avec; ***eine Tüte ~ Bonbons*** un sac de bonbons; ***Tee ~ Rum*** du thé au rhum ❺ *(zur Angabe des Zeitpunkts)* à; ***~ 18 [Jahren]*** à 18 ans ❻ *(fam: und dazu)* ***du ~ deiner Arroganz!*** toi et ton arrogance! ❼ *(hinsichtlich)* ***~ einem Vorschlag einverstanden sein*** être d'accord avec une proposition; ***~ dem Rauchen aufhören*** arrêter de fumer II. *adv* ***bist du ~ dabei gewesen?*** est-ce que tu y étais aussi?

Mitangeklagte(r) *f(m) dekl wie adj* coaccusé(e) *m(f)* **Mitarbeit** *f* ❶ *(Mitwirkung)* collaboration *f*; ***~ an etw*** *dat* collaboration à qc ❷ SCHULE, UNIV participation *f*; ***die ~ im Unterricht*** la participation en cours **mit|arbeiten** *vi* ❶ *(mitwirken)* ***an etw*** *dat* ~ collaborer à qc ❷ SCHULE, UNIV ***im Unterricht ~*** participer en cours ❸ *(fam: ebenfalls arbeiten)* bosser aussi **Mitarbeiter(in)** *m(f)* ❶ *(Beschäftigter)* collaborateur, -trice *m, f* ❷ *(Honorarkraft)* ***freier ~/ freie ~in*** collaborateur *m* indépendant/ collaboratrice *f* indépendante

Mitarbeiterstab *m* équipe *f* de collaborateurs

mit|bekommen* *vt irr* ❶ *(mitgegeben bekommen)* recevoir ❷ entendre *Lärm, Streit* ❸ *(verstehen)* comprendre **mit|benutzen*** *vt* utiliser aussi **mit|bestimmen*** I. *vi* avoir voix au chapitre; *Arbeitnehmer:* prendre part à la gestion II. *vt* influer sur *Entscheidung, Verfahrensweise* **Mitbestimmung** *f* ❶ participation *f* ❷ *(in den Unternehmen)* ***betriebliche ~*** cogestion *f* d'entreprise

Mitbestimmungsrecht *nt* droit *m* de cogestion

Mitbewohner(in) *m(f)* ❶ ***sein ~/seine ~in*** celui/celle avec qui il partage son logement ❷ *(Wohnungsnachbar)* voisin(e) *m(f)* **mit|bringen** *vt irr* ❶ *(besorgen)* apporter ❷ *(begleitet werden von)* amener ❸ montrer *Erfahrungen, Wissen*

Mitbringsel ['mɪtbrɪŋzəl] <-s, -> *nt (fam)* petit quelque chose *m*

Mitbürger(in) *m(f)* concitoyen(ne) *m(f)*

mit|denken *vi irr* ❶ *(überlegt handeln)* réfléchir ❷ *(aufmerksam sein)* ***bei etw ~*** suivre qc attentivement **mit|dürfen** *vi irr (fam)* pouvoir venir; ***mit jdm ~*** pouvoir venir avec qn **Miteigentümer(in)** *m(f)* copropriétaire *mf*

miteinander [mɪtʔaɪ'nandɐ] *adv* ❶ *(gemeinsam)* ensemble ❷ *(untereinander)* ***gut ~ auskommen*** s'entendre bien

Miteinander [mɪtʔaɪ'nandɐ] <-s> *nt* coopération *f*

Miterbe, -erbin *m, f* cohéritier, -ière *m, f*

mit|essen *irr* I. *vt* manger [avec]; ***die Schale ~*** manger la peau [avec] II. *vi* ***mit jdm ~*** manger avec qn

Mitesser <-s, -> *m* point *m* noir

mit|fahren *vi irr + sein* faire le voyage; ***mit jdm ~*** faire le voyage avec qn

Mitfahrer(in) *m(f)* passager, -ère *m, f*

Mitfahrgelegenheit *f* possibilité *f* de faire le voyage avec qn **Mitfahrzentrale** *f* société *f* de covoiturage

mit|fühlen *vi* avoir de la compassion; ***mit jdm ~*** avoir de la compassion pour qn **mitfühlend** I. *adj* compatissant(e) II. *adv* avec compassion **mit|führen** *vt* ❶ *(form: bei sich haben)* ***etw ~*** avoir qc [avec soi] ❷ *(transportieren)* ***etw ~*** *Fluss:* charrier qc **mit|geben** *vt irr (a. fig: auf den Weg geben)* donner; ***jdm ein Buch für jdn ~*** donner un livre à qn pour qn **Mitgefühl** *nt kein Pl* sympathie *f* **mit|gehen** *vi irr + sein* ❶ *(begleiten)* ***mit jdm ~*** accompagner qn ❷ *(sich mitreißen lassen)* se laisser emporter ▸ **etw ~ lassen** *(fam)* piquer qc **mitgenommen** I. *PP von* **mitnehmen** II. *adj (fam)* esquinté(e)

Mitgift <-, -en> *f* dot *f*

Mitglied *nt* membre *m*

Mitgliederversammlung *f* assemblée *f* générale

Mitgliedsausweis *m* carte *f* de membre **Mitgliedsbeitrag** *m* cotisation *f*

Mitgliedschaft <-, -en> *f* appartenance *f*

Mitgliedsland *nt* pays *m* membre **Mitgliedsstaat** *m* État *m* membre

mit|haben *vt irr (fam)* ***etw ~*** avoir qc sur soi **mit|halten** *vi irr (mitmachen)* suivre; *(nicht unterliegen)* tenir tête **mit|helfen** *vi irr* aider

mithilfe [mɪt'hɪlfə] *präp +gen* avec le concours de; ***~ eines Seils*** à l'aide d'une corde

Mithilfe ['mɪthɪlfə] *f kein Pl* aide *f* **mit|hö-**

M

ren *vt* surprendre **Mitinhaber(in)** *m(f)* associé(e) *m(f)* **mit|kommen** *vi irr + sein* ❶ *(begleiten)* venir; ***mit jdm*** ~ venir avec qn ❷ *(mitgeschickt werden)* ***mit etw*** ~ *Gepäck, Brief:* arriver avec qc ❸ *(fam: mithalten, mitmachen können)* suivre **mit|können** *vi irr (fam)* ***mit jdm*** ~ pouvoir venir avec qn **mit|kriegen** *s.* **mitbekommen** **mit|laufen** *vi irr + sein* ❶ *(ebenfalls laufen)* courir [aussi] ❷ *(in Betrieb sein) Tonband:* tourner; *Propeller, Kolben:* fonctionner ❸ *(fam: nebenher erledigt werden)* ***dieses kleine Projekt läuft [nur] mit*** ce petit projet est réalisé en parallèle **Mitläufer(in)** *m(f) (pej)* suiveur, -euse *m, f* **Mitlaut** *m* consonne *f* **Mitleid** *nt* pitié *f;* ~ ***mit jdm haben*** avoir pitié de qn; ***aus*** ~ par pitié

Mitleidenschaft *f* ***jdn in ~ ziehen*** laisser des traces sur qn

mitleiderregend *adj* qui fait pitié; *Schicksal* pitoyable

mitleidig **I.** *adj* ❶ *(mitfühlend)* compatissant(e) ❷ *(iron: verächtlich)* dédaigneux, -euse **II.** *adv* ❶ *(voller Mitgefühl)* avec compassion ❷ *(iron: verächtlich)* avec dédain

mitleid[s]los *adj* impitoyable

mit|lesen *vt unreg* ❶ *(ebenfalls lesen)* lire *Text, Kleingedrucktes* ❷ *(zusammen mit jdm lesen) Fahrgast:* lire en même temps; ***sie blickte ihm über die Schulter um den Brief mitzulesen*** elle regarda par-dessus son épaule pour lire la lettre avec lui

mit|machen **I.** *vi* ❶ *(teilnehmen)* participer; ***bei etw*** ~ participer à qc; ***machst du mit?*** tu es partant(e)? ❷ *(fam: keine Probleme bereiten) Herz, Beine:* tenir le coup; *Wetter:* être de la partie **II.** *vt* ❶ *(sich beteiligen)* participer à ❷ *(fam: erleiden)* ***viel mitgemacht haben*** en avoir vu des vertes et des pas mûres ❸ *(fam: ebenfalls erledigen)* se taper **Mitmensch** *m* semblable *mf* **mit|mischen** *vi (fam)* jouer un rôle; ***bei etw*** *dat* ~ jouer un rôle dans qc **mit|müssen** *vi irr (fam: mitgehen müssen)* être obligé d'y aller; *(mitkommen müssen)* être obligé de venir **mit|nehmen** *vt irr* ❶ *(mit sich nehmen)* prendre; ***jdn im Auto*** ~ prendre qn en voiture ❷ *(körperlich erschöpfen)* épuiser ❸ *(psychisch belasten)* bouleverser ❹ *(in Mitleidenschaft ziehen)* causer des dégâts à ❺ *(fam)* faire *Sehenswürdigkeit* **mit|reden** *vi* avoir son mot à dire; ***bei etw*** ~ avoir son mot à dire dans qc

mit|reisen *vi + sein* ***mit jdm*** ~ faire le voyage [*o* voyager] avec qn **Mitreisende(r)** *f(m)* voyageur *m* **mit|reißen** *vt irr* ❶ *(mit sich reißen)* ***etw*** ~ *Lawine, Strömung:* emporter qc ❷ *(begeistern)* enthousiasmer **mitreißend** *adj* enthousiasmant(e)

mitsamt [mɪtˈzamt] *präp +dat* ***das Portmonee ~ den Papieren*** le porte-monnaie avec tous les papiers

mit|schleifen *vt* traîner

mit|schleppen *vt (a. fig fam)* traîner; ***jdn ins Theater*** ~ traîner qn au théâtre [avec soi]

mit|schneiden *vt unreg* enregistrer

Mitschnitt *m* enregistrement *m* **mit|schreiben** *irr* **I.** *vt* prendre en note; ***etw*** ~ prendre qc en note **II.** *vi* prendre des notes **Mitschuld** *f* complicité *f;* ***seine/ihre ~ an etw*** *dat (Mittäterschaft)* sa complicité dans qc; *(Mitverantwortung)* sa part *f* de responsabilité dans qc **mitschuldig** *adj* complice; ***an etw*** *dat* ~ ***sein*** *(Mittäter sein)* être complice de qc; *(mitverantwortlich sein)* avoir une part de responsabilité dans qc **Mitschüler(in)** *m(f) (Schulkamerad)* camarade *mf* d'école

mit|schwingen *vi unreg* ❶ MUS vibrer aussi ❷ *(geh: anklingen)* ***in ihrer Frage schwang Skepsis mit*** il y avait une pointe de scepticisme dans sa question **mit|singen** *unreg* **I.** *vi* chanter aussi; *(einsetzen)* se mettre aussi à chanter; ***in einem Chor/einer Oper*** ~ chanter dans un chœur/un opéra **II.** *vt* ***etw*** ~ chanter aussi qc **mit|spielen** *vi* ❶ jouer aussi; ***bei etw*** ~ jouer aussi à qc ❷ SPORT jouer ❸ CINE, THEAT ***in „Hamlet" als Ophelia*** ~ tenir le rôle d'Ophélie dans "Hamlet" ❹ *(fam: mitmachen)* ***da spiele ich nicht mit!*** je ne marche pas! ❺ *(zusetzen)* ***jdm übel*** ~ jouer un sale tour à qn **Mitspieler(in)** *m(f)* coéquipier *m*

Mitspracherecht *nt kein Pl* droit *m* de regard

Mitstreiter(in) <-s, -> *m(f) (geh)* camarade *mf* de combat

Mittag[1] [ˈmɪtaːk] <-[e]s, -e> *m* ❶ *(Mittagszeit)* midi *m;* ***zu ~ essen*** déjeuner; ***einen Salat zu ~ essen*** manger une salade à midi ❷ *(fam: Mittagspause)* ~ ***machen*** faire la pause de midi

Mittag[2] [ˈmɪtaːk] <-s> *nt* DIAL *(fam)* déjeuner *m*

Mittagessen *nt* déjeuner *m,* dîner *m* BELG, CH; ***was gibt es heute zum ~?*** qu'est-ce qu'on mange à midi?

mittags [ˈmɪtaːks] *adv* à midi

M

Mittagshitze *f* chaleur *f* de midi
Mittagspause *f* pause *f* de midi; *~ **machen*** faire la pause de midi **Mittagsruhe** *f* ❶ *(das Ausruhen)* repos *m* de midi ❷ *(Stille)* ***die ~ einhalten*** respecter le repos de midi **Mittagsschlaf** *m* sieste *f* **Mittagssonne** *f* soleil *m* de midi **Mittagstisch** *m* ❶ *(gedeckter Tisch)* table *f* du déjeuner ❷ *(Menü)* menu *m* du déjeuner **Mittagszeit** *f* heure *f* du déjeuner
Mittäter(in) *m(f)* complice *mf* **Mittäterschaft** *f* complicité *f*
Mitte ['mɪtə] <-, -n> *f* ❶ milieu *m; **in der ~ der Straße*** au milieu de la route; ***sie nahmen ihn in die ~*** ils l'ont pris entre eux ❷ *(Mittelpunkt)* centre *m* ❸ *(bei Zeitangaben)* ***~ des Jahres*** au milieu de l'année; ***~ Januar*** à la mi-janvier ❹ *(bei Altersangaben)* ***~ zwanzig sein*** avoir environ vingt-cinq ans ❺ POL centre *m*
mit|teilen **I.** *vt* annoncer; ***jdm etw ~*** annoncer qc à qn **II.** *vr (geh: kommunizieren)* ***sich jdm ~*** se confier à qn
mitteilsam *adj* communicatif, -ive
Mitteilung *f* communication *f; **die ~ bekommen, dass*** être informé que
Mittel ['mɪtəl] <-s, -> *nt* ❶ *(Medikament)* médicament *m; (Hausmittel, Heilmittel)* remède *m* ❷ *(Methode)* moyen *m* ❸ *Pl (Geldmittel)* moyens *mpl* ❹ *(Durchschnitt)* moyenne *f*
Mittelalter ['mɪtəlʔaltɐ] *nt **das ~*** le Moyen Âge
mittelalterlich ['mɪtəlʔaltɐlɪç] *adj* médiéval(e)
Mittelamerika ['mɪtəlʔa'me:rika] *nt* l'Amérique *f* centrale
mittelbar ['mɪtəlba:ɐ̯] *adj* indirect **Mittelding** *nt (fam)* compromis *m; **ein ~ zwischen Stock und Krücke*** quelque chose entre la canne et la béquille *fam*
Mitteleuropa ['mɪtəlʔɔy'ro:pa] *nt* l'Europe *f* centrale **mitteleuropäisch** ['mɪtəlʔɔyro'pɛ:ɪʃ] *adj* d'Europe centrale **Mittelfeld** *nt* ❶ *kein Pl (Teil des Spielfelds)* centre *m* du terrain ❷ *(Teilnehmergruppe)* [gros *m* du] peloton *m*
Mittelfeldspieler(in) *m(f)* milieu *m* de terrain
Mittelfinger *m* majeur *m*
mittelfristig *adj o adv* à moyen terme
Mittelgebirge *nt* [région *f* de] moyenne montagne *f* **mittelgroß** *adj Person* de taille moyenne **Mittelklasse** *f* ❶ *(Güteklasse)* milieu *m* de gamme ❷ *(Mittelschicht)* classe *f* moyenne
Mittelklassewagen *m* voiture *f* [de] milieu de gamme
Mittellinie *f* ❶ *einer Straße* ligne *f* médiane; ***durchgezogene ~*** ligne continue ❷ SPORT ligne *f* médiane
mittellos *adj* sans ressources
Mittelmaß *nt kein Pl* [petite] moyenne *f*
mittelmäßig *adj* médiocre
Mittelmäßigkeit *f* médiocrité *f*
Mittelmeer ['mɪtəlme:ɐ̯] *nt **das ~*** la [mer] Méditerranée
Mittelohrentzündung *f* otite *f* [moyenne]
mittelprächtig *(fam)* **I.** *adj (iron)* pas très brillant(e) **II.** *adv* comme ci, comme ça
Mittelpunkt *m* ❶ *(Punkt)* centre *m; einer Geraden* milieu *m* ❷ *(fig: Zentrum)* centre *m* ❸ *(fig: zentrale Figur)* personnage *m* central
mittels ['mɪtəls] *(geh)* **I.** *präp +gen **~ eines Wagenhebers*** au moyen d'un cric **II.** *präp +dat **~ Sandsäcken*** au moyen de sacs de sable
Mittelscheitel *m* raie *f* au milieu **Mittelschicht** *s.* **Mittelklasse 2**
Mittelschiff *nt* nef *f* centrale **Mittelschule** *f* ❶ *s.* **Realschule** ❷ CH *(höhere Schule) établissement d'enseignement du second degré*
Mittelsmann <-männer *o* -leute> *m* intermédiaire *m*
Mittelstand *m* classe *f* moyenne
mittelständisch *adj* des classes moyennes; ***die ~en Betriebe*** les petites et moyennes entreprises
Mittelstreckenflugzeug *nt* moyen-courrier *m* **Mittelstreckenläufer(in)** *m(f)* coureur, -euse *m, f* de demi-fond **Mittelstreckenrakete** *f* missile *m* [de] moyenne portée
Mittelstreifen *m* terre-plein *m* **Mittelstufe** *f correspond aux classes de quatrième, troisième et seconde* **Mittelstürmer(in)** *m(f)* avant-centre *mf* **Mittelweg** *m* moyen terme *m* ► **der goldene ~** le meilleur compromis **Mittelwelle** *f* RADIO onde *f* moyenne **Mittelwert** *m* valeur *f* moyenne
mitten ['mɪtən] *adv* ❶ *(räumlich)* ***~ entzweibrechen*** se casser au milieu; ***~ im Wald*** au milieu de la forêt ❷ *(zeitlich)* ***~ in der Nacht*** au beau milieu de la nuit
mittendrin [mɪtən'drɪn] *adv (fam)* ❶ *(räumlich)* ***~ stehen*** se trouver en plein milieu ❷ *(fig)* ***~ sein*** être en plein milieu
mittendurch [mɪtən'dʊrç] *adv führen* à travers
Mitternacht ['mɪtɐnaxt] *f kein Pl* minuit *f*

mittlere(r, s) ['mɪtlərə, -rɐ, -rəs] *adj attr* ❶ *(räumlich)* ***der ~ Balkon*** le balcon du milieu ❷ *(altersmäßig)* ***mein ~r Bruder*** mon deuxième frère; ***eine Dame ~n Alters*** une dame d'un certain âge ❸ *Qualität, Betrieb* moyen(ne); *Katastrophe* aux conséquences limitées ❹ *Temperatur, Verbrauch* moyen(ne)

mittlerweile ['mɪtlɐ'vaɪlə] *adv (währenddessen)* entre-temps; *(im Gegensatz zu früher)* maintenant **Mittsommernacht** *f* nuit *f* de la Saint-Jean

Mittwoch ['mɪtvɔx] <-s, -e> *m* mercredi *m; s. a.* **Dienstag**

Mittwochabend *m* mercredi *m* soir **Mittwochnachmittag** *m* mercredi *m* après-midi

mittwochs ['mɪtvɔxs] *adv* le mercredi

mitunter [mɪt'ʔʊntɐ] *adv* parfois, de temps en temps

mitverantwortlich *adj ~* ***sein*** être coresponsable **mit|wirken** *vi* ❶ *(beteiligt sein)* participer; ***bei/an etw*** *dat ~* participer à qc ❷ CINE, THEAT *(form)* ***in etw*** *dat ~* faire partie de la distribution de qc

Mitwirkende(r) *f(m)* participant *m*

Mitwirkung *f kein Pl* participation *f;* ***unter ~ von …*** avec la participation de …; ***ohne seine/ihre*** *~* sans son concours

Mitwisser(in) <-s, -> *m(f)* complice *mf*

Mitwohnzentrale *f* centrale *f* immobilière

mit|wollen *vi (fam)* vouloir venir [avec qn]

mit|zählen **I.** *vi* ❶ *(addiert werden)* compter ❷ *(berücksichtigt werden)* ***bei etw*** *~* entrer en ligne de compte dans qc **II.** *vt* compter

Mix [mɪks] <-, -e> *m* cocktail *m*

mixen ['mɪksən] *vt* mixer *Cocktail, Getränk*

Mixer ['mɪksɐ] <-s, -> *m* mixe[u]r *m*

Mixgetränk *nt* cocktail *m*

Mixtur [mɪks'tuːɐ̯] <-, -en> *f* mixture *f*

mm *Abk von* **Millimeter** mm

MMS [ɛmʔɛm'ʔɛs] <-, -> *f Abk von* **Multimedia Messaging Service** M.M.S. *m*

Mob [mɔp] <-s> *m* populace *f*

mobben ['mɔbn̩] *vt* harceler

Mobbing ['mɔbɪŋ] <-s> *nt* harcèlement *m* moral *(exercé sur le lieu de travail)*

Mobbingopfer *nt* victime *f* de harcèlement moral

Möbel ['møːbəl] <-s, -> *nt* meuble *m*

Möbelfabrik *f* fabrique *f* de meubles

Möbelgeschäft *nt* magasin *m* de meubles

Möbelpacker(in) *m(f)* déménageur, -euse *m, f* **Möbelstück** *nt* meuble *m*

Möbelwagen *m* camion *m* de déménagement

mobil [mo'biːl] *adj* ❶ *(nicht ortsgebunden)* itinérant(e); ***~ sein*** être mobile ❷ MIL ***~ machen*** mobiliser

Mobile ['moːbilə] <-s, -s> *nt* mobile *m*

Mobilfunk *m* téléphonie *f* [numérique] mobile

Mobilfunkanbieter *m* opérateur *m* de téléphonie numérique mobile **Mobilfunkgerät** *nt* téléphone *m* cellulaire

Mobiliar [mobi'li̯aːɐ̯] <-s> *nt* mobilier *m*

mobilisieren* [mobili'ziːrən] *vt* mobiliser

Mobilität [mobili'tɛːt] <-> *f* mobilité *f*

Mobiltelefon *nt* téléphone *m* sans fil

möblieren* [mø'bliːrən] *vt* meubler

möchte ['mɔxtə] *Imp von* **mögen**

modal [mo'daːl] *adj* de manière

Modalverb *nt* GRAM verbe *m* de modalité

Mode ['moːdə] <-, -n> *f* ❶ mode *f* ❷ *Pl (Kleidungsstücke)* modèles *mpl*

modebewusst *adj* au courant de la dernière mode, modeux, -euse *fam*

Modedesigner(in) *m(f)* styliste *mf* de mode **Modehaus** *nt* maison *f* de mode

Model ['mɔdəl] <-s, -s> *nt* modèle *m*

Modell [mo'dɛl] <-s, -e> *nt* ❶ *(verkleinerte Ausgabe)* modèle *m* réduit ❷ *(Ausführung)* modèle *m* ❸ KUNST *(Aktmodell)* modèle *m;* ***~ stehen*** poser ❹ *(Kleidungsstück)* création *f*

Modelleisenbahn *f* train *m* électrique **Modellflugzeug** *nt* avion *m* modèle réduit

modellieren* [modɛ'liːrən] *vt* modeler

Modellversuch *m (geh)* expérimentation *f*

modeln ['mɔdəln] *vi* travailler comme mannequin

Modem ['moːdɛm] <-s, -s> *nt o m* INFORM modem *m*

Modenschau *f* défilé *m* de mode

Moder ['moːdɐ] <-s> *m* pourriture *f*

moderat [mode'raːt] *adj* modéré(e)

Moderation [modera'tsi̯oːn] <-, -en> *f* présentation *f*

Falsche Freunde
Nicht verwechseln mit *la modération – die Mäßigung*!

Moderator, Moderatorin [mode'raːtoːɐ̯] <-s, -toren> *m, f* RADIO, TV présentateur, -trice *m, f; einer Spielshow* animateur, -trice *m, f*

moderieren* [mode'riːrən] *vt* présenter

moderig ['moːdərɪç] **I.** *adj* moisi(e) **II.** *adv* ***~ riechen*** sentir le moisi

M

modern[1] ['mo:dɐn] *vi + haben o sein* moisir

modern[2] [mo'dɛrn] **I.** *adj* ❶ moderne; *Person* de son temps ❷ *(modisch)* [à la] mode ❸ *(zur Neuzeit gehörend)* moderne **II.** *adv* ❶ de façon moderne; ***sehr ~ wohnen*** avoir un logement ultramoderne ❷ *(modisch)* ***sich ~ kleiden*** s'habiller [à la] mode ❸ *(fortschrittlich)* moderne

Moderne [mo'dɛrnə] <-> *f* ***die ~*** *(Epoche)* l'époque *f* moderne; *(Kunstrichtung)* l'école *f* moderne

modernisieren* [modɛrni'zi:rən] *vt* moderniser

Modernisierung <-, -en> *f* modernisation *f*

Modernität [modɛrni'tɛ:t] <-, -en> *f* modernité *f*

Modeschmuck *m* bijou *m* fantaisie **Modeschöpfer(in)** *m(f)* créateur, -trice *m, f* [de mode] **Modetrend** *m* tendance *f* de la mode **Modewort** *nt* LING mot *m* à la mode **Modezeitschrift** *f* revue *f* de mode

Modi *Pl von* **Modus**

Modifikation [modifika'tsio:n] <-, -en> *f* *(geh)* ❶ *(Abänderung)* retouche *f* ❷ *(das Modifizieren)* modification *f*

modifizieren* [modifi'tsi:rən] *vt (geh)* modifier

modisch ['mo:dɪʃ] **I.** *adj* à la mode **II.** *adv* [à la] mode

modrig ['mo:drɪç] *s.* **moderig**

Modul [mo'du:l] <-s, -e> *nt* INFORM module *m*

Modulation [modula'tsi̯o:n] <-, -en> *f* modulation *f*

modulieren* [modu'li:rən] *vt a.* MUS moduler

Modus ['mo:dʊs] <-, Modi> *m* ❶ *(geh: Art und Weise)* ***der ~ der Verteilung*** le mode de répartition ❷ *(geh: Arrangement, Übereinkunft)* terrain *m* d'entente ❸ GRAM mode *m*

Mofa ['mo:fa] <-s, -s> *nt* cyclomoteur *m*, mobylette® *f*

mogeln ['mo:gəln] *vi (fam)* tricher; ***bei etw ~*** tricher à qc

Mogelpackung *f* ❶ emballage *m* trompeur ❷ *(Augenwischerei)* miroir *m* aux alouettes

mögen[1] ['mø:gən] <mag, mochte, gemocht> *vt* ❶ *(gernhaben)* aimer ❷ *(haben wollen)* ***was möchten Sie, bitte?*** vous désirez?; ***ich möchte [gern] eine Tasse Tee*** je voudrais une tasse de thé ❸ *(erwarten)* ***sie möchte, dass ich einen Bericht schreibe*** elle voudrait que je fasse un rapport

mögen[2] ['mø:gən] <mochte, gemocht> *vi* ❶ *(wollen)* vouloir [bien]; ***nicht ~*** ne pas avoir envie; ***er möchte [gern]*** il voudrait bien ❷ *(fam: gehen, fahren wollen)* ***sie möchte nach Hause*** elle voudrait rentrer ❸ *(fam: können)* ***ich mag nicht mehr*** je n'en peux plus

mögen[3] ['mø:gən] <mochte, -> *aux modal, mit Infin* ❶ *(wollen)* ***sie möchte hierbleiben*** elle voudrait rester ici; ***er möchte lieber heimgehen*** il aimerait mieux rentrer ❷ *(geh: als Ausdruck des Einräumens, Zugestehens)* ***das mag schon stimmen*** c'est peut-être exact; ***mag sein, dass*** il est possible que *+subj* ❸ *(sollen)* ***Sie möchten ihn bitte zurückrufen*** vous êtes prié(e) de le rappeler ❹ *(geh: als Ausdruck eines Wunschs)* ***~ sie miteinander glücklich werden!*** qu'ils soient heureux ensemble! ❺ *(geneigt sein)* ***man möchte meinen, dass*** on pourrait croire que

Mogler(in) ['mo:glɐ] <-s, -> *m(f) (fam)* tricheur, -euse *m, f*

möglich ['mø:klɪç] *adj* ❶ *(durchführbar)* possible; ***etw für ~ halten*** tenir qc pour possible; ***es ist ~, dass*** il est possible que *+subj*; ***wenn ~*** si possible; ***schon ~*** *(fam)* peut-être bien ❷ *(denkbar)* ***alle ~en Länder*** tous les pays possibles; ***alles Mögliche*** toutes sortes de choses ❸ *attr (potenziell)* potentiel(le)

möglicherweise *adv* peut-être

Möglichkeit <-, -en> *f* *(Gelegenheit, Machbarkeit)* possibilité *f*; ***die ~ haben etw zu tun*** avoir la possibilité de faire qc; ***nach ~*** dans la mesure du possible

möglichst *adv* ❶ ***~ groß*** le plus grand possible ❷ *(wenn irgend möglich)* autant que possible; ***kannst du das ~ heute noch erledigen?*** [est-ce que] tu peux régler ça si possible aujourd'hui encore?

Mohn [mo:n] <-[e]s, -e> *m* pavot *m*; *(Klatschmohn)* coquelicot *m*; *(Mohnsamen)* graine *f* de pavot

Mohnblume *f* coquelicot *m*

Mohnbrötchen *nt* petit pain *m* au pavot

Möhre ['mø:rə] <-, -n> *f* carotte *f*

Mohrrübe *f* NDEUTSCH carotte *f*

mokieren* [mo'ki:rən] *vr (geh)* ***sich über jdn/etw ~*** se moquer de qn/qc

Mokka ['mɔka] <-s, -s> *m* moka *m*

Mol [mo:l] <-s, -e> *nt* CHEM mole *f*

Molch [mɔlç] <-[e]s, -e> *m* triton *m*

Moldawien [mɔl'da:vi̯ən] <-s> *nt* la Moldavie

Mole ['mo:lə] <-, -n> *f* môle *m*

Molekül [mole'ky:l] <-s, -e> *nt* molécule *f*

molekular [moleku'la:ɐ] *adj* moléculaire

Molke ['mɔlkə] <-> *f* petit-lait *m*

Molkerei [mɔlkə'rai̯] <-, -en> *f* laiterie *f*

Moll [mɔl] <-> *nt* mode *m* mineur

mollig ['mɔlɪç] *adj (rundlich)* rondelet(te) *fam*

Molotowcocktail ['mo:lotɔfkɔkteɪl] *m* cocktail *m* Molotov

Moment [mo'mɛnt] <-[e]s, -e> *m (Augenblick)* moment *m; (kurze Zeitspanne)* instant *m;* ***jeden*** ~ à tout moment; ***im*** ~ pour le moment; ***einen kleinen ~!*** un petit moment!; ~ ***mal!*** eh, minute!

momentan [momɛn'ta:n] **I.** *adj* ❶ *(derzeitig)* actuel(le) ❷ *(vorübergehend)* momentané(e) **II.** *adv* ❶ *(derzeit)* actuellement ❷ *(vorübergehend)* momentanément

Momentaufnahme *f* PHOT *(a. fig)* instantané *m*

Monaco, Monako [mo'nako, 'mo:nako] <-s> *nt* [la Principauté de] Monaco

Monarch(in) [mo'narç] <-en, -en> *m(f)* monarque *m*

Monarchie [monar'çi:] <-, -i̯en> *f* monarchie *f*

Monarchist(in) [monar'çɪst] <-en, -en> *m(f)* monarchiste *mf*

monarchistisch *adj* monarchiste

Monat ['mo:nat] <-[e]s, -e> *m* ❶ mois *m;* ***diesen*** ~ ce mois-ci; ***im nächsten*** ~ le mois prochain; ***pro*** ~ par mois ❷ *(Schwangerschaftsmonat)* ***im dritten*** ~ ***sein*** être enceinte de trois mois

monatelang ['mo:natəlaŋ] **I.** *adj attr* de plusieurs mois **II.** *adv* pendant des mois

monatlich ['mo:natlɪç] **I.** *adj* mensuel(le) **II.** *adv* mensuellement; *zahlen* par mensualités

Monatsanfang *m* début *m* du mois; ***am*** ~ au début du mois

Monatsbinde *f* serviette *f* hygiénique **Monatsblutung** *s.* **Menstruation Monatseinkommen** *nt* revenu *m* mensuel **Monatsende** *nt* fin *f* du mois; ***am*** ~ à la fin du mois; ***bis [zum]*** ~ avant la fin du mois **Monatserste(r)** *m dekl wie Adj* premier *m* du mois **Monatsgehalt** *nt eines Beamten* traitement *m* mensuel; *eines Angestellten* salaire *m* mensuel **Monatskarte** *f* ❶ *(Fahrkarte)* abonnement *m* [mensuel] ❷ *(Eintrittskarte)* carte *f* d'abonnement *(valable un mois)* **Monatslohn** *m* salaire *m* mensuel **Monatsmitte** *f* milieu *m* [*o* quinze *m*] du mois **Monatsrate** *f* mensualité *f* **Monatszeitschrift** *f* revue *f* mensuelle

Mönch [mœnç] <-[e]s, -e> *m* moine *m*

Mönchsorden *m* ordre *m* monastique

Mond [mo:nt] <-[e]s, -e> *m* ❶ *kein Pl (Erdsatellit)* lune *f;* ***der ~ nimmt ab/zu*** la lune décroît/croît ❷ *kein Pl (in wissenschaftlichem Zusammenhang)* Lune *f* ❸ *(Satellit)* satellite *m*

Falsche Freunde
Nicht verwechseln mit *le monde – die Welt*!

mondän [mɔn'dɛ:n] *adj* [très] chic

Mondaufgang *m* lever *m* de la lune **Mondfähre** *s.* **Mondlandefähre Mondfinsternis** *f* éclipse *f* de Lune **Mondgesicht** *nt* face *f* de pleine lune *fam* **Mondkrater** *m* cratère *m* lunaire **Mondlandefähre** *f* module *m* lunaire **Mondlandschaft** *f* ❶ *(Kraterlandschaft)* paysage *m* lunaire ❷ *(Landschaft im Mondlicht)* [paysage *m* au] clair *m* de lune **Mondlandung** *f* atterrissage *m* sur la Lune, alunissage *m* **Mondlicht** *nt kein Pl* clarté *f* de la lune **Mondphase** *f* phase *f* de la lune **Mondschein** *m* clair *m* de lune; ***bei/im*** ~ au clair de lune **Mondsichel** *f* croissant *m* **Mondsonde** *f* sonde *f* lunaire **mondsüchtig** *adj* somnambule

Monegasse, Monegassin [mone'gasə] <-n, -n> *m, f* Monégasque *mf*

monegassisch [mone'gasɪʃ] *adj* monégasque

Moneten [mo'ne:tən] *Pl (fam)* pognon *m*

Mongole, Mongolin [mɔŋ'go:lə] <-n, -n> *m, f* Mongol(e) *m(f)*

Mongolei [mɔŋgo'lai̯] <-> *f* ***die*** ~ la Mongolie

mongolisch [mɔŋ'go:lɪʃ] *adj* mongol(e)

Mongolismus [mɔŋgo'lɪsmʊs] <-> *m* MED *(pej) s.* **Downsyndrom**

mongoloid [mɔŋgolo'i:t] *adj* ❶ *(den Mongolen ähnlich)* mongolique ❷ MED mongoloïde

monieren* [mo'ni:rən] *vt* critiquer

Monitor ['mo:nito:ɐ̯] <-s, -toren *o* -e> *m* moniteur *m*

monochrom [mono'kro:m] *adj* monochrome

monogam *adj* monogame

Monogamie [monoga'mi:] <-> *f* monogamie *f*

M

Monografie [monogra'fi:] <-, -n> *f* monographie *f*
Monogramm [mono'gram] <-s, -e> *nt* monogramme *m*
Monokultur ['mo:nokʊltu:ɐ̯] *f* monoculture *f*
Monolog [mono'lo:k] <-[e]s, -e> *m* monologue *m*
Monopol [mono'po:l] <-s, -e> *nt* monopole *m*
Monopolstellung *f* situation *f* de monopole
Monotheismus [monote'ɪsmʊs] <-; *kein Pl*> *m* monothéisme *m*
monoton [mono'to:n] **I.** *adj* monotone **II.** *adv* de façon monotone
Monotonie [monoto'ni:] <-, -ien> *f* monotonie *f*
Monoxid <-[e]s, -e> *nt* monoxyde *m*
Monster ['mɔnstɐ] <-s, -> *nt* monstre *m*
Monstren *Pl von* **Monstrum**
monströs [mɔn'strø:s] *adj (geh)* monstrueux, -euse; *(riesig)* énorme
Monstrum ['mɔnstrʊm] <-s, Monstren> *nt* monstre *m*
Monsun [mɔn'zu:n] <-s, -e> *m* mousson *f*
Montag ['mo:nta:k] <-s, -e> *m* lundi *m*; *s. a.* **Dienstag**
Montagabend *m* lundi *m* soir
Montage [mɔn'ta:ʒə] <-, -n> *f* TECH, PHOT montage *m*; ***auf ~ sein*** être en déplacement *(faisant partie d'une équipe de montage)*
Montageband <-bänder> *nt* chaîne *f* de montage
Montagmorgen *m* lundi *m* matin **Montagnachmittag** *m* lundi *m* après-midi
montags ['mo:nta:ks] *adv* le lundi
Montenegro [mɔnte'ne:gro] <-s> *nt* Monténégro *m*
Monteur(in) [mɔn'tø:ɐ̯] <-s, -e> *m(f)* installateur, -trice *m, f*
montieren* [mɔn'ti:rən] *vt* ❶ *(zusammenbauen)* monter ❷ *(anbringen)* ***etw an/auf etw*** *akk* ~ installer qc à/sur qc
Montur [mɔn'tu:ɐ̯] <-, -en> *f (a. fam)* combinaison *f*
Monument [monu'mɛnt] <-[e]s, -e> *nt* monument *m*
monumental [monumɛn'ta:l] *adj* colossal(e)
Monumentalfilm *m* superproduction *f*
Moor [mo:ɐ̯] <-[e]s, -e> *nt* marais *m*; *(Torfmoor)* tourbière *f*
moorig *adj* marécageux, -euse
Moos [mo:s] <-es, -e> *nt* ❶ BOT mousse *f* ❷ *kein Pl (fam: Geld)* pognon *m*
moosig ['mo:sɪç] *adj* moussu(e)
Moped ['mo:pɛt] <-s, -s> *nt* vélomoteur *m*
Mopedfahrer(in) *m(f)* utilisateur, -trice *m, f* de vélomoteur
Mopp [mɔp] <-s, -s> *m* balai *m* à franges
Mops [mɔps, *Pl:* 'mœpsə] <-es, Möpse> *m* ❶ ZOOL carlin *m* ❷ *(fam: dicker Mensch)* gros pépère *m* / grosse mémère *f* ❸ *Pl (fam: Brüste)* nichons *mpl*
Moral [mo'ra:l] <-> *f* ❶ *(ethische Grundsätze)* morale *f* ❷ *(Durchhaltewille)* moral *m*
moralisch [mo'ra:lɪʃ] *adj* moral(e)
moralistisch *adj* moraliste
Moralpredigt *f* sermon *m*
Moräne [mo'rɛ:nə] <-, -n> *f* moraine *f*
Morast [mo'rast] <-[e]s, -e *o* Moräste> *m* ❶ *(sumpfiges Gelände)* marécage *m* ❷ *kein Pl (Schlamm)* boue *f*
morastig [mo'rastɪç] *adj* marécageux
morbid [mɔr'bi:t] *adj (geh)* morbide
Morchel ['mɔrçəl] <-, -n> *f* morille *f*
Mord [mɔrt] <-[e]s, -e> *m* meurtre *m*; ***~ an jdm*** meurtre de qn
Mordanschlag *m* attentat *m*; ***einen ~ auf jdn verüben*** commettre un attentat contre qn **Morddrohung** *f* menace *f* de mort
morden ['mɔrdən] *vi* assassiner; *(Massenmord begehen)* massacrer
Mörder(in) ['mœrdɐ] <-s, -> *m(f)* meurtrier, -ière *m, f*
mörderisch ['mœrdərɪʃ] **I.** *adj* ❶ *(fam: schrecklich)* atroce ❷ *(fam: gewaltig)* terrible; *Tempo* infernal(e) **II.** *adv (fam) heiß, kalt* terriblement
Mordfall *m* affaire *f* de meurtre **Mordkommission** *f* police *f* judiciaire, P.J. *f*
Mordshunger ['mɔrts'hʊŋɐ] *m (fam)* faim *f* terrible
mordsmäßig *(fam)* **I.** *adj* terrible **II.** *adv kalt, stark* terriblement; ***sich ~ freuen*** être vachement content
Mordswut ['mɔrts'vu:t] *f (fam)* rage *f* pas possible
Mordverdacht *m* présomption *f* de meurtre **Mordversuch** *m* tentative *f* de meurtre **Mordwaffe** *f* arme *f* du crime
morgen ['mɔrgən] *adv* demain; ***~ früh*** demain matin; ***bis ~ Abend!*** à demain soir!
Morgen[1] ['mɔrgən] <-s> *nt* demain *m*
Morgen[2] ['mɔrgən] <-s, -> *m* ❶ matin *m*; *(in seinem Verlauf)* matinée *f*; ***am ~*** le matin; *(im Verlauf des Morgens)* dans la matinée; ***heute/Montag ~*** ce/lundi

matin; ***am nächsten*** ~ le lendemain matin; ***jdm guten ~ sagen*** dire bonjour à qn; ***guten ~!*** bonjour!; ***~!*** *(fam)* bonjour! ❷ *(Flächenmaß)* ≈ arpent *m*

Morgendämmerung *f* aube *f*

morgendlich ['mɔrgəntlɪç] *adj Kühle, Stille* matinal(e); *Berufsverkehr, Hektik* du matin

Morgenessen *nt* CH petit déjeuner *m*

Morgengrauen <-s, -> *nt* aube *f* **Morgengymnastik** *f* gymnastique *f* du matin **Morgenmantel** *m* robe *f* de chambre **Morgenmuffel** <-s, -> *m (fam)* ***ich bin ein ~*** le matin, je ne suis pas à prendre avec des pincettes **Morgenrock** *m* robe *f* de chambre

morgens ['mɔrgəns] *adv* le matin; ***von ~ bis abends*** du matin au soir

morgig ['mɔrgɪç] *adj attr* de demain

Mormone, Mormonin [mɔr'mo:nə] <-n, -n> *m, f* mormon(e) *m(f)*

Morphium ['mɔrfi̯ʊm] <-s> *nt* MED morphine *f*

Morphiumsüchtige(r) *f(m) dekl wie adj* morphinomane *mf*

Morphologie [mɔrfolo'gi:] <-> *f* morphologie *f*

morsch [mɔrʃ] *adj Holz* pourri(e)

Morsealphabet *nt* alphabet *m* morse

morsen ['mɔrzən] **I.** *vi* télégraphier en morse **II.** *vt* ***etw ~*** télégraphier qc en morse

Mörser ['mœrzɐ] <-s, -> *m* mortier *m*

Morsezeichen *nt* signal *m* en morse

Mörtel ['mœrtəl] <-s, -> *m* mortier *m*

Mosaik [moza'i:k] <-s, -e[n]> *nt* KUNST, ARCHIT mosaïque *f*

Mosambik [mozam'bi:k] <-s> *nt* le Mozambique

Moschee [mɔ'ʃe:] <-, -een> *f* mosquée *f*

Moschus ['mɔʃʊs] <-> *m* musc *m*

Möse ['mø:zə] <-, -n> *f (vulg)* con *m*

Mosel ['mo:zəl] <-> *f* ***die ~*** la Moselle

mosern *vi (fam)* rouspéter

Moskau ['mɔskau̯] <-s> *nt* Moscou

Moskito [mɔs'ki:to] <-s, -s> *m (tropische Stechmücke)* moustique *m*

Moskitonetz *nt* moustiquaire *f*

Moslem, Moslemin *o* **Moslime** ['mɔslɛm] <-s, -s> *m, f* musulman(e) *m(f)*

moslemisch [mɔs'le:mɪʃ] *adj* musulman(e)

Most [mɔst] <-[e]s> *m (Fruchtsaft)* moût *m*

Motel ['mo:təl] <-s, -s> *nt* motel *m*

Motiv [mo'ti:f] <-s, -e> *nt (Beweggrund)* motif *m*

Motivation [motiva'tsi̯o:n] <-, -en> *f* motivation *f*

motivieren* [moti'vi:rən] *vt (beflügeln)* motiver

Motocross, Moto-Cross [moto'krɔs] <-, -e> *nt* motocross *m*

Motor ['mo:to:ɐ̯] <-s, -toren> *m* TECH *(a. fig)* moteur *m*

Motorblock <-blöcke> *m* bloc-moteur *m*

Motorboot *nt* bateau *m* à moteur

Motorhaube *f* capot *m*

Motorik [mo'to:rɪk] <-> *f* motricité *f*

motorisch [mo'to:rɪʃ] *adj* moteur, -trice

motorisieren* [motori'zi:rən] *vt* équiper d'un moteur *Boot*

motorisiert *adj* motorisé(e) *fam*

Motorjacht ['mo:to:ɐ̯-, mo'to:ɐ̯-] *f* yacht *m* à moteur **Motoröl** *nt* huile *f* pour moteur

Motorrad ['mo:torat, mo'to:rat] *nt* moto *f*; ***~ fahren*** faire de la moto

Motorradfahrer(in) *m(f)* motocycliste *mf*

Motorradhelm *m* casque *m* de moto

Motorroller *m* scooter *m* **Motorsäge** *f* tronçonneuse *f* **Motorschaden** *m* panne *f* de moteur **Motorsport** *m (mit dem Auto/Motorrad)* course *f* auto/moto

Motte ['mɔtə] <-, -n> *f* mite *f*

Mottenkugel *f* boule *f* antimite

Motto ['mɔto] <-s, -s> *nt* devise *f*

motzen ['mɔtsən] *vi (fam)* râler

Mountainbike ['mauntənbai̯k] <-s, -s> *nt* vélo *m* tout-terrain, V.T.T. *m* **Mountainbiker(in)** ['mauntənbai̯kɐ] <-s, -> *m(f)* vététiste *mf*

Möwe ['mø:və] <-, -n> *f* mouette *f*

Mozzarella [mɔtsa'rɛla] <-s, -s> *m* mozzarella *f*

MP3-Brenner [ɛmpe:'drai̯-] *m* graveur *m* [de] MP3 **MP3-Player** [ɛmpe:'drai̯pleɪɐ] <-s, -> *m* lecteur *m* [de] MP3; *(tragbares Gerät)* baladeur *m* MP3

Mrd. *Abk von* **Milliarde[n]** Mrd.

MS [ɛm'ʔɛs] *Abk von* **Multiple Sklerose** sclérose *f* en plaques

MTA [ɛmte:'ʔa:] <-s, -s> *m*, <-, -s> *f Abk von* **medizinisch-technische(r) Assistent(in)** assistant(e) *m(f)* de laboratoire

Mucke ['mʊkə] <-> *f (sl)* zicmu *f arg*

Mücke ['mʏkə] <-, -n> *f* moustique *m*

Mückenstich *m* piqûre *f* de moustique

Mucks [mʊks] <-es, -e> *m (fam: Wort)* mot *m*; ***ohne einen ~*** sans moufter

mucksmäuschenstill ['mʊks'mɔy̯sçən'ʃtɪl] *(fam)* **I.** *adj* silencieux, -euse; ***seid ~!*** pas de bruit! **II.** *adv* sans faire de bruit; ***verhaltet euch ~!*** ne faites [surtout] pas de bruit!

müde ['my:də] **I.** *adj* ❶ *Person, Augen,*

M

Beine fatigué(e); ***von etw ~ sein*** être fatigué de qc; ***langsam werde ich ~*** je commence à être fatigué ❷ *Blick, Lächeln* lassé(e) ❸ *(überdrüssig)* ***einer S.*** *gen* ***~ werden/sein*** se lasser/être fatigué de qc **II.** *adv* ❶ *(erschöpft)* ***ich habe mich ~ geredet!*** je suis épuisé(e) d'avoir tant parlé! ❷ *(gelangweilt)* ***da kann ich nur ~ lächeln*** je ne trouve pas cela très original

Müdigkeit <-> *f* fatigue *f;* ***vor ~*** *dat* de fatigue

Müesli ['myːɛsli] <-s, -s> *nt* mu[e]sli *m*

Muff [mʊf] <-[e]s, -e> *m* ❶ manchon *m* ❷ *kein Pl (fam: modriger Geruch)* odeur *f* de renfermé

Muffe ['mʊfə] <-, -n> *f* manchon *m*

Muffel ['mʊfəl] <-s, -> *m (fam)* ronchon(ne) *m(f)*

muffig ['mʊfɪç] **I.** *adj Geruch* de renfermé **II.** *adv* ***~ riechen*** sentir le renfermé

Muffin ['mafɪn] <-s, -s> *m* GASTR muffin *m*

muh [muː] *interj* meuh

Mühe ['myːə] <-, -n> *f* peine *f;* ***sich*** *dat* ***~ geben*** se donner du mal; ***sich*** *dat* ***die ~ machen etw zu tun*** se donner la peine de faire qc; ***~ haben etw zu tun*** avoir du mal à faire qc; ***sich*** *dat* ***keine ~ geben*** ne se donner aucun mal; ***machen Sie sich*** *dat* ***keine ~!*** ne vous dérangez pas!; ***die ~ lohnt sich*** ça [en] vaut la peine; ***mit viel ~*** avec beaucoup de mal; ***ohne ~*** sans difficulté ▸ **mit Müh und Not** *(fam)* avec bien du mal

mühelos I. *adj* facile **II.** *adv* sans peine

Mühelosigkeit <-> *f* facilité *f*

muhen ['muːən] *vi* meugler

mühevoll *s.* **mühsam**

Mühle ['myːlə] <-, -n> *f* ❶ moulin *m* ❷ *(Mühlespiel)* marelle *f* [assise]; *(Spielfigur aus drei Steinen)* marelle *f* ❸ *(pej: Räderwerk) der Justiz, Verwaltung* rouages *mpl*

Mühlrad *nt* roue *f* du moulin **Mühlstein** *m* meule *f*

Mühsal ['myːzaːl] <-, -e> *f (geh)* peine *f souvent pl*

mühsam ['myːzaːm] *adj* pénible

Mulde ['mʊldə] <-, -n> *f* GEOG cuvette *f*

Mull [mʊl] <-[e]s, -e> *m* MED gaze *f*

Müll [mʏl] <-s> *m* déchets *mpl; (Hausmüll)* ordures *fpl* ménagères; ***etw in den ~ werfen*** mettre qc à la poubelle

Müllabfuhr <-, -en> *f* ❶ *(das Abfahren)* ramassage *m* des ordures ménagères ❷ *(Behörde)* service *m* de ramassage des ordures ❸ *(fam: Müllmänner)* éboueurs *mpl* **Müllberg** *m (fam: große Menge Müll)* montagne *f* d'ordures ménagères **Müllbeutel** *m* sac *m* poubelle **Müllbinde** *f* bande *f* de gaze **Müllcontainer** *m* benne *f* à ordures **Mülldeponie** ['mʏldepoˈniː] *f* décharge *f* **Mülleimer** *m* poubelle *f* **Mülleimerbeutel** *m* sac-poubelle *m*

Müller(in) ['mʏlɐ] <-s, -> *m(f)* meunier, -ière *m, f*

Müllhalde *f* dépotoir *m* **Müllhaufen** *m* tas *m* d'ordures **Müllkippe** *f* décharge *f* **Müllmann** <-männer *o* -leute> *m (fam)* éboueur *m* **Müllsack** *m* sac-poubelle *m* **Müllschlucker** <-s, -> *m* vide-ordures *m* **Müllsortieranlage** *f* déchetterie *f* **Mülltonne** *f* poubelle *f* **Mülltrennung** *f* triage *m* des déchets **Müllverbrennung** *f* incinération *f* des ordures **Müllverbrennungsanlage** *f* usine *f* d'incinération des déchets **Müllwagen** *m* camion *m* de ramassage des ordures ménagères

mulmig ['mʊlmɪç] *adj (fam)* ❶ *(unbehaglich)* bizarre; ***ein ~es Gefühl*** une sensation étrange ❷ *Situation* qui sent le roussi

multifunktional *adj* multifonctions **multikulturell** [mʊltikʊltu'rɛl] *adj* multiculturel(le) **multilateral** *adj* multilatéral(e)

Multimedia [mʊlti'meːdi̯a] <-[s]> *nt* ~ le multimédia **multimedial** [mʊlti-me'di̯aːl] *adj* multimédia *inv* **Multimediashow** *f* KUNST présentation *f* multimédia **Multimillionär(in)** *m(f)* multimillionnaire *mf* **multinational** [mʊltinatsi̯o'naːl] *adj* multinational(e)

Multiple-Choice-Test *m,* **Multiple-Choice-Verfahren** ['maltɪpl̩'tʃɔys-] *nt* questionnaire *m* à choix multiple, QCM *m*

Multiplexkino ['mʊltiplɛks-] *nt* multiplexe *m*

Multiplikation [mʊltiplika'tsi̯oːn] <-, -en> *f* multiplication *f*

Multiplikator [mʊltipli'kaːtoːɐ̯] <-s, -toren> *m* multiplicateur *m*

multiplizieren* [mʊltipli'tsiːrən] *vt* multiplier; ***etw mit etw ~*** multiplier qc par qc

Multitasking [maltɪ'taːskɪŋ] <-s> *nt* INFORM multiprogrammation *f*

Multivitaminsaft *m* jus *m* de fruits multivitaminé

Mumie ['muːmi̯ə] <-, -n> *f* momie *f*

mumifizieren* [mumifi'tsiːrən] *vt* momifier

Mumifizierung <-, -en> *f* momification *f*

Mumm [mʊm] <-s; kein Pl> *m (fam)* ❶ *(Kraft)* pêche *f fam* ❷ *(Mut)* cran *m fam*

Mumps [mʊmps] <-> *m* MED oreillons *mpl*

München ['mʏnçən] <-s> *nt* Munich
Mund [mʊnt, *Pl:* 'mʏndɐ] <-[e]s, Münder> *m* ❶ bouche *f; **den ~ aufmachen*** ouvrir la bouche; ***mit vollem ~ sprechen*** parler la bouche pleine ❷ *(fam: Mundwerk)* ***den*** [*o* ***seinen***] ***~ nicht halten können*** ne pas pouvoir tenir sa langue; ***halt den ~!*** boucle-la!
Mundart ['mʊntʔaːɐ̯t] *f* patois *m*
mundartlich *adj* dialectal
Munddusche *f* hydropropulseur *m*
münden ['mʏndən] *vi + haben o sein* ❶ *(hineinfließen)* ***in etw*** *akk ~ Fluss:* se jeter dans qc ❷ *(führen zu)* ***in etw*** *akk ~ Straße:* déboucher dans qc ❸ *(hinauslaufen auf)* ***in etw*** *akk ~ Diskussion:* déboucher sur qc, aboutir à qc **mundgerecht I.** *adj Stück* de la taille d'une bouchée **II.** *adv* en petits morceaux
Mundgeruch *m* mauvaise haleine *f* **Mundharmonika** *f* harmonica *m* **Mundhöhle** *f* cavité *f* buccale
mündig ['mʏndɪç] *adj* ❶ *Bürger* responsable ❷ *(volljährig)* ***~ sein*** avoir la majorité
Mündigkeit <-> *f* JUR majorité *f*
mündlich ['mʏntlɪç] *adj* ❶ *Prüfung* oral(e); *Vereinbarung* verbal(e) ❷ *(fam: Prüfung)* ***im Mündlichen*** à l'oral
Mundpropaganda *f* bouche *m* à oreille **Mundschutz** *m* masque *m* **Mundstück** *nt einer Tabakspfeife* bout *m; eines Musikinstruments* bec *m,* embouchure *f; eines Atemschlauchs* embout *m* **mundtot** *adj* ▶ **jdn ~ machen** réduire qn au silence
Mündung ['mʏndʊŋ] <-, -en> *f* ❶ *eines Flusses* embouchure *f* ❷ *(vorderes Ende) einer Kanone* gueule *f; eines Gewehrs* extrémité *f*
Mundwasser <-wässer> *nt* bain *m* de bouche **Mundwerk** *nt **ein freches ~ haben*** *(fam)* avoir la langue bien pendue **Mundwinkel** *m* coin *m* de la bouche
Mund-zu-Mund-Beatmung *f* bouche-à-bouche *m*
Munition [muni'tsi̯oːn] <-> *f* munitions *f pl*
munkeln ['mʊŋkəln] *vt* murmurer; ***man munkelt, dass …*** on raconte que …
Münster ['mʏnstɐ] <-s, -> *nt* cathédrale *f*
munter ['mʊntɐ] *adj* ❶ *(heiter)* plein(e) d'entrain; *Person* gai(e), plein(e) d'entrain ❷ *(wach)* ***~ werden/sein*** se réveiller/être réveillé
Muntermacher *m (fam)* stimulant *m*
Münzautomat *m* distributeur *m* automatique
Münze ['mʏntsə] <-, -n> *f* pièce *f* de monnaie
münzen ['mʏntsən] *vt* viser; ***auf jdn/etw gemünzt sein*** viser qn/qc
Münzfernsprecher *m,* **Münztelefon** *nt (form)* téléphone *m* à pièces
mürb[e] *adj Fleisch* tendre; ***~es Gebäck*** sablé *m*
Mürbeteig *m* pâte *f* brisée
Murmel ['mʊrməl] <-, -n> *f* bille *f*
murmeln ['mʊrməln] **I.** *vi* marmonner **II.** *vt* murmurer
Murmeltier *nt* marmotte *f* ▶ **schlafen wie ein ~** dormir comme un loir
murren ['mʊrən] *vi* maugréer; ***über etw*** *akk ~* maugréer au sujet de qc
mürrisch ['mʏrɪʃ] **I.** *adj Person, Art* grincheux, -euse; *Gesicht* renfrogné(e) **II.** *adv* d'une façon grincheuse; *antworten* d'un ton grincheux
Mus [muːs] <-es, -e> *nt o m (Obstbrei)* compote *f*
Muschel ['mʊʃəl] <-, -n> *f* ❶ coquillage *m; (Miesmuschel)* moule *f* ❷ *(Hörmuschel)* écouteur *m; (Sprechmuschel)* microphone *m*
muschelförmig *adj* en forme de coquille
Muschi ['mʊʃɪ] <-, -s> *f (fam)* chatte *f*
Muse ['muːzə] <-, -n> *f* muse *f*
Museum [mu'zeːʊm] <-s, Museen> *nt* musée *m*
Musical ['mjuːzɪkəl] <-s, -s> *nt* comédie *f* musicale
Musik [mu'ziːk] <-, -en> *f* musique *f*
musikalisch [muzi'kaːlɪʃ] **I.** *adj* ❶ *(die Musik betreffend)* musical(e) ❷ *(musikbegabt)* musicien(ne) **II.** *adv* ***~ begabt sein*** être doué pour la musique
Musikant(in) [muzi'kant] <-en, -en> *m(f)* musicien(ne) *m(f)*
Musikbox *f* juke-box *m inv*
Musiker(in) ['muːzikɐ] <-s, -> *m(f)* ❶ musicien(ne) *m(f)* ❷ *(Komponist)* compositeur, -trice *m, f*
Musikfestival [-fɛstivl̩] *nt* festival *m* de musique **Musikhochschule** *f* ≈ conservatoire *m* [de musique] **Musikinstrument** *nt* instrument *m* de musique **Musikkapelle** *f (Hochzeits-, Festkapelle)* orchestre *m; (Bierzeltkapelle)* orchestre bavarois **Musikkassette** *f* cassette *f* audio **Musiklehrer(in)** *m(f)* professeur *mf* de musique **Musikrichtung** *f* style *m* musical **Musikschule** *f* école *f* de musique **Musikstück** *nt* morceau *m* de musique **Musikstudium** *nt* études *f pl* de musique **Musikunterricht** *m* cours *m* de musique

musisch ['muːzɪʃ] **I.** *adj Person* doué(e) pour les arts; *Begabung* d'artiste; *Erziehung, Fach* artistique **II.** *adv* ~ ***begabt sein*** être doué pour les arts

musizieren* [muzi'tsiːrən] *vi* jouer [de la musique], faire de la musique

Muskat <-[e]s, -e> *m* muscade *f*

Muskatnuss *f* noix *f* muscade

Muskel ['mʊskəl] <-s, -n> *m* muscle *m*

Muskelkater *m* courbatures *fpl* **Muskelkraft** *f* force *f* musculaire **Muskelprotz** ['mʊskəlprɔts] <-es, -e> *m (fam)* paquet *m* de muscles *hum* **Muskelriss** *m* déchirure *f* musculaire **Muskelzerrung** *f* MED claquage *m*

Musketier [mʊskə'tiːɐ̯] <-s, -e> *m* mousquetaire *m*

Muskulatur [mʊskula'tuːɐ̯] <-, -en> *f* musculature *f*

muskulös [mʊsku'løːs] *adj* musclé(e)

Müsli ['myːsli] <-s, -> *nt* mu[e]sli *m*

Muslim, Muslime ['mʊslɪm] <-[s], -e> *m, f* musulman(e) *m(f)*

Müsliriegel *m* barre *f* de céréales

Muss [mʊs] <-> *nt* must *m; **ein/kein ~ sein*** être/ne pas être obligatoire

Muße ['muːsə] <-> *f* loisirs *mpl*

müssen ['mʏsən] **I.** <muss, musste, müssen> *vt modal* ❶ devoir; ***er muss arbeiten*** il doit travailler, il faut qu'il travaille; ***lachen*** ~ ne pas pouvoir s'empêcher de rire; ***das muss sein*** c'est absolument nécessaire; ***er müsste viel mehr lernen*** il faudrait qu'il travaille davantage; ***man müsste mehr Zeit haben*** il faudrait avoir plus de temps ❷ *(brauchen)* ***man muss nur auf diesen Knopf drücken*** il suffit [juste] d'appuyer sur ce bouton; ***du musst mir nicht helfen*** tu n'as pas besoin de m'aider; ***das muss nicht heißen, dass ...*** cela ne veut pas forcément dire que ... ❸ *(Ausdruck der Wahrscheinlichkeit)* ***er muss krank sein*** il doit être malade **II.** <musste, gemusst> *vi* ❶ ***ich muss zum Arzt*** je dois aller chez le médecin ❷ *(nicht umhinkönnen)* ***du musst!*** tu dois le faire! ❸ *(austreten müssen)* ***[mal] ~*** *(fam)* avoir besoin d'aller aux W.-C.

Mußestunde *f* moment *m* de loisir

müßig ['myːsɪç] *adj* oiseux

Müßiggang ['myːsɪçgaŋ] *m kein Pl (geh)* oisiveté *f*

Muster ['mʊstɐ] <-s, -> *nt* ❶ *von Stoffen* motif *m* ❷ *(Warenprobe)* échantillon *m* ❸ *(Vorlage)* modèle *m* ❹ *(Schnittmuster)* patron *m*

Musterbeispiel *nt **ein ~ für etw*** l'exemple *m* type de qc **Musterexemplar** *nt* échantillon *m; (Buch)* spécimen *m*

mustergültig, musterhaft I. *adj Person* modèle; *Verhalten* exemplaire **II.** *adv* de façon exemplaire

Musterhaus *nt* maison-témoin *f* **Musterklage** *f* JUR précédent *m* jurisprudentiel **Musterknabe** *m* enfant *m* modèle

mustern ['mʊstɐn] *vt* ❶ examiner *Person, Gegenstand* ❷ MIL *Wehrpflichtiger:* ***gemustert werden*** passer les tests de sélection militaire

Musterprozess *m* procès *m* exemplaire **Musterschüler(in)** *m(f)* élève *mf* modèle

Musterung <-, -en> *f* MIL *von Wehrpflichtigen* tests *mpl* de sélection militaire

Mut [muːt] <-[e]s> *m* courage *m; **wieder ~ fassen*** reprendre courage; ***den ~ verlieren*** perdre courage; *s. a.* **zumute**

Mutation [muta'tsi̯oːn] <-, -en> *f* BIO mutation *f*

mutieren* [mu'tiːrən] *vi* BIO muter

mutig ['muːtɪç] *adj* courageux, -euse

mutlos I. *adj* découragé(e); ~ ***werden*** se décourager **II.** *adv **jdn ~ anschauen*** regarder qn d'un air découragé

Mutlosigkeit <-> *f* découragement *m*

mutmaßen ['muːtmaːsən] **I.** *vt* supposer; ***wir können nur ~, was passiert ist*** nous en sommes réduit(e)s à des suppositions sur ce qui a pu se produire **II.** *vi **über etw*** ~ faire une supposition/des suppositions sur qc

mutmaßlich I. *adj attr Schuldige, Täter* présumé(e) **II.** *adv* probablement, vraisemblablement

Mutmaßung <-, -en> *f* hypothèse *f,* supposition *f; (Verdacht in Bezug auf ein Verbrechen)* présomption *f; **~en über etw*** *akk* ***anstellen*** émettre des hypothèses sur qc

Mutprobe *f* épreuve *f* de courage

Mutter[1] ['mʊtɐ, *Pl:* 'mʏtɐ] <-, Mütter> *f* mère *f;* ~ ***sein*** être mère de famille

Mutter[2] ['mʊtɐ] <-, -n> *f* TECH écrou *m*

Mütterberatungsstelle *f service de consultation pour les femmes enceintes et les jeunes mères de famille*

Mutterboden *m* terre *f* végétale **Muttergesellschaft** *f* société *f* mère **Mutterinstinkt** *m* instinct *m* maternel **Mutterland** *nt einer Kolonie* métropole *f* **Mutterleib** *m **im*** ~ dans le ventre maternel

mütterlich ['mʏtɐlɪç] **I.** *adj* maternel(le) **II.** *adv* maternellement; ***jdn ~ umsorgen*** s'occuper de qn comme une mère

mütterlicherseits *adv* du côté maternel;

meine Großmutter ~ ma grand-mère maternelle
Mütterlichkeit <-> *f* fibre *f* maternelle
Mutterliebe *f* amour *m* maternel **Muttermal** *nt* tache *f* de naissance **Muttermilch** *f* lait *m* maternel **Muttermund** *m* ANAT col *m* de l'utérus
Mutterschaft <-> *f* maternité *f*
Mutterschaftsgeld *nt* indemnités *f pl* journalières [de] maternité **Mutterschaftsurlaub** *m* congé *m* de maternité
Mutterschutz *m* protection *f* sociale de la femme enceinte
mutterseelenallein ['mutɐ'ze:lən?a'lain] *adj* ~ ***sein*** être tout seul
Muttersöhnchen ['mutɐzø:nçən] <-s, -> *nt (pej fam)* petit garçon *m* à sa maman **Muttersprache** *f* langue *f* maternelle
Muttersprachler(in) <-s, -> *m(f)* locuteur *m* natif
muttersprachlich *adj Unterricht* en langue maternelle; *Kompetenz* dans la langue maternelle
Muttertag *m* fête *f* des Mères **Muttertier** *nt* AGR, ZOOL mère *f*
Mutti ['muti] <-, -s> *f (fam)* maman *f*
Mutwille <-ns> *m* malice *f*; ***aus purem ~n*** par vandalisme
mutwillig I. *adj* causé(e) par un vandale/des vandales **II.** *adv* par vandalisme
Mütze ['mʏtsə] <-, -n> *f (Pudelmütze)* bonnet *m*; *(Schirmmütze)* casquette *f*; *(Baskenmütze)* béret *m*; *(Pelzmütze)* toque *f*
MwSt. *Abk von* **Mehrwertsteuer** T.V.A.
Myanmar <-s> ['mjanma:ɐ̯] *nt* Myanmar *m*
Myrr[h]e ['mʏrə] <-, -n> *f* myrrhe *f*
Myrte ['mʏrtə] <-, -n> *f* myrte *f*
mysteriös [mʏste'ri̯ø:s] *adj* mystérieux, -euse; ~ ***klingen*** avoir l'air mystérieux
Mysterium [mʏs'te:ri̯ʊm] <-s, -ien> *nt (geh)* mystère *m*
Mystifizierung [mʏstifi'tsi:rʊŋ] <-, -en> *f* mythification *f*
Mystik ['mʏstɪk] <-> *f* mysticisme *m*
mystisch ['mʏstɪʃ] *adj* ❶ REL mystique ❷ *(mysteriös)* mystérieux, -euse
mythisch ['my:tɪʃ] *adj* mythique
Mythologie [mytolo'gi:] <-, -i̯en> *f* mythologie *f*
mythologisch [myto'lo:gɪʃ] *adj* de mythologie; *Gestalt* mythologique
Mythos ['my:tɔs] <-, Mythen> *m* mythe *m*

Nn

N, n [ɛn] <-, -> *nt* N *m* / n *m*
N *Abk von* **Norden** N
'n *art indef (fam: ein, eine, einen)* un(e); ***hier hast du 'n Hunderter!*** tiens, voilà cent balles!
na [na] *interj (fam)* ❶ *(Ausdruck des Zweifels)* ben ❷ *(Ausruf der Entrüstung)* hé, eh oh; ~ ***warte!*** eh là, pas si vite! ► ~ **gut** bon, allez; ~ **also!** tu vois/vous voyez!; ~ **und?** et [puis] alors?
Nabe ['na:bə] <-, -n> *f* moyeu *m*
Nabel ['na:bəl] <-s, -> *m* nombril *m*
Nabelschnur *f* cordon *m* ombilical
nach [na:x] **I.** *präp +dat* ❶ *(zur Angabe der Richtung)* ~ ***Nizza/Stuttgart fahren*** aller à Nice/Stuttgart; ~ ***München abreisen*** partir pour Munich; ~ ***Frankreich/Deutschland*** en France/Allemagne; ~ ***Dänemark*** au Danemark; ~ ***Norden*** vers le nord; ***der Zug ~ Bordeaux*** le train pour Bordeaux; ~ ***Hause gehen*** aller à la maison ❷ *(zur Angabe einer Stelle)* après ❸ *(zeitlich)* après; ***fünf Minuten ~ drei*** trois heures cinq minutes; ~ ***drei Tagen*** trois jours plus tard ❹ *(entsprechend)* selon; ***meiner Meinung ~*** à mon avis; ~ ***dem, was in den Zeitungen steht*** d'après les journaux; ***dieser Katalog ist ~ Autoren geordnet*** ce catalogue est classé par auteurs; ~ ***den Vorschriften handeln*** agir conformément au règlement ❺ *(zur Angabe der Reihenfolge)* ***ich bin ~ Ihnen dran!*** je suis après vous! **II.** *adv* ► ~ **und** ~ peu à peu; ~ **wie vor** toujours
nach|äffen ['na:x?ɛfən] *vt (pej)* singer
nach|ahmen ['na:x?a:mən] *vt* imiter
nachahmenswert *adj* ~ ***sein*** être un exemple à suivre
Nachahmer(in) <-s, -> *m(f)* imitateur, -trice *m, f*
Nachahmung <-, -en> *f* imitation *f*

N

nach|arbeiten *vt* ❶ rattraper *Tage, Stunden* ❷ *(nachbessern)* finir

Nachbar(in) ['naxbaːɐ̯] <-n, -n> *m(f)* voisin(e) *m(f)*

Nachbarhaus *nt* maison *f* voisine **Nachbarland** *nt* [pays *m*] voisin *m*

nachbarlich *adj* voisin

Nachbarschaft <-> *f* voisinage *m*

Nachbarstaat *m* [État *m*] voisin *m*

Nachbau <-bauten> *m* ARCHIT, TECH réplique *f*

Nachbeben *nt* réplique *f* sismique

Nachbehandlung *f* traitement *m* complémentaire

nach|bessern *vt* retoucher, reprendre *Produkt*

Nachbesserung *f* retouche *f;* JUR réparation *f* des vices **nach|bestellen*** *vt* *(zusätzlich bestellen)* ***zwei Kisten ~*** commander deux autres caisses **Nachbestellung** *f* ❶ *(zusätzliche Bestellung)* commande *f* supplémentaire ❷ *(zu einem späteren Zeitpunkt)* commande *f* ultérieure **nach|bilden** *vt* reproduire; ***einem Original nachgebildet sein*** *Skulptur:* être la reproduction d'un original **Nachbildung** *f* copie *f* **nach|blicken** *vi* suivre du regard

nachdem [naːx'deːm] *konj* ❶ *(zeitlich)* ***~ er geduscht hatte*** après s'être douché; ***kurz ~ wir zurückgekommen waren*** peu après notre retour; ***~ er umgezogen war, wurde er krank*** après avoir déménagé, il est tombé malade ❷ *(da, weil)* ***~ sie uns nicht angerufen hat*** comme elle ne nous a pas téléphoné

nach|denken *vi irr* réfléchir; ***über etw ~*** réfléchir sur qc; *(eine Entscheidung suchen)* réfléchir à qc **Nachdenken** *nt* réflexion *f*

nachdenklich ['naːxdɛŋklɪç] **I.** *adj* pensif, -ive; ***~e Worte*** des paroles qui donnent à réfléchir; ***jdn ~ machen*** laisser qn songeur, -euse; *Argument, Kritik:* faire réfléchir qn **II.** *adv schauen* pensivement; ***~ aussehen/wirken*** avoir l'air pensif

Nachdenklichkeit <-> *f* humeur *f* songeuse; ***ihre plötzliche ~ wunderte ihn*** il s'étonna de la voir soudain pensive [*o* songeuse]

Nachdruck *m kein Pl* insistance *f;* ***mit allem ~*** *hinweisen* très vigoureusement; *verlangen* expressément; *ablehnen* catégoriquement; ***um seinen Worten besonderen ~ zu verleihen*** pour donner encore plus de poids à ses paroles **nach|drucken** *vt* réimprimer

nachdrücklich ['naːxdrʏklɪç] **I.** *adj* insistant(e); *Forderung* ferme; *Warnung* appuyé(e); ***eine ~e Bitte an jemanden richten*** adresser à qn une demande insistante **II.** *adv fordern* fermement; *warnen* expressément; *hinweisen, bestehen* tout particulièrement; *ablehnen* catégoriquement; *verbieten* formellement

Nachdrücklichkeit <-> *f einer Forderung* fermeté *f*

Nachdurst *m* bouche *f* pâteuse

nach|eifern *vi* prendre modèle sur; ***jdm ~*** prendre modèle sur qn

nacheinander [naːxʔai̯'nandɐ] *adv* ***~ den Raum verlassen*** *zwei Personen:* quitter la salle l'un(e) après l'autre; ***etw zweimal ~ tun*** faire qc deux fois de suite

Nacherzählung *f einer Geschichte* compte *m* rendu de lecture

Nachf. *Abk von* **Nachfolger**

Nachfahr[e] *s.* **Nachkomme**

nach|fahren *vi irr + sein* ❶ *(verfolgen)* ***jdm ~*** suivre qn ❷ *(später nachkommen)* ***jdm ~*** rejoindre qn [en voiture/par le train]

nach|feiern *vt* ***etw ~*** fêter qc après coup

Nachfolge *f* succession *f;* ***jds ~ antreten*** prendre la succession de qn

nach|folgen *vi + sein* ❶ succéder; ***jdm im Amt des Bürgermeisters/Präsidenten ~*** succéder à qn à la mairie/présidence ❷ *(hinterhergehen, -fahren)* ***jdm/einem Sarg ~*** suivre qn/un cercueil

nachfolgend *(geh)* **I.** *adj* suivant(e); ***im Nachfolgenden*** ci-après **II.** *adv* ensuite, puis

Nachfolger(in) <-s, -> *m(f)* successeur *mf*

nach|fordern *vt* demander après coup; ***etw ~*** *(nachträglich fordern)* demander qc après coup; *(zusätzlich fordern)* demander qc en plus

Nachforderung *f* ❶ nouvelle demande *f; einer Gewerkschaft* nouvelle revendication *f* ❷ *(Zahlungsaufforderung)* supplément *m;* ***~en erheben*** [*o* ***geltend machen***] demander le paiement d'un supplément **nach|forschen** *vi* faire des recherches **Nachforschung** *f* recherches *fpl* **Nachfrage** *f* *(Kaufinteresse)* demande *f;* ***~ nach etw*** demande de qc **nach|fragen** *vi* *(sich erkundigen)* se renseigner; ***bei jdm ~*** se renseigner auprès de qn; ***~, ob/wie/...*** se renseigner pour savoir si/comment/... **Nachfrist** *f* délai *m* supplémentaire **nach|fühlen** *vt* comprendre; ***er wird [mir] sicher ~ können, dass ich wütend war*** il comprendra fort bien que j'aie été en colère **nach|füllen** *vt* ❶ *(noch einmal füllen)* ***er***

füllte ihr das Glas nach il remplit de nouveau son verre ② *(nachgießen)* resservir

Nachfüllpackung *f* [éco]recharge *f*

nach|geben *irr* **I.** *vi* ① céder; ***jdm/einem Verlangen ~*** céder à qn/une exigence ② *(sich bewegen) Tür:* céder; *Boden:* s'enfoncer; *Wand:* se dérober ③ FIN, ÖKON reculer **II.** *vt* ***jdm Gemüse ~*** resservir des légumes à qn **Nachgebühr** *f* surtaxe *f* **Nachgeburt** *f* ① *(Plazenta)* placenta *m* ② *(Vorgang)* délivrance *f* **nach|gehen** *vi irr + sein* ① *(hinterhergehen)* ***jdm ~*** suivre qn ② *(zu langsam gehen) Uhr:* retarder; ***meine Armbanduhr geht zwei Minuten nach*** ma montre retarde de deux minutes ③ *(überprüfen)* ***einem Hinweis ~*** vérifier un indice **nachgemacht** *adj Unterschrift* imité(e); ***eine ~e Banknote*** un faux billet **Nachgeschmack** *m (a. fig)* arrière-goût *m*

nachgiebig ['na:xgi:bɪç] *adj* ① *Person, Wesen* [trop] accommodant(e) ② *Material* souple; *Polsterung, Boden* mou, molle

Nachgiebigkeit <-> *f* ① *(Wesensart)* manque *m* de fermeté ② *(weiche Beschaffenheit)* souplesse *f*

nach|gießen *vt, vi irr* resservir **nach|grübeln** *vi* réfléchir; ***über etw*** *akk* **~** réfléchir intensément à qc

nach|gucken *vi (fam)* regarder; ***in der Küche ~, ob …*** regarder à la cuisine si …; ***guck doch im Kleiderschrank nach!*** va donc voir dans l'armoire! **nach|haken** *vi (fam)* creuser [un sujet [*o* une idée]]; ***bei jdm ~*** essayer de tirer les vers du nez à qn; *Reporter:* harceler qn de questions

nachhaltig ['na:xhaltɪç] *adj* durable

Nachhaltigkeit <-> *f* persistance *f*; ***das Ergebnis war von geringer ~*** le résultat fut de peu d'efficacité

nach|hängen *vi irr* ne pas réussir à se débarrasser; ***seinen Gedanken ~*** rester plongé dans ses pensées

nachhause *adv* CH, A **~ *gehen*** aller à la maison

Nachhauseweg [na:x'hauzəve:k] *m* ***einen weiten ~ haben*** avoir beaucoup de chemin [à faire] pour rentrer [à la maison]

nach|helfen *vi irr (helfen)* donner un coup de pouce

nachher [na:x'he:ɐ̯, 'na:xhe:ɐ̯] *adv* ① *(danach, nachträglich)* après, ensuite ② *(gleich, etwas später)* tout à l'heure; ***bis ~!*** à tout à l'heure!

Nachhilfe *f*, **Nachhilfeunterricht** *m* cours *m* particulier **Nachhilfestunde** *f* cours *m* particulier; ***~n in Latein bekommen*** suivre des cours particuliers de latin

Nachhinein ['na:xhɪnaɪn] ***im ~*** après coup

Nachholbedarf *m* retard *m* à combler; ***~ an Bildung*** retard à combler en matière de culture; ***einen ~ an Schlaf haben*** avoir du sommeil à rattraper

nach|holen *vt* ① rattraper *Jugend, Zeit* ② faire venir *Person*

nach|jagen *vi + sein* ***jdm/dem Geld ~*** courir après qn/l'argent **nach|kaufen** *vt* racheter [par la suite]; ***etw ~*** racheter qc [par la suite]

Nachkomme ['na:xkɔmə] <-n, -n> *m* descendant(e) *m(f)*; ***die ~n*** la descendance

nach|kommen *vi irr + sein* ① ***jdn ~ lassen*** faire venir qn; ***ich komme gleich nach!*** j'arrive! ② *(a. fig: Schritt halten)* suivre

Nachkommenschaft <-> *f* descendance *f*

Nachkriegszeit *f* après-guerre *m*

nach|laden *irr* **I.** *vi* recharger **II.** *vt* recharger [son arme]

Nachlass ['na:xlas] <-es, -e *o* -lässe> *m* ① *eines Verstorbenen* succession *f*; *(nachgelassene Werke)* œuvres *fpl* posthumes ② *(Preisnachlass)* réduction *f*

nach|lassen *irr* **I.** *vi* ① *Sturm, Regen:* se calmer; *Interesse, Sehkraft:* faiblir; *Schmerz:* s'atténuer; *Spannung:* se relâcher ② *(schwächere Leistung bringen)* se relâcher **II.** *vt* ***jdm zehn Prozent ~*** faire à qn une réduction de dix pour cent **Nachlassen** <-s> *nt* ralentissement *m*

Nachlassgericht *nt tribunal compétent en matière de successions*

nachlässig ['na:xlɛsɪç] **I.** *adj* ① *Personal* négligent(e); *Arbeit* négligé(e); *Kontrolle:* ne pas être strict ② *Äußeres* négligé(e) **II.** *adv* ① *(nicht sorgfältig)* ***~ arbeiten/kontrollieren*** être négligent dans son travail/lors d'un contrôle ② *(ungepflegt)* mal

Nachlässigkeit <-, -en> *f* négligence *f*

nach|laufen *vi irr + sein* ① *(hinterherlaufen)* ***jdm ~*** poursuivre qn ② *(fam: erobern wollen)* ***jdm ~*** courir après qn

nach|legen *vt* remettre; ***Holz/Kohle ~*** remettre du bois/charbon

Nachlese *f* ① *(Traubenlese)* grappillage *m* ② *(fig)* ***eine ~ aus unserer Sendung*** une sélection des meilleurs moments de notre émission **nach|lesen** *vt irr* vérifier; ***etw in einem Lexikon ~*** vérifier qc dans une encyclopédie **nach|liefern** *vt* ① livrer ultérieurement; ***jdm etw ~*** livrer qc à qn ultérieurement ② *(fam: mitteilen)* ***jdm eine Erklärung ~*** donner une explication à qn

N

plus tard **nachlösen** *vt* acheter dans le train; ***die Fahrkarte*** ~ acheter son billet dans le train **nachlmachen** *vt* ❶ imiter *Person* ❷ *(gleichtun)* ***jdm alles*** ~ imiter qn en tout ❸ contrefaire *Banknote* ❹ rattraper *Hausaufgabe* **nachlmessen** *irr* **I.** *vt, vi* vérifier les mesures **II.** *nt* ***das Nachmessen*** la vérification des mesures **Nachmieter(in)** *m(f)* locataire *m* suivant **Nachmittag** ['na:xmɪta:k] *m* après-midi *m o f inv;* ***am*** ~ l'après-midi; ***heute*** ~ cet après-midi; ***am frühen/späten*** ~ tôt/tard dans l'après-midi **nachmittags** *adv* l'après-midi

Nachmittagsvorstellung *f* matinée *f*

Nachnahme ['na:xna:mə] <-, -n> *f* ***etw per*** ~ ***schicken*** envoyer qc contre remboursement

Nachnahmegebühr *f* droit *m* d'envoi contre remboursement **Nachnahmesendung** *f (form)* envoi *m* contre remboursement

Nachname *m* nom *m* [de famille] **nachlplappern** *vt (fam)* répéter comme un perroquet **nachprüfbar** *adj* vérifiable; ***nicht*** ~ invérifiable **nachlprüfen** **I.** *vt* vérifier *Richtigkeit* **II.** *vi* ***~, ob/wann ...*** vérifier si/quand ... **nachlrechnen** **I.** *vi* recalculer, refaire les calculs; ***~, ob ...*** vérifier si ... **II.** *vt* [re]vérifier **nachlreichen** *vt* faire parvenir ultérieurement; ***jdm etw*** ~ faire parvenir qc à qn ultérieurement **nachlreisen** *vi + sein* rejoindre; ***jdm nach Italien*** ~ rejoindre qn en Italie

Nachricht ['na:xrɪçt] <-, -en> *f* ❶ *(veröffentlichte Meldung)* information *f;* ***die*** ~ ***von dem Attentat*** la nouvelle de l'attentat ❷ *Pl (Nachrichtensendung)* informations *fpl;* ***[sich dat] die ~en anhören/ansehen*** écouter/regarder les informations ❸ *(Mitteilung)* nouvelle *f;* ***wir haben immer noch keine*** ~ ***von ihr*** nous sommes toujours sans nouvelles d'elle

Nachrichtenagentur *f* agence *f* de presse **Nachrichtendienst** *m* ❶ *(Geheimdienst)* service *m* de renseignements; *(in Frankreich)* Renseignements *mpl* généraux ❷ *s.* **Nachrichtenagentur** **Nachrichtenmagazin** *nt* magazine *m* d'actualités **Nachrichtensender** *m* chaîne *f* d'information **Nachrichtensperre** *f* black-out *m* sur l'information **Nachrichtensprecher(in)** *m(f)* présentateur, -trice *m, f* [du journal] **Nachrichtentechnik** *f* télécommunications *fpl* **Nachrichtenwesen** *nt kein Pl* service *m* de l'information

nachlrücken *vi + sein* ❶ *(einen Posten übernehmen)* prendre la place ❷ MIL ***jdm*** ~ suivre qn **Nachruf** *m* nécrologie *f;* ~ ***auf jdn*** nécrologie de qn **nachlrufen** *vt irr* ***jdm etw*** ~ crier qc à qn **nachlrüsten** **I.** *vi* MIL augmenter son potentiel militaire **II.** *vt* ***einen Rechner mit etw*** ~ compléter l'équipement d'un ordinateur en ajoutant qc **nachlsagen** *vt* ❶ *(behaupten)* ***jdm Gutes/Schlimmes*** ~ dire du bien/mal de qn ❷ *(nachsprechen)* ***jdm etw*** ~ répéter qc après qn **Nachsaison** *f* basse saison *f*

Nachsatz *m (in einem Brief)* post-scriptum *m; (in einem Text)* note *f;* ***etw in einem*** ~ ***erwähnen*** mentionner qc dans une remarque annexe **nachlschauen** **I.** *vt* vérifier **II.** *vi* ❶ ***~, ob ...*** aller voir si ... ❷ *(nachschlagen)* ***~, ob/wie ...*** vérifier si/comment ...; ***im Wörterbuch*** ~ regarder dans le dictionnaire ❸ *(nachblicken)* ***jdm/einer S.*** ~ suivre qn/qc des yeux **nachlschenken** *(geh)* **I.** *vt* resservir; ***jdm Wasser*** ~ resservir de l'eau à qn **II.** *vi* ***jdm*** ~ resservir à boire à qn; ***darf ich ~?*** désirez-vous reprendre quelque chose? **nachlschicken** *vt* réexpédier **nachlschießen** *vt irr (fam)* FIN rajouter, réinjecter *Geld* **Nachschlag** *m* portion *f* supplémentaire; ***ich hätte gern einen ~!*** j'en reprendrais volontiers! **nachlschlagen** *irr* **I.** *vt + haben* ❶ chercher *Wort* ❷ *(überprüfen)* vérifier **II.** *vi + haben* faire des recherches; ***in einem Lexikon*** ~ consulter une encyclopédie

Nachschlagewerk *nt* ouvrage *m* de référence

Nachschub *m* ravitaillement *m* **nachlsehen** *irr* **I.** *vi* ❶ aller voir; ***~, ob/wo/...*** aller voir si/où/...; ***sieh mal nach, ob du genügend Geld hast*** vérifie que tu as assez d'argent ❷ *(nachschlagen)* faire des recherches; ***in einem Lexikon*** ~ consulter une encyclopédie ❸ *(nachblicken)* ***jdm/einer S.*** ~ suivre qn/qc des yeux **II.** *vt* ❶ *(suchen)* ***etw im Wörterbuch*** ~ chercher qc dans le dictionnaire ❷ *(kontrollieren)* vérifier ❸ *(verzeihen)* ***jdm etw*** ~ pardonner qc à qn **Nachsehen** ▸ **das** ~ **haben** ne plus avoir que les miettes **nachlsenden** *vt irr* ***jdm etw*** ~ réexpédier qc à qn **Nachsicht** <-> *f* indulgence *f;* ***mit jdm*** ~ ***haben*** être indulgent(e) envers qn

nachsichtig **I.** *adj* indulgent(e) **II.** *adv* avec indulgence

Nachsilbe *f* suffixe *m* **nachlsitzen** *vi irr* ~ ***müssen*** être en retenue

Nachsorge *f* suivi *m* [médical] **Nach-**

N

spann [-ʃpan] <-s, -e> *m* CINE, TV générique *m* de fin **Nachspeise** *f* dessert *m* **Nachspiel** *nt* ❶ *(Zärtlichkeiten)* caresses *fpl* après le rapport ❷ *(Konsequenzen)* ***das wird noch ein ~ haben!*** les choses ne s'arrêteront pas là! **nach|spionieren*** *vi (fam)* ***jdm ~*** espionner qn **nach|sprechen** *irr* **I.** *vt* répéter; ***jdm etw ~*** répéter qc après qn **II.** *vi* ***jdm ~*** répéter après qn

nächstbeste(r, s) ['nɛːçst'bɛstə, -tɐ, -təs] *adj attr* ***bei der ~n Gelegenheit*** à la première occasion; ***der/die Nächstbeste*** le premier venu/la première venue

nächste(r, s) ['nɛːçstə, -tɐ, -təs] *adj Superl von* **nah(e)** ❶ *(in größter Nähe gelegen)* ***die ~ Tankstelle*** la station d'essence la plus proche; ***am ~n*** le plus près ❷ *(kommend, direkt bevorstehend)* ***in der ~n Woche*** la semaine prochaine; ***in ~r Zeit*** prochainement; ***am ~n Tag/Morgen*** le lendemain/le lendemain matin; ***bei der ~n Gelegenheit*** à la première occasion [qui se présente]; ***im ~n Augenblick*** juste après ❸ *(in Bezug auf eine Reihenfolge)* ***als Nächstes werde ich verreisen*** la première chose que je vais faire maintenant, c'est de partir en voyage; ***der Nächste, bitte!*** au suivant, s'il vous plaît! ❹ *(sehr vertraut)* ***die ~n Verwandten/Angehörigen*** les proches *mpl*

Nächste(r) *m* ***mein ~r*** mon prochain

nach|stehen *vi irr* être en reste; ***jdm in nichts ~*** n'être jamais en reste face à qn **nachstehend** *adj* qui suit **nach|stellen** **I.** *vt* ❶ retarder; ***die Uhr um eine Stunde ~*** retarder la montre d'une heure ❷ *(nachspielen)* jouer, reconstituer *Tathergang* **II.** *vi (geh: verfolgen)* ***jdm ~*** persécuter qn **Nachstellungen** *Pl* ❶ *(Zudringlichkeiten)* avances *fpl* ❷ *(Verfolgungen)* persécutions *fpl*

Nächstenliebe *f* amour *m* du prochain

nächstens ['nɛːçstəns] *adv* ❶ *(bald)* prochainement ❷ *(künftig)* à l'avenir

nächstgelegen *adj attr* ***das ~e Dorf*** le village le plus proche **nächstliegend** *adj attr* ***das Nächstliegende*** le plus simple; ***das Nächstliegende tun*** choisir la solution la plus évidente **nächstmöglich** ['nɛːçst-'møːklɪç] *adj attr* ***etw zum ~en Termin tun*** faire qc le plus tôt possible

Nacht [naxt, *Pl:* 'nɛçtə] <-, Nächte> *f* nuit *f;* ***heute ~*** cette nuit; ***es wird/ist ~*** il commence à faire/il fait nuit; ***bei ~*** de nuit; ***in der ~*** pendant la nuit; ***letzte ~*** la nuit dernière; ***eines ~s*** une nuit; ***die ~ durchfeiern/durcharbeiten*** faire la fête/travailler toute la nuit; ***gute ~!*** bonne nuit! ▸ **über** ~ du jour au lendemain

nachtaktiv *adj* ZOOL nocturne **Nachtarbeit** *f* travail *m* de nuit **nachtblind** *adj* qui voit mal la nuit; ***~ sein*** voir mal la nuit **Nachtblindheit** *f* héméralopie *f* **Nachtdienst** *m* service *m* de nuit

Nachteil ['naːxtaɪl] <-[e]s, -e> *m* ❶ inconvénient *m;* ***zum ~ der Steuerzahler*** au détriment des contribuables ❷ *(ungünstigere Situation)* ***jdm gegenüber im ~ sein*** être désavantagé par rapport à qn

nachteilig ['naːxtaɪlɪç] **I.** *adj Auswirkungen* préjudiciable; ***für jdn ~ sein*** nuire à qn **II.** *adv sich äußern* défavorablement; ***sich ~ auswirken*** avoir des conséquences fâcheuses

nächtelang ['nɛçtəlaŋ] *adv* [pendant] des nuits entières

Nachtessen *nt* SDEUTSCH, A, CH diner [froid] *m*

Nachtfalter *m* papillon *m* de nuit

Nachtflug *m* vol *m* de nuit **Nachthemd** *nt* chemise *f* de nuit **Nachthimmel** *m* ciel *m* nocturne

Nachtigall ['naxtɪgal] <-, -en> *f* rossignol *m*

nächtigen ['nɛçtɪgən] *vi (geh)* passer la nuit

Nachtisch *m* dessert *m;* ***zum ~*** comme dessert

Nachtklub *m* boîte *f* [de nuit] **Nachtleben** *nt* vie *f* nocturne

nächtlich ['nɛçtlɪç] *adj attr Ruhestörung* nocturne

Nachtlokal *nt* boîte *f*

Nachtrag ['naːxtraːk] <-[e]s, -träge> *m* annexe *f*

nach|tragen *vt irr* ❶ *(ergänzen)* ajouter ❷ *(nicht verzeihen können)* ***jdm etw ~*** en vouloir à qn de qc

nachtragend *adj* rancunier, -ière

nachträglich ['naːxtrɛːklɪç] *adj Hinweis, Überarbeitung* ultérieur(e); *Zustimmung, Genehmigung* donné(e) par la suite

Nachtragshaushalt *m* budget *m* additionnel

nach|trauern *vi* regretter; ***jdm/einer schönen Zeit ~*** regretter qn/une belle période

Nachtruhe *f* sommeil *m,* nuits *fpl*

nachts [naxts] *adv* la nuit; ***spät ~*** tard dans la nuit

Nachtschattengewächs *nt* BOT solanacée *f*

Nachtschicht *f* ❶ *(Arbeit)* poste *m* de nuit ❷ *(Schichtarbeiter)* équipe *f* de nuit

Nachtschwärmer *m (hum: Person)* noctambule *m* **Nachtschwester** *f* infirmière *f* de nuit
nachtsüber ['naxtsʔy:bɐ] *adv* pendant la nuit
Nachttarif *m* tarif *m* de nuit **Nachttisch** *m* table *f* de chevet
Nachttischlampe *f* lampe *f* de chevet **Nachttopf** *m* pot *m* de chambre
Nacht-und-Nebel-Aktion *f* opération *f* commando; *(Polizeiaktion)* opération coup de poing; ***in einer*** ~ au cours d'une opération commando
Nachtwache *f* veillée *f*; ***bei jdm ~ halten*** veiller [au chevet de] qn **Nachtwächter(in)** *m(f) (Kontrollgänger)* veilleur *m* de nuit **Nachtzug** *m* train *m* de nuit
Nachuntersuchung *f* visite *f* de contrôle
nachvollziehbar *adj* compréhensible; ***leicht/schwer ~ sein*** être facile/difficile à comprendre; ***nicht ~ sein*** être incompréhensible **nach|vollziehen*** *vt irr* suivre; ***etw nicht ~ können*** ne pas arriver à comprendre qc **nach|wachsen** *vi irr + sein Haare, Unkraut:* repousser; ***~de Rohstoffe*** matières *fpl* premières d'origine végétale **Nachwahl** *f* élection *f* partielle
Nachwehen *Pl* ❶ MED tranchées *fpl* [utérines] *spéc* ❷ *(geh: Folgen)* séquelles *fpl*, suites *fpl* douloureuses *soutenu*
Nachweis ['na:xvais] <-es, -e> *m* ❶ *(Beweis)* preuve *f*; ***jdm den ~ für etw erbringen*** fournir à qn la preuve de qc ❷ ÖKOL *von Radioaktivität, Giftstoffen* mise *f* en évidence
nachweisbar I. *adj* ❶ qui peut être prouvé; ***etw ist schwer/nicht*** ~ il est difficile/n'est pas possible de prouver qc ❷ *(feststellbar)* qui peut être détecté **II.** *adv* comme la preuve peut en être fournie
nach|weisen *vt irr* ❶ *(den Nachweis erbringen, beweisen)* prouver; ***jdm ~, dass*** prouver à qn que; ***jdm nichts ~ können*** ne pouvoir confondre qn ❷ *(feststellen)* ***Giftstoffe in etw*** *dat* ~ déceler la présence de substances toxiques dans qc
nachweislich ['na:xvaislɪç] **I.** *adj Falschaussage* prouvé(e) **II.** *adv* ***das ist ~ richtig/falsch*** il s'est avéré que c'est vrai/faux
Nachwelt *f kein Pl* postérité *f* **nach|werfen** *vt irr* ❶ ***jdm etw*** ~ jeter qc à qn ❷ remettre *Münze, Geld*
nach|winken *vi* faire des signes d'adieu; ***jdm*** ~ faire des signes d'adieu à qn
nach|wirken *vi* ❶ *Medikament:* continuer d'agir ❷ *(fig) Eindruck, Erlebnis:* résonner dans la mémoire; *Rede:* avoir fait grosse impression **Nachwirkung** *f meist Pl eines Medikaments* effets *mpl*; *einer Wirtschaftskrise* répercussions *fpl* **Nachwort** <-worte> *nt* postface *f* **Nachwuchs** *m kein Pl* rejetons *mpl*
Nachwuchsstar *m* star *f* en herbe
nach|zahlen I. *vt* payer en plus; ***eine Gebühr*** ~ payer des droits en plus; ***Steuern*** ~ payer un rappel d'impôts **II.** *vi* payer un supplément **nach|zählen I.** *vt* recompter **II.** *vi* recompter; ***~, ob …*** recompter [pour voir] si … **Nachzahlung** *f* ❶ *(Gehaltsnachzahlung)* rappel *m* ❷ *(zu bezahlender Betrag)* supplément *m* **nach|ziehen** *irr* **I.** *vt + haben* ❶ resserrer *Schraube* ❷ traîner *Bein* **II.** *vi* ***mit etw*** ~ emboîter le pas en faisant qc
Nachzügler(in) ['na:xtsy:klɐ] <-s, -> *m(f)* ❶ retardataire *mf* ❷ *(Kind)* petit dernier *m* /petite dernière *f*
Nacken ['nakən] <-s, -> *m* nuque *f* ▶ **sie sitzen ihm im** ~ ils lui collent aux fesses; *(fam: sie bedrängen ihn)* ils ne le lâchent pas **Nackenstütze** *f* appuie-tête *m*
nackig ['nakɪç] *adj (fam) s.* **nackt**
nackt [nakt] *adj* nu(e); ***mit ~em Oberkörper arbeiten*** travailler torse nu; ***halb*** ~ à moitié nu
Nackte(r) *f(m) dekl wie adj* homme *m* nu/femme *f* nue
Nacktheit <-> *f* nudité *f*
Nacktschnecke *f* limace *f*
Nadel ['na:dəl] <-, -n> *f* ❶ *(Nähnadel, Stricknadel)* aiguille *f*; *(Stecknadel)* épingle *f* ❷ *(nadelförmiges Blatt)* aiguille *f* ❸ TECH *eines Messinstruments* aiguille *f*
Nadelbaum *m* conifère *m*, résineux *m* **Nadeldrucker** *m* INFORM imprimante *f* matricielle **Nadelholz** *nt kein Pl (Holz)* bois *m* de résineux **Nadelkissen** *nt* pelote *f* d'aiguilles/d'épingles
nadeln ['na:dəln] *vi* perdre ses aiguilles
Nadelöhr *nt* ❶ chas *m* ❷ *(fig: Engpass im Verkehr)* goulet *m* d'étranglement **Nadelstreifen** *Pl* fines rayures *fpl*
Nadelstreifenanzug *m* costume *m* à fines rayures
Nadelwald *m* forêt *f* de conifères
Nagel ['na:gəl, *Pl:* 'nɛ:gəl] <-s, Nägel> *m* ❶ *(Metallstift)* clou *m* ❷ *(Fingernagel, Zehennagel)* ongle *m* ▶ **mit etw den ~ auf den Kopf treffen** *(fam)* mettre le doigt dessus en faisant qc
Nagelbürste *f* brosse *f* à ongles **Nagelfeile** *f* lime *f* à ongles **Nagelhaut** *f* ANAT

envies *f pl fam* **Nagellack** *m* vernis *m* à ongles

Nagellackentferner <-s, -> *m* dissolvant *m*

nageln ['na:gəln] *vt* clouer; ***etw vor das Fenster*** ~ clouer qc devant la fenêtre

nagelneu *adj (fam)* flambant neuf, neuve

Nagelschere *f* ciseaux *mpl* à ongles

Nagelstudio *nt* salon *m* de manucure

nagen ['na:gən] **I.** *vi* ❶ grignoter; ***an einer Möhre*** ~ *Tier:* grignoter une carotte; ***an einem Knochen*** ~ *Hund, Löwe:* ronger un os ❷ *(fig)* ***an jdm*** ~ *Zweifel, Schuldgefühle:* ronger qn **II.** *vt* ***ein Loch in etw*** *akk* ~ creuser un trou en rongeant qc

Nager ['na:gɐ] <-s, -> *m,* **Nagetier** *nt* rongeur *m*

nah [na:] <näher, nächste> **I.** *adj* ❶ *(räumlich/zeitlich)* ~ ***sein*** être proche ❷ *(fig)* ***den Tränen*** ~***[e] sein*** être au bord des larmes; ~***[e] daran sein etw zu tun*** être sur le point de faire qc **II.** *adv* ❶ *liegen, gelegen sein* [tout] près; ~ ***an etw*** *akk* ***herantreten*** s'approcher de qc; ***sie saßen*** ~ ***beieinander*** *zwei Personen:* ils étaient serrés l'un contre l'autre; ***von*** ~***em*** de près ❷ *(zeitlich)* ~ ***bevorstehen*** être imminent ❸ *(eng)* ***ich bin*** ~ ***mit ihm verwandt*** nous sommes proches parents

Nahaufnahme *f* photo[graphie] *f* rapprochée; ***eine*** ~ ***von jdm/etw machen*** prendre une photo de près de qn/qc

nahe ['na:ə] **I.** *präp +dat* ~ ***dem Brunnen*** près du puits **II.** *adj s.* **nah**

Nähe ['nɛ:ə] <-> *f* ❶ *(geringe räumliche, zeitliche Entfernung)* proximité *f;* ***in der*** ~ à proximité; ***etw aus der*** ~ ***betrachten*** observer qc de près; ***aus der*** ~ ***betrachtet*** vu(e) de près ❷ *(Anwesenheit) einer Person* présence *f;* ***in seiner/ihrer*** ~ près de lui/d'elle

nahe|kommen *irr vi* ***der Wahrheit*** *dat* ~ [s']approcher de la vérité; ***sich*** *dat* ~ *Personen:* devenir très proches **nahe|legen** *vt* ***jdm*** ~ ***etw zu tun*** suggérer à qn de faire qc

nahe|liegen *vi unreg (fig)* se concevoir aisément; ***es liegt nahe, dass*** on conçoit aisément que *+subj;* ***die Vermutung, dass er Recht hat, liegt nahe*** on est tenté de croire qu'il a raison

naheliegend *adj (fig)* facile à comprendre, tout(e) naturel(le); ~***d sein*** tomber sous le sens

nahen ['na:ən] *vi + sein (geh)* approcher

nähen ['nɛ:ən] **I.** *vt* ❶ coudre *Kleid, Hemd* ❷ *(befestigen)* ***einen Knopf an etw*** *akk* ~ coudre un bouton à qc ❸ MED recoudre *Wunde* **II.** *vi* faire de la couture, coudre

näher ['nɛ:ɐ] **I.** *adj Komp von* **nahe** ❶ *(räumlich)* plus près; ***in der*** ~***en Umgebung des Bauernhofs*** à proximité de la ferme ❷ *(zeitlich)* plus rapproché(e); ***in*** ~***er Zukunft*** dans un proche avenir ❸ *(detaillierter)* plus précis(e) ❹ *Bekannter* assez proche; *Beziehungen, Zusammenarbeit* assez étroit(e) **II.** *adv* ❶ *(räumlich)* plus près; ~ ***am Kamin sitzen*** être assis plus près de la cheminée; ~ ***an etw*** *akk* ***herantreten*** se rapprocher [plus] de qc; ***unser Haus liegt*** ~ ***beim Bahnhof als eures*** notre maison est plus proche de la gare que la vôtre; ***treten Sie bitte*** ~***!*** veuillez vous approcher, s'il vous plaît! ❷ *(zeitlich)* ~ ***rücken*** approcher ❸ *(detaillierter)* de façon plus précise

Näherin ['nɛ:ərɪn] <-, -nen> *f* couturière *f*

nähern ['nɛ:ɐn] *vr* ❶ *(räumlich)* ***sich*** ~ approcher; ***sich jdm/einer S.*** ~ s'approcher de qn/qc ❷ *(zeitlich)* ***sich einer S.*** *dat* ~ approcher de qc

Näherungswert *m* MATH valeur *f* approchée

nahe|stehen *vi irr* ***jdm*** ~ être proche de qn

nahezu ['na:ə'tsu:] *adv* presque

Nähgarn *nt* fil *m* à coudre

Nahkampf *m* corps *m* à corps

Nähkästchen ['nɛ:kɛstçən] <-s, -> *nt* boîte *f* à ouvrage ▶ **aus dem ~ plaudern** *(fam)* déballer ses petites histoires

nahm [na:m] *Imp von* **nehmen**

Nähmaschine *f* machine *f* à coudre **Nähnadel** *f* aiguille *f* à coudre

Nahost [na:'ʔɔst] *kein Art* ***aus/in*** ~ du/au Proche-Orient

Nahostfriedensprozess *m kein Pl* processus *m* de paix au Proche-Orient

nahöstlich *adj attr* du Proche-Orient

Nährboden ['nɛ:ɐ̯-] *m* ❶ milieu *m* de culture ❷ *(fig)* ~ ***für etw*** terrain *m* favorable à qc

nähren ['nɛ:rən] **I.** *vi* être nourrissant **II.** *vt* ❶ *(füttern)* nourrir ❷ *(aufrechterhalten)* alimenter

nahrhaft ['na:ɐ̯haft] *adj* nourrissant(e)

Nährstoff *m* substance *f* nutritive

Nahrung ['na:rʊŋ] <-,> *f* nourriture *f;* ***flüssige/feste*** ~ des aliments *mpl* liquides/solides

Nahrungsaufnahme *f kein Pl (form)* absorption *f* de nourriture; ***die*** ~ ***verweigern*** refuser la nourriture **Nahrungsergänzungsmittel** *nt* complément *m* alimentaire **Nahrungskette** *f* chaîne *f* ali-

N

mentaire **Nahrungsmittel** *nt* produits *mpl* alimentaires
Nahrungsmittelallergie *f* allergie *f* alimentaire **Nahrungsmittelindustrie** *f* industrie *f* alimentaire; ***Nahrungs- und Genussmittelindustrie*** industrie agro-alimentaire
Nährwert *m* valeur *f* nutritive
Naht [naːt, *Pl:* ˈnɛːtə] <-, Nähte> *f* ❶ couture *f* ❷ MED [points *mpl* de] suture *f*
nahtlos **I.** *adj* ❶ *Strumpf* sans couture ❷ *(lückenlos)* sans temps mort, immédiat(e) **II.** *adv* sans pause
Nahtstelle *f* ❶ *(Schweißnaht)* soudure *f* ❷ *(fig)* [point *m* de] jonction *f*
Nahverkehr *m* trafic *m* urbain; ***der öffentliche ~*** les transports *mpl* en commun **Nahverkehrsmittel** *Pl* moyens *mpl* de transports en commun **Nahverkehrszug** *m* train *m* de banlieue
Nähzeug <-zeuge> *nt* nécessaire *m* de couture
naiv [naˈiːf] *adj* naïf, -ïve
Naivität [naiviˈtɛːt] <-> *f* naïveté *f*
Name [ˈnaːmə] <-ns, -n> *m*, **Namen** <-s, -> *m* nom *m*; ***jdn nur dem ~n nach kennen*** connaître qn seulement de nom ▸ **im ~n des Gesetzes/des Volkes** au nom de la loi/du peuple; **in jds ~n** *dat* **handeln** faire qc au nom de qn
namenlos *adj* ❶ *(anonym)* anonyme ❷ COM *Produkt* sans marque
namens [ˈnaːməns] *adv* ***ein Herr ~ Dietz*** un monsieur du nom de Dietz
Namensänderung *f* changement *m* de nom
Namensgebung <-, -en> *f* dénomination *f* **Namensliste** *f* liste *f* nominative **Namensschild** *nt (an der Tür)* plaque *f*; *(auf dem Tisch)* écriteau *m*; *(an der Brust)* badge *m* **Namenstag** *m* fête *f* **Namensvetter** *m* homonyme *m*
namentlich [ˈnaːməntlɪç] **I.** *adj* nominal(e) **II.** *adv* ❶ nommément; ***sie möchte nicht ~ genannt werden*** elle ne désire pas être désignée nommément ❷ *(insbesondere)* particulièrement
namhaft *adj* ❶ *(berühmt)* renommé(e) ❷ *Betrag* considérable
Namibia [naˈmiːbi̯a] <-s> *nt* la Namibie
nämlich [ˈnɛːmlɪç] *adv* ❶ *(und zwar)* et ce; *(genauer gesagt)* à savoir ❷ *(denn)* en effet
nannte [ˈnantə] *Imp von* **nennen**
Nanotechnik *f* nanotechnologie *f*
nanu [naˈnuː] *interj* ça alors
Napf [napf, *Pl:* ˈnɛpfə] <-[e]s, Näpfe> *m* gamelle *f*
Nappa [ˈnapa] <-[s], -s> *nt*, **Nappaleder** *nt* cuir *m* souple
Narbe [ˈnarbə] <-, -n> *f* MED cicatrice *f*
narbig *adj* couvert(e) de cicatrices
Narkose [narˈkoːzə] <-, -n> *f* anesthésie *f* générale
Narkosearzt, -ärztin *m, f* anesthésiste *mf* **Narkosemittel** *nt* anesthésique *m*
Narkotikum [narˈkoːtikʊm] <-s, -kotika> *nt* ❶ MED anesthésique *m* ❷ *(Suchtmittel)* narcotique *m*
Narr [nar] <-en, -en> *m* ❶ *(Dummkopf)* imbécile *m* ❷ *(Hofnarr)* fou *m* ▸ **jdn zum ~en halten** se moquer de qn; **sich zum ~en machen** se rendre ridicule
Narrenfreiheit *f* ▸ **~ haben** pouvoir faire ce qu'on veut *(allusion à la liberté dont bénéficient les fous lors du Carnaval)*
Närrin [ˈnɛrɪn] <-, -nen> *f* imbécile *f*
närrisch [ˈnɛrɪʃ] *adj* ❶ *(karnevalistisch)* de Carnaval ❷ *(fam: versessen)* ***ganz ~ auf jdn/etw sein*** être [raide] dingue de qn/qc ▸ **wie ~** *(geh)* comme un fou
Narzisse [narˈtsɪsə] <-, -n> *f* narcisse *m*
Narzissmus [narˈtsɪsmʊs] <-> *m* narcissisme *m*
narzisstisch *adj* narcissique
NASA [ˈnaːza] <-> *f* *Abk von* **National Aeronautics and Space Administration** NASA *f*
nasal [naˈzaːl] *adj* LING nasal(e)
Nasallaut *m* LING nasale *f*
naschen [ˈnaʃən] **I.** *vi* ❶ *(Süßigkeiten essen)* grignoter des friandises ❷ *(heimlich kosten)* ***von etw ~*** goûter [en cachette] à qc **II.** *vt* grignoter
Nascherei [naʃəˈrai̯] <-, -en> *f* ❶ *kein Pl (das Naschen)* grignotage *m* ❷ *(Süßigkeit)* friandises *fpl*
naschhaft *adj* gourmand(e)
Naschkatze *f (fam)* gourmand(e) *m(f)*
Nase [ˈnaːzə] <-, -n> *f* ❶ nez *m*; ***eine verstopfte ~ haben*** avoir le nez bouché; ***sich*** *dat* ***die ~ putzen*** se moucher; ***aus der ~ bluten*** saigner du nez ❷ *(Schnauze) eines Hundes* truffe *f* ▸ **die ~ [gestrichen] voll haben** *(fam)* en avoir plein le dos; **auf die ~ fallen** *(fam)* se casser le nez; **jdm auf der ~ herumtanzen** *(fam)* mener qn par le bout du nez; **jdm vor der ~ wegfahren** filer sous le nez de qn; **jdm etw vor der ~ wegschnappen** *(fam)* piquer qc sous le nez de qn; **vor seiner/deiner/... ~** *(fam)* sous son/ton nez
naselang ▸ **alle ~** *(fam)* à tout bout de champ
näseln [ˈnɛːzəln] *vi* parler du nez

näselnd **I.** *adj Person* qui parle du nez; *Stimme* nasillard(e) **II.** *adv* d'une voix nasillarde **Nasenbein** *nt* os *m* du nez **Nasenbluten** <-s> *nt* saignement *m* de nez; **~ *bekommen*** se mettre à saigner du nez; **~ *haben*** saigner du nez **Nasenflügel** *m* aile *f* du nez **Nasenhöhle** *f* fosse *f* nasale **Nasenloch** *nt* narine *f* **Nasenrücken** *m* arête *f* du nez **Nasenspitze** *f* bout *m* du nez **Nasenspray** [-ʃpreː, -spreː] *m o nt* nébuliseur *m* [*o* vaporisateur *m*] nasal **Nasentropfen** *Pl* gouttes *fpl* pour le nez

Nashorn *nt* rhinocéros *m*

nass [nas] <nasser, nasseste> *adj* ❶ mouillé(e); ***ganz ~*** trempé(e); ***wir werden/sind ~!*** nous allons être/nous sommes mouillés! ❷ *(regnerisch)* humide

Nässe ['nɛsə] <-> *f* ❶ humidité *f*; ***etw vor ~ schützen*** protéger qc de l'humidité ❷ *(nasses Wetter)* pluie *f*; ***bei ~ bitte vorsichtig fahren*** veuillez rouler prudemment par temps de pluie

nassgeschwitzt *s.* **nass 1**

nasskalt *adj* froid(e) et humide

Natel ['naːtəl] <-s, -s> *nt* CH *(Mobiltelefon)* portable *m*

Nation [na'tsi̯oːn] <-, -en> *f* nation *f*; ***die Vereinten ~en*** les Nations Unies

national [natsi̯o'naːl] **I.** *adj* national(e); ***auf ~er Ebene*** à l'échelon national **II.** *adv* **~ *denken*** être nationaliste

Nationalbewusstsein *nt* conscience *f* nationale **Nationalelf** *f* SPORT onze *m* national **Nationalfeiertag** *m* fête *f* nationale **Nationalheld(in)** *m(f)* héros *m* national/héroïne *f* nationale **Nationalhymne** *f* hymne *m* national

nationalisieren* [natsi̯onali'ziːrən] *vt* nationaliser

Nationalismus [natsi̯ona'lɪsmʊs] <-> *m* nationalisme *m*

Nationalist(in) [natsi̯ona'lɪst] <-en, -en> *m(f)* nationaliste *mf*

nationalistisch **I.** *adj* nationaliste **II.** *adv* en nationaliste; **~ *eingestellt sein*** être nationaliste

Nationalität [natsi̯onali'tɛːt] <-, -en> *f* nationalité *f*

Nationalmannschaft *f* équipe *f* nationale **Nationalpark** *m* parc *m* national **Nationalrat** *m* CH, A ❶ *kein Pl* Conseil *m* national ❷ *(Mitglied)* membre *m* du Conseil national **Nationalrätin** *f* CH, A membre *m* du Conseil national **Nationalsozialismus** *m* national-socialisme *m* **Nationalsozialist(in)** *m(f)* national-socialiste *mf* **nationalsozialistisch** *adj* national-socialiste **Nationalspieler(in)** *m(f)* SPORT joueur, -euse *m, f* de l'équipe nationale **Nationalstaat** *m* État-nation *m* **Nationalstolz** *m* fierté *f* nationale **Nationalversammlung** *f (französisches Parlament)* ***die ~*** l'Assemblée *f* nationale

NATO ['naːto] *f Abk von* **North Atlantic Treaty Organization** O.T.A.N. *f*

NATO-Beitrittsland *nt* futur pays *m* membre de l'O.T.A.N.

Natrium ['naːtriʊm] <-s> *nt* CHEM sodium *m*

Natron ['naːtrɔn] <-s> *nt* CHEM natron *m*

Natter ['natɐ] <-, -n> *f* couleuvre *f*

Natur [na'tuːɐ̯] <-> *f* ❶ nature *f* ❷ *(Wesensart)* ***von ~ aus*** par nature ▶ **~ sein** *Haarfarbe, Holz:* être naturel

Naturalien [natu'raːli̯ən] *Pl* produits *mpl* de la terre; ***in ~ bezahlen*** payer en nature

Naturalismus [natura'lɪsmʊs] <-> *m* naturalisme *m*

Naturalist(in) [natura'lɪst] <-en, -en> *m(f)* naturaliste *mf*

naturalistisch [natura'lɪstɪʃ] *adj a.* KUNST *(geh)* naturaliste **naturbelassen** *adj* naturel(le)

Naturell [natu'rɛl] <-s, -e> *nt* naturel *m*

Naturereignis *nt* phénomène *m* naturel **naturfarben** *adj* de couleur naturelle **Naturfaser** *f* fibre *f* naturelle **Naturforscher(in)** *m(f)* naturaliste *mf* **naturgemäß** **I.** *adj* naturel(le) **II.** *adv* ❶ *(verständlicherweise)* naturellement ❷ *(der Natur entsprechend)* de façon naturelle **Naturgesetz** *nt* loi *f* de la nature **naturgetreu** *adj* fidèle [à la réalité] **Naturgewalt** *f* force *f* de la nature **Naturheilkunde** *f* médecine *f* douce **Naturheilverfahren** *nt* thérapie *f* douce **Naturkatastrophe** *f* catastrophe *f* naturelle **Naturkost** *f* aliments *mpl* naturels **Naturkostladen** *m* magasin *m* de produits naturels **Naturkundemuseum** *nt* musée *m* d'histoire naturelle **Naturlandschaft** *f* paysage *m* naturel

natürlich [na'tyːɐ̯lɪç] **I.** *adj* ❶ *(von der Natur geschaffen)* naturel(le) ❷ *(nicht künstlich)* naturel(le); *Gebiss* vrai(e) ❸ *Ausmaße* réel(le); ***ein Porträt in ~er Größe*** un portrait grandeur nature ❹ *(ungekünstelt)* naturel(le) ❺ *(menschlich)* naturel(le); ***es ist [nur] ~, dass/wenn*** il est tout naturel que *+subj* **II.** *adv (selbstverständlich)* naturellement; ***aber ~!*** évidemment!

natürlicherweise *adv* naturellement

N

Natürlichkeit <-> *f* naturel *m*
Naturpark *m* parc *m* naturel [régional] **Naturprodukt** *nt* produit *m* naturel **naturrein** *adj* entièrement naturel **Naturreis** *m* riz complet *m* **Naturschutz** *m* protection *f* de la nature; ***unter ~ stehen*** être protégé **Naturschutzgebiet** *nt* réserve *f* naturelle **Naturtalent** *nt* ***du musst ein echtes ~ sein*** tu dois être vraiment doué **naturverbunden** [na'tu:ɐ̯fɛɐ̯bʊndən] *adj* proche de la nature **Naturvolk** *nt* peuple *m* primitif **Naturwissenschaft** *f* ***die ~en*** les sciences naturelles **Naturwissenschaftler(in)** *m(f)* scientifique *mf* **naturwissenschaftlich** *adj* scientifique
Nauru <-s> [na'u:ru] *nt* Nauru *f*
nautisch ['nautɪʃ] *adj* nautique
Navi ['navi, 'na:vi] <-s, -s> *nt (fam) Abk von* **Navigationsgerät, Navigationssystem** gps *m*
Navigation [naviga'tsi̯o:n] <-> *f* navigation *f*
Navigationsgerät *nt*, **Navigationssystem** *nt* système *m* de navigation [GPS], GPS *m; (tragbares Gerät)* navigateur *m* GPS
navigieren* [navi'gi:rən] **I.** *vi* naviguer **II.** *vt* piloter; ***das Schiff in den Hafen ~*** entrer le bateau dans le port
Nazi ['na:tsi] <-s, -s> *m* nazi(e) *m(f)*
Nazismus [na'tsɪsmʊs] <-> *m* nazisme *m*
NC <-> *m Abk von* **Numerus clausus** numerus *m* clausus
n. Chr. *Abk von* **nach Christus** apr. J.-C.
ne [ne:] *adv (fam)* non
'ne [nə] *art indef (fam) Abk von* **eine** une
Neandertaler [ne'andɐta:lɐ] <-s, -> *m* homme *m* de Neandertal
Nebel ['ne:bəl] <-s, -> *m* ❶ brouillard *m; (leicht)* brume *f;* ***bei ~*** par temps de brouillard ❷ ASTRON nébuleuse *f*
Nebelbank <-bänke> *f* banc *m* de brouillard
nebelig ['ne:bəlɪç] *adj* brumeux, -euse
Nebelscheinwerfer *m* phare *m* antibrouillard **Nebelschlussleuchte** *f* feu *m* arrière de brouillard **Nebelschwaden** *m meist Pl* nappe *f* de brouillard **Nebelwand** *f* écran *m* de brouillard
neben ['ne:bən] **I.** *präp +dat* ***~ jdm/einer S.*** à côté de qn/qc; ***rechts ~ dem Eingang*** à droite de l'entrée **II.** *präp +akk* ***sich ~ jdn/etw setzen*** s'asseoir à côté de qn/qc; ***sich links/rechts ~ jdn/etw stellen*** se mettre à gauche/droite de qn/qc
nebenamtlich I. *adj* extra-professionnel(le) **II.** *adv* en plus de son/mon/... activité professionnelle **nebenan** [ne:bən'ʔan] *adv* à côté; ***die Küche ist gleich ~*** la cuisine est juste à côté **Nebenausgang** *m* sortie *f* latérale **nebenbei** [ne:bən'bai̯] *adv* ❶ *(nebenher)* en plus [du reste] ❷ *(beiläufig)* en passant; ***~ [bemerkt]*** soit dit en passant
Nebenberuf *m* activité *f* annexe; ***im ~*** à titre d'activité annexe **nebenberuflich I.** *adj* extra-professionnel(le) **II.** *adv* à titre d'activité annexe **Nebenbeschäftigung** *f* activité *f* annexe **Nebenbuhler(in)** <-s, -> *m(f)* rival *m* **Nebeneffekt** *m* effet *m* secondaire
nebeneinander [ne:bənʔai̯'nandɐ] *adv* ❶ *(räumlich)* côte à côte ❷ *(zeitlich)* conjointement
Nebeneinander <-s> *nt* coexistence *f*
Nebeneingang *m* entrée *f* latérale **Nebeneinkünfte** *Pl* revenus *mpl* annexes **Nebenerwerb** *m* activité *f* annexe **Nebenfach** *nt* matière *f* secondaire **Nebenfluss** *m* affluent *m* **Nebengebäude** *nt* ❶ *(untergeordneter Bau)* dépendance *f* ❷ *(benachbartes Gebäude)* annexe *f*
Nebengeräusch *nt* bruit *m* de fond
nebenher [ne:bən'he:ɐ̯] *adv (zusätzlich)* en plus
Nebenhöhle *f* ANAT sinus *m* **Nebenjob** *m (fam)* boulot *m* d'appoint **Nebenkosten** *Pl* ❶ *(zusätzliche Kosten)* frais *mpl* supplémentaires ❷ *(für Wohnung)* charges *fpl* **Nebenprodukt** *nt* sous-produit *m* **Nebenraum** *m* ❶ *(angrenzender Raum)* pièce *f* contiguë ❷ *(weniger wichtiger Raum)* [pièce *f*] annexe *f* **Nebenrolle** *f* rôle *m* secondaire **Nebensache** *f* détail *m* accessoire; ***~ sein*** être accessoire
nebensächlich *adj* accessoire
Nebensächlichkeit <-, -en> *f* ❶ *kein Pl (geringe Bedeutung)* contingence *f* ❷ *(unwichtiges Detail)* détail *m* sans importance
Nebensaison *f* basse saison *f* **Nebensatz** *m* GRAM [proposition *f*] subordonnée *f* **nebenstehend** *adj (von einem Sprecher gesagt)* ci-contre; *(im Text stehend)* en regard **Nebenstraße** *f* route *f* secondaire **Nebentätigkeit** *f* activité *f* secondaire **Nebenverdienst** *m* revenu *m* supplémentaire **Nebenwirkung** *f* effet *m* secondaire **Nebenzimmer** *nt* chambre *f* voisine
neblig ['ne:blɪç] *s.* **nebelig**
necken ['nɛkən] *vt, vr* ***[sich] ~*** [se] taquiner

Neckholder ['nɛkhoːldɐ] <-s, -> *m (an einem Kleid)* dos-nu *m*
neckisch *adj* malicieux
nee [neː] *adv (fam)* non
Neffe ['nɛfə] <-n, -n> *m* neveu *m*
Negation [negaˈtsi̯oːn] <-, -en> *f* ❶ LING négation *f* ❷ *(geh: Leugnung)* réfutation *f*
negativ ['neːgatiːf] **I.** *adj* ❶ *a.* MED négatif, -ive ❷ *Folge, Vorhersage* défavorable **II.** *adv* ❶ *(ablehnend)* négativement ❷ *(ungünstig)* de façon négative
Negativ ['neːgatiːf] <-s, -e> *nt* négatif *m*
Neger(in) ['neːgɐ] <-s, -> *m(f) (pej)* nègre *m*/négresse *f péj*
Negerkuss *m (veraltet) s.* **Schokokuss**
negieren* [neˈgiːrən] *vt* LING ***eine Frage/einen Satz ~*** mettre une question/phrase à la forme négative
Negligé [negliˈʒeː] <-s, -s> *nt* CH déshabillé *m*
nehmen ['neːmən] <nimmt, nahm, genommen> *vt* ❶ prendre; ***sich*** *dat* ***etw ~*** prendre qc ❷ accepter *Trinkgeld* ❸ supprimer *Schmerzen, Beschwerden;* ***jdm die Lust an etw ~*** gâcher l'envie à qn; ***sie nahm ihm die Angst*** elle dissipa son angoisse ❹ *(versperren)* ***jdm die Sicht ~*** boucher la vue à qn ❺ prendre *Medikament* ❻ *(akzeptieren)* ***jdn ~, wie er ist*** prendre qn comme il est ❼ *(anlasten)* ***jdm etw übel ~*** en vouloir à qn de qc
Neid [nait] <-[e]s> *m kein Pl* envie *f* ▶ **vor ~ erblassen** crever de jalousie
neiden *vt* envier
Neider(in) <-s, -> *m(f)* envieux, -euse *m, f*
neidisch **I.** *adj Person* envieux, -euse; ***auf jdn ~ sein*** envier qn **II.** *adv betrachten* avec envie
neidlos **I.** *adj* sincère **II.** *adv* sans arrière-pensée
Neige <-, -n> *f* fond *m*
neigen **I.** *vi* être réceptif; ***zu Erkältungen ~*** être réceptif aux rhumes; ***zu Übergewicht ~*** avoir une tendance à l'embonpoint **II.** *vr* ❶ *(sich beugen)* ***sich ~*** se pencher ❷ *(schräg abfallen)* ***sich ~*** être en pente ❸ *(schräg stehen)* ***sich zur Seite ~*** *Schiff:* pencher de côté **III.** *vt* pencher *Kopf, Oberkörper*
Neigung <-, -en> *f* ❶ *(Schräge, Gefälle)* inclinaison *f* ❷ *(Vorliebe, Zuneigung)* penchant *m* ❸ *(Tendenz)* ***~ zum Übergewicht*** tendance *f* à l'embonpoint
nein [nain] *adv* non; ***leider ~*** malheureusement pas; ***oh ~!*** ah! non!
Nein [nain] <-s> *nt* non *m;* ***zu etw ~ sagen*** dire non à qc
Neinstimme *f* voix *f* contre
Nektar ['nɛktar] <-s, -e> *m* nectar *m*
Nektarine [nɛktaˈriːnə] <-, -n> *f* nectarine *f*, brugnon *m*
Nelke ['nɛlkə] <-, -n> *f* ❶ *(Blume)* œillet *m* ❷ *(Gewürz)* clou *m* de girofle
'nem [nəm] *art indef (fam) Abk von* **einem** [à] un(e)
'nen [nən] *art indef (fam) Abk von* **einen** un(e)
nennen ['nɛnən] <nannte, genannt> **I.** *vt* ❶ *(benennen, anreden)* appeler; ***jdn bei seinem Vornamen ~*** appeler qn par son prénom; ***Katharina II., genannt die Große*** Catherine II, dite la Grande ❷ *(bezeichnen)* ***wie nennt man das?*** comment appelle-t-on ça? ❸ *(angeben)* indiquer, citer; ***die genannten Personen ...*** les personnes en question ... **II.** *vr* ***sich Maler/Musiker ~*** se dire peintre/musicien
nennenswert *adj* notable
Nenner <-s, -> *m* MATH dénominateur *m*
Nennung <-, -en> *f* mention *f*
Nennwert *m* valeur *f* nominale
Neofaschist(in) [neofaˈʃɪst, ˈneːofaʃɪst] *m(f)* néofasciste *mf*
Neologismus <-, -gismen> *m* LING néologisme *m*
Neon ['neːɔn] <-s> *nt* néon *m*
Neonazi ['neːonaːtsi] *m* néonazi(e) *m(f)*
Neonlicht *nt* néon *m* **Neonröhre** *f* [tube *m* au] néon *m*
Nepal ['neːpal] <-s> *nt* le Népal
Nepp [nɛp] <-s> *m (fam)* arnaque *f*
neppen ['nɛpən] *vt (fam)* arnaquer
Neptun [nɛpˈtuːn] <-s> *m* Neptune *m;* ***[der Planet]*** ~ [la planète] Neptune
'ner [nɐ] *art indef (fam) Abk von* **einer** un(e)
Nerv [nɛrf] <-s *o* -en, -en> *m* ❶ ANAT nerf *m* ❷ *Pl (nervliche Verfassung)* ***gute/schwache ~en haben*** avoir les nerfs solides/fragiles; ***die ~en behalten*** être/rester maître de ses nerfs; ***die ~en verlieren*** perdre le contrôle de soi-même; ***mit den ~en [völlig] herunter sein*** *(fam)* être à bout de nerfs ❸ BOT nervure *f* ▶ **jdm auf die ~en gehen** *(fam)* taper sur les nerfs de qn
nerven ['nɛrfən] *(fam)* **I.** *vt* casser les pieds à; ***jdn ~*** casser les pieds à qn; ***genervt sein*** être énervé **II.** *vi Person:* être casse-pieds; *Sache, Vorfall:* être horripilant
Nervenarzt, -ärztin *m, f* neurologue *mf*
nervenaufreibend *adj* nerveusement éprouvant(e) **Nervenbündel** *nt* paquet *m*

N

de nerfs **Nẹrvengift** *nt* neurotoxine *f* **Nẹrvenheilanstalt** *f* maison *f* de repos **Nẹrvenheilkunde** *f* neurologie *f* **Nẹrvenkitzel** <-s, -> *m (fam)* petit frisson *m* **nẹrvenkrank** *adj* malade des nerfs **Nẹrvensäge** *f (fam)* casse-pieds *mf* **Nẹrvensystem** *nt* système *m* nerveux; ***das vegetative*** ~ le système neurovégétatif **Nẹrvenzelle** *f* neurone *m* **Nẹrvenzentrum** *nt* centre *m* nerveux **Nẹrvenzusammenbruch** *m* dépression *f* nerveuse; ***einen ~ haben*** craquer nerveusement

nervig ['nɛrfɪç] *adj* tuant

nẹrvlich ['nɛrflɪç] *adj* nerveux, -euse

nervös [nɛr'vøːs] **I.** *adj Person* nerveux, -euse; *Stimmung* agité(e); ***jdn ~ machen*** rendre qn nerveux, -euse **II.** *adv (nervlich)* ***~ bedingt*** d'origine nerveuse

Nervosität [nɛrvozi'tɛːt] <-> *f* nervosité *f*

nẹrvtötend *adj (fam)* tuant(e)

Nẹrz [nɛrts] <-es, -e> *m* vison *m*

Nẹssel ['nɛsəl] <-, -n> *f (Brennnessel)* ortie *f*

Nẹst [nɛst] <-[e]s, -er> *nt* ❶ nid *m* ❷ *(fam: Kaff)* patelin *m;* ***in einem kleinen ~ leben*** vivre dans un trou perdu

Nẹsthäkchen <-s, -> *nt* petit dernier *m*

Netflix® <-> ['nɛtflɪks] *nt kein pl* INFORM Netflix® *m*

nẹtt [nɛt] *adj* ❶ *(liebenswert)* gentil(le); ***~ zu jdm sein*** être gentil avec qn; ***das ist [aber] ~ von Ihnen*** c'est gentil à vous ❷ *(angenehm)* sympathique ❸ *(beträchtlich)* bon(ne) petit(e); ***ein ~es Sümmchen*** une belle somme

Falsche Freunde

Nicht verwechseln mit *net(te) – sauber*!

nẹtterweise *adv* ***etw ~ tun*** avoir l'amabilité [*o* la gentillesse] de faire qc

Nẹttigkeit <-, -en> *f* gentillesse *f*

nẹtto ['nɛto] *adv* net

Nẹttobetrag *m* montant *m* net **Nẹttoeinkommen** *nt* revenu *m* net **Nẹttolohn** *m* salaire *m* net **Nẹttopreis** *m* prix *m* net

Nẹtz [nɛts] <-es, -e> *nt* ❶ *(Stromnetz, System)* réseau *m;* ***ein Gerät ans ~ anschließen*** brancher un appareil sur le secteur ❷ *(Fischernetz, Einkaufsnetz)* filet *m* ❸ *(Spinnennetz)* toile *f* ❹ SPORT filet *m;* ***~!*** net! ▸ **das soziale** ~ le système de protection sociale

Nẹtzbetreiber(in) *m(f)* INFORM, TELEC pilote *m* de réseau

Nẹtzbetrieb *m* alimentation *f* secteur

Nẹtzhaut *f* ANAT rétine *f* **Nẹtzkabel** *nt* câble *m* d'alimentation **Nẹtzkarte** *f* TRANSP carte *f* d'abonnement **Nẹtzknoten** *m* routeur *m* **Nẹtzstecker** *m* fiche *f* [d'alimentation] **Nẹtzteil** *nt* ELEC transformateur *m* **Nẹtzwerk** *nt a.* INFORM réseau *m;* ***soziales*** ~ réseau social

Nẹtzwerkadministrator, -administratorin *m, f* INFORM administrateur, -trice *m, f* de réseau

nẹtzwerken *vi (fam)* réseauter **Nẹtzzugang** *m* INFORM accès *m* (au) réseau

neu [nɔy] **I.** *adj* ❶ *(noch nicht gebraucht)* neuf, neuve; *(soeben hergestellt, gekauft)* nouveau, -velle *antéposé* ❷ *(aktuell)* récent(e); ***ein ~er Artikel*** un article qui vient de paraître; ***die ~esten Nachrichten*** les [toutes] dernières nouvelles ❸ *(erneut)* nouveau, -velle *antéposé* ❹ *(frisch)* propre ❺ *(noch nicht da gewesen)* nouveau, -velle ❻ *(unbekannt)* ***~ in der Klasse sein*** être nouveau dans une classe; ***das war mir ~*** je n'en savais rien ▸ **seit Neu[e]stem** depuis peu; **von Neuem** de nouveau **II.** *adv* ❶ *(von vorn)* ***wieder ganz ~ anfangen müssen*** devoir repartir à zéro ❷ *(erneut)* ***~ bearbeiten/drucken/auflegen*** remanier/réimprimer/rééditer; ***~ bearbeitet*** remanié; ***~ eröffnet*** récemment rouvert ❸ *(soeben)* ***das ~ eröffnete griechische Restaurant*** le restaurant grec qui vient d'ouvrir

Neuankömmling ['nɔyʔankœmlɪŋ] <-s, -e> *m* nouveau venu *m* /nouvelle venue *f*

neuartig ['nɔyʔaːɐ̯tɪç] *adj Methode, Technologie* inédit(e); *Lehrwerk, Wörterbuch* de conception nouvelle

Neuartigkeit <-> *f* nouveauté *f*

Neuauflage *f (neue Auflage)* nouveau tirage *m*

Neuausgabe *f* réédition *f* **Neubau** <-bauten> *m* nouvel immeuble *m*

Neubaugebiet *nt* ≈ Z.U.P. *f* **Neubausiedlung** *f* nouveau lotissement *m* **Neubauwohnung** *f* appartement *m* neuf

Neubearbeitung *f* ❶ *kein Pl (das Bearbeiten)* refonte *f* ❷ *(neue Ausgabe)* nouvelle édition *f* ❸ MUS, THEAT nouvelle adaptation *f* **Neubeginn** *m* nouveau départ *m*

neudeutsch *adj (pej)* ***~es Wort*** mot allemand récent; ***der ~e Trend zum Luxus*** la nouvelle tendance allemande au luxe

Neue(s) *nt dekl wie adj* ❶ *(neuartige Beschaffenheit)* nouveauté *f;* ***das ~ an etw*** *dat* la nouveauté dans qc; ***Altes und ~s*** le vieux et le neuf ❷ *(neuer Gegenstand, neue Ware)* ***etwas ~s*** quelque chose de

nouveau; ***nichts ~s*** rien de nouveau ❸ *(Neuigkeit)* ***etwas/nichts ~s*** quelque chose de/rien de nouveau; ***was gibt's ~s?*** *(fam)* quoi de neuf?
Neuentdeckung *f* ❶ *(erneute Entdeckung)* redécouverte *f* ❷ *(Talent)* révélation *f;* ***eine ~ für die Bühne*** une révélation de la scène
Neuentwicklung *f* innovation *f*
neuerdings ['nɔyɐ'dɪŋs] *adv* depuis peu [de temps]
Neuerer, Neurerin ['nɔyərɐ] <-s, -> *m, f* novateur, -trice *m, f*
neueröffnet *s.* **neu II. 2 Neueröffnung** *f* *(Eröffnung)* ouverture *f;* ***wir laden Sie zur ~ ein*** nous vous invitons à l'inauguration **Neuerscheinung** *f* nouveauté *f*
Neuerung <-, -en> *f* innovation *f*
Neueste(s) *nt dekl wie adj* ❶ ***das ~*** *(neueste Nachricht)* la dernière [nouvelle]; ***weißt du schon das ~?*** tu connais la nouvelle? ❷ *(neuartigstes Produkt)* ***das ~*** ce qui vient de sortir
Neufassung *f* nouvelle version *f* **neugeboren** *adj* nouveau-né ▶ **wie ~** tout revigoré
Neugeborene(s) *nt dekl wie adj* nouveau-né(e) *m(f)*
Neugier[de] ['nɔygiːɐ(də)] <-> *f* curiosité *f;* ***aus ~*** par [simple] curiosité
neugierig I. *adj Person* curieux, -euse; *Blick* plein(e) de curiosité; *Frage* indiscret, -ète; ***jdn ~ machen*** exciter la curiosité de qn; ***~ sein, ob/wie ...*** être curieux de savoir si/comment ... **II.** *adv* avec curiosité
Neugierige(r) *f(m) dekl wie adj* curieux, -euse *m, f*
Neugriechisch <-[s]> *nt kein Art* le grec moderne
Neugründung *f* ❶ *(Gründung)* création *f;* ***~ eines Instituts*** création d'un nouvel institut; ***~ eines Rechtsträgers*** JUR création nouvelle d'un dépositaire de la loi ❷ *(Institution)* institution *f* nouvelle
Neuguinea [nɔygi'neːa] <-s> *nt* la Nouvelle-Guinée
Neuheit ['nɔyhait] <-, -en> *f* nouveauté *f*
Neuigkeit ['nɔyɪçkait] <-, -en> *f* ❶ *(neue Information)* nouvelle *f* ❷ *Pl (Nachrichten)* nouvelles *f pl*
Neujahr ['nɔyjaːɐ] *nt kein Pl* nouvel an *m;* ***habt ihr zu ~ schon etwas vor?*** avez-vous déjà des projets pour le nouvel an? ▶ **prost ~!** bonne année!
Neujahrstag *m* jour *m* de l'an
Neukaledonien [nɔykale'doːniən] <-s> *nt* la Nouvelle-Calédonie
Neuland ['nɔylant] *nt kein Pl* terres *f pl* nouvelles
neulich ['nɔylɪç] *adv* récemment; ***~ abends*** l'autre soir; ***~ sonntags*** l'autre dimanche; ***erinnerst du dich noch an ~?*** tu te souviens de l'autre jour?
Neuling ['nɔylɪŋ] <-s, -e> *m* novice *mf*
neumodisch *adj o adv (pej)* à la dernière mode **Neumond** *m kein Pl* nouvelle lune *f*
neun [nɔyn] *num* neuf ▶ **alle ~[e]!** strike!; *s. a.* **acht**[1]
Neun <-, -en> *f* neuf *m*
neuneinhalb ['nɔynʔain'halp] *num* ***~ Meter*** neuf mètres et demi; *s. a.* **achteinhalb**
neunerlei ['nɔynɐ'lai] *adj inv* ***~ Sorten Brot*** neuf sortes de pain; *s. a.* **achterlei**
neunfach ['nɔynfax] **I.** *adj* ***die ~e Menge*** neuf fois la quantité **II.** *adv falten* neuf fois; *s. a.* **achtfach**
Neunfache(s) *nt dekl wie adj* ***das ~ verdienen*** gagner neuf fois plus; *s. a.* **Achtfache(s)**
neunhundert ['nɔyn'hʊndɐt] *num* neuf cents
Neunjährige(r) *f(m) dekl wie adj* fille *f* / garçon *m* de neuf ans
neunmal ['nɔynmaːl] *adv* neuf fois; *s. a.* **achtmal**
neunt [nɔynt] *adv* ***zu ~ sein*** être [à] neuf; *s. a.* **acht**[2]
neuntausend ['nɔyn'tauzənt] *num* neuf mille
neunte(r, s) *adj* ❶ neuvième ❷ *(bei Datumsangaben)* ***der ~ Mai*** le neuf mai ❸ SCHULE ***die ~ Klasse*** ≈ la seconde; *s. a.* **achte(r, s)**
Neunte(r) *f(m)* neuvième *mf; s. a.* **Achte(r)**
neuntel ['nɔyntəl] *adj* neuvième; *s. a.* **achtel**
Neuntel ['nɔyntəl] <-s, -> *nt a.* MATH neuvième *m*
neuntens ['nɔyntəns] *adv* neuvièmement
neunzehn ['nɔyntseːn] *num* dix-neuf; *s. a.* **acht**[1] **neunzehnte(r, s)** *adj* dix-neuvième; *s. a.* **achte(r, s)**
neunzig ['nɔyntsɪç] *num* quatre-vingt-dix, nonante BELG, CH; *s. a.* **achtzig**
Neunzig <-, -en> *f* quatre-vingt-dix *m,* nonante *m* BELG, CH
neunziger ['nɔyntsɪgɐ] *adj* ***die ~ Jahre*** les années *f pl* quatre-vingt-dix; *s. a.* **Neunzigerjahre**
Neunziger *Pl* ❶ ***die ~*** *eines Jahrhunderts* les années *f pl* quatre-vingt-dix ❷ *(Lebensalter)* ***in den ~n sein*** être nonagénaire
Neunziger(in) <-s, -> *m(f)* ❶ *(Mensch in*

N

den Neunzigern) nonagénaire *mf* ❷ *s.* **Neunzigjährige(r)**

Neunzigerjahre, **90er-Jahre** ['nɔyntsɪgɐ-] *Pl* ***die*** ~ les années *f pl* quatre-vingt--dix

neunzigjährig *adj attr* de quatre-vingt-dix ans, de nonante ans BELG, CH; *s. a.* **achtzigjährig**

Neunzigjährige(r) *f(m) dekl wie Adj* nonagénaire *mf*

neunzigste(r, s) *adj* quatre-vingt-dixième, nonantième BELG, CH; *s. a.* **achtzigste(r, s)**

Neuordnung *f* réorganisation *f* **Neuphilologie** *f* étude *f* des langues vivantes

Neuralgie [nɔyral'giː] <-, -ien> *f* MED névralgie *f*

neuralgisch [nɔy'ralgɪʃ] *adj* MED *(a. fig)* névralgique

Neuregelung *f* nouvelle réglementation *f* **neureich** *adj* parvenu(e) **Neureiche(r)** *f(m) dekl wie adj* ***die ~n*** les nouveaux riches

Neurochirurg(in) ['nɔyroçirʊrk] *m(f)* MED neurochirurgien(ne) *m(f)* **Neurochirurgie** ['nɔyroçirʊrgiː] *f* MED neurochirurgie *f*

Neurodermitis [nɔyrodɛr'miːtɪs] *f* MED névrodermite *f*

Neurologe, **Neurologin** [nɔyro'loːgə] <-n, -n> *m, f* MED neurologue *mf*

Neurologie [nɔyrolo'giː, *Pl:* nɔyrolo'giːən] <-, -n> *f* MED ❶ *(Teilgebiet der Medizin)* neurologie *f* ❷ *(fam: neurologische Station)* ***auf der ~ liegen*** être en neurologie

neurologisch [nɔyro'loːgɪʃ] *adj* MED neurologique

Neuron ['nɔyrɔn] <-s, -ronen> *nt* MED neurone *m*

Neurose [nɔy'roːzə] <-, -n> *f* PSYCH névrose *f*

Neurotiker(in) [nɔy'roːtikɐ] <-s, -> *m(f)* PSYCH névrosé(e) *m(f)*

neurotisch [nɔy'roːtɪʃ] *adj* PSYCH *Person* névrosé(e); *Erkrankung, Verhalten* névrotique

Neuschnee *m* neige *f* fraîche

Neuseeland [nɔy'zeːlant] *nt* la Nouvelle-Zélande

Neuseeländer(in) [nɔy'zeːlɛndɐ] <-s, -> *m(f)* Néo-Zélandais(e) *m(f)*

neuseeländisch [nɔy'zeːlɛndɪʃ] *adj* néo--zélandais(e)

neusprachlich *adj Unterricht* de langues vivantes; ***die ~en Fächer*** les langues *f pl* vivantes

Neustart *m* INFORM redémarrage *m*

Neuste(s) *s.* **Neueste(s)**

neustens ['nɔystəns] *s.* **neuerdings**

neutral [nɔy'traːl] **I.** *adj* neutre **II.** *adv* ❶ *sich verhalten* de façon impartiale ❷ CHEM ~ ***reagieren*** avoir une réaction neutre

Neutralisation *s.* **Neutralisierung**

neutralisieren* [nɔytrali'ziːrən] *vt* neutraliser

Neutralisierung <-, -en> *f* neutralisation *f*

Neutralität [nɔytrali'tɛːt] <-> *f* ❶ POL neutralité *f* ❷ *(geh: Unparteilichkeit)* impartialité *f*

Neutron ['nɔytrɔn] <-s, -tronen> *nt* PHYS neutron *m*

Neutronenbombe *f* bombe *f* à neutrons

Neutrum ['nɔytrʊm] <-s, Neutra *o* Neutren> *nt* ❶ GRAM neutre *m* ❷ *(geh: geschlechtsloses Wesen)* être *m* asexué

Neuverschuldung *f* nouvel endettement *m*

Neuwagen *m* véhicule *m* neuf **Neuwahl** *f* nouvelle élection *f*

Neuwert *m* valeur *f* à l'état neuf; ***zum*** ~ au prix du neuf **neuwertig** *adj* comme neuf, neuve **Neuzeit** *f kein Pl* ***die*** ~ les temps *mpl* modernes **neuzeitlich** *adj* ❶ *(der Neuzeit zugehörig)* des temps modernes ❷ *(modern)* moderne

Neuzugang *m (neuer Schüler)* arrivée *f; (neuer Patient)* entrée *f*

Neuzulassung *f (form)* nouvelle immatriculation *f*

Newcomer(in) ['njuːkamɐ] <-s, -> *m(f)* nouveau venu *m* / nouvelle venue *f*

Newsgroup ['njuːsgruːp] <-, -s> *f* INFORM infogroupe *m* **Newsletter** ['njuːslɛtɐ] <-s, -> *m* INFORM infolettre *f*, newsletter *f;* ***den ~ abonnieren*** s'abonner à l'infolettre [*o* la newsletter]

NGO [enddʒiː'oʊ] *f Abk von* **Non-Governmental Organization** POL ONG *f*

Nicaragua [nika'raːgu̯a] <-s> *nt* le Nicaragua

nicht [nɪçt] *adv* ❶ ne ... pas; ***um sich ~ zu erkälten*** pour ne pas attraper froid; ~ ***schlecht/möglich*** pas mauvais/possible; ~ ***sehr*** pas très; ~ ***mehr*** ne ... plus; ~ ***länger*** ne ... plus longtemps; ***warum ~?*** pourquoi pas?; ***bitte ~!*** non, s'il te/vous plaît!; ~ ***einer*** [ne ...] pas un [seul]; ***er ~!*** pas lui!; ***~!*** arrête/arrêtez!; ~ ***öffentlich*** non public ❷ *(stimmt's)* ***~?*** non?

Nichtangriffspakt *m* pacte *m* de non--agression

Nichtbeachtung *f (form)* non-respect *m*

Nichte ['nɪçtə] <-, -n> *f* nièce *f*

nichtig ['nɪçtɪç] *adj* JUR nul(le)

Nichtigkeit <-, -en> *f kein Pl* JUR nullité *f*
Nichtmitglied *nt* non-membre *m* **nichtöffentlich** *s.* **nicht 1** **Nichtraucher(in)** *m(f)* non-fumeur, -euse *m, f*
Nichtraucherabteil *nt* compartiment *m* [réservé aux] non-fumeurs
Nichtregierungsorganisation *f* organisation *f* non-gouvernementale
nichts [nɪçts] *pron indef* ne ... rien; ***sie hat ~ gesagt*** elle n'a rien dit; ***gar ~*** rien du tout; ***~ mehr*** [ne ...] plus rien; ***das geht Sie ~ an!*** ça ne vous regarde en rien!; ***ich habe damit ~ als Ärger*** tout ce que j'ai gagné sont des ennuis; ***es ist ~*** ce n'est rien; ***das macht ~*** ça ne fait rien ► **für ~ und wieder ~** *(fam)* pour des clopinettes; **~ wie weg!** tirons-nous!
Nichts [nɪçts] <-, -e> *nt* ❶ *kein Pl* PHILOS ***das ~*** le néant ❷ *(unbedeutender Mensch)* ***ein ~*** un(e) moins que rien ► **vor dem ~ stehen** avoir tout perdu; **aus dem ~** *(aus nicht Vorhandenem)* à partir de rien; *(von irgendwoher)* comme tombé(e) du ciel
nichtsahnend *s.* **ahnen 1**
Nichtschwimmer(in) *m(f)* ***~ sein*** ne pas savoir nager
Nichtschwimmerbecken *nt* petit bassin *m*
nichtsdestotrotz [nɪçtsdɛsto'trɔts] *adv* néanmoins
nichtsdestoweniger [nɪçtsdɛsto'veːnɪgɐ] *adv* néanmoins; ***aber ~*** mais malgré tout
Nichtsnutz ['nɪçtsnʊts] <-es, -e> *m (pej)* vaurien(ne) *m(f)*
nichtsnutzig *adj (pej)* qui ne vaut rien; ***ein ~er Kerl*** un vaurien; ***diese ~en Gören*** ces jeunes voyous
nichtssagend *s.* **sagen I. 5**
Nichtstuer(in) [nɪçtstuːɐ̯] <-s, -> *m(f)* *(pej)* fainéant(e) *m(f)*
Nichtstun *nt* ❶ *(das Faulenzen)* oisiveté *f;* ***die Tage mit ~ verbringen*** passer ses journées à fainéanter ❷ *(Untätigkeit)* inaction *f*
Nichtwähler(in) *m(f)* POL abstentionniste *mf* **Nichtwissen** *nt* ignorance *f*
Nickel ['nɪkəl] <-s> *nt* nickel *m*
Nickelbrille *f* lunettes *fpl* cerclées
nicken ['nɪkən] *vi* hocher la tête; *(Zustimmung signalisieren)* faire un signe d'approbation
Nickerchen ['nɪkɐçən] <-s> *nt (fam)* roupillon *m;* ***ein ~ machen*** piquer un [petit] roupillon
Nickname ['nɪkneːm] <-s, -s> *m* INET pseudonyme *m,* pseudo *m fam*

nie [niː] *adv* ❶ *(zu keinem Zeitpunkt)* ne ... jamais; ***er hat ~ davon gesprochen*** il n'en a jamais parlé; ***sie sind sich ~ wieder begegnet*** ils ne se sont plus jamais vus; ***warst du schon mal in Indien? – Nein, noch ~!*** tu es déjà allé en Inde? – Non, jamais! ❷ *(bestimmt nicht)* ne ... sûrement pas *fam;* ***das werden sie ~ schaffen*** ils/elles n'y arriveront jamais
nieder ['niːdɐ] *adv* ***~ mit dem Feind!*** à bas l'ennemi!
nieder|brennen *vi irr + sein* se réduire en cendres **niederdeutsch** *adj* ❶ GEOG d'Allemagne du Nord ❷ LING bas allemand *inv*
Niederdeutsch <-[s]> *nt kein Art* le bas allemand; ***auf ~*** en bas allemand **nieder|drücken** *vt* ❶ appuyer sur *Türklinke, Taste* ❷ *(geh: deprimieren)* démoraliser; ***~d*** démoralisant(e)
niedere(r, s) *adj attr Stand* bas(se) *antéposé; Beamte* petit(e) *antéposé;* ***von ~r Geburt sein*** être de basse condition
Niedergang *m kein Pl* déclin *m* **nieder|gehen** *vi irr + sein Regen, Lawine:* s'abattre **niedergelassen** *adj* CH *Schweizer* établi(e) **niedergeschlagen** *adj* abattu(e)
Niedergeschlagenheit <-> *f (Deprimiertheit)* abattement *m; (Entmutigung)* découragement *m*
nieder|knien *vi + sein* s'agenouiller **Niederlage** *f* ❶ MIL, SPORT, POL défaite *f;* ***jdm eine ~ bereiten*** infliger une défaite à qn; ***bei etw eine ~ einstecken müssen*** essuyer une défaite lors de qc *fam* ❷ *(Misserfolg)* échec *m*
Niederlande ['niːdɐlandə] <-> *Pl* ***die ~*** les Pays-Bas *mpl*
Niederländer(in) ['niːdɐlɛndɐ] <-s, -> *m(f)* Néerlandais(e) *m(f)*
niederländisch ['niːdɐlɛndɪʃ] **I.** *adj* néerlandais(e) **II.** *adv* ***~ miteinander sprechen*** discuter en néerlandais; *s. a.* **deutsch**
Niederländisch <-[s]> *nt kein Art* néerlandais *m; s. a.* **Deutsch**
nieder|lassen *vr irr* ❶ ***sich ~*** s'établir; ***sich in einer Stadt als Arzt/Anwalt ~*** s'établir dans une ville comme médecin/avocat; ***die niedergelassenen Ärzte*** les médecins établis ❷ *(geh: sich setzen)* ***sich auf einer Bank ~*** *Person:* prendre place sur un banc
Niederlassung <-, -en> *f* ❶ *(Zweigstelle)* succursale *f* ❷ *kein Pl (Existenzgründung) eines Arztes, Rechtsanwaltes* installation *f*
nieder|legen *vt* ❶ se démettre de *Amt;* ces-

N

ser *Arbeit;* démissionner de *Mandat, Vorsitz* ❷ *(geh: hinlegen)* déposer *Kranz*

Niederlegung <-, -en> *f* ❶ *(das Hinlegen)* dépôt *m* ❷ *(Beendigung) einer Aufgabe* démission *f; der Arbeit* cessation *f*

nieder|machen *vt (fam)* descendre **nieder|metzeln** ['ni:dɐmɛtsəln] *vt* massacrer **Niederösterreich** ['ni:dɐʔø:stəraiç] *nt* la Basse-Autriche **nieder|prasseln** *vi + sein (a. fig)* s'abattre **nieder|reißen** *vt irr* démolir **Niedersachsen** ['ni:dɐzaksən] *nt* la Basse-Saxe **nieder|schießen** *irr vt + haben* abattre **Niederschlag** *m* METEO précipitations *fpl;* CHEM précipité *m;* ***radioaktiver ~*** retombées *fpl* radioactives

nieder|schlagen *irr* **I.** *vt* ❶ *(zu Boden schlagen)* ***jdn ~*** frapper qn à terre ❷ *(unterdrücken)* réprimer ❸ *(senken)* baisser *Augen, Blick* **II.** *vr* ❶ *a.* CHEM ***sich ~*** *Dampf:* se condenser; *Substanz:* déposer ❷ *(fig)* ***sich in etw*** *dat* ~ s'exprimer dans qc

niederschlagsarm *adj Gegend* peu arrosé(e); *Klima* pauvre en précipitations; ***der Winter ist manchmal sehr ~*** l'hiver est parfois très sec **niederschlagsreich** *adj* pluvieux, -euse

Niederschlagung <-, -en> *f (Unterdrückung) eines Aufstands* répression *f*

nieder|schmettern *vt (a. fig)* terrasser **niederschmetternd** *adj Nachricht* bouleversant(e); *Bericht* accablant(e); *Resultat* catastrophique **nieder|schreiben** *vt irr* mettre par écrit

Niederschrift *f* ❶ *(Schriftstück)* texte *m* écrit; *(Protokoll)* procès-verbal *m* ❷ *kein Pl (das Niederschreiben) von Gedanken* rédaction *f; eines Testaments* consignation *f* par écrit **nieder|stechen** *vt irr* poignarder

Niedertracht <-> *f* bassesse *f*

niederträchtig ['ni:dɐtrɛçtɪç] **I.** *adj* infâme **II.** *adv* de façon infâme

Niederträchtigkeit <-, -en> *f* ❶ *kein Pl (Charaktereigenschaft)* bassesse *f* ❷ *(Tat)* infamie *f*

Niederung ['ni:dərʊŋ] <-, -en> *f* dépression *f*

nieder|werfen *vr irr* ***sich ~*** se prosterner; ***sich vor jdm ~*** se prosterner devant qn

niedlich ['ni:tlɪç] **I.** *adj* adorable **II.** *adv* de façon adorable

niedrig ['ni:drɪç] **I.** *adj* ❶ *(nicht hoch)* bas(se) ❷ *(gering)* peu élevé(e); *Trinkgeld* maigre *antéposé; Druck, Temperatur* bas(se); *Geschwindigkeit* réduite ❸ *Beweggründe* bas(se) *antéposé* ❹ *Herkunft* bas(se) *antéposé* **II.** *adv* bas

Niedrigenergiehaus *nt* maison *f* à faible consommation d'énergie

Niedrigkeit <-> *f von Beweggründen* bassesse *f*

Niedriglohn *m meist Pl* bas salaires *mpl*

Niedriglohnland *nt* pays *m* à bas salaires

Niedrigwasser <-wasser> *nt* étiage *m*

niemals ['ni:ma:ls] *adv* ❶ ne ... jamais; ***er ist noch ~ geflogen*** il n'a encore jamais pris l'avion ❷ *(auf keinen Fall)* ne ... jamais [de la vie]

niemand ['ni:mant] *pron indef* ne ... personne; ***das geht ~[en] von euch etwas an*** cela ne regarde aucun de vous

Niemand ['ni:mant] <-s, -e> *m* rien du tout *mf vieilli*

Niemandsland *nt kein Pl* no man's land *m*

Niere ['ni:rə] <-, -n> *f* ❶ ANAT rein *m* ❷ *meist Pl* GASTR rognon

Nierenbeckenentzündung *f* MED pyélite *f*

Nierenentzündung *f* MED néphrite *f*

nierenförmig *adj* en forme de haricot

Nierengurt *m* ceinture *f* lombaire **Nierenstein** *m* calcul *m* rénal **Nierenversagen** *nt* MED insuffisance *f* rénale [au stade terminal]

nieseln ['ni:zəln] *vi unpers* ***es nieselt*** il bruine

Nieselregen *m* bruine *f*

niesen ['ni:zən] *vi* éternuer

Niesen <-s> *nt* éternuement *m*

Nießbrauch <-[e]s> *m* JUR usufruit *m;* ***~ an einem Grundstück/Vermögen*** usufruit immobilier/reposant sur un patrimoine

Niete[1] ['ni:tə] <-, -n> *f* ❶ *(Fehllos)* billet *m* perdant ❷ *(fam: Versager)* minable *mf,* nullos *m*

Niete[2] ['ni:tə] <-, -n> *f* TECH, COUT rivet *m*

nieten ['ni:tən] *vt* river

niet- und nagelfest ▸ **alles, was nicht ~ ist** *(fam)* tout ce qui est bon à prendre

Niger ['ni:gɐ] <-s> *m* ❶ *(Land)* ***[der]*** ~ le Niger ❷ *(Fluss)* ***der*** ~ le Niger

Nigeria [ni'ge:ri̯a] <-s> *nt* le Nigeria

Nigerianer(in) [nige'ri̯a:nɐ] <-s, -> *m(f)* Nigérian(ne) *m(f)*

nigerianisch *adj* nigérian(ne)

Nigrer(in) ['ni:grɐ] <-s, -> *m(f)* Nigérien(ne) *m(f)*

nigrisch ['ni:grɪʃ] *adj* nigérien(ne)

Nihilist(in) [nihi'lɪst] <-en, -en> *m(f)* nihiliste *mf*

Nikolaus ['nɪkolaus] <-, -e *o fam:* -läuse> *m* ❶ *(Gestalt)* ***[der]*** ~ Saint Nicolas *m*

N

❷ *kein Pl (Nikolaustag)* ***morgen ist ~*** demain c'est la Saint-Nicolas

Nikotin [niko'ti:n] <-s> *nt* nicotine *f*

Nil <-s> *m* Nil *m*

Nilpferd *nt* hippopotame *m*

nimmer ['nɪmɐ] *adv* SDEUTSCH, A *(nicht mehr)* ne ... plus

Nimmersatt ['nɪmɐzat] <-[e]s, -e> *m (fam)* goinfre *mf*

nimmt [nɪmt] *3. Pers Präs von* **nehmen**

nippen ['nɪpən] *vi* goûter du bout des lèvres; ***an etw*** *dat* ~ goûter qc du bout des lèvres; ***an einem Glas*** ~ siroter un verre

nirgends ['nɪrgənts] *adv,* **nirgendwo** ['nɪrgəntvo:] *adv* ne ... nulle part

nirgendwohin ['nɪrgəntvo'hɪn] *adv* ne ... nulle part; ***wohin gehst du? – Nirgendwohin!*** où est-ce que tu vas? – Nulle part!

Nirwana [nɪr'va:na] <-[s]> *nt* nirvana *m*

Nische ['ni:ʃə] <-, -n> *f* ❶ ARCHIT niche *f* ❷ *(Marktnische)* créneau *m* ❸ *(fig)* ***ökologische*** ~ niche *f* écologique

nisten ['nɪstən] *vi* nicher

Nistplatz *m* lieu *m* de nidification

Nitrat [ni'tra:t] <-[e]s, -e> *nt* CHEM nitrate *m*

Nitroglyzerin [nitroglytse'ri:n] *nt* CHEM nitroglycérine *f*

Niveau [ni'vo:] <-s, -s> *nt* niveau *m;* ***jd hat ~/kein ~*** qn est/n'est pas cultivé(e); ***etw hat ~/kein ~*** qc est de haut niveau/qc est d'un mauvais niveau

niveaulos [ni'vo:-] *adj* quelconque

niveauvoll *adj Person, Theaterstück* haut niveau

Nivellierung <-, -en> *f* nivellement *m*

nix [nɪks] *pron indef (fam)* rien

Nixe ['nɪksə] <-, -n> *f* ondine *f*

Nizza ['nɪtsa] <-s> *nt* Nice

NN *Abk von* **Normalnull**

NO *Abk von* **Nordosten** N.-E.

nobel ['no:bəl] **I.** *adj* ❶ *(edel)* noble ❷ *(luxuriös)* chic ❸ *Geschenk, Trinkgeld* généreux, -euse **II.** *adv (edel)* avec noblesse

Nobelkarosse *f (pej fam)* bagnole *f* de luxe

Nobelpreis [no'bɛlprais] *m* prix *m* Nobel

Nobelpreisträger(in) *m(f)* prix *mf* Nobel

noch [nɔx] *adv* ❶ *(weiterhin)* encore; ***~ da sein*** être encore là; ***er ist immer ~ krank*** il est toujours malade; ***~ fünf Minuten bis zur Abfahrt*** encore cinq minutes jusqu'au départ ❷ *(bisher)* ***er hat ~ nicht angerufen*** il n'a pas encore téléphoné ❸ *(zur Verstärkung von Steigerungen)* encore; ***~ besser*** encore mieux ❹ *(verstärkend)* ***~ heute*** aujourd'hui même; ***~ am Unfallort*** sur le lieu même de l'accident; ***und wenn es ~ so regnet ...*** et même si il pleut ...; ***und wenn du ~ so schreist, hier hört dich keiner!*** tu peux avoir beau crier, ici personne ne t'entend ❺ *(eigentlich)* déjà; ***wie war das ~?*** comment c'était déjà? ❻ *(knapp, so eben)* ***den Zug gerade ~ erreichen können*** pouvoir tout juste attraper le train; ***das geht gerade ~*** ça peut encore aller ❼ *(außerdem)* encore; ***bringen Sie mir ~ ein Bier!*** apportez-moi une autre bière!

nochmalig ['nɔxma:lɪç] *adj* nouveau

nochmals ['nɔxma:ls] *adv* encore une fois

Nockerl ['nɔkɐl] <-s, -n> *nt* A *(kleiner Kloß)* quenelle *f*

Nomade, Nomadin [no'ma:də] <-n, -n> *m, f* nomade *mf*

Nomen ['no:mən, *Pl:* 'no:mina] <-s, Nomina> *nt* GRAM nom *m*

Nomenklatur [nomɛnkla'tu:ɐ̯] <-, -en> *f* nomenclature *f*

Nominativ ['no:minati:f] <-[e]s, -e> *m* GRAM nominatif *m*

nominell [nomi'nɛl] *adj* nominal(e)

nominieren* [nomi'ni:rən] *vt* désigner; ***jdn für ein Amt*** ~ désigner qn à une fonction

Nominierung <-, -en> *f* nomination *f*

No-Name-Produkt ['noʊneɪm-, 'no:-ne:m-] *nt* produit *m* générique

Nonne ['nɔnə] <-, -n> *f* religieuse *f*

Nonnenkloster *nt* couvent *m*

Nonplusultra [nɔnplʊs'ʔʊltra] <-s> *nt (geh)* nec *m* plus ultra *soutenu*

Nonprofitorganisation [nɔn'prɔfɪt-] *f* ÖKON association *f* à but non lucratif

Nonsens ['nɔnzɛns] <-[es]> *m* absurdité *f*

nonstop [nɔn'stɔp] *adv* non-stop

Nordafrika *nt* l'Afrique *f* du Nord **Nordafrikaner(in)** *m(f)* Africain(e) *m(f)* du Nord **nordafrikanisch** *adj Stadt, Region* de l'Afrique [*o* d'Afrique] du Nord **Nordamerika** ['nɔrtʔa'me:rika] *nt* l'Amérique *f* du Nord **norddeutsch** ['nɔrtdɔʏtʃ] *adj* de l'Allemagne du Nord **Norddeutschland** *nt* l'Allemagne *f* du Nord

Norden ['nɔrdən] <-s> *m* ❶ *(Himmelsrichtung)* nord *m;* ***aus dem*** ~ venant du nord; ***nach*** ~ vers le nord; ***nach ~ liegen*** *Zimmer, Balkon:* être orienté au nord; ***nach ~ zeigen*** *Person:* montrer le nord; ***von*** ~ du nord ❷ *(nördliche Gegend)* Nord *m* ▶ **im hohen** ~ dans le Grand Nord

Nordeuropa ['nɔrtʔɔʏ'ro:pa] *nt* l'Europe *f* du Nord **Nordfrankreich** *nt* le nord de la France; ***in*** ~ dans le nord de la France

Nordhalbkugel *f* hémisphère *m* nord

N

Nordic Walking ['nɔːdɪk'wɔːkɪŋ] <-s> *nt* marche *f* nordique
nordisch ['nɔrdɪʃ] *adj* nordique
Nordkap ['nɔrtkap] *nt* ***das*** ~ le cap Nord
Nordkorea ['nɔrtkɔ're:a] <-s> *nt* la Corée du Nord **Nordkoreaner(in)** <-s, -> *m(f)* Nord-Coréen(ne) *m(f)* **nordkoreanisch** *adj* nord-coréen(ne) **Nordküste** *f* côte *f* septentrionale
nördlich ['nœrtlɪç] **I.** *adj* du nord; ***in ~er Richtung*** en direction du nord **II.** *präp +gen* ***~ des Polarkreises*** au nord du cercle polaire
Nordlicht *nt* aurore *f* boréale **Nordosten** [nɔrt'ʔɔstən] *m* nord-est *m; s. a.* **Norden** **nordöstlich** [nɔrt'ʔœstlɪç] **I.** *adj* [situé(e) au] nord-est; ***in ~er Richtung*** en direction du nord-est **II.** *präp +gen* ***~ der Stadt*** au nord-est de la ville
Nord-Ostsee-Kanal [nɔrt'ʔɔstze:kana:l] *m* ***der*** ~ le canal de la mer du Nord à la Baltique
Nordpol ['nɔrtpo:l] *m* ***der*** ~ le pôle Nord
Nordpolarmeer *nt* océan *m* Arctique
Nordrhein-Westfalen ['nɔrtraɪnvɛst'fa:lən] *nt* la Rhénanie-du-Nord-Westphalie
Nordsee ['nɔrtze:] *f* ***die*** ~ la mer du Nord **Nordseite** *f* face *f* nord
Nord-Süd-Gefälle *nt* disparités *fpl* Nord-Sud
nordwärts ['nɔrtvɛrts] *adv* vers le nord
Nordwesten [nɔrt'vɛstən] *m* nord-ouest *m; s. a.* **Norden** **nordwestlich** [nɔrt'vɛstlɪç] **I.** *adj* [situé(e) au] nord-ouest; ***in ~er Richtung*** en direction du nord-ouest **II.** *präp +gen* ***~ des Flusses*** au nord-ouest du fleuve **Nordwind** *m* vent *m* du nord
Nörgelei <-, -en> *f* dénigrements *mpl*
nörgeln ['nœrgəln] *vi* râler; ***über etw akk*** ~ râler à cause de qc
Nörgler(in) <-s, -> *m(f)* râleur, -euse *m, f*
Norm [nɔrm] <-, -en> *f* norme *f*
normal [nɔr'ma:l] **I.** *adj* ❶ *(üblich)* normal(e); ***es ist ganz ~, dass*** il est tout à fait normal que *+subj* ❷ *(geistig gesund)* normal(e); ***nicht mehr ~ sein*** *(zurechnungsfähig)* ne plus être tout à fait normal **II.** *adv (üblich)* normalement; ***~ groß/lang/breit sein*** être de taille/longueur/largeur normale
Normalbenzin *nt* [essence *f*] ordinaire *m*
normalerweise *adv* normalement **Normalgewicht** *nt* poids *m* normal **Normalgröße** *f* taille *f* normale
normalisieren* [nɔrmali'zi:rən] **I.** *vt* normaliser **II.** *vr* ***sich*** ~ *a.* MED revenir à la normale
Normalisierung <-, -en> *f a.* MED retour *m* à la normale
Normalität [nɔrmali'tɛ:t] <-> *f* normalité *f*
Normalnull <-s> *nt* niveau *m* zéro **Normalsterbliche(r)** *f(m) dekl wie adj* commun *m* des mortels **Normalzustand** *m kein Pl* état *m* normal
Normandie [nɔrman'di:] <-> *f* ***die*** ~ la Normandie
normannisch [nɔr'manɪʃ] *adj a.* HIST normand(e)
normativ [nɔrma'ti:f] *adj* normatif, -ive
normen ['nɔrmən] *vt* standardiser
normieren* [nɔr'mi:rən] *vt (geh)* standardiser *Maße;* uniformiser *Aussehen*
Normierung <-, -en> *f* normalisation *f*, standardisation *f*
Normung <-, -en> *f* standardisation *f*
Norwegen ['nɔrve:gən] <-s> *nt* la Norvège
Norweger(in) ['nɔrve:gɐ] <-s, -> *m(f)* Norvégien(ne) *m(f)*
norwegisch ['nɔrve:gɪʃ] *adj* norvégien(ne)
Norwegisch <-[s]> *nt kein Art* norvégien *m; s. a.* **Deutsch**
Nostalgie [nɔstal'gi:] <-> *f (geh)* nostalgie *f*
nostalgisch [nɔs'talgɪʃ] *adj (geh)* nostalgique
Not [no:t, *Pl:* 'nø:tə] <-, Nöte> *f* ❶ *kein Pl (Armut)* misère *f* ❷ *(Bedrängnis)* détresse *f*; ***jdn in ~ bringen*** mettre qn en grande difficulté; ***in ~ sein*** être dans le besoin ▸ **zur** ~ au besoin
Notar(in) [no'ta:ɐ̯] <-s, -e> *m(f)* notaire *m*
Notariat [nota'ri̯a:t] <-[e]s, -e> *nt* ❶ *(Kanzlei)* cabinet *m* [de notaire] ❷ *kein Pl (Amt)* notariat *m*
notariell [nota'ri̯ɛl] **I.** *adj* notarié(e) **II.** *adv* devant notaire; ***~ beglaubigt werden*** être notarié
Notarzt, -ärztin *m, f* ❶ *(Arzt für Notfälle)* médecin *m* d'urgence; *(in Frankreich)* médecin *m* du SAMU ❷ *(Arzt im Bereitschaftsdienst)* médecin *m* de garde
Notarztwagen *m* voiture *f* du SAMU
Notaufnahme *f eines Krankenhauses* urgences *fpl* **Notausgang** *m* sortie *f* de secours **Notbehelf** *m* pis-aller *m* **Notbeleuchtung** *f* éclairage *m* de secours [*o* sûreté] **Notbremse** *f* signal *m* d'alarme ▸ **die ~ ziehen** tirer le signal d'alarme; *(Maßnahmen ergreifen)* tirer la sonnette d'alarme **Notdienst** *m* service *m* de garde

Notdurft ['no:tdʊrft] <-> *f* ***seine ~ verrichten*** *(geh)* faire ses besoins

notdürftig ['no:tdʏrftɪç] **I.** *adj Reparatur* provisoire; *Schutz* de fortune; *Verständigung* approximatif, -ive **II.** *adv reparieren* provisoirement; *sich verständigen* comme il/elle/... peut

Note ['no:tə] <-, -n> *f* ❶ MUS note *f; Pl (Notentext)* partition *f;* ***ganze/halbe ~*** ronde *f* /blanche *f;* ***~n lesen können*** connaître le solfège ❷ SCHULE, UNIV, SPORT note *f* ❸ *(Banknote)* billet *m*

Land und Leute
Six est en Allemagne la plus mauvaise note à l'école. Elle signifie "insuffisant". La meilleure **Note** est un. Il faut quatre pour avoir la "moyenne". En Suisse, c'est le contraire : six est la meilleure note et un la plus mauvaise. En Autriche, la plus mauvaise note est cinq et la meilleure un.

Notebook ['no:tbʊk] <-s, -s> *nt* INFORM [ordinateur *m*] portable, notebook *m* **Notenblatt** *nt* feuillet *m* de musique **Notenheft** *nt* cahier *m* de musique **Notenlinie** [-li:niə] *f* portée *f*

Notenpapier *nt* papier *m* à musique **Notenschlüssel** *m* clé *f* **Notenständer** *m* pupitre *m* **Notensystem** *nt* MUS portée *f*

Notepad-Computer ['noʊtpɛdkɔmpju:tɐ] *m* bloc-notes *m* électronique

Notfall *m* ❶ *(Zwangslage)* situation *f* d'urgence; ***im ~*** au besoin ❷ MED [cas *m* d']urgence *f;* ***bei einem ~*** en cas d'urgence ► **für den ~** en cas de besoin

notfalls ['no:tfals] *adv* au besoin **Notfallstation** *f* CH MED urgences *fpl,* service *m* des urgences

notgedrungen *adv* bon gré mal gré

notieren* [no'ti:rən] **I.** *vt* ❶ *(aufschreiben)* noter; ***[sich dat] etw ~*** noter qc ❷ FIN ***mit hundert Dollar notiert werden*** *Aktien, Rohstoffe:* être coté à cent dollars **II.** *vi* ❶ *(schreiben)* noter ❷ FIN ***mit 60 Euro ~*** coter à 60 euros; ***der Dollar notiert schwächer/fester*** le dollar est en baisse/en hausse

nötig ['nø:tɪç] *adj* nécessaire; ***mit dem ~en Geld*** avec l'argent nécessaire; ***mit der ~en Vorsicht*** avec la prudence qui s'impose/s'imposait; ***etw bitter ~ haben*** *Person:* avoir bien besoin de qc; ***etw nicht ~ haben*** pouvoir se passer de qc; ***wenn ~*** si nécessaire; ***das Nötigste*** le strict nécessaire

nötigen ['nø:tɪgən] *vt* forcer; ***jdn zu etw ~*** forcer qn à faire qc

nötigenfalls ['nø:tɪgən'fals] *adv (form)* si besoin est

Nötigung <-, -en> *f* coercition *f*

Notiz [no'ti:ts] <-, -en> *f* ❶ note *f;* ***sich dat ~en machen*** noter; *(bei einem Vortrag)* prendre des notes ❷ *(Pressenotiz)* entrefilet *m*

Falsche Freunde
Nicht verwechseln mit *la notice – die Gebrauchsanweisung*!

Notizblock <-blöcke> *m* bloc-notes *m* **Notizbuch** *nt* carnet *m* **Notizzettel** *m* bout *m* de papier; *(von einem Block)* feuille *f* de bloc-notes

Notlage *f* situation *f* critique; ***jds ~ ausnützen*** profiter de la détresse de qn **notlanden** ['no:tlandən] <notlandete, notgelandet> *vi nur Infin und PP + sein* faire un atterrissage forcé **Notlandung** *f* atterrissage *m* forcé **Notlösung** *f* solution *f* provisoire **Notlüge** *f* pieux mensonge *m*

notorisch [no'to:rɪʃ] *adj* ***ein ~er Lügner*** un fieffé menteur

Notruf *m (Anruf)* appel *m* d'urgence **Notrufnummer** *f* numéro *m* d'appel d'urgence **Notrufsäule** *f* borne *f* d'appel d'urgence

Notsignal *nt* signal *m* de détresse **Notsituation** *f* situation *f* de détresse **Notstand** *m* ❶ [cas *m* d'] urgence *f* ❷ JUR état *m* d'urgence **Notunterkunft** *f* logement *m* provisoire **Notwehr** <-> *f* légitime défense *f;* ***in ~*** en état de légitime défense

notwendig ['no:tvɛndɪç] *adj* nécessaire; ***das Notwendigste*** le strict nécessaire

notwendigerweise ['no:tvɛndɪgɐ'vaizə] *adv* nécessairement

Notwendigkeit ['no:tvɛndɪçkait] <-, -en> *f* nécessité *f*

Nougat ['nu:gat] *s.* **Nugat**

Novelle [no'vɛlə] <-, -n> *f* ❶ LITER nouvelle *f* ❷ POL amendement *m*

November [no'vɛmbɐ] <-s, -> *m* novembre *m; s. a.* **April**

Novize, Novizin [no'vi:tsə] <-n, -n> *m, f* novice *mf*

Nr. *Abk von* **Nummer** n°

NS [ɛn'ʔɛs] *Abk von* **Nationalsozialismus** national-socialisme *m*

NSDAP [ɛnʔɛsde:a:'pe:] *f* HIST *Abk von* **Na-**

tionalsozialistische Deutsche Arbeiterpartei *parti ouvrier allemand national-socialiste*

NS-Regime *nt* nazisme *m* **NS-Soldat** *m* soldat *m* nazi

N. T. *nt Abk von* **Neues Testament** N.T.

Nu [nuː] ▶ **im ~** en un clin d'œil

Nuance [ny'ãːsə] <-, -n> *f* nuance *f*

nüchtern ['nʏçtɐn] *adj* ❶ *(mit leerem Magen)* **~ *sein*** être à jeun ❷ *(nicht betrunken)* sobre; ***[wieder] ~ werden*** dessoûler ❸ *(realitätsbewusst)* lucide ❹ *Tatsachen* concret, -ète; *Stil* sobre

Nüchternheit <-> *f* ❶ *(opp: Trunkenheit)* sobriété *f* ❷ *(Realitätsbewusstsein)* lucidité *f*

nuckeln ['nʊkəln] *vi (fam)* ***an etw*** *dat* **~** téter qc

Nudel ['nuːdəl] <-, -n> *f meist Pl* pâtes *fpl*

Nudelholz *nt* rouleau *m* à pâtisserie **Nudelsuppe** *f* soupe *f* au vermicelle

Nudist(in) [nu'dɪst] <-en, -en> *m(f) (geh)* nudiste *mf*

Nugat ['nuːgat] <-s, -s> *m o nt* praliné *m*

nuklear [nukle'aːɐ̯] *adj attr* nucléaire

Nuklearmacht *f* puissance *f* nucléaire **Nuklearmedizin** *f* médecine *f* nucléaire **Nuklearwaffe** *f* arme *f* nucléaire

null [nʊl] **I.** *num* zéro; **~ *Fehler*** un sans faute; ***um/gegen ~ Uhr*** à/vers minuit; ***das Spiel steht ~ zu drei/eins zu ~*** le score est de zéro à trois/de un à zéro ▶ **~ und nichtig sein** être nul et non avenu **II.** *adj inv (fam)* **~ *Ahnung haben*** n'y comprendre que dalle

Null [nʊl] <-, -en> *f* ❶ zéro *m* ❷ *(fam: Versager)* nullard *m*

nullachtfünfzehn *adv (fam)* de façon quelconque

Nulldiät *f* régime *m* zéro calorie **Nullpunkt** *m kein Pl* zéro *m;* ***auf den ~ sinken*** *Temperatur:* descendre jusqu'à zéro ▶ **auf dem ~ ankommen** *Laune, Stimmung:* être à zéro **Nulltarif** *m kein Pl* TRANSP gratuité *f* [des transports en commun]; ***zum ~ anrufen*** téléphoner gratuitement **Nullwachstum** *nt* croissance *f* zéro

numerisch [nu'meːrɪʃ] *adj* numérique

Numerus ['nuːmerʊs] <-, Numeri> *m* GRAM nombre *m*

Numerus clausus ['nuːmerʊs'klaʊzʊs] <-> *m* UNIV numerus clausus *m*

Land und Leute

En Allemagne, le **Numerus clausus** est appliqué dans les universités pour limiter le nombre d'étudiants dans certaines filières. Seuls les bacheliers dont la moyenne est supérieure à une note fixée pour le **Numerus clausus** sont autorisés à y faire des études.

Nummer ['nʊmɐ] <-, -n> *f* ❶ *(Ziffer, Zahl)* numéro *m;* ***in welcher ~ wohnst du?*** tu habites au quel numéro? ❷ *(Größe bei Schuhen)* pointure *f; (Größe bei Kleidung)* taille *f* ❸ *(Autonummer)* numéro *m* [d'immatriculation] ▶ **auf ~ sicher gehen** *(fam)* être sûr de son coup

nummerieren* [nume'riːrən] *vt* numéroter

Nummerierung <-, -en> *f* ❶ *kein Pl (das Nummerieren)* numérotage *m* ❷ *(die Seitenzahlen)* numérotation *f*

Nummernkonto *nt* compte *m* anonyme

Nummernschild *nt* plaque *f* d'immatriculation

nun [nuːn] *adv* ❶ maintenant; ***von ~ an*** désormais ❷ *(allerdings)* à vrai dire ❸ *(einlenkend)* bon; **~ *gut*** eh bien, soit; **~ *ja*** ma foi; **~ *ja, aber …*** certes, [je veux bien] mais … ❹ *(auffordernd)* alors; **~ *mach schon!*** allez, vas-y!

nunmehr *adv (geh)* à présent

nur [nuːɐ̯] *adv* ❶ *(lediglich)* seulement; ***ich wollte ~ fragen, ob …*** je voulais juste demander si …; ***nicht ~ …, sondern auch …*** non seulement …, mais aussi …; ***ich habe leider ~ wenig Zeit*** je n'ai malheureusement que très peu de temps; ***[immer] ~ Regen*** rien que de la pluie ❷ *(ausschließlich, nichts als)* **~ *Wasser trinken*** ne boire que de l'eau ❸ *(bloß)* ***wie konnte ich das ~ vergessen!*** comment ai-je pu oublier!; ***was hat er ~?*** qu'est-ce qu'il peut bien avoir? ❹ *(ja)* surtout; ***machen Sie sich ~ keine Umstände!*** surtout, ne vous dérangez pas! ❺ *(ruhig)* ***er soll ~ kommen!*** il n'a qu'à venir!; ***red [du] ~!*** tu peux toujours parler! ▶ **~ Mut!** [du] courage, voyons!; **~ zu!** vas-y!/allez-y!

Nürnberg ['nʏrnbɛrk] <-s> *nt* Nuremberg

nuscheln ['nʊʃəln] *vt, vi (fam)* parler dans sa barbe

Nuss [nʊs, *Pl:* 'nʏsə] <-, Nüsse> *f* ❶ *(Haselnuss)* noisette *f; (Walnuss)* noix *f* ❷ *(Fleischstück)* noix *f* ❸ *(fam: Schimpfwort)* ***du dumme ~!*** pauvre cloche!

Nussbaum *m (Baum, Holz)* noyer *m*

nussig ['nʊsɪç] *adj* GASTR qui a le goût de la noix

Nussknacker *m* casse-noisettes *m* **Nusskuchen** *m* gâteau *m* aux noisettes **Nuss-**

schale *f* ❶coquille *f* de noix; *(Haselnussschale)* coquille de noisette ❷*(fam: kleines Boot)* coquille *f* de noix

Nụster ['nʏstɐ] <-, -n> *f meist Pl eines Pferds, Drachens, einer Giraffe* naseau *m*

Nụtte ['nʊtə] <-, -n> *f (fam)* pute *f vulg*

Nụtz [nʊts] ▶ **sich** *dat* **etw** **zu** **~e machen** tirer profit de qc

nụtzbar *adj Energie, Anteil* utilisable; *Volumen* utile

nụtzbringend *adj* profitable

nụ̈tze ['nʏtsə] ▶ **zu nichts ~ sein** n'être bon à rien

Nụtzeffekt *m (Wirksamkeit)* efficacité *f*

nụtzen ['nʊtsən] *vt* ❶se servir de *Gegenstand;* habiter *Haus, Zimmer* ❷profiter de *Gelegenheit* ❸*s.* **nützen II.**

Nụtzen ['nʊtsən] <-s> *m* avantage *m;* ***von ~ sein*** être utile; ***aus etw seinen ~ ziehen*** tirer son profit de qc; ***zum ~ der Bevölkerung*** pour le bien de la population; ***welchen ~ soll das haben?*** qu'est-ce que cela peut nous apporter?

nụ̈tzen ['nʏtsən] **I.** *vi* servir; ***jdm ~*** servir à qn **II.** *vt* ***jdm nichts ~*** ne servir à rien à qn; ***das nützt mir nicht viel*** ça ne sert pas à grand-chose

Nụtzer(in) <-s, -> *m(f)* utilisateur, -trice *m, f*

Nụtzerführung *f* INFORM guidage *m* de l'utilisateur

Nụtzfahrzeug *nt* véhicule *m* utilitaire

Nụtzfläche *f* AGR surface *f* cultivable

Nụtzlast *f* charge *f* utile

nụ̈tzlich ['nʏtslɪç] *adj* utile; ***jdm ~ sein*** être utile à qn; ***etwas Nützliches*** quelque chose d'utile ▶ **sich ~ machen** se rendre utile

Nụ̈tzlichkeit <-> *f* utilité *f*

nụtzlos *adj* inutile

Nụtzlosigkeit <-> *f* inutilité *f*

Nụtznießer(in) ['nʊtsniːsɐ] <-s, -> *m(f)* bénéficiaire *mf*

Nụtzpflanze *f* plante *f* [économiquement] utile

Nụtzung <-, -en> *f* utilisation *f*

NW *Abk von* **Nordwesten** N.-O.

Nylon® ['nai̯lɔn] <-[s]; *kein Pl*> *nt* nylon® *m*

Nylonstrumpf ['nai̯lɔnʃtrʊmpf] *m* bas *m* nylon®

Nymphe ['nʏmfə] <-, -n> *f* MYTH, ZOOL nymphe *f*

Oo

O

O, o [oː] <-, -> *nt* O *m* / o *m*

O *Abk von* **Osten** E

o.a. *Abk von* **oben angeführt** supra

Oase [o'aːzə] <-, -n> *f* oasis *f*

ọb [ɔp] **I.** *konj* ❶si; ***nicht wissen, ~ ...*** ne pas savoir si …; ***jdn fragen, ~*** demander à qn si … ❷*(sei es, dass)* ***~ Reich, ~ Arm*** [qu'on soit] riche ou pauvre ▶ **und ~!** et comment!; *(aber doch)* mais si! **II.** *präp +dat* ***Rothenburg ~ der Tauber*** Rothembourg sur la Tauber

OB [oː'beː] <-[s], -s> *m,* <-, -s> *f Abk von* **Oberbürgermeister(in)** maire *m*

Obacht ['oːbaxt] *f bes.* SDEUTSCH ***~!*** attention!

Ọbdach ['ɔpdax] *nt kein Pl (geh)* abri *m;* ***jdm ~ gewähren*** offrir le gîte à qn

ọbdachlos *adj* sans abri; ***~ sein*** être sans abri; ***~ werden*** perdre son domicile

Ọbdachlose(r) *f(m)* sans-abri *mf*

Ọbdachlosigkeit <-; *kein Pl*> *f* absence *f* de domicile fixe

Obduktion [ɔpdʊk'tsi̯oːn] <-, -en> *f* autopsie *f*

obduzieren* [ɔpdu'tsiːrən] **I.** *vt* autopsier; ***die Leiche wird obduziert*** le corps est autopsié **II.** *vi* faire une autopsie

O-Beine *Pl* jambes *fpl* arquées

o-beinig, O-beinig ['oːbai̯nɪç] *adj* aux jambes arquées

Obelisk [obe'lɪsk] <-en, -en> *m* obélisque *m*

oben ['oːbən] *adv* ❶*(opp: unten)* en haut; ***~ im Schrank*** en haut de l'armoire; ***~ auf dem Baum*** [là-haut] dans l'arbre; ***~ auf der Liste*** en tête de liste; ***dort ~*** là-haut; ***bis ~ [hin] voll sein*** être plein jusqu'à ras bord; ***jdn von ~ bis unten mustern*** examiner qn de la tête aux pieds ❷*(an der Oberseite)* ***das Sofa ist ~ etwas abgewetzt*** le canapé est un peu râpé sur le dessus; ***[hier] ~!*** haut! ❸*(an der Wasseroberfläche)* ***[wieder] ~ sein/nach ~ kommen*** *Taucher:* être remonté/remonter à la surface ❹ *(in einem oberen Stockwerk)* ***nach ~ gehen*** aller en haut; ***das Klavier nach ~ tragen*** monter le piano ❺ *(in sehr großer Höhe)* ***mit der Seilbahn nach ~ fahren*** monter en téléphérique ❻ *(fam: auf höherer Ebene)* en haut; ***nach ~ wollen*** vouloir faire carrière ❼ *(vorher)* plus haut; ***siehe ~*** voir ci-dessus; ***~ erwähnt*** mentionné ci-dessus ❽ *(fam: im, nach Norden)* ***~ in Schleswig-Holstein*** au nord, dans le Schleswig-Holstein ▶ **ihr steht es bis ~** *(fam)* elle en a jusque-là; **sich ~ ohne sonnen** *(fam)* se mettre au soleil seins nus; **von ~ herab** *(geringschätzig)* de haut

obenan ['o:bən'ʔan] *adv* en première position **obendrauf** *adv (fam)* dessus **obendrein** ['o:bən'drain] *adv* par-dessus le marché **obenerwähnt** *s.* **oben 7** **obenherum** ['o:bənhɛ'rʊm] *adv (fam)* en haut **obenhin** ['o:bən'hɪn] *adv* comme ça *fam*

Ober ['o:bɐ] <-s, -> *m (Kellner)* garçon *m;* ***Herr ~!*** garçon [, s'il vous plaît]!

Oberarm ['o:bɐʔarm] *m* bras *m* **Oberarzt, -ärztin** *m, f* médecin *m* en chef **Oberaufsicht** *f* supervision *f;* ***die ~ haben*** superviser **Oberbefehl** *m kein Pl* commandement *m* en chef; ***den ~ über etw akk haben*** avoir le commandement en chef de qc **Oberbefehlshaber(in)** *m(f)* commandant(e) *m(f)* en chef **Oberbegriff** *m* terme *m* générique **Oberbekleidung** *f* vêtements *mpl* [de dessus] **Oberbett** *nt* couette *f* **Oberbürgermeister(in)** *m(f)* maire *m (d'une grande ville)*

obere(r, s) ['o:bərə, -rɐ, -rəs] *adj attr* ❶ *a.* GEOG supérieur(e) ❷ *(vorhergehend)* précédent(e)

Oberfeldwebel *m* adjudant(e) *m(f)* **Oberfläche** ['o:bɐflɛçə] *f* surface *f* ▶ **[wieder] an die ~ kommen** *Taucher:* remonter à la surface; *Verdrängtes:* refaire surface

oberflächlich ['o:bɐflɛçlɪç] *adj* superficiel(le)

Oberflächlichkeit <-> *f* caractère *m* superficiel

obergärig ['o:bɐgɛ:rɪç] *adj* à haute fermentation

Obergefreite(r) *m* caporal(e) *m(f)* **Obergeschoss** *nt* étage *m* supérieur **Obergrenze** *f* plafond *m*

oberhalb ['o:bɐhalp] **I.** *präp +gen* ***~ des Dorfes*** au-dessus du village **II.** *adv* ***~ von etw*** au-dessus de qc

Oberhand *f* ▶ **die ~ behalten** conserver l'avantage; **die ~ über jdn gewinnen** prendre le dessus sur qn; **die ~ haben** avoir le dessus

Oberhaupt *nt des Staates, der Kirche* chef *mf* **Oberhemd** *nt* chemise *f*

oberirdisch *adj o adv* à la surface **Oberkellner(in)** *m(f)* maître *m* d'hôtel **Oberkiefer** *m* mâchoire *f* supérieure **Oberkommando** *nt* haut commandement *m* **Oberkörper** *m (Brustkorb)* buste *m* **oberlehrerhaft** *adj (pej)* pédant *péj* **Oberleitung** *f* ❶ *(Führung)* direction *f* générale ❷ TRANSP caténaire *f* **Oberleutnant** *m* lieutenant-colonel *m* **Oberlicht** *nt* ❶ *(kleines Fenster)* imposte *f,* vasistas *m* ❷ *(Licht)* lumière *f* d'en haut **Oberliga** *f* deuxième division *f* **Oberlippe** *f* lèvre *f* supérieure **Oberösterreich** *nt* la Haute-Autriche

Obers ['o:bɐs] <-> *nt* A *s.* **Schlagsahne**

Oberschenkel *m* cuisse *f*

Oberschenkelhalsbruch *m* MED fracture *f* du col du fémur

Oberschenkelknochen *m* ANAT fémur *m* **Oberschenkelmuskel** *m* muscle *m* de la cuisse

Oberschicht *f* classe *f* supérieure **Oberschwester** *f* infirmière *f* [en] chef **Oberseite** *f* partie *f* supérieure

Oberst ['o:bɐst] <-en, -e[n]> *m* colonel *m*

oberste(r, s) ['o:bɐstə, -tɐ, -təs] *adj* ❶ *(ganz oben befindlich)* supérieur(e); *Stockwerk* dernier, -ière; *Schublade* du haut ❷ *(rangmäßig)* plus élevé(e) **Oberstudiendirektor(in)** [-diən-] *m(f)* ❶ ≈ proviseur *mf* ❷ *(als Anrede)* ***Herr ~/Frau ~in!*** ≈ monsieur/madame le/la proviseur!

Oberstufe *f* SCHULE *les trois années avant le baccalauréat* **Oberteil** *nt o m* ❶ *eines Möbelstücks* partie *f* supérieure ❷ *eines Kleidungsstücks* haut *m* **Oberwasser** ▶ **[wieder] ~ bekommen** reprendre du poil de la bête; **[wieder] ~ haben** avoir repris du poil de la bête **Oberweite** *f* tour *m* de poitrine

obgleich [ɔp'glaiç] *konj* bien que *+subj*

Obhut ['ɔphu:t] <-> *f (geh)* garde *f;* ***unter seiner/ihrer ~*** sous sa protection

Objekt [ɔp'jɛkt] <-[e]s, -e> *nt* ❶ *(Gegenstand)* objet *m; (Kunstobjekt)* objet d'art ❷ *(Immobilie)* bien-fonds *m* ❸ GRAM complément *m* d'objet

objektiv [ɔpjɛk'ti:f] **I.** *adj (sachlich)* objectif, -ive; *(unvoreingenommen)* impartial(e) **II.** *adv* de façon objective

Objektiv [ɔpjɛk'ti:f] <-s, -e> *nt eines Fotoapparats* objectif *m*

Objektivität [ɔpjɛktivi'tɛːt] <-> *f* objectivité *f*
Oblate [o'blaːtə] <-, -n> *f* gaufrette *f* de pain azyme
Obligation [obliga'tsi̯oːn] <-, -en> *f* ÖKON, JUR obligation *f*
obligatorisch [obliga'toːrɪʃ] *adj (geh)* obligatoire
Obmann, **-männin** *o* **-frau** ['ɔpman] <-männer *o* -leute> *m, f (Vorsitzende)* président(e) *m(f)*
Oboe [o'boːə] <-, -n> *f* hautbois *m*
Obrigkeit ['oːbrɪçkait] <-, -en> *f* ***die*** ~ les autorités *fpl*
obschon [ɔp'ʃoːn] *s.* **obgleich**
Observatorium [ɔpzɛrva'toːri̯ʊm] *nt* observatoire *m*
observieren* [ɔpzɛr'viːrən] *vt* surveiller
Obsession [ɔpzɛ'si̯oːn] <-, -en> *f* PSYCH obsession *f*
obskur [ɔps'kuːɐ̯] *adj (geh)* douteux, -euse
Obsorge <-> *f* A *(Fürsorge)* soins *mpl*
Obst [oːpst] <-[e]s> *nt* fruits *mpl*
Obst[an]bau *m kein Pl* arboriculture *f* fruitière **Obstbaum** *m* arbre *m* fruitier **Obstgarten** *m* verger *m* **Obstkuchen** *m* tarte *f* aux fruits
Obstler ['oːpstlɐ] <-s, -> *m* alcool *m* de fruit
Obstsaft *m* jus *m* de fruit[s] **Obstsalat** *m* salade *f* de fruits **Obsttorte** *f* gâteau *m* aux fruits
obszön [ɔps'tsøːn] **I.** *adj* obscène **II.** *adv* de façon obscène
Obszönität [ɔpstsøni'tɛːt] <-, -en> *f* obscénité *f*
obwohl [ɔp'voːl] *konj* bien que *+subj*
Ochse ['ɔksə] <-n, -n> *m* ❶ bœuf *m* ❷ *(fam: Dummkopf)* tête *f* d'âne
Ochsenschwanzsuppe *f* potage *m* queue de bœuf
Ocker ['ɔkɐ] <-s, -> *m o nt* ❶ *(Farbstoff)* ocre *f* ❷ *(Farbe, Farbton)* ocre *m*
Ode ['oːdə] <-, -n> *f* ode *f*
öde ['øːdə] *adj* ❶ *(verlassen)* désert(e) ❷ *(fade, geistlos)* ennuyeux, -euse
Öde ['øːdə] <-, -n> *f (geh)* désert *m*
oder ['oːdɐ] *konj* ❶ ou; ~ ***aber*** ou alors ❷ *(nicht wahr)* ***das schmeckt gut, ~?*** c'est bon, n'est-ce pas?
Oder ['oːdɐ] <-> *f* ***die*** ~ l'Oder *m*
Oder-Neiße-Linie ['oːdɐ'naisəliːni̯ə] *f* HIST ***die*** ~ la ligne Oder-Neisse
Odyssee [ody'seː] <-, -n> *f (geh)* odyssée *f*
Odysseus [o'dʏsɔys] <-> *m* Ulysse *m*
Ofen ['oːfən, *Pl:* 'øːfən] <-s, Öfen> *m* ❶ *(Heizofen)* poêle *m* ❷ *(Backofen)* four *m* ❸ TECH fourneau *m; (Verbrennungsofen)* incinérateur *m*
ofenfrisch *adj* qui sort du four; ~ ***sein*** sortir du four **Ofenkartoffel** *f* pomme de terre *f* en papillote
Off [ɔf] <-s> *nt* voix *f* off; ***aus dem*** ~ en voix off; ***eine Stimme aus dem*** ~ une voix off
offen ['ɔfən] **I.** *adj* ❶ *(nicht zu)* ouvert(e); ~ ***haben*** *Geschäft:* être ouvert(e); ***halb*** ~ entrouvert(e) ❷ *Wunde* ouvert(e); *Bein* purulent(e) ❸ *Haare* détaché(e) ❹ *(unerledigt)* en suspens; *Rechnung* en souffrance ❺ *(unentschieden)* incertain(e); ***noch ist alles*** ~ tout est encore possible ❻ *(freimütig)* franc, franche ❼ *(aufgeschlossen)* ***jdm gegenüber*** ~ ***sein*** être ouvert envers qn; ***für etw*** ~ ***sein*** être ouvert à qc ❽ *(deutlich)* déclaré(e) ❾ *(frei)* ***für alle/nur für Mitglieder*** ~ ***sein*** *Besuch:* être ouvert à tous/seulement aux membres ❿ *(frei zugänglich)* ouvert(e); *Hafen* accessible ⓫ *Anstalt* en milieu ouvert; *Himmel* dégagé(e); *Gesellschaft* libéral(e) ⓬ DIAL *Ware* en vrac ⓭ *Flasche* entamé(e) ⓮ LING *Vokal* ouvert(e) **II.** *adv (freimütig)* franchement ▶ ~ **gesagt** pour être franc
offenbar ['ɔfənbaːɐ̯] **I.** *adj* évident(e) **II.** *adv* manifestement
offenbaren* <*PP* offenbart *o* geoffenbart> *vt (geh: mitteilen)* annoncer
Offenbarung <-, en> *f* révélation *f*
Offenbarungseid *m* ❶ JUR serment *m* déclaratoire ❷ *(fig)* aveu *m* d'impuissance
offen|bleiben *vi irr + sein (fig) Frage:* rester en suspens **offen|halten** *vt irr (fig)* ***sich eine Entscheidung*** ~ se réserver le droit de prendre une décision
Offenheit <-> *f* franchise *f;* ***in aller*** ~ en toute franchise
offenherzig *adj* ❶ *(freimütig)* franc, franche ❷ *(hum fam: tief ausgeschnitten)* ***[ganz schön]*** ~ ***sein*** être décolleté jusqu'au nombril
Offenherzigkeit <-> *f* franchise *f*
offenkundig *adj* manifeste; ***es ist ~, dass …*** il est manifeste que …
offen|lassen *vt irr (fig)* ***eine Frage*** ~ laisser une question en suspens
offen|legen *vt (fig)* publier, rendre public *Zahlen, Konten*
offensichtlich **I.** *adj* évident(e); ~ ***sein*** sauter aux yeux **II.** *adv* de toute évidence
offensiv [ɔfɛn'ziːf] **I.** *adj* offensif, -ive; *Werbung* agressif, -ive **II.** *adv handeln* de façon offensive; *werben* en utilisant des techniques agressives

Offensive [ɔfɛn'ziːvə] <-, -n> *f* offensive *f* ▶ **in die ~ gehen** passer à l'offensive
offen|stehen *vi irr (fig) Rechnung:* être en souffrance
öffentlich *adj* public, -ique
Öffentlichkeit <-> *f* ❶ *(Allgemeinheit)* public *m; **in aller ~*** devant tout le monde ❷ JUR audience *f* publique
Öffentlichkeitsarbeit *f* relations *fpl* publiques
öffentlich-rechtlich *adj attr Sender* public, -ique; *Anstalt* de droit public
Offerte [ɔ'fɛrtə] <-, -n> *f* offre *f*
offiziell [ɔfi'tsi̯ɛl] *adj* ❶ *(amtlich)* officiel(le) ❷ *Anlass* officiel(le); *Feier* solennel(le); ~ ***sein*** *Person:* être formaliste
Offizier(in) [ɔfi'tsiːɐ̯] <-s, -e> *m(f)* officier *m*
Offiziersanwärter(in) *m(f)* aspirant *m*
offline ['ɔflai̯n] *adv* INFORM hors ligne
Offlinebetrieb *m* INFORM mode *m* déconnecté
öffnen ['œfnən] **I.** *vt, vi a.* INFORM ouvrir **II.** *vr* ❶ ***sich*** ~ s'ouvrir; ***sich nach Westen hin*** ~ *Tal:* s'ouvrir sur l'ouest ❷ *(zugänglich werden für)* ***sich jdm/einer Idee*** ~ s'ouvrir à qn/une idée
Öffner ['œfnɐ] <-s, -> *m* ❶ *(für Dosen)* ouvre-boîte *m; (für Flaschen)* ouvre-bouteille *m,* décapsuleur *m* ❷ *(Türöffner)* touche *f* d'ouverture automatique *(de la porte d'entrée d'un immeuble)*
Öffnung <-, -en> *f* ❶ *(offene Stelle)* orifice *m* ❷ *kein Pl a.* POL *(das Öffnen)* ouverture *f*
Öffnungszeiten *Pl* heures *fpl* d'ouverture
oft [ɔft] <öfter> *adv* souvent
öfter[s] ['œftɐ(s)] *adv* assez souvent
oftmals ['ɔftmaːls] *s.* **oft**
oh [oː] *interj* oh
OHG [oːhaː'geː] *f Abk von* **Offene Handelsgesellschaft** société *f* en nom collectif, S.N.C. *f*
Ohm [oːm] <-[s], -> *nt* PHYS ohm *m*
ohne ['oːnə] **I.** *präp +akk* sans; ~ ***mich!*** sans moi! ▶ **nicht ~ sein** *(fam)* avoir de la ressource **II.** *konj* ~ ***zu überlegen*** sans réfléchir
ohnegleichen *adj* sans pareil
ohnehin ['oːnə'hɪn] *adv* de toute façon
Ohnmacht ['oːnmaxt] <-, -en> *f* ❶ syncope *f; **in ~ fallen*** tomber en syncope ❷ *(geh: Machtlosigkeit)* impuissance *f*
ohnmächtig ['oːnmɛçtɪç] **I.** *adj* ❶ évanoui(e); ~ ***werden*** s'évanouir ❷ *(geh: machtlos, hilflos)* impuissant(e) **II.** *adv (hilflos)* dans un état d'impuissance
oho *interj* eh bien *fam*
Ohr [oːɐ̯] <-[e]s, -en> *nt* oreille *f; **auf einem ~ taub sein*** être sourd d'une oreille; ***er hat ihr etwas ins ~ geflüstert*** il lui a murmuré quelque chose à l'oreille ▶ **es faustdick hinter den ~en haben** ne pas être tombé de la dernière pluie; **ganz ~ sein** *(hum fam)* être tout ouïe; **nur mit halbem ~ zuhören** n'écouter que d'une oreille; **jdm die ~en lang ziehen** *(fam)* tirer les oreilles à qn; **halt/haltet die ~en steif!** *(fam)* tiens/tenez le coup!; **viel um die ~en haben** *(fam)* ne pas/plus savoir où donner de la tête; **jdn übers ~ hauen** se payer la tête de qn; **sich aufs ~ legen** *(fam)* mettre la viande dans le torchon; **sich** *dat* **etw hinter die ~en schreiben** *(fam)* se mettre qc dans le crâne; **bis über beide ~en verliebt sein** être fou amoureux
Öhr [øːɐ̯] <-[e]s, -e> *nt* chas *m*
ohrenbetäubend *adj* assourdissant(e)
Ohrenschmalz *nt kein Pl* cérumen *m*
Ohrensessel *m* fauteuil *m* à oreilles
Ohrfeige <-, -n> *f* gifle *f* **ohrfeigen** *vt* gifler **Ohrläppchen** ['oːɐ̯lɛpçən] <-s, -> *nt* lobe *m* de l'oreille **Ohrmuschel** *f* pavillon *m* [de l'oreille] **Ohrring** *m* boucle *f* d'oreille **Ohrstecker** *m* clou *m* **Ohrstöpsel** *m* boule *f* Quiès® **Ohrwurm** *m (fam)* rengaine *f*
oje [o'jeː] *interj* bon sang
o.k., okay [o'keː, o'keɪ] *(fam)* **I.** *interj* O.K. **II.** *adj* O.K.
Okay [o'keː] <-[s], -s> *nt (fam)* O.K. *m,* accord *m*
okkult [ɔ'kʊlt] *adj* occulte
Okkultismus [ɔkʊl'tɪsmʊs] <-> *m* occultisme *m*
Okkupation [ɔkupa'tsi̯oːn] <-, -en> *f* occupation *f*
okkupieren* [ɔku'piːrən] *vt* occuper
Ökobauer, -bäuerin ['øːkobau̯ɐ] *m, f* agriculteur, -trice *m, f* biologique **Ökoladen** *m* magasin *m* vert
Ökologe, Ökologin [øko'loːgə] <-n, -n> *m, f* écologiste *mf*
Ökologie [økolo'giː] <-> *f* écologie *f*
ökologisch [øko'loːgɪʃ] **I.** *adj* écologique **II.** *adv* sur le plan écologique
Ökonomie [økono'miː] <-, -ien> *f* économie *f*
ökonomisch [œko'noːmɪʃ] **I.** *adj* ❶ *Problem* économique ❷ *(sparsam)* économe **II.** *adv (sparsam)* dans un souci d'économie
Ökosteuer *f* écotaxe *f* **Ökostrom** *m* élec-

O

tricité *f* écologique **Ökosystem** *nt* écosystème *m* **Ökotourismus** *m* tourisme *m* vert, écotourisme *m*

Oktave [ɔk'ta:və] <-, -n> *f* octave *f*

Oktober [ɔk'to:bɐ] <-s, -> *m* octobre *m*; *s. a.* **April**

Land und Leute

Le 3 octobre 1990, la République démocratique allemande fut rattachée à la République fédérale d'Allemagne. Dès le 12 septembre, "le traité sur la régulation finale concernant l'Allemagne" avait été signé par la R.F.A., le ministre-président de la R.D.A. à Moscou et les quatre puissances victorieuses de la Seconde Guerre mondiale. Depuis, la fête nationale est le **3. Oktober**, *Tag der deutschen Einheit*, le jour de l'unité allemande.

Oktoberfest *nt* ***das*** ~ *la fête de la bière à Munich*

Okular [oku'la:ɐ̯] <-s, -e> *nt* oculaire *m*

Ökumene [øku'me:nə] <-> *f* œcuménisme *m*

ökumenisch [øku'me:nɪʃ] *adj* œcuménique

Okzident ['ɔktsidɛnt] <-s> *m* *(geh)* Occident *m*

Öl [ø:l] <-[e]s, -e> *nt* ❶ *(Speiseöl, Motorenöl, Ölfarbe)* huile *f* ❷ *(Erdöl)* pétrole *m* ❸ *(Heizöl)* mazout *m*; ***mit ~ heizen*** se chauffer au fioul

Ölbild *nt* peinture *f* à l'huile

Oldie ['o:ldi] <-s, -s> *m* *(fam)* ❶ *(Song, Film)* classique *m* ❷ *(Person)* vioque *mf fam*

Oldtimer ['oʊltaɪmɐ] <-s, -> *m* ❶ *(Auto)* voiture *f* ancienne ❷ *(Flugzeug)* coucou *m*

Oleander [ole'andɐ] <-s, -> *m* laurier *m* rose

ölen ['ø:lən] *vt* huiler ▶ **wie geölt** *(fam)* comme dans du beurre

Ölfarbe *f* peinture *f* à l'huile **Ölgemälde** *nt s.* **Ölbild** **Ölheizung** *f* chauffage *m* au mazout

ölig ['ø:lɪç] *adj* ❶ *Salat* huileux, -euse ❷ *(verschmutzt)* graisseux, -euse

Oligarchie [oligar'çi:] <-, -n> *f* oligarchie *f*

oliv [o'li:f] *adj* olive

Olive [o'li:və] <-, -n> *f* olive *f*

Olivenbaum *m* olivier *m* **Olivenöl** *nt* huile *f* d'olive

olivgrün *adj* vert olive *inv*

Ölkrise *f* crise *f* du pétrole **Ölmalerei** *f* ❶ *kein Pl* peinture *f* à l'huile ❷ *(Ölgemälde)* peinture *f* à l'huile **Ölmessstab** *m* jauge *f* [d'huile] **Ölpest** *f* marée *f* noire **Ölplattform** *f* plate[-]forme *f* pétrolière **Ölquelle** *f* puits *m* de pétrole **Ölscheich** *m* *(pej)* prince *m* du pétrole **Ölschinken** *m* KUNST *(pej)* grande machine *f fam* **Ölstand** *m kein Pl* niveau *m* d'huile

Ölstandanzeiger *m* indicateur *m* de niveau d'huile

Öltanker *m* pétrolier *m*, tanker *m* **Ölteppich** *m* nappe *f* de pétrole

Ölung <-, -en> *f* ❶ huilage *m* ❷ REL ***die Letzte*** ~ l'extrême-onction *f*

Ölwanne *f* carter *m* **Ölwechsel** *m* vidange *f*

Olympiade [olʏm'pi̯a:də] <-, -n> *f* olympiades *fpl*

Olympiamannschaft [o'lʏmpja] *f* équipe *f* olympique

Olympiastadion *nt* stade *m* olympique

Olympionike, -nikin [olʏmpi̯o'ni:kə] <-n, -n> *m, f* SPORT athlète *mf* olympique

olympisch [o'lʏmpɪʃ] *adj* olympique

Oma ['o:ma] <-, -s> *f* ❶ *(fam)* mamie *f* ❷ *(pej fam: alte Frau)* mémère *f*

Oman [o'ma:n] <-s> *nt* Oman *m*

Ombudsmann, -frau ['ɔmbʊts-] <-männer *o* -leute> *m, f* médiateur, -trice *m, f*

Omega-3-Fettsäure [o:mega'draɪ-] *f* acide *m* gras oméga-3

Omelett [ɔm(ə)'lɛt] <-[e]s, -e *o* -s> *nt*, **Omelette** <-, -n> *f* CH, A omelette *f*

Omen ['o:mən] <-s, - *o* Omina> *nt* *(geh)* augure *m littér*

ominös [omi'nø:s] *adj* *(geh)* suspect(e)

Omnibus ['ɔmnibʊs] *m* autobus *m*; *(Reisebus)* autocar *m*

Onanie [ona'ni:] <-> *f* onanisme *m*

onanieren* [ona'ni:rən] *vi* se masturber

One-Night-Stand ['wannaɪtstɛnt] <-s, -s> *m* aventure *f* sans lendemain

Onkel ['ɔŋkəl] <-s, -> *m* ❶ oncle *m* ❷ *(Kinderspr.: Mann)* monsieur *m*

Onkologie [ɔŋkolo'gi:] <-> *f* MED cancérologie *f*

online ['ɔnlaɪn] *adj* INFORM en ligne

Onlineangebot *nt* INFORM offre *f* en ligne **Onlinebank** *f* INFORM banque *f* en ligne **Onlinebanking** [-bɛŋkɪŋ] <-s; *kein Pl*> *nt* opération *f* bancaire en ligne **Onlinebestellung** *f* commande *f* par Internet **Onlinebetrieb** *m* INFORM mode *m* connecté **Online-Check-in** *m o nt* INFORM enregistrement *m* en ligne **Online-**

O

dienst *m* INFORM service *m* en ligne **Onlinehandel** ['ɔnlai̯n-] *m* INET commerce *m* en ligne **Onlineportal** *nt* INET portail *m* internet; ***im*** ~ sur le portail internet **Onlineshop** <-s, -s> *m* boutique *f* en ligne **Onlineshopping** <-s; *kein Pl*> *nt* shopping *m* en ligne **Onlineticket** *nt (Fahrkarte)* billet *m* en ligne; *(Eintrittskarte)* ticket *m* en ligne

Onyx ['o:nʏks] <-[es], -e> *m* onyx *m*

OP [o:'pe:] <-s, -s> *m Abk von* **Operationssaal** salle *f* d'opération

Opa ['o:pa] <-s, -s> *m* ❶ *(fam)* papi *m* ❷ *(pej fam: alter Mann)* pépère *m*

Opal [o'pa:l] <-s, -e> *m* opale *f*

OPEC ['o:pɛk] <-> *f Abk von* **Organization of the Petroleum Exporting Countries** O.P.E.P. *f*

Open Air [oʊp(ə)n'eə, o:pən'ʔɛ:ɐ̯] <- -s, -s> *nt* concert *m* en plein air

Oper ['o:pɐ] <-, -n> *f* opéra *m*; ***an die ~ gehen*** devenir chanteur *m* d'opéra/cantatrice *f*

operabel [opə'ra:bəl] *adj* MED opérable

Operateur(in) [opəra'tø:ɐ̯] <-s, -e> *m(f)* MED chirurgien(ne) *m(f)*

Operation [opəra'tsi̯o:n] <-, -en> *f* opération *f*

Operationssaal *m* salle *f* d'opération **Operationstisch** *m* table *f* d'opération

operativ [opəra'ti:f] **I.** *adj* ❶ MED chirurgical(e) ❷ MIL opérationnel(le) **II.** *adv* ❶ MED par la chirurgie ❷ MIL en stratège/stratèges

Operator, Operatorin [opə'ra:to:ɐ̯] <-s, -toren> *m, f* INFORM opérateur, -trice *m, f*

Operette [opə'rɛtə] <-, -n> *f* opérette *f*

operieren* [opə'ri:rən] **I.** *vt* opérer; ***jdn am Magen ~*** opérer qn de l'estomac **II.** *vi* ❶ MED opérer ❷ MIL mener une opération/des opérations ❸ *(geh: vorgehen)* ***vorsichtig ~*** opérer prudemment

Opernball ['o:pɐn-] *m* bal *m* à l'opéra **Opernführer** *m* guide *m* des opéras

Opernglas *nt* jumelles *fpl* de théâtre **Opernhaus** *nt* opéra *m* **Opernsänger(in)** *m(f)* chanteur *m* d'opéra/cantatrice *f*

Opfer ['ɔpfɐ] <-s, -> *nt* ❶ *(Menschenleben)* victime *f*; ***zahlreiche ~ fordern*** faire de nombreuses victimes ❷ *a.* REL sacrifice *m*

opferbereit *adj* plein d'abnégation **Opfergabe** *f* offrande *f* **Opferlamm** *nt* ❶ REL agneau *m* du sacrifice ❷ *(geh: wehrloses Opfer)* victime *f* expiatoire

opfern ['ɔpfɐn] **I.** *vt* REL sacrifier; ***jdm etw ~*** donner qc en offrande à qn **II.** *vi* REL célébrer le sacrifice **III.** *vr (a. fig, hum fam)* ***sich ~*** se sacrifier

Opferung <-, -en> *f* sacrifice *m*

Opium ['o:pi̯ʊm] <-s> *nt* opium *m*

Opponent(in) [ɔpo'nɛnt] <-en, -en> *m(f) (geh)* opposant(e) *m(f)*

opponieren* [ɔpo'ni:rən] *vi (geh)* faire de l'obstruction

opportun [ɔpɔr'tu:n] *adj (geh)* ❶ *(angepasst)* opportuniste ❷ *(vorteilhaft)* ***~ sein*** être opportun

Opportunismus [ɔpɔrtu'nɪsmʊs] <-> *m* opportunisme *m*

Opportunist(in) *m(f)* opportuniste *mf*

opportunistisch **I.** *adj* opportuniste **II.** *adv* en opportuniste

Opposition [ɔpozi'tsi̯o:n] <-, -en> *f a.* POL opposition *f*; ***in ~ zu jdm/etw stehen*** être opposé à qn/qc

oppositionell [ɔpozitsi̯o'nɛl] *adj* ❶ POL de l'opposition ❷ *(geh: gegnerisch)* d'opposition; *Einstellung* contestataire

Oppositionelle(r) *f(m) dekl wie adj* opposant(e) *m(f)*

Oppositionspartei *f* parti *m* d'opposition

Optik ['ɔptɪk] <-, -en> *f* ❶ PHYS, PHOT optique *f* ❷ *kein Pl (Eindruck)* aspect *m*

Optiker(in) <-s, -> *m(f)* opticien(ne) *m(f)*

optimal [ɔpti'ma:l] *(geh)* **I.** *adj* optimal(e); *Partner* idéal(e) **II.** *adv* de la meilleure façon possible

optimieren* *vt (geh)* optimaliser

Optimierung [ɔpti'mi:rʊŋ] <-, -en> *f a.* INFORM optimisation *f*

Optimismus [ɔpti'mɪsmʊs] <-> *m* optimisme *m*

Optimist(in) <-en, -en> *m(f)* optimiste *mf*

optimistisch **I.** *adj* optimiste **II.** *adv* de façon optimiste; ***jdn ~ stimmen*** rendre qn optimiste

Optimum ['ɔptimʊm] <-s, Optima> *nt (geh)* solution *f* optimale

Option [ɔp'tsi̯o:n] <-, -en> *f* ❶ FIN, COM option *f* ❷ *(das Optieren)* choix *m* ❸ *(geh: Möglichkeit)* option *f*

optisch ['ɔptɪʃ] **I.** *adj* ❶ *Linsen* optique; *Instrumente* d'optique ❷ *(geh: äußerlich)* visuel(le) **II.** *adv (geh)* visuellement

Opus <-, Opera> *nt* ❶ *(Gesamtwerk)* œuvre *f* ❷ MUS opus *m* ❸ *(hum: Erzeugnis, Werk)* œuvre *f* d'art

Orakel [o'ra:kəl] <-s, -> *nt* oracle *m*

oral [o'ra:l] **I.** *adj* ❶ MED oral(e); *Einnahme* par voie orale ❷ *(den Mund betreffend)* buccal(e) ❸ *(nicht schriftlich)* oral(e) **II.** *adv* MED par voie orale

orange [o'rã:ʒə] *adj inv* orange *inv*

Orange[1] [o'rã:ʒə, o'raŋʒə] <-, -n> *f (Frucht)* orange *f*
Orange[2] [o'rã:ʒ(ə), o'raŋʒ(ə)] <-, - *o fam:* -s> *nt (Farbe)* orange *m*
Orangeat [orã'ʒa:t, oraŋ'ʒa:t] <-[e]s, -e> *nt* zeste *m* d'orange confit
orangefarben, orangefarbig *adj* de couleur orange *inv*
Orangenbaum *m* oranger *m* **Orangenhaut** *f kein Pl* peau *f* d'orange **Orangensaft** *m* jus *m* d'orange **Orangenschale** *f* écorce *f* d'orange
Orang-Utan ['o:raŋ'ʔu:tan] <-s, -s> *m* orang-outan[g] *m*
Oratorium [ora'to:ri̯ʊm] <-s, -torien> *nt* oratorio *m*
Orchester [ɔr'kɛstɐ] <-s, -> *nt (Ensemble)* orchestre *m*
Orchestergraben *m* fosse *f* d'orchestre
Orchidee [ɔrçi'de:ə] <-, -n> *f* orchidée *f*
Orden ['ɔrdən] <-s, -> *m* ❶ MIL décoration *f* ❷ REL ordre *m*
Ordensbruder *m* religieux *m* **Ordensschwester** *f* religieuse *f*
ordentlich ['ɔrdəntlɪç] **I.** *adj* ❶ *(aufgeräumt)* rangé(e); ***in ~em Zustand*** en ordre ❷ *(Ordnung liebend)* ordonné(e) ❸ *Person* convenable; *Benehmen* correct(e) ❹ *(fam) Portion* bon(ne) *antéposé* ❺ *(annehmbar)* correct(e) **II.** *adv* ❶ *(fam: tüchtig)* bien ❷ *arbeiten* sérieusement
Ordentlichkeit <-> *f* sens *m* de l'ordre
Order ['ɔrdɐ] <-, -s> *f* commande *f*
ordern ['ɔrdɐn] *vt, vi* commander
Ordinalzahl [ɔrdi'na:ltsa:l] *f* nombre *m* ordinal
ordinär [ɔrdi'nɛ:ɐ̯] *adj* ❶ *(vulgär)* vulgaire ❷ *(gewöhnlich)* simple *antéposé*
Ordinarius [ɔrdi'na:ri̯ʊs] <-, Ordinarien> *m* professeur *m* [titulaire]
ordnen ['ɔrdnən] **I.** *vt* ❶ *(sortieren)* classer ❷ *(in Ordnung bringen)* mettre de l'ordre dans *Finanzen;* ***etw neu*** ~ réorganiser qc **II.** *vr* ***sich*** ~ se ranger
Ordner <-s, -> *m* ❶ *(Person)* membre *m* du service d'ordre ❷ *(Aktenordner)* classeur *m*
Ordnerin <-, -nen> *f* membre *m* du service d'ordre
Ordnung ['ɔrdnʊŋ] <-, -en> *f* ❶ *kein Pl (das Sortieren)* classement *m* ❷ *(Aufgeräumtheit)* ordre *m;* ***~ halten*** être ordonné ❸ *kein Pl (ordentliches Verhalten)* ordre *m;* ***jdn zur ~ rufen*** rappeler qn à l'ordre ❹ *(Vorschrift)* règlement *m* ❺ ASTRON magnitude *f* ► **~ ist das halbe Leben** *(prov)* l'ordre simplifie la vie; **etw in ~ bringen** *(aufräumen)* mettre qc en ordre; *(reparieren)* réparer qc; *(klären)* mettre bon ordre à qc; **in ~ sein** *(funktionieren)* [bien] marcher; **nicht in ~ sein** *(nicht funktionieren)* être défectueux; *(sich nicht gehören)* ne pas aller; [**das ist**] **in ~!** *(fam)* d'accord!
ordnungsgemäß **I.** *adj* réglementaire **II.** *adv* en bonne et due forme
ordnungshalber *adv* pour la forme **Ordnungshüter(in)** *m(f)* gardien(ne) *m(f)* de l'ordre **ordnungsliebend** *adj* qui aime l'ordre **Ordnungsstrafe** *f* contravention *f;* ***jdn mit einer ~ belegen*** dresser une contravention à qn **ordnungswidrig** *adj* illégal **Ordnungswidrigkeit** <-, -en> *f* infraction *f* **Ordnungszahl** *s.* **Ordinalzahl**
Oregano [o're:gano] <-> *m* origan *m*
Organ [ɔr'ga:n] <-s, -e> *nt (a. fig)* organe *m*
Organigramm [ɔrgani'gram] <-s, -e> *nt* organigramme *m*
Organisation [ɔrganiza'tsi̯o:n] <-, -en> *f* organisation *f*
Organisationstalent *nt* ❶ *kein Pl (Eigenschaft)* sens *m* de l'organisation, esprit *m* d'organisation ❷ *(Mensch)* champion(ne) *m(f)* de l'organisation
Organisator, Organisatorin [ɔrgani'za:to:ɐ̯] <-s, -toren> *m, f* organisateur, -trice *m, f*
organisatorisch [ɔrganiza'to:rɪʃ] **I.** *adj Angelegenheit* relatif, -ive à l'organisation; *Leistung* organisationnel(le) **II.** *adv* sur le plan de l'organisation
organisch [ɔr'ga:nɪʃ] *adj* organique
organisieren* [ɔrgani'zi:rən] **I.** *vt* ❶ organiser ❷ *(fam: stehlen)* magouiller **II.** *vi* s'occuper de l'organisation **III.** *vr* ***sich*** ~ *Arbeitnehmer:* s'organiser
Organismus [ɔrga'nɪsmʊs] <-, -nismen> *m* organisme *m;* ***genetisch veränderter*** ~ organisme *m* génétiquement modifié, OGM *m*
Organist(in) [ɔrga'nɪst] <-en, -en> *m(f)* organiste *mf*
Organizer ['ɔ:gənaɪzɐ] <-s, -> *m* INFORM agenda *m* électronique
Organspende *f* MED don *m* d'organe
Organspender(in) *m(f)* donneur, -euse *m, f* d'organes
Organspenderausweis *m* MED carte *f* de donneur [d'organes] **Organtransplantation** *f* MED transplantation *f* d'organe
Organverpflanzung *f* transplantation *f* [d'organes]

O

Orgasmus [ɔr'gasmʊs] <-, Orgasmen> *m* orgasme *m*

Orgel ['ɔrgəl] <-, -n> *f* orgue *m*

Orgelkonzert *nt* ❶ *(Musikstück)* pièce *f* pour orgue ❷ *(Darbietung)* récital *m* d'orgue **Orgelmusik** *f* ❶ *(Komposition)* musique *f* pour orgue ❷ *(Orgelspiel)* récital *m* d'orgue

Orgelpfeife *f* tuyau *m* d'orgue ▸ **dastehen wie die ~n** *(hum fam)* être en rang d'oignons

Orgie ['ɔrgi̯ə] <-, -n> *f* orgie *f*; ***~n feiern*** célébrer des orgies

Orient ['o:ri̯ɛnt] <-s> *m* ***der*** ~ l'Orient *m*

orientalisch [ori̯ɛn'ta:lɪʃ] *adj* oriental(e)

orientieren* [ori̯ɛn'ti:rən] **I.** *vr* ❶ *(sich zurechtfinden)* ***sich*** ~ s'orienter; ***sich an etw*** *dat* ~ s'orienter à qc ❷ *(sich ausrichten nach)* ***sich an jdm/etw*** ~ agir en fonction de qn/qc ❸ *(sich unterrichten)* ***sich über etw*** ~ s'informer de qc **II.** *vt (geh)* ❶ *(unterrichten)* ***jdn über etw*** *akk* ~ informer qn de qc ❷ *(ausgerichtet sein)* ***links/rechts orientiert sein*** être orienté vers la gauche/droite

Orientierung [ori̯ɛn'ti:rʊŋ] <-, -en> *f* orientation *f*

Orientierungspunkt *m* point *m* de repère **Orientierungssinn** *m kein Pl* sens *m* de l'orientation

Origami [ori'ga:mi] <-[s]; *kein Pl*> *nt* origami *m*

original [origi'na:l] **I.** *adj* ❶ *(echt)* original(e) ❷ *Zustand* d'origine **II.** *adv* ~ ***verpackt sein*** être dans son emballage d'origine

Original [origi'na:l] <-s, -e> *nt* original *m*

Originalausgabe *f* édition *f* originale

Originalfassung *f* version *f* originale **originalgetreu** *adj* fidèle [à l'original]

Originalität [originali'tɛ:t] <-> *f* ❶ *(Echtheit)* authenticité *f* ❷ *(Einfallsreichtum) einer Person, eines Stils* originalité *f*

originalverpackt *adj Ware, Artikel* dans son emballage d'origine

originell [origi'nɛl] **I.** *adj* original(e) **II.** *adv* de manière originale

> **Falsche Freunde**
> Nicht verwechseln mit *originel(le)* – *ursprünglich*!

Orkan [ɔr'ka:n] <-[e]s, -e> *m* ouragan *m*

Ornament [ɔrna'mɛnt] <-[e]s, -e> *nt* ornement *m*

Ornat [ɔr'na:t] <-[e]s, -e> *m* habit *m*

Ort [ɔrt] <-[e]s, -e> *m* ❶ *(Stelle, Erscheinungsort)* lieu *m*; ***ohne ~ und Jahr*** sans lieu ni date ❷ *(Ortschaft)* localité *f*; ***von ~ zu ~ gehen*** aller de ville en ville ❸ *(Belegstelle)* ***am angegebenen*** ~ à l'endroit cité ▸ **an ~ und Stelle** sur place; **höheren ~es** *(form)* en haut lieu

Örtchen <-s, -> *nt* ▸ **[stilles] ~** *(fam)* petit coin *m*

orten ['ɔrtən] *vt* ❶ localiser *Signal* ❷ *(fam: ausmachen, entdecken)* repérer *Person*

orthodox [ɔrto'dɔks] **I.** *adj (a. fig)* orthodoxe **II.** *adv leben* selon le rite orthodoxe

Orthografie [ɔrtogra'fi:] <-, -i̯en> *f* orthographe *f*

orthografisch **I.** *adj Regel* d'orthographe **II.** *adv* ~ ***falsch/richtig sein*** être mal/bien orthographié

Orthopäde, **Orthopädin** [ɔrto'pɛ:də] <-n, -n> *m, f* orthopédiste *mf*

Orthopädie [ɔrtopɛ'di:] <-> *f* orthopédie *f*

orthopädisch [ɔrto'pɛ:dɪʃ] *adj* orthopédique; *Ausbildung* en orthopédie

örtlich ['œrtlɪç] *adj a.* MED, METEO local(e)

Örtlichkeit <-, -en> *f* localité *f*

Ortsangabe *f* indication *f* du lieu **ortsansässig** *adj Firma* local(e); ***die ~en Bewohner*** les autochtones

Ortschaft <-, -en> *f* localité *f*; ***geschlossene*** ~ agglomération *f*

ortsfremd *adj* ***sind Sie ~?*** vous n'êtes pas d'ici? **Ortsgespräch** *nt* communication *f* locale **Ortskenntnis** *f* connaissance *f* des lieux **ortskundig** *adj* qui connaît l'endroit; ***sich ~ machen*** repérer l'endroit **Ortsname** *m* nom *m* de lieu **Ortsnetz** *nt* réseau *m* local **Ortsnetzkennzahl** *f (form)* indicatif *m* **Ortsschild** <-schilder> *nt (am Ortseingang)* panneau *m* d'entrée en agglomération; *(am Ortsausgang)* panneau de fin d'agglomération **Ortstarif** *m* tarif *m* de la communication locale **Ortsteil** *m* quartier *m* **Ortszeit** *f* heure *f* locale **Ortszuschlag** *m* indemnité *f* de résidence

Ortung <-, -en> *f* détection *f*

Oscarnominierung ['ɔskar-] <-, -en> *f* CINE nomination *f* aux oscars **Oscarpreisträger(in)** *m(f)* CINE détenteur, -trice *m, f* d'un oscar

Oscarverleihung <-, -en> *f* CINE cérémonie *f* de remise des Oscars

Öse ['ø:zə] <-, -n> *f eines Schuhs* œillet *m*; *einer Angelrute* anneau *m*

Oslo ['ɔslo] <-s> *nt* Oslo

Osmose [ɔs'mo:zə] <-, -n> *f* CHEM, BIO osmose *f*

osmotisch [ɔs'mo:tɪʃ] *adj* osmotique

Ossi ['ɔsi] <-s, -s> *m,* <-, -s> *f (fam) surnom des habitants de l'ex-R.D.A.*
Ost [ɔst] <-[e]s> *m* ▶ **aus ~ und West** de l'Est *m* et de l'Ouest *m*
Ostasien ['ɔst'ʔaːzi̯ən] *nt* l'Asie *f* orientale
ostdeutsch ['ɔstdɔytʃ] *adj* d'Allemagne de l'Est **Ostdeutschland** ['ɔstdɔytʃlant] *nt* l'Allemagne *f* de l'Est
Osten ['ɔstən] <-s> *m* ❶ est *m* ❷ *(Osteuropa)* ***der ~*** l'Est *m* ❸ *(Kleinasien, Asien)* ***der Nahe ~*** le Proche-Orient; ***der Mittlere ~*** le Moyen-Orient; ***der Ferne ~*** l'Extrême-Orient *m; s. a.* **Norden**

Falsche Freunde
Nicht verwechseln mit *l'Ouest – der Westen*!

Osteopathie [ɔsteopa'tiː] <-; *kein Pl*> *f* MED ostéopathie *f*
Osteoporose [ɔsteopo'roːzə] <-, -n> *f* MED ostéoporose *f*
Osterei *nt* œuf *m* de Pâques **Osterferien** *Pl* vacances *fpl* de Pâques **Osterglocke** *f* jonquille *f* **Osterhase** *m* lapin *m* de Pâques **Osterlamm** *nt* agneau *m* pascal
österlich ['øːstɐlɪç] *adj* de Pâques
Ostermontag *m* lundi *m* de Pâques
Ostern ['oːstɐn] <-, -> *nt* Pâques *fpl;* ***frohe ~!*** joyeuses Pâques!
Österreich ['øːstəraɪ̯ç] <-s> *nt* l'Autriche *f*
Österreicher(in) <-s, -> *m(f)* Autrichien(ne) *m(f)*
österreichisch *adj* autrichien(ne)
Ostersonntag ['oːstɐ'zɔntaːk] *m* dimanche *m* de Pâques
Osterweiterung *f kein Pl* élargissement *m* vers l'Est; ***die ~ der EU*** l'élargissement de l'UE vers l'Est
Osterwoche *f* semaine *f* sainte
Osteuropa *nt* l'Europe *f* de l'Est **Ostküste** *f* côte *f* orientale
östlich ['œstlɪç] **I.** *adj* GEOG, METEO de l'est; *Gebiet* oriental(e); ***in ~er Richtung*** en direction de l'est **II.** *präp +gen* ***~ der Autobahn*** à l'est de l'autoroute
Ostpreußen ['ɔstprɔysən] *nt* la Prusse-Orientale **ostpreußisch** *adj* de la Prusse-Orientale
Östrogen [œstro'geːn] <-s, -e> *nt* œstrogène *m*
Ostsee ['ɔstzeː] *f* ***die ~*** la [mer] Baltique
Ostseite *f* face *f* est **Osttimor** ['ɔst'tiːmoːɐ̯] <-[s]> *nt* Timor *m* oriental
ostwärts ['ɔstvɛrts] *adv* vers l'est
Ostwind *m* vent *m* d'est
oszillieren* [ɔstsɪ'liːrən] *vi* osciller
O-Ton ['oː-] *m (fam)* enregistrement *m* original
Otter[1] ['ɔtɐ] <-, -n> *f (Schlangenart)* vipère *f*
Otter[2] ['ɔtɐ] <-s, -> *m (Fischotter)* loutre *f*
ÖTV [øːteː'fau̯] <-> *f Abk von* **Gewerkschaft Öffentliche Dienste, Transport und Verkehr** *syndicat allemand des services publics, des transports et de la circulation*
out [au̯t] *adj (fam)* ***~ sein*** être out
outen ['au̯tən] *vr* ***sich ~*** se déclarer
Outfit ['au̯tfɪt] <-s, -s> *nt* touche *f fam*
Outing ['au̯tɪŋ] <-s> *nt* outing *m*
Outlet ['aʊtlɛt] <-s, -s> *nt (Fabrikverkaufsstelle)* magasin *m* d'usine
Output ['au̯tpʊt] <-s, -s> *m o nt* INFORM, ÖKON output *m*
Outsourcing ['au̯tsɔːsɪŋ] <-s> *nt* ÖKON ❶ *(Auslagerung von Tätigkeiten)* externalisation *f* ❷ *(Produktionsverlagerung ins Ausland)* délocalisation *f*
Ouvertüre [uvɛr'tyːrə] <-, -n> *f* ouverture *f*
oval [o'vaːl] *adj* ovale
Oval [o'vaːl] <-s, -e> *nt* ovale *m*
Ovation [ova'tsi̯oːn] <-, -en> *f (geh)* ovation *f*
Overall ['oʊvɔrɔːl, 'oːvəraːl] <-s, -s> *m* combinaison *f*
Overheadfolie ['oːvɐhɛtfoːli̯ə] *f* transparent *m* **Overheadprojektor** ['oːvɐhɛt-] *m* rétroprojecteur *m*
Overkill ['oːvɐkɪl] <-[s]> *m* MIL surarmement *m*
ÖVP [øːfau̯'peː] <-> *f Abk von* **Österreichische Volkspartei** *parti populaire autrichien*
Oxid [ɔ'ksiːt] <-[e]s, -e> *nt* oxyde *m*
Oxidation [ɔksida'tsioːn] <-, -en> *f* oxydation *f*
oxidieren* [ɔksi'diːrən] **I.** *vi + haben o sein* s'oxyder **II.** *vt + haben* oxyder
Oxyd [ɔ'ksyːt] *s.* **Oxid**
Ozean ['oːtseaːn] <-s, -e> *m* océan *m*
Ozeandampfer *m* paquebot *m; (im Atlantischen Ozean)* transatlantique *m*
Ozelot ['oːtselɔt, 'ɔtselɔt] <-s, -e *o* -s> *m* ZOOL ocelot *m*
Ozon [o'tsoːn] <-s> *nt* ozone *m*
Ozonalarm *m* alerte *f* à la pollution par l'ozone **Ozonloch** *nt* trou *m* dans la couche d'ozone **Ozonschicht** *f kein Pl* couche *f* d'ozone **Ozonsmog** *m* smog *m* d'ozone **Ozonwert** *m* taux *m* d'ozone

O

Pp

P, p [peː] <-, -> *nt* P *m* /p *m*

paar [paːɐ̯] *adj inv* ❶ *(einige wenige)* ***ein ~ Minuten*** quelques minutes ❷ *(die wenigen)* ***die ~ Minuten*** les quelques minutes

Paar [paːɐ̯] <-s, -e> *nt* ❶ *(Menschen)* couple *m* ❷ *(Dinge)* paire *f*

paaren [ˈpaːrən] *vr* ***sich ~*** s'accoupler

paarig [ˈpaːrɪç] *adj* pair(e); *Blätter* géminé(e)

Paarlauf *m* patinage *m* en couple

paarmal *adv* ***ein ~*** *(einige Male)* à plusieurs reprises

Paarung <-, -en> *f* accouplement *m*

Paarungszeit *f* saison *f* des amours

paarweise *adv* ❶ *(nach Paaren)* par couples ❷ *(in Paaren)* par paire[s]

Pacht [paxt] <-, -en> *f* ❶ fermage *m* ❷ *(Pachtvertrag)* bail *m*

pachten *vt* louer

Pächter(in) [ˈpɛçtɐ] <-s, -> *m(f)* preneur, -euse *m, f* [à bail]

Pachtverhältnis *nt* fermage *m*, ≈ convention *f* d'affermage

Pachtvertrag *m* bail *m* **Pachtzins** *m* fermage *m*

Pack [pak, *Pl:* ˈpakə, ˈpɛkə] <-[e]s, -e *o* Päcke> *m* ***ein ~ Altpapier*** un ballot de vieux papiers

Päckchen [ˈpɛkçən] <-s, -> *nt* ❶ POST petit paquet *m* ❷ *(Packung)* paquet *m*

Packeis *nt* banquise *f*

packen [ˈpakən] **I.** *vt* ❶ faire *Koffer* ❷ *(ergreifen)* saisir ❸ *(überkommen)* ***jdn ~*** *Wut:* saisir qn ❹ *(fig: fesseln)* ***jdn ~*** *Buch:* captiver qn ❺ *(fam)* réussir *Schule* **II.** *vi* faire ses valises

Packen [ˈpakən] <-s, -> *m* ***ein ~ Bücher*** une pile de livres

packend **I.** *adj* captivant(e) **II.** *adv* de façon captivante

Packesel *m* âne *m* de bât **Packpapier** *nt* papier *m* kraft **Packstation®** *f consigne automatique pour la livraison de colis en libre-service*

Packung <-, -en> *f* ❶ *(Schachtel)* paquet *m*; *(Geschenkpackung)* boîte *f* ❷ *(Tüte)* sachet *m* ❸ *(Haarkur)* application *f*

Pad [pɛt] <-s, -s> *nt* ❶ *(flacher Wattebausch)* disque *m* de coton ❷ INFORM tapis *m* de souris ❸ *(Portionsbeutel)* dosette *f*

Pädagoge, Pädagogin [pɛdaˈgoːgə] <-n, -n> *m, f* pédagogue *mf*

Pädagogik [pɛdaˈgoːgɪk] <-> *f* pédagogie *f*

pädagogisch [pɛdaˈgoːgɪʃ] *adj* pédagogique

Paddel [ˈpadəl] <-s, -> *nt* pagaie *f*

Paddelboot *nt* kayak *m*

paddeln [ˈpadəln] *vi* + *haben o sein* pagayer

Paddler(in) <-s, -> *m(f)* pagayeur, -euse *m, f*

pädophil [pɛdoˈfiːl] *adj* pédophile

Pädophilie [pɛdofiˈliː] <-> *f* pédophilie *f*

paffen [ˈpafən] *(fam)* **I.** *vi* fumer; *(nicht inhalieren)* crapoter **II.** *vt* tirer sur *Zigarette*

Page [ˈpaːʒə] <-n, -n> *m* ❶ *(Hoteldiener)* groom *m* ❷ HIST page *m*

Pagenkopf [ˈpaːʒənkɔpf] *m* coupe *f* à la Jeanne d'Arc

Pagode [paˈgoːdə] <-, -n> *f* pagode *f*

Paillette [paiˈjɛtə] <-, -n> *f* paillette *f*

Paket [paˈkeːt] <-[e]s, -e> *nt* ❶ POST colis *m* ❷ *(a. fig: Packen)* paquet *m*

Paketannahme <-, -n> *f* réception *m* des colis **Paketausgabe** *f* retrait *m* des colis **Paketpost** *f* ❶ *(Pakete)* acheminement *m* des colis postaux ❷ *(Zusteller)* service *m* [de livraison] des colis **Paketschalter** *m* guichet *m* des colis **Paketzustellung** *f* distribution *f* de colis

Pakistan [ˈpaːkɪstaːn] <-s> *nt* le Pakistan

Pakistaner(in) [pakɪsˈtaːnɐ] <-s, -> *m*, **Pakistani** [pakɪsˈtaːni] <-[s], -[s]> *m*, <-, -[s]> *m(f)* Pakistanais(e) *m(f)*

pakistanisch [pakɪsˈtaːnɪʃ] *adj* pakistanais(e)

Pakt [pakt] <-[e]s, -e> *m* pacte *m*

paktieren* *vi* pactiser; ***mit jdm ~*** pactiser avec qn

Palast [paˈlast, *Pl:* paˈlɛstə] <-[e]s, Paläste> *m* palais *m*

Palästina [palɛsˈtiːna] <-s> *nt* la Palestine

Palästinenser(in) [palɛstiˈnɛnzɐ] <-s, -> *m(f)* Palestinien(ne) *m(f)*

Palästinensergebiet *nt* territoire *m* palestinien **Palästinenserstaat** *m* État *m* palestinien

palästinensisch [palɛstiˈnɛnzɪʃ] *adj* palestinien(ne)

Palatschinke [palaˈtʃɪŋkə] <-, -n> *f meist Pl* A omelette *f* fourrée

palavern* [-vɐn] *vi (fam)* ❶ *(lange reden)* palabrer *fam* ❷ *(sich unterhalten)* ***mit jdm ~*** papoter avec qn *fam*

Palette [pa'lɛtə] <-, -n> *f* KUNST palette *f;* *(geh: Vielfalt)* gamme *f*
paletti [pa'lɛti] ▶ **alles ~** *(fam)* tout baigne [dans l'huile]
palliativ [pali̯a'tiːf] MED **I.** *adj* palliatif, -ive **II.** *adv* ***jdn ~ versorgen*** donner à qn des soins palliatifs
Palliativmedizin *f* MED médecine *f* palliative
Palme ['palmə] <-, -n> *f* palmier *m* ▶ **jdn mit etw auf die ~ bringen** *(fam)* hérisser le poil à qn avec qc
Palmsonntag [palm'zɔntaːk] *m [der]* ~ les Rameaux *mpl*
Pampa ['pampa] <-, -s> *f* pampa *f* ▶ **mitten in der ~** en pleine cambrousse
Pampe ['pampə] <-> *f* DIAL *(pej)* bouillasse *f*
Pampelmuse ['pampəlmuːzə] <-, -n> *f* pamplemousse *m*
Pamphlet [pam'fleːt] <-[e]s, -e> *nt (geh)* pamphlet *m*
pampig ['pampɪç] *adj (fam: frech)* malotru(e)
Panama ['panama] <-s> *nt* Panama *m*
Panda ['panda] <-s, -s> *m* panda *m*
Pandemie [pande'miː] <-, -ien> *f* MED pandémie *f*
Panflöte *f* flûte *f* de Pan
panieren* [pa'niːrən] *vt* paner
Paniermehl *nt* chapelure *f*
Panik ['paːnɪk] <-, -en> *f* panique *f*
Panikmache <-> *f (pej fam)* alarmisme *m*
panisch **I.** *adj attr* panique **II.** *adv reagieren* par la panique
Panne ['panə] <-, -n> *f* ❶ *(Defekt)* panne *f* ❷ *(fam: Missgeschick)* boulette *f;* *(Fahndungspanne)* bavure *f*
Pannendienst *m* service *m* de dépannage
Pannenhilfe *f* dépannage *m*
Panorama [pano'raːma] <-s, Panoramen> *nt* panorama *m*
panschen ['panʃən] **I.** *vt* couper *Wein* **II.** *vi* ❶ *Winzer:* couper le vin ❷ *(fam: planschen)* barboter
Pantheismus [pante'ɪsmʊs] <-; *kein Pl*> *m* panthéisme *m*
Panther, **Panter** ['pantɐ] <-s, -> *m* panthère *f* ▶ **die Grauen ~** *organisation allemande de personnes âgées très active sur le plan politique*
Pantoffel [pan'tɔfəl] <-s, -n> *m* pantoufle *f* ▶ **unter dem ~ stehen** *(fam)* être mené par le bout du nez [par sa femme]
Pantomime [panto'miːmə] <-, -n> *f* pantomime *f*
pantomimisch **I.** *adj* mimé(e) **II.** *adv* en mimant
pantschen *s.* **panschen**
Panzer ['pantsɐ] <-s, -> *m* ❶ MIL *(Fahrzeug)* char *m* [d'assaut] ❷ ZOOL carapace *f*
panzern ['pantsɐn] *vt* blinder
Panzerschrank *m* coffre-fort *m*
Panzerwagen *m* MIL char *m* [d'assaut]
Papa ['papa] <-s, -s> *m (fam)* papa *m*
Papagei [papa'gai̯] <-s, -en> *m* perroquet *m*
Papaya [pa'paːja] <-, -s> *f* papaye *f*
Papi ['papi] <-s, -s> *m (fam)* papa *m*

Falsche Freunde
Nicht verwechseln mit *le papi* – *der Opa*!

Papier [pa'piːɐ̯] <-s, -e> *nt* ❶ *kein Pl (Material)* papier *m* ❷ *Pl (Dokumente)* papiers *mpl* ❸ FIN *(Wertpapier)* titre *m*
Papiereinzug *m* pince-papier *m*
Papierkorb *m* corbeille *f* [à papier]; INFORM corbeille *f* **Papierkram** *m (fam)* paperasserie *f péj* **Papierkrieg** *m (fam)* guerre *f* bureaucratique **Papierstau** *m* bourrage *m* de papier **Papiertaschentuch** *nt* mouchoir *m* en papier **Papiertüte** *f* sac *m* en papier **Papierwaren** *Pl* [articles *mpl* de] papeterie *f* **Papierzufuhr** *f kein Pl* alimentation *f* papier *pas de pl*
papp [pap] *interj* ▶ **nicht mehr ~ sagen können** *(fam)* ne pouvoir plus rien avaler
Pappbecher *m* gobelet *m* [en carton]
Pappe ['papə] <-, -n> *f* carton *m*
Pappel ['papəl] <-, -n> *f* peuplier *m*
pappen ['papən] *vt, vi (fam)* coller
Pappenheimer ['papənhai̯mɐ] ▶ **seine ~ kennen** *(fam)* savoir à qui on a affaire
Pappenstiel ▶ **das ist kein ~** *(fam: das ist unangenehm, teuer)* ce n'est pas rien
pappig ['papɪç] *adj (fam) Brei, Schnee* collant(e); *Gemüse* en bouillie
Pappkarton *m* ❶ *(Schachtel)* boîte *f* en carton ❷ *(Pappe)* carton-pâte *m*
Pappmaschee, **Pappmaché** ['papmaʃeː] <-s, -s> *nt* papier *m* mâché
Pappteller *m* assiette *f* en carton
Paprika ['paprika] <-s, -[s]> *m* ❶ *kein Pl (Pflanze)* piment *m* ❷ *(Schote)* poivron *m* ❸ *kein Pl (Gewürz)* paprika *m*
Paprikaschote *f* poivron *m*
Papst [paːpst, *Pl:* 'pɛːpstə] <-[e]s, Päpste> *m* pape *m*
päpstlich ['pɛːpstlɪç] *adj Gewand, Ornat* papal(e)

P

Papsttum <-s> *nt* papauté *f pas de pl*
Papua-Neuguinea ['pa:puanɔygi'ne:a] <-s> *nt* la Papouasie-Nouvelle-Guinée
Papyrus [pa'py:rʊs] <-, Papyri> *m* papyrus *m*
Parabel [pa'ra:bəl] <-, -n> *f* parabole *f*
Parabolantenne [para'bo:l-] *f* antenne *f* parabolique
Parade [pa'ra:də] <-, -n> *f* ❶MIL défilé *m* ❷SPORT parade *f*
Paradebeispiel *nt* exemple *m* révélateur
Paradeiser [para'dajzɐ] <-s, -> *m* A tomate *f*
Paradies [para'di:s] <-es, -e> *nt (a. fig)* paradis *m*
paradiesisch [para'di:zɪʃ] *adj* paradisiaque
Paradiesvogel *m* ❶ORN oiseau *m* de paradis ❷*(schillernde Persönlichkeit)* drôle *m* d'oiseau
paradox [para'dɔks] *adj* paradoxal(e)
Paradox [para'dɔks] <-es, -e> *nt (geh)* paradoxe *m*
paradoxerweise [para'dɔksɐ'vajzə] *adv* paradoxalement
Paragliding ['pa:raglajdɪŋ] <-s> *nt* parapente *m*
Paragraf [para'gra:f] <-en, -en> *m* article *m*

Falsche Freunde
Nicht verwechseln mit *le paragraphe – der Absatz*!

P

Paragrafenzeichen *nt* paragraphe *m*
Paraguay ['pa:ragvai, 'paragvai, para'guai] <-s> *nt* ❶*(Staat)* la République du Paraguay, le Paraguay ❷*(Fluss)* ***der** ~* le Paraguay
parallel [para'le:l] **I.** *adj* ❶*(ähnlich)* parallèle ❷*(gleichzeitig)* simultané(e) **II.** *adv* ***~ zu etw verlaufen*** être parallèle à qc
Parallele [para'le:lə] <-, -n> *f* ❶GEOM parallèle *f* ❷*(fig)* parallèle *m*
Parallelgesellschaft *f* société *f* parallèle
Parallelismus <-, -men> *m* parallélisme *m*
Parallelität [paraleli'tɛ:t] <-, -en> *f* GEOM *(a. fig)* parallélisme *m*
Parallelklasse *f* classe *f* parallèle
Parallelogramm [paralelo'gram] <-s, -e> *nt* GEOM parallélogramme *m* **Paralleluniversum** *nt* ASTRON univers *m* parallèle ▶ **das ist wie ein ~!** c'est comme être dans un tout autre monde !
Paralympics [para'lʏmpɪks] *Pl* SPORT jeux *mpl* paralympiques
paralysieren* [paraly'zi:rən] *vt* MED *(a. fig)* paralyser
Parameter [pa'ra:me:tɐ] <-s, -> *m* MATH paramètre *m*
Paranoia [para'nɔya] <-> *f* MED, PSYCH paranoïa *f*
paranoid [parano'i:t] MED, PSYCH **I.** *adj* paranoïde **II.** *adv reagieren* comme un(e) paranoïaque
paranoisch [para'no:ɪʃ] *adj* paranoïaque
Paranuss *f* noix *f* du Brésil
Paraphrase [para'fra:zə] *f a.* LING paraphrase *f*
Parapsychologie ['pa:rapsyçologi:] *f* parapsychologie *f*
Parasit [para'zi:t] <-en, -en> *m* BIO *(a. fig)* parasite *m*
parasitär [parazi'tɛ:ɐ] *adj Lebewesen* parasite; *Lebensweise* parasitaire
parat [pa'ra:t] *adj* ***den Schlüssel ~ halten*** garder la clé à portée de [la] main; ***eine Antwort ~ haben*** avoir une réponse toute prête
Pärchen ['pɛ:ɐçən] <-s, -> *nt* ❶*(Liebespaar)* couple *m* [d'amoureux] ❷*(Tierpärchen)* couple *m*
Parcours [par'ku:ɐ] <-, -> *m* parcours *m*
Pardon [par'dõ:] <-s> *m o nt (Verzeihung)* pardon *m*
par excellence [parɛksɛ'lã:s] *adv (geh) Kavalier* par excellence
Parfüm [par'fy:m] <-s, -e *o* -s> *nt* parfum *m*
Parfümerie [parfymə'ri:] <-, -ien> *f* parfumerie *f*
parfümieren* [parfy'mi:rən] *vt, vr [**sich**] ~* [se] parfumer
Paria ['pa:ri̯a] <-s, -s> *m* paria *m*
parieren* [pa'ri:rən] *vi* obéir
Paris [pa'ri:s] <-> *nt* Paris *m*
Pariser[1] [pa'ri:zɐ] *adj attr* ❶*Innenstadt* de Paris ❷*(typisch für Paris)* parisien(ne)
Pariser[2] [pa'ri:zɐ] <-s, -> *m* Parisien *m*
Pariser[3] [pa'ri:zɐ] <-s, -> *m (fam: Kondom)* capote *f* [anglaise]
Pariserin <-, -nen> *f* Parisienne *f*
Parität [pari'tɛ:t] <-, -en> *f* parité *f*
paritätisch *(geh)* **I.** *adj* paritaire **II.** *adv* de façon paritaire
Park [park] <-s, -s> *m* parc *m*
Parka ['parka] <-s, -s> *m,* <-, -s> *f* parka *m o f*
Park-and-ride-System ['pa:kʔənd'rajd-, 'pa:ɐkʔɛnt'rajt-] *nt* système *m* de parc-relais
Parkbank <-bänke> *f* banc *m* public *(se trouvant dans un jardin public)*

Parkdeck *nt* niveau *m* [de/du parking]
parken ['parkən] **I.** *vi* se garer; ***vor dem Haus ~*** *Person:* se garer devant la maison; *Fahrzeug:* être garé devant la maison **II.** *vt* garer *Fahrzeug*
Parkett [par'kɛt] <-s, -e> *nt* ❶ *(Parkettboden)* parquet *m* ❷ *(Tanzfläche)* piste *f* [de danse] ❸ THEAT orchestre *m*
Parkett[fuß]boden *m* parquet *m*
Parkgebühr *f* taxe *f* de stationnement **Parkhaus** *nt* parking *m* à étages
Parkinsonkrankheit, Parkinson-Krankheit *f* maladie *f* de Parkinson
Parkkralle *f* sabot *m* de Denver **Parkleitsystem** *nt* TRANSP *système guidant les conducteurs vers les emplacements de stationnement libres* **Parklücke** *f* place *f* libre
Parkour [par'ku:ɐ̯] <-[s]> *m o nt* parcours *m*
Parkplatz *m (Parklücke)* place *f* de parking; *(für viele Fahrzeuge)* parking *m; (an der Autobahn)* aire *f* de stationnement **Parkscheibe** *f* disque *m* de stationnement **Parkschein** *m* ticket *m* de parking **Parkscheinautomat** *m* distributeur *m* de tickets de parking
Parksünder(in) *m(f)* automobiliste *mf* en stationnement illicite **Parkuhr** *f* parcmètre *m* **Parkverbot** *nt* ❶ *(Verbot)* défense *f* de stationner ❷ *(Bereich)* ***im ~ stehen*** *Person:* être en stationnement interdit **Parkwächter(in)** *m(f)* gardien *m* de parking
Parlament [parla'mɛnt] <-[e]s, -e> *nt* ❶ *(Institution)* Parlement *m;* ***das Europäische ~*** le Parlement européen ❷ *(Gebäude)* parlement *m*
Parlamentarier(in) [parlamɛn'ta:ri̯ɐ] <-s, -> *m(f)* parlementaire *mf*
parlamentarisch *adj* parlementaire
Parlamentsausschuss *m* commission *f* parlementaire **Parlamentsgebäude** *nt* parlement *m* **Parlamentsmitglied** *nt s.* **Parlamentarier(in) Parlamentssitz** *m* ❶ *(Abgeordnetenmandat)* siège *m* au Parlement ❷ *(Sitz eines Parlaments)* siège *m* du Parlement **Parlamentswahl** *f* élections *fpl* législatives
Parmesan [parme'za:n] <-s> *m* parmesan *m*
Parodie [paro'di:] <-, -i̯en> *f* parodie *f*
parodieren* [paro'di:rən] *vt* parodier
Parodontose <-, -n> *f* MED parodontose *f*
Parole [pa'ro:lə] <-, -n> *f* ❶ MIL mot *m* de passe ❷ *(Losung)* slogan *m*
Paroli ▸ **jdm ~ bieten** *(geh)* tenir tête à qn

Partei [par'tai̯] <-, -en> *f* ❶ parti *m* ❷ JUR partie *f* ❸ *(Mietpartei)* locataire *mf* ▸ **für jdn ~ ergreifen** prendre parti pour qn
Parteibuch *nt* carte *f* de/du parti ▸ **das richtige/falsche ~ haben** avoir/ne pas avoir la bonne carte [de parti]
Parteichef(in) [-ʃɛf] *m(f)* chef *mf* de parti
Parteienlandschaft *f kein Pl* paysage *m* politique
Parteifreund(in) *m(f)* membre *m* du même parti; ***sich mit ~en treffen*** se retrouver entre membres du parti **Parteifunktionär(in)** *m(f)* POL permanent(e) *m(f)* du parti **parteiintern I.** *adj* interne au parti **II.** *adv* au sein du parti
parteiisch [par'tai̯ɪʃ] **I.** *adj* partial(e) **II.** *adv urteilen* avec partialité
parteilich [par'tai̯lɪç] *adj Angelegenheit* qui concerne le parti
Parteilichkeit <-> *f* partialité *f*
Parteilinie *f* ligne *f* de parti
parteilos *adj* sans étiquette; *Abgeordneter* non-inscrit(e)
Parteilose(r) *f(m) dekl wie adj* homme *m* / femme *f* politique sans étiquette politique **Parteimitglied** *nt* membre *m* du parti **Parteipolitik** *f* politique *f* de parti **parteipolitisch I.** *adj* qui relève de la politique de parti **II.** *adv ratsam* pour des raisons de politique du parti **Parteiprogramm** *nt* programme *m* de parti **Parteispende** *f* don *m* à un/au parti **Parteitag** *m (Konferenz)* congrès *m* de/du parti **parteiübergreifend** *adj inv* au-dessus des partis **Parteivorsitzende(r)** *f(m) dekl wie adj* chef *mf* de/du parti
parterre [par'tɛr] *adv* au rez-de-chaussée
Parterre [par'tɛr(ə)] <-s, -s> *nt* ❶ *(Erdgeschoss)* rez-de-chaussée *m* ❷ *(Sitzplatzbereich im Theater)* orchestre *m*
Partie [par'ti:] <-, -i̯en> *f* ❶ *(Körperpartie)* partie *f* ❷ SPORT partie *f*
partiell [par'tsi̯ɛl] *adj (geh)* partiel(le)
Partikel [par'ti:kəl] <-s, -> *nt,* <-, -n> *f a.* PHYS particule *f*
Partikelfilter *m* AUT filtre *m* à particules
Partisan(in) [parti'za:n] <-s *o* -en, -en> *m(f)* partisan(e) *m(f)*
Partition <-, -en> *f* INFORM partition *f*
Partitur [parti'tu:ɐ̯] <-, -en> *f* MUS partition *f*
Partizip [parti'tsi:p] <-s, -ien> *nt* GRAM participe *m*
Partner(in) ['partnɐ] <-s, -> *m(f)* ❶ partenaire *mf; (Lebensgefährte)* compagnon *m* /compagne *f* ❷ *(Geschäftspartner)* associé(e) *m(f)*

P

Partnerlook ['partnelʊk] *m* vêtements *mpl* coordonnés pour le couple

Partnerschaft <-, -en> *f* ❶ *(Lebensgemeinschaft)* vie *f* en couple ❷ *(Städtepartnerschaft)* jumelage *m*

partnerschaftlich **I.** *adj* ***ein ~es Verhältnis*** des rapports d'égal à égal **II.** *adv* ***~ zusammenarbeiten*** collaborer avec une considération réciproque

Partnerstadt *f* ville *f* jumelée **Partnertausch** *m* échangisme *m* **Partnervermittlung** *f* agence *f* de rencontre **Partnerwahl** *f* choix *m* du/de la partenaire

partout [par'tuː] *adv* absolument; *wollen* à tout prix

> **Falsche Freunde**
>
> Nicht verwechseln mit *partout* – *überall*!

Party ['paːɐ̯ti] <-, -s> *f* soirée *f*; *(für Jugendliche)* boum *f*

Partykeller *m* cave *f (aménagée en dancing)*

Partymeile *f* centre *m* de la vie nocturne

Partyservice ['paːɐtisøːɐvɪs] *m* traiteur *m*

Parzelle [par'tsɛlə] <-, -n> *f* parcelle *f*

Pascha ['paʃa] <-s, -s> *m* HIST *(a. fig, pej)* pacha *m*

Pass [pas, *Pl:* 'pɛsə] <-es, Pässe> *m* ❶ *(Reisepass)* passeport *m* ❷ *(Gebirgspass)* col *m* ❸ SPORT passe *f*

passabel [pa'saːbəl] **I.** *adj* correct(e) **II.** *adv sich benehmen* convenablement

Passage [pa'saːʒə] <-, -n> *f* passage *m*

Passagier(in) [pasa'ʒiːɐ̯] <-s, -e> *m(f)* passager, -ère *m, f*

Passagierflugzeug *nt* avion *m* de ligne **Passagierkontrolle** *f* contrôle *m* des passagers **Passagierschiff** *nt* paquebot *m*

Passahfest ['pasa-] *nt* REL Pâque *f* juive

Passant(in) [pa'sant] <-en, -en> *m(f)* passant(e) *m(f)*

Passat [pa'saːt] <-[e]s, -e> *m* alizé *m*

Passbild *nt* photo *f* d'identité

passé [pa'seː] *adj (fam)* dépassé(e), démodé(e); ***das alles ist ~*** c'est fini tout ça

passen ['pasən] **I.** *vi* ❶ *(gut sitzen) Hose:* être à la bonne taille; *Schuhe:* être à la bonne pointure ❷ *(harmonieren)* ***zu jdm ~*** aller bien avec qn; ***gut zu etw ~*** *Farbe:* aller bien avec qc ❸ *(sich einrichten lassen)* ***jdm ~*** *Termin:* convenir à qn ❹ *(gefallen)* ***jdm nicht ~*** ne pas plaire à qn ❺ SPIEL passer ❻ *(überfragt sein)* ***bei etw ~ müssen*** ne pas savoir répondre à qc ▶ **das könnte dir so ~!** *(iron fam)* ça t'arrangerait bien! **II.** *vi unpers* ***es passt ihr nicht, dass er mitkommt*** ça ne lui plaît pas qu'il vienne avec nous

passend **I.** *adj* ❶ *Hose* à la bonne taille; *Schuhe* à la bonne pointure ❷ *(abgestimmt)* assorti(e) ❸ *Worte* approprié(e); *Kleidung* convenable ❹ *Termin* qui convient ❺ *(abgezählt)* ***ich habe es ~*** j'ai l'appoint **II.** *adv* ❶ *zuschneiden* à la bonne taille ❷ *(abgezählt)* ***das Fahrgeld ~ bereithalten*** préparer la monnaie du prix du ticket

Passepartout [paspar'tuː] <-s, -s> *nt* passe-partout *m*

Passform *f* ***eine gute ~*** une ligne seyante

Passfoto *nt s.* **Passbild**

passierbar *adj* praticable

passieren* [pa'siːrən] **I.** *vi + sein* ❶ *(sich ereignen)* se passer; ***was ist passiert?*** qu'est-ce qui est arrivé? ❷ *(vorkommen)* arriver ❸ *(unterlaufen)* ***jdm ~*** arriver à qn ❹ *(zustoßen)* ***ihm ist etwas passiert*** il lui est arrivé quelque chose ▶ **sonst passiert was!** *(fam)* sinon tu auras de mes nouvelles! **II.** *vt + haben* passer *Grenze*

Passierschein *m* laissez-passer *m*

Passion [pa'si̯oːn] <-, -en> *f* ❶ *(Leidenschaft)* passion *f* ❷ REL ***die ~ Jesu*** la Passion de Jésus

passioniert [pasi̯o'niːɐ̯t] *adj* passionné(e)

Passionsfrucht *f* fruit *m* de la passion

passiv ['pasiːf] **I.** *adj Art* passif, -ive; ***~es Verhalten*** passivité *f* **II.** *adv* ***sich ~ verhalten*** être passif; ***~ rauchen*** subir la fumée d'autrui

Passiv ['pasiːf] <-s, -e> *nt* GRAM passif *m*

Passiva [pa'siːva] *Pl* COM passif *m*

Passivität [pasivi'tɛːt] <-> *f* passivité *f*

Passivrauchen ['pasiːfrau̯xən] <-s> *nt* tabagisme *m* passif **Passivraucher(in)** *m(f)* fumeur *m* passif/fumeuse *f* passive

Passkontrolle *f* contrôle *m* des passeports

Passstraße *f* route *f* de/du col

Passstück *nt* TECH pièce *f* ajustée

Passus ['pasʊs] <-, -> *m* passage *m*

Passwort ['pasvɔrt] <-wörter> *nt* code *m* [d'accès], mot *m* de passe

Paste ['pastə] <-, -n> *f* pâte *f*

Pastell [pas'tɛl] <-s, -e> *nt (Technik, Bild)* pastel *m*

Pastellfarbe *f* ❶ *(Pastellton)* ton *m* pastel ❷ *(Malfarbe)* pastel *m* **Pastellton** *m* ton *m* pastel

Pastete [pas'teːtə] <-, -n> *f* ❶ *(Fleisch-*

pastete) pâté *m* ❷ *(Blätterteigpastete)* vol-au-vent *m*

pasteurisieren* [pastøri'zi:rən] *vt* pasteuriser

Pastille [pas'tɪlə] <-, -n> *f* pastille *f*

Pastinake [pasti'nakə] <-, -n> *m* BOT panais *m*

Pastor, **Pastorin** ['pasto:ɐ̯] <-en, -toren> *m, f* NDEUTSCH pasteur *m* /[femme] pasteur *f*

Patchwork ['pɛtʃwœrk] <-s, -s> *nt* patchwork *m*

Patchworkfamilie *f (fam)* famille *f* recomposée

Pate, **Patin** ['pa:tə] <-n, -n> *m, f* parrain *m* /marraine *f*

Patenkind *nt* filleul(e) *m(f)* **Patenonkel** *m* parrain *m*

Patenschaft <-, -en> *f* parrainage *m*

patent [pa'tɛnt] *adj (fam) Vorschlag* judicieux, -euse; ***ein ~er Kerl*** un type bien

Patent [pa'tɛnt] <-[e]s, -e> *nt* brevet *m*

Patentamt *nt* ≈ office *m* des brevets [d'inventions]

Patentante *f* marraine *f*

Patentanwalt, **-anwältin** *m, f* avocat-conseil *m* en matière de brevet

patentieren* [patɛn'ti:rən] *vt* breveter; ***jdm etw*** ~ breveter qc à qn

Patentlösung *f (fam)* remède *m* miracle

Patentrecht *nt* ❶ *(Gesetze)* législation *f* sur les brevets ❷ *(Recht auf ein Patent)* droit *m* de l'inventeur **Patentrezept** *nt (fam)* remède *m* miracle **Patentstelle** *f* service *m* des brevets

Pater ['pa:tɐ] <-s, - *o* Patres> *m* père *m*

pathetisch [pa'te:tɪʃ] **I.** *adj* pathétique **II.** *adv sich ausdrücken* avec pathos

Pathologe, **Pathologin** [pato'lo:gə] <-n, -n> *m, f* MED pathologiste *mf*

Pathologie [patolo'gi:] <-, -ien> *f* MED ❶ *kein Pl (Wissenschaft)* pathologie *f* ❷ *(Abteilung)* service *m* de pathologie

pathologisch [pato'lo:gɪʃ] *adj* MED *Institut* de pathologie

Pathos ['pa:tɔs] <-> *nt* pathos *m*

Patience [pa'si̯ã:s] <-, -n> *f* patience *f*

Patient(in) [pa'tsi̯ɛnt] <-en, -en> *m(f)* patient(e) *m(f)*

Patin ['pa:tɪn] *s.* **Pate**

Patina <-> *f (geh)* patine *f*

Patres *Pl von* **Pater**

Patriarch [patri'arç] <-en, -en> *m* ❶ REL patriarche *m* ❷ *(Familienvater)* pater familias *m*

patriarchalisch [patriar'ça:lɪʃ] **I.** *adj* patriarcal(e) **II.** *adv* de manière patriarcale

Patriarchat <-[e]s, -e> *nt* patriarcat *m*

Patriot(in) [patri'o:t] <-en, -en> *m(f)* patriote *mf*

patriotisch *adj* patriotique

Patriotismus [patrio'tɪsmʊs] <-> *m* patriotisme *m*

Patron(in) [pa'tro:n] <-s, -e> *m(f)* ❶ REL patron(ne) *m(f)* ❷ *(Schirmherr)* protecteur, -trice *m, f*

Patrone [pa'tro:nə] <-, -n> *f* ❶ JAGD, MIL cartouche *f* ❷ *(Tintenpatrone)* cartouche *f*

Patronengurt *m* cartouchière *f* **Patronenhülse** *f* douille *f*

Patronin *s.* **Patron(in)**

Patrouille [pa'trʊljə] <-, -n> *f* MIL ❶ *(Gruppe)* patrouille *f* ❷ *(Kontrollgang)* patrouille *f*

patrouillieren* [patrʊl'ji:rən] *vi* patrouiller

patsch [patʃ] *interj* paf

Patsche ['patʃə] <-, -n> *f (fam)* ▶ **jdm aus der ~ helfen** tirer qn du pétrin

patschen *vi + haben (schlagen)* taper

patschnass *adj (fam)* trempé(e) jusqu'aux os

Patt *nt* pat *m*

patzen *vi (fam) Redner:* bafouiller

Patzer <-s, -> *m (fam: Fehler)* gaffe *f*

patzig *adj (fam) Antwort* culotté(e)

Pauke ['paukə] <-, -n> *f* timbale *f* ▶ **mit ~n und Trompeten** *(fam) durchfallen* avec perte et fracas; *empfangen* en grande pompe

pauken **I.** *vi (fam) Schüler:* bûcher **II.** *vt (fam)* potasser *Vokabeln*

Pauker(in) <-s, -> *m(f) (fam)* prof *mf*

Pausbacken *Pl* joues *fpl* rebondies

pausbäckig ['pausbɛkɪç] *adj* joufflu(e)

pauschal [pau'ʃa:l] **I.** *adj* ❶ *(undifferenziert)* global(e) ❷ FIN forfaitaire **II.** *adv (undifferenziert)* en bloc

Pauschalangebot *nt* offre *f* forfaitaire

Pauschalbetrag *m* forfait *m*

Pauschale [pau'ʃa:lə] <-, -n> *f* forfait *m*

pauschalieren* *vt* évaluer forfaitairement *Kosten;* facturer au forfait *Nebenkosten*

pauschalisieren* [pauʃali'zi:rən] *vi (geh)* généraliser

Pauschalpreis *m* prix *m* forfaitaire **Pauschalreise** *f* voyage *m* à prix forfaitaire **Pauschaltourismus** *m* voyage *m* à forfait **Pauschaltourist(in)** *m(f)* voyageur, -euse *m, f* à forfait **Pauschalurlaub** *m* vacances *fpl* organisées **Pauschalurteil** *nt* jugement *m* à l'emporte-pièce

Pauschenpferd *nt* SPORT cheval *m* d'arçons

Pause ['pauzə] <-, -n> *f* ❶ *a.* MUS pause *f*

P

② SCHULE récréation *f*; ***die große ~*** la récréation; ***die kleine ~*** l'interclasse *m*

pausen ['paụzən] *vt* calquer

Pausenbrot *nt* ≈ casse-croûte *m* **Pausenhof** *m* cour *f* [de récréation]

pausenlos I. *adj attr* incessant(e) II. *adv* sans répit

Pausetaste *f* touche *f* pause

pausieren* [paụ'ziːrən] *vi* prendre du repos

Pauspapier *nt* ① *(dünnes Papier)* [papier *m*] calque *m* ② *(Kohlepapier)* [papier *m*] carbone *m*

Pavian ['paːvi̯aːn] <-s, -e> *m* babouin *m*

Pavillon ['pavɪljõ] <-s, -s> *m* ① *(Gartenhaus)* pavillon *m* ② *(Musikpavillon)* kiosque *m* [à musique]

Pay-TV ['peɪtiːviː] <-s, -s> *nt* chaîne *f* à péage

Pazifik [pa'tsiːfɪk] <-s> *m* ***der ~*** le Pacifique

Pazifismus <-> *m* pacifisme *m*

Pazifist(in) [patsi'fɪst] <-en, -en> *m(f)* pacifiste *mf*

pazifistisch *adj* pacifiste

PC [peː'tseː] <-s, -s> *m Abk von* **Personal Computer** P.C. *m*

PdA [pedeʔ'aː] <-> *f* CH *Abk von* **Partei der Arbeit** PST *m (parti suisse du travail)*

PDS [peːdeː'ʔɛs] <-> *f Abk von* **Partei des Demokratischen Sozialismus** HIST *parti issu du S.E.D. de la RDA*

Pech [pɛç] <-[e]s> *nt* ① *(Teer)* poix *f* ② *kein Pl (fam: Missgeschick)* poisse *f*; ***~ gehabt!*** *(fam)* tant pis pour toi/lui/elle/...! ③ *kein Pl (fam: Erfolglosigkeit) eines Konkurrenten* déboires *mpl*

pechschwarz ['pɛç'ʃvarts] *adj (fam) Haare* de jais **Pechsträhne** *f (fam)* guigne *f* **Pechvogel** *m (fam)* malchanceux, -euse *m, f*

Pedal [pe'daːl] <-s, -e> *nt* pédale *f*

Pedant(in) [pe'dant] <-en, -en> *m(f)* maniaque *mf*

Pedanterie [pedantə'riː] <-> *f (Eigenschaft)* caractère *m* tatillon

pedantisch [pe'dantɪʃ] I. *adj* tatillon(ne) II. *adv vorgehen* minutieusement

> **Falsche Freunde**
> Nicht verwechseln mit *pédant(e)* – *besserwisserisch*!

Pediküre [pedi'kyːrə] <-> *f (Fußpflege)* pédicurie *f*

Peeling ['piːlɪŋ] <-s, -s> *nt* peeling *m*

Peepshow ['piːpʃoː] <-, -s> *f* peep-show *m*

Pegel ['peːgəl] <-s, -> *m* ① *(Messlatte)* échelle *f* des eaux ② *s.* **Pegelstand**

Pegelstand *m* niveau *m* des eaux

peilen ['pai̯lən] I. *vt* NAUT prendre le relèvement de II. *vi (fam)* zieuter

peinigen *vt (geh)* tourmenter

Peiniger(in) <-s, -> *m(f) (geh)* tortionnaire *mf*

peinlich I. *adj* ① *(unangenehm)* gênant(e) ② *Genauigkeit* minutieux, -euse II. *adv* ① *(unangenehm)* ***jdn ~ berühren*** mettre qn dans l'embarras ② *(äußerst)* extrêmement ③ *(gewissenhaft)* ***~ auf Ordnung achten*** respecter scrupuleusement l'ordre

Peinlichkeit <-, -en> *f* caractère *m* gênant

Peitsche ['pai̯tʃə] <-, -n> *f* fouet *m*

peitschen ['pai̯tʃən] I. *vt + haben* fouetter II. *vi + sein* ***gegen etw ~*** *Regen:* fouetter qc

Peitschenhieb *m* coup *m* de fouet

pejorativ [pejora'tiːf] *(geh)* I. *adj* péjoratif, -ive II. *adv* péjorativement

Peking ['peːkɪŋ] <-s> *nt* Pékin

pekuniär [peku'ni̯ɛːɐ̯] *adj (geh)* pécuniaire

Pelikan ['peːlikaːn] <-s, -e> *m* pélican *m*

Pelle ['pɛlə] ▸ **jdm auf die ~ rücken** *(fam)* coller à qn

pellen *vt (fam)* peler

Pellkartoffel *f* pomme *f* de terre en robe des champs

Pelz [pɛlts] <-es, -e> *m* fourrure *f*

pelzgefüttert *adj* fourré

pelzig ['pɛltsɪç] *adj* ① *Haut* velouté(e); *Baumblatt* velu(e) ② *Zunge* pâteux, -euse

Pelzjacke *f* veste *f* de fourrure **Pelzkragen** *m* col *m* de fourrure **Pelzmantel** *m* manteau *m* de fourrure **Pelztier** *nt* animal *m* à fourrure

Pendant [pã'dãː] <-s, -s> *nt (geh)* pendant *m*; ***das ~ zu etw*** le pendant de qc

Pendel ['pɛndəl] <-s, -> *nt* pendule *m*

pendeln *vi* ① *+ haben Gegenstand:* osciller ② *+ sein Person, Bus:* faire la navette

Pendeluhr *f* horloge *f* **Pendelverkehr** *m* service *m* de navettes **Pendelzug** *m* train-navette *m*, navette *f*

Pendler(in) ['pɛndlɐ] <-s, -> *m(f) personne qui fait tous les jours la navette entre son domicile et son lieu de travail*

Pendlerpauschale *f* FIN, POL *déduction forfaitaire pour frais de déplacement entre le domicile et le lieu de travail*

Penes *Pl von* **Penis**

penetrant [pene'trant] I. *adj* ① *Geruch* pénétrant(e); *Geschmack* fort(e) ② *Person* importun(e); *Stimme* perçant(e) **II.** *adv riechen* fort

peng [pɛŋ] *interj* pan

penibel [pe'ni:bəl] *adj (geh: in Bezug auf Sauberkeit)* méticuleux, -euse; *(in Bezug auf Rechtsfragen)* rigoureux, -euse

Falsche Freunde
Nicht verwechseln mit *pénible – anstrengend*!

Penicillin [penitsɪ'li:n] <-s, -e> *nt s.* **Penizillin**

Penis ['pe:nɪs] <-, -se *o* Penes> *m* pénis *m*

Penizillin [penitsɪ'li:n] <-s, -e> *nt* pénicilline *f*

Penne <-, -n> *f* bahut *m*

pennen ['pɛnən] *vi (fam)* ❶ *(schlafen)* roupiller ❷ *(nicht aufpassen)* ne pas faire gaffe ❸ *(Beischlaf haben)* ***mit jdm ~*** coucher avec qn

Penner(in) <-s, -> *m(f) (pej fam)* ❶ *(Stadtstreicher)* clodo *mf* ❷ *(langsamer Mensch)* endormi(e) *m(f)*

Pensen *Pl von* **Pensum**

Pension [pã'zi̯o:n, paŋ'zi̯o:n, pɛn'zi̯o:n] <-, -en> *f* ❶ *(Unterkunft)* pension *f* de famille ❷ *(Ruhegehalt)* pension *f* [de retraite] ❸ *(Ruhestand)* retraite *f*

Pensionär(in) [pãzi̯o'nɛ:ɐ̯, paŋzi̯o'nɛ:ɐ̯, pɛnzi̯o'nɛ:ɐ̯] <-s, -e> *m(f)* retraité(e) *m(f)*

Falsche Freunde
Nicht verwechseln mit *le pensionnaire – der Internatsschüler*!

pensionieren* [pãzi̯o'ni:rən, paŋzi̯o'ni:rən, pɛnzi̯o'ni:rən] *vt* ***pensioniert werden*** *Beamter:* être mis à la retraite

pensioniert *adj* retraité(e)

Pensionierung <-, -en> *f* mise *f* à la retraite

Pensionist(in) [pɛnzi̯o:'nɪst] <-en, -en> *m(f)* A *(Rentner)* retraité(e) *m(f)*

Pensionsalter [pã'zi̯o:ns-, paŋ'zi̯o:ns-, pɛn'zi̯o:ns-] *nt* âge *m* de la retraite **pensionsberechtigt** *adj* ***~ sein*** avoir droit à une pension **Pensionsgast** *m* pensionnaire *mf*

Pensum [pɛnzʊm] <-s, Pensa *o* Pensen> *nt* tâche *f*

Pentagon[1] [pɛnta'go:n] <-s, -e> *nt* GEOM pentagone *m*

Pentagon[2] ['pɛntagɔn] <-s> *nt (US-Verteidigungsministerium)* ***das ~*** le Pentagone

Penthouse ['pɛnthaʊs] <-, -s> *nt* penthouse *m*

Pep [pɛp] <-[s]> *m (fam)* pep *m*

Peperoni [pepe'ro:ni] <-, -> *f* piment *m*

peppig ['pɛpɪç] *adj (fam) Aufmachung* tape-à-l'œil

per [pɛr] *präp +akk* ❶ *(durch)* ***~ Luftpost*** par avion; ***~ Einschreiben*** en recommandé ❷ *(pro)* pour ▸ **mit jdm ~ du/Sie sein** *(fam)* tutoyer/vouvoyer qn

Perestroika [perɛs'trɔyka] <-> *f* perestroïka *f*

perfekt [pɛr'fɛkt] *adj* ❶ *(vollkommen)* parfait(e) ❷ *(fam: abgeschlossen)* ***etw ~ machen*** conclure qc

Perfekt ['pɛrfɛkt] <-s, -e> *nt* GRAM passé *m* composé

Perfektion [pɛrfɛk'tsi̯o:n] <-> *f* perfection *f*

perfektionieren* [pɛrfɛktsi̯o'ni:rən] *vt* perfectionner

Perfektionismus [pɛrfɛktsi̯o'nɪsmʊs] <-> *m* perfectionnisme *m*

Perfektionist(in) [pɛrfɛktsi̯o'nɪst] <-en, -en> *m(f)* perfectionniste *mf*

perfide *(geh)* **I.** *adj* perfide *littér;* ***eine ~ Tat*** une perfidie *littér* **II.** *adv* perfidement *littér*

Perforation [pɛrfora'tsi̯o:n] <-, -en> *f* perforation *f*

perforieren* *vt* perforer

Pergament [pɛrga'mɛnt] <-[e]s, -e> *nt (Tierhaut)* parchemin *m*

Pergamentpapier *nt* papier-parchemin *m; (Butterbrotpapier)* papier *m* sulfurisé

Pergola ['pɛrgola] <-, Pergolen> *f* pergola *f*

Periode [pe'ri̯o:də] <-, -n> *f* ❶ *a.* MATH période *f* ❷ *(Menstruation)* règles *f pl*

Periodensystem *nt (Tafel)* système *m* périodique des éléments

Periodikum [pe'ri̯o:dikʊm, *Pl:* pe'ri̯o:dika] <-s, Periodika> *nt* périodique *m*

periodisch [pe'ri̯o:dɪʃ] *adj* périodique

peripher [peri'fe:ɐ̯] *(geh)* **I.** *adj* ❶ *Problem* marginal(e) ❷ MED périphérique **II.** *adv* accessoirement

Peripherie [perife'ri:] <-, -i̯en> *f* ❶ *a.* GEOM périphérie *f* ❷ INFORM périphérique *m*

Perle ['pɛrlə] <-, -n> *f* ❶ *(Schmuckperle)* perle *f* ❷ *(Wasserperle)* goutte *f* ❸ *(fam: Haushälterin)* perle *f*

perlen ['pɛrlən] *vi* ❶ *(sprudeln)* pétiller ❷ *(sichtbar sein)* ***auf etw*** *dat ~ Regentropfen, Schweiß:* perler sur qc

Perlenkette *f* collier *m* de perles

Perlhuhn *nt* pintade *f*

P

Perlmutt ['pɛrlmʊt] <-s>, **Perlmutter** ['pɛrlmʊtɐ] <-s> *nt,* <-> *f* nacre *f*
Perlon® ['pɛrlɔn] <-s> *nt* perlon® *m*
permanent [pɛrma'nɛnt] **I.** *adj* permanent(e) **II.** *adv streiten* constamment
Permanenz [pɛrma'nɛnts] <-> *f (geh)* permanence *f*
perplex [pɛr'plɛks] **I.** *adj* perplexe **II.** *adv* avec perplexité
Perron [pɛ'rõ:] <-s, -s> *m* CH, A quai *m*
per se *adv (geh)* de/en soi; ***das versteht sich*** ~ cela va de soi; ***das bedeutet ~, dass*** cela signifie en soi que
Perser ['pɛrzɐ] <-s, -> *m* ❶ HIST Persan *m* ❷ *(fam: Teppich)* tapis *m* persan
Perserin <-, -nen> *f* HIST Persane *f*
Perserteppich *m* tapis *m* persan
Persianer <-s, -> *m* astrakan *m*
Persien ['pɛrzi̯ən] <-s> *nt* HIST la Perse
Persiflage [pɛrzi'fla:ʒə] <-, -n> *f* persiflage *m*
persiflieren* *vt (geh)* persifler *littér*
persisch ['pɛrzɪʃ] *adj* HIST persan(e)
Persisch <-[s]> *nt kein Art* persan *m; s. a.* **Deutsch**
Person [pɛr'zo:n] <-, -en> *f* ❶ *(einzelner Mensch)* personne *f* ❷ LITER personnage *m* ❸ *kein Pl* GRAM personne *f* ❹ JUR ***juristische*** ~ personne *f* morale; ***natürliche*** ~ personne physique
Personal [pɛrzo'na:l] <-s> *nt* personnel *m*
Personalabbau *m* réduction *f* du personnel **Personalabteilung** *f* service *m* du personnel **Personalakte** *f* dossier *m* [personnel] **Personalausweis** *m* carte *f* d'identité **Personalbüro** *nt* bureau *m* du personnel **Personalchef(in)** [-ʃɛf] *m(f)* chef *mf* du personnel
Personal Computer ['pœ:ɐ̯sənɛl-] *m* ordinateur *m* personnel
Personalien [pɛrzo'na:li̯ən] *Pl* identité *f*
Personalkosten *Pl* frais *mpl* de gestion du personnel **Personalpolitik** *f* politique *f* de gestion du personnel **Personalpronomen** *nt* GRAM pronom *m* personnel **Personalrat** *m* ❶ délégué *m* du personnel ❷ *(Gremium)* délégation *f* du personnel **Personalrätin** *f* déléguée *f* du personnel **Personalreferent(in)** *m(f)* DRH, directeur, -trice *m, f* des ressources rumaines
Personal Trainer ['pə:sənəl 'tre:nɐ] <-s, -> *m* coach *mf* sportif, personal trainer *mf*
personell [pɛrzo'nɛl] **I.** *adj* de/du personnel **II.** *adv* ***die Firma ~ aufstocken*** augmenter le personnel de l'entreprise
Personenaufzug *m (form)* ascenseur *m* **Personenbeschreibung** *f* signalement *m* **Personengedächtnis** *nt* mémoire *f* des visages **Personenkraftwagen** *m (form)* voiture *f* de tourisme **Personenkreis** *m* catégorie *f* de personnes **Personenkult** *m* culte *m* de la personnalité; ***~ mit jdm treiben*** vouer un culte à qn **Personennahverkehr** *m* transport *m* en commun local **Personenschaden** *m* dommage *m* corporel **Personenschutz** *m* protection *f* des personnes **Personenverkehr** *m* transport *m* de voyageurs; ***öffentlicher*** ~ transports en commun **Personenwagen** *s.* **Personenkraftwagen**
Personifikation [pɛrzonifika'tsi̯o:n] *s.* **Personifizierung**
personifizieren* [pɛrzonifi'tsi:rən] *vt* ❶ personnifier *Naturgewalt* ❷ *(verkörpern)* ***die personifizierte Arbeitswut*** la folie du boulot incarnée
Personifizierung <-, -en> *f (geh)* personnification *f*
persönlich [pɛr'zø:nlɪç] **I.** *adj* ❶ personnel(le); *Freiraum* individuel(le) ❷ *(anzüglich)* ~ ***werden*** devenir vexant(e) **II.** *adv* ~ ***erscheinen*** venir en personne
Persönlichkeit <-, -en> *f* personnalité *f*
Perspektive [pɛrspɛk'ti:və] <-, -n> *f* perspective *f*
perspektivisch [pɛrspɛk'ti:vɪʃ] *adv* en perspective
Peru [pe'ru:] <-s> *nt* le Pérou
Perücke [pe'rʏkə] <-, -n> *f* perruque *f*
pervers [pɛr'vɛrs] **I.** *adj* ❶ PSYCH pervers(e) ❷ *(fam: schrecklich)* à crever **II.** *adv* ***~ veranlagt sein*** avoir un naturel pervers
Perversion [pɛrvɛr'zi̯o:n] <-, -en> *f* perversion *f*
Perversität [pɛrvɛrzi'tɛ:t] <-, -en> *f (geh)* ❶ *kein Pl (geh: perverse Art)* perversité *f* ❷ *(Perversion)* perversion *f*
pervertieren* [pɛrvɛr'ti:rən] *(geh)* **I.** *vt* + *haben* pervertir **II.** *vi* + *sein* ***zu einem Terrorregime*** ~ dégénérer en régime de terreur
Pessar [pɛ'sa:ɐ̯] <-s, -e> *nt* diaphragme *m*
Pessimismus [pɛsi'mɪsmʊs] <-> *m* pessimisme *m*
Pessimist(in) [pɛsi'mɪst] <-en, -en> *m(f)* pessimiste *mf*
pessimistisch **I.** *adj* pessimiste **II.** *adv* avec pessimisme
Pest [pɛst] <-> *f* peste *f* ▶ **wie die ~ stinken** *(fam)* empester
Pestizid [pɛsti'tsi:t] <-s, -e> *nt* pesticide *m*
Peter ▶ **jdm den Schwarzen ~ zuschieben** *(fam)* faire porter le chapeau à qn
Petersilie [petɐ'zi:li̯ə] <-, -n> *f* persil *m*

PET-Flasche ['pet-] *f* bouteille *f* en plastique consignée
Petition [peti'tsi̯o:n] <-, -en> *f* pétition *f*
Petrischale *f* BIO, MED boîte *f* de Pétri
Petrochemie [petroçe'mi:] *f* pétrochimie *f*
Petroleum [pe'tro:leʊm] <-s> *nt* pétrole *m*; *(für Petroleumlampen)* pétrole lampant
Petroleumlampe *f* lampe *f* à pétrole
Petrus <-> *m* Saint Pierre
Petting ['pɛtɪŋ] <-s, -s> *nt* attouchements *mpl*
Petunie [pe'tu:ni̯ə] <-, -n> *f* pétunia *m*
Petze ['pɛtsə] <-, -n> *f (pej fam)* rapporteur, -euse *m, f*
petzen ['pɛtsən] **I.** *vt (pej fam)* rapporter; ***jdm etw*** ~ rapporter qc à qn **II.** *vi (pej fam)* rapporter
Petzer *m s.* **Petze**
peu à peu [pø:a'pø:] *adv* peu à peu
Pf *Abk von* **Pfennig** HIST pfennig *m*
Pfad [pfa:t] <-[e]s, -e> *m* ❶ sentier *m* ❷ INFORM chemin *m*
Pfadfinder(in) <-s, -> *m(f)* scout *m* / guide *f*
Pfaffe ['pfafə] <-n, -n> *m (pej)* cureton *m*
Pfahl [pfa:l, *Pl:* pfɛ:lə] <-[e]s, Pfähle> *m* ❶ *(Zaunpfahl)* pieu *m* ❷ *(spitzer Rundbalken)* pal *m*
Pfalz [pfalts] <-, -en> *f* GEOG ***die*** ~ le Palatinat
Pfand [pfant, *Pl:* 'pfɛndɐ] <-[e]s, Pfänder> *nt* ❶ *kein Pl (für Leergut)* consigne *f* ❷ *a.* SPIEL *(Unterpfand)* gage *m*
Pfandbrief *m* obligation *f* hypothécaire
pfänden ['pfɛndən] *vt* ❶ *(beschlagnahmen)* saisir ❷ *(einer Pfändung unterziehen)* ***jdn ~ lassen*** faire saisir qn
Pfandflasche *f* bouteille *f* consignée **Pfandleihe** <-, -n> *f* crédit *m* municipal, mont-de-pitié *m* **Pfandleiher(in)** <-s, -> *m(f)* prêteur, -euse *m, f* sur gages
Pfändung <-, -en> *f* saisie *f*
Pfanne ['pfanə] <-, -n> *f* ❶ *(Bratpfanne)* poêle *f* ❷ CH *(Topf)* casserole *f* ❸ *(Dachziegel)* tuile *f* ▶ **jdn in die ~ hauen** *(fam)* démolir qn
Pfannkuchen ['pfanku:xən] *m* crêpe *f* [épaisse]
Pfarramt ['pfarʔamt] *nt* cure *f*
Pfarrei [pfa'rai̯] <-, -en> *f* ❶ *(Gemeinde)* paroisse *f* ❷ *(Pfarramt)* cure *f*
Pfarrer(in) ['pfarɐ] <-s, -> *m(f) (evangelisch)* pasteur *m*; *(katholisch)* curé *m*
Pfarrgemeinde *f* paroisse *f* **Pfarrhaus** *nt* presbytère *m*

Pfau [pfau̯] <-[e]s *o* -en, -en> *m* paon *m*
Pfauenauge *nt* ZOOL paon *m* de jour
Pfeffer ['pfɛfɐ] <-s, -> *m* poivre *m* ▶ **der soll bleiben, wo der ~ wächst!** il peut rester où il est!
Pfefferkuchen *m* pain *m* d'épice **Pfefferminz** <-es> *nt* menthe *f*
Pfefferminzbonbon *nt o m* bonbon *m* à la menthe
Pfefferminze <-> *f* menthe *f* [poivrée]
Pfefferminztee *m* tisane *f* de menthe
Pfeffermühle *f* moulin *m* à poivre
pfeffern ['pfɛfɐn] *vt* poivrer *Gericht*
Pfefferstreuer <-s, -> *m* poivrier *m*
Pfeife ['pfai̯fə] <-, -n> *f* ❶ *(Tabakspfeife)* pipe *f* ❷ *(Trillerpfeife)* sifflet *m* ❸ *(Musikinstrument)* fifre *m* ❹ *(fam: Nichtskönner)* nullard(e) *m(f)* ▶ **nach jds ~ tanzen** *(fam)* se laisser mener [par le bout du nez] par qn
pfeifen ['pfai̯tən] <pfiff, gepfiffen> **I.** *vi* ❶ *(Töne erzeugen)* siffler ❷ *(fam: verzichten)* ***auf etw*** *akk* ~ se ficher de qc **II.** *vt* siffler *Lied*
Pfeifenkopf *m* fourneau *m* de [la] pipe
Pfeifkonzert *nt* sifflements *mpl* **Pfeifton** *m* signal *m*
Pfeil [pfai̯l] <-s, -e> *m (Geschoss, Zeichen)* flèche *f*
Pfeiler ['pfai̯lɐ] <-s, -> *m* pilier *m*; *(Brückenpfeiler)* pile *f*
Pfennig ['pfɛnɪç] <-s, -e> *m* HIST pfennig *m* ▶ **jeden ~ umdrehen** *(fam)* regarder à la dépense
Pfennigabsatz *m (fam)* talon *m* aiguille
Pfennigfuchser(in) ['pfɛnɪçfʊksɐ] <-s, -> *m(f) (fam)* grippe-sou *m*
Pferch [pfɛrç] <-[e]s, -e> *m* AGR parc *m*
pferchen [pfɛrçən] *vt* parquer; ***die Pferde in den Stall*** ~ parquer les chevaux dans l'écurie
Pferd [pfe:ɐ̯t] <-[e]s, -e> *nt* ❶ cheval *m*; ***auf einem ~ reiten*** chevaucher ❷ *(Turngerät)* cheval *m* d'arçons ❸ SPIEL cavalier *m* ▶ **keine zehn ~e** *(fam)* rien au monde; **jdm was** [*o* **einen**] **vom ~ erzählen** *(fam)* raconter à qn une histoire à dormir debout; **mit ihm/ihr kann man ~e stehlen** *(fam)* on peut faire les quatre cents coups avec lui/elle; **ich glaub, mich tritt ein ~!** *(fam)* j'ai cru halluciner! *fam*
Pferdeapfel *m* crottin *m* **Pferdedieb(in)** *m(f)* voleur, -euse *m, f* de chevaux **Pferdefuß** *m* pied *m* fourchu **Pferdegebiss** *nt (fam)* dents *fpl* de cheval **Pferderennen** *nt* course *f* de chevaux **Pferderennsport** *m* hippisme *m* **Pfer-**

P

deschwanz *m* queue *f* de cheval **Pferdestall** *m* écurie *f* **Pferdezucht** *f* élevage *m* de chevaux

pfiff [pfɪf] *Imp von* **pfeifen**

Pfiff [pfɪf] <-s, -e> *m* ❶ *(Pfeifton)* sifflement *m* ❷ *(fam: Reiz)* ***ohne ~*** sans originalité

Pfifferling ['pfɪfɐlɪŋ] <-[e]s, -e> *m* girolle *f* ▶ **keinen ~ wert sein** *(fam)* ne pas valoir un clou

pfiffig ['pfɪfɪç] **I.** *adj* malin, -igne **II.** *adv* avec finesse

Pfingsten ['pfɪŋstən] <-, -> *nt meist kein Art* la Pentecôte

Pfingstferien *Pl* vacances *fpl* de la Pentecôte **Pfingstmontag** *m* lundi *m* de Pentecôte **Pfingstrose** *f* pivoine *f* **Pfingstsonntag** [pfɪŋst'zɔnta:k] *m* dimanche *m* de [la] Pentecôte

Pfirsich ['pfɪrzɪç] <-s, -e> *m* pêche *f*

Pfirsichbaum *m* pêcher *m*

Pflanze ['pflantsə] <-, -n> *f* plante *f*

pflanzen **I.** *vt (setzen)* planter **II.** *vr (fam)* ***sich auf das Sofa ~*** s'affaler sur le divan

Pflanzenfett *nt* graisse *f* végétale **Pflanzenfresser** *m* herbivore *m* **Pflanzengift** *nt* ❶ *(aus Pflanzen stammend)* poison *m* végétal ❷ *(gegen Unkraut)* herbicide *m* **Pflanzenöl** *nt* huile *f* végétale **Pflanzenschutzmittel** *nt* produit *m* phytosanitaire; *(gegen Insekten)* insecticide *m* écologique **Pflanzenwelt** *f* flore *f*

pflanzlich **I.** *adj attr* ❶ *(aus Pflanzen gewonnen)* végétal(e) ❷ *(vegetarisch)* végétarien(ne) **II.** *adv* ***sich ~ ernähren*** avoir un régime végétarien

Pflanzung <-, -en> *f (Plantage)* plantation *f*

Pflaster ['pflastɐ] <-s, -> *nt* ❶ *(Heftpflaster)* sparadrap *m* ❷ *(Straßenbelag)* chaussée *f*; *(Kopfsteinpflaster)* pavé *m* ▶ **ein heißes ~** *(fam)* un quartier chaud

pflastern **I.** *vt* paver *Straße* **II.** *vi* paver

Pflasterstein *m* pavé *m*

Pflaume ['pflaumə] <-, -n> *f* ❶ *(Frucht)* prune *f* ❷ *(fam: Schimpfwort)* nouille *f*

Pflaumenbaum *m* prunier *m* **Pflaumenkuchen** *m* tarte *f* aux quetsches **Pflaumenmus** *nt* compote *f* de prunes

Pflege ['pfle:gə] <-> *f* ❶ *(Körperpflege)* soins *mpl* ❷ *(Krankenpflege)* soins *mpl* ❸ *(Obhut)* ***jdn/ein Tier bei jdm in ~ geben*** mettre qn/un animal en pension chez qn ❹ *(Versorgung) der Pflanzen* soins *mpl*; *von Anlagen* entretien *m* ❺ *(geh: Aufrechterhaltung)* conservation *f*; *des Brauchtums* maintien *m*

pflegebedürftig *adj Person* dépendant(e) **Pflegeberuf** *m* profession *f* du secteur sanitaire et social **Pflegedienst** *m* service *m* de soins à domicile **Pflegeeltern** *Pl* parents *mpl* adoptifs **Pflegefall** *m* personne *f* qui réclame des soins constants **Pflegegeld** *nt* indemnité *f* de soins **Pflegeheim** *nt* maison *f* médicalisée **Pflegekind** *nt* enfant *mf* placé(e) dans une famille **pflegeleicht** *adj* ❶ *Kleidung* facile à entretenir; *Pflanze* facile à soigner ❷ *(fig, hum) Person* facile à vivre; *Kind* facile **Pflegemutter** *f* mère *f* nourricière

pflegen **I.** *vt* ❶ soigner *Kranken, Tier, Pflanze;* entretenir *Denkmal* ❷ *(aufrechterhalten)* cultiver ❸ *(gewöhnlich tun)* ***er pflegt morgens zu duschen*** il a l'habitude de prendre une douche le matin **II.** *vr* ***sich ~*** soigner son apparence; *(sich schonen)* se ménager

Pflegenotstand *m* pénurie *f* de personnel soignant **Pflegepersonal** *nt* personnel *m* soignant

Pfleger(in) <-s, -> *m(f)* infirmier, -ière *m, f*

Pflegesohn *m* garçon *m* placé dans une famille **Pflegetochter** *f* fille *f* placée dans une famille **Pflegevater** *m* père *m* nourricier **Pflegeversicherung** *f* assurance *f* dépendance

pfleglich *adj* soigneux

Pflegschaft <-, -en> *f* JUR curatelle *f*

Pflicht [pflɪçt] <-, -en> *f* ❶ devoir *m* ❷ SPORT [exercices *mpl*] imposés *mpl*

pflichtbewusst *adj* conscient(e) de ses devoirs **Pflichtbewusstsein** *nt* sens *m* du devoir **Pflichtexemplar** *nt exemplaire que chaque éditeur est tenu d'envoyer à la Bibliothèque centrale allemande* **Pflichtfach** *nt* matière *f* obligatoire **Pflichtgefühl** *nt* sens *m* du devoir **pflichtgemäß** **I.** *adj* réglementaire **II.** *adv* conformément au règlement **Pflichtlektüre** *f* ouvrage *m* que l'on doit absolument lire; ***im Philosophiestudium zur ~ gehören*** faire partie des ouvrages qu'il faut absolument lire quand on fait des études de philosophie **Pflichtübung** *f* imposés *mpl* **pflichtvergessen** **I.** *adj* oublieux, -ieuse [de ses devoirs] **II.** *adv* en oubliant ses devoirs **Pflichtverletzung** *f* prévarication *f*, manquement *m* aux devoirs [*o* obligations]; ***grobe ~*** manquement grave **pflichtversichert** *adj* ***~ sein*** être soumis à une assurance obligatoire **Pflichtversicherung** *f* assurance *f* obligatoire **Pflichtverteidiger(in)** *m(f)* avocat(e) *m(f)* commis(e) d'office

P

Pflock [pflɔk, *Pl:* 'plœkə] <-[e]s, Pflöcke> *m* piquet *m*
pflücken ['pflʏkən] *vt* cueillir
Pflug [pfluːk, *Pl:* 'pflyːgə] <-es, Pflüge> *m* charrue *f*
pflügen ['pflyːgən] *vt* labourer *Acker*
Pforte ['pfɔrtə] <-, -n> *f* porte *f*
Pförtner ['pfœrtnɐ] <-s, -> *m* gardien *m*
Pförtnerin <-, -nen> *f* gardienne *f*
Pförtnerloge [-loːʒə] *f* loge *f* du concierge
Pfosten ['pfɔstən] <-s, -> *m* ❶ *a.* SPORT poteau *m* ❷ *(Stützpfosten)* montant *m*
Pfote ['pfoːtə] <-, -n> *f* ❶ patte *f* ❷ *(fam: Hand)* **~n weg!** bas les pattes!
Pfropf [pfrɔpf] <-[e]s, -e> *m* bouchon *m*
pfropfen ['pfrɔpfən] *vt* ❶ boucher *Flasche* ❷ *(fam: zwängen)* fourrer; ***gepfropft voll*** plein à craquer, bondé ❸ BOT greffer
Pfropfen ['pfrɔpfən] <-s, -> *m* bouchon *m*
Pfründe ['pfrʏndə] <-, -n> *f* prébende *f*
pfui [pfui] *interj* be[u]rk
Pfund [pfʊnt] <-[e]s, -e> *nt* ❶ *(Gewicht)* livre *f* ❷ *(Währung)* livre *f*
Pfundskerl *m (fam)* mec *m* /nana *f* super
Pfusch [pfʊʃ] <-[e]s> *m (fam)* travail *m* bâclé
pfuschen ['pfʊʃən] *vi (fam: nachlässig arbeiten)* bâcler le travail
Pfuscher(in) <-s, -> *m(f) (fam: nachlässiger Mensch)* bousilleur, -euse *m, f*
Pfütze ['pfʏtsə] <-, -n> *f* flaque *f*
PH [peːˈhaː] <-, -s> *f Abk von* **Pädagogische Hochschule** ≈ EN *f,* ≈ IUFM *m*
phallisch ['falɪʃ] *adj (geh)* phallique
Phallus ['falʊs] <-, -se *o* Phalli *o* Phallen> *m (geh)* phallus *m*
Phänomen [fɛnoˈmeːn] <-s, -e> *nt* phénomène *m*
phänomenal [fɛnomeˈnaːl] *adj* phénoménal(e)
phantasielos *s.* **fantasielos**
Phantasielosigkeit *s.* **Fantasielosigkeit**
phantasievoll *s.* **fantasievoll**
Phantom [fanˈtoːm] <-s, -e> *nt* fantôme *m*
Phantombild *nt* portrait-robot *m*
Pharao, Pharaonin ['faːrao] <-s, Pharaonen> *m, f* pharaon(ne) *m(f)*
Pharisäer [fariˈzɛːɐ̯] <-s, -> *m* ❶ REL pharisien *m* ❷ *(Getränk) café avec du rhum, couronné de crème Chantilly*
Pharmaindustrie *f* industrie *f* pharmaceutique
Pharmakologie [farmakoloˈgiː] <-> *f* pharmacologie *f*
Pharmakonzern *m* groupe *m* pharmaceutique
Pharmazeut(in) [farmaˈtsɔʏt] <-en, -en> *m(f)* pharmacien(ne) *m(f)*
Pharmazeutik [farmaˈtsɔʏtɪk] <-> *f* pharmaceutique *f pas de pl*
pharmazeutisch [farmaˈtsɔʏtɪʃ] *adj* pharmaceutique
Pharmazie [farmaˈtsiː] <-> *f* pharmacie *f*
Phase ['faːzə] <-, -n> *f a.* ELEC, ASTRON phase *f*
Philatelie [filateˈliː] <-> *f* philatélie *f*
Philatelist(in) [filateˈlɪst] <-en, -en> *m(f)* philatéliste *mf*
Philharmonie [fɪlharmoˈniː] <-, -ien> *f* ❶ philharmonie *f* ❷ *(Gebäude)* [bâtiment *m* abritant la] philharmonie *f*
Philharmoniker(in) [fɪlharˈmoːnikɐ] <-s, -> *m(f) Pl (Orchester)* ***die Wiener*** ~ l'orchestre *m* philharmonique de Vienne
Philippinen [filɪˈpiːnən] *Pl* ***die*** ~ les Philippines *f pl*
Philister [fiˈlɪstɐ] <-s, -> *m* REL Philistin *m*
Philologe, Philologin [filoˈloːgə] *m, f* philologue *mf*
Philologie [filoloˈgiː] <-, -ien> *f* philologie *f*
philologisch *adj* de philologie
Philosoph(in) [filoˈzoːf] <-en, -en> *m(f)* philosophe *mf*
Philosophie [filozoˈfiː] <-, -ien> *f* philosophie *f*
philosophieren* [filozoˈfiːrən] *vi* philosopher; ***über etw*** *akk* ~ philosopher sur qc
philosophisch [filoˈzoːfɪʃ] *adj* philosophique
Phishing ['fɪʃɪŋ] <-s> *nt kein Pl* INET hameçonnage *m*
Phlegma ['flɛgma] <-s> *nt* indolence *f*
phlegmatisch [flɛˈgmaːtɪʃ] *adj* indolent(e), flegmatique
pH-neutral [peːˈhaː-] *adj* pH-neutre
Phobie [foˈbiː] <-, -ien> *f* MED phobie *f*
Phon [foːn] <-s, -s> *nt* PHYS phone *m*
Phonem [foˈneːm] <-s, -e> *nt* LING phonème *m*
Phonetik [foˈneːtɪk] <-> *f* phonétique *f*
phonetisch [foˈneːtɪʃ] *adj* phonétique
Phönix ['føːnɪks] <-[es], -e> *m* ▶ **wie ein ~ aus der Asche** comme le phénix renaissant de ses cendres
Phönizier(in) [føˈniːtsi̯ɐ] <-s, -> *m(f)* Phénicien(ne) *m(f)*
Phosphat [fɔsˈfaːt] <-[e]s, -e> *nt* CHEM phosphate *m*
Phosphor ['fɔsfoːɐ̯] <-s> *m* CHEM phosphore *m*
phosphoreszieren* [fɔsforɛsˈtsiːrən] *vi* être phosphorescent

P

Phrase ['fra:zə] <-, -n> *f (pej)* formule *f* [toute faite]
pH-Wert [pe:'ha:ve:ɐ̯t] *m* pH *m*
Physik [fy'zi:k] <-> *f* physique *f*
physikalisch [fyzi'ka:lɪʃ] *adj Formel* de physique; *Gesetz* physique
Physiker(in) ['fy:zikɐ] <-s, -> *m(f)* physicien(ne) *m(f)*
Physikum ['fy:zikʊm] <-s, -ka> *nt examen intermédiaire au terme du quatrième semestre de médecine*
Physiologe, **Physiologin** [fyzi̯o'lo:gə] <-n, -n> *m, f* physiologiste *mf*
Physiologie [fyzi̯olo'gi:] <-> *f* physiologie *f*
physiologisch [fyzi̯o'lo:gɪʃ] *adj* physiologique
Physiotherapeut(in) *m(f)* physiothérapeute *mf*
Physiotherapie *f kein Pl* physiothérapie *f pas de pl*
physisch ['fy:zɪʃ] *adj* physique
Pi [pi:] <-[s]> *nt* MATH pi *m*; ***die Zahl*** ~ le nombre pi ▶ **~ mal Daumen** *(fam)* grosso modo
Pianist(in) [pi̯a'nɪst] <-en, -en> *m(f)* pianiste *mf*
piano *adv* piano
Piano <-s, -s> *nt (veraltet: Klavier)* piano *m*
picheln **I.** *vi* picoler **II.** *vt* ▶ **einen ~ gehen** aller se rincer le gosier *fam*
Pickel ['pɪkəl] <-s, -> *m* ❶ bouton *m* ❷ *(Spitzhacke)* pioche *f*; *(Eispickel)* piolet *m*
pickelig *adj Gesicht* boutonneux, -euse
picken ['pɪkən] **I.** *vi Huhn:* picorer **II.** *vt* picorer *Körner*
Pickerl ['pɪkɐl] <-s, -n> *nt* A autocollant *m*
picklig *s.* **pickelig**
Picknick ['pɪknɪk] <-s, -s *o* -e> *nt* pique-nique *m*
picknicken *vi* pique-niquer
Pick-up ['pɪkʔap, 'pɪkap] <-s, -s> *m* pick-up *m*
picobello [pi:ko'bɛlo] *adv (fam)* impec
Piefke ['pi:fkə] <-[s], -[s]> *m (pej)* ❶ NDEUTSCH *(dümmlicher Wichtigtuer)* vantard *m péj* ❷ A *(Deutscher)* ≈ teuton *m péj*
piekfein ['pi:k'fai̯n] *(fam)* **I.** *adj Restaurant* sélect(e) **II.** *adv* chiquement
piep *interj* cui-cui *fam* ▶ **nicht mehr ~ sagen können** *(fam)* n'arriver même plus à dire ouf
Piep ▶ **keinen ~ sagen** *(fam)* ne pas piper [mot]
piepe *adj* ***das ist mir*** ~ je m'en fiche
piepegal *adj (fam)* ***das ist mir*** ~ je m'en [contre]fiche
piepen ['pi:pən] **I.** *vi Vogel:* pépier; *Maus:* couiner; *Funkgerät:* faire bip[-bip] **II.** *vi unpers (fam)* ***bei ihm piept's*** il déraille
Piepen *Pl (fam)* pépètes *f pl*
piepsen ['pi:psən] *vi* ❶ *s.* **piepen I.** ❷ *(mit Fistelstimme singen)* chanter avec une voix de fausset
Piepser <-s, -> *m (fam)* ❶ *(Piepton)* signal *m* sonore ❷ *(Personenrufgerät)* bip *m*
piepsig ['pi:psɪç] *adj Stimme* fluet(te); *Person* menu(e)
Pier <-s, -s> *m* débarcadère *m*
piercen ['pi:ɐsən] *vt* ***sich ~ lassen*** se faire faire un piercing
Piercing ['pi:ɐ̯sɪŋ] <-s, -s> *nt* piercing *m*
piesacken ['pi:zakən] *vt (fam)* ***jdn*** ~ *Person:* embêter qn; *Tier:* enquiquiner qn
pieseln ['pi:zəln] *vi (fam)* ❶ *(nieseln)* bruiner ❷ *(urinieren)* pisser
Pietät [pi̯e'tɛ:t] <-> *f (geh)* piété *f*
pietätlos [pi̯e'tɛ:t-] *adj (geh)* irrespectueux
Pigment [pɪ'gmɛnt] <-s, -e> *nt* pigment *m*
Pigmentfleck *m* tache *f* pigmentaire
Pik [pi:k] <-s, -> *nt* SPIEL pique *m*
pikant [pi'kant] **I.** *adj* ❶ relevé(e); *Soße* piquant(e) ❷ *(frivol)* piquant(e) **II.** *adv* ~ ***schmecken*** être relevé
Pike ['pi:kə] ▶ **etw von der ~ auf lernen** *(fam)* apprendre en commençant en bas de l'échelle
piken ['pi:kən] *(fam)* **I.** *vt* piquer; ***jdn mit etw*** ~ piquer qn avec qc **II.** *vi Pullover:* piquer
pikiert [pi'ki:ɐ̯t] *(geh)* **I.** *adj* offusqué(e) **II.** *adv reagieren* avec indignation
Pikkolo ['pɪkolo] <-s, -s> *m* ≈ quart *m* de mousseux
Pikkoloflöte *f* piccolo *m*
piksen *s.* **piken**
Piktogramm <-s, -e> *nt* pictogramme *m*
Pilates [pi'la:təs] <-> *kein Pl nt* méthode *f* Pilates
Pilger(in) ['pɪlgɐ] <-s, -> *m(f)* pèlerin(e) *m(f)*
Pilgerfahrt *f* pèlerinage *m*
pilgern *vi + sein* ***nach Mekka*** ~ se rendre en pèlerinage à la Mecque
Pilgerreise *s.* **Pilgerfahrt**
Pille ['pɪlə] <-, -n> *f (Tablette, Antibabypille)* pilule *f*

Falsche Freunde
Nicht verwechseln mit *la pile* – *der Stapel*!

Pillenknick *m (fam)* fléchissement *m* de la courbe de la natalité dû à la pilule
Pilot(in) [pi'lo:t] <-en, -en> *m(f)* pilote *mf*
Pilotfilm *m* film-pilote *m* **Pilotprojekt** *nt,* **Pilotversuch** *m* projet-pilote *m*
Pils <-, -> *nt* pils *f*
Pilz [pɪlts] <-es, -e> *m a.* MED champignon *m*
Pilzerkrankung *f,* **Pilzkrankheit** *f* MED mycose *f* **Pilzvergiftung** *f* intoxication *f* par des champignons
Piment [pi'mɛnt] <-[e]s, -e> *m o nt* piment
Pimmel ['pɪməl] <-s, -> *m (fam)* zizi *m*
Pimpf [pɪmpf] <-[e]s, -e> *m (fam)* gosse *m fam*
PIN [pɪn] <-, -s> *f Abk von* **persönliche Identifikationsnummer** code *m* PIN
PIN-Code *m* code *m* PIN [*o* NIP]
pingelig ['pɪŋəlɪç] *adj (fam)* maniaque
Pingpong ['pɪŋpɔŋ] <-s> *nt* ping-pong *m inv*
Pinguin ['pɪŋgui:n] <-s, -e> *m* pingouin *m*
Pinie ['pi:ni̯ə] <-, -n> *f* pin *m* parasol
Pinienkern *m* pigne *f,* pignon *m* MIDI
pink [pɪŋk] *adj* rose bonbon [*o* vif]
Pink ['pɪŋk] <-s, -s> *nt* rose *m* vif
Pinkel ['pɪŋkəl] <-s, -> *m (pej fam)* ***ein feiner*** **~** un minet
pinkeln ['pɪŋkəln] *vi (fam)* pisser
pinkfarben *adj* rose vif
pinnen ['pɪnən] *vt (fam)* ***etw an die Wand*** **~** épingler qc au mur
Pinnwand ['pɪnvant] *f* tableau *m* aide-mémoire
Pinscher ['pɪnʃɐ] <-s, -> *m* pinscher *m*
Pinsel ['pɪnzəl] <-s, -> *m* pinceau *m*
pinseln ['pɪnzəln] *vt (fam: schreiben)* ***einen Spruch an die Wand*** **~** barbouiller une inscription au mur
Pinte ['pɪntə] <-, -n> *f (fam)* troquet *m*
Pin-up-girl [pɪn'ʔapgø:l] <-s, -s> *nt* pin up *f*
Pinzette [pɪn'tsɛtə] <-, -n> *f* pincette *f; (Kosmetikpinzette)* pince *f* à épiler
Pionier(in) [pi̯o'ni:ɐ̯] <-s, -e> *m(f) (geh)* pionnier, -ière *m, f*
Pionierarbeit *f kein Pl* travail *m* de pionnier *pas de pl*

Pipapo [pipa'po:] <-s; *kein Pl*> *nt (fam)* ▶ **mit allem ~** et tout le bataclan *fam*
Pipeline ['pai̯plai̯n] <-, -s> *f* pipeline *m*
Pipette [pi'pɛtə] <-, -n> *f* pipette *f*
Pipi ['pɪpi] <-s> *nt (Kinderspr.)* **~ *machen*** faire pipi
Pipifax <-> *nt (pej fam)* pipi *m* de chat *fig*
Piranha [pi'ranja] <-[s], -s> *m* piranha *m*
Pirat(in) [pi'ra:t] <-en, -en> *m(f)* pirate *m*
Piratenschiff *nt* bateau de pirates *m*
Piratensender *m* émetteur *m* pirate
Piraterie [piratə'ri:] <-, -ien> *f* piraterie *f*
Pirouette [pi'ruɛtə] <-n> *f* pirouette *f*
Pirsch [pɪrʃ] <-> *f* ***auf die ~ gehen*** aller à la chasse [à l'approche]
PISA ['pi:za] *Abk von* **Program[me] for International Student Assessment** PISA
PISA-Studie ['pi:za-] *f* enquête *f* PISA *(programme international pour le suivi des acquis des élèves)*
Pisse ['pɪsə] <-> *f (vulg)* pisse *f*
pissen ['pɪsən] *vi (vulg)* pisser *fam*
Pissoir [pɪ'so̯a:ɐ̯] <-s, -s *o* -e> *nt* urinoir *m*
Pistazie [pɪs'ta:tsi̯ə] <-, -n> *f* pistache *f; (Baum)* pistachier *m*
Piste ['pɪstə] <-, -n> *f* piste *f*
Pistole [pɪs'to:lə] <-, -n> *f* pistolet *m* ▶ **wie aus der ~ geschossen** *(fam)* du tac au tac
pitschnass ['pɪtʃ'nas] *adj (fam)* complètement trempé(e)
Pixel ['pɪksəl] <-[s], -> *nt* INFORM pixel *m*
pixelig ['pɪksəlɪç] *adj (fam)* pixélisé(e)
Pizza ['pɪtsa] <-, -s> *f* pizza *f*
Pizzaservice *m* service *m* pizza
Pizzeria [pɪtse'ri:a] <-, -s *o* -rien> *f* pizzeria *f*
Pkw ['pe:ka:ve:, pe:ka:'ve:] <-s, -s> *m Abk von* **Personenkraftwagen** voiture *f* [particulière]
Placebo [pla'tse:bo] <-s, -s> *nt* MED placebo *m*
Placeboeffekt *m* MED effet *m* placebo
Plackerei [plakə'rai̯] <-, -en> *f (fam)* galère *f*
plädieren* [plɛ'di:rən] *vi* ❶ JUR ***auf Freispruch*** **~** *Rechtsanwalt:* plaider non-coupable ❷ *(geh: sich aussprechen)* ***für etw*** **~** plaider pour qc
Plädoyer [plɛdo̯a'je:] <-s, -s> *nt* ❶ JUR *eines Rechtsanwalts* plaidoirie *f; eines Staatsanwalts* réquisitoire *m* ❷ *(geh: Eintreten)* **~ *für/gegen etw*** plaidoyer *m* pour/contre qc
Plage ['pla:gə] <-, -n> *f* plaie *f; (Schädlingsplage)* fléau *m*

P

plagen ['pla:gən] **I.** *vt* tourmenter; ***jdn ~*** *Gewissen:* tourmenter qn; *Neugierde:* dévorer qn; *Hunger:* tenailler qn **II.** *vr* ***sich mit seiner Arbeit ~*** s'esquinter à faire son travail *fam*
Plagiat [pla'gi̯a:t] <-[e]s, -e> *nt (geh)* plagiat *m*
plagiieren* [plagi'i:rən] *vt (geh)* plagier *Werk*
Plakat [pla'ka:t] <-[e]s, -e> *nt* affiche *f*
Plakatfarbe *f* peinture *f* pour affiches
plakativ [plaka'ti:f] *adj (geh)* frappant(e)
Plakatsäule *f* colonne *f* Morris **Plakatwand** *f* panneau *m* d'affichage **Plakatwerbung** *f* affichage *m* publicitaire
Plakette [pla'kɛtə] <-, -n> *f* badge *m; (Gedenkplakette)* médaille *f*
Plan [pla:n, *Pl:* 'plɛ:nə] <-[e]s, Pläne> *m* ❶ *(Überlegung, Planzeichnung)* plan *m* ❷ *meist Pl (Planung)* projet *m*
Plane ['pla:nə] <-, -n> *f* bâche *f*
planen ['pla:nən] *vt* ❶ planifier *Projekt, Verbrechen* ❷ *(entwerfen)* dessiner les plans de
Planet [pla'ne:t] <-en, -en> *m* planète *f*
planetarisch [plane'ta:rɪʃ] *adj* planétaire
Planetarium [plane'ta:ri̯ʊm] <-s, -tarien> *nt* planétarium *m*
planieren* *vt* aplanir
Planierraupe *f* bulldozer *m*
Planke ['plaŋkə] <-, -n> *f* planche *f*
Plankton ['plaŋktɔn] <-s> *nt* plancton *m*
planlos **I.** *adj* désordonné(e) **II.** *adv* au hasard
Planlosigkeit <-> *f* absence *f* de méthode
planmäßig **I.** *adj* ❶ *Ankunft* normal(e) ❷ *(systematisch)* méthodique **II.** *adv stattfinden* comme prévu
Planquadrat *nt* quadrilatère *m* [du plan]
Planschbecken *nt* pataugeoire *f*
planschen ['planʃən] *vi* barboter **Planstelle** *f* poste *m* budgétaire
Plantage [plan'ta:ʒə] <-, -n> *f* plantation *f*
Planung <-, -en> *f (errechneter Plan)* plan *m,* planning *m* **Planungsbüro** *nt* bureau *m* d'études
Planwirtschaft *f* économie *f* planifiée
Plappermaul *nt (pej fam)* moulin *m* à paroles
plappern ['plapɐn] *(fam)* **I.** *vi* bavarder **II.** *vt* marmonner *Unverständliches*
plärren ['plɛrən] *vi (pej: weinen) Kind:* pleurnicher
Plasma ['plasma] <-s, Plasmen> *nt* MED plasma *m*

P

Plastik¹ ['plastɪk] <-s> *nt (Kunststoff)* plastique *m*
Plastik² ['plastɪk] <-, -en> *f* KUNST sculpture *f*
Plastikbeutel *m s.* **Plastiktüte** **Plastikfolie** *f* feuille *f* de plastique **Plastikmüll** *m* déchets *mpl* plastiques **Plastiksprengstoff** *m* explosif *m* plastique **Plastiktüte** *f* sac *m* en plastique
plastisch ['plastɪʃ] **I.** *adj* ❶ *Material* malléable ❷ *(räumlich)* en relief ❸ *Schilderung* clairement réalisé(e) ❹ MED *Chirurgie* plastique **II.** *adv* ❶ *(räumlich)* en relief ❷ *(anschaulich)* concrètement
Platane [pla'ta:nə] <-, -n> *f* platane *m*
Plateau [pla'to:] <-s, -s> *nt* plateau *m*
Platin ['pla:ti:n] <-s> *nt* platine *m*
platonisch [pla'to:nɪʃ] *adj (geh) Liebe* platonique
platsch [platʃ] *interj* vlan; *(beim Aufprall auf Wasser)* plouf
platschen ['platʃən] *vi + sein (fam)* faire flac
plätschern ['plɛtʃɐn] *vi* ❶ *+ haben (ein plätscherndes Geräusch machen) Wasser:* clapoter ❷ *+ sein (fließen)* ***ins Tal ~*** s'écouler en clapotant dans la vallée
platt [plat] **I.** *adj* ❶ plat(e); *Nase* aplati(e) ❷ *(geistlos)* banal(e) ❸ *(fam: verblüfft)* ***~ sein*** [en] être baba **II.** *adv* ***jdn/etw ~ drücken*** écraser qn/qc
Platt *s.* **Plattdeutsch**
plattdeutsch ['platdɔy̯tʃ] **I.** *adj Dialekt* bas allemand(e); *Wort* de bas allemand **II.** *adv* ***~ sprechen*** parler bas allemand; *s. a.* **deutsch**
Plattdeutsch *nt kein Art* bas *m* allemand; *s. a.* **Deutsch**
Platte¹ ['platə] <-, -n> *f* ❶ *(Stein-, Keramikplatte: klein)* carreau *m; (groß)* dalle *f* ❷ *(Metallplatte)* plaque *f* ❸ *(Servierplatte)* plateau *m* ❹ *(Speisenplatte)* ***kalte ~*** assiette *f* anglaise ❺ *(fam: Glatze)* calvitie *f* ❻ *(Schallplatte)* disque *m* ❼ *(Kochplatte)* plaque *f* [électrique] ▶ **eine andere ~ auflegen** *(fam)* changer de disque
Platte² ['platə] <-n, -n> *m (fam)* ***einen ~n haben*** être à plat
plätten ['plɛtən] *vt* NDEUTSCH repasser
Plattenfirma *f* maison *f* de disques
Plattensee *m* ***der ~*** le lac Balaton
Plattenspieler *m* platine *f* [disques]
Plattform *f* plate-forme *f* **Plattfuß** *m* ❶ pied *m* plat ❷ *(fam: Reifenpanne)* pneu *m* à plat
Plattheit <-, -en> *f* platitude *f*
Platz [plats, *Pl:* 'plɛtsə] <-es, Plätze> *m*

❶place *f;* ~ ***sparende Bauweise*** construction rationnelle ❷*(Sportplatz)* terrain *m* ▶ **~!** assis!; **fehl am ~[e] sein** *Person:* n'être pas à sa place; *Sache:* être déplacé
Platzangst *f* ❶*(fam: Klaustrophobie)* claustrophobie *f* ❷*(Agoraphobie)* agoraphobie *f* **Platzanweiser(in)** <-s, -> *m(f)* ouvreur, -euse *m, f*
Plätzchen ['plɛtsçən] <-s, -> *nt* ❶*Dim von* **Platz** petite place *f* ❷*(Gebäck)* ≈ petit gâteau *m* sec
platzen ['platsən] *vi* + *sein* ❶*Tüte:* éclater; *Reifen:* crever; *Naht:* craquer ❷*(fast umkommen)* ***vor Neugier*** *dat* ~ crever de curiosité ❸*(fam: fehlschlagen)* foirer
platzieren* [pla'tsi:rən] **I.** *vt* placer; ***ein [gut] platzierter Schuss*** un tir bien placé **II.** *vr* ***sich*** ~ ***[können]*** *Mannschaft, Sportler:* [pouvoir] se classer parmi les premiers, -ières
Platzierung [pla'tsi:rʊŋ] <-, -en> *f* ❶*kein Pl a.* FIN *(das Platzieren)* placement *m* ❷*(Rangfolge)* classement *m*
Platzkarte *f* [billet *m* de] réservation *f* **Platzkonzert** *nt* concert *m* en plein air **Platzmangel** *m* manque *m* de place
Platzpatrone *f* cartouche *f* à blanc
Platzregen *m* averse *f*
Platzreservierung *f* réservation *f* **platzsparend** *s.* **Platz 1** **Platzverweis** *m* expulsion *f* [du terrain]
Platzwunde *f* plaie *f* ouverte
Plauderei <-, -en> *f* causerie *f*
plaudern ['plaudɐn] *vi* ❶bavarder; ***mit jdm/über etw*** *akk* ~ bavarder avec qn/de qc ❷*(Geheimnisse verraten)* parler
Plausch [plauʃ] <-[e]s, -e> *m* SDEUTSCH, A bavardage *m*
plauschen ['plauʃn̩] *vi* SDEUTSCH, A papoter; ***mit jdm*** ~ papoter avec qn
plausibel [plau'zi:bəl] **I.** *adj Erklärung* plausible **II.** *adv erklären* de façon plausible
Playback, Play-back ['ple:bɛk] <-s, -s> *nt* play-back *m*
Playboy ['ple:bɔy] <-s, -s> *m* play-boy *m*
Playlist <-, -s> ['plɛɪlɪst] *f* playlist *f*
Playstation® ['pleɪste:ʃən] <-, s> *f* INFORM playStation® *f*
Plazenta [pla'tsɛnta] <-, -s *o* Plazenten> *f* MED placenta *m*
Plebiszit [plebɪs'tsi:t] <-[e]s, -e> *nt* plébiscite *m*
pleite ['plaitə] *adj (fam)* ~ ***sein*** *Person:* être fauché; *Firma:* être en déconfiture
Pleite ['plaitə] <-, -n> *f (fam)* ❶faillite *f* ❷*(Reinfall)* fiasco *m*
pleite|gehen *vi irr* + *sein (fam) Firma, Geschäft:* faire faillite
plemplem [plɛm'plɛm] *adj (fam)* ~ ***sein*** être zinzin
Plena *Pl von* **Plenum**
Plenarsaal [ple'na:ɐ̯za:l] *m* ≈ hémicycle *m*
Plenum ['ple:nʊm] <-s, Plena> *nt* assemblée *f* plénière
Pleuelstange *f* bielle *f*
Plissee [plɪ'se:] <-s, -s> *nt* tissu *m* plissé
PLO [pe:ʔɛl'ʔo:] <-> *f Abk von* **Palestine Liberation Organization** OLP *f*
Plombe ['plɔmbə] <-, -n> *f (Zahnplombe)* plombage *m*
plombieren* [plɔm'bi:rən] *vt* plomber
Plotter <-s, -> *m* INFORM traceur *m*
plötzlich ['plœtslɪç] **I.** *adj* soudain(e); *Tod* subit(e) **II.** *adv* soudain ▶ **aber etwas ~!** *(fam)* et que ça saute!
Plug-in [plak'ʔɪn] <-s, -s> *nt* INFORM plugiciel *m*
plump [plʊmp] **I.** *adj* ❶*(schwerfällig)* gauche ❷*(dummdreist)* primitif, -ive **II.** *adv* ❶*(schwerfällig)* gauchement ❷*(dummdreist)* maladroitement
plumps [plʊmps] *interj* pouf; *(beim Aufprall auf Wasser)* plouf
Plumps [plʊmps] <-es, -e> *m (fam)* bruit *m* sourd, boum *m; (Aufprall auf Wasser)* plouf *m*
plumpsen ['plʊmpsən] *vi* + *sein (fam)* ***ins Wasser*** ~ tomber dans l'eau en faisant un grand plouf
Plumpsklo[sett] *nt (fam)* latrines *fpl*
Plunder <-s> *m (fam)* bric-à-brac *m*
Plünderer, Plünderin <-s, -> *m, f* pillard *m*
Plundergebäck *nt* ≈ gâteau *m* feuilleté
plündern ['plʏndɐn] **I.** *vt* ❶piller *Geschäfte* ❷*(fig, hum)* dévaliser *Kühlschrank, Konto* **II.** *vi* se livrer au pillage
Plünderung <-, -en> *f* pillage *m*
Plural ['plu:ra:l] <-s, -e> *m* pluriel *m*
pluralistisch [plura'lɪstɪʃ] *adj (geh)* pluraliste
plus [plʊs] **I.** *präp* +*gen* plus **II.** *konj* plus **III.** *adv* ❶*(über null Grad)* ***drei Grad*** ~ plus trois degrés ❷PHYS ***von*** ~ ***nach minus*** du pôle positif au pôle négatif
Plus *nt* ❶MATH plus *m* ❷*(Überschuss)* excédent *m* ❸*(Vorzug)* plus *m*
Plüsch [ply:ʃ] <-[e]s, -e> *m* peluche *f*
plüschig *adj* pelucheux, -euse
Plüschtier *nt* animal *m* en peluche
Pluspol *m* pôle *m* positif **Pluspunkt** *m* ❶*(Vorzug)* plus *m* ❷*(Wertungseinheit)* point *m*

Plusquamperfekt ['plʊskvampɛrfɛkt] <-s, -e> *nt* GRAM plus-que-parfait *m*
Pluszeichen *nt* signe *m* plus
Pluto <-s> *m* [la planète] Pluton *f*
Plutonium [plu'to:niʊm] <-s> *nt* CHEM plutonium *m*
PLZ *Abk von* **Postleitzahl** code *m* postal
Pneu [pnø:] <-s, -s> *m bes.* A, CH pneu *m*
pneumatisch [pnɔy'ma:tɪʃ] **I.** *adj* pneumatique **II.** *adv* ~ ***betrieben*** fonctionné par système pneumatique
Po <-s, -s> *m (fam)* fesses *f pl*
Pobacke <-, -n> *f (fam)* fesse *f*
Pöbel ['pø:bəl] <-s> *m (pej)* populace *f*
pöbelhaft **I.** *adj* grossier, -ière **II.** *adv* grossièrement
pöbeln ['pø:bəln] *vi (fam)* faire du barouf
pochen ['pɔxən] *vi (geh)* ❶ *(klopfen)* frapper; ***gegen/an etw*** *akk* ~ frapper contre/à qc ❷ *Herz:* battre
pochieren* [pɔ'ʃi:rən] *vt* pocher *Eier, Fisch*
Pocken ['pɔkən] *Pl* variole *f*
pockennarbig *adj* variolé(e)
Pockenschutzimpfung *f* vaccination *f* antivariolique
Pocketkamera ['pɔkət-] *f* appareil *m* photo de poche
Podcast ['pɔtka:st] <-s, -s> *m* INFORM podcast *m*
podcasten ['pɔtka:stən] *vt, vi* INET podcaster
Podest [po'dɛst] <-[e]s, -e> *nt o m* estrade *f*
Podium ['po:di̯ʊm] <-s, Podien> *nt* podium *m*
Podiumsdiskussion *f* débat *m* public
Poesie [poe'zi:] <-> *f (geh)* poésie *f*
Poet(in) [po'e:t] *m(f)* poète *m*
poetisch [po'e:tɪʃ] *adj (geh)* poétique
pofen ['po:fən] *vi (fam)* pioncer
Pogrom [po'gro:m] <-s, -e> *m o nt* pogrom[e] *m*
Pointe ['po̯ɛ̃:tə] <-, -n> *f* chute *f*
pointiert [poɛ̃'ti:ɐ̯t] *adj (geh)* pertinent
Pokal [po'ka:l] <-s, -e> *m* coupe *f*
Pokalsieger(in) *m(f)* SPORT vainqueur *m* de la coupe **Pokalspiel** *nt* match *m* de coupe **Pokalwettbewerb** *m* coupe *f*
Pökelfleisch ['pø:kəl-] *nt* viande *f* salée
pökeln ['pø:kəln] *vt* saler
Poker ['po:kɐ] <-s> *nt o m* poker *m*
Pokerface ['po:kɐfe:s] <-, -s> *nt* visage *m* inexpressif
pokern *vi* jouer au poker
Pol [po:l] <-s, -e> *m* GEOG, ELEC pôle *m* ▶ **der ruhende** ~ le garant de stabilité
polar [po'la:ɐ̯] *adj* polaire
polarisieren* [polari'zi:rən] *vr (geh)* ***sich*** ~ *Positionen:* se durcir; *Gegensätze:* s'accentuer
Polarisierung <-, -en> *f (geh)* durcissement *m*
Polarkreis *m* cercle *m* polaire **Polarstern** *m* étoile *f* polaire
Pole, Polin ['po:lə] <-n, -n> *m, f* Polonais(e) *m(f)*
Polemik [po'le:mɪk] <-, -en> *f* polémique *f*
polemisch **I.** *adj* polémique **II.** *adv sich äußern* de façon polémique
polemisieren* [polemi'zi:rən] *vi* polémiquer; ***gegen jdn/etw*** ~ polémiquer contre qn/qc
Polen ['po:lən] <-s> *nt* la Pologne
Police [po'li:sə] <-, -n> *f* police *f* [d'assurance]
polieren* [po'li:rən] *vt* lustrer *Schuhe;* briquer *Auto;* ***glatt*** ~ polir
Poliklinik *f* policlinique *f*
Polin ['po:lɪn] *s.* **Pole**
Polio ['po:li̯o] <-> *f* MED polio[myélite] *f*
Politesse [poli'tɛsə] <-, -n> *f* contractuelle *f*

> **Falsche Freunde**
> Nicht verwechseln mit *la politesse* – *die Höflichkeit*!

Politgerangel *nt (fam)* chamaillerie *f* politique
Politik [poli'ti:k] <-> *f* politique *f*
Politiker(in) [po'li:tikɐ] <-s, -> *m(f)* homme *m* /femme *f* politique
Politikum [po'li:tikʊm, *Pl:* po'li:tika] <-s, Politika> *nt* événement *m* [politique]; ***zum*** ~ ***werden*** devenir un événement politique
Politikverdrossenheit *f* ras-le-bol *m* de la politique **Politikwissenschaft** *f s.* **Politologie**
politisch [po'li:tɪʃ] *adj* politique
politisieren* [politi'zi:rən] *vi* parler politique
Politologe, Politologin [polito'lo:gə] <-n, -n> *m, f* politologue *mf*
Politologie [politolo'gi:] <-> *f* politologie *f,* science *f* politique, sciences politiques
Politur [poli'tu:ɐ̯] <-, -en> *f* ❶ *(Poliermittel)* produit *m* lustrant ❷ *(Schicht)* vernis *m*
Polizei [poli'tsa̯i] <-, -en> *f* ❶ police *f* ❷ *kein Pl (Dienstgebäude)* poste *m* de

police ▶ **dümmer, als die ~ erlaubt** *(hum fam)* bête comme c'est permis
Polizeiangaben *Pl* indications *f* de la police **Polizeiaufgebot** *nt* déploiement *m* des forces de police **Polizeiauto** *nt* voiture *f* de police **Polizeibeamte(r)** *m dekl wie Adj,* **-beamtin** *f* fonctionnaire *mf* de police **Polizeichef(in)** [-ʃɛf] *m(f)* chef *mf* de la police **Polizeidirektion** *f* direction *f* de la police **Polizeieinsatz** *m* intervention *f* de la police **Polizeigewahrsam** *m* garde *f* à vue **Polizeihund** *m* chien *m* policier
polizeilich **I.** *adj Ermittlung* policier, -ière **II.** *adv überwachen* par mesure de police
Polizeipräsidium *nt* préfecture *f* de police **Polizeirevier** *nt* poste *m* **Polizeischutz** *m* protection *f* policière **Polizeistaat** *m* État *m* policier **Polizeistreife** *f* patrouille *f* de police **Polizeistunde** *f* heure *f* de fermeture **Polizeiwache** *f* poste *m* de police **Polizeiwagen** *m* voiture *f* de police
Polizist(in) [poli'tsɪst] <-en, -en> *m(f)* policier, -ière *m, f*
Polka ['pɔlka] <-, -s> *f* polka *f*
Pollen ['pɔlən] <-s, -> *m* pollen *m*
Pollenallergie *f* allergie *f* au pollen **Pollenflug** *m kein Pl* pollinisation *f* par le vent **Pollenflugvorhersage** *f* prévisions *fpl* sur les concentrations de pollen
polnisch ['pɔlnɪʃ] **I.** *adj* polonais(e) **II.** *adv* **~ *miteinander sprechen*** discuter en polonais; *s. a.* **deutsch**
Polnisch <-[s]> *nt kein Art* polonais *m; s. a.* **Deutsch**
Polo ['po:lo] <-s, -s> *nt* polo *m*
Polohemd ['po:lohɛmt] *nt* polo *m*
Polonaise [polo'nɛ:zə] <-, -n> *f* polonaise *f*
Polster ['pɔlstɐ] <-s, -> *nt o* A *m* ❶ *eines Möbelstücks* coussin *m; (Polsterung)* rembourrage *m* ❷ *(Schulterpolster)* épaulette *f* ❸ *(fam: Rücklage)* pécule *m*
Polstergarnitur *f* salon *m* **Polstermöbel** *nt* meuble *m* rembourré
polstern ['pɔlstɐn] *vt* capitonner *Möbel*
Polstersessel *m* fauteuil *m*
Polsterung <-, -en> *f eines Sofas* coussins *mpl*
Polterabend *m* ≈ veille *f* des noces *(soirée au cours de laquelle on casse de la vaisselle pour porter bonheur aux futurs jeunes mariés)*

Land und Leute
La tradition veut que la veille d'un mariage, les amis et la famille des fiancés viennent casser de la vaisselle et faire beaucoup de bruit, c'est-à-dire *poltern* devant chez eux afin de leur porter bonheur. Ce sont ensuite les futurs époux qui doivent tout nettoyer. Cette tradition du **Polterabend** existe depuis le 16ème siècle.

Poltergeist *m* esprit *m* frappeur
poltern ['pɔltɐn] *vi* ❶ + *haben (lärmen)* faire du vacarme ❷ + *sein (sich bewegen)* ***durch das Treppenhaus ~*** faire du vacarme dans la cage d'escalier
Polyäthylen [polyʔɛty'le:n] <-s, -e> *nt* CHEM polyéthylène *m*
Polyester [poly'ʔɛstɐ] <-s, -> *m* polyester *m*
polygam [poly'ga:m] *adj* polygame
Polygamie [polyga'mi:] <-> *f* polygamie *f*
polyglott [poly'glɔt] *adj (geh) Person* polyglotte
Polymer [poly'me:ɐ̯] <-s, -e> *nt meist Pl* CHEM polymère *m*
Polynesien [poly'ne:zi̯ən] <-s> *nt* la Polynésie
Polyp [po'ly:p] <-en, -en> *m* ZOOL, MED polype *m*
Polytechnikum [poly'tɛçnikʊm] <-s, -technika> *nt école technique supérieure qui forme des ingénieurs*
Pomade [po'ma:də] <-, -n> *f* gomina® *f*

Falsche Freunde
Nicht verwechseln mit *la pommade* – *die Salbe*!

Pommern ['pɔmɐn] <-s> *nt* la Poméranie
Pommes ['pɔməs] *Pl (fam)* frites *fpl*
Pommes frites [pɔm'frɪt] *Pl* [pommes *fpl*] frites *fpl*
Pomp [pɔmp] <-[e]s> *m* faste *m*
pompös [pɔm'pø:s] **I.** *adj* somptueux, -euse; *Ausstattung* fastueux, -euse **II.** *adv ausstatten* somptueusement; *feiern* avec faste
Poncho ['pɔntʃo] <-s, -s> *m* poncho *m*
Pony¹ ['pɔni] <-s, -s> *nt* poney *m*
Pony² ['pɔni] <-s, -s> *m (Stirnfransen)* frange *f*
Ponyhof <-s, -s> *m* poney-club *m* ▶ **etw ist kein ~** *(fam)* qc n'est pas une partie de plaisir *fam*
Pool [pu:l] <-s, -s> *m* piscine *f*
Pop [pɔp] <-s> *m* pop *f*
Pop-Art ['pɔpʔa:ɐ̯t] <-> *f* pop art *m*

P

Popcorn ['pɔpkɔrn] <-s> *nt* pop-corn *m*
Popel ['po:pəl] <-s, -> *m (fam)* crotte *f* de nez
popelig ['po:pəlɪç] *adj (fam)* minable
Popelin [popə'li:n] <-s, -e> *m* popeline *f*
popeln ['po:pəln] *vi (fam)* retirer des crottes de [son] nez
Popgruppe *f* groupe *m* pop **Popkonzert** *nt* concert *m* [de musique] pop
poplig ['po:plɪç] *s.* **popelig**
Popmusik *f* musique *f* pop
Popo [po'po:] <-s, -s> *m (Kinderspr. fam)* fesses *fpl*
poppen ['pɔpən] *vi (fam)* baiser
poppig ['pɔpɪç] *(fam)* **I.** *adj Aufmachung* voyant(e) **II.** *adv* de façon voyante
Popstar *m* MUS pop star *f*
populär [popu'lɛ:ɐ̯] **I.** *adj* populaire **II.** *adv schreiben* en se mettant à la portée de tous
Popularität [populari'tɛ:t] <-> *f* popularité *f*
populärwissenschaftlich *adj* vulgarisateur
Populismus [pɔpu'lɪsmʊs] <-> *m* POL populisme *m*
Populist(in) [popu'lɪst] <-en, -en> *m(f)* populiste *mf*
populistisch *adj* POL populiste
Pore ['po:rə] <-, -n> *f* pore *m*
Porno ['pɔrno] <-s, -s> *m (fam)* porno *m*
Pornofilm *m* film *m* porno
Pornografie [pɔrnogra'fi:] <-> *f* pornographie *f*
pornografisch [pɔrno'gra:fɪʃ] *adj* pornographique
Pornoheft *nt (fam)* revue *f* porno
porös [po'rø:s] *adj* poreux, -euse
Porree ['pɔre] <-s, -s> *m* poireau *m*
Portal [pɔr'ta:l] <-s, -e> *nt* portail *m*
Portemonnaie [pɔrtmɔ'ne:, 'pɔrtmɔne] <-s, -s> *nt* porte-monnaie *m*
Porti *Pl von* **Porto**
Portier [pɔr'ti̯e:] <-s, -s> *m* portier *m*
Portion [pɔr'tsi̯o:n] <-, -en> *f* portion *f*; *(zugeteilte Menge)* part *f*; ***eine tüchtige ~ essen*** manger une bonne portion
Portmonee [pɔrtmɔ'ne:, 'pɔrtmɔne] *s.* **Portemonnaie**
Porto ['pɔrto] <-s, -s *o* Porti> *nt* port *m*
portofrei *adj* [en] port payé **Portokosten** *Pl* frais *mpl* de port [*o* d'affranchissement]
Porträt [pɔr'trɛ:] <-s, -s> *nt* portrait *m*
porträtieren* [pɔrtrɛ'ti:rən] *vt* faire le portrait de; ***jdn ~*** *Maler:* faire le portrait de qn; *Autor:* représenter qn
Porträtmaler(in) *m(f)* portraitiste *mf*
Portugal ['pɔrtugal] <-s> *nt* le Portugal
Portugiese, **Portugiesin** [pɔrtu'gi:zə] <-n, -n> *m, f* Portugais(e) *m(f)*
portugiesisch **I.** *adj* portugais(e) **II.** *adv* ***~ miteinander sprechen*** discuter en portugais; *s. a.* **deutsch**
Portugiesisch <-[s]> *nt kein Art* portugais *m*; *s. a.* **Deutsch**
Portwein ['pɔrtvai̯n] *m* porto *m*
Porzellan [pɔrtsɛ'la:n] <-s, -e> *nt* ❶ porcelaine *f* ❷ *kein Pl (Geschirr)* [vaisselle *f* de] porcelaine *f*
Posaune [po'zau̯nə] <-, -n> *f* trombone *m*
posaunen* [po'zau̯nən] **I.** *vi* jouer du trombone **II.** *vt (fam)* ***etw in alle Welt ~*** claironner qc
Posaunist(in) [pozau̯'nɪst] *m(f)* tromboniste *mf form*
Pose ['po:zə] <-, -n> *f* pose *f*
posieren* [po'zi:rən] *vi (geh)* poser; ***als Aktmodell ~*** poser comme modèle nu
Position [pozi'tsi̯o:n] <-, -en> *f* ❶ *a.* MIL position *f* ❷ *(berufliche Stellung)* situation *f*
positionieren* *vr* POL *(geh)* ***sich ~*** se positionner
Positionslicht *nt* feu *m* de position
positiv ['po:ziti:f] **I.** *adj a.* MED, PHYS positif, -ive; ***~ sein*** *(fam: HIV-positiv sein)* être [séro]positif **II.** *adv* favorablement; *denken* d'une façon positive
Positiv ['po:ziti:f] <-s, -e> *nt* PHOT, MUS positif *m*
Posse ['pɔsə] <-, -n> *f* farce *f*
Possessivpronomen [pɔsɛ'si:fprono:mən] *nt* GRAM [pronom *m*] possessif *m*; *(adjektivisches Possessivpronomen)* [adjectif *m*] possessif *m*
possierlich *adj* drôle
Post [pɔst] <-> *f* ❶ *(Unternehmen)* poste *f* ❷ *(Postsendung)* courrier *m* ❸ INFORM ***elektronische ~*** courrier *m* électronique ▶ **da geht die ~ ab** *(fam)* ça déménage
Postamt *nt* bureau *m* de poste **Postanweisung** *f* mandat *m* **Postausgang** *m* ❶ POST départ *m* du courrier ❷ INFORM boîte *f* d'envoi **Postbeamte(r)** *m dekl wie adj*, **-beamtin** *f* employé(e) *m(f)* des postes **Postbote**, **-botin** *m, f* facteur, -trice *m, f* **Posteingang** *m* ❶ POST arrivée *f* du courrier ❷ INFORM boîte *f* de réception
posten ['poʊstn̩] *vt* INET poster *Nachricht, Kommentar*
Posten ['pɔstən] <-s, -> *m* ❶ *(Anstellung, Amt)* poste *m* ❷ COM *(Position)* article *m*, poste *m*; *(Menge)* lot *m* ❸ *(Wachmann)*

sentinelle *f* ▶ **nicht ganz auf dem ~ sein** *(fam)* être mal fichu
Poster ['po:stɐ] <-s, -[s]> *nt* poster *m*
Postfach *nt (bei der Post)* boîte *f* postale; *(im Hotel, Büro)* casier *m* [à courrier] **postfaktisch** ['pɔstfaktɪʃ] *adj (fam)* post-factuel(le) **Postgeheimnis** *nt* secret *m* postal **Postgirokonto** *nt* compte *m* courant de la poste
posthum [pɔst'hu:m] *s.* **postum**
postieren* [pɔs'ti:rən] *vt* poster; ***jdn/sich am Ausgang*** ~ poster qn/se poster à la sortie
Postkarte *f* carte *f* postale **Postkutsche** *f* malle-poste *f* **postlagernd I.** *adj* poste-restante **II.** *adv schicken* [en] poste-restante
Postleitzahl *f* code *m* postal
postmodern ['pɔstmodɛrn] *adj* postmoderne
Postsendung *f* envoi *m* postal **Postsparbuch** *nt* livret *m* d'épargne de la poste **Postsparkasse** *f* caisse *f* d'épargne de la poste **Poststempel** *m* cachet *m* de la poste
Postulat [pɔstu'la:t] <-[e]s, -e> *nt (geh)* postulat *m*
postulieren* [pɔstu'li:rən] *vt (geh)* postuler
postum [pɔs'tu:m] *(geh)* **I.** *adj* posthume **II.** *adv* à titre posthume
Postweg *m kein Pl* ***auf dem*** ~ par la poste
postwendend ['pɔstvɛndənt] *adv* par retour du courrier; *(fam: unverzüglich)* immédiatement **Postwertzeichen** *nt (form)* timbre-poste *m* **Postwurfsendung** *f* publicité *f* distribuée par la poste
potent [po'tɛnt] *adj Person* sexuellement puissant(e)
Potentat(in) [potɛn'ta:t] <-en, -en> *m(f) (pej geh)* potentat *m*
Potential [potɛn'tsi̯a:l] *s.* **Potenzial**
potentiell [potɛn'tsi̯ɛl] *s.* **potenziell**
Potenz [po'tɛnts] <-, -en> *f* ❶ *(sexuelle Leistungsfähigkeit)* virilité *f* ❷ MATH puissance *f*
Potenzial [potɛn'tsi̯a:l] <-s, -e> *nt a.* PHYS potentiel *m*
potenziell [potɛn'tsi̯ɛl] *adj (geh)* potentiel(le)
potenzieren* [potɛn'tsi:rən] *vt* ❶ *(geh)* potentialiser *Wirkung* ❷ MATH ***eine Zahl mit fünf*** ~ élever un nombre à la puissance cinq
Potpourri ['pɔtpʊri] <-s, -s> *nt* pot-pourri *m*
Pott [pɔt, *Pl:* 'pœtə] <-[e]s, Pötte> *m* *(fam: Schiff)* bateau *m; (altes Schiff)* rafiot *m*
potthässlich ['pɔt'hɛslɪç] *adj (fam) Person* moche [comme un pou]; *Gebäude* affreux, -euse
Pottwal ['pɔtva:l] *m* cachalot *m*
Power ['pau̯ɐ] <-> *f (fam) einer Person* punch *m*
Powerbank ['pau̯ɐbaŋk] <-> *f* chargeur *m* portatif
powern ['pau̯ɐn] *vi (vulg)* mettre le paquet
PR [pe:'ʔɛr] <-> *f Abk von* **Public Relations** relations *f pl* publiques
Präambel [prɛ'ambəl] <-, -n> *f* préambule *m*
PR-Abteilung *f* service *m* des relations publiques
Pracht [praxt] <-> *f* splendeur *f*
Prachtexemplar *nt (Gegenstand)* belle pièce *f*
prächtig ['prɛçtɪç] **I.** *adj* ❶ *Raum* somptueux, -euse; *Gewand* superbe ❷ *Wetter* splendide **II.** *adv sich verstehen* à merveille
Prachtkerl *m (fam)* type *m* super **Prachtstück** *s.* **Prachtexemplar prachtvoll** *s.* **prächtig**
prädestinieren* [prɛdɛsti'ni:rən] *vt (geh)* ***für etw prädestiniert sein*** être prédestiné à qc
Prädikat [prɛdi'ka:t] <-[e]s, -e> *nt* ❶ GRAM prédicat *m* ❷ COM label *m* [de qualité]
prädikativ [prɛdika'ti:f] GRAM **I.** *adj Adjektiv* attribut; ***~e Ergänzung*** attribut *m* **II.** *adv verwenden* comme attribut
Prädikatsnomen *nt* GRAM attribut *m*
Präferenz [prɛfe'rɛnts] <-, -en> *f a.* COM préférence *f*
Präfix ['prɛ:fɪks] <-es, -e> *nt* préfixe *m*
Prag [pra:k] <-s> *nt* Prague
prägen ['prɛ:gən] *vt* ❶ frapper *Münzen* ❷ *(aufprägen)* ***ein Wappen auf*** [*o* ***in***] ***etw*** *akk* ~ graver des armoiries sur qc ❸ *(formen)* ***jdn*** ~ marquer qn ❹ *(charakteristisch sein)* caractériser *Landschaft* ❺ LING forger *Begriff*
PR-Agentur [pe:'ʔɛr-] *f* agence *f* de relations publiques
Pragmatiker(in) [pra'gma:tikɐ] <-s, -> *m(f)* ❶ *(pragmatischer Mensch)* esprit *m* réaliste; ***er ist ein*** ~ lui, c'est quelqu'un de pragmatique ❷ *(Anhänger des Pragmatismus)* pragmatiste *mf*
pragmatisch [pra'gma:tɪʃ] **I.** *adj* pragmatique **II.** *adv* avec pragmatisme
Pragmatismus [pragma'tɪsmʊs] <-> *m* PHILOS pragmatisme *m*

P

prägnant [prɛ'gnant] *(geh)* **I.** *adj* prégnant(e) **II.** *adv* en termes prégnants
Prägnanz [prɛ'gnants] <-> *f* ❶ *(Knappheit)* concision *f* ❷ *(Genauigkeit)* précision *f*
Prägung <-, -en> *f (Aufdruck)* gravure *f*
prähistorisch [prɛhɪs'to:rɪʃ] *adj* préhistorique
prahlen ['pra:lən] *vi* se vanter; ***mit etw ~*** se vanter de qc
Prahlerei [pra:lə'rai] <-, -en> *f* vantardise *f*
prahlerisch I. *adj* de vantard **II.** *adv* pour se vanter
Praktik ['praktɪk] <-, -en> *f meist Pl* pratique *f*
Praktika *Pl von* **Praktikum**
praktikabel [prakti'ka:bəl] *adj* praticable
Praktikant(in) [prakti'kant] <-en, -en> *m(f)* stagiaire *mf*
Praktiker(in) <-s, -> *m(f)* praticien *m*
Praktikum ['praktɪkʊm] <-s, Praktika> *nt* stage *m*
praktisch I. *adj* pratique **II.** *adv* ❶ *(in der Praxis)* dans la pratique ❷ *(zweckmäßig)* ***~ veranlagt sein*** avoir l'esprit pratique ❸ *(so gut wie)* pratiquement
praktizieren* [prakti'tsi:rən] **I.** *vi Arzt:* exercer **II.** *vt (anwenden)* mettre en pratique *Verfahren*
Prälat <-en, -en> *m* prélat *m*
Praline [pra'li:nə] <-, -n> *f* A chocolat *m*

Falsche Freunde
Nicht verwechseln mit *la praline – die gebrannte Mandel*!

prall [pral] **I.** *adj* ❶ *(rund)* rebondi(e) ❷ *(gefüllt)* bien gonflé(e) **II.** *adv* ***~ gefüllt sein*** être bien rempli
prallen ['pralən] *vi + sein* ***mit dem Kopf gegen jdn/etw ~*** heurter qn/qc de la tête
prallvoll ['pral'fɔl] *adj (fam)* plein(e) à craquer
Prämie ['prɛ:mi̯ə] <-, -n> *f* prime *f*
prämieren* [prɛ'mi:rən] *vt* primer; ***jdn/etw mit tausend Euro ~*** récompenser qn/qc par une prime de mille euros
Prämisse [prɛ'mɪsə] <-, -n> *f (geh)* prémisse *f*
pränatal *adj* prénatal(e)
prangen ['praŋən] *vi (geh)* ***am Himmel ~*** *Sterne:* resplendir dans le ciel
Pranger ['praŋɐ] <-s, -> *m* pilori *m*
Pranke ['praŋkə] <-, -n> *f (a. fig fam)* patte *f*
Präparat [prɛpa'ra:t] <-[e]s, -e> *nt* préparation *f*
präparieren* [prɛpa'ri:rən] *vt* ❶ *(konservieren)* naturaliser ❷ *(sezieren)* disséquer
Präposition [prɛpozi'tsi̯o:n] <-, -en> *f* GRAM préposition *f*
Prärie [prɛ'ri:] <-, -i̯en> *f* ***die ~*** la Prairie
Präsens ['prɛ:zɛns] <-, Präsenzien> *nt* GRAM présent *m*
präsent [prɛ'zɛnt] *adj (geh)* présent(e); ***etw ~ haben*** avoir qc présent(e) à l'esprit
Präsent [prɛ'zɛnt] <-s, -e> *nt* présent *m*
Präsentation [prɛzɛnta'tsi̯o:n] <-, -en> *f* présentation *f*
präsentieren* [prɛzɛn'ti:rən] *vt* présenter; ***jdm etw ~*** présenter qc à qn
Präsentierteller *m* ▶ **auf dem ~ sitzen** *(fam)* être exposé aux regards de tout le monde
Präsenz [prɛ'zɛnts] <-> *f (geh)* présence *f*
Präsenzbibliothek *f* bibliothèque *f* de consultation sur place **Präsenzdienst** *m* A *(Grundwehrdienst)* service *m* militaire obligatoire
Präser ['prɛ:zɐ] <-s, -> *m (fam)* capote *f*
Präservativ [prɛzɛrva'ti:f] <-s, -e> *nt* préservatif *m*
Präsident(in) [prɛzi'dɛnt] <-en, -en> *m(f)* président(e) *m(f)*
Präsidentenwahl *f* élection *f* présidentielle
Präsidentschaft <-, -en> *f* présidence *f*
Präsidentschaftswahlen *Pl* [élections *f pl*] présidentielles *f pl*
Präsidium [prɛ'zi:di̯ʊm] <-s, Präsidien> *nt* ❶ *(Vorstand)* présidence *f* ❷ *(Polizeipräsidium)* commissariat *m*
prasseln ['prasəln] *vi + sein (prallen)* ***gegen/auf etw*** *akk* ~ crépiter contre/sur qc
prassen ['prasən] *vi* mener grand train
Präteritum [prɛ'te:ritʊm, *Pl:* prɛ'te:rita] <-s, Präterita> *nt* LING prétérit *m*
präventiv [prevɛn'ti:f] *adj* préventif, -ive
Präventivkrieg *m* MIL guerre *f* préventive **Präventivmedizin** *f kein Pl* médecine *f* préventive **Präventivschlag** *m* MIL attaque *f* préventive
Praxis ['praksɪs] <-, Praxen> *f* ❶ *(Arztpraxis)* cabinet *m* ❷ *kein Pl (praktische Erfahrung)* expérience *f* ❸ *(praktische Anwendung)* pratique *f*
Praxisbezug *m* orientation *f* pratique
praxisnah, praxisorientiert *adj* axé(e) sur la pratique
Präzedenzfall [prɛtse'dɛntsfal] *m* précédent *m*

P

präzis[e] *(geh)* **I.** *adj* précis(e) **II.** *adv* avec précision
präzisieren* [prɛtsiˈziːrən] *vt (geh)* préciser
Präzision [prɛtsiˈzi̯oːn] <-> *f (geh)* précision *f*
predigen [ˈpreːdɪgən] **I.** *vi* ❶ *(eine Predigt halten)* prêcher ❷ *(fam: mahnend vorhalten)* ***einem Kind ~, dass ...*** répéter sans cesse à un enfant que ... **II.** *vt* recommander *Toleranz*
Prediger(in) <-s, -> *m(f)* prédicateur, -trice *m, f*
Predigt [ˈpreːdɪçt] <-, -en> *f (a. fig fam: Ermahnung)* sermon *m*
Preis [prai̯s] <-es, -e> *m (Kaufpreis, Prämie)* prix *m;* ***einen ~ auf etw*** *akk* ***aussetzen*** offrir une récompense pour qc **Preisabsprache** *f* entente *f* [*o* accord *m*] sur les prix
Preisanstieg *m* hausse *f* des prix **Preisaufschlag** *m* ÖKON supplément *m* **Preisausschreiben** *nt* [jeu-]concours *m* **preisbewusst I.** *adj Kunde* qui fait attention aux prix **II.** *adv* ~ ***einkaufen*** faire attention aux prix **Preisbindung** *f* prix *f* imposé *m*
Preiselbeere [ˈprai̯zəlbeːrə] *f* airelle *f*
Preisempfehlung *f* [***unverbindliche***] ~ prix *m* indicatif
preisen [ˈprai̯zən] <pries, gepriesen> *vt (geh)* louer *Gott*
Preiserhöhung *f* augmentation *f* des prix **Preisermäßigung** *f* réduction *f* [sur un prix] **Preisfrage** *f* ❶ *(Gewinnfrage)* question-concours *f* ❷ *(fam: schwierige Frage)* question *f* à mille francs ❸ *(Frage des Preises)* question *f* du prix **Preisgabe** *f (geh)* abandon *m*
Preisgarantie *f* garantie *f* des prix
preis|geben *vt irr (geh)* ❶ *(aufgeben)* abandonner ❷ *(verraten)* révéler ❸ *(überlassen)* ***jdn/etw einer S.*** *dat* ~ livrer qn/qc à qc
Preisgefälle *nt* disparité *f* des prix **preisgekrönt** *adj* primé(e) **Preisgeld** *nt* prix *m* doté *(d'une certaine somme d'argent)* **preisgünstig I.** *adj Artikel* bon marché; *Angebot* avantageux, -euse **II.** *adv* [à] bon marché **Preiskampf** *m* COM bataille *f* des prix **Preislage** *f* gamme *f* de prix
Preis-Leistungs-Verhältnis *nt* rapport *m* qualité-prix
preislich [ˈprai̯slɪç] **I.** *adj attr Unterschied* en matière de prix **II.** *adv* ***sich ~ unterscheiden*** présenter une différence de prix
Preisliste *f* tarif *m* **Preisnachlass** *m* remise *f* **Preispolitik** *f* politique *f* des prix **Preisrichter(in)** *m(f)* SPORT juge *m;* KUNST, LITER juré(e) *m(f)* **Preisrückgang** *m* recul *m* des prix
Preisschild *nt* étiquette *f* **Preisschwankung** *f* fluctuation *f* des prix **Preissenkung** *f* diminution *f* [*o* baisse *f*] des prix **Preisspanne** *f* ÖKON marge *f* de prix **Preissteigerung** *f* hausse *f* des prix **Preisträger(in)** *m(f)* lauréat(e) *m(f);* SPORT vainqueur *mf* **Preisverleihung** *f* remise *f* des prix
preiswert *s.* **preisgünstig**
prekär [preˈkɛːɐ̯] *adj (geh)* précaire
Prellbock [ˈprɛl-] *m* butoir *m*
prellen [ˈprɛlən] **I.** *vt* ❶ *(betrügen)* escroquer; ***jdn um etw ~*** escroquer qn de qc ❷ *(stoßen)* ***sich*** *dat* ***etw*** ~ se contusionner qc **II.** *vr* ***sich an etw*** *dat* ~ se contusionner qc
Prellung <-, -en> *f* contusion *f*
Premier [prəˈmi̯eː] *s.* **Premierminister(in)**
Premiere [prəˈmi̯eːrə] <-, -n> *f* première *f*
Premierminister(in) *m(f)* premier ministre *mf*
Prepaidhandy [ˈpriːpeːt-] *nt* TELEC mobile *m* prépayé, téléphone *m* mobile prépayé
Prepaidkarte [ˈpriːpeːt-] *f* TELEC carte *f* prépayée
preschen *vi + sein* foncer
Presse [ˈprɛsə] <-, -n> *f* ❶ *kein Pl (Zeitungen)* presse *f* ❷ *kein Pl (Pressereaktion)* ***eine gute ~ haben*** avoir bonne presse ❸ TECH presse *f* ❹ *(Fruchtpresse)* presse-fruits *m*
Presseagentur *f* agence *f* de presse **Presseausweis** *m* carte *f* de presse **Pressefotograf(in)** *m(f)* photographe *mf* de presse **Pressefreiheit** *f* liberté *f* de la presse **Pressekonferenz** *f* conférence *f* de presse **Pressemeldung** *f,* **Pressemitteilung** *f* communiqué *m* de presse
pressen [ˈprɛsən] **I.** *vt* ❶ *(trocknen)* presser *Blatt* ❷ TECH presser ❸ *(drücken)* ***das Gesicht gegen die Scheibe ~*** appuyer son visage contre la vitre **II.** *vi* pousser
Presseschau *f,* **Pressespiegel** *m* MEDIA revue *f* de presse **Pressesprecher(in)** *m(f)* attaché(e) *m(f)* de presse
pressieren* [prɛˈsiːrən] SDEUTSCH, A, CH **I.** *vi (dringlich sein)* être pressant **II.** *vi unpers* ***es pressiert nicht*** ça ne presse pas
Pressluft *f* air *m* comprimé
Presslufthammer *m* marteau *m* pneumatique
Prestige [prɛsˈtiːʒ(ə)] <-s> *nt (geh)* prestige *m*

P

Preuße, **Preußin** ['prɔysə] <-n, -n> *m, f* Prussien(ne) *m(f)*
Preußen ['prɔysən] <-s> *nt* la Prusse
preußisch *adj* prussien(ne)
prickeln ['prɪkəln] *vi* ❶ *(kribbeln)* ***auf der Haut*** ~ picoter la peau ❷ *Sekt:* pétiller
prickelnd *adj Gefühl* excitant(e); *Sekt* pétillant(e)
Priel <-[e]s, -e> *m* petit chenal *m*
pries [pri:s] *Imp von* **preisen**
Priester(in) ['pri:ste] <-s, -> *m(f)* prêtre, -esse *m, f*
Priesteramt *nt* sacerdoce *m*
prima ['pri:ma] *(fam)* I. *adj inv* super II. *adv* super-bien
Primaballerina ['primabale'ri:na] *f* première danseuse *f* **Primadonna** [prima'dɔna] <-, -donnen> *f* ❶ prima donna *f* ❷ *(egozentrischer Mensch)* pimbêche *f*
primär [pri'mɛ:ɐ̯] *(geh)* I. *adj* premier, -ière *antéposé* II. *adv* en premier lieu
Primararzt, -ärztin [pri'ma:ɐ̯-] *m, f* A *(leitender Arzt)* médecin-chef *m* **Primarschule** [pri'ma:ɐ̯ʃu:lə] CH école *f* primaire
Primel ['pri:məl] <-, -n> *f* primevère *f*
primitiv [primi'ti:f] I. *adj* ❶ *Kultur* primitif, -ive ❷ *Behausung* rudimentaire ❸ *(pej) Person* primaire II. *adv (sehr einfach)* de manière rudimentaire
Primitivität [primitivi'tɛ:t] <-> *f* ❶ *(Einfachheit)* caractère *m* rudimentaire ❷ *(Mangel an Bildung)* balourdise *f*
Primzahl ['pri:mtsa:l] *f* MATH nombre *m* premier
Printmedium *nt meist Pl* presse *f* [écrite]
Prinz, Prinzessin [prɪnts] <-en, -en> *m, f (Adelstitel)* prince *m* /princesse *f*
Prinzip [prɪn'tsi:p] <-s, -ien> *nt* principe *m*
prinzipiell [prɪntsi'pi̯ɛl] I. *adj* de principe II. *adv* par principe
Prior(in) ['pri:o:ɐ̯, *Pl:* pri'o:rən] <-s, Prioren> *m(f)* prieur(e) *m(f)*
Priorität [priori'tɛ:t] <-, -en> *f (geh)* priorité *f*
Prise ['pri:zə] <-, -n> *f* ❶ pincée *f* ❷ NAUT prise *f*
Prisma ['prɪsma] <-s, Prismen> *nt* prisme *m*
Pritsche ['prɪtʃə] <-, -n> *f (Liege)* lit *m* rudimentaire
privat [pri'va:t] I. *adj* ❶ *(persönlich)* privé(e); *Unterlagen* personnel(le) ❷ *(nicht geschäftlich)* privé(e) II. *adv sprechen* en privé
Privatadresse *f* adresse *f* privée **Privatangelegenheit** *f* affaire *f* privée **Privatbesitz** *m* propriété *f* privée; ***in ~ befindlich*** qui appartient à un particulier **Privatdetektiv(in)** *m(f)* détective *mf* privé(e) **Privatdozent(in)** *m(f)* privat-docent *m* **Privateigentum** *nt* propriété *f* privée **Privathaftpflichtversicherung** *f* assurance *f* responsabilité civile **Privatinitiative** *f* initiative *f* privée
privatisieren* [privati'zi:rən] *vt* privatiser
Privatisierung [privati'zi:rʊŋ] <-, -en> *f* ÖKON privatisation *f*
Privatklinik *f* clinique *f* privée **Privatleben** *nt* vie *f* privée **Privatlehrer(in)** *m(f)* professeur *mf* particulier **Privatnummer** *f* numéro *m* personnel **Privatpatient(in)** *m(f)* patient(e) *m(f)* du secteur privé **Privatperson** *f* particulier *m* **Privatsache** affaire *f* privée **Privatschule** *f* école *f* privée **Privatsekretär(in)** *m(f)* secrétaire *mf* particulier, -ière **Privatsphäre** *f* intimité *f* **Privatunterricht** *m* cours *m* particulier **Privatvergnügen** *nt (fam)* ***ich mache das nicht zu meinem*** ~ je ne le fais pas pour mon plaisir **privatversichert** *s.* **versichern I. 1** **Privatwirtschaft** *f* secteur *m* privé
Privileg [privi'le:k] <-[e]s, -ien> *nt (geh)* privilège *m*
privilegiert [privile'gi:ɐ̯t] *adj (geh)* privilégié(e)
pro [pro:] I. *präp +akk* ~ ***Person*** par personne II. *adv* pour
Pro [pro:] <-> *nt* pour *m;* ***[das]*** ~ ***und [das] Kontra*** *(geh)* le pour et le contre
Probe ['pro:bə] <-, -n> *f* ❶ *(Warenprobe)* échantillon *m* ❷ *(Prüfmenge) eines Gesteins* échantillon *m; von Blut* prélèvement *m* ❸ *(Beweis) des Wissens* aperçu *m* ❹ MUS, THEAT répétition *f* ❺ *(Test, Prüfung)* épreuve *f;* ~ ***fahren*** faire un essai; ***ein Auto ~ fahren*** essayer une voiture ▶ **die ~ aufs Exempel machen** faire la preuve par l'exemple
Probealarm *m* simulation *f* d'alarme **Probeexemplar** *nt* spécimen *m* **Probefahrt** *f* essai *m* [sur route] **Probelauf** *m* essai *m*
proben ['pro:bən] *vt, vi* répéter
probeweise *adv einstellen* à l'essai
Probezeit *f eines Mitarbeiters* période *f* d'essai
probieren* [pro'bi:rən] I. *vt* ❶ *(versuchen)* essayer ❷ *(kosten)* goûter, déguster *Wein* ❸ *(anprobieren)* essayer *Kleid* II. *vi* ❶ essayer ❷ *(kosten)* ***vom Nachtisch*** ~ goûter du dessert

probiotisch I. *adj* probiotique II. *adv* ***sich ~ ernähren*** suivre un régime probiotique

Problem [pro'ble:m] <-s, -e> *nt* ❶ problème *m* ❷ *(Ärgernis)* ***für jdn zum ~ werden*** devenir une source d'ennuis pour qn

Problematik [proble'ma:tɪk] <-> *f (geh)* difficultés *f pl*

problematisch [proble'ma:tɪʃ] *adj Charakter* à problèmes; *Fall* problématique

Problemfall *m* ❶ *(Angelegenheit)* cas *m* problématique ❷ *(problematischer Mensch)* problème *m*

problemlos I. *adj* sans problème[s] II. *adv* sans [aucun] problème

Productplacement, **Product-Placement** ['prɔdʌkt'pleɪsmənt] <-s> *nt* publicité *f* déguisée

Produkt [pro'dʊkt] <-[e]s, -e> *nt* ❶ *a.* MATH produit *m* ❷ *(geh: Folge)* fruit *m*

Produktion [prodʊk'tsi̯o:n] <-, -en> *f* production *f* **Produktionskosten** *Pl* coût *m* de [la] production

produktiv [prodʊk'ti:f] *adj (ergiebig)* productif, -ive

Produktivität [prodʊktivi'tɛ:t] <-> *f* productivité *f*

Produktlinie [-li:niə] *f* ligne *f* de produits

Produktpalette *f* gamme *f* de produits

Produktpiraterie *f* contrefaçon *f* d'un produit

Produzent(in) [produ'tsɛnt] <-en, -en> *m(f)* ❶ *(Hersteller)* fabricant(e) *m(f)* ❷ *(Filmproduzent)* producteur, -trice *m, f*

produzieren* [produ'tsi:rən] I. *vt (herstellen)* produire II. *vi* ***billig ~*** produire à bas prix III. *vr (pej fam)* ***sich vor jdm ~*** faire l'intéressant devant qn

Prof. *Abk von* **Professor**

profan [pro'fa:n] *adj (geh)* ❶ *(alltäglich)* terre à terre ❷ *(nicht sakral)* profane

professionell [profɛsi̯o'nɛl] I. *adj* professionnel(le) II. *adv* avec professionnalisme

Professor, **Professorin** [pro'fɛso:ɐ̯] <-s, -soren> *m, f* professeur *mf*

Professur [profɛ'su:ɐ̯] <-, -en> *f* chaire *f* [de professeur]

Profi ['pro:fi] <-s, -s> *m (fam)* ❶ *(Sportler)* pro *mf* ❷ *(Verbrecher)* professionnel(le) *m(f)*

Profil [pro'fi:l] <-s, -e> *nt* ❶ *eines Reifens* sculptures *f pl* ❷ *(seitliche Ansicht)* profil *m*

profilieren* [profi'li:rən] *vr* ***sich ~*** s'affirmer

profiliert *adj* reconnu

Profilsohle *f* semelle *f* crantée

Profit [pro'fi:t] <-[e]s, -e> *m* profit *m*

profitabel [profi'ta:bəl] *adj (geh)* rémunérateur, -trice **Profitgier** *f (pej)* rapacité *f péj*

profitieren* [profi'ti:rən] *vi* ❶ *(Gewinn machen)* faire du profit ❷ *(Nutzen haben)* ***bei/von etw ~*** profiter de qc ❸ *(Nützliches lernen)* ***von jdm ~*** tirer profit de ce que dit/fait qn; ***von etw ~*** tirer profit de qc

pro forma [pro:'fɔrma] *adv (geh)* pour la forme

Prognose [pro'gno:zə] <-, -n> *f* ❶ *(geh: Vorhersage)* prévision *f* ❷ *(Wettervorhersage)* prévisions *f pl* ❸ MED pronostic *m*

prognostizieren* [prognɔsti'tsi:rən] *vt (geh)* pronostiquer

Programm [pro'gram] <-s, -e> *nt* ❶ *(Ablauf, Konzeption)* programme *m* ❷ *(Programmheft)* programme *m* ❸ INFORM logiciel *m*

programmatisch [progra'ma:tɪʃ] *adj* ❶ *(einem Programm entsprechend)* de programme, au niveau du programme ❷ *(wegweisend)* directeur, -trice

Programmaufruf *m* INFORM appel *m* de programme **Programmfehler** *m* INFORM erreur *f* dans le programme **programmgemäß** *adv* comme prévu **Programmgestaltung** *f* programmation *f* **Programmheft** *nt* programme *m*

programmierbar *adj* INFORM programmable

programmieren* [progra'mi:rən] *vt* ❶ INFORM programmer ❷ *(vorbereiten)* ***auf etw*** *akk* ***programmiert sein*** être programmé pour qc

Programmierer(in) <-s, -> *m(f)* INFORM programmeur, -euse *m, f*

Programmiersprache *f* INFORM langage *m* de programmation

Programmierung <-, -en> *f* INFORM programmation *f*

Programmkino *nt* cinéma *m* d'art et d'essai

Programmzeitschrift *f* programme *m* de télévision

Progression [progrɛ'si̯o:n] <-, -en> *f (geh)* ❶ *(stufenweise Steigerung)* progressivité *f* ❷ *(Fortschreiten)* progression *f*

progressiv [progrɛ'si:f] *adj (geh: fortschrittlich)* progressiste

Prohibition [prohibi'tsi̯o:n] <-, -en> *f* prohibition *f*

Projekt [pro'jɛkt] <-[e]s, -e> *nt* projet *m*

Projektgruppe *f* groupe *m* de projet

Projektil [projɛk'ti:l] <-s, -e> *nt (form)* projectile *m*

Projektion [projɛk'tsi̯o:n] <-, -en> *f* projection *f*

Projektleiter(in) *m(f)* chef *mf* de projet **Projektmanager(in)** *m(f)* chef *mf* de projet

Projektor [pro'jɛkto:ɐ̯] <-s, -toren> *m* projecteur *m*

projizieren* [proji'tsi:rən] *vt* projeter

Proklamation [proklama'tsi̯o:n] <-, -en> *f (geh)* proclamation *f*

proklamieren* [prokla'mi:rən] *vt (geh)* proclamer

Pro-Kopf-Einkommen *nt* revenu *m* par tête **prokrastinieren** [prokrasti'ni:rən] *vt* procrastiner

Prokura [pro'ku:ra] <-, Prokuren> *f (form)* procuration *f*

Prokurist(in) [proku'rɪst] <-en, -en> *m(f)* fondé *m* de pouvoir

Prolet(in) [pro'le:t] <-en, -en> *m(f) (pej)* plouc *mf fam*

Proletariat [proleta'ri̯a:t] <-[e]s, -e> *nt* prolétariat *m*

proletenhaft *(pej)* **I.** *adj* plouc *fam* **II.** *adv* comme un plouc *fam*

Prolog [pro'lo:k] <-[e]s, -e> *m* prologue *m*

Promenade [promə'na:də] <-, -n> *f* promenade *f*

Promenadendeck *nt* pont-promenade *m* **Promenadenmischung** *f (hum fam)* bâtard *m*

Promi ['prɔmi] <-s, -s> *m,* <-, -s> *f (fam) Abk von* **Prominente(r)** huile *f*

P

Promille [pro'mɪlə] <-[s], -> *nt* ❶ ***elf*** ~ onze pour mille ❷ *(fam: Blutalkohol)* ***0,5*** ~ ***haben*** avoir 0,5 gramme

Promillegrenze *f* taux *m* d'alcoolémie maximal

prominent [promi'nɛnt] *adj* éminent(e)

Prominente(r) *f(m) dekl wie adj* personnalité *f*

Prominenz [promi'nɛnts] <-> *f (geh: die Prominenten)* personnalités *fpl* [de premier plan]

Promotion [promo'tsi̯o:n] <-, -en> *f* UNIV doctorat *m*

> **Falsche Freunde**
> Nicht verwechseln mit *la promotion* – *die Beförderung*!

promovieren* [promo'vi:rən] *vi* ❶ *(eine Doktorarbeit schreiben)* ***über jdn/etw*** ~ préparer une thèse [de doctorat] sur qn/qc ❷ *(den Doktorgrad erwerben)* ***in Philosophie dat*** ~ soutenir une thèse de philosophie

prompt [prɔmpt] **I.** *adj* rapide **II.** *adv (fam: erwartungsgemäß)* aussi sec

Pronomen [pro'no:mən] <-s, - *o* Pronomina> *nt* GRAM pronom *m*

pronominal [pronomi'na:l] *adj* GRAM pronominal(e)

Propaganda [propa'ganda] <-> *f* propagande *f*

Propagandist(in) [propagan'dɪst] <-en, -en> *m(f)* propagandiste *mf*

propagandistisch *adj* à des fins de propagande; *Material* de propagande

propagieren* [propa'gi:rən] *vt (geh)* prôner

Propangas *nt* propane *m*

Propeller [pro'pɛlɐ] <-s, -> *m* hélice *f*

Propellerflugzeug *nt* avion *m* à hélice

Prophet(in) [pro'fe:t] <-en, -en> *m(f)* prophète *m* /prophétesse *f*

prophetisch *adj (geh)* prophétique

prophezeien* [profe'tsaiən] *vt* prophétiser; ***jdm viel Erfolg*** ~ prédire à qn une grande réussite

Prophezeiung <-, -en> *f* prophétie *f*

prophylaktisch [profy'laktɪʃ] **I.** *adj* prophylactique **II.** *adv* préventivement

Prophylaxe [profy'laksə] <-, -n> *f* prophylaxie *f*

Proportion [propɔr'tsi̯o:n] <-, -en> *f* proportion *f*

proportional [propɔrtsi̯o'na:l] *adj (geh)* proportionnel(le)

Proporz <-es, -e> *m* proportionnelle *f*

proppe[n]voll ['prɔpən'fɔl] *adj (fam)* plein(e) à craquer

Prosa ['pro:za] <-> *f* prose *f*

prosaisch *adj (geh)* prosaïque

Proseminar ['pro:zemina:ɐ] *nt* cours *m* pour étudiants débutants

prosit *s.* **prost**

Prosit <-s, -s> *nt* toast *m*

Prospekt [pro'spɛkt] <-[e]s, -e> *m* prospectus *m*

prost *interj* à la tienne/vôtre

Prostata ['prɔstata] <-> *f* ANAT prostate *f*

prosten ['pro:stən] *vi* trinquer; ***auf jdn/etw*** ~ trinquer à la santé de qn/à qc

prostituieren* [prostitu'i:rən] *vr* ❶ ***sich*** ~ se prostituer ❷ *(sich herabwürdigen)* ***sich für etw*** ~ se prostituer pour qc

Prostituierte(r) *f(m) dekl wie adj* prostitué(e) *m(f)*

Prostitution [prostitu'tsi̯o:n] <-> *f* prostitution *f*

Protagonist(in) [protago'nɪst] <-en, -en>

m(f) (geh) ❶ protagoniste *mf* ❷ *(Vorkämpfer)* pionnier, -ière *m, f*

Protein [prote'iːn] <-s, -e> *nt* BIO, CHEM protéine *f*

Protektion <-, -en> *f (geh)* protection *f*

Protektorat <-[e]s, -e> *nt* protectorat *m*

Protest [pro'tɛst] <-[e]s, -e> *m* protestation *f*

Protestaktion *f* [campagne *f* de] protestation *f*

Protestant(in) [protɛs'tant] <-en, -en> *m(f)* protestant(e) *m(f)*

protestantisch [protɛs'tantɪʃ] **I.** *adj* protestant(e) **II.** *adv erziehen* dans la foi protestante

Protestantismus [protɛstan'tɪsmʊs] <-; *kein Pl*> *m* protestantisme *m*

protestieren* [protɛs'tiːrən] *vi* protester; ***gegen etw*** ~ protester contre qc

Protestwahl *f* vote *m* de contestation **Protestwähler(in)** *m(f)* électeur, -trice *m, f* protestataire **Protestwelle** *f* vague *f* de protestation

Prothese [pro'teːzə] <-, -n> *f* ❶ *(Ersatzgliedmaße)* prothèse *f* ❷ *(Zahnersatz)* dentier *m*

Protokoll [proto'kɔl] <-s, -e> *nt* ❶ *(Niederschrift)* protocole *m; (Sitzungsprotokoll)* compte *m* rendu ❷ *(Vernehmungsprotokoll)* procès-verbal *m* ❸ *kein Pl (diplomatisches Zeremoniell)* protocole *m*

protokollarisch [protokɔ'laːrɪʃ] **I.** *adj* ❶ *Aussage* dûment enregistré(e) ❷ *Zeremoniell* protocolaire **II.** *adv* ***etw ~ festhalten*** consigner qc au procès-verbal

Protokollführer(in) *m(f)* secrétaire *mf* de séance; JUR greffier, -ière *m, f*

protokollieren* [protokɔ'liːrən] **I.** *vt* enregistrer *Zeugenaussage* **II.** *vi* établir le procès-verbal

Proton ['proːtɔn] <-s, Protonen> *nt* PHYS proton *m*

Prototyp ['proːtotyːp] *m* prototype *m*

protzen ['prɔtsən] *vi (fam)* frimer

protzig ['prɔtsɪç] *adj (fam)* tape-à-l'œil

Proviant [pro'vi̯ant] <-s> *m* provisions *f pl*

Provider [pro'vai̯dɐ] <-s, -> *m* INFORM fournisseur *m*

Provinz [pro'vɪnts] <-, -en> *f* ❶ *(Verwaltungsgebiet)* province *f* ❷ *kein Pl (pej: rückständige Gegend)* province *f*

provinziell [provɪn'tsi̯ɛl] *adj (pej)* provincial(e)

Provision [provi'zi̯oːn] <-, -en> *f* commission *f*

provisorisch [provi'zoːrɪʃ] **I.** *adj* provisoire; *Unterkunft* précaire **II.** *adv* provisoirement

Provisorium [provi'zoːri̯ʊm] <-s, -rien> *nt (geh: Einrichtung)* solution *f* provisoire; *(Regelung)* mesure *f* d'urgence

provokant [provo'kant] *(geh)* **I.** *adj* provocant(e) **II.** *adv* de manière provocante

Provokation [provoka'tsi̯oːn] <-, -en> *f (geh)* provocation *f*

provokativ [provoka'tiːf] *s.* **provokant**

provozieren* [provo'tsiːrən] *(geh)* **I.** *vt* provoquer; ***jdn*** ~ *Person:* provoquer qn; *Bemerkung:* être une façon de provoquer qn **II.** *vi Person:* faire de la provocation; *Äußerung:* être une provocation

provozierend *s.* **provokant**

Prozedur [protse'duːɐ̯] <-, -en> *f* astreinte *f*

Prozent [pro'tsɛnt] <-[e]s, -e> *nt* ❶ ***zehn*** ~ dix pour cent ❷ *(Alkoholgehalt)* degré *m* [d'alcool] ▸ **bei jdm ~e bekommen** *(fam)* avoir une réduc chez qn

Prozentpunkt *m* point *m* **Prozentrechnung** *f kein Pl* calcul *m* des pourcentages **Prozentsatz** *m* pourcentage *m*

prozentual [protsɛn'tu̯aːl] **I.** *adj* exprimé(e) en pourcentage[s] **II.** *adv* au pourcentage

Prozess [pro'tsɛs] <-es, -e> *m* ❶ procès *m* ❷ *(Vorgang)* processus *m*

Prozessgegner *m* partie *f* adverse

prozessieren* [protsɛ'siːrən] *vi* intenter un procès; ***gegen jdn*** ~ intenter un procès à qn

Prozession [protsɛ'si̯oːn] <-, -en> *f* procession *f*

Prozesskosten *Pl* frais *mpl* de justice

Prozesskostenhilfe *f* aide *f* judiciaire

Prozessor [pro'tsɛsoːɐ̯] <-s, -soren> *m* INFORM processeur *m*

Prozessordnung *f* code *m* de procédure

Prozessvollmacht *f* mandat *m* ad litem

prüde ['pryːdə] *adj* prude

prüfen ['pryːfən] *vt* ❶ faire passer un examen; ***jdn in Chemie*** *dat* ~ faire passer un examen à qn en chimie; ***geprüft*** *Krankenschwester* diplômé(e) ❷ *(untersuchen)* vérifier *Gerät;* examiner *Antrag* ❸ *(geh: übel mitnehmen)* ***jdn hart*** ~ éprouver qn durement

Prüfer(in) ['pryːfɐ] <-s, -> *m(f)* ❶ examinateur, -trice *m, f* ❷ TECH ingénieur *mf* chargé du contrôle ❸ *(Betriebsprüfer)* contrôleur, -euse *m, f*

Prüfling ['pryːflɪŋ] <-s, -e> *m* candidat(e) *m(f)*

Prüfstand *m* ▸ **auf dem ~ sein** passer au

banc d'essai **Prüfstein** *m* ▶ **ein ~ sein** être la pierre de touche
Prüfung <-, -en> *f* ❶ examen *m; (in einem Fach)* épreuve *f* ❷ *(Führerscheinprüfung)* ***theoretische ~*** code *m;* ***praktische ~*** conduite *f* ❸ *(geh: Heimsuchung)* épreuve *f*
Prüfungsangst *f* trac *m* [de l'examen] **Prüfungsaufgabe** *f* devoir *m* d'examen **Prüfungsausschuss** *m* commission *f* de vérification [*o* d'examen] **Prüfungsergebnis** *nt* résultat *m* d'un examen [*o* de l'examen] **Prüfungskandidat(in)** *m(f)* candidat(e) *m(f)* à l'examen **Prüfungskommission** *f* jury *m* d'examen **Prüfungsordnung** *f* règlement *m* de l'examen
Prügel ['pry:gəl] <-s, -> *m* ❶ *(Knüppel)* gourdin *m* ❷ *Pl (Schläge)* coups *mpl; (Strafe)* correction *f*
Prügelei [pry:gə'lai] <-, -en> *f (fam)* bagarre *f*
Prügelknabe *m* souffre-douleur *m*
prügeln ['pry:gəln] **I.** *vt* battre **II.** *vi* donner des coups **III.** *vr* ***sich mit jdm wegen etw ~*** se battre avec qn à cause de qc
Prügelstrafe *f* châtiment *m* corporel
Prunk [prʊŋk] <-s> *m* luxe *m* ostentatoire
prunken ['prʊŋkən] *vi (geh)* faire étalage
Prunkstück *nt* pièce *f* de luxe **Prunksucht** *f kein Pl* goût *m* du faste **prunksüchtig** *adj* avide de luxe **Prunkvilla** *f* villa *f* de luxe
prunkvoll I. *adj* somptueux, -euse **II.** *adv* fastueusement
prusten ['pru:stən] *vi* s'ébrouer; ***vor Lachen ~*** pouffer de rire
PS [pe:'ʔɛs] <-, -> *nt* ❶ *Abk von* **Pferdestärke** ch *m* ❷ *Abk von* **Postskript[um]** P.-S. *m*
Psalm [psalm] <-s, -en> *m* psaume *m*
Psalter ['psaltɐ] <-s, -> *m* REL psautier *m*
pseudonym [psɔydo'ny:m] *adj (geh) Werk* écrit(e) sous un pseudonyme
Pseudonym [psɔydo'ny:m] <-s, -e> *nt* pseudonyme *m*
pst [pst] *interj* chut
Psyche ['psy:çə] <-, -n> *f* psyché *f*
psychedelisch [psyçe'de:lɪʃ] *adj* psychédélique
Psychiater(in) [psy'çi̯a:tɐ] <-s, -> *m(f)* psychiatre *mf*
Psychiatrie [psyçi̯a'tri:] <-, -i̯en> *f* ❶ *(Fachgebiet)* psychiatrie *f* ❷ *(fam: Abteilung)* [service *m* de] psychiatrie *f*
psychiatrisch [psy'çi̯a:trɪʃ] **I.** *adj* psychiatrique; *Abteilung* de psychiatrie **II.** *adv* ***jdn ~ behandeln*** soumettre qn à un traitement psychiatrique
psychisch ['psy:çɪʃ] **I.** *adj* psychique **II.** *adv* sur le plan psychique; ***~ bedingt sein*** avoir des causes psychiques
Psychoanalyse [psyçoʔana'ly:zə] *f* psychanalyse *f* **Psychoanalytiker(in)** [psyçoʔana'ly:tikɐ] *m(f)* psychanalyste *mf*
Psychologe, Psychologin [psyço'lo:gə] <-n -n> *m, f* psychologue *mf*
Psychologie [psyçolo'gi:] <-> *f* psychologie *f*
psychologisch [psyço'lo:gɪʃ] **I.** *adj* psychologique **II.** *adv* ***~ ausgebildet sein*** avoir une formation en psychologie
Psychopath(in) [psyço'pa:t] <-en, -en> *m(f)* psychopathe *mf*
psychopathisch *adj* psychopathe
Psychopharmakon [psyço'farmakɔn] <-s, -pharmaka> *nt meist Pl* médicament *m* psychopharmacologique
Psychose [psy'ço:zə] <-, -n> *f* psychose *f*
psychosomatisch [psyçozo'ma:tɪʃ] *adj* psychosomatique
Psychoterror ['psy:çotɛro:ɐ̯] *m (fam)* terrorisme *m* intellectuel **Psychotherapeut(in)** [psyçotera'pɔyt] *m(f)* MED, PSYCH psychothérapeute *mf* **Psychotherapie** [psyçotera'pi:] *f kein Pl* psychothérapie *f*
pubertär [pubɛr'tɛ:ɐ̯] *adj* pubertaire
Pubertät [pubɛr'tɛ:t] <-> *f* puberté *f*
pubertieren* [pubɛr'ti:rən] *vi (geh)* faire sa puberté
Publicity [pa'blɪsiti] <-> *f* médiatisation *f*
Public Relations ['pablɪkri'le:ʃn̩z] *Pl* relations *fpl* publiques **Public Viewing** ['pablɪk 'vju:ɪŋ] <- -[s], - -s> *nt* retransmission *f* sur écran géant
publik [pu'bli:k] *adj* ***~ werden*** être rendu public
Publikation [publika'tsi̯o:n] <-, -en> *f* publication *f*
Publikum ['pu:blikʊm] <-s> *nt* ❶ *(Besucher)* public *m* ❷ *(Zuhörerschaft)* auditoire *m* **Publikumsverkehr** *m* ***für den ~ geöffnet*** ouvert(e) au public
publikumswirksam *adj* qui fait effet sur le public
publizieren* [publi'tsi:rən] *vt* publier
Publizist(in) [publi'tsɪst] *m(f)* journaliste *mf*
Publizistik [publi'tsɪstɪk] <-> *f* journalisme *m*
publizistisch *adj* journalistique
Puck [pʊk] *m* SPORT palet *m*
Pudding ['pʊdɪŋ] <-s, -s> *m* pudding *m*, pouding *m*

Puddingpulver *nt* préparation *f* pour pudding
Pudel ['pu:dəl] <-s, -> *m* caniche *m* ▶ **wie ein begossener ~ dastehen** *(fam)* être là, l'oreille basse
Pudelmütze *f* bonnet *m* [à pompon] **pudelwohl** ['pu:dəl'vo:l] *adj* ▶ **sich ~ fühlen** *(fam)* prendre son pied
Puder ['pu:dɐ] <-s, -> *m o fam nt* poudre *f*
Puderdose *f* poudrier *m*
pudern ['pu:dɐn] **I.** *vt* poudrer **II.** *vr* ***sich*** **~** se poudrer
Puderzucker *m* sucre *m* glace
Puff [pʊf] <-[e]s, -e> *m (fam: Bordell)* bordel *m vulg*
Puffärmel *m* manche *f* bouffante
puffen ['pʊfən] *vt (fam)* donner une bourrade à
Puffer ['pʊfɐ] <-s, -> *m,* **Pufferspeicher** *m* INFORM mémoire *f* tampon
Pufferzone *f* zone *f* tampon
puh [pu:] *interj* ❶ *(Ausruf des Ekels)* beurk ❷ *(Ausruf der Erschöpfung)* ouf
pulen ['pu:lən] *(fam)* **I.** *vi* tripoter; ***an etw dat*** **~** tripoter qc **II.** *vt* NDEUTSCH décortiquer *Krabben*
Pulk <-s, -s> *m* cohorte *f*
Pull-down-Menü [pʊl'daʊnmeny:] *nt* INFORM menu *m* déroulant
Pulle <-, -n> *f* chopine *f* ▶ **volle ~ fahren** rouler plein pot
Pulli ['pʊli] <-s, -s> *m (fam)* pull *m*
Pullover [pʊ'lo:vɐ] <-s, -> *m* pull-over *m*
Pullunder [pʊ'lʊndɐ] <-s, -> *m* [pull *m*] débardeur *m*
Puls [pʊls] <-es, -e> *m* pouls *m*
Pulsader *f* veine *f* du poignet
pulsieren* [pʊl'zi:rən] *vi* ❶ *Schlagader:* battre; *Blut:* circuler ❷ *(fig)* ***~d*** *Großstadt* trépidant(e)
Pulsschlag *m (Puls)* pouls *m; (einzelner Schlag)* pulsation *f* **Pulsuhr** *f* SPORT, MED pulsomètre *m*
Pult [pʊlt] <-[e]s, -e> *nt* ❶ *(Dirigentenpult, Rednerpult)* pupitre *m* ❷ *(Katheder)* chaire *f*
Pulver ['pʊlfɐ, 'pʊlvɐ] <-s, -> *nt* poudre *f*
Pulverfass ▶ **auf einem ~ sitzen** être sur une poudrière
pulverisieren* [pʊlveri'zi:rən] *vt* pulvériser
Pulverkaffee *m* café *m* en poudre **Pulverschnee** *m* poudreuse *f*
Puma ['pu:ma] <-s, -s> *m* puma *m*
Pummel ['pʊməl] <-s, -> *m (fam)* enfant *mf* potelé(e)
pumm[e]lig ['pʊm(ə)lɪç] *adj (fam)* dodu(e)
Pump [pʊmp] ▶ **auf ~** *(fam)* à crédit
Pumpe ['pʊmpə] <-, -n> *f* ❶ TECH pompe *f* ❷ *(fam: Herz)* palpitant *m*
pumpen ['pʊmpən] **I.** *vt* ❶ pomper; ***etw mit Luft/Wasser voll*** **~** remplir qc d'air/d'eau ❷ *(fam: leihen)* ***jdm etw*** **~** filer qc à qn ❸ *(fam: investieren)* ***Geld in eine Firma*** **~** injecter de l'argent dans une entreprise ❹ SPORT *(fam)* ***Gewichte*** **~** faire des haltères **II.** *vi* ❶ *Herz:* battre; *Maschine:* pomper ❷ *(eine Pumpe betätigen)* pomper
Pumpernickel <-s, -> *m* pain *m* de seigle noir
Pumps [pœmps] <-, -> *m* escarpin *m*
Punk [paŋk] <-[s], -s> *m* ❶ *kein Pl (Musik)* punk *m* ❷ *(Person)* punk *mf*
Punker(in) ['paŋkɐ] <-s, -> *m(f)* punk *mf*
Punkt [pʊŋkt] <-[e]s, -e> *m* ❶ point *m* ❷ *(Tupfen)* pois *m* ❸ *(Stelle)* endroit *m* ❹ *(bei Zeitangaben)* **~ *drei [Uhr]*** à trois heures précises ▶ **der Grüne ~** le point vert [d'éco-emballage]; **nun mach aber mal einen ~!** *(fam)* tu vas la boucler, oui?
punktieren* [pʊŋk'ti:rən] *vt* ponctionner
Punktion [pʊŋk'tsi̯o:n] <-, -en> *f* ponction *f*
pünktlich ['pʏŋktlɪç] **I.** *adj* **~ *sein*** être ponctuel **II.** *adv* à l'heure
Pünktlichkeit <-> *f* ponctualité *f*
Punktrichter(in) *m(f)* juge *m* **Punktsieg** *m* victoire *f* aux points
punktuell [pʊŋk'tu̯ɛl] **I.** *adj* ponctuel(le) **II.** *adv* **~ *vorgehen*** procéder point par point
Punktzahl *f* nombre *m* de points
Punsch [pʊnʃ] <-es, -e> *m* punch *m*
Pupille [pu'pɪlə] <-, -n> *f* pupille *f*
Püppchen ['pʏpçən] <-s, -> *nt Dim von* **Puppe 1** petite poupée *f*
Puppe ['pʊpə] <-, -n> *f* ❶ *(Spielzeug)* poupée *f* ❷ ZOOL chrysalide *f* ▶ **bis in die ~n schlafen** *(fam)* faire la grasse matinée; **die ~n tanzen lassen** *(fam: feiern)* faire la bringue
Puppenhaus *nt* maison *f* de poupée **Puppenspieler(in)** *m(f)* marionnettiste *mf* **Puppenstube** *f* chambre *f* de poupée **Puppentheater** *nt* théâtre *m* de marionnettes **Puppenwagen** *m* landau *m* de poupée
Pups [pu:ps] <-es, -e> *m (fam)* pet *m*
pupsen ['pu:psən] *vi (fam)* péter
pur [pu:ɐ̯] **I.** *adj* ❶ *(rein)* pur(e) *antéposé* ❷ *(unverdünnt)* pur(e) **II.** *adv trinken* pur(e)
Püree [py're:] <-s, -s> *nt* purée *f*

P

pürieren* [py'ri:rən] *vt* réduire en purée
Pürierstab *m* GASTR presse-purée *m*
Purist(in) <-en, -en> *m(f)* *(geh)* puriste *mf*
Puritaner(in) [puri'ta:nɐ] <-s, -> *m(f)* puritain(e) *m(f)*
puritanisch **I.** *adj* puritain(e) **II.** *adv* de manière puritaine
Purpur ['pʊrpʊr] <-s> *m* *(Farbe)* pourpre *m*
purpurfarben ['pʊrpʊr-], **purpurrot** *adj* [de couleur] pourpre
Purzelbaum *m* *(fam)* galipette *f*
purzeln ['pʊrtsəln] *vi* + *sein* ***von der Bank*** ~ dégringoler du banc
pushen ['pʊʃən] **I.** *vt* *(sl)* ❶ *(stark fördern)* faire la promo de *fam* *Produkt, Marke;* faire passer *Idee, Methode;* doper *fam* *Absatz, Auflage;* ***jdn in den Vorstand*** ~ propulser qn à la présidence; ***etw auf die Bestsellerliste*** ~ propulser qc sur la liste des best--sellers *fam* ❷ *(mit Drogen handeln)* dealer *fam* **II.** *vi* *(sl)* dealer *fam*
Puste ['pu:stə] <-> *f* *(fam)* souffle *m*
Pusteblume *f* *(fam)* aigrette *f* de pissenlit
Pustekuchen ▸ **~!** des clous!
Pustel ['pʊstəl] <-, -n> *f* pustule *f*
pusten ['pu:stən] *vi* *(fam: blasen)* souffler
Pute ['pu:tə] <-, -n> *f* ❶ *(Truthenne)* dinde *f* ❷ *(pej fam: Frau)* bécasse *f*
Puter ['pu:tɐ] <-s, -> *m* dindon *m*
puterrot ['pu:tɐ'ro:t] *adj* cramoisi
Putsch [pʊtʃ] <-[e]s, -e> *m* putsch *m*
putschen ['pʊtʃən] *vi* organiser un putsch; ***gegen jdn/etw*** ~ organiser un putsch contre qn/qc
Putschist(in) [pʊ'tʃɪst] <-en, -en> *m(f)* putschiste *mf*
Putschversuch *m* tentative *f* de putsch
Putte ['pʊtə] <-, -n> *f* angelot *m*
Putz [pʊts] <-es, -e> *m* crépi *m* ▸ **auf den ~ hauen** *(fam: angeben)* se faire mousser
putzen ['pʊtsən] **I.** *vt* nettoyer **II.** *vr* ***sich*** ~ *Tier:* faire sa toilette
Putzfrau *f* femme *f* de ménage
putzig ['pʊtsɪç] *adj* *(fam: niedlich)* trognon
Putzlappen *m* lavette *f;* *(Wischlappen)* serpillière *f* **Putzmittel** *nt* produit *m* d'entretien **putzmunter** ['pʊts'mʊntɐ] *adj* *(fam)* frais, fraîche comme un gardon **Putzteufel** *m* *(fam)* maniaque *mf* de la propreté
puzzeln ['pazəln] *vi* faire un puzzle
Puzzle ['pazəl] <-s, -s> *nt* puzzle *m*
PVC [pe:fau'tse:] <-, -s> *nt Abk von* **Polyvinylchlorid** P.V.C. *m*
Pygmäe [pʏ'gmɛ:ə] <-n, -n> *m* Pygmée *m*
Pyjama [py'(d)ʒa:ma] <-s, -s> *m o* SDEUTSCH, A, CH *nt* pyjama *m*
Pyramide [pyra'mi:də] <-, -n> *f* *(a. fig)* pyramide *f*
Pyrenäen [pyre'nɛ:ən] *Pl* ***die*** ~ les Pyrénées *fpl*
Pyromane, Pyromanin [pyro'ma:nə] <-n, -n> *m, f* MED, PSYCH pyromane *mf*
Python ['py:tɔn] <-, -s> *m* python *m*

Qq

Q, q [kuː] <-, -> *nt* Q *m* / q *m*

QR-Code [kuːˈʔɛr-] *m Abk von* **Quick Response Code** INET code *m* QR

Quacksalber [ˈkvakzalbɐ] <-s, -> *m (pej)* charlatan *m*

Quaddel [ˈkvadəl] <-, -n> *f* plaque *f*

Quader [ˈkvaːdɐ] <-s, -> *m* ❶ *(Baustein)* pierre *f* de taille ❷ GEOM parallélépipède *m* rectangle

Quadrant [kvaˈdrant] <-en, -en> *m* quart *m* de cercle

Quadrat [kvaˈdraːt] <-[e]s, -e> *nt* MATH, GEOM carré *m*

quadratisch [kvaˈdraːtɪʃ] *adj* carré(e)

Quadratkilometer *m* kilomètre *m* carré **Quadratlatschen** *Pl (pej fam)* péniches *f pl* **Quadratmeter** *m o nt* mètre *m* carré

Quadratur [kvadraˈtuːɐ̯] <-, -en> *f* ▸ **die ~ des Kreises** *(geh)* la quadrature du cercle

Quadratwurzel *f* MATH racine *f* carrée

quadrieren* [kvaˈdriːrən] *vt* élever au carré; ***etw*** ~ élever qc au carré

Quadrofonie [kvadrofoˈniː] <-> *f* quadriphonie *f*

quaken [ˈkvaːkən] *vi Frosch:* coasser; *Ente:* cancaner

quäken [ˈkvɛːkən] *vi (fam)* brailler

Quäker(in) [ˈkvɛːkɐ] <-s, -> *m(f)* quaker, -esse *m, f*

Qual [kvaːl] <-, -en> *f* ❶ *(Mühsal)* supplice *m* ❷ *meist Pl (Leid)* souffrance *f* ▸ **die ~ der Wahl haben** *(hum)* avoir l'embarras du choix

quälen [ˈkvɛːlən] **I.** *vt* ❶ *(misshandeln)* torturer *Person;* martyriser *Tier* ❷ *(zusetzen)* ***jdn*** ~ tourmenter qn **II.** *vr* ❶ *(leiden)* ***sich*** ~ souffrir ❷ *(sich herumquälen)* ***sich mit etw*** ~ se tourmenter avec qc

quälend *adj attr Schmerzen* pénible; *Ungewissheit* cruel(le)

Quälerei [kvɛləˈrai̯] <-, -en> *f* ❶ *kein Pl (fam: Anstrengung)* calvaire *m* ❷ *(das Zusetzen)* harcèlement *m*

Quälgeist *m (fam)* enquiquineur, -euse *m, f*

Qualifikation [kvalifikaˈtsi̯oːn] <-, -en> *f* qualification *f*

qualifizieren* [kvalifiˈtsiːrən] **I.** *vr* ❶ *(eine Qualifikation erwerben)* ***sich*** ~ acquérir une qualification; ***sich für eine Stelle*** ~ acquérir une qualification pour un emploi ❷ SPORT ***sich für etw*** ~ se qualifier pour qc **II.** *vt* ❶ ***jdn für eine Stelle*** ~ *Ausbildung:* qualifier qn pour un emploi ❷ *(geh: klassifizieren)* ***etw als Betrug*** ~ qualifier qc d'escroquerie

qualifiziert *adj* qualifié(e); ***hoch*** ~ hautement qualifié

Qualifizierung <-, -en> *f* qualification *f*

Qualität [kvaliˈtɛːt] <-, -en> *f* qualité *f*

qualitativ [kvalitaˈtiːf] *adj* qualitatif, -ive

Qualitätsarbeit *f kein Pl* travail *m* de qualité **Qualitätsmanagement** [-mænɪdʒmənt] *nt* gestion *f* de la qualité **Qualitätssicherung** *f* garantie *f* de qualité **Qualitätsunterschied** *m* différence *f* de qualité

Qualle [ˈkvalə] <-, -n> *f* méduse *f*

Qualm [kvalm] <-[e]s> *m* [épaisse] fumée *f*

qualmen *vi* ❶ *Feuer, Schornstein:* fumer ❷ *(fam: rauchen)* fumer

qualvoll **I.** *adj* ❶ *Tod* atroce ❷ *Ungewissheit* [très] pénible **II.** *adv sterben* dans d'atroces souffrances

Quäntchen [ˈkvɛntçən] <-s, -> *nt* ***ein ~ Salz*** une once de sel

Quanten *Pl von* **Quantum**

Quantität [kvantiˈtɛːt] <-, -en> *f* quantité *f*

quantitativ [kvantitaˈtiːf] **I.** *adj* quantitatif, -ive **II.** *adv* quantitativement

Quantum [ˈkvantʊm] <-s, Quanten> *nt (geh)* dose *f*

Quarantäne [karanˈtɛːnə] <-, -n> *f* quarantaine *f*

Quark [kvark] <-s> *m* ❶ ≈ fromage *m* blanc ❷ *(fam: Unsinn)* conneries *f pl*

Quarkspeise *f dessert au fromage blanc*

Quartal [kvarˈtaːl] <-s, -e> *nt* trimestre *m*

Quarte [ˈkvartə] <-, -n> *f* quarte *f*

Quartett [kvarˈtɛt] <-[e]s, -e> *nt* ❶ MUS *(a. fig)* quatuor *m* ❷ *kein Pl (Kartenspiel)* ≈ jeu *m* des sept familles ❸ *(Satz Karten)* série *f* de quatre

Quartier [kvarˈtiːɐ̯] <-s, -e> *nt (Unterkunft)* logement *m; (Ferienquartier)* location *f*

Quarz [kvaːɐ̯ts] <-es, -e> *m* quartz *m*

Quarzuhr *f* montre *f* à quartz

quasi [ˈkvaːzi] *adv* quasiment

quasseln [ˈkvasəln] *(fam)* **I.** *vi* papoter **II.** *vt* ***Blödsinn*** ~ débiter des conneries

Quasselstrippe *f (pej fam)* pipelette *f*

Q

Quaste ['kvastə] <-, -n> *f* houppe *f*
Quatsch ['kvatʃ] <-[e]s> *m (fam)* ❶ *(dummes Gerede)* conneries *fpl*; *[so ein]* **~!** n'importe quoi! ❷ *(Unfug)* connerie *f*
quatschen ['kvatʃən] *(fam)* **I.** *vi* ❶ *(sich unterhalten)* tailler une bavette; ***mit jdm* ~** tailler une bavette avec qn ❷ *(nicht verschwiegen sein)* cafarder **II.** *vt* ***dummes Zeug* ~** sortir des conneries
Quatschkopf *m (pej fam)* radoteur, -euse *m, f*
Quebec, Québec [ke'bɛk] <-s> *nt (Stadt)* Québec; *(Provinz)* le Québec
Quecksilber ['kvɛkzɪlbɐ] *nt* mercure *m*
queer [kviːɐ̯, kwɪə̯] *adj (fam)* queer
Quelle ['kvɛlə] <-, -n> *f* source *f*
quellen ['kvɛlən] <quillt, quoll, gequollen> *vi + sein* ❶ *(herausfließen)* ***aus etw* ~** couler de qc ❷ *(aufquellen)* gonfler
Quellenangabe *f* indication *f* des sources **Quellennachweis** *s.* **Quellenangabe** **Quellensteuer** *f* FIN retenue *f* à la source
Quellgebiet *nt* GEOG région *f* de sources
Quellwasser <-wasser> *nt* eau *f* de source
Quengelei [kvɛŋə'laj] <-, -en> *f (fam)* pleurnicheries *fpl*
quengelig ['kvɛŋəlɪç] *adj (fam) Kind* pleurnicheur, -euse
quengeln ['kvɛŋəln] *vi (fam)* ❶ *(weinerlich sein)* pleurnicher ❷ *(nörgeln)* ***über etw** akk* **~** râler à propos de qc
quenglig ['kvɛŋlɪç] *s.* **quengelig**
quer [kveːɐ̯] *adv* en travers; **~ *zur Straße verlaufen*** *Bahnlinie:* couper la route
Querbalken *m* poutre *f* transversale
querbeet [kveːɐ̯'beːt] *adv (fam)* au petit bonheur [la chance]
Querdenker(in) *m(f)* non-conformiste *mf*
Quere ['kveːrə] *f* ▸ **jdm in die ~ kommen** se mettre en travers de son/mon/... chemin
querfeldein [kveːɐ̯fɛlt'ʔajn] *adv* à travers champs
Querflöte *f* flûte *f* traversière **Querformat** *nt* format *m* oblong **quergestreift** *s.* **gestreift** **Querkopf** *m (pej fam)* tête *f* de mule **Querlatte** *f* ❶ traverse *f* ❷ SPORT transversale *f* **quer|legen** *vr (fig fam)* ***sich bei etw* ~** se mettre en travers de qc **Querruder** *nt* AVIAT aileron *m* **quer|schießen** *vi irr (fig fam)* mettre des bâtons dans les roues **Querschiff** *nt* ARCHIT transept *m* **Querschnitt** *m* ❶ *(Schnitt, Zeichnung)* coupe *f* transversale; **~ *durch einen Baumstamm*** coupe transversale d'un tronc d'arbre ❷ *(Überblick)* **~ *durch die deutsche Literatur*** aperçu *m* de la littérature allemande
querschnitt[s]gelähmt *adj* paraplégique **Querschnitt[s]gelähmte(r)** *f(m) dekl wie Adj* paraplégique *mf* **Querschnitt[s]lähmung** *f* paraplégie *f*
Querstraße *f* rue *f* transversale **Querstreifen** *m* rayure *f* horizontale **Querstrich** *m* trait *m* horizontal **Quersumme** *f* somme *f* des chiffres [d'un nombre]
Querulant(in) [kveru'lant] <-en, -en> *m(f) (geh)* chicaneur *m*
Querverbindung *f (Beziehung)* connexion *f* **Querverweis** *m* renvoi *m*
quetschen ['kvɛtʃən] **I.** *vt* ❶ ***etw in einen Koffer* ~** entasser qc dans une valise ❷ *(verletzen)* ***sich** dat* ***einen Finger* ~** se coincer un doigt **II.** *vr* ❶ *(fam: sich zwängen)* ***sich durch/in etw** akk* **~** se forcer un passage à travers/dans qc ❷ *(sich verletzen)* ***sich* ~** se pincer
Quetschung <-, -en> *f (Verletzung)* contusion *f*
Queue [køː] <-s, -s> *nt o m* queue *f*
Quickie ['kvɪki] <-, -s> *m (fam)* petite baise *f*
quicklebendig ['kvɪkle'bɛndɪç] *adj (fam)* fringant(e)
quieken ['kviːkən] *vi Ferkel, Maus:* couiner *fam*
quietschen ['kviːtʃən] *vi Bremsen:* grincer; *Reifen:* crisser
quietschfidel *adj (fam)*, **quietschvergnügt** *adj (fam)* hilare; **~ *sein*** bicher
quillt [kvɪlt] *3. Pers Präs von* **quellen**
Quinoa [ki'noa] <-; *kein Pl*> *f* BOT, GASTR quinoa *m*
Quinte ['kvɪntə] <-, -n> *f* ❶ *(Ton)* dominante *f* ❷ *(Intervall)* quinte *f*
Quintessenz ['kvɪntɛsɛnts] *f (geh)* quintessence *f*
Quintett <-[e]s, -e> *nt* quintette *m*
Quirl [kvɪrl] <-s, -e> *m* batteur *m*
quirlen ['kvɪrlən] *vt* battre *Zutaten*
quirlig ['kvɪrlɪç] *adj (fam)* remuant(e); *Kind* turbulent(e)
quitt [kvɪt] *adj* quitte
Quitte ['kvɪtə] <-, -n> *f (Frucht)* coing *m*
quitte[n]gelb ['kvɪtə(n)'gɛlp] *adj* jaune coing
quittieren* [kvɪ'tiːrən] *vt* ❶ *(durch Unterschrift bestätigen)* acquitter ❷ *(geh: beantworten)* ***etw mit einem Lächeln* ~** accueillir qc avec le sourire
Quittung ['kvɪtʊŋ] <-, -en> *f (Zahlungsbeleg)* reçu *m*

Q

Quiz [kvɪs] <-, -> *nt* quiz *m; (Fernsehsendung)* jeu *m* télévisé
Quizmaster(in) ['kvɪsma:stɐ] <-s, -> *m(f)* animateur, -trice *m, f* d'un jeu télévisé **Quizshow** *f* jeu *m* télévisé
quoll [kvɔl] *Imp von* **quellen**
Quote ['kvo:tə] <-, -n> *f (Anteil)* taux *m*
Quotenfrau *f (pej)* femme-quota *f*
Quotenkönig(in) *m(f)* roi *m*, reine *f* de l'audience
Quotenregelung *f* contingent *m* de places réservées aux femmes **Quotenrenner** *m* TV, RADIO *(fam)* succès *m* de l'audimat
Quotient [kvo'tsi̯ɛnt] <-en, -en> *m* MATH quotient *m*
quotieren* [kvo'ti:rən] *vt* coter

Rr

R, r [ɛr] <-, -> *nt* R *m* / r *m*
Rabatt [ra'bat] <-[e]s, -e> *m* remise *f*; ***fünf Prozent*** ~ cinq pour cent de remise
Rabatte [ra'batə] <-, -n> *f* plate-bande *f*
Rabattmarke *f* bon *m* de réduction
Rabatz [ra'bats] <-es> *m (sl)* grabuge *m*
Rabauke [ra'bau̯kə] <-n, -n> *m (fam)* loubard *m*
Rabbi ['rabi] <-[s], -s *o* Rabbinen> *m* rabbi[n] *m*
Rabbiner [ra'bi:nɐ] <-s, -> *m* rabbin *m*
Rabe ['ra:bə] <-n, -n> *m* corbeau *m*
Rabeneltern *Pl (fam)* parents *mpl* dénaturés
Rabenmutter *f (fam)* mère *f* dénaturée
rabenschwarz ['ra:bən'ʃvarts] *adj* noir(e) comme [du] jais
rabiat *adj* ❶ *(grob)* brutal(e) ❷ *(aufgebracht)* ~ ***werden*** voir rouge

Falsche Freunde
Nicht verwechseln mit *rapiat(e)* – *knauserig*!

Rache ['raxə] <-> *f* vengeance *f*; ***aus*** ~ par vengeance
Racheakt *m* acte *m* de vengeance **Rachegefühl** *nt meist Pl* désir *m* de vengeance *pas de pl*
Rachen ['raxən] <-s, -> *m* ANAT gorge *f* ▸ **jdm etw in den ~ werfen** *(fam)* filer qc à qn
rächen ['rɛçən] **I.** *vt* venger *Person, Tat* **II.** *vr* ❶ *(Rache nehmen)* ***sich an jdm*** ~ se venger de qn; ***sich an jdm für etw*** ~ se venger de qc sur qn ❷ *(sich nachteilig auswirken)* ***sich*** ~ se payer
Rächer(in) <-s, -> *m(f)* vengeur *m* / vengeresse *f*
Rachitis [ra'xi:tɪs] <-, -tiden> *f* MED rachitisme *m*
Rachsucht *f kein Pl* soif *f* de vengeance
rachsüchtig *adj* vindicatif, -ive
rackern ['rakɐn] *vi (fam)* trimer
Raclette ['raklɛt, ra'klɛt] <-, -s> *f*, <-s, -s> *nt* raclette *f*
Raclettekäse [ra'klɛt-] *m* fromage *m* à raclette
Rad [ra:t, *Pl:* 'rɛ:dɐ] <-[e]s, Räder> *nt* ❶ *eines Fahrzeugs, Pfaus* roue *f* ❷ *(Fahrrad)* bicyclette *f*, vélo *m*; ~ ***fahren*** aller à vélo ❸ *(Zahnrad)* rouage *m* ❹ SPORT roue *f*; ~ ***fahren*** faire du vélo
Radar [ra'da:ɐ̯] <-s> *m o nt (Funkmesstechnik)* [système *m*] radar *m*
Radaranlage *f* radar *m*
Radarfalle *f (fam)* contrôle-radar *m* **Radargerät** *nt* radar *m* **Radarkontrolle** *f* contrôle-radar *m* **Radarschirm** *m* écran *m* radar **Radarstation** *f* MIL, AVIAT station *f* radar
Radau [ra'dau̯] <-s> *m (fam)* raffut *m*
Rädchen ['rɛ:tçən] <-s, -> *nt Dim von* **Rad** *(Zahnrad)* rouage *m*
radeln ['ra:dəln] *vi + sein (fam)* faire du vélo; ***zum Bäcker/in die Stadt*** ~ aller à vélo chez le boulanger/en ville
Rädelsführer(in) *m(f)* meneur, -euse *m, f*
rädern ['rɛ:dɐn] *vt* HIST rouer; ***gerädert werden*** être roué(e)
Räderwerk ['rɛ:dɐvɛrk] *nt* rouages *mpl*
Radfahrer(in) *m(f)* ❶ cycliste *mf* ❷ *(pej fam: unterwürfiger Mensch)* lèche-botte *mf* **Radfahrweg** *s.* **Radweg** **Radgabel** *f* fourche *f*
Radi ['ra:di] <-s, -> *m* SDEUTSCH, A radis *m*
Radiator [ra'di̯a:to:ɐ̯] <-s, -toren> *m* radiateur *m*
Radicchio [ra'dɪki̯o] <-s> *m* trévise *f*
radieren* [ra'di:rən] *vt, vi* ❶ gommer

❷ KUNST graver sur métal; *(ätzen)* graver à l'eau-forte

Radiergummi *m* gomme *f*

Radierung <-, -en> *f* gravure *f* [sur métal]; *(Ätzung)* [gravure à l']eau-forte *f*

Radieschen [ra'diːsçən] <-s, -> *nt* radis *m*

radikal [radi'kaːl] **I.** *adj* ❶ POL extrémiste ❷ *Bruch* radical(e); *Ablehnung* catégorique ❸ *Forderung, Reform* radical(e) **II.** *adv* ❶ POL ~ ***denken*** avoir des idées extrémistes ❷ *verfahren, vorgehen* de façon radicale

Radikal [radi'kaːl] <-s, -e> *nt* BIO, CHEM radical *m;* ***die freien ~e*** les radicaux libres

Radikale(r) *f(m)* *dekl wie adj* extrémiste *mf*

radikalisieren* *vt* radicaliser

Radikalisierung <-, -en> *f* radicalisation *f*

Radikalismus [radika'lɪsmʊs] <-> *m* extrémisme *m*

Radikalkur *f* traitement *m* de choc

Radio ['raːdi̯o] <-s, -s> *nt o* SDEUTSCH, CH *m* radio *f;* ~ ***hören*** écouter la radio; ***im*** ~ à la radio

radioaktiv [radi̯oʔak'tiːf] **I.** *adj* radioactif, -ive **II.** *adv* ~ ***verseucht/verstrahlt*** contaminé(e)/irradié(e) **Radioaktivität** [radi̯oʔaktivi'tɛːt] *f* *kein Pl* radioactivité *f* **Radiobericht** *m* reportage *m* radiophonique

Radiologe, **Radiologin** [radi̯o'loːgə] <-n, -n> *m, f* radiologue *mf*

Radiologie [radi̯olo'giː] <-> *f* radiologie *f*

Radiosender *m* station *f* de radio **Radiowecker** *m* radio-réveil *m*

Radius ['raːdi̯ʊs] <-, Radien> *m* rayon *m*

Radkappe *f* enjoliveur *m* **Radlager** *nt* roulement *m*

Radler ['raːdlɐ] <-s, -> *m* *(fam)* ❶ cycliste *m* ❷ SDEUTSCH *(Getränk)* panaché *m*

Radlerhose *f* culotte *f* de cycliste

Radlerin <-, -nen> *f* cycliste *f*

Radlermaß *f* SDEUTSCH panaché *m*

Radrennbahn *f* vélodrome *m* **Radrennen** *nt* course *f* cycliste **Radrennfahrer(in)** *m(f)* coureur, -euse *m, f* cycliste **Radsport** *m* sport *m* cycliste **Radtour** *f* randonnée *f* à vélo **Radwanderung** *f* randonnée *f* à bicyclette **Radwechsel** *m* changement *m* de roue **Radweg** *m* piste *f* cyclable

RAF [ɛrʔaː'ʔɛf] <-> *f* *Abk von* **Rote Armee Fraktion** HIST fraction *f* armée rouge

raffen ['rafən] *vt* ❶ *(einsammeln)* rafler *fam* ❷ *(in Falten legen)* plisser *Kleid, Stoff, Vorhang* ❸ *(kürzen)* abréger; ***gerafft*** *Form, Wiedergabe* condensé(e)

raffgierig *adj* rapace

Raffinerie [rafinə'riː] <-, -ien> *f* raffinerie *f*

Raffinesse [rafi'nɛsə] <-, -n> *f* ❶ *kein Pl* *(Durchtriebenheit)* ruse *f* ❷ *(luxuriöses Detail)* ***mit allen ~n [ausgestattet]*** hyperéquipé(e)

raffiniert **I.** *adj* ❶ *(durchtrieben)* rusé(e) ❷ *Plan, Vorgehensweise* astucieux, -euse ❸ *Speise, Soße* raffiné(e) **II.** *adv* *(durchtrieben)* astucieusement

Raffiniertheit *f s.* **Raffinesse**

Rafting ['raːftɪŋ] <-s> *nt* rafting *m*

Rage ['raːʒə] <-> *f* *(fam)* ❶ *(Wut)* rogne *f;* ***jdn in ~ bringen*** mettre qn en rogne ❷ *(Erregung)* énervement *m;* ***sie geriet in ~ über sein Verhalten*** son comportement l'a énervée

ragen ['raːgən] *vi* s'élever; ***nach oben/in die Luft*** ~ s'élever en hauteur/en l'air; ***aus dem Wasser*** ~ se dresser au-dessus de l'eau; ***über das Gelände*** ~ dépasser du terrain

Ragout [ra'guː] <-s, -s> *nt* ragoût *m*

Rahm [raːm] <-[e]s> *m* crème *f*

rahmen ['raːmən] *vt* encadrer

Rahmen ['raːmən] <-s, -> *m* ❶ *eines Bilds* cadre *m* ❷ *(Türrahmen, Fensterrahmen)* encadrement *m* ❸ TECH *eines Fahrrads* cadre *m;* *eines Autos* châssis *m* ❹ *(Bereich, Zusammenhang, Atmosphäre)* cadre *m;* ***im ~ des Möglichen*** dans les limites de mes/ses/... moyens ▶ **aus dem ~ fallen** *Person:* se singulariser; *Kleidung, Musik:* sortir de l'ordinaire; **den ~ einer S. sprengen** sortir du cadre de qc

Rahmenabkommen *nt* convention *f* type **Rahmenbedingungen** *Pl* conditions *fpl* générales **Rahmenhandlung** *f* LITER [intrigue *f* d']encadrement *m*

Rahmkäse *m* fromage *m* à la crème

Rahmsoße *f* sauce *f* à la crème

räkeln ['rɛːkəln] *s.* **rekeln**

Rakete [ra'keːtə] <-, -n> *f* ❶ *(Flug-, Feuerwerkskörper)* fusée *f* ❷ *(Waffe)* missile *m*

> **Falsche Freunde**
> Nicht verwechseln mit *la raquette – der [Tennis]schläger*!

Raketenwerfer *m* MIL lance-missiles *m*

Rallye ['rali, 'rɛli] <-, -s> *f* rallye *m*

Rallyefahrer(in) ['rali-, 'rɛli-] *m(f)* coureur, -euse *m, f* de rallyes

RAM [ram] <-[s], -[s]> *nt* *Abk von* **random access memory** INFORM RAM *f*

Ramadan [rama'daːn] <-[s]> *m kein Pl* ***der*** ~ le ramadan
Ramadanfest *nt* fêtes *fpl* de la fin du Ramadan
rammeln ['raməln] *vi* ❶ *Kaninchen, Hase:* s'accoupler ❷ *(sl: koitieren)* baiser *fam*
rammen *vt* ❶ *(beschädigen)* emboutir *Fahrzeug* ❷ *(stoßen)* ***etw in den Boden*** ~ enfoncer qc dans le sol
Rampe ['rampə] <-, -n> *f* rampe *f*
Rampenlicht *nt* ▸ **im ~ stehen** être sous les projecteurs
ramponieren* [rampo'niːrən] *vt (fam)* esquinter; ***ramponiert*** *Gegenstand:* en piteux état
Ramsch [ramʃ] <-[e]s> *m (fam)* camelote *f*
Ramschniveau *nt (fam)* niveau *m* d'emprunts pourris
ran [ran] *adv (fam)* allez; ***jetzt aber ~!*** allez, on y va!; ***rechts ~!*** mettez-vous à droite!
Rand [rant, *Pl:* 'rɛndɐ] <-es, Ränder> *m* ❶ *eines Gefäßes, eines Grabens* bord *m; eines Brunnens* margelle *f* ❷ *eines Geräts, Tisches, einer Brille* bord *m; einer Stadt* périphérie *f* ❸ *(Stoffrand, Waldrand)* bordure *f* ❹ *(Grenze)* ***am ~e der Legalität/des Wahnsinns*** à la limite de la légalité/folie ❺ *(unbeschriebener Teil)* marge *f* ❻ *(Schmutzrand)* [***schmutziger***] ~ traînée *f* sale ▸ **am ~e** accessoirement; *s. a.* **zurande**
Randale <-> *f (sl)* émeutes *fpl*
randalieren* [randa'liːrən] *vi* faire du grabuge *fam*
Randalierer(in) <-s, -> *m(f)* casseur, -euse *m, f*
Randbemerkung *f* ❶ *(Bemerkung)* remarque *f* accessoire ❷ *(Randnotiz)* note *f* en marge
Rande ['randə] <-, -n> *f* CH betterave *f* rouge
Randerscheinung *f* phénomène *m* marginal **Randfigur** *f* personnage *m* secondaire **Randgruppe** *f* groupe *m* marginal
randlos *adj Brille* sans cercle
Randphänomen *nt* épiphénomène *m*
rang [raŋ] *Imp von* **ringen**
Rang [raŋ, *Pl:* 'rɛŋə] <-[e]s, Ränge> *m* ❶ *(Stellung)* rang *m* [social] ❷ *kein Pl (Kategorie)* valeur *f;* ***ersten ~es*** de premier ordre; ***von hohem*** ~ de grande valeur ❸ *(Dienstgrad)* grade *m* ❹ *(Tabellenplatz)* place *f* ❺ *(Teil eines Zuschauerraums)* balcon *m; (Teil eines Stadions)* gradin *m*
ran|gehen ['rangeːən] *vi irr + sein (fam)* ❶ *(sich nähern)* se rapprocher; ***an etw*** *akk* ~ se rapprocher de qc ❷ *(offensiv sein)* attaquer
Rangelei [raŋə'lai] <-, -en> *f (fam)* chamailleries *fpl*
rangeln ['raŋəln] *vi (fam)* se chamailler; ***mit jdm*** ~ se chamailler avec qn
Rangfolge *f* hiérarchie *f;* ***der ~ nach*** selon l'ordre hiérarchique
ranghöchste(r, s) *adj* MIL le plus gradé/la plus gradée
Ranghöchste(r) *f(m) dekl wie adj* MIL plus haut gradé(e) *m(f)*
Rangierbahnhof [rã'ʒiːɐ-, raŋ'ʒiːɐ-] *m* gare *f* de triage
rangieren* [rã'ʒiːrən, raŋ'ʒiːrən] **I.** *vi* occuper; ***an erster Stelle*** ~ *Angelegenheit, Frage:* occuper la première place **II.** *vt* aiguiller *Zug, Waggon*
Rangiergleis [rã'ʒiːɐ-, raŋ'ʒiːɐ-] *nt* voie *f* de triage
Rangliste *f* classement *m*
rangmäßig *adv* sur le plan hiérarchique; MIL du point de vue du grade
Rangordnung *f* hiérarchie *f*
ran|halten *vr irr (fam)* ***sich*** ~ se magner
rank [raŋk] *adj* ▸ **~ und schlank sein** être svelte
Ranke ['raŋkə] <-, -n> *f* BOT sarment *m*
ranken ['raŋkən] *vr + haben* ❶ ***sich*** ~ grimper; ***sich an einem Gerüst nach oben*** ~ *Pflanze:* grimper le long d'un treillage ❷ *(fig)* ***sich um jdn/etw*** ~ *Legenden:* graviter autour de qn/qc
Ranking ['rɛŋkɪŋ] <-s, -s> *nt* palmarès *m*
ran|klotzen *vi (fam)* se défoncer **ran|kommen** *vi irr + sein (fam)* ❶ *(hinlangen können)* ***an etw*** *akk* ~ atteindre qc ❷ *(sich beschaffen können)* avoir accès à ❸ *(erreichen können)* ***an jdn*** ~ arriver à approcher qn; ***man kommt nicht an sie ran*** y a pas moyen de l'approcher **ran|lassen** *vt irr (fam: näher kommen lassen)* laisser s'approcher; ***jdn an sich*** *akk* ~ laisser qn s'approcher de soi **ran|machen** *vr (fam)* ***sich an jdn/etw*** ~ entreprendre qn/qc; *(in sexueller Absicht)* draguer qn
rann [ran] *Imp von* **rinnen**
rannte ['rantə] *Imp von* **rennen**
ran|schmeißen *vr irr (fam)* ***sich an jdn*** ~ jouer le grand jeu à qn
Ranzen ['rantsən] <-s, -> *m* SCHULE cartable *m*
ranzig ['rantsɪç] *adj* rance; ~ ***werden*** rancir
Rap [rɛp] <-> *m* MUS rap *m*
rapide *adj* rapide

Rappe <-n, -n> *m* moreau *m*

rappelig ['rapəlɪç] *adj (fam)* agité(e); ~ ***werden*** s'exciter; ~ ***sein*** être sur les nerfs

rappeln *vi (fam) Wecker:* sonner

rappen ['rɛpn] *vi* rap[p]er

Rappen ['rapən] <-s, -> *m* centime *m*

Rapper(in) ['rɛpɐ] <-s, -> *m(f)* rap[p]eur, -euse *m, f*

rapplig *s.* **rappelig**

Rapport <-[e]s, -e> *m (form)* rapport *m*

Raps [raps] <-es, -e> *m* colza *m*

rar [raːɐ̯] *adj* rare; ~ ***werden*** se raréfier

Rarität <-, -en> *f* rareté *f*

rar|machen *vr* ***sich*** ~ se faire rare

rasant [ra'zant] **I.** *adj Fahrer* rapide; *Tempo* infernal(e); *Beschleunigung* foudroyant(e); *Entwicklung* fulgurant(e) **II.** *adv (schnell)* à toute vitesse; ***fahr nicht so ~!*** ne roule pas si vite!

rasch [raʃ] **I.** *adj* rapide **II.** *adv* vite

rascheln ['raʃəln] *vi Papier, Stroh:* faire entendre un froissement; *Laub:* frémir

rasen ['raːzən] *vi* ❶ + *sein (schnell fahren)* rouler à toute allure; ***gegen/in etw*** *akk* ~ foncer dans qc ❷ + *sein Zeit:* filer à toute allure ❸ + *haben Herz, Puls:* battre à toute allure ❹ + *haben (toben)* être déchaîné; ***vor Wut/Eifersucht*** *dat* ~ être fou de rage/jalousie

Rasen ['raːzən] <-s, -> *m* ❶ *(Grasfläche)* gazon *m* ❷ SPORT pelouse *f; (beim Tennis, Hockey)* gazon

rasend *adj* ❶ *Geschwindigkeit* fou, folle ❷ *Person* furieux, -euse; *Menge* déchaîné(e); ~ ***werden*** enrager; ***jdn mit etw ~ machen*** mettre qn en rage avec qc ❸ *Schmerz* atroce; *Eifersucht* exacerbé(e); *Beifall* frénétique

Rasenmäher <-s, -> *m* tondeuse *f* à gazon

Rasensprenger <-s, -> *m* arroseur *m*

Raser(in) ['raːzɐ] <-s, -> *m(f) (fam)* chauffard *m*

Raserei [raːzə'rai̯] <-, -en> *f* ❶ *(fam: schnelles Fahren)* vitesse *f* excessive ❷ *kein Pl (Wutanfall)* fureur *f;* ***jdn zur ~ bringen*** mettre qn en rage

Rasierapparat *m (Elektro-/Nassrasierer)* rasoir *m* [électrique/mécanique] **Rasiercreme** *f* crème à raser *f*

rasieren* [ra'ziːrən] **I.** *vt* raser; ***sich ~ lassen*** se faire raser; ***glatt rasiert*** rasé de près **II.** *vr* ***sich*** ~ se raser; ***sich nass/elektrisch ~*** utiliser un rasoir mécanique/électrique

Rasierer <-s, -> *m (fam: Elektrorasierer)* rasoir *m*

Rasierklinge *f* lame *f* de rasoir **Rasiermesser** *nt* rasoir *m* [à main] **Rasierpinsel** *m* blaireau *m* **Rasierschaum** *m* mousse *f* à raser **Rasierwasser** *nt* après-rasage *m* **Rasierzeug** *nt* nécessaire *m* de rasage

Räson [rɛ'zõː] <-> *f* ▶ **jdn zur ~ bringen** ramener qn à la raison

raspeln ['raspəln] *vt* râper

Rasse ['rasə] <-, -n> *f* race *f*

Rassehund *m* chien *m* de race

Rassel ['rasəl] <-, -n> *f* ❶ *(Babyspielzeug)* hochet *m* ❷ *(Instrument)* maracas *mpl*

rasseln ['rasəln] *vi* ❶ + *haben Schlüssel, Kette:* cliqueter; ***das Rasseln*** le cliquetis ❷ + *sein (fam: fallen)* ***durch die Prüfung*** ~ louper l'examen

Rassendiskriminierung *f* discrimination *f* raciale **Rassenkonflikt** *m* conflit *m* racial **Rassentrennung** *f kein Pl* ségrégation *f* raciale

rassig ['rasɪç] *adj Person* racé(e); *Wein* qui a du corps

rassisch ['rasɪʃ] *adj* racial(e)

Rassismus [ra'sɪsmʊs] <-> *m* racisme *m*

Rassist(in) [ra'sɪst] <-en, -en> *m(f)* raciste *mf*

rassistisch *adj* raciste

Rast [rast] <-, -en> *f* pause *f;* ~ ***machen*** faire une halte

Rastalocken ['rasta-] *Pl* dreadlocks *fpl*

rasten ['rastən] *vi* faire une halte

Raster ['rastɐ] <-s, -> *m* TYP *(Rasterung)* trame *f*

Rasterfahndung *f* recherche *f* systématique [par fichiers informatisés]

rastlos **I.** *adj* ❶ *(unermüdlich)* sans relâche ❷ *Person* agité(e); *Leben* mouvementé(e) **II.** *adv* inlassablement

Rastlosigkeit <-> *f* ❶ *(Unermüdlichkeit)* activité *f* inlassable ❷ *(Unrast)* agitation *f* [fébrile]

Rastplatz *m* aire *f* de repos équipée

Raststätte *f* restoroute® *m*

Rasur [ra'zuːɐ̯] <-, -en> *f* rasage *m*

Rat[1] [raːt] <-[e]s> *m* conseil *m;* ***jdn um ~ fragen*** demander conseil à qn; ***jdm einen ~ geben*** donner un conseil à qn; ***auf den ~ seines Bruders [hin]*** sur le conseil de son frère; ***entgegen seinem/ihrem ~*** contre son avis

Rat[2] [raːt, *Pl:*'rɛːtə] <-[e]s, Räte> *m* ❶ *(Person)* conseiller *m* municipal ❷ *(Institution)* conseil *m* [municipal]; ***im ~ sitzen*** *(fam)* siéger au conseil [municipal]; ***der ~ der Europäischen Union*** le Conseil de l'Union européenne; ***Großer ~*** CH Grand Conseil

rät [rɛ:t] *3. Pers Präs von* **raten**
Rate ['ra:tə] <-, -n> *f (Abschlagszahlung)* traite *f; (Monatsrate)* mensualité *f;* ***auf ~n*** à crédit; ***in ~n*** à tempérament

> **Falsche Freunde**
> Nicht verwechseln mit *la rate – die Milz*!

raten ['ra:tən] <rät, riet, geraten> **I.** *vi* ❶ *(Ratschläge geben)* ***jdm ~ etw zu tun*** conseiller à qn de faire qc ❷ *(erraten)* deviner; ***falsch ~*** ne pas deviner **II.** *vt* ❶ *(als Ratschlag geben)* ***jdm etw ~*** conseiller qc à qn ❷ *(erraten)* deviner
Ratenkauf *m* achat *m* à crédit
ratenweise *adv* par versements échelonnés
Ratenzahlung *f kein Pl (Zahlung in Raten)* paiement *m* à crédit
Ratespiel *nt* [jeu *m* de] devinette *f*
Ratgeber <-s, -> *m* ❶ conseiller *m* ❷ *(Buch)* guide *m*
Ratgeberin <-, -nen> *f* conseillère *f*
Rathaus *nt* hôtel *m* de ville; *(in kleineren Orten)* mairie *f*
ratifizieren* [ratifi'tsi:rən] *vt* ratifier
Ratifizierung <-, -en> *f* ratification *f*
Rätin ['rɛ:tɪn] <-, -nen> *f (Stadträtin)* conseillère *f* [municipale]
Ratingagentur, **Rating-Agentur** ['re:-tɪŋ-] *f* agence *f* de notation
Ration [ra'tsi̯o:n] <-, -en> *f* ration *f*
rational [ratsi̯o'na:l] *(geh)* **I.** *adj* rationnel(le) **II.** *adv begründen* rationnellement; *denken* d'une façon rationnelle
rationalisieren* [ratsi̯onali'zi:rən] **I.** *vt* rationaliser *Ablauf* **II.** *vi* prendre des mesures de rationalisation
Rationalisierung <-, -en> *f* rationalisation *f*
rationell [ratsi̯o'nɛl] *adj Verfahren* efficace; *Verwertung* rationnel(le)
rationieren* [ratsi̯o'ni:rən] *vt* rationner
Rationierung [ratsi̯o'ni:rʊŋ] <-, -en> *f* rationnement *m*
ratlos **I.** *adj* perplexe; ***völlig ~ sein*** être désemparé **II.** *adv* avec perplexité
Ratlosigkeit <-> *f* perplexité *f*
rätoromanisch [rɛtoro'ma:nɪʃ] **I.** *adj* rhéto-roman(e) **II.** *adv* ***~ miteinander sprechen*** discuter en rhéto-roman; *s. a.* **deutsch**
Rätoromanisch <-[s]> *nt kein Art* rhéto-roman *m; s. a.* **Deutsch**
ratsam ['ra:tza:m] *adj* opportun(e)
ratschen ['ra:tʃən] *vi (fam: schwatzen)* bavarder; ***mit jdm ~*** bavarder avec qn
Ratschlag ['ra:tʃla:k] *m* conseil *m*
Rätsel ['rɛ:tsəl] <-s, -> *nt* énigme *f;* ***jdm ein ~ aufgeben*** *Person:* poser une énigme à qn
rätselhaft *adj Person, Lächeln* énigmatique; *Umstände* mystérieux, -euse; ***jdm ~ sein*** être une énigme pour qn
rätseln ['rɛ:tsəln] *vi* chercher
Rätselraten <-s> *nt* ❶ *(das Lösen von Rätseln)* jeux *mpl* d'esprit ❷ *(das Mutmaßen)* [jeu *m* de] devinettes *fpl*
Ratsherr(in) *m(f)* conseiller, -ère *m, f* municipal(e)
Ratsmitglied *nt* membre *m* d'un/du conseil
Ratte ['ratə] <-, -n> *f* rat *m*
Rattenfänger *m (pej)* enjôleur *m* **Rattengift** *nt* mort-aux-rats *f* **Rattenschwanz** *m (fam)* ❶ *(unübersehbare Menge)* ***ein ~ von Problemen*** une flopée de difficultés ❷ *(Frisur)* queue-de-rat *f*
rattern ['ratɐn] *vi + haben Blechteile:* vibrer [bruyamment]; *Maschine:* pétarader
ratzekahl ['ratsə'ka:l] *adv (fam)* ***etw ~ aufessen*** manger qc jusqu'à la dernière miette
ratzen ['ratsən] *vi* DIAL *(fam)* roupiller *fam*
rau [rau̯] *adj* ❶ *Haut, Putz* rugueux, -euse; *Lippen* râpeux, -euse; *Oberfläche* raboteux, -euse ❷ *Hals* enroué(e); *Stimme* rauque ❸ *Gegend* rude; *Klima* rigoureux, -euse ❹ *Benehmen* fruste; *Umgangston* grossier, -ière
Raub [raup̯] <-[e]s> *m* ❶ *(das Rauben)* vol *m* [à main armée]; *(Menschenraub)* rapt *m* ❷ *(das Geraubte)* butin *m*
Raubbau *m kein Pl* exploitation *f* effrénée; ***~ an etw*** *dat* exploitation effrénée de qc
Raubdruck <-drucke> *m* édition *f* pirate
raubeinig *adj (fam) Kerl* un peu bourru(e)
rauben ['rau̯bən] **I.** *vt* ❶ *(bei einem Überfall)* dérober; ***jdm etw ~*** dérober qc à qn ❷ *(entführen)* enlever ❸ *(fig geh)* ***jdm den Schlaf ~*** faire perdre le sommeil à qn **II.** *vi* voler
Räuber(in) ['rɔy̯bɐ] <-s, -> *m(f)* brigand *m*
Räuberbande *f* bande *f* de brigands [*o* de voleurs]
räuberisch *adj* ❶ *Unternehmung* criminel(le) ❷ ZOOL *Tier* rapace
Raubfisch *m* poisson *m* carnassier **Raubkatze** *f* félin *m* **Raubkopie** *f* copie *f* pirate **Raubmord** *m* crime *m* crapuleux **Raubmörder(in)** *m(f)* assassin *m;* ***ein ~ sein*** avoir commis un crime crapuleux **Raubtier** *nt* carnassier *m* **Raubüber-**

R

fall *m* attaque *f* à main armée; ~ ***auf jdn/etw*** attaque à main armée contre qn/qc; ***ein ~ auf eine Bank*** un hold-up d'une banque **Raubvogel** *m* oiseau *m* de proie

Rauch [rau̯x] <-[e]s> *m (Qualm)* fumée *f* **Rauchbombe** *f* bombe *f* fumigène

rauchen ['rau̯xən] *vt, vi* fumer

Raucher(in) ['rau̯xɐ] <-s, -> *m(f)* fumeur, -euse *m, f*

Raucherabteil *nt* compartiment *m* fumeurs **Raucherkneipe** *f (fam)* bar *m* fumeur

Räucherlachs *m* GASTR saumon *m* fumé

Raucherlokal *nt* établissement *m* fumeurs

räuchern ['rɔy̯çɐn] *vt* fumer; ***das Räuchern*** le fumage

Räucherspeck *m* lard *m* fumé **Räucherstäbchen** *nt* bâtonnet *m* d'encens

Raucherzone *f* coin *m* fumeurs

Rauchfang *m* ❶ *(Abzugsvorrichtung)* hotte *f* [de cheminée] ❷ A *(Schornstein)* cheminée *f* **Rauchfleisch** *nt* viande *f* fumée

rauchig ['rau̯xɪç] *adj* ❶ *(verqualmt)* enfumé(e) ❷ *(nach Rauch schmeckend)* fumé(e) ❸ *Stimme* rauque

Rauchmelder <-s, -> *m* détecteur *m* de fumée **Rauchverbot** *nt* interdiction *f* de fumer **Rauchvergiftung** *f* intoxication *f* par la fumée; ***eine ~ haben*** être intoxiqué par la fumée

räudig ['rɔy̯dɪç] *adj* galeux, -euse

rauf [rau̯f] *s.* **herauf, hinauf**

Raufasertapete *f* ≈ papier *m* peint d'apprêt

Raufbold ['rau̯fbɔlt] <-[e]s, -e> *m* bagarreur, -euse *m, f fam*

raufen ['rau̯fən] **I.** *vi* se battre; ***mit jdm ~*** se battre avec qn **II.** *vr* ***sich ~*** se battre

Rauferei [rau̯fə'rai̯] <-, -en> *f* rixe *f*

rauflustig *adj* batailleur, -euse

Rauheit *f* ❶ *einer Oberfläche* rugosité *f; eines Stoffs* rudesse *f* ❷ *einer Gegend* âpreté *f; eines Klimas* rigueur *f*

Raum [rau̯m, *Pl:* 'rɔy̯mə] <-[e]s, Räume> *m* ❶ *(Zimmer)* pièce *f* ❷ *kein Pl (Platz)* espace *m;* ***~ für etw schaffen*** faire de la place pour qc ❸ PHYS, ASTRON espace *m*

räumen ['rɔy̯mən] *vt* ❶ *(entfernen)* ***etw vom Tisch/aus dem Weg ~*** enlever qc de la table/du passage ❷ *(einräumen)* ***etw in das Regal ~*** ranger qc sur les étagères ❸ *(freimachen)* libérer *Wohnung;* évacuer *Straße*

Raumfähre *f* navette *f* spatiale **Raumfahrer(in)** *s.* **Astronaut(in) Raumfahrt** *f kein Pl* navigation *f* spatiale **Rauminhalt** *m* volume *m* **Raumkapsel** *f* ❶ *(Kabine einer Raumfähre)* capsule *f* spatiale ❷ *s.* **Raumsonde**

räumlich ['rɔy̯mlɪç] **I.** *adj* ❶ dans l'espace; ***die ~en Gegebenheiten*** la configuration des lieux ❷ *(dreidimensional)* ***~es Sehen*** vision *f* stéréoscopique **II.** *adv* ❶ ***~ beschränkt/eingeengt sein*** être à l'étroit ❷ *(dreidimensional)* ***~ sehen*** avoir une vue stéréoscopique

Räumlichkeit <-, -en> *f Pl (form)* locaux *mpl*

Raummaß *nt* unité *f* de volume **Raumpfleger(in)** *m(f)* technicien(ne) *m(f)* de surface **Raumschiff** *nt* vaisseau *m* spatial **Raumsonde** *f* sonde *f* spatiale **Raumstation** *f* station *f* orbitale

Räumung <-, -en> *f* évacuation *f*

Räumungsbefehl *m* JUR ordre *m* d'expulsion **Räumungsklage** *f* demande *f* d'expulsion **Räumungsverkauf** *m* liquidation *f*

raunen ['rau̯nən] **I.** *vi (geh) Person:* susurrer **II.** *vt (geh)* susurrer

Raupe ['rau̯pə] <-, -n> *f* ❶ ZOOL chenille *f* ❷ *(Planierraupe)* bulldozer *m*

Raupenfahrzeug *nt* véhicule *m* à chenilles

Raureif *m kein Pl* gelée *f* blanche

raus [rau̯s] *adv (fam)* du balai; ***~ mit dir!*** toi, du balai!

Rausch [rau̯ʃ, *Pl:* 'rɔy̯ʃə] <-[e]s, Räusche> *m* ❶ ivresse *f;* ***sich*** *dat* ***einen ~ antrinken*** s'enivrer; ***einen ~ haben*** être ivre; ***seinen ~ ausschlafen*** cuver [son vin] *fam* ❷ *(geh: Ekstase)* griserie *f;* ***im ~ der Geschwindigkeit*** grisé(e) par la vitesse

rauscharm *adj Gerät* à faible bruit de fond

rauschen ['rau̯ʃən] *vi + haben Wind, Meer:* mugir; *Bach:* gronder; *Blätter:* bruire; *Lautsprecherbox:* grésiller; ***das Rauschen*** le bruit; *einer Lautsprecherbox* le grésillement

rauschend *adj* ❶ *(laut)* retentissant(e) ❷ *(prunkvoll)* somptueux, -euse

Rauschgift *nt* drogue *f;* ***~ nehmen*** se droguer

Rauschgifthandel *m* trafic *m* de drogue **Rauschgiftsucht** *f* toxicomanie *f* **rauschgiftsüchtig** *adj* toxicomane **Rauschgiftsüchtige(r)** *f(m)* toxicomane *mf*

Rauschmittel *nt (form)* stupéfiant *m*

raus|ekeln ['rau̯sʔe:kəln] *vt (fam)* faire passer l'envie de rester; ***jdn aus der Firma ~*** faire passer à qn l'envie de rester dans l'entreprise **raus|fliegen** ['rau̯sfli:gən] *vi irr + sein (fam)* ❶ *Person:* ***aus der Firma ~***

se faire virer de l'entreprise ❷ *(weggeworfen werden)* être bazardé **raus|kriegen** *vt (fam)* finir par trouver *Geheimnis, Lösung*
räuspern ['rɔyspɐn] *vr* ***sich*** ~ se racler la gorge
raus|schmeißen ['rausʃmaisən] *vt irr (fam)* ❶ *(entlassen)* virer; ***jdn aus der Firma*** ~ virer qn de l'entreprise ❷ *(wegwerfen)* balancer
Rausschmeißer(in) <-s, -> *m(f) (fam)* videur, -euse *m, f*
Rausschmiss <-es, -e> *m (fam)* mise *f* à la porte
Raute ['rautə] <-, -n> *f* losange *m*
rautenförmig *adj* en forme de losange
Raver(in) ['reɪvɐ] <-s, -> *m(f)* MUS raveur, -euse *m, f*
Ravioli [ra'vi̯o:li] *Pl* ravioli[s] *mpl*
Razzia ['ratsi̯a] <-, Razzien> *f* descente *f* [de police]
Reagenzglas *nt* éprouvette *f*
reagieren* [rea'gi:rən] *vi a.* CHEM, PHYS réagir; ***auf etw*** *akk* ***/mit etw*** ~ réagir à qc
Reaktion [reak'tsi̯o:n] <-, -en> *f a.* CHEM, PHYS réaction *f;* ***ihre ~ auf das Angebot*** sa réaction face à la proposition
reaktionär [reaktsi̯o'nɛ:ɐ̯] *adj (pej)* réactionnaire
Reaktionsfähigkeit *f kein Pl* capacité *f* de réaction
reaktivieren* [reakti'vi:rən] *vt* rappeler *Person*
Reaktor [re'akto:ɐ̯] <-s, -toren> *m* réacteur *m*
real [re'a:l] **I.** *adj* ❶ *(geh: tatsächlich)* [bien] réel(le) ❷ ÖKON *Einkommen* réel(le) **II.** *adv* ❶ *(geh: tatsächlich)* réellement ❷ ÖKON en valeur réelle
Realisation [realiza'tsio:n] *s.* **Realisierung**
realisierbar *adj* réalisable
realisieren* [reali'zi:rən] *vt* réaliser
Realisierung <-, -en> *f* réalisation *f*
Realismus <-> *m* réalisme *m*
Realist(in) [rea'lɪst] <-en, -en> *m(f)* réaliste *mf*
realistisch [rea'lɪstɪʃ] **I.** *adj* réaliste **II.** *adv* ❶ *betrachten, einschätzen* avec réalisme ❷ KUNST, LITER de manière réaliste
Realität [reali'tɛ:t] <-, -en> *f* ❶ réalité *f;* ~ ***werden*** devenir réalité ❷ *Pl (Gegebenheiten)* réalités *fpl* ❸ *Pl* A *(Immobilien)* immeubles *mpl*
realitätsfern *adj* peu réaliste
realitätsnah *adj* réaliste
Reality-TV [ri'ɛlititi:vi:] <-[s]> *nt kein Pl* télé-réalité *f*
Realpolitik *f* politique *f* pragmatique **Realsatire** *f* satire *f* de la réalité **Realschulabschluss** *m* ≈ brevet *m* des collèges
Realschule *f* ≈ collège *m*

Land und Leute

En Allemagne, la **Realschule** propose, à la suite de l'école primaire, un enseignement à visée professionnelle, parallèlement au *Gymnasium* qui dispense un enseignement général. Elle va jusqu'à la dixième classe et finit par un examen, la *Mittlere Reife*, l'équivalent du brevet des collèges. Les élèves peuvent ensuite poursuivre leur formation professionnelle ou, s'ils ont de très bonnes notes, préparer le baccalauréat.

Realschüler(in) *m(f)* ≈ collégien(ne) *m(f)* **Realwert** *m* valeur *f* réelle
Reanimation [reʔanima'tsi̯o:n] <-, -en> *f* réanimation *f*
reanimieren* *vt* réanimer
Rebe ['re:bə] <-, -n> *f* vigne *f*
Rebell(in) [re'bɛl] <-en, -en> *m(f)* rebelle *mf*
rebellieren* [rebɛ'li:rən] *vi* se rebeller; ***gegen die Eltern*** ~ se rebeller contre l'autorité parentale
Rebellion [rebɛ'li̯o:n] <-, -en> *f* rébellion *f*
rebellisch [re'bɛlɪʃ] *adj* ❶ *Truppen* rebelle ❷ *(geh: aufbegehrend)* insurgé(e)
Rebhuhn ['re:phu:n] *nt* perdrix *f*
Rebsorte ['re:p-] *f* cépage *m* **Rebstock** *m* pied *m* de vigne
Rechen ['rɛçən] <-s, -> *m bes.* SDEUTSCH râteau *m*
Rechenanlage *f* INFORM calculateur *m; eines Instituts* centre *m* d'informatique **Rechenaufgabe** *f (Rechenübung)* exercice *m* de calcul; *(Hausaufgabe)* calcul *m* **Rechenkapazität** *f* INFORM puissance *f* de calcul **Rechenmaschine** *f* machine *f* à calculer
Rechenschaft <-> *f* comptes *mpl;* ~ ***über etw*** *akk* ***ablegen*** rendre des comptes au sujet de qc; ***jdn für etw zur ~ ziehen*** demander des comptes à qn au sujet de qc
Rechenschaftsbericht *m* rapport *m* d'activité
Rechenzentrum *nt* centre *m* informatique
Recherche [re'ʃɛrʃə] <-, -n> *f* recherche *f*
recherchieren* [reʃɛr'ʃi:rən] **I.** *vi* faire des recherches; ***in einer Angelegenheit*** ~

R

faire des recherches sur un sujet **II.** *vt* enquêter sur *Fall, Skandal*

rechnen ['rɛçnən] **I.** *vt* ❶ MATH calculer *Aufgabe* ❷ *(veranschlagen)* compter; ***200 Gramm pro Person*** ~ compter 200 grammes par personne; ***Mehrwertsteuer nicht gerechnet*** hors taxe ❸ *(einstufen)* ***jdn zu den größten Begabungen*** ~ compter qn parmi les plus talentueux **II.** *vi* ❶ calculer; ***richtig/falsch*** ~ calculer juste/de travers; ***er ist gut im Rechnen*** il est bon en calcul ❷ *(erwarten)* ***mit einer Antwort/Entscheidung*** ~ compter sur une réponse/décision; ***damit ~, dass*** s'attendre à ce que +*subj* **III.** *vr* ***sich*** ~ être rentable

Rechner <-s, -> *m* ❶ calculateur *m;* ***ein guter/schlechter ~ sein*** être bon/mauvais en calcul ❷ *(Computer)* ordinateur *m*

rechnergesteuert *adj* informatisé(e)

rechnerisch *adj* arithmétique

Rechnerleistung *f* capacité *f* [de l'ordinateur/des ordinateurs] **rechnerunterstützt** *adj* assisté(e) par ordinateur

Rechnung <-, -en> *f* ❶ facture *f; (im Restaurant)* addition *f; (im Hotel)* note *f;* ***jdm etw auf die ~ setzen*** mettre qc sur le compte de qn; ***etw auf ~ liefern*** livrer qc sur facture; ***laut ~*** suivant facturation ❷ *(das Rechnen)* calcul *m;* ***die ~ stimmt nicht*** le compte n'est pas bon

Rechnungsbetrag *m* montant *m* de la facture **Rechnungsdatum** *nt* date *f* de facturation **Rechnungshof** *m* ≈ Cour *f* des comptes; ***der Europäische*** ~ la Cour des Comptes Européenne **Rechnungswesen** *nt kein Pl* comptabilité *f*

recht [rɛçt] **I.** *adj* ❶ *Ort* bon(ne); *Augenblick* opportun(e) ❷ *(richtig)* ***ganz ~!*** très juste! ❸ *(echt)* ***ich habe keine ~e Lust*** je n'ai pas vraiment envie ❹ *(angenehm)* ***jdm ~ sein*** convenir à qn; ***ist es Ihnen ~, wenn ...?*** ça ne vous dérange pas si ...? ▶ **nach dem Rechten sehen** vérifier que tout va bien **II.** *adv* ❶ *(richtig)* bien; ***ich weiß nicht*** ~ je ne sais pas trop; ***ich glaube, ich höre nicht ~?*** je n'ai pas dû bien entendre? ❷ *(ziemlich)* assez; ~ ***viel*** pas mal *fam* ▶ **das geschieht ihm ~!** c'est bien fait pour lui/elle!

Recht [rɛçt] <-[e]s, -e> *nt* ❶ droit *m;* ***bürgerliches/öffentliches*** ~ droit civil/public; ***sein ~ fordern*** demander justice ❷ *(Anspruch)* ***ein ~ auf etw*** *akk* ***haben*** avoir droit à qc; ***zu*** ~ à juste titre ▶ **das ist sein/dein/... gutes** ~ c'est son/ton/... bon droit; **jdm ~ geben** donner raison à qn; ~ **haben** avoir raison

Rechte ['rɛçtə] <-n, -n> *f* ❶ *(rechte Hand)* main *f* droite ❷ SPORT *(Hand)* droite *f; (Schlag)* droit *m* ❸ POL droite *f;* ***die äußerste ~*** l'extrême droite

rechte(r, s) ['rɛçtə, -tɐ, -təs] *adj attr* ❶ *(opp: linke)* droit(e); *Straßenseite* de droite ❷ *(von außen sichtbar)* ***die ~ Seite des Pullis*** l'endroit *m* du pull ❸ POL de droite; *Flügel* droit(e)

Rechte(r) *f(m) dekl wie adj* homme *m* / femme *f* de droite

Rechteck <-[e]s, -e> *nt* rectangle *m*

rechteckig *adj* rectangulaire

rechtens ['rɛçtəns] ~ ***sein*** *(form) Anordnung:* être légal; *Forderung:* être légitime

rechtfertigen I. *vt* justifier; ***etw*** ~ *Bemerkung:* justifier qc; ***seine Entscheidung vor jdm*** ~ justifier sa décision vis-à-vis de qn **II.** *vr* ***sich vor jdm für sein Handeln*** ~ se justifier de ses actes devant qn

Rechtfertigung *f* justification *f*

rechthaberisch *adj (pej)* ~ ***sein*** vouloir toujours avoir raison

rechtlich *adj* juridique

rechtlos *adj* sans droits

rechtmäßig *adj* ❶ *(legitim)* légitime ❷ *(legal)* légal(e)

Rechtmäßigkeit <-> *f* ❶ *(Legitimität)* légitimité *f* ❷ *(Legalität)* légalité *f*

rechts [rɛçts] *adv* ❶ à droite; ~ ***oben*** en haut à droite; ~ ***von dir*** à ta droite; ***sich ~ einordnen*** se mettre sur la voie de droite; ***halb ~ abbiegen*** tourner légèrement à droite; ***nach*** ~ à droite; ***hier gilt ~ vor links*** ici, il y a priorité à droite ❷ *(auf, von der Außenseite)* ***etw von ~ bügeln*** repasser qc sur l'endroit ❸ POL ~ ***stehen*** *(fam)* être de droite

Rechtsabbieger <-s, -> *m* véhicule *m* qui tourne à droite

Rechtsabteilung *f* JUR, ÖKON service *m* juridique **Rechtsanspruch** *m* droit *m* **Rechtsanwalt, -anwältin** *m, f* avocat(e) *m(f)*

Rechtsaußen [rɛçtsʔausən] <-, -> *m* SPORT ailier *m* droit

Rechtsbeistand *m kein Pl (juristische Hilfe)* assistance *f* juridique **Rechtsberatung** *f* conseil *m* juridique

rechtsbündig *adj* aligné(e) à droite

rechtschaffen ['rɛçtʃafən] **I.** *adj Person* honnête **II.** *adv* avec honnêteté

Rechtschaffenheit <-> *f* honnêteté *f*

Rechtschreibfehler *m* faute *f* d'orthographe **Rechtschreibprogramm, Rechtschreibprüfprogramm** *nt* INFORM vérificateur *m* orthographique **Rechtschreibreform** *f* réforme *f* de l'orthographe

R

Rẹchtschreibung *f* orthographe *f*

Rẹchtsempfinden *nt* sens *m* de la justice

Rẹchtsextremismus <-> *m* POL extrémisme *m* de droite **Rẹchtsextremist(in)** *m(f)* extrémiste *mf* de droite **rẹchtsextremistisch** *adj* d'extrême droite

rẹchtsfähig *adj* JUR juridiquement capable; ***nicht*** ~ *Person* non habilité à disposer **Rẹchtsfall** *m* cas *m* juridique, litige *m* **Rẹchtsfrage** *f* question *f* juridique

rẹchtsgerichtet *adj* POL orienté(e) à droite

Rẹchtsgrundlage *f* législation *f*

rẹchtsgültig *adj* valide

Rẹchtshänder(in) ['rɛçtshɛndɐ] <-s, -> *m(f)* droitier, -ière *m, f*

rẹchtshändig ['rɛçtshɛndɪç] **I.** *adj* droitier, -ière **II.** *adv* de la main droite

rẹchtsherum ['rɛçtshɛrʊm] *adv fahren* à droite; *sich drehen* de gauche à droite

rẹchtskräftig *adj Beschluss* qui a force de loi; *Urteil* exécutoire

Rẹchtskurve *f* virage *m* à droite

Rẹchtslage *f* situation *f* juridique

Rẹchtsmedizin *f* médecine *f* légale

Rẹchtsmittel *nt* recours *m;* ~ ***gegen etw einlegen*** exercer un recours contre qc **Rẹchtsordnung** *f* législation *f*

Rẹchtsprechung <-, -en> *f* justice *f*

rẹchtsradikal *adj* d'extrême droite **Rẹchtsradikale(r)** *f(m)* extrémiste *mf* de droite

rẹchtsrheinisch ['rɛçtsraɪ̯nɪʃ] *adj* [situé(e)] sur la rive droite du Rhin **Rẹchtsruck** <-es, -e> *m* poussée *f* de la droite **rẹchtsrum** ['rɛçtsrʊm] *(fam) s.* **rechtsherum**

Rẹchtsschutz *m* protection *f* juridique **Rẹchtsstaat** *m* État *m* de droit **rẹchtsstaatlich** *adj Grundsatz* fondé(e) sur le droit **Rẹchtsstaatlichkeit** <-> *f* constitutionnalité *f* **Rẹchtsstreit** *m* procès *m*

rẹchtsverbindlich *adj* JUR qui engage juridiquement

Rẹchtsverkehr *m* conduite *f* à droite

Rẹchtsverletzung *f* infraction *f* à la loi **Rẹchtsverordnung** *f* prescription *f* légale **Rẹchtsvorschrift** *f* prescription *f* juridique **Rẹchtsweg** *m kein Pl* procédure *f;* ***der*** ***~ ist ausgeschlossen*** sans aucune possibilité de recours **rẹchtswidrig** *adj* illégal(e) **Rẹchtswidrigkeit** <-, -en> *f* JUR illicéité *f* **rẹchtswirksam** *adj* valable juridiquement **Rẹchtswissenschaft** *f kein Pl* droit *m*

rẹchtwink[e]lig *adj Dreieck* rectangle

rẹchtzeitig **I.** *adj Ankunft* à l'heure; *Anmeldung* en temps voulu **II.** *adv da sein* à l'heure [fixée]; *erfolgen* en temps voulu

Rẹck [rɛk] <-[e]s, -e> *nt* barre *f* fixe

rẹcken ['rɛkən] **I.** *vt* tendre *Hals, Faust* **II.** *vr* ***sich*** ~ s'étirer

Recọrder <-s, -> *m* ❶ *(Kassettenrecorder)* magnéto[phone] *m* ❷ *(Videorecorder)* magnétoscope *m*

recycelbar [ri'saɪ̯klbaːɐ] *adj* recyclable

recyceln* [ri'saɪ̯kln] *vt* recycler

Recycling [ri'saɪ̯klɪŋ] <-s> *nt* recyclage *m*

Recyclingpapier *nt* papier *m* recyclé

Redakteur(in) [redak'tøːɐ̯] <-s, -e> *m(f)* rédacteur, -trice *m, f*

Redaktion [redak'tsi̯oːn] <-, -en> *f* rédaction *f*

redaktionẹll [redaktsi̯o'nɛl] **I.** *adj Bearbeitung* rédactionnel(le); ***~e Leitung*** direction *f* de la rédaction **II.** *adv bearbeiten, überarbeiten* sur le plan rédactionnel

Redạktor, **Redaktorin** [re'daktoːɐ̯] <-s, -toren> *m, f* CH rédacteur, -trice *m, f*

Rede ['reːdə] <-, -n> *f* ❶ *(Ansprache)* discours *m;* ***eine ~ halten*** tenir un discours ❷ GRAM ***direkte/indirekte*** ~ discours *m* direct/indirect ❸ *(Gespräch)* ***die ~ ist von …*** il est question de …

Redefreiheit *f kein Pl* liberté *f* d'expression **redegewandt** *adj (geh)* éloquent(e) **Redekunst** *f* rhétorique *f*

reden ['reːdən] **I.** *vi* ❶ *(sprechen)* parler ❷ *(sich unterhalten)* ***über jdn/etw*** ~ parler de qn/qc; ***miteinander*** ~ discuter ensemble; ***mit sich selbst*** ~ parler tout(e) seul(e); ***~ wir nicht mehr darüber!*** n'en parlons plus!; ***das Reden*** les discussions *fpl* ❸ *(tratschen)* ***über jdn/etw*** ~ parler à tort et à travers de qn/qc **II.** *vt* dire *Quatsch, Unsinn*

Redensart *f* expression *f*

Redewendung *f* tournure *f,* expression *f* idiomatique **Redezeit** *f* temps *m* de parole; ***die ~ beträgt 15 Minuten*** le temps de parole est de 15 minutes

redigieren* [redi'giːrən] *vt* rédiger *Manuskript, Text*

redlich ['reːtlɪç] **I.** *adj* honnête **II.** *adv* ***sich ~ bemühen*** s'efforcer considérablement

Redner(in) ['reːdnɐ] <-s, -> *m(f)* orateur, -trice *m, f*

Rednerpult *nt* pupitre *m*

redselig ['reːtzeːlɪç] *adj* bavard(e)

reduzieren* [redu'tsiːrən] *vt* réduire; ***seine Ausgaben auf ein Minimum/um die Hälfte*** ~ réduire ses dépenses au minimum/de moitié

Reduzierung <-, -en> *f* réduction *f*

Reederei [reːdə'raɪ̯] <-, -en> *f* compagnie *f* maritime

reẹll [re'ɛl] *adj Chance* véritable

Reetdach ['re:t-] *nt* toit *m* de roseau
Referat [refe'ra:t] <-[e]s, -e> *nt* ❶ SCHULE, UNIV exposé *m* ❷ ADMIN service *m*
Referendar(in) [referɛn'da:ɐ̯] <-s, -e> *m(f)* stagiaire *mf*
Referendariat [referɛnda'ri̯a:t] <-[e]s, -e> *nt* stage *m*
Referendum [refe'rɛndʊm] <-s, Referenden *o* Referenda> *nt* référendum *m*
Referent(in) [refe'rɛnt] <-en, -en> *m(f)* ❶ *(Redner)* conférencier, -ière *m, f* ❷ *(Referatsleiter)* chef *mf* de service
Referenz <-, -en> *f (Empfehlung)* références *fpl*
referieren* [refe'ri:rən] *vi* faire un exposé; ***über jdn/etw*** ~ faire un exposé sur qn/qc
reflektieren* [reflɛk'ti:rən] *vt, vi* réfléchir
Reflektor <-s, -toren> *m (in Scheinwerfern, an Schulranzen)* réflecteur *m; (an einem Fahrrad)* cataphote® *m*
Reflex [re'flɛks] <-es, -e> *m* ❶ ANAT réflexe *m* ❷ *(Lichtreflex)* reflet *m*
Reflexion [reflɛ'ksi̯o:n] <-, -en> *f* réflexion *f*
reflexiv [reflɛ'ksi:f] *adj* GRAM *Verb* pronominal(e)
Reflexivpronomen *nt* pronom *m* réfléchi
Reform [re'fɔrm] <-, -en> *f* réforme *f*
Reformation [refɔrma'tsi̯o:n] <-> *f* HIST ***die*** ~ la Réforme
Reformbestrebungen *Pl* efforts *mpl* réformateurs
Reformer(in) [re'fɔrmɐ] <-s, -> *m(f)* ❶ *(wer Reformen durchführt)* réformateur, -trice *m, f* ❷ *(wer Reformen anstrebt)* réformiste *mf*
reformerisch [re'fɔrmərɪʃ] *adj* réformateur, -trice
reformfreudig *adj* ouvert(e) aux réformes **Reformhaus** *nt* magasin *m* de produits diététiques
reformieren* [refɔr'mi:rən] *vt* réformer
Reformkost *f* aliments *mpl* diététiques **Reformkurs** *m (Reformpolitik)* politique *f* de réformes; ***einen ~ einschlagen*** s'engager dans une politique de réformes **Reformpolitik** *f* politique *f* de réformes **Reformvorhaben** *nt* projet *m* de réforme
Refrain [rə'frɛ̃:] <-s, -s> *m* refrain *m*
Regal [re'ga:l] <-s, -e> *nt* étagère *f; (groß, in Supermärkten, Bibliotheken)* rayon *m*

> **Falsche Freunde**
> Nicht verwechseln mit *le régal* – *der Genuss*!

Regatta <-, Regatten> *f* régate *f*
Reg.-Bez. *Abk von* **Regierungsbezirk**
rege ['re:gə] *adj* ❶ *Betrieb, Tätigkeit* intense; *Nachfrage* grand(e); *Fantasie* débordant(e); *Anteilnahme* vif, vive; *Beteiligung* actif, -ive ❷ *Geist* alerte
Regel ['re:gəl] <-, -n> *f* ❶ *(Norm)* règle *f* ❷ *(Menstruation)* règles *fpl*
regelbar *adj* TECH réglable
Regelfall *m kein Pl* règle *f;* ***im*** ~ en règle générale
regellos *adj* déréglé(e)
regelmäßig I. *adj* ❶ régulier, -ière ❷ *(wiederholt)* répété(e) II. *adv* ❶ *(in gleichmäßiger Folge)* régulièrement ❷ *(immer wieder)* constamment
Regelmäßigkeit <-> *f* régularité *f*
regeln ['re:gəln] I. *vt* ❶ *(erledigen)* régler ❷ *(festsetzen)* ***etw*** ~ *Bestimmungen, Dienstvorschrift:* réglementer qc II. *vr* ***sich von selbst*** ~ se régler tout(e) seul(e)
regelrecht ['re:gəlrɛçt] *(fam)* I. *adj* véritable II. *adv anpöbeln, sich betrinken* carrément
Regelstudienzeit *f* durée *f* réglementaire des études
Regelung ['re:gəlʊŋ] <-, -en> *f* ❶ *(Vereinbarung)* convention *f; (Anordnung)* disposition *f* réglementaire ❷ *kein Pl (das Regulieren)* régulation *f*
regelwidrig *adv* SPORT ***sich ~ verhalten*** faire une faute **Regelwidrigkeit** <-, -en> *f* SPORT faute *f*
regen ['re:gən] *vr* **sich** ~ ❶ *Lebewesen:* bouger ❷ *Gefühle, Gewissen:* s'éveiller; *Zweifel:* se manifester
Regen ['re:gən] <-s, -> *m* pluie *f;* ***es wird ~ geben*** il va se mettre à pleuvoir; ***saurer*** ~ pluies acides
regenarm *adj* peu pluvieux, -euse; *Klima* aride
Regenbogen *m* arc *m* en ciel
Regenbogenpresse *f* presse *f* à sensation
Regeneration [regenera'tsi̯o:n] *f a.* BIO, MED régénération *f*
regenerieren* [regene'ri:rən] I. *vr a.* BIO, MED ***sich*** ~ se régénérer II. *vt* TECH régénérer
Regenfälle *Pl* chutes *fpl* de pluie **Regenhaut®** *f* coupe-vent *m* **Regenjacke** *f* parka *f* **Regenmantel** *m* imperméable *m* **Regenschauer** *m* ondée *f* passagère **Regenschirm** *m* parapluie *m* **Regentonne** *f* citerne *f* **Regentropfen** *m* goutte *f* de pluie **Regenwald** *m [**tropischer**]* ~ forêt *f* équatoriale **Regenwetter** *nt* temps *m* pluvieux **Regen-**

wolke *f* nuage *m* de pluie **Regenwurm** *m* ver *m* de terre **Regenzeit** *f* saison *f* des pluies
Reggae ['rɛge, 'rɛgi] *m* reggae *m*
Regie [re'ʒiː] <-> *f* ❶ THEAT mise *f* en scène; CINE, RADIO, TV réalisation *f*; ~ ***führen*** diriger la mise en scène/la réalisation ❷ *(Verantwortung)* ***in eigener*** ~ tout seul

Falsche Freunde
Nicht verwechseln mit *la régie – der Regieraum*!

Regieanweisung [re'ʒiː-] *f* didascalie *f* **Regieassistent(in)** *m(f)* CINE assistant(e) *m(f)* réalisateur **Regiefehler** *m (a. fig)* erreur *f* de mise en scène
regieren* [re'giːrən] **I.** *vi* gouverner; *Herrscher:* régner **II.** *vt* ***ein Land*** ~ gouverner un pays; *Herrscher:* régner sur un pays
Regierung [re'giːrʊŋ] <-, -en> *f* ❶ *(Kabinett)* gouvernement *m* ❷ *(Regierungsgewalt)* pouvoir *m*; ***an der*** ~ ***sein*** être au pouvoir
Regierungsapparat *m* appareil *m* gouvernemental **Regierungsbeamte(r)** *m dekl wie adj,* **-beamtin** *f* fonctionnaire *mf* gouvernemental(e) **Regierungsbezirk** *m subdivision administrative la plus importante d'un land* **Regierungsbündnis** *nt* coalition *f* gouvernementale **Regierungschef(in)** *m(f)* chef *mf* de/du gouvernement **Regierungserklärung** *f* déclaration *f* de politique générale **regierungsfeindlich** *adj* antigouvernemental(e) **Regierungsform** *f* mode *m* de gouvernement; ***parlamentarische/präsidiale*** ~ régime parlementaire/présidentiel **Regierungskoalition** *f* cohabitation *f* [gouvernementale] **Regierungsmannschaft** *f* équipe *f* gouvernementale **Regierungspartei** *f* parti *m* au pouvoir **Regierungsrat** *m* ❶ *grade de haut fonctionnaire équivalant à celui d'un attaché de deuxième classe* ❷ *kein Pl* CH *(Kantonsregierung)* Conseil *m* d'État ❸ CH *(Mitglied der Kantonsregierung)* membre du Conseil d'État *m* **Regierungssitz** *m* siège *m* du gouvernement **Regierungssprecher(in)** *m(f)* porte-parole *m* gouvernemental **Regierungswechsel** *m* changement *m* de gouvernement **Regierungszeit** *f (einer Regierung)* ministère *m*; *(eines Monarchen)* règne *m*
Regime [re'ʒiːm] <-s, -s> *nt (pej)* régime *m*
Regimekritiker(in) [re'ʒiːm-] *m(f)* opposant(e) *m(f)* au régime
Regiment [regi'mɛnt] <-[e]s, -er> *nt* MIL régiment *m*
Region [re'gi̯oːn] <-, -en> *f* région *f*
regional [regi̯o'naːl] **I.** *adj* régional(e) **II.** *adv* selon les régions
Regisseur(in) [reʒɪ'søːɐ̯] <-s, -e> *m(f)* THEAT metteur, -euse *m, f* en scène; CINE, RADIO, TV réalisateur, -trice *m, f*

Falsche Freunde
Nicht verwechseln mit *le régisseur – der Aufnahmeleiter*!

Register [re'gɪstɐ] <-s, -> *nt* ❶ *(Index)* index *m* ❷ ADMIN registre *m* ❸ *(Orgelregister)* jeu *m* d'orgue
Registerkarte *f* INFORM onglet *m*
registrieren* [regɪs'triːrən] *vt* enregistrer
Registrierkasse *f* caisse *f* enregistreuse
Registrierung <-, -en> *f* enregistrement *m*
reglementieren* [reglemɛn'tiːrən] *vt (geh: regeln)* réglementer
Regler ['reːglɐ] <-s, -> *m* régulateur *m*
reglos ['reːkloːs] *adj o adv* immobile
regnen ['reːgnən] *vi unpers* pleuvoir; ***es regnet durchs Dach*** il pleut à travers la toiture
regnerisch *adj* pluvieux, -euse
Regress [re'grɛs] <-es, -e> *m* recours *m*
regresspflichtig *adj* civilement responsable
regsam ['reːkzaːm] *adj (geh)* actif, -ive
regulär [regu'lɛːɐ̯] **I.** *adj Arbeitszeit, Preis* réglementaire; *Armee, Truppen* régulier, -ière **II.** *adv* normalement
Regulation [regula'tsioːn] <-, -en> *f* BIO régulation *f*; ***enzymatische/orthostatische*** ~ régulation enzymatique/orthostatique
regulierbar *adj* réglable
regulieren* [regu'liːrən] *vt (einstellen)* régler
Regulierung <-, -en> *f der Heizung, Lautstärke* réglage *m*
Regung <-, -en> *f* ❶ *(Bewegung)* mouvement *m* ❷ *(Empfindung)* émotion *f*
regungslos *adj o adv* immobile
Regungslosigkeit <-> *f* immobilité *f*; *eines Gesichts* impassibilité *f*
Reh [reː] <-[e]s, -e> *nt* chevreuil *m*
Rehabilitation [rehabilita'tsi̯oːn] <-, -en> *f* ❶ *(Wiedereingliederung)* réinsertion *f* ❷ MED rééducation *f* ❸ *(geh: Rehabilitierung)* réhabilitation *f*

R

Rehabilitationszentrum *nt* centre *m* de rééducation

rehabilitieren* [rehabili'tiːrən] **I.** *vt* ❶ réinsérer *Straffälligen* ❷ MED rééduquer *Kranken;* réinsérer *Behinderten* ❸ *(geh: nach einer Ehrverletzung)* réhabiliter **II.** *vr (geh)* ***sich ~*** se réhabiliter

Rehabilitierung *s.* **Rehabilitation**

Rehaklinik ['reːha-] *f* centre *m* [hospitalier] de rééducation

Rehazentrum ['reːha-] *nt* centre *m* de rééducation

Rehbock *m* chevreuil *m* [mâle]

Reibach ['raịbax] <-s> *m (sl)* bonne affaire *f*

Reibe ['raịbə] <-, -n> *f* râpe *f*

Reibeisen *nt* râpe *f*

Reibekuchen *m* galette *f* de pommes de terre [râpées]

reiben ['raịbən] <rieb, gerieben> **I.** *vt* ❶ frotter ❷ *(auftragen)* ***[sich dat] die Salbe in die Haut ~*** [se] frictionner avec de la pommade ❸ *(zerkleinern)* râper *Möhre, Käse* **II.** *vi* ❶ frotter; ***durch Reiben*** en frottant ❷ *(scheuern)* frotter; ***der Kragen reibt am Hals*** le col gratte le cou

Reibereien [raịbə'raịən] *Pl (fam)* frictions *f pl*

Reibung <-> *f* PHYS frottement *m*

Reibungsfläche *f* TECH surface *f* de frottement

reibungslos *adj o adv* sans problème

Reibungsverlust *m* PHYS déperdition *f* d'énergie par friction **Reibungswiderstand** *m* PHYS résistance *f* due au frottement

reich [raịç] **I.** *adj* ❶ riche ❷ *(fig)* ***~ an Erfahrungen sein*** être riche d'expériences; ***~ an Vitaminen sein*** être riche en vitamines **II.** *adv beschenken* richement; ***~ erben*** faire un riche héritage

Reich [raịç] <-[e]s, -e> *nt* ❶ *(Imperium)* empire *m;* ***das Dritte ~*** le IIIe Reich; ***das Römische ~*** l'Empire romain ❷ *(Königreich, Bereich)* royaume *m*

Reiche(r) *f(m) dekl wie adj* riche *mf*

reichen ['raịçən] **I.** *vi* ❶ *Vorräte, Geld:* suffire ❷ *(gelangen)* ***bis an die Decke ~ [können]*** arriver jusqu'au plafond; ***weit ~d*** *Geschütz, Rakete* à longue portée ❸ *(sich erstrecken)* ***vom Sofa bis zur Wand ~*** aller du canapé jusqu'au mur ❹ A ***weit ~d*** *Beziehungen* nombreux, -euse; *Vollmachten* étendu(e); *Konsequenzen* large **II.** *vi unpers* ***es reicht mir, wenn …*** ça me suffit si … ▸ **jetzt reicht's [mir]!** maintenant ça suffit! **III.** *vt (geh)* ❶ *(geben)* ***jdm etw ~*** passer qc à qn ❷ *(servieren)* ***jdm etw ~*** servir qc à qn

reichhaltig *adj* ❶ *Angebot* varié(e); *Bibliothek* bien garni(e) ❷ *Mahlzeit* copieux, -euse

Reichhaltigkeit <-> *f* ❶ *des Angebots* diversité *f* ❷ *von Mahlzeiten* richesse *f*

reichlich ['raịçlɪç] **I.** *adj Niederschläge, Vorräte* abondant(e); *Belohnung* important(e); ***das Essen war ~*** le repas était copieux **II.** *adv* ❶ *vorhanden sein* en quantité; ***es gab ~ zu essen*** il y avait à manger en quantité ❷ *(fam) jung* plutôt

Reichstag *m (Institution, Gebäude)* Reichstag *m*

Reichtum ['raịçtuːm, *Pl:* -tyːmɐ] <-[e]s, -tümer> *m* ❶ *kein Pl* richesse *f;* ***zu ~ kommen*** faire fortune ❷ *Pl (Besitz)* richesses *f pl*

Reichweite *f* ❶ *(Nähe)* ***in ~ sein*** être à portée de [la] main; ***außer ~ sein*** être hors de portée ❷ RADIO, TV portée *f* ❸ *(Schussweite)* portée *f*

reif [raịf] *adj* ❶ *Frucht* mûr(e); ***~ werden*** mûrir ❷ *Frau, Mann* mûr(e) ❸ *Leistung* remarquable ❹ *(geeignet)* ***~ für den Abriss sein*** être bon(ne) pour la démolition

Reif [raịf] <-[e]s, -e> *m (Armreif)* bracelet *m; (Haarreif)* serre-tête *m*

Reife ['raịfə] <-> *f* ❶ *einer Person* maturité *f* ❷ *(das Reifen) einer Frucht* mûrissement *m* ❸ *(Reifezustand)* maturité *f* ▸ **Mittlere ~** ≈ brevet *m* des collèges

reifen ['raịfən] *vi + sein (a. fig)* mûrir; ***gereift*** mûr(e)

Reifen ['raịfən] <-s, -> *m* pneu *m;* ***den ~ wechseln*** changer de roue

Reifendruck *m* pression *f* des pneus **Reifenpanne** *f* crevaison *f* **Reifenprofil** *nt* profil *m* des pneus **Reifenwechsel** *m* changement *m* de roue

Reifezeugnis *nt (form)* diplôme *m* du baccalauréat

reiflich ['raịflɪç] *adj Überlegung* mûr(e) *antéposé*

Reifung <-> *f einer Frucht, Eizelle* maturation *f*

Reigen ['raịgən] <-s, -> *m* ▸ **den ~ beschließen** *(geh)* fermer la marche

Reihe ['raịə] <-, -n> *f* ❶ *von Häusern, Stühlen* rangée *f; von Ziffern* série *f* ❷ *(Sitzreihe)* rang *m* ❸ *von Personen* rang *m;* ***sich in einer ~ aufstellen*** se mettre en rang ❹ *(große Anzahl)* ***eine [ganze] ~ von Fragen*** un nombre important de questions ❺ *(bestimmte Reihenfolge)* ***etw der ~ nach tun*** faire qc l'un(e) après l'autre

▶ **du bist/sie ist an der ~** c'est ton/son tour

reihen ['raiən] *vr* ***ein Fahrzeug reiht sich an das andere*** un véhicule en suit un autre; ***ein Misserfolg reihte sich an den anderen*** un échec en appelait un autre

Reihenfolge *f* ordre *m;* ***in alphabetischer ~*** par ordre alphabétique **Reihenhaus** *nt* maison *f* mitoyenne **Reihenschaltung** *f* couplage *m* en série

reihenweise *adv* ❶ *(in großer Zahl)* les un(e)s après les autres ❷ *(in Reihen)* en rangs successifs

Reiher ['raiɐ] <-s, -> *m* héron *m*

reihern ['raiɐn] *vi (fam)* dégueuler

reihum [rai'ʔʊm] *adv* à tour de rôle; ***~ gehen*** faire le tour; ***etw ~ gehen lassen*** faire tourner qc

Reiki ['raiki] <-[s]; *kein Pl*> *nt* reiki *m*

Reim [raim] <-[e]s, -e> *m* ❶ rime *f;* ***ein ~ auf „-ung"*** une rime en "-ung" ❷ *Pl (Verse)* vers *mpl*

reimen ['raimən] **I.** *vr* rimer; ***sich mit etw/auf etw*** *akk* **~** rimer avec qc **II.** *vi* faire des rimes

Reimport ['reːʔɪmpɔrt] *m* ❶ *(Wiedereinfuhr)* réimportation *f* ❷ *(Produkt)* produit *m* réimporté

reimportieren* *vt* réimporter

rein[1] [rain] *s.* **herein, hinein**

rein[2] [rain] **I.** *adj* ❶ *Zufall, Zeitverschwendung* pur(e) *antéposé* ❷ *(ausschließlich)* ***eine ~e Wohngegend*** un quartier purement résidentiel ❸ *Gold, Klang* pur(e) ❹ *Luft, Wasser* pur(e); *Hemd, Tischdecke* propre ❺ *Haut* sain(e) **II.** *adv* ❶ *(ausschließlich)* purement ❷ *(fam: ganz und gar)* ***~ gar nichts*** absolument rien

Reineclaude [rɛ(ː)nə'kloːdə] *s.* **Reneklode**

Reinemachefrau ['rainə-] *f* femme *f* de ménage

Reinerlös *m,* **Reinertrag** *m* FIN, ÖKON produit *m* net

Reinfall ['rainfal] *m* bide *m fam; (Aufführung)* four *m fam* **rein|fallen** *vi irr + sein (fam)* ❶ *(getäuscht werden)* tomber dans le piège; ***auf jdn/etw ~*** se faire avoir par qn/avec qc ❷ *(hineinfallen)* tomber dedans

Reingewicht *nt* poids *m* net **Reingewinn** *m* bénéfice *m* net **Reinhaltung** *f kein Pl des Wassers* protection *f* [contre la pollution]

rein|hauen *(fam)* **I.** *vi* ❶ *(tüchtig essen)* se remplir la panse *fam* ❷ *(starke Wirkung haben)* ***das haut rein!*** ça arrache! *fam* **II.** *vt* ▶ **jdm eine ~** en mettre une à qn

Reinheit ['rainhait] <-> *f der Wäsche, Haut* propreté *f; der Luft, des Wassers, des Edelsteins* pureté *f*

Reinheitsgebot *nt loi allemande garantissant la pureté de fabrication de la bière*

reinigen ['rainɪgən] *vt* nettoyer *Kleider;* curer *Fingernägel;* ***etw chemisch ~ lassen*** faire nettoyer qc à sec

Reinigung <-, -en> *f* ❶ *kein Pl (das Reinigen)* nettoyage *m; der Abgase* épuration *f* ❷ *(Reinigungsbetrieb)* pressing *m;* ***chemische ~*** nettoyage *m* à sec

Reinigungsmittel *nt* nettoyant *m*

Reinkultur *f* ▶ **in ~** dans toute sa/leur splendeur *iron*

rein|legen *vt (fam)* ❶ *(hintergehen)* ***jdn ~*** rouler qn ❷ *(hineinlegen)* mettre dedans

reinlich *adj* propre

Reinlichkeit <-> *f* propreté *f*

reinrassig *adj* de [pure] race **Reinraum** *m* TECH salle *f* blanche [*o* propre]

rein|reiten *vt unreg (fam)* mouiller *fam;* ***jdn ~*** mouiller qn *fam* **Reinschrift** *f* copie *f* [au] propre

rein|waschen *vt, vr unreg (fig)* ***jdn von etw ~*** laver qn de qc; ***sich von etw ~*** se laver de qc

rein|ziehen *vt irr (fam)* ***sich*** *dat* ***einen Film ~*** se taper un film

Reis [rais] <-es> *m* riz *m*

Reise ['raizə] <-, -n> *f* voyage *m;* ***eine ~ machen*** faire un voyage; ***auf ~n sein/gehen*** être/partir en voyage; ***gute ~!*** bon voyage!

Reiseandenken *nt* souvenirs *mpl* de voyage **Reiseapotheke** *f* pharmacie *f* de voyage **Reisebegleiter(in)** *m(f)* ❶ *(Reisegefährte)* compagnon *m* /compagne *f* de voyage ❷ *s.* **Reiseleiter(in) Reisebekanntschaft** *f* connaissance *f* de voyage **Reisebericht** *m* compte-rendu *m* de voyage **Reisebüro** *nt* agence *f* de voyages **Reisebus** *m* autocar *m* de tourisme **reisefertig** *adj* ***~ sein*** être prêt à partir **Reiseführer** *m* ❶ guide *m* ❷ *(Buch)* guide *m* [touristique] **Reiseführerin** *f* guide *f* **Reisegepäck** *nt* bagages *mpl* **Reisegesellschaft** *f,* **Reisegruppe** *f* groupe *m* de voyageurs **Reisekoffer** *m* valise *f* **Reisekosten** *Pl* frais *mpl* de voyage **Reisekrankheit** *f kein Pl* mal *m* des transports **Reiseleiter(in)** *m(f)* guide *mf* **Reiselektüre** *f* lecture *f* de voyage **reiselustig** *adj* ***~ sein*** aimer voyager

reisen ['raizən] *vi + sein* voyager; ***nach***

R

Hamburg/in die Schweiz ~ faire un voyage à Hambourg/en Suisse; ***weit gereist*** qui a beaucoup voyagé; ***das Reisen*** les voyages

Reisende(r) *f(m) dekl wie adj* voyageur, -euse *m, f*

Reisepass *m* passeport *m* **Reiseproviant** *m* provisions *fpl* de route **Reiseroute** *f* itinéraire *m* **Reiserücktrittsversicherung** *f* assurance *f* annulation [voyage] **Reiseruf** *m* message *m* personnel [radio] **Reisescheck** *m* chèque *m* de voyage **Reisetasche** *f* sac *m* de voyage **Reiseveranstalter** *m* voyagiste *mf* **Reiseversicherung** *f* assurance *f* voyage **Reisezeit** *f* saison *f* touristique **Reiseziel** *nt* destination *f*

Reisig ['raizɪç] <-s> *nt* bois *m* mort

Reiskocher *m* cuiseur *m* à riz **Reiskorn** *nt* grain *m* de riz **Reisnudel** *f meist Pl* vermicelles *fpl* chinois

Reißaus [rais'ʔaus] *m* ▶ **vor jdm/etw ~ nehmen** détaler devant qn/qc

Reißbrett *nt* planche *f* à dessin

reißen ['raisən] <riss, gerissen> **I.** *vi* ❶ + *sein (einreißen)* se déchirer ❷ + *sein (zerreißen)* casser **II.** *vt* + *haben* ❶ *(wegreißen)* ***jdm etw aus den Händen*** ~ arracher qc des mains à qn ❷ *(hineinreißen)* ***[sich dat] ein Loch in die Hose*** ~ [se] faire un trou dans le pantalon ❸ *(aus dem Kontext lösen)* ***etw aus dem Zusammenhang*** ~ détacher qc de son contexte ❹ *(wegreißen)* ***jdn mit sich zu Boden/in die Tiefe*** ~ entraîner qn avec soi au sol/dans les profondeurs; ***den Wagen nach links*** ~ donner un brusque coup de volant à gauche ❺ *(unversehens herausreißen)* ***jdn aus seinen Gedanken/aus dem Schlaf*** ~ arracher qn à ses pensées/à son sommeil ❻ *(gewaltsam übernehmen)* ***an sich*** *akk* ~ s'emparer de *Herrschaft, Macht* **III.** *vr* + *haben (fam: sich intensiv bemühen)* ***sich um jdn/etw*** ~ se battre pour avoir qn/qc

Reißen <-s> *nt* MED *(fam)* élancement *m souvent pl*

reißend *adj* ❶ *(mit starker Strömung)* déchaîné(e) ❷ *(fam: stark florierend)* ***~en Absatz finden*** se vendre comme des petits pains *fig*

Reißer <-s, -> *m (fam: Buch)* livre à suspens *m*

reißerisch **I.** *adj* tape-à-l'œil **II.** *adv* de façon racoleuse

reißfest *adj* indéchirable **Reißverschluss** *m* fermeture *f* éclair® **Reißwolf** *m* broyeur *m* **Reißzwecke** *f* punaise *f*

Reiswaffel *f* galette *f* de riz

reiten ['raitən] <ritt, geritten> *vi* + *sein (auf einem Pferd)* faire du cheval, monter à cheval; ***im Trab/Galopp*** ~ aller au trot/galop; ***das Reiten*** l'équitation *f*

Reiter ['raite] <-s, -> *m (Person, Karteireiter)* cavalier *m;* ***~ sein*** faire de l'équitation

Reiterei [raitə'rai] <-, -en> *f* MIL cavalerie *f*

Reiterin <-, -nen> *f* cavalière *f*

Reitgerte *f* badine *f* **Reithelm** *m* bombe *f* **Reithose** *f* culotte *f* de cheval **Reitkappe** *f* bombe *f* **Reitpferd** *nt* cheval *m* de selle **Reitschule** *f* école *f* d'équitation **Reitsport** *m* sport *m* hippique **Reitstall** *m (Gebäude, Tiere)* écurie *f; (Unternehmen)* centre *m* d'équitation **Reitstiefel** *m* botte *f* de cheval **Reitstunde** *f* cours *m* d'équitation **Reitturnier** *nt* concours *m* hippique **Reitunterricht** *m* leçons *fpl* d'équitation **Reitweg** *m* piste *f* cavalière

Reiz [raits] <-es, -e> *m* ❶ *(Verlockung)* ***der ~ einer S.*** *gen* le charme de qc ❷ ANAT stimulus *m* ❸ *Pl (fam: Charme)* charmes *mpl*

reizbar *adj* irritable

Reizbarkeit <-> *f* irritabilité *f*

reizen ['raitsən] **I.** *vt* ❶ *(verlocken)* attirer; ***es reizt mich etw zu tun*** ça me tente de faire qc ❷ MED *(angreifen)* irriter ❸ *(provozieren)* provoquer; ***jdn [dazu] ~ etw zu tun*** pousser qn à faire qc **II.** *vi* ❶ *(herausfordern)* ***zum Lachen/Weinen*** ~ provoquer le rire/les larmes ❷ SPIEL surenchérir

reizend *adj Mensch* charmant(e); *[An]blick, Städtchen* ravissant(e); ***das ist ~ von dir*** c'est gentil de ta part

Reizgas *nt* gaz *m* lacrymogène **Reizhusten** *m* toux *f* d'irritation

reizlos *adj* sans charme **Reizüberflutung** *f* excès *m* de sollicitations

Reizung <-, -en> *f* MED irritation *f*

reizvoll *adj* attrayant(e); *Angebot* alléchant(e) **Reizwäsche** *f* dessous *mpl* sexy

rekapitulieren* *vt (geh)* récapituler

rekeln ['reːkəln] *vr* ***sich*** ~ s'étirer

Reklamation [reklama'tsi̯oːn] <-, -en> *f* réclamation *f*

Reklame [re'klaːmə] <-, -n> *f* ❶ *(Werbematerial)* publicité *f* ❷ *(Werbung)* réclame *f*

Reklameschild <-schilder> *nt* panneau *m* [*o* enseigne *f*] publicitaire

reklamieren* [rekla'miːrən] **I.** *vi* réclamer; ***wegen etw*** ~ réclamer au sujet de qc **II.** *vt (bemängeln)* ***etw bei jdm*** ~ réclamer au sujet de qc auprès de qn
rekonstruieren* [rekɔnstru'iːrən] *vt* reconstituer; ***etw aus etw*** ~ reconstituer qc à partir de qc
Rekonstruktion [rekɔnstrʊk'tsi̯oːn] *f* reconstitution *f*
Rekonvaleszent(in) [rekɔnvalɛs'tsɛnt] <-en, -en> *m(f) (geh)* convalescent(e) *m(f)*
Rekonvaleszenz [rekɔnvalɛs'tsɛnts] <-> *f (geh)* convalescence *f*
Rekord [re'kɔrt] <-s, -e> *m* record *m;* ***einen ~ aufstellen/halten/brechen*** établir/détenir/battre un record
Rekorder [re'kɔrdɐ] <-s, -> *m* ❶ *(Kassettenrekorder)* magnétophone *m* ❷ *(Videorekorder)* magnétoscope *m* **Rekordgewinn** *m* bénéfice *m* record
Rekordhalter(in) *m(f)* détenteur, -trice *m, f* du record **rekordverdächtig** *adj* susceptible de battre un record **Rekordversuch** *m* tentative *f* de record **Rekordzeit** *f* temps *m* record; ***in*** ~ en un temps record
Rekrut(in) [re'kruːt] <-en, -en> *m(f)* recrue *f*
rekrutieren* [rekru'tiːrən] *vt* recruter
Rekrutierung <-, -en> *f* recrutement *m*
rektal [rɛk'taːl] *adj (form)* rectal(e)
Rektor, **Rektorin** ['rɛktoːɐ̯] <-s, -toren> *m, f* ❶ UNIV recteur *m* ❷ SCHULE directeur, -trice *m, f*
Rektorat [rɛkto'raːt] <-[e]s, -e> *nt (Amtsräume) einer Universität* rectorat *m; einer Schule* bureau *m* du directeur
Relais [rə'lɛː] <-, -> *nt* relais *m*
Relation [rela'tsi̯oːn] <-, -en> *f (geh)* relation *f;* ***in einer/keiner ~ zu etw stehen*** être en/sans relation avec qc; ***der Preis muss in vernünftiger ~ zur Qualität stehen*** le rapport qualité-prix doit être raisonnable
relativ [rela'tiːf] *adj* relatif, -ive
relativieren* [relati'viːrən] *vt (geh)* relativiser
Relativität [relativi'tɛːt] <-, -en> *f a.* PHYS relativité *f*
Relativitätstheorie *f kein Pl* PHYS théorie *f* de la relativité
Relativpronomen *nt* GRAM pronom *m* relatif **Relativsatz** *m* GRAM proposition *f* relative
relaxen* [ri'lɛksn̩] *vi (fam)* se relaxer
relevant [rele'vant] *adj (geh)* pertinent(e)
Relevanz [rele'vants] <-> *f (geh)* pertinence *f*
Relief [re'li̯ɛf] <-s, -s *o* -e> *nt* relief *m*
Religion [reli'gi̯oːn] <-, -en> *f* ❶ religion *f* ❷ *(Religionsunterricht)* instruction *f* religieuse
Religionsfreiheit *f* liberté *f* religieuse
Religionsgemeinschaft *f (form)* communauté *f* religieuse **Religionsunterricht** *m (Unterrichtsstunde)* cours *m* de religion
religiös [reli'gi̯øːs] **I.** *adj* ❶ *(opp: weltlich)* religieux, -euse ❷ *(fromm)* pieux, -euse **II.** *adv beeinflussen, prägen* par la religion; *erziehen* religieusement; *begründen* par des raisons religieuses
Religiosität [religi̯ozi'tɛːt] <-> *f* religiosité *f*
Relikt [re'lɪkt] <-[e]s, -e> *nt (geh)* vestige *m*
Reling ['reːlɪŋ] <-, -s *o* -e> *f* bastingage *m*
Reliquie [re'liːkvi̯ə] <-, -n> *f* REL relique *f*
Remake [ri'meɪk, 'riːmeːk] <-s, -s> *nt* remake *m*
remis [rə'miː] *adj inv* nul(le)
Remis [rə'miː] <-, -> *nt* match *m* nul
Remix [ri'mɪks, 'riːmɪks] <-es, -e *o* -es> *m* MUS remix *m*
Remmidemmi ['rɛmi'dɛmi] <-s> *nt (fam)* boucan *m;* ~ ***machen*** faire du boucan
Remoulade [remu'laːdə] <-, -n> *f* [sauce *f*] rémoulade *f*
Remouladensoße [remu'laːdənzoːsə] *f* [sauce *f*] rémoulade *f*
rempeln ['rɛmpəln] **I.** *vi (fam)* pousser **II.** *vt* SPORT bousculer
Renaissance [rənɛ'sãːs] <-> *f* HIST Renaissance *f*
Rendezvous [rãde'vuː] <-, -> *nt* rendez-vous *m* [galant]
Rendite [rɛn'diːtə] <-, -n> *f* [taux *m* de] rendement *m*
Reneklode [reːnə'kloːdə] <-, -n> *f (Frucht)* reine-claude *f*
renitent [reni'tɛnt] **I.** *adj (geh) Mensch* récalcitrant(e) **II.** *adv (geh)* de façon rebelle
Rennbahn *f (beim Pferdesport)* hippodrome *m; (beim Motorsport)* circuit *m; (beim Radsport)* vélodrome *m*
rennen ['rɛnən] <rannte, gerannt> **I.** *vi + sein (schnell laufen)* courir **II.** *vt + haben o sein* SPORT ***hundert Meter*** ~ courir cent mètres
Rennen ['rɛnən] <-s, -> *nt (Autorennen)* course *f* automobile; *(Pferderennen)* course *f* de chevaux; ***ins ~ gehen*** participer à la course

R

Renner ['rɛnɐ] <-s, -> *m (fam)* article *m* à succès

Rennfahrer(in) *m(f)* ❶ AUT pilote *m* de course ❷ *(Fahrradrennfahrer)* coureur, -euse *m, f* cycliste **Rennpferd** *nt* cheval *m* de course **Rennrad** *nt* vélo *m* de course **Rennsport** *m* ❶ AUT sport *m* automobile ❷ *(Radrennsport)* cyclisme *m* professionnel ❸ *(Pferderennsport)* hippisme *m* **Rennstall** *m* écurie *f* [de course]; ***der ~ von Porsche*** AUT l'écurie Porsche **Rennstrecke** *f* circuit *m* **Rennwagen** *m* voiture *f* de course

Renommee [renɔ'meː] <-s, -s> *nt (geh)* renommée *f*

renommiert *adj (geh)* renommé(e)

renovieren* [reno'viːrən] *vt* rénover, ravaler *Fassade*

Renovierung <-, -en> *f* rénovation *f; der Fassade* ravalement *m*

rentabel [rɛn'taːbəl] **I.** *adj* rentable **II.** *adv* de façon rentable

Rentabilität <-> *f* rentabilité *f*

Rente ['rɛntə] <-, -n> *f* ❶ *(Altersruhegeld)* [pension *f* de] retraite *f; **in ~ gehen*** prendre sa retraite ❷ *(regelmäßige Geldzahlung)* rente *f*

Rentenalter *nt* âge *m* de la retraite **Rentenanspruch** *m* droit *m* à la [pension de] retraite **Rentenbeitrag** *m* cotisation *f* vieillesse **Rentenkasse** *f* caisse *f* de retraite **Rentenreform** *f* réforme *f* du régime des retraites **Rentenversicherung** *f* assurance *f* retraite **Rentenvorsorge** *f **private ~** (in Frankreich)* ≈ assurance *f* retraite complémentaire **Rentenzahlung** *f* allocation *f* de retraite

Rentier ['rɛntiːɐ̯, 'reːntiːɐ̯] *nt* renne *m*

rentieren* [rɛn'tiːrən] *vr **sich ~*** être rentable; ***sich für jdn ~*** être rentable pour qn

Rentner(in) ['rɛntnɐ] <-s, -> *m(f)* retraité(e) *m(f); **~ sein*** être à la retraite

reorganisieren* [reʔɔr-] *vt (geh)* réorganiser

Rep [rɛp] <-s, -s> *m Abk von* **Republikaner** *membre d'un parti d'extrême droite allemand*

reparabel [repa'raːbəl] *adj (geh)* réparable

Reparation [repara'tsi̯oːn] <-, -en> *f* réparations *f pl* [de guerre]

Reparatur [repara'tuːɐ̯] <-, -en> *f* réparation *f; **bei jdm etw zur ~ geben*** donner qc à réparer chez qn

reparaturanfällig *adj* fragile **reparaturbedürftig** *adj* qui nécessite une réparation; ***~ sein*** avoir besoin d'être réparé(e) **Reparaturkosten** *Pl* frais *mpl* de réparation **Reparaturwerkstatt** *f (Autowerkstatt)* garage *m*

reparieren* [repa'riːrən] *vt* réparer; ***jdm etw ~*** réparer qc à qn

Repertoire [repɛr'to̯aːɐ̯] <-s, -s> *nt* répertoire *m*

Report [re'pɔrt] <-[e]s, -e> *m* reportage *m*

Reportage [repɔr'taːʒə] <-, -n> *f* reportage *m*

Reporter(in) [re'pɔrtɐ] <-s, -> *m(f)* reporter *m*

Repräsentant(in) [reprɛzɛn'tant] <-en, -en> *m(f)* représentant(e) *m(f)*

Repräsentantenhaus *nt* Chambre *f* des députés

Repräsentation [reprɛzɛnta'tsi̯oːn] <-, -en> *f* représentation *f*

repräsentativ [reprɛzɛnta'tiːf] **I.** *adj* représentatif, -ive **II.** *adv* de façon représentative

Repräsentativumfrage *f* sondage *m* représentatif

repräsentieren* [reprɛzɛn'tiːrən] *vt, vi (geh)* représenter

Repressalie [reprɛ'saːli̯ə] <-, -n> *f meist Pl (geh)* représailles *fpl*

reprivatisieren* [reprivati'ziːrən] *vt* dénationaliser

Reproduktion [reprodʊk'tsi̯oːn] <-, -en> *f* TYP, KUNST reproduction *f*

reproduzieren* [reprodu'tsiːrən] *vt* reproduire

Reptil [rɛp'tiːl] <-s, -ien> *nt* reptile *m*

Republik [repu'bliːk] <-, -en> *f* république *f*

Republikaner(in) [republi'kaːnɐ] <-s, -> *m(f)* ❶ *(in den USA)* républicain(e) *m(f)* ❷ *(in Deutschland) membre ou militant(e) d'un parti d'extrême droite en Allemagne*

republikanisch [republi'kaːnɪʃ] *adj* républicain(e)

Republik Kongo [-'kɔŋgo] *f* République *f* du Congo

Requiem ['reːkviɛm] <-s, -s *o* Requien> *nt* requiem *m*

Requisit [rekvi'ziːt] <-[e]s, -en> *nt a.* THEAT accessoire *m*

resch [rɛʃ] *adj* A, SDEUTSCH *(knusprig)* croustillant(e)

Reservat [rezɛr'vaːt] <-[e]s, -e> *nt* réserve *f*

Reserve [re'zɛrvə] <-, -n> *f* réserve *f*

Reservebank *f* SPORT banc *m* des remplaçants **Reservekanister** *m* bidon *m* de réserve **Reserveoffizier** *m* officier *m* de réserve **Reserverad** *nt* roue *f* de secours **Reservereifen** *m* pneu *m* de rechange **Reservespieler** *m* remplaçant *m*

R

reservieren* [rezɛr'viːrən] *vt* réserver; ***jdm etw ~*** réserver qc à qn
reserviert *adj* réservé(e)
Reservierung <-, -en> *f* réservation *f*
Reservist(in) [rezɛr'vɪst] <-en, -en> *m(f)* réserviste *mf*
Reservoir [rezɛr'voaːɐ̯] <-s, -e> *nt (geh)* réservoir *m*
Reset-Taste ['riːsɛtastə] *f* INFORM touche *f* "reset"
Residenz [rezi'dɛnts] <-, -en> *f* résidence *f*
residieren* [rezi'diːrən] *vi* résider; ***in München/auf einem alten Schloss ~*** résider à Munich/dans un vieux château
Resignation [rezɪgna'tsi̯oːn] <-, *selten:* -en> *f (geh)* résignation *f*
resignieren* [rezɪ'gniːrən] *vi (geh)* se résigner; ***wegen etw ~*** se résigner à cause de qc; ***..., meinte er resigniert*** ..., dit-il d'un ton résigné
resistent [rezɪs'tɛnt] *adj* résistant(e); ***gegen etw ~ sein*** être résistant à qc
Resistenz <-, -en> *f* résistance *f;* ***~ gegen etw*** résistance à qc
resolut [rezo'luːt] **I.** *adj* résolu(e) **II.** *adv* résolument
Resolution [rezolu'tsi̯oːn] <-, -en> *f* résolution *f*
Resonanz [rezo'nants] <-, -en> *f* ❶ *(geh: Reaktion)* écho *m;* ***auf große ~ stoßen*** rencontrer un écho très positif ❷ MUS résonance *f*
Resonanzkörper *m* caisse *f* de résonance
resorbieren* [rezɔr'biːrən] *vt* absorber
resozialisieren* [rezotsi̯ali'ziːrən] *vt* réinsérer
Resozialisierung <-, -en> *f* réinsertion *f*
Respekt [re'spɛkt, rɛs'pɛkt] <-s> *m* respect *m;* ***voller ~*** respectueusement; ***vor jdm/etw ~ haben*** avoir du respect pour qn/qc; ***jdm ~ einflößen*** inspirer le respect à qn; ***sich** dat **bei jdm ~ verschaffen*** se faire respecter de qn
respektabel [respɛk'taːbəl] *adj (geh)* respectable
respektieren* [respɛk'tiːrən] *vt* respecter
respektive [respɛk'tiːvə, rɛspɛk'tiːvə] *adv (geh)* ou
respektlos **I.** *adj* irrespectueux, -euse **II.** *adv* avec irrespect
Respektlosigkeit <-, -en> *f kein Pl (respektlose Art)* manque *m* de respect
Respektsperson *f* personne *f* respectée, notabilité *f*
respektvoll *adj* respectueux, -euse
Ressort [rɛ'soːɐ̯] <-s, -s> *nt* ❶ *(Zuständigkeitsbereich)* ***jds ~*** le ressort de qn; ***das ist mein ~*** c'est de mon ressort ❷ *(Abteilung)* département *m*
Ressource [rɛ'sʊrsə] <-, -n> *f meist Pl a.* FIN ressources *f pl*
Rest [rɛst] <-[e]s, -e *o* CH -en> *m* reste *m* ▶ **jdm den ~ geben** *(fam)* achever qn
Restalkohol *m* traces *f pl* d'alcool
Restaurant [rɛsto'rãː] <-s, -s> *nt* restaurant *m;* ***ins ~ gehen*** aller au restaurant
Restauration [restau̯ra'tsi̯oːn, rɛstau̯ra'tsi̯oːn] <-, -en> *f* POL, ARCHIT *(Wiederherstellung)* restauration *f*
restaurieren* [restau̯'riːrən] *vt* restaurer
Restaurierung <-, -en> *f* restauration *f*
Restbestand *m* reste *m* **Restbetrag** *m* reliquat *m*
Restguthaben *nt* solde *m* d'avoir **Restlaufzeit** *f* durée *f* résiduelle
restlich *adj Betrag* restant(e); *Leute* autre; ***der ~e Urlaub*** le reste des vacances
restlos **I.** *adj* total(e) **II.** *adv* ❶ *beseitigen* totalement; *aufessen* sans en laisser une miette; *austrinken* sans en laisser une goutte ❷ *(fam) es satthaben* absolument; *erledigt sein* complètement
Restposten *m* fin *f* de série
Restriktion [restrɪk'tsi̯oːn] <-, -en> *f (form)* restriction *f*
restriktiv [restrɪk'tiːf] *adj (geh)* restrictif, -ive
Restrisiko *nt* risque *m* subsistant; ***es verbleibt ein ~*** il subsiste un risque **Resturlaub** *m* jours *mpl* de vacances [à prendre]
Resultat [rezʊl'taːt] <-[e]s, -e> *nt* résultat *m;* ***zu dem ~ kommen, dass ...*** acquérir la conviction que ...
resultieren* [rezʊl'tiːrən] *vi (geh: folgen)* ***aus etw ~*** résulter de qc
Resümee [rezy'meː] <-s, -s> *nt (geh)* ❶ *(Schlussfolgerung)* conclusion *f;* ***das ~ aus etw ziehen*** tirer la conclusion de qc ❷ *(Zusammenfassung)* résumé *m*
resümieren* [rezy'miːrən] *(geh)* **I.** *vi* [se] résumer **II.** *vt* résumer
Retorte [re'tɔrtə] <-, -n> *f* cornue *f*
Retortenbaby *nt* bébé-éprouvette *m*
retour [re'tuːɐ̯] *adv* CH, A ***etw ~ gehen lassen*** renvoyer qc; ***eine Fahrkarte nach Bad Urach und [wieder] ~!*** un aller [et] retour pour Bad Urach!
retournieren* [retʊr'niːrən] *vt* retourner
Retourspiel *nt* A, CH match *m* retour
Retrospektive [retrospɛk'tiːvə] <-, -n> *f* rétrospective *f*
Retrovirus [retro'viːrʊs] *nt* MED, BIO rétrovirus *m*

retten ['rɛtən] **I.** *vt* ❶ *(vor einem Unheil bewahren)* sauver; ***jdn vor jdm/etw ~*** sauver qn de qn/qc; ***rettet mich denn keiner?*** personne ne vient à mon secours? ❷ *(den Ausweg weisend)* ***die ~de Lösung*** la solution salvatrice ❸ *(erhalten, hinüberretten)* sauvegarder *Gebäude, Gemälde* **II.** *vr* ***sich ~*** se sauver; ***rette sich, wer kann!*** *(hum)* sauve qui peut!

Retter(in) <-s, -> *m(f)* sauveur, -euse *m, f*

Rettich ['rɛtɪç] <-s, -e> *m* radis *m*

Rettung <-, -en> *f* ❶ sauvetage *m;* ***~ in letzter Minute*** sauvetage in extremis ❷ *eines Gebäudes* sauvegarde *f*

Rettungsaktion *f* opération *f* de sauvetage **Rettungsboot** *nt* bateau *m* de sauvetage **Rettungsdienst** *m* service *m* de secours **Rettungshubschrauber** *m* hélicoptère *m* de sauvetage **Rettungshund** *m* chien *m* de sauvetage **Rettungsinsel** *f* NAUT radeau *m* de sauvetage [pneumatique]

rettungslos *adv* sans espoir [de secours]; ***wir sind ~ verloren*** tout espoir est perdu

Rettungsring *m* bouée *f* de sauvetage **Rettungsschirm** *m* FIN, POL plan *m* de sauvetage **Rettungsschwimmen** *nt* natation *f* de sauvetage **Rettungsschwimmer(in)** *m(f)* maître nageur *m* **Rettungsversuch** *m* tentative *f* de sauvetage **Rettungswagen** *m* ambulance *f* **Rettungsweste** *f* gilet *m* de sauvetage

Return-Taste [rɪ'tœːn-, ri'tøːɐ̯n-] *f* INFORM touche *f* "entrée"

retuschieren* [retʊ'ʃiːrən, retu'ʃiːrən] *vt* retoucher

R

Reue ['rɔy̯ə] <-> *f* regret *m;* ***~ über etw*** *akk* regret de qc

reuen ['rɔy̯ən] **I.** *vt* ***das Verbrechen reut mich*** je regrette le crime **II.** *vt unpers* ***es reut jdn, etw getan zu haben*** qn regrette d'avoir fait qc

reuevoll *adj* plein(e) de regret

reuig ['rɔy̯ɪç] *(geh)*, **reumütig** ['rɔy̯myːtɪç] **I.** *adj Missetäter, Übeltäter* repentant(e); *Sünder* repenti(e) **II.** *adv gestehen, zurückkommen* en se repentant

Revanche [re'vãːʃ(ə)] <-, -n> *f a.* SPORT, SPIEL revanche *f;* ***jdm ~ geben*** donner sa revanche à qn; ***als ~*** *(Gegenleistung)* en contrepartie

revanchieren* [revã'ʃiːrən] *vr* ❶ *(sich erkenntlich zeigen)* ***sich ~*** rendre la pareille; ***sich bei jdm für etw ~*** rendre la pareille à qn pour qc ❷ *(sich rächen)* ***sich für etw ~*** se venger de qc

Revanchismus [revã'ʃɪsmʊs] <-> *m* POL revanchisme *m*

Revanchist(in) [revã'ʃɪst] <-en, -en> *m(f)* POL *(pej)* revanchard(e) *m(f)*

Revers [rə'vɛːɐ̯] <-, -> *nt o* A *m* COUT revers *m*

reversibel [revɛr'ziːbəl] *adj (geh) Entscheidung, Prozess, Urteil* révocable; *Vorgang* réversible

revidieren* [revi'diːrən] *vt* ❶ *(rückgängig machen)* revenir sur *Entscheidung* ❷ CH *(geh: überprüfen)* réviser *Maschine, Lokomotive*

Revier [re'viːɐ̯] <-s, -e> *nt* ❶ *(Polizeidienststelle)* commissariat *m* ❷ *(Bezirk)* district *m* ❸ *(Jagdrevier)* territoire *m* de chasse; *(privat)* chasse *f* gardée ❹ ZOOL territoire *m*

Revision [revi'zi̯oːn] <-, -en> *f* ❶ FIN vérification *f* ❷ JUR cassation *f;* ***~ einlegen*** se pourvoir en cassation ❸ TYP révision *f* [des épreuves]

Revisionsgericht *nt* JUR cour *f* de cassation **Revisionsverfahren** *nt* JUR procédure *f* de cassation

Revolte [re'vɔltə] <-, -n> *f* révolte *f*

revoltieren* [revɔl'tiːrən] *vi (geh)* se révolter; ***gegen jdn/etw ~*** se révolter contre qn/qc

Revolution [revolu'tsi̯oːn] <-, -en> *f* révolution *f;* ***die Französische ~*** la Révolution française

revolutionär [revolutsi̯o'nɛːɐ̯] *adj* révolutionnaire

Revolutionär(in) [revolutsi̯o'nɛːɐ̯] <-s, -e> *m(f)* révolutionnaire *mf*

revolutionieren* [revolutsi̯o'niːrən] *vt* révolutionner

Revoluzzer(in) [revo'lʊtsɐ] <-s, -> *m(f)* *(pej)* agitateur, -trice *m, f*

Revolver [re'vɔlvɐ] <-s, -> *m* revolver *m* **Revolverheld** *m* héros *m* de la gâchette

Revue [rə'vyː] <-, -n> *f* revue *f*

Reykjavik ['rai̯kjaviːk, -vɪk] <-s> *nt* Reykjavik

Rezensent(in) [retsɛn'zɛnt] <-en, -en> *m(f)* critique *mf* [littéraire]

rezensieren* [retsɛn'ziːrən] *vt* critiquer; ***rezensiert werden*** faire l'objet d'une critique

Rezension [retsɛn'zi̯oːn] <-, -en> *f* critique *f*

Rezept [re'tsɛpt] <-[e]s, -e> *nt* ❶ recette *f* ❷ MED ordonnance *f*

rezeptfrei *adj* en vente libre

Rezeption [retsɛp'tsi̯oːn] <-, -en> *f* réception *f;* ***an der ~*** à la réception

rezeptpflichtig *adj* délivré(e) uniquement sur ordonnance
Rezession [retsɛˈsi̯oːn] <-, -en> *f* récession *f*
rezessiv [retsɛˈsiːf] *adj* ÖKON, BIO, MED *Tendenz* récessif, -ive
reziprok *adj* MATH inverse
rezitieren* [retsiˈtiːrən] **I.** *vt* réciter **II.** *vi* ***aus etw* ~** réciter qc
R-Gespräch [ˈɛr-] *nt* appel *m* en P.C.V.
Rhabarber [raˈbarbɐ] <-s, -> *m* rhubarbe *f*
Rhein [ra̯in] <-s> *m* ***der* ~** le Rhin; ***Kehl am* ~** Kehl sur Rhin
rheinisch [ˈra̯inɪʃ] *adj attr* rhénan(e)
Rheinland [ˈra̯inlant] <-[e]s> *nt* ***das* ~** la Rhénanie
Rheinländer(in) [ˈra̯inlɛndɐ] <-s, -> *m(f)* Rhénan(e) *m(f)*
Rheinland-Pfalz [ˈra̯inlantˈpfa̯lts] *f* la Rhénanie-Palatinat
Rhesusfaktor *m* [facteur *m*] rhésus *m*
Rhetorik [reˈtoːrɪk] <-> *f* rhétorique *f*
rhetorisch [reˈtoːrɪʃ] **I.** *adj* rhétorique; *Figur* de rhétorique **II.** *adv* **~ *begabt*** doué(e) en matière de rhétorique
Rheuma [ˈrɔ̯yma] <-s> *nt (fam)* rhumatisme *m souvent pl*
Rheumatiker(in) <-s, -> *m(f)* rhumatisant(e) *m(f)*
rheumatisch *adj* rhumatismal(e)
Rheumatismus [rɔ̯ymaˈtɪsmʊs] <-> *m (form)* rhumatisme *m*
Rhinozeros [riˈnoːtserɔs] <-[ses], -se> *nt (Nashorn)* rhinocéros *m*
Rhizom [riˈtsoːm] <-s, -e> *nt* BOT rhizome *m*
Rhododendron [rodoˈdɛndrɔn, *Pl:* rodoˈdɛndrən] <-s, Rhododendren> *m o nt* rhododendron *m*
Rhombus [ˈrɔmbʊs] <-, Rhomben> *m* losange *m*
rhythmisch [ˈrʏtmɪʃ] *adj Bewegungen* rythmé(e); *Gymnastik* rythmique
Rhythmus [ˈrʏtmʊs] <-, Rhythmen> *m* rythme *m; **im** ~* en rythme
Ribis[e]l [ˈriːbiːzəl] <-, -n> *f* A groseille *f*
richten [ˈrɪçtən] **I.** *vr* ❶ *(bestimmt sein, sich wenden)* ***sich an jdn/etw* ~** s'adresser à qn/qc ❷ *(sich orientieren)* ***sich nach jdm/etw* ~** se conformer à qn/qc; ***wir* ~ *uns ganz nach Ihnen*** nous nous en remettons complètement à vous ❸ *(abhängen von)* ***sich nach etw* ~** dépendre de qc; ***das richtet sich danach, ob …*** ça dépend si … ❹ *(abzielen)* ***sich gegen jdn/etw* ~** être dirigé contre qn/qc **II.** *vt* ❶ *(lenken)* ***den Blick auf jdn/etw* ~** diriger son regard sur qn/qc; ***den Finger auf jdn* ~** pointer son doigt sur qn ❷ *(adressieren)* ***einen Brief an jdn* ~** adresser une lettre à qn ❸ *(reparieren)* réparer *Heizung, Uhr* **III.** *vi (urteilen)* ***über jdn/etw* ~** juger qn/qc
Richter(in) [ˈrɪçtɐ] <-s, -> *m(f)* JUR juge *mf*
richterlich *adj attr* judiciaire
Richterskala *f kein Pl* échelle *f* de Richter
Richtfest *nt* fête *f* pour l'achèvement du gros œuvre *(à laquelle le propriétaire convie les artisans et éventuellement des voisins)*
Richtgeschwindigkeit *f* vitesse *f* conseillée
richtig [ˈrɪçtɪç] **I.** *adj* ❶ *(korrekt, angebracht)* bon(ne) *antéposé;* ***das ist* ~** c'est juste; ***zur ~en Zeit*** au bon moment; ***es ist ~ gewesen, dass*** c'était bien que *+subj* ❷ *(am richtigen Ort)* ***hier sind Sie* ~** vous êtes à la bonne adresse ici ❸ *Eltern, Name* vrai(e) *antéposé* **II.** *adv* ❶ *antworten, schreiben* correctement; *verstehen* bien; *kalkulieren, raten* juste; **~ *gehen*** *Uhr:* donner l'heure exacte; ***höre ich ~?*** j'ai bien entendu? ❷ *vorgehen* judicieusement; ***sehr ~!*** très juste! ❸ *stehen* à la bonne place ❹ *passen* bien ❺ *(fam) wütend* vraiment
Richtige(r) *f(m) dekl wie adj* ❶ *(Partner)* bon(ne) partenaire *mf* ❷ *(Treffer)* ***sechs* ~ *im Lotto*** six bons numéros *mpl* au loto
Richtige(s) *nt dekl wie adj* ❶ *(Zusagendes)* ***das ~/etwas ~s*** ce qu'il me/te/… faut ❷ *(Ordentliches)* ***etwas/nichts ~s*** quelque chose/rien de convenable
richtiggehend *(fig fam)* **I.** *adj* véritable *antéposé* **II.** *adv* vraiment
Richtigkeit <-> *f* ❶ *der Lösung* justesse *f; der Schreibung* exactitude *f; der Kopie* conformité *f;* ***mit etw hat es seine* ~** qc est justifié(e) ❷ *(Angebrachtheit)* justesse *f*
richtig|stellen *vt* ***etw* ~** *(etw korrigieren)* rectifier qc
Richtigstellung *f* rectification *f*
Richtlinie *f meist Pl* directive *f*
Richtmikrofon *nt* microphone *m* directionnel **Richtpreis** *m* prix *m* conseillé **Richtschnur** *f kein Pl (Grundsatz)* ***die* ~ *für etw*** la ligne directrice pour qc
Richtung [ˈrɪçtʊŋ] <-, -en> *f* ❶ *(Himmelsrichtung)* direction *f;* ***aus östlicher* ~** de l'est; ***eine* ~ *einschlagen* [*o* nehmen]** prendre une direction; ***in* ~ *Wald/Bahnhof*** en direction de la forêt/de la gare

R

❷ *(Tendenz)* ***politische ~*** tendance *f* politique

Richtungsänderung *f* changement *m* de direction

Richtwert *m* valeur *f* indicative; ***ein ~ von 4,2 Prozent*** un taux indicatif de 4,2 pour cent

rieb [riːp] *Imp von* **reiben**

riechen ['riːçən] <roch, gerochen> **I.** *vi* ❶ *(Geruch verströmen)* ***gut/schlecht ~*** sentir bon/mauvais; ***nach Parfüm ~*** sentir le parfum; ***übel ~d*** malodorant ❷ *(schnuppern)* ***an jdm/etw ~*** renifler qn/qc **II.** *vt (als Geruch wahrnehmen)* ***etw ~*** sentir qc **III.** *vi unpers* ***es riecht nach Zitrone*** ça sent le citron

Riecher ['riːçɐ] <-s, -> *m* ▶ **den richtigen ~ [für etw] haben** *(fam)* avoir du flair [pour qc] *fig*

Riechkolben *m (hum fam)* pif *m fam*, blair *m fam*

rief [riːf] *Imp von* **rufen**

Riege ['riːgə] <-, -n> *f* SPORT section *f*

Riegel ['riːgəl] <-s, -> *m* ❶ *(Verschluss)* verrou *m*; ***den ~ an etw dat vorlegen*** mettre le verrou de qc ❷ *(Schokoladenriegel)* barre *f*

Riemen ['riːmən] <-s, -> *m einer Tasche* courroie *f*

Riese, **Riesin** ['riːzə] <-n, -n> *m, f* géant(e) *m(f)*; ***ein ~ von einem Mann*** un colosse

rieseln ['riːzəln] *vi + sein Körner, Sand:* s'écouler; *Kalk, Putz:* se détacher des murs

Riesenerfolg *m* succès *m* formidable **riesengroß** ['riːzən'groːs] *adj (fam)* ❶ *(sehr groß)* géant(e) ❷ *Enttäuschung, Summe* énorme *antéposé fig* **riesenhaft** *adj* gigantesque **Riesenrad** *nt* grande roue *f* **Riesenslalom** *m* SPORT slalom *m* géant **Riesenstadt** *f (fam)* super grosse ville *f fam*

riesig ['riːzɪç] **I.** *adj* ❶ *Gebäude* gigantesque; *Fußabdruck* énorme; ***ein ~er Kerl*** un géant ❷ *Anstrengung* immense; *Überraschung, Hunger* sacré(e) *antéposé fam* ❸ *(fam: hervorragend)* ***das ist ~!*** c'est géant! **II.** *adv sich freuen* énormément; *sich irren* complètement

Riesin ['riːzɪn] *s.* **Riese**

Riesling ['riːslɪŋ] <-s, -e> *m* riesling *m*

riet [riːt] *Imp von* **raten**

Riff [rɪf] <-[e]s, -e> *nt* récif *m*

rigide *adj (geh)* rigide

rigoros [rigo'roːs] *adj Maßnahme* rigoureux, -euse

Rigorosum [rigo'roːzʊm] <-s, Rigorosa *o* A Rigorosen> *nt* ≈ soutenance *f* [de doctorat]

Rikscha ['rɪkʃa] <-, -s> *f* pousse-pousse *m inv*

Rille ['rɪlə] <-, -n> *f (längliche Vertiefung)* rainure *f*

Rind [rɪnt] <-[e]s, -er> *nt* bovin *m*

Rinde ['rɪndə] <-, -n> *f* ❶ *(Baumrinde)* écorce *f* ❷ *(Brotrinde, Käserinde)* croûte *f*

Rinderbraten *m* rôti *m* de bœuf **Rinderfilet** *nt* filet *m* de bœuf **Rinderwahnsinn** *m* maladie *f* de la vache folle

Rindfleisch *nt* [viande *f* de] bœuf *m*

Rindsleder *nt* vachette *f*

Rindvieh <-viecher> *nt* ❶ *kein Pl* bovins *mpl* ❷ *(fam: Dummkopf)* andouille *f*

Ring [rɪŋ] <-[e]s, -e> *m* ❶ *(Fingerring)* bague *f*; *(Ehering)* alliance *f* ❷ *(Öse, ringförmiger Gegenstand)* anneau *m* ❸ *(Kreis) von Personen* cercle *m* ❹ *(Wert auf einer Schießscheibe)* cercle *m* [concentrique] ❺ *Pl (Augenschatten)* cernes *mpl* ❻ *(Ringstraße)* périphérique *m* ❼ *(Vereinigung) von Händlern, Versicherungen* association *f*; *von Hehlern* cartel *m* ❽ SPORT ring *m* ❾ *Pl (Turngerät)* anneaux *mpl*

Ringbuch *nt* classeur *m*

Ringelblume *f* souci *m*

ringeln ['rɪŋəln] **I.** *vt* enrouler *Schwanz* **II.** *vr* ***sich ~*** *Haare:* s'enrouler

Ringelnatter *f* couleuvre *f* à collier

ringen ['rɪŋən] <rang, gerungen> *vi* ❶ *(kämpfen)* lutter; ***mit jdm ~*** lutter contre qn ❷ *(fig)* ***mit sich ~*** lutter contre soi-même ❸ *(schnappen)* ***nach Atem ~*** chercher à reprendre son souffle ❹ *(sich bemühen)* ***um Fassung ~*** essayer de se reprendre; ***um Worte ~*** chercher les mots

Ringer(in) ['rɪŋɐ] <-s, -> *m(f)* lutteur, -euse *m, f*

Ringfinger *m* annulaire *m*

ringförmig ['rɪŋfœrmɪç] *adj* circulaire

Ringkampf *m (a. fig)* combat *m* [de lutte] **Ringrichter(in)** *m(f)* arbitre *m* [du ring]

rings [rɪŋs] *adv* autour; ***~ um jdn/das Haus*** autour de qn/la maison; ***~ um jdn/etw stehen*** se tenir autour de qn/qc

ringsherum ['rɪŋshɛ'rʊm] *s.* **ringsum**

Ringstraße *f (um eine Stadt)* boulevard *m* extérieur

ringsum ['rɪŋs'ʔʊm], **ringsumher** ['rɪŋsʔʊm'heːɐ̯] *adv* [tout] autour

Rinne ['rɪnə] <-, -n> *f* ❶ *(Vertiefung)* cavité *f* ❷ *(offenes Rohr)* caniveau *m*; *(Dachrinne)* gouttière *f*

rinnen ['rɪnən] <rann, geronnen> *vi*

+ *sein* ❶ *(fließen, rieseln)* couler; ***durch die Finger** ~ Sand:* couler entre les doigts ❷ *(herausfließen, -rieseln)* s'écouler ❸ *(fig)* ***die Zeit rinnt** [**dahin**]* le temps s'écoule

Rinnsal ['rɪnza:l] <-[e]s, -e> *nt (Wasserlauf)* filet *m* d'eau

Rinnstein *m* ❶ *(Gosse)* caniveau *m* ❷ *(Bordstein)* bordure *f* de trottoir

Rippchen ['rɪpçən] <-s, -> *nt* côtelette *f*

Rippe ['rɪpə] <-, -n> *f* ❶ ANAT côte *f* ❷ *einer Tafel Schokolade* barre *f*

Rippenfell *nt* ANAT plèvre *f*

Risiko ['ri:ziko] <-s, -s *o* Risiken> *nt* risque *m;* ***kein ~ eingehen*** ne prendre aucun risque; ***auf dein** [**eigenes**] ~* à tes risques et périls

Risikobereitschaft *f* goût *m* du risque **Risikofaktor** *m* facteur *m* de risque **risikofreudig** *adj* téméraire; *~ **sein*** avoir le goût du risque **Risikogruppe** *f* groupe *m* à risque[s] **Risikokapital** *nt* capital-risque *m*

risikolos *adj* sans risque

risikoreich *adj* plein(e) de risques; *Geldanlage, Transaktion* risqué(e)

riskant [rɪs'kant] **I.** *adj* risqué(e) **II.** *adv fahren, spielen* en prenant des risques

riskieren* [rɪs'ki:rən] *vt* ❶ *(aufs Spiel setzen, in Kauf nehmen)* risquer *Leben* ❷ *(wagen)* oser *Blick, Lächeln;* ***es ~ etw zu tun*** se risquer à faire qc

riss [rɪs] *Imp von* **reißen**

Riss [rɪs] <-es, -e> *m* ❶ *(rissige Stelle)* fissure *f* ❷ *(beschädigte, zerrissene Stelle)* déchirure *f*

rissig ['rɪsɪç] *adj* crevassé(e)

Rist [rɪst] <-es, -e> *m* ❶ *(Fußrücken)* cou-de-pied *m* ❷ *(Widerrist)* garrot *m*

ritt [rɪt] *Imp von* **reiten**

Ritt [rɪt] <-[e]s, -e> *m* promenade *f* à cheval

Ritter ['rɪtɐ] <-s, -> *m* chevalier *m*

Ritterburg *f* château *m* fort

ritterlich *adj* chevaleresque

Ritterlichkeit <-> *f* chevalerie *f*

Ritterorden *m* ordre *m* de chevalerie **Ritterschlag** *m* adoubement *m;* ***den ~ empfangen*** être adoubé(e), être armé(e) chevalier **Rittersporn** *m* BOT pied-d'alouette *m*

rittlings ['rɪtlɪŋs] *adv* à califourchon

Ritual [ri'tu̯a:l] <-s, -e *o* -ien> *nt* rituel *m*

Ritualmord *m* meurtre *m* rituel

rituell [ri'tu̯ɛl] *adj* rituel(le)

Ritus ['ri:tʊs] <-, Riten> *m* rite *m*

Ritz [rɪts] <-es, -e> *m (Kratzer)* égratignure *f*

Ritze ['rɪtsə] <-, -n> *f* fissure *f*

ritzen ['rɪtsən] **I.** *vt* graver **II.** *vr* ***sich an etw** dat ~* s'égratigner à qc

Rivale, Rivalin [ri'va:lə] <-n, -n> *m, f* rival(e) *m(f)*

rivalisieren* [rivali'zi:rən] *vi (geh)* *~**de Gruppen/Banden*** des groupes rivaux/bandes rivales

Rivalität [rivali'tɛ:t] <-, -en> *f (geh)* rivalité *f*

Riviera [ri'vi̯e:ra] <-> *f* ***die** ~* la Riviera

Rizinusöl *nt* huile *f* de ricin

RNS [ɛrʔɛn'ʔɛs] <-> *f Abk von* **Ribonukleinsäure** A.R.N. *m*

Roastbeef ['ro:stbi:f] <-s, -s> *nt* rosbif *m*

Robbe <-, -n> *f* phoque *m*

robben *vi + sein* ramper

Robe <-, -n> *f* robe *f*

Roboter ['rɔbɔtɐ] <-s, -> *m* robot *m*

Robotertechnik *f kein Pl* robotique *f*

robust [ro'bʊst] *adj* robuste

Robustheit <-> *f* robustesse *f*

roch [rɔx] *Imp von* **riechen**

röcheln ['rœçəln] *vi* râler

Rock[1] [rɔk, *Pl:* 'rœkə] <-[e]s, Röcke> *m* ❶ jupe *f* ❷ CH *(Kleid)* robe *f; (Jackett)* veste *f*

Rock[2] [rɔk] <-[s]> *m* MUS rock *m*

> **Falsche Freunde**
> Nicht verwechseln mit *le roc – der Fels*!

Rockband ['rɔkbɛnt] *s.* **Rockgruppe**

rocken *vi* faire du rock

Rocker(in) ['rɔkɐ] <-s, -> *m(f) (Halbstarker)* blouson *m* noir

Rockgruppe *f* groupe *m* de rock **Rockkonzert** *nt* concert *m* de rock **Rockmusik** *f* musique *f* rock **Rockmusiker(in)** *m(f)* musicien(ne) *m(f)* de rock

Rodel[1] ['ro:dəl] <-s, -> *m* SDEUTSCH, CH fichier *m*

Rodel[2] ['ro:dəl] <-s, -> *m,* <-, -n> *f* SDEUTSCH, A luge *f*

Rodelbahn *f* piste *f* de luge

rodeln ['ro:dəln] *vi + haben o sein (Schlitten fahren)* faire de la luge

roden ['ro:dən] *vt* ❶ *(herausreißen)* enlever *Bäume* ❷ *(vom Bewuchs befreien)* défricher *Land*

Rodler(in) ['ro:dlɐ] <-s, -> *m(f)* lugeur, -euse *m, f*

Rodung <-, -en> *f* ❶ *(gerodete Fläche)* terrain *m* défriché ❷ *kein Pl (das Roden)* défrichage *m*

R

Rogen ['ro:gən] <-s, -> *m* œufs *mpl* [de poisson]

Roggen ['rɔgən] <-s> *m* seigle *m*

Roggenbrot *nt* pain *m* de seigle **Roggenmehl** *nt* farine *f* de seigle

roh [ro:] *adj* ❶ *Fleisch, Gemüse* cru(e); ***etw ~ essen/zubereiten*** manger/préparer qc cru(e) ❷ *Holz, Diamant* brut(e) ❸ *Person* brutal(e); ***~ zu jdm sein*** être brutal avec qn ❹ *(rau, grob)* grossier, -ière

Rohbau <-bauten> *m kein Pl (Bauabschnitt)* gros œuvre *m* **Roheisen** *nt* fonte *f* brute

Rohheit <-, -en> *f* ❶ *kein Pl (brutale Art)* rudesse *f* ❷ *kein Pl (Grobheit) eines Scherzes* grossièreté *f* ❸ *(brutale Handlung)* brutalité *f* **Rohkost** *f* crudités *fpl*

Rohkostplatte *f* assiette *f* de crudités

Rohkostsalat *m* salade *f* de crudités

Rohling ['ro:lɪŋ] <-s, -e> *m* TECH pièce *f* brute

Rohmaterial *nt* matière *f* première **Rohöl** *nt* pétrole *m* brut

Rohr [ro:ɐ̯] <-[e]s, -e> *nt* ❶ TECH tube *m; (groß)* tuyau *m* ❷ *(Teil eines Geschützes)* canon *m* ❸ SDEUTSCH, A *(Backofen)* four *m*

Rohrbruch *m* rupture *f* de canalisation

Röhrchen ['rø:ɐ̯çən] <-s, -> *nt Dim von* **Röhre** ❶ PHARM tube *m* ❷ *(Alkoholteströhrchen)* embout *m*

Röhre ['rø:rə] <-, -n> *f* ❶ TECH tuyau *m* ❷ ELEC tube *m* ❸ *(Backofen)* four *m*

röhren ['rø:rən] *vi* ❶ *Hirsch, Elch:* bramer ❷ *(dröhnen) Auspuff, Motorrad:* vrombir

röhrenförmig ['rø:rənfœrmɪç] *adj* tubulaire **Röhrenhose** *f* pantalon-cigarette *m*

Rohrleitung *f* canalisation *f* **Rohrspatz** ▶ **wie ein ~ schimpfen** *(fam)* jurer comme un charretier **Rohrzange** *f* clé *f* à molette **Rohrzucker** *m* sucre *m* de canne

Rohstoff *m* matière *f* première

Rohstoffmangel *m kein Pl* pénurie *f* de matières premières **Rohstoffreserven** *Pl* réserve *f* en matières premières

Rohzustand *m* ***im ~*** à l'état brut

Rokoko ['rɔkoko] <-[s]> *nt* rococo *m*

Rokokostil *m* [style *m*] rococo *m*

Rollator [rɔ'la:to:ɐ̯] <-s, -toren> *m* déambulateur *m*

Rollbahn *f* AVIAT piste *f* **Rollbalken** <-s, -> *m* A *(Rollladen)* volet *m* roulant **Rollcontainer** *m* caisson *m* à roulettes

Rolle ['rɔlə] <-, -n> *f* ❶ *(aufgewickeltes Material)* rouleau *m* ❷ *(Garnrolle)* bobine *f* ❸ *(Verpackung)* rouleau *m* ❹ *(Laufrad)* roulette *f* ❺ *(Gleitrad) eines Flaschenzugs* poulie *f; einer Angel* moulinet *m* ❻ SPORT roulade *f* ❼ CINE, THEAT, SOZIOL rôle *m* ▶ **aus der ~ fallen** sortir de son rôle; **es spielt eine/keine ~, ob** ça a une importance/n'a pas d'importance que *+subj*

rollen ['rɔlən] **I.** *vi + sein* rouler ▶ **etw ins Rollen bringen** *(fam)* mettre qc en branle **II.** *vt + haben* ❶ *(zusammenrollen)* rouler ❷ *(fortbewegen)* faire rouler **III.** *vr + haben* ❶ ***sich ~*** *Tapete, Bild:* se recourber ❷ *(sich wälzen)* ***sich im Gras ~*** se rouler dans l'herbe ❸ *(sich einrollen)* ***sich in eine Decke ~*** s'enrouler dans une couverture

Rollenbesetzung *f* distribution *f;* CINE, TV casting *m* **Rollenspiel** *nt* SOZIOL jeu *m* de rôle **Rollenverhalten** *nt* SOZIOL comportement *m* stéréotypé **Rollenverteilung** *f* THEAT distribution *f* des rôles

Roller ['rɔlɐ] <-s, -> *m* ❶ *(Kinderroller)* trottinette *f* ❷ *(Motorroller)* scooter *m* ❸ A *s.* **Rollo**

Rollerblades® ['ro:lɐble:ts] *Pl* patins *mpl* en ligne

Rollerskates ['ro:lɐske:ts] *Pl* patins *mpl* à roulettes

Rollfeld *nt* AVIAT piste *f* [de décollage/d'atterrissage] **Rollkoffer** *m* valise *f* à roulettes **Rollkragen** *m* col *m* roulé

Rollkragenpullover *m* [pull *m* à] col *m* roulé

Rollladen *m* volet *m* roulant **Rollmops** ['rɔlmɔps] *m* rollmops *m*

Rollo ['rɔlo] <-s, -s> *nt* store *m*

Rollschuh *m* patin *m* à roulettes

Rollschuhlaufen <-s> *nt* patin *m* à roulettes **Rollschuhläufer(in)** *m(f)* patineur, -euse *m, f* à roulettes

Rollsplitt *m* gravillon *m*

Rollstuhl *m* fauteuil *m* roulant

Rollstuhlfahrer(in) *m(f)* handicapé(e) *m(f)* en fauteuil roulant **rollstuhlgerecht** *adj* adapté(e) aux fauteuils roulants

Rolltreppe *f* escalator *m*

Rom [ro:m] <-s> *nt* Rome

ROM [rɔm] <-[s], -[s]> *nt Abk von* **Read Only Memory** INFORM ROM *f*

Roma ['ro:ma] *Pl* Rom *mpl*

Roman [ro'ma:n] <-s, -e> *m* roman *m*

Romanfigur *f* personnage *m* de roman **Romanheld(in)** *m(f)* héros *m* /héroïne *f* de roman

Romanik [ro'ma:nɪk] <-> *f* ARCHIT, KUNST [style *m*] roman *m*

romanisch [ro'ma:nɪʃ] *adj* ❶ LING, ARCHIT, KUNST roman(e) ❷ GEOG latin(e)

R

Romanist(in) [roma'nɪst] <-en, -en> *m(f)* romaniste *mf*
Romanistik [roma'nɪstɪk] <-> *f* étude *f* des langues et littératures romanes
Romanschriftsteller(in) *m(f)* romancier, -ière *m, f*
Romantik [ro'mantɪk] <-> *f* ❶ LITER romantisme *m* ❷ *(romantische Stimmung)* romanesque *m; **keinen Sinn für ~ haben*** ne pas être romantique

Falsche Freunde
Nicht verwechseln mit *le romantique – der Romantiker*!

Romantiker(in) [ro'mantikɐ] <-s, -> *m(f)* romantique *mf*
romantisch [ro'mantɪʃ] **I.** *adj* ❶ *Person, Stimmung* romantique ❷ *Altstadt* pittoresque **II.** *adv* ***~ gelegen*** situé(e) de façon pittoresque
Romanze [ro'mantsə] <-, -n> *f* idylle *f*
Römer(in) ['røːmɐ] <-s, -> *m(f)* Romain(e) *m(f)*
römisch ['røːmɪʃ] *adj* romain(e)
römisch-katholisch *adj* catholique romain(e)
Rommé ['rɔme] <-s> *nt* rami *m*
ROM-Speicher *m* mémoire *f* morte
röntgen ['rœntgən] *vt* radiographier; ***sich ~ lassen*** passer une radio
Röntgen ['rœntgən] <-s> *nt* radio[graphie] *f*
Röntgenapparat *m* appareil *m* de radiographie **Röntgenarzt, -ärztin** *m, f* radiologue *mf* **Röntgenaufnahme** *f*, **Röntgenbild** *nt* radio[graphie] *f* **Röntgengerät** *nt* appareil *m* de radiographie
Röntgenologie [rœntgenolo'giː] <-> *f* MED radiologie *f*
Röntgenstrahlen *Pl* rayons *mpl* X
rosa ['roːza] *adj inv* rose
Rosa ['roːza] <-s, - *o fam:* -s> *nt* rose *m*
rosafarben, rosarot *adj* rose
Rose ['roːzə] <-, -n> *f* ❶ *(Blüte)* rose *f* ❷ *(Strauch)* rosier *m*
rosé [ro'zeː] *adj inv* rose
Rosé [ro'zeː] <-s, -s> *m* rosé *m*
Rosenkohl *m* chou *m* de Bruxelles **Rosenkranz** *m* chapelet *m; **den ~ beten*** réciter son chapelet **Rosenkrieg** *m* ❶ HIST Guerre *f* des Roses ❷ *(fig: Scheidungskrieg)* guerre *f* du divorce **Rosenmontag** *m lundi précédant le Mardi gras* **Rosenmontagszug** *m défilé du lundi précédant le Mardi gras* **Rosenstock** *m* rosier *m* **Rosenstrauch** *m* rosier *m* en buisson
Rosette [ro'zɛtə] <-, -n> *f* ARCHIT rosace *f*
Roséwein *m* rosé *m*
rosig ['roːzɪç] **I.** *adj (a. fig)* rose; ***die Lage ist nicht gerade ~*** la situation n'est pas vraiment très rose **II.** *adv **mir geht es nicht gerade ~*** tout n'est pas [tout] rose en ce moment pour moi
Rosine [ro'ziːnə] <-, -n> *f* raisin *m* sec
Rosmarin ['roːsmariːn] <-s> *m* romarin *m*
Ross [rɔs, *Pl:* 'rɔsə, 'rœsɐ] <-es, -e *o* Rösser> *nt* SDEUTSCH, A, CH *(Pferd)* cheval *m*
Rosshaar *nt* crin *m* [de cheval] **Rosskastanie** *f* ❶ *(Frucht)* marron *m* d'Inde ❷ *(Baum)* marronnier *m* d'Inde **Rosskur** *f (hum)* remède *m* de cheval
Rost [rɔst] <-[e]s, -e> *m* ❶ *(Gitter)* grille *f* ❷ *(Grillrost)* gril *m* ❸ DIAL *(Bettrost)* sommier *m* ❹ *kein Pl (Eisenoxyd)* rouille *f*
Rostbratwurst *f (Wurst zum Braten)* saucisse *f* à griller; *(gebratene Wurst)* saucisse *f* grillée
rostbraun *adj* cuivré(e)
rosten ['rɔstən] *vi + haben o sein* rouiller
rösten ['rœstən] *vt* faire griller *Brot;* torréfier *Kaffee;* faire sauter *Kartoffeln*
rostfrei *adj* inoxydable
Rösti ['rœsti] *Pl* CH galette *f* de pommes de terre
rostig ['rɔstɪç] *adj* rouillé(e)
Röstkartoffeln *Pl* pommes *fpl* [de terre] sautées
Rostlaube *f (hum fam)* tas *m* de tôle *fam*
Rostschutz *m* protection *f* contre la rouille
Rostschutzfarbe *f* peinture *f* antirouille
Rostschutzmittel *nt* antirouille *m*
rot [roːt] <-er *o* röter, -este *o* röteste> **I.** *adj* rouge; *Haare* roux, rousse; ***~ werden*** rougir **II.** *adv schreiben* en rouge; ***~ glühend*** *Eisen* incandescent; ***[im Gesicht] ~ anlaufen*** rougir
Rot [roːt] <-s, - *o fam:* -s> *nt* rouge *m; **bei ~ über die Kreuzung fahren*** passer au rouge
Rotation [rota'tsi̯oːn] <-, -en> *f* rotation *f*
rotblond *adj* blond roux *inv* **rotbraun** *adj* cuivré(e)
Röte ['røːtə] <-, -n> *f* rouge *m*
Röteln ['røːtəln] *Pl* rubéole *f*
röten ['røːtən] **I.** *vr **sich ~*** *Haut:* rougir; *Wasser, Himmel:* devenir rouge **II.** *vt* faire rougir
Rotfuchs *m* ❶ *(Fuchs)* renard *m* roux ❷ *(Pferd)* alezan *m* **rotglühend** *s.* **rot II.**
Rotgold *nt* or *m* rouge

R

rotgrünblind *adj* MED daltonien(ne) **Rotgrünblindheit** *f* MED daltonisme *m*

rothaarig *adj* roux, rousse

Rothaut *f (hum)* Peau-Rouge *mf*

rotieren* [ro'ti:rən] *vi* ❶ + *haben (sich drehen)* tourner ❷ + *haben o sein (fam: viel arbeiten)* bosser comme un(e) malade ❸ + *haben o sein (fam: hektisch sein)* ne plus savoir où donner de la tête ❹ + *haben (den Posten tauschen)* tourner

Rotkäppchen ['ro:tkɛpçən] <-s> *nt [das]* ~ le Petit Chaperon rouge **Rotkehlchen** <-s, -> *nt* rouge-gorge *m* **Rotkohl** *m*, **Rotkraut** *nt* SDEUTSCH, A chou *m* rouge

rötlich ['rø:tlɪç] *adj* rougeâtre; *Haare* tirant sur le roux

Rotlicht *nt kein Pl* lumière *f* rouge

Rotlichtmilieu *nt (fam)* milieu *m* **Rotlichtviertel** *nt* quartier *m* chaud

Rotor ['ro:to:ɐ̯] <-s, Rotoren> *m* rotor *m*

rot|sehen *vi irr (fam)* voir rouge **Rotstift** *m* stylo *m* rouge

Rötung <-, -en> *f* rougeur *f*

Rotwein *m* vin *m* rouge **Rotwild** *nt* cerfs *mpl*

Rotz [rɔts] <-es> *m (fam: Nasenschleim)* morve *f*

rotzen ['rɔtsən] *vi (pej fam)* cracher

Rotzfahne *f (sl)* tire-jus *m fam*

rotzfrech ['rɔts'frɛç] *adj (fam)* morveux, -euse

Rotzlümmel *m (sl)* morveux *m fam* **Rotznase** *f (sl: Nase)* nez *m* qui coule

Rouge [ru:ʒ] <-s, -s> *nt* rouge *m*

Roulade [ru'la:də] <-, -n> *f* roulade *f*

Roulett [ru'lɛt] <-[e]s, -e *o* -s>, **Roulette** [ru'lɛt] <-s, -s> *nt* roulette *f*

Route ['ru:tə] <-, -n> *f* itinéraire *m*

Router ['ru:tɐ, 'rau̯tɐ] <-s, -> *m* INFORM router *m*

Routine [ru'ti:nə] <-> *f* ❶ *(Erfahrung)* savoir-faire *m*; ~ ***bekommen*** acquérir du savoir-faire ❷ *(Gewohnheit)* routine *f*; ***zur ~ werden*** devenir de la routine

Routineangelegenheit *f* question *f* de routine **Routinearbeit** *f* travail *m* de routine **Routinekontrolle** *f* contrôle *m* de routine

routinemäßig I. *adj* de routine II. *adv* de façon routinière **Routineuntersuchung** *s.* **Routinekontrolle**

routiniert [ruti'ni:ɐ̯t] I. *adj* expérimenté(e) II. *adv* avec savoir-faire

Rowdy ['rau̯di] <-s, -s> *m (pej)* voyou *m*

Ruanda ['ru̯anda] <-s> *nt* le Rwanda

Rubbellos *nt* jeu *m* à gratter

rubbeln ['rʊbəln] *vt (fam)* frotter *Körper*

Rübe ['ry:bə] <-, -n> *f* BOT, AGR betterave *f*; ***[Gelbe]*** ~ SDEUTSCH, CH *(Möhre)* carotte *f*

Rubel ['ru:bəl] <-s, -> *m* rouble *m*

rüber ['ry:bɐ] *adv (fam)* ❶ *s.* **hinüber** ❷ *s.* **herüber**

rüber|bringen *vt irr (fam)* ❶ ***jdm etw*** ~ passer qc à qn ❷ *(vermitteln)* ***jdm eine Idee*** ~ faire passer une idée à qn

rüber|kommen *vi irr + sein (fam)* ❶ ***komm mal rüber!*** viens voir! ❷ *(überspringen)* ***zu jdm*** ~ *Idee:* passer auprès de qn

Rubin [ru'bi:n] <-s, -e> *m* rubis *m*

rubinrot *adj* [couleur] rubis

Rubrik [ru'bri:k] <-, -en> *f* rubrique *f*

ruchlos *adj (geh)* infâme *littér*

Ruchlosigkeit <-, -en> *f (geh)* infamie *f littér*

Ruck [rʊk] <-[e]s, -e> *m* ❶ *(Stoß, Bewegung)* secousse *f*; ***mit einem*** ~ d'un [seul] coup ❷ POL ~ ***nach rechts*** poussée *f* à droite

Rückansicht *f* vue *f* de derrière **Rückantwort** *f* réponse *f*

ruckartig *adj* brusque

Rückbesinnung *f* retour *m*; ~ ***auf etw*** *akk* retour à qc **Rückbildung** *f* régression *f* **Rückblende** *f* flash-back *m* **Rückblick** *m* retour *m* en arrière; ~ ***auf etw*** *akk* retour en arrière dans qc **rückblickend** *adj* rétrospectif, -ive

Rückbuchung *f* FIN ristourne *f*, contre-passation *f* **rückdatieren*** *vt* antidater

rucken ['rʊkən] *vi* avancer par à-coups

rücken ['rʏkən] I. *vi* + *sein* ❶ *(wegrücken)* se pousser; ***nach links/zur Seite*** ~ se pousser à gauche/de côté ❷ *(fig: gelangen)* ***in den Mittelpunkt*** ~ devenir le point de mire; ***an jds Stelle*** *akk* ~ prendre la place de qn II. *vt* + *haben* pousser *Möbelstück;* déplacer *Spielstein*

Rücken ['rʏkən] <-s, -> *m einer Person, eines Gegenstands* dos *m*; ***mit dem ~ zum Fenster sitzen*** être assis dos à la fenêtre; ***~ an ~ sitzen*** être assis dos à dos; ***jdm den ~ zuwenden*** tourner le dos à qn ▸ **jdm in den ~ fallen** poignarder qn dans le dos; **jdm den ~ freihalten** assurer les arrières de qn

Rückendeckung *f* ❶ MIL couverture *f* de l'arrière; ***jdm ~ geben*** couvrir qn ❷ *(fig)* soutien *m* **rückenfrei** *adj* dos nu **Rückenlehne** *f* dossier *m* **Rückenmark** *nt* moelle *f* épinière **Rückenschmerzen** *Pl* ~ ***haben*** avoir mal au dos **Rückenschwimmen** *nt* nage *f* sur le dos

Rückenwind *m* vent *m* favorable; ~ ***haben*** avoir le vent dans le dos

rück|erstatten* *vt nur Infin und PP* rembourser **Rückerstattung** *f* remboursement *m* **Rückfahrkarte** *f* [billet *m*] aller retour *m* **Rückfahrscheinwerfer** *m* feu *m* de recul **Rückfahrt** *f* [voyage *m*]retour *m*; ***auf der*** ~ au retour **Rückfall** *m* ❶ MED rechute *f* ❷ JUR récidive *f*

rückfällig *adj* récidiviste; ~ ***werden*** récidiver

Rückfenster *nt* lunette *f* arrière **Rückflug** *m* vol *m* retour; ***auf dem*** ~ au retour **Rückfrage** *f* demande *f* de précisions

rück|fragen ['rʏkfra:gən] *vi nur Infin und PP* demander des précisions **Rückführung** *f von Personen, eines Autos* rapatriement *m* **Rückgabe** *f* ❶ *eines Gegenstands* restitution *f* ❷ *(Umtausch einer Ware)* retour *m* **Rückgang** <-gänge> *m* recul *m*; *der Besucherzahlen* baisse *f*; ***im*** ~ ***begriffen sein*** être en baisse

rückgängig *adj Entwicklung* en recul ▸ **etw ~ machen** annuler qc

Rückgewinnung *f* TECH recyclage *m*

Rückgrat <-[e]s, -e> *nt* ❶ colonne *f* vertébrale ❷ *kein Pl (geh: Stehvermögen)* force *f* d'âme **Rückgriff** *m* ~ ***auf etw*** *akk* reprise *f* de qc **Rückhalt** *m* soutien *m*

rückhaltlos I. *adj* ❶ *Vertrauen* sans réserve ❷ *Offenheit* impitoyable **II.** *adv vertrauen* sans réserve

Rückhand *f kein Pl* SPORT revers *m* **Rückkauf** *m* rachat *m*

Rückkehr ['rʏkke:ɐ̯] <-> *f* retour *m*; ***bei meiner*** ~ à mon retour

Rückkopp[e]lung *f* ❶ *(Feedback)* feed-back *m* ❷ *(Störung)* larsen *m fam* **Rücklage** *f* réserve *f* [d'argent] **Rücklauf** *m* ❶ *von Wasser* recul *m* ❷ TECH *einer Maschine* marche *f* arrière

rückläufig ['rʏklɔyfɪç] *adj* à la baisse

Rücklauftaste *f* touche *f* de rembobinage

Rücklicht *nt* feu *m* arrière

rücklings ['rʏklɪŋs] *adv* ❶ *überfallen* par derrière ❷ *sitzen* à l'envers ❸ *fallen* à la renverse

Rückmarsch *m* retour *m* **Rückmeldung** *f* ❶ UNIV réinscription *f* ❷ *(Reaktion)* réaction *f*

Rücknahme <-, -n> *f* COM reprise *f* **Rückporto** *nt* port *m* de retour **Rückreise** *f* retour *m*; ***auf der*** ~ au retour **Rückruf** *m* ❶ *(Anruf)* rappel *m* ❷ *eines Produkts* retour *m* en usine; *von Nahrungsmitteln, Medikamenten* retour au fabricant

Rückrufaktion *f* opération *f* de retour à l'usine [*o* en usine]; *(Rücknahme von Nahrungsmitteln, Medikamenten)* opération de retour au fabricant

Rucksack ['rʊkzak] *m* sac *m* à dos

Rucksacktourist(in) *m(f)* routard(e) *m(f)*

Rückschlag *m* ❶ *(Verschlechterung)* revers *m*; ***einen ~ erleiden*** essuyer un revers ❷ TECH *(Rückstoß)* recul *m* **Rückschluss** *m* déduction *f*; ***aus etw den ~ ziehen, dass ...*** déduire de qc que ... **Rückschritt** *m* régression *f*

rückschrittlich *adj* ❶ *Entwicklung* régressif, -ive ❷ *s.* **reaktionär**

Rückseite *f* ❶ *einer Seite* verso *m*; ***auf der ~ des Fotos*** au dos de la photo ❷ *eines Gebäudes* derrière *m*; ***auf der ~ des Hauses*** à l'arrière de la maison **Rücksendung** *f* retour *m*

Rücksicht ['rʏkzɪçt] <-, -en> *f* ❶ *(Achtung, Schonung)* égard *m*; ***auf jdn ~ nehmen*** faire attention à qn; ***auf etw*** *akk* ***~ nehmen*** tenir compte de qc ❷ *Pl (Grund, Überlegung)* considérations *f pl*

Rücksichtnahme <-> *f* considération *f*; ***gegenseitige*** ~ respect *m* mutuel

rücksichtslos I. *adj* ❶ *Verhalten* sans scrupules; ~ ***sein*** ne manifester aucun égard ❷ *Kampf, Kritik* impitoyable **II.** *adv (ohne Nachsicht)* sans scrupules

Rücksichtslosigkeit <-, -en> *f* sans-gêne *m inv*

rücksichtsvoll I. *adj* prévenant(e); ***jdm gegenüber ~ sein*** être prévenant à l'égard de qn **II.** *adv* avec prévenance

Rücksitz *m* siège *m* arrière **Rückspiegel** *m* rétroviseur *m* **Rückspiel** *nt* match *m* retour **Rücksprache** *f* entretien *m*; ***mit jdm ~ halten*** discuter avec qn; ***nach ~ mit Frau Braun*** après avoir consulté Mme Braun **Rückstand** *m* ❶ *(der Abstand)* retard *m* ❷ *(Bodensatz)* résidu *m*

rückständig ['rʏkʃtɛndɪç] *adj* arriéré(e)

Rückständigkeit <-> *f* retard *m*

rückstandsfrei *adj inv* sans résidu(s)

Rückstau *m von Fahrzeugen* bouchon *m*

Rückstelltaste *f* TV touche *f* Retour

Rückstoß *m einer Schusswaffe* recul *m*

Rückstrahler *m* cataphote *m*

Rückstufung *f* déclassement *m*; *eines Beamten* rétrogradation *f*

Rück-Taste *f* touche *f* Retour [arrière]

Rücktritt *m* ❶ *(Amtsniederlegung)* démission *f* ❷ JUR ~ ***von einem Vertrag*** résiliation *f* d'un contrat

Rücktrittbremse *f* frein *m* à rétropédalage

Rücktrittserklärung *f* JUR ❶ *(aus einem Amt)* déclaration *f* de démission ❷ *(aus ei-*

R

nem Vertrag) résiliation *f*, déclaration *f* de résolution
Rücktrittsgesuch *nt* demande *f* de démission **Rücktrittsrecht** *nt* droit *m* de résiliation
rück|vergüten* *vt nur Infin und PP* rembourser **rück|versichern*** *vr nur Infin und PP* ***sich*** ~ prendre des garanties **Rückwand** *f eines Gebäudes* face *f* arrière; *eines Schranks* fond *m*
rückwärtig ['rʏkvɛrtɪç] *adj Ausgang, Parkplatz* situé(e) à l'arrière
rückwärts ['rʏkvɛrts] *adv* ❶ en arrière; ~ ***einparken*** faire un créneau ❷ A *(hinten)* à l'arrière; ***von*** ~ par derrière
rückwärts|fahren *vi irr + sein* faire une marche arrière **Rückwärtsfahren** <-s> *nt* conduite *f* en marche arrière **Rückwärtsgang** *m* marche *f* arrière **rückwärts|gehen** *vi irr + sein* aller à reculons
Rückweg *m* [chemin *m* du] retour *m*; ***sich auf den ~ machen*** prendre le chemin du retour
ruckweise *adj o adv* par à-coups
rückwirkend I. *adj* rétroactif, -ive II. *adv* rétroactivement
rückzahlbar *adj* remboursable **Rückzahlung** *f* remboursement *m*
Rückzieher <-s, -> *m (fam)* ***einen ~ machen*** faire machine arrière
Rückzug *m* MIL retraite *f*; ***den ~ antreten*** battre en retraite
Rucola[1] ['ru:kola] <-s> *m kein Pl (Salat)* roquette *f*
Rucola[2] ['ru:kola] <-> *f kein Pl (Pflanze)* roquette *f*
rüde ['ry:də] *adj* rude
Rüde ['ry:də] <-n, -n> *m* mâle *m*
Rudel ['ru:dəl] <-s, -> *nt* harde *f*
Ruder ['ru:dɐ] <-s, -> *nt* ❶ *(Paddel)* rame *f* ❷ *(Steuerruder)* gouvernail *m* ▶ **das ~ herumwerfen** changer de cap; **aus dem ~ laufen** échapper à tout contrôle
Ruderboot *nt* barque *f*; SPORT canoë *m*
Ruderer, Ruderin <-s, -> *m, f* rameur, -euse *m, f*
rudern ['ru:dɐn] I. *vi* ❶ *+ haben o sein* ramer ❷ *+ haben (Paddelbewegungen machen)* ***mit den Füßen*** ~ *Ente, Schwan:* avancer avec les palmes; ***mit den Armen*** ~ *(fam)* faire de grands mouvements avec les bras II. *vt + haben* ***jdn/etw über den Fluss*** ~ ramener qn/qc de l'autre côté de la rive à la rame
Rudersport *m* aviron *m*

rudimentär [rudimɛn'tɛ:ɐ] *adj* rudimentaire
Ruf [ru:f] <-[e]s, -e> *m* ❶ *(Ausruf, Aufforderung)* appel *m* ❷ *(Schrei)* cri *m* ❸ *kein Pl (Aufruf)* appel *m* ❹ *kein Pl (Ansehen)* réputation *f*; ***eine Firma von internationalem*** ~ une entreprise de renom international ❺ UNIV [offre *f* de] nomination *f*
rufen ['ru:fən] <rief, gerufen> I. *vi* appeler; *(laut schreien)* crier; ***nach jdm/etw*** ~ appeler qn/à qc II. *vt* ❶ *(ausrufen)* crier; ***Hilfe*** ~ appeler à l'aide ❷ *(herbestellen)* ***jdn/ein Taxi*** ~ appeler qn/un taxi ▶ **du kommst mir wie gerufen** tu tombes bien
Rüffel ['rʏfəl] <-s, -> *m (fam)* savon *m*
rüffeln *vt (fam)* ***jdn*** ~ passer un savon à qn *fam*
Rufmord *m* diffamation *f* **Rufname** *m* prénom *m* usuel **Rufnummer** *f* numéro *m* de téléphone **rufschädigend** *adj* ***~es Verhalten*** comportement qui porte atteinte à la réputation **Rufschädigung** *f* atteinte *f* à la réputation **Rufumleitung** *f* TELEC ***[automatische]*** ~ transfert *m* d'appel **Rufweite** *f* ***in*** ~ à portée de voix; ***außer*** ~ hors de portée de voix **Rufzeichen** *nt* ❶ TELEC tonalité *f* ❷ GRAM A *s.* **Ausrufezeichen**
Rugby ['rakbi] <-[s]> *nt* rugby *m*
Rüge ['ry:gə] <-, -n> *f* réprimande *f*
rügen ['ry:gən] *vt* condamner *Verhalten*; ***jdn wegen etw*** ~ réprimander qn pour qc
Ruhe ['ru:ə] <-> *f* ❶ *(Stille, Schweigen)* silence *m*; ***~!*** silence! ❷ *(Frieden)* calme *m*; ***jdn mit etw in ~ lassen*** laisser qn tranquille avec qc ❸ *(Erholung)* repos *m*; ***jdm keine ~ lassen*** *Gedanken:* ne laisser aucun répit à qn ❹ *(Gelassenheit)* calme *m*; ***jdn aus der ~ bringen*** faire perdre son calme à qn; ***sie ist die ~ selbst*** elle est le calme en personne; ***etw in aller ~ tun*** faire qc très calmement; ***immer mit der ~!*** *(fam)* on se calme! ▶ **die letzte ~ finden** *(geh)* trouver le repos éternel; **sich zur ~ setzen** partir en retraite
ruhelos I. *adj* anxieux, -euse II. *adv umherblicken* d'un air anxieux
ruhen ['ru:ən] *vi* ❶ *(ausruhen)* se reposer ❷ *(aufliegen)* ***auf etw*** *dat* ~ *Dach:* reposer sur qc ❸ *(fig geh)* ***auf jdm/etw*** ~ *Verantwortung, Last:* reposer sur qn/qc ❹ *(verweilen)* ***auf jdm/etw*** ~ *Blick:* être posé sur qn/qc ❺ *(eingestellt sein) Verkehr:* être arrêté; ***eine Angelegenheit ~ lassen*** laisser une affaire de côté
ruhen|lassen *s.* **ruhen 5**

Ruhepause *f* pause *f* **Ruhestand** *m kein Pl* retraite *f; **in den ~ gehen** [o **treten**]* prendre sa retraite; ***im ~*** en retraite **Ruhestörung** *f* atteinte *f* à la tranquillité; ***nächtliche ~*** tapage *m* nocturne **Ruhetag** *m* fermeture *f* hebdomadaire; ***„Dienstags ~"*** "Fermeture hebdomadaire le mardi"

ruhig ['ruːɪç] **I.** *adj* calme; ***Sie können ganz ~ sein*** vous pouvez être rassuré **II.** *adv* ❶ *(untätig)* tranquillement ❷ *(fam: durchaus)* ***wir können ~ darüber reden*** on peut bien en parler ❸ *(gleichmäßig)* calmement ❹ *(in aller Ruhe)* à tête reposée ❺ *(beruhigt)* en toute sérénité

Ruhm [ruːm] <-es> *m* gloire *f*

rühmen ['ryːmən] **I.** *vt* féliciter; ***jdn wegen etw ~*** féliciter qn pour qc; ***etw ~*** célébrer qc **II.** *vr* ***ohne mich ~ zu wollen*** sans vouloir me vanter

Ruhmesblatt ▶ **kein ~ sein** ne pas être un titre de gloire

rühmlich *adj* glorieux, -euse

ruhmlos *adj* sans gloire

ruhmreich *adj* glorieux, -euse

Ruhr [ruːɐ̯] <-> *f* ❶ GEOG ***die ~*** la Ruhr ❷ MED dysenterie *f*

Rührei ['ryːɐ̯ʔai̯] *nt* œufs *mpl* brouillés

rühren ['ryːrən] **I.** *vt* ❶ *(umrühren)* remuer *Teig* ❷ *(unterrühren)* mélanger ❸ *(erweichen)* toucher; ***ich bin [tief] gerührt*** je suis [profondément] touché(e) ❹ *(bewegen)* bouger *Finger* **II.** *vi* ❶ *(umrühren)* remuer; ***im Tee/Kaffee ~*** remuer dans le thé/café ❷ *(ansprechen, erwähnen)* ***an etw** akk* ~ évoquer qc **III.** *vr* **sich ~** ❶ *(sich bewegen)* bouger; ***rührt euch!*** MIL repos! ❷ *(fam: sich melden)* réagir

rührend **I.** *adj* touchant(e) **II.** *adv* ***sich ~ um jdn kümmern*** s'occuper de qn avec une attention touchante

Ruhrgebiet *nt **das ~*** le bassin de la Ruhr

rührig ['ryːrɪç] *adj* dynamique

Rührschüssel *f* bol *m* mélangeur

rührselig *adj Person* [trop] sensible

Rührteig *m* pâte *f* à biscuit

Rührung <-> *f* émotion *f*

Ruin [ru'iːn] <-s> *m* ruine *f; **vor dem ~ stehen*** être au bord de la ruine

Ruine [ru'iːnə] <-, -n> *f* ❶ ruines *fpl* ❷ *(fig: Mensch)* ruine *f*

ruinieren* [rui'niːrən] *vt* ❶ *(zugrunde richten)* ruiner *Person, Gesundheit* ❷ *(beschädigen)* abîmer

ruinös *adj* ruineux, -euse

Rukola[1] <-s> *m s.* **Rucola**[1]

Rukola[2] <-> *f s.* **Rucola**[2]

rülpsen ['rʏlpsən] *vi (fam)* roter

Rülpser <-s, -> *m (fam)* rot *m*

rum [rʊm] *(fam) s.* **herum**

Rum [rʊm] <-s, -s> *m* rhum *m*

Rumäne, Rumänin [ru'mɛːnə] <-n, -n> *m, f* Roumain(e) *m(f)*

Rumänien [ru'mɛːni̯ən] <-s> *nt* la Roumanie

rumänisch [ru'mɛːnɪʃ] **I.** *adj* roumain(e) **II.** *adv* ***~ miteinander sprechen*** discuter en roumain; *s. a.* **deutsch**

Rumänisch <-[s]> *nt kein Art* roumain *m; s. a.* **Deutsch** **rumeiern** ['rʊmʔaiɐn] *vi (pej fam)* tourner autour du pot *fam*

rum|kriegen *vt (fam)* ❶ *(überreden)* convaincre ❷ *(verbringen)* ***die Zeit ~*** arriver à passer le temps

Rummel ['rʊməl] <-s> *m* ❶ *(fam)* foire *f* ❷ DIAL *(Kirmes)* fête *f* foraine

Rummelplatz *m* DIAL *(fam)* champ *m* de foire

rumoren* **I.** *vi (fam)* ❶ ***im Keller ~*** faire du remue-ménage dans la cave ❷ ***in jds Kopf** dat* ~ hanter l'esprit de qn **II.** *vi unpers (fam)* ***es rumort in meinem Bauch*** mon ventre gargouille

Rumpelkammer *f (fam)* débarras *m*

rumpeln ['rʊmpəln] *vi + haben (fam: Geräusche machen)* faire du tapage

Rumpf [rʊmpf, *Pl:* 'rʏmpfə] <-[e]s, Rümpfe> *m* ANAT tronc *m*

rümpfen ['rʏmpfən] *vt **über etw** akk **die Nase ~*** faire la moue à qc

Rumpsteak ['rʊmpsteːk, -ʃteːk] *nt* rumsteck *m*

Rumtopf *m* fruits *mpl* au rhum

Run [ran] <-s, -s> *m* ruée *f; **~ auf etw** akk* ruée sur qc

rund [rʊnt] **I.** *adj* ❶ *(kreisförmig)* rond(e) ❷ *Hüften* rond(e) ❸ *Zahl* arrondi(e); ***eine ~e Summe machen*** arrondir une somme **II.** *adv* ❶ *(im Kreis)* ***~ um etw führen/gehen/verlaufen*** faire le tour de qc ❷ *(fam: ungefähr, etwa)* en gros

Rundblick *m* panorama *m* **Rundbrief** *m* circulaire *f*

Runde ['rʊndə] <-, -n> *f* ❶ *(Gesellschaft)* assemblée *f; **in die ~ blicken*** regarder à la ronde ❷ *a.* SPORT *(Rundgang, -fahrt, -flug)* tour *m* ❸ *(Kontrollgang)* ronde *f* ❹ SPORT round *m* ❺ SPIEL partie *f* ❻ *(freie Getränke)* tournée *f*

runden ['rʊndən] *vt (auf-, abrunden)* arrondir

runderneuern* *vt* rechaper; ***etw ~ lassen*** faire rechaper qc

Rundfahrt *f* circuit *m* [touristique] **Rund-**

R

flug *m* circuit *m* en avion **Rundfunk** *m* radio *f; **im** ~* à la radio

Rundfunkanstalt *f* station *f* de radio[diffusion] **Rundfunkempfänger** *m* récepteur *m* de radio **Rundfunkgebühr** *f* redevance *f* radiophonique **Rundfunkgerät** *nt (form)* [poste *m* de] radio *f* **Rundfunksender** *m* ❶ *(Sendeanlage)* émetteur *m* [de] radio ❷ *(Institution)* station *f* de radio **Rundfunksprecher(in)** *m(f)* animateur, -trice *m, f* radio

Rundgang <-gänge> *m* tour *m* [à pied]; *eines Wachmanns* ronde *f* **rund|gehen** *irr* **I.** *vi + sein* ❶ *(herumgereicht werden)* circuler; ***etw ~ lassen*** faire circuler qc ❷ *(herumerzählt werden)* faire le tour **II.** *vi unpers + sein (fam)* ***es geht rund*** *(es herrscht Betrieb)* ça y va; *(es gibt Ärger)* ça barde **rundheraus** *adv* franchement **rundherum** ['rʊnthɛ'rʊm] *adv* ❶ *(ringsherum)* tout autour ❷ *s.* **rundum**

rundlich ['rʊntlɪç] *adj Person* rondelet(te); *Gesicht* rond(e)

Rundreise *f* circuit *m; **eine ~ durch Österreich/den Schwarzwald*** un circuit à travers l'Autriche/la Forêt-Noire **Rundruf** *m **einen ~ bei allen Freunden machen*** passer un coup de fil à tous ses amis **Rundschreiben** *s.* **Rundbrief** **rundum** ['rʊnt'ʊm] *adv* ❶ *(ringsum)* à la ronde ❷ *(völlig)* tout à fait

Rundung <-, -en> *f* ❶ *(Wölbung)* arrondi *m* ❷ *Pl (fam: rundliche Figur)* poignées *f pl* d'amour

rundweg ['rʊnt'vɛk] *adv* tout net

Rundweg *m* circuit *m*

Rune ['ru:nə] <-, -n> *f* rune *f*

runter *interj (fam)* dégage; ***~ von dem Balkon!*** *(komm herein)* dégage du balcon!

runter|fallen *vi irr + sein (fam)* tomber; ***mir ist ein Glas runtergefallen*** un verre m'a échappé **runter|holen** *vt* descendre **runter|kommen** *vi irr + sein (fam: herunterkommen)* descendre; ***vom oberen Stockwerk/zu jdm ~*** descendre du dernier étage/chez qn **runter|kriegen** *vt (fam)* ❶ *(schlucken können)* arriver à avaler ❷ *(transportieren können)* arriver à descendre ❸ *(absetzen können)* arriver à enlever *Helm, Hut* **runter|lassen** *vt irr (fam)* baisser *Rollladen, Autofenster* **runter|laufen** *vi irr + sein (fam)* ❶ *(heruntergehen)* descendre *Straße, Treppe* ❷ *(herunterkullern)* ***die Tränen liefen ihr runter*** les larmes coulèrent sur ses joues

Runzel <-, -n> *f* ride *f*

runzelig ['rʊntsəlɪç] *adj* ridé(e)

runzeln *vt* froncer *Brauen;* plisser *Stirn*

runzlig ['rʊntslɪç] ridé(e)

Rüpel <-s, -> *m (pej)* mufle *m*

Rüpelei <-, -en> *f (pej)* muflerie *f*

rüpelhaft *adj (pej) Person* grossier, -ière; *Art, Benehmen* de mufle; ***~ sein*** être mufle

rupfen ['rʊpfən] *vt* ❶ plumer *Geflügel* ❷ *(ausreißen)* arracher *Gras, Unkraut*

ruppig ['rʊpɪç] *adj (pej)* grossier, -ière

Rüsche <-, -n> *f* ruche *f*

Ruß [ru:s] <-es> *m* suie *f*

Russe, **Russin** ['rʊsə] <-n, -n> *m, f* Russe *mf*

Rüssel ['rʏsəl] <-s, -> *m eines Elefanten, Insekts* trompe *f; eines Schweins* groin *m*

rußen ['ru:sən] *vi Kerze:* fumer; *Ofen:* faire de la suie

rußig *adj* couvert(e) de suie

Russin ['rʊsɪn] *s.* **Russe**

russisch **I.** *adj* russe **II.** *adv **~ miteinander sprechen*** discuter en russe; *s. a.* **deutsch**

Russisch <-[s]> *nt kein Art* russe *m; s. a.* **Deutsch**

Russland ['rʊslant] *nt* la Russie

Russlanddeutsche(r) *f(m) dekl wie adj* Russe *mf* d'origine allemande

Rußpartikelfilter *m* AUT filtre *m* à particules

rüsten ['rʏstən] *vi* MIL ***zum Krieg ~*** se lancer dans des préparatifs de guerre

rüstig ['rʏstɪç] *adj* vigoureux, -euse; ***noch ~ sein für sein Alter*** être encore vert pour son âge

Rüstigkeit <-> *f* vigueur *f*

rustikal [rʊsti'ka:l] **I.** *adj* rustique **II.** *adv **~ eingerichtet sein*** avoir des meubles rustiques

Rüstung ['rʏstʊŋ] <-, -en> *f* ❶ *kein Pl (das Rüsten)* armement *m* ❷ *(Ritterrüstung)* armure *f*

Rüstungsausgaben *Pl* dépenses *f pl* d'armement **Rüstungsindustrie** *f* industrie *f* de l'armement **Rüstungskontrolle** *f* contrôle *m* des armements **Rüstungswettlauf** *m* course *f* aux armements

Rute ['ru:tə] <-, -n> *f* ❶ *(Gerte)* baguette *f* ❷ *(Angelrute)* canne *f*

Rutsch [rʊtʃ] <-es, -e> *m (Erdrutsch)* glissement *m* [de terrain] ▶ **guten ~!** *(fam)* bonne année!

Rutschbahn *f* ❶ *(Rutsche)* toboggan *m* ❷ *(Eisbahn)* patinoire *f*

Rutsche ['rʊtʃə] <-, -n> *f a.* TECH toboggan *m*

rutschen ['rʊtʃən] *vi + sein* ❶ *(ausrutschen)* glisser ❷ *(fam: rücken)* se pousser ❸ *Brille, Kleidung:* tomber; ***vom Stuhl ~***

Person, Pullover: glisser de la chaise; ***ins Rutschen geraten*** [*o* ***kommen***] s'ébouler ❹ *(die Rutschbahn benutzen)* faire du toboggan

rụtschfest *adj Badematte* antidérapant(e)

Rụtschgefahr *f (für Fahrzeuge)* risque *m* de dérapage; ***Vorsicht ~!*** attention, chaussée glissante!

rụtschig ['rʊtʃɪç] *adj* glissant(e)

Rụtschpartie *f (fam)* glissades *fpl*

rụ̈tteln ['rʏtəln] **I.** *vt* secouer; ***jdn am Arm ~*** secouer qn par le bras **II.** *vi* ❶ ***an der Tür ~*** secouer la porte ❷ *(infrage stellen)* ***an etw*** *dat* ~ remettre qc en question; ***daran gibt es nichts zu ~*** on ne peut rien y changer

Ss

s. *Abk von* **siehe** cf.

S, s [ɛs] <-, -> *nt* S *m* /s *m*

S *Abk von* **Süden** S

S. *Abk von* **Seite** p.

Saal ['zaːl, *Pl:* 'zɛːlə] <-[e]s, Säle> *m* salle *f*

Saar <-> *f* ***die ~*** la Sarre

Saarbrụ̈cken <-s> *nt* Sarrebruck

Saarland *nt* ***das ~*** la Sarre

Saat <-, -en> *f* ❶ *kein Pl (das Säen)* semailles *fpl* ❷ *(Saatgut)* semence *f*

Saatgut *nt* semences *fpl*

Sạbbat <-s, -e> *m* sabbat *m*

Sabbatical [sə'bɛtɪkəl] <-s, -s> *nt*, **Sạbbatjahr** *nt* année *f* sabbatique; ***ein ~ nehmen*** prendre une année sabbatique

sạbbern ['zabɐn] *(fam)* **I.** *vi* baver **II.** *vt* DIAL *(viel reden)* sortir

Säbel ['zɛːbəl] <-s, -> *m* sabre *m*

Sabotage [zabo'taːʒə] <-, -n> *f* sabotage *m*

Sabotageakt [zabo'taːʒə-] *m* [acte *m* de] sabotage *m*

Saboteur(in) [zabo'tøːɐ̯] <-s, -e> *m(f)* saboteur, -euse *m, f*

sabotieren* [zabo'tiːrən] **I.** *vt* saboter *Produktion* **II.** *vi* faire du sabotage

Sa[c]charin [zaxa'riːn] <-s> *nt* saccharine® *f*

Sạchbearbeiter(in) *m(f)* personne *f* chargée du dossier **Sạchbereich** *m* secteur *m* **Sạchbeschädigung** *f* déprédation *f* **sạchbezogen** *adj Angaben, Aussage* factuel(le) **Sạchbuch** *nt* livre *m* spécialisé **sạchdienlich** *adj (form) Hinweis* utile

Sạche ['zaxə] <-, -n> *f* ❶ *(Ding, Angelegenheit)* chose *f;* ***das ist eine andere ~*** c'est autre chose; ***das ist seine/ihre ~*** c'est son affaire ❷ *(Zweck)* cause *f* ❸ *(Thema, Sachverhalt)* ***zur ~ kommen*** en venir au fait; ***bei der ~ sein*** être attentif ❹ *(Arbeit, Aufgabe)* ***seine ~ gut/schlecht machen*** faire bien/mal son travail ❺ *Pl (Ware, Artikel)* ***interessante ~n*** choses *fpl* intéressantes ❻ *Pl (Kleidungsstück)* ***warme/leichte ~n*** vêtements *mpl* chauds/légers ❼ *Pl (Eigentum)* ***seine/ihre ~n*** ses affaires *fpl* ❽ *Pl (Dummheit)* ***was machst du bloß für ~n!*** *(fam)* [mais] qu'est-ce que tu fabriques! ❾ JUR affaire *f* ❿ *Pl (fam: Stundenkilometer)* ***mit hundert ~n*** à cent [à l'heure]

Sạchgebiet *nt* domaine *m* **sạchgemäß** **I.** *adj* adéquat(e) **II.** *adv* correctement **sạchgerecht** *s.* **sachgemäß** **Sạchkenntnis** *f* compétences *fpl* **Sạchkunde** *f* ❶ *(Sachkenntnis)* compétences *fpl* ❷ *(Unterricht)* disciplines *fpl* d'éveil **sạchkundig** **I.** *adj Person* expert(e); *Information* documenté(e); ***sich auf einem Gebiet ~ machen*** se documenter dans un domaine **II.** *adv* avec compétence **Sạchkundige(r)** *f(m) dekl wie adj* spécialiste *mf* **Sạchlage** *f* situation *f*

sạchlich ['zaxlɪç] **I.** *adj* ❶ *(objektiv)* objectif, -ive ❷ *(die Sache betreffend)* conforme aux faits ❸ *(schmucklos)* sobre **II.** *adv* ❶ *(objektiv)* avec objectivité ❷ *(die Sache betreffend)* objectivement

sạ̈chlich ['zɛçlɪç] *adj* neutre

Sạchlichkeit <-> *f* objectivité *f*

Sạchregister *nt* index *m* **Sạchschaden** *m* dégâts *mpl* matériels

Sạchse, Sạ̈chsin ['zaksə] <-n, -n> *m, f* Saxon(ne) *m(f)*

Sạchsen ['zaksən] <-s> *nt* la Saxe

Sạchsen-Ạnhalt ['zaksən'ʔanhalt] <-s> *nt* la Saxe-Anhalt

sạ̈chsisch ['zɛksɪʃ] *adj* saxon(ne)

Sạ̈chsisch *nt* le saxon

sạcht[e] ['zaçt(ə)] **I.** *adj* ❶ *Berührung, Händedruck* léger, -ère; *Streicheln* doux, douce ❷ *Gefälle, Steigung* léger, -ère **II.** *adv* ❶ *be-*

S

rühren délicatement ❷ *abfallen, ansteigen* légèrement

Sachunterricht *m* disciplines *fpl* d'éveil

Sachverhalt <-[e]s, -e> *m* faits *mpl*

Sachverstand *m kein Pl* compétence *f*

sachverständig *adj* expert(e)

Sachverständige(r) *f(m) dekl wie adj* expert(e) *m(f)*

Sachwert *m* ❶ valeur *f* réelle ❷ *Pl (Wertgegenstände)* valeurs-refuge *fpl*

Sack [zak, *Pl:* 'zɛkə] <-[e]s, Säcke> *m* ❶ *(Beutel)* sac *m* ❷ SDEUTSCH, A, CH *(Hosentasche)* poche *f* [de pantalon] ❸ *(vulg: Hodensack)* couilles *fpl* ❹ *(pej fam: Kerl)* couillon *m*; ***fauler*** ~ branleur *m*

Sackbahnhof gare *f* terminus

sacken ['zakən] *vi + sein Erdboden:* se tasser; *Gebäude, Mauer:* s'affaisser

Sackgasse *f* ❶ cul-de-sac *m* ❷ *(fig)* impasse *f* **Sackhüpfen** <-s> *nt* course *f* en sac **Sackkarre** *f* charrette *f* à bras **Sackkleid** *nt* robe *f* housse

Sadismus [za'dɪsmʊs] <-, Sadismen> *m* sadisme *m*

Sadist(in) [za'dɪst] <-en, -en> *m(f)* sadique *mf*

sadistisch *adj* sadique

Sadomasochismus *m* sadomasochisme *m*

säen ['zɛːən] *vt, vi (a. fig)* semer

Safari [za'faːri] <-, -s> *f* safari *m*

Safe [seɪf] <-s, -s> *m* coffre-fort *m*

Safer Sex ['seɪfəsɛks] <- -es> *m* rapports *mpl* protégés

Safran ['zafran] <-s, -e> *m* safran *m*

Saft [zaft, *Pl:* 'zɛftə] <-[e]s, Säfte> *m* ❶ *(Fruchtsaft)* jus *m* ❷ *(Pflanzensaft)* sève *f* ❸ *(fam: Strom)* jus *m*

saftig ['zaftɪç] *adj* ❶ *Frucht* juteux, -euse ❷ *Weide* fertile; *Grün* intense ❸ *(fam) Rechnung* salé(e)

Saftladen *m (pej fam)* boîte *f* bordélique

Saftpresse *f* presse-fruits *m inv*

Saga ['zaːga] <-, -s> *f* saga *f*

Sage ['zaːgə] <-, -n> *f* légende *f*

Säge ['zɛːgə] <-, -n> *f* ❶ *(Werkzeug)* scie *f* ❷ A *(Sägewerk)* scierie *f*

Sägeblatt *nt* lame *f* de scie **Sägemehl** *nt* sciure *f*

sagen ['zaːgən] **I.** *vt* ❶ *(äußern)* dire; ***er sagt, er habe keine Zeit*** il dit qu'il n'a pas le temps; ***wenn ich das so ~ darf*** si je peux m'exprimer ainsi; ***das wäre zu viel gesagt*** ce serait aller un peu loin; ***ich will nichts gesagt haben!*** je n'ai rien dit!; ***was ich noch ~ wollte*** à propos ❷ *(mitteilen)* ***jdm etw*** ~ dire qc à qn; ***er lässt dir ~, dass ...*** il te fait dire que ...; ***ich habe mir ~ lassen, dass ...*** je me suis laissé dire que ... ❸ *(befehlen)* ***jdm ~, dass er warten soll*** dire à qn d'attendre; ***etwas/nichts zu ~ haben*** avoir son mot/n'avoir rien à dire; ***sich*** *dat* ***nichts ~ lassen*** ne vouloir écouter personne ❹ *(meinen)* ***was soll ich dazu ~?*** qu'est-ce que tu veux/vous voulez que je réponde à ça? ❺ *(bedeuten)* ***etwas zu ~ haben*** *Blick, Bemerkung:* vouloir dire quelque chose; ***nichts zu ~ haben*** n'avoir pas d'importance; ***nichts ~d*** creux, -euse; ***viel ~d*** *Blick, Bemerkung:* qui en dit long ▶ **das ist nicht gesagt** ce n'est pas dit; **das kann man wohl** ~ ça, tu peux/vous pouvez le dire **II.** *vi* ~ ***Sie mal, ...*** dites voir, ...; ***wie gesagt*** comme je viens de le dire; ***genauer gesagt*** plus précisément ▶ **das Sagen haben** commander; **ich muss schon ~!** je t'en/vous en prie!

sägen ['zɛːgən] **I.** *vt* scier **II.** *vi* ❶ ***an etw*** *dat* ~ scier qc ❷ *(fam: schnarchen)* ronfler

sagenhaft **I.** *adj* ❶ *(fam: unvorstellbar)* fabuleux, -euse ❷ *(geh: legendär)* légendaire **II.** *adv (fam) günstig* vachement

Sägespäne *Pl* sciure *f* [de bois] **Sägewerk** *nt* scierie *f*

sah [zaː] *Imp von* **sehen**

Sahara [za'haːra] <-> *f* ***die*** ~ le Sahara

Sahne ['zaːnə] <-> *f* crème *f*; *(Schlagsahne)* crème chantilly; ***saure*** ~ crème fraîche

Sahnetorte *f* gâteau *m* à la crème

sahnig *adj* crémeux, -euse

Saison [zɛ'zõː] <-, -s A -en> *f* saison *f*

saisonal [zɛzo'naːl] **I.** *adj* saisonnier, -ière **II.** *adv* ~ ***bedingt*** saisonnier, -ière

Saisonarbeit *f* travail *m* saisonnier **Saisonarbeiter(in)** *m(f)* [travailleur] *m* saisonnier/[travailleuse] *f* saisonnière **saisonbedingt** *adj* saisonnier, -ière

Saite ['zaitə] <-, -n> *f* corde *f*

Saiteninstrument *nt* instrument *m* à cordes

Sakko ['zako] <-s, -s> *m o nt* veston *m*

sakral [za'kraːl] *adj (geh)* sacré(e)

Sakrament [zakra'mɛnt] <-[e]s, -e> *nt* sacrement *m*

Sakrileg [zakri'leːk] <-s, -e> *nt (geh)* sacrilège *m*

Sakristei [zakrɪs'tai] <-, -en> *f* sacristie *f*

säkularisieren* *vt* séculariser

Salamander [zala'mandɐ] <-s, -> *m* salamandre *f*

Salami [za'laːmi] <-, -s> *f* salami *m*

Salamitaktik *f (hum)* logique *f* de la tortue *hum*

S

Salat [za'la:t] <-[e]s, -e> *m* salade *f;* ***grüner*** ~ salade verte
Salatbesteck *nt* couvert *m* à salade **Salatgurke** *f* concombre *m* **Salatschleuder** *f* essoreuse *f* à salade **Salatschüssel** *f* saladier *m* **Salatsoße** *f* sauce *f* de salade
Salbe ['zalbə] <-, -n> *f* crème *f; (fettig)* pommade *f*
Salbei ['zalbai] <-s> *m* sauge *f*
salben *vt* oindre
Salbung <-, -en> *f* onction *f*
salbungsvoll *adj (pej) Predigt, Rede* onctueux, -euse *iron; Worte* mielleux, -euse *iron*
Saldo ['zaldo] <-s, -s *o* Saldi *o* Salden> *m* solde *m*
Säle *Pl von* **Saal**
Saline [za'li:nə] <-, -n> *f* saline *f*
Salm [zalm] <-[e]s, -e> *m* ZOOL saumon *m*
Salmiak [zal'mi̯ak] <-s> *m o nt* chlorure *m* d'ammonium
Salmonelle [zalmo'nɛlə] *f meist Pl* salmonelle *f*
Salomonen [zalo'mo:nən] *Pl* ***die*** ~ les îles *fpl* Salomon
Salon [za'lõ:, za'lɔŋ, za'lo:n] *m (geh)* salon *m*
salonfähig *adj Person* présentable; *Benehmen, Bemerkung* convenable
salopp [za'lɔp] **I.** *adj Kleidung* décontracté(e); *Redeweise* léger, -ère; *Wort* osé(e) **II.** *adv sich kleiden* de façon décontractée; *sich ausdrücken* familièrement
Salpeter [zal'pe:tɐ] <-s> *m* salpêtre *m*
Salpetersäure *f* acide *m* nitrique
Salto ['zalto] <-s, -s *o* Salti> *m* saut *m* périlleux
Salut [za'lu:t] <-[e]s, -e> *m* salve *f* d'honneur
salutieren* [zalu'ti:rən] *vi* faire le salut militaire
Salz [zalts] <-es, -e> *nt* sel *m*
salzarm *adj* pauvre en sel
Salzburg <-s> *nt* Salzbourg
salzen <*PP* gesalzen> *vt, vi* saler **Salzgebäck** *nt* [petit] gâteau *m* salé
salzig *adj Essen, Wasser* salé(e); *Lösung, Boden* salin(e)
Salzkartoffel *f meist Pl* pomme *f* de terre [cuite] à l'eau **Salzlake** *f* saumure *f*
Salzsäure *f* acide *m* chlorhydrique **Salzsee** *m* lac *m* salé **Salzstange** *f* stick *m* [salé] **Salzstreuer** <-s, -> *m* salière *f* **Salzwasser** <-wässer> *nt* eau *f* salée
Samariter [zama'ri:tɐ] <-s, -> *m* ▶ **ein barmherziger** ~ *(geh)* un bon Samaritain
Samba ['zamba] <-, -s> *f* samba *f*
Sambia ['zambi̯a] <-s> *nt* la Zambie
Samen ['za:mən] <-s, -> *m* ❶ BOT semence *f* ❷ *kein Pl (Sperma)* sperme *m*
Samenbank <-banken> *f* MED banque *f* de sperme **Samenerguss** *m* éjaculation *f* **Samenflüssigkeit** *f* sperme *m* **Samenkorn** <-körner> *nt* graine *f* **Samenleiter** <-s, -> *m* canal *m* déférent **Samenspender** *m* donneur *m* de sperme **Samenzelle** *f* spermatozoïde *m*
sämig ['zɛ:mɪç] *adj Soße, Suppe* velouté(e)
Sammelalbum *nt* album *m* de collection
Sammelband <-bände> *m* recueil *m*
Sammelbegriff *m* terme *m* générique
Sammelbestellung *f* commande *f* groupée **Sammelbüchse** *f* tronc *m* **Sammellager** *nt* centre *m* d'accueil
sammeln ['zaməln] **I.** *vt* ❶ cueillir *Beeren, Kräuter;* ramasser *Brennholz, Pilze* ❷ *(aus Liebhaberei)* collectionner *Briefmarken* ❸ *(als Spende)* collecter *Geld, Altkleider* ❹ *(zusammentragen)* rassembler *Belege, Beweise;* recueillir *Informationen* ❺ *(erleben)* recueillir *Eindrücke* **II.** *vr* ❶ *(sich versammeln)* ***sich*** ~ se rassembler ❷ *(sich anhäufen)* ***sich in etw dat*** ~ *Wasser:* être recueilli dans qc ❸ *(geh: sich konzentrieren)* ***sich*** ~ se concentrer; *(zur Ruhe kommen)* se recueillir **III.** *vi* ***für jdn/etw*** ~ faire une collecte pour qn/qc
Sammelsurium [zaməl'zu:ri̯ʊm] <-s, -rien> *nt* bric-à-brac *m*
Sammeltaxi *nt* taxi *m* collectif
Sammler(in) <-s, -> *m(f)* collectionneur, -euse *m, f*
Sammlerstück *nt* pièce *f* de collection
Sammlung <-, -en> *f von Gegenständen* collection *f*
Samoa [za'mo:a] <-s> *nt* les îles *fpl* Samoa
Sampler ['zamplɐ] <-s, -> *m* best-of *m*
Samstag ['zamsta:k] <-[e]s, -e> *m* samedi *m; s. a.* **Dienstag**
Samstagabend *m* samedi *m* soir
Samstagmorgen *m* samedi *m* matin
samstags *adv* le samedi
samt *adv* ▶ ~ **und sonders** tous/toutes sans exception
Samt [zamt] <-[e]s, -e> *m* velours *m*
Samthandschuh *m* gant *m* de velours
sämtlich ['zɛmtlɪç] *adj* ***~e Freunde/ Freundinnen*** tous les amis/toutes les amies
samtweich *adj* velouté(e)
Samurai [zamu'raɪ] <-[s], -[s]> *m* samouraï *m*

Sanatorium [zana'toːri̯ʊm] <-s, -rien> *nt* sanatorium *m*

Sand [zant] <-[e]s, -e> *m* sable *m*

Sandale [zan'daːlə] <-, -n> *f* sandale *f*

Sandalette [zanda'lɛtə] <-, -n> *f* sandalette *f*

Sandbank <-bänke> *f* banc *m* de sable

Sandburg *f* château *m* de sable; ***eine ~ bauen*** construire un château de sable

Sanddorn <-dorne> *m* BOT argousier *m* [argenté]

Sandelholz *nt* bois *m* de santal

sandig ['zandɪç] *adj* ❶ *Boden* sablonneux, -euse ❷ *Schuhe, Oberfläche* plein(e) de sable

Sandkasten *m (für Kinder)* bac *m* à sable

Sandkorn <-körner> *nt* grain *m* de sable

Sandmännchen *nt* marchand *m* de sable

Sandsack *m* sac *m* de sable **Sandstein** *m* grès *m* **sandstrahlen** *vt* sabler; ***das Sandstrahlen*** le sablage **Sandstrand** *m* plage *f* de sable **Sandsturm** *m* tempête *f* de sable

sandte ['zantə] *Imp von* **senden²**

Sanduhr *f* sablier *m*

Sandwich ['zɛntvɪtʃ] <-[s], -[e]s> *nt o m* sandwich *m*

Sandwüste *f* désert *m* de sable

sanft [zanft] **I.** *adj* ❶ *Berührung, Händedruck* léger, -ère; *Massage, Streicheln* doux, douce ❷ *Musik* doux, douce; *Brise* léger, -ère ❸ *Person, Blick* doux, douce ❹ *Gefälle, Steigung* léger, -ère ❺ *Mittel* doux, douce; *Tourismus* respectueux, -euse de l'environnement **II.** *adv* ❶ *(sacht, gedämpft)* doucement ❷ *abfallen, ansteigen* légèrement ❸ *ermahnen* gentiment

Sänfte ['zɛnftə] <-, -n> *f* chaise *f* à porteurs

Sanftheit <-> *f einer Berührung* douceur *f*

Sanftmut <-> *f (geh)* débonnaireté *f*

sanftmütig ['zanftmyːtɪç] *adj (geh)* débonnaire

sang [zaŋ] *Imp von* **singen**

Sang [zaŋ, *Pl:* 'zɛŋə] <-[e]s, Sänge> *m (geh)* ▸ **mit ~ und Klang** *(fam)* avec perte[s] et fracas

Sänger(in) ['zɛŋɐ] <-s, -> *m(f)* chanteur, -euse *m, f*

Sangria [saŋ'griːa] <-, -s> *f* sangria *f*

sang- und klanglos *adv (fam)* sans tambour ni trompette

sanieren* [za'niːrən] *vt a.* ÖKON assainir; ***von Asbest ~*** désamianter

Sanierung <-, -en> *f a.* ÖKON assainissement *m*

Sanierungsgebiet *nt* zone *f* d'assainissement

sanitär [zani'tɛːɐ̯] *adj attr* sanitaire

Sanität [zani'tɛːt] <-, -en> *f* ❶ *kein Pl* A *(Gesundheitsdienst)* service *m* de santé publique ❷ CH *(Ambulanz)* SAMU *m* ❸ A, CH *(Sanitätstruppe)* service *m* de santé

Sanitäter(in) [zani'tɛːtɐ] <-s, -> *m(f)* MED secouriste *mf*

Sanitätsdienst *m* MED service *m* de santé

Sanitätswesen *nt kein Pl* service *m* de santé; MIL service *m* de santé des armées

sank [zaŋk] *Imp von* **sinken**

Sankt [zaŋkt] *adj inv* ~ ***Petrus*** saint Pierre

Sanktion [zaŋk'tsi̯oːn] <-, -en> *f* sanction *f*

sanktionieren* [zaŋktsi̯o'niːrən] *vt* ❶ *(geh: gutheißen)* cautionner *Maßnahme* ❷ JUR entériner *Besetzung*

sann [zan] *Imp von* **sinnen**

Saphir ['zaːfiːɐ̯] <-s, -e> *m* saphir *m*

Sarde, Sardin ['zardə] <-n, -n> *m, f* Sarde *mf*

Sardelle [zar'dɛlə] <-, -n> *f* anchois *m*

Sardellenpaste *f* purée *f* d'anchois

Sardine [zar'diːnə] <-, -n> *f* sardine *f*

Sardinenbüchse *f* boîte *f* de sardines

Sardinien [zar'diːni̯ən] <-s> *nt* la Sardaigne

sardinisch [zar'diːnɪʃ] *adj* sarde

Sarg [zark, *Pl:* 'zɛrgə] <-[e]s, Särge> *m* cercueil *m*

Sarkasmus [zar'kasmʊs] <-, -men> *m* sarcasme *m*

sarkastisch [zar'kastɪʃ] *adj* sarcastique

Sarkophag [zarko'faːk] <-[e]s, -e> *m* sarcophage *m*

SARS, Sars [zars] <-> *nt kein Pl Abk von* **Severe Acute Respiratory Syndrome** MED SARS *m*

saß [zaːs] *Imp von* **sitzen**

Satan ['zaːtan] <-s, -e> *m* REL ***der*** ~ Satan *m*

satanisch [za'taːnɪʃ] *adj attr* satanique; *Plan* diabolique

Satansbraten *m (hum fam)* petit *m* monstre *fam* **Satanskult** *m* satanisme *m*

Satellit [zatɛ'liːt] <-en, -en> *m* satellite *m*

Satellitenbild *nt* image *f* satellite **Satellitenfernsehen** *nt* TV télévision *f* par satellite **Satellitenfoto** *nt* photo-satellite *f* **Satellitennetz** *nt* réseau *m* de satellites **Satellitenschüssel** *f* antenne *f* parabolique **Satellitenstadt** *f* cité-satellite *f* **Satellitenübertragung** *f* [re]transmission *f* par satellite

Satin [za'tɛ̃ː] <-s, -s> *m* satin *m*

Satire [za'tiːrə] <-, -n> *f* satire *f*
Satiriker(in) [za'tiːrikɐ] <-s, -> *m(f)* auteur *mf* satirique
satirisch [za'tiːrɪʃ] *adj* satirique
satt [zat] **I.** *adj* ❶ rassasié(e); ***sich ~ essen*** manger à sa faim; ~ ***machen*** rassasier ❷ *Farbton* soutenu(e) ❸ *(geh) Wohlstandsbürger* blasé(e) **II.** *adv (fam)* ***es gibt Fisch ~*** il y a des tonnes de poisson
Sattel ['zatəl, *Pl:* 'zɛtəl] <-s, Sättel> *m* ❶ *(Reitsattel, Fahrradsattel)* selle *f* ❷ *(Bergrücken)* croupe *f*
sattelfest *adj* ***in etw*** *dat* ***~ sein*** s'y connaître en qc
satteln *vt* seller
Sattelschlepper <-s, -> *m (Sattelzug)* semi-remorque *m*
satt|haben *vt irr (fam)* ***jdn/etw ~*** en avoir marre de qn/qc
sättigen ['zɛtɪgən] **I.** *vt* ❶ *(geh: satt machen)* rassasier *Person* ❷ *(voll sein)* ***die Luft ist mit Feuchtigkeit gesättigt*** l'air est saturé d'humidité **II.** *vi Suppe:* rassasier
sättigend *adj* consistant(e)
Sättigung <-, *selten:* -en> *f* ❶ ***der ~ dat dienen*** permettre d'être rassasié(e) ❷ *(Saturierung) des Markts* saturation *f*
Sättigungsgrad *m a.* ÖKON degré *m* de saturation
Sattler(in) ['zatlɐ] <-s, -> *m(f)* sellier, -ière *m, f*
Saturn [za'tʊrn] <-s> *m* Saturne *f;* ***der ~*** la planète Saturne
Satz [zats, *Pl:* 'zɛtsə] <-es, Sätze> *m* ❶ phrase *f* ❷ MUS mouvement *m* ❸ *(Set)* ***ein ~ Kochtöpfe*** une batterie de casseroles ❹ TYP composition *f* ❺ *(festgelegter Betrag)* tarif *m* ❻ SPORT set *m* ❼ MATH ***der ~ des Pythagoras*** le théorème de Pythagore ❽ *(Sprung)* bond *m* ❾ *(Bodensatz)* dépôt *m; (bei Wein, Bier, Most)* lie *f; (Kaffeesatz)* marc *m*
Satzaussage *f* GRAM groupe *m* verbal
Satzball *m* SPORT balle *f* de match **Satzbau** *m kein Pl* construction *f* de la phrase
Satzung ['zatsʊŋ] <-, -en> *f* statuts *mpl*
Satzzeichen *nt* signe *m* de ponctuation
Sau [zaʊ, *Pl:* 'zɔyə] <-, -en *o* Säue> *f* ❶ *(weibliches Schwein)* truie *f; (weibliches Wildschwein)* laie *f* ❷ *(pej fam: schmutziger Mensch)* gros porc *m* ❸ *(fam: gemeiner Mensch)* fils *m* de pute *péj vulg*
sauber ['zaʊbɐ] **I.** *adj* ❶ *(rein)* propre; *Luft* pur(e); *Umwelt* sain(e); ***jdn/etw ~ machen*** laver qn/nettoyer qc ❷ *Arbeit* soigné(e); *Lösung* approprié(e) **II.** *adv* ❶ *(sorgfältig)* soigneusement; ***~ machen*** faire le ménage ❷ *lösen* [très] convenablement; ~ ***machen*** faire le ménage
Sauberkeit <-> *f* ❶ *(Reinlichkeit)* propreté *f* ❷ *des Wassers, der Umwelt* propreté *f; der Luft* pureté *f*
Sauberkeitsfimmel *m (pej fam)* obsession *f* de la propreté; ***einen ~ haben*** être un(e) maniaque de la propreté
säuberlich ['zɔybɐlɪç] *adj Trennung* soigneux, -euse
sauber|machen *s.* **sauber I. 1, II.**
Saubermann <-männer> *m (iron fam)* ❶ *(anständiger Mensch)* cul-bénit *m iron fam* ❷ *(Moralapostel)* ***sich als ~ aufspielen*** se faire passer pour l'honnêteté en personne *iron*
Saubermann-Image *nt (iron fam)* image *f* d'une personne irréprochable
säubern ['zɔybɐn] *vt* ❶ *(geh: reinigen)* nettoyer ❷ *(euph: befreien)* épurer
Säuberung ['zɔybərʊŋ] <-, -en> *f* POL *(euph)* épuration *f*
saublöd[e] *s.* **saudumm**
Saubohne *f* fève *f*
Sauce ['zoːsə] <-, -n> *s.* **Soße**
Saudi ['zaʊdi] <-s, -s> *m* Saoudien *m*
Saudi-Arabien [zaʊdiʔa'raːbi̯ən] <-s> *nt* l'Arabie *f* Saoudite **saudi-arabisch** *adj* saoudien(ne)
saudumm ['zaʊ'dʊm] *adj (fam)* débile
sauer ['zaʊɐ] **I.** *adj* ❶ *Frucht, Saft* acide; *Wein* aigre; *Drops* acidulé(e) ❷ *(geronnen)* tourné(e); ***~ werden*** tourner ❸ *Gurke* au vinaigre; *Hering* mariné(e) ❹ CHEM *Lösung, Boden, Regen* acide ❺ *(fam: verärgert)* renfrogné(e); ***~ sein*** être de mauvais poil; ***auf jdn ~ sein*** être en rogne contre qn **II.** *adv* ❶ *ersparen, erarbeiten* durement ❷ *(fam) reagieren* avec mauvaise humeur
Sauerampfer <-, -n> *m* oseille *f* **Sauerbraten** *m* rôti *m* de bœuf mariné [dans du vinaigre]
Sauerei [zaʊə'raɪ] <-, -en> *f (fam)* saloperie *f*
Sauerkirsche *f* ❶ *(Frucht)* griotte *f* ❷ *(Baum)* cerisier *m* **Sauerkraut** *nt* choucroute *f*
säuerlich ['zɔyɐlɪç] **I.** *adj Geschmack, Frucht* aigrelet(te); *Wein* vert(e) **II.** *adv* ***~ schmecken*** *Wein:* être vert
Sauermilch *f* lait *m* caillé
säuern ['zɔyɐn] **I.** *vt* acidifier **II.** *vi* donner des aigreurs
Sauerrahm *m* ≈ crème *f* fleurette
Sauerstoff *m kein Pl* oxygène *m*
sauerstoffarm *adj* pauvre en oxygène
Sauerstoffflasche *f* bouteille *f* d'oxygène

Sauerstoffgerät *nt (Atemgerät)* masque *m* à oxygène **Sauerstoffmangel** *m* manque *m* d'oxygène **Sauerstoffmaske** *f* masque *m* à oxygène **sauerstoffreich** *adj* riche en oxygène

Sauerteig *m* levain *m* **Sauerteigbrot** *m* pain *m* au levain

saufen ['zaufən] <säuft, soff, gesoffen> **I.** *vt* boire; ***das Tier säuft Wasser*** l'animal boit de l'eau **II.** *vi* ❶ *Tier:* s'abreuver ❷ *(fam: Alkoholiker sein)* picoler

Säufer(in) ['zɔyfɐ] <-s, -> *m(f)* *(fam)* pochard(e) *m(f)*

Sauferei [zaufə'rai] <-, -en> *f (sl: Besäufnis)* beuverie *f*

säuft [zɔyft] *3. Pers Präs von* **saufen**

saugen ['zaugən] <sog *o* saugte, gesogen *o* gesaugt> **I.** *vi* ❶ téter; ***an der Brust*** ~ *Baby:* téter le sein ❷ *(staubsaugen)* passer l'aspirateur **II.** *vt* ❶ passer l'aspirateur sur *Teppich* ❷ *(einsaugen)* aspirer *Flüssigkeit* **III.** *vr* ***sich mit Wasser voll*** ~ *Schwamm:* s'imbiber complètement d'eau

säugen ['zɔygən] *vt* allaiter

Sauger <-s, -> *m (auf einer Flasche)* tétine *f*

Säugetier *nt* mammifère *m*

saugfähig *adj* absorbant(e) **Saugfähigkeit** *f* pouvoir *m* absorbant

Säugling ['zɔyklɪŋ] <-s, -e> *m* nourrisson *m*

Säuglingspflege *f* puériculture *f* **Säuglingsschwester** *f* puéricultrice *f* **Säuglingssterblichkeit** *f* mortalité *f* néo-natale

Saugnapf *m* ventouse *f* **Saugrohr** *nt* tuyau *m* d'aspiration

Sauhaufen *m (pej sl)* bande *f* de jean-foutre

saukalt ['zau'kalt] *adj (fam)* ***es ist*** ~ il fait un froid de canard

Säule ['zɔylə] <-, -n> *f* ❶ colonne *f* ❷ *(fig geh)* pilier *m* ❸ *(Zapfsäule)* pompe *f*

Säulengang <-gänge> *m* colonnade *f*

Saum [zaum, *Pl:* 'zɔymə] <-[e]s, Säume> *m (umgenähter Rand)* ourlet *m*

saumäßig *(fam)* **I.** *adj Schmerzen* atroce; *Leistung, Schrift* de cochon **II.** *adv* foutrement; ***es blutet*** ~ ça pisse le sang

säumen ['zɔymən] *vt* ourler *Stoff*

säumig *adj (geh) Schuldner* retardataire

Sauna ['zauna] <-, -s *o* Saunen> *f* sauna *m*

Säure ['zɔyrə] <-, -n> *f* ❶ CHEM acide *m* ❷ *(Geschmack)* acidité *f*

säurehaltig [-haltɪç] *adj Wein, Papier* acide; ~ ***sein*** contenir de l'acide

Saurier ['zaurie] <-s, -> *m* saurien *m*

Saus [zaus] ▶ **in ~ und Braus leben** vivre dans le luxe et l'opulence

säuseln ['zɔyzəln] *vi* ❶ *Wind:* murmurer ❷ *(geh: sprechen)* susurrer

sausen ['zauzən] *vi* ❶ + *haben Sturm:* mugir ❷ + *sein (sich bewegen)* ***nach Hause*** ~ rentrer à toute allure à la maison *fam;* ***durch die Luft*** ~ *Pfeil:* fendre l'air en sifflant ▶ ~ **lassen** *(fam)* laisser tomber *Plan*

Saustall *m (fam)* bordel *m* **saustark** *adj (fam) Buch, Film* génial **Sauwetter** *nt (fam)* temps *m* de cochon **sauwohl** ['zau'vo:l] *adv (fam)* ***sich ~ fühlen*** se sentir vachement bien

Savanne [za'vanə] <-, -n> *f* savane *f*

Saxofon [zakso'fo:n] <-[e]s, -e> *nt* saxophone *m*

Saxofonist(in) [zaksofo'nɪst] <-en, -en> *m(f)* saxophoniste *mf*

SB [ɛs'be:] *Abk von* **Selbstbedienung** libre-service *m*

S-Bahn® ['ɛsba:n] *f* train *m* de banlieue; *(in Paris)* R.E.R. *m*

S-Bahnhof *m,* **S-Bahnstation** *f* gare *f (desservie par les trains de banlieue)*

SBB ['ɛsbe:be:] *f Abk von* **Schweizerische Bundesbahn** *sigle de la société des chemins de fers suisses*

s. Br. *Abk von* **südlicher Breite** lat. S.

SB-Tankstelle *f* station *f* libre-service

Scampi ['skampi] *Pl* GASTR scampi[s] *mpl*

scannen ['skɛnən] *vt* scanner

Scanner ['skɛnɐ] <-s, -> *m* INFORM scanne[u]r *m*

Scartkabel *nt* TELEC câble *m* péritel®

Schabe ['ʃa:bə] <-, -n> *f* cafard *m*

schaben ['ʃa:bən] *vt* gratter *Möhren;* drayer *Fell*

Schaber <-s, -> *m* grattoir *m*

Schabernack ['ʃa:bɐnak] <-[e]s, -e> *m* farce *f*

schäbig ['ʃɛ:bɪç] *adj* ❶ *Kleidung* râpé(e); *Schuhe, Tasche* miteux, -euse ❷ *Person, Verhalten* mesquin(e) ❸ *Bezahlung* minable; *Rest* malheureux, -euse *antéposé*

Schablone [ʃa'blo:nə] <-, -n> *f (Vorlage)* modèle *m; (Malschablone)* pochoir *m*

schablonenhaft *adj (pej)* stéréotypé(e)

Schach [ʃax] <-s> *nt* ❶ échecs *mpl;* ~ ***spielen*** jouer aux échecs ❷ *(Stellung)* ~ ***und matt!*** échec et mat!

Schachbrett *nt* échiquier *m*

schachern ['ʃaxɐn] *vi (pej)* marchander; ***um etw*** ~ marchander sur qc

Schachfigur *f* ❶ pièce *f* d'échecs ❷ *(fig)*

S

pion *m* **schachmatt** ['ʃax'mat] *adj* ❶ ***jdn ~ setzen*** mettre qn échec et mat ❷ *(fam: erschöpft)* fourbu(e) **Schachpartie** *f* partie *f* d'échecs **Schachspiel** *nt* jeu *m* d'échecs

Schacht [ʃaxt, *Pl:* 'ʃɛçtə] <-[e]s, Schächte> *m a.* MIN puits *m; eines Fahrstuhls* cage *f*

Schachtel ['ʃaxtəl] <-, -n> *f* boîte *f;* ***eine ~ Zigaretten*** un paquet de cigarettes

Schachzug *m* ❶ coup *m* ❷ *(Manöver)* manœuvre *f*

schade ['ʃa:də] *adj* ❶ dommage; ***das ist ~!*** c'est dommage!; ***es ist wirklich ~, dass*** c'est vraiment dommage que +*subj* ❷ *(gut)* ***zu ~ für jdn sein*** *Person:* être trop bien pour qn; *Geschenk:* être trop beau pour qn; ***sich*** *dat* ***für nichts zu ~ sein*** ne reculer devant rien

Schädel ['ʃɛ:dəl] <-s, -> *m* crâne *m*

Schädelbruch *m* MED fracture *f* du crâne **Schädeldecke** *f* calotte *f* crânienne

schaden ['ʃa:dən] *vi* ❶ nuire; ***jdm/sich mit etw ~*** nuire à qn/se nuire en faisant qc ❷ *(fam: verkehrt sein)* ***es kann nichts ~, wenn …*** ça peut pas faire de mal si …; ***das schadet nichts*** ça fait rien

Schaden ['ʃa:dən, *Pl:* 'ʃɛ:dən] <-s, Schäden> *m* ❶ *(Sachschaden)* dommage *m; (Verwüstung)* dégâts *mpl* ❷ *(Beeinträchtigung)* ***jdm/einer S. ~ zufügen*** faire du tort à qn/qc ❸ *(Verletzung)* lésion *f*

Schadenersatz *s.* **Schadensersatz** **Schadenersatzklage** *f* JUR action *f* en dommages-intérêts **Schadenfreiheitsrabatt** *m* *(form)* bonus *m form* **Schadenfreude** *f* malin plaisir *m* **schadenfroh** *adj Grinsen* narquois(e); ***~ sein*** *Person:* se réjouir du malheur des autres

Schadensbegrenzung *f* limitation *f* des dégâts **Schadensersatz** *m* dommages et intérêts *mpl; (Schmerzensgeld)* pretium *m* doloris

schadhaft ['ʃa:thaft] *adj* défectueux, -euse

schädigen ['ʃɛ:dɪgən] *vt* ❶ ***jdn/etw ~*** nuire à qn/qc; *(finanziell)* causer un préjudice à qn/qc ❷ *(beschädigen)* endommager

Schädigung <-, -en> *f* *(Schaden)* dommage *m; (durch Verletzung)* lésion *f*

schädlich ['ʃɛ:tlɪç] *adj* nocif, -ive

Schädlichkeit <-> *f* nocivité *f*

Schädling ['ʃɛ:tlɪŋ] <-s, -e> *m* parasite *m*

Schädlingsbekämpfung *f* destruction *f* des parasites **Schädlingsbekämpfungsmittel** *nt* insecticide *m*

schadlos ['ʃa:tlo:s] *adj* ÖKON ***sich für etw ~ halten*** se dédommager de qc

Schadstoff *m* polluant *m*

schadstoffarm *adj* peu polluant(e) **Schadstoffausstoß** *m kein Pl* émissions *fpl* polluantes **Schadstoffbelastung** *f* charge *f* de pollution **schadstofffrei** *adj* biologique

schadstoffhaltig *adj* contenant des substances polluantes [*o* produits polluants]

Schadstoffwert *m* taux *m* de pollution

Schaf [ʃa:f] <-[e]s, -e> *nt* ❶ mouton *m* ❷ *(fam: Dummkopf)* andouille *f*

Schafbock *m* bélier *m*

Schäfchen ['ʃɛ:fçən] <-s, -> *nt Dim von* **Schaf 1** ▸ **sein** [*o* **seine**] **~ ins Trockene bringen** *(fam)* mettre son magot en sécurité

Schäfchenwolken *Pl* nuages *mpl* moutonnés

Schäfer(in) ['ʃɛ:fɐ] <-s, -> *m(f)* berger, -ère *m, f*

Schäferhund *m* berger *m* allemand

Schaffell ['ʃa:f-] *nt* peau *f* de mouton

schaffen[1] ['ʃafən] <schaffte, geschafft> **I.** *vt* ❶ réussir *Examen;* venir à bout de *Hürde, Haushalt;* ***es ~*** y arriver; ***ich schaffe es nicht mehr*** je n'en peux plus; ***das wäre geschafft!*** ça y est! ❷ *(bringen)* ***etw auf den Speicher ~*** transporter qc dans le grenier ❸ *(fam: erschöpfen)* ***jdn ~*** *Stress:* crever qn ❹ *(fam: tun)* ***damit haben Sie nichts zu ~!*** ça ne vous concerne pas! ❺ *(bekümmern)* ***jdm zu ~ machen*** causer [bien] du souci à qn **II.** *vi* SDEUTSCH, CH *(arbeiten)* travailler

schaffen[2] ['ʃafən] <schuf, geschaffen> *vt* créer, faire *Frieden*

Schaffensdrang *m* énergie *f* créatrice

Schaffenskraft *f* créativité *f*

Schaffner(in) ['ʃafnɐ] <-s, -> *m(f)* contrôleur, -euse *m, f*

Schafgarbe *f* achillée *f*

Schafott [ʃa'fɔt] <-[e]s, -e> *nt* échafaud *m*

Schafskäse *m* fromage *m* de brebis

Schafstall *m* bergerie *f*

Schaft [ʃaft, *Pl:* 'ʃɛftə] <-[e]s, Schäfte> *m* ❶ *einer Axt* manche *m; einer Lanze* corps *m* ❷ BOT *eines Baums* fût *m; einer Pflanze* tige *f* ❸ *(Stiefelschaft)* tige *f*

Schafwolle *f* laine *f* [de mouton]

Schafzucht *f kein Pl* élevage *m* de moutons

Schah [ʃa:] <-s, -s> *m* schah *m*

Schakal [ʃa'ka:l] <-s, -e> *m* chacal *m*

schäkern ['ʃɛ:kɐn] *vi* flirter; ***mit jdm ~*** flirter avec qn

schal [ʃa:l] *adj* ❶ *(abgestanden)* éventé(e) ❷ *(inhaltsleer)* insipide

S

Schal [ʃaːl] <-s, -s *o* -e> *m* écharpe *f; (aus Seide)* foulard *m*

Falsche Freunde
Nicht verwechseln mit *le châle – das [Schulter]tuch*!

Schälchen <-s, -> *nt Dim von* **Schale 3** coupelle *f*

Schale [ˈʃaːlə] <-, -n> *f* ❶ *(Eierschale, Nussschale)* coquille *f* ❷ *(Haut von Obst, Gemüse)* peau *f; von Orangen, Zitronen* écorce *f; (abgeschält)* pelure *f* ❸ *(Gefäß)* coupe *f*

schälen [ˈʃɛːlən] **I.** *vt* éplucher *Obst, Kartoffel;* écaler *Nuss, Ei;* décortiquer *Getreide, Reis* **II.** *vr* ***sich*** ~ *Haut:* peler

Schalentier *nt* crustacé *m*

Schalk [ʃalk, *Pl:* ˈʃalkə, ˈʃɛlkə] <-[e]s, -e *o* Schälke> *m* ▸ **jdm sitzt der ~ im <u>Nacken</u>** qn est très farceur, -euse

Schall [ʃal, *Pl:* ˈʃalə, ˈʃɛlə] <-[e]s, -e *o* Schälle> *m* ❶ *(geh: Klang)* bruit *m* ❷ *kein Pl* PHYS son *m*

schalldämmend *adj* isolant(e) **Schalldämmung** *f* insonorisation *f* **Schalldämpfer** *m* silencieux *m* **schalldicht** *adj Fenster, Tür* insonore; *Raum* insonorisé(e)

schallen [ˈʃalən] <schallte *o* scholl, geschallt> *vi* résonner

schallend **I.** *adj* retentissant(e) **II.** *adv lachen* aux éclats

Schallgeschwindigkeit *f kein Pl* vitesse *f* [de propagation] du son **Schallmauer** *f kein Pl* mur *m* du son ▸ **die ~ <u>durchbrechen</u>** franchir le mur du son **Schallplatte** *f* disque *m*

Schallplattensammlung *f* discothèque *f*

schallschluckend *adj Material* antibruit

Schallschutz *m* isolation *f* acoustique

Schallwelle *f* onde *f* sonore

Schalotte [ʃaˈlɔtə] <-, -n> *f* échalote *f*

schalt [ʃalt] *Imp von* **schelten**

schalten [ˈʃaltən] **I.** *vt* ❶ *(einstellen)* ***etw auf „ein"*** ~ allumer qc ❷ ELEC, TELEC ***eine Telefonleitung*** ~ mettre une ligne [téléphonique] en service ❸ PRESSE, MEDIA passer *Anzeige, Werbespot* **II.** *vi* ❶ *(Gang einlegen)* changer de vitesse; ***in den zweiten Gang/den Leerlauf*** ~ passer la seconde/au point mort ❷ *(fam: begreifen)* piger

Schalter [ˈʃaltɐ] <-s, -> *m* ❶ *(Theke)* guichet *m* ❷ ELEC, TECH bouton *m* [de commande], interrupteur *m*

Schalterhalle *f* hall *m* des guichets **Schalterstunden** *Pl* heures *fpl* d'ouverture des guichets

Schalthebel *m* ❶ *einer Gangschaltung* levier *m* de vitesse ❷ ELEC [levier *m* de] commande *f* **Schaltjahr** *nt* année *f* bissextile **Schaltknüppel** *m* levier *m* de vitesse [au plancher] **Schaltplan** *m* schéma *m* de connexion **Schalttag** *m* jour *m* intercalaire **Schaltuhr** *f* TV minuteur *m*

Schaltung <-, -en> *f* ❶ *(Gangschaltung)* changement *m* de vitesse ❷ ELEC ***integrierte*** ~ circuit *m* intégré

Schaltzentrale *f* TECH *(a. fig)* poste *m* de commande

Scham [ʃaːm] <-> *f (Schamgefühl)* honte *f*

Schambein *nt* pubis *m*

schämen [ˈʃɛːmən] *vr* ***sich*** ~ avoir honte; ***sich für jdn/wegen etw*** ~ avoir honte pour qn/de qc; ***sich einer S.*** *gen* ***nicht*** ~ ne pas rougir de qc

Schamgefühl *nt kein Pl* pudeur *f* **Schamgegend** *f kein Pl* pubis *m* **Schamhaar** *nt (einzelnes Haar)* poil *m* du pubis

schamhaft *adj* pudique

Schamlippen *Pl* lèvres *fpl* [de la vulve]

schamlos *adj* ❶ impudique ❷ *(unverschämt)* impudent(e)

Schamlosigkeit <-, -en> *f* ❶ *kein Pl (mangelndes Schamgefühl)* impudeur *f* ❷ *(Bemerkung, Handlung)* impudence *f*

Schampus [ˈʃampʊs] <-> *m (fam)* champ *m fam*

schamrot [ˈʃaːmroːt] *adj* rouge de honte

Schamröte *f* rougeur *f;* ***jdm steigt die ~ ins Gesicht*** qn rougit de honte

Schande [ˈʃandə] <-> *f* honte *f,* déshonneur *m;* ***zu meiner*** ~ à ma grande honte; ***das ist eine*** ~ c'est une honte; *s. a.* **zuschanden**

schänden [ˈʃɛndən] *vt (entweihen)* profaner

Schandfleck *m* souillure *f*

schändlich [ˈʃɛntlɪç] *adj (niederträchtig)* ignoble

Schändlichkeit <-, -en> *f* ignominie *f*

Schandmaul *nt (pej fam)* ❶ *(Hang zum Lästern)* [sale] gueule *f fam* ❷ *(Lästerer)* langue *f* de pute *fam*

Schandtat *f* ▸ **zu jeder ~ <u>bereit</u> sein** *(hum fam)* être toujours partant pour faire une connerie

Schändung <-, -en> *f* ❶ *(Entweihung)* profanation *f* ❷ *(Verschandelung)* défiguration *f*

Schänke [ˈʃɛŋkə] *s.* **Schenke**

Schanze [ˈʃantsə] <-, -n> *f (Sprungschanze)* tremplin *m*

Schar [ʃaːɐ̯] <-, -en> *f* ❶ *(große Menge)* bande *f;* ***in ~en*** en masse ❷ *(Pflugschar)* soc *m*

Scharade [ʃaˈraːdə] <-, -n> *f* charade *f*

scharen [ˈʃaːrən] **I.** *vt* rassembler; ***Menschen um sich ~*** rassembler des personnes autour de soi **II.** *vr* ***sich um jdn/etw ~*** se rassembler autour de qn/qc

scharenweise *adv* en masse

scharf [ʃarf] <schärfer, schärfste> **I.** *adj* ❶ *Messer* coupant(e); *Krallen* acéré(e) ❷ *Kante* aigu(ë); *Zähne, Hörner* pointu(e) ❸ *(stark gewürzt)* épicé(e) ❹ *Säure* agressif, -ive ❺ *Beobachter* perspicace; *Kontrolle* strict(e); *Maßnahme* drastique ❻ *Hund* méchant(e) ❼ *Munition* à balles [réelles]; *Bombe* amorcé(e) ❽ *Wind* cinglant(e); *Ablehnung* catégorique; *Konkurrenz* sévère; *Kritik* acerbe; *Protest* vif, vive ❾ *Beobachtung* fin(e) ❿ *Verstand* aigu(ë); *Augen* perçant(e); *Gehör* fin(e) ⓫ PHOT *Aufnahme* net(te); *Brille, Linse* fort(e) ⓬ *(präzise)* précis(e) ⓭ *Kurve* serré(e) ⓮ *(fam: versessen)* ***auf jdn/etw ~ sein*** être dingue de qn/avoir vachement envie de qc ⓯ *(fam) Typ, Auto* d'enfer **II.** *adv* ❶ *(kräftig)* ***etw ~ würzen*** bien épicer qc ❷ *kritisieren* énergiquement ❸ *ansehen* fixement; *nachdenken* bien ❹ *einstellen* précisément; *sehen* nettement ❺ *bremsen* soudainement

Scharfblick *m kein Pl* perspicacité *f*

Schärfe [ˈʃɛrfə] <-, -n> *f* ❶ *eines Messers* tranchant *m* ❷ *(starke Würze)* goût *m* très épicé ❸ ***in aller ~*** *kritisieren* très sévèrement; *zurückweisen* avec force ❹ *(Genauigkeit)* précision *f* ❺ *einer Aufnahme* netteté *f; einer Brille* force *f* ❻ *des Verstandes* acuité *f; des Geschmacks* finesse *f*

schärfen [ˈʃɛrfən] *vt* aiguiser

Schärfentiefe *f* CINE, PHOT profondeur *f* de champ

scharfkantig *adj* à arête(s) vive(s) **scharfmachen** *vt (fam)* ***jdn ~*** *(sexuell reizen)* exciter qn **Scharfrichter** *m* bourreau *m* **Scharfschütze, -schützin** *m, f* tireur, -euse *m, f* d'élite **scharfsichtig** *adj* perspicace **Scharfsinn** *m kein Pl* sagacité *f* **scharfsinnig** **I.** *adj Person* sagace; *Bemerkung* pertinent(e) **II.** *adv* avec sagacité

Scharlach [ˈʃarlax] <-s> *m* MED scarlatine *f*

Scharlatan [ˈʃarlatan] <-s, -e> *m* charlatan *m*

Scharmützel [ʃarˈmʏtsəl] <-s, -> *nt (veraltet)* escarmouche *f*

Scharnier [ʃarˈniːɐ̯] <-s, -e> *nt* charnière *f*

Schärpe [ˈʃɛrpə] <-, -n> *f* écharpe *f*

scharren [ˈʃarən] **I.** *vi* gratter **II.** *vt* creuser *Loch*

Scharte [ˈʃartə] <-, -n> *f* ❶ *(Einkerbung)* brèche *f* ❷ *(Schießscharte)* meurtrière *f*

Schaschlik [ˈʃaʃlɪk] <-s, -s> *nt* brochette *f*

schassen [ˈʃasən] *vt (fam)* virer *fam;* ***jdn aus etw ~*** virer qn de qc

Schatten [ˈʃatən] <-s, -> *m* ombre *f* ▶ **über seinen ~ springen** se faire violence

Schattendasein *nt* ▶ **ein ~ fristen** végéter dans l'ombre **Schattenkabinett** *nt* cabinet *m* fantôme **Schattenmorelle** *f (Frucht)* griotte *f* **Schattenseite** *f (Kehrseite)* revers *m* de la médaille

schattieren* [ʃaˈtiːrən] *vt* ombrer

Schattierung <-, -en> *f (geh: Nuance)* tendance *f*

schattig [ˈʃatɪç] *adj* ombragé(e)

Schatulle [ʃaˈtʊlə] <-, -n> *f (geh)* cassette *f vieilli*

Schatz [ʃats, *Pl:* ˈʃɛtsə] <-es, Schätze> *m* ❶ trésor *m* ❷ *(fam: Liebling)* chéri(e) *m(f)*

Schatzamt *nt* ❶ *(Staatskasse)* Trésor *m* ❷ ADMIN trésorerie *f*

schätzbar *adj Wert* estimable

schätzen [ˈʃɛtsən] **I.** *vt* ❶ *(einschätzen)* estimer; ***wie alt schätzt du ihn?*** quel âge lui donnes-tu? ❷ *(den Wert bestimmen)* ***etw auf tausend Euro*** *akk* ~ évaluer qc à mille euros ❸ *(würdigen)* estimer; ***jdn als Freund ~*** apprécier qn en tant qu'ami; ***sich glücklich ~*** s'estimer heureux; ***hoch ~*** estimer beaucoup **II.** *vi* ***ich schätze, dass …*** je pense que …

schätzenswert *adj Mensch* estimable, digne d'estime

Schatzgräber(in) <-s, -> *m(f)* chercheur, -euse *m, f* de trésor

Schatzkammer *f* [salle *f* du] trésor *m*

Schatzmeister(in) *m(f)* trésorier, -ière *m, f*

Schätzung <-, -en> *f* estimation *f*

schätzungsweise *adv* approximativement

Schätzwert *m* valeur *f* estimée

Schau [ʃau̯] <-, -en> *f (Spektakel)* show *m* ▶ **eine ~ abziehen** *(fam)* faire son numéro

Schaubild *nt* graphique *m*

Schauder <-s, -> *m (geh: Gefühl)* frémissement *m*

schauderhaft *adj* ❶ *Szene* d'horreur; *Gestank* horrible ❷ *(fam: sehr schlecht)* épouvantable

schaudern *vt unpers* ***jdm schaudert es bei dem Gedanken, dass*** qn frémit à l'idée que *+subj*

S

schauen [ˈʃau̯ən] *vi bes.* DIAL ❶ *(blicken)* regarder ❷ *(dreinblicken)* ***ernst*** ~ avoir un air sérieux ❸ *(sich kümmern)* ***nach jdm/etw*** ~ jeter un coup d'œil sur qn/qc ❹ *(sich bemühen um)* ***schau, dass du fertig wirst!*** dépêche-toi de finir!

Schauer [ˈʃau̯ɐ] <-s, -> *m* ❶ *(Regenschauer)* averse *f* ❷ *(Frösteln)* frisson *m*

Schauermärchen *nt (fam)* histoire *f* de brigands

Schaufel [ˈʃau̯fəl] <-, -n> *f (Werkzeug)* pelle *f*

schaufeln *vt, vi* pelleter, creuser [à la pelle] *Loch, Grab*

Schaufenster *nt* vitrine *f* **Schaufensterbummel** *m (fam)* ***einen ~ machen*** faire du lèche-vitrine **Schaufensterpuppe** *f* mannequin *m*

Schaukampf *m* combat-exhibition *m* **Schaukasten** *m* panneau *m* d'affichage

Schaukel [ˈʃau̯kəl] <-, -n> *f* balançoire *f*

schaukeln [ˈʃau̯kəln] **I.** *vi* ❶ *(auf einer Schaukel)* faire de la balançoire ❷ *(wippen, schwanken)* se balancer **II.** *vt* ***das Baby*** ~ bercer le bébé

Schaukelpferd *nt* cheval *m* à bascule **Schaukelstuhl** *m* rocking-chair *m*

schaulustig *adj* curieux, -euse; ***eine ~e Menge*** une foule de badauds

Schaulustige(r) *f(m) dekl wie adj* badaud(e) *m(f)*

Schaum [ʃau̯m, *Pl:* ˈʃɔy̯mə] <-s, Schäume> *m* ❶ *(Seifenschaum, Bierschaum)* mousse *f; (Wellenschaum)* écume *f* ❷ *(Geifer)* écume *f* ❸ GASTR mousse *f*

Schaumbad *nt* bain *m* moussant

schäumen [ˈʃɔy̯mən] *vi* ❶ mousser ❷ *(geh: in Rage sein)* écumer

Schaumfestiger *m* mousse *f* fixante **Schaumgummi** *m* caoutchouc *m* mousse

schaumig [ˈʃau̯mɪç] *adj* mousseux, -euse; *Gewässer* écumeux, -euse; ***Eiweiß ~ schlagen*** battre des blancs en neige

Schaumkrone *f von Wellen* mouton *m* d'écume; *eines Biers* mousse *f* **Schaumschläger(in)** *m(f) (fig, pej)* frimeur, -euse *m, f fam* **Schaumschlägerei** *f kein Pl* esbroufe *f fam* **Schaumstoff** *m* mousse *f* **Schaumwein** *m (form)* vin *m* mousseux

Schauplatz *m* théâtre *m* **Schauprozess** *m* procès-spectacle *m*

schaurig [ˈʃau̯rɪç] *adj Geschichte* macabre; *Ort* lugubre

schaurig-schön *adj* poignant(e)

Schauspiel [ˈʃau̯ʃpiːl] *nt* ❶ THEAT pièce *f* de théâtre ❷ *(geh: Anblick)* spectacle *m* **Schauspieler(in)** [ˈʃau̯ʃpiːlɐ] *m(f) (Theaterschauspieler)* comédien(ne) *m(f); (Filmschauspieler)* acteur, -trice *m, f* **Schauspielerei** *f kein Pl* ❶ *(fam: Schauspielkunst)* théâtre *m; (Filmschauspielerei)* métier *m* d'acteur ❷ *(fig, pej)* comédie *f*

schauspielerisch **I.** *adj* d'acteur, -trice **II.** *adv* au niveau de l'interprétation

schauspielern [ˈʃau̯ʃpiːlɐn] *vi* ❶ faire du théâtre ❷ *(sich verstellen)* jouer la comédie

Schauspielhaus *nt* théâtre *m* **Schauspielkunst** *f kein Pl* art *m* dramatique **Schauspielschule** *f* conservatoire *m* d'art dramatique **Schauspielunterricht** *m* cours *m* de théâtre [*o* d'art dramatique]

Schausteller(in) <-s, -> *m(f)* forain(e) *m(f)*

Schautafel *f* tableau *m* mural de présentation

Scheck [ʃɛk] <-s, -s> *m* chèque *m;* ***jdm einen ~ ausstellen*** faire un chèque à qn

Scheckbetrug *m* usage *m* frauduleux de chèques **Scheckfälschung** *f* faux *m*

scheckig *adj Kuh, Pferd* pie ▶ **sich ~ lachen** *(fam)* se taper le cul par terre *fam*

Scheckkarte *f* carte *f* bancaire

scheffeln [ˈʃɛfəln] *vt* amasser; ***Geld*** ~ amasser de l'argent

scheibchenweise *adv (fig: nach und nach)* au compte-gouttes

Scheibe [ˈʃai̯bə] <-, -n> *f* ❶ *(große Glasscheibe)* verre *m; (Fensterscheibe)* vitre *f; (in Sprossenfenstern)* carreau *m; (Windschutzscheibe)* parebrise *f; (Heckscheibe)* lunette *f* arrière ❷ *(abgeschnittenes Stück)* tranche *f* ❸ *(runder Gegenstand)* disque *m* ❹ *(fam: Schallplatte)* disque *m*

Scheibenbremse *f* frein *m* à disque **Scheibenkleister** *interj (euph fam)* zut *euph fam* **Scheibenwaschanlage** *f* lave-glace *m* **Scheibenwischer** <-s, -> *m* essuie-glace *m*

Scheich [ʃai̯ç] <-s, -e> *m* cheik *m*

Scheide [ˈʃai̯də] <-, -n> *f* ❶ *eines Schwerts* fourreau *m* ❷ ANAT vagin *m*

scheiden [ˈʃai̯dən] <schied, geschieden> **I.** *vt + haben* dissoudre *Ehe;* ***sich von jdm ~ lassen*** divorcer de qn; ***eine geschiedene Frau*** une [femme] divorcée; ***ihr geschiedener Mann*** son ex-mari **II.** *vi + sein (geh: aufgeben)* ***aus einem Amt ~*** quitter un poste **III.** *vr + haben* ***in diesem Punkt ~ sich die Meinungen*** sur ce point, les avis divergent

Scheideweg *m* ▶ **am ~ stehen** être à la croisée des chemins

Scheidung <-, -en> *f* divorce *m*; ***die ~ einreichen*** demander le divorce

Scheidungsanwalt, -anwältin *m, f* avocat(e) *m(f)* spécialisé(e) dans les divorces **Scheidungsgrund** *m* motif *m* de divorce

Schein [ʃain] <-[e]s, -e> *m* ❶ *kein Pl einer Lampe* lumière *f*; *einer Kerze* lueur *f* ❷ *kein Pl (Anschein)* apparence *f* ❸ *(Banknote)* billet *m* ❹ *(fam: Bescheinigung)* attestation *f* ❺ UNIV *(fam)* unité *f* de valeur

scheinbar *adj* apparent(e)

Scheinchen ['ʃainçən] <-s, -> *nt (fam: Geldschein)* biffeton *m*

Scheinehe *f* mariage *m* blanc

scheinen ['ʃainən] <schien, geschienen> **I.** *vi* ❶ *Sonne, Mond, Sterne:* briller ❷ *(den Anschein haben)* ***er/sie scheint zu schlafen*** il/elle a l'air de dormir; ***das scheint schwierig zu sein*** cela semble être difficile **II.** *vi unpers* ***es scheint, dass …*** il semble que …

Scheinfirma *f* société *f* fictive **Scheinfriede** *m* paix *f* illusoire **Scheingefecht** *nt* combat *m* simulé **scheinheilig** ['ʃainhailɪç] *(pej)* **I.** *adj* hypocrite **II.** *adv* hypocritement; ***~ tun*** faire l'hypocrite **Scheinheiligkeit** *f* hypocrisie *f* **Scheinheirat** *f* mariage *m* blanc **Scheintod** *m kein Pl* mort *f* apparente **scheintot** *adj* ***~ sein*** avoir l'air mort(e)

Scheinwerfer *m* ❶ projecteur *m* ❷ *(Autoscheinwerfer)* phare *m*

Scheinwerferlicht *nt eines Autos* lumière des phares *f*

Scheiß [ʃais] <-> *m (pej fam)* conneries *f pl*; ***mach keinen ~!*** fais pas le con/la conne! **Scheißdreck** *m (pej fam)* merde *f*; ***wegen jedem ~*** pour n'importe quelle connerie

scheiße *adj inv (pej fam)* ***diese Idee ist ~*** cette idée, c'est de la connerie

Scheiße ['ʃaisə] <-> *f (fam)* ❶ *(Kot)* merde *f vulg* ❷ *(Unerfreuliches)* merde *f*; ***verdammte ~!*** merde alors! ❸ *(Blödsinn)* ***~ bauen*** faire des conneries

scheißegal ['ʃaisʔe'ga:l] *adj (fam)* ***diese Party ist mir ~!*** j'en ai rien à foutre de cette boum!

scheißen ['ʃaisən] <schiss, geschissen> *vi* ❶ *(fam)* chier ❷ *(fam: nichts geben auf)* ***auf etw ~*** ne rien en avoir à foutre de qc

Scheißer(in) <-s, -> *m(f) (sl)* con[n]ard *m* / con[n]asse *f fam*

scheißfreundlich *adj (sl)* ***~ zu jdm sein*** fayoter avec qn **Scheißhaus** *nt (sl)* chiottes *f pl fam*

Scheißkerl *m (fam)* sale con *m*

Scheit [ʃait] <-[e]s, -e *o* A, CH -er> *nt* bûche *f*

Scheitel ['ʃaitəl] <-s, -> *m* raie *f*

scheiteln *vt* se faire une raie; ***sich*** *dat* ***die Haare ~*** se faire une raie dans les cheveux

Scheitelpunkt *m* ARCHIT sommet *m*

Scheiterhaufen ['ʃaitɐhaufən] *m* bûcher *m*

scheitern ['ʃaitɐn] *vi + sein* échouer

Scheitern <-s> *nt* échec *m*

Schelle ['ʃɛlə] <-, -n> *f* ❶ TECH collier *m* [de serrage] ❷ *(Klingel)* sonnette *f*; *(Glöckchen)* clochette *f*

schellen ['ʃɛlən] DIAL **I.** *vi Person, Telefon:* sonner **II.** *vi unpers* ***es schellt*** on sonne

Schellfisch *m* églefin *m*

Schelm [ʃɛlm] <-[e]s, -e> *m* farceur *m*

schelmisch *adj* malicieux, -euse

schelten <schilt, schalt, gescholten> *(geh)* **I.** *vt (ausschimpfen)* réprimander; ***jdn wegen etw ~*** réprimander qn pour qc **II.** *vi* ***mit jdm ~*** faire des remontrances à qn

Schema ['ʃe:ma] <-s, -s *o* Schemata *o* Schemen> *nt* schéma *m*

schematisch [ʃe'ma:tɪʃ] **I.** *adj Darstellung* schématique **II.** *adv darstellen* schématiquement

Schemel ['ʃe:məl] <-s, -> *m* tabouret *m*

Schemen *Pl von* **Schema**

schemenhaft *adj (geh)* vague

Schenke ['ʃɛŋkə] <-, -n> *f* auberge *f*

Schenkel ['ʃɛŋkəl] <-s, -> *m* ❶ cuisse *f* ❷ MATH *eines Winkels* côté *m*

schenken ['ʃɛnkən] *vt* ❶ faire cadeau de *Blumen, Buch;* ***jdm etw zum Geburtstag ~*** offrir qc à qn pour son anniversaire; ***etw von jdm geschenkt bekommen*** recevoir qc de qn en cadeau ❷ *(widmen)* ***jdm Beachtung ~*** accorder de l'attention à qn

Schenkung <-, -en> *f* JUR donation *f*

scheppern ['ʃɛpɐn] *vi Eimer, Dose:* faire un bruit de ferraille

Scherbe ['ʃɛrbə] <-, -n> *f* débris *m*; ***in ~n gehen*** se briser en morceaux

Scherbenhaufen *m* ▶ **vor einem ~ stehen** se retrouver dans une situation désastreuse

Schere ['ʃe:rə] <-, -n> *f* ❶ ciseaux *m pl*, paire *f* de ciseaux ❷ *eines Hummers, Krebses* pince *f*

scheren[1] ['ʃe:rən] <schor, geschoren> *vt* ❶ tondre *Tier, Rasen;* tailler *Hecke* ❷ *(abschneiden)* ***sich*** *dat* ***den Bart ~*** se raser la barbe

scheren[2] ['ʃe:rən] <scherte, geschert>

I. *vr* ***sich nicht um jdn/etw ~*** ne pas s'occuper de qn/qc **II.** *vt* ***was schert mich das?*** qu'est-ce que ça peut bien me faire?

Scherenschnitt *m* silhouette *f*

Schererei [ʃeːrəˈrai̯] <-, -en> *f meist Pl (fam)* embêtement *m*

Scherz [ʃɛrts] <-es, -e> *m* plaisanterie *f;* ***einen ~ machen*** plaisanter

Scherzartikel *m meist Pl* farces *fpl* et attrapes

scherzen *vi* plaisanter; ***mit jdm ~*** plaisanter avec qn

Scherzfrage *f* devinette *f*

scherzhaft I. *adj* pour plaisanter **II.** *adv* en plaisantant

Scherzkeks *m (fam)* plaisantin *m*

scheu [ʃɔy̯] *adj* ❶ *(menschenscheu)* farouche ❷ *Berührung, Verhalten* timide; *Blick* craintif, -ive

Scheu <-> *f (Hemmung)* timidité *f;* ***~ vor jdm/etw*** timidité à l'égard de qn/qc

scheuchen [ˈʃɔy̯çən] *vt* chasser; ***jdn/ein Tier aus der Küche ~*** chasser qn/un animal de la cuisine

scheuen [ˈʃɔy̯ən] **I.** *vt* reculer devant *Ärger, Arbeit;* ***keine Kosten ~*** ne pas regarder à la dépense **II.** *vr* ***sich vor etw*** *dat* ***~*** reculer devant qc; ***sich nicht davor ~ die Wahrheit zu sagen*** ne pas hésiter à dire la vérité **III.** *vi Pferd:* se dérober

Scheuerlappen *m* serpillière *f* **Scheuermittel** *nt* produit *m* à récurer

scheuern [ˈʃɔy̯ɐn] **I.** *vt (säubern)* récurer *Bad, Topf;* frotter *Fußboden, Treppe* ▸ **jdm eine ~** *(fam)* foutre une baffe à qn **II.** *vi Kragen, Etikett:* gratter **III.** *vr* ***sich wund ~*** s'écorcher la peau

Scheuklappe *f* œillère *f* ▸ **~n aufhaben** avoir des œillères

Scheune [ˈʃɔy̯nə] <-, -n> *f* grange *f; (Geräteschuppen)* hangar *m* **Scheunentor** *nt* porte *f* de la grange/du hangar

Scheusal [ˈʃɔy̯zaːl] <-s, -e> *nt* monstre *m*

scheußlich [ˈʃɔy̯slɪç] **I.** *adj* ❶ *Anblick* monstrueux, -euse; *Film* horrible; *Essen, Geruch* infect(e) ❷ *(fam) Schmerzen, Wetter* atroce **II.** *adv* ❶ ***~ riechen/schmecken*** avoir une odeur infecte/un goût infect ❷ *sich benehmen* odieusement

Scheußlichkeit <-, -en> *f* atrocité *f*

Schi *s.* **Ski**

Schicht [ʃɪçt] <-, -en> *f* ❶ *(Lage)* couche *f* ❷ GEOL strate *f* ❸ SOZIOL couche *f* [sociale] ❹ *(Arbeitsabschnitt)* ***~ arbeiten*** être travailleur posté ❺ *(Arbeitsgruppe)* équipe *f*

Schichtarbeit *f kein Pl* travail *m* posté, trois-huit *mpl* **Schichtarbeiter(in)** *m(f)* [travailleur *m*] posté /[travailleuse *f*] postée

schichten [ˈʃɪçtən] *vt* empiler

Schichtwechsel *m* relève *f*

schick [ʃɪk] *adj o adv* chic

Schick <-s> *m eines Kleidungsstücks* chic *m*

schicken [ˈʃɪkən] **I.** *vt (senden)* envoyer; ***jdm etw ~*** envoyer qc à qn; ***jdn einkaufen ~*** envoyer qn faire des courses; ***ein Kind [wieder] nach Hause ~*** renvoyer un enfant chez lui **II.** *vi (geh)* ***nach jdm ~*** faire venir qn **III.** *vr (geziemen)* ***das schickt sich nicht*** cela ne se fait pas

Schickeria [ʃɪkəˈriːa] <-> *f (pej fam)* gratin *m*

Schickimicki [ʃɪkiˈmɪki] <-s, -s> *m (pej fam)* snobinard *m*

schicklich *adj (geh)* convenable

Schicksal [ˈʃɪkzaːl] <-s, -e> *nt* destin *m*

schicksalhaft *adj* ❶ *Ereignis* lourd(e) de conséquences; *Tag* fatidique ❷ *(unabwendbar)* fatal(e)

Schicksalsschlag *m* coup *m* du destin

Schiebedach *nt* toit *m* ouvrant

schieben [ˈʃiːbən] <schob, geschoben> **I.** *vt* ❶ *(bewegen)* pousser *Fahrrad, Schrank* ❷ *(stecken)* ***sich*** *dat* ***etw in den Mund ~*** se fourrer qc dans la bouche ❸ *(zuweisen)* ***die Schuld auf jdn ~*** rejeter la culpabilité sur qn ❹ *(fam: ableisten)* se taper *Wache, Dienst* **II.** *vi* pousser **III.** *vr* ❶ *(sich drängen)* ***sich durch die Tür ~*** se glisser par la porte ❷ *(gleiten)* ***sich vor die Sonne ~*** *Wolke:* passer devant le soleil

Schieber <-s, -> *m (fam: Schwarzhändler)* trafiquant *m*

Schiebetür *f* porte *f* coulissante

Schieblehre <-, -n> *f* pied *m* à coulisse

Schiebung <-> *f (pej)* piston *m*

schied [ʃiːt] *Imp von* **scheiden**

Schiedsgericht *nt* JUR tribunal *m* arbitral **Schiedsrichter(in)** *m(f)* arbitre *mf* **schiedsrichterlich** JUR **I.** *adj* arbitral(e), d'arbitrage **II.** *adv* arbitralement **Schiedsspruch** *m* sentence *f* arbitrale

schief [ʃiːf] **I.** *adj* ❶ *Wand, Turm* penché(e); *Ebene* incliné(e) ❷ *Bild* faux, fausse ❸ *Blick* en coin **II.** *adv aufsetzen, ansehen* de travers

Schiefer [ˈʃiːfɐ] <-s, -> *m* ardoise *f*

schief|gehen *vi irr + sein (fig fam: misslingen)* foirer **schief|lachen** *vr (fam)* ***sich ~*** se tordre [de rire]

schielen [ˈʃiːlən] *vi* ❶ loucher ❷ *(fam: verstohlen schauen)* ***nach jdm/etw ~*** reluquer qn/qc

schien [ʃiːn] *Imp von* **scheinen**

S

Schienbein *nt* tibia *m*
Schienbeinschoner *m* protège-tibia *m*
Schiene [ˈʃiːnə] <-, -n> *f* ❶ *(Zugschiene)* rail *m* ❷ TECH *(Führungsschiene)* rail *m*; *(im Backofen)* glissière *f* ❸ MED éclisse *f* ❹ *(Leiste)* ferrure *f*; *(auf der Treppenstufe)* baguette *f*
schienen [ˈʃiːnən] *vt* MED éclisser
Schienenbus *m* autorail *m* **Schienenfahrzeug** *nt* véhicule *m* sur rails **Schienennetz** *nt* ❶ *der Straßenbahn* réseau *m* ❷ *(Bahnnetz)* réseau *m* ferroviaire **Schienenstrang** *m* voie *f* ferrée
schier [ʃiːɐ̯] *adj attr (pur)* pur(e)
Schießbefehl *m* ordre *m* d'ouvrir le feu **Schießbude** *f* baraque *f* de tir **Schießeisen** *nt (fam)* pétard *m fam*
schießen [ˈʃiːsən] <schoss, geschossen> **I.** *vi* ❶ + *haben (feuern)* tirer; ***auf jdn*** ~ tirer sur qn; ***mit dem Gewehr*** ~ tirer au fusil ❷ *(den Schießsport betreiben)* faire du tir ❸ + *sein (sprießen) Pflanze:* pousser vite ❹ + *sein (fam: schnell laufen)* ***um die Ecke*** ~ débouler au coin ❺ + *sein (spritzen)* ***nach oben*** ~ *Wasser, Öl:* gicler vers le haut **II.** *vt* + *haben* ❶ *(feuern)* tirer *Rakete* ❷ *(treten)* ***den Ball auf das Tor*** ~ mettre le ballon dans les buts
Schießerei [ʃiːsəˈraɪ] <-, -en> *f (pej: Schusswechsel)* fusillade *f*
Schießplatz *m* stand *m* de tir **Schießpulver** *nt* poudre *f* [à canon] **Schießstand** *m* stand *m* de tir
Schiff [ʃɪf] <-[e]s, -e> *nt* ❶ bateau *m*; *(großes Handelsschiff)* navire *m*; ***mit dem*** ~ ***fahren*** prendre le bateau ❷ *(Kirchenschiff)* nef *f*
Schiffahrt [ˈʃɪffaːɐ̯t] *f kein Pl* navigation *f*
Schiffahrtslinie [-liːni̯ə] *f* route *f* maritime
schiffbar *adj* navigable
Schiffbau *m kein Pl* construction *f* navale **Schiffbruch** *m* naufrage *m* ▸ ~ erleiden faire naufrage; *(scheitern)* échouer **schiffbrüchig** *adj* naufragé(e); ~ ***werden*** faire naufrage
Schiffbrüchige(r) *f(m) dekl wie adj* naufragé(e) *m(f)*
Schiffchen <-s, -> *nt Dim von* **Schiff** petit bateau *m*
schiffen [ˈʃɪfən] *vi unpers* + *haben (sl)* ***es schifft*** il flotte *fam*
Schiffer(in) <-s, -> *m(f)* batelier, -ière *m, f*
Schiffsarzt, -ärztin *m, f* médecin *m* de bord **Schiffsbesatzung** *f* équipage *m*
Schiffschaukel *f* bateau-balançoire *m*
Schiffseigner(in) *m(f) (form)* propriétaire *mf* de bateau **Schiffsjunge** *m* mousse *m*
Schiffskoch, -köchin *m, f* coq *m* /cuisinière *f* de bord **Schiffsschraube** *f* hélice *f* **Schiffsverkehr** *m* trafic *m* maritime
Schiit(in) [ʃiˈiːt] <-en, -en> *m(f)* chiite *mf*
schiitisch *adj* chiite
Schikane [ʃiˈkaːnə] <-, -n> *f a.* SPORT chicane *f*
schikanieren* [ʃikaˈniːrən] *vt* chicaner
schikanös [ʃikaˈnøːs] *adj* vexatoire
Schikoree [ˈʃɪkore] *s.* **Chicorée**
Schild[1] [ʃɪlt] <-[e]s, -er> *nt* ❶ *(Verkehrsschild)* panneau *m* ❷ *(Hinweisschild)* écriteau *m* ❸ *(fam: Preisschild)* étiquette *f*
Schild[2] [ʃɪlt] <-[e]s, -e> *m* ❶ HIST bouclier *m* ❷ *eines Kernreaktors* bouclier *m* thermique
Schildbürgerstreich *m (hum)* coup *m* des technocrates
Schilddrüse *f* [glande *f*] thyroïde *f* **Schilddrüsenüberfunktion** *f* hyperthyroïdie *f* **Schilddrüsenunterfunktion** *f* hypothyroïdie *f*
schildern [ˈʃɪldɐn] *vt* décrire; ***jdm etw*** ~ décrire qc à qn
Schilderung <-, -en> *f* description *f*
Schilderwald *m (hum fam)* forêt *f* de panneaux
Schildkröte *f* tortue *f*
Schilf [ʃɪlf] <-[e]s, -e> *nt* ❶ *(Pflanze)* roseau *m* ❷ *(Dickicht)* roseaux *mpl*
schillern [ˈʃɪlɐn] *vi* chatoyer
schillernd *adj* ❶ *Seide* chatoyant(e) ❷ *Persönlichkeit* à facettes
Schilling [ˈʃɪlɪŋ] <-s, -e> *m* HIST schilling *m*
schilt [ʃɪlt] *3. Pers Präs von* **schelten**
Schimmel [ˈʃɪməl] <-s, -> *m* ❶ *(Schimmelpilz)* moisissure *f* ❷ *(Pferd)* cheval *m* blanc
schimmelig [ˈʃɪməlɪç] **I.** *adj* moisi(e); ~ ***werden*** moisir **II.** *adv* ~ ***riechen*** sentir le moisi
schimmeln [ˈʃɪməln] *vi* + *haben o sein* moisir
Schimmelpilz *m* moisissure *f*
Schimmer [ˈʃɪmɐ] <-s> *m* ❶ *(Glanz)* reflet *m* ❷ *(Anflug)* ***ein*** ~ ***von Hoffnung*** une lueur d'espoir
schimmern *vi* reluire
schimmlig *s.* **schimmelig**
Schimpanse [ʃɪmˈpanzə] <-n, -n> *m* chimpanzé *m*
Schimpf <-[e]s> *m* ▸ **mit** ~ **und Schande** avec ignominie
schimpfen [ˈʃɪmpfən] *vi* ❶ *(wettern)* pes-

S

ter; ***auf jdn/etw*** ~ pester contre qn/qc ❷ *(zurechtweisen)* ***mit jdm*** ~ gronder qn
schimpflich *adj (geh)* ignominieux, -euse
Schimpfwort <-wörter> *nt* gros mot *m*
Schindel ['ʃɪndəl] <-, -n> *f* bardeau *m*
schinden ['ʃɪndən] <schindete, geschunden> **I.** *vr* ***sich*** ~ s'échiner **II.** *vt* ❶ *(quälen)* éreinter *Zugtier;* ***Arbeiter/Gefangene*** ~ épuiser des travailleurs/détenus à la tâche ❷ *(fam: zu gewinnen suchen)* ***bei jdm Eindruck ~ wollen*** vouloir épater qn
Schinderei [ʃɪndə'raj] <-, -en> *f* corvée *f*
Schindluder ▶ **mit jdm/etw ~ treiben** *(fam)* traiter qn par-dessus la jambe
Schinken ['ʃɪŋkən] <-s, -> *m* ❶ jambon *m;* ***gekochter*** ~ jambon blanc ❷ *(pej fam: Gemälde)* croûte *f; (Buch)* pavé *m; (Film)* navet *m*
Schinkenspeck *m* lard *m* maigre
Schippe ['ʃɪpə] <-, -n> *f* NDEUTSCH *(Schaufel)* pelle *f* ▶ **jdn auf die ~ nehmen** mettre qn en boîte
schippen *vt* NDEUTSCH pelleter
schippern ['ʃɪpɐn] *vi + sein (fam)* ***nach Kanada/über den Atlantik*** ~ bourlinguer en direction du Canada/à travers l'Atlantique *fam*
Schirm [ʃɪrm] <-[e]s, -e> *m* ❶ *(Regenschirm)* parapluie *m* ❷ *(Sonnenschirm)* parasol *m* ❸ *(Lampenschirm)* abat-jour *m*
Schirmherr(in) *m(f)* parrain *m* /marraine *f* **Schirmherrschaft** *f* parrainage *m*
Schirmmütze *f* casquette *f* à visière
Schirmständer *m* porte-parapluies *m inv*
Schischa ['ʃi:ʃa] <-, -s> *f* narguilé *m*
schiss [ʃɪs] *Imp von* **scheißen**
Schiss [ʃɪs] <-es, -e> *m* ▶ **vor jdm/etw ~ haben** *(fam)* avoir la trouille de qn/qc
schizophren [ʃitso'fre:n] *adj* ❶ MED schizophrène ❷ *(geh: absurd)* insensé(e)
Schizophrenie [ʃitsofre'ni:] <-, *selten:* -ien> *f* ❶ MED schizophrénie *f* ❷ *(Widersinn)* absurdité *f*
schlabberig ['ʃlabərɪç] *adj (pej fam: wässerig)* clairet(te); ***dieses ~e Bier/dieser ~e Kaffee*** cette bibine/lavasse
schlabbern ['ʃlabɐn] **I.** *vi (fam)* ❶ *(sabbern)* baver ❷ *Kleidung:* pendouiller **II.** *vt (fam) Katze:* laper *Milch*
Schlacht [ʃlaxt] <-, -en> *f* bataille *f*
Schlachtbank *f* table *f* d'équarrissage
schlachten ['ʃlaxtən] *vt* abattre
Schlachtenbummler(in) *m(f) (fam)* supporte[u]r, -trice *m, f*
Schlachter(in), **Schlächter(in)** ['ʃlɛçtɐ] <-s, -> *m(f)* NDEUTSCH boucher, -ère *m, f*
Schlachtfeld *nt* champ *m* de bataille **Schlachthof** *m* abattoirs *mpl* **Schlachtplan** *m* plan *m* de bataille **Schlachtruf** *m* cri *m* de guerre **Schlachtschiff** *nt* MIL cuirassé *m*
Schlachtung <-, -en> *f* abattage *m*
Schlachtvieh *nt* animaux *mpl* de boucherie
Schlacke ['ʃlakə] <-, -n> *f* ❶ scories *fpl* ❷ *meist Pl* MED fibre *f*
Schlaf [ʃla:f] <-[e]s> *m* sommeil *m;* ***einen festen/leichten ~ haben*** avoir le sommeil profond/léger; ***jdn aus dem ~ reißen*** arracher qn au sommeil
Schlafanzug *m* pyjama *m*
Schläfchen ['ʃlɛ:fçən] <-s, -> *nt Dim von* **Schlaf** [petit] somme *m*
Schlafcouch *f* canapé-lit *m*, convertible *m*
Schläfe ['ʃlɛ:fə] <-, -n> *f* tempe *f*
schlafen ['ʃla:fən] <schläft, schlief, geschlafen> *vi* ❶ dormir; ~ ***gehen*** aller se coucher; ***ein Kind ~ legen*** aller coucher un enfant ❷ *(nächtigen)* ***bei jdm*** ~ coucher chez qn ❸ *(fam: unaufmerksam sein)* dormir ❹ *(fam: Sex haben)* ***mit jdm*** ~ coucher avec qn
Schlafengehen <-s> *nt* coucher *m;* ***vor dem*** ~ avant d'aller se/me/... coucher
Schläfer(in) ['ʃlɛ:fɐ] <-s, -> *m(f)* dormeur, -euse *m, f*
schlaff [ʃlaf] *adj* ❶ *Fahne, Segel* qui pend [mollement]; *Seil* lâche ❷ *Händedruck, Muskeln* mou, molle
Schlafgelegenheit *f (in einer Wohnung)* place *f* pour dormir; *(in einer Stadt)* endroit *m* où dormir
Schlafittchen [ʃla'fɪtçən] ▶ **jdn am** [*o* **beim**] **~ nehmen** *(fam)* prendre qn par le colback
Schlaflied *nt* berceuse *f*
schlaflos *adj Mensch* insomniaque; *Nacht* blanc, blanche
Schlaflosigkeit <-> *f* insomnie *f*
Schlafmittel *nt* somnifère *m* **Schlafmütze** *f (fam: Mensch)* endormi(e) *m(f)*
schläfrig ['ʃlɛ:frɪç] *adj* somnolent(e); ~ ***sein*** avoir sommeil; ***jdn ~ machen*** donner envie de dormir à qn
Schläfrigkeit <-> *f* envie *f* de dormir
Schlafsaal *m* dortoir *m* **Schlafsack** *m* sac *m* de couchage **Schlafstadt** *f* ville-dortoir *f* **Schlafstörungen** *Pl* troubles *mpl* du sommeil
schläft [ʃlɛ:ft] *3. Pers Präs von* **schlafen**
Schlaftablette *f* comprimé *m* pour dormir
schlaftrunken ['ʃla:ftrʊŋkən] *adj o adv (geh)* [encore] tout ensommeillé(e) **Schlaf-**

S

wagen *m* wagon-lit *m* **schlafwandeln** *vi* + *haben o sein* être somnambule **Schlafwandler(in)** <-s, -> *m(f)* somnambule *mf* **Schlafzimmer** *nt* chambre *f* à coucher

Schlag [ʃla:k, *Pl:* 'ʃlɛ:gə] <-[e]s, Schläge> *m* ❶ *(Hieb)* coup *m* ❷ *(Hall)* bruit *m* [de choc]; *einer Uhr* coup *m* ❸ *(Schicksalsschlag)* *[**schwerer**]* ~ coup *m* dur ❹ *(Stromschlag)* électrocution *f* ❺ *(Taubenschlag)* colombier *m* ❻ DIAL *(fam: Portion)* louche *f* ▶ **ein ~ ins Gesicht** une gifle; **mich trifft der ~!** *(fam)* je vais avoir une attaque!

Schlagabtausch <-[e]s> *m* ❶ SPORT échange *m* de coups ❷ *(Rededuell)* prise *f* de bec **Schlagader** *f* artère *f* **Schlaganfall** *m* attaque *f* [d'apoplexie]

schlagartig *adj* brusque

schlagbar *adj Sportler, Mannschaft:* vulnérable; ~ ***sein*** *Sportler, Mannschaft:* être vulnérable

Schlagbaum *m* barrière *f* **Schlagbohrer** *m* perceuse *f* à percussion

schlagen ['ʃla:gən] <schlägt, schlug, geschlagen> **I.** *vt* + *haben* ❶ frapper; ***jdn ins Gesicht*** ~ frapper qn au visage ❷ *(besiegen)* battre ❸ *(fällen)* abattre *Baum* ❹ *(hineinschlagen)* ***einen Nagel in die Wand*** ~ enfoncer un clou dans le mur ❺ MUS battre *Takt* ❻ *(heftig rühren)* battre *Eier* ❼ *(läuten)* sonner; ***es hat zehn Uhr geschlagen*** dix heures ont sonné **II.** *vi* ❶ + *haben (hämmern)* ***mit etw auf etw akk/gegen etw*** ~ frapper avec qc sur/contre qc ❷ + *haben (hauen, zuschlagen)* ***jdm mit der Faust ins Gesicht*** ~ frapper qn avec le poing au visage; ***um sich*** ~ se débattre ❸ + *sein (auftreffen)* ***an etw akk*** ~ *Regen, Wellen:* frapper contre qc ❹ + *haben (pochen) Herz, Puls:* battre ❺ + *haben (läuten) Uhr:* sonner ❻ + *sein (fam: ähneln)* ***nach jdm*** ~ tenir de qn ❼ + *sein* MED ***die Erkältung ist ihm auf die Blase geschlagen*** le rhume a entraîné une inflammation de la vessie **III.** *vr* ❶ *(rangeln)* ***sich mit jdm*** ~ se battre avec qn; ***sich um etw*** ~ se battre pour [obtenir] qc ❷ *(zurechtkommen)* ***sich gut/tapfer*** ~ bien se défendre/se défendre avec courage

schlagend *adj (überzeugend)* concluant(e)

Schlager ['ʃla:gɐ] <-s, -> *m* ❶ *(Lied)* tube *m fam* ❷ *(fam: Verkaufsschlager)* article *m* qu'on s'arrache

Schläger ['ʃlɛ:gɐ] <-s, -> *m* ❶ *(Mensch)* casseur *m* ❷ *(Tennisschläger, Federballschläger, Tischtennisschläger)* raquette *f;* *(Hockeyschläger)* crosse *f;* *(Golfschläger)* club *m;* *(Baseballschläger)* batte *f*

Schlägerei [ʃlɛ:gə'rai] <-, -en> *f* bagarre *f*

Schlagermusik *f* [musique *f* de] variété *f* **Schlagersänger(in)** *m(f)* chanteur, -euse *m, f* de variété

schlagfertig I. *adj Person* qui a de la répartie; *Antwort* du tac au tac **II.** *adv* du tac au tac

Schlagfertigkeit *f kein Pl* sens *m* de la répartie

Schlaghose *f* pantalon *m* [à] pattes d'éléphant

Schlaginstrument *nt* instrument *m* à percussion **Schlagkraft** *f kein Pl (Wirksamkeit) eines Arguments, Beweises* force *f* de persuasion **schlagkräftig** *adj* ❶ *Armee* puissante ❷ *Argument* persuasif, -ive **Schlagloch** *nt* nid-de-poule *m* **Schlagmann** <-männer> *m (beim Rudern)* chef *m* de nage **Schlagobers** ['ʃla:kʔo:bɐs] *nt* A, **Schlagsahne** *f (flüssig)* crème *f* fleurette; *(geschlagen)* [crème *f*] chantilly *f* **Schlagring** *m* coup-de-poing *m* [américain] **Schlagseite** *f* gîte *f* ▶ **haben** *Schiff:* donner de la bande [*o* gîte]; *(hum fam) Person:* tanguer **Schlagstock** *m* matraque *f*

schlägt [ʃlɛ:kt] *3. Pers Präs von* **schlagen**

Schlagwort *nt* ❶ <-worte> *(pej: Parole)* formule *f* [toute faite] ❷ <-wörter> *(Stichwort)* mot-clé *m* **Schlagzeile** *f* gros titre *m;* ***~n machen*** *(fam)* faire la une des journaux

Schlagzeug <-[e]s, -e> *nt* batterie *f*

Schlagzeuger(in) <-s, -> *m(f)* batteur, -euse *m, f*

schlaksig ['ʃlaksɪç] *adj (fam)* dégingandé(e); *Bewegungen* désarticulé(e)

Schlamassel [ʃla'masəl] <-s, -> *m o nt (fam: Durcheinander)* bordel *m*

Schlamm [ʃlam, *Pl:* 'ʃlamə, 'ʃlɛmə] <-[e]s, -e *o* Schlämme> *m* boue *f;* *(Flussschlamm)* vase *f*

Schlammbad *nt* bain *m* de boue

schlammig ['ʃlamɪç] *adj* boueux, -euse

Schlammlawine *f* avalanche *f* de boue **Schlammschlacht** *f* foire *f* d'empoigne

Schlampe ['ʃlampə] <-, -n> *f (pej fam)* ❶ *(ungepflegte Frau)* souillon *m* ❷ *(liederliche Frau)* traînée *f*

schlampen ['ʃlampən] *vi (fam)* bâcler le travail

Schlamperei [ʃlampə'rai] <-, -en> *f (fam)* ❶ *(Nachlässigkeit)* bâclage *m* ❷ *(Unordnung)* bordel *m*

S

schlampig *(fam)* **I.** *adj* ❶ *Arbeit* bâclé(e) ❷ *(ungepflegt)* débraillé(e) ❸ *(unordentlich)* bordélique **II.** *adv* ❶ *(nachlässig)* à la va comme je te pousse ❷ *(ungepflegt)* en débraillé
schlang [ʃlaŋ] *Imp von* **schlingen**
Schlange ['ʃlaŋə] <-, -n> *f* ❶ ZOOL serpent *m* ❷ *(Warteschlange)* queue *f*; ***~ stehen*** faire la queue ❸ *(pej: hinterlistige Frau)* vipère *f*
schlängeln ['ʃlɛŋəln] *vr* ❶ ***sich durch etw*** *akk* ~ *Schlange:* ramper à travers qc ❷ ***sich durch den Wald*** ~ *Straße:* serpenter à travers la forêt
Schlangengift *nt* venin *m* [de serpent]
Schlangenleder *nt* [peau *f* de] serpent *m*
Schlangenlinie *f* trait *m* ondulé; ***~n fahren*** zigzaguer
schlank [ʃlaŋk] *adj Person* mince; *Baum* élancé(e); ~ ***machen*** *Essen:* faire maigrir; *Kleidung:* amincir
Schlankheit <-> *f* minceur *f*; *des Körpers* sveltesse *f*
Schlankheitskur *f* cure *f* d'amaigrissement
schlapp [ʃlap] *adj* *(fam)* ❶ *(erschöpft)* ***~ sein*** être flagada ❷ *(unbedeutend)* ***~e tausend Euro*** mille malheureux euros ❸ *Sieg, Leistung* minable
Schlappe <-, -n> *f* *(fam)* veste *f*
Schlappen ['ʃlapən] <-s, -> *m* NDEUTSCH *(fam)* savate *f* fam
Schlapphut *m* chapeau *m* à larges bords
schlapp|machen *vi* *(fam)* craquer
Schlappschwanz *m* *(pej fam)* couille *f* molle
Schlaraffenland [ʃla'rafənlant] *nt* pays *m* de cocagne
schlau [ʃlau̯] *adj* ❶ astucieux, -euse ❷ *(fam: klug)* ***aus jdm/etw nicht ~ werden*** ne pas comprendre qn/ne rien comprendre à qc
Schlauberger ['ʃlau̯bɛrgɐ] <-s, -> *m* *(fam)* ❶ *(pfiffiger Mensch)* petit futé *m* ❷ *(iron: Besserwisser)* Monsieur *m* Je-sais-tout
Schlauch [ʃlau̯x, *Pl:* 'ʃlɔy̯çə] <-[e]s, Schläuche> *m* ❶ tuyau *m* ❷ *(Reifenschlauch)* chambre *f* à air
Schlauchboot *nt* bateau *m* pneumatique; *(für Wildwasserfahrten)* raft *m*
schlauchen ['ʃlau̯xən] *vt, vi* *(fam)* pomper
Schläue ['ʃlɔy̯ə] <-> *f* astuce *f*
Schlaufe ['ʃlau̯fə] <-, -n> *f* ❶ *(Gürtelschlaufe)* passant *m*; *(an einer Jacke)* bride *f* ❷ *(Halteband)* dragonne *f*
Schlauheit *f s.* **Schläue**
Schlaumeier ['ʃlau̯mai̯ɐ] *s.* **Schlauberger**

Schlawiner [ʃla'viːnɐ] <-s, -> *m* *(hum fam)* [vieux] roublard *m*
schlecht [ʃlɛçt] **I.** *adj* ❶ *(nicht gut, nicht gesund, nicht normal)* mauvais(e) *antéposé; Material, Verarbeitung* de mauvaise qualité; ***ein ~es Benehmen haben*** se tenir mal; ***mit unserem Ausflug sieht es ~ aus*** pour notre excursion, ça va mal ❷ *(moralisch verkommen)* mauvais(e) ❸ *Bezahlung* médiocre ❹ *(verfault, verdorben)* ***~ werden/sein*** s'abîmer/être avarié ❺ *(übel)* ***jdm wird/ist ~*** qn se sent mal **II.** *adv* ❶ mal; ***~ gelaunt sein*** être de mauvaise humeur ❷ *(negativ)* ***~ von jdm reden/über jdn denken*** dire/penser du mal de qn ❸ *(schwerlich)* difficilement; ***sich ~ in jdn hineinversetzen können*** avoir du mal à se mettre à la place de qn
schlechtgelaunt *s.* **gelaunt**
schlechthin *adv* *(in reinster Ausprägung)* par excellence
schlecht|machen *vt* *(fig)* ***jdn ~*** dénigrer qn
schlecken ['ʃlɛkən] **I.** *vt* lécher **II.** *vi* ❶ *(naschen)* manger des sucreries ❷ *(lecken)* ***an einem Eis ~*** lécher sa glace
Schlegel ['ʃleːgəl] <-s, -> *m* SDEUTSCH, A, CH *(Geflügel-, Hasenkeule)* cuisse *f*; *(Reh-, Wildschweinkeule)* cuissot *m*
Schlehe ['ʃleːə] <-, -n> *f* *(Beere)* prunelle *f*
schleichen ['ʃlai̯çən] <schlich, geschlichen> **I.** *vi + sein* ❶ se déplacer furtivement; ***ums Haus ~*** rôder autour de la maison ❷ *(fam: langsam fahren)* se traîner **II.** *vr* ***sich aus dem Haus ~*** sortir de la maison furtivement
schleichend *adj attr* MED insidieux, -euse
Schleichweg *m* chemin *m* détourné
Schleichwerbung *f* publicité *f* déguisée
Schleier ['ʃlai̯ɐ] <-s, -> *m* voile *m*
Schleiereule *f* [chouette *f*] effraie *f*
schleierhaft *adj* *(fam)* ***jdm ~ sein*** être un mystère pour qn
Schleife ['ʃlai̯fə] <-, -n> *f* ❶ *(Knoten)* nœud *m* ❷ *(Kurve)* méandre *m*
schleifen[1] ['ʃlai̯fən] **I.** *vt + haben* ❶ *(ziehen)* ***jdn/etw zur Tür ~*** traîner qn/qc jusqu'à la porte ❷ *(hum fam: zum Mitkommen überreden)* ***jdn ins Kino ~*** traîner qn au cinéma **II.** *vi* ❶ *+ haben o sein (reiben)* ***an etw*** *dat* ~ *Fahrradkette, Blech:* frotter contre qc ❷ *+ haben o sein (gleiten)* ***auf dem Boden ~*** *Kleid, Schleppe:* traîner par terre ► **etw ~ lassen** *(fam)* laisser courir qc
schleifen[2] ['ʃlai̯fən] <schliff, geschliffen>

vt ❶ *(schärfen)* aiguiser *Messer, Schere* ❷ *(bearbeiten)* tailler *Edelstein*
Schleifer(in) [ˈʃlaifɐ] <-s, -> *m(f)* *(Steinschleifer)* lapidaire *mf*
Schleifmaschine *f* meule *f; (für Holz)* ponceuse *f* **Schleifpapier** *nt* papier *m* de verre **Schleifstein** *m* meule *f*
Schleim [ʃlaim] <-[e]s, -e> *m* ❶ MED mucus *m* ❷ ZOOL *einer Schnecke* bave *f*
Schleimbeutel *m* ANAT bourse *f* séreuse [*o* synoviale]
schleimen [ˈʃlaimən] *vi (fam)* faire de la lèche
Schleimer(in) [ˈʃlaimɐ] <-s, -> *m(f)* *(pej fam)* lèche-botte *mf*
Schleimhaut *f* muqueuse *f*
schleimig [ˈʃlaimɪç] *adj* ❶ MED muqueux, -euse ❷ *(glitschig)* baveux, -euse ❸ *(pej: unterwürfig)* mielleux, -euse
schlemmen [ˈʃlɛmən] **I.** *vi* faire bombance **II.** *vt* déguster
Schlemmer(in) [ˈʃlɛmɐ] <-s, -> *m(f)* fine bouche *f*
schlendern [ˈʃlɛndɐn] *vi + sein* ***durch den Park*** ~ se balader dans le parc; ***durch die Stadt*** ~ flâner en ville
Schlenker [ˈʃlɛŋkɐ] <-s, -> *m (Ausweichmanöver)* [brusque] écart *m*
schlenkern [ˈʃlɛŋkɐn] **I.** *vi Arme:* ballotter; ***mit den Armen*** ~ balancer les bras **II.** *vt* balancer *Handtasche*
Schleppdampfer *m* remorqueur *m* [à vapeur]
Schleppe [ˈʃlɛpə] <-, -n> *f* traîne *f*
schleppen [ˈʃlɛpən] **I.** *vt* ❶ *(schwer tragen)* traîner avec peine ❷ *(abschleppen)* remorquer ❸ *(fam: zum Mitkommen überreden)* ***jdn ins Kino*** ~ traîner qn au cinéma **II.** *vr* ❶ *(sich fortbewegen)* ***sich zum Telefon*** ~ se traîner jusqu'au téléphone ❷ *(sich hinziehen)* ***sich*** ~ traîner
schleppend **I.** *adj Gang, Sprechweise* traînant(e); *Bearbeitung* lent(e) **II.** *adv gehen* d'un pas traînant; *sprechen* d'une voix traînante; *in Gang kommen, vorangehen* lentement
Schlepper [ˈʃlɛpɐ] <-s, -> *m* ❶ *(fam: Kundenfänger)* rabatteur *m* ❷ *(fam: Schleuser)* passeur *m* ❸ *(Schleppschiff)* remorqueur *m*
Schlepperbande <-, -n> *f* filière *f* d'immigration clandestine
Schlepplift *m* remonte-pente *m* **Schleppnetz** *nt* chalut *m* **Schlepptau** *nt* NAUT ***etw ins ~ nehmen*** prendre qc en remorque
Schlesien [ˈʃleːziən] <-s> *nt* la Silésie
Schlesier(in) [ˈʃleːziɐ] <-s, -> *m(f)* Silésien(ne) *m(f)*
schlesisch [ˈʃleːzɪʃ] *adj* silésien(ne)
Schleswig-Holstein [ˈʃleːsvɪçˈhɔlʃtain] <-s> *nt* le Schleswig-Holstein
Schleuder [ˈʃlɔydɐ] <-, -n> *f* ❶ *(Waffe)* fronde *f* ❷ *(Wäscheschleuder)* essoreuse *f*
schleudern **I.** *vt + haben* ❶ ***etw*** ~ *Person:* lancer qc; ***aus dem Wagen geschleudert werden*** *Unfallopfer:* être projeté hors de la voiture ❷ *(zentrifugieren)* essorer *Wäsche* **II.** *vi + sein* déraper; ***ins Schleudern kommen*** *Fahrer, Fahrzeug:* déraper
Schleuderpreis *m* prix *m* sacrifié **Schleudersitz** *m* siège *m* éjectable
schleunigst *adv* dans les plus brefs délais
Schleuse [ˈʃlɔyzə] <-, -n> *f* ❶ NAUT écluse *f* ❷ *(Durchgangskammer)* sas *m*
schleusen [ˈʃlɔyzən] *vt (heimlich bringen)* ***jdn über die Grenze*** ~ faire passer en douce la frontière à qn
Schleusentor *nt* porte *f* d'écluse
Schleuser(in) [ˈʃlɔyzɐ] <-s, -> *m(f)* *(fam)* passeur, -euse *m, f*
Schleuserbande *f (fam)* réseau *m* de passeurs
schlich [ʃlɪç] *Imp von* **schleichen**
schlicht [ʃlɪçt] **I.** *adj* ❶ *(einfach)* simple ❷ *(unauffällig)* sobre ❸ *(bloß)* ***die ~e Wahrheit*** la vérité, et rien que la vérité **II.** *adv* ❶ *einrichten, kleiden* sobrement ❷ *(glattweg)* tout simplement
schlichten [ˈʃlɪçtən] *vt* régler
Schlichter(in) [ˈʃlɪçtɐ] <-s, -> *m(f)* conciliateur, -trice *m, f*
Schlichtheit <-> *f* sobriété *f*
Schlichtung <-, -en> *f* conciliation *f*
Schlichtungsversuch *m* tentative *f* de conciliation
Schlick [ʃlɪk] <-[e]s, -e> *m* vase *f*
schlief [ʃliːf] *Imp von* **schlafen**
Schliere [ˈʃliːrə] <-, -n> *f* traînée *f* [grasse]
schließen [ˈʃliːsən] <schloss, geschlossen> **I.** *vi* ❶ *Schlüssel:* tourner [dans la serrure]; ***schlecht*** ~ *Tür, Fenster:* fermer mal ❷ *(das Schloss betätigen)* fermer ❸ *(enden)* terminer ❹ FIN ***die Börse schloss freundlich*** la Bourse clôtura sur une note positive ❺ *(schlussfolgern)* ***aus einer Beobachtung auf etw*** *akk* ~ conclure qc [à partir] d'une observation; ***du darfst nicht von dir auf andere*** ~ tu ne dois pas généraliser [ton cas] **II.** *vt* ❶ *(zumachen)* fermer *Fenster, Augen, Geschäft* ❷ *(beenden)* clôturer *Konferenz, Versammlung* ❸ *(eingehen)* conclure *Abkommen, Pakt* ❹ *(auffüllen)* combler *Lücke* ❺ *(schlussfolgern)*

S

etw aus seinen Beobachtungen ~ conclure qc de ses observations **III.** *vr* ***sich ~*** se fermer

Schließfach *nt* ❶ *(Gepäckschließfach)* consigne *f* automatique ❷ *(Bankfach)* coffre *m* ❸ *(Postfach)* boîte *f* postale

schließlich ['ʃliːslɪç] *adv* ❶ finalement ❷ *(immerhin)* après tout

Schließmuskel *m* ANAT sphincter *m*

Schließung <-, -en> *f* fermeture *f*

schlịff [ʃlɪf] *Imp von* **schleifen**[2]

Schlịff [ʃlɪf] <-[e]s, -e> *m* ❶ *kein Pl einer Schere* aiguisage *m* ❷ *kein Pl eines Brillenglases* taille *f* ❸ *kein Pl (Umgangsformen)* savoir-vivre *m*

schlịmm [ʃlɪm] **I.** *adj* ❶ *Nachricht, Irrtum* grave; *Zeit* difficile, dur(e); ***es ist ~, dass*** c'est grave que *+subj;* ***etwas Schlimmes*** quelque chose de grave; ***das Schlimmste befürchten*** craindre le pire; ***es gibt Schlimmeres*** il y a pire ❷ *(fam) Auge* pas beau, belle à voir **II.** *adv* mal; ***~ dran sein*** *(fam)* être dans de beaux draps; ***es steht ~ um jdn*** le cas de qn est grave

schlịmmstenfạlls *adv* dans le pire des cas

Schlịnge ['ʃlɪŋə] <-, -n> *f* ❶ *(Schlaufe)* nœud *m* coulant ❷ *(Falle)* collet *m* ❸ *(Armbinde)* écharpe *f*

Schlịngel ['ʃlɪŋəl] <-s, -> *m (fam)* affreux jojo *m*

schlịngen ['ʃlɪŋən] <schlạng, geschlụngen> **I.** *vt* ❶ ***seine Arme um jdn ~*** prendre qn dans ses bras ❷ *(gierig essen)* engloutir *Essen* **II.** *vi Person, Tier:* dévorer

schlịngern ['ʃlɪŋɐn] *vi* NAUT rouler

Schlịngpflanze *f* plante *f* grimpante

Schlịps [ʃlɪps] <-es, -e> *m* cravate *f*

Schlịtten ['ʃlɪtən] <-s, -> *m (Rodelschlitten)* luge *f;* ***~ fahren*** faire de la luge

Schlịttenfahrt *f* ❶ *(mit dem Schlitten)* descente *f* en luge ❷ *(mit dem Pferdeschlitten)* promenade *f* en traîneau

schlịttern ['ʃlɪtɐn] *vi + sein* ❶ *(rutschen)* faire des glissades; ***über das Eis ~*** *Person:* faire des glissades sur la glace; *Eisstock:* glisser sur la glace ❷ *(fam: ungewollt geraten)* ***in etw*** *akk* ~ se retrouver dans qc

Schlịttschuh *m* patin *m* à glace; ***~ laufen*** faire du patin à glace

Schlịttschuhlaufen <-s> *nt* patinage *m*

Schlịttschuhläufer(in) *m(f)* patineur, -euse *m, f* [sur glace]

Schlịtz [ʃlɪts] <-es, -e> *m* ❶ *(Einsteckschlitz)* fente *f* ❷ *(Spalt)* interstice *m* ❸ *(in einem Kleidungsstück)* fente *f* ❹ *(fam: Hosenschlitz)* braguette *f*

Schlịtzauge *nt* œil *m* bridé

schlịtzen ['ʃlɪtsən] *vt* fendre *Rock*

Schlịtzohr *nt (fam)* roublard *m*

schlọss [ʃlɔs] *Imp von* **schließen**

Schlọss [ʃlɔs, *Pl:* 'ʃlœsɐ] <-es, Schlọ̈sser> *nt* ❶ *(Palast)* château *m* ❷ *(Türschloss)* serrure *f* ❸ *(Vorhängeschloss)* cadenas *m* ❹ *eines Koffers* fermoir *m*

Schlọsser(in) ['ʃlɔsɐ] <-s, -> *m(f)* serrurier, -ière *m, f*

Schlosserei [ʃlɔsə'raj] <-, -en> *f* serrurerie *f* **Schlọssherr(in)** *m(f)* propriétaire [du château] *mf;* HIST châtelain(e) *m(f)* **Schlọssruine** *f* ruines *fpl* d'un château

Schlot [ʃloːt, *Pl:* 'ʃloːtə] <-[e]s, -e> *m* ❶ *(Schornstein)* cheminée *f* [d'usine] ❷ GEOL *eines Vulkans* cheminée *f* ▶ **rauchen wie ein ~** *(fam)* fumer comme un pompier

schlọttern ['ʃlɔtɐn] *vi* trembler

Schlụcht [ʃlʊxt] <-, -en> *f* gorge *f*

schlụchzen ['ʃlʊxtsən] *vi* sangloter

Schlụchzer ['ʃlʊxtsɐ] <-s, -> *m* sanglot *m*

Schlụck [ʃlʊk] <-[e]s, -e> *m* gorgée *f;* ***ein kleiner ~*** une goutte

Schlụckauf ['ʃlʊkʔauf] <-s> *m* hoquet *m*

Schlụckbeschwerden *Pl* MED troubles *mpl* de la déglutition, dysphagie *f spéc*

Schlụ̈ckchen ['ʃlʏkçən] <-s, -> *nt Dim von* **Schluck** petite gorgée *f*

schlụcken ['ʃlʊkən] **I.** *vt* ❶ *(hinunterschlucken)* avaler ❷ *(fam: trinken)* picoler *Schnaps* ❸ *(fam: verbrauchen)* bouffer *Benzin* ❹ *(fam: hinnehmen)* encaisser *Vorwurf* ❺ *(fam: glauben)* gober *Ausrede* ❻ *(dämpfen)* assourdir *Geräusche* **II.** *vi* avaler

Schlụcker <-s, -> *m* ***armer ~*** *(fam)* pauvre type *m*

Schlụckimpfung *f* vaccination *f* orale **Schlụckspecht** *m (sl)* poivrot *m fam* **schlụckweise** *adv* à petites gorgées

schluderig *s.* **schlampig**

schludern ['ʃluːdɐn] *vi (fam) s.* **schlampen**

schludrig ['ʃluːdrɪç] *s.* **schlampig**

schlug [ʃluːk] *Imp von* **schlagen**

Schlụmmer <-s> *m (geh)* [petit] somme *m*

schlụmmern *vi (geh)* sommeiller

Schlụnd [ʃlʊnt, *Pl:* 'ʃlʏndə] <-[e]s, Schlünde> *m* ❶ ANAT gosier *m* ❷ *(geh: Abgrund)* abîme *m*

schlụ̈pfen ['ʃlʏpfən] *vi + sein* ❶ ORN, ZOOL éclore; ***aus dem Ei ~*** sortir de l'œuf ❷ *(hineinschlüpfen)* ***in etw*** *akk* ~ enfiler qc ❸ *(herausschlüpfen)* ***aus etw ~*** enlever prestement qc ❹ *(rasch gehen)* ***durch die Tür ~*** se faufiler par la porte

Schlüpfer <-s, -> *m* [petite] culotte *f*

Schlupfloch *nt (Öffnung)* trou *m* pour passer

schlüpfrig ['ʃlʏpfrɪç] *adj* ❶ *(glitschig)* glissant(e) ❷ *(anstößig)* scabreux, -euse

Schlupfwinkel *m* repaire *m*

schlurfen ['ʃlʊrfən] *vi + sein* marcher en traînant les pieds

schlürfen ['ʃlʏrfən] *vt, vi* boire en faisant du bruit

Schluss [ʃlʊs] <-es, Schlüsse> *m* ❶ *(Ende)* fin *f*; ***zum ~*** pour terminer; ***~ damit!*** ça suffit! ❷ *kein Pl einer Gruppe, eines Zugs* queue *f* ❸ *(Folgerung)* conclusion *f* ▶ **mit jdm ~ machen** rompre avec qn

Schlussakt *m (a. fig)* acte *m* final **Schlussbemerkung** *f* remarque *f* finale

Schlüssel ['ʃlʏsəl] <-s, -> *m* ❶ clé *f* ❷ *(Mittel)* ***der ~ zum Erfolg*** la clé du succès ❸ *(Verteilungsschema)* barème *m* ❹ SCHULE *(Lösungsheft)* corrigé *m*

Schlüsselanhänger *m* porte-clés *m inv* **Schlüsselbein** *nt* clavicule *f* **Schlüsselblume** *f* BOT coucou *m*, primevère *f* **Schlüsselbund** <-bunde> *m o nt* trousseau *m* de clés **Schlüsseldienst** *m* service *m* de dépannage de serrures **Schlüsselerlebnis** *nt* expérience *f* clé

Schlüsseletui [-ɛtviː] *nt* étui *m* à clés **schlüsselfertig** *adj o adv* clés en main **Schlüsselfigur** *f* personnage *m* clé **Schlüsselkarte** *f* carte-clé *f* **Schlüsselloch** *nt* trou *m* de serrure

Schlüsselposition *f* position *f* clé **Schlüsselqualifikation** *f* qualification *f* clé **Schlüsselstellung** *f* position-clé *f* **Schlüsselwort** *nt* ❶ *(in einem Text)* mot-clé *m* ❷ *(verschlüsseltes Wort)* code *m*

schlussfolgern *vt* déduire; ***etw aus etw ~*** déduire qc de qc **Schlussfolgerung** *f* déduction *f*; ***seine ~en ziehen*** tirer ses conclusions

schlüssig ['ʃlʏsɪç] *adj* ❶ *(folgerichtig)* concluant(e) ❷ *(entschieden)* ***sich*** *dat* ***nicht ~ sein*** être indécis

Schlusslicht *nt* ❶ *eines Fahrzeugs* feu *m* arrière ❷ *(fam: Letzter)* ***das ~ sein*** être la lanterne rouge **Schlusspfiff** *m* coup *m* de sifflet final **Schlusspunkt** *m (Satzpunkt)* point *m* ▶ **einen ~ unter/hinter etw** *akk* **setzen** mettre un point final [*o* un terme] à qc **Schlussstrich** *m* ▶ **einen ~ unter etw** *akk* **ziehen** tirer un trait sur qc **Schlussverkauf** *m* soldes *mpl* **Schlusswort** <-worte> *nt* mot *m* de la fin

Schmach <-> *f (geh)* ignominie *f*

schmachten ['ʃmaxtən] *vi (geh)* languir

schmachtend *adj* langoureux, -euse

schmächtig ['ʃmɛçtɪç] *adj* fluet(te)

schmackhaft ['ʃmakhaft] *adj (geh) Speise* savoureux, -euse

schmähen ['ʃmɛːən] *vt (geh)* honnir *littér*

Schmähgedicht *nt* poème *m* satirique

Schmährede *f* invective *f*

Schmähschrift *f* libelle *m*

schmal [ʃmaːl] <-er *o* schmäler, -ste *o* schmälste> *adj Hüften, Öffnung, Straße* étroit(e); *Lippen, Taille, Person* mince; *Baum* élancé(e)

schmälern ['ʃmɛːlɐn] *vt* dénigrer

Schmalfilm *m* film *m* super-huit **Schmalseite** *f* côté *m* [étroit] **Schmalspur** *f kein Pl (eisenbahn)* voie *f* étroite

Schmalz[1] [ʃmalts] <-es, -e> *nt* GASTR saindoux *m*

Schmalz[2] [ʃmalts] <-es> *m (pej fam: Rührseligkeit)* guimauve *f fig*

schmalzig ['ʃmaltsɪç] *adj (pej fam)* à l'eau de rose

schmarotzen* [ʃma'rɔtsən] *vi* ❶ *(pej)* faire le/la pique-assiette ❷ BIO croître en parasite

Schmarotzer [ʃma'rɔtsɐ] <-s, -> *m* ❶ *(pej: Mensch)* pique-assiette *m* ❷ BIO parasite *m*

Schmarotzerin <-, -nen> *f (pej)* pique-assiette *f*

Schmarr[e]n <-s, -> *m* ❶ GASTR SDEUTSCH, A *spécialité à base de lambeaux de crêpe* ❷ *kein Pl (fam: Unsinn)* conneries *f pl*

schmatzen ['ʃmatsən] *vi (beim Essen)* faire du bruit en mâchant

schmecken ['ʃmɛkən] **I.** *vi* ❶ *(munden)* ***etw schmeckt*** qc est bon(ne); ***es schmeckt ihr*** elle trouve que c'est bon ❷ *(Geschmack haben)* ***frisch/sauer ~*** avoir un goût frais/acide; ***gut ~*** avoir bon goût ❸ *(fam: gefallen)* ***jdm nicht ~*** ne pas plaire à qn **II.** *vt* goûter

Schmeichelei [ʃmaɪçə'laɪ] <-, -en> *f* flatterie *f*

schmeichelhaft *adj* flatteur, -euse

schmeicheln ['ʃmaɪçəln] *vi (a. fig)* ***jdm ~*** flatter qn

Schmeichler(in) <-s, -> *m(f)* flatteur, -euse *m, f*

schmeichlerisch *adj (pej)* obséquieux, -euse

schmeißen ['ʃmaɪsən] <schmiss, geschmissen> *(fam)* **I.** *vt* ❶ *(werfen)* balancer; ***jdn aus dem Haus ~*** foutre qn dehors ❷ *(managen)* faire tourner *Laden* **II.** *vi (fig)* ***mit Geld um sich ~*** dépenser sans compter

Schmeißfliege ['ʃmaisfli:gə] *f* mouche *f* bleue

schmelzen ['ʃmɛltsən] <schmilzt, schmolz, geschmolzen> **I.** *vi + sein* fondre **II.** *vt + haben* fondre *Metall;* faire fondre *Eis*

Schmelzkäse *m* fromage *m* fondu **Schmelzofen** *m* four[neau] *m* de fusion **Schmelzpunkt** *m* point *m* de fusion **Schmelztiegel** *m (a. fig)* creuset *m* **Schmelzwasser** <-wasser> *nt* eau *f* [provenant] de la fonte des neiges

Schmerz [ʃmɛrts] <-es, -en> *m* MED, PSYCH douleur *f*

schmerzempfindlich *adj Person* douillet(te); *Narbe, Zahn* sensible

schmerzen ['ʃmɛrtsən] **I.** *vi* faire mal; ***mir schmerzen die Füße*** j'ai mal aux pieds **II.** *vt* affecter

Schmerzensgeld *nt kein Pl* pretium *m* doloris **Schmerzensschrei** *m* cri *m* de douleur

schmerzfrei *adj* sans douleur **Schmerzgrenze** *f* ❶ limite *f* du supportable ❷ *(fig)* dernière limite *f*

schmerzhaft *adj* douloureux, -euse

schmerzlich **I.** *adj* douloureux, -euse **II.** *adv vermissen* amèrement

schmerzlindernd *adj* calmant(e)

schmerzlos **I.** *adj Geburt* sans douleur; *Eingriff* indolore **II.** *adv* sans douleur

Schmerzmittel *nt* analgésique *m* **schmerzstillend** *adj* analgésique **Schmerztablette** *f* comprimé *m* contre la douleur **schmerzverzerrt** *adj* ravagé(e) de douleur

Schmetterball *m* smash *m*

Schmetterling ['ʃmɛtɐlɪŋ] <-s, -e> *m* papillon *m*

Schmetterlingsstil *m* [brasse *f*] papillon *m*

schmettern ['ʃmɛtɐn] **I.** *vt + haben* ❶ *(schleudern)* ***etw an die Wand*** ~ envoyer qc contre le mur ❷ SPORT smasher *Ball* ❸ *(ertönen lassen)* entonner *Lied* **II.** *vi* ❶ *+ sein (aufprallen)* ***gegen etw*** ~ s'écraser contre qc ❷ *+ haben* SPORT smasher

Schmied(in) [ʃmi:t] <-[e]s, -e> *m(f)* forgeron *m*

Schmiede ['ʃmi:də] <-, -n> *f* forge *f*

Schmiedeeisen *nt* fer *m* forgé **schmiedeeisern** *adj* en fer forgé

schmieden ['ʃmi:dən] *vt* forger

schmiegen ['ʃmi:gən] *vr* ❶ *(sich kuscheln)* ***sich an jdn*** ~ se blottir contre qn ❷ *(eng anliegen)* ***sich an etw*** *akk* ~ mouler qc

Schmiere ['ʃmi:rə] <-, -n> *f (Fett)* cambouis *m*

schmieren ['ʃmi:rən] **I.** *vt* ❶ *(streichen)* tartiner *Brot;* ***sich*** *dat* ***Creme ins Gesicht*** ~ s'étaler de la crème sur le visage ❷ *(fetten)* graisser *Scharnier; (ölen)* lubrifier *Kolben* ❸ *(pej fam: bestechen)* graisser la patte à ▶ **jdm eine** ~ *(fam)* en coller une à qn **II.** *vi (fam: klecksen) Kugelschreiber:* baver

Schmiererei [ʃmi:rə'rai] <-, -en> *f (pej fam: Schrift, Zeichnung)* gribouillage *m*

Schmierfett *nt* graisse *f* **Schmierfink** *m (pej fam: Journalist)* pisseur *m* de copie **Schmiergeld** *nt (fam)* bakchich *m* **Schmiergeldzahlung** *f* versement *m* de pot-de-vin **Schmierheft** *nt* cahier *m* de brouillon

schmierig ['ʃmi:rɪç] *adj* ❶ *Haar, Hände* poisseux, -euse; *Kleidung, Oberfläche* couvert(e) de [taches de] graisse ❷ *(pej: abstoßend)* ***dieser ~e Kerl*** ce faux jeton

Schmiermittel *nt* lubrifiant *m* **Schmieröl** *nt* huile *f* lubrifiante **Schmierpapier** *nt* [papier *m* de] brouillon *m* **Schmierseife** *f* savon *m* noir **Schmierzettel** *m* bout *m* de papier

schmilzt [ʃmɪltst] *3. Pers Präs von* **schmelzen**

Schminke ['ʃmɪŋkə] <-, -n> *f* maquillage *m*

schminken **I.** *vt* maquiller **II.** *vr* ***sich*** ~ se maquiller

Schminkkoffer *m* vanity-case *m*

schmirgeln ['ʃmɪrgəln] *vt, vi* poncer

Schmirgelpapier *nt* papier *m* [d'lémeri

schmiss [ʃmɪs] *Imp von* **schmeißen**

Schmiss [ʃmɪs] <-es, -e> *m* ❶ *(Narbe)* balafre *f* ❷ *(fam: Schwung)* allant *m*

Schmöker ['ʃmø:kɐ] <-s, -> *m (fam)* roman *m* de gare

schmökern ['ʃmø:kɐn] *vi (fam)* bouquiner; ***in etw*** *dat* ~ bouquiner qc

schmollen ['ʃmɔlən] *vi* bouder

Schmollmund *m* moue *f*

schmolz [ʃmɔlts] *Imp von* **schmelzen**

Schmorbraten *m* bœuf *m* braisé

schmoren ['ʃmo:rən] **I.** *vt* faire braiser *Braten* **II.** *vi* ❶ *Braten:* cuire à petit feu ❷ *(fam: schwitzen)* ***in der Sonne*** ~ se faire cuire au soleil ❸ *(fam: warten)* ***jdn ~ lassen*** laisser mariner qn

Schmortopf *m* GASTR daubière *f*

Schmuck [ʃmʊk] <-[e]s> *m* ❶ bijoux *mpl* ❷ *(Verzierung)* décoration *f*

schmücken ['ʃmʏkən] *vt* décorer *Raum*

Schmuckkästchen *nt* coffret *m* à bijoux

schmụcklos *adj* nu(e)
Schmụckstück *nt* bijou *m*
schmụdd[e]lig ['ʃmʊd(ə)lɪç] *adj* sale, crasseux, -euse
Schmụggel ['ʃmʊgəl] <-s> *m* contrebande *f*
schmụggeln ['ʃmʊgəln] **I.** *vt* faire de la contrebande de *Waren;* faire du trafic de *Drogen, Waffen* **II.** *vi* faire de la contrebande
Schmụggelware *f* [marchandise *f* de] contrebande *f*
Schmụggler(in) ['ʃmʊglɐ] <-s, -> *m(f)* contrebandier, -ière *m, f*
schmụnzeln ['ʃmʊntsəln] *vi* sourire; ***über etw*** ~ sourire de qc
Schmus [ʃmu:s] <-es> *m (fam: schöne Worte)* cajoleries *fpl*
schmusen ['ʃmu:zən] *vi (fam)* ***[miteinander]*** ~ se faire des mamours; ***mit jdm*** ~ faire des mamours à qn
Schmụtz [ʃmʊts] <-es> *m* saleté *f; (Schlamm)* boue *f; (Staub)* poussière *f*
Schmụtzfink *m (fam)* [petit] cochon *m*
schmụtzig ['ʃmʊtsɪç] *adj* ❶ sale; *(schlammbedeckt)* boueux, -euse; *(staubbedeckt)* poussiéreux, -euse; ***sich*** ~ ***machen*** se salir ❷ *(pej: anrüchig)* sale ❸ *(pej: obszön)* salace
Schmụtzschicht *f* couche *f* de saleté **Schmụtzwäsche** *f* linge *m* sale
Schnabel ['ʃna:bəl, *Pl:* 'ʃnɛ:bəl] <-s, Schnäbel> *m* ❶ ORN, MUS bec *m* ❷ *(lange Tülle)* bec *m* [verseur] ❸ *(fam: Mund)* bec *m;* ***halt den ~!*** *(fam)* ferme-la!
Schnabeltasse *f* tasse *f* à bec **Schnabeltier** *nt* ornithorynque *m*
Schnake ['ʃna:kə] <-, -n> *f* ❶ *(nicht stechende Mücke)* cousin *m* ❷ DIAL *(fam: Stechmücke)* moustique *m*
Schnạlle ['ʃnalə] <-, -n> *f* boucle *f*
schnạllen *vt* ❶ ***etw enger*** ~ serrer qc ❷ *(fam: begreifen)* piger
schnạlzen ['ʃnaltsən] *vi* faire claquer; ***mit der Zunge/mit den Fingern*** ~ faire claquer sa langue/ses doigts
Schnặppchen ['ʃnɛpçən] <-s, -> *nt (fam)* [bonne] affaire *f*
Schnặppchenjagd *f (fam)* chasse *f* aux bonnes affaires **Schnặppchenjäger(in)** *m(f) (fam)* chasseur *m* de bonnes affaires
schnạppen ['ʃnapən] **I.** *vi* ❶ + *haben* ***nach jdm*** ~ *Hund:* chercher à mordre qn; ***nach etw*** ~ essayer d'attraper qc ❷ + *sein (klappen)* ***ins Schloss*** ~ s'enclencher dans la serrure **II.** *vt* + *haben (fam)* ❶ *(ergreifen)* ***sich*** *dat* ***jdn*** ~ harponner qn; ***sich*** *dat* ***etw*** ~ se choper qc ❷ *(fangen)* choper *Täter*
Schnạppschuss *m* instantané *m*
Schnaps [ʃnaps, *Pl:* 'ʃnɛpsə] <-es, Schnäpse> *m* eau-de-vie *f*
Schnạpsbrennerei *f* distillerie *f*
Schnặpschen ['ʃnɛpsçən] <-s, -> *nt Dim von* **Schnaps** *(fam)* goutte *f fam,* petit verre *m* de gnôle *fam*
Schnạpsidee *f (fam)* idée *f* loufoque
schnạrchen ['ʃnarçən] *vi* ronfler
schnạttern ['ʃnatɐn] *vi* ❶ *Ente:* cancaner; *Gans:* criailler ❷ *(fam: schwatzen)* jacasser
schnauben ['ʃnaubən] <schnaubte, geschnaubt> *vi* ❶ écumer; ***vor Wut*** ~ écumer de colère ❷ *(laut atmen) Pferd:* s'ébrouer
schnaufen ['ʃnaufən] *vi* ❶ + *haben (angestrengt atmen)* haleter ❷ + *haben bes.* SDEUTSCH *(atmen)* respirer
Schnauz [ʃnauts, *Pl:* 'ʃnɔytsə] <-es, Schnäuze> *m* CH moustache *f*
Schnauzbart *m* moustache *f*
Schnauze ['ʃnautsə] <-, -n> *f* ❶ *(Tiermaul)* gueule *f* ❷ *(fam: Mund)* gueule *f* ▸ **die ~ voll haben** *(fam)* en avoir ras le bol; **auf die ~ fallen** *(fam)* se casser la gueule
schnauzen ['ʃnautsən] *vi (fam)* gueuler
schnäuzen ['ʃnɔytsən] **I.** *vr* ***sich*** ~ se moucher **II.** *vt* ***sich die Nase*** ~ se moucher le nez
Schnauzer ['ʃnautsɐ] <-s, -> *m* ❶ *(Hundeart)* schnauzer *m* ❷ *(fam: Schnauzbart)* bac[ch]antes *fpl*
Schnẹcke ['ʃnɛkə] <-, -n> *f* ❶ escargot *m* ❷ *meist Pl* GASTR escargot *m* **Schnẹckengehäuse** *nt* coquille *f* [d'escargot] ▸ **sich in sein ~ zurückziehen** rentrer dans sa coquille
Schnẹckenhaus *nt* coquille *f* [d'escargot] **Schnẹckentempo** *nt (fam)* ***im*** ~ comme un escargot/des escargots
Schnee [ʃne:] <-s> *m* ❶ neige *f* ❷ *(fam: Kokain)* neige *f*
Schneeanzug *m* combinaison *f* d'hiver **Schneeball** *m a.* BOT boule *f* de neige
Schneeballschlacht *f* bataille *f* de boules de neige **Schneeballsystem** *nt* système *m* de vente à la boule de neige
Schneebesen *m* fouet *m* **Schneebrille** *f* lunettes *fpl* de glacier **Schneedecke** *f* couche *f* de neige **Schneefall** *m* chute *f* de neige **Schneeflocke** *f* flocon *m* [de neige] **Schneefräse** *f* chasse-neige *m* à fraise **Schneegestöber** *nt* bourrasque *f* de neige **Schneeglätte** *f* verglas *m*

Schneeglöckchen ['ʃne:glœkçən] <-s, -> *nt* perce-neige *m o f* **Schneegrenze** *f* limite *f* de la neige **Schneekette** *f meist Pl* chaîne *f* [à neige] **Schneemann** <-männer> *m* bonhomme *m* de neige **Schneematsch** *m* neige *f* fondante **Schneepflug** *m* chasse-neige *m* **Schneeregen** *m* neige *f* fondue **Schneeschaufel** *f* pelle *f* à neige **Schneeschippe** *f* DIAL pelle *f* à neige **Schneeschippen** <-s> *nt* pelletage *m* de la neige **Schneeschmelze** *f kein Pl* fonte *f* des neiges **Schneestiefel** *m* après-ski *m* **Schneesturm** *m* tempête *f* de neige **Schneetreiben** *nt* tourmente *f* de neige **schneeweiß** ['ʃne:'vai̯s] *adj Haare* blanc, blanche comme la neige; *Haut* laiteux, -euse

Schneewittchen [ʃne:'vɪtçən] <-s> *nt* Blanche-Neige *f*

Schneid [ʃnai̯t] <-[e]s> *m (fam)* ~ ***haben*** avoir du cran

Schneidbrenner <-s, -> *m* chalumeau *m*

Schneide ['ʃnai̯də] <-, -n> *f* fil *m,* tranchant *m*

Schneidebrett *nt* planche *f* à découper

schneiden ['ʃnai̯dən] <schnitt, geschnitten> **I.** *vt* ❶ *(mit dem Messer zerteilen)* couper; *(mit der Schere zerteilen)* découper; ***klein*** ~ hacher finement *Zwiebel* ❷ *(kürzen)* couper *Fingernägel, Haare;* tailler *Bart* ❸ *(einschneiden)* ***ein Loch in etw*** *akk* ~ faire un trou dans qc ❹ *(kreuzen)* couper *Straße* ❺ *(gefährden)* faire une queue de poisson à *Person, Fahrzeug* ❻ MEDIA, CINE monter *Film* ❼ *(meiden)* fuir **II.** *vr* ❶ *(sich verletzen)* ***sich*** *akk o dat* ***in den Finger*** ~ se couper au doigt ❷ *(sich kreuzen)* ***sich*** ~ *Straßen:* se couper **III.** *vi* ***gut/schlecht*** ~ *Messer:* couper bien/mal

schneidend *adj Kälte* mordant(e); *Schmerz* aigu(ë)

Schneider ['ʃnai̯dɐ] <-s, -> *m* tailleur *m*

Schneiderei [ʃnai̯də'rai̯] <-, -en> *f* atelier *m* de couture

Schneiderin <-, -nen> *f* couturière *f*

schneidern ['ʃnai̯dɐn] *vi (als Beruf)* être tailleur/couturière; *(als Hobby)* faire de la couture

Schneiderpuppe *f* mannequin *m* [de tailleur] **Schneidersitz** *m* ***im*** ~ en tailleur

Schneidezahn *m* incisive *f*

schneidig ['ʃnai̯dɪç] *adj* fringant(e)

schneien ['ʃnai̯ən] *vi unpers* neiger; ***es schneit*** il neige

Schneise ['ʃnai̯zə] <-, -n> *f* tranchée *f*

schnell [ʃnɛl] **I.** *adj* rapide **II.** *adv gehen, sich fortbewegen* vite; *arbeiten, reagieren* rapidement

Schnellbahn *f* train *m* de banlieue **Schnellboot** *nt* vedette *f* rapide

Schnelle ['ʃnɛlə] *f (Stromschnelle)* rapide *m* ▸ **auf die** ~ *(fam)* vite fait

schnellen ['ʃnɛlən] *vi + sein* ***in die Höhe*** ~ faire un bond

Schnellhefter *m* chemise *f*

Schnelligkeit <-, *selten:* -en> *f (Geschwindigkeit)* rapidité *f*; *eines Fahrzeugs* vitesse *f*

Schnellimbiss *m* snack *m* **Schnellkochtopf** *m* cocotte-minute® *f* **Schnellkurs** *m* cours *m* accéléré

schnelllebig *adj* fiévreux, -euse **Schnellrestaurant** [-rɛstorã:] *nt* restaurant *m* rapide

schnellstens *adv* au plus vite

Schnellstraße *f* voie *f* rapide **Schnellverfahren** *nt* ▸ **im** ~ JUR en référé; *(fam: auf die Schnelle)* en vitesse **Schnellzug** *m* train *m* express

Schnepfe ['ʃnɛp͡fə] <-, -n> *f (a. fig, pej)* bécasse *f*

Schnickschnack ['ʃnɪkʃnak] <-s> *m (fam)* ❶ *(Krimskrams)* bricoles *f pl* ❷ *(Geschwätz)* âneries *f pl*

schniefen ['ʃni:fən] *vi* renifler

schnippeln ['ʃnɪpəln] *(fam)* **I.** *vi* découper; ***an etw*** *dat* ~ découper qc **II.** *vt* émincer

schnippen ['ʃnɪpən] **I.** *vi* claquer; ***mit den Fingern*** ~ claquer des doigts **II.** *vt* ***die Krümel vom Tisch*** ~ balayer de la main les miettes de la table

schnippisch ['ʃnɪpɪʃ] *adj (pej)* impertinent(e)

Schnipsel ['ʃnɪpsəl] <-s, -> *m o nt* petit morceau *m*

schnipseln *s.* **schnippeln**

schnitt [ʃnɪt] *Imp von* **schneiden**

Schnitt [ʃnɪt] <-[e]s, -e> *m* ❶ *a.* MED *(Einschnitt)* incision *f* ❷ *(Schnittwunde)* coupure *f* ❸ CINE montage *m* ❹ *von Kleidung, Haaren* coupe *f* ❺ *(fam: Durchschnitt)* ***im*** ~ en moyenne

Schnittblumen *Pl* fleurs *f pl* coupées

Schnitte ['ʃnɪtə] <-, -n> *f* tranche *f*; *(belegt)* tartine *f*

Schnittfläche *f* coupe *f*

schnittig ['ʃnɪtɪç] *adj* profilé(e)

Schnittkäse *m fromage vendu en tranches* **Schnittlauch** *m kein Pl* ciboulette *f* **Schnittmenge** *f* MATH intersection *f* **Schnittmuster** *nt* patron *m* **Schnittpunkt** *m von Linien* point *m* d'intersection; *von Straßen* intersection *f*

S

Schnittstelle *f* INFORM interface *f* **Schnittwunde** *f* coupure *f; (tief)* entaille *f*
Schnitzel[1] [ˈʃnɪtsəl] <-s, -> *nt* GASTR escalope *f*
Schnitzel[2] [ˈʃnɪtsəl] *s.* **Schnipsel**
Schnitzeljagd *f* jeu *m* de piste
schnitzen [ˈʃnɪtsən] *vt, vi* sculpter
Schnitzer [ˈʃnɪtsɐ] <-s, -> *m (fam: Fehler)* gaffe *f;* ***einen ~ machen*** faire une gaffe
Schnitzerei [ʃnɪtsəˈraj] <-, -en> *f* sculpture *f* sur bois
schnodd[e]rig *adj (pej fam) Mensch* mal embouché(e)
schnöde *adj (pej geh) Geiz, Motiv, Tat* sordide
Schnorchel [ˈʃnɔrçəl] <-s, -> *m* tuba *m*
schnorcheln *vi* nager sous l'eau avec un tuba
Schnörkel [ˈʃnœrkəl] <-s, -> *m* ❶ *(Ornament)* fioriture *f* ❷ *(bei der Unterschrift)* paraphe *m* illisible
schnorren [ˈʃnɔrən] *(fam)* **I.** *vi* faire la manche **II.** *vt* taxer
Schnorrer(in) <-s, -> *m(f) (fam)* tapeur, -euse *m, f*
Schnösel [ˈʃnøːzəl] <-s, -> *m (pej fam)* morveux *m*
schnuckelig *adj (fam) Kind* mignon(ne) comme tout *fam; Auto, Häuschen* sympa *fam*
schnüffeln [ˈʃnʏfəln] **I.** *vi* ❶ flairer; ***an jdm/etw ~*** flairer qn/qc ❷ *(fam: spionieren)* fouiner **II.** *vt (fam)* snif[f]er *Drogen, Klebstoff*
Schnüffler(in) <-s, -> *m(f)* ❶ *(pej fam: Detektiv)* privé(e) *m(f)* ❷ *(fam: Drogenkonsument)* sniffeur, -euse *m, f*
Schnuller [ˈʃnʊlɐ] <-s, -> *m* sucette *f*
Schnulze [ˈʃnʊltsə] <-, -n> *f (pej fam: Lied/Film)* chanson *f* /film *m* sentimental(e)
schnulzig *adj (fam)* sentimental
schnupfen [ˈʃnʊpfən] *vt* priser *Schnupftabak;* sniffer *Kokain*
Schnupfen <-s, -> *m* rhume *m;* ***~ haben/bekommen*** avoir un rhume/s'enrhumer
Schnupftabak *m* tabac *m* à priser
schnuppe [ˈʃnʊpə] *adj (fam)* ***das ist mir ~*** je me fiche pas mal de cela
Schnupperkurs *m* cours *m* d'essai
schnuppern [ˈʃnʊpɐn] *vi* renifler; ***an etw ~*** renifler qc
Schnur [ʃnuːɐ̯, *Pl:* ˈʃnyːrə] <-, Schnüre> *f* ❶ ficelle *f; einer Angel, Halskette* fil *m* ❷ ELEC *(fam)* fil *m*
Schnürchen <-s, -> *nt Dim von* **Schnur** cordonnet *m* ▶ **wie am ~** *(fam)* comme sur des roulettes
schnüren [ˈʃnyːrən] *vt* ❶ ficeler *Paket* ❷ *(zubinden)* ***sich** dat* ***die Schuhe ~*** lacer ses chaussures
schnurgerade [ˈʃnuːɐ̯gəˈraːdə] **I.** *adj* rectiligne **II.** *adv verlaufen* en ligne droite
schnurlos *adj Telefon* sans fil
Schnurrbart *m* moustache *f* **schnurrbärtig** [ˈʃnʊrbɛːɐ̯tɪç] *adj* moustachu(e)
schnurren [ˈʃnʊrən] *vi* ronronner
Schnurrhaare *Pl* moustaches *f pl*
Schnürschuh *m* chaussure *f* à lacets **Schnürsenkel** [ˈʃnyːɐ̯zɛŋkəl] *m* lacet *m*
schnurstracks [ˈʃnuːɐ̯ˈʃtraks] *adv (fam: geradewegs)* tout droit; *(sofort)* illico
Schnute [ˈʃnuːtə] <-, -n> *f (fam)* petite bouche *f;* ***eine ~ ziehen*** faire la gueule
schob [ʃoːp] *Imp von* **schieben**
Schober [ˈʃoːbɐ] <-s, -> *m* SDEUTSCH, A meule *f* [de foin]
Schock [ʃɔk] <-[e]s, -s> *m* choc *m*
schocken [ˈʃɔkən] *vt (fam)* choquer
schockieren* [ʃɔˈkiːrən] *vt* choquer
Schocktherapie *f kein Pl* MED sismothérapie *f* **Schockwelle** *f* ❶ PHYS onde *f* de choc ❷ *(fig)* effet *m* de choc; ***eine ~ auslösen*** produire un effet de choc
Schöffe, Schöffin [ˈʃœfə] <-n, -n> *m, f* assesseur *mf (non-professionnel)*
Schokokuss *m* GASTR tête *f* de nègre
Schokolade [ʃokoˈlaːdə] <-, -n> *f (a. Getränk)* chocolat *m*
Schokoladenaufstrich *m* pâte *f* à tartiner au chocolat
Schokoladeneis *nt* glace *f* au chocolat **Schokoladenpudding** *m* flan *m* au chocolat **Schokoladentorte** *f* gâteau *m* à la crème et au chocolat
Schokoriegel *m* barre *f* de chocolat
scholl *Imp von* **schallen**
Scholle [ˈʃɔlə] <-, -n> *f* ❶ *(Fisch)* carrelet *m* ❷ *(Erdscholle)* motte *f* ❸ *(Eisscholle)* bloc *m* de glace
schon [ʃoːn] *adv* ❶ *(bereits)* déjà; ***~ jetzt*** dès maintenant; ***~ immer*** depuis toujours; ***~ wieder?*** encore? ❷ *(irgendwann)* ***er wird es ~ noch lernen*** il apprendra bien ça un jour ❸ *(allein)* ***~ deshalb*** rien que pour cela ❹ *(durchaus)* plutôt; ***das kann ~ vorkommen*** ça peut fort bien arriver ❺ *(denn)* ***was macht das ~?*** qu'est-ce que ça peut bien faire? ❻ *(fam: wirklich)* ***man hat's ~ nicht leicht im Leben*** y a pas à dire, la vie est dure ❼ *(irgendwie)* ***es geht ~*** ça va à peu près; ***es wird ~ klap-***

S

pen ça va bien marcher ❽ *(fam: endlich)* ***sag ~!*** allez, dis!

schön [ʃøːn] **I.** *adj* ❶ beau, belle; ***etwas Schönes*** quelque chose de beau ❷ *(angenehm)* bon(ne); ***~es Wochenende!*** bon week-end!; ***bei ihnen ist es ~*** c'est bien chez eux ❸ *(fam: gut)* ***na ~!*** c'est bon ❹ *(nett)* ***das ist nicht ~ von dir*** ce n'est pas bien de ta part ❺ *(iron fam) Durcheinander, Geschichte* beau, belle; *Aussichten, Überraschung* charmant(e) **II.** *adv* ❶ *(angenehm)* bien; ***ihr habt es hier ~!*** vous êtes bien installé(e)s ici! ❷ *(iron fam) erschrecken, sich blamieren* drôlement

Schonbezug *m* housse *f* de protection

schonen [ˈʃoːnən] *vt* ménager *Person, Gegenstand*

schönen [ˈʃøːnən] *vt* enjoliver *Bericht;* arranger *Statistik*

schonend **I.** *adj Behandlung, Umgang* soigneux, -euse; *Waschmittel* doux, douce; *Art, Weise* plein(e) d'égards **II.** *adv (pfleglich)* avec précaution; *(rücksichtsvoll)* avec ménagements

Schoner <-s, -> *m* NAUT goélette *f*

schön|färben *vt* arranger *Fakten* **Schönfärberei** <-, -en> *f* enjolivure *f*

Schonfrist *f* délai *m* de grâce

Schöngeist *m* bel esprit *m*

schöngeistig *adj* esthétique

Schönheit <-, -en> *f (Eigenschaft, Mensch)* beauté *f*

Schönheitschirurg(in) *m(f)* chirurgien(ne) *m(f)* esthétique

Schönheitschirurgie *f* chirurgie *f* esthétique **Schönheitsfarm** *f* centre *m* de remise en beauté **Schönheitsfehler** *m eines Menschen* imperfection *f* [esthétique]; *eines Produkts, einer Vereinbarung* petit défaut *m* **Schönheitsideal** *nt* idéal *m* de beauté **Schönheitskönigin** *f* reine *f* de beauté **Schönheitsoperation** *f* opération *f* de chirurgie esthétique **Schönheitswettbewerb** *m* concours *m* de beauté

Schonkost *f* nourriture *f* diététique

Schönling <-s, -e> *m (pej)* minet *m péj*

schön|machen *vr (fam)* ***sich ~*** se faire beau, belle **Schönschrift** *f (in Reinschrift)* au propre **schön|tun** *vi irr* ***jdm ~*** flatter qn

Schonung <-, -en> *f* ❶ *kein Pl (pflegliche Behandlung) der Kleidung, Möbel* soin *m* ❷ *kein Pl (Entlastung, Schutz)* ménagement *m* ❸ *(Pflanzung)* plantation *f* protégée

schonungslos **I.** *adj Offenheit* impitoyable **II.** *adv offenlegen* d'une manière impitoyable

Schonzeit *f* période *f* de fermeture de la chasse

Schopf [ʃɔpf, *Pl:* ˈʃœpfə] <-[e]s, Schöpfe> *m* ❶ toupet *m* ❷ ORN aigrette *f*

schöpfen [ˈʃœpfən] *vt* ❶ prendre *Suppe* ❷ *(gewinnen)* reprendre *Mut;* ***Kraft aus seinem Glauben ~*** puiser des forces dans sa foi

Schöpfer(in) <-s, -> *m(f)* ❶ *eines Kunstwerks* créateur, -trice *m, f; eines Musikstücks* compositeur, -trice *m, f* ❷ *(Gott)* ***der ~*** le Créateur

schöpferisch [ˈʃœpfərɪʃ] **I.** *adj Person, Talent* créateur, -trice **II.** *adv* ***~ tätig*** travailler dans le domaine créatif

Schöpfkelle *f* louche *f* **Schöpflöffel** *m* cuillère *f* à pot

Schöpfung <-, -en> *f* ❶ *(geh: das Geschaffene)* création *f* ❷ *kein Pl* REL *(Welt)* Création *f*

Schöpfungsgeschichte *f kein Pl* Genèse *f*

Schoppen [ˈʃɔpən] <-s, -> *m* ❶ *(Viertelliter)* quart *m;* ***ein ~ Wein*** un quart de vin ❷ SDEUTSCH, CH *(Babyfläschchen)* biberon *m*

schor [ʃoːɐ̯] *Imp von* **scheren**[1]

Schorf [ʃɔrf] <-[e]s, -e> *m* croûte *f*

Schorle <-, -n> *f (Weinschorle) mélange de vin et d'eau minérale gazeuse; (Saftschorle) mélange de jus de fruit et d'eau minérale gazeuse*

Schornstein [ˈʃɔrnʃtain] *m* cheminée *f*

Schornsteinfeger(in) <-s, -> *m(f)* ramoneur, -euse *m, f*

schoss [ʃɔs] *Imp von* **schießen**

Schoß [ʃoːs, *Pl:* ˈʃøːsə] <-es, Schöße> *m* ❶ ***auf dem/den ~*** sur les genoux ❷ *(geh: Mutterleib)* sein *m*

Schoßhund *m* bichon *m*

Schössling <-s, -e> *m* rejet *m*

Schote [ˈʃoːtə] <-, -n> *f* cosse *f*

Schotte, **Schottin** [ˈʃɔtə] <-n, -n> *m, f* Écossais(e) *m(f)*

Schottenrock *m* jupe *f* écossaise

Schotter [ˈʃɔtɐ] <-s, -> *m* gravier *m*

schottisch [ˈʃɔtɪʃ] *adj* écossais(e)

Schottland [ˈʃɔtlant] *nt* l'Écosse *f*

schraffieren* [ʃraˈfiːrən] *vt* hachurer

Schraffur [ʃraˈfuːɐ̯] <-, -en> *f* hachures *f pl*

schräg [ʃrɛːk] **I.** *adj* ❶ *Wand, Dach, Hang* incliné(e); *Linie* oblique; *Stellung* penché(e) ❷ *(fam: bizarr) Typ* farfelu(e) **II.** *adv halten, hängen* de travers; *verlaufen, anordnen* en biais

Schräge <-, -n> *f* ❶ *(schräge Fläche)* plan

m incliné ② *(Neigung) einer Wand* inclinaison *f; eines Dachs, Hangs* pente *f*
Schrägstrich *m* barre *f* oblique
Schramme ['ʃramə] <-, -n> *f (Verletzung, Beschädigung)* éraflure *f*
schrammen I. *vi + sein* faire des rayures II. *vr + haben* ***sich** dat* ***das Knie*** ~ s'érafler le genou
Schrank [ʃraŋk, *Pl:* 'ʃrɛŋkə] <-[e]s, Schränke> *m (Wandschrank)* placard *m; (Kleiderschrank)* armoire *f*
Schranke ['ʃraŋkə] <-, -n> *f* barrière *f*
schrankenlos *adj Vertrauen, Freiheit* sans bornes **Schrankkoffer** *m* malle-cabine *f*
Schrankwand *f* bibliothèque *f (composée d'éléments modulables)*
Schraubdeckel *m eines Glases* couvercle *m* à vis; *einer Flasche* bouchon *m* à vis
Schraube ['ʃraubə] <-, -n> *f* ① TECH vis *f* ② NAUT hélice *f* ▶ **bei ihm ist eine ~ locker** *(fam)* il ne tourne pas rond
schrauben ['ʃraubən] *vt* ① *(anbringen)* ***etw an/auf etw*** *akk* ~ visser qc à/sur qc ② *(fig)* ***seine Ansprüche nach unten*** ~ placer la barre plus bas
Schraubendreher *s.* **Schraubenzieher**
Schraubenschlüssel *m* clé *f* **Schraubenzieher** <-s, -> *m* tournevis *m*
Schraubstock *m* étau *m* **Schraubverschluss** *m* fermeture *f* à vis
Schrebergarten ['ʃreːbɐgartən] *m* jardin *m* ouvrier
Schreck [ʃrɛk] <-s> *m* peur *f;* ***jdm einen ~ einjagen*** faire peur à qn; ***einen ~ bekommen*** *(fam)* avoir peur
schrecken¹ ['ʃrɛkən] <schreckte, geschreckt> *vt + haben (geh)* effrayer *Person*
schrecken² ['ʃrɛkən] <schrak, geschrocken> *vi + sein (geh)* ***aus dem Schlaf*** ~ être tiré brutalement de son sommeil
Schrecken ['ʃrɛkən] <-s, -> *m* peur *f;* ***zu meinem großen*** ~ à mon grand effroi; ***mit dem ~ davonkommen*** en être quitte pour la peur
Schreckensherrschaft *f* régime *m* de terreur **Schreckensnachricht** *f* terrible nouvelle *f*
Schreckgespenst *nt* spectre *m*
schreckhaft *adj* peureux, -euse
schrecklich I. *adj* ① terrible ② *(pej fam) Mensch* affreux, -euse II. *adv* ① *(furchtbar)* horriblement ② *(fam) heiß, einsam* affreusement; *gernhaben, nett* terriblement
Schreckschraube *f (pej fam: hässliche Frau)* boudin *m; (bösartige Frau)* vieille peau *f* **Schreckschusspistole** *f* pistolet *m* d'alarme **Schrecksekunde** *f* temps *m* de réaction
Schrei [ʃrai] <-[e]s, -e> *m* cri *m; eines Hahns* chant *m* ▶ **der letzte** ~ *(fam)* le dernier cri
Schreibblock <-blöcke> *m* bloc-notes *m*
schreiben ['ʃraibən] <schrieb, geschrieben> I. *vt* ① écrire *Brief, Text;* faire *Haus-/Klassenarbeit;* passer *Test;* établir *Rechnung* ② *(füllen)* ***voll*** ~ noircir *Seite, Blatt* II. *vi* écrire III. *vr (korrespondieren)* ***sich** dat* ~ s'écrire
Schreiben ['ʃraibən] <-s, -> *nt* lettre *f*
Schreiber(in) ['ʃraibɐ] <-s, -> *m(f)* auteur *mf*
schreibfaul *adj* trop paresseux, -euse pour écrire **Schreibfeder** *f* plume *f* **Schreibfehler** *m* faute *f* d'orthographe **Schreibgerät** *nt* crayon *m* **schreibgeschützt** *adj* INFORM *Datei* protégé(e) contre les modifications **Schreibheft** *nt* cahier *m* **Schreibkraft** *f* dactylo *mf* **Schreibmappe** *f* nécessaire *m* de correspondance
Schreibmaschine *f* machine *f* à écrire; ***etw auf der ~ schreiben*** taper qc à la machine **Schreibpapier** *nt* papier *m* [à lettre] **Schreibschrift** *f a.* TYP écriture *f* cursive **Schreibschutz** *m* INFORM protection *f* d'écriture **schreibschützen** <*PP* schreibgeschützt> *vt* INFORM ***etw*** ~ protéger qc **Schreibtisch** *m* bureau *m* **Schreibtischlampe** *f* lampe *f* de bureau
Schreibübung *f* exercice *m* d'écriture
Schreibung <-, -en> *f* orthographe *f*
Schreibunterlage *f* sous-main *m*
Schreibwaren *Pl* [articles *mpl* de] papeterie *f*
Schreibwarengeschäft *nt s.* **Schreibwarenhandlung** **Schreibwarenhändler(in)** *m(f)* papetier, -ière *m, f* **Schreibwarenhandlung** *f* papeterie *f*
Schreibweise *f* ① *(Schreibung)* orthographe *f* ② *(Stil)* écriture *f*
schreien ['ʃraiən] <schrie, geschrie[e]n> I. *vi* ① *Mensch:* crier; *(laut)* hurler; *Baby:* pleurer ② *(verlangen)* ***nach der Mutter*** ~ réclamer la mère à grands cris II. *vt* crier III. *vr* ***sich heiser*** ~ s'enrouer à force de crier
schreiend *adj* ① *Farbe* criard(e) ② *Unrecht* criant(e)
Schreihals *m (fam)* braillard(e) *m(f) fam*
Schreikrampf *m* cris *mpl* hystériques; ***einen ~ bekommen*** se mettre à pousser des cris hystériques
Schrein [ʃrain] <-[e]s, -e> *m (geh: Reliquienschrein)* reliquaire *m*

Schreiner(in) ['ʃraine] <-s -> *m(f)* SDEUTSCH menuisier, -ière *m, f*

Schreinerei [ʃrainə'rai] <-, -en> *f* SDEUTSCH menuiserie *f*

schreiten ['ʃraitən] <schritt, geschritten> *vi + sein (geh)* ❶ s'avancer ❷ *(fig)* ***zur Tat*** ~ passer à l'acte

schrie [ʃri:] *Imp von* **schreien**

schrieb [ʃri:p] *Imp von* **schreiben**

Schrift [ʃrɪft] <-, -en> *f* ❶ *(Handschrift, Schriftsystem)* écriture *f* ❷ TYP caractères *mpl* ❸ *(Abhandlung)* écrit *m* ❹ REL ***die Heilige*** ~ les Saintes Écritures *fpl*

Schriftart *f* TYP police *f* de caractères **Schriftbild** *nt* graphisme *m;* TYP typographie *f* **Schriftdeutsch** *nt* allemand *m* écrit **Schriftführer(in)** *m(f)* secrétaire *mf* **Schriftgröße** *f* INFORM taille *f* des caractères

schriftlich ['ʃrɪftlɪç] **I.** *adj* écrit(e) **II.** *adv* par écrit

Schriftsatz *m* JUR pièce *f* écrite **Schriftsprache** *f* langue *f* écrite

Schriftsteller(in) ['ʃrɪftʃtɛlɐ] <-s, -> *m(f)* écrivain *m*

schriftstellerisch ['ʃrɪftʃtɛlərɪʃ] *adj* ***~es Werk*** œuvre *f* d'écrivain

Schriftstück *nt* document *m* **Schriftverkehr** *m* correspondance *f* **Schriftwechsel** *m* correspondance *f* **Schriftzeichen** *nt* caractère *m* **Schriftzug** *m* ❶ *(geschriebenes Wort)* mot *m* écrit ❷ *meist Pl (Handschrift)* écriture *f pas de pl*

schrill [ʃrɪl] *adj* ❶ *Stimme, Ton* strident(e) ❷ *Typ, Effekt* tapageur, -euse; ~ ***sein*** *(fam)* flasher

schritt [ʃrɪt] *Imp von* **schreiten**

Schritt [ʃrɪt] <-[e]s, -e> *m* ❶ pas *m;* ***mit schnellen/leisen ~en*** à pas rapides/de loup ❷ *kein Pl (Gangart, Tempo)* pas *m;* ***mit jdm ~ halten*** suivre l'allure de qn ❸ *(Maßnahme)* mesure *f;* ***~e einleiten*** prendre des dispositions ❹ COUT entrejambe *m*

Schrittgeschwindigkeit *f* vitesse *f* réduite **Schrittmacher** *m* MED stimulateur *m* cardiaque **Schritttempo** *nt* vitesse *f* réduite

schrittweise *adv vorankommen* progressivement

schroff [ʃrɔf] **I.** *adj* ❶ *(steil)* abrupt(e) ❷ *(barsch)* sec, sèche; *Verhalten* cassant(e) **II.** *adv abfallen* à pic

Schroffheit <-, -en> *f* ❶ *kein Pl (schroffe Art)* sécheresse *f* ❷ *(Äußerung)* parole *f* acerbe

schröpfen ['ʃrœpfən] *vt (fam: ausnehmen)* plumer

Schrot [ʃro:t] <-[e]s, -e> *m o nt* ❶ *kein Pl (gemahlenes Getreide)* farine *f* grossière ❷ JAGD plomb *m* [de chasse]

Schrotflinte *f* carabine *f* à plombs **Schrotkugel** *f* plomb *m* de chasse **Schrotladung** *f* charge *f* de grenaille

Schrott [ʃrɔt] <-[e]s> *m* ❶ ferraille *f;* ***ein Auto zu ~ fahren*** *(fam)* envoyer une voiture à la casse ❷ *(fam: wertloses Zeug)* camelote *f* ❸ *(fam: Unsinn)* ~ ***erzählen*** raconter n'importe quoi

Schrottauto *nt (fam)* [vieux] clou *m* **Schrotthändler(in)** *m(f)* ferrailleur, -euse *m, f* **Schrotthaufen** *m* tas *m* de ferraille **Schrottplatz** *m* ferraille *m; (Autoschrottplatz)* casse *f* **schrottreif** *adj* bon(ne) pour la casse

schrubben ['ʃrʊbən] *(fam)* **I.** *vt* frotter *Boden, Rücken* **II.** *vi* passer la brosse

Schrubber ['ʃrʊbɐ] <-s, -> *m* balai-brosse *m*

schrullig ['ʃrʊlɪç] *adj (fam)* lunatique

schrumpelig ['ʃrʊmpəlɪç] *s.* **schrumplig**

schrumpfen ['ʃrʊmpfən] *vi + sein* ❶ *Muskeln:* fondre; *Frucht:* se ratatiner; *Ballon:* se dégonfler ❷ *Vorräte, Mitgliederzahl:* se réduire

Schrumpfung <-, -en> *f* réduction *f*

schrumplig ['ʃrʊmplɪç] *adj (fam) Schale, Haut* ratatiné(e)

Schub [ʃu:p, *Pl:* 'ʃy:bə] <-[e]s, Schübe> *m* ❶ PHYS poussée *f;* MED crise *f* ❷ *(Antrieb)* élan *m*

Schubfach *nt* tiroir *m* **Schubkarre** *f* brouette *f* **Schubkarren** *m* brouette *f* **Schubkraft** *f* poussée *f* **Schublade** <-, -n> *f (Schubfach)* tiroir *m*

Schubs [ʃʊps] <-es, -e> *m (fam)* bourrade *f*

schubsen ['ʃʊpsən] *vt (fam)* bousculer; ***jdn ins Wasser/von der Bank*** ~ pousser qn dans l'eau/du banc

schubweise *adv* ❶ MED *auftreten* par poussées ❷ *(in Gruppen)* par fournées

schüchtern ['ʃʏçtɐn] *adj* timide

Schüchternheit <-> *f* timidité *f*

schuf [ʃu:f] *Imp von* **schaffen[2]**

Schuft [ʃʊft] <-[e]s, -e> *m (pej)* crapule *f*

schuften ['ʃʊftən] *vi (fam)* trimer; ***sich fast zu Tode*** ~ se crever au travail

Schufterei [ʃʊftə'rai] <-, -en> *f (fam)* boulot *m* de forçat

Schuh [ʃu:] <-[e]s, -e> *m* chaussure *f*

Schuhbändel SDEUTSCH, CH *s.* **Schnürsenkel** **Schuhcreme** *f* cirage *m* **Schuhge-**

schäft *nt* magasin *m* de chaussures **Schuhgröße** *f* pointure *f*; ***ich habe ~ 40*** je fais du 40 **Schuhlöffel** *m* chausse-pied *m* **Schuhmacher(in)** *m(f)* cordonnier, -ière *m, f* **Schuhplattler** ['ʃu:platlɐ] <-s, -> *m* A, SDEUTSCH danse *f* paysanne *(typique du Tyrol et de la Bavière)* **Schuhputzer(in)** <-s, -> *m(f)* cireur, -euse *m, f* de chaussures **Schuhputzmittel** *nt* nettoyant *m* pour chaussures **Schuhsohle** *f* semelle *f* [de chaussure] **Schuhspanner** *m* embauchoir *m* **Schuhwerk** *nt kein Pl* chaussures *fpl*

Schukostecker ['ʃu:ko-] *m* fiche *f* 2 pôles avec prise de terre

Schulabbrecher(in) <-s, -> *m(f)* étudiant(e) *m(f)* qui abandonne ses études **Schulabbruch** *m* décrochage *m* scolaire **Schulabgänger(in)** *m(f)* jeune *mf* ayant terminé sa scolarité **Schulabschluss** *m* diplôme *m* de fin d'études **Schulamt** *nt* ≈ inspection *f* académique **Schulanfang** *m (Schulbeginn nach den Ferien)* rentrée scolaire *f* **Schulanfänger(in)** *m(f)* élève de C.P. *mf* **Schularbeit** *f* ❶ *meist Pl (Hausaufgaben)* devoirs *mpl* [à la maison] ❷ A *(Klassenarbeit)* contrôle *m* **Schulaufgaben** *Pl* devoirs *mpl* [à la maison] **Schulbank** <-bänke> *f* banc *m* d'école **Schulbeginn** *m s.* **Schulanfang** **Schulbesuch** *m* scolarisation *f* **Schulbildung** *f kein Pl* formation *f* scolaire **Schulbuch** *nt* livre *m* [scolaire], livre *m* de classe **Schulbuchverlag** *m* maison *f* d'édition de livres scolaires **Schulbus** *m* car *m* de ramassage [scolaire]

schuld [ʃʊlt] ▸ **an etw** *dat* **~ sein** *Person:* être responsable de qc; *Sache:* être à l'origine de qc

Schuld [ʃult] <-, -en> *f* ❶ *kein Pl (Verschulden)* culpabilité *f* ❷ *(Verantwortung)* ***an etw*** *dat* ***~ haben*** être responsable de qc; ***jdm ~ geben*** donner la faute à qn; ***die ~ auf sich*** *akk* ***nehmen*** assumer la responsabilité ❸ *a.* FIN *(Verpflichtung)* dette *f*; ***~en haben/machen*** avoir des dettes/s'endetter; *s. a.* **zuschulden**

Schuldbekenntnis *nt* aveu *m* **schuldbewusst I.** *adj Person, Miene* coupable **II.** *adv* ***~ schweigen*** se taire, l'air coupable

schulden ['ʃʊldən] *vt* devoir; ***jdm Geld ~*** devoir de l'argent à qn

Schuldenerlass *m* remise *f* de dette **Schuldenfalle** *f* piège *m* du surendettement **schuldenfrei** *adj* sans dettes

Schuldfrage *f* ***die ~ klären*** chercher à établir la culpabilité

Schuldgefühl *nt* sentiment *m* de culpabilité

schuldhaft *adj* coupable

Schuldienst *m kein Pl* enseignement *m*

schuldig ['ʃʊldɪç] *adj* ❶ responsable ❷ JUR coupable; ***sich ~ bekennen*** plaider coupable ❸ *(verpflichtet)* ***jdm Geld/Dank ~ sein*** devoir de l'argent/de la reconnaissance à qn

Schuldige(r) *f(m) dekl wie adj* coupable *mf*

Schuldigkeit <-> *f* ▸ **seine ~ getan haben** avoir fait son devoir

schuldig|sprechen *vt irr* ***jdn ~*** déclarer qn coupable

Schuldirektor(in) *m(f)* directeur, -trice *m, f* de l'école

schuldlos I. *adj* non responsable **II.** *adv (unverschuldet)* sans y être pour rien

Schuldner(in) ['ʃʊldnɐ] <-s, -> *m(f)* débiteur, -trice *m, f*

Schuldschein *m* reconnaissance *f* de dette **Schuldspruch** *m* verdict *m* **Schuldunfähigkeit** *f* JUR irresponsabilité *f* pénale **Schuldzuweisung** *f* accusation *f*

Schule ['ʃu:lə] <-, -n> *f* ❶ *(Institution, Gebäude)* école *f*; ***zur ~ gehen*** aller à l'école/au collège/au lycée ❷ *kein Pl (Unterricht)* ***die ~ ist aus*** l'école *f* est finie; ***am Samstag ist ~*** il y a classe le samedi ❸ *kein Pl (Erziehung)* ***ein Kavalier der alten ~*** un gentleman de la vieille école ❹ *(Kunstrichtung)* école *f*

schulen ['ʃu:lən] *vt* former *Person;* exercer *Gedächtnis*

Schüler(in) ['ʃy:lɐ] <-s, -> *m(f)* ❶ élève *mf* ❷ *eines Malers* élève *mf*; *eines Philosophen* disciple *mf*

Schüleraustausch *m* échange *m* scolaire **Schülerausweis** *m* carte *f* d'identité scolaire *(donnant droit à des réductions)* **Schülerband** <-, -s> *f* MUS *groupe musical formé par des écoliers* **Schülerlotse, -lotsin** *m, f* élève *mf* chargé(e) de la circulation **Schülermitverwaltung** *f* ≈ cogestion *f* de l'école par les élèves **Schülerzeitung** *f* journal *m* scolaire

Schulfach *nt* matière *f*

Schulferien *Pl* vacances *fpl* scolaires

schulfrei *adj Samstag* sans école; ***~ haben*** ne pas avoir classe **Schulfreund(in)** *m(f)* camarade *mf* d'école/de collège/lycée **Schulgebäude** *nt* bâtiment *m* scolaire **Schulgeld** *nt* frais *mpl* de scolarité

Schulheft *nt* cahier *m* **Schulhof** *m* cour *f* [de l'école]
schulisch ['ʃuːlɪʃ] *adj* scolaire
Schuljahr *nt* ❶ année *f* scolaire ❷ *(Klassenstufe)* classe *f;* ***im achten ~ sein*** ≈ être en quatrième **Schulkamerad(in)** *m(f)* camarade *mf* d'école/de collège/lycée **Schulkind** *nt* écolier, -ière *m, f* **Schulklasse** *f* classe *f* **Schullandheim** *nt* centre *m* d'accueil pour classes vertes **Schulleiter(in)** *m(f)* chef *mf* d'établissement **Schulmedizin** *f* médecine *f* officielle **Schulpflicht** *f kein Pl* obligation *f* scolaire
schulpflichtig *adj Kind* d'âge scolaire; ***im ~en Alter sein*** être en âge d'être scolarisé
Schulranzen *m* cartable *m* [à bretelles] **Schulrat, -rätin** *m, f* ≈ inspecteur, -trice *m, f* [de l'enseignement] primaire **Schulreform** *f* réforme *f* de l'enseignement **Schulschluss** *m kein Pl* fin *f* des cours **Schulschwänzer(in)** *m(f)* *(fam)* décrocheur, -euse *m, f* **Schulsport** *m* sport *m* scolaire **Schulsprecher(in)** *m(f)* délégué(e) *m(f)* des élèves **Schulstress** *m* stress *m* scolaire **Schulstunde** *f* heure *f* de cours **Schulsystem** *nt* système *m* scolaire **Schultag** *m* jour *m* de classe **Schultasche** *f* cartable *m*
Schulter ['ʃʊltɐ] <-, -n> *f a.* GASTR épaule *f;* ***mit den ~n zucken*** hausser les épaules
Schulterblatt *nt* omoplate *f* **schulterfrei** *adj Kleid* à épaules nues **Schulterhöhe** *f* ***in ~*** à hauteur d'épaules; ***bis [in] ~*** jusqu'aux épaules **schulterlang** *adj* arrivant aux épaules
schultern ['ʃʊltɐn] *vt* mettre sur l'épaule; ***das Gepäck ~*** mettre le bagage sur l'épaule
Schulterpolster *nt* épaulette *f* **Schulterriemen** *m* *(einer Tasche)* bandoulière *f;* *(eines Rucksackes)* bretelle *f*
Schultüte *f* pochette-surprise *f* *(cadeau de rentrée des parents à leur enfant pour son premier jour d'école)*
Schulung <-, -en> *f* ❶ *(Kurs)* formation *f* ❷ *(Training)* *des Gedächtnisses* entraînement *m*
Schuluniform *f* uniforme [de l'école] *m* **Schulunterricht** *m* cours *mpl* **Schulversagen** *nt* échec *m* scolaire **Schulverweis** *m* exclusion *f* du lycée **Schulweg** *m* chemin *m* de l'école **Schulwesen** *nt kein Pl* système *m* éducatif **Schulzeit** *f* scolarité *f* **Schulzentrum** *nt* complexe *m* scolaire **Schulzeugnis** *nt* bulletin *m* scolaire
schummeln ['ʃʊməln] *vi (fam)* ***beim Spielen ~*** tricher au jeu; ***bei der Klassenarbeit ~*** pomper en interro
schumm[e]rig ['ʃʊm(ə)rɪç] *adj (fam)* *Beleuchtung* tamisé(e); *Zimmer* peu éclairé(e)
Schund [ʃʊnt] <-[e]s> *m (pej fam: wertlose Ware)* camelote *f;* *(schlechte Literatur)* âneries *fpl*
Schundliteratur *f (pej)* littérature *f* de bas étage
Schundroman *m (pej)* roman *m* de [quai de] gare
schunkeln ['ʃʊŋkəln] *vi* se balancer [de droite à gauche] *(en se tenant par le bras ou la taille)*
Schuppe ['ʃʊpə] <-, -n> *f* ❶ ZOOL écaille *f* ❷ *Pl (Kopfschuppe)* pellicules *fpl*
schuppen **I.** *vt* écailler *Fisch* **II.** *vr* ***sich ~*** peler
Schuppen ['ʃʊpən] <-s, -> *m* ❶ hangar *m;* *(klein)* appentis *m* ❷ *(pej fam: Lokal)* boui-boui *m;* *(Diskothek)* boîte *f*
Schuppenflechte *f* psoriasis *m*
schuppig ['ʃʊpɪç] *adj Fisch, Haut* écailleux, -euse; *Haar* pelliculeux, -euse
Schur [ʃuːɐ̯] <-, -en> *f* tonte *f*
schüren ['ʃyːrən] *vt* attiser
schürfen ['ʃʏrfən] **I.** *vi* prospecter; ***nach Gold ~*** prospecter pour trouver de l'or ▸ **tief ~d** *Gedanken* profond **II.** *vt* ***sich*** *dat* ***das Knie/die Haut ~*** s'érafler le genou/la peau **III.** *vr* ***sich ~*** se faire une écorchure
Schürfwunde *f* écorchure *f*
Schürhaken *m* tisonnier *m*
Schurke ['ʃʊrkə] <-n, -n> *m* crapule *f*
Schurkenstaat *m* POL État *m* voyou
Schurwolle *f* laine *f* vierge
Schürze ['ʃʏrtsə] <-, -n> *f* tablier *m*
Schürzenjäger *m (pej fam)* dragueur *m*
Schuss [ʃʊs, *Pl:* 'ʃʏsə] <-es, Schüsse> *m* ❶ coup *m* de feu; ***einen ~ abgeben*** tirer un coup de feu ❷ *(Munition)* balle *f* ❸ *(Spritzer)* ***ein ~ Essig/Rum*** un filet de vinaigre/doigt de rhum; ***Orangensaft mit ~*** jus d'orange avec du schnaps ❹ SPORT tir *m* ❺ *(fam: Drogeninjektion)* shoot *m;* ***sich*** *dat* ***einen ~ setzen*** se shooter ▸ **etw wieder in ~ bringen** remettre qc en état
Schussel ['ʃʊsəl] <-s, -> *m (fam: ungeschickter Mensch)* manchot(e) *m(f)*
Schüssel ['ʃʏsəl] <-, -n> *f* ❶ plat *m* creux; *(Salatschüssel)* saladier *m* ❷ *(Waschschüssel)* cuvette *f*
schusselig ['ʃʊsəlɪç] *adj (fam: ungeschickt)* manchot(e); *(unachtsam)* étourdi(e)
Schussfahrt *f* SPORT schuss *m* **Schussli-**

nie *f* ligne *f* de tir ▶ **in die ~ geraten** *Mensch:* être en butte aux attaques; *Firma:* faire l'objet de la critique **Schussverletzung** *f* blessure *f* par balle **Schusswaffe** *f* arme *f* à feu

Schusswechsel [-ks-] *m* échange *m* de coups de feu

Schuster(in) ['ʃuːstɐ] <-s, -> *m(f)* cordonnier, -ière *m, f*

Schutt [ʃʊt] <-[e]s> *m* gravats *mpl; (Gebäudetrümmer)* décombres *mpl*

Schuttabladeplatz *m* décharge *f* de déblais

Schüttelfrost *m* frissons *mpl*

schütteln ['ʃʏtəln] **I.** *vt* ❶ ***jdn/etw ~*** secouer qn/qc ❷ *(erzittern lassen)* ***jdn ~*** *Hustenanfall:* faire trembler qn **II.** *vi* secouer, agiter **III.** *vr* ***sich ~*** s'ébrouer; ***sich vor Ekel ~*** frissonner de dégoût

Schüttelreim *m* contrepèterie *f*

schütten ['ʃʏtən] **I.** *vt* verser *Wasser, Mehl;* déverser *Sand, Müll;* ***etw in ein Gefäß ~*** verser/déverser qc dans un récipient **II.** *vi unpers (fam)* ***es schüttet*** il pleut comme vache qui pisse

schütter ['ʃʏtɐ] *adj Haare* clairsemé(e)

Schutthalde *f* amoncellement *m* de déblais

Schutz [ʃʊts] <-es> *m* ❶ protection *f;* ***~ vor/gegen etw*** protection contre qc ❷ *(Sicherheit)* ***~ vor etw suchen*** chercher à se mettre à l'abri de qc; ***zu seinem ~*** pour sa sécurité ❸ *(Obhut)* ***unter jds ~*** *dat* ***stehen*** être sous la protection de qn ▶ **jdn vor jdm in ~ nehmen** protéger qn contre qn

Schutzanstrich *m* enduit *m* de protection **Schutzanzug** *m* combinaison *f* protectrice **schutzbedürftig** *adj Mensch* qui a besoin de protection **Schutzbehauptung** *f* allégation *f* pour se tirer d'affaire **Schutzblech** *nt eines Fahrrads* garde-boue *m; einer Maschine* carter *m* **Schutzbrief** *m* contrat *m* d'assistance **Schutzbrille** *f* lunettes *fpl* de protection

Schütze, Schützin ['ʃʏtsə] <-n, -n> *m, f* ❶ SPORT, JAGD tireur, -euse *m, f* ❷ MIL *(unterster Dienstgrad)* [simple] soldat(e) *m(f)* ❸ ASTROL Sagittaire *m*

schützen ['ʃʏtsən] **I.** *vt* ❶ protéger; ***etw vor Nässe ~*** protéger qc contre l'humidité ❷ *(patentieren)* protéger qc [par un brevet]; ***urheberrechtlich/gesetzlich geschützt*** protégé(e) par les droits d'auteur/la loi **II.** *vi* ***gegen die Kälte ~*** protéger contre le froid **III.** *vr* ***sich vor etw*** *dat* ***~*** se protéger contre qc

schützend I. *adj* protecteur, -trice **II.** *adv* pour me/le/... protéger

Schützenfest *nt* fête *f* de la société de tir

Schutzengel *m* ange *m* gardien

Schützengraben *m* tranchée *f* **Schützenhilfe** *f (fam)* appui *m,* soutien *m;* ***jdm ~ geben*** prêter son appui [*o* soutien] à qn **Schützenverein** *m* société *f* de tir

Schutzfilm *m* film *m* protecteur **Schutzfrist** *f* délai *m* de protection légale [*o* de garantie]

Schutzgebiet *nt* ❶ POL, ADMIN protectorat *m* ❷ *(Naturschutzgebiet)* réserve *f* naturelle **Schutzgebühr** *f* taxe *f* autorisée **Schutzgeld** *nt* taxe *f (extorquée par des racketteurs)* **Schutzgitter** *nt* grille *f* de protection **Schutzhaft** *f (euph)* détention *f* préventive **Schutzhandschuh** *m* gant *m* de protection **Schutzhelm** *m* casque *m* de sécurité **Schutzhütte** *f* refuge *m* **Schutzimpfung** *f* vaccination *f* préventive

Schützling ['ʃʏtslɪŋ] <-s, -e> *m* protégé(e) *m(f)*

schutzlos *adj o adv* sans défense

Schutzmarke *f* marque *f* déposée **Schutzmaske** *f* masque *m* de protection **Schutzmaßnahme** *f* mesure *f* protectrice; *(vorbeugende Maßnahme)* mesure préventive **Schutzschicht** *f* couche *f* protectrice **Schutzumschlag** *m* jaquette *f* **Schutzvorrichtung** *f* dispositif *m* de protection

schwabbelig ['ʃvabəlɪç] *adj (fam) Bauch* flasque; *Pudding, Qualle* gélatineux, -euse

schwabbeln ['ʃvabəln] *vi (fam)* ballotter

Schwabe, Schwäbin ['ʃvaːbə] <-n, -n> *m, f* Souabe *mf*

Schwaben ['ʃvaːbən] <-s> *nt* la Souabe

Schwäbin ['ʃvɛːbɪn] *s.* **Schwabe**

schwäbisch ['ʃvɛːbɪʃ] *adj* souabe

schwach [ʃvax] <schwächer, schwächste> **I.** *adj* ❶ *Person* faible, frêle ❷ *Schüler, Sehvermögen* faible; *Mitarbeiter* peu performant(e); *Herz, Nerven* fragile; *Batterie, Motor* peu puissant(e) ❸ *Applaus, Strömung* faible; *Bartwuchs* clairsemé(e) ❹ *Argument, Leistung* faible ❺ *Kaffee, Tee* léger, -ère **II.** *adv* ❶ *ausgebildet, spüren* faiblement; *duften, vibrieren* légèrement ❷ *besetzt* faiblement; *besucht* peu

Schwäche ['ʃvɛçə] <-> *f* ❶ *(geringe Kraft)* faiblesse *f* ❷ *(Unwohlsein)* malaise *m* ❸ *(Vorliebe)* ***eine ~ für jdn/etw haben*** avoir un faible pour qn/qc

Schwächeanfall *m* malaise *m*

schwächen ['ʃvɛçən] *vt, vi* affaiblir

Schwachheit <-> *f* faiblesse *f*
Schwachkopf *m (pej fam)* débile *mf*
schwächlich ['ʃvɛçlɪç] *adj Person* chétif, -ive
Schwächling ['ʃvɛçlɪŋ] <-s, -e> *m* gringalet *m*
Schwachsinn *m kein Pl* ❶ MED débilité *f* mentale ❷ *(fam: Unsinn)* idiotie *f*
schwachsinnig *adj* ❶ MED débile [mental(e)] ❷ *(fam: unsinnig)* débile
Schwachsinnige(r) *f(m) dekl wie adj* MED débile *mf* mental(e)
Schwachstelle *f* point *m* faible **Schwachstrom** *m kein Pl* courant *m* basse tension
Schwächung <-, -en> *f (a. fig)* affaiblissement *m*
Schwaden ['ʃva:dən] <-s, -> *m meist Pl (Rauchschwaden)* nuage *m; (Nebelschwaden)* nappe *f*
Schwadron [ʃva'dro:n] <-, -en> *f* HIST, MIL escadron *m*
schwafeln ['ʃva:fəln] *(fam)* **I.** *vi (Unsinn reden)* débiter des âneries; *(lange reden)* radoter **II.** *vt* sortir; ***dummes Zeug ~*** sortir des conneries
Schwager, **Schwägerin** ['ʃva:gɐ, *Pl:* 'ʃvɛ:gɐ] <-s, Schwäger> *m, f* beau-frère *m* /belle-sœur *f*
Schwalbe ['ʃvalbə] <-, -n> *f* hirondelle *f*
Schwall [ʃval] <-[e]s, -e> *m von Wasser, Worten* flot *m; von Schimpfworten* bordée *f*
schwamm [ʃvam] *Imp von* **schwimmen**
Schwamm [ʃvam, *Pl:* 'ʃvɛmə] <-[e]s, Schwämme> *m* ❶ *a.* ZOOL éponge *f* ❷ *kein Pl (Hausschwamm)* champignon *m* ❸ A, CH *(Pilz)* champignon *m* [comestible] ▸ **~ drüber!** *(fam)* on passe l'éponge!
Schwammerl ['ʃvamɐl] <-s, -[n]> *nt* SDEUTSCH, A *(fam)* champignon *m*
schwammig ['ʃvamɪç] **I.** *adj* ❶ *(aufgedunsen)* bouffi(e) ❷ *(vage)* évasif, -ive **II.** *adv (vage)* de manière évasive
Schwan [ʃva:n, *Pl:* 'ʃvɛ:nə] <-[e]s, Schwäne> *m* cygne *m*
schwand [ʃvant] *Imp von* **schwinden**
schwang [ʃvaŋ] *Imp von* **schwingen**
schwanger ['ʃvaŋɐ] *adj Frau* enceinte
Schwangere *f dekl wie adj* femme *f* enceinte
schwängern ['ʃvɛŋɐn] *vt* mettre enceinte; ***eine Frau ~*** mettre une femme enceinte
Schwangerschaft <-, -en> *f* grossesse *f*
Schwangerschaftsabbruch *m* interruption *f* [volontaire] de grossesse, I.V.G. *f* **Schwangerschaftsgymnastik** *f* gymnastique *f* prénatale **Schwangerschaftsstreifen** *m* vergeture *f* **Schwangerschaftstest** *m* test *m* de grossesse
Schwank [ʃvaŋk, *Pl:* 'ʃvɛŋkə] <-[e]s, Schwänke> *m* THEAT farce *f*
schwanken ['ʃvaŋkən] *vi* ❶ + *haben Brücke, Gerüst:* osciller; *Boden:* se dérober ❷ + *sein Mensch:* tituber ❸ + *haben Preis, Temperatur:* fluctuer, varier ❹ + *haben (unentschlossen sein)* hésiter
schwankend *adj* ❶ *Bewegung* oscillant(e); *Charakter* vacillant(e) ❷ *(zögernd)* hésitant(e)
Schwankung <-, -en> *f (Veränderung)* variation *f*, fluctuation *f*
Schwanz [ʃvants, *Pl:* 'ʃvɛntsə] <-es, Schwänze> *m* ❶ *eines Tiers* queue *f* ❷ *(fam: Penis)* queue *f*
schwänzen ['ʃvɛntsən] *vt, vi (fam)* sécher
schwappen ['ʃvapən] *vi* ❶ + *sein* ***über den Rand ~*** déborder ❷ + *haben (sich hin und her bewegen)* clapoter
Schwarm [ʃvarm, *Pl:* 'ʃvɛrmə] <-[e]s, Schwärme> *m* ❶ ***ein ~ Bienen/Heuschrecken/Fische*** un essaim d'abeilles/ une nuée de sauterelles/un banc de poissons ❷ *(Menschenmenge)* nuée *f* ❸ *kein Pl (fam: verehrter Mensch)* idole *f*
schwärmen ['ʃvɛrmən] *vi* ❶ + *sein Bienen:* essaimer ❷ + *sein* ***in die Innenstadt ~*** *Besucher:* affluer vers le centre ville ❸ + *haben (begeistert reden)* ***von etw ~*** parler avec enthousiasme de qc ❹ + *haben (verehren)* ***für jdn ~*** adorer qn
Schwärmer <-s, -> *m* ❶ *(Fantast)* rêveur *m* ❷ *(Schmetterling)* sphinx *m*
Schwärmerei [ʃvɛrmə'rai] <-, -en> *f (Begeisterung)* engouement *m; (Träumerei)* rêve *m*
schwärmerisch **I.** *adj Person, Begeisterung* passionné(e); *Leidenschaft* exalté(e) **II.** *adv* avec emballement
Schwarte ['ʃvartə] <-, -n> *f* GASTR couenne *f*
schwarz [ʃvarts] <schwärzer, schwärzeste> **I.** *adj* ❶ noir(e) ❷ *(fam) Fingernägel* noir(e) ❸ *(fam) Konto, Liste* noir(e); *Benutzung, Besitz* illégal(e); *Brennen* clandestin(e); *Erwerb* au noir ❹ *(fam: katholisch)* clérical(e); *(konservativ)* réac ❺ *Tag, Humor* noir(e) ▸ **~ auf weiß** noir sur blanc **II.** *adv* ❶ *gekleidet* en noir ❷ *(fam: illegal)* au noir
Schwarz [ʃvarts] <-[es]> *nt* noir *m;* ***in ~*** en noir
Schwarzafrika *nt* l'Afrique *f* noire
Schwarzarbeit *f kein Pl* travail *m* au noir
schwarz|arbeiten *vi* travailler au noir

Schwarzarbeiter(in) *m(f)* travailleur, -euse *m, f* au noir **schwarzbraun** *adj* brun(e) presque noir(e) **Schwarzbrot** *nt* pain *m* noir

Schwarze(r) ['ʃvartsə, -tsɐ] *f(m) dekl wie adj* ❶ noir(e) *m(f)* ❷ POL *(pej fam)* réac *mf (tendance démocrate-chrétienne)*

schwärzen ['ʃvɛrtsən] *vt* noircir

schwarz|fahren ['ʃvartsfa:rən] *vi irr + sein (nicht bezahlen)* voyager sans billet **Schwarzfahrer(in)** *m(f) (Mensch ohne Fahrausweis)* voyageur, -euse *m, f* sans billet **Schwarzgeld** *nt* argent *m* non déclaré **schwarzhaarig** *adj* aux cheveux noirs; ~ ***sein*** avoir les cheveux noirs **Schwarzhandel** *m kein Pl* marché *m* noir **Schwarzhändler(in)** *m(f)* trafiquant(e) *m(f)*

schwärzlich ['ʃvɛrtslɪç] *adj* noirâtre

schwarz|malen I. *vi (fig)* voir tout en noir **II.** *vt (fig)* ***die Zukunft*** ~ [dé]peindre le futur en noir **Schwarzmalerei** *f (fam)* catastrophisme *m*

Schwarzmarkt *m* marché *m* noir

Schwarzmarktpreis *m* prix *m* du marché noir

Schwarzpulver [-fɐ, -vɐ] *nt* poudre *f* noire

schwarz|sehen *vi irr (fam)* ❶ *(pessimistisch sein)* voir les choses en noir; ***für jdn*** ~ voir qn mal parti(e); ***für etw*** ~ être pessimiste sur qc ❷ *(keine Fernsehgebühren bezahlen)* resquiller sur la redevance télé[vision] **Schwarzseher(in)** *m(f)* défaitiste *mf* **Schwarztee** *m* thé *m* **Schwarzwald** *m* ***der*** ~ la Forêt-Noire **schwarz-weiß, schwarzweiß** ['ʃvarts'vais] *adj* ❶ *Zeichnung* noir et blanc *inv* ❷ CINE, PHOT [en] noir et blanc

Schwarz-Weiß-Aufnahme, Schwarzweißaufnahme *f* photo *f* [en] noir et blanc

Schwarz-Weiß-Film, Schwarzweißfilm *m* PHOT pellicule *f* noir et blanc; CINE film *m* noir et blanc **Schwarz-Weiß-Foto, Schwarzweißfoto** *f* photo *f* [en] noir et blanc

Schwarzwurzel *f* salsifis *m*

Schwatz [ʃvats] <-es, -e> *m (fam)* causette

schwatzen ['ʃvatsən], **schwätzen** ['ʃvɛtsn̩] SDEUTSCH, A *vi* ❶ *(sich unterhalten)* causer; ***über etw*** *akk* ~ causer de qc ❷ *(tratschen)* bavarder

Schwätzer(in) <-s, -> *m(f) (pej)* bavard(e) *m(f)*

schwatzhaft *adj* bavard(e)

Schwebe ['ʃve:bə] ***in der ~ sein*** *Entscheidung, Prozess:* être en suspens

Schwebebahn *f* ❶ chemin *m* de fer suspendu ❷ *s.* **Seilbahn Schwebebalken** *m* poutre *f*

schweben ['ʃve:bən] *vi* ❶ + *haben (gleitend fliegen) Mensch, Vogel:* planer; *Wolke, Ballon:* flotter ❷ + *sein (herabsinken)* ***zu Boden*** ~ descendre lentement ❸ + *haben (unentschieden sein) Verfahren:* être en suspens

Schwebezustand *m* état *m* d'incertitude

Schwebstoff *m* CHEM substance *f* en suspension

Schwede, Schwedin ['ʃve:də] <-n, -n> *m, f* Suédois(e) *m(f)*

Schweden ['ʃve:dən] <-s> *nt* la Suède

Schwedin ['ʃve:dɪn] *s.* **Schwede**

schwedisch ['ʃve:dɪʃ] **I.** *adj* suédois(e) **II.** *adv* ~ ***miteinander sprechen*** parler en suédois; *s. a.* **deutsch**

Schwedisch <-[s]> *nt kein Art* suédois *m; s. a.* **Deutsch**

Schwefel ['ʃve:fəl] <-s> *m* soufre *m*

Schwefeldioxid *nt* CHEM dioxyde *m* de soufre

schwefelig *s.* **schweflig**

schwefeln ['ʃve:fəln] *vt* soufrer

Schwefelsäure *f kein Pl* CHEM acide *m* sulfurique

schweflig ['ʃve:flɪç] *adj* sulfureux, -euse

Schweif [ʃvaif] <-[e]s, -e> *m* queue *f*

schweifen ['ʃvaifən] *vi + sein (geh) Gedanken, Blick:* vagabonder

Schweigegeld *nt* prix *m* du silence **Schweigemarsch** *m* marche *f* silencieuse **Schweigeminute** *f* minute *f* de silence

schweigen ['ʃvaigən] <schwieg, geschwiegen> *vi Person* garder le silence; ***schweig!*** silence! ► **ganz zu ~ von ...** sans parler de ...

Schweigen <-s> *nt* silence *m; (absichtliches Nichtreden)* mutisme *m* ► **jdn zum ~ bringen** *(jdn einschüchtern, töten)* faire taire qn

schweigend I. *adj* silencieux, -euse **II.** *adv* sans dire un mot

Schweigepflicht *f* devoir *m* de réserve; *eines Anwalts* secret *m* professionnel; ***ärztliche*** ~ secret médical

schweigsam ['ʃvaikza:m] *adj Person* taciturne

Schweigsamkeit <-> *f* taciturnité *f*

Schwein [ʃvain] <-s, -e> *nt* ❶ porc *m*, cochon *m* ❷ *(fam: Schweinefleisch)* porc *m* ❸ *(fam: Mensch)* ***ein armes*** ~ un pauvre mec ❹ *(fam: gemeiner Mensch)* salaud *m* ❺ *(fam: obszöner Mensch)* cochon *m*

S

Schweinebraten *m* rôti *m* de porc **Schweinefleisch** *nt* [viande *f* de] porc *m* **Schweinefraß** *m (sl)* cochonnerie *f fam,* merde *f vulg* **Schweinegrippe** *f* MED grippe *f* porcine **Schweinehund** *m (fam)* salopard *m* ▶ **den inneren ~ überwinden** *(fam)* surmonter sa lâcheté **Schweinepest** *f* peste *f* porcine

Schweinerei [ʃvainə'rai] <-, -en> *f (fam)* ❶ *(Unordnung, Obszönität)* cochonnerie *f* ❷ *(Gemeinheit)* vacherie *f*

Schweineschmalz *nt* saindoux *m* **Schweineschnitzel** *nt* escalope *f* de porc **Schweinestall** *m (a. fig fam)* porcherie *f* **Schweinezucht** *f kein Pl (das Züchten)* élevage *m* porcin

schweinisch *(fam)* **I.** *adj* cochon(ne) **II.** *adv sich verhalten* comme un cochon/des cochons

Schweinshaxe *f* SDEUTSCH jarret *m* de porc

Schweiß [ʃvais] <-es> *m kein Pl* sueur *f,* transpiration *f;* ***jdm bricht der ~ aus*** qn se met à transpirer; ***in ~ gebadet sein*** être en nage

Schweißausbruch *m* accès *m* de transpiration

Schweißbrenner *m* chalumeau *m*

Schweißdrüse *f* glande *f* sudoripare

schweißen ['ʃvaisən] *vt, vi* souder

Schweißer(in) <-s, -> *m(f)* soudeur, -euse *m, f*

Schweißfüße *Pl* ***~ haben*** puer des pieds **schweißgebadet** ['ʃvaisgəbaːdət] *adj* en nage **Schweißgeruch** *m* odeur *f* de transpiration

Schweißnaht *f* soudure *f*

schweißnass *adj* trempé(e) de sueur **Schweißperle** *f meist Pl (geh)* gouttelette *f* de sueur

schweißtreibend *adj* sudorifique, diaphorétique **Schweißtropfen** *m* goutte *f* de sueur

Schweiz [ʃvaits] <-> *f* ***die ~*** la Suisse; ***die deutschsprachige/französische/italienische ~*** la Suisse alémanique/romande/italienne

Schweizer[1] ['ʃvaitsɐ] *adj attr* suisse; *Hauptstadt* de la Suisse

Schweizer[2] ['ʃvaitsɐ] <-s, -> *m* Suisse *m*

schweizerdeutsch ['ʃvaitsɐdɔytʃ] **I.** *adj* suisse-allemand(e) **II.** *adv* ***~ sprechen*** parler [le] suisse-allemand **Schweizerdeutsch** *nt* le suisse-allemand *m;* ***auf ~*** en suisse-allemand

Schweizerin <-, -nen> *f* Suisse[sse] *f*

schweizerisch ['ʃvaitsərɪʃ] *s.* **Schweizer**[1]

schwelen ['ʃveːlən] *vi* ❶ *Feuer:* couver ❷ *(fig)* ***in jdm/in der Bevölkerung ~*** *Hass:* couver en qn/au sein de la population

schwelgen ['ʃvɛlgən] *vi* ❶ *(sich gütlich tun)* se régaler, se délecter ❷ *(geh: sich gehen lassen)* ***in Erinnerungen ~*** plonger dans ses souvenirs

Schwelle ['ʃvɛlə] <-, -n> *f* ❶ *(Türschwelle, Reizschwelle)* seuil *m* ❷ *(Bahnschwelle)* traverse *f* ❸ *(Bodenschwelle)* ralentisseur *m*

schwellen ['ʃvɛlən] <schwillt, schwoll, geschwollen> *vi + sein* MED enfler

Schwellenangst *f* appréhension *f (à aborder une situation nouvelle)* **Schwellenland** *nt* nouveau pays *m* industrialisé **Schwellenwert** *m* ÖKON, ELEC valeur *f* seuil

Schwellkörper *m* ANAT corps *m* caverneux

Schwellung <-, -en> *f (geschwollene Stelle)* enflure *f*

Schwemme ['ʃvɛmə] <-, -n> *f* surabondance *f,* pléthore *f*

schwemmen ['ʃvɛmən] *vt* déposer; ***etw ans Ufer ~*** déposer qc sur la rive

Schwengel ['ʃvɛŋəl] <-s, -> *m* ❶ *(Pumpenschwengel)* bras *m* ❷ *(Klöppel)* battant *m*

Schwenk [ʃvɛŋk] <-[e]s, -s> *m* ❶ CINE, TV rotation *f* ❷ *(Änderung der Politik)* virage *m*

schwenkbar *adj* orientable

schwenken ['ʃvɛŋkən] **I.** *vt + haben* ❶ agiter *Brief, Zeitung* ❷ *(bewegen)* diriger, tourner *Kamera* ❸ GASTR ***etw in Butter dat ~*** remuer qc dans du beurre **II.** *vi* ❶ *+ sein (einbiegen)* ***nach links ~*** bifurquer à gauche ❷ *+ haben (sich richten)* ***auf jdn/etw ~*** *Kamera:* se diriger sur qn/qc

schwer [ʃveːɐ̯] **I.** *adj* ❶ lourd(e); ***fünf Kilo ~ sein*** peser cinq kilos ❷ *Verletzung* grave ❸ *Bedenken* grave *antéposé; Irrtum, Fehler* lourd(e) *antéposé* ❹ *(hart)* dur(e); *Arbeit, Zeit* difficile; *Bürde* lourd(e) ❺ *Krankheit* grave; *Geburt* difficile; *Leiden* pénible ❻ *(schwierig)* difficile ❼ *attr Sturm* gros(se) *antéposé* ❽ *attr Lkw* gros(se) *antéposé* ❾ *attr* MIL lourd(e) ❿ *Essen, Wein* lourd(e); *Sherry* fort(e) ⓫ *Duft* fort(e) **II.** *adv* ❶ *beladen* lourdement; *wiegen* lourd ❷ *arbeiten* durement ❸ *enttäuschen* profondément; *treffen* durement ❹ *atmen* difficilement; *hören* mal ❺ ***~ auf jdm lasten*** peser lourdement sur qn ❻ *sich verletzen* gravement; ***~ stürzen*** faire une chute grave ❼ *sagen* difficilement ❽ *bestrafen* sévèrement ❾ *be-*

S

waffnet solidement ❿ *(nicht leicht)* ***es ~ haben*** avoir la vie dure

Schwerarbeit *f kein Pl* travail *m* de force **schwerbehindert** *s.* **behindert Schwerbehinderte(r)** *f(m) dekl wie adj* handicapé(e) *m(f)* sévère **schwerbeladen** *s.* **beladen²**

schwerbeschädigt *s.* **beschädigen**

schwerbewaffnet *s.* **bewaffnet**

Schwere ['ʃveːrə] <-> *f* ❶ JUR, MED gravité *f* ❷ *(Schwierigkeit) einer Arbeit, Aufgabe* difficulté *f* ❸ *(Gewicht) eines Gegenstands* poids *m*

schwerelos *adj Gegenstand, Körper* en apesanteur; *Zustand* d'apesanteur

Schwerelosigkeit <-> *f* apesanteur *f*

schwer|fallen *vi irr, unpers + sein (fig)* ***es fällt mir schwer, das zu sagen*** j'ai du mal à dire ça

schwerfällig I. *adj Person, Tier* lourdaud(e), pataud(e); *Bewegung* pataud(e); *Stil* gauche, lourd(e) **II.** *adv gehen, sich bewegen* pesamment, lourdement

Schwerfälligkeit <-> *f* lourdeur *f*

Schwergewicht *nt* ❶ *(Gewichtsklasse)* catégorie *f* [des] poids lourds ❷ *(Sportler)* poids *m* lourd **schwergewichtig** *adj Mensch* corpulent(e), lourd(e) **schwerhörig** *adj* malentendant(e) **Schwerhörigkeit** *f kein Pl* surdité *f* partielle **Schwerindustrie** *f* industrie *f* lourde **Schwerkraft** *f kein Pl* pesanteur *f* **schwerkrank** *s.* **krank 1 Schwerkranke(r)** *f(m) dekl wie adj* malade *mf* grave

schwerlich *adv* difficilement

schwer|machen *s.* **machen I. 17**

Schwermetall *nt* métal *m* lourd

Schwermut *f* mélancolie *f*

schwermütig ['ʃveːɐ̯myːtɪç] *adj* mélancolique

schwer|nehmen *vt irr* ***etw ~*** prendre qc au tragique **Schweröl** *nt* huile *f* lourde **Schwerpunkt** *m* ❶ *einer Tätigkeit* axe *m* essentiel; *des Studiums* matière *f* principale; ***den ~ auf etw akk legen*** mettre l'accent sur qc; ***~e setzen*** établir des priorités ❷ PHYS centre *m* de gravité

schwerpunktmäßig *adv* particulièrement

Schwert [ʃveːɐ̯t] <-[e]s, -er> *nt* ❶ *(Waffe)* épée *f* ❷ NAUT dérive *f*

Schwertfisch *m* poisson-épée *m,* espadon *m* **Schwertlilie** *f* iris *m* **Schwertwal** *m* épaulard *m,* orque *f*

Schwerverbrecher(in) *m(f)* grand(e) criminel(le) *m(f)* **Schwerverkehr** *m* TRANSP trafic *m* lourd **schwerverletzt** *s.* **verletzen I. 1 Schwerverletzte(r)** *f(m) dekl wie adj* blessé(e) *m(f)* grave

schwerwiegend *adj* grave; *Bedenken, Grund* sérieux, -euse

Schwester ['ʃvɛstɐ] <-, -n> *f* ❶ *a.* REL sœur *f* ❷ *(Krankenschwester)* infirmière *f*

schwesterlich I. *adj* de sœur; *Liebe* d'une sœur **II.** *adv* comme des sœurs

schwieg [ʃviːk] *Imp von* **schweigen**

Schwiegereltern ['ʃviːgɐʔɛltɐn] *Pl* beaux-parents *mpl* **Schwiegermutter** *f* belle-mère *f* **Schwiegersohn** *m* gendre *m* **Schwiegertochter** *f* belle-fille *f* **Schwiegervater** *m* beau père *m*

Schwiele ['ʃviːlə] <-, -n> *f* cal *m*

schwierig ['ʃviːrɪç] *adj* difficile; ***sozial ~*** *Viertel, Vorort* sensible

Schwierigkeit <-, -en> *f* ❶ *kein Pl (Kompliziertheit) einer Aufgabe, Prüfung* difficulté *f; eines Falls, einer Situation* complexité *f,* difficulté ❷ *meist Pl (Probleme)* difficultés *fpl;* ***jdn in ~en bringen*** mettre qn en difficulté; ***in ~en geraten*** rencontrer des difficultés

Schwierigkeitsgrad *m* degré *m* de difficulté

schwillt [ʃvɪlt] *3. Pers Präs von* **schwellen**

Schwimmbad *nt* piscine *f* **Schwimmbecken** *nt* bassin *m; (privater Swimmingpool)* piscine *f* [privée] **Schwimmbrille** *f* lunettes *fpl* de natation

schwimmen ['ʃvɪmən] <schwamm, geschwommen> **I.** *vi + sein* ❶ nager; ***~ gehen*** aller nager ❷ *(treiben)* ***auf dem/im Wasser ~*** *Gegenstand:* flotter sur/surnager dans l'eau **II.** *vt + haben o sein* ***hundert Meter ~*** nager un cent mètres

Schwimmen <-s> *nt* natation *f*

Schwimmer(in) ['ʃvɪmɐ] <-s, -> *m(f)* nageur, -euse *m, f; (opp: Nichtschwimmer)* personne *f* qui sait nager

Schwimmerbecken *nt* grand bassin *m*

Schwimmflosse *f* palme *f* **Schwimmflügel** *m* flotteur *m* **Schwimmhalle** *f* piscine *f* couverte **Schwimmnudel** *f* frite *f* en mousse **Schwimmring** *m* bouée *f* **Schwimmsport** *m* natation *f* **Schwimmweste** *f* gilet *m* de sauvetage

Schwindel ['ʃvɪndəl] <-s> *m* ❶ *(Betrug)* escroquerie *f* ❷ *(benommener Zustand)* vertige *m;* ***~ erregend*** vertigineux, -euse

Schwindelanfall *m* étourdissement *m*

Schwindelei [ʃvɪndə'laɪ] <-, -en> *f (fam)* bobard *m*

schwindelerregend *s.* **Schwindel**

schwindelfrei *adj* ***~ sein*** ne pas avoir le

S

vertige **Schwindelgefühl** *nt* vertige *m*, étourdissement *m*

schwindelig ['ʃvɪndəlɪç] *s.* **schwindlig**

schwindeln ['ʃvɪndəln] *vi (fam)* raconter des bobards

schwinden ['ʃvɪndən] <schwand, geschwunden> *vi + sein (geh)* ❶ *Bestände, Ressourcen:* s'amenuiser ❷ *Interesse:* tomber; *Kräfte:* s'amenuiser

Schwindler(in) ['ʃvɪndlɐ] <-s, -> *m(f)* ❶ *(Betrüger)* escroc *m* ❷ *(fam: Lügner)* menteur, -euse *m, f*

schwindlig ['ʃvɪndlɪç] *adj* ***jdm ist ~*** qn a le vertige **schwindsüchtig** *adj (veraltet)* phtisique *vieilli*

Schwinge ['ʃvɪŋə] <-, -n> *f (geh)* aile *f*

schwingen ['ʃvɪŋən] <schwang, geschwungen> **I.** *vt + haben* agiter *Fähnchen, Hut;* brandir *Schwert* **II.** *vi + haben o sein* ❶ *(vibrieren) Membran, Saite:* vibrer; *Brücke:* osciller ❷ *(geh: zum Ausdruck kommen)* ***in ihren Worten schwang Kritik*** on sentait de la critique dans ses paroles **III.** *vr + haben (steigen)* ***sich aufs Motorrad ~*** sauter sur sa moto

Schwingtür *f* porte *f* battante

Schwingung <-, -en> *f a.* PHYS vibration *f; (Pendelbewegung)* oscillation *f*

Schwips [ʃvɪps] <-es, -e> *m (fam)* coup *m* dans le nez; ***einen ~ haben*** être pompette

schwirren ['ʃvɪrən] *vi + sein* ❶ ***durch die Luft ~*** *Vögel:* voler dans un bruissement d'ailes; *Geschoss:* siffler dans les airs ❷ *(fig)* ***was schwirrt dir durch den Kopf?*** qu'est-ce qui te passe par la tête?

Schwitzbad *nt* bain *m* de vapeur

schwitzen ['ʃvɪtsən] *vi* suer, transpirer

Schwitzen <-s> *nt* transpiration *f;* ***ins ~ kommen*** se mettre à transpirer

Schwitzkasten *m* ***jdn in den ~ nehmen*** porter un étranglement à qn

schwofen ['ʃvo:fən] *vi (fam)* guincher

schwoll [ʃvɔl] *Imp von* **schwellen**

schwören ['ʃvø:rən] <schwor, geschworen> **I.** *vi* ❶ jurer ❷ *(überzeugt sein von)* ***auf jdn/etw ~*** jurer par qn/qc ❸ *(fam: beschwören, versichern)* ***ich hätte ~ können, dass ...*** j'aurais juré que ... **II.** *vt* ❶ ***einen Eid ~*** prêter serment ❷ *(geloben)* ***jdm etw ~*** jurer à qn qc ❸ *(fest versichern)* ***jdm ~ etw zu tun*** jurer à qn de faire qc

Schwuchtel ['ʃvʊxtəl] <-, -n> *f (pej fam)* pédale *f,* folle *f*

schwuchtelig ['ʃvʊxtəlɪç] *adj (hum, pej)* qui a les attributs d'une pédale

schwul [ʃvu:l] *adj (fam)* homo, pédé

schwül [ʃvy:l] *adj* lourd(e); ***es ist ~*** il fait lourd

Schwüle ['ʃvy:lə] <-> *f* temps *m* lourd

Schwule(r) *m dekl wie adj (fam)* homo *m,* pédé *m* **Schwulenszene** *f (fam)* scène *f* homo *fam*

Schwulst [ʃvʊlst] <-[e]s> *m (pej)* surcharge *f*

schwulstig ['ʃvʊlstɪç] A, **schwülstig** ['ʃvʏlstɪç] **I.** *adj Gemälde, Architektur* surchargé(e); *Stil* ampoulé(e) **II.** *adv reden, schreiben* de façon ampoulée

Schwund [ʃvʊnt] <-[e]s> *m* ❶ *(Rückgang)* diminution *f* ❷ *(Verlust)* perte *f*

Schwung [ʃvʊŋ, *Pl:* 'ʃvʏŋə] <-[e]s, Schwünge> *m* ❶ *(Bewegung)* élan *m; (ausholende Bewegung)* impulsion *f;* ***~ holen*** prendre son élan ❷ *kein Pl (Elan)* énergie *f* ❸ *(fam: größere Anzahl)* ***ein ganzer ~ Bestellungen*** tout un paquet de commandes ▸ **in ~ bringen** donner un nouvel essor à *Laden;* **in ~ kommen** *Person:* commencer à chauffer; *Laden:* commencer à décoller

schwunghaft I. *adj* florissant(e) **II.** *adv* de manière florissante

Schwungrad *nt* volant *m*

schwungvoll I. *adj* ❶ *Bewegung* impétueux, -euse; *Handschrift* vigoureux, -euse; *Linienführung* hardi(e) ❷ *(mitreißend)* fougueux, -euse **II.** *adv* ❶ *(mit Schwung)* avec vivacité; *(mit Elan)* avec entrain ❷ *(temperamentvoll)* avec fougue

Schwur [ʃvu:ɐ̯, *Pl:* 'ʃvy:rə] <-[e]s, Schwüre> *m* serment *m;* ***einen ~ tun/leisten*** faire un/prêter serment

Schwurgericht *nt* cour *f* d'assises

Science-Fiction, Sciencefiction ['saɪəns'fɪkʃən] <-> *f* science-fiction *f*

Science-Fiction-Film *m* film *m* de science-fiction

Screenshot ['skri:nʃɔt] <-s, -s> *m* INFORM capture *f* d'écran

Scrollbalken ['scro:l-] *m* barre *f* de défilement

scrollen ['scro:lən] *vi* INFORM faire défiler; ***nach oben/nach unten ~*** faire défiler vers le haut/vers le bas

Scrollrad ['scro:l-] *nt* INFORM molette *f* de défilement

sec *Abk von* **Sekunde** s

sechs [zɛks] *num* six; *s. a.* **acht**[1]

Sechs [zɛks] <-, -en> *f* ❶ *(Zahl, Spielkarte, Augenzahl)* six *m* ❷ *(Schulnote)* ≈ zéro *m;* CH ≈ vingt *m*

Sechseck *nt* hexagone *m* **sechseckig** *adj* hexagonal(e)

Sechser ['zɛksɐ] <-s, -> *m* ❶ *(fam: Schulnote)* bulle *f* ❷ *(fam: Lottogewinn)* six bons numéros *mpl* ❸ CH *(Schulnote)* ≈ vingt *m*
sechserlei *adj inv* ~ ***Sorten Brot*** six sortes de pain; *s. a.* **achterlei**
Sechserpack *m* pack *m* de six
sechsfach **I.** *adj* ***die ~e Menge nehmen*** prendre six fois la quantité **II.** *adv falten* en six; *s. a.* **achtfach** **sechshundert** *num* six cents **sechsmal** *adv* six fois; *s. a.* **achtmal**
sechst *adv* ***zu ~ sein*** être six; *s. a.* **acht²**
Sechstagerennen *nt* six Jours *mpl*
sechstausend *num* six mille
sechste(r, s) *adj* ❶ sixième ❷ *(bei Datumsangaben)* ***der ~ März*** le six mars; *s. a.* **achte(r, s)**
Sechste(r) *f(m) dekl wie adj* ❶ sixième *mf* ❷ *(bei Datumsangaben)* ***der ~/am ~n*** *écrit:* ***der 6./am 6.*** le six *geschrieben:* le 6 ❸ *(als Namenszusatz)* ***Karl der ~*** *écrit:* ***Karl VI.*** Charles six *geschrieben:* Charles VI; *s. a.* **Achte(r)**
sechstel *adj* sixième; *s. a.* **achtel**
Sechstel <-s, -> *nt* sixième *m*
sechstens *adv* sixièmement
sechzehn ['zɛçtseːn] *num* seize; *s. a.* **acht¹**
Sechzehntel *nt a.* MATH seizième *m*
sechzig ['zɛçtsɪç] *num* soixante; *s. a.* **achtzig**
Sechzig <-, -en> *f* soixante *m*
sechziger *adj inv* ***die ~ Jahre*** les années *fpl* soixante; *s. a.* **Sechzigerjahre**
Sechzigerjahre, 60er-Jahre ['zɛçtsɪgɐ-] *Pl* ***die ~*** les années *fpl* soixante
Sechzigjährige(r) *f(m) dekl wie adj* homme *m* /femme *f* de soixante ans
sechzigste(r, s) *adj* soixantième; *s. a.* **achtzigste(r, s)**
Secondhandladen ['sɛkəndhɛndlaːdən] *m* friperie *f*
SED [ɛsʔeːˈdeː] <-> *f* HIST *Abk von* **Sozialistische Einheitspartei Deutschlands** *parti socialiste unifié de la R.D.A.*
Sedativum [zedaˈtiːvʊm, *Pl:* zedaˈtiːva] <-s, -tiva> *nt* MED sédatif *m*
Sediment [zediˈmɛnt] <-[e]s, -e> *nt* sédiment *m;* CHEM précipité *m*
See¹ [zeː] <-s, Seen> *m (Binnensee)* lac *m*
See² [zeː] <-> *f (Meer, Seegang)* mer *f*
Seebad *nt* station *f* balnéaire **Seebeben** *nt* séisme *m* sous-marin **Seefahrer** *m (veraltet)* marin *m* **Seefisch** *m* poisson *m* de mer **Seefracht** *f* fret *m* maritime **Seegang** *m kein Pl* houle *f;* ***starker ~*** mer *f* forte **Seegefecht** *nt* bataille *f* navale, combat *m* naval **Seegras** *nt* zostère *f* **Seehafen** <-häfen> *m* ❶ *(Hafen)* port *m* de mer ❷ *(Stadt mit Seehafen)* ville *f* portuaire **Seehecht** *m* merlu *m* **Seeherrschaft** *f kein Pl* maîtrise *f* des mers **Seehund** *m* phoque *m* **Seeigel** *m* oursin *m* **Seeklima** *nt* climat *m* maritime **seekrank** *adj* ~ ***sein*** avoir le mal de mer **Seekrankheit** *f kein Pl* mal *m* de mer **Seelachs** *m* colin *m*
Seele ['zeːlə] <-, -n> *f* ❶ REL âme *f* ❷ *(Psyche)* psychisme *m* ❸ *(Herz, Gefühl)* ***aus tiefster ~*** de tout cœur; ***etw liegt jdm auf der ~*** qn a qc sur le cœur ❹ *(fam: Charakter)* ***eine treue ~*** une âme fidèle
Seelenfriede[n] *m (geh)* paix *f* de l'âme **Seelenheil** *nt* salut *m* [de l'âme] **Seelenklempner(in)** *m(f) (hum fam)* psy *mf* **Seelenleben** *nt kein Pl (geh)* vie *f* intérieure **Seelenqual** *f meist Pl (geh)* tourment *m* [intérieur] *soutenu* **Seelenruhe** *f* ***in aller ~*** en toute tranquillité **seelenruhig** ['zeːlənˈruːɪç] *adv* tranquillement **seelenverwandt** *adj* qui a/ont des affinités; ***sie sind ~*** ils/elles ont beaucoup d'affinités
Seeleute *Pl von* **Seemann**
seelisch ['zeːlɪʃ] **I.** *adj* psychique **II.** *adv* ~ ***bedingt sein*** *Krankheit:* être psychosomatique
Seelöwe *m* ZOOL lion *m* de mer
Seelsorge *f kein Pl* direction *f* de conscience, pastorale *f*
Seelsorger(in) <-s, -> *m(f)* directeur, -trice *m, f* de conscience
Seeluft *f kein Pl* air *m* marin **Seemacht** *f* puissance *f* maritime **Seemann** ['zeːman] <-leute> *m* marin *m*
seemännisch **I.** *adj* de marin **II.** *adv* ~ ***ausgebildet/erfahren sein*** avoir une formation/expérience de marin **Seemannsgarn** *nt kein Pl* récit *m* fantaisiste [de marin]; ~ ***spinnen*** débiter des histoires [de marin] **Seemeile** *f* mille *m* marin **Seenot** *f kein Pl* ***in ~ geraten*** se retrouver en [situation de] détresse
Seenotrettungsdienst *m* service *m* de sauvetage en mer **Seepferdchen** ['zeːpfeːɐtçən] *nt* hippocampe *m* **Seeräuber** *m* pirate *m*
Seeräuberschiff *nt* bateau *m* pirate **Seerecht** *nt kein Pl* droit *m* maritime **Seereise** *f* croisière *f* **Seerose** *f* ❶ BOT nénuphar *m* ❷ ZOOL anémone *f* de mer **Seesack** *m* sac *m* de marin **Seestern** *m* étoile *f* de mer **Seestreitkräfte** *Pl* MIL forces *fpl* navales **Seetang** *m* fucus *m* **seetüchtig** *adj* en état de naviguer **Seeungeheuer** *nt*

S

monstre *m* marin **Seeweg** *m* voie *f* maritime **Seewetterbericht** *m* météo *f* marine **Seezunge** *f* sole *f*

Segel ['ze:gəl] <-s, -> *nt* voile *f*

Segelboot *nt* voilier *m* **segelfliegen** *vi nur Infin* faire du vol à voile; ***das Segelfliegen*** le vol à voile **Segelflieger(in)** *m(f)* vélivole *mf* **Segelflug** *m* vol *m* en planeur

Segelflugplatz *m* terrain *m* de vol à voile **Segelflugzeug** *nt* planeur *m* **Segeljacht** *f* yacht *m* à voiles

segeln ['ze:gəln] *vi + sein* ① *(fahren)* naviguer [à la voile] ② *(den Segelsport betreiben)* faire de la voile; ***das Segeln*** la voile; ***zum Segeln gehen*** aller faire de la voile ③ *(fliegen)* ***durch die Luft ~*** voler dans l'air

Segeln ['ze:gəln] <-s> *nt* voile *f*; ***zum ~ gehen*** aller faire de la voile

Segelregatta *f* régate *f* **Segelschiff** *nt* voilier *m* **Segelschulschiff** *nt* voilier-école *m* **Segelsport** *m* voile *f* **Segeltörn** <-s, -s> *m* croisière *f* à la voile **Segeltuch** <-tuche> *nt* toile *f* [à voile]

Segen ['ze:gən] <-s, -> *m* ① bénédiction *f* ② *kein Pl (göttlicher Beistand)* grâce *f* ③ *(fam: Einwilligung)* autorisation *f*; ***seinen ~ zu etw geben*** donner le feu vert à qc ④ *(Wohltat)* bénédiction *f*

segensreich *adj (geh)* salutaire

Segler ['ze:glɐ] <-s, -> *m* ① navigateur *m* ② *(Segelschiff)* voilier *m*

Segment [zɛ'gmɛnt] <-[e]s, -e> *nt* segment *m*

segnen ['ze:gnən] *vt* bénir

Segnung <-, -en> *f* REL bénédiction *f*

sehbehindert *adj* malvoyant(e)

sehen ['ze:ən] <sieht, sah, gesehen> **I.** *vt* ① voir; ***sich ~ lassen*** se manifester ② *(ansehen)* regarder *Fernsehfilm;* voir *Theaterstück, Kinofilm* ③ *(feststellen)* ***du wirst schon ~, was passiert*** tu vas voir ce qui se passe; ***na ~ Sie!*** alors vous voyez! ④ *(verstehen, betrachten)* ***so gesehen*** vu sous cet angle ⑤ *(erleben, ertragen)* ***in seinem Leben schon viel gesehen haben*** en avoir déjà vu beaucoup dans sa vie; ***etw nicht ~ können*** ne pas supporter la vue de qc ⑥ *(sich bemühen)* ***~, was sich tun lässt*** voir ce qui peut se faire **II.** *vi* ① voir ② *(hinschauen)* ***darf ich mal ~?*** puis-je regarder?; ***lassen Sie mal ~!*** montrez!; ***siehe oben/unten*** *(Verweis)* voir plus haut/ci-dessous ③ *(besuchen)* ***nach jdm ~*** aller voir qn ④ *(nachschauen)* ***nach etw ~*** regarder qc **III.** *vr* ① *(sich treffen)* se voir ② *(sich fühlen)* ***sich gezwungen ~ etw zu tun*** se voir contraint de faire qc

Sehen <-s> *nt* ***jdn vom ~ kennen*** connaître qn de vue

sehenswert *adj* qui vaut la peine d'être vu

Sehenswürdigkeit <-, -en> *f* curiosité *f*

Seher(in) <-s, -> *m(f)* devin *m* /devineresse *f*

Sehfehler *m* défaut *m* visuel **Sehhilfe** *f* verres *mpl* correcteurs **Sehkraft** *f kein Pl* vue *f*, acuité *f* visuelle

Sehne ['ze:nə] <-, -n> *f* ① ANAT tendon *m* ② *a.* GEOM corde *f*

sehnen ['ze:nən] *vr* ***sich nach jdm/etw ~*** rêver d'avoir qn/désirer [ardemment] qc

Sehnenscheidenentzündung *f* MED inflammation *f* du tendon

Sehnerv *m* nerf *m* optique

sehnig ['ze:nɪç] *adj* ① *Steak* filandreux, -euse ② *Person* nerveux, -euse

sehnlich ['ze:nlɪç] **I.** *adj Hoffnung, Wunsch* ardent(e); *Erwartung* éperdu(e) **II.** *adv* ardemment

Sehnsucht ['ze:nzʊxt] *f* nostalgie *f*; ***~ nach jdm haben*** se languir de qn

sehnsüchtig ['ze:nzʏçtɪç], **sehnsuchtsvoll I.** *adj attr Blick* nostalgique; *Erwartung* éperdu(e); *Hoffnung, Wunsch* ardent(e) **II.** *adv* ardemment

sehr [ze:ɐ̯] <mehr, am meisten> *adv* ① *mit Verb* beaucoup; ***jdn ~ lieben*** aimer beaucoup qn ② *mit adj, adv* très; ***~ groß*** très grand; ***~ viel*** énormément

Sehschwäche *f* problème *m* de vue **Sehstörung** *f* trouble *m* visuel **Sehtest** *m* test *m* visuel **Sehvermögen** *nt kein Pl* vue *f*, acuité *f* visuelle

seicht [zaɪ̯çt] *adj* ① *Gewässer* peu profond(e) ② *Film, Unterhaltung* insipide

seid [zaɪ̯t] *2. Pers Pl Präs von* **sein**[1]

Seide ['zaɪ̯də] <-, -n> *f* soie *f* **Seidenmalerei** *f* peinture *f* sur soie

Seidenpapier *nt* papier *m* de soie **Seidenraupe** *f* ver *m* à soie **seidenweich** *adj* soyeux, -euse

seidig ['zaɪ̯dɪç] *adj* soyeux, -euse

Seife ['zaɪ̯fə] <-, -n> *f* savon *m*

Seifenblase *f* bulle *f* de savon **Seifenlauge** *f* lessive *f* **Seifenoper** *f* soap-opéra *m* **Seifenpulver** *nt* savon *m* en poudre **Seifenschale** *f* porte-savon *m* **Seifenspender** *m* distributeur *m* à savon

seifig ['zaɪ̯fɪç] *adj Gesicht, Hände* savonneux, -euse

Seil [zaɪ̯l] <-[e]s, -e> *nt* corde *f*; *(Drahtseil)* câble *m*

Seilbahn *f (auf Schienen)* funiculaire *m; (Drahtseilbahn)* téléphérique *m*
Seilschaft <-, -en> *f* ❶ *(Bergsteiger)* cordée *f* ❷ *(fig, pej: verschworene Gruppe)* coterie *f péj*
seil|springen *vi irr, nur Infin und PP + sein* sauter à la corde **Seilspringen** <-s> *nt* saut *m* à la corde **Seiltänzer(in)** *m(f)* funambule *mf* **Seilwinde** *f* treuil *m* [à câble] **Seilzug** *m* ❶ *(Seilwinde)* palan *m* ❷ *einer Bremse* câble *m*
sein[1] [zai̯n] <bi̱n, bi̱st, i̱st, si̱nd, se̲id, wa̲r, gewe̲sen> **I.** *vi + sein* ❶ être; ***so nett ~ etw zu tun*** être assez gentil pour faire qc ❷ *mit nom* ***Angestellter ~*** être employé; ***Deutscher ~*** être allemand ❸ *(existieren)* exister; ***hallo, ist da jemand?*** ohé! il y a quelqu'un?; ***ist noch Käse im Kühlschrank?*** y-a-t-il encore du fromage dans le frigidaire? ❹ *(sich befinden)* être ❺ *(herstammen)* ***aus Frankreich ~*** être [originaire] de France ❻ *(empfunden werden)* ***jdm zu anstrengend ~*** être trop fatigant au goût de qn; ***jdm peinlich ~*** gêner qn; ***mir ist so komisch*** je me sens tout(e) drôle ❼ *(hergestellt sein)* ***aus Leder ~*** être en cuir ❽ *(ergeben)* ***2 und 2 ist 4*** 2 et 2 font 4; ***wie viel ist das?*** ça fait combien? ❾ *(geschehen)* ***was ist?*** qu'est-ce qu'il y a? ❿ *mit modalem Hilfsverb* ***~ können/dürfen*** être possible; ***das muss ~*** c'est indispensable ⓫ *mit zu und Infin* ***das ist schwer zu sagen*** c'est difficile à dire ⓬ *mit zu und substantiviertem Verb* ***zum Lachen/Weinen ~*** être vraiment trop drôle/désolant ▶ **das wär's!** c'est tout!; **er/sie ist wer** *(fam)* il/elle est quelqu'un **II.** *vi unpers + sein* ❶ *mit adj* ***es ist schön, dass*** c'est bien que *+subj* ❷ *(die betreffende Person sein)* ***er/sie ist es*** c'est lui/elle; ***ich bin's!*** *(fam)* c'est moi! ❸ *(bei Zeitangaben)* ***es ist Montag*** c'est lundi; ***es ist Januar*** on est en janvier; ***es ist sieben Uhr*** il est sept heures; ***es ist Tag/Nacht*** il fait jour/nuit ❹ METEO ***es ist warm/kalt*** il fait chaud/froid; ***es ist windig*** il y a du vent ❺ *(empfunden werden)* ***jdm ist heiß/kalt*** qn a chaud/froid; ***jdm ist schlecht*** qn se sent mal ▶ **es sei denn** à moins que *+subj* **III.** *aux mit PP* ❶ *zur Bildung des Zustandspassivs* ***fotografiert worden ~*** avoir été photographié(e) ❷ *zur Bildung des Perfekts* ***gefahren/gesprungen ~*** être allé/avoir sauté; ***krank gewesen ~*** avoir été malade
sein[2] [zai̯n] *pron poss* ❶ ***~ Bruder*** son frère; ***~e Schwester/Freundin*** sa sœur/son amie; ***~e Eltern*** ses parents ❷ *substantivisch* ***der/die/das ~e*** le sien/la sienne; ***das sind nicht meine Socken, sondern die ~en*** ce ne sont pas mes chaussettes, mais les siennes
Sein [zai̯n] <-s> *nt* être *m*
seiner ['zai̯nɐ] *pron pers, gen von* **er** *(geh)* ***ich werde ~ gedenken*** je me souviendrai de lui
seinerseits ['zai̯nɐ'zai̯ts] *adv* ❶ *(er wiederum)* de son côté ❷ *(was ihn betrifft)* pour sa part
seinerzeit ['zai̯nɐtsai̯t] *adv* à l'époque
seinesgleichen ['zai̯nəs'glai̯çən] *pron inv* ❶ *(pej: Menschen seines Schlags)* ses semblables; ***er und ~*** lui et ses semblables ❷ *(Menschen wie er)* ***nur mit ~ verkehren*** n'avoir affaire qu'à ses semblables
seinetwegen ['zai̯nət'veːgən] *adv* ❶ *(wegen ihm)* à cause de lui ❷ *(ihm zuliebe)* pour lui ❸ *(wenn es nach ihm ginge)* s'il ne tient/tenait qu'à lui
seinetwillen ['zai̯nət'vɪlən] *adv* ***um ~*** [par amour] pour lui
Seismograf [zai̯smo'graːf] <-en, -en> *m* s[é]ismographe *m*
seit [zai̯t] **I.** *präp +dat* depuis; ***ich weiß das erst ~ eben*** je viens seulement d'apprendre cela **II.** *konj s.* **seitdem II.**
seitdem [zai̯t'deːm] **I.** *adv* depuis [ce moment-là] **II.** *konj* depuis que
Seite ['zai̯tə] <-, -n> *f* ❶ *(im Raum)* côté *m* ❷ *eines Körpers, Gegenstands* côté *m; eines Würfels, einer Pyramide* face *f;* ***jdm nicht von der ~ weichen*** ne pas quitter qn d'une semelle; ***etw auf die ~ legen*** mettre qc de côté ❸ *(Buchseite, Zeitungsseite)* page *f;* ***Gelbe Seiten***® pages jaunes ❹ *(Aspekt)* côté *m;* ***neue ~n an jdm entdecken*** découvrir de nouvelles facettes chez qn; ***das Problem von einer anderen ~ betrachten*** considérer le problème sous un autre angle ❺ *(beteiligte Partei)* côté *m;* ***auf jds ~ dat sein*** être du côté de qn; ***von ~n der Regierung*** du côté du gouvernement; *s. a.* **aufseiten, vonseiten** ❻ *(Richtung)* côté *m;* ***nach allen ~n*** dans toutes les directions ❼ *(nicht im Zentrum liegende Stelle)* côté *m;* ***zur ~ gehen*** s'écarter ▶ **sich von seiner besten ~ zeigen** se montrer sous son meilleur jour; **auf der einen ~ …, auf der anderen ~ …** d'un côté …, de l'autre …; **etw auf die ~ schaffen** *(fam)* faire main basse sur qc; **~ an ~** côte à côte
Seitenairbag *m* AUT airbag *m* latéral
Seitenanfang *m* haut *m* de page **Seiten-**

ansicht *f* vue *f* latérale **Seitenaufprallschutz** *m* renfort *m* latéral [de sécurité] **Seitenblick** *m* regard *m* en coin **Seiteneingang** *m* entrée *f* latérale **Seiteneinsteiger(in)** <-s, -> *m(f)* ≈ nouveau venu *m* /nouvelle venue *f* qui a brûlé toutes les étapes **Seitenende** *nt* bas *m* de page **Seitenhieb** *m (fig)* coup *m* de griffe; ***~e verteilen*** lancer des piques **Seitenlage** *f* position *f* latérale **Seitenlinie** *f* ❶ SPORT [ligne *f* de] touche *f* ❷ *(Genealogie)* ligne *f* collatérale

seitens ['zaitəns] *präp +gen (form)* du côté de

Seitenschiff *nt* bas-côté *m* **Seitensprung** *m (fam)* infidélité *f*; ***einen ~ machen*** faire une infidélité [à son partenaire] **Seitenstechen** *nt kein Pl* point *m* de côté **Seitenstraße** *f* rue *f* latérale **Seitenstreifen** *m der Straße* bas-côté *m*; *der Autobahn* bande *f* d'arrêt d'urgence **seitenverkehrt** *adj o adv* à l'envers **Seitenwechsel** *m* changement *m* de côté **Seitenwind** *m* vent *m* latéral **Seitenzahl** *f* ❶ numéro *m* de page ❷ *(Anzahl der Seiten)* nombre *m* de pages

seither [zait'heːɐ̯] *adv* depuis [ce moment-là]

seitlich I. *adj* latéral(e) **II.** *präp +gen* à côté de **III.** *adv* sur le côté

seitwärts ['zaitvɛrts] *adv* sur le côté

sek., Sek. *Abk von* **Sekunde** s

SEK [ɛsʔeː'kaː] <-> *nt Abk von* **Sondereinsatzkommando** groupe *m* d'intervention spéciale

Sekret [ze'kreːt] <-[e]s, -e> *nt* sécrétion *f*

Sekretär [zekre'tɛːɐ̯] <-s, -e> *m (Person, Möbelstück)* secrétaire *m*

Sekretariat [zekreta'ri̯aːt] <-[e]s, -e> *nt* secrétariat *m*

Sekretärin <-, -nen> *f* secrétaire *f*

Sekt [zɛkt] <-[e]s, -e> *m* [vin *m*] mousseux *m*

Sekte ['zɛktə] <-, -n> *f* secte *f* **Sektenmitglied** *nt* membre *m* d'une/de la secte

Sektflasche *f* bouteille *f* à champagne **Sektfrühstück** *nt petit-déjeuner au mousseux* **Sektglas** *nt* verre *m* à champagne

Sektion [zɛk'tsi̯oːn] <-, -en> *f* ADMIN service *m*

Sektor ['zɛktoːɐ̯] <-s, -toren> *m* ❶ *(Fachgebiet)* secteur *m* ❷ *(Kreisausschnitt)* secteur *m* [circulaire]

sekundär [zekʊn'dɛːɐ̯] *adj (geh)* secondaire

Sekundärliteratur *f* ouvrages critiques *mpl*

Sekundarschule *f* CH ≈ collège *m*, ≈ C.E.S. *m* **Sekundarstufe** *f* ≈ secondaire *m*; ***~ I/II*** ≈ premier/second cycle *m*

Sekunde [ze'kʊndə] <-, -n> *f* ❶ seconde *f*; ***es ist auf die ~ genau zehn Uhr*** il est très exactement dix heures ❷ *(fam: Augenblick)* seconde *f*; ***~!*** *(fam)* minute papillon!

Sekundenbruchteil *m* fraction *f* de seconde

Sekundenkleber *m* colle *f* à prise rapide **Sekundenzeiger** *m* trotteuse *f*

selbe(r, s) ['zɛlbə, -bɐ, -bəs] *pron* même; ***am ~n Tag*** le même jour

selber *s.* **selbst**

Selbermachen <-s> *nt* ***zum ~*** à faire soi-même

selbig ['zɛlbɪç] *s.* **selbe(r, s)**

selbst [zɛlpst] **I.** *pron dem* ❶ *(an sich)* ***der Film/die Aufgabe ~*** le film en lui-même/la tâche en elle-même; ***die Ferien ~*** les vacances en elles-mêmes ❷ *(in eigener Person)* ***der Direktor ~*** le directeur en personne ❸ *(persönlich)* ***das Vertrauen in dich ~*** la confiance en toi[-même]; ***sie ist nicht mehr sie ~*** elle n'est plus elle-même ❹ *(ohne fremde Hilfe)* tout seul; ***er macht das ~*** il le fait lui-même **II.** *adv* ***~ du würdest ihm Recht geben*** même toi, tu lui donnerais raison

Selbstabholer *m* personne *f* qui vient chercher la marchandise elle-même

Selbstachtung *f* amour-propre *m*

selbständig ['zɛlpʃtɛndɪç] *s.* **selbstständig**

Selbständige(r) *s.* **Selbstständige(r)**

Selbständigkeit <-; *kein Pl*> *f s.* **Selbstständigkeit**

Selbstanzeige *f* autodénonciation *f*

Selbstauslöser *m* PHOT déclencheur *m* automatique

Selbstbedienung *f* libre-service *m*

Selbstbedienungskasse *f* caisse *f* libre-service **Selbstbedienungsladen** *m* libre-service *m* **Selbstbedienungsrestaurant** *nt* [restaurant *m*] self-service *m*

Selbstbefriedigung *f* masturbation *f* **Selbstbeherrschung** *f* sang-froid *m* **Selbstbestätigung** *f* valorisation *f* personnelle **Selbstbestimmung** *f kein Pl* autodétermination *f* **Selbstbeteiligung** *f* franchise *f*; *(bei Krankenkassen)* ticket *m* modérateur **Selbstbetrug** *m* automystification *f* **selbstbewusst** *adj Person* sûr(e) de soi **Selbstbewusstsein** *nt* conscience *f* de sa propre valeur **Sẹlbstbildnis** *nt* autoportrait *m* **Sẹlbstdarsteller(in)** *m(f)* SOZIOL personne *f* qui aime se mettre en scène **Sẹlbstdarstellung** *f* présentation *f* de soi **Sẹlbstdisziplin** *f kein Pl* autodiscipline *f* **Sẹlbsterkenntnis** *f kein Pl* ▸ **~ ist der erste Schritt zur Besserung** *(prov)* la connaissance de soi est la première condition du progrès

sẹlbsternannt *s.* **ernennen sẹlbstgefällig** *adj* imbu(e) de sa personne **Sẹlbstgefälligkeit** *f kein Pl* suffisance *f* **sẹlbstgemacht** *s.* **machen I. 2, 10 sẹlbstgerecht** *adj Person* pénétré(e) de soi-même; *Art* péremptoire **Sẹlbstgespräch** *nt* soliloque *m;* ***~e führen*** soliloquer **sẹlbstherrlich** *adj* autoritaire, tyrannique **Sẹlbstherrlichkeit** *f kein Pl* autoritarisme *m* **Sẹlbsthilfe** *f kein Pl* ***zur ~ greifen*** s'organiser par ses propres moyens

Sẹlbsthilfegruppe *f* association *f* d'entraide

Sẹlbstjustiz *f* règlement *m* de compte[s]; ***~ üben*** se faire justice soi-même **sẹlbstklebend** *adj* autocollant(e) **Sẹlbstkontrolle** *f kein Pl* PSYCH maîtrise *f* [*o* contrôle *m*] de soi, self-control *m*

Sẹlbstkostenpreis *m* ***zum ~*** à prix coûtant

Sẹlbstkritik *f kein Pl* autocritique *f* **sẹlbstkritisch** *adj Person* critique envers soi-même **Sẹlbstlaut** *m* voyelle *f*

sẹlbstlos I. *adj* désintéressé(e) **II.** *adv* de façon désintéressée

Sẹlbstlosigkeit <-> *f* altruisme *m*

Sẹlbstmitleid *nt* apitoiement *m* sur soi-même **Sẹlbstmord** *m* suicide *m;* ***~ begehen*** se suicider

Sẹlbstmordattentat *nt* attentat-suicide *m*

Sẹlbstmordattentäter(in) *m(f)* terroriste-suicide *mf*

Sẹlbstmörder(in) *m(f)* suicidé(e) *m(f); (Mensch, der sich umbringen möchte)* suicidaire *mf* **sẹlbstmörderisch** *adj* suicidaire **Sẹlbstmordkandidat(in)** *m(f) (fam)* candidat(e) *m(f)* au suicide *fam*

Sẹlbstmordversuch *m* tentative *f* de suicide

sẹlbstredend *adv* bien entendu

Sẹlbstschutz *m* [auto]défense *f* **sẹlbstsicher I.** *adj Person* sûr(e) de soi; *Art* plein(e) d'assurance **II.** *adv* avec assurance **Sẹlbstsicherheit** *f kein Pl* assurance *f*

sẹlbstständig I. *adj* ❶ *Person, Handeln, Denken* autonome ❷ *Tätigkeit* indépendant(e); *Handwerker, Gewerbetreibender* [installé(e)] à son compte; ***sich als Übersetzer ~ machen*** se mettre traducteur à son compte **II.** *adv handeln* de façon autonome

Sẹlbstständige(r) *f(m) dekl wie adj* travailleur, -euse *m, f* indépendant(e)

Sẹlbstständigkeit <-; *kein Pl*> *f* ❶ autonomie *f* ❷ *(unabhängige Berufstätigkeit)* travail *m* indépendant **Sẹlbststudium** *nt* études *f pl* sans professeur; ***etw im ~ lernen*** étudier qc sans professeur

sẹlbsttätig *adj* automatique **Sẹlbsttäuschung** *f kein Pl s.* **Selbstbetrug Sẹlbstüberwindung** *f* effort *m* sur soi-même **sẹlbstverschuldet** *adj Unfall* qui n'engage que sa propre responsabilité **Sẹlbstversorger** *m* ***~ sein*** vivre en autosuffisance; *Hotelgast:* ne pas prendre ses repas à l'hôtel **sẹlbstverständlich I.** *adj* tout(e) naturel(le); ***etw für ~ halten*** trouver que qc va de soi; ***das ist doch ~!*** ça va de soi! **II.** *adv* [bien] évidemment; ***etw wie ~ tun*** faire qc comme si c'était tout naturel; ***aber ~!*** mais bien entendu! **Sẹlbstverständlichkeit** <-, -en> *f* évidence *f* **Sẹlbstverständnis** *nt kein Pl* ***sein ~*** l'image *f* qu'il se fait de lui-même; ***ihr ~ als Frau*** l'image qu'elle se fait d'elle-même en tant que femme **Sẹlbstverstümmelung** *f* automutilation *f* **Sẹlbstverteidigung** *f* autodéfense *f* **Sẹlbstvertrauen** *nt* confiance *f* en soi **Sẹlbstverwaltung** *f* gestion *f* autonome

Sẹlbstverwirklichung *f* épanouissement *m* personnel **Sẹlbstwertgefühl** *nt* amour-propre *m* **sẹlbstzerstörerisch** *adj* autodestructeur, -trice **Sẹlbstzerstörung** *f* autodestruction *f* **sẹlbstzufrieden** *adj (pej)* satisfait de lui-même/satisfaite d'elle-même **Sẹlbstzweck** *m kein Pl* fin *f* en soi **Sẹlbstzweifel** *m* ***~ haben*** avoir un doute profond en soi

selektieren* [zelɛk'tiːrən] *vt (geh)* sélectionner

selektiv [zelɛk'tiːf] *(geh)* **I.** *adj* sélectif, -ive **II.** *adv* sélectivement

Selen [ze'leːn] <-s> *nt* CHEM sélénium *m*

Sẹlfie ['zɛlfi] <-s, -s> *nt* TELEC, INET selfie *m*

Sẹlfiestick <-s, -s> ['sɛlfistɪk] *m* perche *f* à selfie

Selfmademan ['sɛlfmeɪd'mɛn, *Pl:* 'sɛlfmeɪd'mɛn] <-s, -men> *m* self-made-man *m*

selig ['zeːlɪç] *adj* ❶ *Blick, Lächeln* comblé(e); *Gefühl* de bonheur ❷ *(seliggesprochen)* bienheureux, -euse *antéposé* ▸ **wer's glaubt, wird ~!** *(iron fam)* on me la fait pas!

S

Seligkeit <-> *f* ❶ *(Glücksgefühl)* [sentiment *m* de] béatitude *f* ❷ REL bonheur *m* éternel

Seligsprechung <-, -en> *f* béatification *f*

Sellerie ['zɛləri] <-s, -[s]> *m,* <-, -> *f* A céleri *m*

selten ['zɛltən] **I.** *adj* rare **II.** *adv* rarement

Seltenheit <-, -en> *f* ❶ *kein Pl (seltenes Vorkommen)* rareté *f* ❷ *(seltene Sache)* curiosité *f;* ***es ist eine ~, dass*** il est rare que *+subj*

Seltenheitswert *m* ***~ haben*** être une curiosité

Selters ['zɛltɐs] <-, -> *nt* NDEUTSCH eau *f* de Seltz

seltsam ['zɛltza:m] **I.** *adj Person, Art* curieux, -euse; *Aussehen, Geruch, Geschmack* bizarre; *Geschichte* étrange **II.** *adv* ❶ *sich benehmen* bizarrement; ***~ riechen*** avoir une odeur bizarre; ***~ schmecken*** avoir un drôle de goût ❷ *beklemmend* singulièrement; *still* curieusement

seltsamerweise *adv* curieusement

Semantik [ze'mantɪk] <-> *f* LING sémantique *f*

semantisch [ze'mantɪʃ] LING **I.** *adj* sémantique **II.** *adv* sémantiquement

Semester [ze'mɛstɐ] <-s, -> *nt* UNIV semestre *m (unité de temps utilisée pour le décompte des années d'études dans les universités allemandes)*

Semesterferien *Pl* vacances *fpl* semestrielles

Semifinale ['ze:mi-] *nt* demi-finale *f*

Semikolon [zemi'ko:lɔn] <-s, -s *o* -kola> *nt (geh)* point-virgule *m*

Seminar [zemi'na:ɐ̯] <-s, -e *o* A -ien> *nt* ❶ *(Lehrveranstaltung)* séminaire *m* ❷ *(Universitätsinstitut)* institut *m*

Seminararbeit *f* rapport *m* de séminaire

Seminarschein *m* ≈ certificat *m*

Semit(in) [ze'mi:t] <-en, -en> *m(f)* Sémite *mf*

semitisch [ze'mi:tɪʃ] *adj* sémite; *Sprache* sémitique

Semmel ['zɛməl] <-, -n> *f* SDEUTSCH, A petit pain *m*

Semmelbrösel *Pl* SDEUTSCH, A chapelure *f*

Semmelknödel *m* SDEUTSCH, A boulette *f* à base de pain

sen. *adj Abk von* **senior** père

Senat [ze'na:t] <-[e]s, -e> *m* ❶ POL *(in Bezug auf Berlin, Bremen und Hamburg)* sénat *m (nom donné au gouvernement régional)* ❷ *(in Bezug auf Frankreich, die USA)* Sénat *m* ❸ JUR cour *f* ❹ UNIV conseil *m* d'administration [de l'université]

Senator(in) [ze'na:to:ɐ̯] <-s, -toren> *m(f)* POL, HIST sénateur, -trice *m, f* **Sendeanstalt** *f* RADIO station *f* de radio; TV station de télévision

Sendebereich *m* zone *f* d'émission **Sendegebiet** *nt s.* **Sendebereich**

senden[1] ['zɛndən] <sendete *o* CH sandte, hat gesendet *o* CH gesandt> **I.** *vt* diffuser *Film;* envoyer *Notsignal, Botschaft* **II.** *vi* ***zwischen sieben und zwanzig Uhr ~*** émettre de sept à vingt heures

senden[2] ['zɛndən] <sandte *o* sendete, gesandt *o* gesendet> *vt (geh)* envoyer *Brief, Paket;* ***jdm etw ~*** adresser qc à qn

Sendepause *f* intermède *m; (zwischen Sendeschluss und Sendebeginn)* arrêt *m* des émissions **Sendeplatz** *m* TV, RADIO créneau *m*

Sender ['zɛndɐ] <-s, -> *m* ❶ *(Sendeanstalt)* station *f* ❷ *(Sendegerät)* [poste *m*] émetteur *m*

Sendereihe *f* série *f* d'émissions **Sendeschluss** *m* fin *f* des programmes **Sendezeit** *f* ❶ *(Dauer einer Sendung)* ***eine Stunde ~ haben*** disposer d'une heure d'antenne ❷ *(Zeit der Ausstrahlung)* tranche *f* horaire; ***zur besten ~*** au meilleur temps d'antenne

Sendung <-, -en> *f* ❶ *(Rundfunksendung, Fernsehsendung)* émission *f* ❷ *kein Pl (das Senden)* ***auf ~ sein*** être à l'antenne ❸ *(Warensendung)* envoi *m*

Senegal ['ze:negal] <-s> *m* le Sénégal

Senegalese, Senegalesin [zenega'le:zə] <-n, -n> *m, f* Sénégalais(e) *m(f)*

senegalesisch *adj* sénégalais(e)

Senf [zɛnf] <-[e]s, -e> *m* moutarde *f*

Senfgas *nt* gaz *m* moutarde **Senfgurke** *f* cornichon *m* à la moutarde

sengen ['zɛŋən] **I.** *vt* roussir **II.** *vi Sonne:* brûler

senil [ze'ni:l] *adj* sénile

senior ['ze:ni̯o:ɐ̯] *adj inv* ***Gustav Müller ~*** Gustav Müller père

Senior ['ze:ni̯o:ɐ̯] <-s, Senioren> *m* ❶ *(älterer Mensch)* personne *f* âgée ❷ *Pl* SPORT ***die ~en*** les seniors *mpl* ❸ *(Seniorchef)* père *m*

Seniorchef(in) *m(f)* père *m* /mère *f; (Seniorpartner)* doyen(ne) *m(f)*

Seniorenheim *nt* résidence *f* pour les personnes âgées **Seniorenpass** *m* carte *f* vermeil **Seniorenresidenz** *f* résidence *f* pour personnes âgées

Seniorin [ze'ni̯o:rɪn] <-, -nen> *f (ältere Frau)* personne *f* âgée

Seniorpartner(in) *m(f)* doyen(ne) *m(f)*

Senke ['zɛŋkə] <-, -n> *f* dépression *f* [de terrain]

senken ['zɛŋkən] **I.** *vt* ❶ baisser *Arm, Kopf* ❷ *(absenken)* abaisser *Wasserstand* ❸ *(verringern)* réduire *Steuern;* faire baisser *Fieber* **II.** *vr* ***sich** ~ Grundwasserspiegel:* baisser

senkrecht *adj* vertical(e)

Senkrechte <-n, -n> *f dekl wie adj* perpendiculaire *f*

Senkrechtstarter *m* ❶ *(fam: Aufsteiger)* homme *m* qui a connu une ascension fulgurante ❷ *(Flugzeug)* avion *m* à décollage vertical **Senkrechtstarterin** *f (fam)* femme *f* qui a connu une ascension fulgurante

Senkung <-, -en> *f* ❶ *des Erdbodens* affaissement *m* ❷ *kein Pl (Verringerung)* réduction *f*

Sensation [zɛnza'tsi̯oːn] <-, -en> *f* sensation *f*

sensationell [zɛnzatsi̯o'nɛl] *adj* sensationnel(le)

Sensationsblatt *nt* journal *m* à sensation **Sensationsgier** *f,* **Sensationshunger** *m* sensationnalisme *m* **sensationsgierig, sensationshungrig** **I.** *adj* sensationnaliste **II.** *adv* de manière sensationnaliste **Sensationslust** *f* goût *m* du sensationnel **Sensationspresse** *f kein Pl* presse *f* à sensation

Sense ['zɛnzə] <-, -n> *f* faux *f* ▸ **jetzt ist ~!** *(fam)* maintenant basta!

Sensenmann <-männer> *m (lit)* Faucheuse *f littér*

sensibel [zɛn'ziːbəl] **I.** *adj* sensible **II.** *adv* avec sensibilité

Sensibelchen [zɛn'ziːbəlçən] <-s, -> *nt (hum, pej)* grand(e) sensible *m*

sensibilisieren* [zɛnzibili'ziːrən] *vt (geh)* sensibiliser; ***jdn für etw ~*** sensibiliser qn à qc

Sensibilisierung <-, -en> *f (geh)* sensibilisation *f;* ***~ für etw*** sensibilisation *f* à qc

Sensibilität [zɛnzibili'tɛːt] <-, -en> *f (geh)* sensibilité *f*

Sensor ['zɛnzoːɐ̯] <-s, -soren> *m* capteur *m*

sentimental [zɛntimɛn'taːl] *adj* sentimental(e)

Sentimentalität [zɛntimɛntali'tɛːt] <-, -en> *f* sentimentalité *f*

separat [zepa'raːt] *adj* séparé(e)

Separatismus [zepara'tɪsmʊs] <-> *m* séparatisme *m*

Separatist(in) [zepara'tɪst] <-en, -en> *m(f)* séparatiste *mf*

separatistisch *adj* séparatiste

Separee, Séparée [zepa'reː] <-s, -s> *nt* salon *m* particulier

September [zɛp'tɛmbɐ] <-[s], -> *m* septembre *m; s. a.* **April**

Septim [zɛp'tiːm] <-, -en> *f* A *(Intervall)* septième *f*

sequentiell *adj s.* **sequenziell**

Sequenz [ze'kvɛnts] <-, -en> *f* séquence *f*

sequenziell [zekvɛn'tsi̯ɛl] *adj* INFORM séquentiel(le)

Sera *Pl von* **Serum**

Serbe, Serbin ['zɛrbə] <-n, -n> *m, f* Serbe *mf*

Serbien ['zɛrbi̯ən] <-s> *nt* la Serbie

serbisch ['zɛrbɪʃ] *adj* serbe

serbokroatisch [zɛrbokro'aːtɪʃ] *adj* serbo-croate

Seren *Pl von* **Serum**

Serenade [zere'naːdə] <-, -n> *f* sérénade *f*

Serie ['zeːri̯ə] <-, -n> *f* série *f*

seriell [ze'ri̯əl] *adj Schnittstelle* séquentiel(le)

serienmäßig **I.** *adj Herstellung* en série; *Ausstattung* de série **II.** *adv herstellen* en série

Serienmörder(in) *m(f)* meurtrier, -ère *m, f* en série

Seriennummer *f* numéro *m* de série

serienweise ['zeːri̯ən-] *adv* COM en série

seriös [ze'ri̯øːs] *adj (solide)* sérieux, -euse

Seriosität [zeri̯ozi'tɛːt] <-> *f* sérieux *m*

Serpentine [zɛrpɛn'tiːnə] <-, -n> *f* route *f* en lacets

Serum ['zeːrʊm] <-s, Seren *o* Sera> *nt* sérum *m*

Server ['sœːvɐ] <-s, -> *m* INFORM serveur *m*

Service[1] ['sœrvɪs] <-> *m* service *m*

Service[2] [zɛr'viːs] <-[s], -> *nt (Geschirr)* service *m*

Servicecenter, Service Center ['sœrvɪssɛntɐ] <-s, -> *nt* centre *m* de services

servieren* [zɛr'viːrən] **I.** *vt* servir; ***jdm etw ~*** servir qc à qn **II.** *vi* faire le service

Servierlöffel *m* cuillère *f* de service **Servierwagen** *m* desserte *f*

Serviette [zɛr'vi̯ɛtə] <-, -n> *f* serviette *f* [de table]

Servobremse ['zɛrvo-] *f* TECH servofrein *m* **Servolenkung** *f* direction *f* assistée

servus ['zɛrvʊs] *interj* A, SDEUTSCH salut *fam*

Sesam ['zeːzam] <-s, -s> *m* sésame *m*

Sesambrot *nt* pain *m* de sésame

Sessel ['zɛsəl] <-s, -> *m* ❶ fauteuil *m* ❷ A *(Stuhl)* chaise *f*

Sessellift *m* télésiège *m*

sesshaft ['zɛshaft] *adj* sédentaire
Set <-s, -s> *m o nt* ❶ lot *m* ❷ *(Platzdeckchen)* set *m* [de table]
setzen ['zɛtsən] **I.** *vt + haben* ❶ ***das Kind auf den Stuhl*** ~ mettre l'enfant sur la chaise ❷ *(tun)* ***den Hut auf den Kopf*** ~ mettre son chapeau ❸ *(pflanzen)* planter *Pflanze* ❹ *(errichten)* élever *Denkmal* ❺ *(festlegen)* fixer *Frist* ❻ *(einfügen)* mettre *Satzzeichen* ❼ *(wetten)* ***hundert Euro auf jdn/etw*** ~ miser cent euros sur qn/qc **II.** *vr + haben* ❶ ***sich*** ~ *Person, Tier:* s'asseoir; *Vogel:* se poser; ***sich aufs Fahrrad*** ~ monter sur le vélo; ***sitz!*** assis! ❷ *(sich senken)* ***sich*** ~ *Erdreich:* s'affaisser **III.** *vi + haben (a. fig: wetten)* ***auf jdn/etw*** ~ miser sur qn/qc
Setzer(in) <-s, -> *m(f)* TYP compositeur, -trice *m, f*
Setzerei [zɛtsə'raj] <-, -en> *f* TYP atelier *m* de composition
Setzling <-s, -e> *m (Pflanze)* plant *m*
Seuche ['zɔyçə] <-, -n> *f* épidémie *f*
Seuchengefahr *f* risque *m* d'épidémie **Seuchenherd** *m* foyer *m* d'épidémie
seufzen ['zɔyftsən] **I.** *vi* soupirer; ***über etw*** *akk* ~ soupirer de qc **II.** *vt* soupirer
Seufzer <-s, -> *m* soupir *m*
Sex [zɛks, sɛks] <-[es]> *m* sexe *m*
Sex-Appeal, Sexappeal ['sɛksə'pi:l] <-s> *m* sex-appeal *m vieilli* **Sexbombe** *f (sl)* canon *m fam* **Sexfilm** *m* film *m* érotique **Sexidol** *nt* sexe-symbole *m*
Sexismus [zɛ'ksɪsmʊs] <-, -ismen> *m kein Pl (Einstellung)* sexisme *m*
Sexist(in) [zɛ'ksɪst] <-en, -en> *m(f)* sexiste *mf*
sexistisch [zɛ'ksɪstɪʃ] *adj* sexiste
Sexshop ['zɛksʃɔp] <-s, -s> *m* sex-shop *m*
Sextett [zɛks'tɛt] <-[e]s, -e> *nt* sextuor *m*
Sextourismus *m* tourisme *m* sexuel
Sexualerziehung [zɛ'ksu̯a:l-] *f s.* **Sexualkunde Sexualforscher(in)** *m(f)* sexologue *mf*
Sexualität [zɛksu̯ali'tɛ:t] <-> *f* sexualité *f*
Sexualkunde <-> *f* éducation *f* sexuelle **Sexualleben** *nt kein Pl* vie *f* sexuelle **Sexualobjekt** *nt* objet *m* sexuel **Sexualstraftäter(in)** *m(f)* délinquant(e) *m(f)* sexuel(le) **Sexualtäter(in)** *m(f)* auteur *mf* de délit sexuel **Sexualverbrechen** *nt* crime *m* sexuel **Sexualverbrecher(in)** *m(f)* criminel(le) *m(f)* sexuel(le)
sexuell [zɛ'ksu̯ɛl] *adj* sexuel(le)
sexy ['zɛksi, 'sɛksi] *adj inv (fam)* sexy
Seychellen [ze'ʃɛlən] *Pl* ***die*** ~ les Seychelles *fpl*
Sezessionskrieg *m kein Pl* HIST guerre *f* de Sécession
sezieren* [ze'tsi:rən] **I.** *vt* disséquer *Leiche* **II.** *vi* pratiquer une dissection
s-förmig ['ɛsfœrmɪç], **S-förmig** *adj* en [forme de] s
Shampoo ['ʃampu] <-s, -s> *nt* shampo[o]ing *m*
Shareware ['ʃɛ:ɐ̯vɛ:ɐ̯] <-, -s> *f* INFORM logiciel *m* contributif
Sheriff ['ʃɛrɪf] <-s, -s> *m* shérif *m*
Sherry ['ʃɛrɪ] <-s, -s> *m* sherry *m*
Shifttaste ['ʃɪftastə] *f* INFORM touche *f* "majuscule"
Shirt [ʃœrt] <-s, -s> *nt* t[ee]-shirt *m*
Shitstorm ['ʃɪtstɔ:m] <-s, -s> *m* INET shitstorm *m (flot d'insanités diffusé sur Internet)*
Shootingstar ['ʃu:tɪŋsta:ɐ̯] *m (fam)* étoile *f* filante
shoppen ['ʃɔpn̩] *vi (fam)* faire du shopping *fam;* ~ ***gehen*** aller faire les boutiques *fam*
Shortcut ['ʃɔ:tkat] *m* INFORM raccourci *m* clavier
Shorts [ʃɔrts] *Pl* short *m*
Show [ʃɔʊ, ʃo:] <-, -s> *f* show *m* ► **eine ~ abziehen** *(fam)* faire son cinéma
Showbusiness ['ʃo:bɪznɪs] <-> *nt,* **Showgeschäft** *nt kein Pl* show-business *m*
Showdown [ʃo:'daʊn] <-s, -s> *nt* show-down *m* **Showmaster(in)** ['ʃo:ma:stɐ] <-s, -> *m(f)* animateur, -trice *m, f* [d'émissions de variétés]
siamesisch [zi̯a'me:zɪʃ] *adj* siamois(e)
Siamkatze *f* chat *m* siamois
Sibirien [zi'bi:ri̯ən] <-s> *nt* la Sibérie
sibirisch [zi'bi:rɪʃ] *adj* sibérien(ne); *Hauptstadt* de la Sibérie
sich [zɪç] **I.** *pron refl, akk* se; *(Höflichkeitsform)* vous; ~ ***waschen*** se laver; ***stolz auf*** ~ ***sein*** être fier de soi; ***sie lieben*** ~ ils s'aiment **II.** *pron refl, dat* se; *(Höflichkeitsform)* vous; ~ ***die Haare waschen*** se laver les cheveux; ***sie schütteln*** ~ ***die Hand*** ils se serrent la main
Sichel ['zɪçəl] <-, -n> *f* ❶ faucille *f* ❷ *(fig) des Mondes* croissant *m*
sicher ['zɪçɐ] **I.** *adj* ❶ *(gewiss)* certain(e); ***jdm*** ~ ***sein*** *Sieg:* être assuré pour qn ❷ *Zufluchtsort* sûr(e); *Abstand* de sécurité; ***aus ~er Entfernung*** à bonne distance; ***vor jdm/etw*** ~ ***sein*** *Person:* être à l'abri de qn/qc ❸ *Fahrer* chevronné(e) ❹ *Zusage* ferme; *Arbeitsplatz* sûr(e) ❺ *(selbstsicher)* sûr(e) de soi ► ~ **ist** ~ deux précautions valent mieux qu'une **II.** *adv* ❶ *(höchst-*

wahrscheinlich) certainement ❷ *aufbewahren* en sécurité ❸ *fahren* avec sûreté ❹ *auftreten* avec assurance

sicher|gehen *vi irr + sein* prendre ses précautions

Sicherheit <-, -en> *f* ❶ *kein Pl* sécurité *f;* ***sich vor jdm/etw in ~ bringen*** se mettre à l'abri de qn/qc ❷ *kein Pl (das Abgesichertsein)* ***soziale ~*** protection *f* sociale ❸ *kein Pl (Gewissheit)* certitude *f;* ***mit an ~ grenzender Wahrscheinlichkeit*** de façon quasi-certaine ❹ *kein Pl (Zuverlässigkeit)* fiabilité *f* ❺ *kein Pl (Selbstsicherheit)* assurance *f* ❻ *(Kaution)* caution *f;* FIN garantie *f*

Sicherheitsabstand *m* distance *f* de sécurité **Sicherheitsdienst** *m* service *m* de sécurité **Sicherheitsgurt** *m* ceinture *f* de sécurité

sicherheitshalber *adv* par [mesure de] précaution

Sicherheitskontrolle *f (am Flughafen)* contrôle *m* de sécurité **Sicherheitskopie** *f* INFORM [copie *f* de] sauvegarde *f* **Sicherheitskräfte** *Pl* forces *fpl* de sécurité **Sicherheitslücke** *f* lacune *f* en matière de sécurité **Sicherheitsnadel** *f* épingle *f* de sûreté **Sicherheitsrat** *m kein Pl* POL Conseil *m* de sécurité **Sicherheitsrisiko** *nt* menace *f* pour la sécurité **Sicherheitsschloss** *nt* serrure *f* de sûreté **Sicherheitsventil** *nt* soupape *f* de sûreté

sicherlich *adv* sûrement

sichern ['zɪçɐn] *vt* ❶ *(schützen)* protéger ❷ *(mechanisch blockieren)* mettre le cran de sûreté à *Schusswaffe* ❸ *(sicherstellen)* relever *Spuren* ❹ INFORM sauvegarder *Daten* ❺ *(stabilisieren)* assurer *Frieden*

sicher|stellen *vt* ❶ *(garantieren)* garantir *Versorgung* ❷ *(konfiszieren)* saisir *Diebesgut*

Sicherung <-, -en> *f* ❶ *kein Pl* INFORM sauvegarde *f* ❷ ELEC fusible *m*

Sicherungskasten *m* boîte *f* à fusibles

Sicherungskopie *f* INFORM sauvegarde *f*

Sicht [zɪçt] <-> *f* ❶ vue *f* ❷ *(Betrachtungsweise)* vision *f;* ***aus heutiger ~*** du point de vue actuel ▸ **auf lange ~** à long terme

sichtbar **I.** *adj* ❶ visible ❷ *Fortschritt* sensible **II.** *adv altern* nettement; *sich verschlechtern* sensiblement

sichten ['zɪçtən] *vt* ❶ NAUT apercevoir ❷ *(durchsehen)* passer en revue *Korrespondenz*

sichtlich *adj* visible

Sichtverhältnisse *Pl* [conditions *fpl* de] visibilité *f* **Sichtweite** *f* visibilité *f;* ***außer/in ~ sein*** être hors de/en vue

Sickergrube *f* puisard *m*

sickern ['zɪkɐn] *vi + sein* suinter; ***in den Erdboden ~*** s'infiltrer dans la terre

sie[1] [ziː] **I.** *pron pers, 3. Pers Sing, nom* ❶ elle; ***~ ist nicht da*** elle n'est pas là; ***da kommt ~!*** la voilà qui arrive! ❷ ***eine Katze/Kuh fotografieren, während ~ frisst*** photographier un chat/une vache pendant qu'il/qu'elle mange **II.** *pron pers, 3. Pers Sing, akk* ❶ la; ***er begleitet ~*** il l'accompagne; ***ich werde ~ anrufen*** je lui téléphonerai ❷ ***da drüben ist eine Katze/Kuh, siehst du ~?*** là-bas, il y a un chat/une vache, tu le/la vois?

sie[2] [ziː] **I.** *pron pers, 3. Pers Pl, nom* ❶ ils; *(allein stehend)* eux; *(auf ausschließlich weibliche Personen, Tiere bezogen)* elles; ***~ sind nicht da*** ils/elles ne sont pas là; ***da kommen ~!*** les voilà qui arrivent! ❷ ***den Katzen/Kühen zuschauen, während ~ fressen*** observer les chats/vaches pendant qu'ils/qu'elles mangent **II.** *pron pers, 3. Pers Pl, akk* ❶ ***er begleitet ~*** il les accompagne; ***ich werde ~ fragen*** je leur demanderai; ***ohne ~*** sans eux; *(auf ausschließlich weibliche Personen, Tiere bezogen)* sans elles ❷ *(allgemein auf Tiere und Sachen bezogen)* les

Sie[1] [ziː] *pron pers, Höflichkeitsform* vous; ***könnten ~ mir bitte sagen, wo/wie ...?*** s'il vous plaît, pourriez-vous me dire où/comment ...?; ***kommen ~ schnell!*** venez vite!

Land und Leute

Comme en France, l'usage du vouvoiement s'impose lorsque l'on ne connaît guère une personne. En revanche, il se maintient plus longtemps, notamment dans les relations professionnelles. À la fin du lycée, les enseignants vouvoient souvent leurs élèves. D'autre part, la politesse exige de mentionner le nom de famille d'une personne à qui l'on s'adresse, contrairement à l'usage français qui se limite à "Monsieur" ou "Madame". On salue ainsi de cette manière : *Guten Tag, Frau / Herr Berger*. Il n'est pas non plus d'usage d'appeler par son prénom une personne que l'on vouvoie. Enfin, le titre de mademoiselle, *Fräulein*, a complètement disparu, même pour les jeunes filles.

Sie[2] [ziː] <-> *nt* ***jdn mit ~ anreden*** vouvoyer qn

Sie[3] [ziː] <-, -s> *f (fam)* ① ***eine ~*** une nana; ***Er, 31, sucht sportliche ~*** Homme, 31 ans, cherche femme sportive ② *(weibliches Tier)* ***der Hamster ist eine ~*** le hamster est une femelle

Sieb [ziːp] <-[e]s, -e> *nt (Küchensieb)* passoire *f; (für Sand)* tamis *m*

sieben[1] ['ziːbən] *num* sept; *s. a.* **acht**[1]

sieben[2] ['ziːbən] *vt* ① tamiser ② *(fam: aussondern)* faire une sélection de *Bewerber*

Sieben ['ziːbən] <-, - *o* -en> *f* sept *m*

Siebeneck ['ziːbənʔɛk] *nt* heptagone *m*

siebeneinhalb ['ziːbənʔa͜in'halp] *num* ***~ Meter*** sept mètres et demi; *s. a.* **achteinhalb**

siebenerlei ['ziːbənɐ'la͜i] *adj inv* ***~ Sorten Brot*** sept sortes de pain; *s. a.* **achterlei**

siebenfach ['ziːbənfax] **I.** *adj* ***die ~e Menge nehmen*** prendre sept fois plus **II.** *adv falten* sept fois; *s. a.* **achtfach**

siebenhundert ['ziːbən'hʊndɐt] *num* sept cents

siebenjährig ['ziːbənjɛːrɪç] *adj Kind, Amtszeit* de sept ans

siebenmal ['ziːbənmaːl] *adv* sept fois; *s. a.* **achtmal** **Siebensachen** ['ziːbən'zaxən] *Pl (fam)* ***seine ~ packen*** prendre ses cliques et ses claques **Siebenschläfer** *m* loir *m*

siebentägig *adj* de sept jours

siebentausend ['ziːbən'ta͜uzənt] *num* sept mille

siebente(r, s) *adj s.* **siebte(r, s)**

siebt *adj* ***zu ~ sein*** être [à] sept; *s. a.* **acht**[2]

siebte(r, s) *adj* ① septième ② *(bei Datumsangaben)* ***der ~ Mai*** le sept mai

Siebte(r) *f(m) dekl wie adj* ① septième *mf* ② *(bei Datumsangaben)* ***der ~/am ~n*** *écrit:* ***der 7./am 7.*** le sept *geschrieben:* le 7 ③ *(als Namenszusatz)* ***Karl der ~*** *écrit:* ***Karl VII.*** Charles sept *geschrieben:* Charles VII; *s. a.* **Achte(r)**

siebtel *adj* septième; *s. a.* **achtel**

Siebtel <-s, -> *nt a.* MATH septième *m*

siebtens *adv* septièmement

siebzehn *num* dix-sept; *s. a.* **acht**[1] **siebzehnte(r, s)** *adj* dix-septième; *s. a.* **achte(r, s)**

siebzig ['ziːptsɪç] *num* soixante-dix, septante BELG, CH; *s. a.* **achtzig**

Siebzig <-> *f* soixante-dix *m*, septante *m* BELG, CH

siebziger *adj inv* ***die ~ Jahre*** les années *fpl* soixante-dix; *s. a.* **Siebzigerjahre**

Siebziger[1] <-s, -> *m* ① *(Mann in den Siebzigern)* septuagénaire *m* ② *s.* **Siebzigjährige(r)**

Siebziger[2] *Pl* ① ***die ~*** *eines Jahrhunderts* les années *fpl* soixante-dix ② *(Lebensalter)* ***in den ~n sein*** être septuagénaire

Siebzigerjahre, 70er-Jahre ['ziːptsɪgɐ-] *Pl* ***die ~*** les années *fpl* soixante-dix

siebzigjährig *adj attr Person* septuagénaire

Siebzigjährige(r) *f(m) dekl wie adj* homme *m* /femme *f* de soixante-dix ans

siebzigste(r, s) ['ziːptsɪçstə] *adj* soixante-dixième; *s. a.* **achtzigste(r, s)**

siedeln ['ziːdəln] *vi* s'établir

sieden ['ziːdən] <siedete *o* sott, gesiedet *o* gesotten> *vi* bouillir ▶ **jdm ~d heiß einfallen** *(fam)* revenir tout d'un coup à qn

Siedepunkt *m* température *f* d'ébullition

Siedler(in) ['ziːdlɐ] <-s, -> *m(f)* colon *m*

Siedlung <-, -en> *f* ① *(Wohnhausgruppe)* lotissement *m* ② *(Ansiedlung)* colonie *f* **Siedlungspolitik** *f kein Pl* politique *f* de colonisation

Sieg [ziːk] <-[e]s, -e> *m* victoire *f*

Siegel ['ziːgəl] <-s, -> *nt* ① *(Abdruck)* sceau *m* ② *(Stempel)* cachet *m*

siegeln ['ziːgəln] *vt* sceller

Siegelring *m* chevalière *f*

siegen ['ziːgən] *vi* ① MIL être vainqueur ② SPORT gagner

Sieger(in) <-s, -> *m(f)* SPORT, MIL vainqueur *mf*

Siegerehrung *f* remise *f* des prix **Siegerpodest** *nt* podium *m* **Siegerurkunde** *f* diplôme *m* [d'honneur]

siegesbewusst, siegesgewiss, siegessicher I. *adj Person* sûr(e) de la victoire **II.** *adv* d'un air triomphant **Siegeszug** *m* marche *f* victorieuse

siegreich I. *adj* SPORT, MIL victorieux, -euse; ***~ aus etw hervorgehen*** sortir vainqueur de qc **II.** *adv* en vainqueur

sieht [ziːt] *3. Pers Präs von* **sehen**

Sierra Leone ['zi̯ɛra le'oːnə] <-s> *nt* Sierra Leone *f*

siezen ['ziːtsən] *vt* vouvoyer

Sightseeing ['sa͜itsiːɪŋ] <-[s], -s> *nt* visite *f* touristique

Signal [zɪ'gnaːl] <-s, -e> *nt* signal *m*

signalisieren* [zɪgnali'ziːrən] *vt* laisser entendre; ***jdm etw ~*** laisser entendre qc à qn **Signalton** *m* signal *m* sonore; *eines Anrufbeantworters* bip *m* sonore **Signalwirkung** *f* ***~ haben*** montrer la voie

Signatur [zɪgna'tuːɐ̯] <-, -en> *f* ① *(Buchsignatur)* cote *f* ② *(geh: Unterschrift)* signature *f*

signieren* [zɪ'gniːrən] *vt* signer; ***etw*** ~ signer qc; *Schriftsteller:* dédicacer qc
signifikant [zɪgnifi'kant] *(geh)* **I.** *adj* ❶ *(bedeutsam)* important(e), significatif, -ive ❷ *(charakteristisch)* ~ ***für jdn/etw sein*** être caractéristique de qn/qc **II.** *adv ansteigen, sinken* sensiblement
Silbe ['zɪlbə] <-, -n> *f* syllabe *f*
Silbentrennung *f* division *f* en syllabes
Silber ['zɪlbɐ] <-s> *nt* ❶ *(Edelmetall)* argent *m* ❷ *(Tafelsilber)* argenterie *f* ❸ *(Silbermedaille)* médaille *f* d'argent
Silberbesteck *nt* argenterie *f* **Silberblick** *m (fam)* ***einen ~ haben*** avoir une coquetterie dans l'œil
silberfarben, **silberfarbig** *adj* argenté(e)
silbergrau *adj* gris argenté *inv* **Silberhochzeit** *f* noces *f pl* d'argent **Silbermedaille** *f* médaille *f* d'argent
silbern ['zɪlbɐn] *adj (aus Silber)* en argent
silbrig ['zɪlbrɪç] *adj* argenté(e)
Silhouette [zi'lu̯ɛtə] <-, -n> *f* silhouette *f*
Silikon [zili'koːn] <-s, -e> *nt* CHEM silicone *f*
Silizium [zi'liːtsi̯ʊm] <-s> *nt* CHEM silicium *m*
Silo ['ziːlo] <-s, -s> *m* silo *m*
Silvester [zɪl'vɛstɐ] <-s, -> *m o nt* Saint-Sylvestre *f*, réveillon *m*
Simbabwe [zɪm'bapvə] <-s> *nt* le Zimbabwe
SIM-Karte ['zɪm-] *f* TELEC carte *f* SIM
simpel ['zɪmpəl] *adj* ❶ *(einfach)* simple ❷ *(schlicht)* [tout(e)] simple
Sims [zɪms] <-es, -e> *m o nt (Fenstersims)* rebord *m; (Kaminsims)* corniche *f*
simsalabim *interj* abracadabra
simsen *(fam)* **I.** *vi* envoyer un texto **II.** *vt* envoyer *SMS*
Simulant(in) [zimu'lant] <-en, -en> *m(f)* simulateur, -trice *m, f*
Simulation <-, -en> *f* simulation *f*
Simulator [zimu'laːtoɐ̯] <-s, -toren> *m* simulateur *m* [de vol]
simulieren* [zimu'liːrən] *vt, vi* simuler
simultan [zimʊl'taːn] *adj (geh)* simultané(e)
Simultandolmetschen <-s> *nt* interprétation *f* simultanée **Simultandolmetscher(in)** *m(f)* interprète *mf* simultané(e)
sind [zɪnt] *1. und 3. Pers Pl Präs von* **sein**[1]
Sinfonie [zɪnfo'niː] <-, -ien> *f* symphonie *f*
Sinfonieorchester *nt* orchestre *m* symphonique
Singapur ['zɪŋgapuːɐ̯] <-s> *nt* Singapour
singen ['zɪŋən] <sang, gesungen> **I.** *vi* ❶ chanter ❷ *(fam: gestehen)* se mettre à table **II.** *vt* chanter *Lied*
Single[1] [sɪŋəl] <-, -s> *f (Schallplatte)* 45 tours *m*
Single[2] [sɪŋəl] <-s, -s> *m (Alleinstehende(r))* personne *f* seule
Singlebörse *f* INFORM site *m* de rencontres
Singular ['zɪŋgulaːɐ̯] <-s, -e> *m* GRAM singulier *m*
Singvogel *m* [oiseau *m*] chanteur *m*
sinken ['zɪŋkən] <sank, gesunken> *vi* + *sein* ❶ *(versinken)* couler ❷ *(an Höhe verlieren)* descendre ❸ *(niedersinken)* tomber ❹ *(abnehmen) Kurs, Fieber:* baisser; *Ansehen:* être terni; ***den Mut ~ lassen*** perdre courage
Sinn [zɪn] <-[e]s, -e> *m* ❶ *kein Pl (Bedeutung)* sens *m* ❷ *kein Pl (Zweck)* sens *m;* ***das macht keinen ~*** *(fam)* c'est n'importe quoi ❸ *kein Pl (Verständnis)* sens *m* ❹ *meist Pl (Sinnesorgan)* sens *m* ❺ *(Interesse)* ***in jds ~*** *dat* ***sein*** aller dans le sens de qn ❻ *(Verstand)* ***bist du noch bei ~en?*** tu as encore toute ta tête? *fam* ▶ **wie von ~en** comme un fou/une folle
Sinnbild *nt* symbole *m* **sinnbildlich** *adj* symbolique
sinnen ['zɪnən] <sann, gesonnen> *vi (geh)* ❶ *(grübeln)* ***über etw*** *akk* ~ méditer sur qc; *(nachdenken)* réfléchir à qc ❷ *(trachten nach)* ***auf Vergeltung*** *akk* ~ méditer sa vengeance
sinnentstellend *adj* erroné(e) **Sinneseindruck** *m* impression *f* sensorielle; ***ein optischer ~*** une impression optique
Sinnesorgan *nt* organe *m* sensoriel **Sinnestäuschung** *f* illusion *f* des sens **Sinneswahrnehmung** *f* perception *f* sensorielle **Sinneswandel** *m* revirement *m*
sinngemäß *adj o adv* en substance
sinnieren* [zɪ'niːrən] *vi* méditer; ***über etw*** *akk* ~ méditer sur qc
sinnig ['zɪnɪç] *adj* sensé(e)
sinnlich **I.** *adj* ❶ *Wahrnehmung* sensoriel(le) ❷ *Person* épicurien(ne) ❸ *Begierde* sensuel(le) **II.** *adv* ❶ ***etw ~ wahrnehmen*** percevoir qc [au niveau sensoriel] ❷ *begehren* sexuellement
Sinnlichkeit <-> *f* sensualité *f*
sinnlos **I.** *adj* ❶ *(nutzlos)* absurde ❷ *(vergeblich)* vain(e) **II.** *adv* ❶ *(nutzlos)* sans raison ❷ *(vergeblich)* en vain ❸ *(hemmungslos)* complètement
Sinnlosigkeit <-, -en> *f* ❶ *(Nutzlosigkeit)* absurdité *f* ❷ *(Vergeblichkeit)* vanité *f*
sinnvoll **I.** *adj* ❶ *(zweckmäßig)* sensé(e)

S

❷ *(erfüllend)* intéressant(e) **II.** *adv (vernünftig)* de façon sensée
Sintflut ['zɪntflu:t] *f* déluge *m*
sintflutartig *adj* diluvien(ne)
Sinti ['zɪnti] *Pl* Sinté *mpl*
Sinus ['zi:nʊs] <-, - *o* -se> *m* MATH sinus *m*
Sippe ['zɪpə] <-, -n> *f (a. fig fam)* tribu *f*
Sippenhaft *f* détention *f* des proches [de l'inculpé(e)]
Sippschaft <-, -en> *f (pej fam)* ❶ *(Familie)* smala *f* ❷ *(Gesindel)* racaille *f*
Sirene [zi're:nə] <-, -n> *f* sirène *f*
Sirup ['zi:rʊp] <-s, -e> *m (Fruchtsirup)* sirop *m*
Sisyphusarbeit ['zi:zyfʊs-] *f* travail *m* de Romain
Site [saɪt] <-, -s> *f* INFORM site *m*
Sitte ['zɪtə] <-, -n> *f* ❶ *(Gepflogenheit)* coutume *f* ❷ *meist Pl (Benehmen)* manières *fpl* ▶ **das sind ja ganz neue ~n!** *(fam)* voilà autre chose!
sittenlos I. *adj* immoral(e) **II.** *adv* immoralement
Sittenpolizei *f kein Pl (fam)* brigade *f* des mœurs
Sittenstrolch *m (pej)* maniaque *m* sexuel
sittenwidrig *adj Geschäftspraktiken* malhonnête **Sittenwidrigkeit** <-, -en> *f* immoralité *f*
Sittich ['zɪtɪç] <-s, -e> *m* perruche *f*
sittlich *adj (form)* moral(e)
Sittlichkeit <-> *f* moralité *f*, morale *f*
sittsam ['zɪtza:m] **I.** *adj* ❶ *(gesittet)* décent(e) ❷ *(tugendhaft)* vertueux, -euse; *(wohlerzogen)* sage **II.** *adv* avec pudeur; *sich verhalten* avec décence
Situation [zitu̯a'ts̯i̯o:n] <-, -en> *f* situation *f*
situiert *adj **gut ~ sein*** avoir une bonne situation

S

Sitz [zɪts] <-es, -e> *m* ❶ *(Sitzgelegenheit)* siège *m* ❷ *(Sitzfläche)* assise *f* ❸ *(Amtssitz)* siège *m* ❹ *(Niederlassung)* siège *m* central
Sitzbank <-bänke> *f* banquette *f* **Sitzblockade** *f* sit-in *m* **Sitzecke** *f* banc *m* d'angle
sitzen ['zɪtsən] <saß, gesessen> *vi* + *haben o* SDEUTSCH, A, CH *sein* ❶ *a. Tiere:* être assis(e); ***im Sitzen*** assis ❷ *(sich aufhalten)* ***beim Friseur/Essen*** ~ être chez le coiffeur/à table ❸ *(angehören)* ***in der Regierung*** ~ être dans le gouvernement ❹ *(fam: inhaftiert sein)* être en taule ❺ *(seinen Sitz haben)* ***in Bonn*** ~ avoir son siège à Bonn ❻ *(angebracht sein)* ***schief*** ~ *Krawatte:* être de travers ❼ *(passen)* ***gut*** ~ *Hose:* tomber bien ❽ *(fam: treffen) Schlag, Bemerkung:* faire mouche; ***das hat gesessen!*** bien envoyé! ▶ ~ **bleiben** rester assis; *Schüler:* redoubler; **auf etw ~ bleiben** *Geschäft:* ne pas parvenir à écouler qc; **~ lassen** *(fam: verlassen)* planter; *(versetzen)* poser un lapin à; *(nicht heiraten)* plaquer
sitzen|bleiben *s.* **sitzen** ▶
sitzend I. *adj attr* sédentaire **II.** *adv* assis(e)
sitzen|lassen *s.* **sitzen** ▶
Sitzfleisch *nt* ▶ **kein ~ haben** *(fam)* avoir la bougeotte **Sitzgelegenheit** *f* siège *m* **Sitzordnung** *f* ❶ *(Übersicht)* plan *m* des places assises ❷ *(Sitzanordnung)* répartition *f* des sièges **Sitzplatz** *m* place *f* assise **Sitzreihe** *f* rang *m*; ***in der fünften*** ~ au cinquième rang **Sitzstreik** *m* sit-in *m*
Sitzung <-, -en> *f* ❶ *(Besprechung)* réunion *f* ❷ *(Kabinettssitzung)* session *f*
Sitzungsperiode *f* POL session *f* **Sitzungssaal** *m* salle *f* de conférences
Sixpack ['sɪkspɛk, 'zɪkspɛk] <-s, -s> *nt* pack *m* de six
Sizilianer(in) [zitsi'li̯a:nɐ] <-s, -> *m(f)* Sicilien(ne) *m(f)*
sizilianisch [zitsi'li̯a:nɪʃ] *adj* sicilien(ne)
Sizilien [zi'tsi:li̯ən] <-s> *nt* la Sicile
Skala ['ska:la] <-, Skalen *o* -s> *f* ❶ *(Gradeinteilung)* échelle *f* graduée ❷ *(geh: Palette)* gamme *f*
Skalp [skalp] <-s, -e> *m* scalp *m*
Skalpell [skal'pɛl] <-s, -e> *nt* scalpel *m*
skalpieren* [skal'pi:rən] *vt* scalper
Skandal [skan'da:l] <-s, -e> *m* scandale *m*
skandalös [skanda'lø:s] *adj* scandaleux, -euse
skandalträchtig *adj* qui fait scandale
Skandinavien [skandi'na:vi̯ən] <-s> *nt* la Scandinavie
Skandinavier(in) [skandi'na:vi̯ɐ] <-s, -> *m(f)* Scandinave *mf*
skandinavisch [skandi'na:vɪʃ] *adj* scandinave
Skat [ska:t] <-[e]s, -e> *m* skat *m (jeu de cartes à trois joueurs)*
Skateboard ['skeɪtbɔ:d] <-s, -s> *nt* skate[-board] *m*
skaten ['ske:tən] *vi (fam)* faire du roller
Skatspiel ['ska:t-] *nt* jeu *m* de skat *(comportant 32 cartes)*
Skelett [ske'lɛt] <-[e]s, -e> *nt* squelette *m*
Skepsis ['skɛpsɪs] <-> *f* scepticisme *m*
Skeptiker(in) ['skɛptikɐ] <-s, -> *m(f)* sceptique *mf*
skeptisch ['skɛptɪs] **I.** *adj* sceptique **II.** *adv* avec scepticisme

Sketch [skɛtʃ] <-[es], -e[s]> *m* sketch *m*, saynète *f*
Ski [ʃiː] <-s, -[er]> *m* ski *m*
Skianzug ['ʃiː-] *m* combinaison *f* de ski **Skibrille** *f* lunettes *fpl* de ski
Skier ['ʃiːɐ̯] *Pl von* **Ski**
Skifahren *nt* ski *m* **Skifahrer(in)** *m(f)* skieur, -euse *m, f* **Skigebiet** *nt* domaine *m* skiable **Skigymnastik** *f* SPORT exercices *mpl* d'échauffement *(avant de faire du ski)* **Skihang** *m* pente *f* **Skihütte** *f* refuge *m* [de montagne] **Skiläufer(in)** *m(f)* skieur, -euse *m, f* **Skilehrer(in)** *m(f)* moniteur, trice *m, f* de ski **Skilift** *m* téléski *m*
Skinhead ['skɪnhɛt] <-s, -s> *m* skin[head] *mf*
Skipass *m* forfait *m* de ski **Skipiste** *f* SPORT piste *f* de ski **Skisport** *m* ski *m* **Skispringen** *nt* saut *m* à skis **Skispringer(in)** *m(f)* sauteur, -euse *m, f* à skis **Skistiefel** *m* chaussure *f* de ski **Skistock** *m* SPORT bâton *m* de ski
Skizze ['skɪtsə] <-, -n> *f* ❶ *(Zeichnung)* esquisse *f* ❷ *meist Pl (Aufzeichnung)* notes *fpl*
skizzenhaft **I.** *adj* esquissé(e) **II.** *adv* sous forme d'esquisse
skizzieren* [skɪ'tsiːrən] *vt* ❶ *(zeichnen)* esquisser ❷ *(umreißen)* ébaucher *Vorgehensweise*
Sklave, Sklavin ['sklaːvə] <-n, -n> *m, f (a. fig)* esclave *mf*
Sklavenhandel *m* commerce *m* des esclaves; *(mit Schwarzen)* traite *f* des noirs **Sklavenhändler(in)** *m(f)* marchand(e) *m(f)* d'esclaves **Sklaventreiber(in)** *m(f)* *(pej fam)* négrier, -ière *m, f*
Sklaverei [sklaːvə'rai̯] <-, -en> *f* esclavage *m*
Sklavin ['sklaːvɪn] *s.* **Sklave**
Sklerose [skle'roːzə] <-, -n> *f* MED ***Multiple*** ~ sclérose *f* en plaques
Skonto ['skɔnto] <-s, -s *o* Skonti> *nt o m* escompte *m*
Skorbut [skɔr'buːt] <-[e]s> *m* MED scorbut *m*
Skorpion [skɔr'pi̯oːn] <-s, -e> *m* ❶ scorpion *m* ❷ ASTROL Scorpion *m*
Skript [skrɪpt] <-[e]s, -en> *nt* UNIV notes *fpl* [de cours]
Skrupel ['skruːpəl] <-s, -> *m meist Pl* scrupule *m*
skrupellos *adj o adv* sans scrupules
Skrupellosigkeit <-> *f* absence *f* de scrupules
Skulptur [skʊlp'tuːɐ̯] <-, -en> *f* sculpture *f*
skurril [skʊ'riːl] *adj (geh) Person* bizarre
Skyline ['skaɪlaɪn] <-, -s> *f einer Stadt* contours *mpl*
skypen ['skai̯pən] *vi* INET skyper
Slacklining ['slɛklaɪnɪŋ] <-s; *kein Pl*> *nt* slack *m*
Slalom ['slaːlɔm] <-s, -s> *m a.* SPORT slalom *m*
Slang [slɛŋ] <-s> *m* ❶ *(saloppe Sprache)* argot *m* ❷ *(Fachjargon)* jargon *m*
Slapstick ['slɛpstɪk] <-s, -s> *m* comique *m* burlesque
Slawe, Slawin ['slaːvə] <-n, -n> *m, f* Slave *mf*
slawisch ['slaːvɪʃ] *adj* slave
Slip [slɪp] <-s, -s> *m* slip *m*
Slipeinlage *f* protège-slip *m*
Slogan ['sloʊgən, 'sloːgən] <-s, -s> *m* slogan *m*
Slowake, Slowakin [slo'vaːkə] <-n, -n> *m, f* Slovaque *mf*
Slowakei [slova'kai̯] <-> *f* ***die*** ~ la Slovaquie
slowakisch [slo'vaːkɪʃ] **I.** *adj* slovaque **II.** *adv* ~ ***miteinander sprechen*** discuter en slovaque; *s. a.* **deutsch**
Slowakisch <-[s]> *nt kein Art* slovaque *m*; *s. a.* **Deutsch**
Slowene, Slowenin [slo'veːnə] <-n, -n> *m, f* Slovène *mf*
Slowenien [slo'veːni̯ən] <-s> *nt* la Slovénie
slowenisch [slo'veːnɪʃ] **I.** *adj* slovène **II.** *adv* ~ ***miteinander sprechen*** discuter en slovène; *s. a.* **deutsch**
Slowenisch <-[s]> *nt kein Art* slovène *m*; *s. a.* **Deutsch**
Slum [slam] <-s, -s> *m* bidonville *m*
Smalltalk ['smɔːltɔːk] <-, -s>, **Small Talk** <- -, - -s> *m* brin *m* de causette
Smaragd [sma'rakt] <-[e]s, -e> *m* émeraude *f*
smart [smaːɐt, smart] *adj* NAP *inv fam*, classe *fam*
Smartphone, Smart Phone ['smaːtfoːn] <-s, -s> *nt* smartphone *m*
Smiley ['smai̯li] <-s, -s> *m* INFORM smiley *m*
Smog [smɔk] <-[s], -s> *m* smog *m*
Smogalarm *m* alerte *f* au smog
Smoking ['smoːkɪŋ] <-s, -s> *m* smoking *m*
Smoothie ['smuːθiː] <-s, -s> *m (Kaltgetränk)* smoothie *m*
SMS [ɛsʔɛm'ʔɛs] <-, -> *f Abk von* **short message service** TELEC *(Nachricht)* texto *m*, SMS *m*; ***jdm eine ~ schicken*** envoyer un texto [*o* un SMS] à qn

S

SMS-Nachricht *f* message *m* SMS

Snapchat® <-[s]> ['snɛptʃɛt] *nt kein pl* INFORM Snapchat® *m*

Snob [snɔp] <-s, -s> *m* snob *mf*

Snobismus [sno'bɪsmʊs] <-> *m* snobisme *m*

snobistisch [sno'bɪstɪʃ] *adj* snob

Snooker ['snu:kɐ] <-[s]> *kein Pl nt* snooker *m*

Snowboard ['snoʊbɔ:d, 'sno:bo:ɐ̯t] <-s, -s> *nt* snowboard *m*

Snowboarding ['sno:bo:ɐ̯dɪŋ] <-[s]; *kein Pl*> *nt* snowboard *m*

so [zo:] **I.** *adv* ❶ *mit adj, adv* si; ***~ groß wie ein Pferd*** aussi grand(e) qu'un cheval; ***es war ~ kalt, dass …*** il faisait tellement froid que … ❷ *mit Verb* ***~ [sehr] lieben*** aimer tellement ❸ *(auf diese Weise)* comme ça ❹ *(solch)* ***~ eine Gelegenheit*** une occasion comme celle-là ❺ *(solchermaßen)* ***~ genannt*** soi-disant *inv;* ***es ist ~, wie du sagst*** c'est comme tu dis ❻ *(dermaßen)* ***~ was von …*** *(fam)* … de chez …; ***~ was von krass*** *(fam)* grave de chez grave; ***er ist ~ was von schlecht gelaunt!*** *(fam)* ce qu'il peut être de mauvais poil! ❼ *(gleichsam)* ***~, als ob …*** comme si … ❽ *(etwa)* à peu près; ***~ gegen acht Uhr*** aux environs de huit heures ❾ *(nun)* ***~ sag doch!*** allez, dis-le! ❿ *(fam: umsonst)* gratos ▸ **~ oder ~** d'une manière ou d'une autre; **und ~ weiter** [**und ~ fort**] et ainsi de suite **II.** *konj* ❶ ***~ dass …*** à tel point que … ❷ *(wie … auch)* même si; ***ich muss leider gehen, ~ leid es mir auch tut*** je suis désolé(e) mais je dois partir **III.** *interj (zusammenfassend)* bon; *(auffordernd)* allez ▸ **~, ~!** *(fam)* tiens, tiens!

s. o. *Abk von* **siehe oben** voir plus haut

sobald [zo'balt] *konj* dès que

Söckchen <-s, -> *nt Dim von* **Socke** socquette *f*

Socke ['zɔkə] <-, -n> *f* chaussette *f*

Sockel ['zɔkəl] <-s, -> *m* ❶ *eines Denkmals* socle *m* ❷ ARCHIT soubassement *m*

Socken ['zɔkən] <-s, -> *m* SDEUTSCH, A, CH chaussette *f*

Soda ['zo:da] <-s> *nt* CHEM soude *f*

sodass, so dass [zo'das] *konj* à tel point que

Sodbrennen ['zo:tbrɛnən] *nt* brûlures *fpl* d'estomac

soeben [zo'ʔe:bən] *adv (gerade eben)* juste; ***er ist ~ gegangen*** il vient de partir

Sofa ['zo:fa] <-s, -s> *nt* canapé *m*

Sofakissen *nt* coussin *m* de canapé

sofern [zo'fɛrn] *konj* si, dans la mesure où; ***~ es nicht regnet*** à moins qu'il pleuve

soff [zɔf] *Imp von* **saufen**

sofort [zo'fɔrt] *adv* tout de suite

Sofortbildkamera *f* appareil *m* photo à développement instantané

Soforthilfe *f* aide *f* d'urgence

sofortig [zo'fɔrtɪç] *adj* immédiat(e)

Softeis *nt* crème *f* glacée

Softie ['sɔfti] <-s, -s> *m (fam)* tendre *m*

Software ['sɔftwɛ:ɐ̯] <-> *f* INFORM logiciel *m*

Softwarehersteller ['zɔftvɛ:ɐ-, 'sɔftwæ:ə-] *m* producteur *m* de [programmes] logiciels

Softwarepaket *nt* INFORM progiciel *m*

sog [zo:k] *Imp von* **saugen**

sog. *adj Abk von* **so genannt, so I. 5**

Sog [zo:k] <-[e]s, -e> *m eines Strudels* remous *mpl*

sogar [zo'ga:ɐ̯] *adv* même

sogenannt *s.* **so I. 5**

Sohle ['zo:lə] <-, -n> *f* ❶ *(Schuhsohle)* semelle *f* ❷ *(Fußsohle)* plante *f* du pied

Sohn [zo:n, *Pl:* 'zø:nə] <-[e]s, Söhne> *m* ❶ fils *m* ❷ *(Junge)* garçon *m*

Soja ['zo:ja, *Pl:* 'zo:jən] <-, Sojen> *f* soja *m*

Sojabohne ['zo:ja-] *f* soja *m* **Sojamilch** *f kein Pl* lait *m* de soja **Sojasoße** *f* sauce *f* au soja **Sojasprosse** *f* pousse *f* de soja

solang[e] [zo'laŋ(ə)] *konj* tant que

solar [zo'la:ɐ̯] *adj* ASTRON, METEO solaire

Solarenergie [zo'la:ɐ̯-] *f* énergie *f* solaire **Solarheizung** *f* chauffage *m* à l'énergie solaire

Solarium [zo'la:ri̯ʊm] <-s, -rien> *nt* solarium *m*

Solarkraftwerk *nt* centrale *f* solaire **Solarzelle** *f* photopile *f*

solch [zɔlç] *adj inv* ***~ eine Frage*** une question pareille

solche(r, s) *adj* ***~ Leute*** de telles personnes ▸ **als ~(r, s)** en tant que tel(le)

Sold [zɔlt] <-[e]s> *m* solde *f*

Soldat(in) [zɔl'da:t] <-en, -en> *m(f)* soldat(e) *m(f)*

Söldner(in) ['zœldnɐ] <-s, -> *m(f)* mercenaire *mf*

Soli *Pl von* **Solo**

solid [zo'li:t] *s.* **solide**

Solidarbeitrag *m* impôt *m* de solidarité

solidarisch [soli'da:rɪʃ] *adj* solidaire

solidarisieren* [zolidari'zi:rən] *vr* ***sich ~*** se solidariser; ***sich mit jdm/etw ~*** se solidariser avec qn/qc

Solidarität [zolidari'tɛ:t] <-> *f* solidarité *f*

Solidaritätszuschlag, Solidarzuschlag *m impôt de solidarité versé par les salariés*

en vue de financer la réunification des deux Allemagnes

solide [zo'li:də] *adj* ❶ *(stabil)* solide ❷ *Lebenswandel* sérieux, -euse ❸ *Firma* solvable

Solist(in) [zo'lɪst] <-en, -en> *m(f)* soliste *mf*

Soll [zɔl] <-[s], -[s]> *nt* FIN *(Sollseite)* doit *m* ▶ **sein ~ erfüllen** remplir ses obligations

Sollbruchstelle *f* point *m* de rupture

sollen¹ ['zɔlən] <sollte, -> *aux modal* ❶ *(müssen)* devoir; ***er soll zuhören*** il doit écouter ❷ *(brauchen)* ***du sollst dir deswegen keine Gedanken machen*** tu n'as pas à te faire de souci pour ça ❸ *(können)* ***man sollte annehmen, dass ...*** on pourrait supposer que ... ❹ *(als Ausdruck der Möglichkeit)* ***sollte ich vor dir sterben ...*** si je venais à mourir avant toi ...; ***was soll das heißen?*** qu'est-ce que ça veut dire? ❺ *(als Ausdruck der Vermutung)* ***er soll abgereist sein*** il paraît qu'il est parti ❻ *(dürfen)* ***das hättest du nicht tun*** ~ tu n'aurais pas dû faire ça

sollen² ['zɔlən] <sollte, gesollt> *vi* ❶ *(gehen/kommen müssen)* ***du solltest besser ins Bett*** tu ferais mieux d'aller te coucher ❷ *(fam: bedeuten)* ***was soll diese Frage?*** que veut dire cette question? ▶ **was soll's?** *(fam)* et alors?

solo ['zo:lo] *adj inv (fam: ohne Partner)* ~ ***sein*** être seul

Solo ['zo:lo] <-s, Soli> *nt* solo *m*

Solothurn <-s> *nt* Soleure

solvent [zɔl'vɛnt] *adj* solvable

Somalia [zo'ma:li̯a] <-s> *nt* la Somalie

somit [zo'mɪt] *adv* par conséquent

Sommer ['zɔmɐ] <-s, -> *m* été *m*

Sommeranfang *m* début *m* de l'été **Sommerferien** *Pl* vacances *fpl* d'été; SCHULE grandes vacances *fpl*

sommerlich *adj* estival(e)

Sommerloch *nt (fam)* creux *m* estival **Sommerolympiade** *f* Jeux *mpl* olympiques d'été **Sommerpause** *f* vacances *fpl* d'été; JUR vacances *fpl* judiciaires; POL vacances *fpl* parlementaires **Sommerreifen** *m* pneu *m* d'été **Sommerschlussverkauf** *m* soldes *mpl* d'été **Sommersemester** *nt* semestre *m* d'été **Sommerspiele** *Pl* Jeux *mpl* d'été; ***die Olympischen*** ~ les Jeux olympiques d'été **Sommersprosse** *f meist Pl* tache *f* de rousseur **Sommerurlaub** *m* vacances *fpl* d'été **Sommerzeit** *f (Uhrzeit)* heure *f* d'été

Sonate [zo'na:tə] <-, -n> *f* sonate *f*

Sonde ['zɔndə] <-, -n> *f* MED, ASTRON sonde *f*

Sonderanfertigung *f* série *f* spéciale **Sonderangebot** *nt* offre *f* spéciale **Sonderausgabe** *f* ❶ *(Buch, Zeitschrift)* édition *f* spéciale ❷ *(Geldausgabe)* dépense *f* supplémentaire ❸ *Pl* FIN dépenses *fpl* exceptionnelles [déductibles du revenu]

sonderbar ['zɔndɐba:ɐ̯] *adj Person* curieux, -euse; *Verhalten* étrange

Sonderbeauftragte(r) *f(m) dekl wie adj* chargé(e) *m(f)* de mission **Sondereinsatz** *m* intervention *f* spéciale **Sonderfahrt** *f (Sonderzug)* train *m* spécial; *(Sonderbus)* bus *m* spécial **Sonderfall** *m* cas *m* particulier **Sondergenehmigung** *f* autorisation *f* spéciale

sondergleichen ['zɔndɐ'glai̯çən] *adj inv* sans pareil(le)

sonderlich ['zɔndɐlɪç] **I.** *adj attr* particulier, -ière **II.** *adv* particulièrement

Sonderling ['zɔndɐlɪŋ] <-s, -e> *m* original *m*

Sondermarke *f* timbre *m* de collection **Sondermüll** *m* déchets *mpl* spéciaux

sondern ['zɔndɐn] *konj* mais

Sonderpreis *m* prix *m* spécial **Sonderrecht** *nt (Vorrecht)* privilège *m* **Sonderschule** *f* école *f* spécialisée

Sonderschullehrer(in) *m(f)* instituteur, -trice *m, f* spécialisé(e) **Sondervermittler** *m* POL émissaire *m* [spécial] **Sonderwunsch** *m* souhait *m* particulier **Sonderzeichen** *nt* caractère *m* spécial

sondieren* [zɔn'di:rən] *vt, vi (geh)* sonder

Sondierung <-, -en> *f* sondage *m*

Sonett [zo'nɛt] <-[e]s, -e> *nt* sonnet *m*

> **Falsche Freunde**
> Nicht verwechseln mit *la sonnette* – *die Klingel*!

Song [sɔŋ] <-s, -s> *m* chanson *f*; *(Hit)* tube *m*

Sonnabend ['zɔnʔa:bənt] *m* NDEUTSCH samedi *m*

Sonne ['zɔnə] <-> *f* ❶ soleil *m* ❷ ASTRON Soleil *m*

sonnen ['zɔnən] *vr* ❶ ***sich*** ~ prendre un bain de soleil ❷ *(geh: genießen)* ***sich in etw*** *dat* ~ savourer qc

Sonnenallergie *f* allergie *f* solaire

Sonnenaufgang *m* lever *m* du soleil **Sonnenbad** *nt* bain *m* de soleil **Sonnenbank** <-bänke> *f* banquette *f* de bronzage **Sonnenblume** *f* tournesol *m*

Sonnenblumenkern *m* graine *f* de tournesol **Sonnenblumenöl** *nt* huile *f* de tournesol

Sonnenbrand *m* coup *m* de soleil **Sonnenbrille** *f* lunettes *fpl* de soleil **Sonnencreme** *f* crème *f* solaire **Sonneneinstrahlung** *f kein Pl* insolation *f* **Sonnenenergie** *f* énergie *f* solaire **Sonnenfinsternis** *f* éclipse *f* de Soleil **sonnengebräunt** *adj* bronzé(e) **Sonnenhut** *m (Kopfbedeckung)* chapeau *m* de soleil **sonnenklar** ['zɔnən'kla:ɐ̯] *adj (fam)* évident(e) **Sonnenkollektor** *m* capteur *m* solaire **Sonnenlicht** *nt kein Pl* lumière *f* du soleil **Sonnenöl** *nt* huile *f* solaire **Sonnenschein** *m* soleil *m* **Sonnenschirm** *m* parasol *m* **Sonnenschutz** *m (Maßnahme)* protection *f* solaire **Sonnenschutzcreme** *f* crème *f* de protection solaire **Sonnenschutzmittel** *nt* protecteur *m* solaire **Sonnenseite** *f* ❶ côté *m* ensoleillé ❷ *(positive Seite)* bon côté *m* **Sonnenstich** *m* insolation *f* **Sonnenstrahl** *m* rayon *m* de soleil **Sonnenstudio** *nt* solarium *m* **Sonnensystem** *nt* système *m* solaire **Sonnenuhr** *f* cadran *m* solaire **Sonnenuntergang** *m* coucher *m* de soleil **Sonnenwende** *f* solstice *m*

sonnig ['zɔnɪç] *adj* ensoleillé(e)

Sonntag ['zɔnta:k] *m* dimanche *m; s. a.* **Dienstag**

Sonntagabend *m* dimanche *m* soir

sonntäglich *adj* dominical(e)

sonntags *adv* le dimanche

Sonntagsfahrer(in) *m(f) (pej)* conducteur, -trice *m, f* du dimanche **Sonntagskind** *nt* chanceux, -euse *m, f* ▶ **ein ~ sein** être né sous une bonne étoile

sonn- und feiertags *adv* les dimanches et jours fériés

S

sonor [zo'no:ɐ̯] *adj* sonore

sonst [zɔnst] *adv* ❶ *(andernfalls)* sinon ❷ *(gewöhnlich)* d'habitude ❸ *(früher)* avant ❹ *(außerdem)* à part ça; ***[darf es] ~ noch etwas [sein]?*** et avec ça? ❺ *indef (fam)* ~ ***was*** n'importe quoi; ~ ***wohin*** quelque part ailleurs ❻ *(fam: anders)* ***wer [denn] ~?*** qui d'autre?

sonstig *adj attr* autre *antéposé*

sooft [zo'ʔɔft] *konj* tant que

Sopran [zo'pra:n] <-s, -e> *m* ❶ *(Stimme)* soprano *m* ❷ *s.* **Sopranist(in)**

Sopranist(in) <-en, -en> *m(f)* soprano *mf*

Sorbet ['zɔrbɛt, zɔr'be:] <-s, -s> *m o nt* sorbet *m*

Sorge ['zɔrgə] <-, -n> *f* souci *m;* ***mit ~*** avec inquiétude ▶ **lass das meine ~ sein!** laisse-moi faire!

sorgen I. *vi* ❶ *(aufkommen)* ***für jdn ~*** s'occuper de qn ❷ *(sich kümmern)* ***dafür ~, dass*** veiller à ce que *+subj* ❸ *(bewirken)* ***für Aufsehen ~*** faire du bruit **II.** *vr* ***sich um jdn ~*** se faire du souci pour qn

sorgenfrei *adj o adv* sans souci **Sorgenkind** *nt (fam)* enfant *mf* à problèmes; ***mein ~*** l'enfant qui me donne du souci

sorgenvoll I. *adj Gesicht* soucieux, -euse **II.** *adv* avec inquiétude

Sorgerecht *nt kein Pl* droit *m* de garde des enfants

Sorgfalt ['zɔrkfalt] <-> *f* soin *m*

sorgfältig ['zɔrkfɛltɪç] **I.** *adj Mitarbeiter* consciencieux, -euse; *Arbeit* soigné(e) **II.** *adv* soigneusement

sorglos I. *adj* ❶ *(achtlos)* négligent(e) ❷ *s.* **sorgenfrei II.** *adv umgehen* avec négligence

Sorglosigkeit <-> *f* insouciance *f*

sorgsam *adj o adv (geh) s.* **sorgfältig**

Sorte ['zɔrtə] <-, -n> *f* ❶ *(Art)* sorte *f* ❷ *Pl* FIN devises *fpl*

sortieren* [zɔr'ti:rən] *vt* ❶ *(ordnen)* trier; ***etw nach Größe ~*** trier qc par ordre de grandeur ❷ *(einordnen)* ***etw in den Schrank ~*** ranger qc dans l'armoire

Falsche Freunde

Nicht verwechseln mit *sortir* – *hinausgehen*!

Sortiment [zɔrti'mɛnt] <-[e]s, -e> *nt* assortiment *m*

SOS [ɛso:'ɛs] <-, -> *nt* S.O.S. *m*

sosehr [zo'ze:ɐ̯] *konj* ***~ ... [auch]*** bien que *+subj;* ***~ ich mich auch bemühte*** j'ai eu beau faire tout ce que je pouvais

soso [zo'zo:] **I.** *interj* ah, ah!, tiens, tiens! **II.** *adv (fam: einigermaßen)* comme ci comme ça

Soße ['zo:sə] <-, -n> *f* sauce *f*

Soßenlöffel *m* cuillère *f* à sauce

sott [zɔt] *Imp von* **sieden**

Soufflé, Soufflee [zu'fle:] <-s, -s> *nt* GASTR soufflé *m*

Souffleur, Souffleuse [zu'flø:ɐ̯] <-s, -e> *m, f* souffleur, -euse *m, f*

soufflieren* [zu'fli:rən] *vi* souffler; ***jdm ~*** souffler à qn

Sound [saʊnd, zaunt] <-s, -s> *m (fam)* son *m*

Soundkarte *f* INFORM carte *f* son

soundso ['zo:ʔʊntzo:] *adv ~* ***groß*** de la

même taille; ~ ***oft*** tant de fois, je ne sais combien de fois; ~ ***viel(e) …*** tant et tant de …

Soundso ['zo:ʔʊntzo:] ***Herr/Frau*** ~ Monsieur/Madame Machin **soundsovielte(r, s)** ['zo:ʔʊntzo'fi:ltə, -tɐ, -təs] *adj (fam)* tantième

Soundtrack ['zaʊnttrɛk] <-s, -s> *m* bande *f* originale d'un/du film

Souterrain [zutɛ'rɛ̃:, 'zu:tɛrɛ̃] <-s, -s> *nt* sous-sol *m*

Falsche Freunde
Nicht verwechseln mit *le souterrain – der unterirdische Gang*!

Souvenir [zuvə'ni:ɐ̯] <-s, -s> *nt* souvenir *m*

souverän [zuvə'rɛ:n] **I.** *adj* ❶ POL souverain(e) ❷ *(überlegen)* supérieur(e) **II.** *adv (überlegen)* suprêmement; *meistern* à la perfection

Souveränität [zuvərɛni'tɛ:t] <-> *f a.* POL souveraineté *f*

soviel [zo'fi:l] *konj* [pour] autant que *+subj;* ~ ***ich weiß*** à ce que je sais

soweit [zo'vait] *konj* pour autant que *+subj;* ~ ***ich weiß*** pour autant que je sache

sowenig [zo've:nɪç] *konj* ~ ***mir das auch gefällt*** même si ça ne me plaît pas beaucoup

sowie [zo'vi:] *konj* ❶ *(sobald)* aussitôt que ❷ *(form: und)* ainsi que

sowieso [zovi'zo:] *adv* en tout cas

sowjetisch [zɔ'vjɛtɪʃ] *adj* soviétique

Sowjetrusse, -russin *m, f* HIST Russe *mf* soviétique **Sowjetunion** [zɔ'vjɛtʔuni̯o:n] *f* HIST ***die*** ~ l'Union *f* soviétique

sowohl [zo'vo:l] *konj* ~ ***… als auch …*** non seulement …, mais [encore] …

Sozi ['zo:tsi] <-s, -s> *m (pej fam)* social-démocrate *m*

sozial [zo'tsi̯a:l] *adj* social(e)

Sozialabbau *m* remise *f* en cause des acquis sociaux **Sozialabgaben** *Pl* charges *fpl* sociales **Sozialamt** *nt* bureau *m* d'aide sociale **Sozialarbeiter(in)** *m(f)* assistant(e) *m(f)* social(e) **Sozialdemokrat(in)** *m(f)* social(e)-démocrate *m* **Sozialdemokratie** *f* social-démocratie *f* **sozialdemokratisch** *adj* social(e)-démocrate **Sozialfall** *m (form)* cas *m* social **Sozialhilfe** *f kein Pl* ≈ R.M.I. *m*

Sozialhilfeempfänger(in) *m(f)* bénéficiaire *mf* d'aides sociales

Sozialisierung <-, -en> *f* socialisation *f*

Sozialismus [zotsi̯a'lɪsmʊs] <-> *m* socialisme *m*

Sozialist(in) [zotsi̯a'lɪst] <-en, -en> *m(f)* socialiste *mf*

sozialistisch [zotsi̯a'lɪstɪʃ] *adj* socialiste

Sozialleistungen *Pl* prestations *fpl* sociales **Sozialpädagoge, -pädagogin** *m, f* éducateur, -trice *m, f* social(e) **Sozialpädagogik** *f* pédagogie *f* sociale **sozialpädagogisch** *adj* socio-pédagogique **Sozialplan** *m* plan *m* social **Sozialpolitik** *f kein Pl* politique *f* sociale **sozialpolitisch** *adj* de politique sociale **Sozialstaat** *m* État *m* social **Sozialversicherung** *f* assurance *f* sociale; *(in Frankreich)* Sécurité *f* sociale

Sozialversicherungsausweis *m* carte *f* d'assuré(e) social(e) **Sozialwohnung** *f* ≈ H.L.M. *m o f*

soziokulturell [zo:tsi̯okʊltu'rɛl] *adj* socioculturel(le)

Soziologe, Soziologin [zotsi̯o'lo:gə] <-n, -n> *m, f* sociologue *mf*

Soziologie [zotsi̯olo'gi:] <-> *f* sociologie *f*

soziologisch [zotsi̯o'lo:gɪʃ] *adj* sociologique

Sozius, Sozia ['zo:tsi̯ʊs] <-, Sozii> *m, f* ❶ *(Kompagnon)* associé(e) *m(f)* ❷ *(Beifahrer)* passager, -ère *m, f* de derrière

Soziussitz *m* siège *m* arrière

sozusagen [zo:tsu'za:gən] *adv* pour ainsi dire

Spa [ʃpa:, spa:] <-[s], -s> *nt o m* spa *m*

Spachtel ['ʃpaxtəl] <-s, -> *m (Werkzeug)* spatule *f*

spachteln **I.** *vt* mastiquer à la spatule; ***etw*** ~ mastiquer qc à la spatule **II.** *vi* ❶ mastiquer ❷ DIAL *(fam: essen)* se bâfrer

Spagat [ʃpa'ga:t] <-[e]s, -e> *m o nt* ❶ SPORT grand écart *m* ❷ *(schwierige Aufgabe)* exercice *m* de haute voltige

Spaghetti, Spagetti [ʃpa'gɛti] *Pl* spaghetti *mpl*

spähen ['ʃpɛ:ən] *vi (blicken)* guetter

Spalier [ʃpa'li:ɐ̯] <-s, -e> *nt* ❶ espalier *m* ❷ *(fig)* haie *f*

Spalt [ʃpalt] <-[e]s, -e> *m* ❶ *(Schlitz)* fente *f* ❷ *(Felsspalt)* fissure *f* ❸ *(Spaltbreit)* entrebâillement *m;* ***die Tür einen ~ öffnen*** entrouvrir la porte

spaltbar *adj* fissible

Spalte ['ʃpaltə] <-, -n> *f* ❶ *(breiter Riss)* fissure *f; eines Gletschers* crevasse *f* ❷ TYP colonne *f*

spalten ['ʃpaltən] <*PP* gespalten> **I.** *vt* ❶ <*PP* gespalten *o* gespaltet>

S

fendre *Holz* ❷ PHYS diviser ❸ *(divergieren)* ***gespalten sein*** *Auffassungen:* être partagés **II.** *vr* ❶ ***sich ~*** *Haare:* fourcher ❷ *(Fraktionen bilden)* ***sich in zwei Lager ~*** se diviser en deux camps

Spaltung <-, -en> *f* ❶ PHYS fission *f* ❷ PSYCH ***~ der Persönlichkeit*** dédoublement *m* de la personnalité

Spam [spɛm] <-s, -s> *nt,* **Spammail** *f o nt* INET spam *m,* courrier *m* indésirable, courrier *m* poubelle, pourriel *m* CAN

Spamfilter ['spɛm-] *m* INET filtre *m* anti-spam

Spam-Filter, Spamfilter *m* INFORM filtre *m* anti-spam [*o* anti-pourriel]

spammen ['spɛmən] *vi* INFORM spammer *fam,* polluposter

Span [ʃpaːn, *Pl:* 'ʃpɛːnə] <-[e]s, Späne> *m* copeau *m* ▶ **wo gehobelt wird, [da] fallen Späne** *(prov)* on ne fait pas d'omelette sans casser des œufs

Spanferkel ['ʃpaːnfɛrkəl] *nt* cochon *m* de lait

Spange ['ʃpaŋə] <-, -n> *f* ❶ *(Haarspange)* barrette *f* ❷ *(Zahnspange)* appareil *m* [de correction] dentaire

Spanien ['ʃpaːni̯ən] <-s> *nt* l'Espagne *f*

Spanier(in) <-s, -> *m(f)* Espagnol(e) *m(f)*

spanisch **I.** *adj* espagnol(e) **II.** *adv* ***~ miteinander sprechen*** discuter en espagnol ▶ **etw kommt jdm ~ vor** *(fam)* qc ne paraît pas [très] catholique à qn; *s. a.* **deutsch**

Spanisch <-[s]> *nt kein Art* espagnol *m; s. a.* **Deutsch**

spann [ʃpan] *Imp von* **spinnen**

Spann <-[e]s, -e> *m* cou-de-pied *m*

Spannbetttuch *nt* drap-housse *m*

Spannbreite *f kein Pl* gamme *f*

Spanne ['ʃpanə] <-, -n> *f (Gewinnspanne)* marge *f*

spannen ['ʃpanən] **I.** *vt* ❶ *(straffen)* tendre ❷ *(anspannen)* contracter *Muskel* ❸ *(aufspannen)* ***etw über etw*** *akk* ***~*** tendre qc au-dessus de qc ❹ *(einspannen)* mettre *Briefbogen* ❺ *(fam: merken)* ***~, dass …*** piger que … **II.** *vi Kleidungsstück:* serrer trop; *Haut:* tirer

spannend *adj Film* captivant(e), passionnant(e)

Spanner <-s, -> *m (fam: Voyeur)* voyeur *m*

Spannkraft *f kein Pl* vigueur *f*

Spannung <-, -en> *f* ❶ *kein Pl (fesselnde Art)* suspense *m* ❷ *kein Pl (gespannte Erwartung)* tension *f* [nerveuse]; ***etw voller ~ erwarten*** attendre qc avec impatience ❸ *meist Pl (Unstimmigkeit)* tension *f* ❹ ELEC tension *f*

Spannungsgebiet *nt* zone *f* de tension

Spannungsprüfer *m* contrôleur *m* de tension

Spannweite *f der Flügel* envergure *f*

Spanplatte *f* panneau *m* de particules

Sparbuch *nt* livret *m* [de caisse] d'épargne

Sparbüchse *f* tirelire *f*

sparen ['ʃpaːrən] **I.** *vt* ❶ *(zurücklegen)* épargner *Betrag* ❷ *(einsparen)* économiser *Zeit* ❸ *(unterlassen)* ***sich*** *dat* ***einen Ratschlag ~*** garder un conseil pour soi **II.** *vi* ❶ *(Geld zurücklegen)* ***auf etw*** *akk* ***~*** épargner pour qc ❷ *(sparsam sein)* se montrer économe; ***an etw*** *dat* ~ rogner sur qc

Sparer(in) <-s, -> *m(f)* épargnant(e) *m(f)*

Sparflamme *f* petite flamme *f* ▶ **auf ~ arbeiten** *(fam)* bosser au ralenti

Spargel ['ʃpargəl] <-s, -> *m* asperge *f*

Sparguthaben *nt* avoir *m* [sur un livret]

Sparheft *nt* CH *s.* **Sparbuch** **Sparkasse** *f* caisse *f* d'épargne **Sparkonto** *nt* compte-épargne *m* **Sparkurs** *m* politique *f* de rigueur [*o* d'austérité]

spärlich ['ʃpɛːɐ̯lɪç] **I.** *adj Ausbeute, Einkommen* maigre; *Vegetation, Haarwuchs* clairsemé(e) **II.** *adv* peu

Sparpolitik *f* politique *f* d'austérité **Sparpreis** *m* prix *m* réduit **Sparprogramm** *nt* programme *m* économique

sparsam ['ʃpaːɐ̯zaːm] **I.** *adj Person, Lebensweise* économe; *Motor* économique **II.** *adv leben* chichement; *verwenden* avec parcimonie

Sparsamkeit <-> *f* [sens *m* de l']économie *f*

Sparschwein *nt* tirelire *f*

spartanisch [ʃpar'taːnɪʃ] *adj Leben* de Spartiate

Spartarif *m* tarif *m* réduit

Sparte ['ʃpartə] <-, -n> *f* ❶ *(Branche)* branche *f* ❷ *(Spezialbereich)* spécialité *f* ❸ *(Rubrik)* rubrique *f*

Spaß [ʃpaːs, *Pl:* 'ʃpɛːsə] <-es, Späße> *m* ❶ *kein Pl (Vergnügung)* divertissement *m; (Freude)* plaisir *m;* ***viel ~!*** amuse-toi/amusez-vous bien! ❷ *(Scherz)* plaisanterie *f* ▶ **~ beiseite** *(fam)* blague à part

Spaßbremse *f (fam: Spielverderber)* rabat-joie *mf inv*

spaßen *vi* plaisanter

spaßeshalber *adv (fam)* comme ça, pour voir

Spaßgesellschaft *f (pej)* société *f* de loisir

spaßig *adj* ***eine ~e Geschichte*** une drôle d'histoire

Spaßverderber(in) <-s, -> *m(f)* rabat-joie *m* **Spaßvogel** *m* plaisantin *m*

Spastiker(in) ['ʃpastikɐ] <-s, -> *m(f)* infirme *m* moteur cérébral/infirme *f* motrice cérébrale, I.M.C. *mf*

spastisch ['ʃpastɪʃ] *adj* spastique

spät [ʃpɛːt] **I.** *adj* ❶ ***es ist ~*** il est tard; ***wie ~ ist es?*** quelle heure est-il? ❷ *(die Spätphase betreffend)* tardif, -ive; *Mittelalter* finissant(e) **II.** *adv* ***zu ~*** trop tard; ***~ dran sein*** être en retard

spätabends *adv* tard dans la soirée **Spätaussiedler(in)** *m(f) rapatrié(e) de l'Europe de l'Est de descendance allemande* **Spätbucher(in)** *m(f) (Tourist(in))* vacancier, -ière *m, f* qui réserve à la dernière minute

Spatel <-s, -> *m* MED spatule *f*

Spaten ['ʃpaːtən] <-s, -> *m* bêche *f*

Spatenstich *m* coup *m* de bêche ► **der erste ~** le premier coup de pioche

Spätentwickler(in) <-s, -> *m(f)* MED, PSYCH attardé(e) *m(f)*

später ['ʃpɛːtɐ] **I.** *adj (zukünftig)* futur(e) **II.** *adv* plus tard

spätestens ['spɛːtəstəns] *adv* au plus tard

Spätfolgen *Pl einer Krankheit* séquelles *f pl* tardives **Spätherbst** *m* arrière-saison *f*

Späti <-s, -s> ['ʃpɛːti] *nt (Spätverkaufsstelle)* épicerie *f* de nuit **Spätlese** *f (Wein)* vendange *f* tardive **Spätschicht** *f* équipe *f* du soir **Spätsommer** *m* fin *f* de l'été **Spätstadium** *nt* phase *f* terminale **Spätvorstellung** *f* CINE dernière séance *f* **Spätwerk** *nt* œuvre *f* tardive

Spatz [ʃpats] <-en *o* -es, -en> *m* ❶ moineau *m* ❷ *(fam: Kosewort)* ***[mein] ~!*** mon chou!

Spätzle ['ʃpɛtslə] *Pl* GASTR spaetzle *f pl (spécialité de pâtes alsaciennes et souabes)*

Spätzünder *m (fam)* ► **ein ~ sein** être dur(e) à la détente *fam; (in der Entwicklung)* être attardé(e)

spazieren* [ʃpa'tsiːrən] *vi + sein* se promener; ***mit jdm ~ gehen*** aller se promener avec qn

Spazierfahrt *f* promenade *f* en voiture/vélo/... **Spaziergang** <-gänge> *m* promenade *f* [à pied] **Spaziergänger(in)** [ʃpa'tsiːɡɛŋɐ] <-s, -> *m(f)* promeneur, -euse *m, f* **Spazierstock** *m* canne *f*

SPD [ɛspeː'deː] <-> *f Abk von* **Sozialdemokratische Partei Deutschlands** *parti social-démocrate allemand*

Specht [ʃpɛçt] <-[e]s, -e> *m* pic *m*

Speck [ʃpɛk] <-[e]s, -e> *m* ❶ GASTR lard *m* ❷ *(fam: Fettpolster)* lard *m*

speckig ['ʃpɛkɪç] *adj* ❶ *(fettglänzend)* crasseux, -euse ❷ *(fam: feist)* gras(se)

Speckrolle *f* bourrelet *m*

Speckschwarte *f* couenne *f* [de lard]

Spediteur(in) [ʃpedi'tøːɐ̯] <-s, -e> *m(f)* transporteur *m*

Spedition [ʃpedi'tsi̯oːn] <-, -en> *f* entreprise *f* de transport

Speer [ʃpeːɐ̯] <-[e]s, -e> *m* javelot *m*

Speerwerfen <-s> *nt* lancer *m* de javelot

Speiche ['ʃpai̯çə] <-, -n> *f eines Rads* rayon *m*

Speichel ['ʃpai̯çəl] <-s> *m* salive *f*

Speicher ['ʃpai̯çɐ] <-s, -> *m* ❶ DIAL *(Dachboden)* grenier *m* ❷ INFORM mémoire *f*

Speicherchip *m* INFORM puce *f* à mémoire **Speicherdichte** *f* INFORM densité *f* de mémoire **Speicherkapazität** *f* INFORM capacité *f* de mémoire **Speicherkarte** *f* INFORM carte *f* mémoire

speichern **I.** *vt* ❶ INFORM sauvegarder *Datei, Daten* ❷ *(aufbewahren)* entreposer **II.** *vi* INFORM sauvegarder

Speicherplatz *m kein Pl* INFORM capacité *f* de mémoire

Speicherung <-, -en> *f* INFORM sauvegarde *f*

speien ['ʃpai̯ən] <spie, gespien> *vt (geh)* ❶ *(ausstoßen)* cracher *Lava* ❷ *(erbrechen)* vomir *Blut*

Speise ['ʃpai̯zə] <-, -n> *f* ❶ *meist Pl (geh: Gericht)* repas *m* ❷ *(Nahrung)* nourriture *f* **Speiseeis** *nt (form)* glace *f*

Speisekammer *f* cellier *m* **Speisekarte** *f* carte *f*

speisen ['ʃpai̯zən] **I.** *vi (geh)* se restaurer **II.** *vt* ❶ *(geh: essen)* consommer ❷ *(versorgen)* alimenter *Stromnetz*

Speiseöl *nt* huile *f* alimentaire [*o* de table] **Speisepilz** *m* champignon *m* comestible **Speiseröhre** *f* œsophage *m* **Speisesaal** *m* salle *f* à manger **Speisewagen** *m* wagon-restaurant *m*

Spektakel[1] [ʃpɛk'taːkəl] <-s, -> *m (fam)* tintouin *m*

Spektakel[2] [ʃpɛk'taːkəl] <-s, -> *nt (Schauspiel)* spectacle *m*

spektakulär [ʃpɛktaku'lɛːɐ̯] *adj* spectaculaire

Spektra *Pl von* **Spektrum**

Spektrum ['ʃpɛktrʊm] <-s, Spektren *o* Spektra> *nt* ❶ PHYS spectre *m* ❷ *(geh: Vielfalt)* variété *f*

Spekulant(in) [ʃpeku'lant] <-en, -en> *m(f)* spéculateur, -trice *m, f*

Spekulation [ʃpekula'tsi̯oːn] <-, -en> *f* spéculation *f*

S

Spekulationsgeschäft *nt* opération *f* de spéculation
spekulativ [ʃpekula'tiːf] *adj (geh)* spéculatif, -ive
spekulieren* [ʃpeku'liːrən] *vi* ❶ *(fam: rechnen)* ***auf etw*** *akk* ~ spéculer sur qc ❷ *(Spekulant sein)* ***an der Börse*** ~ spéculer à la bourse
Spelunke [ʃpe'lʊŋkə] <-, -n> *f (pej fam)* boui[-]boui *m*
spendabel [ʃpɛn'daːbəl] *adj (fam)* généreux, -euse
Spende ['ʃpɛndə] <-, -n> *f* don *m*
spenden ['ʃpɛndən] **I.** *vt* ❶ ***jdm etw*** ~ donner qc à qn ❷ MED donner, faire don de ❸ *(abgeben)* diffuser *Wärme* **II.** *vi* ***für jdn/etw*** ~ faire un don pour qn/qc
Spendenaffäre *f* affaire *f* des dons *(en rapport avec l'affaire Kohl)* **Spendenaktion** *f* collecte *f* de dons **Spendenaufruf** *m* appel *m* à la générosité [publique] **Spendenbescheinigung** *f* reçu *m* [fiscal] **Spendenkonto** *nt* compte *m* où verser les dons
Spender ['ʃpɛndɐ] <-s, -> *m* ❶ *(Mensch)* donateur *m;* MED donneur *m* ❷ *(Vorrichtung)* distributeur *m*
Spenderin <-, -nen> *f* donatrice *f;* MED donneuse *f*
Spenderorgan *nt* organe *m* d'un/du donneur
spendieren* [ʃpɛn'diːrən] *vt (fam)* payer; ***jdm etw*** ~ payer qc à qn
Spengler(in) ['ʃpɛŋlɐ] <-s, -> *m(f)* SDEUTSCH, A plombier-zingueur *m*
Sperber ['ʃpɛrbɐ] <-s, -> *m* épervier *m*
Sperling ['ʃpɛrlɪŋ] <-s, -e> *m* moineau *m*
Sperma ['ʃpɛrma] <-s, Spermen *o* -ta> *nt* sperme *m*
Spermium ['ʃpɛrmi̯ʊm] <-s, Spermien> *nt* BIO spermatozoïde *m*
S
sperrangelweit ['ʃpɛr'ʔaŋəl'vai̯t] *adv (fam)* ~ ***offen stehen*** être grand ouvert
Sperrbezirk *m* zone *f* interdite
Sperre ['ʃpɛrə] <-, -n> *f* ❶ *(Straßensperre) der Polizei* barrage *m* ❷ *(Barrikade)* barricade *f* ❸ *(Spielverbot)* suspension *f*
sperren ['ʃpɛrən] **I.** *vt* ❶ *(schließen)* fermer *Grenze;* interdire *Gebiet* ❷ *(blockieren)* bloquer *Kredit;* couper *Telefon* ❸ *(einschließen)* ***jdn/ein Tier in etw*** *akk* ~ enfermer qn/un animal dans qc ❹ SPORT suspendre **II.** *vr* ***sich*** ~ se braquer
Sperrfeuer *nt* MIL tir *m* de barrage
Sperrgebiet *nt* zone *f* interdite **Sperrholz** *nt kein Pl* contreplaqué *m*
sperrig ['ʃpɛrɪç] *adj Gegenstand* encombrant(e)
Sperrmüll *m* ❶ *(Müll) vieux objets encombrants dont on veut se débarrasser* ❷ *(Sperrmüllabfuhr) collecte de vieux objets encombrants* **Sperrstunde** *f* ❶ *s.* **Polizeistunde** ❷ *(Ausgehverbot)* couvre-feu *m*
Sperrung <-, -en> *f* ❶ *(Schließung)* fermeture *f* ❷ *eines Kontos, Kredits* blocage *m*
Spesen ['ʃpeːzən] *Pl* frais *mpl* [de gestion]
Spezi[1] ['ʃpeːtsi] <-s, -[s]> *m* SDEUTSCH, A *(fam)* pote *m*
Spezi®[2] ['ʃpeːtsi] <-s, -[s]> *nt (fam: Getränk)* coca-soda *m* **Spezialfall** *m* cas *m* spécial
Spezialgebiet [ʃpe'tsi̯aːlgəbiːt] *nt* spécialité *f*
spezialisieren* [ʃpetsi̯ali'ziːrən] *vr* ***sich*** ~ se spécialiser; ***sich auf etw*** *akk* ~ se spécialiser dans qc
Spezialisierung <-, -en> *f* spécialisation *f*
Spezialist(in) [ʃpetsi̯a'lɪst] <-en, -en> *m(f)* spécialiste *mf*
Spezialität [ʃpetsi̯ali'tɛːt] <-, -en> *f* spécialité *f*
speziell [ʃpe'tsi̯ɛl] *adj* spécial(e)
Spezies ['ʃpeːtsi̯ɛs, 'sp-] <-, -> *f* espèce *f*
spezifisch [ʃpe'tsiːfɪʃ] *adj* spécifique
spezifizieren* [ʃpetsifi'tsiːrən] *vt* préciser *Kritik*
Sphäre ['sfɛːrə] <-, -n> *f* sphère *f* ▶ **in höheren ~n schweben** planer un peu *fam*
sphärisch ['sfɛːrɪʃ] *adj* sphérique
Sphinx [sfɪŋks] <-, -e> *f* sphinx *m*
spicken ['ʃpɪkən] **I.** *vt* ❶ GASTR piquer *Braten* ❷ *(fam: durchsetzen)* ***einen Text mit Zitaten*** ~ truffer un texte de citations **II.** *vi* DIAL *(fam)* ***bei jdm*** ~ pomper sur qn
Spickzettel *m* DIAL antisèche *f fam*
spie [ʃpiː] *Imp von* **speien**
Spiegel ['ʃpiːgəl] <-s, -> *m* ❶ miroir *m,* glace *f* ❷ *(Autorückspiegel)* rétroviseur *m*
Spiegelbild *nt* reflet *m* **Spiegelei** *nt* œuf *m* au [*o* sur le] plat **spiegelglatt** ['ʃpiːgəl'glat] *adj Straße* très glissant(e)
spiegeln ['ʃpiːgəln] **I.** *vi* ❶ *(spiegelblank sein)* briller ❷ *(reflektieren)* miroiter **II.** *vr* ***sich in/auf etw*** *dat* ~ se refléter dans qc/à la surface de qc
Spiegelreflexkamera *f* [appareil *m*] reflex *m*
Spiegelung ['ʃpiːgəlʊŋ] <-, -en> *f* ❶ MED endoscopie *f* ❷ *(Luftspiegelung)* mirage *m*
spiegelverkehrt I. *adj* renversé(e) **II.** *adv* à l'envers
Spiel [ʃpiːl] <-[e]s, -e> *nt* ❶ jeu *m*

❷ *(sportliche Begegnung)* match *m*; ***die Olympischen ~e*** les Jeux olympiques ❸ SPIEL *(Partie)* partie *f* ▶ **jdn/etw aus dem ~ lassen** laisser qn/qc en dehors de ça

Spielautomat *m* machine *f* à sous **Spielball** *m* ▶ **ein ~ einer S.** **gen sein** *(geh)* être le jouet de qc **Spielbank** <-banken> *f* casino *m* **Spielbeginn** *m* début *m* de match **Spielcasino** *nt* casino *m*

spielen ['ʃpiːlən] **I.** *vt* ❶ ***Domino*** ~ jouer aux dominos ❷ MUS ***Klavier*** ~ jouer du piano ❸ SPORT ***Fußball*** ~ jouer au football ❹ *(darstellen)* jouer *Person, Rolle* ❺ *(vortäuschen)* ***den Clown*** ~ faire le clown; ***den Beleidigten*** ~ jouer le vexé **II.** *vi* ❶ *Kinder:* jouer ❷ *(darstellerisch tätig sein)* jouer ❸ *(als Szenario haben)* ***im Mittelalter*** ~ se situer au Moyen Âge ❹ SPORT ***gegen jdn*** ~ jouer contre qn ❺ *Radio:* être allumé

spielend *adv* facilement

Spielende *nt kein Pl* SPORT fin *f* du match

Spieler(in) ['ʃpiːlɐ] <-s, -> *m(f)* joueur, -euse *m, f*

Spielerei [ʃpiːlə'rai̯] <-, -en> *f* ❶ *kein Pl (Kinderspiel)* rigolade *f fam* ❷ *meist Pl (Kinkerlitzchen)* gadget *m*

spielerisch **I.** *adj* ❶ *Eleganz* désinvolte ❷ SPORT *Leistung* technique **II.** *adv* ❶ *bewältigen* avec désinvolture ❷ SPORT *hervorragend* techniquement

Spielfeld *nt* terrain *m*; *(Tennisplatz)* court *m* **Spielfilm** *m* film *m* **Spielgeld** *nt* argent *m* fictif **Spielhalle** *f* établissement *m* de jeux **Spielkamerad(in)** *m(f)* camarade *mf* de jeu[x] **Spielkarte** *f* carte *f* [à jouer] **Spielmarke** *f* jeton *m* **Spielminute** *f* minute *f* [de jeu]

Spielothek [ʃpilo'teːk] <-, -en> *f s.* **Spielhalle**

Spielplan *m* programme *m* **Spielplatz** *m* terrain *m* de jeux **Spielraum** *m* marge *f* de manœuvre **Spielregel** *f meist Pl* règle *f* du jeu **Spielsachen** *Pl* jouets *mpl* **Spielstand** *m* score *m* **spielstark** *adj Team* performant(e) **Spielsucht** *f* démon *m* du jeu **Spieltrieb** *m kein Pl* instinct *m* du jeu **Spieluhr** *f* boîte *f* à musique **Spielverderber(in)** <-s, -> *m(f)* rabat-joie *mf inv* **Spielwaren** *Pl* jouets *mpl* **Spielwarengeschäft** *nt* magasin *m* de jouets **Spielzeit** *f* ❶ SPORT temps *m* réglementaire ❷ *(Theatersaison)* saison *f* **Spielzeug** *nt* jouet *m* **Spielzeugauto** *nt* voiture *f* miniature

Spielzeugladen *m* magasin *m* de jouets

Spieß [ʃpiːs] <-es, -e> *m (Bratenspieß)* broche *f*; *(klein)* brochette *f* ▶ **den ~ umdrehen** *(fam)* renvoyer la balle

Spießbürger(in) *m(f) s.* **Spießer(in)**

spießbürgerlich *s.* **spießig**

spießen ['spiːsən] *vt* piquer; ***etw auf die Gabel*** ~ piquer qc sur la fourchette

Spießer(in) ['spiːsɐ] <-s, -> *m(f) (fam)* petit(e)-bourge *m*

spießig ['spiːsɪç] *adj (fam)* petit(e)-bourgeois(e)

Spießrute ▶ **~n laufen** *(fig)* passer sous les fourches caudines

Spikes [ʃpai̯ks] *Pl (an Sportschuhen)* crampons *mpl*

Spinat [ʃpi'naːt] <-[e]s> *m* ❶ BOT épinard *m* ❷ GASTR épinards *mpl*

Spind [ʃpɪnt] <-[e]s, -e> *m* armoire *f* métallique

Spindel ['ʃpɪndəl] <-, -n> *f eines Spinnrads* fuseau *m*

spindeldürr ['ʃpɪndəl'dʏr] *adj (fam) Person* maigre comme un clou; *Arme* tout(e) maigre

Spinett [ʃpi'nɛt] <-s, -e> *nt* épinette *f*

Spinne ['ʃpɪnə] <-, -n> *f* araignée *f*

Spinnefeind *adj* [***mit***] ***jdm ~ sein*** *(fam)* ne pas pouvoir encadrer qn *fam*

spinnen ['ʃpɪnən] <spann, gesponnen> **I.** *vt* filer *Netz* **II.** *vi* ❶ *(am Spinnrad)* filer [le lin/la laine] ❷ *(fam: verrückt sein)* débloquer; ***ich glaube, ich spinne!*** j'hallucine!

Spinnennetz *nt* toile *f* d'araignée

Spinner(in) ['ʃpɪnɐ] <-s, -> *m(f) (fam: verrückter Mensch)* cinglé(e) *m(f)*

Spinnerei [ʃpɪnə'rai̯] <-, -en> *f* ❶ *(Textilbetrieb)* filature *f* ❷ *kein Pl (pej fam: Blödsinn)* connerie *f*

Spinning® ['spɪnɪŋ] <-s; *kein Pl*> *nt* SPORT Spinning® *m*

Spinnrad *nt* rouet *m* **Spinnwebe** <-, -n> *f* toile *f* d'araignée

Spin-off ['spɪnɔf] <-s, -s> *m* retombée *f*; ***Teflon® ist ein ~ der Raumfahrt*** le téflon® est un produit issu de la recherche spatiale

Spion [ʃpi̯oːn] <-s, -e> *m* ❶ *(Kundschafter)* espion *m* ❷ *(fam: Türspion)* judas *m*

Spionage [ʃpi̯o'naːʒə] <-> *f* espionnage *m*

Spionagedienst *m* service *m* d'espionnage

spionieren* [ʃpi̯o'niːrən] *vi* ❶ *(als Spion tätig sein)* faire de l'espionnage ❷ *(fam: heimlich lauschen)* espionner

Spionin <-, -nen> *f* espionne *f*

Spirale [ʃpi'raːlə] <-, -n> *f* ❶ spirale *f* ❷ MED stérilet *m*

S

spiritistisch *adj* de spiritisme
spirituell [ʃpiriˈtu̯ɛl, spiriˈtu̯ɛl] *adj* spirituel(le)
Spirituosen [ʃpiriˈtu̯oːzən] *Pl* GASTR *(form)* spiritueux *mpl*
Spiritus [ˈʃpiːritʊs] <-> *m* alcool *m* [à brûler]
Spirituskocher *m* réchaud *m* à alcool
Spital [ʃpiˈtaːl, *Pl:* ʃpiˈtɛːlɐ] <-s, Spitäler> *nt* A, CH hôpital *m*
spitz [ʃpɪts] **I.** *adj* ❶ *Nadel, Bleistift* pointu(e) ❷ *Winkel* aigu(ë); *Kinn* pointu(e) ❸ *Schrei* aigu(ë) ❹ *Bemerkung* acéré(e) **II.** *adv* ❶ *zuhauen* en pointe ❷ *(spitzzüngig)* d'un ton piquant
Spitz [ʃpɪts] <-es, -e> *m (Hund)* loulou *m*
Spitzbart *m (Bart)* bouc *m* **spitz|bekommen*** *vt unreg (sl)* piger *fam;* ***sie hat das ~*** elle a éventé la mèche **Spitzbogen** *m* [arc *m* en] ogive *f* **Spitzbube** [ˈʃpɪtsbuːbə] *m (fam)* galopin *m* **spitzbübisch** [ˈʃpɪtsbyːbɪʃ] *adj Grinsen* malicieux, -euse
Spitze [ˈʃpɪtsə] <-, -n> *f* ❶ *(spitzes Ende, Höchstwert)* pointe *f* ❷ *(vorderster Teil, erster Platz)* tête *f* ❸ *(Textil)* dentelle *f* ▶ **[einsame] ~ sein** *(fam) Person:* être super-classe; *Film:* être super
Spitzel [ˈʃpɪtsəl] <-s, -> *m* indicateur *m*
spitzeln [ˈʃpɪtsəln] *vi* être un indicateur
spitzen [ˈʃpɪtsən] *vt* ❶ tailler *Bleistift* ❷ *(aufstellen)* ***die Ohren ~*** tendre l'oreille **Spitzengehalt** *nt* salaire *m* maximum
Spitzenkandidat(in) *m(f)* tête *f* de liste **Spitzenklasse** *f (höchste Leistungsstufe)* élite *f* **Spitzenleistung** *f* prouesse *f*
spitzenmäßig *(fam)* **I.** *adj* super **II.** *adv* super-bien
Spitzenreiter *m* ❶ *(Mensch, Gruppe)* leader *m* ❷ *(Artikel)* must *m fam* **Spitzenreiterin** *f (Mensch)* leader *m* **Spitzensportler(in)** *m(f)* sportif, -ive *m, f* de haut niveau **Spitzensteuersatz** *m* taux *m* d'impôt maximum **Spitzentechnologie** *f* technologie *f* de pointe
Spitzer [ˈʃpɪtsɐ] <-s, -> *m (fam)* taille-crayon *m*
spitzfindig **I.** *adj (haarspalterisch)* pointilleux, -euse **II.** *adv* en ergotant **Spitzfindigkeit** <-, -en> *f (Äußerung)* ergoterie *f* **Spitzhacke** *f* pioche *f* **spitz|kriegen** *s.* **spitzbekommen** **Spitzname** *m* sobriquet *m* **Spitzwegerich** [ˈʃpɪtsveːgərɪç] *m* BOT plantain *m* lancéolé **spitzwink[e]lig** **I.** *adj Dreieck, Ecke* aigu(ë) **II.** *adv* en formant un angle aigu

Splatterfilm [ˈsplɛtɐ-] *m* CINE film *m* gore
Spleen [ʃpliːn] <-s, -s> *m (fam)* dada *m*
Spliss [ˈʃplɪs] <-es> *m (Haarspliss)* fourches *f pl*
splitten [ˈʃplɪtən, ˈsplɪtən] *vt* répartir
Splitter [ˈʃplɪtɐ] <-s, -> *m* éclat *m; (Glassplitter)* éclat de verre
splitterfasernackt *adj o adv (fam)* [complètement] à poil *fam*
Splittergruppe *f* groupuscule *m péj*
splittern [ˈʃplɪtɐn] *vi* ❶ *+ sein (zerspringen) Glas:* voler en éclats ❷ *+ haben (Splitter bilden)* se fragmenter
splitternackt [ˈʃplɪtɐˈnakt] *adj o adv (fam)* [complètement] à poil
Splitting [ˈʃplɪtɪŋ, ˈsplɪtɪŋ] <-s, -s> *nt* FIN déclaration *f* séparée des revenus
SPÖ [ɛspeːˈʔøː] <-> *f Abk von* **Sozialistische Partei Österreichs** *parti social-démocrate autrichien*
Spoiler [ˈʃpɔylɐ] <-s, -> *m* spoiler *m*
sponsern [ˈʃpɔnzɐn] *vt* sponsoriser
Sponsor, Sponsorin [ˈʃpɔnzoːɐ̯] <-s, -soren> *m, f* sponsor *m*
Sponsoring [ˈʃpɔnzorɪŋ, ˈspɔnzorɪŋ] <-s> *nt* sponsoring *m*
spontan [ʃpɔnˈtaːn] *adj* spontané(e)
Spontaneität [ʃpɔntaneiˈtɛːt] <-, -en> *f (geh)* spontanéité *f*
sporadisch [ʃpoˈraːdɪʃ] *adj* sporadique
Spore [ˈʃpoːrə] <-, -n> *f* spore *f*
Sporn [ʃpɔrn, *Pl:* ˈʃpoːrən] <-[e]s, Sporen> *m meist Pl* éperon *m;* ***einem Pferd die Sporen geben*** éperonner un cheval
Sport [ʃpɔrt] <-[e]s> *m* sport *m*
Sportabzeichen *nt* insigne *m* sportif **Sportart** *f* discipline *f* [sportive] **Sport-BH** *m* soutien-gorge *m* de sport **Sportfest** *nt* fête *f* sportive **Sportflugzeug** *nt* avion *m* de tourisme **Sportgerät** *nt* équipement *m* sportif; *(für das Geräteturnen)* agrès *m* **Sporthalle** *f* gymnase *m; (für Sportveranstaltungen)* salle *f* de sport **Sporthochschule** *f* U.F.R. *f* S.T.A.P.S. *(unité de formation et de recherche en sciences et techniques des activités physiques et sportives)* **Sportlehrer(in)** *m(f)* professeur *mf* d'éducation physique et sportive
Sportler(in) [ˈʃpɔrtlɐ] <-s, -> *m(f)* sportif, -ive *m, f*
sportlich [ˈʃpɔrtlɪç] **I.** *adj Person* sportif, -ive; *Kleidung* de sport *inv* **II.** *adv* ❶ ***sich ~ betätigen*** faire du sport ❷ *sich kleiden* sport *fam*
Sportmedizin *f* médecine *f* sportive

Sportnachrichten *Pl* informations *f pl* sportives **Sportplatz** *m* terrain *m* de sport **Sportsfreund** *m (fam)* mec *m fam* **Sportteil** *m* rubrique *f* sportive, page[s] *f [pl]* sportive[s]

Sportunfall *m* accident *m* de sport **Sportunterricht** *m* cours *m* d'E.P.S. [*o* d'éducation physique et sportive] **Sportveranstaltung** *f* manifestation *f* sportive **Sportverein** *m* club *m* sportif **Sportwagen** *m* ❶ *(Auto)* voiture *f* de sport ❷ *(Kinderwagen)* poussette *f*

Spot [spɔt] <-s, -s> *m* spot *m*

Spott [ʃpɔt] <-[e]s> *m* moquerie *f*

spottbillig ['ʃpɔt'bɪlɪç] *(fam)* **I.** *adj* super donné(e) **II.** *adv* pour que dalle

spötteln ['ʃpœtəln] *s.* **spotten**

spotten ['ʃpɔtən] *vi (höhnen)* se moquer; ***über jdn/etw*** ~ se moquer de qn/qc

Spötter(in) ['ʃpœtɐ] <-s, -> *m(f)* moqueur, -euse *m, f*

spöttisch ['ʃpœtɪʃ] **I.** *adj* moqueur, -euse **II.** *adv entgegnen* d'un ton moqueur

Spottpreis *m* prix *m* ridicule

sprach [ʃpra:x] *Imp von* **sprechen**

sprachbegabt *adj* doué(e) pour les langues **Sprachbegabung** *f* don *m* pour les langues

Sprache ['ʃpra:xə] <-, -n> *f* ❶ langue *f* ❷ *kein Pl (Ausdrucksweise)* langage *m* ❸ *kein Pl (Sprachfähigkeit)* langage *m*; ***hast du die ~ verloren?*** tu as perdu ta langue? ▶ **heraus mit der ~!** *(fam)* allez, accouche/accouchez!

Sprachebene *f* niveau *m* de langue **Spracherkennung** *f* INFORM reconnaissance *f* vocale **Sprachfehler** *m* défaut *m* de prononciation **Sprachförderung** *f* SCHULE promotion *f* linguistique **Sprachführer** *m* guide *m* de conversation **Sprachgebrauch** *m* usage *m* **Sprachgefühl** *nt kein Pl* sens *m* de la langue **Sprachkenntnisse** *Pl (einer Sprache/mehrerer Sprachen)* connaissances *f pl* de la langue/des langues **sprachkundig** *adj* qui connaît la langue **Sprachkurs** *m* cours *m* de langue **Sprachlabor** *nt* laboratoire *m* de langues

sprachlich *adj* linguistique

sprachlos *adj* muet(te)

Sprachregelung *f* version *f* officielle **Sprachrohr** ▶ **sich zum ~ einer S. machen** se faire le porte-parole de qc **Sprachschule** *f* école *f* de langues **Sprachwissenschaft** *f* linguistique *f* **Sprachwissenschaftler(in)** *m(f)* linguiste *mf* **sprachwissenschaftlich** *adj* de linguistique **Sprachwitz** *m kein Pl* esprit *m*

sprang [ʃpraŋ] *Imp von* **springen**

Spray [ʃpre:] <-s, -s> *m o nt* aérosol *m*; *(Kosmetikspray)* spray *m*

Spraydose ['ʃpre:-, 'spre:-] *f* spray *m*

sprayen ['ʃpreɪən] **I.** *vi* peindre à la bombe **II.** *vt* bomber *fam Parole*

Sprechanlage *f* interphone *m* **Sprechblase** *f* bulle *f*

sprechen ['ʃprɛçən] <spricht, sprach, gesprochen> **I.** *vi* ❶ *(reden)* parler ❷ *(ein Telefongespräch führen)* ***mit jdm*** ~ parler à qn [au téléphone] ❸ *(empfangen)* ***für niemanden zu ~ sein*** n'être là pour personne ❹ *(tratschen)* ***über jdn*** ~ raconter des choses sur qn ❺ *(eintreten)* ***für jdn*** ~ plaider en faveur de qn ❻ *(erkennbar sein)* ***aus seinen Augen spricht Zorn*** la colère se lit dans ses yeux ▶ **für sich selbst** ~ *Tatsache, Beweis.* être suffisamment éloquent **II.** *vt* ❶ *(sagen, aussprechen)* dire *Wort, Segen;* prononcer *Gebet* ❷ *(beherrschen)* ~ ***Sie Chinesisch?*** parlez-vous [le] chinois? ❸ *(verlesen)* présenter *Nachrichten* ❹ *(sich unterreden mit)* parler à

Sprechen <-s> *nt (das Reden)* ***beim*** ~ en parlant

sprechend *adj* ❶ *Puppe* qui parle ❷ *(deutlich) Beispiel* éloquent(e) ❸ *(ausdrucksvoll)* expressif, -ive

Sprecher(in) ['ʃprɛçɐ] <-s, -> *m(f)* ❶ *(Wortführer)* porte-parole *m inv* ❷ *(Rundfunksprecher)* présentateur, -trice *m, f*

Sprecherziehung *f* cours *m* de diction **Sprechfunkgerät** *nt* radio *f*; *(tragbar)* talkie-walkie *m* **Sprechstunde** *f* consultation *f* **Sprechzimmer** *nt* cabinet *m*

spreizen ['ʃpraitsən] **I.** *vt* écarter *Finger, Beine;* déployer *Flügel* **II.** *vr (sich zieren)* ***sich*** ~ faire des manières

sprengen ['ʃprɛŋən] **I.** *vt* ❶ *(mit Sprengstoff zerstören)* faire sauter ❷ *(bersten lassen) gefrorenes Wasser:* faire éclater *Gefäß* ❸ *(gewaltsam auflösen)* disperser *Versammlung* ❹ *(gießen)* arroser *Rasen* **II.** *vi + haben (eine Sprengung vornehmen)* utiliser des explosifs

Sprengkopf *m* tête *f* explosive **Sprengkörper** *m* explosif *m* **Sprengkraft** *f kein Pl* force *f* explosive **Sprengladung** *f* charge *f* explosive **Sprengsatz** *m* charge *f* explosive **Sprengstoff** *m* ❶ explosif *m* ❷ *(fig)* dynamite *f*

Sprengstoffzünder *m* détonateur *m*

Spreu [ʃprɔy] <-> *f* bal[l]e *f* ▶ **die ~ vom**

S

Weizen trennen séparer le bon grain de l'ivraie
spricht [ʃprɪçt] *3. Pers Präs von* **sprechen**
Sprichwort ['ʃprɪçvɔrt] *nt* proverbe *m*
sprichwörtlich *adj* proverbial(e)
sprießen ['ʃpriːsən] <spross *o* sprießte, gesprossen> *vi* + *sein Knospe:* éclore; *Bart, Haare:* pousser
Springbrunnen *m* fontaine *f*
springen ['ʃprɪŋən] <sprang, gesprungen> **I.** *vi* + *sein* ❶ *(hüpfen)* sauter ❷ *(fam: Anordnungen schnell ausführen)* filer doux ❸ DIAL *(eilen)* ***zum Bäcker ~*** faire un saut chez le boulanger ❹ *(zerspringen) Vase:* se fendre ❺ *(vorrücken)* ***auf etw*** *akk ~ Zeiger:* passer [d'un seul coup] à qc **II.** *vt* + *haben o sein* SPORT sauter *vier Meter* ▶ **etw für jdn ~ lassen** *(fam)* payer qc à qn
Springer <-s, -> *m* ❶ SPORT sauteur *m* ❷ *(Arbeiter)* travailleur *m* multifonctionnel ❸ SPIEL *(beim Schach)* cavalier *m*
Springerin <-, -nen> *f* ❶ SPORT sauteuse *f* ❷ *(Arbeiterin)* travailleuse *f* multifonctionnelle
Springflut *f* grande marée *f* **Springform** *f* moule *m* au bord amovible **Springreiten** <-s> *nt* saut *m* d'obstacles **Springseil** *nt* corde *f* à sauter
Sprinkler ['ʃprɪŋklɐ] <-s, -> *m* ❶ *(Rasensprenger)* arroseur *m* ❷ *(Düse einer Sprinkleranlage)* [tête *f* de] sprinkler *m*
Sprint [ʃprɪnt] <-s, -s> *m* sprint *m*
sprinten ['ʃprɪntən] *vi* + *sein* ❶ SPORT sprinter ❷ *(fam: schnell laufen)* ***über die Straße ~*** traverser la rue au sprint
Sprinter(in) <-s, -> *m(f)* sprinte[u]r, -euse *m, f*
Sprit [ʃprɪt] <-[e]s> *m* *(fam: Benzin)* essence *f*
Spritzbeutel *m* poche *f* à douille
Spritze ['ʃprɪtsə] <-, -n> *f* ❶ *(Injektionsspritze)* seringue *f* ❷ *(Injektion)* piqûre *f*
spritzen ['ʃprɪtsən] **I.** *vi* ❶ + *haben o sein Fett, Wasser:* gicler ❷ + *haben* MED faire une piqûre/des piqûres **II.** *vt* + *haben* ❶ *(lackieren)* peindre au pistolet *Auto* ❷ *(bewässern)* arroser *Rasen* ❸ *(beschmutzen)* ***jdm Soße aufs Hemd ~*** éclabousser de la sauce sur la chemise de qn ❹ MED ***jdm Insulin ~*** injecter de l'insuline à qn
Spritzer <-s, -> *m* ❶ *(Tropfen)* éclaboussure *f* ❷ *(kleine Menge)* ***ein ~ Spülmittel*** une giclée de produit vaisselle
spritzig ['ʃprɪtsɪç] *adj Dialog* pétulant(e)
Spritzpistole *f* pistolet *m* [à peinture] **Spritztour** *f (fam)* virée *f* [en voiture]
spröde ['ʃprøːdə] *adj* ❶ *(unelastisch)* cassant(e) ❷ *Lippen* sec, sèche ❸ *Person, Art* revêche
spross [ʃprɔs] *Imp von* **sprießen**
Spross [ʃprɔs] <-es, -e> *m* BOT jeune pousse *f*
Sprosse ['ʃprɔsə] <-, -n> *f* ❶ *(Leitersprosse)* échelon *m* ❷ *(Fenstersprosse)* croisillon *m*
Sprossenwand *f* SPORT espalier *m*
Sprössling ['ʃprœslɪŋ] <-s, -e> *m (hum)* rejeton *m*
Spruch [ʃprʊx, *Pl:* 'ʃprʏçə] <-[e]s, Sprüche> *m* ❶ *(Spruchweisheit)* dicton *m; (geschrieben)* inscription *f* ❷ *(Bibelspruch)* verset *m; (pej)* formule *f* toute faite
Spruchband <-bänder> *nt* banderole *f*
spruchreif *adj (fam)* ***~ sein*** être mûr
Sprudel ['ʃpruːdəl] <-s, -> *m* eau *f* gazeuse
sprudeln ['ʃpruːdəln] *vi* ❶ + *haben (aufkochen) Wasser:* bouillonner ❷ *(aufschäumen) Mineralwasser:* pétiller ❸ + *sein (heraussprudeln)* ***aus dem Boden ~*** *Quelle:* jaillir du sol
Sprudeltablette *f* comprimé *m* effervescent
Sprühdose ['ʃpryː-] *f* spray *m*
sprühen ['ʃpryːən] **I.** *vt* + *haben* pulvériser *Flüssigkeit, Gift;* vaporiser *Parfüm* **II.** *vi* ❶ + *sein (umherfliegen)* ***nach allen Seiten ~*** *Funken:* jaillir de tous les côtés ❷ + *haben (angeregt sein)* ***vor Lebenslust ~*** pétiller de joie de vivre
sprühend *adj (lebhaft)* pétillant(e)
Sprühflasche *f* [bouteille *f* à] pistolet *m*, pulvérisateur *m* **Sprühregen** *m* bruine *f*
Sprung [ʃprʊŋ, *Pl:* 'ʃprʏŋə] <-[e]s, Sprünge> *m* ❶ *(Satz)* saut *m* ❷ *(feiner Riss)* craquelure *f* ❸ *(fam: kleine Entfernung)* ***bis zu mir ist es nur ein ~*** ce n'est qu'à deux pas de chez moi ❹ *(fam: kurzer Besuch)* ***auf einen ~ bei jdm vorbeikommen*** *(fam)* passer en coup de vent chez qn ▶ **einen ~ in der Schüssel haben** *(fam)* être un peu fêlé
Sprungbrett *nt* SPORT tremplin *m*
sprunghaft *adj* ❶ *Anstieg* brutal(e) ❷ *(unstet)* versatile
Sprungschanze *f* tremplin *m* [de saut à skis] **Sprungtuch** <-tücher> *nt* toile *f* de sauvetage **Sprungturm** *m* plongeoir *m*
Spucke ['ʃpʊkə] <-> *f (fam)* salive *f; (ausgespuckter Speichel)* crachat *m* ▶ **jdm bleibt die ~ weg** qn en reste baba

spucken [ˈʃpʊkən] **I.** *vi* ❶ *(ausspucken)* cracher ❷ DIAL *(sich übergeben)* vomir **II.** *vt* cracher

Spucknapf *m* crachoir *m*

Spuk [ʃpuːk] <-[e]s, -e> *m* ❶ *(Geistererscheinung)* apparition *f* de fantômes ❷ *(schrecklicher Zustand)* cauchemar *m*

spuken *vi unpers* ❶ ***in diesem Haus spukt es*** il y a des fantômes dans cette maison ❷ *(fig)* ***in den Köpfen der Menschen ~*** *Vorstellung:* être bien ancré dans la tête des gens

Spukgeschichte *f* histoire *f* de revenants [*o* fantômes] **Spukschloss** *nt* château *m* hanté

Spülbecken *nt* bac *m* d'évier

Spule [ˈʃpuːlə] <-, -n> *f a.* ELEC bobine *f*

Spüle [ˈʃpyːlə] <-, -n> *f* évier *m*

spulen [ˈʃpuːlən] *vt* embobiner *Film*

spülen [ˈʃpyːlən] **I.** *vi* ❶ SDEUTSCH *(abwaschen)* laver la vaisselle ❷ *(die Toilettenspülung betätigen)* tirer la chasse [d'eau] **II.** *vt* ❶ *(abspülen)* laver ❷ *(schwemmen)* ***etw ans Ufer ~*** rejeter qc sur la rive ❸ *(klarspülen)* rincer *Geschirr*

Spülkasten *m* réservoir *m* de chasse d'eau

Spülmaschine *f* lave-vaisselle *m* **spülmaschinenfest** *adj* garanti(e) lave-vaisselle **Spülmittel** *nt* produit *m* [pour la] vaisselle

Spülung <-, -en> *f* ❶ *(Wasserspülung)* chasse *f* d'eau ❷ *(Haarspülung)* démêlant *m*

Spülwasser *nt* eau *f* de vaisselle

Spur [ʃpuːɐ̯] <-, -en> *f* ❶ *(Abdruck)* trace *f* ❷ *(Fußspur)* trace *f* [de pas] ❸ *(Loipe)* trace *f* ❹ *(fig: Fährte)* trace *f*; ***von ihr fehlt jede ~*** elle n'a plus donné signe de vie ❺ *(fig: Zeichen)* ***bei einem Menschen ~en hinterlassen*** marquer un être humain ❻ *(Fahrbahn)* voie *f*

spürbar *adj* sensible

spuren [ˈʃpuːrən] *vi (fam: gehorchen)* filer doux; ***bei jdm ~*** filer doux avec qn

spüren [ˈʃpyːrən] *vt* ❶ *(intuitiv bemerken)* sentir ❷ *(fühlen)* sentir, ressentir *Schmerz*

Spurenelement *nt* oligoélément *m* **Spurensicherung** *f* anthropométrie *f* judiciaire; *(Abteilung)* service *m* anthropométrique

Spürhund *m* chien *m* policier

spurlos *adv verschwinden* sans laisser de traces

Spürsinn *m kein Pl* flair *m*

Spurt [ʃpʊrt] <-s, -s *o* -e> *m* sprint *m*

spurten [ˈʃpʊrtən] *vi + sein* sprinter

Spurweite *f* écartement *m*

Squash [ˈskvɔʃ] <-> *nt* squash *m*

Sri Lanka [ˈsriːˈlaŋka] <-s> *nt* le Sri Lanka

SS <-> *f* HIST *Abk von* **Schutzstaffel** S.S. *f*

St. ❶ *Abk von* **Stück** pièce *f* ❷ *Abk von* **Sankt** St/Ste

s. t. *adv Abk von* **sine tempore** UNIV ***um neun Uhr ~*** à neuf heures pile

Staat [ʃtaːt] <-[e]s, -en> *m* POL État *m*

Staatenbund <-bünde> *m* confédération *f* [d'États]

staatenlos *adj* apatride

Staatenlose(r) *f(m) dekl wie adj* apatride *mf*

staatlich **I.** *adj Förderung* de l'État; *Einrichtung* public, -ique **II.** *adv anerkannt, geprüft* par l'État

Staatsaffäre *f* ▶ **eine ~ aus etw machen** faire une affaire d'État de qc

Staatsakt *m* cérémonie *f* officielle **Staatsangehörige(r)** *f(m) dekl wie adj* ressortissant(e) *m(f)* **Staatsangehörigkeit** <-, -en> *f* nationalité *f* **Staatsanleihe** *f* emprunt *m* d'État **Staatsanwalt, -anwältin** *m, f* avocat *m* général/avocate *f* générale **Staatsanwaltschaft** *f* ministère *m* public **Staatsausgaben** *Pl* dépenses *fpl* publiques **Staatsbegräbnis** *nt* obsèques *fpl* nationales **Staatsbesuch** *m* visite *f* officielle **Staatsbürger(in)** *m(f)* *(form)* citoyen(ne) *m(f)* **staatsbürgerlich** *adj attr (form)* civique **Staatsbürgerschaft** *f (form) s.* **Staatsangehörigkeit**

Staatsbürokratie *f* POL bureaucratie *f* étatique **Staatschef(in)** [-ʃɛf] *m(f) (fam)* chef *mf* d'État **Staatsdienst** *m* fonction *f* publique **Staatseigentum** *nt* propriété *f* de l'État **Staatseinnahmen** *Pl* recettes *fpl* publiques **Staatsexamen** *nt* examen *m* d'État *(sanctionnant les études de droit, de médecine et de pharmacie et obligatoire aussi pour la titularisation des enseignants)*

Land und Leute

Certains cursus universitaires, comme la médecine, le droit et les filières préparant à l'enseignement, se terminent, en Allemagne, par un ou deux **Staatsexamen**, que font passer des examinateurs homologués par le gouvernement.

Staatsfeind(in) *m(f)* ennemi *m* public **Staatsgebiet** *nt* territoire *m* national **Staatsgeheimnis** *nt* secret *m* d'État **Staatsgewalt** *f kein Pl* autorité *f* de l'État

S

Staatsgrenze *f* frontière *f* [nationale] **Staatskasse** *f* Trésor *m* [public] **Staatsmann** <-männer> *m (geh)* homme *m* d'État **Staatsminister(in)** *m(f)* ministre *mf* d'État **Staatsministerium** *nt* ministère *m* d'État **Staatsoberhaupt** *nt* chef *mf* d'État/de l'État **staatspolitisch** *adj inv* qui concerne la politique de l'État **Staatsrecht** *nt kein Pl* droit *m* public **Staatssekretär(in)** *m(f)* secrétaire *mf* d'État **Staatssicherheit** *f kein Pl* ❶ *(Sicherheit des Staates)* sécurité *f* de l'État *pas de pl* ❷ HIST *(in der DDR)* sûreté *f* de l'État *pas de pl* **Staatssicherheitsdienst** *m* HIST *services de Sécurité de l'État de la R.D.A.* **Staatsstreich** *m* coup *m* d'État **staatstragend** *adj Partei* soutenant le pouvoir; *Rede* progouvernemental(e) **Staatsvermögen** *nt* biens *mpl* publics **Staatsverschuldung** *f* endettement *m* public

Stab [ʃtaːp, *Pl:* 'ʃtɛːbə] <-[e]s, Stäbe> *m* ❶ *(Holzstab)* baguette *f* ❷ *(Gitterstab)* barreau *m* ❸ *(Stange für den Stabhochsprung)* perche *f* ❹ *(Staffelholz)* témoin *m* ❺ *(Gruppe)* équipe *f* ❻ MIL état-major *m*

Stäbchen <-s, -> *nt* baguette *f*

Stabhochspringer(in) *m(f)* sauteur, -euse *m, f* à la perche **Stabhochsprung** *m* saut *m* à la perche

stabil [ʃta'biːl] *adj* ❶ *Möbel* solide ❷ *Wetterlage, Währung* stable ❸ *Beziehung* durable

Stabilisator [ʃtabili'zaːtoːɐ] <-s, -toren> *m* CHEM stabilisant *m*

stabilisieren* [ʃtabili'ziːrən] **I.** *vt* ❶ *(geh)* consolider *Regal* ❷ MED stabiliser *Kreislauf* **II.** *vr a.* MED ***sich*** ~ se stabiliser

Stabilisierung <-, -en> *f a.* MED stabilisation *f*

Stabilität [ʃtabili'tɛːt] <-> *f* stabilité *f*

Stabilitätspakt *m* pacte *m* de stabilité

Stablampe *f* torche *f* électrique **Stabreim** *m* LITER allitération *f*

stach [ʃtaːx] *Imp von* **stechen**

Stachel [ʃtaxəl] <-s, -n> *m eines Igels* piquant *m; eines Insekts* dard *m; einer Pflanze* épine *f*

Stachelbeere *f* groseille *f* à maquereau **Stacheldraht** *m* [fil *m* de fer] barbelé *m* **Stacheldrahtzaun** *m* clôture *f* en barbelé

stachelig *adj Tier* hérissé(e) [de piquants]; *Pflanze* épineux, -euse

Stachelschwein *nt* porc-épic *m*

stachlig *s.* **stachelig**

Stadion ['ʃtaːdiɔn] <-s, Stadien> *nt* stade *m*

Stadium ['ʃtaːdi̯ʊm] <-s, Stadien> *nt* ❶ *einer Entwicklung* phase *f* ❷ MED stade *m*

Stadt [ʃtat, *Pl:* 'ʃtɛ(ː)tə] <-, Städte> *f* ❶ ville *f* ❷ *(Stadtverwaltung)* municipalité *f*

städt. *adj Abk von* **städtisch**

Stadtautobahn *f* autoroute *f* urbaine **stadtbekannt** *adj* notoire **Stadtbewohner(in)** *m(f)* citadin(e) *m(f)* **Stadtbezirk** *m* arrondissement *m* **Stadtbild** *nt* paysage *m* urbain, physionomie *f* de la ville **Stadtbücherei** *f* bibliothèque *f* municipale **Stadtbummel** *m* promenade *f* en ville

Städtebau *m kein Pl* urbanisme *m* **städtebaulich** *adj* d'urbanisme, urbanistique

stadteinwärts *adv* ~ ***fahren*** entrer dans la ville

Städtepartnerschaft *f* jumelage *m*

Städter(in) [ʃtɛ(ː)tɐ] <-s, -> *m(f)* citadin(e) *m(f)*

Stadtflucht *f kein Pl* exode *m* urbain **Stadtführung** *f* visite *f* guidée de la ville **Stadtgebiet** *nt* territoire *m* de la commune **Stadthalle** *f* salle *f* municipale [*o* polyvalente]

städtisch ['ʃtɛ(ː)tɪʃ] *adj* ❶ municipal(e) ❷ *(geh: urban)* urbain(e)

Stadtkern *m* centre-ville *m* **Stadtmauer** *f* rempart *m* **Stadtmitte** *f* centre-ville *m* **Stadtplan** *m* plan *m* de la ville **Stadtplanung** *f* urbanisme *m,* aménagement *m* des villes **Stadtrand** *m* périphérie *f* de la ville **Stadtrat** <-räte> *m* ❶ conseil *m* municipal ❷ *(Mitglied)* conseiller *m* municipal **Stadträtin** *f* conseillère *f* municipale **Stadtrundfahrt** *f* visite *f* guidée de la ville **Stadtstaat** *m* ville-État *f*

Stadtstreicher(in) <-s, -> *m(f)* clochard(e) *m(f)*

Stadtteil *m* quartier *m* **Stadttor** *nt* porte *f* [de la ville] **Stadtverwaltung** *f* administration *f* municipale **Stadtviertel** *nt* quartier *m* **Stadtwerke** *Pl* services *mpl* techniques [de la ville] **Stadtzentrum** *nt* centre *m* [de la ville]

Staffel ['ʃtafəl] <-, -n> *f* ❶ *(Gruppe von Sportlern)* équipe *f; (beim Staffellauf)* équipe de relais ❷ MIL escadron *m* ❸ *(Fliegerstaffel)* escadrille *f*

Staffelei [ʃtafə'lai̯] <-, -en> *f* chevalet *m*

Staffellauf *m* course *f* de relais **Staffelläufer(in)** *m(f)* SPORT coureur, -euse *m, f* de relais, relayeur, -euse *m, f*

staffeln ['ʃtafəln] *vt* échelonner *Preise, Gebühren*

Staffelung <-, -en> *f* ❶ *kein Pl* échelonnement *m* ❷ *(gestaffeltes System)* progressivité *f*

Stagnation [ʃtagna'tsi̯o:n] <-, -en> *f* stagnation *f*

stagnieren* [ʃta'gni:rən] *vi* stagner

stahl [ʃta:l] *Imp von* **stehlen**

Stahl [ʃta:l, *Pl:* 'ʃta:lə, 'ʃtɛ:lə] <-[e]s, -e *o* Stähle> *m* acier *m*

Stahlbeton *m* béton *m* armé

stählen ['ʃtɛ:lən] *vt* fortifier *Körper;* raffermir *Muskeln*

stählern ['ʃtɛ:lɐn] *adj* en acier

Stahlhelm *m* casque *m* lourd **Stahlindustrie** *f* industrie *f* sidérurgique **Stahlträger** *m* poutrelle *f* d'acier **Stahlwerk** *nt* aciérie *f*

stak [ʃta:k] *Imp von* **stecken**

Stakkato [ʃta'ka:to, sta'ka:to] <-s, -s *o* Stakkati> *nt* MUS staccato *m*

Stalinismus [ʃtali'nɪsmʊs] <-> *m* stalinisme *m*

stalinistisch [ʃtali'nɪstɪʃ] *adj* stalinien(ne)

Stalinorgel *f (fam)* orgues *fpl* de Staline

Stalker(in) ['stɔ:kɐ] <-s, -> *m(f)* PSYCH harceleur, -euse *m, f*

Stalking ['stɔ:kɪŋ] <-s> *nt* harcèlement *m,* stalking *m*

Stall [ʃtal, *Pl:* 'ʃtɛlə] <-[e]s, Ställe> *m (Kuhstall)* étable *f; (Pferdestall)* écurie *f; (Schweinestall)* porcherie *f; (Kaninchenstall)* clapier *m; (Hühnerstall)* poulailler *m*

Stamm [ʃtam, *Pl:* 'ʃtɛmə] <-[e]s, Stämme> *m* ❶ *eines Baums* tronc *m* ❷ *(Volksstamm)* tribu *f* ❸ *(Kundenstamm)* clientèle *f*

Stammaktie *f* FIN action *f* ordinaire **Stammbaum** *m* arbre *m* généalogique **Stammbuch** *nt* livret *m* de famille **Stammdaten** *Pl* INFORM données *fpl* de base

stammeln ['ʃtaməln] *vt, vi* bredouiller

stammen ['ʃtamən] *vi* ❶ ***aus Spanien ~*** être originaire de l'Espagne; ***aus sehr einfachen Verhältnissen ~*** être d'origine très modeste ❷ *(herrühren)* ***von jdm ~*** *Werk:* être de qn; ***aus dem 16. Jahrhundert ~*** dater du 16ème siècle **Stammeshäuptling** *m* chef *m* de tribu

Stammgast *m* habitué(e) *m(f)*

Stammhalter *m (hum)* héritier *m* [mâle]

stämmig ['ʃtɛmɪç] *adj* trapu(e)

Stammkapital *nt* capital *m* social **Stammkneipe** *f (fam)* café *m* habituel **Stammkunde, -kundin** *m, f* client *m* habituel/cliente *f* habituelle **Stammkundschaft** *f* clients *mpl* fidèles; *eines Lokals* habitués *mpl* **Stammlokal** *nt* restaurant *m* habituel **Stammplatz** *m* place *f* attitrée **Stammtisch** *m* ❶ *(Tisch)* table *f* des habitués ❷ *(Stammgäste)* tablée *f* d'habitués ❸ *(Treffen)* réunion *f* des habitués

> **Land und Leute**
>
> Dans certains cafés et restaurants, on peut trouver une table réservée aux habitués, la **Stammtisch**. Une petite pancarte permet de la distinguer.

Stammwähler(in) *m(f)* électeur, -trice *m, f* fidèle **Stammzelle** *f* cellule *f* souche; ***embryonale ~n*** cellules souches embryonnaires

Stammzellenforschung *f* recherche *f* sur les cellules souches

stampfen ['ʃtampfən] **I.** *vi* ❶ *+ haben (mit den Füßen)* trépigner; *(mit den Hufen)* piaffer ❷ *+ sein (gehen)* ***durch die Wohnung ~*** marcher dans l'appartement en tapant des pieds **II.** *vt + haben* ❶ tasser *Sauerkraut* ❷ *(zerstampfen)* écraser *Kartoffeln*

Stampfer <-s, -> *m* GASTR pilon *m*

stand [ʃtant] *Imp von* **stehen**

Stand [ʃtant, *Pl:* 'ʃtɛndə] <-[e]s, Stände> *m* ❶ *eines Zählers* niveau *m; eines Barometers* hauteur *f* ❷ *kein Pl (Zustand)* état *m;* ***der letzte ~ der Dinge*** les derniers développements de la situation ❸ *(Spielstand)* score *m* ❹ *(Wasserstand)* niveau *m; einer Währung* cours *m* ❺ *(Verkaufsstand)* étal *m; (Messestand)* stand *m* ❻ *(gesellschaftliche Schicht)* catégorie *f; (Berufsgruppe)* ordre *m* ▶ **aus dem ~** *(ohne Anlauf)* sans élan; *(ohne Vorbereitung)* à l'improviste; **zu etw im ~e sein** être capable de qc; *s. a.* **außerstande, imstande, instand, zustande**

Standard ['ʃtandart] <-s, -s> *m* standard *m*

Standardausführung *f* modèle *m* standard

standardisieren* [ʃtandardi'zi:rən] *vt* standardiser

Standardisierung [ʃtandardi'zi:rʊŋ, st-] <-, -en> *f* standardisation *f*

Standardmodell ['ʃtandart-, 'st-] *nt* modèle *m* de série **Standardwerk** *nt* ouvrage *m* qui fait autorité

Standbild *nt* ❶ KUNST statue *f* ❷ TV arrêt *m* sur image

Stand-by, Standby [stɛnt'baɪ, 'stɛntbaɪ]

<-[s]> *nt* ELEC mode *m* veille; ***auf ~ sein*** être en veilleuse

Ständchen ['ʃtɛntçən] <-s, -> *nt* chanson *f* en son/mon/... honneur

Ständer ['ʃtɛndɐ] <-s, -> *m* ❶ *(Gestell)* support *m* ❷ *(Kleiderständer)* portemanteau *m* ❸ *(Notenständer)* pupitre *m*

Standesamt *nt* [bureau *m* de l']état *m* civil **standesamtlich** *adj Trauung* civil(e) **Standesbeamte(r)** *m dekl wie adj,* **-beamtin** *f* officier *m* d'état civil **standesgemäß** **I.** *adj* conforme à ma/sa/... position [sociale] **II.** *adv heiraten* dans son/mon/... milieu

standfest *adj* stable **Standfestigkeit** *f kein Pl* ❶ *(Stabilität)* stabilité *f* ❷ *s.* **Standhaftigkeit**

standhaft *adj* ferme

Standhaftigkeit <-> *f* fermeté *f*

stand|halten *vi irr* tenir le coup; ***einer S.*** *dat* ~ résister à qc **Standheizung** *f* chauffage *m* auxiliaire

ständig ['ʃtɛndɪç] **I.** *adj* ❶ *(dauernd)* permanent(e) ❷ *Wohnsitz* fixe **II.** *adv* ❶ *(dauernd)* continuellement ❷ *wohnen* en permanence

Standleitung *f* TELEC, INFORM ligne *f* directe

Standlicht *nt kein Pl* feux *mpl* de position **Standort** *m* ❶ *einer Pflanze* exposition *f; eines Unternehmens* lieu *m* d'implantation ❷ *(Produktionsstätte)* site *m* de production **Standpauke** *f (fam)* savon *m* **Standpunkt** *m* point *m* de vue **standrechtlich** *adj o adv* par décision de la cour martiale **Standseilbahn** *f* funiculaire *m* **Standspur** *f* bande *f* d'arrêt d'urgence

Stange ['ʃtaŋə] <-, -n> *f* ❶ *(Stab)* barre *f* ❷ *(Fahnenstange)* hampe *f* ❸ *(Vorhangstange)* tringle *f* ▶ **jdm die ~ halten** *(fam)* soutenir qn

Stängel ['ʃtɛŋəl] <-s, -> *m* tige *f*

Stangensellerie *f* céleri *m* en branches

stank [ʃtaŋk] *Imp von* **stinken**

stänkern ['ʃtɛŋkɐn] *vi (fam)* ***gegen jdn/etw*** ~ taper sur qn/qc

Stanniol [ʃta'ni̯oːl] <-s, -e> *nt* feuille *f* d'étain

Stanze ['ʃtantsə] <-, -n> *f (Maschine)* presse *f* à emboutir

stanzen ['ʃtantsən] *vt* ❶ emboutir *Blech, Form* ❷ *(einstanzen)* ***etw in etw*** *akk* ~ poinçonner qc dans qc

Stapel ['ʃtaːpəl] <-s, -> *m (Haufen)* pile *f*

Stapellauf *m* lancement *m,* mise *f* à l'eau

stapeln **I.** *vt* empiler **II.** *vr* ***sich*** ~ s'empiler

stapfen ['ʃtapfən] *vi + sein* ***durch den Schnee*** ~ marcher en s'enfonçant dans la neige

Star[1] [ʃtaːɐ̯] <-[e]s, -e> *m* ORN étourneau *m*

Star[2] [ʃtaːɐ̯] <-[e]s> *m* MED ***grauer*** ~ cataracte *f;* ***grüner*** ~ glaucome *m*

Star[3] [staːɐ̯] <-s, -s> *m* ❶ *(Filmstar)* star *f* ❷ *(fig)* vedette *f*

Starallüren ['ʃtaːɐ-, 'staːɐ-] *Pl (pej)* allures *fpl* de star *péj*

starb [ʃtarb] *Imp von* **sterben**

stark [ʃtark] <stärker, stärkste> **I.** *adj* ❶ *Person, Händedruck* fort(e); *Arm* puissant(e) ❷ *(kräftig, würzig)* fort(e) ❸ *(mächtig)* fort(e) ❹ *Ast, Stamm* gros(se) *antéposé; Balken* épais(se); *Karton* fort(e); ***zehn Zentimeter ~ sein*** faire dix centimètres d'épaisseur ❺ *Nerven* solide ❻ *(heftig, schlimm)* fort(e) *antéposé* ❼ *Rauschen* fort(e) ❽ *Abneigung, Zuneigung* grand(e); *Gefühl* profond(e) ❾ *Motor* puissant(e) ❿ *(wirksam, hochkonzentriert)* fort(e) ⓫ *(groß)* gros(se) *antéposé;* ***tausend Mann ~ sein*** compter mille personnes ⓬ *(fam: hervorragend)* super, terrible **II.** *adv* ❶ *(sehr)* très; *übertreiben* beaucoup; *hoffen* bien; *beeindruckt* fortement, beaucoup ❷ *(schlimm)* ~ ***bluten*** saigner abondamment ❸ *(intensiv)* ~ ***duften*** sentir fort; ~ ***gewürzt*** très épicé(e) ❹ *(fam: hervorragend)* vachement bien; ***[echt] ~ aussehen*** avoir un look d'enfer

Stärke ['ʃtɛrkə] <-, -n> *f* ❶ *(Kraft)* force *f* ❷ *(Macht)* force *f* ❸ *(Dicke)* épaisseur *f* ❹ *des Winds* force *f; der Schmerzen* intensité *f* ❺ *einer Brille* puissance *f* ❻ *(zahlenmäßige Größe)* nombre *m; einer Armee* effectif *m* ❼ *(Qualität)* force *f;* ***das ist seine/ihre*** ~ c'est son fort ❽ *(Charakterstärke)* force *f* ❾ *(pflanzliche Substanz)* amidon *m*

stärken ['ʃtɛrkən] **I.** *vt* ❶ régulariser *Kreislauf;* fortifier *Muskulatur;* augmenter *Widerstandskraft* ❷ *(verbessern)* renforcer ❸ *(steifen)* amidonner *Kleidungsstück* **II.** *vr* ***sich*** ~ se restaurer

stark|machen *vr (fam)* ***sich für jdn/etw*** ~ se décarcasser pour qn/qc **Starkstrom** *m* courant *m* haute tension **Starkstromleitung** *f* courant *m* à haute tension; *(Überlandleitung)* ligne *f* [à] haute tension

Stärkung <-, -en> *f (Mahlzeit)* collation *f*

Stärkungsmittel *nt* fortifiant *m*

starr [ʃtar] *adj* ❶ *Blick* fixe ❷ *(erstarrt)* ~ ***vor Schreck*** paralysé(e) par la peur ❸ *(unbeugsam)* rigide

Starre ['ʃtarə] <-> *f* torpeur *f*; *einer Leiche* rigidité *f*

starren ['ʃtarən] *vi (starr blicken)* avoir le regard fixe; ***an die Decke ~*** regarder fixement le plafond

Starrheit <-> *f* rigidité *f*; *(Starrsinn)* obstination *f*

starrköpfig *s.* **starrsinnig**

Starrsinn *m* entêtement *m*

starrsinnig **I.** *adj* entêté(e) **II.** *adv* obstinément

Start [ʃtart] <-s, -s> *m* ❶ *eines Flugzeugs* décollage *m* ❷ SPORT départ *m* ❸ *(Beginn)* démarrage *m*

Startautomatik *f* AUT starter *m* automatique

Startbahn *f* piste *f* d'envol **startbereit** *adj* ***~ sein*** *Sportler:* être prêt au départ; *Flugzeug:* être prêt à décoller **Startblock** <-blöcke> *m (beim Schwimmen)* plot *m* de départ

starten **I.** *vi + sein* ❶ *Flugzeug:* décoller ❷ SPORT prendre le départ ❸ *(beginnen)* démarrer **II.** *vt + haben* ❶ *(anlassen)* mettre en route *Auto;* mettre en marche *Computer* ❷ *(beginnen lassen)* lancer *Kampagne;* démarrer *Projekt* ❸ INFORM démarrer *Programm*

Starter <-s, -> *m* AUT démarreur *m*

Starterlaubnis *f (beim Fliegen)* autorisation *f* de décoller **Starthilfe** *f* ❶ aide *f* financière ❷ AUT aide *f* pour démarrer

Starthilfekabel *nt* câble *m* de démarrage

Startkapital *nt* capital *m* initial **startklar** *adj s.* **startbereit** **Startlinie** *f* ligne *f* de départ **Startmenü** *nt* INFORM menu *m* démarrer **Startphase** *f* phase *f* de démarrage **Startschuss** *m* signal *m* du départ ▶ **den ~ für etw geben** donner le feu vert à qc **Startseite** *f* INFORM page *f* d'accueil

Stasi ['ʃta:zi] <-> *f Abk von* **Staatssicherheit[sdienst]** *abréviation familière pour services de Sécurité de l'État de la R.D.A.*

Statement ['ste:tmənt] <-s, -s> *nt* déclaration *f* publique; *eines Pressesprechers* communiqué *m* officiel

Statik ['ʃta:tɪk] <-, -en> *f* statique *f*

Statiker(in) ['ʃta:tikɐ] <-s, -> *m(f)* ingénieur *mf* B.T.P.

Station [ʃta'tsi̯o:n] <-, -en> *f* ❶ *(Haltestelle)* station *f* ❷ *(Aufenthaltsort) einer Reise* étape *f* ❸ MED service *m* ❹ *(Sender)* station *f*

stationär [ʃtatsi̯o'nɛ:ɐ̯] **I.** *adj Behandlung* à l'hôpital **II.** *adv* ***jdn ~ behandeln*** hospitaliser qn

stationieren* [ʃtatsi̯o'ni:rən] *vt* ❶ mettre en place; ***Truppen in einem Land ~*** mettre des troupes en place dans un pays ❷ *(aufstellen)* déployer *Raketen*

Stationsarzt, -ärztin *m, f* [médecin-]chef *mf* du/de service **Stationsschwester** *f* infirmière *f* en chef

statisch ['ʃta:tɪʃ] *adj* statique

Statist(in) [ʃta'tɪst] <-en, -en> *m(f)* figurant(e) *m(f)*

Statistik [ʃta'tɪstɪk] <-, -en> *f* statistique *f*

Statistiker(in) [ʃta'tɪstikɐ] <-s, -> *m(f)* statisticien(ne) *m(f)*

statistisch [ʃta'tɪstɪʃ] *adj* statistique

Stativ [ʃta'ti:f] <-s, -e> *nt* pied *m*

statt [ʃtat] **I.** *präp +gen* ***~ eines Briefs*** à la place d'une lettre **II.** *konj* ***~ zu warten*** au lieu d'attendre

Statt [ʃtat] ▶ **an seiner ~** *(form)* à sa place

stattdessen *adv* au lieu de cela

Stätte ['ʃtɛtə] <-, -n> *f (geh)* lieu *m*

statt|finden *vi irr* avoir lieu **statt|geben** *vi irr (form)* ***einem Antrag ~*** faire droit à une demande

statthaft *adj* ***~ sein*** *Frage:* être autorisé

Statthalter *m* HIST gouverneur *m*

stattlich ['ʃtatlɪç] *adj* ❶ *Erscheinung* imposant(e) ❷ *(beträchtlich)* considérable

Statue ['ʃta:tuə] <-, -n> *f* statue *f*

Statur [ʃta'tu:ɐ̯] <-, -en> *f (geh)* stature *f*

Status ['ʃta:tʊs] <-, -> *m (geh)* statut *m*

Status quo <- -> *m (geh)* statu quo *m*

Statussymbol *nt* symbole *m* de réussite sociale

Statut [ʃta'tu:t] <-[e]s, -en> *nt meist Pl* statut *m*

Stau [ʃtau̯] <-[e]s, -e *o* -s> *m* bouchon *m*

Staub [ʃtau̯p] <-[e]s, -e *o* Stäube> *m* poussière *f*; ***~ saugen*** passer l'aspirateur ▶ **sich aus dem ~ machen** *(fam)* prendre la poudre d'escampette

stauben ['ʃtau̯bən] **I.** *vi unpers* ***es staubt*** ça fait de la poussière **II.** *vi Teppich:* être plein de poussière **Staubfänger** ['ʃtau̯pfɛŋɐ] <-s, -> *m (pej)* nid *m* à poussière

staubig ['ʃtau̯bɪç] *adj* poussiéreux, -euse

Staubkorn <-körner> *nt* grain *m* de poussière **Staubpartikel** *nt o f meist Pl* particule *f* de poussière **staubsaugen** ['ʃtau̯pzau̯gən] <*PP* staubgesaugt> **I.** *vi* passer l'aspirateur **II.** *vt* passer l'aspirateur dans *Zimmer* **Staubsauger** *m* aspirateur *m*

Staubsaugerbeutel *m* sac *m* [papier] pour aspirateur

Staubtuch <-tücher> *nt* chiffon *m* à poussière **Staubwedel** *m* plumeau *m* **Staubwolke** *f* nuage *m* de poussière

stauchen ['ʃtau̯xən] *vt* ❶ TECH refouler

S

❷ *(fam: zurechtweisen)* ***jdn*** ~ remonter les bretelles à qn
Staudamm *m* barrage *m*
Staude [ˈʃtau̯də] <-, -n> *f* plante *f* vivace
stauen [ˈʃtau̯ən] **I.** *vt* retenir; ***das Wasser/den Bach*** ~ *Person:* retenir l'eau/endiguer le ruisseau **II.** *vr* ❶ ***sich in einem Becken*** ~ *Wasser:* s'accumuler dans un bassin; *Bach:* stagner dans un bassin ❷ ***sich vor einer Baustelle*** ~ *Autos:* former un bouchon à cause des travaux *fam* **Staumauer** *f* digue *f*
Staumeldung *f* point *m* sur la circulation
staunen [ˈʃtau̯nən] *vi* être étonné; ***über jdn/etw*** ~ être étonné par qn/de qc
Staunen <-s> *nt* étonnement *m;* ***jdn in ~ versetzen*** étonner qn
Stauraum *m kein Pl* espace *m* de rangement
Stausee *m* lac *m* de barrage
Stauung <-, -en> *f (Verkehrsstau)* embouteillage *m*
Steak [steːk] <-s, -s> *nt* steak *m*
Steakmesser [-mɛsɐ] <-s, -> *nt* couteau *m* à steak
stẹchen [ˈʃtɛçən] <stịcht, stach, gestọchen> **I.** *vi* ❶ *Insekt, Kaktus:* piquer ❷ *(hineinstechen)* ***mit einer Nadel in etw*** *akk* ~ enfoncer une aiguille dans qc ❸ *(brennen) Sonne:* taper ❹ SPIEL ***mit etw*** ~ couper avec qc **II.** *vt* ❶ *(verletzen) Insekt, Dornen:* piquer ❷ *(hineinstechen)* ***eine Gabel in etw*** *akk* ~ piquer une fourchette dans qc ❸ SPIEL ***die Zehn mit dem As*** ~ prendre le dix avec l'as ❹ *(gravieren)* ***etw in etw*** *akk* ~ graver qc sur qc ❺ *(ausstechen)* ***Spargel*** ~ ramasser les asperges ▶ **wie gestochen schreiben** avoir une écriture calligraphiée **III.** *vr* ***sich an den Dornen*** ~ se piquer avec les épines **IV.** *vi unpers* ***es sticht mich in der Seite*** ça m'élance dans le côté
Stẹchen <-s, -> *nt (Schmerz)* élancement *m*
stẹchend *adj Blick* perçant(e); *Schmerz* lancinant(e)
Stẹchkarte *f* carte *f* de pointage **Stẹchmücke** *f* moustique *m* **Stẹchpalme** *f* houx *m* **Stẹchuhr** *f* pointeuse *f*
Stẹckbrief *m* avis *m* de recherche **Stẹckdose** *f* prise *f* [de courant]
stẹcken [ˈʃtɛkən] **I.** <stẹckte *o geh:* stak, gestẹckt> *vi* ❶ *(feststecken)* ***in etw*** *dat* ~ *Dorn, Splitter:* être enfoncé dans qc; ***im Schnee*** ~ être bloqué dans la neige ❷ *(sich befinden)* ***im Schloss*** ~ être sur la porte; ***im Garten*** ~ *(fam)* être dans le jardin; ***in Schwierigkeiten*** *dat* ~ *Person:* avoir de gros problèmes; *Land:* connaître des difficultés ❸ *(verantwortlich sein)* ***hinter einer Sache*** ~ être pour quelque chose dans une affaire **II.** <stẹckte, gestẹckt> *vt* ❶ ***etw in eine Schublade*** ~ mettre qc dans un tiroir; ***er steckte ihr den Ring an den Finger*** il lui passa la bague au doigt ❷ *(fam: tun, bringen)* ***jdn ins Gefängnis*** ~ fourrer qn en prison ❸ *(fam: investieren)* ***viel Geld in etw*** *akk* ~ investir beaucoup d'argent dans qc ❹ *(fam: verraten)* ***jdm ein paar Informationen*** ~ [re]filer quelques informations à qn
Stẹcken [ˈʃtɛkən] <-s, -> *m* DIAL, CH bâton *m*
stẹcken|bleiben *s.* **bleiben I. 6, 7**
stẹcken|lassen *s.* **lassen I. 6**
Stẹckenpferd *nt* violon *m* d'Ingres
Stẹcker <-s, -> *m* fiche *f* [d'alimentation]
Stẹckling [ˈʃtɛklɪŋ] <-s, -e> *m* bouture *f*
Stẹcknadel *f* épingle *f* ▶ **eine ~ im Heuhaufen suchen** chercher une aiguille dans une botte de foin **Stẹckrübe** *f* DIAL rutabaga *m*
Steg [ʃteːk] <-[e]s, -e> *m* ❶ *(kleine Brücke)* passerelle *f* ❷ *(Bootssteg)* appontement *m*
Steghose *f* fuseau *m*
Stegreif [ˈʃteːkrai̯f] ▶ **aus dem ~** au pied levé
Stehaufmännchen [ˈʃteːʔau̯fmɛnçən] *nt* ❶ *(Spielzeug)* poussah *m* ❷ *(Mensch)* dur(e) *m(f)* à cuire
stehen [ˈʃteːən] <stạnd, gestạnden> **I.** *vi* + *haben o* SDEUTSCH, A, CH *sein* ❶ *Person:* être debout; ***am Fenster*** ~ être à la fenêtre ❷ *(hingestellt, aufgestellt sein)* ***in der Garage*** ~ *Auto, Fahrrad:* être dans le garage; ***auf dem Tisch stand eine Vase*** il y avait un vase sur la table ❸ *(geschrieben stehen)* ***auf der Tagesordnung*** ~ être à l'ordre du jour; ***auf einer Liste*** ~ être inscrit sur une liste ❹ *(stillstehen) Maschine, Uhr:* être arrêté ❺ *(parken)* ***vor der Einfahrt*** ~ *Auto:* être garé devant la sortie de garage ❻ *(beeinflusst sein)* ***unter Schock*** ~ être sous le choc ❼ *(konfrontiert sein)* ***vor dem Ruin*** ~ être au bord de la ruine ❽ GRAM ***im Futur*** ~ être au futur ❾ *(kleidsam sein)* ***jdm gut*** ~ *Hose, Frisur:* aller bien à qn ❿ JUR ***auf dieses Vergehen steht Gefängnis*** ce délit est passible de prison ⓫ SPORT, SPIEL ***es steht unentschieden*** le score est nul ⓬ FIN ***die Aktie steht gut*** le cours de l'action est bon ⓭ *(fam:*

S

fest, fertig sein) Vortrag, Doktorarbeit: être prêt; *Mannschaft:* être formé ⓮ *(nicht abrücken von)* ***zu einer Abmachung*** ~ s'en tenir à un accord ⓯ *(unterstützen)* ***zu/hinter jdm*** ~ soutenir qn ⓰ *(gleichbedeutend sein mit)* ***für etw*** ~ *Abkürzung:* signifier qc; *Symbol:* représenter qc ⓱ *(sich anlassen)* ***gut/schlecht*** ~ *Chancen:* être bon/mauvais ⓲ *(stecken)* ***jd steht hinter etw*** *dat* il y a qn derrière qc ⓳ *(fam: gut finden)* ***auf jdn/etw*** ~ craquer pour qn/être fana de qc ⓴ *(unanfechtbar sein)* ***über etw*** *dat* ~ être au-dessus de qc ㉑ *(sein)* ***offen*** ~ *Fenster, Tür:* être ouvert ▶ **etw steht und fällt mit jdm** qc repose sur qn **II.** *vi unpers* ❶ *(sein)* ***es steht zu befürchten, dass*** il est à craindre que *+subj* ❷ *(bestellt sein)* ***es steht schlecht um ihn*** il va mal

Stehen <-s> *nt* ❶ ***etw im ~ tun*** faire qc debout ❷ *(Stillstand)* ***zum ~ kommen*** *Auto, Zug:* s'arrêter

stehen|bleiben *s.* **bleiben I. 4**

stehend *adj attr Gewässer* stagnant(e)

stehen|lassen *s.* **lassen I. 6,** ▶

Stehkneipe *f* bistro *m fam* **Stehkragen** *m* col *m* droit **Stehlampe** *f* lampadaire *m* **Stehleiter** *f* escabeau *m*

stehlen ['ʃteːlən] <stiehlt, stahl, gestohlen> **I.** *vt* voler; ***jdm etw*** ~ voler qc à qn ▶ **er kann mir gestohlen bleiben!** *(fam)* qu'il aille se faire voir! **II.** *vr* ***sich aus dem Haus*** ~ s'esquiver de la maison

Stehplatz *m* place *f* debout **Stehvermögen** *nt kein Pl* ténacité *f;* ***kein ~ haben*** manquer de ténacité

Steiermark ['ʃtaɪrmark] <-> *f* ***die*** ~ la Styrie

steif [ʃtaɪf] **I.** *adj* ❶ *(starr)* rigide ❷ *(fest)* ***das Eiweiß ~ schlagen*** battre les œufs en neige ❸ *Bein, Finger* raide; *Gelenk* ankylosé(e) ❹ *(förmlich)* guindé(e) ❺ *(erigiert)* en érection **II.** *adv (förmlich)* froidement

Steifheit <-> *f* ❶ *(Festigkeit)* rigidité *f; eines Gelenks* raideur *f* ❷ *(im Benehmen)* froideur *f*

Steigbügel *m a.* ANAT étrier *m*

Steige ['ʃtaɪgə] <-, -n> *f* DIAL ❶ *(steile Straße)* raidillon *m* ❷ A *(Obstkiste)* boîte *f* à fruit

steigen ['ʃtaɪgən] <stieg, gestiegen> **I.** *vi + sein* ❶ *(klettern)* monter; ***auf eine Leiter*** ~ monter sur une échelle; ***auf einen Berg*** ~ escalader une montagne ❷ *(aufsitzen, absitzen)* ***aufs Fahrrad*** ~ monter à vélo; ***vom Fahrrad*** ~ descendre de vélo ❸ *(ein-, aussteigen)* ***in den Zug*** ~ monter dans le train; ***aus dem Auto*** ~ descendre de la voiture ❹ *(sich in die Luft erheben) Nebel, Ballon:* monter ❺ *(fam: sich begeben)* ***aus der Wanne*** ~ sortir de la baignoire ❻ *(sich erhöhen)* ***um drei Prozent*** ~ augmenter de trois pour cent ❼ *(anwachsen) Spannung:* monter ❽ *(fam: stattfinden)* ***die Party steigt bei ihr*** il y a une boum chez elle **II.** *vt + sein* monter *Treppen*

steigern ['ʃtaɪgɐn] **I.** *vt* ❶ augmenter, faire monter *Spannung;* améliorer *Qualität* ❷ GRAM ***ein Adjektiv*** ~ mettre un adjectif au comparatif/superlatif **II.** *vr* **sich** ~ ❶ s'améliorer; *Geschwindigkeit:* augmenter ❷ *(anwachsen, sich intensivieren)* s'accroître

Steigerung <-, -en> *f* ❶ *der Geschwindigkeit* augmentation *f; der Leistung, Qualität* amélioration *f* ❷ GRAM comparaison *f*

Steigung <-, -en> *f* ❶ *(steile Strecke)* côte *f* ❷ *(Neigung, Anstieg)* pente *f*

steil [ʃtaɪl] **I.** *adj* ❶ *Abhang, Klippe* escarpé(e), abrupt(e); *Hang, Straße* raide ❷ *(fig) Karriere* fulgurant(e) **II.** *adv ansteigen* abruptement; *abfallen* à pic

Steilhang *m* escarpement *m* **Steilküste** *f* falaise *f* **Steilpass** *m* SPORT chandelle *f* **Steilwand** *f* à-pic *m*

Stein [ʃtaɪn] <-[e]s, -e> *m* ❶ pierre *f* ❷ *(Kieselstein)* caillou *m* ❸ *(Pflasterstein)* pavé *m* ❹ *(Felsbrocken)* rocher *m* ❺ *kein Pl (steinernes Material)* ***zu ~ werden/erstarren*** se pétrifier ▶ **bei jdm einen ~ im Brett haben** *(fam)* être dans les petits papiers de qn; **ihm/ihr fällt ein ~ vom Herzen** ça lui ôte un grand poids

steinalt ['ʃtaɪn'ʔalt] *adj* très vieux, vieille

Steinbock *m* ❶ bouquetin *m* ❷ ASTROL Capricorne *m* **Steinbruch** *m* carrière *f* [de pierres]

steinern ['ʃtaɪnɐn] *adj* en pierre

Steingut *nt kein Pl* grès *m* **steinhart** *adj* dur(e) comme pierre

steinig ['ʃtaɪnɪç] *adj (Steine enthaltend)* plein(e) de pierres; *(mit Steinen bedeckt)* pierreux, -euse

steinigen ['ʃtaɪnɪgən] *vt* lapider

Steinkohle *f kein Pl* houille *f* **Steinmarder** *m* fouine *f* **Steinmetz(in)** ['ʃtaɪnmɛts] <-en, -en> *m(f)* tailleur, -euse *m, f* de pierres **Steinobst** *nt* fruits *mpl* à noyau **Steinpilz** *m* cèpe *m* **steinreich** ['ʃtaɪn'raɪç] *adj (fam)* richissime **Steinschlag** *m* chute *f* de pierres **Steinzeit** *f kein Pl* âge *m* de pierre

Steiß [ʃtaɪs] <-es, -e> *m* ❶ ANAT coccyx *m* ❷ *(fam: Hintern)* postérieur *m*

S

Steißbein *nt* ANAT coccyx *m*
Stẹlle ['ʃtɛlə] <-, -n> *f* ❶ *(Platz)* endroit *m* ❷ *(umrissener Bereich)* endroit *m; (Fleck)* tache *f;* ***eine rote ~ auf der Schulter*** une plaque rouge sur l'épaule ❸ *(Textstelle)* passage *m* ❹ MATH chiffre *m* ❺ *(Arbeitsplatz)* emploi *m; (im öffentlichen Dienst)* poste *m* ❻ *(Abteilung, Behörde)* service *m;* ***an höherer/höchster ~*** en haut lieu/au plus haut niveau ❼ *(Rang)* ***an erster ~ stehen*** occuper la première place ► **an dieser ~** à cette occasion; **an deiner/seiner** *dat* **~** à ta/sa place; **auf der ~** sur-le-champ; *s. a.* **anstelle**
stẹllen ['ʃtɛlən] **I.** *vt* ❶ *(hinstellen)* ***das Glas auf den Tisch ~*** poser le verre sur la table; ***die Leiter an die Wand ~*** dresser l'échelle contre le mur ❷ *(abstellen)* ***das Auto in die Garage ~*** [re]mettre la voiture au garage ❸ *(aufrecht hinstellen)* mettre debout ❹ *(einstellen)* ***den Fernseher leiser ~*** baisser [le son de] la télévision; ***den Wecker auf sechs ~*** régler le réveil sur six heures ❺ *(äußern, vorbringen)* poser *Frage;* présenter *Antrag* ❻ *(vorgeben)* donner *Aufgabe* ❼ *(zur Aufgabe zwingen)* arrêter *Täter* ❽ *(konfrontieren)* ***jdn vor ein Rätsel ~*** poser une énigme à qn ❾ *(arrangieren)* ***eine Szene ~*** *Regisseur:* [re]prendre une scène; *Polizei:* reconstituer une scène ❿ *(erstellen)* faire *Prognose;* établir *Diagnose* ⓫ FIN fournir *Kaution* ⓬ *(zur Verfügung stellen)* fournir *Mitarbeiter, Räume* **II.** *vr* ❶ *(sich hinstellen)* ***sich hinter etw*** *akk* **~** se mettre derrière qc ❷ *(entgegentreten)* ***sich den Journalisten ~*** faire face aux journalistes ❸ *(eine Position ergreifen)* ***sich hinter jdn/etw ~*** soutenir qn/qc ❹ *(sich melden)* ***sich jdm ~*** *Täter:* se livrer à qn ❺ *(sich ausgeben)* ***sich schlafend ~*** faire semblant de dormir ❻ *(sich aufdrängen)* ***es stellt sich die Frage, ob ...*** la question se pose de savoir si ...
Stẹllenabbau *m* suppression *f* d'emplois **Stẹllenangebot** *nt* offre *f* d'emploi **Stẹllenanzeige** *f* annonce *f* d'offre d'emploi **Stẹllenausschreibung** *f* avis *m* de recrutement **Stẹllengesuch** *nt* recherche *f* d'emploi **Stẹllenmarkt** *m (Arbeitsmarkt)* marché *m* de l'emploi **Stẹllenrückgang** *m* baisse *f* de l'emploi **Stẹllensuche** *f kein Pl* recherche *f* d'un emploi; ***auf ~ sein*** être à la recherche d'un emploi **Stẹllenvermittlung** *f (Einrichtung)* service *m* de placement
stẹllenweise *adv* par endroits
Stẹllenwert *m (Bedeutung)* importance *f*
Stẹllplatz *m* place *f* de stationnement
Stẹllung <-, -en> *f* ❶ *(Körperhaltung)* position *f; eines Hebels* position *f* ❷ *(Arbeitsplatz)* emploi *m* ❸ *(Rang)* rang *m* ❹ *(Einstellung)* ***zu etw ~ nehmen*** prendre position sur qc ► **die ~ halten** *(fig)* garder la boutique
Stẹllungnahme ['ʃtɛlʊŋnaːmə] <-, -n> *f* ❶ *kein Pl (das Äußern)* prise *f* de position ❷ *(geäußerte Meinung)* position *f*
Stẹllungswechsel *m* changement *m* d'emploi
stẹllvertretend **I.** *adj* suppléant(e) **II.** *adv* ***etw ~ für jdn/etw tun*** faire qc à la place de qn/qc **Stẹllvertreter(in)** *m(f)* suppléant(e) *m(f)* **Stẹllvertretung** *f* suppléance *f*
Stẹlze ['ʃtɛltsə] <-, -n> *f* échasse *f*
stẹlzen ['ʃtɛltsən] *vi + sein* ❶ *Mensch:* avoir une démarche guindée; *Vogel:* se déplacer sur ses pattes d'échassier ❷ *(fig)* ***sich gestelzt ausdrücken*** parler sur un ton guindé
Stẹmmeisen *nt* ciseau *m* à bois
stẹmmen ['ʃtɛmən] **I.** *vt* ❶ *(hoch drücken)* soulever ❷ *(stützen)* ***die Arme in die Seiten ~*** mettre les poings sur les hanches **II.** *vr* ***sich gegen etw ~*** s'appuyer contre qc; *(sich sträuben)* se dresser contre qc
Stẹmpel ['ʃtɛmpəl] <-s, -> *m (Gerät, Stempelabdruck)* tampon *m*
Stẹmpelkissen *nt* tampon *m* encreur
stẹmpeln **I.** *vt* tamponner *Formular, Dokument;* oblitérer *Briefmarke* **II.** *vi* tamponner
Steno [ʃteːno] <-> *f (fam) Abk von* **Stenografie** sténo *f*
Stenografie [ʃtenograˈfiː] <-, -ien> *f* sténographie *f*
Stenogrạmm [ʃtenoˈgram] <-s, -e> *nt* sténogramme *m*
Stenotypịst(in) [ʃtenotyˈpɪst] <-en, -en> *m(f)* sténotypiste *mf*
Stẹppdecke *f* couette *f*
Stẹppe ['ʃtɛpə] <-, -n> *f* steppe *f*
stẹppen ['ʃtɛpən] *vi* faire des claquettes
Stẹpper ['ʃtɛpɐ] <-s, -> *m (Fitnessgerät)* stepper *m*
Stẹpptanz *m* claquettes *fpl*
Stẹrbebett *nt* lit *m* de mort **Stẹrbefall** *m* décès *m* **Stẹrbegeld** *nt kein Pl* capital-décès *m* **Stẹrbehilfe** *f kein Pl* euthanasie *f*
stẹrben ['ʃtɛrbən] <stịrbt, stạrb, gestọrben> *vi + sein* ❶ mourir; ***an Krebs*** *dat* **~** mourir d'un cancer ❷ *(fam: vergehen)* ***ich bin vor Angst fast gestorben*** j'ai failli mourir de peur ► **gestorben sein** *(fam)*

Sache, Plan: être à l'eau; **er/sie ist für mich gestorben!** *(fam)* je ne le/la connais plus!

Sterben <-s> *nt* agonie *f*

sterbenselend *adj (fam)* ***ihr ist/sie fühlt sich ~*** elle se sent horriblement mal **sterbenskrank** ['ʃtɛrbəns'kraŋk] *adj* moribond(e) **sterbenslangweilig** *adj (fam)* à mourir d'ennui **Sterbenswörtchen** ['ʃtɛrbəns'vœrtçən] ▶ **kein ~ verraten** ne pas dire un [traître] mot

Sterbesakramente *Pl* derniers sacrements *mpl* **Sterbeurkunde** *f* acte *m* de décès

sterblich ['ʃtɛrplɪç] *adj (geh)* mortel(le)

Sterbliche(r) *f(m) dekl wie adj (geh)* mortel(le) *m(f)*

Sterblichkeit <-> *f* mortalité *f*

Sterblichkeitsrate *f* taux *m* de mortalité

stereo ['ʃteːreo, 'steːreo] *adv* en stéréo

Stereo ['ʃteːreo, 'steːreo] <-s> *nt* stéréo *f*

Stereoanlage *f* chaîne *f* stéréo

stereotyp [ʃtereo'tyːp] *adj* stéréotypé(e)

steril [ʃte'riːl] *adj* stérile

Sterilisation [ʃteriliza'tsi̯oːn] <-, -en> *f* stérilisation *f*

sterilisieren* [ʃterili'ziːrən] *vt* stériliser

Sterilisierung <-, -en> *f a.* MED stérilisation *f*

Sterilität [ʃterili'tɛːt] <-> *f* stérilité *f*

Stern [ʃtɛrn] <-[e]s, -e> *m* étoile *f* ▶ **das steht noch in den ~en** seul l'avenir le dira

Sternbild *nt* constellation *f*

Sternchen <-s, -> *nt Dim von* **Stern** ❶ petite étoile *f* ❷ TYP astérisque *m*

Sternenbanner *nt* ***das ~*** la bannière étoilée **sternenklar** *s.* **sternklar**

sternförmig *adj Anordnung* en [forme d']étoile; *Grundriss* étoilé(e) **Sternfrucht** *f* carambole *f*

sternhagelvoll ['ʃtɛrn'haːgəl'fɔl] *adj (fam)* pinté(e) **Sternkarte** *f* carte *f* céleste

sternklar *adj* étoilé(e) **Sternkunde** <-> *f* astronomie *f* **Sternschnuppe** <-, -n> *f* étoile *f* filante **Sternstunde** *f (geh)* moment *m* fort **Sternwarte** *f* observatoire *m* **Sternzeichen** *nt* signe *m* astrologique

stet [ʃteːt] *s.* **stetig**

Stethoskop [ʃteto'skoːp] <-s, -e> *nt* stéthoscope *m*

stetig [ʃteːtɪç] **I.** *adj* permanent(e) **II.** *adv* de façon continue

stets [ʃteːts] *adv* constamment

Steuer[1] ['ʃtɔy̯ɐ] <-s, -> *nt* ❶ *(Lenkrad)* volant *m* ❷ *(Ruder)* gouvernail *m*

Steuer[2] ['ʃtɔy̯ɐ] <-, -n> *f* impôt *m*

Steuerabzug *m* prélèvement *m* fiscal **Steuerbefreiung** *f* exonération *f* d'impôt **Steuerberater(in)** *m(f)* conseiller *m* fiscal/conseillère *f* fiscale **Steuerbescheid** *m* avis *m* d'imposition **Steuerbetrug** *m* fraude *f* fiscale

steuerbord *adv* à tribord **Steuerbord** *nt* tribord *m*

Steuereinnahmen *Pl* recettes *fpl* fiscales **Steuererhöhung** *f* augmentation *f* d'impôt **Steuererklärung** *f* déclaration *f* d'impôt[s] **Steuererleichterung** *f* allégement [*o* allègement] *m* fiscal **Steuerermäßigung** *f* dégrèvement *m* fiscal **Steuerfahndung** *f* contrôle *m* fiscal **steuerfinanziert** *adj inv* POL financé(e) par les impôts **Steuerflucht** *f* évasion *f* fiscale **Steuerflüchtling** *m* ***ein ~ sein*** *se rendre coupable d'évasion fiscale* **steuerfrei** *adj* non imposable **Steuerfreiheit** *f kein Pl* POL exemption *f* fiscale **Steuergelder** *Pl* deniers *mpl* publics **Steuerhinterziehung** *f* fraude *f* fiscale **Steuerklasse** *f* tranche *f* d'imposition

Steuerknüppel *m* levier *m* de commande

steuerlich *adj* fiscal(e)

Steuermann <-männer *o* -leute> *m* ❶ *(Offizier)* second *m* ❷ *(Steuerer eines Ruderboots)* barreur, -euse *m, f*

Steuermarke *f* timbre *m* fiscal

steuern ['ʃtɔy̯ɐn] **I.** *vt + haben* ❶ *(lenken)* conduire *Fahrzeug;* piloter *Schiff* ❷ *(regulieren)* régler ❸ *(beeinflussen)* orienter *Gespräch, Entwicklung* **II.** *vi + haben* ***nach rechts ~*** *Fahrer:* diriger la voiture à droite; *Steuermann:* diriger le bateau à droite

Steueroase *f* paradis *m* fiscal **Steuerparadies** *nt (fam)* paradis *m* fiscal

steuerpflichtig *adj* imposable

Steuerpflichtige(r) *f(m) dekl wie adj* contribuable *mf* **Steuerprüfer(in)** *m(f)* contrôleur, -euse *m, f* du fisc **Steuerprüfung** *f* contrôle *m* fiscal

Steuerpult *nt* ELEC pupitre *m* de commande **Steuerrad** *nt* ❶ *(Lenkrad)* volant *m* ❷ NAUT barre *f*

Steuerrecht *nt kein Pl* régime *m* fiscal **Steuerreform** *f* réforme *f* fiscale

Steuerruder *nt* gouvernail *m*

Steuerschuld *f* dette *f* fiscale **Steuersünder(in)** *m(f) (fam)* fraudeur, -euse du fisc *m*

Steuerung <-, -en> *f eines Flugzeugs* système *m* de pilotage; *eines Schiffs* gouverne *f*

Steuerungstaste *f* INFORM touche *f* "contrôle"
Steuerzahler(in) *m(f)* contribuable *mf*
Steward ['stju:ɐt] <-s, -s> *m* steward *m*
Stewardess ['stju:ɐdɛs] <-, -en> *f* hôtesse *f* de l'air
StGB [ɛste:ge:'be:] <-[s]> *nt Abk von* **Strafgesetzbuch** ≈ code *m* pénal
stibitzen* [ʃti'bɪtsən] *vt (hum fam)* piquer
Stich [ʃtɪç] <-[e]s, -e> *m* ❶ *(Insektenstich)* piqûre *f* ❷ *(Stichverletzung)* coup *m* de couteau ❸ *(Schmerz)* élancement *m* ❹ *(Nähstich)* point *m* ❺ *(Farbnuance)* ***ein [leichter] ~ ins Bläuliche*** une pointe de bleu ❻ *(Radierung)* gravure *f* ❼ SPIEL pli *m* ▶ **jdn im ~ lassen** *Person:* laisser tomber qn *fam; Gedächtnis:* être défaillant
Stichelei [ʃtɪçə'laɪ] <-, -en> *f (fam)* piques *f pl*
sticheln ['ʃtɪçəln] *vi* lancer des piques *fam*
Stichflamme *f* jet *m* de flamme
stichhaltig *adj Beweis* concluant(e)
Stichhaltigkeit <-> *f* pertinence *f*
Stichprobe *f* prélèvement *m*
sticht [ʃtɪçt] *3. Pers Präs von* **stechen**
Stichtag *m* jour *m* fixé **Stichwahl** *f* scrutin *m* de ballottage **Stichwort** *nt* ❶ <-wörter> *(in Nachschlagewerken)* entrée *f; (in Registern, Indizes)* mot-clé *m* ❷ <-worte> *(Äußerung)* mot *m* repère ❸ <-worte> *(Gedächtnisstütze)* mot-clé *m;* ***sich*** *dat* ***~e notieren*** noter les points essentiels
stichwortartig *adv* succinctement
Stichwortverzeichnis *nt a.* INFORM index *m* des mots-clés
Stichwunde *f* coup *m* de couteau
sticken ['ʃtɪkən] **I.** *vt* broder; ***ein Monogramm auf etw*** *akk* ~ broder un monogramme sur qc **II.** *vi* ***an etw*** *dat* ~ broder qc
Sticker ['ʃtɪkɐ, 'stɪkɐ] <-s, -> *m (Aufkleber)* autocollant *m*
Stickerei [ʃtɪkə'raɪ] <-, -en> *f* broderie *f*
stickig ['ʃtɪkɪç] *adj Luft* confiné(e)
Sticknadel *f* aiguille *f* à broder
Stickoxid *nt* oxyde *m* d'azote **Stickstoff** ['ʃtɪkʃtɔf] *m kein Pl* CHEM azote *m*
Stiefbruder ['ʃti:fbru:dɐ] *m* demi-frère *m*
Stiefel ['ʃti:fəl] <-s, -> *m* botte *f*
Stiefelette [ʃti:fə'lɛtə] <-, -n> *f* bottine *f*
stiefeln ['ʃti:fəln] *vi + sein (fam)* ***über den Hof*** ~ traverser la cour à grandes enjambées
Stiefeltern *Pl* beaux-parents *mpl* **Stiefkind** *nt* enfant *mf* d'un autre lit **Stiefmutter** *f* belle-mère *f* **Stiefmütterchen** *nt* pensée *f* **stiefmütterlich** *adj Behandlung* peu soigneux, -euse **Stiefschwester** *f* demi-sœur *f* **Stiefsohn** *m* beau-fils *m* **Stieftochter** *f* belle-fille *f* **Stiefvater** *m* beau-père *m*
stieg [ʃti:k] *Imp von* **steigen**
Stiege ['ʃti:gə] <-, -n> *f* escalier *m* [en bois]
Stieglitz ['ʃti:glɪts] <-es, -e> *m* chardonneret *m*
stiehlt [ʃti:lt] *3. Pers Präs von* **stehlen**
Stiel [ʃti:l] <-[e]s, -e> *m* ❶ *(Griff)* manche *m; eines Glases* pied *m* ❷ *(Stängel) einer Blume* tige *f; eines Apfels* queue *f*
Stielaugen *Pl* ▶ **~ kriegen** *(fam)* ouvrir de grands yeux
Stier [ʃti:ɐ] <-[e]s, -e> *m* ❶ taureau *m* ❷ ASTROL Taureau *m*
stieren ['ʃti:rən] *vi* regarder fixement; ***vor sich hin*** ~ regarder fixement devant soi
Stierkampf *m* corrida *f*
Stierkampfarena *f* arène *f* **Stierkämpfer(in)** *m(f)* torero *m*
stieß [ʃti:s] *Imp von* **stoßen**
Stift[1] [ʃtɪft] <-[e]s, -e> *m* ❶ *(Schreibgerät)* crayon *m* ❷ *(Stahlstift)* pointe *f; (Nagel)* clou *m* ❸ *(fam: Lehrling)* apprenti *m*
Stift[2] [ʃtɪft] <-[e]s, -e> *nt (christliche Institution)* fondation *f*
Stiftehalter *m* porte-crayons *m*
stiften ['ʃtɪftən] *vt* ❶ *(spenden)* offrir *Preis;* ***jdm etw*** ~ faire don de qc à qn ❷ *(fam: spendieren)* payer ❸ *(verursachen)* provoquer, susciter *Unfrieden, Verwirrung*
Stifter(in) ['ʃtɪftɐ] <-s, -> *m(f) (Spender)* donateur, -trice *m, f*
Stiftskirche *f* collégiale *f*
Stiftung <-, -en> *f* ❶ *(Organisation)* fondation *f* ❷ *(Schenkung)* don *m*
Stiftzahn *m* dent *f* sur pivot
Stil [ʃti:l] <-[e]s, -e> *m* ❶ style *m* ❷ *(Verhaltensweise)* genre *m*
Stilblüte *f (hum)* perle *f*
Stilebene *f* niveau *m* de langue **stilecht** *adj* de style
stilisiert [ʃtili'zi:ɐt] *adj* stylisé(e)
Stilisierung <-, -en> *f* ❶ *kein Pl (das Stilisieren)* stylisation *f* ❷ *(Darstellung)* représentation *f* stylisée
stilistisch [ʃti'lɪstɪʃ] *adj* stylistique
still [ʃtɪl] **I.** *adj* ❶ *Mensch* calme; ***um ihn ist es ~ geworden*** on ne parle plus de lui; ***sei ~!*** tais-toi! ❷ *Luft, See* calme ❸ *Leben, Gegend* tranquille; *Stunde* de tranquillité ❹ *Hoffnung* secret, -ète; *Einvernehmen* tacite, implicite **II.** *adv* ❶ *(lautlos)* silencieusement ❷ *(bewegungslos)* tranquille-

ment; ***den Kopf ~ halten*** ne pas bouger la tête; ***~ sitzen*** rester assis(e) tranquillement ❸ *(heimlich)* secrètement

Stịlle [ˈʃtɪlə] <-> *f (Laut-/Bewegungslosigkeit)* calme *m*

stịllen [ˈʃtɪlən] **I.** *vt* ❶ allaiter *Baby* ❷ *(befriedigen)* étancher *Durst;* calmer *Hunger;* assouvir *Verlangen* ❸ *(zum Stillstand bringen)* arrêter *Blutung* **II.** *vi Mutter:* allaiter

stịll|halten *vi irr* se tenir tranquille **Stịllleben** *nt* nature *f* morte **stịll|legen** *vt* fermer; ***stillgelegt*** abandonné

Stịlllegung <-, -en> *f* fermeture *f*

stịll|liegen *vi irr + haben Fabrik:* être fermé

stilos I. *adj Einrichtung, Architektur* dépourvu(e) de style **II.** *adv* sans style

Stịllschweigen *nt* silence *m* **stịllschweigend I.** *adj* tacite **II.** *adv* en silence; *billigen* tacitement **Stịllstand** *m kein Pl* arrêt *m;* ***etw zum ~ bringen*** arrêter qc **stịll|stehen** *vi irr Maschine, Motor:* être arrêté(e)

Stilmittel *nt* procédé *m* de style

Stilmöbel *nt* meuble *m* de style

stilvoll I. *adj* de bon goût **II.** *adv* avec goût

Stịmmabgabe *f* vote *m*

Stịmmband <-bänder> *nt meist Pl* corde *f* vocale **stịmmberechtigt** *adj* qui a [le] droit de vote **Stịmmberechtigte(r)** *f(m) dekl wie adj* votant(e) *m(f)* **Stịmmbruch** *m* mue *f*

Stịmme [ˈʃtɪmə] <-, -n> *f* ❶ *(a. fig)* voix *f* ❷ *(Wählerstimme)* voix *f* ❸ MUS *(Stimmlage, Partie)* voix *f*

stịmmen [ˈʃtɪmən] **I.** *vi* ❶ *(zutreffen)* être juste, être exact ❷ *(in Ordnung sein) Rechnung, Kasse:* être bon ❸ *(votieren)* ***für jdn/gegen etw ~*** voter pour qn/contre qc ▶ **stimmt's, oder habe ich Recht?** *(fam)* avoue/avouez que j'ai raison!; **da stimmt [doch] was nicht!** *(fam)* il y a quelque chose qui cloche! **II.** *vt* ❶ MUS accorder ❷ *(machen)* ***jdn traurig ~*** rendre qn triste

Stịmmenauszählung *f* dépouillement *m* du scrutin **Stịmmengewirr** *nt* brouhaha *m* **Stịmmenmehrheit** *f* majorité *f* des voix

Stịmmenthaltung *f* vote *m* blanc

Stịmmgabel *f* diapason *m*

stịmmhaft *adj* sonore

stịmmig [ˈʃtɪmɪç] *adj* cohérent(e); *[in sich]* ***~ sein*** être cohérent

Stịmmlage *f* registre *m*

stịmmlos *adj* LING sourd(e)

Stịmmrecht *nt* droit *m* de vote

Stịmmung <-, -en> *f* ❶ *(Laune)* humeur *f* ❷ *(fam: gute Laune)* bonne humeur *f; (gute Atmosphäre)* ambiance *f*

Stịmmungsbarometer *nt (fam)* ***das ~ steigt*** le moral remonte **Stịmmungskanone** *f (fam)* boute-en-train *m* **Stịmmungsmache** *f (pej)* bourrage *m* de crâne *fam* **Stịmmungsumschwung** *m* saute *f* d'humeur; *(Meinungsumschwung)* revirement *m* [de l'opinion] **stịmmungsvoll** *adj Gedicht, Gemälde* évocateur, -trice; *Lied* sentimental(e) **Stịmmungswandel** *m* changement *m* d'humeur; *(Meinungsumschwung)* revirement *m* [de l'opinion]

Stịmmzettel *m* bulletin *m* de vote

Stimulạns <-, Stimulạnzien> *nt (Mittel)* stimulant *m*

Stimulation [ʃtimulaˈtsi̯oːn] <-, -en> *f (geh)* stimulation *f*

stimulieren* [ʃtimuˈliːrən] *vt a.* MED stimuler

Stimulus [ˈʃtiːmulʊs] <-, Stimuli> *m* stimulus *m*

Stịnkbombe *f* boule *f* puante

Stịnkefinger *m (fam)* doigt *m* d'honneur; ***jdm den ~ zeigen*** faire un doigt d'honneur à qn

stịnken [ˈʃtɪŋkən] <stạnk, gestụnken> *vi* ❶ puer; ***nach Schweiß ~*** puer la sueur ❷ *(fam: verdächtig sein)* être louche; ***das stinkt nach Verrat!*** ça sent l'embrouille! ❸ *(fam: zuwider sein)* ***ihr stinkt die Arbeit*** elle en a plein le cul du boulot

stịnkend *adj* infect(e)

stịnkfaul [ˈʃtɪŋkˈfau̯l] *adj (fam)* flemmard(e) **stịnklạngweilig** [ˈʃtɪŋkˈlaŋvai̯lɪç] *adj (fam)* barbant(e), chiant(e) **stịnknormal** *adj (fam) Mensch, Angelegenheit* on ne peut plus normal; ***ein ~er Tag*** une journée on ne peut plus banale **stịnksauer** [ˈʃtɪŋkˈzau̯ɐ] *adj (fam)* furax **Stịnktier** *nt* mouffette *f* **Stịnkwut** [ˈʃtɪŋkˈvuːt] *f (fam)* rage *f*

Stipendiat(in) [ʃtipɛnˈdi̯aːt] <-en, -en> *m(f)* boursier, -ière *m, f*

Stipẹndium [ʃtiˈpɛndi̯ʊm] <-s, -dien> *nt* bourse *f* [d'études]

Stịppvisite [ˈʃtɪpviziːtə] *f (fam)* visite *f* éclair

stịrbt [ʃtɪrpt] *3. Pers Präs von* **sterben**

Stịrn [ʃtɪrn] <-, -en> *f* front *m;* ***die ~ runzeln*** plisser le front

Stịrnband <-bänder> *nt* bandeau *m*

Stịrnhöhle *f* sinus *m* frontal **Stịrnrunzeln** <-s> *nt* froncement *m* des sourcils

St. Kitts und Nevis [sn̩tˈkɪtsʊntˈniːvɪs] *nt* Saint-Kitts-et-Nevis *f*

S

St. Lucia [sṇt'lu:tsi̯a] *nt* Sainte Lucie *f*
stöbern ['ʃtø:bɐn] *vi* fouiller; ***in etw*** *dat*/ ***nach etw*** ~ fouiller dans qc/être à la recherche de qc
stochern ['ʃtɔxɐn] *vi* ***im Essen*** ~ picorer dans son assiette; ***sich*** *dat* ***in den Zähnen*** ~ se curer les dents
Stock[1] [ʃtɔk, *Pl:* 'ʃtœkə] <-[e]s, Stöcke> *m* ❶ bâton *m* ❷ *(Spazierstock)* canne *f* ❸ *(Skistock)* bâton *m* de ski

Falsche Freunde
Nicht verwechseln mit *le stock – das Lager*!

Stock[2] [ʃtɔk] <-[e]s> *m* étage *m*
stockbesoffen ['ʃtɔkbə'zɔfən] *adj (fam)* rond(e) comme une queue de pelle **stockdunkel** ['ʃtɔk'dʊŋkəl] *adj (fam)* ***eine stockdunkle Nacht*** une nuit d'encre
Stöckelschuh ['ʃtœkəl-] *m* chaussure *f* à talons hauts
stocken ['ʃtɔkən] *vi* ❶ *(innehalten)* s'interrompre ❷ *(stillstehen) Gespräch:* être interrompu; *Verkehr:* être bloqué
Stockerl ['ʃtɔkɐl] <-s, -n> *nt* A, SDEUTSCH *(Hocker)* tabouret *m*
stockfinster ['ʃtɔk'fɪnstɐ] *adj (fam)* ***draußen ist es*** ~ il fait nuit noire dehors **Stockfisch** *m* morue *f* séchée
stocksauer ['ʃtɔk'zau̯ɐ] *(fam)* **I.** *adj* furax *arg;* ***~ auf jdn sein*** être furax contre qn **II.** *adv* furax *arg* **stocksteif** ['ʃtɔk'ʃtai̯f] *(fam)* **I.** *adj Gang, Haltung* guindé(e) *hum* **II.** *adv* raide comme un piquet *hum* **stocktaub** *adj (fam)* sourdingue *fam*
Stockung <-, -en> *f einer Diskussion* suspension *f; des Verkehrs* paralysie *f*
Stockwerk *nt* étage *m*
Stoff [ʃtɔf] <-[e]s, -e> *m* ❶ *(Textilmaterial)* tissu *m* ❷ *(Substanz)* substance *f* ❸ *kein Pl (Thema)* matière *f* ❹ *kein Pl (fam: Rauschgift)* came *f*
Stofftier *nt* [animal *m* en] peluche *f* **Stoffwechsel** *m* métabolisme *m*
Stoffwechselkrankheit *f* trouble *m* du métabolisme **Stoffwechselprodukt** *nt* métabolite *m*
stöhnen ['ʃtø:nən] *vi* ❶ gémir; ***das Stöhnen*** le gémissement ❷ *(klagen)* ***über etw*** *akk* ~ se plaindre de qc
stoisch ['ʃto:ɪʃ] *adj (geh)* stoïque
Stola ['ʃto:la] <-, Stolen> *f* étole *f*
Stollen ['ʃtɔlən] <-s, -> *m* ❶ MIN galerie *f* ❷ *(Gebäck)* stollen *m (gâteau brioché de Noël)*

stolpern ['ʃtɔlpɐn] *vi + sein* ❶ trébucher; ***über etw*** *akk* ~ trébucher sur qc ❷ *(unvermutet stoßen auf)* ***über jdn/etw*** ~ tomber sur qn/qc
stolz [ʃtɔlts] *adj* ❶ fier, fière ❷ *(fam) Preis* substantiel(le)
Stolz [ʃtɔlts] <-es> *m* fierté *f*
stolzieren* [ʃtɔl'tsi:rən] *vi + sein* se pavaner
stop [ʃtɔp] *interj (Verkehrsschild, Telegramm)* stop
Stop-and-go-Verkehr ['stɔpʔɛnt'go:fɛɐ̯ke:ɐ̯] <-s> *m* circulation *f* en accordéon
stopfen ['ʃtɔp͜fən] **I.** *vt* ❶ *(hineinzwängen)* ***voll*** ~ bourrer *Koffer;* ***etw in die Tasche*** ~ enfoncer qc dans le sac ❷ *(ausbessern)* raccommoder *Socken* ❸ *(abdichten)* boucher *Ritze* ❹ *(füllen)* bourrer *Kissen, Pfeife* **II.** *vi* ❶ *(ausbessern)* faire du raccommodage ❷ *(Verstopfung verursachen)* constiper
stopp [ʃtɔp] *interj* stop, halte
Stopp [ʃtɔp] <-s, -s> *m* ❶ *(Halt)* arrêt *m* ❷ *(Unterbrechung)* gel *m*
Stoppel ['ʃtɔpəl] <-, -n> *f meist Pl* ❶ *(Getreidestoppel)* chaume *m* ❷ *(Bartstoppel)* poil *m* dru
Stoppelbart *m* barbe *f* de plusieurs jours **Stoppelfeld** *nt* chaumes *mpl*
stoppelig ['ʃtɔpəlɪç] *adj* mal rasé(e)
stoppen ['ʃtɔpən] **I.** *vt* ❶ *(anhalten)* stopper ❷ *(mit der Stoppuhr messen)* chronométrer *Zeit* **II.** *vi* ***vor etw*** *dat* ~ s'arrêter devant qc
stopplig *s.* **stoppelig**
Stoppschild <-schilder> *nt* [panneau *m*] stop *m* **Stopptaste** *f* bouton *m* stop **Stoppuhr** *f* chronomètre *m*
Stöpsel ['ʃtœpsəl] <-s, -> *m* ❶ *(Pfropfen)* bouchon *m* ❷ *(hum fam: Knirps)* moutard *m*
Stör <-[e]s, -e> *m* esturgeon *m*
störanfällig *adj* sujet(te) à des pannes
Storch [ʃtɔrç, *Pl:* 'ʃtœrçə] <-[e]s, Störche> *m* cigogne *f*
Store [stɔ:, sto:ɐ̯] <-s, -s> *m* voilage *m*
stören ['ʃtø:rən] **I.** *vt* ❶ *(belästigen)* déranger; ***jdn bei etw*** ~ déranger qn dans qc ❷ *(unterbrechen)* troubler *Rede, Veranstaltung* ❸ *(beeinträchtigen)* perturber *Leitung, Empfang* **II.** *vi (lästig sein)* déranger **III.** *vr (fam)* ***sich an etw*** *dat* ~ se formaliser de qc
Störenfried ['ʃtø:rənfri:t] <-[e]s, -e> *m* trouble-fête *m fam*
Störfaktor *m* élément *m* perturbateur

S

Störfall *m* incident *m* **Störmaßnahme** *f* mesure *f* perturbatrice

stornieren* [ʃtɔrˈniːrən] *vt* annuler *Reise, Auftrag;* rectifier *Betrag*

Stornierung <-, -en> *f* annulation *f*

Storno [ˈʃtɔrno] <-s, Storni> *m o nt einer Reise, eines Auftrags* annulation *f; eines Betrags* rectification *f*

störrisch [ˈʃtœrɪʃ] *adj Mensch, Esel* têtu(e)

Störsender *m* brouilleur *m*

Störung <-, -en> *f* ❶ *(Unterbrechung)* dérangement *m; einer Veranstaltung* perturbation *f* ❷ *(Störgeräusch)* perturbation *f* ❸ *(technischer Defekt)* incident *m* ❹ MED dysfonctionnement *m*

störungsfrei *adj Empfang* sans parasites **Störungsstelle** *f* [service *m* des] dérangements *mpl*

Story [ˈstoːri, ˈstɔri] <-, -s *o* Stories> *f* ❶ *(fam: Geschichte)* histoire *f* ❷ *(Bericht)* papier *m*

Stoß [ʃtoːs, *Pl:* ˈʃtøːsə] <-es, Stöße> *m* ❶ *(Schubs)* poussée *f* ❷ *(Aufprall)* choc *m* ❸ *(Erschütterung)* secousse *f* ❹ *(Stapel)* pile *f*

Stoßdämpfer *m* amortisseur *m*

Stößel [ˈʃtøːsl̩] <-s, -> *m* ❶ *(für Mörser)* pilon *m* ❷ TECH poussoir *m*

stoßen [ˈʃtoːsən] <stößt, stieß, gestoßen> **I.** *vt + haben* ❶ *(schubsen)* pousser ❷ *(stechen)* ***er hat ihm ein Messer in den Arm gestoßen*** il lui a flanqué un coup de couteau dans le bras ❸ *(werfen)* lancer *Kugel* **II.** *vr + haben* ❶ *(sich verletzen)* ***sich*** ~ se cogner ❷ *(Anstoß nehmen)* ***sich an etw*** *dat* ~ s'offusquer de qc **III.** *vi* ❶ + *sein (berühren)* ***gegen jdn/etw*** ~ heurter qn/qc ❷ + *haben (einen Stoß geben)* ***mit dem Fuß gegen die Tür*** ~ donner un coup de pied à la porte ❸ + *sein (grenzen)* ***an etw*** *akk* ~ être contigu à qc ❹ + *sein (finden)* ***auf jdn/etw*** ~ tomber sur qn/qc ❺ + *sein (sich anschließen)* ***zu jdm*** ~ rejoindre qn ❻ + *sein (konfrontiert werden mit)* ***auf Ablehnung*** *akk* ~ se heurter à un refus

stoßfest *adj* résistant(e) aux chocs

Stoßgebet *nt* oraison *f* jaculatoire **Stoßstange** *f* pare-chocs *m*

stößt [ʃtøːst] *3. Pers Präs von* **stoßen**

Stoßverkehr *m* heures *fpl* de pointe

stoßweise *adv* ❶ *(ruckartig)* par saccades ❷ *(in Stapeln)* en tas

Stoßzahn *m* défense *f* **Stoßzeit** *f* ❶ *(Hauptverkehrszeit)* heures *fpl* de pointe ❷ *(Hauptgeschäftszeit)* période *f* d'affluence

Stotterer, Stotterin [ˈʃtɔtərɐ] <-s, -> *m, f* bègue *mf,* bégayeur, -euse *m, f*

stottern [ˈʃtɔtɐn] **I.** *vi* bégayer **II.** *vt* bredouiller *Antwort*

Stövchen <-s, -> *nt* réchaud *m*

Str. *Abk von* **Straße** r[ue]

Strafanstalt *f* établissement *m* pénitentiaire **Strafantrag** *m* réquisitoire *m* **Strafanzeige** *f* plainte *f* **Strafarbeit** *f* punition *f* **Strafbank** <-bänke> *f* SPORT banc *m* de pénalité; *(beim Hockey)* banc *m* des prisons

strafbar *adj* répréhensible; ***sich ~ machen*** être passible d'une sanction

Strafe [ˈʃtraːfə] <-, -n> *f* ❶ *(Bestrafung)* punition *f* ❷ JUR *(Haftstrafe)* peine *f; (Geldstrafe)* amende *f* ❸ *(fam: unangenehme Folge)* ***das ist die ~ für deinen Leichtsinn!*** tu ne l'as pas volé!

strafen [ˈʃtraːfən] *vt* ❶ *(bestrafen)* punir; ***jdn für etw*** ~ punir qn pour qc ❷ *(fig geh)* ***jdn mit Verachtung*** ~ répondre à qn par le mépris ▶ **mit jdm/etw gestraft sein** *(hum)* être affligé de qn/qc

strafend *adj Blick* réprobateur, -trice

Straferlass *m* remise *f* de peine

straff [ʃtraf] **I.** *adj* ❶ *Seil* tendu(e) ❷ *Haut, Brust* ferme ❸ *Organisation* sévère, strict(e) **II.** *adv* ❶ *(fest)* étroitement; *spannen* fortement ❷ *organisieren* rigoureusement

straffällig *adj* JUR délinquant(e); ***~ werden*** tomber dans la délinquance

straffen [ˈʃtrafən] *vt* ❶ *(anziehen)* tendre ❷ *(kürzen)* condenser *Text* ❸ *(straff machen)* raffermir *Haut*

straffrei *adj* ***~ ausgehen*** rester exempt(e) de toute peine **Straffreiheit** *f kein Pl* impunité *f* **Strafgefangene(r)** *f(m) dekl wie adj* prisonnier, -ière *m, f* **Strafgericht** *nt* ❶ *(Gericht)* tribunal *m* correctionnel ❷ *(geh: Bestrafung)* châtiment *m* **Strafgesetz** *nt* loi *f* pénale **Strafgesetzbuch** *nt* ≈ code *m* pénal **Strafkammer** *f* tribunal *m* correctionnel **Straflager** *nt* camp *m* d'internement

sträflich [ˈʃtrɛːflɪç] **I.** *adj* inadmissible, impardonnable **II.** *adv* ***jdn/etw ~ vernachlässigen*** délaisser éhontément qn/qc

Sträfling [ˈʃtrɛːflɪŋ] <-s, -e> *m* détenu(e) *m(f)*

straflos *adj* ***~ sein*** être impuni

Strafmaß *nt* peine *f* **strafmildernd** *adj* favorable **Strafmilderung** *f* adoucissement *m* de la peine **strafmündig** *adj* JUR pénalement majeur; ***nicht ~ sein*** ne pas être pénalement responsable **Strafpre-**

digt *f (fam)* sermon *m péj* **Strafprozess** *m* procès *m* pénal

Strafprozessordnung *f* ≈ code *m* d'instruction pénale [*o* de procédure pénale] **Strafpunkt** *m* SPORT point *f* de pénalité **Strafraum** *m* surface *f* de réparation **Strafrecht** *nt kein Pl* droit *m* pénal **strafrechtlich I.** *adj* pénal(e) **II.** *adv* ***jdn ~ verfolgen*** poursuivre qn pour délit **Strafregister** *nt* casier *m* judiciaire **Strafstoß** *m* SPORT penalty *m* **Straftat** *f* délit *m* **Straftäter(in)** *m(f)* délinquant(e) *m(f)* **Strafverfahren** *nt* procédure *f* pénale **Strafverfolger(in)** *m(f)* JUR procureur *mf* de la République **strafversetzen*** *vt nur Infin und PP* muter d'office [par mesure disciplinaire]; ***jdn*** ~ muter qn d'office [par mesure disciplinaire] **Strafverteidiger(in)** *m(f)* avocat(e) *m(f)* du pénal **Strafvollzugsanstalt** *f (form)* maison *f* d'arrêt **Strafzettel** *m (fam)* P.-V. *m*

Strahl [ʃtraːl] <-[e]s, -en> *m* ❶ *(Lichtstrahl)* rayon *m* ❷ *(Flüssigkeitsstrahl)* jet *m* ❸ *Pl* PHYS ***radioaktive ~en*** radiations *f pl*

strahlen [ˈʃtraːlən] *vi* ❶ *(leuchten)* briller ❷ *(erfreut sein)* ***vor Freude*** *dat* ~ rayonner de joie ❸ *(radioaktiv sein)* irradier

Strahlenbehandlung *f* radiothérapie *f* **Strahlenbelastung** *f* irradiation *f*

strahlend I. *adj* ❶ *Wetter* radieux, -euse, resplendissant(e); *Sonnenschein* éclatant(e) ❷ *(radioaktiv)* radioactif, -ive **II.** *adv* ❶ *(leuchtend)* ~ ***weiß sein*** être d'un blanc éclatant ❷ *(freudig)* ***jdn ~ ansehen*** regarder qn d'un air radieux

strahlenförmig I. *adj* rayonné(e) **II.** *adv* ~ ***ausbreiten*** rayonner

strahlengeschädigt *adj inv* irradié(e) **Strahlenkrankheit** *f* mal *m* des rayons **Strahlenschutz** *m* protection *f* contre les radiations

Strahler <-s, -> *m (Lampe)* spot *m*

Strahlung <-, -en> *f* rayonnement *m; (radioaktiv)* radiations *f pl*

strahlungsarm *adj* à faibles radiations **Strahlungsenergie** *f* énergie *f* radiante

Strähnchen [ˈʃtrɛːnçən] *Pl* mèches *f pl;* ***sich*** *dat* ~ ***machen lassen*** se faire faire des mèches

Strähne [ˈʃtrɛːnə] <-, -n> *f* mèche *f*

strähnig [ˈʃtrɛːnɪç] *adj Haare* en mèches poisseuses

stramm [ʃtram] **I.** *adj* ❶ *(straff)* tendu(e) ❷ *Bursche, Baby* robuste ❸ *Waden* potelé(e) **II.** *adv binden* solidement; ~ ***sitzen*** *Hose:* être trop serré

strammlstehen *vi irr* se tenir au garde-à-vous

Strampelhöschen [ˈʃtrampəlhøːsçən] *nt* barboteuse *f*

strampeln [ˈʃtrampəln] *vi* ❶ + *haben* gigoter; ***mit den Beinen ~*** gigoter les jambes ❷ + *sein (fam: Rad fahren)* pédaler

Strampler [ˈʃtramplɐ] <-s, -> *m* barboteuse *f*

Strand [ʃtrant, *Pl:* ˈʃtrɛndə] <-[e]s, Strände> *m* plage *f*

Strandbad *nt* plage *f*

stranden [ˈʃtrandən] *vi* + *sein (auf Grund laufen)* [s']échouer

Strandgut *nt kein Pl* épaves *f pl*

Strandkorb *m* fauteuil-cabine *m* en osier

> **Land und Leute**
> Les **Strandkörbe** sont typiques des plages de la mer du Nord et de la mer Baltique. Ce sont de grands fauteuils solides à capote en osier pour deux personnes. Ils protègent les vacanciers du vent du nord, frais et parfois violent, de la pluie, mais aussi des rayons du soleil.

Strandpromenade *f* promenade *f*

Strang [ʃtraŋ, *Pl:* ˈʃtrɛŋə] <-[e]s, Stränge> *m* ❶ *(Strick)* corde *f* ❷ *(Nervenstrang, Muskelstrang)* cordon *m*

strangulieren* [ʃtraŋguˈliːrən] **I.** *vt* étrangler **II.** *vr* ***sich*** ~ s'étrangler

Strapaze [ʃtraˈpaːtsə] <-, -n> *f* fatigue *f*

strapazieren* [ʃtrapaˈtsiːrən] *vt* ❶ *(stark beanspruchen)* fatiguer *Schuhe;* malmener *Sitzmöbel* ❷ *(belasten)* pousser à bout *Person;* ***jds Geduld*** ~ mettre la patience de qn à rude épreuve

strapazierfähig *adj* solide

strapaziös [ʃtrapaˈtsi̯øːs] *adj* épuisant(e)

Straps [ʃtraps] <-es, -e> *m (Strumpfhalter)* jarretelle *f*

Straßburg [ˈʃtraːsbʊrk] <-s> *nt* Strasbourg

Straße [ˈʃtraːsə] <-, -n> *f* ❶ *(in Ortschaften)* rue *f; (Landstraße)* route *f* ❷ *(Meerenge)* ***die ~ von Gibraltar*** le détroit de Gibraltar

Straßenanzug *m* costume *m* de ville **Straßenarbeiten** *Pl* travaux *m pl* [de voirie] **Straßenarbeiter(in)** *m(f)* cantonnier, -ière *m, f*

Straßenbahn *f* tram[way] *m*

Straßenbahnhaltestelle *f* arrêt *m* de tram[way] **Straßenbahnlinie** *f* ligne *f* de tram[way]

Straßenbau *m kein Pl* construction *f* de

routes **Straßenbauamt** *nt* ≈ service *m* de la voirie **Straßenbelag** *m* revêtement *m* de la chaussée **Straßenbeleuchtung** *f* éclairage *m* public **Straßenfeger(in)** <-s, -> *m(f)* balayeur, -euse *m, f* **Straßenfest** *nt* fête *f* des rues **Straßenglätte** *f* verglas *m* **Straßengraben** *m* fossé *m* **Straßenhändler(in)** *m(f)* marchand *m* ambulant/marchande *f* ambulante **Straßenkarte** *f* carte *f* routière **Straßenkreuzung** *f (in einer Ortschaft)* carrefour *m; (außerhalb einer Ortschaft)* croisement *m* **Straßenlaterne** *f* réverbère *m,* lampadaire *m* **Straßenmarkierung** *f* marquage *m* routier **Straßennetz** *nt* réseau *m* routier **Straßenrand** *m* bas-côté *m* **Straßenreinigung** *f* ❶ *(das Reinigen)* nettoyage *m* des rues ❷ *(Dienststelle)* service *m* de voirie **Straßenschild** <-schilder> *nt* plaque *f* de rue **Straßenschlucht** *f (fam)* rue *f* encaissée **Straßenseite** *f* ❶ *(Seite einer Straße)* côté *m* d'une rue/route; ***auf der anderen ~*** de l'autre côté de la rue/route ❷ *(eines Gebäudes)* côté *m* rue **Straßensperre** *f* barrage *m* routier **Straßensperrung** *f* interruption *f* de la circulation **Straßenstrich** *m (fam)* coin *m* des prostituées *fam* **Straßenverkehr** *m* circulation *f* routière **Straßenverkehrsordnung** *f* code *m* de la route

Stratege, Strategin [ʃtraˈteːgə] <-n, -n> *m, f* stratège *m*

Strategie [ʃtrateˈgiː] <-, -ien> *f* stratégie *f*

strategisch [ʃtraˈteːgɪʃ] **I.** *adj* stratégique **II.** *adv* ❶ MIL sur le plan stratégique ❷ *vorgehen* savamment; *denken* de manière méthodique

Stratosphäre [ʃtrato-, strato-] *f kein Pl* METEO stratosphère *f*

sträuben [ˈʃtrɔybən] **I.** *vr* ❶ *(sich widersetzen)* ***sich ~*** regimber; ***sich gegen etw ~*** s'opposer à qc ❷ *(sich aufrichten)* ***sich ~*** *Fell, Gefieder:* se hérisser **II.** *vt* ***das Fell/Gefieder ~*** hérisser ses poils/plumes

Strauch [ʃtraux, *Pl:* ˈʃtrɔyçɐ] <-[e]s, Sträucher> *m* arbuste *m*

straucheln [ˈʃtrauxəln] *vi + sein (geh)* ❶ *(stolpern)* trébucher ❷ *(straffällig werden)* tourner mal

Strauß[1] [ʃtraus, *Pl:* ˈʃtrɔysə] <-es, Sträuße> *m (Gebinde)* bouquet *m*

Strauß[2] [ʃtraus] <-es, -e> *m (Vogel)* autruche *f*

Streaming [ˈstriːmɪŋ] <-s> *nt kein Pl* INET lecture *f* en continu, streaming *m;* ***sich*** *dat* ***einen Film per ~ ansehen*** regarder un film en streaming

Strebe [ˈʃtreːbə] <-, -n> *f* contre[-]fiche *f*

streben [ˈʃtreːbən] *vi + haben* ***nach Anerkennung ~*** aspirer à être reconnu; ***danach ~ etw zu tun*** ambitionner de faire qc

Streben [ˈʃtreːbən] <-s> *nt (geh)* aspiration *f;* ***~ nach etw*** aspiration à qc

Streber(in) [ˈʃtreːbɐ] <-s, -> *m(f) (pej fam: Schüler)* fayot(e) *m(f); (Berufstätiger)* arriviste *mf*

strebsam [ˈʃtreːpzaːm] *adj Schüler* assidu(e)

Strebsamkeit <-> *f eines Schülers* assiduité *f; eines Mitarbeiters* zèle *m*

Strecke [ˈʃtrɛkə] <-, -n> *f* ❶ *(Wegstrecke)* route *f;* ***auf halber ~*** à mi-chemin ❷ *(Entfernung)* distance *f* ❸ *(Eisenbahnstrecke)* ligne *f* [de chemin de fer] ❹ *(zurückgelegter Weg)* trajet *m* ❺ *(vorgegebener Weg)* itinéraire *m* ❻ *(fig: Passage)* ***der Film ist über weite ~n ziemlich langweilig*** de nombreux passages du film sont assez ennuyeux ▶ **auf der ~ bleiben** *(fam) Person:* rester sur le carreau

strecken [ˈʃtrɛkən] **I.** *vt* ❶ tendre *Arm, Bein;* ***den Kopf aus dem Fenster ~*** passer la tête par la fenêtre ❷ *(fam: ergiebiger machen)* allonger *Suppe* **II.** *vr* ***sich ~*** s'étirer

Streckenabschnitt *m* tronçon *m* **Streckennetz** *nt* réseau *m*

streckenweise *adv* par endroits

Streckung <-, -en> *f* allongement *m; der Glieder* étirement *m*

Streetworker(in) [ˈstriːtvøːɐkɐ] <-s, -> *m(f)* éducateur, -trice *m, f* de rue

Streich [ʃtraiç] <-[e]s, -e> *m* plaisanterie *f*

Streicheleinheiten *Pl (hum fam: Zärtlichkeit)* câlins *mpl; (Lob)* compliments *mpl*

streicheln [ˈʃtraiçəln] *vt* caresser

streichen [ˈʃtraiçən] <strich, gestrichen> **I.** *vt + haben* ❶ *(anstreichen)* peindre ❷ *(schmieren)* ***Butter aufs Brötchen ~*** tartiner du beurre sur le petit pain ❸ *(glätten)* ***glatt ~*** lisser *Haar;* défroisser *Zettel* ❹ *(ausstreichen)* rayer *Namen;* barrer *Wort* ❺ *(zurückziehen)* supprimer *Zuschuss* **II.** *vi* ❶ *+ haben (gleiten)* ***mit der Hand über etw*** *akk* ***~*** passer la main sur qc ❷ *+ sein (streifen)* ***ums Haus ~*** rôder autour de la maison

Streicher(in) [ˈʃtraiçɐ] <-s, -> *m(f)* MUS joueur, -euse *m, f* d'un instrument à cordes; ***die ~*** les cordes *fpl*

Streichholz *nt* allumette *f* **Streichholz-**

S

schachtel *f* boîte *f* d'allumettes **Streichinstrument** *nt* instrument *m* à cordes **Streichkäse** *m* fromage *m* à tartiner **Streichorchester** *nt* orchestre *m* à cordes **Streichquartett** *nt* quatuor *m* à cordes

Streichung <-, -en> *f (gestrichener Text)* passage *m* supprimé

Streichwurst *f* pâté *m* [à tartiner]

Streife ['ʃtraifə] <-, -n> *f* patrouille *f*

streifen ['ʃtraifən] **I.** *vt + haben* ❶ *(flüchtig berühren)* frôler; ***der Schuss hat ihn an der Schulter gestreift*** le projectile lui a éraflé l'épaule ❷ *(flüchtig erwähnen)* effleurer ❸ *(überziehen)* ***sich*** *dat* ***den Pullover über den Kopf ~*** enfiler le pull **II.** *vi + sein (geh)* ***durch den Wald ~*** errer dans la forêt

Streifen ['ʃtraifən] <-s, -> *m* ❶ *(schmale Linie)* rayure *f; (breite Linie)* bande *f; (am Himmel)* traînée *f* ❷ *(Striemen)* marque *f* ❸ *(Stoffstreifen)* bande *f* ❹ *(fam: Film)* film *m*

Streifendienst *m (Dienst, Personen)* patrouille *f;* ~ ***haben*** être de patrouille

Streifenpolizist(in) *m(f)* agent *m* de police en patrouille **Streifenwagen** *m* voiture *f* de police

Streifschuss *m* éraflure *f* **Streifzug** *m* ❶ *(Bummel)* balade *f* ❷ *(Exkurs)* tour *m* d'horizon

Streik [ʃtraik] <-[e]s, -s> *m* grève *f*

Streikbrecher(in) *m(f)* briseur, -euse *m, f* de grève

streiken ['ʃtraikən] *vi* ❶ faire grève; ***für etw*** ~ faire grève pour qc ❷ *(hum fam: sich weigern, nicht funktionieren)* faire grève

Streikende(r) *f(m) dekl wie adj* gréviste *mf*

Streikgeld *nt* indemnité *f* de grève *(versée aux grévistes par leur syndicat)* **Streikposten** *m* piquet *m* de grève

Streit [ʃtrait] <-[e]s, -e> *m* ❶ *(privater Konflikt)* dispute *f; (öffentlicher Konflikt)* altercation *f; (Konflikt mit Handgreiflichkeiten)* rixe *f* ❷ *(Kontroverse)* polémique *f; (Meinungsverschiedenheit)* différend *m*

streitbar *adj Mensch, Charakter* combatif, -ive

streiten ['ʃtraitən] <stritt, gestritten> **I.** *vi* ❶ se disputer; ***mit jdm*** ~ se disputer avec qn ❷ *(diskutieren)* ***mit jdm über etw*** *akk* ~ débattre de qc avec qn **II.** *vr* ❶ *(zanken)* ***sich*** ~ se disputer ❷ *(diskutieren)* ***sich [darüber] ~, wer/wie ...*** débattre pour savoir qui/comment ...

Streiterei [ʃtaitə'rai] <-, -en> *f (fam)* chamaillerie *f*

Streitfall *m* cas *m* litigieux **Streitfrage** *f* question *f* litigieuse **Streitgespräch** *nt* débat *m* **Streithammel** *m (fam)* mauvais coucheur *m*/mauvaise coucheuse *f fam*

streitig ['ʃtraitɪç] *adj* ❶ ***jdm den Vorrang ~ machen*** disputer la vedette à qn ❷ *(strittig)* litigieux, -euse

Streitigkeiten *Pl* querelles *fpl*

Streitkräfte *Pl* forces *fpl* armées **streitlustig** *s.* **streitbar** **Streitpunkt** *m* point *m* litigieux **Streitsache** *f* affaire *f* litigieuse **streitsüchtig** *adj* querelleur, -euse **Streitwert** *m* montant *m* du litige

streng [ʃtrɛŋ] **I.** *adj* ❶ *(unnachsichtig)* sévère ❷ *Anweisung* rigoureux, -euse; *Diät* draconien(ne); *Bettruhe* absolu(e) ❸ *Geruch* pénétrant(e) ❹ *Winter* rigoureux, -euse ❺ *Vegetarier* convaincu(e) **II.** *adv* ❶ *bestrafen* sévèrement ❷ *(strikt)* strictement ❸ *(genau)* ~ ***genommen*** à proprement parler

Strenge ['ʃtrɛŋə] <-> *f* ❶ *(Unnachsichtigkeit, Härte)* sévérité *f* ❷ *(Herbheit) eines Gesichts* austérité *f*

strenggenommen *s.* **streng II. 3** **strenggläubig** *adj* très croyant(e)

Stress [ʃtrɛs] <-es, -e> *m meist Sing* stress *m*

stressen ['ʃtrɛsən] *vt (fam)* stresser

stressig ['ʃtrɛsɪç] *adj (fam)* stressant(e)

Stresstest *m* ❶ MED, TECH, ARCHIT test *m* de résistance ❷ FIN test *m* de résistance [bancaire]

Streu [ʃtrɔy] <-> *f* litière *f*

streuen ['ʃtrɔyən] **I.** *vt* ❶ *(hinstreuen)* épandre *Dünger;* saupoudrer *Mehl* ❷ ***die Straße*** ~ *(mit Sand/Salz)* sabler/saler la rue **II.** *vi (mit Sand/Salz Glätte verhindern)* sabler/saler

Streuer <-s, -> *m (Salzstreuer)* salière *f; (Pfefferstreuer)* poivrière *f; (Zuckerstreuer)* saupoudreuse *f*

Streufahrzeug *nt* véhicule *m* de sablage/de salage **Streugut** *nt kein Pl (Streusand)* sable *m; (Streusalz)* sel *m*

streunen ['ʃtrɔynən] *vi + sein (umherstreifen) Person:* vagabonder; *Hund, Katze:* rôder; ***~de Hunde*** des chiens errants

Streusalz *nt* sel *m* [de déneigement] **Streusand** *m kein Pl* sable *m*

Streusel ['ʃtrɔyzəl] <-s, -> *m o nt* petit

S

morceau *m* de pâte *(avec du beurre et du sucre)*
Streuselkuchen ['ʃtrɔyzəlku:xən] *m* tarte *f* fleurie *(avec des boules de farine et beurre)*
Streuung <-, -en> *f* ❶ *(Verbreitung) der Medien* diffusion *f* ❷ *(Verteilung) eines Risikos* dispersion *f*
strich [ʃtrɪç] *Imp von* **streichen**
Strich [ʃtrɪç] <-[e]s, -e> *m* ❶ *(Linie)* trait *m; (schräg, senkrecht)* barre *f* ❷ *(Teilstrich einer Skala)* division *f* ❸ *(fam: Straßenstrich)* quartier *m* chaud; ***auf den ~ gehen*** faire le trottoir ▸ **nach ~ und Faden** *(fam)* jusqu'au trognon; **jdm gegen den ~ gehen** *(fam)* débecter qn; **unterm ~** *(fam)* au bout du compte
Strichcode *m* code *m* barres
stricheln *vt* ❶ ***etw ~*** tracer qc en pointillé ❷ *(schraffieren)* hachurer
Stricher <-s, -> *m (sl),* **Strichjunge** *m (fam)* jeune prostitué *m*
Strichkode *s.* **Strichcode Strichmännchen** *nt petit bonhomme très schématisé* **Strichpunkt** *m* point-virgule *m* **Strichzeichnung** *f* dessin *m* au trait
Strick [ʃtrɪk] <-[e]s, -e> *m* corde *f* ▸ **wenn alle ~e reißen** *(fam)* dans le pire des cas
stricken ['ʃtrɪkən] *vt, vi* tricoter
Strickjacke *f* gilet *m,* veste *f* en laine **Strickleiter** *f* échelle *f* de corde **Strickmuster** *nt* ❶ *(gestricktes Muster)* point *m* de tricot ❷ *(hum: Machart)* structure *f* **Stricknadel** *f* aiguille *f* à tricoter **Strickwaren** *Pl* tricots *mpl* **Strickweste** *f* gilet *m* de tricot **Strickzeug** *nt* tricot *m*
striegeln ['ʃtri:gəln] *vt* étriller
Striemen ['ʃtri:mən] <-s, -> *m* marque *f* de coup de fouet/ceinture
strikt [ʃtrɪkt] *adj* ❶ *Befolgung, Gehorsam* strict(e) ❷ *Weigerung* catégorique
String [strɪŋ] <-s, -s> *m Abk von* **Stringtanga** string *m*
stringent [ʃtrɪŋ'gɛnt, strɪŋ'gɛnt] **I.** *adj (logisch)* convaincant(e), cohérent(e) **II.** *adv* avec logique, nécessairement
Strip [strɪp] <-s, -s> *m (fam)* strip *m*
Strippe ['ʃtrɪpə] <-, -n> *f (fam)* fil *m;* ***jdn an der ~ haben*** avoir qn au bout du fil
strippen ['strɪpən] *vi (fam)* faire du strip[-]tease
Strippenzieher(in) *m(f) (pej fam)* personne *f* qui tire les ficelles
Stripper(in) ['ʃtrɪpɐ, 'strɪpɐ] <-s, -> *m(f) (fam)* strip[-]teaseur, -euse *m, f*
Striptease ['strɪpti:s, 'strɪp-] <-> *m o nt* strip[-]tease *m*

stritt [ʃtrɪt] *Imp von* **streiten**
strittig ['ʃtrɪtɪç] *adj Frage* controversé(e); *Fall* litigieux, -euse
Stroh [ʃtro:] <-[e]s> *nt* paille *f*
Strohballen *m* botte *f* de paille
strohblond *adj Mensch* blond(e) comme les blés; *Haare* couleur paille *inv* **strohdumm** ['ʃtro:'dʊm] *adj (fam)* abruti(e) **Strohfeuer** *nt* feu *m* de paille **Strohhalm** *m* ❶ *(Getreidehalm)* brin *m* de paille ❷ *(Trinkhalm)* paille *f* **Strohhut** *m* chapeau *m* de paille **Strohmann** <-männer> *m* homme *m* de paille *péj* **Strohwitwer, -witwe** *m, f (hum fam)* célibataire *mf*
Strolch [ʃtrɔlç] <-[e]s, -e> *m (fam: Schlingel)* garnement *m*
Strom [ʃtro:m, *Pl:* 'ʃtrø:mə] <-[e]s, Ströme> *m* ❶ *kein Pl* courant *m;* ***elektrischer ~*** courant électrique ❷ *(breiter Fluss)* fleuve *m* ❸ *(fig) von Besuchern* flot *m; von Lava* torrent *m* ▸ **unter ~ stehen** *(fam) Person:* être allumé
stromabwärts *adv* en aval
Stromanbieter *m* fournisseur *m* d'électricité **Stromanschluss** *m* connecteur *m* d'alimentation électrique **stromaufwärts** *adv* en amont **Stromausfall** *m* panne *f* de courant
strömen ['ʃtrø:mən] *vi + sein* ❶ *(fließen)* ***in das Becken ~*** se déverser en grande quantité dans le bassin; ***aus etw ~*** *Wasser, Gas:* s'échapper en grande quantité de qc ❷ *(eilen)* ***ins Freie ~*** affluer vers la sortie
Stromer ['ʃtro:mɐ] <-s, -> *m (fam: Elektroauto)* voiture *f* électrique
Stromkabel *nt* câble *m* électrique **Stromkreis** *m* circuit *m* électrique **Stromleitung** *f* ligne *f* électrique
stromlinienförmig *adj* aérodynamique
Strommast *m* pylône *m* électrique **Stromnetz** *nt* réseau *m* électrique **Stromrechnung** *f* facture *f* d'électricité **Stromschlag** *m* décharge *f* électrique **Stromschnelle** *f meist Pl* rapides *mpl* **Stromstärke** *f* intensité *f* du courant **Stromtankstelle** *f* station *f* de recharge
Strömung <-, -en> *f* courant *m*
Stromverbrauch *m* consommation *f* d'électricité **Stromzähler** *m* compteur *m* électrique
Strophe ['ʃtro:fə] <-, -n> *f* strophe *f*
strotzen ['ʃtrɔtsən] *vi* déborder; ***vor Gesundheit ~*** déborder de santé
strubbelig ['ʃtrʊbəlɪç] *adj Haar* ébouriffé(e); *Fell* hérissé(e)
Strubbelkopf *m (fam)* ❶ *(Haare)* cheveux

S

mpl ébouriffés ❷ *(Mensch)* tête *f* ébouriffée
strubblig ['ʃtrʊblɪç] *s.* **strubbelig**
Strudel ['ʃtruːdəl] <-s, -> *m* ❶ *(Wirbel)* tourbillon *m* ❷ GASTR strudel *m*
strudeln ['ʃtruːdəln] *vi* faire des tourbillons
Struktur [ʃtrʊk'tuːɐ̯] *f* ❶ *(Gliederung)* structure *f* ❷ *(Textil)* texture *f*
strukturieren* [ʃtrʊktu'riːrən] *vt* structurer
Strukturierung <-, -en> *f (Struktur)* texture *f* **Strukturreform** *f* ÖKON réforme *f* structurelle
strukturschwach *adj* ÖKON économiquement défavorisé(e) **Strukturwandel** *m* changement *m* de structures
Strumpf [ʃtrʊmpf, *Pl:* 'ʃtrʏmpfə] <-[e]s, Strümpfe> *m* ❶ *(Kniestrumpf)* chaussette *f* ❷ *(Damenstrumpf)* bas *m*
Strumpfband <-bänder> *nt* jarretière *f* **Strumpfhalter** <-s, -> *m* jarretelle *f* **Strumpfhose** *f* collant *m*
Strunk [ʃtrʊŋk, *Pl:* 'ʃtrʏŋkə] <-[e]s, Strünke> *m* trognon *m*
struppig ['ʃtrʊpɪç] *adj Haare* hérissé(e); *Fell* dur(e)
Stube ['ʃtuːbə] <-, -n> *f* DIAL pièce *f* commune; ***die gute ~*** le salon
Stubenarrest *m (fam)* ~ ***bekommen/haben*** être privé de sortie **Stubenhocker(in)** *m(f) (pej fam)* pantouflard(e) *m(f)* **stubenrein** *adj* ❶ *Katze, Hund* propre ❷ *(hum fam) Witz* pour des oreilles chastes
Stuck [ʃtʊk] <-[e]s> *m* stuc *m*
Stück [ʃtʏk] <-[e]s, -e> *nt* ❶ *(Teil) eines Bratens, Kuchens* morceau *m; einer Schnur* bout *m* ❷ *(Abschnitt) einer Straße, eines Waldes* bout *m; eines Textes* partie *f* ❸ *(einzelnes Exemplar)* ***ein ~ Seife*** un pain de savon ❹ *(Bruchstück)* ***etw in ~e reißen*** déchirer qc en mille morceaux ❺ *(wertvoller Gegenstand)* pièce *f* ❻ *(Musikstück)* morceau *m* ❼ *(Theaterstück)* pièce *f* ❽ *(pej fam: Mensch)* ***du gemeines ~!*** espèce de salaud! *vulg* ▶ **aus freien ~en** de mon/ton/... propre chef; **das ist ein starkes ~!** *(fam)* c'est le bouquet!
Stückchen <-s, -> *nt Dim von* **Stück** ❶ *(kleines Teil)* petit morceau *m* ❷ *(kleine Strecke)* ***ein ~*** un petit peu
stückeln ['ʃtʏkəln] *vt* fractionner *Emission, Wertpapier*
Stückgut *nt* colis *m* de détail **Stückpreis** *m* prix *m* à l'unité
stückweise *adv* à la pièce

S

Stückwerk *nt kein Pl* ***[nur] ~ sein*** rester à l'état d'ébauche **Stückzahl** *f* nombre *m* de pièces
Student(in) [ʃtu'dɛnt] <-en, -en> *m(f)* étudiant(e) *m(f)*
Studentenausweis *m* carte *f* d'étudiant **Studentenbewegung** *f* mouvement *m* étudiant **Studentenbude** *f* chambre *f* d'étudiant **Studentenfutter** *nt (fam)* mendiant *m (mélange de noix de cajou, d'amandes et de raisins secs)* **Studentenheim** *nt* UNIV *s.* **Studentenwohnheim**
Studentenschaft <-, *selten:* -en> *f* étudiants *mpl*
Studentenverbindung *f corporation d'étudiants traditionalistes* **Studentenwerk** *nt* ≈ œuvres *fpl* universitaires **Studentenwohnheim** *nt* foyer *m* d'étudiants
Studentin *f s.* **Student**
studentisch *adj attr Selbstverwaltung* des étudiants
Studie ['ʃtuːdi̯ə] <-, -n> *f* étude *f*
Studien ['ʃtuːdi̯ən] *Pl von* **Studium**
Studienabbrecher(in) <-s, -> *m(f)* personne *f* qui a interrompu ses études **Studienabschluss** *m* diplôme *m* universitaire **Studienaufenthalt** *m* ~ ***im Ausland*** séjour *m* à l'étranger pendant les études **Studienberater(in)** *m(f)* conseiller, -ère *m, f* d'études **Studienberatung** *f* orientation *f* scolaire et professionnelle **Studienfach** *nt* matière *f* **Studienfahrt** *f* excursion *f* d'études **Studiengang** <-gänge> *m* filière *f* universitaire **Studiengebühren** *Pl* frais *mpl* d'inscription à l'université **Studienplatz** *m* place *f* à l'université **Studienrat, -rätin** *m, f* ≈ professeur *mf* certifié(e) *(premier échelon des professeurs du secondaire)* **Studienreferendar(in)** *m(f)* professeur *mf* stagiaire **Studienreise** *f* voyage *f* d'études
studieren* [ʃtu'diːrən] **I.** *vi* faire des études [supérieures] **II.** *vt* ❶ ***Philosophie*** ~ faire des études de philosophie ❷ *(genau betrachten)* étudier
studiert *adj (fam)* qui a fait des études
Studierzimmer *nt (veraltet)* cabinet *m* de travail *vieilli*
Studio ['ʃtuːdi̯o] <-s, -s> *nt* ❶ *(Aufnahmestudio, Wohnung)* studio *m* ❷ *(Atelier)* atelier *m*
Studium ['ʃtuːdi̯ʊm] <-s, Studien> *nt* ❶ études *fpl* [supérieures] ❷ *(eingehende Beschäftigung)* étude *f* ❸ *kein Pl (genaues Lesen)* étude *f*

Stufe ['ʃtu:fə] <-, -n> *f* ❶ *einer Treppe* marche *f* ❷ *(Niveau)* niveau *m* ❸ *(Abschnitt) einer Entwicklung, Planung* phase *f* ❹ *(Schaltstufe) eines Geräts* vitesse *f* ▶ **sich mit jdm auf eine ~ stellen** se placer sur un pied d'égalité avec qn

stufen ['ʃtu:fən] *vt* couper en dégradé *Haare*

Stufenbarren *m* barres *fpl* asymétriques **Stufenheck** *nt* coffre *m* arrière; ***ein Auto mit ~*** une berline

stufenlos *adv verstellbar* de manière continue

Stufenschnitt *m* dégradé *m*

stufenweise *adv* par étapes

stufig ['ʃtu:fɪç] **I.** *adj Landschaft* en terrasses; *Haarschnitt* dégradé(e) **II.** *adv geschnitten* en dégradé

Stuhl [ʃtu:l, *Pl:* 'ʃty:lə] <-[e]s, Stühle> *m* ❶ chaise *f* ❷ *(Behandlungsstuhl)* fauteuil *m* ❸ *(stuhlähnliche Vorrichtung)* ***der elektrische ~*** la chaise électrique ❹ REL ***der Heilige ~*** le Saint-Siège ❺ *(form: Stuhlgang)* selles *fpl*

Stuhlbein *nt* pied *m* de chaise **Stuhlgang** *m kein Pl (form)* transit *m* intestinal **Stuhllehne** *f* dossier *m* de chaise

Stulle ['ʃtʊlə] <-, -n> *f* NDEUTSCH tartine *f*

stülpen ['ʃtʏlpən] *vt* ❶ ***eine Haube über etw*** *akk* ***~*** recouvrir qc d'une housse ❷ *(wenden)* ***etw nach außen ~*** retrousser qc

stumm [ʃtʊm] **I.** *adj* ❶ muet(te); ***von Geburt an ~*** muet de naissance ❷ *(schweigsam)* ***~ werden/sein*** se taire/être silencieux ❸ *Vorwurf* muet(te); *Blick* taciturne ❹ *Konsonant* muet(te) **II.** *adv* silencieusement

Stumme(r) *f(m) dekl wie adj* muet(te) *m(f)*

Stummel ['ʃtʊməl] <-s, -> *m (Kerzenstummel)* lumignon *m*; *(Bleistiftstummel)* bout *m*; *(Gliedstummel, Schwanzstummel)* moignon *m*

Stummfilm *m* film *m* muet

Stümper(in) ['ʃtʏmpɐ] <-s, -> *m(f) (pej)* branquignol *m fam*

Stümperei <-, -en> *f (pej: stümperhafte Leistung)* travail *m* bâclé

stümperhaft **I.** *adj (pej) Arbeit* bâclé(e); *Vorgehen* d'incapable **II.** *adv arbeiten* en incapable

stümpern *vi (pej)* bâcler le travail

stumpf [ʃtʊmpf] *adj* ❶ *Klinge, Messer* émoussé(e) ❷ *Bleistift* usé(e) ❸ *Metall, Haare* terne ❹ MATH *Winkel* obtus

Stumpf [ʃtʊmpf, *Pl:* 'ʃtʏmpfə] <-[e]s, Stümpfe> *m* ❶ *(Beinstumpf)* moignon *m* ❷ *s.* **Stummel**

Stumpfsinn *m kein Pl* ❶ *(geistige Trägheit)* hébétude *f* ❷ *(Stupidität)* stupidité *f*

stumpfsinnig *adj* ❶ *(geistig träge)* hébété(e) ❷ *(stupide)* abrutissant(e)

stumpfwinklig *adj* obtusangle

Stündchen ['ʃtʏntçən] <-s, -> *nt Dim von* **Stunde** petite heure *f*

Stunde ['ʃtʊndə] <-, -n> *f* ❶ heure *f* ❷ *(Zeitpunkt)* ***bis zur ~*** à l'heure qu'il est ❸ *(Unterrichtsstunde)* heure *f* ❹ *(Unterricht)* ***~n geben*** donner des cours ❺ *meist Pl (Moment)* moment *m*

stunden *vt* accorder un délai; ***jdm etw ~*** accorder à qn un délai pour qc

Stundengeschwindigkeit *f* vitesse *f* [horaire] **Stundenhotel** *nt* hôtel *m* de passe **Stundenkilometer** *Pl* kilomètres-heure *mpl* **stundenlang** **I.** *adj Verhandlung* qui dure/durent des heures **II.** *adv warten, herumlaufen* [pendant] des heures **Stundenlohn** *m* salaire *m* horaire **Stundenplan** *m* emploi *m* du temps **Stundentakt** *m* service *m* horaire régulier; ***im ~*** toutes les heures

stundenweise *adv arbeiten* quelques heures

Stundenzeiger *m* aiguille *f* des heures

stündlich ['ʃtʏntlɪç] *adj o adv* toutes les heures

Stundung <-, -en> *f* délai *m* de paiement

Stunk [ʃtʊŋk] <-s> *m (fam)* grabuge *m*

Stunt [stant] <-s, -s> *m* cascade *f*

Stuntman, -woman ['stantmɛn] <-s, men> *m, f* cascadeur, euse *m, f*

stupend [ʃtu'pɛnt] *adj (geh)* stupéfiant(e)

stupid[e] [ʃtu-, st-] *adj (pej geh)* ❶ *(dumm)* stupide; ***das ist mir zu ~*** je trouve ça trop stupide; ***so etwas Stupides!*** quelle stupidité! ❷ *(monoton)* abrutissant(e)

Stups [ʃtʊps] <-es, -e> *m (fam)* bourrade *f*

stupsen *vt (fam)* bourrer

Stupsnase *f* nez *m* retroussé

stur [ʃtu:ɐ̯] **I.** *adj* ❶ *(dickköpfig)* entêté(e); ***sich ~ stellen*** rester figé(e) sur ses positions ❷ *(hartnäckig)* borné(e) **II.** *adv* ❶ *(unbeirrt)* ***~ nach Vorschrift arbeiten*** suivre les consignes à la lettre ❷ *(uneinsichtig)* obstinément

Sturheit <-> *f* obstination *f*

Sturm [ʃtʊrm, *Pl:* 'ʃtʏrmə] <-[e]s, Stürme> *m* ❶ *(starker Wind)* tempête *f* ❷ *(Sturmangriff)* ***der ~ auf die Bastille*** la prise de la Bastille ❸ *(Andrang)* ***der ~ auf die Geschäfte*** la ruée dans les magasins

S

❹ SPORT attaque *f* ▶ **etw im ~ erobern** conquérir qc

Sturmangriff *m* attaque *f* éclair

Sturmbö *f* bourrasque *f*

stürmen [ˈʃtʏrmən] **I.** *vi unpers + haben* ***es stürmt*** la tempête fait rage **II.** *vi + sein (rennen)* ***zum Eingang ~*** se précipiter vers l'entrée **III.** *vt + haben* ***etw ~*** prendre d'assaut qc

Stürmer(in) <-s, -> *m(f)* attaquant(e) *m(f)*

Sturmflut *f* raz[-]de[-]marée *m*

stürmisch [ˈʃtʏrmɪʃ] **I.** *adj* ❶ *Tag* de tempête; *Meer* déchaîné(e); ***~es Wetter*** gros temps ❷ *Begrüßung* frénétique; ***~er Beifall*** une tempête d'applaudissements; ***nicht so ~!*** doucement! ❸ *(leidenschaftlich)* passionné(e) **II.** *adv begrüßen* frénétiquement

Sturmschaden *m meist Pl* dégâts *mpl* causés par la tempête **Sturmtief** *nt* dépression *f* [cyclonale] **Sturmwarnung** *f* avis *m* de tempête

Sturz [ʃtʊrts, *Pl:* ˈʃtʏrtsə] <-es, Stürze> *m* ❶ *a.* FIN, METEO chute *f* ❷ POL *(Machtverlust)* chute *f; (Absetzung)* renversement *m* ❸ *(Fenstersturz, Türsturz)* linteau *m*

Sturzbach *m* torrent *m*

sturzbesoffen *adj (sl) s.* **sturzbetrunken**

sturzbetrunken *adj (fam)* archibourré(e) *fam,* plein(e) [*o* soûl(e)] comme une bourrique *fam*

stürzen [ˈʃtʏrtsən] **I.** *vi + sein* ❶ *(fallen)* tomber ❷ *(rennen)* ***nach draußen ~*** bondir dehors ❸ POL ***über etw*** *akk* **~** *Regierung:* être renversé à la suite de qc **II.** *vt + haben* ❶ *(werfen)* ***jdn aus dem Fenster ~*** précipiter qn par la fenêtre ❷ POL renverser *Regierung* ❸ *(umdrehen)* renverser *Backform* **III.** *vr* ❶ ***sich aus dem Fenster ~*** se jeter par la fenêtre ❷ *(sich werfen)* ***sich auf jdn/etw ~*** se précipiter sur qn/qc ❸ *(fig)* ***sich in Unkosten*** *akk* **~** se lancer dans les dépenses

Sturzflug *m* vol *m* en piqué; ***im ~*** en piqué **Sturzhelm** *m* casque *m* [de moto]

Stuss [ʃtʊs] <-es> *m (fam)* connerie *f*

Stute [ˈʃtuːtə] <-, -n> *f* jument *f*

Stütze [ˈʃtʏtsə] <-, -n> *f* ❶ *(Gebäudeteil)* étai *m* ❷ *(Halt)* appui *m* ❸ *(seelischer Beistand)* soutien *m*

stutzen [ˈʃtʊtsən] **I.** *vi Person:* rester coi(te) **II.** *vt* ❶ élaguer *Baum;* tailler *Hecke;* couper *Flügel* ❷ *(fam: schneiden)* tailler *Bart*

Stutzen [ˈʃtʊtsən] <-s, -> *m* ❶ *(Gewehrstutzen)* carabine *f* ❷ *(Einfüllstutzen)* embout *m*

stützen [ˈʃtʏtsən] **I.** *vt* ❶ *(physischen Halt geben)* ***jdn ~*** *Person:* soutenir qn; ***etw ~*** *Vorrichtung:* [servir à] maintenir qc ❷ *(statischen Halt geben)* soutenir *Gebäude, Decke* ❸ *(aufstützen)* ***den Arm auf etw*** *akk* **~** appuyer son bras sur qc ❹ *(gründen)* ***die Theorie war auf folgende Annahme gestützt*** la théorie s'appuyait sur l'hypothèse qui suit ❺ *(bestärken)* étayer *Theorie, Verdacht* ❻ FIN soutenir *Währung* **II.** *vr* ❶ *(sich aufstützen)* ***sich auf jdn/etw ~*** s'appuyer sur qn/qc ❷ *(sich berufen auf)* ***sich auf etw*** *akk* **~** s'appuyer sur qc

stutzig [ˈʃtʊtsɪç] *adj* **~ werden** avoir des soupçons

Stützkurs *m* cours *m* de soutien **Stützmauer** *f* mur *m* de soutènement **Stützpfeiler** *m* pilier *m* de soutien **Stützpunkt** *m* MIL base *f* militaire

St. Vincent und die Grenadinen [sn̩tˈvɪnsn̩tʊntdiːgrenaˈdiːnən] *nt* Saint-Vincent-et-les-Grenadines *f*

StVO [ɛsteːfaʊˈʔoː] *f Abk von* **Straßenverkehrsordnung** code *m* de la route

stylen [ˈstaɪlən] *vt* sculpter *Haare*

Styling [ˈstaɪlɪŋ] <-s> *nt von Möbeln, Autos* design *m; der Haare* look *m*

stylisch [ˈstaɪlɪʃ] *(fam)* **I.** *adj Handy, Schuhe* stylé(e) **II.** *adv* avec style, de façon stylée; ***sich ~ kleiden*** être habillé(e) avec style

Styropor® [ʃtyroˈpoːɐ̯] <-s> *nt* polystyrène *m*

s. u. *Abk von* **siehe unten** voir ci-dessous

Subjekt [zʊpˈjɛkt] <-[e]s, -e> *nt* ❶ GRAM sujet *m* ❷ *(pej: übler Mensch)* individu *m*

subjektiv [zʊpjɛkˈtiːf] **I.** *adj* subjectif, -ive **II.** *adv darstellen* de manière subjective

Subjektivität [zʊpjɛktiviˈtɛːt] <-> *f* subjectivité *f*

Subkontinent *m* sous-continent *m* **Subkultur** [ˈzʊpkʊltuːɐ̯] *f* culture *f* parallèle

Sublimierung <-, -en> *f* PSYCH, *a.* CHEM sublimation *f*

Subsidiarität [zʊpzidi̯ariˈtɛːt] <-> *f* POL caractère *m* subsidiaire

Subskription [zʊpskrɪpˈtsi̯oːn] <-, -en> *f* souscription *f*

Substantiv [ˈzʊpstantiːf] <-s, -e> *nt* substantif *m*

Substanz [zʊpˈstants] <-, -en> *f* ❶ *(Material)* substance *f* ❷ *kein Pl (Grundbestand)* substance *f;* ***jdm an die ~ gehen*** *(fam)* user qn

substanziell [zʊpstanˈtsjɛl] *adj* substantiel(le)

Substrat [zʊpˈstraːt] <-[e]s, -e> *nt* substrat *m*

S

subtil [zʊp'ti:l] *adj (geh)* ❶ *(nuanciert)* subtil(e) ❷ *(kompliziert)* complexe
subtrahieren* [zʊptra'hi:rən] *vt, vi* soustraire
Subtraktion [zʊptrak'tsi̯o:n] <-, -en> *f* soustraction *f*
Subtropen ['zʊptro:pən] *Pl* GEOG ***die*** ~ la zone subtropicale
subtropisch ['zʊptro:pɪʃ] *adj* subtropical(e) **Subunternehmen** *nt* entreprise *f* de sous-traitance
Subvention [zʊpvɛn'tsi̯o:n] <-, -en> *f* subvention *f*
subventionieren* [zʊpvɛntsi̯o'ni:rən] *vt* subventionner
Subventionierung <-, -en> *f* ÖKON subvention *f*
subversiv [zʊpvɛr'zi:f] *adj (geh)* subversif, -ive
Suchaktion *f* recherches *fpl* **Suchanfrage** *f* INFORM équation *f* de recherche **Suchbegriff** *m* mot-clé *m*
Suche ['zu:xə] <-, -en> *f* recherche *f;* ***die ~ nach jdm*** les recherches pour retrouver qn, ***auf der ~ nach einer Wohnung sein*** être à la recherche d'un logement
suchen ['zu:xən] **I.** *vt* ❶ *(zu finden versuchen)* chercher ❷ *(zu erreichen trachten)* ***bei jdm Schutz ~*** chercher protection auprès de qn ► **er hat hier nichts zu ~!** *(fam)* il n'a rien à foutre ici! **II.** *vi* ❶ chercher; ***nach jdm/etw ~*** être à la recherche de qn/qc ❷ *(tasten nach)* ***mit der Hand nach der Klingel ~*** chercher la sonnette à tâtons
Sucher ['zu:xɐ] <-s, -> *m* viseur *m*
Suchmannschaft *f* équipe *f* de recherche **Suchmaschine** *f* INFORM moteur *m* de recherche **Suchscheinwerfer** *m* phare *m* orientable
Sucht [zʊxt, *Pl:* 'zʊxtən, 'zʏçtə] <-, -en *o* Süchte> *f* ❶ MED dépendance *f; (Rauschgiftsucht)* toxicomanie *f* ❷ *(starkes Verlangen)* manie *f* **Suchtgefahr** *f kein Pl* risque *m* de dépendance
süchtig ['zʏçtɪç] *adj* ❶ MED dépendant(e); *(rauschgiftsüchtig)* toxicomane ❷ *(versessen)* ***~ nach etw sein*** être avide de qc
Süchtige(r) *f(m) dekl wie adj* toxicomane *mf*
Suchtrupp *m* équipe *f* de recherche
Sud [zu:t] <-[e]s, -e> *m* GASTR eau *f* de cuisson
Südafrika *nt* l'Afrique *f* du Sud **Südafrikaner(in)** *m(f)* Sud-Africain(e) *m(f)* **südafrikanisch** *adj* sud-africain(e) **Südamerika** *nt* l'Amérique *f* du Sud **Südamerikaner(in)** *m(f)* Sud-Américain(e) *m(f)* **südamerikanisch** *adj* sud-américain(e)
Sudan [zu'da:n] <-s> *m* le Soudan
süddeutsch *adj* de l'Allemagne du Sud **Süddeutschland** *nt* l'Allemagne *f* du Sud
sudeln *vi (pej: unsauber schreiben)* gribouiller
Süden ['zy:dən] <-s> *m* sud *m; s. a.* **Norden**
Südeuropa *nt* l'Europe *f* du Sud **Südeuropäer(in)** *m(f)* Européen(ne) *m(f)* du Sud **südeuropäisch** *adj* de l'Europe du Sud **Südfrankreich** *nt* le sud de la France **südfranzösisch** *adj* du sud de la France **Südfrüchte** *Pl* fruits *mpl* exotiques **Südhalbkugel** *f* hémisphère *m* sud **Südkorea** ['zy:tkore:a] <-s> *nt* la Corée du Sud **Südkoreaner(in)** ['zy:tkorea:nɐ] *m(f)* Sud-Coréen(ne) *m(f)* **südkoreanisch** ['zy:tkorea:nɪʃ] *adj* sud-coréen(ne) **Südküste** *f* côte *f* méridionale
Südländer(in) ['zy:tlɛndɐ] <-s, -> *m(f)* méditerranéen(ne) *m(f)*
südländisch *adj* méditerranéen(ne)
südlich ['zy:tlɪç] **I.** *adj* du sud *inv;* ***in ~er Richtung*** en direction du sud **II.** *präp +gen* ***~ des Polarkreises*** au sud du cercle polaire
Sudoku [zu'do:ku] <-[s], -[s]> *nt* sudoku *m;* ***~ spielen*** faire un sudoku
Südosten [zy:t'ʔɔstən] *m* sud-est *m; s. a.* **Norden** **südöstlich** [zy:t'ʔœstlɪç] **I.** *adj* [situé(e) au] sud-est; ***in ~er Richtung*** en direction du sud-est **II.** *präp +gen* ***~ des Dorfs*** au sud-est du village **Südpol** ['zy:tpo:l] *m* ***der*** ~ le pôle Sud **Südpolarmeer** *nt* ***das*** ~ l'océan *m* Antarctique **Südsee** ['zy:tze:] *f* ***die*** ~ les mers *fpl* du Sud **Südseite** *f* face *f* sud **Südsudan** [-zu'da:n] <-> *m* le Soudan du Sud **Südtirol** ['zy:ttiro:l] *nt* le Tyrol du Sud
südwärts ['zy:tvɛrts] *adv* vers le sud
Südwesten [zy:t'vɛstən] *m* sud-ouest *m; s. a.* **Norden** **südwestlich** [zy:t'vɛstlɪç] **I.** *adj* [situé(e) au] sud-ouest; ***in ~er Richtung*** en direction du sud-ouest **II.** *präp +gen* ***~ des Flusses*** au sud-ouest du fleuve **Südwind** *m* vent *m* du sud
Sueskanal ['zu:ɛskana:l] *m* ***der*** ~ le canal de Suez
Suff [zʊf] <-[e]s> *m (fam)* ivrognerie *f;* ***im*** ~ complètement bourré(e)
süffeln ['zʏfəln] *vt (fam)* siroter *fam*
süffig ['zʏfɪç] *adj* agréable en bouche
süffisant [zʏfi'zant] *(geh)* **I.** *adj* suffisant(e) **II.** *adv* d'un air suffisant
Suffix <-es, -e> *nt* GRAM suffixe *m*

suggerieren* [zʊge'riːrən] *vt (geh)* ***jdm etw*** **~** suggérer qc à qn

Suggestion [zʊgɛs'ti̯oːn] <-, -en> *f (geh)* suggestion *f*

suggestiv [zʊgɛs'tiːf] *adj (geh)* suggestif, -ive

suhlen ['zuːlən] *vr* ❶ ***sich in etw*** *dat* **~** *Schwein:* se vautrer dans qc; *Wildschwein:* se souiller dans qc ❷ *(fig geh)* ***sich in seinem Unglück ~*** se complaire dans sa misère

Sühne ['syːnə] <-, -n> *f (geh)* expiation *f*

sühnen ['zyːnən] *vt (geh)* expier; ***etw mit etw ~*** expier qc par qc

Suite ['sviːt(ə), zu'iːtə] <-, -n> *f a.* MUS suite *f*

Suizid [zui'tsiːt, *Pl:* zui'tsiːdə] <-[e]s, -e> *m (form)* suicide *m*

suizidgefährdet *adj* suicidaire

sukzessiv [zʊktsɛ'siːf] *adj* progressif, -ive

Sulfat [zʊl'faːt] <-[e]s, -e> *nt* CHEM sulfate *m*

Sultan(in) ['zʊltaːn] <-s, -e> *m(f)* sultan(e) *m(f)*

Sultanine [zʊlta'niːnə] <-, -n> *f* raisin *m* sec

Sülze ['zʏltsə] <-, -n> *f* ❶ *(Aspik)* gelée *f* ❷ *(Speise in Aspik)* aspic *m*

sülzen ['zʏltsən] *vi (fam: reden)* pérorer

summarisch *adj* sommaire

Sümmchen <-s, -> *nt Dim von* **Summe** ***ein hübsches ~*** *(hum fam)* une coquette somme

Summe ['zʊmə] <-, -n> *f* ❶ MATH total *m* ❷ FIN somme *f*

summen ['zʊmən] **I.** *vi* ❶ *Person:* fredonner ❷ *(surren) Biene:* bourdonner; *Ventilator:* ronronner **II.** *vt* fredonner *Melodie*

summieren* [zʊ'miːrən] *vr* ***sich ~*** s'additionner

Sumpf [zʊmpf, *Pl:* 'zʏmpfə] <-[e]s, Sümpfe> *m* ❶ *(Morast)* marais *m* ❷ *(schlimme Zustände)* cloaque *m* **Sumpfgebiet** *nt* terrain *m* marécageux

sumpfig ['zʊmpfɪç] *adj* marécageux, -euse

Sünde ['zʏndə] <-, -n> *f* ❶ REL péché *m* ❷ *(Fehltritt)* faute *f*

Sündenbock *m* bouc *m* émissaire **Sündenfall** *m kein Pl* ***der ~*** la chute [originelle]

Sünder(in) ['zʏndɐ] <-s, -> *m(f)* pécheur *m* /pécheresse *f*

sündhaft *adj* ❶ REL *Leben* de péchés; *Tat* infâme ❷ *(fam: sehr hoch)* exorbitant(e)

sündig *adj* ❶ REL *Leben* de péchés; *Tat* infâme ❷ *Blick* vicieux, -euse

sündigen *vi* REL pécher

super ['zuːpɐ] *(fam)* **I.** *adj inv* ***ein ~ Film*** un film super **II.** *adv klingen* super bien; ***~ schmecken*** être super bon

Super ['zuːpɐ] <-s> *nt* super *m* **supergeil** *adj (fam)* super génial *fam*

Superlativ ['zuːpɐlatiːf] <-[e]s, -e> *m* ❶ GRAM superlatif *m* ❷ *meist Pl (geh: das Beste)* summum *m;* ***ein Fest der ~e*** un festival de ce qui se fait de mieux

Supermacht *f* superpuissance *f* **Supermann** <-männer> *m (fam)* ❶ *(Comicfigur)* Superman *m* ❷ *(iron: bewundernswerter Mann)* superman *m* **Supermarkt** *m* supermarché *m* **Superstar** ['zuːpɐstaːɐ̯] *m (fam)* superstar *f*

Suppe ['zʊpə] <-, -n> *f* ❶ soupe *f;* ***klare ~*** bouillon *m* ❷ *(fam: Nebel)* purée *f* de pois

Suppenfleisch *nt* pot-au-feu *m* **Suppengemüse** *nt* légumes *mpl* potagers **Suppengrün** *nt* herbes *fpl* potagères **Suppenhuhn** *nt* poule *f* à bouillir **Suppenlöffel** *m* cuiller *f* à soupe **Suppenschüssel** *f* soupière *f* **Suppenteller** *m* assiette *f* creuse **Suppenwürfel** *m* cube *m* de bouillon

Support [sə'pɔːt] <-[e]s> *m kein Pl* INFORM service *m* d'assistance, support *m* technique; ***im*** [*o* ***beim***] ***~ arbeiten*** travailler au service d'assistance technique

Supraleiter ['zuːpralai̯tɐ] *m* TECH supraconducteur *m*

Surfbrett ['səːf-] *nt* surf *m; (Windsurfbrett)* planche *f* à voile

surfen ['səːfən] *vi* ❶ surfer; *(windsurfen)* faire de la planche à voile ❷ INFORM surfer

Surfer(in) ['səːfɐ] <-s, -> *m(f)* surfeur, -euse *m, f; (Windsurfer)* [véli]planchiste *mf*

Surfstick ['səːfstɪk] <-s, -s> *m* INET clé *f* internet

Suriname [zuri'naːmə] <-s> *nt* Surinam *m*

Surrealismus [zʊrea'lɪsmʊs, zʏr-] <-> *m* surréalisme *m*

surrealistisch [zʊrea'lɪstɪʃ, zʏr-] *adj* surréaliste

surren ['zʊrən] *vi* ❶ + *haben Insekt, Stromleitung:* bourdonner ❷ + *haben (brummen) Ventilator:* ronronner

Surrogat <-[e]s, -e> *nt* succédané *m;* ***~ für etw*** succédané de qc

Sushi ['zuːʃi] <-s, -s> *nt* sushi *m*

suspekt [zʊs'pɛkt] *adj (geh)* suspect(e)

suspendieren* [zʊspɛn'diːrən] *vt* suspendre; ***jdn vom Dienst ~*** suspendre qn de service

süß [zyːs] *adj* ❶ *Gericht, Getränk* sucré(e);

Wein doux, douce ❷ *Duft* suave ❸ *Kind* mignon(ne)

Süße(r) *f(m) dekl wie adj* chéri(e) *m(f)*; ***mein ~r/meine ~*** mon chéri/ma chérie

süßen ['zyːsən] *vt, vi* sucrer

Süßholz ▶ ~ **raspeln** *(fam)* passer de la pommade à qn

Süßigkeit ['zyːsɪçkaɪ̯t] <-, -en> *f meist Pl* sucrerie *f*

Süßkartoffel *f* patate *f* douce

süßlich *adj Geschmack, Geruch* douceâtre

süßsauer ['zyːs'zaʊ̯ɐ] **I.** *adj* ❶ *Speise* aigre-doux, -douce ❷ *Lächeln* mi-figue, mi-raisin **II.** *adv einlegen* dans un mélange aigre-doux **Süßspeise** *f* entremets *m* [sucré] **Süßstoff** *m* aspartam[e] *m*

Süßstofftablette *f* sucrette® *f*

Süßwaren *Pl* confiserie *f*

Süßwarengeschäft *nt (Laden)* confiserie *f* **Süßwarenladen** *m* confiserie *f*

Süßwasser <-wasser> *nt* eau *f* douce **Süßwasserfisch** *m* poisson *m* d'eau douce

SW *Abk von* **Südwesten** S.-O.

Swasiland ['svaːzilant] <-s> *nt* le Swaziland

Sweatshirt ['swɛtʃœːt] <-s, -s> *nt* sweat-shirt *m*

Swimmingpool ['svɪmɪŋpuːl] *m* piscine *f*

switchen ['svɪtʃən] *vi* TELEC zapper

Symbiose [zʏmbi'oːzə] <-, -n> *f* symbiose *f*

Symbol [zʏm'boːl] <-s, -e> *nt* symbole *m*

symbolisch [zʏm'boːlɪʃ] *adj* symbolique

symbolisieren* [zʏmbolizi:rən] *vt* symboliser

Symbolleiste *f* INFORM barre *f* d'outils

Symmetrie [zʏme'triː] <-, -i̯en> *f* symétrie *f*

Symmetrieachse *f* MATH axe *m* de symétrie

symmetrisch [zʏ'meːtrɪʃ] *adj* symétrique

Sympathie [zʏmpa'tiː] <-, -i̯en> *f* sympathie *f*

Sympathieträger(in) *m(f)* préféré (e) [du public] *m*

Sympathisant(in) [zʏmpati'zant] <-en, -en> *m(f)* sympathisant(e) *m(f)*

sympathisch [zʏm'paːtɪʃ] *adj* ❶ *Mensch, Stimme* sympathique ❷ *(angenehm)* réjouissant(e)

sympathisieren* [zʏmpati'ziːrən] *vi* sympathiser; ***mit jdm ~*** sympathiser avec qn; ***mit etw ~*** voir qc d'un bon œil

Symphonie [zʏmfo'niː] *s.* **Sinfonie**

Symposium [zʏm'poːzi̯ʊm] <-s, Symposien> *nt* symposium *m*

Symptom [zʏmp'toːm] <-s, -e> *nt* symptôme *m*

symptomatisch [zʏmpto'maːtɪʃ] *adj (geh)* symptomatique

Synagoge [zyna'goːgə] <-, -n> *f* synagogue *f*

Synapse [zy'napsə, zʏn'ʔapsə] <-, -n> *f* ANAT synapse *f*

synchron [zʏn'kroːn] *(geh)* **I.** *adj Übersetzung* simultané(e); *Bewegung* synchrone **II.** *adv* ***~ zu etw verlaufen*** se dérouler parallèlement à qc

Synchronisation [zʏnkroniza'tsi̯oːn] <-, -en> *f* doublage *m*

synchronisieren* [zʏnkroni'ziːrən] *vt* doubler *Film*

Synchronisierung <-, -en> *f s.* **Synchronisation**

Synchronschwimmen *nt* natation *f* synchronisée

Syndikat <-[e]s, -e> *nt* syndicat *m* du crime

Syndrom [zʏn'droːm] <-s, -e> *nt* syndrome *m*

Synergie [zynɛr'giː] <-, -i̯en> *f* synergie *f*

Synode [zy'noːdə] <-, -n> *f* synode *m*

synonym [zyno'nyːm] *adj* LING synonyme

Synonym [zyno'nyːm] <-s, -e> *nt* LING synonyme *m*

syntaktisch [zʏn'taktɪʃ] *adj* LING syntaxique

Syntax <-, -en> *f* LING syntaxe *f*

Synthese [zʏn'teːzə] <-, -n> *f* synthèse *f*

Synthesizer ['zʏntəsaɪ̯zɐ] <-s, -> *m* synthétiseur *m*

Synthetik <-s> *nt* synthétique *m*

synthetisch [zʏn'teːtɪʃ] *adj* CHEM, MED synthétique

Syphilis ['zyːfilɪs] <-> *f* MED syphilis *f*

Syrer(in) ['zyːrɐ] <-s, -> *m(f)* Syrien(ne) *m(f)*

Syrien ['zyːri̯ən] <-s> *nt* la Syrie

Syrier(in) ['zyːri̯ɐ] *s.* **Syrer**

syrisch ['zyːrɪʃ] *adj* syrien(ne)

System [zʏs'teːm] <-s, -e> *nt* ❶ système *m* ❷ ÖKOL ***Duales ~*** *système de recyclage des emballages perdus*

Systemabsturz *m* INFORM blocage *m* du système

Systemanalyse *f* analyse *f* des systèmes

Systematik [zʏste'maːtɪk] <-, -en> *f a.* BIO systématique *f*

systematisch [zʏste'maːtɪʃ] **I.** *adj Arbeit* méthodique; *Beeinflussung* systématique **II.** *adv* systématiquement

systematisieren* [zʏstemati'ziːrən] *vt* systématiser

Systemkritiker(in) *m(f)* détracteur, -trice *m, f* du système **systemkritisch I.** *adj* critique envers le système **II.** *adv sich äußern, schreiben* en critiquant le système **Systemvoraussetzungen** *Pl* INFORM configuration *f* requise

Szenario [stse'na:ri̯o] <-s, -s> *nt* scénario *m*

Szene ['stse:nə] <-, -n> *f* ❶ *(Theaterszene, Streit)* scène *f* ❷ *(Bereich)* milieux *mpl; (aktuelle Kulturszene)* milieux culturels

Szenerie [stsenə'ri:] <-, -ien> *f* ❶ THEAT décors *mpl* ❷ CINE, LITER décor *m*

szenisch ['stse:nɪʃ] *adj* scénique

Tt

t *Abk von* **Tonne** t

T, t [te:] <-, -> *nt* T *m* /t *m*

Tab [ta:p, tɛp] <-[e]s, -e> *m* INFORM onglet *m*

Tabak ['ta(:)bak] <-s, -e> *m* tabac *m* **Tabakindustrie** *f* industrie *f* du tabac

Tabakladen ['ta(:)bak-] *m* bureau *m* de tabac **Tabakpflanze** *f* plante *f* de tabac **Tabaksdose** *f* tabatière *f* **Tabaksteuer** *f* taxe *f* sur le tabac **Tabakwaren** *Pl* tabac *m*

tabellarisch [tabɛ'la:rɪʃ] *adj o adv* sous forme de tableau

Tabelle [ta'bɛlə] <-, -n> *f* tableau *m*

Tabellenkalkulationsprogramm *nt* INFORM tableur *m* **Tabellenplatz** *m* place *f* du classement **Tabellenstand** *m kein Pl* SPORT classement *m*

Tablet ['tɛblət] <-s, -s> *nt,* **Tablet-Computer** ['tɛblət-] *m* INFORM tablette *f* [numérique]

Tablett [ta'blɛt] <-[e]s, -s *o* -e> *nt* plateau *m*

> **Falsche Freunde**
> Nicht verwechseln mit *la tablette* – *die Ablage[fläche]*!

Tablette [ta'blɛtə] <-, -n> *f* comprimé *m* **Tablettensucht** *f* pharmacodépendance *f*

tablettensüchtig *adj* pharmacodépendant(e)

tabu [ta'bu:] *adj inv* ~ ***sein*** être tabou *inv*

Tabu [ta'bu:] <-s, -s> *nt (geh)* tabou *m*

Tabubruch *m* rupture *f* de tabou

tabuisieren* [tabui'zi:rən] *vt* tabouiser; ***tabuisiert werden*** être tabou

Tabula rasa ▶ ~ **machen** faire place nette

Tabulator [tabu'la:to:ɐ̯] <-s, -toren> *m* tabulateur *m* **Tabulatortaste** *f* touche *f* tabulation

Tabulator-Taste *f* INFORM touche *f* “tabulation”

Tacheles ['taxələs] ▶ **mit jdm ~ reden** *(fam)* dire ses quatre vérités à qn *fam;* ***jetzt werden wir zwei mal ~ reden!*** maintenant on va s'expliquer tous les deux!

Tacho ['taxo] <-s, -s> *m (fam),* **Tachometer** *m o nt* compteur *m* de vitesse

Tacker ['takɐ] <-s, -> *m* agrafeuse *f*

Tadel ['ta:dəl] <-s, -> *m* ❶ réprimande *f* ❷ *(geh: Makel)* ***ohne ~ sein*** être irréprochable

tadellos *adj* irréprochable; *Beherrschung* impeccable

tadeln ['ta:dəln] *vt* blâmer; ***jdn für etw ~*** réprimander qn pour qc

Tadschikistan [ta'dʒi:kista(:)n] <-s> *nt* le Tadjikistan

Taekwondo [tɛkvɔn'do:] <-; *kein Pl*> *nt* taekwondo *m*

Tafel ['ta:fəl] <-, -n> *f* ❶ *(Wandtafel)* tableau *m* ❷ *(Gedenktafel)* plaque *f* ❸ *(rechteckiges Stück)* ***eine ~ Schokolade*** une tablette de chocolat ❹ *(form: Tisch)* table *f* **Tafelgeschirr** *nt* service *m* de table

täfeln ['tɛ:fəln] *vt* lambrisser

Tafelsilber *nt* argenterie *f*

Täfelung <-, -en> *f (Verkleidung)* lambris *m*

Tafelwasser <-wässer> *nt* eau *f* minérale **Tafelwein** *m* vin *m* de table

Taft [taft] <-[e]s, -e> *m* taffetas *m*

Tag [ta:k] <-[e]s, -e> *m* ❶ jour *m;* ***der ~ X*** le jour J; ~ ***der offenen Tür*** journée *f* portes ouvertes; ***der Jüngste ~*** REL le Jugement dernier; ***guten ~!*** bonjour!; ***~!*** *(fam)* 'jour!; ***es ist ~*** il fait jour; ***bei ~[e]*** de jour; ***auf den ~ [genau]*** au jour près ❷ *(Tages-*

verlauf) journée *f; **am** ~* dans la journée; ***den ganzen ~ [lang]*** toute la journée ❸ MIN ***über ~e*** à ciel ouvert; ***unter ~e*** sous terre ❹ *Pl (euph fam: Menstruation)* ***sie hat ihre ~e*** elle a ses règles ▸ **man soll den ~ nicht vor dem Abend loben** *(prov)* il ne faut pas crier victoire trop tôt; **an den ~ kommen** éclater au grand jour; **in den ~ hinein leben** vivre au jour le jour; *s. a.* **zutage**

tagaus [taːkˈʔaus] *adv* ▸ **~, tagein** jour après jour

Tagebau <-baue> *m* mine *f* à ciel ouvert **Tagebuch** *nt* journal *m* [intime]

tagein [taːkˈʔain] *s.* **tagaus**

tagelang I. *adj* qui dure des jours entiers **II.** *adv* [pendant] des journées entières, [durant] des jours entiers **Tagelohn** *m* salaire *m* journalier

Tagelöhner(in) [ˈtaːgəløːnɐ] <-s, -> *m(f)* journalier, -ière *m, f*

tagen [ˈtaːgən] **I.** *vi unpers (geh)* ***es tagt*** le jour point **II.** *vi (konferieren)* siéger

Tagesablauf *m* emploi *m* du temps **Tagesanbruch** *m* lever *m* du jour **Tagesausflug** *m* excursion *f* d'une journée **Tagesdecke** *f* couvre-lit *m* **Tageseinnahmen** *Pl* recette *f* journalière **Tagesgericht** *nt* plat *m* du jour **Tagesgeschäft** *nt* tâches *f pl* quotidiennes **Tageskarte** *f* ❶ GASTR menu *m* du jour ❷ *(Eintrittskarte)* billet *m* valable pour la journée **Tageskurs** *m* cours *m* du jour **Tageslicht** *nt kein Pl* lumière *f* du jour

Tageslichtprojektor *m* rétroprojecteur *m*

Tagesmutter *f* nourrice *f* **Tagesordnung** *f* ordre *m* du jour; ***auf der ~ stehen*** être [inscrit] à l'ordre du jour ▸ **an der ~ sein** être monnaie courante **Tagesschau** *f* TV journal *m* télévisé **Tageszeit** *f* moment *m* de la journée **Tageszeitung** *f* quotidien *m*

Land und Leute

Il existe en Allemagne plus de 320 **Tageszeitungen** différents et il s'en vend environ 21 millions d'exemplaires par jour. Les plus importants sont, entre autres, le *Bild Zeitung*, le *Frankfurter Allgemeine Zeitung*, abrégé en *FAZ*, et le *Süddeutsche Zeitung*. En Autriche, les plus importants sont *Der Kurier*, *Der Standard* et *Die Presse* et en Suisse alémanique *Der Tagesanzeiger* ainsi que le *Neue Zürcher Zeitung*.

tageweise *adv* à la journée **taggen** [ˈtægn̩] *vt* INFORM taguer

taghell [ˈtaːkˈhɛl] *adj* comme en plein jour; ***es ist*** ~ il fait grand jour

Tagliatelle [taljaˈtɛlə] <-> *Pl* tagliatelles *f pl*

täglich [ˈtɛːklɪç] *adj* quotidien(ne)

tags [taːks] *adv* [dans] la journée ▸ **~ darauf/zuvor** le jour d'après/précédent

tagsüber [ˈtaːksʔyːbɐ] *adv* pendant la journée

tagtäglich [ˈtaːkˈtɛːklɪç] **I.** *adj* quotidien(ne) **II.** *adv* tous les jours [sans exception]

Tagtraum *m* rêve *m* éveillé

Tagung [ˈtaːgʊŋ] <-, -en> *f* congrès *m*

Tagungsort *m* lieu *m* du congrès

Tagungsteilnehmer(in) *m(f)* congressiste *mf*

Tai-Chi [taiˈtʃiː] <-[s]; *kein Pl*> *nt* taï chi *m*

Taifun [taiˈfuːn] <-s, -e> *m* typhon *m*

Taiga [ˈtaiga] <-> *f* taïga *f*

Taille [ˈtaljə] <-, -n> *f* taille *f*

tailliert [ta(l)ˈjiːɐ̯t] *adj* cintré(e)

Taiwan [ˈtaivan, taiˈva(ː)n] <-s> *nt* Taïwan *m*

Takelage [takəˈlaːʒə] <-, -n> *f* gréement *m*

Takt [takt] <-[e]s, -e> *m* ❶ MUS mesure *f;* ***im ~*** en mesure; ***aus dem ~ kommen*** perdre le rythme ❷ *kein Pl (Feingefühl)* tact *m*

Taktgefühl *nt* tact *m,* délicatesse *f;* ***~ haben*** avoir du tact

taktieren* [takˈtiːrən] *vi* user de tactique; ***geschickt*** ~ user d'une habile tactique

Taktik [ˈtaktɪk] <-, -en> *f* tactique *f*

Taktiker(in) <-s, -> *m(f)* tacticien(ne) *m(f)*

taktisch I. *adj* tactique **II.** *adv vorgehen* tactiquement; *klug* d'un point de vue tactique

taktlos I. *adj* dénué(e) de tact **II.** *adv* sans [le moindre] tact

Taktlosigkeit <-> *f (taktlose Art)* manque *m* de tact

Taktstock *m* baguette *f* [de chef d'orchestre] **Taktstrich** *m* MUS barre *f* de mesure

taktvoll I. *adj* plein(e) de tact **II.** *adv* avec tact

Tal [taːl, *Pl:* ˈtɛːlɐ] <-[e]s, Täler> *nt* vallée *f*

talabwärts [taːlˈʔapvɛrts] *adv* dans la vallée

Talar [taˈlaːɐ̯] <-s, -e> *m* toge *f*

talaufwärts *adv* ***~ gehen*** remonter la vallée

Talent [taˈlɛnt] <-[e]s, -e> *nt* talent *m;* ***musikalisches ~ haben*** avoir du talent pour la musique

talentiert [talɛn'tiːɐ̯t] *adj Person* qui a du talent

Talfahrt *f* ❶ *(Abwärtsfahrt)* descente *f* dans la vallée ❷ *eines Unternehmens* effondrement *m*

Talg [talk] <-[e]s, -e> *m* ❶ BIO sébum *m* ❷ GASTR suif *m*

Talgdrüse *f* glande *f* sébacée

Talisman ['taːlɪsman] <-s, -e> *m* talisman *m*

Talkmaster(in) ['tɔːkmaːstɐ] <-s, -> *m(f)* animateur, -trice *m, f* de talk-show **Talkshow** ['tɔːkʃoː] <-, -s> *f* talk-show *m*

Talmud ['talmuːt *Pl:* 'talmuːdə] <-[e]s, -e> *m* Talmud *m*

Talon <-s, -s> *m* FIN talon *m*

Talsohle *f* GEOG fond *m* de vallée **Talsperre** *f* barrage *m*

Tamburin [tambu'riːn] <-s, -e> *nt* tambourin *m*

Tampon ['tampɔn] <-s, -s> *m* tampon *m*

Tandem ['tandɛm] <-s, -s> *nt* tandem *m*; ***~ fahren*** faire du tandem

Tang [taŋ] <-[e]s, -e> *m* varech *m*

Tanga ['taŋga] <-s, -s> *m* tanga *m*

Tangens ['taŋgɛns] <-, -> *m* MATH tangente *f*

Tangente [taŋ'gɛntə] <-, -n> *f* ❶ MATH tangente *f* ❷ *(Straße)* rocade *f*

tangential [taŋgɛn'tsi̯aːl] *adj* MATH tangentiel(le)

tangieren* [taŋ'giːrən] *vt (geh)* ❶ *(streifen)* effleurer ❷ *(betreffen)* toucher

Tango ['taŋgo] <-s, -s> *m* tango *m*

Tank [taŋk] <-s, -s> *m* ❶ *(Benzintank)* réservoir *m* ❷ *(Flüssigkeitsbehälter)* citerne *f*

Tankdeckel *m* bouchon *m* de réservoir

Tanke <-, -n> *f (fam)* pompe *f*

tanken ['taŋkən] **I.** *vi* prendre de l'essence; ***bitte voll ~!*** le plein, s'il vous plaît! **II.** *vt* ❶ ***zehn Liter/bleifrei ~*** prendre dix litres [d'essence]/du sans plomb; ***voll ~*** faire le plein de *Auto, Kanister* ❷ *(fig fam)* ***frische Luft ~*** faire le plein d'air frais

Tanker ['taŋkɐ] <-s, -> *m* pétrolier *m*

Tankfüllung *f* plein *m* **Tanklaster** *m*, **Tanklastzug** *m* camion-citerne *m* **Tankstelle** *f* station-service *f* **Tankverschluss** *m* bouchon *m* de citerne **Tankwagen** *m* camion-citerne *m* **Tankwart(in)** *m(f)* pompiste *mf*

Tanne ['tanə] <-, -n> *f* sapin *m*

Tannenbaum *m (Weihnachtsbaum)* sapin *m* [de Noël] **Tannennadel** *f* aiguille *f* de sapin **Tannenzapfen** *m* pomme *f* de pin

Tannin [ta'niːn] <-s, -e> *nt* ta[n]nin *m*

Tansania [tanza'niːa] <-s> *nt* la Tanzanie

Tante ['tantə] <-, -n> *f* tante *f*

Tante-Emma-Laden ['tantə'ʔɛmalaːdən] *m (fam)* petite épicerie *f* [du coin]

Tantieme [tɑ̃'ti̯eːmə] <-, -n> *f meist Pl* ❶ *(Gewinnbeteiligung)* tantième *m* ❷ *(Autorenhonorar)* droits *mpl* d'auteur

Tanz [tants, *Pl:* 'tɛntsə] <-es, Tänze> *m* ❶ danse *f*; ***jdn zum ~ auffordern*** inviter qn à danser ❷ *(Tanzveranstaltung)* bal *m*

Tanzabend *m* soirée *f* dansante

Tanzbein ▶ **das ~ schwingen** *(hum fam)* danser [la gigue]

tänzeln ['tɛntsəln] *vi + haben o sein Boxer:* sautiller; *Pferd:* piaffer

tanzen [tantsən] *vt, vi* danser; ***~ gehen*** aller danser

Tänzer(in) ['tɛntsɐ] <-s, -> *m(f)* *(a. Berufstänzer)* danseur, -euse *m, f*

Tanzfläche *f* piste *f* [de danse] **Tanzkapelle** *f* orchestre *m* [de danse] **Tanzkurs** *m* cours *m* de danse **Tanzlokal** *nt* dancing *m* **Tanzmusik** *f* musique *f* de danse **Tanzpartner(in)** *m(f)* cavalier, -ière *m, f* **Tanzschule** *f* école *f* de danse **Tanzschuppen** *m (sl: Diskothek)* boîte *f* **Tanzstunde** *f (Tanzkurs)* leçon *f* de danse

Taoismus [tao'ɪsmʊs] <-> *m* taoïsme *m*

Tapet [ta'peːt] ▶ **etw aufs ~ bringen** *(fam)* mettre qc sur le tapis

Tapete [ta'peːtə] <-, -n> *f* papier *m* peint, tapisserie *f* **Tapetenkleister** *m* colle *f* à tapisser

Tapetenwechsel *m (fam)* changement *m* d'air

tapezieren* [tape'tsiːrən] *vt* tapisser

tapfer ['tapfɐ] **I.** *adj Person* brave, courageux, -euse; *Verhalten* courageux, -euse **II.** *adv* avec bravoure, vaillamment *soutenu*

Tapferkeit <-> *f* bravoure *f*

tappen ['tapən], **tapsen** ['tapsən] *vi + sein (fam)* avancer à tâtons

tapsig *(fam)* **I.** *adj* pataud(e) **II.** *adv* de façon pataude

Tarantel <-, -n> *f* tarentule *f* ▶ **sie fuhr hoch wie von der ~ gestochen** *(fam)* elle sursauta comme si une mouche l'avait piquée

Tarif [ta'riːf] <-[e]s, -e> *m* ❶ accord *m* salarial; ***nach ~ bezahlt werden*** être rémunéré au tarif ❷ *(Gebühr)* tarif *m*

Tarifgruppe *f* groupe *m* tarifaire **Tarifkonflikt** *m* conflit *m* tarifaire

tariflich *adj* conforme à la convention collective

Tariflohn *m* salaire *m* contractuel **Tarif-**

partner(in) *m(f)* partenaire *mf* social(e) **Tarifverhandlungen** *Pl* négociations *fpl* sur la convention collective **Tarifvertrag** *m* convention *f* collective

tarnen ['tarnən] **I.** *vt* camoufler **II.** *vr* ***sich als etw*** ~ se camoufler en qc

Tarnfarbe *f* peinture *f* de camouflage **Tarnname** *m* nom *m* d'emprunt

Tarnung <-, -en> *f kein Pl* camouflage *m*

Tasche ['taʃə] <-, -n> *f* ❶ *(an der Kleidung)* poche *f* ❷ *(Tragetasche)* sac *m* ▶ **etw aus der eigenen ~ bezahlen** payer qc de sa poche; **jdn in die ~ stecken** *(fam)* mettre qn dans sa poche

Falsche Freunde

Nicht verwechseln mit *la tache – der Fleck* oder mit *la tâche – die Aufgabe*!

Taschenbuch *nt* livre *m* de poche **Taschendieb(in)** *m(f)* pickpocket *mf* **Taschendiebstahl** *m* vol *m* à la tire **Taschengeld** *nt* argent *m* de poche **Taschenkalender** *m* agenda *m* de poche **Taschenlampe** *f* lampe *f* de poche **Taschenmesser** *nt* couteau *m* de poche, canif *m* **Taschenrechner** *m* calculette *f*, calculatrice *f* de poche **Taschenspiegel** *m* miroir *m* de poche **Taschentuch** *nt* mouchoir *m* **Taschenuhr** *f* montre *f* de poche [*o* de gousset]

Taskleiste ['ta:sk-] *f* barre *f* de titre

Tasse ['tasə] <-, -n> *f* ❶ tasse *f* ❷ *(Mengenangabe)* ***eine ~ Kaffee*** une tasse de café ▶ **nicht alle ~n im Schrank haben** *(fam)* avoir une case vide, être complètement fou

Tastatur [tasta'tu:ɐ̯] <-, -en> *f* clavier *m*

Tastatursperre *f* verrouillage *m* du clavier; ***die ~ einschalten*** [*o* ***aktivieren***] activer le verrouillage du clavier

Taste ['tastə] <-, -n> *f* touche *f*

tasten ['tastən] **I.** *vi* ***nach etw*** ~ chercher qc à tâtons **II.** *vr* ***sich zur Tür*** ~ avancer en tâtonnant vers la porte **III.** *vt* sentir en palpant *Schwellung*

Tastendruck *m kein Pl* pression *f* [sur une touche]

Tastenfeld *nt* clavier *m* (à touches) **Tasteninstrument** *nt* instrument *m* à clavier **Tastensperre** *f* verrouillage *m* des touches; ***die ~ einschalten*** [*o* ***aktivieren***] activer le verrouillage des touches **Tastentelefon** *nt* téléphone *m* à touches

Tastsinn *m kein Pl* toucher *m*

tat [ta:t] *Imp von* **tun**

Tat [ta:t] <-, -en> *f* ❶ *(Handlung)* acte *m*; ***zur ~ schreiten*** passer à l'action; ***etw in die ~ umsetzen*** mettre qc à exécution ❷ *(Straftat)* délit *m* ▶ **jdn auf frischer ~ ertappen** prendre qn en flagrant délit; **in der ~!** effectivement!

Tatar [ta'ta:ɐ̯] <-s, -> *nt* [steak *m*] tartare *m*

Tatbestand *m* état *m* de fait; JUR éléments *mpl* constitutifs

Tatendrang *m kein Pl (geh)* besoin *m* d'activité

tatenlos **I.** *adj* inactif, -ive, passif, -ive **II.** *adv* sans rien faire

Täter(in) ['tɛ:tɐ] <-s, -> *m(f)* coupable *mf*; ***ein unbekannter*** ~ un malfaiteur non identifié

Täterschaft <-> *f* culpabilité *f*

tätig ['tɛ:tɪç] *adj* ❶ *(berufstätig)* ***als etw ~ sein*** être employé comme qc ❷ *(aktiv)* actif, -ive ❸ JUR *(form)* ***in einer Sache ~ werden*** intervenir dans une affaire

tätigen *vt (form)* effectuer *Einkäufe;* passer, donner *Anruf;* conclure, réaliser *Geschäft*

Tätigkeit <-, -en> *f (Beschäftigung)* activité *f*; *(Berufstätigkeit)* activité [professionnelle]

Tätigkeitsbereich *m* domaine *m* d'activité[s]

Tatkraft *f kein Pl* dynamisme *m*, énergie *f*

tatkräftig **I.** *adj* dynamique, énergique **II.** *adv* activement

tätlich *adj Angriff* dégénérant(e) en voie de fait

Tätlichkeiten *Pl* voies *fpl* de fait

Tatmotiv *nt* mobile *m* [du crime] **Tatort** *m* lieu *m* du crime

tätowieren* [tɛto'vi:rən] *vt* tatouer

Tätowierung <-, -en> *f* tatouage *m*

Tatsache ['ta:tzaxə] *f* fait *m*; ***vollendete ~n schaffen*** créer un fait accompli; ***~ ist, dass …*** le fait est que …; ***~!*** *(fam)* comme je te/vous le dis!

tatsächlich [ta:t'zɛçlɪç] **I.** *adj attr Ereignis* réel(le); *Grund* véritable **II.** *adv* ❶ *(in Wirklichkeit)* en réalité ❷ *(wirklich)* réellement, vraiment; ***sie hat ~ gewonnen!*** elle a effectivement gagné!

tätscheln ['tɛtʃəln] *vt* tapoter [affectueusement], donner une tape affectueuse à

tatt[e]rig ['tat(ə)rɪç] *adj (fam)* qui a la tremblote

Tattoo [tɛ'tu:, ta'tu:] <-s, -s> *m o nt* tatouage *m*

Tatverdacht *m* présomption *f* de culpabilité; ***unter ~ stehen*** *(form)* être présumé coupable **tatverdächtig** *adj* présumé(e)

T

coupable **Tatverdächtige(r)** *f(m) dekl wie adj* coupable *mf* présumé(e) **Tatwaffe** *f* arme *f* du crime

Tatze ['tatsə] <-, -n> *f* ZOOL patte *f*

Tatzeit *f* heure *f* du crime

Tau[1] [ta͜u] <-[e]s> *m* METEO rosée *f*

Tau[2] [ta͜u] <-[e]s, -e> *nt* NAUT cordage *m*

taub [ta͜up] *adj* ❶ *(gehörlos)* sourd(e); ***sich ~ stellen*** faire la sourde oreille ❷ *Körperteil* insensible ❸ *Ähre* vide; *Nuss* creux, -euse

Taube ['ta͜ubə] <-, -n> *f* pigeon *m*

Taubenschlag *m* pigeonnier *m*

Taubheit <-> *f* ❶ *(Gehörlosigkeit)* surdité *f* ❷ *von Gliedmaßen* insensibilité *f*

taubstumm *adj* sourd(e)-muet(te) **Taubstumme(r)** *f(m) dekl wie adj* sourd-muet *m* /sourde-muette *f*

Taubstummensprache *f* langage *m* gestuel des sourds-muets

tauchen ['ta͜uxən] **I.** *vi + haben o sein* plonger; *U-Boot:* plonger, s'immerger; ***~ können*** savoir faire de la plongée; ***nach etw ~*** plonger à la recherche de qc **II.** *vt + haben* ***jdn/etw in etw*** *akk* **~** plonger qn/qc dans qc

Tauchen ['ta͜uxən] <-s> *nt* plongée *f*

Taucher(in) ['ta͜uxɐ] <-s, -> *m(f)* plongeur, -euse *m, f*

Taucheranzug *m* combinaison *f* de plongée, scaphandre *m* **Taucherbrille** *f* lunettes *fpl* de plongée

Tauchsieder <-s, -> *m* thermoplongeur *m*

Tauchstation *f* ▶ **auf ~ gehen** *(fam)* disparaître de la circulation

tauen ['ta͜uən] **I.** *vi unpers + haben* dégeler; ***es taut*** il dégèle **II.** *vi + sein Eis, Schnee:* fondre

Taufbecken *nt* fonts *mpl* baptismaux

Taufe ['ta͜ufə] <-, -n> *f* baptême *m* ▶ **etw aus der ~ heben** *(fam)* fonder qc

taufen ['ta͜ufən] *vt* baptiser; ***jdn auf den Namen Marc ~*** baptiser qn du nom de Marc

Täufling ['tɔ͜yflɪŋ] <-s, -e> *m* enfant *mf* qui reçoit le baptême

Taufpate, -patin *m, f* parrain *m* /marraine *f*

taufrisch *adj Wiese* humide de rosée

Taufstein *m* REL fonts *mpl* baptismaux

taugen ['ta͜ugən] *vi* ***etwas ~*** *Person:* être bon à quelque chose; *Sache:* valoir quelque chose; ***als Putzlappen ~*** faire l'affaire comme chiffon

Taugenichts ['ta͜ugənɪçts] <-[es], -e> *m* *(pej)* propre *m* à rien

tauglich ['ta͜uklɪç] *adj* ❶ *Bewerber* qui convient; ***für etw ~ sein*** *Material, Gegenstand:* convenir pour qc, être approprié à qc ❷ MIL apte [au service militaire], bon(ne) pour le service

Tauglichkeit <-> *f* ❶ *eines Materials* caractère *m* approprié ❷ MIL aptitude *f* [au service militaire]

Taumel ['ta͜uməl] <-s> *m* ❶ *(Schwindelgefühl)* vertige *m* ❷ *(Überschwang)* ivresse *f*

taumeln ['ta͜uməln] *vi + sein* chanceler

Tausch [ta͜uʃ] <-[e]s, -e> *m* échange *m*; ***im ~ gegen*** [*o* ***für***] ***etw*** en échange de qc; ***einen schlechten ~ machen*** perdre au change

Tauschbörse *f* INFORM bourse *f* d'échange en ligne

tauschen ['ta͜uʃən] **I.** *vt* échanger *Münzen, Blicke;* ***etw gegen etw ~*** échanger qc contre qc **II.** *vi* faire un échange

täuschen ['tɔ͜yʃən] **I.** *vt* tromper; ***wenn mich nicht alles täuscht*** si je ne m'abuse **II.** *vr* ***sich ~*** *(sich irren)* se tromper, faire erreur; ***sich in jdm/etw ~*** se tromper sur qn/dans qc **III.** *vi* tromper, induire en erreur; ***das täuscht*** c'est trompeur

täuschend **I.** *adj* trompeur, -euse **II.** *adv* ***jdm ~ ähnlich sehen*** ressembler à s'y méprendre à qn

Tauschgeschäft *nt* troc *m* **Tauschhandel** *m kein Pl (das Handeln)* [commerce *m* de] troc *m*

Täuschung <-, -en> *f* ❶ *(Betrug)* tromperie *f; (beim Examen)* fraude *f* ❷ *(Irrtum)* erreur *f;* ***optische ~*** illusion *f* d'optique

Täuschungsmanöver *nt* feinte *f* **Täuschungsversuch** *m* tentative *f* de fraude

Tauschwert *m kein Pl* valeur *f* d'échange

tausend ['ta͜uzənt] *num* ❶ mille; *s. a.* **acht**[1] ❷ *(fam: viele)* [tout] un tas de

Tausend ['ta͜uzənt] <-, -en> *f (die Zahl 1000)* mille *m*

Tausender ['ta͜uzəndɐ] <-s, -> *m* ❶ *(fam: Geldschein)* billet *m* de mille ❷ MATH millier *m*

tausenderlei ['ta͜uzəndɐ'la͜i] *adj inv (fam)* mille et mille, tout un tas de

tausendfach ['ta͜uzəntfax] *adj o adv* mille fois; *s. a.* **achtfach**

Tausendfüßler ['ta͜uzəntfy:slɐ] <-s, -> *m* mille-pattes *m inv*

Tausendjahrfeier *f* millénaire *m*

tausendjährig ['ta͜uzəntjɛ:rɪç] *adj attr* ❶ *(tausend Jahre alt)* millénaire ❷ *(tausend Jahre dauernd)* de mille ans

tausendmal ['ta͜uzəntma:l] *adv* ❶ mille fois; *s. a.* **achtmal** ❷ *(fam: vielmals)* des tas et des tas de fois

T

Tausendsassa <-s, -[s]> *m* touche-à-tout *mf inv*

tausendste(r, s) *adj* millième; *s. a.* **achte(r, s)**

Tausendste(r) *f(m) dekl wie adj* millième *mf*

tausendstel ['tauzəntstəl] *adj* millième *m; s. a.* **achtel**

Tausendstel ['tauzəntstəl] <-s, -> *nt* millième *m*

Tautropfen *m* goutte *f* de rosée **Tauwetter** *nt (a. fig)* dégel *m*

Tauziehen *nt* ❶ SPORT tir *m* à la corde ❷ *(fig)* bras *m* de fer

Taxameter [taksa'me:tɐ] <-s, -> *m* taximètre *m,* compteur *m*

Taxe ['taksə] <-, -n> *f* ❶ *(Kurtaxe)* taxe *f* de séjour ❷ *(Schätzwert)* estimation *f* ❸ DIAL *s.* **Taxi**

Taxi ['taksi] <-s, -s> *nt* taxi *m*

Taxifahrer(in) *m(f)* chauffeur *m* de taxi **Taxistand** *m* station *f* de taxis

Tb[c] [te:'be:, te:be:'tse:] <-> *f Abk von* **Tuberkulose** tuberculose *f*

Team [ti:m] <-s, -s> *nt* équipe *f*

Teamarbeit *f* travail *m* d'équipe **teamfähig** *adj* capable de travailler en équipe **Teamgeist** *m kein Pl* esprit *m* d'équipe **Teamleiter(in)** *m(f)* chef *m* d'équipe **Teamleitung** *f* direction *f* d'équipe **Teamwork** ['ti:mwœ:k] *s.* **Teamarbeit**

Technik ['tɛçnɪk] <-, -en> *f* ❶ *kein Pl (Technologie)* technique *f* ❷ *kein Pl (technische Ausstattung)* équipement *m* [technique]; *einer Maschine* technologie *f,* technicité *f* ❸ *(Methode)* technique *f*

Techniker(in) ['tɛçnɪkɐ] <-s, -> *m(f)* technicien(ne) *m(f)*

technisch ['tɛçnɪʃ] **I.** *adj* technique **II.** *adv* sur le plan technique

Techno ['tɛkno] <-[s]> *m o nt* MUS techno *nt o m*

Technologie [tɛçnolo'gi:] <-, -ien> *f* technologie *f*

Technologiepark *m* parc *m* technologique, technopole *m* **Technologietransfer** *m* transfert *m* technologique

technologisch [tɛçno'lo:gɪʃ] *adj* technologique

Techtelmechtel [tɛçtəl'mɛçtəl] <-s, -> *nt* flirt *m*

Teddy ['tɛdi] <-s, -s> *m,* **Teddybär** *m* ours *m* en peluche, nounours *m enfantin*

Tee [te:] <-s, -s> *m* ❶ thé *m;* ***schwarzer ~*** thé noir; ***~ kochen*** [*o* ***machen***] faire du thé ❷ *(Kräutertee)* infusion *f,* tisane *f* ❸ *(Teestrauch)* thé[ier] *m* ▶ **abwarten und ~ trinken** *(fam)* [il faut] attendre et voir venir

Teebeutel *m* sachet *m* de thé **Teekanne** *f* théière *f* **Teekessel** *m* bouilloire *f* **Teelicht** *nt* bougie *f* à chauffe-plat **Teelöffel** *m* ❶ petite cuillère *f* ❷ *(Menge)* ***ein ~ Zucker*** une cuillerée à café de sucre

Teenager ['ti:neɪdʒɐ] <-s, -> *m* teenager *mf*

Teenie ['ti:ni] <-s, -s> *m (fam)* ado *mf*

Teer [te:ɐ̯] <-[e]s, -e> *m* goudron *m*

teeren ['te:rən] *vt* goudronner *Straße*

Teesieb *nt* passoire *f* à thé, passe-thé *m* **Teestube** *f* salon *m* de thé **Teetasse** *f* tasse *f* à thé **Teewurst** *f pâté à tartiner légèrement fumé*

Teflon® ['tɛflo:n] <-s> *nt* téflon® *m*

Teich [taiç] <-[e]s, -e> *m* étang *m*

Teig [taik] <-[e]s, -e> *m* pâte *f*

teigig ['taigɪç] *adj* ❶ *Gebäck* pâteux, cuse ❷ *(schwammig)* pâle et bouffi(e)

Teigwaren *Pl* pâtes *f pl* [alimentaires]

Teil[1] [tail] <-[e]s, -e> *m o nt* ❶ partie *f;* ***zum großen ~*** en grande partie ❷ *(Anteil)* part *f;* ***zu gleichen ~en*** à parts égales; ***ich für meinen ~*** en ce qui me concerne, quant à moi ▶ **sich** *dat* **sein ~ denken** ne pas en penser moins

Teil[2] [tail] <-[e]s, -e> *nt eines Geräts* pièce *f*

Teilabschnitt *m* section *f*

teilbar *adj* divisible; ***durch zehn ~*** divisible par dix **Teilbetrag** *m* versement *m* partiel

Teilchen ['tailçən] <-s, -> *nt* PHYS particule *f*

Teilchenbeschleuniger <-s, -> *m* PHYS accélérateur *m* de particules

teilen ['tailən] **I.** *vt* ❶ *(aufteilen)* partager; ***sich*** *dat* ***etw mit jdm ~*** se partager qc avec qn ❷ MATH ***durch vier ~*** diviser par quatre ❸ *(mitfühlen)* ***Freude mit jdm ~*** prendre part à la joie de qn; ***jds Schicksal ~*** subir le même sort que qn **II.** *vr* ***sich ~*** se séparer, se diviser **III.** *vi* partager

Teilerfolg ['taɪl-] *m* succès *m* partiel

Teilgebiet *nt* secteur *m,* branche *f* **teilhaben** *vi irr* ***an etw*** *dat* ***~*** prendre part à qc, s'associer à qc

Teilhaber(in) <-s, -> *m(f)* associé(e) *m(f)*

teilkaskoversichert *adj* assuré(e) au tiers collision

Teilkaskoversicherung *f* assurance *f* au tiers collision

Teilnahme ['tailna:mə] <-, -n> *f* ❶ *(Beteiligung)* participation *f;* ***~ an etw*** *dat* parti-

T

cipation à qc ❷ *(geh: Mitgefühl)* compassion *f* ❸ *(geh: Interesse)* intérêt *m*
teilnahmslos I. *adj* indifférent(e) II. *adv* avec indifférence
Teilnahmslosigkeit <-> *f* indifférence *f*
teil|nehmen ['tailne:mən] *vi irr* ***an etw dat*** ~ participer à qc
Teilnehmer(in) <-s, -> *m(f)* ❶ participant(e) *m(f);* ~ ***an etw*** participant à qc ❷ TELEC abonné(e) *m(f)*
teils [tails] *adv* en partie; ~, ~ *(fam)* oui et non
Teilstrecke *f* section *f* **Teilstück** *nt* section *f*
Teilung <-, -en> *f* ❶ *kein Pl (das Teilen)* partage *m* ❷ *(das Geteiltsein)* division *f*
Teilungsartikel *m* LING article *m* partitif
teilweise ['tailvaizə] I. *adv* partiellement II. *adj attr* partiel(le)
Teilzahlung *f* ***auf*** ~ à crédit **Teilzeit** *f kein Pl* ~ ***arbeiten*** travailler à temps partiel
Teilzeitarbeit *f* travail *m* à temps partiel
teilzeitbeschäftigt *adj* employé(e) à temps partiel **Teilzeitbeschäftigte(r)** *f(m) dekl wie adj* employé(e) *m(f)* à temps partiel **Teilzeitbeschäftigung** *f* activité *f* [*o* travail *m*] à temps partiel **Teilzeitstelle** *f* travail *m* à temps partiel; ***eine*** ~ ***haben*** travailler à temps partiel
Teint [tɛ̃:] <-s, -s> *m* teint *m*
Telearbeit *f* télétravail *m,* travail *m* à domicile **Telearbeitsplatz** *m* bureau *m* virtuel
Telebanking ['te:ləbɛŋkɪŋ] <-[s]> *nt* services *mpl* bancaires par télécommunications
Telefax ['te:ləfaks] *nt* fax *m*
Telefaxanschluss *m* ligne *f* de fax **Telefaxgerät** *nt* fax *m*
Telefon [tele'fo:n, 'te:ləfo:n] <-s, -e> *nt* téléphone *m*
Telefonanlage *f* installation *f* téléphonique **Telefonanruf** *m* appel *m* téléphonique **Telefonanschluss** *m* ligne *f* téléphonique
Telefonat [telefo'na:t] <-[e]s, -e> *nt* *(form)* communication *f* téléphonique
Telefonauskunft *f kein Pl* renseignements *mpl* téléphoniques; ***rufen Sie die ~ an!*** appelez les renseignements!
Telefonbuch *nt* annuaire *m* [téléphonique] **Telefongebühr** *f meist Pl* taxe *f* téléphonique **Telefongespräch** *nt* conversation *f* téléphonique **Telefonhörer** *m* combiné *m* [du téléphone]
telefonieren* [telefo'ni:rən] *vi* téléphoner; ***mit jdm/ins Ausland*** ~ téléphoner à qn/à l'étranger
telefonisch [tele'fo:nɪʃ] I. *adj* *Auskunft* téléphonique; *Beratung* par téléphone II. *adv* par téléphone
Telefonist(in) [telefo'nɪst] <-en, -en> *m(f)* standardiste *mf*
Telefonkarte *f* carte *f* de téléphone **Telefonkette** *f* chaîne *f* téléphonique **Telefonkonferenz** *f* multiplexe *m* **Telefonleitung** *f* ligne *f* [téléphonique] **Telefonmarketing** *nt* démarchage *m* par téléphone **Telefonnetz** *nt* réseau *m* téléphonique **Telefonnummer** *f* numéro *m* de téléphone **Telefonrechnung** *f* facture *f* de téléphone [*o* téléphonique] **Telefonseelsorge** *f* ≈ S.O.S Amitié *m* **Telefonsex** *m* *(fam)* téléphone *m* rose **Telefonüberwachung** *f* écoute *f* téléphonique **Telefonverbindung** *f* liaison *f* [téléphonique] **Telefonzelle** *f* cabine *f* téléphonique
Telegraf [tele'gra:f] <-en, -en> *m* télégraphe *m*
telegrafieren* [telegra'fi:rən] I. *vi* envoyer un télégramme II. *vt* télégraphier
telegrafisch [tele'gra:fɪʃ] *adj* télégraphique, par télégramme
Telegramm [tele'gram] <-gramme> *nt* télégramme *m*
Telegrammstil *m kein Pl* style *m* télégraphique
Telekolleg ['te:ləkɔle:k] *nt* télé-enseignement *m* **Telekommunikation** *f* télécommunications *fpl* **Telenovela** [-novela] <-, -s> *f* TV feuilleton *m* télé **Teleobjektiv** ['te:leʔɔpjɛkti:f] *nt* téléobjectif *m*
Telepathie [telepa'ti:] <-> *f* télépathie *f*
Teleprompter® ['te:ləprɔmptɐ] <-s, -> *m* [télé]prompteur *m* **Teleshopping** ['te:ləʃɔpɪŋ] <-s> *nt* téléachat *m*
Teleskop [tele'sko:p] <-s, -e> *nt* télescope *m*
Telespiel ['te:lə-] *nt* jeu *m* vidéo **Teletext** ['te:lə-] *m* TV télétexte *m*
Telex ['te:lɛks] <-, -e> *nt* télex *m*
Teller ['tɛlɐ] <-s, -> *m* assiette *f;* ***flacher/tiefer*** ~ assiette plate/creuse
Tellerrand *m* *(fam)* ▸ **über den ~ hinausschauen** aller chercher plus loin; **über den ~ nicht hinausschauen** ne pas voir plus loin que le bout de son nez
Tellerwäscher(in) *m(f)* plongeur, -euse *m, f*
Tempel ['tɛmpəl] <-s, -> *m* temple *m*
Temperament [tɛmp(ə)ra'mɛnt] <-[e]s, -e> *nt* tempérament *m*
temperamentvoll I. *adj* plein(e) de tempérament, dynamique II. *adv* avec ferveur

T

Temperatur [tɛmpəra'tuːɐ̯] <-, -en> *f a.* MED température *f*

Temperaturanstieg *m* hausse *f* des températures **Temperaturregler** *m* thermostat *m* **Temperaturschwankung** *f meist Pl* variation *f* de température

temperieren* [tɛmpə'riːrən] *vt* chambrer *Rotwein*

Tempo¹ ['tɛmpo] <-s, -s *o* MUS Tempi> *nt* ❶ vitesse *f*; ***mit hohem/niedrigem ~*** à grande/petite vitesse; ***[ein bisschen] ~!*** *(fam)* et que ça saute! ❷ MUS tempo *m*

Tempo®² ['tɛmpo] <-s, -s> *nt (fam) s.* **Tempotaschentuch**

Tempo-30-Zone ['tɛmpo'draɪsɪçtsoːnə] *f* zone *f* de limitation à 30 km/h

Tempolimit *nt* limitation *f* de vitesse

temporal [tɛmpo'raːl] *adj* LING de temps

temporär [tɛmpo'rɛːɐ̯] *(geh)* **I.** *adj* temporaire **II.** *adv* temporairement

Temposünder(in) *m(f) conducteur(-trice) en infraction pour excès de vitesse*

Tempotaschentuch *nt (fam)* kleenex® *m*

Tendenz [tɛn'dɛnts] <-, -en> *f* tendance *f*; ***steigende/fallende ~ haben*** être à la hausse/baisse

tendenziell [tɛndɛn'tsi̯ɛl] *adj* ***eine ~e Verbesserung*** une tendance à l'amélioration

tendenziös [tɛndɛn'tsi̯øːs] *adj (pej)* tendancieux, -euse

tendieren* [tɛn'diːrən] *vi* ❶ ***zu etw ~*** avoir tendance à qc; ***dazu ~ etw zu tun*** être enclin à faire qc ❷ FIN, ÖKON ***stärker/schwächer ~*** être orienté à la hausse/baisse

Teneriffa [tene'rɪfa] *nt* Tenerife *f*

Tennis ['tɛnɪs] <-> *nt* tennis *m*

Tennisball *m* balle *f* de tennis **Tennisplatz** *m* court *m* de tennis **Tennisschläger** *m* raquette *f* de tennis **Tennisspieler(in)** *m(f)* joueur, -euse *m, f* de tennis **Tennisturnier** *nt* tournoi *m* de tennis

Tenor¹ ['teːnoːɐ̯] <-s> *m (Inhalt, Wortlaut)* fond *m*, teneur *f*

Tenor² [te'noːɐ̯, *Pl:* te'nøːrə] <-s, Tenöre> *m* MUS ❶ *(Sänger)* ténor *m* ❷ *kein Pl (Singstimme)* [voix *f* de] ténor *m*

Tentakel [tɛn'taːkəl] <-s, -> *m o nt meist Pl* tentacule *m*

Teppich ['tɛpɪç] <-s, -e> *m* tapis *m* ▸ **etw unter den ~ kehren** *(fam)* faire passer qc à l'as

Teppichboden *m* moquette *f* **Teppichklopfer** <-s, -> *m* tapette *f* [à tapis] **Teppichreiniger** <-s, -> *m* shampooing *m* à moquette

Termin [tɛr'miːn] <-s, -e> *m* ❶ *(Uhrzeit)* rendez-vous *m*; ***sich dat einen ~ geben lassen*** prendre rendez-vous ❷ *(Datum)* date *f*; ***der letzte ~*** la date limite

Terminal¹ ['tøːɐ̯minəl, 'təːmɪnəl] <-s, -s> *nt* INFORM terminal *m*

Terminal² ['tøːɐ̯minəl, 'təːmɪnəl] <-s, -s> *nt o m* AVIAT, NAUT terminal *m*

termingerecht *adj o adv* dans les délais **Terminkalender** *m* agenda *m*

terminlich *adj* de rendez-vous, de date

Terminologie [tɛrminolo'giː] <-, -ien> *f* terminologie *f*

Terminplan *m* planning *m* **Terminplaner** <-s, -> *m* agenda *m* **Terminplanung** *f* établissement *m* d'un planning

Terminus ['tɛrminʊs] <-, Termini> *m* terme *m*

Termite [tɛr'miːtə] <-, -n> *f* termite *m*

Terpentin [tɛrpɛn'tiːn] <-s, -e> *nt o* A *m* térébenthine *f*

Terrain [tɛ'rɛ̃ː] <-s, -s> *nt* terrain *m*

Terrakotta [tɛra'kɔta] <-, -kotten> *f* terre *f* cuite

Terrarium [tɛ'raːri̯ʊm] <-s, -rien> *nt* terrarium *m*

Terrasse [tɛ'rasə] <-, -n> *f* terrasse *f*

Terrine [tɛ'riːnə] <-, -n> *f* soupière *f*

territorial [tɛrito'ri̯aːl] *adj* territorial(e)

Territorium [tɛri'toːri̯ʊm] <-s, -rien> *nt* territoire *m*

Terror ['tɛroːɐ̯] <-s> *m* terrorisme *m*, actions *fpl* terroristes

Terrorabwehr *f* lutte *f* contre le terrorisme **Terrorakt** *m* acte *m* terroriste **Terrorangriff** *m* attaque *f* terroriste **Terroranschlag** *m* attentat *m* terroriste **Terrorherrschaft** *f kein Pl* régime *m* de terreur

terrorisieren* [tɛrori'ziːrən] *vt* terroriser

Terrorismus [tɛro'rɪsmʊs] <-> *m* terrorisme *m*

Terrorismusbekämpfung *f* lutte *f* antiterroriste

Terrorist(in) [tɛro'rɪst] <-en, -en> *m(f)* terroriste *mf*

terroristisch *adj* terroriste

Terrormiliz *f* groupe *m* armé terroriste **Terrornetzwerk** *nt* réseau *m* terroriste **Terrorverdächtige(r)** *f(m) dekl wie adj personne suspectée de terrorisme* **Terrorwarnung** *f* alerte *f* terroriste

Terz [tɛrts] <-, -en> *f* MUS, SPORT tierce *f*

Terzett [tɛr'tsɛt] <-[e]s, -e> *nt* trio *m*

Tesafilm® ['teːzafɪlm] *m* scotch® *m*

Test [tɛst] <-[e]s, -s *o* -e> *m* test *m*; ***einen ~ machen*** *(durchführen)* faire un test; *(teilnehmen)* passer un test

T

Testament [tɛsta'mɛnt] <-[e]s, -e> *nt* ❶ testament *m* ❷ REL ***das Alte/Neue*** ~ l'Ancien/le Nouveau Testament
testamentarisch [tɛstamɛn'ta:rɪʃ] **I.** *adj* testamentaire **II.** *adv* par testament
Testamentseröffnung *f* ouverture *f* du testament **Testamentsvollstrecker(in)** *m(f)* exécuteur, -trice *m, f* testamentaire
Testbild *nt* mire *f* [de réglage]
testen ['tɛstən] *vt* tester
Testfrage *f* question-test *f* **Testlauf** *m* passage *m* d'essai **Testperson** *f* sujet *m* d'expérience **Testpilot(in)** *m(f)* pilote *m* d'essai **Testreihe** *f* série *f* de tests **Teststrecke** *f* piste *f* d'essai
Tetanus ['te:tanʊs] <-> *m* MED tétanos *m*
Tetanus[schutz]impfung *f* vaccination *f* antitétanique
teuer ['tɔy̯ɐ] **I.** *adj* ❶ cher, chère; ~ ***sein*** être cher, coûter cher ❷ *(geh: geschätzt)* cher, chère; ***sie ist ihm [lieb und]*** ~ elle lui est chère **II.** *adv* cher; *anbieten* à un prix élevé ▶ **etw ~ bezahlen müssen** payer cher qc; **jdn ~ zu stehen kommen** coûter cher à qn
Teuerung <-, -en> *f* hausse *f* des prix
Teuerungsrate *f* taux *m* d'inflation
Teufel ['tɔy̯fəl] <-s, -> *m* ❶ *kein Pl* diable *m* ❷ *(böser Mensch)* démon *m* ▶ **in ~s Küche kommen** *(fam)* se fourrer dans le pétrin, se mettre dans de beaux draps; **den ~ an die Wand malen** jouer les oiseaux de mauvais augure; **hier ist der ~ los** *(fam)* ici, c'est la panique; **auf ~ kommraus** *(fam)* coûte que coûte; **wenn man vom ~ spricht, kommt er** *(prov)* quand on parle du loup, on en voit la queue *fam;* **weiß der ~, ...!** *(fam)* ..., Dieu seul le sait!
Teufelskerl *m (fam)* fonceur *m* **Teufelskreis** *m* cercle *m* vicieux **Teufelszeug** *nt (pej fam)* truc *m* infernal
teuflisch ['tɔy̯flɪʃ] **I.** *adj* diabolique **II.** *adv* ❶ de façon diabolique ❷ *(fam: sehr)* rudement
Text [tɛkst] <-[e]s, -e> *m* texte *m* ▶ **weiter im ~!** *(fam)* la suite!
Textabschnitt *m* passage *m* **Textaufgabe** *f* énoncé *m* [du problème] **Textausschnitt** *m* extrait *m* **Textbuch** *nt* livret *m* **Textdatei** *f* INFORM fichier-texte *m*
texten ['tɛkstən] *vt* composer *Schlager;* écrire *Slogan;* ***an seinem neuen Album*** ~ poser pour son prochain album
Texter(in) <-s, -> *m(f)* parolier, -ière *m, f; (Werbetexter)* rédacteur, -trice *m, f* publicitaire
textil [tɛks'ti:l] *adj* textile **Textilfabrik** *f* usine *f* textile
Textilien [tɛks'ti:li̯ən] *Pl* [matières *f pl*] textiles *mpl*
Textilindustrie *f* industrie *f* textile **Textilwaren** *Pl* textiles *mpl*
Textmarker *m* surligneur *m* **Textstelle** *f* passage *m* **Textverarbeitung** *f* INFORM traitement *m* de texte
Textverarbeitungsprogramm *nt* INFORM [programme *m* de] traitement *m* de texte
Textverständnis *nt* compréhension *f* écrite
TH [te:'ha:] <-, -s> *f Abk von* **Technische Hochschule** ≈ I.U.T. *m*
Thailand ['ta̯ilant] *nt* la Thaïlande
Thailänder(in) ['ta̯ilɛndɐ] <-s, -> *m(f)* Thaïlandais(e) *m(f)*
thailändisch **I.** *adj* thaïlandais(e) **II.** *adv* ~ ***miteinander sprechen*** discuter en thaïlandais; *s. a.* **deutsch**
Thailändisch <-[s]> *nt kein Art* thaïlandais *m; s. a.* **Deutsch**
Thanksgiving ['øɛŋksgɪvɪŋ] <-s, -s> *nt* Jour *m* d'action de grâce(s)
Theater [te'a:tɐ] <-s, -> *nt* ❶ théâtre *m;* ~ ***spielen*** faire du théâtre; ***zum ~ gehen*** se lancer dans le théâtre ❷ *(fig fam)* ~ ***um etw machen*** faire toute une histoire de qc; ***das ist nur*** ~ c'est du cinéma
Theateraufführung *f* représentation *f* théâtrale **Theaterkarte** *f* billet *m* de théâtre **Theaterkasse** *f* caisse *f* [du théâtre] **Theaterstück** *nt* pièce *f* de théâtre
theatralisch [tea'tra:lɪʃ] *adj* théâtral(e)
Theke ['te:kə] <-, -n> *f (Wirtshaustheke)* bar *m; (Ladentisch)* comptoir *m*
Thema ['te:ma] <-s, Themen *o* -ta> *nt* sujet *m;* ***vom ~ abschweifen*** s'écarter du sujet ▶ **für jdn kein ~ sein** être hors de question pour qn
Thematik [te'ma:tɪk] <-> *f* domaine *m*
thematisch **I.** *adj* thématique **II.** *adv* en ce qui concerne le sujet
thematisieren* *vt* ***etw*** ~ faire de qc un thème de discussion
Themen *Pl von* **Thema**
Themse ['tɛmzə] <-> *f* ***die*** ~ la Tamise
Theologe, Theologin [teo'lo:gə] <-n, -n> *m, f* théologien(ne) *m(f)*
Theologie [teolo'gi:] <-, -ien> *f* théologie *f*
theologisch [teo'lo:gɪʃ] **I.** *adj* théologique **II.** *adv* d'un point de vue [*o* sur le plan] théologique
theoretisch [teo're:tɪʃ] *adj* théorique

theoretisieren* [teoreti'zi:rən] *vi* théoriser; ***über etw*** *akk* ~ théoriser sur qc
Theorie [teo'ri:] <-, -ien> *f* théorie *f;* ***das ist reine*** ~ c'est de la spéculation pure et simple
Therapeut(in) [tera'pɔyt] <-en, -en> *m(f)* thérapeute *mf*
therapeutisch [tera'pɔytɪʃ] **I.** *adj* thérapeutique **II.** *adv* sur le plan thérapeutique
Therapie [tera'pi:] <-, -ien> *f* thérapie *f*
Thermalbad [tɛr'ma:lba:t] *nt* ❶ MED bain *m* thermal ❷ *(Kurort)* station *f* thermale **Thermalquelle** *f* source *f* thermale
thermisch ['tɛrmɪʃ] *adj* thermique
Thermometer [tɛrmo'me:tɐ] <-s, -> *nt* thermomètre *m*
Thermosflasche® ['tɛrmɔsflaʃe] *f* [bouteille *f*] thermos® *f* **Thermoskanne®** *f* verseuse *f* isotherme
Thermostat [tɛrmo'sta:t] <-es *o* -en, -e[n]> *m* thermostat *m*
Thesaurus [te'zaurʊs] <-, Thesauren *o* Thesauri> *m* thésaurus *m*
These ['te:zə] <-, -n> *f (geh)* thèse *f,* théorie *f*
Thriller ['θrɪlɐ] <-s, -> *m* thriller *m*
Thrombose [trɔm'bo:zə] <-, -n> *f* thrombose *f*
Thron [tro:n] <-[e]s, -e> *m* trône *m;* ***den ~ besteigen*** accéder au trône; ***auf den ~ verzichten*** renoncer au trône
Thronbesteigung *f* accession *f* au trône
thronen ['tro:nən] *vi* trôner
Thronfolge *f kein Pl* succession *f* au trône; ***die ~ antreten*** prendre la succession au trône **Thronfolger(in)** <-s, -> *m(f)* prétendant(e) *m(f)* au trône
Thunfisch ['tu:nfɪʃ] *m* thon *m*
Thurgau <-s> *m* ***der*** ~ le canton de Thurgovie
Thüringen ['ty:rɪŋən] <-s> *nt* la Thuringe
Thymian ['ty:mi̯a:n] <-s, -e> *m* thym *m*
Tibet ['ti:bɛt] <-s> *nt* le Tibet
Tibetaner(in) <-s, ->, **Tibeter(in)** [ti'be:tɐ] <-s, -> *m(f)* Tibétain(e) *m(f)*
Tick [tɪk] <-[e]s, -s> *m* ❶ *(MED)* tic *m* nerveux ❷ *(fam: Marotte)* ***einen ~ haben*** avoir un grain
ticken ['tɪkən] *vi* faire tic-tac ► **nicht richtig** ~ *(fam)* débloquer
Ticket <-s, -s> *nt (Fahrkarte)* billet *m; (Eintrittskarte)* ticket *m,* billet *m*
Ticketkontrolle *f* contrôle *m* des billets
ticktack *interj* tic tac
Ticktack ['tɪk'tak] <-, -s> *f (Kinderspr. fam: Uhr)* montre *f*

Tiebreak ['taɪbre:k] <-s, -s> *m o nt (beim Tennis)* tie-break *m*
tief [ti:f] **I.** *adj* ❶ *See, Wald, Regal, Verbeugung* profond(e); *Schnee* épais(se); *Tal* encaissé(e); ***hundert Meter*** ~ de cent mètres de profondeur ❷ *Temperatur, Wasserstand* bas(se) ❸ *Ton, Stimme* grave ❹ *Schlaf, Gefühl, Sinn, Not* profond(e); *Rot, Blau* foncé(e) **II.** *adv* ❶ *tauchen* profondément; *bohren, graben* en profondeur; ***~ fallen*** tomber de haut; ***zehn Meter ~ tauchen*** plonger à dix mètres de profondeur ❷ *fliegen* bas ❸ *sitzen* en profondeur ❹ *klingen* avec des sonorités graves; *singen* d'une voix grave; ***ein Ton zu ~*** un ton trop bas ❺ *empfinden, schlafen, atmen* profondément ► ~ **sinken** *Person:* s'avilir
Tief [ti:f] <-[e]s, -e> *nt* ❶ METEO dépression *f,* zone *f* de basse pression ❷ *(fig)* phase *f* dépressive
Tiefbau *m kein Pl* travaux *mpl* publics [en sous-sol] **Tiefdruck** *m kein Pl* ❶ METEO basses pressions *fpl* ❷ TYP impression *f* en creux, hélio[gravure] *f*
Tiefdruckgebiet *nt* zone *f* de basse pression
Tiefe ['ti:fə] <-, -n> *f* ❶ profondeur *f* ❷ *kein Pl (Intensität)* intensité *f*
Tiefebene *f* plaine *f* basse
Tiefenpsychologie *f* psychologie *f* des profondeurs **Tiefenschärfe** *f* profondeur *f* de champ
Tiefflug *m* vol *m* à basse altitude; ***im*** ~ à basse altitude **Tiefgang** *m kein Pl* ❶ NAUT tirant *m* d'eau ❷ *(fig)* ***~ haben*** *Gespräch:* avoir de la profondeur **Tiefgarage** [-gara:ʒə] *f* parking *m* souterrain **tiefgefroren** *adj,* **tiefgekühlt** *adj* congelé(e); *Gericht* surgelé(e) **tiefgreifend** *adj attr* profond(e)
tiefgründig *adj Gedanken* profond(e); *Analyse* approfondi(e)
Tiefkühlfach *nt* freezer *m* **Tiefkühlkost** *f* [produits *mpl*] surgelés *mpl* **Tiefkühlschrank** *m* congélateur *m* [armoire] **Tiefkühltruhe** *f* congélateur *m* [bahut]
Tiefland *nt* basses terres *fpl* **Tiefpunkt** *m* niveau *m* zéro **Tiefschlag** *m* SPORT coup *m* bas
tiefschürfend *adj Betrachtung, Gedanken* profond(e); *Analyse* approfondi(e) **tiefschwarz** *adj* noir(e) d'ébène **Tiefsee** *f* grands fonds *mpl* **Tiefseetaucher(in)** *m(f)* plongeur, -euse *m, f* d'extrême **tiefsinnig** *s.* **tiefgründig** **Tiefstand** *m* niveau *m* plancher
Tiefsttemperatur *f* température *f* mini-

male **Tiefstwert** *m* METEO niveau *m* minimum; FIN valeur *f* minimale
Tiegel ['tiːgəl] <-s, -> *m* poêlon *m*
Tier [tiːɐ̯] <-[e]s, -e> *nt* animal *m*, bête *f* ▶ **hohes** ~ *(fam)* ponte *m*
Tierart *f* espèce *f* animale **Tierarzt**, **-ärztin** *m, f* vétérinaire *mf* **Tierhalter(in)** *m(f)* propriétaire *mf* d'un animal **Tierhaltung** *f kein Pl* entretien *m* d'animaux **Tierhandlung** *f* animalerie *f* **Tierheim** *nt* refuge *m* [pour animaux]
tierisch ['tiːrɪʃ] **I.** *adj* ① animal(e) ② *(fam: sehr)* terrible ③ *(pej: abstoßend)* bestial(e) **II.** *adv (fam) schwitzen* comme une bête; *wehtun* vachement
Tierklinik *f* clinique *f* vétérinaire
Tierkreis *m kein Pl* ASTRON zodiaque *m*
Tierkreiszeichen *nt* signe *m* du zodiaque
Tierkunde <-> *f* zoologie *f* **tierlieb** *adj* ami(e) des animaux **Tiermehl** *nt* AGR farine *f* animale **Tierpark** *m* parc *m* zoologique **Tierpfleger(in)** *m(f)* gardien(ne) *m(f)* d'animaux **Tierquäler(in)** <-s, -> *m(f)* personne *f* qui maltraite les animaux **Tierquälerei** *f* cruauté *f* envers les animaux **Tierreich** *nt kein Pl* règne *m* animal **Tierschutz** *m* protection *f* des animaux **Tierschützer(in)** *m(f)* protecteur, -euse *m, f* des animaux
Tierschutzverein *m* société *f* protectrice des animaux
Tierseuche *f* MED épizootie *f* **Tierversuch** *m* expérience *f* sur des animaux **Tierwelt** *f kein Pl* monde *m* animal **Tierzucht** *f kein Pl* élevage *m*
Tiger(in) ['tiːgɐ] <-s, -> *m(f)* tigre, tigresse *m, f*
tigern ['tiːgɐn] *vi + sein (fam)* ***durch die Straßen*** ~ déambuler dans les rues
Tilde ['tɪldə] <-, -n> *f* tilde *m*
tilgen ['tɪlgən] *vt (geh)* ① FIN rembourser *Kredit;* purger *Hypothek;* éteindre *Schuld* ② *(beseitigen)* éliminer, faire disparaître *Spuren*
Tilgung <-, -en> *f (geh) eines Kredits* remboursement *m*
timen ['taɪ̯mən] *vt* prévoir le timing de
Timesharing ['taɪ̯mʃɛːrɪŋ] <-s, -s> *nt* INFORM temps *m* partagé
Timing ['taɪ̯mɪŋ] <-s, -s> *nt* timing *m* **tindern** ['tɪndɐn] *vi (fam)* INFORM être sur Tinder®
tingeln *vi + sein (fam)* ***durch die Kneipen*** ~ se produire dans les cafés
Tinktur [tɪŋk'tuːɐ̯] <-, -en> *f* teinture *f*
Tinte ['tɪntə] <-, -n> *f* encre *f* ▶ **in der** ~ **sitzen** *(fam)* être dans le pétrin

Tintenfass *nt* encrier *m* **Tintenfisch** *m* seiche *f* **Tintenkiller** *m (fam)* effaceur *m* **Tintenklecks** *m* pâté *m* **Tintenpatrone** *f* cartouche *f* d'encre **Tintenstrahldrucker** *m* imprimante *f* à jet d'encre
Tipp [tɪp] <-s, -s> *m* ① *(fam: Hinweis)* tuyau *m* ② *(beim Wetten)* pronostic *m*
tippen ['tɪpən] **I.** *vi* ① *(anstoßen)* ***an etw akk*** ~ effleurer qc ② *(fam: Schreibmaschine schreiben)* taper [à la machine] ③ *(Lotto spielen)* jouer [au loto] ④ *(fam: vorhersagen)* ***richtig/falsch*** ~ taper juste/à côté; ***auf jdn/etw*** ~ parier sur qn/qc **II.** *vt (fam)* ① taper *Text* ② *(wetten)* ***die 15*** ~ jouer le 15
Tipp-Ex® ['tɪpɛks] <-> *nt* Tipp-Ex® *m*
Tippfehler *m* faute *f* de frappe **Tippschein** *m* bulletin *m* de loto
Tippse ['tɪpsə] <-, -n> *f (pej)* [petite] dactylo *f*
tipptopp ['tɪp'tɔp] *adj (fam)* impeccable
Tippzettel *m s.* **Tippschein**
Tiramisu [tirami'zuː] <-s, -s> *nt* tiramisu *m*
Tirol [ti'roːl] <-s> *nt* le Tyrol
Tiroler(in) [ti'roːlɐ] <-s, -> *m(f)* Tyrolien(ne) *m(f)*
Tisch [tɪʃ] <-[e]s, -e> *m* table *f;* ***sich an den ~ setzen*** se mettre à table; ***zu ~ sein*** *(geh)* être à table; ***nach ~*** *(geh)* après le repas ▶ **mit etw reinen ~ machen** faire table rase de qc; **unter den ~ fallen** *(fam)* passer à la trappe; **vom ~ sein** être réglé; **jdn über den ~ ziehen** *(fam)* arnaquer qn
Tischbein *nt* pied *m* de table **Tischdecke** *f* nappe *f* **Tischfußball** *m* baby-foot *m* **Tischgespräch** *nt* propos *mpl* de table **Tischläufer** *m* chemin *m* de table
Tischler(in) ['tɪʃlɐ] <-s -> *m(f)* menuisier, -ière *m, f*
Tischlerei [tɪʃlə'raɪ̯] <-, -en> *f* menuiserie *f*
tischlern ['tɪʃlɐn] **I.** *vi (fam)* faire de la menuiserie **II.** *vt (fam)* ***etw*** ~ menuiser qc
Tischmanieren *Pl façon de se tenir à table;* ***gute/schechte ~ haben*** savoir/ne pas savoir se tenir à table
Tischplatte *f* dessus *m* de table **Tischrede** *f* discours *m* de banquet
Tischtennis *nt* tennis *m* de table
Tischtennisball *m* balle *f* de ping-pong **Tischtennisplatte** *f* table *f* de ping-pong **Tischtennisschläger** *m* raquette *f* de ping-pong
Tischtuch <-tücher> *nt* nappe *f*
Titan [ti'taːn] <-en, -en> *m* Titan *m*
Titel ['tiːtəl] <-s, -> *m* ① *a.* SPORT titre *m;*

jdn mit seinem ~ anreden appeler qn par son titre ❷ JUR titre *m* exécutoire
Titelbild *nt* photo *f* de couverture **Titelblatt** *nt (eines Buches)* page *f* de titre **Titelgeschichte** *f* article *m* qui fait la une
Titelheld(in) *m(f)* héros *m* /héroïne *f* [dont l'œuvre porte le nom] **Titelkampf** *m* combat *m* pour le titre
titeln ['ti:təln] *vt* titrer
Titelrolle *f* rôle-titre *m* **Titelseite** *f* couverture *f* **Titelverteidiger(in)** *m(f)* SPORT tenant(e) *m(f)* du titre
Titte ['tɪtə] <-, -n> *f meist Pl (vulg)* nichon *m fam*
tituliéren* *vt* ***jdn [mit] Herr Professor ~*** appeler qn Monsieur le Professeur; ***jdn [als] „Feigling" ~*** traiter qn de lâche
tja [tja(:)] *interj* ma foi
Toast [to:st] <-[e]s, -e> *m* ❶ pain *m* grillé ❷ *(Trinkspruch)* toast *m*
Toastbrot ['to:st-] *nt (Brot zum Toasten)* pain *m* de mie
toasten ['to:stən] *vt* faire griller
Toaster ['to:stɐ] <-s, -> *m* grille-pain *m*
toben ['to:bən] *vi* I *haben* ❶ *wütend* fulminer; *begeistert* être déchaîné ❷ *Kinder:* se défouler; *Sturm:* faire rage; *Meer:* se déchaîner
Tobsucht *f kein Pl* rage *f* **tobsüchtig** *adj* furieux, -euse
Tochter ['tɔxtɐ, *Pl:* 'tœçtɐ] <-, Töchter> *f* ❶ fille *f* ❷ *s.* **Tochtergesellschaft**
Tochtergesellschaft *f* filiale *f*
Tod [to:t] <-[e]s, -e> *m* mort *f*; ***eines natürlichen ~es sterben*** mourir de mort naturelle ► **den ~ finden** *(geh)* trouver la mort; **sich zu ~e langweilen** s'ennuyer à mourir
todernst ['to:t'ʔɛrnst] **I.** *adj* [très] sérieux, -euse; *Miene* d'enterrement **II.** *adv* avec une extrême gravité
Todesangst *f* ❶ angoisse *f* de la mort ❷ *(fam: große Angst)* peur *f* bleue **Todesanzeige** *f* avis *m* de décès **Todesfall** *m* décès *m* **Todeskampf** *m* agonie *f* **Todeskandidat(in)** *m(f)* condamné(e) *m(f)* à mort **todesmutig I.** *adj* prêt(e) à affronter la mort **II.** *adv* sans crainte de la mort **Todesopfer** *nt* mort *m* **Todesschütze, -schützin** *m, f* auteur *mf* du coup de feu mortel **Todesstoß** *m* coup *m* de grâce **Todesstrafe** *f* peine *f* de mort **Todestag** *m* jour *m* de la mort; *(Jahrestag)* jour *m* anniversaire de la mort **Todesursache** *f* cause *f* de la mort **Todesurteil** *nt* condamnation *f* à mort **Todeszelle** *f* cellule *f* du condamné à mort
Todfeind(in) ['to:tfaint] *m(f)* ennemi(e) *m(f)* mortel(le) **todgeweiht** *adj (geh)* voué(e) à la mort **todkrank** ['to:t'kraŋk] *adj* très gravement malade; *(sterbend)* moribond(e)
tödlich ['tø:tlɪç] **I.** *adj* ❶ mortel(le); *Gefahr* de mort ❷ *(fam) Ernst* absolu(e); *Langeweile, Hass* mortel(le) **II.** *adv* ❶ ***~ verunglücken*** avoir un accident mortel ❷ *(fam) beleidigen, sich langweilen* à mort
todmüde ['to:t'my:də] *adj* mort(e) de fatigue **todschick** ['to:t'ʃɪk] *adj (fam)* très classe **todsicher** ['to:t'zɪçɐ] *adj (fam) Angelegenheit* totalement fiable; *Methode* miracle **Todsünde** *f* péché *m* mortel
Togo ['to:go] <-s> *nt* le Togo
Tohuwabohu [to:huva'bo:hu] <-[s], -s> *nt* pagaille *f fam*
toi, toi, toi *interj (fam: viel Glück und Erfolg)* je te/vous dis les cinq lettres *fam; (unberufen)* je touche/touchons du bois *fam*
Toilette [toa'lɛtə] <-, -n> *f* toilettes *fpl*, W.-C. *mpl*
Toilettenartikel [toa'lɛtən-] *m meist Pl* article *m* de toilette **Toilettenpapier** *nt* papier *m* hygiénique
Tokio ['to:kio] <-s> *nt* Tokyo
tolerant [tole'rant] *adj* tolérant(e)
Toleranz [tole'rants] <-, -en> *f* ❶ *kein Pl* tolérance *f* ❷ TECH [marge *f* de] tolérance *f*
tolerieren* [tole'ri:rən] *vt* tolérer
toll [tɔl] **I.** *adj (fam)* extra; *Idee* super **II.** *adv (fam: wild)* de façon débridée; ***ihr treibt es zu ~!*** vous y allez trop fort!
tollen ['tɔlən] *vi* ❶ + *haben* ***im Kinderzimmer ~*** faire le fou, la folle dans la chambre ❷ + *sein (laufen)* ***durch das Haus ~*** courir comme un fou, une folle dans la maison
tollkühn ['tɔlky:n] *adj Person* intrépide, téméraire; *Plan* très audacieux, -euse **Tollkühnheit** *f kein Pl einer Person* intrépidité *f; eines Unternehmens* témérité *f*
Tollpatsch ['tɔlpatʃ] <-es, -e> *m (fam)* empoté(e) *m(f)*
tollpatschig ['tɔlpatʃɪç] *adj (fam) Person* empoté(e); *Tier* pataud(e)
Tollwut *f* rage *f*
tollwütig ['tɔlvy:tɪç] *adj* MED enragé(e)
Tölpel ['tœlpəl] <-s, -> *m* empoté(e) *m(f) fam*
Tomate [to'ma:tə] <-, -n> *f* tomate *f* ► **~n auf den Augen haben** *(fam)* avoir de la merde dans les yeux
Tomatenketchup *m o nt* ketchup *m*
Tomatenmark *nt* concentré *m* de toma-

T

tes **Tomatensaft** *m* jus *m* de tomates **Tomatensoße** *f* sauce *f* tomate
Tombola ['tɔmbola] <-, -s *o* Tombolen> *f* tombola *f*
Tomografie [tomogra'fiː] <-, -ien> *f* tomographie *f*
Ton[1] [toːn] <-[e]s, -e> *m* MINER argile *f*
Ton[2] [toːn, *Pl:* 'tøːnə] <-[e]s, Töne> *m* ❶ son *m* ❷ *(fam: Wort)* ***keinen ~ herausbringen*** ne pas arriver à sortir un mot ❸ *(Tonfall)* ton *m* [de la voix]; ***ich verbitte mir diesen ~*** je n'admets pas que l'on me parle sur ce ton ❹ *(Farbton)* ton *m*, teinte *f* ▸ **große Töne spucken** *(fam)* chercher à en mettre plein la vue, frimer; **der gute ~** la bienséance
tonangebend *adj* qui donne le ton, influent(e) **Tonarm** *m* bras *m* [de lecture] **Tonart** *f (a. fig)* ton *m* **Tonaufnahme** *f* enregistrement *m* du son
Tonband <-bänder> *nt* bande *f* magnétique
Tonbandaufnahme *f* enregistrement *m* sur bande magnétique **Tonbandgerät** *nt* magnétophone *m*
tönen ['tøːnən] **I.** *vi* ❶ *Glocke:* faire entendre un bruit; *Stimme:* sonner ❷ *(prahlen)* parler en se vantant **II.** *vt* teindre *Haare*
Toner ['toːnɐ] <-s, -> *m eines Fotokopierers* encre *f; eines Laserdruckers* toner *m*
Tonerkartusche *f* cartouche *f* de toner
tönern ['tøːnɐn] *adj* en terre [cuite]
Tonfall *m* ton *m*, intonation *f*
Tonga ['tɔŋa] *nt* Tonga *fpl*
Tonhöhe *f* hauteur *f* d'un/du son **Toningenieur(in)** *m(f)* ingénieur *mf* du son **Tonkopf** *m* tête *f* [de lecture] **Tonlage** *f* tessiture *f* **Tonleiter** *f* gamme *f*
tonlos *adj Stimme* atone
Tonne ['tɔnə] <-, -n> *f* ❶ *(fassförmiger Behälter)* fût *m* ❷ *(Mülltonne)* poubelle *f;* ***grüne ~*** *(für Bioabfälle)* poubelle pour déchets organiques; *(für Altpapier)* poubelle à papier; ***gelbe ~*** poubelle jaune *(pour déchets recyclables et emballages)* ❸ *(Gewichtseinheit)* tonne *f;* ***der Hund wiegt ja eine ~!*** *(fam)* mais le chien pèse une tonne ! ❹ NAUT *(Bruttoregistertonne)* tonneau *m* ❺ *(fam: dicker Mensch)* barrique *f fam* ▸ **das kannst du/könnt ihr in die ~ treten!** *(fam)* tu peux/vous pouvez balancer ça à la poubelle! *fam*
Tonspur *f* piste *f* sonore **Tonstörung** *f* panne *f* de son **Tonstudio** *nt* studio *m* d'enregistrement
Tontaubenschießen <-s> *nt* tir *m* au pigeon
Tontechniker(in) *m(f)* ingénieur *mf* du son **Tonträger** *m* support *m* sonore
Tönung <-, -en> *f* ❶ *kein Pl (das Tönen)* teinture *f* ❷ *(Farbton)* teinte *f*
Tool [tuːl] <-s, -s> *nt* INFORM outil *m*
Top [tɔp] <-s, -s> *nt* COUT débardeur *m*
Topas [to'paːs] <-es, -e> *m* topaze *f*
Topf [tɔpf, *Pl:* 'tœpfə] <-[e]s, Töpfe> *m* ❶ *(Kochtopf)* casserole *f* ❷ *(Blumentopf, Nachttopf)* pot *m*
Topfblume *f* fleur *f* en pot
Töpfchen ['tœpfçən] <-s, -> *nt (Kinderspr.: Nachttopf)* pot *m;* ***aufs ~ gehen*** aller sur le pot
Topfen <-s> *m* A, SDEUTSCH fromage *m* blanc
Töpfer(in) ['tœpfɐ] <-s, -> *m(f)* potier, -ière *m, f*
Töpferei [tœpfə'raj] <-, -en> *f (Werkstatt)* [atelier *m* de] poterie *f*
töpfern ['tœpfɐn] *vi* faire de la poterie
Töpferscheibe *f* tour *m* de potier
topfit ['tɔp'fɪt] *adj (fam)* ~ ***sein*** avoir la pêche
Topflappen *m* manique *f* **Topfpflanze** *f* plante *f* en pot **Topmanager(in)** [-mænɪdʒɐ] *m(f)* top manager *m*
Topografie [topogra'fiː] <-, -ien> *f* topographie *f*
topografisch [topo'graːfɪʃ] *adj* topographique
Topologie [topolo'giː] <-> *f* topologie *f*
Tor [toːɐ̯] <-[e]s, -e> *nt* ❶ ARCHIT porte *f* ❷ SPORT buts *mpl*, cages *fpl; (Treffer)* but *m;* ***ein ~ schießen*** marquer un but
Torbogen *m* arc *m* du portail
Toreinfahrt *f* entrée *f*
Torero [to'reːro] <-s, -s> *m* torero *m*
Torf [tɔrf] <-[e]s, -e> *m* tourbe *f*
Torfrau *f* SPORT gardienne *f* de but **Torheit** <-, -en> *f kein Pl (geh)* folie *f*
Torhüter(in) *s.* **Torwart(in)**
töricht ['tøːrɪçt] *adj (geh) Person* fou, folle; *Benehmen* insensé(e), aberrant(e); *Idee* stupide
torkeln ['tɔrkəln] *vi + sein* tituber
Torlinie *f* SPORT ligne *f* de but
Tormann <-männer *o* -leute> *m (Torwart)* gardien *m* du but
Tornado [tɔr'naːdo] <-s, -s> *m* tornade *f*
torpedieren* [tɔrpe'diːrən] *vt* NAUT *(a. fig)* torpiller
Torpedo [tɔr'peːdo] <-s, -s> *m* torpille *f*
Torpedoboot *nt* torpilleur *m*
Torpfosten *m* poteau *m* **Torraum** *m* SPORT surface *f* de but

T

Torschlusspanik *f (fam)* peur *f* de laisser passer un moment décisif
Torschuss *m* SPORT tir *m* **Torschütze, -schützin** *m, f* SPORT buteur, -euse *m, f*
Torso ['tɔrzo] <-s, -s *o* Torsi> *m* KUNST torse *m*
Törtchen ['tœrtçən] <-s, -> *nt Dim von* **Torte** tartelette *f*
Torte ['tɔrtə] <-, -n> *f (Obsttorte)* tarte *f; (Cremetorte)* gâteau *m* [fourré de crème au beurre]
Tortenboden *m* fond *m* de tarte **Tortendiagramm** *nt* graphique *m* à secteurs [circulaires], camembert *m fam* **Tortenguss** *m* gélatine *f* **Tortenheber** <-s, -> *m* pelle *f* à tarte
Tortur [tɔr'tuːɐ̯] <-, -en> *f (geh)* torture *f,* tourments *mpl*
Torwart(in) ['toːɐ̯vart] *m(f)* SPORT gardien(ne) *m(f)* [de but]
Torwarthandschuh *m* gant *m* du gardien de but
tosen ['toːzən] *vi + haben Brandung:* mugir; *Sturm:* faire rage
tot [toːt] *adj* ❶ *Lebewesen* mort(e); ***halb*** ~ à moitié mort; ***sich*** **~ *stellen*** faire le mort ❷ *Gleis* désaffecté(e); *Flussarm* mort(e)
total [to'taːl] **I.** *adj* complet, -ète **II.** *adv (fam) hilflos* totalement; *vergessen* complètement
Totalausverkauf *m* liquidation *f* totale
totalitär [totali'tɛːɐ̯] *adj* totalitaire
Totalschaden *m* destruction *f* totale
tot|arbeiten *vr (fam)* ***sich*** ~ se tuer à force de travailler **tot|ärgern** *vr (fam)* ***sich*** ~ se mettre en boule; ***sich über jdn/etw*** ~ se mettre en boule contre qn/qc
Tote(r) *f(m) dekl wie adj* mort(e) *m(f); (Unfallopfer)* tué(e) *m(f)*
Totempfahl *m* mât *m* totémique
töten ['tøːtən] *vt* tuer
Totenkopf *m* crâne *m; (Symbol)* tête *f* de mort **Totenmesse** *f* messe *f* des morts **Totensonntag** *m* Fête *f* des morts *(dans la liturgie protestante)* **totenstill** ['toːtən-'ʃtɪl] *adj* ***es ist*** ~ il règne un silence de mort **Totenstille** ['toːtən'ʃtɪlə] *f* silence *m* de mort
tot|fahren *vt irr* écraser **Totgeburt** *f* enfant *m* mort-né **tot|lachen** *vr (fam)* ***sich*** ~ être mort de rire; ***zum Totlachen sein*** être à mourir de rire **tot|laufen** *vr irr* ***sich*** ~ *Gespräche:* s'enliser
Toto ['toːto] <-s, -s> *nt o m* loto *m* sportif
tot|prügeln *vt* frapper à mort; ***jdn*** ~ frapper qn à mort
tot|schießen *vt irr (fam)* descendre **Totschlag** *m kein Pl* homicide *m* involontaire
Totschlagargument *nt (pej fam)* argument *m* massue
tot|schlagen *vt irr* ***jdn*** ~ tabasser qn à mort **Totschläger** *m* ❶ meurtrier *m* ❷ *(Waffe)* casse-tête *m* **Totschlägerin** *f* meurtrière *f*
tot|schweigen *vt irr* ne pas parler de *Person;* passer sous silence *Sache*
Tötung <-, *selten:* -en> *f* ❶ *(Mord)* meurtre *m;* ***fahrlässige*** ~ homicide *m* par imprudence ❷ *(Schlachten)* abattage *m*
Touch [tatʃ] <-s, -s> *m (fam)* ***ein nostalgischer*** ~ un [petit] côté nostalgique
Touchpad ['tatʃpɛd] <-s, -s> *nt* INFORM pavé *m* tactile **Touchscreen** ['tatʃskriːn] <-, -s> *m* INFORM écran *m* tactile
Toupet [tu'peː] <-s, -s> *nt* postiche *m*

Falsche Freunde
Nicht verwechseln mit *le toupet* – *die Frechheit*!

toupieren* [tu'piːrən] *vt* ***sich*** *dat* ***die Haare*** ~ se crêper les cheveux
Tour [tuːɐ̯] <-, -en> *f* ❶ *(Reise)* excursion *f* ❷ *(Fahrt)* tournée *f* ❸ *Pl (Umdrehung)* tour *m;* ***auf vollen ~en*** à plein rendement ❹ *(fam: Vorgehen)* magouille *f;* ***auf die sanfte*** ~ en utilisant la manière douce
touren [tuːrən] *vi* être en tournée
Tourenzahl *f* régime *m,* nombre *m* de tours [par minute] **Tourenzähler** *m* compte-tours *m*
Tourismus [tu'rɪsmʊs] <-> *m* tourisme *m;* ***sanfter*** ~ ≈ tourisme respectueux de l'environnement, ≈ tourisme soft
Tourist(in) [tu'rɪst] <-en, -en> *m(f)* touriste *mf*
Touristeninformation *f* office *m* de tourisme **Touristenklasse** [tu'rɪstən-] *f* classe *f* économique
Touristik [tu'rɪstɪk] <-> *f* [industrie *f* du] tourisme *m*
touristisch *adj* touristique
Tournee [tʊr'neː] <-, -een *o* -s> *f* tournée *f;* ***auf ~ gehen*** partir en tournée
Tower ['taʊə] <-s, -> *m* ❶ AVIAT tour *f* de contrôle ❷ INFORM tour *f*
toxikologisch [tɔksiko'loːgɪʃ] *adj Untersuchung, Daten* toxicologique; *Labor* de toxicologie
toxisch ['tɔksɪʃ] *adj* toxique
Trab [traːp] <-[e]s> *m* trot *m;* ***im*** ~ au trot

T

► **jdn in ~ halten** *(fam)* maintenir qn sous pression
Trabant [tra'bant] <-en, -en> *m* satellite *m*
Trabantenstadt *f* ville *f* satellite
traben ['tra:bən] *vi + sein* trotter
Trabi ['trabi] <-s, -s> *m surnom donné à la voiture de la marque "Trabant" fabriquée en R.D.A.*
Tracht [traxt] <-, -en> *f (Volkstracht)* costume *m* [folklorique]; *(von Berufsgruppen)* tenue *f* ► **eine ~ Prügel** *(fam)* une raclée
trachten ['traxtən] *vi (geh)* ***nach etw*** ~ prétendre à qc
trächtig ['trɛçtɪç] *adj* plein(e), en gestation
Tradition [tradi'tsi̯o:n] <-, -en> *f* tradition *f*; ***aus*** ~ par tradition
traditionell [traditsi̯o'nɛl] *adj* traditionnel(le)
traditionsbewusst *adj* traditionaliste, soucieux, -euse des traditions **traditionsgemäß** *adv* selon la tradition
traf [tra:f] *Imp von* **treffen**
Trafik [tra'fɪk] <-, -en> *f* A bureau *m* de tabac
Trafikant(in) [trafi'kant] <-en, -en> *m(f)* A buraliste *mf*
Trafo ['tra:fo] <-[s], -s> *m (fam) Abk von* **Transformator** transfo *m*
Tragbahre *f* brancard *m*, civière *f*
tragbar *adj* ❶ *Fernseher* portable ❷ *(akzeptabel)* acceptable
Trage ['tra:gə] <-, -n> *f s.* **Tragbahre**
träge ['trɛ:gə] *adj* ❶ *(körperlich träge)* mou, molle ❷ *(geistig träge)* indolent(e) ❸ PHYS, CHEM inerte
tragen ['tra:gən] <trägt, trug, getragen> **I.** *vt* ❶ porter *Gegenstände, Kleidung, Brille, Namen;* ***bei sich*** ~ porter sur soi; ***das Haar offen*** ~ ne pas attacher ses cheveux ❷ *(hervorbringen)* donner, produire *Früchte* ❸ *(erdulden)* subir *Folgen;* supporter *Leid* ❹ *(finanziell tragen)* ***einen Verein*** ~ prendre en charge une association **II.** *vi* ❶ *Baum:* donner ❷ *Tier:* être en gestation ❸ *Eis:* tenir, être résistant ❹ COUT ***man trägt wieder lang*** on s'habille de nouveau plus long ❺ *(leiden)* ***an etw*** *dat* ***[schwer] zu ~ haben*** devoir supporter le poids de qc ► **zum Tragen kommen** entrer en vigueur **III.** *vr* ❶ *(sich anfühlen)* ***sich angenehm*** ~ *Kleidung:* se porter agréablement ❷ *(geh: sich beschäftigen)* ***sich mit dem Gedanken ~ auszuwandern*** nourrir l'idée d'émigrer *form* ❸ *(finanziell)* ***sich*** ~ *Projekt, Verein:* s'autofinancer
tragend *adj* ❶ *Wand* de soutènement ❷ *Gedanke* fondamental(e)
Träger ['trɛgɐ] <-s, -> *m* ❶ *(Lastenträger)* porteur *m* ❷ *eines Titels* détenteur *m; eines Namens* porteur *m* ❸ *einer Einrichtung, eines Projekts* [autorité *f*] responsable *m* ❹ *meist Pl* COUT bretelles *fpl* ❺ TECH poutrelle *f*
Trägerin <-, -nen> *f* ❶ *(Lastenträgerin)* porteuse *f* ❷ *eines Titels* détentrice *f; eines Namens* porteuse *f*
Trägerkleid *nt* robe *f* à bretelles
trägerlos *adj* sans bretelles **Trägerrakete** *f* fusée *f* porteuse **Trägertop** *nt* top *m* [à fines bretelles]
Tragetasche *f* sac *m*
tragfähig *adj* ❶ TECH résistant(e), solide ❷ *(fig geh) Kompromiss* acceptable **Tragfähigkeit** *f kein Pl* capacité *f* de charge **Tragfläche** *f* surface *f* portante
Trägheit <-, -en> *f* ❶ indolence *f; (Schwerfälligkeit)* paresse *f* ❷ PHYS inertie *f*
Tragik ['tra:gɪk] <-> *f* tragique *m*
tragikomisch [tra:gi'ko:mɪʃ] *adj (geh)* tragicomique **Tragikomödie** [tragiko'mø:di̯ə] *f* tragicomédie *f*
tragisch ['tra:gɪʃ] *adj* tragique ► **etw ~ nehmen** *(fam)* dramatiser qc
Traglast *f (form)* chargement *m*
Tragödie [tra'gø:di̯ə] <-, -n> *f* tragédie *f*
trägt [trɛ:kt] *3. Pers Präs von* **tragen**
Tragweite *f kein Pl* portée *f* **Tragwerk** *nt* plan *m* de sustentation
Trailer ['treɪlɐ] <-s, -> *m* ❶ *(Sattelschlepper)* remorque *f* ❷ CINE bande-annonce *f*
Trainer ['trɛ:nɐ, 'tre:nɐ] <-s, -> *m* ❶ entraîneur *m* ❷ CH survêtement *m*
Trainerin <-, -nen> *f* entraîneuse *f*
trainieren* [trɛ'ni:rən, tre'ni:rən] **I.** *vt* ❶ entraîner *Sportler* ❷ *(üben)* s'entraîner à *Sportart* **II.** *vi* s'entraîner
Training ['trɛ:nɪŋ, 'tre:nɪŋ] <-s, -s> *nt* entraînement *m;* ***autogenes*** ~ autorelaxation *f*
Trainingsanzug *m* survêtement *m* **Trainingslager** *nt* camp *m* d'entraînement
Trakt [trakt] <-[e]s, -e> *m* aile *f*
Traktat <-[e]s, -e> *m o nt (geh)* opuscule *m*
traktieren* [trak'ti:rən] *vt (fam)* malmener, maltraiter
Traktor ['trakto:ɐ̯] <-s, -toren> *m* tracteur *m*
trällern ['trɛlɐn] *vt, vi* fredonner
Tram [tram] <-s, -s> *nt* CH tram *m*
Trampel ['trampəl] <-s, -> *m o nt (fam)* lourdaud(e) *m(f)*

T

trampeln ['trampəln] *vi + haben o sein* piétiner; *(vor Begeisterung)* trépigner
Trampelpfad *m* piste *f* battue **Trampeltier** *nt* ❶ ZOOL chameau *m* [à deux bosses] ❷ *(pej fam: Mensch)* pataud *m,* lourdaud *m*
trampen ['trɛmpən] *vi + sein* faire du stop
Tramper(in) ['trɛmpɐ] <-s, -> *m(f)* auto-stoppeur, -euse *m, f*
Trampolin ['trampoli:n] <-s, -e> *nt* trampoline *m*
Tramway ['tramvai̯] <-, -s> *f* A tramway *m*
Tran <-[e]s, -e> *m* ❶ *(Fischfett)* huile *f* de poisson ❷ *(fam: Benommenheit)* ***im ~ sein*** être dans les vapes
Trance ['trã:s(ə), tra:ns] <-, -n> *f* transe *f*
tranchieren* [trã'ʃi:rən] *vt* découper
Träne ['trɛ:nə] <-, -n> *f* larme *f;* ***ihm/ihr kommen die ~n*** il/elle a les larmes aux yeux
tränen ['trɛ:nən] *vi Augen:* larmoyer; ***mir ~ die Augen*** mes yeux pleurent
Tränendrüse *f meist Pl* glande *f* lacrymale **Tränengas** *nt* gaz *m* lacrymogène
tranig ['tra:nɪç] *adj* ❶ *Fett, Geschmack* rance ❷ *(fam: träge)* flemmard(e)
trank [traŋk] *Imp von* **trinken**
Trank [traŋk, *Pl:* 'trɛŋkə] <-[e]s, Tränke> *m (geh)* boisson *f,* breuvage *m*
Tränke ['trɛŋkə] <-, -n> *f* abreuvoir *m*
tränken ['trɛŋkən] *vt* ❶ abreuver *Tier* ❷ *(durchnässen)* ***etw mit etw ~*** imbiber qc de qc
Transaktion [trans?ak'tsi̯o:n] *f* transaction *f* **transatlantisch** [trans?at'lantɪʃ] *adj (überseeisch)* situé(e) au delà de l'océan
Transfer [trans'fe:ɐ̯] <-s, -s> *m* transfert *m*
transferieren* [transfe'ri:rən] *vt* transférer
Transformation [transfɔrma'tsio:n] <-, -en> *f* transformation *f*
Transformator [transfɔr'ma:to:ɐ̯] <-s, -toren> *m* transformateur *m*
Transfusion [transfu'zi̯o:n] <-, -en> *f* transfusion *f*
transgen [trans'ge:n] *adj* transgénique
Transistor [tran'zɪsto:ɐ̯] <-s, -toren> *m* ELEC transistor *m*
Transistorradio *nt* transistor *m*
Transit [tran'zi:t] <-s, -s> *m* transit *m*
transitiv ['tranziti:f] *adj* transitif, -ive
Transitverkehr *m* trafic *m* de transit
transkribieren* [transkri'bi:rən] *vt (mit einer anderen Schrift)* opérer la translittération de; *(mit der phonetischen Umschrift)* transcrire phonétiquement
Transkription [transkrɪp'tsi̯o:n] <-, -en> *f* LING, MUS transcription *f*
transparent [transpa'rɛnt] *adj* transparent(e)
Transparent [transpa'rɛnt] <-[e]s, -e> *nt* banderole *f*

> **Falsche Freunde**
> Nicht verwechseln mit *le transparent – die Folie [für den Overheadprojektor]*!

Transparenz [transpa'rɛnts] <-> *f (geh)* transparence *f*
Transpiration [transpira'tsio:n] <-> *f (geh)* transpiration *f*
transpirieren* [transpi'ri:rən] *vi (geh)* transpirer
Transplantat [transplan'ta:t] <-[e]s, -e> *nt* MED transplant *m*
Transplantation [transplanta'tsi̯o:n] <-, -en> *f* MED transplantation *f*
transplantieren* [transplan'ti:rən] *vt* MED transplanter, greffer
Transport [trans'pɔrt] <-[e]s, -e> *m* ❶ *kein Pl (das Transportieren)* transport *m* ❷ *(Wagenladung)* convoi *m*
transportabel [transpɔr'ta:bəl] *adj* transportable
Transporter [trans'pɔrtɐ] <-s, -> *m* AUT camionnette *f*
transportfähig *adj* transportable **Transportflugzeug** *nt* avion *m* de transport
transportieren [transpɔr'ti:rən] *vt* transporter *Waren, Personen;* faire avancer *Film*
Transportkosten *Pl* frais *mpl* de transport **Transportmittel** *nt* moyen *m* de transport **Transportunternehmen** *nt* entreprise *f* de transport **Transportunternehmer(in)** *m(f)* entrepreneur, -euse *m, f* de transport
transsexuell [transzɛ'ksu̯ɛl] *adj* transsexuel(le)
Transsexuelle(r) *f(m) dekl wie adj* transsexuel(le) *m(f)*
Transvestit [transvɛs'ti:t] <-en, -en> *m* travesti *m*
transzendental [transtsɛndɛn'ta:l] *adj* transcendantal(e)
Transzendenz [transtsɛn'dɛnts] <-> *f* transcendance *f*
Trapez [tra'pe:ts] <-es, -e> *nt a.* GEOM trapèze *m*
Trasse ['trasə] <-, -n> *f* tracé *m*
trat [tra:t] *Imp von* **treten**
Tratsch [tra:tʃ] <-[e]s> *m (fam)* ragot *m*
tratschen ['tra:tʃən] *vi (fam)* cancaner

Traualtar *m* ***eine Frau zum ~ führen*** *(geh)* mener une femme à l'autel
Traube ['traubə] <-, -n> *f* ❶ *(einzelne Beere, Weintraube)* grain *m* ❷ *Pl (Weintrauben)* raisins *mpl* ❸ BOT grappe *f;* ***eine ~ von Menschen*** *(fig)* une grappe de gens
Traubenlese *f* vendanges *fpl* **Traubensaft** *m* jus *m* de raisin **Traubenzucker** *m* glucose *m*
trauen ['trauən] **I.** *vi* ***jdm*** ~ faire confiance à qn; ***einer S.*** *dat* ~ croire à qc **II.** *vt* marier *Paar* **III.** *vr* ***sich ~ etw zu tun*** oser faire qc
Trauer ['trauɐ] <-> *f* tristesse *f;* ***~ tragen*** porter le deuil; ***in tiefer ~*** profonds regrets *mpl*
Traueranzeige *f* faire-part *m* de décès
Trauerfall *m* deuil *m,* décès *m* **Trauerfeier** *f* cérémonie *f* funèbre **Trauergottesdienst** *m* service *m* funèbre **Trauerkleidung** *f* vêtements *mpl* de deuil **Trauerkloß** *m* *(fam)* pisse-froid *m* **Trauermarsch** *m* marche *f* funèbre **Trauermiene** *f* ***mit ~*** avec une tête d'enterrement
trauern ['trauɐn] *vi* porter le deuil; ***um jdn*** ~ porter le deuil de qn
Trauernde(r) *f(m) dekl wie adj* personne *f* en deuil
Trauerspiel *nt* ▸ **das** [*o* **es**] **ist ein ~** *(fam)* c'est désolant **Trauerweide** *f* saule *m* pleureur **Trauerzug** *m* cortège *m* funèbre
Traufe ['traufə] <-, -n> *f* gouttière *f*
träufeln ['trɔyfəln] *vt* instiller des gouttes; ***etw in/auf etw*** *akk* ~ instiller des gouttes de qc dans qc
Traum [traum, *Pl:* 'trɔymə] <-[e]s, Träume> *m* ❶ rêve *m* ❷ *(Wunschvorstellung)* rêve *m* ▸ **das wäre mir nicht im ~ eingefallen** cela ne me viendrait même pas à l'esprit
Trauma ['trauma] <-s, Traumen *o* -ta> *nt* PSYCH, MED traumatisme *m*
traumatisch [trau'ma:tɪʃ] *adj* traumatisant(e)
Traumberuf *m* ***mein/ihr ~*** la profession de mes/ses rêves **Traumdeutung** *f* interprétation *f* des rêves
träumen ['trɔymən] *vt, vi (a. fig)* rêver; ***von jdm/etw ~*** rêver de qn/qc; ***etwas Schönes ~*** faire de beaux rêves
Träumer(in) ['trɔymɐ] <-s, -> *m(f)* rêveur, -euse *m, f,* utopiste *mf*
Träumerei [trɔymə'rai] <-, -en> *f meist Pl* rêverie *f*
träumerisch *adj* rêveur, -euse **Traumfrau** *f* femme *f* de rêve
traumhaft *adj* fantastique, de rêve **Traumurlaub** *m* vacances *fpl* de rêve
traurig ['traurɪç] *adj* ❶ *Person* affligé(e), triste; *Blick* triste; ***über jdn/etw ~ sein*** avoir de la peine au sujet de qn/être attristé par qc ❷ *Sache* affligeant(e), désolant(e); ***es ist ~, dass*** c'est triste que *+subj*
Traurigkeit <-> *f* tristesse *f*
Trauring *m* alliance *f* **Trauschein** *m* acte *m* de mariage
Trauung <-, -en> *f* mariage *m;* ***standesamtliche/kirchliche ~*** mariage civil/religieux
Trauzeuge, -zeugin *m, f* témoin *m* [de mariage]
Travestie [travɛs'ti:] <-, -ien> *f* THEAT spectacle *m* de travestis
Trecker <-s, -> *m (fam)* tracteur *m*
Treckingrad *nt s.* **Trekkingrad**
Treff [trɛf] <-s, -s> *m (fam)* ❶ *(Treffen)* rencontre *f* ❷ *(Treffpunkt)* rendez-vous *m*
treffen ['trɛfən] <trifft, traf, getroffen> **I.** *vt + haben* ❶ *(begegnen)* rencontrer ❷ *(vorfinden)* trouver ❸ atteindre *Ziel;* ***getroffen!*** touché! ❹ *(innerlich berühren) Nachricht:* toucher, affecter ❺ *(ausführen)* prendre *Maßnahmen;* faire *Vorbereitungen;* convenir de *Vereinbarung* ▸ **es mit etw gut/schlecht getroffen haben** être bien/mal tombé avec qc **II.** *vi + haben* ***das Ziel ~*** *Person:* atteindre son but; *Schuss:* toucher sa cible **III.** *vr + haben* ❶ ***sich ~*** *Personen:* se rencontrer; ***sich mit jdm ~*** rencontrer qn ❷ *(sich fügen)* ***das trifft sich [gut]*** ça tombe bien
Treffen ['trɛfən] <-s, -> *nt* rencontre *f*
treffend *adj Bemerkung, Vergleich* pertinent(e)
Treffer <-s, -> *m* ❶ *(Schuss)* coup *m* réussi ❷ SPORT *(Tor)* but *m; (Boxhieb)* coup *m* de poing; *(Fechthieb)* touche *f* ❸ *(Erfolg)* coup *m* heureux
Trefferquote *f* taux *m* de réussite
Treffpunkt *m* [lieu *m* de] rendez-vous *m* **treffsicher** *adj* ❶ ***~ sein*** *Schütze* avoir la main sûre ❷ *Urteil* à propos, pertinent(e); *Ausdrucksweise* précis(e) **Treffsicherheit** *f kein Pl* ❶ *eines Schützen* sûreté *f* du tir ❷ *(Richtigkeit) eines Urteils* pertinence *f*
Treibeis *nt* glaces *fpl* flottantes
treiben ['traibən] <trieb, getrieben> **I.** *vt + haben* ❶ *(a. fig)* pousser *Menschen, Tiere;* ***jdn zur Eile ~*** presser qn de se dépêcher; ***jdn zum Äußersten ~*** pousser qn à l'extrême ❷ *(antreiben)* mouvoir, mettre en mouvement *Maschine* ❸ *(betreiben)* faire *Handel* ❹ BOT donner *Blätter*

▶ **es mit jdm ~** *(fam)* baiser avec qn **II.** *vi* ❶ + *sein* ***auf dem Wasser*** ~ dériver dans l'eau ❷ + *haben* BOT *Pflanze:* bourgeonner, avoir des pousses ❸ + *haben (harntreibend wirken)* être diurétique ▶ **sich ~ lassen** se laisser porter par les événements

Treiben ['traibən] <-s> *nt* ❶ agitation *f*, animation *f* ❷ *(pej: Machenschaften)* agissements *mpl*, magouilles *fpl fam*

Treiber ['traibɐ] <-s, -> *m* INFORM pilote *m*

Treibgas *nt* gaz *m* propulseur **Treibgut** *nt kein Pl* épaves *fpl* **Treibhaus** *nt* serre *f*

Treibhauseffekt *m kein Pl* effet *m* de serre **Treibhausgas** *nt* ÖKOL gaz *m* à effet de serre

Treibholz *nt kein Pl* bois *m* flottant **Treibjagd** *f* battue *f* **Treibnetz** *nt* filet *m* dérivant **Treibsand** *m* sables *mpl* mouvants **Treibstoff** *m* carburant *m*

Trekkingrad ['trɛkɪŋ-] *nt* vélo *m* tout chemin **Trekkingsandale** *f* sandale *f* de marche **Trekkingstock** *m* bâton *m* de randonnée

Trema ['treːma] <-s, -s *o* Tremata> *nt* LING tréma *m*

Tremolo ['treːmolo] <-s, -s *o* Tremoli> *nt* MUS trémolo *m*

Trenchcoat ['trɛntʃkoːt] <-[s], -s> *m* trench[-coat] *m*

Trend [trɛnt] <-s, -s> *m* ❶ tendance *f* ❷ *(Modetrend)* ***der ~ zu etw*** la mode de qc ▶ **voll im ~ liegen** *(fam) Produkt:* être complètement à la mode

trendig *adj s.* **trendy**

Trendsetter(in) ['trɛntsɛtɐ] <-s, -> *m(f) personne qui lance une mode* **Trendwende** *f* changement *m* de tendance

trendy ['trɛndi] *adj (fam)* in

trennbar *adj* séparable

trennen ['trɛnən] **I.** *vt* ❶ séparer *Personen, Dinge, Begriffe;* ***etw/jdn von etw/jdm ~*** séparer qc/qn de qc/qn ❷ COUT ***etw von/aus etw*** ~ découdre qc de qc ❸ LING couper *Wort* **II.** *vr* ***sich*** ~ se séparer **III.** *vi (unterscheiden)* faire la différence

Trennkost *f* alimentation *f* dissociée, régime *m* dissocié [*o* Shelton]; ~ ***machen*** *(fam)* faire un régime dissocié

Trennlinie *f* ligne *f* de démarcation

Trennung <-, -en> *f* ❶ séparation *f*; ***in ~ leben*** vivre séparé(e) ❷ *(Unterscheidung)* distinction *f* ❸ LING coupe *f*

Trennungsstrich *m* LING trait *m* d'union

Trennwand *f* cloison *f*

treppab [trɛp'ʔap] *adv* en descendant les escaliers **treppauf** [trɛp'ʔauf] *adv* ~, ***treppab gehen*** monter et descendre les escaliers

Treppe ['trɛpə] <-, -n> *f* escalier *m*

Treppenabsatz *m* palier *m* **Treppengeländer** *nt* rampe *f* d'escalier **Treppenhaus** *nt* cage *f* d'escalier **Treppenstufe** *f* marche *f* [d'escalier]

Tresen ['treːzən] <-s, -> *m (Theke)* bar *m*; *(Ladentisch)* comptoir *m*

Tresor [tre'zoːɐ̯] <-s, -e> *m* coffre-fort *m*

> **Falsche Freunde**
> Nicht verwechseln mit *le trésor – der Schatz*!

Tresorraum *m* salle *f* des coffres

Tretboot *nt* pédalo *m* **Treteimer** *m* poubelle *f* à pédale

treten ['treːtən] <tritt, trat, getreten> **I.** *vt* + *haben* ❶ donner un coup de pied à *Person, Tier* ❷ *(betätigen)* appuyer sur *Pedal* **II.** *vi* ❶ + *haben Person:* donner des coups de pieds ❷ + *sein (gehen)* ***in/auf etw*** *akk* ~ *Person:* marcher dans/sur qc; ***zur Seite*** ~ *Person:* s'écarter ❸ + *haben o sein (betätigen)* ***auf etw*** *akk* ~ appuyer sur qc

Tretmine *f* mine *f* antipersonnel **Tretmühle** *f (fam)* train-train *m*

treu [trɔy] *adj* fidèle **treudoof** *adj (pej fam) Blick* bêta, bêtasse *fam*

Treue ['trɔyə] <-> *f* fidélité *f*; ***jdm die ~ halten*** rester fidèle à qn

Treueid *m* serment *m* de fidélité

Treueschwur *m* serment *m* de fidélité

Treuhand <-> *f* JUR ***die*** ~ la Treuhand *(institut officiel chargé de la privatisation des entreprises et du patrimoine foncier de la R.D.A.)*

Treuhänder(in) ['trɔyhɛndɐ] <-s, -> *m(f)* administrateur, -trice *m, f* [fiduciaire]

treuhänderisch *adj* fiduciaire

Treuhandgesellschaft *f* société *f* fiduciaire

treuherzig *adj Blick* candide

treulos *adj* infidèle

Treulosigkeit <-> *f* infidélité *f*; *(mangelnde Loyalität)* déloyauté *f*

Triangel ['triːaŋəl] <-s, -> *m o* A *nt* triangle *m*

Triathlon ['triːatlɔn] <-s, -s> *nt o m* triathlon *m*

Tribunal [tribu'naːl] <-s, -e> *nt (Forum)* tribunal *m*

Tribüne [tri'byːnə] <-, -n> *f* tribune *f*

Tribut [tri'buːt] <-[e]s, -e> *m* tribut *m pas de pl*

Trichter ['trɪçtɐ] <-s, -> *m* ❶ entonnoir *m* ❷ *(Bombentrichter)* cratère *m*
Trick [trɪk] <-s, -s> *m* truc *m fam; (Betrugsmanöver)* combine *f fam*
Trickbetrug *m* escroquerie *f,* tour *m* de passe-passe
Trickbetrüger(in) *m(f)* aigrefin *m* **Trickfilm** *m* dessin *m* animé **trickreich** *adj (fam)* roublard(e)
tricksen *(fam)* **I.** *vi* ruser **II.** *vt* ***wir werden das schon*** ~ on trouvera bien une combine
trieb [tri:p] *Imp von* **treiben**
Trieb [tri:p] <-[e]s, -e> *m* ❶ impulsion *f;* ***ein natürlicher*** ~ un instinct [naturel]; *(Sexualtrieb)* pulsions *f pl* [sexuelles] ❷ BOT pousse *f*
Triebfeder *f (Beweggrund)* mobile *m*
triebhaft *adj* érotomane; ***ein ~er Mensch*** un(e) obsédé(e)
Triebhaftigkeit <-> *f* érotomanie *f,* obsession *f* sexuelle
Triebkraft *f* TECH, PSYCH force *f* motrice **Triebtäter(in)** *m(f)* maniaque *mf* [sexuel(le)] **Triebwagen** *m* autorail *m,* micheline *f* **Triebwerk** *nt* réacteur *m*
triefen ['tri:fən] <triefte *o geh:* troff, getrieft *o* getroffen> *vi* ❶ + *haben (nass sein)* dégouliner, être dégoulinant; ***vor Fett*** ~ ruisseler de graisse ❷ + *haben Nase:* couler; *Auge:* larmoyer ❸ + *sein (rinnen)* ***aus/von etw*** ~ *Flüssigkeit:* ruisseler de qc
Trier [tri:ɐ̯] <-s> *nt* Trèves
trifft [trɪft] *3. Pers Präs von* **treffen**
triftig ['trɪftɪç] *adj* pertinent(e); *Argument* solide
Trigonometrie [trigonome'tri:] <-> *f* MATH trigonométrie *f*
trigonometrisch [trigono'me:trɪʃ] *adj* MATH trigonométrique
Trikolore [triko'lo:rə] <-, -n> *f* drapeau *m* tricolore
Trikot [tri'ko:] <-s, -s> *nt* maillot *m*

> **Falsche Freunde**
> Nicht verwechseln mit *le tricot – das Stricken*!

trillern ['trɪlɐn] *vi* faire des trilles; *Lerche:* grisoller; *Mensch:* vocaliser
Trillerpfeife *f* sifflet *m* à roulette
Trilogie [trilo'gi:] <-, -i̯en> *f* trilogie *f*
Trimester [tri'mɛstɐ] <-s, -> *nt* trimestre *m*
Trimm-dich-Pfad ['trɪmdɪçpfa:t] *m* parcours *m* de santé
trimmen ['trɪmən] **I.** *vt* ❶ entraîner *Sportler* ❷ tondre *Hund* **II.** *vr* ***sich*** ~ se maintenir en forme
Trinidad und Tobago ['trɪnidatʊntto'ba:go] <-s> *nt* Trinité-et-Tobago *f*
trinkbar *adj Wasser* potable
trinken ['trɪŋkən] <trank, getrunken> **I.** *vt* boire; ***etwas zu*** ~ quelque chose à boire **II.** *vi* ❶ boire ❷ *(anstoßen)* ***auf jdn*** ~ boire à la santé de qn, trinquer en l'honneur de qn; ***auf etw*** *akk* ~ boire à qc
Trinker(in) ['trɪŋkɐ] <-s, -> *m(f)* ivrogne *mf*
trinkfest *adj* ~ ***sein*** bien tenir l'alcool **Trinkgelage** *nt* beuverie *f* **Trinkgeld** *nt* pourboire *m* **Trinkhalm** *m* paille *f* **Trinkspruch** *m* toast *m* **Trinkwasser** *nt kein Pl* eau *f* potable
Trinkwasseraufbereitung *f* épuration *f* des eaux [naturelles] **Trinkwasserversorgung** *f* approvisionnement *m* en eau potable
Trio ['tri:o] <-s, -s> *nt* trio *m*
Trip [trɪp] <-s, -s> *m* ❶ *(fam: Drogenrausch)* trip *m* ❷ *(fam: Ausflug)* virée *f*
trippeln ['trɪpəln] *vi* trottiner
Tripper ['trɪpɐ] <-s, -> *m* MED blennorragie *f*
trist *adj (geh)* sinistre
tritt [trɪt] *3. Pers Präs von* **treten**
Tritt [trɪt] <-[e]s, -e> *m* ❶ coup *m* de pied ❷ *(Laufrhythmus)* ***aus dem ~ kommen*** perdre le rythme
Trittbrett *nt* marchepied *m*
Trittbrettfahrer(in) *m(f) (pej)* profiteur, -euse *m, f*
Trittleiter *f* escabeau *m*
Triumph [tri'ʊmf] <-[e]s, -e> *m* triomphe *m*
triumphal [triʊm'fa:l] **I.** *adj* triomphal(e) **II.** *adv* triomphalement
Triumphbogen *m* arc *m* de triomphe
triumphieren* [triʊm'fi:rən] *vi (geh)* triompher; ***über jdn/etw*** ~ triompher de qn/qc
triumphierend *adj* triomphant(e)
Triumphzug *m* cortège *m* triomphal
trivial [tri'vi̯a:l] *adj* banal(e)
Trivialisierung *f (geh)* trivialisation *f*
Trivialität [trivi̯ali'tɛ:t] <-, -en> *f* trivialité *f*
trocken ['trɔkən] *adj* ❶ *Klima, Laub, Brot* sec, sèche ❷ *Wein* sec, sèche; *Sekt* brut(e) ❸ *Thema* aride ▸ **auf dem Trockenen sitzen** *(fam: kein Geld haben)* être à sec; *(nichts zu trinken haben)* ne plus avoir à boire

Trockendock *nt* cale *f* sèche **Trockeneis** *nt* neige *f* carbonique **Trockenhaube** *f* casque *m*
Trockenheit <-, -en> *f einer Region* aridité *f; einer Jahreszeit* sécheresse *f*
trocken|legen *vt* ❶ changer *Baby* ❷ assécher *Sumpf*
Trockenmilch *f* lait *m* en poudre **Trockenobst** *nt* fruits *mpl* secs **trocken|reiben** *vt* essuyer **Trockenzeit** *f* saison *f* sèche
trocknen ['trɔknən] **I.** *vi + sein* sécher **II.** *vt + haben* ❶ *Wind, Sonne:* sécher; ***sich dat die Haare*** ~ se sécher les cheveux ❷ *(dörren)* dessécher
Trockner <-s, -> *m (Wäschetrockner)* sèche-linge *m*
Trödel ['trø:dəl] <-s> *m (fam)* bric-à-brac *m*
Trödelei [trø:də'lai] <-> *f (fam)* ***Schluss mit der ~!*** arrête/arrêtez de lambiner!
Trödelmarkt *m* foire *f* à la brocante
trödeln ['trø:dəln] *vi + haben* traîner *fam*
Trödler(in) ['trø:dlɐ] <-s, -> *m(f)* brocanteur, -euse *m, f*
troff [trɔf] *Imp von* **triefen**
trog [tro:k] *Imp von* **trügen**
Trog [tro:k, *Pl:* 'trø:gə] <-[e]s, Tröge> *m* auge *f; (Backtrog)* pétrin *m*
Trolleybus ['trɔlibʊs] *m* CH trolleybus *m*
Trommel ['trɔməl] <-, -n> *f* MUS, TECH tambour *m; eines Revolvers* barillet *m*
Trommelfell *nt* ANAT tympan *m*
trommeln ['trɔməln] **I.** *vi* ❶ jouer du tambour ❷ *(klopfen) Person:* tambouriner; *Regen:* frapper **II.** *vt* tambouriner *Marsch;* battre *Takt*
Trommler(in) <-s, -> *m(f)* joueur, -euse *m, f* de tambour
Trompete [trɔm'pe:tə] <-, -n> *f* ❶ MUS trompette *f* ❷ *(fam: Joint)* bédo *m;* ***sich dat eine ~ reinziehen*** *(fam)* fumer le bédo
trompeten* *vi* ❶ jouer de la trompette ❷ *Elefant:* barrir
Trompeter(in) <-s, -> *m(f)* trompettiste *mf*
Tropen ['tro:pən] *Pl* ***die*** ~ les tropiques *mpl,* les régions *fpl* [inter]tropicales
Tropenhelm *m* casque *m* colonial **Tropenholz** *nt* bois *m* exotique **Tropenwald** *m* forêt *f* tropicale
Tropf [trɔpf] <-[e]s, -e> *m* MED goutte-à-goutte *m*
tröpfchenweise ['trœpfçən-] *adv* goutte à goutte
tröpfeln ['trœpfəln] **I.** *vi + haben* goutter **II.** *vi unpers* ***es tröpfelt*** il tombe des gouttes **III.** *vt* ***etw auf/in etw*** *akk* ~ verser des gouttes de qc sur/dans qc
tropfen ['trɔpfən] *vi* goutter
Tropfen ['trɔpfən] <-s, -> *m* goutte *f;* ***ein edler*** ~ *(fig)* une bonne bouteille *fam* ▸ **ein ~ auf den heißen Stein** *(fam)* une goutte d'eau dans la mer
tropfenweise *adv* [au] goutte à goutte
Tropfinfusion *f* perfusion *f* **tropfnass** *adj* trempé(e)
Tropfsteinhöhle *f* grotte *f* [de stalactites/de stalagmites]
Trophäe [tro'fɛ:ə] <-, -n> *f* trophée *m*
tropisch ['tro:pɪʃ] *adj* tropical(e)
Troposphäre [tropo-] <-> *f* METEO troposphère *f*
Tross <-es, -e> *m* ❶ *(Zug, Gruppe)* colonne *f* ❷ *(Gefolge)* suite *f*
Trost [tro:st] <-[e]s> *m* consolation *f; (Zuspruch)* réconfort *m;* ***als*** ~ à titre de consolation ▸ **nicht ganz bei ~ sein** *(fam)* dérailler
trösten ['trø:stən] *vt, vr [**sich**]* ~ [se] consoler
tröstend *adj Worte* de consolation
tröstlich *adj* réconfortant(e)
trostlos *adj Kindheit* malheureux, -euse; *Verhältnisse* misérable; *Wetter* démoralisant(e); *Gegend* sinistre
Trostlosigkeit <-> *f* ❶ ***die ~ dieser Verhältnisse*** ces conditions *fpl* misérables; ***die ~ dieser Kindheit*** cette enfance malheureuse ❷ *eines Anblicks* caractère *m* sinistre
Trostpflaster *nt (hum)* consolation *f*
Trostpreis *m* lot *m* de consolation **trostreich** *adj* réconfortant(e)
Trott [trɔt] <-s> *m* ***der alte*** ~ le train-train
Trottel ['trɔtəl] <-s, -> *m (fam)* gourde *f*
trottelig ['trɔtəlɪç] *adj (fam)* étourdi(e)
trotten ['trɔtən] *vi + sein* ***irgendwohin*** ~ aller quelque part d'un pas pesant
Trottoir [trɔ'toa:ɐ̯] <-s, -e *o* -s> *nt* SDEUTSCH, CH trottoir *m*
trotz [trɔts] *präp +gen* malgré
Trotz [trɔts] <-es> *m* rébellion *f;* ***aus*** ~ par bravade, par défi; ***jdm/einer S. zum*** ~ en dépit de qn/qc
Trotzalter *nt* âge *m* des caprices
trotzdem *adv* tout de même, quand même
trotzen *vi* ❶ *Kind:* faire la mauvaise tête ❷ ***der Gefahr*** ~ braver le danger
trotzig **I.** *adj* rétif, -ive **II.** *adv* avec entêtement
Trotzkopf *m (fam)* tête *f* de mule **Trotzreaktion** *f* réaction *f* de dépit

T

trübe *adj* ❶ *Flüssigkeit* trouble; *Fensterscheibe* terne ❷ *Licht* faible *antéposé,* douteux, -euse ❸ *Wetter* maussade, couvert(e) ❹ *Stimmung* sombre
Trubel ['tru:bəl] <-s> *m* tumulte *m*
trüben I. *vt* ❶ troubler, rendre trouble *Flüssigkeit* ❷ troubler *Laune* II. *vr* **sich ~** ❶ *Flüssigkeit:* se troubler ❷ *(geh) Blick, Urteil:* se troubler; *Verhältnis:* s'altérer
Trübsal ['try:pza:l] <-> *f (geh)* ► **~ blasen** *(fam)* broyer du noir
trübselig *adj* morose **Trübsinn** *m kein Pl* morosité *f* **trübsinnig** *adj* sombre
Trübung <-, -en> *f* ❶ *des Wassers* trouble *m* ❷ *(fig) des Einvernehmens* dégradation *f*
trudeln ['tru:dəln] *vi + haben o sein Flugzeug:* tomber en vrille
Trüffel ['trʏfəl] <-, -n> *f* BOT truffe *f*
trug [tru:k] *Imp von* **tragen**
trügen ['try:gən] <trog, getrogen> I. *vt* tromper II. *vi* être trompeur
trügerisch *adj* illusoire
Trugschluss *m* jugement *m* fallacieux
Truhe ['tru:ə] <-, -n> *f* coffre *m*
Trümmer ['trʏmɐ] *Pl* ruines *fpl; eines Flugzeugs* débris *mpl*
Trümmerhaufen *m* tas *m* de ruines
Trumpf [trʊmpf, *Pl:* 'trʏmpfə] <-[e]s, Trümpfe> *m* atout *m;* ***Kreuz ist ~!*** atout trèfle!
Trumpfkarte *f* carte *f* d'atout
trunken *adj (geh)* ***~ sein*** être ivre *fam*
Trunkenbold ['trʊŋkənbɔlt] <-[e]s, -e> *m (pej fam)* buveur *m*
Trunkenheit <-> *f* ivresse *f;* ***~ am Steuer*** conduite en état d'ébriété *form*
Trunksucht *f kein Pl (geh)* éthylisme *m* **trunksüchtig** *adj* alcoolique; ***~ sein*** être alcoolique
Trupp [trʊp] <-s, -s> *m* groupe *m*
Truppe ['trʊpə] <-, -n> *f* ❶ *kein Pl* MIL unité *f,* corps *m;* ***die ~n*** les troupes ❷ THEAT troupe *f*
Truppenabzug *m* retrait *m* des troupes **Truppenbewegung** *f meist Pl* mouvement *m* de troupes **Truppenstärke** *f* effectifs *mpl* d'une/de la troupe **Truppenübungsplatz** *m* terrain *m* d'exercice
Truthahn ['tru:tha:n] *m* dindon *m;* GASTR dinde *f* **Truthenne** *f* dinde *f*
Tschad [tʃat] <-s> *nt* Tchad *m*
tschau [tʃau̯] *interj (fam)* ciao
Tscheche, Tschechin ['tʃɛçə] <-n, -n> *m, f* Tchèque *mf*
Tschechien ['tʃɛçi̯ən] <-s> *nt* la République tchèque
tschechisch ['tʃɛçɪʃ] I. *adj* tchèque II. *adv* ***~ miteinander sprechen*** discuter en tchèque; *s. a.* **deutsch**
Tschechisch <-[s]> *nt kein Art* tchèque *m; s. a.* **Deutsch**
Tschechische Republik *f* République *f* tchèque
Tschechoslowake, Tschechoslowakin [tʃɛçoslo'va:kə] <-n, -n> *m, f* HIST Tchécoslovaque *mf* **Tschechoslowakei** [tʃɛçoslova'kai̯] <-> *f* HIST ***die ~*** la Tchécoslovaquie **tschechoslowakisch** [tʃɛçoslo'va:kɪʃ] *adj* HIST tchécoslovaque
tschilpen ['tʃɪlpən] *vi* pépier
tschö *interj (fam)* tchô
tschüs [tʃy:s], **tschüss** [tʃʏs] *interj (fam)* salut
T-Shirt ['ti:ʃø:ɐ̯t] <-s, -s> *nt* t[ee]-shirt *m*
Tsunami [tsu'na:mi] <-s, -[s]> *m* METEO, GEOG tsunami *m*
TU [te:'ʔu:] <-, -s> *f Abk von* **Technische Universität** ≈ I.U.T. *m*
Tuba ['tu:ba] <-, Tuben> *f* tuba *m*
Tube ['tu:bə] <-, -n> *f* tube *m* ► **auf die ~ drücken** *(fam)* appuyer sur le champignon
Tuberkulose [tubɛrku'lo:zə] <-, -n> *f* MED tuberculose *f*
tuberkulosekrank *adj* tuberculeux, -euse; ***~ sein*** être atteint de tuberculose
Tuch[1] [tu:x, *Pl:* 'ty:çɐ] <-[e]s, Tücher> *nt* ❶ *(Stück Stoff)* drap *m* ❷ *(Halstuch, Kopftuch)* foulard *m* ❸ *(Putztuch)* chiffon *m* ► **etw ist in trockenen Tüchern** qc est enfin conclu
Tuch[2] [tu:x] <-[e]s, -e> *nt (Stoff)* tissu *m* [de laine]
Tuchfühlung ► **mit jdm auf ~ gehen** *(hum fam)* se frotter à qn
tüchtig ['tʏçtɪç] I. *adj* ❶ *(fähig)* capable *antéposé; Schüler* bon(ne) ❷ *(fam: groß)* ***eine ~e Tracht Prügel*** une bonne raclée II. *adv* ❶ *(fleißig)* beaucoup ❷ *(fam: viel)* pas mal; *essen* copieusement
Tüchtigkeit <-> *f* compétence *f*
Tücke ['tʏkə] <-, -n> *f* ❶ *kein Pl (Niedertracht)* perfidie *f* ❷ *meist Pl (Unwägbarkeit)* embûche *f*
tuckern *vi* ❶ *+ haben Motor, Kahn:* faire un bruit de teuf-teuf ❷ *+ sein (fahren)* ***über den See ~*** traverser le lac dans un bruit de teuf-teuf
tückisch *adj Person* perfide; *Plan* infâme; *Kurve* traître
tüfteln ['tʏftəln] *vi (fam)* bricoler
Tugend ['tu:gənt] <-, -en> *f* vertu *f*
tugendhaft *adj* vertueux, -euse

Tukan ['tuːkan, tu'kaːn] <-s, -e> *m* ZOOL toucan *m*
Tüll [tʏl] <-s, -e> *m* tulle *m*
Tülle ['tʏlə] <-, -n> *f* DIAL *einer Kanne* bec *m* verseur
Tulpe ['tʊlpə] <-, -n> *f* BOT tulipe *f*
tummeln ['tʊməln] *vr (umherspringen)* ***sich*** ~ s'ébattre
Tummelplatz *m (geh)* scène *m*
Tümmler ['tʏmlɐ] <-s, -> *m* marsouin *m*
Tumor ['tuːmoːɐ̯] <-s, Tumoren> *m* MED tumeur *f*
Tümpel ['tʏmpəl] <-s, -> *m* mare *f*
Tumult [tu'mʊlt] <-[e]s, -e> *m meist Pl (Aufruhr)* émeute *f*
tun [tuːn] <tut, tat, getan> **I.** *vt* ❶ *(machen)* faire; ***wieder*** ~ refaire; ***etwas für die Gesundheit*** ~ faire qc pour sa santé ❷ *(erledigen)* ***viel/wenig*** ~ faire beaucoup/peu ❸ *(fam: legen, stellen)* ***etw irgendwohin*** ~ mettre qc quelque part ❹ *(antun)* ***jdm etwas*** ~ faire quelque chose à qn ❺ *(fam: ausreichen)* ***es [auch]*** ~ suffire; ***damit ist es nicht getan*** cela ne suffit pas ▶ **es mit jdm zu ~ kriegen** *(fam)* aller avoir affaire à qn; **etwas mit jdm/etw zu ~ haben** avoir quelque chose à voir avec qn/qc; **tu, was du nicht lassen kannst!** *(fam)* fais comme bon te semble! **II.** *vr* ***es tut sich etwas*** il se passe quelque chose **III.** *vi* ❶ ***zu ~ haben*** avoir à faire; ***geschäftlich in Paris zu ~ haben*** avoir à faire à Paris ❷ *(fam: sich verhalten)* ***verlegen*** ~ faire l'embarrassé(e) ▶ **tu doch nicht so!** *(fam)* ne fais pas semblant!
Tun <-s> *nt* actes *mpl*
Tünche ['tʏnçə] <-, -n> *f* badigeon *m*
tünchen *vt* badigeonner
Tundra ['tʊndra] <-, Tundren> *f* toundra *f*
tunen ['tjuːnən] *vt* trafiquer *fam Motor*
Tuner ['tjuːnɐ] <-s, -> *m* tuner *m*
Tunesien [tu'neːzi̯ən] <-s> *nt* la Tunisie
Tunesier(in) [tu'neːzi̯ɐ] <-s, -> *m(f)* Tunisien(ne) *m(f)*
tunesisch [tu'neːzɪʃ] *adj* tunisien(ne)
Tunfisch ['tuːnfɪʃ] *s.* **Thunfisch**
Tunichtgut ['tuːnɪçtguːt] <-[e]s, -e> *m* vaurien *m*
Tunke ['tʊŋkə] <-, -n> *f* sauce *f* [froide]
tunken ['tʊŋkən] *vt* tremper
tunlichst ['tuːnlɪçst] *adv* si possible
Tunnel ['tʊnəl] <-s, - *o* -s> *m* tunnel *m*
Tunte <-, -n> *f (fam)* folle *f*, tantouse *f vulg*
Tüpfelchen ['tʏpfəlçən] <-s, -> *nt* ▶ **das ~ auf dem i** la petite touche finale
tupfen ['tʊpfən] *vt* essuyer; ***[sich dat] etw von etw*** ~ [s']essuyer qc sur qc; ***etw auf etw*** ~ tamponner qc sur qc
Tupfen ['tʊpfən] <-s, -> *m* pois *m*, touche *f*
Tupfer ['tʊpfɐ] <-s, -> *m* MED compresse *f*
Tür [tyːɐ̯] <-, -en> *f* ❶ porte *f* ❷ *(Fahrzeugtür)* portière *f* ▶ **zwischen ~ und Angel** *(fam)* entre deux portes, à la va-vite; **mit der ~ ins Haus fallen** *(fam)* annoncer tout de but en blanc; **einer S.** *dat* **~ und Tor öffnen** être la porte ouverte à qc; **hinter verschlossenen ~en** à huis clos; **vor der ~ stehen** *Person:* être à la porte; *(Ferien)* être imminent
Türangel *f* gond *m*
Turban ['tʊrbaːn] <-s, -e> *m* turban *m*
Turbine [tʊr'biːnə] <-, -n> *f* turbine *f*
Turbo ['tʊrbo] <-s, -s> *m (Turbolader)* turbo *m*
turbulent [tʊrbu'lɛnt] *adj* agité(e)
Turbulenz [tʊrbu'lɛnts] <-, -en> *f* METEO, PHYS turbulence *f*
Türflügel *m* battant *m* de porte **Türgriff** *m* poignée *f* de porte; *(an einem Fahrzeug)* poignée *f* de portière
Türke, Türkin ['tʏrkə] <-n, -n> *m, f* Turc *m* /Turque *f*
Türkei [tʏr'kai] <-> *f* ***die*** ~ la Turquie
türken ['tʏrkən] *vt (pej fam)* truquer
türkis [tʏr'kiːs] *adj* turquoise *inv*
Türkis[1] [tʏr'kiːs] <-es, -e> *m* MINER turquoise *f*
Türkis[2] [tʏr'kiːs] <-> *nt (Farbe)* turquoise *m*
türkisch ['tʏrkɪʃ] **I.** *adj* turc, turque **II.** *adv* ~ ***miteinander sprechen*** discuter en turc; *s. a.* **deutsch**
Türkisch <-[s]> *nt kein Art* turc *m*; *s. a.* **Deutsch**
türkisfarben *adj* turquoise *inv*
Türklinke *f* poignée *f* de porte **Türklopfer** *m* heurtoir *m*
Turkmenistan [tʊrk'meːnɪstaːn] <-s> *nt* Turkménistan *m*
Turm [tʊrm, *Pl:* 'tʏrmə] <-[e]s, Türme> *m* ❶ *a.* SPIEL tour *f* ❷ *(Glockenturm)* clocher *m* ❸ *(Sprungturm)* [grand] plongeoir *m*
türmen ['tʏrmən] **I.** *vt* + *haben* empiler **II.** *vr* + *haben* ***sich*** ~ s'entasser **III.** *vi* + *sein (fam)* se casser
Turmfalke *m* [faucon *m*] crécerelle *f* **Turmspringen** *nt kein Pl* plongeons *mpl* de haut vol **Turmuhr** *f* horloge *f*
Turnanzug *m* tenue *f* de gymnastique **Turnbeutel** *m* sac *m* de sport
turnen ['tʊrnən] *vi* faire de la gymnastique

T

Falsche Freunde

Nicht verwechseln mit *tourner* – *[um]drehen*!

Turnen <-s> *nt* gymnastique *f; (Sportunterricht)* E.P.S. *f*
Turner(in) <-s, -> *m(f)* gymnaste *mf*
Turngerät *nt* appareil *m;* ***die ~e*** les agrès *mpl* **Turnhalle** *f* gymnase *m* **Turnhose** *f* short *m* [de gymnastique]
Turnier [tʊrˈniːɐ̯] <-s, -e> *nt a.* HIST tournoi *m*
Turnierpferd *nt* cheval *m* de concours
Turnlehrer(in) *m(f)* professeur *mf* de gymnastique **Turnschuh** *m* chaussure *f* de sport; *(knöchelhoher Schuh)* basket *f* ▶ **fit wie ein ~ sein** *(fam)* être en pleine forme **Turnübung** *f* exercice *m* [gymnique] **Turnunterricht** *m (Unterrichtsstunde)* cours *m* de gymnastique
Turnus [ˈtʊrnʊs] <-, -se> *m* roulement *m*
Turnverein *m* club *m* de gymnastique
Turnzeug *nt (fam)* affaires *f pl* de sport
Türöffner *m (Türöffnertaste)* touche *f* d'ouverture automatique de la porte **Türrahmen** *m* chambranle *m* **Türschild** *nt* plaque *f* **Türschloss** *nt* serrure *f* **Türschwelle** *f* seuil *m* **Türspalt** *m* entrebâillement *m* **Türsteher** *m* videur *m*
turteln [ˈtʊrtəln] *vi* roucouler
Turteltaube [ˈtʊrtəltau̯bə] *f* tourterelle *f*
Türvorleger *m* paillasson *m*
Tusch [tʊʃ] <-es, -e> *m* fanfare *f*
Tusche [ˈtʊʃə] <-, -n> *f* encre *f* de Chine
tuscheln [ˈtʊʃəln] *vi* murmurer
Tuschzeichnung *f* lavis *m*
Tussi [ˈtʊsi] <-, -s> *f (fam)* nana *f*
tut [tuːt] *3. Pers Präs von* **tun**
Tüte [ˈtyːtə] <-, -n> *f* ❶ *(Verpackung)* sac *m; (klein)* sachet *m* ❷ *(fam: Joint)* bédo *m;* ***sich*** *dat* ***eine ~ reinziehen*** *(fam)* fumer le bédo ▶ **[das] kommt nicht in die ~!** *(fam)* pas question!
tuten [ˈtuːtən] *vi Sirene:* corner ▶ **von Tuten und Blasen keine Ahnung haben** *(fam)* [n']y connaître que dalle
Tütensuppe *f* soupe *f* en sachet
Tutor, Tutorin <-s, Tutoren> *m, f* ❶ UNIV moniteur, -trice *m, f* ❷ SCHULE tuteur, -trice *m, f*
TÜV® [tʏf] <-, -[s]> *m Abk von* **Technischer Überwachungs-Verein** centre *m* de contrôle technique
Tuvalu [tuˈvaːlu] <-s> *nt* Tuvalu *m*
TÜV-Plakette *f* AUT *plaquette de contrôle technique*
TV-Serie [teːˈfau̯-] *f* feuilleton *m* télévisé
Twen [tvɛn] <-[s], -s> *m* moins *mf* de trente ans
Twitter® <-[s]> [ˈtvɪtɐ] *nt kein pl* INFORM Twitter® *m*
twittern [ˈtvɪtɐn] *vt, vi* TELEC, INET twitter
Typ [tyːp] <-s, -en> *m* ❶ *(Menschentyp)* individu *m;* ***ein bestimmter ~ von Männern/Frauen*** un certain type d'hommes/de femmes ❷ *(Modell)* modèle *m* ❸ *(fam: Kerl, Freund)* mec *m*
Type [ˈtyːpə] <-, -n> *f* TYP type *m*, caractère *m*
Typen [ˈtyːpən] *Pl von* **Typus**
Typhus [ˈtyːfʊs] <-> *m* MED typhus *m*
typisch [ˈtyːpɪʃ] **I.** *adj* typique **II.** *adv* ***~ Frau/Mann!*** typiquement féminin/masculin!
Typografie [typograˈfiː] <-, -ien> *f* typographie *f*
typografisch [typoˈgraːfɪʃ] *adj* typographique
Typus [ˈtyːpʊs] <-, Typen> *m* type *m*
Tyrann(in) [tyˈran] <-en, -en> *m(f)* tyran *m*
Tyrannei [tyraˈnai̯] <-, -en> *f* tyrannie *f*
tyrannisch [tyˈranɪʃ] *adj* tyrannique
tyrannisieren* [tyraniˈziːrən] *vt* tyranniser

T

u. *Abk von* **und**

U, u [uː] <-, -> *nt* U *m* / u *m*

u. a. *Abk von* **unter anderem/anderen** entre autres

U-Bahn ['uːbaːn] *f* métro *m* **U-Bahnhof** *m,* **U-Bahn-Station** *f* station *f* de métro

übel ['yːbəl] **I.** *adj* ❶ *Geruch, Geschmack* mauvais(e); *Gefühl* pénible ❷ *(schlimm)* sale *antéposé; Fall* fâcheux, -euse ❸ *Bursche, Kerl* sale *antéposé* ❹ *(verkommen)* mal famé(e) ❺ *(schlecht)* ***jdm ist/wird ~*** qn a mal au cœur **II.** *adv* ❶ *(unangenehm)* ***~ riechen/schmecken*** sentir/être mauvais ❷ *(schlecht)* mal ❸ *(gemein)* mal

Übel ['yːbəl] <-s, -> *nt* mal *m*

übelgelaunt *s.* **gelaunt**

Übelkeit <-, -en> *f* nausée *f*

übel|nehmen *s.* **nehmen 7**

übelriechend *s.* **riechen I. 1** **Übeltäter(in)** *m(f)* malfaiteur, -trice *m, f*

üben ['yːbən] **I.** *vt* ❶ *(trainieren)* s'exercer à *Wurf, Sprungtechnik* ❷ *(einstudieren)* travailler *Lied, Geige* ❸ *(praktizieren)* ***Gerechtigkeit ~*** faire preuve de justice **II.** *vr (fig)* ***sich in Geduld ~*** s'armer de patience **III.** *vi* ***mit jdm ~*** *(für die Schule)* travailler avec qn; *(trainieren)* s'entraîner avec qn

über ['yːbɐ] **I.** *präp +dat* ❶ ***~ dem Sofa/dem Durchschnitt*** au-dessus du canapé/de la moyenne ❷ *(zusätzlich zu)* ***~ dem Hemd einen Pulli tragen*** porter un pull par-dessus la chemise ❸ *(wegen)* ***~ der ganzen Aufregung*** avec toute cette agitation **II.** *präp +akk* ❶ ***ein Poster ~ das Sofa hängen*** accrocher un poster au-dessus du canapé ❷ *(auf, auf ... entlang)* ***den Mantel ~ den Stuhl legen*** poser le manteau sur la chaise; ***sie strich ihm ~ die Wange*** elle lui caressa la joue ❸ *(quer hinüber)* ***~ die Straße gehen*** traverser la rue; ***~ den Zaun schauen*** regarder par-dessus la clôture; ***der Blick ~ das Tal*** la vue sur la vallée ❹ *(betreffend)* ***~ jdn/etw sprechen*** parler de qn/discuter de qc; ***ein Buch ~ Schiller/Pflanzen*** un livre sur Schiller/les plantes ❺ *(in Höhe von)* ***ein Scheck ~ hundert Euro*** un chèque de cent euros ❻ *(durch, mittels)* ***~ jdn erfahren, dass ...*** apprendre par [l'intermédiaire de] qn que ...; ***~ Satellit*** par satellite; ***etw ~ den Rundfunk/das Fernsehen bekannt geben*** annoncer qc à la radio/télévision ❼ *(via)* ***~ Dijon nach Lyon fahren*** aller à Lyon en passant par Dijon ❽ *(zur Angabe der Dauer)* ***den ganzen Tag ~*** toute la journée; ***~ Ostern verreisen*** partir pour Pâques **III.** *adv* ❶ *(mehr als)* plus de; ***bei ~ 40° C*** au-dessus de 40° ❷ *(älter als)* de plus de

überall [yːbɐ'ʔal] *adv* ❶ partout ❷ *(immer)* ***~ mitreden*** avoir toujours quelque chose à dire

überallher [yːbɐ'ʔal'heːɐ̯] *adv* ***von ~*** de partout **überallhin** [yːbɐʔal'hɪn] *adv* [un peu] partout

überaltert *adj* suranné(e)

Überalterung <-> *f* sur-vieillissement *m*

Überangebot *nt* suroffre *f*

überängstlich *adj* hyperanxieux, -euse

überanstrengen* [yːbɐ'ʔanʃtrɛŋən] **I.** *vr* ***sich ~*** se surmener; ***sich beim Sport ~*** forcer en faisant du sport **II.** *vt* ***seine Augen durch etw ~*** s'esquinter les yeux avec qc *fam*

überanstrengt *adj* surmené(e)

Überanstrengung *f* surmenage *m*

überarbeiten* [yːbɐ'ʔarbaɪ̯tən] **I.** *vt* remanier **II.** *vr* ***sich ~*** se surmener

Überarbeitung [yːbɐ'ʔarbaɪ̯tʊŋ] <-, -en> *f* ❶ *kein Pl (das Bearbeiten)* remaniement *m* ❷ *(Fassung, Version)* édition *f* remaniée ❸ *kein Pl (Überanstrengung)* surmenage *m*

überaus ['yːbɐʔaʊ̯s] *adv (geh)* extrêmement

überbacken* *vt irr* ***etw ~*** faire gratiner qc

überbeanspruchen* <überzubeanspruchen> *vt* épuiser *Person;* présumer de *Kräfte;* surmener *Bandscheiben, Gelenke;* malmener *Motor, Reifen;* surcharger *Regalbrett*

überbelichten* <überzubelichten> *vt* PHOT surexposer

Überbelichtung *f* surexposition *f*

überbetonen* <überzubetonen> *vt* trop insister [sur] *Aspekt*

Überbevölkerung *f kein Pl* surpopulation *f*

überbewerten* <überzubewerten> *vt* ❶ *(zu gut bewerten)* surnoter *Leistung* ❷ *(zu wichtig nehmen)* surestimer

überbezahlen* <überzubezahlen> *f* surpayer

überbieten* [yːbɐ'biːtən] *irr* **I.** *vt* ❶ SPORT améliorer; ***etw um etw ~*** améliorer qc de qc ❷ *(bei Auktionen)* ***jdn/etw um etw ~*** surenchérir sur qn/qc de qc ❸ *(übertreffen)* ***nicht/kaum zu ~ sein*** *Arroganz:* être inégalable/difficilement égalable **II.** *vr* ***sich [gegenseitig] an Mut ~*** rivaliser de courage

Überbleibsel ['y:bɐblaipsəl] <-s, -> *nt meist Pl* vestige *m; eines Essens* reste *m*

Überblick ['y:bɐblɪk] *m* ❶ *(Sicht)* vue *f* d'ensemble; ***~ über etw*** *akk* vue d'ensemble de qc ❷ *(fig)* ***ein kurzer ~ über etw*** *akk* un bref aperçu de qc ❸ *(Übersicht)* ***sich*** *dat* ***einen ~ über etw*** *akk* ***verschaffen*** se faire une idée d'ensemble de qc; ***den ~ verlieren*** ne plus savoir [exactement] où on en est

überblicken* [y:bɐ'blɪkən] *vt* ❶ *(überschauen)* ***etw ~ können*** pouvoir embrasser qc du regard ❷ *(einschätzen)* se faire une idée globale de *Aktivitäten*

überbreit *adj Reifen* très large

überbringen* [y:bɐ'brɪŋən] *vt irr* remettre, transmettre *Nachricht*

Überbringer(in) <-s, -> *m(f)* porteur, -euse *m, f;* ***der ~ der Nachricht*** le messager

überbrücken* [y:bɐ'brʏkən] *vt* ❶ *(bewältigen)* pallier, surmonter *Situation* ❷ *(ausgleichen)* concilier *Differenzen*

Überbrückung <-, -en> *f* ❶ *von Schwierigkeiten* résolution *f* [provisoire]; ***zur ~ dieses Zeitraums*** pour tenir pendant cette période ❷ *(Ausgleich) von Gegensätzen* conciliation *f*

Überbrückungskredit *m* crédit-relais *m*

überdachen* [y:bɐ'daxən] *vt* couvrir

über|decken[1] ['y:bɐdɛkən] *vt (fam)* ***jdm etw*** ~ recouvrir qn de qc

überdecken*[2] [y:bɐ'dɛkən] *vt* recouvrir *Farbschicht;* masquer *Geschmack*

überdenken* [y:bɐ'dɛŋkən] *vt irr* ***etw [noch einmal]*** ~ reconsidérer qc

überdeutlich I. *adj* très explicite **II.** *adv* de la façon la plus claire qui soit

überdies *adv (geh)* en outre

überdimensional ['y:bɐdimɛnzi̯ona:l] *adj* démesuré(e)

Überdosis *f (bei Medikamenten)* surdose *f; (bei Drogen)* overdose *f*

überdrehen* *vt* forcer *Schraube, Motor*

überdreht *adj (fam)* surexcité(e)

Überdruck <-drücke> *m* surpression *f*

Überdruckventil [-vɛ-] *nt* soupape *f* de sûreté [*o* de sécurité]

Überdruss ['y:bɐdrʊs] <-es> *m* dégoût *m*, saturation *f*

überdrüssig ['y:bɐdrʏsɪç] *adj* ***einer S. ~ sein/werden*** en avoir/commencer à en avoir [plus qu']assez de qc

Überdüngung <-, -en> *f der Äcker* fertilisation *f* excessive; *der Gewässer* eutrophisation *f*

überdurchschnittlich I. *adj* supérieur(e) à la moyenne **II.** *adv* ***~ gut sein*** être meilleur que la moyenne

übereck [y:bɐ'ʔɛk] *adv* en diagonale [dans le/un coin]

Übereifer ['y:bɐʔaifɐ] *m* excès *m* de zèle; ***etw im ~ tun*** faire qc dans son empressement

übereifrig *adj* trop zélé(e)

übereilt *adj* précipité(e)

übereinander [y:bɐʔai̯'nandɐ] *adv (über sich)* ***~ reden*** parler l'un sur l'autre

übereinander|legen *vt* entasser, superposer **übereinander|liegen** *vi irr* être posé(e)s l'un(e) sur l'autre **übereinander|schlagen** *vt irr* croiser *Beine*

überein|kommen [y:bɐ'ʔainkɔmən] *vi irr* + *sein* ***~ etw zu tun*** convenir de faire qc; ***mit jdm*** ~ se mettre d'accord avec qn

Übereinkommen [y:bɐʔ'ainkɔmən] *nt* accord *m*

Übereinkunft [y:bɐʔ'ainkʊnft, *Pl:* -kʏnftə] <-, -künfte> *f* accord *m*

überein|stimmen [y:bɐʔ'ainʃtɪmən] *vi* ❶ être d'accord; ***mit jdm in einer Frage ~*** être d'accord avec qn sur une question; ***mit jdm [darin] ~, dass ...*** convenir avec qn que ... ❷ *(sich gleichen)* ***mit etw*** ~ être conforme à qc

übereinstimmend I. *adj Aussage* concordant(e); *Ansicht* unanime **II.** *adv* ***~ erklären, dass ...*** déclarer à l'unanimité que ...

Übereinstimmung *f* ❶ consensus *m* ❷ *(Gleichheit)* unanimité *f*

überempfindlich I. *adj* ❶ *Person* hypersensible ❷ MED ***~ gegen etw sein*** être hypersensible à qc **II.** *adv* ❶ *reagieren* comme un écorché vif/une écorchée vive ❷ MED ***~ auf etw*** *akk* ***reagieren*** avoir une réaction allergique à qc

Überempfindlichkeit *f a.* MED hypersensibilité *f*

Überernährung *f* suralimentation *f*

über|essen ['y:bɐʔɛsən] *vr irr* ***sich*** *dat* ***etw*** ~ se dégoûter de qc

überfahren* [y:bɐ'fa:rən] *vt irr* ❶ écraser *Person, Tier* ❷ *(nicht beachten)* brûler, griller *Ampel, Stoppschild;* dépasser *Linie* ❸ *(fam: übertölpeln)* embobiner

Überfahrt *f* traversée *f*

Überfall *m* attaque *f* [à main armée], agres-

U

sion *f*; ***der ~ auf jdn/etw*** l'agression de qn/l'attaque de qc
überfallen* [yːbɐˈfalən] *vt irr* ❶ agresser *Person;* attaquer *Bank* ❷ *(hum fam: besuchen)* ***jdn*** ~ débarquer chez qn sans crier gare ❸ *(bestürmen)* ***jdn mit etw*** ~ assaillir qn de qc
überfällig *adj* ❶ *Schiff* en retard; *Zahlung* en souffrance ❷ *(angebracht)* ***längst ~ sein*** *Entschuldigung, Maßnahme:* s'imposer depuis longtemps
Überfallkommando, Überfallskommando *nt* A *(fam)* police *f* secours
überfischen* *vt* dépeupler [par la surpêche]; ***etw*** ~ dépeupler qc [par la surpêche]
überfliegen* [yːbɐˈfliːgən] *vt irr* ❶ survoler *Gebiet* ❷ *(ansehen)* parcourir *Buch*
über|fließen *vi irr + sein (a. fig)* déborder
überflügeln* *vt* surpasser *Person;* ***jdn weit*** ~ surclasser qn de loin
Überfluss *m kein Pl* [sur]abondance *f* ▶ ***zu allem*** ~ pour couronner le tout
überflüssig *adj* superflu(e); ***es ist ~, dass*** il est superflu que *+subj* ▶ ***ich glaube, ich bin hier*** ~ je crois que je suis de trop ici
überfluten* [yːbɐˈfluːtən] *vt* inonder *Gebiet*
Überflutung <-, -en> *f* inondation *f*
überfordern* [yːbɐˈfɔrdɐn] *vt* ❶ demander trop; ***jdn*** ~ en demander trop à qn; ***mit etw/in etw*** *dat* ***überfordert sein*** être dépassé par qc ❷ *(überbeanspruchen)* surmener *Herz;* abuser de *Geduld*
Überforderung *f kein Pl (körperlich)* surmenage *m; (geistig)* exigences *fpl* trop grandes
Überfremdung <-, -en> *f* déculturation *f*
überführen* [yːbɐˈfyːrən] *vt* ❶ JUR confondre; ***jdn durch etw*** ~ confondre qn grâce à qc; ***jdn des Drogenhandels*** ~ convaincre qn de trafic de drogue ❷ *(transportieren)* transférer *Patienten;* convoyer *Fahrzeug*
Überführung *f* ❶ JUR preuve *f* de la culpabilité ❷ *(Brücke)* passage *m* supérieur
überfüllt [yːbɐˈfʏlt] *adj Schulklasse* surchargé(e); *Gebäude* bondé(e)
Überfunktion *f* hyperfonctionnement *m;* ***~ der Schilddrüse*** hyperthyroïdie *f*
Übergabe *f* remise *f*
Übergang <-gänge> *m* ❶ *(Wechsel)* passage *m;* ***der ~ von der Schule zum Beruf*** la transition entre l'école et la profession ❷ *(Grenzübergang)* passage *m* ❸ *(Überweg)* passage *m* clouté
Übergangsfrist *f* ADMIN, POL période *f* de transition **Übergangsgeld** *nt* ADMIN indemnité *f* transitoire
übergangslos *adv* sans transition
Übergangslösung *f* solution *f* transitoire **Übergangsphase** *f* période *f* de transition **Übergangsregelung** *f* réglementation *f* transitoire **Übergangsregierung** *f* gouvernement *m* de transition **Übergangszeit** *f (Zeit des Übergangs)* période *f* transitoire [*o* de transition]
übergeben* [yːbɐˈgeːbən] *irr* **I.** *vt* ❶ *(überreichen)* ***jdm etw*** ~ remettre qc à qn ❷ *(ausliefern)* ***jdn jdm*** ~ remettre qn à qn ❸ MIL ***etw an jdn*** ~ livrer qc à qn **II.** *vr* ***sich*** ~ vomir
über|gehen[1] [ˈyːbɐgeːən] *vi irr + sein* ❶ *(überwechseln)* ***zu etw*** ~ passer à qc; ***dazu ~ etw zu tun*** en venir à faire qc ❷ *(übertragen werden)* ***in jds Besitz*** *akk* ~ devenir propriété de qn ❸ *(verschwimmen)* ***ineinander*** ~ *Farben:* se fondre
übergehen*[2] [yːbɐˈgeːən] *vt irr* ❶ oublier; ***jdn bei/in etw*** *dat* ~ oublier qn lors de/dans qc ❷ *(nicht beachten)* passer outre *Einwand* ❸ *(auslassen)* sauter *Abschnitt*
übergeordnet *adj* ❶ *Problem* supérieur(e) ❷ GRAM, LING *Satz* principal(e); *Begriff* générique
Übergepäck *nt* excédent *m* de bagages
übergeschnappt [ˈyːbɐgəʃnapt] *adj (fam)* maboul(e)
Übergewicht *nt kein Pl* excès *m* de poids
übergewichtig *adj* ***~ sein*** avoir un excédent de poids
übergießen* *vt irr* ***etw mit Wasser*** ~ arroser qc d'eau
überglücklich *adj Person* comblé(e) de bonheur; *Miene* radieux, -euse
über|greifen *vi irr* ***auf etw*** *akk* ~ gagner qc
Übergriff *m* acte *m* de violence
übergroß *adj Kleidungsstück* de grande taille; *Möbelstück* de taille imposante
Übergröße *f* grande taille *f*
über|haben *vt irr (fam)* ❶ *(satthaben)* ***jdn/etw*** ~ en avoir marre de qn/qc ❷ *(übergehängt haben)* ***einen Mantel*** ~ avoir mis un manteau
überhand|nehmen [yːbɐˈhant-] *vi irr (sich häufen)* se multiplier; *(stark anwachsen)* prendre des proportions démesurées
Überhang *m* ❶ GEOG surplomb *m* ❷ *(Überangebot)* ***~ an Waren*** *dat* excédent *m* de marchandise
über|hängen[1] [ˈyːbɐhɛŋən] *vi irr + haben* ❶ *(hinausragen)* *Ast:* dépasser ❷ *(vorra-*

gen) Felswand: être en surplomb; ***nach vorn*** ~ faire une avancée

über|hängen[2] ['y:bɐhɛŋən] *vt* mettre en bandoulière; *[sich dat]* ***die Tasche/das Gewehr*** ~ mettre son sac/fusil en bandoulière; *[sich dat]* ***eine Jacke*** ~ [se] mettre une veste sur les épaules

überhäufen* [y:bɐ'hɔy̯fən] *vt* ❶ *(überschütten)* ***jdn mit etw*** ~ accabler qn de qc ❷ *(bedecken)* ***etw mit etw*** ~ couvrir qc de qc

überhaupt [y:bɐ'hau̯pt] *adv* ❶ *(eigentlich)* ***was fällt dir ~ ein?*** qu'est-ce qui te prend?; ***was soll das ~?*** qu'est-ce que ça signifie? ❷ *(abgesehen davon, zudem)* vraiment, absolument ❸ *verstärkend (ganz und gar)* ***ich habe ~ keine Zeit*** je n'ai absolument pas une minute [de libre]; ~ ***nicht*** [pas] du tout, absolument pas; ~ ***noch nie*** encore jamais

überheblich [y:bɐ'he:plɪç] *adj* arrogant(e)

Überheblichkeit <-, *selten:* -en> *f* arrogance *f*

überhitzen* [y:bɐ'hɪtsən] *vt* ❶ AUT chauffer ❷ *(zu stark erhitzen)* trop chauffer

Überhitzung *f (a. fig)* surchauffe *f*

überhöht [y:bɐ'hø:t] *adj* excessif, -ive

überholen* [y:bɐ'ho:lən] **I.** *vt* ❶ *(vorbeifahren)* doubler, dépasser ❷ *(übertreffen)* devancer *Konkurrenz* ❸ *(instand setzen)* réviser *Fahrzeug* **II.** *vi* doubler

Überholmanöver *nt* dépassement *m*

Überholspur *f* voie *f* de gauche

überholt *adj Ansichten, Moral* dépassé(e)

Überholverbot *nt* interdiction *f* de dépasser

überhören* [y:bɐ'hø:rən] *vt* ❶ *(nicht hören)* ne pas entendre ❷ *(nicht hören wollen)* ignorer

überinterpretieren* *vt* aller trop loin dans l'interprétation de

überirdisch ['y:bɐʔɪrdɪʃ] *adj* surnaturel(le)

überkleben* *vt* recouvrir; ***etw mit etw*** ~ recouvrir qc avec qc

über|kochen ['y:bɐkɔxən] *vi + sein* déborder

überkommen* [y:bɐ'kɔmən] *vt irr* ***jdn*** ~ *Gefühl:* s'emparer de qn; ***mich überkam so eine Ahnung, dass …*** j'ai eu le pressentiment que …

überkreuzen* **I.** *vt* croiser *Arme, Beine* **II.** *vr* ***sich*** ~ se croiser

überladen* [y:bɐ'la:dən] *vt irr* surcharger *Auto*

überlagern* [y:bɐ'la:gɐn] *vt* masquer

Überlänge *f* ❶ COUT grande longueur *f;* ~ ***haben*** être de grande longueur ❷ CINE, TV ***ein Film mit*** ~ un film très long

überlappen* *vt, vr [sich]* ~ [se] chevaucher

überlassen* [y:bɐ'lasən] *vt irr* ❶ *(zur Verfügung stellen)* ***jdm etw*** ~ laisser qc à qn ❷ *(lassen)* ***jdm die Entscheidung/Initiative*** ~ laisser qn décider/prendre l'initiative

überlasten* [y:bɐ'lastən] *vt* ❶ surcharger *Träger;* trop solliciter *Organ* ❷ TELEC encombrer *Telefonnetz*

Überlastung <-, -en> *f* ❶ *(überlasteter Zustand) einer Person* exténuation *f;* ***nervliche*** ~ stress *m* ❷ ELEC, TELEC *des Stromnetzes* surcharge *f*

überlaufen*[1] [y:bɐ'lau̯fən] *vt irr* SPORT passer *Hürden*

über|laufen[2] ['y:bɐlau̯fən] *vi irr + sein* ❶ *Flüssigkeit:* déborder ❷ *(überwechseln) Soldat:* passer à l'ennemi

überlaufen[3] [y:bɐ'lau̯fən] *adj Gegend* bondé(e)

Überläufer(in) *m(f)* transfuge *m*

überleben* [y:bɐ'le:bən] **I.** *vt* ❶ ***einen Unfall*** ~ survivre à un accident; ***wird er die Nacht ~?*** passera-t-il la nuit? ❷ *(länger leben als)* ***jdn um einige Jahre*** ~ survivre de quelques années à qn ► **du wirst es ~!** *(iron fam)* tu ne vas pas en mourir!; **das überlebe ich nicht!** *(fam: das ist zu komisch)* c'est à mourir [de rire]!; *(das ist zu schlimm)* je ne m'en remettrai pas! **II.** *vi* survivre **III.** *vr* ***sich*** ~ passer; ***etw hat sich überlebt*** qc a fait son temps

Überlebende(r) *f(m) dekl wie adj* survivant(e) *m(f)*

Überlebenschance *f* chance *f* de survie

überlebensgroß *adj o adv* plus grand(e) que nature

Überlebenskampf *m* combat *m* [pour survivre] **Überlebenskünstler(in)** *m(f) (euph fam) personne qui parvient toujours à se sortir de situations dangereuses ou critiques* **Überlebenstraining** *nt* entraînement *m* de survie

überlegen*[1] [y:bɐ'le:gən] **I.** *vi* réfléchir; ***überleg/~ Sie doch mal!*** réfléchis/réfléchissez donc! **II.** *vt [sich dat]* ***etw*** ~ réfléchir à qc; *[sich dat]* ***~, ob/wann/wie …*** réfléchir si/quand/comment …; ***es sich*** *dat* ***anders*** ~ changer d'avis; ***wenn man es sich*** *dat* ***recht überlegt*** tout bien considéré

über|legen[2] ['y:bɐle:gən] *vt* couvrir; ***jdm etw*** ~ couvrir qn de qc

überlegen[3] [y:bɐ'le:gən] **I.** *adj* supérieur(e); *Sieg* écrasant(e); ***jdm an Intel-***

ligenz ~ sein être supérieur à qn en intelligence **II.** *adv* ❶ *siegen* haut la main ❷ *lächeln, grinsen* d'un air de supériorité

Überlegenheit <-> *f* ❶ *(überlegener Status)* supériorité *f;* ***~ gegenüber jdm*** supériorité par rapport à qn ❷ *(Herablassung)* condescendance *f*

überlegt **I.** *adj* réfléchi(e); ***wohl ~*** *(geh)* mûrement réfléchi **II.** *adv* de façon réfléchie

Überlegung <-, -en> *f Pl (Erwägungen)* réflexions *fpl*

über|leiten *vi* ***zu etw ~*** introduire qc

überlesen* *vt irr* ❶ *(übersehen)* ***etw ~*** ne pas voir qc [à la lecture] ❷ *(überfliegen)* parcourir

überliefern* [y:bɐˈli:fɐn] *vt* transmettre; ***jdm etw ~*** transmettre qc à qn

Überlieferung *f* ❶ *kein Pl (das Überliefern) einer Legende, Sage* transmission *f;* ***die mündliche ~*** la tradition orale ❷ *(das Überlieferte)* document *m* ancien ❸ *(Brauchtum)* tradition *f*

überlisten* [y:bɐˈlɪstən] *vt* berner *Person;* déjouer *System*

überm [ˈy:bɐm] = *s.* **über dem** *s.* **über**

Übermacht *f kein Pl* supériorité *f;* ***in der ~ sein*** être supérieur en nombre

übermächtig *adj* ❶ *(überlegen)* supérieur(e) ❷ *Gefühl, Hass* intense

übermalen* *vt* ***etw ~*** recouvrir qc de peinture

übermannen* *vt* envahir; ***jdn ~*** *Schmerz:* envahir qn

Übermaß *nt kein Pl* ***ein ~ an Arbeit*** une surcharge de travail; ***ein ~ an Verantwortung*** une trop grande responsabilité

übermäßig **I.** *adj* extrême; ***das war nicht gerade ~*** cela n'avait vraiment rien d'exceptionnel **II.** *adv* ❶ *sich anstrengen* trop ❷ *trinken* sans modération

Übermensch *m* surhomme *m*

übermenschlich *adj* surhumain(e)

übermitteln* [y:bɐˈmɪtəln] *vt* transmettre; ***jdm etw ~*** transmettre qc à qn

übermorgen *adv* après-demain; ***~ früh/Abend*** après-demain matin/soir

übermüdet [y:bɐˈmy:dət] *adj* épuisé(e); *Augen* extrêmement fatigué(e)

Übermüdung <-, *selten:* -en> *f* épuisement *m*

Übermut *m (Leichtsinn)* exubérance *f;* ***aus ~*** par malice ▶ **~ tut selten gut** *(prov)* ≈ prudence est mère de sûreté

übermütig [ˈy:bɐmy:tɪç] **I.** *adj* ❶ *(ausgelassen)* exubérant(e), pétulant(e) ❷ *(aufgeregt)* turbulent(e), excité(e) **II.** *adv* ***sich ~ aufführen*** être turbulent

übern [ˈy:bɐn] = *s.* **über den** *s.* **über**

übernächste(r, s) *adj attr* ***~n Sonntag*** dimanche en quinze; ***am ~n Tag*** le surlendemain

übernachten* [y:bɐˈnaxtən] *vi* passer la nuit; ***im Hotel/in Basel/bei Freunden ~*** passer la nuit à l'hôtel/à Bâle/chez des amis

übernächtigt [y:bɐˈnɛçtɪçt] *adj* épuisé(e) par une nuit blanche

Übernachtung <-, -en> *f* nuitée *f,* nuit *f* d'hôtel; ***~ mit Frühstück*** nuit[ée] avec petit-déjeuner

Übernachtungsmöglichkeit *f* possibilité *f* d'hébergement [pour la nuit]

Übernahme [ˈy:bɐna:mə] <-, -n> *f* ❶ *(Inbesitznahme) eines Besitzes* prise *f* de possession ❷ *(das Übernehmen) der Verantwortung* prise *f* en charge ❸ COM *einer Firma* reprise *f*

Übernahmeangebot *nt* offre *f* publique d'achat, O.P.A. *f*

übernatürlich *adj (nicht erklärbar)* surnaturel(le)

übernehmen* [y:bɐˈne:mən] *irr* **I.** *vt* ❶ *(in Besitz nehmen)* reprendre *Besitz* ❷ *(auf sich nehmen)* assumer *Verantwortung;* se charger de *Kosten* ❸ *(übertragen bekommen)* reprendre *Vorsitz;* accepter *Auftrag;* prendre *Verteidigung* ❹ *(verwenden)* reprendre *Satz, Zitat* ❺ *(weiterbeschäftigen)* garder *Mitarbeiter;* ***ins Beamtenverhältnis übernommen werden*** être fonctionnarisé **II.** *vr* ***sich ~*** vouloir trop en faire; ***übernimm dich nur nicht!*** *(iron fam)* [ne] te fatigue pas, surtout! **III.** *vi* prendre le relais

übernervös [-vø:s] *adj* hypernerveux, -euse

überparteilich *adj inv* au-dessus des partis

Überproduktion *f* surproduction *f*

überprüfen* [y:bɐˈpry:fən] *vt* ❶ *(durchchecken)* examiner *Bewerber;* contrôler *Politiker* ❷ *(kontrollieren)* vérifier l'exactitude de *Angabe;* contrôler *Unterlagen* ❸ *(die Funktion nachprüfen)* vérifier *Gerät, Anschlüsse;* réviser *Motor*

Überprüfung *f* ❶ *kein Pl (das Prüfen) eines Bewerbers* examen *m* ❷ *kein Pl (das Kontrollieren) einer Aussage* vérification *f* ❸ *kein Pl (Funktionsprüfung) eines Motors, Wagens* révision *f* ❹ *kein Pl (das Überdenken) einer Haltung* révision *f*

überqualifiziert *adj* surqualifié(e)

über|quellen *vi irr + sein* déborder; ***vor Briefen*** ~ déborder de lettres
überqueren* [y:bɐ'kve:rən] *vt* ❶ *(passieren)* traverser *Straße* ❷ *(hinwegführen)* ***etw*** ~ *Brücke:* franchir qc; *Straße:* traverser qc
Überquerung <-, -en> *f* traversée *f*
überragen*1 [y:bɐ'ra:gən] *vt* ❶ dépasser; ***jdn um zehn Zentimeter*** ~ dépasser qn de dix centimètres; ***etw um zwei Meter*** ~ dominer qc de deux mètres ❷ *(übertreffen)* ***jdn an Intelligenz*** ~ surpasser qn en intelligence
über|ragen2 ['y:bɐragən] *vi* être en surplomb; ***ein ~der Balken*** une poutre en surplomb
überragend [y:bɐ'ra:gənt] *adj* de premier ordre; *Leistung, Werk* excellent(e)
überraschen* [y:bɐ'raʃən] *vt* ❶ surprendre; ***jdn mit etw*** ~ faire une surprise à qn avec qc ❷ *(erstaunen)* surprendre, étonner
überraschend **I.** *adj* inattendu(e), surprenant(e) **II.** *adv besuchen, abfahren* à l'improviste; *sterben* subitement
überrascht **I.** *PP von* **überraschen** **II.** *adj* surpris(e), étonné(e); ~ ***sein, dass*** être surpris(e) [*o* étonné(e)] que +*subj;* ***ich war ~, wie wenig das gekostet hat*** j'ai été surpris(e) [*o* étonné(e)] que cela ait coûté si peu **III.** *adv* avec étonnement, d'un air étonné
Überraschung <-, -en> *f* ❶ surprise *f;* ***was für eine ~!*** ça [pour une surprise], c'est une surprise! ❷ *kein Pl (Erstaunen)* surprise *f,* étonnement *m;* ***zu meiner größten*** ~ à ma grande surprise
Überraschungseffekt *m* effet *m* de surprise
überreagieren* *vi* surréagir
Überreaktion *f* réaction *f* excessive
überreden* [y:bɐ're:dən] *vt* convaincre, persuader
Überredungskunst *f* art *m* de la persuasion
überregional *adj* interrégional(e)
überreich *adv belohnen* royalement, somptueusement
überreichen* [y:bɐ'raiçən] *vt* remettre
überreichlich *adj Essen* très copieux, -euse
Überreichung <-, -en> *f eines Preises* remise *f*
überreif *adj Frucht, Obst* trop mûr(e), blet(te)
überreizen* *vt* [sur]exciter
überreizt *adj Augen* irrité(e); ~ ***sein*** être à bout de nerfs

überrennen* *vt irr* ❶ MIL prendre d'assaut ❷ *(umstoßen)* renverser
überrepräsentiert *adj* surreprésenté(e)
Überrest *m meist Pl (Ruinen)* vestiges *mpl* ▶ **jds sterbliche ~e** *(euph geh)* la dépouille [mortelle] de qn
überrollen* [y:bɐ'rɔlən] *vt* ❶ renverser *Gegner* ❷ *(a. fig: überfahren)* écraser
überrumpeln* [y:bɐ'rʊmpəln] *vt* ❶ *(fam: übertölpeln)* ***jdn*** ~ embobiner qn ❷ *(überwältigen)* ***den Gegner*** ~ prendre l'adversaire par surprise
überrunden* *vt* ❶ SPORT doubler *Läufer* ❷ *(übertreffen)* surclasser; *Schüler:* surpasser
übers ['y:bɐs] = *s.* **über das** *s.* **über**
übersät [y:bɐ'zɛ:t] *adj* ***mit/von etw ~ sein*** *Haut:* être criblé de qc; *Boden:* être jonché de qc
übersättigt *adj* [sur]saturé(e)
Überschall *m* fréquence supersonique *f*
Überschallflugzeug *nt* [avion *m*] supersonique *m* **Überschallgeschwindigkeit** *f kein Pl* vitesse *f* supersonique
überschatten* [y:bɐ'ʃatən] *vt* jeter une ombre sur
überschätzen* [y:bɐ'ʃɛtsən] *vt, vr* ***[sich]*** ~ [se] surestimer
Überschätzung *f* surestimation *f*
überschaubar [y:bɐ'ʃaʊba:ɐ̯] *adj Firma, Projekt* dont on garde une bonne vue d'ensemble
Überschaubarkeit <-> *f* ***eine bessere ~ des Projektes anstreben*** chercher à obtenir une meilleure vue d'ensemble du projet
überschauen* [y:bɐ'ʃaʊən] *s.* **überblicken**
über|schäumen *vi + sein (a. fig)* déborder
überschlafen* *vt irr* ***etw*** ~ réfléchir à qc à tête reposée
Überschlag *m* SPORT roue *f;* ***einen ~ machen*** faire la roue
überschlagen*1 [y:bɐ'ʃla:gən] *irr* **I.** *vt* ❶ *(auslassen)* sauter ❷ *(berechnen)* ***die Kosten*** ~ évaluer les coûts [approximativement] **II.** *vr* **sich** ~ ❶ *(eine Drehung ausführen) Akrobat:* faire une culbute; *Fahrzeug:* faire un tonneau ❷ *(schnell aufeinanderfolgen) Ereignisse:* se précipiter; *Nachrichten:* affluer; *Wellen:* se déchaîner ❸ *(fam: übereifrig sein)* faire du zèle ❹ *(schrill werden) Stimme:* devenir strident(e)
über|schlagen2 ['y:bɐʃla:gən] *vt irr + haben* croiser *Beine*
über|schnappen *vi + sein (fam)* ❶ *(ver-*

U

rückt werden) débloquer ❷ *(sich überschlagen)* devenir strident(e)

überschneiden* [y:bɐˈʃnaidən] *vr irr* ***sich*** ~ se chevaucher; ***sich um wenige Minuten*** ~ se chevaucher de quelques minutes

überschreiben* [y:bɐˈʃraibən] *vt irr* ❶ *(betiteln)* intituler ❷ INFORM surfrapper *Datei* ❸ *(übertragen)* ***seinen Besitz jdm*** ~ transférer ses biens à qn

überschreiten* [y:bɐˈʃraitən] *vt irr* ❶ *(überqueren)* franchir *Grenze, Fluss* ❷ *(fig: darüber hinausgehen)* dépasser *Fähigkeiten* ❸ *(nicht einhalten)* outrepasser *Befugnisse*

Überschreitung <-, -en> *f eines Termins* dépassement *m;* ~ ***der/seiner Befugnisse*** dépassement du cadre de ses attributions

Überschrift *f* [gros] titre *m*

Überschuss *m a.* COM excédent *m;* ***ein ~ an Arbeitskräften*** un sureffectif

überschüssig [ˈy:bɐʃʏsɪç] *adj (über den Bedarf vorhanden)* ***die ~e Energie von Jugendlichen*** le trop-plein d'énergie des adolescents

überschütten* [y:bɐˈʃʏtən] *vt* ❶ *(bedecken)* ***etw mit Erde*** ~ recouvrir qc de terre ❷ *(fig)* ***jdn mit Geschenken*** ~ couvrir qn de cadeaux; ***jdn mit Vorwürfen*** ~ accabler qn de reproches

Überschwang <-[e]s> *m* emballement *m;* ***im*** ~ dans son/mon/... débordement de joie

überschwänglich [ˈy:bɐʃvɛŋlɪç] **I.** *adj Begrüßung* très chaleureux, -euse; *Begeisterung* débordant(e) **II.** *adv* ***sich ~ bedanken*** se confondre en remerciements

überschwemmen* [y:bɐˈʃvɛmən] *vt* ❶ *a.* COM inonder ❷ *(hineinströmen)* ***ein Land/eine Stadt*** ~ *Touristen:* déferler sur un pays/une ville

Überschwemmung <-, -en> *f* inondation *f*

Übersee ▸ **in** ~ outre-mer; *(Amerika)* outre-Atlantique; **nach** ~ outre-mer; *(Amerika)* outre-Atlantique

überseeisch [ˈy:bɐze:ɪʃ] *adj (jenseits der Ozeane)* d'outre-mer

übersehbar [y:bɐˈze:ba:ɐ̯] *adj* ❶ *(abschätzbar)* évaluable; ***noch nicht ~ sein*** *Schaden:* ne pas encore pouvoir être évalué ❷ *(übersichtlich)* ***ein gut/schwer ~es Gelände*** un terrain découvert/accidenté

übersehen* [y:bɐˈze:ən] *vt irr* ❶ *(nicht sehen)* ne pas voir ❷ *(abschätzen)* ***etw*** ~ mesurer l'ampleur de qc ❸ *(überblicken)* ***etw*** ~ avoir une vue d'ensemble de qc, embrasser qc du regard

übersenden* [y:bɐˈzɛndən] *vt irr* ***jdm etw*** ~ envoyer qc à qn

übersetzbar *adj* traduisible

übersetzen*¹ [y:bɐˈzɛtsən] **I.** *vt (übertragen)* traduire; ***etw aus dem Deutschen ins Französische*** ~ traduire qc de l'allemand en français **II.** *vi* faire une traduction

über|setzen² [ˈy:bɐzɛtsən] **I.** *vt + haben (zum anderen Ufer)* ***jdn*** ~ [faire] passer qn sur l'autre rive **II.** *vi + sein* ***mit der Fähre*** ~ passer avec le ferry

Übersetzer(in) *m(f)* traducteur, -trice *m, f*

Übersetzung <-, -en> *f* ❶ traduction *f* ❷ TECH *eines Getriebes* transmission *f,* développement *m*

Übersetzungsbüro *nt* bureau *m* de traduction

Übersicht <-, -en> *f* ❶ *kein Pl (Überblick)* vue *f* d'ensemble ❷ *(knappe Darstellung)* aperçu *m* [général]; ***eine ~ über etw*** *akk* un aperçu [général] de qc

übersichtlich *adj* ❶ *Darstellung* clair(e) ❷ *Platz* dégagé(e); *Gelände* découvert(e)

Übersichtlichkeit <-> *f* ❶ *(rasche Erfassbarkeit)* clarté *f* ❷ *(übersichtliche Anlage)* vue *f* dégagée

Übersichtskarte *f* carte *f* générale [*o* à grande échelle]

über|siedeln, übersiedeln* *vi + sein* ***nach Berlin/Frankreich*** ~ aller s'établir à Berlin/en France

Übersiedler(in) *m(f) immigré(e) [politique] de la RDA en RFA*

übersinnlich *adj* surnaturel(le), parapsychique

überspannen* *vt* ❶ *(hinwegführen)* ***etw*** ~ *Brücke:* enjamber qc ❷ tendre trop *Saite, Bogen*

überspannt *adj* ❶ *Forderungen* exagéré(e) ❷ *(exaltiert)* exalté(e)

überspielen* [y:bɐˈʃpi:lən] *vt* ❶ MEDIA copier; ***etw von einer CD auf eine Kassette*** ~ copier qc d'un CD sur une cassette ❷ *(kaschieren)* ***etw mit einem Lachen*** ~ dissimuler qc derrière un sourire

überspitzt *adj* outrancier, -ière

überspringen*¹ [y:bɐˈʃprɪŋən] *vt irr* ❶ *(hinwegspringen)* franchir *Höhe;* ***ein Hindernis*** ~ sauter par-dessus un obstacle, franchir un obstacle d'un bond ❷ *(auslassen)* sauter *Lektion, Klasse*

über|springen² [ˈy:bɐʃprɪŋən] *vi irr + sein* ❶ *(sich übertragen)* *Stimmung:* être communicatif; ***auf jdn*** ~ gagner qn ❷ *(über-*

U

greifen) ***auf etw*** *akk* ~ *Feuer:* [se propager et] gagner qc

über|sprudeln *vi + sein* ❶ déborder ❷ *(fig)* ***vor Einfällen*** ~ bouillonner d'idées

überstehen[*1] [yːbɐˈʃteːən] *vt irr* surmonter *Belastung*

über|stehen[2] [ˈyːbɐʃteːən] *vi irr + haben* dépasser; ***auf beiden Seiten einen Meter*** ~ *Ladung:* dépasser d'un mètre des deux côtés

übersteigen[*] [yːbɐˈʃtaigən] *vt irr* ❶ *(klettern über)* passer par-dessus ❷ *(hinausgehen über)* dépasser *Fähigkeiten;* être au-dessus de *Kräfte*

übersteigern[*] *vt* exagérer; ***die Preise*** ~ surenchérir

überstellen[*] [yːbɐˈʃtɛlən] *vt* livrer; ***einen Häftling an jdn*** ~ livrer un prisonnier à qn

überstimmen[*] [yːbɐˈʃtɪmən] *vt* mettre en minorité; ***jdn*** ~ mettre qn en minorité; ***einen Antrag*** ~ rejeter une demande [à la majorité]

überstrapazieren[*] *vt* ❶ abuser de ❷ *(fig)* ***einen Begriff*** ~ user une notion jusqu'à la corde

überstreichen[*] *vt irr* recouvrir; ***die Wände mit etw*** ~ recouvrir les murs de qc

überströmen[*] [yːbɐˈʃtrøːmən] *vt* déborder; ***etw*** ~ *Gewässer, Fluss:* déborder qc; ***von Blut überströmt sein*** être couvert de sang

Überstunde *f* heure *f* supplémentaire

Überstundenabbau *m* récupération *f* d'heures supplémentaires **Überstundenzuschlag** *m* majoration *f* pour heures supplémentaires

überstürzen[*] [yːbɐˈʃtʏrtsən] **I.** *vt* précipiter **II.** *vr* ***sich*** ~ *Ereignisse:* se précipiter; *Nachrichten:* affluer

überstürzt *adj* précipité(e)

übertariflich **I.** *adj* hors barème **II.** *adv* hors barème

überteuert *adj Preis* exorbitant(e)

übertönen[*] *vt* couvrir; ***etw/jdn*** ~ *Person, Geräusch:* couvrir [le bruit de] qc/la voix de qn

Übertopf *m* cache-pot *m*

Übertrag [ˈyːbɐtraːk, *Pl:* -trɛːgə] <-[e]s, -träge> *m* report *m*

übertragbar [yːbɐˈtraːkbaːɐ̯] *adj* ❶ MED contagieux, -euse, transmissible; ***auf jdn ~ sein*** être transmissible à qn ❷ *(auf anderes anwendbar)* ***auf etw*** *akk* ~ ***sein*** *Maßstab, Methode:* être applicable à qc ❸ ADMIN *Ausweis* transmissible

übertragen[*1] [yːbɐˈtraːgən] *irr* **I.** *vt* ❶ RADIO, TV diffuser, retransmettre ❷ *(geh: übersetzen)* traduire; *(transkribieren)* transcrire ❸ MED ***etw auf jdn*** ~ transmettre qc à qn ❹ *(übernehmen)* ***etw auf eine neue Seite*** ~ reporter qc sur une nouvelle page ❺ *(übergeben)* ***jdm die Verantwortung*** ~ déléguer la responsabilité à qn ❻ JUR ***jdm etw*** ~ transférer qc à qn ❼ *(anwenden)* appliquer *Maßstab, Methode* **II.** *vr* ❶ MED ***sich*** ~ être contagieux; ***sich auf jdn*** ~ se transmettre à qn ❷ *(beeinflussen)* ***sich auf jdn*** ~ *Nervosität:* gagner qn

übertragen[2] [yːbɐˈtraːgən] **I.** *adj Bedeutung* figuré(e) **II.** *adv* au [sens] figuré

Übertragung <-, -en> *f* ❶ *kein Pl (das Senden)* diffusion *f* ❷ *(Sendung)* retransmission *f* ❸ *kein Pl* MED *einer Krankheit* transmission *f* ❹ *kein Pl (die Übergabe) von Befugnissen* délégation *f* ❺ *kein Pl* JUR *von Besitz* transfert *m* ❻ *kein Pl (das Adaptieren) eines Maßstabes, einer Methode* application *f*

Übertragungsfehler *m* faute *f* de transmission

übertreffen[*] [yːbɐˈtrɛfən] *irr* **I.** *vt* ❶ *(besser sein)* surpasser; ***jdn an Ausdauer*** ~ surpasser qn en endurance; ***er ist nicht zu*** ~ il est imbattable ❷ *(hinausgehen über)* ***etw an Größe*** ~ être plus grand que qc; ***alle Erwartungen*** ~ dépasser toutes les attentes **II.** *vr* ***sich selbst*** ~ se surpasser

übertreiben[*] [yːbɐˈtraibən] *irr* **I.** *vi* exagérer **II.** *vt* exagérer; ***es mit der Sauberkeit*** ~ pousser la propreté à l'extrême

Übertreibung <-, -en> *f* exagération *f*

über|treten[1] [ˈyːbɐtreːtən] *vi irr + sein* ❶ REL se convertir; ***zu einem anderen Glauben*** ~ se convertir à une autre croyance ❷ SPORT mordre sur la ligne

übertreten[*2] [yːbɐˈtreːtən] *vt irr* enfreindre *Vorschrift*

übertrieben [yːbɐˈtriːbən] *adj* exagéré(e)

Übertritt *m* conversion *f*

übertrumpfen[*] [yːbɐˈtrʊmpfən] *vt* damer le pion à

Übervölkerung [yːbɐˈfœlkərʊŋ] <-, -en> *f* surpopulation *f*

übervoll *adj Behälter* plein(e) à ras bord[s]; *Bus, Bahn* bondé(e)

übervorsichtig *adj* exagérément prudent(e)

übervorteilen[*] [yːbɐˈfɔrtailən] *vt* escroquer *Kunden;* exploiter *Arbeitnehmer*

überwachen[*] [yːbɐˈvaxən] *vt* ❶ *(heimlich kontrollieren)* surveiller *Aktivitäten* ❷ *(be-*

U

aufsichtigen) superviser *Ablauf;* contrôler *Qualität*

Überwachung <-, -en> *f* ❶ *(Beschattung)* surveillance *f* ❷ *(Kontrolle) eines Ablaufs* supervision *f; der Produktion* contrôle *m*

Überwachungskamera *f* caméra [vidéo] *f* de surveillance

überwältigen* [y:bɐ'vɛltɪgən] *vt* ❶ *(bezwingen)* maîtriser, neutraliser ❷ *(geh: übermannen)* ***jdn ~*** *Angst, Grauen:* s'emparer de qn; *Schlaf, Müdigkeit:* terrasser qn

überwältigend [y:bɐ'vɛltɪgənt] *adj* ❶ *Spektakel* grandiose; *Gefühl* renversant(e); ***es hat einen ~en Eindruck auf mich gemacht*** j'en ai été bouleversé(e) ❷ *Erfolg, Mehrheit, Sieg* écrasant(e) ▶ **nicht gerade** ~ pas fameux, -euse *fam*

über|wechseln *vi + sein* ❶ *(die Seiten wechseln)* ***zu etw ~*** passer à qc ❷ AUT ***auf eine andere Spur ~*** passer sur une autre file

überweisen* [y:bɐ'vaizən] *vt irr* ❶ FIN virer; ***Geld auf ein Konto ~*** virer de l'argent sur un compte ❷ MED ***jdn zu einem Facharzt ~*** adresser qn à un spécialiste

Überweisung <-, -en> *f* ❶ *(Geldüberweisung)* virement *m* ❷ MED *eines Patienten* transfert *m*

Überweisungsauftrag *m* ordre *m* de virement

Überweisungsformular *nt* formulaire *m* de virement **Überweisungsschein** *m* MED *formulaire rempli par un médecin pour adresser un malade à un spécialiste*

Überweite *f* ampleur *f* spéciale; ***~ haben*** avoir une ampleur spéciale; ***in ~*** très ample

über|werfen¹ ['y:bɐvɛrfən] *vt irr* ***jdm etw ~*** passer qc à qn; ***sich*** *dat* ***etw ~*** se passer qc

überwerfen*² [y:bɐ'vɛrfən] *vr irr* ***sich [mit jdm] ~*** se brouiller [avec qn]

überwiegen* [y:bɐ'vi:gən] *irr* **I.** *vi* prédominer **II.** *vt* ***etw ~*** *Neugier, Langeweile:* l'emporter sur qc

überwiegend **I.** *adj Teil* majeur(e) *antéposé; Mehrheit* large *antéposé;* ***der ~e Anteil*** le plus grand nombre **II.** *adv heiter* plutôt, la plupart du temps; *zutreffen* dans l'ensemble

überwinden* [y:bɐ'vɪndən] *irr* **I.** *vt* ❶ surmonter *Bedenken;* se libérer de *Vorurteil;* vaincre *Widerstand;* venir à bout de *Problem* ❷ *(besiegen)* vaincre, l'emporter sur *Gegner* ❸ *(ersteigen)* franchir *Mauer* **II.** *vr* ***sich ~*** faire un effort sur soi-même

Überwindung <-> *f (Selbstüberwindung)* effort *m* sur soi-même

überwintern* [y:bɐ'vɪntɐn] *vi* ❶ *Person:* passer l'hiver; *Vogel:* hiverner ❷ *(Winterschlaf halten)* ***in einer Höhle ~*** *Bär:* hiberner dans une tanière

Überzahl *f kein Pl* ***in der ~ sein*** être supérieur en nombre

überzählig *adj* en trop

überzeugen* [y:bɐ'tsɔygən] **I.** *vt* convaincre, persuader; ***jdn von etw ~*** persuader qn de qc; ***jdn davon ~, dass …*** persuader qn que … **II.** *vi Person, Argument:* être convaincant **III.** *vr* ***sich von etw ~*** s'assurer de qc; ***sich selbst davon ~, dass …*** s'assurer soi-même que …

überzeugend *adj* convaincant(e)

überzeugt *adj* convaincu(e)

Überzeugung [y:bɐ'tsɔygʊŋ] <-, -en> *f* conviction *f;* ***aus ~*** par conviction; ***der ~ sein, dass …*** être convaincu que …

Überzeugungskraft *f kein Pl* force *m* de persuasion

überziehen*¹ [y:bɐ'tsi:ən] *irr* **I.** *vt* ❶ *(bedecken)* ***etw ~*** *Rost, Schimmel:* recouvrir qc ❷ *(fig)* ***eine Gegend mit Supermärkten ~*** inonder une région de grandes surfaces; ***ein Land mit Krieg ~*** mettre un pays à feu et à sang ❸ *(belasten)* ***das Konto um hundert Euro ~*** mettre son compte à découvert de cent euros **II.** *vi Person, Sendung:* dépasser son temps d'antenne

über|ziehen² ['y:bɐtsi:ən] **I.** *vt irr* passer, enfiler *Pullover* **II.** *vr* ***sich etw ~*** se passer qc

Überziehung *f* FIN découvert *m*

Überziehungskredit *m* avance *f* sur compte courant

überzogen *PP von* **überziehen¹**

überzüchtet [y:bɐ'tsʏçtət] *adj Tier* dégénéré(e); *Motor, Rennmotor* trop poussé(e)

Überzug *m* ❶ *(Schicht)* couche *f* ❷ *(Hülle)* housse *f*

üblich ['y:plɪç] *adj Methode, Preis* usuel(le), habituel(le); ***wie ~*** comme d'habitude; ***das ist bei uns/in Italien ~*** c'est la coutume chez nous/en Italie

üblicherweise *adv* d'habitude

U-Boot ['u:bo:t] *nt* sous-marin *m*

übrig ['y:brɪç] **I.** *adj* ❶ *attr (restlich)* ***die ~en Teilnehmer*** les autres participants; ***die ~en Bücher*** les livres restants; ***alles Übrige*** tout ce qui reste ❷ *(übrig bleibend)* ***~ sein*** rester ▶ **im Übrigen** du reste **II.** *adv* ***~ bleiben*** rester; ***was ~ bleibt, essen wir morgen*** le reste, nous le mangerons demain; ***lass noch ein paar Euro ~!*** laisse quelques euros de reste!

übrigens ['y:brɪgəns] *adv* ❶ *(nebenbei*

bemerkt) au fait ❷ *(außerdem)* d'ailleurs, de toute façon

übrig|haben *vt irr (fig)* ***für jdn etwas/nichts*** ~ avoir un faible/n'avoir aucune sympathie pour qn

übrig|lassen *s.* **übrig II.**

Übung ['y:bʊŋ] <-, -en> *f* ❶ *kein Pl (das Üben)* exercice *m*, entraînement *m*; ***zur*** ~ comme exercice, pour s'entraîner; ***in*** ~ ***bleiben*** *(physisch)* entretenir sa forme; *(geistig)* entretenir ses connaissances ❷ SCHULE, SPORT exercice *m* ❸ UNIV travaux *mpl* dirigés ▶ ~ **macht den Meister** *(prov)* c'est en forgeant qu'on devient forgeron **Übungsgelände** *nt* terrain *m* [*o* champ *m*] de manœuvres

UEFA-Cup [u'e:fakap] <-s, -s> *m*, **UEFA-Pokal** *m* coupe *f* de l'U.E.F.A.

Ufer ['u:fɐ] <-s, -> *nt (Flussufer, Seeufer)* rive *f*, bord *m*; *(Meeresufer)* littoral *m*, côte *f*; ***am*** ~ sur la rive/le littoral; ***am*** ~ ***stehen*** être au bord de l'eau

uferlos *adj* interminable, sans fin ▶ **ins Uferlose gehen** *(kein Ende nehmen)* ne pas en finir; *(jeden Rahmen sprengen)* exploser

Uferpromenade *f* promenade *f*

uff [ʊf] *interj (fam)* ouf

Ufo, UFO ['u:fo] <-[s], -s> *nt Abk von* **unbekanntes Flugobjekt** OVNI *m*

Uganda [u'ganda] <-s> *nt* l'Ouganda *m*

U-Haft ['u:haft] *f (fam)* détention *f* préventive

Uhr [u:ɐ̯] <-, -en> *f* ❶ *(Standuhr, öffentliche Uhr)* horloge *f*; *(Armbanduhr)* montre *f*; *(Wanduhr)* pendule *f*; *(Kaminuhr)* cartel *m* ❷ *(bei Zeitangaben)* ***um drei*** ~ à trois heures; ***um zwölf*** ~ ***mittags*** à midi; ***es ist fünf*** ~ ***früh*** il est cinq heures du matin; ***um wie viel*** ~***?*** à quelle heure?; ***wie viel*** ~ ***ist es?*** quelle heure est-il? ▶ **rund um die** ~ vingt-quatre heures sur vingt-quatre

Uhrarmband *nt* bracelet *m* de montre **Uhrmacher(in)** *m(f)* horloger, -ère *m, f* **Uhrwerk** *nt* mouvement *m* d'horlogerie **Uhrzeiger** *m* aiguille *f* [d'une horloge/montre] **Uhrzeigersinn** *m* ***im*** ~ dans le sens des aiguilles d'une montre **Uhrzeit** *f* heure *f*

Uhu ['u:hu] <-s, -s> *m* grand duc *m*

Ukraine [ukra'i:nə, u'kraj̯nə] <-> *f* l'Ukraine *f*

Ukrainer(in) [ukra'i:nɐ, u'kraj̯nɐ] <-s, -> *m(f)* Ukrainien(ne) *m(f)*

ukrainisch [ukra'i:nɪʃ, u'kraj̯nɪʃ] **I.** *adj* ukrainien(ne) **II.** *adv* ~ ***miteinander sprechen*** discuter en ukrainien; *s. a.* **deutsch**

Ukrainisch [ukra'i:nɪʃ, u'kraj̯nɪʃ] <-[s]> *nt kein Art* ukrainien *m*; *s. a.* **Deutsch**

UKW [u:ka:'ve:] <-> *Abk von* **Ultrakurzwelle** FM *f*; ***auf*** ~ en FM

ulkig ['ʊlkɪç] *adj (fam)* ❶ *(lustig)* marrant(e) ❷ *(seltsam)* bizarre; ***du bist vielleicht*** ~***!*** t'as des idées bizarres!

Ulme ['ʊlmə] <-, -n> *f (Baum, Holz)* orme *m*

ultimativ *adj Drohung* sous forme d'ultimatum

Ultimatum [ʊltɪ'ma:tʊm] <-s, -s *o* Ultimaten> *nt* ultimatum *m*; ***jdm ein*** ~ ***stellen*** lancer un ultimatum à qn

Ultrabook® ['ʊltrabʊk] <-s, -s> *nt* INFORM ultra-portable *m* **Ultrakurzwelle** [ʊltra'kʊrtsvɛlə] *f* ❶ *(Welle)* onde *f* très courte ❷ *(Empfangsbereich)* modulation *f* de fréquence **Ultraschall** *m* ❶ PHYS ultrason *m* ❷ MED échographie *f*

Ultraschallbild *nt* échographie *f*, image *f* échographique **Ultraschalldiagnostik** *f* échographie *f* **Ultraschallgerät** *nt* échographe *m* **Ultraschalluntersuchung** *f* [examen *m* par] échographie *f*

ultraviolett *adj* ultraviolet(te)

um [ʊm] **I.** *präp +akk* ❶ *(örtlich)* ~ ***die Ecke*** au coin de la rue; ~ ***den Park herum*** autour du parc; ~ ***sich schlagen/treten*** se débattre; ***mit Bonbons*** ~ ***sich werfen*** lancer des bonbons dans toutes les directions ❷ *(bei Zeitangaben)* ~ ***fünf Uhr/Mitternacht*** à cinq heures/minuit ❸ *(ungefähr)* environ; ~ ***die fünfzig Euro kosten*** coûter dans les cinquante euros ❹ *(hinsichtlich, wegen)* ~ ***deinetwillen*** [par égard] pour toi; ~ ***der Freundschaft willen*** par amitié; ***er ist*** ~ ***ihr Wohlergehen besorgt*** il est soucieux de son bien-être ❺ *(zur Angabe des Ausmaßes)* ~ ***zehn Zentimeter größer sein*** être plus long de dix centimètres; ~ ***einiges besser sein*** être un peu mieux; ***das wäre*** ~ ***nichts besser*** ça ne serait amélioré en rien **II.** *konj* ***er kam*** ~ ***zu siegen*** il vint pour vaincre **III.** *adv* ~ ***sein*** être passé; ***die Pause ist in zwei Minuten*** ~ la récréation se termine dans deux minutes

um|arbeiten *vt (umgestalten)* remanier

umarmen* [ʊm'ʔarmən] *vt* serrer dans ses bras; ***jdn*** ~ serrer qn dans ses bras

Umarmung <-, -en> *f* accolade *f*

Umbau <-[e]s, -e *o* -ten> *m* ❶ *kein Pl eines Gebäudes* transformations *f pl*; ***sich im***

~ ***befinden*** être en travaux ❷ *(Gebäude)* bâtiment *m* qui a subi des transformations

um|bauen[1] [ˈʊmbaʊ̯ən] **I.** *vt* transformer *Gebäude* **II.** *vi* faire des transformations

umbauen*[2] [ʊmˈbaʊ̯ən] *vt [**etw**]* ~ entourer [qc] de constructions

um|benennen* *vt irr* rebaptiser; ***ein Schwimmbad in einen Freizeitpark*** ~ rebaptiser une piscine parc de loisirs

um|besetzen* *vt* ❶ CINE, THEAT ***eine Rolle*** ~ attribuer un rôle à quelqu'un d'autre ❷ POL remanier *Ministerium;* redistribuer *Ministerposten*

um|bestellen* **I.** *vt* ❶ *(ändern)* ***etw*** ~ *Gast:* modifier qc ❷ *(früher oder später kommen lassen)* ***jdn*** ~ donner rendez-vous à qn à un autre moment **II.** *vi* modifier sa commande

um|betten *vt* ❶ MED ***jdn*** ~ changer qn de lit ❷ *(euph)* transférer *Toten, Gebeine*

um|biegen *irr* **I.** *vt + haben* ❶ *(krümmen)* tordre, [re]courber *Draht* ❷ *(verbiegen)* tordre *Arm* **II.** *vi + sein* ❶ *(kehrtmachen)* faire demi-tour ❷ *(abbiegen)* ***nach rechts*** ~ tourner à droite

um|bilden *vt* POL remanier

Umbildung *f* POL remaniement *m* ministériel

um|binden *vt irr* mettre; *[**sich** dat]* ***etw*** ~ [se] mettre qc; ***mit umgebundenem Schal*** [avec] une écharpe [nouée] autour du cou

um|blättern *vi* tourner la page

um|blicken *vr* ❶ *(nach hinten blicken)* ***sich*** ~ regarder derrière soi, se retourner ❷ *(zur Seite blicken)* ***sich nach allen Seiten*** ~ regarder autour de soi

um|brechen[1] *unreg* **I.** *vt + haben* ❶ *(umknicken)* coucher ❷ *(umpflügen)* retourner **II.** *vi + sein* se coucher

umbrechen*[2] *vt unreg* TYP ***einen Text*** ~ mettre un texte en pages

um|bringen *irr* **I.** *vt* ❶ *(töten)* tuer ❷ *(fig)* ***diese Hitze bringt einen noch um!*** il fait une chaleur à crever! *fam* **II.** *vr* ❶ *(Selbstmord begehen)* ***sich*** ~ se suicider ❷ *(fam: es übertreiben)* ***sich*** *[**fast**]* ~ ***vor Freundlichkeit*** se mettre en quatre pour être aimable

Umbruch *m* ❶ *kein Pl (Einteilung in Seiten)* mise *f* en pages ❷ *(Wandel)* changement *m* profond

um|buchen *vt, vi* modifier une réservation; ***eine Reise*** ~ modifier une réservation de voyage

Umbuchung *f* ❶ *(bei Reisen)* modification *m* de réservation ❷ FIN, COM virement *m* [de compte à compte]

um|denken *vi irr* réviser son opinion

um|deuten *vt **etw** [**zu etw** dat]* ~ réinterpréter qc [en termes de qc]

um|disponieren* *vi* changer ses dispositions

umdrehen **I.** *vt + haben* ❶ *(auf die andere Seite drehen)* ***jdn/etw*** ~ retourner qn/qc ❷ *(herumdrehen)* tourner *Schalter, Schlüssel* **II.** *vr + haben* ***sich nach jdm/etw*** ~ se retourner en direction de qn/qc **III.** *vi + haben o sein* faire demi-tour

Umdrehung [ʊmˈdreːʊŋ] *f eines Motors* tour *m; einer Kurbelwelle* rotation *f*

umeinander [ʊmʔaiˈnandɐ] *adv* ***sich*** ~ ***kümmern*** s'occuper l'un de l'autre

um|fahren[1] [ˈʊmfaːrən] *vt irr (fam)* renverser; ***er wurde umgefahren*** il s'est fait renverser par une voiture

umfahren*[2] [ʊmˈfaːrən] *vt irr* contourner *Hindernis;* éviter *Stau*

um|fallen *vi irr + sein* ❶ *(umkippen) Figur:* se renverser; *Baum:* se coucher ❷ *(zu Boden fallen)* tomber [par terre]; ***tot*** *(fam)* tomber raide mort(e)

Umfang <-[e]s, -fänge> *m* ❶ *(Perimeter) einer Kugel* circonférence *f* ❷ *(Ausdehnung) eines Gebiets* superficie *f; eines Verlusts* étendue *f* ❸ *(Ausmaß)* ***in großem*** ~ dans une large mesure; ***in vollem*** ~ *rehabilitieren* complètement, totalement

umfangreich *adj Werk* riche et varié(e); *Studien* dans des domaines divers

umfassen* [ʊmˈfasən] *vt* ❶ *(umschließen)* ***jdn*** ~ prendre qn dans ses bras; ***etw*** ~ prendre qc dans ses mains ❷ *(umgreifen) Ringer:* étreindre ❸ *(enthalten)* comprendre

umfassend **I.** *adj* ❶ *Vollmachten* étendu(e); *Maßnahmen* de grande envergure ❷ *(alles enthaltend)* complet, -ète; *Bericht* détaillé(e) **II.** *adv* ~ ***gestehen*** faire des aveux complets; ~ ***berichten*** faire un rapport détaillé

Umfeld *nt* milieu *m*

um|formen *vt* modifier

Umfrage *f* sondage *m; (auf der Straße)* micro-trottoir *m*

Umfragewert *m meist Pl* POL résultat *m* des sondages

um|füllen *vt* transvaser

um|funktionieren* *vt* transformer; ***etw zu etw*** ~ transformer qc en qc

Umgang *m kein Pl* ❶ *(Kontakt, Beschäftigung)* ***mit jdm*** ~ ***haben*** fréquenter qn; ***im*** ~ ***mit Kindern/Tieren*** avec les

U

enfants/animaux ❷ *(Freunde, Bekannte)* fréquentations *f pl*

umgänglich ['ʊmgɛŋlɪç] *adj* conciliant(e)

Umgangsformen *Pl* manières *f pl;* ***keine ~ haben*** être mal élevé **Umgangssprache** *f (im täglichen Umgang verwendet)* langage *m* courant; *(nachlässige Sprache)* langage familier **umgangssprachlich** *adj* familier, -ière

umgarnen* [ʊm'garnən] *vt* embobiner *fam*

umgeben* [ʊm'ge:bən] *irr* **I.** *vt* entourer; ***etw mit einer Mauer ~*** entourer qc d'un mur; ***von Menschen ~ sein*** être entouré de gens **II.** *vr* ***sich mit Künstlern/Bildern ~*** s'entourer d'artistes/de tableaux

Umgebung [ʊm'ge:bʊŋ] <-, -en> *f (Gelände)* environs *mpl,* alentours *mpl;* ***in unserer nächsten ~*** à proximité de chez nous

um|gehen[1] ['ʊmge:ən] *vi irr + sein* ❶ *(behandeln)* ***mit jdm/etw ~ können*** savoir s'y prendre avec qn/qc; ***mit jdm rücksichtslos/einfühlsam ~*** traiter qn sans/avec égards ❷ *(handhaben)* ***mit etw vorsichtig ~*** manier qc avec précaution ❸ *(im Umlauf sein) Gerücht, Grippe:* circuler

umgehen*[2] [ʊm'ge:ən] *vt irr* ❶ *(vermeiden)* esquiver; ***etw ist nicht zu ~*** qc ne peut pas être évité ❷ *(nicht einhalten)* contourner *Embargo*

umgehend ['ʊmge:ənt] **I.** *adj* immédiat(e) **II.** *adv* dans les plus brefs délais

Umgehung <-, -en> *f* ❶ *(die Nichteinhaltung)* ***die ~ des Embargos unterbinden*** empêcher que l'embargo ne soit contourné ❷ *(Umgehungsstraße)* contournement *m*

Umgehungsstraße [ʊm'ge:ʊŋsʃtra:sə] *f* contournement *m*

umgekehrt I. *adj* inverse; ***es ist genau ~!*** c'est tout le contraire! **II.** *adv (andersherum)* dans l'autre sens

um|gestalten* *vt* modifier, remanier

um|gewöhnen* *vr* ***sich ~*** changer ses habitudes

um|graben *vt irr* bêcher

Umhang <-[e]s, -hänge> *m* cape *f*

um|hängen ['ʊmhɛŋən] *vt* ❶ ***sich*** *dat* ***eine Jacke ~*** se mettre une veste sur les épaules ❷ *(woandershin hängen)* ***etw ~*** accrocher qc ailleurs

Umhängetasche *f* sac *m* à bandoulière

um|hauen ['ʊmhauən] *vt irr (fam)* ❶ *(verblüffen)* souffler; ***das hat mich umgehauen!*** ça m'a coupé le sifflet!; ***dieses Mädchen haut einen um!*** cette fille, elle dégage! ❷ *(unerträglich sein)* ***jdn ~*** *Gestank:* couper le souffle à qn

umher [ʊm'he:ɐ̯] *adv* ***weit ~*** tout le pays à la ronde

umher|gehen *vi irr + sein* faire les cent pas; ***im Zimmer ~*** faire les cent pas dans la pièce; ***im Garten/in der Stadt ~*** se promener dans le jardin/en ville **umher|irren** *vi + sein* errer **umher|laufen** *vi irr + sein* tourner en rond

umhin|können [ʊm'hɪnkœnən] *vi irr* ***nicht ~ etw zu tun*** ne pouvoir faire autrement que de faire qc

um|hören *vr* ***sich ~*** se renseigner; ***sich nach jdm/etw ~*** se renseigner à propos de qn/qc

umhüllen* *vt* envelopper; ***jdn/etw mit etw ~*** envelopper qn/qc dans qc

umkämpft [ʊm'kɛmpft] *adj Stadt* assiégé(e); *Gebiet* de combats

Umkehr ['ʊmke:ɐ̯] <-> *f* retour *m*

umkehrbar *adj* réversible; ***nicht ~*** irréversible

um|kehren I. *vi + sein* faire demi-tour **II.** *vt + haben (geh)* renverser *Mandatsverteilung*

Umkehrung <-, -en> *f (geh)* renversement *m*

um|kippen I. *vi + sein* ❶ *Person:* tomber; *Gegenstand:* se renverser ❷ *(fam: bewusstlos werden)* tourner de l'œil ❸ *(fam: die Meinung ändern)* retourner sa veste ❹ ÖKOL *Gewässer:* s'asphyxier **II.** *vt + haben* renverser

umklammern* *vt* se cramponner à

Umklammerung [ʊm'klamərʊŋ] <-, -en> *f* étreinte *f*

um|klappen *vt* rabattre

Umkleidekabine *f (im Schwimmbad)* cabine *f*

um|kleiden *vr (geh)* ***sich ~*** se changer

Umkleideraum *m* vestiaire *m*

um|knicken I. *vi + sein Baum:* plier; *Stängel:* se casser; ***[mit dem Fuß] ~*** *Person, Tier:* se tordre le pied **II.** *vt + haben* plier *Blatt;* casser *Pflanze*

um|kommen *vi irr + sein* ❶ mourir; ***bei etw/in etw*** *dat* ***~*** mourir dans qc ❷ *(fam: entkräftet sein)* ***vor Hitze/Langeweile ~*** crever de chaud/d'ennui

Umkreis *m* périphérie *f;* ***im ~ der Stadt*** à la périphérie de la ville; ***im ~ von zehn Kilometern*** dans un rayon de dix kilomètres

umkreisen* *vt* tourner autour de

um|krempeln *vt* ❶ retrousser; ***[sich*** *dat]* ***die Ärmel ~*** retrousser ses manches ❷ *(fam)* tourner la boule à *Person;* chambouler *Firma, Leben*

U

Umlage *f* participation *f* [financière]
umlagern* *vt* se presser autour de
Umland *nt kein Pl* périphérie *f*
Umlauf ['ʊmlaʊf] *m* ❶ *(Rundschreiben)* circulaire *f* ❷ *(Rotation)* ***der ~ der Erde um die Sonne*** la rotation de la terre autour du soleil ❸ *(Zirkulation)* ***im ~ sein*** *Münze:* être en circulation
Umlaufbahn *f* ASTRON orbite *f*
um|laufen ['ʊmlaʊfən] *irr* **I.** *vi + sein Banknote, Gerücht:* circuler **II.** *vt s.* **umrennen**
Umlaut *m* GRAM voyelle *f* infléchie
um|legen ['ʊmle:gən] *vt* ❶ ***jdm einen Schal ~*** mettre une écharpe à qn ❷ *(fällen)* ***einen Baum ~*** *Person, Gerät:* abattre un arbre; *Sturm:* coucher un arbre ❸ *(fam: zu Boden strecken)* allonger; *(umbringen)* zigouiller ❹ *(anders legen)* changer de position *Kabel, Leitung*
um|leiten *vt* dévier *Verkehr;* détourner *Fluss, Kanal*
Umleitung *f* déviation *f*
Umleitungsschild *nt* panneau *m* de déviation
um|lernen *vi* changer son comportement; *(einen anderen Beruf erlernen)* se reconvertir
umliegend *adj* alentour *inv;* ***die ~en Gemeinden*** les communes alentour
Umluft *f kein Pl (im Backofen)* chaleur *f* tournante; *(im Auto, beim Dunstabzug)* air *m* recyclé
Umluftherd *m* four *m* à chaleur tournante
Ummantelung <-, -en> *f* TECH gaine *f*
um|melden I. *vt* immatriculer dans un autre département; ***sein Auto ~*** immatriculer sa voiture dans un autre département **II.** *vr* ***sich ~*** faire un changement d'adresse
umnachtet *adj (geh)* ***geistig ~ sein*** ne plus avoir toute sa raison
um|organisieren* *vt* réorganiser
um|quartieren* *vt* faire dormir ailleurs; ***jdn ~*** faire dormir qn ailleurs
umranden* [ʊm'randən] *vt* entourer; ***eine Textstelle rot ~*** entourer un passage en rouge
Umrandung <-, -en> *f* bordure *f*
um|räumen I. *vi* changer les meubles de place **II.** *vt* changer de place
um|rechnen *vt* convertir; ***Dollars in Euros ~*** convertir des dollars en euros
Umrechnungskurs *m* taux *m* de change
umreißen* ['ʊmraɪsən] *vt irr* esquisser *Situation*
um|rennen *vt irr* ***jdn/etw ~*** renverser qn/qc [en courant]
umringen* *vt* entourer *Person;* faire cercle autour de *Auto, Haus*
Umriss *m einer Person* silhouette *f; eines Gegenstands* contours *mpl*
um|rühren *vt, vi* remuer
um|rüsten I. *vi* MIL ***auf etw*** *akk* **~** passer à qc **II.** *vt* TECH ***ein Fahrzeug auf Katalysator ~*** adapter un véhicule à un catalyseur
ums [ʊms] = *s.* **um das** *s.* **um**
um|satteln *vi (fig fam)* se reconvertir; ***auf einen anderen Beruf ~*** se reconvertir dans une autre profession
Umsatz *m* chiffre *m* d'affaires; ***~ machen*** *(fam)* faire du chiffre **Umsatzbeteiligung** *f* participation *f* au chiffre d'affaires **Umsatzrückgang** *m* recul *m* [*o* baisse *f*] du chiffre d'affaires **umsatzstark** *adj* avec un gros chiffre d'affaires **Umsatzsteigerung** *f* augmentation *f* du chiffre d'affaires
Umsatzsteuer *f* impôt *m* sur le chiffre d'affaires
umsatzsteuerfrei *adj* exonéré(e) d'impôt sur le chiffre d'affaires
umsäumen* [ʊm'zɔʏmən] *vt (geh)* border *Weg, Fläche*
um|schalten I. *vi* ❶ *Ampel:* changer; ***auf Grün/Rot ~*** passer au vert/rouge ❷ *(den Fernseh-/Radiosender wechseln)* changer de chaîne/[de station] de radio; ***wir schalten um nach Köln*** nous passons l'antenne à Cologne **II.** *vt* ***ein Gerät auf Wechselstrom ~*** brancher un appareil sur le courant alternatif
Umschalttaste *f* touche *f* "majuscule"
um|schauen *s.* **umsehen**
um|schichten I. *vt (anders verteilen)* ***die Kosten ~*** répartir les dépenses autrement **II.** *vr* ***sich ~*** *Bevölkerung:* se restructurer
Umschichtung <-, -n> *f* ❶ SOZIOL restructuration *f* ❷ ÖKON répartition *f*
Umschlag *m* ❶ *(Briefumschlag)* enveloppe *f* ❷ *(Schutzumschlag) eines Buchs* jaquette *f* ❸ MED compresse *f* ❹ *kein Pl (das Umladen) von Waren* transbordement *m*
um|schlagen ['ʊmʃla:gən] *irr* **I.** *vt + haben* ❶ *(wenden)* rabattre *Ärmel* ❷ *(umladen)* transborder *Güter* **II.** *vi + sein Wetter:* changer; *Wind:* tourner
Umschlaghafen *m* port *m* de transbordement **Umschlagplatz** *m* lieu *m* de transbordement
umschließen* [ʊm'ʃli:sən] *vt irr* ❶ ***etw ~*** *Mauer, Zaun:* entourer qc ❷ *(umarmen)* ***jdn/etw mit beiden Armen ~*** étreindre qn/qc de ses deux bras *soutenu* ❸ *(bein-*

U

halten) ***etw*** ~ *Angebot, Preis:* comprendre qc

umschlingen* *vt irr* ❶ enlacer; ***jdn/etw mit beiden Armen*** ~ enlacer qn/qc de ses deux bras *soutenu* ❷ *(sich herumschlingen)* ***einen Baum*** ~ *Pflanze:* enlacer un arbre

umschlungen *adj* ***eng*** ~ étroitement enlacés; ***sich*** ~ ***halten*** se tenir enlacés

um|schmeißen *vt irr (fam: umwerfen)* ***etw*** ~ ficher qc par terre

um|schnallen *vt* boucler

um|schreiben[1] ['ʊmʃraibən] *vt irr* ❶ ré[é]crire *Text* ❷ JUR ***etw auf jdn*** ~ mettre qc au nom de qn

umschreiben*[2] [ʊm'ʃraibən] *vt irr (mit anderen Worten ausdrücken)* périphraser

Umschrift *f* transcription *f;* ***phonetische*** ~ transcription phonétique

Umschuldung <-, -en> *f* conversion *f* de dette

um|schulen *vt* ❶ *(beruflich)* reconvertir; ***jdn zum Buchhalter*** ~ reconvertir qn en comptable; ***sich*** ~ ***lassen*** se reconvertir ❷ SCHULE ***sein Kind*** ~ changer son enfant d'école

Umschulung *f (beruflich)* reconversion *f;* ~ ***zum Buchhalter*** reconversion en comptable

umschwärmen* *vt* ❶ ***jdn/etw*** ~ *Vögel, Insekten:* tournoyer autour de qn/qc ❷ aduler, courtiser *Idol, Star*

Umschweife ['ʊmʃvaifə] *Pl* circonlocutions *fpl;* ***ohne*** ~ ***zur Sache kommen*** ne pas y aller par quatre chemins

um|schwenken *vi + sein* ❶ *(zur Seite schwenken)* changer de direction ❷ *(pej: die Meinung ändern)* retourner sa veste

Umschwung *m* ❶ revirement *m* ❷ SPORT soleil *m* ❸ CH *(Gelände)* terrain *m*

umsegeln* *vt (umrunden)* ***die Erde*** ~ faire le tour du monde [à la voile]

um|sehen *vr irr* ❶ *(sich informieren)* ***sich*** ~ regarder; ***ich wollte mich nur mal im Laden*** ~ je voulais juste jeter un coup d'œil dans le magasin ❷ *(nach hinten blicken)* ***sich nach jdm/etw*** ~ se retourner pour regarder qn/qc ❸ *(suchen)* ***sich nach jdm/etw*** ~ chercher qn/qc du regard

umseitig ['ʊmzaitɪç] *adj o adv* au verso

um|setzen ['ʊmzɛtsən] **I.** *vt* ❶ ***jdn*** ~ faire changer de place à qn ❷ *(anwenden)* appliquer *Erfahrungen, Wissen;* ***etw in die Praxis*** ~ mettre qc en pratique **II.** *vr* ***sich*** ~ changer de place

Umsetzung <-, -en> *f* ❶ *(örtlich)* transposition *f; einer Person* déplacement *m; von Pflanzen* transplantation *f* ❷ *(Anwendung)* application *f* ❸ *(Umwandlung) von Daten* conversion *f*

Umsicht *f kein Pl* circonspection *f*

umsichtig I. *adj* circonspect(e) **II.** *adv* avec circonspection

um|siedeln I. *vt + haben* déplacer; ***nach Deutschland umgesiedelt werden*** être déplacé vers l'Allemagne **II.** *vi + sein* ***nach Köln*** ~ aller s'installer à Cologne

Umsiedlung *f* déplacement *m*

umso ['ʊmzo] *konj* ~ ***mehr*** d'autant plus; ~ ***weniger*** d'autant moins; ~ ***besser*** tant mieux

umsonst [ʊm'zɔnst] *adv* ❶ *(kostenlos)* gratuitement ❷ *(vergebens)* inutilement

umsorgen* [ʊm'zɔrgən] *vt* entourer de soins; ***jdn*** ~ entourer qn de soins

umspannen* [ʊm'ʃpanən] *vt* ❶ ***etw mit den Armen*** ~ faire le tour de qc avec les bras ❷ s'étendre sur *Jahre*

umspielen* [ʊm'ʃpiːlən] *vt* ***die Mundwinkel*** ~ *Lächeln:* se dessiner sur les lèvres; ***die Klippen*** ~ *Wellen:* lécher les falaises

um|springen ['ʊmʃprɪŋən] *vi irr + sein* ❶ *Wind:* changer [de direction]; ***auf Nordwest*** ~ tourner au nord-ouest ❷ *(umschalten) Anzeige:* changer; ***auf Gelb/Rot*** ~ *Ampel:* passer à l'orange/au rouge ❸ *(pej: verfahren)* ***mit jdm grob*** ~ traiter qn grossièrement

um|spulen *vt* rembobiner

umspülen* *vt* baigner; ***etw*** ~ *Flut, Wellen:* baigner qc

Umstand <-[e]s, -stände> *m* ❶ *(Tatsache)* fait *m; (Bedingung)* circonstance *f;* ***unter allen Umständen*** quoi qu'il arrive; ***das wird unter Umständen teuer*** ça risque de coûter cher ❷ *Pl (Schwierigkeiten)* complications *fpl; (Förmlichkeiten)* formalités *fpl;* ***jdm Umstände machen*** causer des problèmes à qn

umständehalber ['ʊmʃtɛndəhalbɐ] *adv* en raison des circonstances

umständlich ['ʊmʃtɛntlɪç] *adj Person* compliqué(e)

Umständlichkeit <-> *f* complexité *f*

Umstandsbestimmung *f* GRAM complément *m* circonstanciel; ~ ***der Zeit/des Ortes*** complément circonstanciel de temps/de lieu **Umstandskrämer(in)** *m(f) (pej fam)* personne *f* qui se complique la vie *fam* **Umstandsmode** *f* vêtements *mpl* de grossesse **Umstandswort** <-wörter> *nt* GRAM adverbe *m*

U

ụmstehend ['ʊmʃteːənt] *adj attr Personen* attroupé(e)s tout autour

ụm|steigen *vi irr + sein (den Zug/Bus wechseln)* changer de train/bus; ***in den Zug nach Frankfurt ~*** prendre la correspondance pour Francfort

ụm|stellen ['ʊmʃtɛlən] **I.** *vt* ❶ déplacer *Möbelstück* ❷ *(ändern)* modifier le réglage de *Schalter;* ***die Uhren auf Sommerzeit ~*** mettre les pendules à l'heure d'été **II.** *vi* ***auf Gas ~*** passer au gaz **III.** *vr* ***sich auf etw*** *akk* ~ s'adapter à qc

Ụmstellung *f* changement *m*

ụm|stimmen *vt* faire changer d'avis; ***jdn ~*** faire changer qn d'avis

ụm|stoßen *vt irr* ❶ faire tomber ❷ revenir sur *Entschluss*

umstrịtten [ʊm'ʃtrɪtən] *adj* controversé(e); ***heiß ~*** très controversé

ụm|strukturieren* *vt* restructurer

Ụmstrukturierung *f* restructuration *f*

ụm|stülpen ['ʊmʃtʏlpən] *vt* retourner

Ụmsturz *m* coup *m* d'état

ụm|stürzen **I.** *vi + sein* se renverser **II.** *vt + haben* ❶ faire tomber *Säule, Mauer* ❷ *(fig)* renverser *Regime, System*

ụm|taufen *vt* rebaptiser

Ụmtausch *m* ❶ *von Waren* échange *m* ❷ FIN ~ ***von Euro in Dollar*** change *m* d'euros en dollars

ụm|tauschen *vt* ❶ échanger; ***etw gegen etw ~*** échanger qc contre qc; ***jdm etw ~*** *Händler:* reprendre qc à qn ❷ FIN ***Geld ~*** changer de l'argent; ***Euro in Dollar ~*** changer des euros en dollars

ụm|topfen *vt* rempoter *Pflanze*

Ụmtrunk *m* pot *m fam*

UMTS [uːʔɛmteː'ʔɛs] <-> *nt Abk von* **Universal Mobile Telecommunication System** U.M.T.S. *m*

ụm|tun *vr irr (fam: sich umsehen)* fureter; ***sich in einer Stadt ~*** fureter dans une ville

ụm|verteilen* *vt* redistribuer

ụm|wälzen ['ʊmvɛltsən] *vt* ❶ *(umdrehen)* retourner ❷ *(fig)* ***~de Ereignisse*** des événements *mpl* bouleversants ❸ TECH renouveler *Luft, Wasser*

Ụmwälzung <-, -en> *f* ❶ *(Veränderung)* bouleversement *m* ❷ *kein Pl* TECH *von Luft* renouvellement *m; von Wasser* circulation *f*

ụm|wandeln ['ʊmvandəln] *vt* transformer; ***etw in etw*** *akk* ~ transformer qc en qc

Ụmwandlung *f* transformation *f*

ụm|wechseln *vt* ***jdm einen Geldschein in Münzen ~*** faire de la monnaie à qn

Ụmweg *m* détour *m;* ***auf ~en*** par des voies détournées

Ụmwelt ['ʊmvɛlt] *f kein Pl* ❶ ÖKOL environnement *m* ❷ *(Mitmenschen)* entourage *m*

Ụmweltaktivist(in) *m(f)* militant(e) *m(f)* écologiste **Ụmweltbedingungen** *Pl* conditions *fpl* de l'environnement **Ụmweltbehörde** *f* autorité *f* compétente en matière d'environnement **Ụmweltbelastung** *f* pollution *f* **ụmweltbewusst** *adj o adv* écologique; ***sich ~ verhalten*** respecter l'environnement **Ụmweltbewusstsein** *nt* conscience *f* écologique **Ụmwelteinfluss** *m* influence *f* de l'environnement **ụmweltfreundlich** *adj* qui ne nuit pas à l'environnement, écologique **Ụmweltgift** *nt* produit *m* nocif pour l'environnement **Ụmweltkatastrophe** *f* catastrophe *f* écologique **Ụmweltkriminalität** *f* délits *mpl* en matière d'environnement **Ụmweltpolitik** *f* politique *f* pour la protection de l'environnement **Ụmweltschäden** *Pl* dégâts *mpl* écologiques **ụmweltschädlich** *adj* nuisible à l'environnement, polluant(e) **ụmweltschonend** **I.** *adj* écologique **II.** *adv* écologiquement, de manière écologique **Ụmweltschutz** *m* protection *f* de l'environnement **Ụmweltschützer(in)** <-s, -> *m(f)* écologiste *mf* **Ụmweltschutzorganisation** *f* organisation *f* pour la protection de l'environnement

Ụmweltschutzpapier *nt* papier *m* recyclé **Ụmweltsünder(in)** *(fam)* pollueur, -euse *m, f*

Ụmweltverschmutzer(in) <-s, -> *m(f)* pollueur, -euse *m, f* **Ụmweltverschmutzung** *f* pollution *f* [de l'environnement] **ụmweltverträglich** *adj* non polluant(e) **Ụmweltverträglichkeit** *f von Waschmitteln* biodégradation *f* **Ụmweltzerstörung** *f* destruction *f* de l'environnement

ụm|wenden *irr* **I.** *vt* tourner *Seite* **II.** *vr* ***sich nach jdm/etw ~*** se retourner sur qn/vers qc

umwẹrben* *vt irr* faire les yeux doux à *Person*

ụm|werfen *vt irr* ❶ renverser *Glas;* bouleverser *Plan* ❷ *(fam: verblüffen)* ***jdn ~*** *Mitteilung:* renverser qn

ụmwerfend **I.** *adj* renversant(e) **II.** *adv* incroyablement

umwịckeln* [ʊm'vɪkəln] *vt* entourer; ***etw mit Papier/Draht ~*** entourer qc de papier/fil de fer

ụm|ziehen *irr* **I.** *vi + sein* déménager; ***in eine andere Wohnung ~*** déménager dans un autre appartement **II.** *vr + haben* ***sich ~*** se changer

umzingeln* [ʊmˈtsɪŋəln] *vt* encercler

Umzug *m* ❶ déménagement *m* ❷ *(Festzug)* défilé *m*

UN [uːˈʔɛn] <-> *Pl Abk von* **United Nations** ***die*** ~ les Nations *f pl* Unies

unabänderlich *adj Entschluss, Tatsache* irrévocable

unabdingbar *adj Voraussetzung* absolu(e); ***etw für ~ halten*** tenir qc pour indispensable

unabhängig *adj* ❶ *Person, Land* indépendant(e); ~ ***werden*** *Land:* accéder à l'indépendance; ***von jdm/etw ~ sein*** ne pas dépendre de qn/qc ❷ *(nicht bedingt durch)* ***von etw ~ sein*** *Entwicklung:* être indépendant de qc

Unabhängigkeit *f kein Pl* indépendance *f*

Unabhängigkeitserklärung *f* déclaration *f* d'indépendance

unabkömmlich *adj Mitarbeiter* indisponible

unablässig I. *adj* incessant(e) **II.** *adv* sans cesse

unabsehbar [ʊnʔapˈzeːbaːɐ̯] *adj Folgen, Auswirkungen* imprévisible; *Kosten* incalculable

unabsichtlich *adj* involontaire

unabwendbar *adj* inéluctable

unachtsam I. *adj* distrait(e) **II.** *adv* ***etw ~ tun*** faire qc sans faire attention

Unachtsamkeit *f* inattention *f*

unähnlich *adj* dissemblable; ***jdm nicht ~ sein*** avoir un air de ressemblance avec qn

unanfechtbar [ʊnʔanˈfɛçtbaːɐ̯] *adj Argument, Beweis, Tatsache* incontestable; *Urteil* irrévocable

unangebracht [ˈʊnʔangəbraxt] *adj* déplacé(e)

unangefochten [ˈʊnʔangəfɔxtən] *adj* incontesté(e)

unangemeldet [ˈʊnʔangəmɛldət] **I.** *adj Besucher* qui n'a pas annoncé sa venue; *Patient* qui n'a pas pris rendez-vous **II.** *adv* ~ ***kommen*** venir à l'improviste; *(ohne Terminabsprache kommen)* sans [prendre] rendez-vous

U

unangemessen [ˈʊnʔangəmɛsən] **I.** *adj* ❶ *Benehmen* inconvenant(e); *Behandlung* peu convenable ❷ *Forderung* exagéré(e) **II.** *adv (unpassend)* de façon inconvenante

unangenehm [ˈʊnʔangəneːm] **I.** *adj Person* désagréable; *Mitteilung* contrariant(e); *Situation* fâcheux, -euse; ***das ist mir ~*** ça m'est pénible **II.** *adv riechen* mauvais; ***~ schmecken*** avoir mauvais goût; ***jdn ~ berühren*** mettre qn mal à l'aise

unangepasst *adj* inadapté(e)

unangetastet [ˈʊnʔangətastət] *adj* ***~ bleiben*** rester intact(e)

unangreifbar [ʊnʔanˈgraifbaːɐ̯] *adj* inattaquable

unannehmbar *adj* inacceptable

Unannehmlichkeit [ˈʊnʔanneːmlɪçkait] *f meist Pl* désagrément *m;* ***~en bekommen/haben*** s'attirer/connaître des ennuis

unansehnlich [ˈʊnʔanzeːnlɪç] *adj* ❶ *Person* insignifiant(e) ❷ *Haus* qui ne paie pas de mine

unanständig [ˈʊnʔanʃtɛndɪç] **I.** *adj* indécent(e) **II.** *adv* de façon indécente

Unanständigkeit <-, -en> *f* ❶ *kein Pl (das Unanständigsein)* indécence *f* ❷ *(Äußerung, Handlung)* grossièreté *f*

unantastbar [ʊnʔanˈtastbaːɐ̯] *adj* intangible

unappetitlich [ˈʊnʔapetiːtlɪç] *adj Kleidung, Toiletten* dégoûtant(e)

Unart [ˈʊnʔaːɐ̯t] *f* mauvaise habitude *f*

unartig [ˈʊnʔaːɐ̯tɪç] *adj Kind* mal élevé(e)

unaufdringlich *adj* discret, -ète

unauffällig [ˈʊnʔaufɛlɪç] **I.** *adj Person* discret, -ète; *Kratzer* à peine visible **II.** *adv sich benehmen, sich kleiden* avec discrétion; *verschwinden, folgen* discrètement

unauffindbar [ˈʊnʔauffɪntbaːɐ̯] *adj* introuvable

unaufgefordert [ˈʊnʔaufgəfɔrdɐt] *adj* intempestif, -ive

unaufhaltsam [ʊnʔaufˈhaltzaːm] *adj* inexorable

unaufhörlich [ʊnʔaufˈhøːɐ̯lɪç] **I.** *adj* continuel(le) **II.** *adv* ***es regnet*** ~ il n'arrête pas de pleuvoir; ***es klingelt ~*** ça n'arrête pas de sonner

unaufmerksam [ˈʊnʔaufmɛrkzaːm] *adj* ❶ *Schüler* inattentif, -ive; ~ ***werden*** relâcher son attention ❷ *Begleiter* peu prévenant(e)

Unaufmerksamkeit *f kein Pl* ❶ inattention *f* ❷ *(unzuvorkommende Art)* manque *m* de prévenance

unaufrichtig [ˈʊnʔaufrɪçtɪç] *adj* pas franc, franche; ***jdm gegenüber ~ sein*** ne pas être franc avec qn

unausgefüllt [ˈʊnʔausgəfʏlt] *adj Formular* non rempli(e)

unausgeglichen [ˈʊnʔausgəglɪçən] *adj* ❶ *Wesen* pas très équilibré(e) ❷ ÖKON *Bilanz* en déséquilibre

ụnausgegoren ['ʊnʔausgəgoːrən] *adj* insuffisamment mûri(e)

ụnausgesprochen *adj* implicite

ụnausgewogen *adj* mal équilibré(e)

unaussprẹchlich [ʊnʔaus'ʃprɛçlɪç] *adj* ❶ *Freude* indicible ❷ *Elend* indescriptible

unausstehlich [ʊnʔaus'ʃteːlɪç] *adj* insupportable

unausweichlich [ʊnʔaus'vaiçlɪç] *adj* inéluctable

ụnbändig ['ʊnbɛndɪç] **I.** *adj* ❶ *Temperament* turbulent(e) ❷ *Verlangen* irrépressible **II.** *adv lachen* à gorge déployée; *weinen* à chaudes larmes; ~ ***herumtoben*** s'en donner à cœur joie

ụnbarmherzig ['ʊnbarmhɛrtsɪç] *adj Person* impitoyable; *Winter* très rude

ụnbeabsichtigt ['ʊnbəʔapzɪçtɪçt] **I.** *adj* involontaire **II.** *adv* sans faire exprès

ụnbeachtet ['ʊnbəʔaxtət] **I.** *adj* laissé(e) de côté, délaissé(e) **II.** *adv* sans qu'on y fasse attention

ụnbeanstandet ['ʊnbəʔanʃtandət] **I.** *adj Fehler* qu'on laisse/a laissé(e) passer **II.** *adv* sans protester

ụnbeantwortet ['ʊnbəʔantvɔrtət] *adj Frage, Brief* resté(e) sans réponse

ụnbearbeitet *adj a.* INFORM brut(e)

ụnbebaut ['ʊnbəbaut] *adj Grundstück* non bâti(e)

ụnbedacht ['ʊnbədaxt] **I.** *adj* inconsidéré(e); ***das war ~ von dir*** c'était irréfléchi de ta part **II.** *adv* sans réfléchir

ụnbedarft ['ʊnbədarft] *adj* candide; ***~ wirken*** donner une impression de candeur

ụnbedenklich ['ʊnbədɛŋklɪç] **I.** *adj* ***~ sein*** *Aktion:* être sans risques **II.** *adv* en toute tranquillité

Ụnbedenklichkeit <-> *f* ***die ~ dieses Plans*** le fait que ce plan ne présente aucun risque

ụnbedeutend ['ʊnbədɔytənt] **I.** *adj* ❶ *Ereignis* insignifiant(e) ❷ *Menge* négligeable **II.** *adv* à peine

ụnbedingt ['ʊnbədɪŋt] **I.** *adj attr Gehorsam* absolu(e) **II.** *adv* ***nicht ~*** pas forcément; ***~!*** absolument!

ụnbeeindruckt **I.** *adj Gesicht, Miene* impassible; ***~ sein*** *Person:* ne pas être impressionné(e); ***jdn ~ lassen*** laisser qn de marbre **II.** *adv* impassiblement

unbefahrbar ['ʊnbəfaːɐ̯baːɐ̯] *adj Straße* impraticable; *Fluss* pas navigable

ụnbefangen ['ʊnbəfaŋən] **I.** *adj* ❶ *Betrachter* non averti(e); *Zeuge* impartial(e) ❷ *Kind* spontané(e) **II.** *adv* ❶ *(unvoreingenommen)* sans préjugés ❷ *(nicht gehemmt)* sans complexe

ụnbefleckt ['ʊnbəflɛkt] *adj (a. fig geh)* immaculé(e)

ụnbefriedigend ['ʊnbəfriːdɪgənt] **I.** *adj* insatisfaisant(e) **II.** *adv* de façon peu satisfaisante

ụnbefriedigt ['ʊnbəfriːdɪçt] *adj* insatisfait(e); ***sexuell ~ sein*** être frustré sur le plan sexuel

ụnbefristet ['ʊnbəfrɪstət] **I.** *adj Vertrag* à durée indéterminée; *Aufenthaltserlaubnis* permanent(e) **II.** *adv gelten* sans limitation de durée

ụnbefugt ['ʊnbəfuːkt] **I.** *adj* non autorisé(e) **II.** *adv* sans autorisation

Ụnbefugte(r) *f(m) dekl wie adj* personne non-autorisée *f*

ụnbegabt ['ʊnbəgaːpt] *adj* peu doué(e); ***handwerklich ~ sein*** ne pas être doué pour le travail manuel

unbegreiflich [ʊnbə'graiflɪç] *adj* incompréhensible

ụnbegrenzt ['ʊnbəgrɛntst] *adj* ❶ *Zeit, Dauer* indéterminé(e) ❷ *(grenzenlos)* sans limites

ụnbegründet ['ʊnbəgrʏndət] *adj Angst* infondé(e); *Klage* sans fondement

ụnbehaart *adj* glabre; *Kopf* chauve

Ụnbehagen ['ʊnbəhaːgən] *nt* gêne *f*

ụnbehaglich ['ʊnbəhaːklɪç] **I.** *adj Atmosphäre* qui met mal à l'aise **II.** *adv* ***sich ~ fühlen*** se sentir mal à l'aise

unbehẹlligt ['ʊnbəhɛlɪçt] **I.** *adj* ***jdn ~ lassen*** laisser qn tranquille; ***~ bleiben*** ne pas être dérangé(e) **II.** *adv zuschauen, schlafen* sans être dérangé(e); *eintreten* sans être inquiété(e), inaperçu(e)

ụnbeherrscht ['ʊnbəhɛrʃt] **I.** *adj Person* qui s'emporte facilement; *Art, Wesen* emporté(e) **II.** *adv schreien, reagieren* avec emportement

ụnbeholfen ['ʊnbəhɔlfən] **I.** *adj* gauche **II.** *adv sich verhalten* maladroitement; *sich bewegen* gauchement

Ụnbeholfenheit <-> *f einer Person* maladresse *f; einer Bewegung* gaucherie *f*

unbeịrrbar [ʊnbə'ʔɪrbaːɐ̯] *adj* ferme

unbeịrrt [ʊnbə'ʔɪrt] *adv glauben* fermement; *weitermachen* imperturbablement

ụnbekannt ['ʊnbəkant] *adj* ❶ *(nicht bekannt, nicht berühmt)* inconnu(e); ***dieser Herr ist mir ~*** je ne connais pas ce monsieur; ***~ verzogen*** parti(e) sans laisser d'adresse; ***es ist ihm nicht ~, dass ...*** il n'est pas sans savoir que ... ❷ *(fremd)* ***ich bin hier ~*** je [ne] suis pas du coin *fam*

Ụnbekannte <-n, -n> *f a.* MATH inconnue *f*

Ụnbekannte(r) *m dekl wie Adj* inconnu *m*

unbekụmmert ['ʊnbəkʏmɐt] **I.** *adj* insouciant(e) **II.** *adv* avec insouciance

ụnbelastet ['ʊnbəlastət] **I.** *adj* ❶ *(frei)* libre; ***von Sorgen/Pflichten ~*** [l'esprit] libre de tout souci/devoir ❷ POL *(schuldlos)* correct(e) ❸ ÖKOL naturel(le), non traité(e) **II.** *adv leben, herangehen* l'esprit libre

unbelehrbar ['ʊnbəle:ɐ̯ba:ɐ̯] *adj* incorrigible

ụnbeliebt ['ʊnbəli:pt] *adj* peu apprécié(e); ***sich bei jdm ~ machen*** se faire mal voir de qn

Ụnbeliebtheit *f* impopularité *f*

ụnbemannt ['ʊnbəmant] *adj* ***~e Raumfahrt*** navigation *f* spatiale inhabitée; ***~ sein*** *Raumschiff, U-Boot:* être sans équipage

ụnbemerkt ['ʊnbəmɛrkt] **I.** *adj Eindringen* inaperçu(e) **II.** *adv entkommen, eindringen* sans être aperçu

ụnbenutzt ['ʊnbənʊtst] **I.** *adj* inutilisé(e); *Bett* non défait(e); *Kleidungsstück* non porté(e) **II.** *adv zurückgeben* sans l'avoir utilisé(e)

ụnbeobachtet ['ʊnbəʔo:baxtət] *adj Ort, Stelle* non surveillé(e); ***in einem ~en Moment*** dans un moment d'inattention

ụnbequem ['ʊnbəkve:m] *adj* ❶ *Hose, Stuhl* inconfortable ❷ *Person, Frage* gênant(e)

Ụnbequemlichkeit *f meist Pl (Schwierigkeit)* désagrément *m*

unberẹchenbar [ʊnbə'rɛçənba:ɐ̯] *adj* imprévisible

Unberẹchenbarkeit *f einer Person* caractère *m* imprévisible; *des Wetters, Schicksals* imprévisibilité *f*

ụnberechtigt ['ʊnbərɛçtɪçt] *adj* injustifié(e)

ụnberechtigterweise *adv **etw ~ tun*** faire qc sans autorisation

ụnberücksichtigt ['ʊnbərʏkzɪçtɪçt] *adj Faktor* non pris(e) en compte; ***~ bleiben*** ne pas être pris en compte

ụnberührt ['ʊnbəry:ɐ̯t] *adj* ❶ *Natur* sauvage ❷ *Teller* non touché(e); *Bett* non défait(e) ❸ *(unbeeindruckt)* ***von einem Ereignis ~ bleiben*** rester impassible devant un événement

ụnbeschadet ['ʊnbəʃa:dət] *adv **etw ~ überstehen** Person:* bien se tirer de qc; *Gläser:* supporter qc sans dommages

ụnbeschädigt **I.** *adj* intact(e) **II.** *adv* sans dommage

ụnbeschäftigt ['ʊnbəʃɛftɪçt] *adj* oisif, -ive, inoccupé(e)

ụnbeschrankt ['ʊnbəʃraŋkt] *adj Bahnübergang* sans barrières [ni demi-barrières]

ụnbeschränkt ['ʊnbəʃrɛŋkt] *adj* illimité(e)

unbeschreiblich [ʊnbə'ʃraiplɪç] **I.** *adj* indescriptible **II.** *adv schnell* infiniment; *dumm* extrêmement; ***sich ~ ärgern*** se mettre dans une rage indescriptible

ụnbeschrieben ['ʊnbəʃri:bən] *adj Blatt, Seite* blanc, blanche

ụnbeschwert ['ʊnbəʃve:ɐ̯t] **I.** *adj* insouciant(e) **II.** *adv* dans l'insouciance

ụnbesetzt *adj* inoccupé(e)

unbesiegbar [ʊnbə'zi:kba:ɐ̯] *adj* invincible

unbesiegt *adj* invaincu(e)

ụnbesonnen ['ʊnbəzɔnən] **I.** *adj* irréfléchi(e) **II.** *adv* sans réfléchir

Ụnbesonnenheit <-, -en> *f* ❶ *kein Pl (das Unbesonnensein)* irréflexion *f* ❷ *(Äußerung, Handlung)* inconséquence *f*

ụnbesorgt ['ʊnbəzɔrkt] **I.** *adj **~ sein*** ne pas se faire de souci **II.** *adv **etw ~ tun können*** pouvoir faire qc sans crainte

ụnbeständig ['ʊnbəʃtɛndɪç] *adj* instable

Ụnbeständigkeit *f kein Pl* instabilité *f*

unbestätigt ['ʊnbəʃtɛ:tɪçt] *adj* non confirmé(e)

unbestẹchlich [ʊnbə'ʃtɛçlɪç] *adj Person* incorruptible; *Urteil* infaillible

ụnbestimmt ['ʊnbəʃtɪmt] *adj* ❶ *Ahnung* vague; *Gefühl* confus(e) ❷ *(nicht festgelegt)* ***auf ~e Zeit*** à durée indéterminée; ***mit ~em Ziel*** sans but précis ❸ GRAM indéfini(e)

unbestreitbar [ʊnbə'ʃtraitba:ɐ̯] **I.** *adj* incontestable **II.** *adv* incontestablement

ụnbestritten ['ʊnbəʃtrɪtən] **I.** *adj* incontesté(e); ***es ist ~, dass er lügt*** il ment, sans conteste **II.** *adv* sans conteste

ụnbeteiligt [ʊnbə'tailɪçt] *adj* ❶ ***an einem Unfall ~ sein*** ne pas être impliqué dans un accident; ***nur ein ~er Zuschauer sein*** n'être qu'un spectateur passif ❷ *(desinteressiert)* peu intéressé(e); ***~ sein*** ne pas se sentir concerné(e)

Ụnbeteiligte(r) *f(m) dekl wie Adj* personne *f* qui n'est pas impliquée

ụnbetont ['ʊnbəto:nt] *adj Silbe, Satzteil* non accentué(e)

unbeugsam [ʊn'bɔykza:m] *adj* inflexible

ụnbewacht ['ʊnbəvaxt] *adj Gefangener* laissé(e) sans surveillance; *Gelände, Parkplatz* non surveillé(e)

ụnbewaffnet ['ʊnbəvafnət] *adj* sans arme; ***~ sein*** ne pas être armé

unbewältigt ['ʊnbəvɛltɪçt] *adj Konflikt, Problem* non résolu(e); *Vergangenheit* non surmonté(e)
unbeweglich ['ʊnbəveːklɪç, ʊnbə'veːklɪç] *adj* ❶ *(starr) Gelenk, Konstruktion* immobile; *Miene* impassible ❷ *(geistig starr)* rigide ❸ *Feiertag* fixe ❹ JUR, ÖKON immobilier, -ière; *Preis* fixe
Unbeweglichkeit *f (a. fig)* immobilité *f*
unbewiesen ['ʊnbəviːzən] *adj* sans preuve[s]; *~ sein* rester à prouver
unbewohnbar [ʊnbə'voːnbaːɐ̯] *adj* inhabitable
unbewohnt *adj Wohnung* inoccupé(e); *Planet* inhabité(e)
unbewusst I. *adj* inconscient(e) II. *adv* inconsciemment
unbezahlbar [ʊnbə'tsaːlbaːɐ̯] *adj* ❶ exorbitant(e) ❷ *(wertvoll)* sans prix ❸ *(hum fam) Tipp* précieux, -euse; ***für jdn ~ sein*** ne pas avoir de prix pour qn
unbezahlt *adj* ❶ *Rechnung* impayé(e) ❷ *Überstunde* non payé(e)
unbezähmbar [ʊnbə'tsɛːmbaːɐ̯] *adj* irrépressible
unbezwingbar [ʊnbə'tsvɪŋbaːɐ̯] *adj* ❶ *Festung* imprenable ❷ *Verlangen* irrésistible
unblutig ['ʊnbluːtɪç] I. *adj* ❶ *Aufstand* sans effusion de sang ❷ MED *Eingriff* sans incision II. *adv* ***~ verlaufen*** *Geiselnahme:* se dérouler sans effusion de sang
unbrauchbar ['ʊnbraʊ̯xbaːɐ̯] *adj* inutilisable; ***als Chef ~ sein*** ne pas convenir comme chef
unbürokratisch ['ʊnbyrokraːtɪʃ] I. *adj Hilfe* qui ne passe pas par la bureaucratie II. *adv entscheiden* sans passer par la bureaucratie
und [ʊnt] *konj* ❶ et; ***du ~ ich*** toi et moi ❷ *(als Ausdruck der Intensivierung)* ***schöner ~ schöner werden*** devenir de plus en plus beau; ***sie redet ~ redet*** elle n'arrête pas de parler ❸ *(selbst wenn)* ***~ sei es noch so spät*** aussi tard soit-il; ***~ wenn du noch so schreist*** même si tu cries autant ❹ *(fam: als Einleitung von kurzen Fragen)* ***[na] ~?*** et alors?
Undank *m (geh)* ingratitude *f;* ***für etw ~ ernten*** ne récolter que de l'ingratitude pour qc ► **~ ist der Welt Lohn** *(prov)* on ne récolte en ce bas monde qu'ingratitude
undankbar *adj* ingrat(e)
Undankbarkeit *f* ingratitude *f*
undefinierbar [ʊndefi'niːɐ̯baːɐ̯] *adj Masse* indéfinissable
undenkbar [ʊn'dɛŋkbaːɐ̯] *adj* impensable
Understatement [andə'steɪtmənt] <-s, -s> *nt* modestie *f*
undeutlich ['ʊndɔʏtlɪç] I. *adj* ❶ *Umrisse* flou(e); *Schrift* illisible; *Aussprache* indistinct(e) ❷ *Vorstellung* vague II. *adv* ❶ *erkennen* indistinctement; *schreiben* de façon illisible ❷ *formulieren* en termes vagues
undicht ['ʊndɪçt] *adj* non étanche; *Rohr, Ventil* qui fuit
Unding ['ʊndɪŋ] *nt* ***es ist ein ~ das zu tun*** c'est une aberration de faire cela
undiszipliniert ['ʊndɪstsipliniːɐ̯t] I. *adj* indiscipliné(e) II. *adv* de façon indisciplinée
undurchdringlich [ʊndʊrç'drɪŋlɪç] *adj (a. fig)* impénétrable
undurchführbar [ʊndʊrç'fyːɐ̯baːɐ̯] *adj* irréalisable
undurchlässig ['ʊndʊrçlɛsɪç] *adj Stoff* imperméable; *Beton* étanche
undurchschaubar [ʊndʊrç'ʃaʊ̯baːɐ̯] *adj Person* difficile à cerner; *Plan* mystérieux, -euse
undurchsichtig ['ʊndʊrçzɪçtɪç] *adj* ❶ *Fenster* opaque ❷ *Person* louche
uneben ['ʊnʔeːbən] *adj Boden* inégal(e), *Gelände* accidenté(e)
Unebenheit <-, -en> *f* ❶ *kein Pl (unebene Beschaffenheit)* inégalité *f* ❷ *(unebene Stelle)* aspérité *f*
unecht ['ʊnʔɛçt] *adj* faux, fausse *antéposé;* ***~es Leder*** similicuir *m*
unehelich ['ʊnʔeːəlɪç] *adj Kind* naturel(le)
unehrenhaft ['ʊnʔeːrənhaft] I. *adj* ❶ *(geh)* déshonorant(e) ❷ MIL *Entlassung* dégradant(e) II. *adv* ❶ *(geh)* sans honneur ❷ MIL ***~ entlassen werden*** être dégradé et radié
unehrlich ['ʊnʔeːɐ̯lɪç] *adj Person, Charakter* pas franc, franche; *Mitarbeiter, Absicht* malhonnête
Unehrlichkeit *f* manque *m* de franchise
uneigennützig ['ʊnʔaɪ̯gənnʏtsɪç] I. *adj* désintéressé(e) II. *adv* ***~ denken*** avoir des pensées désintéressées
uneingeschränkt ['ʊnʔaɪ̯ngəʃrɛŋkt] *adj o adv* sans réserve
uneinheitlich I. *adj* hétérogène; *Markt* irrégulier, -ière II. *adv* irrégulièrement
uneinholbar *adj inv Vorsprung, Läufer* irrattrapable
uneinig ['ʊnʔaɪ̯nɪç] *adj* en désaccord
Uneinigkeit *f* désaccord *m;* ***es herrscht ~*** il y a désaccord
uneinsichtig *adj* incompréhensif, -ive
unempfindlich ['ʊnʔɛmpfɪntlɪç] *adj* ❶ *(wenig feinfühlig)* insensible ❷ *(widerstandsfähig)* résistant(e)

U

Unempfindlichkeit *f kein Pl* ❶ insensibilité *f* ❷ *(Strapazierfähigkeit, Widerstandsfähigkeit)* ~ ***[gegen etw]*** résistance *f* [à qc]
unendlich [ʊnˈʔɛntlɪç] **I.** *adj (unbegrenzt, überaus groß)* infini(e) **II.** *adv (fam: unglaublich)* vachement; ~ ***viele Leute*** un monde pas possible; ~ ***wütend*** vachement en rogne; ~ ***verliebt sein*** être fou amoureux
Unendlichkeit *f* ❶ *kein Pl (das Unendlichsein)* infinité *f* ❷ *(fam: sehr lange Zeit)* éternité *f*
unentbehrlich [ʊnʔɛntˈbeːɐ̯lɪç] *adj* indispensable; ***sich ~ machen*** se rendre indispensable
unentgeltlich [ˈʊnʔɛntgɛltlɪç] *adj Benutzung* gratuit(e); *Arbeit, Einsatz* bénévole
unentschieden [ˈʊnʔɛntʃiːdən] **I.** *adj* ❶ SPORT nul(le) ❷ *Angelegenheit* en suspens ❸ *(unentschlossen)* indécis(e) **II.** *adv* SPORT ~ ***spielen*** faire match nul
Unentschieden <-s, -> *nt* [match *m*] nul *m*
unentschlossen [ˈʊnʔɛntʃlɔsən] **I.** *adj* indécis(e) **II.** *adv* sans parvenir à se décider
unentschuldbar [ʊnʔɛntˈʃʊltbaːɐ̯] *adj* inexcusable
unentschuldigt [ˈʊnʔɛntʃʊldɪçt] **I.** *adj* non excusé(e) **II.** *adv* sans excuse; *(in der Schule)* sans mot d'excuse
unentwegt [ʊnʔɛntˈveːkt] **I.** *adj (beharrlich) Fleiß* constant(e), acharné(e) **II.** *adv* ❶ *kämpfen* avec persévérance ❷ *(ununterbrochen)* constamment
unerbittlich [ʊnʔɛɐ̯ˈbɪtlɪç] **I.** *adj* impitoyable **II.** *adv* impitoyablement
Unerbittlichkeit <-> *f einer Person* inflexibilité *f*
unerfahren [ˈʊnʔɛɐ̯faːrən] *adj* inexpérimenté(e)
Unerfahrenheit *f* inexpérience *f*
unerfindlich [ˈʊnʔɛɐ̯fɪntlɪç] *adj (geh) Grund* inexplicable
unerfreulich [ˈʊnʔɛɐ̯frɔylɪç] **I.** *adj* fâcheux, -euse **II.** *adv ausgehen, enden* mal
unerfüllbar [ˈʊnʔɛɐ̯fʏlbaːɐ̯] *adj Traum, Wunsch* irréalisable; *Forderung* impossible à satisfaire
unerfüllt [ˈʊnʔɛɐ̯fʏlt] *adj* insatisfait(e)
unergiebig [ˈʊnʔɛɐ̯giːbɪç] *adj Boden* maigre; *Thema* ingrat(e)
unergründlich [ʊnʔɛɐ̯ˈgrʏntlɪç] *adj Lächeln* mystérieux, -euse; *Geheimnis* insondable
unerheblich **I.** *adj* négligeable; ***es ist ~, ob …*** il importe peu que +*subj* **II.** *adv* faiblement; ***sich nicht ~ verändern*** changer sensiblement
unerhört [ˈʊnʔɛɐ̯høːɐ̯t] **I.** *adj* ❶ *(pej) Benehmen* inouï(e); ***das ist ja ~!*** c'est inouï! ❷ *Anstrengung* fou, folle; *Summe* exorbitant(e) **II.** *adv* ❶ *(empörend)* ***sich ~ aufführen*** se comporter comme un malotru ❷ *(außerordentlich)* incroyablement; ~ ***viel zu tun haben*** avoir énormément de choses à faire
unerkannt *adv* incognito; ~ ***bleiben*** *Person:* réussir à garder l'incognito; *Krankheit:* ne pas être reconnu
unerklärlich [ʊnʔɛɐ̯ˈklɛːɐ̯lɪç] *adj* inexplicable; ***das ist mir ~*** je ne me l'explique pas
unerlässlich [ʊnʔɛɐ̯ˈlɛslɪç] *adj* indispensable; ***für jdn/etw ~ sein*** être indispensable à qn/pour qc
unerlaubt **I.** *adj Handlung* non autorisé(e) **II.** *adv* ***etw ~ tun*** faire qc sans autorisation
unerledigt *adj o adv* en souffrance
unermesslich *(geh)* **I.** *adj Ausdehnung, Dimensionen* incommensurable; *Elend, Verwüstungen* énorme **II.** *adv reich* immensément; ~ ***wertvoll*** d'une valeur inestimable
unermüdlich [ʊnʔɛɐ̯ˈmyːtlɪç] **I.** *adj Arbeiter* infatigable; *Fleiß* inlassable **II.** *adv* inlassablement
unerreichbar [ʊnʔɛɐ̯ˈraɪçbaːɐ̯] *adj* ❶ *Niveau* inaccessible ❷ *(telefonisch nicht zu erreichen)* ~ ***sein*** *Person:* ne pas être joignable
unersättlich [ʊnʔɛɐ̯ˈzɛtlɪç] *adj* insatiable
unerschöpflich [ʊnʔɛɐ̯ˈʃœpflɪç] *adj* inépuisable
unerschrocken [ˈʊnʔɛɐ̯ʃrɔkən] **I.** *adj* intrépide **II.** *adv kämpfen* avec bravoure
unerschütterlich [ʊnʔɛɐ̯ˈʃʏtɐlɪç] **I.** *adj* inébranlable **II.** *adv festhalten, glauben* de façon inébranlable
unerschwinglich [ʊnʔɛɐ̯ˈʃvɪŋlɪç] *adj* inabordable
unersetzlich *adj Mitarbeiter* irremplaçable; *Schaden* irréparable
unerträglich [ʊnʔɛɐ̯ˈtrɛːklɪç] **I.** *adj* insupportable **II.** *adv* ***es ist ~ heiß*** il fait une chaleur insupportable
unerwähnt [ˈʊnʔɛɐ̯vɛːnt] *adj* ***etw ~ lassen*** ne pas mentionner qc
unerwartet [ˈʊnʔɛɐ̯vartət] **I.** *adj* imprévu(e) **II.** *adv besuchen* inopinément
unerwidert [ˈʊnʔɛɐ̯viːdɐt] *adj Brief* sans réponse; *Liebe* non partagé(e)
unerwünscht [ˈʊnʔɛɐ̯vʏnʃt] *adj* indésirable; ***du bist hier ~*** on ne veut pas de toi ici
UNESCO [uˈnɛsko] <-> *f Abk von* **United**

Nations Educational, Scientific and Cultural Organization Unesco *f*

unfähig *adj* incapable; ~ ***sein*** être un/une incapable; ~ ***sein etw zu tun*** être incapable de faire qc

Unfähigkeit *f kein Pl* incapacité *f*

unfair ['ʊnfɛːɐ̯] *adj* déloyal(e); ***das ist ~!*** *(fam)* ce n'est pas juste!

Unfall ['ʊnfal] *m* accident *m;* ***einen ~ bauen*** *(fam)* provoquer un accident; ***bei einem ~*** dans un accident

Unfallarzt, -ärztin *m, f* urgentiste *mf*

Unfallflucht *f* délit *m* de fuite **unfallfrei** **I.** *adj Fahren, Zeitraum* sans accident; ***seit Jahren ~ sein*** *Fahrer:* ne pas avoir eu d'accident depuis des années **II.** *adv* ***~ fahren*** rouler sans [provoquer d'] accident **Unfallgefahr** *f* risque *m* d'accident **Unfallopfer** *nt* accidenté(e) *m(f)* **Unfallort** *m* lieu *m* de l'accident **Unfallstation** *f* service *m* des urgences **Unfallverhütung** *f kein Pl* prévention *f* des accidents **Unfallversicherung** *f* assurance-accidents *f*

unfassbar [ʊn'fasbaːɐ̯] *adj* ❶ *Wunder* inconcevable ❷ *(unvorstellbar)* inimaginable

unfehlbar [ʊn'feːlbaːɐ̯] **I.** *adj Person* infaillible **II.** *adv* immanquablement

unfertig ['ʊnfɛrtɪç] *adj Person* immature; *Werk, Arbeit* inachevé(e)

unflätig ['ʊnflɛːtɪç] *adj (pej geh)* grossier, -ière

unförmig ['ʊnfœrmɪç] *adj* informe; *Gliedmaßen* difforme

unfrankiert *adj* non affranchi(e)

unfrei *adj* ❶ *Volk* dépendant(e); ***~ sein*** ne pas être libre ❷ *(unfrankiert)* en port dû

unfreiwillig **I.** *adj* ❶ contre son/mon/... gré ❷ *(unbeabsichtigt)* involontaire **II.** *adv* contre son/mon/... gré

unfreundlich **I.** *adj* ❶ *Person* peu aimable; *Gesicht* rébarbatif, -ive; ***~ zu jdm sein*** ne pas être aimable avec qn ❷ *Klima* désagréable; *Tag* maussade **II.** *adv* ***jdn ~ behandeln*** traiter qn sans aménité; ***sich jdm gegenüber ~ benehmen*** se montrer désagréable avec qn

Unfriede ['ʊnfriːdə] *m kein Pl (geh)* discorde *f*

UN-Friedensplan [uːʔɛn-] *m* plan *m* de paix de l'O.N.U.

unfruchtbar ['ʊnfrʊxtbaːɐ̯] *adj* stérile

Unfruchtbarkeit *f kein Pl* stérilité *f*

Unfug ['ʊnfuːk] <-s> *m* ❶ bêtises *f pl* ❷ JUR ***grober ~*** délit *m* grave

Ungar(in) ['ʊŋgar] <-n, -n> *m(f)* Hongrois(e) *m(f)*

ungarisch ['ʊŋgarɪʃ] **I.** *adj* hongrois(e) **II.** *adv* ***~ miteinander sprechen*** discuter en hongrois; *s. a.* **deutsch**

Ungarisch <-[s]> *nt kein Art* hongrois *m; s. a.* **Deutsch**

Ungarn ['ʊŋgarn] <-s> *nt* la Hongrie

ungastlich **I.** *adj* inhospitalier, -ère **II.** *adv* de façon inhospitalière

ungeachtet [ʊngə'ʔaxtət] *präp +gen (geh)* ***~ meiner Warnung/dieser Tatsache*** en dépit de mon avertissement/ce fait; ***~ dessen, dass*** bien que *+subj;* ***dessen ~*** en dépit de cela

ungeahnt ['ʊngəʔaːnt] *adj* insoupçonné(e)

ungebeten ['ʊngəbeːtən] **I.** *adj Besucher* indésirable; *Äußerung* intempestif, -ive **II.** *adv* ***~ zu jdm zu Besuch kommen*** venir chez qn à l'improviste; ***sich ~ einmischen*** s'en mêler sans y avoir été invité(e)

ungebildet ['ʊngəbɪldət] *adj* inculte

ungeboren ['ʊngəboːrən] *adj Kind* qui n'est pas encore né(e); ***der Schutz des ~en Lebens*** la protection de la vie fœtale

ungebräuchlich ['ʊngəbrɔyçlɪç] *adj Bezeichnung, Name, Wort* inusité(e); *Methode, Verfahren* inhabituel(le)

ungebraucht *adj* qui n'a jamais servi; *Kleidungsstück:* qui n'a pas été porté(e)

ungebunden ['ʊngəbʊndən] *adj* ❶ *Buch* non relié(e) ❷ *(ohne Verpflichtungen)* indépendant(e); ***~ sein*** ne pas avoir d'attaches familiales; ***zeitlich relativ ~ sein*** pouvoir gérer son temps assez librement

ungedeckt ['ʊngədɛkt] *adj* ❶ *Tisch* qui n'est pas mis(e); *Dach* non couvert(e) ❷ FIN *Scheck* sans provision; *Wechsel* à découvert ❸ SPORT *Spieler* qui n'est pas marqué(e)

Ungeduld ['ʊngədʊlt] *f* impatience *f*

ungeduldig ['ʊngədʊldɪç] **I.** *adj* impatient(e); ***~ werden*** s'impatienter **II.** *adv* impatiemment

ungeeignet ['ʊngəʔaignət] *adj Bewerber* incompétent(e); *Mittel* inadapté(e); ***für etw ~ sein*** *Person:* être incompétent en matière de qc; *Mittel:* être inadapté à qc

ungefähr ['ʊngəfɛːɐ̯] **I.** *adv* à peu près; ***~ dort/so*** à peu près là-bas/comme ça; ***~ um acht Uhr*** aux environs de huit heures; ***~ ein Pfund Mehl*** environ une livre de farine; ***das könnte ~ stimmen*** c'est à peu près ça **II.** *adj Größe, Preis* approximatif, -ive

ungefährlich ['ʊngəfɛːɐ̯lɪç] *adj* pas dangereux, -euse; *Erkrankung* bénin, -igne

ungefragt ['ʊngəfraːkt] *adv* ***sie hat das ~ getan*** elle a fait cela sans qu'on le lui ait demandé

ungehalten ['ʊngəhaltən] *(geh)* I. *adj Person* fâché(e) II. *adv* avec acrimonie
ungeheizt ['ʊngəhaitst] *adj* non chauffé(e)
ungehemmt ['ʊngəhɛmt] I. *adj Person* libéré(e); *Freude* débridé(e) II. *adv* sans retenue
ungeheuer ['ʊngəhɔyɐ] I. *adj Wert* énorme; *Schätze* immense; *Hass* terrible; *Fähigkeiten* prodigieux, -euse II. *adv* extrêmement
Ungeheuer ['ʊngəhɔyɐ] <-s, -> *nt* monstre *m*
ungeheuerlich [ʊngə'hɔyɐlɪç] *adj* monstrueux, -euse; ***das ist ja ~!*** mais c'est monstrueux!
Ungeheuerlichkeit <-, -en> *f* monstruosité *f*
ungehindert ['ʊngəhɪndɐt] I. *adj* libre II. *adv* librement
ungehobelt ['ʊngəho:bəlt] *adj* ❶ *Brett* non raboté(e) ❷ *(pej: unhöflich)* mal dégrossi(e)
ungehörig ['ʊngəhø:rɪç] *adj* inconvenant(e)
ungehorsam ['ʊngəho:ɐza:m] *adj* désobéissant(e); ***jdm gegenüber ~ sein*** désobéir à qn
Ungehorsam ['ʊngəho:ɐza:m] *m* désobéissance *f*
ungeklärt ['ʊngəklɛ:ɐt] I. *adj* ❶ *Verbrechen* non élucidé(e) ❷ *Abwässer* non épuré(e) II. *adv (ungereinigt)* sans épuration
ungekündigt ['ʊngəkʏndɪçt] *adj Arbeitsverhältnis* non résilié(e)
ungekünstelt ['ʊngəkʏnstəlt] *adj* naturel(le)
ungekürzt ['ʊngəkʏrtst] I. *adj* intégral(e); *Film* en version intégrale II. *adv* intégralement
ungelegen I. *adj Besucher* gênant(e); *Zeitpunkt* mal choisi(e) II. *adv* ***jdm ~ kommen*** *Person:* déranger qn; *Sache:* tomber mal pour qn
ungelenk *adj Bewegung, Schrift* maladroit(e)
ungelernt *adj* non qualifié(e)
ungelogen *adv (fam)* sans mentir *fam; ~!* sans mentir! *fam*
ungelöst *adj Problem* non résolu(e); *Fall* non éclairci(e); *Frage* sans réponse
ungemein [ʊngə'main] I. *adj* considérable II. *adv sich interessieren* énormément; *schwierig* extrêmement
ungemütlich ['ʊngəmy:tlɪç] I. *adj* ❶ *(wenig einladend)* peu accueillant(e) ❷ *(unbequem)* inconfortable II. *adv eingerichtet* sans confort
Ungemütlichkeit *f* inconfort *m*
ungenannt ['ʊngənant] *adj* anonyme
ungenau ['ʊngənau] I. *adj Formulierung* imprécis(e); *Messung* inexact(e) II. *adv formulieren* avec imprécision; ***~ messen*** prendre des mesures inexactes
Ungenauigkeit <-, -en> *f Pl (Fehler)* ***eine Arbeit voller ~en*** un travail plein d'inexactitudes
ungeniert ['ʊnʒeni:ɐt] I. *adj* désinvolte II. *adv sich äußern* en toute liberté; *zugreifen* sans se gêner
Ungeniertheit <-> *f* désinvolture *f*
ungenießbar [ʊngə'ni:sba:ɐ] *adj* ❶ *Beeren, Pilz* non comestible; *Essen* immangeable; *Getränk* imbuvable ❷ *(hum fam: unausstehlich) Person:* invivable
ungenügend ['ʊngəny:gənt] *adj* insuffisant(e)
ungenutzt ['ʊngənʊtst] I. *adj Raum* inutilisé(e); *Gelegenheit* qu'on a laissé passer II. *adv* ***Ressourcen ~ lassen*** laisser des ressources inexploitées
ungepflegt ['ʊngəpfle:kt] *adj Hände, Haare* mal soigné(e); *Garten, Park* mal entretenu(e)
ungerade ['ʊngəra:də] *adj* impair(e)
ungerecht ['ʊngərɛçt] I. *adj* ❶ injuste ❷ JUR *Richter, Urteil* injuste, inique II. *adv* de manière injuste
ungerechtfertigt ['ʊngərɛçtfɛrtɪçt] *adj* injustifié(e)
Ungerechtigkeit <-, -en> *f* injustice *f*
ungereimt ['ʊngəraimt] I. *adj* ❶ *(verworren)* absurde, inepte ❷ *(reimlos)* non rimé(e) II. *adv* ***~ klingen*** avoir l'air absurde
Ungereimtheit <-, -en> *f* ❶ *kein Pl (Verworrenheit)* incohérence *f* ❷ *meist Pl (Widersprüchlichkeit)* incohérence *f*
ungern ['ʊngɛrn] *adv* ❶ *(nicht gerade gern)* ***etw ~ tun*** ne pas faire qc volontiers; ***ich bügle recht ~*** je n'aime pas [tellement] repasser ❷ *arbeiten* à contrecœur; *zustimmen* à regret; ***etw äußerst/höchst ~ tun*** répugner à faire qc
ungerührt I. *adj Miene* impassible II. *adv* imperturbablement
ungeschehen ['ʊngəʃe:ən] *adj* ***das kann man nicht ~ machen*** ce qui est fait est fait
Ungeschick ['ʊngəʃɪk] *nt kein Pl (geh),* **Ungeschicklichkeit** <-, -en> *f* maladresse *f*
ungeschickt ['ʊngəʃɪkt] I. *adj Bewegung* maladroit(e) II. *adv* ***sich ~ anstellen*** *(fam)* être empoté

U

ungeschlechtlich *adj* BIO asexué(e)
ungeschliffen ['ʊngəʃlɪfən] *adj* ❶ *Edelstein* brut(e) ❷ *Benehmen, Manieren* grossier, -ière, fruste
ungeschminkt I. *adj* ❶ non maquillé(e) ❷ *(ohne Beschönigung)* sans fard; *Wahrheit* tout(e) nu(e) II. *adv* ❶ sans être maquillé ❷ *(unverblümt)* sans fard; **~ *die Wahrheit sagen*** dire la vérité toute nue
ungeschoren ['ʊngəʃo:rən] *adv* **~ *davonkommen*** s'en tirer sans dommage; ***jdn ~ lassen*** laisser qn tranquille
ungesetzlich ['ʊngəzɛtslɪç] *adj* illégal(e)
ungestört I. *adj* tranquille; ***für einen ~en Ablauf der Verhandlungen sorgen*** veiller à ce que les négociations se déroulent dans le calme II. *adv arbeiten* en paix
ungestraft I. *adj* impuni(e) II. *adv* **~ *davonkommen*** s'en tirer en toute impunité
ungestüm ['ʊngəʃty:m] *adj (geh)* fougueux, -euse
ungesund I. *adj* ❶ *Ernährung* malsain(e); *Rauchen* nuisible à la santé ❷ *Aussehen* maladif, -ive; *Gesichtsfarbe* blême ▶ **allzu viel ist ~** *(prov)* l'excès en tout est un défaut II. *adv* ***sich ~ ernähren*** avoir une alimentation mal équilibrée; **~ *leben*** avoir un mode de vie mauvais pour la santé
ungeteilt ['ʊngətaɪlt] *adj* ❶ *(nicht geteilt)* non divisé(e) ❷ *(ganz)* entier, -ière
ungetrübt ['ʊngətry:pt] *adj Freude, Glück* sans nuage; *Tage, Zeit* paisible
Ungetüm ['ʊngəty:m] <-[e]s, -e> *nt* monstre *m*
ungeübt ['ʊngəʔy:pt] *adj Handwerker* inexpérimenté(e); *Sportler, Musiker* qui manque d'entraînement; ***in etw*** *dat* ***~ sein*** manquer d'expérience/d'entraînement dans qc
ungewiss *adj* ❶ *Ausgang, Schicksal* incertain(e); ***es ist noch ~, ob/wie …*** on ne sait toujours pas si/comment … ❷ *(unklar)* ***jdn über etw*** *akk* ***im Ungewissen lassen*** laisser qn dans l'incertitude quant à qc
Ungewissheit <-, -en> *f* incertitude *f*
ungewöhnlich I. *adj* ❶ *(unüblich)* inhabituel(le) ❷ *(seltsam)* insolite ❸ *(außergewöhnlich)* exceptionnel(le) II. *adv (unüblich)* d'une manière inhabituelle
ungewohnt *adj* inhabituel(le), inaccoutumé(e)
ungewollt I. *adj* involontaire; ***das war ~*** ce n'était pas intentionnel II. *adv* ***ich musste ~ grinsen*** je n'ai pas pu m'empêcher de ricaner
Ungeziefer ['ʊngətsi:fɐ] <-s> *nt* vermine *f*
ungezogen ['ʊngətso:gən] *adj Kind* mal élevé(e); *Bemerkung* impertinent(e); *Benehmen* impoli(e); ***das ist sehr ~ von dir*** c'est très impoli de ta part
Ungezogenheit <-, -en> *f* ❶ *kein Pl (das Ungezogensein)* impolitesse *f* ❷ *(Äußerung, Handlung)* impertinence *f*
ungezwungen ['ʊngətsvʊŋən] *adj* décontracté(e) *fam*
Ungezwungenheit *f* décontraction *f*
Unglaube ['ʊnglaʊbə] *m* ❶ *(Zweifel)* incrédulité *f* ❷ REL incroyance *f*
unglaubhaft ['ʊnglaʊphaft] I. *adj* invraisemblable, peu crédible II. *adv* d'une manière peu crédible
ungläubig ['ʊnglɔʏbɪç] I. *adj* ❶ *Blick, Gesicht* incrédule ❷ *(gottlos)* non-croyant(e); ***ein ~er Mensch*** un incroyant II. *adv ansehen, fragen* d'un air incrédule
Ungläubige(r) *f(m) dekl wie adj* non-croyant(e) *m(f)*; *(bei Moslems)* infidèle *mf*
unglaublich ['ʊnglaʊplɪç] I. *adj Geschichte, Frechheit* incroyable II. *adv (unerhört)* d'une manière incroyable
unglaubwürdig ['ʊnglaʊpvʏrdɪç] I. *adj Darstellung, Geschichte* invraisemblable; *Person* peu digne de foi; ***er ist ~*** il n'est pas crédible; ***sich ~ machen*** perdre toute crédibilité II. *adv sich benehmen, verhalten* d'une manière peu crédible; **~ *wirken/klingen*** avoir l'air peu crédible
Unglaubwürdigkeit *f* manque *m* de crédibilité
ungleich ['ʊnglaɪç] I. *adj* ❶ *Belastung* inégal(e); *Gegenstände* disparate ❷ *Kontrahenten* de force inégale; *Kampf* inégal(e) II. *adv (weitaus)* **~ *größer/billiger*** largement plus grand/meilleur marché
Ungleichheit *f kein Pl* différence *f*; *(in Bezug auf die Gehälter)* inégalité *f*
ungleichmäßig I. *adj* ❶ *(unregelmäßig)* irrégulier, -ière ❷ *(ungleich)* inégal(e) II. *adv (ungleich)* de manière inégale
Ungleichmäßigkeit <-, -en> *f* ❶ *(Unregelmäßigkeit)* irrégularité *f* ❷ *(Ungleichheit)* inégalité *f*
Unglück ['ʊnglʏk] <-e> *nt* ❶ malheur *m*; *(Flugzeugunglück, Zugunglück)* catastrophe *f* ❷ *kein Pl (Pech)* malchance *f*; ***jdm ~ bringen*** porter malheur à qn ▶ **in sein ~ rennen** *(fam)* courir à sa perte; **das ~ wollte es, dass** le malheur a voulu que +*subj*
unglücklich ['ʊnglʏklɪç] I. *adj* ❶ *Person* malheureux, -euse ❷ *(ungünstig)* malheu-

U

reux, -euse; · *Umstand* malencontreux, -euse; *Zeitpunkt* inopportun(e), mal choisi(e) ❸ *Sturz* mauvais(e) *antéposé* ▶ **mach dich nicht ~!** tu pourrais le regretter! **II.** *adv* ❶ ~ ***aussehen/dreinschauen*** avoir l'air malheureux; ~ ***verliebt sein*** être malheureux en amour ❷ *(ungeschickt)* ~ ***stürzen*** faire une mauvaise chute

unglücklicherweise *adv* malheureusement

unglückselig ['ʊnglʏkzeːlɪç] *adj* ❶ *Expedition* malheureux, -euse ❷ *(verhängnisvoll) Ereignisse* funeste

Unglücksfall *m* accident *m* **Unglücksrabe** *m (fam)* malchanceux *m* **Unglückszahl** *f* chiffre *m* porte-malheur

Ungnade ['ʊngnaːdə] *f* disgrâce *f;* ***bei jdm in ~ fallen*** tomber en disgrâce auprès de qn

ungnädig I. *adj* mal disposé(e) **II.** *adv* avec mauvaise humeur; ***etw ~ aufnehmen*** prendre qc très mal

ungültig ['ʊngʏltɪç] *adj* ❶ *Ausweis* périmé(e); *Eintrittskarte* non valable; ~ ***werden*** *Ausweis:* expirer ❷ *Wahl* nul(le); ***etw für ~ erklären*** déclarer qc nul(le)

Ungültigkeit *f* nullité *f*

ungünstig ['ʊngʏnstɪç] **I.** *adj Zeitpunkt* mal choisi(e); *Zeit* peu propice; *Wetter* défavorable **II.** *adv* ***sich ~ auf etw*** *akk* ***auswirken*** avoir un effet défavorable sur qc

ungut *adj Entwicklung* désagréable, mauvais(e) *antéposé;* ***ein ~es Gefühl*** un mauvais pressentiment ▶ **nichts für ~!** sans rancune!

unhaltbar *adj* ❶ *Vorwurf* insoutenable ❷ *Situation* inadmissible ❸ SPORT *Ball* imparable

unhandlich *adj* peu pratique, peu commode

Unheil *nt (geh)* malheur *m;* ~ ***anrichten*** *(fam) Person:* faire un désastre

unheilbar [ʊn'haɪlbaːɐ̯] *adj* incurable

unheilvoll [ʊn'haɪlfɔl] *adj (geh) Botschaft, Zeichen* funeste

unheimlich [ʊn'haɪmlɪç] **I.** *adj* ❶ *Geschichte* macabre; *Haus* lugubre; *Erlebnis* inquiétant(e); ***er ist mir ~*** je le trouve inquiétant; ***mir ist ~ [zumute]*** je ne suis pas rassuré(e) ❷ *(fam: unglaublich)* pas croyable ❸ *(fam: sehr groß)* terrible; ***es hat uns ~en Spaß gemacht*** cela nous a énormément plu **II.** *adv* ❶ *(grauenerregend)* ~ ***aussehen*** être à faire peur; ***sich ~ anhören*** être peu rassurant ❷ *(fam: sehr)* vachement

unhöflich ['ʊnhøːflɪç] **I.** *adj Person* impoli(e); *Bemerkung* impoli(e), désobligeant(e) **II.** *adv verhalten* de manière impolie; *antworten* de manière désobligeante

Unhöflichkeit *f* impolitesse *f*

unhörbar [ʊn'høːɐ̯baːɐ̯] *adj Ton* inaudible

unhygienisch ['ʊnhygi̯eːnɪʃ] *adj* qui manque d'hygiène

uni ['ʏni, y'niː] *adj inv* uni(e)

Uni <-, -s> *f (fam) Abk von* **Universität** fac *f*

UNICEF ['uːnitsɛf] <-> *f Abk von* **United Nations International Children's Emergency Fund** UNICEF *f*

unifarben *adj* uni(e), de couleur unie

Uniform [uni'fɔrm] <-, -en> *f* uniforme *m;* ***in ~*** en uniforme

uniformiert *adj* en uniforme

Unikat [uni'kaːt] <-[e]s, -e> *nt* pièce *f* unique

Unikum <-s, -s *o* Unika> *nt (fam)* original(e) *m(f)*

uninteressant *adj* inintéressant(e), sans intérêt

uninteressiert I. *adj Person* indifférent(e); ~ ***sein/tun*** ne montrer aucun intérêt **II.** *adv* d'un air indifférent

Union [u'ni̯oːn] <-, -en> *f* ❶ union *f;* ***Europäische ~*** Union européenne ❷ POL *(fam)* ***die ~*** *groupe parlementaire comprenant la CDU et la CSU*

universal [univɛr'zaːl] *s.* **universell**

Universalschlüssel *m* clé *f* à molette

universell [univɛr'zɛl] **I.** *adj* universel(le) **II.** *adv begabt* en tout; ***ein ~ verwendbares Gerät*** un outil multi-usages

Universität [univɛrzi'tɛːt] <-, -en> *f* université *f;* ***Technische ~*** institut *m* universitaire de technologie; ***an der ~ studieren*** étudier à l'université **Universitätsbibliothek** *f* bibliothèque *f* universitaire

Universitätsklinik *f* centre *m* hospitalo-universitaire, C.H.U. *m* **Universitätsprofessor(in)** *m(f)* professeur *mf* d'université [*o* de faculté] **Universitätsstadt** *f* ville *f* universitaire **Universitätsstudium** *nt* études *fpl* universitaires; ***mit/ohne ~*** avec/sans formation universitaire

Universum [uni'vɛrzʊm] <-s> *nt* univers *m*

Unke ['ʊŋkə] <-, -n> *f* crapaud *m*

unkenntlich ['ʊnkɛntlɪç] *adj Person, Gesicht* méconnaissable; *Inschrift, Kennzeichen* indéchiffrable

Unkenntlichkeit <-> *f* ***bis zur ~*** au point d'être méconnaissable

Unkenntnis *f kein Pl* ignorance *f;* ***aus ~***

par ignorance; ***in ~ über etw*** *akk* ***sein*** ne pas être au courant de qc

Unkenruf *m (fam)* prévision *f* alarmiste

unklar I. *adj* ❶ *(unverständlich)* peu clair(e); *Text* confus(e); *Darstellung* embrouillé(e); ***es ist mir ~, warum/wie/...*** je ne comprends pas très bien pourquoi/comment/... ❷ *Situation* confus(e); *Verhältnisse* ambigu(ë) ▶ **jdn über etw** *akk* **im Unklaren lassen** laisser qn dans l'incertitude en ce qui concerne qc; [**sich** *dat*] **im Unklaren über etw** *akk* **sein** ignorer qc II. *adv sich ausdrücken, formulieren* de manière ambiguë

Unklarheit <-, -en> *f* ❶ *kein Pl (Ungewissheit)* confusion *f* ❷ *(ungeklärter Tatbestand)* ambiguïté *f*

unklug ['ʊnkluːk] I. *adj* imprudent(e); ***~ sein*** *Person:* commettre une imprudence; ***es ist ~ von dir das zu tun*** c'est imprudent de ta part de faire cela II. *adv* de manière imprudente; ***~ vorgehen*** commettre une imprudence

unkompliziert ['ʊnkɔmplitsiːɐ̯t] *adj Person, Fall* simple, qui n'est pas compliqué(e)

unkontrollierbar ['ʊnkɔntrɔliːɐ̯baːɐ̯] *adj* incontrôlable

unkontrolliert ['ʊnkɔntrɔliːɐ̯t] I. *adj* ❶ *(ungeprüft)* sans contrôle ❷ *(ungehemmt)* incontrôlé(e) II. *adv* sans contrôle

unkonventionell ['ʊnkɔnvɛntsi̯onɛl] I. *adj* peu conventionnel(le) II. *adv* de manière peu conventionnelle

unkonzentriert ['ʊnkɔntsɛntriːɐ̯t] *adj* qui n'est pas concentré(e)

Unkosten ['ʊnkɔstən] *Pl* frais *mpl;* ***mit/wegen etw ~ haben*** avoir des frais pour qc ▶ **sich in ~** *akk* **stürzen** *(fam)* se mettre en frais

Unkostenbeitrag *m* participation *f* aux frais

Unkraut ['ʊnkraut] *nt* mauvaise herbe *f*

Unkrautvertilgungsmittel *nt* désherbant *m*

unkritisch ['ʊnkriːtɪʃ] I. *adj* qui n'est pas critique II. *adv* avec un manque de sens critique

unkultiviert [-viː-] I. *adj Person* inculte; *Art, Lebensweise* primitif, -ive II. *adv* de manière primitive

unkündbar [ʊn'kʏntbaːɐ̯] *adj Stellung* inamovible; *Vertrag* non résiliable; ***~ sein*** *Mitarbeiter:* être inamovible, ne pas pouvoir être licencié

unlängst *adv* dernièrement, récemment

unlauter *adj* déloyal(e)

unleidlich *adj* insupportable

unleserlich [ʊn'leːzəlɪç] I. *adj* illisible II. *adv* illisiblement

unliebsam ['ʊnliːpzaːm] I. *adj* fâcheux, -euse, déplaisant; ***etw ist jdm in ~er Erinnerung*** qn garde un souvenir désagréable de qc II. *adv* de manière déplaisante; ***~ auffallen*** faire mauvaise impression

unliniert *adj* non ligné(e)

unlogisch ['ʊnloːgɪʃ] I. *adj* illogique II. *adv* d'une manière illogique

unlösbar [ʊn'løːsbaːɐ̯] *adj* insoluble

Unlust ['ʊnlʊst] *f kein Pl* ennui *m*

unmännlich ['ʊnmɛnlɪç] *adj (pej)* efféminé(e)

unmaßgeblich ['ʊnmaːsgeːplɪç] *adj Meinung* qui ne sert pas de norme; ***nach meiner ~en Meinung*** *(hum)* à mon humble avis

unmäßig ['ʊnmɛːsɪç] I. *adj Alkoholgenuss* immodéré(e); ***~es Rauchen*** l'abus de tabac; ***~es Essen*** l'alimentation excessive II. *adv* sans modération; ***~ essen/trinken/rauchen*** manger/boire/fumer avec excès

Unmenge ['ʊnmɛŋə] *f* ***eine ~ von Fragen*** une quantité énorme de questions; ***~n von Touristen*** une foule de touristes; ***etw in ~n verkaufen*** vendre qc en quantité industrielle *fam;* ***~n trinken*** boire jusqu'à plus soif

Unmensch *m* monstre *m*

unmenschlich [ʊn'mɛnʃlɪç] I. *adj* ❶ inhumain(e) ❷ *(fam) Schmerzen* atroce II. *adv* d'une manière inhumaine

unmerklich [ʊn'mɛrklɪç] *adj* imperceptible

unmissverständlich [ʊnmɪsfɛɐ̯'ʃtɛntlɪç] I. *adj Warnung* sans équivoque; *Weigerung* catégorique; ***eine klare und ~e Antwort*** une réponse claire et nette; ***~ sein*** *Befehl:* ne pas laisser le moindre doute II. *adv sagen, sich äußern* sans équivoque, clairement

unmittelbar ['ʊnmɪtəlbaːɐ̯] I. *adj* immédiat(e) II. *adv* ***~ bevorstehen*** être imminent

unmöbliert ['ʊnmøbliːɐ̯t] *adj o adv* non meublé(e)

unmodern ['ʊnmodɛrn] I. *adj* démodé(e); ***~ werden*** se démoder II. *adv* ***sich ~ kleiden*** porter des vêtements démodés

unmöglich [ʊn'møːklɪç] I. *adj* impossible; ***es ist ihm/ihr ~ das zu tun*** il/elle est dans l'impossibilité de faire cela; ***jd/etw macht es jdm ~ zu verreisen*** qn/qc empêche qn de partir en voyage; ***ich verlange doch nichts Unmögliches!*** je ne te/vous demande pourtant pas l'impossi-

U

ble! **II.** *adv* ❶ *(keinesfalls)* ***er kann ~ der Täter sein*** il est impossible que ce soit lui le coupable ❷ *(pej fam)* ***~ aussehen*** avoir un air pas possible; ***sich ~ benehmen*** avoir un comportement pas possible

Unmöglichkeit *f kein Pl* impossibilité *f*

unmoralisch ['ʊnmoraːlɪʃ] *adj* immoral(e)

unmotiviert ['ʊnmotiviːɐ̯t] **I.** *adj Frage* gratuit(e); *Lachen* immotivé(e); *Wutanfall* irraisonné(e) **II.** *adv* sans motif, sans raison

unmündig *adj* ❶ *(nicht volljährig)* mineur(e) ❷ *(geistig unselbstständig)* irresponsable

Unmut *m (geh)* mauvaise humeur *f*

unnachahmlich ['ʊnnaːxʔaːmlɪç] *adj* inimitable

unnachgiebig ['ʊnnaːxgiːbɪç] **I.** *adj Person, Haltung* intransigeant(e), inflexible **II.** *adv sich verhalten* de manière intransigeante

Unnachgiebigkeit *f* intransigeance *f*, inflexibilité *f*

unnachsichtig ['ʊnnaːxzɪçtɪç] *adj Kritiker* impitoyable; *Strenge* implacable

unnahbar *adj* inaccessible

unnatürlich **I.** *adj* ❶ *Lebensweise* peu naturel(le); *Bedingungen* artificiel(le) ❷ *Lachen* contraint(e); *Sprache* artificiel(le) ❸ *(abnorm)* anormal(e) **II.** *adv lachen* de manière contrainte; *sprechen* d'une manière artificielle

unnormal *adj* anormal(e)

unnötig *adj* superflu(e), inutile; ***es ist ~ etw zu tun*** ce n'est pas la peine de faire qc

unnütz ['ʊnnʏts] *adj Anstrengung* inutile; *Kosten* inutile, superflu(e)

UNO ['uːno] <-> *f Abk von* **United Nations Organization** O.N.U. *f*

UNO-Friedenstruppen *Pl* casques *mpl* bleus

unordentlich **I.** *adj Person* désordonné(e); *Zimmer, Büro* en désordre **II.** *adv* ❶ *(nachlässig)* négligemment; ***~ gekleidet sein*** être habillé d'une manière négligée ❷ *(unaufgeräumt)* en désordre

Unordnung *f kein Pl* désordre *m*; ***etw in ~ bringen*** mettre qc en désordre; ***in ~ geraten*** être mis en désordre

unorthodox *adj (geh)* pas très orthodoxe

unparteiisch ['ʊnpartaɪɪʃ] **I.** *adj* impartial(e) **II.** *adv* en toute impartialité

unpassend ['ʊnpasənt] *adj* ❶ *(unangebracht)* déplacé(e) ❷ *(ungelegen)* mal venu(e), mal choisi(e); ***im ~sten Moment*** au plus mauvais moment; ***Samstag ist ein ~er Termin*** samedi ne convient pas; ***das ist jetzt wirklich ~!*** ça tombe vraiment mal!

unpässlich ['ʊnpɛslɪç] *adj (geh)* ***~ sein*** être indisposé

unpersönlich ['ʊnpɛrzøːnlɪç] *adj Person* froid(e), distant(e); *Art, Gespräch* impersonnel(le)

unpolitisch ['ʊnpoliːtɪʃ] *adj* apolitique

unpopulär ['ʊnpopulɛːɐ̯] *adj* impopulaire

unpraktisch ['ʊnpraktɪʃ] *adj* ❶ *Methode* pas pratique; ***es ist ~ so vorzugehen*** ce n'est pas pratique de procéder ainsi ❷ *Person* maladroit(e) [de ses mains]; ***völlig ~ sein*** n'être pas du tout bricoleur

unproblematisch ['ʊnproblemaːtɪʃ] **I.** *adj* qui ne pose aucun problème **II.** *adv* sans problème

unproduktiv ['ʊnprodʊktiːf] *adj* improductif, -ive

unpünktlich ['ʊnpʏŋktlɪç] **I.** *adj* ❶ *Person* qui n'est pas ponctuel(le); ***~ sein*** ne pas être ponctuel; ***du bist immer ~!*** tu n'es jamais à l'heure! ❷ *(verspätet)* ***~ sein*** *Bus, Zug:* avoir du retard **II.** *adv ankommen, abfahren* en retard

Unpünktlichkeit *f* manque *m* de ponctualité

unqualifiziert **I.** *adj* ❶ *Person* non qualifié(e) ❷ *(pej) Bemerkung* sujet(te) à caution **II.** *adv* d'une manière incompétente

unrasiert ['ʊnraziːɐ̯t] *adj* non rasé(e)

unrealistisch ['ʊnrealɪstɪʃ] **I.** *adj* irréaliste **II.** *adv* d'une manière irréaliste

unrecht *adj* ❶ *(geh) Weise* injuste; *Gedanke* coupable; ***es ist ~ das zu tun*** ce n'est pas correct de faire cela ❷ *(unpassend)* ***das ist mir gar nicht so ~!*** cela ne tombe pas si mal!

Unrecht *nt kein Pl* tort *m*, injustice *f*; ***im ~ sein*** être en tort; *(vor Gericht)* être dans son tort; ***zu ~*** à tort; ***~ haben*** avoir tort

unrechtmäßig ['ʊnrɛçtmɛːsɪç] *adj* illégal(e), illégitime

Unrechtsbewusstsein *nt* sens *m* moral

unredlich ['ʊnreːtlɪç] *adj (geh)* malhonnête

unregelmäßig ['ʊnreːgəlmɛːsɪç] **I.** *adj* irrégulier, -ière **II.** *adv* ***~ konjugiert werden*** avoir une conjugaison irrégulière

unreif ['ʊnraɪf] *adj* ❶ *Frucht* vert(e) ❷ *(fig) Person* immature

unrein ['ʊnraɪn] *adj* ❶ *Wasser* impur(e); *Haut* peu sain(e) ❷ MUS *Ton, Klang* qui n'est pas pur(e) ❸ REL *Person, Tier* impur(e)

unrentabel ['ʊnrɛntaːbəl] **I.** *adj* non rentable **II.** *adv* d'une manière non rentable

U

unrichtig ['ʊnrɪçtɪç] **I.** *adj* inexact(e) **II.** *adv* de manière inexacte

Unrichtigkeit *f* ❶ *kein Pl (Ungenauigkeit)* inexactitude *f* ❷ *(Fehler)* erreur *f*

Unruhe ['ʊnruːə] *f* ❶ *(Ruhelosigkeit)* agitation *f; (Sorge)* inquiétude *f* ❷ *Pl (Tumulte)* troubles *mpl,* émeutes *fpl*

Unruhestifter(in) *m(f)* *(pej)* fauteur, -trice *m, f* de troubles

unruhig ['ʊnruːɪç] **I.** *adj* ❶ *Person* agité(e), nerveux, -euse; *Bewegungen* nerveux, -euse ❷ *(besorgt)* inquiet, -iète; **~ *werden*** commencer à s'inquiéter ❸ *Herzschlag* irrégulier, -ière **II.** *adv* **~ *auf und ab gehen*** aller et venir fébrilement; **~ *schlafen*** avoir un sommeil agité

unrühmlich *adj* peu glorieux, -euse, sans gloire

uns [ʊns] **I.** *pron pers, dat von* **wir** ❶ nous; ***das gefällt* ~** cela nous plaît; ***er sagt es* ~** il nous le dit; ***wem hat er es gegeben? – Uns!*** à qui l'a-t-il donné? – À nous!; ***es geht* ~ *gut*** nous allons bien; **~ *solltest du danken, nicht ihm!*** c'est nous que tu devrais remercier, pas lui! ❷ *refl* nous; ***wir haben* ~ *gedacht, dass …*** nous avons pensé que …; ***wir können* ~ *keine teuren Sachen leisten*** nous ne pouvons pas nous payer des choses chères **II.** *pron pers, akk von* **wir** ❶ nous; ***er wollte* ~ *sprechen*** il voulait nous parler; ***der Brief ist an* ~ *gerichtet*** la lettre nous est adressée ❷ *refl* nous; ***wir haben* ~ *umgedreht*** nous nous sommes retournés; ***wann sehen wir* ~*?*** quand nous voyons-nous?

unsachgemäß *adj Reparatur* incorrect(e); *Verpackung* inadapté(e)

unsachlich *adj Person* partial(e); *Bemerkung* subjectif, -ive; **~ *werden*** commencer à faire preuve de partialité

unsagbar **I.** *adj Trauer* indicible **II.** *adv* de manière indicible

unsanft *adj* brutal(e)

unsauber **I.** *adj* ❶ *(schmutzig)* sale ❷ *(unordentlich)* mal fait(e) **II.** *adv* mal

unschädlich *adj* inoffensif, -ive; **~ *sein*** être sans danger ▶ **jdn ~ machen** *(euph fam)* mettre qn hors d'état de nuire

unscharf **I.** *adj* ❶ *Umrisse* flou(e), qui n'est pas net(te) ❷ *Einstellung* imprécis(e); **~ *sein*** ne pas être précis **II.** *adv* de manière imprécise

unschätzbar [ʊn'ʃɛtsbaːɐ̯] *adj Mitarbeiter* très précieux, -euse; *Wert* inestimable

unscheinbar ['ʊnʃaɪnbaːɐ̯] *adj Aussehen* insignifiant(e); *Pflanze* qui n'a l'air de rien

unschlagbar [ʊn'ʃlaːkbaːɐ̯] *adj* imbattable

unschlüssig ['ʊnʃlʏsɪç] **I.** *adj* indécis(e), irrésolu(e); ***sich** dat* **~ *über etw*** *akk* ***sein*** être indécis sur qc **II.** *adv* d'un air indécis

Unschlüssigkeit *f* indécision *f,* irrésolution *f*

unschön ['ʊnʃøːn] *adj* ❶ *(hässlich)* laid(e) ❷ *(unerfreulich)* déplaisant(e)

Unschuld ['ʊnʃʊlt] *f (Naivität)* innocence *f*

unschuldig ['ʊnʃʊldɪç] **I.** *adj* innocent(e); ***an etw*** *dat* **~ *sein*** ne pas être responsable de qc **II.** *adv* ❶ à tort, injustement ❷ *(arglos)* d'un air innocent

Unschuldige(r) *f(m)* *dekl wie adj* innocent(e) *m(f)* **Unschuldslamm** *nt (iron)* innocent(e) *m(f);* ***das* ~ *spielen*** faire l'innocent(e)

Unschuldsmiene *f kein Pl* air innocent *m*

unschwer *adv* facilement, aisément

unselbstständig ['ʊnzɛlpʃtɛndɪç], **unselbständig** ['ʊnzɛlpstʃtɛndɪç] *adj* ❶ *Person* dépendant(e) des autres ❷ *Tätigkeit* salarié(e)

unselig ['ʊnzeːlɪç] *adj (geh)* funeste

unser ['ʊnzɐ] *pron poss* ❶ notre; **~ *Bruder/* ~*e Schwester*** notre frère/sœur; **~*e Eltern*** nos parents; ***das ist alles* ~*es*** c'est tout à nous; ***ist das dein Ball oder* ~*er?*** est-ce ton ballon ou le nôtre? ❷ *substantivisch* ***der/die/das* ~*e*** le/la nôtre; ***das sind die* ~*en*** ce sont les nôtres

unsereiner, unsereins *pron indef (fam)* nous [autres]; **~ *ist immer hilfsbereit*** *(wir)* nous, nous sommes toujours serviables; *(ich)* moi, je suis toujours serviable

unsererseits *adv* ❶ *(wir wiederum)* de notre côté ❷ *(was uns betrifft)* de notre part; ***wir* ~ *hätten gern …*** en ce qui nous concerne, nous voudrions …

unseresgleichen *pron inv* ❶ *(Menschen unseres Schlags)* nos semblables; ***wir sind unter* ~** nous sommes entre gens du même monde ❷ *(Menschen wie wir)* ***das kann sich* ~ *nicht leisten*** nous autres, nous ne pouvons pas nous le permettre

unseretwegen *adv* ❶ *(wegen uns)* à cause de nous ❷ *(uns zuliebe)* pour nous ❸ *(von uns aus)* en ce qui nous concerne

unseretwillen ['ʊnzərət'vɪlən] *adv* ***um* ~** pour nous faire plaisir

unseriös *adj (pej)* pas sérieux, -euse

unsers *s.* **unser**

unsertwegen *adv* ❶ *(wegen uns)* à cause de nous ❷ *(uns zuliebe)* pour nous

unsertwillen ['ʊnzɐt'vɪlən] *adv* ***um* ~** pour nous faire plaisir

unsicher ['ʊnzɪçɐ] **I.** *adj* ❶ *Gegend* peu sûr(e) ❷ *Person* qui manque d'assurance;

Blick perplexe; ***jdn ~ machen*** ébranler qn ❸ *Zukunft* incertain(e); ***es ist noch ~, wann/wer/...*** on ignore encore quand/qui/... ❹ *Schritte* mal assuré(e) **II.** *adv* ❶ *sich bewegen* en chancelant; ***er fährt noch sehr ~*** sa conduite n'est pas encore très sûre ❷ *fragen* d'une voix hésitante; *umherblicken* l'air hésitant

Unsicherheit *f* ❶ *kein Pl (mangelnde Selbstsicherheit)* manque *m* d'assurance ❷ *kein Pl (mangelnde Verlässlichkeit)* manque *m* de fiabilité

Unsicherheitsfaktor *m* facteur *m* d'incertitude

UN-Sicherheitsrat [uːˈʔɛn-] *m* Conseil *m* de sécurité des Nations unies

unsichtbar [ˈʊnzɪçtbaːɐ̯] *adj* invisible ▶ **sich ~ machen** *(fam)* se déguiser en courant d'air

Unsinn [ˈʊnzɪn] *m kein Pl (Unsinnigkeit) einer Maßnahme* absurdité *f*; ***es ist ~ zu behaupten/glauben, dass*** il est absurde de prétendre/croire que

unsinnig *adj* insensé(e); *Gerede* inepte

Unsitte *f* mauvaise habitude *f*

unsittlich I. *adj* ❶ *(unmoralisch)* inconvenant(e), indécent(e) ❷ *(unzüchtig)* indécent(e) **II.** *adv* ❶ *sich benehmen* de manière inconvenante ❷ *(unzüchtig)* ***~ berührt werden*** être victime d'attouchements

unsozial antisocial(e)

unsportlich *adj* ❶ *Person* pas sportif, -ive ❷ *Verhalten* antisportif, -ive

unsre *s.* **unser**

unsrerseits *s.* **unsererseits**

unsresgleichen *s.* **unseresgleichen**

unsrige(r, s) *pron poss (geh)* ***der/die/das ~*** le/la nôtre; ***die Unsrigen*** les nôtres

unsterblich [ˈʊnʃtɛrplɪç] **I.** *adj* ❶ *(ewig lebend)* immortel(le); ***glaubst du an die ~e Seele?*** tu crois à l'immortalité de l'âme? ❷ *Musik* immortel(le), éternel(le); *Kunstwerk* impérissable **II.** *adv (fam)* ***sich ~ verlieben*** tomber éperdument amoureux, -euse; ***sich ~ blamieren*** se rendre totalement ridicule

Unsterblichkeit *f* immortalité *f*

unstet *adj (geh)* instable, inconstant(e)

unstillbar [ʊnˈʃtɪlbaːɐ̯] *adj (geh) Sehnsucht* insatiable

Unstimmigkeit <-, -en> *f* ❶ *(Ungenauigkeit)* inexactitude *f* ❷ *meist Pl (Differenzen)* dissension *f*

unsympathisch [ˈʊnzʏmpaːtɪʃ] *adj Person* antipathique; *Vorstellung* désagréable; ***jdm ~ sein*** être antipathique à qn

untad[e]lig *adj Verhalten* irréprochable; *Kleidung* impeccable

Untat *f* forfait *m*

untätig [ˈʊntɛːtɪç] **I.** *adj* inactif, -ive **II.** *adv abwarten, zusehen* les bras croisés

Untätigkeit *f kein Pl* inaction *f*

untauglich [ˈʊntaʊklɪç] *adj* ❶ *Methode* inapproprié(e), inadéquat(e) ❷ *a.* MIL *Person* inapte; ***für etw ~ sein*** être inapte à qc

unteilbar *adj* indivisible

unten [ˈʊntən] *adv* ❶ *(opp: oben)* en bas; ***~ im Schrank*** en bas de l'armoire; ***~ im Koffer*** au fond de la valise; ***weiter ~*** plus bas; ***nach ~ zu dünner/dicker werden*** devenir plus mince/épais(se) vers le bas ❷ *(an der Unterseite)* ***das Auto ist ~ durchgerostet*** le dessous de la voiture est rouillé; ***wo ist denn ~?*** où est le bas? ❸ *(in einem unteren Stockwerk)* ***~ im Keller*** en bas à la cave; ***nach ~ gehen*** descendre; ***den Tisch nach ~ tragen*** descendre la table; ***von ~ kommen*** venir d'en bas ❹ *(in sehr niedriger Höhe)* ***mit der Seilbahn nach ~ fahren*** descendre en téléphérique ❺ *(fam: auf unterster Ebene)* ***ganz ~ sein/anfangen*** être au bas/commencer tout en bas de l'échelle ❻ *(nachher)* ***~ erwähnt*** mentionné ci-dessous; ***siehe ~*** voir ci-dessous ❼ *(fam: im, nach Süden)* ***nach ~ fahren*** aller dans le sud ▶ **jd ist bei ihm/ihr ~ durch** *(fam)* il/elle ne veut plus entendre parler de qn

untenerwähnt *s.* **unten 6**

unter [ˈʊntɐ] **I.** *präp +dat* ❶ sous; ***einen Meter ~ der Decke hängen*** *Lampe:* pendre à un mètre du plafond; ***~ der Jacke trägt er einen Pullover*** sous la veste, il porte un pull-over; ***er wohnt ~ ihm*** il habite au-dessous de lui ❷ *(schlechter als)* ***~ dem Durchschnitt*** en dessous de la moyenne ❸ *(inmitten, zwischen)* parmi; ***mitten ~ uns*** parmi nous; ***~ Freunden*** entre amis; ***wir sind ~ uns*** nous sommes entre nous; ***~ anderem*** entre autres [choses] ❹ *(untergeordnet)* ***~ jdm arbeiten*** travailler sous les ordres de qn; ***jdn ~ sich haben*** avoir qn sous ses ordres; ***~ seiner Leitung*** sous sa direction ❺ *(zugeordnet sein)* ***etw steht ~ dem Motto ...*** qc est placé(e) sous le signe de ... **II.** *präp +akk* sous; ***bis ~s Dach*** jusque sous le toit **III.** *adv* ❶ *(weniger als)* ***Einkommen ~ zehntausend Euro*** des revenus de moins de dix mille euros; ***bei ~ 25 Grad*** en dessous de 25 degrés ❷ *(jünger als)* ***etwas ~ dreißig sein*** avoir un peu moins de trente ans

Unterabteilung ['ʊntɐʔaptai̯lʊŋ] *f* subdivision *f*
Unterarm ['ʊntɐʔarm] *m* avant-bras *m*
unterbelichten* *vt* PHOT sous-exposer
unterbewerten* *vt* sous-estimer
unterbewusst **I.** *adj* subconscient(e) **II.** *adv* de manière subconsciente; **~ *vorhanden sein*** être présent dans le subconscient
Unterbewusstsein ['ʊntɐʔbəvʊstzai̯n] *nt* subconscient *m*
unterbezahlt *adj* sous-payé(e)
unterbieten* [ʊntɐ'biːtən] *vt irr* ❶ *(billiger sein)* ***jdn*** ~ vendre moins cher que qn ❷ SPORT battre *Rekord;* améliorer *Zeit*
unterbinden* [ʊntɐ'bɪndən] *vt irr* mettre un terme à, faire cesser *Belästigung;* couper court à *Diskussion*
unterbleiben* [ʊntɐ'blai̯bən] *vi irr + sein (geh) Beschwerde:* ne pas être effectué; *Bestrafung:* ne pas avoir lieu
unterbrechen* [ʊntɐ'brɛçən] *vt irr* ❶ couper la parole à *Person;* interrompre *Arbeit, Fahrt* ❷ *(vorübergehend stilllegen)* couper *Leitung*
Unterbrechung <-, -en> *f (vorübergehende Aufhebung)* interruption *f*
unter|bringen *vt irr* ❶ *(einquartieren)* loger, héberger *Person;* installer *Verwaltung* ❷ *(Platz finden für)* caser *Möbel;* ***einen Bericht noch in den Nachrichten*** ~ arriver à placer un communiqué aux informations
Unterbringung <-, -en> *f* hébergement *m*
unter|buttern *vt (fam)* brimer
Unterdeck *nt* pont *m* inférieur
unterdessen *adv (geh)* pendant ce temps[-là], entre-temps
Unterdruck <-drücke> *m* PHYS dépressurisation *f*
unterdrücken* [ʊntɐ'drʏkən] *vt* ❶ *(niederhalten)* opprimer *Person, Volk;* réprimer *Unruhen* ❷ *(zurückhalten)* réprimer *Gefühle, Gähnen*
Unterdrücker(in) <-s, -> *m(f)* oppresseur *m*
Unterdrückung <-, -en> *f eines Volks* oppression *f*
unterdurchschnittlich **I.** *adj* inférieur(e) à la moyenne **II.** *adv verdienen* au-dessous de la moyenne
untere(r, s) ['ʊntərə, -rɐ, -rəs] *adj attr* ❶ *(unten befindlich)* inférieur(e); *Wohnung* d'en bas; ***im ~n Stockwerk wohnen*** habiter à l'étage d'en bas ❷ *(rangmäßig niedriger)* inférieur(e); ***die ~n/untersten Klassen eines Gymnasiums*** ≈ le premier cycle des études secondaires ❸ GEOG *Bereich* inférieur(e); ***die ~ Mosel*** le cours inférieur de la Moselle
untereinander [ʊntɐʔai̯'nandɐ] *adv* ❶ *(miteinander)* entre eux/elles/nous/... ❷ *(gegenseitig)* mutuellement ❸ *(räumlich)* l'un(e) au-dessous de l'autre
unterentwickelt *adj* ❶ *Organ, Muskulatur* atrophié(e); ***körperlich/geistig ~ sein*** être insuffisamment développé physiquement/mentalement ❷ ÖKON sous-développé(e)
unterernährt *adj* sous-alimenté(e)
Unterernährung *f* sous-alimentation *f*
Unterfangen [ʊntɐ'faŋən] <-s, -> *nt* entreprise *f*
Unterführung [ʊntɐ'fyːrʊŋ] *f* passage *m* souterrain
Untergang <-gänge> *m* ❶ *eines Schiffs* naufrage *m* ❷ ASTRON *der Sonne, des Mondes* coucher *m* ❸ *(Zerstörung) eines Reiches* chute *f,* effondrement *m; einer Kultur* disparition *f; der Menschheit* fin *f*
untergeben [ʊntɐ'geːbən] *adj* subalterne; ***ihm/ihr sind zwölf Mitarbeiter ~*** il/elle a douze collaborateurs sous ses ordres
Untergebene(r) *f(m) dekl wie adj* subalterne *mf*
unter|gehen *vi irr + sein* ❶ *(im Wasser versinken) Person, Gegenstand:* couler; *Schiff:* couler, sombrer ❷ ASTRON *Sonne, Mond:* se coucher ❸ *(zugrunde gehen) Kultur, Reich:* disparaître ❹ *(nicht gehört werden)* ***im Lärm ~*** *Worte:* se perdre dans le bruit
untergeordnet *adj* ❶ *(zweitrangig)* secondaire ❷ *(subaltern)* subalterne
Untergeschoss *nt* sous-sol *m*
Untergewicht *nt* poids *m* insuffisant
untergewichtig *adj* qui a un poids insuffisant; **~ *sein*** avoir un poids insuffisant
untergliedern* [ʊntɐ'gliːdɐn] *vt* structurer *Aufsatz;* ***einen Text in fünf Abschnitte ~*** diviser un texte en cinq parties
untergraben* [ʊntɐ'graːbən] *vt irr* miner *Autorität;* nuire à *Ruf*
Untergrund ['ʊntɐgrʊnt] *m* ❶ GEOL sous-sol *m* ❷ *kein Pl* POL clandestinité *f;* ***in den ~ gehen*** entrer dans la clandestinité
Untergrundbahn *f (form)* métropolitain *m*
Untergrundbewegung *f* mouvement *m* clandestin
unterhalb **I.** *präp + gen* ***~ des Dorfes/der Schneegrenze*** au-dessous du village/de la limite des neiges **II.** *adv (tiefer gelegen)* ***~ von der Burg*** au-dessous du château fort
Unterhalt <-[e]s> *m kein Pl (Unterhalts-*

geld) pension *f* alimentaire; ***für jdn ~ zahlen*** verser une pension alimentaire à qn

unterhalten*[1] [ʊntɐˈhaltən] *vt irr* ❶ *(versorgen)* subvenir aux besoins de, nourrir *Familie* ❷ *(betreiben, halten)* entretenir *Kraftfahrzeug;* diriger, faire tourner *Firma;* tenir *Pension, Geschäft*

unterhalten[2] [ʊntɐˈhaltən] *irr* **I.** *vt* divertir, distraire *Publikum* **II.** *vr* ❶ *(sich vergnügen)* ***sich ~*** s'amuser ❷ *(sprechen)* ***sich mit jdm über jdn/etw ~*** s'entretenir avec qn de qn/qc; ***sie ~ sich nur auf Japanisch*** ils ne parlent entre eux que japonais

unterhaltsam *adj* divertissant(e)

Unterhaltskosten *Pl* ❶ coût *m* d'une pension alimentaire ❷ *(Betriebskosten)* frais *mpl* d'entretien **Unterhaltspflicht** *f* obligation *f* alimentaire

unterhaltspflichtig *adj* tenu(e) à l'obligation alimentaire

Unterhaltszahlung *f* versement *m* d'une pension alimentaire

Unterhaltung [ʊntɐˈhaltʊŋ] <-, -en> *f* ❶ *(Gespräch)* entretien *m,* conversation *f* ❷ *kein Pl (Zeitvertreib)* distraction *f;* ***der ~ dienen*** servir à passer le temps; ***gute ~!*** amuse-toi/amusez-vous bien! ❸ *kein Pl (Betreibung) eines Geschäfts* exploitation *f*

Unterhaltungselektronik *f* électronique *f* grand public **Unterhaltungsindustrie** *f* industrie *f* des loisirs **Unterhaltungsmusik** *f (a. pej)* musique *f* légère

Unterhändler(in) [ˈʊntɐhɛndlɐ] *m(f)* négociateur, -trice *m, f*

Unterhaus [ˈʊntɐhaʊs] *nt* POL *(in Großbritannien)* Chambre *f* basse

Unterhemd [ˈʊntɐʔhɛmt] *nt (Herrenunterhemd)* tricot *m* de corps; *(Damenunterhemd)* chemise *f* américaine

Unterholz *nt kein Pl* sous-bois *m*

Unterhose *f (Boxershorts)* caleçon *m;* *[**kurze**] ~[**n**]* slip *m;* ***lange ~[n]*** caleçon long

unterirdisch **I.** *adj* souterrain(e) **II.** *adv* sous terre; ***~ verlegte Kabel*** des câbles *mpl* souterrains

unter|jubeln *vt (fam: verkaufen)* ***jdm etw ~*** refiler qc à qn

Unterkiefer *m* mâchoire *f* inférieure

unter|kommen *vi irr + sein* ❶ *(Unterkunft finden)* trouver à se loger ❷ *(fam: Arbeit finden)* ***in einer Firma ~*** trouver un boulot dans une entreprise ❸ DIAL *(begegnen)* ***so etwas/jemand ist mir noch nicht untergekommen*** je n'ai encore jamais vu cela/quelqu'un comme ça

Unterkörper *m* partie *f* inférieure du corps

unter|kriegen *vt (fam)* abattre; ***sich von jdm/etw nicht ~ lassen*** ne pas se laisser abattre par qn/qc

unterkühlen* [ʊntɐˈkyːlən] *vt* MED ***jdn ~*** mettre qn en hypothermie

unterkühlt *adj* ❶ MED en hypothermie ❷ *(betont kühl)* glacial(e)

Unterkühlung *f* MED hypothermie *f*

Unterkunft [ˈʊntɐkʊnft, *Pl:* -kʏnftə] <-, -künfte> *f (Nacht-, Ferienquartier)* gîte *m;* *(für längere Zeit)* logement *m*

Unterlage *f* ❶ support *m;* *(Schreibunterlage)* sous-main *m;* *(Bettenunterlage)* alèse *f,* alaise *f* ❷ *meist Pl (Beleg, Dokument)* document *m*

Unterlass [ˈʊntɐlas] *m* ▶ **ohne ~** *(geh)* sans discontinuer

unterlassen* [ʊntɐˈlasən] *vt irr* ❶ *(nicht ausführen)* omettre [de faire] ❷ *(bleiben lassen)* se dispenser de

Unterlassung [ʊntɐˈlasʊŋ] <-, -en> *f (Versäumnis)* omission *f*

Unterlauf [ˈʊntɐlaʊf] *m* cours *m* inférieur

unterlaufen* [ʊntɐˈlaʊfən] *irr* **I.** *vi + sein* ***mir ist ein Fehler unterlaufen*** j'ai fait [*o* commis] une erreur **II.** *vt + haben (umgehen)* contourner *Bestimmungen*

unter|legen[1] [ˈʊntɐleːgən] *vt (darunter legen)* ***etw ~*** mettre qc dessous; ***jdm etw ~*** mettre qc sous qn

unterlegen*[2] [ʊntɐˈleːgən] *vt* ❶ *(nachträglich versehen)* ***einen Film mit Musik ~*** mettre de la musique sur un film ❷ *(polstern)* ***etw mit Schaumstoff ~*** mettre de la mousse sous qc

unterlegen[3] [ʊntɐˈleːgən] *adj* inférieur(e); ***jdm zahlenmäßig ~ sein*** être inférieur en nombre à qn

Unterlegenheit <-, *selten:* -en> *f* infériorité *f*

Unterleib *m* bas-ventre *m*

unterliegen* [ʊntɐˈliːgən] *vi irr + sein* ❶ *(verlieren)* perdre; ***jdm ~*** perdre face à qn ❷ *(unterworfen sein)* ***der Kontrolle ~*** être soumis à un contrôle; ***einem Irrtum ~*** être victime d'une erreur

Unterlippe *f* lèvre *f* inférieure

unterm [ˈʊntɐm] = *(fam) s.* **unter dem** *s.* **unter**

untermauern* *vt* étayer; ***etw mit Argumenten ~*** étayer qc d'arguments

Untermiete *f* ***bei jdm in/zur ~ wohnen*** sous-louer une chambre chez qn

Untermieter(in) *m(f)* sous-locataire *mf*

U

ụnter|mischen *vt* ajouter

ụntern ['ʊntɐn] = *(fam) s.* **unter den** *s.* **unter**

unternehmen* [ʊntɐ'neːmən] *vt irr* entreprendre, effectuer *Versuch;* entamer *Schritte;* ***etwas zusammen*** ~ faire quelque chose ensemble

Unternehmen [ʊntɐ'neːmən] <-s, -> *nt* ❶ *(Firma)* entreprise *f* ❷ *(Vorhaben)* entreprise *f,* opération *f*

Unternehmensberater(in) *m(f)* consultant(e) *m(f)* [en gestion management] **Unternehmensführung** *f (Tätigkeit)* direction *f* d'entreprise/de l'entreprise

Unternehmer(in) [ʊntɐ'neːmɐ] <-s, -> *m(f)* chef *mf* d'entreprise, entrepreneur, -euse *m, f*

unternehmerisch [ʊntɐ'neːmərɪʃ] **I.** *adj* de chef d'entreprise; ***~e Fähigkeiten*** le don des affaires **II.** *adv denken, handeln* en chef d'entreprise

Unternehmung <-, -en> *f* ❶ *s.* **Unternehmen 2** ❷ CH *s.* **Unternehmen 1**

Unternehmungsgeist *m kein Pl* ***~ haben*** avoir de l'initiative **unternehmungslustig** *adj* entreprenant(e), plein(e) d'allant

Ụnteroffizier ['ʊntɐʔɔfitsiːɐ̯] *m (Dienstgrad)* sous-officier *m*

ụnter|ordnen I. *vt* ❶ *(zurückstellen)* ***seine Bedürfnisse einer S.*** *dat* ~ subordonner ses besoins à qc ❷ *(unterstellen)* ***jdm/einer Institution untergeordnet sein*** être soumis à qn/à une institution **II.** *vr* ***sich jdm*** ~ se soumettre à qn

Unterredung [ʊntɐ'reːdʊŋ] <-, -en> *f* entrevue *f*

Ụnterricht ['ʊntɐrɪçt] <-[e]s> *m* ❶ *(Unterrichtsstunde)* cours *m; (Schultag)* cours *mpl; (in der Grundschule)* classe *f;* ***in den ~ müssen*** devoir aller en cours; ***jdm ~ in etw*** *dat* ***geben*** donner des cours de qc à qn; ***bei jdm ~ haben*** avoir cours avec qn ❷ *(Unterrichtswesen, Tätigkeit)* enseignement *m* ❸ *(Fahrschulunterricht)* ***theoretischer*** ~ code *m;* ***praktischer*** ~ conduite *f*

unterrichten* [ʊntə'rɪçtən] **I.** *vt* ❶ *(unterweisen)* faire cours à; ***jdn in Latein*** ~ enseigner le latin à qn ❷ *(form: informieren)* ***jdn über etw*** *akk* ***/von etw*** ~ instruire qn de qc *soutenu;* ***gut unterrichtet*** bien informé(e) **II.** *vi* ***in etw*** *dat* ~ enseigner qc; ***an einem Gymnasium/einer Hochschule*** ~ enseigner dans un lycée/une université **III.** *vr* ***sich über etw*** *akk* ~ s'informer de qc

Ụnterrichtsfach *nt* matière *f;* ***das ~ Mathematik*** les mathématiques *fpl* **Ụnterrichtsstunde** *f* heure *f* de cours

Unterrịchtung <-, -en> *f (form)* information *f*

Ụnterrock *m* combinaison *f*

ụnters ['ʊntɐs] = *(fam) s.* **unter das** *s.* **unter**

untersagen* [ʊntɐ'zaːgən] *vt* interdire; ***jdm etw*** ~ interdire qc à qn

Ụntersatz *m (für Töpfe, Schüsseln)* dessous-de-plat *m* ▸ **fahrbarer** ~ *(hum fam)* bagnole *f*

unterschạ̈tzen* [ʊntɐ'ʃɛtsən] *vt* sous-estimer; ***ein nicht zu ~der Gegner*** un adversaire avec lequel il faut compter; ***eine nicht zu ~de Gefahr*** un danger non négligeable

unterscheiden* [ʊntɐ'ʃaidən] *irr* **I.** *vt* ❶ *(differenzieren)* différencier *Pflanzen, Tierarten;* ***etw von etw*** ~ faire la différence entre qc et qc ❷ *(auseinanderhalten)* distinguer **II.** *vi* ***zwischen verschiedenen Dingen*** ~ faire la distinction entre différentes choses **III.** *vr* ***sich in etw*** *dat* ~ *Personen, Tiere:* différer par qc; ***sich von jdm/etw durch etw*** ~ *dat* se distinguer de qn/qc par qc

Unterscheidung *f* distinction *f*

Ụnterschenkel *m* jambe *f*

Ụnterschicht *f* classe *f* inférieure [de la société]

unterschieben* *vt irr* ***jdm etw*** ~ attribuer qc à qn

Ụnterschied ['ʊntɐʃiːt] <-[e]s, -e> *m* ❶ différence *f;* ***im ~ zu euch*** à la différence de vous, ***[nur] mit dem ~, dass ...*** à ceci près que ...; ***das macht keinen*** ~ cela revient au même ❷ *(Unterscheidung)* distinction *f;* ***einen ~ machen zwischen ... und ...*** faire la différence entre ... et ...

ụnterschiedlich I. *adj* différent(e) **II.** *adv behandeln* d'une manière différente; ***~ groß sein*** avoir une taille différente

ụnterschiedslos *adv* indifféremment

unterschlagen* ['ʊntɐʃlaːgən] *vt irr* ❶ JUR soustraire *Testament;* ***Geld*** ~ détourner de l'argent ❷ *(vorenthalten)* dissimuler *Informationen*

Unterschlagung <-, -en> *f* détournement *m,* soustraction *f*

Ụnterschlupf ['ʊntɐʃlʊpf] <-[e]s, -e> *m* refuge *m*

ụnter|schlüpfen *vi + sein (fam)* ***bei jdm*** ~ se réfugier chez qn

unterschreiben* [ʊntɐ'ʃraibən] *irr* **I.** *vt* signer *Dokument* **II.** *vi* apposer sa signature;

mit vollem Namen ~ signer avec nom et prénom

unterschreiten* *vt irr* être inférieur à

Unterschrift *f* signature *f*

Unterschriftenliste *f,* **Unterschriftensammlung** *f* pétition *f*

unterschwellig *adj* subliminal(e)

Unterseeboot [ˈʊntɐzeːboːt] *nt* sous-marin *m*

unterseeisch [ˈʊntɐzeːɪʃ] *adj* sous-marin(e)

Unterseite *f eines Geräts, Tellers* dessous *m; einer Decke, Matratze* envers *m*

Untersetzer *m s.* **Untersatz**

untersetzt [ʊntɐˈzɛtst] *adj* trapu(e)

Unterstand *m* abri *m*

unterste(r, s) [ˈʊntɐstə, -tɐ, -təs] *adj Superl von* **untere(r, s)** ▶ **das Unterste zuoberst kehren** mettre tout sens dessus dessous

unterstehen* *irr* **I.** *vi (untergeben sein)* ***jdm/einer S.*** ~ dépendre de qn/qc; ***ihm ~ zehn Mitarbeiter*** il a dix collaborateurs sous ses ordres **II.** *vr* ***untersteh dich [ja nicht]!*** essaie un peu pour voir!; ***was ~ Sie sich?*** pour qui vous prenez-vous?

unterstellen*1 [ʊntɐˈʃtɛlən] *vt* ❶ ***ihm/ihr sind vier Mitarbeiter unterstellt*** il/elle a quatre collaborateurs sous ses ordres ❷ *(vorwerfen)* ***jdm Nachlässigkeit*** ~ taxer qn de négligence ❸ *(annehmen)* ~ ***wir einmal, dass*** supposons que *+subj*

unter|stellen² [ˈʊntɐʃtɛlən] **I.** *vt* rentrer *Fahrrad* **II.** *vr* ***sich*** ~ s'abriter, se mettre à l'abri

Unterstellung *f (falsche Behauptung)* allégation *f* [mensongère]

unterstreichen* [ʊntɐˈʃtraɪçən] *vt irr (markieren)* souligner

Unterstufe *f* premier cycle *m*

unterstützen* [ʊntɐˈʃtʏtsən] *vt* ❶ *(helfen)* ***jdn bei etw/in etw*** *dat* ~ soutenir qn dans qc ❷ *(finanziell fördern)* subventionner *Projekt;* ***jdn*** ~ soutenir qn financièrement ❸ *(sich einsetzen für)* appuyer

Unterstützung *f* ❶ *kein Pl (Hilfe)* soutien *m* ❷ FIN aide *f* financière

untersuchen* [ʊntɐˈzuːxən] *vt* ❶ MED examiner *Person;* analyser *Blut;* ***das Blut auf Erreger*** ~ faire une analyse de sang bactériologique ❷ *(erforschen)* étudier ❸ *(überprüfen)* examiner, procéder à l'examen de *Vorfall* ❹ *(durchsuchen)* ***jdn/etw auf Waffen/Drogen*** ~ fouiller qn/qc à la recherche d'armes/de drogues

Untersuchung <-, -en> *f* ❶ MED *eines Patienten* examen *m* ❷ *(Studie, Analyse)* étude *f* ❸ *(durch die Polizei)* enquête *f*

Untersuchungsausschuss *m* commission *f* d'enquête **Untersuchungshaft** *f* détention *f* provisoire **Untersuchungsrichter(in)** *m(f)* juge *m* d'instruction

Untertagebau *m kein Pl* exploitation *f* souterraine

Untertan(in) [ˈʊntɐtaːn] <-en, -en> *m(f)* sujet(te) *m(f)*

Untertasse *f* soucoupe *f*

unter|tauchen [ˈʊntɐtaʊxən] *vi + sein* ❶ *(tauchen)* plonger ❷ *(sich verstecken)* se planquer *fam;* ***im Ausland*** ~ se réfugier à l'étranger ❸ *(verschwinden)* ***in der Menge*** *dat* ~ se fondre dans la foule

Unterteil *nt o m* partie *f* inférieure, bas *m*

unterteilen* [ʊntɐˈtaɪlən] *vt* ❶ *(einteilen)* ***etw in Spalten*** *akk* ~ diviser qc en colonnes; ***etw noch einmal/weiter*** ~ [encore] subdiviser qc ❷ *(aufteilen)* partager *Raum*

Unterteilung <-, -en> *f (das Unterteiltsein)* subdivision *f*

Untertitel *m* sous-titre *m;* ***mit ~n*** sous-titré(e)

Unterton <-töne> *m* pointe *f*

untertreiben* [ʊntɐˈtraɪbən] *irr* **I.** *vt* minimiser **II.** *vi* rester en deçà de la vérité

Untertreibung <-, -en> *f* litote *f*

untertunneln* [ʊntɐˈtʊnəln] *vt* percer un tunnel sous

untervermieten* *vt, vi* sous-louer

Unterwalden [ˈʊntɐvaldən] <-s> *nt* l'Unterwald *m*

unterwandern* [ʊntɐˈvandɐn] *vt* noyauter

Unterwäsche [ˈʊntɐvɛʃə] *f* sous-vêtements *mpl; (Damenunterwäsche)* lingerie *f*

unterwegs [ʊntɐˈveːks] *adv* ❶ ~ ***nach Berlin sein*** être en route pour Berlin; ***für*** ~ pour la route ❷ *(auf, während der Reise)* en cours de route

unterweisen* [ʊntɐˈvaɪzən] *vt irr (geh)* ***jdn in etw*** *dat* ~ instruire qn dans qc

Unterweisung *f (geh)* instruction *f*

Unterwelt [ˈʊntɐvɛlt] *f kein Pl* ❶ *(Kriminellenmilieu)* pègre *f* ❷ HIST enfers *mpl*

unterwerfen* [ʊntɐˈvɛrfən] *irr* **I.** *vt* ❶ *(unterjochen)* soumettre ❷ *(unterziehen)* ***jdn einer S.*** *dat* ~ soumettre qn à qc **II.** *vr* ***sich einer S.*** *dat* ~ se soumettre à qc

unterwürfig [ʊntɐˈvʏrfɪç] *adj (pej) Person* obséquieux, -euse; *Verhalten* servile

Unterwürfigkeit <-> *f (pej)* obséquiosité *f,* servilité *f*

U

unterzeichnen* [ʊntɐˈtsaɪ̯çnən] *vt (form)* signer
Unterzeichnung *f (form)* signature *f*
unterziehen[*1] [ʊntɐˈtsiːən] *irr* **I.** *vr* ***sich einer S.*** *dat* ~ se soumettre à qc; ***sich einer Operation*** ~ subir une opération **II.** *vt* ***jdn/etw einer S.*** *dat* ~ soumettre qn/qc à qc
unter|ziehen[2] [ˈʊntɐtsiːən] *vt irr* mettre dessous; ***[sich dat] ein T-Shirt*** ~ mettre un tee-shirt dessous
Untiefe *f (seichte Stelle)* bas-fond *m*
Untier *nt* monstre *m*
untragbar *adj Zustand* insupportable
untrennbar [ʊnˈtrɛnbaːɐ̯] *adj* inséparable; *Wort* insécable
untreu *adj* ❶ *(nicht treu)* infidèle; ***jdm ~ sein*** tromper qn ❷ *(fig geh)* ***sich/einer S.*** *dat* ~ ***werden*** être infidèle à soi-même/à qc
Untreue *f* infidélité *f*
untröstlich [ʊnˈtrøːstlɪç] *adj* ❶ *(traurig)* inconsolable ❷ *(voller Bedauern)* ***ich bin ~, dass ich es vergessen habe*** je suis [absolument] désolé(e) de l'avoir oublié
Untugend *f (schlechte Angewohnheit)* mauvaise habitude *f*
untypisch *adj* inhabituel(le); ~ ***für jdn sein*** ne pas ressembler à qn
unüberbrückbar *adj Gegensätze* inconciliable
unüberhörbar *adj* ❶ *(laut)* ***ein ~es Klingeln*** une sonnerie qu'on ne peut pas ne pas entendre; ***etw ist*** ~ on ne peut pas ne pas entendre qc ❷ *(deutlich) Vorwurf, Spott* qu'on ne peut ignorer
unüberlegt **I.** *adj* inconsidéré(e) **II.** *adv handeln* sans réfléchir
unübersehbar [ʊnʔyːbɐˈzeːbaːɐ̯] **I.** *adj* ❶ *Konsequenzen* dont on ne peut estimer la gravité; *Kosten* dont on ne peut estimer le montant ❷ *Mängel* qui saute aux yeux **II.** *adv* ~ ***groß*** immense
unübersetzbar [ʊnʔyːbɐˈzɛtsbaːɐ̯] *adj* intraduisible
unübersichtlich [ˈʊnʔyːbɐzɪçtlɪç] *adj* ❶ *Kurve* sans visibilité; *Gelände* sans vue dégagée ❷ *(schlecht lesbar)* confus(e), peu clair(e) ❸ *(nicht einschätzbar)* confus(e)
unübertrefflich [ʊnʔyːbɐˈtrɛflɪç] **I.** *adj* insurpassable; *(unvergleichlich)* inégalable **II.** *adv* ~ ***gut*** mieux que tout; ***dieses ~ elegante Design*** ce design d'une élégance inégalée
unübertroffen [ʊnʔyːbɐˈtrɔfən] *adj* inégalé(e)
unüberwindlich [ʊnʔyːbɐˈvɪntlɪç] *adj* insurmontable
unüblich [ˈʊnʔyːplɪç] *adj* inhabituel(le)
unumgänglich [ʊnʔʊmˈgɛŋlɪç] *adj* inévitable
unumschränkt [ʊnʔʊmˈʃrɛŋkt] *adj Herrschaft, Macht* absolu(e)
unumstößlich [ʊnʔʊmˈʃtøːslɪç] *adj Entschluss* irrévocable; *Tatsache* irréfutable
unumstritten [ʊnʔʊmˈʃtrɪtən] **I.** *adj* incontesté(e); ***es ist ~, dass …*** il est incontestable que … **II.** *adv* ***von ~ guter Qualität*** d'une qualité incontestable
unumwunden *adv* sans ambages
ununterbrochen [ʊnʔʊntɐˈbrɔxən] **I.** *adj* ❶ *(andauernd)* incessant(e) ❷ *(nicht unterbrochen)* ininterrompu(e) **II.** *adv* sans arrêt; ~ ***reden*** ne pas arrêter de parler
unveränderlich [ʊnfɛɐ̯ˈʔɛndɐlɪç] *adj* ❶ *Ausdauer* invariable; *Fleiß* immuable ❷ *Größe* invariable, constant(e)
unverändert [ʊnfɛɐ̯ˈʔɛndɐt] **I.** *adj* ❶ *Gesundheit* stable; *Einsatz* constant(e) ❷ *(ohne Änderung)* intégral(e) **II.** *adv* toujours; ***morgen ist es wieder ~ kalt*** pas de changement pour demain, il fera froid
unverantwortlich [ʊnfɛɐ̯ˈʔantvɔrtlɪç] **I.** *adj Dummheit, Leichtsinn* inexcusable; *Verhalten* irresponsable **II.** *adv handeln* en personne irresponsable, à la légère
unverbesserlich [ʊnfɛɐ̯ˈbɛsɐlɪç] *adj* incorrigible
unverbindlich [ˈʊnfɛɐ̯bɪntlɪç] *adj* ❶ *Auskunft* sans engagement ❷ *Art* peu amène
Unverbindlichkeit <-, -en> *f* ❶ *kein Pl (mangelndes Entgegenkommen)* attitude *f* peu amène ❷ *(Äußerung)* banalité *f*
unverbleit *adj Benzin* sans plomb
unverblümt [ʊnfɛɐ̯ˈblyːmt] *adj* direct(e), sans détour
unverbraucht *adj* ❶ *(frisch) Luft* pur(e), non vicié(e); ***deine Kräfte sind noch*** ~ tu disposes encore de toutes tes forces ❷ *(fig) Mitarbeiter, Nachwuchs* encore neuf, neuve
unverdächtig [ˈʊnfɛɐ̯dɛçtɪç] **I.** *adj* non suspect(e) **II.** *adv* sans éveiller les soupçons
unverdaulich *adj* non assimilable [par l'organisme]
unverdaut [ˈʊnfɛɐ̯daʊ̯t] **I.** *adj* non digéré(e) **II.** *adv* ~ ***wieder ausgeschieden werden*** être éliminé sans avoir été digéré
unverdient [ˈʊnfɛɐ̯diːnt] **I.** *adj* immérité(e) **II.** *adv zufallen, zuteilwerden* indûment
unverdrossen [ˈʊnfɛɐ̯drɔsən] *adv* sans se décourager
unvereinbar *adj* incompatible; ***mit etw ~ sein*** être incompatible avec qc

U

unverfälscht [ʊnfɛɐ̯ˈfɛlʃt] *adj Lebensmittel* non trafiqué(e); *Wein* non frelaté(e)
unverfänglich *adj* qui ne prête pas à mal
unverfroren [ˈʊnfɛɐ̯froːrən] *adj* effronté(e); ~ ***sein*** être effronté, avoir de l'audace
Unverfrorenheit <-, -en> *f* ❶ *kein Pl (Dreistigkeit)* effronterie *f*, audace *f* ❷ *(Äußerung)* audace *f* verbale
unvergänglich [ˈʊnfɛɐ̯gɛŋlɪç] *adj* impérissable
unvergessen [ˈʊnfɛɐ̯gɛsən] *adj* ***jdm ~ bleiben*** conserver le souvenir de qn/qc
unvergesslich [ʊnfɛɐ̯ˈgɛslɪç] *adj* inoubliable; ***etw ist jdm*** ~ qn ne peut oublier qc
unvergleichlich [ʊnfɛɐ̯ˈglaɪçlɪç] **I.** *adj* sans pareil(le), incomparable **II.** *adv gut* extrêmement; ~ ***schön/wertvoll*** d'une beauté/valeur sans pareille
unverhältnismäßig *adv* excessivement
unverheiratet *adj* non marié(e)
unverhofft [ʊnfɛɐ̯ˈhɔft] **I.** *adj* inespéré(e); *Besuch* inattendu(e) **II.** *adv besuchen* à l'improviste ▶ ~ **kommt oft** il faut s'attendre à tout, tout peut arriver
unverhohlen *adv beobachten* ouvertement, sans se cacher
unverkäuflich [ʊnfɛɐ̯ˈkɔyflɪç] *adj* qui ne peut être vendu; ***~es Muster*** échantillon *m* gratuit
unverkennbar *adj* indéniable
unvermeidbar [ʊnfɛɐ̯ˈmaɪtbaːɐ̯] *adj*, **unvermeidlich** [ʊnfɛɐ̯ˈmaɪtlɪç] *adj* inévitable
unvermindert **I.** *adj* non diminué(e), intact(e) **II.** *adv andauern, weiterregnen* constamment; *weitertoben* sans faiblir, sans désemparer
unvermittelt *adj* soudain(e)
Unvermögen *nt kein Pl* impuissance *f*
unvermutet **I.** *adj* inattendu(e) **II.** *adv* à l'improviste
Unvernunft *f* manque *m* de bon sens
unvernünftig **I.** *adj* déraisonnable; ~ ***sein*** ne pas être raisonnable; ***es ist ~ etw zu tun*** ce n'est pas raisonnable de faire qc **II.** *adv* ~ ***handeln*** ne pas agir en personne raisonnable
unveröffentlicht *adj* inédit(e)
unverpackt *adj* sans conditionnement, non conditionné(e)
unverschämt **I.** *adj* ❶ *(dreist)* impertinent(e), insolent(e); ***~es Benehmen*** impertinence *f*, insolence *f* ❷ *Frechheit* qui dépasse les bornes; *Preis* exorbitant(e); ***~es Glück haben*** *(fam)* avoir un sacré pot **II.** *adv* ❶ *grinsen, lügen* avec insolence ❷ *(fam: äußerst)* vachement; ~ ***teure Preise*** des prix exorbitants
Unverschämtheit <-, -en> *f (unverschämte Art)* impertinence *f*
unverschuldet [ʊnfɛɐ̯ˈʃʊldət] **I.** *adj* ***~er Unfall*** *accident dans lequel la responsabilité de l'assuré n'est pas engagée* **II.** *adv* sans en être responsable
unversehens [ˈʊnfɛɐ̯zeːəns] *s.* **unvermutet**
unversehrt *adj Person* indemne
unversöhnlich [ʊnfɛɐ̯ˈzøːnlɪç] *adj* irréconciliable; *Widersacher, Gegner* irréductible
Unverstand *m (geh)* inconscience *f*
unverstanden *adj* incompris(e)
unverständig *adj Erwachsener* ignorant(e)
unverständlich [ˈʊnfɛɐ̯ʃtɛntlɪç] *adj* ❶ *(undeutlich)* incompréhensible, inintelligible ❷ *(unbegreifbar)* incompréhensible
Unverständnis *nt* incompréhension *f*
unversteuert [ˈʊnfɛɐ̯ʃtɔyɐ̯t] *adj* non imposé(e); *Einnahme* non taxé(e)
unversucht [ˈʊnfɛɐ̯zuːxt] *adj* ***nichts ~ lassen*** tout tenter
unverträglich *adj* ❶ *Person* peu sociable, insociable ❷ *Lebensmittel* indigeste
Unverträglichkeit *f kein Pl* ❶ SOZIOL insociabilité *f* ❷ MED incompatibilité *f*
unverwandt *adj (geh) Blick* fixe
unverwechselbar [ʊnfɛɐ̯ˈvɛksəlbaːɐ̯] *adj Person* unique; *Gegenstand* très caractéristique
unverwundbar [ʊnfɛɐ̯ˈvʊntbaːɐ̯] *adj* invulnérable
unverwüstlich [ʊnfɛɐ̯ˈvyːstlɪç] *adj Möbel, Material* très résistant(e), à toute épreuve; *Bodenbelag* inusable
unverzagt [ˈʊnfɛɐ̯tsaːkt] *adj* ~ ***sein*** ne pas se laisser abattre
unverzeihlich [ʊnfɛɐ̯ˈtsaɪlɪç] *adj* impardonnable
unverzichtbar [ʊnfɛɐ̯ˈtsɪçtbaːɐ̯] *adj* indispensable; ***für jdn ~ sein*** être indispensable à qn
unverzinslich [ʊnfɛɐ̯ˈtsɪnslɪç] *adj* sans intérêt
unverzollt [ˈʊnfɛɐ̯tsɔlt] *adj* non déclaré(e)
unverzüglich [ʊnfɛɐ̯ˈtsyːklɪç] **I.** *adj* immédiat(e) **II.** *adv* sans attendre
unvollendet [ˈʊnfɔlʔɛndət] *adj* inachevé(e)
unvollkommen [ˈʊnfɔlkɔmən] *adj* imparfait(e), incomplet, -ète
Unvollkommenheit *f* imperfection *f*
unvollständig [ʊnfɔlˈʃtɛndɪç] **I.** *adj* incomplet, -ète **II.** *adv* de façon incomplète
unvorbereitet **I.** *adj Vortrag* improvisé(e);

U

Prüfung non préparé(e) **II.** *adv* ❶ *unterrichten* sans préparation, sans avoir préparé; *~ in eine Prüfung gehen* se présenter à un examen sans avoir révisé; *~ eine Rede halten* improviser un discours ❷ *(unerwartet)* de façon inattendue

unvoreingenommen ['ʊnfoːɐ̯ʔaɪ̯ngənɔmən] *adj o adv* sans prévention

unvorhergesehen ['ʊnfoːɐ̯heːɐ̯gəzeːən] **I.** *adj* imprévu(e) **II.** *adv eintreten, passieren* de façon imprévue; *besuchen* à l'improviste

unvorsichtig ['ʊnfoːɐ̯zɪçtɪç] *adj Verhalten* imprudent(e); *Bemerkung* inconsidéré(e)

Unvorsichtigkeit <-, -en> *f* imprudence *f*

unvorstellbar [ʊnfoːɐ̯'ʃtɛlbaːɐ̯] *adj* inimaginable, inconcevable; *es ist ~, dass* il est inimaginable que *+subj*

unvorteilhaft *adj* ❶ peu flatteur, -euse ❷ *(nachteilig)* désavantageux, -euse

unwägbar *adj* difficile à évaluer, impondérable

Unwägbarkeit <-, -en> *f* impondérabilité *f*

unwahr *adj* contraire à la vérité, faux, fausse

Unwahrheit *f* *die ~ sagen* mentir

unwahrscheinlich ['ʊnvaːɐ̯ʃaɪ̯nlɪç] *adj* ❶ *(kaum denkbar)* invraisemblable; *es ist ~, dass ...* il est peu vraisemblable que ... *+subj* ❷ *(fam: unerhört)* sacré(e) *antéposé*

Unwahrscheinlichkeit *f* invraisemblance *f*

unwegsam ['ʊnveːkzaːm] *adj* peu praticable

unweiblich *adj (pej)* peu féminin(e); *~ sein* manquer de féminité

unweigerlich [ʊn'vaɪ̯gəlɪç] *adj attr* inévitable, inéluctable

unweit *präp +gen ~ des Hauses* près de la maison

Unwesen *nt (Missstand)* fléau *m* ▸ **sein ~ treiben** sévir

unwesentlich **I.** *adj* minime **II.** *adv* à peine

Unwetter *nt* tempête *f*

unwichtig ['ʊnvɪçtɪç] *adj* insignifiant(e), sans importance

unwiderlegbar [ʊnviːdɐleːkbaːɐ̯] **I.** *adj* irréfutable **II.** *adv beweisen* incontestablement

unwiderruflich [ʊnviːdɐ'ruːflɪç] *adj* irrévocable

unwiderstehlich [ʊnviːdɐ'ʃteːlɪç] *adj* irrésistible

unwiederbringlich *adj (geh) Verlust* irréparable

Unwille *m (geh: Verärgerung)* mécontentement *m,* irritation *f*

unwillig **I.** *adj (verärgert)* maussade, renfrogné(e) **II.** *adv (widerwillig)* à contrecœur

unwillkommen *adj* importun(e)

unwillkürlich **I.** *adj* involontaire **II.** *adv* sans le faire exprès; *lachen* sans le vouloir

unwirklich *adj* irréel(le)

unwirksam ['ʊnvɪrkzam] *adj* ❶ *(wirkungslos)* inefficace ❷ *(nichtig)* nul(le)

unwirsch ['ʊnvɪrʃ] *adj (barsch)* brusque; *Person* bourru(e)

unwirtlich ['ʊnvɪrtlɪç] *adj* inhospitalier, -ière

unwirtschaftlich *adj Fahrweise* peu économique; *Verfahren* peu rentable

Unwissen *nt* ignorance *f*

unwissend *adj* ❶ ignorant(e), ignare *péj* ❷ *(ahnungslos) ~ sein* ne pas être au courant

Unwissenheit ['ʊnvɪsənhaɪ̯t] <-> *f* ignorance *f*

unwissentlich ['ʊnvɪsəntlɪç] *adv* en toute innocence

unwohl *adj* *sich ~ fühlen* *(schlecht)* ne pas se sentir bien; *(unbehaglich)* être mal à l'aise

Unwohlsein ['ʊnvoːlzaɪ̯n] *nt* indisposition *f*

Unwucht <-, -en> *f* TECH déséquilibre *m,* balourd *m*

unwürdig ['ʊnvʏrdɪç] *adj* *einer S. gen ~ sein* être indigne de qc

Unzahl ['ʊntsaːl] *f* *eine ~ von etw* une multitude de qc

unzählbar [ʊn'tsɛːlbaːɐ̯] *adj* innombrable

unzählig [ʊn'tsɛːlɪç] *adj* *~e Anhänger/Freunde* d'innombrables adeptes/amis; *~e Male* maintes et maintes fois

Unzeit *f* ▸ **zur ~** *(geh: sehr spät oder früh)* à une heure indue

unzeitgemäß *adj (überholt)* démodé(e), suranné(e)

unzerbrechlich [ʊntsɛɐ̯'brɛçlɪç] *adj* incassable

unzerstörbar [ʊntsɛɐ̯'ʃtøːɐ̯baːɐ̯] *adj* indestructible

unzertrennlich [ʊntsɛɐ̯'trɛnlɪç] *adj* inséparable

unzivilisiert ['ʊntsiviliziːɐ̯t] *(pej)* **I.** *adj Person* non civilisé(e) **II.** *adv sich benehmen* comme un sauvage

Unzucht *f* *~ mit Kindern* attentat *m* à la pudeur sur des enfants

unzüchtig *adj* obscène

unzufrieden *adj* mécontent(e), insatisfait(e); *mit jdm/etw ~ sein* être mécontent de qn/qc

Unzufriedenheit *f* mécontentement *m*

U

unzugänglich ['ʊntsuːgɛŋlɪç] *adj* ❶ *Gegend, Ortschaft* inaccessible ❷ *Person, Charakter* renfermé(e), impénétrable
Unzukömmlichkeit *f* CH *s.* **Unzulänglichkeit**
unzulänglich ['ʊntsuːlɛŋlɪç] **I.** *adj* insuffisant(e) **II.** *adv* insuffisamment
Unzulänglichkeit <-, -en> *f* insuffisance *f*
unzulässig ['ʊntsuːlɛsɪç] *adj Maßnahme* inadmissible; *Methode* illicite; *Beschluss* irrecevable
unzumutbar ['ʊntsuːmuːtbaːɐ̯] *adj Belastung* intolérable
unzurechnungsfähig ['ʊntsuːrɛçnʊŋsfɛːɪç] *adj* irresponsable
Unzurechnungsfähigkeit *f* irresponsabilité *f*
unzureichend ['ʊntsuːraɪ̯çənt] *s.* **unzulänglich**
unzusammenhängend ['ʊntsuzamənhɛŋənt] *adj* incohérent(e)
unzustellbar ['ʊntsuːʃtɛlbaːɐ̯] *adj Brief, Paket* qui ne peut être distribué; ***„~"*** "destinataire inconnu(e) à l'adresse indiquée"
unzutreffend ['ʊntsuːtrɛfənt] *adj* inexact(e)
unzuverlässig ['ʊntsuːfɛɐ̯lɛsɪç] *adj* ❶ *Person* sur qui on ne peut [pas] compter; ***er/sie ist*** ~ il/elle n'est pas fiable, on ne peut pas se fier à lui/elle ❷ *Zeuge* peu crédible
Unzuverlässigkeit *f* ❶ *(mangelnde Verlässlichkeit)* manque *m* de fiabilité ❷ *(Unglaubwürdigkeit)* manque *m* de crédibilité
unzweckmäßig ['ʊntsvɛkmɛːsɪç] *adj* ❶ *Ausrüstung* inapproprié(e), inadéquat(e) ❷ *Maßnahme* inapproprié(e)
unzweideutig ['ʊntsvaɪ̯dɔʏtɪç] *adj o adv* sans ambiguïté
unzweifelhaft *adj (geh)* indubitable
Update ['apdeɪt] <-s, -s> *nt* INFORM dernière version *f*
updaten ['apdeːtn̩] <update, updatete, upgedatet> *vt* INFORM ❶ *(aktualisieren)* actualiser *Programm, Computer* ❷ *(fam: aktuell informieren)* briefer *Person*
Upload ['aploːd] <-s, -s> *m* INET téléchargement *m* [vers l'amont]
uploaden ['aploːdən] *vt* INFORM télécharger
üppig ['ʏpɪç] *adj* ❶ *Mahlzeit* copieux, -euse, plantureux, -euse ❷ *Vegetation* luxuriant(e) ❸ *Formen* opulent(e); *Lippen* voluptueux, -euse
Üppigkeit <-> *f (geh)* luxuriance *f*
Urabstimmung ['uːɐ̯ʔapʃtɪmʊŋ] *f* consultation *f* de la base
Urahn, -ahne ['uːɐ̯ʔaːn] *m, f* ancêtre *mf*
Ural [u'raːl] <-s> *m* ***der*** ~ l'Oural *m*
uralt *adj* ❶ *Baum* très vieux, vieille; *Brauch* très ancien(ne); ***aus ~en Zeiten*** de temps immémoriaux ❷ *(fam) Trick* archiconnu(e)
Uran [u'raːn] <-s> *nt* CHEM uranium *m*
Urananreicherung *f* enrichissement *m* de l'uranium
uranhaltig *adj* uranifère
Uranus ['uːranʊs] <-> *m* ASTRON ***[der]*** ~ [la planète] Uranus
uraufführen ['uːɐ̯ʔaʊ̯ffyːrən] <uraufgeführt> *vt nur Infin und PP* ***das Stück wird im nächsten Monat uraufgeführt*** la première de la pièce aura lieu le mois prochain **Uraufführung** *f* première représentation *f*
urban *adj (geh)* urbain(e)
Urbevölkerung *f* population *f* autochtone
ureigen ['uːɐ̯ʔaɪ̯gən] *adj* personnel(le)
Ureinwohner(in) *m(f)* aborigène *mf*
Urenkel(in) ['uːɐ̯ʔɛŋkəl] *m(f)* arrière-petit-fils *m*/arrière-petite-fille *f* **Urgeschichte** *f kein Pl* préhistoire *f pas de pl* **urgeschichtlich** *adj* préhistorique **Urgestein** *nt* roche *f* primitive **Urgewalt** *f (geh)* force *f* prodigieuse
urgieren [ʊr'giːrən] *vt* A *(anmahnen)* faire avancer *Angelegenheit;* ***eine Antwort*** ~ demander d'urgence une réponse
Urgroßeltern ['uːɐ̯groːsʔɛltɐn] *Pl* arrière-grands-parents *mpl* **Urgroßmutter** ['uːɐ̯groːsmʊtɐ] *f* arrière-grand-mère *f* **Urgroßvater** *m* arrière-grand-père *m*
Urheber(in) ['uːɐ̯heːbɐ] <-s, -> *m(f)* ❶ *(Autor)* auteur *mf;* ***der geistige*** ~ le père spirituel ❷ *(Initiator)* initiateur, -trice *m, f; eines Streits, einer Intrige* instigateur, -trice *m, f*
Urheberrecht *nt* ❶ *eines Autors* droit *m* d'auteur, copyright *m* ❷ *(Gesetz)* loi *f* sur la propriété littéraire et artistique
urheberrechtlich **I.** *adj* concernant le droit d'auteur **II.** *adv* ~ ***geschützt sein*** être protégé [par un copyright]
Urheberschaft <-> *f eines Autors* qualité *f* d'auteur; *eines Künstlers* paternité *f* artistique
Uri ['uːri] <-s> *nt* l'Uri *m*
urig ['uːrɪç] *adj (fam)* ❶ *Kauz* folklo, farfelu(e) ❷ *Weinkeller* très couleur locale
Urin [u'riːn] <-s, -e> *m* urine *f*
urinieren* [uri'niːrən] *vi (form)* uriner
Urinstinkt ['uːɐ̯-] *m* instinct *m* inné **Urknall** *m kein Pl* big[-]bang *m* **urkomisch** ['uːɐ̯'koːmɪʃ] *adj (fam)* tordant(e)
Urkunde ['uːɐ̯kʊndə] <-, -n> *f* ❶ *(Dokument)* document *m*, pièce *f* officielle; ***notarielle*** ~ acte *m* notarié ❷ *(Ernennungs-*

urkunde) arrêté *m* de nomination ❸ *(Diplom)* diplôme *m*

Urkundenfälschung *f* faux *m* en écriture

urkundlich ['uːɐ̯kʊntlɪç] *adv belegen* par un document

URL [uʔɛr'ʔɛl] <-, -s> *f Abk von* **Uniform Resource Locator** INFORM URL *f,* adresse *f* URL

Urlaub ['uːɐ̯la͡up] <-[e]s, -e> *m* congé *m;* ***bezahlter/unbezahlter*** ~ congés payés/non payés; ~ ***haben*** être en congé; ~ ***in Spanien machen*** passer ses vacances en Espagne

Urlauber(in) <-s, -> *m(f)* vacancier *m*

Urlaubsgeld *nt* prime *f* de vacances **Urlaubsort** *m* lieu *m* de vacances **urlaubsreif** *adj (fam)* ~ ***sein*** avoir besoin de vacances **Urlaubstag** *m* ❶ *(Ferientag)* jour *m* de vacances ❷ *eines Arbeitnehmers* jour *m* de congé **Urlaubszeit** *f (Ferienzeit)* période *f* des vacances

Urmensch *m* homme *m* préhistorique

Urne ['ʊrnə] <-, -n> *f* urne *f*

Urnengang <-gänge> *m* élections *fpl* **Urnengrab** *nt* niche *f* de columbarium

Urologe, Urologin <-n, -n> *m, f* urologue *mf*

Urologie <-> *f* urologie *f*

urplötzlich ['uːɐ̯'plœtslɪç] **I.** *adj attr Auftreten* soudain(e); *Einfall* subit(e) **II.** *adv* subitement

Ursache *f* cause *f,* raison *f;* ***aus ungeklärter/unbekannter*** ~ pour une raison inexpliquée/inconnue; ~ ***und Wirkung*** la cause et l'effet ▸ **keine** ~**!** [il n'y a] pas de quoi!

ursächlich *adj* ***für etw ~ sein*** être la cause de qc; ***diese Dinge stehen in ~em Zusammenhang*** il y a une relation de cause à effet entre ces choses

Ursprung <-s, Ursprünge> *m einer Zivilisation* origines *fpl; eines Wortes* origine *f;* ***vulkanischen ~s sein*** être d'origine volcanique

ursprünglich ['uːɐ̯ʃprʏŋlɪç] **I.** *adj* ❶ *attr Projekt* initial(e); *Haltung* premier, -ière; *Absicht* à l'origine ❷ *Landschaft* à l'état sauvage ❸ *Brauchtum* archaïque **II.** *adv* au début, à l'origine

Ursprungsland *nt* pays *m* d'origine

Urteil ['ʊrta͡il] <-s, -e> *nt* ❶ JUR jugement *m,* arrêt *m;* ***ein ~ fällen*** rendre un jugement ❷ *(Meinung)* opinion *f;* ***ein ~ über jdn/etw fällen*** porter un jugement sur qn/qc; ***sich*** *dat* ***ein ~ über etw*** *akk* ***erlauben*** se permettre de porter un jugement sur qc

urteilen ['ʊrta͡ilən] *vi* juger; ***über jdn/etw*** ~ juger qn/qc; ***schnell/voreilig*** ~ émettre un jugement rapide/précipité

Urteilsbegründung *f* attendus *mpl* du jugement **Urteilsfindung** *f* formation *f* d'un jugement **Urteilsspruch** *m* verdict *m,* sentence *f* **Urteilsvermögen** *nt* [faculté *f* de] jugement *m*

Urtext *m* [texte *m*] original *m*

urtümlich ['uːɐ̯tyːmlɪç] *adj* ancestral(e)

Uruguay ['uːrugva͡i, 'ʊrugva͡i, uru'gua͡i] <-s> *nt* l'Uruguay *m*

Urenkel(in) ['uːɐ̯ʔuːɐ̯-] *m(f)* arrière-arrière-petit-fils *m* /arrière-arrière-petite-fille *f* **Ururgroßmutter** *f* trisaïeule *f* **Ururgroßvater** *m* trisaïeul *m*

Urwald ['uːɐ̯valt] *m* forêt *f* vierge **urweltlich** *adj* primitif, -ive

urwüchsig ['uːɐ̯vyːksɪç] *adj* primitif, -ive

Urzeit *f* ***die*** ~ l'ère *f* primaire ▸ **seit** ~**en** *(fam)* ça fait des éternités que … *hum;* **vor** ~**en** *(fam)* y a des lustres *hum* **Urzustand** *m* état primitif *m*

USA [uːʔɛs'ʔaː] *Pl Abk von* **United States of America** ***die*** ~ les USA *mpl*

US-amerikanisch [uː'ʔɛs-] *adj* des États-Unis d'Amérique *soutenu,* des USA

USB [uːʔɛs'beː] <-s, -s> *m* INFORM *Abk von* **Universal Serial Bus** USB *m*

Usbekistan [ʊs'beːkistaːn] <-s> *nt* l'Ouzbékistan *m*

USB-Stick [uːʔɛs'beːstɪk] <-s, -s> *m* INFORM clé *f* USB

User(in) ['juːzɐ] <-s, -> *m(f)* INFORM utilisateur, -trice *m, f*

Usus <-> *m (fam)* ***es ist hier ~, …*** ici, on a coutume de …

usw. *Abk von* **und so weiter** etc.

Utensil [utɛn'ziːl] <-s, -ien> *nt meist Pl* ustensile *m*

Uterus ['uːterʊs] <-, Uteri> *m (form)* ANAT, MED utérus *m*

Utopie [uto'piː] <-, -ien> *f* utopie *f*

utopisch [u'toːpɪʃ] *adj Vorstellungen, Wunsch* utopique; *Roman* d'anticipation

u. U. *Abk von* **unter Umständen** le cas échéant, si les circonstances s'y prêtent

UV [uː'fa͡u] *Abk von* **ultraviolett**

u. v. a. [m.] *Abk von* **und vieles andere [mehr]** etc.

UV-Filter [uː'faʊ-] *m* filtre *m* anti-UV

UV-Strahlen [uː'fa͡u-] *Pl* rayons *mpl* UV

UV-Strahlung *f* UV *m*

U

Vv

V, v [fau̯] <-, -> *nt* V *m* / v *m*
V ❶ *Abk von* **Volumen** v ❷ *Abk von* **Volt** V
Vagabund(in) [vaga'bʊnt] <-en, -en> *m(f)* vagabond(e) *m(f)*
vage ['va:gə] *adj* vague
Vagina [vagi:na] <-, Vaginen> *f* vagin *m*
vaginal [vagi'na:l] *adj* vaginal(e)
Vakuum ['va:kuʊm] <-s, Vakuen *o* Vakua> *nt (a. fig)* vide *m*
vakuumverpackt *adj* sous vide
Valentinstag ['valɛnti:ns-] *m* [jour *m* de] la Saint Valentin
Valenz [va'lɛnts] <-, -en> *f* CHEM, LING valence *f*
Valuta [va'lu:ta] <-, Valuten> *f (Währung)* devise *f*
Vamp [vɛmp] <-s, -s> *m* vamp *f*
Vampir ['vampi:ɐ̯, vam'pi:ɐ̯] <-s, -e> *m* vampire *m*
Vandale, Vandalin [van'da:lə] <-n, -n> *m, f* ❶ HIST Vandale *mf* ❷ *(fig)* vandale *mf*
Vandalismus [vanda'lɪsmʊs] <-> *m* vandalisme *m*
Vanille [va'nɪljə] <-, -en> *f* vanille *f*
Vanilleeis *nt* glace *f* à la vanille **Vanillepudding** *m* flan *m* à la vanille **Vanillezucker** *m* sucre *m* vanillé
Vanuatu [væ:nʊ'a:tu:] <-s> *nt* Vanuatu *m*
vapen ['veɪpən] *vi* vapoter
variabel [va'ri̯a:bəl] *adj* variable
Variable [va'ri̯a:blə] <-n, -n> *f* MATH, PHYS variable *f*
Variante [vari'antə] <-, -n> *f* variante *f*
Variation [vari̯a'tsi̯o:n] <-, -en> *f* ❶ *(Abwandlung)* variante *f* ❷ MUS variation *f*
Varieté [vari̯e'te:] <-s, -s> *nt* ❶ *(Vorführung)* spectacle *m* de variétés ❷ *(Gebäude)* music-hall *m*
variieren* [vari'i:rən] *vi* varier
Vasall [va'zal] <-en, -en> *m* vassal *m*
Vase ['va:zə] <-, -n> *f* vase *m*
Vater ['fa:tɐ, *Pl:* 'fɛ:tɐ] <-s, Väter> *m (Elternteil)* père *m*; ***er ist ganz der ~*** c'est [tout] le portrait de son père ► **der Heilige ~** le Saint-Père
Vaterland ['fa:tɐlant] *nt* patrie *f*
Vaterlandsliebe *f* amour *m* de la patrie
väterlich ['fɛ:tɐlɪç] **I.** *adj* paternel(le) **II.** *adv* comme un père
väterlicherseits *adv* du côté paternel
vaterlos *adj* orphelin(e) de père
Vatermord *m* parricide *m*
Vaterschaft <-, -en> *f* paternité *f*

V

Vaterschaftstest *m* test *m* de paternité
Vatertag *m* fête *f* des pères
Vaterunser ['fa:tɐ'ʔʊnzɐ] <-s, -> *nt* ***das/ein ~*** le/un Notre Père
Vati ['fa:ti] <-s, -s> *m (fam) s.* **Papa**
Vatikan [vati'ka:n] <-s> *m* ***der ~*** le Vatican
V-Ausschnitt ['fau̯ʔau̯sʃnɪt] *m* encolure *f* en V
v. Chr. *Abk von* **vor Christus** av. J.-C.
vegan [ve'ga:n] *adj* végan(e)
Veganer(in) [ve'ga:nɐ] <-s, -> *m(f)* végétalien(ne) *m(f)*
Vegetarier(in) [vege'ta:ri̯ɐ] <-s, -> *m(f)* végétarien(ne) *m(f)*
vegetarisch [vegeta:rɪʃ] *adj* végétarien(ne)
Vegetation [vegeta'tsi̯o:n] <-, -en> *f* végétation *f*
vegetativ [vegeta'ti:f] *adj* ❶ BIO végétatif, -ive ❷ MED ***das ~e Nervensystem*** le système neurovégétatif
vegetieren* [vege'ti:rən] *vi* végéter
Veggie <-s, -s> ['vɛdʒi, 'vɛgi] *m (fam)* veggie *m o f*
vehement [vehe'mɛnt] *adj (geh)* véhément(e)
Vehemenz [vehe'mɛnts] <-> *f (geh)* véhémence *f soutenu*
Vehikel [ve'hi:kəl] <-s, -> *nt (fam)* ❶ *(Auto)* guimbarde *f* ❷ *(Fahrrad)* vieux clou *m*
Veilchen ['fai̯lçən] <-s, -> *nt* ❶ violette *f* ❷ *(fam: blaues Auge)* coquard *m*
Vektor ['vɛkto:ɐ̯] <-s, -toren> *m* MATH, PHYS vecteur *m*
Velo ['ve:lo] <-s, -s> *nt* CH vélo *m*
Vene ['ve:nə] <-, -n> *f* veine *f*
Venedig [ve'ne:dɪç] <-s> *nt* Venise
Venezolaner(in) [venetso'la:nɐ] <-s, -> *m(f)* Vénézuélien(ne) *m(f)*
venezolanisch [venetso'la:nɪʃ] *adj* vénézuélien(ne)
Venezuela [venetsu̯e:la] <-s> *nt* le Venezuela
venös [ve'nø:s] *adj* MED veineux, -euse
Ventil [vɛn'ti:l] <-s, -e> *nt* ❶ *(Absperrhahn)* vanne *f* [d'arrêt] ❷ *(Schlauchventil)* valve *f* ❸ AUT soupape *f* ❹ MUS piston *m*
Ventilation [vɛntila'tsi̯o:n] <-, -en> *f* ventilation *f*
Ventilator [vɛnti'la:to:ɐ̯] <-s, -toren> *m* ventilateur *m*

Venus ['ve:nʊs] <-> *f* ASTRON Vénus *f*; ***die ~*** la planète Vénus

verabreden* [fɛɐ̯'ʔapre:dən] **I.** *vr* ***sich ~*** prendre rendez-vous; ***mit jdm verabredet sein*** avoir un rendez-vous avec qn; ***sich mit jdm für den nächsten Tag/vor dem Rathaus ~*** donner rendez-vous à qn pour le lendemain/devant la mairie **II.** *vt* ***mit jdm einen Ort/Termin ~*** fixer un endroit/rendez-vous avec qn; ***wie verabredet*** comme convenu

Verabredung <-, -en> *f* ❶ *(Treffen)* rendez-vous *m*; ***eine ~ haben*** avoir rendez-vous ❷ *(Vereinbarung)* accord *m*; ***eine ~ treffen*** se mettre d'accord

verabreichen* *vt (form)* ***jdm ein Medikament ~*** administrer un médicament à qn

verabscheuen* *vt* détester; ***es ~ etw zu tun*** avoir horreur de faire qc

verabschieden* **I.** *vr (Abschied nehmen)* ***sich ~*** dire au revoir; ***sich von jdm ~*** dire au revoir à qn; ***ich muss mich [von Ihnen] ~*** il faut que je vous quitte **II.** *vt* ❶ prendre congé de *form Gast* ❷ *(form: feierlich entlassen)* célébrer le départ de *Minister* ❸ POL voter *Gesetz;* adopter *Haushalt*

Verabschiedung <-, -en> *f* POL *eines Gesetzes* vote *m; eines Haushalts* adoption *f*

verachten* *vt* mépriser; ***etw ist nicht zu ~*** *(iron)* il ne faut pas cracher sur qc *fam*

verächtlich [fɛɐ̯'ʔɛçtlɪç] **I.** *adj* ❶ *(Verachtung zeigend)* méprisant(e) ❷ *(zu verabscheuen)* méprisable **II.** *adv* avec mépris

Verachtung *f* mépris *m*

veralbern* *vt (fam)* se ficher de

verallgemeinern* *vt, vi* généraliser

Verallgemeinerung <-, -en> *f* généralisation *f*

veralten* *vi + sein* vieillir; *Ansichten:* ne plus être au goût du jour; *Wort:* tomber en désuétude; ***schnell ~*** *Gerät:* être vite dépassé

veraltet *adj Ansichten* suranné(e); *Gerät* dépassé(e)

Veranda [ve'randa] <-, Veranden> *f* véranda *f*

veränderlich *adj* ❶ METEO variable ❷ *(variierbar)* variable

verändern* **I.** *vt* changer, transformer *Leben;* modifier *Ablauf* **II.** *vr* ❶ ***sich ~*** *Klima, Aussehen:* changer ❷ *(sein Wesen ändern)* ***sich ~*** *Person:* changer; ***sich zu seinem Vorteil/Nachteil ~*** changer/ne pas changer à son avantage ❸ *(Stellung wechseln)* ***sich ~*** changer d'emploi

Veränderung *f* ❶ *(Wandel, andere Gestaltung)* changement *m; (Änderung)* modification *f*; ***eine ~ zum Besseren*** un changement en bien ❷ *(Stellungswechsel)* changement *m* d'emploi

verängstigen* *vt* effrayer

verankern* *vt* ancrer

Verankerung <-, -en> *f* ancrage *m*

veranlagen* *vt* ***Ehegatten werden gemeinsam veranlagt*** les époux font une déclaration commune de leurs revenus

veranlagt *adj* ***künstlerisch/musikalisch ~ sein*** être doué pour les arts/la musique; ***praktisch ~ sein*** avoir le sens pratique; ***für etw ~ sein*** avoir des dispositions pour qc

Veranlagung <-, -en> *f* ❶ *(Eigenart)* tempérament *m* ❷ *(Begabung)* don *m* ❸ FIN imposition *f*

veranlassen* *vt* ❶ *(in die Wege leiten)* faire le nécessaire pour; ***~, dass*** faire en sorte que *+subj* ❷ *(dazu bringen)* ***jdn dazu ~ etw zu tun*** amener qn à faire qc

Veranlassung <-, -en> *f* ❶ ***auf seine/ihre ~ [hin]*** à son instigation ❷ *(Grund)* raison *f*; ***jdm ~ [dazu] geben etw zu tun*** donner à qn des raisons de faire qc

veranschaulichen* *vt* illustrer; ***jdm etw ~*** illustrer qc pour qn

veranschlagen* *vt* estimer; ***die Kosten mit hundert Euro ~*** estimer les frais à cent euros

veranstalten* [fɛɐ̯'ʔanʃtaltən] *vt* ❶ *(durchführen)* organiser ❷ *(fam: vollführen)* faire *Lärm*

Veranstalter(in) <-s, -> *m(f)* organisateur, -trice *m, f*

Veranstaltung <-, -en> *f* ❶ *kein Pl (das Durchführen)* organisation *f* ❷ *(Ereignis)* manifestation *f* ❸ *(feierliches Ereignis)* cérémonie *f*

Veranstaltungskalender *m* calendrier *m* des manifestations **Veranstaltungsort** *m* ❶ lieu *m* de la manifestation ❷ *(Versammlungsort)* lieu *m* de réunion

verantworten* **I.** *vt* assumer la responsabilité; ***etw vor jdm ~*** assumer la responsabilité de qc devant qn; ***ich kann es nicht ~, dass du nicht zur Schule gehst*** je ne peux pas prendre sur moi de te laisser manquer l'école **II.** *vr* ***sich für etw vor jdm ~*** se justifier de qc auprès de qn

verantwortlich *adj* ❶ *Leiter* responsable; ***jdm gegenüber ~ sein*** être responsable devant qn; ***für jdn/etw ~ sein*** être responsable de qn/qc; ***~ dafür sein, dass*** être responsable du fait que *+subj* ❷ *(schuldig)* responsable; ***für etw ~ sein***

être responsable de qc; ***jdn für etw ~ machen*** rendre qn responsable de qc
Verantwortlichkeit <-, -en> *f* responsabilité *f*
Verantwortung <-, -en> *f* responsabilité *f*; ***~ für jdn/etw*** responsabilité de qn/qc; ***die ~ übernehmen/tragen*** assumer/avoir la responsabilité; ***jdn für etw zur ~ ziehen*** demander des comptes à qn pour qc; ***auf eigene ~*** à ses risques et périls
verantwortungsbewusst *adj* conscient(e) de ses responsabilités **Verantwortungsbewusstsein** *nt* sens *m* des responsabilités
verantwortungslos I. *adj* irresponsable II. *adv* ***~ handeln*** être irresponsable [dans ses actes]; ***wie kann man sich so ~ verhalten!*** quelle inconscience!
verantwortungsvoll *adj* à responsabilité
verarbeiten* *vt* ❶ traiter *Rohstoff;* ***Eisen zu Stahl ~*** transformer du fer en acier ❷ *(verbrauchen)* utiliser *Zement, Farbe* ❸ PSYCH assimiler *Eindrücke;* assumer *Scheidung*
verarbeitet *adj* ***gut ~*** bien fini(e); ***sorgfältig/schlampig ~*** de finition soignée/bâclée
Verarbeitung <-, -en> *f* ❶ *(das Verarbeiten)* transformation *f* ❷ *(Fertigungsqualität)* finition *f*
verärgern* *vt* fâcher
verärgert I. *adj* fâché(e); ***~ [über jdn/etw] sein*** être irrité [contre qn/à cause de qc] II. *adv* en montrant de l'irritation
Verärgerung <-, -en> *f* irritation *f*
verarmen* [fɛɐ̯'ʔarmən] *vi + sein* s'appauvrir
Verarmung <-, -en> *f* appauvrissement *m*
verarschen* [fɛɐ̯'ʔarʃən] *vt (sl)* se foutre de la gueule de
verarzten* [fɛɐ̯'ʔa:ɐ̯tstən] *vt (fam)* soigner *Person, Verletzung*
verausgaben* [fɛɐ̯'ʔa̯usga:bən] *vr* ***sich ~*** *(physisch)* se donner à fond; *(finanziell)* se ruiner
veräußern* *vt (form)* céder; ***etw an jdn ~*** céder qc à qn
Verb [vɛrp] <-s, -en> *nt* verbe *m*
verbal [vɛr'ba:l] *adj* verbal(e)
Verband [fɛɐ̯bant, *Pl:* -'bɛndə] <-[e]s, -bände> *m* ❶ MED bandage *m* ❷ *(Bund)* association *f* ❸ MIL unité *f*
Verband[s]kasten *m* trousse *f* de secours **Verband[s]material** *nt*, **Verband[s]zeug** *nt* pansements *mpl*
verbannen* *vt* ❶ exiler ❷ *(geh: ausmerzen)* ***etw aus etw ~*** bannir qc de qc
Verbannte(r) *f(m) dekl wie adj* exilé(e) *m(f)*, banni(e) *m(f)*
Verbannung <-, -en> *f* exil *m*
verbarrikadieren* [fɛɐ̯barika'di:rən] I. *vt* barricader II. *vr* ***sich in etw*** *dat* ***~*** se barricader dans qc
verbauen* *vt* ❶ *(versperren)* ***jdm die Sicht ~*** *Mauer:* masquer la vue à qn ❷ *(fig: vereiteln)* ***sich*** *dat* ***die Zukunft ~*** compromettre son avenir ❸ *(verbrauchen)* utiliser *Baumaterial*
verbeißen* I. *vr irr* ❶ ***sich in etw*** *akk* ***~*** *Hund:* planter ses crocs dans qc et ne plus lâcher prise ❷ *(fig)* ***sich in ein Thema ~*** s'acharner sur un sujet II. *vt irr (fam)* ***sich*** *dat* ***das Lachen ~*** se mordre les lèvres pour ne pas rire
verbergen* *irr* I. *vt* ❶ *(verstecken)* cacher; ***jdn/etw vor jdm ~*** cacher qn/qc à qn ❷ *(verheimlichen)* ***jdm etw ~*** cacher qc à qn II. *vr* ***sich vor jdm ~*** se cacher pour ne pas être vu par qn
verbessern* I. *vt* ❶ *(besser machen)* améliorer ❷ *(korrigieren)* corriger *Text* II. *vr* ❶ *(besser werden)* ***sich in etw*** *dat* ***~*** s'améliorer dans qc ❷ *(beruflich vorwärtskommen)* ***sich ~*** trouver une meilleure situation ❸ *(sich korrigieren)* ***sich ~*** se corriger
Verbesserung <-, -en> *f* amélioration *f*
Verbesserungsvorschlag *m* proposition *f* d'amélioration
verbeugen* *vr* ***sich ~*** s'incliner; ***sich vor jdm/etw ~*** s'incliner devant qn/qc
Verbeugung *f* révérence *f*
verbeulen* *vt* cabosser
verbiegen* *irr* I. *vt* tordre *Nagel* II. *vr* ***sich ~*** *Nagel, Lenkstange, Metallträger:* se tordre; *Fahrradfelge:* se voiler
verbieten <verbot, verboten> *vt* interdire; ***jdm etw ~*** interdire qc à qn; ***jdm ~ etw zu tun*** interdire à qn de faire qc; ***es ist verboten etw zu tun*** il est interdit de faire qc
verbilligt *adj o adv* à prix réduit
verbinden* *irr* I. *vt* ❶ faire un bandage à *Person;* bander *Wunde, Arm;* ***jdm/sich den Arm ~*** bander le bras de qn/se bander le bras ❷ *(zubinden)* ***jdm die Augen ~*** bander les yeux de qn ❸ *(zusammenfügen)* raccorder ❹ TELEC ***einen Moment, ich verbinde Sie!*** un moment, je vous passe votre correspondant!; ***[Sie sind] falsch verbunden!*** vous avez fait un faux numéro! ❺ TRANSP ***Ortschaften miteinander ~*** *Straße, Tunnel, Brücke:* relier des localités entre elles; ***Berlin mit Bonn ~***

Straße, Bahnlinie: relier Berlin à Bonn ❻ *(verknüpfen)* ***einen Einkauf mit einem Besuch ~*** combiner un achat et une visite ❼ *(assoziieren)* ***einen Namen mit etw ~*** associer un nom à qc ❽ *(zusammengehörig machen)* ***[miteinander] verbunden sein*** être unis; ***uns ~ gemeinsame Erinnerungen*** nous sommes lié(e)s par des souvenirs communs **II.** *vi* ❶ *(zusammenhängen)* ***mit Kosten verbunden sein*** impliquer des frais ❷ *(Zusammengehörigkeit schaffen) Erlebnisse:* créer des liens **III.** *vr* ❶ CHEM ***sich mit etw ~*** se combiner à qc ❷ *(sich zusammenschließen)* ***sich mit jdm/etw ~*** s'associer à qn/qc

verbindlich I. *adj Auskunft* sûr(e); *Zusage* ferme; *Vereinbarung* contractuel(le) **II.** *adv vereinbaren* de façon ferme; ***eine Arbeit ~ zusagen*** s'engager à faire un travail

Verbindlichkeit <-, -en> *f* ❶ *kein Pl (bindender Charakter)* fiabilité *f* ❷ *kein Pl (entgegenkommende Art)* amabilité *f*

Verbindung *f* ❶ *(Zusammenhang)* rapport *m;* ***in ~ mit etw*** *(kombiniert mit)* associé(e) à qc; *(im Zusammenhang mit)* en relation avec qc; ***jdn mit dem Mörder/dem Mord in ~ bringen*** établir un lien entre qn et le meurtrier/meurtre ❷ *(Verknüpfung) von Anlässen, Erledigungen* combinaison *f* ❸ *([persönliche] Beziehung)* relation *f* ❹ *(Kontakt)* ***~ mit jdm aufnehmen*** prendre contact avec qn; ***sich mit jdm in ~ setzen*** contacter qn; ***mit jdm/etw in ~ stehen*** être en relation avec qn/qc ❺ TELEC, AVIAT, EISENBAHN ***~ nach Australien/Paris*** liaison *f* avec l'Australie/Paris ❻ *(Telefongespräch)* communication *f* ❼ CHEM composé *m;* ***mit etw eine ~ eingehen*** se combiner avec qc

Verbindungsdaten *Pl* TELEC données *fpl* de connexion **Verbindungskabel** *nt* ELEC câble *m* de raccord [*o* jonction] **Verbindungsstück** *nt* raccord *m*

verbissen [fɛɐ̯'bɪsən] **I.** *adj* ❶ *Gegner* acharné(e); *Mitarbeiter* obstiné(e) ❷ *Miene* crispé(e) **II.** *adv durchhalten* avec acharnement

Verbissenheit <-> *f eines Gegners* acharnement *m*

verbitten* *vt irr* ***sich*** *dat* ***etw ~*** ne pas tolérer qc

verbittern* [fɛɐ̯'bɪtɐn] *vt* rendre amer, amère; ***jdn ~*** rendre qn amer

verbittert *adj* aigri(e), amer, amère

Verbitterung <-, *selten:* -en> *f* amertume *f*

verblassen* *vi + sein* ❶ *(blass werden) Farbe:* passer ❷ *(geh: schwächer werden) Eindruck, Erinnerung:* s'estomper ❸ *(geh: in den Hintergrund treten)* ***neben etw*** *dat* ***~*** *Ereignis, Vorfall:* paraître bien fade comparé(e) à qc

Verbleib <-[e]s> *m (form)* ❶ *(Aufenthaltsort)* ***der ~ einer Person*** l'endroit où se trouve une personne *m* ❷ *(das Verbleiben)* ***sein ~ in dem Unternehmen*** son maintien dans l'entreprise

verbleiben* *vi irr + sein (übrig bleiben)* rester; ***ihm ~ hundert Euro von dem Gewinn*** il lui reste cent euros du gain; ***die ~de Summe*** la somme restante

verbleichen *vi irr + sein* se décolorer

verbleit [fɛɐ̯'blaɪt] *adj* contenant du plomb

verblenden* *vt* ❶ aveugler ❷ *(im Bauwesen)* recouvrir

Verblendung *f* ❶ aveuglement *m* ❷ CONSTR *einer Fassade* revêtement *m*

verblichen [fɛɐ̯'blɪçən] **I.** *PP von* **verbleichen II.** *adj* ❶ *Farbe* décoloré(e); *Stoff* délavé(e) ❷ *Ruhm* terni(e)

verblöden* [fɛɐ̯'blø:dən] *(fam)* **I.** *vi + sein* devenir [complètement] abruti(e) **II.** *vt + haben* abrutir

verblüffen* [fɛɐ̯'blʏfən] *vt* épater; ***jdn mit einer Frage ~*** épater qn avec une question

verblüfft I. *adj* stupéfait(e) **II.** *adv* ***~ schauen*** *(bewundernd)* être stupéfait; *(überrascht)* avoir l'air stupéfait

Verblüffung <-, -en> *f* stupéfaction *f;* ***zu seiner/meiner/... [großen] ~*** à sa/ma/... [grande] stupéfaction

verblühen* *vi + sein* faner

verbluten* *vi + sein* perdre tout son sang

verbocken* *vt (fam)* saboter

verbohren* *vr (fam)* ***sich in etw*** *akk* ***~*** se polariser sur qc

verbohrt *adj (pej fam)* borné(e)

verborgen*1 [fɛɐ̯'bɔrgən] *s.* **verleihen**

verborgen² [fɛɐ'bɔrgən] *adj* ❶ *Gang, Tür* dérobé(e); *Hebel* caché(e); *Falltür* secret, -ète ❷ *(nicht offen zutage tretend) Gefahr, Talente* caché(e); *Sehnsüchte, Wünsche* secret, -ète

verbot [fɛɐ̯'bo:t] *Imp von* **verbieten**

Verbot <-[e]s, -e> *nt* interdiction *f*

verboten [fɛɐ̯'bo:tən] **I.** *PP von* **verbieten II.** *adj* ❶ interdit(e); ***es ist ~ etw zu tun*** il est interdit de faire qc ❷ *(fam: unmöglich)* pas possible; ***in etw*** *dat* ***~ aussehen*** avoir une touche pas possible avec qc

Verbotsschild *nt* panneau *m* d'interdiction

verbrach *Imp von* **verbrechen**

verbrannt *PP von* **verbrennen**
Verbrauch <-> *m* consommation *f;* **~ von etw** consommation de qc
verbrauchen* **I.** *vt* ❶ *(konsumieren)* consommer *Strom, Vorräte* ❷ *(aufwenden)* dépenser *Energien* ❸ *(ausgeben)* dépenser *Etat* **II.** *vr* **sich ~** *(sich abnutzen)* s'user
Verbraucher(in) <-s, -> *m(f)* consommateur, -trice *m, f*
Verbraucherberatung *f* information *f* du consommateur **Verbraucherrecht** *nt* droit *m* des consommateurs **Verbraucherschutz** *m* protection *f* des consommateurs **Verbraucherzentrale** *f* association *f* de consommateurs
Verbrauchsgüter *Pl* biens *mpl* de consommation
verbraucht *adj Luft* vicié(e); *Mensch* usé(e)
verbrechen <verbricht, verbrach, verbrochen> *vt (fam)* commettre; ***ich habe nichts verbrochen*** je n'ai rien fait de mal; ***was hast du denn wieder verbrochen?*** mais qu'est-ce que t'as encore fabriqué?
Verbrechen <-s, -> *nt* crime *m*
Verbrechensbekämpfung *f* lutte *f* contre le crime
Verbrecher(in) <-s, -> *m(f)* criminel(le) *m(f)*
Verbrecherbande *f* gang *m*
verbrecherisch *adj* criminel(le); ***es ist ~ etw zu tun*** c'est un crime de faire qc
verbreiten* **I.** *vt* ❶ propager, faire courir *Gerücht;* faire circuler *Nachricht;* faire *Propaganda;* ***weit verbreitet*** *Pflanze* commun(e); *Ansicht* [très] répandu(e) ❷ MED propager *Krankheit* ❸ *(erwecken)* semer *Entsetzen* **II.** *vr a.* MED **sich ~** se propager
verbreitern* [fɛɐ̯'braitɐn] *vt, vr* **[sich] ~** [s']élargir
Verbreiterung <-, -en> *f* élargissement *m*
verbreitet *adj* répandu(e); ***weit ~ sein*** être très [*o* largement] répandu
Verbreitung <-, -en> *f* ❶ *kein Pl einer Lüge* propagation *f* ❷ *(Vertrieb)* diffusion *f* ❸ MED, BOT *einer Krankheit* propagation *f*
Verbreitungsgebiet *nt einer Ware* zone *f* de distribution; *einer Krankheit* zone *f* de propagation
verbrennen* *irr* **I.** *vt + haben* ❶ brûler *Holz;* incinérer *Müll;* ***sich*** *dat* ***die Hand am Backofen ~*** se brûler la main en touchant le four ❷ *(fam: einäschern)* incinérer *Toten* ❸ HIST *(hinrichten)* brûler **II.** *vr + haben* **sich ~** se brûler **III.** *vi + sein* ❶ brûler ❷ HIST *(hingerichtet werden)* mourir brûlé[e]
Verbrennung <-, -en> *f* ❶ *kein Pl (das Verbrennen, Einäschern)* incinération *f* ❷ AUT, TECH combustion *f* ❸ MED brûlure *f*
Verbrennungsmotor *m* moteur *m* à explosion **Verbrennungsofen** *m* four *m* crématoire; *(für Müll)* incinérateur *m*
verbringen* *vt irr (zubringen)* ***den Tag am Meer/mit Lesen ~*** passer la journée au bord de la mer/à lire
verbrochen [fɛɐ̯'brɔxən] *PP von* **verbrechen**
verbrüdern* [fɛɐ̯'bry:dɐn] *vr* **sich ~** fraterniser; ***sich mit jdm ~*** fraterniser avec qn; ***sich mit dem Feind ~*** pactiser avec l'ennemi
verbrühen* **I.** *vr* **sich ~** s'ébouillanter; ***sich mit etw ~*** s'ébouillanter avec qc **II.** *vt* ébouillanter; ***jdm die Hand ~*** brûler la main de qn [avec de l'eau bouillante]
verbuchen* *vt* ❶ COM enregistrer; ***etw auf ein Konto ~*** enregistrer qc sur un compte ❷ *(fig: verzeichnen)* ***einen Erfolg für sich ~*** engranger un succès
verbummeln* *vt (fam)* ❶ ***den Nachmittag ~*** passer l'après-midi à gland[ouill]er ❷ *(verlieren)* paumer
Verbund [fɛɐ̯'bʊnt] <-bunde> *m (Firmenverbund)* groupement *m*
verbünden* [fɛɐ̯'bʏndən] *vr a.* POL **sich ~** s'allier; ***sich mit jdm ~*** s'allier à qn
Verbundenheit <-> *f (zwischen Freunden)* liens *mpl*
Verbündete(r) *f(m)* allié(e) *m(f)*
verbürgen* *vr* **sich ~** se porter garant(e); ***sich für jdn/etw ~*** se porter garant de qn/qc; ***sich dafür ~, dass ...*** garantir que ...
verbürgt *adj Tatsache* confirmé(e)
verbüßen* *vt* purger
verchromen* [fɛɐ̯'kro:mən] *vt* chromer
Verdacht [fɛɐ̯'daxt] <-[e]s> *m* soupçon *m souvent pl;* **~ erregen** éveiller les soupçons; **~ schöpfen** commencer à avoir des soupçons; ***im ~ stehen etw getan zu haben*** être soupçonné d'avoir fait qc ▸ **auf ~** *(fam: auf bloße Vermutung hin)* sur de simples présomptions; *(aufs Geratewohl)* à tout hasard
verdächtig [fɛɐ̯'dɛçtɪç] **I.** *adj* suspect(e) **II.** *adv* ***im Haus ist es ~ ruhig*** il règne un silence suspect dans la maison
Verdächtige(r) *f(m) dekl wie adj* suspect(e) *m(f)*
verdächtigen* [fɛɐ̯'dɛçtɪgən] *vt* soupçonner; ***jdn einer S.*** *gen* **~** soupçonner qn de qc
Verdächtigung <-, -en> *f* soupçon *m*
Verdachtsfall *m* cas *m* suspect

V

verdammen* [fɛɐ̯ˈdamən] *vt* ❶ *(verfluchen)* maudire ❷ *(verurteilen)* condamner
Verdammnis [fɛɐ̯ˈdamnɪs] <-> *f* ***die ewige ~*** REL la damnation éternelle
verdammt I. *adj* ❶ *(fam: widerwärtig)* foutu(e) *antéposé* ❷ *(fam: sehr groß)* ***er hat ~es Glück gehabt!*** il a eu une de ces chances! ❸ *(fam: unerhört)* ***einen ~en Blödsinn reden*** dire une de ces conneries; ***~er Mist!*** eh, merde!; ***~!*** nom de Dieu! ❹ REL ***~ sein*** être damné II. *adv (fam) ärgerlich* vachement
verdampfen* *vi + sein* s'évaporer
verdanken* *vt* ❶ ***jdm/einer S. etw*** *akk* ***~*** devoir qc à qn/qc; ***es ist ihm zu ~, dass ich noch lebe*** si je suis encore en vie, c'est grâce à lui ❷ CH *(form: Dank aussprechen)* ***jdm etw ~*** remercier qn pour qc
verdarb [fɛɐ̯ˈdarp] *Imp von* **verderben**
verdauen* [fɛɐ̯ˈdauən] *vt, vi (a. fig)* digérer
verdaulich *adj* digeste; ***leicht/schwer ~*** facile/difficile à digérer
Verdauung <-> *f* digestion *f*
Verdauungsapparat *m,* **Verdauungstrakt** *m* ANAT appareil *m* digestif **Verdauungsbeschwerden** *Pl* problèmes *mpl* [*o* troubles *mpl*] digestifs
Verdeck <-[e]s, -e> *nt* capote *f*
verdecken* *vt* cacher; ***etw mit etw ~*** cacher qc avec qc
verdeckt *adj Ermittler* secret, -ète; *Kamera* caché(e)
verdenken* *vt irr (geh)* ***jdm etw ~*** tenir rigueur à qn de qc; ***das kann Ihnen keiner ~*** personne ne peut vous en vouloir
verderben [fɛɐ̯ˈdɛrbən] <verdirbt, verdarb, verdorben> I. *vt + haben* ❶ corrompre, pervertir *Charakter* ❷ *(zunichtemachen)* ***jdm das Fest/den Urlaub ~*** gâcher la fête/ses vacances à qn ❸ *(verscherzen)* ***es sich*** *dat* ***mit jdm ~*** perdre les faveurs de qn; ***es sich*** *dat* ***mit niemandem ~ wollen*** vouloir ménager la chèvre et le chou II. *vi + sein Gemüse, Obst, Fleisch:* s'avarier; *Sahne:* tourner
Verderben [fɛɐ̯ˈdɛrbən] <-s> *nt (geh)* destin *m* funeste; ***in sein ~ rennen*** courir à sa perte; ***jdn ins ~ stürzen*** causer la perte de qn
verderblich *adj* périssable; ***leicht ~ sein*** *Lebensmittel:* être très périssable
verdeutlichen* *vt* clarifier *Sachverhalt;* ***jdm etw ~*** expliquer qc à qn
verdichten* *vr* **sich ~** ❶ *Bewölkung:* s'amonceler; *Nebel:* s'épaissir ❷ *(sich verstärken) Eindruck:* s'accentuer
verdicken* *vr* ***sich ~*** *Haut:* s'épaissir; *Stelle:* enfler
Verdickung <-, -en> *f (in der Haut)* grosseur *f*
verdienen* I. *vt* ❶ *(als Verdienst bekommen)* gagner ❷ *(Gewinn machen)* ***an etw*** *dat* ***viel ~*** gagner beaucoup sur qc ❸ *(finanzieren)* ***sich*** *dat* ***sein Studium selbst ~*** financer ses études soi-même ❹ *(beanspruchen dürfen)* mériter *Lob* ▶ **er verdient es nicht anders** il n'a que ce qu'il mérite II. *vi* ❶ ***gut/schlecht ~*** gagner bien/mal sa vie ❷ *(Gewinn machen)* ***an etw*** *dat* ***~*** faire des bénéfices sur qc
Verdienst[1] [fɛɐ̯ˈdiːnst] <-[e]s, -e> *m* revenu *m*
Verdienst[2] [fɛɐ̯ˈdiːnst] <-[e]s, -e> *nt* ***jds ~e [um etw]*** les mérites *mpl* de qn [en matière de qc]
Verdienstausfall *m* perte *f* de salaire
verdient [fɛɐ̯ˈdiːnt] I. *adj* ❶ *(berechtigt)* mérité(e) ❷ *(verdienstvoll)* émérite ❸ SPORT *Sieg, Führung* mérité(e) ▶ **sich um etw machen** rendre de grands services en faveur de qc II. *adv* SPORT ***~ siegen*** remporter une victoire [bien] méritée
verdientermaßen *adv* ❶ selon ses/mes/... mérites ❷ SPORT de façon méritée
verdirbt [fɛɐ̯ˈdɪrpt] *3. Pers Präs von* **verderben**
verdonnern* *vt (fam)* ***jdn dazu ~ etw zu tun*** coller à qn la corvée de faire qc
verdoppeln* I. *vt* ❶ *(erhöhen)* doubler ❷ *(verstärken)* redoubler de *Eifer;* redoubler *Anstrengungen* II. *vr* ***sich ~*** *Preis, Verbrauch:* doubler
Verdopp[e]lung <-, -en> *f (Verstärkung)* redoublement *m*
verdorben [fɛɐ̯ˈdɔrbən] I. *PP von* **verderben** II. *adj* ❶ *Fleisch* avarié(e); *Käse* moisi(e) ❷ *(moralisch)* dépravé(e)
Verdorbenheit <-> *f* dépravation *f*
verdorren* [fɛɐ̯ˈdɔrən] *vi + sein* se dessécher
verdrängen* *vt* ❶ évincer; ***jdn aus etw ~*** évincer qn de qc; ***jdn von seinem Platz ~*** prendre la place de qn ❷ *(ersetzen)* supplanter
Verdrängung <-, -en> *f* ❶ PHYS déplacement *m* ❷ *(das Ersetzen)* remplacement *m*
verdrecken* *(fam)* I. *vi + sein* devenir crade II. *vt + haben* dégueulasser
verdreckt *adj (fam)* dégueulasse
verdrehen* *vt* ❶ tourner *Hals;* ***die***

V

Augen ~ rouler des yeux ❷ *(fam: verfälschen)* déformer *Sachverhalt*
verdreifachen* [fɛɐ̯ˈdraifaxən] *vt, vr* ***[sich]*** ~ tripler
verdreschen* *vt irr (fam)* tabasser
verdrießlich [fɛɐ̯ˈdriːslɪç] *adj (geh: missmutig)* contrarié(e)
verdrossen [fɛɐ̯ˈdrɔsən] *adj Person* renfrogné(e); *Gesicht* maussade
verdrücken* *(fam)* **I.** *vt* s'envoyer **II.** *vr* ***sich*** ~ se tirer
Verdruss [fɛɐ̯ˈdrʊs] <-es, -e> *m meist Sing (geh)* dépit *m*
verduften* *vi + sein (fam) Person:* se barrer
verdummen* [fɛɐ̯ˈdʊmən] **I.** *vt + haben* abrutir **II.** *vi + sein* s'abêtir
Verdummung <-> *f* abrutissement *m*
verdunkeln* **I.** *vt* ❶ masquer *Fenster;* ***das Zimmer*** ~ faire l'obscurité dans la pièce ❷ *(verdüstern)* ***etw*** ~ *Wolke:* obscurcir qc ❸ JUR dissimuler *Straftat* **II.** *vr* ***sich*** ~ *Himmel:* s'assombrir
Verdunk[e]lung <-> *f* ❶ *von Fenstern* camouflage *m* ❷ JUR dissimulation *f*
verdünnen* [fɛɐ̯ˈdʏnən] *vt* diluer; ***etw mit Wasser*** ~ diluer qc avec de l'eau
Verdünner *m* diluant *m*
Verdünnung <-, -en> *f* dilution *f*
verdunsten* *vi + sein* s'évaporer
Verdunstung <-> *f* évaporation *f*
verdursten* *vi + sein* ❶ mourir de soif ❷ *(fam: sehr durstig sein)* ***fast*** ~ faillir crever de soif
verdutzt [fɛɐ̯ˈdʊtst] **I.** *adj* déconcerté(e) **II.** *adv* ***jdn*** ~ ***ansehen*** regarder qn l'air ahuri(e)
verebben* *vi + sein (geh) Geräusche:* s'atténuer
veredeln* *vt* ❶ ennoblir *Gewebe;* affiner *Metall* ❷ BOT greffer
Veredelung <-, -en> *f eines Gewebes* ennoblissement *m; eines Metalls* affinage *m*
verehren* *vt a.* REL vénérer
Verehrer(in) <-s, -> *m(f)* ❶ *(Bewunderer)* admirateur, -trice *m, f* ❷ REL adorateur, -trice *m, f* ❸ *(hum: Flirt)* soupirant *m*
verehrt *adj* ❶ *(in mündlicher Anrede)* cher, chère ❷ *(im Brief)* ***~e Frau Professor*** Madame le Professeur
Verehrung *f kein Pl (Bewunderung)* admiration *f*
vereidigen* *vt* ❶ assermenter ❷ *(verpflichten)* ***jdn auf etw*** *akk* ~ faire prêter serment à qn sur qc
vereidigt *adj* assermenté(e)

V

Vereidigung <-, -en> *f* prestation *f* de serment
Verein [fɛɐ̯ˈʔain] <-[e]s, -e> *m* association *f; (Sportverein)* club *m;* ***eingetragener*** ~ association *f* déclarée *(régie par la loi de 1901)*

Land und Leute

Dans les pays de langue allemande, la vie associative se caractérise par sa vivacité. Les **Vereine**, ces associations, clubs ou amicales, organisés et gérés avec soin, se retrouvent dans des domaines divers et variés allant du sport à la musique, en passant par le jardinage, les arts, l'astronomie ou l'histoire. Il n'est pas rare que les membres disposent de leur propre local, un *Vereinsheim*, parfois sous la forme d'un bar ou d'un restaurant.

vereinbar *adj* compatible
vereinbaren* *vt* ❶ *(absprechen)* convenir de; ***etw mit jdm*** ~ convenir de qc avec qn; ***~, dass …*** convenir que … ❷ *(in Einklang bringen)* ***etw mit etw*** ~ concilier qc avec qc
Vereinbarung <-, -en> *f (Abmachung)* accord *m;* ***laut*** ~ comme convenu
vereinen* *vt* ❶ *(zusammenführen)* regrouper ❷ *(vereinbaren)* ***etw mit etw*** ~ ***können*** pouvoir concilier qc avec qc
vereinfachen* *vt* simplifier
Vereinfachung <-, -en> *f* simplification *f*
vereinheitlichen* [fɛɐ̯ˈʔainhaitlɪçən] *vt* uniformiser
Vereinheitlichung <-, -en> *f* uniformisation *f*
vereinigen* **I.** *vt* fusionner *Firmen;* réunir *Organisationen* **II.** *vr* ❶ ***sich zu etw*** ~ *Personen:* s'associer pour qc; *Firmen:* s'associer en qc; *Truppenteile:* se regrouper en qc ❷ *(zusammenfließen)* ***sich zu etw*** ~ *Flüsse:* confluer pour former qc ❸ *(bekommen)* ***hundert Stimmen auf sich*** *akk* ~ cumuler cent voix [électorales]
vereinigt *adj* associé(e)
Vereinigung <-, -en> *f (Organisation)* association *f*
vereinnahmen* [fɛɐ̯ˈʔainnaːmən] *vt* ❶ accaparer *Person* ❷ *(form: einnehmen)* percevoir *Geld*
vereinsamen* [fɛɐ̯ˈʔainzaːmən] *vi + sein* s'isoler
vereinsamt *adj* isolé(e)

Vereinsamung <-> *f (das Vereinsamen)* isolement *m; (Einsamkeit)* solitude *f*
vereinzelt I. *adj Rufe* sporadique; *Fälle* isolé(e) II. *adv* METEO ~ ***Schauer*** des averses par endroits
vereisen* *vi + sein Fahrbahn:* devenir verglacé(e); *Fensterscheibe:* se givrer
vereiteln* *vt* déjouer
Vereitelung <-> *f* empêchement *m*
vereitern* *vi + sein Wunde:* suppurer; *Zahnwurzel:* s'infecter
verenden* *vi + sein Tier:* être en train de crever
verengen* *vr **sich** ~ Gefäße:* se contracter; *Straße:* se rétrécir
vererbbar *adj* héréditaire
vererben* *vt* ❶ JUR ***jdm etw*** ~ léguer qc à qn ❷ BIO ***etw auf jdn*** ~ transmettre héréditairement qc à qn
Vererbung <-, *selten:* -en> *f* hérédité *f;* ***durch*** ~ héréditairement
verewigen* [fɛɐ̯'ʔe:vɪgən] I. *vr **sich*** ~ s'immortaliser II. *vt* perpétuer
verfahren*1 *irr* I. *vi + sein* ❶ procéder ❷ *(umgehen)* ***mit jdm vorsichtig*** ~ agir d'une manière prudente avec qn II. *vr **sich*** ~ se tromper de route III. *vt* consommer *Kraftstoff*
verfahren² *adj Angelegenheit* embrouillé(e); *Situation* sans issue
Verfahren [fɛɐ̯'fa:rən] <-s, -> *nt* ❶ procédé *m* ❷ JUR procédure *f*
Verfall *m kein Pl* ❶ *eines Gebäudes* délabrement *m; der Kräfte* déclin *m; des Körpers* dégradation *f* ❷ *(geh: Niedergang)* déclin *m* ❸ *(das Ungültigwerden)* expiration *f*
verfallen* *vi irr + sein* ❶ *Gebäude:* se délabrer; *Mensch:* décliner ❷ *(sinken, Wert einbüßen) Preise:* s'effondrer ❸ *(ungültig werden) Fahrkarte:* être périmé; *Anspruch:* être déchu; *Recht:* se prescrire ❹ *(erliegen)* ***jdm*** ~ tomber sous l'emprise de qn; ***jds Charme/Zauber*** *dat* ~ succomber au charme/à la magie de qn; ***dem Alkohol*** ~ sombrer dans l'alcool
Verfallsdatum *nt* date *f* de péremption
verfälschen* *vt (falsch darstellen)* déformer
Verfälschung *f* bidonnage *m*
verfangen* *vr irr* ❶ ***sich in etw*** *dat* ~ se prendre dans qc ❷ *(fig)* ***sich in Lügen*** ~ s'empêtrer dans des mensonges
verfänglich *adj* compromettant(e)
verfärben* I. *vr **sich** ~ Laub, Gesicht:* changer de couleur II. *vt* déteindre sur *Wäsche*
verfassen* *vt* rédiger *Artikel;* écrire *Buch*
Verfasser(in) <-s, -> *m(f)* auteur, -trice *m, f*
Verfassung *f* ❶ *kein Pl (Befinden)* état *m;* ***in einer guten/schlechten*** ~ ***sein*** se sentir/ne pas se sentir bien ❷ POL constitution *f*
Verfassungsänderung *f* révision *f* constitutionnelle **Verfassungsbeschwerde** *f* recours *m* constitutionnel **verfassungsfeindlich** *adj* anticonstitutionnel(le) **verfassungsgemäß** *adj* conforme à la Constitution **Verfassungsgericht** *nt* ≈ Cour *f* constitutionnelle **verfassungskonform** *adj* conforme à la Constitution
verfassungsmäßig *adj* constitutionnel(le) **verfassungspolitisch** *adj inv Bedenken* politico-constitutionnel(le) **Verfassungsrecht** *nt kein Pl* droit *m* constitutionnel **Verfassungsschutz** *m (fam: Bundesamt für Verfassungsschutz)* ≈ Direction *f* de la sécurité du territoire **verfassungswidrig** *adj* anticonstitutionnel(le)
verfaulen* *vi + sein* ❶ *Gemüse, Obst:* se gâter; *Fleisch:* s'avarier ❷ *(verwesen)* pourrir; *Zahn:* se gâter
verfechten* *vt irr* professer *soutenu Theorie;* défendre *Standpunkt;* préconiser *Kurs*
Verfechter(in) *m(f)* défenseur *mf*
verfehlen* *vt* ❶ *(danebentreffen)* ***jdn/etw*** ~ manquer qn/qc ❷ *(verpassen)* rater *Person, Zug, Bus* ❸ *(nicht erreichen)* rater *Wirkung;* ne pas atteindre *Zweck;* ***das Thema*** ~ s'éloigner du sujet
verfehlt *adj Politik* raté(e)
Verfehlung <-, -en> *f* faute *f; (im Amt)* manquement *m*
verfeinden* [fɛɐ̯'faindən] *vr **sich*** ~ se brouiller; ***sich mit jdm*** ~ se brouiller avec qn
verfeinern* [fɛɐ̯'fainɐn] *vt* ❶ ***etw mit Sahne*** ~ velouter qc avec de la crème ❷ *(verbessern)* améliorer *Methode*
Verfeinerung <-, -en> *f* amélioration *f*
verfestigen* *vr* **sich** ~ ❶ *Klebstoff:* durcir ❷ *(stärker werden)* se renforcer
verfeuern* *vt (verbrennen)* brûler
verfilmen* *vt* porter à l'écran; ***etw*** ~ porter qc à l'écran
Verfilmung <-, -en> *f* adaptation *f* cinématographique
verfilzen* *vi + sein Wollpullover:* [se] feutrer; *Haare:* s'emmêler
verfilzt *adj (fam)* embrouillé(e)
verfinstern* [fɛɐ̯'fɪnstɐn] *vr **sich** ~ Himmel:* s'obscurcir; *Miene:* s'assombrir
verflachen* [fɛɐ̯'flaxən] *vi + sein* ❶ *Gelän-*

V

de: devenir plus plat(e) ❷ *(fig) Gespräch:* retomber

Verflechtung <-, -en> *f* ÖKON interdépendance *f*

verfliegen* *irr* **I.** *vi + sein Duft:* s'évaporer; *Kummer:* s'envoler **II.** *vr + haben* ***sich ~*** perdre le cap

verfließen* *vi irr + sein* ❶ *(verschwimmen) Farben:* s'estomper ❷ *(geh: vergehen)* s'écouler

verflixt [fɛɐ̯'flɪkst] **I.** *adj (fam)* ***dieser ~e Kerl/dieses ~e Gerät!*** ce con de type/d'appareil! **II.** *adv (fam)* foutrement **III.** *interj (fam)* la vache

verflossen [fɛɐ̯'flɔsən] *adj* ❶ *(geh) Tage, Jahre* écoulé(e) ❷ *(fam: frühere)* ***eine ~e Freundin/ein ~er Freund*** une/un ex

verfluchen* *vt* maudire

verflucht *(fam)* **I.** *adj Kerl* sale *antéposé; Computer, Auto* foutu(e) *antéposé* **II.** *adv* vachement **III.** *interj* nom d'un chien

verflüchtigen* *vr* **sich ~** ❶ *Parfüm:* s'évaporer ❷ *(hum fam) Mensch:* s'éclipser

verflüssigen* *vt* liquéfier *Gas, Luft*

verfolgen* *vt* ❶ *(nachsetzen)* ***jdn ~*** poursuivre qn; *(observieren)* suivre qn ❷ *(untersuchen)* suivre *Spur, Diskussion* ❸ *(drangsalieren)* persécuter ❹ *(erreichen wollen)* poursuivre *Ziel*

Verfolger(in) <-s, -> *m(f)* poursuivant(e) *m(f)*

Verfolgte(r) *f(m) dekl wie adj* persécuté(e) *m(f)*

Verfolgung <-, -en> *f* ❶ poursuite *f* ❷ *(Drangsalierung)* persécution *f*

Verfolgungsjagd *f* [course *f*] poursuite *f*

Verfolgungswahn *m* délire de [la] persécution *m*

verformen* *vt, vr* ***[sich] ~*** [se] déformer

Verformung *f* déformation *f*

verfrachten* [fɛɐ̯'fraxtən] *vt (fam)* ***jdn ins Bett ~*** expédier qn au lit; ***jdn/etw ins Auto ~*** transbahuter qn/qc dans la voiture

verfremden* *vt* distancier *(pour créer l'effet de distanciation)*

verfressen *adj (sl)* morfal(e)

verfrüht *adj* prématuré(e); ***etw für ~ halten*** considérer qc comme prématuré(e)

verfügbar *adj* disponible

Verfügbarkeit <-> *f* disponibilité *f*

verfügen* **I.** *vi* disposer; ***über etw*** *akk* ***~*** disposer de qc **II.** *vt* ordonner; ***~, dass*** ordonner que *+subj*

Verfügung <-, -en> *f (Disposition)* ***etw zur ~ haben*** avoir qc à sa disposition; ***jdm zur ~ stehen*** être à la disposition de qn; ***sein Amt zur ~ stellen*** renoncer à sa fonction

verführen* *vt* ❶ *(verleiten)* ***jdn zu etw ~*** *Person:* entraîner qn à faire qc; ***jdn zum Kaufen ~*** *Werbung:* inciter qn à faire des achats ❷ *(erobern)* séduire *Mann, Frau*

Verführer(in) *m(f)* séducteur, -trice *m, f*

verführerisch [fɛɐ̯'fy:rərɪʃ] **I.** *adj Charme* séduisant(e); *Aufmachung* alléchant(e) **II.** *adv angezogen* de manière séduisante; ***~ riechen*** avoir une odeur alléchante

Verführung *f* ❶ séduction *f* ❷ JUR ***~ Minderjähriger*** détournement *m* de mineur

verfünffachen* *vt, vr* quintupler

verfüttern* *vt* donner à manger; ***etw an die Tiere ~*** donner qc à manger aux animaux

Vergabe [fɛɐ̯'ga:bə] *f* ❶ *einer Arbeit* octroi *m; eines Auftrags* adjudication *f* ❷ *eines Stipendiums* attribution *f*

vergammeln* *(fam)* **I.** *vi + sein Essen:* moisir; *Wurst:* s'avarier **II.** *vt + haben* ***den Tag ~*** passer la journée à glander

vergangen [fɛɐ̯'gaŋən] *adj* passé(e)

Vergangenheit <-> *f a.* GRAM passé *m;* ***die jüngste ~*** le passé [tout] récent ► **eine <u>be</u>wegte ~ haben** avoir un passé tumultueux

Vergangenheitsbewältigung *f* fait d'assumer son passé *m*

vergänglich [fɛɐ̯'gɛŋlɪç] *adj* éphémère

Vergänglichkeit <-> *f* caractère *m* éphémère

vergasen* *vt* ❶ *(töten)* gazer ❷ TECH gazéifier

Vergaser <-s, -> *m* TECH carburateur *m*

vergaß [fɛɐ̯'ga:s] *Imp von* **vergessen**

Vergasung <-, -en> *f (Tötung)* gazage *m*

vergeben* *irr* **I.** *vi* pardonner; ***jdm ~*** pardonner à qn **II.** *vt* ❶ *(geh: verzeihen)* ***jdm etw ~*** pardonner qc à qn ❷ *(übergeben, zuteilen)* attribuer *Auftrag, Preis;* ***eine Arbeit an jdn ~*** donner un travail à faire à qn; ***Eintrittskarten zu ~ für …*** billets à donner pour … ► **schon ~ <u>sein</u>** *(einen festen Partner haben, bereits einen Termin haben)* être déjà pris

vergebens *adj* ***~ sein*** être vain

vergeblich **I.** *adj* vain(e) **II.** *adv* en vain

Vergebung <-, -en> *f* pardon *m;* ***jdn um ~ für etw bitten*** demander pardon à qn pour qc

vergegenwärtigen *vr* ***sich*** *dat* ***etw ~*** réaliser qc

vergehen* *irr* **I.** *vi + sein* ❶ *Zeit:* passer ❷ *(schwinden) Schmerz:* disparaître; ***jdm vergeht die Lust*** qn [en] perd l'envie; ***da***

V

vergeht einem ja der Appetit! ça vous coupe l'appétit! ❸ *(fast umkommen)* ***vor Hunger/Angst fast*** ~ faillir mourir de faim/de peur **II.** *vr + haben* ***sich an jdm*** ~ abuser de qn

Vergehen <-s, -> *nt* délit *m*

vergelten *vt irr* ❶ *(lohnen)* récompenser *Fürsorge;* ***er vergilt ihre Hilfe mit Undank*** il lui paie son aide d'ingratitude ❷ *(heimzahlen)* ***etw mit etw*** ~ répondre à qc par qc

Vergeltung <-, -en> *f* vengeance *f*

Vergeltungsmaßnahme *f* représailles *fpl*

vergessen [fɛɐ̯'gɛsən] <vergisst, vergaß, vergessen> **I.** *vt* oublier ▶ **das werde ich dir/ihr nie** [*o* **nicht**] **~!** je m'en souviendrai! **II.** *vr* ***sich*** ~ perdre son sang-froid

Vergessenheit *f* ***in ~ geraten*** tomber dans l'oubli

vergesslich *adj* étourdi(e); ***~ werden*** *(im Alter)* perdre la mémoire

Vergesslichkeit <-> *f* étourderie *f; (im Alter)* mémoire *f* défaillante

vergeuden* [fɛɐ̯'gɔydən] *vt* gaspiller

Vergeudung <-, -en> *f* gaspillage *m*

vergewaltigen* *vt* violer *Person;* faire violence à *Erbe*

Vergewaltigung <-, -en> *f* viol *m*

vergewissern* *vr* ***sich ~, dass ...*** s'assurer que ...

vergießen* *vt irr* ❶ renverser *Wasser, Saft* ❷ *(absondern)* verser *Tränen*

vergiften* **I.** *vt* empoisonner **II.** *vr* ❶ *(Selbstmord begehen)* ***sich mit etw*** ~ s'empoisonner avec qc ❷ *(sich eine Vergiftung zuziehen)* ***sich durch verdorbenen Fisch*** ~ s'intoxiquer en mangeant du poisson avarié

Vergiftung <-, -en> *f kein Pl* empoisonnement *m,* intoxication *f*

vergilben* *vi + sein* jaunir

Vergissmeinnicht <-[e]s, -[e]> *nt* BOT myosotis *m*

vergisst [fɛɐ̯'gɪst] *3. Pers Präs von* **vergessen**

vergittern* *vt* pourvoir d'une grille; ***etw*** ~ pourvoir qc d'une grille

verglasen* *vt* vitrer

Vergleich [fɛɐ̯'glaiç] <-[e]s, -e> *m* comparaison *f;* ***den ~ mit jdm/etw nicht aushalten*** ne pas soutenir la comparaison avec qn/qc; ***im ~ zu den anderen/zum Vorjahr*** en comparaison des autres/de l'année dernière ▶ **der ~ hinkt** la comparaison ne tient pas debout

vergleichbar *adj* comparable

vergleichen* *irr* **I.** *vt* comparer; ***jdn mit jdm/etw mit etw*** ~ comparer qn à qn/qc à qc; ***vergleiche S. 20*** voir p. 20 **II.** *vr* ***sich mit jdm*** ~ se comparer à qn

vergleichend *adj* ❶ *Aufzählung* comparatif, -ive ❷ LING, LITER *Sprachwissenschaft* comparé(e)

vergleichsweise *adv* relativement

Vergleichszahl *f meist Pl* chiffre *m* comparatif

verglühen* *vi + sein Kohle:* se consumer; *Raketenstufe:* se désintégrer

vergnügen* [fɛɐ̯'gny:gən] **I.** *vr* ***sich*** ~ s'amuser; ***sich mit etw*** ~ s'amuser en faisant qc; ***sich mit jdm*** ~ se divertir avec qn **II.** *vt* amuser

Vergnügen <-s, -> *nt* plaisir *m;* ***~ an etw dat finden*** prendre plaisir à qc; ***viel ~!*** amuse-toi/amusez-vous bien!; ***mit ~!*** avec plaisir! ▶ **mit wem habe ich das ~?** *(form)* à qui ai-je l'honneur?; **es ist/war mir ein ~** tout le plaisir est/était pour moi; **sich ins ~ stürzen** *(fam)* faire la bringue; **hinein ins ~!** *(fam)* allez, on va s'éclater!

vergnüglich *adj (geh)* plaisant(e)

vergnügt **I.** *adj Miene* réjoui(e) **II.** *adv* joyeusement

Vergnügung <-, -en> *f* divertissement *m*

Vergnügungspark *m* parc *m* d'attractions

Vergnügungsviertel *nt* quartier *m* chaud

vergolden* *vt* ❶ dorer; ***vergoldet*** *Schmuckstück* plaqué(e) or; *Bilderrahmen* doré(e) ❷ *(fam: gut bezahlen)* ***jdm etw*** ~ acheter qc à prix d'or à qn

vergöttern* [fɛɐ̯'gœtɐn] *vt* idolâtrer

vergraben* *irr* **I.** *vt* enterrer *Leiche;* enfouir *Schatz* **II.** *vr (sich beschäftigen mit)* ***sich in etw*** *akk* ~ se plonger dans qc

vergrämen* *vt* contrarier

vergrätzen* *vt (fam) Person:* prendre à rebrousse-poil *fam;* ***jdn*** ~ *Person:* prendre qn à rebrousse-poil

vergraulen* *vt (fam)* faire ficher le camp

vergreifen* *vr irr* ❶ *(stehlen)* ***sich an etw*** *dat* ~ faire main basse sur qc ❷ *(Gewalt antun)* ***sich an jdm*** ~ s'en prendre à qn ❸ *(sich unpassend ausdrücken)* ***sich in der Wortwahl*** ~ tenir des propos déplacés

Vergreisung <-> *f einer Gesellschaft* vieillissement *m*

vergriffen [fɛɐ̯'grɪfən] *adj Buch* épuisé(e)

vergrößern [fɛɐ̯'grø:sɐn] **I.** *vt* ❶ agrandir; ***etw um etw/auf etw*** *akk* ~ agrandir qc de qc/à qc ❷ *(Distanz erhöhen)* augmenter *Abstand* ❸ *(verstärken)* ***die Belegschaft*** ~ augmenter l'effectif du personnel ❹ PHOT agrandir **II.** *vr* ❶ MED ***sich*** ~ grossir

V

❷ *(fam: Familienzuwachs bekommen)* ***unsere Nachbarn ~ sich*** la famille de nos voisins s'agrandit **III.** *vi* ***stark*** ~ grossir énormément

vergrößert **I.** *adj* agrandi(e); *Leber, Herz* hypertrophié(e) **II.** *adv abbilden, darstellen* agrandi(e)

Vergrößerung <-, -en> *f* PHOT agrandissement *m;* ***in dreifacher*** ~ en trois fois plus grand

Vergrößerungsapparat *m* agrandisseur *m* **Vergrößerungsglas** *nt* loupe *f*

Vergünstigung <-, -en> *f* ❶ *(finanzieller Vorteil)* avantage *m* ❷ *(Ermäßigung)* réduction *f*

vergüten* [fɛɐ̯'gyːtən] *vt (ersetzen)* ***jdm etw*** ~ rembourser qc à qn

Vergütung <-, -en> *f* ❶ *(das Ersetzen)* remboursement *m* ❷ *(form: Honorar)* rémunération *f*

verhaften* *vt* arrêter; ***Sie sind verhaftet!*** [au nom de la loi,] je vous arrête!

Verhaftung <-, -en> *f* arrestation *f*

verhallen* *vi + sein* se perdre au loin

verhalten* [1] [fɛɐ̯'haltən] *vr irr* ❶ ***sich*** ~ se comporter; ***sich jdm gegenüber anständig*** ~ se comporter d'une manière correcte à l'égard de qn ❷ *(beschaffen sein)* ***die Sache verhält sich folgendermaßen*** l'affaire se présente de la manière suivante ❸ CHEM ***sich*** ~ réagir ❹ *(als Relation haben)* ***die Länge verhält sich zur Breite wie 2:1*** le rapport de la longueur à la largeur est de 2:1

verhalten[2] [fɛɐ̯'haltən] **I.** *adj* ❶ *Auftreten* circonspect(e); *Fahrweise* modéré(e) ❷ *Ärger* retenu(e) **II.** *adv auftreten* avec circonspection; *fahren* de façon modérée; *applaudieren* avec réserve

Verhalten [fɛɐ'haltən] <-s> *nt* ❶ comportement *m; (Haltung)* attitude *f* ❷ CHEM réaction *f*

Verhaltensforschung *f kein Pl* éthologie *f*

verhaltensgestört *adj* perturbé(e) **Verhaltensstörung** *f* MED, PSYCH trouble *m* du comportement **Verhaltensweise** *f* comportement *m*

Verhältnis [fɛɐ̯'hɛltnɪs] <-ses, -se> *nt* ❶ *(Vergleich)* ***im ~ zu jdm/etw*** par rapport à qn/qc; ***im ~ zu heute*** comparé(e) à notre époque ❷ *(Proportion)* proportion *f;* ***im ~ von fünf zu eins*** dans le rapport de cinq à un ❸ *(Beziehung)* ***sein ~ zu seinen Eltern*** ses rapports avec ses parents *mpl;* ***ein gutes ~ zu jdm haben*** avoir de bons rapports avec qn ❹ *(Liebesverhältnis)* liaison *f;* ***ein ~ mit jdm haben*** avoir une liaison avec qn ❺ *Pl (Zustand)* situation *f* ❻ *Pl (Lebensumstand)* conditions *fpl;* ***in bescheidenen ~sen leben*** vivre dans de modestes conditions ▶ **für klare ~se sorgen** clarifier la situation; **er lebt über seine ~se** il vit au-dessus de ses moyens; **in keinem ~ zu etw stehen** être disproportionné à qc

verhältnismäßig *adv* relativement

Verhältnismäßigkeit *f* JUR proportionnalité *f*

Verhältniswahl *f* scrutin *m* proportionnel **Verhältniswahlrecht** *nt* proportionnelle *f*

verhandeln* **I.** *vi* négocier; ***mit jdm über etw*** *akk* ~ négocier qc avec qn **II.** *vt* JUR juger *Fall, Prozess*

Verhandlung *f* ❶ *meist Pl* négociation *f;* ***in ~en mit jdm stehen*** être en pourparlers avec qn ❷ JUR audience *f*

Verhandlungsbasis *f* base *f* de négociation **verhandlungsfähig** *adj* JUR ~ ***sein*** être apte à comparaître en jugement **Verhandlungsgeschick** *nt kein Pl* ÖKON habileté *f* à mener des négociations **Verhandlungstisch** *m* table *f* des négociations

verhangen *adj Himmel* couvert(e)

verhängen* *vt* ❶ masquer; ***etw mit etw*** ~ masquer qc avec qc ❷ SPORT siffler *Freistoß*

Verhängnis <-, -se> *nt* désastre *m*

verhängnisvoll *adj* fatal(e)

verharmlosen* *vt* minimiser

verhärmt *adj* marqué(e) par le chagrin

verharren* *vi + haben o sein (geh: stehen bleiben)* s'arrêter

verhärten* *vr* **sich** ~ ❶ *Positionen:* se durcir ❷ MED s'indurer

Verhärtung *f* ❶ *von Fronten, Positionen* durcissement *m* ❷ MED induration *f*

verhaspeln* [fɛɐ̯'haspəln] *vr (fam)* ***sich*** ~ *(sich versprechen)* cafouiller

verhasst [fɛɐ̯'hast] *adj* détesté(e)

verhätscheln* *vt* dorloter

verhauen* <verhaute, verhauen> **I.** *vt (fam)* ❶ tabasser; *(als Strafe)* flanquer une raclée à ❷ *(nicht schaffen)* louper *Klassenarbeit* **II.** *vr (fam)* ❶ ***sich*** ~ se castagner ❷ *(sich verkalkulieren)* ***sich um hundert Euro*** ~ se planter de cent euros

verheddern* *vr (fam)* ❶ *(sich verfangen)* ***sich*** ~ s'emberlificoter; ***sich in etw*** *dat* ~ s'emberlificoter dans qc ❷ *(sich verschlingen) Fäden:* s'enchevêtrer

verheerend **I.** *adj* ❶ *Orkan* dévastateur, -trice ❷ *(fam: schlimm)* ~ ***aussehen*** avoir une touche pas possible **II.** *adv toben*

V

affreusement; ***sich ~ auswirken*** avoir des effets dévastateurs

verhehlen* *vt (geh)* dissimuler; ***etw nicht ~ können*** ne pas pouvoir dissimuler qc

verheilen* *vi + sein* cicatriser

verheimlichen* *vt* cacher; ***jdm etw ~*** cacher qc à qn; ***jdm ~, dass …*** cacher à qn que …

verheiraten* *vr* ***sich ~*** se marier; ***sich mit jdm ~*** se marier avec qn; ***sich wieder ~*** se remarier

verheiratet *adj* marié(e); ***glücklich ~ sein*** être heureux en ménage

verheißen* *vt irr (geh)* promettre; ***jdm etw ~*** promettre qc à qn

verheißungsvoll *adj* prometteur, -euse

verheizen* *vt* ❶ brûler ❷ *(sl: opfern)* ***jdn ~*** envoyer qn se faire bousiller *fam*

verhelfen* *vi irr* ***jdm zu seinem Recht ~*** aider qn à obtenir son bon droit; ***jdm zum Erfolg ~*** contribuer au succès de qn

verherrlichen* [fɛɐ̯ˈhɛrlɪçən] *vt* exalter

Verherrlichung <-, -en> *f* exaltation *f*

verheult *adj (fam) Gesicht* gonflé(e) par les larmes

verhexen* *vt* ensorceler ▶ **es ist wie verhext!** *(fam)* quelle guigne!

verhindern* *vt* empêcher; ***~, dass jd etw tut*** empêcher qn de faire qc; ***~, dass etw geschieht*** empêcher que qc [ne] se produise

verhindert *adj* ***~ sein*** avoir un empêchement

Verhinderung <-, -en> *f* empêchement *m*

verhöhnen* *vt* se moquer de

verhökern* *vt (fam)* bazarder; ***etw an jdn ~*** bazarder qc à qn

Verhör <-[e]s, -e> *nt* interrogatoire *m; eines Zeugen* audition *f*

verhören* **I.** *vt* interroger *Beschuldigten* **II.** *vr* ***sich ~*** entendre de travers; ***sie hat sich verhört*** elle a mal entendu

verhüllen* **I.** *vt* recouvrir; ***etw mit etw ~*** recouvrir qc de qc; ***das Gesicht mit einem Schleier ~*** se voiler le visage **II.** *vr* ***sich mit etw ~*** se couvrir de qc

verhüllt *adj* ❶ *Haupt* voilé(e); *Schultern* couvert(e) ❷ *(versteckt) Drohung* déguisé(e)

verhundertfachen* [fɛɐ̯ˈhʊndɐtfaxən] *vt, vr [**sich**]* ~ centupler

verhungern* *vi + sein* ❶ mourir de faim; ***verhungert*** affamé(e) ❷ *(fam: sehr hungrig sein)* ***am Verhungern sein*** crever de faim

verhunzen* *vt (fam)* défigurer

verhüten* *vt* empêcher *Schlimmes, Empfängnis;* éviter *Schwangerschaft*

Verhütung <-, -en> *f* ❶ prévention *f* ❷ *(Empfängnisverhütung)* contraception *f*

Verhütungsmittel *nt* contraceptif *m*

verhutzelt [fɛɐ̯ˈhʊtsəlt] *adj (fam)* ratatiné(e)

verifizieren* [ve-] *vt (geh)* vérifier

verinnerlichen* *vt* assimiler

verirren* *vr* ***sich ~*** s'égarer

verjagen* *vt* chasser, faire fuir *Einbrecher*

verjähren* *vi + sein* se prescrire

Verjährung <-, -en> *f* prescription *f*

verjubeln* *vt (fam)* claquer

verjüngen* **I.** *vi* rajeunir **II.** *vt* ***jdn ~*** [faire] rajeunir qn **III.** *vr* ***sich ~*** *(schmaler werden)* se rétrécir

verkabeln* *vt* câbler; ***verkabelt sein*** avoir le câble

Verkabelung <-, -en> *f* câblage *m*

verkalken* *vi + sein* ❶ TECH s'entartrer ❷ ANAT *Arterien:* se scléroser ❸ *(fam: vergreisen)* gâtifier; ***verkalkt*** gaga

verkalkulieren* *vr (sich verrechnen)* faire une erreur de calcul

Verkalkung <-, -en> *f* ❶ TECH entartrage *m* ❷ MED *der Gefäße* calcification *f* ❸ *(fam: Vergreisung)* ramollissement *m*

verkannt *adj* méconnu(e)

verkappt *adj attr* déguisé(e)

verkatert *adj (fam)* qui a la gueule de bois

Verkauf *m* vente *f*

verkaufen* **I.** *vt* ❶ vendre; ***jdm etw für zwanzig Euro ~*** vendre qc à qn pour vingt euros; ***zu ~*** à vendre ❷ *(fam: weismachen)* ***jdm etw ~*** faire gober qc à qn **II.** *vr* ❶ ***sich gut/schlecht ~*** *Ware, Artikel:* se vendre bien/mal ❷ *(sich darstellen)* ***sich gut/schlecht ~*** savoir/ne pas savoir se vendre

Verkäufer(in) [fɛɐ̯ˈkɔʏfɐ] *m(f)* vendeur, -euse *m, f*

verkäuflich *adj* ***~ sein*** être à vendre **Verkaufsangebot** *nt* offre *f* de vente **Verkaufserlös** *m* produit *m* de la vente

verkaufsfördernd *adj* promotionnel(le) **Verkaufspreis** *m* prix *m* de vente **Verkaufsschlager** *m* article *m* à succès; *(Buch)* best-seller *m*

Verkehr [fɛɐ̯ˈkeːɐ̯] <-[e]s> *m* ❶ *(Straßenverkehr)* circulation *f* ❷ *(Transportverkehr)* trafic *m* ❸ *(geh: Geschlechtsverkehr)* rapports *mpl;* ***~ mit jdm haben*** avoir des rapports avec qn ❹ *(Umlauf)* ***Banknoten aus dem ~ ziehen*** retirer des billets de la circulation ▶ **jdn aus dem ~ ziehen** *(fam)* mettre qn à l'ombre

V

verkehren* *vi* ❶ *+ haben o sein (fahren)* circuler; ***zwischen Köln und Bonn ~*** *Zug:* circuler entre Cologne et Bonn; ***alle fünf Stunden ~*** *Bus, Fähre:* passer toutes les cinq heures ❷ *+ haben (Gast sein)* ***bei jdm/in etw*** *dat* **~** fréquenter qn/qc ❸ *+ haben (geh: Geschlechtsverkehr haben)* ***mit jdm ~*** avoir des rapports avec qn

Verkehrsader *f* axe *m* routier, artère *f* routière **Verkehrsampel** *f* feux *mpl* de signalisation **Verkehrsanbindung** *f* TRANSP desserte *f* **Verkehrsaufkommen** *nt* circulation *f* **Verkehrsbehinderung** *f* entrave *f* à la circulation **verkehrsberuhigt** *adj* à circulation réduite et vitesse limitée **Verkehrschaos** *nt* paralysie *f* du trafic **Verkehrsdelikt** *nt* infraction *f* au Code de la route **Verkehrsdurchsage** *f* flash *m* d'informations routières **Verkehrserziehung** *f* enseignement *m* du code de la route **Verkehrsflugzeug** *nt* avion *m* commercial **Verkehrsfunk** *m* radioguidage *m* **verkehrsgünstig** *adj* ***in ~er Lage wohnen*** habiter un quartier bien desservi **Verkehrsinsel** *f (für Fußgänger)* refuge *m* [pour piétons] **Verkehrskontrolle** *f* contrôle *m* routier **Verkehrsleitsystem** *nt* système *m* de délestage de la circulation **Verkehrsminister(in)** *m(f)* ministre *mf* des Transports **Verkehrsmittel** *nt* moyen *m* de transport; ***öffentliches ~*** moyen de transport en commun **Verkehrsopfer** *nt* victime *m* de la route **Verkehrspolizei** *f kein Pl* police *f* routière **Verkehrspolizist(in)** *m(f)* agent *m* de la circulation **Verkehrsregel** *f* règle *f* de conduite **Verkehrsrowdy** *m (pej)* fou *m* [*o* cinglé *m*] de la route **Verkehrsschild** *nt* panneau *m* de signalisation [routière] **Verkehrsteilnehmer(in)** *m(f) (form)* usager, -ère *m, f* de la route **Verkehrstote(r)** *f(m) dekl wie adj* victime *f* de la route **Verkehrsunfall** *m* accident *m* de la route **Verkehrsverbindung** *f* liaison *f* routière **Verkehrsverbund** *m* société *f* des transports en commun **Verkehrszeichen** *nt s.* **Verkehrsschild**

verkehrt **I.** *adj* ***der ~e Schlüssel*** la mauvaise clé; ***in die ~e Richtung gehen*** aller dans la direction inverse; ***das ist das ~e Haus*** ce n'est pas la bonne maison; ***das Verkehrte tun*** faire le contraire ▶ **etw ist gar nicht so ~** *(fam)* qc n'est pas si mal que ça **II.** *adv* ❶ *erzählen* de travers; ***etw wird ~ wiedergegeben*** qc est faussé(e) ❷ *aufmachen* du mauvais côté; ***~ herum*** à l'envers

verkeilt *adj* encastré(e)

verkennen* *vt irr* méconnaître; *(unterschätzen)* sous-estimer; ***es ist nicht zu ~, dass ...*** il est indéniable que ...

verketten* **I.** *vt (zusammenbinden)* ***etw mit etw ~*** attacher qc avec une chaîne à qc **II.** *vr* ***sich ~*** *Umstände:* s'enchaîner

Verkettung <-, -en> *f von Misserfolgen* enchaînement *m*

verklagen* *vt* porter plainte; ***jdn wegen etw ~*** porter plainte contre qn à cause de qc; ***jdn auf Schadenersatz*** *akk* **~** poursuivre qn en dommages-intérêts

verklappen* *vt* évacuer; ***etw im Meer ~*** évacuer qc en mer

Verklappung <-, -en> *f* évacuation *f* [en mer]

verklären* **I.** *vr* **sich ~** ❶ *Blick, Miene:* s'illuminer; ***verklärt*** radieux, -euse ❷ *(zu schön erscheinen) Vergangenheit:* s'enjoliver **II.** *vt* enjoliver *Vergangenheit*

Verklärung <-> *f* transfiguration *f*

verkleben* **I.** *vt + haben* ❶ *(festkleben)* coller ❷ *(zukleben)* ***etw mit einem Klebestreifen ~*** masquer qc avec du papier adhésif **II.** *vi + sein Wimpern:* coller

verkleiden* *vt* ❶ *(kostümieren)* déguiser; ***jdn/sich als Clown ~*** déguiser qn/se déguiser en clown ❷ *(überdecken)* recouvrir *Heizkörper;* revêtir *Wand*

Verkleidung *f* ❶ *(Kostümierung)* déguisement *m* ❷ *einer Wand* revêtement *m*

verkleinern* **I.** *vt* ❶ rapetisser ❷ PHOT réduire le format de *Vorlage;* réduire *Format* ❸ *(zahlenmäßig verringern)* réduire le personnel de *Betrieb, Firma* **II.** *vr* ❶ *(sich verringern)* ***sich um etw ~*** rapetisser de qc ❷ *(schrumpfen)* ***sich ~*** *Tumor:* diminuer de volume

Verkleinerung <-, -en> *f kein Pl eines Formats* réduction *f*

Verkleinerungsform *f* diminutif *m*

verklemmen* *vr* ***sich ~*** se coincer

verklemmt *adj* coincé(e) *fam*

verklingen* *vi irr + sein Lied:* se taire peu à peu

verkloppen* *vt* DIAL *(fam)* ❶ *(verprügeln)* tabasser *fam* ❷ *(verkaufen)* [re]fourguer *fam*

verknacksen* *vr (fam)* ***sich*** *dat* ***etw ~*** se fouler qc

verknallen* *vr (fam)* ***sich ~*** s'amouracher; ***sich in jdn ~*** s'amouracher de qn; ***in jdn verknallt sein*** être toqué de qn

verkneifen* *vr irr (fam)* ***sich*** *dat* ***eine Be-***

merkung ~ se retenir de faire une remarque

verkniffen *(pej)* **I.** *adj Miene* pincé(e) **II.** *adv grinsen* d'un air pincé

verknöchert *adj (fam)* fossilisé(e), sclérosé(e); ***er ist alt und*** ~ c'est un vieux fossile

verknoten* **I.** *vt* ***[miteinander]*** ~ nouer *Drähte* **II.** *vr* ***sich*** ~ s'emmêler [et faire des nœuds]

verknüpfen* *vt* ❶ *(verbinden)* ***eine Reise mit etw*** ~ profiter d'un voyage pour faire qc; ***etw mit der Bedingung ~, dass*** associer qc à la condition que *+subj* ❷ INFORM ***eine Datei mit einem Programm*** ~ associer un fichier à un programme

Verknüpfung <-, -en> *f* ❶ *der Ereignisse* relation *f*, lien *m;* ***zur ~ von Geschäftlichem und Privatem*** pour lier le domaine professionnel et la vie privée ❷ INFORM association *f*

verkochen* *vi + sein* ❶ *(verdampfen)* s'évaporer en bouillant ❷ *(breiig werden)* cuire trop

verkohlen* **I.** *vi + sein* se carboniser **II.** *vt (fam)* ***jdn*** ~ faire marcher qn

verkommen* *vi irr + sein Person:* tourner mal; *Garten:* ne plus être entretenu; *Gebäude:* se délabrer; ***im Elend*** ~ s'enfoncer dans la misère; ***zum Säufer*** ~ sombrer dans l'alcool

verkorken* *vt* boucher

verkorksen* [fɛɐ̯'kɔrksən] *vr (fam)* ***verkorkst*** *Magen* barbouillé(e)

verkörpern* [fɛɐ̯'kœrpɐn] *vt* incarner

verkosten* *vt* déguster *Wein*

verköstigen* *vt* nourrir

verkrachen* *vr (fam)* ***sich*** ~ se brouiller; ***sich mit jdm*** ~ se brouiller avec qn

verkraften* *vt* faire face à; ***etw*** ~ *Person:* faire face à qc; *Stromnetz:* supporter qc

verkrampfen* *vr* ***sich*** ~ se contracter; ***meine Hand verkrampft sich*** j'ai une crampe dans la main

verkrampft **I.** *adj* contracté(e); *Gesicht, Lächeln* crispé(e) **II.** *adv* ~ ***dasitzen*** être assis tout contracté

verkriechen* *vr irr* ❶ ***sich*** ~ *Tier:* se terrer; ***sich in einem Loch*** ~ aller se terrer dans un trou ❷ *(fam: sich verstecken, zurückziehen)* ***sich unter der Decke*** ~ se fourrer sous les draps

verkrümmen* **I.** *vt* déformer *Finger;* dévier *Wirbelsäule* **II.** *vr* ***sich*** ~ *Wirbelsäule:* se déformer

verkrüppeln* **I.** *vt + haben* estropier *Person* **II.** *vi + sein Strauch:* se rabougrir

verkrüppelt *adj Arm, Fuß* difforme; *Baum* rabougri(e)

verkrustet *adj* ❶ *Wunde* croûteux, -euse ❷ *(fig) System, Strukturen* sclérosé(e)

verkühlen* *vr* DIAL *(fam)* ***sich*** ~ prendre [*o* attraper] froid

verkümmern* *vi + sein Pflanze:* dépérir; *Talent:* s'étioler

verkünden* [fɛɐ̯'kʏndən] *vt* ❶ *(geh: mitteilen)* annoncer; ***jdm etw*** ~ annoncer qc à qn; ***jdm ~, dass ...*** annoncer à qn que ... ❷ JUR prononcer

Verkündigung <-, -en> *f (geh)* proclamation *f*

Verkündung <-> *f* JUR proclamation *f*

verkuppeln* *vt (fam)* ***eine Freundin*** ~ faire rencontrer quelqu'un à une amie

verkürzen* **I.** *vt* ❶ raccourcir *Schnur;* réduire *Abstand;* ***etw um einen Meter*** ~ raccourcir qc d'un mètre; ***etw auf zwei Meter*** ~ ramener qc à deux mètres ❷ *(zeitlich)* réduire *Dauer;* écourter *Urlaub;* ***etw um zehn Tage*** ~ écourter qc de dix jours; ***etw auf eine Woche*** ~ ramener qc à une semaine **II.** *vr* ***sich*** ~ *Abstand:* diminuer

Verkürzung *f* raccourcissement *m; der Arbeitszeit, einer Distanz* réduction *f*

verladen* *vt irr* ❶ *(umladen)* charger; ***etw auf/in etw*** *akk* ~ charger qc sur/dans qc ❷ *(fam: hinters Licht führen)* entuber

Verlag [fɛɐ̯'la:k] <-[e]s, -e> *m* éditions *f pl*, maison *f* d'édition

verlagern* **I.** *vt* ❶ déplacer *Gewicht* ❷ *(verlegen)* ***etw ins Ausland*** ~ transférer qc à l'étranger ❸ *(fig)* ***den Schwerpunkt auf etw*** *akk* ~ donner la priorité à qc **II.** *vr* METEO ***sich nach Norden*** ~ se déplacer vers le nord

Verlagerung *f* ❶ déplacement *m* ❷ *(Verlegung)* transfert *m;* ~ ***ins Ausland*** délocalisation *f*

Verlagsbuchhandel *m* commerce *m* de libraire-éditeur **Verlagswesen** *nt kein Pl* édition *f*

verlangen* **I.** *vt* ❶ *(fordern, erwarten)* réclamer *Geld;* exiger *Bestrafung;* demander *Fleiß;* ***etw von jdm*** ~ exiger qc de/demander qc à qn ❷ *(sehen wollen, haben wollen)* demander *Ausweis;* réclamer *Rechnung* ❸ *(zu sprechen wünschen)* demander ❹ *(erfordern)* ***Mut*** ~ exiger du courage ▶ **das ist ein bisschen viel verlangt!** c'est demander beaucoup! **II.** *vi (geh)* ***nach jdm/etw*** ~ réclamer qn/qc

Verlangen <-s> *nt* ❶ *(Wunsch)* désir *m* ❷ *(Forderung)* exigence *f*

V

verlängern* [fɛɐ̯'lɛŋɐn] **I.** *vt* ❶ [r]allonger; ***etw um zwei Meter*** ~ [r]allonger qc de deux mètres ❷ *(andauern lassen)* prolonger **II.** *vr* ***sich um einen Monat*** ~ se prolonger d'un mois

Verlängerung <-> *f einer Frist* prolongation *f*

Verlängerungskabel *nt* rallonge *f*

verlangsamen* [fɛɐ̯'laŋzaːmən] **I.** *vt* ❶ ralentir *Lauf;* réduire *Fahrt;* ***seine Schritte*** ~ ralentir sa marche ❷ *(aufhalten)* freiner *Entwicklung* **II.** *vr* ***sich*** ~ se ralentir; *Fahrt:* diminuer

Verlass [fɛɐ̯'las] <-es> *m* ▶ **auf jdn/etw ist** ~ on peut compter sur qn/qc

verlassen* *irr* **I.** *vt* ❶ quitter, abandonner *Familie* ❷ *(hinaus-, fortgehen)* quitter *Stadt;* ~ ***Sie sofort mein Haus!*** sortez d'ici immédiatement! ❸ *(verloren gehen)* ***jdn*** ~ *Hoffnung:* abandonner qn ▶ **und da verließen sie ihn!** *(fam)* et puis c'était le trou! **II.** *vr* ***sich auf jdn/etw*** ~ compter sur qn/qc; ***ich verlasse mich darauf, dass du kommst*** je compte sur toi pour venir ▶ **worauf du dich ~ kannst!** là-dessus, tu peux me faire confiance!

Verlassenschaft <-, -en> *f* A *(Nachlass)* succession *f*

verlässlich [fɛɐ̯'lɛslɪç] *adj Freund* sur lequel on peut compter; *Zeuge* digne de foi

Verlässlichkeit <-> *f* fiabilité *f*

Verlauf [fɛɐ̯'lau̯f] *m* ❶ *(Linie, Richtung)* tracé *m; eines Flusses* cours *m* ❷ *(Entwicklung)* déroulement *m; von Gesprächen* cours *m; einer Krankheit* évolution *f*

verlaufen* *irr* **I.** *vi* + *sein* ❶ *(sich erstrecken)* ***am Seeufer*** ~ passer au bord du lac; ***parallel zur Autobahn*** ~ être parallèle à l'autoroute ❷ *(ablaufen)* ***wie geplant*** ~ se dérouler comme prévu **II.** *vr* + *haben* **sich** ~ ❶ *(sich verirren)* s'égarer ❷ *(auseinandergehen)* se disperser

verlaust *adj Person* pouilleux, -euse; *Haare* plein(e) de poux

verlautbaren* **I.** *vt* + *haben (form)* rendre public, -ique **II.** *vi unpers* + *sein (form)* ***es verlautbarte, dass …*** il a été annoncé que …

Verlautbarung <-, -en> *f (form)* ❶ *kein Pl (Bekanntgabe)* communication *f* ❷ *(Mitteilung)* communiqué *m*

verlauten* *vi* + *sein* ***wie verlautet*** comme on l'a appris

verleben* *vt* passer *Zeit, Urlaub*

verlebt *adj Gesicht* de quelqu'un qui a vécu

verlegen*1 [fɛɐ̯'leːgən] **I.** *vt* ❶ égarer *Schlüssel* ❷ *(verschieben)* ***etw auf einen anderen Tag*** ~ reporter qc à un autre jour ❸ *(legen)* poser ❹ *(publizieren)* éditer ❺ *(umquartieren)* transférer *Behörde;* transporter *Truppen* **II.** *vr* ***sich auf den Kunsthandel*** ~ se mettre au marché de l'art

verlegen² [fɛɐ̯'leːgən] *adj* embarrassé(e); ~ ***werden*** être gagné par l'embarras

Verlegenheit <-, -en> *f kein Pl (Betretenheit)* gêne *f*

Verleger(in) <-s, -> *m(f)* éditeur, -trice *m, f*

Verlegung <-> *f* ❶ *(Verschiebung)* report *m* ❷ *(das Legen)* pose *f* ❸ *(Umquartierung) von Patienten, Behörden* transfert *m*

verleiden* *vt* gâcher; ***jdm etw*** ~ gâcher qc à qn

Verleih <-[e]s, -e> *m kein Pl (das Verleihen)* location *f*

verleihen* *vt irr* ❶ prêter; *(gegen Entgelt)* louer; ***etw an jdn*** ~ prêter/louer qc à qn ❷ *(zuerkennen)* décerner *Orden* ❸ *(geben, verschaffen)* ***jdm Kraft*** ~ donner de la force à qn; ***einer S. eine persönliche Note*** ~ customiser qc

Verleihung <-, -en> *f* ❶ *kein Pl (das Verleihen)* location *f* ❷ *(Zuerkennung)* attribution *f*

verleiten* *vt* inciter; ***jdn zum Glücksspiel*** ~ inciter qn au jeu de hasard

verlernen* *vt* oublier

verlesen* *irr* **I.** *vt* donner lecture de *Namen* **II.** *vr* ***sich*** ~ se tromper en lisant

verletzbar *adj* susceptible

verletzen* [fɛɐ̯'lɛtsən] **I.** *vt* ❶ blesser; ***jdn/ein Tier am Kopf*** ~ blesser qn/un animal à la tête; ***leicht/schwer verletzt*** légèrement/gravement blessé ❷ *(kränken)* blesser ❸ *(nicht befolgen)* enfreindre *Vorschrift* **II.** *vr* ***sich an der Hand*** ~ se blesser à la main

verletzend *adj* blessant(e)

verletzlich *adj* susceptible, sensible

Verletzte(r) *f(m) dekl wie adj* blessé(e) *m(f)*

Verletzung <-, -en> *f* ❶ *(Wunde)* blessure *f* ❷ *kein Pl (das Nichtbefolgen)* ***die ~ der Bestimmungen*** la violation du règlement

Verletzungsgefahr *f* risque *m* de blessure

verleugnen* *vt* renier; ***nicht ~ können, dass …*** ne [pas] pouvoir nier que …

verleumden* [fɛɐ̯'lɔymdən] *vt* calomnier, diffamer

verleumderisch [fɛɐ̯'lɔymdərɪʃ] *adj* calomnieux, -euse, diffamatoire

Verleumdung <-, -en> *f* calomnie *f* **Verleumdungsklage** *f* JUR action *f* en justice relative à une diffamation
verlieben* *vr* tomber amoureux, -euse; ***sich in jdn*** ~ tomber amoureux de qn
verliebt *adj Person, Blick* amoureux, -euse
Verliebte(r) *f(m) dekl wie adj* amoureux, -euse *m, f*
verlieren [fɛɐ̯ˈliːrən] <verlor, verloren> **I.** *vt* ❶ perdre; ***wir dürfen keine Zeit ~!*** il ne faut pas perdre de temps! ❷ *(entweichen lassen)* laisser s'échapper *Öl;* ***Luft*** ~ *Reifen:* fuir ▶ **du hast/das hat hier nichts verloren!** *(fam)* tu n'as/ça n'a rien à faire ici!; **jd hat nichts mehr/hat nichts zu ~** qn n'a plus rien/n'a rien à perdre **II.** *vr* ***sich*** ~ *Spontaneität:* diminuer; *Nervosität:* passer **III.** *vi* ***an Bedeutung*** *dat* ~ devenir moins important
Verlierer(in) <-s, -> *m(f)* perdant(e) *m(f); (eines Kriegs)* vaincu(e) *m(f)*
Verlies [fɛɐ̯ˈliːs] <-es, -e> *nt* oubliettes *fpl*
verloben* *vr* se fiancer; ***sich mit jdm*** ~ se fiancer avec qn
verlobt *adj* fiancé(e); ***mit jdm ~ sein*** être fiancé à qn
Verlobte(r) *f(m) dekl wie adj* fiancé(e) *m(f)*
Verlobung <-, -en> *f* fiançailles *fpl*
verlocken* *vi (geh)* ***zum Wandern*** ~ inviter à la promenade
verlockend *adj* attrayant(e); ~ ***klingen*** être attrayant
Verlockung <-, -en> *f* attrait *m*
verlogen [fɛɐ̯ˈloːgən] *adj Person* menteur, -euse; *Gesellschaft* hypocrite
Verlogenheit <-> *f einer Person* fausseté *f; der Gesellschaft* hypocrisie *f*
verlor [fɛɐ̯ˈloːɐ̯] *Imp von* **verlieren**
verloren [fɛɐ̯ˈloːrən] **I.** *PP von* **verlieren** **II.** *adj* perdu(e) **III.** *adv* ~ ***gehen*** *Brief:* se perdre ▶ **an ihr ist eine Journalistin ~ gegangen** *(fam)* elle aurait fait une bonne journaliste
verloren|gehen *s.* **verloren III.**
verlöschen* <verlischt, verlosch, verloschen> *vi + sein (geh)* s'éteindre
verlosen* *vt* tirer au sort
Verlosung *f* tirage *m* au sort
verlottern* *vi + sein (pej) Person:* tomber dans la déchéance
Verlust [fɛɐ̯ˈlʊst] <-[e]s, -e> *m* perte *f;* ***hohe ~e machen*** essuyer des pertes importantes
Verlustgeschäft *nt* opération *f* à perte
vermachen* *vt* ❶ JUR ***jdm etw*** ~ léguer qc à qn ❷ *(fam: schenken)* ***jdm etw*** ~ faire cadeau de qc à qn
Vermächtnis <-ses, -se> *nt (a. fig)* héritage *m*
vermählen* [fɛɐ̯ˈmɛːlən] *vr (geh)* ***sich*** ~ se marier; ***sich mit jdm*** ~ se marier avec qn
Vermählung <-, -en> *f (geh)* mariage *m*
vermarkten* *vt* ❶ ***ein Produkt*** ~ commercialiser un produit; ***sich gut ~ lassen*** se vendre bien ❷ *(zu Geld machen)* ***etw*** ~ se faire de l'argent avec qc
Vermarktung <-, -en> *f* commercialisation *f*
vermasseln* [fɛɐ̯ˈmasəln] *vt (fam)* ❶ ***jdm den Urlaub/das Geschäft*** ~ foutre en l'air les vacances/l'affaire de qn ❷ *(schlecht machen)* louper *Prüfung*
vermehren* **I.** *vr* **sich ~** ❶ *(sich fortpflanzen)* se reproduire ❷ *(zunehmen)* augmenter **II.** *vt* ❶ multiplier *Pflanzen* ❷ *(vergrößern)* accroître, augmenter *Besitz*
Vermehrung <-, -en> *f* ❶ *(Fortpflanzung)* reproduction *f* ❷ *(im Gartenbau)* multiplication *f* ❸ *des Besitzes* accroissement *m*
vermeidbar *adj* évitable
vermeiden* *vt irr* éviter; ***sich nicht/kaum ~ lassen*** être inévitable/pratiquement inévitable
Vermeidung <-, -en> *f* ***zur ~ eines Skandals/von Missverständnissen*** pour éviter un scandale/des malentendus; ***zur ~ weiterer Verluste*** pour éviter des pertes supplémentaires
vermeintlich [fɛɐ̯ˈmaɪntlɪç] **I.** *adj attr* présumé(e), supposé(e) **II.** *adv* apparemment, soi-disant
vermelden* *vt* annoncer; ***etwas/nichts zu ~ haben*** avoir quelque chose/n'avoir rien à signaler
vermengen* *vt (vermischen)* mélanger
Vermerk [fɛɐ̯ˈmɛrk] <-[e]s, -e> *m* note *f*
vermerken* *vt (notieren)* ***etw auf etw*** *dat* ***/in etw*** *dat* ~ noter qc sur qc/dans qc
vermessen*[1] [fɛɐ̯ˈmɛsən] *irr* **I.** *vt* mesurer *Gelände* **II.** *vr* ***sich*** ~ se tromper en mesurant
vermessen[2] [fɛɐ̯ˈmɛsən] *adj (geh)* présomptueux, -euse
Vermessung *f* mesurage *m*
vermiesen* [fɛɐ̯ˈmiːzn] *vt (fam)* ***sie hat ihm die Party vermiest*** elle lui a foutu la fête en l'air
vermieten* *vt, vi* louer; ***das Haus ist zu ~*** la maison est à louer
Vermieter(in) *m(f)* ❶ *(Hauswirt)* propriétaire *mf* ❷ *(Verleiher)* loueur, -euse *m, f*
Vermietung <-, -en> *f* location *f*
vermindern* **I.** *vt* réduire *Geschwindigkeit*

V

II. *vr* ***sich** ~ Einfluss:* diminuer; *Geschwindigkeit:* baisser

Verminderung *f* réduction *f*

verminen* *vt* miner

vermischen* **I.** *vt* mélanger; ***etw mit etw*** ~ mélanger qc à qc **II.** *vr* ❶ ***sich [miteinander]*** ~ se mélanger ❷ *(fig)* ***sich*** ~ *Völkergruppen:* se mêler

vermissen* *vt* ❶ *(nicht finden können)* ne plus retrouver *Schlüssel* ❷ ***ich vermisse dich so*** tu me manques tellement ❸ *(als abwesend feststellen)* ***vermisst werden*** *Kind:* être porté disparu ❹ *(wünschenswert finden)* ***an einem Auto jeden Komfort*** ~ déplorer le manque total de confort dans une voiture

Vermisste(r) *f(m) dekl wie Adj* disparu(e) *m(f)*

Vermisstenanzeige *f* déclaration *f* de disparition

vermitteln* **I.** *vt* ❶ fournir; ***jdm eine Stelle/eine Wohnung*** ~ fournir un emploi/un logement à qn; ***jdm Arbeitskräfte*** ~ recruter des effectifs pour [le compte de] qn; ***jdm einen Partner*** ~ mettre qn en contact avec un partenaire ❷ *(beibringen)* transmettre *Lehrstoff* ❸ TELEC ***ein Gespräch*** ~ établir une communication [téléphonique] ❹ *(geh: geben)* ***jdm einen Eindruck*** ~ donner une impression à qn **II.** *vi* ***in etw*** *dat* ~ servir d'intermédiaire dans qc

vermittelnd **I.** *adj Bemühungen* de médiation **II.** *adv* comme intermédiaire, en médiateur/médiatrice

Vermittler(in) <-s, -> *m(f)* ❶ *(Schlichter)* médiateur, -trice *m, f* ❷ *(Makler)* intermédiaire *mf*

Vermittlung <-, -en> *f* ❶ *kein Pl (das Vermitteln)* ***die ~ von Arbeitskräften*** le placement de la main-d'œuvre; ***für die ~ der Wohnung verlangt er ...*** sa commission de courtier s'élève à ... ❷ *kein Pl (Schlichtung)* médiation *f* ❸ TELEC *(Servicestelle)* transmission *f* ❹ *kein Pl* TELEC *(das Schalten)* ***die ~ eines Gesprächs*** l'établissement *m* d'une communication [téléphonique]

V

vermöbeln* [fɛɐ̯'møːbəln] *vt (fam)* tabasser

vermodern* *vi + sein* se décomposer

vermögen *vt irr (geh)* ***[es]*** ~ ***etw zu tun*** être à même de faire qc

Vermögen [fɛɐ̯'møːgən] <-s, -> *nt* ❶ fortune *f* ❷ *kein Pl (geh)* ***sein ~ etw zu tun*** sa capacité à faire qc

vermögend [fɛɐ̯'møːgənt] *adj (geh)* fortuné(e); ***~ sein*** avoir des biens

Vermögenssteuer *f* impôt *m* sur la fortune **vermögenswirksam** *adj* ***~e Leistungen*** *prestations de l'employeur favorisant l'épargne et faisant partie du salaire*

vermummen* [fɛɐ̯'mʊmən] *vr* ***sich*** ~ dissimuler son visage; ***total vermummt sein*** être encagoulé

Vermummungsverbot *nt* interdiction *f* de dissimuler son visage

vermuten* [fɛɐ̯'muːtən] *vt* supposer; ***~, dass ...*** supposer que ...; ***Bestechung*** ~ soupçonner des pots-de-vin

vermutlich *adj attr* probable

Vermutung <-, -en> *f* supposition *f*, présomption *f*

vernachlässigen* [fɛɐ̯'naːxlɛsɪgən] **I.** *vt* délaisser *Kind;* négliger *Kleidung;* ***sich vernachlässigt fühlen*** *Person:* se sentir délaissé **II.** *vr* ***sich*** ~ se laisser aller

Vernachlässigung <-, -en> *f* ❶ ***zur ~ des Äußeren neigen*** avoir tendance à se négliger ❷ *(Nichtbeachtung) eines Details* omission *f*

vernageln* *vt* clouer *Kiste, Sarg;* ***das Fenster mit Brettern*** ~ condamner la fenêtre en clouant des planches

vernähen* *vt* ❶ *(zunähen)* recoudre *Loch* ❷ *(einnähen)* reprendre *Faden*

vernarben* *vi + sein Wunde:* se cicatriser; ***ein vernarbtes Gesicht*** un visage couturé

vernarren* *vr (fam)* ***sich in jdn/etw*** ~ s'enticher de qn/qc; ***in jdn/etw vernarrt sein*** s'être entiché de qn/qc

vernaschen* *vt* ❶ ***das Taschengeld*** ~ dépenser son argent de poche dans des sucreries ❷ *(fam)* ***jdn*** ~ se faire qn

vernebeln* *vt* ❶ *(als Nebel versprühen)* pulvériser ❷ *(fig)* voiler, masquer *Tatbestand;* dissimuler *Umstand*

vernehmbar *adj* perceptible, audible

vernehmen* *vt irr* ❶ *(verhören)* entendre *Zeugen;* interroger *Beschuldigten* ❷ *(geh: hören)* percevoir ❸ *(geh: erfahren)* apprendre; ***sie hatte es schon vernommen*** elle le savait déjà

Vernehmen ▶ **dem ~ nach** à ce qu'on dit

vernehmlich [fɛɐ̯'neːmlɪç] **I.** *adj (geh)* audible; *Stimme* clair(e) **II.** *adv (geh)* ***er räusperte sich/hüstelte*** ~ on l'entendit se racler la gorge/toussoter

Vernehmung <-, -en> *f eines Zeugen* audition *f; (Verhör)* interrogatoire *m*

verneigen* *vr (geh)* ***sich*** ~ s'incliner; ***sich vor jdm/etw*** ~ s'incliner devant qn/qc

verneinen* *vt* ❶ donner une réponse négative à *Frage* ❷ *(leugnen)* nier

verneinend **I.** *adj Antwort* négatif, -ive; *Kopfschütteln* en signe de négation **II.** *adv* **~ *den Kopf schütteln*** faire un signe de tête négatif

Verneinung <-, -en> *f* ❶ ***die ~ einer Frage*** la réponse négative à une question ❷ *(Leugnung)* négation *f*

vernetzen *vt* INFORM mettre en réseau; ***Rechner [miteinander] ~*** mettre des ordinateurs en réseau

Vernetzung <-, -en> *f* ❶ INFORM mise *f* en réseau, interconnexion *f* ❷ *(Verbindung)* imbrication *f*

vernichten* [fɛɐ̯'nɪçtən] *vt* ❶ *(beseitigen)* détruire *Akten;* supprimer *Arbeitsplätze* ❷ *(zerstören)* détruire *Ernte, Gebäude;* anéantir *Stadt* ❸ *(ausrotten)* exterminer *Personen, Unkraut*

vernichtend **I.** *adj* ❶ *Niederlage* écrasant(e) ❷ *(fig)* ***ein ~er Blick*** un regard haineux **II.** *adv* ***jdn ~ schlagen*** battre qn à plate[s] couture[s]

Vernichtung <-, -en> *f* ❶ *von Beweisen* destruction *f; von Arbeitsplätzen* suppression *f* ❷ *einer Ernte* destruction *f*

Vernichtungslager *nt* camp *m* d'extermination **Vernichtungswaffe** *f* arme *f* de destruction massive

verniedlichen* [fɛɐ̯'niːtlɪçən] *vt* minimiser [l'importance de]

Vernissage [vɛrnɪ'saːʒə] <-, -n> *f* vernissage *m*

Vernunft [fɛɐ̯'nʊnft] <-> *f* raison *f;* ***nimm doch ~ an!*** allons, sois raisonnable! ► **jdn zur ~ bringen** ramener qn à la raison

vernünftig [fɛɐ̯'nʏnftɪç] **I.** *adj* ❶ *Person* raisonnable ❷ *Argument* sensé(e) ❸ *(fam: akzeptabel)* potable **II.** *adv (fam: akzeptabel)* convenablement

veröden* **I.** *vi + sein Gegend:* se dépeupler; ***eine verödete Innenstadt*** un centre ville déserté **II.** *vt + haben* MED scléroser *Krampfader*

Verödung <-, -en> *f* ❶ *einer Ortschaft, Region, Innenstadt* désertion *f* ❷ MED sclérose *f*

veröffentlichen* [fɛɐ̯'œfəntlɪçən] *vt* ❶ publier *Artikel* ❷ *(bekannt machen)* rendre public, -ique

Veröffentlichung <-, -en> *f* publication *f*

verordnen* *vt (verschreiben)* ***jdm etw ~*** prescrire qc à qn

Verordnung <-, -en> *f* ❶ *kein Pl (das Verschreiben)* prescription *f* ❷ *(form: Verfügung)* disposition *f*

verpachten* *vt* affermer *Bauernhof;* ***ein Lokal ~*** donner un établissement à bail

verpacken* *vt* emballer

Verpacken *nt* packaging *m*

Verpackung *f* emballage *m*

Verpackungsmüll *m* emballages *mpl* usagés

verpassen* *vt* rater *Bus, Gelegenheit;* laisser passer *Chance*

verpatzen* *vt (fam)* louper *Auftritt;* ***du hast ihr den Abend verpatzt!*** tu lui as gâché la soirée!

verpeilen [fɛɐ̯'pailən] *vt + haben (sl)* ❶ *(vergessen)* zapper *fam* ❷ ***verpeilt sein*** être largué *fam*

verpennen* **I.** *vt (fam)* ❶ *(verpassen)* louper *Bus* ❷ *(vergessen)* oublier carrément **II.** *vi (fam)* avoir une panne d'oreiller

verpesten* [fɛɐ̯'pɛstən] *vt* ❶ polluer *Luft* ❷ *(fam: mit Rauch füllen)* ***verpeste mir nicht die Wohnung!*** ne m'empeste pas l'appartement!

verpetzen* *vt (fam)* cafter; ***jdn [bei jdm] ~*** cafter qn [auprès de qn]

verpfänden* *vt* hypothéquer *Haus;* ***das Auto ~*** donner la voiture en gage

verpfeifen* *vt irr (fam)* balancer; ***jdn bei jdm ~*** balancer qn à qn

verpflanzen* *vt* ❶ transplanter *Baum* ❷ MED greffer, transplanter

Verpflanzung *f a.* MED transplantation *f*

verpflegen* *vt* nourrir; ***jdn/sich ~*** nourrir qn/se nourrir

Verpflegung *f* ❶ *kein Pl (das Verpflegen)* ravitaillement *m* ❷ *(Kost)* alimentation *f*

verpflichten* **I.** *vt* ❶ *(festlegen)* obliger; ***jdn ~ etw zu tun*** obliger qn à faire qc; ***gesetzlich verpflichtet sein etw zu tun*** être tenu par la loi de faire qc; ***das verpflichtet dich zu gar nichts*** cela ne t'engage à rien ❷ *(engagieren)* engager *Künstler, Sportler* **II.** *vi Erfolg:* constituer un engagement; ***nicht zum Kauf ~*** être sans obligation d'achat **III.** *vr* ❶ *(zusagen)* ***sich zu etw ~*** s'engager à qc ❷ *(Arbeitsvertrag abschließen)* ***sich für fünf Jahre ~*** *Künstler, Sportler:* signer pour cinq ans; *Soldat:* s'engager pour cinq ans

Verpflichtung <-, -en> *f meist Pl (Pflicht)* engagement *m*

verpfuschen* *vt (a. fig fam)* bousiller

verpissen* *vr (fam)* ***sich ~*** foutre le camp; ***verpiss dich!*** casse-toi!

verplanen* *vt* ❶ prévoir *Summe;* programmer *Zeit* ❷ *(fam: ausbuchen)* ***für die ganze Woche verplant sein*** être pris toute la semaine

verplempern* *vt (fam: verschwenden)* cla-

V

quer; ***viel Zeit für etw*** ~ claquer beaucoup de temps dans qc
verpönt *adj (geh)* mal vu(e)
verprassen* *vt* dilapider
verprellen* *vt* irriter
verprügeln* *vt* rouer de coups; ***jdn*** ~ rouer qn de coups
verpuffen* *vi + sein* ❶ *(explodieren)* déflagrer ❷ *(fam: wirkungslos sein) Maßnahme:* ne rien donner; *Elan:* foutre le camp
Verputz *m* crépi *m*
verputzen* *vt* ❶ crépir *Haus;* enduire *Wand* ❷ *(fam: aufessen)* avaler
verqualmen* *vt (fam)* enfumer *Zimmer*
verquatschen *vr (fam)* ***sich*** ~ *(sich verplappern)* trop en dire; *(beim Plaudern die Zeit vergessen)* trop parler
verquollen [fɛɐ̯'kvɔlən] *adj* gonflé(e)
verrammeln* *vt (fam)* barricader
verramschen* *vt (fam)* brader *fam*
Verrat [fɛɐ̯'ra:t] <-[e]s> *m* ❶ *(das Verraten)* ***der ~ militärischer Geheimnisse*** la livraison de secrets militaires ❷ *(Tat)* ~ ***begehen*** commettre une trahison
verraten <verrät, verriet, verraten> **I.** *vt* ❶ *(ausplaudern)* trahir *Geheimnis;* se rendre coupable de trahison en dévoilant *Plan;* ***nichts ~!*** motus et bouche cousue! ❷ *(Verrat üben an, preisgeben)* trahir *Freund, Ziel* ❸ *(iron fam: sagen)* ***sie hat mir nicht ~ wollen, wer ...*** elle n'a pas voulu me dire qui ... ❹ *(erkennen lassen)* ***seine wahren Absichten nicht*** ~ ne pas laisser entrevoir ses intentions; ***ihre Stimme hat sie*** ~ sa voix l'a trahie ▶ ~ **und verkauft sein** *(fam)* être abandonné de tous **II.** *vr* ***sich*** ~ se trahir
Verräter(in) [fɛɐ̯'rɛ:tɐ] <-s, -> *m(f)* traître, -esse *m, f*
verräterisch I. *adj Handbewegung* qui trahit **II.** *adv* ***jdm ~ zuzwinkern*** faire un clin d'œil traître à qn
verrauchen* **I.** *vi + sein Qualm, Ärger:* se dissiper **II.** *vt + haben (verräuchern)* ***ein verrauchtes Lokal*** un bistro[t] enfumé
verrechnen* **I.** *vr* ❶ *(falsch rechnen)* ***sich*** ~ se tromper en comptant; ***sich um zehn Euro*** ~ se tromper de dix euros en comptant ❷ *(sich irren)* ***sich*** ~ faire une erreur [dans ses calculs] **II.** *vt* ***die Anzahlung mit dem Gesamtbetrag*** ~ déduire l'acompte du montant total
Verrechnung *f* ❶ *(Anrechnung)* compensation *f* ❷ *(Gutschrift)* encaissement *m*
Verrechnungsscheck *m* chèque *m* barré
verrecken* *vi + sein (fam)* ❶ *Person, Tier:* crever ❷ *Gerät:* lâcher ▶ **nicht ums Verrecken** pas pour tout l'or du monde
verregnet *adj* très pluvieux, -euse
verreisen* *vi + sein* ***privat/geschäftlich*** ~ partir en voyage privé/d'affaires; ***mit dem Zug*** ~ partir en voyage par le train
verrenken* [fɛɐ̯'rɛŋkən] *vr* ***sich*** *dat* ***den Hals*** ~ se tordre le cou; ***sich*** *dat* ***den Fuß*** ~ se faire une entorse au pied
Verrenkung <-, -en> *f* entorse *f;* ***~en machen*** se contorsionner
verrennen* *vr irr* ***sich in etw*** *akk* ~ s'obstiner dans qc
verrichten* *vt* accomplir *Arbeit;* faire *Gebet*
verriegeln* *vt* verrouiller
verringern* [fɛɐ̯'rɪŋɐn] **I.** *vt* réduire, diminuer **II.** *vr* **sich** ~ ❶ *Abstand, Geschwindigkeit:* diminuer ❷ *(sich verschlechtern)* s'amenuiser
Verringerung <-> *f* diminution *f,* réduction *f*
verrinnen* *vi irr + sein* ❶ *(geh: vergehen)* s'écouler ❷ *(versickern)* ***im Sand*** ~ s'infiltrer dans le sable
Verriss *m* mauvaise critique *f*
verrohen* *vi + sein Person:* devenir une brute
verrosten* *vi + sein* rouiller
verrotten* [fɛɐ̯'rɔtən] *vi + sein* ❶ *(sich zersetzen)* pourrir ❷ *(verwahrlosen)* se délabrer
verrucht [fɛɐ̯'ru:xt] *adj* ❶ *Schurke* infâme ❷ *Aussehen* vicieux, -euse; *Viertel* de débauche
verrücken* *vt* pousser *Möbelstück*
verrückt [fɛɐ̯'rʏkt] *adj (fam)* ❶ fou, folle; ***jdn ~ machen*** *(fam)* rendre qn cinglé(e); ***bist du ~?*** *(fam)* t'es malade [ou quoi]? ❷ *Kleidung* dingue; *Plan* farfelu(e) ❸ *(versessen)* ***nach jdm ~ sein*** être dingue de qn; ***auf etw*** *akk* ***/nach etw ~ sein*** raffoler de qc ▶ **ich werd' ~!** *(fam)* c'est pas vrai, je rêve!; **wie** ~ *(fam) rennen, schreien* comme un fou/une folle; ***es regnet wie*** ~ il pleut à seaux
Verrückte(r) *f(m) dekl wie adj (fam)* fou *m* /folle *f*
Verrücktheit <-, -en> *f kein Pl* folie *f*
Verrücktwerden ▶ **es ist zum ~!** *(fam)* c'est à devenir cinglé(e)!
Verruf *m* ***in ~ kommen*** compromettre sa réputation; ***jdn in ~ bringen*** compromettre la réputation de qn
verrufen *adj Gegend* mal famé(e)
verrühren* *vt* mélanger; ***etw mit etw*** ~ mélanger qc avec qc
verrutschen* *vi + sein* glisser

V

Vers [fɛrs] <-es, -e> *m* ❶ *(in der Poesie)* vers *m* ❷ *(Strophe)* strophe *f* ❸ *(Bibelvers)* verset *m*
versacken* *vi + sein (fam)* ❶ *(versinken)* s'enliser; ***in etw** dat* ~ *Wagen:* s'enliser dans qc ❷ *(fig: feiern)* faire la bringue
versagen* I. *vi* ❶ échouer; ***im Leben/in der Schule*** ~ échouer dans la vie/à l'école; ***aus Angst zu*** ~ par peur de l'échec ❷ *(nicht wirken) Erziehung:* être un échec ❸ *(nicht funktionieren) Alarmanlage:* ne pas fonctionner; ***seine Stimme versagte*** sa voix lui fit défaut II. *vt (geh)* ***jdm etw*** ~ refuser qc à qn
Versagen <-s> *nt* ❶ *(Scheitern)* échec *m* ❷ *(Fehlfunktion)* défaillance *f; eines Herzens* arrêt *m* ❸ *(Fehlverhalten)* ***menschliches*** ~ défaillance *f* humaine
Versager(in) <-s, -> *m(f)* raté(e) *m(f)*
versalzen* I. *vt irr* ❶ trop saler *Essen* ❷ *(fam: verderben)* ***diese Freude werde ich ihm ~!*** je vais lui gâcher ce plaisir! II. *vi See:* se saler
versammeln* I. *vr* ***sich*** ~ se rassembler II. *vt* rassembler
Versammlung *f* ❶ *(Zusammenkunft)* réunion *f* ❷ *(die versammelten Menschen)* assemblée *f*
Versammlungsfreiheit *f kein Pl* liberté *f* de réunion
Versand [fɛɐ̯ˈzant] <-[e]s> *m (das Versenden)* envoi *m*
versanden* *vi + sein* ❶ s'ensabler ❷ *(fam: aufhören)* finir en eau de boudin
versandfertig *adj* prêt(e) à être expédié(e)
Versandhandel *m* vente *f* par correspondance **Versandhaus** *nt* entreprise *f* de vente par correspondance **Versandkosten** *Pl* COM, ÖKON frais *mpl* d'expédition [*o* d'envoi]
versauen* *vt (sl)* dégueulasser *Boden*
versaufen* *vt irr (sl)* ***sein ganzes Gehalt*** ~ claquer tout son salaire dans la boisson *fam*
versäumen* *vt* ❶ *(verpassen)* manquer *Termin;* laisser passer *Gelegenheit* ❷ *(unterlassen)* ***[es]*** ~ ***etw zu tun*** omettre de faire qc
Versäumnis [fɛɐ̯ˈzɔymnɪs] <-ses, -se> *nt (geh)* omission *f*
verschachern* *vt (pej)* brader *péj*
verschachtelt [fɛɐ̯ˈʃaxtəlt] *adj Satz* complexe
verschaffen* I. *vt* donner; ***jdm einen Vorteil*** ~ donner un avantage à qn; ***das wird dir Respekt*** ~ ainsi, tu te feras respecter II. *vr* ***sich** dat **Geld*** ~ se procurer de l'argent; ***sich** dat **Respekt*** ~ s'attirer le respect
verschämt [fɛɐ̯ˈʃɛːmt] I. *adj* gêné(e) II. *adv* timidement
verschandeln* [fɛɐ̯ˈʃandəln] *vt (fam)* défigurer *Landschaft, Gesicht*
verschanzen* *vr* ❶ MIL ***sich*** ~ se protéger dans des retranchements ❷ *(fig)* ***sich hinter den Vorschriften*** ~ se retrancher derrière le règlement
verschärfen* I. *vr* ***sich*** ~ s'aggraver, s'envenimer II. *vt* ❶ renforcer *Bestimmung;* alourdir *Strafe;* renforcer *Kontrollen* ❷ *(zuspitzen)* aggraver, envenimer
verscharren* *vt* enfouir, enterrer
verschätzen* *vr* ❶ ***sich*** ~ se tromper dans son estimation; ***sich um zehn Meter*** ~ se tromper dans son estimation de dix mètres ❷ *(sich täuschen)* ***sich*** ~ se tromper
verschaukeln* *vt (fam)* ***jdn*** ~ rouler qn [dans la farine]
verschenken* *vt* ❶ donner, faire cadeau de *Kleider, Geld;* faire don de *Besitz* ❷ *(ungenutzt lassen)* ne pas tirer profit de *Gelegenheit*
verscherbeln* *vt (fam)* brader
verscherzen* *vr* ***sich** dat **jds Freundschaft*** ~ perdre l'amitié de qn par sa faute
verscheuchen* *vt* chasser, faire fuir
verschicken* *vt* ❶ *(versenden)* envoyer ❷ *(zur Erholung schicken)* ***jdn ins Gebirge*** ~ envoyer qn à la montagne
verschiebbar *adj* ❶ *Möbel* mobile; *Tür* coulissant(e) ❷ *Termin* que l'on peut déplacer
verschieben* *irr* I. *vt* ❶ *(verrücken)* déplacer; ***etw um einen Meter*** ~ déplacer qc d'un mètre ❷ *(verlegen)* reporter; ***etw auf die nächste Woche*** ~ remettre qc à la semaine prochaine; ***etw um eine Woche*** ~ repousser qc d'une semaine ❸ *(fam: illegal verkaufen)* ***etw ins Ausland*** ~ exporter illégalement qc à l'étranger II. *vr* ❶ ***sich um zwei Stunden*** ~ être retardé de deux heures; ***sich auf die nächste Woche*** ~ être reporté à la semaine prochaine ❷ *(verrutschen)* ***sich*** ~ glisser
Verschiebung *f* report *m*
verschieden [fɛɐ̯ˈʃiːdən] I. *adj* ❶ *(unterschiedlich)* différent(e); ***das ist*** ~ c'est variable ❷ *Charaktere* dissemblable ❸ *(abweichend)* divergent(e) ❹ *attr (einige)* ***~e Leute*** plusieurs personnes; ***~e Bücher kaufen*** acheter divers livres II. *adv* ~ ***breit/hoch sein*** *Tische:* être de largeurs/hauteurs différentes
verschiedenartig *adj* de différentes sortes

V

Verschiedenartigkeit <-> *f* ❶ *(Unterschiedlichkeit)* disparité *f* ❷ *(Vielfalt)* diversité *f*

verschiedentlich [fɛɐ̯ˈʃiːdn̩tlɪç] *adv* à diverses reprises

verschießen* *irr* **I.** *vt* + *haben* ❶ ***die ganze Munition*** ~ épuiser toutes ses munitions ❷ *(danebenschießen)* ***den Ball*** ~ rater le but **II.** *vi* + *sein Stoff:* ternir; *Farbe:* passer

verschiffen* *vt* transporter par voie maritime; ***etw nach Japan*** ~ transporter qc par voie maritime au Japon

verschimmeln* *vi* + *sein* moisir

verschlafen*1 *irr* **I.** *vi* se réveiller trop tard; ***ich habe*** ~ je ne me suis pas réveillé(e) **II.** *vt* ❶ *(fam: vergessen)* oublier carrément ❷ *(verbringen)* ***den Nachmittag*** ~ passer l'après-midi à dormir

verschlafen2 *adj Person* encore [tout(e)] endormi(e)

Verschlag <-[e]s, -schläge> *m* réduit *m*

verschlagen* *vt irr* ❶ *(schlagen)* battre ❷ *(woandershin führen)* ***jdn verschlägt es nach Paris*** qn atterrit à Paris ❸ *(schlecht schlagen)* rater *Ball*

Verschlagenheit <-> *f* sournoiserie *f*

verschlampen* *vt (fam)* paumer

verschlechtern* [fɛɐ̯ˈʃlɛçtɐn] **I.** *vt* aggraver **II.** *vr* **sich** ~ ❶ *Lage:* s'aggraver; *Wetter:* se dégrader ❷ *(beruflich)* être bien moins loti

Verschlechterung <-, -en> *f einer Lage* aggravation *f; des Wetters* dégradation

verschleiern* [fɛɐ̯ˈʃlaiɐn] **I.** *vt* ❶ *(a. fig: bedecken)* voiler ❷ *(verheimlichen)* dissimuler *Sachverhalt* **II.** *vr* ***sich*** ~ *Muslime, Braut:* se voiler

Verschleierung <-, -en> *f* JUR *eines Missstandes, Skandals* dissimulation *f;* ***jdm die ~ seiner Absichten vorwerfen*** reprocher à qn de dissimuler ses intentions

Verschleiß [fɛɐ̯ˈʃlais] <-es, -e> *m (Abnutzung)* usure *f*

verschleißen <verschliss, verschlissen> **I.** *vi* + *sein Material, Maschine:* s'user **II.** *vt, vr* + *haben [**sich**]* ~ [s']user

verschleppen* *vt* ❶ déplacer *Personen* ❷ MED traîner *Krankheit;* ***eine verschleppte Infektion*** une infection qui traîne

Verschleppungstaktik *f* JUR tactique *f* dilatoire

verschleudern* *vt* ❶ *(verkaufen)* liquider ❷ *(verschwenden)* dilapider

verschließbar *adj* ❶ *Gefäß* hermétique ❷ *(abschließbar)* qui ferme à clé

verschließen* *irr* **I.** *vt* ❶ *(abschließen)* fermer [à clé] ❷ *(zumachen)* boucher *Flasche;* fermer *Glas* **II.** *vr* ***sich einer Überlegung*** ~ se fermer à une réflexion

verschlimmern* *vt, vr [**sich**]* ~ [s']aggraver

Verschlimmerung <-, -en> *f* aggravation *f*

verschlingen* *vt irr* ❶ *(essen)* dévorer ❷ *(lesen)* dévorer ❸ *(kosten)* engloutir *Unsummen*

verschlissen [fɛɐ̯ˈʃlɪsən] **I.** *PP von* **verschleißen II.** *adj* usé(e)

verschlossen [fɛɐ̯ˈʃlɔsən] *adj* ❶ *Person* renfermé(e) ❷ *(unverständlich)* ***jdm ~ bleiben*** rester un mystère pour qn

Verschlossenheit <-> *f* caractère *m* renfermé

verschlucken* **I.** *vt* ❶ avaler ❷ *(dämpfen)* étouffer **II.** *vr* ***sich an etw*** *dat* ~ avaler qc de travers

verschlungen [fɛɐ̯ˈʃlʊŋən] **I.** *PP von* **verschlingen II.** *adj Wege* sinueux, -euse, tortueux, -euse

Verschluss *m* ❶ *einer Dose, eines Glases* couvercle *m; einer Flasche* bouchon *m* ❷ *(Schließe)* fermoir *m* ▶ **etw unter ~ halten** garder qc sous clé

verschlüsseln* [fɛɐ̯ˈʃlʏsəln] *vt* coder

verschlüsselt I. *PP von* **verschlüsseln II.** *adj Daten* codé(e)

Verschlüsselung <-, -en> *f* codage *m*

Verschlüsselungstechnik *f* INFORM technique *f* d'encodage

Verschlusslaut *m* LING occlusive *f*

verschmähen* *vt (geh)* dédaigner

verschmelzen* *vi irr* + *sein* ***mit etw*** ~ fondre et se mélanger à qc

verschmerzen* *vt* surmonter *Absage;* se consoler de *Verlust*

verschmieren* *vt* ❶ *(verstreichen)* étaler *Salbe* ❷ *(beschmieren)* salir ❸ *(verwischen)* tacher *Unterschrift;* ***ihr Lippenstift war ganz verschmiert*** elle avait la bouche barbouillée de rouge à lèvres

verschmitzt [fɛɐ̯ˈʃmɪtst] **I.** *adj* malicieux, -euse **II.** *adv* ~ ***lächeln*** arborer un sourire malicieux

verschmutzen* **I.** *vt* + *haben* ❶ salir *Kleidung* ❷ *(belasten)* polluer *Umwelt* **II.** *vi* + *sein* ***schnell*** ~ se salir facilement

Verschmutzung <-, -en> *f* pollution *f*

verschnaufen* *vi, vr (fam) [**sich**]* ~ reprendre son souffle

Verschnaufpause *f* [petite] pause *f* pour souffler ▶ **eine ~ einlegen** souffler un peu

verschneit *adj* enneigé(e)

Verschnitt *m (Alkohol)* mélange *m*

verschnörkelt *adj* chargé(e) de fioritures

verschnupft [fɛɐ̯'ʃnʊpft] *adj* ❶ enrhumé(e) ❷ *(fam: verärgert)* en rogne

verschnüren* *vt* ficeler

verschollen [fɛɐ̯'ʃɔlən] *adj Person, Schiff* [porté(e)] disparu(e); *Akte* disparu(e)

verschonen* *vt* épargner qn/qc

verschönern* [fɛɐ̯'ʃøːnɐn] *vt* embellir

Verschönerung <-, -en> *f* embellissement *m*

verschossen I. *PP von* **verschießen II.** *adj* ▶ **in jdn ~ sein** *(fam)* en pincer pour qn

verschränken* [fɛɐ̯'ʃrɛŋkən] *vt* croiser *Arme, Beine*

verschrauben* *vt* visser

verschreiben* *irr* **I.** *vt* ❶ prescrire; ***jdm etw gegen den Husten ~*** prescrire qc contre la toux à qn ❷ *(verbrauchen)* user *Bleistift;* noircir *Papier* **II.** *vr* ❶ *(falsch schreiben)* ***sich ~*** faire une faute [d'orthographe] ❷ *(sich widmen)* ***sich einer S. dat ~*** se vouer à qc

verschreibungspflichtig *adj* délivré(e) sur ordonnance

verschrie[e]n [fɛɐ̯'ʃriː(ə)n] *adj Gegend* mal famé(e); ***als Choleriker ~ sein*** être un coléreux notoire

verschriftlichen* *vt* LING ***etw ~*** transcrire qc

verschroben [fɛɐ̯'ʃroːbən] *adj* extravagant(e)

verschrotten* *vt [etw] ~* mettre [qc] à la ferraille; ***etw ~ lassen*** mettre qc à la casse

Verschrottung <-, -en> *f* TECH *(Ausschlachten)* démontage *m; (Pressen)* broyage *m*

verschüchtert [fɛɐ̯'ʃʏçtɐt] *adj o adv* effarouché(e)

verschulden* **I.** *vt + haben* être responsable de *Unfall* **II.** *vi + sein* s'endetter; ***verschuldet sein*** être endetté; ***hoch verschuldet sein*** être surendetté **III.** *vr + haben* ***sich bei jdm ~*** s'endetter auprès de qn

Verschulden <-s> *nt* responsabilité *f*

Verschuldung <-, -en> *f* endettement *m;* ***die öffentliche ~*** la dette publique

verschütten* *vt* ❶ *(vergießen)* renverser ❷ *(begraben)* ensevelir

verschwägert [fɛɐ̯'ʃvɛːgɐt] *adj* parent(e) par alliance; ***mit jdm ~ sein*** être parent par alliance avec qn

verschweigen* *vt irr* ***etw ~*** taire qc; ***jdm etw ~*** cacher qc à qn

Verschweigen <-s> *nt von Tatsachen* dissimulation *f*

verschweißen* *vt* souder

verschwenden* *vt* ❶ ***Geld ~*** gaspiller de l'argent ❷ *(fig)* ***keinen einzigen Gedanken an jdn/etw ~*** ne pas accorder la moindre pensée à qn/qc

verschwenderisch I. *adj* ❶ *Person, Gruppe* gaspilleur, -euse; ***sein ~er Umgang mit Energie*** sa manie de gaspiller l'énergie ❷ *Pracht* opulent(e); ***in ~er Fülle*** à profusion **II.** *adv leben* dans le gaspillage; ***mit Geld/Energie ~ umgehen*** jeter l'argent par la fenêtre/gaspiller l'énergie

Verschwendung <-, -en> *f* gaspillage *m*

verschwiegen [fɛɐ̯'ʃviːgən] *adj* ❶ *Person* discret, -ète ❷ *Bucht* retiré(e); *Lokal* discret, -ète

Verschwiegenheit <-> *f* discrétion *f*

verschwimmen* *vi irr + sein Aquarellfarben:* se fondre; *Umrisse:* s'estomper; ***jdm verschwimmt alles vor den Augen*** tout se brouille devant les yeux de qn

verschwinden* *vi irr + sein* ❶ disparaître; ***das ganze Geld ist verschwunden*** tout l'argent a disparu; ***etw in der Schublade ~ lassen*** faire disparaître qc dans le tiroir ❷ *(sich davonmachen)* ***in den Keller ~*** disparaître à la cave; ***rasch ~*** s'esquiver; ***verschwinde!*** *(fam)* fiche le camp! ❸ *(sich auflösen) Erscheinung:* disparaître ▶ **mal ~ müssen** *(euph fam)* s'en aller deux secondes

Verschwinden <-s> *nt einer Person, eines Gegenstands* disparition *f*

verschwindend *adj o adv* infime

verschwitzen* *vt* ❶ ***etw ~*** mouiller qc de sueur; ***verschwitzt sein*** *Person:* être en nage; *Hemd:* être trempé de sueur ❷ *(fam: vergessen)* ***einen Termin ~*** foirer un rendez-vous

verschwommen [fɛɐ̯'ʃvɔmən] *adj* flou(e)

verschwören* *vr irr (konspirieren)* ***sich gegen jdn ~*** conspirer contre qn ▶ **alles hat sich gegen mich verschworen!** tout s'est ligué(e) contre moi!

Verschwörer(in) <-s, -> *m(f)* conspirateur, -trice *m, f*

Verschwörung <-, -en> *f* conspiration *f*

Verschwörungstheorie *f* théorie *f* du complot

versehen* *irr* **I.** *vt (form: ausstatten)* ***jdn mit etw ~*** munir qn de qc; ***etw mit einem Stempel/einer Unterschrift ~*** apposer un tampon/une signature sur qc; ***den Ausweis mit einem Vermerk ~*** annoter la pièce d'identité d'une remarque **II.** *vr* ***sich mit etw ~*** se munir de qc ▶ **ehe man sich's versieht** sans même que l'on s'en rende compte

V

Versehen [fɛɐ̯'zeːən] <-s, -> *nt* méprise *f;* ***aus*** ~ par mégarde
versehentlich [fɛɐ̯'zeːəntlɪç] **I.** *adj attr* accidentel(le); ***ein ~er Anruf*** une erreur de numéro **II.** *adv* par erreur
versenden* *vt irr o reg* expédier
versengen* *vt* roussir; ***den Stoff*** ~ roussir le tissu; *(am Ofen)* brûler le tissu
versenken* **I.** *vt* ❶ couler *Schiff* ❷ *(hineintun)* ***etw in den Boden*** ~ descendre qc sous la terre ❸ *(einklappen)* escamoter *Scheinwerfer, Verdeck;* ***sich*** ~ ***lassen*** s'escamoter **II.** *vr* ***sich in etw*** *akk* ~ se plonger dans qc
Versenkung *f* ▶ **in der ~ verschwinden** *(fam)* disparaître de la circulation; **aus der ~ auftauchen** *(fam)* refaire surface
versessen [fɛɐ̯'zɛsən] *adj* ***auf Süßigkeiten*** *akk* ~ ***sein*** raffoler des sucreries
Versessenheit <-> *f* ~ ***auf etw*** *akk* engouement *m* pour qc
versetzen* **I.** *vt* ❶ ADMIN muter; ***jdn ins Ausland*** ~ muter qn à l'étranger; ***sich*** ~ ***lassen*** se faire muter ❷ SCHULE ***jdn in die höhere Klasse*** ~ faire passer qn dans la classe supérieure ❸ SPIEL déplacer *Spielfigur* ❹ *(verpfänden)* ***etw*** ~ mettre qc en gage ❺ *(fam: umsonst warten lassen)* ***jdn*** ~ poser un lapin à qn ❻ *(geben)* ***jdm einen Stoß/Tritt*** ~ donner un coup/un coup de pied à qn **II.** *vi (geh)* rétorquer **III.** *vr (sich einfühlen)* ***sich in die Lage seines Freundes*** ~ se mettre à la place de son ami
Versetzung <-, -en> *f* ❶ ADMIN mutation *f* ❷ *(Erreichung des Klassenziels)* passage *m;* ***seine ~ ist gefährdet*** son passage est compromis
verseuchen* [fɛɐ̯'zɔy̯çən] *vt* ❶ *(vergiften)* contaminer *Lebensmittel, Blutkonserven;* polluer *Umwelt* ❷ INFORM ***etw*** ~ *Virus:* contaminer qc
Verseuchung [fɛɐ̯'zɔy̯çʊŋ] <-, -en> *f* contamination *f*
Versfuß *m (in der Dichtkunst)* pied *m*
Versicherer [fɛɐ'zɪçərɐ] <-s, -> *m* assurance *f*
versichern* **I.** *vt* ❶ *(durch eine Versicherung schützen)* assurer; ***jdn/etw gegen etw*** ~ assurer qn/qc contre qc; ***privat versichert sein*** avoir une assurance privée ❷ *(beteuern)* ***jdm ~, dass ...*** donner l'assurance à qn que ... ❸ *(geh: zusichern)* ***jdn seiner Freundschaft*** *gen* ~ répondre de son amitié à qn **II.** *vr* ❶ ***sich gegen etw*** ~ s'assurer contre qc ❷ *(geh: sich vergewissern)* ***sich der Unterstützung*** *gen* ***eines Freundes*** ~ s'assurer du soutien d'un ami
Versicherte(r) *f(m) dekl wie adj* assuré(e) *m(f)*
Versicherung *f* assurance *f*
Versicherungsbeitrag *m* cotisation *f* d'assurance **Versicherungsbetrug** *m* escroquerie *f* à l'assurance **Versicherungsfall** *m* sinistre *m* **Versicherungsgesellschaft** *f* compagnie *f* d'assurances **Versicherungsnehmer(in)** <-s, -> *m(f)* assuré(e) *m(f)*
versicherungspflichtig *adj Mitarbeiter* obligé(e) de s'assurer; *Beschäftigung* assujetti(e) à l'assurance
Versicherungspolice *f* police *f* d'assurance **Versicherungsschutz** *m* couverture *f* [*o* garanties *fpl*] d'assurance **Versicherungssumme** *f* montant *m* de l'assurance **Versicherungsvertreter(in)** *m(f)* représentant(e) *m(f)* dans les assurances
versickern* *vi + sein* s'infiltrer; ***im Boden*** ~ s'infiltrer dans le sol
versiegeln* *vt* ❶ *(verschließen)* cacheter *Brief;* sceller *Wohnung* ❷ *(beschichten)* vitrifier *Parkett*
versiert [vɛr'ziːɐ̯t] *adj* expert(e); ***auf einem Gebiet*** *dat* ~ ***sein*** être expert dans un domaine
versifft [fɛɐ̯'zɪft] *adj (sl)* cradingue *arg*
versilbern* [fɛɐ̯'zɪlbɐn] *vt* ❶ *(mit Silber überziehen)* argenter; ***versilbert*** argenté(e) ❷ *(fam: zu Geld machen)* monnayer
versinken *vi irr + sein* ❶ sombrer; ***im Meer*** ~ *Schiff:* sombrer au fond de la mer; ***versunken*** *Schatz* englouti(e) ❷ *(untergehen)* ***hinter dem Horizont*** ~ *Sonne:* disparaître à l'horizon ❸ *(einsinken)* ***im Schnee*** ~ s'enfoncer dans la neige; ***im Schlamm*** ~ s'embourber; ***im Moor versunken*** englouti(e) dans le marécage
versinnbildlichen* *vt* symboliser
Version [vɛr'zi̯oːn] <-, -en> *f* version *f*
versklaven* [fɛɐ̯'sklaːvən] *vt* réduire en esclavage; ***jdn*** ~ réduire qn en esclavage
verslumen* [fɛɐ̯'slamən] *vi + sein* devenir un bidonville
Versmaß *nt (Metrum)* mètre *m*
versnobt [fɛɐ̯'snɔpt] *adj* snob
versoffen [fɛɐ̯'zɔfən] *adj (sl)* brindezingue
versohlen* *vt (fam)* tanner le cuir à
versöhnen* [fɛɐ̯'zøːnən] **I.** *vr* ***sich mit jdm*** ~ se réconcilier avec qn **II.** *vt* ❶ *(aussöhnen)* ***jdn mit jdm*** ~ réconcilier qn avec qn ❷ *(besänftigen)* ***jdn*** ~ *Geschenk:* rendre qn [plus] conciliant(e); ***jdn mit etw*** ~ amadouer qn par qc

V

versöhnlich *adj Worte* conciliant(e); *Schluss* de réconciliation

Versöhnung <-, -en> *f* réconciliation *f*

versorgen* **I.** *vt* ❶ *(betreuen)* s'occuper de *Person, Tier* ❷ *(versehen)* ***jdn mit etw ~*** fournir qc à qn; ***mit etw versorgt sein*** avoir ce qu'il faut de qc **II.** *vr* ***sich mit Reiseproviant ~*** faire des provisions pour le voyage; ***sich mit allem Nötigen ~*** se munir de tout ce qui est nécessaire; ***er kann sich selbst ~*** il peut subvenir à ses besoins

Versorgung <-> *f* ❶ *(das Versorgen)* ***sich um die ~ der Tiere/Pflanzen kümmern*** s'occuper des animaux/soigner les plantes ❷ *(das Ausstatten)* l'approvisionnement *m*

Versorgungsanspruch *m* droit *m* à une assistance

verspannen* *vr* ***sich ~*** *Hals:* se contracter; ***verspannt*** contracté(e)

Verspannung *f* contraction *f*

verspäten* *vr* ***sich ~*** se mettre en retard; ***sich um eine Stunde ~*** *Person:* se mettre en retard d'une heure; *Zug, Flugzeug:* être en retard d'une heure

verspätet **I.** *adj Flugzeug, Zug* en retard; *Ankunft, Abflug* retardé(e); *Sommer* tardif, -ive **II.** *adv* en retard

Verspätung <-, -en> *f* retard *m*

verspeisen* *vt (geh)* ingurgiter

verspekulieren* **I.** *vr* ❶ FIN ***sich ~*** faire des spéculations malheureuses ❷ *(fam: sich irren)* ***sich ~*** se foutre dedans *fam* **II.** *vt* FIN ***etw ~*** perdre qc en spéculations malheureuses

versperren* *vt* ❶ *(blockieren)* couper *Straße;* ***jdm den Weg ~*** barrer le chemin à qn ❷ *(nehmen)* ***jdm die Aussicht ~*** boucher la vue à qn

verspielen* *vt* ❶ *(beim Glücksspiel)* ***viel Geld ~*** perdre beaucoup d'argent au jeu ❷ *(einbüßen)* gâcher *Chance;* galvauder *Sieg* ► **verspielt haben** avoir perdu la partie; **bei jdm verspielt haben** être discrédité auprès de qn

verspielt *adj* ❶ ***~ sein*** *Kind, Hund:* être joueur ❷ *Dekor* fantaisie *inv*

verspotten* *vt* se moquer de

versprechen* *irr* **I.** *vt* ❶ *(zusagen)* promettre; ***jdm etw ~*** promettre qc à qn; ***jdm ~ vorsichtig zu fahren*** promettre à qn de rouler avec prudence; ***jdm ~, dass ...*** promettre à qn que ... ❷ *(erwarten lassen)* promettre **II.** *vr* ❶ *(sich erhoffen)* ***sich*** *dat* ***von einer Reise viel ~*** attendre beaucoup d'un voyage ❷ *(sich beim Sprechen vertun)* ***sich ~*** faire un lapsus

Versprechen <-s, -> *nt* promesse *f*

Versprecher <-s, -> *m (fam)* lapsus *m*

Versprechung <-, -en> *f meist Pl* promesse *f;* ***leere ~en*** des promesses en l'air

verspritzen* *vt* ❶ *(versprengen)* ***Wasser ~*** faire gicler de l'eau; ***etw über jdn/etw ~*** asperger qn/qc de qc ❷ *(versprühen)* pulvériser *Farbe, Tinte* ❸ *(ausstoßen)* cracher ❹ *(vollspritzen)* éclabousser *Scheibe*

verspüren* *vt (geh)* ressentir, éprouver

verstaatlichen* [fɛɐ̯ˈʃtaːtlɪçən] *vt* nationaliser

Verstaatlichung <-, -en> *f* nationalisation *f*

Verstädterung [fɛɐ̯ˈʃtɛ(ː)tərʊŋ] <-, -en> *f* urbanisation *f*

Verstand [fɛɐ̯ˈʃtant] <-[e]s> *m* raison *f;* ***bei klarem/nicht bei klarem ~ sein*** avoir/ne pas avoir toute sa raison ► **jdn um den ~ bringen** rendre qn fou, folle; **etw mit ~ essen/trinken** manger/boire qc en savourant; **den ~ verlieren** perdre la raison

verstanden [fɛɐ̯ˈʃtandən] *PP von* **verstehen**

verständig [fɛɐ̯ˈʃtɛndɪç] *adj* raisonnable

verständigen* [fɛɐ̯ˈʃtɛndɪgən] **I.** *vt* informer; ***jdn von etw/über etw*** *akk* ***~*** informer qn de qc **II.** *vr* ❶ *(sich verständlich machen)* ***sich durch etw ~*** *Fremder, Tourist:* se faire comprendre par qc ❷ *(sich unterhalten)* ***sich auf Italienisch ~*** communiquer en italien ❸ *(sich einigen)* ***sich [miteinander] ~*** s'entendre

Verständigung <-, *selten:* -en> *f* ❶ *(Benachrichtigung)* information *f* ❷ *(Kommunikation)* communication *f* ❸ *(Einigung)* accord *m*

Verständigungsschwierigkeiten *Pl* difficultés *fpl* à se faire comprendre

verständlich [fɛɐ̯ˈʃtɛntlɪç] **I.** *adj* ❶ *(begreiflich)* compréhensible; ***jdm etw ~ machen*** faire comprendre qc à qn; ***leicht ~*** facile à comprendre; ***schwer ~*** *Entscheidung* assez incompréhensible; *Formulierung* peu intelligible ❷ *(hörbar)* intelligible; ***nicht ~*** inintelligible **II.** *adv* ❶ *(verstehbar)* d'une manière compréhensible ❷ *(hörbar)* de façon intelligible

verständlicherweise *adv* ce qui est bien compréhensible

Verständlichkeit <-> *f* ❶ *(Vernehmbarkeit)* intelligibilité *f* ❷ *(Klarheit)* compréhensibilité *f*

Verständnis [fɛɐ̯'ʃtɛntnɪs] <-ses, *selten:* -se> *nt* compréhension *f*

verständnislos **I.** *adj* d'incompréhension **II.** *adv* avec un air d'incompréhension

Verständnislosigkeit <-> *f* manque *m* de compréhension

verständnisvoll *adj* compréhensif, -ive

verstärken* **I.** *vt* ❶ consolider *Mauer* ❷ *(vergrößern)* ***die Belegschaft um fünf Personen/auf zwanzig Mitarbeiter ~*** renforcer les effectifs de cinq/jusqu'à vingt personnes ❸ *(intensivieren)* renforcer *Einsatz;* intensifier *Anstrengungen* ❹ PHYS augmenter *Druck* ❺ MEDIA amplifier **II.** *vr* ***sich ~*** se renforcer

Verstärker <-s, -> *m* amplificateur *m*

Verstärkung *f kein Pl* ❶ *einer Mauer* consolidation *f* ❷ *(das Vergrößern) eines Teams* renforcement *m* ❸ *(Intensivierung) der Anstrengungen* intensification *f*

verstauben* *vi + sein* se [re]couvrir de poussière; ***verstaubt sein*** être empoussiéré

verstaubt *adj Ansichten* poussiéreux, -euse

verstauchen* *vt* ***sich dat etw ~*** se fouler qc

Verstauchung <-, -en> *f* foulure *f*

verstauen* *vt* mettre; ***etw im Auto ~*** mettre qc dans la voiture

Versteck [fɛɐ̯'ʃtɛk] <-[e]s, -e> *nt* cachette *f*

verstecken* **I.** *vt* cacher; ***etw vor jdm ~*** cacher qc à qn **II.** *vr* ***sich auf dem Speicher ~*** se cacher au grenier; ***sich vor jdm ~*** se cacher pour échapper à qn

Verstecken <-s> *nt* ▶ **mit jdm ~ spielen** jouer à cache-cache avec qn

Versteckspiel *nt kein Pl* jeu *m* de cache-cache ▶ **lass dieses ~!** arrête de jouer à cache-cache!

versteckt *adj* ❶ *(verborgen)* caché(e) ❷ *(abgelegen)* très à l'écart ❸ *(unausgesprochen)* voilé(e)

verstehen <verstand verstanden> **I.** *vt* ❶ *(akustisch wahrnehmen)* comprendre; ***kaum zu ~ sein*** être presque inintelligible ❷ *(begreifen)* comprendre; ***jdn richtig/falsch ~*** comprendre qn bien/mal; ***nicht ~ können, warum/wie ...*** ne pas arriver à comprendre pourquoi/comment ...; ***ist das verstanden?*** c'est compris? ❸ *(mitempfinden, nachvollziehen)* comprendre ❹ *(beherrschen, wissen)* comprendre *Fremdsprache;* ***etwas/viel von etw ~*** s'y connaître pas mal/bien en qc ❺ *(interpretieren)* ***ich weiß nicht, wie ich das ~ soll*** je ne sais pas comment interpréter cela; ***wie soll ich das ~?*** comment dois-je comprendre cela? **II.** *vr* ❶ *(auskommen)* ***sich mit jdm gut ~*** s'entendre bien avec qn ❷ *(beherrschen)* ***sich auf etw akk ~*** être doué pour qc ❸ *(sich einschätzen)* ***sich als Künstler ~*** se considérer comme artiste ▶ **sich von selbst ~** aller de soi; **versteht sich!** *(fam)* naturellement! **III.** *vi* comprendre; ***hast du verstanden?*** c'est compris?

versteifen* **I.** *vr* ❶ *(beharren)* ***sich auf etw akk ~*** s'obstiner dans qc ❷ *(steif werden)* ***sich ~*** *Penis:* se raidir **II.** *vt* renforcer *Mauer, Konstruktion*

versteigern* *vt* vendre aux enchères; ***etw ~*** vendre qc aux enchères

Versteigerung *f* vente aux enchères *f*

versteinern [fɛɐ̯'ʃtainɐn] *vi + sein* ❶ GEOL se fossiliser ❷ *(fig)* ***er saß mit versteinertem Gesicht da*** il était là, le visage pétrifié

Versteinerung <-, -en> *f* fossile *m*

verstellbar *adj* réglable; ***in der Höhe ~ sein*** être réglable en hauteur

verstellen* **I.** *vt* ❶ régler *Höhe, Neigung* ❷ *(woandershin stellen)* déplacer ❸ *(unzugänglich machen)* ***jdm den Weg ~*** *Person:* barrer le chemin à qn; *Fahrrad:* encombrer le chemin à qn ❹ *(verändern)* contrefaire *Stimme;* modifier *Akzent* **II.** *vr* ***sich ~*** simuler

Verstellung *f kein Pl (Heuchelei)* simulation *f*

versteuern* *vt* payer des impôts sur *Einkommen*

verstimmen* *vt* fâcher; ***jdn ~*** *Person:* fâcher qn

verstimmt *adj* ❶ *Instrument* désaccordé(e) ❷ *(verärgert)* fâché(e)

Verstimmung *f* mauvaise humeur *f*

verstockt *adj* buté(e)

verstohlen [fɛɐ̯'ʃtoːlən] **I.** *adj* furtif, -ive **II.** *adv winken* en cachette

verstopfen* **I.** *vt + haben* boucher *Abfluss* **II.** *vi + sein* se boucher

verstopft *adj* ❶ *Rohr* bouché(e); *Straße* encombré(e) ❷ MED *Nase* bouché(e); ***er ist ~*** *(fam)* il est constipé

Verstopfung <-, -en> *f* MED constipation *f*

verstorben [fɛɐ̯'ʃtɔrbən] *adj (geh)* défunt(e); ***~ sein*** être décédé *form*

Verstorbene(r) *f(m) dekl wie adj* défunt(e) *m(f)*

verstört [fɛɐ̯'ʃtøːɐ̯t] *adj o adv* bouleversé(e)

Verstoß [fɛɐ̯'ʃtoːs] *m* infraction *f;* ***ein ~ gegen die Verkehrsordnung*** une infraction au code de la route

verstoßen* *irr* **I.** *vi* transgresser; ***gegen ein Gesetz*** ~ transgresser une loi; ***gegen die Disziplin*** ~ manquer à la discipline **II.** *vt* ***jdn*** ~ rejeter qn

verstrahlen *vt* irradier

verstreichen* *irr* **I.** *vt* + *haben* étaler; ***Creme auf etw*** *dat* ~ étaler de la crème sur qc **II.** *vi* + *sein Ultimatum:* expirer; *Zeit:* s'écouler; ***etw ~ lassen*** laisser passer qc

verstreuen* *vt* ❶ *(ausstreuen)* répandre; ***Streusalz auf der Straße*** ~ répandre du sel sur la route ❷ *(achtlos hinwerfen)* ***etw auf dem Boden*** ~ éparpiller qc par terre

verstreut [fɛɐ̯'ʃtrɔyt] *adj Gehöfte, Ortschaften* disséminé(e)

verstricken* **I.** *vt* ❶ *(verwickeln)* ***jdn in etw*** *akk* ~ entraîner qn dans qc ❷ *(verbrauchen)* ***hundert Gramm Wolle*** ~ tricoter cent grammes de laine **II.** *vr* ***sich in etw*** *akk* ~ s'empêtrer dans qc

verströmen* *vt (geh)* exhaler *Duft, Aroma*

verstümmeln* [fɛɐ̯'ʃtʏməln] *vt* ❶ *(verletzen)* ***jdn/sich*** ~ mutiler qn/se mutiler ❷ *(verfälschen, kürzen)* écorcher *Namen;* tronquer *Text*

Verstümmelung <-, -en> *f (Verletzung)* mutilation *f*

verstummen* [fɛɐ̯'ʃtʊmən] *vi* + *sein* ❶ *Person:* se taire ❷ *(sich legen) Gerede:* cesser

Versuch [fɛɐ̯'zuːx] <-[e]s, -e> *m* ❶ *(Bemühung)* tentative *f;* ***mit jdm/etw einen ~ machen*** faire un essai avec qn/qc ❷ *(Experiment)* expérience *f* ❸ SPORT essai *m* ▶ **es auf einen ~ ankommen lassen** tenter le coup; **das käme auf einen ~ an** ça vaudrait [peut-être] la peine d'essayer

versuchen* **I.** *vt* ❶ *(einen Versuch unternehmen)* tenter; ***er versucht den Rechner zu bedienen*** il essaie de faire fonctionner l'ordinateur; ***~ Sie keine Tricks!*** n'essayez pas d'user de subterfuges! ❷ *(ausprobieren)* essayer; ***es mit einem Werkzeug*** ~ essayer avec un outil ❸ *(kosten)* goûter *Kuchen* **II.** *vr* ***sich in der Malerei*** ~ s'essayer à faire de la peinture

Versuchsanstalt *f* laboratoire *m* [d'essai] **Versuchskaninchen** *nt (fam)* cobaye *m* **Versuchsperson** *f personne volontaire pour des expériences* **Versuchsreihe** *f* série *f* d'expériences **Versuchstier** *nt* animal *m* de laboratoire **Versuchszweck** *m* ***zu ~en*** à des fins expérimentales

Versuchung <-, -en> *f* tentation *f*

versündigen* *vr (geh)* ***sich [an jdm/etw*** *dat]* ~ pécher [contre qn/qc]

versunken [fɛɐ̯'zʊŋkən] **I.** *PP von* **versinken II.** *adj* ❶ *Kultur* disparu(e) ❷ *(vertieft)* ***in etw*** *akk* ~ ***sein*** être plongé dans qc

versüßen* *vt (fig)* rendre moins amer, -ère; ***jdm den Abschied mit einem Geschenk*** ~ rendre les adieux moins amers à qn avec un cadeau

vertagen* **I.** *vt* ajourner; ***etw auf einen späteren Zeitpunkt*** ~ ajourner qc à plus tard **II.** *vr* ***sich*** ~ *Komitee:* ajourner sa réunion; *Gericht:* ajourner sa session

vertäuen* [fɛɐ̯'tɔyən] *vt* NAUT amarrer

vertauschen* *vt* ❶ *(verwechseln)* ***etw*** ~ prendre qc pour le sien/la sienne; ***wer hat unsere Regenschirme vertauscht?*** qui a pris mon parapluie à la place du sien? ❷ *(austauschen)* ***den Stuhl mit dem Sessel*** ~ échanger la chaise contre le fauteuil

verteidigen* [fɛɐ̯'taidɪgən] **I.** *vt* ❶ *a.* JUR défendre *Person, Land* ❷ *(beibehalten)* maintenir *Vorsprung* **II.** *vr* ***sich*** ~ se défendre; ***sich gegen jdn/etw*** ~ se défendre contre qn/qc **III.** *vi Spieler, Mannschaft:* jouer défenseur

Verteidiger(in) <-s, -> *m(f)* ❶ JUR avocat(e) *m(f)* de la défense ❷ SPORT défenseur *mf*

Verteidigung <-, -en> *f* défense *f*

Verteidigungsminister(in) *m(f)* ministre *mf* de la Défense; *(in Frankreich)* ministre de la Défense nationale **Verteidigungsministerium** *nt* ministère *m* de la Défense; *(in Frankreich)* ministère de la Défense nationale **Verteidigungspolitik** *f* politique *f* de défense

verteilen* **I.** *vt* ❶ *(austeilen)* distribuer *Prospekte* ❷ *(platzieren)* ***etw im Haus*** ~ disposer qc dans la maison ❸ *(auftragen)* étaler *Butter* ❹ *(verstreuen)* répandre *Erde;* épandre *Dünger* **II.** *vr* ❶ ***sich*** ~ *Personen:* se répartir ❷ *(umgelegt werden)* ***sich auf die Teilnehmer*** ~ *Kosten:* se répartir entre les participants

Verteiler *m* ❶ AUT distributeur *m* ❷ *(Verteilerschlüssel)* liste *f* des destinataires

Verteilung *f* ❶ *(Austeilung)* distribution *f* ❷ *(das Ausstreuen) von Dünger* épandage *m*

Verteilungskampf *m* lutte *m* pour une répartition; ~ ***um etw*** *akk* lutte pour la répartition de qc; ~ ***auf dem Arbeitsmarkt*** lutte pour la répartition du travail [sur le marché de l'emploi]; ***einen ~ um etw*** *akk* ***führen*** lutter pour la répartition de qc

verteuern* **I.** *vt* augmenter [le prix de] *Produkte;* majorer *Kredite* **II.** *vr* ***sich*** ~ augmenter; ***das Benzin hat sich auf das***

V

Doppelte verteuert le prix de l'essence a été multiplié par deux
verteufeln* [fɛɐ̯'tɔyfəln] *vt* damner
verteufelt **I.** *adj (fam)* foutu(e) *antéposé* **II.** *adv (fam)* diablement
verticken [fɛɐ̯'tɪkən] *vt (sl)* filer *fam Pillen*
vertiefen* [fɛɐ̯'ti:fən] **I.** *vt* ❶ approfondir *Graben;* ***etw um einen Meter*** ~ approfondir qc d'un mètre ❷ *(ausbauen)* creuser [encore plus] *Spalt;* approfondir *Wissen* **II.** *vr* ***sich in etw*** *akk* ~ se plonger dans qc
Vertiefung <-, -en> *f* ❶ *(tiefe Stelle)* creux *m* ❷ *(Ausbau)* aggravation *f; von Kenntnissen* approfondissement *m*
vertikal [vɛrti'ka:l] **I.** *adj* vertical(e) **II.** *adv* à la verticale
Vertikale [vɛrti'ka:lə] <-, -n> *f* verticale *f*
vertilgen* *vt* ❶ *(ausrotten)* détruire *Unkraut;* exterminer *Ungeziefer* ❷ *(fam: aufessen)* liquider
vertippen* *vr (fam)* ***sich*** ~ faire une faute de frappe
vertonen* *vt* mettre en musique; ***etw*** ~ mettre qc en musique
vertrackt [fɛɐ̯'trakt] *adj (fam)* embrouillé(e), coton
Vertrag [fɛɐ̯'tra:k, *Pl:* fɛɐ̯'trɛ:gə] <-[e]s, Verträge> *m* ❶ JUR contrat *m;* ***jdn unter ~ nehmen/haben*** prendre/employer qn sous contrat ❷ POL traité *m*
vertragen* *irr* **I.** *vt* ❶ *(verkraften)* ***Hitze nicht gut*** ~ ne supporter guère la chaleur; ***kein direktes Sonnenlicht*** ~ *Pflanze, Stoff:* ne pas résister aux rayons du soleil ❷ *(bekömmlich finden)* ***keinen Kaffee*** ~ ne pas supporter le café ❸ *(fam: nötig haben)* ***ich könnte ein Bier*** ~ une bière ne me ferait pas de mal **II.** *vr (auskommen)* ***sich mit jdm*** ~ s'entendre avec qn; ***vertragt euch wieder!*** réconciliez vous!
vertraglich [fɛɐ̯'tra:klɪç] **I.** *adj* contractuel(le) **II.** *adv* par contrat
verträglich [fɛɐ̯'trɛ:klɪç] *adj* ❶ *(umgänglich)* accommodant(e) ❷ *Essen* digeste; *Medikament* bien toléré(e); ***gut/schlecht ~ sein*** *Essen:* se digérer bien/mal; *Medikament:* être bien/mal toléré; ***für die Umwelt*** ~ compatible avec l'environnement
Verträglichkeit <-; *kein Pl*> *f eines Essens* digestibilité *f*
Vertragsabschluss *m* signature *f* du contrat **Vertragsbruch** *m* rupture *f* de contrat **vertragsbrüchig** *adj* qui rompt un contrat; ~ ***werden/sein*** rompre le contrat/être en rupture de contrat
vertragschließend *adj* contractant(e)
vertragsgemäß **I.** *adj Bedingung* conforme au contrat **II.** *adv* conformément au contrat **Vertragshändler(in)** *m(f)* concessionnaire *mf* **Vertragspartei** *f meist Pl* JUR partie *f* [contractante] **Vertragspartner(in)** *m(f)* cocontractant *m,* partie *f* contractante **Vertragswerkstatt** *f* garage *m* agréé **vertragswidrig** **I.** *adj* non conforme aux termes du contrat **II.** *adv* contrairement au contrat; ***sich ~ verhalten*** violer les termes du contrat
vertrauen* *vi* ❶ *(glauben)* ***jdm*** ~ faire confiance à qn ❷ *(sich verlassen auf)* ***auf etw*** *akk* ~ se fier à qc; ***darauf ~, dass ...*** compter sur le fait que ...
Vertrauen <-s> *nt* ❶ confiance *f;* ***zu jdm ~ haben*** avoir confiance en qn; ***jdm ~ schenken*** *(geh)* accorder sa confiance à qn; ***~ erweckend sein*** inspirer confiance; ***sie genießt*** *geh* ***unser*** ~ elle jouit de notre confiance; ***sein ~ in jdn setzen*** placer sa confiance dans qn; ***jdn ins ~ ziehen*** mettre qn dans la confidence ❷ POL ***jdm das ~ aussprechen/entziehen*** accorder/retirer sa confiance à qn ▶ **im ~ [gesagt]** tout à fait confidentiellement
Vertrauensarzt, -ärztin *m, f* médecin-conseil *mf* **Vertrauensbruch** *m* abus *m* de confiance **Vertrauensfrage** *f* POL question *f* de confiance ▶ **die ~ stellen** poser la question de confiance **Vertrauensperson** *f* personne *f* de confiance **Vertrauenssache** *f (Vertrauensfrage)* question *f* de confiance **vertrauensselig** *adj* crédule **vertrauensvoll** **I.** *adj* basé(e) sur la confiance **II.** *adv* en toute confiance **vertrauenswürdig** *adj* digne de confiance
vertraulich *adj* ❶ *(Diskretion erfordernd)* confidentiel(le); ***streng*** ~ strictement confidentiel(le) ❷ *(kameradschaftlich)* familier, -ière
Vertraulichkeit <-, -en> *f* ❶ *kein Pl (Diskretion) einer Angelegenheit* caractère *m* confidentiel ❷ *Pl (Zudringlichkeit)* familiarités *f pl*
verträumt *adj* ❶ *(idyllisch)* idyllique ❷ *(realitätsfern)* rêveur, -euse
vertraut *adj* ❶ *Bild* familier, -ière; *Umgang* intime ❷ *(bekannt, bewandert)* ***mit etw ~ sein*** connaître bien qc; ***sich mit etw ~ machen*** se familiariser avec qc
Vertraute(r) *f(m) dekl wie adj* intime *mf*
Vertrautheit <-, -en> *f* ❶ *kein Pl (Bewandertheit)* ***seine/ihre ~ mit diesem Problem*** sa bonne connaissance de ce problème ❷ *(vertraute Art)* familiarité *f*
vertreiben* *vt irr* ❶ expulser *Minderheit;*

V

chasser *Tier* ❷ *(schwinden lassen)* chasser *Müdigkeit*
Vertreibung <-, -en> *f* expulsion *f*
vertretbar *adj* ❶ *Argument* défendable; *Haltung* justifiable; ~ ***sein*** se défendre ❷ *(akzeptabel)* acceptable
vertreten* *vt irr* ❶ remplacer *Kollegen* ❷ JUR défendre [les intérêts de] *Angeklagten* ❸ *(repräsentieren)* représenter ❹ *(verfechten)* soutenir ❺ *(fam: bewegen)* ***sich*** *dat* ***die Beine*** ~ se dégourdir les jambes
Vertreter(in) <-s, -> *m(f)* ❶ *(Stellvertreter)* remplaçant(e) *m(f)* ❷ *(Volksvertreter, Handelsvertreter)* représentant(e) *m(f)*
Vertretung <-, -en> *f* ❶ *kein Pl (das Vertreten)* remplacement *m;* ***die ~ von jdm übernehmen*** prendre la suppléance de qn; ***in ~ meiner Kollegin*** en qualité de représentant de ma collègue ❷ *(Stellvertreter)* remplaçant(e) *m(f);* ***während meines Urlaubs ist er/sie meine*** ~ il/elle assure mon intérim pendant mon congé ❸ *(Mission)* ***diplomatische*** ~ représentation *f* diplomatique
vertretungsweise *adv* par délégation
Vertrieb <-[e]s> *m* COM ❶ *(das Vertreiben)* distribution *f* ❷ *(Vertriebsabteilung)* service commercial *m*
Vertriebene(r) *f(m) dekl wie adj* expatrié(e) *m(f)*
Vertriebsabteilung *f* service *m* commercial [*o* de distribution] **Vertriebsgesellschaft** *f* société *f* de distribution **Vertriebskosten** *Pl* frais *mpl* de distribution **Vertriebsleitung** *f* direction *f* des ventes
vertrimmen* *vt (fam)* flanquer une raclée à *fam;* ***jdn*** ~ flanquer une raclée à qn
vertrocknen* *vi + sein Pflanze, Ast, Holz:* sécher; *Brot:* rassir; ***vertrocknet*** sec, sèche
vertrödeln* *vt (fam)* ***viel Zeit*** ~ passer beaucoup de temps à glander
vertrösten* *vt* faire patienter; ***jdn auf den nächsten Tag*** ~ faire patienter qn jusqu'au jour suivant
vertrottelt [fɛɐ̯'trɔtəlt] *adj* gâteux, -euse
vertun* *irr* **I.** *vr (fam)* ***sich*** ~ se gourer; ***sich um zehn Euro/einen Tag*** ~ se planter de dix euros/d'un jour **II.** *vt (ungenutzt lassen)* laisser passer; ***eine vertane Gelegenheit*** une occasion ratée
vertuschen* *vt* dissimuler
Vertuschungsversuch *m* tentative *f* de dissimulation
verübeln* *vt* en vouloir; ***jdm eine Bemerkung*** ~ en vouloir à qn d'une remarque; ***man verübelt ihr, dass sie dagegen gestimmt hat*** on lui en veut d'avoir voté contre
verüben* *vt* commettre; ***Selbstmord*** ~ se suicider
verunfallen* [fɛɐ̯'ʔʊnfalən] *vi + sein* CH avoir un accident
verunglimpfen* [fɛɐ̯'ʔʊnglɪmpfən] *vt (geh)* vilipender
verunglücken* [fɛɐ̯'ʔʊnglʏkən] *vi + sein* ❶ avoir un accident; ***mit dem Auto*** ~ avoir un accident de voiture; ***verunglückt*** accidenté(e) ❷ *(fam: misslingen)* louper
Verunglückte(r) *f(m) dekl wie adj* accidenté(e) *m(f)*
verunreinigen* *vt* ❶ *(geh: beschmutzen)* souiller ❷ ÖKOL polluer *Luft*
Verunreinigung *f* ❶ *(geh: das Verschmutzen)* ***sich über die ~ des Teppichbodens ärgern*** se mettre en colère à cause des taches sur la moquette ❷ ÖKOL *der Luft, des Wassers* pollution *f* ❸ *(Schmutz)* salissure *f*
verunsichern* *vt* inquiéter; ***jdn*** ~ *Person:* inquiéter qn; *Situation:* ébranler qn
Verunsicherung <-, -en> *f* inquiétude *f*
verunstalten* [fɛɐ̯'ʔʊnʃtaltən] *vt* défigurer
veruntreuen* *vt* détourner
Veruntreuung <-, -en> *f* détournement *m*
verursachen* *vt* provoquer
Verursacher(in) <-s, -> *m(f)* responsable *mf*
Verursacherprinzip <-> *nt* ÖKOL principe *m* pollueur-payeur
verurteilen* *vt* ❶ JUR condamner; ***jdn zu einer Geldstrafe*** ~ condamner qn à une amende ❷ *(verdammen)* condamner ❸ *(bestimmen)* ***zum Scheitern verurteilt sein*** être voué à l'échec
Verurteilung <-, -en> *f* condamnation *f*
vervielfachen* *vt, vr [**sich**]* ~ [se] multiplier
vervielfältigen* *vt* faire des copies de
Vervielfältigung <-, -en> *f kein Pl (das Vervielfältigen)* reproduction *f*
vervierfachen* **I.** *vt* quadrupler **II.** *vr* ***sich*** ~ quadrupler
vervollkommnen* [fɛɐ̯'fɔlkɔmnən] **I.** *vt* perfectionner *Methode;* parfaire *Werk* **II.** *vr* ***sich in Französisch*** *dat* ~ se perfectionner en français
vervollständigen* [fɛɐ̯'fɔlʃtɛndɪgən] *vt* compléter
Vervollständigung <-, -en> *f* ***zur ~ meiner Sammlung*** pour compléter ma collection
verwachsen* [fɛɐ̯'vaksən] *irr* **I.** *vi + sein* ❶ *Narbe, Wunde:* se résorber ❷ *(zusam-*

menwachsen) ***miteinander*** ~ *Organe:* se souder ensemble **II.** *vr* + *haben (fam)* ***sich*** ~ *Fehlstellung:* se corriger

verwählen* *vr* ***sich*** ~ faire un faux numéro

verwahren* **I.** *vt* garder *Papiere;* ***etw für jdn*** ~ garder qc à qn; ***etw in der Brieftasche*** ~ garder qc dans son portefeuille **II.** *vr (geh)* ***sich gegen etw*** ~ s'indigner contre qc

verwahrlosen* *vi* + *sein Erwachsener:* tomber bien bas; *Kind:* se transformer en sauvageon/sauvageonne; *Kleidung:* s'abîmer; *Gebäude:* se délabrer

verwahrlost [fɛɐ̯'vaːɐ̯loːst] *adj* ❶ *(vernachlässigt, ungepflegt)* négligé(e); ***ein ~es Kind*** un sauvageon ❷ *(moralisch)* déchu(e)

Verwahrlosung <-> *f einer Person* déchéance *f; eines Gebäudes* délabrement *m*

Verwahrung <-> *f* ❶ *(das Verwahren)* garde *f;* ***etw in ~ nehmen*** prendre qc en dépôt ❷ *(Beaufsichtigung) eines Patienten* placement *m*

verwalten* *vt* ❶ ADMIN administrer ❷ AGR, FIN, INFORM gérer

Verwalter(in) <-s, -> *m(f)* FIN administrateur, -trice *m, f*

Verwaltung <-, -en> *f* ❶ *kein Pl (das Verwalten)* administration *f* ❷ FIN, INFORM gestion *f* ❸ *(Verwaltungsabteilung)* service *m* administratif

Verwaltungsangestellte(r) *f(m) dekl wie adj* employé(e) *m(f)* de l'administration **Verwaltungsbezirk** *m* circonscription *f* administrative **Verwaltungsgericht** *nt* tribunal *m* administratif **Verwaltungskosten** *Pl* frais *mpl* de gestion

verwandeln* **I.** *vt* ❶ *(verzaubern)* transformer; ***jdn in ein Tier*** ~ transformer qn en un animal ❷ *(anders erscheinen lassen)* ***das Arbeitszimmer in einen Partyraum*** ~ transformer le bureau en salle des fêtes ❸ SPORT transformer *Eckball, Strafstoß* ► **wie verwandelt sein** être comme métamorphosé **II.** *vr* ***sich in etw*** ~ se transformer en qc

Verwandlung *f (Verzauberung)* métamorphose *f*

verwandt[1] [fɛɐ̯'vant] *adj* ❶ ***mit jdm ~ sein*** être parent(e) avec qn; ***sie sind miteinander*** ~ ils sont parents [entre eux]/elles sont parentes [entre elles] ❷ *(artverwandt)* ***miteinander ~ sein*** *Tiere, Pflanzen:* être de la même famille ❸ *(fig) Völker, Sprachen* apparenté(e) ❹ *Formen* analogue

verwandt[2] [fɛɐ̯'vant] *PP von* **verwenden**

verwandte *Imp von* **verwenden**

Verwandte(r) *f(m) dekl wie adj* parent(e) *m(f)*

Verwandtschaft <-, -en> *f* ❶ *(die Verwandten)* parents *mpl;* ***die nähere*** ~ les proches parents; ***meine*** ~ ma famille ❷ *(gemeinsamer Ursprung)* parenté *f*

verwandtschaftlich *adj* de parenté

verwanzen *vt* ❶ *(von Wanzen befallen werden)* être infesté(e) de punaises ❷ *(sl)* ***einen Raum*** ~ mettre une pièce sur écoute; ***das Telefon ist verwanzt*** le téléphone est sur écoute

verwarnen* *vt* ❶ *(tadeln)* avertir ❷ *(gebührenpflichtig)* ***jdn*** ~ mettre une contravention à qn

Verwarnung *f* ❶ *kein Pl (das Verwarnen)* avertissement *m* ❷ *(Strafmandat)* ***gebührenpflichtige*** ~ contravention *f* payable sur place

verwaschen *adj Farbe* délavé(e)

verwässern* *vt* ❶ couper *Wein* ❷ *(abschwächen)* édulcorer *Gesetz*

verwechseln* [fɛɐ̯'vɛksəln] *vt* confondre; ***jdm zum Verwechseln ähnlich sehen*** ressembler à qn à s'y méprendre

Verwechslung <-, -en> *f* confusion *f*

verwegen [fɛɐ̯'veːgən] *adj* audacieux, -euse

verwehen* *vt* éparpiller *Papiere;* effacer *Fußspuren*

verwehren* *vt (geh)* ***jdm etw*** ~ proscrire qc à qn

Verwehung <-, -en> *f (Schneeverwehung)* congère *f*

verweichlichen* **I.** *vi* + *sein* s'amollir; ***verweichlicht*** amolli(e) **II.** *vt* + *haben* ***jdn*** ~ amollir qn

verweigern* *vt* refuser; ***jdm etw*** ~ refuser qc à qn; ***den Befehl*** ~ refuser d'obtempérer

Verweigerung *f* refus *m*

verweilen* *vi (geh)* ❶ *(sich aufhalten)* séjourner; ***bei Freunden*** ~ séjourner chez des amis ❷ *(sich beschäftigen)* ***bei etw*** ~ s'attarder sur qc

verweint *adj Augen* gonflé(e) par les larmes

Verweis [fɛɐ̯'vais] <-es, -e> *m (Tadel)* blâme *m;* ***jdm einen ~ erteilen*** infliger un blâme à qn

verweisen* *irr* **I.** *vt* ❶ *(weiterleiten)* ***jdn an eine andere Abteilung*** ~ renvoyer qn à un autre service ❷ *(hinweisen)* ***jdn auf etw*** *akk* ~ renvoyer qn à qc ❸ SPORT ***jdn vom Platz*** ~ expulser qn du terrain **II.** *vi* ***auf etw*** *akk* ~ renvoyer à qc

verwelken* *vi* + *sein Blume:* se faner

verwendbar *adj Nahrungsmittel* consommable; ***wieder*** ~ réutilisable, recyclable
verwenden <verwendete *o* verwandte, verwendet *o* verwandt> **I.** *vt* utiliser; ***etw als Putzlappen*** ~ utiliser qc comme chiffon; ***etw im Unterricht*** ~ utiliser qc en classe **II.** *vr* ***sich bei jdm für jdn*** ~ intervenir auprès de qn pour qn
Verwendung <-, -en> *f* utilisation *f*, emploi *m*
Verwendungszweck *m* but *m; (auf einem Überweisungsformular)* référence *f*
verwerfen* *vt irr* ❶ *(ablehnen)* rejeter *Vorschlag* ❷ JUR rejeter
verwerflich *adj (geh)* blâmable
Verwerfung <-, -en> *f* ❶ *kein Pl a.* JUR rejet *m* ❷ GEOL plissement *m*
verwertbar *adj Faserstoffe* assimilable; *Abfälle* récupérable; *Beweis* exploitable
Verwertbarkeit <-> *f* caractère *m* recyclable
verwerten* *vt* assimiler *Faserstoffe;* utiliser *Abfälle;* exploiter *Zeugenaussage, Idee*
Verwertung <-, -en> *f von Vitaminen* assimilation *f; eines Beweises* exploitation *f*
verwesen* [fɛɐ̯'veːzən] *vi + sein* se décomposer
Verwesung <-> *f* décomposition *f*
verwetten* *vt* perdre en pariant
verwickeln* **I.** *vt* mêler; ***jdn in ein Gespräch*** ~ mêler qn à une conversation; ***jdn in einen Skandal*** ~ impliquer qn dans un scandale **II.** *vr* ***sich in Widersprüche*** ~ s'emmêler dans des contradictions
verwickelt *adj Angelegenheit* embrouillé(e)
Verwick[e]lung <-, -en> *f* ❶ *(Verstrickung)* implication *f* ❷ *Pl (Komplikationen)* complications *f pl*
verwildern* *vi + sein* ❶ *Park:* tomber en friche; ***verwildert*** *Park* en friche ❷ *(zum Wildtier werden)* redevenir sauvage ❸ *(undiszipliniert werden) Person:* se laisser aller; *Kind:* devenir un vrai sauvageon/une vraie sauvageonne; *Umgangsformen:* se dégrader
verwinkelt [fɛɐ̯'vɪŋkəlt] *adj Gebäude* tout(e) en coins et recoins; *Gasse* tortueux, -euse
verwirken *vt (geh)* ruiner *Gunst, Vertrauen;* perdre *Recht*
verwirklichen* [fɛɐ̯'vɪrklɪçən] **I.** *vt* réaliser *Traum;* concrétiser *Gedanken* **II.** *vr* ***sich*** ~ se réaliser
Verwirklichung <-, -en> *f eines Traums* réalisation *f; einer Idee* concrétisation *f*
verwirren* *vt* déconcerter; ***jdn mit etw*** ~ déconcerter qn avec qc
verwirrend *adj* troublant(e), déconcertant(e)
verwirrt *adj* ❶ *Fäden* emmêlé(e) ❷ *Person* embrouillé(e)
Verwirrung <-, -en> *f* désarroi *m*
verwischen* **I.** *vt* ❶ *(verschmieren)* étaler ❷ *(beseitigen)* effacer *Spur* **II.** *vr* ***sich*** ~ *Umrisse:* s'estomper
verwittern* *vi + sein* s'éroder
Verwitterung *f* érosion *m*
verwitwet [fɛɐ̯'vɪtvət] *adj* veuf, veuve
verwöhnen* [fɛɐ̯'vøːnən] **I.** *vt* gâter; ***von jdm verwöhnt werden*** être choyé par qn **II.** *vr* ***sich*** ~ s'accorder une petite gâterie
verwöhnt [fɛɐ̯'vøːnt] *adj* exigeant(e); *Kind* gâté(e)
verworren [fɛɐ̯'vɔrən] *adj* embrouillé(e)
verwundbar *adj* vulnérable
verwunden* [fɛɐ̯'vʊndən] *vt* blesser; ***jdn am Kopf/am Knie*** ~ blesser qn à la tête/au genou; ***leicht/schwer verwundet*** légèrement/grièvement blessé
verwunderlich *adj* surprenant(e); ***es ist ~, dass*** il est surprenant que *+subj;* ***das ist nicht*** ~ ça n'a rien de surprenant
verwundern* **I.** *vt* étonner; ***es verwundert mich, dass*** je suis étonné(e) que *+subj* **II.** *vr* ***sich über etw*** *akk* ~ s'étonner de qc
verwundert *adv* étonné(e)
Verwunderung <-> *f* étonnement *m;* ***voller*** ~ avec stupéfaction
Verwundete(r) *f(m) dekl wie adj* blessé(e) *m(f)*
Verwundung <-, -en> *f* blessure *f*
verwünschen* *vt* ❶ *(verfluchen)* maudire ❷ *(verzaubern)* ***jdn/etw*** ~ jeter un sort à qn/ensorceler qc
verwünscht *adj* maudit(e) *antéposé*
verwurzelt *adj* ❶ ***fest ~ sein*** *Pflanze:* être bien enraciné ❷ *(eingebunden)* ***fest in der Tradition ~ sein*** être solidement enraciné dans la tradition
verwüsten* *vt* ❶ ***ein Land*** ~ *Armee:* ravager un pays; *Sturm:* dévaster un pays ❷ *(demolieren)* ***eine Wohnung*** ~ mettre un logement à sac
Verwüstung <-, -en> *f meist Pl* ravages *m pl*
verzagen* *vi + sein (geh)* se laisser abattre
verzählen* *vr* ***sich*** ~ se tromper en comptant
verzapfen* *vt (fam)* ***Blödsinn*** ~ débiter des bêtises
verzärteln* *vt (pej)* dorloter
verzaubern* *vt* ❶ *(verhexen)* ensorceler;

jdn in einen Riesen ~ changer qn en un géant ❷ *(bezaubern)* ***jdn*** ~ *Person:* ensorceler qn; *Anblick, Klänge:* envoûter qn

Verzauberung <-, -en> *f* enchantement *m,* ensorcellement *m*

verzehnfachen* [fɛɐ̯'tse:nfaxən] **I.** *vt* décupler *Gewinn;* ***die Kosten*** ~ multiplier les coûts par dix **II.** *vr* ***sich*** ~ décupler

Verzehr [fɛɐ̯'tse:ɐ̯] <-[e]s> *m (form)* consommation *f*

verzehren* **I.** *vt (geh)* consommer **II.** *vr (geh: sich zermürben)* ***sich vor Sorge*** *dat* ~ être dévoré d'inquiétude

verzeichnen* *vt* répertorier; ***in einer Liste verzeichnet sein*** être mentionné sur une liste

Verzeichnis <-ses, -se> *nt* INFORM répertoire *m*

verzeihen [fɛɐ̯'tsaiən] <verzieh, verziehen> **I.** *vt* pardonner; ***jdm etw*** ~ pardonner qc à qn **II.** *vi* ***jdm*** ~ pardonner à qn; ~ ***Sie!*** excusez-moi!

verzeihlich *adj* pardonnable

Verzeihung <-> *f* ❶ *(Vergebung)* pardon *m* ❷ *(Entschuldigung)* ***~!*** pardon!; ***~, wie viel Uhr ist es?*** excuse-moi/excusez-moi, quelle heure est-il?

verzerren* **I.** *vt* ❶ tordre *Mund;* ***das Gesicht vor Wut*** ~ grimacer de colère ❷ *(entstellen)* ***jds Gesicht*** ~ déformer le visage de qn ❸ déformer *Tatsachen;* fausser *Wettbewerb;* ***etw verzerrt wiedergeben*** donner une version déformée de qc **II.** *vr* ***sich zu einer Grimasse*** ~ se déformer en grimace

verzetteln* *vr* ***sich*** ~ s'égarer; ***sich bei etw*** ~ s'égarer en faisant qc

Verzicht [fɛɐ̯'tsɪçt] <-[e]s, -e> *m* renoncement *m;* ~ ***auf etw*** *akk* renoncement à qc

verzichten* [fɛɐ̯'tsɪçtən] *vi* renoncer; ***auf etw*** *akk* ~ renoncer à qc; ***auf jdn/etw ~ können*** pouvoir se passer de qn/qc

verzieh [fɛɐ̯'tsi:] *Imp von* **verzeihen**

verziehen*[1] [fɛɐ̯'tsi:ən] *irr* **I.** *vt + haben* ❶ tordre *Mund;* ***den Mund zu einem Lächeln*** ~ sourire en coin; ***das Gesicht*** ~ faire une grimace ❷ *(verwöhnen)* élever mal *Kind* **II.** *vi + sein* ***sie sind ins Ausland verzogen*** ils sont partis à l'étranger **III.** *vr + haben* **sich** ~ ❶ *Holz:* travailler; *T-Shirt:* se déformer ❷ *(weiterziehen) Gewitter:* disparaître ❸ *(fam: verschwinden)* se casser

verziehen[2] [fɛɐ̯'tsi:ən] *PP von* **verzeihen**

verzieren* *vt* décorer

Verzierung <-, -en> *f* décoration *f*

verzinsen* **I.** *vt* payer des intérêts sur *Kapital;* ***niedrig/hoch verzinst werden*** rapporter peu/beaucoup d'intérêts **II.** *vr* ***sich gut/schlecht*** ~ rapporter des intérêts élevés/bas

Verzinsung <-, -en> *f* intérêts *mpl*

verzogen [fɛɐ̯'tso:gən] **I.** *PP von* **verziehen[1]** **II.** *adj* mal élevé(e)

verzögern* **I.** *vt* retarder; ***etw um eine Stunde*** ~ retarder qc d'une heure **II.** *vr* ***sich um eine Stunde*** ~ être retardé d'une heure

Verzögerung <-, -en> *f* retard *m*

verzollen* *vt* dédouaner; ***haben Sie etwas zu ~?*** avez-vous quelque chose à déclarer?

Verzückung <-, -en> *f (geh)* extase *f*

Verzug <-[e]s> *m* retard *m;* ***mit der Rückzahlung in ~ kommen*** prendre du retard dans le remboursement; ***etw ohne ~ tun*** faire qc sans délai; ***bei*** ~ en cas de retard

verzweifeln* *vi + sein* désespérer; ***an einer Aufgabe*** ~ désespérer d'une tâche; ***es ist zum Verzweifeln mit ihm*** c'est à désespérer de lui

verzweifelt *adj* désespéré(e)

Verzweiflung <-> *f* désespoir *m;* ***jdn zur ~ bringen*** mettre qn au désespoir

verzweigen* [fɛɐ̯'tsvaigən] *vr* ***sich*** ~ se ramifier; ***weit verzweigt*** *Verwandtschaft* qui a beaucoup de ramifications

Verzweigung <-, -en> *f* ❶ *(Astwerk)* ramure *f* ❷ *eines Netzes, Systems* ramification *f*

verzwickt [fɛɐ̯'tsvɪkt] *adj (fam)* inextricable; ***eine ~e Angelegenheit*** un sac de nœuds

Vesper[1] ['fɛspɐ] <-, -n> *f* REL vêpres *fpl*

Vesper[2] ['fɛspɐ] <-s, -> *nt* SDEUTSCH *(Zwischenmahlzeit)* casse-croûte *m*

vespern ['fɛspɐn] *vi* SDEUTSCH casser la croûte *fam*

Veteran [vete'ra:n] <-en, -en> *m* MIL vétéran *m*

Veterinär(in) [veteri'nɛ:ɐ̯] <-s, -e> *m(f) (form)* vétérinaire *mf*

Veto ['ve:to] <-s, -s> *nt* veto *m;* ***gegen etw sein ~ einlegen*** opposer son veto à qc

Vetomacht ['ve:to-] *f* nation *f* disposant d'un droit de veto **Vetorecht** ['ve:to-] *nt* droit *m* de veto

Vetter ['fɛtɐ] <-s, -n> *m* cousin *m*

Vetternwirtschaft *f kein Pl (fam)* népotisme *m*

vgl. *Abk von* **vergleiche** cf.

VHS [fauha:'ʔɛs] <-> *f Abk von* **Volkshochschule** université *f* populaire

V

via ['vi:a] *adv* ❶ *(über)* ~ ***Köln nach London fliegen*** aller en avion à Londres via Cologne ❷ *(per)* ~ ***Fernsehen*** par télévision

Viadukt [vi̯a'dʊkt] <-[e]s, -e> *m o nt* viaduc *m*

Vibration [vibra'tsi̯o:n] <-, -en> *f* vibration *f*

Vibrator [vi'bra:to:ɐ̯] <-, -toren> *m* vibromasseur *m*

vibrieren* [vi'bri:rən] *vi* vibrer

Video ['vi:deo] <-s, -s> *nt* ❶ *(Videofilm)* [film *m*] vidéo *f; (Videoclip)* clip *m; (Videokassette)* cassette *f* vidéo; ***etw auf ~ aufnehmen*** enregistrer qc sur [cassette] vidéo ❷ *kein Pl (Medium)* vidéo *f*

Videoband <-bänder> *nt* bande *f* vidéo **Videobrowser** ['vi:deobraʊzɐ] *m* instrument *m* de navigation sur vidéo **Videoclip** <-s, -s> *m* [vidéo]clip *m* **Videofilm** *m* film *m* vidéo **Videokamera** *f* caméscope *m* **Videokassette** *f* cassette *f* vidéo **Videokonferenz** *f* vidéoconférence *f*, visioconférence *f* **Videorecorder, Videorekorder** ['vi:deorekɔrdɐ] <-s, -> *m* magnétoscope *m* **Videospiel** *nt* jeu *m* vidéo **Videotext** *m kein Pl* Télétex® *m*

Videothek [video'te:k] <-, -en> *f* vidéoclub *m*

Videoüberwachung *f* télésurveillance *f*

Vieh [fi:] <-[e]s> *nt* ❶ *(Rinder)* bétail *m* ❷ *(fam: Tier)* bestiau *m* ❸ *(pej fam: roher Mensch)* brute *f*

viehisch ['fi:ɪʃ] *adj* ❶ *(sehr stark)* atroce ❷ *Benehmen* bestial(e)

Viehzucht *f* élevage *m* **Viehzüchter(in)** *m(f)* éleveur, -euse *m, f*

viel [fi:l] **I.** <mehr, meiste> *pron indef* ❶ ~ ***Salz/Arbeit/Geld*** beaucoup de sel/de travail/d'argent; ~ ***Schönes/Neues*** beaucoup de belles/nouvelles choses; ***so ~ Arbeit*** tellement de travail; ***so ~ Salz wie nötig*** autant de sel que nécessaire; ***halb/doppelt so ~ Zucker wie ...*** deux fois moins/plus de sucre que ...; ***wir tun so ~ wir können*** nous faisons tout ce que nous pouvons; ***sie weiß so*** ~ elle sait tellement de choses; ***zu*** ~ trop; ***zu ~ Arbeit/Geld*** trop de travail/d'argent; ***mit ~ Mühe*** avec bien du mal; ~ ***Spaß!*** amuse-toi/amusez-vous bien!; ~ ***erleben*** vivre beaucoup de choses; ***nicht ~/zu ~ einkaufen*** ne pas acheter grand-chose/trop acheter; ***er hält ~/nicht ~ davon*** il en pense beaucoup/peu de bien ❷ *substantivisch* ***~es*** beaucoup de choses; ***~es [von dem], was ...*** beaucoup de ce qui/que ...; ***~es Unangenehme*** beaucoup de choses désagréables; ***um ~es besser sein*** être beaucoup mieux; ***in ~em*** à bien des égards ▶ **was zu ~ ist, ist zu ~** trop, c'est trop; **ihr Brief war so ~ wie eine Einladung** sa lettre équivalait à une invitation **II.** *adj* ❶ ***~e Leute*** beaucoup de gens; ***unglaublich ~e Anrufe*** un nombre incroyable de coups de fil ❷ *(diese große Menge)* ***die ~e Arbeit*** tout ce travail **III.** <mehr, am meisten> *adv* ❶ *(häufig)* beaucoup ❷ *(wesentlich)* beaucoup; ~ ***zu kurz/lang sein*** beaucoup trop court/long; ***dieser Computer ist ~ billiger*** cet ordinateur est beaucoup moins cher ▶ ~ **zu** ~ beaucoup trop

vielbeschäftigt *s.* **beschäftigt 1**

vieldeutig **I.** *adj* ambigu(ë) **II.** *adv* avec ambiguïté

Vieleck *nt* GEOM polygone *m*

vielerlei ['fi:lɐ'lai̯] *adj inv* ~ ***Sorten Käse*** toutes sortes de fromages; ***sich für ~ interessieren*** s'intéresser à toutes sortes de choses

vielerorts ['fi:lɐ'ʔɔrts] *adv* un peu partout

vielfach **I.** *adj* ❶ ***die ~e Menge*** une quantité bien plus grande ❷ *(mehrfach)* multiple **II.** *adv* ❶ *(häufig)* très souvent ❷ *falten* plusieurs fois; *beschädigen* à plusieurs endroits

Vielfache(s) *nt dekl wie adj* ***das*** ~ bien plus

Vielfalt ['fi:lfalt] <-, -en> *f* diversité *f*

vielfältig ['fi:lfɛltɪç] *adj* varié(e)

Vielfältigkeit *s.* **Vielfalt**

vielfarbig *adj Druck* polychrome; *Kleidungsstück* multicolore

Vielflieger(in) *m(f)* personne qui prend souvent l'avion *f*

Vielfraß ['fi:lfra:s] <-es, -e> *m* ❶ *(fam: Mensch)* morfal(e) *m(f)* ❷ ZOOL glouton *m*

vielleicht [fi'lai̯çt] *adv* ❶ *(eventuell)* peut-être ❷ *(ungefähr)* à peu près; ***er war ~ fünfzig*** il avait à peu près cinquante ans ❸ *(fam: etwa)* par hasard; ***erwarten Sie ~, dass ...?*** vous n'imaginez pas par hasard que ...? ❹ *(fam: wirklich)* ***das ist ~ schwierig!*** que c'est difficile!

vielmals *adv (geh)* de nombreuses fois; ***sich ~ bedanken*** formuler de nombreux remerciements

vielmehr [fi:l'me:ɐ̯] **I.** *adv* ❶ *(im Gegenteil)* au contraire ❷ *(genauer gesagt)* plutôt **II.** *konj* mais

vielsagend *s.* **sagen I. 5**

vielschichtig *adj* ❶ *(aus vielen Schichten)* composé(e) de couches multiples ❷ *(komplex)* complexe

vielseitig ['fi:lzaitɪç] **I.** *adj* ❶ *Person* polyvalent(e); *Künstler, Talent* protéiforme ❷ *Interessen* varié(e) ❸ *Gerät, Maschine* à fonctions multiples **II.** *adv* ❶ ~ ***interessiert sein*** avoir des intérêts variés ❷ *(für unterschiedliche Zwecke)* ~ ***verwendbar sein*** servir à de multiples usages

Vielseitigkeit <-> *f* polyvalence *f*

vielsprachig [-ʃpraːxɪç] *adj* polyglotte

Vielsprachigkeit <-; *kein Pl*> *f* multilinguisme *m*

vielversprechend **I.** *adj Künstler, Anfang* prometteur, -euse; *Nachricht* encourageant(e) **II.** *adv* ***sich ~ anhören*** paraître prometteur, -euse

Vielvölkerstaat *m* État *m* pluriethnique

Vielzahl *f kein Pl* ***eine ~ bunter Blumen*** une multitude de fleurs multicolores

vier [fiːɐ̯] *num* quatre ▶ **alle ~e von sich strecken** *(fam)* se mettre les doigts de pied en éventail; **auf allen ~en** *(fam)* à quatre pattes; *s. a.* **acht**[1]

Vier <-, -en> *f* quatre *m; (Schulnote)* ≈ dix *m*

Vieraugengespräch [fiːɐ̯'augəngəʃprɛːç] *nt* tête-à-tête *m* **Vierbeiner** <-s, -> *m* *(hum)* ***die [lieben] ~*** nos compagnons *mpl* à quatre pattes

vierbeinig ['fiːɐ̯bainɪç] *adj Tisch* à quatre pieds; ~ ***sein*** avoir quatre pieds; *Tier* quadrupède

Viereck ['fiːɐ̯ʔɛk] *nt* quadrilatère *m* **viereckig** ['fiːɐ̯ʔɛkɪç] *adj* rectangulaire

viereinhalb ['fiːɐ̯ʔain'halp] *num* ~ ***Kilometer*** quatre kilomètres et demi; *s. a.* **achteinhalb**

Vierer ['fiːrɐ] <-s, -> *m* ❶ *(fam: Schulnote)* ≈ dix *m* ❷ *(fam: Lottogewinn)* quatre bons numéros *mpl*

viererlei ['fiːrɐ'lai] *adj inv* ~ ***Sorten Käse*** quatre sortes de fromages; *s. a.* **achterlei**

vierfach **I.** *adj* ***das ~e Gewicht*** quatre fois le poids **II.** *adv falten* par quatre; *s. a.* **achtfach**

vierhändig ['fiːɐ̯hɛndɪç] *adj o adv* MUS à quatre mains

vierhundert ['fiːɐ̯'hʊndɐt] *num* quatre cents

vierjährig *adj Kind, Amtszeit* de quatre ans

Vierkantschlüssel *m* clé *f* à quatre pans

vierköpfig ['fiːɐ̯kœpfɪç] *adj Familie* de quatre [personnes]

Vierling ['fiːɐ̯lɪŋ] <-s, -e> *m* quadruplé(e) *m(f)*

viermal ['fiːɐ̯maːl] *adv* quatre fois; *s. a.* **achtmal**

viermotorig *adj* quadrimoteur

Vierradantrieb *m* quatre roues *fpl* motrices

vierspurig *adj o adv* à quatre voies

viert [fiːɐ̯t] *adv* ***zu ~ sein*** être quatre; *s. a.* **acht**[2]

Viertaktmotor *m* moteur *m* [à] quatre-temps

viertausend ['fiːɐ̯'tauzənt] *num* quatre mille

vierte(r, s) *adj* ❶ quatrième ❷ *(bei Datumsangaben)* ***der ~ Mai*** le quatre mai; *s. a.* **achte(r, s)**

Vierte(r) *f(m) dekl wie adj* ❶ quatrième ❷ *(bei Datumsangaben)* ***der ~/am ~n*** *écrit:* ***der 4./am 4.*** le quatre *geschrieben:* le 4 ❸ *(als Namenszusatz)* ***Heinrich der ~*** *écrit:* ***Heinrich IV.*** Henri quatre *geschrieben:* Henri IV; *s. a.* **Achte(r)**

vierteilen *vt* HIST ***gevierteilt werden*** être écartelé

viertel ['fɪrtəl] *num* ***ein/drei ~ Liter*** un quart/trois quarts de litre; ***um drei ~ sieben/zehn*** DIAL à sept/dix heures moins le quart; *s. a.* **achtel**

Viertel ['fɪrtəl] <-s, -> *nt* ❶ *a.* MATH quart *m;* ***ein ~ Wein*** un quart de vin ❷ *(15 Minuten)* ***es ist ~ vor elf*** il est onze heures moins le quart ❸ *(Stadtbezirk)* quartier *m*

Viertelfinale *nt* SPORT quart *m* de finale **Vierteljahr** *nt* trimestre *m* **vierteljährlich** ['fɪrtəljɛːɐ̯lɪç] *adj* trimestriel(le) **Vierteliter** *m o nt* quart *m* de litre

vierteln ['fɪrtəln] *vt* couper en quatre; ***etw*** ~ couper qc en quatre

Viertelnote *f* noire *f* **Viertelpause** *f* soupir *m* **Viertelpfund** ['fɪrtəlpfʊnt] *nt* quart *m* de livre **Viertelstunde** [fɪrtəl'ʃtʊndə] *f* quart *m* d'heure **viertelstündlich** ['fɪrtəlʃtʏntlɪç] **I.** *adj attr* tous les quarts d'heure; ***in ~em Abstand*** à un quart d'heure d'intervalle **II.** *adv* tous les quarts d'heure

viertens ['fiːɐ̯təns] *adv* quatrièmement

Viertürer <-s, -> *m (fam)* quatre portes *f*

viertürig [-tyːrɪç] *adj* à quatre portes

Vierviertetakt [fiːɐ̯'fɪrtəltakt] *m* mesure *f* à quatre temps

Vierwaldstätter See [fiːɐ̯'valtʃtɛtɐ 'zeː] *m* ***der*** ~ le lac des Quatre-Cantons

vierzehn ['fɪrtseːn] *num* quatorze; ~ ***Tage dauern*** durer quinze jours; *s. a.* **acht**[1]

vierzehntägig ['fɪrtseːntɛːgɪç] *adj* de quinze jours

vierzehnte(r, s) *adj* quatorzième; *s. a.* **achte(r, s)**

Vierzeiler <-s, -> *m* quatrain *m*

vierzig ['fɪrtsɪç] *num* quarante; *s. a.* **achtzig**
Vierzig ['fɪrtsɪç] <-, -en> *f* ❶ *(Zahl)* quarante *m* ❷ *(Alter)* quarantaine *f; **auf die ~ zugehen*** aller sur ses quarante ans
vierziger ['fɪrtsɪgɐ] *adj inv **die ~ Jahre*** les années *f pl* quarante; *s. a.* **Vierzigerjahre**
Vierzigerjahre, 40er-Jahre ['fɪrtsɪgɐ-] *Pl **die ~*** les années *f pl* quarante
vierzigste(r, s) ['fɪrtsɪgstə, -stɐ, -stəs] *adj* quarantième; *s. a.* **achtzigste(r, s)**
Vierzigstundenwoche [fɪrtsɪç-] *f* semaine *f* de quarante heures
Vierzimmerwohnung [fiːɐ̯'tsɪmɐvoːnʊŋ] *f* quatre-pièces *m*
Vietnam [vi̯ɛt'nam] <-s> *nt* le Viêt-nam
Vietnamese, Vietnamesin [vi̯ɛtna'meːzə] <-n, -n> *m, f* Vietnamien(ne) *m(f)*
vietnamesisch [vi̯ɛtna'meːzɪʃ] **I.** *adj* vietnamien(ne) **II.** *adv **~ miteinander sprechen*** discuter en vietnamien; *s. a.* **deutsch**
Vietnamesisch <-[s]> *nt kein Art* vietnamien *m; s. a.* **Deutsch**
Vikar(in) [vi'kaːɐ̯] <-s, -e> *m(f)* vicaire *m*
Villa ['vɪla] <-, Villen> *f* villa *f*
Villenviertel ['vɪlənfɪrtəl] *nt* quartier *m* résidentiel
violett [vi̯o'lɛt] *adj* violet(te)
Violett [vi̯o'lɛt] <-s, -> *nt* violet *m*
Violine [vi̯o'liːnə] <-, -n> *f* MUS violon *m*
Violinist(in) [vi̯oli'nɪst] *m(f)* violoniste *mf*
Violinkonzert [vi̯o'liːn-] *nt* concert *m* pour violon[s] **Violinschlüssel** *m* clé *f* de sol
VIP [viːʔai̯'piː, vɪp] <-, -s> *m Abk von* **very important person** V.I.P. *mf fam*
Viper ['viːpɐ] <-, -n> *f* vipère *f*
VIP-Loge ['vɪploːʒə] *f* loge *f* V.I.P. **VIP-Lounge** ['vɪplau̯ntʃ] <-, -s> *f eines Hotels, Flughafens* salon *m* V.I.P.
viral [vi'raːl] *adj* MED *Infektion* viral(e)
Viren ['viːrən] *Pl von* **Virus**
Virenscanner *m* INFORM logiciel *m* antivirus **Virensuchprogramm** *nt* [programme *m*] antivirus *m*
virtuell [vɪr'tu̯ɛl] *adj* virtuel(le)
virtuos [vɪr'tu̯oːs] **I.** *adj (geh) Musiker* virtuose; *Leistung, Spiel* brillant(e) **II.** *adv (geh)* avec virtuosité
Virtuose, Virtuosin [vɪr'tu̯oːzə] <-n, -n> *m, f* virtuose *mf*
virulent [viru'lɛnt] *adj* ❶ MED virulent(e) ❷ *(geh: gefährlich)* pernicieux, -euse
Virus ['viːrʊs] <-, Viren> *nt o m* BIO, MED, INFORM virus *m*
Virusinfektion *f* infection *f* virale
Visa ['viːza] *Pl von* **Visum**
Visage [vi'zaːʒə] <-, -n> *f (pej fam)* tronche *f*
Visagist(in) [viza'ʒɪst] <-en, -en> *m(f)* visagiste *mf*
vis-a-vis, vis-à-vis [viza'viː] **I.** *adv (geh)* en face; ***jdm ~ sitzen/wohnen*** être assis/habiter en face de qn **II.** *präp +dat **~ dem Turm*** en face de la tour
Visen ['viːzen] *Pl von* **Visum**
Visier [vi'ziːɐ̯] <-s, -e> *nt einer Schusswaffe* viseur *m; eines Helms* visière *f* ▸ **jdn/etw ins ~ nehmen** avoir qn à l'œil/envisager qc
Vision [vi'zi̯oːn] <-, -en> *f (geh)* ❶ *(Erscheinung)* vision *f* ❷ *(Vorstellung)* anticipation *f* ▸ **~en haben** *(halluzinieren)* avoir des visions; *(Zukunftsentwürfe machen)* savoir anticiper
visionär [vizi̯o'nɛːɐ] *adj* visionnaire
Visionär(in) [vizi̯o'nɛːɐ̯] <-s, -e> *m(f) (geh)* visionnaire *mf*
Visite [vi'ziːtə] <-, -n> *f a.* MED visite *f; **~ machen** Arzt:* faire ses visites
Visitenkarte [vi'ziːtən-] *f* carte *f* de visite
Viskose [vɪs'koːzə] <-> *f* viscose *f*
visuell [vi'zu̯ɛl] *adj (geh)* visuel(le)
Visum ['viːzʊm] <-s, Visa *o* Visen> *nt* visa *m*
Vita ['viːta] <-, Viten *o* Vitae> *f (geh)* vie *f*
vital [vi'taːl] *adj (geh)* ❶ *Person* plein(e) de vitalité ❷ *(das Leben betreffend)* vital(e)
Vitalität [vitali'tɛːt] <-> *f* vitalité *f*
Vitamin [vita'miːn] <-s, -e> *nt* vitamine *f* ▸ **~ B** *(fam)* piston *m*
Vitaminmangel *m* carence *f* en vitamines **Vitamintablette** *f* comprimé *m* de vitamines; ***~n nehmen*** prendre des vitamines [en comprimés]
Vitrine [vi'triːnə] <-, -n> *f* vitrine *f*
Vizepräsident *m* vice-président *m*
Vlies [fliːs] <-es, -e> *nt* ❶ *(Wolle eines Schafs)* toison *f* ❷ *(Fasermaterial)* rembourrage *m*
V-Mann ['fau̯-] <-leute> *m (fam)* indic *m*
Vogel ['foːgəl, *Pl:* 'føːgəl] <-s, Vögel> *m* ❶ oiseau *m* ❷ *(fam: Mensch) **ein schräger/linker ~*** un drôle d'oiseau ▸ **mit etw den ~ abschießen** *(fam)* avoir le pompon en faisant qc; **einen ~ haben** *(fam)* avoir une araignée au plafond; **jdm den ~ zeigen** *(fam)* traiter qn de cinglé(e)
Vogelbauer *nt* cage *f*
Vogeldreck *m (fam)* fiente *f* **vogelfrei** *adj* HIST hors la loi **Vogelfutter** *nt* graines *f pl* pour les oiseaux **Vogelgrippe** *f* grippe *f* aviaire **Vogelkäfig** *m* cage *f*

V

vögeln ['fø:gəln] *vt, vi (vulg)* tringler *vulg,* baiser *fam;* ***mit jdm ~*** baiser qn *fam*
Vogelnest *nt* nid *m* d'oiseau **Vogelperspektive** *f* perspective *f* à vol d'oiseau; ***aus der ~*** à vue d'oiseau; PHOT en plongée
Vogelscheuche ['fo:gəlʃɔyçə] <-, -n> *f (a. fig)* épouvantail *m* **Vogelspinne** *f* mygale *f*
Vogerlsalat *m* A mâche *f*
Vogesen [vo'ge:zən] <-> *Pl* ***die ~*** les Vosges *fpl*
Voicemail ['vɔysme:l] <-, -s> *f* INFORM messagerie *f* vocale
VoIP [vɔɪp] *Abk von* **Voice over Internet Protocol** INFORM, TELEC VoIP *f,* voix *f* sur réseau IP
voipen ['vɔypən] *vt, vi* INET communiquer par voip
Vokabel [vo'ka:bəl] <-, -n> *f* ❶ mot *m* de vocabulaire; ***die lateinischen ~n*** le vocabulaire latin ❷ *(geh: Begriff)* terme[-clé] *m*
Vokabelheft *nt* carnet *m* de vocabulaire
Vokabeltest *m* SCHULE test *m* de vocabulaire
Vokabular [vokabu'la:ɐ̯] <-s, -e> *nt (geh: Wortschatz)* vocabulaire *m*
Vokal [vo'ka:l] <-s, -e> *m* voyelle *f*
Vokativ ['vo:kati:f] <-s, -e> *m* LING vocatif *m*
Volant [vo'lã:] <-s, -s> *m o* CH *nt (Stoffbesatz)* volant *m*
Volk [fɔlk, *Pl:* 'fœlkɐ] <-[e]s, Völker> *nt* ❶ *(Nation)* peuple *m* ❷ *kein Pl (die Menschen)* ***das ~*** le peuple ❸ *kein Pl (pej: die arme Bevölkerung)* faune *f* ▶ **etw unters ~ bringen** divulguer qc; **sich unters ~ mischen** *(fam)* prendre un bain de foule
Völkerball *m kein Pl* ballon *m* prisonnier **Völkerbund** *m* HIST ***der ~*** la Société des Nations **Völkermord** *m* génocide *m* **Völkerrecht** *nt kein Pl* droit *m* international public, droit *m* des gens **völkerrechtlich** **I.** *adj Anerkennung* en vertu du droit des peuples à disposer d'eux-mêmes **II.** *adv* en droit international
Völkerrechtsverletzung *f* violation *f* du droit international public
Völkerverständigung *f kein Pl* entente *f* entre les peuples, rapprochement *m* des peuples **Völkerwanderung** *f* ❶ HIST ***die ~*** les grandes invasions *fpl* ❷ *(fam: Menschenmengen)* ruée *f*
Volksabstimmung *f* référendum *m* **Volksbefragung** *f* plébiscite *m* **Volksbegehren** *nt* initiative *f* populaire **volkseigen** *adj* nationalisé(e) **Volkseinkommen** *nt* revenu *m* national **Volksentscheid** *m* vote *m* populaire **Volksfest** *nt* fête *f* populaire

Land und Leute

La **Volksfest** est une fête traditionnelle en plein air. Elle dure souvent jusqu'à deux semaines. On y trouve les manèges et les activités d'une fête foraine mais aussi de grandes tentes sous lesquelles on peut boire de la bière. L'une des plus célèbres **Volksfeste** est la *Münchner Oktoberfest* c'est-à-dire la “Fête de la bière” à Munich.

Volkshochschule *f* université *f* populaire

Land und Leute

La **Volkshochschule** est un centre public de formation continue en Allemagne. Les cours sont ouverts, indépendamment du statut social, à toutes les classes d'âge de la population. Les cours sont reconnus comme cours de formation professionnelle continue. La *Volkshochschule* propose également des activités sportives et artistiques accessibles à tous.

Volkskrankheit *f* maladie *f* endémique **Volkskunde** *f* étude *f* des folklores **Volkslied** *nt* chanson *f* populaire **Volksmärchen** *nt* conte *m* populaire **Volksmehr** <-s> *nt* CH majorité *f* confédérale **Volksmund** *m* langage *m* populaire; ***im ~*** dans le langage populaire **Volksmusik** *f* musique *f* folklorique **volksnah** *adj* proche du peuple **Volksrepublik** *f* république *f* populaire **Volksschule** *f* A *(Grundschule)* ≈ école *f* primaire **Volksstamm** *m* peuplade *f* **Volkstanz** *m* danse *f* folklorique
volkstümlich ['fɔlksty:mlɪç] *adj* ❶ *Brauch* traditionnel(le); *Fest* populaire; *Bezeichnung* usuel(le) ❷ *Autor* populaire
Volksverhetzung <-, -en> *f* incitation *f* à la haine [raciale]; ***man hat ihm/ihr den Vorwurf der ~ gemacht*** on lui a reproché d'être un fauteur/une fautrice de troubles
Volksvertretung *f* représentation *f* nationale **Volkswirt(in)** *m(f)* économiste *mf* **Volkswirtschaft** *f (Nationalökonomie)* économie *f* [nationale] **volkswirtschaftlich** **I.** *adj* ❶ *(der nationalen Wirtschaft)* économique ❷ *(wissenschaft-*

V

lich) d'économie politique **II.** *adv* d'un point de vue économique
Volkswirtschaftslehre *f* économie *f* politique
Volkszählung *f* recensement *m*
voll [fɔl] **I.** *adj* ❶ *(gefüllt)* plein(e); ***halb*** ~ à moitié plein; ~ ***werden*** se remplir; ~ ***sein*** être plein; ~ ***[mit] Wasser/Sand sein*** être plein d'eau/de sable ❷ *(bedeckt)* ~***[er] Schnee/Flecken sein*** être recouvert de neige/de taches ❸ *(ganz)* entier, -ière; ***jede ~e Stunde fahren*** *Bus:* partir aux heures pleines ❹ *(vollständig)* ***die ~e Summe*** la totalité de la somme; ***den ~en Preis bezahlen*** payer comptant; ***in ~er Ausrüstung*** équipé de pied en cap; ***in ~er Uniform erscheinen*** apparaître en uniforme ❺ *(ungeschmälert)* total(e); ***das ~e Ausmaß der Katastrophe*** l'ampleur de la catastrophe; ***die ~e Tragweite erkennen*** reconnaître la portée ❻ *(prall)* plein(e); ***er ist ~er geworden*** il a pris des rondeurs ❼ *(volltönend)* bien timbré(e) ❽ *Bart* fourni(e); ***~es Haar haben*** avoir des cheveux épais ❾ *(fam: satt)* ~ ***sein*** être gavé ❿ *(fam: betrunken)* ~ ***sein*** être plein ▶ **jdn nicht für ~ nehmen** ne pas prendre qn au sérieux; **aus dem Vollen schöpfen** taper dans le tas *fam* **II.** *adv* ❶ *ausnutzen* pleinement; *sperren* totalement ❷ *aufprallen* de plein fouet; *treffen* très violemment ❸ *unterstützen* totalement ❹ *(fam: sehr, äußerst)* vachement; ***jdn ~ anmachen/fertigmachen*** allumer/casser qn à fond; ~ ***doof sein*** être complètement nul ▶ **~ und ganz** à cent pour cent
vollauf *adv genügen* tout à fait, totalement
vollautomatisch *adj* entièrement automatique
vollautomatisiert *adj* entièrement automatisé(e)
Vollbad *nt* bain *m;* ***ein ~ nehmen*** prendre un bon bain **Vollbart** *m* barbe *f* **vollbeschäftigt** *adj* employé(e) à temps plein **Vollbeschäftigung** *f kein Pl* plein emploi *m* **Vollbesitz** *m* ***im ~ der geistigen Kräfte*** en pleine possession des facultés mentales **Vollblut** *nt kein Pl* ❶ *(Pferd)* pur-sang *m* ❷ MED sang *m*
Vollblüter <-s, -> *m* pur-sang *m*
Vollbremsung *f* freinage *m* brusque; ***eine ~ machen*** bloquer les freins **vollbringen*** [fɔl'brɪŋən] *vt irr (geh)* accomplir; ***eine gute Tat ~*** faire une bonne action **Volldampf** *m* NAUT ***[mit] ~ voraus!*** à toute vapeur! ▶ **mit ~ arbeiten** *(fam)* en mettre un coup **volldröhnen** *vr (fam)* ***sich ~*** *(sich betrinken)* se bourrer; *(Drogen nehmen)* se défoncer
Völlegefühl ['fœlə-] *nt kein Pl* lourdeurs *fpl* d'estomac **vollelektronisch** *adj System* entièrement électronique **vollenden*** [fɔl'ʔɛndən] *vt (geh)* achever
vollendet [fɔl'ʔɛndət] *adj* ❶ *Kunstwerk* parfait(e) ❷ *Gastgeber* accompli(e)
vollends ['fɔlɛnts] *adv* complètement
Vollendung <-, -en> *f* achèvement *m;* ***nach ~ des 18. Lebensjahres*** après avoir atteint sa majorité
voller *adj mit gen* ***eine Schachtel ~ Kekse*** une boîte pleine de petits gâteaux
Völlerei [fœlə'raɪ] <-, -en> *f (pej)* gloutonnerie *f péj*
Volleyball ['vɔlibal] *m* ❶ *kein Pl (Spiel)* volley[-ball] *m* ❷ *(Ball)* ballon *m* [de volley]
vollfressen *vr unreg (pej sl)* ***sich ~*** *Tier:* manger à sa faim; *Person:* s'empiffrer *fam*
Vollgas *nt* ~ ***geben*** accélérer à fond ▶ **etw mit ~ tun** faire qc à pleins gaz **vollgießen** *s.* **gießen I. 2 Vollidiot(in)** *m(f) (fam)* triple idiot(e) *m(f)*
völlig ['fœlɪç] **I.** *adj* total(e) **II.** *adv übereinstimmen* parfaitement; ***es ist ~ still*** le silence est total
volljährig *adj* majeur(e); ~ ***werden*** atteindre sa majorité
Volljährigkeit <-> *f* majorité *f*
vollkaskoversichert *adj* assuré(e) tous risques; ~ ***[sein]*** [être] assuré(e) tous risques
Vollkaskoversicherung *f* assurance *f* tous risques
vollkleckern *(fam)* **I.** *vt* ***etw ~*** faire plein de taches sur qc **II.** *vr* ***sich ~*** se faire des taches partout **vollklimatisiert** *adj* [entièrement] climatisé(e)
vollkommen ['fɔlkɔmən] **I.** *adj* ❶ *(perfekt)* parfait(e) ❷ *Übereinstimmung* total(e); *Katastrophe* complet, -ète **II.** *adv einverstanden* parfaitement; *unmöglich* complètement
Vollkommenheit <-> *f* perfection *f*
Vollkornbrot *nt* pain *m* complet **Vollkornmehl** *nt* farine *f* de blé complet
vollladen *s.* **laden 1 vollmachen** *vt (fam)* arrondir *Betrag* **Vollmacht** <-, -en> *f* ❶ *(Bankvollmacht)* procuration *f* ❷ *(Verhandlungsvollmacht)* plein[s]-pouvoir[s] *mpl;* ***keine ~ haben*** ne pas avoir de délégation **Vollmilch** *f* lait *m* entier
Vollmilchschokolade *f* chocolat *m* au lait
Vollmitglied *nt* JUR membre *m* à part entière **Vollmond** *m kein Pl* pleine lune *f;* ***bei ~*** à la pleine lune; ***es ist ~*** c'est la pleine lune
vollmundig **I.** *adj* ❶ *Wein* qui a du corps

V

❷ *Versprechung, Slogan* ronflant(e) **II.** *adv* ❶ ~ ***schmecken*** *Wein:* avoir du corps ❷ *versprechen* pompeusement
Vọllnarkose *f* anesthésie *f* générale; ***in*** ~ sous anesthésie générale
vọll|packen *vt* bourrer *Koffer, Auto* **Vọllpension** *f* pension *f* complète; ***mit*** ~ en pension complète
vọll|pumpen *vt* ***etw mit Luft/Wasser*** ~ remplir qc d'air/d'eau
Vọllrausch *m* ébriété *f form;* ***einen*** ~ ***haben*** être en état d'ébriété avancée *form*
vọllschlank *adj* rondelet(te) **vọll|schreiben** *s.* **schreiben I. 2**
vọllständig I. *adj* complet, -ète; ***etw*** ~ ***machen*** compléter qc; ***etw*** ~ ***haben*** avoir qc complet, -ète **II.** *adv besiegen* à plate couture; ***nicht mehr*** ~ ***vorhanden sein*** ne plus être complet
Vọllständigkeit <-> *f einer Sammlung* intégrité *f; von Angaben* caractère *m* complet; ***auf die*** ~ ***der Unterlagen achten*** veiller à ce que les documents soient complets ▶ **der** ~ **halber** pour être complet
vọll|stopfen I. *vt* bourrer *Auto, Koffer* **II.** *vr* ***sich*** ~ se goinfrer *fam*
vollstrẹckbar [fɔl'ʃtrɛkbaːɐ̯] *adj* JUR exécutoire
vollstrẹcken* [fɔl'ʃtrɛkən] *vt* JUR exécuter; ***ein Urteil an jdm*** ~ exécuter un jugement sur la personne de qn
Vollstrẹckung <-, -en> *f* JUR exécution *f*
vọll|tanken *s.* **tanken I., II. 1 Vọlltreffer** *m* ❶ *(Treffer)* coup *m* dans le mille; ~*!* en plein dans le mille! ❷ *(fam: Erfolg)* coup *m* de maître; ***das ist/wird ein*** ~ ça fait/va faire un tabac **Vọllversammlung** *f* assemblée *f* générale **Vọllwaise** *f* orphelin(e) *m(f)* [de père et de mère]
Vọllwaschmittel *nt* lessive *f* tous textiles
vọllwertig *adj* ❶ *Ernährung* complet, -ète ❷ *Ersatz* tout à fait à la hauteur; ***kein*** ~***er Ersatz für jdn sein*** ne pas remplacer totalement qn
Vọllwertkost *f* nourriture *f* complète
vọllzählig I. *adj* complet, -ète **II.** *adv* ~ ***erschienen/versammelt sein*** être apparus/rassemblés au complet; ~ ***anwesend sein*** être tous présents/toutes présentes
Vọllzeit *f* plein-temps *m,* temps *m* plein; *[****in****]* ~ ***arbeiten*** travailler à temps plein
vollziehen* [fɔl'tsiːən] *irr* **I.** *vt (geh)* exécuter *Befehl;* consommer *Ehe* **II.** *vr (geh)* ***sich*** ~ *Drama:* se dérouler; *Wandel:* s'accomplir
Vollzug *m kein Pl (form)* ❶ *eines Befehls* exécution *f* ❷ *(Strafvollzug)* détention *f;* ***offener*** ~ régime *m* de semi-liberté
Vollzugsanstalt *f (form)* maison *m* d'arrêt
Volontär(in) [volɔn'tɛːɐ̯] <-s, -e> *m(f)* stagiaire *mf*
Volontariat [volɔnta'ri̯aːt] <-[e]s, -e> *nt* ❶ *(Ausbildungszeit bei einer Zeitung)* stage *m* de journalisme ❷ *(Stelle)* stage *m*

> **Falsche Freunde**
> Nicht verwechseln mit *le volontariat – der freiwillige Dienst*!

Volt [vɔlt] <-[e]s, -> *nt* volt *m*
Volumen [vo'luːmən] <-s, - *o* Volumina> *nt* volume *m*
Volumentarif *m* TELEC tarif *m* au volume
voluminös [volumi'nøːs] *adj (geh)* volumineux, -euse
vọm [fɔm] = *s.* **von dem** *s.* **von**
vọn [fɔn] *präp +dat* ❶ *(räumlich)* ~ ***der Leiter steigen/fallen*** descendre/tomber de l'échelle; ***das Glas vom Tisch nehmen*** prendre le verre sur la table; ***links/rechts*** ~ ***ihm*** à gauche/droite de lui; ~ ***Paris nach Brüssel*** de Paris à Bruxelles; ~ ***wo kommt dieser Zug?*** *(fam)* d'où vient ce train? ❷ *(zeitlich)* ***die Zeitung*** ~ ***gestern*** le journal d'hier; ~ ***wann ist dieser Brief?*** de quand date cette lettre?; ~ ***heute/morgen an*** à partir d'aujourd'hui/de demain ❸ *(zur Angabe der Abstammung, Urheberschaft)* ***ein Brief*** ~ ***den Eltern*** une lettre des parents; ***der Kuchen ist*** ~ ***mir*** c'est moi qui ai fait ce gâteau; ***das ist nett*** ~ ***ihm*** c'est gentil de sa part ❹ *(fam: zur Angabe des Besitzes)* ***das Auto*** ~ ***meiner Schwester*** la voiture de ma sœur ❺ *(zur Angabe der Eigenschaft)* ***ein Kind*** ~ ***vier Jahren*** un enfant de quatre ans ❻ *(über, wegen)* ~ ***etw erzählen/träumen*** raconter qc/rêver de qc; ~ ***etw begeistert sein*** être enthousiasmé par qc; ~ ***dieser Sache weiß ich nichts*** je ne sais rien de cette affaire ❼ *(zur Angabe der handelnden Person)* par; ~ ***allen/der Mehrheit abgelehnt werden*** *Vorschlag:* être refusé de tous/par la majorité ❽ *(in Bezug auf)* ~ ***Beruf ist sie Ärztin*** elle est médecin de profession ❾ *(als Adelsprädikat)* ***der Prinz*** ~ ***Wales*** le Prince de Galles ▶ **etw** ~ **sich aus tun** faire qc de son plein gré; ~ **wegen!** *(fam)* des clous!
voneinạnder [fɔnʔai̯'nandɐ] *adv* ~ ***lernen*** *zwei Personen:* apprendre l'un de l'autre;

mehrere Personen: apprendre les uns des autres; ~ ***abschreiben*** *zwei Personen:* copier l'un sur l'autre; *mehrere Personen:* copier les uns sur les autres

vonseiten [fɔn'zaitən] du côté de; ***von ~ der Regierung*** du côté du gouvernement

vor [foːɐ̯] **I.** *präp +dat* ❶ *(räumlich)* ~ ***mir/dem Haus*** devant moi/la maison ❷ *(zeitlich)* ~ ***drei Tagen/einer Woche*** il y a trois jours/une semaine; ***das war schon ~ Jahren*** ça remonte à loin ❸ *(in Bezug auf eine Reihenfolge)* ~ ***jdm ins Ziel kommen*** arriver au but avant qn; ~ ***dem Urlaub*** avant les vacances ❹ *(bedingt durch)* ~ ***Angst zittern*** trembler de peur **II.** *präp +akk (räumlich)* ~ ***das Haus gehen*** aller devant la maison; ~ ***das Publikum treten*** se placer devant le public ▸ ~ **sich hin gehen/summen** marcher tranquillement/fredonner tout(e) seul(e) **III.** *adv* ~ ***und zurück*** d'avant en arrière

vorab [foːɐ̯'ʔap] *adv* au préalable

Vorabend *m* veille *f*

Vorahnung *f* pressentiment *m*

voran [fo'ran] *adv* ❶ *(vorwärts)* en avant ❷ *(vorn befindlich)* en tête

voran|bringen *vt irr* faire avancer

voran|gehen *irr* **I.** *vi + sein* ❶ *Person:* marcher devant; ***jdm*** ~ précéder qn ❷ *(Fortschritte machen) Arbeit:* avancer **II.** *vi unpers + sein* ***es geht voran*** ça avance

voran|kommen *vi irr + sein* ❶ *(vorwärtskommen)* progresser ❷ *(Fortschritte machen)* ***mit etw*** ~ avancer dans qc

Vorankündigung *f* annonce *f* préliminaire

Voranmeldung *f* ❶ *(für einen Kurs)* inscription *f* préalable ❷ *(für einen Gesprächstermin)* ***um ~ wird gebeten*** prière de prendre rendez-vous au préalable

voran|treiben *vt irr* faire avancer

Vorarbeit *f* travail *m* préliminaire

vor|arbeiten *vi* ❶ *(im Voraus arbeiten)* s'avancer [dans son travail] ❷ *(Vorarbeit leisten)* ***jdm*** ~ préparer le travail à qn

Vorarbeiter(in) *m(f)* contremaître, -esse *m, f*

Vorarlberg ['foːɐ̯ʔarlbɛrk] <-s> le Vorarlberg

voraus [fo'raus, *aber:* ɪm 'foːraus] *adv* *(räumlich)* devant; ***er ist schon weit*** ~ il est déjà loin devant nous ▸ **jdm auf einem Gebiet ~ sein** avoir de l'avance sur qn dans un domaine; **im Voraus** *abrechnen, bezahlen* d'avance; *bestimmen, wissen* à l'avance

voraus|berechnen* *vt* calculer d'avance; ***etw*** ~ calculer qc d'avance

voraus|bestimmen* *vt* déterminer à l'avance; ***etw*** ~ déterminer qc à l'avance; ***[jdm] vorausbestimmt sein*** *Geschick, Schicksal:* être prédéterminé(e) [à qn]

vorausblickend *s.* **vorausschauend**

voraus|gehen [fo'rausgeːən] *vi irr + sein* partir devant

vorausgesetzt *adj* ~, ***[dass] ...*** à condition que ... *+subj*

voraus|haben *vt irr* ***jdm etw*** ~ avoir un avantage de qc sur qn

Voraussage *f* prédiction *m*

voraus|sagen *vt* prédire; ***jdm etw*** ~ prédire qc à qn; ***das lässt sich nicht*** ~ on ne peut pas prédire cela

vorausschauend **I.** *adj* prévoyant(e) **II.** *adv* en anticipant

voraus|schicken *vt* ❶ *(losschicken)* ***das Gepäck*** ~ expédier les bagages à l'avance ❷ *(sagen)* ***eine Warnung*** ~ prévenir les auditeurs

voraus|sehen *vt irr* prévoir; ***nicht vorauszusehen sein*** être imprévisible; ***das war vorauszusehen!*** c'était à prévoir!

voraus|setzen *vt* ❶ ***etw als bekannt*** ~ partir du principe que qc est connu(e), ***etw als selbstverständlich*** ~ considérer qc comme une évidence; ***vorausgesetzt, dass*** à supposer que *+subj* ❷ *(erfordern)* ***Erfahrung/Geduld*** ~ supposer de l'expérience/la patience

Voraussetzung <-, -en> *f* ❶ *(Vorbedingung)* condition *f* préalable; ***unter der ~, dass*** à condition que *+subj* ❷ *(Prämisse)* hypothèse *f*

Voraussicht *f kein Pl* prévoyance *f*; ***aller ~ nach*** selon toute probabilité ▸ **etw in weiser ~ tun** faire qc par sage précaution

voraussichtlich **I.** *adj* prévu(e) **II.** *adv* selon les prévisions; *sich verspäten* probablement; ***wir werden ~ um 18 Uhr ankommen*** notre arrivée est prévue à 18 heures; ***das Buch wird ~ im Mai erscheinen*** la parution du livre est prévue pour le mois de mai

Vorauszahlung *f* paiement *m* d'avance

Vorbau ['foːɐ̯bau] <-bauten> *m* ARCHIT avancée *f*

Vorbedacht ['foːɐ̯bədaxt] *m* ***mit*** ~ de propos délibéré; ***ohne*** ~ sans réflexion préalable

Vorbedingung *f* condition *f* préalable

Vorbehalt ['foːɐ̯bəhalt] <-[e]s, -e> *m* réserve *f*; ***ohne*** ~ sans réserve; ***unter*** ~ sous réserve

vor|behalten* *vt irr* ***sich*** *dat* ~ ***etw zu tun*** se réserver la possibilité de faire qc

vorbehaltlich *(form)* **I.** *präp +gen* ~ ***einer***

V

S. sous réserve de qc **II.** *adj o adv* sous toutes réserves

vorbehaltlos *adj o adv* sans restriction, sans réserve

vorbei [foːɐ̯'bai̯] *adv* ❶ *(räumlich)* ***an jdm/etw*** ~ à côté de qn/le long de qc; ***darf ich bitte vorbei?*** pourriez-vous vous écarter, s'il vous plaît? ❷ *(zeitlich)* ***~ sein*** être fini; ***mit der Faulenzerei ist es ~*** c'en est fini de la paresse

vorbei|bringen *vt unreg (fam)* apporter en passant; ***[jdm] etw ~*** apporter qc [à qn] en passant

vorbei|fahren *vi irr + sein* ❶ *(vorüberfahren)* passer; ***an jdm/etw ~*** passer devant qn/qc; ***im Vorbeifahren*** en passant [devant] ❷ *(aufsuchen)* ***bei jdm ~*** passer chez qn **vorbei|gehen** *vi irr + sein* ❶ *(vorübergehen)* passer; ***an jdm/etw ~*** passer devant qn/qc; ***dicht an jdm ~*** passer tout près de qn ❷ *(fam: aufsuchen)* ***bei jdm/der Apotheke ~*** passer chez qn/à la pharmacie ❸ *(fig: außer Acht lassen)* ***an etw*** *dat* ~ passer sur qc; ***am Kern der Sache ~*** passer le point essentiel de l'affaire ❹ *(vergehen) Gefühl:* passer ❺ *(danebengehen)* ***an jdm/etw ~*** *Schuss, Wurf:* passer à côté de qn/qc **vorbei|kommen** *vi irr + sein* ❶ *(fam: kurz besuchen)* passer; ***bei jdm ~*** passer chez qn ❷ *(vorbeigehen können)* ***an etw*** *dat* ~ arriver à passer le long de qc; ***kommst du daran/hier vorbei?*** tu peux passer? ❸ *(fig: vermeiden)* ***an etw*** *dat* ***nicht ~*** ne pas pouvoir éviter qc **vorbei|lassen** *vt irr* laisser passer; ***jdn/etw an sich*** *dat* ~ laisser passer qn/qc devant soi **vorbei|marschieren** *vi + sein* MIL défiler; ***an etw*** *dat* ~ défiler devant qc **vorbei|reden** *vi* ***aneinander ~*** avoir un dialogue de sourds

vorbei|schauen *vi* passer; ***bei jdm ~*** passer chez qn **vorbei|schießen** *vi irr + haben (danebenschießen)* tirer à côté; ***an jdm/etw ~*** tirer à côté de qn/qc **vorbei|ziehen** *vi irr + sein* ❶ *(vorüberziehen)* défiler; ***an jdm/etw ~*** défiler devant qn/qc ❷ *(überholen)* ***an jdm ~*** *Fahrzeug:* doubler qn

vorbelastet *adj* ***~ sein*** être désavantagé

Vorbemerkung *f (gesprochen)* remarque *f* préliminaire; *(geschrieben)* avant-propos *m*

vor|bereiten* **I.** *vt* ❶ préparer; ***etw für jdn ~*** préparer qc pour qn ❷ *(einstimmen)* ***jdn auf etw*** *akk* ~ préparer qn à qc **II.** *vr* ***sich auf etw*** *akk* ~ se préparer pour qc

vorbereitend *adj attr* préliminaire

vorbereitet *adj* ❶ *Mahlzeit, Gericht* préparé(e) ❷ *(eingestellt)* ***auf etw*** *akk* ***~ sein*** être prêt(e) pour qc; ***auf das Schlimmste ~ sein*** s'attendre au pire

Vorbereitung <-, -en> *f* préparation *f;* ***in ~ sein*** être en préparation

Vorbesprechung *f* réunion *f* préparatoire

vor|bestellen* *vt* réserver

Vorbestellung *f* réservation *f*

vorbestraft *adj* ayant des antécédents judiciaires; ***wegen etw ~ sein*** avoir déjà été condamné pour qc; ***nicht ~ sein*** ne pas avoir d'antécédents judiciaires

Vorbestrafte(r) *f(m) dekl wie adj* repris(e) *m(f)* de justice

vor|beugen **I.** *vi* ❶ MED prévenir le mal ❷ *(unterbinden)* ***einer S.*** *dat* ~ prévenir qc ▸ **~ ist besser als heilen** *(prov)* mieux vaut prévenir que guérir **II.** *vt* ***den Kopf/sich ~*** pencher la tête/se pencher en avant

vorbeugend *adj* préventif, -ive

Vorbeugung <-, -en> *f* prévention *f;* ***~ gegen Krankheiten*** prévention des maladies; ***zur ~*** à titre préventif

Vorbild *nt* modèle *m;* ***ein leuchtendes/schlechtes ~ sein*** être un modèle à suivre/à ne pas suivre; ***jdm als ~ dienen*** servir de modèle à qn; ***sich*** *dat* ***jdn zum ~ nehmen*** prendre modèle sur qn

Vorbildcharakter *m kein Pl* caractère *m* de modèle

vorbildlich **I.** *adj Kollege* modèle; *Verhalten* exemplaire **II.** *adv verhalten* de façon exemplaire

Vorbildung *f kein Pl* formation *f* préalable

Vorbote *m* signe *m* avant-coureur

vor|bringen *vt irr* présenter *Fakten;* avancer *Argument;* formuler *Frage;* émettre *Meinung;* ***gegen etw Bedenken ~*** émettre des réserves à l'encontre de qc

Vordach *nt* auvent *m*

vor|datieren* *vt* ❶ *(vorausdatieren)* postdater ❷ *(zurückdatieren)* antidater

Vordenker(in) *m(f)* maître *m* à penser; ***sie ist die ~in ihrer Partei*** elle est le maître à penser de son parti

Vorderachse *f* essieu *m* avant

vordere(r, s) ['fɔrdərə, -rɐ, -rəs] *adj Zimmer, Reihe* de devant; ***der ~ Teil/Bereich*** la partie avant

Vorderfront *f* façade *f* **Vordergrund** *m* premier plan *m;* ***im ~*** au premier plan ▸ **sich in den ~ drängen** se mettre en avant; **etw in den ~ stellen** mettre qc au premier plan; **im ~ stehen** occuper le devant de la scène

V

vordergründig **I.** *adj* cousu(e) de fil blanc **II.** *adv* de prime abord
Vordermann <-männer> *m* ***sein/mein*** ~ son/mon voisin de devant ▸ **jdn auf ~ bringen** *(fam)* remettre qn à sa place; **etw auf ~ bringen** *(fam)* remettre qc en état **Vorderpfote** *f* patte avant *f* **Vorderrad** *nt* roue *f* avant **Vorderseite** *f* face *f* avant; *eines Gebäudes* façade *f*; *eines Blatts* recto *m*; *einer Münze* avers *m* **Vordersitz** *m* siège *m* avant
vorderste(r, s) *adj Superl von* **vordere(r, s)** *Bereich* le plus avancé/la plus avancée; ***in der ~n Reihe sitzen*** être assis au tout premier rang; ***der ~ Platz*** la toute première place
Vorderteil *m o nt eines Gebäudes* partie *f* frontale; *eines Pullovers* devant *m*
Vordiplom *nt examen intermédiaire entre le premier et le second cycle des études universitaires*
vor|drängeln *vr (fam)* ***sich*** ~ resquiller
vor|drängen *vr* **sich** ~ ❶ *Wartender:* passer devant ❷ *(fig)* se mettre en avant
vor|dringen *vi irr + sein* ❶ *Truppen:* gagner du terrain; ***bis zum Fluss*** ~ parvenir jusqu'à la rivière ❷ *(gelangen)* ***bis zu jdm*** ~ arriver jusqu'à qn
vordringlich **I.** *adj* [très] urgent(e) **II.** *adv erledigen* en priorité
Vordruck <-drucke> *m* imprimé *m*
vorehelich *adj attr Geschlechtsverkehr, Beziehung* préconjugal(e); *Zusammenleben* prénuptial(e)
voreilig *adj Entschluss, Urteil* hâtif, -ive, précipité(e)
voreinander [foːɐ̯ʔaiˈnandɐ] *adv* ***~ Angst haben*** *zwei Personen:* avoir peur l'un/l'une de l'autre; *zwei Gruppen:* avoir peur les uns/les unes des autres
voreingenommen [ˈfoːɐ̯ʔaingənɔmən] *adj Mensch* plein(e) d'idées préconçues; *Haltung* foncièrement hostile
Voreingenommenheit <-> *f* parti *m* pris
Voreinstellung *f* INFORM paramétrage *m* par défaut
vor|enthalten* *vt irr* ***jdm etw*** ~ cacher qc à qn
Vorentscheidung *f* ❶ *(Beschluss)* décision *f* préliminaire ❷ SPORT ***dieses Tor/dieser Satzgewinn ist die*** ~ ce but/cette manche préfigure la victoire; ***die ~ war gefallen*** la partie était jouée d'avance
vorerst [ˈfoːɐ̯ʔeːɐ̯st] *adv* dans un premier temps
Vorfahr(in) <-en, -en> *m(f)* ancêtre *mf*
vor|fahren *irr* **I.** *vi + sein* ❶ se présenter; ***mit einem Cabrio/Taxi*** ~ arriver en décapotable/taxi; ***den Wagen ~ lassen*** faire avancer la voiture ❷ *(weiterfahren)* ***etwas*** ~ avancer un peu **II.** *vt + haben* avancer *Wagen*
Vorfahrt *f* priorité *f*; ***~ haben*** avoir la priorité; ***jdm die ~ nehmen*** refuser la priorité à qn
Vorfahrtsschild *nt* panneau *m* de priorité
Vorfahrtsstraße *f* route *f* prioritaire
Vorfall *m (Geschehnis)* incident *m*
vor|fallen *vi irr + sein* ❶ *(sich ereignen)* se passer, arriver ❷ *(nach vorn fallen)* ***immer wieder*** ~ *Strähne:* retomber toujours dans les yeux
Vorfeld ▸ **im** ~ au préalable
Vorfilm *m* court métrage *m* [qui précède le film]
vor|finanzieren* *vt* préfinancer
vor|finden *vt irr* trouver *Chaos*
Vorfreude *f* ***seine ~ auf die Party*** sa joie à la perspective de la boum
vor|fühlen *vi* ***bei jdm*** ~ sonder qn
vor|führen *vt* ❶ projeter *Film;* présenter *Modell* ❷ JUR amener, faire comparaître *Häftling* ❸ *(fam: bloßstellen)* ridiculiser; ***von jdm vorgeführt werden*** se faire ridiculiser par qn
Vorführraum *m* cabine de projection *f*
Vorführung *f eines Films* projection *f*; *von Kleidern* présentation *f*
Vorführwagen *m* voiture *f* de démonstration
Vorgabe *f* ❶ *meist Pl (Norm, Ziel)* prescriptions *f pl* ❷ SPORT avantage *m*
Vorgang <-gänge> *m* ❶ *(Geschehnis)* événement *m* ❷ *(Prozess)* processus *m*
Vorgänger(in) [ˈfoːɐ̯gɛŋɐ] <-s, -> *m(f)* prédécesseur *mf*
vor|gaukeln *vt* faire miroiter; ***jdm etw*** ~ faire miroiter qc à qn
vor|geben *vt irr* ❶ *(vorschützen)* prétexter ❷ *(fam: nach vorn geben)* ***etw*** ~ faire passer qc [devant] ❸ *(festlegen)* ***jdm eine Frist*** ~ fixer [à l'avance] un délai à qn
Vorgebirge *nt* contrefort *m gén pl*
vorgefasst *adj* ***eine ~e Meinung*** une opinion toute faite
vorgefertigt [ˈfoːɐ̯gəfɛrtɪçt] *adj* préfabriqué(e)
vor|gehen *vi irr + sein* ❶ *(vorausgehen)* partir devant ❷ *(zu schnell gehen)* ***fünf Minuten*** ~ avancer de cinq minutes ❸ *(Priorität haben)* passer avant ❹ *(vorrücken)* ***gegen jdn/etw*** ~ *Polizei, Truppen:* avancer sur qn/qc ❺ *(sich abspielen)* ***was geht hier vor?*** que se passe-t-il ici?; ***was***

V

mag wohl in ihr ~? que se passe-t-il dans sa tête?
Vorgehen *nt* ❶ *(Einschreiten)* intervention *f* ❷ *(Verfahrensweise)* manière d'agir *f*
Vorgehensweise *f* procédure *f*
Vorgeschichte *f* ❶ antécédents *mpl* ❷ *kein Pl (Prähistorie)* préhistoire *f*
vorgeschichtlich *adj* préhistorique
Vorgeschmack *m* ▶ **einen kleinen ~ von etw bekommen** avoir un petit avant-goût de qc
vorgeschrieben *adj a.* JUR prescrit(e), obligatoire
Vorgesetzte(r) *f(m) dekl wie adj* supérieur(e) *m(f)* [hiérarchique]
vorgestern *adv* avant-hier; ~ ***Abend*** avant-hier soir; ~ ***Nacht*** dans la nuit d'avant-hier ▶ **von** ~ d'avant-hier; *(pej fam: antiquiert)* dépassé *iron*
vorgestrig *adj* ❶ d'avant-hier ❷ *(pej fam: antiquiert)* dépassé *iron*
vor|greifen *vi irr* ***jdm*** ~ devancer qn; ***dem Ergebnis*** ~ anticiper sur le résultat
Vorgriff ▶ **im ~ auf etw** *akk* en anticipant sur qc
vor|haben *vt irr* ~ ***zu verreisen*** avoir l'intention de partir en voyage; ***ich habe morgen Abend schon etwas vor*** j'ai déjà prévu quelque chose pour demain soir
Vorhaben <-s, -> *nt* projet *m*
Vorhalle *f* hall *m* d'entrée
vor|halten *irr* **I.** *vt (vorwerfen)* ***jdm etw*** ~ reprocher qc à qn **II.** *vi* ***einige Zeit*** ~ *Vorräte:* suffire un certain temps
Vorhaltung *f meist Pl* reproche *m*
Vorhand <-> *f* SPORT coup *m* droit
vorhanden [foːɐ̯ˈhandən] *adj* ❶ *(verfügbar)* disponible; ***es waren ausreichend Vorräte*** ~ il y avait suffisamment de réserves ❷ *(existierend)* existant(e); ***es sind gewisse Bedenken*** ~ il y a une certaine réticence
Vorhandensein <-> *nt (Verfügbarkeit)* disponibilité *f*
Vorhang [ˈfoːɐ̯haŋ] <-s, Vorhänge> *m* rideau *m* ▶ **der Eiserne** ~ HIST le rideau de fer
Vorhängeschloss *nt* cadenas *m*
Vorhaut *f* prépuce *m*
vorher [ˈfoːɐ̯heːɐ̯] *adv* auparavant; ***kurz*** ~ peu de temps avant
vorher|bestimmen* *vt* déterminer à l'avance; ***etw*** ~ déterminer qc à l'avance; ***das war vorherbestimmt!*** c'était écrit!
vorhergehend *adj* précédent(e)
vorherig *adj attr (zuvor erfolgend)* préalable
Vorherrschaft *f* suprématie *f*
vor|herrschen *vi Meinung:* prévaloir; *Steppe:* être prédominant
vorherrschend I. *adj* dominant(e) **II.** *adv* ***morgen*** ~ ***Regen*** demain prédominance des pluies
Vorhersage [foːɐ̯ˈheːɐ̯zaːɡə] *f* ❶ METEO prévisions *fpl* [météo] ❷ *(Voraussage)* prédiction *f*
vorher|sagen *s.* **voraussagen**
vorhersehbar *adj* prévisible
vorher|sehen *vt irr* prévoir
vorhin [foːɐ̯ˈhɪn] *adv* à l'instant; ***Stefan hat ~ angerufen*** Stefan vient d'appeler
Vorhof *m* ❶ ARCHIT avant-cour *f* ❷ ANAT *des Herzens* oreillette *f*
vorig *adj attr* ❶ *Jahr* dernier, -ière; *Mal* dernier, -ière *antéposé;* ***im ~en Jahr*** l'an dernier ❷ *Eigentümer, Wohnsitz* précédent(e)
Vorjahr *nt (letztes Jahr)* année *f* dernière; *(vorhergehendes Jahr)* année précédente; ***im*** ~ l'année dernière/précédente
vor|jammern *vt (fam)* ***jdm etwas*** ~ venir pleurer dans le giron de qn
Vorkaufsrecht *nt* option *f* [d'achat]
Vorkehrung <-, -en> *f* mesure *f* [préventive]; ***~en treffen*** prendre des mesures [préventives]
Vorkenntnis *f meist Pl* connaissance *f* préalable
vor|knöpfen *vr (fam)* ***sich dat jdn*** ~ faire sa fête à qn
vor|kommen *irr* **I.** *vi + sein* ❶ *(passieren) Fehler:* se produire; *Zwischenfall:* arriver; ***es kommt vor, dass*** il arrive que *+subj;* ***so etwas ist mir noch nie vorgekommen!*** je n'ai jamais vu ça! ❷ *(anzutreffen sein)* ***diese Pflanze/Krankheit kommt nur in Asien vor*** on ne trouve cette plante/maladie qu'en Asie; ***das Wort kommt in dem Text nur einmal vor*** on rencontre ce mot seulement une fois dans le texte ❸ *(erscheinen)* ***das kommt mir komisch vor*** cela me semble bizarre; ***das kommt dir/Ihnen nur so vor*** ce n'est qu'une impression ❹ *(nach vorn kommen)* venir devant; ***hinter dem Vorhang*** ~ sortir de derrière le rideau **II.** *vr* ***sich*** *dat* ***dumm*** ~ se sentir bête
Vorkommen <-s, -> *nt* ❶ *meist Pl* MIN, MINER gisement *m* ❷ *(das Auftreten) von Erregern* apparition *f*
Vorkommnis <-ses, -se> *nt* événement *m; (unangenehm)* incident *m;* ***keine besonderen ~se!*** rien à signaler!

V

Vorkriegszeit *f* avant-guerre *m o f;* ***aus der ~ stammen*** dater d'avant [la] guerre; ***in der ~*** avant la guerre
vor|laden *vt irr* citer
Vorladung *f kein Pl (das Vorladen)* citation *f*
Vorlage *f* ❶ *(Zeichenvorlage)* modèle *m* ❷ *kein Pl (das Vorlegen)* présentation *f* ❸ *(Gesetzesvorlage)* projet *m* de loi
vor|lassen *vt irr* ❶ *(fam: Vortritt lassen)* ***jdn ~*** laisser passer qn devant ❷ *(Zutritt gewähren)* laisser passer
Vorlauf *m* ❶ SPORT [course *f*] éliminatoire *f* ❷ MEDIA ***schneller ~*** avance *f* rapide
Vorläufer(in) *m(f)* précurseur *mf*
vorläufig I. *adj* provisoire **II.** *adv ausreichen* pour l'instant
vorlaut I. *adj* impertinent(e); ***~ sein*** la ramener un peu trop *fam* **II.** *adv dazwischenreden* de manière impertinente
Vorleben *nt kein Pl* passé *m*
vor|legen *vt* ❶ *(einreichen)* produire *Beweis;* ***jdm etw ~*** présenter qc à qn ❷ *(anbringen)* mettre *Kette*
Vorleger <-s, -> *m (WC Vorleger)* tapis *m* [de] W.-C.
vor|lehnen *vr* ***sich ~*** se pencher en avant
Vorleistung *f* contribution *f* préalable
vor|lesen *irr* **I.** *vt* lire **II.** *vi* lire à haute voix; ***jdm aus einem Buch/der Zeitung ~*** lire tout haut un livre/le journal à qn
Vorlesung *f* UNIV cours *m* magistral
vorlesungsfrei *adj* exempt(e) de cours
Vorlesungsverzeichnis *nt* programme *m* des cours
vorletzte(r, s) *adj* avant-dernier, -ière; ***als Vorletzter*** en avant-dernière position
Vorliebe *f* prédilection *f;* ***~n/eine ~ für jdn/etw haben*** avoir des préférences/une préférence pour qn/qc
vor|liegen *vi irr* ***es liegen keine Beweise vor*** il n'y a pas de preuves; ***es liegt eine Beschwerde gegen Sie vor*** une plainte a été déposée contre vous; ***sobald uns Ihre Bewerbung vorliegt, …*** dès que votre candidature nous sera parvenue, …
vor|lügen *vt irr* ***jdm etwas ~*** raconter des histoires à qn
vor|machen *vt* ❶ *(demonstrieren)* montrer; ***jdm ~, wie …*** montrer à qn comment … ❷ *(täuschen)* ***jdm etwas ~*** jouer la comédie à qn; ***jdm nichts ~*** ne pas mentir à qn; ***sich*** *dat* ***etwas ~*** se faire des idées; ***sich*** *dat* ***nichts ~*** ne pas se faire d'illusions
Vormachtstellung *f kein Pl* suprématie *f*
vormals ['fo:ɐ̯ma:ls] *adv (geh)* autrefois
Vormarsch *m* avance *f;* ***der ~ in feindliches Gebiet*** l'avance en territoire ennemi ▸ **im** [*o* **auf dem**] **~ sein** *Truppen:* avancer; *Mode:* avoir le vent en poupe
vor|merken *vt* ❶ noter *Termin;* ***jdn für einen Kurs ~*** inscrire qn dans un cours ❷ *(reservieren)* ***sich*** *dat* ***ein Zimmer ~ lassen*** réserver une chambre
Vormieter(in) *m(f)* locataire *mf* précédent(e)
Vormittag ['fo:ɐ̯mɪta:k] *m* matinée *f;* ***am ~*** dans la matinée; ***am frühen/späten ~*** en début/en fin de matinée; ***heute/Samstag ~*** ce/samedi matin
vormittags *adv* le matin
Vormonat *m* mois *m* précédent
Vormund <-[e]s, -e *o* Vormünder> *m eines Minderjährigen* tuteur *m; eines Entmündigten* curateur *m*
Vormundschaft <-, -en> *f (für einen Minderjährigen)* tutelle *f; (für einen Entmündigten)* curatelle *f*
vorn [fɔrn] *adv* ❶ *(im vorderen Bereich)* devant; ***~ im Bus*** à l'avant du bus; ***~ im Schrank*** devant, dans l'armoire; ***Ich sitze nicht gern ~ im Kino*** au cinéma, je n'aime pas être [assis] devant; ***nach ~ gehen*** s'avancer, aller devant ❷ *(auf der Vorderseite)* devant; ***etw von ~ betrachten/darstellen*** regarder/représenter qc de face; ***der Eingang ist nicht ~, sondern seitlich*** l'entrée n'est pas devant, mais sur le côté ❸ *(zu Beginn)* ***~ im Buch*** au début du livre; ***noch einmal von ~ anfangen*** recommencer depuis le début ❹ *(an der Vorderfront)* devant, à l'avant, ***~ am Wagen*** à l'avant de la voiture; ***~ am Gerät*** sur le devant de l'appareil ▸ **sie hat ihn von ~ bis hinten belogen** *(fam)* elle lui a menti sur toute la ligne
Vorname *m* prénom *m*
vorne *s.* **vorn**
vornehm ['fo:ɐ̯ne:m] **I.** *adj* ❶ *Dame, Herr, Erscheinung* distingué(e); ***~ tun*** *(pej fam)* se donner de grands airs ❷ *Gegend* chic; *Limousine* élégant(e) ❸ *(adlig)* aristocratique ▸ **sich** *dat* **zu ~ für etw sein** se croire trop bien pour faire qc **II.** *adv gekleidet* de manière élégante; *lächeln* de manière distinguée
vor|nehmen *vt irr* ❶ *(planen)* ***sich*** *dat* ***etw ~*** prévoir qc; ***sich*** *dat* ***~ etw zu tun*** prévoir de faire qc ❷ *(sich beschäftigen mit)* ***sich*** *dat* ***ein Manuskript ~*** s'attaquer à un manuscrit ❸ *(fam: zur Rede stellen)* ***sich*** *dat* ***jdn ~*** faire sa fête à qn *iron* ❹ *(erledigen)* effectuer *Überprüfung*

V

Vornehmheit <-> *f des Äußeren, der Kleidung* élégance *f*
vornehmlich *adv (geh)* essentiellement
vornherein *adv* ***von ~*** d'emblée, dès le départ
vornüber *adv* vers l'avant
Vorort *m* faubourg *m;* ***die ~e*** la banlieue
Vorortbewohner(in) *m(f)* banlieusard(e) *m(f)*
Vorplatz *m eines Schlosses* esplanade *f; einer Kirche* parvis *m*
Vorposten *m* MIL avant-poste *m;* ***auf ~ stehen*** être aux avant-postes
vor|programmieren* *vt* ❶ *(unausweichlich machen)* ouvrir la voie à *Konflikt;* ***vorprogrammiert sein*** *Erfolg:* être programmé; *Karriere:* être tout tracé ❷ *(programmieren)* programmer *Videorecorder*
Vorrang *m* priorité *f;* ***~ vor jdm/etw haben*** primer sur qn/qc
vorrangig I. *adj* prioritaire **II.** *adv* en priorité
Vorrat ['foːɐ̯raːt, *Pl:* 'foːɐ̯rɛːtə] <-[e]s, Vorräte> *m* réserves *fpl,* stock *m; meist Pl (Lebensmittel)* provisions *fpl;* ***etw auf ~ kaufen*** faire des provisions de qc; ***solange der ~ reicht*** jusqu'à épuisement des stocks
vorrätig ['foːɐ̯rɛːtɪç] *adj* en stock
Vorratskammer *f* cellier *m* **Vorratsraum** *m* réserve *f*
Vorraum *m* entrée *f*
vor|rechnen *vt* ***jdm eine Rechenaufgabe ~*** montrer à qn comment résoudre un problème [de mathématiques]; ***jdm ~, wie viel er täglich ausgibt*** faire le compte à qn de ses dépenses journalières
Vorrecht *nt* privilège *m*
Vorrede *f (einleitende Worte)* avant-propos *m*
Vorredner(in) *m(f)* ***sein ~*** l'orateur qui l'a précédé *m*
Vorreiter(in) *m(f)* précurseur *mf;* ***der ~ sein*** essuyer les plâtres *fam*
Vorrichtung <-, -en> *f* dispositif *m*
vor|rücken I. *vi + sein* ❶ *(nach vorn rücken)* avancer; ***mit dem Stuhl ~*** avancer sa chaise ❷ MIL progresser; ***auf die Hauptstadt ~*** marcher sur la capitale ❸ SPORT remonter au classement **II.** *vt + haben* avancer *Stuhl, Spielstein*
Vorruhestand *m* préretraite *f*
Vorrunde *f* premier tour *m*
vor|sagen I. *vt* ❶ *(zuflüstern)* ***jdm etw ~*** souffler qc à qn ❷ *(vor sich hin sprechen)* ***sich dat einen Text laut ~*** se réciter un texte **II.** *vi* souffler
Vorsaison *f* avant-saison *f*
Vorsatz <-es, Vorsätze> *m* ❶ *(Absicht)* résolution *f* ❷ TYP *eines Buchs* garde *f*
vorsätzlich ['foːɐ̯zɛtslɪç] *adj Falschaussage* intentionnel(le); *Körperverletzung* volontaire
Vorschau <-, -en> *f* ❶ TV présentation *f* des programmes; ***die ~ auf etw*** *akk* la présentation de qc ❷ CINE bande-annonce *f*
Vorschein *m* ▶ **etw zum ~ bringen** faire apparaître qc; *Hass:* se manifester
vor|schieben *vt irr* ❶ *(nach vorn schieben)* avancer ❷ *(vorlegen)* pousser *Riegel* ❸ *(für sich agieren lassen)* ***jdn ~*** s'abriter derrière qn ❹ *(vorschützen)* prétexter *Verhinderung;* invoquer *Ausrede*
Vorschlag *m* proposition *f*
vor|schlagen *vt irr* ❶ *(anregen)* proposer; ***jdm etw ~*** proposer qc à qn; ***jdm ~ etw zu tun*** proposer à qn de faire qc ❷ *(empfehlen)* ***jdn als Geschäftsführer ~*** recommander qn comme gérant
Vorschlaghammer *m* masse *f*
vorschnell *s.* **voreilig**
vor|schreiben *vt irr* ❶ *(niederschreiben)* ***etw ~*** écrire qc en modèle ❷ *(befehlen)* ***jdm etw ~*** dicter qc à qn; ***jdm ~ etw zu tun*** prescrire à qn de faire qc ❸ *(anordnen)* prescrire *Höchstgeschwindigkeit;* ***~, dass ...*** *Gesetz:* stipuler que ...
Vorschrift *f* consigne *f;* ***das ist ~*** c'est le règlement; ***sich dat von jdm keine ~en machen lassen*** ne pas avoir d'ordre à recevoir de qn; ***nach ~*** conformément au règlement
vorschriftsmäßig I. *adj Fahrweise* réglementaire; *Dosis* prescrit(e); *Verhalten* conforme au règlement; ***bei ~er Einnahme des Medikaments*** si le médicament est pris conformément à la dose prescrite **II.** *adv sich verhalten* réglementairement; ***ein Medikament ~ einnehmen*** prendre un médicament en suivant la posologie
vorschriftswidrig I. *adj* non réglementaire; ***~ sein*** être contraire au règlement **II.** *adv* en violation du règlement; *fahren, parken* en infraction au code de la route
Vorschub ▶ **jdm/einer S. ~ leisten** encourager qn/ouvrir la voie à qc
Vorschulalter *nt* âge *m* préscolaire *(avant six ans)*
Vorschule *f* école *f* maternelle
Vorschuss *m* avance *f;* ***ein ~ auf etw*** *akk* une avance sur qc; ***sich dat einen ~ geben lassen*** se faire donner une avance
Vorschusslorbeeren *Pl* ▶ **~ bekommen** recevoir des éloges *mpl* anticipés; **~ für**

etw ernten se faire encenser avant l'heure pour qc

vor|schützen *vt* prétexter

vor|schweben *vi* ***jdm schwebt etw vor*** qn a qc en tête

vor|sehen *irr* **I.** *vr* ***sich*** ~ se tenir sur ses gardes; ***sich vor jdm/etw*** ~ prendre garde à qn/qc; ***sich ~, dass*** prendre garde que *+subj;* ***sieh dich/sehen Sie sich [bloß] vor!*** gare à toi/vous! **II.** *vt* prévoir; ***jdn für etw*** ~ envisager de faire appel à qn pour qc; ***für etw vorgesehen sein*** être destiné à qc; ***es ist vorgesehen, dass/etw zu tun*** il est prévu que *+subj/* de faire qc

Vorsehung <-> *f* ***die*** ~ la Providence

vor|setzen **I.** *vt* ❶ *(anbieten)* ***jdm eine Suppe*** ~ servir une soupe à qn ❷ *(nach vorn setzen)* ***jdn*** ~ faire asseoir qn devant **II.** *vr* ***sich*** ~ aller s'asseoir devant

Vorsicht <-> *f (vorsichtiges Verhalten)* prudence *f; (in der Handhabung)* précautions *fpl;* ***größte ~ walten lassen*** prendre un maximum de précautions; ***zur ~ einen Regenschirm mitnehmen*** prendre un parapluie par précaution; ***~!*** attention! ▶ **~ ist die Mutter der Porzellankiste** *(prov fam)* prudence est mère de sûreté; **~ ist besser als Nachsicht** *(prov)* mieux vaut prévenir que guérir; **etw ist mit ~ zu genießen** *(fam)* qc ne doit pas être pris pour argent comptant

vorsichtig **I.** *adj* prudent(e) **II.** *adv* ❶ *vorgehen* prudemment; *transportieren* avec précaution ❷ *schätzen* raisonnablement

vorsichtshalber *adv* par [mesure de] précaution **Vorsichtsmaßnahme** *f* [mesure *f* de] précaution *f*

Vorsilbe *f* préfixe *m*

vor|singen *irr* **I.** *vt* chanter; ***jdm etw*** ~ chanter qc à qn **II.** *vi* ***jdm*** ~ auditionner devant qn

vorsintflutlich *adj (fam)* antédiluvien(ne)

Vorsitz *m* présidence *f;* ***den ~ bei etw haben*** présider qc

Vorsitzende(r) *f(m) dekl wie adj* président(e) *m(f)*

Vorsorge *f* ❶ prévoyance *f* ❷ *(Altersversicherung)* ***private*** ~ assurance *f* vieillesse complémentaire

vor|sorgen *vi* prendre des précautions; ***fürs Alter*** ~ préparer sa retraite; ***für den Notfall*** ~ se prémunir contre les cas d'urgence

Vorsorgeuntersuchung *f* examen *m* de dépistage

vorsorglich **I.** *adj* préventif, -ive **II.** *adv* à titre préventif

Vorspann <-[e]s, -e> *m* générique *m* [de début]

Vorspeise *f (erster Gang)* hors-d'œuvre *m; (Eingangsgericht)* entrée *f*

vor|spiegeln *vt* simuler; ***jdm Interesse*** ~ faire semblant d'être intéressé face à qn

Vorspiegelung *f* simulation *f* ▶ **das ist [eine] ~ falscher Tatsachen** tout ça, ce sont des allégations mensongères

Vorspiel *nt* ❶ MUS *(Komposition)* prélude *m; (das Vorspielen)* audition *f* ❷ *(Zärtlichkeiten)* préliminaires *mpl* [amoureux]

vor|spielen **I.** *vt* ❶ MUS jouer; ***jdm etw*** ~ jouer qc à qn ❷ *(vorheucheln)* ***jdm Unwissenheit*** ~ faire croire à qn qu'on ne sait rien **II.** *vi* MUS ***jdm*** ~ auditionner devant qn

vor|sprechen *irr* **I.** *vt* montrer comment qc se prononce; ***jdm etw*** ~ montrer à qn comment on prononce qc **II.** *vi* THEAT, TV ***jdm*** ~ auditionner devant qn

vor|springen *vi irr + sein* ❶ ***hinter dem Baum*** ~ surgir de derrière l'arbre ❷ *(hervorragen)* faire saillie

vorspringend *adj Wangenknochen, Kinn* saillant(e)

Vorsprung *m* ❶ *(Distanz)* avance *f;* ***einen ~ vor jdm haben*** avoir de l'avance sur qn ❷ ARCHIT saillie *f*

vor|spulen **I.** *vi* avancer la cassette **II.** *vt* avancer *Kassette, Film*

Vorstadt *f* faubourg *m;* ***in der ~ wohnen*** habiter en banlieue

Vorstand *m* ❶ *(Gremium)* comité *m* directeur, conseil *m* d'administration ❷ *(Vorstandsmitglied)* membre *m* du conseil d'administration

Vorstandsmitglied *nt* membre *m* du comité directeur **Vorstandsvorsitzende(r)** *f(m) dekl wie adj* président *m* du comité directeur

vor|stehen *vi irr + haben o sein (hervorstehen) Wangenknochen, Kinn, Rippen:* être saillant; *Zähne:* avancer

Vorsteher(in) ['fo:ɐ̯ʃte:ɐ] <-s, -> *m(f)* directeur, -trice *m, f*

vorstellbar *adj* concevable; ***kaum ~ sein*** être à peine imaginable

vor|stellen **I.** *vr* ❶ *(sich bekannt machen)* ***sich*** ~ se présenter; ***sich jdm*** ~ se présenter à qn ❷ *(vorstellig werden)* ***sich in der Augenklinik*** ~ se présenter à la clinique ophtalmologique ❸ *(vergegenwärtigen)* ***sich*** *dat* ***etw*** ~ [s']imaginer qc; ***darunter kann ich mir etwas/nichts*** ~ ça me dit quelque chose/ne me dit rien ▶ **stell dir**

V

mal vor! *(fam)* tu te rends compte! **II.** *vt* ❶ *(bekannt machen)* ***jdm jdn ~*** présenter qn à qn; ***wir beide sind uns noch nicht vorgestellt worden*** nous n'avons pas encore été présentés l'un à l'autre; ***darf ich ~?*** puis-je faire les présentations? ❷ *(präsentieren)* présenter *Modell* ❸ *(vorrücken)* avancer *Uhr*

Vorstellung *f* ❶ *kein Pl (das Bekanntmachen)* ***die ~ der neuen Kollegin übernehmen*** se charger de présenter la nouvelle collègue ❷ *(gedankliches Bild)* idée *f;* ***entspricht das deinen ~en?*** est-ce que cela correspond à ton attente?; ***sich völlig falsche ~en von etw machen*** se faire une fausse idée de qc; ***alle ~en übertreffen*** dépasser l'entendement ❸ *(Fantasie)* ***in meiner ~*** dans mon esprit ❹ *(Theateraufführung)* représentation *f* ❺ *(Filmvorführung)* séance *f* ❻ *(Präsentation) eines Produkts, Modells* présentation *f* ▶ **du machst dir keine ~, wie kalt es dort ist** tu n'imagines pas comme il fait froid là-bas

Vorstellungsgespräch *nt* entretien *m* [d'embauche] **Vorstellungskraft** *f kein Pl* imagination *f*

Vorstoß *m* ▶ **einen ~ bei jdm machen** intervenir auprès de qn

vor|stoßen *irr* **I.** *vi + sein Truppen:* avancer **II.** *vt + haben* ***jdn/etw ~*** pousser qn/qc [en avant]

Vorstrafe *f* condamnation *f* antérieure

Vorstrafenregister *nt* casier *m* judiciaire

vor|strecken *vt* ❶ *(leihen)* avancer; ***jdm etwas Geld/hundert Euro ~*** avancer un peu d'argent/cent euros à qn ❷ *(nach vorn strecken)* tendre *Arm, Hand;* avancer *Kopf, Oberkörper*

Vorstufe *f* stade *m* préliminaire

Vortag *m* ***die Zeitung vom ~*** le journal de la veille

vor|täuschen *vt* simuler; ***Interesse ~*** faire semblant d'être intéressé; ***jdm Arglosigkeit ~*** faire le candide [face à qn]

Vorteil <-s, -e> *m* ❶ *(Vorzug)* avantage *m;* ***den ~ haben, dass ...*** présenter l'avantage que ...; ***für jdn von ~ sein*** être avantageux pour qn ❷ *(Nutzen, Gewinn)* intérêt *m;* ***immer auf seinen ~ bedacht sein*** toujours voir son intérêt ▶ **er hat sich zu seinem ~ verändert** *(im Aussehen)* il a changé à son avantage; *(im Wesen)* il a changé en mieux; **jdm gegenüber im ~ sein** être avantagé par rapport à qn

vorteilhaft **I.** *adj* *(günstig)* avantageux, -euse **II.** *adv erwerben, kaufen* à des conditions avantageuses

Vortrag ['fo:ɐ̯tra:k, *Pl:* -trɛ:gə] <-[e]s, -träge> *m (längeres Referat)* conférence *f; (auf einem Kongress)* communication *f;* ***einen ~ über etw akk halten*** tenir une conférence sur qc ▶ **halt keine Vorträge!** *(fam)* fais pas de blabla[bla]!

vor|tragen *vt irr* ❶ réciter, interpréter ❷ exposer *Bitte*

Vortragsreihe *f* cycle *m* de conférences

vortrefflich *(geh)* **I.** *adj Gericht* exquis(e); *Gedanke* excellent(e) **II.** *adv* à la perfection

vor|treten *vi irr + sein* ❶ *(nach vorn treten)* [s']avancer ❷ *(fam: vorstehen) Augen:* ressortir; *Ader:* saillir

Vortritt *m kein Pl* ❶ ***jdm den ~ lassen*** *(zuerst gehen lassen)* céder le passage à qn; *(zuerst agieren lassen)* s'effacer devant qn ❷ CH *s.* **Vorfahrt**

vorüber [fo'ry:bə] *adv* ❶ *(räumlich)* ***der Läufer ist schon ~*** le coureur est déjà passé; ***wir sind an dem Geschäft schon ~*** nous avons déjà dépassé le magasin ❷ *(zeitlich)* ***~ sein*** *Veranstaltung:* être terminé; *Schmerz:* avoir cessé

vorüber|gehen *vi irr + sein* ❶ *(vorbeigehen)* ***an jdm/etw ~*** passer devant qn/qc; ***im Vorübergehen*** en passant ❷ *(ein Ende finden) Kummer:* [se] passer

vorübergehend **I.** *adj Erscheinung* passager, -ère, temporaire; *Abwesenheit* momentané(e) **II.** *adv abwesend* momentanément; *sich bessern* provisoirement

Voruntersuchung *f* JUR enquête *f* préliminaire

Vorurteil ['fo:ɐ̯ʔʊrtail] *nt* préjugé *m;* ***~e gegenüber jdm haben*** avoir des préjugés contre qn; ***das ist ein ~*** ce sont des préjugés

vorurteilsfrei **I.** *adj Mensch* sans préjugés; *Diskussion* objectif, -ive **II.** *adv* de façon objective

Vorväter *Pl (geh)* aïeux *mpl*

Vorverhandlung *f meist Pl* négociation *f* préliminaire

Vorverkauf *m* location *f*

vor|verlegen* *vt* avancer *Termin;* ***etw auf [den] Dienstag ~*** avancer qc à mardi

vor|wagen *vr* **sich ~** ❶ *(hervorkommen)* se risquer dehors ❷ *(sich exponieren)* oser s'avancer

Vorwahl *f* ❶ *(vorherige Auswahl)* présélection *f* ❷ POL [élection *f*] primaire *f* ❸ *(Vorwahlnummer)* indicatif *m*

vor|wählen *vt* TELEC ***[die] 02 ~*** composer l'indicatif 02

V

Vorwahlnummer *f* indicatif *m*
Vorwand ['foːɐ̯vant, *Pl:* -vɛndə] <-[e]s, -wände> *m* prétexte *m; **unter dem ~ etw tun zu müssen*** sous prétexte de faire qc
vor|wärmen *vt* préchauffer
vor|warnen *vt* avertir
Vorwarnung *f* mise *f* en garde ▶ **ohne ~** *losschimpfen* sans crier gare; *passieren* de façon imprévue
vorwärts ['foːɐ̯vɛrts] *adv (nach vorn)* en avant; ***einen Salto ~ machen*** faire un salto avant
vorwärts|bringen *vt irr **jdn** ~ Erfolg:* faire avancer qn **Vorwärtsgang** <-gänge> *m* marche *f* avant; ***im ~*** en marche avant **vorwärts|gehen** *vi irr **mit den Bauarbeiten geht es vorwärts*** les travaux avancent **vorwärts|kommen** *vi irr (fig)* progresser
Vorwäsche *f* prélavage *m*
vorweg [foːɐ̯'vɛk] *adv* ❶ *(zuvor)* préalablement ❷ *fahren* en tête
Vorwegnahme <-> *f (form) von Gedanken, einer Zahlung* anticipation *f; einer Entscheidung, eines Ergebnisses* préfiguration *f*
vorweg|nehmen [foːɐ̯'vɛkneːmən] *vt irr **die Pointe** ~* trahir la chute de l'histoire; ***den Ausgang des Films** ~ Szene:* préfigurer la fin du film
vor|weisen *vt irr* ❶ *(nachweisen) **Fähigkeiten ~ können*** pouvoir faire valoir de capacités ❷ *(geh: vorzeigen)* présenter
vor|werfen *vt irr* ❶ *(vorhalten) **jdm etw** ~* reprocher qc à qn; ***sich** dat **in etw** dat **nichts vorzuwerfen haben*** n'avoir rien à se reprocher au sujet de qc ❷ *(hinwerfen) **einem Tier etw zum Fraß** ~* jeter qc à manger à un animal; ***jdn den wilden Tieren zum Fraß** ~* jeter qn en pâture aux fauves
vorwiegend *adv* ❶ *(hauptsächlich)* principalement ❷ METEO le plus souvent
vorwitzig *adj* ❶ *(neugierig)* hardi(e) ❷ *(vorlaut)* effronté(e)
Vorwort <-worte> *nt* préface *f*
Vorwurf <-[e]s, Vorwürfe> *m* reproche *m; **das kann mir niemand zum ~ machen*** personne ne peut me le reprocher
vorwurfsvoll **I.** *adj* réprobateur, -trice **II.** *adv* d'un air réprobateur
Vorzeichen *nt* ❶ *(Omen)* présage *m; **ein gutes/böses ~ sein*** être de bon/mauvais augure ❷ *(Anzeichen)* signe *m* avant-coureur ❸ MUS altération *f*
vor|zeichnen *vt (vormalen)* dessiner
vorzeigbar *adj (fam)* présentable
vor|zeigen *vt* présenter
Vorzeit ['foːɐ̯tsait] *f* passé *m* [très] lointain
vorzeitig ['foːɐ̯tsaitɪç] **I.** *adj* prématuré(e) **II.** *adv **~ in den Ruhestand treten*** prendre une retraite anticipée
vor|ziehen *vt irr* ❶ *(begünstigen)* préférer; ***jdn jdm** ~* préférer qn à qn ❷ *(den Vorrang geben) **etw einer S.** dat ~* préférer qc à qc; ***es ~ etw zu tun*** préférer faire qc ❸ *(früher erfolgen lassen)* avancer; ***den Ruhestand** ~* avancer son départ en retraite; ***vorgezogener Ruhestand*** retraite *f* anticipée
Vorzimmer *nt* secrétariat *m*
Vorzug ['foːɐ̯tsuːk] <-[e]s, Vorzüge> *m* ❶ *(Vorteil)* avantage *m* ❷ *(gute Eigenschaft)* qualité *f* ❸ *(form: Vorrang) **jdm/einer S. den ~ geben*** donner la préférence à qn/qc
vorzüglich [foːɐ̯'tsyːklɪç] **I.** *adj Qualität, Wein* excellent(e); *Gericht* délicieux, -euse **II.** *adv* ❶ *speisen, untergebracht sein* merveilleusement ❷ *(hauptsächlich)* en premier lieu
Vorzugsaktie *f* ÖKON action privilégiée *f*
Vorzugsmilch *f* ≈ lait *m* cru sélectionné
vorzugsweise *adv* de préférence
votieren [vo'tiːrən] *vi (geh)* ❶ *(abstimmen) **für jdn** ~* voter pour qn ❷ *(sich entscheiden) **für jdn/etw** ~* opter pour qn/qc
Votum ['voːtʊm] <-s, Voten *o* Vota> *nt (geh)* ❶ POL vote *m* ❷ *(Entscheidung)* verdict *m*
Voyeur(in) [vo̯a'jøːɐ̯] <-s, -e> *m(f)* voyeur, -euse *m, f*
vulgär [vʊl'gɛːɐ̯] **I.** *adj (pej geh) Wort* grossier, -ière; *Aussehen, Pose* vulgaire **II.** *adv **~ aussehen*** avoir l'air vulgaire
Vulkan [vʊl'kaːn] <-[e]s, -e> *m* volcan *m; **erloschener/tätiger** ~* volcan éteint/en activité
Vulkanausbruch [vʊl'kaːn-] *m* éruption *f* volcanique
vulkanisch [vʊl'kaːnɪʃ] *adj* volcanique
vulkanisieren *vt* vulcaniser

Ww

W, w [veː] <-, -> *nt* W *m* / w *m*
W *Abk von* **Westen** O
Waadt <-> *f* canton *m* de Vaud
Waage [ˈvaːɡə] <-, -n> *f* *a.* ASTROL balance *f* ▶ **sich** *dat* **die ~ halten** s'équilibrer
waag[e]recht I. *adj* horizontal(e) **II.** *adv* horizontalement
Waagschale *f* plateau *m* de [la] balance ▶ **etw in die ~ werfen** *(geh)* mettre qc dans la balance
wabbelig [ˈvabəlɪç] *adj (fam) Gelee* gélatineux, -euse; *Bauch* flasque
wabbeln [ˈvabəln] *vi (fam) Gelee, Qualle:* avoir une consistance gélatineuse; *Bauch:* ballotter
Wabe [ˈvaːbə] <-, -n> *f* rayon *m* [de miel]
wach [vax] *adj* ❶ *Person:* éveillé(e); ***halb*** **~** à moitié réveillé; **~ *werden*** se réveiller ❷ *Verstand* vif, -ive
Wache [ˈvaxə] <-, -n> *f* ❶ *kein Pl (Wachdienst)* [service *m* de] garde *f;* **~ *schieben*** *(fam)* être de garde ❷ MIL sentinelle *f* ❸ *(Polizeiwache)* poste *m* [de police]
wachen [ˈvaxən] *vi* ❶ veiller ❷ *(beaufsichtigen)* ***über etw*** *akk* **~** surveiller qc
wachhabend *adj attr Offizier* de garde
Wachhund *m* chien *m* de garde **wach|küssen** *vt (fig, hum)* ***jdn*** **~** ressusciter qn **Wachmann** <-leute *o* -männer> *m* gardien(ne) *m(f)*
Wacholder [vaˈxɔldɐ] <-s, -> *m (Busch)* genévrier *m*
Wachposten *m* sentinelle *f* **wach|rufen** *vt irr* réveiller; ***etw in jdm*** **~** réveiller qc en qn **wach|rütteln** *vt* secouer pour le réveiller; ***jdn*** **~** secouer qn pour le réveiller
Wachs [vaks] <-es, -e> *nt* cire *f*
wachsam [ˈvaxzaːm] **I.** *adj* vigilant(e) **II.** *adv* attentivement
Wachsamkeit <-> *f* vigilance *f*
wachsen[1] [ˈvaksən] <wächst, wuchs, gewachsen> *vi + sein* ❶ *Kind:* grandir; *Pflanze:* pousser ❷ *Haare:* pousser ❸ *Begeisterung:* augmenter ❹ *Vermögen:* s'accroître ▶ **gut gewachsen sein** *Frau:* avoir de belles proportions
wachsen[2] [ˈvaksən] *vt* cirer *Holzfußboden;* farter *Ski*
wächsern [ˈvɛksɐn] *adj* cireux, -euse
Wachsfigurenkabinett *nt* cabinet *m* de cires **Wachsmalkreide** *f,* **Wachsmalstift** *m* crayon *m* gras, craie *f* grasse

wächst [vɛkst] *3. Pers Präs von* **wachsen**[1]
Wachstum [ˈvakstuːm] <-[e]s> *nt kein Pl* ❶ croissance *f; einer Geschwulst* développement *m* ❷ *der Bevölkerung* accroissement *m*
Wachstumsbranche [-brãːʃə] *f* secteur *m* en [pleine] expansion **Wachstumshormon** *nt* hormone *f* de croissance **Wachstumsmarkt** *m* marché *m* de croissance **Wachstumsrate** *f* ÖKON taux *m* de croissance
Wachtel [ˈvaxtəl] <-, -n> *f* caille *f*
Wächter(in) [ˈvɛçtɐ] <-s, -> *m(f)* gardien(ne) *m(f); einer Anstalt* surveillant(e) *m(f)*
Wachtmeister(in) [ˈvaxtmaistɐ] *m(f)* gardien(ne) *m(f)* de la paix **Wachtposten** *m* sentinelle *f*
Wach[t]turm *m* mirador *m*
wackelig [ˈvakəlɪç] *adj* ❶ *Stuhl* bancal(e); *Konstruktion* branlant(e) ❷ *(fam) Finanzlage* précaire
Wackelkontakt *m* faux *m* contact
wackeln [ˈvakəln] *vi* ❶ *+ haben Stuhl:* être bancal(e) ❷ *+ haben (sich bewegen)* vaciller ❸ *+ haben* ***mit dem Kopf*** **~** dodeliner de la tête
Wackelpudding *m (fam) dessert à base de gélatine*
wacklig [ˈvaklɪç] *s.* **wackelig**
Wade [ˈvaːdə] <-, -n> *f* mollet *m*
Wadenbein *nt* péroné *m* **Wadenkrampf** *m* crampe *f* au mollet
Waffe [ˈvafə] <-, -n> *f* arme *f* ▶ **jdn mit seinen eigenen ~n schlagen** battre qn sur son propre terrain
Waffel [ˈvafəl] <-, -n> *f* gaufre *f; (Eistüte)* cornet *f*
Waffeleisen *nt* gaufrier *m*
Waffenarsenal *nt* arsenal *m* **Waffenbesitz** *m* détention *f* d'armes **Waffenembargo** *nt* embargo *m* sur les armes **waffenfrei** *adj* sans armes **Waffengewalt** *f kein Pl* ▶ **mit ~** par la force des armes **Waffenhandel** *m* commerce *m* d'armes; *(illegal)* trafic *m* d'armes **Waffenhändler(in)** *m(f)* armurier *m; (illegal)* trafiquant(e) *m(f)* d'armes **Waffenlager** *nt* entrepôt *m* d'armes **Waffenlieferung** *f* livraison *f* d'armes **Waffenruhe** *f* cessez-le-feu *m* **Waffenschein** *m* permis *m* de port d'armes **Waffenschmuggel** *m* trafic *m* d'armes **Waffenstillstand** *m* armistice *m*

Wagemut ['va:gəmu:t] *m* *(geh)* hardiesse *f littér*
wagemutig **I.** *adj* audacieux, -euse **II.** *adv* de manière audacieuse
wagen ['va:gən] **I.** *vt* ❶ *(riskieren)* risquer ❷ *(sich getrauen)* *[es]* **~ *etw zu tun*** oser faire qc ▶ **wer nicht wagt, der nicht gewinnt** *(prov)* qui ne risque rien n'a rien **II.** *vr* ***sich an ein Projekt* ~** oser entreprendre un projet
Wagen ['va:gən, *Pl* 'va:gən, 'vɛ:gən] <-, - *o* SDEUTSCH, A Wägen> *m* ❶ voiture *f;* ***mit dem* ~** en voiture ❷ ASTRON ***der Große* ~** la Grande Ourse
Wagenheber <-s, -> *m* cric *m*
Wagenladung *f* chargement *m* **Wagenpark** *m* parc *m* automobile **Wagenrad** *nt* roue *f* de/de la voiture
Waggon [va'gõ:, va'gɔŋ, va'go:n] <-s, -s> *m* wagon *m*
waghalsig ['va:khalzɪç] **I.** *adj* *Mensch* intrépide; *Versuch* périlleux, -euse **II.** *adv* *fahren* de manière risquée
Wagnis ['va:knɪs] <-ses, -se> *nt* entreprise *f* hasardeuse
Wagon [va'gõ:, va'gɔŋ, va'go:n] *s.* **Waggon**
Wahl [va:l] <-, -en> *f* ❶ *(Wahlmöglichkeit)* choix *m* ❷ *(Abstimmung)* élection *f souvent pl;* ***zur* ~ *gehen*** aller voter ❸ *(Ergebnis)* ***die* ~ *annehmen*** accepter le verdict des urnes
Wahlabend *m* POL soirée *f* électorale **Wahlausgang** *m* résultat *m* des élections [*o* du scrutin]
wählbar *adj* POL éligible
Wahlbenachrichtigung *f* POL ≈ carte *f* d'électeur *(qui tient lieu de convocation pour une élection précise)* **wahlberechtigt** *adj* POL qui a le droit de vote **Wahlbeteiligung** *f* POL participation *f* [électorale] **Wahlbezirk** *m* POL circonscription *f* électorale
wählen ['vɛ:lən] **I.** *vt* ❶ POL voter pour *Partei;* ***jdn zum Kanzler* ~** élire qn chancelier ❷ TELEC faire *Telefonnummer* ❸ *(aussuchen)* choisir **II.** *vi* ❶ POL voter ❷ *(auswählen)* ***unter etw*** *dat* **~** choisir parmi qc
Wähler(in) <-s, -> *m(f)* électeur, -trice *m, f*
Wahlergebnis *nt* POL résultat *m* des élections
wählerisch ['vɛ:lərɪʃ] *adj* difficile
Wählerschaft <-, -en> *f* *(form)* électorat *m*
Wählerstimme *f* voix *f*
Wahlfach *nt* option *f* **Wahlgang** <-gänge> *m* POL tour *m* [de scrutin] **Wahlgesetz** *nt* POL loi *f* électorale **Wahlheimat** *f* patrie *f* d'adoption **Wahlhelfer(in)** *m(f)* ❶ *(Aufsicht)* assesseur *mf* ❷ *(Wahlkampfhelfer)* assistant(e) *m(f)* **Wahlkabine** *f* isoloir *f* **Wahlkampf** *m* campagne *f* électorale **Wahlkreis** *m* *(form)* circonscription *f* électorale **Wahllokal** *nt* bureau *m* de vote
wahllos ['va:llo:s] *adv* au hasard **Wahlniederlage** *f* défaite *f* électorale
Wahlpflicht *f* obligation *f* de vote **Wahlplakat** *nt* affiche *f* électorale **Wahlprogramm** *nt* programme *m* électoral **Wahlrecht** *nt kein Pl* ❶ *(Recht)* droit *m* de vote ❷ JUR *(Gesetze)* loi *f* électorale
Wählscheibe *f* cadran *m* d'appel **Wahlschlappe** *f (fam)* défaite *f* électorale; ***eine schwere* ~** un bide [aux élections] *fam*
Wahlsieg *m* victoire *f* électorale **Wahlspruch** *m* devise *f* **Wahlsystem** *nt* mode *m* de scrutin
Wählton *m* tonalité *f*
Wahlurne *f* urne *f* **Wahlverhalten** *nt* comportement *m* électoral
wahlweise *adv* au choix
Wahlzettel *m* bulletin *m* de vote
Wahn [va:n] <-[e]s> *m a.* MED folie *f*
Wahnsinn ['va:nzɪn] *m kein Pl* ❶ *(fam: Unsinn)* folie *f* ❷ MED aliénation *f* mentale ▶ **etw ist heller ~** *(fam)* qc est complètement dingue; **jdn zum ~ treiben** *(fam)* rendre qn cinglé(e)
wahnsinnig **I.** *adj* ❶ MED fou, folle ❷ *attr (fam) Arbeit* dingue; *Hitze* sacré(e) *antéposé; Sturm* terrible ❸ *(fam: herrlich)* super ▶ **jdn ~ machen** *(fam)* finir par rendre qn cinglé(e); **wie ~** *(fam)* comme un(e) cinglé(e) **II.** *adv (fam)* vachement
Wahnsinnige(r) *f(m) dekl wie adj* fou *m* / folle *f*
Wahnvorstellung *f* MED hallucination *f*
wahr [va:ɐ̯] *adj* ❶ *Geschichte* vrai(e); *Aussage* véridique; ***seine Drohungen* ~ *machen*** mettre ses menaces à exécution; ***da ist etwas Wahres dran*** *(fam)* [il] y a du vrai là-dedans; ***das darf doch nicht* ~ *sein!*** *(fam)* mais c'est pas vrai!; ***nicht* ~?** n'est-ce pas? ❷ *attr Freund* véritable *antéposé; Glück* vrai(e) *antéposé* ▶ **so ~ ich hier stehe** *(fam)* aussi vrai que je m'appelle …
wahren ['va:rən] *vt* ❶ préserver *Interessen* ❷ conserver *Ruf;* garder *Geheimnis*
währen *vi* ▶ **was lange währt, wird endlich gut** *(prov)* tout vient à point à qui sait attendre
während ['vɛ:rənt] **I.** *präp +gen* pendant

W

II. *konj* ❶ *(wohingegen)* alors que ❷ *(in der Zeit als)* pendant que
währenddessen [vɛːrənt'dɛsən] *adv* pendant ce temps[-là]
wahrhaben *vt irr* ***etw nicht ~ wollen*** ne pas vouloir admettre qc
wahrhaft ['vaːɐhaft] *s.* **wahr 2**
wahrhaftig [vaːɐ̯'haftɪç] *adv (geh)* vraiment
Wahrheit ['vaːɐ̯hait] <-, -en> *f* ❶ vérité *f;* ***jdm die ~ sagen*** dire la vérité à qn; ***die ganze ~*** toute la vérité; ***in ~*** en réalité ❷ *kein Pl einer Aussage* véracité *f* ▶ **um die ~ zu sagen** à vrai dire
Wahrheitsgehalt *m kein Pl* véracité *f*
wahrheitsgemäß *adj o adv* conforme à la vérité **wahrheitsgetreu** *adj* fidèle
wahrlich ['vaːɐ̯lɪç] *adv (geh)* en vérité
wahrnehmbar *adj* perceptible
wahr|nehmen ['vaːɐ̯neːmən] *vt irr* ❶ percevoir *Geräusch* ❷ profiter de *Gelegenheit* ❸ *(einhalten)* ***einen Termin ~*** se rendre à un rendez-vous ❹ défendre *Interessen*
Wahrnehmung <-, -en> *f* ❶ *eines Geräuschs* perception *f* ❷ *(Vertretung) von Interessen* défense *f; von Angelegenheiten* prise *f* en charge
wahr|sagen **I.** *vi* prédire l'avenir **II.** *vt* ***jdm etw ~*** prédire qc à qn
Wahrsager(in) <-s, -> *m(f)* voyant(e) *m(f)*
wahrscheinlich [vaːɐ̯'ʃainlɪç] *adj* probable; ***es ist nicht ~, dass*** il est peu probable que *+subj*
Wahrscheinlichkeit <-, -en> *f* probabilité *f;* ***mit hoher ~*** très probablement
Wahrscheinlichkeitsrechnung *f kein Pl* calcul *m* des probabilités
Wahrung ['vaːrʊŋ] <-> *f* préservation *f*
Währung ['vɛːrʊŋ] <-, -en> *f* monnaie *f*
Währungsabkommen *nt* accord *m* monétaire **Währungseinheit** *f* unité *f* monétaire **Währungsfonds** *m* fonds *m* monétaire; ***der Internationale ~*** le Fonds monétaire international **Währungsreform** *f* réforme *f* monétaire **Währungsreserve** *f* réserve *f* monétaire **Währungssystem** *nt* système *m* monétaire; ***das Europäische ~*** le Système monétaire européen **Währungsunion** *f* union *f* monétaire; ***die Europäische ~*** l'union monétaire européenne
Wahrzeichen ['vaːɐ̯tsaiçən] *nt* emblème *m*
Waise ['vaizə] <-, -n> *f* orphelin(e) *m(f)*
Waisenhaus *nt* orphelinat *m* **Waisenkind** *nt* [petit] orphelin *m* /[petite] orpheline *f*

Wal [vaːl] <-[e]s, -e> *m* baleine *f*
Wald [valt, *Pl:* 'vɛldɐ] <-[e]s, Wälder> *m* forêt *f; (kleiner)* bois *m* ▶ **wie man in den ~ hineinruft, so schallt es heraus** *(prov)* on récolte ce qu'on a semé
Waldarbeiter(in) *m(f)* garde *m* forestier
Waldbrand *m* incendie *m* de forêt
Wäldchen ['vɛltçən] <-s, -> *nt Dim von* **Wald** bosquet *m*
Waldhorn *nt* cor *m* de chasse
waldig ['valdɪç] *adj* boisé(e)
Waldlauf *m* footing *m* en forêt **Waldmeister** *m* aspérule *f* [odorante]
Waldorfschule ['valdɔrf-] *f* école *f* Rudolf-Steiner *(école privée dont la méthode d'enseignement est basée sur la pédagogie anthroposophique)*
Waldrand *m* lisière *f* du bois [*o* de la forêt]
Waldsterben *nt* dépérissement *m* des forêts **Waldweg** *m* chemin *m* forestier
Wales [weɪlz] <-> *nt* le pays de Galles
Walfänger *m* ❶ *(Person)* pêcheur *m* de baleine ❷ *(Schiff)* baleinier *m*
Waliser(in) [va'liːzɐ] <-s> *m(f)* Gallois(e) *m(f)*
walisisch [va'liːzɪʃ] *adj* gallois(e)
Walkie-Talkie ['wɔːkɪ'tɔːkɪ] <-[s], -s> *nt* talkie-walkie *m*
Walkman® ['wɔːkmən] <-s, -men> *m* baladeur *m*
Wall [val, *Pl:* 'vɛlə] <-[e]s, Wälle> *m* talus *m*
Wallach ['valax] <-[e]s, -e> *m* hongre *m*
wallend *adj (geh) Haar* ondoyant(e) et abondant(e); *Gewänder* ondulant(e)
Wallfahrer(in) *m(f)* pèlerin *m* **Wallfahrt** *f* pèlerinage *m*
Wallfahrtsort *m* [lieu *m* de] pèlerinage *m*
Wallis ['valɪs] <-> *nt* ***das ~*** le Valais
Wallone, Wallonin <-n, -n> *m, f* Wallon(ne) *m(f)*
Wallung <-, -en> *f* ❶ *(Hitzewallung)* bouffée *f* de chaleur ❷ *(Erregung)* ***in ~ geraten*** *Person:* entrer en transe; *Blut:* bouillir
Walnuss ['valnʊs] *f* ❶ noix *f* ❷ *(Baum)* noyer *m*
Walnussbaum *m* noyer *m* **Walnussholz** *nt* [bois *m* de] noyer *m*
Walpurgisnacht *f* nuit *f* de Walpurgis
Walross ['valrɔs] *nt* morse *m*
walten ['valtən] *vi (geh)* ❶ *(herrschen) Geist:* régner; *Kräfte:* se manifester ❷ *(üben)* ***Gnade ~ lassen*** faire preuve de grâce
Walze ['valtsə] <-, -n> *f* ❶ GEOM, TECH cylindre *m* ❷ *(Straßenwalze)* rouleau *m* compresseur

walzen ['valtsən] *vt* ❶ damer *Piste* ❷ *(zu Blech ausrollen) [glatt]* ~ laminer *Stahl*
wälzen ['vɛltsən] **I.** *vt* ❶ ***jdn auf die Seite*** ~ tourner qn sur le côté ❷ GASTR ***etw in Mehl*** ~ rouler qc dans la farine ❸ *(fam)* compulser *Buch* ❹ *(fam)* ruminer *Probleme* **II.** *vr* ***sich im Schlamm*** ~ *Schwein:* se vautrer dans la boue
walzenförmig *adj* cylindrique
Walzer ['valtsɐ] <-s, -> *m* valse *f*
Wälzer ['vɛltsɐ] <-s, -> *m (fam)* pavé *m*
Wampe ['vampə] <-, -n> *f* DIAL *(fam)* brioche *f*
wand [vant] *Imp von* **winden**[1]
Wand [vant, *Pl:* 'vɛndə] <-, Wände> *f* ❶ *(Mauer)* mur *m;* ~ ***an*** ~ porte à porte ❷ *(Wandschirm)* ***spanische*** ~ paravent *m* ▶ **ich könnte die Wände hochgehen** *(fam)* c'est à se taper la tête contre les murs; **jdn an die ~ spielen** SPORT écraser qn; THEAT éclipser qn
Wandel ['vandəl] <-s> *m (geh)* changement *m;* ***im ~ der Zeiten*** au fil du temps
wandelbar *adj (geh)* changeant(e); ***kaum/schwer*** ~ peu susceptible de changer
wandeln ['vandəln] *(geh)* **I.** *vt* modifier **II.** *vr* ***sich*** ~ changer **III.** *vi + sein* ***auf und ab*** ~ déambuler
Wanderausstellung *f* exposition *f* itinérante
Wanderer, Wanderin ['vandərɐ] <-s, -> *m, f* randonneur, -euse *m, f*
Wanderkarte *f* guide *m* des sentiers de grande randonnée
wandern ['vandɐn] *vi + sein* ❶ faire de la randonnée; ***das Wandern*** la marche ❷ *Gletscher:* se déplacer; ***ihr Blick wandert durch den Saal*** elle promène son regard dans la salle ❸ *(fam)* ***in den Papierkorb*** ~ passer à la corbeille à papier ❹ *Völker:* migrer
Wandern <-s; *kein Pl*> *nt* marche *f,* randonnée *f;* ***sich zum ~ treffen*** se retrouver pour faire de la marche [*o* de la randonnée]
Wanderpokal *m* [coupe *f* du] challenge *m*
Wanderschaft <-, -en> *f kein Pl eines Gesellen* ≈ tour *m* de France *(effectué par un compagnon);* ***auf ~ gehen*** *Geselle:* ≈ partir faire le tour de France; *(fam)* partir vadrouiller
Wanderschuhe *Pl* chaussures *fpl* de marche
Wandertag *m* journée *f* d'excursion; ***morgen ist*** ~ demain on fait une excursion
Wanderung <-, -en> *f* ❶ randonnée *f* ❷ *von Völkern* migration *f*
Wanderweg *m* sentier *m* de [grande] randonnée **Wanderzirkus** *m* cirque *m* ambulant
Wandgemälde *nt* peinture *f* murale **Wandkalender** *m* calendrier *m* mural **Wandkarte** *f* carte *f* murale **Wandlampe** *f* applique *f*
Wandlung ['vandlʊŋ] <-, -en> *f (geh)* transformation *f*
Wandschrank *m* placard *m*
wandte ['vantə] *Imp von* **wenden**
Wandteppich *m* tapis *m* mural; *(gewebt)* tapisserie *f* **Wanduhr** *f* horloge *f* murale
Wange ['vaŋə] <-, -n> *f (geh)* joue *f;* ~ ***an*** ~ joue contre joue
Wangenkuss *m* bise *f*
Wankelmotor *m* [moteur *m*] rotatif *m*
Wankelmut *m (geh)* versatilité *f*
wankelmütig ['vaŋkəlmy:tɪç] *adj (geh)* versatile
wanken ['vaŋkən] *vi* ❶ + *haben Person:* chanceler; *Turm:* vaciller ❷ + *sein* ***nach Hause*** ~ tituber jusqu'à la maison ▶ **ins Wanken geraten** se mettre à vaciller
wann [van] *adv interrog* quand; ***seit/bis*** ~ depuis/jusqu'à quand; ***von ~ an*** à partir de quand; ~ ***[auch] immer*** n'importe quand; ~ ***immer Sie wollen*** quand vous voulez
Wanne ['vanə] <-, -n> *f* ❶ *(Badewanne)* baignoire *f;* ***in die ~ gehen*** prendre un bain ❷ *(längliches Gefäß)* bassine *f*

> **Falsche Freunde**
> Nicht verwechseln mit *la vanne – das [Schleusen]tor*!

Wanst [vanst, *Pl:* 'vɛnstə] <-[e]s, Wänste> *m (fam)* panse *f;* ***sich*** *dat* ***den ~ vollschlagen*** s'en mettre plein la panse
Wanze ['vantsə] <-, -n> *f* ❶ punaise *f* ❷ *(fam: Abhörgerät)* micro *m*
Wappen ['vapən] <-s, -> *nt* armoiries *fpl*
Wappenkunde <-> *f* blason *m,* [science *f*] héraldique *f* **Wappenschild** <-schilde[r]> *m o nt* blason *m* **Wappentier** *nt* animal *m* héraldique
wappnen ['vapnən] *vr (geh)* ***sich*** ~ se mettre sur ses gardes; ***sich gegen etw*** ~ se prémunir contre qc; ***gewappnet sein*** être paré
war [va:ɐ̯] *Imp von* **sein**[1]
warb [varp] *Imp von* **werben**
Ware ['va:rə] <-, -n> *f* ❶ marchandise *f* ❷ *(Lebensmittel)* denrées *fpl* ▶ **heiße** ~ *(fam)* marchandise *f* suspecte
Warenangebot *nt* choix *m* d'articles

Wareneingang *m* ÖKON ❶ *kein Pl (Abteilung)* arrivage *m* ❷ *(eingehende Waren)* entrée *f* de marchandises **Warenhaus** *nt* grand magasin *m* **Warenkorb** *m* panier *m* de la ménagère **Warenlager** *nt* ❶ *(Lagerraum)* entrepôt *m*, dépôt *m* ❷ *(Vorrat)* stock *m* de marchandises **Warensendung** *f* envoi *m* des marchandises **Warentest** *m* test *m* de qualité **Warenverkehr** *m* ÖKON circulation *f* des marchandises **Warenzeichen** *nt* marque *f* déposée

warf [varf] *Imp von* **werfen**

warm [varm] <wärmer, wärmste> **I.** *adj* ❶ chaud(e); ***es ist ~ hier*** il fait chaud ici; ***jdm ist ~*** qn a chaud ❷ METEO chaud(e) ❸ SPORT ***sich ~ laufen*** s'échauffer ❹ TECH ***~ laufen*** *Motor, Wagen:* chauffer **II.** *adv* ❶ ***~ duschen*** prendre une douche chaude ❷ *(nachdrücklich)* ***jdn wärmstens empfehlen*** recommander très chaleureusement qn; ***jdm etw wärmstens empfehlen*** recommander tout particulièrement qc à qn

Warmblüter <-s, -> *m* animal *m* à sang chaud

Wärme ['vɛrmə] <-> *f* chaleur *f* **wärmebeständig** *adj* TECH résistant(e) à la chaleur

wärmedämmend *adj* isolant(e) **Wärmedämmung** *f* isolation *f* [thermique] **Wärmeenergie** *f* énergie *f* thermique

wärmen ['vɛrmən] **I.** *vt* chauffer *Suppe* **II.** *vi Decke:* tenir chaud; *Sonne:* chauffer **III.** *vr* ***sich ~*** se réchauffer

Wärmepumpe *f* pompe *f* à chaleur **Wärmestrahlung** *f* rayonnement *m* thermique **Wärmeverlust** *m* déperdition *f* thermique

Wärmflasche *f* bouillotte *f*

Warmfront *f* METEO front *m* chaud

warm|halten *vr unreg (fig)* ***sich*** *dat* ***jdn ~*** rester bien avec qn *fam* **Warmhalteplatte** *f* chauffe-plat *m*

warmherzig *adj* chaleureux, -euse

Warmluft *f* air *m* chaud **Warmmiete** *f* loyer *m* charges comprises **Warmstart** *m* INFORM démarrage *m* à chaud **Warmwasserspeicher** *m* ballon *m* d'eau chaude **Warmwasserversorgung** *f* approvisionnement *m* en eau chaude

Warnblinkanlage *f* feux *mpl* de détresse **Warnblinkleuchte** *f* lampe *m* de détresse **Warndreieck** *nt* triangle *m* de signalisation

warnen ['varnən] **I.** *vt* prévenir; ***jdn vor jdm/etw ~*** mettre qn en garde contre qn/qc; ***jdn [davor] ~ etw zu tun*** dissuader qn de faire qc **II.** *vi* ***vor jdm/etw ~*** mettre en garde contre qn/qc

Warnkreuz *nt* croix *f* de Saint-André *(signal de position à un passage à niveau sans barrière)* **Warnleuchte** *f (Warnlämpchen)* alarme *f* lumineuse **Warnschild** <-schilder> *nt* panneau *m* avertisseur; *(Verkehrsschild)* panneau de danger **Warnschuss** *m* tir *m* de sommation **Warnsignal** *nt (optisches Zeichen)* signal *m* lumineux; *(akustisches Zeichen)* signal sonore **Warnstreik** *m* grève *f* d'avertissement

Warnung <-, -en> *f* avertissement *m*; ***lass dir das eine ~ sein!*** que ça te serve d'avertissement!

Warnweste *f* gilet *m* de sécurité

Warnzeichen *nt* ❶ *(Warnschild)* signal *m* ❷ *(Anzeichen)* avertissement *m*

Warschau ['varʃau̯] <-s> *nt* Varsovie

Warte <-, -n> *f* ► **von seiner ~ [aus]** de son point de vue

Wartefrist *s.* **Wartezeit**

Wartehalle *f* hall *m* d'attente **Warteliste** *f* liste *f* d'attente

warten ['vartən] **I.** *vi* ❶ attendre; ***auf jdn/etw ~*** attendre qn/qc; ***auf sich*** *akk* ***~ lassen*** se faire attendre; ***ich kann ~!*** j'ai tout mon temps!; ***warte mal!*** attends voir!; ***bitte ~!*** veuillez patienter quelques instants!; ***worauf wartest du noch?*** *(fam)* t'attends quoi? ❷ *(hinausschieben)* ***mit etw ~*** remettre qc ► **da kannst du lange ~!** tu peux toujours courir!; **na warte!** *(fam)* attends un peu! **II.** *vt* TECH réviser *Auto*

Wärter(in) ['vɛrtɐ] <-s, -> *m(f)* gardien(ne) *m(f)*

Warteraum *m* salle *f* d'attente **Wartesaal** *m (in Bahnhöfen)* salle *f* d'attente **Warteschlange** *f* file *f* d'attente **Warteschleife** *f* AVIAT circuit *m* d'attente *(en cas de saturation aérienne, au-dessus d'un aéroport)*; ***~n drehen*** *Pilot:* attendre l'autorisation d'atterrir ► **in eine ~ kommen** être inscrit(e) sur une liste d'attente **Wartezeit** *f* attente *f* **Wartezimmer** *nt* salle *f* d'attente

Wartung <-, -en> *f eines Autos* entretien *m*; *eines Geräts* maintenance *f*

wartungsfrei *adj* sans entretien

warum [va'rʊm] *adv interrog* pourquoi; ***~ nicht?*** pourquoi pas? ► **~ nicht gleich so?** *(fam)* [ah,] quand même!

Warze ['vartsə] <-, -n> *f* ❶ MED verrue *f* ❷ *(Brustwarze)* mamelon *m*

W

wạs [vas] **I.** *pron interrog* ❶ **~ *funktioniert nicht?*** qu'est-ce qui ne fonctionne pas?; **~ *ist denn das?*** qu'est-ce que c'est que ça?; **~ *ist?*** qu'est-ce qu'il y a?; ***sag mir, ~ du willst*** dis-moi ce que tu veux; **~ *für ein Glück!*** quelle chance! ❷ *(fam: wie viel)* **~ *kostet das?*** qu'est-ce que ça coûte? ❸ *(fam: wie bitte)* **~?** quoi? ❹ *(fam: woran, worauf)* ***an ~ denkst du?*** à quoi penses-tu?; ***auf ~ wartet er?*** qu'est-ce qu'il attend? ❺ *(fam: nicht wahr)* ***schmeckt gut, ~?*** c'est bon, hein? **II.** *pron rel* ***sie bekommt immer [das], ~ sie will*** elle obtient toujours ce qu'elle veut; ***das Schönste, ~ auf dem Markt ist*** ce qu'il y a de plus beau sur le marché; ***das einzige, ~ es gibt*** la seule chose qu'il y ait **III.** *pron indef (fam: etwas)* quelque chose; ***hast du ~ von ihm gehört?*** est-ce que tu as des nouvelles de lui?

Wạschanlage *f (Autowaschanlage)* station *f* de lavage **wạschbar** *adj* lavable **Wạschbär** *m* raton *m* laveur **Wạschbecken** *nt* lavabo *m*

Wặsche ['vɛʃə] <-> *f* ❶ lessive *f*; **~ waschen** faire la lessive ❷ *(Textilien)* linge *m*; *(Unterwäsche)* sous-vêtements *mpl*; *(für Frauen)* dessous *mpl* ▸ **dumm aus der ~ gucken** *(fam)* faire une drôle de tête

wạschecht *adj* ❶ *Farbe* grand teint ❷ *(fam: typisch)* pur jus

Wặscheklammer *f* pince *f* à linge **Wặschekorb** *m* panier *m* à linge **Wặscheleine** *f* corde *f* à linge

wạschen ['vaʃən] <wặscht, wusch, gewạschen> **I.** *vt* ❶ *(reinigen)* laver; ***[sich dat] die Hände ~*** [se] laver les mains; ***sich warm/kalt ~*** se laver à l'eau chaude/froide ❷ *(fam)* blanchir *Geld* ▸ **..., der/die/das sich gewaschen hat** *(fam)* ... qui n'est pas piqué(e) des hannetons **II.** *vi* faire une lessive

Wäscherei [vɛʃə'rai] <-, -en> *f* blanchisserie *f*

Wặscheschleuder *f* essoreuse *f* **Wặscheständer** *m* séchoir *m* [à linge] **Wặschetrockner** *m* sèche-linge *m*

Wạschgang <-gänge> *m* programme *m* de lavage **Wạschküche** *f* buanderie *f* **Wạschlappen** *m* ❶ gant *m* de toilette ❷ *(fam: Feigling)* lavette *f* **Wạschmaschine** *f* machine *f* à laver

wạschmaschinenfest *adj* lavable en machine

Wạschmittel *nt* lessive *f* **Wạschpulver** *nt* lessive *f* en poudre **Wạschraum** *m* lavabos *mpl* **Wạschsalon** *m* laverie *f* [automatique] **Wạschstraße** *f* tunnel *m* de lavage

wặscht [vɛʃt] *3. Pers Präs von* **waschen**

Wạschtag *m* jour *m* de lessive; **~ *haben*** avoir son jour de lessive; ***mittwochs habe ich ~*** le mercredi est mon jour de lessive

Wạschweib *nt (pej sl)* commère *f* **Wạschzwang** *m* hygiène *f* obsessionnelle

Wạsser ['vasɐ, *Pl:* 'vasɐ, 'vɛsɐ] <-s, - *o* Wặsser> *nt* ❶ *kein Pl* eau *f*; ***fließend ~*** eau courante; ***etw unter ~ setzen*** inonder qc ❷ *(euph: Urin)* **~ *lassen*** uriner ▸ **bis dahin fließt noch viel ~ den Bach** *fam* **hinunter** d'ici là, il coulera encore beaucoup d'eau sous les ponts; **jdm steht das ~ bis zum Hals** *(fam)* qn est dans la panade; **jdm läuft das ~ im Mund[e] zusammen** qn en a l'eau à la bouche; **stille ~ sind tief** *(prov)* il faut se méfier de l'eau qui dort; **ins ~ fallen** tomber à l'eau; **mit allen ~n gewaschen sein** *(fam)* avoir plus d'un tour dans son sac; **sich über ~ halten** garder la tête hors de l'eau; **auch nur mit ~ kochen** *(fam)* ne pas être plus malin que les autres

Wạsseranschluss *m* prise *f* d'eau **wạsserarm** *adj* aride **Wạsseraufbereitung** *f* traitement *m* de l'eau **Wạsserbad** *nt* bain-marie *m* **Wạsserball** *m* ❶ *kein Pl (Sportart)* water-polo *m* ❷ *(Ball)* ballon *m* [de water-polo] ❸ *(Spielball)* ballon *m* [de plage] **Wạsserbett** *nt* matelas *m* à eau

Wặsserchen <-s, -> *nt (Duftwasser)* eau *f* de parfum ▸ **er sieht aus, als ob er kein ~ trüben könnte** *(fam)* on lui donnerait le bon Dieu sans confession

Wạsserdampf *m* vapeur *f* d'eau **wạsserdicht** *adj* ❶ *Uhr* étanche; *Stoff* imperméable ❷ *(fam) Alibi* en béton **Wạsserfall** *m* cascade *f* ▸ **wie ein ~ reden** *(fam)* être un vrai moulin à paroles **Wạsserfarbe** *f* peinture *f* à l'eau **wạsserfest** *adj* ❶ *Farbe* lavable ❷ *s.* **wasserdicht** **Wạsserflugzeug** *nt* hydravion *m* **Wạsserglas** *nt* verre *m* à eau **Wạssergraben** *m* ❶ GEOG rigole *f* ❷ SPORT rivière *f* ❸ *(Burggraben)* douve *f* **Wạsserhahn** *m* robinet *m* **Wạsserhärte** *f* dureté *f* de l'eau **Wạsserhaushalt** *m* MED, BIO réserves *fpl* d'eau

wặsserig ['vɛsərɪç] *s.* **wässrig**

Wạsserkessel *m* bouilloire *f* **Wạsserkocher** <-s, -> *m* ***[elektrischer] ~*** bouilloire *f* [électrique] **Wạsserkopf** *m* ❶ MED hydrocéphalie *f* ❷ *(fig)* ***sich zu einem ~ entwickeln*** s'hypertrophier **Wạsserkraft** *f kein Pl* énergie *f* hydraulique

W

Wasserkraftwerk *nt* centrale *f* hydro-électrique **Wasserkreislauf** *m* circulation *f* de l'eau **Wasserkühlung** *f* refroidissement *m* par eau **Wasserlauf** *m* cours *m* d'eau **Wasserleiche** *f* cadavre *m* d'un(e) noyé(e) **Wasserleitung** *f* conduite *f* d'eau **wasserlöslich** *adj Pulver* soluble; *Farbe* hydrosoluble **Wassermangel** *m kein Pl* pénurie *f* d'eau **Wassermann** <-männer> *m* ASTROL Verseau *m; [ein]* ~ ***sein*** être Verseau **Wassermelone** *f* pastèque *f* **Wassermühle** *f* moulin *m* à eau

wässern ['vɛsɐn] *vt* ❶ *(gießen)* arroser ❷ ***Linsen*** ~ faire tremper des lentilles [dans l'eau]

Wasseroberfläche *f* surface *f* de l'eau **Wasserpfeife** *f* narguilé *m* **Wasserpflanze** *f* plante *f* aquatique **Wasserpistole** *f* pistolet *m* à eau **Wasserrad** *nt* roue *f* hydraulique **Wasserratte** *f* ❶ ZOOL rat *m* d'eau ❷ *(fam: begeisterter Schwimmer)* vrai poisson *m* **Wasserrohr** *nt* tuyau *m* d'eau **Wasserschaden** *m* dégâts *mpl* des eaux **Wasserscheide** *f* ligne *f* de partage des eaux **wasserscheu** *adj* qui a peur de l'eau **Wasserschildkröte** *f* tortue *f* des marais **Wasserschutzpolizei** *f* police *f* fluviale; *(im Hafen)* police du port; *(auf dem Meer)* police maritime **Wasserski**[1] *nt kein Pl (Sportart)* ski *m* nautique **Wasserski**[2] *m (Sportgerät)* ski *m* [pour pratiquer le ski nautique] **Wasserspiegel** *m* ❶ *(Wasseroberfläche)* surface *f* de l'eau ❷ *(Wasserstand)* niveau *m* d'eau **Wassersport** *m* sport *m* aquatique **Wasserspülung** *f* chasse *f* d'eau **Wasserstand** *m* niveau *m* d'eau **Wasserstoff** *m* CHEM hydrogène *m*

Wasserstoffbombe *f* bombe *f* à hydrogène **Wasserstoffperoxid** *nt kein Pl* CHEM eau *f* oxygénée, peroxyde *m* d'hydrogène

Wasserstrahl *m* jet *m* d'eau **Wasserstraße** *f* voie *f* navigable **Wassertemperatur** *f* température *f* de l'eau **Wassertropfen** *m* goutte *f* d'eau **Wasserturm** *m* château *m* d'eau **Wasseruhr** *f* compteur *m* d'eau **Wasserverbrauch** *m* consommation *f* d'eau **Wasserverschmutzung** *f* pollution *f* des eaux **Wasserversorgung** *f* approvisionnement *m* en eau **Wasservogel** *m* oiseau *m* aquatique **Wasservorrat** *m* réserve *f* d'eau **Wasserwaage** *f* niveau *m* d'eau **Wasserweg** *m* voie *f* d'eau **Wasserwerfer** *m* canon *m* à eau **Wasserwerk** *nt* centre *m* de distribution des eaux **Wasserzeichen** *nt* filigrane *m*

wässrig ['vɛsrɪç] *adj* ❶ *Kaffee* clairet(te) ❷ CHEM *Lösung* aqueux, -euse ❸ *Farbe* glauque

waten ['vaːtən] *vi* + *sein* ***durch das Wasser*** ~ passer l'eau à gué

watscheln *vi* + *sein Ente:* se dandiner

Watschen <-, -> *f* A, SDEUTSCH *(fam)* baffe *f*

Watt [vat] <-s, -> *nt* PHYS watt *m*

Watte ['vatə] <-, -n> *f* coton *m*

Wattebausch *m* [morceau *m* de] coton *m*

Wattenmeer *nt kein Pl* ***das*** ~ le Wattenmeer *(eaux qui recouvrent le Watt à marée haute)*

Wattepad [-pɛt] <-s, -s> *nt* disque *m* de coton **Wattestäbchen** ['vatəʃtɛːpçən] *nt* coton-tige® *m*

wattieren* [va'tiːrən] *vt* ouatiner *Jacke;* ***wattiert*** molletonné(e)

WC [veː'tseː] <-s, -s> *nt* W.-C. *mpl*

WC-Reiniger *m* nettoyant *m* W.-C.

Web [wɛb] <-s> *nt* INFORM ***das*** ~ le Web

Webadresse [wɛb-] *f* INFORM adresse *f* web **Webcam** [-kɛm] <-, -s> *f* INFORM webcam *f* **Webdesign** *nt* INFORM web design *m,* infographie *f*

weben ['veːbən] <webte *o geh:* wob, gewebt *o geh:* gewoben> **I.** *vt* tisser **II.** *vi* faire du tissage

Weber(in) ['veːbɐ] <-s, -> *m(f)* tisserand(e) *m(f)*

Weberei [veːbə'rai] <-, -en> *f* [usine *f* de] tissage *m*

Webfehler ['veːp-] *m* défaut *m* de tissage

Webkamera *f* INFORM *s.* **Webcam**

Webmaster ['wɛbmaːstɐ] <-s, -> *m* INFORM webmestre *m* **Webseite, Website** ['vɛpsait, 'wɛbsaɪt] <-, -s> *f* INFORM site *m* sur Internet

Webstuhl *m* métier *m* à tisser

Wechsel ['vɛksəl] <-s, -> *m* ❶ changement *m;* ***etw im ~ tun*** *Personen:* faire qc à tour de rôle; *Gerät:* faire qc en alternance ❷ *(Geldwechsel)* change *m* ❸ FIN *(Schuldurkunde)* lettre *f* de change

Wechselbad *nt* bain *m* alterné ▶ **jdn einem ~ der Gefühle aussetzen** infliger une douche écossaise à qn

Wechselbeziehung *f* corrélation *f;* ***die ~ zwischen zwei Sachen*** l'interdépendance de deux choses **wechselduschen** *vi nur Infin* prendre une douche écossaise **Wechselgeld** *nt* monnaie *f*

wechselhaft *adj Wetter* instable; *Leben* mouvementé(e)

W

Wechseljahre *Pl* ménopause *f* **Wechselkurs** *m* taux *m* de change
wechseln ['vɛksəln] **I.** *vt + haben* ❶ changer de, changer *Reifen; **das Thema** ~* changer de sujet; ***Euro in Dollar** ~* changer des euros en dollars; ***jdm zehn Euro** ~* faire de la monnaie de dix euros à qn ❷ *(austauschen)* échanger *Briefe, Ringe* **II.** *vi* ❶ *+ haben **jdm** ~* faire le change à qn ❷ *+ haben (eine neue Stelle antreten)* changer d'employeur ❸ *+ sein **auf die andere Spur** ~* changer de voie
wechselnd I. *adj* ❶ *(im Wechsel, schwankend)* changeant(e); *Stimmung* instable ❷ *(unterschiedlich)* variable **II.** *adv ~ **bewölkt*** nuageux à ensoleillé
wechselseitig I. *adj* réciproque **II.** *adv* mutuellement
Wechselstrom *m* courant *m* alternatif **Wechselstube** *f* bureau *m* de change **Wechselwähler(in)** *m(f)* électeur *m* indécis/électrice *f* indécise
wechselweise *adv* en alternance; *(in Bezug auf Menschen)* à tour de rôle
Wechselwirkung *f* interaction *f*
wecken ['vɛkən] *vt* ❶ *(aufwecken)* réveiller ❷ *(hervorrufen)* susciter *Interesse*
Wecken ['vɛkən] <-s, -> *m* A, SDEUTSCH petit pain *m*
Wecker ['vɛkɐ] <-s, -> *m* réveil *m* ▶ **jdm auf den ~ gehen** *(fam)* taper sur le système à qn
wedeln ['ve:dəln] *vi + haben **mit etw** ~* remuer qc
weder ['ve:dɐ] *konj ~ **... noch ...*** ni ... ni ...
weg [vɛk] *adv* ❶ *(fort) ~ **sein** (abwesend sein)* ne pas être là; *(weggegangen sein)* être parti; *(verschwunden sein)* avoir disparu; ***nichts wie ~ [hier]!** (fam)* tirons-nous!; *~ **da!** (fam)* [allez,] dégage/dégagez!; *~ **damit!*** du balai! ❷ *(fam: hinweg) **über einen Verlust ~ sein*** avoir digéré une perte ❸ *(fam: begeistert) **er ist ganz ~ von ihr*** elle le fait complètement craquer
Weg [ve:k] <-[e]s, -e> *m* ❶ chemin *m; (Route)* itinéraire *m; (Strecke)* trajet *m; **auf dem ~ zu jdm/ins Kino sein*** être en route pour chez qn/pour le ciné; ***sich auf den ~ zu jdm machen*** partir chez qn; ***das liegt auf dem** ~* c'est sur le chemin; ***jdm den ~ versperren*** barrer la route à qn; ***aus dem ~!*** dégage/dégagez le passage! ❷ *(Methode)* moyen *m* ❸ *(Art, Weise) **auf diesem ~e*** de cette façon; ***auf schriftlichem ~e** (form)* par écrit; ***auf illegalem ~e*** par des moyens illégaux ▶ **auf dem ~e der Besserung sein** *(geh)* être en voie de guérison; **auf dem besten ~e sein etw zu tun** être bien parti pour faire qc; **vom rechten ~ abkommen** s'écarter du droit chemin; **jdm/einer S. den ~ bahnen** ouvrir le chemin à qn/qc; **jdm/einer S. aus dem ~ gehen** *(jdn/etw meiden)* éviter qn/qc; **jdm über den ~ laufen** croiser qn; **etw in die ~e leiten** engager qc; **jdn/etw aus dem ~ räumen** écarter qn/qc; **jdm/einer S. im ~ stehen** faire obstacle à qn/qc; *s. a.* **zuwege**
weg|bekommen* *vt irr (fam)* réussir à enlever *Fleck*
Wegbereiter(in) <-s, -> *m(f)* précurseur *mf*
weg|blasen *vt irr **etw** ~* enlever qc en soufflant
weg|bleiben *vi irr + sein (nicht kommen)* ne pas venir; *(nicht zurückkommen)* ne pas revenir; ***lange** ~* s'absenter longtemps
weg|bringen *vt irr* emmener *Person*
weg|denken *vt irr **sich** dat **etw** ~* faire abstraction de qc ▶ **jd/etw ist nicht mehr wegzudenken** on ne peut plus se passer de qn/qc
Wegelagerer ['ve:gəla:gərɐ] <-s> *m* voleur *m* de grand chemin
wegen ['ve:gən] *präp +gen* ❶ *(aufgrund von) ~ **des Regens*** à cause de la pluie ❷ *(bezüglich) ~ **einer S.*** à propos de qc ❸ *(um ... willen)* à cause de
Wegerich ['ve:gərɪç] <-s, -e> *m* BOT plantain *m*
weg|fahren *irr* **I.** *vi + sein* ❶ *(verreisen)* partir [en voyage] ❷ *(abfahren)* partir; ***mir ist der Bus vor der Nase weggefahren*** le bus a démarré sous mes yeux **II.** *vt + haben* déplacer *Fahrzeug*
Wegfahrsperre *f* AUT système *m* anti-démarrage
weg|fallen *vi irr + sein* devenir caduc, -uque; ***etw ~ lassen*** supprimer qc
weg|fliegen *vi irr + sein Person:* prendre l'avion; *Flugzeug:* s'envoler
weg|führen I. *vt (fortbringen)* emmener **II.** *vt, vi **jdn vom Thema** ~* éloigner qn du sujet
Weggabelung *f* bifurcation *f*
Weggang *m kein Pl (form)* départ *m*
weg|geben *vt irr* ❶ *(fortgeben)* se débarrasser de ❷ *(zur Adoption)* abandonner *Kind*
Weggefährte, -gefährtin *m, f (a. fig)* compagnon *m* /compagne *f* de route
weg|gehen *vi irr + sein* ❶ *(fortgehen)*

W

partir; ***geh weg!*** va-t'en!; ***aus Ulm*** ~ quitter Ulm ❷ *(fam) Fleck:* s'en aller ❸ *(fam: verkauft werden)* partir; ***sehr gut*** ~ partir comme des petits pains

weg|gießen *vt irr* jeter

weg|haben *vt irr (fam)* ❶ avoir réussi à faire partir *Fleck* ❷ *(fortwünschen)* ***er will ihn*** ~ il veut le faire dégager ▶ **einen** ~ *(fam)* être pété

weg|jagen *vt* chasser *Person, Tier*

weg|klicken *vt* INFORM ***etw*** ~ fermer qc *Bild, Fenster*

weg|kommen *vi irr + sein (fam)* ❶ *(weggehen können)* pouvoir partir ❷ *(loskommen)* ***von jdm/etw*** ~ se défaire de qn/qc ❸ *(abhandenkommen)* disparaître ❹ *(abschneiden)* ***gut/schlecht*** ~ bien/mal s'en sortir ▶ **mach, dass du wegkommst!** fiche[-moi] le camp!

weg|kriegen *s.* **wegbekommen**

weg|lassen *vt irr* ❶ *(fam: auslassen)* laisser tomber; *(versehentlich)* omettre ❷ *(fortgehen lassen)* laisser partir ❸ *(verzichten auf)* renoncer à

weg|laufen *vi irr + sein* ❶ *(fortlaufen)* se sauver; ***vor jdm*** ~ fuir devant qn ❷ *(fam) Katze:* se sauver; ***von zu Hause*** ~ faire une fugue ▶ **das läuft dir nicht weg** *(fam)* ça peut bien attendre

weg|legen *vt (beiseitelegen)* poser

weg|machen **I.** *vt (fam)* enlever; ***jdm etw*** ~ enlever qc à qn **II.** *vr (fam)* ***sich*** ~ s'éclipser

weg|müssen *vi irr (fam)* ***ich muss weg*** il faut que je me barre; ***der Brief muss heute noch weg*** il faut que la lettre parte aujourd'hui

weg|nehmen *vt irr* ❶ *(entfernen)* enlever ❷ *(fortnehmen)* ***jdm etw*** ~ enlever qc à qn

Wegrand *m* bord *m* du chemin

weg|rationalisieren* *vt (fam)* licencier *Personal*

weg|räumen *vt* évacuer

weg|rennen *vi irr + sein (rennen)* courir à toutes jambes; *(Reißaus nehmen)* décamper

weg|retuschieren* *vt* faire disparaître

weg|rutschen *vi + sein* s'écarter

weg|schaffen *vt* enlever *Gepäck;* emporter *Beute*

weg|schauen *s.* **wegsehen**

weg|schicken *vt* envoyer *Brief;* renvoyer *Person*

weg|schleppen *(fam)* **I.** *vt* traîner **II.** *vr* ***sich*** ~ se traîner

weg|schließen *vt irr* ***etw*** ~ mettre qc sous clé

weg|schmeißen *vt irr (fam)* balancer

weg|schnappen *vt (fam)* ***jdm etw*** ~ souffler qc à qn

weg|schütten *s.* **weggießen**

weg|sehen *vi irr* ❶ *(nicht hinsehen)* détourner les yeux ❷ *(fam: hinwegsehen)* ***über etw*** *akk* ~ fermer les yeux sur qc

weg|setzen *vt, vr [**sich**]* ~ changer de place

weg|sperren *vt (fam)* enfermer

weg|spülen *vt* emporter

weg|stecken *vt (fam)* ❶ *(einstecken)* ranger ❷ *(verkraften)* encaisser

weg|stellen *vt* déplacer

Wegstrecke ['veːk-] *f* trajet *m,* parcours *m*

weg|tragen *vt irr* emporter

weg|treten *vi irr + sein* ❶ MIL rompre les rangs; ***weggetreten!*** rompez! ❷ *(beiseitetreten)* ***von der Unfallstelle*** ~ s'éloigner du lieu de l'accident ▶ **[geistig] weggetreten sein** *(fam)* être à côté de ses pompes

weg|tun *vt irr* ❶ *(weglegen)* enlever ❷ *(wegwerfen)* jeter

wegweisend ['veːkvaizənt] *adj* porteur, -euse d'avenir; ~ ***sein*** ouvrir des perspectives

Wegweiser <-s, -> *m* poteau *m* indicateur

weg|werfen *vt irr* jeter

wegwerfend *adj* dédaigneux, -euse

Wegwerfgesellschaft *f (pej)* société *f* de gaspillage **Wegwerfmentalität** *f* mentalité *f* de gaspillage **Wegwerfverpackung** *f* emballage *m* jetable **Wegwerfwindel** *f* couche *f* jetable

weg|wollen *vi irr (fam)* ❶ ***von zu Hause*** ~ vouloir quitter la maison ❷ *(verreisen wollen)* vouloir partir [en voyage]

weg|ziehen *irr* **I.** *vi + sein* ❶ *(fortziehen)* déménager; ***aus der Stadt*** ~ quitter la ville ❷ *Vögel:* migrer **II.** *vt + haben* retirer *Hand*

weh [veː] *adj* douloureux, -euse ▶ **o ~!** aïe, aïe, aïe!

wehe ['veːə] *interj* malheureux, -euse; ~ ***[dir], wenn …!*** gare à toi si …!

Wehe ['veːə] <-, -n> *f* ❶ *(Schneewehe)* congère *f* ❷ *meist Pl (Geburtswehe)* contraction *f;* ***in den ~n liegen*** avoir des contractions

wehen ['veːən] *vi* ❶ *+ haben Wind:* souffler ❷ *+ haben* ***im Wind*** ~ *Haare, Fahne:* flotter au vent; ***mit ~den Fahnen*** bannières au vent

wehklagen *vi (geh)* se lamenter

wehleidig *adj* douillet(te)

Wehmut ['veːmuːt] <-> *f (geh)* nostalgie *f*

W

wehmütig ['ve:my:tɪç] *adj (geh)* nostalgique

Wehr[1] [ve:ɐ̯] *f* ▶ **sich gegen jdn/etw zur ~ setzen** se défendre contre qn/qc

Wehr[2] [ve:ɐ̯] <-[e]s, -e> *nt (Stauanlage)* digue *f*

Wehrbeauftragte(r) *f(m) dekl wie adj* médiateur, -trice *m, f* parlementaire auprès des armées *(qui défend les droits des soldats)* **Wehrdienst** *m kein Pl* service *m* militaire

> **Land und Leute**
> Contrairement aux Français, les jeunes hommes autrichiens sont tenus de faire leur service militaire. Le **Wehrdienst** dure six mois et s'effectue dans la *Bundesheer*. En Suisse, le *Militärdienst* comporte au minimum 260 jours répartis sur plusieurs années ou effectués en une fois sur 10 mois auprès de la *Schweizer Armee*. En Allemagne, depuis 2011, le **Wehrdienst** dans la *Bundeswehr* n'est plus effectué que par des volontaires.

Wehrdienstverweigerer <-s, -> *m* objecteur *m* de conscience **Wehrdienstverweigerung** *f* objection *f* de conscience

wehren ['ve:rən] **I.** *vr* ❶ *(sich verteidigen)* ***sich*** ~ se défendre; ***sich gegen etw*** ~ se défendre contre qc ❷ *(sich sträuben)* ***sich dagegen ~ etw zu tun*** se refuser à faire qc **II.** *vi (geh)* ***einer S.*** *dat* ~ faire obstacle à qc

Wehrersatzdienst *m* service *m* civil

wehrlos *adj o adv* sans défense; ***gegen jdn/etw ~ sein*** être sans défense contre qn/qc

Wehrlosigkeit <-> *f* impuissance *f*

Wehrmacht *f* HIST ***die*** ~ la Wehrmacht **Wehrpflicht** *f kein Pl [**allgemeine**]* ~ service *m* militaire obligatoire

wehrpflichtig *adj* astreint(e) au service militaire

Wehrpflichtige(r) *f(m) dekl wie adj* conscrit(e) *m(f)*

Wehrübung *f eines Soldaten* exercice *m*

wehltun *vi* faire mal; ***jdm*** ~ faire mal à qn; ***mir tut der Rücken weh*** j'ai mal au dos

Wehwehchen [ve:'ve:çən] <-s, -> *nt (fam)* bobo *m*

Weib [vaip] <-[e]s, -er> *nt (a. pej fam)* bonne femme *f*

Weibchen ['vaipçən] <-s, -> *nt* ZOOL femelle *f*

Weiberheld *m (pej)* bourreau *m* des cœurs *hum*

weibisch ['vaibɪʃ] *adj* efféminé(e)

weiblich ['vaiplɪç] *adj* ❶ *a.* GRAM féminin(e) ❷ BOT femelle

Weiblichkeit <-> *f* féminité *f*

Weibsbild *nt* SDEUTSCH, A *(fam)* bonne femme *f fam*

weich [vaiç] *adj* ❶ *Stoff* doux, douce; *Boden* mou, molle; *Bett* moelleux, -euse ❷ *Fleisch* tendre ❸ *Droge* doux, douce ❹ *Person* doux, douce; ~ ***werden*** se laisser attendrir ❺ FIN *Währung* faible

Weiche ['vaiçə] <-, -n> *f* aiguillage *m* ▶ **die ~n für etw stellen** poser des jalons pour qc

Weichei <-s, -er> *nt (fam)* couille *f* molle

weichen ['vaiçən] <wich, gewichen> *vi + sein* ❶ *Spannung:* s'apaiser ❷ *(nachgeben)* ***einer S.*** *dat* ~ céder à qc ❸ *(weggehen)* ***zur Seite*** ~ s'écarter

weichgekocht *s.* **kochen II. 1**

weichherzig *adj* sensible

Weichkäse *m* fromage *m* à pâte molle

weichlklopfen *vt (fig fam),* **weichlkriegen** *vt (fig fam)* ***jdn*** ~ fléchir qn *fam;* ***sich von jdm ~ lassen*** se laisser attendrir par qn *fam*

weichlich *adj* mou, molle

Weichling ['vaiçlɪŋ] <-s, -e> *m (pej)* mollasse *mf*

Weichmacher *m* ❶ *(Entkalker für Wasser)* adoucissant *m* ❷ *(für Plastik)* plastifiant *m*

Weichsel ['vaiksl] <-> *f* ***die*** ~ la Vistule

Weichspüler <-s, -> *m* assouplissant *m* **Weichteile** *Pl* ❶ *(Eingeweide)* parties *f pl* molles ❷ *(fam: Geschlechtsteile)* parties *f pl* **Weichtier** *nt* mollusque *m* **Weichzeichner** *m* PHOT filtre *m* flou

Weide ['vaidə] <-, -n> *f* ❶ *(Baum)* saule *m* ❷ *(Viehweide)* pâturage *m*

Weideland *nt* pâturages *mpl*

weiden ['vaidən] **I.** *vi Vieh:* paître **II.** *vt* faire paître *Vieh* **III.** *vr (sich erfreuen)* ***sich an etw*** *dat* ~ se délecter de qc

Weidenkätzchen ['vaidənkɛtsçən] *nt* chaton *m* de saule **Weidenkorb** *m* panier *m* d'osier **Weidmannsheil** *interj* bonne chasse

weigern ['vaigɐn] *vr* ***sich*** ~ refuser

Weigerung <-, -en> *f* refus *m*

Weihbischof *m* coadjuteur *m*

Weihe ['vaiə] <-, -n> *f* REL ❶ *kein Pl (das Weihen)* consécration *f* ❷ *eines Priesters* ordination *f*

weihen *vt* ❶ consacrer *Altar, Kapelle* ❷ *(die*

W

Weihe erteilen) ***jdn zum Priester ~*** ordonner qn prêtre

Weiher ['vaiɐ] <-s, -> *m* étang *m*

Weihnachten ['vainaxtən] <-, -> *nt* Noël *m;* ***fröhliche ~!*** joyeux Noël!; ***zu ~*** à Noël

weihnachtlich **I.** *adj* de Noël **II.** *adv geschmückt* pour Noël

Weihnachtsabend *m* réveillon *m* [de Noël] **Weihnachtsbaum** *m* arbre *m* de Noël **Weihnachtsfeier** *f* fête *f* de Noël **Weihnachtsfest** *nt kein Pl* jour *m* de Noël **Weihnachtsgans** *f oie rôtie comme repas traditionnel de Noël* ▶ **jdn ausnehmen wie eine ~** *(sl)* plumer qn [comme un pigeon] *fam* **Weihnachtsgeld** *nt* étrennes *fpl* **Weihnachtsgeschenk** *nt* cadeau *m* de Noël **Weihnachtslied** *nt* chant *m* de Noël **Weihnachtsmann** <-männer> *m* père *m* Noël **Weihnachtsmarkt** *m* marché *m* de Noël **Weihnachtstag** *m meist Pl* fête *f* de Noël; ***der erste ~*** le jour de Noël **Weihnachtszeit** *f kein Pl* ***die ~*** la période de Noël

Weihrauch ['vairaux] *m* encens *m* **Weihwasser** *nt kein Pl* eau *f* bénite

weil [vail] *konj* ❶ *(da)* parce que ❷ *(da ... nun)* comme

Weilchen ['vailçən] <-s> *nt* ***ein ~*** un petit moment

Weile ['vailə] <-> *f* moment *m;* ***vor einer ~*** il y a un moment; ***eine ganze ~*** un bon moment

Weiler ['vailɐ] <-s, -> *m (geh)* hameau *m*

Wein [vain] <-[e]s, -e> *m* ❶ *(Getränk)* vin *m* ❷ *kein Pl (Weinrebe)* vigne *f* ❸ *kein Pl (Weintrauben)* ***der ~ wird im Oktober geerntet*** les vendanges se font en octobre ▶ **jdm reinen ~ einschenken** parler franchement à qn

Weinbau *m kein Pl* viticulture *f* **Weinbeere** *f* ❶ *(einzelne Beere)* grain *m* de raisin ❷ SDEUTSCH, A, CH *s.* **Rosine** **Weinberg** *m* vignoble *m*

Weinbergschnecke *f* escargot *m* de Bourgogne

Weinbrand *m* cognac *m*

weinen ['vainən] **I.** *vi* pleurer; ***um jdn/etw ~*** pleurer qn/qc ▶ **es ist zum Weinen!** c'est triste à pleurer! **II.** *vt* pleurer *Freudentränen*

weinerlich ['vainɐlɪç] *adj Person* pleurnichard(e) *fam; Stimme* pleurnicheur, -euse

Weinessig *m* vinaigre *m* de vin **Weinfass** *nt* tonneau *m* de vin **Weinflasche** *f* bouteille *f* à vin **Weingegend** *f* région *f* viticole **Weingeist** *m kein Pl* esprit-de-vin *m* **Weinglas** *nt* verre *m* à vin **Weingummi** *nt o m* bonbon *m* gélifié **Weingut** *nt* domaine *m* viticole **Weinhandlung** *f* commerce *m* de vins **Weinkarte** *f* carte *f* des vins **Weinkeller** *m* cave *f* à vins **Weinkenner(in)** *m(f)* connaisseur, -euse *m, f* en vins

Weinkrampf *m* crise *f* de larmes

Weinlese *f* vendanges *fpl* **Weinlokal** *nt* bar *m* à vin[s] **Weinprobe** *f* dégustation *f* [de vins] **Weinrebe** *f (Pflanze)* vigne *f; (Rebsorte)* cépage *m* **weinrot** *adj* bordeaux *inv* **Weinschorle** *f* vin *m* coupé d'eau gazeuse **Weinstube** *f* bar *m* à vin[s] **Weintraube** *f (einzelne Beere)* grain *m* de raisin; ***blaue ~n kaufen*** acheter du raisin noir

weise ['vaizə] *adj (geh)* sage

Weise ['vaizə] <-, -n> *f* ❶ *(Art)* manière *f;* ***auf meine ~*** à ma manière; ***auf diese ~*** de cette manière; ***in der ~, dass ...*** *(auf diese Art)* de telle manière que ...; *(sodass)* de manière que *+subj* ❷ *(geh: Melodie)* air *m*

Weise(r) *f(m) dekl wie adj* sage *m* /femme *f* sage; ***die drei ~n aus dem Morgenland*** les trois Rois *mpl* mages

weisen ['vaizən] <wies, gewiesen> **I.** *vt (geh)* ❶ indiquer *Weg* ❷ *(fortschicken)* ***jdn aus dem Haus ~*** chasser qn de la maison ▶ **etw [weit] von sich ~** rejeter qc **II.** *vi* ***auf etw*** *akk* ***~*** *Person:* désigner qc

Weisheit <-, -en> *f* ❶ *kein Pl (Klugheit)* sagesse *f* ❷ *meist Pl (Erkenntnis)* conseil *m* de bon sens ▶ **mit seiner ~ am Ende sein** ne plus savoir que faire; **er glaubt, er habe die ~ mit Löffeln gegessen** *(fam)* il se croit plus malin que tout le monde; **das ist/das ist nicht der ~ letzter Schluss** c'est/ce n'est pas la meilleure des solutions

Weisheitszahn *m* dent *f* de sagesse

weis|machen *vt (fam)* ***jdm ~, dass ...*** faire gober à qn que ...

weiß[1] [vais] *1. und 3. Pers Präs von* **wissen**

weiß[2] [vais] *adj* blanc, blanche; ***~ werden*** *Haare, Haut:* blanchir; *Gesicht:* pâlir

Weiß [vais] <-[es]> *nt* blanc *m*

weissagen *vt* prédire

Weissagung <-, -en> *f* prédiction *f*

Weißbier *nt* bière *f* blanche **Weißblech** *nt* fer-blanc *m* **Weißbrot** *nt* pain *m* blanc **Weißdorn** *m* aubépine *f*

Weiße(r) *f(m) dekl wie adj* Blanc *m* /Blanche *f*

weißglühend *adj* incandescent(e) **Weißglut** *f kein Pl* incandescence *f* ▶ **jdn zur ~**

W

treiben échauffer les oreilles à qn **Weißgold** *nt* or *m* blanc **weißhaarig** *adj Greis* aux cheveux blancs **Weißkohl** *m*, **Weißkraut** *nt* SDEUTSCH, A chou *m* blanc

weißlich ['vaislɪç] *adj* blanchâtre

Weißrussland ['vaisrʊslant] *nt* la Biélorussie, la Russie blanche **Weißwein** *m* vin *m* blanc **Weißwurst** *f* boudin *m* blanc

Weisung <-, -en> *f* directive *f*; **~ *haben etw zu tun*** avoir ordre de faire qc

weit [vait] **I.** *adj* ❶ *Schuhe* large; ***etw ~er machen*** élargir qc ❷ *Strecke* long, longue *antéposé; Meer* vaste *antéposé;* ***ist es noch ~ bis zum Hotel?*** c'est encore loin jusqu'à l'hôtel? ❸ *(zeitlich entfernt)* ***es ist noch ~ bis zum Sommer?*** l'été, c'est encore loin? **II.** *adv* ❶ *gehen* loin; ***~ offen [stehend]*** grand ouvert; ***fünf Meter ~ springen*** sauter à cinq mètres; ***zehn Kilometer ~ marschieren*** parcourir dix kilomètres à pied; ***haben Sie es noch sehr ~?*** vous allez encore loin? ❷ *(in zeitlicher Hinsicht)* ***so ~ sein*** être prêt; ***~ nach zehn Uhr*** bien après dix heures; ***~ zurückliegen*** être il y a longtemps ❸ *(fig)* ***es ~ bringen im Leben*** aller loin dans la vie; ***es ~ gebracht haben*** avoir réussi; ***das geht [entschieden] zu ~!*** c'en est trop!; ***wie ~ bist du [gekommen]?*** où en es-tu?; ***damit ist es nicht ~ her*** *(fam)* ça ne vaut pas grand-chose ❹ *schlechter* bien [plus]; *gediehen* bien; *übertreffen* de beaucoup; *hinter sich lassen* loin; ***~ besser*** bien mieux ▶ **~ und breit** à cent lieues à la ronde; **so ~, so gut** bon, jusque là, tout va; **so ~ kommt es [noch]!** *(fam)* et puis quoi encore!

weitab ['vait'ʔap] *adv* loin [de tout] **weitaus** ['vait'ʔaus] *adv* ❶ *schöner* bien [plus] ❷ *(eindeutig)* ***er ist der ~ beste Schüler*** il est de loin le meilleur élève **Weitblick** *m kein Pl* clairvoyance *f* **weitblickend** *adj Person* clairvoyant(e)

Weite[1] ['vaitə] <-, -n> *f* ❶ *einer Landschaft* étendue *f*; ***die endlose ~ der Wüste*** l'immensité du désert ❷ *(Breite)* largeur *f* ❸ SPORT *eines Wurfs* distance *f*; *eines Sprungs* longueur *f*

Weite[2] ['vaitə] ▶ **das ~ suchen** *(geh)* prendre la clé des champs

weiten ['vaitən] **I.** *vt* élargir *Schuhe* **II.** *vr* ***sich ~*** *Augen:* se dilater

weiter ['vaitɐ] *adv* ❶ *Komp von* **weit:** ***~ oben*** plus haut; ***~!*** on continue! ❷ *(sonst)* ***das hat ~ nichts zu sagen*** ça ne veut rien dire; ***das ist nichts ~ als eine Ausrede*** ce n'est rien d'autre qu'un prétexte; ***und ~?*** et après? ▶ **wenn es ~ nichts ist** si ce n'est que ça; **das ist nicht ~ schlimm** ce n'est pas bien grave; **und so ~ [und so fort]** et cætera

weiter|arbeiten *vi* continuer son/le travail

weiter|bestehen* *vi irr* continuer d'exister; *Verdacht:* être toujours présent(e); *Verpflichtung:* devoir être assumé(e) **weiter|bilden** *vr* ***sich ~*** compléter sa formation **Weiterbildung** *f* formation *f* continue **weiter|bringen** *vt irr* faire avancer

weiter|denken *unreg* **I.** *vi (noch länger denken)* y penser plus longuement; *(noch weiter nachdenken)* mener une réflexion plus approfondie; ***da muss man doch ~!*** il faut réfléchir aux suites! **II.** *vt* réfléchir plus longuement sur *Idee, Vorschlag*

weitere(r, s) *adj* autre *antéposé;* ***jdn über alle ~n Maßnahmen informieren*** informer qn de toute mesure ultérieure; ***alles Weitere besprechen wir morgen*** on discutera des détails demain ▶ **bis auf Weiteres** momentanément; **ohne Weiteres** sans problèmes

weiter|empfehlen* *vt irr* recommander **weiter|entwickeln*** **I.** *vt* perfectionner *Gerät;* développer *Idee* **II.** *vr* ***sich ~*** évoluer **Weiterentwicklung** *f* TECH perfectionnement *m* technique **weiter|erzählen*** **I.** *vt* répéter *Neuigkeit* **II.** *vi* continuer à raconter **weiter|fahren** *vi irr + sein* continuer sa route; ***nach Basel ~*** continuer sa route vers Bâle **Weiterfahrt** *f* poursuite *f* du voyage **weiter|führen** *vt* ❶ poursuivre *Projekt* ❷ *(weiterbringen)* ***jdn ~*** *Vorschlag:* faire avancer qn

weiterführend *adj* ***die ~en Schulen*** ≈ les établissements d'enseignement secondaire

Weitergabe *f von Unterlagen* transmission *f*

weiter|geben *vt irr* faire passer; ***etw an jdn ~*** *(weiterreichen)* faire passer qc à qn; *(mitteilen, vermitteln)* transmettre qc à qn

weiter|gehen *vi irr + sein* ❶ *Person:* poursuivre son chemin; ***bitte ~!*** circulez, s'il vous plaît!; ***lass uns ~!*** allez, on continue! ❷ *(seinen Fortgang nehmen)* continuer; ***wie soll es nun ~?*** qu'est-ce qu'on va faire?; ***so kann es nicht ~!*** ça ne peut plus continuer comme ça! **weiter|helfen** *vi irr* aider; ***jdm in einer Angelegenheit ~*** aider qn dans une affaire **weiterhin** ['vaitɐ'hɪn] *adv* ❶ *(immer noch)* encore ❷ *(auch zukünftig)* dans l'avenir ❸ *(außerdem)* en outre **weiter|kämpfen** *vi* continuer à se battre **weiter|kommen** *vi irr + sein* ❶ *(vorankommen)* avancer; ***Sie***

kommen hier nicht weiter! vous ne pouvez pas aller plus loin! ❷ *(Fortschritte machen)* ***mit etw*** ~ avancer dans qc **weiter|laufen** *vi irr + sein* ❶ *Person, Kosten:* continuer à courir ❷ *(in Gang bleiben) Uhr:* continuer de marcher **weiter|leben** *vi Person:* vivre encore **weiter|leiten** *vt* transmettre *Information;* faire suivre *Brief* **weiter|machen** *vi (fam)* continuer

weiter|reichen *vt (geh)* passer; ***etw an jdn*** ~ faire passer qc à qn **weiter|sagen** *vt* répéter; ***nicht ~!*** motus et bouche cousue! **weiter|verarbeiten*** *vt* transformer; ***die ~de Industrie*** l'industrie de transformation **Weiterverarbeitung** *f* transformation *f*

weiter|verfolgen* *vt* poursuivre *Ziel;* donner suite à *Plan;* suivre *Idee, Vorschlag* **Weiterverkauf** *m* revente *f* **weiter|verkaufen*** *vt* revendre

weitestgehend **I.** *adj Superl von* **weitgehend** très étendu(e); ***~e Übereinstimmung erzielen*** obtenir un large consensus **II.** *adv* à quelques détails près

weitgehend <weitgehender *o* A weitergehend, weitestgehend *o* weitgehendste> **I.** *adj* étendu(e) **II.** *adv* à quelques détails près

weitgereist *s.* **reisen**

weither ['vaɪt'heːɐ̯] *adv (geh)* de loin

weithin ['vaɪt'hɪn] *adv (geh) hörbar* alentour

weitläufig ['vaɪtlɔyfɪç] **I.** *adj* ❶ *Anwesen* vaste *antéposé* ❷ *Verwandtschaft* éloigné(e) **II.** *adv* ~ ***[miteinander] verwandt sein*** être parents éloignés

weiträumig **I.** *adj Umleitung* dans un vaste périmètre **II.** *adv absperren* dans un vaste périmètre

weitreichend *s.* **reichen I.**

weitschweifig ['vaɪtʃvaɪfɪç] **I.** *adj* diffus(e) **II.** *adv* de façon diffuse

Weitsicht ['vaɪtzɪçt] *f s.* **Weitblick**

weitsichtig ['vaɪtzɪçtɪç] *adj* ❶ MED presbyte ❷ *s.* **weitblickend**

Weitsichtigkeit <-> *f* presbytie *f*

Weitsprung *m* ❶ *kein Pl (Disziplin)* saut *m* en longueur ❷ *(Sprung)* saut *m* **weitverbreitet** *s.* **verbreiten I.** **weitverzweigt** *s.* **verzweigen**

Weitwinkelobjektiv *nt* grand-angle *m*

Weizen[1] ['vaɪtsən] <-s> *m* blé *m*

Weizen[2] ['vaɪtsən] <-s, -> *nt* bière *f* blanche

Weizenkeim *m* germe *m* de blé **Weizenmehl** *nt* farine *f* de froment

welch *pron interrog (geh)* ~ ***eine Enttäuschung!*** quelle déception!; ~ ***große Ehre!*** que d'honneur!

welche(r, s) ['vɛlçə, -çɐ, -çəs] **I.** *pron interrog* quel(le); ***~s ist deine Jacke?*** c'est quel blouson, le tien? **II.** *pron rel* ***das Programm, mit ~m sie arbeitet*** le logiciel avec lequel elle travaille **III.** *pron indef* ❶ en; ***brauchst du Streichhölzer? Hier sind ~!*** tu as besoin d'allumettes? En voici! ❷ *Pl (fam: einige Leute)* ***vor dem Haus stehen*** ~ devant la maison, il y a du monde; ***es gibt ~, die ...*** il y en a qui ...

welk [vɛlk] *adj Blume* flétri(e)

welken *vi + sein (geh)* se flétrir

Wellblech *nt* tôle *f* ondulée

Welle ['vɛlə] <-, -n> *f* ❶ *(a. fig)* vague *f* ❷ *(Locke)* ondulation *f* ❸ PHYS, RADIO onde *f* ❹ TECH arbre *m* ▶ **[hohe] ~n schlagen** faire des vagues *fam*

wellen ['vɛlən] *vr* ***sich*** ~ onduler

Wellenbad *nt* piscine *f* à vagues **Wellenbrecher** <-s, -> *m* brise-lame[s] *m*

wellenförmig [-fœrmɪç] *adj* ondulé(e)

Wellengang *m kein Pl* houle *f*

Wellenlänge *f* longueur *f* d'onde ▶ **auf der gleichen ~ liegen** *(fam)* être sur la même longueur d'onde **Wellenlinie** *f* ligne *f* ondulée **Wellenreiten** <-s> *nt* surf *m* **Wellensittich** *m* perruche *f*

wellig ['vɛlɪç] *adj* ondulé(e)

Wellness ['vɛlnɛs] <-> *f kein Pl* ❶ *(Wohlbefinden)* bien-être *m* ❷ *(wohltuende Behandlung)* soins *mpl* de bien-être

Wellnesshotel *nt* hôtel *m* de bien-être, spa *m*

Wellpappe *f* carton *m* ondulé

Welpe ['vɛlpə] <-n, -n> *m (junger Hund/Wolf/Fuchs)* chiot *m* /louveteau *m* / renardeau *m*

Wels [vɛls] <-es, -e> *m* poisson-chat *m*

welsch [vɛlʃ] *adj* CH romand(e)

Welschschweizer(in) *m(f)* CH Romand(e) *m(f)*

Welt [vɛlt] <-, -en> *f* ❶ *kein Pl (die Erde)* ***die*** ~ le monde; ***auf der*** ~ sur la terre; ***in aller*** ~ dans le monde entier; ***auf die ~ kommen*** venir au monde ❷ *kein Pl (fam: die Menschen)* ***alle*** ~ tout le monde ❸ *(politische Sphäre)* ***die westliche*** ~ l'Occident *m;* ***die Alte/Neue*** ~ l'Ancien/le Nouveau monde *m;* ***die Dritte*** ~ le tiers-monde ▶ **davon geht die ~ nicht unter** *(fam)* ce n'est pas la fin du monde; **nicht die ~ kosten** *(fam)* ne pas coûter les yeux de la tête; **etw aus der ~ schaffen** mettre fin à qc; **nicht aus der ~ sein** *(fam) Person, Ort:* ne pas être à l'autre bout du

W

monde; **etw in die ~ setzen** répandre qc; **um nichts in der ~** pas pour tout l'or du monde

Weltall *nt* univers *m* **weltanschaulich** *adj* idéologique **Weltanschauung** *f* conception *f* du monde **Weltatlas** *m* atlas *m* du monde **Weltausstellung** *f* exposition *f* universelle **Weltbank** *f kein Pl* Banque *f* mondiale **weltbekannt** *adj* mondialement connu(e) **weltberühmt** *adj* célèbre dans le monde entier **weltbeste(r, s)** *adj attr* ***die ~ Schwimmerin*** la meilleure nageuse du monde **Weltbevölkerung** *f kein Pl* population *f* mondiale **weltbewegend** *adj* d'intérêt capital **Weltbild** *nt* vision *f* du monde

Weltenbummler(in) *m(f)* bourlingueur, -euse *m, f fam*

weltfremd *adj* irréaliste **Weltfriede[n]** *m* paix *f* mondiale **Weltgeschichte** *f kein Pl* histoire *f* universelle ▸ **in der** → **herumfahren** *(hum fam)* rouler sa bosse **weltgeschichtlich** *adj Ereignis* qui fait date **Weltgesundheitsorganisation** *f kein Pl* Organisation *f* mondiale de la santé **Welthandel** *m* commerce mondial *m* **Weltherrschaft** *f kein Pl* hégémonie *f* mondiale **Weltjugendtag** *m* REL Journée *f* mondiale de la Jeunesse, JMJ *f* **Weltkarte** *f* mappemonde *f* **Weltkirche** *f* église *f* universelle **Weltkrieg** *m* guerre *f* mondiale; ***der Erste/Zweite ~*** la Première/Seconde Guerre mondiale

weltlich ['vɛltlɪç] *adj (geh)* ❶ *Freuden* terrestre ❷ *Kunst* profane

Weltliteratur *f kein Pl* littérature *f* mondiale **Weltmacht** *f* grande puissance *f*

weltmännisch ['vɛltmɛnɪʃ] *adj Auftreten* mondain(e)

Weltmarkt *m* marché *m* international

Weltmarktpreis *m* prix *m* du marché mondial

Weltmeer *nt* océan *m* **Weltmeister(in)** *m(f)* champion(ne) *m(f)* du monde **Weltmeisterschaft** *f* championnat *m* du monde **weltoffen** *adj* ouvert(e) [au monde] **Weltrang** *m kein Pl* rang *m* [*o* niveau *m*] mondial [*o* international]

Weltraum *m kein Pl* espace *m*

Weltraumstation *f* station *f* spatiale **Weltraumtourismus** *m* tourisme *m* spatial

Weltreich *nt* empire *m* **Weltreise** *f* tour *m* du monde **Weltrekord** *m* record *m* du monde

Weltreligion *f* grande religion *f* **Weltsicherheitsrat** *m kein Pl* Conseil *m* de sécurité de l'O.N.U. **Weltsprache** *f* langue *f* internationale **Weltstadt** *f* grande ville *f* de renommée mondiale **Weltstar** *m* vedette *f* internationale **Weltuntergang** *m* fin *f* du monde

Weltuntergangsstimmung *f* morosité *f*

Weltverbesserer, -verbesserin *m, f* redresseur, -euse *m, f* de torts **weltweit** I. *adj Katastrophe* mondial(e) II. *adv tätig sein* dans le monde entier; *bedeutsam sein* pour le monde entier **Weltwirtschaft** *f* économie *f* mondiale

Weltwirtschaftskrise *f* crise *f* économique mondiale

Weltwunder *nt* ***die sieben ~*** les Sept Merveilles *fpl* du monde

wem [veːm] I. *pron interrog, dat von* **wer** ***~ gehört ...?*** à qui appartient ...?; ***mit ~*** avec qui; ***von ~*** de qui II. *pron rel, dat von* **wer** celui à qui

Wemfall *m* datif *m*

wen [veːn] I. *pron interrog, akk von* **wer** ***durch/für ~*** par/pour qui II. *pron rel, akk von* **wer** ~ celui que

Wende ['vɛndə] <-, -n> *f* ❶ *(Veränderung)* tournant *m* ❷ HIST ***die ~*** le tournant *(désigne la réunification allemande)* ❸ SPORT *(beim Segeln)* virement *m* de bord; *(beim Schwimmen)* changement *m* de face

Wendekreis *m* ❶ *eines Autos* rayon *m* de braquage ❷ GEOG ***der nördliche ~*** le tropique du Cancer; ***der südliche ~*** le tropique du Capricorne

Wendeltreppe ['vɛndəltrɛpə] *f* escalier *m* en colimaçon

wenden¹ ['vɛndən] <wendete *o geh:* wandte, gewendet *o geh:* gewandt> *vr* ❶ *(sich drehen)* se tourner ❷ *(sich richten an)* ***sich an jdn ~*** *Person, Buch:* s'adresser à qn ❸ *(entgegentreten)* ***sich gegen jdn ~*** se retourner contre qn; ***sich gegen etw ~*** réfuter qc ❹ *(sich entwickeln)* ***sich zum Besseren ~*** s'arranger

wenden² ['vɛndən] <wendete, gewendet> I. *vt* retourner *Blatt;* ***bitte ~!*** tournez, s'il vous plaît! II. *vi* faire demi-tour

Wendeplatz *m* espace *m* pour faire demi-tour **Wendepunkt** *m* tournant *m*

wendig ['vɛndɪç] *adj Person* souple d'esprit; *Auto* manœuvrable

Wendung <-, -en> *f* ❶ *(Veränderung)* retournement *m;* ***eine überraschende ~ nehmen*** prendre une tournure étonnante ❷ LING tournure *f*

wenig ['veːnɪç] I. *adj o pron indef* ❶ peu de; ***~ Zeit*** peu de temps; ***zu ~*** trop peu

W

❷ *(nicht viele)* ***es kamen nur ~e*** peu de gens sont venus ❸ *(etwas)* ***ein ~ Zucker*** un peu de sucre **II.** *adv* ❶ *(kaum, nicht sehr)* ***~ hilfreich*** guère secourable; ***nicht ~ überrascht sein*** ne pas être peu surpris ❷ *(nicht viel)* ***wir wissen darüber so ~ wie Sie*** nous n'en savons pas plus que vous ❸ *(selten)* ***~ ausgehen*** sortir peu ❹ *(etwas)* ***ein ~ verärgert*** un peu irrité

we̲niger ['veːnɪgɐ] **I.** *adj o pron indef, Komp von* **wenig** moins (de); ***~ Zeit*** moins de temps; ***er verdient ~ als ich*** il gagne moins que moi; ***etwas ~*** un peu moins; ***~ werden*** *Vorräte:* diminuer; *Geld, Vermögen:* s'amenuiser ► **~ wäre mehr gewesen** le mieux est l'ennemi du bien **II.** *adv Komp von* **wenig** moins **III.** *konj* moins; ***21 ~ 4 ist 17*** 21 moins 4 égale 17

We̲nigkeit <-> ► **meine ~** *(hum fam)* mon humble personne

we̲nigste(r, s) **I.** *adj o pron Superl von* **wenig** le moins de; ***das ~ Geld*** le moins d'argent; ***die ~n [Menschen] wissen, dass …*** rares sont ceux qui savent que … **II.** *adv Superl von* **wenig** le moins

we̲nigstens ['veːnɪçstns] *adv* ❶ *(mindestens)* au moins ❷ *(zumindest)* du moins

wẹnn [vɛn] *konj* ❶ *(falls)* si ❷ *(sobald)* dès que ❸ *(obwohl)* ***~ sie auch Recht hat*** même si elle a raison ❹ *(in Wunschsätzen)* ***~ es morgen bloß nicht regnet!*** si seulement il ne pleuvait pas demain!

Wẹnn [vɛn] <-s, *fam:* -> *nt* ► **ohne ~ und Aber** sans barguigner

wenngle̲i̲ch [vɛn'glaiç] *konj (geh)* bien que +*subj*

wẹnnschon *adv (fam)* ***[und] ~!*** et alors! ► **~, dennschon!** tant qu'à faire!

we̲r [veːɐ̯] **I.** *pron interrog* qui [est-ce qui] **II.** *pron rel* [celui] qui **III.** *pron indef (fam)* ***wenn ~ anruft*** s'il y a quelqu'un qui téléphone ► **er/sie ist ~** il/elle n'est pas n'importe qui

Wẹrbeagentur *f* agence *f* de publicité **Wẹrbeaktion** *f* opération *f* [*o* campagne *f*] publicitaire **Wẹrbebroschüre** *f* prospectus *m* **Wẹrbefachmann, -fachfrau** <-fachleute> *m, f* publicitaire *mf* **Wẹrbefernsehen** *nt* publicité *f* à la télévision **wẹrbefrei** *adj inv Sendung, Homepage* sans publicité **Wẹrbegeschenk** *nt* cadeau *m* publicitaire **Wẹrbekampagne** *f* campagne *f* publicitaire **Wẹrbekosten** *Pl* frais *mpl* de publicité **Wẹrbematerial** *nt* matériel *m* publicitaire

wẹrben ['vɛrbən] <wịrbt, wạrb, gewọrben> **I.** *vt* parrainer *Kunden* **II.** *vi* ❶ *(Reklame machen)* ***für etw ~*** faire de la publicité pour qc ❷ *(zu erhalten suchen)* ***um Vertrauen/neue Sponsoren ~*** chercher à gagner la confiance/de nouveaux sponsors

Wẹrbeprospekt *m* dépliant *m* publicitaire, prospectus *m* **Wẹrbeslogan** *m* slogan *m* publicitaire **Wẹrbespot** ['vɛrbəspɔt] *m* spot *m* publicitaire **Wẹrbeträger(in)** *m(f)* support *m* publicitaire **Wẹrbetrommel** *f* ► **die ~ für jdn/etw rühren** *(fam)* faire de la pub pour qn/qc **wẹrbewirksam** *adj* ***ein ~er Slogan*** un slogan publicitaire qui fait de l'effet

Wẹrbung <-> *f* ❶ publicité *f* ❷ *(das Anwerben)* parrainage *m*

We̲rdegang <-gänge> *m* ❶ ***beruflicher/künstlerischer ~*** parcours *m* professionnel/artistique ❷ *(Lebenslauf)* curriculum *m* vitæ

we̲rden ['veːɐ̯dən] **I.** <wịrd, wụrde *o geh:* wạrd, gewọrden> *vi + sein* ❶ *(seinen Zustand, Status verändern)* devenir; ***krank ~*** tomber malade; ***schlimmer ~*** *Zustand:* empirer; ***es wird schon dunkel*** il commence déjà à faire sombre; ***dein Kaffee wird kalt!*** ton café refroidit! ❷ *(seine Befindlichkeit verändern)* ***jdm wird besser*** qn se sent mieux; ***jdm wird schwindlig*** qn a des vertiges; ***da wird einem ja übel!*** ça te/vous donne la nausée! ❸ *(sich entwickeln)* ***aus diesem Jungen wird noch etwas*** ce garçon ira loin; ***was soll nur aus ihm ~?*** que va-t-il devenir?; ***daraus wird nichts!*** il n'en est pas question!; ***was soll nun ~?*** que va-t-il advenir? ❹ *(ein Alter erreichen)* ***er wird zehn [Jahre alt]*** il va avoir dix ans ► **ich werd' nicht mehr!** *(fam)* pince/pincez-moi, je rêve! **II.** <*PP* worden> *aux* ❶ *(zur Bildung des Futurs)* ***sie wird ihm bald schreiben*** elle va lui écrire bientôt ❷ *(zur Bildung des Passivs)* ***gesehen ~*** être vu ❸ *(zur Bildung des Konjunktivs)* ***würdest du mir kurz helfen?*** tu pourrais m'aider un instant? ❹ *(als Ausdruck der Mutmaßung)* ***das wird Tante Anne sein*** ça doit être tante Anne

We̲rden <-s> *nt (geh)* réalisation *f*

wẹrfen ['vɛrfən] <wịrft, wạrf, gewọrfen> **I.** *vt* ❶ lancer *Ball, Stein, Messer* ❷ *(tun)* jeter ❸ *(ruckartig bewegen)* ***den Kopf nach hinten ~*** rejeter la tête en arrière ❹ *(bilden)* faire *Blasen, Falten, Schatten* ❺ *(gebären)* ***Junge ~*** faire des petits **II.** *vi* ❶ *Person:* lancer ❷ *(Junge bekommen)* mettre bas **III.** *vr* ❶ *(sich stürzen)* ***sich auf den Boden ~*** se jeter par terre ❷ *(sich verziehen)* ***sich ~*** *Holz:* travailler

Werfer(in) <-s, -> *m(f)* SPORT lanceur, -euse *m, f*
Werft [vɛrft] <-, -en> *f* chantier *m* naval
Werk [vɛrk] <-[e]s, -e> *nt* ❶ *(Fabrik)* usine *f*; ***ab ~*** départ d'usine ❷ *eines Künstlers* œuvre *f* ❸ *(Buch)* ouvrage *m* ❹ *kein Pl (geh: Arbeit, Tat)* ouvrage *m*; ***das ist Marcs ~*** *(pej)* c'est signé Marc; ***sich ans ~ machen*** se mettre à l'œuvre
Werkbank <-bänke> *f* établi *m*
werkeln ['vɛrkəln] *vi* bidouiller *fam*
Werkmeister(in) *m(f)* chef *mf* d'atelier **Werkschutz** *m (Arbeitsschutz)* sécurité *f* dans l'entreprise
Werksgelände *nt* enceinte *f* de l'usine **Werksschließung** *f* fermeture *f* d'usine
Werkstatt <-, -stätten> *f (Schreinerwerkstatt)* atelier *m*; *(Autowerkstatt)* garage *m*
Werkstoff *m (Rohmaterial, Leder)* matériau *m*; *(Kunststoff)* matériau *m* manufacturé **Werktag** *m* jour *m* ouvrable **werktags** *adv* en semaine **werktätig** *adj* actif, -ive; ***die ~e Bevölkerung*** la population active **Werkunterricht** *m* cours *m* de technologie
Werkzeug <-[e]s, -e> *nt* ❶ TECH outil *m* ❷ *(geh: gefügiger Helfer)* instrument *m*
Werkzeugkasten *m* caisse *f* à outils **Werkzeugmaschine** *f* machine-outil *f*
Wermut ['veːɐ̯muːt] <-[e]s, -s> *m* ❶ BOT absinthe *f* ❷ *(Wein)* vermout[h] *m*
Wermutstropfen *m (geh)* ombre *f* au tableau
wert [veːɐ̯t] *adj* ❶ ***viel/nichts ~ sein*** valoir beaucoup/ne rien valoir ❷ *(fig)* ***deine Meinung ist mir viel ~*** je tiens beaucoup à ton opinion; ***das ist nicht der Mühe*** *gen* ~ ça ne vaut pas la peine
Wert [veːɐ̯t] <-[e]s, -e> *m* ❶ *(Preis)* valeur *f*; ***im ~ steigen*** prendre de la valeur ❷ *Pl (Untersuchungsergebnis)* résultats *mpl* ❸ *(wertvolle Eigenschaft)* qualité *f*; ***die inneren ~e*** les qualités morales ❹ *(Bedeutung)* valeur *f*; ***einer S.*** *dat* ***viel/wenig ~ beimessen*** *(geh)* attacher beaucoup/peu d'importance à qc ▶ **das hat keinen ~** *(fam)* c'est pas la peine
Wertarbeit *f* travail *m* de qualité **wertbeständig** *adj* à valeur stable **Wertbrief** *m* lettre *f* chargée
werten *vt* ❶ noter, donner une note à *Klassenarbeit, Prüfung, Kür*; ***etw mit acht Punkten ~*** attribuer huit points à qc ❷ *(bewerten)* considérer *Aussage, Faktor*; juger *Ereignis, Sachverhalt, Umstand*
wertfrei I. *adj* impartial(e) **II.** *adv* objectivement
Wertgegenstand *m* objet *m* de valeur
Wertigkeit <-, -en> *f* valence *f*
wertlos *adj Gegenstand* sans valeur; ***für jdn ~ sein*** ne servir à rien à qn
Wertmaßstab *m* critère *m* [d'appréciation] **Wertminderung** *f* dépréciation *f* **Wertpapier** *nt* valeur *f* **Wertsache** *f meist Pl* objet *m* de valeur **Wertschätzung** *f (geh)* estime *f* **Wertsteigerung** *f* plus-value *f* **Wertstoff** *m* matériau *m* recyclable
Wertung <-, -en> *f* ❶ *kein Pl einer Übung* notation *f* ❷ *kein Pl von Sachverhalten* appréciation *f* ❸ *(Note)* note *f*
Werturteil *nt* jugement *m* de valeur
wertvoll *adj* de grande valeur; ~ ***sein*** avoir de la valeur
Werwolf ['veːɐ̯vɔlf] *m* loup-garou *m*
Wesen ['veːzən] <-s, -> *nt* ❶ *(Geschöpf)* créature *f*; ***menschliches ~*** être *m* humain ❷ *kein Pl einer Ideologie* essence *f*
Wesensart *f* nature *f* **Wesenszug** *m* trait *m* de caractère
wesentlich ['veːzəntlɪç] **I.** *adj Teil* essentiel(le); *Bedeutung* fondamental(e) **II.** *adv schöner* bien plus; *beitragen* pour une large part
weshalb [vɛs'halp] **I.** *adv interrog* pourquoi **II.** *adv rel* ***der Grund, ~ ...*** la raison pour laquelle ...
Wespe ['vɛspə] <-, -n> *f* guêpe *f*
Wespennest *nt* nid *m* de guêpes ▶ **in ein ~ <u>stechen</u>** *(fam)* [sou]lever un lièvre
wessen ['vɛsən] **I.** *pron interrog, gen von* **wer** ***~ Geldbörse ist das?*** à qui appartient ce porte-monnaie? **II.** *pron interrog, gen von* **was** ***~ klagt man ihn an?*** de quoi l'accuse-t-on?
Wessi ['vɛsi] <-s, -s> *m*, <-, -s> *f (fam) surnom des habitants de l'ex-Allemagne de l'Ouest*
westdeutsch *adj Stadt* de l'Allemagne de l'Ouest; HIST *Regierung* ouest-allemand(e) **Westdeutschland** *nt* GEOG l'Allemagne *f* occidentale; HIST l'Allemagne *f* de l'Ouest
Weste ['vɛstə] <-, -n> *f* gilet *m* ▶ **eine <u>reine</u> ~ haben** *(fam)* avoir les mains propres
Westen ['vɛstən] <-s> *m* ❶ ouest *m* ❷ POL ***der ~*** l'Occident *m*; *s. a.* **Norden** ▶ **der <u>Wilde</u> ~** le Far West
Westentasche *f* petite poche *f* ▶ **etw wie seine ~ <u>kennen</u>** *(fam)* connaître qc comme sa poche
Western ['vɛstɐn] <-[s], -> *m* western *m*

W

Wẹsteuro̲pa *nt* GEOG l'Europe *f* occidentale; POL l'Europe *f* de l'Ouest
Westfa̲le, **Westfä̲lin** [vɛst'faːlə] <-n, -n> *m, f* Westphalien(ne) *m(f)*
Westfa̲len [vɛst'faːlən] <-s> *nt* la Westphalie
westfä̲lisch [vɛst'fɛːlɪʃ] *adj* de Westphalie
Westjọrdanland *nt kein Pl* Cisjordanie *f*
Wẹstküste *f* côte *f* ouest
wẹstlich ['vɛstlɪç] **I.** *adj* ❶ *Land* [situé(e)] à l'ouest; *Wind* [en provenance] de l'ouest; ***in ~er Richtung*** en direction de l'ouest ❷ POL occidental(e); ***die ~e Welt*** le monde occidental **II.** *adv* à l'ouest **III.** *präp +gen* à l'ouest de
Wẹstmächte *Pl* puissances *fpl* occidentales
wẹstwärts ['vɛstvɛrts] *adv* vers l'ouest
Wẹstwind *m* vent *m* d'ouest
weswe̲gen [vɛs'veːgən] *s.* **weshalb**
Wẹttannahme *f* prise *f* des paris
Wẹttbewerb ['vɛtbəvɛrp] <-[e]s, -e> *m* ❶ *kein Pl (wirtschaftliche Konkurrenz)* concurrence *f*; ***miteinander im ~ stehen*** se faire concurrence ❷ *(Veranstaltung)* concours *m*; ***sportlicher ~*** compétition *f* sportive
Wẹttbewerber(in) *m(f)* concurrent(e) *m(f)*
wẹttbewerbsfähig *adj* concurrentiel(le), compétitif, -ive **Wẹttbewerbsfähigkeit** *f kein Pl* compétitivité *f* **wẹttbewerbswidrig** *adj Verhalten, Preisabsprachen* anticompétitif, -ive
Wẹttbüro *nt* bureau *m* des paris, ≈ P.M.U. *m*
Wẹtte ['vɛtə] <-, -n> *f* pari *m*; ***eine ~ abschließen*** faire un pari; ***die ~ gilt!*** *(fam)* pari tenu!
Wẹtteifer ['vɛtʔa̯ifɐ] *m kein Pl* émulation *f*
wẹtteifern *vi (geh)* ***mit jdm um etw ~*** rivaliser avec qn pour qc
wẹtten ['vɛtən] **I.** *vi* parier; ***mit jdm um zehn Euro ~*** parier dix euros avec qn; ***ich wette mit dir, dass …*** je parie avec toi que …; ***~, dass …?*** *(fam)* on parie que …? **II.** *vt* parier *Geld*
Wẹtter ['vɛtɐ] <-s> *nt* temps *m*; ***es ist schönes/schlechtes ~*** il fait beau/mauvais

W

Wẹtteraussichten *Pl* prévisions *fpl* météo[rologiques] **wẹtterbedingt** *adj* dû, due au temps **Wẹtterbericht** *m* bulletin *m* météo[rologique] **wẹtterfest** *adj* résistant(e) aux intempéries
wẹtterfühlig *adj* sensible aux changements de temps
Wẹtterkarte *f* carte *f* météo[rologique] **Wẹtterleuchten** <-s> *nt kein Pl* éclair *m* de chaleur
wẹttern ['vɛtɐn] *vi (geh)* pester; ***gegen jdn/etw ~*** pester contre qn/qc **Wẹtterseite** *f* face *f* exposée aux intempéries
Wẹtterstation *f* station *f* météorologique **Wẹtterumschwung** *m* brusque changement *m* de temps **Wẹttervorhersage** *f* prévisions *fpl* météo[rologiques]
Wẹttkampf *m* compétition *f* **Wẹttkämpfer(in)** *m(f)* compétiteur, -trice *m, f* **Wẹttlauf** *m* course *f* à pied ► **ein ~ mit der Zeit** une course contre la montre **Wẹttläufer(in)** *m(f)* coureur, -euse *m, f* **wẹtt|machen** *vt* rattraper *Rückstand, Zeit;* réparer *Fehler, Versäumnis* **Wẹttrennen** *nt* course *f* **Wẹttrüsten** *nt* course *f* aux armements **Wẹttstreit** *m* concours *m*
wẹtzen ['vɛtsən] **I.** *vt + haben* aiguiser *Messer* **II.** *vi + sein (fam)* ***nach Hause ~*** filer à la maison
WEU <-> *f Abk von* **Westeuropäische Union** U.E.O. *f*
WEZ [veːʔeː'tsɛt] <-> *f Abk von* **Westeuropäische Zeit** heure *f* [du méridien] de Greenwich
WG [veː'geː] <-, -s> *f Abk von* **Wohngemeinschaft** communauté *f (personnes partageant un appartement)*
Whatsapp® ['vɔtsʔɛp] INFORM **I.** *nt kein pl* <-[s]> *(Nachrichtendienst)* WhatsApp® *m* **II.** *f*, <-, -s> *(mit WhatsApp® verschickte Nachricht)* message *m* sur WhatsApp®, WhatsApp® *m* **whatsappen** [vɔts-'ʔɛpn̩] *vi* INFORM whatsapper
Whg. *Abk von* **Wohnung** appt.
Whirlpool ['wəːlpuːl] <-s, -s> *m* jacuzzi® *m*
Whisky ['vɪski] <-s, -s> *m* whisky *m*
wịch [vɪç] *Imp von* **weichen**
wịchsen ['vɪksən] **I.** *vi (vulg)* se branler **II.** *vt* DIAL frotter *Leder;* ***etw blank ~*** lustrer qc
Wịchser ['vɪksɐ] <-s, -> *m (vulg)* ❶ *(Onanist)* branleur *m fam* ❷ *(pej: Mistkerl)* enfoiré *m*
Wịcht [vɪçt] <-[e]s, -e> *m* freluquet *m fam*
wịchtig ['vɪçtɪç] *adj* important(e); ***etw ~ nehmen*** prendre qc au sérieux ► **sich zu ~ nehmen** se prendre trop au sérieux
Wịchtigkeit <-> *f* importance *f*
wịchtig|machen *vr (fam)* ***sich ~*** faire l'important
Wịchtigtuer(in) ['vɪçtɪçtuːɐ] <-s, -> *m(f)* *(pej fam)* frimeur, -euse *m, f*

Wichtigtuerei [vɪçtɪçtu:əˈrai] <-> *f (pej fam)* frime *f*
wichtigtuerisch [ˈvɪçtɪçtu:ərɪʃ] *adj (pej fam)* ***ein ~er Kerl*** un frimeur
Wickel [ˈvɪkəl] <-s, -> *m* MED compresse *f*
Wickelauflage *f* matelas *m* à langer **Wickelkommode** *f* meuble *m* à langer
wickeln [ˈvɪkəln] **I.** *vt* ❶ *(herumbinden)* ***sich*** *dat* ***einen Schal um den Hals ~*** s'enrouler une écharpe autour du cou ❷ *(einwickeln)* envelopper ❸ *(aufwickeln)* enrouler ❹ *(in Windeln wickeln)* langer *Baby* **II.** *vr* ***sich um etw ~*** *Pflanze, Schlange, Garn:* s'enrouler autour de qc
Wickelraum *m* espace *m* bébé **Wickeltasche** *f* sac *m* pour accessoires de bébé **Wickeltisch** *m* table *f* à langer
Widder [ˈvɪdɐ] <-s, -> *m a.* ASTROL bélier *m*
wider [ˈvi:dɐ] *präp +akk (geh)* contre; ***~ besseres Wissen schweigen*** se taire sciemment
widerborstig [ˈvi:dɐbɔrstɪç] *adj* rebelle **widerfahren*** [vi:dɐˈfa:rən] *vi irr + sein (geh)* ***jdm ~*** arriver à qn **Widerhaken** *m* barbillon *m* **Widerhall** [ˈvi:dɐhal] *m (geh)* écho *m* **wider|hallen** [ˈvi:dɐhalən] *vi* résonner, retentir
widerlegbar *adj* réfutable
widerlegen* [vi:dɐˈle:gən] *vt* réfuter
widerlich [ˈvi:dɐlɪç] *adj Person* répugnant(e); *Gefühl* horripilant(e)
widernatürlich *adj* contre nature **widerrechtlich** *adj* illégal(e) **Widerrede** *f* objection *f;* ***keine ~!*** pas de discussion! **Widerruf** *m* révocation *f;* ***bis auf ~*** jusqu'à nouvel ordre **widerrufen*** [vi:dɐˈru:fən] *vt irr* révoquer *Genehmigung, Nutzung;* revenir sur *Aussage, Geständnis*
Widerrufsrecht *nt kein Pl* JUR droit *m* de révocation
Widersacher(in) [ˈvi:dɐzaxɐ] <-s, -> *m(f)* adversaire *mf*
widersetzen* [vi:dɐˈzɛtsən] *vr* ***sich jdm ~*** résister à qn; ***sich einer S.*** *dat* ***~*** s'opposer à qc
widersinnig *adj* absurde
widerspenstig [ˈvi:dɐʃpɛnstɪç] *adj Schüler* rebelle; *Kind* rétif, -ive
wider|spiegeln [ˈvi:dɐʃpi:gəln] *(geh)* **I.** *vt* renvoyer l'image de **II.** *vr* ***sich in etw*** *dat* ***~*** se refléter dans qc **widersprechen*** [vi:dɐˈʃprɛçən] *vi irr* ❶ ***jdm ~*** contredire qn ❷ *(nicht übereinstimmen)* ***sich*** *dat* ***selbst ~*** se contredire soi-même **Widerspruch** [ˈvi:dɐʃprʊx] *m* ❶ *kein Pl (opp: Zustimmung, Übereinstimmung)* contradiction *f* ❷ JUR opposition *f;* ***~ gegen etw einlegen*** faire opposition à qc
widersprüchlich [ˈvi:dɐʃprʏçlɪç] *adj* contradictoire
widerspruchslos **I.** *adj* exempt(e) de protestations **II.** *adv* sans protester
Widerstand [ˈvi:dɐʃtant] *m* ❶ résistance *f;* ***gegen etw ~ leisten*** opposer de la résistance à qc ❷ *kein Pl* PHYS résistance *f* [électrique] ❸ ELEC rhéostat *m*
Widerstandsbewegung *f* [mouvement *m* de] résistance *f* **widerstandsfähig** *adj Person* robuste; *Konstruktion* solide; *Material* résistant(e); ***~ gegen etw sein/werden*** être résistant/s'endurcir à qc **Widerstandsfähigkeit** *f* résistance *f* **Widerstandskämpfer(in)** *m(f)* résistant(e) *m(f)* **Widerstandskraft** *f* résistance *f*
widerstandslos **I.** *adj* sans résistance **II.** *adv* sans [opposer aucune] résistance
widerstehen* [vi:dɐˈʃte:ən] *vi irr* résister; ***jdm/einer S. ~*** résister à qn/qc **widerstreben*** [vi:dɐˈʃtre:bən] *vi (geh)* ***es widerstrebt ihm dorthin zu gehen*** ça le répugne d'y aller **Widerstreben** *nt (geh)* répugnance *f* **widerstrebend** *s.* **widerwillig**
widerwärtig [ˈvi:dɐvɛrtɪç] **I.** *adj* répugnant(e) **II.** *adv* de façon répugnante
Widerwille [ˈvi:dɐvɪlə] *m* répugnance *f;* ***mit ~n*** à contrecœur **widerwillig** *adj o adv* à contrecœur
widmen [ˈvɪtmən] **I.** *vt* ❶ ***jdm etw ~*** dédier qc à qn ❷ *(verwenden für)* ***jede freie Minute dem Sport ~*** consacrer tout son temps libre au sport **II.** *vr* ***sich jdm/einer S. ~*** se consacrer à qn/qc
Widmung <-, -en> *f (Zueignung)* dédicace *f*
widrig [ˈvi:drɪç] *adj (geh) Umstände* défavorable
wie [vi:] **I.** *adv interrog* ❶ comment; ***~ heißt du?*** comment t'appelles-tu?; ***~ geht es dir?*** comment vas-tu?; ***~ war das Wetter in eurem Urlaub?*** quel temps a-t-il fait pendant vos vacances?; ***~ bitte?*** comment? *fam* ❷ *(auf welche Weise)* comment ❸ *(in welchem Maße)* ***~ alt bist du?*** quel âge as-tu?; ***~ groß bist du?*** combien mesures-tu?; ***~ spät ist es?*** quelle heure est-il?; ***~ oft …*** combien de fois … ❹ *(welche Menge)* ***~ viel*** combien; ***~ viel Zucker nimmst du?*** tu prends combien de sucre? ❺ *(fam: nicht wahr)* ***das stört dich, ~?*** ça te gêne, non? ❻ *(in Ausrufen)* ***~ schön!*** que c'est beau!; *(sehr*

W

gut) c'est bien!; ~ ***schade!*** comme c'est dommage!; ***wenn du wüsstest, ~ sehr ich dich liebe!*** si tu savais combien je t'aime!; ***und ~!*** *(fam)* et comment! **II.** *adv rel* ***die Art, ~ …*** la façon dont … **III.** *konj* ❶ *(vergleichend)* ***weiß ~ Schnee*** blanc comme neige; ***so groß ~ ein Fass*** aussi grand(e) qu'un tonneau; ***er ist so alt ~ ich*** il a le même âge que moi ❷ *(beispielsweise)* comme ❸ *(entsprechend dem, was)* ~ ***ich höre*** d'après ce que j'entends dire ❹ *(dass)* ***er sah, ~ der Krug umkippte*** il a vu la cruche basculer

Wiedehopf ['vi:dəhɔpf] <-[e]s, -e> *m* huppe *f*

wieder ['vi:dɐ] *adv* ❶ *(erneut)* de nouveau; ***es regnet schon*** ~ il pleut encore; ***nie*** ~ plus jamais ❷ *(allerdings)* en tout cas

Wiederaufbau [vi:dɐ'ʔaufbau] *m kein Pl* reconstruction *f* **wieder|auf|bauen** [vi:dɐ'ʔaufbauən] *vt* reconstruire *Land* **wieder|auf|bereiten*** *vt* retraiter *Brennelemente* **Wiederaufbereitung** [vi:dɐ'ʔaufbəraitʊŋ] <-, -en> *f* ÖKOL retraitement *m*

Wiederaufbereitungsanlage *f* ÖKOL usine *f* de traitement des déchets radioactifs

Wiederaufforstung *f* reboisement *m* **Wiederaufnahme** [vi:dɐ'ʔaufna:mə] *f* reprise *f* **Wiederaufrüstung** [vi:dɐ'ʔaufrʏstʊŋ] *f* réarmement *m* **wieder|bekommen*** *vt irr* récupérer **wieder|beleben*** *vt* ❶ r[é]animer *Person* ❷ *(wieder lebendig machen)* faire revivre *Tradition* **Wiederbelebung** *f* renaissance *f*

Wiederbelebungsversuch *m meist Pl* tentative *f* de r[é]animation

wiederbeschreibbar *adj CD* regravable

wieder|entdecken* *vt* redécouvrir

Wiederentdeckung *f* redécouverte *f* **wieder|erkennen*** *vt irr* ***jdn an etw*** *dat* ~ reconnaître qn à qc **wieder|erlangen*** *vt (geh)* récupérer *Eigentum* **Wiedereröffnung** *f* réouverture *f* **wieder|finden** *irr* **I.** *vt* retrouver **II.** *vr* ***sich*** ~ *(wiederauftauchen)* refaire surface

Wiedergabe *f* ❶ *von Klängen, Bildern, Texten* reproduction *f* ❷ *(Schilderung)* description *f*

wieder|geben *vt irr* ❶ *(zurückgeben, reproduzieren, schildern)* rendre ❷ *(zitieren)* ***etw wörtlich/sinngemäß*** ~ citer qc mot pour mot/rendre qc en substance **Wiedergeburt** *f* réincarnation *f* **wieder|gewinnen*** *vt irr* ❶ ÖKOL ***etw aus Abfällen*** ~ obtenir qc en retraitant des déchets ❷ *(wiedererlangen)* récupérer *Eigentum*

Wiedergewinnung <-> *f* récupération *f* [après traitement]

wieder|gut|machen [vi:dɐ'ʔgu:tmaxən] *s.* **gutmachen**

Wiedergutmachung <-, -en> *f* réparation *f*

wieder|haben *vt irr (fam)* récupérer **wieder|her|stellen** [vi:dɐ'ʔhe:ɐ̯ʃtɛlən] *vt* ❶ rétablir *Kontakt, Ordnung, Frieden* ❷ *(heilen)* ***wiederhergestellt sein*** être rétabli ❸ *(restaurieren)* ***etw*** ~ remettre qc en état **Wiederherstellung** *f* ❶ *eines Kontakts, des Friedens* rétablissement *m* ❷ *(Restaurierung)* restauration *f*

wiederholbar *adj* renouvelable

wiederholen[*1] [vi:dɐ'ho:lən] **I.** *vt* ❶ répéter *Satz* ❷ rediffuser *Film* ❸ redoubler *Klasse* ❹ réviser *Lektion* **II.** *vr* ***sich*** ~ se répéter

wieder|holen[2] ['vi:dɐho:lən] *vt* rattraper, rapporter *Gegenstand;* ***sich*** *dat* ***etw*** ~ récupérer qc

wiederholt [vi:dɐ'ho:lt] **I.** *adj* répété(e) **II.** *adv* à plusieurs reprises

Wiederholung [vi:dɐ'ho:lʊŋ] <-, -en> *f* ❶ *eines Worts* répétition *f* ❷ *eines Tests* recommencement *m* ❸ *eines Films* rediffusion *f* ❹ *einer Klasse* redoublement *m* ❺ *einer Lektion* révision *f*

Wiederholungstäter(in) *m(f)* récidiviste *mf*

Wiederhören ['vi:dɐhø:rən] ***[auf]*** ***~!*** au revoir!

wieder|käuen ['vi:dɐkɔyən] **I.** *vt* ❶ ruminer *Gras* ❷ *(pej: ständig wiederholen)* rabâcher **II.** *vi* ruminer

Wiederkäuer <-s, -> *m* ruminant *m*

Wiederkehr <-> *f (geh)* retour *m*

wieder|kehren *vi + sein (geh)* ❶ *(zurückkehren)* revenir ❷ *(sich wiederholen)* se répéter

wieder|kommen *vi irr + sein* ❶ *(zurückkommen)* revenir ❷ *Gelegenheit:* se représenter

wieder|kriegen *s.* **wiederbekommen**

Wiederschauen ***[auf]*** ***~!*** A, SDEUTSCH au revoir!

wieder|sehen *vt, vi irr* ***[sich]*** ~ [se] revoir

Wiedersehen ['vi:dɐze:ən] <-s, -> *nt* [nouvelle] rencontre *f;* ***[auf]*** ***~!*** au revoir!

wiederum ['vi:dərʊm] *adv* ❶ *(abermals)* de nouveau ❷ *(dagegen)* en revanche ❸ *(seinerseits)* ***er*** ~ lui pour sa part

wieder|vereinigen* *vr* ***sich*** ~ *Land:* se réunifier **wiedervereinigt** *adj* ***das ~e***

Deutschland l'Allemagne réunifiée **Wiedervereinigung** ['viːdɐfɛɐ̯ʔaɪ̯nɪgʊŋ] *f* réunification *f*

Land und Leute
Après la guerre froide, qui avait vu la séparation de l'Allemagne en deux États (avec la R.F.A. – république fédérale allemande – à l'ouest et la R.D.A. – république démocratique allemande – à l'est) et la construction du mur de Berlin, une politique de détente s'est amorcée. Le 9 novembre 1989 a vu la chute du mur de Berlin et le début de grands changements, qui ont abouti, le 3 octobre 1990, à la signature d'un traité d'union et à la **Wiedervereinigung**, c'est-à-dire la réunification. Après la chute de l'État de la R.D.A., l'ancien territoire de l'Allemagne de l'Est a été intégré à la R.F.A.

wiederverwendbar *adj* ÖKOL réutilisable **wieder|verwenden*** *vt reg o irr* réutiliser **Wiederverwendung** *f* réutilisation *f* **wieder|verwerten*** *vt (recyceln)* recycler **Wiederverwertung** *f* recyclage *m* **Wiederwahl** *f* réélection *f*

Wiege ['viːgə] <-, -n> *f (a. fig geh: Geburtsort)* berceau *m* ▸ **jdm ist etw in die ~ gelegt worden** qn a qc de naissance

Wiegemesser *nt* hachoir *m*

wiegen[1] ['viːgən] <wog, gewogen> *vt, vr [sich]* ~ [se] peser

wiegen[2] ['viːgən] **I.** *vt* bercer *Kind* **II.** *vr (sich bewegen)* ***sich zur Musik ~*** se balancer au rythme de la musique

Wiegenlied *nt* berceuse *f*

wiehern ['viːɐn] *vi Pferd* hennir

Wien [viːn] <-s> *nt* Vienne

Wiener(in) <-s, -> *m(f)* Viennois(e) *m(f)*

wienern *vt (fam)* astiquer *Kacheln, Möbel;* cirer *Schuhe*

Wiese ['viːzə] <-, -n> *f* pré *m*

Wiesel ['viːzəl] <-s, -> *nt* belette *f* ▸ **flink wie ein ~ sein** *(fam)* être vif comme un écureuil

wieso [vi'zoː] **I.** *adv interrog* pourquoi **II.** *adv rel* ***der Grund, ~ ...*** la raison pour laquelle ...

wievielmal *adv interrog* combien de fois

wievielte(r, s) *adj interrog* ***der/die/das Wievielte ...?*** le/la combientième ...? *fam;* ***zum ~n Mal ...?*** combien de fois ...?; ***der Wievielte ist heute?*** le combien sommes-nous aujourd'hui? *fam*

wieweit [vi'vaɪ̯t] *adv* jusqu'à quel point

Wikinger(in) ['viːkɪŋɐ] <-s, -> *m(f)* HIST Viking *mf*

wild [vɪlt] **I.** *adj* ❶ sauvage ❷ *Spekulation* fou, folle *antéposé* ❸ *(fam: versessen)* ***ganz ~ auf etw*** *akk* ***sein*** raffoler de qc ❹ *(fam: wütend)* furieux, -euse; ***jdn ~ machen*** foutre qn en pétard ▸ **wie ~** comme un(e) enragé(e); **das ist halb so ~!** *(fam)* c'est pas un drame! **II.** *adv* ❶ *(in freier Natur)* à l'état sauvage ❷ *(unkontrolliert)* sauvagement

Wild [vɪlt] <-[e]s> *nt* gibier *m*

Wildbach *m* torrent *m* **Wildbahn** *f* ***in freier ~*** en liberté

Wilde(r) *f(m) dekl wie adj* sauvage *mf*

Wildente *f* canard *m* sauvage

Wilderei [vɪldə'raɪ̯] <-, -en> *f* braconnage *m*

Wilderer ['vɪldərɐ] <-s, -> *m* braconnier *m*

wildern ['vɪldɐn] *vi* ❶ *Person:* braconner ❷ *Tier:* chasser

wildfremd ['vɪlt'frɛmt] *adj (fam)* totalement inconnu(e)

Wildheit <-, -en> *f* ❶ *eines Volks* sauvagerie *f* ❷ *eines Kampfs* violence *f*

Wildkatze *f* chat *m* sauvage **Wildleder** *nt* daim *m*

Wildnis ['vɪltnɪs] <-, -se> *f* contrée *f* sauvage

Wildpark *m* parc *m* à gibier **Wildreis** *m* riz sauvage *m* **Wildsau** *f* laie *f* **Wildschaden** *m* dégâts *mpl* causés par le gibier **Wildschwein** *nt* sanglier *m*

Wilhelm ['vɪlhɛlm] <-s> *m* ❶ Guillaume ❷ HIST ~ ***der Eroberer*** Guillaume le Conquérant

Wille ['vɪlə] <-ns, -n> *m* ❶ volonté *f;* ***seinen eigenen ~n haben*** savoir ce qu'on veut; ***etw aus freiem ~n tun*** faire qc de sa propre initiative; ***seinen ~n durchsetzen*** imposer sa volonté; ***etw wider ~n tun*** faire qc sans le vouloir ❷ *(Absicht)* volonté *f;* ***der gute ~*** la bonne volonté; ***das war kein böser ~*** ce n'était pas intentionnel ▸ **es geht beim besten ~n nicht** ce n'est pas possible même avec la meilleure volonté du monde; **sein/ihr Letzter ~** *(geh)* ses dernières volontés

willen ['vɪlən] *präp +gen* ***um seiner/deiner ~*** pour l'amour de lui/de toi

willenlos *adj* sans la moindre volonté

willens ['vɪləns] *adj (geh)* ~ ***sein etw zu tun*** être disposé à faire qc

Willensäußerung *f* manifestation *f* de sa/ma/... volonté **Willenskraft** *f kein Pl*

W

volonté *f* **wịllensschwach** *adj* sans volonté **Wịllensschwäche** *f kein Pl* manque *f* de volonté **wịllensstark** *adj* volontaire **Wịllensstärke** *f kein Pl* volonté *f*

wịllentlich ['vɪləntlɪç] *adj (geh)* intentionnel(le)

wịllig ['vɪlɪç] *adj* [qui fait preuve] de bonne volonté; *Kind* docile

willkọmmen [vɪl'kɔmən] *adj* ❶ *Gast* bienvenu(e); *Besuch* qui fait plaisir; ***seien Sie herzlich ~!*** soyez le bienvenu/la bienvenue/les bienvenus! ❷ *Abwechslung* vraiment bienvenu(e); *Gelegenheit* opportun(e)

Willkọmmen [vɪl'kɔmən] <-s, -> *nt* bienvenue *f*

Willkommenskultur *f* culture *f* de l'accueil

Wịllkür ['vɪlkyːɐ̯] <-> *f* arbitraire *m;* ***der ~ dat eines Tyrannen ausgesetzt sein*** être à la merci de la volonté d'un tyran

wịllkürlich *adj* arbitraire

wịmmeln ['vɪməln] *vi* ❶ *unpers* grouiller ❷ *(fam)* ***von Fehlern ~*** *Text:* fourmiller de fautes

wịmmern ['vɪmɐn] *vi* geindre; *Baby:* vagir

Wịmpel ['vɪmpəl] <-s, -> *m* fanion *m*

Wịmper ['vɪmpɐ] <-, -n> *f a.* BIO cil *m* ► **ohne mit der ~ zu zucken** sans sourciller

Wịmperntusche *f* mascara *m*

Wịnd [vɪnt] <-[e]s, -e> *m* vent *m* ► **jdm den ~ aus den Segeln nehmen** couper l'herbe sous le[s] pied[s] de qn; **bei ~ und Wetter** par tous les temps; **~ von etw bekommen** avoir vent de qc; **viel ~ um etw machen** *(fam)* faire tout un plat de qc; **in alle [vier] ~e zerstreut sein** être dispersés aux quatre vents

Wịndbeutel *m* chou *m* à la crème

Wịnde ['vɪndə] <-, -n> *f* ❶ TECH treuil *m* ❷ BOT liseron *m*

Wịndel ['vɪndəl] <-, -n> *f* couche *f*

Wịndelhöschen [-høːsçən] *nt* couche-culotte *f* **wịndelweich** ['vɪndəl'vaɪ̯ç] *adj* ► **jdn ~ schlagen** *(fam)* tabasser qn

wịnden ['vɪndən] <wand, gewụnden> **I.** *vr* ❶ *(sich krümmen)* ***sich ~*** se tordre; ***sich vor Schmerzen ~*** se tordre de douleur ❷ *(sich vorwärtsbewegen)* ***sich ~*** *Schlange, Wurm:* se faufiler ❸ *(in Kurven verlaufen)* ***sich ~*** serpenter ❹ *(sich wickeln)* ***sich um etw ~*** s'enrouler autour de qc ❺ *(nach Ausflüchten suchen)* ***sich ~*** chercher des faux-fuyants **II.** *vt (herumschlingen)* ***etw um etw ~*** enrouler qc autour de qc

Wịndenergie *f* énergie *f* éolienne

Wịndeseile ► **in ~** à toute vitesse

Wịndfang <-s, -fänge> *m* tambour *m*

wịndgeschützt *adj o adv* à l'abri du vent **Wịndgeschwindigkeit** *f* vitesse *f* du vent **Wịndhauch** *m* souffle *m* de vent **Wịndhose** *f* METEO tornade *f* **Wịndhund** *m* ❶ lévrier *m* ❷ *(pej: unzuverlässiger Mensch)* fumiste *m fam*

wịndig ['vɪndɪç] *adj* ❶ *(mit viel Wind)* venteux, -euse; ***es ist ~*** il y a du vent ❷ *(fam) Vertreter* pas sérieux, -euse; *Sache* foireux, -euse

Wịndjacke *f* blouson *m* **Wịndjammer** <-s, -> *m* NAUT grand voilier *m* **Wịndkanal** *m* tunnel *m* aérodynamique **Wịndkraft** *f kein Pl* énergie *f* éolienne **Wịndkraftanlage** *f* éolienne *f* **Wịndmühle** *f* moulin *m* à vent **Wịndpocken** *Pl* MED varicelle *f* **Wịndrad** *nt* éolienne *f* **Wịndrichtung** *f* direction *f* du vent **Wịndrose** *f* rose *f* des vents **Wịndsack** *m* manche *f* à air **Wịndschatten** *m* côté *m* abrité du vent **wịndschief** *adj Hütte* tout(e) tordu(e); *Dach* déjeté(e) **wịndschnittig** *adj* aérodynamique **Wịndschutzscheibe** *f* pare-brise *m* **Wịndseite** *f* côté *m* exposé au vent **Wịndstärke** *f* force *f* du vent **wịndstill** *adj* sans [le moindre souffle de] vent **Wịndstille** *f* calme *m* plat **Wịndstoß** *m* bourrasque *f* **wịndsurfen** *vi* faire de la planche à voile; ***das Windsurfen*** la planche à voile **Wịndsurfer(in)** *m(f)* [véli]planchiste *mf* **Wịndsurfing** ['vɪntsøːɐ̯fɪŋ] *nt* planche *f* à voile

Wịndung <-, -en> *f eines Wasserlaufs* méandre *m; einer Straße* lacet *m*

Wịnk [vɪŋk] <-[e]s, -e> *m* ❶ *(Hinweis)* indication *f;* ***jdm einen ~ geben*** avertir qn ❷ *(Bewegung)* signe *m* ► **ein ~ mit dem Zaunpfahl** *(fam)* un appel du pied

Wịnkel ['vɪŋkəl] <-s, -> *m* ❶ GEOM angle *m;* ***rechter/spitzer/stumpfer ~*** angle droit/aigu/obtus ❷ *(Ecke, abgelegenes Plätzchen)* coin *m* ❸ *(Winkelmaß)* équerre *f* ► **toter ~** angle *m* mort

Wịnkeladvokat(in) *m(f) (pej)* avocaillon *m fam*

wịnkelig ['vɪŋkəlɪç] *s.* **winklig**

Wịnkelmaß *nt* équerre *f* **Winkelmesser** [-mɛsɐ] <-s, -> *m* rapporteur *m*

wịnken ['vɪŋkən] <gewịnkt *o* DIAL gewụnken> **I.** *vi* ❶ *(mit der Hand)* faire signe; ***jdm ~*** faire signe à qn ❷ *(in Aussicht stehen)* ***jdm winkt etw*** qc attend qn **II.** *vt* ***sie winkte ihn zu sich*** elle lui fit signe de s'approcher d'elle

W

winklig ['vɪŋklɪç] *adj Gasse* tortueux, -euse; *Haus* plein(e) de recoins
winseln ['vɪnzəln] *vi (jaulen)* gémir
Winter ['vɪntɐ] <-s, -> *m* hiver *m*
Winteranfang *m* début *m* de l'hiver **Wintereinbruch** *m* irruption *f* de l'hiver **winterfest** *adj Kleidung* pour l'hiver **Wintergarten** *m* jardin *m* d'hiver **winterhart** *adj* résistant(e) à l'hiver
winterlich ['vɪntɐlɪç] **I.** *adj* d'hiver **II.** *adv gekleidet* pour affronter l'hiver
Wintermantel *m* manteau *m* d'hiver **Winterolympiade** *f* Jeux *mpl* olympiques d'hiver **Winterreifen** *m* pneu *m* neige **Wintersaison** *f* saison *f* d'hiver **Winterschlaf** *m* hibernation *f;* **~ *halten*** hiberner **Winterschlussverkauf** *m* soldes *mpl* d'hiver **Wintersemester** *nt* semestre *m* d'hiver **Winterspiele** *Pl* Jeux *mpl* d'hiver; ***die Olympischen ~*** les Jeux olympiques d'hiver **Wintersport** *m* sports *mpl* d'hiver **Winterzeit** *f kein Pl* hiver *m*
Winzer(in) ['vɪntsɐ] <-s, -> *m(f)* vigneron(ne) *m(f)*
winzig ['vɪntsɪç] *adj* ❶ *Gegenstand* minuscule ❷ *Menge* infime
Wipfel ['vɪpfəl] <-s, -> *m* cime *f*
Wippe ['vɪpə] <-, -n> *f* bascule *f*
wippen *vi Person:* se balancer
wir [viːɐ] *pron pers* nous; ***wer ist draußen? – Wir!*** qui est là? – C'est nous!
Wirbel ['vɪrbəl] <-s, -> *m* ❶ ANAT vertèbre *f* ❷ *(fam: Trubel)* remue-ménage *m;* ***[einen] großen ~ verursachen*** faire des vagues ❸ *(Wasserwirbel)* remous *m; (Luftwirbel)* tourbillon *m* ❹ *(Haarwirbel)* épi *m* ❺ *(Trommelwirbel)* roulement *m* de tambours
wirbellos *adj* BIO *Tier* invertébré(e); ***die Wirbellosen*** les invertébrés *mpl*
wirbeln *vi* ❶ *+ sein (geweht werden)* tourbillonner; ***durch die Luft*** ~ *Laub, Blätter:* tourbillonner ❷ *+ haben (fam: geschäftig sein)* s'activer
Wirbelsäule *f* colonne *f* vertébrale **Wirbelsturm** *m* cyclone *m* **Wirbeltier** *nt* vertébré *m* **Wirbelwind** *m* tourbillon *m*
wirbt [vɪrpt] *3. Pers Präs von* **werben**
wird [vɪrt] *3. Pers Präs von* **werden**
wirft [vɪrft] *3. Pers Präs von* **werfen**
wirken ['vɪrkən] **I.** *vi* ❶ *Medikament, Substanz:* agir; ***gut/nicht*** ~ être efficace/inefficace ❷ *Drohung:* faire effet; ***ansteckend*** ~ *Heiterkeit:* être contagieux ❸ *(erscheinen)* ***müde*** ~ avoir l'air fatigué(e); ***lächerlich*** ~ être ridicule; ***unecht*** ~ *Freundlichkeit:* sonner faux ❹ *(zur Geltung kommen)* ***gut*** ~ rendre bien; ***etw auf sich akk ~ lassen*** laisser qc agir sur soi **II.** *vt* ***Wunder*** ~ faire des miracles
Wirken <-s> *nt (geh)* activité *f;* ***die Stätte seines ~s*** le lieu où il exerce son activité
wirklich ['vɪrklɪç] **I.** *adj* ❶ *Begebenheit* véritable; ***sein ~er Name*** son vrai nom ❷ *Hilfe* réel(le) **II.** *adv* ❶ *(tatsächlich)* réellement; ***~?*** c'est vrai?; ***nicht*** ~ pas réellement; ~ ***nicht?*** vraiment pas? ❷ *(aufrichtig, sehr)* vraiment; ***das tut mir ~ Leid*** je suis vraiment désolé(e)
Wirklichkeit <-, -en> *f* réalité *f;* ***in*** ~ en réalité
wirklichkeitsfremd *adj* irréaliste
wirksam ['vɪrkzaːm] *adj* ❶ *Mittel* efficace; *Inhaltsstoff* actif, -ive ❷ *(rechtskräftig, verbindlich)* ~ ***werden*** entrer en vigueur
Wirksamkeit <-> *f* efficacité *f*
Wirkstoff *m* substance *f* active
Wirkung ['vɪrkʊŋ] <-, -en> *f* ❶ effet *m; einer Droge* effets *mpl;* ***eine wohl tuende ~ auf jdn/etw haben*** avoir un effet bienfaisant sur qn/qc ❷ *(Rechtskraft, Verbindlichkeit)* ***mit ~ vom 15. Oktober*** avec effet au 15 octobre
Wirkungsbereich *m kein Pl (Tätigkeitsbereich)* champ *m* [*o* sphère *f*] d'activité **Wirkungsgrad** *m* degré *m* d'efficacité
wirkungslos *adj Medikament* inefficace
Wirkungslosigkeit <-> *f* inefficacité *f*
wirkungsvoll *adj Maßnahme* efficace; *Rede* impressionnant(e)
Wirkungsweise *f* mode *m* d'action
wirr [vɪr] *adj* ❶ *Geflecht* emmêlé(e); *Haar* en désordre ❷ *Gedanken* embrouillé(e); *Traum* confus(e); *Blick* hagard(e); ***~es Zeug reden*** dire n'importe quoi
Wirren ['vɪrən] *Pl* troubles *mpl*
Wirrkopf *m (pej)* esprit *m* confus
Wirrwarr ['vɪrvar] <-s> *m (Durcheinander)* fouillis *m; von Stimmen* mélange *m* confus
Wirsing ['vɪrzɪŋ] <-s> *m* chou *m* frisé
Wirt(in) ['vɪrt] <-[e]s, -e> *m(f)* ❶ *(Gastwirt)* patron(ne) *m(f); einer Landgaststätte* aubergiste *mf* ❷ BIO hôte *m*
Wirtschaft ['vɪrtʃaft] <-, -en> *f* ❶ *(Ökonomie)* économie *f* ❷ *(Wirtschaftszweig)* ***die freie*** ~ le secteur privé ❸ *(Gastwirtschaft)* bistro[t] *m*
wirtschaften ['vɪrtʃaftən] *vi* ❶ *(Geld, Mittel verwalten)* gérer son budget; ***eine Firma/ein Land zugrunde*** ~ ruiner une entreprise/mener un pays à la ruine ❷ *(sich betätigen)* ***in der Küche*** ~ être occupé à la cuisine

W

Wirtschafterin <-, -nen> *f* intendante *f*
wirtschaftlich ['vɪrtʃaftlɪç] *adj* ❶ *(finanziell, ökonomisch)* économique; ***seine ~en Verhältnisse*** sa situation financière ❷ *Hausfrau* économe; *Denken* en termes d'économie
Wirtschaftlichkeit <-> *f* ❶ *eines Autos* fonctionnement *m* économique ❷ *(Rentabilität)* rentabilité *f* **Wirtschaftsbeziehungen** *Pl* relations *fpl* commerciales [*o* économiques]
Wirtschaftsflüchtling *m* réfugié(e) *m(f)* pour raisons économiques **Wirtschaftsgymnasium** *nt* lycée *m* [avec sections] à dominante économique **Wirtschaftskriminalität** *f* criminalité *f* économique **Wirtschaftskrise** *f* crise *f* économique **Wirtschaftslage** *f* situation *f* économique **Wirtschaftspolitik** *f* politique *f* économique **Wirtschaftsprüfer(in)** *m(f)* expert-comptable *m*
Wirtschafts- und Währungsunion *f* union *f* économique et monétaire
Wirtschaftswachstum *nt* croissance *f* économique **Wirtschaftswissenschaft** *f meist Pl* sciences *fpl* économiques **Wirtschaftswissenschaftler(in)** *m(f)* économiste *mf* **Wirtschaftswunder** *nt (fam)* miracle *m* économique **Wirtschaftszweig** *m* branche *f* de l'économie
Wirtshaus *nt* auberge *f* **Wirtsleute** *Pl* couple *m* d'hôteliers
Wisch [vɪʃ] <-[e]s, -e> *m (pej fam)* papelard *m*
wischen ['vɪʃən] *vt* ❶ passer la serpillière sur *Fußboden, Treppe* ❷ *(entfernen)* ***die Krümel vom Tisch ~*** enlever les miettes sur la table; ***sich*** *dat* ***den Schweiß von der Stirn ~*** essuyer la sueur sur son front ▸ **von jdm eine gewischt bekommen** *(fam)* se prendre une baffe de qn
Wischer <-s, -> *m (Scheibenwischer)* essuie-glace *m*
Wischiwaschi [vɪʃi'vaʃi] <-s> *nt (pej fam)* blabla[bla] *m*
Wischlappen *m* serpillière *f*
Wisent ['vi:zɛnt] <-s, -e> *m* bison *m*
wispern ['vɪspɐn] **I.** *vt* chuchoter **II.** *vi* parler en chuchotant
Wissbegier[de] *f kein Pl* besoin *m* de savoir; *von Schülern* curiosité *f* intellectuelle
wissbegierig *adj* extrêmement curieux, -euse; *Schüler* qui a soif d'apprendre; ***~ sein*** faire preuve d'une grande curiosité
wissen ['vɪsən] <weiß, wusste, gewusst> **I.** *vt* ❶ *(als Kenntnisse besitzen)* savoir, connaître *Fakten, Weg, Adresse;* ***viel ~*** avoir beaucoup de connaissances; ***jdn in guten Händen ~*** *(geh)* savoir qn en [de] bonnes mains; ***er weiß, was er will*** il sait ce qu'il veut; ***davon weiß ich nichts*** je ne suis absolument pas au courant; ***wenn ich das gewusst hätte!*** si j'avais su!; ***wenn ich das wüsste!*** si [seulement] je le savais!; ***woher soll ich das ~?*** comment je le saurais? ❷ *(können)* ***sich*** *dat* ***zu helfen ~*** savoir se débrouiller; ***etw zu schätzen ~*** savoir apprécier qc; ***sich*** *dat* ***nicht mehr zu helfen ~*** ne plus savoir que faire ❸ *(erfahren)* ***jdn etw ~ lassen*** faire savoir qc à qn ▸ **und was weiß ich noch alles** *(fam)* j'en passe et des meilleures **II.** *vi* ❶ ***von etw ~*** *(geh)* avoir connaissance de qc; ***soviel ich weiß*** autant que je sache; ***[ach,] weißt du/~ Sie, …*** tu sais/vous savez, … ❷ *(sich erinnern)* ***weißt du/~ Sie noch?*** tu te rappelles/vous vous rappelez? ▸ **man kann nie ~!** *(fam)* on sait jamais!; **nicht mehr aus noch ein ~** ne plus savoir quoi faire; **nicht, dass ich wüsste** *(fam)* pas que je sache
Wissen ['vɪsən] <-s> *nt* connaissances *fpl;* ***meines ~s*** pour autant que je [le] sache ▸ **nach bestem ~ und Gewissen** *(form)* en son/mon/... âme et conscience; **wider besseres ~** sciemment
wissend *(geh)* **I.** *adj Blick, Lächeln* entendu(e) **II.** *adv lächeln, nicken* d'un air entendu
Wissenschaft ['vɪsənʃaft] <-, -en> *f* science *f*
Wissenschaftler(in) <-s, -> *m(f)* scientifique *mf*
wissenschaftlich ['vɪsənʃaftlɪç] *adj* scientifique
Wissensdrang *m kein Pl,* **Wissensdurst** *m (geh)* soif *f* de savoir **Wissensgebiet** *nt* discipline *f* **Wissenslücke** *f* lacune *f* **wissenswert** *adj* d'un grand intérêt
wissentlich ['vɪsəntlɪç] **I.** *adj* délibéré(e) **II.** *adv* délibérément
wittern ['vɪtɐn] *vt* flairer
Witterung <-, -en> *f* ❶ METEO temps *m* ❷ JAGD flair *m;* ***die ~ aufnehmen*** prendre le vent
witterungsbedingt *adj* lié(e) aux conditions météorologiques
Witwe ['vɪtvə] <-, -n> *f* veuve *f*
Witwenrente *f* pension *f* de veuve
Witwer ['vɪtvɐ] <-s, -> *m* veuf *m*
Witz [vɪts] <-es, -e> *m* ❶ plaisanterie *f* ❷ *kein Pl (geh: Esprit)* esprit *m* ❸ *(Beson-*

W

derheit, Pfiff) ***der ~ an diesem Rechner ist, dass …*** l'intérêt de cet ordinateur, c'est que … ▶ **mach keine ~e!** *(fam)* allez, arrête tes conneries!; **das soll doch wohl ein ~ sein!** *(fam)* c'est une blague ou quoi?; **ein ~ sein** *(fam) Klassenarbeit:* être de la rigolade

Witzbold ['vɪtsbɔlt] <-[e]s, -e> *m* ❶ *(Spötter)* plaisantin *m* ❷ *(iron fam: Dummkopf)* ***du ~!*** t'en as de bonnes, toi!

witzeln ['vɪtsəln] *vi* plaisanter; ***über jdn/etw*** ~ faire des plaisanteries sur qn/qc

Witzfigur *f (pej fam)* caricature *f*

witzig *adj* ❶ *(lustig)* amusant(e) ❷ *(geistreich)* plein(e) d'esprit; ***sehr ~!*** *(iron fam)* très marrant!

witzlos *adj (fam: sinnlos)* ~ ***sein*** ne servir à rien

WLAN [veːˈlaːn] <-[s], -s> *nt* INFORM *Abk von* **Wireless Local Area Network** wifi *f*

WM [veːˈʔɛm] <-, -s> *f Abk von* **Weltmeisterschaft**

WM-Fieber [veːˈʔɛm-] *nt* SPORT fièvre *f* du mondial

wo [voː] **I.** *adv interrog* où; ***~ bist du?*** où es-tu? ▶ **i ~!** *(fam)* penses-tu! **II.** *adv rel* ***die Stelle, ~ …*** l'endroit où …; ***jetzt, ~ …*** maintenant que … **III.** *konj* ❶ *(zumal)* d'autant que ❷ *(obwohl)* alors que

woanders [voˈʔandɐs] *adv* ❶ ailleurs ❷ *(fig)* ***[mit seinen Gedanken] ganz ~ sein*** avoir la tête complètement ailleurs

woandershin *adv* ailleurs

wob [voːp] *Imp von* **weben**

wobei [voˈbai] **I.** *adv interrog* comment **II.** *adv rel* ❶ *(bei welcher Sache)* au cours duquel/de laquelle ❷ *(während welcher Sache)* pendant lequel/laquelle ❸ *(aber, jedoch)* cependant

Woche ['vɔxə] <-, -n> *f* semaine *f*; ***nächste*** ~ la semaine prochaine; ***pro*** ~ par semaine

Wochenarbeitszeit *f* durée *f* hebdomadaire du travail **Wochenbett** *nt* ***im*** ~ en couches

Wochenendausgabe *f* édition de fin de semaine *f* **Wochenendbeziehung** *f* relation *f* de fin de semaine

Wochenende ['vɔxənʔɛndə] *nt* week-end *m*; ***am*** ~ le week-end; ***ein langes*** ~ un week-end prolongé; ***schönes ~!*** bon week-end!

Wochenendhaus ['vɔxənʔɛnthaus] *nt* résidence *f* secondaire *(surtout pour le week-end)*

Wochenkarte *f* carte *f* hebdomadaire

wochenlang ['vɔxənlaŋ] **I.** *adj* de plusieurs semaines **II.** *adv* pendant plusieurs semaines **Wochenlohn** *m* salaire *m* hebdomadaire **Wochenmarkt** *m* marché *m* **Wochentag** *m* jour *m* de la semaine; ***an ~en*** en semaine **wochentags** ['vɔxəntaːks] *adv* en semaine

wöchentlich ['vœçəntlɪç] **I.** *adj* hebdomadaire **II.** *adv* chaque semaine; ***zweimal*** ~ deux fois par semaine

Wochenzeitschrift *f* [revue *f*] hebdomadaire *m* **Wochenzeitung** *f* hebdomadaire *m*

Wöchnerin ['vœçnərɪn] <-, -nen> *f* accouchée *f*

Wodka ['vɔtka] <-s, -s> *m* vodka *f*

wodurch [voˈdʊrç] **I.** *adv interrog* comment **II.** *adv rel* ce qui explique que +*subj*

wofür [voˈfyːɐ̯] **I.** *adv interrog* pour quoi; ***~ hast du dein ganzes Geld ausgegeben?*** à quoi as-tu dépensé tout ton argent?; ***~ halten Sie mich eigentlich?*** pour qui me prenez-vous?; ***~ interessieren Sie sich?*** à quoi vous intéressez-vous? **II.** *adv rel* ***das Match, ~ sie trainiert*** le match pour lequel elle s'entraîne

wog [voːk] *Imp von* **wiegen**[1]

Woge ['voːgə] <-, -n> *f* ❶ *(geh: große Welle)* vague *f*; ***die ~n*** les flots *mpl* ❷ *(fig)* ***die ~n der Begeisterung*** les débordements *mpl* d'enthousiasme ▶ **wenn sich die ~n geglättet haben** lorsque les esprits se seront calmés

wogegen [voˈgeːgən] **I.** *adv interrog* contre quoi **II.** *adv rel* contre lequel/laquelle **III.** *konj* alors que

wogen ['voːgən] *vi (geh)* ❶ *Meer, See:* rouler des vagues ❷ *Kampf, Schlacht:* faire rage

wogend *adj (geh) Meer, See* agité(e); *Brust* ondoyant(e)

woher [voˈheːɐ̯] **I.** *adv interrog* d'où ▶ **ach ~!** DIAL *(fam)* penses-tu/pensez-vous! **II.** *adv rel* d'où

wohin [voˈhɪn] **I.** *adv interrog* où; ***~ gehst du?*** où vas-tu? ▶ **ich muss mal ~** *(euph fam)* il faut que j'aille au petit coin **II.** *adv rel* où; ***geh, ~ du willst!*** va où tu veux!

wohingegen *konj (geh)* alors que

wohl [voːl] *adv* ❶ *(gesund, wohlauf)* ***sich ~ fühlen*** se sentir bien ❷ *(gut, behaglich)* ***jdm ist nicht ~ bei etw*** qc met qn mal à l'aise ❸ *(wahrscheinlich)* vraisemblablement ❹ *(durchaus, doch, schon)* tout à fait; ***das kann man ~ sagen!*** ça, tu peux/vous pouvez le dire! ❺ *(zwar)* ***es regnet ~, aber …*** c'est vrai qu'il pleut, mais … ❻ *(circa)* en gros; ***es waren ~ hundert Besucher da*** il y avait environ cent visiteurs ❼ *(überhaupt)* ***ob das ~ genügt?*** ça suffira, vraiment? ❽ *(sofort, endlich)* ***willst du ~ gehorchen!*** alors, tu te décides à obéir! ▶ **~ oder übel** bon gré mal gré; **~ bekomm's!** *(geh)* à ta/votre santé!; **leb ~!** adieu!

Wohl <-[e]s> *nt* ❶ *(Nutzen)* bien *m* ❷ *(Wohlbefinden)* bien-être *m;* ***zum ~!*** à ta/votre santé!

wohlauf [vo:lˈʔaʊ̯f] *adj (geh)* ***~ sein*** se porter bien

Wohlbefinden <-s> *nt (geh)* bien-être *m;* ***sich nach jds ~ erkundigen*** s'enquérir de la santé de qn

wohlbehalten *adv* ❶ *(wohlauf)* en bon état ❷ *(unverletzt)* sain(e) et sauf, sauve

wohlbekannt *s.* **bekannt 1**

Wohlergehen <-s> *nt* bien-être *m* **wohlerzogen** [ˈvo:lʔɛɐ̯tso:gən] <besser erzogen, besterzogen> *adj (geh)* bien élevé(e)

Wohlfahrtsstaat *m (pej)* État[-]providence *m fam*

Wohlgefallen [ˈvo:lgəfalən] *nt (geh)* satisfaction *f;* ***mit ~*** avec [une grande] satisfaction ▶ **sich in ~ auflösen** *(hum)* s'envoler **wohlgeformt** <besser geformt, bestgeformt> *adj (geh)* bien proportionné(e) **Wohlgefühl** *nt kein Pl* sentiment *m* de bien-être

wohlgemeint *s.* **meinen I. 5 wohlgemerkt** [ˈvo:lgəmɛrkt] *adv* il faut le souligner **wohlgenährt** <wohlgenährter, wohlgenährteste> *adj (iron geh)* replet, -ète **wohlgesinnt** <wohlgesinnter, wohlgesinnteste> *adj (geh)* ***jdm ~ sein*** être bien intentionné à l'égard de qn

wohlhabend <wohlhabender, wohlhabendste> *adj* fortuné(e); ***~ sein*** être fortuné

wohlig [ˈvo:lɪç] *adj Wärme* agréable; ***ein ~es Gefühl*** un sentiment de bien-être

wohlklingend <wohlklingender, wohlklingendste> *adj (geh) Stimme* mélodieux, -euse **wohlmeinend** <wohlmeinender, wohlmeinendste> *adj* bien intentionné(e) **wohlriechend** <wohlriechender, wohlriechendste> *adj (geh)* qui sent bon **wohlschmeckend** <wohlschmeckender, wohlschmeckendste> *adj (geh)* savoureux, -euse **Wohlsein** *nt* ***zum ~!*** à votre santé! **Wohlstand** *m kein Pl* aisance *f*

Wohlstandsgefälle *nt* écart *m* entre les pays riches et les pays pauvres **Wohlstandsgesellschaft** *f* société *f* d'abondance

Wohltat *f kein Pl (Erleichterung)* délice *m*

Wohltäter(in) *m(f)* bienfaiteur, -trice *m, f* **wohltätig** *adj Hilfe* charitable; ***ein ~er Zweck*** un but caritatif **Wohltätigkeit** *f (veraltet)* bienfaisance *f,* charité *f*

Wohltätigkeitsbasar *m* vente *f* de charité **Wohltätigkeitsveranstaltung** *f* manifestation *f* organisée au profit d'une œuvre

wohltuend [ˈvo:ltu:ənt] <wohltuender, wohltuendste> *adj* bienfaisant(e); ***~ sein*** faire du bien

wohltun *vi irr (geh)* ***jdm ~*** faire du bien à qn **wohlüberlegt** *s.* **überlegt I. wohlverdient** *adj (geh)* bien mérité(e)

wohlweislich [ˈvo:lvaɪ̯slɪç] *adv* en toute connaissance de cause; ***..., was ich ~ nicht tat*** ..., ce que je me suis bien gardé(e) de faire

Wohlwollen [ˈvo:lvɔlən] <-s> *nt* bienveillance *f* **wohlwollend** <wohlwollender, wohlwollendste> **I.** *adj* bienveillant(e); ***jdm ~ gegenüberstehen*** montrer de la bienveillance à qn **II.** *adv* avec bienveillance

Wohnanlage *f* résidence *f* **Wohnblock** <-blocks> *m* pâté *m* de maisons

wohnen [ˈvo:nən] *vi* habiter; ***ich wohne in Dresden*** j'habite [à] Dresde

Wohnfläche *f* surface *f* habitable **Wohngebäude** *nt* immeuble *m* d'habitation **Wohngebiet** *nt* zone *f* résidentielle **Wohngegend** *f* zone *f* résidentielle **Wohngeld** *nt* aide *f* personnalisée au logement **Wohngemeinschaft** *f* communauté *f (personnes partageant un appartement ou une maison);* ***in einer ~ wohnen*** vivre en communauté

wohnhaft [ˈvo:nhaft] *adj (form)* ***in Berlin ~ sein*** être domicilié à Berlin

Wohnhaus *nt* immeuble *m* d'habitation **Wohnheim** *nt (Studentenwohnheim)* foyer *m* pour étudiants; *(Arbeiterwohnheim)* foyer de travailleurs **Wohnküche** *f* grande cuisine *f (qui fait salle à manger)* **Wohnlage** *f* quartier *m*

wohnlich [ˈvo:nlɪç] **I.** *adj* agréable à habiter **II.** *adv einrichten* avec confort

Wohnmobil [ˈvo:nmobi:l] <-s, -e> *nt* camping-car *m* **Wohnort** *m* domicile *m* **Wohnraum** *m* ❶ *(Raum)* pièce *f* d'habitation ❷ *kein Pl (Wohnungen)* [parc *m* de] logements *mpl* **Wohnsiedlung** *f* lotissement *m* **Wohnsilo** *m o nt (pej)* cage *f* à lapins *fam* **Wohnsitz** *m* domicile *m;* ***fester ~*** domicile fixe

Wohnung <-, -en> *f* appartement *m*

Wohnungsamt *nt* office *m* du logement **Wohnungsbau** *m kein Pl* construction *f*

de logements; ***sozialer*** ~ construction *f* de logements sociaux **Wohnungsinhaber(in)** *m(f) (Besitzer)* propriétaire *m* de l'appartement; *(Bewohner)* occupant(e) *m(f)* de l'appartement **Wohnungsmangel** *m kein Pl* pénurie *f* [*o* manque *m*] de logements **Wohnungsmarkt** *m* marché *m* du logement **Wohnungsnot** *f kein Pl* crise *f* du logement **Wohnungssuche** *f* recherche *f* d'un logement [à louer] **Wohnungstür** *f* porte *f* de l'appartement

Wohnviertel *nt* quartier *m* résidentiel **Wohnwagen** *m* ❶ *(Campinganhänger)* caravane *f* ❷ *(mobile Wohnung)* roulotte *f* **Wohnzimmer** *nt* [salle *f* de] séjour *m*

Wok [vɔk] <-, -s> *m* wok *m*

wölben ['vœlbən] *vr* ❶ *(sich biegen)* ***sich*** ~ bomber ❷ *(überspannen)* ***sich über etw*** *akk* ~ *Dach:* former une voûte au-dessus de qc; *Brücke:* former un arc au-dessus de qc

Wölbung <-, -en> *f* ARCHIT voûte *f*

Wolf [vɔlf, *Pl:* 'vœlfə] <-[e]s, Wölfe> *m* ❶ loup *m* ❷ *(Fleischwolf)* hachoir *m*; ***etw durch den ~ drehen*** passer qc au hachoir ► **ein ~ im Schafspelz** un loup déguisé en agneau; **mit den Wölfen heulen** hurler avec les loups

Wölfin ['vœlfɪn] <-, -nen> *f* louve *f*

Wolfshund *m* ZOOL chien-loup *m*

Wolke ['vɔlkə] <-, -n> *f* nuage *m* ► **aus allen ~n fallen** tomber des nues; **über den ~n schweben** *(geh)* vivre sur son nuage

Wolkenbruch *m* pluie *f* torrentielle **Wolkendecke** *f* plafond *m* [nuageux] **Wolkenkratzer** *m* gratte-ciel *m*

wolkenlos *adj* sans nuages

wolkig *adj* couvert(e)

Wolldecke *f* couverture *f* en laine

Wolle ['vɔlə] <-, -n> *f* laine *f* ► **sich wegen etw in die ~ kriegen** *(fam)* se voler dans les plumes à cause de qc

wollen ['vɔlən] <will, wollte, wollen> **I.** *aux modal* ❶ vouloir; ***arbeiten*** ~ vouloir travailler; ***wir wollten gerade gehen/essen*** nous nous apprêtions à partir/manger; ***ich wollte Sie fragen, ob ...*** *(Höflichkeitsfloskel)* je voulais vous demander si ...; ***willst du lieber eine Kassette oder eine CD haben?*** tu préfères avoir une cassette ou un CD? ❷ *(in Aufforderungssätzen)* ~ ***Sie einen Moment Platz nehmen?*** auriez-vous l'obligeance de prendre place un instant?; ***willst du wohl still sein!*** tu vas te taire! ❸ *(behaupten)* ***er will davon nichts gewusst haben*** il prétend n'avoir pas été au courant ❹ *(müssen)* ***Reiten will gelernt sein*** l'équitation, ça s'apprend ❺ *(werden)* ***es sieht aus, als wolle es gleich ein Gewitter geben*** on dirait qu'il va bientôt faire de l'orage **II.** <will, wollte, gewollt> *vi* ❶ vouloir ❷ *(gehen, reisen wollen)* ***zu jdm*** ~ vouloir voir qn; ***zu wem ~ Sie?*** qui voulez-vous voir? ❸ *(fam: funktionieren)* ***das Herz will nicht mehr so richtig*** le cœur est très fatigué ❹ *(wünschen)* ***[ganz] wie du willst*** c'est comme tu veux; ***ich wollte, ...*** j'aimerais que +*subj* ► **dann ~ wir mal!** eh bien allons-y!; **ob du willst oder nicht** que tu le veuilles ou non; **wenn man so will** pour ainsi dire **III.** *vt* ❶ *(haben wollen, wünschen)* vouloir; ***willst du lieber Kaffee oder Tee?*** tu préfères du café ou du thé?; ***was hat sie von dir gewollt?*** qu'est-ce qu'elle te voulait?; ***ohne es zu*** ~ sans le vouloir ❷ *(bezwecken)* ***was willst du mit dem Hammer?*** que veux-tu faire avec ce marteau? ❸ *(fam: brauchen)* ***Kinder ~ viel Liebe*** les enfants ont besoin de beaucoup d'amour ► **da ist nichts zu ~** *(fam)* y a pas moyen; **etwas von jdm ~** *(fam: böse Absichten haben)* en avoir après qn; *(sexuelles Interesse haben)* en pincer pour qn; **was will man mehr!** que demande le peuple!

wollig ['vɔlɪç] *adj* laineux, -euse

Wollknäuel *nt* pelote *f* de laine **Wollstoff** *m* lainage *m*

Wollust ['vɔlʊst] *f (geh)* volupté *f*

wollüstig ['vɔlʏstɪç] *adj (geh) Blick* lascif, -ive; *Stöhnen* de volupté

womit [vo'mɪt] *adv* ❶ ~ ***sollen wir anfangen?*** par quoi devons-nous commencer?; ~ ***hattest du gerechnet?*** à quoi t'attendais-tu? ❷ *(mit welchem Gegenstand)* ~ ***hast du die Flasche aufbekommen?*** tu as ouvert la bouteille avec quoi?; ~ ***waren sie bewaffnet?*** de quoi étaient-ils armés? ❸ *(wie, mit welchem Mittel)* ~ ***kann man diesen Fleck entfernen?*** comment peut-on enlever cette tache?; ***ich weiß nicht, ~ ich das verdient habe!*** en quoi ai-je mérité ça? ❹ *(mit dem, mit der)* ***das, ~ alle einverstanden sind*** ce avec quoi tous sont d'accord

womöglich [vo'mø:klɪç] *adv* peut-être [même]; ~ ***schneit es morgen*** il pourrait bien neiger demain

wonach [vo'na:x] *adv* ❶ ~ ***suchst du?*** qu'est-ce que tu cherches?; ~ ***soll ich mich richten?*** à quoi dois-je me conformer?; ***hast du gefunden, ~ du gesucht***

hast? tu as trouvé ce que tu cherchais? ❷ *(nach dem, nach denen)* ***es gibt Gerüchte, ~ er ein Spieler sein soll*** il y a un bruit qui court qui dit qu'il serait un joueur

Wonne ['vɔnə] <-, -n> *f (geh)* exaltation *f;* ***etw mit ~ tun*** *(fam)* faire qc à son grand plaisir

wonnig ['vɔnɪç] *adj* adorable

woran [vo'ran] *adv* ❶ ***~ denkst du gerade?*** à quoi penses-tu en ce moment?; ***~ erinnerst du dich noch?*** de quoi te souviens-tu encore? ❷ *(an welchem Gegenstand)* ***~ kann ich mich festhalten?*** à quoi est-ce que je peux me tenir? ❸ *(aus welchem Grund, Anlass)* ***~ ist er gestorben?*** de quoi est-il mort? ❹ *(an dem, an der)* ***das Einzige, ~ ich mich erinnere*** la seule chose dont je me souviens

worauf [vo'rauf] *adv* ❶ ***~ wartest du?*** qu'est-ce que tu attends?; ***~ will er eigentlich hinaus?*** mais où veut-il en venir?; ***ich habe nicht verstanden, ~ er sich bezieht*** je n'ai pas compris ce à quoi il se réfère; ***wirst du dich beim Kellner beschweren? – Worauf du dich verlassen kannst!*** tu vas te plaindre au garçon? – Tu peux compter là-dessus! ❷ *(auf was)* ***~ kann ich mich setzen?*** je peux m'asseoir sur quoi? ❸ *(auf den, auf die, auf das)* ***etwas, ~ ich nicht gefasst war*** ce à quoi je ne m'attendais pas

woraufhin *adv* ❶ ***~ hat er das gesagt?*** en réponse à quoi a-t-il dit cela? ❷ *(worauf)* ***er schrie sie an, ~ sie das Zimmer verließ*** il hurla tant après elle qu'elle en quitta la pièce

woraus [vo'raus] *adv* ❶ *(aus welchem Material)* ***~ besteht diese Legierung?*** de quoi est fait cet alliage? ❷ *(aus welchen Anzeichen)* ***~ schließen Sie das?*** d'où tirez-vous cette conclusion? ❸ *(aus dem, aus der)* ***etwas, ~ ich nicht klug werde*** quelque chose qui me laisse perplexe

worden *PP von* **werden**

worin [vo'rɪn] *adv* ❶ ***~ liegt das Problem?*** où est le problème? ❷ *(in welchem Raum)* où ❸ *(in dem, in der)* ***etwas, ~ sich die Angebote unterscheiden*** ce en quoi les offres diffèrent

Workaholic [wəːkə'hɔlɪk] <-s, -s> *m (fam)* stakhano *mf*

Workshop ['wəːkʃɔp, 'vøːɐ̯kʃɔp] <-s, -s> *m* atelier *m*

Workstation ['wəːksteɪʃən, 'vøːɐ̯ksteːʃən] <-, -s> *f* INFORM station *f* de travail

World Wide Web [wəːldwaɪd'wɛb] <- - -[s]> *nt* World Wide Web *m*

Wort [vɔrt, *Pl:* 'vœrtɐ] <-[e]s, -wörter *o* -worte> *nt* ❶ mot *m;* ***~ für ~*** mot pour mot; ***mit anderen ~en*** en d'autres termes ❷ <-worte> *(Begriff)* ***etw in ~e fassen*** rendre qc par des mots; ***mir fehlen die ~e!*** j'en reste coi(te)! ❸ <-worte> *(Äußerung)* parole *f;* ***kein ~ miteinander reden*** ne pas s'adresser la parole; ***etw mit keinem ~ erwähnen*** n'en souffler mot à personne ❹ *kein Pl (Versprechen)* parole *f;* ***jdm sein ~ geben*** donner sa parole à qn; ***jdn beim ~ nehmen*** prendre qn au mot; ***sein ~ halten/brechen*** tenir [sa]/manquer à sa parole ❺ *kein Pl (Rede)* ***jdm ins ~ fallen*** couper la parole à qn; ***jdn nicht zu ~ kommen lassen*** ne pas laisser qn dire un seul mot; ***sein eigenes ~ nicht mehr verstehen*** ne plus s'entendre parler ❻ *(Ausspruch)* ***ein ~ Molières/Goethes*** un mot de Molière/de Goethe ▶ **jdm das ~ im Mund [her]umdrehen** déformer les paroles de qn; **ein ernstes ~ mit jdm reden** dire deux mots à qn; **bei jdm ein gutes ~ für jdn einlegen** intercéder pour qn auprès de qn; **aufs ~ gehorchen** obéir au doigt et à l'œil; **ein ~ gibt das andere** un mot en entraîne un autre; **hast du da noch ~e!** *(fam)* c'est à vous en clouer le bec!; **mit einem ~** en un mot

Wortart *f* catégorie *f* grammaticale **Wortbildung** *f* LING formation *f* des mots **wortbrüchig** *adj (geh)* parjure; ***~ werden*** se parjurer

Wörtchen ['vœrtçən] <-s, -> *nt Dim von* **Wort** *(fam)* mot *m* ▶ **ein ~ mitzureden haben** *(fam)* avoir son mot à dire

Wörterbuch ['vœrtɐbuːx] *nt* dictionnaire *m*

Worterkennung *f* INFORM écriture *f* intuitive **Wortfetzen** *Pl* bribes *f pl* de conversation **Wortführer(in)** *m(f)* porte-parole *m* **Wortgefecht** *nt (geh)* joute *f* oratoire *soutenu* **wortgetreu** *adj Übersetzung* littéral(e); *Wiedergabe* textuel(le) **wortgewandt I.** *adj* éloquent(e) **II.** *adv* avec éloquence **wortkarg** *adj Mensch* peu loquace; *Antwort* laconique **Wortlaut** *m kein Pl* contenu *m; eines Vertrages* termes *mpl*

wörtlich ['vœrtlɪç] **I.** *adj* ❶ *Übersetzung* littéral(e) ❷ GRAM ***~e Rede*** discours *m* direct **II.** *adv* ***etw ~ nehmen*** prendre qc au pied de la lettre

wortlos I. *adj Blick, Verstehen* muet(te) **II.** *adv* sans mot dire

Wortmeldung *f* ***gibt es keine ~en mehr?*** plus personne ne demande la parole? **wortreich** **I.** *adj* volubile **II.** *adv* avec volubilité; *erklären* en long, en large et en travers *fam* **Wortschatz** *m kein Pl* vocabulaire *m* **Wortspiel** *nt* jeu *m* de mots **Wortstellung** *f* ordre *m* des mots **Wortwahl** *f kein Pl* choix *m* des mots **Wortwechsel** *m* altercation *f* **wortwörtlich** ['vɔrt'vœrtlɪç] **I.** *adj* textuel(le) **II.** *adv* mot pour mot

worüber [vo'ry:bɐ] *adv* ❶ ***~ habt ihr gesprochen?*** de quoi avez-vous parlé? ❷ *(über welchen/welchem Gegenstand)* ***~ bist du gestolpert?*** sur quoi as-tu trébuché? ❸ *(über dem, über das)* ***etwas, ~ wir sprechen müssen*** quelque chose dont nous devons parler

worum [vo'rʊm] *adv* ❶ ***ich habe keine Ahnung, ~ es geht*** je n'ai aucune idée de quoi il s'agit ❷ *(um den, um das)* ***alles, ~ du mich bittest*** tout ce que tu me demandes

worunter [vo'rʊntɐ] *adv* ❶ ***~ leidet er?*** de quoi souffre-t-il?; ***ich frage mich, ~ ich das einordnen soll*** je me demande sous quelle catégorie je dois ranger cela ❷ *(unter den, unter die)* ***der Schrank, ~ sie den Karton gestellt hatte*** l'armoire sous laquelle elle avait mis la boîte ❸ *(unter dem, unter der)* ***ein Bündel Geldscheine, ~ auch Falschgeld war*** une liasse de billets parmi lesquels il y avait des faux billets

wovon [vo'fɔn] *adv* ❶ ***~ ist sie aufgewacht?*** qu'est-ce qui l'a réveillée?; ***ich weiß nicht, ~ du sprichst*** je ne sais pas de quoi tu parles ❷ *(von dem, von der)* dont ❸ *(wodurch)* ***er redete viel, ~ er Halsschmerzen bekam*** il parla beaucoup ce qui lui donna des maux de gorge

wovor [vo'fo:ɐ̯] *adv* ❶ ***~ hat er Angst?*** de quoi a-t-il peur?; ***ich frage mich, ~ sie auszuweichen versucht*** je me demande ce qu'elle cherche à éviter ❷ *(vor dem)* ***das Einzige, ~ sie sich fürchtet*** la seule chose qui lui fait peur

wozu [vo'tsu:] *adv* ❶ *(warum, wofür)* ***~ willst du das wissen?*** pourquoi est-ce que tu veux le savoir?; ***~ brauchst du das Geld?*** tu as besoin de l'argent pour quoi faire?; ***ich weiß nicht, ~ das gut ist*** je ne sais pas à quoi ça sert ❷ *(zu dem, zu der)* ***die Miete, ~ noch die Heizkosten kommen*** le loyer auquel s'ajoutent les frais de chauffage; ***ich soll mein Zimmer aufräumen, ~ ich aber keine Lust habe*** il faut que je range ma chambre, ce dont je n'ai pourtant aucune envie

Wrack [vrak] <-s, -s> *nt* ❶ épave *f* ❷ *(fig)* loque *f*

Wrap [ræp] <-s, -s> *m o nt* wrap *m*

wringen ['vrɪŋən] <wrang, gewrungen> *vt* tordre; ***das Wasser aus etw ~*** essorer qc

Wucher ['vu:xɐ] <-s> *m (pej: zu hoher Preis)* prix *mpl* exorbitants; *(zu hohe Zinsen)* usure *f*; ***das ist [doch/ja] ~!*** *(fam)* c'est du vol!; ***~ treiben*** pratiquer l'usure

wucherisch *adj Zinsen* usuraire; *Preis* exorbitant(e)

wuchern ['vu:xɐn] *vi + haben o sein Pflanzen, Unkraut:* proliférer; *Geschwulst, Tumor:* grossir

Wucherpreis *m (pej)* prix *m* exorbitant

Wucherung <-, -en> *f* néoplasme *m*

Wucherzinsen *Pl (pej)* intérêt usuraire *m*

wuchs [vu:ks] *Imp von* **wachsen**[1]

Wuchs [vu:ks] <-es> *m* ❶ *(Wachstum)* croissance *f* ❷ *(Gestalt)* taille *f*

Wucht [vʊxt] <-> *f eines Aufpralls, Schlags* violence *f*; ***mit voller ~*** de plein fouet ▸ **eine ~ sein** *(fam: toll sein)* être d'enfer

wuchten ['vʊxtən] *vt* traîner; ***eine Truhe auf den Speicher ~*** traîner un coffre [jusqu'] au grenier

wuchtig ['vʊxtɪç] *adj* ❶ *(mit Wucht)* violent(e) ❷ *Gegenstand* imposant(e)

wühlen ['vy:lən] **I.** *vi (kramen, graben)* ***in etw*** *dat* ~ fouiller dans qc **II.** *vr* ❶ *(sich bewegen)* ***sich in die Erde ~*** *Maulwurf:* s'enfouir dans la terre ❷ *(fam: arbeiten)* ***sich durch etw ~*** liquider qc

Wühlmaus *f* campagnol *m* **Wühltisch** *m (fam)* table *f* à farfouille

Wulst [vʊlst, *Pl:* 'vʏlstə] <-es, Wülste> *m* bourrelet *m*

wulstig ['vʊlstɪç] *adj Lippen* épais(se)

wund [vʊnt] *adj Ferse* écorché(e); ***das Baby ist am Po ~*** le bébé a les fesses irritées; ***sich ~ liegen*** attraper des escarres; ***sich*** *dat* ***die Fersen ~ laufen*** s'écorcher les talons en marchant

Wunde ['vʊndə] <-, -n> *f* plaie *f* ▸ **alte ~n wieder aufreißen** *(geh)* rouvrir une plaie

Wunder ['vʊndɐ] <-s, -> *nt* ❶ miracle *m*; ***es ist kein ~, dass*** *(fam)* c'est pas étonnant que *+subj* ❷ *(Besonderes)* ***~ wer/was*** *(fam)* Dieu sait qui/quoi ▸ **sein blaues ~ erleben** *(fam)* avoir une drôle de surprise; **an ein ~ grenzen** tenir du miracle; **~ wirken** faire des miracles; **wie durch ein ~** comme par miracle

wunderbar ['vʊndɐbaːɐ̯] **I.** *adj* ❶ *Person* fantastique; *Abend* merveilleux, -euse ❷ *(übernatürlich erscheinend)* miraculeux, -euse **II.** *adv* tellement

wunderbarerweise *adv* miraculeusement

Wunderheiler(in) <-s, -> *m(f)* guérisseur, -euse *m, f* **Wunderkerze** *f* cierge *m* magique **Wunderkind** *nt* enfant *m* prodige

wunderlich ['vʊndɐlɪç] **I.** *adj* *Mensch* bizarre; ***ein ~er alter Kauz*** un vieil olibrius *fam* **II.** *adv* de façon bizarre

Wundermittel *nt* remède *m* miracle

wundern ['vʊndɐn] **I.** *vt* étonner; ***jdn ~*** *Verhalten, Frage:* étonner qn; ***mich wundert, dass*** ça m'étonne que *+subj;* ***es würde mich nicht ~, wenn …*** ça ne m'étonnerait pas si … **II.** *vr* ***sich ~*** être étonné; ***sich über etw*** *akk* **~** s'étonner de qc ▶ **ich muss mich doch sehr ~!** je suis très choqué(e)!

wunder|nehmen ['vʊndɐneːmən] *vt irr, unpers (geh)* ***es nimmt mich wunder, dass …*** c'est étonnant que … *+subj* **wunderschön** ['vʊndɐ'ʃøːn] *adj* superbe

wundervoll *adj* merveilleux, -euse

Wunderwaffe *f (fig)* remède *m* miracle

wund|liegen *s.* **wund** **Wundsalbe** *f* pommade *f* cicatrisante **Wundstarrkrampf** *m* MED tétanos *m*

Wunsch [vʊnʃ, *Pl:* 'vʏnʃə] <-[e]s, Wünsche> *m* ❶ souhait *m;* ***jdm einen ~ erfüllen*** exaucer un souhait à qn; ***haben Sie sonst noch einen ~?*** vous désirez autre chose?; ***auf ~*** sur demande ❷ *(Glückwunsch)* vœux *mpl;* ***jdm die besten Wünsche zum Geburtstag aussprechen*** souhaiter ses meilleurs vœux à qn pour son anniversaire ▶ **jdm jeden ~ von den Augen ablesen** aller au-devant des désirs de qn

Wunschbild *nt* idéal *m* **Wunschdenken** *nt* illusion *f*

Wünschelrute ['vʏnʃəlruːtə] *f* baguette *f* de sourcier

wünschen ['vʏnʃən] **I.** *vr* ***sich*** *dat* ***etw ~*** vouloir qc **II.** *vt* ❶ *(als Glückwunsch sagen)* ***jdm Glück ~*** souhaiter bonne chance à qn ❷ *(erhoffen)* souhaiter; ***~, dass*** souhaiter que *+subj* ❸ *(verlangen)* demander *Erklärung, Entschuldigung;* ***ich wünsche, dass sofort Ruhe herrscht!*** je demande le silence immédiat!; ***was ~ Sie?*** que désirez-vous?; ***wie gewünscht*** comme souhaité **III.** *vi* ***Sie ~?*** vous désirez?; ***[ganz] wie Sie ~*** comme vous voulez ▶ **zu ~ übriglassen** laisser à désirer

wünschenswert *adj* souhaitable; ***etw für ~ halten*** considérer qc comme souhaitable

wunschgemäß **I.** *adj (erwünscht)* souhaité(e) **II.** *adv* selon ses/mes/… désirs **Wunschkind** *nt* enfant *m* désiré **Wunschkonzert** *nt* émission *f* musicale à la carte **Wunschtraum** *m* rêve *m* **Wunschvorstellung** *f* rêves *mpl* **Wunschzettel** *m* liste *f* de cadeaux

wurde ['vʊrdə] *Imp von* **werden**

Würde ['vʏrdə] <-, -n> *f* ❶ *kein Pl* dignité *f;* ***die ~ des Menschen ist unantastbar*** la dignité de l'homme est inviolable; ***etw mit ~ tragen*** accepter qc avec dignité ❷ *(Rang)* dignité *f;* ***akademische ~n*** titres *mpl* universitaires ▶ **das ist unter seiner/ihrer ~** ce serait lui faire injure; **unter aller ~ sein** être au-dessous de tout

würdelos **I.** *adj Benehmen* indigne; *Behandlung* dégradant(e) **II.** *adv* de manière indigne

Würdenträger(in) *m(f) (geh)* dignitaire *m*

würdevoll **I.** *adj (geh)* digne **II.** *adv* avec dignité

würdig ['vʏrdɪç] **I.** *adj* ❶ *(ehrwürdig)* digne ❷ *Feier, Rahmen* adéquat(e) ❸ *(wert)* ***sich jds/etw ~ erweisen*** se montrer digne de qn/qc **II.** *adv* ❶ *(mit Würde)* avec dignité ❷ *(gebührend)* dignement

würdigen *vt* ❶ rendre hommage à *Person* ❷ *(schätzen)* ***etw zu ~ wissen*** savoir apprécier qc à sa juste valeur ❸ *(geh: für würdig befinden)* ***jdn keines Blickes ~*** ne pas daigner jeter un seul regard à qn

Würdigung <-, -en> *f einer Person, Sache* reconnaissance *f*

Wurf [vʊrf, *Pl:* 'vʏrfə] <-[e]s, Würfe> *m* ❶ *(mit einem Ball)* lancer *m;* *(mit einem Stein, Schneeball)* jet *m* ❷ SPORT *(beim Hammer-, Speer-, Diskuswerfen)* lancer *m* ❸ *(beim Würfeln)* coup *m* ❹ *(Jungtiere)* portée *f* ▶ **jdm gelingt mit etw ein großer ~** qn réussit un coup de maître avec qc

Würfel ['vʏrfəl] <-s, -> *m* ❶ dé *m;* ***~ spielen*** jouer aux dés ❷ GEOM cube *m* ❸ *(kleines Stück)* dé *m* ▶ **die ~ sind gefallen** les dés sont jetés

Würfelbecher *m* cornet *m* à dés

würfeln ['vʏrfəln] **I.** *vi* jouer aux dés; ***um etw ~*** jouer qc aux dés **II.** *vt* ❶ ***eine Fünf ~*** faire un cinq ❷ *(in Würfel schneiden)* ***den Speck ~*** couper le lard en dés

Würfelspiel *nt* jeu *m* de dés **Würfelzucker** *m kein Pl* sucre *m* en morceaux

Wurfgeschoss *nt* projectile *m* **Wurfsendung** *f* courrier *m* publicitaire

würgen ['vʏrgən] **I.** *vt* étrangler **II.** *vi* ❶ *(nicht schlucken können)* ***an etw*** *dat* ~ s'étrangler avec qc ❷ *(Brechreiz haben)* être pris de nausée[s]

Wurm [vʊrm, *Pl:* 'vʏrmɐ] <-[e]s, Würmer> *m* ver *m;* ***Würmer haben*** avoir des vers ▶ **da ist der ~ drin** *(fam)* c'est un sac de nœuds

Würmchen ['vʏrmçən] <-s> *nt Dim von* **Wurm** vermisseau *m*

wurmen ['vʊrmən] *vt (fam)* ***jdn*** ~ enquiquiner qn

Wurmfortsatz *m* ANAT appendice *m*

wurmig ['vʊrmɪç], **wurmstichig** ['vʊrmʃtɪçɪç] *adj Apfel, Obst* véreux, -euse; *Holz* vermoulu(e)

Wurst [vʊrst, *Pl:* 'vʏrstə] <-, Würste> *f* ❶ *kein Pl (Wurstwaren)* charcuterie *f* ❷ *(Würstchen)* saucisse *f; (geräuchert)* saucisson *m* ▶ **jetzt geht es um die ~** *(fam)* c'est maintenant que tout se joue; **das ist mir/ihm ~** *(fam)* j'en ai/il en a rien à cirer

Wurstbrot *nt* sandwich *m* au saucisson

Würstchen ['vʏrstçən] <-s, -> *nt* ❶ saucisse *f;* ***Frankfurter/Wiener*** ~ saucisse de Francfort; ***heiße*** ~ saucisses chaudes ❷ *(pej fam: Mensch)* mauviette *m*

Würstchenbude *f,* **Würstchenstand** *m* stand *m* de saucisses grillées

Wurstfinger *Pl (fam)* doigts *mpl* boudinés

Wurstwaren *Pl* charcuterie *f*

Württemberg ['vʏrtəmbɛrk] <-s> *nt* le Wurtemberg

Würzburg ['vʏrtsbʊrk] <-s> *nt* Wurtzbourg

Würze ['vʏrtsə] <-, -n> *f* ❶ *(Würzmischung)* condiment *m* ❷ *(Aroma) eines Gerichts* saveur *f; eines Weins* montant *m*

Wurzel ['vʊrtsəl] <-, -n> *f* ❶ racine *f* ❷ MATH ***die ~ aus 16 ziehen*** extraire la racine [carrée] de 16 ❸ *(geh: Ursprung)* origine *f;* ***die ~ allen Übels*** la cause de tous les maux ▶ **wollt ihr hier ~n schlagen?** *(fam)* vous n'allez tout de même pas prendre racine ici! **Wurzelbehandlung** *f* traitement *m* de la racine

wurzeln ['vʊrtsəln] *vi (geh)* ***in etw*** *dat* ~ avoir son origine dans qc

Wurzelzeichen *nt* MATH radical *m*

würzen ['vʏrtsən] *vt* assaisonner; ***etw mit etw*** ~ assaisonner qc avec qc

würzig ['vʏrtsɪç] *adj Duft* épicé(e); *Bier* corsé(e)

wusch [vuːʃ] *Imp von* **waschen**

Wuschelkopf *m (fam)* frisettes *fpl*

wusste ['vʊstə] *Imp von* **wissen**

Wust [vuːst] <-[e]s> *m (fam)* ***ein ~ von Akten*** un tas *m* de dossiers

wüst [vyːst] *adj* ❶ *Gegend* désert(e) ❷ *Fluch* grossier, -ière ❸ *(fam) Unordnung* dingue

Wüste ['vyːstə] <-, -n> *f* désert *m* ▶ **jdn in die ~ schicken** *(fam)* limoger qn

Wüstenbildung *f* désertification *f*

Wut [vuːt] <-> *f* rage *f;* ***in ~ geraten*** entrer en rage; ***eine fürchterliche ~ auf jdn haben*** *(fam)* être furax contre qn; ***vor*** ~ de rage ▶ **eine ~ im Bauch haben** *(fam)* avoir la haine; **vor ~ kochen** bouillir de colère

Wutanfall *m* accès *m* de fureur; ***einen ~ bekommen*** piquer sa crise *fam* **Wutbürger(in)** *m(f)* citoyen(ne) *m(f)* en colère

wüten ['vyːtən] *vi* ❶ *(toben)* se déchaîner ❷ *(Zerstörung verursachen)* ***an der Küste*** ~ *Sturm:* faire des ravages sur la côte

wütend *adj* ❶ *(zornig)* furieux, -euse; ***auf jdn ~ sein*** être furieux contre qn; ***über etw*** *akk* ~ ***sein*** être furieux [à cause] de qc ❷ *Gefecht* acharné(e)

wutentbrannt ['vuːtʔɛntbrant] **I.** *adj* saisi(e) de furie **II.** *adv* comme une furie

WWW [veːveːˈveː] *nt Abk von* **World Wide Web** WWW *m,* TRM *f*

Wz *Abk von* **Warenzeichen**

X, x [ɪks] <-, -> *nt* ❶ X *m* / x *m* ❷ *(fam: unzählige)* trente-six; ***er hat ihr x Briefe geschrieben*** il lui a écrit trente-six lettres

x-Achse ['ɪksʔaksə] *f* MATH axe *m* des x

X-Beine ['ɪksbaɪnə] *Pl* jambes *f pl* en [forme de] x

x-beinig, X-beinig *adj* aux jambes en forme de x

x-beliebig [ɪksbə'li:bɪç] **I.** *adj (fam)* ***ein ~er Käse*** n'importe quel fromage **II.** *adv (fam)* de n'importe quelle façon

X-Chromosom ['ɪkskromozo:m] *nt* chromosome *m* X

xenophil [kseno'fi:l] *adj (geh)* xénophile

x-fach ['ɪksfax] **I.** *adj (fam)* multiple **II.** *adv (fam)* trente-six fois

x-fache(s) *nt dekl wie adj (fam)* ***das ~ bezahlen*** payer cent fois plus

x-förmig, X-förmig ['ɪksfœrmɪç] *adj* en [forme de] X

x-mal ['ɪksma:l] *adv (fam)* x fois plus une

x-te(r, s) ['ɪkstə, -tɐ, -təs] *adj (fam)* ***das ~ Mal*** la ixième fois

Xylofon [ksylo'fo:n] <-s, -e> *nt* xylophone *m*

Yy

Y, y ['ʏpsilɔn] <-, -> *nt* Y *m* / y *m*

y-Achse ['ʏpsilɔnʔaksə] *f* MATH axe *m* des y

Yacht [jaxt] <-, -en> *f* yacht *m*

Yak [jak] <-s, -s> *m* ZOOL ya[c]k *m*

Yen [jɛn] <-[s], -[s]> *m* yen *m*

Yeti ['je:ti] <-s, -s> *m* yéti *m*

Yoga ['jo:ga] <-[s]> *m o nt* yoga *m*

Yo-Yo [jo'jo:] <-s, -s> *nt* yo[-]yo® *m*

Ypsilon ['ʏpsilɔn] <-[s], -s> *nt* i grec *m*

Yuppie ['jʊpi] <-s, -s> *m*, <-, -s> *f* yuppie *mf*

Zz

Z, z [tsɛt] <-, -> *nt* Z *m* / z *m*
zack [tsak] *interj (fam)* aussi sec
Zack [tsak] ▶ **auf ~ sein** *(fam) Person:* avoir la pêche
Zacke ['tsakə] <-, -n> *f eines Kamms* dent *f*
Zacken ['tsakən] *m* ▶ **jdm bricht** [*o* **fällt**] **kein ~ aus der Krone** *(fam)* qn ne va pas en mourir
zackig ['tsakɪç] **I.** *adj* ❶ *(gezackt)* déchiqueté(e) ❷ *(fam: schneidig)* qui chauffe **II.** *adv salutieren* crânement
zaghaft ['tsa:khaft] *adj* timide
Zaghaftigkeit <-> *f* timidité *f*
zäh [tsɛ:] **I.** *adj* ❶ *Fleisch* dur(e) ❷ *(zähflüssig)* visqueux, -euse ❸ *(schleppend)* ardu(e) ❹ *Mensch* résistant(e) ❺ *(hartnäckig)* obstiné(e) **II.** *adv* ❶ *(schleppend)* péniblement ❷ *(hartnäckig)* obstinément
zähflüssig *adj Verkehr* dense
Zähigkeit ['tsɛ:ɪçkaɪt] <-> *f* ❶ *(Widerstandsfähigkeit) eines Menschen* résistance *f* ❷ *(Hartnäckigkeit)* ténacité *f*
Zahl [tsa:l] <-, -en> *f* ❶ nombre *m* ❷ *(Ziffer)* chiffre *m* ❸ *kein Pl (Anzahl)* nombre *m*
zahlbar *adj* payable
zählbar *adj* dénombrable
zählebig *adj Tier* vivace; **~ *sein*** *Gerücht:* être tenace
zahlen ['tsa:lən] *vt, vi* payer
zählen ['tsɛ:lən] **I.** *vi* ❶ compter ❷ *(zugerechnet werden)* ***zu den beliebtesten Kollegen*** **~** faire partie des collègues les plus appréciés ❸ *(sich verlassen)* ***auf jdn/etw*** **~** compter sur qn/qc **II.** *vt* ❶ compter *Besucher* ❷ *(geh: umfassen)* ***tausend Einwohner*** **~** compter mille habitants ❸ *(geh: dazurechnen)* ***jdn zu seinen Freunden*** **~** compter qn au nombre de ses amis
Zahlenfolge *f* série *f* de chiffres **Zahlenkombination** *f* combinaison *f* [chiffrée]
zahlenmäßig **I.** *adj* numérique **II.** *adv (in Zahlen)* par des chiffres **Zahlenreihe** *f* série *f* de chiffres
Zahlenschloss *nt eines Fahrradschlosses* cadenas *m* à chiffres
Zähler <-s, -> *m (Messgerät)* compteur *m*
Zählerstand *m* consommation *f* compteur
Zahlkarte *f* mandat *m* de versement
zahllos *adj* innombrable
Zahlmeister(in) *m(f)* trésorier, -ière *m, f*
zahlreich **I.** *adj* ***~e Briefe*** de nombreuses lettres **II.** *adv* en grand nombre
Zahltag *m* jour *m* de paie
Zahlung <-, -en> *f (Betrag)* versement *m*
Zählung <-, -en> *f (Volkszählung)* recensement *m* **Zahlungsart** *f* COM mode *m* de paiement
Zahlungsaufforderung *f* rappel *m* de paiement **Zahlungsbedingungen** *Pl* conditions *fpl* de paiement **Zahlungsbefehl** *m* CH, A ordre *m* de paiement **Zahlungsbeleg** *m* reçu *m* de paiement **zahlungsfähig** *adj* solvable **Zahlungsfrist** *f* délai *m* de paiement **zahlungskräftig** *adj (fam) Kunde* haut de gamme *inv* **Zahlungsmittel** *nt* moyen *m* de paiement **Zahlungsmoral** *f kein Pl* morale *f* de paiement **Zahlungsschwierigkeiten** *Pl* difficultés *fpl* de paiement **zahlungsunfähig** *adj* insolvable **Zahlungsverkehr** *m* ***elektronischer*** **~** monétique *f* **Zahlungsweise** *f* modalités *fpl* de paiement
Zahlwort <-wörter> *nt* numéral *m*
zahm [tsa:m] *adj (zutraulich)* apprivoisé(e)
zähmen ['tsɛ:mən] *vt* ❶ apprivoiser *Tier* ❷ *(zügeln)* refréner *Neugier*
Zähmung <-, -en> *f* apprivoisement *m*
Zahn [tsa:n, *Pl:* 'tsɛ:nə] <-[e]s, Zähne> *m* dent *f*
Zahnarzt, -ärztin *m, f* [chirurgien *m*] dentiste *mf*
Zahnarzthelfer(in) *m(f)* assistant(e) *m(f)* dentaire
zahnärztlich **I.** *adj Praxis* dentaire **II.** *adv* par un dentiste
Zahnarztpraxis *f* cabinet *m* dentaire **Zahnarztstuhl** *m* fauteuil *m* dentaire [*o* de dentiste] **Zahnbehandlung** *f* soin *m* dentaire
Zahnbelag *m* plaque *f* dentaire **Zahnbürste** *f* brosse *f* à dents **Zahncreme** *f* dentifrice *m*
zähnefletschend **I.** *adj attr* montrant les crocs **II.** *adv knurren* en montrant les crocs **zähneklappernd** **I.** *adj attr* claquant des dents **II.** *adv* en claquant des dents **Zähneknirschen** <-s> *nt* grincement *m* de dents **zähneknirschend** *adv* en grinçant des dents
zahnen ['tsa:nən] *vi* faire ses dents; ***das Zahnen*** le percement des dents
Zahnersatz *m* dentier *m* **Zahnfleisch** *nt*

gencive *f* **Zahnfüllung** *f (form)* plombage *m* **Zahnkrone** *f* couronne *f* [dentaire]

zahnlos *adj* édenté(e)

Zahnlücke *f* dent *f* manquante **Zahnmedizin** *f kein Pl* médecine *f* dentaire **Zahnpasta** *f s.* **Zahncreme** **Zahnpflege** *f* soins *mpl* dentaires **Zahnprothese** *f* prothèse *f* dentaire **Zahnrad** *nt* roue *f* dentée

Zahnradbahn *f* chemin *m* de fer à crémaillère

Zahnschmelz *m* émail *m* **Zahnschmerzen** *Pl* mal *m* de dents **Zahnseide** *f* fil *m* dentaire **Zahnspange** *f* appareil *m* [dentaire] **Zahnstein** *m kein Pl* tartre *m*

Zahnstocher ['tsaːnʃtɔxɐ] <-s, -> *m* cure--dent *m*

Zahntechniker(in) *m(f)* mécanicien-dentiste *m* /mécanicienne-dentiste *f* **Zahnweh** <-s> *nt s.* **Zahnschmerzen** **Zahnwurzel** *f* racine *f* [d'une/de la dent]

Zaire [za'iːrə, za'iːɐ̯] <-s> *nt* le Zaïre

Zander ['tsandɐ] <-s, -> *m* sandre *m*

Zange ['tsaŋə] <-, -n> *f* pince *f*

Zank [tsaŋk] <-[e]s> *m* dispute *f*

zanken ['tsaŋkən] **I.** *vi* se disputer; *Kinder:* se chamailler **II.** *vr* ***sich*** ~ se disputer; *Kinder:* se chamailler

zänkisch ['tsɛŋkɪʃ] *adj* ***ein ~es Weib*** un dragon

Zäpfchen ['tsɛpfçən] <-s, -> *nt* ❶ MED suppositoire *m* ❷ ANAT luette *f*

zapfen ['tsapfən] *vt* tirer

Zapfen ['tsapfən] <-s, -> *m* ❶ *(von Nadelbäumen)* pomme *f* de pin ❷ *(Eiszapfen)* stalactite *f*

Zapfenstreich *m* MIL couvre-feu *m*

Zapfhahn *m* chantepleure *f* **Zapfpistole** *f* pistolet *m* [de distribution] **Zapfsäule** *f* pompe *f* à essence

zappelig *adj Kind* agité(e)

zappeln ['tsapəln] *vi* ***mit den Beinen*** ~ gigoter des jambes *fam* ▶ **jdn ~ lassen** *(fam)* laisser qn mijoter

Zappelphilipp <-s, -e *o* -s> *m (fam)* asticot *m*

Zappelphilippsyndrom *nt* MED syndrome *m* d'hyperactivité

zappen ['tsɛpən] *vi (fam)* zapper

zappenduster *adj* ▶ **damit sieht es ~ aus** *(sl)* pour cela, ça a l'air d'être mal barré

zapplig *s.* **zappelig**

Zar(in) [tsaːɐ̯] <-en, -en> *m(f)* tsar *m* /tsarine *f*

zart [tsaːɐ̯t] **I.** *adj* ❶ *Haut* doux, douce ❷ *Knospe* délicat(e); *Stoff* moelleux, -euse ❸ *Fleisch* tendre ❹ *Gesundheit* délicat(e) **II.** *adv (zärtlich)* tendrement ▶ **~ besaitet** délicat(e)

zartbesaitet *adj attr* délicat(e) **zartbitter** *adj Schokolade* noir(e) **Zartbitterschokolade** *f* chocolat *m* noir **zartfühlend** *adj* ❶ *(fein)* délicat(e) ❷ *(taktvoll)* ~ ***sein*** avoir du tact

Zartheit <-> *f* ❶ *der Haut* douceur *f* ❷ *(Mürbheit) von Fleisch* tendreté *f* ❸ *(Feinheit) eines Blatts* délicatesse *f*

zärtlich ['tsɛːɐ̯tlɪç] *adj* tendre

Zärtlichkeit <-, -en> *f* ❶ *kein Pl (zärtliche Art)* tendresse *f* ❷ *Pl (Liebkosung)* caresses *fpl*

zartrosa *adj inv* rose tendre *inv*

Zaster ['tsastɐ] <-s> *m (fam)* pèze *m*

Zäsur [tsɛ'zuːɐ̯] <-, -en> *f (geh)* hiatus *m*

Zauber ['tsaubɐ] <-s, -> *m* ❶ *kein Pl (das Zaubern)* sortilège *m* ❷ *(Zauberwirkung)* sort *m* ❸ *kein Pl (Faszination)* charme *m* ❹ *(pej fam: Zeug)* ***der ganze*** ~ tout ce bazar ❺ *(pej fam: Getue)* chiqué *m*

Zauberei [tsaubə'rai] <-, -en> *f* ❶ *kein Pl (Magie)* magie *f;* ***an ~ grenzen*** tenir du miracle ❷ *s.* **Zauberkunststück**

Zauberer, Zauberin ['tsaubərɐ] <-s, -> *m, f* ❶ *(Hexer)* magicien(ne) *m(f)* ❷ *(Zauberkünstler)* prestidigitateur, -trice *m, f*

Zauberformel *f* formule *f* magique

zauberhaft *adj Person* merveilleux, -euse

Zauberkünstler(in) *m(f)* prestidigitateur, -trice *m, f* **Zauberkunststück** *nt* tour *m* de magie

zaubern ['tsaubɐn] **I.** *vi* ❶ *Fee:* faire de la magie ❷ *(Zauberkunststücke vorführen)* faire des tours de magie **II.** *vt* ❶ *(erscheinen lassen)* ***etw aus dem Zylinder*** ~ faire sortir qc du chapeau comme par enchantement ❷ *(fam: kochen)* mitonner

Zauberspruch *m s.* **Zauberformel** **Zauberstab** *m* baguette *f* magique **Zaubertrank** *m* potion *f* magique **Zaubertrick** *m s.* **Zauberkunststück** **Zauberwort** <-worte> *nt (magisches Wort)* parole *f* magique ▶ **wie heißt das ~?** qu'est-ce qu'on dit?

zaudern ['tsaudɐn] *vi* hésiter; ~ ***etw zu tun*** hésiter à faire qc

Zaudern ['tsaudɐn] <-s> *nt* indécision *f;* ***nach langem*** ~ après bien des hésitations

Zaum [tsaum, *Pl:* 'tsɔymə] <-[e]s, Zäume> *m* bride *f* ▶ **etw in ~ halten** mettre un frein à qc

zäumen ['tsɔymən] *vt* brider

Zaumzeug <-[e]s, -e> *nt* bride *f*

Zaun [tsaun, *Pl:* 'tsɔynə] <-[e]s, Zäune> *m*

clôture *f* ▶ **etw vom ~ brechen** provoquer qc pour un oui pour un non
Zaungast *m* badaud *m* **Zaunpfahl** *m* piquet *m*
z. B. *Abk von* **zum Beispiel** par ex.
ZDF [tsɛtde:'ʔɛf] <-[s]> *nt Abk von* **Zweites Deutsches Fernsehen** *deuxième chaîne de la télévision allemande*
Zebra ['tse:bra] <-s, -s> *nt* zèbre *m*
Zebrastreifen *m* passage *m* clouté
Zeche ['tsɛçə] <-, -n> *f* ❶ MIN mine *f* [de charbon] ❷ *(Rechnung)* addition *f*
zechen ['tsɛçən] *vi (hum)* biberonner *fam*
Zechpreller(in) <-s, -> *m(f)* resquilleur, -euse *m, f* **Zechprellerei** <-, -en> *f* resquille *f* **Zechtour** *f* tournée *f* des grands-ducs
Zecke ['tsɛkə] <-, -n> *f* tique *f*
Zeder ['tse:dɐ] <-, -n> *f* cèdre *m*
Zeh [tse:] <-s, -en> *m s.* **Zehe I**
Zehe ['tse:ə] <-, -n> *f* ❶ ANAT orteil *m* ❷ *(Teil einer Knolle)* gousse *f*
Zehennagel *m* ongle *m* de l'orteil **Zehenspitze** *f* pointe *f* de/du pied
zehn [tse:n] *num* dix; *s. a.* **acht**[1]
Zehn [tse:n] <-, -en> *f* dix *m; s. a.* **Acht**[1]
Zehncentstück *nt* pièce *f* de dix cents
Zehner ['tse:nɐ] <-s, -> *m (fam: Zehneuroschein)* billet *m* de dix euros
Zehnerkarte *f* carnet *m* de dix
zehnerlei ['tse:nɐlai] *adj inv* ~ ***Sorten Brot*** dix sortes de pain; *s. a.* **achterlei**
Zehnerpackung *f* paquet *m* de dix **Zehnerstelle** *f* MATH dizaine *f*
Zehneuroschein *m* billet *m* de dix euros
zehnfach ['tse:nfax] **I.** *adj* ***die ~e Menge nehmen*** [en] prendre dix fois plus **II.** *adv kopieren* en dix exemplaires; *s. a.* **achtfach**
Zehnfingersystem [tse:n'fɪŋɐzʏste:m] *nt kein Pl* système *m* à dix doigts
zehnjährig *adj Amtszeit* de dix ans
Zehnjährige(r) *f(m) dekl wie adj* garçon *m* /fille *f* de dix ans
Zehnkampf ['tse:nkampf] *m* décathlon *m*
zehnmal ['tse:nma:l] *adv* dix fois; *s. a.* **achtmal**
zehnt [tse:nt] *adv* ***zu ~ sein*** être dix; *s. a.* **acht**[2]
zehntausend ['tse:n'tauzənt] *num* dix mille
zehnte(r, s) *adj* ❶ dixième ❷ *(bei Datumsangaben)* ***der ~ März*** le dix mars; *s. a.* **achte(r, s)**
Zehnte(r) *m dekl wie adj* HIST dîme *f*
zehntel ['tse:ntəl] *adj* dixième; *s. a.* **achtel**
Zehntel ['tse:ntəl] <-s, -> *nt* dixième
zehntens ['tse:ntəns] *adv* dixièmement
zehren ['tse:rən] *vi* ❶ *(erschöpfen)* ***an jdm/etw*** ~ miner qn/qc ❷ *(geh: verbrauchen)* ***von etw*** ~ vivre sur qc
Zeichen ['tsaiçən] <-s, -> *nt* ❶ signe *m* ❷ *(Markierung)* marque *f* ❸ *(Schriftzeichen)* signe *m* ❹ MUS signe *m* ❺ CHEM symbole *m* ❻ INFORM caractère *m* ❼ ASTROL signe *m* [du zodiaque]
Zeichenblock <-blöcke *o* -blocks> *m* bloc *m* à dessin **Zeichendreieck** *nt* équerre *f* **Zeichenerklärung** *f* légende *f* **Zeichenpapier** *nt* papier *m* à dessin **Zeichensetzung** <-> *f* ponctuation *f* **Zeichensprache** *f* langage *m* des signes **Zeichentrickfilm** *m* dessin *m* animé
zeichnen ['tsaiçnən] **I.** *vt* ❶ dessiner ❷ *(erkennbar prägen)* marquer ❸ *(unterzeichnen)* signer **II.** *vi* ***mit Tusche*** ~ dessiner à l'encre de Chine
Zeichnen ['tsaiçnən] <-s> *nt* ❶ *(Tätigkeit)* dessin *m* ❷ *(Schulfach)* [cours *m* de] dessin *m*
Zeichner(in) <-s, -> *m(f)* *(Beruf)* ***technischer ~/technische ~in*** dessinateur industriel/dessinatrice industrielle
zeichnerisch *adj Darstellung* graphique
Zeichnung <-, -en> *f* dessin *m*
zeichnungsberechtigt *adj* COM habilité(e) à signer
Zeigefinger *m* index *m*
zeigen ['tsaigən] **I.** *vt* ❶ montrer; ***jdm etw*** ~ montrer qc à qn ❷ *(im Fernsehen bringen)* passer ❸ *(zum Ausdruck bringen)* ***Interesse*** ~ montrer de l'intérêt ❹ *(darstellen) Foto:* montrer ❺ *(anzeigen)* ***10° C*** ~ indiquer 10° C ❻ *(erkennen lassen)* ***~, dass ...*** *Vorfall:* [dé]montrer que ... **II.** *vi* ❶ *(deuten)* montrer ❷ *(weisen)* ***nach Norden*** ~ *Nadel:* indiquer le nord **III.** *vr* ❶ *(sich sehen lassen)* ***sich*** ~ *Person, Tier:* se montrer ❷ *(sich erweisen)* ***sich verständnisvoll*** ~ se montrer compréhensif, -ive ❸ *(sich herausstellen)* ***es zeigt sich, dass ...*** il s'avère que ...
Zeiger ['tsaigɐ] <-s, -> *m* aiguille *f*
Zeile ['tsailə] <-, -n> *f* ligne *f*
Zeilenabstand *m* interligne *m*
Zeisig ['tsaizɪç] <-s, -e> *m* serin *m*
Zeit [tsait] <-, -en> *f* ❶ temps *m* ❷ *(zur Verfügung stehende Zeit)* temps *m* disponible ❸ *(Uhrzeit)* heure *f* ❹ *(Zeitraum)* ***in letzter*** ~ ces derniers temps; ***eine ~ lang*** un certain temps ❺ *(Epoche)* époque *f* ❻ *(Zeitpunkt)* ***zu gegebener*** ~ en temps opportun; ***es ist an der ~ etw zu tun*** le moment est venu de faire qc ❼ *(Normalzeit)* temps *m;* ***mitteleuropäische*** ~

Z

heure *f* de l'Europe centrale ▶ **zur** ~ actuellement

Zeitabschnitt *m* période *f* **Zeitalter** *nt* époque *f* **Zeitangabe** *f* ❶ *(Angabe der Uhrzeit)* horaire *m* ❷ *(Angabe des Zeitpunktes)* date *f* ❸ GRAM complément *m* de temps **Zeitansage** *f* heure *f* [exacte] **Zeitarbeit** *f kein Pl* travail *m* temporaire **Zeitarbeitsfirma** *f* agence *f* d'intérim **Zeitaufwand** *m* temps *m* de travail nécessaire **zeitaufwendig**, **zeitaufwändig** *adj* qui nécessite beaucoup de temps **Zeitbombe** *f* bombe *f* à retardement **Zeitdruck** *m kein Pl* course *f* contre la montre **Zeiteinteilung** *f* organisation *f* du temps

Zeitenfolge *f kein Pl* LING concordance *f* des temps

Zeitersparnis *f* économie *f* [*o* gain *m*] de temps **Zeitgefühl** *nt kein Pl* sens *m* de l'heure **Zeitgeist** *m kein Pl* esprit *m* du temps

zeitgemäß I. *adj* moderne II. *adv* au goût du jour

Zeitgenosse, **-genossin** ['tsaitgənɔsə] *m, f* ❶ contemporain(e) *m(f)* ❷ *(fam: Typ)* ***ein unangenehmer*** ~ un drôle de type

zeitgenössisch ['tsaitgənœsɪʃ] *adj* ❶ *(heutig)* contemporain(e) ❷ *(der damaligen Epoche)* de l'époque

Zeitgeschehen *nt kein Pl* actualité *f* **Zeitgeschichte** *f kein Pl* histoire *f* contemporaine **zeitgleich** *adj* simultané(e)

zeitig ['tsaitɪç] *adv aufstehen* de bonne heure

Zeitkarte *f* [carte *f* d']abonnement *m*; *(für die Pariser Metro)* carte *f* orange **zeitkritisch** *adj* critique à l'égard de son époque

zeitlebens ['tsaitle:bəns] *adv* durant toute sa/ma/... vie

zeitlich I. *adj Ablauf* chronologique II. *adv einrichten* au niveau de l'heure/du jour

Zeitlimit *nt* délai *m*

zeitlos *adj* classique

Zeitlupe *f kein Pl* ralenti *m*

Zeitlupentempo *nt* ▶ **im** ~ au ralenti

Zeitmangel *m kein Pl* manque *m* de temps **Zeitmaschine** *f* machine *f* à remonter le temps

Zeitnot *f kein Pl* manque *m* extrême de temps **Zeitplan** *m* calendrier *m* **Zeitpunkt** *m (Moment, Termin)* date *f*; *(Stunde)* heure *f*

Zeitraffer <-s> *m* accéléré *m*

zeitraubend *adj* qui prend beaucoup de temps **Zeitraum** *m* période *f* **Zeitrechnung** *f kein Pl* ère *f*; ***vor/nach unserer*** ~ avant/après notre ère **Zeitschaltuhr** *f* minuteur *m* **Zeitschrift** ['tsaitʃrɪft] *f* magazine *m* **Zeitspanne** *f* laps *m* de temps **zeitsparend** *adj* qui fait gagner du temps **Zeitumstellung** *f (zwischen Winter- und Sommerzeit)* changement *m* d'heure

Zeitung ['tsaitʊŋ] <-, -en> *f* journal *m*

Zeitungsabonnement *nt* abonnement *m* à un journal **Zeitungsannonce** *f* petite annonce *f* **Zeitungsartikel** *m* article *m* de journal **Zeitungsausschnitt** *m* coupure *f* de presse **Zeitungsbericht** *m* article *m* de journal **Zeitungskiosk** *m* kiosque *m* à journaux **Zeitungsmeldung** *f* annonce *f* de presse **Zeitungspapier** *nt* papier *m* journal **Zeitungsständer** *m* porte-revues *m* **Zeitungsverkäufer(in)** *m(f)* vendeur, -euse *m, f* de journaux **Zeitverlust** *m kein Pl* perte *f* de temps **Zeitverschiebung** *f* décalage *m* horaire **Zeitverschwendung** *f kein Pl* gaspillage *m* de temps **Zeitvertrag** *m* contrat *m* à durée déterminée

Zeitvertreib ['tsaitfɛɐtraip] <-[e]s, -e> *m* passe-temps *m*

zeitweilig ['tsaitvailɪç] I. *adj* ❶ *(vorübergehend)* temporaire ❷ *(gelegentlich)* passager, -ère II. *adv s.* **zeitweise**

zeitweise *adv* ❶ *(gelegentlich)* par intermittence ❷ *(eine Zeit lang)* par moments

Zeitwort <-wörter> *nt* verbe *m* **Zeitzeuge**, **-zeugin** *m, f* témoin *m* de l'époque **Zeitzone** *f* fuseau *m* horaire **Zeitzünder** *m* détonateur *m* à retardement

zelebrieren* [tsele'bri:rən] *vt* ❶ REL célébrer ❷ *(geh: feierlich gestalten)* solenniser

Zelle ['tsɛlə] <-, -n> *f* ❶ *a.* BIO cellule *f* ❷ *(Telefonzelle)* cabine *f*

Zellengenosse, **-genossin** *m, f* compagnon *m* /compagne *f* de cellule

Zellkern *m* BIO noyau *m* cellulaire

Zellteilung *f* BIO division *f* cellulaire

zellulär [tsɛlu'lɛ:ɐ] *adj* BIO cellulaire

Zellulitis [tsɛlu'li:tɪs] <-, Zellulitiden> *f* MED cellulite *f*

Zelluloid [tsɛlu'lɔyt] <-s> *nt* celluloïd *m*

Zellwand *f* paroi *f* cellulaire

Zelt [tsɛlt] <-[e]s, -e> *nt* tente *f*

zelten ['tsɛltən] *vi* camper

Zeltlager *nt* campement *m* **Zeltplane** *f* toile *f* de tente **Zeltplatz** *m* terrain *m* de camping **Zeltstange** *f* mât *m* de tente [*o* de toit]

Zement [tse'mɛnt] <-[e]s, -e> *m* ciment *m*

zementieren* [tsemɛn'ti:rən] *vt* cimenter

Zenit [tse'ni:t] <-[e]s> *m* ASTRON zénith *m*

zensieren* [tsɛn'ziːrən] *vt* ❶ *(benoten)* noter ❷ *(der Zensur unterwerfen)* censurer

Zensor, Zensorin ['tsɛnzoːɐ̯] <-s, -soren> *m, f* censeur *mf*

Zensur [tsɛn'zuːɐ̯] <-, -en> *f* ❶ note *f* ❷ *kein Pl (Kontrolle)* censure *f*

Zentigramm [tsɛnti'gram] *nt* centigramme *m* **Zentiliter** [tsɛnti'liːtɐ] *m o nt* centilitre *m* **Zentimeter** [tsɛnti'meːtɐ] *m o nt* centimètre *m*

Zentimetermaß *nt* mètre *m*

Zentner ['tsɛntnɐ] <-s, -> *m* demi-quintal *m*

zentnerschwer *adj* ❶ *Last* lourd(e) comme du plomb ❷ *Sorge* accablant(e)

zentral [tsɛn'traːl] **I.** *adj* central(e) **II.** *adv liegen* au centre; *erfassen* de manière centralisée

Zentralabitur *nt* ≈ baccalauréat *m* régional; *(in Frankreich)* baccalauréat national

Zentralafrika *nt* l'Afrique *f* centrale **Zentralbank** <-banken> *f* banque *f* centrale; ***die Europäische ~*** la banque centrale européenne; ***Europäisches System der ~en*** Système *m* européen des banques centrales

Zentrale [tsɛn'traːlə] <-, -n> *f* ❶ *einer Firma* siège *m* ❷ *(Telefonzentrale) eines Unternehmens* standard *m*

Zentraleinheit *f* INFORM unité *f* centrale **Zentralgewalt** *f* POL pouvoir *m* central **Zentralheizung** *f* chauffage *m* central

zentralisieren* [tsɛntrali'ziːrən] *vt* centraliser

Zentralisierung <-, -en> *f* centralisation *f*

Zentralismus [tsɛntra'lɪsmʊs] <-> *m* centralisme *m*

zentralistisch [tsɛntra'lɪstɪʃ] **I.** *adj* centraliste **II.** *adv* de façon centraliste

Zentralkomitee *nt* POL comité *m* central **Zentralmassiv** *nt* GEOG ***das ~*** le Massif central **Zentralverriegelung** <-, -en> *f* verrouillage *m* central[isé] **Zentralverwaltung** *f* centre *m* administratif

Zentren *Pl von* **Zentrum**

zentrieren* [tsɛn'triːrən] *vt* centrer

zentrifugal [tsɛntrifu'gaːl] *adj* centrifuge

Zentrifugalkraft *f* force *f* centrifuge

Zentrifuge [tsɛntri'fuːgə] <-, -n> *f* centrifugeuse *f*

zentripetal [tsɛntripe'taːl] *adj* centripète

Zentrum ['tsɛntrʊm] <-s, Zentren> *nt* centre *m*

Zeppelin ['tsɛpəliːn] <-s, -e> *m* dirigeable *m*

Zepter ['tsɛptɐ] <-s, -> *nt* sceptre *m*

zerbeißen* *vt irr* ❶ croquer *Bonbon* ❷ mordiller *Schuh* ❸ *(fam: stechen)* ***jdn ~*** *Floh:* dévorer qn

zerbeult *s.* **verbeulen**

zerbomben* *vt* bombarder

zerbrechen* *irr* **I.** *vt + haben* casser **II.** *vi + sein* ❶ *Vase:* se casser ❷ *(fig) Ehe:* se briser

zerbrechlich *adj* fragile

zerbröckeln* **I.** *vt + haben* émietter *Brot;* effriter *Ton* **II.** *vi + sein Kuchen:* s'émietter

zerdeppern* *vt (fam)* fracasser

zerdrücken* *vt* ❶ écraser *Banane* ❷ *s.* **zerknittern**

Zeremonie [tseremo'niː] <-, -ien> *f* cérémonie *f*

zeremoniell [tseremo'ni̯ɛl] *(geh)* **I.** *adj* cérémonieux, -euse **II.** *adv* cérémonieusement

Zeremoniell [tseremo'ni̯ɛl] <-s, -e> *nt (geh)* cérémonial *m*

Zerfall *m kein Pl* ❶ *(das Zerfallen)* dégradation *f* ❷ *(Niedergang)* décadence *f* ❸ PHYS désintégration *f*

zerfallen* *vi irr + sein* ❶ *Gebäude:* tomber en ruine ❷ PHYS se désintégrer ❸ *(sich gliedern)* ***in etw*** *akk* ~ se diviser en qc

zerfetzen* *vt* ❶ déchirer *Zeitung, Hemd* ❷ *(verstümmeln)* ***jdn/etw ~*** *Granate:* déchiqueter qn/qc

zerfleddern* *vt (fam)* esquinter *Buch*

zerfleischen* **I.** *vt* déchiqueter **II.** *vr* ***sich ~*** *(sich selbst quälen)* se torturer

zerfließen* *vi irr + sein* ❶ *Butter:* fondre; *Make-up:* couler ❷ *(fig)* ***vor Mitleid [fast] ~*** se confondre en apitoiements

zerfranst [tsɛɐ̯'franst] *adj* effiloché(e)

zerfressen* *vt irr* ❶ ***etw ~*** *Rost:* manger qc; *Krankheit:* ronger qc ❷ *(fressen)* ***etw ~*** *Motten:* manger qc

zergehen* *vi irr + sein Butter, Tablette:* fondre

zerhacken* *vt* couper [en morceaux]; ***etw ~*** couper qc [en morceaux]

zerkleinern* [tsɛɐ̯'klainɐn] *vt* couper en petits morceaux; ***etw ~*** couper qc en petits morceaux

zerklüftet [tsɛɐ̯'klʏftət] *adj Berg, Felsen* crevassé(e)

zerknirscht [tsɛɐ̯'knɪrʃt] *adj o adv* contrit(e)

zerknittern* *vt* chiffonner *Hemd*

zerknittert *adj (fig) Gesicht* fripé(e)

zerknüllen* *vt* froisser *Papier*

zerkratzen* *vt* ❶ rayer *Oberfläche* ❷ *(verletzen)* ***eine Katze hat ihm das Gesicht zerkratzt*** un chat lui a griffé le visage

zerkrümeln* *vt* émietter
zerlassen* *vt irr* faire fondre
zerlaufen* *s.* **zerfließen**
zerlegen* *vt* ❶ démonter *Schrank* ❷ *(tranchieren)* découper *Gans*
zerlumpt [tsɛɐ̯'lʊmpt] *adj Bettler* déguenillé(e)
zermahlen* *vt* moudre; ***etw zu Mehl ~*** moudre qc pour en faire de la farine
zermalmen* [tsɛɐ̯'malmən] *vt* écraser
zermürben* [tsɛɐ̯'mʏrbən] *vt* épuiser; ***~d sein*** être usant
zerpflücken* *vt* démolir [point par point]; ***jds Argumente ~*** démolir les arguments de qn [point par point]
zerplatzen* *vi + sein* éclater
zerquetschen* *vt* écraser
Zerrbild *nt* caricature *f*
zerreden* *vt* ressasser
zerreiben* *vt irr* piler *Gewürze*
zerreißen* *irr* **I.** *vt + haben* ❶ déchirer *Foto* ❷ *(durchreißen)* déchirer *Netz* **II.** *vi + sein Stoff:* se déchirer
Zerreißprobe *f* épreuve *f* de vérité
zerren ['tsɛrən] **I.** *vt* tirer; ***jdn ins Zimmer ~*** tirer qn dans la pièce **II.** *vi* ***an etw*** *dat* ~ tirer sur qc **III.** *vr* MED ***sich*** *dat* ***einen Muskel ~*** se froisser un muscle
zerrinnen* *vi irr + sein (geh) Träume:* partir en fumée
zerrissen [tsɛɐ̯'rɪsən] *adj (fig)* déchiré(e)
Zerrspiegel *m* miroir *m* déformant
Zerrung <-, -en> *f* MED élongation *f*
zerrütten* [tsɛɐ̯'rʏtən] *vt* démolir *Nerven;* briser *Ehe*
zersägen* *vt* scier
zerschellen* *vi + sein* se briser; ***an etw*** *dat ~ Schiff:* se briser contre qc; ***an einem Berg ~*** *Flugzeug:* s'écraser contre une montagne
zerschlagen*1 *irr* **I.** *vt* casser *Glas* **II.** *vr* ***sich ~*** *Plan:* tomber à l'eau
zerschlagen2 *adj* fourbu(e); ***ganz ~ sein*** être complètement fourbu
Zerschlagung <-, *selten:* -en> *f* démantèlement *m*
zerschlissen [tsɛɐ̯'ʃlɪsən] *s.* **verschlissen**
zerschmettern* *vt* fracasser *Schädel;* briser *Kiefer*
zerschneiden* **I.** *vt irr* découper *Zeitung* **II.** *vr* ***sich*** *dat* ***die Hand ~*** se couper la main
zerschrammen* *vt* rayer
zersetzen* **I.** *vt (auflösen)* décomposer **II.** *vr* ***sich*** ~ se décomposer
Zersetzung <-> *f* ❶ décomposition *f* ❷ *(Untergrabung)* dégradation *f*
Zersied[e]lung <-> *f (form)* mitage *m*
zerspalten* *vt* fendre
zersplittern* **I.** *vt + haben* faire éclater *Mast* **II.** *vi + sein Glasscheibe:* voler en éclats
Zersplitterung <-, -en> *f* ❶ *(Zersplittern)* fragmentation *f* ❷ *(fig)* éclatement *m*
zersprengen* *vt* ❶ faire sauter *Felsen* ❷ disperser *Truppen*
zerspringen* *vi irr + sein* éclater
zerstampfen* *vt* écraser
zerstäuben* [tsɛɐ̯'ʃtɔybən] *vt* vaporiser *Parfüm*
Zerstäuber <-s, -> *m* brumatisateur® *m; (Parfümzerstäuber)* vaporisateur *m*
zerstechen* *vt irr* ❶ trouer *Leder;* crever *Reifen* ❷ *(mehrfach stechen)* ***von den Moskitos völlig zerstochen werden*** être dévoré par les moustiques
zerstörbar *adj* destructible
zerstören* *vt* ❶ *(kaputt machen)* détruire *Gebäude* ❷ *(zunichtemachen)* détruire *Ehe*
Zerstörer <-s, -> *m* ❶ destructeur *m* ❷ NAUT contre-torpilleur *m*
zerstörerisch *adj* destructeur, -trice
Zerstörung <-, -en> *f* ❶ *kein Pl (das Zerstören)* destruction *f* ❷ *(Verwüstung)* dévastation *f*
Zerstörungstrieb *m kein Pl* instinct *m* de destruction
zerstoßen* *vt irr* concasser
zerstreiten* *vr irr* ***sich*** ~ se disputer; ***sich mit jdm über etw*** *akk* ~ se disputer avec qn à propos de qc; *(für längere Zeit)* se brouiller avec qn à cause de qc
zerstreuen* **I.** *vt* ❶ *(auseinandertreiben)* disperser ❷ disséminer *Truppen;* éparpiller *Papiere* **II.** *vr* **sich ~** ❶ *(sich amüsieren)* se distraire ❷ *(auseinandertreiben) Menschenmenge:* se disperser ❸ *(sich auflösen) Sorgen:* s'envoler
zerstreut *adj* ❶ *(unkonzentriert)* distrait(e) ❷ *(verstreut)* éparpillé(e)
Zerstreutheit <-> *f* distraction *f*
Zerstreuung <-, -en> *f* distraction *f*
zerstritten [tsɛɐ̯'ʃtrɪtən] *PP von* **zerstreiten**
zerstückeln* *vt* dépecer *Leiche*
Zerstückelung <-, -en> *f von Grundbesitz, Land* morcellement *m; einer Leiche* dépeçage *m*
zerteilen* *vt* découper; ***etw in gleich große Stücke ~*** découper qc en morceaux
Zertifikat [tsɛrtifi'ka:t] <-[e]s, -e> *nt* certificat *m*
zertrampeln* *vt* piétiner

zertreten* *vt irr* écraser *Käfer;* piétiner *Gras*

zertrümmern* [tsɛɐ̯ˈtrʏmɐn] *vt* ❶ défoncer *Fensterscheibe* ❷ *(verletzen)* ***er hat ihm den Schädel zertrümmert*** il lui a fracassé le crâne ❸ MED détruire *Nierenstein*

zerwühlen* *vt* ❶ labourer *Boden* ❷ défaire *Bett*

Zerwürfnis [tsɛɐ̯ˈvʏrfnɪs] <-ses, -se> *nt (geh)* discorde *f soutenu*

zerzausen* *vt* ***jdm die Frisur ~*** *Person:* décoiffer qn

zetern [ˈtseːtɐn] *vi (pej) Person:* brailler *fam*

Zettel [ˈtsɛtəl] <-s, -> *m* ❶ *(für eine Notiz)* [bout *m* de] papier *m; (mit einer Notiz)* note *f* ❷ *(Einkaufszettel)* liste *f*

Zeug [tsɔyk] <-[e]s> *nt (fam)* ❶ *(mehrere Sachen)* bazar *m;* ***ist das dein ~?*** c'est ton fourbi? ❷ *(Nahrungsmittel)* truc *m* ❸ *(Unsinn)* ***dummes ~ reden*** raconter des conneries

Zeuge, Zeugin [ˈtsɔygə] <-n, -n> *m, f* témoin *m*

zeugen[1] [ˈtsɔygən] *vt (geh)* engendrer *Kind*

zeugen[2] [ˈtsɔygən] *vi* témoigner; ***von großer Erfahrung ~*** témoigner d'une grande expérience

Zeugenaussage *f* témoignage *m* **Zeugenstand** *m* ***jdn in den ~ rufen*** appeler qn à la barre [des témoins]

Zeugin [ˈtsɔygɪn] *s.* **Zeuge**

Zeugnis [ˈtsɔyknɪs] <-ses, -se> *nt* ❶ *(Schulzeugnis)* bulletin *m* [scolaire] ❷ *(Arbeitszeugnis)* certificat *m* de travail

Zeugung <-, -en> *f (geh)* procréation *f*

Zeugungsakt *m* acte *m* de procréation **zeugungsfähig** *adj (form)* apte à procréer *soutenu* **Zeugungsfähigkeit** *f kein Pl (form)* capacité *f* à procréer *soutenu* **zeugungsunfähig** *adj (form)* inapte à procréer *soutenu* **Zeugungsunfähigkeit** *f kein Pl (form)* incapacité *f* de procréer *soutenu*

z. H[d]. *Abk von* **zu Händen** à l'attention de

Zichorie [tsɪˈçoːri̯ə] <-, -n> *f* chicorée *f*

Zicke [ˈtsɪkə] <-, -n> *f (pej fam)* bique *f*

zickig [ˈtsɪkɪç] *adj (fam)* chiant(e)

Zicklein <-s, -> *nt* chevreau *m*

zickzack [ˈtsɪktsak] *adv* en zigzag; ***~ fahren*** faire des zigzags en conduisant

Zickzack [ˈtsɪktsak] *m* ***im ~*** en zigzag

Zickzackkurs *m* ❶ *eines Fahrzeugs, Schiffs* zigzags *mpl;* ***im ~*** en zigzag ❷ *(fig) einer Person, Partei* volte-face *f pl* continuelles

Ziege [ˈtsiːgə] <-, -n> *f* ❶ chèvre *f* ❷ *(pej fam: Schimpfwort)* ***diese [blöde] ~!*** cette conne!

Ziegel [ˈtsiːgəl] <-s, -> *m* ❶ *(Ziegelstein)* brique *f* ❷ *(Dachziegel)* tuile *f*

Ziegeldach *nt* toit *m* de tuiles

Ziegelei [tsiːgəˈlai̯] <-, -en> *f* briqueterie *f; (für Dachziegel)* tuilerie *f*

Ziegelstein *m* brique *f*

Ziegenbart *m* ❶ barbe *f* de chèvre ❷ *(fam: Spitzbart)* barbichette *f* **Ziegenbock** *m* bouc *m* **Ziegenkäse** *m* [fromage *m* de] chèvre *m* **Ziegenmilch** *f* lait *m* de chèvre **Ziegenpeter** [-peːtɐ] <-s, -> *m (fam)* oreillons *mpl*

ziehen [ˈtsiːən] <zog, gezogen> **I.** *vt + haben* ❶ tirer *Wagen* ❷ *(bewegen)* ***die Rollläden nach oben ~*** monter des volets roulants; ***jdn/etw aus dem Auto ~*** tirer qn/qc de la voiture ❸ *(zerren)* ***jdn an den Haaren ~*** tirer qn par les cheveux ❹ *(opp: drücken)* tirer *Tür* ❺ *(steuern)* ***das Flugzeug nach oben ~*** cabrer l'appareil ❻ *(entfernen)* retirer *Fäden;* arracher *Zahn* ❼ *(hervorholen)* sortir *Degen* ❽ *(wählen)* tirer *Los* ❾ *(betätigen)* tirer *Notbremse, Wasserspülung* ❿ *(verlegen)* installer *Zaun* ⓫ *(durchziehen)* ***den Gürtel durch etw ~*** faire passer la ceinture dans qc ⓬ *(züchten)* cultiver *Pflanzen* ⓭ *(zeichnen)* tirer *Linie* ⓮ *(dehnen)* ***etw glatt ~*** défroisser qc ⓯ *(anziehen)* ***alle Blicke auf sich*** *akk* ***~*** attirer tous les regards sur soi ⓰ *(zur Folge haben)* ***Veränderungen nach sich*** *akk* ***~*** entraîner des changements ⓱ *(machen)* faire *Grimassen* ⓲ *(fam: schlagen)* ***jdm eins über die Rübe ~*** en mettre une à qn ⓳ INFORM *(fam: downloaden)* ***etw aus dem Netz ~*** tirer qc d'Internet **II.** *vi* ❶ *+ haben (zerren)* ***an etw*** *dat* ***~*** tirer sur qc ❷ *+ sein (umziehen)* ***nach Berlin ~*** déménager à Berlin ❸ *+ sein (unterwegs sein)* ***durch die Stadt ~*** traverser la ville ❹ *+ sein* ZOOL *Vögel:* migrer ❺ *(sich bewegen)* ***nach rechts/links ~*** *Fahrzeug:* tirer à droite/gauche ❻ *+ haben (beim Rauchen)* ***an etw*** *dat* ***~*** tirer sur qc ❼ *+ sein (dringen)* ***durchs Haus ~*** *Duft:* se répandre dans la maison ❽ *+ sein (einziehen)* ***in die Haut ~*** pénétrer dans la peau ❾ *+ haben* GASTR *Tee:* infuser ❿ *+ haben (fam: Eindruck machen)* ***bei jdm ~*** marcher avec qn; ***diese Masche zieht bei mir nicht!*** ce truc ne prend pas avec moi! **III.** *vi unpers + haben* ❶ ***es zieht!*** il y a un courant d'air! ❷ *(schmerzen)* ***es zieht mir in den Beinen*** ça me tire dans les jambes; ***ein ~der Schmerz*** une douleur lancinante **IV.** *vt unpers + haben* ***jdn zieht es in die Ferne*** qn est attiré(e) par les contrées lointaines **V.** *vr + haben* ❶ ***sich ~*** *Verhandlungen:* traîner en longueur ❷ *(sich erstrecken)* ***sich durch das Tal ~*** *Straße:* s'étendre à travers la vallée ❸ *(sich hochziehen)* ***sich am Seil in die Höhe ~*** se hisser en haut à l'aide d'une corde

Ziehen <-s> *nt (Schmerz)* élancements *mpl*

Ziehharmonika *f* accordéon *m*

Ziehung <-, -en> *f* tirage *m*

Ziel [tsiːl] <-[e]s, -e> *nt* ❶ *(Reiseziel)* destination *f* ❷ *(opp: Start)* [ligne *f* d']arrivée *f* ❸ *(Zielscheibe)* cible *f* ❹ *(fig)* but *m*, objectif *m*; ***sich*** *dat* ***etw zum ~ setzen*** se fixer qc comme objectif **zielbewusst** *adj* résolu(e)

zielen ['tsiːlən] *vi* ❶ viser; ***auf jdn/etw ~*** *Person:* viser qn/qc ❷ *(gerichtet sein)* ***auf jdn/etw ~*** *Waffe:* être pointé sur qn/qc; *Kritik:* viser qn/qc

Zielfernrohr *nt* lunette *f* de visée

zielführend *adj inv* menant au but

Zielgerade *f* dernière ligne *f* droite **zielgerichtet I.** *adj* fait(e) dans un but précis **II.** *adv planen* dans un but précis **Zielgruppe** *f* [groupe *m*] cible *f* **Ziellinie** *f* ligne *f* d'arrivée

ziellos *adj o adv* sans but [précis]

zielorientiert *adj* ciblé(e) **Zielperson** *f* personne *f* cible **Zielscheibe** *f* cible *f* **Zielsetzung** <-, -en> *f* but *m* **zielsicher I.** *adj* ***ein ~er Schütze*** un fin tireur **II.** *adv* ***~ auf jdn/etw zugehen*** se diriger sans hésiter vers qn/qc **Zielsprache** *f* LING langue *f* cible

zielstrebig ['tsiːlʃtreːbɪç] **I.** *adj* déterminé(e) **II.** *adv* avec détermination

Zielstrebigkeit <-> *f* détermination *f*

ziemlich ['tsiːmlɪç] **I.** *adj (fam)* ***eine ~e Entfernung*** une bonne petite distance **II.** *adv* assez; ***er musste sich ~ beeilen*** il a dû pas mal se dépêcher

Zierde ['tsiːɐ̯də] <-, -n> *f (Schmuck)* parure *f*; ***zur ~*** comme décoration

zieren ['tsiːrən] **I.** *vt* orner **II.** *vr* ***sich ~*** faire des manières

Zierfisch *m* poisson *m* [exotique] d'aquarium **Ziergarten** *m* jardin *m* d'agrément **Zierleiste** *f (an Fahrzeugen)* baguette *f* latérale

zierlich ['tsiːɐ̯lɪç] *adj* menu(e)

Zierlichkeit <-> *f* finesse *f* du corps

Zierpflanze *f* plante *f* ornementale

Ziffer ['tsɪfɐ] <-, -n> *f* ❶ chiffre *m* ❷ *(Abschnitt) eines Paragrafen* alinéa *m*

Zifferblatt *nt* cadran *m*

Ziffernblock *nt* INFORM pavé *m* numérique

zig [tsɪç] *adj (fam)* trente-six

Zigarette [tsiga'rɛtə] <-, -n> *f* cigarette *f*

Zigarettenanzünder *m* allume-cigare *m* **Zigarettenautomat** *m* distributeur *m* de cigarettes **Zigarettenpause** *f (fam)* pause *f* cigarette **Zigarettenschachtel** *f* paquet *m* de cigarettes **Zigarettenspitze** *f* fume-cigarette *m*

Zigarillo [tsiga'rɪlo] <-s, -s> *m o nt* cigarillo *m*

Zigarre [tsi'garə] <-, -n> *f* cigare *m*

Zigarrenstummel *m* mégot *m* [de cigare]

Zigeuner(in) [tsi'gɔyne] <-s, -> *m(f) (pej)* tzigane *mf péj; (in Südfrankreich, Spanien lebend)* gitan(e) *m(f) péj*

Zigeunerschnitzel *nt* escalope *f* sauce piquante

zigmal ['tsɪçmaːl] *adv (fam)* trente-six fois

Zikade [tsi'kaːdə] <-, -n> *f* cigale *f*

Zimmer ['tsɪmɐ] <-s, -> *nt* ❶ pièce *f* ❷ *(zum Schlafen)* chambre *f*

Zimmerdecke *f* plafond *m* **Zimmerhandwerk** *nt* charpenterie *f* **Zimmerlautstärke** *f* ***etw auf ~*** *akk* ***stellen*** mettre qc en sourdine **Zimmermädchen** *nt* femme *f* de chambre **Zimmermann** <-leute> *m* charpentier *m*

zimmern ['tsɪmɐn] **I.** *vt* fabriquer **II.** *vi* ***an etw*** *dat* ~ bricoler qc

Zimmerpflanze *f* plante *f* d'appartement **Zimmerservice** [-sœːvɪs] *m* service *m* d'étage **Zimmersuche** *f* recherche d'une chambre *f* **Zimmertemperatur** *f* température *f* ambiante **Zimmervermittlung** *f* location *f* de chambres

zimperlich ['tsɪmpɐlɪç] *adj* douillet(te)

Zimt [tsɪmt] <-[e]s> *m* cannelle *f*

Zimtstange *f* bâton *m* de cannelle

Zink [tsɪŋk] <-[e]s> *nt* zinc *m*

Zinke ['tsɪŋkə] <-, -n> *f* dent *f*

zinken ['tsɪŋkən] *vt* biseauter *Karten*

Zinn [tsɪn] <-[e]s> *nt* étain *m*

Zinnober [tsɪ'noːbɐ] <-s> *m (Farbe)* vermillon *m*

zinnoberrot *adj* [rouge] vermillon *inv*

Zinnsoldat *m* soldat *m* de plomb

Zins [tsɪns] <-es, -en> *m* FIN intérêt *m*

zinsbringend I. *adj* lucratif, -ive **II.** *adv* ***sein Geld ~ anlegen*** placer fructueusement son argent

Zinseszins *m* intérêts *mpl* composés

zinsgünstig *adj o adv* avec un taux [d'inté-

rêt] avantageux **zinslos** *adj o adv* sans intérêts **Zinssatz** *m* taux *m* d'intérêt
Zionismus [tsi̯o'nɪsmʊs] <-> *m* sionisme *m*
Zionist(in) [tsi̯o'nɪst] <-en, -en> *m(f)* sioniste *mf*
ZIP-Datei ['tsɪp-, 'zɪp-] *f* INFORM fichier *m* ZIP
Zipfel ['tsɪpfəl] <-s, -> *m eines Kissens* coin *m; einer Wurst* entame *f*
Zipfelmütze *f* bonnet *m* à pointe
zippen ['tsɪpn̩, 'zɪpn̩] *vt* INFORM zipper *Dokument, Datei*
zirka ['tsɪrka] *adv* environ
Zirkel ['tsɪrkəl] <-s, -> *m (Gerät)* compas *m*
Zirkulation [tsɪrkula'tsi̯o:n] <-, -en> *f* circulation *f*
zirkulieren* [tsɪrku'li:rən] *vi* circuler
Zirkumflex ['tsɪrkʊmflɛks] <-es, -e> *m* LING accent *m* circonflexe
Zirkus ['tsɪrkʊs] <-, -se> *m* ❶ cirque *m* ❷ *(pej fam: großes Aufheben)* cirque *m* **Zirkusdirektor(in)** *m(f)* directeur, -trice *m, f* de cirque
Zirkuszelt *nt* chapiteau *m*
zirpen ['tsɪrpən] *vi Grille:* chanter
zisch [tsɪʃ] *interj (Geräusch einer hervorsprudelnden Flüssigkeit)* pschitt; **~ *machen*** faire pschitt
zischen ['tsɪʃən] *vi* ❶ + *haben Schlange:* siffler; *Fett:* grésiller ❷ + *sein (laut strömen)* ***aus etw*** ~ *Dampf:* chuinter en sortant de qc; *Bier:* jaillir de qc ❸ + *haben (Unmut äußern)* siffler
Zischen ['tsɪʃən] <-s> *nt* sifflement *m; von Gas, Dampf* chuintement *m*
Zisterne [tsɪs'tɛrnə] <-, -n> *f* citerne *f*
Zitadelle [tsita'dɛlə] <-, -n> *f* citadelle *f*
Zitat [tsi'ta:t] <-[e]s, -e> *nt* citation *f*
Zither ['tsɪtɐ] <-, -n> *f* cithare *f*
zitieren* [tsi'ti:rən] *vt* ❶ citer ❷ *(kommen lassen)* ***ich wurde zum Chef zitiert*** le chef m'a convoqué(e)
Zitronat [tsitro'na:t] <-[e]s, -e> *nt* citron *m* confit
Zitrone [tsi'tro:nə] <-, -n> *f* citron *m*
Zitronenfalter *m* citron *m* de Provence **zitronengelb** *adj* jaune citron *inv* **Zitronenlimonade** *f* citronnade *f* **Zitronenmelisse** *f* citronnelle *f* **Zitronenpresse** *f* presse-citron *m* **Zitronensaft** *m* jus *m* de citron **Zitronensäure** *f* CHEM acide *m* citrique **Zitronenschale** *f* écorce *f* de citron
Zitrusfrucht ['tsi:trʊsfrʊxt] *f* agrume *m* **Zitruspresse** *f* presse-agrumes *m*
zitterig ['tsɪtərɪç] *s.* **zittrig**
zittern ['tsɪtɐn] *vi* ❶ *(beben, vibrieren) Person, Stimme, Hand:* trembler; ***das Zittern*** le tremblement ❷ *(fam: Angst haben)* ***vor jdm*** ~ avoir la frousse de qn
Zitterpappel *f* tremble *m*
zittrig ['tsɪtrɪç] *adj* tremblant(e)
Zitze ['tsɪtsə] <-, -n> *f einer Kuh, Sau* mamelle *f; einer Katze, Hündin* tétine *f*
Zivi ['tsi:vi] <-s, -s> *m (fam) Abk von* **Zivildienstleistende(r)** *objecteur de conscience qui effectue son service civil*
zivil [tsi'vi:l] *adj* ❶ civil(e) ❷ *(fam: akzeptabel)* ***~e Preise*** des prix potables
Zivil [tsi'vi:l] <-s> *nt* tenue *f* civile; ***in*** ~ en civil **Zivilberuf** [-'vi:l-] *m* profession *f* dans le civil; ***im*** ~ dans le civil
Zivilbevölkerung *f* population *f* civile **Zivilcourage** *f* courage *m* de ses opinions; *(politisch)* courage civique **Zivildienst** *m kein Pl* service *m* civil; **~ *leisten*** faire son service civil

Land und Leute

En Autriche et en Suisse, les objecteurs de conscience ont la possibilité d'effectuer, à la place du service militaire, et pour une durée équivalente ou supérieure, un **Zivildienst** d'utilité sociale. Le *Zivildienstleistender* ou *Zivi* travaille alors auprès d'un établissement de santé, d'une institution d'aide aux handicapés ou encore de soutien aux personnes âgées. En Allemagne, le **Zivildienst** a été supprimé en 2011.

Zivildienstleistende(r) *f(m) dekl wie adj objecteur de conscience qui effectue son service civil* **Zivilfahnder(in)** <-s, -> *m(f)* enquêteur, -euse *m, f* de police
Zivilgesellschaft *f* société *f* civile
Zivilisation [tsiviliza'tsi̯o:n] <-, -en> *f* civilisation *f*
Zivilisationskrankheit *f maladie liée au mode de vie dans les pays industrialisés*
zivilisieren* [tsivili'zi:rən] *vt* civiliser
zivilisiert [tsivili'zi:ɐ̯t] **I.** *adj* civilisé(e) **II.** *adv* ***sich ~ benehmen*** se comporter en personne civilisée
Zivilist(in) [tsivi'lɪst] <-en, -en> *m(f)* civil(e) *m(f)*
Zivilklage *f* JUR action *f* civile **Zivilprozess** *m* JUR procès *m* civil **Zivilrecht** *nt kein Pl* droit *m* civil **zivilrechtlich** **I.** *adj* de droit civil **II.** *adv* civilement **Zivil-**

schutz *m* sécurité *f* civile **Zivilverteidigung** *f* défense *f* civile

Zobel ['tso:bəl] <-s, -> *m* ZOOL zibeline *f*

zocken ['tsɔkən] *vi (fam)* jouer; *(um hohe Beträge spielen)* flamber

Zocker(in) ['tsɔkɐ] <-s, -> *m(f) (fam)* joueur, -euse *m, f*

Zofe ['tso:fə] <-, -n> *f* HIST femme *f* de chambre

Zoff ['tsɔf] <-s> *m (fam)* engueulade *f*

zögerlich ['tsø:gɐlɪç] **I.** *adj* hésitant(e) **II.** *adv* de façon hésitante

zögern ['tsø:gɐn] *vi* hésiter

Zögern <-s> *nt* hésitation *f*

zögernd **I.** *adj* hésitant(e) **II.** *adv* en hésitant

Zögling <-s, -e> *m (Internatsschüler)* pensionnaire *m*

Zölibat [tsøli'ba:t] <-[e]s, -e> *nt o m* célibat *m*

Zoll[1] [tsɔl, *Pl:* 'tsœlə] <-[e]s, Zölle> *m* ❶ *(Einfuhrabgabe)* droits *mpl* de douane ❷ *kein Pl (Zollverwaltung, Zollbehörde)* ***der ~*** la Douane ❸ *kein Pl (fam: Zollkontrolle)* ***durch den ~ müssen*** devoir passer la douane

Zoll[2] [tsɔl] <-[e]s, -> *m (Längenmaß)* pouce *m;* ***19-~-Monitor*** écran *m* 19 pouces

Zollabfertigung *f* formalités *fpl* de douane **Zollamt** *nt* service *m* des douanes **Zollbeamte(r)** *m dekl wie adj,* **-beamtin** *f* douanier, -ière *m, f* **Zollbestimmung** *f* ***die ~en*** la législation douanière

zollen ['tsɔlən] *vt (geh)* ***jdm Dank ~*** remercier qn

Zollerklärung *f* déclaration *f* en douane **Zollfahnder(in)** *m(f)* contrôleur, -euse *m, f* des douanes **Zollfahndung** *f* ❶ *(Überprüfung)* répression *f* des fraudes douanières ❷ *(Behörde)* service *m* de répression des fraudes douanières **zollfrei** *adj o adv* en franchise **Zollfreiheit** *f kein Pl* franchise *f* douanière **Zollgebiet** *nt* zone *f* douanière **Zollgebühren** *Pl* droits *mpl* de douane **Zollkontrolle** *f* contrôle douanier *m*

Zöllner(in) ['tsœlnɐ] <-s, -> *m(f) (fam)* douanier, -ière *m, f*

zollpflichtig *adj* à déclarer

Zollschranke *f meist Pl* barrière *f* douanière *souvent pl* **Zollstock** *m* mètre *m* [pliant] **Zolltarif** *m* tarif *m* douanier **Zollunion** *f* ÖKON union *f* douanière

Zombie ['tsɔmbi] <-[s], -s> *m* zombie *m*

Zone ['tso:nə] <-, -n> *f* zone *f*

Zoo [tso:] <-s, -s> *m* zoo *m*

Zoohandlung *f* animalerie *f*

Zoologe, Zoologin [tsoo'lo:gə] <-n, -n> *m, f* zoologiste *mf*

Zoologie [tsoolo'gi:] <-> *f* zoologie *f*

Zoologin <-, -nen> *f s.* **Zoologe**

zoologisch [tsoo'lo:gɪʃ] *adj* zoologique

Zoom [zu:m] *nt* zoom *m*

zoomen ['zu:mən] *vt, vi* zoomer

Zoomobjektiv ['zu:m-] *nt* zoom *m*

Zopf [tsɔpf, *Pl:* 'tsœpfə] <-[e]s, Zöpfe> *m* ❶ *(Haarzopf)* natte *f; (klein)* tresse *f* ❷ *(Hefezopf)* brioche *f* tressée

Zopfmuster *nt* torsades *fpl*

Zorn [tsɔrn] <-[e]s> *m* colère *f; (heftig)* fureur *f*

zornig ['tsɔrnɪç] **I.** *adj* en colère, furieux, -euse **II.** *adv* en colère

Zote ['tso:tə] <-, -n> *f* ▶ **~n reißen** *(fam)* raconter des histoires cochonnes

zottelig ['tsɔtəlɪç] *adj (fam) Haar* hirsute; *Fell* touffu(e)

z. T. *Abk von* **zum Teil** en partie

Ztr. *Abk von* **Zentner**

zu [tsu:] **I.** *präp + dat* ❶ *(bei Richtungsangaben)* ***~m Arzt gehen*** aller chez le médecin ❷ *(fig)* ***sich ~ jdm hingezogen fühlen*** se sentir attiré(e) par qn ❸ *(bei Entfernungs-, Fristangaben)* ***ich habe bis ~m 10. März Zeit um das fertig zu machen*** j'ai jusqu'au 10 mars pour finir ça; *(muss diese Frist einhalten)* je dois finir ça pour le 10 mars ❹ *(in Eigennamen)* ***das Gasthaus zur Sonne*** l'Auberge *f* du Soleil ❺ *(bei Zeitangaben)* ***~ Ostern*** à Pâques ❻ *(anlässlich)* ***jdm ~m Geburtstag gratulieren*** souhaiter l'anniversaire à qn ❼ *(gemeinsam, gleichzeitig mit)* ***gut ~ etw passen*** *Bluse:* aller bien avec qc ❽ *(bezüglich)* ***jdn ~ etw befragen*** questionner qn au sujet de qc ❾ *(bei Angaben des Zwecks)* ***hast du etwas ~m Schreiben?*** tu as quelque chose pour écrire? ❿ *(eine Veränderung ausdrückend)* ***jdn ~m Sprecher wählen*** élire qn porte-parole ⓫ *(eine Relation ausdrückend)* ***es steht zwei ~ zwei*** il y a deux à deux; ***~ zweit spielen*** jouer à deux ⓬ *(fam: für)* ***~ was brauchst du das?*** c'est pour quoi ça? **II.** *adv* ❶ *(allzu)* trop; ***ich würde ja ~ gern abreisen*** j'aimerais tant partir ❷ *(geschlossen)* ***~ sein*** *Geschäft, Tür:* être fermé ❸ *(fam: betrunken)* ***~ sein*** être raide ❹ *(bei Richtungsangaben)* ***nach Süden ~*** vers le sud **III.** *konj* ❶ ***sie hat vor ~ kommen*** elle a l'intention de venir ❷ *(als Ausdruck des Könnens)* ***er ist nicht ~ sprechen*** il ne peut pas recevoir ❸ *(als Aus-*

Z

druck des Müssens) ***ich habe viel ~ tun*** j'ai beaucoup à faire
zuallererst [tsu'ʔalɐ'ʔeːɐ̯st] *adv* avant toute chose
zuallerletzt [tsu'ʔalɐ'lɛtst] *adv* en tout dernier lieu
zu|bauen *vt* boucher *Lücke*
Zubehör ['tsuːbəhøːɐ̯] <-[e]s> *nt o m eines Autos, Geräts* accessoires *mpl*
Zubehörteil *nt* accessoire *m*
zu|beißen *vi irr* mordre
zu|bekommen* *vt irr (fam)* arriver à fermer *Koffer, Tür*
zu|bereiten* *vt* préparer
Zubereitung <-, -en> *f* préparation *f*
Zubettgehen <-s> *nt* coucher *m;* ***etw vor dem ~ tun*** faire qc avant de se coucher
zu|billigen *vt* accorder; ***jdm eine Entschädigung ~*** accorder une indemnisation à qn
zu|binden *vt irr* fermer *Sack;* nouer *Schürze;* lacer *Schuh*
zu|bleiben *vi irr + sein (fam)* rester fermé(e)
zu|blinzeln **I.** *vi* faire un clin d'œil; ***jdm ~*** faire un clin d'œil à qn **II.** *vr* ***sich*** *dat* **~** se faire un clin d'œil
zu|bringen *vt irr* ***den Tag am Strand ~*** passer la journée sur la plage
Zubringer <-s, -> *m* ❶ *(Straße)* bretelle *f* d'accès ❷ *(Fahrzeug)* navette *f*
zu|buttern *vt (fam)* ***viel ~*** mettre beaucoup de sa poche
Zucchini [tsʊ'kiːni] *f* courgette *f*
Zucht [tsʊxt] <-, -en> *f* ❶ *(gezüchtete Tiere)* race *f; (gezüchtete Pflanzen)* variété *f; (gezüchtete Bakterien)* souche *f* ❷ *kein Pl (Disziplin)* discipline *f*
Zuchtbulle *m* taureau *m* reproducteur
züchten ['tsʏçtən] *vt* faire l'élevage de *Tiere;* cultiver *Pflanzen*
Züchter(in) <-s, -> *m(f) von Tieren* éleveur, -euse *m, f; von Pflanzen* cultivateur, -trice *m, f*
Zuchtfarm *f* ferme *f* d'élevage
Zuchthaus *nt (Strafanstalt)* établissement *m* pénitentiaire
Zuchthengst *m* étalon *m*
züchtigen ['tsʏçtɪgən] *vt (geh)* châtier
Zuchtperle *f* perle *f* de culture **Zuchttier** *nt* animal *m* d'élevage
Züchtung <-, -en> *f (gezüchtete Tiere)* race *f; (gezüchtete Pflanzen)* variété *f; (gezüchtete Bakterien)* souche *f*
zuckeln ['tsʊkəln] *vi + sein (fam)* ***über die Landstraße ~*** rouler tranquillement sur la route de campagne
zucken ['tsʊkən] *vi* ❶ *+ haben Augenlid:* tressaillir; *Mundwinkel:* frémir ❷ *+ sein (sich plötzlich bewegen)* ***über den Himmel ~*** *Blitz:* sillonner le ciel
zücken ['tsʏkən] *vt* ❶ *(geh: ziehen)* sortir *Messer;* dégainer *Degen* ❷ *(fam: hervorholen)* sortir
Zucker ['tsʊkɐ] <-s, -> *m* ❶ sucre *m* ❷ *(fam: Zuckerkrankheit)* diabète *m*
Zuckerdose *f* sucrier *m* **Zuckererbse** *f* pois *m* mange-tout [*o* gourmand] **Zuckerfest** *nt* REL ***das ~*** la rupture du jeûne **zuckerfrei** *adj* sans sucre **Zuckerguss** *m* glaçage *m* **zuckerkrank** *adj Person* diabétique **Zuckerkranke(r)** *f(m) dekl wie adj* diabétique *mf* **Zuckerkrankheit** *f* diabète *m*
Zuckerl ['tsʊkɐl] <-s, -[n]> *nt* SDEUTSCH, A bonbon *m*
Zuckerlecken ▶ **das ist kein ~** *(fam)* c'est pas du gâteau
zuckern ['tsʊkɐn] *vt* sucrer
Zuckerrohr *nt* canne *f* à sucre **Zuckerrübe** *f* betterave *f* à sucre **zuckersüß** ['tsʊkɐ'zyːs] *adj* ❶ *(süß)* extrêmement sucré(e) ❷ *(pej)* ***~ zu jdm sein*** être tout sucre tout miel avec qn **Zuckerwatte** *f* barbe *f* à papa
zuckrig ['tsʊkrɪç] *adj* ❶ *(süß)* sucré(e) ❷ *(mit Zucker bedeckt)* recouvert(e) de sucre
Zuckung <-, -en> *f meist Pl eines Epileptikers* convulsion *f;* ***nervöse ~en*** des tics *mpl*
zu|decken *vt* couvrir
zudem [tsu'deːm] *adv (geh)* de surcroît
zu|drehen *vt* ❶ fermer *Wasserhahn* ❷ *(zuwenden)* ***jdm den Rücken ~*** tourner le dos à qn
zudringlich *adj* collant(e) *fam*
Zudringlichkeit <-, -en> *f* ❶ *kein Pl (zudringliche Art)* insistance *f* [déplacée] ❷ *meist Pl (Handlung)* avance *f*
zu|dröhnen *vr (sl)* ***sich ~*** *(mit Drogen)* se shooter *fam; (mit Alkohol)* se bourrer la gueule *arg;* ***sich mit Musik ~*** se soûler de musique; ***zugedröhnt sein*** *(unter Drogen stehen)* être shooté *fam; (betrunken sein)* être bourré *fam*
zu|drücken **I.** *vt* fermer [en appuyant dessus]; ***etw ~*** fermer qc [en appuyant dessus] **II.** *vi* ***ziemlich fest ~*** *(beim Händeschütteln)* serrer assez fort[ement]
zueinander [tsuʔaɪ̯'nandɐ] *adv* ***nicht ~ passen*** ne pas aller ensemble
zu|erkennen* *vt irr (form)* reconnaître *Anspruch;* accorder *Summe*

zuerst [tsu'ʔeːɐ̯st] *adv* ❶ *(als Erster)* *~ **durchs Ziel gehen*** franchir le premier/la première la ligne d'arrivée ❷ *(als Erstes)* en premier ❸ *(anfangs)* d'abord

zu|fächeln *vt **sich Luft** ~* s'éventer

zu|fahren *vi irr + sein* ❶ ***auf jdn/etw** ~* se diriger vers qn/qc ❷ *(fam: losfahren)* ***fahr zu!*** allez, vas-y!; *(fahr schneller)* vas-y, fonce!

Zufahrt *f* accès *m*

Zufahrtsstraße *f* voie d'accès *f*

Zufall *m* ❶ hasard *m* ❷ *(fam: Überraschung)* ***so ein ~!*** quel hasard!

zu|fallen *vi irr + sein* ❶ *Tür:* se refermer [brusquement] ❷ *(zuteilwerden)* ***jdm** ~ Erbe:* revenir à qn

zufällig **I.** *adj* fortuit(e) **II.** *adv* par hasard

zufälligerweise *adv s.* **zufällig II.**

Zufallsauswahl *f* sélection *f* aléatoire

Zufallsbekanntschaft *f* ❶ ***eine ~ machen*** faire une rencontre fortuite ❷ *(Person)* personne *f* rencontrée par hasard

Zufallstreffer *m* but *m* marqué par hasard

zu|fassen *vi* s'agripper; ***kräftig** ~* s'agripper vigoureusement

zu|fliegen *vi irr + sein* ❶ *(fliegen)* ***auf jdn/etw** ~ Flugzeug:* voler en direction de qn/qc; *Vogel, Ball:* se diriger sur qn/qc ❷ *(geflogen kommen)* ***jdm** ~ Vogel:* venir s'installer chez qn ❸ *(fam: zufallen) Tür:* se refermer [brusquement]

Zuflucht <-, -en> *f* refuge *m*

Zufluchtsort *m* refuge *m*

Zufluss *m* ❶ *kein Pl (das Zufließen)* afflux *m* ❷ *(Gewässer)* affluent *m*

zu|flüstern *vt* chuchoter; ***jdm etw** ~* chuchoter qc à qn

zufolge [tsu'fɔlgə] *präp + dat **dem Lexikon** ~* d'après le dictionnaire

zufrieden [tsu'friːdən] **I.** *adj* satisfait(e); *~ **stellen*** satisfaire **II.** *adv lächeln* d'un air satisfait

zufrieden|geben *vr irr **sich mit etw** ~* se contenter de qc

Zufriedenheit <-> *f* [sentiment *m* de] satisfaction *f*

zufrieden|lassen *vt irr **jdn** ~* laisser qn tranquille **zufrieden|stellen** *s.* **zufrieden I.**

zu|frieren *vi irr + sein* geler complètement

zu|fügen *vt* ❶ ***jdm etw** ~* infliger qc à qn ❷ *(geh: hinzufügen)* ***dem Teig Mehl** ~* additionner de la farine à la pâte

Zufuhr ['tsuːfuːɐ̯] <-, -en> *f* ❶ *(Versorgung) ~ **von Versorgungsgütern*** approvisionnement *m* en biens d'approvisionnement ❷ *(das Zuströmen) von Frischluft* arrivée *f*

zu|führen *vi* mener; ***auf ein Dorf** ~ Straße:* mener à un village

Zug [tsuːk, *Pl:* 'tsyːgə] <-[e]s, Züge> *m* ❶ train *m* ❷ *(Lastzug)* semi-remorque *m* ❸ *(Inhalieren des Rauchs)* bouffée *f* ❹ *(Schluck)* gorgée *f* ❺ *kein Pl (Luftzug)* courant *m* d'air ❻ *(Spielzug)* coup *m* ❼ *(lange Kolonne) von Demonstranten* cortège *m* ❽ *(Gesichtszug)* trait *m* ❾ *(Charakterzug)* trait *m* de caractère

Zugabe *f* ❶ MUS bis *m* ❷ *(Dreingabe)* cadeau *m* [publicitaire] ❸ *kein Pl (das Zufügen)* addition *f*; ***unter ~ von Sahne*** tout en ajoutant de la crème

Zugabteil *nt* compartiment *m*

Zugang <-gänge> *m* ❶ *(Eingang)* accès *m*, entrée *f* ❷ *kein Pl (Zutritt)* *~ **zu etw*** accès *m* à qc ❸ *kein Pl (Zugriff)* *~ **zu allen Daten haben*** avoir accès à toutes les données ❹ *(form: neuer Patient)* arrivée *f*

zugange [tsu'gaŋə] *adj (fam)* occupé(e); ***im Garten ~ sein*** être occupé au jardin

zugänglich ['tsuːgɛŋlɪç] *adj* ❶ *(erreichbar)* ***leicht ~ sein*** être facilement accessible ❷ *(verfügbar)* ***etw ist allen** ~* tout le monde a accès à qc ❸ *Person* d'un abord facile

Zugbegleiter *m (Faltblatt)* guide *m* pour les voyageurs

Zugbrücke *f* pont-levis *m*

zu|geben *vt irr (eingestehen)* admettre, reconnaître

zugegebenermaßen *adv* je le concède, je le reconnais

zugegen [tsu'geːgən] *adj (geh)* ***bei etw ~ sein*** être présent à qc

zu|gehen *irr* **I.** *vi + sein* ❶ *(sich schließen lassen)* fermer; *Klappe:* se [re]fermer ❷ *(sich schließen)* ***von allein** ~* se fermer automatiquement ❸ *(zusteuern, losgehen)* ***auf jdn/etw** ~* s'avancer vers qn/qc ❹ *(sich nähern)* ***auf die vierzig** ~* approcher de la quarantaine **II.** *vi unpers + sein* ***hier geht es lustig zu*** on s'amuse bien ici

zugehörig *adj* ❶ *attr Unterlagen* qui vont avec ❷ *(nicht ausgeschlossen)* ***sich ~ fühlen*** se sentir bien intégré(e)

Zugehörigkeit <-> *f* appartenance *f*

zugekifft *adj (vulg)* défoncé(e) *fam*

zugeknöpft *adj (fam)* ***ziemlich ~ sein*** ne pas être très causant

Zügel ['tsyːgəl] <-s, -> *m* rêne *f*

zügellos *adj Person* excessif, -ive

zügeln ['tsyːgəln] **I.** *vt + haben* ❶ *(im*

Zaum halten) tenir la bride courte à *Pferd* ❷ *(beherrschen)* refréner *Neugierde* **II.** *vr + haben* ***sich*** ~ se refréner

zu|gesellen* *vr* ***sich jdm*** ~ se joindre à qn

Zugeständnis ['tsu:gəʃtɛntnɪs] *nt* concession *f*

zu|gestehen* *vt irr* accorder, concéder

zugetan *adj* ***jdm ~ sein*** avoir de l'affection pour qn

Zugfahrkarte *f* billet *m* [de train] **Zugfahrplan** *m* horaire *m* des trains **Zugfahrt** *f* trajet *m* en train; *(Zugreise)* voyage *m* en train **Zugführer(in)** *m(f)* chef *mf* de train

zugig ['tsu:gɪç] *adj* plein(e) de courants d'air

zügig ['tsy:gɪç] *adj* rapide

Zugkraft *f* PHYS force de traction *f* **zugkräftig** *adj Slogan, Werbung* attractif, -ive

zugleich [tsu'glaiç] *adv* en même temps

Zugluft *f kein Pl* courant *m* d'air **Zugmaschine** *f* tracteur *m* **Zugnummer** *f* ❶ EISENBAHN numéro *m* du train ❷ *(Hauptattraktion)* attraction *f* **Zugpersonal** *nt* personnel *m* du train

zu|greifen *vi irr* ❶ *(zupacken)* [s']agripper ❷ *(sich bedienen)* se servir ❸ *(ein Angebot wahrnehmen)* ***sofort*** ~ sauter sur l'occasion *fam* ❹ INFORM ***auf etw*** *akk* ~ avoir accès à qc

Zugrestaurant *nt* wagon-restaurant *m*

Zugriff *m* INFORM accès *m;* ~ ***auf etw*** *akk* accès à qc

Zugriffsberechtigung *f* INFORM autorisation *f* d'accès **Zugriffsgeschwindigkeit** *f* INFORM vitesse *f* d'accès **Zugriffszahl** *f meist Pl* INFORM nombre *m* d'accès **Zugriffszeit** *f s.* **Zugriffsgeschwindigkeit**

zugrunde [tsu'grʊndə] *adv* ~ ***gehen*** *Person:* se perdre; ***dieser Politik*** *dat* ***liegt das Prinzip ~, dass ...*** cette politique est fondée sur le principe que ...

Zugschaffner(in) *m(f)* contrôleur, -euse *m, f* [de train]

zu|gucken *vi (fam) s.* **zusehen 1**

Zugunglück *nt* accident *m* de chemin de fer

zugunsten [tsu'gʊnstən] *präp +dat o gen* ~ ***seines Kindes*** en faveur de son enfant

zugute|halten [tsu'gu:tə-] *vt irr* ***jdm seine Unerfahrenheit*** ~ tenir compte de l'inexpérience de qn **zugute|kommen** *vi irr* ***jdm*** ~ *Erfahrung:* se révéler être un avantage pour qn

Zugverbindung *f* liaison *f* [ferroviaire] **Zugverkehr** *m* trafic *m* ferroviaire **Zugvogel** *m* oiseau *m* migrateur **Zugzwang** *m* ***in ~ geraten*** se retrouver au pied du mur

zu|haben *irr* **I.** *vi Geschäft:* être fermé **II.** *vt* avoir fermé *Reißverschluss, Koffer*

zu|halten *vt irr (fam)* ***sich*** *dat* ***die Ohren*** ~ se boucher les oreilles

Zuhälter(in) ['tsu:hɛltɐ] <-s, -> *m(f)* proxénète *mf*

Zuhälterei <-> *f* proxénétisme *m*

zu|hauen *irr* **I.** *vt (fam)* claquer *Tür* **II.** *s.* **zuschlagen**

zuhause *adv* A, CH à la maison; *s. a.* **Haus**

Zuhause [tsu'hauzə] <-s> *nt* maison *f*

Zuhilfenahme [tsu'hɪlfəna:mə] <-> *f* ***unter ~ eines Lexikons*** en ayant recours à un dictionnaire

zu|hören *vi* écouter; ***jdm*** ~ écouter qn

Zuhörer(in) *m(f)* auditeur, -trice *m, f*

Zuhörerschaft <-> *f* auditoire *m*

zu|jubeln *vi* acclamer; ***jdm*** ~ acclamer qn

zu|klappen **I.** *vt + haben* ***den Kofferraum*** ~ [re]fermer le coffre [en le claquant] **II.** *vi + sein* se [re]fermer [en claquant]

zu|kleben *vt* cacheter *Umschlag*

zu|knallen *(fam)* **I.** *vt + haben* claquer *Tür* **II.** *vi + sein* se fermer en claquant

zu|kneifen *vt irr* ***die Augen*** ~ fermer les yeux [très fort]

zu|knöpfen *vt* boutonner

zu|kommen *vi irr + sein* ❶ *(näher kommen)* ***auf jdn/etw*** ~ *Person:* venir vers qn/qc ❷ *(fig)* ***alles auf sich*** *akk* ~ ***lassen*** laisser faire les choses ❸ *(bevorstehen)* ***auf jdn*** ~ *Aufgabe:* attendre qn ❹ *(gebühren)* ***jdm*** ~ *Aufgabe:* revenir à qn ❺ *(geh. zuteilwerden)* ***jdm etw ~ lassen*** *(übermitteln)* faire parvenir qc à qn; *(gewähren)* accorder qc à qn

zu|kriegen *s.* **zubekommen**

Zukunft ['tsu:kʊnft] <-> *f* ❶ avenir *m;* ***in*** ~ à l'avenir ❷ GRAM futur *m*

zukünftig ['tsu:kʏnftɪç] **I.** *adj* ❶ *Generation* futur(e) ❷ *(designiert)* ***die ~e Ministerin*** la future ministre **II.** *adv* à l'avenir

Zukunftsangst *f* peur *f* de l'avenir **Zukunftsaussichten** *Pl* perspectives *fpl* d'avenir **Zukunftsbranche** *f* secteur *m* d'avenir **Zukunftsforschung** *f kein Pl* futurologie *f* **zukunftsorientiert** *adj* orienté(e) vers l'avenir **Zukunftsperspektive** *f* perspective *f* d'avenir **zukunftsträchtig** *adj Beruf* d'avenir

zu|lächeln *vi* ***jdm*** ~ sourire à qn

Zulage <-, -n> *f* prime *f*

zu|langen *vi (fam)* ❶ *(sich bedienen)* ***kräftig*** ~ se servir copieusement ❷ *(in Bezug* *auf Geld)* matraquer le client ❸ *(zuschlagen)* cogner

zulassen *vt irr* ❶ *(dulden)* tolérer ❷ *(ermöglichen)* ***wenn die Situation es zulässt*** si la situation le permet ❸ *(nahelegen)* autoriser *Deutung* ❹ *(amtliche Erlaubnis erteilen)* ***jdn zur Prüfung ~*** autoriser qn à passer un examen ❺ *(amtlich anmelden)* faire immatriculer *Kraftfahrzeug* ❻ *(fam: geschlossen lassen)* ***etw ~*** laisser qc fermé(e); *(nicht aufknöpfen)* garder qc boutonné(e)

zulässig *adj* autorisé(e); *Abweichung* toléré(e)

Zulässigkeit <-> *f* JUR admissibilité *f*

Zulassung <-, -en> *f (fam: Fahrzeugschein)* carte *f* grise

Zulassungsstelle *f* service des cartes grises *m*

zulasten [tsu'lastən] *präp* ***~ einer S.*** *gen* à la charge de qc

Zulauf ['tsu:lauf] *m* ❶ *(Rohr, Schlauch)* arrivée *f* [d'eau] ❷ *(Zufluss)* ***einen unterirdischen ~ haben*** *See:* être alimenté par des sources souterraines ❸ *(Zuspruch)* ***~ haben*** *Arzt:* avoir une grosse clientèle

zulaufen *vi irr + sein* ❶ *(sich nähern)* ***auf jdn/etw ~*** *Person, Tier:* courir vers qn/qc ❷ *(enden)* ***spitz ~*** *Schere:* se terminer en pointe ❸ *(gelaufen kommen)* ***jdm ~*** *Hund, Katze:* trouver refuge chez qn

zulegen **I.** *vt (fam: zunehmen)* ***fünf Kilo ~*** prendre cinq kilos **II.** *vi (fam: zunehmen)* ***[ziemlich] ~*** prendre du poids **III.** *vr (fam)* ***sich*** *dat* ***ein Fahrrad ~*** se payer un vélo

zuleide [tsu'laidə] *adv* ***jdm etwas/nichts ~ tun*** faire du mal/ne pas faire de mal à qn

zuleiten *vt* ❶ ***jdm etw ~*** transmettre qc à qn ❷ *(zuführen)* ***dem See frisches Wasser ~*** amener de l'eau fraîche au lac

Zuleitung *f (Leitungsrohr für Wasser)* tuyau *m* d'amenée

zuletzt [tsu'lɛtst] *adv* ❶ *(als Letzter)* le dernier/la dernière; ***~ ins Ziel kommen*** passer la ligne d'arrivée le dernier ❷ *(zum Schluss)* ***ganz ~*** tout à la fin ❸ *(fam: letztmalig)* pour la dernière fois ► **nicht ~** notamment; ***nicht ~, weil …*** d'autant plus que …

zuliebe [tsu'li:bə] *adv* ***etw jdm ~ tun*** faire qc pour [faire plaisir à] qn

Zulieferbetrieb *m* entreprise *f* sous-traitante

Zulieferer, Zulieferin <-s, -> *m, f* sous-traitant(e) *m(f)*

zuliefern *vi* faire de la sous-traitance

zum [tsʊm] = *s.* **zu dem** *s.* **zu**

zumachen **I.** *vt* ❶ fermer *Fenster;* [re]fermer *Flasche;* boutonner *Mantel;* lacer *Schuh* ❷ *(stilllegen, schließen)* fermer *Firma, Laden* **II.** *vi* ❶ fermer ❷ *(fam: sich beeilen)* se grouiller

zumal [tsu'ma:l] **I.** *konj* d'autant plus que **II.** *adv* surtout

zumauern *vt* murer *Fenster, Einfahrt*

Zumba® ['tsʊmba] <-s> *nt kein Pl* Zumba® *f*

zumeist [tsu'maist] *adv* la plupart du temps

zumindest [tsu'mɪndəst] *adv* ❶ du moins; *(wenigstens)* au moins ❷ *(jedenfalls)* en tout cas

zumutbar *adj* tolérable

Zumutbarkeit <-, -en> *f* ***die Grenzen der ~*** les limites *f pl* du tolérable

zumute [tsu'mu:tə] *adv* ***jdm ist zum Weinen ~*** qn a envie de pleurer

zumuten ['tsu:mu:tən] **I.** *vt* exiger; ***jdm viel ~*** exiger beaucoup de qn **II.** *vr* ***sich zu viel ~*** présumer de ses forces

Zumutung *f* ***eine ~ sein*** être plus qu'on ne peut en supporter

zunächst [tsu'nɛ:çst] *adv* ❶ *(anfangs)* [tout] d'abord ❷ *(vorläufig)* pour l'instant, pour le moment

zunageln *vt* fermer avec des clous; ***etw ~*** fermer qc avec des clous

zunähen *vt* [re]coudre

Zunahme ['tsu:na:mə] <-, -n> *f der Arbeitslosigkeit* hausse *f*, augmentation *f*; *der Erkrankungen* progression *f*, recrudescence *f*

Zuname *m* nom *m* patronymique *form*

zündeln ['tsʏndəln] *vi* SDEUTSCH, A jouer avec des allumettes

zünden ['tsʏndən] *vt* procéder à la mise à feu de *Rakete, Triebwerk*

zündend *adj Idee* de génie, lumineux, -euse; *Rede* enflammé(e)

Zunder ['tsʊndɐ] <-s, -> *m* ► **wie ~ brennen** s'enflammer comme une allumette

Zünder ['tsʏndɐ] <-s, -> *m* détonateur *m*

Zündfunke ['tsʏnt-] *m* étincelle *f* d'allumage **Zündholz** *nt* A, SDEUTSCH allumette *f* **Zündkabel** *nt* câble *m* d'allumage **Zündkerze** *f* bougie *f* **Zündschloss** *nt* contact *m* **Zündschlüssel** *m* clé *f* de contact **Zündschnur** *f* mèche *f* **Zündspule** *f* bobine *f* [d'allumage] **Zündstoff** *m* ► **viel ~ enthalten** *Film:* aborder un sujet explosif

Zündung <-, -en> *f (Zündanlage)* allumage *m*

zu|nehmen *irr* **I.** *vi* ❶ *(dick werden) Person, Tier:* grossir, prendre du poids ❷ *(wachsen) Ärger, Spannung:* grandir; *Umweltverschmutzung:* augmenter ❸ *(stärker werden)* gagner en intensité **II.** *vt* ***wieder zehn Kilo*** ~ reprendre dix kilos

zunehmend **I.** *adj* croissant(e) **II.** *adv sich bessern* constamment, sans cesse

zu|neigen *vr* ***sich dem Ende*** ~ toucher à sa fin

Zuneigung *f* penchant *m*

Zunft [tsʊnft, *Pl:* 'tsʏnftə] <-, Zünfte> *f* corporation *f*

Zunge ['tsʊŋə] <-, -n> *f* ❶ *a.* GASTR langue *f;* ***auf der ~ zergehen*** fondre dans la bouche ❷ *(Mundwerk)* ***eine scharfe ~ haben*** avoir la langue bien pendue

züngeln ['tsʏŋəln] *vi* ❶ *Reptil:* darder sa langue ❷ *(emporschlagen) Flammen:* jaillir

Zungenbrecher <-s, -> *m (schwer auszusprechender Satz)* phrase *f* difficile à prononcer; *(unaussprechlicher Name)* nom *m* imprononçable **Zungenkuss** *m* baiser *m* langue en bouche **Zungenspitze** *f* bout *m* de la langue

Zünglein ['tsʏŋlaɪn] <-s, -> *nt* ▶ **das ~ an der Waage sein** faire pencher la balance

zunichte|machen [tsu'nɪçtə-] *vt* ***etw*** ~ réduire qc à néant

zu|nicken *vi* faire un signe de tête; ***jdm*** ~ faire un signe de tête à qn

zunutze [tsu'nʊtsə] *adv* ***sich dat etw ~ machen*** tirer profit de qc

zuoberst [tsu'ʔoːbɐst] *adv* tout en haut

zu|ordnen ['tsuːʔɔrdnən] *vt* classer; ***jdn einer politischen Richtung*** *dat* ~ classer qn dans un courant politique

Zuordnung *f* ❶ *von Tieren* classement *m* ❷ *(Einschätzung)* ***die politische ~ der Punks*** le classement politique des punks

zu|packen *vi* ❶ *(zugreifen)* serrer; ***fest*** ~ serrer fort[ement] ❷ *(mithelfen)* donner un coup de main

zupfen ['tsʊpfən] *vt* ❶ *(ziehen)* ***jdn am Ärmel*** ~ tirer qn par la manche ❷ *(herausziehen)* ***Unkraut aus dem Beet*** ~ enlever les mauvaises herbes de la plate-bande

Zupfinstrument *nt* instrument *m* à cordes pincées

zu|prosten *vi* trinquer à la santé de; ***jdm*** ~ trinquer à la santé de qn

zur [tsuːɐ̯] = *s.* **zu der** *s.* **zu**

zurande [tsu'randə] *adv* ***mit jdm/etw*** *dat* ***~ kommen*** *(fam)* venir à bout de qn/qc

zu|raten ['tsuːraːtən] *vi irr* ***jdm zu einer Bewerbung*** ~ conseiller [fortement] à qn de poser sa candidature

Zürcher[1] ['tsʏrçɐ] *adj attr* de Zurich, zurichois(e)

Zürcher[2] ['tsʏrçɐ] <-s, -> *m* Zurichois *m*

Zürcherin <-, -nen> *f* Zurichoise *f*

zu|rechnen *vt s.* **zuordnen**

zurechnungsfähig *adj* responsable de ses actes **Zurechnungsfähigkeit** *f kein Pl* responsabilité *f* pleine et entière

zurecht|finden [tsu'rɛçtfɪndən] *vr irr* s'y retrouver **zurecht|kommen** *vi irr + sein* ❶ *(auskommen)* ***mit den Kollegen*** ~ s'entendre avec les collègues ❷ *(klarkommen)* ***mit einem Gerät nicht*** ~ ne pas s'en sortir avec un appareil **zurecht|legen** *vt* préparer **zurecht|machen** *vt (fam)* ❶ *(vorbereiten)* faire; ***jdm das Bett*** ~ faire le lit à qn ❷ *(schminken)* ***sich*** ~ se faire une beauté; *(ankleiden)* se pomponner **zurecht|rücken** *vt* rajuster *Krawatte;* remettre en place *Stuhl* **zurecht|weisen** *vt irr* réprimander **Zurechtweisung** *f* réprimande *f*

zu|reden *vi* raisonner; ***jdm gut*** ~ essayer de raisonner qn

zu|reiten *irr* **I.** *vt + haben* débourrer *Pferd* **II.** *vi + sein* ***auf jdn/etw*** ~ galoper vers qn/qc

Zürich ['tsyːrɪç] <-s> *nt* Zurich

Züricher *s.* **Zürcher**

Zürichsee *m* ***der*** ~ le lac de Zurich

zu|richten *vt* ❶ ***jdn furchtbar*** ~ mettre qn dans un état effrayant ❷ *(beschädigen)* ***etw schlimm*** ~ mettre qc dans un état pitoyable

zurück [tsu'rʏk] *adv* ❶ *(zurückgekehrt)* de retour; ***von einer Reise ~ sein*** être de retour d'un voyage ❷ *(in Bezug auf den Rückweg)* ***einmal Stuttgart-Nancy und ~, bitte!*** un aller et retour Stuttgart-Nancy, s'il vous plaît!; ***~!*** demi-tour! ❸ *(rückwärts)* ***drei Schritte ~!*** trois pas en arrière!

Zurück [tsu'rʏk] <-s> *nt* ***es gibt kein*** ~ il n'est pas possible de faire machine arrière

zurück|behalten* *vt irr* garder *Narbe, Schaden* **zurück|bekommen*** *vt irr* récupérer **zurück|berufen*** *vt unreg* rappeler *Botschafter* **zurück|beugen** *vt* renverser en arrière; ***den Kopf*** ~ renverser la tête en arrière **zurück|bilden** *vr* ***sich*** ~ *Geschwulst:* se résorber **zurück|bleiben** *vi irr + sein* ❶ *(bleiben)* rester; ***im Hotel*** ~ rester à l'hôtel ❷ *(langsam sein)* rester en arrière ❸ *(folgen)* ***von etw*** ~ *Narbe, Schaden:* rester de qc **zurück|blicken** *vi* ❶ *(sich umsehen)* jeter un regard en arrière ❷ *(betrachten)* ***auf***

Z

etw *akk* ~ jeter un regard rétrospectif sur qc **zurück|bringen** *vt irr* ramener *Person;* rapporter *Gegenstand* **zurück|datieren*** *vt* antidater **zurück|denken** *vi irr* repenser; ***an etw*** *akk* ~ repenser à qc **zurück|drängen I.** *vt* repousser, refouler *Person* **II.** *vi* ***in den Saal*** ~ *Personen:* se bousculer pour rentrer dans la salle

zurück|drehen *vt* ❶ tourner à l'envers; ***den Knopf*** ~ tourner le bouton à l'envers [*o* en arrière]; ***den Regler auf „1"*** ~ ramener le régulateur sur "1" ❷ *(einstellen)* baisser *Lautstärke, Heizung* **zurück|erhalten*** *s.* **zurückbekommen** **zurück|erinnern*** *vr* se rappeler; ***sich an jdn/etw*** ~ se rappeler qn/qc **zurück|erobern*** *vt* reconquérir *Region, Fans* **zurück|fahren** *irr* **I.** *vi + sein* ❶ *(zum Ausgangspunkt fahren) Person, Fahrzeug:* repartir ❷ *(zurückweichen)* ***vor jdm/etw*** ~ reculer brusquement devant qn/pour éviter qc **II.** *vt + haben* ❶ *(zurückbewegen)* reculer *Fahrzeug* ❷ *(zurückbringen)* reconduire *Person;* rapporter *Gegenstand* **zurück|fallen** *vi irr + sein* ❶ *(fallen)* s'affaler; ***sich in die Kissen ~ lassen*** s'affaler dans les coussins ❷ *(zurückbleiben) Läufer:* être distancé ❸ *(absteigen)* ***auf den vierten Platz*** ~ *Sportler, Verein:* retomber au quatrième rang ❹ *(erneut entfallen auf)* ***an jdn*** ~ *Vermögen:* revenir à qn ❺ *(angelastet werden)* ***auf jdn*** ~ *Verhalten:* retomber sur qn **zurück|finden** *vi irr* retrouver; ***zum Hotel*** ~ retrouver le chemin de l'hôtel **zurück|fliegen** *irr* **I.** *vi + sein* repartir [par avion]; ***nach Kanada*** ~ *Person:* repartir [par avion] au Canada; *Flugzeug:* repartir pour le Canada **II.** *vt + haben* ***jdn/etw*** ~ ramener qn/qc [en avion] **zurück|fordern** *vt* exiger; ***ein Buch von jdm*** ~ exiger de qn la restitution d'un livre **zurück|führen I.** *vt* ❶ ***der Unfall ist auf einen technischen Fehler zurückzuführen*** l'accident est dû à une erreur technique ❷ *(zurückbringen)* ***jdn ins Zimmer*** ~ reconduire qn dans la pièce **II.** *vi* ***zur Hauptstraße*** ~ *Weg:* revenir à la route principale **zurück|geben** *vt irr* ❶ *(wiedergeben)* rendre, restituer ❷ *(reklamieren)* rendre, rapporter *Waren* ❸ *(erneut verleihen)* ***jdm sein Selbstvertrauen*** ~ redonner de l'assurance à qn **zurückgeblieben** *adj Kind* retardé(e) **zurück|gehen** *vi irr + sein* ❶ ***ins Hotel*** ~ retourner à l'hôtel ❷ *(abnehmen, sinken) Hochwasser, Umsatz:* reculer; *Fieber:* baisser ❸ *(sich zurückbilden) Schwellung:* se résorber **zurückgezogen** *adj* retiré(e)

Zurückgezogenheit <-> *f* solitude *f*

zurück|greifen *vi irr* ***auf etw*** *akk* ~ recourir à qc **zurück|haben** *vt irr (fam)* récupérer **zurück|halten** *irr* **I.** *vr* ❶ *(sich beherrschen)* ***sich*** ~ se contenir ❷ *(sich vorsichtig äußern)* ***sich mit seiner Kritik*** ~ rester mesuré(e) dans sa critique **II.** *vt* ❶ *(festhalten)* retenir *Person* ❷ *(nicht mitteilen)* faire de la rétention de *Beweise*

zurückhaltend I. *adj* ❶ *(reserviert)* réservé(e) ❷ *(vorsichtig)* mesuré(e) **II.** *adv (vorsichtig)* avec circonspection

Zurückhaltung *f kein Pl* retenue *f,* réserve *f*

zurück|holen *vt* ramener; ***jdn*** ~ ramener qn [ici]; ***[sich*** *dat]* ***etw*** ~ récupérer qc **zurück|kehren** *vi + sein (geh)* revenir; ***von einer Reise*** ~ revenir d'un voyage; ***zu jdm*** ~ retourner vivre avec qn **zurück|kommen** *vi irr + sein* ❶ *(kommen)* revenir; ***aus Köln*** ~ revenir de Cologne ❷ *(erneut aufgreifen)* ***auf etw*** *akk* ~ revenir sur qc **zurück|lassen** *vt irr* abandonner, laisser *Adresse* **zurück|legen** *vt* ❶ *(legen)* reposer; ***etw auf den Tisch*** ~ remettre qc sur la table ❷ *(reservieren)* ***jdm etw*** ~ mettre qc de côté pour qn ❸ *(bewältigen)* parcourir, effectuer *Strecke;* couvrir *Entfernung* ❹ *(sparen)* ***[sich*** *dat]* ***Geld*** ~ mettre de l'argent de côté **zurück|lehnen** *vr* ***sich*** ~ se pencher en arrière **zurück|liegen** *vi irr* ***lang*** ~ dater de longtemps **zurück|melden** *vr* MIL ***sich*** ~ se faire porter rentrant(e); ***sich bei jdm*** ~ se faire porter rentrant auprès de qn

Zurücknahme [tsu'rʏkna:mə] <-, -n> *f einer Ware* reprise *f*

zurück|nehmen *vt irr* ❶ reprendre *Ware* ❷ *(widerrufen)* retirer *Vorwurf*

zurück|pfeifen *vt unreg* ❶ siffler *Hund* ❷ *(fig fam)* ***jdn*** ~ rappeler qn à l'ordre; ***zurückgepfiffen werden*** se faire taper sur les doigts **zurück|reichen** *vi* remonter; ***ins Mittelalter*** ~ remonter au Moyen Âge **zurück|rollen** *vi + sein Fahrzeug:* se mettre à reculer; *Ball:* rouler en arrière

zurück|rudern *vi + sein (fam: einen Rückzieher machen)* faire marche arrière **zurück|rufen** *vt, vi irr a.* TELEC rappeler **zurück|schalten** *vi* rétrograder; ***in den zweiten Gang*** ~ *Fahrer:* rétrograder en deuxième **zurück|schauen** *s.* **zurückblicken** **zurück|scheuen** *s.* **zurückschrecken** **zurück|schicken** *vt* ❶ *(schicken)* renvoyer, réexpédier *Brief, Waren* ❷ *(nicht* *einreisen lassen)* refouler **zurück|schieben** *vt irr* ***etw*** ~ pousser qc en arrière **zurück|schlagen** *irr* **I.** *vt* ❶ SPORT renvoyer *Ball* ❷ *(umschlagen)* rejeter *Bettdecke* **II.** *vi* ❶ *(schlagen)* riposter ❷ MIL riposter **zurück|schneiden** *vt* BOT rabattre **zurück|schrauben** *vt (fam)* réduire *Erwartungen* **zurück|schrecken** *vi irr + haben o sein (Bedenken haben)* ***vor etw*** *dat* ~ reculer devant qc **zurück|sehnen** *vr* ***sich zu jdm/nach Sète*** ~ avoir la nostalgie de qn/de Sète **zurück|setzen** **I.** *vt* ❶ *(benachteiligen)* ***sich zurückgesetzt fühlen*** se sentir désavantagé(e) ❷ *(zurückfahren)* reculer *Fahrzeug* **II.** *vr (sich wieder setzen)* ***sich an den Tisch*** ~ se remettre à table **III.** *vi Fahrer, Fahrzeug:* reculer **zurück|spulen** *vt, vi* rembobiner **zurück|stecken** **I.** *vt* remettre; ***etw in die Hosentasche*** ~ remettre qc dans sa poche **II.** *vi* ❶ *(nachgeben)* céder ❷ *(sich bescheiden)* se montrer moins exigeant **zurück|stehen** *vi irr (zurückgesetzt sein)* être en retrait **zurück|stellen** *vt* ❶ *(wegräumen)* remettre; ***etw ins Regal*** ~ remettre qc dans l'étagère ❷ reculer *Möbelstück* ❸ reculer *Zeiger* ❹ retarder la scolarisation de *Kind;* repousser *Plan* **zurück|stoßen** *vt irr* repousser *Person* **zurück|stufen** *vt* appliquer un malus à *Kfz-Versicherten* **zurück|tragen** *vt irr* ramener; ***jdn/etw ins Haus*** ~ ramener qn/remporter qc à la maison **zurück|treten** *vi irr + sein* ❶ *(zurückgehen)* reculer; ***von etw*** ~ reculer de qc ❷ *(seinen Rücktritt erklären)* ***von seinem Amt*** ~ démissionner de son poste ❸ *(rückgängig machen)* ***von einem Vertrag*** ~ résilier un contrat **zurück|verfolgen*** *vt* remonter *Entwicklung, Spur* **zurück|versetzen*** **I.** *vt* renvoyer; ***jdn nach Frankfurt*** ~ renvoyer qn à Francfort **II.** *vr* ***sich in die Kindheit*** ~ se reporter dans son enfance **zurück|weichen** *vi irr + sein* reculer; ***vor etw*** *dat* ~ reculer devant qc **zurück|weisen** *vt irr (von sich weisen)* récuser *Unterstellung* **Zurückweisung** *f* rejet *m* **zurück|werfen** *vt irr* ❶ *(werfen)* renvoyer *Ball* ❷ *(in Rückstand bringen)* ***jdn/etw um Jahre*** ~ faire faire à qn/qc un bond en arrière de quelques années **zurück|zahlen** *vt* rembourser *Kredit* **zurück|ziehen** *irr* **I.** *vt + haben* ❶ *(ziehen)* retirer *Hand;* rouvrir *Vorhang* ❷ *(widerrufen)* retirer *Kandidatur;* annuler *Angebot* **II.** *vr + haben* ❶ ***sich in sein Zimmer*** ~ se retirer dans sa chambre ❷ MIL ***sich aus der Stadt*** ~ se retirer de la ville

Zuruf ['tsu:ru:f] *m* appel *m; eines Zuschauers* acclamation *f*
zu|rufen *vt irr* ***jdm einen Gruß*** ~ crier bonjour à qn
zurzeit *adv* pour le moment
Zusage *f* réponse *f* positive
zu|sagen **I.** *vt* promettre; ***jdm Hilfe*** ~ promettre de l'aide à qn **II.** *vi* ❶ *(bestätigen)* répondre positivement; ***sie will noch nicht*** ~ elle ne veut pas encore s'engager ❷ *(gefallen)* ***jdm*** ~ *Angebot:* plaire à qn; *Essen:* être au goût de qn
zusammen [tsu'zamən] *adv* ❶ *(gemeinsam)* ensemble; ***mit jdm*** ~ ***sein*** *(befreundet sein)* être avec qn ❷ *(zusammengerechnet)* au total
Zusammenarbeit *f kein Pl* collaboration *f;* POL coopération *f* **zusammen|arbeiten** *vi* travailler ensemble, collaborer **zusammen|bauen** *vt* monter **zusammen|bekommen*** *vt irr (fam)* ❶ arriver à dégoter *Geld;* arriver à réunir *Punktzahl* ❷ *(zusammenbauen können)* arriver à monter *Puzzle;* arriver à reconstituer *Geschichte* **zusammen|binden** *vt irr* nouer; ***[sich*** *dat]* ***die Haare*** ~ se nouer les cheveux
zusammen|bleiben *vi unreg + sein* rester ensemble; ***mit jdm*** ~ rester avec qn **zusammen|brauen** **I.** *vt (fam)* concocter *hum* **II.** *vr* ***sich*** ~ *Unwetter:* se préparer ▶ **da braut sich was zusammen** *(fig)* il se trame quelque chose **zusammen|brechen** *vi irr + sein* ❶ *Person:* s'écrouler; *Brücke:* s'effondrer ❷ *(stillstehen) Verkehr:* s'immobiliser; *Rechnernetz:* se planter *fam* **zusammen|bringen** *vt irr* ❶ *(fam: zusammenbekommen)* rassembler *Geld* ❷ *(in Kontakt bringen)* ***Menschen*** ~ mettre des personnes en contact **Zusammenbruch** *m* ❶ *eines Systems* effondrement *m* ❷ MED *(Kollaps)* syncope *f; (Nervenzusammenbruch)* dépression *f* nerveuse **zusammen|drängen** **I.** *vt* entasser *Menschenmenge* **II.** *vr* ***sich auf dem Marktplatz*** ~ s'entasser sur la place du marché **zusammen|drücken** *vt* ❶ comprimer ❷ *(aneinanderdrücken)* ***die Hände*** ~ presser les mains l'une contre l'autre **zusammen|fahren** *irr* **I.** *vi + sein (erschrecken)* sursauter **II.** *vt + haben (fam)* écrabouiller *Person, Tier* **zusammen|fallen** *vi irr + sein (sich ereignen)* coïncider; ***mit etw*** ~ *Ereignis:* coïncider avec qc **zusammen|falten** *vt* plier **zusammen|fassen** **I.** *vt* ❶ résumer ❷ *(vereinigen)* ***Verschiedenes unter einem Oberbegriff*** ~ regrouper diver-

ses choses sous un terme générique **II.** *vi* résumer
zusammenfassend I. *adj* récapitulatif, -ive **II.** *adv* en résumé
Zusammenfassung *f* résumé *m*
zusammen|fegen *vt* balayer **zusammen|finden** *vr irr (geh)* ***sich ~*** *(sich treffen)* se retrouver; *(sich zusammenschließen)* se réunir **zusammen|flicken** *vt (fam)* rafistoler **zusammen|fließen** *vi irr + sein Flüsse:* confluer **zusammen|fügen** *vt (geh)* assembler **zusammen|gehören*** *vi Ehepartner:* être faits l'un pour l'autre; *Socken, Teile:* aller ensemble **zusammengehörig I.** *adj Teile* qui vont ensemble **II.** *adv* ***sich ~ fühlen*** se sentir uni(e)s **Zusammengehörigkeit** <-> *f* union *f*
Zusammengehörigkeitsgefühl *nt* sentiment *m* d'union
zusammengesetzt *adj* composé(e) **zusammengewürfelt** *adj Gruppe, Mobiliar* hétéroclite **Zusammenhalt** *m kein Pl* cohésion *f* **zusammen|halten** *irr* **I.** *vi* ❶ *Teile:* tenir ensemble ❷ *(zueinander halten)* être solidaire(s) **II.** *vt* ***seine Ersparnisse ~*** être assis sur ses économies
Zusammenhang <-[e]s, -hänge> *m* ❶ *(Verbindung)* rapport *m;* ***jdn/etw mit einem Vorfall in ~ bringen*** établir un lien entre qn/qc et un incident ❷ *(Kontext)* contexte *m*
zusammen|hängen *vi irr* ❶ ***mit etw ~*** être en relation avec qc ❷ *(aneinander befestigt sein)* être collés **zusammenhängend I.** *adj (schlüssig)* cohérent(e) **II.** *adv berichten* de façon cohérente
zusammenhang[s]los I. *adj Äußerungen* incohérent(e) **II.** *adv darstellen* de façon incohérente
zusammen|hauen *vt irr (fam)* ❶ démolir *Person* ❷ *(nachlässig, in Eile herstellen)* bâcler **zusammen|heften** *vt* agrafer *Unterlagen* **zusammen|kehren** *vt* balayer **zusammenklappbar** *adj* pliant(e) **zusammen|klappen I.** *vt + haben* [re]fermer *Taschenmesser;* [re]plier *Klappstuhl* **II.** *vi + sein* ❶ se replier ❷ *(fam: kollabieren)* tomber dans les pommes **zusammen|kleben I.** *vt + haben* coller **II.** *vi + haben o sein* coller **zusammen|kneifen** *vt irr* plisser *Augen* **zusammen|knoten** *vt* nouer; ***etw wieder ~*** renouer qc **zusammen|kommen** *vi irr + sein* ❶ *Personen:* se retrouver; ***mit jdm ~*** rencontrer qn ❷ *(sich anhäufen)* s'accumuler **zusammen|krachen** *vi + sein (fam: einstürzen)* s'effondrer **zusammen|kratzen** *vt (fam)* ***seine letzten Ersparnisse ~*** racler les fonds de tiroirs **zusammen|kriegen** *s.* **zusammenbekommen**
Zusammenkunft [tsu'zamənkʊnft] <-, -künfte> *f* rencontre *f*
zusammen|läppern [tsu'zamənlɛpɐn] *vr (fam)* ***sich ~*** s'accumuler [petit à petit]
zusammen|laufen *vi irr + sein* ❶ *Straßen:* se rencontrer ❷ *(zusammenströmen) Neugierige:* s'attrouper **zusammen|leben** *vi* vivre ensemble; ***mit jdm ~*** vivre avec qn **Zusammenleben** *nt kein Pl* ❶ *(Zusammenwohnen)* vie *f* commune ❷ *(Koexistenz)* cohabitation *f* **zusammen|legen I.** *vt* ❶ [re]plier *Wolldecke* ❷ *(organisatorisch vereinigen)* regrouper *Abteilungen, Klassen;* mettre ensemble *Häftlinge* **II.** *vi* se cotiser
Zusammenlegung <-, -en> *f* regroupement *m* **zusammen|nähen** *vt* coudre [ensemble]; ***Stoffteile ~*** coudre des morceaux de tissu [ensemble] **zusammen|nehmen** *irr* **I.** *vt* ***seinen ganzen Mut ~*** prendre son courage à deux mains **II.** *vr* ***sich ~*** se maîtriser **zusammen|packen** *vt* ❶ emballer *Sachen* ❷ *(zusammen einpacken)* ***alles ~*** emballer tout ensemble **zusammen|passen** *vi* ❶ *Einzelteile:* s'accorder ❷ *(harmonieren) Personen, Farben:* aller bien ensemble **zusammen|pferchen** *vt* parquer
Zusammenprall *m* collision *f,* choc *m*
zusammen|prallen *vi + sein Fahrzeuge:* entrer en collision; ***mit den Köpfen ~*** se cogner la tête **zusammen|pressen** *vt* serrer *Lippen* **zusammen|raufen** *vr (fam)* ***sich ~*** trouver un terrain d'entente **zusammen|rechnen** *vt* faire le total de, additionner **zusammen|reimen** *vr (fam)* ***sich*** *dat* ***etw ~*** s'expliquer qc **zusammen|reißen** *vr irr (fam)* ***sich ~*** se ressaisir **zusammen|rollen I.** *vt* [en]rouler **II.** *vr* ***sich ~*** *Person:* se pelotonner; *Katze:* se mettre en boule **zusammen|rücken I.** *vi + sein* ❶ *zwei Personen:* se rapprocher [l'un(e) de l'autre]; *mehrere Personen:* se rapprocher [les un(e)s des autres] ❷ *(fig: enger zusammenhalten)* se rapprocher **II.** *vt + haben* rapprocher *Gegenstände, Möbel* **zusammen|rufen** *vt irr* convoquer **zusammen|sacken** *vi + sein (fam)* s'effondrer **zusammen|scheißen** *vt irr (fam)* ***jdn ~*** engueuler qn comme du poisson pourri **zusammen|schlagen** *irr* **I.** *vt + haben* ❶ *(verprügeln)* rouer de coups *Person* ❷ *(zertrümmern)* mettre en pièces *Einrich-*

Z

tung **II.** *vi + sein* ***über jdm ~*** *Woge:* s'abattre sur qn **zusammen|schließen** *vr irr* **sich ~** ❶ *Personen:* s'associer ❷ *(fusionieren)* fusionner

Zusammenschluss *m von Firmen* fusion *f*

zusammen|schreiben *vt unreg* écrire en un seul mot **zusammen|schrumpfen** *vi + sein* ❶ *Obst, Käse:* se ratatiner ❷ *Ersparnisse, Vermögen:* fondre [comme neige au soleil] **Zusammensein** *nt* ❶ ***das ~ mit jdm*** le temps passé avec qn ❷ *(Zusammenkunft)* rencontre *f* **zusammen|setzen** **I.** *vt* ❶ assembler *Stücke* ❷ *(nebeneinandersetzen)* mettre l'un(e) à côté de l'autre **II.** *vr* ❶ ***sich aus einzelnen Teilen ~*** se composer de différentes pièces ❷ *(sich zueinander setzen)* ***sich ~*** s'asseoir l'un(e) à côté de l'autre ❸ *(sich zur Beratung treffen)* s'asseoir ensemble

Zusammensetzung <-, -en> *f* composition *f*

zusammen|sinken *vi irr + sein [****in sich*** *akk]* ~ s'effondrer; ***nach und nach in sich*** *akk* ~ s'affaisser petit à petit **Zusammenspiel** *nt kein Pl* ❶ *einer Mannschaft* jeu *m* d'équipe ❷ *von Kräften* interaction *f* **zusammen|stauchen** *vt (fam)* ***jdn ~*** engueuler qn **zusammen|stecken** **I.** *vt* épingler **II.** *vi (fam) Freunde:* être fourrés ensemble **zusammen|stehen** *vi irr Personen:* se trouver ensemble **zusammen|stellen** *vt* rassembler, regrouper *Möbel;* établir *Liste*

Zusammenstellung *f (Aufstellung) von Adressen* liste *f* [par écrit]

Zusammenstoß *m* ❶ collision *f* ❷ *(fam: Auseinandersetzung)* échauffourée *f* **zusammen|stoßen** *vi irr + sein Fahrzeuge:* entrer en collision; *Personen:* se heurter **zusammen|strömen** *vi + sein Demonstranten, Zuschauer:* affluer **zusammen|stürzen** *vi + sein* s'écrouler

zusammen|suchen *vt [****sich*** *dat]* ***etw ~*** rassembler qc **zusammen|tragen** *vt irr* recueillir **zusammen|treffen** *vi irr + sein* ❶ *Personen:* se rencontrer ❷ *(gleichzeitig eintreten) Umstände:* coïncider

Zusammentreffen *nt* ❶ *(Zusammenkunft)* rencontre *f* ❷ *(gleichzeitiges Eintreten)* coïncidence *f*

zusammen|treten *vi irr + sein Versammlung:* se réunir **zusammen|trommeln** *vt (fam)* rameuter *Mitglieder* **zusammen|tun** *vr irr (fam)* ***sich ~*** se mettre ensemble **zusammen|wachsen** *vi irr + sein* ❶ se souder; ***wieder ~*** *Knochen:* se ressouder ❷ *(fig) Ortsteile:* finir par ne faire qu'un **zusammen|wirken** *vi (geh) Faktoren:* être concomitants **zusammen|zählen** *vt* additionner **zusammen|ziehen** *irr* **I.** *vt + haben* ❶ [res]serrer *Netz* ❷ *(konzentrieren)* amasser *Truppen;* concentrer *Polizeiaufgebot* **II.** *vr + haben* **sich ~** ❶ *Pupillen:* [se] rétrécir; *Muskel:* se contracter ❷ *(sich ansammeln) Gewitter:* se préparer **III.** *vi + sein Personen:* s'installer ensemble **zusammen|zucken** *vi + sein* tressaillir

Zusatz ['tsu:zats] *m* ❶ *(Ergänzung)* ajout *m* ❷ *(Zusatzstoff)* additif *m* ❸ *kein Pl (das Hinzufügen)* addition *f;* ***ohne ~ von Farb- und Konservierungsstoffen*** sans adjonction de colorants ni conservateurs

Zusatzgerät *nt* périphérique *m* **Zusatzinformation** *f* information *f* complémentaire

zusätzlich ['tsu:zɛtslɪç] **I.** *adj Kosten* supplémentaire; *Versicherung* complémentaire **II.** *adv* en plus **Zusatzversicherung** *f* assurance *f* complémentaire

Zusatzzahl *f* numéro *m* complémentaire

zuschanden [tsu'ʃandən] ▶ **etw ~ machen** réduire qc à néant

zu|schauen *s.* **zusehen**

Zuschauer(in) <-s, -> *m(f)* spectateur, -trice *m, f*

Zuschauerraum *m* salle *f* **Zuschauertribüne** *f* tribune *f*

zu|schicken *vt* envoyer; ***jdm etw ~*** envoyer qc à qn

zu|schieben *vt irr* ❶ ***jdm etw ~*** passer qc à qn ❷ *(zur Last legen)* ***jdm die Verantwortung ~*** faire endosser la responsabilité à qn ❸ *(schließen)* fermer *Schiebetür*

zu|schießen *irr* **I.** *vt + haben* ❶ ***jdm den Ball ~*** passer le ballon à qn ❷ FIN ***jdm Geld ~*** verser à qn de l'argent en supplément **II.** *vi + sein (fam)* ***auf jdn/etw ~*** foncer sur qn/qc

Zuschlag *m (zum Lohn)* majoration *f; (zum Fahrpreis)* supplément *m*

zu|schlagen *irr* **I.** *vt + haben* ❶ claquer *Tür;* refermer *Buch* ❷ *(zuspielen)* ***jdm den Ball ~*** envoyer le ballon à qn **II.** *vi* ❶ *+ sein (zufallen) Tür:* claquer ❷ *+ haben (schlagen)* ***mit einem Knüppel ~*** donner un coup/des coups de matraque ❸ *+ haben (eingreifen) Polizei:* intervenir ❹ *+ haben (fam: ein Angebot nutzen)* saisir l'occasion ❺ *+ haben (fam: viel essen)* ***beim kalten Büfett kräftig ~*** vraiment faire honneur au buffet froid

zuschlagfrei *adj Zug* sans supplément

zuschlagpflichtig *adj Zug* à supplément

zu|schließen *vt, vi irr* fermer à clé; ***etw ~*** fermer qc à clé

zu|schnappen *vi* ❶ + *haben Hund:* happer ❷ + *sein (sich schließen) Tür:* se refermer

zu|schneiden *vt irr* couper *Stoff;* découper *Brett*

zu|schneien *vi + sein* se [re]couvrir de neige

Zuschnitt *m* ❶ *kein Pl (das Zuschneiden) von Stoff* [dé]coupe *f* ❷ *(Schnittform) eines Kostüms* coupe *f* ❸ *(Niveau)* ***Leute dieses ~s*** des gens *mpl* de cette trempe

zu|schnüren *vt* lacer *Schuhe, Korsett;* ficeler *Paket*

zu|schrauben *vt* visser; ***wieder ~*** revisser

zu|schreiben *vt irr (anlasten)* ***jdm die Schuld an einem Misserfolg ~*** rendre qn responsable d'un échec

Zuschrift *f (Leserbrief)* lettre *f*

zuschulden [tsuˈʃʊldən] ***sich*** *dat* ***etwas ~ kommen lassen*** avoir quelque chose à se reprocher

Zuschuss *m* aide *f* financière; *(aus öffentlichen Kassen)* subvention *f*

zu|schütten *vt* combler *Grube*

zu|sehen *vi irr* ❶ regarder ❷ *(tatenlos bleiben)* ***einem Unrecht tatenlos ~*** assister à une injustice sans rien faire ❸ *(dafür sorgen)* ***~, dass*** veiller à ce que *+subj*

zusehends [ˈtsuːzeːənts] *adv* à vue d'œil

zu|senden *s.* **zuschicken**

zu|setzen *vi* ❶ ***jdm ~*** *Krankheit:* éprouver qn ❷ *(bedrängen)* ***jdm ~*** harceler qn

zu|sichern *vt* assurer; ***jdm etw ~*** assurer qn de qc

Zusicherung *f* ❶ *kein Pl (das Zusichern)* assurance *f* ❷ *(das Zugesicherte)* promesse *f*

zu|sperren *vt* SDEUTSCH, A ***die Tür ~*** fermer la porte à clé

Zuspiel *nt kein Pl* SPORT passe *f*

zu|spielen *vt* passer; ***jdm den Ball ~*** passer le ballon à qn

zu|spitzen *vr* ***sich ~*** s'aggraver

Zuspitzung <-, -en> *f (Verschlimmerung)* aggravation *f*

zu|sprechen *vt irr* ❶ ***jdm Trost ~*** prodiguer des paroles de consolations à qn *soutenu* ❷ JUR ***das Kind wurde der Mutter zugesprochen*** la garde de l'enfant a été confiée à la mère

Zuspruch *m kein Pl (geh)* ❶ *(Trost)* paroles *fpl* de réconfort ❷ *(Interesse)* ***~ finden*** avoir du succès ❸ *(Zustimmung)* approbation *f*

Zustand <-[e]s, -stände> *m* ❶ état *m* ❷ *(Gesundheitszustand)* état *m* ❸ *Pl (pej: Gegebenheit)* ***katastrophale Zustände*** des conditions *fpl* de vie catastrophiques

zustande [tsuˈʃtandə] *adv* ***eine Einigung ~ bringen*** parvenir à un accord; ***nichts Vernünftiges ~ bringen*** n'arriver à rien de bon; ***~ kommen*** *Vertrag:* être conclu

Zustandekommen <-s> *nt eines Vertrags* conclusion *f; eines Treffens* réalisation *f*

zuständig *adj* compétent(e)

Zuständigkeit <-, -en> *f* compétence *f*

zustatten|kommen *vi irr + sein* ***jdm ~*** être bien utile à qn

zu|stechen *vi irr* donner un coup; ***mit einem Messer ~*** donner un coup de couteau

zu|stecken *vt* glisser; ***jdm etw ~*** glisser qc à qn

zu|stehen *vi irr* ❶ ***jdm ~*** *Erbschaft:* revenir [de droit] à qn ❷ *(zukommen)* ***eine solche Äußerung steht Ihnen nicht zu*** il ne vous appartient pas de tenir de tels propos

zu|steigen *vi irr + sein Fahrgast:* monter [en cours de voyage]

Zustelldienst *m* service *m* de livraison

zu|stellen *vt* ❶ *(form: bringen)* ***etw ~*** *Briefträger:* distribuer qc ❷ *(blockieren)* encombrer *Eingang, Tür*

Zusteller(in) <-s, -> *m(f) (form)* préposé(e) *m(f)*

Zustellgebühr *f* [droit *m* de] factage *m*

Zustellung *f (form) eines Briefs* distribution *f; eines Urteils* notification *f*

zu|steuern *vi + sein* ❶ ***auf jdn/etw ~*** se diriger vers qn/qc ❷ *(fig)* ***auf eine Katastrophe ~*** aller au-devant d'une catastrophe

zu|stimmen *vi* ❶ *(gleicher Meinung sein)* ***jdm ~*** être du même avis que qn ❷ *(einverstanden sein)* ***jdm/einer S. ~*** être d'accord avec qn/qc

zustimmend I. *adj Kopfnicken* approbateur, -trice, d'approbation **II.** *adv nicken* d'un air approbateur

Zustimmung *f* approbation *f,* assentiment *m*

zu|stöpseln *vt* boucher

zu|stoßen *irr* **I.** *vi* ❶ + *haben* frapper; ***mit einer Waffe ~*** frapper avec une arme ❷ + *sein (passieren)* ***jdm ~*** *Unglück:* arriver à qn **II.** *vt + haben* ***etw mit dem Fuß ~*** fermer qc d'un coup de pied

Zustrom *m kein Pl (a. fig)* afflux *m*

zutage [tsuˈtaːgə] ***etw ~ fördern*** étaler qc au grand jour

Zutat <-, -en> *f meist Pl* ingrédient *m*

zu|teilen *vt* distribuer *Portion;* attribuer *Rolle, Mitarbeiter*

Zuteilung *f* ❶ *eines Anteils* distribution *f; einer Arbeit* attribution *f* ❷ *(zugeteilte Portion)* rationnement *m*

zuteil|werden [tsu'tail-] *vi irr + sein (geh)* ***jdm*** ~ *gute Behandlung, Ehre:* être imparti à qn

zutiefst [tsu'ti:fst] *adv* au plus haut point

zu|tragen *irr vr (geh)* ***sich*** ~ se passer

zuträglich ['tsu:trɛ:klɪç] *adj (geh)* sain(e); ***jdm/einer S.*** ~ ***sein*** convenir à qn/qc; ***der Gesundheit*** *dat* ***nicht*** ~ ***sein*** être insalubre

zu|trauen *vt* ***jdm etw*** ~ croire qn capable de qc ▶ **das ist ihm/ihr durchaus zuzutrauen** *(iron)* il/elle en est tout à fait capable

Zutrauen <-s> *nt* confiance *f*

zutraulich *adj Kind* confiant(e); *Hund* familier, -ière

zu|treffen *vi irr Vermutung:* être exact; ***auf jdn/etw*** ~ *Beschreibung:* correspondre à qn/s'appliquer à qc

zutreffend *adj Vermutung* exact(e), juste

zu|trinken *vi irr* ***jdm*** ~ saluer qn de son verre

Zutritt *m kein Pl* accès *m*

Zutun *nt* ***das geschah ohne mein*** ~ je n'y suis pour rien

zuunterst [tsu'ʔʊntɐst] *adv* tout [à fait] en dessous

zuverlässig ['tsu:fɛɐ̯lɛsɪç] *adj* fiable

Zuverlässigkeit <-> *f* fiabilité *f*

Zuversicht ['tsu:fɛɐ̯zɪçt] <-> *f* confiance *f*

zuversichtlich *adj* confiant(e)

zuvor [tsu'fo:ɐ̯] *adv* ❶ *(früher, vorher)* auparavant, avant; ***am Tag*** ~ la veille ❷ *(zunächst)* au préalable

zuvor|kommen *vi irr + sein* devancer; ***jdm mit einem Brief*** ~ devancer qn en écrivant une lettre

zuvorkommend **I.** *adj* prévenant(e) **II.** *adv* avec prévenance

Zuvorkommenheit <-> *f* prévenance *f*

Zuwachs ['tsu:vaks] <-es, Zuwächse> *m* ❶ ~ ***der Beschäftigtenzahlen*** accroissement *m* de la population active ❷ *(hum fam: Kind)* ***die Familie bekommt*** ~ il va y avoir une naissance dans la famille

zu|wachsen *vi irr + sein* ❶ *Weg:* se [re]couvrir de végétation; *Tor:* être envahi par la végétation ❷ *(zuheilen) Wunde:* se refermer

Zuwachsrate *f* taux *m* de croissance

Zuwanderer, **Zuwanderin** *m, f* immigrant(e) *m(f)*

zu|wandern *vi + sein* immigrer

Zuwanderung *f* immigration *f*

zuwege [tsu've:gə] *adv* ***etw*** ~ ***bringen*** mener qc à bien

zuweilen [tsu'vailən] *adv (geh)* de temps à autre

zu|weisen *vt irr* assigner *Aufgabe;* attribuer *Arbeitsplatz*

zu|wenden *irr* **I.** *vt* tourner; ***jdm den Rücken*** ~ tourner le dos à qn **II.** *vr* ❶ ***sich jdm*** ~ se tourner vers qn ❷ *(sich widmen)* ***sich einer S.*** ~ se consacrer à qc

Zuwendung *f* ❶ *kein Pl (Beachtung)* attention *f* ❷ *(staatlich finanzierte Unterstützung)* allocation *f; (privat finanzierte Unterstützung)* aide *f*

zu|werfen *vt irr* ***jdm etw*** ~ lancer qc à qn

zuwider [tsu'vi:dɐ] *adj* ***jdm*** ~ ***sein*** inspirer de la répugnance à qn

zuwider|handeln [tsu'vi:dɐhandəln] *vi* contrevenir à; ***einer S.*** *dat* ~ contrevenir à qc **Zuwiderhandlung** *f (form: gegen eine Anordnung)* infraction *f; (gegen ein Verbot)* transgression *f* **zuwider|laufen** *vi irr* ***jds Interessen*** *dat* ~ être contraire aux intérêts de qn

zu|winken *vi* faire un signe [de la main]; ***jdm*** ~ faire un signe [de la main] à qn

zu|zahlen **I.** *vt* payer en supplément; ***etw*** ~ payer qc en supplément **II.** *vi* payer un supplément

zu|ziehen *irr* **I.** *vt + haben* serrer *Schlinge;* tirer *Vorhang* **II.** *vr + haben* ❶ *(auf sich ziehen)* ***sich*** *dat* ***jds Zorn*** ~ s'attirer la colère de qn ❷ *(bekommen)* ***sich*** *dat* ***eine Verletzung*** ~ se faire une blessure **III.** *vi + sein Einwohner:* [venir] s'installer

Zuzug *m* arrivée *f*

zuzüglich ['tsu:tsy:klɪç] *präp +gen* ***hundert Euro*** ~ ***Mehrwertsteuer*** cent euros la T.V.A. en sus

zu|zwinkern *vi* faire un clin/des clins d'œil; ***jdm*** ~ faire un clin/des clins d'œil à qn

ZVS [tsɛtfau̯'ʔɛs] <-> *f Abk von* **Zentralstelle für die Vergabe von Studienplätzen** *centre de répartition des inscriptions dans les universités allemandes*

Zwang [tsvaŋ, *Pl:* 'tsvɛŋə] <-[e]s, Zwänge> *m* contrainte *f*

zwängen ['tsvɛŋən] **I.** *vt* bourrer; ***etw in den Koffer*** ~ bourrer qc dans la valise **II.** *vr* ***sich durch die Tür*** ~ se faufiler à travers la porte

zwanghaft *adj Verhalten* maladif, -ive, maniaque

zwanglos **I.** *adj Beisammensein* sans cérémonie **II.** *adv sich unterhalten* librement

Zwanglosigkeit <-> *f* décontraction *f*

Z

Zwangsanleihe *f* emprunt *m* obligatoire **Zwangsarbeit** *f* ❶ travail *m* obligatoire ❷ *(Strafe)* travaux *mpl* forcés **zwangsernähren*** *vt nur Infin und PP* ***jdn*** ~ alimenter qn de force **Zwangsjacke** *f* camisole *f* [de force] **Zwangslage** *f* situation *f* [très] embarrassante

zwangsläufig ['tsvaŋslɔy̯fɪç] *adj* inévitable

Zwangsläufigkeit <-, -en> *f* force *f* des choses

Zwangsmaßnahme *f* mesure *f* coercitive **Zwangsneurose** *f* PSYCH névrose *f* obsessionnelle **Zwangsräumung** *f* [mesure *f* d']expulsion *f* **zwangsversteigern*** *vt nur Infin und PP* ***zwangsversteigert werden*** être vendu aux enchères publiques **Zwangsversteigerung** *f* vente *f* judiciaire **Zwangsvollstreckung** *f* exécution *f* forcée

zwangsweise I. *adj Räumung* forcé(e); *Einweisung* d'office **II.** *adv einweisen* d'office

zwanzig ['tsvantsɪç] *num* vingt; *s. a.* **achtzig**

Zwanzig ['tsvantsɪç] <-, -en> *f* vingt *m*

zwanziger ['tsvantsɪgɐ] *adj inv* ***die ~ Jahre*** les années *fpl* vingt; *s. a.* **Zwanzigerjahre**

Zwanziger ['tsvantsɪgɐ] <-s, -> *m (fam: Geldschein)* billet *m* de vingt [euros]

Zwanzigerjahre, 20er-Jahre ['tsvantsɪgɐ-] *Pl* ***die*** ~ les années *fpl* vingt

Zwanzigeuroschein *m* billet *m* de vingt euros

zwanzigste(r, s) *adj* vingtième; *s. a.* **achtzigste(r, s)**

Zwanzigstel ['tsvantsɪçstəl] <-s, -> *nt* vingtième *m*

zwar [tsvaːɐ̯] *adv* ❶ *(einschränkend)* certes ❷ *(präzisierend)* ***und*** ~ à savoir

Zweck [tsvɛk] <-[e]s, -e> *m* ❶ *(Ziel)* objectif *m*, but *m*; ***für einen guten*** ~ pour une bonne cause ❷ *(Sinn)* raison *f* d'être ❸ *(Verwendungszweck)* fonction *f*, usage *m*

Zweckbau <-bauten> *m* bâtiment *m* fonctionnel **zweckdienlich** *adj* utile **zweckentfremden*** *vt meist nur Infin und PP* détourner de sa fonction; ***etw*** ~ détourner qc de sa fonction **Zweckentfremdung** *f* utilisation *f* détournée

zwecklos *adj Unterfangen* inutile

zweckmäßig *adj* approprié(e)

Zweckmäßigkeit <-> *f* utilité *f*

Zweckoptimismus *m* optimisme *m* de circonstance

zwecks [tsvɛks] *präp +gen (form)* en vue de

zwei [tsvai̯] *num* deux; *s. a.* **acht**[1]

Zwei [tsvai̯] <-, -en> *f* ❶ *(Zahl, Augenzahl)* deux *m* ❷ *(Schulnote) bonne note située entre quatorze et seize sur vingt;* CH *mauvaise note située entre trois et six sur vingt* ❸ *kein Pl (U-Bahn-Linie)* deux *m*

Zweibeiner <-s, -> *m (hum fam)* bipède *m*

Zweibettzimmer *nt* chambre *f* double; *(im Krankenhaus)* chambre à deux lits

zweideutig ['tsvai̯dɔy̯tɪç] **I.** *adj* ❶ ambigu(ë) ❷ *Bemerkung* équivoque **II.** *adv* ❶ de façon ambiguë ❷ *(anzüglich)* de façon équivoque

Zweideutigkeit <-, -en> *f* ❶ *kein Pl (zweideutiger Charakter)* ambiguïté *f* ❷ *(Äußerung)* propos *m* équivoque

zweidimensional ['tsvai̯dimɛnzi̯onaːl] **I.** *adj* bidimensionnel(le) **II.** *adv* en deux dimensions

Zweidrittelmehrheit [tsvai̯'drɪtəl-] *f* majorité *f* des deux tiers

zweieiig ['tsvai̯ʔai̯ɪç] *adj* ***~e Zwillinge*** faux jumeaux

Zweier ['tsvai̯ɐ] <-s, -> *m (fam: Schulnote) bonne note située entre quatorze et seize sur vingt*

zweierlei ['tsvai̯ɐ'lai̯] *adj inv* ~ ***Sorten Wein*** deux sortes de vin; *s. a.* **achterlei**

Zweierreihe *f* double rangée *f*

Zweieurostück *nt* pièce *f* de deux euros

zweifach ['tsvai̯fax] **I.** *adj* double; ***die ~e Summe*** deux fois la somme, le double **II.** *adv falten* deux fois; *s. a.* **achtfach**

Zweifamilienhaus [tsvai̯fa'miːli̯ənhau̯s] *nt* maison *f* de deux appartements

zweifarbig ['tsvai̯farbɪç] **I.** *adj* bicolore **II.** *adv streichen* de deux couleurs; *drucken* en deux couleurs

Zweifel ['tsvai̯fəl] <-s, -> *m meist Pl* doute *m*

zweifelhaft *adj* douteux, -euse

zweifellos ['tsvai̯fɛlloːs] *adv* incontestablement

zweifeln ['tsvai̯fəln] *vi* douter

Zweifelsfall *m* ▶ **im** ~ dans le doute **zweifelsfrei I.** *adj* indubitable **II.** *adv* indubitablement **zweifelsohne** [tsvai̯fəls'ʔoːnə] *s.* **zweifellos**

Zweifler(in) <-s, -> *m(f)* sceptique *mf*

Zweig [tsvai̯k] <-[e]s, -e> *m* ❶ *a.* COM branche *f* ❷ *(Fachrichtung)* option *f*

zweigeteilt *adj* coupé(e) en deux

zweigleisig *adj* ❶ *Strecke* à double voie ❷ *(fig)* ***~e Verhandlungen*** des négociations sur deux fronts

Zweigniederlassung *f*, **Zweigstelle** *f* succursale *f*; *der Post* bureau *m*

Z

zweihändig ['tsvaihɛndɪç] *adj o adv* à deux mains
zweihundert ['tsvai'hʊndɐt] *num* deux cents
zweijährig *adj Kind* de deux ans
Zweijährige(r) *f(m) dekl wie adj* garçon *m* /fille *f* de deux ans
Zweikampf *m* duel *m*
zweimal ['tsvaima:l] *adv* deux fois, à deux reprises; *s. a.* **achtmal**
Zweirad *nt meist Pl (form)* deux-roues *m*
Zweireiher <-s, -> *m (Anzug)* costume *m* croisé
Zweisamkeit <-, -en> *f (geh)* intimité *f* [à deux]
zweischneidig ['tsvaiʃnaidɪç] *adj* à double tranchant
zweiseitig *adj Brief* de deux pages
zweisilbig *adj* de deux syllabes
Zweisitzer ['tsvaizɪtsɐ] <-s, -> *m* deux places *f*
zweispaltig *adj o adv* sur deux colonnes
zweisprachig ['tsvaiʃpra:xɪç] **I.** *adj* bilingue **II.** *adv* **~ *aufwachsen*** avoir une éducation bilingue
Zweisprachigkeit <-> *f* bilinguisme *m*
zweispurig *adj* à deux voies
zweistellig *adj* à deux chiffres
zweistimmig *adj o adv* à deux voix
zweistöckig ['tsvaiʃtœkɪç] *adj* de deux étages
zweistündig ['tsvaiʃtʏndɪç] *adj attr* de deux heures
zweit [tsvait] *adv* ***zu ~ sein*** être [à] deux; *s. a.* **acht²**
zweitägig *adj attr* de deux jours
Zweitakter <-s, -> *m (Fahrzeug)* véhicule *m* deux-temps
Zweitaktmotor *m* [moteur *m*] deux-temps *m*
zweitälteste(r, s) ['tsvait'ʔɛltəstə, -tɐ, -təs] *adj* ❶ *Einwohner* second(e) [par rang d'âge] ❷ *(zweitgeboren)* cadet(te)
zweitausend ['tsvai'tauzənt] *num* deux mille **Zweitausender** <-s, -> *m* sommet *m* de [plus de] deux mille mètres
zweitbeste(r, s) ['tsvait'bɛstə, -tɐ, -təs] *adj* deuxième meilleur(e)
zweite(r, s) *adj* ❶ deuxième, second(e) ❷ *(bei Datumsangaben)* ***der ~ März*** le deux mars; *s. a.* **achte(r, s)**
Zweite(r) *f(m) dekl wie adj* ❶ deuxième ❷ *(bei Datumsangaben)* ***der ~/am ~n*** *écrit:* ***der 2./am 2.*** le deux *geschrieben:* le 2 ❸ *(als Namenszusatz)* ***Friedrich der ~*** *écrit:* ***Friedrich II.*** Frédéric deux *geschrieben:* Frédéric II ▸ **wie kein ~r** comme personne; *s. a.* **Achte(r)**
Zweiteiler *m (fam)* deux-pièces *m inv*
zweiteilig ['tsvaitailɪç] *adj* en deux parties
zweitens ['tsvaitəns] *adv* deuxièmement
zweitgrößte(r, s) *adj Person* deuxième en taille; *Stadt* deuxième
zweitklassig *adj (pej) Restaurant* de deuxième catégorie
zweitletzte(r, s) ['tsvait'lɛtstə, -tɐ, -təs] *adj* avant-dernier, -ière
zweitrangig *adj* ❶ *Problem* de second ordre ❷ *s.* **zweitklassig**
Zweitschlüssel *m* double *m* **Zweitstimme** *f* POL deuxième voix *f (accordée à une liste nationale lors des élections au Bundestag ou au Landtag)*
Zweitürer <-s, -> *m (fam)* deux portes *f*
zweitürig *adj* [à] deux portes
Zweitwagen *m* deuxième voiture *f*
Zweitwohnung *f* résidence *f* secondaire
Zweizimmerwohnung *f* deux-pièces *m*, F 2 *m*
Zwerchfell ['tsvɛrçfɛl] *nt* ANAT diaphragme *m*
Zwerg(In) [tsvɛrk] <-[e]s, -e> *m(f) (a. fig, pej)* nain(e) *m(f)*
zwergenhaft *adj* de nain
Zwetsch[g]e ['tsvɛtʃ(g)ə] <-, -n> *f (Frucht)* quetsche *f*
Zwetschgenkuchen *m* tarte *f* aux quetsches
Zwickel ['tsvɪkəl] <-s, -> *m* soufflet *m*
zwicken ['tsvɪkən] A, SDEUTSCH **I.** *vi Hose:* serrer **II.** *vt* pincer
Zwicker ['tsvɪkɐ] <-s, -> *m* SDEUTSCH, A pince-nez *m*
Zwickmühle *f* ▸ **in der ~ sein** *(fam)* être coincé
Zwieback ['tsvi:bak] <-[e]s, -e *o* -bäcke> *m* biscotte *f*
Zwiebel ['tsvi:bəl] <-, -n> *f* ❶ oignon *m* ❷ BOT bulbe *m*
Zwiebelkuchen *m* tarte *f* à l'oignon **Zwiebelring** *m* rondelle *f* d'oignon **Zwiebelschale** *f* pelure *f* d'oignon **Zwiebelsuppe** *f* soupe *f* à l'oignon **Zwiebelturm** *m* clocher *m* à bulbe
Zwiegespräch ['tsvi:gəʃprɛ:ç] *nt (geh)* tête-à-tête *m* **Zwielicht** ['tsvi:lɪçt] *nt kein Pl* pénombre *f* ▸ **ins ~ geraten** être entraîné dans une affaire douteuse
zwielichtig *adj (pej)* louche
Zwiespalt ['tsvi:ʃpalt] *m kein Pl* tiraillement *m* [intérieur]
zwiespältig ['tsvi:ʃpɛltɪç] *adj (geh) Gefühle* partagé(e)

Z

Zwietracht ['tsviːtraxt] <-> *f (geh)* discorde *f*

Zwilling ['tsvɪlɪŋ] <-s, -e> *m* ❶ jumeau *m*/jumelle *f* ❷ ASTROL ***die ~e*** les Gémeaux *mpl*

Zwillingsbruder *m* jumeau *m*, frère *m* jumeau **Zwillingspaar** *nt* jumeaux *mpl*/jumelles *fpl* **Zwillingsschwester** *f* jumelle *f*, sœur *f* jumelle

Zwinge ['tsvɪŋə] <-, -n> *f* serre-joint *m*

zwingen ['tsvɪŋən] <zwang, gezwungen> **I.** *vt* ❶ forcer; ***jdn ~ etw zu tun*** forcer qn à faire qc ❷ *(geh: drängen)* ***seinen Gegner zu Boden ~*** faire toucher le sol à son adversaire **II.** *vr* ***sich zu einer Arbeit ~*** *(sich überwinden)* se forcer à [faire] un travail

zwingend **I.** *adj Logik* impérieux, -euse **II.** *adv sich ergeben* forcément

Zwinger <-s, -> *m* chenil *m*

zwinkern ['tsvɪŋkɐn] *vi* [***mit den Augen***] ~ cligner des yeux/de l'œil

zwirbeln ['tsvɪrbəln] *vt* tortiller *Bart*

Zwirn [tsvɪrn] <-s, -e> *m* fil *m* [retors]

zwischen ['tsvɪʃən] **I.** *präp +dat* entre **II.** *präp +akk* entre

Zwischenablage *f* INFORM presse-papiers *m inv* **Zwischenaufenthalt** *m* escale *f*; *(kurz)* halte *f* **Zwischenbemerkung** *f* parenthèse *f* **Zwischenbericht** *m* rapport *m* provisoire **Zwischenbilanz** *f* bilan *m* intermédiaire **Zwischending** *nt (fam)* ***ein ~ zwischen Stock und Krücke*** quelque chose entre la canne et la béquille **zwischendrin** *adv* au milieu **zwischendurch** [tsvɪʃən'dʊrç] *adv* ❶ *(gelegentlich)* de temps en temps; *(inzwischen)* entre-temps ❷ *(außer der Reihe)* ***nichts ~ essen*** ne rien manger entre les repas ❸ *(örtlich)* au milieu **Zwischenergebnis** *nt* résultat *m* intermédiaire **Zwischenfall** *m* incident *m* **Zwischenfrage** *f* question *f* [incidente] **Zwischenhändler** *m* intermédiaire *m* **Zwischenlager** *nt* ***atomares ~*** lieu de stockage provisoire des déchets nucléaires **zwischen|lagern** *vt* stocker provisoirement; ***etw ~*** stocker qc provisoirement **zwischen|landen** *vi meist nur Infin und PP + sein* faire escale **Zwischenlandung** *f* escale *f* **Zwischenmahlzeit** *f* collation *f* **zwischenmenschlich** *adj* entre les personnes; ***~e Beziehungen*** des relations avec les autres **Zwischenprüfung** *f* examen *m* intermédiaire **Zwischenraum** *m* ❶ *(räumlicher Abstand)* intervalle *m*; *(eng)* interstice *m* ❷ *(Zeilenabstand)* interligne *m* **Zwischenruf** *m* interpellation *f*, apostrophe *f* **Zwischenrunde** *f* SPORT éliminatoires *fpl* **Zwischenspeicher** *m* INFORM mémoire *f* tampon **Zwischenstation** *f* halte *f* **Zwischenstopp** *m* escale *f* **Zwischensumme** *f* total *m* intermédiaire **Zwischenwand** *f* cloison *f* **Zwischenzeit** *f* ***in der ~*** dans l'intervalle **zwischenzeitlich** *adv* dans l'intervalle **Zwischenzeugnis** *nt (Schulzeugnis)* bulletin *m* intermédiaire; *(in Frankreich)* bulletin trimestriel

Zwist [tsvɪst] <-es, -e> *m (geh)* dissension *f*

zwitschern ['tsvɪtʃɐn] *vi Vogel:* gazouiller

Zwitter ['tsvɪtɐ] <-s, -> *m* hermaphrodite *m*

zwo [tsvoː] *num (fam)* deux

zwölf [tsvœlf] *num* douze; *s. a.* **acht**[1]

zwölffach ['tsvœlffax] **I.** *adj* ***die ~e Menge nehmen*** prendre douze fois plus **II.** *adv falten* douze fois; *s. a.* **achtfach**

Zwölffingerdarm *m* ANAT duodénum *m*

Zwölfkampf *m* SPORT concours *m* à douze épreuves

zwölfmal ['tsvœlfmaːl] *adv* douze fois; *s. a.* **achtmal**

zwölft [tsvœlft] *adv* ***zu ~ sein*** être douze; *s. a.* **acht**[2]

zwölfte(r, s) *adj* ❶ douzième ❷ *(bei Datumsangaben)* ***der ~ März*** le douze mars; *s. a.* **achte(r, s)**

Zwölfte(r) *f(m) dekl wie adj* ❶ douzième *mf* ❷ *(bei Datumsangaben)* ***der ~/am ~n*** *écrit:* ***der 12./am 12.*** le douze *geschrieben:* le 12 ❸ *(als Namenszusatz)* ***Ludwig der ~*** *écrit:* ***Ludwig XII.*** Louis douze *geschrieben:* Louis XII

zwölftel *adj* douzième; *s. a.* **achtel**

Zwölftel ['tsvœlftəl] <-s, -> *nt* douzième *m*

Zwölftonmusik *f* musique *f* dodécaphonique

Zyanid [tsy̆a'niːt] <-s, -e> *nt* CHEM cyanure *m*

Zyankali [tsy̆aːn'kaːli] <-s> *nt* CHEM cyanure *m* de potassium; *(Gift)* cyanure

zyklisch ['tsyːklɪʃ] *adj a.* CHEM cyclique

Zyklon [tsy'kloːn] <-s, -e> *m* cyclone *m*

Zyklop [tsy'kloːp] <-en, -en> *m* cyclope *m*

Zyklus ['tsyːklʊs] <-, Zyklen> *m* ❶ *a.* BIO cycle *m* ❷ *(Reihe) von Gedichten* série *f*

Zylinder [tsi'lɪndɐ] <-s, -> *m* ❶ GEOM, TECH, AUT cylindre *m* ❷ *(Hut)* haut-de-forme *m*

Zylinderkopf *m* AUT culasse *f*

zylindrisch [tsi'lɪndrɪʃ] *adj* cylindrique

Zyniker(in) ['tsyːnɪkɐ] <-s, -> *m(f)* cynique *mf*

zynisch ['tsy:nɪʃ] **I.** *adj* cynique **II.** *adv* avec cynisme, cyniquement

Zynismus [tsy'nɪsmʊs] <-, -ismen> *m* ❶ *kein Pl* cynisme *m* ❷ *(Bemerkung)* remarque *f* cynique

Zypern ['tsy:pɐn] <-s> *nt* Chypre *f*

Zyprer(in) ['tsy:prɐ] <-s, -> *m(f)* Chypriote *mf*, Cypriote *mf*

Zypresse [tsy'prɛsə] <-, -n> *f* cyprès *m*

Zypriot(in) [tsypri'o:t] <-en, -en> *m(f)* *s.* **Zyprer(in)**

zypriotisch [tsypri'o:tɪʃ] *adj* chypriote, cypriote

Zyste ['tsʏstə] <-, -n> *f* MED, BIO kyste *m*

zz[t]. *Abk von* **zurzeit** pour le moment

Anhang
Appendice

Seiten
Pages

Französische Texte schreiben

Ob Bewerbungen, E-Mails, Aufsätze oder Berichte – diese Sammlung von typischen Mustertexten und Satzbausteinen liefert praktische Unterstützung bei der Erstellung von richtig guten französischen Texten.

Noch mehr Satzbausteine für Schülerinnen und Schüler der Mittel- und Oberstufe stehen unter diesem Link als Download bereit:

www.pons.de/schülerwörterbuch-französisch

Einer Schüleraustauschpartnerin zum ersten Mal mailen

Un premier mail à une correspondante

À... emma_14@ababab.fr

Cc...

Objet : petit mail de l'Allemagne

Chère Emma,

Je m'appelle Jessica et j'ai 16 ans. Hier, pendant le cours, mon professeur de français nous a donné une liste de garçons et de filles de France qui cherchent un correspondant ou une correspondante en Allemagne. Je t'ai choisie parce que nous avons presque le même âge et que tu aimes les mêmes choses que moi.

J'habite à Stuttgart-Zuffenhausen avec mes parents et mon petit frère Marc. Mon père est cuisinier dans un hôtel à Stuttgart, et ma mère est prof de musique. Mon frère n'a que neuf ans et il m'énerve souvent parce qu'il me pose sans arrêt des questions. Mais il est gentil. Il va encore à l'école primaire. Moi, je suis en seconde au lycée Mörike et j'apprends le français depuis 4 ans déjà. Mes matières préférées sont le français, le sport et les maths. En quelle classe es-tu et quelles sont tes matières préférées? As-tu aussi des frères et des sœurs? Mes passe-temps favoris sont, comme pour toi, écouter de la musique, surfer sur Internet et faire du roller.

J'espère que tu vas m'écrire bientôt, car il y a tellement de choses que je veux savoir sur toi et sur la France, comme le style de musique que tu aimes et ce que tu aimes faire avec tes amis en général pendant le week-end.

A bientôt!
Jessica

Liebe Emma,

ich heiße Jessica und bin 16 Jahre alt. Mein Französischlehrer hat uns gestern im Unterricht eine Liste von Jungen und Mädchen aus Frankreich gegeben, die eine Brieffreundin oder einen Brieffreund in Deutschland suchen. Ich habe dich ausgesucht, weil wir fast das gleiche Alter und dieselben Hobbies haben.

Ich wohne mit meinen Eltern und meinem kleinen Bruder Marc in Stuttgart-Zuffenhausen. Mein Vater ist Koch in einem Hotel in Stuttgart und meine Mutter ist Musiklehrerin. Mein Bruder ist erst 9 Jahre alt, und er nervt mich oft, weil er mir pausenlos Fragen stellt. Aber er ist nett. Er geht noch in die Grundschule. Ich gehe in die 10. Klasse des Mörike-Gymnasiums und lerne schon seit vier Jahren Französisch. Meine Lieblingsfächer sind natürlich Französisch, Sport und Mathe. In welche Klasse gehst du und was sind deine Lieblingsfächer? Hast du auch Geschwister? Ich habe dieselben Hobbies wie du: Musik hören, im Internet surfen und inlineskaten.

Ich hoffe, du schreibst mir bald, denn ich will noch soooo viel über dich und Frankreich wissen, z. B. welche Musik du gerne hörst und was du mit deinen Freundinnen so am Wochenende machst.

Bis bald!

Jessica

Expressions utiles

Nous avons presque le même âge.	Wir haben fast das gleiche Alter
Quelles sont tes matières préférées ?	Was sind deine Lieblingsfächer?
Mes passe-temps favoris sont, comme pour toi, ...	Ich habe dieselben Hobbies wie du: ...
J'espère que tu vas m'écrire bientôt.	Ich hoffe, du schreibst mir bald.
A bientôt!	Bis bald!

Anfrage: Informationen über einen Feriensprachkurs einholen

Demander des informations sur un cours de langue

À... lisaweis@gwx.de

Cc...

Objet : cours de langue à Toulon

Mesdames, Messieurs,

J'ai trouvé les coordonnées de votre institut sur internet et j'aimerais participer à un cours de langue à Toulon au mois d'août l'année prochaine.

Je suis élève de troisième dans un lycée allemand et j'apprends le français depuis trois ans. Pourriez-vous m'envoyer des informations complémentaires concernant vos cours ? J'aimerais en particulier savoir si je dois passer un test d'évaluation, combien d'heures de cours sont donnés par jour et quels sont les horaires d'enseignement.

Je crois que vous vous occupez également de l'hébergement. Serait-il possible de loger dans une famille ayant une fille du même âge que moi ?

Je vous remercie d'avance pour votre réponse.

Sincères salutations,

Lisa Weis

Sehr geehrte Damen und Herren,

ich habe die Adresse und Telefonnummer Ihres Instituts im Internet gefunden und würde gerne nächstes Jahr im August an einem Sprachkurs in Toulon teilnehmen.

Ich besuche die 9. Klasse eines Gymnasiums in Deutschland, und ich lerne seit drei Jahren Französisch. Könnten Sie mir bitte genauere Informationen über Ihre Sprachkurse zukommen lassen? Mich interessiert vor allem, ob ich an einem Einstufungstest teilnehmen muss, wie lange der Unterricht jeden Tag dauert und wann er stattfindet.

Ich glaube, dass Sie sich auch um die Unterbringung kümmern. Wäre es möglich, dass ich in einer Familie wohne, die eine Tochter in meinem Alter hat?

Vielen Dank im Voraus für Ihre Antwort.

Mit freundlichen Grüßen

Lisa Weis

Expressions utiles

J'ai trouvé les coordonnées de votre institut sur internet.	Ich habe die Adresse und Telefonnummer Ihres Instituts im Internet gefunden.
Je suis élève de troisième dans un lycée allemand.	Ich besuche die 9. Klasse eines Gymnasiums in Deutschland.
Pourriez-vous m'envoyer des informations complémentaires ?	Könnten Sie mir bitte genauere Informationen zukommen lassen?
Je vous remercie d'avance pour votre réponse.	Vielen Dank im Voraus für Ihre Antwort.
Sincères salutations,	Mit freundlichen Grüßen

Eine Postkarte schreiben
Ecrire une carte postale

Chère Louise,

Un grand bonjour de Bretagne où depuis une semaine nous profitons du soleil, de la plage et de la mer. Nous avons de la chance parce qu'il ne fait pas aussi froid que d'habitude. Mon frère et moi, nous passons des journées entières à la plage, nous faisons du vélo et du bateau, et nous jouons au volley avec des copains. Et nous avons déjà goûté aux bonnes crêpes bretonnes! Bref, des vacances de rêve ! L'auberge de jeunesse est assez confortable, mais parfois un peu bruyante. Mais ce n'est pas bien grave parce qu'on est presque tout le temps dehors. Nous espérons que toi aussi, tu passes de bonnes vacances à la montagne.

Grosses bises
Annie

Louise Leblanc
23 rue Gilbert
75000 Paris

Hallo Louise,

herzliche Grüße aus der Bretagne, wo wir seit einer Woche die Sonne, den Strand und die großen Wellen genießen! Wir haben Glück, denn es ist hier nicht so kalt wie gewöhnlich. Mein Bruder und ich verbringen den ganzen Tag am Strand, wir fahren Fahrrad, wir fahren Boot, und wir spielen mit Freunden Volleyball. Und wir haben schon die guten bretonischen Crêpes probiert. Kurz, es sind Traumferien! Die Jugendherberge ist ziemlich komfortabel aber manchmal etwas laut. Das ist nicht schlimm, denn wir sind die ganze Zeit draußen. Wir hoffen, dass du auch schöne Ferien in den Bergen verbringst.

Liebe Grüße

Annie

Expressions utiles

Un grand bonjour de ...	Herzliche Grüße aus ...
Nous profitons du soleil.	Wir genießen die Sonne.
Il ne fait pas aussi froid que d'habitude.	Es ist hier nicht so kalt wie gewöhnlich.
Nous avons déjà goûté au ...	Wir haben schon ... probiert.
Bref, ...	Kurz, ...
Grosses bises	Liebe Grüße

Eine Bewerbung für ein Praktikum

Lettre de candidature

Lindenstr. 12
38444 Wolfsburg
Allemagne
Tél.: +49 0711 23446656
s.meier@xyz.de

Association Sport Vacances
19 Rue Foncet
75015 Paris
France

Wolfsburg, le 11 mars 2020

Objet: lettre de candidature pour un stage dans un Centre de vacances

Mesdames, Messieurs,

Par la présente, je voudrais poser ma candidature pour effectuer un stage dans un Centre de vacances en France.

Je suis Allemande, j'ai 17 ans et je suis élève du Brunnen-Gymnasium à Wolfsburg. Comme je ne suis pas très bonne en français, j'ai pensé que ce serait une bonne idée de travailler en France pendant les vacances. Ainsi, je pourrais découvrir un peu le monde du travail et en même temps améliorer mon français. Comme j'aime beaucoup les enfants, je voudrais travailler comme stagiaire dans une colonie de vacances, de préférence en Bretagne ou en Normandie. Je serais libre du 22 juillet au 2 septembre. J'ai beaucoup d'expériences avec les enfants. J'ai en effet trois petits frères dont je m'occupe souvent et je travaille régulièrement comme baby-sitter dans une famille avec deux petits enfants.

Dans l'espoir d'une réponse positive de votre part, je vous prie d'agréer, Mesdames, Messieurs, l'expression de mes sentiments distingués.

S. Meier

Stefanie Meier

Pièce jointe : curriculum vitae

Bewerbung um eine Praktikumsstelle in einem Ferienlager

Sehr geehrte Damen und Herren,

hiermit möchte ich mich um eine Stelle als Praktikantin in einem Ferienlager in Frankreich bewerben.

Ich bin Deutsche und Schülerin des Brunnen-Gymnasiums Wolfsburg. Ich bin 17 Jahre alt. Weil ich nicht besonders gut in Französisch bin, habe ich gedacht, es sei eine gute Idee, während der Ferien in Frankreich zu arbeiten. Auf diese Weise könnte ich ein wenig Einblick in die Arbeitswelt bekommen und gleichzeitig mein Französisch verbessern. Da ich Kinder sehr gerne habe, würde ich gerne als Praktikantin in einem Ferienlager arbeiten, am liebsten in der Bretagne oder in der Normandie. Ich hätte Zeit vom 22. Juli bis zum 2. September. Ich habe viel Erfahrung mit Kindern, denn ich habe drei kleine Brüder, um die ich mich kümmere, und ich arbeite regelmäßig als Babysitterin in einer Familie mit zwei kleinen Kindern.

In der Hoffnung, dass Sie mir eine positive Antwort geben werden, verbleibe ich

mit freundlichen Grüßen

Stefanie Meier

Anlage: Lebenslauf

Expressions utiles

Je voudrais poser ma candidature pour effectuer un stage.	Ich möchte mich um eine Stelle als Praktikantin bewerben.
découvrir le monde du travail	Einblick in die Arbeitswelt bekommen
améliorer mon français	mein Französisch verbessern
de préférence	am liebsten
Je serais libre du … au …	Ich hätte Zeit vom … bis zum …
Dans l'espoir d'une réponse positive de votre part …	In der Hoffnung, dass Sie mir eine positive Antwort geben werden, verbleibe ich …
je vous prie d'agréer, Mesdames, Messieurs, l'expression de mes sentiments distingués.	mit freundlichen Grüßen
Pièce jointe :	Anlage:

Lebenslauf
Curriculum vitae

Stefanie Meier
Lindenstr 12
38444 Wolfsburg
Allemagne

photo

Tél.	+49 567 23446656
E-mail	s.maier@xyz.de
Née le	28/01/2003
Nationalité	Allemande
Formation	
Depuis 2013	lycée: Brunnen-Gymnasium, Wolfsburg
2009–2013	école primaire: Anne-Frank-Grundschule, Wolfsburg
Expériences	
2019	stage de trois semaines dans un jardin d'enfants à Wolfsburg
Langues et compétences informatiques	
Allemand	langue maternelle
Anglais	parlé et écrit couramment
Français	niveau scolaire
Informatique	Microsoft Office (Word, Excel, PowerPoint)
Divers	
Sport	natation, volley
Musique	guitare, piano
Théâtre	membre d'une troupe amateur depuis 2017

Stefanie Meier
Lindenstr 12
38444 Wolfsburg
Deutschland

Tel.: +49 567 23446656
E-Mail: s.maier@xyz.de

Geburtsdatum: 28.01.2003
Staatsangehörigkeit: deutsch

Ausbildung

2009–2013:	Anne-Frank-Grundschule, Wolfsburg
seit 2013:	lycée: Brunnen-Gymnasium, Wolfsburg

Praktische Erfahrung

2019:	Dreiwöchiges Praktikum in einem Kindergarten in Wolfsburg

Sprachenkenntnisse

Deutsch:	Muttersprache
Englisch:	fließend in Wort und Schrift
Französisch:	Schulkenntnisse

IT-Kenntnisse

Microsoft Office (Word, Excel, PowerPoint)

Andere Interessen

Sport:	Schwimmen und Volleyball
Musik:	Gitarre, Klavier
Theater:	Mitglied in einem Theaterclub seit 2017

Bericht: Unsere Reise nach Lille
Rapport: Notre voyage à Lille

La semaine dernière, nous avons participé à un échange avec des élèves d'un collège de Lille. Avec notre professeur, nous avions bien préparé le voyage et organisé le programme. En partant, nous étions un peu nerveux, bien sûr, mais aussi très contents de voir bientôt nos correspondants.

On voulait partir à huit heures, mais le chauffeur du bus avait oublié la clé du coffre. Alors, il a dû retourner au bureau pour la chercher. Ça nous a déjà coûté 20 minutes de retard. Sur l'autoroute, il y avait des bouchons. On a fait un petit arrêt à Bruxelles, mais au moment de repartir, deux élèves manquaient. Ils s'étaient perdus dans les petites ruelles de Bruxelles. On les a retrouvés au bout de trois quarts d'heures. Nous sommes arrivés à Lille avec deux heures de retard et en plus, il pleuvait. Le pire, c'est qu'il n'y avait plus que les professeurs qui nous attendaient. Les parents et les élèves étaient déjà partis.

Quand ils ont su que nous étions enfin arrivés, ils sont revenus pour nous accueillir. Nous avons passé une semaine super à Lille. Nous avons visité beaucoup d'endroits très intéressants. À Boulogne sur mer, on a visité par exemple la cave d'un producteur de vin. On a passé aussi deux jours au collège avec nos corres. On s'est beaucoup amusés avec eux.

En partant, on était un peu tristes de les quitter, mais ils vont venir nous voir l'année prochaine. À la fin du séjour, on avait tous l'impression d'avoir fait beaucoup de progrès en français.

Letzte Woche haben wir eine Austauschreise mit Schülerinnen und Schülern eines Collège in Lille gemacht. Wir hatten die Fahrt mit unserem Lehrer gut vorbereitet und das Programm diskutiert. Bei der Abreise waren wir natürlich etwas nervös, aber wir freuten uns auch darauf, bald unsere Austauschpartner zu sehen.

Um 8 Uhr wollten wir losfahren, aber der Busfahrer hatte den Schlüssel zum Kofferraum vergessen. Daher musste er noch einmal ins Büro fahren, um ihn zu holen. Dadurch haben wir 20 Minuten verloren. Auf der Autobahn gab es Staus. Wir wollten nur kurz in Brüssel anhalten, aber als wir weiterfahren wollten, fehlten zwei Schüler. Sie hatten sich in den kleinen Gässchen von Brüssel verlaufen. Drei Viertelstunden später haben wir sie wieder gefunden. Wir kamen in Lille mit zwei Stunden Verspätung an. Zu allem Überfluss hatte es angefangen zu regnen, und als wir aus dem Bus ausstiegen, waren wir ganz nass. Und, was noch schlimmer war, es waren nur noch die Lehrer da, die auf uns warteten. Die Eltern und die Schüler waren schon weggegangen.

Aber sie sind schnell zurückgekommen, und wir haben eine tolle Woche in Lille verbracht. Wir haben viele interessante Orte gesehen: Wir waren in Boulogne sur mer, wir haben eine Weinkellerei besichtigt, wir waren mit unseren Austauschpartnern in der Schule, und wir hatten viel Spaß mit ihnen.

Als wir abfuhren waren wir traurig, sie zu verlassen, aber im nächsten Jahr werden sie uns besuchen kommen. Wir hatten den Eindruck, dass wir im Französischen große Fortschritte gemacht hatten.

Expressions utiles

Nous avons participé à un échange.	Wir haben eine Austauschreise gemacht.
En partant, ...	Bei der Abreise ...
On voulait partir à huit heures, ...	Um 8 Uhr wollten wir losfahren, ...
Ça nous a déjà coûté 20 minutes de retard.	Dadurch haben wir 20 Minuten verloren.
Au moment de repartir, ...	Als wir weiterfahren wollten, ...
Nous sommes arrivés ... avec deux heures de retard.	Wir kamen in ... mit zwei Stunden Verspätung an.
Nous avons passé une semaine super à ...	Wir haben eine tolle Woche in ... verbracht.
Nous avons visité beaucoup d'endroits très intéressants.	Wir haben viele interessante Orte gesehen.

Französische Kurzgrammatik

Précis de grammaire française

Damit du die wichtigsten Französischhilfen immer schnell zur Hand hast, bietet dir dein Wörterbuch auch eine kurze Grammatik. Hier wird vieles anhand von Beispielen erläutert. So hast du die Möglichkeit, dir bereits gelernte Grammatikthemen bequem wieder ins Gedächtnis zu rufen.

1 Der Artikel

1.1 Der bestimmte Artikel

Die Formen des bestimmten Artikels

		vor Konsonant		vor stummem h		vor Vokal	
männliche Formen	**Singular**	**le**	train	**l'**	hôtel	**l'**	arbre
	Plural	**les**	trains	**les**	hôtels	**les**	arbres
weibliche Formen	**Singular**	**la**	ville	**l'**	heure	**l'**	autoroute
	Plural	**les**	villes	**les**	heures	**les**	autoroutes

Die Präpositionen *à* und *de* und der bestimmte Artikel

à + le	=	*au*	*de + le*	=	*du*
à + les	=	*aux*	*de + les*	=	*des*

Der Gebrauch des bestimmten Artikels

Der bestimmte Artikel wird verwendet bei:

- der Gesamtheit einer Menge: J'aime **les** livres.
- Eigennamen: **Les** Noblet habitent à Paris.
- Titeln: **Le** docteur Lacroix est parti en vacances.
- Körperteilen: Géraldine a **les** yeux verts.
- festen Wendungen: J'apprends **le** français.

1.2 Der unbestimmte Artikel

	männlich		weiblich	
Singular	**un**	livre	**une**	voiture
Plural	**des**	livres	**des**	voitures

1.3 Der Teilungsartikel

Die Formen des Teilungsartikels

Der Teilungsartikel besteht aus der Präposition *de* und dem bestimmten Artikel.

Der Gebrauch des Teilungsartikels

1. Der Teilungsartikel wird verwendet, wenn man eine **unbestimmte Menge**, d. h. unzählbare Dinge, bezeichnen möchte. Er gibt einen Teil eines Ganzen an.

2. Nach *sans* und *de* steht kein Teilungsartikel. Sollte jedoch eine bestimmte Menge gemeint sein, dann steht bei *de* der bestimmte Artikel:

   Jean a besoin **de** l'argent **qu'il a gagné**.

3. Nach *avec* wird der Teilungsartikel verwendet:

   Jean prend son pain **avec de la** confiture.

4. Außerdem steht der Teilungsartikel bei einigen festen Wendungen:

faire **du** volley/**du** sport	*Volleyball spielen/ Sport treiben*
jouer **du** piano	*Klavier spielen*
avoir **de** la chance	*Glück haben*

5. Die Verneinung wird beim Teilungsartikel mit *ne … pas de* gebildet.

Mengenangaben mit *de*

An Mengenangaben wird das nachfolgende Substantiv nur mit der Präposition *de* angeschlossen:

Il faut acheter	un litre	**de**	vin,
	un kilo	**de**	tomates,
	une bouteille	**d'**	eau minérale,
	beaucoup	**de**	fruits,
	un peu	**de**	fromage,
	assez	**de**	limonade.

2 Das Substantiv

2.1 Das Geschlecht der Substantive

2.1.1 Das Geschlecht bei Lebewesen

1. Bei Personen oder Tieren gibt es in der Regel für jedes Geschlecht eine Form.

männlich	→	weiblich			
un ami	→	une amie	-	→	**-e**
un employé	→	une employ**ée**	-é	→	**-ée**
un ac**teur**	→	une ac**trice**	**-teur**	→	**-trice**
			Ausnahme:		
			un chanteur	→	une chant**euse**
un vendeur	→	une vend**euse**	**-eur**	→	**-euse**
			Ausnahme:		
			un pécheur	→	une péch**eresse**
un boulanger	→	une boulang**ère**	-er	→	**-ère**
un voisin	→	une voisin**e**	-in	→	**-ine**
			Ausnahme:		
			un copain	→	une cop**ine**
un paysan	→	une paysa**nne**	-an	→	**-anne**
un espion	→	une espio**nne**	-on	→	**-onne**
un Italien	→	une Italie**nne**	-ien	→	**-ienne**
un veuf	→	une veu**ve**	-f	→	**-ve**
un tigre	→	une tigre**sse**	-e	→	**-esse**

2. Bei einigen Substantiven kann man das Geschlecht nur am Artikel erkennen, da die männlichen und die weiblichen Formen identisch sind:

un/une élève, **un/une** enfant, **un/une** journaliste, **un/une** secrétaire

3. Aber es gibt auch Bezeichnungen, bei denen die **männliche** und **weibliche** Form aus zwei verschiedenen Substantiven bestehen:

un homme – **une** femme
un coq – **une** poule
un garçon – **une** fille
un frère – **une** sœur

2.1.2 Das Geschlecht bei Sachen und Dingen

Das Geschlecht von Wortgruppen

Männlich sind	– Wochentage:	**le** lundi, **le** vendredi;
	– Jahreszeiten:	**le** printemps, **l'**automne;
	– Himmelsrichtungen:	**le** sud, **le** nord;
	– Sprachen:	**le** portugais, **l'**italien;
	– Bäume:	**le** chêne, **le** sapin;
	– Metalle:	**l'**or, **le** platine;
	– chemische Elemente:	**le** mercure, **le** soufre, **l'**uranium;
	– Transportmittel:	**le** bus, **le** train, **l'**avion.

Weiblich sind	– Länder:	**la** France, **la** Pologne, *aber:* **le** Portugal, **le** Danemark, **le** Luxembourg;
	– Flüsse:	**la** Saône, **la** Moselle, *aber:* **le** Rhône, **le** Danube;
	– Wissenschaften:	**la** géographie, **la** médecine, *aber:* **le** droit;
	– Autonamen:	**la** BMW, **la** Citroën

2.2 Der Plural der Substantive

Singular	Plural	Ausnahmen
le train	les trains	
la voiture	les voitures	
le prix	les prix	
le nez	les nez	
le Français	les Français	
le gâteau	les gâteaux	
le jeu	les jeux	le pneu → les pneus
le bijou	les bijoux	le cou → les cous
le journal	les journaux	le bal → les bals
le travail	les travaux	le détail → les détails

3 Das Adjektiv

3.1 Die Stellung des Adjektivs

Das Adjektiv als Attribut

1. Die Adjektive stehen in der Regel **hinter** dem Substantiv; dies gilt insbesondere für die mehrsilbigen Adjektive.
2. Kurze und häufig gebrauchte Adjektive stehen **vor** dem Substantiv:

   grand, gros, petit, jeune, vieux, bon, mauvais, beau, joli
3. Bei einigen Adjektiven ändert sich die Bedeutung je nachdem, ob sie **vor** oder **hinter** dem Substantiv stehen:

   un pauvre homme (*ein **bedauernswerter** Mann*)

   un homme pauvre (*ein **armer** Mann*)

3.2 Das Adjektiv im Singular und im Plural

	männlich	weiblich
Singular	le petit jardin le jardin est petit	la petite maison la maison est petite
Plural	les petits jardins les jardins sont petits	les petites maisons les maisons sont petites

Die weibliche Form des Adjektivs bildet man, indem man an die männliche Form ein **-e** anhängt. Endet die männliche Form bereits auf **-e**, so bleibt die weibliche Form unverändert:

le livre rouge	la voiture rouge

Der Plural wird durch Anhängen von **-s** an die jeweilige Form des Singulars gebildet.

Es gibt einige wenige Adjektive, die grundsätzlich **nicht verändert** werden:

bon marché, marron, orange, super, chic

3.3 Sonderfälle bei den Femininformen

Regel			männlich		weiblich	Ausnahme		
-er	→	**-ère**	cher	→	chère			
-et	→	**-ète**	complet	→	complète	muet	→	muette
-c	→	**-que**	turc	→	turque	blanc	→	blanche
						sec	→	sèche
						grec	→	grecque
-f	→	**-ve**	actif	→	active			
-g	→	**-gue**	long	→	longue			
-eux	→	**-euse**	heureux	→	heureuse			
-el	→	**-elle**	naturel	→	naturelle			
-il	→	**-ille**	gentil	→	gentille			
-en	→	**-enne**	européen	→	européenne			
-on	→	**-onne**	bon	→	bonne			
-os	→	**-osse**	gros	→	grosse			
-teur	→	**-teuse**	menteur	→	menteuse			
	→	**-trice**	conservateur	→	conservatrice			
-eur	→	**-eure**	meilleur	→	meilleure			
	→	**-euse**	rieur	→	rieuse			

3.4 Sonderfälle bei der Pluralbildung

	männlich			weiblich		
Singular	un homme		brutal	une femme		brut**ale**
Plural	des hommes		brut**aux**	des femmes		brut**ales**
Singular	un	beau	jour	une	belle	surprise
	un	gros	sac	une	grosse	valise
Plural	de(s)	beaux	jours	de(s)	belles	surprises
	de(s)	gros	sacs	de(s)	grosses	valises

3.5 Die Adjektive *beau, nouveau* und *vieux*

vor männlichen Substantiven im Singular, die mit **Konsonant** beginnen.

beau, nouveau, vieux

vor männlichen Substantiven im Singular, die mit **Vokal** oder **stummem h** beginnen.

bel, nouvel, vieil

Bei prädikativem Gebrauch stehen im Singular männlicher Substantive nur die Formen **beau, nouveau** und **vieux** zur Verfügung:

L'hôtel est **beau.**
L'ordinateur est **nouveau.**
L'ordinateur est **vieux.**

3.6 Die Steigerung der Adjektive

Der Positiv und der Komparativ

Positiv	Pierre est **grand.** *(Pierre ist groß.)*
Komparativ	Pierre est **plus grand que** moi. *(Pierre ist größer als ich.)*
	Pierre est **moins grand que** moi. *(Pierre ist kleiner als ich.)*
	Pierre est **aussi grand que** moi. *(Pierre ist genauso groß wie ich.)*

Der Superlativ

Quel est	le	fleuve	**le**	**plus**	**long**	d'Europe?
Quelle est	la	ville	**la**	**plus**	**grande**	**du** monde?
Quels sont	les	trains	**les**	**plus**	**rapides**	**de la** France?
Quelles sont	les	montagnes	**les**	**plus**	**hautes**	**du** monde?

Unregelmäßige Steigerungsformen:

bon, bonne *(gut)*	meilleur, e *(besser)*	le/la meilleur, e *(der/die/das beste)*
mauvais, e *(schlecht)*	pire *(schlechter)*	le/la pire *(der/die/das schlechteste)*

4 Das Adverb

4.1 Die Formen

Die abgeleiteten Adverbien

Adjektiv		**Adverb**
männlich	**weiblich**	
fort	forte	fort**ement**
sérieux	sérieuse	sérieus**ement**
terrible	terrible	terrible**ment**
pratique	pratique	pratique**ment**

Bei Adjektiven, die auf einen **hörbaren Vokal**, aber nicht auf -e enden, wird **-ment** an die männliche Form angehängt:

Adjektiv		**Adverb**
männlich	**weiblich**	
vrai	vraie	vrai**ment**
absolu	absolue	absolu**ment**

Ausnahmen sind:

gai, gaie → **gaiement**
nouveau, **nouvelle** → **nouvellement**
fou, **folle** → **follement**

Adjektive, die auf **-ant** oder **-ent** enden, bilden ihr Adverb auf **-amment** und **-emment**

Adjektiv		Adverb
männlich	**weiblich**	
élég**ant**	élégante	élég**amment**
évid**ent**	évidente	évid**emment**

Es gibt außerdem unregelmäßige Adverbformen:

précis – précise – **précisément**
gentil – gentille – **gentiment**
bref – brève – **brièvement**
bon – bonne – **bien**
meilleur – meilleure – **mieux**
mauvais – mauvaise – **mal**

4.2 Die Stellung der Adverbien

Die Adverbien des Ortes und der bestimmten Zeit stehen am **Satzanfang** oder am **Satzende**.

Aujourd'hui il fait beau.
oder: Il fait beau **aujourd'hui.**

Die meisten anderen Adverbien stehen direkt **hinter** dem konjugierten Verb.

Philippe regarde **toujours** la télé.
Hier, il a **beaucoup** travaillé.
Aujourd'hui, il ne fait **pratiquement** rien.

Tôt, tard und **ensemble** stehen in zusammengesetzten Zeiten immer **hinter** dem *Participe passé* und bei Infinitivkonstruktionen **hinter** dem Infinitiv.

Nous sommes arrivés **tôt**.
Nous voulons manger **ensemble**.

Adverbien, die sich auf den ganzen Satz beziehen, stehen in der Regel am Anfang oder am Ende des Satzes. Sie werden durch ein Komma vom restlichen Satz getrennt.

Malheureusement, je n'ai pas trouvé l'hôtel.

4.3 Die Steigerung der Adverbien

Positiv	Elle court	**vite**. *(Sie rennt schnell.)*
Komparativ	Elle court	**plus vite que** son mari. *(Sie rennt schneller als ihr Mann.)*
	Elle court	**moins vite que** son mari. *(Sie rennt langsamer als ihr Mann.)*
	Elle court	**aussi vite que** son mari. *(Sie rennt genauso schnell wie ihr Mann.)*
Superlativ	Elle court	**le plus vite de** tous. *(Sie rennt von allen am schnellsten.)*
	Elle court	**le moins vite de** tous. *(Sie rennt von allen am langsamsten.)*

Unregelmäßige Steigerungsformen

bien *(gut)* – mieux *(besser)* – le mieux *(am besten)*
beaucoup *(viel)* – plus *(mehr)* – le plus *(am meisten)*
peu *(wenig)* – moins *(weniger)* – le moins *(am wenigsten)*

5 Die Pronomen

5.1 Die verbundenen Personalpronomen

Singular	1. Person	**je/j'** (vor Vokal und stummem h)	*ich*
	2. Person	**tu**	*du*
	3. Person	**il/elle**	*er/sie*
Plural	1. Person	**nous**	*wir*
	2. Person	**vous**	*ihr, Sie*
	3. Person	**ils** (männlich)/**elles** (weiblich)	*sie*

Der Gebrauch der verbundenen Personalpronomen *il(s), elle(s)*

männlich	weiblich
Monsieur Pasquali est d'où?	**Madame Pasquali** est d'où?
Il est de Montpellier.	**Elle** est aussi de Montpellier.
Le livre est où?	**La clé** est où?
Il est sur la table.	**Elle** est sur la table.
Les garçons sont d'où?	**Les filles** sont d'où?
Ils sont de Lyon.	**Elles** sont de Paris.
Les livres sont où?	**Les clés** sont où?
Ils sont sur la table.	**Elles** sont sur la table.

Les filles et les garçons sont où ? – **Ils** sont dans le jardin.

Die Höflichkeitsform *vous*

Monsieur Noblet, **vous** êtes fatigué?	*Sind Sie müde, Herr Noblet?*
Voulez-**vous** entrer, Madame?	*Wollen Sie eintreten?*
Mesdames et Messieurs, voulez-**vous** entrer?	*Meine Damen und Herren, wollen Sie eintreten?*

5.2 Die unverbundenen Personalpronomen

Die Formen der unverbundenen Personalpronomen

Singular	1. Person	**moi**	*ich*
	2. Person	**toi**	*du*
	3. Person	**lui/elle**	*er/sie*
Plural	1. Person	**nous**	*wir*
	2. Person	**vous**	*ihr, Sie*
	3. Person	**eux** (männlich)/**elles** (weiblich)	*sie*

Der Gebrauch der unverbundenen Personalpronomen

Die unverbundenen oder betonten Personalpronomen werden verwendet

– nach einer Präposition:	Est-ce que tu sors **avec moi**, ce soir? – Non, je préfère sortir **sans toi**.
– zur Hervorhebung eines Subjekts:	Qu'est-ce-que vous faites dans la vie? – **Moi**, je suis pharmacienne.
– allein:	Qui veut apprendre le français? – **Moi**!
– nach *c'est* und *ce sont:*	Qui est-ce qui a pris les photos? – **C'est lui** qui a pris les photos.
– beim bejahten Imperativ	Donnez-**moi** le livre, s'il vous plaît.

5.3 Die direkten Objektpronomen

Die Formen der direkten Objektpronomen

Singular	1. Person	**me/m'**	(vor Vokal und stummem h)	*mich*
	2. Person	**te/t'**	(vor Vokal und stummem h)	*dich*
	3. Person	**le/l'**	(vor Vokal und stummem h)	*ihn, es*
		la/l'	(vor Vokal und stummem h)	*sie*
Plural	1. Person	**nous**		*uns*
	2. Person	**vous**		*euch, Sie*
	3. Person	**les**		*sie*

Der Gebrauch der direkten Objektpronomen

Die direkten Objektpronomen ersetzen ein **Akkusativobjekt** und stimmen in Zahl und Geschlecht mit ihm überein:

männlich	weiblich
Est-ce que tu as vu **Jean**?	Est-ce que tu as vu **Brigitte**?
Oui, je **l'**ai vu.	Oui, je **l'**ai vue.
Est-ce que tu as vu **les garçons**?	Est-ce que tu as vu **les filles**?
Oui, je **les** ai vus.	Oui, je **les** ai vues.
Est-ce que Fabrice lit **ce livre**?	Est-ce que vous lisez **cette revue**?
Oui, il **le** lit.	Non, nous ne **la** lisons pas.
Est-ce que vous lisez **ces livres**?	Est-ce que vous lisez **ces revues**?
Oui, nous **les** lisons.	Non, nous ne **les** lisons pas.

Die Stellung der direkten Objektpronomen

1. Die direkten Objektpronomen stehen **vor dem konjugierten Verb**. Wird der Satz verneint, so umschließt die Verneinung das Objektpronomen und das konjugierte Verb. Steht der Satz im *Passé composé* oder im Plusquamperfekt, dann stehen die Objektpronomen vor dem konjugierten Hilfsverb.

La télé t'intéresse?	Oui, elle **m'**intéresse. Non, elle ne **m'**intéresse pas.
Est-ce que vous avez acheté les journaux?	Oui, nous **les** avons achetés. Non, nous ne **les** avons pas achetés.

2. Bei Verben, die einen Infinitiv bei sich haben, steht das direkte Objektpronomen **vor dem Infinitiv**.

Est-ce que tu vas écouter la radio?	Oui, je vais **l'**écouter. Non, je ne vais pas **l'**écouter.
Est-ce que tu peux ranger ta chambre?	Oui, je peux **la** ranger. Non, je ne peux pas **la** ranger.

3. Bei Imperativen wird das Objektpronomen **an den bejahten Imperativ** mit Hilfe eines Bindestrichs angehängt.

Maman, est-ce que je peux inviter mes amis?	Oui, invite-**les**.

5.4 Die indirekten Objektpronomen

Die Formen der indirekten Objektpronomen

Singular	1. Person	**me/m'** (vor Vokal und stummem h)	*mir*
	2. Person	**te/t'** (vor Vokal und stummem h)	*dir*
	3. Person	**lui**	*ihm, ihr*
Plural	1. Person	**nous**	*uns*
	2. Person	**vous**	*euch, Ihnen*
	3. Person	**leur**	*ihnen*

Der Gebrauch der indirekten Objektpronomen

Die indirekten Objektpronomen ersetzen Dativobjekte, die in der Zahl mit dem Dativobjekt übereinstimmen.

männlich	weiblich
Tu donnes ton adresse **à Jean**?	Tu vas répondre **à Sandra**?
Oui, je **lui** donne mon adresse.	Non, je ne vais pas **lui** répondre.
Vous écrivez **à vos amis**?	Vous pouvez téléphoner **à mes amies**?
Oui, nous **leur** écrivons.	Oui, nous pouvons **leur** téléphoner.

Die Stellung der indirekten Objektpronomen

1. Die indirekten Objektpronomen stehen **vor dem konjugierten Verb**. Wird der Satz verneint, so umschließt die Verneinung das Objektpronomen und das konjugierte Verb. Steht der Satz im *Passé composé* oder im Plusquamperfekt, dann steht das Objektpronomen vor dem konjugierten Hilfsverb.

Brigitte, tu téléphones à tes amies?	Oui, je **leur** téléphone. Non, je ne **leur** téléphone pas.
Est-ce que tu as montré les photos à ton copain?	Oui, je **lui** ai montré les photos. Non, je ne **lui** ai pas montré les photos.

2. Bei Verben, die einen Infinitiv bei sich haben, steht das indirekte Objektpronomen **vor dem Infinitiv**.

Est-ce que tu vas écrire à ta grand-mère?	Oui, je vais **lui** écrire. Non, je ne vais pas **lui** écrire.

5.5 Die Reflexivpronomen

Je	**m'**	appelle Annie.
Tu	**t'**	appelles Jean.
Il/Elle	**se**	promène en ville.
Nous	**nous**	lavons les mains.
Vous	**vous**	douchez ce soir.
Ils/Elles	**s'**	habillent.

5.6 Das Adverbialpronomen *en*

Der Gebrauch von *en*

1. ***En*** ist ein Pronomen, das bestimmte Ergänzungen, meist Mengen, vertritt und in diesem Zusammenhang oft mit *davon* übersetzt wird. Es vertritt

- *des* + Substantiv:

  Est-ce que tu achètes **des fruits**?
  Oui, j'**en** achète.

- den Teilungsartikel + Substantiv:

  Est-ce que tu prends **de la limonade**?
  Oui, j'**en** prends.

- Mengenangabe + Substantiv:

  Tu veux **une bouteille de coca**?
  Oui, j'**en** veux **une**.

- Zahlwort + Substantiv:

  Tu prends **dix pommes**?
  Non, j'**en** prends seulement **six**.

- *un/une* + Substantiv:

  Est-ce que tu prends **une pomme**?
  Oui, j'**en** prends **une**.

2. ***En*** vertritt auch andere Ergänzungen mit ***de***.
   In diesen Fällen wird ***en*** oft mit *davon, darüber, von dort* und *dorther* übersetzt.

   Tu es déjà rentré **du Portugal**? Oui, j'**en** suis rentré hier, mais j'**en** rêve encore.

Folgt jedoch auf die Präposition ***de*** ein Personensubstantiv, so übernehmen die betonten Personalpronomen seine Vertretung:

Tu te souviens **d'Annette**? Non, je ne me souviens pas **d'elle**.

Die Stellung von *en*

1. Das Pronomen ***en*** steht **vor dem konjugierten Verb**. Wird der Satz verneint, so umschließt die Verneinung ***en*** und das konjugierte Verb. Steht der Satz im *Passé composé* oder im Plusquamperfekt, dann steht ***en*** vor dem konjugierten Hilfsverb.

Est-ce que tu prends du beurre?	Oui, j'**en** prends.
Est-ce que Martin a acheté du beurre hier?	Oui, il **en** a acheté. Non, il n'en a pas acheté.

2. Bei Verben, die einen Infinitiv bei sich haben, steht ***en* vor dem Infinitiv**.

   Il me manque du café. Alors je vais **en** acheter tout de suite.

3. Bei Imperativen wird ***en* an den bejahten Imperativ** mit Hilfe eines Bindestrichs angehängt.

   Est-ce que je peux prendre du fromage? – Oui, prends-**en**.

5.7 Das Adverbialpronomen *y*

Der Gebrauch von *y*

Das Pronomen *y* vertritt

– Ortsbestimmungen, die durch Präpositionen wie *à, dans, en, chez, sur* und *sous* eingeleitet werden:	Est-ce que vous habitez **à Paris**? – Oui, nous **y** habitons.
– Ergänzungen mit à + Sachsubstantiven:	Est-ce que tu penses **à Noël**? – Oui, j'**y** pense toujours.

Die Stellung von *y*

1. Das Pronomen ***y*** steht **vor dem konjugierten Verb**. Wird der Satz verneint, so umschließt die Verneinung ***y*** und das konjugierte Verb. Steht der Satz im *Passé composé* oder im Plusquamperfekt, dann steht *y* vor dem konjugierten Hilfsverb.	Est-ce que vous allez en France?	Oui, nous **y** allons. Non, nous n'**y** allons pas.
2. Bei Verben, die einen Infinitiv bei sich haben, steht ***y* vor dem Infinitiv**.	J'ai oublié mon porte-monnaie à la boulangerie. Alors je vais **y** aller tout de suite.	
3. Bei Imperativen wird ***y* an den bejahten Imperativ** mit Hilfe eines Bindestrichs angehängt. Bei den Verben auf *-er* sowie bei dem unregelmäßigen Verb *aller* wird an den Imperativ Singular jedoch ein *-s* angehängt.	**Vas-y!**	

5.8 Die Stellung der Pronomen bei mehreren Pronomen im Satz

me te se nous vous	le la les	**lui** **leur**	y	en	+ konjugierte Verbform oder Infinitiv

Es können bis zu zwei Pronomen vor dem konjugierten Verb oder Infinitiv, wie folgt, stehen:

Maman, est-ce que tu me racontes l'histoire?	Oui, je **te la** raconte tout de suite.
Est-ce que vous lui avez donné le livre?	Non, je ne **le lui** ai pas encore donné.
Est-ce que tu peux nous parler des vacances?	Oui, je vais **vous en** parler tout de suite.
Il y a encore du café?	Oui, il **y en** a encore.

5.9 Die Demonstrativpronomen

Die Formen der Demonstrativpronomen

	vor Konsonant		vor Vokal		vor stummem h	
männlich						
Singular	**ce**	train	**cet**	arbre	**cet**	hôtel
Plural	**ces**	trains	**ces**	arbres	**ces**	hôtels
weiblich						
Singular	**cette**	ville	**cette**	information	**cette**	histoire
Plural	**ces**	villes	**ces**	informations	**ces**	histoires

Der Gebrauch der Demonstrativpronomen

Die Demonstrativpronomen werden benutzt, um auf bestimmte Gegenstände oder Personen hinzuweisen.

Il faut lire **ce** livre.	*Dieses Buch muss man lesen.*

Die Demonstrativpronomen gebraucht man auch in folgenden Wendungen:

ce matin	***heute** Morgen*
cet après-midi	***heute** Nachmittag*
ce soir	***heute** Abend*

5.10 Die Possessivpronomen

Die Formen der Possessivpronomen

	Singular		Plural
	männlich	**weiblich**	**männlich + weiblich**
Ein Besitzer			
1. Person	**mon** frère	**ma** sœur	**mes** frères/amis
	mon ami	**mon** amie	**mes** sœurs/amies
2. Person	**ton** frère	**ta** sœur	**tes** frères/amis
	ton ami	**ton** amie	**tes** sœurs/amies
3. Person	**son** frère	**sa** sœur	**ses** frères/amis
	son ami	**son** amie	**ses** sœurs/amies
Mehrere Besitzer			
1. Person	**notre** frère	**notre** sœur	**nos** frères/sœurs
2. Person	**votre** frère	**votre** sœur	**vos** frères/sœurs
3. Person	**leur** frère	**leur** sœur	**leurs** frères/sœurs

Der Gebrauch der Possessivpronomen

Die Possessivpronomen werden verwendet, um ein Besitz- oder ein Zugehörigkeitsverhältnis zum Ausdruck zu bringen.

Sur la table, il y a **mon** livre.	*Auf dem Tisch befindet sich mein Buch.*
Je vais passer les vacances avec **mes** parents.	*Ich werde die Ferien mit meinen Eltern verbringen.*

5.11 Die Indefinitpronomen

5.11.1 *aucun*

Aucun stimmt im Genus mit seinem Bezugselement überein. Es wird in **verneinten** Sätzen von der Negation ***ne*** begleitet und mit **kein** übersetzt:

Est-ce qu'il y a un problème?	*Gibt es ein Problem?*
Non, nous n'avons **aucun** problème.	*Nein, wir haben kein Problem.*

5.11.2 *certain*

***certain* als Begleiter des Substantivs**

		männlich		weiblich	
Singular	Il y a	**un certain**	problème avec	**une certaine**	personne.
Plural	Il y a	**certains**	problèmes avec	**certaines**	personnes.

Wenn ***certain*** als Begleiter des Substantivs verwendet wird, so gleicht es sich in Zahl und Geschlecht dem Substantiv an, auf das es sich bezieht. Im Singular steht vor ***certain, certaine*** der unbestimmte Artikel ***un*** oder ***une***, der im Plural entfällt.

***certains* als Stellvertreter des Substantivs**

Wenn ***certains*** als Stellvertreter des Substantivs gebraucht wird, ist es unveränderlich. Das Verb wird dann in der 3. Person Plural angeschlossen:

Tous mes amis veulent faire une fête, mais **certains** ne veulent pas m'aider à la préparer.

5.11.3 *chaque, chacun*

Chaque ist unveränderlicher Begleiter des Substantivs:

On a besoin de **chaque** client et de **chaque** cliente.	*Wir brauchen jeden Kunden und jede Kundin.*

Chacun und ***chacune*** ersetzen ein Substantiv. Sie werden nur im Singular gebraucht. ***Chacun*** steht für männliche Substantive. ***Chacune*** ersetzt weibliche Substantive:

Il dit bonjour à **chacun** et à **chacune**.	*Er sagt jedem und jeder guten Tag.*

5.11.4 Das unpersönliche *on*

On wird in der Umgangssprache häufig für ***nous*** verwendet und wird mit **wir** übersetzt:

Vous êtes où?	**Nous** sommes ici.	*Wir sind hier.*
	On est ici.	*Wir sind hier.*

On kann auch für das deutsche **man** stehen:

On dit que ...	*Man sagt, dass ...*

5.11.5 *plusieurs*

Plusieurs in der Bedeutung von **mehrere** ist unveränderlich und steht als

- Begleiter des Substantivs: On a vendu **plusieurs** jupes et pantalons.
- Stellvertreter des Substantivs: **Plusieurs** sont bon marché.

5.11.6 *quelqu'un/quelque chose – personne/rien*

Quelqu'un est venu. *(Jemand ist gekommen.)* **Personne n'**est venu. *(Niemand ist gekommen.)*
Quelque chose me fait plaisir. *(Etwas macht mir Spaß.)* **Rien** ne me fait plaisir. *(Nichts macht mir Spaß.)*
J'ai vu **quelqu'un**. *(Ich habe jemanden gesehen.)* Je **n'**ai vu **personne**. *(Ich habe niemanden gesehen.)*
J'ai trouvé **quelque chose**. *(Ich habe etwas gefunden.)* Je **n'**ai **rien** trouvé. *(Ich habe nichts gefunden.)*

5.11.7 *quelque(s)*

Il me faut **quelque** temps pour terminer le livre. *Ich benötige einige Zeit, um das Buch zu beenden.*
Je vais acheter **quelques** livres. *Ich werde einige Bücher kaufen.*
Plus tard, je vais acheter aussi **quelques** pommes. *Später werde ich auch einige Äpfel kaufen.*

5.11.8 *tout*

Die Formen von *tout* als Begleiter des Substantivs

	männlich		weiblich	
Singular	**tout**	le monde	**toute**	la France
Plural	**tous**	les pays	**toutes**	les capitales

Der Gebrauch von *tout* als Begleiter des Substantivs

Tout + **bestimmter Artikel** wird gebraucht, um **der/die/das ganze** oder **alle** zum Ausdruck zu bringen.

Das unveränderliche *tout*

Tout ist in der Bedeutung von **alles** unveränderlich:

Est-ce que tu as **tout** mangé?	Hast du alles gegessen?

6 Das Verb

6.1 Die Bildung der Verben auf *-er* im Präsens

Die regelmäßigen Verben auf *-er*

parler	je	parle	nous	**parlons**
	tu	**parles**	vous	**parlez**
	il/elle	parle	ils/elles	**parlent**

Die Verben auf *-er* mit Besonderheiten in der Schreibweise

commencer				**manger**			
je	commence	nous	commen-çons	je	mange	nous	mangeons
tu	commen-ces	vous	commencez	tu	manges	vous	mangez
il/elle	commence	ils/elles	commen-cent	il/elle	mange	ils/elles	mangent

Damit die Aussprache des Stammes immer erhalten bleibt, wird bei den Verben:

- auf **-cer** in der 1. Person Plural -c- zu -ç-.
- auf **-ger** in der 1. Person Plural -g- zu -ge-.

Die Verben auf *-ayer, -oyer* und *-uyer*

payer	je	paie/paye	nous	payons
	tu	paies/payes	vous	payez
	il/elle	paie/paye	ils/elles	paient/payent

nettoyer				**essuyer**			
je	nettoie	nous	nettoyons	j'	essuie	nous	essuyons
tu	nettoies	vous	nettoyez	tu	essuies	vous	essuyez
il/elle	nettoie	ils/elles	nettoient	il/elle	essuie	ils/elles	essuient

Verben auf *-er* mit stamm- und endungsbetonten Formen

Bei Verben mit stammbetonten und endungsbetonten Formen sind immer die 1., 2. und 3. Person Singular sowie die 3. Person Plural stammbetont und die 1. und 2. Person Plural endungsbetont.

acheter				jeter			
j'	ach**è**te	nous	achetons	je	je**tt**e	nous	je**t**ons
tu	ach**è**tes	vous	achetez	tu	je**tt**es	vous	je**t**ez
il/elle	ach**è**te	ils/elles	ach**è**tent	il/elle	je**tt**e	ils/elles	je**tt**ent

préférer				
	je	préf**è**re	nous	préf**é**rons
	tu	préf**è**res	vous	préf**é**rez
	il/elle	préf**è**re	ils/elles	préf**è**rent

6.2 Die Bildung der Verben auf *-ir* im Präsens

ohne Stammerweiterung partir				mit Stammerweiterung finir			
je	pars	nous	part**ons**	je	fini**s**	nous	fini**ssons**
tu	pars	vous	part**ez**	tu	fini**s**	vous	fini**ssez**
il/elle	part	ils/elles	part**ent**	il/elle	fini**t**	ils/elles	fini**ssent**

6.3 Die Bildung der Verben auf *-re* im Präsens

lire				
	je	li**s**	nous	li**sons**
	tu	li**s**	vous	li**sez**
	il/elle	li**t**	ils/elles	li**sent**

Die Verben auf *-dre* im Präsens

attendre				
	j'	attends	nous	attend**ons**
	tu	attends	vous	attend**ez**
	il/elle	attend	ils/elles	attend**ent**

6.4 Die Bildung der reflexiven Verben

s'habiller			se laver		
je	**m'**	habille	je	**me**	lave
tu	**t'**	habilles	tu	**te**	laves
il/elle	**s'**	habille	il/elle	**se**	lave
nous	**nous**	habillons	nous	**nous**	lavons
vous	**vous**	habillez	vous	**vous**	lavez
ils/elles	**s'**	habillent	ils/elles	**se**	lavent

6.5 Die Bildung des Imperfekts

regarder	je	regard**ais**	nous	regard**ions**
	tu	regard**ais**	vous	regard**iez**
	il/elle	regard**ait**	ils/elles	regard**aient**

Das Imperfekt wird gebildet, indem man an den Stamm der 1. Person Plural Präsens die Imperfektendungen ***-ais***, ***-ais***, ***-ait***, ***-ions***, ***-iez*** und ***-aient*** anhängt.

Im Imperfekt ist nur ***être*** unregelmäßig.

Damit die Aussprache des Stammes immer erhalten bleibt, wird bei den Verben:

- auf ***-cer*** bei *je, tu, il, elle, on, ils* und *elles* ***-c-*** zu ***-ç-***.
- auf ***-ger*** bei *je, tu, il, elle, on, ils* und *elles* ***-g-*** zu ***-ge-***.

6.6 Die Bildung des *Passé composé*

6.6.1 Die Formen des *Passé composé* mit *avoir* und *être*

parler	j'	**ai**	**parlé**	nous	**avons**	**parlé**
	tu	**as**	**parlé**	vous	**avez**	**parlé**
	il/elle	**a**	**parlé**	ils/elles	**ont**	**parlé**

arriver	je	**suis**	**arrivé(e)**	nous	**sommes**	**arrivé(e)s**
	tu	**es**	**arrivé(e)**	vous	**êtes**	**arrivé(e)s**
	il	**est**	**arrivé**	ils	**sont**	**arrivés**
	elle	**est**	**arrivée**	elles	**sont**	**arrivées**
	on	est	**arrivé(e)(s)**			

Bei der Bildung des *Passé composé* mit ***avoir*** bleibt das Partizip Perfekt in der Regel unveränderlich.

Wird das *Passé composé* jedoch mit ***être*** gebildet, so gleicht sich das Partizip Perfekt in Geschlecht und Zahl dem Subjekt des Satzes an. Bezieht sich das Partizip Perfekt auf ein Subjekt, das aus unterschiedlichem Genus besteht, so richtet es sich nach dem Männlichen:

Marc et Marie sont all**és** à la piscine.

6.6.2 Die Bildung des *Passé composé* mit *avoir* oder *être*

Die meisten Verben bilden das *Passé composé* mit ***avoir***:

Hier, Pierre **a** préparé le repas. Puis, il **a** mangé.

Einige wenige Verben bilden das *Passé composé* mit ***être***: dazu gehören einige Verben der Bewegungsrichtung oder des Verweilens, z. B. ***aller, arriver, entrer, partir, rester, rentrer, tomber, venir*** und ***revenir***:

Hier, je **suis** allé(e) à Paris. Je **suis** arrivé(e) vers dix heures.

Die Verben ***naître, devenir, mourir*** und ***décéder*** bilden das *Passé composé* mit ***être:***

Il **est** né en 1960.

Die **reflexiven Verben** bilden das *Passé composé* stets mit ***être:***

Elle s'**est** réveillée. Puis, elle s'**est** levée.

6.6.3 Besonderheiten beim Partizip Perfekt im *Passé composé* mit *avoir*

Geht dem *Passé composé* ein **direktes Objekt** voraus, so wird das Partizip Perfekt in Geschlecht und Zahl dem direkten Objekt angeglichen. Das direkte Objekt kann ein **direktes Objektpronomen**, z. B. ***me, te, le, la, nous, vous*** oder ***les*** sein. Es kann aber auch in Form des Relativpronomens ***que*** vorausgehen:

Est-ce que vous avez **vu Julie**? Oui, nous **l'avons vue**. C'est **Julie que** nous avons **vue.**
J'ai acheté **les** livres. Je **les** ai achetés. Ce sont **les** livres que j'ai achetés.

6.7 Die Bildung des Plusquamperfekts

lire			rester		
j'	**avais**	**lu**	j'	**étais**	**resté/restée**
tu	**avais**	**lu**	tu	**étais**	**resté/restée**
il elle on	**avait**	**lu**	il	**était**	**resté**
			elle	**était**	**restée**
			on	**était**	**resté(s)/restée(s)**
nous	**avions**	**lu**	nous	**étions**	**restés/restées**
vous	**aviez**	**lu**	vous	**étiez**	**restés/restées**
ils elles	**avaient**	**lu**	ils	**étaient**	**restés**
			elles	**étaient**	**restées**

6.8 Die Bildung des *Passé simple*

	parler	attendre	choisir	cuire
je/j'	parl**ai**	attend**is**	chois**is**	cr**us**
tu	parl**as**	attend**is**	chois**is**	cr**us**
il/elle/on	parl**a**	attend**it**	chois**it**	cr**ut**
nous	parl**âmes**	attend**îmes**	chois**îmes**	cr**ûmes**
vous	parl**âtes**	attend**îtes**	chois**îtes**	cr**ûtes**
ils/elles	parl**èrent**	attend**irent**	chois**irent**	cr**urent**

6.9 Die Bildung des *Futur composé*

je	**vais**	**aller**	**nous**	**allons**	**rester**
tu	**vas**	**chercher**	**vous**	**allez**	**boire**
il/elle	**va**	**prendre**	**ils/elles**	**vont**	**faire**

6.10 Die Bildung des Futurs I

regarder		attendre		écrire	
je	regarderai	j'	attendrai	j'	écrirai
tu	regarderas	tu	attendras	tu	écriras
il/elle/on	regardera	il/elle/on	attendra	il/elle/on	écrira
nous	regarderons	nous	attendrons	nous	écrirons
vous	regarderez	vous	attendrez	vous	écrirez
ils/elles	regarderont	ils/elles	attendront	ils/elles	écriront

6.11 Die Bildung des Futurs II

parler			arriver		
j'	aurai	parlé	je	serai	arrivé/arrivée
tu	auras	parlé	tu	seras	arrivé/arrivée
il			il	sera	arrivé
elle	aura	parlé	elle	sera	arrivée
on			on	sera	arrivé(s)/arrivée(s)
nous	aurons	parlé	nous	serons	arrivés/arrivées
vous	aurez	parlé	vous	serez	arrivés/arrivées
ils	auront	parlé	ils	seront	arrivés
elles			elles	seront	arrivées

6.12 Die Bildung des Konditionals I

regarder		attendre		écrire	
je	regarderais	j'	attendrais	j'	écrirais
tu	regarderais	tu	attendrais	tu	écrirais
ils/elle/on	regarderait	ils/elle/on	attendrait	ils/elle/on	écrirait
nous	regarderions	nous	attendrions	nous	écririons
vous	regarderiez	vous	attendriez	vous	écririez
ils/elles	regarderaient	ils/elles	attendraient	ils/elles	écriraient

6.13 Die Bildung des Konditionals II

parler			arriver		
j'	aurais	parlé	je	serais	arrivé/arrivée
tu	aurais	parlé	tu	serais	arrivé/arrivée
il			il	serait	arrivé
elle	aurait	parlé	elle	serait	arrivée
on			on	serait	arrivé(e)(s)
nous	aurions	parlé	nous	serions	arrivés/arrivées
vous	auriez	parlé	vous	seriez	arrivés/arrivées
ils	auraient	parlé	ils	seraient	arrivés
elles			elles	seraient	arrivées

6.14 Die Bildung des Partizips Perfekt

Das Partizip Perfekt der Verben auf *-er* wird gebildet, indem die Endung des Infinitivs, *-er*, durch *-é* ersetzt wird:

parler – parlé

Das Partizip Perfekt der Verben auf *-ir* wird gebildet, indem die Endung des Infinitivs, *-ir*, durch *-i* ersetzt wird:

dormir – dormi
choisir – choisi

Das Partizip Perfekt der Verben auf -re wird gebildet, indem die Endung des Infinitivs, *-re*, durch *-u* ersetzt wird:

attendre – attendu

6.15 Die Bildung des Partizips Präsens

Infinitiv	1. Person Plural Präsens			Partizip Präsens
parler	nous	**parl**	ons	**parlant**
dormir	nous	**dorm**	ons	**dormant**
choisir	nous	**choisiss**	ons	**choisissant**
attendre	nous	**attend**	ons	**attendant**

Es gibt nur ganz wenige unregelmäßige Formen:

avoir – **ayant**
être – **étant**
savoir – **sachant**

6.16 Die Bildung des Gerundiums

Infinitiv	Gerundium	Infinitiv	Gerundium
être	**en étant**	attendre	**en attendant**
avoir	**en ayant**	dormir	**en dormant**
regarder	**en regardant**	finir	**en finissant**

6.17 Die Bildung des Imperativs

Infinitiv	Du-Form	Wir-Form	Sie-Form/Ihr-Form
parler	parle	parlons	parlez
descendre	descends	descendons	descendez
dormir	dors	dormons	dormez
choisir	choisis	choisissons	choisissez
faire	fais	faisons	faites

Der Imperativ verfügt nur über wenige unregelmäßige Formen:

Infinitiv	Du-Form	Wir-Form	Sie-Form/Ihr-Form
avoir	aie	ayons	ayez
être	sois	soyons	soyez
savoir	sache	sachons	sachez

6.18 Die Bildung des *Subjonctif*

Die *Subjonctif*-Endungen

Il veut que j'	attend**e**.	Il veut que nous	attend**ions**.
Il veut que tu	attend**es**.	Il veut que vous	attend**iez**.
Il veut qu'il/elle/on	attend**e**.	Il veut qu'ils/elles	attend**ent**.

Die Ableitung des *Subjonctif*

Infinitiv	3. Person Plural Präsens			Subjonctif		
parler	ils	**parl**	ent	que je	**parl**	e
mettre	ils	**mett**	ent	que tu	**mett**	es
partir	ils	**part**	ent	qu'il/elle/on	**part**	e
connaître	ils	**connaiss**	ent	que nous	**connaiss**	ions
plaire	ils	**plais**	ent	que vous	**plais**	iez
vivre	ils	**viv**	ent	qu'ils/elles	**viv**	ent

6.19 Die Bildung des *Subjonctif passé*

	travailler			sortir	
Il faut	que j'/je	**aie**	**travaillé.**	**sois**	**sorti/sortie.**
	que tu	**aies**	**travaillé.**	**sois**	**sorti/sortie.**
	qu'il			**soit**	**sorti.**
	qu'elle	**ait**	**travaillé.**	**soit**	**sortie.**
	qu'on			**soit**	**sorti(s)/sortie(s).**
	que nous	**ayons**	**travaillé.**	**soyons**	**sortis/sorties.**
	que vous	**ayez**	**travaillé.**	**soyez**	**sortis/sorties.**
	qu'ils/qu'elles	**aient**	**travaillé.**	**soient**	**sortis/sorties.**

6.20 Die Bildung des Passivs

Die Passivformen im Präsens

je	**suis**	**interrogé/interrogée**	nous	**sommes**	**interrogé(e)s**
tu	**es**	**interrogé/interrogée**	vous	**êtes**	**interrogé(e)s**
il	**est**	**interrogé**	ils	**sont**	**interrogés**
elle	**est**	**interrogée**	elles	**sont**	**interrogées**
on	**est**	**interrogé(s)/interrogée(s)**			

Das Passiv in anderen Zeiten und Modi

Il	**a été**	interrogé.	*Passé composé*	Il	**sera**	interrogé.	Futur I
Il	**était**	interrogé.	Imperfekt	Il	**serait**	interrogé.	Konditional I
Il	**fut**	interrogé.	*Passé simple*	Il faut qu'il	**soit**	interrogé.	*Subjonctif*

Die Nennung des Urhebers im Passiv

Der **Urheber** der Handlung wird einfach mit der Präposition ***par*** als präpositionale Ergänzung angeschlossen:

Il sera interrogé **par** la police.	*Er wird von der Polizei verhört.*

7 Satzarten

7.1 Der Aussagesatz

Adverbiale Bestimmung Zeit/Ort	Subjekt	Prädikat	direktes Objekt	indirektes Objekt	Adverbiale Bestimmung Zeit/Ort
	J'	achète	un livre.		
	Je	donne	un livre	à Jean.	
Hier,	j'	ai donné	un livre	à Jean.	
Hier, à l'école,	j'	ai donné	un livre	à Jean.	
	Il	habite			en France.

7.2 Der Fragesatz

7.2.1 Die Intonationsfrage

Die Intonationsfrage wird im gesprochenen Französisch als Gesamtfrage häufig benutzt. Sie behält die Stellung der Satzglieder des Aussagesatzes bei, wird aber mit steigender Intonation gesprochen:

Luc va au bureau?	*Geht Luc ins Büro?*

7.2.2 Die Frage mit *est-ce que* als Gesamtfrage

Est-ce que	Aussagesatz	
Est-ce que	tu vas au bureau?	*Gehst du ins Büro?*
Est-ce qu'	on va au cinéma ce soir?	*Gehen wir heute Abend ins Kino?*

7.2.3 Die Frage mit Fragepronomen

Die Frage mit *est-ce que* + Fragepronomen

Fragewort	est-ce que	Subjekt	Prädikat	Objekte	Adverbiale Bestimmungen
Quand	**est-ce que**	tu	ranges	ta chambre?	
Où	**est-ce que**	tu	as trouvé	ton sac?	
Pourquoi	**est-ce que**	vous	étudiez	le français?	
Qu'	**est-ce qu'**	il	fait		demain?

Die Frage mit nachgestelltem Fragepronomen

Aussagesatz	Fragepronomen
Tu t'appelles	**comment?**
Tu pars	**quand?**
Tu arrives	**d'où?**

7.2.4 Die Frage mit *qui*

Die Frage nach dem Subjekt

Qui habite à Paris?	*Wer wohnt in Paris?*
Qui est-ce qui habite à Paris?	*Wer wohnt in Paris?*

Die Frage nach dem Objekt

À qui est-ce que tu donnes le livre?	*Wem gibst du das Buch?*

Die Frage

- nach dem direkten Objekt lautet: **Qui est-ce que** vous cherchez?
- nach dem indirekten Objekt lautet: **À qui est-ce que** tu penses?

7.2.5 Die Frage mit *que*

Die Frage nach dem Objekt

Que fait Paul?	*Was macht Paul?*

Mit ***que*** können Sachen erfragt werden. Wenn nach dem direkten Objekt gefragt werden soll, verwendet man ***que*** oder ***qu'est-ce que***:

Qu'est-ce que tu cherches?	*Was suchst du?*
Que cherches-tu?	*Was suchst du?*

Bei der Frage nach dem indirekten Objekt wird ***à quoi*** verwendet:

À quoi est-ce qu'il pense?	*Woran denkt er?*

7.2.6 Die Inversionsfrage

Die Inversionsfrage wird im gesprochenen Französisch nicht sehr häufig verwendet. Man trifft sie hauptsächlich in schriftlich fixierten Texten an, z. B. in Briefen usw.

Fragewort	Verb + Subjektpronomen	Ergänzungen
Quand	**pars-tu**	en vacances?
Comment	**vas-tu**	en vacances?
Comment	**va-t-il?**	
Où	**habite-t-elle?**	
	Veux-tu	prendre le train?

Bei der Inversionsfrage steht das **Subjektpronomen hinter dem Verb**. Zwischen Verb und Subjekt wird ein **Bindestrich** eingefügt. In der 3. Person Singular bei ***il, elle*** oder ***on*** tritt zwischen Verb und Subjektpronomen ein ***-t-***, wenn die Verbform auf *-e* oder *-a* endet. Die **Fragewörter** stehen bei Inversionsfragen **vor dem Verb.**

7.3 Der Relativsatz

7.3.1 Der Relativsatz mit *qui*

Das Relativpronomen ***qui*** leitet einen Relativsatz ein, bei dem ***qui*** gleichzeitig **Subjekt** des Relativsatzes ist. ***Qui*** ist unveränderlich und kann sich im Singular und Plural

– auf Personen beziehen:	J'ai **une amie**	**qui**	m'aide toujours.
– auf Sachen beziehen:	J'ai reçu **un livre**	**qui**	me plaît beaucoup.

7.3.2 Der Relativsatz mit *que*

Das Relativpronomen ***que*** leitet einen Relativsatz ein, bei dem ***que*** gleichzeitig **direktes Objekt** des Relativsatzes ist.

Que, das sich vor Vokal und stummem h in ***qu'*** verwandelt, kann sich im Singular und Plural

– auf Personen beziehen:	J'ai **une amie**	**que**	j'aime beaucoup.
– auf Sachen beziehen:	J'ai reçu **un livre**	**que**	j'aime beaucoup.

7.3.3 Der Relativsatz mit *dont*

Das Relativpronomen ***dont*** vertritt **Ergänzungen mit *de*** in einem Relativsatz. ***Dont*** bezieht sich im Singular und Plural

– auf Personen:	C'est Paul	**dont**	Marie est amoureuse.
– auf Sachen:	Il cherche la maison	**dont**	il a besoin.

7.3.4 Der Relativsatz mit *lequel, laquelle, lesquels, lesquelles*

	männlich	weiblich
Singular	**lequel**	**laquelle**
Plural	**lesquels**	**lesquelles**

Der Gebrauch von *lequel* im Relativsatz

Die Relativpronomen *lequel, laquelle, lesquels* und *lesquelles* vertreten in der Regel in einem Relativsatz **Sachen** oder **Personen**, die nach

- Präpositionen stehen:

C'était un hiver **pendant lequel** il neigeait.

C'était la raison **pour laquelle** il y avait beaucoup d'accidents.

- präpositionalen Ausdrücken stehen:

Il a une maison **à côté de laquelle** se trouve la gare.

à + lequel	= **auquel**	de + lequel	= **duquel**
à + laquelle	= **à laquelle**	de + laquelle	= **de laquelle**
à + lesquels	= **auxquels**	de + lesquels	= **desquels**
à + lesquelles	= **auxquelles**	de + lesquelles	= **desquelles**

Die Formen ***duquel, de laquelle*** usw. finden nur dann Verwendung, wenn ihnen eine **Präposition**, z. B. *près de,* vorausgeht. Einfache **Ergänzungen mit *de*** werden im Relativsatz durch ***dont*** vertreten.

7.3.5 Der Relativsatz mit *où*

Das Relativpronomen ***où*** vertritt **Ortsbestimmungen** im Relativsatz:

Montpellier est la ville **où** Jean fait ses études.

7.3.6 Der Relativsatz mit *ce qui, ce que*

Die Relativpronomen ***ce qui*** und ***ce que*** haben kein direktes Bezugswort:

Ce qui ist Subjekt:

Je sais bien **ce qui** m'intéresse.

Ce que ist Objekt:

Je sais bien **ce que** Julien a dit.

7.4 Der Bedingungssatz

7.4.1 Der reale Bedingungssatz

Der Gebrauch des realen Bedingungssatzes

Der reale Bedingungssatz wird verwendet, wenn es sich um eine **Bedingung** handelt, die **tatsächlich** erfüllt werden kann:

Si j'ai le temps, je lirai un livre.
Wenn ich Zeit habe, lese ich ein Buch.

Die Bildung des realen Bedingungssatzes

Si-Satz im Präsens	Hauptsatz im Futur I / Präsens
Si tu **as** le temps,	nous **ferons** les courses.
S'il **fait** beau,	je **vais** à la piscine.

7.4.2 Der irreale Bedingungssatz

Der Gebrauch des irrealen Bedingungssatzes

Der irreale Bedingungssatz wird verwendet, wenn eine Bedingung der Wirklichkeit nicht entspricht und ihre Erfüllung fraglich oder unmöglich ist:

Si j'étais riche, je ferais le tour du monde.
Wenn ich reich wäre, würde ich eine Weltreise machen.

Die Bildung des irrealen Bedingungssatzes

Im ***si***-**Satz** darf **nie** der **Konditional** verwendet werden, sondern nur das **Imperfekt**.

***Si*-Satz im Imperfekt**	**Hauptsatz im Konditional**
S'il **avait** plus d'argent,	il **achèterait** une maison.
Si je **faisais** le tour du monde,	je **ferais** beaucoup de connaissances.

7.5 Die indirekte Rede

7.5.1 Die Bildung der indirekten Rede/Frage

Die indirekte Rede

Die indirekte Rede wird durch ***que*** eingeleitet; vor Vokal wird ***que*** zu ***qu'***:

Elle dit	**que**	la jupe est bon marché.
Elle dit	**qu'**	il a raison.

Die indirekte Frage

Die indirekte Frage wird durch

- ***si*** eingeleitet:

Elle demande	**si**	Luc veut aller au cinéma.

- **s'** vor *i* eingeleitet:

Elle demande	**s'**	il veut aller au cinéma.

- das entsprechende **Fragewort** eingeleitet:

Paul veut savoir	**où**	son copain travaille.
Elle veut savoir	**pourquoi**	Nicole habite à Lyon.
Il me demande	**quand**	j'ai commencé à travailler.

7.5.2 Die Zeitenfolge in der indirekten Rede/Frage

Die Zeitenfolge in der Gegenwart

Steht das redeeinleitende Verb im **Präsens**, so steht das Verb im Nebensatz, d. h. in der indirekten Rede/Frage, in der gleichen Zeit wie in der direkten Rede/Frage.

Direkte Rede:	Marie dit: «Je **vais partir** en vacances.»
Indirekte Rede:	Marie dit qu'elle **va partir** en vacances.

Die Zeitenfolge in der Vergangenheit

Bei der indirekten Rede in der **Vergangenheit** gilt es einige Besonderheiten im Hinblick auf die Verwendung der Zeiten zu beachten.

1. Zeit in der	– direkten Rede:	Präsens		
	Il a dit:	«Elle	**va**	au cinéma.»
	– indirekten Rede:	Imperfekt		
	Il a dit	qu'elle	**allait**	au cinéma.
2. Zeit in der	– direkten Rede:	Perfekt		
	Il avait dit:	«Elle	**est allée**	au cinéma.»
	– indirekten Rede:	Plusquamperfekt		
	Il avait dit	qu'elle	**était allée**	au cinéma.
3. Zeit in der	– direkten Rede:	Imperfekt		
	Il disait:	«Elle	**allait**	au cinéma.»
	– indirekten Rede:	Imperfekt		
	Il disait	qu'elle	**allait**	au cinéma.
4. Zeit in der	– direkten Rede:	Plusquamperfekt		
	Il a dit:	«Elle	**était allée**	au cinéma.»
	– indirekten Rede:	Plusquamperfekt		
	Il a dit	qu'elle	**était allée**	au cinéma.
5. Zeit in der	– direkten Rede:	Futur I		
	Il disait:	«Elle	**ira**	au cinéma.»
	– indirekten Rede:	Konditional I		
	Il disait	qu'elle	**irait**	au cinéma.
6. Zeit in der	– direkten Rede:	Futur II		
	Il a dit:	«Elle	**sera allée**	au cinéma.»
	– indirekten Rede:	Konditional II		
	Il a dit	qu'elle	**serait allée**	au cinéma.
7. Zeit in der	– direkten Rede:	Konditional I		
	Il disait:	«Elle	**irait**	au cinéma.»
	– indirekten Rede:	Konditional I		
	Il disait	qu'elle	**irait**	au cinéma.
8. Zeit in der	– direkten Rede:	Konditional II		
	Il a dit:	«Elle	**serait allée**	au cinéma.»
	– indirekten Rede:	Konditional II		
	Il a dit	qu'elle	**serait allée**	au cinéma.

Diese Zeitenverschiebung gilt nicht nur in der indirekten Rede/Frage, sondern auch in anderen Nebensätzen:

Präsens	Je crois	que tu	**es**	en vacances.
Imperfekt	Je croyais	que tu	**étais**	en vacances.

Französische Verben
Verbes français

Bei den Verben mit den Endungen **-er**, **-ir** und **-re** gibt es Besonderheiten, die wir dir nun an 14 Musterverben zeigen. Im Wörterbuchteil werden die Verben mit Zahlen in spitzen Klammern (<1> usw.) versehen; die Ziffern verweisen auf die Musterverben im folgenden Teil. Verben, die sehr unregelmäßig sind, sind im Wörterbuchteil mit *irr* gekennzeichnet. Diese Verben findest du direkt hinter den 14 Musterverben, und zwar in alphabetischer Reihenfolge.

1 chanter

présent	imparfait	futur simple	passé simple
je chante tu chantes il/elle chante nous chantons vous chantez ils/elles chantent	je chantais tu chantais il/elle chantait nous chantions vous chantiez ils/elles chantaient	je chanterai tu chanteras il/elle chantera nous chanterons vous chanterez ils/elles chanteront	je chantai tu chantas il/elle chanta nous chantâmes vous chantâtes il/elles chantèrent

conditionnel présent	subjonctif présent	subjonctif imparfait
je chanterais tu chanterais il/elle chanterait nous chanterions vous chanteriez ils/elles chanteraient	que je chante que tu chantes qu'il/elle chante que nous chantions que vous chantiez qu'ils/elles chantent	que je chantasse que tu chantasses qu'il/elle chantât que nous chantassions que vous chantassiez qu'ils/elles chantassent

participe présent	participe passé	impératif présent	impératif passé
chantant	chanté	chante chantons chantez	aie chanté ayons chanté ayez chanté

1a parier

présent	imparfait	futur simple	passé simple
je parie tu paries il/elle parie nous parions vous pariez ils/elles parient	je pariais tu pariais il/elle pariait nous pariions vous pariiez ils/elles pariaient	je parierai …	je pariai tu parias il/elle paria nous pariâmes vous pariâtes ils/elles parièrent

conditionnel présent	subjonctif présent	subjonctif imparfait
je parierais …	que je parie que tu paries qu'il/elle parie que nous pariions que vous pariiez qu'ils/elles parient	que je pariasse …

participe présent	participe passé	impératif présent	impératif passé
pariant	parié	parie parions pariez	aie parié ayons parié ayez parié

2 commencer

présent	imparfait	futur simple	passé simple
je commence tu commences il/elle commence nous commençons vous commencez ils/elles commen-cent	je commençais tu commençais il/elle commençait nous commencions vous commenciez ils/elles commen-çaient	je commencerai …	je commençai tu commenças il/elle commença nous commen-çâmes vous commençâtes ils/elles commen-cèrent

conditionnel présent	subjonctif présent	subjonctif imparfait
je commencerais …	que je commence que tu commences qu'il/elle commence que nous commencions que vous commenciez qu'ils/elles commencent	que je commençasse que tu commençasses qu'il/elle commençât que nous commençassions que vous commençassiez qu'ils/elles commenças-sent

participe présent	participe passé	impératif présent	impératif passé
commençant	commencé	commence commençons commencez	aie commencé ayons commencé ayez commencé

2a changer

présent	imparfait	futur simple	passé simple
je change tu changes il/elle change nous changeons vous changez ils/elles changent	je changeais tu changeais il/elle changeait nous changions vous changiez ils/elles chan-geaient	je changerai …	je changeai tu changeas il/elle changea nous changeâmes vous changeâtes ils/elles changèrent

conditionnel présent	subjonctif présent	subjonctif imparfait
je changerais ...	que je change que tu changes qu'il/elle change que nous changions que vous changiez qu'ils/elles changent	que je changeasse que tu changeasses qu'il/elle changeât que nous changeassions que vous changeassiez qu'ils/elles changeassent

participe présent	participe passé	impératif présent	impératif passé
changeant	changé	change changeons changez	aie changé ayons changé ayez changé

3 rejeter

présent	imparfait	futur simple	passé simple
je rejette tu rejettes il/elle rejette nous rejetons vous rejetez ils/elles rejettent	je rejetais ...	je rejetterai ...	je rejetai ...

conditionnel présent	subjonctif présent	subjonctif imparfait
je rejetterais ...	que je rejette que tu rejettes qu'il/elle rejette que nous rejetions que vous rejetiez qu'ils/elles rejettent	que je rejetasse ...

participe présent	participe passé	impératif présent	impératif passé
rejetant	rejeté	rejette rejetons rejetez	aie rejeté ayons rejeté ayez rejeté

4 peler

présent	imparfait	futur simple	passé simple
je pèle tu pèles il/elle pèle nous pelons vous pelez ils/elles pèlent	je pelais ...	je pèlerai tu pèleras il/elle pèlera nous pèlerons vous pèlerez ils/elles pèleront	je pelai ...

conditionnel présent	subjonctif présent	subjonctif imparfait
je pèlerais tu pèlerais il/elle pèlerait nous pèlerions vous pèleriez ils/elles pèleraient	que je pèle que tu pèles qu'il/elle pèle que nous pelions que vous peliez qu'ils/elles pèlent	que je pelasse …

participe présent	participe passé	impératif présent	impératif passé
pelant	pelé	pèle pelons pelez	aie pelé ayons pelé ayez pelé

5 préférer

présent	imparfait	futur simple	passé simple
je préfère tu préfères il/elle préfère nous préférons vous préférez ils/elles préfèrent	je préférais …	je préférerai …	je préférai …

conditionnel présent	subjonctif présent	subjonctif imparfait
je préférerais …	que je préfère que tu préfères qu'il/elle préfère que nous préférions que vous préfériez qu'ils/elles préfèrent	que je préférasse …

participe présent	participe passé	impératif présent	impératif passé
préférant	préféré	préfère préférons préférez	aie préféré ayons préféré ayez préféré

6 appuyer

présent	imparfait	futur simple	passé simple
j'appuie tu appuies il/elle appuie nous appuyons vous appuyez ils/elles appuient	j'appuyais …	j'appuierai …	j'appuyai …

conditionnel présent	subjonctif présent	subjonctif imparfait
j'appuierais ...	que j'appuie que tu appuies qu'il/elle appuie que nous appuyions que vous appuyiez qu'ils/elles appuient	que j'appuyasse ...

participe présent	participe passé	impératif présent	impératif passé
appuyant	appuyé	appuie appuyons appuyez	aie appuyé ayons appuyé ayez appuyé

7 essayer

présent	imparfait	futur simple	passé simple
j'essaie/essaye tu essaies/essayes il/elle essaie/ essaye nous essayons vous essayez ils/elles essaient/ essayent	j'essayais ...	j'essaierai/essaye- rai ...	j'essayai ...

conditionnel présent	subjonctif présent	subjonctif imparfait
j'essaierais/essayerais ...	que j'essaie/essaye que tu essaies/essayes qu'il/elle essaie/essaye que nous essayions que vous essayiez qu'ils/elles essaient/ essayent	que j'essayasse ...

participe présent	participe passé	impératif présent	impératif passé
essayant	essayé	essaie/essaye essayons essayez	aie essayé ayons essayé ayez essayé

8 agir

présent	imparfait	futur simple	passé simple
j'agis tu agis il/elle agit nous agissons vous agissez ils/elles agissent	j'agissais tu agissais il/elle agissait nous agissions vous agissiez ils/elles agissaient	j'agirai tu agiras il/elle agira nous agirons vous agirez ils/elles agiront	j'agis tu agis il/elle agit nous agîmes vous agîtes ils/elles agirent

conditionnel présent	subjonctif présent	subjonctif imparfait
j'agirais …	que j'agisse que tu agisses qu'il/elle agisse que nous agissions que vous agissiez qu'ils/elles agissent	que j'agisse que tu agisses qu'il/elle agît que nous agissions que vous agissiez qu'ils/elles agissent

participe présent	participe passé	impératif présent	impératif passé
agissant	agi	agis agissons agissez	aie agi ayons agi ayez agi

9 devenir

présent	imparfait	futur simple	passé simple
je deviens tu deviens il/elle devient nous devenons vous devenez ils/elles deviennent	je devenais …	je deviendrai tu deviendras il/elle deviendra nous deviendrons vous deviendrez ils/elles devien- dront	je devins tu devins il/elle devint nous devînmes vous devîntes ils/elles devinrent

conditionnel présent	subjonctif présent	subjonctif imparfait
je deviendrais …	que je devienne que tu deviennes qu'il/elle devienne que nous devenions que vous deveniez qu'ils/elles deviennent	que je devinsse que tu devinsses qu'il/elle devînt que nous devinssions que vous devinssiez qu'ils/elles devinssent

participe présent	participe passé	impératif présent	impératif passé
devenant	devenu	deviens devenons devenez	sois devenu soyons devenus soyez devenus

10 sortir

présent	imparfait	futur simple	passé simple
je sors tu sors il/elle sort nous sortons vous sortez ils/elles sortent	je sortais …	je sortirai …	je sortis…

conditionnel présent	subjonctif présent	subjonctif imparfait
je sortirais …	que je sorte que tu sortes qu'il/elle sorte que nous sortions que vous sortiez qu'ils/elles sortent	que je sortisse …

participe présent	participe passé	impératif présent	impératif passé
sortant	sorti	sors sortons sortez	sois sorti soyons sortis soyez sortis

11 ouvrir

présent	imparfait	futur simple	passé simple
j'ouvre tu ouvres il/elle ouvre nous ouvrons vous ouvrez ils/elles ouvrent	j'ouvrais …	j'ouvrirai …	j'ouvris …

conditionnel présent	subjonctif présent	subjonctif imparfait
j'ouvrirais …	que j'ouvre que tu ouvres qu'il/elle ouvre que nous ouvrions que vous ouvriez qu'ils/elles ouvrent	que j'ouvrisse …

participe présent	participe passé	impératif présent	impératif passé
ouvrant	ouvert	ouvre ouvrons ouvrez	aie ouvert ayons ouvert ayez ouvert

12 apercevoir

présent	imparfait	futur simple	passé simple
j'aperçois tu aperçois il/elle aperçoit nous apercevons vous apercevez ils/elles aperçoivent	j'apercevais …	j'apercevrai …	j'aperçus tu aperçus il/elle aperçut nous aperçûmes vous aperçûtes ils/elles aperçurent

conditionnel présent	subjonctif présent	subjonctif imparfait
j'apercevrais …	que j'aperçoive que tu aperçoives qu'il/elle aperçoive que nous apercevions que vous aperceviez qu'ils/elles aperçoivent	que j'aperçusse que tu aperçusses qu'il/elle aperçût que nous aperçussions que vous aperçussiez qu'ils/elles aperçussent

participe présent	participe passé	impératif présent	impératif passé
apercevant	aperçu	aperçois apercevons apercevez	aie aperçu ayons aperçu ayez aperçu

13 comprendre

présent	imparfait	futur simple	passé simple
je comprends tu comprends il/elle comprend nous comprenons vous comprenez ils/elles compren- nent	je comprenais tu comprenais il/elle comprenait nous comprenions vous compreniez ils/elles compre- naient	je comprendrai tu comprendras il/elle comprendra nous comprendrons vous comprendrez ils/elles compren- dront	je compris tu compris il/elle comprit nous comprîmes vous comprîtes ils/elles comprirent

conditionnel présent	subjonctif présent	subjonctif imparfait
je comprendrais …	que je comprenne que tu comprennes qu'il/elle comprenne que nous comprenions que vous compreniez qu'ils/elles comprennent	que je comprisse que tu comprisses qu'il/elle comprît que nous comprissions que vous comprissiez qu'ils/elles comprissent

participe présent	participe passé	impératif présent	impératif passé
comprenant	compris	comprends comprenons comprenez	aie compris ayons compris ayez compris

14 vendre

présent	imparfait	futur simple	passé simple
je vends tu vends il/elle vend nous vendons vous vendez ils/elles vendent	je vendais tu vendais il/elle vendait nous vendions vous vendiez ils/elles vendaient	je vendrai …	je vendis tu vendis il/elle vendit nous vendîmes vous vendîtes ils/elles vendirent

conditionnel présent	subjonctif présent	subjonctif imparfait
je vendrais …	que je vende que tu vendes qu'il/elle vende que nous vendions que vous vendiez qu'ils/elles vendent	que je vendisse …

participe présent	participe passé	impératif présent	impératif passé
vendant	vendu	vends vendons vendez	aie vendu ayons vendu ayez vendu

Unregelmäßige französische Verben

Verbes français irréguliers

Diese Übersicht kannst du sowohl zum Nachschlagen als auch zum Lernen benutzen.

Infinitif	Présent	Imparfait	Futur	Passé simple	Subjonctif présent	Subjonctif imparfait	Part. présent	Part. passé
abattre *siehe battre*								
absoudre	j'absous	j'absolvais	j'absoudrai	j'absolus	que j'absolve	que j'absolusse	absolvant	absous, -oute
	nous absolvons	nous absolvions	nous absoudrons	nous absolûmes	que nous absolvions	que nous absolussions		
	ils absolvent	ils absolvaient	ils absoudront	ils absolurent	qu'ils absolvent	qu'ils absolussent		
abstraire *siehe extraire*		**accourir** *siehe courir*						
accroître	j'accrois	j'accroissais	j'accroîtrai	j'accrus	que j'accroisse	que j'accrusse	accroissant	accru, e
	nous accroissons	nous accroissions	nous accroîtrons	nous accrûmes	que nous accroissions	que nous accrussions		
	ils accroissent	ils accroissaient	ils accroîtront	ils accrurent	qu'ils accroissent	qu'ils accrussent		
accueillir *siehe cueillir*								

Infinitif	Présent	Imparfait	Futur	Passé simple	Subjonctif présent	Subjonctif imparfait	Part. présent	Part. passé
acquérir	j'acquiers	j'acquérais	j'acquerrai	j'acquis	que j'acquière	que j'acquisse	acquérant	acquis, e
	il acquiert	il acquérait	il acquerra	il acquit	qu'il acquière	qu'il acquît		
	nous acquérons	nous acquérions	nous acquerrons	nous acquîmes	que nous acquérions	que nous acquissions		
	ils acquièrent	ils acquéraient	ils acquerront	ils acquirent	qu'ils acquièrent	qu'ils acquissent		

adjoindre *siehe joindre* **admettre** *siehe mettre* **apparaître** *siehe paraître* **assaillir** *siehe défaillir*

Infinitif	Présent	Imparfait	Futur	Passé simple	Subjonctif présent	Subjonctif imparfait	Part. présent	Part. passé
aller	je vais	j'allais	j'irai	j'allai	que j'aille	que j'allasse	allant	allé, e
	tu vas	tu allais	tu iras	tu allas	que tu ailles	que tu allasses		
	il va	il allait	il ira	il alla	qu'il aille	qu'il allât		
	nous allons	nous allions	nous irons	nous allâmes	que nous allions	que nous allassions		
	vous allez	vous alliez	vous irez	vous allâtes	que vous alliez	que vous allassiez		
	ils vont	ils allaient	ils iront	ils allèrent	qu'ils aillent	qu'ils allassent		
asseoir	j'assieds	j'asseyais	j'assiérai	j'assis	que j'asseye	que j'assisse	asseyant *o* assoyant	assis, e
	il assied	il asseyait	il assiéra	il assit	qu'il asseye	qu'il assît		
	nous asseyons	nous asseyions	nous assiérons	nous assîmes	que nous asseyions	que nous assissions		
	ils asseyent *o* j'assois	ils asseyaient *o* j'assoyais	ils assiéront *o* j'assoirai	ils assirent	qu'ils asseyent *o* que j'assoie	qu'ils assissent		
	il assoit	il assoyait	il assoira		qu'il assoie			
	nous assoyons	nous assoyions	nous assoirons		que nous assoyions			
	ils assoient	ils assoyaient	ils assoiront		qu'ils assoient			

astreindre *siehe peindre* **atteindre** *siehe peindre* **autodétruire** *siehe conduire*

Infinitif	Présent	Imparfait	Futur	Passé simple	Subjonctif présent	Subjonctif imparfait	Part. présent	Part. passé
avoir	j'ai	j'avais	j'aurai	j'eus	que j'aie	que j'eusse	ayant	eu, e
	tu as	tu avais	tu auras	tu eus	que tu aies	que tu eusses		
	il a	il avait	il aura	il eut	qu' il ait	qu'il eût		
	nous avons	nous avions	nous aurons	nous eûmes	que nous ayons	que nous eussions		
	vous avez	vous aviez	vous aurez	vous eûtes	que vous ayez	que vous eussiez		
	ils ont	ils avaient	ils auront	ils eurent	qu' ils aient	qu'ils eussent		
battre	je bats	je battais	je battrai	je battis	que je batte	que je battisse	battant	battu, e
	il bat	il battait	il battra	il battit	qu'il batte	qu'il battît		
	nous battons	nous battions	nous battrons	nous battîmes	que nous battions	que nous battissions		
	ils battent	ils battaient	ils battront	ils battirent	qu'ils battent	qu'ils battissent		
boire	je bois	je buvais	je boirai	je bus	que je boive	que je busse	buvant	bu, e
	il boit	il buvait	il boira	il but	qu'il boive	qu'il bût		
	nous buvons	nous buvions	nous boirons	nous bûmes	que nous buvions	que nous bussions		
	ils boivent	ils buvaient	ils boiront	ils burent	qu'ils boivent	qu'ils bussent		
bouillir	je bous	je bouillais	je bouillirai	je bouillis	que je bouille	que je bouillisse	bouillant	bouilli, e
	nous bouillons	nous bouillions	nous bouillirons	nous bouillîmes	que nous bouillions	que nous bouillissions		
	ils bouillent	ils bouillaient	ils bouilliront	ils bouillirent	qu'ils bouillent	qu'ils bouillissent		

braire *siehe traire*

Infinitif	Présent	Imparfait	Futur	Passé simple	Subjonctif présent	Subjonctif imparfait	Part. présent	Part. passé
bruire	il bruit	il bruissait	*fehlt*	*fehlt*	qu'il bruisse	*fehlt*	bruissant	*fehlt*
	nous/vous fehlt							
	ils bruissent							
ceindre *siehe peindre*								
choir	je chois	*fehlt*	je choirai o cherrai	je chus	*fehlt*	*nur:* qu'il chût	*fehlt*	chu, e
	il choit			il chut				
	nous/vous fehlt			nous chûmes				
	ils choient		ils choiront o cherront	ils churent				
circoncire *wie suffire, Ausnahme:*								circoncis, e
circonscrire *siehe écrire*								
clore	je clos	*fehlt*	je clorai	*fehlt*	que je close	*fehlt*	closant	clos, e
	il clôt		il clora		qu'il close			
	nous closons		nous clorons		que nous closions			
	ils closent		ils cloront		qu'ils closent			

combattre *siehe battre* **commettre** *siehe mettre*

comparaître *siehe paraître* **complaire** *siehe plaire* **compromettre** *siehe mettre*

Infinitif	Présent	Imparfait	Futur	Passé simple	Subjonctif présent	Subjonctif imparfait	Part. présent	Part. passé
conclure	je conclus	je concluais	je conclurai	je conclus	que je conclue	que je conclusse	concluant	conclu, e

concourir *siehe courir*

conduire	je conduis	je conduisais	je conduirai	je conduisis	que je conduise	que je conduisisse	conduisant	conduit, e

connaître *siehe paraître* **conquérir** *siehe acquérir* **construire** *siehe conduire* **contraindre** *siehe craindre*

contredire *siehe dire* (Ausnahme: vous contredisez) **contrefaire** *siehe faire* **convaincre** *siehe vaincre*

corrompre *siehe rompre*

coudre	je couds	je cousais	je coudrai	je cousis	que je couse	que je cousisse	cousant	cousu, e
	il coud	il cousait	il coudra	il cousit	qu'il couse	qu'il cousît		
	nous cousons	nous cousions	nous coudrons	nous cousîmes	que nous cousions	que nous cousissions		
	ils cousent	ils cousaient	ils coudront	ils cousirent	qu'ils cousent	qu'ils cousissent		
courir	je cours	je courais	je courrai	je courus	que je coure	que je courusse	courant	couru, e
	il court	il courait	il courra	il courut	qu'il coure	qu'il courût		
	nous courons	nous courions	nous courrons	nous courûmes	que nous courions	que nous courussions		
	ils courent	ils couraient	ils courront	ils coururent	qu'ils courent	qu'ils courussent		
craindre	je crains	je craignais	je craindrai	je craignis	que je craigne	que je craignisse	craignant	craint, e
	nous craignons	nous craignions	nous craindrons	nous craignîmes	que nous craignions	que nous craignissions		
	ils craignent	ils craignaient	ils craindront	ils craignirent	qu'ils craignent	qu'ils craignissent		

Infinitif	Présent	Imparfait	Futur	Passé simple	Subjonctif présent	Subjonctif imparfait	Part. présent	Part. passé
croire	je crois	je croyais	je croirai	je crus	que je croie	que je crusse	croyant	cru, e
	il croit	il croyait	il croira	il crut	qu'il croie	qu'il crût		
	nous croyons	nous croyions	nous croirons	nous crûmes	que nous croyions	que nous crussions		
	ils croient	ils croyaient	ils croiront	ils crurent	qu'ils croient	qu'ils crussent		
croître	je croîs	je croissais	je croîtrai	je crûs	que je croisse	que je crûsse	croissant	crû, crue, cru(e)s
	nous croissons	nous croissions	nous croîtrons	nous crûmes	que nous croissions	que nous crûssions		
	ils croissent	ils croissaient	ils croîtront	ils crûrent	qu'ils croissent	qu'ils crûssent		
cueillir	je cueille	je cueillais	je cueillera	je cueillis	que je cueille	que je cueillisse	cueillant	cueilli, e
	il cueille	il cueillait	il cueillera	il cueillit	qu'il cueille	qu'il cueillît		
	nous cueillons	nous cueillions	nous cueillerons	nous cueillîmes	que nous cueillions	que nous cueillissions		
	ils cueillent	ils cueillaient	ils cueilleront	ils cueillirent	qu'ils cueillent	qu'ils cueillissent		

cuire *siehe conduire* **débattre** *siehe battre*

Infinitif	Présent	Imparfait	Futur	Passé simple	Subjonctif présent	Subjonctif imparfait	Part. présent	Part. passé
déchoir	je déchois	*fehlt*	je déchoira	je déchus	que je déchoie	que je déchusse	*fehlt*	déchu, e
	nous déchoyons		nous déchoirons	nous déchûmes	que nous déchoyions	que nous déchussions		
	ils déchoient		ils déchoiront	ils déchurent	qu'ils déchoient	qu'ils déchussent		

découdre *siehe coudre* **décrire** *siehe écrire* **décroître** *siehe accroître* **dédire** *siehe dire* **déduire** *siehe conduire*

Infinitif	Présent	Imparfait	Futur	Passé simple	Subjonctif présent	Subjonctif imparfait	Part. présent	Part. passé
défaillir	je défaille	je défaillais	je défaillira	je défaillis	que je défaille	que je défaillisse	défaillant	défailli

Infinitif	Présent	Imparfait	Futur	Passé simple	Subjonctif présent	Subjonctif imparfait	Part. présent	Part. passé
défaire *siehe faire*		**démettre** *siehe mettre*		**dépeindre** *siehe peindre*		**déplaire** *siehe plaire*		
desservir *siehe servir*		**déteindre** *siehe peindre*		**détruire** *siehe conduire*		**dévêtir** *siehe vêtir*		
devoir	je dois	je devais	je devrai	je dus	que je doive	que je dusse	devant	dû, due, du(e)s
	il doit	il devait	il devra	il dut	qu'il doive	qu'il dût		
	nous devons	nous devions	nous devrons	nous dûmes	que nous devions	que nous dussions		
	ils doivent	ils devaient	ils devront	ils durent	qu'ils doivent	qu'ils dussent		
dire	je dis	je disais	je dirai	je dis	que je dise	que je disse	disant	dit, e
	nous disons	nous disions	nous dirons	nous dîmes	que nous disions	que nous dissions		
	vous dites	vous disiez	vous direz	vous dîtes	que vous disiez	que vous dissiez		
	ils disent	ils disaient	ils diront	ils dirent	qu'ils disent	qu'ils dissent		
discourir *siehe courir*		**disjoindre** *siehe joindre*		**disparaître** *siehe paraître*		**dissoudre** *siehe absoudre*	**distraire** *siehe extraire*	
dormir	je dors	je dormais	je dormirai	je dormis	que je dorme	que je dormisse	dormant	dormi
	nous dormons	nous dormions	nous dormirons	nous dormîmes	que nous dormions	que nous dormissions		
	ils dorment	ils dormaient	ils dormiront	ils dormirent	qu'ils dorment	qu'ils dormissent		
ébattre *siehe battre*								

Infinitif	Présent	Imparfait	Futur	Passé simple	Subjonctif présent	Subjonctif imparfait	Part. présent	Part. passé
échoir	il échoit	il échoyait	il échoira *o* écherra	il échut	qu'il échoit	qu'il échût	échéant	échu, e
	ils échoient	ils échoyaient	ils échoiront *o* écherront	ils échurent	qu'ils échoient	qu'ils échussent		

éclore *siehe clore* **éconduire** *siehe conduire*

Infinitif	Présent	Imparfait	Futur	Passé simple	Subjonctif présent	Subjonctif imparfait	Part. présent	Part. passé
écrire	j'écris	j'écrivais	j'écrirai	j'écrivis	que j'écrive	que j'écrivisse	écrivant	écrit, e
	il écrit	il écrivait	il écrira	il écrivit	qu'il écrive	qu'il écrivît		
	nous écrivons	nous écrivions	nous écrirons	nous écrivîmes	que nous écrivions	que nous écrivissions		
	ils écrivent	ils écrivaient	ils écriront	ils écrivirent	qu'ils écrivent	qu'ils écrivissent		

élire *siehe lire* **émettre** *siehe mettre*

émouvoir *wie mouvoir* (Ausnahme: ému, e)

encourir *siehe courir* **endormir** *siehe dormir* **enduire** *siehe conduire*

enfreindre *siehe peindre* **enfuir** *siehe fuir* **ensuivre** *siehe suivre*

entremettre *siehe mettre* **entrevoir** *siehe voir*

Infinitif	Présent	Imparfait	Futur	Passé simple	Subjonctif présent	Subjonctif imparfait	Part. présent	Part. passé
envoyer	j'envoie	j'envoyais	j'enverrai	j'envoyai	que j'envoie	que j'envoyasse	envoyant	envoyé, e
	nous envoyons	nous envoyions	nous enverrons	nous envoyâmes	que nous envoyions	que nous envoyassions		
	ils envoient	ils envoyaient	ils enverront	ils envoyèrent	qu'ils envoient	qu'ils envoyassent		

Infinitif	Présent	Imparfait	Futur	Passé simple	Subjonctif présent	Subjonctif imparfait	Part. présent	Part. passé
équivaloir *siehe valoir*		**éteindre** *siehe peindre*						
être	je suis	j'étais	je serai	je fus	que je sois	que je fusse	étant	été
	tu es	tu étais	tu seras	tu fus	que tu sois	que tu fusses		
	il est	il était	il sera	il fut	qu'il soit	qu'il fût		
	nous sommes	nous étions	nous serons	nous fûmes	que nous soyons	que nous fussions		
	vous êtes	vous étiez	vous serez	vous fûtes	que vous soyez	que vous fussiez		
	ils sont	ils étaient	ils seront	ils furent	qu'ils soient	qu'ils fussent		
étreindre *siehe peindre*								
exclure	j'exclus	j'excluais	j'exclurai	j'exclus	que j'exclue	que j'exclusse	excluant	exclu, e
	il exclut	il excluait	il exclura	il exclut	qu'il exclue	qu'il exclût		
	nous excluons	nous excluions	nous exclurons	nous exclûmes	que nous excluions	que nous exclussions		
	ils excluent	ils excluaient	ils excluront	ils exclurent	qu'ils excluent	qu'ils exclussent		
extraire	j'extrais	j'extrayais	j'extrairai	*fehlt*	que j'extraie	*fehlt*	extrayant	extrait, e
	nous extrayons	nous extrayions	nous extrairons		que nous extrayions			
	ils extraient	ils extrayaient	ils extrairont		qu'ils extraient			

Infinitif	Présent	Imparfait	Futur	Passé simple	Subjonctif présent	Subjonctif imparfait	Part. présent	Part. passé
faillir	je faillis	je faillissais	je faillirai	je faillis	que je faillisse	que je faillisse	faillissant *o* faillant	failli
	nous faillissons	nous faillissions	nous faillirons	nous faillîmes	que nous faillissions	que nous faillissions		
	ils faillissent	ils faillissaient *o* je faillais	ils failliront *o* je faudrai	ils faillirent	qu'ils faillissent *o* que je faille	qu'ils faillissent		
		nous faillions	nous faudrons		que nous faillions			
		ils faillaient	ils faudront		qu'ils faillent			
faire	je fais	je faisais	je ferai	je fis	que je fasse	que je fisse	faisant	fait, e
	tu fais	tu faisais	tu feras	tu fis	que tu fasses	que tu fisses		
	il fait	il faisait	il fera	il fit	qu'il fasse	qu'il fît		
	nous faisons	nous faisions	nous ferons	nous fîmes	que nous fassions	que nous fissions		
	vous faites	vous faisiez	vous ferez	vous fîtes	que vous fassiez	que vous fissiez		
	ils font	ils faisaient	ils feront	ils firent	qu'ils fassent	qu'ils fissent		
falloir	il faut	il fallait	il faudra	il fallut	qu'il faille	qu'il fallût	*fehlt*	fallu
feindre *siehe peindre*								
frire	je fris	*fehlt*	je frirai	*fehlt*	*fehlt*	*fehlt*	*fehlt*	frit, e
	nous/vous/ils *fehlt*		nous frirons					
			ils friront					

Infinitif	Présent	Imparfait	Futur	Passé simple	Subjonctif présent	Subjonctif imparfait	Part. présent	Part. passé
fuir	je fuis	je fuyais	je fuirai	je fuis	que je fuie	que je fuisse	fuyant	fui, e
	il fuit	il fuyait	il fuira	il fuit	qu'il fuie	qu'il fuît		
	nous fuyons	nous fuyions	nous fuirons	nous fuîmes	que nous fuyions	que nous fuissions		
	ils fuient	ils fuyaient	ils fuiront	ils fuirent	qu'ils fuient	qu'ils fuissent		

geindre *siehe peindre*

gésir	je gis	je gisais						
	tu gis	tu gisais						
	il gît	il gisait						
	nous gisons	nous gisions						
	vous gisez	vous gisiez						
	ils gisent	ils gisaient						

haïr	je hais	je haïssais	je haïrai	je haïs	que je haïsse	que je haïsse	haïssant	haï, e
	il hait	il haïssait	il haïra	il haït	qu'il haïsse	qu'il haït		
	nous haïssons	nous haïssions	nous haïrons	nous haïmes	que nous haïssions	que nous haïssions		
	ils haïssent	ils haïssaient	ils haïront	ils haïront	qu'ils haïssent	qu'ils haïssent		

inclure *siehe conclure*

induire *siehe conduire*

inscrire *siehe écrire*

instruire *siehe conduire*

interdire *siehe contredire* (Ausnahme: vous interdisez)

interrompre *siehe rompre*

introduire *siehe conduire*

Infinitif	Présent	Imparfait	Futur	Passé simple	Subjonctif présent	Subjonctif imparfait	Part. présent	Part. passé
joindre	je joins	je joignais	je joindrai	je joignis	que je joigne	que je joignisse	joignant	joint, e
	il joint	il joignait	il joindra	il joignit	qu'il joigne	qu'il joignît		
	nous joignons	nous joignions	nous joindrons	nous joignîmes	que nous joignions	que nous joignissions		
	ils joignent	ils joignaient	ils joindront	ils joignirent	qu'ils joignent	qu'ils joignissent		
lire	je lis	je lisais	je lirai	je lus	que je lise	que je lusse	lisant	lu, e
	il lit	il lisait	il lira	il lut	qu'il lise	qu'il lût		
	nous lisons	nous lisions	nous lirons	nous lûmes	que nous lisions	que nous lussions		
	ils lisent	ils lisaient	ils liront	ils lurent	qu'ils lisent	qu'ils lussent		
luire *siehe nuire*		**méconnaître** *siehe paraître*		**médire** *siehe contredire*				
mettre	je mets	je mettais	je mettrai	je mis	que je mette	que je misse	mettant	mis, e
	il met	il mettait	il mettra	il mit	qu'il mette	qu'il mît		
	nous mettons	nous mettions	nous mettrons	nous mîmes	que nous mettions	que nous missions		
	ils mettent	ils mettaient	ils mettront	ils mirent	qu'ils mettent	qu'ils missent		
moudre	je mouds	je moulais	je moudrai	je moulus	que je moule	que je moulusse	moulant	moulu, e
	il moud	il moulait	il moudra	il moulut	qu'il moule	qu'il moulût		
	nous moulons	nous moulions	nous moudrons	nous moulûmes	que nous moulions	que nous moulussions		
	ils moulent	ils moulaient	ils moudront	ils moulurent	qu'ils moulent	qu'ils moulussent		

Infinitif	Présent	Imparfait	Futur	Passé simple	Subjonctif présent	Subjonctif imparfait	Part. présent	Part. passé
mourir	je meurs	je mourais	je mourrai	je mourus	que je meure	que je mourusse	mourant	mort, e
	il meurt	il mourait	il mourra	il mourut	qu'il meure	qu'il mourût		
	nous mourons	nous mourions	nous mourrons	nous mourûmes	que nous mourions	que nous mourussions		
	ils meurent	ils mouraient	ils mourront	ils moururent	qu'ils meurent	qu'ils mourussent		
mouvoir	je meus	je mouvais	je mouvrai	je mus	que je meuve	que je musse	mouvant	mû, mue, mu(e)s
	il meut	il mouvait	il mouvra	il mut	qu'il meuve	qu'il mût		
	nous mouvons	nous mouvions	nous mouvrons	nous mûmes	que nous mouvions	que nous mussions		
	ils meuvent	ils mouvaient	ils mouvront	ils murent	qu'ils meuvent	qu'ils mussent		
naître	je nais	je naissais	je naîtrai	je naquis	que je naisse	que je naquisse	naissant	né, e
	il naît	il naissait	il naîtra	il naquit	qu'il naisse	qu'il naquît		
	nous naissons	nous naissions	nous naîtrons	nous naquîmes	que nous naissions	que nous naquissions		
	ils naissent	ils naissaient	ils naîtront	ils naquirent	qu'ils naissent	qu'ils naquissent		
nuire	je nuis	je nuisais	je nuirai	je nuisis	que je nuise	que je nuisisse	nuisant	nui
	nous nuisons	nous nuisions	nous nuirons	nous nuisîmes	que nous nuisions	que nous nuisissions		
	ils nuisent	ils nuisaient	ils nuiront	ils nuisirent	qu'ils nuisent	qu'ils nuisissent		
occire *nur Infinitiv und Participe passé und zusammengesetzte Zeiten*								occis, e

oindre *siehe joindre*

omettre *siehe mettre*

paître *siehe paraître*

Infinitif	Présent	Imparfait	Futur	Passé simple	Subjonctif présent	Subjonctif imparfait	Part. présent	Part. passé
paraître	je parais	je paraissais	je paraîtrai	je parus	que je paraisse	que je parusse	paraissant	paru, e
	il paraît	il paraissait	il paraîtra	il parut	qu'il paraisse	qu'il parût		
	nous paraissons	nous paraissions	nous paraîtrons	nous parûmes	que nous paraissions	que nous parussions		
	ils paraissent	ils paraissaient	ils paraîtront	ils parurent	qu'ils paraissent	qu'ils parussent		

parcourir *siehe courir*

parfaire *siehe faire*

Infinitif	Présent	Imparfait	Futur	Passé simple	Subjonctif présent	Subjonctif imparfait	Part. présent	Part. passé
peindre	je peins	je peignais	je peindrai	je peignis	que je peigne	que je peignisse	peignant	peint, e
	nous peignons	nous peignions	nous peindrons	nous peignîmes	que nous peignions	que nous peignissions		
	ils peignent	ils peignaient	ils peindront	ils peignirent	qu'ils peignent	qu'ils peignissent		

permettre *siehe mettre*

Infinitif	Présent	Imparfait	Futur	Passé simple	Subjonctif présent	Subjonctif imparfait	Part. présent	Part. passé
plaindre	je plains	je plaignais	je plaindrai	je plaignis	que je plaigne	que je plaignisse	plaignant	plaint, e
	il plaint	il plaignait	il plaindra	il plaignit	qu'il plaigne	qu'il plaignît		
	nous plaignons	nous plaignions	nous plaindrons	nous plaignîmes	que nous plaignions	que nous plaignissions		
	ils plaignent	ils plaignaient	ils plaindront	ils plaignirent	qu'ils plaignent	qu'ils plaignissent		
plaire	je plais	je plaisais	je plairai	je plus	que je plaise	que je plusse	plaisant	plu
	il plaît	il plaisait	il plaira	il plut	qu'il plaise	qu'il plût		
pleuvoir	il pleut	il pleuvait	il pleuvra	il plut	qu'il pleuve	qu'il plût	pleuvant	plu
fig	ils pleuvent	ils pleuvaient	ils pleuvront	ils plurent	qu'ils pleuvent	qu'ils plussent		

Infinitif	Présent	Imparfait	Futur	Passé simple	Subjonctif présent	Subjonctif imparfait	Part. présent	Part. passé
poursuivre *siehe suivre*								
pourvoir	je pourvois	je pourvoyais	je pourvoirai	je pourvus	que je pourvoie	que je pourvusse	pourvoyant	pourvu, e
	il pourvoit	il pourvoyait	il pourvoira	il pourvut	qu'il pourvoie	qu'il pourvût		
	nous pourvoyons	nous pourvoyions	nous pourvoirons	nous pourvûmes	que nous pourvoyions	que nous pourvussions		
	ils pourvoient	ils pourvoyaient	ils pourvoiront	ils pourvurent	qu'ils pourvoient	qu'ils pourvussent		
pouvoir	je peux	je pouvais	je pourrai	je pus	que je puisse	que je pusse	pouvant	pu
	il peut	il pouvait	il pourra	il put	qu'il puisse	qu'il pût		
	nous pouvons	nous pouvions	nous pourrons	nous pûmes	que nous puissions	que nous pussions		
	ils peuvent	ils pouvaient	ils pourront	ils purent	qu'ils puissent	qu'ils pussent		
prédire	je prédis	je prédisais	je prédirai	je prédis	que je prédise	que je prédisse	prédisant	prédit, e
	il prédit	il prédisait	il prédira	il prédit	qu'il prédise	qu'il prédît		
	nous prédisons	nous prédisions	nous prédirons	nous prédîmes	que nous prédisions	que nous prédissions		

prescrire *siehe écrire*

prévaloir *wie valoir* (Ausnahme: que je prévale)

prévoir *wie voir* (Ausnahme: je prévoirai)

produire *siehe conduire*

promettre *siehe mettre*

Infinitif	Présent	Imparfait	Futur	Passé simple	Subjonctif présent	Subjonctif imparfait	Part. présent	Part. passé
promouvoir *wie mouvoir* (Ausnahme: promu, e)								
proscrire *siehe écrire*		**rabattre** *siehe battre*		**rasseoir** *siehe asseoir*		**réadmettre** *siehe mettre*		
réapparaître *siehe paraître*		**reconduire** *siehe conduire*		**reconnaître** *siehe paraître*				
reconquérir *siehe acquérir*		**reconstruire** *siehe conduire*		**recoudre** *siehe coudre*		**recourir** *siehe courir*		
récrire *siehe écrire*		**recueillir** *siehe cueillir*		**recuire** *siehe conduire*		**redéfaire** *siehe faire*		
redire *siehe dire*		**redormir** *siehe dormir*		**réduire** *siehe conduire*		**réécrire** *siehe écrire*		
réélire *siehe lire*		**refaire** *siehe faire*		**réinscrire** *siehe écrire*		**rejoindre** *siehe joindre*		
relire *siehe lire*		**reluire** *siehe nuire*		**remettre** *siehe mettre*				
rendormir *siehe dormir*		**reparaître** *siehe paraître*		**repeindre** *siehe peindre*		**reproduire** *siehe conduire*		
requérir *siehe acquérir*								
résoudre	je résous	je résolvais	je résoudrai	je résolus	que je résolve	que je résolusse	résolvant	résolu, e
	il résout	il résolvait	il résoudra	il résolut	qu'il résolve	qu'il résolût		
	nous résolvons	nous résolvions	nous résoudrons	nous résolûmes	que nous résolvions	que nous résolussions		
	ils résolvent	ils résolvaient	ils résoudront	ils résolurent	qu'ils résolvent	qu'ils résolussent		

Infinitif	Présent	Imparfait	Futur	Passé simple	Subjonctif présent	Subjonctif imparfait	Part. présent	Part. passé
restreindre *siehe peindre*		**resservir** *siehe servir*		**retraduire** *siehe traduire*		**retransmettre** *siehe mettre*		
revaloir *siehe valoir*		**revêtir** *siehe vêtir*		**revivre** *siehe vivre*		**revoir** *siehe voir*		
revouloir *siehe vouloir*								
rire	je ris	je riais	je rirai	je ris	que je rie	que je risse	riant	ri
	il rit	il riait	il rira	il rit	qu'il rie	qu'il rît		
	nous rions	nous riions	nous rirons	nous rîmes	que nous riions	que nous rissions		
	ils rient	ils riaient	ils riront	ils rirent	qu'ils rient	qu'ils rissent		
rompre	je romps	je rompais	je romprai	je rompis	que je rompe	que je rompisse	rompant	rompu, e
	il rompt	il rompait	il rompra	il rompit	qu'il rompe	qu'il rompît		
	nous rompons	nous rompions	nous romprons	nous rompîmes	que nous rompions	que nous rompissions		
	ils rompent	ils rompaient	ils rompront	ils rompirent	qu'ils rompent	qu'ils rompissent		
saillir = *être en saillie*	il saille	il saillait	il saillera	il saillit	qu'il saille	qu'il saillît	saillant	sailli, e
	ils saillent	ils saillaient	ils sailleront	ils saillirent	qu'ils saillent	qu'ils saillissent		
satisfaire *siehe faire*								

Infinitif	Présent	Imparfait	Futur	Passé simple	Subjonctif présent	Subjonctif imparfait	Part. présent	Part. passé
savoir	je sais	je savais	je saurai	je sus	que je sache	que je susse	sachant	su, e
	il sait	il savait	il saura	il sut	qu'il sache	qu'il sût		
	nous savons	nous savions	nous saurons	nous sûmes	que nous sachions	que nous sussions		
	ils savent	ils savaient	ils sauront	ils surent	qu'ils sachent	qu'ils sussent		
secourir *siehe courir*		**séduire** *siehe conduire*						
seoir	il sied	il seyait	il siéra	*fehlt*	qu'il siée	*fehlt*	seyant	*fehlt*
	ils siéent	ils seyaient	ils siéront		qu'ils siéent			
servir	je sers	je servais	je servirai	je servis	que je serve	que je servisse	servant	servi, e
	il sert	il servait	il servira	il servit	qu'il serve	qu'il servît		
	nous servons	nous servions	nous servirons	nous servîmes	que nous servions	que nous servissions		
	ils servent	ils servaient	ils serviront	ils servirent	qu'ils servent	qu'ils servissent		
soumettre *siehe mettre*		**sourire** *siehe rire*		**souscrire** *siehe écrire*		**soustraire** *siehe extraire*		
suffire	je suffis	je suffisais	je suffirai	je suffis	que je suffise	que je suffisse	suffisant	suffi
	nous suffisons	nous suffisions	nous suffirons	nous suffîmes	que nous suffisions	que nous suffissions		
	ils suffisent	ils suffisaient	ils suffiront	ils suffirent	qu'ils suffisent	qu'ils suffissent		

Infinitif	Présent	Imparfait	Futur	Passé simple	Subjonctif présent	Subjonctif imparfait	Part. présent	Part. passé
suivre	je suis	je suivais	je suivrai	je suivis	que je suive	que je suivisse	suivant	suivi, e
	il suit	il suivait	il suivra	il suivit	qu'il suive	qu'il suivît		
	nous suivons	nous suivions	nous suivrons	nous suivîmes	que nous suivions	que nous suivissions		
	ils suivent	ils suivaient	ils suivront	ils suivirent	qu'ils suivent	qu'ils suivissent		

Infinitif	Présent	Imparfait	Futur	Passé simple	Subjonctif présent	Subjonctif imparfait	Part. présent	Part. passé
surseoir	je sursois	je sursoyais	je surseoirai	je sursis	que je sursoie	que je sursisse	sursoyant	sursis, e
	nous sursoyons	nous sursoyions	nous surseoirons	nous sursîmes	que nous sursoyions	que nous sursissions		
	ils sursoient	ils sursoyaient	ils surseoiront	ils sursirent	qu'ils sursoient	qu'ils sursissent		

survivre *siehe vivre*

Infinitif	Présent	Imparfait	Futur	Passé simple	Subjonctif présent	Subjonctif imparfait	Part. présent	Part. passé
taire	je tais	je taisais	je tairai	je tus	que je taise	que je tusse	taisant	tu, e
	il tait	il taisait	il taira	il tut	qu'il taise	qu'il tût		
	nous taisons	nous taisions	nous tairons	nous tûmes	que nous taisions	que nous tussions		
	ils taisent	ils taisaient	ils tairont	ils turent	qu'ils taisent	qu'ils tussent		
teindre	je teins	je teignais	je teindrai	je teignis	que je teigne	que je teignisse	teignant	teint, e
	il teint	il teignait	il teindra	il teignit	qu'il teigne	qu'il teignît		
	nous teignons	nous teignions	nous teindrons	nous teignîmes	que nous teignions	que nous teignissions		
	ils teignent	ils teignaient	ils teindront	ils teignirent	qu'ils teignent	qu'ils teignissent		

Infinitif	Présent	Imparfait	Futur	Passé simple	Subjonctif présent	Subjonctif imparfait	Part. présent	Part. passé
traduire	je traduis	je traduisais	je traduirai	je traduisis	que je traduise	que je traduisisse	traduisant	traduit, e
	il traduit	il traduisait	il traduira	il traduisit	qu'il traduise	qu'il traduisît		
	nous traduisons	nous traduisions	nous traduirons	nous traduisîmes	que nous tradui-sions	que nous traduisissions		
	ils traduisent	ils traduisaient	ils traduiront	ils traduisirent	qu'ils traduisent	qu'ils traduisissent		
traire	je trais	je trayais	je trairai	*fehlt*	que je traie	*fehlt*	trayant	trait, e
	il trait	il trayait	il traira		qu'il traie			
	nous trayons	nous trayions	nous trairons		que nous trayions			
	ils traient	ils trayaient	ils trairont		qu'ils traient			
transcrire *siehe écrire*		**transmettre** *siehe mettre*		**transparaître** *siehe paraître*		**tressaillir** *siehe défaillir*		
vaincre	je vaincs	je vainquais	je vaincra	je vainquis	que je vainque	que je vainquisse	vaincant	vaincu, e
	il vainc	il vainquait	il vaincra	il vainquit	qu'il vainque	qu'il vainquît		
	nous vainquons	nous vainquions	nous vaincrons	nous vainquîmes	que nous vainquions	que nous vainquissions		
	ils vainquent	ils vainquaient	ils vaincront	ils vainquirent	qu'ils vainquent	qu'ils vainquissent		
valoir	je vaux	je valais	je vaudrai	je valus	que je vaille	que je valusse	valant	valu, e
	il vaut	il valait	il vaudra	il valut	qu'il vaille	qu'il valût		
	nous valons	nous valions	nous vaudrons	nous valûmes	que nous valions	que nous valussions		
	ils valent	ils valaient	ils vaudront	ils valurent	qu'ils vaillent	qu'ils valussent		

Infinitif	Présent	Imparfait	Futur	Passé simple	Subjonctif présent	Subjonctif imparfait	Part. présent	Part. passé
vêtir	je vêts	je vêtais	je vêtirai	je vêtis	que je vête	que je vêtisse	vêtant	vêtu, e
	il vêt	il vêtait	il vêtira	il vêtit	qu'il vête	qu'il vêtît		
	nous vêtons	nous vêtions	nous vêtirons	nous vêtîmes	que nous vêtions	que nous vêtissions		
	ils vêtent	ils vêtaient	ils vêtiront	ils vêtirent	qu'ils vêtent	qu'ils vêtissent		
vivre	je vis	je vivais	je vivrai	je vécus	que je vive	que je vécusse	vivant	vécu, e
	il vit	il vivait	il vivra	il vécut	qu'il vive	qu'il vécût		
	nous vivons	nous vivions	nous vivrons	nous vécûmes	que nous vivions	que nous vécussions		
	ils vivent	ils vivaient	ils vivront	ils vécurent	qu'ils vivent	qu'ils vécussent		
voir	je vois	je voyais	je verrai	je vis	que je voie	que je visse	voyant	vu, e
	il voit	il voyait	il verra	il vit	qu'il voie	qu'il vît		
	nous voyons	nous voyions	nous verrons	nous vîmes	que nous voyions	que nous vissions		
	ils voient	ils voyaient	ils verront	ils virent	qu'ils voient	qu'ils vissent		
vouloir	je veux	je voulais	je voudrai	je voulus	que je veuille	que je voulusse	voulant	voulu, e
	il veut	il voulait	il voudra	il voulut	qu'il veuille	qu'il voulût		
	nous voulons	nous voulions	nous voudrons	nous voulûmes	que nous voulions	que nous voulussions		
	ils veulent	ils voulaient	ils voudront	ils voulurent	qu'ils veuillent	qu'ils voulussent		

Die Zahlwörter
Les nombres

Ganz egal, worüber man spricht oder wovon ein Text handelt, immer wieder kommen Zahlwörter vor. Wenn du also die folgenden Tabellen gründlich lernst, dann wirst du mit Zahlwörtern im Französischen nie Probleme haben.

Die Grundzahlen
Les nombres cardinaux

null	0	zéro
einer, eine, eins; ein, eine, ein	1	un, une
zwei	2	deux
drei	3	trois
vier	4	quatre
fünf	5	cinq
sechs	6	six
sieben	7	sept
acht	8	huit
neun	9	neuf
zehn	10	dix
elf	11	onze
zwölf	12	douze
dreizehn	13	treize
vierzehn	14	quatorze
fünfzehn	15	quinze
sechzehn	16	seize
siebzehn	17	dix-sept
achtzehn	18	dix-huit
neunzehn	19	dix-neuf
zwanzig	20	vingt
einundzwanzig	21	vingt et un
zweiundzwanzig	22	vingt-deux
dreiundzwanzig	23	vingt-trois
vierundzwanzig	24	vingt-quatre
fünfundzwanzig	25	vingt-cinq
dreißig	30	trente
einunddreißig	31	trente et un
zweiunddreißig	32	trente-deux
dreiunddreißig	33	trente-trois
vierzig	40	quarante
einundvierzig	41	quarante et un
zweiundvierzig	42	quarante-deux

fünfzig	50	cinquante
einundfünfzig	51	cinquante et un
zweiundfünfzig	52	cinquante-deux
sechzig	60	soixante
einundsechzig	61	soixante et un
zweiundsechzig	62	soixante-deux
siebzig	70	soixante-dix
einundsiebzig	71	soixante et onze
zweiundsiebzig	72	soixante-douze
fünfundsiebzig	75	soixante-quinze
neunundsiebzig	79	soixante-dix-neuf
achtzig	80	quatre-vingt(s)
einundachtzig	81	quatre-vingt-un
zweiundachtzig	82	quatre-vingt-deux
fünfundachtzig	85	quatre-vingt-cinq
neunzig	90	quatre-vingt-dix
einundneunzig	91	quatre-vingt-onze
zweiundneunzig	92	quatre-vingt-douze
neunundneunzig	99	quatre-vingt-dix-neuf
hundert	100	cent
hundert(und)eins	101	cent un
hundert(und)zwei	102	cent deux
hundert(und)zehn	110	cent dix
hundert(und)zwanzig	120	cent vingt
hundert(und)neunundneunzig	199	cent quatre-vingt-dix-neuf
zweihundert	200	deux cents
zweihundert(und)eins	201	deux cent un
zweihundert(und)zweiund-zwanzig	222	deux cent vingt-deux
dreihundert	300	trois cents
vierhundert	400	quatre cents
fünfhundert	500	cinq cents
sechshundert	600	six cents
siebenhundert	700	sept cents
achthundert	800	huit cents
neunhundert	900	neuf cents
tausend	1000	mille
tausend(und) eins	1001	mille un
tausend(und) zehn	1010	mille dix
tausend(und) einhundert	1100	mille cent
zweitausend	2000	deux mille
zehntausend	10000	dix mille
hunderttausend	100000	cent mille
eine Million	1000000	un million

zwei Millionen	2 000 000	deux millions
zwei Millionen fünfhunderttausend	2 500 000	deux millions cinq cent mille
eine Milliarde	1 000 000 000	un milliard
eine Billion	1 000 000 000 000	mille milliard

Ordnungszahlen

Les nombres ordinaux

(der, die, das)			
erste	1.	1er, 1ère	premier, ère
zweite	2.	2nd, 2nde, 2^{e}	second, e deuxième
dritte	3.	3^{e}	troisième
vierte	4.	4^{e}	quatrième
fünfte	5.	5^{e}	cinquième
sechste	6.	6^{e}	sixième
siebte	7.	7^{e}	septième
achte	8.	8^{e}	huitième
neunte	9.	9^{e}	neuvième
zehnte	10.	10^{e}	dixième
elfte	11.	11^{e}	onzième
zwölfte	12.	12^{e}	douzième
dreizehnte	13.	13^{e}	treizième
vierzehnte	14.	14^{e}	quatorzième
fünfzehnte	15.	15^{e}	quinzième
sechzehnte	16.	16^{e}	seizième
siebzehnte	17.	17^{e}	dix-septième
achtzehnte	18.	18^{e}	dix-huitième
neunzehnte	19.	19^{e}	dix-neuvième
zwanzigste	20.	20^{e}	vingtième
einundzwanzigste	21.	21^{e}	vingt et unième
zweiundzwanzigste	22.	22^{e}	vingt-deuxième
dreiundzwanzigste	23.	23^{e}	vingt-troisième
dreißigste	30.	30^{e}	trentième
einunddreißigste	31.	31^{e}	trente et unième
zweiunddreißigste	32.	32^{e}	trente-deuxième
vierzigste	40.	40^{e}	quarantième
fünfzigste	50.	50^{e}	cinquantième
sechzigste	60.	60^{e}	soixantième
siebzigste	70.	70^{e}	soixante-dixième
einundsiebzigste	71.	71^{e}	soixante et onzième
zweiundsiebzigste	72.	72^{e}	soixante-douzième

neunundsiebzigste	79.	79^{e}	soixante-dix-neuvième
achtzigste	80.	80^{e}	quatre-vingtième
einundachtzigste	81.	81^{e}	quatre-vingt-unième
zweiundachtzigste	82.	82^{e}	quatre-vingt-deuxième
neunzigste	90.	90^{e}	quatre-vingt-dixième
einundneunzigste	91.	91^{e}	quatre-vingt-onzième
neunundneunzigste	99.	99^{e}	quatre-vingt-dix-neuvième
hundertste	100.	100^{e}	centième
hundertunderste	101.	101^{e}	cent unième
hundertundzehnte	110.	110^{e}	cent dixième
hundertundfünfundneunzigste	195.	195^{e}	cent quatre-vingt-quinzième
zweihundertste	200.	200^{e}	deux(-)centième
dreihundertste	300.	300^{e}	trois(-)centième
fünfhundertste	500.	500^{e}	cinq(-)centième
tausendste	1000.	1000^{e}	millième
zweitausendste	2000.	2000^{e}	deux(-)millième
millionste	1000000.	1000000^{e}	millionième
zehnmillionste	10000000.	10000000^{e}	dix(-)millionième

Bruchzahlen

Les fractions

ein halb	$^1/_2$	un demi
ein Drittel	$^1/_3$	un tiers
ein Viertel	$^1/_4$	un quart
ein Fünftel	$^1/_5$	un cinquième
ein Zehntel	$^1/_{10}$	un dixième
ein Hundertstel	$^1/_{100}$	un centième
ein Tausendstel	$^1/_{1000}$	un millième
ein Millionstel	$^1/_{1000000}$	un millionième
zwei Drittel	$^2/_3$	deux tiers
drei Viertel	$^3/_4$	trois quarts
zwei Fünftel	$^2/_5$	deux cinquièmes
drei Zehntel	$^3/_{10}$	trois dixièmes
anderthalb, ein(und)einhalb	$1^1/_2$	un et demi
zwei(und)einhalb	$2^1/_2$	deux et demi
fünf drei Achtel	$5^3/_8$	cinq trois huitièmes
eins Komma eins	1,1	un virgule un

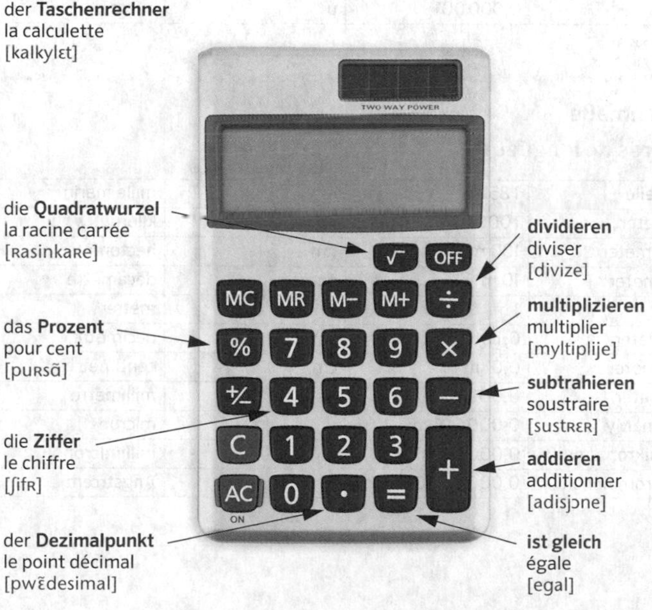

Maße und Gewichte

Poids et mesures

Hier findest du die französischen Bezeichnungen für die wichtigsten Maßeinheiten.

Dezimalsystem

système décimal

Mega	1000 000	M	méga
Hektokilo	100 000	hk	hectokilo
Myria	10 000	ma	myria
Kilo	1000	k	kilo
Hekto	100	h	hecto
Deka	10	da	déca
Dezi	0,1	d	déci
Zenti	0,01	c	centi
Milli	0,001	m	milli
Dezimilli	0,0001	dm	décimilli
Zentimilli	0,000 01	cm	centimilli
Mikro	0,000 001	μ	micro

Längenmaße

mesures de longueur

Seemeile	1 852 m	–	mille marin
Kilometer	1000 m	km	kilomètre
Hektometer	100 m	hm	hectomètre
Dekameter	10 m	dam	décamètre
Meter	1 m	m	mètre
Dezimeter	0,1 m	dm	décimètre
Zentimeter	0,01 m	cm	centimètre
Millimeter	0,001 m	mm	millimètre
Mikron, My	0,000 001 m	μ	micron
Millimikron, -my	0,000 000 001 m	mμ	millimicron
Ångströmeinheit	0,000 000 0001 m	Å	Angstrœm

Flächenmaße

mesures de surface

Quadratkilometer	1 000 000 m^2	km^2	kilomètre carré
Quadrathektometer Hektar	10 000 m^2	hm^2 ha	hectomètre carré hectare
Quadratdekameter Ar	100 m^2	dam^2 a	décamètre carré are
Quadratmeter	1 m^2	m^2	mètre carré
Quadratdezimeter	0,01 m^2	dm^2	décimètre carré
Quadratzentimeter	0,0001 m^2	cm^2	centimètre carré
Quadratmillimeter	0,000 001 m^2	mm^2	millimètre carré

Kubik- und Hohlmaße

mesures de volume

Kubikkilometer	1 000 000 000 m^3	km^3	kilomètre cube
Kubikmeter	1 m^3	m^3	mètre cube
Ster		st	stère
Hektoliter	0,1 m^3	hl	hectolitre
Dekaliter	0,01 m^3	dal	décalitre
Kubikdezimeter	0,001 m^3	dm^3	décimètre cube
Liter		l	litre
Deziliter	0,0001 m^3	dl	décilitre
Zentiliter	0,000 01 m^3	cl	centilitre
Kubikzentimeter	0,000 001 m^3	cm^3	centimètre cube
Milliliter	0,000 001 m^3	ml	millilitre
Kubikmillimeter	0,000 000 001 m^3	mm^3	millimètre cube

Gewichte

poids

Tonne	1000 kg	t	tonne
Doppelzentner	100 kg	q	quintal
Kilogramm	1000 g	kg	kilogramme
Hektogramm	100 g	hg	hectogramme
Dekagramm	10 g	dag	décagramme
Gramm	1 g	g	gramme
Karat	0,2 g	–	carat
Dezigramm	0,1 g	dg	décigramme
Zentigramm	0,01 g	cg	centigramme
Milligramm	0,001 g	mg	milligramme
Mikrogramm	0,000 001 g	μg, γ	microgramme

Die Uhrzeit
L'heure

Anhand dieser Beispiele erfährst du, wie du die Frage „Quelle heure est-il?“ richtig beantwortest.

Il est …

 **ein Uhr** une heure [ynœʀ]	 **zwei Uhr** deux heures [døzœʀ]	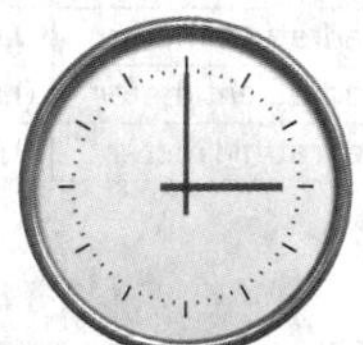 **drei Uhr** trois heures [tʀwɑzœʀ]
 **vier Uhr** quatre heures [katʀœʀ]	 **fünf Uhr** cinq heures [sɛ̃kœʀ]	 **sechs Uhr** six heures [sizœʀ]
 **sieben Uhr** sept heures [sɛtœʀ]	 **acht Uhr** huit heures [ˈɥitœʀ]	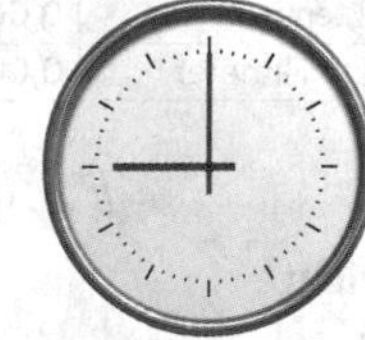 **neun Uhr** neuf heures [nœvœʀ]
 **zehn Uhr** dix heures [dizœʀ]	 **elf Uhr** onze heures [ɔ̃zœʀ]	 **zwölf Uhr mittags** midi [midi]

 **dreizehn Uhr** treize heures [tʀɛzœʀ]	 **vierzehn Uhr** quatorze heures [katɔʀzœʀ]	 **fünfzehn Uhr** quinze heures [kɛ̃zœʀ]
 **sechzehn Uhr** seize heures [sɛzœʀ]	 **siebzehn Uhr** dix-sept heures [dissɛtœʀ]	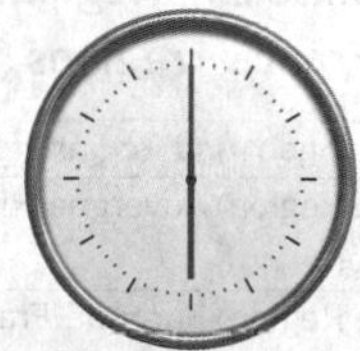 **achtzehn Uhr** dix-huit heures [diz'ɥitœʀ]
 **neunzehn Uhr** dix-neuf heures [diznœvœʀ]	 **zwanzig Uhr** vingt heures [vɛ̃tœʀ]	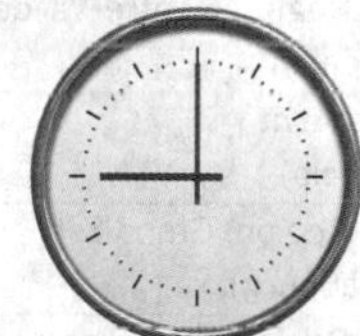 **einundzwanzig Uhr** vingt et une heures [vɛ̃teynœʀ]
 **Mitternacht** minuit [minɥi]	 **fünf nach zwölf** midi cinq [midisɛ̃k]	 **Viertel nach neun** neuf heures et quart [nœvœʀ ekaʀ]

Verwaltungsbezirke
Régions et capitales

Länder, Bundesländer und Orte heißen auf Französisch oft anders als auf Deutsch. Damit du die verschiedenen Verwaltungsbezirke immer richtig einordnen und bezeichnen kannst, findest du hier eine Übersicht der wichtigsten Regionen und Städte der französisch- und deutschsprachigen Länder.

Frankreich – Regionen (und Regierungsstädte)
La France – régions (et préfectures)

Regionen (und Regierungsstädte)	régions (et préfectures)
(die Region) Auvergne-Rhône-Alpes (Lyon)	l'Auvergne-Rhône-Alpes (Lyon)
(die Region) Burgund-Franche-Comté (Dijon)	la Bourgogne-Franche-Comté (Dijon)
die Bretagne (Rennes)	la Bretagne (Rennes)
(die Region) Centre-Val de Loire (Orleans)	le Centre-Val de Loire (Orléans)
Korsika *nt* (Ajaccio)	la Corse (Ajaccio)
(die Region) Grand Est (Straßburg)	le Grand Est (Strasbourg)
(die Region) Hauts-de-France (Lille)	les Hauts-de-France (Lille)
die Ile de France (Paris)	l'Île-de-France (Paris)
die Normandie (Rouen)	la Normandie (Rouen)
(die Region) Neu-Aquitanien (Bordeaux)	la Nouvelle-Aquitaine (Bordeaux)
Okzitanien *nt* (Toulouse)	l'Occitanie (Toulouse)
(die Region) Pays de la Loire (Nantes)	(la région) Pays de la Loire (Nantes)
(die Region) Provence-Alpes-Côte d'Azur (Marseille)	(la région) Provence-Alpes-Côte d'Azur (Marseille)

Belgien

La Belgique

Regionen	régions
Flandern *nt*	la Flandre
Wallonien *nt*	la Wallonie

Provinzen (und Hauptstädte) in Flandern	provinces (et chefs-lieux) en Flandre
(die Provinz) Antwerpen (Antwerpen)	(la province d') Anvers (Anvers)
das flämische Brabant (Löwen)	le Brabant flamand (Louvain)
Westflandern *nt* (Brügge)	la Flandre occidentale (Bruges)
Ostflandern *nt* (Gent)	la Flandre orientale (Gand)
(die Provinz) Limburg (Hasselt)	le Limbourg (Hasselt)

Provinzen (und Hauptstädte) in Wallonien	provinces (et chefs-lieux) en Wallonie
das wallonische Brabant (Wavre)	le Brabant wallon (Wavre)
der Hennegau (Bergen)	le Hainaut (Mons)
(die Provinz) Lüttich (Lüttich)	(la province) de Liège (Liège)
(die Provinz) Luxemburg (Arlon)	(la province de) Luxembourg (Arlon)
(die Provinz) Namur (Namur)	(la province de) Namur (Namur)

Québec

Le Québec

Provinz (und Hauptstadt)	province (et capitale)
Québec *nt* (Québec)	le Québec (Québec)

Frankreich – Departements und Hauptstädte

La France – départements et chefs-lieux

01	l'Ain *m*	Bourg-en-Bresse
02	l'Aisne *f*	Laon
03	l'Allier *m*	Moulins
04	les Alpes-de-Haute-Provence *fpl*	Digne
05	les Hautes-Alpes *fpl*	Briançon
06	les Alpes-Maritimes *fpl*	Nice (Nizza)
07	l'Ardèche *f*	Privas
08	les Ardennes *fpl*	Charleville-Mézières
09	l'Ariège *f*	Foix
10	l'Aube *f*	Troyes
11	l'Aude *f*	Carcassonne
12	l'Aveyron *m*	Rodez
13	les Bouches-du-Rhône *fpl*	Marseille
14	le Calvados	Caen
15	le Cantal	Aurillac
16	la Charente	Angoulême
17	la Charente-Maritime	La Rochelle
18	le Cher	Bourges
19	la Corrèze	Tulle
20a	la Corse-du-Sud	Ajaccio
20b	la Haute-Corse	Bastia
21	la Côte-d'Or	Dijon
22	les Côtes-d'Armor *fpl*	Saint-Brieuc
23	la Creuse	Guéret
24	la Dordogne	Périgueux
25	le Doubs	Besançon
26	la Drôme	Montélimar
27	l'Eure *f*	Evreux
28	l'Eure-et-Loir *m*	Chartres
29	le Finistère	Quimper
30	le Gard	Nîmes
31	la Haute-Garonne	Toulouse
32	le Gers	Auch
33	la Gironde	Bordeaux
34	l'Hérault *m*	Montpellier
35	l'Ille-et-Vilaine *f*	Rennes
36	l'Indre *f*	Châteauroux
37	l'Indre-et-Loire *f*	Tours
38	l'Isère *f*	Grenoble
39	le Jura	Lons-le-Saunier
40	les Landes *fpl*	Mont-de-Marsan
41	le Loir-et-Cher	Blois

42	la Loire	Saint-Etienne
43	la Haute-Loire	Le Puy
44	la Loire-Atlantique	Nantes
45	le Loiret	Orléans
46	le Lot	Cahors
47	le Lot-et-Garonne	Agen
48	la Lozère	Mende
49	le Maine-et-Loire	Angers
50	la Manche	Saint-Lô
51	la Marne	Châlons-sur-Marne
52	la Haute-Marne	Chaumont
53	la Mayenne	Laval
54	la Meurthe-et-Moselle	Nancy
55	la Meuse	Bar-le-Duc
56	le Morbihan	Vannes
57	la Moselle	Metz
58	la Nièvre	Nevers
59	le Nord	Lille
60	l'Oise *f*	Beauvais
61	l'Orne *f*	Alençon
62	le Pas-de-Calais	Arras
63	le Puy-de-Dôme	Clermont-Ferrand
64	les Pyrénées-Atlantiques *fpl*	Pau
65	les Hautes-Pyrénées	Tarbes
66	les Pyrénées-Orientales	Perpignan
67	le Bas-Rhin	Strasbourg (Straßburg)
68	le Haut-Rhin	Colmar
69	le Rhône	Lyon
70	la Haute-Saône	Vesoul
71	la Saône-et-Loire	Mâcon
72	la Sarthe	Le Mans
73	la Savoie	Chambéry
74	la Haute-Savoie	Annecy
75	la Ville de Paris	Paris
76	la Seine-Maritime	Rouen
77	la Seine-et-Marne	Melun
78	les Yvelines *fpl*	Versailles
79	les Deux-Sèvres *fpl*	Niort
80	la Somme	Amiens
81	le Tarn	Albi
82	le Tarn-et-Garonne	Montauban
83	le Var	Toulon
84	le Vaucluse	Avignon
85	la Vendée	La-Roche-sur-Yon

86	la Vienne	Poitiers
87	la Haute-Vienne	Limoges
88	les Vosges *fpl*	Epinal
89	l'Yonne *f*	Auxerre
90	le Territoire de Belfort	Belfort
91	l'Essonne *f*	Evry
92	les Hauts-de-Seine *mpl*	Nanterre
93	la Seine-Saint-Denis	Bobigny
94	le Val-de-Marne	Créteil
95	le Val-d'oise	Pontoise

Überseedepartements
Départements d'outre-mer

971	la Guadeloupe	Basse-Terre
972	la Martinique	Fort-de-France
973	la Guyane	Cayenne
974	la Réunion	Saint-Denis
976	Mayotte	Mayotte

Deutschland
L'Allemagne

Länder (und Hauptstädte)	Länder (et capitales)
Baden-Württemberg (Stuttgart)	le Bade-Wurtemberg (Stuttgart)
Bayern (München)	la Bavière (Munich)
Berlin (Berlin)	Berlin (Berlin)
Brandenburg (Potsdam)	le Brandebourg (Potsdam)
Bremen (Bremen)	l'Etat de Brême (Brême)
Hamburg (Hamburg)	l'Etat de Hambourg (Hambourg)
Hessen (Wiesbaden)	la Hesse (Wiesbaden)
Mecklenburg-Vorpommern (Schwerin)	le Mecklembourg-Poméranie-Antérieure (Schwerin)
Niedersachsen (Hannover)	la Basse-Saxe (Hanovre)
Nordrhein-Westfalen (Düsseldorf)	la Rhénanie-du-Nord-Westphalie (Düsseldorf)
Rheinland-Pfalz (Mainz)	la Rhénanie-Palatinat (Mayence)

Länder (und Hauptstädte)	Länder (et capitales)
Saarland (Saarbrücken)	la Sarre (Sarrebruck)
Sachsen (Dresden)	la Saxe (Dresde)
Sachsen-Anhalt (Magdeburg)	la Saxe-Anhalt (Magdebourg)
Schleswig-Holstein (Kiel)	le Schleswig-Holstein (Kiel)
Thüringen (Erfurt)	la Thuringe (Erfurt)

Österreich

L'Autriche

Länder (und Hauptstädte)	Länder (et capitales)
Burgenland (Eisenstadt)	le Burgenland (Eisenstadt)
Kärnten (Klagenfurt)	la Carinthie (Klagenfurt)
Niederösterreich (St. Pölten)	la Basse-Autriche (St. Pölten)
Oberösterreich (Linz)	la Haute-Autriche (Linz)
Salzburg (Salzburg)	la province de Salzbourg (Salzbourg)
Steiermark (Graz)	la Styrie (Graz)
Tirol (Innsbruck)	le Tyrol (Innsbruck)
Vorarlberg (Bregenz)	le Vorarlberg (Bregenz)
Wien (Wien)	Vienne (Vienne)

Die Schweiz

La Suisse

Kantone (und Hauptorte)	cantons (et chefs-lieux)
Aargau (Aarau)	l'Argovie (Aarau)
Appenzell Außerrhoden (Herisau)	le demi-canton d'Appenzell Rhodes-Extérieures (Herisau)
Appenzell Innerrhoden (Appenzell)	le demi-canton d'Appenzell Rhodes-Intérieures (Appenzell)

Kantone (und Hauptorte)	cantons (et chefs-lieux)
Basel-Land (Liestal)	le demi-canton de Bâle-Campagne (Liestal)
Basel-Stadt (Basel)	le demi-canton de Bâle-Ville (Bâle)
Bern (Bern)	le canton de Berne (Berne)
Freiburg (Freiburg)	le canton de Fribourg (Fribourg)
Genf (Genf)	le canton de Genève (Genève)
Glarus (Glarus)	le canton de Glaris (Glaris)
Graubünden (Chur)	le canton des Grisons (Coire)
Jura (Delsberg)	le canton du Jura (Delémont)
Luzern (Luzern)	le canton de Lucerne (Lucerne)
Neuenburg (Neuenburg)	le canton de Neuchâtel (Neuchâtel)
Sankt Gallen (Sankt Gallen)	le canton de Saint-Gall (Saint-Gall)
Schaffhausen (Schaffhausen)	le canton de Schaffhouse (Schaffhouse)
Schwyz (Schwyz)	le canton de Schwyz (Schwyz)
Solothurn (Solothurn)	le canton de Soleure (Soleure)
Tessin (Bellinzona)	le Tessin (Bellinzona)
Thurgau (Frauenfeld)	la Thurgovie (Frauenfeld)
Nidwalden (Stans)	le demi-canton de Nidwald Unterwald (Stans)
Obwalden (Sarnen)	le demi-canton d'Obwald Unterwald (Sarnen)
Uri (Altdorf)	le canton d'Uri (Altdorf)
Waadt (Lausanne)	le canton de Vaud (Lausanne)
Wallis (Sitten)	le Valais (Sion)
Zug (Zug)	le canton de Zoug (Zoug)
Zürich (Zürich)	le canton de Zurich (Zurich)

Bildquellen

Zahlwörter

(Taschenrechner): robert/Fotolia.com

Die Uhrzeit

(Uhren) *ein Uhr* bis *Mitternacht*: magann/Fotolia.com;
fünf nach zwölf: vvoe/Fotolia.com;
Viertel nach neun: Lucky Dragon/Fotolia.com

Notizen

Notizen

Notizen